il RAGAZZINI/BIAGI *concise*

terza edizione

DIZIONARIO INGLESE ITALIANO ITALIAN ENGLISH DICTIONARY

di Giuseppe Ragazzini
e Adele Biagi

Terza edizione
a cura di Anna Ravano
e Monica Harvey Slowikowska

Tratto dalla terza edizione del dizionario maggiore di Giuseppe Ragazzini

ZANICHELLI

Terza edizione
Questa terza edizione del **Dizionario inglese-italiano Italian-English dictionary** *concise* di Giuseppe Ragazzini e Adele Biagi è stata riveduta, aggiornata e arricchita di nuove voci da Anna Ravano e Monica Harvey Slowikowska, che si sono avvalse anche della terza edizione del *Dizionario Inglese-Italiano Italiano-Inglese* di Giuseppe Ragazzini.
Il piano di revisione è stato elaborato dall'editore, con la collaborazione di Anna Ravano e con suggerimenti di Giuseppe Ragazzini
Redazione e coordinamento redazionale: Alessandra Stefanelli
Stesura delle nuove appendici: Anna Ravano
Sigle, abbreviazioni, simboli: Enrico Righini
Iconografia: Alessandra Stefanelli. *Autori e fonti delle illustrazioni*: pag 609-610 © 1993 Québec/Amérique inc., Montréal, Canada; pag. 611 e 613 altre opere Zanichelli. *Foto*: pag. 614-615: British Museum; pag. 623: Pekka Parviainen / Science Photo Library / Grazia Neri; Luke Dodd / Science Photo Library / Grazia Neri; pag. 626: G. Heilman / NASA; pag. 630: T. Zimmermann / Marka; pag. 632: Gert Wagner / Bilderberg / Grazia Neri; Teamwork & Planning / Grazia Neri; pag. 633: Sipa Press / Tavernier / Olympia; Mike Powell / Allsport / Grazia Neri
Sovraccoperta: Anna Maria Zamboni
Progetto grafico, elaborazione automatica dei dati e composizione: Marco Brazzali, Roberto Cagol, Elisabetta Marin, Icoge, Trento
Coordinamento della composizione, stampa, confezione: Giovanni Santi, Mauro Stanghellini

Seconda edizione (1986)
Il piano di revisione è stato elaborato dall'editore, con la collaborazione di Adele Biagi e con suggerimenti e opinioni di Giuseppe Ragazzini
Coordinamento redazionale: Rosella Fiorentini Rocca
Collaborazioni redazionali: Beata Lazzarini

Prima edizione
Adele Biagi ha tratto la "concise edition" dal *Dizionario Inglese-Italiano Italiano-Inglese* di Giuseppe Ragazzini
***Dizionario maggiore*:**
Direttore: Giuseppe Ragazzini
Supervisori: *per la sezione inglese*: Giuseppe Ragazzini; *per la sezione italiana*: Adele Biagi e Giuseppe Ragazzini
Redattori: *per la sezione inglese-italiano*: Giuseppe Ragazzini; *per la sezione italiano-inglese*: Adele Biagi, Giuseppe Ragazzini, Camilla Roatta
Contributi di: Maria Antonini, Alan Bullock, Renato Ferrari, Andrew MacKenna, Lindsay Phillips; *per le voci di botanica e zoologia*: Giovanna Bacchi, *nautica*: Giorgio Castellani, *diritto*: Raffaele Nobili, *matematica, fisica, meccanica applicata*: David Russi, *fonetica*: James Burke, William Clyde, James Jenkins
Coordinamento redazionale: Anna Cimino
Collaboratori redazionali: Alfredo Cioccolani, Alberta Emiliani, Giuliana Giorgi, Anna Maria Monetti, Mariagrazia Montanari, Mariagrazia Orsi, Paola Righini, Antonino Sanna, Grazia Tintori, Carla Trebbi
***Concise edition*:**
Collaboratori redazionali: Enrico Righini, Roberta Balboni; Rosella Rocca, Paolo Sensi

Prima edizione: agosto 1997

Ristampa:
5 4 3 1998 1999 2000 2001

Stampato dalla Grafica Editoriale - Via Enrico Mattei, 106 - Bologna
per conto della Zanichelli editore S.p.A.- Via Irnerio, 34 - 40126 Bologna

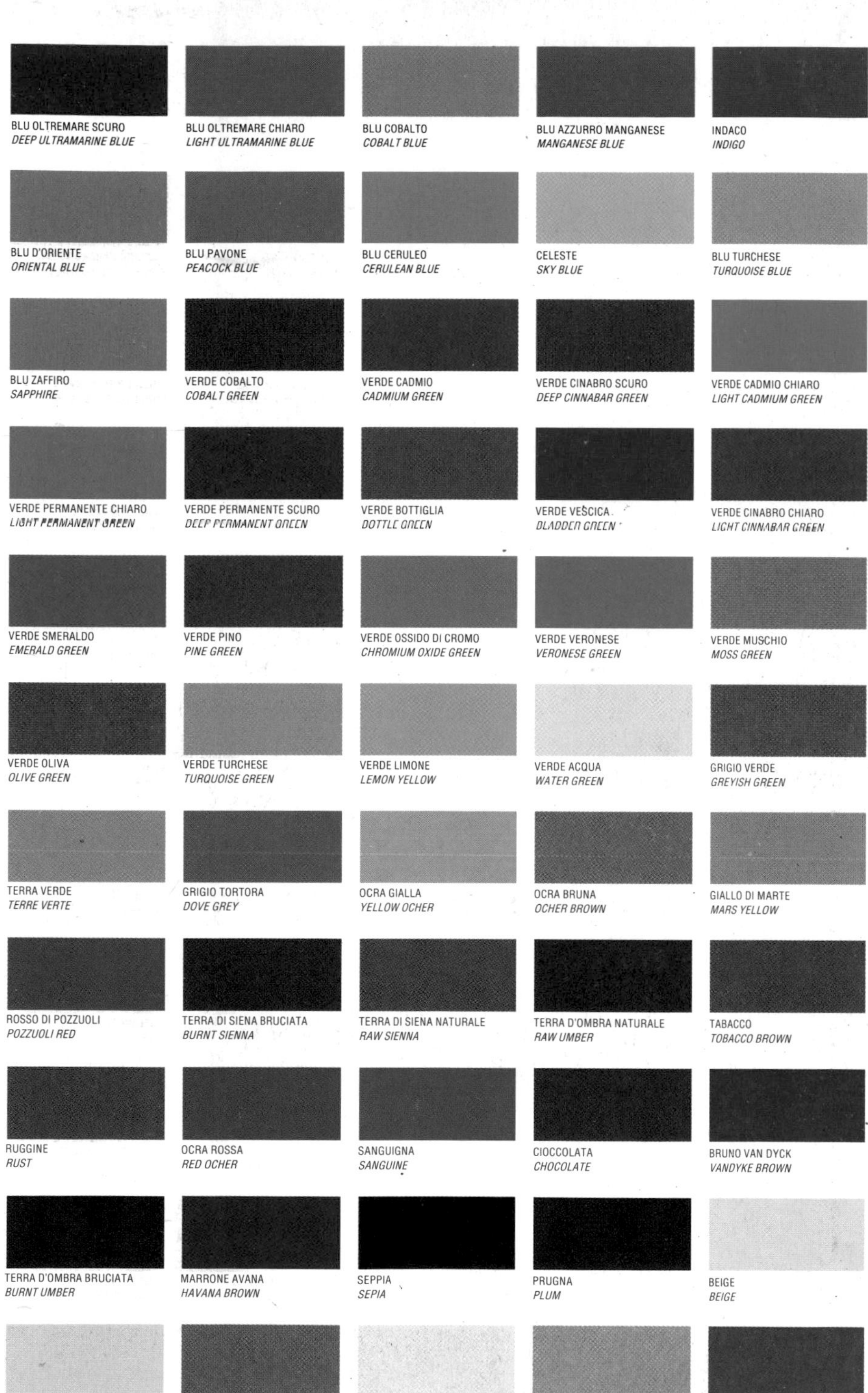

BLU OLTREMARE SCURO
DEEP ULTRAMARINE BLUE
BLU OLTREMARE CHIARO
LIGHT ULTRAMARINE BLUE
BLU COBALTO
COBALT BLUE
BLU AZZURRO MANGANESE
MANGANESE BLUE
INDACO
INDIGO
BLU D'ORIENTE
ORIENTAL BLUE
BLU PAVONE
PEACOCK BLUE
BLU CERULEO
CERULEAN BLUE
CELESTE
SKY BLUE
BLU TURCHESE
TURQUOISE BLUE
BLU ZAFFIRO
SAPPHIRE
VERDE COBALTO
COBALT GREEN
VERDE CADMIO
CADMIUM GREEN
VERDE CINABRO SCURO
DEEP CINNABAR GREEN
VERDE CADMIO CHIARO
LIGHT CADMIUM GREEN
VERDE PERMANENTE CHIARO
LIGHT PERMANENT GREEN
VERDE PERMANENTE SCURO
DEEP PERMANENT GREEN
VERDE BOTTIGLIA
BOTTLE GREEN
VERDE VESCICA
BLADDER GREEN
VERDE CINABRO CHIARO
LIGHT CINNABAR GREEN
VERDE SMERALDO
EMERALD GREEN
VERDE PINO
PINE GREEN
VERDE OSSIDO DI CROMO
CHROMIUM OXIDE GREEN
VERDE VERONESE
VERONESE GREEN
VERDE MUSCHIO
MOSS GREEN
VERDE OLIVA
OLIVE GREEN
VERDE TURCHESE
TURQUOISE GREEN
VERDE LIMONE
LEMON YELLOW
VERDE ACQUA
WATER GREEN
GRIGIO VERDE
GREYISH GREEN
TERRA VERDE
TERRE VERTE
GRIGIO TORTORA
DOVE GREY
OCRA GIALLA
YELLOW OCHER
OCRA BRUNA
OCHER BROWN
GIALLO DI MARTE
MARS YELLOW
ROSSO DI POZZUOLI
POZZUOLI RED
TERRA DI SIENA BRUCIATA
BURNT SIENNA
TERRA DI SIENA NATURALE
RAW SIENNA
TERRA D'OMBRA NATURALE
RAW UMBER
TABACCO
TOBACCO BROWN
RUGGINE
RUST
OCRA ROSSA
RED OCHER
SANGUIGNA
SANGUINE
CIOCCOLATA
CHOCOLATE
BRUNO VAN DYCK
VANDYKE BROWN
TERRA D'OMBRA BRUCIATA
BURNT UMBER
MARRONE AVANA
HAVANA BROWN
SEPPIA
SEPIA
PRUGNA
PLUM
BEIGE
BEIGE
SABBIA
SAND
GRIGIO PIOMBO
LEAD GREY
GRIGIO PERLA
PEARL GREY
GRIGIO FUMO
SMOKE GREY
GRIGIO ANTRACITE
ANTHRACITE GREY

SOMMARIO - *CONTENTS*

pag. 2 Collaboratori - *Contributors*
3 Presentazione - *Foreword*
4 Guida al dizionario - *Guide to the dictionary*
6 Guida grafica alla consultazione - *Key to structure of entries*
8 Abbreviazioni - *Abbreviations*
10 Simboli fonetici - *Phonetic symbols*
11-558 Sezione inglese-italiano - *English-Italian Section*
559 Differences in spelling between British English and American English - *Differenze ortografiche tra inglese britannico e inglese americano*
561 A short British English / American English dictionary - *Dizionarietto inglese britannico / inglese americano*
564 A short American English / British English Dictionary - *Dizionarietto inglese americano / inglese britannico*
567 First names - *Nomi di persona*
573 Surnames - *Cognomi*
581 Place names - *Toponimi*
588 English acronyms - *Sigle inglesi*
604 English monetary system, American monetary system - *Sistema monetario inglese, Sistema monetario americano*; Weights and measures - *Pesi e misure*
606 Main irregular verbs in English - *Principali verbi irregolari inglesi*
609-640 Tavole illustrate bilingui - *Bilingual pictorial tables*
641-1210 Sezione italiano-inglese - *Italian-English Section*
1211 Alfabeti convenzionali - *Conventional alphabets*
1212 I giorni della settimana - *The days of the week*
1213 Giorni speciali e feste - *Special days and holidays*; I mesi dell'anno - *The months of the year*
1214 Le stagioni dell'anno - *The seasons of the year*; La data - *The date*; Anni e secoli - *Years and centuries*
1215 Come si dice l'ora - *Telling the time*
1216 Come parlare dell'età - *Talking about age*
1217 Falsi amici - *False friends*
1225 Paesi e popoli - *Countries and peoples*
1229 Nomi di persona - *First names*
1232 Toponimi - *Place names*
1235 Sigle italiane - *Italian acronyms*
1244 Principali verbi irregolari italiani - *Main irregular verbs in Italian*
1248 Gradi militari - *Military ranks*

PRESENTAZIONE - *FOREWORD*

Questo nuovo **Ragazzini Biagi *Concise*** è la terza edizione, interamente rivista e aggiornata, del dizionario di Giuseppe Ragazzini e Adele Biagi che la Zanichelli pubblicò in prima edizione nel 1972 e in seconda edizione nel 1984. Concepita in modo specifico per il mondo della scuola (in particolare per la Scuola Media), l'opera fu subito accolta con grande favore anche da professionisti, tecnici e ricercatori, da operatori commerciali e turistici: in breve da chiunque abbisognasse di un dizionario inglese agile, ma completo.

Il dizionario è basato sulla terza edizione del *Dizionario Inglese-Italiano Italiano-Inglese* di Giuseppe Ragazzini, rispetto al quale ha il taglio da *concise edition*. Nelle grandi dinastie di vocabolari anglosassoni, *concise*, più che richiamare misure fisiche minori o meccanicamente e banalmente compresse e raccorciate, indica e privilegia una tecnica ben precisa e meditata di compilazione "dall'interno" che mira, e riesce, a dare all'utente molte informazioni con poche parole, condensando le voci in formule brevi e compatte, emancipate da ogni superfluità o dettaglio troppo minuto. Qui la sua applicazione ha permesso di serbare inalterati, sia pure "in scala", i meriti di compiutezza, di precisione, di originalità che già avevano fatto la fortuna del *Ragazzini maggiore* e che sono stati ribaditi dal successo del *Ragazzini terza edizione* pubblicato nel 1995: in particolare, anche in questa terza edizione, la fraseologia rimane ineguagliata, per ricchezza di esempi e sintonia con le esercitazioni strutturali e lessicali dell'apprendimento linguistico.

Questa terza edizione è frutto di un accurato lavoro di revisione e aggiornamento, che non si è limitato alla semplice aggiunta di nuove voci, ma ha altresì tenuto conto dell'evoluzione della lingua, della nascita di nuove tecniche, dei mutamenti nella cultura, nella politica e nel costume.

Il numero totale delle voci del dizionario è di oltre 68 000; è stato accresciuto il numero delle accezioni e delle frasi idiomatiche; inoltre è stato aumentato il formato del volume: globalmente perciò il contenuto del vocabolario cresce di circa il 13%. Se questo incremento quantitativo è il cambiamento più appariscente del nuovo **Ragazzini Biagi *Concise*** rispetto all'edizione precedente, è opportuno anche segnalare alcune innovazioni che saranno certamente utili al lettore:

a) i verbi frasali inglesi sono ora trattati in modo autonomo e sono evidenziati da un rombo (◆)
b) sono state indicate le reggenze dei verbi inglesi
c) ai sostantivi maschili è stata aggiunta fra parentesi la forma femminile
d) la fraseologia è in carattere nero anziché corsivo così da rendere più agevole la consultazione dell'opera

Infine desideriamo esprimere la nostra gratitudine ad Adele Biagi, che ha curato la stesura della prima e della seconda edizione di quest'opera; ad Anna Ravano e a Monica Harvey Slowikowska che hanno curato questa nuova edizione; a Giuseppe Ragazzini per i preziosi suggerimenti e contributi.

Giugno 1997 l'Editore

The new **Ragazzini Biagi *Concise*** *is the 3rd edition, completely revised and updated, of the Giuseppe Ragazzini/Adele Biagi dictionary, first published by Zanichelli in 1972, and with a 2nd edition in 1984. While specifically designed for use in schools (Scuola Media in particular), the dictionary was immediately acclaimed by professionals, engineers, researchers, technicians, business people, tourist operators... in short anyone who needed a dictionary which was at once comprehensive and user-friendly.*

The dictionary is the concise version *of the 3rd edition of Giuseppe Ragazzini's* Dizionario inglese-italiano italiano-inglese. *In the tradition of English dictionaries, "concise", rather than suggesting reduced physical dimensions, or a mechanical, pedestrian compression or shortening of the content, implies – indeed favours – a precise, reasoned, content-led method of compilation, the purpose and outcome of which is to give to the user a maximum of information in a minimum of words, condensing entries into short, compact formulae, from which all superfluous detail has been removed. The application of this method in this new edition has resulted in a continuation – on a smaller scale – of the same qualities of comprehensiveness, precision and originality which were the hallmark of the* Ragazzini maggiore *and were further confirmed by the success of the* Ragazzini terza edizione, *published in 1995. This new edition is similarly characterised by an unparalleled phraseology, rich in examples and geared to the structural and lexical drills associated with language-learning.*

This 3rd edition is the result of a painstaking process of revision and updating, which has not been confined merely to the addition of new entries, but has also taken account of the evolution of the language and the advent of new technologies, as well as cultural, political and social changes.

The total number of entries in the dictionary now exceeds 68,000 and the number of meanings and idioms has been increased. The format of the dictionary has also been enlarged, and the overall content has therefore been increased by approximately 13%. Whilst these increases constitute the most obvious changes in the new **Ragazzini Biagi *Concise***, *compared with the previous edition, we would also wish to draw attention to some innovations which the reader will find particularly useful:*

a) English phrasal verbs are now treated separately, and are identified by a diamond (◆)
b) prepositions and cases taken by English verbs have been specified
c) the feminine form of masculine nouns has been added in brackets
d) the phraseology has been rendered in bold type instead of italics, for ease of consultation.

Finally, we wish to express our thanks to Adele Biagi who compiled the 1st and 2nd editions of the dictionary, to Anna Ravano and Monica Harvey Slowikowska who undertook this new edition, and to Giuseppe Ragazzini for his valuable suggestions and contributions.

June, 1997 *The Publisher.*

GUIDA AL DIZIONARIO - *GUIDE TO THE DICTIONARY*

Scelta e inclusione delle voci. Questo dizionario contiene oltre 68 000 vocaboli, ivi compresi vari americanismi, i tecnicismi di più largo uso e i più recenti neologismi delle due lingue, nonché una ricca terminologia scientifica. Tuttavia, al fine di dare il massimo sviluppo agli esempi e alla fraseologia, si sono esclusi alcuni vocaboli facilmente ricavabili da altri, in particolare gli avverbi che si formano mediante l'aggiunta agli aggettivi corrispondenti del suffisso *-ly* in inglese e *-mente*, in italiano (ma si sono accolti tutti quelli che presentano qualche difficoltà o particolarità semantica), nonché diversi sostantivi inglesi in *-ness*.

Gli **omografi** (le parole, cioè, con grafia uguale ma significato diverso) costituiscono voci distinte, contrassegnate da un numero cardinale fra parentesi tonde che segue il lemma ((1), (2), ...) e raggruppate in base alla categoria grammaticale di appartenenza, in questo ordine (prima i sostantivi, poi i verbi, e così via).

I **nomi propri** sono riuniti in apposite appendici; tuttavia quelli a cui sono collegate locuzioni speciali compaiono anche nel corpo del dizionario.

Sono registrati come lemmi a sé stanti i **participi passati** usati prevalentemente come aggettivi, per es. *booked* o *done* in inglese e *perduto* o *sentito* in italiano.

La **struttura interna** delle voci segue il criterio della distinzione in categorie grammaticali (sostantivo, aggettivo, avverbio, ecc.), contraddistinte dalle lettere A, B, C,... Nell'ambito di queste categorie, la numerazione in cifre arabe in neretto (1, 2, 3, ...) contraddistingue i significati fondamentali ('accezioni'). I traducenti sono generalmente seguiti da fraseologia esemplificativa. Nell'ultima sezione, preceduta da un pallino (•), sono elencate le locuzioni speciali, le frasi idiomatiche, i tecnicismi e (nella sezione inglese-italiano) i termini composti. Questo apparato è disposto in ordine alfabetico, ma i composti o le locuzioni che contengono il lemma come primo elemento precedono quelli in cui il lemma compare all'interno.

Sezione inglese-italiano. I **sostantivi composti** (uniti o no da un trattino) compaiono sotto la voce del primo elemento e talora anche sotto il secondo, per es. *dairy--farm* e *hand luggage* sono sotto *dairy* e *hand*. Lo stesso vale per gli aggettivi composti il cui primo elemento è un sostantivo, per es. *day-long* è sotto *day*, *hand-sewn* è sotto *hand.* Sono invece lemmi autonomi i sostantivi il cui primo elemento appartiene ad altra categoria grammaticale (per es. *best-seller*, *go-between),* e i verbi del tipo *to bag-snatch, to water-ski* e gli aggettivi il cui primo elemento è un verbo (per es. *go-getting*). Si tenga comunque presente che l'uso dello hyphen (il trattino d'unione) è soggetto a continua evoluzione, talché si può trovare lo stesso termine scritto come due parole, unite o no dal trattino, o come parola unica. Un vocabolo composto va quindi cercato sotto la voce del suo primo elemento; non trovandolo, lo si dovrà cercare come lemma a sé stante, seguendo l'ordine alfabetico generale.

Il **plurale dei sostantivi** non è indicato se è regolare (ossia se si forma con l'aggiunta di *-s* o *-es*). È invece sempre indicato a) se è irregolare (per es. *man, men; leaf, leaves*); b) se esistono due plurali (per es. *cactus, cacti/cactuses, fish, fish/fishes*); c) nei casi che possono generare perplessità (per es. *potato, potatoes*). Le forme plurali sono lemmatizzate come rimando quando sono

Choice and inclusion of entries. *This dictionary contains more than 68,000 words, including Americanisms, technical terms in general use, the most recent neologisms in both languages, and a wide range of scientific terminology. However, in order to maximize examples and phraseology certain words which can be easily arrived at have not been listed, namely adverbs which are formed by adding the suffix* -ly *in English and* -mente *in Italian to the corresponding adjectives (though we have, included all adverbs which present particular difficulties or semantic peculiarity), and various English nouns which end in* -ness.

Homographs *(i.e., words with identical spelling but different meanings) are treated as separate entries and are identified by a cardinal number in brackets which follows the headword: (1), (2), etc. They are listed according to grammatical category, i.e.: nouns, then verbs, and so on.*

Proper nouns *are listed in special appendices. However, those which are related to specific phraseology will also be found in dictionary proper.*

Past participles *which are meanly used as adjectives, such as* booked *or* done *in English, and* perduto *or* sentito *in Italian) are listed as separate entries.*

The ***internal structure*** *of each entry follows a pattern of division according to grammatical categories (noun, adjective, adverb, etc.), identified by the letters A, B, C,... Within each category, basic meanings are introduced by an Arab numeral in bold face, (1, 2, 3, etc.). Translations are generally followed by illustrative phraseology. The final part of the entry, preceded by a bullet (•), consists of special phrases, idioms, technical terms and (in the English-Italian section) compounds. This section is arranged in alphabetical order, but compound terms or phrases which have the headword as their first component precede those in which the headword is contained within the phrase.*

English-Italian section. ***Compound nouns*** *(whether hyphenated or not) are listed under the headword of the first component, and also, in some cases, under the headword of the second. Thus* dairy-farm *and* hand luggage *are to be found under the headwords* dairy *and* hand *respectively. This rule applies also to adjectives the first element of which is a noun, so that for example* day-long *is listed under* day, *and* hand-sewn *under* hand. *On the other hand, separate status has been given to nouns whose first element belongs to a different grammatical category, such as* best-seller *and* go--between, *verbs such as* to bag-snatch, *and* to water-ski, *and to adjectives whose first element is a verb, such as* go-getting. *It is, however, important to remember that the use of the hyphen is constantly evolving. The same term can frequently be found both as two words, with or without a hyphen, and as a single word. Compound words will be found in the first instance under the headword which corresponds to the first element. Failing this, they can be traced as free-standing entries, following normal alphabetical order.*

Plurals of nouns *are not specified if regular (i.e., formed by adding -s or -es). They are indicated, however, a) if irregular (e.g.* man, men; leaf, leaves*); b) if there are two plural forms (e.g.* cactus, cacti/cactuses; fish, fish/fishes*) in cases where confusion might arise (e.g.* potato, alfabeticamente lontane dal sostantivo di appartenenza. I **verbi frasali**, cioè i verbi composti da un verbo principale seguito da una particella avverbiale o da una preposizione o da entrambi (per es. *to fall off, to make for, to catch up with*) sono trattati come lemmi autonomi alla fine della voce relativa al verbo principale e contraddistinti da un rombo (♦).

Il segno [U], posto dopo l'indicazione grammaticale di un sostantivo (o, nel caso di più accezioni, dopo il numero di accezione), sta per **uncountable**, cioè "non numerabile", e indica che il sostantivo (o una sua accezione) a) non è mai usato con un numero o con l'articolo indeterminativo, b) richiede il verbo al singolare e c) prende l'articolo determinativo solo se seguito da una specificazione o se riferito a un contesto particolare (per es.: *Patience is a virtue*, ma *You would try the patience of a saint*; *Water was scarce*, ma *He fell into the water*). Molti di questi sostantivi corrispondono a un plurale italiano, per es. *Listen to his advice*, ascolta i suoi consigli; *to talk rubbish*, dire sciocchezze. I sostantivi o le accezioni che possono essere sia *uncountable* sia **countable**, "numerabili", (per es. *She jumped for joy; Her child is a great joy to her*) vengono indicati con [U] e [C] oppure [C] e [U] secondo la frequenza d'uso. Nessun segno contraddistingue i sostantivi o le accezioni che sono *countable*.

A fianco di ciascun lemma compare la sua **trascrizione fonematica** coi simboli dell'Alfabeto Fonetico Internazionale (IPA).

Sezione italiano-inglese. Il **plurale dei sostantivi** è indicato solo se irregolare (per es. *uomo, uomini; uovo, uova*) o quando esistono due forme plurali, una maschile e una femminile (per es. *braccio, bracci/braccia*), delle quali, ove occorra, viene indicato l'ambito d'uso.

Le **forme femminili dei sostantivi** costituiscono lemmi a sé solo quando hanno traducenti e fraseologia propri (per es. *duchessa, padrona*). Negli altri casi, la desinenza del femminile viene data tra parentesi subito dopo il corrispondente lemma maschile, con un eventuale lemma di rimando nel caso di forme lontane fra loro alfabeticamente.

Sono inclusi quei **forestierismi** che sembrano ormai avere acquisito pieno diritto di cittadinanza nell'uso comune della lingua italiana.

E' stato ovviamente impossibile accogliere tutte le **forme alterate** (accrescitivi, diminutivi, vezzeggiativi e peggiorativi), di cui la lingua italiana è così ricca. Sono però registrate voci come *bambolotto* o *cartoncino*, che godono di una loro autonomia semantica o a cui sono collegate locuzioni speciali.

Si sono indicate le **preposizioni di reggenza dei traducenti** inglesi quando sono diverse dall'italiano o quando il verbo italiano è transitivo. L'uso delle parentesi dipende dalla reggenza del lemma, per es. *concorrere,* to take part (in); *pregustare*, to look forward to.

La **pronuncia italiana** di ogni lemma è indicata dall'accento tonico: in neretto se obbligatorio nella grafia, come in *città* o *più*; altrimenti in carattere più chiaro. L'accento acuto indica pronuncia chiusa della *e* e della *o*; un puntino sotto la *s* e la *z* indica suono sonoro.

L'irregolarità delle **forme flesse** (plurale dei sostantivi, passato e participio passato dei verbi) è segnalata da un asterisco (*) posto dopo il traducente, che serve da rimando alla sezione inglese-italiano (fanno eccezione *to be* e *to have*, troppo spesso ricorrenti).

potatoes*). Cross-referencing has been used for forms which are not alphabetically adjacent.*

Phrasal verbs *(i.e., verbs consisting of a main verb followed by an adverb or a preposition or both, for example* to fall off, to make for, to catch up with*) are listed as separate entries at the end of the entry relating to the verb, and each verb is preceded by a diamond (♦).*

The sign [U], which follows the grammatical indication of a noun (or, where the noun has several meanings, after the number of the meaning), stands for ***uncountable****, and indicates that the noun (or one of its meanings) a) is never used with a number or with the indefinite article, b) takes the verb in the singular, and c) takes the definite article only if followed by a qualification or referred to a specific context (for example:* Patience is a virtue, *but* You would try the patience of a saint; Water was scarce, *but* He fell into the water*). Many of these nouns correspond to an Italian plural, as in* Listen to his advice, *ascolta i suoi consigli*; to talk rubbish, *dire sciocchezze. Nouns or meanings which can be both uncountable and* **countable** *(e.g.* She jumped for joy; Her child is a great joy to her*) are labelled [U] e [C] or [C] e [U], according to which form is more frequently used. Countable nouns and meanings have no label.*

Each headword is followed by its ***phonetic transcription****, using the symbols of the International Phonetic Association (IPA).*

Italian-English section. ***Plurals of nouns*** *are indicated only if irregular (e.g.* uomo, uomini; uovo, uova*) or when two forms exist, one masculine, one feminine (e.g.* braccio, bracci/braccia*), in which case an explanation is given of the difference in usage.*

Feminine forms of nouns *constitute headwords in their own right only when they have specific translations and phraseology (e.g.* duchessa, padrona*). Otherwise, the ending of the feminine form appears in brackets immediately after the corresponding masculine headword, with recourse to cross-referencing when the two forms are not alphabetically adjacent.*

We have included those ***foreign expressions*** *which appear to have been accepted as part of everyday Italian.*

It has clearly been impossible to list all the **augmentatives, diminutives, terms of endearment and pejoratives** *which so enrich the Italian language. Words like* bambolotto *or* cartoncino*, however, which have meanings independent of their origin or are linked to special expressions, are listed as separate headwords.*

Prepositions used with English translations *are listed when they differ from the Italian or when the Italian verb is transitive. The use of brackets is dependent on the regimen of the headword, e.g.* concorrere, *to take part (in);* pregustare, *to look forward to.*

The ***Italian pronunciation*** *of each headword is indicated by an accent: in bold face where it is obligatory in writing, as in* città *or* più*, and otherwise in ordinary type face. The acute accent indicates closed pronunciation of* e *and* o*. Voiced* s *and* z *are indicated by a dot beneath the letter.*

Irregular inflections *of English words given as translations are indicated by an asterisk (*) placed at the end of the word, which serves as a cross-reference to the English-Italian section (with the exception of* to be *and* to have*, which recur too frequently).*

GUIDA GRAFICA ALLA CONSULTAZIONE - *KEY TO STRUCTURE OF*

lemma
headword

categoria grammaticale
grammatical information

agency /'eɪdʒənsɪ/ *n.* ***1*** agenzia: **estate [advertising] a.**, agenzia immobiliare [pubblicitaria]; **news a.**, agenzia di stampa ***2*** (*comm.*) rappresentanza: **sole a.**, rappresentanza esclusiva ***3*** (*USA*) dipartimento; ente governativo ***4*** [U] azione; opera: **by the a. of heat**, per azione del calore.

traducenti
translations or equivalents

voce
entry

lemmi omografi
homographs

bark (1) /bɑ:k/ *n.* ***1*** abbaio; latrato ***2*** (*pop.*) tosse • **His b. is worse than his bite**, abbaia ma non morde (*fig.*).
bark (2) /bɑ:k/ *n.* corteccia; scorza.
bark (3) /bɑ:k/ *n.* (*naut.*) brigantino a palo; nave a palo.
to **bark (1)** /bɑ:k/ *v. i.* ***1*** abbaiare ***2*** (*anche* **to b. out**) sbraitare; abbaiare; parlare in modo iroso ***3*** (*pop.*) tossire • **to b. at the moon**, abbaiare alla luna □ (*fam.*) **to b. up the wrong tree**, essere fuori strada (*fig.*); sbagliarsi di grosso.
to **bark (2)** /bɑ:k/ *v. t.* ***1*** scortecciare (*un albero*) ***2*** (*fam.*) scorticare, sbucciare (*un gomito, un ginocchio*).

abbreviazione del lemma
abbreviation of the headword

verbi frasali
phrasal verbs

to **cash** /kæʃ/ *v. t.* (*comm.*) ***1*** incassare; riscuotere ***2*** convertire in denaro.
♦ **cash in** *v. t. + avv.* incassare; riscuotere.
♦ **cash in on** *v. i. + avv. e prep.* (*fam.*) approfittare di.
♦ **cash up** *v. i. + avv.* (*di negozio, ecc.*) chiudere i conti alla fine della giornata.

trascrizione fonematica dei lemmi inglesi
phonetic transcription of English headwords

damage /'dæmɪdʒ/ *n.* [U] ***1*** danno; danni: **to cause serious d.**, causare seri danni; **The d. is done**, il danno è fatto ormai ***2*** (*al pl.*) (*ass., leg.*) danni; risarcimento dei danni; indennizzo: **to claim damages**, chiedere il risarcimento dei danni; **d. claim**, richiesta di indennizzo ***3*** (*scherz.*) costo; prezzo: **What's the d.?**, quanto devo?

limiti d'uso e indicazioni di appartenenza a linguaggi specialistici
labels indicating usage and subject area

sostantivo numerabile e non numerabile
countable and uncontable noun

earth /ɜ:θ/ *n.* ***1*** terra; mondo: **the E.**, la Terra; **on e.**, sulla terra; **the greatest scientist on e.**, il più grande scienziato del mondo ***2*** [U] terra; terriccio ***3*** covo, tana (*di volpe, ecc.*) ***4*** [C] *e* [U] (*elettr., GB*) terra; massa ***5*** (*chim.*) terra • **e.-shattering**, clamoroso; sconvolgente □ **to come back** (*o* **down**) **to e.**, rimettere i piedi in terra (*fig.*); tornare alla realtà □ **to cost the e.**, costare un occhio della testa □ (*fam.*) **like nothing on e.**, tremendo; ridicolo; pazzesco □ **What on e. are you doing?**, che diavolo stai facendo? □ **Why on e. didn't you come?**, perché mai non sei venuto?

sostantivo non numerabile
uncountable noun

parére (2) *m.* opinion; advice [U]; counsel [U]: **a mio p.**, in my opinion; **p. legale**, legal advice; **sentire il p. di un esperto**, to seek expert advice; **sentire il p. di un avvocato [un medico]**, to consult a lawyer [a doctor] • **essere dello stesso p.**, to agree □ **Non sono del p. di vendere**, I don't think we should sell; I don't like the idea of selling □ **mutare p.**, to change one's mind.

il quadratino separa le locuzioni della sezione speciale
small square separating expressions within the special section

egg /ɛg/ *n.* ***1*** uovo: **to lay an egg**, deporre (*o* fare) l'uovo; **boiled [hard-boiled, soft-boiled] egg**, uovo alla coque [sodo, bazzotto]; **scrambled eggs**, uova strapazzate ***2*** (*pop.*) individuo; tipo: **bad egg**, tipaccio • **egg-whisk**, frusta (per montare le uova) □ **egg white**, chiara d'uovo; albume □ **to have egg on one's face**, fare una figuraccia □ **in the egg**, allo stato embrionale; in potenza □ **to put all one's eggs in one basket**, puntare tutto su una carta sola.

sezione speciale preceduta da un pallino nero: elenca tecnicismi, locuzioni idiomatiche e nomi composti
special section, introduced by a bullet, listing technical phrases, idioms and compound nouns

numeri arabi: indicano diverse accezioni del lemma
numbers indicating separate meanings

final /'faɪnl/ ***A*** *a.* finale; ultimo; conclusivo; definitivo: **f. attempt**, ultimo (*o* estremo) tentativo; (*econ.*) **f. product**, prodotto finale; **f. offer**, ultima offerta; **f. answer**, risposta definitiva; **You'll do as I say, and that's f.!**, farai come dico io, e basta! ***B*** *n.* ***1*** (*sport*) finale: **tennis finals**, finali di tennis ***2*** (*USA*) esame finale ***3*** (*al pl.*) (*GB*) esami finali (*all'università*).

lettere alfabetiche: indicano diverse categorie grammaticali
capital letters indicating grammatical divisions

ENTRIES

fraseologia esplicativa
illustrative example or phraseology

global /ˈgləʊbl/ *a.* ***1*** che riguarda tutto il globo; mondiale: **g. climatic changes**, mutamenti climatici che interessano tutto il globo; **g. warming**, riscaldamento dell'atmosfera terrestre ***2*** globale; complessivo.

to **kneel** /niːl/ (*pass. e p.p.* **knelt**) *v. i.* ***1*** (*anche* **to k. down**) inginocchiarsi ***2*** genuflettersi.

segnalazione di forma flessa irregolare
indication of irregular inflected forms

rinvii dalla forma flessa al lemma corrispondente
inflected forms cross-referenced to main headwords

knelt /nɛlt/ *pass. e p.p. di* **to kneel.**

leaf /liːf/ *n.* (*pl.* **leaves**) ***1*** (*bot.*) foglia: **to come into l.**, mettere le foglie ***2*** ◻ foglia (*di metallo*); lamina ***3*** foglio (*di libro, ecc.*); pagina ***4*** ribalta, prolunga (*di tavolo*) • (*orticoltura*) **l. mould**, pacciame □ **to take a l. out of sb.'s book**, seguire l'esempio di q. □ **to turn over a new l.**, voltare pagina; cambiare vita.

leaves /liːvz/ *pl. di* **leaf.**

quando una parola composta va a capo, il trattino di divisione è ripetuto nella riga successiva
when a compound word is broken, the hyphen is repeated on the new line

maneuver /məˈnuːvə(r)/ *e deriv.* (*USA*) *V.* **manoeuvre** *e deriv.*

rinvio ad altro lemma
cross-reference

ply /plaɪ/ *n.* ***1*** capo (*di lana, ecc.*); trefolo (*di corda*): **three--ply wool**, lana a tre capi ***2*** strato: **four-ply wood**, legno (compensato) a quattro strati.

le varianti di forma del lemma sono separate da una virgola
variant spelling of the headword are separated by a comma

eyrie, **eyry** /ˈaɪərɪ/ *n.* nido di rapace.

foderàto *a.* lined (with); (*ricoperto*) covered (with).

indicazione di reggenza
indication of prepositions or cases taken

parteggiàre *v. i.* to side (with); to take* sides (with); to support (sb., st.) • **non p. né per l'uno né per l'altro**, not to take sides.

nella sezione italiano inglese le irregolarità delle forme flesse dei traducenti sono segnalate da un asterisco
in the Italian--English section, irregular inflected forms of the translation are marked by an asterisk

accordàre ***A*** *v. t.* ***1*** (*concedere*) to grant; to give*; to allow: **a. uno sconto**, to give a discount; **a. un permesso**, to grant a permit; to give permission; **a. un aumento**, to give a pay rise ***2*** (*armonizzare*) to match ***3*** (*mettere d'accordo*) to reconcile ***4*** (*mus.*) to tune ***5*** (*gramm.*) to make* (st.) agree ***B*** **accordàrsi** *v. rifl. recipr.* ***1*** (*raggiungere un accordo*) to agree; to come* to (*o* to reach) an agreement ***2*** (*mus.*) to tune up ***C*** **accordàrsi** *v. i. pron.* ***1*** (*concordare*) to accord (with); to fit in (with) ***2*** (*armonizzare*) to go* well (with).

móglie *f.* wife*: **avere m. e figli**, to have a wife and children; to be married with a family; **chiedere in m.**, to ask in marriage; **prendere m.**, to marry; to get married; **Sarà una buona m. per lui**, she will make him a good wife • (*prov.*) **Tra m. e marito non mettere i dito**, never interfere betwee husband and wife.

i proverbi sono riportati al termine della voce
proverbs are listed at the end of the entry

adolescènte ***A*** *a.* adolescent; teenage (*attr.*) ***B*** *m. e f.* teenager; adolescent; youth (*m.*) • **essere un a.**, to be a teenager; to be in one's teens (*fam.*) □ **gusti da a.**, adolescent tastes.

l'accento acuto o grave segnala la pronuncia chiusa o aperta delle vocali
the acute or grave accent indicates closed or open pronunciation of the vowels

nella sezione italiano inglese la pronuncia sonora della *s* e della *z* è segnalata da un punto al di sotto del carattere
in the Italian-English section voiced 's' and 'z' are marked with a dot under the letter

aṣilo *m.* ***1*** (*rifugio*) refuge; shelter; (*polit.*) asylum: **cercare a.**, to seek refuge (*o* shelter); **trovare a.**, to find shelter; (*polit.*) **diritto d'a.**, right of asylum ***2*** (*anche* **a. infantile**) nursery school; preschool (*USA*); kindergarten (*ted.*) • **a. nido**, crèche (*franc.*).

ABBREVIAZIONI - *ABBREVIATIONS*

a. = aggettivo (-i) / *adjective(s)*
abbr. = abbreviazione, abbreviato / *abbreviation, abbreviated*
aeron. = aeronautica / *aeronautics*
afferm. = affermativo, affermazione / *affirmative, affirmation*
agg. = aggettivo (-i), aggettivale / *adjective(s), adjectival*
agric. = agricoltura / *agriculture*
amm. = amministrazione / *administration*
anat. = anatomia / *anatomy*
anglo-ind. = angloindiano / *Anglo-Indian*
anglosass. = anglosassone / *Anglo-Saxon*
antiq. = antiquato / *antiquated*
antropol. = antropologia / *anthropology*
arald. = araldica / *heraldry*
arc. = arcaico, arcaismo / *archaic, archaism*
archeol. = archeologia / *archaeology*
archit. = architettura / *architecture*
art. = articolo / *article*
ass. = assicurazioni / *insurance*
assol. = assoluto / *absolute*
astrol. = astrologia / *astrology*
astron. = astronomia / *astronomy*
attr. = attributo, attributivo / *attribute, attributive*
Austr. = Australia, australiano / *Australia, Australian*
autom. = automobilismo / *motor cars*
avv. = avverbio (-i), avverbiale / *adverb(s), adverbial*

biochim. = biochimica / *biochemistry*
biol. = biologia / *biology*
Borsa = Borsa valori / *Stock Exchange*
bot. = botanica / *botany*
bur. = burocratico / *officialese*

card. = cardinale / *cardinal*
cfr. = confronta / *compare*
chim. = chimica / *chemistry*
chir. = chirurgia / *surgery*
cinem. = cinematografia / *film-making*
collett. = collettivo / *collective*
com. = comunemente / *commonly*
comm. = commercio, commerciale / *business, commercial*
compar. = comparativo / *comparative*
compl. = complemento / *object, adverb phrase*
condiz. = condizionale / *conditional*
cong. = congiunzione / *conjunction*
congiunt. = congiuntivo / *subjunctive*
contraz. = contrazione / *contraction*
correl. = correlativo, correlazione / *correlative, correlation*
costruz. = costruzione (grammaticale) / *(grammatical) construction*
crim. = criminale, criminalità / *criminal, crime*

def. = definizione / *definition*
deriv. = derivato / *derivative*
determ. = determinativo / *definite*
difett. = difettivo / *defective*
dim. = diminutivo / *diminutive*
dimostr. = dimostrativo / *demonstrative*
dog. = dogana / *customs*
dubit. = dubitativo / *dubitative*

ecc. = eccetera / *etcetera*
eccles. = ecclesiastico / *ecclesiastical*
ecol. = ecologia / *ecology*
econ. = economia / *economics*
edil. = edilizia / *building industry*
elab. = elaborazione dati, informatica / *computing, information technology*
elettr. = elettricità / *electricity*
elettron. = elettronica / *electronics*
enfat. = enfatico / *emphatic*
es. = esempio / *for example*
escl. = esclamazione, esclamativo / *exclamation, exclamatory*
espress. = espressione / *phrase*
estens. = estensione / *broader meaning*
etc. = *etcetera*
etnol. = etnologia / *ethnology*
eufem. = eufemismo, eufemistico / *euphemism, euphemistic*

f. = femminile, sostantivo femminile / *feminine, feminine noun*
falegn. = falegnameria / *carpentry*
fam. = familiare, colloquiale / *colloquial*
farm. = farmacia / *pharmacy*
femm. = femminile / *female, women's*
ferr. = ferrovia / *railway*
fig. = figurato / *figurative*
filol. = filologia / *philology*
filos. = filosofia / *philosophy*
fin. = finanza, finanziario / *finance, financial*
fis. = fisica / *physics*
fis. nucl. = fisica nucleare / *nuclear physics*
fisc. = fisco / *taxes*
fisiol. = fisiologia / *physiology*
fon. = fonetica / *phonetics*
form. = formale / *formal*
fotogr. = fotografia / *photography*
f. pl. = sostantivo femminile plurale / *feminine plural noun*
franc. = francese / *French*
fut. = futuro / *future*

G. B. = Gran Bretagna / *Great Britain*
GB = inglese britannico / *British English*
generalm. = generalmente / *generally*
geogr. = geografia / *geography*
geom. = geometria / *geometry*
giorn. = giornalismo / *journalism*
gramm. = grammatica / *grammar*

idiom. = idiomatico / *idiomatic*
idraul. = idraulica / *hydraulics*
imper. = imperativo / *imperative*
imperf. = imperfetto / *imperfect*
impers. = impersonale / *impersonal*
ind. = industria / *industry*
ind. costr. = industria delle costruzioni / *construction industry*
indef. = indefinito / *indefinite*
indic. = indicativo / *indicative*
indir. = indiretto / *indirect*
ind. min. = industria mineraria / *mining industry*
ind. tess. = industria tessile / *textile industry*
inf. = infinito / *infinitive*
infant. = infantile / *baby-talk*
ingl. = inglese, anglicismo / *English, Anglicism*
inter. = interiezione / *interjection*
interr. = interrogativo / *interrogative*
invar. = invariato, invariabile / *invariable*
irl. = inglese d'Irlanda / *Irish English*

iron. = ironico / *ironic*
irr. = irregolare / *irregular*
ital. = italiano / *Italian*

lat. = latino / *Latin*
leg. = legale, diritto / *legal, law*
lett. = letterario / *literary*
letter. = letteratura / *literature*
letteralm. = letteralmente / *literally*
ling. = linguistica / *linguistics*
locuz. = locuzione / *phrase, idiom*

m. = maschile, sostantivo maschile / *masculine, masculine noun*
market. = marketing / *marketing*
masch. = maschile / *male, men's*
mat. = matematica / *mathematics*
mecc. = meccanica / *mechanics*
med. = medicina / *medicine*
metall. = metallurgia / *metallurgy*
meteor. = meteorologia / *meteorology*
mil. = militare / *military*
miner. = mineralogia / *mineralogy*
miss. = missilistica / *rocketry*
mitol. = mitologia / *mythology*
m. pl. = sostantivo maschile plurale / *masculine plural noun*
mus. = musica, musicale / *music, musical*

n. = sostantivo / *noun*
naut. = nautico, nautica, marina / *nautical, navigation, navy*
neg. = negativo, negazione / *negative, negation*
neur. = neurologia / *neurology*
n. pl. = sostantivo plurale / *plural noun*
num. = numerale / *numeral*
numism. = numismatica / *numismatics*

ogg. = oggetto / *object*
onom. = onomatopeico / *onomatopoeic*
ord. = ordinale / *ordinal*
org. az. = organizzazione aziendale / *management*

paleont. = paleontologia / *palaeontology*
part. = participio / *participle*
pass. = passato / *past*
pers. = persona, personale / *person, personal*
pitt. = pittura / *painting*
pl. = plurale / *plural*
poet. = poetico / *poetical*
polit. = politica / *politics*
pop. = popolare, gergale / *popular, slang*
poss. = possessivo / *possessive*
p. p. = participio passato / *past participle*
pred. = predicato, predicativo / *predicate, predicative*
pref. = prefisso / *prefix*
prep. = preposizione / *preposition*
pres. = presente / *present*
progr. = (forma) progressiva / *present continuous*
pron. = pronome, pronominale / *pronoun, pronominal*
prop. = proposizione / *clause*
prov. = proverbio, proverbiale / *proverb, proverbial*
psic. = psicologia / *psychology*
pubbl. = pubblicità / *advertising*

q. = qualcuno
q. c. = qualche cosa
q. V. = quod vide / *which see*

radio = radiofonia / *radio*
rag. = ragioneria / *accounting*
recipr. = reciproco / *reciprocal*
region. = regionale, regionalismo / *regional, regionalism*
relat. = relativo / *relative*
relig. = religione, religioso / *religion, religious*
rem. = remoto / *remote*
retor. = retorica, retorico / *rhetoric, rhetorical*
rif. = riferito / *referring* (*to*)
rifl. = riflessivo / *reflexive*

sb. = *somebody*
scherz. = scherzoso / *jocular*
scient. = scientifico / *scientific*
scozz. = inglese di Scozia / *Scottish English*
scult. = scultura / *sculpture*
sign. = significato / *meaning*
sim. = simili / *similar things* (*people, etc.*)
sing. = singolare / *singular*
sociol. = sociologia / *sociology*
sogg. = soggetto / *subject*
sost. = sostantivo (-i) / *noun*(*s*)
spagn. = spagnolo / *Spanish*
specialm. = specialmente / *especially*
spreg. = spregiativo / *derogatory*
st. = *something*
stat. = statistica / *statistics*
stor. = storia, storico / *history, historical*
suff. = suffisso / *suffix*
superl. = superlativo / *superlative*

teatr. = teatro, teatrale / *theatre, theatrical*
tecn. = tecnica, tecnico / *technology, technical*
ted. = tedesco / *German*
tel. = telecomunicazioni / *telecommunications*
telef. = telefono / *telephone*
telegr. = telegrafo / *telegraph*
teol. = teologia, teologico / *theology, theological*
tipogr. = tipografia / *printing*
topogr. = topografia / *topography*
tur. = turismo / *tourism*
TV = televisione / *television*

U.S.A. = Stati Uniti d'America / *United States of America*
USA = inglese americano, americanismo / *American English, Americanism*

v. = verbo / *verb*
V. = vedi / *see*
vc. = voce / *word*
v. i. = verbo intransitivo / *intransitive verb*
v. i. pron. = verbo intransitivo pronominale / *pronominal intransitive verb*
v. rifl. = verbo riflessivo / *reflexive verb*
v. t. = verbo transitivo / *transitive verb*
verb. = verbale / *verbal*
vet. = veterinaria / *veterinary science*
vezzegg. = vezzeggiativo / *term of endearing*
vocat. = vocativo / *vocative*
volg. = volgare / *coarse, taboo*

zool. = zoologia / *zoology*

SIMBOLI FONETICI - *PHONETIC SYMBOLS*

Vocali e dittonghi

/iː/ *see* /siː/ [sii]
/ɪ/ *hippie* /ˈhɪpɪ/ [ˈhɪpi]
decided /dɪˈsaɪdɪd/ [dɪˈsaedɪd, *USA* dəˈsaedəd]
ticket /ˈtɪkɪt/ [ˈtʰɪkɪt, *USA* -ət]
latest /ˈleɪtɪst/ [ˈleɪtɪst, *USA* -ɾəst]
houses /ˈhaʊzɪz/ [ˈhaozɪz, *USA* -əz]
/ɛ/ *red* /rɛd/ [ɹɛd]
/æ/ *hat* /hæt/
/ɑː/ *car* /kɑː(r)/ [kʰɑː, *USA* kʰɑːɹ]
/ɒ/ *got* /gɒt/ [gɒt, *USA* gɑt]
/ɔː/ *saw* /sɔː/ [soː, *USA* sɔː]
/ʊ/ *put* /pʊt/ [pʰʊt]
/uː/ *too* /tuː/ [tʰʊu]
/ʌ/ *up* /ʌp/
/ɜː/ *fur* /fɜː(r)/ [fɜː, *USA* fɹ̩ː]
/ə/ *away* /əˈweɪ/
/eɪ/ *day* /deɪ/
/əʊ/ *go* /gəʊ/ [gɜʊ, *USA* goʊ]
/aɪ/ *five* /faɪv/ [faev]
/aʊ/ *now* /naʊ/ [nao]
/ɔɪ/ *boy* /bɔɪ/ [bɔe]
/ɪə/ *here* /hɪə(r)/ [hɪʌ, *USA* hɪɹ̩]
here's /hɪəz/ [hɪəz, *USA* hɪɹz]
/ɛə/ *hair* /hɛə(r)/ [hɛɜ, *USA* hɛɹ̩]
hairs /hɛəz/ [hɛɜz, *USA* hɛɹz]
/ʊə/ *cure* /kjʊə(r)/ [kʰjʊʌ, *USA* kʰjʊɹ̩]
cured /kjʊəd/ [kʰjʊəd, *USA* kʰjʊɹ̩d]

Consonanti

/p/ *pen* /pɛn/ [pʰɛn]
/b/ *bad* /bæd/
/t/ *potato* /pəˈteɪtəʊ/ [pəˈtʰeɪtɜʊ, *USA* pəˈtʰeɪɾoʊ]
/d/ *date* /deɪt/
/k/ *cat* /kæt/ [kʰæt]
/g/ *get* /gɛt/ [gɛt]
/tʃ/ *chin* /tʃɪn/ [ʧʰɪn]
/dʒ/ *jet* /dʒɛt/ [ʤɛt]
/f/ *fine* /faɪn/ [faen]
/v/ *voice* /vɔɪs/ [vɔes]
/θ/ *thin* /θɪn/
/ð/ *then* /ðɛn/
/s/ *say* /seɪ/
/z/ *zag* /zæg/
/ʃ/ *shape* /ʃeɪp/
/ʒ/ *vision* /ˈvɪʒn/ [ˈvɪʒn̩]
/j/ *yet* /jɛt/
/w/ *wet* /wɛt/
/h/ *hit* /hɪt/
/x/ *och* /ɒx/ (scozzese)
/m/ *man* /mæn/
/n/ *net* /nɛt/
/ŋ/ *singing* /ˈsɪŋɪŋ/ [ˈsɪŋɪŋ]
/l/ *lilt* /lɪlt/ [lɪɫt]
/r/ *roar* /rɔː(r)/ [ɹoː, *USA* ɹɔːɹ]
/-(r)/ *her eyes* /hə(r)/ + /ˈaɪz/ [həɹˈaez, *USA* hɹ̩ˈaez]

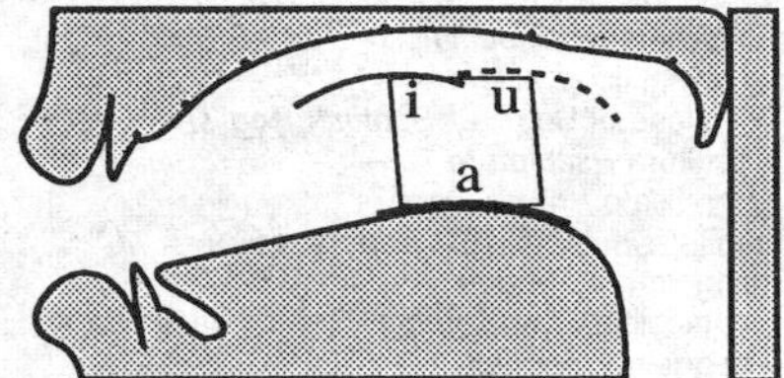

i			u	
	ɪ		ʊ	
e		ə		o
ɛ		ɜ		ɔ
		ʌ		
æ	a		ɑ	ɒ

Un trattamento particolare, sotto il profilo fonetico, è stato riservato a una sessantina di monosillabi di frequentissimo uso (articoli, preposizioni, congiunzioni, pronomi personali, aggettivi possessivi, verbi ausiliari e modali, ecc.) le cui **forme "deboli"** (quelle cioè che ricorrono nel discorso normale) sono assai piú frequenti delle **forme "forti"** (quelle che invece si sentono quando queste parole sono pronunciate con enfasi o fuori d'un contesto). Le trascrizioni fonematiche, in questi casi, sono due o piú di due: la prima rappresenta la forma "forte", le altre le forme "deboli". Anche in forme non veloci, né trascurate, abbiamo: *he took him to the station* /hɪ tʊk ɪm tə ðə ˈsteɪʃn/ [hiˈtʰʊkɪm təðəˈsteɪʃn̩], *three of them* /θriː əv ðəm/ [ˈθɹiəvðm̩, -əðm̩, -əvm̩].

Per illustrare le **principali differenze USA**, oltre alla pronuncia di *r* in ogni caso, *for their card* /fə ðɛə ˈkɑːd/ [fəðɛɜˈkʰɑːd, *USA* fɹ̩ðɛɹˈkʰɑːɹd], riguardo alla preferenza d'alcuni fonemi in certi gruppi di parole consideriamo i seguenti esempi: *laugh*, *craft*, *pass*, *last*, *path*, *can't* con /ɑː, *USA* æ/, *boss*, *lost*, *cloth*, *song*, *frog*, *sorry* con /ɒ, *USA* ɔː (oltre a [ɑ])/, *hurry* /ˈhʌrɪ, *USA* ˈhɜːrɪ/ [ˈhʌɹi, *USA* ˈhɹ̩ːɹi], *tube*, *duke*, *new* /tjuːb, djuːk, njuː, *USA* tuːb, duːk, nuː/ [tʰjʊub, djʊuk, njʊu, *USA* tʰʊub, dʊuk, nʊu]. Un altro gruppo importante presenta la desinenza o il secondo elemento d'un composto con vocale a timbro pieno in USA, contro /ə/ o addirittura la sua caduta; ecco alcuni esempi dei casi piú frequenti in trascrizione fonetica per evidenziare meglio anche le differenze d'accentazione: *contemporary* [kənˈtʰɛmpɹəɹi, *USA* kənˈtʰɛmpəˌɹɛɹi], *articulatory* [ɑːˈtʰɪkjələtɹi, *USA* ɑːɹˈtʰɪkjələˌtɔːɹi], *compensative* [kəmˈpʰɛnsətɪv, *USA* ˈkʰɑmpənˌseɪɾɪv], *strawberry* [ˈstɹoːbɹi, *USA* ˈstɹɔːˌbɛɹi]. Ovviamente, anche in America sono (o possono essere) usate le pronunce "britanniche", come pure quelle "americane" nelle Isole Britanniche.

L'**accento** nei polisillabi è indicato, come s'è già visto, da /ˈ/ posto davanti alla sillaba su cui cade. Certi **composti** hanno due accenti, che sono segnati regolarmente: *able-bodied* /ˈeɪblˈbɒdɪd/, ma quando sono in un contesto effettivo generalmente cambiano la loro struttura accentuale: *an able-bodied guy* /ənˈeɪblbɒdɪd ˈgaɪ/ [ənˈeɪbɫ̩ˌbɒdid ˈgae]. E ciò avviene anche in casi come *fifteen* /fɪfˈtiːn/, *fifteen days* [ˈfɪftɪin ˈdeɪz].

Altre parole polisillabiche hanno nella trascrizione fonematica un solo accento: *individualize*, *unilaterality* /ɪndɪˈvɪdʒʊəlaɪz, juːnɪlætəˈrælətɪ/; però spesso foneticamente vanno interpretate come aventi anche uno o piú accenti secondari: [ˌɪndɪˈvɪʤʊəˌlaez, *USA* ˌɪndə-, jʊunɪˌlætəˈɹæləti, *USA* -əˌlæɾəˈɹæləɾi]. Questo è d'obbligo nel caso di composti anche se bisillabici: *hardware*, *bookmaking*, *countrywoman* /ˈhɑːdwɛə(r), ˈbʊkmeɪkɪŋ, ˈkʌntrɪwʊmən/ [ˈhɑːdˌwɛɜ, *USA* ˈhɑːɹdˌ(h)wɛɹ, ˈbʊkˌmeɪkɪŋ, ˈkʰʌntɹiˌwʊmən]; si badi però a casi come: *postman* /ˈpəʊstmən/ [ˈpʰɜʊs(t)mən, *USA* ˈpʰoʊs(t)mən].

Nel caso invece di polisillabi **derivati** per flessione o per affissazione (non veri composti, quindi), la struttura accentuale inglese prevede degli accenti secondari su sillabe con vocali a timbro pieno (non /ə/, né altre riducibili a /ə/, soprattutto parecchie /ɪ/ e qualche /ʊ/, in particolare nella pronuncia americana) se c'è almeno un'altra sillaba tra loro e quella accentata, come si vede da *individualize*, *unilaterality*.

I suffissi *-ship* e *-ism* /-ɪzəm/ rientrano nella categoria che può ricevere l'accento secondario: *friendship*, *partnership* /ˈfrɛndʃɪp, ˈpɑːtnəʃɪp/ [ˈfɹɛndʃɪp, ˈpʰɑːtnəˌʃɪp, *USA* ˈpʰɑːɹtnɹ̩ˌʃɪp], mentre *-ing*, *-ic*, *-ish*, *-ist* non lo prendono in nessun caso.

Per stabilire i gradi d'accentazione fonetica, partendo da quella fonematica delle trascrizioni, si deve quindi riflettere sulla struttura e formazione delle parole; ugualmente, in questo modo s'arriva presto a capire che in parole come *nature* e *nutshell* la trascrizione /tʃ/ indica un solo suono unitario in *nature* /ˈneɪtʃə(r)/ [ˈneɪʧʌ, *USA* -ʧɹ̩], ma una sequenza di due suoni in *nutshell* /ˈnʌtʃɛl/ [ˈnʌtˌʃɛɫ].

Per mancanza di spazio non si può dire di più qui, si rimanda quindi a un buon testo di fonetica e a un'attenta osservazione di tutti gli esempi e delle due figure.

inglese • italiano

a, A

A, a /eɪ/ *n.* (*pl.* **A's, a's; As, as**) ***1*** A, a ***2*** (*mus.*) la ***3*** voto massimo; ottimo; dieci ● **A bomb** (*o* **A-bomb**), bomba atomica □ (*telef.*) **a for Andrew** (*USA* **for Able**), a come Ancona □ (*in G.B.*) **A level**, esame sostenuto alla fine della scuola secondaria superiore (*valido per l'ammissione all'università*) □ (*fam.*) **A 1**, ottimo; eccellente; in perfetta forma; benissimo □ (*in G.B.*) **A-road**, strada nazionale □ **from A to B**, da un posto all'altro □ **from A to Z**, dall'A alla Z.

a /eɪ, ə/, **an** /æn, ən/ *art. indeterm.* (**an** *è usato davanti a parola con suono iniziale vocalico*) ***1*** un, uno (-a): **a coffee, an ice cream and a hamburger**, un caffè, un gelato e un hamburger ***2*** il, lo, la: **A horse is an animal**, il cavallo è un animale ***3*** (*ogni*) al, allo (-a); per: **It costs 90p a pound**, costa novanta pence alla libbra ***4*** un certo, una certa; un (-a) tale: **Do you know a Mr Brown?**, conosci un certo Mr Brown? ***5*** (*prima di* **few, great many, good many**, *e dopo* **what** *e* **many**) — **a few books**, alcuni libri; **a great many times**, moltissime volte; **What a shame!**, che peccato!; **many a time**, tante volte ● **that idiot of a brother of mine**, quell'idiota di mio fratello □ **to be of an age**, essere della stessa età.

aardvark /ˈɑːdvɑːk/ *n.* (*zool.*) oritteropo.

abaci /ˈæbəsaɪ/ *pl. di* **abacus**.

aback /əˈbæk/ *avv.* — **taken a.**, sorpreso; sconcertato; colto alla sprovvista.

abacus /ˈæbəkəs/ *n.* (*pl.* **abaci, abacuses**) abaco; pallottoliere.

abaft /əˈbɑːft, *USA* əˈbæft/ *avv. e prep.* (*naut.*) a poppa; verso poppa.

abalone /æbəˈləʊnɪ/ *n.* (*zool.*) orecchia di mare.

abandon /əˈbændən/ *n.* [U] abbandono; trasporto; effusione.

to **abandon** /əˈbændən/ ***A*** *v. t.* abbandonare; rinunciare a ***B*** to **abandon oneself** *v. rifl.* abbandonarsi; darsi: **to a. oneself to despair**, abbandonarsi alla disperazione.

abandoned /əˈbændənd/ *a.* ***1*** abbandonato; desolato: **an a. house**, una casa abbandonata ***2*** dissoluto: **a. woman**, donna dissoluta.

abandonment /əˈbændənmənt/ *n.* [U] abbandono.

to **abase** /əˈbeɪs/ ***A*** *v. t.* umiliare; degradare ***B*** to **abase oneself** *v. rifl.* umiliarsi; degradarsi.

abasement /əˈbeɪsmənt/ *n.* [U] umiliazione; degradazione.

abashed /əˈbæʃt/ *a.* confuso; imbarazzato.

to **abate** /əˈbeɪt/ ***A*** *v. t.* ridurre; alleviare; diminuire: **to a. the pain**, alleviare il dolore ***B*** *v. i.* diminuire; calmarsi; placarsi: **The wind abated**, il vento si calmò.

abatement /əˈbeɪtmənt/ *n.* [U] diminuzione; riduzione; alleviazione ● **Noise A. Society**, associazione per la lotta contro i rumori.

abattoir /ˈæbətwɑː(r), *USA* æbəˈtwɑː(r)/ (*franc.*) *n.* macello; mattatoio.

abbess /ˈæbɪs, -ɛs/ *n.* badessa.

abbey /ˈæbɪ/ *n.* abbazia.

abbot /ˈæbət/ *n.* abate.

to **abbreviate** /əˈbriːvɪeɪt/ *v. t.* abbreviare.

abbreviation /əbriːvɪˈeɪʃn/ *n.* [U] *e* [C] abbreviazione.

ABC /eɪbiːˈsiː/ *n.* ***1*** abbiccì ***2*** ABC; nozioni fondamentali; primi rudimenti.

to **abdicate** /ˈæbdɪkeɪt/ ***A*** *v. i.* abdicare ***B*** *v. t.* abdicare a; rinunciare a: **to a. the throne**, abdicare al trono; **to a. one's responsibility for st.**, non voler assumersi la responsabilità di q.c.

abdication /æbdɪˈkeɪʃn/ *n.* [U] *e* [C] abdicazione.

abdomen /ˈæbdəmən/ *n.* (*anat.*) addome.

abdominal /æbˈdɒmɪnl/ *a.* addominale.

to **abduct** /æbˈdʌkt/ *v. t.* rapire; sequestrare.

abduction /æbˈdʌkʃn/ *n.* [U] *e* [C] rapimento; sequestro di persona.

abductor /æbˈdʌktə(r)/ *n.* rapitore (-trice); sequestratore (-trice).

abeam /əˈbiːm/ *avv.* (*naut.*) al traverso.

abed /əˈbɛd/ *avv.* (*lett.*) a letto.

Aberdonian /æbəˈdəʊnɪən/ ***A*** *a.* di Aberdeen ***B*** *n.* abitante (*o* nativo) di Aberdeen.

aberrance /æˈbɛrəns/, **aberrancy** /æˈbɛrənsɪ/ *n.* [U] aberrazione; deviazione.

aberrant /æˈbɛrənt/ *a.* (*anche scient.*) aberrante.

aberration /æbəˈreɪʃn/ *n.* [U] (*anche scient.*) aberrazione.

to **abet** /əˈbɛt/ *v. t.* ***1*** (*leg.*) *V.* **to aid and a.**, *sotto* **to aid *2*** spalleggiare; tener mano a; appoggiare.

abetter, **abettor** /əˈbɛtə(r)/ *n.* (*leg.*) favoreggiatore (-trice); complice.

abeyance /əˈbeɪəns/ *n.* [U] (*leg.*) sospensione; (*di titolo, eredità, ecc.*) vacanza: **in a.**, in sospeso; vacante; giacente; (*di legge*) non applicato; **to fall into a.**, cadere in disuso; non essere più applicato.

to **abhor** /əbˈhɔː(r)/ *v. t.* aborrire; detestare.

abhorrence /əbˈhɒrəns, *USA* -ˈhɔːr-/ *n.* [U] avversione; ripugnanza; orrore.

abhorrent /əbˈhɒrənt, *USA* -ˈhɔːr-/ *a.* ripugnante; disgustoso; odioso; detestabile.

abidance /əˈbaɪdns/ *n.* [U] (l')attenersi a (*una norma, ecc.*); osservanza.

to **abide** /əˈbaɪd/ ***A*** *v. t.* (*solo in frasi neg. e interr.*) sopportare; soffrire ***B*** *v. i.* (*pass. e p.p.* **abode**) (*lett.*) rimanere; perdurare.

♦ **abide by** *v. i. + prep.* tener fede a; attenersi a; rispettare: **to a. by the law**, rispettare la legge.

abiding /əˈbaɪdɪŋ/ *a.* persistente; costante; duraturo.

ability /əˈbɪlətɪ/ *n.* abilità; capacità ● **a. test**, test attitudinale □ **to do st. to the best of one's a.**, fare q.c. col massimo impegno; mettercela tutta.

abject /ˈæbdʒɛkt/ *a.* ***1*** miserabile; miserando; degradante: **in a. poverty**, nella più nera miseria ***2*** mortificato; avvilito; contrito ***3*** abietto; vile ● **a. apology**, umile scusa.

abjection /æbˈdʒɛkʃn/ *n.* [U] degradazione; umiliazione.

abjectly /ˈæbdʒɛktlɪ/ *avv.* ***1*** in modo degradante ***2*** miserevolmente; miseramente ***3*** vilmente.

abjuration /æbdʒʊˈreɪʃn/ *n.* [U] *e* [C] abiura.

to **abjure** /əbˈdʒʊə(r), æb-/ *v. t.* abiurare; ritrattare.

ablation /æbˈleɪʃn/ *n.* [U] *e* [C] (*med., geol.*) ablazione.

ablative /ˈæblətɪv/ *a. e n.* (*gramm.*) ablativo.

ablaze /əˈbleɪz/ *a. pred. e avv.* ***1*** in fiamme ***2*** (*di viso, occhi*) acceso ***3*** splendente.

able /ˈeɪbl/ *a.* capace; abile; esperto; competente: **an a. teacher**, un insegnante capace; **to be a. to do st.**, essere capace di fare q.c.; essere in grado di (*o* poter) fare q.c. ● (*naut.*) **a. seaman**, marinaio scelto.

able-bodied /ˈeɪblˈbɒdɪd/ *a.* robusto; sano ● (*naut.*) **a. seaman**, marinaio scelto.

ablution /əˈbluːʃn/ *n.* abluzione ● (*scherz.*) **to do one's ablutions**, lavarsi; fare toeletta.

ably /ˈeɪblɪ/ *avv.* abilmente; con destrezza.

abnegation /æbnɪˈgeɪʃn/ *n.* [U] abnegazione.

abnormal /æbˈnɔːml/ *a.* anormale.

abnormality /æbnɔːˈmælətɪ/ *n.* [U] *e* [C] anormalità.

abnormally /æbˈnɔːməlɪ/ *avv.* ***1*** eccezionalmente; insolitamente ***2*** in modo anormale; in modo anomalo.

Abo /ˈæbəʊ/ *n.* (*abbr. di* **Aborigine**, *offensivo*) aborigeno (australiano).

aboard /əˈbɔːd/ (*naut., aeron.*) ***A*** *avv.* a bordo: **to go a.**, salire a bordo; imbarcarsi; **All a.!**, tutti a bordo!; in vettura! ***B*** *prep.* a bordo di.

abode (1) /əˈbəʊd/ *n.* (*lett.*) dimora; domicilio: **to take up one's a.**, prendere dimora (*o* domicilio); **of no fixed a.**, senza fissa dimora.

abode (2) /ə'bəʊd/ *pass. e p.p. di* **to abide**.

to **abolish** /ə'bɒlɪʃ/ *v. t.* abolire.

abolition /æbə'lɪʃn/ *n.* [U] abolizione.

abolitionist /æbə'lɪʃənɪst/ *n.* abolizionista.

abominable /ə'bɒmɪnəbl/ *a.* *1* abominevole; odioso; infame *2* (*fam.*) pessimo; orribile: **a. food**, cibo pessimo; **a. weather**, tempo orribile; tempo da lupi.

abominably /ə'bɒmɪnəblɪ/ *avv.* in modo abominevole; in modo pessimo; malissimo.

to **abominate** /ə'bɒmɪneɪt/ *v. t.* *1* abominare; aborrire *2* (*fam.*) detestare; non poter soffrire.

abomination /əbɒmɪ'neɪʃn/ *n.* *1* [U] ripugnanza; disgusto *2* cosa detestabile; mostruosità.

Aboriginal /æbə'rɪdʒənl/ *a.* degli Aborigeni australiani; aborigeno.

aboriginal /æbə'rɪdʒənl/ *a. e n.* aborigeno; indigeno; autoctono.

Aborigine /æbə'rɪdʒənɪ/ *n.* aborigeno australiano.

aborigine /æbə'rɪdʒənɪ/ *n.* aborigeno (-a).

to **abort** /ə'bɔːt/ ***A*** *v. i.* (*med.*) abortire ***B*** *v. t.* *1* provocare l'aborto di; interrompere (*una gravidanza*) *2* (*tecn.*) interrompere (*un volo, una missione, ecc.*); (*elab.*) sospendere l'esecuzione di (*un programma, ecc.*).

abortion /ə'bɔːʃn/ *n.* [U] *e* [C] (*anche fig.*) aborto.

abortionist /ə'bɔːʃənɪst/ *n.* chi esegue aborti clandestini.

abortive /ə'bɔːtɪv/ *a.* fallito; mancato.

aboulia /ə'buːlɪə/ *n.* [U] (*med.*) abulia.

to **abound** /ə'baʊnd/ *v. i.* essere abbondante; abbondare.
♦ **abound in** (*o* **with**) *v. i. + prep.* essere ricco di; abbondare di.

about /ə'baʊt/ ***A*** *avv.* *1* intorno; attorno; qua e là; in giro: **to leave one's things lying a.**, lasciare le proprie cose in giro; **to run a.**, correre qua e là; **to be a.**, essere in giro; circolare; **The news is going a. that...**, corre (*o* circola) voce che... *2* circa; quasi; press'a poco: **It's a. two o'clock**, sono le due circa; **just a. ready**, quasi pronto; **They're a. the same age**, hanno press'a poco la stessa età; **That's a. right**, è più o meno così; va bene, più o meno • **a. to**, sul punto di □ (*mil.*) **A. turn!**, dietro front! ***B*** *prep.* *1* circa; intorno a; riguardo a; su; di: **What do you know a. him?**, che cosa sai di lui?; **a book a. Scotland**, un libro sulla Scozia; **What is it a.?**, di che parla? (*il libro, il film, ecc.*); **I'm sorry a. your dog**, mi spiace del tuo cane; **I'll think a. it**, ci penserò; **There is something strange a. him**, c'è qualcosa di strano in lui; ha qualcosa di strano *2* (in giro) per; intorno a: **a. the house**, in giro per (la) casa; **somewhere a. here**, qui in giro da qualche parte; **to walk a. the streets**, camminare per le strade *3* su di; con: **I haven't any money a. me**, non ho denaro con me; **a. one's person**, su di sé; addosso.

about-face /ə'baʊt'feɪs/ *n.* (*mil. e fig.*) dietro front.

to **about-face** /ə'baʊt'feɪs/ *v. i.* (*mil. e fig.*) fare dietro front.

about-turn, to **about-turn** /ə'baʊt'tɜːn/ *V.* **about-face, to about-face**.

above /ə'bʌv/ ***A*** *avv.* sopra; lassù (*in cielo*): **a noise from a.**, un rumore dall'alto (*o* da sopra); **the flat a.**, l'appartamento di sopra; **the sky a.**, il cielo lassù; **See note 5 a.**, vedi sopra la nota 5; **orders from a.**, ordini dall'alto • **a.-mentioned**, suddetto; di cui sopra □ **as a.**, come sopra ***B*** *a.* precedente; suddetto; di cui sopra: **the a. clause**, la clausola di cui sopra ***C*** *prep.* sopra (*senza contatto*); al di sopra di; più di; oltre; superiore a: **to fly a. the clouds**, volare al di sopra delle (*o* sopra le) nuvole; **children a. ten**, i bambini al di sopra dei dieci anni; **a. sea level**, sopra il livello del mare; **a. suspicion**, al di sopra di ogni sospetto; **A general is a. a colonel**, un generale è superiore a un colonnello • **a. all**, soprattutto; più di tutto □ **a.-board**, (*di cosa*) aperto; chiaro; onesto; in regola □ **a. lying**, incapace di mentire □ **a. reproach**, irreprensibile □ **He's a. such things**, è superiore a queste cose □ **He's not a. a bit of bribery**, non avrebbe molti scrupoli a passare qualche mazzetta □ **to get a. oneself**, montarsi la testa; darsi un sacco d'arie.

to **abrade** /ə'breɪd/ *v. t.* *1* (*tecn.*) abradere *2* raschiare; scorticare.

abrasion /ə'breɪʒn/ *n.* [U] *e* [C] abrasione (*anche tecn.*); scorticatura; raschiatura.

abrasive /ə'breɪsɪv/ ***A*** *a.* *1* abrasivo *2* spiacevole; irritante ***B*** *n.* abrasivo.

abreast /ə'brest/ *avv.* fianco a fianco; affiancato: **three a.**, affiancati per tre; in riga per tre • **to keep a. of the times**, tenersi aggiornato.

to **abridge** /ə'brɪdʒ/ *v. t.* abbreviare; ridurre: **abridged edition**, edizione ridotta.

abridg(e)ment /ə'brɪdʒmənt/ *n.* [U] *e* [C] riduzione; riassunto.

abroad /ə'brɔːd/ *avv.* *1* all'estero *2* (*form.*) in giro: **There's a rumour a. that...**, circola voce che...

to **abrogate** /'æbrəgeɪt/ *v. t.* (*leg.*) abrogare.

abrogation /æbrə'geɪʃn/ [U] *n.* (*leg.*) abrogazione.

abrupt /ə'brʌpt/ *a.* *1* improvviso; repentino: **to come to an a. end**, terminare improvvisamente *2* brusco; sbrigativo *3* ripido *4* (*di stile*) slegato; sconnesso.

abruptness /ə'brʌptnəs/ *n.* [U] *1* repentinità *2* bruschezza; sbrigatività *3* ripidezza *4* (*di stile*) sconnessione.

abscess /'æbses/ *n.* (*med.*) ascesso.

abscissa /æb'sɪsə/ *n.* (*pl.* **abscissae** /-siː/, **abscissas**) (*mat.*) ascissa.

to **abscond** /əb'skɒnd, æb-/ *v. i.* *1* fuggire; scappare *2* (*leg.*) rendersi latitante.

absconder /əb'skɒndə(r), æb-/ *n.* (*leg.*) latitante.

abseil /'æbseɪl/ *n.* (*alpinismo*) discesa a corda doppia.

to **abseil** /'æbseɪl/ *v. i.* (*alpinismo*) scendere a corda doppia.

absence /'æbsəns/ *n.* *1* [U] *e* [C] assenza *2* [U] mancanza: **in the a. of evidence**, in mancanza di prove.

absent /'æbsənt/ *a.* assente; mancante: **a. without leave**, assente ingiustificato; **a. expression**, espressione assente • **a.-minded**, distratto □ **a.-mindedly**, distrattamente; con la mente altrove □ **a.-mindedness**, distrazione.

to **absent** /æb'sənt/ *v. Solo come*:
♦ **absent oneself** *v. rifl.* assentarsi.

absentee /æbsən'tiː/ *n.* assente • **a. landlord**, proprietario terriero che non risiede nelle sue terre.

absenteeism /æbsən'tiːɪzəm/ *n.* [U] assenteismo.

absinth(e) /'æbsɪnθ/ *n.* [U] assenzio.

absolute /'æbsəluːt/ *a.* *1* assoluto; completo; totale; indiscusso: **a. truth**, verità assoluta; **a. beginner**, totale principiante; **a. honesty**, onestà indiscussa; **a. majority**, maggioranza assoluta *2* vero; autentico: **a. idiot**, vero cretino; **a. nightmare**, vero incubo; **a. mess**, tremendo pasticcio *3* incondizionato: (*leg.*) **a. liability**, responsabilità incondizionata *4* incontrovertibile; incontestabile: **a. proof**, prova incontrovertibile; **a. right**, diritto incontestabile • **a. monarchy**, monarchia assoluta □ **a. zero**, zero assoluto.

absolutely /'æbsəluːtlɪ/ *avv.* *1* assolutamente; completamente *2* (*fam., come inter.*) certamente!; sicuro! • **to be a. right**, avere perfettamente ragione.

absolution /æbsə'luːʃn/ *n.* [U] assoluzione.

absolutism /'æbsəluːtɪzəm/ *n.* [U] assolutismo.

absolutist /'æbsəluːtɪst/ ***A*** *n.* assolutista ***B*** *a.* assolutistico.

to **absolve** /əb'zɒlv/ *v. t.* *1* (*relig.*) assolvere *2* sciogliere (*da una promessa*); liberare (*da un obbligo*).

to **absorb** /əb'sɔːb/ *v. t.* (*anche fig.*) assorbire; assimilare.

absorbed /əb'sɔːbd/ *a. pred.* assorto; immerso.

absorbent /əb'sɔːbənt/ *a. e n.* assorbente.

absorbing /əb'sɔːbɪŋ/ *a.* avvincente; appassionante.

absorption /əb'sɔːpʃn/ *n.* [U] *1* assorbimento; assimilazione *2* profondo interesse; coinvolgimento totale.

to **abstain** /əb'steɪn, æb-/ *v. i.* astenersi: **to a. from smoking**, astenersi dal fumo.

abstainer /əb'steɪnə(r), æb-/ *n.* *1* astenuto *2* astemio.

abstemious /æb'stiːmɪəs/ *a.* sobrio; frugale.

abstemiousness /æb'stiːmɪəsnəs/ *n.* [U] sobrietà; frugalità.

abstention /əb'stenʃn, æb-/ *n.* [U] *e* [C] astensione.

abstinence /'æbstɪnəns/ *n.* [U] astinenza.

abstract (1) /'æbstrækt/ *a.* astratto: **a. noun**, nome astratto; **a. painting**, pittura astratta.

abstract (2) /'æbstrækt/ *n.* *1* astratto: **in the a.**, in astratto *2* riassunto; sommario *3* (*bur., banca*) estratto: **a. of account**, estratto conto.

to **abstract** /æb'strækt, 'æbs-/ *v. t.* *1* (*chim.*) estrarre; ricavare *2* (*form. o eufem.*) prendere; sottrarre *3* riassumere; condensare.

abstracted /æb'stræktɪd/ *a.* assorto; immerso nei propri pensieri; assente.

abstraction /æb'strækʃn/ *n.* *1* [U] (*filos., arte*) astrazione *2* [C] concetto astratto; astrazione *3* [U] (l')essere assorto nei propri pensieri; aria assorta.

abstractionism /æb'strækʃənɪzəm/ *n.* [U] (*arte*) astrattismo.

abstractionist /æb'strækʃənɪst/ *n. e a.* (*arte*) astrattista.
abstruse /əb'struːs/ *a.* astruso; oscuro; recondito.
absurd /əb'sɜːd, -b'z-/ ***A*** *a.* ***1*** assurdo; irragionevole ***2*** ridicolo ***B*** *n.* assurdo.
absurdity /əb'sɜːdətɪ, -b'z-/ *n.* U *e* C ***1*** assurdità ***2*** ridicolaggine.
abulia /ə'buːlɪə, ə'bj-/ *n.* U (*med.*) abulia.
abundance /ə'bʌndəns/ *n.* U abbondanza; (gran) quantità: **oranges in a.**, arance in abbondanza; **an a. of good things**, una quantità di cose buone.
abundant /ə'bʌndənt/ *a.* abbondante; ricco: **a. in st.**, ricco di q.c.
abuse /ə'bjuːs/ *n.* ***1*** U *e* C abuso (*anche leg.*); cattivo uso: **a. of alcohol**, abuso di alcolici; **a. of power** [**of confidence**], abuso di potere [di fiducia] ***2*** U insulti; ingiurie ***3*** U (*leg.*) maltrattamenti; violenza (*specialm. a minori*): **child a.**, violenza su minori; **sexual a.**, violenza sessuale (*su un minore*).
to **abuse** /ə'bjuːz/ *v. t.* ***1*** abusare di; fare cattivo uso di ***2*** insultare; ingiuriare ***3*** maltrattare (*specialm. un minore*).
abusive /ə'bjuːsɪv/ *a.* ***1*** offensivo; ingiurioso ***2*** (*di persona*) villano; cattivo. ATTENZIONE: **abusive** ≠ abusivo.
abusiveness /ə'bjuːsɪvnəs/ *n.* (il) dire villanie.
to **abut** /ə'bʌt/ *v. t.* confinare con; toccare.
♦ **abut on** *v. i. + prep.* ***1*** essere adiacente a; confinare con ***2*** (*archit.*) poggiare contro.
abutment /ə'bʌtmənt/ *n.* (*archit.*) spalla.
abysmal /ə'bɪzml/ *a.* ***1*** senza limiti; abissale; crasso: **a. ignorance**, ignoranza abissale (*o* crassa) ***2*** (*fam.*) pessimo; terribile; atroce: **The food was a.**, il cibo era pessimo; **a. standard**, standard bassissimo.
abysmally /ə'bɪzmlɪ/ *avv.* terribilmente: **a. ignorant**, ignorantissimo; di un'ignoranza crassa; **a. bad.**, pessimo; scadentissimo; **to fail a.**, fallire miseramente.
abyss /ə'bɪs/ *n.* (*anche fig.*) abisso; baratro.
abyssal /ə'bɪsl/ *a.* (*geogr.*) abissale.
Abyssinian /æbɪ'sɪnɪən/ *n. e a.* abissino.
acacia /ə'keɪʃə/ *n.* (*bot.*) acacia.
academic /ækə'dɛmɪk/ ***A*** *a.* ***1*** accademico; universitario ***2*** teorico; accademico ***B*** *n.* docente universitario (-a).
academician /ə'kædə'mɪʃn, 'ækədə-/ *n.* accademico (-a).
academy /ə'kædəmɪ/ *n.* accademia • **a. of music**, conservatorio □ **military a.**, accademia militare.
acanthus /ə'kænθəs/ *n.* (*bot.*) acanto.
to **accede** /ək'siːd, æk-/ *v. Solo come*:
♦ **accede to** *v. i. + prep. i.* ***1*** (*form.*) acconsentire a; aderire a ***2*** assumere (*una carica*): **to a. to the throne**, salire al trono.
to **accelerate** /ək'sɛləreɪt/ *v. t. e i.* accelerare.
acceleration /əksɛlə'reɪʃn/ *n.* U accelerazione.
accelerator /ək'sɛləreɪtə(r)/ *n.* acceleratore.
accent /'æksɛnt, -sənt/ *n.* ***1*** accento; tono ***2*** rilievo; risalto; enfasi.
to **accent** /æk'sɛnt, 'æksɛnt/ *v. t.* ***1*** accentare ***2*** dare risalto a; accentuare; sottolineare.
to **accentuate** /æk'sɛntʃʊeɪt/ *v. t.* dare risalto a; accentuare; sottolineare.
to **accept** /ək'sɛpt/ *v. t.* ***1*** accettare: **to a. an invitation**, accettare un invito; **to a. responsibility for st.**, assumersi la responsabilità di q.c. ***2*** rassegnarsi a; accettare: **He can't a. the fact of her death**, non si rassegna alla morte di lei ***3*** riconoscere: **to a. st. as true**, riconoscere q.c. come vero.
acceptable /ək'sɛptəbl/ *a.* accettabile; soddisfacente.
acceptance /ək'sɛptəns/ *n.* U ***1*** favore; consenso; approvazione; accoglienza favorevole: **to meet with general a.**, avere l'approvazione di tutti; incontrare il consenso generale ***2*** accoglimento: **the a. of a proposal**, l'accoglimento di una proposta ***3*** (*comm.*) accettazione: **in case of non-a.**, in caso di mancata accettazione.
acceptation /æksɛp'teɪʃn/ *n.* accezione; significato.
accepter, **acceptor** /ək'sɛptə(r)/ *n.* (*comm.*) accettante.
access /'æksɛs/ *n.* ***1*** U accesso: **means of a.**, via di accesso; **to offer easy a.**, offrire un facile accesso; **to gain a.**, accedere; penetrare; **Do you have a. to a photocopier?**, hai modo di usare una fotocopiatrice?; **a. road**, strada di accesso; (*di autostrada*) raccordo, svincolo ***2*** U (*elab.*) accesso: **a. time**, tempo di accesso ***3*** (*lett.*) accesso (*d'ira, di malattia*).
accessibility /əksɛsə'bɪlətɪ/ *n.* accessibilità.
accessible /ək'sɛsəbl/ *a.* ***1*** accessibile; raggiungibile ***2*** (*di persona*) disponibile; avvicinabile ***3*** facile da capire; accessibile ***4*** (*di prezzi, ecc.*) accessibile.
accession /æk'sɛʃn/ *n.* ***1*** U entrata (*in carica*); assunzione (*di una carica pubblica*); ascesa (*al trono*) ***2*** U adesione; assenso ***3*** U *e* C aggiunta; acquisizione (*in una biblioteca*).
accessorial /æksə'sɒrɪəl, -ɔːr-/ *a.* accessorio.
accessory /ək'sɛsərɪ/ ***A*** *a.* accessorio ***B*** *n.* ***1*** accessorio ***2*** (*leg.*) complice.
accident /'æksɪdənt/ *n.* ***1*** incidente; infortunio; disgrazia: **There has been an a.**, c'è stato un incidente; è successa una disgrazia; **railway a.**, incidente ferroviario; **a. insurance**, assicurazione contro gli infortuni ***2*** caso: **by a.**, per caso; **It's no a. that...**, non è un caso se... • **a.-prone**, soggetto a frequenti incidenti; facile agli incidenti □ **Accidents will happen**, sono cose che capitano □ **It was an a. waiting to happen**, era destinato a succedere prima o poi.
accidental /æksɪ'dɛntl/ ***A*** *a.* accidentale; casuale; fortuito ***B*** *n.* (*mus.*) accidente.
acclaim /ə'kleɪm/ *n.* U plauso; consenso.
to **acclaim** /ə'kleɪm/ *v. t.* acclamare.
acclamation /æklə'meɪʃn/ *n.* U *e* C acclamazione.
to **acclimate** /ə'klaɪmeɪt, -ət/ (*USA*) *V.* **to acclimatize**.
to **acclimatise** /ə'klaɪmətaɪz/ *e deriv.* (*GB*) *V.* **to acclimatize** *e deriv.*
acclimatization /əklaɪmətaɪ'zeɪʃn, *USA* -tɪ'z-/ *n.* U acclimatazione.
to **acclimatize** /ə'klaɪmətaɪz/ ***A*** *v. t.* acclimatare • **to get acclimatized**, acclimatarsi ***B*** *v. i.* acclimatarsi.
accolade /'ækəleɪd, *USA* -'leɪd/ *n.* lode; elogio; riconoscimento; onore.
to **accommodate** /ə'kɒmədeɪt/ ***A*** *v. t.* ***1*** alloggiare; accogliere; ospitare: **Students are accommodated in flatlets**, gli studenti sono alloggiati in miniappartamenti; **The hotel can a. 300 guests**, l'albergo può accogliere 300 persone ***2*** lasciare spazio a: **a structure that cannot a. alterations**, una struttura che non lascia spazio ai cambiamenti ***3*** soddisfare; venire incontro a ***4*** conciliare; comporre: **to a. a quarrel**, comporre una lite ***B*** *v. i. e* **to accommodate oneself** *v. rifl.* adattarsi. ATTENZIONE: **to accomodate** ≠ accomodare.
accommodating /ə'kɒmədeɪtɪŋ/ *a.* accomodante; compiacente.
accommodation /əkɒmə'deɪʃn/ *n.* ***1*** U alloggio; sistemazione: **hotel a.**, sistemazione in albergo; **a. facilities**, strutture ricettive ***2*** (*al pl.*) (*USA*) pensione completa; vitto e alloggio ***3*** U (*anche scient.*) adattamento ***4*** U *e* C (*specialm. comm.*) accordo; accomodamento.
accompaniment /ə'kʌmpənɪmənt/ *n.* accompagnamento (*anche mus.*); contorno (*di cibo*).
accompanist /ə'kʌmpənɪst/ *n.* (*mus.*) accompagnatore (-trice).
to **accompany** /ə'kʌmpənɪ/ *v. t.* accompagnare (*anche mus.*).
accomplice /ə'kʌmplɪs, *USA* ə'kɒm-/ *n.* (*leg.*) complice.
to **accomplish** /ə'kʌmplɪʃ, *USA* ə'kɒm-/ *v. t.* compiere; completare; portare a termine; realizzare.
accomplished /ə'kʌmplɪʃt, *USA* ə'kɒm-/ *a.* ***1*** compiuto: **an a. fact**, un fatto compiuto ***2*** abile; esperto.
accomplishment /ə'kʌmplɪʃmənt, *USA* ə'kɒm-/ *n.* ***1*** U compimento; attuazione; completamento ***2*** talento; abilità ***3*** risultato; realizzazione; impresa.
accord /ə'kɔːd/ *n.* accordo • **in a. with**, in conformità con □ **of one's own a.**, di propria iniziativa; spontaneamente □ **with one a.**, di comune accordo; all'unanimità.
to **accord** /ə'kɔːd/ ***A*** *v. t.* accordare; concedere ***B*** *v. i.* accordarsi; concordare: **That does not a. with what you said before**, ciò non concorda con quanto hai detto prima.
accordance /ə'kɔːdəns/ *n.* U ***1*** concordanza; armonia ***2*** conformità: **in a. with**, in conformità con; secondo ***3*** concessione.
according as /ə'kɔːdɪŋæz, -əz/ *locuz. cong.* secondo che: **a. as it rains or not**, secondo che piova o no.
accordingly /ə'kɔːdɪŋlɪ/ *avv.* ***1*** di conseguenza ***2*** conformemente.
according to /ə'kɔːdɪŋtuː, -tʊ, -tə/ *locuz. prep.* secondo; in conformità con; in base a: **a. to him**, secondo lui; **a. to what we decided**, secondo (*o* in base a) quanto abbiamo stabilito; **a. to the quality of the work**, in base alla qualità del lavoro; **It all went a. to plan**, tutto andò come previsto.

accordion /əˈkɔːdɪən/ *n.* (*mus.*) fisarmonica.
accordionist /əˈkɔːdɪənɪst/ *n.* (*mus.*) fisarmonicista.
to **accost** /əˈkɒst, *USA* -ɔːst/ *v. t.* avvicinare (*in modo poco educato o aggressivo*); abbordare.
account /əˈkaʊnt/ *n.* ***1*** (*banca, comm.*) conto: **current a.**, conto corrente; **deposit a.**, conto di deposito; **to settle an a.**, saldare un conto; **to charge st. to sb.'s a.**, mettere q.c. in conto a q.; **to audit the accounts**, verificare i conti; **a. books**, libri contabili ***2*** descrizione; resoconto: **an a. of what happened**, un resoconto dell'accaduto ***3*** [U] importanza; conto; considerazione: **to take into a.** (*o* **to take a. of**), prendere in considerazione; tener conto di; **to take little a. of**, dare poca importanza a • **to bring** (*o* **to call**) **sb. to a.**, esigere spiegazioni da q.; chiamare q. alla resa dei conti □ **by all accounts**, a detta di tutti □ **by sb.'s own a.**, per ammissione stessa di q. □ **to give a good a. of oneself**, farsi onore □ **to have an a. to settle with sb.**, avere un conto da regolare con q. (*fig.*) □ **on a. of**, a causa di □ **on no a.**, per nessun motivo; in nessun caso □ **on one's own a.**, per conto proprio; a proprio vantaggio; sotto la propria responsabilità; di propria iniziativa □ **to put st. to good a.**, mettere a profitto q.c. □ **to square accounts with sb.**, aggiustare i conti con q.
to **account** /əˈkaʊnt/ *v. t.* reputare; considerare.
♦ **account for** *v. i. + prep.* ***1*** rendere conto di; rispondere di: **to a. for every individual expenditure**, rendere conto di ogni singola spesa ***2*** spiegare; giustificare: **I can't a. for his behaviour**, non so spiegare il suo comportamento; **How are you going to a. for this latest failure?**, come farai a giustificare questo nuovo fiasco? ***3*** costituire: **Oil accounts for 40% of our exports**, il petrolio costituisce il 40% delle nostre esportazioni ***4*** (*eufem.*) distruggere; abbattere; uccidere • **Five people were still not accounted for**, cinque persone mancavano ancora all'appello □ (*prov.*) **There's no accounting for tastes**, tutti i gusti sono gusti.
accountability /əkaʊntəˈbɪlətɪ/ *n.* [U] responsabilità (*di q.c. verso q.*).
accountable /əˈkaʊntəbl/ *a.* responsabile (*di q.c. verso q.*).
accountancy /əˈkaʊntənsɪ/ *n.* [U] ragioneria; contabilità.
accountant /əˈkaʊntənt/ *n.* ragioniere (-a); contabile; commercialista: **chartered a.** (*USA* **certified public a.**), ragioniere iscritto all'albo.
accounting /əˈkaʊntɪŋ/ *n.* contabilità; ragioneria.
accoutrements /əˈkuːtəmənts/ *n. pl.* (*mil.*) equipaggiamento.
to **accredit** /əˈkredɪt/ *v. t.* ***1*** fornire di credenziali; accreditare ***2*** riconoscere (*una scuola, ecc.*) ***3*** (*rag.*) accreditare; registrare a credito.
accredited /əˈkredɪtɪd/ *a.* ***1*** accreditato ***2*** ufficialmente riconosciuto.
accretion /əˈkriːʃn/ *n.* ***1*** [U] (*scient.*) accrescimento; (*biol.*) concrescenza; concrezione ***2*** aggiunta.
accrual /əˈkruːəl/ *n.* ***1*** accumulazione; accumulo ***2*** (*fin., rag.*) accumulazione; maturazione.
to **accrue** /əˈkruː/ *v. i.* ***1*** provenire; derivare: **A number of advantages will a. to us from this change**, trarremo una serie di vantaggi da questo cambiamento ***2*** (*fin., di interessi, ecc.*) maturare: **accrued interest**, interessi maturati.
to **accumulate** /əˈkjuːmjʊleɪt/ ***A*** *v. t.* accumulare; ammassare • (*fin.*) **accumulated profit**, utile reinvestito ***B*** *v. i.* accumularsi; ammassarsi.
accumulation /əkjuːmjʊˈleɪʃn/ *n.* ***1*** [U] accumulazione ***2*** cumulo; mucchio.
accumulative /əˈkjuːmjʊlətɪv, *USA* -leɪtɪv/ *a.* cumulativo.
accumulator /əˈkjuːmjʊleɪtə(r)/ *n.* ***1*** accumulatore (-trice); accaparratore (-trice) ***2*** (*elettr., elab.*) accumulatore ***3*** (*ippica, GB*) scommessa multipla.
accuracy /ˈækjərəsɪ/ *n.* [U] accuratezza; precisione; esattezza; fedeltà.
accurate /ˈækjərət/ *a.* accurato; preciso; esatto; fedeltà.
accursed /əˈkɜːsɪd, -st/ *a.* maledetto.
accusation /ækjuːˈzeɪʃn/ *n.* (*anche leg.*) accusa; incriminazione: **to bring an a. against sb.**, accusare q.
accusative /əˈkjuːzətɪv/ *a. e n.* (*gramm.*) accusativo.
to **accuse** /əˈkjuːz/ *v. t.* (*anche leg.*) accusare: **to a. sb. of st.**, accusare q. di q.c.
accused /əˈkjuːzd/ *a. e n.* (*leg.*) accusato; imputato: **to stand a.**, essere accusato.
accuser /əˈkjuːzə(r)/ *n.* accusatore (-trice).
accusingly /əˈkjuːzɪŋlɪ/ *avv.* in tono accusatorio; con sguardo di accusa.
to **accustom** /əˈkʌstəm/ ***A*** *v. t.* abituare; avvezzare ***B*** **to accustom oneself** *v. rifl.* abituarsi.
accustomed /əˈkʌstəmd/ *a.* ***1*** abituato; avvezzo: **to be a. to doing st.**, essere abituato a fare q.c.; **to become** (*o* **to get**) **a. to doing st.**, abituarsi a fare q.c. ***2*** abituale; solito; consueto.
ace /eɪs/ ***A*** *n.* (*anche fig.*) asso • (*fam. USA*) **an ace in the hole** (*GB* **an ace up one's sleeve**, *GB*), un asso nella manica □ **within an ace of**, sul punto di; a un soffio da; a un pelo da ***B*** *a.* (*fam.*) eccezionale; fantastico.
acephalous /əˈsefələs, eɪˈ-/ *a.* acefalo.
acerbic /əˈsɜːbɪk/ *a.* ***1*** acerbo; acido ***2*** aspro; caustico; mordente.
acetate /ˈæsɪteɪt/ *n.* (*chim.*) acetato.
acetic /əˈsiːtɪk/ *a.* (*chim.*) acetico.
acetone /ˈæsɪtəʊn/ *n.* [U] (*chim.*) acetone.
acetylene /əˈsetɪliːn, *USA* -tələn/ *n.* [U] (*chim.*) acetilene.
ache /eɪk/ *n.* dolore persistente; male: **full of aches and pains**, pieno di dolori; che ha dolori dappertutto.
to **ache** /eɪk/ *v. i.* dolere; far male: **My legs are aching**, mi fanno male le gambe; **I was aching all over**, avevo dolori (o male) dappertutto; ero tutto indolenzito • **to a. for st.** [**to do st.**], desiderare ardentemente q.c. [di fare q.c].
achievable /əˈtʃiːvəbl/ *a.* conseguibile; raggiungibile.
to **achieve** /əˈtʃiːv/ *v. t.* ***1*** compiere; portare a termine ***2*** conseguire; ottenere; raggiungere.
achievement /əˈtʃiːvmənt/ *n.* ***1*** [U] compimento; raggiungimento ***2*** risultato (positivo); successo; conquista; impresa: **scientific achievements**, conquiste scientifiche.
achromatic /ækrəʊˈmætɪk/ *a.* (*fis.*) acromatico.
acid (**1**) /ˈæsɪd/ *n.* ***1*** (*chim.*) acido ***2*** (*pop.*) LSD; acido: **a.-head**, chi usa abitualmente LSD; tossico (*pop.*); **to drop a.** farsi di LSD; impasticcarsi (*pop.*) • **a. test**, cartina di tornasole (*fig.*); prova del nove (*fig.*).
acid (**2**) /ˈæsɪd/ *a.* ***1*** acido; aspro; acre ***2*** caustico; mordace; pungente.
to **acidify** /əˈsɪdɪfaɪ/ ***A*** *v. t.* acidificare ***B*** *v. i.* acidificarsi.
acidity /əˈsɪdətɪ/ *n.* [U] acidità.
to **acknowledge** /əkˈnɒlɪdʒ/ *v. t.* ***1*** riconoscere; ammettere: **to a. a mistake**, riconoscere di aver sbagliato; **to a. defeat**, ammettere la propria sconfitta ***2*** esprimere la propria gratitudine per ***3*** rispondere a (*una lettera, ecc.*): (*comm.*) **to a.** (**receipt of**) **st.**, accusare ricevuta di q.c. ***4*** ricambiare il saluto di.
acknowledg(**e**)**ment** /əkˈnɒlɪdʒmənt/ *n.* ***1*** riconoscimento (*anche leg.*); ammissione ***2*** ringraziamento; segno di riconoscenza ***3*** conferma di ricevuta; riscontro ***4*** cenno di saluto.
acme /ˈækmɪ/ *n.* [U] acme; culmine; apogeo.
acne /ˈæknɪ/ *n.* [U] (*med.*) acne.
acolyte /ˈækəlaɪt/ *n.* accolito.
aconite /ˈækənaɪt/ *n.* (*bot.*) aconito.
acorn /ˈeɪkɔːn/ *n.* ghianda.
acoustic /əˈkuːstɪk/ *a.* acustico.
acoustics /əˈkuːstɪks/ *n. pl.* ***1*** (*col verbo al sing.*) (*fis.*) acustica ***2*** acustica (*di un locale*).
to **acquaint** /əˈkweɪnt/ *v. t.* informare; mettere al corrente; rendere edotto: **to a. sb. with st.**, informare q. di q.c. • **to a. oneself with**, familiarizzarsi con □ **to be acquainted with**, essere al corrente (*o* a conoscenza) di □ **to become acquainted with sb.**, fare la conoscenza di q.
acquaintance /əˈkweɪntəns/ *n.* ***1*** [U] conoscenza: **to make sb.'s a.**, fare la conoscenza di q.; **a nodding a.**, una conoscenza superficiale ***2*** conoscente; conoscenza: **friends and acquaintances**, amici e conoscenti.
acquaintanceship /əˈkweɪntənʃɪp/ *n.* [U] (*form.*) conoscenza.
to **acquiesce** /ækwɪˈes/ *v. i.* acconsentire (a); accettare: **to a. to** (*o* **in**) **a plan**, accettare un piano.
acquiescence /ækwɪˈesns/ *n.* [U] ***1*** (*anche leg.*) acquiescenza; tacito consenso ***2*** remissività.
acquiescent /ækwɪˈesnt/ *a.* ***1*** acquiescente; tacitamente consenziente ***2*** remissivo.
to **acquire** /əˈkwaɪə(r)/ *v. t.* acquisire; acquistare; procurarsi • **to a. a taste for st.**, imparare ad apprezzare q.c.
acquisition /ækwɪˈzɪʃn/ *n.* [U] *e* [C] acquisizione; acquisto: **He is a valuable a. for the team**, è un buon acquisto per la squadra.

acquisitive /ə'kwɪzətɪv/ *a.* **1** che tende ad accumulare **2** avido.

to **acquit** /ə'kwɪt/ *v. t.* **1** (*leg.*) assolvere; prosciogliere: **to a. sb. of a crime**, prosciogliere q. da un'accusa **2** esonerare (*da un obbligo, da un dovere*) • **to a. oneself of a duty**, adempiere un dovere □ **He acquitted himself well**, ha dato buona prova di sé.

acquittal /ə'kwɪtl/ *n.* 🄲 e 🅄 **1** (*leg.*) assoluzione; proscioglimento **2** adempimento (*di un dovere*).

acre /'eɪkə(r)/ *n.* acro (*misura di superficie, pari a 4046 mq*).

acreage /'eɪkərɪdʒ/ *n.* 🅄 superficie in acri.

acrid /'ækrɪd/ *a.* (*anche fig.*) acre; aspro; pungente.

acrimonious /ækrɪ'məʊnɪəs/ *a.* astioso; acrimonioso.

acrimony /'ækrɪmənɪ, *USA* -məʊnɪ/ *n.* 🅄 acrimonia; astiosità; rancore.

acrobat /'ækrəbæt/ *n.* acrobata.

acrobatic /ækrə'bætɪk/ *a.* acrobatico.

acrobatics /ækrə'bætɪks/ *n. pl.* **1** esibizione acrobatica; acrobazie (*anche fig.*) **2** (*col verbo al sing.*) arte dell'acrobata; acrobatica.

acronym /'ækrənɪm/ *n.* acronimo; sigla.

across /ə'krɒs, *USA* -ɔːs/ **A** *avv.* **1** in larghezza; da un lato all'altro: **The river is a mile a.**, il fiume misura un miglio in larghezza (*o* è largo un miglio) **2** dall'altra parte: **to go a.**, andare (*o* passare) dall'altra parte; attraversare; **to help sb. a.**, aiutare q. ad attraversare **3** in diagonale; di (*o* per) traverso **4** (*nelle parole crociate*) orizzontale **B** *prep.* **1** attraverso (*nel senso della larghezza*): **a. the fields**, attraverso i campi; **transport workers a. the country**, i trasportatori di tutto il paese **2** dall'altra parte di; oltre; al di là di: **There's a house a. the river**, c'è una casa al di là del fiume; **She lives a. the street**, abita dall'altra parte della strada; **to run a. the street**, attraversare di corsa la strada.

acrostic /ə'krɒstɪk/ *n.* e *a.* acrostico.

acrylic /ə'krɪlɪk/ *a.* e *n.* acrilico.

act /ækt/ *n.* **1** atto; azione: **in the act of doing st.**, nell'atto di fare q.c.; **act of faith**, atto di fede **2** (*teatr.*) atto; numero di varietà **3** legge (*approvata dal parlamento*); decreto **4** (*leg.*) documento; atto **5** finzione; scena; commedia: **to put on an act**, fare la commedia • (*leg.*) **act of God**, causa di forza maggiore □ **caught in the act**, colto in flagrante □ (*fam.*) **to get one's act together**, organizzarsi; fare mente locale □ (*fam.*) **to get in on the act**, imitare un'attività che ha successo.

to **act** /ækt/ **A** *v. t.* recitare (*una parte*); interpretare: **to act Hamlet**, recitare la parte di Amleto • **to act the fool**, fare lo scemo □ **to act one's age**, (*di adulto*) non fare il bambino **B** *v. i.* **1** agire; comportarsi **2** avere effetto; agire **3** (*teatr.*) recitare; fare l'attore **4** fingere; fare finta; fare la commedia.

♦ **act as** *v. i. + prep.* fungere da; fare da; servire da: **to act as a guide**, fare da guida.

♦ **act for** *v. i. + prep.* **1** agire per conto di; sostituire; fare le veci di **2** (*leg.*) rappresentare; difendere.

♦ **act out** *v. t. + avv.* rappresentare; mettere in atto; (*psic.*) agire: **to act out one's fantasies**, mettere in atto le proprie fantasie.

♦ **act up** *v. i. + avv.* **1** (*di bambino*) fare i capricci **2** (*di apparecchio, parte del corpo*) non funzionare a dovere; fare scherzi; fare i capricci **3** (*di dolori*) farsi sentire.

acting (1) /'æktɪŋ/ *n.* 🅄 (*teatr.*) **1** recitazione; interpretazione **2** professione dell'attore: **to take up a.**, diventare attore; darsi al teatro.

acting (2) /'æktɪŋ/ *a.* facente funzione di; ad interim; supplente: **the a. manager**, il direttore ad interim; **the a. headmaster**, il preside supplente.

actinia /æk'tɪnɪə/ *n.* (*pl.* **actiniae** /-nɪiː/, **actinias**) (*zool.*) attinia; anemone di mare.

action /'ækʃn/ *n.* **1** 🄲 e 🅄 azione; gesto: **plan of a.**, piano di azione; **line of a.**, linea di condotta; **to take a.**, agire; prendere un'iniziativa **2** azione; effetto **3** 🄲 e 🅄 (*mil.*) combattimento; azione: **killed in a.**, ucciso in combattimento **4** (*di opera letter.*) azione; vicenda **5** (*leg.*) causa; azione legale: **to bring an a. against sb.**, intentare causa contro q. **6** 🅄 (*mecc.*) movimento; funzionamento **7** (*di fucile, orologio, ecc.*) meccanismo • **out of a.**, fuori uso; fermo; guasto.

actionable /'ækʃənəbl/ *a.* (*leg.*) perseguibile.

to **activate** /'æktɪveɪt/ *v. t.* **1** attivare; far entrare in azione **2** (*chim.*) attivare **3** (*fis.*) rendere radioattivo.

active /'æktɪv/ *a.* **1** attivo; dinamico; vivace: **He is very a. for his age**, è molto attivo per la sua età; **a. life**, vita attiva; **a. mind**, mente attiva **2** effettivo; concreto; attivo; funzionante: **a. steps**, misure effettive; **to take an a. interest in st.**, interessarsi in modo attivo di q.c.; **a. partner**, socio effettivo; **to take an a. part in st.**, prendere parte attiva in q.c.; **a. bomb**, bomba attiva; **a. volcano**, vulcano attivo **3** (*chim., econ., gramm.*) attivo • (*mil., USA*) **a. duty**, servizio attivo □ (*mil., GB*) **a. service**, servizio in zona di combattimento; azione.

activism /'æktɪvɪzəm/ *n.* 🅄 attivismo.

activist /'æktɪvɪst/ *n.* attivista.

activity /æk'tɪvətɪ/ *n.* 🅄 e 🄲 attività.

actor /'æktə(r)/ *n.* attore.

actress /'æktrɪs/ *n.* attrice.

actual /'æktʃʊəl, 'æktʃəl/ *a.* reale; vero; effettivo: **an a. fact**, un fatto vero; **a. cost**, costo effettivo; **Those were his a. words**, sono le sue testuali parole • **in a. fact**, in realtà; a dire il vero. ATTENZIONE: **actual** ≠ attuale.

actuality /æktʃʊ'ælətɪ/ *n.* **1** 🅄 realtà **2** (*al pl.*) fatti veri; condizioni reali. ATTENZIONE: **actuality** ≠ attualità.

actually /'æktʃʊəlɪ, 'æktʃəlɪ/ *avv.* **1** realmente; effettivamente: **You were a. right, after all**, effettivamente, avevi ragione tu; **I didn't a. see what happened, but I heard the noise**, non ho visto quello che è successo, ma ho sentito il rumore **2** in realtà; a dire il vero; veramente: **She looks forty, but she's a. fifty**, dimostra quarant'anni, ma in realtà ne ha cinquanta; **«Are you coming too?» «Well, a., I'd rather stay here»**, «vieni anche tu?» «veramente, preferirei stare qui» **3** davvero; veramente: **Is he a. coming?**, viene davvero? **4** addirittura; persino: **He a. offered to drive us there!**, si è addirittura offerto di accompagnarci in macchina! ATTENZIONE: **actually** ≠ attualmente.

actuary /'æktʃʊərɪ, *USA* -ʊerɪ/ *n.* attuario.

to **actuate** /'æktʃʊeɪt/ *v. t.* **1** (*mecc.*) mettere in moto **2** spingere (*ad agire*); muovere.

acuity /ə'kjuːətɪ/ *n.* 🅄 acutezza; acume; perspicacia.

aculeus /ə'kjuːlɪəs/ *n.* (*pl.* **aculei** /-lɪiː/) (*bot., zool.*) aculeo.

acumen /'ækjʊmən, ə'kjuːmən/ *n.* 🅄 acume; perspicacia.

acupressure /'ækjʊpreʃə(r)/ *n.* (*med.*) shiatsu.

acupuncture /'ækjʊpʌŋktʃə(r)/ *n.* 🅄 (*med.*) agopuntura.

acupuncturist /'ækjʊpʌŋktʃərɪst/ *n.* agopuntore.

acute /ə'kjuːt/ **A** *a.* acuto **B** *n.* accento acuto.

acuteness /ə'kjuːtnəs/ *n.* 🅄 acutezza.

ad /æd/ *n.* (*pl.* **ads**) (*abbr. fam. di* **advertisement**) annuncio pubblicitario; inserzione; (*TV*) spot.

adage /'ædɪdʒ/ *n.* adagio; massima.

Adam /'ædəm/ *n.* Adamo • **A.'s apple**, pomo d'Adamo □ **not to know sb. from A.**, non conoscere affatto q.

adamant /'ædəmənt/ *a.* inflessibile; irremovibile: **He is a. that he will not leave**, non intende assolutamente andarsene.

to **adapt** /ə'dæpt/ **A** *v. t.* adattare; modificare **B** *v. i.* e to **adapt oneself** *v. rifl.* adattarsi.

adaptability /ədæptə'bɪlətɪ/ *n.* 🅄 adattabilità.

adaptable /ə'dæptəbl/ *a.* adattabile; che sa adattarsi.

adaptation /ædæp'teɪʃn/ *n.* **1** 🅄 adattamento **2** (*teatr., cinem., TV*) adattamento; riduzione.

adapter, **adaptor** /ə'dæptə(r)/ *n.* **1** (*teatr., cinem., TV*) chi fa un adattamento **2** (*elettr.*) adattatore; riduttore **3** (*fotogr.*) riduttore.

to **add** /æd/ **A** *v. t.* aggiungere; sommare **B** *v. i.* fare un'addizione (o una somma); fare somme.

♦ **add in** *v. t. + avv.* aggiungere (*a metà*); inserire; includere.

♦ **add on** *v. t. + avv.* aggiungere (*alla fine, in seguito*).

♦ **add to** *v. i. + prep.* aumentare; accrescere; aggiungersi a: **It adds to our problems**, questo accresce i nostri problemi.

♦ **add up** **A** *v. t. + avv.* sommare; addizionare **B** *v. i. + avv.* **1** dare una somma; sommarsi **2** (*fam.*) tornare; quadrare: **It all seemed to add up**, tutto sembrava quadrare; **It doesn't add up**, la cosa non mi torna.

♦ **add up to** *v. i. + avv. e prep.* **1** ammontare a; dare come risultato: **The bill adds up to £250**, il totale è di 250 sterline **2** essere in sostanza; significare: **It all adds up to yet another headache for the government**, il tutto si risolve in un'ulteriore grana per il governo; **It doesn't add up to much**, è un po' poco.

addend /ə'dɛnd/ *n.* (*mat.*) addendo.
addendum /ə'dɛndəm/ *n.* (*pl.* **addenda** /-də/) aggiunta; supplemento.
adder /'ædə(r)/ *n.* vipera.
addict /'ædɪkt/ *n.* *1* persona dedita a un vizio; -dipendente; -mane: **drug a.**, tossicodipendente; tossicomane; **heroin a.**, eroinomane; (*fam.*) **telly a.**, videodipendente *2* appassionato; patito. ATTENZIONE: **addict ≠ addetto**.
addicted /æ'dɪktɪd/ *a.* *1* dedito (*a un vizio*); -dipendente; -mane: **a. to drink**, dedito al bere; alcolizzato; **a. to drugs**, tossicodipendente *2* patito (di); maniaco (di); fanatico (di): **a. to sport**, patito dello sport ● **to become a. to st.**, diventare schiavo di q.c.; appassionarsi di q.c. ATTENZIONE: **addicted ≠ addetto**.
addiction /ə'dɪkʃn/ *n.* [U] *1* dipendenza; assuefazione: **a. to heroin**, dipendenza dall'eroina; **drug a.**, tossicodipendenza *2* passione; mania; fanatismo. ATTENZIONE: **addiction ≠ addizione**.
addictive /ə'dɪktɪv/ *a.* *1* che dà assuefazione *2* (*di divertimento, hobby, ecc.*) che diventa una passione; appassionante. ATTENZIONE: **addictive ≠ additivo**.
addition /ə'dɪʃn/ *n.* *1* [U] e [C] addizione *2* aggiunta ● **in a.**, inoltre □ **in a. to**, oltre a; in aggiunta a.
additional /ə'dɪʃənl/ *a.* aggiuntivo; supplementare; extra.
additionally /ə'dɪʃənəlɪ/ *avv.* in più; inoltre.
additive /'ædɪtɪv/ *n.* (*chim.*) additivo.
to **addle** /'ædl/ *v. t.* confondere (*il cervello*).
addle-brained /'ædlbreɪnd/ *a.* confuso (di mente); balordo.
addled /ædld/ *a.* *1* (*di mente*) confuso *2* (*di uovo*) andato a male.
add-on /'ædɒn, *USA* -ɔːn/ *n.* (*elab.*) circuito di complemento; periferica ● **a. memory**, memoria aggiunta.
address /ə'drɛs/ *n.* *1* indirizzo; recapito: **a. book**, rubrica degli indirizzi *2* discorso; allocuzione *3* [U] maniera di presentarsi; modo di fare (*o* di parlare) *4* (*elab.*) indirizzo ● **form of a.**, formula con cui ci si rivolge a q.
to **address** /ə'drɛs, *USA* 'ædrɛs/ *A* *v. t.* *1* indirizzare (*una lettera, ecc.*) *2* parlare a; rivolgere la parola a; rivolgersi a: **to a. sb. as «Doctor»**, rivolgersi a q. chiamandolo (o col titolo di) «Dottore» *3* arringare; fare un discorso a *B* to **address oneself to** *v. rifl.* dedicarsi a; concentrarsi su.
addressee /ædrɛ'siː/ *n.* destinatario (-a) (*di una lettera, ecc.*).
to **adduce** /ə'djuːs, *USA* ə'duːs/ *v. t.* (*form.*) addurre.
adenoids /'ædɪnɔɪdz/ *n. pl.* (*anat., med.*) adenoidi.
adenoma /ædɪ'nəʊmə/ *n.* (*pl.* **adenomas, adenomata** /-mətə/) (*med.*) adenoma.
adept (1) /'ædɛpt, ə'dɛpt/ *n.* esperto (-a).
adept (2) /ə'dɛpt/ *a.* esperto; abile: **to be a. at st.**, essere esperto in q.c.
adequacy /'ædɪkwəsɪ/ *n.* [U] adeguatezza.
adequate /'ædɪkwət/ *a.* *1* adeguato; sufficiente: **a. for a need**, sufficiente a un bisogno *2* all'altezza: **to prove a. to a job**, dimostrarsi all'altezza di un lavoro *3* appena sufficiente; passabile.
to **adhere** /əd'hɪə(r)/ *v. i.* *1* aderire: **to a. to a surface**, aderire a una superficie; **to a. to a treaty**, aderire a un trattato *2* (**to**) attenersi (a) *3* (**to**) rimanere fedele (a q.c.).
adherence /əd'hɪərəns/ *n.* [U] aderenza; adesione.
adherent /əd'hɪərənt/ *A* *a.* aderente *B* *n.* aderente; seguace.
adhesion /əd'hiːʒn/ *n.* *1* [U] adesione *2* (*tecn., med.*) aderenza.
adhesive /əd'hiːsɪv/ *a.* e *n.* adesivo: **a. tape**, nastro adesivo; (*USA, anche*) nastro isolante, cerotto.
ad hoc /æd'hɒk, -'həʊk/ (*lat.*) *locuz. agg.* e *avv.* *1* ad hoc; apposito *2* dettato dall'esigenza immediata; contingente.
adieu /ə'djuː, *USA* ə'duː/ *inter.* e *n.* (*pl.* **adieus**) (*lett.*) addio.
adipose /'ædɪpəʊs/ *a.* adiposo.
adjacency /ə'dʒeɪsnsɪ/ *n.* [U] adiacenza; prossimità.
adjacent /ə'dʒeɪsnt/ *a.* attiguo; contiguo; adiacente: **a. angles**, angoli adiacenti; **the a. house**, la casa attigua (*o* accanto).
adjectival /ædʒɪk'taɪvl/ *a.* (*gramm.*) aggettivale.
adjective /'ædʒɪktɪv/ *n.* (*gramm.*) aggettivo.
to **adjoin** /ə'dʒɔɪn/ *v. t.* e *i.* essere attiguo (*o* contiguo) (a); confinare (con).
adjoining /ə'dʒɔɪnɪŋ/ *a.* attiguo; contiguo; adiacente.
to **adjourn** /ə'dʒɜːn/ *A* *v. t.* rinviare (*una seduta, ecc.*); aggiornare *B* *v. i.* *1* (*di seduta, ecc.*) essere tolto; essere sospeso; (*di comitato, ecc.*) sospendere i lavori *2* (*fam.*) spostarsi (*ad altro luogo, generalm. per rilassarsi*); trasferirsi; passare.
adjournment /ə'dʒɜːnmənt/ *n.* [U] e [C] rinvio (*di una seduta, ecc.*); aggiornamento.
to **adjudge** /ə'dʒʌdʒ/ *v. t.* (*anche leg.*) giudicare; dichiarare: **He was adjudged innocent**, fu dichiarato innocente.
to **adjudicate** /ə'dʒuːdɪkeɪt/ *A* *v. i.* (*leg.*) fare da giudice; pronunciare una sentenza (su) *B* *v. t.* *1* (*leg.*) pronunciare una sentenza su; decidere su: **to a. sb. bankrupt**, dichiarare q. fallito *2* aggiudicare; assegnare.
adjudication /ədʒuːdɪ'keɪʃn/ *n.* (*leg.*) *1* giudizio; sentenza; decisione *2* (*anche* **a. of bankruptcy**) dichiarazione di fallimento.
adjudicator /ə'dʒuːdɪkeɪtə(r)/ *n.* giudice; arbitro.
adjunct /'ædʒʌŋkt/ *n.* aggiunta; appendice.
to **adjure** /ə'dʒʊə(r)/ *v. t.* scongiurare; implorare; supplicare.
to **adjust** /ə'dʒʌst/ *A* *v. t.* *1* sistemare; aggiustare: **to a. one's tie**, aggiustarsi la cravatta *2* regolare; mettere a punto; tarare: **to a. the volume**, regolare il volume; **to a. one's aim**, aggiustare la mira ● (*ass.*) **to a. a claim**, liquidare un danno *B* *v. i.* adattarsi; abituarsi.
adjustable /ə'dʒʌstəbl/ *n.* regolabile.
adjuster /ə'dʒʌstə(r)/ *n.* *1* (*ass., USA*) perito *2* (*ass. naut.*) liquidatore di avaria.
adjustment /ə'dʒʌstmənt/ *n.* [U] e [C] *1* adattamento; modifica; aggiustamento *2* (*di strumento*) regolazione; messa a punto *3* (*leg.*) accomodamento; composizione (*di una lite*).
adjutant /'ædʒʊtənt/ *n.* (*mil.*) aiutante (*di stato maggiore*).
ad lib /æd'lɪb/ *locuz. avv.* *1* a piacere; a volontà *2* improvvisando; a braccio.
ad-lib /'ædlɪb/ *a.* (*fam.*) improvvisato; estemporaneo.
to **ad-lib** /æd'lɪb/ *v. t.* (*fam.*) improvvisare (*un discorso, ecc.*).
adman /'ædmæn/ *n.* (*pl.* **admen** /-mən/) (*fam.*) pubblicitario.
admin /'ædmɪn/ *n.* [U] (*abbr. fam. di* **administration**) lavoro amministrativo; scartoffie.
to **administer** /əd'mɪnɪstə(r)/ *v. t.* *1* amministrare (*denaro, giustizia, proprietà*) *2* somministrare (*una medicina, un sacramento*) ● **to a. the law**, applicare la legge □ **to a. an oath to sb.**, far prestare giuramento a q. □ **to a. to the sick**, assistere gli ammalati.
administration /ədmɪnɪ'streɪʃn/ *n.* [U] *1* amministrazione *2* lavoro amministrativo *3* somministrazione *4* (*USA*) governo; esecutivo.
administrative /əd'mɪnɪstrətɪv, *USA* -streɪtɪv/ *a.* amministrativo.
administrator /əd'mɪnɪstreɪtə(r)/ *n.* *1* amministratore (-trice) *2* somministratore (-trice) *3* (*leg.*) curatore (-trice) testamentario (-a).
admirable /'ædmərəbl/ *a.* *1* ammirevole *2* ottimo; eccellente.
admirably /'ædmərəblɪ/ *avv.* *1* in modo ammirevole; ammirevolmente *2* a meraviglia; perfettamente.
admiral /'ædmərəl/ *n.* ammiraglio ● (*naut., mil.*, GB) **A. of the Fleet**, grande ammiraglio □ (*zool.*) **red a.**, vanessa atalanta.
Admiralty /'ædmərəltɪ/ *n.* [U] (*GB*) *1* Ammiragliato (*Ministero della Marina Militare, fino al 1964*) *2* — **A. Board**, Ammiragliato (*dal 1964 dipartimento del Ministero della Difesa preposto alla marina militare*).
admiration /ædmə'reɪʃn/ *n.* [U] ammirazione.
to **admire** /əd'maɪə(r)/ *v. t.* ammirare.
admirer /əd'maɪərə(r)/ *n.* *1* ammiratore (-trice) *2* corteggiatore.
admiring /əd'maɪərɪŋ/ *a.* pieno di ammirazione; ammirato: **a. glance**, occhiata (piena) di ammirazione.
admissibility /ədmɪsə'bɪlətɪ/ *n.* [U] ammissibilità.
admissible /əd'mɪsəbl/ *a.* ammissibile; accettabile.
admission /əd'mɪʃn/ *n.* *1* [U] ammissione (*a una scuola, un circolo, ecc.*) *2* confessione; ammissione: **a. of guilt**, ammissione di colpevolezza; **on his own a.**, per sua stessa ammissione; come lui stesso ammette *3* [U] (costo dell')ingresso: **A. costs ten dollars**, l'ingresso costa 10 dollari; **a. free**, ingresso libero; **a. fee**, prezzo d'ingresso.
to **admit** /əd'mɪt/ *v. t.* *1* ammettere; riconoscere; confessare: **He admitted having paid bribes**, ammise di aver pa-

gato tangenti *2* ammettere; far entrare: **to be admitted to hospital**, essere ricoverato in ospedale; **This ticket admits two**, questo biglietto è valido per due persone.

♦ **admit of** *v. i. + prep.* (*form.*) ammettere; dare adito a: **It does not a. of doubt**, non lascia adito ad alcun dubbio.

♦ **admit to** *v. i. + prep.* ammettere; riconoscere; confessare: **He admitted to the murder**, confessò l'omicidio.

admittance /əd'mɪtns/ *n.* [U] ammissione; ingresso; entrata: **No A.**, (*cartello*) vietato l'ingresso.

admittedly /əd'mɪtɪdlɪ/ *avv.* bisogna riconoscere che; va detto che; è vero che: **A., it was his first attempt**, va detto che è stato il suo primo tentativo.

admixture /əd'mɪkstʃə(r), *USA* æd-/ *n.* [U] *e* [C] *1* misto; mescolanza *2* (*tecn.*) additivo.

to **admonish** /əd'mɒnɪʃ, *USA* æd-/ *v. t.* ammonire; riprendere: **to a. sb. against doing st.**, ammonire q. a non fare q.c.

admonition /ædmə'nɪʃn/ *n.* [U] *e* [C] ammonizione.

admonitory /əd'mɒnɪtrɪ, *USA* æd'mɒnɪtɔːrɪ/ *a.* ammonitorio.

ad nauseam /æd'nɔːzɪæm, -zɪæm/ (*lat.*) *locuz. avv.* fino alla nausea; a non finire.

ado /ə'duː/ *n.* [U] confusione; trambusto ● **without further** (*o* **more**) **ado**, senza ulteriori indugi.

adolescence /ædə'lɛsns/ *n.* [U] adolescenza.

adolescent /ædə'lɛsnt/ *a. e n.* adolescente.

to **adopt** /ə'dɒpt/ *v. t.* *1* (*leg.*) adottare *2* adottare; fare proprio; scegliere.

adoptee /ədɒp'tiː/ *n.* (*leg.*) adottato (-a).

adopter /ə'dɒptə(r)/ *n.* (*leg.*) adottante.

adoption /ə'dɒpʃn/ *n.* [U] adozione.

adoptive /ə'dɒptɪv/ *a.* adottivo.

adorable /ə'dɔːrəbl/ *a.* (*fam.*) adorabile; grazioso; delizioso.

adoration /ædə'reɪʃn/ *n.* [U] adorazione.

to **adore** /ə'dɔː(r)/ *v. t.* adorare.

to **adorn** /ə'dɔːn/ *v. t.* adornare; abbellire.

adornment /ə'dɔːnmənt/ *n.* *1* [U] (l')ornare; (il) decorare *2* ornamento; decorazione.

adrenaline /ə'drɛnəlɪn/ *n.* [U] (*biol.*) adrenalina.

Adriatic /eɪdrɪ'ætɪk/ *a.* (*geogr.*) adriatico.

adrift /ə'drɪft/ *avv. e a. pred.* *1* (*naut.*) alla deriva *2* (*fig.*) alla deriva; sbandato; spaesato ● (*fam.*) **to come a.**, (*di oggetto*) staccarsi; venir via □ **to go a.**, (*di progetto, ecc.*) andare storto; (*fam., di oggetto*) sparire, essere rubato □ (*naut.*) **to set a.**, abbandonare in mare aperto □ **to turn sb. a.**, gettare q. sul lastrico.

adroit /ə'drɔɪt/ *a.* abile; destro.

adroitness /ə'drɔɪtnəs/ *n.* [U] abilità; destrezza.

to **adulate** /'ædʒleɪt/ *v. t.* (*form.*) adulare.

adulation /ædʒ'leɪʃn/ *n.* [U] adulazione.

adulator /'ædʒleɪtə(r)/ *n.* adulatore.

adult /'ædʌlt, ə'dʌlt/ *A n.* adulto (-a); (*leg.*) maggiorenne *B a.* *1* adulto *2* da adulto; per adulti: **a. education**, educazione permanente; **a. movies**, film per soli adulti.

adulterant /ə'dʌltərənt/ *a. e n.* adulterante.

to **adulterate** /ə'dʌltəreɪt/ *v. t.* adulterare; sofisticare.

adulteration /ədʌltə'reɪʃn/ *n.* [U] *e* [C] adulterazione; sofisticazione.

adulterer /ə'dʌltərə(r)/ *n.* adultero.

adulteress /ə'dʌltərɪs/ *n.* adultera.

adulterous /ə'dʌltərəs/ *a.* adultero; adulterino.

adultery /ə'dʌltərɪ/ *n.* [U] adulterio.

adulthood /'ædʌlthʊd, ə'dʌlt-/ *n.* età adulta.

to **adumbrate** /'ædʌmbreɪt, ə'dʌmbreɪt/ *v. t.* (*form.*) *1* adombrare; accennare *2* far intravedere; far presagire.

adumbration /ædʌm'breɪʃn/ *n.* [U] *e* [C] *1* adombramento; accenno *2* presagio.

advance /əd'vɑːns, *USA* -'væns/ *n.* *1* avanzamento; progresso; (*mil.*) avanzata *2* aumento: **a. in the cost of living**, aumento del costo della vita *3* anticipo; acconto; prestito: **a. on one's salary**, anticipo sullo stipendio *4* (*al pl.*) approcci; primi passi; avances (*franc.*): **to make advances**, fare approcci; fare delle avances ● **a. booking**, prenotazione anticipata □ **a. copy**, copia (*di libro*) presentata prima della commercializzazione □ **a. notice**, preavviso □ **in a.**, in anticipo; anticipatamente □ **payment in a.**, pagamento anticipato.

to **advance** /əd'vɑːns, *USA* -'væns/ *A v. i.* *1* avanzare; progredire *2* aumentare; salire: **Prices continue to a.**, i prezzi continuano a salire *B v. t.* *1* far avanzare *2* promuovere; favorire: **to a. the cause of peace**, promuovere la causa della pace; **to a. one's own interests**, fare il proprio interesse *3* anticipare (*denaro*); pagare in anticipo: **to a. a month's salary**, pagare un mese di stipendio in anticipo *4* proporre; suggerire: **to a. a theory**, proporre una teoria *5* anticipare (*una data*); mettere avanti (*un orologio*) *6* (*comm.*) aumentare (*prezzi, ecc.*) ● **to a. a claim**, avanzare una pretesa; (*leg.*) accampare un diritto.

advanced /əd'vɑːnst, *USA* -'vænst/ *a.* *1* avanzato; progredito; all'avanguardia: **a. ideas**, idee avanzate (*o* progredite); **at an a. stage**, a uno stadio avanzato; **the most a. techniques**, le tecniche più all'avanguardia *2* superiore: **a. studies**, studi superiori; **a. student**, studente di un corso superiore ● **a. countries**, paesi sviluppati □ **a. in years**, in là con gli anni; anziano.

advancement /əd'vɑːnsmənt, *USA* -'væns-/ *n.* [U] avanzamento; promozione.

advantage /əd'vɑːntɪdʒ, *USA* -'vænt-/ *n.* *1* vantaggio: **to have an a. over sb.**, avere un vantaggio su q.; essere in vantaggio su q.; **to turn st. to one's a.**, volgere q.c. a proprio vantaggio *2* [U] profitto: **to take a. of st.**, approfittare di q.c.; sfruttare q.c.; **to take a. of sb.**, approfittarsi di q. *3* (*tennis*) vantaggio ● **to show st. to a.**, mostrare q.c. nella luce migliore; mettere in risalto q.c. □ **You have the a. of me**, non ho il piacere di conoscerla (*mentre lei sa il mio nome*).

to **advantage** /əd'vɑːntɪdʒ, *USA* -'vænt-/ *v. t.* avvantaggiare; favorire.

advantageous /ædvən'teɪdʒəs/ *a.* vantaggioso; proficuo.

advent /'ædvɛnt/ *n.* [U] *1* avvento; venuta *2* — (*relig.*) **A.**, Avvento.

adventitious /ædvən'tɪʃəs, -vɛn-/ *a.* accidentale; casuale; fortuito.

adventure /əd'vɛntʃə(r)/ *n.* [C] *e* [U] avventura.

adventurer /əd'vɛntʃərə(r)/ *n.* *1* persona avventurosa *2* avventuriero.

adventuress /əd'vɛntʃərɪs/ *n.* avventuriera.

adventurism /əd'vɛntʃərɪzəm/ *n.* (*polit., fin.*) avventurismo.

adventurous /əd'vɛntʃərəs/ *a.* *1* avventuroso *2* disposto a rischiare; amante dell'avventura.

adverb /'ædvɜːb/ *n.* (*gramm.*) avverbio.

adverbial /əd'vɜːbɪəl/ *a.* (*gramm.*) avverbiale.

adversarial /ædvə'sɛərɪəl/ *a.* (*leg.*) accusatorio.

adversary /'ædvəsərɪ, *USA* -sɛrɪ/ *n.* avversario (-a); antagonista.

adverse /'ædvɜːs/ *a.* avverso; ostile; contrario; sfavorevole: **a. criticism**, critica ostile; **a. weather conditions**, condizioni meteorologiche avverse.

adversity /əd'vɜːsətɪ/ *n.* [C] *e* [U] avversità.

advert /'ædvɜːt/ *n.* (*GB*) *abbr. fam. di* **advertisement**.

to **advertise** /'ædvətaɪz/ *A v. t.* *1* fare pubblicità a; reclamizzare *2* mettere un annuncio (o un'inserzione) per vendere *3* proclamare; sbandierare: **to a. one's ignorance**, sbandierare la propria ignoranza *B v. i.* fare pubblicità; mettere un annuncio (*o* un'inserzione) (*su un giornale*); **to a. on TV**, fare pubblicità alla TV; **to a. for a cook**, mettere un annuncio per trovare un cuoco. ATTENZIONE: **to advertise** ≠ avvertire.

advertisement /əd'vɜːtɪsmənt, *USA* ædvə'taɪzmənt/ *n.* *1* annuncio pubblicitario; pubblicità; réclame (*franc.*); (*TV*) spot *2* annuncio (economico); inserzione: **to put** (*o* **to place**) **an a. in the newspaper**, mettere un annuncio sul giornale. ATTENZIONE: **advertisement** ≠ avvertimento.

advertiser /'ædvətaɪzə(r)/ *n.* inserzionista.

advertising /'ædvətaɪzɪŋ/ *A n.* [U] pubblicità: **I work in a.**, lavoro nella pubblicità *B a.* pubblicitario; di pubblicità: **a. agency**, agenzia pubblicitaria (*o* di pubblicità).

to **advertize** /'ædvətaɪz/ *e deriv.* (*specialm. USA*) *V.* **to advertise** *e deriv.*

advertorial /'ædvə'tɔːrɪəl/ *n.* pubblicità redazionale.

advice /əd'vaɪs/ *n.* [U] *1* consiglio, consigli: **sound a.**, buoni consigli; **Let me give you a piece of a.**, lascia che ti dia un consiglio; **Take my a., get a lawyer**, da' retta a me, trovati un avvocato *2* (*leg.*) consulenza; parere *3* (*comm.*) avviso ● **to take medical a.**, consultare un medico.

advisability /ədvaɪzə'bɪlətɪ/ *n.* [U] opportunità.

advisable /əd'vaɪzəbl/ *a.* opportuno; consigliabile.

to **advise** /əd'vaɪz/ *v. t. e i.* *1* consigliare; raccomandare: **I**

a. him on money matters, sono il suo consulente finanziario; **to a. sb. against st.**, sconsigliare q.c. a q. *2* (*form.*) informare; notificare • **You would be well advised to...**, faresti bene a... □ **to keep sb. advised**, tenere informato (*o* al corrente) q.

advisedly /əd'vaɪzɪdlɪ/ *avv.* volutamente; a ragion veduta.

adviser, (*anche leg.*) **advisor** /əd'vaɪzə(r)/ *n.* consulente; consigliere (-a).

advisory /əd'vaɪzərɪ/ *a.* consultivo: **a. committee**, comitato consultivo; **in an a. capacity**, con mansioni consultive; in veste di consulente.

advocacy /'ædvəkəsɪ/ *n.* U *1* difesa; propugnazione; sostegno *2* (*leg.*) patrocinio; difesa.

advocate /'ædvəkət/ *n.* *1* propugnatore (-trice); fautore (-trice) *2* (*in Scozia*) avvocato.

to **advocate** /'ædvəkeɪt/ *v. t.* propugnare; sostenere.

adz /ædz/ *n.* ascia (*a lama ricurva*).

Aegean /iː'dʒiːən/ *a.* (*geogr.*) egeo.

aegis /'iːdʒɪs/ *n.* patronato; egida.

aegrotat /'iːgrəʊtæt/ (*lat.*) *n.* diploma concesso a studente assente dagli esami per malattia.

aeon /'iːən/ *n.* *1* (*filos.*) eone *2* eternità (*fig.*).

to **aerate** /'ɛəreɪt/ *v. t.* *1* aerare; dare aria a; ossigenare (*il sangue*) *2* (*chim.*) gassare.

aeration /ɛə'reɪʃn/ *n.* U *1* aerazione; ossigenazione (*del sangue*) *2* (*chim.*) gassatura.

aerial (1) /'ɛərɪəl/ *a.* aereo.

aerial (2) /'ɛərɪəl/ *n.* (*radio, TV*) antenna.

aerobatics /ɛərə'bætɪks/ *n. pl.* *1* acrobazie aeree *2* (*col verbo al sing.*) acrobatica aerea.

aerobic /ɛə'rəʊbɪk/ *a.* (*biol.*) aerobico.

aerobics /ɛə'rəʊbɪks/ *n. pl.* (*col verbo al sing.*) aerobica.

aerodrome /'ɛərədrəʊm/ *n.* aerodromo.

aerodynamic /ɛərədaɪ'næmɪk/ *a.* (*fis.*) aerodinamico.

aerodynamics /ɛərədaɪ'næmɪks/ *n. pl.* (*col verbo al sing.*) (*fis.*) aerodinamica.

aero-engine /'ɛərəʊendʒɪn/ *n.* motore per aerei.

aerofoil /'ɛərəfɔɪl/ *n.* (*aeron.*) profilo d'ala; superficie aerodinamica.

aerograph /'ɛərəgrɑːf, *USA* -æf/ *n.* *1* (*meteor.*) meteorografo *2* (*tecn.*) aerografo.

aerometer /ɛə'rɒmɪtə(r)/ *n.* (*fis.*) aerometro.

aeronautic(al) /ɛərə'nɔːtɪk(l)/ *a.* aeronautico.

aeronautics /ɛərə'nɔːtɪks/ *n. pl.* (*col verbo al sing.*) aeronautica.

aeroplane /'ɛərəpleɪn/ *n.* (*GB*) aeroplano.

aerosol /'ɛərəsɒl, *USA* -sɔːl/ *n.* (*chim.*; *contenitore*) aerosol.

aerospace /'ɛərəspeɪs/ ***A*** *n.* U *1* aerospazio *2* industria aerospaziale ***B*** *a.* aerospaziale: **a. industry**, industria aerospaziale.

aerostat /'ɛərəstæt/ *n.* aerostato.

aerostatic /ɛərə'stætɪk/ *a.* aerostatico.

aerostatics /ɛərə'stætɪks/ *n. pl.* (*col verbo al sing.*) aerostatica.

aesthete /'iːsθiːt/ *n.* esteta.

aesthetic /iːs'θetɪk/ *a.* estetico.

aestheticism /iːs'θetɪsɪzəm/ *n.* U *1* estetismo *2* sensibilità estetica.

aesthetics /iːs'θetɪks/ *n. pl.* (*col verbo al sing.*) estetica.

to **aestivate** /'iːstɪveɪt, 'ɛ-/ *v. i.* (*zool.*) passare l'estate in letargo.

afar /ə'fɑː(r)/ *avv.* (*lett.*) lontano: **from a.**, di (*o* da) lontano.

affability /æfə'bɪlətɪ/ *n.* U affabilità.

affable /'æfəbl/ *a.* affabile.

affair /ə'fɛə(r)/ *n.* *1* affare; faccenda; cosa; avvenimento: **the Watergate a.**, l'affare Watergate; **The wedding was a big a.**, il matrimonio fu una cosa in grande; (*polit.*) **Home Affairs**, (Affari) Interni; (*iron.*) **A fine state of affairs!**, bella faccenda! *2* (*anche* **love a.**) relazione (sentimentale); avventura; storia (*fam.*).

to **affect** (1) /ə'fekt/ *v. t.* *1* influire su; incidere su; condizionare; influenzare *2* nuocere a; (*di malattia, disgrazia*) colpire *3* riguardare; toccare *4* commuovere; toccare; scuotere.

to **affect** (2) /ə'fekt/ *v. t.* fingere; simulare; ostentare: **to a. illness**, fingere di essere malato.

affectation /æfek'teɪʃn/ *n.* C *e* U affettazione; posa.

affected (1) /ə'fektɪd/ *a.* *1* commosso; scosso *2* affetto (*da malattia*).

affected (2) /ə'fektɪd/ *a.* affettato.

affecting /ə'fektɪŋ/ *a.* commovente; toccante.

affection /ə'fekʃn/ *n.* *1* U affetto *2* (*med.*) affezione.

affectionate /ə'fekʃənət/ *a.* affezionato; affettuoso.

affective /ə'fektɪv/ *a.* (*psic.*) affettivo; emotivo.

affidavit /æfɪ'deɪvɪt/ (*lat.*) *n.* (*leg.*) affidavit (*dichiarazione scritta e giurata*).

affiliate /ə'fɪlɪeɪt/ *n.* (*comm.*) *1* affiliato; socio *2* (società) affiliata.

to **affiliate** /ə'fɪlɪeɪt/ (*anche comm., leg.*) ***A*** *v. t.* affiliare; associare ***B*** *v. i.* affiliarsi; associarsi.

affiliation /əfɪlɪ'eɪʃn/ *n.* U *e* C *1* affiliazione; connessione *2* (*comm., leg.*) affiliazione • (*leg., GB*) **a. order**, ingiunzione di mantenimento di un minore fatta al padre naturale.

affinity /ə'fɪnətɪ/ *n.* affinità.

to **affirm** /ə'fɜːm/ *v. t.* *1* affermare; asserire *2* (*leg.*) dichiarare solennemente (*in sostituzione del giuramento*) *3* (*leg.*) ratificare.

affirmation /æfə'meɪʃn/ *n.* *1* U *e* C affermazione; asserzione *2* (*leg.*) dichiarazione solenne (*in sostituzione del giuramento*) *3* U *e* C (*leg.*) ratifica.

affirmative /ə'fɜːmətɪv/ ***A*** *a.* affermativo ***B*** *n.* affermazione • **to answer in the a.**, rispondere affermativamente; dire di sì.

affix /'æfɪks/ *n.* (*gramm.*) affisso.

to **affix** /ə'fɪks/ *v. t.* (*form.*) *1* applicare; affiggere: **to a. a stamp**, applicare un francobollo *2* aggiungere in calce; apporre (*firma o sigillo*).

afflatus /ə'fleɪtəs/ *n.* U afflato; estro poetico.

to **afflict** /ə'flɪkt/ *v. t.* affliggere.

affliction /ə'flɪkʃn/ *n.* afflizione; dolore.

affluence /'æfluəns/ *n.* U ricchezza; benessere; abbondanza. ATTENZIONE: **affluence** ≠ affluenza.

affluent /'æfluənt/ ***A*** *a.* ricco; benestante • **the a. society**, la società del benessere. ***B*** *n.* (*geogr.*) affluente.

afflux /'æflʌks/ *n.* afflusso.

to **afford** /ə'fɔːd/ *v. t.* *1* (*all'inf., preceduto da* **can, could, to be able to**) permettersi: **I cannot a. to pay that price**, non posso permettermi (di pagare) quel prezzo; **He can't a. another scandal**, non può rischiare un altro scandalo *2* dare; offrire; procurare: **Listening to music affords me enormous pleasure**, ascoltare la musica mi dà grande piacere.

affordable /ə'fɔːdəbl/ *a.* (finanziariamente) abbordabile; accessibile; alla portata.

to **afforest** /ə'fɒrɪst, *USA* ə'fɔːr-/ *v. t.* imboschire.

afforestation /əfɒrɪ'steɪʃn, *USA* əfɔːr-/ *n.* U *e* C imboschimento.

affray /ə'freɪ/ *n.* rissa; tafferuglio; mischia.

affreightment /ə'freɪtmənt/ *n.* U noleggio (*di nave*).

affront /ə'frʌnt/ *n.* affronto; insulto; offesa: **to offer an a. to sb.**, fare un affronto a q.; **to take a. at st.**, offendersi per q.c.

to **affront** /ə'frʌnt/ *v. t.* offendere; insultare.

afield /ə'fiːld/ *avv.* — **far a.**, lontano; **further a.**, ancor più lontano.

afire /ə'faɪə(r)/ *avv. e a. pred.* *1* (*antiq.*) in fiamme: **to set a.**, incendiare *2* (*fig.*) acceso; infiammato: **a. with enthusiasm**, acceso di entusiasmo.

aflame /ə'fleɪm/ *avv. e a. pred.* (*lett.*) *1* in preda alle fiamme *2* (*fig.*) infiammato; acceso: **to be a. with desire**, ardere di passione.

afloat /ə'fləʊt/ *avv. e a. pred.* *1* a galla; galleggiante: **to keep [to stay] a.**, mantenere [restare] a galla (*anche fig.*) *2* in mare; a bordo: **life a.**, vita di bordo *3* (*di parte di una nave*) allagato • **to set a.**, (*naut.*) far galleggiare; disincagliare; (*fig.*) varare, lanciare.

afoot /ə'fʊt/ *avv. e a. pred.* in corso; in atto: **Something's a.**, sta succedendo qualcosa (di poco chiaro); qualcosa bolle in pentola.

aforementioned /əfɔː'menʃnd, ə'fɔːm-/ *a.* suddetto; summenzionato.

aforesaid /ə'fɔːsed/ *a.* suddetto.

aforethought /ə'fɔːθɔːt/*a.* — (*leg.*) **with malice a.**, con premeditazione.

afraid /ə'freɪd/ *a. pred.* impaurito; spaventato: **to be a. of st.**, aver paura di q.c. • **I'm a. my father is not in**, mi dispiace, ma mio padre non è in casa.

afresh /ə'freʃ/ *avv.* di nuovo; da capo.

African /ˈæfrɪkən/ *a. e n.* Africano • **A. studies**, africanistica □ (*USA*) **A. American**, afroamericano.

Afrikaans /æfrɪˈkɑːns/ *n.* afrikaans.

Afrikaner /æfrɪˈkɑːnə(r)/ *n.* afrikander.

afro /ˈæfrəʊ/ ***A*** *n.* acconciatura di capelli ricci e gonfi; pettinatura afro. ***B*** *a.* (*rif. ad acconciatura*) riccio e gonfio; afro.

Afro-American /æfrəʊəˈmerɪkən/ *a. e n.* afroamericano.

aft /ɑːft, *USA* æft/ *avv. e agg.* (*naut.*) a poppa; verso poppa; di poppa: **to go aft**, andare a poppa; **aft wind**, vento di poppa.

after /ˈɑːftə(r), *USA* ˈæf-/ ***A*** *prep.* ***1*** (*di tempo*) dopo; dopo di: **a. the rain**, dopo la pioggia; **day a. day**, un giorno dopo l'altro; **A. you!**, dopo di lei, prego; **a. all**, dopotutto ***2*** (*di luogo*) dietro; dietro di: **one a. another**, uno dietro l'altro; **He came in a. me**, entrò dietro di me ***3*** secondo; alla maniera di: **a. the Paris fashion**, secondo la moda di Parigi; **a. Milton's style**, alla maniera di Milton; **a man a. my own heart**, un uomo come piace a me • **a. dark**, di sera □ **a. that**, dopo (di ciò); poi □ **a.-tax**, al netto di imposta □ **to be a.**, *V. sotto* **to be** □ (*USA*) **ten a. two**, le due e dieci □ **I was named Mary, a. my aunt**, mi hanno chiamata Mary, che è il nome di mia zia (*o* in ricordo di mia zia) ***B*** *avv.* dopo; in seguito: **the day a.**, il giorno dopo; **What comes a.?**, che cosa viene dopo?; **soon a.**, poco dopo; **long a.**, molto tempo dopo; **ever a.**, da allora in poi • **a.-effect**, effetto collaterale; conseguenza; ripercussione; postumo □ **a.-hours**, dopo l'orario di lavoro □ **a.-life**, vita nell'aldilà ***C*** *cong.* dopo che: **A. he had gone, I spoke openly to her**, dopo che se ne fu andato, le parlai apertamente ***D*** *a.* ***1*** (*lett.*) seguente; successivo; futuro: **in a. years**, negli anni seguenti (*o* futuri) ***2*** (*naut., aeron.*) di poppa; poppiero.

afterbirth /ˈɑːftəbɜːθ, *USA* ˈæf-/ *n.* (*anat.*) placenta.

aftercare /ˈɑːftəkeə(r), *USA* ˈæf-/ *n.* (*med.*) assistenza postoperatoria.

afterglow /ˈɑːftəgləʊ, *USA* ˈæf-/ *n.* ***1*** luce diffusa a occidente (*dopo il tramonto*); bagliore residuo ***2*** sensazione piacevole che perdura (*dopo un'esperienza*).

aftermath /ˈɑːftəmæθ, -mɑːθ, *USA* ˈæftəmæθ/ *n.* (*generalm. al sing.*) periodo immediatamente successivo (*a un evento sgradevole*); indomani; conseguenze; strascichi.

afternoon /ɑːftəˈnuːn, *USA* æf-/ *n.* pomeriggio: **in the a.**, nel (*o* di) pomeriggio.

afters /ˈɑːftəz, *USA* ˈæf-/ *n. pl.* (*fam. GB*) dolce; dessert.

aftershave /ˈɑːftəʃeɪv, *USA* ˈæf-/ *a. e n.* dopobarba.

aftershock /ˈɑːftəʃɒk, *USA* ˈæf-/ *n.* (*geol.*) scossa di assestamento.

aftertaste /ˈɑːftəteɪst, *USA* ˈæf-/ *n.* sapore che resta in bocca; retrogusto.

afterthought /ˈɑːftəθɔːt, *USA* ˈæf-/ *n.* [U] *e* [C] ripensamento.

afterwards /ˈɑːftəwədz/, (*USA*) **afterward** /ˈæftəwəd/ *avv.* dopo; in seguito; poi.

afterworld /ˈɑːftəwɜːld, *USA* ˈæf-/ *n.* [U] mondo di là; oltretomba.

again /əˈgen, əˈgeɪn/ *avv.* ***1*** di nuovo; ancora; un'altra volta: **Do it a.!**, fallo ancora!; rifallo!; **once a.**, ancora una volta ***2*** (*in frase neg.*) più: **never a.**, mai più • **a.** (*o* **time**) **and a.**, più volte; ripetutamente □ **as much** [**as many**] **a.**, altrettanto [altrettanti] □ **now and a.**, di tanto in tanto □ **over a.**, ancora una volta □ **then a.**, però; d'altra parte; tuttavia, ripensandoci: **He might come, and then a. he might not**, potrebbe venire, ma potrebbe anche non venire.

against /əˈgenst, əˈgeɪnst/ *prep.* ***1*** contro; contrario a: **a. one's will**, contro la propria volontà; contro voglia; **a. the law**, contro la legge; **a. the light**, contro luce; **He is a. the idea**, è contrario al progetto; **Are you for or a. it?**, sei favorevole o contrario?; **to have something a. sb.**, avere qualcosa contro q. ***2*** in senso contrario a: **a. the traffic**, in senso contrario al traffico; **a. the wind**, contro il vento ***3*** su: **black a. a white background**, nero su sfondo bianco ***4*** in previsione di; per: **to save a. old age**, risparmiare per la vecchiaia ***5*** a ridosso di; contro: **a. the wall**, contro il muro • **as a.**, in confronto a; rispetto a: **Beef is £5 a pound, as a. £4 last week**, il manzo costa cinque sterline rispetto alle quattro della settimana scorsa.

agape /əˈgeɪp/ *avv. e a. pred.* (*lett.*) a bocca aperta.

agate /ˈægət/ *n.* [C] *e* [U] (*miner.*) agata.

agave /əˈgeɪvɪ/ *n.* (*bot.*) agave.

age /eɪdʒ/ *n.* ***1*** età: **When I was your age...**, quando avevo la tua età...; **What age are you?**, che età hai?; quanti anni hai?; **She is twenty years of age**, ha vent'anni (di età); **I have a son your age**, ho un figlio della tua età; **to look one's age**, dimostrare la propria età; **at an early age**, in giovane età ***2*** periodo; età; evo; era: **the Stone Age**, l'età della pietra; **the Victorian Age**, il periodo vittoriano ***3*** [U] vecchiaia: **the wisdom of age**, la saggezza della vecchiaia ***4*** (*al pl.*) (*fam.*) un sacco di tempo; un'eternità; un secolo, secoli: **I haven't seen him for ages**, sono secoli (*o* è un secolo) che non lo vedo; **It went on for ages**, è durato un'eternità (o un secolo); **ages ago**, secoli fa • **age-bracket**, fascia d'età □ (*leg.*) **age of consent**, età a cui si può consentire legalmente a rapporti sessuali □ **age-old**, vecchissimo; secolare □ **Be** (*o* **act**) **your age!**, non fare il bambino! □ **to be** [**to come**] **of age**, essere [diventare] maggiorenne □ **to be over-age**, aver superato i limiti d'età □ (*fam.*) **ripe old age**, veneranda età □ **under age** (*pred.*; **under-age** *attr.*), minorenne.

to **age** /eɪdʒ/ *v. t. e i.* invecchiare.

aged ***A*** *a. attr.* /ˈeɪdʒɪd/ anziano; attempato: **the a.**, gli anziani; i vecchi ***B*** *a. pred.* /eɪdʒd/ (dell'età) di: **a girl a. six**, una bambina di sei anni.

ageing /ˈeɪdʒɪŋ/ ***A*** *a.* che invecchia ***B*** *n.* ***1*** invecchiamento ***2*** stagionatura.

ageism /ˈeɪdʒɪzəm/ *n.* discriminazione fatta in base all'età (*generalm. a svantaggio dei vecchi*).

ageist /ˈeɪdʒɪst/ ***A*** *a.* che discrimina in base all'età ***B*** *n.* chi fa discriminazioni in base all'età.

ageless /ˈeɪdʒləs/ *a.* ***1*** che non invecchia; sempre giovane; senza età ***2*** eterno.

agency /ˈeɪdʒənsɪ/ *n.* ***1*** agenzia: **estate** [**advertising**] **a.**, agenzia immobiliare [pubblicitaria]; **news a.**, agenzia di stampa ***2*** (*comm.*) rappresentanza: **sole a.**, rappresentanza esclusiva ***3*** (*USA*) dipartimento; ente governativo ***4*** [U] azione; opera: **by the a. of heat**, per azione del calore.

agenda /əˈdʒendə/ *n.* ordine del giorno; agenda: **on the a.**, all'ordine del giorno; sull'agenda • **hidden a.**, programma non dichiarato; intenzioni segrete □ (*fam.*) **What's on the a. today?**, che programmi ci sono per oggi?; che si fa oggi?

agent /ˈeɪdʒənt/ *n.* ***1*** agente (*naturale o chimico*) ***2*** (*comm., leg.*) agente; rappresentante: (**real**) **estate a.**, agente immobiliare; **forwarding a.**, spedizioniere; **sole a.**, rappresentante esclusivo ***3*** (*leg.*) mandatario • **I'm a free a.**, sono libero di fare quello che voglio □ **secret a.**, agente segreto.

agglomerate /əˈglɒmərət/ *a. e n.* (*geol.*) agglomerato.

to **agglomerate** /əˈglɒməreɪt/ ***A*** *v. t.* agglomerare ***B*** *v. i.* agglomerarsi.

agglomeration /əglɒməˈreɪʃn/ *n.* [U] *e* [C] agglomerazione; agglomerato.

to **agglutinate** /əˈgluːtɪneɪt/ ***A*** *v. t.* agglutinare ***B*** *v. i.* agglutinarsi.

to **aggrandize**, (*GB anche*) to **aggrandise** /əˈgrændaɪz/ *v. t.* ingrandire.

aggrandizement, (*GB anche*) **aggrandisement** /əˈgrændɪzmənt/ *n.* (*spreg.*) aumento (*di potere, ricchezza, ecc.*); ingrandimento; esaltazione.

to **aggravate** /ˈægrəveɪt/ *v. t.* ***1*** aggravare; peggiorare ***2*** (*fam.*) irritare; esasperare; scocciare (*fam.*).

aggravating /ˈægrəveɪtɪŋ/ *a.* ***1*** aggravante ***2*** (*fam.*) irritante; esasperante; scocciante (*fam.*).

aggravation /ægrəˈveɪʃn/ *n.* ***1*** [U] aggravamento; peggioramento ***2*** [U] (*fam.*) irritazione; esasperazione; scocciature (*fam.*).

aggregate /ˈægrɪgət/ ***A*** *a.* ***1*** aggregato; globale; complessivo: (*econ.*) **a. demand** [**supply**], domanda [offerta] globale ***2*** (*geol., mat.*) aggregato ***B*** *n.* ***1*** complesso; totale ***2*** (*econ.*) aggregato ***3*** (*edil.*) aggregato.

to **aggregate** /ˈægrɪgeɪt/ ***A*** *v. t.* aggregare ***B*** *v. i.* aggregarsi.

aggregation /ægrɪˈgeɪʃn/ *n.* [U] *e* [C] aggregazione; cumulo.

aggression /əˈgreʃn/ *n.* [U] aggressione.

aggressive /əˈgresɪv/ *a.* ***1*** aggressivo ***2*** intraprendente; agguerrito; grintoso (*fam.*).

aggressiveness /əˈgresɪvnəs/ *n.* [U] ***1*** aggressività ***2*** (*sport*) grinta.

aggressor /əˈgresə(r)/ *n.* aggressore, aggreditrice.

aggrieved /əˈgriːvd/ *a.* ***1*** dispiaciuto; risentito ***2*** (*leg.*) leso: **the a. party**, la parte lesa.

aggro /ˈægrəʊ/ *n.* (*fam. GB, abbr. di* **aggravation**) ***1*** teppismo; violenza giovanile ***2*** scocciature; rotture; grane.

aghast /əˈgɑːst, *USA* əˈgæst/ *a. pred.* ***1*** sbigottito; scioccato

2 inorridito; atterrito.
agile /ˈædʒaɪl, *USA* ˈædʒəl/ *a.* agile; svelto.
agility /əˈdʒɪlətɪ/ *n.* ⓤ agilità; prontezza.
aging /ˈeɪdʒɪŋ/ ***A*** *a.* che invecchia ***B*** *n.* ***1*** invecchiamento ***2*** stagionatura.
agio /ˈædʒɪəʊ/ *n.* (*pl.* **agios**) (*fin.*) aggio.
agiotage /ˈædʒətɪdʒ/ *n.* ⓤ (*fin.*) aggiotaggio.
agism /ˈeɪdʒɪzm/, **agist** /ˈeɪdʒɪst/ *V.* **ageism, ageist**.
to **agitate** /ˈædʒɪteɪt/ ***A*** *v. t.* (*anche fig.*) agitare; scuotere; turbare ***B*** *v. i.* mobilitarsi (*a favore o contro q.c.*); protestare.
agitated /ˈædʒɪteɪtɪd/ *a.* agitato; scosso; turbato.
agitation /ædʒɪˈteɪʃn/ *n.* ⓤ agitazione; fermento.
agitator /ˈædʒɪteɪtə(r)/ *n.* ***1*** (*generalm. spreg.*) agitatore (-trice) ***2*** (*tecn.*) agitatore.
agitprop /ˈædʒɪtprɒp/ *n.* ⓤ (*polit.*) propaganda politica (*specialm. comunista*).
aglow /əˈgləʊ/ *a. pred.* risplendente; ardente; raggiante.
agnostic /ægˈnɒstɪk/ *n. e a.* (*filos.*) agnostico.
agnosticism /ægˈnɒstɪsɪzəm/ *n.* ⓤ (*filos.*) agnosticismo.
ago /əˈgəʊ/ *avv.* fa; or è; or sono: **long ago**, molto tempo fa; **as long ago as 1850**, già nel 1850.
agog /əˈgɒg, *USA* -ɔːg/ *a. pred.* impaziente; eccitato; smanioso: **to be all a.**, essere tutto eccitato; non stare più nella pelle.
to **agonise** /ˈægənaɪz/ *e deriv.* (*GB*) *V.* **to agonize** *e deriv.*
agonistic /ægəˈnɪstɪk/ *a.* agonistico.
to **agonize** /ˈægənaɪz/ *v. i.* tormentarsi; angosciarsi: **to a. over a decision**, tormentarsi per una decisione.
agonizing /ˈægənaɪzɪŋ/ *a.* tormentoso; angoscioso.
agony /ˈægənɪ/ *n.* ⓤ ***1*** dolore forte; tormento; angoscia: **to be in a.**, soffrire atrocemente; avere dolori atroci; **an a. of doubt**, dubbi tormentosi ***2*** (*med.*) agonia • (*giorn.*) **a. aunt**, persona che tiene una rubrica di problemi personali □ (*giorn.*) **a. column**, rubrica di problemi personali □ (*fam.*) **to pile on the a.**, fare la vittima.
agoraphobia /ægərəˈfəʊbɪə/ *n.* ⓤ (*med.*) agorafobia.
agoraphobic /ægərəˈfəʊbɪk/ ***A*** *a.* agorafobico ***B*** *n.* agorafobo (-a).
agrarian /əˈgreərɪən/ *a.* agrario; agricolo.
to **agree** /əˈgriː/ ***A*** *v. i.* essere (*o* trovarsi) d'accordo; mettersi d'accordo; accordarsi; concordare (*anche gramm.*): **I a. with you on that**, sono d'accordo con te su questo; **They'll never a.**, non si troveranno mai d'accordo; **I couldn't a. more**, sono d'accordissimo; parole sante; **to a. to st.**, acconsentire a q.c.; accettare q.c.; **to a. on a price**, accordarsi su un prezzo; **All the texts a.**, tutti i testi concordano; **The verb must a. with the subject**, il verbo deve concordare col soggetto ***B*** *v. t.* concordare; accordarsi su; convenire; pattuire: **We agreed a date for the meeting**, concordammo una data per la riunione; **I a. that something must be done**, riconosco che bisogna fare qualcosa; **to a. to do st.**, acconsentire a fare q.c.; **to a. to differ**, convenire di rimanere ciascuno della propria opinione.
♦ **agree with** *v. i. + prep.* confarsi a; fare bene a; (*al neg., di cibo*) fare male a, essere indigesto per: **This climate agrees with me**, questo clima mi si confà; **Garlic doesn't a. with some people**, certe persone non digeriscono l'aglio.
agreeable /əˈgriːəbl/ *a.* ***1*** piacevole; gradevole ***2*** disposto; consenziente: **I'm a.**, sono d'accordo; per me sta bene ***3*** gradito; accettabile.
agreed /əˈgriːd/ *a.* convenuto; concordato; pattuito: **a. price**, prezzo convenuto; **a. rate**, tariffa concordata; **as a.**, come d'accordo; **A.!**, d'accordo!
agreement /əˈgriːmənt/ *n.* ***1*** ⓤ accordo: **to be in a. on st.**, essere d'accordo su q.c. ***2*** accordo; patto; (*comm., leg.*) contratto: **to come to** (*o* **to arrive at**) **an a.**, venire a un accordo; **to enter into an a.**, stipulare un accordo; **gentleman's a.**, accordo verbale; impegno sulla parola ***3*** ⓤ (*gramm.*) concordanza.
agribusiness /ˈægrɪbɪznəs/ *n.* ⓤ agri-industria; settore agroindustriale.
agricultural /ægrɪˈkʌltʃərəl/ *a.* agricolo.
agriculturalist /ægrɪˈkʌltʃərəlɪst/ *V.* **agriculturist**.
agriculture /ˈægrɪkʌltʃə(r)/ *n.* ⓤ ***1*** agricoltura ***2*** agraria.
agriculturist /ægrɪˈkʌltʃərɪst/ *n.* ***1*** agricoltore ***2*** perito agrario.
agrobiology /ægrəʊbaɪˈɒlədʒɪ/ *n.* ⓤ agrobiologia.
agrochemical /ægrəʊˈkemɪkl/ *n.* prodotto chimico (*specialm. fertilizzante*) usato in agricoltura.
agronomics /ægrəˈnɒmɪks/ *n. pl.* (*col verbo al sing.*) agronomia.
agronomist /əˈgrɒnəmɪst/ *n.* agronomo (-a).
agronomy /əˈgrɒnəmɪ/ *n.* ⓤ agronomia.
aground /əˈgraʊnd/ *avv. e a. pred.* (*naut.*) in secca; arenato; incagliato: **to run a.**, arenarsi; incagliarsi.
ague /ˈeɪgjuː/ *n.* ⓤ febbre malarica.
aha /ɑːˈhɑː, əˈhɑː/ *inter.* (*di scoperta, soddisfazione*) ah, bene!; ah, ecco!
ahead /əˈhed/ *avv. e a. pred.* ***1*** (*nello spazio*) avanti; davanti: **to go a.**, andare avanti; **Go straight a.**, va' sempre dritto; **to get a. of sb.**, superare q. ***2*** (*nel tempo*) avanti; in anticipo: **We are three hours a. of Boston**, siamo tre ore avanti rispetto a Boston; **to plan a.**, fare progetti per tempo ***3*** in vantaggio: **a. of the competition**, in vantaggio sulla concorrenza • (*naut.*) **full speed a.**, avanti a tutta forza □ **to get a.**, farsi strada □ **to look a.**, guardare al futuro □ **There's trouble a.**, ci sono guai in vista.
ahem /əˈhm, mˈhm/ *inter.* ***1*** (*di dubbio*) hmm! ***2*** (*per attirare l'attenzione*) ehm!
ahoy /əˈhɔɪ/ *inter.* (*naut.*) ehi!; olà!: **Ship a.!**, ehi, della nave!
aid /eɪd/ *n.* ***1*** ⓤ aiuto; assistenza; soccorso: **to go to the aid of sb.**, andare in aiuto di q.; **first aid**, pronto soccorso ***2*** ⓤ aiuti (*economici, umanitari, ecc.*); sovvenzioni ***3*** sussidio; aiuto: **audio-visual aids**, sussidi audiovisivi ***4*** assistente; aiuto • **legal aid**, gratuito patrocinio □ **in aid of**, a favore di; a beneficio di □ (*fam.*) **What's all the fuss in aid of?**, che è tutto questo trambusto?
to **aid** /eɪd/ *v. t.* ***1*** aiutare; assistere; soccorrere ***2*** facilitare; promuovere; contribuire a: **to aid recovery**, facilitare la guarigione • (*leg.*) **to aid and abet sb.**, essere complice di q.; rendersi colpevole di favoreggiamento.
aide /eɪd/ *n.* (*mil.*) aiutante, addetto; (*polit.*) assistente, consigliere.
aide-de-camp /eɪddəˈkɑːmp, *USA* -ˈkæmp/ (*franc.*) *n.* (*mil.*) aiutante di campo.
aide-mémoire /ˈeɪdˈmemwɑː(r)/ (*franc.*) *n.* promemoria; memorandum.
aidrop /ˈeədrɒp/ *n.* (*aeron.*) lancio (*di viveri, ecc.*) col paracadute.
AIDS /eɪdz/ *n.* (*med., iniz. di* **Acquired Immune Deficiency Syndrome**) AIDS; sindrome da immunodeficienza acquisita.
to **ail** /eɪl/ ***A*** *v. t.* (*lett.*) addolorare; affliggere ***B*** *v. i.* essere sofferente.
aileron /ˈeɪlərɒn/ *n.* (*aeron.*) alettone.
ailing /ˈeɪlɪŋ/ *a.* ***1*** sofferente; malaticcio ***2*** (*di economia, ecc.*) in difficoltà; in crisi.
ailment /ˈeɪlmənt/ *n.* indisposizione; disturbo; malanno; malattia.
aim /eɪm/ *n.* ***1*** ⓤ mira: **to take aim**, prendere la mira ***2*** mira; aspirazione; scopo.
to **aim** /eɪm/ ***A*** *v. t.* ***1*** mirare; puntare: **He aimed the gun at me**, mi puntò contro la pistola ***2*** tirare (*un pugno, un calcio, ecc.*) ***3*** rivolgere; indirizzare; dirigere; mirare: **His words were aimed at me**, le sue parole erano indirizzate a me; **measures aimed at curbing inflation**, misure miranti a ridurre l'inflazione ***B*** *v. i.* ***1*** mirare; prendere di mira: **Aim at that tree!**, mira a quell'albero! ***2*** mirare; aspirare; proporsi: **to aim at st.** [**at doing st.**, *USA* **to do st.**], mirare (*o* aspirare) a q.c. [a fare q.c.]; **He is aiming at the high jump record in the next Olympics**, mira al record del salto in alto alle prossime Olimpiadi.
aimless /ˈeɪmləs/ *a.* senza scopo; senza una meta precisa; (*estens.*) inconcludente, inutile.
aimlessness /ˈeɪmləsnəs/ *n.* ⓤ mancanza di scopo; inutilità.
ain't /eɪnt/ *contraz. pop. di* **am not, are not, is not, has not, have not**.
air /eə(r)/ *n.* ***1*** ⓤ aria; atmosfera: **a breath of fresh air**, una boccata d'aria; **in the air**, in aria; nell'aria; **in the open air**, all'aria aperta; **There's a feeling of optimism in the air**, tira aria di ottimismo ***2*** aria; aspetto: **with a self-important air**, con aria di supponenza ***3*** aria; motivo; melodia ***4*** (*al pl.*) arie: **to give oneself** (*o* **to put on**) **airs**, darsi delle arie; **airs and graces**, modi affettati; arie da gran dama • **air conditioned**, climatizzato □ **air conditioner**, climatizzatore □ **air-conditioning**, condizionamento dell'aria; aria condizionata □ **air-cooled**, raffreddato ad aria □ (*mil.*) **air cover** protezione aerea □ (*aeron.*) **air-hostess**, hostess; assisten-

te di volo □ (*aeron.*) **air-lane**, corridoio aereo □ (*aeron.*) **air pocket**, vuoto d'aria □ (*mil.*) **air raid** (*o* **air strike**), incursione aerea □ (*miss.*) **air-to-air**, aria-aria □ (*aeron.*) **air traffic control**, controllo del traffico aereo □ (*aeron.*) **air traffic controller**, controllore di volo; uomo radar (*fam.*) □ **by air**, per via aerea □ **to clear the air**, chiarire la situazione; chiarire un malinteso □ **to give sb. the air**, licenziare q. □ (*radio, TV*) **off the air**, non in onda; non in trasmissione: **We're going off the air in five minutes**, il nostro programma termina tra cinque minuti □ (*radio, TV*) **on the air**, in onda; in trasmissione □ **up in the air**, (*di piano, ecc.*) incerto; in alto mare □ **to vanish into thin air**, svanire nel nulla; volatilizzarsi □ **to walk on air**, essere al settimo cielo.

to **air** /ɛə(r)/ *v. t.* ***1*** arieggiare; dare aria a; ventilare ***2*** dare voce a; rendere noto: **to air one's grievances**, dare voce alle proprie rimostranze ***3*** mettere in mostra; sciorinare: **to air one's knowledge**, sciorinare la propria cultura ***4*** (*USA*) trasmettere (*alla radio, alla TV*); mandare in onda.

airbag /ˈɛəbæg/ *n.* (*autom.*) airbag.

airbase /ˈɛəbeɪs/ *n.* base aerea.

airbed /ˈɛəbɛd/ *n.* materassino (gonfiabile).

airborne /ˈɛəbɔːn/ *a.* ***1*** trasportato dall'aria ***2*** (*aeron.*) aviotrasportato ***3*** (*pred.*) (*di aereo o passeggero*) in volo; in quota: **to become a.**, prendere quota.

airbrake /ˈɛəbreɪk/ *n.* freno ad aria compressa.

airbrick /ˈɛəbrɪk/ *n.* (*edil.*) mattone forato.

airbus /ˈɛəbʌs/ *n.* (*aeron.*) aerobus, airbus.

to **air-condition** /ˈɛəkəndɪʃn/ *v. t.* fornire (*un locale*) di condizionamento d'aria; mettere l'aria condizionata in.

aircraft /ˈɛəkrɑːft, *USA* -æft/ *n.* (*pl. invar.*) aereo; velivolo ● **a. carrier**, portaerei.

aircrew /ˈɛəkruː/ *n.* (*aeron.*) equipaggio di volo.

airdrome /ˈɛədrəʊm/ *n.* (*USA*) aerodromo.

airdrop /ˈɛədrɒp/ *n.* (*aeron.*) lancio (*di viveri, ecc.*) col paracadute.

airfare /ˈɛəfɛə(r)/ *n.* (costo del) biglietto aereo; tariffa aerea.

airfield /ˈɛəfiːld/ *n.* campo d'aviazione.

airforce /ˈɛəfɔːs/ *n.* aviazione militare.

airgun /ˈɛəgʌn/ *n.* fucile (*o* pistola) ad aria compressa.

airhead /ˈɛəhɛd/ *n.* (*fam.*) persona sciocca; testa vuota; (*di donna*) ochetta.

airily /ˈɛərəlɪ/ *avv.* disinvoltamente; allegramente; spensieratamente; a cuor leggero.

airing /ˈɛərɪŋ/ *n.* ***1*** (il) dare aria (*a lenzuola, ecc.*); aerazione: **a. cupboard**, essiccatoio per biancheria ***2*** pubblica espressione (*di un'idea, ecc.*); discussione aperta: **We gave the matter a good a.**, abbiamo discusso a fondo la faccenda ***3*** (*radio, TV, USA*) trasmissione; messa in onda.

airletter /ˈɛəlɛtə(r)/ *n.* aerogramma.

airlift /ˈɛəlɪft/ *n.* ponte aereo.

to **airlift** /ˈɛəlɪft/ *v. t.* trasportare con un ponte aereo.

airline /ˈɛəlaɪn/ *n.* linea aerea; compagnia aerea; aviolinea.

airliner /ˈɛəlaɪnə(r)/ *n.* (*antiq.*) aereo passeggeri; aereo di linea.

airlock /ˈɛəlɒk/ *n.* (*tecn.*) ***1*** bolla d'aria ***2*** camera d'equilibrio.

airmail /ˈɛəmeɪl/ ***A*** *n.* [U] posta aerea: **by a.**, per posta (*o* via) aerea; **a. stamp**, francobollo per posta aerea ***B*** *avv.* per posta aerea.

to **airmail** /ˈɛəmeɪl/ *v. t.* spedire per posta aerea.

airman /ˈɛəmən, -æn/ *n.* (*pl.* **airmen** /-mən/) aviatore.

airplane /ˈɛəpleɪn/ *n.* (*USA*) aeroplano.

airplay /ˈɛəpleɪ/ *n.* (*radio*) trasmissione (*di disco, canzone, ecc.*)

airport /ˈɛəpɔːt/ *n.* aeroporto.

airship /ˈɛəʃɪp/ *n.* aeronave; dirigibile.

airsick /ˈɛəsɪk/ *a.* sofferente di mal d'aria.

airsickness /ˈɛəsɪknəs/ *n.* mal d'aria.

airspace /ˈɛəspeɪs/ *n.* spazio aereo.

airstrip /ˈɛəstrɪp/ *n.* pista d'atterraggio.

airtight /ˈɛətaɪt/ *a.* ***1*** a tenuta d'aria; a chiusura ermetica; ermetico ***2*** (*fig.*) inattaccabile; di ferro: **a. alibi**, alibi di ferro.

airtime /ˈɛətaɪm/ *n.* (*radio, TV*) spazio di trasmissione (*assegnato a un programma, un argomento, un partito, ecc.*).

airwaves /ˈɛəweɪvz/ *n. pl.* (*radio, TV*) onde radio.

airway /ˈɛəweɪ/ *n.* ***1*** corridoio aereo; aerovia ***2*** (*ind. min., USA*) galleria di ventilazione ***3*** (*radio, TV*) banda di frequenza; canale ***4*** (*al pl.*) aviolinee; linee aeree (*nel nome di una compagnia*).

airwoman /ˈɛəwʊmən/ *n.* aviatrice.

airworthy /ˈɛəwɜːðɪ/ *a.* (*di aereo*) atto alla navigazione aerea; idoneo al volo.

airy /ˈɛərɪ/ *a.* ***1*** arioso; arieggiato ***2*** noncurante; disinvolto; spensierato ● **a.-fairy**, vago; poco realistico; campato in aria; (*di persona*) trasognato, svagato.

aisle /aɪl/ *n.* ***1*** (*archit.*) navata laterale ***2*** (*teatr., ferr.*) corridoio (*tra due file di posti*).

aitch /eɪtʃ/ *n.* (la lettera) acca: **to drop one's aitches**, non pronunciare l'acca iniziale (*di una parola inglese, considerato segno di scarsa cultura in G.B.*).

ajar /əˈdʒɑː(r)/ *avv.* e *a. pred.* (*di porta*) socchiuso; semiaperto.

akimbo /əˈkɪmbəʊ/ *avv.* — **with arms a.**, con le mani sui fianchi.

akin /əˈkɪn/ *a. pred.* — **a. to**, simile a; affine a.

à la /ˈælə, ˈɑː-, -lɑː/ (*franc.*) *locuz. prep.* (*scherz. o iron.*) alla: **à la Thatcher**, alla Thatcher.

alabaster /ˈæləbɑːstə(r), *USA* -bæs-/ *n.* [U] alabastro.

à la carte /æləˈkɑːt, ɑː-, -lɑː-/ (*franc.*) *locuz. a.* e *avv.* alla carta.

alacrity /əˈlækrətɪ/ *n.* [U] alacrità.

à la mode /æləˈməʊd, ɑː-, -lɑː-/ (*franc.*) *locuz. a.* ***1*** alla moda; di moda ***2*** (*di dolce, USA*) con gelato.

alarm /əˈlɑːm/ *n.* ***1*** allarme: **false a.**, falso allarme; **burglar a.**, (impianto di) allarme (*in appartamento*); antifurto; **to raise the a.**, dare l'allarme ***2*** [U] allarme; apprensione ***3*** (*anche* **a. clock**) sveglia: **to set the a. for six o'clock**, mettere la sveglia alle sei.

to **alarm** /əˈlɑːm/ *v. t.* spaventare; allarmare.

alarmed /əˈlɑːmd/ *a.* spaventato; allarmato.

alarming /əˈlɑːmɪŋ/ *a.* preoccupante; allarmante.

alarmingly /əˈlɑːmɪŋlɪ/ *avv.* in modo preoccupante; pericolosamente.

alarmism /əˈlɑːmɪzəm/ *n.* [U] allarmismo.

alarmist /əˈlɑːmɪst/ ***A*** *n.* allarmista ***B*** *a.* allarmistico.

alas /əˈlæs, əˈlɑːs/ *inter.* ahimè! ● **A. for him!**, poveretto!; ahilui!

Alaskan /əˈlæskən/ ***A*** *a.* dell'Alaska ***B*** *n.* abitante dell'Alaska.

Albanian /ælˈbeɪnɪən, *USA* ɔːl-/ *a.* e *n.* albanese.

albatross /ˈælbətrɒs, *USA* -trɔːs/ *n.* (*zool.*) albatro.

albeit /ɔːlˈbiːɪt/ *cong.* (*form.*) benché; quantunque; sebbene.

albinism /ˈælbɪnɪzəm/ *n.* [U] albinismo.

albino /ælˈbiːnəʊ, *USA* -baɪ-/ *n.* (*pl.* **albinos**) albino (-a).

album /ˈælbəm/ *n.* album.

albumen /ˈælbjʊmən, *USA* ælˈbjuːmən/ *n.* [U] albume.

albumin /ˈælbjʊmɪn, *USA* ælˈbjuːmɪn/ *n.* [U] (*biol.*) albumina.

alchemist /ˈælkəmɪst/ *n.* alchimista.

alchemy /ˈælkəmɪ/ *n.* [U] alchimia.

alcohol /ˈælkəhɒl, *USA* -hɔːl/ *n.* [U] ***1*** alcol, alcool: **absolute a.**, alcol puro; **a.-free**, senza alcol; analcolico ***2*** alcolici.

alcoholic /ælkəˈhɒlɪk, *USA* -hɔːl-/ ***A*** *a.* ***1*** alcolico ***2*** (*med.*) alcolizzato ***B*** *n.* (*med.*) alcolizzato (-a); alcolista.

alcoholism /ˈælkəhɒlɪzəm, *USA* -hɔːl-/ *n.* [U] (*med.*) alcolismo.

alcove /ˈælkəʊv/ *n.* ***1*** alcova ***2*** nicchia ***3*** padiglione (*di giardino*).

aldehyde /ˈældɪhaɪd/ *n.* [U] *e* [C] (*chim.*) aldeide.

alder /ˈɔːldə(r)/ *n.* (*bot.*) ontano.

alderman /ˈɔːldəmən/ *n.* (*pl.* **aldermen** /-mən/) ***1*** (*in G.B., fino al 1974*) assessore comunale o di contea ***2*** (*in U.S.A.*) consigliere comunale.

ale /eɪl/ *n.* [U] birra: **dark [pale] ale**, birra scura [chiara].

alert /əˈlɜːt/ ***A*** *a.* ***1*** vigile; sveglio ***2*** pronto; intelligente ***B*** *n.* allarme (*anche aereo*) ● **to be on the a.**, stare all'erta □ (*mil.*) **to put on a.**, mettere in stato di allarme.

to **alert** /əˈlɜːt/ *v. t.* ***1*** avvertire; mettere in guardia ***2*** (*mil.*) mettere in stato di allarme.

alfalfa /ælˈfælfə/ *n.* [U] (*bot.*) erba medica.

alfresco, al fresco /ælˈfrɛskəʊ/ *avv.* e *a.* all'aperto: **a. lunch**, colazione all'aperto.

alga /ˈælgə/ *n.* (*pl.* **algae** /ˈældʒiː/) (*bot.*) alga.

algebra /ˈældʒɪbrə/ *n.* [U] algebra.

algebraic(al) /ældʒɪˈbreɪɪk(l)/ *a.* algebrico.

Algerian /ælˈdʒɪərɪən/ *a.* e *n.* algerino.

algorithm /ˈælgərɪðəm/ *n.* (*mat.*) algoritmo.

algorithmic /ælgə'rɪðmɪk/ *a.* (*mat.*) algoritmico.
alias /'eɪlɪəs/ ***A*** *n.* (*pl.* **aliases**) pseudonimo; falso nome ***B*** *avv.* alias; altrimenti detto.
alibi /'ælɪbaɪ/ *n.* (*pl.* **alibis**) ***1*** (*leg.*) alibi ***2*** scusa; alibi.
alien /'eɪlɪən/ ***A*** *a.* ***1*** straniero ***2*** estraneo (a); che non appartiene (a): **behaviour a. to my nature**, un comportamento estraneo alla mia natura ***B*** *n.* ***1*** straniero (-a) ***2*** extraterrestre; alieno (-a).
to **alienate** /'eɪlɪəneɪt/ *v. t.* (*anche leg.*) alienare.
alienation /eɪlɪə'neɪʃn/ *n.* [U] ***1*** (*leg., med.*) alienazione ***2*** disaffezione; alienazione.
alight /ə'laɪt/ *a. pred.* ***1*** in fiamme; acceso ***2*** illuminato; splendente • **to set st. a.**, dar fuoco a q.c.
to **alight** /ə'laɪt/ *v. i.* ***1*** smontare (*da cavallo*); scendere (*da un mezzo di trasporto*) ***2*** posarsi • **to a. on a solution**, trovare per caso una soluzione.
to **align** /ə'laɪn/ ***A*** *v. t.* allineare ***B*** to **align oneself** *v. rifl.* (*fig.*) allinearsi; schierarsi.
alignment /ə'laɪnmənt/ *n.* ***1*** [U] allineamento ***2*** (*anche polit.*) schieramento.
alike /ə'laɪk/ ***A*** *a. pred.* simile; somigliante: **They are very much a.**, si assomigliano molto ***B*** *avv.* nello (*o* allo) stesso modo; in egual misura: **to treat everyone a.**, trattare tutti nello stesso modo; **The programme is popular with young and old a.**, il programma piace sia ai giovani che ai vecchi.
alimentary /ælɪ'mɛntrɪ/ *a.* alimentare • (*anat.*) **a. canal.**, tubo digerente.
alimony /'ælɪmənɪ, *USA* -məʊnɪ/ *n.* [U] (*leg.*) alimenti.
alive /ə'laɪv/ *a. pred.* ***1*** vivente; vivo; in vita: **to keep sb. a.**, tenere in vita q.; **to keep a memory a.**, mantener vivo un ricordo; **the finest pianist a.**, il miglior pianista vivente ***2*** vivace; pieno di vita; vivo ***3*** (*elettr.*) sotto tensione • **a. and well** (*o* **kicking**), vivo e vegeto □ **to be a. to**, essere conscio di; capire pienamente □ **to be a. with**, brulicare di; formicolare di □ **to come a.**, ravvivarsi; animarsi.
alkali /'ælkəlaɪ/ *n.* (*pl.* **alkalis, alkalies**) (*chim.*) alcali; prodotto alcalino.
alkaline /'ælkəlaɪn/ *a.* (*chim.*) alcalino.
alkalinity /ælkə'lɪnətɪ/ *n.* [U] (*chim.*) alcalinità.
alkaloid /'ælkəlɔɪd/ *n.* (*chim.*) alcaloide.
all /ɔːl/ ***A*** *a.* ***1*** tutto: **all day long**, tutto il giorno; **all those girls**, tutte quelle ragazze; **all the others**, tutti gli altri; **all the year round**, (per) tutto l'anno ***2*** ogni: **beyond all doubt**, fuor d'ogni dubbio; **all manner of men**, ogni tipo d'uomo; **to deny all knowledge of st.**, negare di essere a conoscenza di q.c. ***B*** *pron.* ***1*** tutti (-e): **they all** (*o* **all of them**), tutti (loro); **We all agree**, siamo tutti d'accordo ***2*** tutto; ogni cosa: **above all**, soprattutto; **after all**, dopo tutto; **all told**, in tutto; in totale ***C*** *avv.* ***1*** del tutto; completamente: **all worn out**, completamente sfinito; **all alone**, tutto solo; **all at once**, tutt'a un tratto ***2*** (+ *compar.*) tanto; ancora: **all the better**, tanto meglio; **all the more amazing**, ancora più sorprendente ***3*** (*sport*) pari: **three all**, tre pari; tre a tre ***D*** *n.* (*con agg. poss.*) tutto ciò che si ha; tutto il possibile: **to give one's all**, sacrificare tutto; **to do one's all**, fare tutto il possibile; fare di tutto • **all along**, fin dal principio □ **all-American**, americanissimo; tipicamente americano □ **all and sundry**, ogni sorta di gente; tutti quanti □ **all but**, quasi; pressoché: **all but impossible**, pressoché impossibile □ **all-clear**, segnale di cessato allarme; via libera □ **all-embracing**, che abbraccia tutto; generale □ **all for (doing) st.**, favorevolissimo a (fare) q.c. □ **all-important**, importantissimo; cruciale □ **all in** (*avv.*; **all-in** *agg.*), tutto compreso □ (*fam.*) **all in**, sfinito; a pezzi □ **all in all**, tutto considerato; tutto sommato □ **all-in wrestling**, lotta americana □ **all-inclusive**, comprensivo di tutto; tutto compreso □ **all-knowing**, onnisciente □ **all-night**, che dura tutta la notte; che resta aperto tutta la notte □ (*fam.*) **all-nighter**, nottata (*di lavoro o di divertimento*) □ **all out** (*avv.*; **all-out** *agg.*), senza riserve; senza risparmio: (*fam.*) **to go all out**, mettercela tutta; non risparmiarsi □ **all-powerful**, onnipotente □ **all-purpose**, multiuso; universale □ **all right**, bene; proprio: **I'm all right**, sto bene; **You did all right**, hai fatto bene; **That's him all right!**, è proprio lui! □ **All right!**, d'accordo!; bene! □ **all-round**, completo; (*comm.*) globale: **all-round athlete**, atleta completo; **all-round price**, prezzo globale □ **all-rounder**, persona versatile; (*sport*) atleta completo □ (*GB*) **all-seater**, (*di stadio sportivo*) che ha solo posti a sedere □ **All Saints' Day**, Ognissanti □ **All Souls' Day**, Giorno dei Morti □ **all-seeing**, onniveggente □ **all-star**, (*di spettacolo, torneo, ecc.*) con artisti [campioni sportivi, ecc.] famosi □ **all-terrain vehicle**, fuoristrada □ **All the best!**, tanti auguri!; tante cose! □ **all-time**, di tutti i tempi; assoluto: (*sport*) **all-time record**, primato assoluto; (*econ., fin.*) **all-time high** [**low**], rialzo [ribasso] massimo □ **for all I know**, per quel che ne so □ **for all that**, nonostante tutto; con tutto ciò □ **in all**, in tutto □ **Is that all?**, è tutto?; tutto qui? □ **It's all one to me**, per me è tutt'uno □ **not at all** per niente; niente affatto □ (*fam.*) **not all that**, non molto; non poi tanto: **He's not all that old**, non è poi tanto vecchio; **I'm not all that convinced he's right**, non sono molto convinto che abbia ragione □ (*fam.*) **He's not all there**, non è tutto giusto; non c'è tutto (con la testa) □ **when all is said and done**, in fin dei conti; alla fin fine □ **Will that be all, madam?**, (*nei negozi, ecc.*) desidera altro, signora?
to **allay** /ə'leɪ/ *v. t.* dissipare (*timori, sospetti, ecc.*); calmare.
allegation /ælɪ'geɪʃn/ *n.* asserzione; accusa (*non accompagnata da prove*).
to **allege** /ə'lɛdʒ/ *v. t.* affermare senza prove; asserire: **He is alleged to have said that...**, avrebbe sostenuto che...
alleged /ə'lɛdʒd/ *a.* presunto.
allegedly /ə'lɛdʒɪdlɪ/ *avv.* ***1*** a quanto si dice; secondo quanto asserito: **He a. stole the money from his father**, risulterebbe che ha rubato i soldi al padre ***2*** (*leg.*) secondo l'accusa.
allegiance /ə'liːdʒəns/ *n.* [U] fedeltà, obbedienza (*a un sovrano, un governo, ecc.*); devozione (*a una causa*).
allegorical /ælɪ'gɒrɪkl, *USA* -'gɔːr-/ *a.* allegorico.
allegorist /'ælɪgərɪst/ *n.* allegorista.
allegory /'ælɪgərɪ, *USA* -gɔːrɪ/ *n.* [U] *e* [C] allegoria.
allelu(i)a(h) /ælɪ'luːjə/ *inter. e n.* alleluia.
allergen /'ælədʒɛn, -dʒən/ *n.* (*biol.*) allergene.
allergic /ə'lɜːdʒɪk/ *a.* (*med. e fig.*) allergico.
allergist /'ælədʒɪst/ *n.* (*med.*) allergologo (-a).
allergy /'ælədʒɪ/ *n.* [C] *e* [U] (*med. e fig.*) allergia.
to **alleviate** /ə'liːvɪeɪt/ *v. t.* alleviare; lenire.
alleviation /əliːvɪ'eɪʃn/ *n.* [U] alleviamento; lenimento.
alley /'ælɪ/ *n.* ***1*** vicolo: **blind a.**, vicolo cieco (*anche fig.*) ***2*** vialetto (*di parco*) ***3*** (*bowling*) pista.
alleyway /'ælɪweɪ/ *n.* vicolo; passaggio stretto.
alliance /ə'laɪəns/ *n.* [U] *e* [C] ***1*** alleanza; unione; lega ***2*** (l')imparentarsi (*di famiglie per matrimonio*).
allied /'ælaɪd/ *a.* ***1*** alleato ***2*** affine (*anche biol.*) ***3*** imparentato (*per matrimonio*).
alligator /'ælɪgeɪtə(r)/ *n.* (*zool.*) alligatore.
alliteration /əlɪtə'reɪʃn/ *n.* [U] allitterazione.
alliterative /ə'lɪtrətɪv, *USA* -təreɪtɪv/ *a.* allitterativo.
to **allocate** /'æləkeɪt/ *v. t.* assegnare; stanziare (*fondi, ecc.*).
allocation /ælə'keɪʃn/ *n.* ***1*** [U] assegnazione; stanziamento (*di fondi, ecc.*) ***2*** somma stanziata.
allopathy /ə'lɒpəθɪ/ *n.* (*med.*) allopatia.
to **allot** /ə'lɒt/ *v. t.* ***1*** assegnare; destinare ***2*** (*fin.*) ripartire, distribuire, assegnare (*azioni o obbligazioni*).
allotment /ə'lɒtmənt/ *n.* ***1*** [U] assegnazione; ripartizione ***2*** (*fin.*) ripartizione ***3*** (*anche leg.*) porzione; parte assegnata; somma destinata ***4*** (*in G.B.*) pezzo di terra da coltivare.
to **allow** /ə'laʊ/ *v. t.* ***1*** permettere; lasciare; concedere: **to a. sb. to do st.**, permettere a q. di fare q.c.; **He is allowed only three cigarettes a day**, può fumare solo tre sigarette al giorno; (*form.*) **A. me to introduce...**, posso presentarle...?; **Smoking is not allowed**, è proibito fumare; **to a. oneself st.**, concedersi q.c.; **to a. in** [**out**], lasciar entrare [uscire] ***2*** lasciar entrare; ammettere: **Dogs are not allowed**, i cani non sono ammessi ***3*** riconoscere; ammettere; concedere: **You must a. he has been patient**, devi riconoscere che è stato paziente; (*calcio*) **to a. a goal**, riconoscere un gol ***4*** dare; accordare: **We are only allowed a 15-minute break**, abbiamo solo un intervallo di 15 minuti; **I a. my son five pounds a week**, passo a mio figlio cinque sterline alla settimana ***5*** calcolare; mettere in conto: **You should a. two weeks for that job**, devi calcolare due settimane per quel lavoro.
♦ **allow for** *v. i. + prep.* tenere conto di; calcolare: **to a. for sb.'s age**, tenere conto dell'età di q.; **I forgot to a. for the hem**, ho dimenticato di calcolare l'orlo.
♦ **allow of** *v. i. + prep.* (*form.*) ammettere; permettere: **This story allows of more than one interpretation**, questa faccenda ammette più di una spiegazione.

allowable /ə'laʊəbl/ *a.* ***1*** ammissibile; lecito ***2*** (*fisc.*) deducibile; detraibile.
allowance /ə'laʊəns/ *n.* ***1*** indennità; assegno; somma di denaro concessa: **travelling a.**, indennità di viaggio; **family a.**, assegni familiari; **daily a.**, diaria; **cost-of-living a.**, indennità di carovita; (*in Italia*) (indennità di) contingenza ***2*** (*comm.*) abbuono; sconto; riduzione: **3 per cent a.**, sconto del 3% ***3*** razione (*di viveri, ecc.*) ***4*** (*fisc.*) detrazione; sgravio: **tax a.**, sgravio d'imposta ***5*** (*USA*) paghetta (*data ai figli*) ● **to make allowances for sb.**, mostrarsi comprensivi nei confronti di q.; essere indulgenti con q. □ **to make a.** (*o* **allowances**) **for st.**, tenere conto di q.c.
alloy /'ælɔɪ/ *n.* (*metall.*) lega.
to **alloy** /ə'lɔɪ/ *v. t.* (*metall.*) amalgamare; legare.
allspice /'ɔ:lspaɪs/ *n.* U pepe della Giamaica.
to **allude** /ə'lu:d, ə'lju:d/ *v. i.* alludere.
allure /ə'lʊə(r), ə'ljʊə(r)/ *n.* fascino; attrattiva.
allurement /ə'lʊəmənt, ə'lj-/ *n.* tentazione; attrattiva; lusinga.
alluring /ə'lʊərɪŋ, ə'lj-/ *a.* allettante; affascinante; seducente.
allusion /ə'lu:ʒn, ə'lj-/ *n.* C e U allusione.
allusive /ə'lu:sɪv, ə'lj-/ *a.* allusivo.
alluvial /ə'lu:vɪəl, ə'lj-/ *a.* (*geol.*) alluvionale.
ally /'ælaɪ, ə'laɪ/ *n.* alleato (-a).
to **ally** /ə'laɪ, 'ælaɪ/ ***A*** *v. t.* ***1*** alleare ***2*** imparentare ***B*** *v. i.* allearsi.
alma mater /'ælmə'mɑ:tə(r), 'meɪtə(r)/ (*lat.*) *locuz. n.* università (*detto di quella che si è frequentata*).
almanac(k) /'ɔ:lmənæk, 'ɒl-, 'æl-/ *n.* almanacco.
almightiness /ɔ:l'maɪtɪnəs/ *n.* U onnipotenza.
almighty /ɔ:l'maɪtɪ/ *a.* ***1*** onnipotente ***2*** (*fam.*) tremendo; pazzesco: **a. crash**, fracasso tremendo; **a. bore**, tremendo seccatore; noia pazzesca.
almond /'ɑ:mənd, *USA* 'ɑ:(l)m-, 'æ(l)m-/ ***A*** *n.* ***1*** mandorla ***2*** (*anche* **a. tree**) mandorlo ***B*** *a.* di mandorla; a mandorla: **a. eyes**, occhi a mandorla; **a. paste**, pasta di mandorle.
almost /'ɔ:lməʊst, *USA* 'ɔ:l-, ɔ:l'məʊst/ *avv.* quasi; pressoché.
alms /ɑ:mz/ *n. pl.* elemosina; carità: **to give a.**, fare l'elemosina ● **a.-box**, cassetta delle elemosine □ **a.-house**, ospizio di carità.
aloe /'æləʊ/ *n.* ***1*** (*bot.*) aloe ***2*** (*al pl. col verbo al sing.*) (*farm.*) aloe.
aloft /ə'lɒft, *USA* ə'lɔ:ft/ *avv.* ***1*** in alto; per aria ***2*** (*naut.*) a riva.
alone /ə'ləʊn/ *a. pred. e avv.* ***1*** solo: **all a.**, tutto solo; solo soletto; **I want to be a.**, voglio restare solo; **The wallpaper a. must have cost a fortune**, la tappezzeria da sola deve essere costata un patrimonio ***2*** solo; soltanto; solamente: **Time a. will tell**, solo col tempo si vedrà ● **to leave** (*o* **to let**) **sb. [st.] a.**, lasciar stare q. [q.c.]; lasciare in pace q. [q.c.] □ **let a.**, tanto meno; figuriamoci: **I haven't a penny, let a. five pounds**, non ho un penny, figuriamoci cinque sterline.
along /ə'lɒŋ, *USA* ə'lɔ:ŋ/ ***A*** *prep.* lungo; per: **a. the wall [the road]**, lungo il muro [la strada] ***B*** *avv.* ***1*** avanti: **Move a.!**, andate avanti!; circolate! ***2*** con sé; dietro; insieme: **Why did you bring her a.?**, come mai te la sei portata dietro?; **Come a. with us!**, vieni con noi! ● **a. here [there]**, da questa [quella] parte □ **a. with**, insieme con □ **I knew all a.**, l'ho sempre saputo; lo sapevo sin dal principio.
alongside /ə'lɒŋsaɪd, əlɒŋ'saɪd, *USA* -ɔ:ŋ-/ ***A*** *avv.* ***1*** accanto ***2*** (*naut.*) sottobordo: **to come** (*o* **to go**) **a.**, accostare, accostarsi ***B*** *prep.* ***1*** lungo: **a. the river**, lungo il fiume ***2*** a fianco di; insieme con: **He works a. my brother**, lavora con mio fratello; **a. each other**, fianco a fianco.
aloof /ə'lu:f/ ***A*** *a. pred.* riservato; distante; distaccato ***B*** *avv.* a distanza; in disparte: **to remain a.**, restare appartato; mantenere le distanze.
aloofness /ə'lu:fnəs/ *n.* U riserbo; distacco.
aloud /ə'laʊd/ *avv.* a voce alta; ad alta voce; forte.
alp /ælp/ *n.* alpe; monte; montagna.
alpaca /æl'pækə/ *n.* alpaca (*animale e tessuto*).
alpha /'ælfə/ *n.* (*alfabeto greco*) alfa ● (*fis. nucl.*) **a. particle**, particella alfa.
alphabet /'ælfəbɛt, -ɪt, -ət/ *n.* alfabeto.
alphabetical /ælfə'bɛtɪkl/ *a.* alfabetico.
alphanumeric /ælfənju:'merɪk, *USA* -nu:-/ *a.* (*elab.*) alfanumerico.
alpine /'ælpaɪn/ ***A*** *a.* alpino; alpestre ***B*** *n.* pianta alpina.
alpinism /'ælpɪnɪzəm/ *n.* U alpinismo.
alpinist /'ælpɪnɪst/ *n.* alpinista.
already /ɔ:l'rɛdɪ/ *avv.* già; di già.
alright /ɔ:l'raɪt/ *V.* **all right** *sotto* **all**.
Alsatian /æl'seɪʃn/ ***A*** *a.* alsaziano ***B*** *n.* ***1*** alsaziano ***2*** (*anche* **A. dog**) lupo alsaziano; pastore tedesco; cane lupo.
also /'ɔ:lsəʊ/ *avv.* anche; pure ● **a.-ran**, (*ippica*) cavallo non piazzato; (*fig.*) concorrente (*o* candidato) perdente, (*fam.*) perdente, fallito.
altar /'ɔ:ltə(r)/ *n.* altare: **high a.**, altare maggiore ● **a. boy**, chierichetto.
altarpiece /'ɔ:ltəpi:s/ *n.* pala d'altare.
to **alter** /'ɔ:ltə(r)/ ***A*** *v. t.* ***1*** cambiare; modificare; mutare ***2*** fare una modifica (*o* modifiche) a (*un abito*) ***3*** (*USA*) castrare (*un animale*) ***B*** *v. i.* cambiare; modificarsi.
alteration /ɔ:ltə'reɪʃn/ *n.* U e C ***1*** cambiamento; modifica; mutamento ***2*** modifica (*a un abito*).
to **altercate** /'ɔ:ltəkeɪt/ *v. i.* altercare; litigare.
altercation /ɔ:ltə'keɪʃn/ *n.* alterco; lite.
alternate /ɔ:l'tɜ:nət, *USA* ɔ:l-, æl-/ *a.* alterno; alternato; **on a. days**, a giorni alterni; un giorno sì e uno no.
to **alternate** /'ɔ:ltəneɪt/ ***A*** *v. t.* alternare; avvicendare ***B*** *v. i.* alternarsi; avvicendarsi ● (*fis.*) **alternating current**, corrente alternata.
alternation /ɔ:ltə'neɪʃn, *USA* ɔ:l-, æl-/ *n.* ***1*** U e C alternanza; avvicendamento ***2*** (*agric.*) rotazione.
alternative /ɔ:l'tɜ:nətɪv, *USA* ɔ:l-, æl-/ ***A*** *a.* alternativo: **a. route**, percorso alternativo; **a. lifestyle**, stile di vita alternativo ***B*** *n.* alternativa; scelta; possibilità: **to have no (other) a.**, non avere (altra) scelta.
alternatively /ɔ:l'tɜ:nətɪvlɪ, *USA* ɔ:l-, æl-/ *avv.* altrimenti; come alternativa; come altra scelta.
alternator /'ɔ:ltəneɪtə(r), *USA* 'ɔ:l-, 'æl-/ *n.* (*fis.*) alternatore.
although /ɔ:l'ðəʊ/ *cong.* sebbene; benché; quantunque.
altimeter /'æltɪmi:tə(r), 'ɔ:l-, 'ɒl-, *USA* æl'tɪmɪtə(r)/ *n.* (*aeron.*) altimetro.
altitude /'æltɪtju:d, *USA* -tu:d/ *n.* C e U ***1*** (*geogr.*) altitudine; altezza ***2*** (*aeron.*) quota; altitudine ***3*** (*astron., geom.*) altezza ● **a. sickness**, mal di montagna.
alto /'æltəʊ/ (*ital.*) (*mus.*) *n.* (*pl.* **altos**) e *a.* contralto (*voce e cantante*): **to sing a.**, cantare da contralto; **a. saxophone**, sassofono contralto.
altogether /ɔ:ltə'gɛðə(r)/ ***A*** *avv.* ***1*** del tutto; completamente: **not a. happy**, non del tutto soddisfatto; **an a. different matter**, tutta un'altra storia ***2*** in complesso; tutto sommato; in tutto ***B*** *n.* — (*fam.*) **in the a.**, nudo; in costume adamitico.
altruism /'æltru:ɪzəm/ *n.* U altruismo.
altruist /'æltru:ɪst/ *n.* altruista.
altruistic /æltru:'ɪstɪk/ *a.* altruistico.
alum /'æləm/ *n.* U (*chim.*) allume.
aluminium /ælə'mɪnɪəm, æljə-/ *n.* U alluminio.
alumna /ə'lʌmnə/ (*lat.*) *n.* ex alunna; ex allieva.
alumnus /ə'lʌmnəs/ (*lat.*) *n.* ex alunno; ex allievo.
alveolar /æl'vi:ələ(r), ælvɪ'əʊlə(r)/ *a.* (*anat., fon.*) alveolare.
alveolus /æl'vi:ələs, ælvɪ'əʊləs/ *n.* (*pl.* **alveoli** /-laɪ/) (*anat.*) alveolo.
always /'ɔ:lweɪz, -ɪz/ *avv.* sempre; per sempre.
am /æm, əm/ *1ª pers. sing. indic. pres. di* **to be**.
amalgam /ə'mælgəm/ *n.* amalgama.
to **amalgamate** /ə'mælgəmeɪt/ ***A*** *v. t.* amalgamare; unire; fondere ***B*** *v. i.* amalgamarsi; unirsi; fondersi.
amalgamation /əmælgə'meɪʃn/ *n.* U e C amalgamazione; unione; fusione.
amanuensis /əmænjʊ'ɛnsɪs/ *n.* (*pl.* **amanuenses** /-si:z/) amanuense.
amaryllis /æmə'rɪlɪs/ *n.* (*bot.*) amarillide; amarilli.
to **amass** /ə'mæs/ *v. t.* ammassare; accumulare.
amateur /'æmətə(r), -ətʃʊə(r)/ ***A*** *n.* dilettante ***B*** *a.* dilettante; dilettantistico; (*spreg.*) dilettantesco ● **a. dramatics society**, filodrammatica.
amateurish /'æmətərɪʃ, *USA* æmə'tɜ:rɪʃ, -'tʃʊər-/ *a.* da dilettante; dilettantesco.
amateurism /'æmətərɪzəm, -ətʃə-/ *n.* U dilettantismo.
amatory /'æmətərɪ, *USA* -tɔ:rɪ/ *a.* amoroso; erotico.
to **amaze** /ə'meɪz/ *v. t.* stupire; meravigliare; sbalordire.

amazed /ə'meɪzd/ *a.* stupito; stupefatto; sbalordito: **to be a. at st.**, rimanere stupefatto da q.c.; stupirsi di q.c.

amazement /ə'meɪzmənt/ *n.* [U] stupore; meraviglia; sbalordimento: **to my a.**, con mio grande stupore.

amazing /ə'meɪzɪŋ/ *a.* **1** stupefacente; sorprendente **2** (*fam.*) meraviglioso; favoloso; fantastico: **They live in this a. house**, abitano in una casa favolosa.

Amazon /'æməzən, *USA* -zɒn/ *n.* **1** (*mitol.*) Amazzone **2** (*generalm.* **amazon**) amazzone; virago.

ambassador /æm'bæsədə(r)/ *n.* ambasciatore (-trice).

ambassadorial /æmbæsə'dɔːrɪəl/ *a.* di (*o* da) ambasciatore.

ambassadress /æm'bæsədrɪs/ *n.* **1** ambasciatrice **2** moglie di ambasciatore.

amber /'æmbə(r)/ **A** *n.* [U] **1** ambra **2** (color) ambra **3** (*di semaforo*) giallo **B** *a.* color ambra; ambrato; (*di semaforo*) giallo.

ambergris /'æmbəgriːs, *USA* -grɪs/ *n.* [U] ambra grigia.

ambidextrous /æmbɪ'dekstrəs/ *a.* ambidestro.

ambience /'æmbɪəns/ *n.* ambiente; atmosfera.

ambient /'æmbɪənt/ *a.* ambiente; circostante: **a. temperature**, temperatura ambiente.

ambiguity /æmbɪ'gjuːətɪ/ *n.* [U] *e* [C] ambiguità.

ambiguous /æm'bɪgjʊəs/ *a.* ambiguo.

ambiguousness /æm'bɪgjʊəsnəs/ *n.* [U] ambiguità.

ambit /'æmbɪt/ *n.* (*form.*) ambito; sfera.

ambition /æm'bɪʃn/ *n.* [U] *e* [C] ambizione.

ambitious /æm'bɪʃəs/ *a.* ambizioso.

ambivalence /æm'bɪvələns/ *n.* [U] **1** ambivalenza **2** indecisione; atteggiamento indeciso.

ambivalent /æm'bɪvələnt/ *a.* **1** ambivalente **2** (*di persona*) indeciso; incerto.

amble /'æmbl/ *n.* **1** (*ippica*) ambio **2** passo comodo.

to **amble** /'æmbl/ *v. i.* **1** (*ippica*) ambiare; andare all'ambio **2** camminare senza fretta.

ambo /'æmbəʊ/ *n.* (*pl.* **ambos**) (*archit.*) ambone.

ambrosia /æm'brəʊzɪə, *USA* -ʒə/ *n.* [U] ambrosia.

ambulance /'æmbjʊləns/ *n.* ambulanza ● **a.-man**, autista di ambulanza; barelliere di ambulanza.

ambush /'æmbʊʃ/ *n.* [C] *e* [U] **1** imboscata; agguato **2** luogo dell'agguato: **to lie in a. (for sb.)**, aspettare (q.) in agguato.

to **ambush** /'æmbʊʃ/ *v. t.* sorprendere in un'imboscata; tendere un agguato (*o* un'imboscata) a.

ameba /ə'miːbə/ (*USA*) *V.* **amoeba**.

to **ameliorate** /ə'miːlɪəreɪt/ *v. t. e i.* (*form.*) migliorare.

amelioration /əmiːlɪə'reɪʃn/ *n.* [U] *e* [C] (*form.*) miglioramento.

amen /ɑː'men, eɪ-/ *inter. e n.* amen; così sia ● **A. to that!**, ben detto!; concordo in pieno!

amenable /ə'miːnəbl, ə'men-/ *a.* **1** arrendevole; docile **2** sensibile: **a. to flattery**, sensibile all'adulazione; **a. to reason**, ragionevole; che intende ragione **3** (*di cosa*) riconducibile (a); che rientra (in): **a. to the laws of physics**, riconducibile alle leggi della fisica **4** soggetto (a); sottoposto (a): **a. to the law**, soggetto alla legge.

to **amend** /ə'mend/ *v. t.* emendare; correggere; migliorare.

amendment /ə'mendmənt/ *n.* [U] *e* [C] emendamento; correzione; rettifica.

amends /ə'mendz/ *n. pl.* ammenda; riparazione: **to make a. (for)**, fare ammenda (di); farsi perdonare (q.c.).

amenity /ə'miːnətɪ, ə'menətɪ/ *n.* **1** (*di luogo, città*) attrattiva; aspetto gradevole **2** (*generalm. al pl*) (*di albergo, località turistica, ecc.*) comodità; comfort; strutture **3** (*generalm. al pl.*) cortesie; convenevoli: **We exchanged the usual amenities**, ci siamo scambiati i soliti convenevoli.

American /ə'merɪkən/ *a. e n.* americano ● (*GB*) **A. football**, football americano □ **A. English**, l'inglese parlato in America; l'americano □ **A. Indian**, amerindio; indiano d'America.

Americanism /ə'merɪkənɪzəm/ *n.* [C] *e* [U] americanismo.

Americanist /ə'merɪkənɪst/ *n.* americanista.

Americanization /əmerɪkənaɪ'zeɪʃn, *USA* -nɪ'z-/ *n.* [U] americanizzazione.

Amerind /'æmərɪnd/ *n.* amerindio.

amethyst /'æməθɪst/ *n.* [U] *e* [C] (*miner.*) ametista.

amiability /eɪmɪə'bɪlətɪ/ *n.* [U] amabilità; affabilità.

amiable /'eɪmɪəbl/ *a.* amabile; affabile.

amicable /'æmɪkəbl/ *a.* amichevole.

amid /ə'mɪd/ *prep.* tra; fra; nel mezzo di.

amidships /ə'mɪdʃɪps/ *avv.* (*naut.*) a mezza nave.

amidst /ə'mɪdst/ *V.* **amid**.

amino acid /ə'miːnəʊ'æsɪd/ *locuz. n.* (*chim.*) amminoacido.

amiss /ə'mɪs/ **A** *a. pred.* che non va; inopportuno; fuori luogo: **Something is a.**, c'è qualcosa che non va **B** *avv.* male; fuori luogo: **A bit of encouragement wouldn't come a.**, un po' di incoraggiamento non ci starebbe male; **to take it a.**, offendersi; aversene a male; prendersela.

ammeter /'æmiːtə(r)/ *n.* (*fis.*) amperometro.

ammo /'æməʊ/ *n. abbr. fam. di* **ammunition.**

ammonia /ə'məʊnɪə/ *n.* [U] ammoniaca.

ammunition /æmjʊ'nɪʃn/ *n.* [U] **1** (*mil.*) munizioni **2** (*fig.*) arma; argomenti ● **a. belt**, cartucciera □ **a. dump.**, deposito di munizioni.

amnesia /æm'niːzɪə, *USA* -niːʒə/ *n.* [U] (*med.*) amnesia.

amnesty /'æmnəstɪ/ *n.* [C] *e* [U] (*leg.*) amnistia.

amniocentesis /æmnɪəʊsen'tiːsɪs/ *n.* (*med.*) amniocentesi.

amniotic /æmnɪ'ɒtɪk/ *a.* (*fisiol.*) amniotico.

amoeba /ə'miːbə/ *n.* (*pl.* **amoebae** /-biː/, **amoebas**) (*biol.*) ameba.

amok /ə'mɒk/ *avv.* — **to run a.**, correre in preda a furia omicida; essere preso da un raptus; impazzire.

among(st) /ə'mʌŋ(st)/ *prep.* fra; tra; in mezzo a.

amoral /eɪ'mɒrəl, *USA* -ɔːr-/ *a.* amorale.

amorality /eɪmə'rælətɪ/ *n.* [U] amoralità.

amorous /'æmərəs/ *a.* **1** amoroso **2** sensuale; appassionato; erotico.

amorphism /ə'mɔːfɪzəm/ *n.* [U] amorfismo.

amorphous /ə'mɔːfəs/ *a.* amorfo.

to **amortise** /ə'mɔːtaɪz/ *e deriv.* (*GB*) *V.* **to amortize** *e deriv.*

amortization /əmɔːtaɪ'zeɪʃn, *USA* æmətɪ-/ *n.* [U] (*comm., leg.*) ammortamento; ammortizzamento.

to **amortize** /ə'mɔːtaɪz, *USA* 'æmətaɪz/ *v. t.* (*comm., leg.*) ammortare; ammortizzare.

amount /ə'maʊnt/ *n.* **1** quantità **2** ammontare; importo; totale ● **any a. of**, un sacco di.

to **amount** /ə'maʊnt/ *v. i.* **1** ammontare (a): **The losses a. to quite a lot**, le perdite ammontano a parecchio **2** equivalere (a): **His reply amounts to a refusal**, la sua risposta equivale a un rifiuto; **It amounts to saying he is a liar**, è come dire che è un bugiardo: **It amounts to the same thing**, è lo stesso ● **to a. to something**, diventare qualcuno.

amour /ə'mʊə(r)/ *n.* (*generalm. iron.*) relazione illecita; tresca.

amp /æmp/ *n.* **1** *abbr. di* **ampere** **2** *abbr. di* **amplifier**.

amperage /'æmpərɪdʒ/ *n.* (*fis.*) amperaggio.

ampere /'æmpeə(r), *USA* 'æmpɪə(r)/ *n.* (*fis.*) ampere.

ampersand /'æmpəsænd/ *n.* «e» commerciale; simbolo &.

amphetamine /æm'fetəmiːn/ *n.* (*farm.*) amfetamina.

amphibian /æm'fɪbɪən/ *n.* **1** (*bot., zool.*) anfibio **2** (*mil.*) mezzo anfibio; velivolo anfibio.

amphibious /æm'fɪbɪəs/ *a.* anfibio (*di animale o veicolo*).

amphitheatre, (*USA*) **amphitheater** /'æmfɪθɪətə(r)/ *n.* anfiteatro.

amphora /'æmfərə/ *n.* (*pl.* **amphorae** /-riː/, **amphoras**) anfora.

ample /'æmpl/ *a.* **1** ampio; spazioso **2** abbondante; più che sufficiente: **Ten pounds will be a.**, dieci sterline saranno più che sufficienti.

amplification /æmplɪfɪ'keɪʃn/ *n.* **1** [U] amplificazione; allargamento **2** ampliamento; aggiunta.

amplifier /'æmplɪfaɪə(r)/ *n.* (*tecn.*) amplificatore.

to **amplify** /'æmplɪfaɪ/ **A** *v. t.* **1** ampliare; allargare; integrare **2** (*tecn.*) amplificare **3** aumentare; accrescere: **Her fears were amplified by what she saw**, quello che vide aumentò i suoi timori **B** *v. i.* approfondire: **to a. on what one has said**, approfondire ciò che si è detto.

amplitude /'æmplɪtjuːd, *USA* -tuːd/ *n.* [U] **1** (*anche fis., astron.*) ampiezza **2** abbondanza.

ampoule /'æmpuːl/, **ampule** /'æmpjuːl/ *n.* fiala (*di medicinale*).

to **amputate** /'æmpjʊteɪt/ *v. t.* amputare.

amputation /æmpjʊ'teɪʃn/ *n.* [U] *e* [C] amputazione.

amputee /æmpjʊ'tiː/ *n.* persona a cui è stato amputato un arto; mutilato.

Amtrak /'æmtræk/ *n.* (*contraz. di* **American Travel and Track**) compagnia ferroviaria statunitense (*con solo servizio passeggeri*).

amuck /ə'mʌk/ *V.* **amok**.

amulet /'æmjʊlət/ *n.* amuleto.

to **amuse** /ə'mjuːz/ *A* v. t. divertire *B* to **amuse oneself** v. rifl. divertirsi; distrarsi.

amused /ə'mjuːzd/ a. divertito • **He was not a.**, non l'ha trovato divertente; non l'ha presa bene.

amusement /ə'mjuːzmənt/ n. divertimento; passatempo; svago • **a. park**, parco dei divertimenti; luna park □ **a. arcade**, sala giochi (*con macchinette mangiasoldi, ecc.*).

amusing /ə'mjuːzɪŋ/ a. divertente; spassoso.

an /æn, ən/ V. **a.**

Anabaptist /ænə'bæptɪst/ n. (*relig.*) anabattista.

anabolic /ænə'bɒlɪk/ a. (*biol.*) anabolico • **a. steroid**, anabolizzante.

anachronism /ə'nækrənɪzəm/ n. anacronismo.

anachronistic /ənækrə'nɪstɪk/ a. anacronistico.

anacoluthon /ænəkə'luːθɒn/ n. (pl. **anacolutha** /-θə/) (*gramm.*) anacoluto.

anaemia /ə'niːmɪə/ n. Ⓤ (*med.*) anemia.

anaemic /ə'niːmɪk/ a. (*med. e fig.*) anemico.

anaesthesia /ænɪs'θiːzɪə, -ʒə/ n. Ⓤ (*med.*) anestesia.

anaesthetic /ænɪs'θɛtɪk/ a. e n. (*med.*) anestetico.

to **anaesthetise** /ə'niːsθətaɪz/ (*GB*) V. **to anaesthetize**.

anaesthetist /ə'niːsθətɪst, æ-, *USA* -nɛs-/ n. (*med.*) anestesista.

to **anaesthetize** /ə'niːsθətaɪz, æ-, *USA* -nɛs-/ v. t. (*med.*) anestetizzare.

anagram /'ænəgræm/ n. anagramma.

anal /'eɪnl/ a. anale.

analgesic /ænæl'dʒiːsɪk/ a. e n. (*med.*) analgesico.

analog /'ænəlɒg, *USA* -ɔːg/ *A* a. analogico: **a. computer** [**watch**], computer [orologio] analogico *B* n. (*USA*) V. **analogue**.

analogous /ə'næləgəs/ a. analogo; simile.

analogue /'ænəlɒg, *USA* -ɔːg/ n. cosa [parola, persona] analoga.

analogy /ə'nælədʒɪ/ n. Ⓒ e Ⓤ analogia.

to **analyse** /'ænəlaɪz/ v. t. (*anche psic.*) analizzare.

analysis /ə'næləsɪs/ n. (pl. **analyses** /-siːz/) (*anche psic.*) analisi • **in the last a.**, in ultima analisi.

analyst /'ænəlɪst/ n. (*econ., tecn., psic.*) analista.

analytic(al) /ænə'lɪtɪk(l)/ a. analitico.

to **analyze** /'ænəlaɪz/ (*USA*) V. **to analyse**.

anarchic /ə'nɑːkɪk/ a. anarchico.

anarchism /'ænəkɪzəm/ n. Ⓤ anarchia; anarchismo.

anarchist /'ænəkɪst/ n. anarchico (-a).

anarchistic /ænə'kɪstɪk/ a. anarchico; anarcoide.

anarchy /'ænəkɪ/ n. Ⓤ anarchia.

anathema /ə'næθəmə/ n. *1* anatema *2* (*fig.*) cosa o idea odiosa, detestata: **My politics are a. to him**, in fatto di politica siamo ai poli opposti.

anatomical /ænə'tɒmɪkl/ a. anatomico.

to **anatomise** /ə'nætəmaɪz/ (*GB*) V. **to anatomize**.

anatomist /ə'nætəmɪst/ n. anatomista.

to **anatomize** /ə'nætəmaɪz/ v. t. anatomizzare.

anatomy /ə'nætəmɪ/ n. Ⓤ anatomia.

ancestor /'ænsɛstə(r), -səs-/ n. *1* antenato; avo *2* (*biol.*) progenitore.

ancestral /æn'sɛstrəl/ a. *1* ancestrale; atavico *2* avito.

ancestry /'ænsɛstrɪ/ n. Ⓤ *1* lignaggio; stirpe *2* ascendenza; origini *3* antenati.

anchor /'æŋkə(r)/ n. *1* (*naut. e fig.*) ancora: **to be** (*o* **to lie**) **at a.**, essere all'ancora; **to drop a.**, gettare l'ancora; **to weigh a.**, levare l'ancora; salpare *2* V. **anchorman** /-mən/, **anchorwoman**.

to **anchor** /'æŋkə(r)/ *A* v. t. *1* (*naut. e fig.*) ancorare *2* (*radio, TV*) condurre (*un programma giornalistico*) *B* v. i. (*naut.*) gettare l'ancora; ancorarsi.

anchorage /'æŋkərɪdʒ/ n. (*naut.*) ancoraggio.

anchoress /'æŋkərɪs/ n. (donna) eremita.

anchorite /'æŋkəraɪt/ n. anacoreta; eremita.

anchorman /'æŋkəmən/ n. (pl. **anchormen**) *1* (*radio, TV*) anchorman; conduttore (*di programma giornalistico*) *2* (*sport*) ultimo atleta di una staffetta.

anchorwoman /'æŋkəwʊmən/ n. (pl. **anchorwomen** /-wɪmən/) *1* (*radio, TV*) anchorwoman; conduttrice (*di programma giornalistico*) *2* (*sport*) ultima atleta di una staffetta.

anchovy /'æntʃəvɪ, æn'tʃəʊvɪ, *USA* 'æntʃəʊvɪ/ n. acciuga; alice.

ancient /'eɪnʃənt/ a. *1* antico: **a. history**, storia antica *2* molto vecchio; vetusto: **a. car**, macchina vetusta • (*form.*) **the ancients**, gli antichi; i classici.

ancillary /æn'sɪlərɪ, *USA* 'ænsəlɛrɪ/ *A* a. *1* ausiliario; sussidiario; aggiuntivo: **a. staff**, personale di servizio (*di ospedale, albergo, ecc.*); **a. charges**, spese aggiuntive *2* subordinato; dipendente: **a. position**, posizione subordinata *3* (*elab.*) periferico • **a. road**, strada secondaria *B* n. assistente; ausiliare; persona di servizio.

and /ænd, ənd, ən/ cong. *1* e, ed *2* più: **Seven and three makes ten**, sette più tre fa dieci *3* (*idiom.*) — **Go and get it**, va' a prenderlo; **one hundred and twenty**, centoventi; **better and better**, sempre meglio; **both you and Mary**, sia tu sia (*o* che) Mary.

Andalusian /ændə'luːzɪən, -ʒn/ a. e n. andaluso.

andiron /'ændaɪən, *USA* -aɪərn/ n. alare.

androgynous /æn'drɒdʒənəs/ a. androgino.

android /'ændrɔɪd/ n. androide.

anecdotal /ænɪk'dəʊtl/ a. aneddotico; ricco di aneddoti.

anecdote /'ænɪkdəʊt/ n. aneddoto.

anemia /ə'niːmɪə/, **anemic** /ə'niːmɪk/ (*USA*) V. **anaemia**, **anaemic**.

anemometer /ænɪ'mɒmɪtə(r)/ n. (*fis.*) anemometro.

anemone /ə'nɛmənɪ/ n. (*bot.*) anemone.

aneroid /'ænərɔɪd/ a. (*fis.*) aneroide: **a. barometer**, barometro aneroide.

anesthesia /ænəs'θiːzɪə, -ʒə/ *e deriv.* (*USA*) V. **anaesthesia** *e deriv.*

aneurysm /'ænjʊərɪzəm/ n. Ⓤ e Ⓒ (*med.*) aneurisma.

anew /ə'njuː, *USA* ə'nuː/ avv. (*lett.*) di nuovo; da capo.

angel /'eɪndʒəl/ n. *1* angelo: **guardian a.**, angelo custode *2* (*teatr.*) finanziatore • **a.-fish**, pesce angelo; squadro □ (*fam.*) **Be an a. and get me my coat**, sii gentile, va' a prendermi il cappotto □ **on the side of the angels**, schierato dalla parte giusta.

angelic /æn'dʒɛlɪk/ a. angelico.

anger /'æŋgə(r)/ n. Ⓤ ira; collera; rabbia.

to **anger** /'æŋgə(r)/ v. t. fare arrabbiare; mandare in collera; infuriare.

Angevin /'ændʒəvɪn/ a. e n. (*stor.*) angioino.

angina /æn'dʒaɪnə/ n. Ⓤ (*med., anche* **a. pectoris**) angina.

angiologist /ændʒɪ'ɒlədʒɪst/ n. angiologo (-a).

angiology /ændʒɪ'ɒlədʒɪ/ n. angiologia.

angle /'æŋgl/ n. *1* (*geom.*) angolo: **right** [**acute**] **a.**, angolo retto [acuto]; **at right angles to**, ad angolo retto con; perpendicolare a *2* punto di vista; angolazione; aspetto: **Look at it from my a.**, prova a vederlo dal mio punto di vista *3* (*sport*) direzione angolata (*di un tiro*) • **at an a.**, obliquamente; obliquo.

to **angle** (1) /'æŋgl/ v. t. *1* piegare ad angolo *2* disporre ad angolo; angolare *3* presentare in modo tendenzioso; dare una certa angolazione a *4* (*sport*) angolare.

to **angle** (2) /'æŋgl/ v. i. pescare (con la lenza).

♦ **to angle for** v. i. + prep. cercare di ottenere (*con l'astuzia*).

angler /'æŋglə(r)/ n. pescatore (-trice) (con la lenza).

Angles /'æŋglz/ n. pl. (*stor.*) Angli.

Anglian /'æŋglɪən/ *A* a. anglico *B* n. Anglo.

Anglican /'æŋglɪkən/ a. e n. (*relig.*) anglicano.

Anglicanism /'æŋglɪkənɪzəm/ n. Ⓤ (*relig.*) anglicanesimo.

to **anglicise** /'æŋglɪsaɪz/ *e deriv.* (*GB*) V. **to anglicize** *e deriv.*

anglicism /'æŋglɪsɪzəm/ n. anglicismo; anglismo.

anglicist /'æŋglɪsɪst/ n. anglista.

to **anglicize** /'æŋglɪsaɪz/ v. t. anglicizzare.

angling /'æŋglɪŋ/ n. Ⓤ pesca con la lenza.

Anglo-American /æŋgləʊə'mɛrɪkən/ a. e n. angloamericano.

Anglo-Catholic /æŋgləʊ'kæθəlɪk/ a. e n. (*relig.*) anglicano di idee e osservanza vicine alla Chiesa cattolica; anglocattolico.

Anglo-Indian /æŋgləʊ'ɪndɪən/ *A* a. angloindiano *B* n. *1* angloindiano *2* (*stor.*) cittadino britannico nato o residente in India.

anglophile /'æŋgləʊfaɪl, *USA* -fɪl/ n. anglofilo (-a).

anglophobe /'æŋgləʊfəʊb/ n. anglofobo (-a).

anglophone /'æŋgləʊfəʊn/ a. e n. anglofono (-a).

Anglo-Saxon /æŋgləʊ'sæksn/ a. e n. anglosassone.

angora /æŋ'gɔːrə/ *A* n. angora; lana d'angora *B* a. d'angora.

angostura /æŋgə'stjʊərə, -'stʊərə/ n. Ⓤ (*bot., farm.*) angostura.

angrily /ˈæŋgrəlɪ/ *avv.* irosamente; con rabbia.
angry /ˈæŋgrɪ/ *a.* adirato; arrabbiato; in collera: **to be a. at** (*o* **about**) **st.**, essere arrabbiato per q.c.; **to be a. with sb.**, essere arrabbiato (*o* in collera) con q.; **to get a.**, arrabbiarsi; andare in collera; **to make sb. a.**, fare arrabbiare q.; far andare in collera q.
anguish /ˈæŋgwɪʃ/ *n.* Ⓤ tormento; angoscia.
anguished /ˈæŋgwɪʃt/ *a.* ***1*** angosciato; tormentato ***2*** angoscioso; d'angoscia.
angular /ˈæŋgjʊlə(r)/ *a.* ***1*** (*scient.*) angolare ***2*** angoloso (*anche fig.*); spigoloso.
anhydrid(e) /æn'haɪdraɪd/ *n.* (*chim.*) anidride.
aniline /ˈænɪliːn, *USA* ˈænəlaɪn/ *n.* Ⓤ (*chim.*) anilina.
animadversion /ænɪmæd'vɜːʃn, *USA* -ʒn/ *n.* Ⓤ (*form.*) critica; biasimo.
to **animadvert** /ænɪmæd'vɜːt/ *v. i.* (*form.*) censurare; criticare: **to a. on sb.**, criticare q.
animal /ˈænɪml/ ***A*** *n.* animale; bestia ***B*** *a.* ***1*** animale ***2*** animalesco • **a. husbandry**, zootecnia.
animate /ˈænɪmət/ *a.* animato; vivente.
to **animate** /ˈænɪmeɪt/ *v. t.* animare; vivacizzare.
animated /ˈænɪmeɪtɪd/ *a.* animato; vivace; acceso: **a. discussion**, discussione animata; **a. cartoons**, cartoni animati.
animation /ænɪ'meɪʃn/ *n.* Ⓤ animazione (*anche cinem.*); vivacità.
animator /ˈænɪmeɪtə(r)/ *n.* (*cinem.*) animatore.
animism /ˈænɪmɪzəm/ *n.* Ⓤ (*filos.*) animismo.
animist /ˈænɪmɪst/ *n.* (*filos.*) animista.
animosity /ænɪ'mɒsətɪ/ *n.* Ⓤ animosità; ostilità.
anise /ˈænɪs/ *n.* (*bot.*) anice.
aniseed /ˈænɪsiːd/ *n.* Ⓤ semi di anice.
anisette /ænɪ'zet/ *n.* Ⓤ anisetta.
ankle /ˈæŋkl/ *n.* (*anat.*) caviglia • (*anat.*) **a. bone**, astragalo □ **a.-deep in mud**, nel fango fino alla caviglia □ **a. sock**, calzino corto.
anklet /ˈæŋklət/ *n.* catenella ornamentale per caviglia.
annalist /ˈænəlɪst/ *n.* annalista.
annals /ˈænlz/ *n. pl.* annali; cronache.
to **anneal** /ə'niːl/ *v. t.* ricuocere (*vetro, metallo*).
annex /ˈæneks/ *n.* ***1*** *V.* **annexe** ***2*** (documento) allegato.
to **annex** /ə'neks/ *v. t.* ***1*** (*polit.*) annettere ***2*** aggiungere; allegare.
annexation /ænɪk'seɪʃn/ *n.* Ⓤ (*polit.*) annessione.
annexe /ˈæneks/ *n.* edificio annesso; dépendence (*franc.*).
to **annihilate** /ə'naɪəleɪt/ *v. t.* annientare; annichilire.
annihilation /ənaɪə'leɪʃn/ *n.* Ⓤ annientamento; annichilimento.
anniversary /ænɪ'vɜːsərɪ/ *n.* anniversario.
to **annotate** /ˈænəteɪt/ *v. t.* annotare; chiosare.
annotation /ænə'teɪʃn/ *n.* annotazione; nota; chiosa.
to **announce** /ə'naʊns/ *v. t.* annunciare.
announcement /ə'naʊnsmənt/ *n.* annuncio; avviso; dichiarazione.
announcer /ə'naʊnsə(r)/ *n.* annunciatore (-trice) (*specialm. radio, TV*); speaker.
to **annoy** /ə'nɔɪ/ *v. t.* seccare; irritare; infastidire; molestare.
annoyance /ə'nɔɪəns/ *n.* ***1*** Ⓤ fastidio; irritazione ***2*** seccatura; noia; fastidio; molestia.
annoyed /ə'nɔɪd/ *a.* irritato; contrariato; seccato; infastidito.
annoying /ə'nɔɪɪŋ/ *a.* irritante; seccante; molesto; fastidioso.
annual /ˈænjʊəl/ ***A*** *a.* annuo; annuale ***B*** *n.* ***1*** (*bot.*) pianta annua ***2*** annuario.
annuity /ə'njuːətɪ, *USA* ə'nuː-/ *n.* (*anche leg.*) annualità; rendita annua • **life a.**, vitalizio.
to **annul** /ə'nʌl/ *v. t.* annullare; abrogare; revocare.
annular /ˈænjʊlə(r)/ *a.* anulare; ad anello.
annulment /ə'nʌlmənt/ *n.* Ⓤ *e* Ⓒ annullamento; abrogazione.
Annunciation /ənʌnsɪ'eɪʃn/ *n.* Ⓤ *e* Ⓒ (*relig.*) Annunciazione.
anode /ˈænəʊd/ *n.* (*elettr.*) anodo.
anodyne /ˈænədaɪn/ ***A*** *a.* anodino ***B*** *n.* ***1*** (*farm.*) calmante ***2*** conforto; sollievo.
to **anoint** /ə'nɔɪnt/ *v. t.* (*relig.*) ungere; consacrare (*un sacerdote, un re*).
anointment /ə'nɔɪntmənt/ *n.* (*relig.*) unzione; consacrazione.
anomalous /ə'nɒmələs/ *a.* anomalo.
anomaly /ə'nɒməlɪ/ *n.* anomalia.
anon /ə'nɒn/ *avv.* ***1*** immediatamente ***2*** fra poco.
anonymity /ænə'nɪmətɪ/ *n.* Ⓤ anonimato; anonimia.
anonymous /ə'nɒnɪməs/ *a.* anonimo.
anopheles /ə'nɒfɪliːz/ *n.* (*pl. invar.*) (*zool.*) anofele.
anorak /ˈænəræk/ *n.* giacca a vento con cappuccio.
anorexia /ænə'reksɪə/ *n.* Ⓤ (*med., anche* **a. nervosa**) anoressia.
another /ə'nʌðə(r)/ *a. e pron.* ***1*** un altro: **Have a. biscuit**, prendi un altro biscotto; **I'll do it a. time**, lo farò un'altra volta; **one way or a.**, in un modo o nell'altro; **That's quite a. matter**, è tutt'altra faccenda ***2*** (*con sost. pl.*) altri, altre: **a. twenty pounds**, altre venti sterline; **a. six months**, altri sei mesi • **one a.**, l'un l'altro.
answer /ˈɑːnsə(r), *USA* ˈæn-/ *n.* ***1*** risposta: **in a. to**, in risposta a ***2*** soluzione • **He thinks he knows all the answers**, crede di saperla lunga.
to **answer** /ˈɑːnsə(r), *USA* ˈæn-/ ***A*** *v. t.* ***1*** rispondere a: **to a. a letter [the phone, a question]**, rispondere a una lettera [al telefono, a una domanda]; **A. me!**, rispondimi!; **My prayers were answered**, le mie preghiere furono esaudite ***2*** corrispondere a: **to a. a police description**, corrispondere a una descrizione della polizia • **to a. the door**, andare ad aprire (la porta) □ **to a. a purpose**, rispondere a uno scopo; servire ***B*** *v. i.* ***1*** rispondere: **to a. to the name of**, rispondere al nome di ***2*** (*di meccanismo*) obbedire ***3*** servire (allo scopo).
♦ **answer back** *v. i. + avv.* (*fam.*) ribattere; rispondere con impertinenza; rimbeccare.
♦ **answer for** *v. i. + prep.* rispondere di; rendere conto di; essere responsabile di: **to a. for one's actions**, rispondere delle proprie azioni; **He's got a lot to a. for**, deve render conto di molte cose; ha molte spiegazioni da dare.
♦ **answer to** *v. i. + prep.* ***1*** essere responsabile verso (q.) ***2*** corrispondere a (*una descrizione, ecc.*).
answerable /ˈɑːnsərəbl, *USA* ˈæn-/ *a. pred.* ***1*** responsabile: **a. to sb. for st.**, responsabile verso q. di q.c.; garante a q. di q.c. ***2*** a cui si può dare risposta; che ha una risposta.
answering /ˈɑːnsərɪŋ, *USA* ˈæn-/ *a. attr.* — **a. machine**, segreteria telefonica; **a. service**, servizio di segreteria telefonica.
answerphone /ˈɑːnsəfəʊn, *USA* ˈæn-/ *n.* segreteria telefonica.
ant /ænt/ *n.* formica • **ant-hill**, formicaio.
antacid /ænt'æsɪd, ˈæntæsɪd/ *n.* (*farm.*) antiacido.
to **antagonise** /æn'tægənaɪz/ *e deriv.* (*GB*) *V.* **to antagonize** *e deriv.*
antagonism /æn'tægənɪzəm/ *n.* Ⓤ antagonismo; rivalità.
antagonist /æn'tægənɪst/ *n.* antagonista; avversario (-a).
antagonistic /æntægə'nɪstɪk/ *a.* ostile; antagonistico.
to **antagonize** /æn'tægənaɪz/ *v. t.* ***1*** provocare l'ostilità di; inimicarsi; alienare ***2*** opporsi a (q.); osteggiare.
Antarctic /æn'tɑːktɪk, ænt'-, ˈæn-/ *a.* (*geogr.*) antartico.
ante /ˈæntɪ/ *n.* (*generalm. sing.*) (*poker*) posta; invito • **to raise** (*o* **to up**) **the a.**, aumentare l'invito; (*fig.*) alzare la posta, aumentare il rischio.
to **ante** /ˈæntɪ/ *v. Solo come*:
♦ **ante up** *v. t. e i. + avv.* ***1*** (*poker*) mettere, aggiungere (*l'invito*) ***2*** (*fam.*) pagare; sborsare; scucire (*fam.*).
anteater /ænt'iːtə(r)/ *n.* (*zool.*) formichiere.
antebellum /æntɪ'beləm/ *a.* prebellico.
antecedent /æntɪ'siːdnt/ ***A*** *a.* antecedente; precedente; anteriore ***B*** *n.* ***1*** (*gramm., mat.*) antecedente ***2*** (fatto) precedente ***3*** (*al pl.*) origini; antenati ***4*** (*al pl.*) passato (*di una persona*).
antechamber /ˈæntɪtʃeɪmbə(r)/ *n.* anticamera.
to **antedate** /æntɪ'deɪt/ *v. t.* ***1*** antidatare ***2*** precedere.
antediluvian /æntɪdɪ'luːvɪən/ *a.* antidiluviano.
antelope /ˈæntɪləʊp/ *n.* antilope.
antemeridian /æntɪmə'rɪdɪən/ *a.* antimeridiano.
antenatal /æntɪ'neɪtl/ *a.* prenatale • **a. clinic**, consultorio di maternità.
antenna /æn'tenə/ *n.* ***1*** (*pl.* **antennae** /-niː/) (*zool.*) antenna ***2*** (*pl.* **antennas**) (*radio, TV*) antenna.
antenuptial /æntɪ'nʌpʃl/ *a.* prematrimoniale.
antepenultimate /æntɪpɪ'nʌltɪmət/ *a.* terzultimo.
anterior /æn'tɪərɪə(r)/ *a.* anteriore.
anteriority /æntɪərɪ'ɒrətɪ/ *n.* Ⓤ anteriorità.

anteroom /ˈæntɪruːm, -rʊm/ *n.* anticamera.
anthem /ˈænθəm/ *n.* ***1*** (*eccles.*) inno corale (*su testo biblico*) ***2*** inno: **the national [the Olympic] a.**, l'inno nazionale [olimpico].
anther /ˈænθə(r)/ *n.* (*bot.*) antera.
anthological /ænθəˈlɒdʒɪkl/ *a.* antologico.
anthologist /ænˈθɒlədʒɪst/ *n.* compilatore (-trice) di antologie.
anthology /ænˈθɒlədʒɪ/ *n.* antologia.
anthracite /ˈænθrəsaɪt/ *n.* [U] (*miner.*) antracite.
anthrax /ˈænθræks/ *n.* [U] (*vet., med.*) antrace.
anthropocentric /ænθrəpəˈsentrɪk/ *a.* (*filos.*) antropocentrico.
anthropocentrism /ænθrəpəˈsentrɪzəm/ *n.* (*filos.*) antropocentrismo.
anthropoid /ˈænθrəpɔɪd/ *a.* e *n.* (*zool.*) antropoide.
anthropological /ænθrəpəˈlɒdʒɪkl/ *a.* antropologico.
anthropologist /ænθrəˈpɒlədʒɪst/ *n.* antropologo (-a).
anthropology /ænθrəˈpɒlədʒɪ/ *n.* [U] antropologia.
anthropomorphic /ænθrəpəˈmɔːfɪk/ *a.* ***1*** antropomorfico ***2*** antropomorfo.
anthropomorphism /ænθrəpəˈmɔːfɪzəm/ *n.* [U] antropomorfismo.
anthropophagi /ænθrəˈpɒfəgaɪ/ *n. pl.* antropofagi.
anthropophagous /ænθrəˈpɒfəgəs/ *a.* antropofago.
anthropophagy /ænθrəˈpɒfədʒɪ/ *n.* [U] antropofagia.
anti-aircraft /æntɪˈeəkrɑːft, *USA* -kræft/ *a.* antiaereo; contraereo: **a. artillery**, contraerea.
antiallergic /æntɪəˈlɜːdʒɪk/ *a.* e *n.* antiallergico.
antibiotic /æntɪbaɪˈɒtɪk, *USA* -taɪ-/ *a.* e *n.* (*farm.*) antibiotico.
antibody /ˈæntɪbɒdɪ, *USA* -taɪ-/ *n.* (*biol.*) anticorpo.
Antichrist /ˈæntɪkraɪst, *USA* -taɪ-/ *n.* (*relig.*) Anticristo.
to **anticipate** /ænˈtɪsɪpeɪt/ *v. t.* ***1*** prevedere; saper prevedere; aspettarsi: **We a. a growth rate of 3.5%**, prevediamo un tasso di crescita del 3,5%; **You must a. your opponent's moves, if you want to win**, devi saper prevedere le mosse dell'avversario se vuoi vincere ***2*** pregustare ***3*** prevenire; battere sul tempo: **to a. sb.'s needs**, prevenire i bisogni di q.; **to a. one's competitors**, battere sul tempo la concorrenza ***4*** precedere (*nel tempo*) ***5*** pagare in anticipo; anticipare ***6*** spendere in anticipo.
anticipation /æntɪsɪˈpeɪʃn/ *n.* [U] ***1*** previsione: **in a. of**, in previsione di ***2*** aspettativa; attesa; pregustazione: **in great a.**, con grande impazienza.
anticlerical /æntɪˈklerɪkl/ *a.* anticlericale.
anticlericalism /æntɪˈklerɪkəlɪzəm/ *n.* [U] anticlericalismo.
anticlimax /æntɪˈklaɪmæks/ *n.* ***1*** (*retor.*) anticlimax ***2*** perdita di tensione; caduta nel banale; delusione ***3*** sdrammatizzazione; distensione.
anticlockwise /æntɪˈklɒkwaɪz/ *a.* e *avv.* (in senso) antiorario.
anticoagulant /æntɪkəʊˈægjʊlənt/ *a.* e *n.* (*farm.*) anticoagulante.
anticrease /æntɪˈkriːs/ *a.* (*di tessuto*) antipiega.
antics /ˈæntɪks/ *n. pl.* buffonate; pagliacciate.
anticyclone /æntɪˈsaɪkləʊn/ *n.* (*meteor.*) anticiclone.
antidazzle /æntɪˈdæzl/ *a.* (*autom.*) antiabbagliante; anabbagliante: **a. headlights**, (fari) anabbaglianti.
antidepressant /æntɪdɪˈpresnt/ *a.* e *n.* (*farm.*) antidepressivo.
antidote /ˈæntɪdəʊt/ *n.* (*med.* e *fig.*) antidoto.
anti-establishment /æntɪɪˈstæblɪʃmənt/ *a.* contro il sistema (dominante).
antifreeze /ˈæntɪfriːz/ *n.* [U] (*autom.*) (miscela) anticongelante.
antigen /ˈæntɪdʒən/ *n.* (*biol.*) antigene.
anti-hero /ˈæntɪhɪərəʊ/ *n.* (*pl.* **anti-heroes**) antieroe.
antihistamine /æntɪˈhɪstəmɪn/ *n.* [C] e [U] (*farm.*) antistaminico.
anti-inflammatory /æntɪɪnˈflæmətrɪ, *USA* -tɔːrɪ/ *a.* e *n.* (*farm.*) antinfiammatorio.
anti-inflationary /æntɪɪnˈfleɪʃənrɪ, *USA* -nerɪ/ *a.* (*econ.*) antinflazionistico.
antiknock /ˈæntɪnɒk/ *n.* [U] e *a.* (*chim.*) antidetonante.
antimacassar /æntɪməˈkæsə(r)/ *n.* coprischienale.
antimatter /ˈæntɪmætə(r)/ *n.* [U] (*fis. nucl.*) antimateria.
anti-mist /æntɪˈmɪst/ *a.* antiappannante.
antimony /ˈæntɪmənɪ, ænˈt-, *USA* -məʊnɪ/ *n.* [U] (*chim.*) antimonio.
antineuralgic /æntɪnjʊˈrældʒɪk, *USA* -nʊ-/ *a.* e *n.* (*farm.*) antinevralgico.
antinoise /æntɪˈnɔɪz/ *a. attr.* (*autom., ind.*) contro i rumori (molesti): **a. laws**, leggi contro i rumori.
antinomy /ænˈtɪnəmɪ/ *n.* [U] e [C] antinomia.
antinuclear /æntɪˈnjuːklɪə(r), *USA* -ˈnuː-/ *a.* antinucleare.
antioxidant /æntɪˈɒksɪdənt/ *n.* (*chim.*) antiossidante.
antipathetic /æntɪpəˈθetɪk/ *a.* contrario; ostile; opposto; avverso.
antipathy /ænˈtɪpəθɪ/ *n.* [U] e [C] avversione; antipatia (per q., q.c.).
antipersonnel /æntɪpɜːsəˈnel/ *a.* (*mil.*) antiuomo: **a. mine**, mina antiuomo.
antiperspirant /æntɪˈpɜːspɪrənt/ *a.* e *n.* antisudorifero.
antiphon /ˈæntɪfən/ *n.* (*mus., eccles.*) antifona.
antipodean /æntɪpəˈdiːən/ *a.* degli antipodi; agli antipodi.
antipodes /ænˈtɪpədiːz/ *n. pl.* antipodi.
antipyretic /æntɪpaɪˈretɪk/ *a.* e *n.* (*farm.*) antipiretico; febbrifugo.
antiquarian /æntɪˈkweərɪən/ ***A*** *a.* antiquario; di antiquariato ***B*** *n.* ***1*** antiquario (-a) ***2*** cultore (-trice) di antichità.
antiquary /ˈæntɪkwərɪ, *USA* -kwerɪ/ *n.* antiquario (-a).
antiquated /ˈæntɪkweɪtɪd/ *a.* antiquato.
antique /ænˈtiːk/ ***A*** *a.* ***1*** antico; di antiquariato ***2*** antico; classico ***3*** antiquato; arcaico ***B*** *n.* pezzo (*o* oggetto) di antiquariato; (*al pl., anche*) antichità, antiquariato: **a. dealer**, antiquario; **a. shop**, negozio di antiquariato (*o* di antichità).
antiquity /ænˈtɪkwətɪ/ *n.* ***1*** [U] antichità (*specialm. classica*) ***2*** [U] antichità; vetustà ***3*** (*al pl.*) antichità (*opere d'arte, monumenti*); costumi antichi; avvenimenti antichi.
antirrhinum /æntɪˈraɪnəm/ *n.* (*bot.*) antirrino; bocca di leone.
anti-Semitic /æntɪsɪˈmɪtɪk/ *a.* antisemita.
anti-Semitism /æntɪˈsemɪtɪzəm/ *n.* [U] antisemitismo.
antiseptic /æntɪˈseptɪk/ *a.* e *n.* (*farm.*) antisettico.
antiskid /æntɪˈskɪd/ *a.* (*autom.*) antisdrucciolevole; antislittamento.
antisocial /æntɪˈsəʊʃl/ *a.* antisociale.
antitank /æntɪˈtæŋk/ *a.* (*mil.*) anticarro.
antitheft /æntɪˈθeft/ *a.* antifurto.
antithesis /ænˈtɪθəsɪs/ *n.* (*pl.* **antitheses** /-siːz/) antitesi.
antithetical /æntɪˈθetɪkl/ *a.* antitetico.
antitoxin /æntɪˈtɒksɪn/ *n.* (*biol., med.*) antitossina.
antitrades /æntɪˈtreɪdz/ *n. pl.* (*meteor.*) controalisei.
antitrust /æntɪˈtrʌst/ *a.* (*econ., USA*) antitrust; antimonopolistico: **a. legislation**, legislazione antimonopolistica.
antivenin /æntɪˈvenɪn/, **antivenom** /æntɪˈvenəm/ *n.* contravveleno; antidoto.
antler /ˈæntlə(r)/ *n.* (*zool.*) corno ramificato; palco.
antlered /ˈæntləd/ *a.* (*zool.*) che ha corna ramificate.
antonomasia /æntənəʊˈmeɪʒɪə, *USA* -ʒə/ *n.* [U] (*retor.*) antonomasia.
antonym /ˈæntənɪm/ *n.* antonimo; contrario; opposto.
anus /ˈeɪnəs/ *n.* (*anat.*) ano.
anvil /ˈænvɪl, -vl/ *n.* incudine.
anxiety /æŋˈzaɪətɪ/ *n.* ***1*** [U] e [C] ansia; apprensione; inquietudine: **to cause sb. a.**, far stare in pena q.; mettere in apprensione q. ***2*** [C] e [U] preoccupazione; fonte di preoccupazione ***3*** [U] forte desiderio; ansia; impazienza: **in his a. to make a good impression**, ansioso di fare buona impressione.
anxious /ˈæŋkʃəs/ *a.* ***1*** preoccupato; inquieto; ansioso; angosciato: **a. for sb.'s safety**, preoccupato per la sicurezza di q.; **a. phonecalls from relatives**, telefonate angosciate dei parenti ***2*** vivamente desideroso; impaziente; bramoso: **a. to meet sb.**, impaziente di conoscere q. ***3*** pieno d'ansia; teso; angoscioso: **a. wait**, attesa piena d'ansia; **a. time**, periodo angoscioso.
any (1) /ˈenɪ/ ***A*** *a. indef.* ***1*** (*in frasi neg.*) alcuno (-a); nessuno (-a): **He hasn't any idea**, non ha nessuna idea; **without any reason**, senza alcuna ragione; **There isn't any bread**, non c'è pane; **He hasn't got any sisters**, non ha sorelle ***2*** (*in frasi interr., dubit. e condiz.*) qualche; del, della, dei, degli, delle: **Are there any questions?**, c'è qualche domanda?; ci sono domande?; **Have you got any matches?**, hai (dei) fiammiferi?; **If you have any doubts, say so**, se avete qualche dubbio (*o* dei dubbi), ditelo ***3*** (*in frasi afferm.*) qualsiasi; qualunque; ogni: **Any colour will do**, qualsiasi colore andrà bene; **Come at any time**, vieni

in qualunque momento (*o* quando vuoi); **in any case**, in ogni caso ***B*** *pron. indef.* ***1*** (*in frasi neg.*) alcuno (-a); nessuno (-a): **I didn't see any of my friends**, non ho visto nessuno dei miei amici; **I haven't any**, non ne ho; **I never got any**, non ne ho mai ricevuti ***2*** (*in frasi interr., dubit. e condiz.*) qualcuno (-a): **Do you know any of these names?**, conosci qualcuno di questi nomi? ***3*** (*in frasi afferm.*) uno (-a) qualunque; chiunque: **Choose any of these**, scegline uno qualunque; **Ask any of them**, chiedi a chiunque di loro ● **if any**, se pur ce n'è [ce ne sono]: **There are few honest people, if any, in this world**, ci sono poche persone oneste, se pur ce ne sono, a questo mondo.

any (2) /ˈɛnɪ/ *avv.* ***1*** (*in frasi interr. o dubit.*) un po'; in qualche misura: **Are you any better today?**, stai un po' meglio oggi?; **Are those antibiotics any good?**, funzionano, quegli antibiotici?; **Buy it, if it's any good**, compralo, se può servire ***2*** (*in frasi neg.*) affatto; per niente: **I don't feel any better**, non mi sento affatto meglio; **It doesn't look any cleaner**, non mi sembra più pulito di prima; **It isn't any good complaining**, non serve a niente protestare; (*fam. USA*) **It didn't help any**, non è servito a niente.

anybody /ˈɛnɪbɒdɪ, ˈɛnɪbədɪ/ *pron. indef.* (*in frasi interr. e dubit.*) qualcuno, nessuno; (*in frasi condiz.*) qualcuno; (*in frasi neg.*) nessuno; (*in frasi afferm.*) chiunque: **Is there a. there?**, c'è nessuno (*o* qualcuno) in casa?; **If a. phones, tell him I'm not in**, se telefona qualcuno, digli che non ci sono; **There isn't a.**, non c'è nessuno; **A. can do that**, chiunque può farlo; **We are not looking for just a.**, non cerchiamo uno qualunque ● **a. who's a.**, quelli che contano.

anyhow /ˈɛnɪhaʊ/ *avv.* ***1*** *V.* **anyway** ***2*** (*GB*) in qualche modo; come capita; alla meno peggio: **She slapped on some makeup a., and dashed out**, si truccò in qualche modo e uscì di corsa; **His things were thrown on the floor just a.**, le sue cose erano sparse in disordine sul pavimento.

anyone /ˈɛnɪwʌn, ˈɛnɪwən/ *V.* **anybody**.

anyplace /ˈɛnɪpleɪs/ (*fam. USA*) *V.* **anywhere**.

anyroad /ˈɛnɪrəʊd/ (*fam.*) *V.* **anyway** *def. 1, 2, 3*.

anything /ˈɛnɪθɪŋ/ *pron. indef.* ***1*** (*in frasi interr. o dubit.*) qualche cosa; qualcosa; niente; nulla: **Can you see a.?**, vedi qualcosa (*o* niente)?; **A. else?**, c'è dell'altro?; **I doubt there's a. you can do**, dubito che ci sia qualcosa che tu possa fare ***2*** (*in frasi condiz.*) qualche cosa; qualcosa ***3*** (*in frasi neg.*) niente: nulla: **There isn't a. for you**, non c'è niente per te; **without saying a.**, senza dir niente ***4*** (*in frasi afferm.*) qualunque (*o* qualsiasi) cosa; di tutto; tutto quello che: **A. will do**, qualsiasi cosa va bene; **A. can happen**, può accadere di tutto; **A. I tell you is strictly confidential**, tutto quello che ti dico è strettamente confidenziale ● **a. but**, tutt'altro che; tutto fuorché: **This ladder is a. but safe**, questa scala è tutt'altro che sicura; **If his new novel is a. like his previous one, I'm not going to read it**, se il suo nuovo romanzo assomiglia all'altro, non lo leggo □ **He isn't a. like he used to be**, non è affatto com'era un tempo □ **I'm not doing a. much**, non sto facendo granché □ **as hard [sweet, etc.] as a.**, durissimo [dolcissimo, ecc.] □ (*fam.*) **like a.**, moltissimo; da matti: **to work like a.**, lavorare da matti.

anyway /ˈɛnɪweɪ/ *avv. e cong.* ***1*** in ogni caso; comunque; e poi: **She didn't ask him to come, and a. he wouldn't**, non gli ha chiesto di venire, e in ogni caso, lui non verrebbe; **A., what business is it of yours?**, e poi (*o* comunque), tu che c'entri? ***2*** lo stesso; comunque: **I didn't like it, but I bought it a.**, non mi piaceva, ma l'ho comprato lo stesso ***3*** almeno: **I can't tell you, not yet, a.**, non te lo posso dire, non ancora, almeno ***4*** ad ogni modo; comunque; per farla breve: **A., with all the problems, we've finished early**, ad ogni modo, con tutti i problemi che ci sono stati, abbiamo finito prima del tempo: **A., as I was telling you...**, comunque, come ti dicevo...

anywhere /ˈɛnɪwɛə(r), *USA* -hwɛ, -wɛ-/ *avv.* ***1*** (*in frasi interr., dubit. e condiz.*) in qualche posto; da qualche parte: **Are you going a. tomorrow?**, vai da qualche parte domani? ***2*** (*in frasi neg.*) in nessun posto; da nessuna parte: **I can't find it a.**, non lo trovo da nessuna parte ***3*** (*in frasi afferm.*) dovunque; in qualsiasi posto; da qualunque parte; dappertutto: **A. she went, he followed**, dovunque lei andava, lui le veniva dietro; **You can go a.**, puoi andare dovunque (*o* dappertutto, in qualsiasi luogo); **Put it a.**, mettilo dove vuoi (*o* dove ti capita) ● **a. between 50 and 60 people**, tra le 50 e le 60 persone □ **I don't have a. to sleep**, non ho dove dormire □ (*fam.*) **not to get a.**, non approdare a nulla.

aorta /eɪˈɔːtə/ *n.* (*anat.*) aorta.

apace /əˈpeɪs/ *avv.* (*lett.*) velocemente; rapidamente.

apart /əˈpɑːt/ *avv.* ***1*** (*nello spazio*) a distanza (l'uno dall'altro); lontani; distanti; separati: **The two towns are 70 km a.**, le due città sono lontane 70 km; **too far a.**, troppo distanti l'uno dall'altro; **wide a.**, molto distanziati; **to live a.**, vivere separati; **with one's legs a.**, con le gambe divaricate ***2*** (*nel tempo*) a distanza di: **They were born ten years a.**, sono nati a dieci anni di distanza l'uno dall'altro ***3*** in disparte: **to stand a.**, tenersi in disparte ***4*** a pezzi: **to fall a.**, cadere a pezzi; **to come a.**, disfarsi; rompersi; **to take a.**, smontare (q.c.); (*fig.*) criticare (q.), fare a pezzi (q.) ● **a. from** tranne; a parte (il fatto che); oltre a □ **a class a.**, un genere a parte □ **joking a.**, scherzi a parte □ **to tell a.**, distinguere (l'uno dall'altro.).

apartheid /əˈpɑːtheɪt, -aɪt/ *n.* (*polit.*) apartheid.

apartment /əˈpɑːtmənt/ *n.* ***1*** (*specialm. USA*) appartamento ***2*** (*al pl.*) appartamento (*in un albergo o in un palazzo*): **royal apartments**, appartamento reale ● (*USA*) **a. building** (*o* **house**), palazzo di appartamenti.

apathetic /æpəˈθɛtɪk/ *a.* apatico; indifferente.

apathy /ˈæpəθɪ/ *n.* [U] apatia; indifferenza.

ape /eɪp/ ***A*** *n.* ***1*** scimmia (antropomorfa) ***2*** omaccione; gorilla ***B*** *pred.* — (*pop. USA*) **to go ape**, infuriarsi; imbufalirsi (*fam.*); impazzire (dall'entusiasmo).

to **ape** /eɪp/ *v. t.* scimmiottare.

aperient /əˈpɪərɪənt/ *a. e n.* (*farm.*) (blando) lassativo.

aperitif /əˈpɛrətɪf, *USA* əpɛrəˈtiːf/ (*franc.*) *n.* aperitivo.

aperture /ˈæpətʃə(r), -tʃʊə(r)/ *n.* ***1*** (*form.*) fessura; pertugio ***2*** (*fotogr.*) apertura.

apex /ˈeɪpɛks/ *n.* (*pl.* **apexes, apices**) (*geom. e fig.*) apice; vertice.

aphasia /əˈfeɪzɪə, *USA* -ʒə/ *n.* [U] (*med.*) afasia.

aphelion /æˈfiːlɪən/ *n.* (*pl.* **aphelia** /-lɪə/) (*astron.*) afelio.

aphid /ˈeɪfɪd/, **aphis** /ˈeɪfɪs/ *n.* (*pl.* **aphides**) (*zool.*) afide.

aphonia /eɪˈfəʊnɪə, æ-, ə-/ *n.* [U] (*med.*) afonia.

aphorism /ˈæfərɪzəm/ *n.* aforisma.

aphoristic(al) /æfəˈrɪstɪk(l)/ *a.* aforistico.

aphrodisiac /æfrəˈdɪzɪæk, *USA* -ˈdiː-/ *a. e n.* afrodisiaco.

apiarist /ˈeɪpɪərɪst/ *n.* apicoltore (-trice).

apiary /ˈeɪpɪərɪ, *USA* -ɪɛrɪ/ *n.* alveare; arnia.

apices /ˈeɪpɪsiːz/ *pl. di* **apex**.

apiculture /ˈeɪpɪkʌltʃə(r)/ *n.* [U] apicoltura.

apiece /əˈpiːs/ *avv.* a testa; per ciascuno.

apish /ˈeɪpɪʃ/ *a.* scimmiesco.

aplomb /əˈplɒm/ *n.* [U] ***1*** (*tecn.*) appiombo ***2*** aplomb; sicurezza; padronanza di sé.

apnoea, (*USA*) **apnea** /æpˈniːə/ *n.* [U] (*med.*) apnea.

apocalypse /əˈpɒkəlɪps/ *n.* apocalisse.

apocalyptic /əpɒkəˈlɪptɪk/ *a.* apocalittico.

Apocrypha /əˈpɒkrɪfə/ *n. pl.* (*relig.*) ***1*** libri apocrifi (*dell'Antico Testamento*) ***2*** vangeli apocrifi.

apocryphal /əˈpɒkrɪfl/ *a.* apocrifo; spurio.

apogee /ˈæpədʒiː/ *n.* (*astron. e fig.*) apogeo.

apolitical /eɪpəˈlɪtɪkl/ *a.* apolitico.

apologetic /əpɒləˈdʒɛtɪk/ *a.* ***1*** di scusa; contrito: **a. letter**, lettera di scusa; **a. behaviour**, un contegno contrito ***2*** apologetico.

apologetics /əpɒləˈdʒɛtɪks/ *n. pl.* (*col verbo al sing.*) apologetica.

apologia /æpəˈləʊdʒɪə/ *n.* (*form.*) apologia; difesa.

to **apologise** /əˈpɒlədʒaɪz/ (*GB*) *V.* **to apologize**.

apologist /əˈpɒlədʒɪst/ *n.* apologista; apologeta.

to **apologize** /əˈpɒlədʒaɪz/ *v. i.* scusarsi; chiedere scusa: **to a. to sb. for st.**, scusarsi con q. di q.c.

apologue /ˈæpəlɒg, *USA* -ɔːg/ *n.* apologo.

apology /əˈpɒlədʒɪ/ *n.* ***1*** scusa, scuse: **to make an a. to sb.**, scusarsi con q. di q.c.; **to offer one's apologies**, presentare le proprie scuse ***2*** apologia; difesa ● **a. for**, pallida imitazione di; mediocre surrogato di: **an a. for a team**, una squadra che fa pena.

apoplectic /æpəˈplɛktɪk/ *a. e n.* (*med.*) apoplettico.

apoplexy /ˈæpəplɛksɪ/ *n.* [U] (*med.*) apoplessia.

apostasy /əˈpɒstəsɪ/ *n.* [U] *e* [C] apostasia.

apostate /əˈpɒsteɪt/ ***A*** *n.* apostata ***B*** *a.* reo di apostasia.

apostle /əˈpɒsl/ *n.* ***1*** (*relig.*) apostolo ***2*** (*fig.*) apostolo; fautore.

apostolate /əˈpɒstələt/ *n.* apostolato.

apostolic /æpə'stɒlɪk/ *a.* apostolico.
apostrophe /ə'pɒstrəfɪ/ *n.* (*gramm.*) apostrofo.
to **apostrophize**, (*GB anche*) to **apostrophise** /ə'pɒstrəfaɪz/ *v. t. e i.* (*retor.*) apostrofare.
apothecary /ə'pɒθəkərɪ, *USA* -kɛrɪ/ *n.* (*antiq.*) farmacista; speziale.
apothem /'æpəθɛm/ *n.* (*geom.*) apotema.
apotheosis /əpɒθɪ'əʊsɪs/ *n.* (*pl.* **apotheoses** /-siːz/) apoteosi.
to **appal**, (*USA*) to **appall** /ə'pɔːl/ *v. t.* ***1*** atterrire; spaventare ***2*** sconvolgere; sgomentare.
appalling /ə'pɔːlɪŋ/ *a.* ***1*** terrificante; spaventoso ***2*** (*fam.*) pessimo; tremendo: **a. conditions**, pessime condizioni; **a. mistake**, sbaglio tremendo.
apparatchik /ɑːpə'rɑːtʃɪk/ (*russo*) *n.* uomo dell'apparato; burocrate.
apparatus /æpə'reɪtəs, *USA* -'rætəs/ *n.* (*pl.* **apparatuses, apparatus**) ***1*** apparato; sistema: (*anat.*) **digestive a.**, apparato digerente; **political a.**, apparato politico ***2*** (*ind.*) apparecchiatura; impianto: **central-heating a.**, impianto di riscaldamento centrale.
apparel /ə'pærəl/ *n.* ▣ (*lett.*) abbigliamento; vesti.
apparent /ə'pærənt/ *a.* ***1*** evidente; manifesto; ovvio ***2*** apparente.
apparently /ə'pærəntlɪ/ *avv.* ***1*** chiaramente; evidentemente; manifestamente ***2*** a quanto pare.
apparition /æpə'rɪʃn/ *n.* apparizione; fantasma.
appeal /ə'piːl/ *n.* ***1*** appello; richiesta (*di aiuto, denaro, ecc.*): **a. to reason**, appello alla ragione; **to launch an a. for funds**, lanciare un appello per la raccolta di fondi; **The a. raised over a million pounds**, la raccolta di fondi fruttò più di un milione di sterline ***2*** (*leg.*) appello; ricorso: **to lodge an a.**, ricorrere in appello ***3*** ▣ richiamo; attrattiva; fascino: **His films have wide a.**, i suoi film sono popolarissimi.
to **appeal** /ə'piːl/ *v. i.* ***1*** (*leg.*) ricorrere in appello; appellarsi (a); fare ricorso (contro): **I have decided not to a.**, ho deciso di non ricorrere in appello; **to a. to the law**, appellarsi alla legge; **to a. against a conviction**, fare ricorso contro una sentenza ***2*** fare appello (a); rivolgere un appello (a): **to a. to sb.'s generosity**, fare appello alla generosità di q.; **to a. to sb. for st.**, chiedere q.c. a q. ***3*** chiedere: **to a. for donations**, chiedere donazioni ***4*** attrarre; interessare: **The idea doesn't a. to me**, l'idea non m'interessa (*o* non mi dice niente) • (*polit.*) **to a. to the country**, sciogliere il Parlamento e indire le elezioni; consultare gli elettori.
appealing /ə'piːlɪŋ/ *a.* ***1*** supplichevole ***2*** attraente.
to **appear** /ə'pɪə(r)/ *v. i.* ***1*** apparire; comparire; farsi vedere ***2*** sembrare; apparire; parere: **He appears to be better**, sembra stia meglio; **It appears to me**, mi pare ***3*** (*leg.*) comparire (*davanti al giudice*); presentarsi in giudizio ***4*** (*di attore, ecc.*) esibirsi; recitare ***5*** (*di libro, articolo*) essere pubblicato; uscire.
appearance /ə'pɪərəns/ *n.* ***1*** apparizione; comparsa: **in order of a.**, in ordine di apparizione; **to put in an a.**, fare una breve comparsa; fare atto di presenza ***2*** aspetto: **scruffy a.**, aspetto trasandato; **to be fussy about one's a.**, tenere al proprio aspetto ***3*** apparenza: **in a.**, in apparenza; **to all appearances**, a quanto pare; **Appearances can be deceptive**, l'apparenza inganna; **to keep up appearances**, salvare le apparenze ***4*** (*leg.*) comparizione; costituzione in giudizio ***5*** (*di attore, ecc.*) esibizione ***6*** (*di libro, articolo*) pubblicazione; uscita • (*teatr.*) **to make one's first a.**, fare il proprio debutto; debuttare.
to **appease** /ə'piːz/ *v. t.* placare; calmare; acquietare.
appeasement /ə'piːzmənt/ *n.* ▣ ***1*** pacificazione; acquietamento ***2*** (politica di) concessioni (*a un possibile aggressore*); appeasement.
appellant /ə'pɛlənt/ *n.* (*leg.*) appellante.
appellation /æpə'leɪʃn/ *n.* appellativo; denominazione.
to **append** /ə'pɛnd/ *v. t.* apporre; aggiungere (*per iscritto*).
appendage /ə'pɛndɪdʒ/ *n.* aggiunta; annesso; complemento.
appendectomy /æpɛn'dɛktəmɪ/ *n.* (*chir.*) appendicectomia.
appendices /ə'pɛndɪsiːz/ *pl. di* **appendix**.
appendicitis /əpɛndɪ'saɪtɪs/ *n.* ▣ (*med.*) appendicite.
appendix /ə'pɛndɪks/ *n.* (*pl.* **appendices, appendixes**) (*anche anat.*) appendice.
to **appertain** /æpə'teɪn/ *v. i.* (*form.*) essere pertinente (a); essere di pertinenza (di).
appetite /'æpɪtaɪt/ *n.* ▣ *e* ▣ appetito; (*fig., anche*) fame, brama.
appetizer /'æpɪtaɪzə(r)/ *n.* ***1*** antipastino; stuzzichino ***2*** aperitivo.
appetizing /'æpɪtaɪzɪŋ/ *a.* appetitoso.
to **applaud** /ə'plɔːd/ *v. t. e i.* applaudire; plaudire.
applause /ə'plɔːz/ *n.* ▣ applauso; plauso.
apple /'æpl/ *n.* ***1*** mela: **cooking a.**, mela da cuocere; **a. pie**, torta di mele ***2*** (*anche* **a.-tree**) melo • **a. of one's eye**, pupilla dei propri occhi □ (*USA*) **the Big A.**, New York; la Grande Mela □ (*fam.*) **in a.-pie order**, in perfetto ordine □ **to upset sb.'s a. cart**, rompere le uova nel paniere a q.
appliance /ə'plaɪəns/ *n.* ***1*** applicazione ***2*** apparecchio; strumento; dispositivo ***3*** (*al pl.*) attrezzature; accessori • **electrical** (*o* **domestic, household**) **a.**, elettrodomestico.
applicable /'æplɪkəbl, ə'plɪkəbl/ *a.* ***1*** pertinente; valido ***2*** appropriato; adatto.
applicant /'æplɪkənt/ *n.* richiedente; aspirante; candidato (-a).
application /æplɪ'keɪʃn/ *n.* ***1*** ▣ applicazione; impiego: **the a. of new techniques**, l'applicazione di nuove tecniche ***2*** ▣ assiduità; diligenza; applicazione ***3*** ▣ *e* ▣ domanda (*scritta*); richiesta; (*leg.*) istanza: **to put in an a. to sb.**, inoltrare una domanda a q.; (*leg.*) rivolgere un'istanza a q.; **a. for a job**, domanda di impiego; **a. form**, modulo (di richiesta) ***4*** applicazione (*di crema, vernice, ecc.*); mano: **another a. of paint**, un'altra mano di vernice • (*elab.*) **a. package**, pacchetto applicativo □ (*farm.*) **for external a.**, per uso esterno □ (*comm.*) **free on a.**, gratis a richiesta □ (*comm.*) **samples on a.**, campioni su richiesta.
applied /ə'plaɪd/ *a.* applicato: **a. mathematics**, matematica applicata.
appliqué /ə'pliːkeɪ, *USA* æplɪ'keɪ/ (*franc.*) *n.* ▣ *e* ▣ (*moda*) applicazione.
to **appliqué** /ə'pliːkeɪ, *USA* æplɪ'keɪ/ *v. t.* (*moda*) ornare con applicazioni.
to **apply** /ə'plaɪ/ ***A*** *v. t.* ***1*** applicare; dare: **to a. paint**, dare la vernice ***2*** usare; adoperare; applicare: **to a. the brakes**, azionare i freni; frenare; **to a. force**, usare la forza; fare forza; **to a. the rules**, applicare le regole ***B*** *v. i.* ***1*** essere valido; riferirsi (a); valere (per): **This rule doesn't always a.**, questa regola non è sempre valida; **The clause only applies to single persons**, la clausola vale solo per i non sposati ***2*** fare domanda (di, per); rivolgersi (a): **to a. for a job** [**for a grant**], fare domanda di lavoro [per una borsa di studio]; **to a. to the secretary**, rivolgersi in segreteria; **Only native French speakers need a.**, astenersi se non di lingua madre francese ***C*** to **apply oneself** *v. rifl.* lavorare con impegno; applicarsi.
to **appoint** /ə'pɔɪnt/ *v. t.* ***1*** (*anche leg.*) nominare; designare; incaricare: **to a. a teacher**, nominare un insegnante; **He was appointed manager**, è stato nominato direttore; **to a. a committee**, formare una commissione ***2*** fissare; stabilire: **to a. a day**, fissare un giorno (*o* una data); **at the appointed time**, all'ora stabilita.
appointee /əpɔɪn'tiː/ *n.* persona designata; incaricato (-a).
appointment /ə'pɔɪntmənt/ *n.* ***1*** appuntamento: **to make** [**to keep**] **an a.**, fissare [mantenere] un appuntamento; **to see by a.**, ricevere su appuntamento ***2*** nomina; posto; carica: **His a. came as a surprise**, la sua nomina fu una sorpresa per tutti; **teaching a.**, posto di insegnante; **to take up an a. as treasurer**, assumere la carica di tesoriere • **by a. to Her Majesty the Queen**, fornitori di Sua Maestà la Regina.
to **apportion** /ə'pɔːʃn/ *v. t.* ***1*** ripartire; distribuire ***2*** assegnare; attribuire: **to a. blame**, attribuire la colpa (*ai vari responsabili*).
apportionment /ə'pɔːʃnmənt/ *n.* ▣ *e* ▣ ripartizione; distribuzione.
apposite /'æpəzɪt/ *a.* appropriato; opportuno.
appraisal /ə'preɪzl/ *n.* ▣ *e* ▣ (*anche leg.*) valutazione; stima; perizia.
to **appraise** /ə'preɪz/ *v. t.* (*anche leg.*) valutare; stimare; periziare.
appraiser /ə'preɪzə(r)/ *n.* (*leg.*) perito stimatore • **a.'s report**, perizia.
appreciable /ə'priːʃɪəbl/ *a.* considerevole; notevole; sensibile: **a. difference**, differenza sensibile.

to **appreciate** /ə'pri:ʃɪeɪt/ ***A*** *v. t.* ***1*** apprezzare ***2*** essere grato di: **I a. your help**, ti sono grato dell'aiuto ***3*** rendersi conto di; capire; riconoscere: **I a. your difficulties**, capisco le tue difficoltà; **You must a. that...**, devi capire che... ***B*** *v. i.* aumentare di valore; rivalutarsi.
appreciation /əpri:ʃɪ'eɪʃn/ *n.* ***1*** [U] apprezzamento; riconoscimento (*del valore di q.c.*) ***2*** gratitudine ***3*** comprensione: **He showed little a. of my position**, dimostrò poca comprensione per la mia posizione ***4*** valutazione; giudizio critico; stima ***5*** [U] aumento di valore; rivalutazione.
appreciative /ə'pri:ʃɪətɪv, *USA* -ɪeɪtɪv/ *a.* ***1*** che apprezza ***2*** di apprezzamento; elogiativo ***3*** grato; riconoscente ***4*** che comprende.
to **apprehend** /æprɪ'hɛnd/ *v. t.* ***1*** (*form.*) arrestare; catturare ***2*** (*lett.*) afferrare; comprendere; capire.
apprehension /æprɪ'hɛnʃn/ *n.* ***1*** [U] *e* [C] apprensione; inquietudine; timore ***2*** (*form.*) arresto; cattura ***3*** (*lett.*) capacità d'intendere; intelligenza.
apprehensive /æprɪ'hɛnsɪv/ *a.* apprensivo; timoroso: **a. of** [**about**] **st.**, che ha timore di [per] q.c.
apprehensiveness /æprɪ'hɛnsɪvnəs/ *n.* apprensione; (l')essere apprensivo.
apprentice /ə'prɛntɪs/ *n.* apprendista.
to **apprentice** /ə'prɛntɪs/ *v. t.* collocare come apprendista.
apprenticeship /ə'prɛntɪsʃɪp/ *n.* [U] apprendistato; tirocinio: **to serve one's a.**, fare il tirocinio.
to **apprise** /ə'praɪz/ *v. t.* (*form.*) informare; avvertire; avvisare: **to be apprised of st.**, essere messo al corrente di q.c.
appro /'æprəʊ/ *n.* (*comm., abbr. fam. di* **approval**) — **on a.**, in esame; in prova; senza impegno (*di acquisto*).
approach /ə'prəʊtʃ/ *n.* ***1*** [U] avvicinamento; (l')avvicinarsi: **the a. of winter**, l'avvicinarsi dell'inverno ***2*** [U] accesso; via d'accesso ***3*** modo di affrontare (*un problema, un lavoro*); approccio; impostazione ***4*** (*spesso al pl.*) approccio; avance (*franc.*).
to **approach** /ə'prəʊtʃ/ ***A*** *v. i.* avvicinarsi; approssimarsi ***B*** *v. t.* ***1*** avvicinarsi a ***2*** avvicinare; rivolgere la parola a; rivolgersi a ***3*** accostarsi a (*un problema, un argomento*); affrontare ***4*** essere vicino a; avvicinarsi a: **to a. perfection**, essere vicino alla perfezione.
approachable /ə'prəʊtʃəbl/ *a.* ***1*** accessibile; avvicinabile ***2*** (*fam., di persona*) accessibile; disponibile; abbordabile.
approaching /ə'prəʊtʃɪŋ/ *a.* che si avvicina; imminente; prossimo.
approbation /æprə'beɪʃn/ *n.* [U] (*form.*) ***1*** approvazione ***2*** sanzione.
appropriate /ə'prəʊprɪət/ *a.* appropriato; adatto • **the a. authorities**, le autorità competenti.
to **appropriate** /ə'prəʊprɪeɪt/ *v. t.* ***1*** impossessarsi di; appropriarsi di ***2*** destinare; stanziare.
appropriateness /ə'prəʊprɪətnəs/ *n.* [U] appropriatezza.
appropriation /əprəʊprɪ'eɪʃn/ *n.* ***1*** [U] appropriazione ***2*** stanziamento.
approval /ə'pru:vl/ *n.* [U] ***1*** approvazione; benestare ***2*** (*comm.*) prova: **goods on a.**, merce in prova (*o* in esame).
to **approve** /ə'pru:v/ ***A*** *v. t.* approvare (*formalmente*); ratificare ***B*** *v. i.* approvare: **I a. of your plan**, approvo il tuo progetto; **Dad didn't a. of my leaving school**, papà non fu contento che lasciassi la scuola.
approved /ə'pru:vd/ *a.* accettato; riconosciuto • (*in G.B.*) **a. school**, riformatorio.
approximate /ə'prɒksɪmət/ *a.* approssimativo.
to **approximate** /ə'prɒksɪmeɪt/ *v. t.* ***1*** avvicinarsi a (q.c.); essere molto simile a ***2*** arrotondare (*una cifra*).
♦ **approximate to** *v. i.* + *prep.* avvicinarsi a (q.c.); essere molto simile a (q.c.).
approximation /əprɒksɪ'meɪʃn/ *n.* [C] *e* [U] approssimazione.
appurtenance /ə'pɜ:tɪnəns/ *n.* (*form.*) ***1*** accessorio ***2*** (*al pl.*) annessi e connessi ***3*** (*leg.*) pertinenza; (*al pl.*) diritti accessori.
après-ski /æpreɪ'ski:, *USA* ɑ:-/ (*franc.*) *n. e a.* doposcì.
apricot /'eɪprɪkɒt, *USA* 'æp-/ *n.* ***1*** albicocca ***2*** (*anche* **a.-tree**) albicocco ***3*** [U] (color) albicocca.
April /'eɪprəl/ *n.* aprile: **in A.**, in (*o* di) aprile; **in A. 1990**, nell'aprile del 1990; **on A. 10th** (*o* **on the 10th of A.**), il 10 aprile; **in early** [**late**] **A.**, all'inizio [alla fine] di aprile; **We want it done by mid A.**, lo vogliamo pronto per metà aprile • **A. fool**, vittima di un pesce d'aprile □ **A. Fools' Day**, il primo d'aprile.
apriorism /eɪ'praɪərɪsm, ɑ:'pri:ə-/ *n.* [U] (*filos.*) apriorismo.
aprioristic /eɪpraɪə'rɪstɪk, ɑ:pri:ə-/ *a.* (*filos.*) aprioristico.
apron /'eɪprən/ *n.* ***1*** grembiule, grembiale ***2*** area di stazionamento (*di aeroporto*) ***3*** (*teatr., anche* **a. stage**) proscenio • **to be tied to one's mother's a. strings**, essere attaccato alle sottane della madre.
apropos /æprə'pəʊ, 'æprəʊpəʊ/ ***A*** *a.* appropriato; pertinente ***B*** *avv.* a proposito: **a. of**, a proposito di.
apse /æps/ *n.* (*archit.*) abside.
apt /æpt/ *a.* ***1*** adatto; appropriato; felice: **apt remark**, osservazione appropriata ***2*** che ha tendenza (a fare q.c.); che tende (a); incline (a): **I'm apt to lose my temper**, ho tendenza ad arrabbiarmi ***3*** sveglio; bravo; intelligente: **apt at fixing things**, bravo a riparare le cose.
aptitude /'æptɪtju:d, *USA* -tu:d/ *n.* ***1*** [C] *e* [U] attitudine; tendenza; propensione ***2*** [U] prontezza (*nell'apprendere*); intelligenza • (*psic.*) **a. test**, esame attitudinale.
aptness /'æptnəs/ *n.* ***1*** appropriatezza; felicità ***2*** tendenza; propensione.
aquaculture /'ækwəkʌltʃə(r)/ *n.* acquicoltura.
aqualung /'ækwəlʌŋ/ *n.* (*sport*) (auto)respiratore.
aquamarine /ækwəmə'ri:n/ *n.* [C] *e* [U] (*miner.*) acquamarina.
aquaplane /'ækwəpleɪn/ *n.* acquaplano.
aquarium /ə'kwɛərɪəm/ *n.* (*pl.* **aquariums**, **aquaria** /-rɪə/) acquario.
Aquarius /ə'kwɛərɪəs/ *n.* (*astron., astrol.*) Acquario.
aquatic /ə'kwætɪk/ *a.* acquatico.
aquatics /ə'kwætɪks/ *n. pl.* sport acquatici.
aquatint /'ækwətɪnt, *USA* 'ɑ:-/ *n.* (*arte*) acquatinta.
aqueduct /'ækwɪdʌkt/ *n.* acquedotto.
aqueous /'eɪkwɪəs/ *a.* acqueo; acquoso.
aquiculture /'ækwɪkʌltʃə(r)/ *n.* acquicoltura.
aquiline /'ækwɪlaɪn/ *a.* aquilino: **a. nose**, naso aquilino.
Arab /'ærəb/ ***A*** *a.* arabo ***B*** *n.* ***1*** arabo ***2*** cavallo arabo • **street a.**, monello.
arabesque /ærə'bɛsk/ *n.* arabesco.
to **arabesque** /ærə'bɛsk/ *v. t.* arabescare.
Arabian /ə'reɪbɪən/ ***A*** *a.* arabico; arabo: **the A. desert**, il deserto arabico • **the A. Nights**, le Mille e una Notte ***B*** *n.* (*USA*) cavallo arabo.
Arabic /'ærəbɪk/ ***A*** *a.* arabo; arabico: **A. numerals**, numeri arabi ***B*** *n.* arabo (*lingua*).
arable /'ærəbl/ *a.* arabile.
araucaria /ærɔ:'kɛərɪə/ *n.* (*bot.*) araucaria.
arbiter /'ɑ:bɪtə(r)/ *n.* (*leg. e fig.*) arbitro.
arbitrage /ɑ:bɪ'trɑ:ʒ/ *n.* [U] (*Borsa*) arbitraggio.
arbitrager /ɑ:bɪ'trɑ:ʒə(r)/ *n.* (*Borsa*) arbitraggista.
arbitrariness /'ɑ:bɪtrərɪnəs, *USA* -trɛrɪnəs/ *n.* [U] arbitrarietà.
arbitrary /'ɑ:bɪtrərɪ, *USA* -trɛrɪ/ *a.* ***1*** (*anche leg.*) arbitrario ***2*** dispotico.
to **arbitrate** /'ɑ:bɪtreɪt/ ***A*** *v. i.* arbitrare; fare da arbitro ***B*** *v. t.* arbitrare; sottoporre ad arbitrato.
arbitration /ɑ:bɪ'treɪʃn/ *n.* [U] (*leg.*) arbitrato; (*comm.*) arbitraggio: **to go to a.**, ricorrere all'arbitrato; essere sottoposto ad arbitrato; **a. board**, collegio arbitrale.
arbitrator /'ɑ:bɪtreɪtə(r)/ *n.* (*leg.*) arbitratore; arbitro.
arbor /'ɑ:bə(r)/ (*USA*) *V.* **arbour**.
arboreal /ɑ:'bɔ:rɪəl/ *a.* ***1*** arboreo ***2*** (*zool.*) arboricolo.
arboriculture /'ɑ:bərɪkʌltʃə(r)/ *n.* [U] arboricoltura.
arboriculturist /ɑ:bərɪ'kʌltʃərɪst/ *n.* arboricoltore (-trice).
arbour /'ɑ:bə(r)/ *n.* pergola; pergolato.
arbutus /ɑ:'bju:təs/ *n.* (*bot.*) corbezzolo.
arc /ɑ:k/ *n.* (*geom., fis., astron.*) arco • **arc lamp** (*o* **arc light**), lampada ad arco □ (*ind.*) **arc welding**, saldatura ad arco.
arcade /ɑ:'keɪd/ *n.* ***1*** portico; colonnato; galleria (*con negozi*) ***2*** (*archit.*) arcata ***3*** (*anche* **amusement a.**) sala giochi (*con macchinette mangiasoldi, ecc.*).
Arcadian /ɑ:'keɪdɪən/ ***A*** *a.* arcadico ***B*** *n.* abitante dell'Arcadia; arcade.
arcane /ɑ:'keɪn/ *a.* arcano.
arch (**1**) /ɑ:tʃ/ *n.* ***1*** (*archit., anat.*) arco; arcata ***2*** *V.* **archway** • (*med.*) **fallen arches**, piedi piatti.
arch (**2**) /ɑ:tʃ/ *a. attr.* ***1*** furbo ***2*** birichino; malizioso: **a. smile**, sorriso malizioso.
to **arch** /ɑ:tʃ/ ***A*** *v. t.* inarcare; curvare ad arco: **to a. one's back**, inarcare la schiena ***B*** *v. i.* inarcarsi; formare un arco.
archaeologic(**al**) /ɑ:kɪə'lɒdʒɪk(l)/ *a.* archeologico.
archaeologist /ɑ:kɪ'ɒlədʒɪst/ *n.* archeologo (-a).

archaeology /ɑːkɪ'ɒlədʒɪ/ *n.* U archeologia.
archaic /ɑː'keɪɪk/ *a.* arcaico.
archaism /'ɑːkeɪɪzəm/ *n.* arcaismo.
archangel /'ɑːkeɪndʒl/ *n.* arcangelo.
archbishop /'ɑːtʃ'bɪʃəp/ *n.* arcivescovo.
archbishopric /'ɑːtʃ'bɪʃəprɪk/ *n.* U *e* C arcivescovado.
archdeacon /'ɑːtʃ'diːkən/ *n.* arcidiacono.
archdeaconry /'ɑːtʃ'diːkənrɪ/ *n.* ***1*** U arcidiaconato ***2*** residenza di arcidiacono.
archdiocese /'ɑːtʃ'daɪəsɪs/ *n.* arcidiocesi.
archduchess /'ɑːtʃ'dʌtʃɪs/ *n.* arciduchessa.
archduke /'ɑːtʃ'djuːk, *USA* -'duːk/ *n.* arciduca.
arched /ɑːtʃt/ *a.* ***1*** provvisto di (*o* coperto da) un arco ***2*** ad arco; arcuato ***3*** inarcato.
arch(-)enemy /'ɑːtʃ'ɛnəmɪ/ *n.* nemico acerrimo.
archer /'ɑːtʃə(r)/ *n.* arciere.
archery /'ɑːtʃərɪ/ *n.* U tiro con l'arco.
archetypal /ɑːkɪ'taɪpl/ *a.* archetipico.
archetype /'ɑːkɪtaɪp/ *n.* archetipo.
arch(-)fiend /'ɑːtʃ'fiːnd/ *n.* arcidiavolo.
archiepiscopal /ɑːkɪɪ'pɪskəpl/ *a.* arcivescovile.
archipelago /ɑːkɪ'pɛləgəʊ/ *n.* (*pl.* **archipelagoes, archipelagos**) arcipelago.
architect /'ɑːkɪtɛkt/ *n.* ***1*** architetto ***2*** artefice.
architectonic /ɑːkɪtɛk'tɒnɪk/ *a.* architettonico.
architectural /ɑːkɪ'tɛktʃərəl/ *a.* architettonico.
architecture /'ɑːkɪtɛktʃə(r)/ *n.* U ***1*** architettura ***2*** (*fig.*) struttura.
architrave /'ɑːkɪtreɪv/ *n.* architrave.
archival /ɑː'kaɪvl/ *a.* di archivio.
archives /'ɑːkaɪvz/ *n. pl.* ***1*** archivio ***2*** documenti d'archivio.
archivist /'ɑːkɪvɪst/ *n.* archivista.
archness /'ɑːtʃnəs/ *n.* maliziosità.
archpriest /'ɑːtʃ'priːst/ *n.* arciprete.
arch(-)rival /'ɑːtʃ'raɪvl/ *n.* rivale più temibile.
archway /'ɑːtʃweɪ/ *n.* passaggio ad arco.
arctic /'ɑːktɪk/ *a.* ***1*** (*geogr.*) artico ***2*** (*fig.*) polare: **a. weather**, freddo polare.
ardent /'ɑːdnt/ *a.* ardente; fervente; appassionato.
ardour, (*USA*) **ardor** /'ɑːdə(r)/ *n.* U *e* C ardore; fervore.
arduous /'ɑːdjʊəs, *USA* -dʒʊ-/ *a.* ***1*** arduo; difficile ***2*** ripido.
arduousness /'ɑːdjʊəsnəs, *USA* -dʒʊ-/ *n.* U ***1*** difficoltà ***2*** ripidezza.
are (1) /ɑː(r), ə(r)/ *2ª pers. sing., 1ª, 2ª e 3ª pers. pl. del pres. ind. di* **to be**.
are (2) /ɑː(r)/ *n.* ara (*misura di superficie*).
area /'ɛərɪə/ *n.* ***1*** area; superficie ***2*** zona; regione; distretto; settore: **mined a.**, zona minata; **postal a.**, distretto postale ***3*** campo; ambito; sfera • (*telef., USA*) **a. code**, prefisso teleselettivo.
arena /ə'riːnə/ *n.* arena; (*fig., anche*) agone.
aren't /ɑːnt, *USA* 'ɑːrənt/ *voce verb.* ***1*** *contraz. di* **are not** ***2*** *contraz. di* **am not** (*in frasi interr.*).
argentiferous /ɑːdʒən'tɪfərəs/ *a.* (*geol.*) argentifero.
argentine /'ɑːdʒəntaɪn/ *a.* (*lett.*) argentino; argentato.
Argentine /'ɑːdʒəntaɪn/, **Argentinian** /ɑːdʒən'tɪnɪən/ *a. e n.* argentino.
argol /'ɑːgɒl/ *n.* U tartaro (*di vino*).
argon /'ɑːgɒn/ *n.* U (*chim.*) argon, argo.
argot /'ɑːgəʊ, -ət/ (*franc.*) *n.* U *e* C gergo; argot.
arguable /'ɑːgjʊəbl/ *a.* ***1*** discutibile ***2*** sostenibile.
arguably /'ɑːgjʊəblɪ/ *avv.* si può sostenere che; è possibile che; forse.
to **argue** /'ɑːgjuː/ ***A*** *v. i.* ***1*** argomentare; dibattere ***2*** discutere: **Don't a. (with me)!**, non discutere! ***3*** litigare; discutere: **to a. over money**, litigare per faccende di soldi ***B*** *v. t.* ***1*** sostenere; discutere: **to a. the case for st.**, portare argomenti a favore di q.c.; sostenere la necessità di q.c. ***2*** denotare; indicare; rivelare: **Her actions a. a guilty conscience**, le sue azioni indicano una coscienza sporca • **to a. the toss**, stare a discutere inutilmente (*su qualcosa di già deciso*).
♦ **argue against** *v. i. + prep.* portare argomenti contro; opporsi a.
♦ **argue for** *v. i. + prep.* portare argomenti a favore di; sostenere la necessità di.
♦ **argue into** *v. t. + prep.* convincere: **I was argued into selling the house**, fui convinto a vendere la casa.
♦ **argue out** ***A*** *v. t. + avv.* discutere a fondo (*o* nei dettagli) ***B*** *v. t. + prep.* dissuadere: **They argued him out of leaving**, lo dissuasero dal partire.
argument /'ɑːgjʊmənt/ *n.* ***1*** argomento; ragione (*addotta o da addursi*) ***2*** U ragionamento; discussione ***3*** discussione; disputa; lite • **for the sake of a.**, tanto per discutere.
argumentation /ɑːgjʊmɛn'teɪʃn/ *n.* U *e* C ***1*** argomentazione; dialettica ***2*** discussione; dibattito.
argumentative /ɑːgjʊ'mɛntətɪv/ *a.* (*di persona*) polemico.
argy-bargy /'ɑːdʒɪ'bɑːdʒɪ/ *n.* (*fam.*) C *e* U (*fam.*) discussione; battibecco.
to **argy-bargy** /'ɑːdʒɪ'bɑːdʒɪ/ *v. i.* (*fam.*) discutere; battibeccare; far polemiche.
aria /'ɑːrɪə, *USA* 'ɑː-, 'ɛərɪə/ *n.* (*mus.*) aria.
Arian /'ɛərɪən/ *a. e n.* ariano.
Arianism /'ɛərɪənɪzəm/ *n.* U (*relig.*) arianesimo.
arid /'ærɪd/ *a.* arido.
aridity /ə'rɪdətɪ/ *n.* U aridità.
Aries /'ɛəriːz/ *n.* (*astron., astrol.*) Ariete.
aright /ə'raɪt/ *avv.* correttamente; bene: **If I remember a.**, se ben mi ricordo.
to **arise** /ə'raɪz/ (*pass.* **arose**, *p.p.* **arisen**) *v. i.* ***1*** sorgere; levarsi; alzarsi ***2*** nascere; risultare; derivare ***3*** presentarsi; offrirsi.
arisen /ə'rɪzn/ *p.p. di* **to arise**.
aristocracy /ærɪ'stɒkrəsɪ/ *n.* U *e* C aristocrazia.
aristocrat /'ærɪstəkræt, *USA* ə'rɪst-/ *n.* aristocratico (-a).
aristocratic /ærɪstə'krætɪk/ *a.* aristocratico.
Aristotelian /ærɪstə'tiːlɪən/ *a. e n.* (*filos.*) aristotelico.
Aristotelianism /ærɪstə'tiːlɪənɪzəm/ *n.* U (*filos.*) aristotelismo.
arithmetic /ə'rɪθmətɪk/ *n.* U aritmetica.
arithmetic(al) /ærɪθ'mɛtɪk(l)/ *a.* aritmetico.
arithmetician /ərɪθmə'tɪʃn/ *n.* aritmetico.
ark /ɑːk/ *n.* (*Bibbia*) arca: **Noah's ark**, l'arca di Noè • (*fam.*) **out of the ark**, antidiluviano.
arm (1) /ɑːm/ *n.* ***1*** (*anche fig.*) braccio: **to carry sb. in one's arms**, portare q. in braccio; **to carry st. under one's arm**, portare q.c. sotto il braccio; **arm of the sea**, braccio di mare; **the long arm of the law**, il lungo braccio della legge ***2*** (*di abito*) manica ***3*** (*zool.*) arto ***4*** (*di poltrona, ecc.*) bracciolo • **arm in arm (with sb.)**, a braccetto (con q.); sotto braccio (a q.) □ **arm-twisting**, forte pressione (*per convincere*) □ **to keep sb. at arm's length**, tenere q. a distanza □ (*fam.*) **to pay an arm and a leg for st.**, pagare un occhio della testa per q.c. □ **with open arms**, a braccia aperte □ **within arm's reach**, a portata di mano.
arm (2) /ɑːm/ *n.* ***1*** (*al pl.*) (*mil.*) armi; armamenti: **to carry arms**, portare armi; essere armato; **to lay down arms**, deporre le armi; **to take up arms**, prendere le armi; (*fig.*) iniziare una disputa, entrare in polemica; **under arms**, in armi; in assetto di guerra ***2*** (*arald.*) stemma; blasone • (*polit.*) **arms race**, corsa agli armamenti □ **up in arms**, in rivolta; furioso; indignato □ **to bear arms**, fare il soldato.
to **arm** /ɑːm/ ***A*** *v. t.* armare ***B*** *v. i.* armarsi.
armada /ɑː'mɑːdə/ *n.* flotta di navi da guerra; armata (navale) • (*stor.*) **the (Spanish) A.**, l'Invincibile Armata.
armadillo /ɑːmə'dɪləʊ/ *n.* (*pl.* **armadillos, armadilloes**) (*zool.*) armadillo.
armament /'ɑːməmənt/ *n.* U *e* C (*mil.*) armamento.
armband /'ɑːmbænd/ *n.* ***1*** fascia nera (*portata al braccio in segno di lutto*) ***2*** (*al pl.*) bracciali (*per imparare a nuotare*).
armchair /'ɑːmtʃɛə(r)/ *n.* sedia a braccioli; poltrona • **a. critic**, chi sa solo criticare □ **a. strategist**, stratega da tavolino □ **a. traveller**, chi fa viaggi solo con la fantasia.
armed /ɑːmd/ *a.* armato: **a. forces**, forze armate; **a. neutrality**, neutralità armata; **a. robbery**, rapina a mano armata.
Armenian /ɑː'miːnɪən/ *a. e n.* armeno.
armful /'ɑːmfʊl/ *n.* bracciata (*quanto sta tra le braccia*).
armhole /'ɑːmhəʊl/ *n.* (*sartoria*) giro manica.
armistice /'ɑːmɪstɪs/ *n.* armistizio.
armor /'ɑːmə(r)/ *e deriv.* (*USA*) *V.* **armour** *e deriv.*
armorial /ɑː'mɔːrɪəl/ ***A*** *a.* araldico ***B*** *n.* libro di araldica; armoriale.
armour /'ɑːmə(r)/ *n.* U ***1*** (*mil., stor.*) armatura; corazza ***2*** (*di veicolo*) blindatura ***3*** (*mil., collett.*) mezzi corazzati; unità blindate ***4*** (*zool.*) corazza • **a.-bearer**, scudiero □ **a.-clad** (*o* **-plated**), blindato; corazzato □ **a. plate**, piastra metallica

di protezione; (*mil.*) blindatura.
to **armour** /'ɑːmə(r)/ *v. t.* corazzare; blindare.
armoured, (*USA*) **armored** /'ɑːməd/ *a.* (*mil.*) blindato; corazzato: **a. division**, divisione corazzata; **a. train**, treno blindato; **a. car**, autoblinda.
armourer /'ɑːmərə(r)/ *n.* **1** armaiolo **2** (*mil.*) armiere.
armoury /'ɑːmərɪ/ *n.* armeria; arsenale.
armpit /'ɑːmpɪt/ *n.* (*anat.*) ascella.
armrest /'ɑːmrɛst/ *n.* bracciolo.
army /'ɑːmɪ/ *n.* **1** (*mil.*) esercito: **to enter** (*o* **to join, to go into**) **the a.**, entrare nell'esercito; arruolarsi **2** (*fig.*) esercito; massa: **the a. of the unemployed**, la massa dei disoccupati • (*mil.*) **a. corps**, corpo d'armata □ **Salvation A.**, Esercito della Salvezza.
arnica /'ɑːnɪkə/ *n.* (*bot.*) arnica.
aroma /ə'rəʊmə/ *n.* Ⓤ *e* Ⓒ aroma; fragranza.
aromatherapy /ə'rəʊmə'θɛrəpɪ/ *n.* aromaterapia.
aromatic /ærə'mætɪk/ *a.* aromatico (*anche chim.*); fragrante.
to **aromatize**, (*GB anche*) to **aromatise** /ə'rəʊmətaɪz/ *v. t.* aromatizzare.
aromatizer, (*GB anche*) **aromatiser** /ə'rəʊmətaɪzə(r)/ *n.* (*ind.*) aromatizzante.
arose /ə'rəʊz/ *pass. di* **to arise**.
around /ə'raʊnd/ **A** *avv.* **1** attorno; intorno; in giro: **to look a.**, guardarsi intorno; **for miles a.**, per miglia intorno; nel raggio di molte miglia **2** (*fam.*) vicino; nei paraggi; in giro: **I haven't seen him a.**, non l'ho visto in giro; **See you a.!**, ci vediamo!; **one of the best cooks a.**, uno dei migliori cuochi sulla piazza **3** (*USA*) di circonferenza: **three feet a.**, tre piedi di circonferenza • **to be a., to come a., to get a.**, *ecc. V. sotto il verbo* □ **to know one's way a.**, conoscere il posto; essere pratico di (*un posto*); (*fig.*) sapere come muoversi **B** *prep.* **1** intorno a: **a. the table**, intorno al tavolo; **He wore a band a. his head**, portava una fascia intorno alla testa **2** dietro: **a. the corner**, dietro l'angolo **3** (in giro) per: **clothes scattered a. the room**, vestiti sparsi per la stanza; **to go for a walk a. the town**, fare un giro per la città **4** vicino; nei pressi di: **a. here somewhere**, qui vicino; da queste parti; **somewhere a. Cardiff**, nei pressi di Cardiff **5** (*rif. a date, numeri*) intorno a; circa: **a. 1340**, intorno al 1340; **a. 1,000 dollars**, intorno ai mille dollari; mille dollari circa.
to **arouse** /ə'raʊz/ *v. t.* **1** svegliare; risvegliare **2** suscitare: **to a. sb.'s indignation**, suscitare l'indignazione di q. **3** (*fig.*) scuotere (q.).
arquebus /'ɑːkwɪbəs/ *n.* (*stor.*) archibugio.
to **arraign** /ə'reɪn/ *v. t.* (*leg.*) chiamare in giudizio.
arraignment /ə'reɪnmənt/ *n.* (*leg.*) chiamata in giudizio.
to **arrange** /ə'reɪndʒ/ **A** *v. t.* **1** mettere in ordine; ordinare; sistemare; disporre: **to a. one's affairs**, mettere in ordine i propri affari; **to a. books**, sistemare dei libri; **to a. flowers**, disporre dei fiori **2** stabilire; fissare; combinare: **to a. an appointment**, fissare un appuntamento; **to a. a meeting**, organizzare un incontro; **to a. a marriage**, combinare un matrimonio **3** (*mus.*) adattare; arrangiare **B** *v. i.* **1** prendere accordi; accordarsi; combinare: **They arranged to meet at six**, combinarono di incontrarsi alle sei; **I've arranged for you to be picked up**, ho organizzato che passino a prenderti **2** fare in modo di; fare sì che: **Can you a. to be in when he calls?**, puoi fare in modo di essere qui quando telefona? ATTENZIONE: **to arrange ≠** arrangiare.
♦ **arrange for** *v. i. + prep.* fissare; prenotare: **to a. for a baby-sitter**, fissare una baby-sitter.
arrangement /ə'reɪndʒmənt/ *n.* Ⓤ *e* Ⓒ **1** sistemazione; disposizione; ordinamento **2** (*generalm. al pl.*) progetti; preparativi **3** accomodamento; accordo; (*comm.*) concordato, compromesso: **to come to an a.**, raggiungere un accordo; arrivare a un compromesso **4** (*mus.*) adattamento; arrangiamento.
arrant /'ærənt/ *a.* (*antiq., spreg.*) totale; assoluto: **a. nonsense**, colossali idiozie; assurdità.
arras /'ærəs/ *n.* arazzo.
array /ə'reɪ/ *n.* **1** Ⓤ schieramento; spiegamento; schiera: **in battle a.**, in ordine di battaglia **2** assortimento **3** Ⓤ (*lett.*) abbigliamento; abiti **4** (*elab.*) array; insieme (*di dati*).
to **array** /ə'reɪ/ *v. t.* **1** (*mil.*) disporre (*le truppe*); schierare **2** (*lett.*) abbigliare; adornare.
arrears /ə'rɪə(r)z/ *n. pl.* **1** arretrati (*differenza a saldo*): **a. in pay**, paga arretrata **2** (lavoro) arretrato • **in a.**, in arretrato.
arrest /ə'rɛst/ *n.* Ⓒ *e* Ⓤ (*anche leg.*) arresto: (*med.*) **cardiac a.**, arresto cardiaco; **house a.**, arresti domiciliari; **under a.**, in arresto; (*mil.*) agli arresti.
to **arrest** /ə'rɛst/ *v. t.* **1** arrestare (*anche leg.*); fermare; bloccare **2** attirare (*l'attenzione*).
arresting /ə'rɛstɪŋ/ *a.* singolare; che colpisce; che fa colpo.
arrhythmia /ə'rɪðmɪə/ *n.* Ⓤ (*med.*) aritmia.
arrhythmic /ə'rɪθmɪk/ *a.* (*med.*) aritmico.
arrhythmy /'ærɪθmɪ/ *V.* **arrhythmia**.
arrival /ə'raɪvl/ *n.* Ⓤ arrivo; venuta; comparsa: **on my a.**, al mio arrivo • **new a.**, (*cosa*) nuovo arrivo; (*persona*) nuovo arrivato.
to **arrive** /ə'raɪv/ *v. i.* arrivare; giungere: **to a. in England** [**in London**], arrivare in Inghilterra [a Londra]; **to a. at the meeting**, arrivare alla riunione; **to a. at a decision**, arrivare a (*o* giungere a, raggiungere) una decisione.
arrivisme /ærɪ'vɪzəm, -iː'viːzmə/ (*franc.*) *n.* Ⓤ arrivismo.
arriviste /ærɪ'vɪst, -iː'viːst/ (*franc.*) *n.* arrivista.
arrogance /'ærəgəns/ *n.* Ⓤ arroganza; alterigia.
arrogant /'ærəgənt/ *a.* arrogante; altezzoso.
to **arrogate** /'ærəgeɪt/ *v. t.* arrogare (*un diritto, ecc.*): **to a. to oneself**, arrogarsi.
arrow /'ærəʊ/ *n.* freccia • **a.-head**, punta di freccia.
arse /ɑːs/ *n.* (*volg. GB*) culo.
to **arse** /ɑːs/ *v. Solo come*:
♦ **arse about** (*o* **around**) *v. i. + avv.* (*volg. GB*) **1** fare lo scemo **2** divertirsi; fare casino **3** bighellonare.
arsenal /'ɑːsənl/ *n.* arsenale.
arsenic /'ɑːsnɪk/ *n.* Ⓤ (*chim.*) arsenico.
arson /'ɑːsn/ *n.* Ⓤ incendio doloso.
arsonist /'ɑːsənɪst/ *n.* piromane.
art (**1**) /ɑːt/ *n.* **1** Ⓤ *e* Ⓒ arte: **fine arts**, belle arti; **Renaissance art**, l'arte del Rinascimento; **art gallery**, galleria d'arte; **art school**, scuola d'arte **2** (*al pl.*) discipline umanistiche; lettere: **Faculty of Arts**, Facoltà di lettere • **art director**, direttore artistico; (*teatr.*) direttore di scena □ **Art Nouveau** (*franc.*), (stile) liberty □ **arts and crafts**, arti minori e artigianato □ **to have** (**got**) **st. down to a fine art**, essere maestro nell'arte di q.c.
art (**2**) /ɑːt, ʌt, ət/ (*arc.*) 2ª *pers. sing. pres. indic. di* **to be**.
artefact /'ɑːtɪfækt/ *n.* manufatto (*specialm. di interesse culturale*).
arterial /ɑː'tɪərɪəl/ *a.* (*anat., med.*) arterioso • **a. road**, via di grande comunicazione; arteria.
arteriosclerosis /ɑːtɪərɪəʊsklə'rəʊsɪs/ *n.* Ⓤ (*med.*) arteriosclerosi.
artery /'ɑːtərɪ/ *n.* **1** (*anat.*) arteria **2** (*fig.*) arteria; via di grande comunicazione.
artesian /ɑː'tiːzɪən, -ʒn/ *a.* artesiano: **a. well**, pozzo artesiano.
artful /'ɑːtfl/ *a.* astuto; furbo; scaltro.
artfulness /'ɑːtflnəs/ *n.* Ⓤ astuzia; scaltrezza.
arthritic /ɑː'θrɪtɪk/ *a.* (*med.*) artritico.
arthritis /ɑː'θraɪtɪs/ *n.* Ⓤ (*med.*) artrite.
arthropod /ɑːθrəpɒd/ *n.* (*zool.*) artropode.
Arthurian /ɑː'θʊərɪən, -'θj-/ *a.* (*letter.*) arturiano (*di re Artù*).
artichoke /'ɑːtɪtʃəʊk/ *n.* carciofo.
article /'ɑːtɪkl/ *n.* **1** articolo (commerciale); prodotto: **a. of clothing**, articolo (*o* capo) di vestiario **2** (*giorn.*) articolo: **leading a.**, articolo di fondo **3** (*gramm.*) articolo: **definite** [**indefinite**] **a.**, articolo definito [indefinito] **4** (*di documento, ecc.*) articolo; (*al pl., leg., comm.*) statuto, convenzioni **5** (*al pl.*) (*leg., anche* **articles of apprenticeship**) contratto di apprendistato (*o* di tirocinio): **to be in articles**, fare praticantato legale (*o* notarile) • **a. of faith**, articolo di fede.
to **article** /'ɑːtɪkl/ *v. t.* collocare come apprendista (*o* come praticante): **articled clerk**, praticante.
articulacy /ɑː'tɪkjʊləsɪ/ *n.* capacità di esprimersi con chiarezza.
articulate /ɑː'tɪkjʊlət/ *a.* **1** (*anche anat.*) articolato **2** (*di parola, suono*) distinto; chiaro **3** (*di argomento*) chiaro; ben formulato **4** (*di persona*) che parla bene; che si esprime bene.
to **articulate** /ɑː'tɪkjʊleɪt/ **A** *v. t.* **1** esprimere con chiarezza; trovare le parole per **2** pronunciare distintamente; articolare **3** (*mecc.*) articolare; rendere snodato **B** *v. i.* parlare distintamente.

articulated /ɑːˈtɪkjʊleɪtɪd/ *a.* articolato: (*autom.*) **a. vehicle**, autoarticolato.
articulation /ɑːtɪkjʊˈleɪʃn/ *n.* ⓤ *1* articolazione; pronuncia; dizione *2* articolazione (*anche anat.*); snodo *3* espressione chiara (*di sentimenti, pensieri*).
artifact /ˈɑːtɪfækt/ *n.* (*USA*) *V.* **artefact**.
artifice /ˈɑːtɪfɪs/ *n.* *1* artificio; espediente *2* ⓤ abilità; ingegnosità; destrezza.
artificer /ɑːˈtɪfɪsə(r)/ *n.* (*lett.*) artigiano (*specialm. se abile*).
artificial /ɑːtɪˈfɪʃl/ *a.* *1* artificiale *2* artefatto; artificioso; falso *3* finto.
artificiality /ɑːtɪfɪʃɪˈælətɪ/ *n.* ⓤ artificiosità.
artillery /ɑːˈtɪlərɪ/ *n.* ⓤ *1* artiglieria *2* balistica.
artilleryman /ɑːˈtɪlərɪmən/ *n.* (*pl.* **artillerymen** /-mən/) artigliere.
artisan /ɑːtɪˈzæn, *USA* ˈɑːtɪzən/ *n.* artigiano.
artist /ˈɑːtɪst/ *n.* artista.
artiste /ɑːˈtiːst/ (*franc.*) *n.* artista di varietà.
artistic /ɑːˈtɪstɪk/ *a.* artistico.
artistry /ˈɑːtɪstrɪ/ *n.* ⓤ abilità artistica; maestria; arte.
artless /ˈɑːtləs/ *a.* naturale; schietto; semplice; ingenuo.
artlessness /ˈɑːtləsnəs/ ⓤ *n.* naturalezza; semplicità; ingenuità.
artwork /ˈɑːtwɜːk/ *n.* ⓤ materiale illustrativo (*o* iconografico); grafica.
arty /ˈɑːtɪ/ *a.* (*fam. spreg.*) che ha pretese artistiche; pseudoartistico; pretenzioso.
arty-crafty /ˈɑːtɪˈkrɑːftɪ/ *a.* (*generalm. spreg.*) *1* (*di cosa*) pseudoartistico *2* (*di persona*) che ha pretese artistico-artigianali.
arum lily /ˈeərəm ˈlɪlɪ/ *locuz. n.* (*bot.*) calla (dei fioristi).
Aryan /ˈeərɪən/ *a. e n.* ariano.
as (1) /æz, əz/ *A avv.* come; così; tanto; quanto: **as a consequence**, come conseguenza; **You are as crazy as he (is)**, sei (tanto) matto quanto lui; **as good as gold**, buono come un angelo; **I didn't know it was as late as that**, non credevo che fosse così tardi *B cong.* *1* come: **as you can see**, come vedi *2* in qualità di; da: **I tell you that as a friend**, te lo dico da amico *3* siccome; poiché: **As it's late, we have to go**, siccome è tardi, dobbiamo andare *4* mentre; quando; da: **As she spoke, her eyes filled with tears**, mentre parlava, i suoi occhi si riempirono di lacrime; **as the days went by**, col passare dei giorni; **as a child**, da bambino *5* benché; per quanto: **Rich as he is, he is not happy**, benché ricco (*o* ricco com'è), non è felice; **Try as he might...**, malgrado i suoi sforzi... *6* (*in correl. con* **so** *e seguito da inf.*) da; che: **so hot as to make work impossible**, così caldo da rendere impossibile lavorare • **as against**, di contro a □ **as for** (*o* **as regards, as to**), quanto a; per quanto riguarda: **as for him**, quanto a lui □ **as from** (*o* **of**), da: **as from tomorrow**, (a partire) da domani □ **as if** (*o* **though**), come se □ (*comm.*) **as is**, così com'è □ **as it is**, così come stanno le cose; già: **He's done enough damage as it is**, ha già fatto abbastanza danni □ **as it were**, per così dire □ **as long as**, *V. sotto* **long** □ **as per**, secondo: **as per instructions**, secondo le istruzioni □ **as recently as**, non più tardi di □ **as well as**, *V. sotto* **well** □ **as yet**, ancora; finora □ **so as to**, allo scopo di; così da.
as (2) /æz, əz/ *pron. relat.* (*correl. di* **such, same**) che; quale: **He is not such a fool as he looks**, non è quello stupido che sembra; **They had the same problems as you (had)**, hanno avuto gli stessi problemi che avete avuto voi (*o* gli stessi vostri problemi); **poets such as Milton and Marvell**, poeti quali Milton e Marvell.
asbestos /æsˈbestəs, *USA* æz-, æs-/ *n.* ⓤ (*miner.*) amianto.
to **ascend** /əˈsend/ *v. t. e i.* *1* ascendere; salire: **to a. the throne**, salire al trono *2* risalire: **to a. a river**, risalire un fiume.
ascendancy /əˈsendənsɪ/ *n.* ⓤ *1* supremazia; potere *2* influenza; ascendente.
ascendant /əˈsendənt/ *A n.* *1* ⓤ ascendente; autorità *2* ⓤ (*astrol.*) ascendente *3* antenato • **in the a.**, in ascesa; emergente *B a.* *1* (*anche astrol.*) ascendente *2* predominante.
ascendency /əˈsendənsɪ/ *V.* **ascendancy**.
ascendent /əˈsendənt/ *V.* **ascendant**.
ascension /əˈsenʃn/ *n.* ⓤ e ⓒ ascensione; ascesa • (*eccles.*) **A. Day**, (giorno del)l'Ascensione.
ascensional /əˈsenʃənl/ *a.* ascensionale.
ascent /əˈsent/ *n.* *1* scalata; ascensione *2* (*fig.*) ascesa *3* salita; pendio.
to **ascertain** /æsəˈteɪn/ *v. t.* accertare; assicurarsi di; constatare.
ascertainable /æsəˈteɪnəbl/ *a.* accertabile.
ascetic /əˈsetɪk/ *A a.* ascetico *B n.* asceta.
asceticism /əˈsetɪsɪzəm/ *n.* ⓤ *1* ascetismo *2* ascetica (*dottrina*).
ascorbic /əˈskɔːbɪk/ *a.* — (*chim.*) **a. acid**, acido ascorbico.
to **ascribe** /əˈskraɪb/ *v. t.* ascrivere; attribuire.
aseptic /eɪˈseptɪk, ə-/ *a.* (*med.*) asettico.
asexual /eɪˈsekʃʊəl/ *a.* (*biol.*) *1* asessuale *2* asessuato.
asexuality /eɪsekʃʊˈælətɪ/ *n.* ⓤ (*biol.*) asessualità.
ash (1) /æʃ/ *n.* (*bot.*) frassino • **mountain ash**, sorbo selvatico.
ash (2) /æʃ/ *n.* ⓤ e ⓒ cenere: **to burn to ashes**, ridurre in cenere; incenerire; incenerirsi; **to be reduced to ashes**, finire in cenere; **cigarette ash**, cenere di sigaretta; **to scatter sb.'s ashes**, spargere le ceneri di q. • (*USA*) **ash-can**, pattumiera □ **ash-blond**, biondo cenere □ (*eccles.*) **Ash Wednesday**, Mercoledì delle Ceneri.
ashamed /əˈʃeɪmd/ *a. pred.* vergognoso • **to be a. of st. [to do st.]**, vergognarsi di q.c. [di fare q.c.]; **You ought to be a. of yourself!**, dovresti vergognarti!; vergognati!
ashen /ˈæʃn/ *a.* terreo; cinereo.
ashlar, ashler /æʃlə(r)/ *n.* ⓤ (*archit.*) concio; muratura in concio.
ashore /əˈʃɔː(r)/ *avv.* a riva; a terra: **to go a.**, scendere a terra; sbarcare.
ashtray /ˈæʃtreɪ/ *n.* portacenere.
ashy /ˈæʃɪ/ *a.* *1* coperto di cenere *2* cinereo; terreo.
Asian /ˈeɪʃn, ˈeɪʒn/ *a. e n.* asiatico; orientale.
Asiatic /eɪʃɪˈætɪk, eɪʒɪ-/ *a. e n.* asiatico.
aside /əˈsaɪd/ *A avv.* a parte; da parte; in disparte: (*USA*) **a. from**, a parte; eccetto; **joking a.**, scherzi a parte • **to lay a.**, mettere via; accantonare (*un problema, ecc.*) *B n.* *1* (*teatr.*) a parte *2* (*estens.*) osservazione fatta tra parentesi.
asinine /ˈæsɪnaɪn/ *a.* da asino; asinino; stupido.
to **ask** /ɑːsk, *USA* æsk/ *v. t. e i.* *1* domandare; chiedere: **to ask sb. st.** (*o* **st. of sb.**), chiedere q.c. a q.; **to ask sb. to do st.**, chiedere a q. di fare q.c.; **He asked to see the document**, chiese di poter vedere il documento; **to ask a question**, fare una domanda *2* invitare: **to ask sb. to dinner**, invitare q. a pranzo • **I ask you!**, dimmi tu!; ma si può? □ **That's asking a lot!**, questo è pretendere un po' troppo!
♦ **ask about** *v. i. + prep.* chiedere (notizie) di; informarsi su: **He asked me about my new job**, mi chiese del mio nuovo lavoro.
♦ **ask after** *v. i. + prep.* informarsi sulla salute di; chiedere notizie di.
♦ **ask back** *v. t. + avv.* ricambiare l'invito di.
♦ **ask for** *v. i. + prep.* *1* chiedere: **to ask for silence**, chiedere silenzio *2* chiedere di; cercare: **There's someone outside asking for you**, c'è fuori uno che ti cerca • **to ask for trouble**, cercare guai □ (*fam.*) **You asked for it!**, te la sei voluta!
♦ **ask in** *v. t. + avv.* invitare a entrare; far entrare.
♦ **ask out** *v. t. + avv.* invitare a uscire; invitare fuori (*a cena, ecc.*).
♦ **ask over** (*o* **round**) *v. t. + avv.* invitare a casa propria (*per una breve visita*).
askance /əˈskæns/, **askant** /əˈskænt/ *avv.* di traverso; per traverso: **to look a. at sb.**, guardare q. di traverso.
askew /əˈskjuː/ *A avv.* di traverso; di sghembo *B a. pred.* storto; sghembo.
asking /ˈɑːkɪŋ, *USA* ˈæs-/ *n.* — **a. price**, prezzo (*chiesto dal venditore*) □ **for the a.**, per chi lo chiede; non c'è che da chiedere; basta chiedere.
aslant /əˈslɑːnt, *USA* əˈslænt/ *A avv.* obliquamente; di sghembo; di traverso *B a. pred.* obliquo; sghembo *C prep.* di traverso a.
asleep /əˈsliːp/ *avv. e a. pred.* addormentato: **The baby is a.**, il bambino dorme; **to fall a.**, addormentarsi; **fast a.**, profondamente addormentato.
asocial /eɪˈsəʊʃl/ *a.* asociale.
asp /æsp/ *n.* (*zool.*) aspide.
asparagus /əˈspærəgəs/ *n.* ⓤ asparago, asparagi.
aspect /ˈæspekt/ *n.* ⓒ e ⓤ *1* aspetto; apparenza *2* (*di edificio, ecc.*) esposizione *3* (*gramm.*) aspetto.

aspen /ˈæspən/ *n.* (*bot.*) pioppo tremolo.
asperity /əˈsperətɪ/ *n.* U *1* asprezza; asperità; ruvidezza *2* (*del tempo*) inclemenza; rigore.
aspersion /əˈspɜːʃn/ *n.* denigrazione; calunnia: **to cast aspersions on**, denigrare; calunniare.
asphalt /ˈæsfælt, *USA* -fɔːlt/ *n.* U asfalto • **a. road**, strada asfaltata.
to **asphalt** /ˈæsfælt, *USA* -fɔːlt/ *v. t.* asfaltare.
asphodel /ˈæsfədel/ *n.* (*bot.*) asfodelo.
asphyxia /əsˈfɪksɪə, æs-/ *n.* U (*med.*) asfissia.
to **asphyxiate** /əsˈfɪksɪeɪt, æs-/ *v. t.* asfissiare; soffocare.
asphyxiation /əsfɪksɪˈeɪʃn, æs-/ *n.* U asfissia; soffocamento.
aspic /ˈæspɪk/ (*franc.*) *n.* U (*cucina*) gelatina (*di carne, pesce, ecc.*).
aspirant /əˈspaɪərənt/ *n.* aspirante; candidato (-a).
aspirate /ˈæspərət/ *n.* (*fon.*) aspirata.
to **aspirate** /ˈæspəreɪt/ *v. t.* (*fon.*) aspirare.
aspiration /æspəˈreɪʃn/ *n.* C e U (*anche fon.*) aspirazione.
aspirator /ˈæspəreɪtə(r)/ *n.* aspiratore.
to **aspire** /əˈspaɪə(r)/ *v. i.* aspirare; ambire: **to a. to** (*o* **after**) **st.**, aspirare a q.c.
aspirin /ˈæsp(ə)rɪn/ *n.* U e C (*farm.*) aspirina.
ass (1) /æs/ *n.* *1* asino; somaro: **wild ass**, asino selvatico; onagro *2* (*fam.*) stupido: **Don't be an ass!**, non fare lo stupido! • **to make an ass of oneself**, rendersi ridicolo.
ass (2) /æs/ *n.* (*volg., specialm. USA*) culo.
to **assail** /əˈseɪl/ *v. t.* assalire; attaccare • **to a. sb. with questions**, investire q. di domande.
assailant /əˈseɪlənt/ *n.* assalitore (-trice).
assassin /əˈsæsɪn, *USA* -sn/ *n.* assassino (-a) (*di personalità politica*).
to **assassinate** /əˈsæsɪneɪt, *USA* -sən-/ *v. t.* assassinare (*una personalità politica*).
assassination /əsæsɪˈneɪʃn, *USA* -snˈeɪ-/ *n.* U e C assassinio (*politico*).
assault /əˈsɔːlt/ *n.* *1* C e U assalto; attacco: (*mil.*) **to take by a.**, prendere d'assalto; **a. units**, mezzi d'assalto *2* U (*leg.*) minacce • (*leg.*) **a. and battery**, violenza personale; percosse; lesioni □ (*mil.*) **a. course**, percorso di guerra □ (*leg.*) **indecent a.**, atti di libidine violenta; violenza sessuale.
to **assault** /əˈsɔːlt/ *v. t.* *1* assalire; aggredire; attaccare *2* (*leg.*) aggredire.
to **assay** /əˈseɪ/ *v. t.* (*ind. min.*) saggiare; analizzare.
assemblage /əˈsemblɪdʒ/ *n.* *1* raccolta (*di cose*); insieme; gruppo (*di persone*) *2* U (*tecn.*) montaggio; assemblaggio.
to **assemble** /əˈsembl/ *A* *v. t.* *1* riunire; radunare *2* (*tecn.*) montare; assemblare *B* *v. i.* riunirsi; radunarsi.
assembly /əˈsemblɪ/ *n.* *1* U e C riunione; assemblea (*anche legislativa*): **right of a.**, libertà di riunione; **a. room**, sala per riunioni *2* (*mil.*) (segnale di) adunata *3* U (*tecn.*) montaggio: **a. line**, catena di montaggio *4* (*elab.*) insieme di parti (*di programma, ecc.*).
assemblyman /əˈsemblɪmən/ *n.* (*pl.* **assemblymen** /-mən/) (*USA*) membro di un'assemblea.
assent /əˈsent/ *n.* U assenso; consenso; benestare.
to **assent** /əˈsent/ *v. i.* assentire; acconsentire; approvare: **to a. to a proposal**, approvare una proposta.
to **assert** /əˈsɜːt/ *A* *v. t.* *1* asserire; affermare; sostenere *2* rivendicare; difendere, far valere (*un diritto*) *B* to **assert oneself** *v. rifl.* farsi valere.
assertion /əˈsɜːʃn/ *n.* *1* asserzione; affermazione *2* U rivendicazione, difesa (*dei propri diritti*).
assertive /əˈsɜːtɪv/ *a.* che sa farsi valere; che sa imporsi; deciso.
assertiveness /əˈsɜːtɪvnəs/ *n.* U decisione; sicurezza di sé.
to **assess** /əˈses/ *v. t.* *1* valutare; accertare; stimare; fissare: **to a. damages**, valutare i danni *2* (*fisc.*) accertare (*un reddito*); stabilire l'imponibile di; tassare *3* giudicare; valutare.
assessable /əˈsesəbl/ *a.* *1* accertabile *2* (*fisc.*) imponibile; tassabile.
assessment /əˈsesmənt/ *n.* *1* U valutazione; accertamento; stima *2* valutazione, giudizio (*anche scolastico*) *3* (*fisc.*) accertamento *4* (*fisc.*) imposta; tassa: **a. on landed property**, imposta fondiaria • **a. on income**, accertamento di reddito; imposta sul reddito □ **self-a.**, autotassazione.
assessor /əˈsesə(r)/ *n.* *1* (*leg.*) perito *2* (*fisc.*) funzionario del fisco; agente delle imposte.
asset /ˈæset/ *n.* *1* bene; qualità; risorsa; vantaggio *2* (*di persona*) elemento prezioso; ottimo acquisto *3* (*al pl.*) (*econ., leg.*) beni; patrimonio; asse ereditario: **liquid assets**, disponibilità finanziaria *4* (*al pl.*) (*rag.*) attivo: **assets and liabilities**, attivo e passivo; avere e dare • (*econ.*) **a. stripping**, vendita frazionata delle attività fisse di un'azienda rilevata, con forte lucro speculativo.
asshole /ˈæshəʊl/ *n.* (*volg. USA*) *1* buco del culo *2* bastardo; stronzo *3* idiota.
assiduity /æsɪˈdjuːətɪ, *USA* -duː-/ *n.* *1* U assiduità; diligenza *2* (*al pl.*) attenzioni; premure.
assiduous /əˈsɪdjʊəs, *USA* -dʒʊəs/ *a.* assiduo; diligente.
to **assign** /əˈsaɪn/ *v. t.* *1* assegnare: **to a. homework**, assegnare compiti *2* incaricare; (*anche mil.*) destinare: **I was assigned to look after new members**, mi fu dato l'incarico di occuparmi dei nuovi soci *3* stabilire; fissare *4* (*leg.*) cedere; trasferire.
assignation /æsɪgˈneɪʃn/ *n.* (*form. o scherz.*) appuntamento amoroso segreto; convegno amoroso.
assignee /æsaɪˈniː/ *n.* *1* (*leg.*) cessionario *2* (*comm.*) mandatario *3* (*anche* **a. in bankruptcy**) curatore di fallimento.
assignment /əˈsaɪnmənt/ *n.* C e U *1* assegnazione; attribuzione *2* nomina; (*anche mil.*) destinazione *3* compito; incarico; (*a scuola*) compito a casa *4* (*leg.*) trasferimento; cessione.
to **assimilate** /əˈsɪmɪleɪt/ *A* *v. t.* assimilare *B* *v. i.* essere assimilato; assimilarsi.
assimilation /əsɪmɪˈleɪʃn/ *n.* U assimilazione.
to **assist** /əˈsɪst/ *v. t.* assistere; aiutare.
assistance /əˈsɪstəns/ *n.* U assistenza; aiuto: **Can I be of any a.?**, posso essere d'aiuto?
assistant /əˈsɪstənt/ *a.* e *n.* assistente; aiutante; aiuto; vice: **a. director**, (*comm.*) vicedirettore; (*cinem.*) aiuto regista, **a. cook**, aiuto cuoco • **shop a.**, commesso (-a) (di negozio).
assizes /əˈsaɪzɪz/ *n. pl.* (*leg.*) Assise; Corte d'Assise.
associate /əˈsəʊʃɪət/ *A* *a.* associato; aggiunto *B* *n.* *1* socio (-a); collega *2* membro subordinato (*di un'associazione*) • **a. editor**, condirettore (*di giornale*).
to **associate** /əˈsəʊʃɪeɪt/ *v. t.* associare; collegare: **I a. summer with ice-creams**, io associo l'estate ai gelati; **to be associated with st.**, avere a che fare con q.c.
♦ **associate with** *v. i. + prep.* frequentare (q.).
association /əsəʊsɪˈeɪʃn/ *n.* *1* associazione; lega *2* U legame; rapporti; frequentazione *3* associazione; collegamento: **a. of ideas**, associazione di idee; **in a. with**, in collegamento con; insieme con • (*sport, GB*) **A. football**, gioco del calcio (*denominazione ufficiale*).
assonance /ˈæsənəns/ *n.* U (*fon., poesia*) assonanza.
assorted /əˈsɔːtɪd/ *a.* assortito: **ill-a.**, male assortiti.
assortment /əˈsɔːtmənt/ *n.* assortimento.
to **assuage** /əˈsweɪdʒ/ *v. t.* *1* alleviare; lenire; mitigare *2* calmare; placare.
to **assume** /əˈsuːm, əˈsj-/ *v. t.* *1* ritenere (*che q.c. sia vero senza averne le prove*); presumere; supporre: **I assumed he was her husband**, credetti che fosse suo marito; **Let us a. that...**, supponiamo che... *2* assumere, assumersi (*responsabilità, potere, ecc.*); prendere, prendersi: **to a. control of st.**, assumere il comando di q.c. *3* assumere; affettare; fingere: **to a. an air of indifference**, assumere un'aria di indifferenza • (*leg.*) **to a. a right**, arrogarsi un diritto.
assumed /əˈsuːmd, əˈsj-/ *a.* *1* falso; finto: **a. name**, falso nome; (*di scrittore, ecc.*) pseudonimo *2* affettato ostentato.
assumption /əˈsʌmpʃn/ *n.* *1* assunto; ipotesi; presupposto *2* U assunzione: **a. of power [of responsibilities]**, assunzione di potere [di responsabilità] • (*relig.*) **the A.**, l'Assunzione.
assurance /əˈʃʊərəns/ *n.* *1* assicurazione; promessa *2* U fiducia; certezza *3* U sicurezza; fiducia in sé *4* (*GB*) assicurazione (*specialm. sulla vita*).
to **assure** /əˈʃʊə(r)/ *v. t.* *1* assicurare *2* rassicurare.
assured /əˈʃʊəd/ *a.* *1* sicuro; certo *2* sicuro di sé.
Assyrian /əˈsɪrɪən/ *a.* e *n.* assiro.
aster /ˈæstə(r)/ *n.* (*bot.*) aster.
asterisk /ˈæstərɪsk/ *n.* asterisco.
astern /əˈstɜːn/ *avv.* (*naut.*) a poppa.
asteroid /ˈæstərɔɪd/ *n.* (*astron.*) asteroide.
asthenia /æsˈθiːnɪə/ *n.* U (*med.*) astenia.
asthma /ˈæsmə, *USA* ˈæz-/ *n.* U (*med.*) asma.

asthmatic /æs'mætɪk, *USA* æz-/ *a. e n.* (*med.*) asmatico (-a).
astigmatic /æstɪg'mætɪk/ *a.* (*med.*) astigmatico.
astigmatism /ə'stɪgmətɪzəm/ *n.* 🅄 (*med.*) astigmatismo.
astir /ə'stɜː(r)/ *a. pred.* (*lett.*) *1* (*di persona*) alzato; in piedi *2* (*di luogo*) animato; brulicante (di).
to **astonish** /ə'stɒnɪʃ/ *v. t.* stupire; sorprendere.
astonished /ə'stɒnɪʃt/ *a.* stupito; sorpreso.
astonishing /ə'stɒnɪʃɪŋ/ *a.* sorprendente; stupefacente.
astonishment /ə'stɒnɪʃmənt/ *n.* 🅄 sorpresa; stupore; meraviglia.
to **astound** /ə'staʊnd/ *v. t.* riempire di stupore; sbalordire.
astounding /ə'staʊndɪŋ/ *a.* stupefacente; sbalorditivo.
astrakhan /æstrə'kæn, *USA* 'æstrəkən/ *n.* 🅄 astrakan.
astral /'æstrəl/ *a.* astrale.
astray /ə'streɪ/ *avv. e a. pred.* (*anche fig.*) fuori strada: **to go a.**, andare smarrito; smarrirsi; (*di persona*) traviarsi; **to lead a.**, portare fuori strada; (*fig.*) fuorviare, traviare.
astride /ə'straɪd/ *A avv. e a. pred.* a cavalcioni *B prep. 1* a cavalcioni di: **a. a chair**, a cavalcioni di una sedia *2* sui due lati di; a cavallo di: **The property lies a. the border**, la proprietà è a cavallo della frontiera.
astringency /ə'strɪndʒənsɪ/ *n.* 🅄 *1* astringenza *2* severità.
astringent /ə'strɪndʒənt/ *A a. 1* (*farm.*) astringente *2* severo *B n.* (*farm.*) astringente.
astrolabe /'æstrəʊleɪb/ *n.* (*astron.*) astrolabio.
astrologer /ə'strɒlədʒə(r)/ *n.* astrologo (-a).
astrological /æstrə'lɒdʒɪkl/ *a.* astrologico.
astrology /ə'strɒlədʒɪ/ *n.* 🅄 astrologia.
astronaut /'æstrənɔːt/ *n.* astronauta.
astronautics /æstrə'nɔːtɪks/ *n. pl.* (*col verbo al sing.*) astronautica.
astronomer /ə'strɒnəmə(r)/ *n.* astronomo (-a).
astronomical /æstrə'nɒmɪkl/ *a.* (*anche fig.*) astronomico.
astronomy /ə'strɒnəmɪ/ *n.* 🅄 astronomia.
astrophysicist /æstrəʊ'fɪzɪsɪst/ *n.* astrofisico (-a).
astrophysics /æstrəʊ'fɪzɪks/ *n. pl.* (*col verbo al sing.*) astrofisica.
astute /ə'stjuːt, *USA* ə'stuːt/ *a. 1* avveduto; sagace *2* astuto; furbo; scaltro.
astuteness /ə'stjuːtnəs, *USA* -tuː-/ *n.* 🅄 *1* avvedutezza; sagacia *2* astuzia; furbizia; scaltrezza.
asunder /ə'sʌndə(r)/ *avv.* (*lett.*) *1* a pezzi; in pezzi: **to tear a.**, lacerare; fare a pezzi *2* separatamente: **to drive a.**, separare.
asylum /ə'saɪləm/ *n. 1* 🅄 asilo; rifugio: **to seek political a.**, chiedere asilo politico *2* ospizio; ricovero *3* (*anche* **lunatic a.**) manicomio.
asymmetric(al) /æsɪ'metrɪk(l)/ *a.* asimmetrico.
asymmetry /eɪ'sɪmətrɪ, æ-/ *n.* 🅄 asimmetria.
asynchronous /æ'sɪŋkrənəs/ *a.* (*fis., mecc.*) asincrono.
at /æt, ət/ *prep. 1* (*posizione*) a; in; da; presso: **at home**, a (*o* in) casa; **at work**, al lavoro; **at the office**, in ufficio; **at Asolo**, ad Asolo; **at the top of the page**, in cima alla pagina; **at the dentist's**, dal dentista; **at my parents'**, dai miei; presso i miei; **to land at Milan**, atterrare a Milano *2* (*tempo*) a; di; in: **at Easter**, a Pasqua; **at night**, di notte; **at that moment**, in quel momento; **at six o'clock**, alle sei; **at forty**, a quarant'anni *3* (*direzione*) a: **to arrive at one's destination**, arrivare a destinazione; **to smile at sb.**, sorridere a q.; **He was mad at me**, si è arrabbiato con me *4* contro; addosso: **to shoot at sb.**, sparare contro (*o* a) q.; **to throw st. at sb.**, gettare q.c. contro (*o* addosso a) q.; **At them!**, addosso! *5* (*situazione, condizione, occupazione*) a; in: **at war**, in guerra; **at work**, al lavoro, **at ease**, a proprio agio *6* (*causa*) da; di: **surprised at her courage**, sorpreso dal suo coraggio; **to laugh at st.**, ridere di q.c. *7* (*modo*) a; con; di: **at leisure**, con comodo; **at random**, a caso; **at a gallop**, al galoppo; **at this rate**, di questo passo *8* (*distanza, prezzo*) a: **at a distance**, a una certa distanza; **at a low price**, a basso prezzo *9* (*sfera di attività*) in; a: **good at Latin**, bravo in latino; **clever at arranging flowers**, bravo a disporre i fiori.
atavism /'ætəvɪzəm/ *n.* 🅄 atavismo.
atavistic /ætə'vɪstɪk/ *a.* atavico.
ate /et, eɪt, *USA* eɪt/ *pass. di* **to eat**.
atelier /ə'telɪeɪ, 'ætəljeɪ, *USA* ætəl'jeɪ/ (*franc.*) *n.* atelier.
atheism /'eɪθɪɪzəm/ *n.* 🅄 ateismo.
atheist /'eɪθɪɪst/ *n.* ateo (-a).
atheistic /eɪθɪ'ɪstɪk/ *a.* ateo; ateistico.
Athenian /ə'θiːnɪən/ *a. e n.* ateniese.
atherosclerosis /'æθərəʊsklɪə'rəʊsɪs/ *n.* (*med.*) aterosclerosi.
athlete /'æθliːt/ *n.* atleta • (*med.*) **a.'s foot**, piede d'atleta.
athletic /æθ'letɪk/ *a.* atletico.
athleticism /æθ'letɪsɪzəm/ *n.* 🅄 atletismo.
athletics /æθ'letɪks/ *n. pl.* (*anche col verbo al sing.*) atletica.
athwart /ə'θwɔːt/ *avv. e prep.* (*lett.*) di traverso a.
atishoo /ə'tɪʃuː/ *inter.* eccì!; etcì!
Atlantic /ət'læntɪk/ *a.* (*geogr.*) atlantico.
atlas /'ætləs/ *n.* atlante.
atmosphere /'ætməsfɪə(r)/ *n.* atmosfera.
atmospheric /ætməs'ferɪk/ *a.* atmosferico.
atmospherics /ætməs'ferɪks/ *n. pl.* (*radio, TV*) interferenza atmosferica; scariche.
atoll /'ætɒl/ *n.* (*geogr.*) atollo.
atom /'ætəm/ *n. 1* (*fis.*) atomo *2* (*fig.*) briciolo; briciola; particella: **an a. of truth**, un briciolo di verità.
atomic /ə'tɒmɪk/ *a.* atomico.
to **atomise** /'ætəmaɪz/ *e deriv.* (*GB*) *V.* **to atomize** *e deriv.*
atomization /ætəmaɪ'zeɪʃn, *USA* -mɪ'z-/ *n.* 🅄 atomizzazione; nebulizzazione.
to **atomize** /'ætəmaɪz/ *v. t.* atomizzare; nebulizzare.
atomizer /'ætəmaɪzə(r)/ *n.* atomizzatore; nebulizzatore; spruzzatore (*di profumo*).
atonal /eɪ'təʊnl/ *a.* (*mus.*) atonale.
atonality /eɪtəʊ'nælətɪ/ *n.* 🅄 (*mus.*) atonalità.
to **atone** /ə'təʊn/ *v. i.* fare ammenda (di); espiare: **to a. for one's sins**, espiare i propri peccati.
atonement /ə'təʊnmənt/ *n.* 🅄 ammenda; espiazione.
atonic /eɪ'tɒnɪk/ *a.* (*fon.*) atono.
atop /ə'tɒp/ *prep.* (*lett.*) in cima a.
atrium /'eɪtrɪəm/ *n.* (*pl.* **atria** /-trɪə/) (*anat., archit.*) atrio.
atrocious /ə'trəʊʃəs/ *a. 1* atroce; feroce *2* (*fam.*) orribile; pessimo; atroce: **a. weather**, tempo orribile; **an a. pronunciation**, una pronuncia atroce.
atrocity /ə'trɒsətɪ/ *n.* 🅄 *e* 🄲 atrocità.
atrophy /'ætrəfɪ/ *n.* 🅄 (*med.*) atrofia.
to **atrophy** /'ætrəfɪ/ *A v. t.* atrofizzare *B v. i.* atrofizzarsi.
attaboy /'ætəbɔɪ/ *inter.* (*fam., specialm. USA*) bravo!; bene!
to **attach** /ə'tætʃ/ *A v. t. 1* attaccare; unire; allegare: **to a. a tag to st.**, attaccare un cartellino a q.c.; **to a. a form to a letter**, allegare un modulo a una lettera *2* apporre: **to a. one's signature**, apporre la propria firma *3* annettere; attribuire: **to a. importance to st.**, annettere importanza a q.c. *4* (*leg.*) sequestrare *5* (*specialm. mil.*) assegnare; aggregare *B v. i.* (*form.*) essere connesso; accompagnarsi: **the glamour that attaches to acting**, il fascino connesso col mestiere dell'attore; **No blame attaches to you for what happened**, non puoi essere incolpato di quello che è successo.
♦ **attach oneself to** *v. rifl. + prep.* unirsi a; entrare a far parte di.
attaché /ə'tæʃeɪ, *USA* ætæ'ʃeɪ/ (*franc.*) *n.* addetto (*d'ambasciata*) • **a. case**, valigetta per documenti.
attached /ə'tætʃt/ *a. 1* attaccato; unito *2* affezionato; attaccato; devoto *3* assegnato; addetto *4* (*comm.*) annesso; allegato; accluso.
attachment /ə'tætʃmənt/ *n. 1* 🅄 (l')attaccare; attaccatura *2* attaccamento; affetto; devozione *3* accessorio (*di strumento*) *4* 🅄 *e* 🄲 (*leg.*) sequestro • (*mil. e sim.*) **on a. to**, assegnato a.
attack /ə'tæk/ *n* attacco: **to come under a.**, subire un attacco; **an a. on the government**, un attacco contro il governo; (*med.*) **heart a.**, attacco di cuore.
to **attack** /ə'tæk/ *v. t. 1* (*anche fig., sport*) attaccare *2* affrontare con energia; mettersi di lena a fare (*un lavoro, ecc.*): **to a. a problem**, affrontare un problema.
attagirl /'ætəgɜːl/ *inter.* (*fam., specialm. USA*) brava!; bene!
to **attain** /ə'teɪn/ *v. t.* raggiungere; conseguire; ottenere: **to a. one's object**, conseguire il proprio scopo.
♦ **attain to** *v. i. + prep.* arrivare a; raggiungere: **to a. to perfection**, raggiungere la perfezione.
attainable /ə'teɪnəbl/ *a.* raggiungibile; ottenibile.
attainment /ə'teɪnmənt/ *n. 1* 🅄 raggiungimento; conseguimento *2* (*specialm. al pl.*) cognizioni.
attempt /ə'tempt/ *n.* tentativo; sforzo: **a. to escape**, tentativo d'evasione • **a. on sb.'s life**, attentato: **to make an a. on sb.'s life**, attentare alla vita di q. □ (*sport*) **a. on a record**,

tentativo di battere un record.

to **attempt** /ə'tɛmpt/ *v. t.* tentare; provare: **to a. to do st.**, tentare di (*o* provare a) fare q.c.; **I won't even a. it**, non mi ci provo nemmeno • (*leg.*) **attempted murder**, tentato omicidio.

to **attend** /ə'tɛnd/ **A** *v. t.* **1** frequentare; seguire: **to a. sb.'s lessons**, frequentare (*o* seguire) le lezioni di q. **2** essere presente a; partecipare a; intervenire a: **The meeting was well attended**, alla riunione partecipò molta gente; **to a. a funeral**, andare a un funerale **3** (*antiq.*) accompagnare: **May good luck a. you!**, la fortuna ti accompagni! **4** *V.* **to attend on B** *v. i.* ascoltare; fare attenzione.

♦ **attend on** (*o* **upon**) *v. i. + prep.* (*form.*) essere al seguito (*o* al servizio) di; accompagnare; scortare.

♦ **attend to** *v. i. + prep.* occuparsi di; badare a; assistere: **to a. to the wounded**, occuparsi dei feriti; **Is somebody attending to you?**, la stanno servendo?

attendance /ə'tɛndəns/ *n.* **1** [U] e [C] frequenza; presenza: **a. at school**, frequenza scolastica; **poor a.**, scarsa frequenza **2** [U] assistenza **3** pubblico; presenze; spettatori: **an a. of over 1000**, oltre 1000 presenze; un pubblico di oltre 1000 persone; **a good a.**, una buona affluenza di pubblico; **There was a large a. at church**, c'erano molti fedeli in chiesa • **to be in a. on** (*o* **upon**) **sb.**, essere al servizio (*o* al seguito) di q.; assistere q.c.

attendant /ə'tɛndənt/ **A** *a.* **1** che presta assistenza **2** che accompagna; connesso; concomitante: **war and its a. calamities**, la guerra e le sventure che l'accompagnano **B** *n.* **1** custode; guardiano (-a); sorvegliante: **car-park a.**, custode di posteggio **2** (*al pl.*) seguito, scorta (*di personaggio importante*).

attention /ə'tɛnʃn/ *n.* **1** [U] attenzione: **to call sb.'s a. to st.**, richiamare l'attenzione di q. su q.c.; **It has come to my a. that...**, sono venuto a conoscenza del fatto che...; **to pay a. to**, prestare attenzione a; **Pay a.!**, sta' attento!; fa' attenzione!; **Don't pay any a.**, non farci caso **2** (*al pl.*) premure; attenzioni **3** (*mil.*) attenti: **to come [to stand] to a.**, mettersi [stare] sull'attenti; **A.!**, attenti! • (*su una lettera*) **for the a. of Mr XY**, all'attenzione del sig. XY □ **medical a.**, assistenza medica.

attentive /ə'tɛntɪv/ *a.* **1** attento **2** premuroso; sollecito; attento.

attentiveness /ə'tɛntɪvnəs/ *n.* [U] **1** attenzione **2** assiduità; premura; sollecitudine.

to **attenuate** /ə'tɛnjʊeɪt/ **A** *v. t.* **1** attenuare **2** assottigliare **B** *v. i.* **1** attenuarsi **2** assottigliarsi.

attenuation /ətɛnjʊ'eɪʃn/ *n.* [U] **1** attenuazione **2** assottigliamento.

to **attest** /ə'tɛst/ *v. t.* **1** attestare; essere prova di **2** autenticare; legalizzare.

♦ **attest to** *v. i. + prep.* testimoniare; attestare; essere prova di.

attestation /ætɛ'steɪʃn/ *n.* [U] e [C] **1** testimonianza; deposizione **2** autenticazione; legalizzazione.

attested /ə'tɛstɪd/ *a.* **1** autenticato; autentico: **a. copy**, copia autentica **2** garantito: (*GB*) **a. milk**, latte a norma di legge.

attic /'ætɪk/ *n.* **1** soffitta; solaio **2** attico; mansarda.

attire /ə'taɪə(r)/ *n.* [U] (*form.*) abito; abbigliamento.

to **attire** /ə'taɪə(r)/ *v. t.* (*form.*) vestire; abbigliare.

attitude /'ætɪtjuːd, *USA* -tuːd/ *n.* **1** opinione; modo di pensare; posizione **2** atteggiamento; posa: **to strike an a.**, assumere una posa **3** (*pop. USA*) atteggiamento ostile; modo di fare arrogante • **a. of mind**, abito mentale. ATTENZIONE: **attitude** ≠ attitudine.

attitudinal /ætɪ'tjuːdɪnl, *USA* -'tuː-/ *a.* attitudinale.

attorney /ə'tɜːnɪ/ *n.* (*leg.*) **1** procuratore (-trice); mandatario (-a); rappresentante **2** (*anche* **a.-at-law**, *USA*) avvocato; legale • **A.-General**, Attorney General (*in G.B. è il magistrato di rango più elevato e fa parte del governo; in U.S.A. è il procuratore generale e il capo del Dipartimento della Giustizia*) □ (*in U.S.A.*) **District A.**, procuratore distrettuale (*pubblico accusatore*) □ **letter of a.**, procura (*documento*) □ **power of a.**, procura (*autorità*).

to **attract** /ə'trækt/ *v. t.* attirare; attrarre.

attraction /ə'trækʃn/ *n.* **1** [U] attrazione **2** attrattiva.

attractive /ə'træktɪv/ *a.* attraente; allettante.

attributable /ə'trɪbjʊtəbl/ *a.* attribuibile.

attribute /'ætrɪbjuːt/ *n.* attributo.

to **attribute** /ə'trɪbjuːt/ *v. t.* attribuire; ascrivere.

attribution /ætrɪ'bjuːʃn/ *n.* [U] e [C] attribuzione.

attributive /ə'trɪbjʊtɪv/ **A** *a.* (*anche gramm.*) attributivo **B** *n.* (*gramm.*) attributo.

attrition /ə'trɪʃn/ *n.* [U] **1** attrito; logorio **2** logoramento: **war of a.**, guerra di logoramento.

attuned /ə'tjuːnd, *USA* ə'tuːnd/ *a. pred.* **1** in sintonia; in accordo **2** abituato.

atypical /eɪ'tɪpɪkl/ *a.* atipico.

aubergine /'əʊbəʒiːn/ (*GB*) *n.* melanzana.

auburn /'ɔːbən/ *a. e n.* [U] (color) biondo rame; (color) castano con riflessi ramati.

auction /'ɔːkʃn, 'ɒkʃn/ *n.* [U] e [C] (*comm.*) asta: **to put up for a.**, mettere all'asta; **a. room**, sala d'aste; **Dutch a.**, asta al ribasso; **sale by a.**, vendita all'asta.

to **auction** /'ɔːkʃn, 'ɒkʃn/ *v. t.* (*anche* **to a. off**) vendere all'asta.

auctioneer /ɔːkʃə'nɪə(r), ɒk-/ *n.* banditore (*di aste*).

audacious /ɔː'deɪʃəs/ *a.* **1** audace; intrepido **2** temerario **3** impudente; sfrontato.

audacity /ɔː'dæsətɪ/ *n.* [U] e [C] **1** audacia **2** temerarietà **3** impudenza; sfrontatezza.

audibility /ɔːdə'bɪlətɪ/ *n.* [U] udibilità • (*fis.*) **a. threshold**, soglia di udibilità.

audible /'ɔːdəbl/ *a.* udibile; intelligibile.

audibly /'ɔːdəblɪ/ *avv.* in modo udibile; distintamente.

audience /'ɔːdɪəns/ *n.* **1** pubblico; spettatori; uditorio **2** (*radio, TV*) pubblico; audience **3** [C] e [U] udienza; ascolto: **to grant an a.**, accordare un'udienza • (*radio, TV*) **a. rating**, indice d'ascolto.

audio /'ɔːdɪəʊ/ *a. e n.* (*pl.* **audios**) audio: **a. equipment** (*o* **system**), impianto stereo; **a. cassette**, audiocassetta

audiotypist /'ɔːdɪəʊtaɪpɪst/ *n.* dattilografo che trascrive da un nastro.

audiovisual, **audio-visual** /ɔːdɪəʊ'vɪʒʊəl/ *a.* audiovisivo: **a. aids**, sussidi audiovisivi.

audit /'ɔːdɪt/ *n.* (*comm.*) revisione contabile; verifica ufficiale (*di conti*)

to **audit** /'ɔːdɪt/ *v. t.* (*comm.*) verificare (*i conti*); controllare (*i bilanci*).

audition /ɔː'dɪʃn/ *n.* audizione; provino.

to **audition** /ɔː'dɪʃn/ **A** *v. t.* sottoporre a un'audizione; far fare un provino a **B** *v. i.* sostenere un'audizione; fare un provino.

auditive /'ɔːdɪtɪv/ *a.* auditivo; uditivo.

auditor /'ɔːdɪtə(r)/ *n.* **1** (*comm.*) revisore contabile **2** (*org. az.*) sindaco (*di società*).

auditorium /ɔːdɪ'tɔːrɪəm/ *n.* **1** (*in un teatro, ecc.*) spazio riservato al pubblico; sala **2** auditorio.

auditory /'ɔːdɪtrɪ, *USA* -tɔːrɪ/ *a.* uditivo • (*anat.*) **a. nerve**, nervo acustico.

au fait /əʊ'feɪ/ (*franc.*) *locuz. a. pred.* bene informato: **a. with st.**, bene informato su q.c.

auger /'ɔːgə(r)/ *n.* succhiello; trivella • **a. bit**, punta a tortiglione.

aught /ɔːt/ *pron.* (*lett.*) alcunché; alcuna cosa • **for a. I know**, per quel che io so.

to **augment** /ɔːg'mɛnt/ *v. t. e i.* aumentare; accrescere.

augmentation /ɔːgmɛn'teɪʃn/ *n.* **1** [U] aumento; accrescimento **2** aggiunta.

augmentative /ɔːg'mɛntətɪv/ *a. e n.* (*gramm.*) accrescitivo.

augur /'ɔːgə(r)/ *n.* **1** (*stor. romana*) augure **2** indovino; profeta.

to **augur** /'ɔːgə(r)/ **A** *v. t.* predire; presagire **B** *v. i.* essere di augurio (*o* auspicio): **to a. well [ill]**, essere di buon [cattivo] auspicio.

augury /'ɔːgjʊrɪ/ *n.* **1** [U] arte della divinazione **2** augurio; auspicio; presagio.

August /'ɔːgəst/ *n.* agosto. (*Per gli esempi d'uso, V. sotto* **April**).

august /ɔː'gʌst/ *a.* augusto; maestoso.

Augustan /ɔː'gʌstən/ **A** *a.* augusteo **B** *n.* scrittore dell'età augustea.

Augustinian /ɔːgə'stɪnɪən/ *a. e n.* (*eccles.*) agostiniano.

auk /ɔːk/ *n.* (*zool.*) alca.

auld /'ɔːld/ *a.* (*scozz.*) vecchio • **a. lang syne**, il (bel) tempo passato.

aunt /ɑːnt, *USA* ænt/ *n.* zia.

auntie, **aunty** /'ɑːntɪ, *USA* 'æntɪ/ *n.* **1** zia; zietta **2** — (*fam. GB*) **A.**, la BBC.

au pair /əʊ'pɛə(r)/ (*franc.*) *locuz. a. e n.* (ragazza) alla pari.

to **au pair** /əʊ'pɛə(r)/ *v. i.* lavorare alla pari.
aura /'ɔːrə/ *n.* aura; atmosfera.
aural /'ɔːrəl/ *a.* **1** auricolare **2** uditivo.
auricle /'ɔːrɪkl/ *n.* (*anat.*) **1** padiglione auricolare **2** orecchietta (*del cuore*).
auricular /ɔː'rɪkjʊlə(r)/ *a.* auricolare.
aurora /ɔː'rɔːrə/ *n.* — (*geogr.*) **a. borealis [australis]**, aurora boreale [australe].
to **auscultate** /'ɔːskəlteɪt/ *v. t.* (*med.*) auscultare.
auscultation /ɔːskəl'teɪʃn/ *n.* [U] *e* [C] (*med.*) auscultazione.
auspices /'ɔːspɪsɪz/ *n. pl.* auspici; patronato: **under the a. of**, sotto gli auspici di.
auspicious /ɔː'spɪʃəs/ *a.* di lieto auspicio; fausto; propizio.
Aussie /'ɒzɪ, *USA* 'ɔːsɪ/ *a. e n.* (*fam.*) australiano.
austere /ɒ'stɪə(r), ɔː-/ *a.* austero; severo.
austerity /ɒ'stɛrətɪ, ɔː-/ *n.* [U] austerità.
austral /'ɔːstrəl/ *a.* australe; meridionale.
Australian /ɒ'streɪlɪən, ɔː-/ *a. e n.* australiano.
Austrian /'ɒstrɪən, 'ɔː-/ *a. e n.* austriaco.
Austro-Hungarian /'ɒstrəʊhʌŋ'gɛərɪən, 'ɔː-/ *a.* austroungarico.
autarchic /ɔː'tɑːkɪk/ *a.* autocratico; dispotico.
autarchy /'ɔːtɑːkɪ/ *n.* [U] dispotismo.
autarkic /ɔː'tɑːkɪk/ *a.* (*econ.*) autarchico.
autarky /'ɔːtɑːkɪ/ *n.* [U] (*econ.*) autarchia.
authentic /ɔː'θɛntɪk/ *a.* autentico; genuino.
to **authenticate** /ɔː'θɛntɪkeɪt/ *v. t.* **1** autenticare; legalizzare **2** provare l'autenticità di; dimostrare la verità di.
authentication /ɔːθɛntɪ'keɪʃn/ *n.* [U] *e* [C] autenticazione; legalizzazione.
authenticity /ɔːθɛn'tɪsətɪ/ *n.* [U] autenticità; genuinità.
author /'ɔːθə(r)/ *n.* autore (-trice).
authoress /'ɔːθərɪs/ *n.* autrice.
to **authorise** /'ɔːθəraɪz/ *e deriv.* (*GB*) *V.* **to autorize** *e deriv.*
authoritarian /ɔːθɒrɪ'tɛərɪən, *USA* -ɔːr-/ ***A*** *a.* autoritario; dispotico ***B*** *n.* fautore del dispotismo; assolutista.
authoritarianism /ɔːθɒrɪ'tɛərɪənɪzəm, *USA* -ɔːr-/ *n.* [U] dispotismo; assolutismo.
authoritative /ɔː'θɒrətətɪv, *USA* -ɔːrəteɪtɪv/ *a.* autorevole.
authoritativeness /ɔː'θɒrətətɪvnəs, *USA* -ɔːrəteɪt-/ *n.* [U] autorevolezza.
authority /ɔː'θɒrətɪ, *USA* -ɔːr-/ *n.* **1** [U] *e* [C] autorità **2** specialista; esperto **3** fonte (*di informazione*): **to have st. on good a.**, sapere q.c. da fonte certa **4** autorizzazione **5** (*anche al pl.*) ente; amministrazione: **health authorities**, autorità sanitarie; (*in G.B.*) **local a.**, amministrazione locale; enti locali • **to be in a.**, comandare □ **to carry a lot of a.**, avere molto peso (o influenza); essere molto autorevole.
authorization /ɔːθəraɪ'zeɪʃn, *USA* -rɪ'z-/ *n.* [U] *e* [C] autorizzazione.
to **authorize** /'ɔːθəraɪz/ *v. t.* autorizzare.
authorship /'ɔːθəʃɪp/ *n.* [U] **1** paternità (*di un libro, di un'idea, ecc.*) **2** professione di scrittore.
autism /'ɔːtɪzəm/ *n.* [U] (*psic.*) autismo.
autistic /ɔː'tɪstɪk/ *a.* (*psic.*) autistico; caratterizzato da autismo.
auto /'ɔːtəʊ/ ***A*** *n.* (*pl.* **autos**) (*USA*) auto; automobile ***B*** *a.* automobilistico: **a. industry**, industria automobilistica.
autobiographical /ɔːtəbaɪəʊ'græfɪkl/ *a.* autobiografico.
autobiography /ɔːtəbaɪ'ɒgrəfɪ/ *n.* [C] *e* [U] autobiografia.
autochthon /ɔː'tɒkθən/ *n.* (*pl.* **autochthons**, **autochthones** /-niːz/) autoctono.
autoclave /'ɔːtəʊkleɪv/ *n.* autoclave.
autocracy /ɔː'tɒkrəsɪ/ *n.* [U] autocrazia.
autocrat /'ɔːtəkræt/ *n.* autocrate.
autocratic /ɔːtə'krætɪk/ *a.* autocratico.
autocrime /'ɔːtəʊkraɪm/ *n.* (*fam.*) **1** furto d'auto **2** furto di cose da un'auto.
autocue, **Autocue** ® /'ɔːtəʊkjuː/ *n.* (*TV*) gobbo.
autogiro /ɔːtəʊ'dʒaɪərəʊ/ *n.* (*pl.* **autogiros**) (*aeron.*) autogiro.
autograph /'ɔːtəgrɑːf, *USA* -ræf/ *n.* autografo.
to **autograph** /'ɔːtəgrɑːf, *USA* -ræf/ *v. t.* firmare; mettere l'autografo a.
autographic(al) /ɔːtə'græfɪk(l)/ *a.* autografo; autografico.
autoignition /ɔːtəʊɪg'nɪʃn/ *n.* (*autom., mecc.*) autoaccensione.
autoimmune /ɔːtəʊɪ'mjuːn/ *a.* (*med.*) autoimmune.
automat /'ɔːtəmæt/ *n.* **1** (*specialm. USA*) tavola calda con distributori automatici **2** distributore automatico (*di cibi o bevande*).
automata /ɔː'tɒmətə/ *pl. di* **automaton**.
automated /'ɔːtəmeɪtɪd/ *a.* automatizzato.
automatic /ɔːtə'mætɪk/ ***A*** *a.* automatico ***B*** *n.* **1** arma automatica **2** automobile col cambio automatico.
automation /ɔːtə'meɪʃn/ *n.* [U] (*mecc., ind.*) automazione.
to **automatise** /ɔː'tɒmətaɪz/ (*GB*) *V.* **to automatize**.
automatism /ɔː'tɒmətɪzəm/ *n.* [U] automatismo.
to **automatize** /ɔː'tɒmətaɪz/ *v. t.* automatizzare.
automaton /ɔː'tɒmətən, *USA* -tɒn/ *n.* (*pl.* **automata**, **automatons**) automa.
automobile /'ɔːtəməbiːl, ɔːtəmə'biːl/ *n.* (*USA*) automobile.
autonomous /ɔː'tɒnəməs/ *a.* autonomo.
autonomy /ɔː'tɒnəmɪ/ *n.* [U] autonomia.
autopilot /'ɔːtəʊpaɪlət/ *n.* (*aeron.*) pilota automatico.
autopsy /'ɔːtɒpsɪ, -ə-/ *n.* autopsia.
autosuggestion /ɔːtəsə'dʒɛstʃən/ *n.* [U] (*psic.*) autosuggestione.
autumn /'ɔːtəm/ *n.* autunno. (*Per gli esempi d'uso, V. sotto* **summer**).
autumnal /ɔː'tʌmnəl/ *a.* autunnale.
auxiliary /ɔːg'zɪlɪərɪ, *USA* -lɪərɪ, -lərɪ/ ***A*** *a.* ausiliare (*anche gramm.*); ausiliario ***B*** *n.* **1** aiuto; assistente **2** (*al pl.*) milizie ausiliarie **3** (*gramm.*) ausiliare.
avail /ə'veɪl/ *n.* [U] profitto; vantaggio; utilità: **of no a.**, inutile; **to no a.**, senza profitto; inutilmente.
to **avail** /ə'veɪl/ *v. t. e i.* (*lett.*) giovare; servire.
♦ **avail oneself of** *v. rifl. + prep.* avvalersi di; approfittare di.
availability /əveɪlə'bɪlətɪ/ *n.* [U] disponibilità.
available /ə'veɪləbl/ *a.* disponibile; libero; utilizzabile • **to make st. a. to sb.**, mettere q.c. a disposizione di q.
avalanche /'ævəlɑːnʃ, *USA* -læntʃ/ *n.* valanga.
avant-garde /ævɒŋ'gɑːd, *USA* ɑːvɑːn-/ (*franc.*) (*arte, letter.*) ***A*** *n.* avanguardia ***B*** *a. attr.* di avanguardia: **a. writers**, scrittori di avanguardia.
avarice /'ævərɪs/ *n.* [U] avidità; cupidigia.
avaricious /ævə'rɪʃəs/ *a.* (*lett.*) avido; cupido.
to **avenge** /ə'vɛndʒ/ ***A*** *v. t.* vendicare ***B*** to **avenge oneself** *v. rifl.* vendicarsi: **to a. oneself on sb.**, vendicarsi di q.
avenger /ə'vɛndʒə(r)/ *n.* vendicatore (-trice).
avenue /'ævənjuː, *USA* -nuː/ *n.* **1** viale **2** (*specialm. USA*) strada ampia **3** (*fig.*) via; strada: **to explore every a.**, tentare ogni strada; esaminare ogni possibilità.
to **aver** /ə'vɜː(r)/ *v. t.* (*form.*) asserire; affermare.
average /'ævərɪdʒ, -vr-/ ***A*** *n.* **1** media: **above [below] a.**, sopra [sotto] la media; **on a.**, in media **2** (*ass., naut.*) avaria ***B*** *a.* **1** medio; comune; normale: **a. speed**, velocità media; **an a. sort of man**, un uomo come tanti **2** (*spreg.*) mediocre **3** (*ass., naut.*) di avaria.
to **average** /'ævərɪdʒ, -vr-/ *v. t.* **1** fare, ricevere, avere in media; raggiungere la media di: **We a. 50 phone calls a day**, riceviamo [facciamo] in media 50 telefonate al giorno **2** lavorare, produrre, scrivere, ecc., in media: **I a. thirty hours' work a week**, lavoro in media trenta ore alla settimana **3** (*mat.*) calcolare la media di.
♦ **average out** ***A*** *v. t. + avv.* fare la media di ***B*** *v. i. + avv.* **1** stabilizzarsi su una media **2** dare in media; aggirarsi in media: **The winnings a. out at £50 each**, le vincite si aggirano in media sulle 50 sterline a testa.
averse /ə'vɜːs/ *a.* avverso (a); contrario (a).
aversion /ə'vɜːʃn, *USA* ə'vɜːrʒn/ *n.* [U] *e* [C] avversione; antipatia • **Brussels sprouts are my pet a.**, se c'è una cosa che non sopporto sono i cavoletti di Bruxelles.
to **avert** /ə'vɜːt/ *v. t.* **1** distogliere (*lo sguardo, il pensiero*) **2** evitare; prevenire.
aviary /'eɪvɪərɪ, *USA* -vɪɛrɪ/ *n.* uccelliera.
aviation /eɪvɪ'eɪʃn/ *n.* [U] aviazione.
aviator /'eɪvɪeɪtə(r)/ *n.* aviatore (-trice).
avid /'ævɪd/ *a.* avido; bramoso; cupido.
avidity /ə'vɪdətɪ/ *n.* [U] avidità; bramosia; cupidigia.
avocado /ævə'kɑːdəʊ, *USA* ɑːv-/ *n.* (*pl.* **avocados**, **avocadoes**) (*albero*; *frutto, anche* **a. pear**) avocado.
avocet /'ævəsɛt/ *n.* (*zool.*) avocetta; monachina.
to **avoid** /ə'vɔɪd/ *v. t.* evitare; schivare; sfuggire: **to a. doing st.**, evitare di fare q.c.
avoidable /ə'vɔɪdəbl/ *a.* evitabile.
avoidance /ə'vɔɪdəns/ *n.* [U] (l')evitare; (lo) sfuggire • **tax a.**, elusione fiscale.

avoirdupois /ævədə'pɔɪz/ *n.* **1** avoirdupois (*sistema di misura di peso*) **2** (*fam.*) peso; ciccia.
to **avow** /ə'vaʊ/ *v. t.* ammettere; confessare.
avowal /ə'vaʊəl/ *n.* U *e* C ammissione; confessione.
avowed /ə'vaʊd/ *a.* dichiarato; confesso.
avowedly /ə'vaʊɪdlɪ/ *avv.* per ammissione esplicita; dichiaratamente; apertamente.
avuncular /ə'vʌŋkjʊlə(r)/ *a.* **1** di zio **2** da vecchio zio; paterno; con bontà.
to **await** /ə'weɪt/ *v. t.* (*form.*) attendere; essere in attesa di; aspettare.
awake /ə'weɪk/ *a. pred.* sveglio; desto: **wide a.**, completamente sveglio; sveglissimo • **a. to st.**, consapevole di q.c.
to **awake** /ə'weɪk/ (*pass.* **awoke**, *p.p.* **awoke, awaked**) **A** *v. t.* svegliare **B** *v. i.* svegliarsi.
to **awaken** /ə'weɪkn/ **A** *v. t.* **1** (*lett.*) svegliare; destare **2** ridestare (*un sentimento, ecc.*) • **to a. sb. to st.**, rendere q. consapevole di q.c. **B** *v. i.* (*lett.*) svegliarsi; destarsi • **to a. to st.**, aprire gli occhi su q.c.
awakening /ə'weɪkənɪŋ/ *n.* risveglio: (*fig.*) **rude a.**, brusco risveglio.
award /ə'wɔːd/ *n.* **1** ricompensa **2** premio **3** (*leg.*) lodo arbitrale **4** (*leg.*) risarcimento; indennizzo.
to **award** /ə'wɔːd/ *v. t.* **1** dare; assegnare; conferire: **to a. a prize [a scholarship]**, assegnare un premio [una borsa di studio] **2** (*leg.*) aggiudicare; assegnare.
aware /ə'wɛə(r)/ *a. pred.* **1** consapevole; conscio; informato; al corrente: **to be a. of st.**, rendersi conto di q.c.; essere consapevole di q.c.; essere al corrente di q.c. **2** preparato; sensibile: **politically a.**, politicamente preparato; **environmentally a.**, sensibile ai problemi dell'ambiente.
awareness /ə'wɛənəs/ *n.* U **1** consapevolezza **2** preparazione; sensibilità.
awash /ə'wɒʃ, *USA* -ɔːʃ/ *avv. e a. pred.* **1** inondato; allagato **2** — **a. with**, traboccante di; inondato da.
away /ə'weɪ/ **A** *avv.* **1** via: **to give st. a.**, dare via q.c.; **to put st. a.**, mettere via q.c.; **to run a.**, scappare via; scappare di casa **2** lontano: **a. from home**, lontano da casa; **a mile a.**, a un miglio di distanza: **Christmas is two weeks a.**, mancano due settimane a Natale **3** (*sport*) in trasferta; fuori casa **4** fino a esaurimento; fino a scomparire: **to boil a.**, evaporare a forza di bollire; **to die a.**, (*di suono, luce*) spegnersi; morire **5** a tutto spiano; con alacrità: **to be working a.**, lavorare a tutto spiano; **to be knitting a.**, sferruzzare alacremente **B** *inter.* **1** vattene!; via! **2** (*sport*) via!; partenza! **C** *a. attr.* (*sport*) in trasferta; fuori casa: **a. game**, partita in trasferta.
awe /ɔː/ *n.* U timore reverenziale; soggezione: **to be** (*o* **to stand**) **in awe of**, avere soggezione di • **awe-inspiring**, che incute timore; solenne; maestoso; grandioso □ **awe-stricken** (*o* **awe-struck**), intimorito; sbigottito.
to **awe** /ɔː/ *v. t.* ispirare timore (*o* soggezione) a.
aweigh /ə'weɪ/ *a. pred.* (*naut., di ancora*) spedata.
awesome /'ɔːsəm/ *a.* **1** che incute timore; che sgomenta; terrificante **2** imponente; maestoso **3** (*pop.*) favoloso; grandioso.
awful /'ɔːfl/ *a.* **1** terribile; terrificante **2** (*fam.*) tremendo; pessimo; orribile: **a. bore**, tremendo seccatore; tremenda seccatura.
awfully /'ɔːflɪ/ *avv.* **1** terribilmente; tremendamente **2** (*fam. GB*) molto: **I'm a. sorry**, mi dispiace molto; **thanks a.**, molte grazie; grazie mille.
awhile /ə'waɪl, *USA* -hw-/ *avv.* per un po' (*di tempo*).
awkward /'ɔːkwəd/ *a.* **1** goffo; sgraziato **2** maldestro; impacciato **3** imbarazzante; delicato; inopportuno: **a. situation**, situazione imbarazzante; **at an a. time**, in un momento poco opportuno **4** scomodo; difficile da usare **5** che crea difficoltà; difficile: **He's just being a.**, lo fa per creare difficoltà; (*pop.*) **a. customer**, tipo difficile; **a. age**, età ingrata.
awkwardness /'ɔːkwədnəs/ *n.* U **1** goffaggine **2** imbarazzo; difficoltà **3** inopportunità; scomodità.
awl /ɔːl/ *n.* lesina; punteruolo.
awning /'ɔːnɪŋ/ *n.* tendone da sole; copertura di tela.
awoke /ə'wəʊk/ *pass. e p.p. di* **to awake**.
awol, AWOL /'eɪwɒl, *USA* -ɔːl/ *avv. e a. pred.* assente senza permesso • **to go a.**, assentarsi senza permesso.
awry /ə'raɪ/ *avv. e a. pred.* **1** storto; di traverso **2** male; storto: **to go a.**, andare storto; andare a monte.
ax(e) /æks/ *n.* ascia; accetta; scure • (*fam.*) **to give sb. the axe**, licenziare q. in tronco □ **to have an axe to grind**, avere un interesse personale; tirare acqua al proprio mulino.
to **axe** /æks/ *v. t.* **1** licenziare **2** ridurre drasticamente (*posti di lavoro, fondi, ecc.*); eliminare; tagliare.
axes /'æksiːz/ *pl. di* **axis**.
axial /'æksɪəl/ *a.* (*scient., tecn.*) assiale.
axiom /'æksɪəm/ *n.* assioma.
axiomatic /æksɪə'mætɪk/ *a.* assiomatico.
axis /'æksɪs/ *n.* (*pl.* **axes**) (*mat., fis.*) asse.
axle /'æksəl/ *n.* (*mecc.*) asse; assale.
ay /aɪ/ *V.* **aye**.
ayah /'aɪə/ (*anglo-ind.*) *n.* cameriera (*o* bambinaia) indiana.
aye /aɪ/ **A** *inter.* **1** (*dial.*) sì **2** — (*naut.*) **Aye aye, sir**, signorsì **B** *n.* sì; voto favorevole.
azalea /ə'zeɪlɪə/ *n.* (*bot.*) azalea.
azimuth /'æzɪməθ/ *n.* C *e* U (*astron.*) azimut.
Aztec /'æztek/ *a. e n.* azteco.
azure /'æʒə(r), -zɪə(r)/ *a. e n.* azzurro.

b, B

B, b /biː/ *n.* (*pl.* **B's, b's**; **Bs, bs**) *1* B, b *2* (*mus.*) si • (*telef.*) **b for Benjamin** (*USA* **for Baker**), b come Bologna.
baa /bɑː, *USA* bæ, bɑː/ *n.* belato • (*infant.*) **baa-lamb**, agnellino.
to **baa** /bɑː, *USA* bæ, bɑː/ (*pass. e p.p.* **baaed**) *v. i.* belare.
baba /ˈbɑːbɑː/ *n.* (*cucina*) babà.
babble /ˈbæbl/ *n.* *1* balbettio; balbettamento *2* ciance *3* (*lett., di acque*) mormorio.
to **babble** /ˈbæbl/ *v. t. e i.* *1* balbettare *2* cianciare; parlare a vanvera *3* (*lett., di acque*) mormorare.
babbler /ˈbæblə(r)/ *n.* chiacchierone (-a).
babe /beɪb/ *n.* *1* bambino (-a) *2* (*pop.*) bella ragazza; bel ragazzo • **a b. in arms**, un ingenuo; uno sprovveduto.
babel /ˈbeɪbl/ *n.* babele; confusione.
baboon /bəˈbuːn, *USA* bæˈbuːn/ *n.* *1* (*zool.*) babbuino *2* (*fig.*) bestione; babbuino.
baby /ˈbeɪbɪ/ *A n.* *1* neonato (-a); bambino (-a); bimbo (-a); bebè (*fam.*) *2* piccolo (*di animale*) *3* (*vocat. fam.*) caro (-a); tesoro *4* (*pop. USA*) tipo *5* (*pop.*) compito • **to be left holding the b.**, essere lasciato nei pasticci □ **to throw the b. out with the bath-water**, gettare via il bambino con l'acqua sporca □ **The new advertising campaign is his b.**, la nuova campagna pubblicitaria è una sua creatura *B a. attr.* *1* piccolo: **b. boy**, bambino; maschietto; **b. girl**, bambina; femminuccia; **b. elephant**, elefantino; **b. new potatoes**, patatine novelle *2* da bambino; per bambini; infantile: **b. food**, alimento per bambini; **b. talk**, linguaggio infantile; modo di parlare usato con i bambini • **b.-battering**, maltrattamento di bambini □ **b.-boom**, boom demografico □ (*USA*) **b. buggy** (*o* **carriage**), carrozzina □ **b. doll pyjamas**, baby-doll □ **b. grand**, pianoforte a mezza coda □ **b.-minder** (*o* **b.-sitter**), bambinaia; baby-sitter □ **b. tooth**, dente di latte.
babyhood /ˈbeɪbɪhʊd/ *n.* Ⓤ prima infanzia.
babyish /ˈbeɪbɪɪʃ/ *a.* *1* infantile *2* bambinesco; puerile.
Babylonian /bæbɪˈləʊnɪən/ *a. e n.* babilonese.
to **baby-sit** /ˈbeɪbɪsɪt/ (*pass. e p.p.* **baby-sat** /-sæt/) *v. t.* fare da baby-sitter a.
baccalaureate /bækəˈlɔːrɪət/ *n.* baccellierato (*grado accademico*).
baccarat /ˈbækərɑː, *USA* bækəˈrɑː/ *n.* baccarà.
bacchanal /ˈbækənl/ *n.* baccanale.
Bacchic /ˈbækɪk/ *a.* bacchico.
baccy /ˈbækɪ/ *n. abbr. fam. di* **tobacco**.
bachelor /ˈbætʃələ(r)/ *n.* *1* scapolo; celibe *2* laureato (-a) (*che ha conseguito il primo grado accademico*): **B. of Arts** (*abbr.* **B.A.**), laureato in lettere; **B. of Science** (*abbr.* **B.S., B.Sc.**), laureato in scienze; **b.'s degree**, laurea di primo livello • (*fam.*) **b. girl**, ragazza che fa vita indipendente □ **b. flat**, appartamento da scapolo.
bachelorhood /ˈbætʃələhʊd/ *n.* Ⓤ celibato.
bacillus /bəˈsɪləs/ *n.* (*pl.* **bacilli** /-laɪ/) (*biol.*) bacillo.
back (1) /bæk/ *n.* *1* schiena; dorso; reni; spalle (*fig.*): **on one's b.**, sulla schiena; supino; costretto a letto; **behind my b.**, alle mie spalle; (*fig.*) a mia insaputa, di nascosto da me; **b. ache**, mal di schiena; **to turn one's b. to sb.**, voltare la schiena (*o* le spalle) a q.; fuggire; **to turn one's b. on sb.**, voltare le spalle a q. (*fig.*); piantare in asso q. *2* parte posteriore; retro (*anche di edificio*); didietro; dorso; schienale, spalliera (*di sedia, ecc.*): **at the b.** (*o, USA,* **in b.**), sul (*o* nel) retro; **b. of the hand**, dorso della mano; **b. of an envelope**, retro di una busta *3* (parte in) fondo; sfondo: **at the b. of the cinema**, in fondo al cinema; **at the b. of the book**, in fondo al libro *4* (*sport*) difensore; terzino • **b. to b.**, schiena contro schiena; dorso a dorso; (*USA*) uno dietro l'altro □ (*GB*) **b.-to-backs**, doppia fila di villette a schiera con la parete di fondo in comune □ **b. to front**, col davanti dietro; alla rovescia □ **at the b. of**, dietro (a) □ (*fam.*) **at** (*o* **in**) **the b. of beyond**, a casa del diavolo □ (*fam.*) **to break the b. of a job**, fare il grosso di un lavoro; dare una bella botta a un lavoro □ (*fam.*) **to get off sb.'s b.**, lasciar respirare q.; smettere di assillare q. □ (*fam.*) **to get one's b. up**, arrabbiarsi; infuriarsi □ **to know st. b. to front**, sapere (*o* conoscere) q.c. a menadito □ (*fam.*) **to be on sb.'s b.**, stare addosso a q. □ **to put one's b. into st.**, mettercela tutta □ (*fam.*) **to put** (*o* **to get**) **sb.'s b. up**, mandare su tutte le furie q.; far saltare la mosca al naso a q. □ **with one's b. to the wall**, con le spalle al muro (*anche fig.*).
back (2) /bæk/ *a.* *1* posteriore; di dietro; in fondo: **b. legs**, zampe posteriori; **b. seat**, sedile posteriore; **b. page**, ultima pagina *2* arretrato: **b. number**, numero arretrato; **b. pay**, paga arretrata • **b. road**, strada secondaria □ (*scherz.*) **b.-seat driver**, passeggero di automobile che dà consigli non richiesti al guidatore; (*fig.*) impiccione, criticone □ **b. street**, vicolo □ **b.-street**, clandestino; illegale □ **to take a b. seat**, sedersi di dietro; (*fig.*) accettare un ruolo di secondo piano □ **to give a b. answer**, dare una rispostaccia.
back (3) /bæk/ *avv.* *1* (*nello spazio*) indietro: **Keep b.!**, state indietro!; **to look b.**, guardare indietro; **Meanwhile, b. in Paris...**, nel frattempo, a Parigi... *2* (*nel tempo*) fa; prima: **two years b.**, due anni fa (*o* prima) *3* di ritorno; in restituzione: **to be b. at work**, aver ripreso a lavorare; **I'll be b. in no time**, sarò di ritorno in un attimo; **He's just b.**, è appena tornato; **to give st. b.**, restituire q.c.; ridare q.c.; **to put st. b.**, rimettere q.c. a posto; **to pay sb. b.**, ripagare (*o* ricompensare) q.; (*iron.*) rendere pan per focaccia a q. • **b. and forth**, avanti e indietro □ (*ling.*) **b.-formation**, retroformazione.
to **back** /bæk/ *A v. t.* *1* far indietreggiare; spingere indietro *2* appoggiare; sostenere *3* firmare; sottoscrivere; (*comm.*) avallare *4* puntare (*o* scommettere) su: **to b. a winner**, puntare su un cavallo vincente; (*fig.*) avere un colpo di fortuna *5* (*mus.*) accompagnare *6* fare da sfondo a: **the hills that b. the town**, le colline che fanno da sfondo alla città *7* foderare; rivestire *B v. i.* *1* indietreggiare *2* (*autom.*) fare marcia indietro; fare retromarcia: **to b. into the garage**, entrare nel garage in retromarcia; **to b. into a lamp-post**, urtare un lampione facendo retromarcia *3* (*di vento*) cambiare direzione (*in senso antiorario*).
♦ **back away** *v. i. + avv.* indietreggiare; retrocedere.
♦ **back down** *v. i. + avv.* cedere; fare marcia indietro.
♦ **back off** *v. i. + avv.* *1* spostarsi indietro; retrocedere *2* cambiare idea; fare marcia indietro.
♦ **back onto** *v. i. + prep.* (*di edificio, ecc.*) dare su (con il retro): **The house backs onto the river**, il retro della casa dà sul fiume.
♦ **back out** *v. i. + avv.* *1* (*autom.*) uscire in retromarcia *2* (*fig.*) tirarsi indietro; ritirarsi: **to b. out of a deal**, ritirarsi da un affare.
♦ **back up** *A v. t. + avv.* *1* sostenere; spalleggiare *2* confermare; avvalorare: **to b. up a theory**, avvalorare una tesi *3* (*elab.*) fare una copia di *B v. i. + avv.* *1* (*autom.*) fare retromarcia *2* indietreggiare *3* (*di veicoli*) incolonnarsi; formare una coda.
backache /ˈbækeɪk/ *n.* Ⓒ *e* Ⓤ mal di schiena.
backbencher /ˈbækˈbentʃə(r)/ *n.* (*in G.B.*) backbencher (*parlamentare senza incarichi di governo o, se all'opposizione, che non fa parte del Gabinetto Ombra*).
backbiter /ˈbækbaɪtə(r)/ *n.* malalingua.
backbiting /ˈbækbaɪtɪŋ/ *n.* Ⓤ maldicenze (*specialm. tra colleghi*).
backboard /ˈbækbɔːd/ *n.* (*pallacanestro*) tabellone.
backbone /ˈbækbəʊn/ *n.* (*anat. e fig.*) spina dorsale.
backbreaking /ˈbækbreɪkɪŋ/ *a.* (*di lavoro*) sfiancante;

massacrante.

backchat /ˈbæktʃæt/ *n.* (*fam. GB*) [U] impertinenza; risposte impertinenti.

backcloth /ˈbækklɒθ, *USA* -klɔːθ/ *V.* **backdrop**.

to **backcomb** /ˈbækkəʊm/ *v. t.* cotonare (*i capelli*).

backcombing /ˈbækkəʊmɪŋ/ *n.* cotonatura.

to **backdate** /ˈbækdeɪt, -kˈd-/ *v. t.* retrodatare.

backdoor /bækˈdɔː(r)/ *a.* segreto; clandestino.

backdrop /ˈbækdrɒp/ *n.* ***1*** (*teatr.*) fondale ***2*** (*fig.*) sfondo.

backer /ˈbækə(r)/ *n.* ***1*** sostenitore (-trice); finanziatore (-trice) ***2*** scommettitore (-trice) ***3*** (*comm.*) avallante.

backfire /ˈbækfaɪə(r)/ *n.* (*mecc.*) ritorno di fiamma.

to **backfire** /ˈbækfaɪə(r)/ *v. i.* ***1*** (*mecc.*) avere ritorni di fiamma ***2*** avere l'effetto contrario; rivelarsi controproducente, ritorcersi contro.

backgammon /bækˈgæmən, ˈbækgæ-/ *n.* [U] backgammon; tavola reale.

background /ˈbækgraʊnd/ *n.* ***1*** sfondo (*anche fig.*); fondo: **red b.**, sfondo rosso; **to stay in the b.**, restare sullo sfondo (*o* in ombra); tenersi in disparte ***2*** ambiente (*o* origine) familiare (*o* sociale); background ***3*** [C] e [U] formazione culturale ***4*** retroscena; antefatto ***5*** informazioni, dati (*su una situazione*) ***6*** (*cinem., radio, TV*) sottofondo: **b. music**, musica di sottofondo; sottofondo musicale • **b. noise**, rumori di fondo □ **b. reading**, lettura di testi su un argomento; letture di preparazione □ **The talks took place against a b. of political unrest**, i colloqui si svolsero in un clima di grande agitazione politica.

backhand /ˈbækhænd/ ***A*** *n.* ***1*** (*tennis, squash, ecc., anche* **b. stroke**) rovescio ***2*** grafia inclinata a sinistra ***B*** *avv.* (*tennis, squash, ecc.*) con un rovescio; di rovescio.

backhanded /ˈbækhændɪd/ *a.* ***1*** (*tennis, squash, ecc.*) di rovescio ***2*** (*di scrittura*) inclinato verso sinistra • **b. compliment**, complimento a doppio taglio.

backhander /ˈbækhændə(r)/ *n.* ***1*** manrovescio ***2*** (*tennis, squash, ecc.*) rovescio ***3*** (*fam.*) tangente; bustarella; mazzetta.

backing /ˈbækɪŋ/ *n.* ***1*** [C] e [U] sostegno (*o* rinforzo) posteriore; rivestimento ***2*** [U] sostegno; appoggio ***3*** [U] finanziamento; copertura finanziaria ***4*** [U] (*comm., leg.*) girata; avallo ***5*** [U] sostenitori; seguito ***6*** (*mus.*) sottofondo.

backlash /ˈbæklæʃ/ *n.* ***1*** (*mecc.*) scatto all'indietro ***2*** reazione violenta; contraccolpo.

backlog /ˈbæklɒg, *USA* -ɔːg/ *n.* (cumulo di) lavoro arretrato.

backpack /ˈbækpæk/ *n.* zaino.

to **backpack** /ˈbækpæk/ *v. i.* viaggiare o andare in vacanza con lo zaino.

backpacker /ˈbækpækə(r)/ *n.* chi viaggia o va in vacanza con lo zaino.

to **backpedal** /ˈbækpedl/ *v. i.* ***1*** (*ciclismo, boxe*) pedalare all'indietro ***2*** (*fam.*) fare marcia (*o* macchina) indietro.

backroom boys /ˈbækrʊm ˈbɔɪz, -ruːm/ *locuz. n. pl.* persone (*specialm. tecnici, scienziati*) che lavorano dietro le quinte.

backside /ˈbækˈsaɪd, ˈbæks-/ *n.* (*fam.*) sedere; didietro.

backslapping /ˈbækslæpɪŋ/ *n.* [U] scambio di pacche sulle spalle.

backslash /ˈbækslæʃ/ *n.* (*tipogr.*) barra obliqua inversa.

to **backslide** /ˈbækslaɪd/ (*pass. e p.p.* **backslid** /ˈbækslɪd/) *v. i.* ricadere nel peccato (*o* in una cattiva abitudine).

backslider /ˈbækslaɪdə(r)/ *n.* chi ricade nel peccato (*o* in una cattiva abitudine).

backspace /ˈbækspeɪs/ *n.* tasto di ritorno.

to **backspace** /ˈbækspeɪs/ *v. i.* battere il tasto di ritorno.

backstage /ˈbæksteɪdʒ/ ***A*** *avv. e a.* (*teatr.*) dietro la scena; (*anche fig.*) dietro le quinte ***B*** *n.* retroscena.

backstairs /ˈbæksteəz/ ***A*** *n. pl.* scala di servizio ***B*** *a.* ***1*** segreto; occulto: **b. influence**, potere occulto ***2*** scandalistico; da retrobottega.

backstay /ˈbæksteɪ/ *n.* (*naut.*) paterazzo.

backstitch /ˈbækstɪtʃ/ *n.* [U] (*sartoria*) punto indietro; impuntura.

backstroke /ˈbækstrəʊk/ *n.* [U] nuoto sul dorso • **b. swimmer**, dorsista.

to **backtrack** /ˈbæktræk/ *v. i.* ***1*** ritornare sui propri passi ***2*** fare marcia indietro; cambiare idea; ripensarci.

backup /ˈbækʌp/ ***A*** *n.* ***1*** appoggio; supporto: **technical b.**, supporto tecnico ***2*** riserva; rimpiazzo ***B*** *a.* (*anche elab.*) di riserva.

backward /ˈbækwəd/ ***A*** *a.* ***1*** volto (*o* diretto) all'indietro; a ritroso: **b. glance**, sguardo all'indietro; **b. journey**, viaggio di ritorno ***2*** arretrato; sottosviluppato: **b. country**, paese arretrato ***3*** tardo; lento; ritardato: **b. child**, bambino ritardato ***4*** esitante; riluttante ***5*** (*di stagione, frutto*) tardivo ***B*** *avv.* (*USA*) *V.* **backwards**.

backwardness /ˈbækwədnəs/ *n.* [U] ***1*** arretratezza ***2*** timidezza ***3*** lentezza (*di mente*).

backwards /ˈbækwədz/ *avv.* ***1*** indietro; a ritroso; all'indietro: **to look b.**, guardare indietro; (*fig.*) riandare al passato; **to walk b.**, camminare a ritroso ***2*** all'incontrario; girato al contrario; col davanti dietro • **b. and forwards**, avanti e indietro.

backwash /ˈbækwɒʃ, *USA* -wɔːʃ/ *n.* [U] risacca; riflusso.

backwater /ˈbækwɔːtə(r), *USA* -wɒt-/ *n.* ***1*** acqua stagnante ***2*** posto isolato e arretrato; angolo sperduto; buco: **cultural b.**, posto culturalmente arretrato.

backwoods /ˈbækwʊdz, ˈbækˈwʊdz/ *n. pl.* ***1*** regione boschiva isolata ***2*** posto sperduto; posto fuori dal mondo.

backwoodsman /ˈbækwʊdzmən/ *n.* (*pl.* **backwoodsmen** /-mən/) ***1*** abitante di una regione boschiva isolata ***2*** (*polit., fam. GB*) membro assenteista della Camera dei Lords.

backyard /ˈbækˈjɑːd/ *n.* ***1*** (*GB*) cortile dietro casa; (*USA*) giardino dietro casa ***2*** (*estens.*) casa propria.

bacon /ˈbeɪkən/ *n.* [U] pancetta; bacon • (*fam.*) **to bring home the b.**, portare a casa la pagnotta □ (*fam.*) **to save sb.'s b.**, salvare la pelle a q.

bacteria /bækˈtɪərɪə/ *pl. di* **bacterium**.

bacterial /bækˈtɪərɪəl/ *a.* batterico.

bactericide /bækˈtɪərɪsaɪd/ *n.* battericida.

bacteriological /bæktɪərɪəˈlɒdʒɪkl/ *a.* batteriologico.

bacteriologist /bæktɪərɪˈɒlədʒɪst/ *n.* batteriologo (-a).

bacteriology /bæktɪərɪˈɒlədʒɪ/ *n.* [U] batteriologia.

bacterium /bækˈtɪərɪəm/ *n.* (*pl.* **bacteria**) (*biol.*) batterio.

bad (1) /bæd/ ***A*** *a.* (*compar.* **worse**; *superl. relat.* **worst**) ***1*** cattivo; brutto; malfatto; dannoso; violento: **bad boy**, ragazzo cattivo; **bad cold**, brutto raffreddore; **bad news**, brutte notizie; **bad traslation**, brutta traduzione; **bad mistake**, grosso errore; **bad accident**, grave incidente; **bad manners**, maleducazione; **bad language**, parolacce; **in a bad mood**, di cattivo umore; **His French is bad**, il suo francese è molto scorretto; **Alcohol is bad for you**, l'alcol ti fa male ***2*** guasto; marcio; andato a male; malato: **bad tooth**, dente guasto; **bad egg**, uovo marcio; **bad leg**, gamba malata; **I have a bad back**, soffro di mal di schiena; **to go bad**, andare a male; guastarsi • **bad at figures**, negato per i numeri □ (*fin.*) **bad debt**, credito inesigibile □ **bad cheque**, assegno a vuoto □ **bad-tempered**, irascibile □ **Business is bad**, gli affari vanno male □ **to be in a bad way**, essere malmesso □ **Is it as bad as all that?**, va proprio così male? □ (*fam.*) **to feel bad about st.**, essere dispiaciuto per q.c.; sentirsi in colpa per q.c. □ **to have a bad time**, passarsela male □ (*fam.*) **Not bad!**, non c'è male!; niente male! □ **not so bad**, discreto □ (*fam.*) **Too bad!**, peggio per te [lui, ecc.]; questo è troppo! ***B*** *avv.* (*fam., specialm. USA*) *V.* **badly**.

bad (2) /bæd/ *n.* [U] male; mala (*o* cattiva) sorte; rovina • **to go from bad to worse**, andare di male in peggio □ **to go to the bad**, mettersi sulla cattiva strada; andare in rovina □ **to take the bad with the good**, accettare la cattiva sorte insieme con la buona □ (*comm.*) **to the bad**, in perdita; in passivo.

baddy /ˈbædɪ/ *n.* (*fam.*) cattivo (*in un film, ecc.*).

bade /beɪd, bæd/ *pass. di* **to bid**.

badge /bædʒ/ *n.* ***1*** distintivo; insegna ***2*** emblema; simbolo ***3*** (*mil.*) gallone.

badger /ˈbædʒə(r)/ *n.* (*zool.*) tasso.

to **badger** /ˈbædʒə(r)/ *v. t.* tormentare; infastidire.

badinage /ˈbædɪnɑːʒ, -ˈnɑːʒ, -ɑːdʒ/ (*franc.*) *n.* [U] celia; burla; ironia.

badly /ˈbædlɪ/ *avv.* ***1*** male; malamente ***2*** gravemente: **b. hurt**, gravemente ferito ***3*** moltissimo; urgentemente: **to want st. b.**, desiderare q.c. intensamente; (*fam.*) **It b. needs repainting**, ha urgente bisogno di una mano di vernice • **b.-behaved**, maleducato □ **to be b. off**, *V. sotto* **off** (1), *def. 4*.

badminton /ˈbædmɪntən/ *n.* [U] (*sport*) badminton; gioco del volano.

to **bad-mouth** /ˈbædmaʊθ/ *v. t.* (*pop. USA*) sparlare di; tagliare i panni addosso a.

badness /ˈbædnəs/ *n.* U *1* cattiveria *2* cattiva qualità; bruttezza *3* scorrettezza *4* dannosità; nocività.
baffle /ˈbæfl/ *n.* *1* (*mecc.*) deflettore *2* (*radio*) schermo acustico; baffle.
to **baffle** /ˈbæfl/ *v. t.* lasciare perplesso; sconcertare.
bag /bæg/ *n.* *1* borsa; borsetta *2* sacco; sacchetto *3* carniere; selvaggina uccisa *4* (*pop.*) donna brutta o antipatica *5* (*al pl.*) (*pop.*) pantaloni • **bag and baggage**, armi e bagagli □ **bag lady**, barbona □ **bag of bones**, (persona) pelle e ossa □ **bag of nerves**, fascio di nervi (*fig.*) □ (*pop.*) **bags of**, un sacco di □ (*fam.*) **It's in the bag**, è sicuro; è cosa fatta; ce l'abbiamo in tasca □ (*pop. USA*) **It isn't really my bag**, non è la mia specialità; non è il mio genere □ (*fam.*) **mixed bag**, miscuglio □ **to pack one's bags**, far le valigie.
to **bag** /bæg/ *A* *v. t.* *1* mettere in una borsa (*o* in un sacco); insaccare *2* prendere, uccidere (*selvaggina*) *3* (*fam.*) assicurarsi; accaparrarsi *B* *v. i.* *1* gonfiarsi *2* (*di indumento*) essere cascante; essere sformato.
bagatelle /bægəˈtɛl/ (*franc.*) *n.* *1* (*anche mus.*) bagatella *2* biliardino (*il gioco*).
bagful /ˈbægfʊl/ *n.* sacco (pieno).
baggage /ˈbægɪdʒ/ *n.* U *1* (*specialm. USA*) bagaglio, bagagli *2* ragazza sfacciata.
baggy /ˈbægɪ/ *a.* *1* gonfio *2* (*di indumento*) cascante; sformato.
bagpiper /ˈbægpaɪpə(r)/ *n.* zampognaro; suonatore di cornamusa.
bagpipes /ˈbægpaɪps/ *n. pl.* zampogna; cornamusa.
to **bag-snatch** /ˈbægˈsnætʃ/ *v. t.* scippare.
bag-snatcher /ˈbægˈsnætʃə(r)/ *n.* scippatore (-trice).
bag-snatching /ˈbægˈsnætʃɪŋ/ *n.* scippo.
bail /beɪl/ *n.* *1* U (*leg.*) cauzione (*per ottenere la libertà provvisoria*) *2* garante • **to go b. for sb.**, rendersi garante di q. □ **out on b.**, in libertà provvisoria (*su cauzione*) □ **to jump b.**, rendersi irreperibile (*dopo aver ottenuto la libertà provvisoria*) □ **to refuse b.**, rifiutare la domanda di libertà provvisoria.
to **bail** (1) /beɪl/ *v. t.* (*leg., anche* **to b. out**) ottenere la libertà provvisoria di (*q., dietro pagamento di cauzione*).
to **bail** (2) /beɪl/ *v. t.* e *i.* (*naut., anche* **to b. out**) aggottare.
♦ **bail out** *A* *v. t. + avv.* *1* salvare (*da difficoltà finanziarie*) *2* (*fam.*) tirare fuori dai guai *B* *v. i. + avv.* (*aeron.*) gettarsi col paracadute (*in un'emergenza*).
bailiff /ˈbeɪlɪf/ *n.* *1* fattore (*di una grande tenuta*) *2* (*leg.*) ufficiale giudiziario.
bain-marie /bænməˈriː/ (*franc.*) *n.* (*pl.* **bains-marie**) bagnomaria (*recipiente*): **to cook in a b.**, cuocere a bagnomaria.
bairn /bɛən/ *n.* (*scozz.*) bambino (-a).
bait /beɪt/ *n.* U e C esca • (*fam.*) **to rise to the b.**, lasciarsi provocare; abboccare (all'amo); cascarci.
to **bait** /beɪt/ *v. t.* *1* munire di esca (*amo, trappola*) *2* tormentare.
baize /beɪz/ *n.* U panno grezzo e spesso • **green b.**, tappeto verde (*di biliardo*).
to **bake** /beɪk/ *v. t.* e *i.* *1* (*cucina*) cuocere (al forno) (*pane, dolci, patate*) *2* (*tecn.*) cuocere (*mattoni, ecc.*) • (*cucina*) **to b. blind**, cuocere in precedenza (*la base di pasta di una torta*) □ (*fam.*) **I'm baking!**, sto morendo dal caldo! □ (*fam.*) **It's baking in here!**, si muore dal caldo, qui!
bakehouse /ˈbeɪkhaʊs/ *n.* forno; panificio.
Bakelite ® /ˈbeɪkəlaɪt/ *n.* U bachelite.
baker /ˈbeɪkə(r)/ *n.* fornaio; panettiere • **b.'s dozen**, tredici □ **b.'s (shop)**, panetteria.
bakery /ˈbeɪkərɪ/ *n.* forno; panificio.
baking /ˈbeɪkɪŋ/ *n.* U cottura (al forno) • **b. powder**, lievito in polvere □ **b. soda**, bicarbonato di soda □ **b. tin**, teglia; tortiera.
baksheesh, **bakshish** /ˈbækʃiːʃ, bækˈʃiːʃ/ (*persiano*) *n.* U mancia.
balaclava /bæləˈklɑːvə/ *n.* passamontagna.
balance /ˈbæləns/ *n.* *1* bilancia *2* U (*anche fig.*) equilibrio; bilico: **to keep one's b.**, mantenersi in equilibrio (*o* in bilico); **to lose one's b.**, perdere l'equilibrio; **to throw sb. off b.**, far perdere l'equilibrio a q.; **out of b.**, sbilanciato *3* (*anche* **b. wheel**) bilanciere (*di orologio*) *4* contrappeso *5* (*econ.*) bilancia: **b. of trade**, bilancia commerciale *6* (*rag.*) bilancio (consuntivo): **b. sheet**, bilancio (*prospetto del dare e dell'avere*) *7* (*comm.*) conguaglio; pareggio *8* (*rag.*) saldo: **b. due**, saldo a debito; **b. in hand**, saldo a credito; **bank b.**, saldo in banca *9* resto; rimanenza • (*polit.*) **b. of power**, equilibrio delle forze □ (*polit.*) **to hold the b. of power**, essere l'ago della bilancia □ **to catch sb. off b.**, cogliere q. in contropiede □ **to hang in the b.**, (*di cosa*) essere incerto (*o* in bilico) □ **to hold the b.**, essere arbitro di una situazione □ **on b.**, a conti fatti □ **to strike a b.**, raggiungere un compromesso.
to **balance** /ˈbæləns/ *A* *v. t.* *1* bilanciare; tenere in equilibrio *2* soppesare; bilanciare; valutare *3* (*tecn.*) bilanciare; equilibrare *4* fare da contrappeso (*fig.*); compensare *5* (*rag.*) pareggiare; conguagliare: **to b. a budget**, pareggiare un bilancio *B* *v. i.* *1* stare in equilibrio; bilanciarsi *2* bilanciarsi (*fig.*); compensarsi *3* (*rag.*) essere in pareggio *C* to **balance oneself** *v. rifl.* tenersi in equilibrio.
♦ **balance out** *v. i. + avv.* (*rag.*) essere in pareggio; quadrare.
balanced /ˈbælənst/ *a.* *1* (*anche fig.*) equilibrato *2* (*rag.*) (chiuso) in pareggio.
balancing /ˈbælənsɪŋ/ *n.* U *1* (*mecc.*) bilanciamento; equilibratura *2* (*rag.*) chiusura in pareggio *3* (*aeron., naut.*) compensazione.
balcony /ˈbælkənɪ/ *n.* *1* balcone; loggia; terrazzino *2* (*teatr.*) prima galleria; balconata.
bald /bɔːld/ *a.* *1* calvo; pelato (*fam.*) *2* (*di monte*) nudo; (*di albero*) spoglio; (*di uccello*) implume *3* (*di animali, specialm. di cavalli*) con una macchia bianca sulla fronte *4* (*di stile*) nudo, disadorno; (*di domanda, affermazione*) schietto, esplicito.
baldachin, **baldaquin** /ˈbɔːldəkɪn/ *n.* baldacchino.
balderdash /ˈbɔːldədæʃ/ *n.* U sciocchezze; stupidaggini.
balding /ˈbɔːldɪŋ/ *a.* con calvizie incipiente.
baldly /ˈbɔːldlɪ/ *avv.* esplicitamente; senza riguardi: **to put it b.**, per dirla schietta; **to speak b.**, non aver peli sulla lingua.
baldness /ˈbɔːldnəs/ *n.* U *1* calvizie *2* nudità (*di stile, ecc.*) *3* schiettezza; immediatezza.
baldric /ˈbɔːldrɪk/ *n.* (*mil.*) bandoliera.
bale /beɪl/ *n.* balla (*di merce*).
to **bale** (1) /beɪl/ *v. t.* imballare; mettere in balle.
to **bale** (2) /beɪl/ *V.* **to bail** (2).
baleen /bəˈliːn/ *n.* fanone; osso di balena.
baleful /ˈbeɪlfl/ *a.* *1* (*lett.*) malevolo; minaccioso *2* pessimistico; nero.
baler /ˈbeɪlə(r)/ *n.* *1* imballatore *2* (*macchina*) imballatrice *3* (*agric.*) pressaforaggio.
to **balk** /bɔːk, bɔːlk/ *A* *v. t.* ostacolare; intralciare *B* *v. i.* (*anche di cavalli*) recalcitrare; essere riluttante: **to b. at st.**, esitare davanti a (*o* all'idea di) q.c.
Balkan /ˈbɔːlkən/ *a.* balcanico.
ball (1) /bɔːl/ *n.* *1* palla; pallone: **to roll st. into a b.**, appallottolare q.c. *2* gomitolo: **b. of string**, gomitolo di spago *3* sfera: **b. bearing**, cuscinetto a sfere *4* proiettile; palla *5* (*al pl.*) (*volg.*) palle; coglioni *6* (*al pl.*) (*volg.*) balle; cazzate • (*tennis*) **b. boy**, raccattapalle □ (*USA*) **b. game**, partita di baseball □ **a different** (*o* **whole new**) **b. game**, un altro paio di maniche □ (*fam.*) **b. of fire**, persona dinamica □ **b. of the thumb**, polpastrello del pollice □ **The b. is in your court**, tocca a te (agire, rispondere, ecc.) □ **to have the b. at one's feet**, avere la strada del successo aperta □ **to keep the b. rolling**, tenere viva la conversazione; mandare avanti una attività □ (*fam.*) **on the b.**, sveglio; in gamba □ (*fam. USA*) **to play b. (with sb.)**, stare al gioco; starci.
ball (2) /bɔːl/ *n.* *1* (festa da) ballo: **masked b.**, ballo in maschera *2* (*pop.*) spasso; gran divertimento: **to have a b.**, divertirsi da matti.
to **ball** /bɔːl/ — **to ball up** (*USA*) *V.* **to balls up**.
ballad /ˈbæləd/ *n.* ballata.
ballade /bæˈlɑːd, bə-/ (*franc.*) *n.* (*letter., mus.*) ballata.
ballast /ˈbæləst/ *n.* U *1* (*naut., aeron.*) zavorra *2* (*ferr.*) massicciata; ballast *3* equilibrio; fermezza.
to **ballast** /ˈbæləst/ *v. t.* *1* zavorrare *2* rendere fermo (*o* solido).
ballcock /ˈbɔːlkɒk/ *n.* (*tecn.*) galleggiante.
ballerina /bæləˈriːnə/ *n.* ballerina (classica).
ballet /ˈbæleɪ, *USA* bæˈleɪ/ (*franc.*) *n.* C e U balletto; danza classica • **b. dancer**, danzatore classico, danzatrice classica; ballerino (-a).
balletic /bæˈlɛtɪk/ *a.* ballettistico.
ballistic /bəˈlɪstɪk/ *a.* balistico.
ballistics /bəˈlɪstɪks/ *n. pl.* (*col verbo al sing.*) balistica.

ballocks /ˈbɒləks, *USA* ˈbɔː-/ *V.* **bollocks**.
balloon /bəˈluːn/ *n.* **1** pallone (aerostatico); mongolfiera; aerostato **2** palloncino (*giocattolo*) **3** pallone di vetro (*per distillazione*) **4** nuvoletta; fumetto • (*moda*) **b. sleeve**, manica a sbuffo □ **The b. has gone up**, è scoppiata la bomba (*fig.*); (*di azione mil., guerra, ecc.*) è cominciata.
to **balloon** /bəˈluːn/ *v. i.* **1** andare in pallone (aerostatico) **2** gonfiarsi.
ballooning /bəˈluːnɪŋ/ *n.* [U] (l')andare in pallone aerostatico.
balloonist /bəˈluːnɪst/ *n.* aeronauta; chi va in mongolfiera.
ballot /ˈbælət/ *n.* **1** (*anche* **b. paper**) scheda (elettorale) **2** votazione (a scrutinio segreto); voto **3** numero totale di voti **4** lista di candidati • **b. box**, urna (elettorale) □ **second b.**, ballottaggio □ **to take a b.**, passare ai voti; votare.
to **ballot** /ˈbælət/ **A** *v. i.* votare (a scrutinio segreto) **B** *v. t.* consultare mediante votazione: **The union will b. the members on this issue**, il sindacato metterà ai voti la questione.
ballpark /ˈbɔːlpɑːk/ (*USA*) **A** *n.* **1** stadio di baseball **2** (*pop.*) stima; ordine: **in the right b.**, (*di cifra, ecc.*) dell'ordine giusto **B** *a.* (*pop.*) approssimativo: **b. figure**, cifra approssimativa.
ballpoint (pen) /ˈbɔːlpɔɪnt(ˈpen)/ *locuz. n.* (*USA*) penna a sfera; biro.
ballroom /ˈbɔːlruːm, -rʊm/ *n.* sala da ballo • **b. dancing**, ballo da sala.
to **balls** /bɔːlz/ *v. Solo come*:
♦ **balls up** *v. t. + avv.* (*volg. GB*) incasinare; mandare a puttane.
balls-up /bɔːlzˈʌp/ *n.* (*volg. GB*) casino (*fig.*); incasinamento.
ballyhoo /bælɪˈhuː, *USA* ˈbælɪhuː/ *n.* [U] (*pop.*) pubblicità sensazionale; montatura pubblicitaria; strombazzata.
balm /bɑːm/ *n.* [U] balsamo.
balmy /ˈbɑːmɪ/ *a.* balsamico; fragrante.
baloney /bəˈləʊnɪ/ *n.* (*pop.*) balle; fesserie.
balsam /ˈbɔːlsəm/ *n.* **1** [U] balsamo **2** (*bot.*) balsamina.
balsamic /bɔːlˈsæmɪk/ *a.* balsamico.
Baltic /ˈbɔːltɪk/ *a.* (*geogr.*) baltico.
baluster /ˈbæləstə(r)/ *n.* (*archit.*) **1** balaustro **2** (*al pl.*) balaustrata.
balustrade /bæləˈstreɪd, *USA* ˈbæləs-/ *n.* balaustrata.
bamboo /bæmˈbuː/ *n.* [C] *e* [U] (*pl.* **bamboos**) bambù (*pianta e canna*).
to **bamboozle** /bæmˈbuːzl/ *v. t.* (*fam.*) **1** turlupinare **2** confondere; abbindolare.
ban /bæn/ *n.* **1** (*stor.*) bando; proclama **2** bando; divieto: **under a ban**, al bando **3** (*leg.*) interdizione.
to **ban** /bæn/ *v. t.* proibire; interdire.
banal /bəˈnɑːl, -æl, *USA* -æl, ˈbeɪnl/ *a.* banale; comune; trito.
banality /bəˈnælətɪ/ *n.* [U] *e* [C] banalità.
banana /bəˈnɑːnə, *USA* -ˈnæ-/ *n.* **1** banana **2** (*bot., anche* **b.-tree**), banano • **b. skin**, (*anche fig.*) buccia di banana □ (*pop.*) **bananas**, matto; pazzo □ (*pop.*) **to go bananas**, dare fuori di matto; dare i numeri; impazzire dall'entusiasmo.
band (1) /bænd/ *n.* **1** (*ind.*) lamina (*di metallo*) **2** striscia; nastro; fascia (*anche fig.*): **income b.**, fascia di reddito **3** (*mecc.*) cinghia **4** (*elettr., radio*) banda.
band (2) /bænd/ *n.* **1** banda; gruppo; compagnia: **b. of robbers**, banda di ladri **2** banda musicale; orchestrina.
to **band (1)** /bænd/ *v. t.* legare (*con una striscia*).
♦ **band together** *v. i. + avv.* riunirsi; associarsi; mettersi in gruppo.
to **band (2)** /bænd/ *v. t.* dividere in categorie.
bandage /ˈbændɪdʒ/ *n.* benda; fascia.
to **bandage** /ˈbændɪdʒ/ *v. t.* bendare; fasciare.
Band-Aid ® /ˈbændeɪd/ **A** *n.* (*USA*) cerotto **B** *a.* di rappezzo; tappabuchi.
bandan(n)a /bænˈdænə/ *n.* bandan(n)a; fazzolettone (a colori vivaci).
bandbox /ˈbændbɒks/ *n.* cappelliera.
bandit /ˈbændɪt/ *n.* bandito; brigante.
banditry /ˈbændɪtrɪ/ *n.* [U] banditismo; brigantaggio.
bandmaster /ˈbændmɑːstə(r), *USA* -mæs-/ *n.* (*mus.*) capobanda.
bandoleer, bandolier /bændəˈlɪə(r)/ *n.* bandoliera; cartucciera.
bandsman /ˈbændzmən/ *n.* (*pl.* **bandsmen** /-mən/) bandista; musicante.
bandstand /ˈbændstænd/ *n.* palco dell'orchestra.
bandwagon /ˈbændwægən/ *n.* **1** carro della banda **2** attività (*o* movimento) di successo • **to climb** (*o* **to jump**) **on the b.**, seguire la moda; affrettarsi a imitare q. [q.c.]; aggregarsi di corsa.
bandy /ˈbændɪ/ *a.* (*di gambe*) arcuato: **b.-legged**, dalle gambe arcuate (*o* storte).
to **bandy** /ˈbændɪ/ *v. t.* scambiare (*colpi, accuse, ecc.*): **to b. words with sb.**, avere uno scambio di parole con q.
♦ **bandy about** *v. t. + avv.* mettere in giro; far circolare: **to b. sb.'s name about**, sparlare di q.
bane /beɪn/ *n.* [U] sventura; disgrazia; causa di guai.
bang (1) /bæŋ/ *n.* **1** botta; urto violento **2** fragore; scoppio; colpo: **big b.**, forte scoppio; (*astron.*) big bang **3** (*fam.*) grosso effetto; impatto: **to go off** (*USA* **over**) **with a b.**, essere un successone **4** (*fam. USA*) godimento; goduria (*fam.*).
bang (2) /bæŋ/ *n.* (*anche al pl.*) (*USA*) frangia (di capelli); frangetta.
bang (3) /bæŋ/ **A** *avv.* (*fam.*) esattamente; proprio; dritto: **b. on time**, puntualissimo; **b. in the middle of the speech**, nel bel mezzo del discorso; (*fam. GB*) **B. on!**, esatto!; centrato! **B** *inter.* bum!: **to go b.**, fare bum; **B. go our chances of winning!**, addio vittoria!
to **bang** /bæŋ/ **A** *v. t.* **1** colpire; battere; picchiare: **to b. one's head**, battere la testa **2** sbattere: **to b. a door**, sbattere una porta **B** *v. i.* **1** scoppiare; esplodere **2** sbattere; urtare: **to b. into st.**, andare a sbattere contro q.c.; **to b. into sb.**, imbattersi in q.; **to b. on the door**, bussare forte alla porta.
♦ **bang on** *v. i. + avv.* (*fam. GB*) parlare con insistenza (di q.c.).
♦ **bang out** *v. t. + avv.* **1** suonare forte e male **2** battere a macchina con energia.
♦ **bang up** *v. t. + avv.* **1** rovinare; scassare **2** (*volg.*) mettere incinta **3** (*pop. GB*) mandare in galera; sbattere dentro.
banger /ˈbæŋə(r)/ *n.* **1** petardo; mortaretto **2** (*fam.*) salsiccia **3** (*fam.*) vecchia automobile; macinino.
bangle /ˈbæŋgl/ *n.* braccialetto.
to **banish** /ˈbænɪʃ/ *v. t.* **1** bandire; esiliare; scacciare **2** bandire; mettere al bando.
banishment /ˈbænɪʃmənt/ *n.* [U] bando; esilio.
banisters /ˈbænɪstəz/ *n. pl.* (*di scala*) balaustrata; ringhiera.
banjo /ˈbændʒəʊ, bænˈ-/ *n.* (*pl.* **banjos, banjoes**) (*mus.*) banjo.
bank (1) /bæŋk/ *n.* **1** argine, sponda (*di fiume, lago*) **2** argine (*di strada*); terrapieno; pendenza (*di curva*) **3** mucchio; cumulo; banco (*di sabbia, nebbia, pesci*).
bank (2) /bæŋk/ *n.* **1** banca; banco: **b. account**, conto in banca; **b.-book**, libretto di banca; **b. clerk**, impiegato di banca; bancario **2** banco (*di gioco*) • **b. draft**, assegno circolare □ (*GB*) **b. holiday**, festa civile □ **b. note**, banconota □ **b. rate**, tasso ufficiale di sconto.
to **bank (1)** /bæŋk/ **A** *v. t.* (*anche* **to b. up**) **1** arginare (*un fiume, ecc.*) **2** soprelevare (*una strada*) **3** accumulare **B** *v. i.* **1** accumularsi; addensarsi in banchi **2** (*aeron.*) inclinarsi in virata **3** (*autom.*) prendere una curva su due ruote.
to **bank (2)** /bæŋk/ **A** *v. t.* depositare in banca **B** *v. i.* tenere il banco (*in un gioco d'azzardo*).
♦ **bank on** *v. i. + prep.* contare su; fare affidamento su.
♦ **bank with** *v. i. + prep.* essere cliente di (*una banca*).
bankable /ˈbæŋkəbl/ *a.* (*comm.*) bancabile; esigibile presso una banca.
banker /ˈbæŋkə(r)/ *n.* **1** banchiere **2** chi tiene il banco (*in un gioco d'azzardo*).
banking /ˈbæŋkɪŋ/ *n.* [U] attività bancaria; tecnica bancaria • **b. firm**, istituto bancario □ **b. hours**, orario di sportello.
bankroll /ˈbæŋkrəʊl/ *n.* **1** rotolo di banconote **2** (*fam.*) fondi.
to **bankroll** /ˈbæŋkrəʊl/ *v. t.* (*fam. USA*) finanziare.
bankrupt /ˈbæŋkrʌpt/ **A** *n.* **1** (*leg.*) fallito; bancarottiere **2** debitore insolvente **B** *a.* **1** (*leg.*) fallito **2** (*fig.*) fallito; privo (*di q.c.*) • **to go b.**, fallire; fare (*o* andare in) fallimento.
to **bankrupt** /ˈbæŋkrʌpt/ *v. t.* **1** (*leg.*) far fallire **2** mandare in rovina; rovinare.
bankruptcy /ˈbæŋkrʌpsɪ, -rəp-/ *n.* [U] *e* [C] (*leg.*) fallimento.
banner /ˈbænə(r)/ *n.* **1** bandiera; stendardo; vessillo **2** striscione (*di corteo*) **3** (*giorn., anche* **b. headline**) titolo a tutta pagina.

bannisters /ˈbænɪstəz/ *V.* **banisters**.
bannock /ˈbænək/ *n.* (*scozz.*) foccaccia d'avena o d'orzo.
banns /bænz/ *n. pl.* (*leg.*) pubblicazioni (di matrimonio): **to call** (*o* **to put up**) **the b.**, fare le pubblicazioni.
banquet /ˈbæŋkwɪt/ *n.* banchetto; festino.
to **banquet** /ˈbæŋkwɪt/ *v. i.* banchettare.
banshee /bænˈʃiː, ˈbænʃiː/ *n.* (*in Irlanda*) spirito femminile il cui lamento è presagio di morte.
bantam /ˈbæntəm/ *n.* ***1*** gallo (*o* gallina) bantam ***2*** (*boxe*) peso gallo.
bantamweight /ˈbæntəmweɪt/ *n.* (*boxe*) peso gallo.
banter /ˈbæntə(r)/ *n.* U canzonatura; punzecchiature scherzose.
to **banter** /ˈbæntə(r)/ *v. i.* scherzare; dire facezie.
Bantu /ˈbæntuː, bænˈtuː/ *a. e n.* bantu; bantù.
banyan /ˈbænɪən/ *n.* (*bot., anche* **b.-tree**) baniano.
baobab /ˈbeɪəbæb/ *n.* (*bot.*) baobab.
to **baptise** /bæpˈtaɪz/ (*GB*) *V.* **to baptize**.
baptism /ˈbæptɪzəm/ *n.* U *e* C battesimo.
baptismal /bæpˈtɪzml/ *a.* battesimale.
baptist /ˈbæptɪst/ *n.* (*relig.*) battista ● **John the B.**, Giovanni Battista.
baptistry /ˈbæptɪstərɪ/ *n.* battistero; fonte battesimale.
to **baptize** /bæpˈtaɪz, *USA* ˈbæp-/ *v. t.* battezzare.
bar (1) /bɑː(r)/ *n.* ***1*** sbarra; spranga; barra; stecca ***2*** pezzo oblungo: **bar of soap**, pezzo di sapone; saponetta; **bar of chocolate**, tavoletta di cioccolata ***3*** ostacolo; impedimento ***4*** barra (*di sabbia, fango*) ***5*** striscia; linea; stanghetta; barra: **bar of light**, striscia di luce ***6*** (*mus.*) battuta ***7*** (*arald.*) fascia ***8*** bar; banco (*di bar*) ***9*** (*in tribunale*) sbarra: **the prisoner at the bar**, il detenuto alla sbarra; l'imputato; **to appear before the bar**, comparire in giudizio ***10*** (*calcio, ecc.*) traversa (*della porta*) ***11*** — (*leg.*) **the Bar**, la professione forense; l'ordine degli avvocati; il foro: **to be called to the Bar**, diventare avvocato ● (*elab.*) **bar code**, codice a barre □ **behind bars**, dietro le sbarre; in prigione; al fresco □ **colour bar**, discriminazione razziale □ **parallel bars**, parallele (*da ginnastica*).
bar (2) /bɑː(r)/ *prep.* eccetto; tranne: **bar none**, senza eccezioni; nessuno escluso.
to **bar** /bɑː(r)/ *v. t.* ***1*** sbarrare; sprangare ***2*** ostacolare; impedire: **to bar sb. from a place**, proibire a q. l'accesso a un posto ***3*** escludere; eccettuare.
barb /bɑːb/ *n.* punta (*di amo, freccia, ecc.*).
barbarian /bɑːˈbeərɪən/ *a. e n.* barbaro.
barbaric /bɑːˈbærɪk/ *a.* barbaro; barbarico.
barbarism /ˈbɑːbərɪzəm/ *n.* ***1*** (*ling.*) barbarismo ***2*** U barbarie.
barbarity /bɑːˈbærətɪ/ *n.* U *e* C barbarie; crudeltà.
barbarous /ˈbɑːbərəs/ *a.* barbaro.
Barbary ape /ˈbɑːbərɪ eɪp/ *locuz. n.* (*zool.*) bertuccia.
barbecue /ˈbɑːbɪkjuː/ *n.* ***1*** grande graticola; barbecue ***2*** carne grigliata all'aperto; barbecue ***3*** grigliata all'aperto; barbecue.
to **barbecue** /ˈbɑːbɪkjuː/ *v. t.* arrostire alla griglia; grigliare all'aperto.
barbed /bɑːbd/ *a.* ***1*** uncinato; spinato: **b. wire**, filo spinato ***2*** (*fig.*) pungente; tagliente; caustico.
barbel /ˈbɑːbl/ *n.* (*zool.*) barbo.
barbell /ˈbɑːbel/ *n.* manubrio (da ginnastica).
barber /ˈbɑːbə(r)/ *n.* barbiere.
barbican /ˈbɑːbɪkən/ *n.* ***1*** barbacane (*di fortezza*) ***2*** torre esterna.
barbiturate /bɑːˈbɪtʃʊrət, -reɪt/ *n.* C *e* U (*farm.*) barbiturico.
barbituric /bɑːbɪˈtjʊərɪk, *USA* -ˈtʊə-/ *a.* (*chim.*) barbiturico.
barcarol(l)e /ˈbɑːkərəʊl, bɑːkəˈr-/ *n.* (*mus.*) barcarola.
bard /bɑːd/ *n.* bardo ● **the B.** (**of Avon**), William Shakespeare.
bardic /ˈbɑːdɪk/ *a.* di (*o* da) bardo.
bare /beə(r)/ *a.* ***1*** nudo; spoglio; scoperto; vuoto: **to lay b.**, (*anche fig.*) mettere a nudo; svelare; **b. head**, testa nuda; capo scoperto ***2*** semplice; puro; schietto: **the b. facts**, i fatti nudi e crudi ***3*** scarso; minimo: **the b. minimum**, il minimo; **the b. essentials**, lo stretto necessario ● **to earn a b. living**, guadagnare appena da vivere □ **with one's b. hands**, a mani nude; con le proprie mani.
to **bare** /beə(r)/ *v. t.* ***1*** scoprire; denudare: **to b. one's head**, scoprirsi il capo ***2*** rivelare; aprire: **to b. one's soul**, aprire il proprio animo.
bareback /ˈbeəbæk/ *a. e avv.* senza sella; a pelo.
barefaced /ˈbeəfeɪst/ *a.* spudorato; sfacciato.
barefoot /ˈbeəfʊt/, **barefooted** /ˈbeəfʊtɪd/ *a. e avv.* a piedi nudi; scalzo; senza scarpe.
barehanded /ˈbeəhændɪd/ *a. e avv.* a mani nude: **to fight b.**, combattere a mani nude.
bareheaded /ˈbeəhedɪd/ *a. e avv.* a capo scoperto.
barely /ˈbeəlɪ/ *avv.* appena; a mala pena; a stento.
bareness /ˈbeənəs/ *n.* U ***1*** nudità ***2*** scarsezza; povertà.
bargain /ˈbɑːgɪn/ *n.* ***1*** (buon) affare; occasione: **a real b.**, un vero affare; un affarone; **to strike a b.**, concludere un affare; **b. price**, prezzo d'occasione ***2*** accordo; patto; transazione ● (*USA*) **b. basement**, reparto occasioni □ **b. sale**, vendita speciale □ **to drive a hard b.**, porre condizioni difficili □ **into the b.**, per giunta; in più.
to **bargain** /ˈbɑːgɪn/ *v. i.* ***1*** contrattare; negoziare ***2*** tirare sul prezzo.
♦ **bargain for** *v. i. + prep.* aspettarsi; prevedere; mettere in conto: **I hadn't bargained for that**, questo non me lo aspettavo; **more than one bargained for**, più di quanto non si fosse messo in conto.
bargaining /ˈbɑːgɪnɪŋ/ ***A*** *n.* trattative (sindacali) ***B*** *a.* — **b. power**, potere contrattuale.
barge /bɑːdʒ/ *n.* (*naut.*) ***1*** chiatta; barcone ***2*** lancia (*per ufficiali*) ***3*** imbarcazione a remi di parata.
to **barge** /bɑːdʒ/ *v. Solo come*:
♦ **barge against** *v. i. + prep.* urtare contro.
♦ **barge in** *v. i. + avv.* (*fam.*) ***1*** piombare dentro ***2*** intromettersi: **to b. in on sb.**, interrompere q.
♦ **barge into** *v. i. + prep.* (*fam.*) ***1*** piombare dentro (*una stanza, ecc.*) ***2*** andare a sbattere contro ***3*** intromettersi in (*una conversazione*).
bargee /bɑːˈdʒiː/ *n.* chiattaiolo; barcaiolo.
baritone /ˈbærɪtəʊn/ (*mus.*) ***A*** *n.* ***1*** baritono ***2*** voce di baritono ***B*** *a. attr.* baritonale.
barium /ˈbeərɪəm/ *n.* U (*chim.*) bario ● (*med.*) **b. meal**, pasto di bario; pappa di bario.
bark (1) /bɑːk/ *n.* ***1*** abbaio; latrato ***2*** (*pop.*) tosse ● **His bark is worse than his bite**, abbaia ma non morde (*fig.*).
bark (2) /bɑːk/ *n.* corteccia; scorza.
bark (3) /bɑːk/ *n.* (*naut.*) brigantino a palo; nave a palo.
to **bark** (1) /bɑːk/ *v. i.* ***1*** abbaiare ***2*** (*anche* **to b. out**) sbraitare; abbaiare; parlare in modo iroso ***3*** (*pop.*) tossire ● **to b. at the moon**, abbaiare alla luna □ (*fam.*) **to b. up the wrong tree**, essere fuori strada (*fig.*); sbagliarsi di grosso.
to **bark** (2) /bɑːk/ *v. t.* ***1*** scortecciare (*un albero*) ***2*** (*fam.*) scorticare, sbucciare (*un gomito, un ginocchio*).
barkeeper /ˈbɑːkiːpə(r)/ *n.* proprietario (-a) di bar.
barkentine /ˈbɑːkəntiːn/ *n.* (*naut.*) nave goletta.
barker /ˈbɑːkə(r)/ *n.* imbonitore.
barley /ˈbɑːlɪ/ *n.* U orzo: **pearl b.**, orzo perlato ● **b. sugar**, (caramella di) zucchero d'orzo □ **b. water**, orzata.
barm /bɑːm/ *n.* U ***1*** lievito di birra ***2*** schiuma (*di malto che fermenta*).
barmaid /ˈbɑːmeɪd/ *n.* cameriera di bar; barista.
barman /ˈbɑːmən/ *n.* (*pl.* **barmen** /-mən/) cameriere di bar; barista.
barmy /ˈbɑːmɪ/ *a.* ***1*** (*del lievito*) schiumoso ***2*** (*fam. GB*) tocco; suonato; scentrato.
barn /bɑːn/ *n.* ***1*** granaio; fienile; capannone agricolo ***2*** (*USA*) stalla ● **b. dance**, ballo campagnolo; festa campestre □ (*zool.*) **b. owl**, barbagianni □ **a great b. of a house**, una casona scomoda e fredda.
Barnabite /ˈbɑːnəbaɪt/ *n.* (*eccles.*) barnabita.
barnacle /ˈbɑːnəkl/ *n.* (*zool.*) cirripede.
barnacle goose /ˈbɑːnəkl guːs/ *locuz. n.* (*zool.*) oca faccia bianca.
barney /ˈbɑːnɪ/ *n.* (*fam.*) lite; baruffa.
barnstorm /ˈbɑːnstɔːm/ *v. i.* (*specialm. USA*) girare per cittadine e paesi dando rappresentazioni teatrali o tenendo comizi politici.
barnyard /ˈbɑːnjɑːd/ *n.* aia; cortile.
barometer /bəˈrɒmɪtə(r)/ *n.* barometro.
barometric /bærəʊˈmetrɪk/ *a.* barometrico.
baron /ˈbærən/ *n.* ***1*** (*stor.*) barone; nobile; feudatario ***2*** (*titolo nobiliare ingl.*) barone ***3*** magnate; barone; grande industriale.
baronage /ˈbærənɪdʒ/ *n.* (*collett.*) (i) baroni; (la) nobiltà.
baroness /ˈbærənɪs/ *n.* baronessa.

baronet /ˈbærənɪt/ *n.* baronetto.
baronetcy /ˈbærənɪtsɪ/ *n.* titolo di baronetto.
baronial /bəˈrəʊnɪəl/ *a.* di (*o* da) barone; baronale.
baroque /bəˈrɒk, *USA* bəˈrəʊk/ *a. e n.* barocco.
barque /bɑːk/ *V.* **bark (3)**.
barquentine /ˈbɑːkəntiːn/ *V.* **barkentine**.
to **barrack** /ˈbærək/ *v. t.* (*GB*) fischiare; zittire (*un oratore, ecc.*).
barracking /ˈbærəkɪŋ/ *n.* fischi e grida di scherno (*a un oratore, ecc.*).
barracks /ˈbærəks/ *n. pl.* (*col verbo al sing. o al pl.*) (*mil.*) caserma. ATTENZIONE: **barracks** ≠ baracche.
barracuda /bærəˈkjuːdə, -ˈkuːdə/ *n.* (*zool.*) barracuda.
barrage /ˈbærɑːʒ, -dʒ, *USA* bəˈrɑːʒ, -dʒ/ *n.* **1** [U] *e* [C] (*mil.*) sbarramento: **b. balloon**, pallone di sbarramento **2** diga di sbarramento **3** fuoco di fila, raffica (*di domande*).
barred /bɑːd/ *a.* **1** sbarrato; munito di sbarre **2** striato **3** proibito.
barrel /ˈbærəl/ *n.* **1** barile (*anche come misura*); botte; fusto **2** canna (*di arma da fuoco*) **3** serbatoio (*di stilografica*) • **b.-chested**, dal torace ampio □ **b. organ**, organetto □ (*archit.*) **b. vault**, volta a botte □ **to have sb. over a b.**, avere q. in proprio potere; tenere q. per la gola; avere il coltello per il manico.
to **barrel** /ˈbærəl/ **A** *v. t.* mettere in barili; imbarilare **B** *v. i.* (*fam. USA*) andare a tutta birra; andare sparato.
barren /ˈbærən/ *a.* sterile; arido.
barrenness /ˈbærənnəs/ *n.* [U] sterilità; aridità.
barricade /bærɪˈkeɪd, ˈbæ-/ *n.* barricata.
to **barricade** /bærɪˈkeɪd, ˈbæ-/ *v. t.* barricare.
barrier /ˈbærɪə(r)/ *n.* barriera; ostacolo • **b. cream**, crema protettrice □ **b. reef**, barriera corallina □ (*aeron.*) **sound b.**, muro del suono.
barring /ˈbɑːrɪŋ/ *prep.* eccetto; escluso; salvo: **b. accidents**, salvo incidenti (*o* imprevisti).
barrister /ˈbærɪstə(r)/ *n.* (*leg., GB*) barrister; avvocato (patrocinante) (*abilitato a patrocinare nei tribunali di grado superiore*).
barrow (1) /ˈbærəʊ/ *n.* **1** carriola **2** carretto (*a mano*).
barrow (2) /ˈbærəʊ/ *n.* (*archeol.*) tumulo.
bartender /ˈbɑːtendə(r)/ *n.* (*specialm. USA*) barista.
barter /ˈbɑːtə(r)/ *n.* [U] (*anche leg.*) baratto; permuta.
to **barter** /ˈbɑːtə(r)/ *v. t.* barattare: **to b. a thing for** (*o* **against**) **another**, barattare una cosa con un'altra.
basal /ˈbeɪsl/ *a.* **1** (*scient.*) basale **2** basilare; fondamentale • (*chiar.*) **b. anaesthesia**, preanestesia.
basalt /ˈbæsɔːlt, *USA* bəˈsɔːlt, ˈbeɪ-/ *n.* [U] (*miner.*) basalto.
bascule /ˈbæskjuːl/ *n.* bascul(l)a • **b. bridge**, ponte levatoio.
base (1) /beɪs/ *n.* base (*anche chim., mil., geom.*); basamento; fondamento • **b. camp**, campo base □ (*fin.*) **b. rate**, tasso bancario di riferimento □ (*fam. USA*) **off b.**, completamente sbagliato; completamente fuori.
base (2) /beɪs/ *a.* basso; vile; ignobile • **b.-born**, di oscuri natali □ **b. metal**, metallo vile.
to **base** /beɪs/ *v. t.* basare; fondare • **to be based at** (*o* **in**), avere base (*o* la propria sede) a; (*mil.*) essere di stanza a □ **Rome-based**, con sede (centrale) a Roma.
baseball /ˈbeɪsbɔːl/ *n.* [U] (*sport*) **1** baseball **2** palla da baseball • **b. cap**, berretto aderente con visiera lunga.
baseboard /ˈbeɪsbɔːd/ *n.* (*USA*) zoccolo (*di parete*); battiscopa.
baseless /ˈbeɪsləs/ *a.* **1** senza base **2** senza fondamento; infondato.
baseline /ˈbeɪslaɪn/ *n.* **1** (*topogr.*) linea di base **2** (*tennis*) linea di fondo.
basement /ˈbeɪsmənt/ *n.* seminterrato.
baseness /ˈbeɪsnəs/ *n.* [U] bassezza morale; ignobiltà.
bases /ˈbeɪsiːz/ *pl. di* **basis**.
bash /bæʃ/ *n.* (*fam.*) colpo; urto violento; forte botta: **The car's had a bit of a b.**, la macchina ha preso una botta • (*fam. GB*) **to have a b. (at st.)**, provare (a fare q.c.); provarcisi.
to **bash** /bæʃ/ *v. t.* (*fam.*) **1** colpire; urtare con violenza **2** (*GB*) attaccare (verbalmente); criticare.
♦ **bash in** *v. t. + avv.* (*fam.*) **1** sfondare; abbattere **2** fracassare (*la faccia o la testa a q.*).
♦ **bash on** *v. i. + avv.* (*fam.*) continuare (senza entusiasmo).
♦ **bash out** *v. t. + avv.* (*fam.*) produrre (*senza troppi sforzi*); mettere fuori.
♦ **bash up** *v. t. + avv.* (*fam.*) **1** fracassare **2** picchiare a sangue.
bashful /ˈbæʃfl/ *a.* timido; ritroso.
bashfulness /ˈbæʃflnəs/ *n.* [U] timidezza; ritrosia.
basic /ˈbeɪsɪk/ **A** *a.* **1** basilare; fondamentale; di base; essenziale: **b. English**, inglese essenziale; **b. rules**, regole fondamentali (*o* elementari) **2** (*chim.*) basico **3** (*fam.*) primitivo; rudimentale; spartano • (*econ.*) **b. income**, reddito minimo □ **b. salary**, stipendio base **B** *n.* (*al pl.*) **1** rudimenti; basi **2** cose essenziali; principi di base.
basically /ˈbeɪsɪklɪ/ *avv.* fondamentalmente; in sostanza.
basil /ˈbæzl/ *n.* [U] basilico.
basilica /bəˈzɪlɪkə/ *n.* basilica.
basilisk /ˈbæzɪlɪsk/ *n.* (*mitol., zool.*) basilisco.
basin /ˈbeɪsn/ *n.* **1** bacino; bacile; bacinella; catino **2** lavandino **3** (*geogr.*) bacino **4** (*naut.*) bacino; darsena • **sugar b.**, zuccheriera.
basis /ˈbeɪsɪs/ *n.* (*pl.* **bases**) (*specialm. scient. e fig.*) base • **on a daily b.**, a giornata; ogni giorno □ **on a part-time b.**, a metà tempo □ **on a regular b.**, regolarmente.
to **bask** /bɑːsk, *USA* bæsk/ *v. i.* crogiolarsi • **to b. in sb.'s favour**, godere del favore di q.
basket /ˈbɑːskɪt, *USA* ˈbæs-/ *n.* **1** cesta; canestro; paniere; sporta: **shopping b.**, sporta (*della spesa*); **waste-paper b.**, cestino (della carta straccia) **2** (*pallacanestro*) canestro; cesto **3** navicella (*di pallone aerostatico*) **4** (*econ.*) paniere • (*fam.*) **b.-case**, amputato di braccia e gambe; (*fig.*) nevrotico, rottame, caso disperato □ **b. maker**, cestaio; panieraio.
basketball /ˈbɑːskɪtbɔːl, *USA* ˈbæs-/ *n.* [U] (*sport*) pallacanestro: **b. player**, giocatore di pallacanestro; cestista.
basketful /ˈbɑːskɪtfʊl, *USA* ˈbæs-/ *n.* panierata, cesto (di q.c.).
basketry /ˈbɑːskɪtrɪ, *USA* ˈbæs-/, **basketwork** /ˈbɑːskɪtwɜːk, *USA* bæs-/ *n.* [U] **1** lavorazione del giunco **2** oggetti di vimini.
Basque /bæsk, bɑːsk/ *a. e n.* basco.
bas-relief /ˈbæsrɪliːf, ˈbɑːrɪliːf/ *n.* [U] *e* [C] (*arte*) bassorilievo.
bass (1) /bæs/ *n.* (*zool.*) pesce persico • **sea b.**, spigola; branzino.
bass (2) /beɪs/ (*mus.*) **A** *n.* **1** basso (*cantante*) **2** voce di basso **3** note basse; bassi **4** (*fam.*) contrabbasso **5** (*anche* **b. guitar**) basso (elettrico) **B** *a.* basso • **b. clef**, chiave di basso □ **b. viol**, viola da gamba; (*fam. USA*) contrabbasso.
basset /ˈbæsɪt/ *n.* (*anche* **b. hound**) (cane) bassotto.
basset horn /ˈbæsɪthɔːn/ *locuz. n.* (*mus.*) corno di bassetto.
bassist /ˈbeɪsɪst/ *n.* **1** suonatore di contrabbasso **2** suonatore di basso (elettrico); bassista.
basso /ˈbæsəʊ/ (*ital.*) *n.* (*pl.* **bassos, bassi**) (*mus.*) basso (*cantante*).
bassoon /bəˈsuːn/ *n.* (*mus.*) fagotto • **double b.**, controfagotto.
bassoonist /bəˈsuːnɪst/ *n.* suonatore di fagotto; fagottista.
bastard /ˈbɑːstəd, *USA* ˈbæs-/ **A** *n.* **1** bastardo (-a); illegittimo (-a) **2** (*pop., sempre con agg.*) individuo; tipo: **lucky b.**, tipo fortunato; fortunello **3** (*spreg. pop.*) bastardo; stronzo; carogna **B** *a.* bastardo; illegittimo • (*tipogr.*) **b. title**, occhiello.
to **bastardize**, (*GB anche*) to **bastardise** /ˈbæstədaɪz/ *v. t.* imbastardire.
to **baste (1)** /beɪst/ *v. t.* (*sartoria*) imbastire.
to **baste (2)** /beɪst/ *v. t.* (*cucina*) cospargere (*l'arrosto*) col sugo di cottura.
bastion /ˈbæstɪən, *USA* -tʃən/ *n.* **1** bastione; spalto **2** (*fig.*) baluardo.
bat (1) /bæt/ *n.* pipistrello • (*fam.*) **to have bats in the belfry**, essere un po' tocco □ **like a bat out of hell**, come un bolide; all'impazzata.
bat (2) /bæt/ *n.* **1** (*sport*) mazza (*da baseball, da cricket*); racchetta (*da ping-pong*) **2** (*sport*) battuta; turno di battuta (*nel baseball e nel cricket*) **3** (*fam.*) velocità: **at full bat**, a tutta birra; in quarta • (*fam. GB*) **off one's own bat**, di propria iniziativa; di testa propria; da solo □ (*fam., specialm. USA*) **(right) off the bat**, su due piedi; senza pensarci su.
to **bat (1)** /bæt/ **A** *v. t.* battere, colpire (*con una mazza e sim.*) **B** *v. i.* (*cricket, baseball*) battere; essere alla battuta; effettuare una battuta • (*fam. USA*) **to go to bat for sb.**, appoggiare q.; prendere le difese di q.

to **bat** (2) /bæt/ *v. t.* battere (*le palpebre*); ammiccare • **not to bat an eye**, non battere ciglio (*fig.*).
batch /bætʃ/ *n.* **1** (*cucina*) infornata **2** gruppo; insieme; infornata **3** (*comm.*) partita; lotto: **b. production**, produzione a lotti **4** (*elab.*) gruppo di dati; batch.
bated /ˈbeɪtɪd/ *a.* — **with b. breath**, col fiato sospeso.
bath /bɑːθ, *USA* bæθ/ *n.* **1** (*GB*) vasca da bagno **2** bagno: **to have** (*USA* **to take**) **a b.**, fare il bagno (*in vasca*); **to run a b.**, far scorrere l'acqua per un bagno; **b. towel**, telo da bagno; **b. cap**, cuffia per doccia **3** (*tecn.*) bagno **4** (*al pl.*) bagni pubblici (*con piscina*); terme.
to **bath** /bɑːθ/ (*GB*) **A** *v. t.* fare il bagno a **B** *v. i.* fare il bagno (*in vasca*).
bath (*o* **Bath**) **chair** /ˈbɑːθtʃɛə(r), *USA* ˈbæθ-/ *locuz. n.* poltrona a rotelle (*per invalidi*).
bathe /beɪð/ *n.* (*GB*) bagno (*di mare, ecc.*): **to go for a b.**, andare a fare un bagno.
to **bathe** /beɪð/ **A** *v. i.* **1** fare un bagno (*di mare, ecc.*); fare i bagni **2** (*USA, form. GB*) fare il bagno (*per lavarsi*) **B** *v. t.* **1** bagnare **2** lavare (*una ferita, ecc.*) **3** (*fig.*) immergere; inondare • **bathed in sweat**, bagnato di sudore.
bather /ˈbeɪðə(r)/ *n.* bagnante.
bathing /ˈbeɪðɪŋ/ *n.* balneazione; il bagnarsi; bagni • **b. cap**, cuffia da bagno □ **b. costume** (*o* **suit**), costume da bagno □ **b. trunks**, calzoncini da bagno.
bathos /ˈbeɪθɒs, *USA* -ɔːs/ *n.* **U** **1** caduta di tono; caduta nel ridicolo (*o* nel banale) **2** pateticità; sentimentalismo.
bathrobe /ˈbɑːθrəʊb, *USA* ˈbæθ-/ *n.* **1** accappatoio **2** (*USA*) vestaglia.
bathroom /ˈbɑːθruːm, -rʊm, *USA* ˈbæθ-/ *n.* (stanza da) bagno • **b. scales**, bilancia da bagno; pesapersone.
bathtub /ˈbɑːθtʌb, *USA* ˈbæθ-/ *n.* **1** (*GB*) tinozza **2** (*USA*) vasca da bagno.
bathwater /ˈbɑːθwɔːtə(r), *USA* ˈbæθwɒtə(r)/ *n.* acqua del bagno; acqua sporca.
bathyscaphe /ˈbæθɪskæf/ *n.* batiscafo.
bathysphere /ˈbæθɪsfɪə(r)/ *n.* batisfera.
batik /bəˈtiːk, ˈbætɪk/ *n.* batik.
batiste /bæˈtiːst, bəˈt-/ *n.* **U** batista.
batman /ˈbætmən/ *n.* (*pl.* **batmen** /-mən/) (*mil.*) attendente.
baton /ˈbætn, ˈbætɒn, *USA* bəˈtɒn/ *n.* **1** manganello; sfollagente **2** bacchetta (*di direttore d'orchestra*) **3** bastone di comando **4** (*atletica*) testimone.
bats /bæts/ *a. pred.* picchiato; mattoide; fuori di testa.
batsman /ˈbætsmən/ *n.* (*pl.* **batsmen** /-mən/) **1** (*baseball, cricket*) battitore **2** (*aeron.*) segnalatore (*su una portaerei*).
battalion /bəˈtælɪən/ *n.* **1** (*mil.*) battaglione **2** (*fig.*) folta schiera.
batten /ˈbætn/ *n.* **1** (*edil.*) assicella; tavoletta; listello **2** (*naut.*) serretta; (*di vela*) stecca **3** (*di telaio*) battente.
to **batten** /ˈbætn/ *v. Solo come*:
♦ **batten down** *v. t.* + *avv.* chiudere con assicelle • **to b. down the hatches**, (*naut.*) chiudere i boccaporti; (*fig.*) prepararsi per un'emergenza.
♦ **batten on** *v. i.* + *prep.* prosperare (*o* ingrassare) a spese di.
batter /ˈbætə(r)/ *n.* **1** (*baseball, cricket*) battitore **2** **U** (*cucina*) pastella.
to **batter** /ˈbætə(r)/ *v. t.* battere, picchiare (ripetutamente).
battered /ˈbætəd/ *a.* **1** che subisce maltrattamenti (*specialm. da parte di familiari*) **2** malconcio; scassato (*fam.*).
battering /ˈbætərɪŋ/ *n.* **1** il battere **2** (*mil.*) cannoneggiamento **3** violenze fisiche; maltrattamenti • (*mil., stor.*) **b. ram**, ariete □ **to take a b.**, subire una batosta.
battery /ˈbætərɪ/ *n.* **1** (*mil.*) batteria **2** (*elettr.*) pila: (*autom.*) batteria **3** **U** (*leg.*) aggressione; percosse **4** batteria da cucina **5** serie; batteria; sfilza: **b. of tests**, serie di test; **b. of questions**, sfilza di domande **6** allevamento (*di polli*); batteria: **b. farming**, allevamento in batteria; **b. chicken**, pollo di allevamento.
batting /ˈbætɪŋ/ *n.* (*baseball, cricket*) battuta; battute.
battle /ˈbætl/ *n.* battaglia; combattimento; (*fig.*) battaglia, lotta • (*mil.*) **b. dress**, uniforme da campo □ (*naut.*) **b. cruiser**, incrociatore □ **b. cry**, grido di guerra; (*fig.*) motto □ **b. royal**, mischia; (*fig.*) lotta accanita, disputa accanita, rissa □ **to fight a losing b.**, combattere una battaglia perduta □ **That's half the b.**, è mezza battaglia vinta; metà del lavoro (*o* il più) è fatto.

to **battle** /ˈbætl/ *v. i.* combattere; lottare.
battleaxe /ˈbætlæks/ *n.* **1** (*stor.*) azza **2** (*fam., di donna*) cerbero; carabiniere; caporale.
battlefield /ˈbætlfiːld/, **battleground** /ˈbætlgraʊnd/ *n.* campo di battaglia; (*fig.*) terreno di scontro.
battlements /ˈbætlmənts/ *n. pl.* (*arch., stor.*) spalti merlati; merlatura; bastioni.
battleship /ˈbætlʃɪp/ *n.* (*naut.*) corazzata.
batty /ˈbætɪ/ *a.* (*pop.*) matto; picchiato.
bauble /ˈbɔːbl/ *n.* ninnolo; gingillo.
to **baulk** /bɔːlk/ *V.* **to balk**.
bauxite /ˈbɔːksaɪt/ *n.* **U** (*miner.*) bauxite.
Bavarian /bəˈvɛərɪən/ *a. e n.* bavarese • (*cucina*) **B. cream**, bavarese.
bawdiness /ˈbɔːdɪnəs/ *n.* **U** oscenità; sconcezza.
bawdy /ˈbɔːdɪ/ *a.* osceno; sconcio.
to **bawl** /bɔːl/ **A** *v. i.* **1** urlare; vociare **2** piangere rumorosamente; strillare **B** *v. t.* (*anche* **to b. out**) urlare; berciare.
♦ **bawl out** *v. t.* + *avv.* fare una sfuriata (*o* un'urlata) a.
bay (1) /beɪ/ *n.* (*geogr.*) baia; insenatura.
bay (2) /beɪ/ *n.* **1** (*edil.*) alcova; recesso: **bay window**, bovindo **2** (*archit.*) campata **3** (*aeron.*) vano **4** zona; sezione; area: **loading bay**, piazzola di carico.
bay (3) /beɪ/ *n.* **U** *e* **C** abbaio; latrato • **to be** (*o* **to stand**) **at bay**, (*di animale cacciato*) essere costretto ad affrontare i cani; (*fig.*) essere con le spalle al muro □ **to keep at bay**, tenere a bada.
bay (4) /beɪ/ *n.* (*bot., anche* **bay-tree**) alloro.
bay (5) /beɪ/ *a. e n.* (cavallo) baio.
to **bay** /beɪ/ **A** *v. i.* abbaiare; latrare (*specialm. di cani in caccia*) **B** *v. t.* abbaiare a: **to bay** (**at**) **the moon**, abbaiare alla luna.
bayonet /ˈbeɪənɪt/ *n.* baionetta • (*elettr.*) **b. base**, zoccolo (*di lampadina*) a baionetta □ (*fotogr.*) **b. mount**, attacco a baionetta.
to **bayonet** /ˈbeɪənɪt, beɪəˈnɛt/ *v. t.* infilzare con la baionetta.
baza(a)r /bəˈzɑː(r)/ *n.* **1** (*in Oriente*) bazar **2** vendita di beneficenza.
bazooka /bəˈzuːkə/ *n.* (*mil.*) bazooka.
to **be** /biː, bɪ/ (*pass.* **was**; *p.p.* **been**) *v. i.* **1** essere (*copula*): **This is a dictionary**, questo è un dizionario; **Sono stanco**, I'm tired **2** (*ausiliare nel passivo*) essere; venire: **He was not invited**, non fu (*o* venne) invitato **3** (*con* **there**) esserci: **There is still time**, c'è ancora tempo; **There have been complaints**, ci sono stati reclami; **There were ten of us**, eravamo in dieci **4** essere; trovarsi; stare: **He's at school**, è a scuola; **Atlanta is in Georgia**, Atlanta si trova nella Georgia; **I won't be here tomorrow**, non ci sarò (*o* sono) domani; **I'm from Wales**, vengo dal Galles; sono gallese **5** esistere: **God is**, Dio esiste; **the best meal that ever was**, il miglior pasto che sia mai esistito **6** (*nei tempi composti, seguito dalla prep.* **to**) essere stato; aver visitato: **I have been to London twice**, sono stato a Londra due volte **7** (*nei tempi composti*) essere stato; essere venuto: **Has anyone been here during my absence?**, c'è stato (*o* è venuto) nessuno durante la mia assenza? **8** avvenire; aver luogo **9** costare; essere: **How much is it?**, quant'è? **10** diventare; fare (*di professione o mestiere*): **My son wants to be a doctor**, mio figlio vuole diventare (*o* fare il) medico **11** ammontare a; fare: **Two and two is four**, due più due fa quattro **12** stare (*di salute*): **How are you?**, come stai? **13** significare; avere valore: **It is nothing to me**, ciò non significa nulla per me **14** stare; rimanere; trattenersi: **Will he be here long?**, rimarrà a lungo? **15** stare via; metterci: **I shan't be long**, non starò via molto **16** (+ *part. pres.*) — **What are you doing?**, che cosa fai (*o* stai facendo)?; **We are driving to Rome tomorrow**, domani andiamo a Roma (*in macchina*); **He's always complaining**, si lamenta sempre; non fa che lamentarsi; **The house was being pulled down**, stavano demolendo la casa; **I've been waiting for two hours**, aspetto da due ore; sono due ore che aspetto **17** (+ *inf.*) essere da; dovere: **This house is to let**, questa casa è da affittare; **What was I to do?**, che cosa dovevo fare?; **I was to have handed it in on Monday**, dovevo consegnarlo lunedì (*ma...*); **If I were** (*o* **was**) **you**, se fossi in te **18** (*in particolari locuz. idiom.*) avere (+ *sost.*): **to be right** [**wrong**], avere ragione [torto]; **to be afraid**, avere paura; **to be hungry** [**thirsty**], avere fame [sete]; **She is six**, ha sei anni • **be that as it may**, sia come sia; comunque sia □ **to be**

born, nascere □ **to be going** (+ *inf.*), stare per; avere intenzione di □ **to be like sb.**, somigliare a q. □ **as it were**, per così dire □ **Let it be!**, lascia stare!; lascia perdere! □ **So be it!**, così sia! □ **There's no pleasing you**, non c'è verso d'accontentarti □ **wife to be**, futura moglie □ **What's yours?**, che cosa prendi (*o* bevi)?

♦ **be about** ***A*** *v. i. + avv.* (+ *inf.*) stare per; essere sul punto di: **I'm about to go out**, sto per uscire ***B*** *v. i. + prep.* essere occupato da: **to be about one's business**, essere occupato dai propri affari; **What's he about?**, cosa sta facendo?; **while I'm about it**, già che ci sono. (*V. anche sotto* **about**).

♦ **be after** *v. i. + prep.* ***1*** essere in cerca di; mirare a; avere in mente: (*fam.*) **What's he after?**, che cosa cerca?; che vuole?; a che cosa mira? ***2*** inseguire; stare dietro a; dare la caccia a ***3*** infastidire.

♦ **be along** *v. i. + avv.* (*generalm. al fut.*) arrivare: **He'll be along in a minute**, sarà qui (*o* arriverà) fra poco.

♦ **be around** *v. i. + avv.* essere in giro, nei paraggi; essere in circolazione • **to have been around**, aver vissuto; essere navigato.

♦ **be at** *v. i. + prep.* ***1*** essere occupato con ***2*** mirare a; avere in mente: **I wonder what he's at**, chissà che cosa ha in mente ***3*** (*fam.*) stare addosso a; tormentare; sgridare ***4*** mettere mano a; toccare: **Who's been at the chocolates?**, chi ha toccato i cioccolatini? • **to be at it**, fare con impegno q.c. (*spesso disapprovata da chi parla*): **He's at it again!**, ha riattaccato!; ci risiamo! □ (*pop.*) **where it's at**, quello che va al momento; la cosa da fare; quello che conta.

♦ **be behind** *v. i. + avv.* essere indietro; essere in arretrato: **I'm behind with** (*o* **in**) **my payments**, sono in arretrato coi pagamenti.

♦ **be down** *v. i. + avv.* essere sotto di: **I'm down a few dollars**, sono sotto di qualche dollaro. (*V. anche sotto* **down**).

♦ **be down for** *v. i. + avv. e prep.* essere in lista per.

♦ **be down on** *v. i. + avv. e prep.* (*fam.*) avercela con.

♦ **be down with** *v. i. + avv. e prep.* essere ammalato di: **to be down with flu**, avere l'influenza.

♦ **be in** *v. i. + avv. V. sotto* **in.**

♦ **be in at** *v. i. + avv. e prep.* essere presente a.

♦ **be in for** *v. i. + avv. e prep.* andare incontro a: **We're in for a thunderstorm**, si prepara un temporale; **She's in for a shock**, avrà (*o* l'aspetta) una brutta sorpresa; **You'll be in for it** (*o* **trouble**), vedrai che ti aspetta!; saranno guai per te.

♦ **be in on** *v. i. + avv. e prep.* essere a parte (*o* al corrente) di; partecipare a.

♦ **be in with** *v. i. + avv. e prep.* (*fam.*) essere in buoni rapporti con.

♦ **be off** *v. i. + avv.* andarsene; partire: **Be off with you!**, vattene! (*V. anche sotto* **off**).

♦ **be off for** *V. sotto* **off** (**1**), *def. 4.*

♦ **be on** ***A*** *v. i. + avv.* ***1*** (*fam.*) essere accettabile: **It's just not on**, è fuori discussione; niente da fare ***2*** starci ***B*** *v. i. + prep.* (*fam.*) essere in conto a: **This is on me**, pago io. (*V. anche sotto* **on**).

♦ **be on about** *v. i. + avv. e prep.* continuare a parlare di; avercela con.

♦ **be on at** *v. i. + avv. e prep.* (*fam.*) sgridare; stare addosso a.

♦ **be on to** *v. i. + avv. e prep.* essere sulla pista (*o* sulle tracce) di: **The police are on to us**, la polizia è sulle nostre tracce; **I think I'm on to a good thing**, credo di avere per le mani qualcosa di buono.

♦ **be out** *v. i. + avv. V. sotto* **out.**

♦ **be out for** *v. i. + avv. e prep.* cercare di accaparrarsi.

♦ **be out of** *v. i. + avv. e prep.* aver esaurito; essere senza.

♦ **be through with** *v. i. + avv. e prep.* aver rotto (con q.); aver finito (con q.c.); aver terminato (q.c.).

♦ **be up** *v. i. + avv.* essere successo. (*V. anche sotto* **up**).

♦ **be up against** *v. i. + avv. e prep.* trovarsi di fronte; (dover) fronteggiare • (*fam.*) **to be up against it**, essere in difficoltà; avere la vita difficile.

♦ **be up for** *v. i. + avv. e prep.* ***1*** essere candidato a ***2*** aver voglia di (fare q.c.): **I'm not up for a long trip**, non ho voglia di fare un viaggio lungo.

♦ **be up to** *v. i. + avv. e prep.* ***1*** essere intento a; combinare: **What are the children up to?**, che stanno combinando i bambini?; **He's up to no good**, ne sta facendo una delle sue ***2*** dipendere da; essere dovere (*o* responsabilità) di; toccare a: **It's up to him to decide**, tocca (*o* sta) a lui decidere; la decisione è sua ***3*** essere all'altezza (*o* in grado) di: **to be up to** (**doing**) **st.**, essere all'altezza di q.c.; essere capace di fare q.c.; **I don't feel up to it**, non me la sento ***4*** essere consapevole di: **I'm up to his tricks**, mi sono accorto del tiro che mi sta giocando ***5*** (*di cosa*) essere conforme a; valere: **to be up to standard**, essere accettabile; **This book isn't up to much**, questo libro non vale molto.

♦ **be with** *v. i. + prep.* ***1*** essere d'accordo con ***2*** seguire; capire: **I'm not with you**, non ti seguo.

beach /biːtʃ/ *n.* spiaggia • **b. ball**, pallone da spiaggia □ **b. buggy**, dune buggy; pulce del deserto (*fam.*) □ **b. hat**, cappello da spiaggia □ **b. suit**, prendisole □ **b. umbrella**, ombrellone.

to **beach** /biːtʃ/ *v. t.* (*naut.*) tirare in secco.

beachchair /ˈbiːtʃtʃɛə(r)/ *n.* (*USA*) (sedia a) sdraio.

beachcomber /ˈbiːtʃkəʊmə(r)/ *n.* ***1*** frangente ***2*** uomo che gira sulle spiagge alla ricerca di soldi, oggetti, ecc.

beachhead /ˈbiːtʃhɛd/ *n.* (*mil.*) testa di ponte (*o* di sbarco).

beachwear /ˈbiːtʃwɛə(r)/ *n.* Ⓤ abbigliamento da spiaggia.

beacon /ˈbiːkən/ *n.* ***1*** fuoco di segnalazione ***2*** faro (*per navi o aeroplani*) ***3*** torre per segnalazioni ***4*** (*radio*) radiofaro ***5*** *V.* **Belisha beacon** ***6*** (*fig.*) guida; faro.

bead /biːd/ *n.* ***1*** perlina (*di collana*); grano (*di rosario*) ***2*** mirino (*di fucile*): **to draw a b. on**, (*anche fig.*) prendere di mira ***3*** goccia (*di rugiada, di sudore*) ***4*** (*al pl.*) collana; (*antiq.*) rosario: **to tell one's beads**, dire il rosario.

beaded /ˈbiːdɪd/ *a.* ***1*** ornato di perle ***2*** imperlato (*di sudore*).

beading /ˈbiːdɪŋ/ *n.* Ⓤ *e* Ⓒ ***1*** decorazione di perline ***2*** (*archit.*) modanatura.

beadle /ˈbiːdl/ *n.* (*antiq., eccles.*) sagrestano.

beadwork /ˈbiːdwɜːk/ *n.* Ⓤ guarnizione di perline.

beady /ˈbiːdɪ/ *a.* tondo, piccolo e luccicante (*come una perlina*) • (*fam.*) **I've got my b. eye on you**, ti tengo d'occhio!

beagle /ˈbiːgl/ *n.* beagle; bracchetto inglese.

beak /biːk/ *n.* ***1*** becco; (*di rapace*) rostro ***2*** beccuccio (*di teiera, ecc.*) ***3*** (*fam.*) naso adunco ***4*** (*naut., stor.*) rostro ***5*** (*pop.*) magistrato ***6*** (*pop.*) preside.

beaker /ˈbiːkə(r)/ *n.* ***1*** bicchiere di plastica ***2*** (*chim., farm.*) becher (*ted.*).

be-all and end-all /ˈbiːɔːlənd'ɛndɔːl/ *locuz. n.* fine unico, esclusivo; alfa e omega.

beam (**1**) /biːm/ *n.* ***1*** trave ***2*** (*naut.*) larghezza massima; baglio ***3*** subbio (*di telaio*) ***4*** giogo (*di bilancia*) ***5*** stanga (*di aratro*) • (*naut.*) **on her b.-ends**, abbattuto sul fianco; ingavonato □ **on one's b.-ends**, completamente al verde □ (*naut.*) **on the b.**, al traverso.

beam (**2**) /biːm/ *n.* ***1*** raggio (*anche fig.*); fascio di luce ***2*** (*radio*) fascio (*di onde corte*) ***3*** segnale unidirezionale (*di radiofaro*) ***4*** sorriso raggiante • (*fam. GB*) **off b.**, fuori strada.

to **beam** /biːm/ ***A*** *v. t.* ***1*** (*anche fig.*) irradiare; irraggiare ***2*** (*radio*) orientare (*un'emissione*); mandare (*un segnale*) ***3*** (*aeron.*) guidare con un segnale unidirezionale ***B*** *v. i.* ***1*** brillare; sfavillare ***2*** sorridere radiosamente.

beaming /ˈbiːmɪŋ/ *a.* ***1*** splendente ***2*** sorridente; raggiante.

bean /biːn/ *n.* ***1*** fagiolo ***2*** chicco (*di caffè*) ***3*** (*pop.*) soldo: **I haven't a b.**, non ho un soldo; sono in bolletta • **b. pod**, baccello □ (*pop.*) **full of beans**, su di giri; frizzante □ (*fam. USA*) **not to know beans about st.**, non saperne un tubo di q.c. □ (*pop.*) **to spill the beans**, spifferare tutto; vuotare il sacco.

beanbag /ˈbiːnbæg/ *n.* grosso cuscino imbottito di polistirolo, usato come sedile.

beanfeast /ˈbiːnfiːst/ *n.* (*fam.*) festa; bisboccia.

beanpole /ˈbiːnpəʊl/ *n.* ***1*** bastone di sostegno per le piante di fagioli ***2*** (*fam.*) spilungone (-a).

beansprout /ˈbiːnspraʊt/ *n.* (*cucina*) germoglio di fagiolo.

bear /bɛə(r)/ *n.* ***1*** orso ***2*** uomo burbero; orso ***3*** (*Borsa*) ribassista • **b. cub**, orsacchiotto □ **b. garden**, posto rumoroso; gabbia di matti □ **b. hug**, forte abbraccio □ (*astron.*) **Great** [**Little**] **B.**, Orsa Maggiore [Minore] □ (*fam.*) **like a b. with a sore head**, di pessimo umore.

to **bear** /bɛə(r)/ (*pass.* **bore**; *p.p.* **borne** *o* **born**, *nel senso di «generato, nato»*) ***A*** *v. t.* ***1*** portare; reggere; sostenere; tenere; serbare: **to b. gifts**, portare regali; **to b. a grudge**, portare rancore; **to b. a weight**, reggere un peso; **The costs will be borne by us**, le spese saranno a carico nostro; **to**

b. in mind, tener presente; ricordare; **to b. the marks of**, portare i segni di; **to b. a famous name**, portare un nome famoso *2* sopportare; tollerare: **I can't b. him**, non lo sopporto *3* generare; partorire; produrre: **She bore him two children**, gli diede due figli; **to b. fruit**, dare frutti; fruttare; (*fig.*) dare buoni frutti; **to b. interest**, fruttare ● **to b. comparison with**, reggere il confronto con □ **to b. no resemblance to**, non somigliare a □ **to b. witness**, testimoniare; deporre □ **not to b. repeating**, essere irripetibile; non meritare di essere ripetuto □ **It doesn't b. thinking about**, fa tremare solo a pensarci ***B*** *v. i.* dirigersi verso; girare a: **to b. right**, girare a destra ● **to bring to b.**, *V. sotto* **to bring** ***C*** to **bear oneself** *v. rifl.* (*form.*) comportarsi.

♦ **bear away** ***A*** *v. t. + avv.* portare via; riportare ***B*** *v. i. + avv.* (*naut.*) poggiare; scostarsi dalla rotta.

♦ **bear down** ***A*** *v. t. + avv.* sconfiggere ***B*** *v. i. + avv.* sforzarsi; lottare.

♦ **bear down on** *v. i. + avv. e prep.* *1* dirigersi verso *2* gravare su.

♦ **bear in on** *v. t. + avv. e prep.* — **It was borne in on us that...**, ci rendemmo conto che...

♦ **bear off** ***A*** *v. t. + avv.* (*lett.*) portare via; conquistare: **to b. off a prize**, portarsi via un premio ***B*** *v. i. + avv.* (*naut.*) prendere il largo.

♦ **bear on** *v. i. + prep.* avere relazione (*o* rapporto) con.

♦ **bear out** *v. t. + avv.* confermare; convalidare: **It bears out what I said**, conferma quanto avevo detto.

♦ **bear up** *v. i. + avv.* farsi coraggio; reggere.

♦ **bear with** *v. i. + prep.* portare pazienza con: **B. with me a moment**, abbi pazienza un momento.

bearable /ˈbɛərəbl/ *a.* sopportabile; tollerabile.

beard /bɪəd/ *n.* barba: **to grow [to wear] a b.**, farsi crescere [portare] la barba.

to **beard** /bɪəd/ *v. t.* affrontare; sfidare.

bearded /ˈbɪədɪd/ *a.* barbuto.

bearer /ˈbɛərə(r)/ *n.* *1* (*anche comm.*) portatore (-trice); (*di lettera*) latore (-trice): **b. bond**, obbligazione al portatore *2* (*archit.*) elemento portante.

bearing (1) /ˈbɛərɪŋ/ *n.* *1* relazione; attinenza *2* rilevamento; posizione: (*naut.*) **to take a b.**, fare un rilevamento; **to get** (*o* **to find**) **one's bearings**, orientarsi (*anche fig.*); **to lose one's bearings**, perdere l'orientamento (*anche fig.*) *3* U sopportazione: **It is beyond (all) b.**, è insopportabile *4* U portamento *5* (*mecc.*) cuscinetto *6* (*archit.*) appoggio; sostegno (*di trave*).

bearing (2) /ˈbɛərɪŋ/ *a.* (*tecn.*) portante; (*nei composti*) -fero: **interest-b.**, fruttifero.

bearish /ˈbɛərɪʃ/ *a.* *1* scontroso; da orso *2* (*Borsa*) tendente (*o* orientato) al ribasso.

bearskin /ˈbɛəskɪn/ *n.* *1* pelle d'orso *2* colbacco (*di pelo d'orso*).

beast /biːst/ *n.* *1* bestia; animale: **b. of burden**, bestia da soma *2* (*fig.*) bestia; bruto ● (*fam.*) **a b. of a job.**, un lavoraccio □ **the b. in sb.**, gli istinti animali di q.

beastly /ˈbiːstlɪ/ ***A*** *a.* *1* bestiale *2* (*fam.*) orrendo; schifoso: **b. weather**, tempo da lupi *3* (*fam.*) antipatico; odioso ***B*** *avv.* (*fam.*) maledettamente: **b. bad news**, notizie pessime.

beat (1) /biːt/ *n.* *1* colpo; (il) battere (*ritmico*); rullo (*di tamburo*) *2* battito; pulsazione *3* giro (*di servizio o di guardia*); ronda: **on one's b.**, in giro di ronda (*o* d'ispezione) *4* (*mus.*) battuta; ritmo: **on the b.**, sulla battuta; a tempo *5* (*metrica*) accento ritmico *6* (*fis.*) battimento ● **to be out of** (*o* **to be off**) **one's b.**, fare un lavoro a cui non si è abituati.

beat (2) /biːt/ *a.* *1* (*fam.*) esausto; a pezzi: **dead b.**, stanco morto *2* beat: (*USA*) **b. generation**, beat generation (*gruppo di scrittori anticonformisti e ribelli degli anni '50*) ● (*fam. USA*) **b.-up**, malconcio; scassato (*fam.*).

to **beat** /biːt/ (*pass.* **beat**, *p.p.* **beaten** *e* **beat**) ***A*** *v. t.* *1* battere; colpire; picchiare *2* sconfiggere; battere: (*comm.*) **to b. the competition**, battere la concorrenza; **to b. sb. to a place**, arrivare in un posto prima di q.; **You can't b. a good film**, non c'è niente di meglio di un buon film *3* battere; perlustrare *4* sbattere (*ali*) *5* (*cucina*) sbattere (*uova, panna*) *6* (*fam.*) lasciare perplesso: **That beats me!**, non ci capisco nulla!; mistero! ***B*** *v. i.* *1* battere; picchiare; bussare: **The rain beat on the window**, la pioggia batteva sui vetri; **He beat on the door**, bussò alla porta *2* sbattere (*di ali*) *3* palpitare; pulsare ● **to b. about** (*USA* **around**) **the bush**, menare il can per l'aia □ **to b. sb. at their own game**, battere q. con le sue stesse armi □ **to b. sb. black and blue**, riempire q. di botte; coprire q. di lividi □ (*fam.*) **to b. sb. hollow**, suonarle a q. (*fig.*); stracciare q. □ (*pop.*) **to b. it**, darsela a gambe; filare □ (*fam.*) **to b. the band**, con forza; a più non posso; a bizzeffe □ (*mus.*) **to b. time**, battere il tempo □ (*fam.*) **That beats all!**, è il colmo!; questa sì che è bella!

♦ **beat back** *v. t. + avv.* ricacciare; respingere.

♦ **beat down** ***A*** *v. t. + avv.* *1* abbattere; buttar giù *2* far abbassare il prezzo a (q.) ***B*** *v. i. + avv.* (*del sole, della pioggia*) battere; picchiare.

♦ **beat in** *v. t. + avv.* *1* far entrare a forza *2* sfondare *3* (*cucina*) incorporare sbattendo.

♦ **beat off** *v. t. + avv.* ricacciare; respingere.

♦ **beat out** *v. t. + avv.* *1* scandire, battere (*un ritmo*) *2* spegnere a colpi (*un fuoco*).

♦ **beat up** *v. t. + avv.* *1* picchiare selvaggiamente; pestare *2* *V.* **to beat**, *A def. 5*.

beaten /ˈbiːtn/ ***A*** *p.p. di* **to beat** ***B*** *a.* *1* battuto: **b. silver**, argento battuto; **b. track**, strada battuta (*anche fig.*) *2* sconfitto *3* stanco; esausto *4* abbattuto; scoraggiato ● **b.-up**, malconcio; malandato.

beater /ˈbiːtə(r)/ *n.* *1* battitore; sbattitore: **carpet b.**, battipanni; **egg b.**, frullino *2* (*nella caccia*) battitore.

beatific /biːəˈtɪfɪk/ *a.* beato; gioioso.

beatification /biːætɪfɪˈkeɪʃn/ *n.* U e C (*relig.*) beatificazione.

to **beatify** /biːˈætɪfaɪ/ *v. t.* (*relig.*) beatificare.

beating /ˈbiːtɪŋ/ *n.* *1* (dose di) botte; bastonata; legnate: **to give sb. a b.**, riempire q. di botte *2* battito; pulsazioni *3* (*tecn.*) battitura *4* sconfitta; batosta ● **b.-up**, pestaggio □ (*fam.*) **It'll take some b.**, ce ne vorrà per batterlo.

beatitude /biːˈætɪtjuːd, *USA* -tuːd/ *n.* U beatitudine.

beatnik /ˈbiːtnɪk/ *n.* beatnik; esponente della beat generation.

beau /bəʊ/ (*franc.*) *n.* (*pl.* **beaus**, **beaux**) spasimante; moroso.

beaut /bjuːt/ *n.* (*pop. Austr.*) cosa fantastica; meraviglia; bellezza.

beauteous /ˈbjuːtɪəs/ *a.* (*poet.*) bello; vago.

beautician /bjuːˈtɪʃn/ *n.* estetista.

beautiful /ˈbjuːtɪfl/ *a.* bello; magnifico; eccellente.

beautifully /ˈbjuːtɪflɪ/ *avv.* in modo eccellente; ottimamente; mirabilmente.

to **beautify** /ˈbjuːtɪfaɪ/ *v. t.* abbellire; adornare.

beauty /ˈbjuːtɪ/ *n.* *1* U bellezza; beltà *2* bella donna *3* (*fam., anche iron.*) cosa bellissima; bellezza; meraviglia ● **b. contest**, concorso di bellezza □ **b. parlour**, istituto di bellezza □ **b. queen**, reginetta di bellezza □ **b. spot**, neo; luogo molto bello □ **That's the b. of it!**, questo è il bello!

beaux /bəʊz/ *pl. di* **beau**.

beaver /ˈbiːvə(r)/ *n.* *1* (*zool.*) castoro *2* (pelliccia di) castoro; berretto di castoro ● (*fam.*) **eager b.**, gran lavoratore; stacanovista.

to **beaver** /ˈbiːvə(r)/ *v. Solo come*:

♦ **beaver away** *v. i. + avv.* (*fam.*) lavorare indefessamente.

becalmed /bɪˈkɑːmd/ *a.* (*naut.*) in bonaccia; abbonacciato.

became /bɪˈkeɪm/ *pass. di* **to become**.

because /bɪˈkɒz, -kəz, *USA* bɪˈkɔːz, -kəz/ *cong.* perché; poiché ● **b. of**, per; a (*o* per) causa di.

béchamel /beɪʃəˈmel/ (*franc.*) *n.* U (*cucina*) besciamella.

beck /bek/ *n.* cenno, segno (*del capo, della mano*) ● **to be at sb.'s b. and call**, essere agli ordini di q.

to **beckon** /ˈbekən/ ***A*** *v. t.* chiamare con un cenno; fare un cenno a: **He beckoned me on**, mi fece cenno di proseguire ***B*** *v. i.* *1* fare cenni *2* (*fig.*) chiamare; invitare.

to **become** /bɪˈkʌm/ (*pass.* **became**, *p.p.* **become**) ***A*** *v. i.* *1* divenire; diventare; farsi: **to b. a pianist**, diventare pianista; **to b. famous**, diventare famoso; **to b. warmer**, riscaldarsi; **to b. vacant**, rendersi libero; **It became dark**, si fece buio; **It became known that...**, si venne a sapere che... *2* (*in frasi dubit. e interr.*) avvenire (a); esserne (di): **What will b. of us?**, che ne sarà di noi? ***B*** *v. t.* *1* addirsi a; confarsi a *2* stare bene a; donare a: **Green doesn't b. her**, il verde non le dona.

becoming /bɪˈkʌmɪŋ/ *a.* *1* conveniente; appropriato; che si addice a *2* grazioso; che sta bene.

bed /bed/ *n.* *1* letto: **to make the bed**, rifare il letto; **to go to bed**, andare a letto (*o* a dormire); **in bed**, a letto; **to put to bed**, mettere a letto; **to take to one's bed**, mettersi a letto (*per malattia*); **double bed**, letto matrimoniale; **single bed**, letto singolo (*o* a una piazza) *2* lettiera *3* fondo (*marino*); letto, alveo (*di fiume*) *4* base; strato (*anche geol.*); (*mecc.*) basamento; fondo (*stradale*) *5* aiuola • **bed and board**, vitto e alloggio □ **bed and breakfast**, camera e prima colazione; casa privata che offre alloggio e prima colazione; bed and breakfast □ **bed-jacket**, liseuse (*franc.*) □ **bed linen**, biancheria da letto □ **bed-wetting**, incontinenza notturna; il fare la pipì a letto □ **It's not a bed of roses**, non è tutto rose e fiori □ **to get out of bed on the wrong side**, alzarsi con la luna storta □ **You've made your bed, now you must lie in it**, ti sei messo nei pasticci da solo e ora arrangiati.

to **bed** /bɛd/ *v. Solo come*:

♦ **bed down** ***A*** *v. t.* + *avv.* *1* mettere a letto *2* fissare; piantare saldamente ***B*** *v. i.* + *avv.* sistemarsi per la notte (*specialm. in un letto di fortuna*).

♦ **bed out** *v. t.* + *avv.* trapiantare; mettere a dimora.

to **bedaub** /bɪ'dɔːb/ *v. t.* imbrattare.

to **bedazzle** /bɪ'dæzl/ *v. t.* abbagliare, accecare (*anche fig.*); confondere.

bedbug /'bɛdbʌg/ *n.* (*zool.*) cimice.

bedclothes /'bɛdkləʊðz, *USA* -kləʊz/ *n. pl.* biancheria e coperte da letto.

bedding /'bɛdɪŋ/ *n.* 🅄 *1* occorrente per il letto *2* lettiera • **b. plant**, piantina da mettere a dimora.

to **bedeck** /bɪ'dɛk/ *v. t.* adornare; ornare.

to **bedevil** /bɪ'dɛvl/ *v. t.* tormentare; affliggere; intralciare.

bedfellow /'bɛdfɛləʊ/ *n.* *1* compagno di letto *2* (*fig.*) compagno • **Politics makes strange bedfellows**, la politica mette insieme le persone più improbabili.

bedimmed /bɪ'dɪmd/ *a. pred.* offuscato.

bedlam /'bɛdləm/ *n.* *1* (*arc.*) manicomio *2* 🅄 e 🄲 (*fam.*) baraonda; pandemonio; bolgia.

bedouin /'bɛdʊɪn/ *n.* (*pl.* **bedouin**, **bedouins**) beduino.

bedpan /'bɛdpæn/ *n.* padella per ammalati.

bedpost /'bɛdpəʊst/ *n.* colonna di letto • **between you, me and the b.**, detto fra noi; in confidenza.

bedraggled /bɪ'drægld/ *a.* *1* inzaccherato; infradiciato *2* (*estens.*) malmesso; malconcio.

bedridden /'bɛdrɪdn/ *a.* costretto a letto.

bedrock /'bɛdrɒk/ *n.* *1* (*geol.*) roccia fresca *2* base; fondamento.

bedroom /'bɛdruːm, -rʊm/ *n.* camera; stanza da letto: **single [double] b.**, camera a un letto [a due letti].

bedside /'bɛdsaɪd/ *n.* *1* sponda del letto *2* (*fig.*) capezzale • **b. manner**, (*di medico, ecc.*) modo di trattare gli ammalati □ **b. rug**, scendiletto □ **b. table**, comodino.

bedsit /'bɛdsɪt/, **bedsitter** /'bɛdsɪtə(r)/ *n.* monolocale.

bedsore /'bɛdsɔː(r)/ *n.* piaga da decubito.

bedspread /'bɛdsprɛd/ *n.* copriletto.

bedstead /'bɛdstɛd/ *n.* fusto del letto.

bedtime /'bɛdtaɪm/ *n.* 🅄 l'ora di andare a letto.

bee /biː/ *n.* ape: **queen bee**, ape regina • **to have a bee in one's bonnet (about)**, avere un'idea fissa; avere la mania (di) □ (*USA*) **spelling bee**, gare di ortografia □ (*fam. GB*) **He thinks he's the bee's knees**, si crede chissà chi.

Beeb /biːb/ *n.* (*fam. GB*) (la) BBC.

beech /biːtʃ/ *n.* (*bot.*) faggio • (*zool.*) **b. marten**, faina.

beef /biːf/ *n.* *1* 🅄 manzo; carne di bue: **boiled b.**, (manzo) lesso *2* (*pl.* **beeves** /biːvz/) bue da macello *3* 🅄 (*fam.*) nerbo; muscolosità; forza *4* (*pop.*) lagnanza; mugugno • **b. tea**, brodo ristretto.

to **beef** /biːf/ *v. i.* (*pop. USA*) brontolare; mugugnare.

♦ **beef up** *v. t.* + *avv.* (*fam.*) rinforzare; rimpolpare.

beefcake /'biːfkeɪk/ *n.* 🅄 (*fam.*) (fotografie di) uomini muscolosi.

beefeater /'biːfiːtə(r)/ *n.* guardia della Torre di Londra.

beefsteak /'biːfsteɪk/ *n.* 🄲 e 🅄 bistecca.

beefy /'biːfɪ/ *a.* (*fam.*) nerboruto; muscoloso; robusto.

beehive /'biːhaɪv/ *n.* alveare; arnia.

beekeeper /'biːkiːpə(r)/ *n.* apicoltore (-trice).

beekeeping /'biːkiːpɪŋ/ *n.* 🅄 apicoltura.

beeline /'biːlaɪn/ *n.* — (*fam.*) **to make a b. for**, andare diritto filato verso.

been /biːn, bɪn, *USA* bɪn, bɛn/ *p.p. di* **to be**.

beep /biːp/ *n.* *1* colpo di clacson *2* segnale acustico; bip.

to **beep** /biːp/ ***A*** *v. t.* suonare (*il clacson*) ***B*** *v. i.* (*di clacson, cicalino*) suonare.

beeper /'biːpə(r)/ *n.* (*USA*) cicalino; cercapersone.

beer /bɪə(r)/ *n.* 🅄 birra • **b. belly**, stomaco da bevitore; pancione □ **It wasn't all b. and skittles**, ci fu poco da divertirsi □ **draught b.**, birra alla spina □ **small b.**, birra leggera; (*fig.*) cosa di poca importanza.

beery /'bɪərɪ/ *a.* *1* di birra; simile a birra *2* che sa di birra *3* brillo.

beeswax /'biːzwæks/ *n.* 🅄 cera vergine.

beet /biːt/ *n.* (*bot.*) barbabietola • **b. sugar**, zucchero di barbabietola.

beetle (1) /'biːtl/ *n.* *1* coleottero (*specialm. grosso e nero*); scarabeo *2* (*autom. fam.*) Maggiolino (Volkswagen).

beetle (2) /'biːtl/ *n.* mazzuolo.

to **beetle** /'biːtl/ *v. i.* (*fam. GB*) filare di soppiatto: **He beetled off**, filò via.

beetroot /'biːtruːt/ *n.* (*bot.*) barbabietola rossa.

beeves /biːvz/ *pl. di* **beef**, *def.* 2.

to **befall** /bɪ'fɔːl/ (*pass.* **befell** /bɪ'fɛl/, *p.p.* **befallen** /bɪ'fɔːlən/) *v. t. e i.* (*form.*) accadere (a); capitare (a): **Worse befell him**, gli accadde di peggio.

to **befit** /bɪ'fɪt/ *v. t.* (*form.*) addirsi a; confarsi a; essere adatto a.

befitting /bɪ'fɪtɪŋ/ *a.* adatto (a); confacente (a).

before /bɪ'fɔː(r)/ ***A*** *avv.* *1* avanti; davanti *2* prima; già: **the day b.**, il giorno prima; **I have been here b.**, sono già stato qui ***B*** *prep.* *1* (*di spazio e fig.*) davanti a: **b. the judge**, davanti al giudice; **b. God**, davanti a Dio; **b. my very eyes**, sotto ai miei occhi; **to put comfort b. elegance**, anteporre la comodità all'eleganza *2* (*di tempo*) prima di; avanti: **b. Christ** (*abbr.* **B.C.**), avanti Cristo; **b. ten o'clock**, prima delle dieci • **b. long**, fra non molto; fra breve □ **b. tax**, al lordo delle ritenute □ (*naut.*) **b. the wind**, col vento in poppa ***C*** *cong.* *1* prima che; prima di: **Talk to him b. he leaves**, parlagli prima che se ne vada; **I knew even b. I saw him**, capii tutto prima ancora di vederlo *2* piuttosto che: **He would die b. he would apologize**, preferirebbe morire piuttosto che chiedere scusa.

beforehand /bɪ'fɔːhænd/ *avv.* in anticipo.

to **befriend** /bɪ'frɛnd/ *v. t.* prendere a benvolere.

to **befuddle** /bɪ'fʌdl/ *v. t.* confondere; stordire.

to **beg** /bɛg/ ***A*** *v. t.* *1* elemosinare; chiedere in elemosina *2* pregare; supplicare; chiedere: **I begged him to listen**, lo supplicai di ascoltare; **to beg a favour of sb.**, chiedere un favore a q. • **to beg the question**, dare per dimostrato ciò che è da dimostrare ***B*** *v. i.* *1* pregare; supplicare *2* chiedere l'elemosina • **I beg to differ**, mi permetto di non essere d'accordo.

♦ **beg for** *v. i.* + *prep.* chiedere in elemosina: **to beg for money [food]**, chiedere denaro [cibo] in elemosina.

♦ **beg off** *v. i.* + *prep.* esimersi (*da un impegno*); scusarsi (*e non intervenire*).

began /bɪ'gæn/ *pass. di* **to begin**.

to **beget** /bɪ'gɛt/ (*pass.* **begot**, *p.p.* **begot**, **begotten**) *v. t.* *1* (*arc.*) generare; mettere al mondo *2* generare; produrre; causare.

beggar /'bɛgə(r)/ *n.* *1* mendicante; accattone *2* (*fam., sempre con un agg.*) individuo; tizio: **Lucky b.!**, che fortunato!; **poor b.**, poveraccio • **little b.**, birichino; piccola peste □ (*prov.*) **Beggars can't be choosers**, chi è nel bisogno non può fare lo schifiltoso.

to **beggar** /'bɛgə(r)/ *v. t.* *1* ridurre in miseria *2* — **to b. description**, essere indescrivibile.

beggarly /'bɛgəlɪ/ *a.* (*generalm. fig.*) misero; povero.

beggar-my-neighbour /'bɛgəmɪ'neɪbə(r), -maɪ-/ *n.* rubamazzo (*gioco di carte*).

to **begin** /bɪ'gɪn/ (*pass.* **began**, *p.p.* **begun**) *v. t. e i.* iniziare; cominciare; incominciare: **to b. talking** (*o* **to talk**), cominciare a parlare; **to b. again**, ricominciare; **to b. by doing st.**, cominciare col fare q.c.; **to b. at the beginning**, cominciare dal principio; **to b. with**, tanto per cominciare; per prima cosa.

beginner /bɪ'gɪnə(r)/ *n.* *1* iniziatore (-trice) *2* principiante; esordiente: **b.'s luck**, fortuna del principiante.

beginning /bɪ'gɪnɪŋ/ *n.* *1* inizio; principio: **from b. to end**, dall'inizio alla fine *2* origine.

begone /bɪ'gɒn, *USA* -'gɔːn/ *inter.* (*arc.*) vattene!; andatevene!

begonia /bɪ'gəʊnɪə/ *n.* (*bot.*) begonia.

begot /bɪ'gɒt/ *pass. e p.p. di* **to beget**.

begotten /bɪ'gɒtn/ *p.p. di* **to beget**.

to **begrudge** /bɪˈgrʌdʒ/ *v. t.* ***1*** invidiare ***2*** lesinare.
to **beguile** /bɪˈgaɪl/ *v. t.* ***1*** ingannare; abbindolare: **to b. sb. into doing st.**, indurre q. a fare q.c. con l'inganno ***2*** ingannare, passare (*il tempo*) ***3*** allettare; sedurre.
beguiling /bɪˈgaɪlɪŋ/ *a.* ***1*** ingannevole ***2*** allettante; seducente.
begun /bɪˈgʌn/ *p.p. di* **to begin**.
behalf /bɪˈhɑːf, *USA* -ˈhæf/ *n.* — **on** (*USA* **in**) **b. of**, a favore di; per conto di; a nome di.
to **behave** /bɪˈheɪv/ *v. i.* ***1*** comportarsi; agire: **to b. like a child**, comportarsi da bambino ***2*** (*anche* **to b. oneself**) comportarsi bene ***3*** (*mecc.*) funzionare.
behaviour, (*USA*) **behavior** /bɪˈheɪvjə(r)/ *n.* [U] comportamento; condotta; modo di comportarsi; maniere ● **to be on one's best b.**, comportarsi impeccabilmente.
behavioural, (*USA*) **behavioral** /bɪˈheɪvjərəl/ *a.* comportamentale.
behaviourism, (*USA*) **behaviorism** /bɪˈheɪvjərɪzəm/ *n.* [U] (*psic.*) comportamentismo; behaviorismo.
behaviourist, (*USA*) **behaviorist** /bɪˈheɪvjərɪst/ *n.* (*psic.*) comportamentista; behaviorista.
to **behead** /bɪˈhɛd/ *v. t.* decapitare (*come pena*).
beheld /bɪˈhɛld/ *pass. e p.p. di* **to behold**.
behest /bɪˈhɛst/ *n.* (*lett.*) richiesta; ordine: **at the b. of**, su ordine di.
behind /bɪˈhaɪnd/ ***A*** *avv.* ***1*** dietro; di dietro; indietro (*anche nel tempo*); in arretrato: **to fall** (*o* **to drop**) **b.**, rimanere indietro; **to be b. in** (*o* **with**) **one's work**, essere indietro col lavoro; **to leave b.**, dimenticare (*di prendere*); lasciare; **to stay b.**, restare, fermarsi (*dopo che gli altri se ne sono andati*) ***2*** in ritardo ***B*** *prep.* ***1*** dietro (di); più indietro di: **He sat just b. me**, sedeva proprio dietro di me; **I am b. him in my studies**, io sono più indietro di lui nei miei studi; **b. the scenes**, dietro le quinte; **There is something b. this**, qui c'è sotto qualcosa ***2*** favorevole a; che appoggia: **All parties are b. this bill**, tutti i partiti appoggiano questo disegno di legge ● **b. sb.'s back**, (*anche fig.*) alle spalle di q. □ **b. schedule**, in ritardo sull'orario □ **b. the times**, antiquato □ **b. time**, in ritardo ***C*** *n.* (*fam.*) sedere; didietro; deretano.
behindhand /bɪˈhaɪndhænd/ *avv. e a. pred.* ***1*** indietro; in ritardo ***2*** in arretrato (*con i pagamenti*) ***3*** lento; tardo ***4*** antiquato.
to **behold** /bɪˈhəʊld/ (*pass. e p.p.* **beheld**) *v. t.* (*lett.*) vedere; guardare; mirare.
beholden /bɪˈhəʊldən/ *a. pred.* obbligato; grato; in debito.
to **behove** /bɪˈhəʊv/ *v. t. impers.* (*lett.*) essere d'uopo; essere doveroso.
being /ˈbiːɪŋ, biːŋ/ *n.* ***1*** [U] l'essere; esistenza; vita; anima ***2*** essere; ente: **the Supreme B.**, l'Ente Supremo ***3*** creatura; persona: **human b.**, creatura umana ● **to come into b.**, avere origine.
bejewelled, (*USA*) **bejeweled** /bɪˈdʒuːəld/ *a.* ingioiellato.
belated /bɪˈleɪtɪd/ *a.* tardo; tardivo; (che arriva) in ritardo.
to **belay** /bɪˈleɪ/ *v. t.* (*naut., alpinismo*) assicurare (*una corda*).
belaying pin /bɪˈleɪɪŋ pɪn/ *locuz. n.* (*naut.*) caviglia.
belch /bɛltʃ/ *n.* ***1*** rutto ***2*** eruzione (*di vulcano*).
to **belch** /bɛltʃ/ *v. t. e i.* ***1*** ruttare ***2*** eruttare; vomitare: **to b. flames**, eruttare fiamme.
to **beleaguer** /bɪˈliːgə(r)/ *v. t.* (*anche fig.*) assediare.
belfry /ˈbɛlfrɪ/ *n.* campanile.
Belgian /ˈbɛldʒən/ *a. e n.* belga.
to **belie** /bɪˈlaɪ/ *v. t.* ***1*** mascherare; celare ***2*** smentire ***3*** deludere.
belief /bɪˈliːf/ *n.* ***1*** credenza; fede: **mistaken b.**, credenza errata ***2*** [U] convinzione; convincimento: **in the b. that**, nella convinzione che ● **to the best of one's b.**, per quel che se ne sa □ **beyond b.**, incredibile; incredibilmente.
believable /bɪˈliːvəbl/ *a.* credibile.
to **believe** /bɪˈliːv/ *v. t. e i.* ***1*** credere (in, a); aver fede, aver fiducia (in): **I b. you**, ti credo; **to b. in God**, credere in Dio ***2*** credere; pensare; ritenere: **He is believed to have been killed**, si pensa che sia stato ucciso ● **I don't b. it!**, incredibile!; roba da pazzi!
believer /bɪˈliːvə(r)/ *n.* credente.
Belisha beacon /bəˈliːʃəˈbiːkən/ *locuz. n.* (*GB*) luce intermittente gialla (*a un passaggio pedonale*).
to **belittle** /bɪˈlɪtl/ *v. t.* sminuire; deprezzare.
bell (1) /bɛl/ *n.* ***1*** campana ***2*** campanello: **alarm b.**, campanello d'allarme ***3*** sonaglio; campanello ***4*** suoneria (*di telefono*) ● **b.-bottoms**, pantaloni a zampa di elefante □ **b.-ringer**, campanaro □ **b.-shaped**, a campana; scampanato □ **b.-tower**, torre campanaria; campanile □ **The name rings a b.**, è un nome che non mi è nuovo (*o* che mi dice qualcosa).
bell (2) /bɛl/ *n.* bramito (*di cervo, ecc.*).
to **bell** /bɛl/ *v. i.* bramire (*di cervo, ecc.*).
belladonna /bɛləˈdɒnə/ *n.* [U] (*bot., farm.*) belladonna.
bellboy /ˈbɛlbɔɪ/ *n.* fattorino d'albergo.
belle /bɛl/ (*franc.*) *n.* bella (ragazza) ● **the b. of the ball**, la reginetta della festa.
bellflower /ˈbɛlflaʊə(r)/ *n.* (*bot.*) campanula; campanella.
bellhop /ˈbɛlhɒp/ (*USA*) *V.* **bellboy**.
bellicose /ˈbɛlɪkəʊs/ *a.* bellicoso.
bellicosity /bɛlɪˈkɒsətɪ/ *n.* [U] bellicosità.
belligerency /bəˈlɪdʒərənsɪ/ *n.* [U] (*anche leg.*) belligeranza.
belligerent /bəˈlɪdʒərənt/ *a. e n.* (*anche leg.*) belligerante.
bellow /ˈbɛləʊ/ *n.* ***1*** muggito; barrito ***2*** urlo.
to **bellow** /ˈbɛləʊ/ *v. i.* ***1*** muggire; barrire ***2*** urlare.
bellows /ˈbɛləʊz/ *n. pl.* ***1*** mantice; soffietto ***2*** polmoni.
bellpush /ˈbɛlpʊʃ/ *n.* pulsante (di campanello).
belly /ˈbɛlɪ/ *n.* pancia; ventre ● (*fam.*) **b. button**, ombelico □ **b. dance**, danza del ventre □ (*fam.*) **b. flop**, panciata (*in acqua*) □ **b. laugh**, risata grassa □ (*aeron.*) **b.-landing**, atterraggio senza carrello.
to **belly** /ˈbɛlɪ/ *v. Solo come:*
♦ **belly out** ***A*** *v. t.* + *avv.* gonfiare (*una vela*) ***B*** *v. i.* + *avv.* gonfiarsi (*di vela*).
bellyache /ˈbɛlɪeɪk/ *n.* [C] *e* [U] (*fam.*) mal di pancia.
to **bellyache** /ˈbɛlɪeɪk/ *v. i.* (*fam.*) lagnarsi insistentemente; mugugnare.
bellyful /ˈbɛlɪfʊl/ *n.* scorpacciata; spanciata ● (*fam.*) **to have had a b.** (**of**), averne fin sopra i capelli (di); averne le scatole piene (di).
to **belly-land** /ˈbɛlɪlænd/ *v. i.* (*aeron.*) atterrare senza carrello.
to **belong** /bɪˈlɒŋ, *USA* -lɔːŋ/ *v. i.* ***1*** appartenere (a): **This house belongs to my father**, questa casa appartiene a (*o* è di) mio padre ***2*** far parte (di): **to b. to a club**, essere socio di un club; **He belongs here**, è membro di questa comunità [di questo partito, reggimento, ecc.]; **He'd like to feel he belongs**, vorrebbe sentirsi parte (*del gruppo, dell'ambiente, ecc.*) ***3*** avere il proprio posto: **Where does this b.?**, dove va (messo) questo?; **Put it back where it belongs**, rimettilo al suo posto.
belongings /bɪˈlɒŋɪŋz, *USA* -ˈlɔːŋ-/ *n. pl.* cose, oggetti (*di proprietà personale*); roba ● **personal b.**, effetti personali.
beloved /bɪˈlʌvɪd, bɪˈlʌvd/ *a. e n.* amato (-a); diletto (-a).
below /bɪˈləʊ/ ***A*** *prep.* ***1*** sotto (a); al disotto di: **b. ground**, sottoterra: **b. zero**, sotto zero; **b. average**, al di sotto della media ***2*** inferiore a; meno di ***B*** *avv.* ***1*** sotto; di sotto: **the flat b.**, l'appartamento di sotto; **see p. 56 b.**, vedi sotto p. 56; **the valley b.**, la valle sottostante ***2*** (*naut.*) sottocoperta.
belt /bɛlt/ *n.* ***1*** cintura; cinghia ***2*** zona; cintura; fascia: **green b.**, zona (*o* fascia) verde ● **black b.**, cintura nera (*di judo e karate*) □ **to have st. under one's b.**, avere q.c. al proprio attivo (*o* in tasca) □ **That was below the b.**, (*boxe e fig.*) è stato un colpo basso □ (*fig.*) **to tighten one's b.**, tirare la cinghia.
to **belt** /bɛlt/ *v. t.* ***1*** allacciare; cingere; assicurare (con una cintura) ***2*** prendere a cinghiate ***3*** (*fam.*) mollare una sberla a.
♦ **belt along** *v. i.* + *avv.* (*fam. GB*) andare a tutta velocità; filare; andare sparati.
♦ **belt out** *v. t.* + *avv.* (*fam.*) cantare a piena gola.
♦ **belt up** *v. i.* + *avv.* (*pop. GB*) smettere di parlare; tacere: **B. up!**, chiudi quella bocca!; piantala!
beltway /ˈbɛltweɪ/ *n.* (*autom., USA*) tangenziale.
to **bemoan** /bɪˈməʊn/ *v. t.* piangere; lamentare.
to **bemuse** /bɪˈmjuːz/ *v. t.* confondere; lasciare perplesso.
bench /bɛntʃ/ *n.* ***1*** panca; panchina; banco ***2*** banco (*di lavoro*) ***3*** banco, seggio (*di giudice*) ***4*** — (*leg.*) **the b.**, il giudice; il collegio giudicante; la magistratura; i giudici ***5*** (*sport*) panchina ● **b. mark**, (*topogr. e fig.*) punto di riferimento □ **b.-warmer**, (*sport*) riserva; (*fig.*) scaldaseggiole.
bend (1) /bɛnd/ *n.* ***1*** curva, svolta (*di strada*); ansa (*di fiume*) ***2*** piega, piegatura (*di tubo, gomito*) ***3*** piegamento;

flessione *4* (*naut.*) nodo *5* — (*med., fam.*) **the bends**, il male dei palombari; embolia gassosa • (*fam.*) **to drive sb. round the b.**, far diventare matto q.; far disperare q.

bend (2) /bɛnd/ *n.* (*arald.*) banda.

to **bend** /bɛnd/ (*pass. e p.p.* **bent**) ***A*** *v. t.* *1* curvare; piegare; chinare *2* dirigere; volgere (*lo sguardo, l'attenzione, le energie*) • **to b. the rules**, stiracchiare le regole a proprio favore ***B*** *v. i.* *1* curvarsi; piegarsi; chinarsi *2* fare una curva; curvare; svoltare • (*fam.*) **to b. over backwards**, farsi in quattro (*per aiutare q., ecc.*).

bender /ˈbɛndə(r)/ *n.* (*pop.*) gran bevuta; bisboccia: **to go on a b.**, fare bisboccia; bere fino a ubriacarsi.

beneath /bɪˈniːθ/ ***A*** *avv.* sotto; di sotto; sottostante ***B*** *prep.* *1* sotto (a); al disotto di *2* inferiore a; indegno di • **b. contempt**, indegno persino d'essere disprezzato □ **to marry b. oneself**, sposare q. di condizione inferiore.

Benedictine /bɛnɪˈdɪktɪn/ *a. e n.* (*eccles.*) benedettino.

benediction /bɛnɪˈdɪkʃn/ *n.* [U] *e* [C] benedizione.

benefactor /ˈbɛnɪfæktə(r)/ *n.* benefattore.

benefactress /ˈbɛnɪfæktrɪs/ *n.* benefattrice.

beneficent /bəˈnɛfɪsnt/ *a.* benefico; caritatevole.

beneficial /bɛnɪˈfɪʃl/ *a.* che dà beneficio; che fa bene; vantaggioso • (*leg.*) **b. owner**, usufruttuario.

beneficiary /bɛnɪˈfɪʃərɪ, *USA* -fɪʃɪɛrɪ/ *n.* beneficiario (-a).

benefit /ˈbɛnɪfɪt/ *n.* [C] *e* [U] *1* beneficio; giovamento; vantaggio *2* indennità; sussidio; assegni: (*in G.B.*) **child b.**, assegni familiari; **sickness b.**, indennità di malattia *3* (*teatr., anche* **b. performance**), spettacolo di beneficenza; (*per attore*) beneficiata • **to give sb. the b. of the doubt**, concedere a q. il beneficio del dubbio.

to **benefit** /ˈbɛnɪfɪt/ ***A*** *v. t.* beneficare; giovare a; far bene a ***B*** *v. i.* beneficiare; trarre profitto (*o* vantaggio): **to b. by** (*o* **from**) **st.**, beneficiare di q.c.; trarre vantaggio da q.c.

benevolence /bəˈnɛvələns/ *n.* [U] benevolenza.

benevolent /bəˈnɛvələnt/ *a.* *1* benevolo *2* benefico; caritatevole • (*leg.*) **b. society**, associazione con scopi filantropici.

Bengali /bɛŋˈgɔːlɪ/ *a. e n.* bengalese.

benighted /bɪˈnaɪtɪd/ *a.* ottenebrato; arretrato.

benign /bəˈnaɪn/ *a.* benigno (*anche med.*); benevolo; favorevole.

benignity /bəˈnɪgnətɪ/ *n.* [U] benignità; benevolenza.

bent (1) /bɛnt/ ***A*** *pass. e p.p. di* **to bend** ***B*** *a.* *1* curvo; ricurvo *2* (*pop.*) disonesto; corrotto *3* (*pop. spreg.*) omosessuale; invertito • **b. on doing st.**, deciso (*o* risoluto) a fare q.c.

bent (2) /bɛnt/ *n.* inclinazione; disposizione: **to have a b. for st.**, essere portato (*o* avere disposizione) per q.c.

benthos /ˈbɛnθɒs/ *n.* [U] (*biol.*) benthos.

benumbed /bɪˈnʌmd/ *a.* intorpidito (dal freddo); intirizzito.

benzene /ˈbɛnziːn/ *n.* [U] (*chim.*) benzene.

benzine /ˈbɛnziːn/ *n.* [U] (*ind.*) benzina (*per motori di aereo e per smacchiare*).

benzol(e) /ˈbɛnzɒl/ *n.* [U] (*chim.*) benzolo.

to **bequeath** /bɪˈkwiːð/ *v. t.* *1* (*leg.*) lasciare in eredità *2* trasmettere; tramandare.

bequest /bɪˈkwɛst/ *n.* (*leg.*) lascito; legato testamentario.

to **berate** /bɪˈreɪt/ *v. t.* rimproverare.

Berber /ˈbɜːbə(r)/ *a. e n.* berbero.

to **bereave** /bɪˈriːv/ (*pass. e p.p.* **bereaved** *o* **bereft**) *v. t.* (*lett.*) privare.

bereaved /bɪˈriːvd/ *a.* in lutto: **b. relatives**, parenti del defunto; familiari in lutto.

bereavement /bɪˈriːvmənt/ *n.* perdita; lutto.

bereft /bɪˈrɛft/ ***A*** *pass. e p.p. di* **to bereave** ***B*** *a.* privo; senza: **b. of ideas**, privo di idee; **b. of words**, senza parole.

beret /ˈbɛreɪ, *USA* bəˈreɪ/ (*franc.*) *n.* *1* basco *2* berretta (*da prete*).

bergamot /ˈbɜːgəmɒt/ *n.* bergamotto (*pianta ed essenza*).

beriberi /ˈbɛrɪˈbɛrɪ/ *n.* [U] (*med.*) beriberi.

berk /bɜːk/ *n.* (*pop. GB*) cretino; fesso.

berkelium /bɜːˈkɪlɪəm/ *n.* [U] (*chim.*) berkelio.

Berliner /bɜːˈlɪnə(r)/ *n.* berlinese.

Bermudas /bəˈmjuːdəz/ *n. pl.* (*anche* **Bermuda shorts**) (*moda*) bermuda.

berry /ˈbɛrɪ/ *n.* *1* (*bot.*) bacca *2* uovo (*di pesce o crostaceo*).

berserk /bəˈsɜːk/ *a. pred.* *1* impazzito; forsennato *2* (*fam.*) furibondo: **to go b.**, perdere il lume della ragione; dare in escandescenze.

berth /bɜːθ/ *n.* *1* (*naut.*) ancoraggio; posto d'ormeggio *2* (*ferr., naut.*) cuccetta • **to give sb. a wide b.**, tenersi alla larga da q.

to **berth** /bɜːθ/ *v. t. e i.* (*naut.*) ancorare; ormeggiare al molo.

beryl /ˈbɛrəl/ *n.* [U] (*miner.*) berillo.

beryllium /bəˈrɪlɪəm/ *n.* [U] (*chim.*) berillio.

to **beseech** /bɪˈsiːtʃ/ (*pass. e p.p.* **beseeched** *o, antiq.,* **besought**) *v. t.* implorare; supplicare.

beset /bɪˈsɛt/ *a. pred.* irto; pieno: **b. with difficulties**, irto di difficoltà.

to **beset** /bɪˈsɛt/ (*pass. e p.p.* **beset**) *v. t.* assalire; assediare: **I was b. by uncertainty**, ero tormentato dall'incertezza.

besetting /bɪˈsɛtɪŋ/ *a.* (*di vizio, difetto, ecc.*) inveterato; peggiore.

beside /bɪˈsaɪd/ *prep.* *1* accanto a; vicino a: **to sit b. sb.**, sedersi accanto a q. *2* in confronto a; a paragone di • **b. the point**, estraneo all'argomento; che non c'entra □ **to be b. oneself**, essere fuori di sé.

besides /bɪˈsaɪdz/ ***A*** *prep.* *1* oltre a; in aggiunta a: **There are other problems b. this**, ci sono altri problemi oltre a questo *2* (*in frasi interr. e neg.*) a parte: **Who was there b. you and Jack?**, chi c'era a parte te e Jack? ***B*** *avv.* inoltre; per di più.

to **besiege** /bɪˈsiːdʒ/ *v. t.* *1* assediare *2* tempestare; assillare: **to b. sb. with questions**, tempestare q. di domande.

besieger /bɪˈsiːdʒə(r)/ *n.* assediante.

to **besmirch** /bɪˈsmɜːtʃ/ *v. t.* infangare; screditare.

besom /ˈbiːzəm/ *n.* (*antiq.*) granata; scopa.

besotted /bɪˈsɒtɪd/ *a.* *1* istupidito *2* infatuato: **b. with sb.**, infatuato di q.; che ha perso la testa per q.

besought /bɪˈsɔːt/ *pass. e p.p. di* **to beseech**.

to **bespatter** /bɪˈspætə(r)/ *v. t.* inzaccherare.

to **bespeak** /bɪˈspiːk/ (*pass.* **bespoke**; *p.p.* **bespoken**, **bespoke**) *v. t.* (*lett.*) essere indizio di; rivelare.

bespectacled /bɪˈspɛktəkld/ *a.* con gli occhiali; occhialuto.

bespoke /bɪˈspəʊk/ ***A*** *pass. e p.p. di* **to bespeak** ***B*** *a.* (*GB*) *1* (*specialm. di abiti*) fatto su misura *2* (*di sarto*) che fa abiti su misura.

bespoken /bɪˈspəʊkn/ *p.p. di* **to bespeak**.

best (1) /bɛst/ ***A*** *a.* (*superl. relat. di* **good**) (il) migliore: **my b. friend**, il mio miglior amico; **the b. student in the class**, lo studente più bravo (*o* il primo) della classe • (*comm.*) **B. before...**, da consumarsi preferibilmente entro... □ (*comm.*) **b. before date**, data di scadenza □ **b. man**, testimone dello sposo □ **one's b. girl**, la propria ragazza □ **the b. part of**, la maggior parte di ***B*** *n.* (il) migliore; (il) meglio; (la) cosa migliore: (*fam.*) **to do one's b.**, fare del proprio meglio; **at one's b.**, al proprio meglio; in piena forma; **Let's hope for the b.**, speriamo che tutto vada per il meglio • **the b. (of it)**, il bello □ **all the b.**, cari saluti; (i) migliori auguri □ **at b.**, nella migliore delle ipotesi; quanto meno □ **at the b. of times**, quando va tutto bene □ **to have the b. of sb.**, avere la meglio su q. □ **to have the b. of both worlds**, godere (solo) dei vantaggi di due situazioni □ **to look one's b.**, essere tutto a posto e ordinato; essere ben vestito; essere in gran forma □ **to make the b. of a bad bargain** (*o* **job**), fare buon viso a cattivo gioco; fare di necessità virtù □ **to make the b. of things**, adattarsi; accontentarsi □ **Sunday b.**, l'abito della domenica (*o* della festa) □ **to the b. of one's power** [**ability, etc.**], come meglio si può [si sa, ecc.] □ **to the b. of my knowledge**, per quanto (*o* quel che) ne so □ (*fam.*) **He can sing with the b. of them**, è un cantante di prima classe.

best (2) /bɛst/ *avv.* (*superl. relat. di* **well**) *1* meglio: **as b. one can**, come meglio si può; **for reason b. know to him**, per ragioni che sa solo lui; **We had b. leave at once**, faremmo meglio ad andar via subito; **You know b.**, tu sai giudicare meglio; l'esperto sei tu *2* di più; più di tutti: **Which do you like b.?**, quale ti piace di più?; **b.-known**, il più noto; **b.-liked**, il più amato; il più popolare.

to **best** /bɛst/ *v. t.* avere la meglio su; spuntarla con.

bestial /ˈbɛstɪəl, *USA* ˈbɛstʃəl/ *a.* bestiale; brutale.

bestiality /bɛstɪˈælətɪ, *USA* bɛstʃɪ-/ *n.* [U] bestialità (*anche leg.*); brutalità.

bestiary /ˈbɛstɪərɪ, *USA* -tɪɛrɪ/ *n.* (*letter.*) bestiario.

to **bestir** /bɪˈstɜː(r)/ *v. rifl.* — **to b. oneself**, scuotersi; (*fig.*) muoversi, darsi da fare.

to **bestow** /bɪˈstəʊ/ *v. t.* conferire; accordare: **to b. st. on sb.**, conferire q.c. a q.

bestowal /bɪ'stəʊəl/ *n.* **1** [U] conferimento **2** donazione; dono.

to **bestride** /bɪ'straɪd/ (*pass.* **bestrode** /bɪ'strəʊd/; *p.p.* **bestridden** /bɪ'strɪdn/ *o* **bestrode**) *v. t.* **1** montare, essere, stare a cavallo (*o* a cavalcioni) di (*un cavallo, una sedia*) **2** stare a gambe larghe su **3** inarcarsi su **4** scavalcare.

best-seller /bɛst'sɛlə(r)/ *n.* libro (*o* altro prodotto) di grande successo; best-seller.

best-selling /bɛst'sɛlɪŋ/ *a. attr.* (*di libro, disco, ecc.*) di grande successo.

bet /bɛt/ *n.* **1** scommessa: **to make a bet**, fare una scommessa **2** (*a carte*) puntata • (*fam.*) **one's best bet**, la migliore soluzione; la cosa migliore da fare □ **My bet is that...**, io dico che... □ **It's a safe b. that...**, è sicuro che...

to **bet** /bɛt/ (*pass. e p.p.* **bet**) *v. t. e i.* scommettere; puntare: **to bet on horses**, scommettere alle corse dei cavalli; **to bet on a horse**, scommettere (*o* puntare) su un cavallo • (*fam.*) **You bet!**, altro che!; credo bene!

beta /'biːtə, *USA* 'beɪtə/ *n.* (*alfabeto greco*) beta • (*fis.*) **b. rays**, raggi beta.

betatron /'biːtətrɒn, *USA* 'beɪtə-/ *n.* (*fis. nucl.*) betatrone.

to **betoken** /bɪ'təʊkən/ *v. t.* (*lett.*) **1** far presagire **2** denotare; indicare.

betony /'bɛtənɪ/ *n.* (*bot.*) bettonica, betonica.

to **betray** /bɪ'treɪ/ *v. t.* tradire.

betrayal /bɪ'treɪəl/ *n.* [U] *e* [C] tradimento.

betrothal /bɪ'trəʊðl/ *n.* [U] *e* [C] (*antiq.*) fidanzamento.

betrothed /bɪ'trəʊðd/ (*antiq.*) **A** *a.* fidanzato **B** *n.* fidanzato (-a); promesso sposo, promessa sposa.

better (1) /'bɛtə(r)/ **A** *a.* **1** (*compar. di* **good**) migliore; meglio: **The figures are b. than expected**, le cifre sono migliori del previsto; **That's much b.**, così va molto meglio **2** (*compar. di* **well**, *solo pred.*) meglio (*di salute*): **to be [to feel] b.**, stare [sentirsi] meglio; **to get b.**, migliorare • **to be b. off**, *V. sotto* **off** (1), *def.* 4 □ **the b. part of**, più della metà di; quasi tutti □ **to feel all the b. for having done st.**, sentirsi molto meglio per aver fatto q.c. □ **He is no b. than a thief**, non è altro che un ladro **B** *n.* **1** (il) meglio; (la) cosa migliore: **a change for the b.**, un cambiamento in meglio **2** — (*pl.*) **one's betters**, i propri superiori • **for b. or (for) worse**, nella buona o nella cattiva sorte; vada come vada □ **to get** (*o* **to have**) **the b. of**, avere la meglio su □ **to think (all) the b. of sb. for st.**, avere maggior considerazione di q. in conseguenza di q.c.

better (2) /'bɛtə(r)/ *avv.* (*compar. di* **well**) **1** meglio; in modo migliore: **He speaks English b. than I do**, parla l'inglese meglio di me; **b. known as**, meglio noto come; **b. and b.**, sempre meglio **2** più; di più: **You'll like it b. in time**, ti piacerà di più col tempo • (*fam.*) **to go one b.**, fare di meglio □ **to know b.**, sapere come stanno le cose □ **I [you, he, etc.] had b.**, farei [faresti, farebbe, ecc.] meglio a: **I'd b. go now**, è meglio che vada; mi conviene andare □ **so much the b.**, tanto meglio □ **to think b. of it**, cambiare idea; ripensarci.

better (3) /'bɛtə(r)/ *n.* scommettitore (-trice).

to **better** /'bɛtə(r)/ **A** *v. t. e i.* migliorare **B** to **better oneself** *v. rifl.* migliorare le proprie condizioni (*di vita*).

betterment /'bɛtəmənt/ *n.* [U] miglioramento.

betting /'bɛtɪŋ/ *n.* lo scommettere; le scommesse • **b. shop**, sala corse □ **What's the b. he'll forget?**, quanto scommettiamo che se ne dimentica?

between /bɪ'twiːn/ **A** *prep.* tra, fra (*generalm. rif. a due*): **b. 10 and 15 million lire**, tra i 10 e i 15 milioni; **b. here and Rome**, tra qui e Roma; **I divided the cake b. the children**, divisi la torta tra i bambini; **They had a hundred pounds b. them**, fra tutti avevano cento sterline; **We bought the house b. us**, comprammo la casa in società • **b. ourselves** (*o* **b. you and me; b. you, me and the gatepost** *o* **the bedpost**), (detto) fra noi; in confidenza □ **in b. meetings**, tra una riunione e l'altra **B** *avv.* in mezzo (*a due*) • **in b.**, in mezzo; nel frattempo; nell'intervallo □ **something in b.**, qualcosa di mezzo; una via di mezzo.

betwixt /bɪ'twɪkst/ *prep. e avv.* (*antiq. o lett.*) fra; tra • (*GB*) **b. and between**, una via di mezzo; né carne né pesce.

bevel /'bɛvl/ *n.* smussatura; smusso.

to **bevel** /'bɛvl/ *v. t.* smussare.

beverage /'bɛvərɪdʒ/ *n.* (*form.*) bevanda; bibita.

bevy /'bɛvɪ/ *n.* **1** gruppo, frotta (*specialm. di donne, ragazze*) **2** stormo d'uccelli (*specialm. di quaglie*).

to **bewail** /bɪ'weɪl/ *v. t.* lamentare; piangere.

to **beware** /bɪ'wɛə(r)/ *v. i.* guardarsi (da); stare in guardia; stare attento; badare: **B. of the dog!**, attenti al cane!; **B. lest you fall**, bada di non cadere.

to **bewilder** /bɪ'wɪldə(r)/ *v. t.* sconcertare; disorientare.

bewildering /bɪ'wɪldərɪŋ/ *a.* sconcertante; sbalorditivo.

bewilderment /bɪ'wɪldəmənt/ *n.* [U] sconcerto; perplessità; smarrimento.

to **bewitch** /bɪ'wɪtʃ/ *v. t.* **1** stregare **2** ammaliare; affascinare.

bewitching /bɪ'wɪtʃɪŋ/ *a.* affascinante; seducente.

beyond /bɪ'jɒnd, bɪ'ɒnd/ *prep.* oltre; (al) di là di: **not b. 8 o'clock**, non oltre le otto; **b. the seas**, al di là dei mari • **b. belief**, incredibile □ **b. compare**, incomparabile □ **b. hope**, senza più speranza □ **b. sb.'s reach**, al di fuori della portata di q. □ **to have changed b. recognition**, essere irriconoscibile □ **to live b. one's means**, vivere al di sopra dei propri mezzi □ **a task that is b. him**, un compito superiore alle sue capacità □ **It's b. me why...**, non capisco perché...

biannual /baɪ'ænjʊəl/ *a.* semestrale; biannuale.

bias /'baɪəs/ **A** *n.* [U] *e* [C] **1** deviazione; inclinazione **2** sbieco (*di stoffa*): **cut on the b.**, tagliato di sbieco **3** tendenza; simpatie; parzialità; pregiudizio: **political b.**, simpatie politiche; colore politico; **without b.**, senza parzialità o pregiudizi; **b. for**, parzialità per; **b. against**, pregiudizio contro **B** *a. e avv.* (*sartoria*) diagonale; in diagonale • **b. binding**, fettuccia; sbieco.

to **bias** /'baɪəs/ *v. t.* influenzare (*specialm. indebitamente*).

bias(s)ed /'baɪəst/ *a.* parziale; prevenuto: **b. in favour of st.**, parziale verso q.c.; **b. against st.**, prevenuto verso q.c.

biathlon /baɪ'æθlən/ *n.* (*sport*) biathlon.

bib /bɪb/ *n.* **1** bavaglino **2** pettorina, pettino (*di grembiule*).

Bible /'baɪbl/ *n.* Bibbia.

biblical /'bɪblɪkl/ *a.* biblico.

bibliographer /bɪblɪ'ɒgrəfə(r)/ *n.* bibliografo (-a).

bibliographic(al) /bɪblɪə'græfɪk(l)/ *a.* bibliografico.

bibliography /bɪblɪ'ɒgrəfɪ/ *n.* [U] *e* [C] bibliografia.

bibliomania /bɪblɪəʊ'meɪnɪə/ *n.* [U] bibliomania.

bibliophile /'bɪblɪəfaɪl, *USA* -fɪl/ *n.* bibliofilo (-a).

bibulous /'bɪbjʊləs/ *a.* (*scherz.*) dedito al bere; beone.

bicameral /baɪ'kæmərəl/ *a.* (*polit.*) bicamerale.

bicameralism /baɪ'kæmərəlɪzəm/ *n.* [U] (*polit.*) bicameralismo.

bicarbonate /baɪ'kɑːbənət/ *n.* [U] (*chim.*) bicarbonato.

bicentenary /baɪsɛn'tiːnərɪ, -'tɛn-, *USA* -'sɛntənɛrɪ/ *n.* bicentenario.

bicentennial /baɪsɛn'tɛnɪəl/ *n.* (*specialm. USA*) *V.* **bicentenary**.

biceps /'baɪsɛps/ *n.* (*anat.*) bicipite.

bicker /'bɪkə(r)/ *n.* bisticcio; lite.

to **bicker** /'bɪkə(r)/ *v. i.* bisticciare; litigare: **to b. about** (*o* **over**) **st.**, litigare per q.c.

bickering /'bɪkərɪŋ/ *n.* [U] bisticci; litigi.

bicycle /'baɪsɪkl/ *n.* bicicletta; **to ride a b.**, andare in bicicletta.

to **bicycle** /'baɪsɪkl/ *v. i.* andare in bicicletta.

bid /bɪd/ *n.* **1** (*comm.*) offerta (*a un'asta*) **2** offerta d'appalto: **advertisement for bids**, bando d'appalto; **to invite bids**, indire una gara di appalto **3** dichiarazione (*a carte*) **4** tentativo: **to make a bid for**, cercare di ottenere [di conquistare, ecc.]; **bid for power**, tentativo di conquistare il potere; **bid for freedom**, tentativo di evasione.

to **bid** /bɪd/ (*pass. e p.p.* **bid** *nelle def. 1, 2, 3*; *pass.* **bade**, *p.p.* **bidden** *nella def. 4*) *v. t. e i.* **1** (*comm.*) offrire, fare un'offerta (*specialm. all'asta*) **2** fare un'offerta d'appalto; partecipare a una gara d'appalto **3** dichiarare (*a carte*) **4** (*lett.*) invitare; comandare: **I bade him come in**, lo invitai a entrare **5** (*lett.*) dire; augurare: **to bid sb. farewell**, dire addio a q. • **Our move bids fair to succeed**, la nostra mossa promette di riuscire.

biddable /'bɪdəbl/ *a.* obbediente; docile.

bidden /'bɪdn/ *p.p. di* **to bid**.

bidder /'bɪdə(r)/ *n.* **1** (*comm.*) offerente (*a un'asta*): **the highest b.**, il miglior offerente **2** partecipante (*a una gara d'appalto*) **3** dichiarante (*a carte*).

bidding /'bɪdɪŋ/ *n.* [U] **1** (*comm.*) offerta, offerte (*a un'asta o d'appalto*) **2** ordine, ordini: **at sb.'s b.**, agli ordini di q.; **to do sb.'s b.**, eseguire gli ordini di q.

to **bide** /baɪd/ *v. t.* — **to b. one's time**, attendere il momento opportuno.

bidet /ˈbiːdeɪ, *USA* biːˈdeɪ/ (*franc.*) *n.* bidè.

biennial /baɪˈɛnɪəl/ ***A*** *a.* biennale ***B*** *n.* ***1*** (*bot.*) pianta biennale ***2*** biennale.

bier /bɪə(r)/ *n.* catafalco.

bifocal /baɪˈfəʊkl/ ***A*** *a.* bifocale ***B*** *n.* (*al pl.*) occhiali bifocali.

to **bifurcate** /ˈbaɪfəkeɪt/ ***A*** *v. t.* biforcare ***B*** *v. i.* biforcarsi.

bifurcation /baɪfəˈkeɪʃn/ *n.* U *e* C biforcazione.

big /bɪg/ ***A*** *a.* ***1*** grosso; grande; forte; abbondante: **big success**, grosso successo; **big day**, gran giorno; **big eater**, forte mangiatore ***2*** (*fam.*) importante; di successo; popolare; di moda ***3*** maggiore: **big brother** [**sister**], fratello [sorella] maggiore ***B*** *avv.* in grande stile; alla grande • **Big Brother**, Grande fratello; dittatore □ (*GB*) **big dipper**, ottovolante □ **big-headed**, presuntuoso □ **big-hearted**, generoso □ **big ideas**, grossi progetti; idee grandiose □ **big money**, grossi guadagni □ **big-mouthed**, che parla troppo; chiacchierone □ **the big thing**, quello che conta; l'importante □ **big with child**, incinta □ **You are a big boy now!**, ormai sei grande! □ (*fam.*) **to hit the big time**, raggiungere il successo; sfondare □ **to talk big**, spararle grosse; fare lo spaccone □ (*fam.*) **too big for one's boots**, che si dà un sacco d'arie.

bigamist /ˈbɪgəmɪst/ *n.* bigamo.

bigamous /ˈbɪgəməs/ *a.* bigamo.

bigamy /ˈbɪgəmɪ/ *n.* U (*leg.*) bigamia.

biggish /ˈbɪgɪʃ/ *a.* piuttosto grande.

bighead /ˈbɪghɛd/ *n.* (*fam.*) pallone gonfiato; individuo che si è montato la testa.

bight /baɪt/ *n.* baia; insenatura.

bigmouth /ˈbɪgmaʊθ/ *n.* (*fam.*) chiacchierone; lingua lunga.

bigot /ˈbɪgət/ *n.* fanatico (-a); intollerante. ATTENZIONE: **bigot** ≠ bigotto.

bigoted /ˈbɪgətɪd/ *a.* fanatico; intollerante. ATTENZIONE: **bigoted** ≠ bigotto.

bigotry /ˈbɪgətrɪ/ *n.* U fanatismo; intolleranza. ATTENZIONE: **bigotry** ≠ bigotteria.

bigwig /ˈbɪgwɪg/ *n.* (*fam.*) pezzo grosso.

bike /baɪk/ *n.* (*fam.*) ***1*** bicicletta; bici ***2*** motocicletta; moto.

to **bike** /baɪk/ *v. i.* (*fam.*) andare in bicicletta.

biker /ˈbaɪkə(r)/ *n.* (*fam.*) motociclista.

bikini /bɪˈkiːnɪ/ *n.* (*moda*) bikini.

bilabial /baɪˈleɪbɪəl/ *a. e n.* (*fon.*) bilabiale.

bilateral /baɪˈlætərəl/ *a.* bilaterale.

bilberry /ˈbɪlbrɪ, *USA* -bɛrɪ/ *n.* (*bot.*) mirtillo.

bile /baɪl/ *n.* U (*fisiol. e fig.*) bile.

bilge /bɪldʒ/ *n.* ***1*** (*naut.*) sentina ***2*** U (*naut., anche* **b. water**) acqua di sentina ***3*** U (*fam.*) sciocchezze; fesserie.

bilingual /baɪˈlɪŋgwəl/ *a. e n.* bilingue.

bilingualism /baɪˈlɪŋgwəlɪzəm/ *n.* U bilinguismo.

bilious /ˈbɪlɪəs/ *a.* ***1*** bilioso ***2*** (*fisiol.*) biliare • (*med.*) **b. attack**, attacco di bile.

biliousness /ˈbɪlɪəsnəs/ *n.* U ***1*** (*med.*) attacco di bile ***2*** temperamento bilioso.

to **bilk** /bɪlk/ *v. t.* frodare; imbrogliare.

bill (**1**) /bɪl/ *n.* ***1*** (*zool.*) becco ***2*** (*geogr.*) promontorio; punta.

bill (**2**) /bɪl/ *n.* ***1*** conto; fattura; nota (*di spesa*); bolletta ***2*** certificato; documento; bolletta; polizza: **b. of health**, certificato sanitario; (*comm.*) **b. of entry**, bolletta d'entrata doganale; **b. of lading**, polizza di carico; **b. of sale**, atto di vendita ***3*** (*leg.*) disegno di legge ***4*** (*comm., anche* **b. of exchange**) cambiale; effetto; tratta: **b. at sight**, cambiale a vista ***5*** (*USA*) banconota; biglietto ***6*** avviso; cartellone; manifesto (*pubblicitario, teatrale*); lista; programma: **to top the b.**, essere in testa al cartellone • **b. of fare**, lista delle vivande □ **to fill** (**o fit**) **the b.**, essere quello che ci vuole (*o* che fa al caso di q.) □ **to give st. a clean b. of health**, approvare q.c.

to **bill** (**1**) /bɪl/ *v. i.* (*di uccelli*) becchettarsi • **to b. and coo**, tubare (*fig.*).

to **bill** (**2**) /bɪl/ *v. t.* ***1*** (*comm.*) fatturare ***2*** reclamizzare, pubblicizzare (*con manifesti*) ***3*** (*teatr.*) mettere in cartellone.

billboard /ˈbɪlbɔːd/ *n.* (*USA*) quadro per le affissioni; tabellone pubblicitario.

billet /ˈbɪlɪt/ *n.* (*mil.*) alloggio in casa privata.

to **billet** /ˈbɪlɪt/ *v. t.* (*mil.*) acquartierare presso privati.

billet-doux /bɪleɪˈduː, ˈbɪleɪˈduː/ (*pl.* **billets-doux**) (*franc.*) *n.* (*scherz.*) lettera d'amore.

billfold /ˈbɪlfəʊld/ *n.* (*USA*) portafoglio.

billhook /ˈbɪlhʊk/ *n.* (*agric.*) roncola; falcetto.

billiard /ˈbɪlɪəd/ *a. attr.* da biliardo: **b. cue**, stecca da biliardo.

billiards /ˈbɪlɪədz/ *n. pl.* (*col verbo al sing.*) biliardo.

billion /ˈbɪlɪən/ *n.* ***1*** miliardo ***2*** (*antiq. GB*) mille miliardi.

billionaire /bɪlɪəˈnɛə(r)/ *n.* miliardario (-a).

billow /ˈbɪləʊ/ *n.* ***1*** (*lett.*) maroso; cavallone; ondata ***2*** nuvola (*di fumo*); folata (*di nebbia*).

to **billow** /ˈbɪləʊ/ *v. i.* ***1*** ondeggiare; fluttuare ***2*** (*di vela, ecc.*) gonfiarsi.

billposter /ˈbɪlˈpəʊstə(r)/, **billsticker** /ˈbɪlˈstɪkə(r)/ *n.* attacchino.

billy (**1**) /ˈbɪlɪ/ *n.* (*USA*) sfollagente; manganello.

billy (**2**) /ˈbɪlɪ/, **billycan** (*Austr.*) *n.* pentolino; gavetta.

billy goat /ˈbɪlɪgəʊt/ *locuz. n.* (*fam.*) capro; caprone; becco.

billy-o(**h**) /ˈbɪlɪəʊ/ *n.* — (*fam. GB*) **like b.**, da morire; a più non posso.

bimbo /ˈbɪmbəʊ/ *n.* (*pop.*) ragazza sciocca ma attraente; bambola; svampita.

bimonthly /baɪˈmʌnθlɪ/ ***A*** *a.* ***1*** bimestrale ***2*** bimensile ***B*** *n.* ***1*** pubblicazione bimestrale ***2*** pubblicazione quindicinale ***C*** *avv.* ***1*** ogni due mesi ***2*** due volte al mese.

bin /bɪn/ *n.* ***1*** contenitore: **bread bin**, scatola del pane; **litter bin**, cestino delle immondizie ***2*** (*GB, anche* **rubbish bin**) pattumiera: **pedal bin**, pattumiera a pedale; **bin-liner**, sacchetto per la spazzatura ***3*** cestino (della carta straccia).

binary /ˈbaɪnərɪ, *USA* -ɛrɪ/ *a.* (*scient.*) binario.

bind /baɪnd/ *n.* (*fam.*) fastidio; scocciatura.

to **bind** /baɪnd/ (*pass. e p.p.* **bound**) ***A*** *v. t.* ***1*** legare; assicurare: **to b. hand and foot**, legare mani e piedi ***2*** (*anche* **to b. together**) unire; (*anche* **to b. up**) legare: **We are bound** (**together**) **by common interests**, siamo uniti da interessi comuni ***3*** bendare; fasciare ***4*** amalgamare; rassodare ***5*** rilegare ***6*** bordare ***7*** obbligare; impegnare; vincolare ***B*** *v. i.* ***1*** rassodarsi; coagularsi; amalgamarsi; legare (*anche chim.*) ***2*** essere obbligatorio (*o* vincolante).

♦ **bind over** *v. t. + avv.* (*leg., GB*) obbligare legalmente.

binder /ˈbaɪndə(r)/ *n.* ***1*** rilegatore ***2*** (*chim., ind. costr.*) legante ***3*** (*agric.*) mietilegatrice ***4*** copertina mobile; raccoglitore.

binding (**1**) /ˈbaɪndɪŋ/ *a.* ***1*** impegnativo; vincolante ***2*** obbligatorio.

binding (**2**) /ˈbaɪndɪŋ/ *n.* ***1*** rilegatura ***2*** bordo; bordura.

bindweed /ˈbaɪndwiːd/ *n.* U (*bot.*) convolvolo.

binge /bɪndʒ/ *n.* (*fam.*) ***1*** gran bevuta; baldoria: **to go on a b.**, far baldoria ***2*** attività svolta freneticamente: **shopping b.**, frenesia di acquisti; spese pazze; **eating b.**, attacco di bulimia; scorpacciata.

bingo /ˈbɪŋgəʊ/ ***A*** *n.* U bingo; tombola ***B*** *inter.* (*fam.*) finalmente!; ecco!

binman /ˈbɪnmæn/ *n.* (*fam. GB*) netturbino; spazzino.

binnacle /ˈbɪnəkl/ *n.* (*naut.*) chiesuola.

binoculars /bɪˈnɒkjʊləz/ *n. pl.* binocolo.

binomial /baɪˈnəʊmɪəl/ (*mat.*) ***A*** *a.* binomiale ***B*** *n.* binomio.

biochemical /baɪəʊˈkɛmɪkl/ *a.* biochimico.

biochemist /baɪəʊˈkɛmɪst/ *n.* biochimico (-a).

biochemistry /baɪəʊˈkɛmɪstrɪ/ *n.* U biochimica.

biodegradable /baɪəʊdɪˈgreɪdəbl/ *a.* biodegradabile.

bioelectronics /baɪəʊɪlɛkˈtrɒnɪks/ *n. pl.* (*col verbo al sing.*) bioelettronica.

bioengineering /baɪəʊɛndʒɪˈnɪərɪŋ/ *n.* U bioingegneria.

biogas /ˈbaɪəʊgæs/ *n.* biogas.

biogenesis /baɪəʊˈdʒɛnəsɪs/ *n.* U biogenesi.

biogeography /baɪəʊdʒɪˈɒgrəfɪ/ *n.* U biogeografia.

biographer /baɪˈɒgrəfə(r)/ *n.* biografo (-a).

biographical /baɪəʊˈgræfɪkl/ *a.* biografico.

biography /baɪˈɒgrəfɪ/ *n.* C *e* U biografia.

biological /baɪəˈlɒdʒɪkl/ *a.* biologico.

biologist /baɪˈɒlədʒɪst/ *n.* biologo (-a).

biology /baɪˈɒlədʒɪ/ *n.* U biologia.

bionic /baɪˈɒnɪk/ *a.* bionico.

bionics /baɪˈɒnɪks/ *n. pl.* (*col verbo al sing.*) bionica.

biophysics /baɪəʊˈfɪzɪks/ *n. pl.* (*col verbo al sing.*) biofisica.

biopsy /ˈbaɪɒpsɪ/ *n.* (*med.*) biopsia.

biorhythm /ˈbaɪəʊrɪðəm/ *n.* bioritmo.

biosphere /ˈbaɪəʊsfɪə(r)/ *n.* (*biol.*) biosfera.

biotechnology /baɪəʊtɛkˈnɒlədʒɪ/ *n.* U biotecnologia.

bipartisan /baɪpɑːtɪˈzæn, baɪˈpɑːtɪzn/ *a.* (*polit.*) bipartitico.

bipartite /baɪˈpɑːtaɪt/ *a.* ***1*** (*bot.*) bipartito ***2*** (*leg.*) bilaterale

3 (*polit.*) bipartitico.
biped /ˈbaɪpɛd/ *a. e n.* bipede.
biplane /ˈbaɪpleɪn/ *n.* (*aeron.*) biplano.
bipolar /baɪˈpəʊlə(r)/ *a.* (*elettr.*) bipolare.
birch /bɜːtʃ/ *n.* ***1*** (*bot.*) betulla ***2*** (*anche* **b. rod**) verga (di betulla); sferza.
to **birch** /bɜːtʃ/ *v. t.* fustigare; sferzare.
bird /bɜːd/ *n.* ***1*** uccello: **b. of passage**, uccello migratore (*o* di passo); (*fig.*) persona di passaggio; **b. of prey**, (uccello) rapace ***2*** (*pop.*) individuo; tipo: **He's a queer b.**, è un tipo strano; **home b.**, tipo casalingo ***3*** (*pop. GB*) ragazza; pupa (*pop.*) • (*fam.*) **b.-brained**, sciocco; svampito □ **b.-cage**, uccelliera; gabbia □ (*USA*) **b. dog**, cane da penna □ **b. fancier**, avicoltore □ (*zool.*) **b. of paradise**, uccello del paradiso □ **b.'s-eye view**, veduta dall'alto (*o* a volo d'uccello) □ **birds of a feather**, persone dello stesso stampo □ **b.-watcher**, ornitologo dilettante □ **b.-watching**, birdwatching □ (*fam. GB*) **away with the birds**, matto; tocco □ **early b.**, persona mattiniera □ (*fam. USA*) **(strictly) for the birds**, che non vale niente; sballato □ (*pop.*) **to give sb. the b.**, fischiare q. □ **to kill two birds with one stone**, prendere due piccioni con una fava □ (*prov.*) **A b. in the hand is worth two in the bush**, meglio un uovo oggi che una gallina domani □ (*prov.*) **Birds of a feather flock together**, Dio li fa e poi li accoppia; ogni simile ama il suo simile □ (*prov.*) **The early b. catches the worm**, chi dorme non piglia pesci.
birdbath /ˈbɜːdbɑːθ, *USA* -bæθ/ *n.* vaschetta per uccelli.
birdcall /ˈbɜːdkɔːl/ *n.* ***1*** canto degli uccelli ***2*** (*caccia*) richiamo per uccelli.
birdie /ˈbɜːdɪ/ *n.* ***1*** (*fam.*) uccellino ***2*** (*golf*) birdie.
birdlime /ˈbɜːdlaɪm/ *n.* pania; vischio.
birdseed /ˈbɜːdsiːd/ *n.* becchime (*per uccelli*).
birdsong /ˈbɜːdsɒŋ/ *n.* canto di uccello.
biretta /bɪˈrɛtə/ *n.* berretta da prete.
biro ® /ˈbaɪərəʊ/ *n.* (*GB*) biro; penna a sfera.
birth /bɜːθ/ *n.* [U] *e* [C] nascita; origine; parto: **English by b.**, inglese di nascita; **at b.**, alla nascita; **b. control**, controllo delle nascite; **b. rate**, indice di natalità; **b. right**, diritto di nascita; (*leg.*) primogenitura; **breech b.**, parto podalico • **to give b. to**, dare alla luce, partorire; (*fig.*) produrre, causare.
birthday /ˈbɜːθdeɪ, -dɪ/ *n.* compleanno • **in one's b. suit**, in costume adamitico.
birthmark /ˈbɜːθmɑːk/ *n.* macchia (*sulla pelle*); voglia (*fam.*).
birthplace /ˈbɜːθpleɪs/ *n.* luogo di nascita.
biscuit /ˈbɪskɪt/ *n.* ***1*** (*GB*) biscotto ***2*** (*USA*) focaccina dolce ***3*** [U] (*ind.*) biscuit (*ceramica*) ***4*** [U] color biscotto • (*pop. GB.*) **to take the b.**, batterle tutte; essere il colmo.
to **bisect** /baɪˈsɛkt/ *v. t.* ***1*** tagliare in due ***2*** (*geom.*) bisecare.
bisection /baɪˈsɛkʃn/ *n.* [U] (*geom.*) bisezione.
bisector /baɪˈsɛktə(r)/ *n.* (*geom.*) bisettrice.
bisexual /baɪˈsɛkʃʊəl/ *a.* bisessuale.
bishop /ˈbɪʃəp/ *n.* ***1*** vescovo ***2*** (*scacchi*) alfiere.
bishopric /ˈbɪʃəprɪk/ *n.* vescovato; episcopato.
bismuth /ˈbɪzməθ/ *n.* [U] (*chim.*) bismuto.
bison /ˈbaɪsn, *USA* -zn/ *n.* (*zool.*) bisonte.
bisque /bɪsk/ *n.* [U] (*ind.*) biscuit (*ceramica*).
bit (1) /bɪt/ *n.* ***1*** pezzo; pezzetto: **to be smashed to bits**, andare in pezzi; essere fracassato ***2*** parte; porzione; punto (*di film, ecc.*): **I liked the bit where...**, mi è piaciuto il punto in cui... ***3*** — **a bit**, un po': **Wait a bit!**, aspetta un po' (*o* un momento); **a bit late**, un po' tardi; **a bit bigger**, un po' più grosso; **quite a bit of traffic**, un bel po' di traffico ***4*** (*fam.*) moneta; monetina ***5*** (*USA*) 12,50 centesimi di dollaro ***6*** (*teatr., cinem., anche* **bit part**) particina • **a bit of advice**, un consiglio □ **a bit of a cold**, un po' di raffreddore □ **a bit of a nuisance**, una bella seccatura □ **bit by bit**, poco a poco; un po' alla volta □ **bits and pieces**, pezzetti □ **one's bits and pieces**, le proprie cose □ (*fam. GB*) **to do one's bit**, fare la propria parte □ (*fam.*) **to do the martyred wife bit**, fare la moglie martire □ (*fam.*) **My car is every bit as fast as his**, la mia macchina è veloce tanto quanto la sua □ (*GB*) **It's a bit much!**, è un po' troppo!; è una bella pretesa! □ **not a bit**, niente affatto; neanche un po': **She's not a bit like him**, non gli assomiglia affatto; **Not a bit (of it)!**, neanche per sogno!; macché!; si figuri!
bit (2) /bɪt/ *n.* ***1*** punta (*di trapano, ecc.*); taglio ***2*** morso (*della briglia*) • **to take the bit between one's teeth**, impegnarsi a fondo; mettercisi di buzzo buono (*fam.*).
bit (3) /bɪt/ *n.* (*elab.*) bit: **bit rate**, velocità di trasmissione in bit.
bit (4) /bɪt/ *pass. di* **to bite**.
bitch /bɪtʃ/ *n.* ***1*** cagna; lupa; volpe femmina ***2*** (*fam.*) donna odiosa; stronza ***3*** (*pop.*) cosa difficile; rogna.
to **bitch** /bɪtʃ/ *v. i.* (*pop.*) ***1*** lamentarsi; mugugnare ***2*** sparlare (di).
♦ **bitch up** *v. t. + avv.* (*pop. USA*) incasinare.
bitchy /ˈbɪtʃɪ/ *a.* maligno.
bite /baɪt/ *n.* [C] *e* [U] ***1*** morso; morsicatura; puntura: **to take a b. at**, dare un morso a; **insect b.**, morsicatura di insetto ***2*** boccone; spuntino: **to have a b. to eat**, mangiare un boccone; mettere qualcosa sotto i denti; **a b. of lunch**, un pranzo veloce; uno spuntino ***3*** sapore piccante ***4*** incisività; mordacità ***5*** presa; stretta.
to **bite** /baɪt/ (*pass.* **bit**, *p.p.* **bitten**) ***A*** *v. t.* ***1*** mordere; morsicare; addentare; pungere ***2*** intaccare; corrodere ***3*** (*di arma da taglio*) penetrare ***4*** (*di rimprovero*) ferire ***5*** (*al passivo*) essere conquistato (da); essere preso (da) • **to b. the bullet**, stringere i denti (*fig.*); farsi forza □ **to b. the hand that feeds you**, sputare nel piatto dove si mangia (*fig.*) □ **to b. one's nails**, mangiarsi le unghie □ **What's biting you?**, cosa c'è che non va? □ (*prov.*) **Once bitten, twice shy**, gatto scottato teme l'acqua fredda ***B*** *v. i.* ***1*** (*anche fig.*) abboccare ***2*** fare presa ***3*** (*di misure, tasse, ecc.*) farsi sentire.
♦ **bite back** *v. t. + avv.* trattenersi dal dire.
♦ **bite into** *v. i. + prep.* ***1*** addentare; dare un morso a ***2*** (*di acido*) intaccare.
♦ **bite off** *v. t. + avv.* staccare con un morso • **to b. off more than one can chew**, fare il passo più lungo della gamba □ (*fam.*) **to b. sb.'s head off**, investire q. (*fig.*); saltare addosso a q. (*fig.*).
biter /ˈbaɪtə(r)/ *n.* — **the b. bit**, il gabbatore gabbato.
biting /ˈbaɪtɪŋ/ *a.* (*fig.*) pungente; tagliente.
bitt /bɪt/ *n.* (*naut*) bitta.
bitten /ˈbɪtn/ *p.p. di* **to bite**.
bitter /ˈbɪtə(r)/ ***A*** *a.* ***1*** amaro: **to taste b.**, sapere d'amaro ***2*** amaro; doloroso: **the b. truth**, l'amara verità ***3*** risentito; acrimonioso; rancoroso: **I'm not b.**, non ho nessun risentimento ***4*** intenso; pungente: **b. wind**, vento pungente ***5*** aspro; accanito: **b. quarrel**, aspra lite; **b. hatred**, odio accanito • **b.-sweet**, agrodolce ***B*** *n.* ***1*** [C] *e* [U] birra amara ***2*** (*al pl.*) amaro (*liquore*).
bittern /ˈbɪtən/ *n.* (*zool.*) tarabuso.
bitterness /ˈbɪtənəs/ *n.* [U] ***1*** amarezza; gusto amaro ***2*** risentimento; acrimonia; rancore ***3*** amarezza; pena.
bitty /ˈbɪtɪ/ *a.* (*fam.*) frammentario; spezzettato.
bitumen /ˈbɪtʃʊmɪn, *USA* bɪˈtuːmən/ *n.* [U] *e* [C] bitume.
bituminous /bɪˈtjuːmɪnəs, *USA* -ˈtuː-/ *a.* bituminoso.
bivalent /baɪˈveɪlənt, ˈbɪvə-/ *a.* (*chim.*) bivalente.
bivalve /ˈbaɪvælv/ *a. e n.* (*zool., bot.*) bivalve.
bivouac /ˈbɪvʊæk/ *n.* bivacco.
to **bivouac** /ˈbɪvʊæk/ *v. i.* (*p. pr.* **bivouacking**, *pass. e p.p.* **bivouacked**) bivaccare.
biweekly /baɪˈwiːklɪ/ ***A*** *a.* ***1*** quindicinale ***2*** bisettimanale ***B*** *n.* (pubblicazione) quindicinale ***C*** *avv.* ***1*** ogni due settimane ***2*** due volte la settimana.
bizarre /bɪˈzɑː(r)/ *a.* bizzarro; fantasioso; stravagante.
to **blab** /blæb/ (*fam.*) ***A*** *v. i.* blaterare; cianciare; parlare troppo ***B*** *v. t.* spifferare; spiattellare.
black /blæk/ ***A*** *a.* ***1*** nero; scuro; cupo: **b. coffee**, caffè nero; **b. sky**, cielo scuro; **b. eye**, occhio nero (*o* pesto) ***2*** nero; cupo; truce: **The future looks b.**, il futuro appare nero; **b. humour**, umorismo nero; **b. look**, occhiataccia; **He looked as b. as thunder**, aveva una faccia da temporale ***3*** negro; nero: **b. district**, quartiere negro ***4*** nero; clandestino: **b. economy**, economia sommersa; **b. market**, mercato nero; borsa nera; **b. marketeer**, borsanerista • (*fam.*) **b. and blue**, pieno di lividi □ (*sport*) **b. belt**, cintura nera □ (*aeron.*) **b. box**, scatola nera □ (*stor.*) **B. Death**, peste nera □ (*astrol.*) **b. hole**, buco nero □ **b. ice**, velo di ghiaccio (*su una strada*) □ (*ind.*) **b. lead**, piombaggine; grafite □ **b.-letter day**, giorno disgraziato; giornata segnata □ **B. Maria**, (furgone) cellulare □ (*GB*) **b. pudding**, sanguinaccio □ **b. sheep**, (*anche fig.*) pecora nera □ **b. spot**, tratto stradale pericoloso; punto nevralgico; zona calda □ **b. studies**, studi afroamericani □ **b.-tie dinner**, pranzo in abito da sera □

(*zool.*) **b. widow**, vedova nera ***B*** *n.* ***1*** [U] nero ***2*** abiti neri; nero: **dressed in b.**, vestito di nero ***3*** negro; nero ● **in b. and white**, nero su bianco □ (*fin.*) **in the b.**, in attivo □ **to swear b. is white**, negare l'evidenza.
to **black** /blæk/ *v. t.* ***1*** annerire; lucidare di nero ***2*** (*GB*) boicottare (*merci, un'azienda*).
♦ **black out** ***A*** *v. t. + avv.* ***1*** cancellare ***2*** censurare ***3*** oscurare (*in guerra*); far piombare nel buio ***B*** *v. i. + avv.* perdere conoscenza.
to **blackball** / 'blækbɔːl/ *v. t.* votare contro; bocciare.
blackberry / 'blækbrɪ, -bɛrɪ/ *n.* (*bot.*) mora (*di rovo*).
blackbird / 'blækbɜːd/ *n.* (*zool.*) merlo.
blackboard / 'blækbɔːd/ *n.* lavagna (*scolastica*).
blackcap / 'blækkæp/ *n.* (*zool.*) capinera.
blackcurrant /blæk'kʌrənt, *USA* -ɜːr-/ *n.* (*bot.*) ribes nero.
to **blacken** / 'blækən/ ***A*** *v. t.* ***1*** annerire; sporcare ***2*** diffamare; denigrare ***B*** *v. i.* farsi nero; oscurarsi.
blackguard / 'blægɑːd, -gəd/ *n.* (*antiq.*) canaglia; furfante; mascalzone.
blackhead / 'blækhɛd/ *n.* comedone; punto nero.
blacking / 'blækɪŋ/ *n.* [U] ***1*** lucido nero (*per scarpe*) ***2*** (*GB*) boicottaggio (*sindacale*).
blackish / 'blækɪʃ/ *a.* nerastro; nerognolo.
blackjack / 'blækdʒæk/ *n.* ***1*** (*USA*) sfollagente ***2*** blackjack (*gioco di carte*).
blackleg / 'blæklɛg/ *n.* (*GB*) crumiro (-a).
blacklist / 'blæklɪst/ *n.* lista nera.
to **blacklist** / 'blæklɪst/ *v. t.* mettere sulla lista nera.
blackmail / 'blækmeɪl/ *n.* [U] ricatto; estorsione.
to **blackmail** / 'blækmeɪl/ *v. t.* ricattare.
blackmailer / 'blækmeɪlə(r)/ *n.* ricattatore (-trice).
blackout / 'blækaʊt/ *n.* ***1*** oscuramento (*in guerra*) ***2*** mancanza improvvisa di corrente; black-out ***3*** perdita di conoscenza ***4*** **— news b.**, silenzio stampa.
Blackshirt / 'blækʃɜːt/ *n.* (*stor.*) camicia nera; fascista.
blacksmith / 'blæksmɪθ/ *n.* fabbro ferraio; maniscalco.
blackthorn / 'blækθɔːn/ *n.* (*bot.*) prugnolo.
blacktop / 'blæktɒp/ *n.* (*USA*) asfalto; strada asfaltata.
bladder / 'blædə(r)/ *n.* ***1*** (*anat.*) vescica ***2*** camera d'aria.
blade /bleɪd/ *n.* ***1*** lama (*di coltello, ecc.*); lametta (*da rasoio*) ***2*** pala (*di remo, elica, ecc.*) ***3*** filo (*d'erba*); lamina (*di foglia*) ***4*** racchetta (*del tergicristallo*).
blah /blɑː/, **blah-blah** / 'blɑːblɑː/ *n.* [U] (*fam.*) blablà.
blame /bleɪm/ *n.* [U] ***1*** biasimo: **to incur b.**, essere oggetto di biasimo ***2*** colpa; responsabilità: **to bear the b.**, rispondere (di q.c.); prendersi la colpa; **to lay the b. on sb.**, dare la colpa a q.
to **blame** /bleɪm/ *v. t.* ***1*** biasimare ***2*** incolpare; dare la colpa a: **The failure was blamed on me**, mi fu data la colpa del fiasco; **He's not to b.**, non è colpa sua; **You've got only yourself to b.**, puoi dir grazie solo a te stesso.
blameless / 'bleɪmləs/ *a.* ***1*** irreprensibile ***2*** innocente.
blameworthy / 'bleɪmwɜːðɪ/ *a.* biasimevole; riprovevole.
to **blanch** /blɑːntʃ, *USA* blæntʃ/ ***A*** *v. t.* ***1*** sbiancare ***2*** (*cucina*) sbollentare (e mondare) ***B*** *v. i.* sbiancare; impallidire.
blancmange /blə'mɒnʒ, -dʒ/ *n.* [C] *e* [U] (*cucina*) biancomangiare.
bland /blænd/ *a.* ***1*** insipido ***2*** poco incisivo; scialbo ● **b. diet**, dieta leggera.
to **blandish** / 'blændɪʃ/ *v. t.* blandire; lusingare.
blandishment / 'blændɪʃmənt/ *n.* (*specialm. al pl.*) blandizia; lusinga.
blank (1) /blæŋk/ *a.* ***1*** bianco; in bianco; vuoto; vergine: **b. page**, pagina bianca; **b. form**, modulo in bianco; **b. cheque** (*USA* **check**), assegno in bianco; (*fig.*) carta bianca; **b. cassette**, cassetta vergine ***2*** vacuo; privo d'espressione: **b. look**, sguardo vacuo ***3*** assoluto: **b. refusal**, rifiuto categorico; **in b. dismay**, completamente sgomento; allibito ***4*** (*archit.*) cieco: **b. wall**, muro cieco ● **b. cartridge**, cartuccia a salve □ **b. verse**, versi sciolti □ **My mind went b.**, ho avuto un vuoto di memoria.
blank (2) /blæŋk/ *n.* ***1*** spazio vuoto (*o* in bianco); vuoto; lacuna: **My mind was a b.**, avevo la testa vuota ***2*** (cartuccia a) salve ***3*** (*USA*) modulo: **telegraph b.**, modulo per telegramma ● **to draw a b.**, non avere successo; fare un buco nell'acqua.
to **blank** /blæŋk/ *v. t.* (*sport, USA*) dare cappotto a.
♦ **blank out** *v. t. + avv.* cancellare; sopprimere.
blanket / 'blæŋkɪt/ ***A*** *n.* ***1*** coperta (*da letto*) ***2*** (*fig.*) manto; coltre; cappa: **b. of snow**, manto di neve; **b. of smoke**, cappa di fumo ● **born on the wrong side of the b.**, figlio illegittimo ***B*** *a.* generale; globale: **b. ban**, divieto globale.
to **blanket** / 'blæŋkɪt/ *v. t.* (*fig.*) ammantare; ricoprire.
blankly / 'blæŋklɪ/ *avv.* ***1*** con sguardo assente; senza espressione ***2*** assolutamente; completamente ● **to deny b.**, negare recisamente.
blare /blɛə(r)/ *n.* [U] squillo (*di tromba, di clacson*); urlo (*di sirena*); strombettio; frastuono.
to **blare** /blɛə(r)/ *v. i.* ***1*** (*di tromba, ecc.*) squillare; (*di clacson*) strombettare ***2*** (*di radio, ecc.*) essere, suonare a tutto volume.
blarney / 'blɑːnɪ/ *n.* [U] (*fam.*) lusinghe; chiacchiera suadente.
to **blaspheme** /blæs'fiːm/ *v. t. e i.* bestemmiare; imprecare.
blasphemer /blæs'fiːmə(r)/ *n.* bestemmiatore (-trice).
blasphemous / 'blæsfəməs/ *a.* blasfemo.
blasphemy / 'blæsfəmɪ/ *n.* [U] *e* [C] bestemmia.
blast /blɑːst, *USA* blæst/ *n.* ***1*** raffica; folata; getto (*d'aria, di vapore*) ***2*** scoppio; esplosione ***3*** [U] spostamento d'aria (*da esplosione*) ***4*** squillo (*di tromba, ecc.*); colpo (*di clacson*) ● **b. furnace**, altoforno □ **b.-off**, (*miss.*) lancio, partenza; (*fig.*) inizio □ (*fam.*) (**at**) **full b.**, a tutto volume; a tutta birra.
to **blast** /blɑːst, *USA* blæst/ *v. t.* ***1*** bruciare (*del fulmine*); inaridire; seccare ***2*** distruggere; annientare ***3*** far saltare in aria; far brillare (*mine*) ***4*** (*fam.*) freddare (*con arma da fuoco*); fare secco (*fam.*) ***5*** suonare (*un clascon, ecc.*) ***6*** (*fam.*) attaccare verbalmente; fulminare ● (*pop.*) **B.!**, porca miseria!; maledizione! □ **to b. one's way through st.**, aprirsi la strada attraverso q.c. con l'esplosivo [sparando all'impazzata].
♦ **blast away** *v. i. + avv.* ***1*** sparare a raffica ***2*** partire a razzo (*o* a tutto gas).
♦ **blast off** *v. i. + avv.* (*miss.*) partire.
blasted / 'blɑːstɪd, *USA* 'blæst-/ *a.* ***1*** colpito dal fulmine; disseccato; inaridito ***2*** distrutto; annientato ***3*** (*pop.*) maledetto.
blatancy / 'bleɪtnsɪ/ *n.* [U] ***1*** spudoratezza ***2*** evidenza; appariscenza.
blatant / 'bleɪtnt/ *a.* ***1*** spudorato: **b. disregard for the rules**, disprezzo spudorato per le regole ***2*** manifesto; lampante: **b. lie**, bugia manifesta.
blather, to **blather** / 'blæðə(r)/ *V.* **blether, to blether**.
blaze (1) /bleɪz/ *n.* ***1*** vampa; vampata; fiammata; (alte) fiamme ***2*** incendio ***3*** scoppio; slancio; impeto: **b. of anger**, scoppio d'ira ***4*** splendore; brillio: **b. of lights**, splendore di luci; **b. of colours**, esplosione di colori; **b. of publicity**, ondata di pubblicità ● (*pop.*) **Go to blazes!**, va' al diavolo! □ (*pop.*) **like blazes**, come una furia □ (*pop.*) **What the blazes!**, che diamine!
blaze (2) /bleɪz/ *n.* ***1*** stella, macchia bianca (*sul muso di un animale*) ***2*** segnavia (*inciso su un albero*).
to **blaze** (1) /bleɪz/ *v. i.* ardere; fiammeggiare; risplendere.
♦ **blaze away** *v. i. + avv.* ***1*** bruciare allegramente ***2*** sparare a raffica.
to **blaze** (2) /bleɪz/ *v. t.* ***1*** segnare, incidere (*alberi*) ***2*** indicare, segnare (*una strada*): **to b. a trail**, segnare un sentiero; (*fig.*) aprire una via nuova, precorrere i tempi.
to **blaze** (3) /bleɪz/ *v. t.* diffondere; divulgare.
blazer / 'bleɪzə(r)/ *n.* giacca sportiva (*specialm. di divisa scolastica o di squadra sportiva*); blazer.
blazing / 'bleɪzɪŋ/ *a.* ***1*** in fiamme ***2*** ardente; splendente; fiammeggiante ***3*** (*fam.*) furibondo: **b. row**, lite furibonda.
blazon / 'bleɪzn/ *n.* (*arald.*) blasone; stemma araldico.
to **blazon** / 'bleɪzn/ *v. t.* ***1*** (*arald.*) blasonare ***2*** (*anche* **to b. forth**) divulgare; proclamare.
blazonry / 'bleɪznrɪ/ *n.* [U] (*arald.*) ***1*** descrizione (*di uno stemma*) ***2*** (*collett.*) blasoni; stemmi.
bleach /bliːtʃ/ *n.* [U] decolorante; candeggina.
to **bleach** /bliːtʃ/ ***A*** *v. t.* ***1*** imbiancare; sbiancare; candeggiare ***2*** scolorire; decolorare; ossigenare (*i capelli*) ***B*** *v. i.* scolorire; sbiancare; impallidire.
bleacher / 'bliːtʃə(r)/ *n.* ***1*** (*ind. tess.*) candeggiatore ***2*** (*al pl.*) (*USA*) posti di gradinata (*in uno stadio*).
bleaching / 'bliːtʃɪŋ/ *n.* decolorazione; candeggio; ossigenazione (*dei capelli*).
bleak /bliːk/ *a.* ***1*** freddo e tetro; esposto alle intemperie; (*estens.*) desolato, squallido: **b. landscape**, paesaggio de-

solato; **b. room**, stanza squallida *2* deprimente; sconsolante; fosco: **b. outlook**, fosche prospettive.

bleakness /ˈbliːknəs/ *a.* *1* desolazione; squallore *2* tetraggine; cupezza.

bleary /ˈblɪərɪ/ *a.* (*di occhio*) velato; annebbiato.

bleat /bliːt/ *n.* belato.

to **bleat** /bliːt/ *v. i.* *1* belare *2* piagnucolare.

bleb /blɛb/ *n.* *1* vescichetta *2* bolla d'aria.

to **bleed** /bliːd/ (*pass. e p.p.* **bled** /blɛd/) *A v. i.* *1* sanguinare: **to b. to death**, morire dissanguato *2* (*di piante*) stillare linfa • **My heart bleeds for her!**, quanta pena mi fa! *B v. t.* *1* (*med.*) salassare *2* (*fam.*) estorcere denaro a *3* (*tecn.*) spurgare • **to b. sb. white**, ridurre sul lastrico q. (*fig.*).

bleeder /ˈbliːdə(r)/ *n.* *1* (*fam. USA*) emofiliaco *2* (*pop. USA*) chi estorce denaro; sanguisuga *3* (*pop. GB*) tipo; tizio.

bleeding /ˈbliːdɪŋ/ *A a.* *1* sanguinante *2* (*pop. GB*) maledetto *B n.* *1* (*med.*) perdita di sangue; emorragia *2* (*med.*) salasso *3* (*tecn.*) spurgo • (*iron. USA*) **b. heart**, anima tenera.

bleed valve /ˈbliːd ˈvælv/ *locuz. n.* (*mecc.*) valvola di spurgo.

bleep /bliːp/ *n.* (*fam.*) bip.

to **bleep** /bliːp/ (*fam.*) *A v. i.* emettere dei bip *B v. t.* chiamare col cercapersone.

bleeper /ˈbliːpə(r)/ *n.* (*fam.*) cicalino; cercapersone.

blemish /ˈblɛmɪʃ/ *n.* imperfezione; difetto; macchia

to **blemish** /ˈblɛmɪʃ/ *v. t.* guastare; deturpare; macchiare (*la reputazione*).

to **blench** /blɛntʃ/ *v. i.* ritrarsi (*per paura*).

blend /blɛnd/ *n.* *1* miscela; miscuglio dosato; mistura *2* mescolanza; fusione; unione.

to **blend** /blɛnd/ *A v. t.* *1* mescolare; miscelare *2* (*cucina*) amalgamare; frullare *3* fondere; armonizzare *B v. i.* *1* mescolarsi *2* armonizzare; fondersi; (*di colori*) sfumare l'uno nell'altro.

blender /ˈblɛndə(r)/ *n.* (*cucina*) frullatore.

to **bless** /blɛs/ (*pass. e p.p.* **blessed** *o* **blest**) *A v. t.* benedire • **to be blessed with**, avere in dono (*dalla sorte*); godere di □ **Blessed if I know!**, e chi lo sa? □ **B. me!**, Dio mio!; santo cielo! □ **B. you!**, salute! (*a chi starnuta*); sei un angelo! □ **B. the boy!**, benedetto ragazzo! □ **Well, I'm blest!**, perbacco! *B* **to bless oneself** *v. rifl.* segnarsi; farsi il segno della croce.

blessed /ˈblɛsɪd/ *a.* benedetto; santo; beato: **the B. Sacrament**, il Santissimo Sacramento; **the B.**, i Beati • **a b. nuisance**, una bella scocciatura □ **Where's the b. paper?**, dove si è cacciato il giornale?

blessing /ˈblɛsɪŋ/ *n.* *1* benedizione *2* benedizione; dono del cielo; fortuna *3* Ⓤ approvazione; beneplacito • **a b. in disguise**, un male che si rivela un bene □ **You should count your blessings**, pensa a quanto sei fortunato □ **mixed b.**, cosa positiva che comporta qualche svantaggio.

blest /blɛst/ *pass. e p.p. di* **to bless**.

blether /ˈblɛðə(r)/ *n.* Ⓤ ciance; discorsi a vanvera; blablà.

to **blether** /ˈblɛðə(r)/ *v. i.* cianciare; parlare a vanvera; blaterare.

blew /bluː/ *pass. di* **to blow**.

blight /blaɪt/ *n.* *1* Ⓤ (*agric.*) carbone, ruggine (*delle piante*) *2* flagello; rovina; piaga • **to cast a b. on st.**, rovinare q.c.; gettare un'ombra su q.c.

to **blight** /blaɪt/ *v. t.* *1* (*agric.*) danneggiare; fare avvizzire *2* rovinare; guastare: **to b. sb.'s life**, rovinare l'esistenza a q. *3* frustrare: **to b. sb.'s hopes**, uccidere le speranze di q.

blighter /ˈblaɪtə(r)/ *n.* (*pop. GB*) *1* disgraziato; canaglia *2* individuo; tizio.

blimey /ˈblaɪmɪ/ *inter.* (*di sorpresa, pop. GB*) accidenti!

blind (1) /blaɪnd/ *A a.* (*anche fig.*) cieco: **b. in one eye**, cieco d'un occhio; **to go** (*o* **to become**) **b.**, diventare cieco; **as b. as a bat**, cieco come una talpa; **b. hatred**, odio cieco; (*aeron.*) **b. flight** (*o* **flying**), volo cieco; **b. alley**, (*anche fig.*) vicolo cieco; **b. corner**, curva cieca • (*fam.*) **b. date**, appuntamento alla cieca (*con qualcuno che non si conosce*) □ **b. man's buff**, mosca cieca □ **b. side**, punto vulnerabile □ **b. spot**, (*anat.*) punto cieco (*della retina*); angolo morto (*di strada*); incapacità (*di vedere, di capire*) □ (*ferr.*) **b. track**, binario morto □ **to turn a b. eye to st.**, fingere di non vedere q.c. (*errore, infrazione, ecc.*); chiudere un occhio su q.c. *B avv.* *1* alla cieca: (*aeron.*) **to fly b.**, volare alla cieca *2* (*pop.*) completamente; affatto: **b. drunk**, ubriaco fradicio; **I doesn't make a b. bit of difference**, non fa nessunissima differenza.

blind (2) /blaɪnd/ *n.* *1* (*GB*) tenda: **roller b.**, (tenda) avvolgibile; **Venetian b.**, (tenda alla) veneziana *2* finzione; schermo; paravento *3* (*USA*) nascondiglio (*da cui osservare gli animali selvatici*); posta (*nella caccia*).

to **blind** /blaɪnd/ *v. t.* *1* (*anche fig.*) accecare; abbagliare; rendere cieco (a q.c.) *2* oscurare; rendere opaco • **to b. sb. with science**, fare sfoggio di cultura.

blindfold /ˈblaɪndfəʊld/ *a. e avv.* *1* bendato; con gli occhi bendati *2* sconsiderato; alla cieca.

to **blindfold** /ˈblaɪndfəʊld/ *v. t.* bendare (gli occhi a).

blindness /ˈblaɪndnəs/ *n.* Ⓤ cecità.

blink /blɪŋk/ *n.* *1* battito di ciglia *2* balenio; bagliore fugace • **in the b. of an eye**, in un batter d'occhio; in un baleno □ (*fam.*) **on the b.**, guasto; rotto.

to **blink** /blɪŋk/ *A v. i.* *1* sbattere le palpebre; ammiccare *2* lampeggiare *B v. t.* battere (*gli occhi*).

blinker /ˈblɪŋkə(r)/ *n.* *1* lampeggiatore; semaforo a luce intermittente *2* (*al pl.*) (*GB*) paraocchi (*di cavallo e fig.*): **to have blinkers on**, avere i paraocchi (*fig.*).

blinkered /ˈblɪŋkəd/ *a.* con i paraocchi (*anche fig.*); ristretto; gretto.

blinking /ˈblɪŋkɪŋ/ *a.* *1* (*di luce*) intermittente *2* (*pop.*) maledetto.

blip /blɪp/ *n.* *1* bip (*breve segnale acustico*) *2* (*elettron.*) segnale di ritorno *3* (*radar*) puntino (*sullo schermo*) *4* piccolo intoppo; piccolo mutamento.

bliss /blɪs/ *n.* Ⓤ grande gioia; felicità; beatitudine.

blissful /ˈblɪsfl/ *a.* felice; beato.

blister /ˈblɪstə(r)/ *n.* *1* vescica; pustola *2* bolla (*su foglia, metallo, ecc.*) *3* (*fam.*) impiastro; piaga • (*comm.*) **b. pack**, confezione trasparente; blister.

to **blister** /ˈblɪstə(r)/ *A v. t.* *1* produrre vesciche su *2* (*tecn.*) far gonfiare (*la vernice*) *B v. i.* coprirsi di vesciche.

blistering /ˈblɪstərɪŋ/ *a.* *1* caldissimo: **b. heat**, caldo rovente *2* aspro; sferzante: **b. attack on government policy**, attacco sferzante alla politica del governo.

blithe /blaɪð, *USA* -θ/ *a.* allegro; gaio; gioioso.

blithering /ˈblɪðərɪŋ/ *a.* — **b. idiot**, pezzo di idiota.

blitz /blɪts/ (*ted.*) *n.* *1* (*mil.*) attacco improvviso; incursione aerea; blitz *2* (*fam.*) (l')affrontare q.c. con energia; (il) fare q.c. da cima a fondo: **I had a b. on the garage**, ho ripulito il garage da cima a fondo • **advertising b.**, bombardamento pubblicitario.

to **blitz** /blɪts/ *v. t.* *1* (*mil.*) bombardare (*con incursioni aeree*) *2* (*fam.*) darci sotto con q.c.; far fuori q.c.

blitzkrieg /ˈblɪtskriːg/ (*ted.*) *n.* (*mil.*) guerra lampo.

blizzard /ˈblɪzəd/ *n.* bufera di neve; tormenta.

bloated /ˈbləʊtɪd/ *a.* *1* (*anche fig.*) gonfio; dilatato *2* tronfio; borioso *3* appesantito dal cibo; sazio.

bloater /ˈbləʊtə(r)/ *n.* aringa affumicata; scombro affumicato.

blob /blɒb/ *n.* *1* goccia *2* piccola macchia; spruzzo *3* grumo.

bloc /blɒk/ (*franc.*) *n.* (*polit., econ., fin.*) blocco • **en b.**, in blocco.

block /blɒk/ *n.* *1* blocco (*di legno, pietra, ecc.*); blocchetto *2* edificio; caseggiato: (*GB*) **b. of flats**, palazzo di appartamenti; caseggiato; **office b.**, palazzo di uffici *3* isolato *4* pacchetto; blocchetto (*di biglietti, ecc.*): (*Borsa*) **b. of shares**, pacchetto azionario *5* blocco (*anche psic.*); ingorgo: **road b.**, blocco stradale; **mental b.**, blocco mentale; **writer's b.**, blocco dello scrittore *6* (*naut.*) puleggia (*di paranco*); bozzello *7* (*tipogr.*) zoccolo; cliché (*franc.*) *8* forma (*di legno, per cappelli, ecc.*) *9* ceppo (*del boia*) • **b. capitals** (*o* **letters**), stampatello □ (*pop.*) **to knock sb.'s b. off**, spaccare la zucca a q.

to **block** /blɒk/ *v. t.* *1* bloccare; ostacolare; sbarrare; impedire la vista di; ostruire; intasare *2* modellare (*cappelli, ecc.*) su una forma.

♦ **block in** *v. t. + avv.* *1* chiudere (*un'auto parcheggiando*) *2* abbozzare; descrivere a grandi linee.

♦ **block off** *v. t. + avv.* bloccare (*il passaggio*); chiudere (*una strada*).

♦ **block out** *v. t. + avv.* *1* impedire il passaggio (*della luce*); coprire *2* sopprimere (*un pensiero, ecc.*); rimuovere *3* abbozzare.

♦ **block up** *v. t. + avv.* *1* bloccare; ostruire; intasare *2* murare

(*una porta*).
blockade /blɒ'keɪd/ *n.* (*mil.*) blocco: **to raise the b.**, togliere il blocco; **to run the b.**, forzare il blocco.
to **blockade** /blɒ'keɪd/ *v. t.* (*mil.*) porre il blocco a.
blockage /'blɒkɪdʒ/ *n.* Ⓒ e Ⓤ (*anche fig.*) blocco; ostruzione.
blockbuster /'blɒkbʌstə(r)/ *n.* (*fam.*) film di cassetta; grosso best seller; successone.
blockhead /'blɒkhɛd/ *n.* testa di legno; stupido; zuccone.
blockhouse /'blɒkhaʊs/ *n.* (*mil.*) fortino; casamatta.
bloke /bləʊk/ *n.* (*pop.*) individuo; tipo; tizio.
blond /blɒnd/ ***A*** *a.* (*di capelli, di uomo*) biondo ***B*** *n.* uomo dai capelli biondi; biondo.
blonde /blɒnd/ ***A*** *a.* biondo ***B*** *n.* bionda.
blood /blʌd/ *n.* Ⓤ sangue: **to give b.**, donare sangue; **My b. ran cold**, mi si gelò il sangue; **b. bank**, banca del sangue; emoteca; **b. group** (*o* **type**), gruppo sanguigno; **b. test** (*o* **count**), analisi del sangue; **in cold b.**, a sangue freddo • **b.-and-thunder**, a sensazione; a forti tinte □ **b. bath**, bagno di sangue □ **b. brother**, fratello carnale □ **b.-curdling**, raccapricciante; orripilante □ **b. donor**, donatore (-trice) di sangue □ **b. feud**, faida □ **b. money**, compenso (*dato a un sicario*) □ **b. orange**, arancia sanguigna □ (*med.*) **b. poisoning**, setticemia □ **b. pressure**, pressione (sanguigna) □ **b. relation**, consanguineo □ **b. sports**, sport in cui vengono uccisi animali (*caccia, combattimento di galli, ecc.*) □ (*anat.*) **b. vessel**, vaso sanguigno □ (*fisiol.*) **red** [**white**] **b. cell**, globulo rosso [bianco] □ **to be after sb.'s b.**, volere la testa di q. (*fig.*) □ **bad b.**, cattivo sangue; animosità; dissapori: **There is bad b. between them**, non corre buon sangue tra loro □ **His b. is up**, è furibondo □ **to get b. out of a stone**, cavar sangue da una rapa □ **to let b.**, salassare □ **to make sb.'s b. boil**, far fremere q. □ **new b.**, gente nuova (*con nuove idee, ecc.*); nuova linfa □ **young b.**, i giovani □ (*prov.*) **B. is thicker than water**, il sangue non è acqua.
bloodhound /'blʌdhaʊnd/ *n.* ***1*** (*cane*) segugio; bracco ***2*** (*fig. fam.*) agente investigativo; detective; segugio.
bloodless /'blʌdləs/ *a.* ***1*** senza sangue; esangue ***2*** insensibile; freddo ***3*** fiacco; senza sangue nelle vene ***4*** incruento.
bloodletting /'blʌd'lɛtɪŋ/ *n.* ***1*** salasso ***2*** spargimento di sangue.
bloodshed /'blʌdʃɛd/ *n.* Ⓤ spargimento di sangue; massacro.
bloodshot /'blʌdʃɒt/ *a.* (*di occhio*) iniettato di sangue; rosso.
bloodstain /'blʌdsteɪn/ *n.* macchia di sangue.
bloodstained /'blʌdsteɪnd/ *a.* macchiato di sangue.
bloodstock /'blʌdstɒk/ *n.* cavalli purosangue.
bloodstone /'blʌdstəʊn/ *n.* (*miner.*) eliotropio.
bloodstream /'blʌdstriːm/ *n.* (*fisiol.*) flusso sanguigno.
bloodsucker /'blʌdsʌkə(r)/ *n.* ***1*** sanguisuga; mignatta ***2*** (*spreg.*) usuraio; vampiro.
bloodthirsty /'blʌdθɜːstɪ/ *a.* assetato di sangue; sanguinario.
bloody /'blʌdɪ/ ***A*** *a.* ***1*** insanguinato; sanguinante ***2*** sanguinoso; cruento ***3*** sanguinario ***4*** di color sanguigno ***5*** (*volg.*) maledetto: **The b. car won't start**, questa stronza di macchina non parte; **Shut the b. door!**, chiudi la porta, maledizione! ***B*** *avv.* (*volg.*) maledettamente: **b. annoyed**, incazzato; **It's b. cold outside**, fuori fa un freddo boia; **B. clever!**, che furbata! • (*fam. GB*) **b.-minded**, che fa il bastian contrario; ostinato □ (*fam. GB*) **b.-mindedness**, ostinazione; spirito di contraddizione.
bloom /bluːm/ *n.* ***1*** Ⓒ e Ⓤ (*anche fig.*) fiore; fioritura: **in b.**, in fiore; **in full b.**, in piena fioritura; **in the b. of youth**, nel fiore della giovinezza ***2*** Ⓤ freschezza; splendore ***3*** Ⓤ lanugine, peluria (*di frutti, foglie*); pruina (*su uva, susine, ecc.*).
to **bloom** /bluːm/ *v. i.* ***1*** (*anche fig.*) fiorire; aprirsi; essere in fiore ***2*** (*solo nella forma progress.*) stare benissimo (*di salute*); sprizzare salute.
bloomer /'bluːmə(r)/ *n.* (*pop.*) errore grossolano; sproposito; strafalcione.
bloomers /'bluːməz/ *n. pl.* mutandoni a sbuffo.
blooming /'bluːmɪŋ/ *a.* ***1*** (*anche fig.*) fiorente; in fiore ***2*** (*fam.*) maledetto; perfetto: **a b. idiot**, un perfetto idiota.
blossom /'blɒsəm/ *n.* Ⓒ e Ⓤ fiore (*specialm. di albero da frutta; anche fig.*); fioritura: **in b.**, in fiore.
to **blossom** /'blɒsəm/ *v. i.* (*anche fig.*) fiorire; essere in fiore.
♦ **blossom into** *v. i. + prep.* diventare.
♦ **blossom out** *v. i. + avv.* sbocciare; svilupparsi.
blot /blɒt/ *n.* ***1*** macchia (*d'inchiostro*) ***2*** macchia; vergogna; disonore • **a b. on the landscape**, un obbrobrio; un pugno nell'occhio □ **a b. on one's escutcheon**, una macchia sul proprio onore.
to **blot** /blɒt/ ***A*** *v. t.* ***1*** macchiare (*d'inchiostro*); fare macchie (*con la penna*) ***2*** asciugare (*con la carta assorbente*) • (*fam.*) **to b. one's copybook**, guastarsi la reputazione ***B*** *v. i.* macchiarsi.
♦ **blot out** *v. t. + avv.* cancellare.
blotch /blɒtʃ/ *n.* ***1*** macchia della pelle ***2*** grossa macchia (*d'inchiostro, di colore*).
to **blotch** /blɒtʃ/ *v. t.* macchiare.
blotchy /'blɒtʃɪ/ *a.* macchiato; chiazzato.
blotter /'blɒtə(r)/ *n.* ***1*** tampone di carta assorbente ***2*** (*comm.*) brogliaccio.
blotting paper /'blɒtɪŋ 'peɪpə(r)/ *locuz. n.* carta assorbente.
blotto /'blɒtəʊ/ *a.* (*pop.*) ubriaco fradicio.
blouse /blaʊz, *USA* blaʊs/ *n.* ***1*** camicetta ***2*** (*antiq.*) camiciotto di tela (*da operaio*).
blow (1) /bləʊ/ *n.* ***1*** colpo di vento; ventata ***2*** soffiata (*in uno strumento a fiato*); suono (*di corno, ecc.*) ***3*** soffiata (*di naso*).
blow (2) /bləʊ/ *n.* colpo (*anche fig.*); botta; percossa • **b.-by-b. account**, resoconto dettagliato □ **to come to blows**, venire alle mani □ **without striking a b.**, senza colpo ferire.
to **blow** /bləʊ/ (*pass.* **blew**, *p.p.* **blown**) ***A*** *v. i.* ***1*** soffiare; sbuffare: **to b. on one's coffee**, soffiare sul caffè ***2*** (*di vento*) soffiare; tirare ***3*** (*di foglie, ecc.*) volare, essere spinto dal vento; (*di bandiera*) sbattere: **to b. about**, volare qua e là portato dal vento; **to b. away** (*o* **off**), volare via ***4*** (*di corno e sim.*) suonare; (*di fischietto*) fischiare ***5*** (*di pneumatico*) scoppiare ***6*** (*di valvola*) saltare; (*di lampadina*) fulminarsi ***7*** (*di cetaceo*) gettare acqua (dallo sfiatatoio) ***8*** (*pop. USA*) andarsene; filare • **to b. hot and cold**, essere indeciso; tentennare ***B*** *v. t.* ***1*** soffiare: **to b. one's nose**, soffiarsi il naso; **to b. glass**, soffiare il vetro; **to b. a whistle**, soffiare in un fischietto; **I blew off the froth**, soffiai via la schiuma ***2*** (*del vento*) far volare; spingere: **The wind blew the door shut**, il vento chiuse la porta; **Several trees were blown down by the storm**, diversi alberi furono abbattuti dalla tempesta ***3*** suonare (*la tromba, il corno*) ***4*** far saltare in aria; far saltare (*una valvola*) ***5*** (*sport*) fischiare (*la fine di una partita*) ***6*** (*pop.*) spendere; buttare: **to b. money on clothes**, spendere e spandere in vestiti ***7*** (*pop.*) rovinare; mandare all'aria: **You've blown it!**, hai rovinato tutto! ***8*** (*fam.*) rivelare; spifferare: **to b. sb.'s cover**, rivelare la vera identità di (*una spia, ecc.*) ***9*** (*fam. GB, generalm. all'imper.*) mandare al diavolo: **B. Jim! What about me?**, al diavolo Jim! Io chi sono?; **B. the expense!**, crepi l'avarizia! • **to b. bubbles**, fare le bolle di sapone □ **B. me** (**down**)!, accidenti, che roba! □ **to b. kisses**, mandare baci □ **to b. one's own trumpet**, cantare le proprie lodi □ (*pop. USA*) **to b. town**, far fagotto □ (*sport*) **to b. the whistle**, fischiare la fine di una partita □ (*pop.*) **to b. the whistle on**, denunciare pubblicamente (*comportamenti illeciti, amministratori disonesti, ecc.*).
♦ **blow away** *v. t. + avv.* (*pop. USA*) ammazzare.
♦ **blow in** *v. i. + avv.* (*fam.*) arrivare all'improvviso; comparire.
♦ **blow out** ***A*** *v. t. + avv.* spegnere (*soffiando*) • **to b. out one's brains**, farsi saltare le cervella ***B*** *v. i. + avv.* (*di pneumatico*) scoppiare ***C*** **to blow itself out** *v. rifl. + avv.* V. **to blow over**.
♦ **blow over** *v. i. + avv.* ***1*** (*di temporale*) passare; esaurirsi ***2*** (*di notizia, ecc.*) sgonfiarsi.
♦ **blow up** ***A*** *v. t. + avv.* ***1*** far saltare in aria ***2*** (*fotogr.*) ingrandire ***3*** gonfiare ***4*** esagerare; gonfiare; montare ***B*** *v. i. + avv.* ***1*** esplodere; saltare in aria ***2*** infuriarsi; esplodere ***3*** gonfiarsi ***4*** (*di temporale*) essere in arrivo ***5*** (*di lite*) scoppiare.
blow-dry /'bləʊdraɪ/ *n.* messa in piega a fon.
to **blow-dry** /'bləʊdraɪ/ *v. t.* asciugare (*i capelli*) con il fon; fonare.
blower /'bləʊə(r)/ *n.* ***1*** (*tecn.*) valvola di tiraggio; sfiatatoio ***2*** (*pop.*) telefono.
blowfly /'bləʊflaɪ/ *n.* mosca carnaria; moscone della carne.
blowgun /'bləʊgʌn/ *n.* (*USA*) cerbottana.

blowhard /ˈbləʊhɑːd/ *n.* (*fam. USA*) fanfarone; spaccone.
blowhole /ˈbləʊhəʊl/ *n.* (*zool.*) sfiatatoio.
blowlamp /ˈbləʊlæmp/ *n.* (*ind.*) lampada per saldare; cannello.
blown /bləʊn/ ***A*** *p.p. di* **to blow** ***B*** *a.* senza fiato; sfiatato.
blowout /ˈbləʊaʊt/ *n.* ***1*** scoppio (*di pneumatico*) ***2*** (*fam.*) scorpacciata.
blowpipe /ˈbləʊpaɪp/ *n.* ***1*** (*ind.*) cannello ***2*** (*GB*) cerbottana.
blowsy /ˈblaʊzɪ/ *V.* **blowzy**.
blowtorch /ˈbləʊtɔːtʃ/ *n.* (*ind.*) lampada per saldare; cannello.
blow-up /ˈbləʊʌp/ *n.* ***1*** esplosione ***2*** litigio ***3*** (*fotogr.*) ingrandimento; gigantografia.
blowy /ˈbləʊɪ/ *a.* ventoso.
blowzy /ˈblaʊzɪ/ *a.* (*specialm. di donna*) sciatto; trasandato.
blubber /ˈblʌbə(r)/ *n.* Ⓤ grasso di balena.
to **blubber** /ˈblʌbə(r)/ *v. i.* piangere a dirotto.
bludgeon /ˈblʌdʒən/ *n.* mazza; randello.
to **bludgeon** /ˈblʌdʒən/ *v. t.* prendere a randellate; randellare • **to b. sb. into doing st.**, costringere q. a fare q.c.
blue /bluː/ ***A*** *a.* ***1*** azzurro; turchino; blu: **b. eyes**, occhi azzurri; **light b.**, celeste; **dark blue**, blu; **navy b.**, blu scuro ***2*** livido; cianotico: **b. with cold**, livido dal freddo; (*med.*) **b. baby**, bambino cianotico (*alla nascita*); bambino blu ***3*** triste; depresso ***4*** (*polit.*) conservatore ***5*** (*fam.*) spinto; indecente: **b. film**, film a luci rosse • **b. blood**, sangue blu □ **b. -blooded**, di sangue blu □ (*Borsa*) **b. chip**, titolo sicuro; titolo d'élite □ **b.-collar worker**, operaio; colletto blu □ **b.--eyed**, dagli occhi azzurri □ (*GB*) **b.-eyed boy**, favorito; pupillo □ (*fam.*) **to have the b. devils**, essere depresso □ **once in a b. moon**, a ogni morte di papa □ **You can talk till you're b. in the face**, puoi parlare fino a domani □ **to scream** (*o* **to shout**) **b. murder**, strepitare; strillare come un'aquila ***B*** *n.* ***1*** (color) azzurro; turchino; blu ***2*** (*poet.*) — **the b.**, l'azzurro; il cielo; il mare ***3*** (*al pl.*) (*fam.*) depressione; malinconia; tristezza: **to have the blues**, essere depresso (*o* malinconico, triste) ***4*** (*al pl.*) (*mus.*) blues • **out of the b.**, inaspettatamente; all'improvviso.
bluebell /ˈbluːbɛl/ *n.* (*bot.*) campanula; campanella.
blueberry /ˈbluːbrɪ, *USA* -bɛrɪ/ *n.* mirtillo.
bluebottle /ˈbluːbɒtl/ *n.* ***1*** (*zool.*) moscone azzurro ***2*** (*bot.*) fiordaliso.
bluegrass /ˈbluːgrɑːs, *USA* -græs/ *n.* (*USA*) varietà di musica country.
to **blue-pencil** /ˈbluːˈpɛnsl/ *v. t.* ***1*** segnare con la matita blu ***2*** (*fam.*) censurare; espungere.
blueprint /ˈbluːprɪnt/ *n.* ***1*** (copia) cianografica ***2*** piano; progetto.
bluestocking /ˈbluːstɒkɪŋ/ *n.* (*spreg.*) donna con pretese intellettuali; intellettuale.
bluff (1) /blʌf/ *a.* brusco; diretto; franco.
bluff (2) /blʌf/ *n.* scogliera alta e ripida; promontorio a picco.
bluff (3) /blʌf/ *n.* ***1*** (*poker*) bluff ***2*** bluff; montatura • **to call sb.'s b.**, far mettere le carte in tavola a q. (*fig.*).
to **bluff** /blʌf/ *v. t. e i.* bluffare.
bluish /ˈbluːɪʃ/ *a.* azzurrognolo; bluastro.
blunder /ˈblʌndə(r)/ *n.* errore madornale; cantonata.
to **blunder** /ˈblʌndə(r)/ *v. i.* ***1*** fare un errore stupido; fare una stupidaggine; prendere una cantonata ***2*** andare alla cieca; inciampare: **to b. into st.**, andare a sbattere contro q.c.
blunderbuss /ˈblʌndəbʌs/ *n.* (*stor.*) archibugio; trombone.
blunderer /ˈblʌndərə(r)/ *n.* pasticcione (-a); imbranato (-a).
blunt /blʌnt/ *a.* ***1*** che non taglia; spuntato; smussato ***2*** brusco; rude; diretto; schietto • (*leg.*) **b. instrument**, corpo contundente.
to **blunt** /blʌnt/ *v. t.* ***1*** spuntare; smussare ***2*** smorzare; rendere insensibile.
blur /blɜː(r)/ *n.* ***1*** macchia; sbavatura ***2*** macchia sfocata; visione indistinta.
to **blur** /blɜː(r)/ ***A*** *v. t.* rendere indistinto; annebbiare; sfocare ***B*** *v. i.* ***1*** offuscarsi; diventare sfocato ***2*** diventare illeggibile.
blurb /blɜːb/ *n.* (*fam.*) soffietto editoriale; risvolto.
blurred /blɜːd/ *a.* sfocato; indistinto: **b. picture**, immagine sfocata; (*tipogr.*) **b. print**, stampa sbavata; **b. photo**, foto mossa.
blurry /ˈblɜːrɪ/ *a.* confuso; vago; indistinto.
to **blurt** /blɜːt/ *v. Solo come*:
♦ **blurt out** *v. t. + avv.* lasciarsi sfuggire di bocca; sbottare in: **to b. out a secret**, lasciarsi scappare un segreto.
blush /blʌʃ/ *n.* rossore (*di vergogna, ecc.*) • **to spare sb.'s blushes**, evitare di mettere in imbarazzo q. □ **Spare my blushes!**, non farmi arrossire! □ **without a b.**, senza neanche arrossire.
to **blush** /blʌʃ/ *v. i.* arrossire.
blusher /ˈblʌʃə(r)/ *n.* fard.
bluster /ˈblʌstə(r)/ *n.* Ⓤ ***1*** furia, fragore (*degli elementi*) ***2*** millanterie; spacconate.
to **bluster** /ˈblʌstə(r)/ *v. i.* ***1*** (*del vento*) infuriare; imperversare ***2*** fare lo spaccone.
blustery /ˈblʌstərɪ/ *a.* ***1*** burrascoso; ventoso ***2*** minaccioso.
BO /biːˈəʊ/ *n.* Ⓤ odore di sudore.
boa /ˈbəʊə/ *n.* ***1*** (*zool.*) boa ***2*** (*moda*) boa.
boar /bɔː(r)/ *n.* (*zool.*) ***1*** verro ***2*** (*anche* **wild b.**) cinghiale.
board /bɔːd/ *n.* ***1*** asse; assicella; tavola ***2*** tabellone; quadro ***3*** lavagna ***4*** tavoliere; tavola; scacchiera: **b. game**, gioco da tavolo ***5*** Ⓤ vitto, pasti (*in una pensione. ecc.*): **b. and lodging**, vitto e alloggio; **full b.**, pensione completa ***6*** comitato; consiglio; ente: **b. of directors**, consiglio d'amministrazione; **b. of examiners**, commissione esaminatrice; **Tourist B.**, Ente per il Turismo ***7*** Ⓤ bordo: **on b.**, a bordo (*di nave, aeroplano, ecc.*) ***8*** cartone; cartoncino ***9*** (*al pl.*) — **the boards**, le tavole del palcoscenico; le scene: **to tread the boards**, calcare le scene • **above b.**, onesto; regolare; legale; apertamente; a carte scoperte □ **across the b.**, a tutti i livelli; valido per tutti □ **to go by the b.**, (*di piani, ecc.*) andare a monte □ **to sweep the b.**, vincere tutto □ **to take st. on b.**, capire e accettare q.c.
to **board** /bɔːd/ ***A*** *v. t.* ***1*** salire a bordo di (*una nave, un aereo*); imbarcarsi su; salire su (*un treno, un autobus, ecc.*) ***2*** (*naut.*) andare all'abbordaggio; abbordare ***3*** ospitare (*pensionanti*); tenere a pensione ***4*** coprire con assi ***B*** *v. i.* essere a pensione.
♦ **board out** ***A*** *v. t. + avv.* mettere a pensione ***B*** *v. i. + avv.* andare a pensione.
♦ **board up** *v. t. + avv.* chiudere con assi.
boarder /ˈbɔːdə(r)/ *n.* ***1*** pensionante ***2*** convittore (-trice) • **day b.**, esterno (-a) (*di un collegio*).
boarding /ˈbɔːdɪŋ/ *n.* Ⓤ ***1*** assito; tavolato ***2*** (*naut., aeron.*) imbarco: **b. area**, sala d'imbarco (*di aeroporto*); (*aeron.*) **b. card**, carta d'imbarco ***3*** (*naut.*) abbordaggio • **b. house**, pensione □ **b. school**, collegio; convitto; pensionato.
boardroom /ˈbɔːdruːm, -rʊm/ *n.* ***1*** sala di rappresentanza; sala di consiglio ***2*** consiglio di amministrazione; vertici di una società.
boardwalk /ˈbɔːdwɔːk/ *n.* (*USA*) passerella in riva al mare.
boast /bəʊst/ *n.* vanto: **to make a b. of st.**, farsi vanto di q.c.
to **boast** /bəʊst/ *v. t. e i.* vantare; vantarsi; gloriarsi; millantare: **It's nothing to b. about**, non c'è da vantarsene.
boaster /ˈbəʊstə(r)/ *n.* millantatore (-trice); spaccone (-a).
boastful /ˈbəʊstfl/ *a.* vanaglorioso.
boat /bəʊt/ *n.* imbarcazione; barca; nave; battello; scialuppa: **by b.**, in barca; **fishing b.**, barca da pesca; **ship's b.**, lancia di bordo: **b. deck**, ponte imbarcazioni • **b. hook**, gaffa; gancio d'accosto □ **b. race**, gara di canottaggio □ **b. train**, treno in coincidenza con un traghetto □ **to be in the same b.**, essere nella stessa barca □ **to burn one's boats**, bruciarsi i ponti alle spalle □ **to miss the b.**, perdere un'occasione □ **to rock the b.**, agitare le acque; fare maretta □ **to take to the boats**, (*naut.*) salire sulle scialuppe; (*fig.*) mettersi in salvo.
to **boat** /bəʊt/ ***A*** *v. i.* andare in barca ***B*** *v. t.* — **to b. the oars**, tirare in barca i remi.
♦ **boat across** *v. t. + avv.* traghettare.
boater /ˈbəʊtə(r)/ *n.* paglietta; cappello di paglia.
boathouse /ˈbəʊthaʊs/ *n.* rimessa per barche.
boating /ˈbəʊtɪŋ/ *n.* Ⓤ nautica da diporto • **to go b.**, andare in barca per diporto.
boatload /ˈbəʊtləʊd/ *n.* (*naut.*) carico (*di merci, passeggeri*); barcata.
boatman /ˈbəʊtmən/ *n.* (*pl.* **boatmen** /-mən/) ***1*** barcaiolo; battelliere ***2*** noleggiatore di barche.
boatswain /ˈbəʊsn/ *n.* (*naut.*) nostromo.
bob /bɒb/ *n.* ***1*** caschetto (*di capelli*) ***2*** (*sport*) bob ***3*** rapido

inchino *4* coda mozza (*di cavallo*) *5* (*al pl. invar.*) (*fam. GB*) scellino; (*dopo la decimalizzazione*) soldo.
Bob /bɒb/ *n.* — (*fam.*) **Bob's your uncle!**, è fatta!; oplà!
to **bob** /bɒb/ ***A*** *v. t.* *1* tagliare (*i capelli*) a caschetto *2* mozzare (*la coda a un cavallo*) ***B*** *v. i.* *1* sobbalzare; ballonzolare *2* fare un rapido inchino *3* (*sport*) andare in bob.
♦ **bob about** *v. i. + avv.* sobbalzare; ballonzolare qua e là.
♦ **bob up** *v. i. + avv.* *1* venire a galla *2* saltar fuori.
bobbin /ˈbɒbɪn/ *n.* *1* rocchetto; bobina; spoletta *2* (*elettr.*) bobina • **b. lace**, merletto a tombolo.
bobby /ˈbɒbɪ/ *n.* (*fam. GB*) poliziotto.
bobby pin /ˈbɒbɪ pɪn/ *locuz. n.* (*USA*) molletta per capelli.
bobby socks, bobby sox /ˈbɒbɪ sɒks/ *locuz. n. pl.* (*fam. USA*) calzini.
bobcat /ˈbɒbkæt/ *n.* (*zool.*) lince rossa.
bobsled /ˈbɒbslɛd/, **bobsleigh** /ˈbɒbsleɪ/ *n.* (*sport*) bob.
bobtail /ˈbɒbteɪl/ *n.* (cane, cavallo, con la) coda mozza.
bock /bɒk/ *n.* Ⓤ birra tedesca forte e scura.
bod /bɒd/ *n.* (*fam. GB*) individuo; tipo: **odd bod**, tipo strano.
to **bode** /bəʊd/ *v. i.* far presagire; promettere • **to b. ill** [**well**], essere di cattivo [di buon] augurio.
bodice /ˈbɒdɪs/ *n.* corpetto • (*fam.*) **b.-ripper**, romanzo storico con un po' di sesso e di violenza.
bodily /ˈbɒdəlɪ/ ***A*** *a.* fisico; corporale ***B*** *avv.* *1* in persona; in carne e ossa *2* di peso.
bodkin /ˈbɒdkɪn/ *n.* *1* punteruolo *2* spillone (*da capelli*) *3* ago da lana; passanastro.
body /ˈbɒdɪ/ *n.* *1* corpo: **dead bodies**, corpi; cadaveri; **heavenly b.**, corpo celeste; **foreign b.**, corpo estraneo *2* busto; tronco *3* organo; ente; corpo: **legislative b.**, organo legislativo; **public b.**, ente pubblico; **teaching b.**, corpo insegnante *4* parte centrale; nucleo *5* massa; quantità: **a b. of cold air**, una massa di aria fredda *6* consistenza (*di liquido*); corpo, forza (*di vino*) *7* (*fam.*) persona; individuo: **nice old b.**, simpatica vecchietta *8* carrozzeria (*di auto*); cassone (*di autocarro*): **b. shop**, reparto carrozzeria *9* (*aeron.*) fusoliera • **b. bag**, sacco di plastica (*per cadavere*) □ **b. blow**, colpo allo stomaco; (*fig.*) duro colpo, batosta □ **b. count**, conteggio dei morti; numero delle vittime □ **b. language**, linguaggio del corpo □ **b. of laws**, raccolta di leggi □ **the b. politic**, lo Stato □ **b. search**, perquisizione personale □ **b. stocking**, body □ **in a b.**, tutti insieme; compatti □ **to keep b. and soul together**, tirare avanti; sopravvivere □ **Over my dead b.!**, piuttosto morto!; neanche se mi ammazzano!
bodybuilder /ˈbɒdɪbɪldə(r)/ *n.* culturista.
bodybuilding /ˈbɒdɪbɪldɪŋ/ *n.* culturismo.
bodyguard /ˈbɒdɪgɑːd/ *n.* guardia del corpo.
bodywork /ˈbɒdɪwɜːk/ *n.* (*autom.*) carrozzeria.
Boer /bɔː(r), bʊə(r), bəʊə(r)/ *a. e n.* boero.
boffin /ˈbɒfɪn/ *n.* (*fam. GB*) scienziato.
bog /bɒg, *USA* bɔːg/ *n.* *1* Ⓒ e Ⓤ pantano; palude *2* (*pop. GB*) cesso • **bog earth**, torba □ (*bot.*) **bog moss**, sfagno.
to **bog** /bɒg, *USA* bɔːg/ *v. Solo come*:
♦ **bog down** *v. i. + avv.* (*anche fig.*) impantanarsi.
bogey (1) /ˈbəʊgɪ/ *V.* **bogy**.
bogey (2) /ˈbəʊgɪ/ *n.* (*golf*) uno sopra il par.
bogged down /ˈbɒgd ˈdaʊn, *USA* bɔː-/ *locuz. a.* (*anche fig.*) impantanato.
to **boggle** /ˈbɒgl/ *v. i.* *1* stupirsi; rimanere di stucco: (*fam.*) **The mind boggles**, è incredibile; roba dell'altro mondo *2* esitare; indugiare: **to b. at doing st.**, esitare a fare q.c.
boggy /ˈbɒgɪ, *USA* ˈbɔːg-/ *a.* pantanoso; paludoso.
bogie /ˈbəʊgɪ/ *n.* *1* (*ferr.*) carrello *2* *V.* **bogy**.
bogtrotter /ˈbɒgˈtrɒtə(r)/ *n.* (*pop. spreg.*) irlandese.
bogus /ˈbəʊgəs/ *a.* falso; finto; fasullo • (*fin.*) **b. company**, società fantasma.
bogy /ˈbəʊgɪ/, **bogyman** /ˈbəʊgɪmən/ *n.* spauracchio; babau; uomo nero.
Bohemian /bəʊˈhiːmɪən/ *a. e n.* *1* boemo *2* bohémien (*franc.*).
Bohemianism /bəʊˈhiːmɪənɪzəm/ *n.* Ⓤ bohème (*franc.*).
boil (1) /bɔɪl/ *n.* punto d'ebollizione; bollore: **at** (*o* **on**) **the b.**, in bollore; in ebollizione; **off the b.**, che ha smesso di bollire; **to bring st. to the b.**, portare a bollore q.c.; **to come to the b.**, alzare il bollore.
boil (2) /bɔɪl/ *n.* *1* (*med.*) bolla; pustola; foruncolo *2* (*ind. del vetro*) bollicina; pulica.
to **boil** /bɔɪl/ ***A*** *v. i.* (*anche fig.*) bollire; ribollire: **My blood was boiling**, mi sentivo ribollire il sangue ***B*** *v. t.* bollire; far bollire; lessare; cuocere alla coque (*un uovo*).
♦ **boil away** *v. i. + avv.* *1* evaporare a forza di bollire *2* continuare a bollire.
♦ **boil down** ***A*** *v. i. + avv.* ridursi (bollendo) ***B*** *v. t. + avv.* *1* ridurre bollendo; condensare *2* (*fig.*) condensare; riassumere.
♦ **boil down to** *v. i. + avv. e prep.* ridursi a; significare alla fin fine: **What it boils down to is this:...**, insomma, le cose stanno in questi termini:...
♦ **boil over** *v. i. + avv.* *1* traboccare bollendo *2* perdere le staffe *3* (*di situazione*) degenerare.
boiled /bɔɪld/ *a.* bollito; lesso: **b. potatoes**, patate lesse; **b. beef**, bollito di manzo; lesso; **b. eggs**, uova alla coque; **b. sweet**, caramella.
boiler /ˈbɔɪlə(r)/ *n.* *1* caldaia *2* bollitore *3* scaldabagno; scaldaacqua • (*GB*) **b. suit**, tuta da lavoro.
boiling /ˈbɔɪlɪŋ/ ***A*** *n.* Ⓤ *1* ebollizione *2* bollitura • **b. point**, punto d'ebollizione; (*fig.*) stato d'eccitazione ***B*** *a.* (*fam.*) bollente; molto caldo: **a b. hot day**, una giornata torrida.
boisterous /ˈbɔɪstərəs/ *a.* *1* chiassoso e vivace; sfrenato *2* (*di tempo*) tempestoso: turbolento.
bold /bəʊld/ *a.* *1* audace; coraggioso; ardito *2* sfacciato; sfrontato *3* chiaro; netto; deciso; ben marcato: **b. handwriting**, calligrafia chiara; **b. brushstrokes**, pennellate decise • **b. type**, *V.* **boldface** □ **as b. as brass**, con una bella faccia tosta □ **to make so b. as to**, avere l'ardire di.
boldface /ˈbəʊldfeɪs/ *n.* Ⓤ (*tipogr.*) neretto; grassetto.
boldness /ˈbəʊldnəs/ *n.* Ⓤ *1* audacia; coraggio *2* sfacciataggine; sfrontatezza *3* chiarezza; nettezza.
bole /bəʊl/ *n.* tronco d'albero.
bolero /bəˈlɛərəʊ/ *n.* (*pl.* **boleros**) (*moda, mus.*) bolero.
Bolivian /bəˈlɪvɪən/ *a. e n.* boliviano.
boll /bəʊl/ *n.* (*bot.*) capsula (*specialm. del cotone e del lino*).
bollard /ˈbɒlɑːd, *USA* -ləd/ *n.* *1* pilastrino spartitraffico *2* (*naut.*) bitta.
to **bollix** /ˈbɒlɪks/ *v. t.* (*pop. USA*) incasinare.
bollocks /ˈbɒləks/ *n. pl.* (*volg.*) *1* palle; coglioni *2* palle; coglionate; fregnacce.
boloney /bəˈləʊnɪ/ *n.* Ⓤ (*fam.*) scemenze; balle (*volg.*).
Bolshevik /ˈbɒlʃəvɪk, *USA* ˈbəʊl-/ *n.* (*stor.*) bolscevico.
Bolshevism /ˈbɒlʃəvɪzəm, *USA* bəʊl-/ *n.* Ⓤ bolscevismo.
bolshie, bolshy /ˈbɒlʃɪ, *USA* ˈbəʊl-/ (*fam. spreg. GB*) ***A*** *n.* comunista ***B*** *a.* *1* comunista; di sinistra *2* da piantagrane; da bastian contrario: **to be in a b. mood**, aver voglia di piantar grane.
bolster /ˈbəʊlstə(r)/ *n.* *1* capezzale; cuscino *2* (*mecc.*) piano d'appoggio.
to **bolster** /ˈbəʊlstə(r)/ *v. t.* (*anche* **to b. up**) sostenere; rafforzare.
bolt (1) /bəʊlt/ *n.* *1* (*mecc.*) bullone *2* catenaccio; spranga *3* fulmine *4* freccia *5* rotolo, pezza (*di stoffa*) • **b. from the blue**, fulmine a ciel sereno □ **I've shot my b.**, ho sparato tutte le mie cartucce; ho giocato tutte le mie carte.
bolt (2) /bəʊlt/ *n.* scatto (per fuggire): **to make a b. for the door**, lanciarsi verso la porta; (*fam.*) **to make a b. for it**, darsela a gambe.
bolt (3) /bəʊlt/ *avv.* — **b. upright**, eretto; impalato; dritto come un fuso.
to **bolt** /bəʊlt/ ***A*** *v. t.* *1* chiudere col catenaccio; sprangare *2* (*anche* **to b. down**) ingoiare; trangugiare *3* (*mecc.*) imbullonare ***B*** *v. i.* fuggire; prendere la fuga; scappare; darsela a gambe (*fam.*).
bolthole /ˈbəʊlthəʊl/ *n.* rifugio.
bomb /bɒm/ *n.* *1* bomba: **A-b.** (*o* **the b.**), bomba atomica; **b.-proof**, a prova di bomba; **smoke b.**, bomba fumogena *2* (*fam. GB*) sacco di soldi; patrimonio: **to cost a b.**, costare un patrimonio *3* (*fam. USA*) fiasco • **b. disposal**, rimozione e disinnesco di bombe □ **b. disposal expert**, artificiere □ **b. scare**, sospetta presenza di una bomba (*in un luogo pubblico*) □ (*fam. GB*) **to go like a b.**, essere una bomba; andare come un razzo □ (*fam. GB*) **It went like a b.**, è andato a meraviglia.
to **bomb** /bɒm/ ***A*** *v. t.* bombardare (*dall'aria*) • **to be bombed out**, avere la casa distrutta da un bombardamento ***B*** *v. i.* *1* (*fam. GB*) andare sparato *2* (*fam. USA*) fare fiasco.
to **bombard** /bɒmˈbɑːd/ *v. t.* *1* bombardare *2* (*fig.*) bombardare; bersagliare: **to b. sb. with questions**, bombardare q.

di domande.

bombardier /bɒmbəˈdɪə(r)/ *n.* **1** (*aeron.*) bombardiere (*l'uomo*) **2** (*mil.*) sottufficiale d'artiglieria.

bombardment /bɒmˈbɑːdmənt/ *n.* [U] *e* [C] (*mil., fis.*) bombardamento.

bombast /ˈbɒmbæst/ *n.* [U] magniloquenza; parole pompose.

bombastic /bɒmˈbæstɪk/ *a.* altisonante; reboante; pomposo.

bomber /ˈbɒmə(r)/ *n.* **1** bombardiere (*aeroplano e soldato*) **2** attentatore (-trice); terrorista ● **b. jacket**, giubbotto imbottito; bomber.

bombing /ˈbɒmɪŋ/ *n.* [U] *e* [C] (*mil.*) bombardamento: **area b.**, bombardamento a tappeto.

bombshell /ˈbɒmʃɛl/ *n.* sgradita sorpresa; fulmine a ciel sereno; bomba ● (*antiq.*) **blonde b.**, bionda esplosiva.

bombsite /ˈbɒmsaɪt/ *n.* area urbana distrutta dai bombardamenti.

bona fide /ˈbəʊnəˈfaɪdɪ/ (*lat.*) **A** *locuz. avv.* (*leg.*) in buona fede **B** *locuz. a.* **1** (*leg.*) in (*o* di) buona fede **2** autentico; genuino.

bonanza /bəˈnænzə/ (*spagn.*) *n.* fonte di grossi guadagni; colpo di fortuna.

bond /bɒnd/ *n.* **1** legame; vincolo **2** (*al pl.*) ceppi; catene; (*fig.*) prigionia, schiavitù **3** (*leg.*) impegno scritto **4** (*fin.*) buono del Tesoro; obbligazione **5** (*chim.*) legame ● (*comm.*: *di merce*) **in b.**, in magazzino doganale; da sdoganare □ (*comm.*) **to take out of b.**, sdoganare □ **His word is (as good as) his b.**, la sua parola vale una firma.

to **bond** /bɒnd/ **A** *v. t.* **1** cementare; incollare **2** (*leg.*) vincolare (*con un impegno scritto*) **3** (*comm.*) porre (*merci*) in deposito doganale **4** (*fin.*) emettere obbligazioni su; ipotecare **5** (*elettr.*) collegare; mettere a massa **B** *v. i.* **1** cementarsi; incollarsi **2** stabilire un legame affettivo (*o* di solidarietà).

bondage /ˈbɒndɪdʒ/ *n.* [U] servitù; schiavitù.

bonded /ˈbɒndɪd/ *a.* **1** (*di merci*) vincolato: da sdoganare **2** (*di debito*) garantito da obbligazioni ● (*comm.*) **b. warehouse**, magazzino doganale.

bondholder /ˈbɒndhəʊldə(r)/ *n.* (*fin.*) possessore di obbligazioni (*o* di buoni del Tesoro); obbligazionista.

bonding /ˈbɒndɪŋ/ *n.* legame affettivo; legame di solidarietà.

bondsman /ˈbɒndsmən/ *m.* (*pl.* **bondsmen** /-mən/) schiavo; servo.

bone /bəʊn/ *n.* **1** [C] *e* [U] osso: **b. marrow**, midollo osseo; **b. handle**, manico d'osso **2** lisca, spina (*di pesce*) ● **b. china**, porcellana fine □ **b.-dry**, completamente asciutto □ **b.-idle** (*o* **b.-lazy**), sfaticato □ (*agric.*) **b. meal**, farina d'ossa □ **b. of contention**, pomo della discordia □ **the bare bones**, i fatti essenziali □ **close to** (*o* **near**) **the b.**, all'osso; spinto, risqué (*franc.*); un po' troppo vicino alla verità □ **to cut st. to the b.**, ridurre q.c. all'osso □ **I feel it in my bones**, me lo sento; qualcosa me lo dice □ (*fam.*) **to have a b. to pick with sb.**, avere un conto in sospeso con q. □ (*fam.*) **to make no bones about st.**, non fare mistero di q.c.; non farsi scrupolo di q.c. □ **frozen to the b.**, gelato fino al midollo □ **He won't make old bones**, non vivrà a lungo.

to **bone** /bəʊn/ *v. t.* **1** disossare **2** spinare, diliscare (*un pesce*).

♦ **bone up** *v. i. + avv.* (*fam.*) studiare sodo; sgobbare: **to b. up on maths**, sgobbare sui libri di matematica.

boneless /ˈbəʊnləs/ *a.* **1** senz'ossa; disossato **2** (*di pesce*) senza spine; diliscato.

boneshaker /ˈbəʊnˈʃeɪkə(r)/ *n.* (*fam.*) auto (*o* bicicletta) scassata; catorcio.

bonfire /ˈbɒnfaɪə(r)/ *n.* falò ● (*in G.B.*) **B. Night**, *V.* **Guy Fawkes' Night**.

bonhomie /ˈbɒnəmɪ, -iː, *USA* bɒnəˈmiː/ (*franc.*) *n.* [U] bonomia; bonarietà.

bonk /bɒŋk/ *n.* **1** (*fam.*) colpo; botta **2** (*pop. GB*) scopata.

to **bonk** /bɒŋk/ **A** *v. t.* **1** (*fam.*) colpire **2** (*pop. GB*) scopare **B** *v. i.* (*pop. GB*) scopare.

bonkers /ˈbɒŋkəz/ *a. pron.* (*pop. GB*) matto da legare; ammattito; suonato.

bonnet /ˈbɒnɪt/ *n.* **1** berretto scozzese **2** cappellino (*da donna o da bambina*); cuffia **3** (*GB*) cofano (*d'automobile*).

bonnie, **bonny** /ˈbɒnɪ/ (*soprattutto scozz.*) *a.* bello; grazioso; piacevole.

bonus /ˈbəʊnəs/ *n.* **1** indennità; premio: **cost of living b.**, (indennità di) carovita; **long-service b.**, premio di anzianità (*di servizio*) **2** gratifica **3** (*fin.*) dividendo straordinario **4** sovrappiù; extra.

bony /ˈbəʊnɪ/ *a.* **1** osseo; simile ad osso **2** (*di carne*) con molto osso; tutt'ossa **3** (*di pesce*) pieno di lische **4** ossuto; magro.

bonze /bɒnz/ *n.* (*relig.*) bonzo.

boo (1) /buː/ (*pl.* **boos**) *n.* (*generalm. al pl.*) urlo (*di disapprovazione*).

boo (2) /buː/ *inter.* (*per far paura*) bu! ● **He wouldn't say boo to a goose**, non mette paura a nessuno.

to **boo** /buː/ *v. t. e i.* subissare di urla, fischiare (*un attore, ecc.*).

boob /buːb/ *n.* **1** (*fam.*) sciocco; sempliciotto **2** (*pop.*) gaffe; errore madornale; cantonata **3** (*fam.*) poppa; tetta.

to **boob** /buːb/ *v. i.* (*pop.*) fare una gaffe; prendere una cantonata.

booby /ˈbuːbɪ/ *n.* (*fam.*) tonto; zoticone ● **b. prize**, premio dato per scherzo all'ultimo classificato □ **b. trap**, scherzo per cui un oggetto, posto in bilico su una porta socchiusa, cade in testa al primo che l'apre; (*mil.*) trappola esplosiva.

to **booby-trap** /ˈbuːbɪtræp/ *v. t.* **1** (*mil.*) collocare trappole esplosive in (*un posto*) **2** mettere un oggetto in bilico su (*una porta socchiusa perché cada in testa al primo che l'apre*).

to **boogie** /ˈbuːgɪ/ *v. i.* (*pop. USA*) ballare.

booh /buː/ *V.* **boo**.

to **boo-hoo** /buːˈhuː/ *v. i.* (*fam.*) piangere rumorosamente.

book /bʊk/ *n.* **1** libro: **reading b.**, libro di lettura; **picture b.**, libro illustrato **2** libretto; blocchetto: **cheque b.**, libretto degli assegni **3** bustina: **b. of matches**, bustina di fiammiferi **4** (*al pl.*) (*comm.*) libri contabili; conti; contabilità: **to keep the books**, tenere la contabilità **5** (*fam.*) elenco del telefono ● **b. club**, club del libro □ **b. cover**, sovraccoperta (*di libro*) □ **b. fair**, fiera del libro □ **the B. of Common Prayer**, il Libro delle Preghiere (*della liturgia anglicana*) □ **b. token**, buono per comprare libri □ **b. value**, valore contabile □ **to be a closed b. to sb.**, essere incomprensibile per q. □ **to bring sb. to b. (for st.)**, costringere q. a rendere conto (di q.c.) □ **by the b.**, secondo le regole □ **in my b.**, secondo me □ **in sb.'s bad** (*o* **black**) **books**, nel libro nero di q. □ **in sb.'s good books**, nelle grazie di q. □ **to suit sb.'s b.**, andare a pennello a q. □ **to throw the b. at sb.**, condannare q. al massimo della pena; rimproverare o punire severamente q.

to **book** /bʊk/ **A** *v. t.* **1** prenotare; fissare; riservare **2** (*teatr.*) ingaggiare; scritturare **3** (*rag.*) mettere a libro; registrare (*una partita*) **4** multare **5** (*sport*) ammonire (*per iscritto*) **B** *v. i.* prenotarsi; farsi registrare.

♦ **book in** (*GB*) **A** *v. t. + avv.* prenotare una stanza per: **I've booked him in at the Savoy**, gli ho prenotato una stanza al Savoy **B** *v. i. + avv.* registrarsi; fare il check-in.

♦ **book up** *v. i. + avv.* prenotare: **to b. up well ahead**, prenotare per tempo.

bookable /ˈbʊkəbl/ *a.* prenotabile.

bookbinder /ˈbʊkbaɪndə(r)/ *n.* rilegatore (-trice).

bookbinding /ˈbʊkbaɪndɪŋ/ *n.* [U] **1** rilegatura **2** legatoria.

bookcase /ˈbʊkkeɪs/ *n.* libreria; scaffale.

booked /bʊkt/ *a.* prenotato: **fully b.**, tutto prenotato; al completo; esaurito ● **b. up**, (*di albergo, teatro*) esaurito, al completo; (*fam., di persona*) impegnato, occupato: **I'm b. up for Monday afternoon**, ho tutto il lunedì pomeriggio impegnato.

bookends /ˈbʊkendz/ *n. pl.* reggilibri.

bookie /ˈbʊkɪ/ *n.* (*pop.*) allibratore.

booking /ˈbʊkɪŋ/ *n.* [U] *e* [C] **1** prenotazione **2** (*teatr.*) scrittura; ingaggio **3** (*sport*) ammonizione (*scritta*) ● **b. clerk**, impiegato (-a) della biglietteria □ **b. office**, biglietteria; ufficio prenotazioni; (*teatr.*) botteghino.

bookish /ˈbʊkɪʃ/ *a.* **1** amante dei libri e della lettura; studioso **2** libresco.

bookkeeper /ˈbʊkkiːpə(r)/ *n.* contabile.

bookkeeping /ˈbʊkkiːpɪŋ/ *n.* contabilità.

booklet /ˈbʊklət/ *n.* libretto; libriccino; opuscolo.

bookmaker /ˈbʊkmeɪkə(r)/ *n.* (*sport*) allibratore.

bookmark /ˈbʊkmɑːk/ *n.* segnalibro.

bookmobile /ˈbʊkməʊbiːl/ *n.* (*USA*) bibliobus.

bookplate /ˈbʊkpleɪt/ *n.* ex libris.

bookseller /ˈbʊksɛlə(r)/ *n.* libraio (-a) ● **b.'s (shop)**, libreria.

bookshelf /ˈbʊkʃɛlf/ *n.* (*pl.* **bookshelves** /-ʃɛlvz/) scaffale per libri • (*fam.*) **to hit the bookshelves**, (*di libro*) arrivare in libreria.
bookshop /ˈbʊkʃɒp/ *n.* (*GB*) negozio di libri; libreria.
bookstall /ˈbʊkstɔːl/ *n.* **1** bancarella (*di libri*) **2** edicola.
bookstore /ˈbʊkstɔː(r)/ *n.* (*USA*) negozio di libri; libreria.
bookworm /ˈbʊkwɜːm/ *n.* **1** tarma; tignola **2** (*fig.*) topo di biblioteca.
boom (**1**) /buːm/ *n.* **1** (*naut.*) boma **2** braccio (*di gru*) **3** sbarramento (*di tronchi*) **4** (*cinem.*, *TV*) giraffa.
boom (**2**) /buːm/ *n.* rimbombo; rombo • **sonic b.**, bang sonico.
boom (**3**) /buːm/ *n.* **1** (*econ.*) boom; rapida espansione **2** improvvisa popolarità.
to **boom** (**1**) /buːm/ *v. i.* rimbombare; rombare.
to **boom** (**2**) /buːm/ *v. i.* **1** prosperare; andare a gonfie vele **2** essere in voga.
boomerang /ˈbuːməræŋ/ *n.* boomerang.
to **boomerang** /ˈbuːməræŋ/ *v. i.* ritorcersi: **to b. on sb.**, ritorcerci contro q.
booming (**1**) /ˈbuːmɪŋ/ *a.* rimbombante; (*di voce*) tonante.
booming (**2**) /ˈbuːmɪŋ/ *a.* in rapida espansione; che conosce un periodo di boom.
boon /buːn/ *n.* vantaggio; beneficio; benedizione (*fam.*).
boor /ˈbʊə(r), bɔː(r)/ *n.* zoticone; bifolco; becero; cafone.
boorish /ˈbʊərɪʃ, bɔː-/ *a.* maleducato; zotico; cafone.
boost /buːst/ *n.* **1** spinta (*verso l'alto*) **2** aiuto; incoraggiamento: **a b. to sb.'s morale**, un'iniezione di fiducia **3** lancio pubblicitario **4** (*econ.*) spinta (*al rilancio*) **5** (*aeron.*, *miss.*) spinta propulsiva.
to **boost** /buːst/ *v. t.* **1** spingere (*verso l'alto*); issare **2** incentivare; incrementare: **to b. production**, incentivare la produzione **3** incoraggiare; aiutare: **to b. sb.'s spirits**, tirare su di morale q. **4** promuovere, lanciare (*un prodotto*) **5** (*radio*) amplificare (*il segnale*); (*elettr.*) elevare (*la tensione*) • (*fin.*) **to b. the value of a share**, gonfiare il valore di un'azione.
booster /ˈbuːstə(r)/ *n.* **1** (*mecc.*) elevatore (*di pressione*) **2** (*radio*) amplificatore (*di segnale*) **3** (*med.*) richiamo (*di vaccinazione*) **4** (*miss.*, *anche* **b. rocket**) razzo ausiliario **5** (*fam.*) iniezione di fiducia **6** (*fam. USA*) sostenitore entusiasta.
boot (**1**) /buːt/ *n.* **1** stivale; stivaletto **2** scarpone; scarpa alta **3** (*autom.*, *GB*) bagagliaio • (*mil.*, *USA*) **b. camp**, campo di addestramento □ (*fam.*) **The b. is on the other foot**, le parti si sono rovesciate; la musica è cambiata □ (*pop.*) **to get the b.**, essere licenziato; essere buttato fuori □ (*pop.*) **to give sb. the b.**, licenziare q.; buttare fuori q. □ **to lick sb.'s boots**, lustrare gli stivali a q.; leccare i piedi a q. □ (*pop. GB*) **to put the b. in**, colpire chi è già a terra; fare il maramaldo.
boot (**2**) /buːt/ *n.* — **to b.**, per giunta; inoltre.
to **boot** /buːt/ *v. t.* **1** calzare; mettere le scarpe a **2** prendere a calci **3** (*pop.*) licenziare **4** (*elab.*, *anche* **to b. up**) inizializzare.
bootblack /ˈbuːtblæk/ *n.* lustrascarpe.
bootee /buːˈtiː, ˈbuːtiː, -ɪ/ *n.* scarpetta di lana (*da neonato*).
booth /buːð, *USA* buːθ/ *n.* **1** baraccone (*di fiera*) **2** bancarella coperta **3** cabina: **telephone** [**polling**] **b.**, cabina telefonica [elettorale] **4** séparé (*di bar, ristorante*).
bootjack /ˈbuːtdʒæk/ *n.* cavastivali.
bootlace /ˈbuːtleɪs/ *n.* stringa (da scarpe).
bootleg /ˈbuːtlɛg/ *a.* **1** (*di liquore*) distillato alla macchia **2** (*estens.*) prodotto abusivamente; pirata.
to **bootleg** /ˈbuːtlɛg/ *v. t.* distillare (*liquore*) alla macchia; spacciare (*liquore*) clandestinamente.
bootlegger /ˈbuːtlɛgə(r)/ *n.* distillatore (*o* spacciatore) clandestino di liquori.
bootless /ˈbuːtləs/ *a.* (*lett.*) inutile; vano.
bootlicker /ˈbuːtlɪkə(r)/ *n.* leccapiedi.
boots /buːts/ *n.* (*pl. invar.*) **1** lustrascarpe **2** facchino, portabagagli (*in un albergo*).
bootstrap /ˈbuːtstræp/ *n.* **1** tirante (*di stivale*) **2** (*elab.*) innesco; inizializzazione • **to pull oneself up by one's bootstraps**, tirarsi su da sé; farcela da solo.
booty /ˈbuːtɪ/ *n.* Ⓤ bottino (*di guerra*).
booze /buːz/ *n.* Ⓤ (*pop.*) **1** bevanda alcolica **2** bisboccia; gozzoviglia.
to **booze** /buːz/ *v. t. e i.* (*pop.*) trincare; sbevazzare; gozzovigliare.
boozer /ˈbuːzə(r)/ *n.* (*pop.*) **1** ubriacone; beone **2** bar; pub.
booze-up /ˈbuːzʌp/ *n.* (*pop. GB*) bisboccia; gozzoviglia.
boozy /buːzɪ/ *a.* **1** beone **2** bevereccio.
bop /bɒp/ *n.* (*fam.*) **1** colpo; pugno **2** ballo.
to **bop** /bɒp/ (*fam.*) **A** *v. t.* dare un colpo (*o* un pugno) a **B** *v. i.* ballare.
borax /ˈbɔːræks/ *n.* Ⓤ (*chim.*) borace.
border /ˈbɔːdə(r)/ *n.* **1** contorno; orlo; bordura; margine **2** confine; frontiera: **the B.**, la zona di confine fra l'Inghilterra e la Scozia.
to **border** /ˈbɔːdə(r)/ *v. t.* **1** orlare; bordare **2** delimitare; costeggiare **3** confinare con.
♦ **border on** *v. i. + prep.* **1** confinare con **2** rasentare.
borderer /ˈbɔːdərə(r)/ *n.* abitante di zona di confine (*specialm. di quella fra l'Inghilterra e la Scozia*).
borderland /ˈbɔːdəlænd/ *n.* zona di confine.
borderline /ˈbɔːdəlaɪn/ **A** *n.* **1** linea di confine **2** (*fig.*) linea di confine (*o* di demarcazione) **B** *a.* **1** che è al limite; incerto **2** (*scient.*) borderline.
bore (**1**) /bɔː(r)/ *n.* **1** foro, pozzo (*di sonda*) **2** (*mecc.*) diametro interno **3** calibro (*di arma da fuoco*).
bore (**2**) /bɔː(r)/ *n.* **1** noioso (-a); seccatore (-trice) **2** seccatura; noia; barba.
bore (**3**) /bɔː(r)/ *n.* (*geogr.*) onda di marea (*che risale un fiume*).
bore (**4**) /bɔː(r)/ *pass. di* **to bear**.
to **bore** (**1**) /bɔː(r)/ *v. t.* forare; perforare; trivellare; scavare: **to b. a hole**, praticare un foro • **to b. one's way**, aprirsi un varco.
♦ **bore through** *v. i. + prep.* **1** praticare un foro; fare buchi: **to b. through rock**, perforare la roccia **2** (*ind. min.*) fare trivellazioni; trivellare.
to **bore** (**2**) /bɔː(r)/ *v. t.* annoiare; seccare: **to b. sb. stiff**, annoiare a morte q.
boredom /ˈbɔːdəm/ *n.* Ⓤ noia; tedio.
borer /ˈbɔːrə(r)/ *n.* **1** trivella **2** operaio scavapozzi **3** (*zool.*) tarlo.
boric /ˈbɔːrɪk/ *a.* (*chim.*) borico: **b. acid**, acido borico.
boring /ˈbɔːrɪŋ/ *a.* noioso; seccante.
born /bɔːn/ **A** *p.p. di* **to bear B** *a.* generato; nato • **b. artist**, artista nato □ **b.-again**, convertito (a un cristianesimo di tipo evangelico) □ **to be b.**, nascere: **I was b. in Milan**, sono nato a Milano □ **Not everybody is b. a writer**, non tutti nascono scrittori □ **to be b. on the wrong side of the blanket**, essere (figlio) illegittimo □ **to be b. under a lucky star**, essere nato sotto una buona stella □ **to be b. with a silver spoon in one's mouth**, essere nato con la camicia □ **a city--dweller b. and bred**, persona nata e cresciuta in città; persona di città fino al midollo □ (*fam.*) **in all my b. days**, in tutta la mia vita.
borne /bɔːn/ *p.p. di* **to bear**.
borough /ˈbʌrə, *USA* ˈbɜːrəʊ/ *n.* **1** (*stor.*) città che gode di autonomia amministrativa **2** distretto amministrativo (*di una grande città*).
to **borrow** /ˈbɒrəʊ, *USA* -ɔːr-/ *v. t.* prendere in prestito • **to be living on borrowed time**, avere i giorni contati.
borrowing /ˈbɒrəʊɪŋ, *USA* -ɔːr-/ *n.* **1** Ⓤ il prendere in prestito **2** Ⓤ (*fin.*) prestito; indebitamento **3** (*ling.*) prestito.
borsch(t) /bɔːʃt/ *n.* zuppa di barbabietole di origine russa o polacca.
borstal /ˈbɔːstl/ *n.* Ⓒ e Ⓤ (*GB*) correzionale; riformatorio.
bosh /bɒʃ/ *n.* Ⓤ (*pop.*) sciocchezze; fesserie.
bosom /ˈbʊzəm/ *n.* **1** (*lett.*) petto; seno **2** (*fig.*) cuore; seno: **in the b. of one's family**, in seno alla propria famiglia; **b. friend**, amico del cuore.
bosomy /ˈbʊzəmɪ/ *a.* (*fam.*, *rif. a donna*) pettoruto.
boss (**1**) /bɒs, *USA* bɔːs/ *n.* (*fam.*) **1** padrone; capo; boss; capoccia **2** (*spreg.*) boss; caporione.
boss (**2**) /bɒs, *USA* bɔːs/ *n.* borchia (*di scudo, ecc.*).
to **boss** /bɒs, *USA* bɔːs/ *v. i. e t.* (*fam.*, *anche* **to b. about** *o* **around**) spadroneggiare (su); dare ordini (a); comandare a bacchetta.
bossy /ˈbɒsɪ, *USA* ˈbɔːsɪ/ *a.* (*fam.*) autoritario; prepotente.
botanical /bəˈtænɪkl/ *a.* botanico • **b. gardens**, giardino (*o* orto) botanico.
botanist /ˈbɒtənɪst/ *n.* botanico (-a).
botany /ˈbɒtənɪ/ *n.* Ⓤ botanica.
botch /bɒtʃ/ *n.* lavoro malfatto; raffazzonatura; pasticcio:

He's made a b. of fixing the door, ha aggiustato la porta proprio da cane.
to **botch** /bɒtʃ/ *v. t.* (*anche* **to b. up**) aggiustare malamente; raffazzonare; pasticciare.
botcher /ˈbɒtʃə(r)/ *n.* *1* raffazzonatore (-trice) *2* pasticcione (-a).
both /bəʊθ/ ***A*** *a. e pron.* ambedue; entrambi (-e); tutti (-e) e due; l'uno (-a) e l'altro (-a): **We were b.** (*o* **B. of us were**) **present**, eravamo entrambi presenti; **on b. sides**, su entrambi (*o* ambo) i lati; **I want (them) b.**, li voglio tutti e due • **to have it b. ways**, barcamenarsi ***B*** *cong.* (*in correl. con* **and**) *1* sia... sia (*o* che); tanto... quanto: **b. you and I**, sia tu che io *2* a un tempo; insieme: **b. beautiful and cheap**, bello e insieme a buon prezzo.
bother (1) /ˈbɒðə(r)/ *n.* *1* Ⓤ e Ⓒ fastidio; incomodo; seccatura *2* (*solo al sing.*) preoccupazione; agitazione • (*fam.*) **no b.**, senza difficoltà; senza problemi.
bother (2) /ˈbɒðə(r)/ *inter.* uffa!; accidenti!
to **bother** /ˈbɒðə(r)/ ***A*** *v. t.* *1* infastidire; seccare; dare fastidio a *2* preoccupare • **I can't be bothered**, non mi va; non ne ho voglia ***B*** *v. i.* *1* preoccuparsi; prendersela *2* disturbarsi; prendersi il disturbo: **Please don't b.**, non si disturbi.
bothersome /ˈbɒðəsəm/ *a.* fastidioso; seccante.
bottle /ˈbɒtl/ *n.* *1* bottiglia *2* boccetta; flacone *3* (*anche* **baby's b.**) poppatoio; biberon *4* (*pop. GB*) coraggio; fegato • **b. bank**, campana per la raccolta del vetro □ **b. green**, verde bottiglia □ **b. opener**, apribottiglie □ (*fam.*) **to hit the b.**, darsi al bere □ **He's back on the b.**, ha ricominciato a bere □ **Let's discuss it over a b.**, discutiamone bevendoci sopra.
to **bottle** /ˈbɒtl/ *v. t.* *1* imbottigliare *2* mettere sotto vetro (*frutta, ecc.*).
♦ **bottle up** *v. t. + avv.* sopprimere; soffocare.
bottled /ˈbɒtld/ *a.* imbottigliato; in bottiglia; (*di frutta, ecc.*) sotto vetro.
to **bottle-feed** /ˈbɒtlfiːd/ *v. t.* allattare artificialmente.
bottleneck /ˈbɒtlnɛk/ *n.* *1* strettoia; strozzatura; collo di bottiglia *2* ingorgo; intasamento.
bottom (1) /ˈbɒtəm/ *n.* *1* fondo: **at the b. of the stairs [of the page, of the street]**, in fondo alle scale [alla pagina, alla strada]; **to touch b.**, toccare il fondo (*del mare*); **He's not bad at b.**, in fondo non è cattivo; **to get to the b. of a matter**, andare a fondo in una questione *2* parte inferiore; disotto *3* (*fam.*) sedere: **to smack sb.'s b.**, sculacciare q. *4* (*naut.*) carena *5* (*anche pl.*) slip (*di costume a due pezzi*) • **b. up**, capovolto □ (*fam.*) **Bottoms up!**, (alla) salute!; cincin! □ **The b. has fallen out of the market**, i prezzi sono crollati □ **to be b. of the class**, essere l'ultimo della classe □ **I wonder who's at the b. of all this**, chissà chi c'è dietro a tutta questa faccenda □ **from the b. of one's heart**, con tutto il cuore; dal profondo del cuore □ (*naut.*) **to go to the b.**, colare a picco □ **to knock the b. out of an argument**, dimostrare l'infondatezza di un argomento □ **to start at the b. of the ladder**, cominciare dalla gavetta.
bottom (2) /ˈbɒtəm/ *a. attr.* (il) più basso; (l')ultimo (in basso): **the b. drawer**, l'ultimo cassetto in basso; **This is our b. price**, questo è il prezzo più basso che possiamo fare • (*autom.*) **b. gear**, prima □ **b. half**, parte (*o* metà) inferiore □ **b. line**, riga del totale (*di un conto*); (*estens.*) utile netto, perdita netta □ **The b. line is that...**, la conclusione (*o* il risultato, il succo) è che...
to **bottom** /ˈbɒtəm/ *v. Solo come*:
♦ **bottom out** *v. i. + avv.* toccare il fondo (*prima di risalire*).
bottomless /ˈbɒtəmləs/ *a.* senza fondo; (*fig.*) smisurato, inesauribile.
botulism /ˈbɒtjʊlɪzəm, *USA* -tʃʊ-/ *n.* (*med.*) botulismo.
bough /baʊ/ *n.* ramo (*d'albero, specialm. se grosso*).
bought /bɔːt/ *pass. e p.p. di* **to buy**.
boulder /ˈbəʊldə(r)/ *n.* masso tondeggiante; macigno.
boulevard /ˈbuːl(ə)vɑːd, *USA* ˈbʊlə-/ (*franc.*) *n.* (*USA*) viale.
bounce /baʊns/ *n.* *1* rimbalzo; balzo; salto: **on the b.**, al balzo *2* Ⓤ elasticità *3* Ⓤ (*pop.*) vivacità; esuberanza • (*pop. USA*) **to get the b.**, essere licenziato; essere messo fuori; essere respinto.
to **bounce** /baʊns/ ***A*** *v. i.* *1* rimbalzare *2* balzare; slanciarsi: **to b. in**, entrare di slancio *3* (*di assegno*) essere a vuoto (*o* scoperto) *4* (*di messaggio elettronico*) ritornare al mittente ***B*** *v. t.* *1* far rimbalzare *2* far saltare (*o* saltellare): **to b. a baby on one's knees**, far saltare un bambino sulle ginocchia *3* respingere (*un assegno, perché a vuoto o scoperto*) *4* (*pop. USA*) licenziare; cacciare; buttar fuori.
♦ **bounce back** *v. i. + avv.* *1* rimbalzare; tornare indietro (*dopo aver urtato q.c.*) *2* riprendersi (*dopo un insuccesso*); rimettersi in piedi.
♦ **bounce off** ***A*** *v. t. + prep.* rimandare indietro (*un raggio, un'onda sonora*) ***B*** *v. i. + prep.* (*di raggio, onda sonora*) essere rimandato indietro da.
bouncer /ˈbaʊnsə(r)/ *n.* (*fam.*) buttafuori (*di bar o locale notturno*).
bouncing /ˈbaʊnsɪŋ/ *a.* (*specialm. di bambino*) robusto; sano; vivace.
bound (1) /baʊnd/ *n. V.* **bounds**.
bound (2) /baʊnd/ *n.* *1* rimbalzo *2* balzo; salto • **to advance by leaps and bounds**, fare passi da gigante (*fig.*).
bound (3) /baʊnd/ *a. pred.* diretto (a); in viaggio (per): **b. for Athens**, diretto ad Atene; **homeward b.**, diretto a casa; sulla via del ritorno; **outward b.**, in andata; diretto all'estero.
bound (4) /baʊnd/ ***A*** *pass. e p.p. di* **to bind** ***B*** *a. pred.* *1* — **b. to**, (quasi) sicuro; destinato a: **She's b. to know**, vedrai che lei lo sa; **It was b. to happen sooner or later**, doveva succedere prima o poi; **You're b. to experience some difficulties at first**, è inevitabile che tu trovi delle difficoltà all'inizio *2* — **b. to**, obbligato, tenuto (*moralmente o legalmente*); **I'm b. to go**, sono tenuto ad andare; devo andare; **I'm b. to admit that...**, devo ammettere che...; (*leg.*) **b. under oath**, sotto il vincolo del giuramento *3* — **b. up in**, tutto preso da; concentrato su *4* — **b. up with**, strettamente legato a; connesso con *5* rilegato: **b. in paper boards**, cartonato • (*fam.*) **I'll be b.**, ci scommetto; ci giurerei.
to **bound** (1) /baʊnd/ *v. t.* (*generalm. al passivo*) delimitare; fare da confine a: **Spain is bounded on the east by Portugal**, la Spagna confina a est col Portogallo.
to **bound** (2) /baʊnd/ *v. i.* *1* rimbalzare *2* balzare; saltare; saltellare.
boundary /ˈbaʊndrɪ/ *n.* confine; frontiera; limite.
boundless /ˈbaʊndləs/ *a.* illimitato; sconfinato.
bounds /baʊndz/ *n. pl.* confini; limiti: **There are no b. to his vanity**, la sua vanità con conosce limiti • **to go beyond the b. of reason**, essere irragionevole □ **to place st. out of b.**, proibire l'accesso a q.c. □ **within b.**, nei dovuti limiti; entro certi limiti.
bountiful /ˈbaʊntɪfl/ *a.* *1* generoso; munifico *2* abbondante.
bounty /ˈbaʊntɪ/ *n.* *1* Ⓤ generosità; liberalità; munificenza *2* premio; ricompensa; taglia.
bouquet /bəʊˈkeɪ, bʊː-/ (*franc.*) *n.* *1* mazzo di fiori; mazzolino *2* Ⓤ (*del vino*) bouquet.
bourbon /ˈbɜːbən/ *n.* (*USA*) whiskey di mais; bourbon.
bourgeois /ˈbʊəʒwɑː, *USA* bʊəˈʒwɑː/ (*franc.*) *a. e n.* (*pl. invar.*) borghese.
bourgeoisie /bʊəʒwɑːˈziː/ (*franc.*) *n.* Ⓤ borghesia.
bout /baʊt/ *n.* *1* breve periodo: **b. of drinking**, bevuta; sbornia *2* (*sport*) incontro (*di boxe o di lotta*) *3* (*med.*) attacco: **b. of flu**, attacco d'influenza.
bovine /ˈbəʊvaɪn/ *a.* *1* bovino *2* lento; ottuso.
bovver /ˈbɒvə(r)/ *n.* Ⓤ (*pop. GB*) violenza teppistica • **b. boots**, scarponi chiodati.
bow (1) /bəʊ/ *n.* *1* arco *2* (*mus.*) archetto *3* fiocco; nodo • **bow-legged**, dalle gambe arcuate □ **bow tie**, farfallino □ (*archit.*) **bow window**, bovindo.
bow (2) /baʊ/ *n.* inchino • (*teatr.*) **to make one's bow**, debuttare □ (*teatr.*) **to take a bow**, presentarsi a ricevere gli applausi.
bow (3) /baʊ/ *n.* (*anche al pl.*) (*naut.*) prua; prora: **on the port [starboard] bow**, di prua a sinistra [a dritta].
to **bow** (1) /bəʊ/ *v. t. e i.* (*mus.*) suonare con l'archetto.
to **bow** (2) /baʊ/ ***A*** *v. i.* *1* inchinarsi; fare un inchino *2* curvarsi; piegarsi *3* chinare il capo *4* salutare chinando il capo • **to bow and scrape**, profondersi in salamelecchi; strisciare □ **I bow to your experience**, devo cedere davanti alla tua esperienza ***B*** *v. t.* *1* chinare; piegare *2* curvare; piegare.
♦ **bow down** ***A*** *v. t. + avv.* prostrare ***B*** *v. i. + avv.* *1* inchinarsi *2* piegarsi (davanti a); cedere (a).
♦ **bow out** *v. i. + avv.* (*fam.*) ritirarsi; uscire di scena.
to **bowdlerize**, (*GB anche*) to **bowdlerise** /ˈbaʊdləraɪz/ *v. t.* espurgare (*un libro, un autore*).
bowel /ˈbaʊəl/ *n.* (*anat.*) viscere; intestino • **b. movement**,

andata di corpo □ **the bowels of the earth**, le viscere della terra □ **to move** (*o* **to empty**) **one's bowels**, andare di corpo.

bower /ˈbaʊə(r)/ *n.* pergola; pergolato; recesso ombroso.

bowie knife /ˈbəʊɪnaɪf/ *locuz. n.* (*USA*) coltello da caccia.

bowing /ˈbəʊɪŋ/ *n.* (*mus.*) archeggio.

bowl (1) /bəʊl/ *n.* ***1*** ciotola; scodella; coppetta; boccia: **a b. of soup**, una scodella di minestra; **fruit b.**, fruttiera; **salad b.**, insalatiera; **glass b.**, boccia di vetro; **mixing b.**, terrina ***2*** catino; bacinella ***3*** tazza (*del water*) ***4*** incavo (*di cucchiaio, ecc.*) ***5*** fornello (*di pipa*).

bowl (2) /bəʊl/ *n.* ***1*** boccia ***2*** (*al pl.*) gioco delle bocce.

to **bowl** /bəʊl/ ***A*** *v. i.* ***1*** giocare alle bocce ***2*** lanciare una boccia ***3*** (*cricket*) lanciare; servire ***B*** *v. t.* far rotolare (*una palla, ecc.*).

♦ **bowl along** *v. i. + avv.* andare a tutta velocità; filare (*fam.*).

♦ **bowl out** *v. t. + avv.* (*cricket*) mettere fuori gioco.

♦ **bowl over** *v. t. + avv.* ***1*** far cadere; travolgere ***2*** (*generalm. al passivo*) entusiasmare; conquistare.

bowler (1) /ˈbəʊlə(r)/ *n.* ***1*** giocatore (-trice) di bocce ***2*** (*cricket*) lanciatore.

bowler (2) /ˈbəʊlə(r)/ *n.* (*GB, anche* **b. hat**) bombetta.

bowline /ˈbəʊlɪn/ *n.* (*naut.*) ***1*** bolina ***2*** (*anche* **b. knot**) gassa d'amante.

bowling /ˈbəʊlɪŋ/ *n.* Ⓤ ***1*** gioco delle bocce: **b. club**, (società) bocciofila; **b. green**, campo di bocce (erboso) ***2*** bowling: **b. alley**, bowling; corsia del bowling.

bowsprit /baʊ/ *n.* (*naut.*) bompresso.

bow-wow /ˈbaʊˈwaʊ/ *inter.* bau bau; bu bu.

box (1) /bɒks/ *n.* ***1*** scatola; cassa; cassetta: **box of matches**, scatola di fiammiferi; (*aeron.*) **black box**, scatola nera; **letter box**, cassetta (*o* buca) per le lettere ***2*** cabina; garitta: (*ferr.*) **signal box**, cabina di segnalazione; **telephone box**, cabina del telefono; **sentry box**, garitta di sentinella ***3*** (*anche* **P.O. Box**) casella postale: **box number**, numero di casella postale ***4*** (*teatr.*) palco ***5*** (*leg.*) banco (*della giuria, dei testimoni*) ***6*** box (*di cavallo da corsa*) ***7*** casella; riquadro ***8*** — (*pop.*) **the box**, la tele ● (*autom., in G.B.*) **box junction**, incrocio contrassegnato da una griglia di righe gialle (*sulla quale non si può sostare in coda*) □ (*teatr., cinem.*) **box office**, botteghino □ **box-office success**, successo di cassetta □ (*sartoria*) **box pleat**, cannone.

box (2) /bɒks/ *n.* — **box on the ear**, scapaccione; sberla.

box (3) /bɒks/ *n.* (*bot.*) bosso.

to **box** (1) /bɒks/ *v. t.* mettere in scatole (*o* casse); incassare.

♦ **box in** *v. t. + avv.* ***1*** incassare ***2*** bloccare; incastrare.

♦ **box off** *v. t. + avv.* recintare.

to **box** (2) /bɒks/ ***A*** *v. i.* ***1*** fare a pugni ***2*** (*sport*) tirare di boxe; fare il pugile ***B*** *v. t.* — **to box sb.'s ears**, prendere a scapaccioni q.

boxer /ˈbɒksə(r)/ *n.* ***1*** (*sport*) pugile ***2*** boxer (*tipo di cane*).

boxing /ˈbɒksɪŋ/ *n.* Ⓤ pugilato; boxe ● **b. gloves**, guantoni □ **b. ring**, ring.

Boxing Day /ˈbɒksɪŋdeɪ/ *locuz. n.* (*in G.B.*) il 26 dicembre; Santo Stefano.

boxroom /ˈbɒksrʊm, -ruːm/ *n.* (*GB*) ripostiglio.

boxwood /ˈbɒkswʊd/ *n.* Ⓤ legno di bosso.

boy /bɔɪ/ *n.* ***1*** ragazzo: **little boy**, bambino; ragazzino ***2*** figlio; maschio ***3*** (*al pl.*) — (*fam.*) **the boys**, gli amici (*maschi di un uomo*) ● (*fam.*) **(boy,) oh boy!**, accidenti!; mamma mia! □ **boy-scout**, boy-scout; giovane esploratore □ **Boys will be boys**, che vuoi, sono ragazzi □ **my dear boy**, (*detto a un uomo*) caro mio □ (*fam.*) **the old boy**, il vecchio; il caro vecchietto.

boycott /ˈbɔɪkɒt/ *n.* Ⓤ boicottaggio.

to **boycott** /ˈbɔɪkɒt/ *v. t.* boicottare.

boyfriend /ˈbɔɪfrend/ *n.* innamorato; amico; ragazzo (*fam.*).

boyhood /ˈbɔɪhʊd/ *n.* Ⓤ fanciullezza, adolescenza (*di maschi*).

boyish /ˈbɔɪɪʃ/ *a.* ***1*** di (*o* da) ragazzo; fanciullesco ***2*** puerile.

bra /brɑː/ *n.* (*abbr. di* **brassiere**) reggiseno; reggipetto.

brace /breɪs/ *n.* ***1*** (*al pl. invar.*) coppia; paio: **two b. of hares**, due coppie di lepri ***2*** fermaglio; (*mecc.*) collegamento, sostegno ***3*** (*al pl.*) (*GB*) bretelle ***4*** (*tipogr.*) graffa ***5*** (*med.*) busto ortopedico ***6*** (*med.*) apparecchio ortodontico; apparecchio (*fam.*) ***7*** (*mecc., anche* **b. and bit**) trapano a manubrio; girabecchino.

to **brace** /breɪs/ ***A*** *v. t.* ***1*** rinforzare ***2*** (*dell'aria, ecc.*) tonificare; rinvigorire ***3*** (*naut.*) bracciare ***B*** to **brace oneself** *v. rifl.* prepararsi (*a un colpo, ecc.*); tenersi forte (*fam.*).

bracelet /ˈbreɪslət/ *n.* ***1*** braccialetto ***2*** (*al pl.*) (*pop.*) manette.

bracing /ˈbreɪsɪŋ/ *a.* corroborante; tonificante.

bracken /ˈbrækən/ *n.* Ⓤ (*bot.*) ***1*** felce aquilina ***2*** felci; felceto.

bracket /ˈbrækɪt/ *n.* ***1*** (*archit., mecc.*) mensola; staffa; sostegno ***2*** (*edil.*) beccatello ***3*** parentesi: **in brackets**, tra parentesi; **round** [**square**] **brackets**, parentesi tonde [quadre] ***4*** fascia; scaglione: **income b.**, fascia di reddito.

to **bracket** /ˈbrækɪt/ *v. t.* ***1*** mettere fra parentesi ***2*** raggruppare; mettere insieme.

brackish /ˈbrækɪʃ/ *a.* salmastro.

bract /brækt/ *n.* (*bot.*) brattea.

bradawl /ˈbrædɔːl/ *n.* punteruolo a estremità piatta.

to **brag** /bræg/ *v. i.* vantarsi (di).

braggadocio /brægəˈdəʊtʃɪəʊ/ *n.* ***1*** Ⓤ vanteria; millanteria; spacconeria ***2*** (*pl.* **braggadocios**) millantatore; spaccone.

braggart /ˈbrægət/ *n.* millantatore; spaccone; sbruffone.

Brahman /ˈbrɑːmən/, **Brahmin** /ˈbrɑːmɪn/ *n.* bramano; bramino.

braid /breɪd/ *n.* ***1*** treccia (*di capelli*) ***2*** Ⓤ cordoncino; spighetta; passamano.

to **braid** /ˈbreɪd/ *v. t.* ***1*** intrecciare (*capelli*) ***2*** guarnire con cordoncino.

Braille /breɪl/ *n.* Ⓤ (*tipogr.*) caratteri Braille; Braille.

brain /breɪn/ *n.* Ⓒ e Ⓤ ***1*** (*anat.*) cervello ***2*** (*anche pl.*) capacità intellettuale; cervello; testa: **She's got a b.** (*o* **plenty of brains**), ha un cervello (*o* una testa) notevole ***3*** (*anche pl.*) (*fam., di persona*) cervello; cervellone: **the brains behind the plan**, il cervello dell'impresa ● **b. damage**, danni al cervello (*o* cerebrali) □ **b. dead**, clinicamente morto; (*fam. spreg.*) decerebrato, deficiente □ **b. death**, morte cerebrale; morte clinica □ **b. drain**, fuga dei cervelli □ (*med.*) **b. haemorrhage**, emorragia cerebrale; ictus □ **b. teaser**, rompicapo □ **brains** (*USA* **brain**) **trust**, équipe di esperti □ **to beat** (*o* **to cudgel, to rack**) **one's brains**, lambiccarsi il cervello; scervellarsi □ **to blow out one's brains**, farsi saltare le cervella □ **to have st. on the b.**, avere il chiodo fisso di q.c.; essere ossessionato da q.c. □ **to pick sb.'s brains**, consultare q. (*per farsi dare idee, suggerimenti*).

to **brain** /breɪn/ *v. t.* sfondare il cranio a.

brainchild /ˈbreɪntʃaɪld/ *n.* idea (*di q.*); invenzione; creatura; pensata.

brainless /ˈbreɪnləs/ *a.* stupido; deficiente.

brainpan /ˈbreɪnpæn/ *n.* (*anat.*) scatola cranica.

brainstorm /ˈbreɪnstɔːm/ *n.* ***1*** (*med., GB*) raptus improvviso; momento di ottenebrazione ***2*** (*fam. USA*) idea brillante; lampo di genio.

brainstorming /ˈbreɪnstɔːmɪŋ/ *n.* libera esposizione di idee; brain-storming.

to **brainwash** /ˈbreɪnwɒʃ, *USA* -wɔːʃ/ *v. t.* fare il lavaggio del cervello a.

brainwashing /ˈbreɪnwɒʃɪŋ, *USA* -wɔːʃ-/ *n.* Ⓤ lavaggio del cervello.

brainwave /ˈbreɪnweɪv/ *n.* (*fam.*) idea brillante; lampo di genio.

brainy /ˈbreɪnɪ/ *a.* (*fam.*) intelligente; in gamba.

to **braise** /breɪz/ *v. t.* (*cucina*) brasare.

brake /breɪk/ *n.* (*mecc. e fig.*) freno: **air b.**, freno ad aria compressa; **hand** [**foot**] **b.**, freno a mano [a pedale]; **emergency b.**, freno di emergenza; (*autom.*) freno a mano ● **b. lining**, guarnizione del freno; ferodo ® □ **b. shoe**, ganascia del freno □ **to put on** (*o* **to apply**) **the brakes**, azionare i freni; frenare □ **to put the brakes on st.**, dare un colpo di freno a q.c. (*fig.*).

to **brake** /breɪk/ *v. t. e i.* (*mecc. e fig.*) frenare.

brakesman /ˈbreɪksmən/ *n.* (*pl.* **brakesmen** /-mən/) (*ferr.*) frenatore.

braking /ˈbreɪkɪŋ/ *n.* Ⓤ frenatura; frenata ● **b. distance**, distanza per la frenata; spazio di frenata.

bramble /ˈbræmbl/ *n.* (*bot.*) ***1*** rovo ***2*** mora.

bran /bræn/ *n.* Ⓤ crusca; semola ● **b. mash**, beverone di crusca.

branch /brɑːntʃ, *USA* bræntʃ/ *n.* ***1*** ramo (*bot. e fig.*); diramazione; branca: **the b. of a river**, il ramo di un fiume; **b.**

of medicine, ramo (*o* branca) della medicina **2** (*comm.*) succursale; filiale **3** (*di partito, sindacato*) sezione **4** (*elab.*) salto di programma; diramazione ● (*ferr.*) **b. line**, diramazione; linea secondaria □ **b. manager**, direttore di filiale □ **b. office**, succursale; filiale.

to **branch** /brɑːntʃ, *USA* bræntʃ/ *v. i.* **1** (*di albero*) mettere rami; ramificare **2** (*di strada, ecc.*) dividersi **3** derivare.

♦ **branch off** *v. i. + avv.* diramarsi; biforcarsi.

♦ **branch out** *v. i. + avv.* ramificarsi; (*comm.*) estendere la propria attività, espandersi: **to b. out into a new line**, inaugurare un nuovo ramo di attività.

brand /brænd/ *n.* **1** (*comm.*) marca **2** marchio (*a fuoco*) ● **b. name**, marca; nome commerciale □ **b.-new**, nuovo di zecca; nuovo fiammante.

to **brand** /brænd/ *v. t.* **1** marcare (*a fuoco*); marchiare **2** stigmatizzare; bollare; tacciare **3** imprimere indelebilmente (*nella memoria*).

branding-iron /ˈbrændɪŋaɪən/ *n.* ferro da marchio.

to **brandish** /ˈbrændɪʃ/ *v. t.* brandire; agitare.

brandy /ˈbrændɪ/ *n.* U *e* C brandy; acquavite (*di vino*).

brash /bræʃ/ *a.* (*fam.*) **1** sfacciato; insolente **2** avventato.

brashness /ˈbræʃnəs/ *n.* U **1** sfacciataggine; insolenza **2** avventatezza.

brass /brɑːs, *USA* bræs/ **A** *n.* **1** U ottone **2** — (*mus.*) **the brass**, gli ottoni **3** (*fam., anche* **b. neck**) faccia tosta; impudenza **4** U (*pop. GB*) soldi; quattrini **B** *a.* di ottone ● **b. band**, banda; fanfara □ (*gergo mil.*) **b. hat**, alto ufficiale □ **b. plate**, targa (d'ottone) □ (*fam.*) **to get down to b. tacks**, venire al sodo □ (*fam.*) **I don't care a b. farthing**, non me ne importa un fico (secco) □ (*pop.*) **top b.**, alti ufficiali; pezzi grossi.

brassed off /ˈbrɑːstˈɒf, *USA* ˈbræstˈɔːf/ *a.* (*pop. GB*) stufo; scocciato.

brassiere /ˈbræzɪə(r), *USA* brəˈzɪə(r)/ *n.* reggiseno; reggipetto.

brassware /ˈbrɑːsweə(r), *USA* ˈbræs-/ *n.* U ottoname; oggetti di ottone.

brassy /ˈbrɑːsɪ, *USA* ˈbræsɪ/ *a.* **1** di ottone; simile a ottone **2** sfacciato; sfrontato **3** (*di donna*) vistosa e aggressiva **4** (*di suono*) penetrante; squillante; metallico.

brat /bræt/ *n.* marmocchio; monello.

bravado /brəˈvɑːdəʊ/ *n.* U spavalderia.

brave /breɪv/ *a.* coraggioso; valoroso ● **to put a b. face on st.**, affrontare q.c. coraggiosamente. ATTENZIONE: **brave** ≠ bravo.

to **brave** /breɪv/ *v. t.* affrontare; sfidare.

bravery /ˈbreɪvrɪ/ *n.* U coraggio; valore.

bravo /ˈbrɑːvəʊ/ (*ital.*) *inter.* bravo!; brava!; bene!

bravura /brəˈvjʊərə/ (*ital.*) **A** *n.* U **1** sfoggio di sicurezza; spavalderia **2** (*mus.*) bravura; virtuosismo **B** *a. attr.* (*mus.*) di bravura; virtuosistico.

brawl /brɔːl/ *n.* rissa.

to **brawl** /brɔːl/ *v. i.* rissare.

brawler /ˈbrɔːlə(r)/ *n.* rissaiolo; attaccabrighe.

brawn /brɔːn/ *n.* U forza muscolare; muscoli.

brawny /ˈbrɔːnɪ/ *a.* muscoloso.

bray /breɪ/ *n.* raglio.

to **bray** /breɪ/ *v. i.* ragliare.

brazen /ˈbreɪzn/ *a.* **1** (*anche* **b.-faced**) sfacciato; sfrontato; spudorato **2** (*lett., di suono*) penetrante; squillante ● **b. face** (*o* **cheek**), faccia di bronzo; faccia tosta.

to **brazen** /ˈbreɪzn/ *v. t.* — **to b. it out**, affrontare (e superare) (*una situazione difficile*) con grande faccia tosta.

brazier /ˈbreɪzɪə(r)/ *n.* braciere.

Brazilian /brəˈzɪlɪən/ *a. e n.* brasiliano.

breach /briːtʃ/ *n.* **1** infrazione; violazione; (il) venir meno; inadempienza **2** breccia; varco, buco (*in una siepe*) **3** rottura (*in una relazione*); frattura ● (*leg.*) **b. of contract**, inadempienza contrattuale □ (*leg.*) **b. of the peace**, violazione dell'ordine pubblico; (*leg.*) **b. of promise**, rottura di promessa (di matrimonio) □ **b. of trust**, abuso di fiducia □ **to step into the b.**, sostituire una persona in un'emergenza.

to **breach** /briːtʃ/ *v. t.* **1** aprire una breccia (*o* un varco, uno squarcio) in **2** rompere (*un accordo, ecc.*); venir meno a.

bread /brɛd/ *n.* U pane: **a loaf of b.**, una pagnotta; un pane; **white** [**brown, wholemeal**] **b.**, pane bianco [scuro, integrale] ● **b. and butter**, pane imburrato; (*fig.*) fonte o mezzi di sussistenza, pane □ **b.-and-butter issues**, questioni fondamentali (*o* basilari) □ **b.-and-butter letter**, lettera di ringraziamento (*per l'ospitalità*) □ **to know which side one's b. is buttered (on)**, saper fare il proprio interesse □ **to take the b. out of sb.'s mouth**, levare il pane di bocca a q. □ **to want one's b. buttered on both sides**, pretendere troppo.

to **bread** /brɛd/ *v. t.* (*cucina*) impanare.

breadbasket /ˈbrɛdbɑːskɪt/ *n.* **1** cestino per il pane **2** regione che produce grano in abbondanza; granaio.

breadboard /ˈbrɛdbɔːd/ *n.* tagliere (per pane).

breadcrumb /ˈbrɛdkrʌm/ *n.* **1** briciola (di pane); mollica **2** (*al pl.*) briciole; pane grattugiato.

breadline /ˈbrɛdlaɪn/ *n.* — **to be on the b.**, essere poverissimo; vivere di stenti.

breadth /brɛdθ, -tθ/ *n.* U *e* C **1** larghezza; ampiezza: **5 metres in b.**, 5 metri di larghezza **2** portata **3** altezza (*di stoffa, ecc.*).

breadthways /ˈbrɛdθweɪz, -tθ-/, **breadthwise** /ˈbrɛdθwaɪz, -tθ-/ *avv.* nel senso della larghezza; in larghezza.

breadwinner /ˈbrɛdwɪnə(r)/ *n.* chi mantiene la famiglia; chi porta a casa i soldi (*fam.*).

break /breɪk/ *n.* **1** rottura; spaccatura; squarcio; frattura: **a b. in the clouds**, uno squarcio tra le nuvole; una schiarita **2** distacco; allontanamento; taglio; frattura: **a b. from tradition**, un distacco dalla tradizione; **a b. with the past**, un taglio col passato **3** interruzione (*anche elettr., radio, TV*) **4** intervallo; pausa; sosta; breve vacanza: **b. for lunch**, intervallo per il pranzo; **coffee b.**, intervallo per il caffè; pausa caffè (*fam.*); **without a b.**, senza sosta; **a short b. in Venice**, una breve vacanza a Venezia; **to take a b.**, prendersi un po' di riposo; fare uno stacco **5** cambiamento improvviso: **a b. in his voice**, un'incrinatura nella sua voce; **a b. in the weather**, un breve miglioramento nel tempo **6** (*fam.*) opportunità; occasione: **He got his first b. with that part**, quella parte fu la sua prima grossa occasione ● **at b. of day**, sul far del giorno □ (*fam.*) **bad b.**, sfortuna; circostanza sfortunata □ (*pop.*) **Give me a b.!** ma piantala!; ma fammi il piacere! □ (*fam.*) **to make a b. (for it)**, tentare la fuga.

to **break** /breɪk/ (*pass.* **broke**, *p.p.* **broken**) **A** *v. t.* **1** rompere; spezzare; infrangere; lacerare (*la pelle*): **to b. a toy**, rompere un giocattolo; **to b. a leg**, rompersi una gamba; **to b. st. into tiny pieces**, spezzettare q.c.; sminuzzare q.c.; **to b. sb.'s heart**, spezzare il cuore a q.; **to b. (the** *o* **one's) silence**, rompere il silenzio **2** infrangere; violare: **to b. the law**, infrangere la legge; **to b. one's word**, mancare di parola; **to b. an appointment**, mancare a un appuntamento **3** distruggere, rovinare, far crollare (*una persona*); fiaccare (*lo spirito, ecc.*); rovinare (*la salute*) **4** interrompere; mettere fine a: **to b. a journey**, interrompere un viaggio; **to b. a habit**, togliersi un'abitudine; **to b. a deadlock**, mettere fine a una situazione di stallo; **to b. a strike**, far fallire uno sciopero **5** attutire; smorzare: **to b. a fall**, attutire una caduta **6** comunicare, dare (*una notizia generalm. cattiva*) **7** decifrare (*un codice*); risolvere (*un caso*) **8** (*sport*) battere (*un primato*) ● **to b. the bank**, far saltare il banco □ **to b. cover**, uscire allo scoperto □ **to b. camp**, levare il campo □ **to b. fresh** (*o* **new**) **ground**, fare scoperte importanti; aprire nuove prospettive □ **to b. the ice**, rompere il ghiaccio (*fig.*) □ **to b. sb. of a habit**, togliere un'abitudine a q.; far smettere un vizio a q. □ **to b. st. open**, scassinare q.c. □ **to b. prison**, evadere di prigione □ (*mil.*) **to b. ranks**, rompere le file □ **to b. short st.**, interrompere q.c. □ **to b. step**, rompere il passo □ **to b. surface**, affiorare □ **to b. wind**, scoreggiare **B** *v. i.* **1** rompersi; spezzarsi; andare in pezzi; infrangersi; (*di pelle*) lacerarsi: **to b. into a thousand pieces**, andare in mille pezzi (*o* in frantumi); **The waves broke against the rocks**, le onde si infrangevano sulle rocce **2** (*mecc.*) rompersi; guastarsi **3** (*di persona*) crollare; (*di salute*) cedere **4** (*di voce*) alterarsi; spezzarsi; (*nell'adolescenza*) cambiare: **Jim's voice hasn't broken yet**, Jim non ha ancora cambiato voce **5** fare una pausa: **to b. for coffee**, fare una pausa per un caffè **6** (*di scandalo, ecc.*) scoppiare; (*di notizia*) diffondersi **7** (*del giorno*) spuntare **8** (*di temporale*) scoppiare; (*di siccità, ecc.*) finire **9** (*boxe*) separarsi; dividersi: **B.!**, break! ● (*rag.*) **to b. even**, chiudere in pareggio □ **to b. loose** (*o* **free**), liberarsi (*da legami, vincoli*); (*sport*) sganciarsi, smarcarsi.

♦ **break away** *v. i. + avv.* **1** allontanarsi **2** staccarsi; rompere (con) **3** (*sport*) fare una fuga.

♦ **break down** **A** *v. t. + avv.* **1** abbattere; stroncare; demolire;

smantellare *2* suddividere; dettagliare *3* (*chim.*) scomporre; scindere ***B*** *v. i. + avv.* ***1*** (*di persona*) crollare; scoppiare in lacrime; (*di salute*) cedere *2* venir meno; interrompersi; fallire: **Their marriage soon broke down**, il loro matrimonio fallì presto *3* (*mecc.*) avere un guasto *4* (*chim., biol.*) scomporsi; scindersi.

♦ **break in** ***A*** *v. t. + avv.* ***1*** domare; addestrare *2* ammorbidire portando (*scarpe*); rodare (*un'auto*) ***B*** *v. i. + avv.* entrare con scasso.

♦ **break in on** (*o* **upon**) *v. i. + avv. e prep.* interrompere.

♦ **break into** *v. i. + prep.* ***1*** irrompere in; fare irruzione in *2* scassinare; forzare *3* farsi strada in (*una professione, ecc.*) *4* interrompere (q.c.) *5* intaccare (*risparmi*) *6* mettersi a: **to b. into a run**, mettersi a correre; **to b. into laughter**, scoppiare a ridere.

♦ **break off** ***A*** *v. t. + avv.* ***1*** spezzare; staccare *2* interrompere; sospendere; smettere: **to b. off relations**, rompere i rapporti ***B*** *v. i. + avv.* ***1*** spezzarsi; staccarsi *2* interrompersi; smettere di parlare.

♦ **break out** *v. i. + avv.* ***1*** (*di guerra, incendio, epidemia*) scoppiare; (*di violenza*) esplodere *2* evadere; fuggire *3* coprirsi (di): **to b. out in spots [in a sweat]**, coprirsi di macchie [di sudore].

♦ **break through** ***A*** *v. i. + prep.* ***1*** penetrare in; sfondare *2* aprirsi un varco tra; farsi strada tra *3* vincere: **to b. through sb.'s shiness**, vincere la timidezza di q. ***B*** *v. i. + avv.* ***1*** apparire; spuntare *2* avere successo; farcela *3* far progressi significativi; fare passi importanti.

♦ **break up** ***A*** *v. t. + avv.* ***1*** rompere; fare a pezzi; spezzettare; smantellare *2* sciogliere (*una riunione, ecc.*); disperdere (*una folla*); mettere fine a (*una lite, ecc.*): **B. it up!**, basta, smettetela (di litigare)! *3* interrompere; spezzare *4* (*mat.*) scomporre (*in fattori*); (*econ., comm.*) frazionare *5* (*pop.*) far sbellicare ***B*** *v. i. + avv.* ***1*** infrangersi; spezzarsi; andare in pezzi; sfasciarsi *2* disperdersi; (*mil.*) sbandarsi *3* (*di riunione*) sciogliersi *4* (*di unione*) finire; fallire *5* (*di coniugi, ecc.*) separarsi; rompere (con) *6* (*GB, di scuole*) chiudere per le vacanze; andare in vacanza: **When do you b. up?**, quando cominciate le vacanze?

♦ **break with** *v. i. + prep.* ***1*** rompere con *2* liberarsi di.

breakable /ˈbreɪkəbl/ ***A*** *a.* fragile ***B*** *n.* (*al pl.*) oggetti fragili.

breakage /ˈbreɪkɪdʒ/ *n.* ***1*** Ⓒ e Ⓤ rottura *2* (*generalm. al pl.*) danni (*da rottura*).

breakaway /ˈbreɪkəweɪ/ *a.* (*polit.*) scissionista; separatista; secessionista.

breakdown /ˈbreɪkdaʊn/ *n.* ***1*** (*mecc.*) guasto; interruzione; panne (*franc.*) *2* (*naut.*) avaria *3* collasso; esaurimento: **nervous b.**, esaurimento nervoso *4* crollo; dissesto; sfacelo *5* rottura (*di negoziati*) • (*GB*) **b. lorry** (*o* **van**), carro attrezzi □ (*GB*) **b. service**, soccorso stradale.

breaker /ˈbreɪkə(r)/ *n.* frangente (*ondata*).

breakfast /ˈbrɛkfəst/ *n.* (prima) colazione.

to **breakfast** /ˈbrɛkfəst/ *v. i.* fare colazione: **to b. on coffee and biscuits**, fare colazione con caffè e biscotti.

break-in /ˈbreɪkɪn/ *n.* irruzione.

breaking /ˈbreɪkɪŋ/ *a. e n.* — • (*leg.*) **b. and entering**, violazione di domicilio con effrazione □ **b. point**, punto di rottura; (*fig.*) limite di sopportazione.

breakneck /ˈbreɪknɛk/ *a.* — **at b. speed**, a rotta di collo.

break-out /ˈbreɪkaʊt/ *n.* evasione; fuga.

breakthrough /ˈbreɪkθruː/ *n.* ***1*** (*specialm. mil.*) sfondamento; penetrazione *2* (*geol.*) affioramento *3* (*specialm. scient.*) importante passo in avanti; conquista.

break-up /ˈbreɪkʌp/ *n.* ***1*** (*di unione, alleanza, ecc.*) rottura; fine *2* frazionamento; separazione.

breakwater /ˈbreɪkwɔːtə(r), *USA* -wɒt-/ *n.* frangiflutti.

breast /brɛst/ *n.* ***1*** mammella; (*anche fig.*) seno, petto *2* (*fig.*) cuore; coscienza • **b.-feeding**, allattamento al seno □ **b.-pocket**, taschino (*di giacca*) □ **to make a clean b. of it**, confessare; togliersi un peso dalla coscienza.

to **breast** /brɛst/ *v. t.* affrontare; prendere di petto • (*sport*) **to b. the tape**, tagliare il traguardo.

breastbone /ˈbrɛstbəʊn/ *n.* (*anat.*) sterno.

to **breast-feed** /ˈbrɛstfiːd/ (*pass. e p.p.* **breast-fed** /-fɛd/) *v. t.* allattare al seno.

breastplate /ˈbrɛstpleɪt/ *n.* ***1*** (*stor.*) corazza (*armatura del busto*) *2* pettorale (*di cavallo*).

breaststroke /ˈbrɛststrəʊk/ *n.* nuoto a rana.

breath /brɛθ/ *n.* ***1*** Ⓤ fiato; respiro; alito: **out of b.**, senza fiato; **bad b.**, alito cattivo; **to be short of b.**, avere il fiato corto; (*GB*) **to get one's b. back**, riprendere fiato; **to hold one's b.**, trattenere il respiro; **to take a deep b.**, fare un respiro profondo *2* soffio (*d'aria*); alito (*di vento*): **There wasn't a b. of air**, non c'era un alito di vento • **a b. of fresh air**, una boccata d'aria fresca □ **b. test**, alcoltest; prova del fiato □ **in the same b.**, simultaneamente □ **to take sb.'s b. away**, lasciare q. senza fiato; mozzare il respiro a q. □ (*fam.*) **Don't hold your b.!**, non illuderti!; aspetta e spera! □ **to waste one's b.**, sprecare il fiato □ **under one's b.**, sottovoce.

breathable /ˈbriːðəbl/ *a.* respirabile.

to **breathalyse** /ˈbrɛθəlaɪz/ *v. t.* sottoporre all'alcoltest.

Breathalyser ® /ˈbrɛθəlaɪzə(r)/ *n.* (*GB*) alcoltest; etilometro.

to **breathe** /briːð/ ***A*** *v. i.* ***1*** respirare: **to b. hard**, respirare con difficoltà; ansare; **to b. again**, riprendere fiato (*anche fig.*) *2* (*di vento*) alitare; soffiare ***B*** *v. t.* ***1*** emanare; diffondere intorno a sé; alitare *2* mormorare; sussurrare *3* ispirare; infondere: **to b. new life into st.**, infondere nuova vita in q.c. • **to b. down sb.'s neck**, stare addosso a q. (*fig.*) □ **to b. one's last**, esalare l'ultimo respiro □ **to b. a sigh of relief**, tirare un respiro di sollievo □ **not to b. a word**, non fiatare; non aprir bocca.

♦ **breathe in** *v. i. + avv.* inspirare.

♦ **breathe out** *v. i. + avv.* espirare.

breather /ˈbriːðə(r)/ *n.* (*fam.*) attimo di respiro; breve sosta.

breathing /ˈbriːðɪŋ/ ***A*** *n.* Ⓤ ***1*** respirazione *2* respiro • **b. apparatus**, autorespiratore (*per subacquei*) □ **b. space**, attimo di tregua; (un) po' di respiro ***B*** *a.* che respira.

breathless /ˈbrɛθləs/ *a.* ***1*** senza fiato; ansante; ansimante *2* ansioso; pieno di attesa *3* che toglie il fiato.

breathlessness /ˈbrɛθləsnəs/ *n.* mancanza di respiro; affanno.

breathtaking /ˈbrɛθteɪkɪŋ/ *a.* mozzafiato.

bred /brɛd/ *pass. e p.p. di* **to breed**.

breech /briːtʃ/ *n.* (*mil.*) culatta (*di cannone, ecc.*) • **b. delivery**, parto podalico □ **b.-loader** (*o* **b.-loading gun**), fucile (*o* cannone) a retrocarica.

breeches /ˈbrɪtʃɪz, ˈbriː-/ *n. pl.* ***1*** calzoni al ginocchio; brache (*stor.*): **riding b.**, calzoni da cavallerizzo *2* (*fam.*) calzoni; pantaloni • **to wear the b.**, portare i calzoni (*fig.*).

breed /briːd/ *n.* ***1*** razza; stirpe; famiglia *2* (*bot.*) varietà.

to **breed** /briːd/ (*pass. e p.p.* **bred**) ***A*** *v. t.* ***1*** generare; procreare *2* allevare; educare *3* (*agric.*) riprodurre, selezionare (*piante*) *4* produrre; causare ***B*** *v. i.* ***1*** riprodursi *2* avere origine; propagarsi.

breeder /ˈbriːdə(r)/ *n.* ***1*** allevatore (-trice) *2* animale (*o* pianta) da riproduzione • (*fis. nucl.*) **b. reactor**, reattore autofertilizzante.

breeding /ˈbriːdɪŋ/ *n.* Ⓤ ***1*** procreazione; riproduzione *2* allevamento (*attività*): **sheep-b.**, l'allevamento delle pecore *3* (buona) educazione • **b. ground**, terreno di riproduzione; (*fig.*) terreno fertile.

breeze /briːz/ *n.* ***1*** Ⓒ brezza; venticello *2* (*pop. GB*) lite *3* (*pop. USA*) cosa facilissima; bazzeccola • (*meteor.*) **light b.**, brezza tesa.

to **breeze** /briːz/ *v. Solo come*:

♦ **breeze in** [**out, ecc.**] *v. i. + avv.* (*fam.*) entrare [uscire, ecc.] velocemente e con disinvoltura.

breezeblock /ˈbriːzblɒk/ *n.* (*edil., GB*) blocco di calcestruzzo di scorie.

breeziness /ˈbriːzɪnəs/ *n.* Ⓤ ***1*** (*dell'aria*) freschezza; (*di luogo*) ariosità *2* disinvoltura; spigliatezza; vivacità.

breezy /ˈbriːzɪ/ *a.* ***1*** arioso; ventilato *2* disinvolto; spigliato; vivace.

brethren /ˈbrɛðrən/ *pl. di* **brother**, *def. 3.*

Breton /ˈbrɛtɒn, *USA* -tn/ *a. e n.* bretone.

breve /briːv/ *n.* (*mus.*) (segno di) breve.

breviary /ˈbriːvɪərɪ, *USA* -ɪerɪ/ *n.* breviario.

brevity /ˈbrɛvətɪ/ *n.* Ⓤ ***1*** brevità *2* concisione.

brew /bruː/ *n.* ***1*** Ⓤ fermentazione; infusione *2* infuso; tisana *3* qualità (*di birra*); miscela (*di tè*).

to **brew** /bruː/ ***A*** *v. t.* ***1*** fare (*la birra*); preparare (*un infuso*) *2* complottare; tramare: **He is brewing mischief**, sta tramando qualche birbonata ***B*** *v. i.* ***1*** essere in fermentazione (*o* in infusione, in ebollizione) *2* addensarsi; prepararsi: **A storm is brewing**, si sta addensando una tempesta; **There**

is something brewing, qualcosa bolle in pentola.
♦ **brew up** *v. i. + avv.* (*fam. GB*) preparare il tè.
brewer /ˈbruːə(r)/ *n.* fabbricante di birra; birraio.
brewery /ˈbruːərɪ/ *n.* fabbrica di birra.
briar /ˈbraɪə(r)/ *n.* **1** (*bot.*) erica **2** (*bot.*) rovo; rosa selvatica **3** (*anche* **b. pipe**) pipa di radica.
bribe /braɪb/ *n.* bustarella; tangente.
to **bribe** /braɪb/ *v. t.* **1** corrompere; comprare (*fam.*): **to b. sb. to silence**, comprare il silenzio di q. **2** indurre, convincere (*con promesse, doni*).
bribery /ˈbraɪbərɪ/ *n.* [U] corruzione (*a mezzo di denaro, doni, ecc.*) ● **to be open to b.**, essere corruttibile.
bric-à-brac /ˈbrɪkəbræk/ (*franc.*) *n.* [U] bric-à-brac; anticaglie; cianfrusaglie.
brick /brɪk/ *n.* **1** mattone **2** blocchetto di legno, cubetto (*nei giochi di costruzioni*) **3** (*antiq.*) mattonella (*di gelato*) **4** (*antiq. fam. GB*) vero amico; vera amica; tesoro ● **b.-red**, rosso mattone □ (*fam.*) **to drop a b.**, fare una gaffe □ **to make bricks without straw**, mettersi a fare q.c. senza averne i mezzi.
to **brick** /brɪk/ *v. t.* costruire (*o* pavimentare) con mattoni.
♦ **brick up** *v. t. + avv.* murare (*con mattoni*).
brickbat /ˈbrɪkbæt/ *n.* (*fam.*) critica; attacco.
bricklayer /ˈbrɪkleɪə(r)/ *n.* muratore.
brickwork /ˈbrɪkwɜːk/ *n.* [U] muratura in mattoni.
brickyard /ˈbrɪkjɑːd/ *n.* fabbrica di mattoni; mattonificio.
bridal /ˈbraɪdl/ *a.* **1** della sposa: **b. veil**, velo da sposa **2** nuziale: **b. couple**, gli sposi.
bride /braɪd/ *n.* sposa ● **the b. and groom**, gli sposi □ **b.-to-be**, futura sposa.
bridegroom /ˈbraɪdgruːm, -grʊm/ *n.* sposo.
bridesmaid /ˈbraɪdzmeɪd/ *n.* damigella d'onore (*della sposa*).
bridge (**1**) /brɪdʒ/ *n.* **1** ponte: **suspension b.**, ponte sospeso; **cable-stayed b.**, ponte strallato **2** (*naut.*) ponte di comando; plancia **3** (*mus.*) ponticello (*di strumento ad arco*) **4** (*odontoiatria*) ponte **5** (*lotta*) ponte ● **b. of the nose**, setto nasale □ **to burn one's bridges**, bruciarsi i ponti alle spalle □ (*prov.*) **Don't cross your bridges before you come to them**, non bisogna fasciarsi la testa prima di essersela rotta.
bridge (**2**) /brɪdʒ/ *n.* [U] bridge (*gioco di carte*).
to **bridge** /brɪdʒ/ *v. t.* **1** gettare un ponte su **2** fare da ponte su **3** superare; colmare: **to b. a gap**, colmare una lacuna; (*econ.*) superare uno squilibrio.
bridgebuilder /ˈbrɪdʒbɪldə(r)/ *n.* **1** costruttore di ponti **2** (*specialm. polit.*) intermediario; mediatore.
bridgehead /ˈbrɪdʒhed/ *n.* (*mil.*) testa di ponte.
bridle /ˈbraɪdl/ *n.* briglia ● **b. path**, sentiero per cavalli.
to **bridle** /ˈbraɪdl/ **A** *v. t. e i.* **1** imbrigliare (*un cavallo, ecc.*) **2** (*fig.*) imbrigliare; tenere a freno **B** *v. i.* risentirsi; inalberarsi.
brief (**1**) /briːf/ *n.* **1** (*leg.*) comparsa; esposto **2** istruzioni; direttive **3** (*fam. GB*) avvocato (*specialm. nelle corti superiori*) **4** (*al pl.*) mutandine; slip ● **to hold no b. for sb.**, non approvare q.
brief (**2**) /briːf/ *a.* **1** veloce; breve **2** breve; conciso ● **in b.**, in breve.
to **brief** /briːf/ *v. t.* impartire istruzioni (*o* informazioni) a; ragguagliare: **The pilots are briefed before each flight**, i piloti ricevono istruzioni prima di ogni volo.
briefcase /ˈbriːfkeɪs/ *n.* cartella (*per documenti*); ventiquattrore.
briefing /ˈbriːfɪŋ/ *n.* [C] *e* [U] **1** briefing; istruzioni **2** riunione informativa.
brier /ˈbraɪə(r)/ *V.* **briar**.
brig /brɪg/ *n.* (*naut.*) brigantino.
brigade /brɪˈgeɪd/ *n.* **1** (*mil.*) brigata **2** corpo organizzato: **Fire Brigade**, vigili del fuoco **3** (*fam.*) gruppo; brigata; banda.
brigadier /brɪgəˈdɪə(r)/ (*GB*), **brigadier-general** /brɪgəˈdɪə(r) ˈdʒenrəl/ (*USA*) *n.* (*mil.*) generale di brigata.
brigand /ˈbrɪgənd/ *n.* brigante; bandito.
brigandage /ˈbrɪgəndɪdʒ/, **brigandism** /ˈbrɪgəndɪzəm/ *n.* [U] brigantaggio; banditismo.
brigantine /ˈbrɪgəntaɪn/ *n.* (*naut.*) brigantino goletta.
bright /braɪt/ **A** *a.* **1** luminoso; brillante; lucente; splendente; (*di giorno*) sereno **2** (*di colore*) vivace; vivo; (*di luce*) forte, vivo, intenso **3** allegro; raggiante: **b. face**, viso raggiante **4** prospero; lieto; brillante: **a b. future**, un brillante avvenire **5** intelligente; sveglio; brillante: **a b. girl**, una ragazza intelligente; **a b. idea**, un'idea brillante ● **b. and early**, mattiniero; di buon'ora □ (*fam.*) **b.-eyed and bushy-tailed**, pimpante □ **to look on the b. side of things**, vedere il lato positivo delle cose **B** *n.* (*al pl.*) (*fam. USA*) (fari) abbaglianti.
to **brighten** /ˈbraɪtn/ (*anche* **to b. up**) **A** *v. t.* **1** rendere (più) luminoso **2** allietare; rallegrare; ravvivare, vivacizzare **3** migliorare **B** *v. i.* **1** diventare (più) luminoso; illuminarsi **2** rallegrarsi; ravvivarsi **3** schiarirsi; migliorare.
brightness /ˈbraɪtnəs/ *n.* [U] **1** luminosità; lucentezza; splendore **2** (*di colore*) vivacità **3** allegrezza; vivacità **4** intelligenza; acume ● (*TV*) **b. control**, comando di luminosità.
brill (**1**) /brɪl/ *n.* (*zool.*) rombo liscio.
brill (**2**) /brɪl/ *a.* (*pop. GB*) favoloso; fantastico; super.
brilliance /ˈbrɪlɪəns/, **brilliancy** /ˈbrɪlɪənsɪ/ *n.* [U] **1** splendore; sfolgorio **2** (*di colore*) vivacità **3** vivacità di ingegno; genialità **4** (*TV*) luminosità.
brilliant (**1**) /ˈbrɪlɪənt/ *a.* **1** splendente; sfolgorante; brillante; luminoso **2** (*di idea, ecc.*) splendido; magnifico; brillante **3** (*di persona*) di talento; geniale; brillante **4** (*pop.*) favoloso; fantastico.
brilliant (**2**) /ˈbrɪlɪənt/ *n.* brillante.
brilliantine /ˈbrɪlɪəntiːn/ *n.* [U] brillantina.
brim /brɪm/ *n.* **1** orlo; bordo: **full to the b.**, pieno fino all'orlo; colmo **2** falda, tesa (*di cappello*).
to **brim** /brɪm/ *v. i.* essere pieno (*fino all'orlo*) ● **eyes brimming with tears**, occhi colmi di lacrime.
♦ **brim over** *v. i. + avv.* (*anche fig.*) traboccare.
brimful(**l**) /ˈbrɪmfʊl/ *a. pred.* pieno (*fino all'orlo*); colmo.
brimstone /ˈbrɪmstəʊn/ *n.* [U] (*chim., antiq.*) zolfo.
brindle(**d**) /ˈbrɪndl(d)/ *a.* (*di mantello di animale*) pezzato; chiazzato.
brine /braɪn/ *n.* [U] **1** acqua salmastra **2** salamoia **3** (*lett.*) mare.
to **bring** /brɪŋ/ (*pass. e p.p.* **brought**) *v. t.* **1** portare, condurre (*verso il luogo dove è o sarà l'interlocutore*): **B. me that glass**, portami quel bicchiere; **Can I b. a friend?**, posso portare un amico?; **to b. good luck**, portare fortuna **2** suscitare; causare; procurare: **to b. satisfaction**, procurare soddisfazione; **to b. relief**, dare sollievo **3** far venire; far accorrere: **to b. tears to sb.'s eyes**, far venire le lacrime agli occhi a q. **4** fruttare; rendere ● **to b. to bear**, puntare (*un'arma, uno strumento ottico*); (*fig.*) far valere, mettere in atto, applicare: **to b. pressure to bear on**, esercitare pressioni su ● (*leg.*) **to b. an action against sb.**, intentare un processo contro q. □ (*leg.*) **to b. a charge against sb.**, muovere un'accusa a q. □ **to b. st. home to sb.**, far capire q.c. a q. □ **to b. oneself to do st.**, risolversi (*o* riuscire) a fare q.c. □ **to b. st. on oneself**, tirarsi addosso q.c. (*fig.*) □ **to b. st. to an end**, porre termine a q.c. □ **to b. the conversation round to st.**, portare la conversazione su q.c. □ **to b. up to date**, aggiornare.
♦ **bring about** *v. t. + avv.* **1** causare; determinare **2** (*naut.*) far virare.
♦ **bring along** *v. t. + avv.* portare con sé; portarsi dietro.
♦ **bring around** *V.* **to bring round**.
♦ **bring back** *v. t. + avv.* **1** riportare; restituire **2** portare (*al ritorno*) **3** richiamare alla memoria; risvegliare **4** reintrodurre.
♦ **bring down** *v. t. + avv.* **1** far cadere, rovesciare (*un governo, ecc.*); abbattere (*un aereo*) **2** far scendere, far calare (*febbre, prezzi, ecc.*) **3** attirare: **to b. down trouble on sb.**, attirare guai su q. **4** (*sport*) atterrare, mettere giù (*fam.*) **5** (*pop.*) scoraggiare; deludere ● (*teatr. e fig.*) **to b. the house down**, strappare gli applausi.
♦ **bring forth** *v. t. + avv.* (*lett.*) mettere al mondo; generare.
♦ **bring forward** *v. t. + avv.* **1** anticipare (*una data, ecc.*) **2** proporre, avanzare (*una proposta, ecc.*) **3** (*leg.*) produrre (*una prova*) **4** (*mat., rag.*) riportare.
♦ **bring in** *v. t. + avv.* **1** far entrare; far venire; portare dentro **2** introdurre (*un argomento*); tirare in ballo **3** presentare (*un disegno di legge*) **4** coinvolgere; far entrare; far partecipare **5** fruttare; rendere **6** guadagnare; portare a casa **7** (*leg.*) emettere (*un verdetto*).
♦ **bring off** *v. t. + avv.* portare a buon fine; realizzare.
♦ **bring on** *v. t. + avv.* provocare: **to b. on an attack of asthma**, provocare un attacco di asma.

♦ **bring out** *v. t. + avv.* ***1*** tirare fuori ***2*** lanciare sul mercato; pubblicare; far uscire ***3*** mettere in evidenza; valorizzare ***4*** far uscire dal guscio (*una persona timida*) ***5*** (*GB*) far scendere in sciopero ***6*** (*med.*) provocare (*un'eruzione cutanea*) a: **to b. sb. out in spots**, far venire macchioline rosse a q.
♦ **bring over** *v. t. + avv.* ***1*** portare con sé ***2*** tirare dalla propria parte; convincere.
♦ **bring round** *v. t. + avv.* ***1*** portare con sé (*in visita*) ***2*** persuadere ***3*** far rinvenire.
♦ **bring through** *v. t. + avv.* far superare (*un pericolo, una malattia*).
♦ **bring to** *v. t. + avv.* far rinvenire.
♦ **bring together** *v. t. + avv.* avvicinare; unire; riunire.
♦ **bring up** *v. t. + avv.* ***1*** allevare; crescere; educare; tirar su (*fam.*) ***2*** sollevare (*un argomento*) ***3*** rigurgitare; vomitare • **to b. sb. up before a court**, portare q. in tribunale □ **to b. up the rear**, essere alla retroguardia; venire per ultimo □ **to b. sb. up short**, far fermare q. di botto; arrestare.
brink /brɪŋk/ *n.* orlo; margine • **on the b. of tears**, sul punto di piangere □ **on the b. of war**, sull'orlo della guerra.
brinkmanship /ˈbrɪŋkmənʃɪp/ *n.* Ⓤ politica del rischio calcolato.
briny /ˈbraɪnɪ/ ***A*** *a.* salato ***B*** *n.* (*fam.*) mare.
briquet(te) /brɪˈkɛt/ *n.* mattonella di carbone; brichetta.
brisk /brɪsk/ *a.* ***1*** attivo; energico ***2*** spiccio: **b. manners**, modi spicci ***3*** veloce: **b. walk**, camminata veloce e corroborante; **at a b. pace**, di buon passo ***4*** (*comm.*) attivo; intenso: (*Borsa*) **b. market**, mercato attivo; **business is b.**, gli affari vanno bene ***5*** (*di aria, ecc.*) frizzante.
brisket /ˈbrɪskɪt/ *n.* Ⓤ (*macelleria*) punta di petto.
bristle /ˈbrɪsl/ *n.* Ⓒ *e* Ⓤ ***1*** setola ***2*** (*al pl.*) peli non rasati; barba ispida.
to **bristle** /ˈbrɪsl/ *v. i.* ***1*** (*del pelo*) rizzarsi; arruffarsi ***2*** reagire con indignazione; inalberarsi ***3*** essere irto: **to b. with difficulties**, essere irto di difficoltà ***4*** pullulare.
bristly /ˈbrɪslɪ/ *a.* ***1*** setoloso ***2*** ispido; irsuto.
Brit /brɪt/ *n.* (*fam.*) britannico; inglese.
Britannic /brɪˈtænɪk/ *a.* britannico • **Her [His] B. Majesty**, Sua Maestà Britannica.
britches /ˈbrɪtʃɪz/ *n. pl.* (*USA*) *V.* **breeches**.
British /ˈbrɪtɪʃ/ ***A*** *a.* britannico; inglese ***B*** *n.* — **the B.**, il popolo britannico; gli inglesi.
Britisher /ˈbrɪtɪʃə(r)/ *n.* (*USA*) britannico; inglese.
Briton /ˈbrɪtn/ *n.* ***1*** (*stor.*) britanno ***2*** cittadino britannico.
brittle /ˈbrɪtl/ *a.* ***1*** fragile (*anche fig.*); friabile ***2*** (*di carattere*) freddo.
brittleness /ˈbrɪtlnəs/ *n.* Ⓤ fragilità (*anche fig.*); friabilità.
to **broach** /brəʊtʃ/ *v. t.* ***1*** stappare, aprire (*una bottiglia*) ***2*** iniziare, affrontare (*un argomento*).
broad /brɔːd/ ***A*** *a.* ***1*** largo; ampio: **b. shoulders**, spalle larghe; **b. smile**, largo sorriso ***2*** esteso; vasto: **b. range of topics**, vasta gamma di argomenti; **in a b. sense**, in senso lato ***3*** generale; generico: **b. description**, descrizione a grandi linee ***4*** chiaro; aperto; esplicito: **in b. daylight**, in pieno giorno; **b. hint**, accenno esplicito ***5*** ben marcato; spiccato: **a b. American accent**, uno spiccato accento americano ***6*** spinto; grossolano: **b. humour**, umorismo grossolano ***B*** *n.* ***1*** parte larga (di q.c.): **the b. of sb.'s back**, la parte più larga della schiena ***2*** (*pop. USA*) donna; femmina • (*bot.*) **b. bean**, fava □ **b. in the beam**, (*naut.*) largo; (*fam., generalm. di donna*) largo di fianchi □ (*fam.*) **It's as b. as it's long**, è la stessa cosa.
broadcast /ˈbrɔːdkɑːst, *USA* -kæst/ *n.* (*radio, TV*) trasmissione.
to **broadcast** /ˈbrɔːdkɑːst, *USA* -kæst/ (*pass. e p.p.* **broadcast**, **broadcasted**) *v. t.* ***1*** (*agric.*) seminare a spaglio ***2*** diffondere (*una notizia*) ***3*** (*radio, TV*) trasmettere; mandare in onda.
broadcaster /ˈbrɔːdkɑːstə(r), *USA* -kæst-/ *n.* giornalista radiofonico (*o* televisivo).
broadcasting /brɔːdkɑːstɪŋ, *USA* -kæst-/ *n.* Ⓤ radiodiffusione; teletrasmissione • **b. station**, stazione radiotrasmittente (*o* teletrasmittente); emittente.
to **broaden** /ˈbrɔːdn/ ***A*** *v. t.* allargare; ampliare ***B*** *v. i.* allargarsi; ampliarsi.
broadly /ˈbrɔːdlɪ/ *avv.* in generale; in linea di massima: **b. speaking**, parlando in generale; **b. similar**, più o meno uguale.
broadminded /brɔːdˈmaɪndɪd/ *a.* largo di vedute; di mente aperta; tollerante.
broadmindedness /brɔːdˈmaɪndɪdnəs/ *n.* larghezza di vedute; tolleranza.
broadsheet /ˈbrɔːdʃiːt/ *n.* ***1*** volantino ***2*** giornale di grande formato (*e quindi serio, di contro ai giornali popolari di formato tabloid*).
broadside /ˈbrɔːdsaɪd/ *n.* ***1*** (*naut.*) bordata ***2*** (*fig.*) bordata; violento attacco.
broadsword /ˈbrɔːdsɔːd/ *n.* spadone.
brocade /brəˈkeɪd/ *n.* Ⓤ (*ind. tess.*) broccato.
broccoli /ˈbrɒkəlɪ/ *n.* (*bot.*) broccolo.
brochure /ˈbrəʊʃə(r), *USA* brəʊˈʃʊə(r)/ *n.* opuscolo pubblicitario.
brogue (1) /brəʊg/ *n.* scarpa robusta (*da camminatore*).
brogue (2) /brəʊg/ *n.* accento dialettale (*specialm. irlandese*).
to **broil** /brɔɪl/ *v. t. e i.* ***1*** (*specialm. USA*) cuocere alla griglia ***2*** arrostire, arrostirsi (*al sole*).
broiler /ˈbrɔɪlə(r)/ *n.* ***1*** (*specialm. USA*) graticola; griglia ***2*** galletto da fare alla griglia ***3*** (*fam.*) giornata afosa.
broke /brəʊk/ ***A*** *pass. di* **to break** ***B*** *a.* (*pop.*) senza un soldo; al verde; spiantato • **to go b.**, andare in rovina; fare fallimento □ **to go for b.**, rischiare il tutto per tutto.
broken /ˈbrəʊkən/ ***A*** *p.p. di* **to break** ***B*** *a.* ***1*** rotto; (*mecc.*) guasto ***2*** spezzato; infranto: **b. heart**, cuore spezzato ***3*** non mantenuto; mancato ***4*** interrotto: **b. sleep**, sonno agitato ***5*** (*di cavallo*) domato • **b. clouds**, cielo semicoperto □ **b.-down**, (*di auto, ecc.*) guasto; (*di cavallo*) inabile al lavoro □ **b. English**, inglese sgrammaticato (*o* stentato) □ **b. ground**, terreno accidentato □ **b.-hearted**, affranto; col cuore spezzato □ **b. line**, linea tratteggiata □ **b. man**, un uomo finito □ **b. marriage**, matrimonio fallito □ **b.-winded**, (*di cavallo*) bolso □ **to come from a b. home**, avere i genitori divorziati o separati.
brokenly /ˈbrəʊkənlɪ/ *avv.* ***1*** a scatti; in modo irregolare ***2*** con voce rotta.
broker /ˈbrəʊkə(r)/ *n.* ***1*** (*comm.*) intermediario (-a); mediatore (-trice) ***2*** (*Borsa*) agente di cambio.
brokerage /ˈbrəʊkərɪdʒ/ *n.* Ⓤ (*comm.*) mediazione; commissione.
brolly /ˈbrɒlɪ/ *n.* (*fam. GB*) ombrello.
bromide /ˈbrəʊmaɪd/ *n.* ***1*** Ⓒ *e* Ⓤ (*chim., farm.*) bromuro ***2*** luogo comune; frase trita.
bromine /ˈbrəʊmiːn/ *n.* Ⓤ (*chim.*) bromo.
bronchi /ˈbrɒnkaɪ/ *pl. di* **bronchus**.
bronchial /ˈbrɒŋkɪəl/ *a.* (*anat.*) bronchiale • (*med.*) **b. asthma**, asma bronchiale.
bronchitis /brɒŋˈkaɪtɪs/ *n.* Ⓤ (*med.*) bronchite.
bronchopneumonia /brɒŋkəʊnjuːˈməʊnɪə, *USA* -nuː-/ *n.* Ⓤ (*med.*) broncopolmonite.
bronchus /ˈbrɒŋkəs/ *n.* (*pl.* **bronchi**) (*anat.*) bronco.
bronco /ˈbrɒŋkəʊ/ *n.* (*pl.* **broncos**) (*USA*) cavallino selvaggio.
bronze /brɒnz/ ***A*** *n.* ***1*** Ⓤ bronzo (*lega*) ***2*** bronzo (*oggetto d'arte*) ***3*** Ⓤ color bronzo ***4*** (*sport*) medaglia di bronzo ***B*** *a.* ***1*** di bronzo; bronzeo ***2*** color bronzo; bronzeo • **B. Age**, età del bronzo.
to **bronze** /brɒnz/ *v. t. e i.* ***1*** bronzare (*metalli*) ***2*** abbronzare, abbronzarsi.
brooch /brəʊtʃ/ *n.* spilla.
brood /bruːd/ *n.* ***1*** covata; nidiata ***2*** (*di bambini*) nidiata; tribù; frotta • (*zootecnia*) **b. mare**, fattrice.
to **brood** /bruːd/ *v. t. e i.* ***1*** covare ***2*** meditare; rimuginare: **to b. on** (*o* **over**) **st.**, meditare su q.c.
broody /ˈbruːdɪ/ *a.* ***1*** (*di volatile*) incline a covare ***2*** meditabondo; immerso in tristi pensieri ***3*** (*pop., di donna*) desiderosa di avere un figlio.
brook /brʊk/ *n.* ruscello; torrente.
to **brook** /brʊk/ *v. t.* (*generalm. in frasi neg.*) sopportare; tollerare; ammettere.
broom /bruːm, brʊm/ *n.* ***1*** Ⓤ (*bot.*) ginestra ***2*** scopa; granata.
broomstick /ˈbruːmstɪk, ˈbrʊm-/ *n.* manico di scopa.
broth /brɒθ, *USA* brɔːθ/ *n.* Ⓤ *e* Ⓒ ***1*** brodo (*specialm. di carne*) ***2*** (*biol.*) brodo (*di coltura*).
brothel /ˈbrɒθl, *USA* -ɔːθl/ *n.* bordello.
brother /ˈbrʌðə(r)/ *n.* ***1*** fratello ***2*** compagno; camerata; collega ***3*** (*pl.* **brethren**) (*relig.*) fratello; confratello • **b. in arms**, compagno d'armi; commilitone □ **b.-in-law**, cognato.

brotherhood /ˈbrʌðəhʊd/ *n.* *1* Ⓤ fratellanza *2* (*anche relig.*) confraternita.

brotherly /ˈbrʌðəlɪ/ *a.* fraterno.

brougham /ˈbruːəm/ *n.* brum; carrozza chiusa.

brought /brɔːt/ *pass. e p.p. di* **to bring**.

brouhaha /ˈbruːhɑːhɑː, *USA* bruːˈhɑːhɑː/ *n.* (*antiq.*) trambusto.

brow /braʊ/ *n.* *1* sopracciglio; (*estens.*) fronte: **to knit one's brows**, aggrottare le sopracciglia *2* ciglio; orlo; cima (*di un colle*).

to **browbeat** /ˈbraʊbiːt/ (*pass.* **browbeat**, *p.p.* **browbeaten** /-biːtn/) *v. t.* intimidire: **to b. sb. into doing st.**, costringere q. a fare q.c. con le minacce (*o* la prepotenza).

brown /braʊn/ ***A*** *a.* *1* marrone; bruno; castano (scuro): **b. bear**, orso bruno; **b. bread**, pane nero; pane integrale; **b.-eyed**, dagli occhi castani *2* (*di pelle*) scuro; abbronzato: **as b. as a berry**, abbronzatissimo • **b. bag**, sacchetto di carta (marrone) □ **b. paper**, carta da pacchi □ **b. sugar**, zucchero greggio □ **to go b.**, abbronzarsi; (*di foglie*) ingiallire □ **in a b. study**, meditabondo; assorto in pensieri malinconici ***B*** *n.* Ⓤ *e* Ⓒ color marrone (*o* castano scuro).

to **brown** /braʊn/ ***A*** *v. t.* *1* abbronzare *2* (*cucina*) rosolare ***B*** *v. i.* (*cucina*) rosolare, rosolarsi.

browned off /ˈbraʊndˈɒf/ *a.* (*pop.*) stufo; scocciato.

brownie /ˈbraʊnɪ/ *n.* *1* folletto *2* (*nello scoutismo*) giovane guida; coccinella.

brownish /ˈbraʊnɪʃ/ *a.* marroncino; brunastro.

brown-nose /ˈbraʊnnəʊz/ *n.* (*volg. USA*) leccaculo.

to **brown-nose** /ˈbraʊnnəʊz/ (*volg. USA*) ***A*** *v. t.* leccare il culo a ***B*** *v. i.* essere un leccaculo; fare il leccaculo.

brownstone /ˈbraʊnstəʊn/ *n.* Ⓤ (*edil.*) arenaria di color bruno rossastro.

browse /braʊz/ *n.* *1* occhiata in giro (*in un negozio, senza comprare*) *2* scorsa, occhiata (*a un libro, ecc.*).

to **browse** /braʊz/ ***A*** *v. t.* brucare ***B*** *v. i.* *1* brucare *2* curiosare fra i libri (*in una libreria*); dare un'occhiata (*senza comprare*).

♦ **browse through** *v. i. + prep.* sfogliare (*un libro, ecc.*).

bruise /bruːz/ *n.* *1* contusione; livido; ammaccatura *2* ammaccatura (*sulla frutta*).

to **bruise** /bruːz/ ***A*** *v. t.* *1* ammaccare; farsi un livido in *2* ammaccare (*un frutto*) *3* ferire, urtare (*sentimenti*) ***B*** *v. i.* *1* coprirsi di lividi: **I b. easily**, mi vengono facilmente dei lividi *2* (*di frutta*) ammaccarsi.

bruiser /ˈbruːzə(r)/ *n.* (*fam.*) *1* pugile *2* omaccione; maciste.

brunch /brʌntʃ/ *n.* (*contraz. fam. di* **breakfast** *e* **lunch**) pasto unico, che fa da prima e seconda colazione.

brunette /bruːˈnɛt/ *n.* bruna.

brunt /brʌnt/ *n.* Ⓤ urto; colpo; peso: **to bear the b. of st.**, sopportare il peso di q.c.; subire q.c.

brush /brʌʃ/ *n.* *1* spazzola; spazzolino; spazzolone *2* pennello *3* spazzolata; colpo di spazzola *4* lieve tocco; sfioramento *5* scontro; schermaglia: **b. with the law**, noie con la giustizia *6* Ⓤ boscaglia; vegetazione (*di boscaglia*) • **b.-holder**, portaspazzole.

to **brush** /brʌʃ/ *v. t.* *1* spazzolare; fregare con una spazzola (*o* uno spazzolino); soffregare; strofinare: **to b. one's teeth**, pulirsi i denti (con lo spazzolino) *2* sfiorare.

♦ **brush aside** *v. t. + avv.* accantonare; ignorare.

♦ **brush away** *v. t. + avv.* togliere (*con un gesto della mano*); allontanare, scacciare (*un insetto, ecc.*).

♦ **brush down** *v. t. + avv.* spazzolare.

♦ **brush off** ***A*** *v. t. + avv.* *1* togliere (*con un gesto della mano*) *2* accantonare; liquidare *3* rifiutare di parlare a; respingere ***B*** *v. i. + avv.* venir via con una spazzolata.

♦ **brush past** ***A*** *v. i. + prep.* sfiorare passando; passare vicino a ***B*** *v. i. + avv.* passare velocemente.

♦ **brush up** *v. t. o i. + avv.* rispolverare; dare una ripassata a: **I must b. up (on) my Polish**, devo dare una ripassata al mio polacco.

brush-off /ˈbrʌʃɒf/ *n.* rifiuto secco; risposta secca: **to give sb. the b.-off**, rifiutare di parlare a q.; respingere q.

brushstroke /ˈbrʌʃˈstrəʊk/ *n.* pennellata.

brush-up /ˈbrʌʃʌp/ *n.* ripassata, rinfrescata (*a una materia*).

brushwood /ˈbrʌʃwʊd/ *n.* Ⓤ sterpaglia; sterpi.

brushwork /ˈbrʌʃwɜːk/ *n.* Ⓤ (*di pittore*) tocco; pennellata.

brusque /brʊsk, -uːsk, -ʌsk, *USA* brʌsk/ *a.* brusco; secco.

brusqueness /ˈbrʊsknəs, -uːs-, -ʌs-, *USA* ˈbrʌsk-/ *n.* asprezza.

Brussels sprouts /ˈbrʌslzˈspraʊt/ *locuz. n. pl.* (*bot.*) cavoletti di Bruxelles.

brutal /ˈbruːtl/ *a.* brutale • **the b. facts**, la dura realtà.

to **brutalise** /ˈbruːtəlaɪz/ (*GB*) *V.* **to brutalize**.

brutality /bruːˈtælətɪ/ *n.* Ⓤ *e* Ⓒ brutalità.

to **brutalize** /ˈbruːtəlaɪz/ *v. t.* *1* abbrutire *2* brutalizzare.

brute /bruːt/ ***A*** *n.* *1* bestia; bruto *2* (*spreg., di animale*) bestione ***B*** *a.* bruto: **b. force**, forza bruta.

brutish /ˈbruːtɪʃ/ *a.* *1* brutale; bestiale *2* bruto; rozzo.

bryony /ˈbraɪənɪ/ *n.* (*bot.*) brionia; vite bianca.

bubble /ˈbʌbl/ *n.* *1* bolla: **to blow bubbles**, fare le bolle di sapone *2* situazione gonfiata; espansione effimera; bolla di sapone *3* nuvoletta; fumetto • (*GB*) **b. and squeak**, fritto di patate e cavolo □ **b. bath**, bagno di schiuma □ **b. car**, automobile con la cupola di vetro □ **b. gum**, gomma da masticare.

to **bubble** /ˈbʌbl/ *v. i.* formare bolle; ribollire; gorgogliare.

♦ **bubble over** *v. i. + avv.* *1* traboccare *2* (*fig.*) traboccare; sprizzare: **to b. over with joy**, sprizzare felicità.

bubbling /ˈbʌblɪŋ/ *n.* Ⓤ ribollimento; gorgogliamento.

bubbly /ˈbʌblɪ/ ***A*** *a.* (*anche fig.*) spumeggiante: **b. personality**, personalità spumeggiante ***B*** *n.* (*fam.*) champagne.

bubonic /bjuːˈbɒnɪk/ *a.* bubbonico: **b. plague**, peste bubbonica.

buccaneer /bʌkəˈnɪə(r)/ *n.* *1* bucaniere; pirata *2* avventuriero.

buck (1) /bʌk/ *n.* *1* (*zool.*) maschio (*di cervo, daino, camoscio, coniglio, lepre, antilope*) *2* (*antiq. fam.*) damerino *3* (*pop. USA*) giovanotto *4* (*pop. USA*) dollaro; soldi: **to make a b.**, far soldi; **fast b.**, soldi fatti alla svelta; denaro facile • (*fam. USA*) **b. naked**, cumpletamente nudo □ **b. teeth**, incisivi sporgenti; denti da coniglio.

buck (2) /bʌk/ *n.* (*pop.*) responsabilità (*di una decisione*): **b.-passing**, palleggiamento di responsabilità □ **to pass the b. to sb.**, scaricare su q. una responsabilità; fare a scaricabarili □ **The b. stops here**, sono io che devo decidere.

to **buck** /bʌk/ ***A*** *v. i.* *1* (*di cavallo, mulo*) sgroppare *2* caricare a testa bassa (*come un caprone*) ***B*** *v. t.* *1* disarcionare *2* (*fam.*) fare resistenza a; opporsi a: **to b. the system**, opporsi al sistema.

♦ **buck up** ***A*** *v. t. + avv.* *1* dare una regolata a: **to b. up one's ideas**, darsi una regolata *2* fare coraggio a ***B*** *v. i. + avv.* (*fam.*) *1* farsi coraggio: **B. up!**, coraggio!; su con la vita! *2* sbrigarsi.

buckboard /ˈbʌkbɔːd/ *n.* (*USA*) carrozza a quattro ruote (tirata da un cavallo).

bucket /ˈbʌkɪt/ *n.* *1* secchio; secchia *2* secchiello (*da spiaggia*) *3* (*fam., di nave o barca*) bagnarola • (*pop. GB*) **b.-shop**, agenzia di cambio clandestina; agenzia di viaggio che vende biglietti aerei a prezzi ridotti □ **to come down in buckets**, diluviare; piovere a catinelle □ (*pop.*) **to kick the b.**, tirare le cuoia; crepare.

to **bucket** /ˈbʌkɪt/ *v. i.* *1* diluviare; piovere a catinelle *2* (*di veicolo*) procedere velocemente e a scossoni.

bucketful /ˈbʌkɪtfʊl/ *n.* secchio; secchiata.

buckle /ˈbʌkl/ *n.* fibbia; fermaglio.

to **buckle** /ˈbʌkl/ ***A*** *v. t.* *1* affibbiare; allacciare *2* (*mecc.*) deformare (*un metallo*) ***B*** *v. i.* *1* deformarsi; curvarsi; storcersi *2* (*di gambe*) cedere.

♦ **buckle down to** *v. i. + avv. e prep.* mettersi con impegno a.

♦ **buckle under** *v. i. + avv.* cedere.

buckler /ˈbʌklə(r)/ *n.* piccolo scudo rotondo.

buckram /ˈbʌkrəm/ *n.* Ⓤ tela rigida.

bucksaw /ˈbʌksɔː/ *n.* (*falegn.*) sega intelaiata a lama tesa.

buckshee /bʌkˈʃiː/ (*antiq. pop. GB*) ***A*** *a.* gratuito ***B*** *avv.* gratis.

buckshot /ˈbʌkʃɒt/ *n.* Ⓤ pallettoni.

buckskin /ˈbʌkskɪn/ *n.* Ⓤ pelle di daino (*o* di camoscio); pelle scamosciata.

buckwheat /ˈbʌkwiːt, *USA* -hwiːt/ *n.* Ⓤ grano saraceno.

bucolic /bjuːˈkɒlɪk/ *a.* *1* bucolico; pastorale *2* rustico.

bud /bʌd/ *n.* (*bot.*) *1* gemma; germoglio; getto *2* boccio; bocciolo: **in (the) bud**, in boccio.

to **bud** /bʌd/ *v. i.* (*bot.*) germogliare; gettare; sbocciare.

Buddhism /ˈbʊdɪzəm, *USA* ˈbuː-/ *n.* Ⓤ (*relig.*) buddismo.

Buddhist /ˈbʊdɪst, *USA* ˈbuː-/ *n.* (*relig.*) buddista.

budding /ˈbʌdɪŋ/ *a.* *1* che comincia a spuntare *2* (*fig.*) in

erba: **b. musician**, musicista in erba.
buddy /ˈbʌdɪ/ *n.* (*fam. USA*) amico; compagno.
to **budge** /bʌdʒ/ ***A*** *v. i.* ***1*** spostarsi; muoversi: **I won't b. an inch**, non mi sposterò di un centimetro ***2*** (*fam.*) cambiare idea ***B*** *v. t.* spostare; smuovere.
budgerigar /ˈbʌdʒərɪgɑː(r)/ *n.* (*zool.*) pappagallino ondulato; parrocchetto canoro.
budget /ˈbʌdʒɪt/ ***A*** *n.* (*fin., rag.*) bilancio preventivo; budget: **family b.**, bilancio familiare; **advertising b.**, budget pubblicitario; **b. estimate**, previsione di bilancio ***B*** *a.* (*fam.*) a buon mercato; a prezzo ridotto; conveniente.
to **budget** /ˈbʌdʒɪt/ (*fin., rag.*) ***A*** *v. i.* fare un bilancio preventivo ***B*** *v. t.* stanziare in bilancio; preventivare.
♦ **budget for** *v. i. + prep.* calcolare (*tra le future spese*); preventivare; mettere in conto.
budgetary /ˈbʌdʒɪtrɪ, *USA* -tɛrɪ/ *a.* di bilancio; budgetario.
budgie /ˈbʌdʒɪ/ *n. abbr. fam. di* **budgerigar**.
buff (1) /bʌf/ ***A*** *n.* Ⓤ pelle di bufalo (*o* di bue) ***B*** *a.* ***1*** di pelle di bufalo (*o* di bue); scamosciato ***2*** color camoscio; color paglierino.
buff (2) /bʌf/ *n.* (*fam.*) appassionato (-a); patito (-a): **film b.**, cinefilo; **opera b.**, patito dell'opera; melomane.
to **buff** /bʌf/ *v. t.* pulire, lucidare (*un metallo, ecc.*).
buffalo /ˈbʌfələʊ/ *n.* (*pl.* **buffaloes, buffalos, buffalo**) (*zool.*) ***1*** bufalo indiano ***2*** bisonte americano.
buffer /ˈbʌfə(r)/ *n.* ***1*** (*autom., ferr.*) respingente; (*mecc.*) paracolpi ***2*** (*chim.*) tampone ***3*** (*polit.*) cuscinetto: **b. state**, stato cuscinetto ***4*** (*elab.*) buffer ***5*** protezione; tampone.
to **buffer** /ˈbʌfə(r)/ *v. t.* ***1*** (*chim.*) tamponare ***2*** riparare; proteggere.
buffet (1) /ˈbʌfɪt/ *n.* colpo.
buffet (2) /ˈbʊfeɪ, ˈbuː-, ˈbʌ-, *USA* bəˈfeɪ/ *n.* ***1*** (*USA*) credenza; buffet ***2*** caffè; bar; buffet (*di stazione, ecc.*) ***3*** rinfresco ● (*ferr.*) **b. car**, vagone ristorante □ **b. lunch**, pranzo in piedi.
to **buffet** /ˈbʌfɪt/ *v. t.* colpire ripetutamente; battere; sballottare.
buffoon /bəˈfuːn/ *n.* buffone; pagliaccio.
buffoonery /bəˈfuːnərɪ/ *n.* ***1*** Ⓤ buffoneria ***2*** buffonata; pagliacciata.
bug /bʌg/ *n.* ***1*** (*zool.*) cimice ***2*** (*fam. USA*) piccolo insetto ***3*** (*fam.*) microbo; virus ***4*** (*tecn., fam.*) difetto ***5*** (*elab.*) baco ***6*** (*fam.*) microspia; cimice ***7*** (*fam.*) mania; pallino: **She's been bitten by the Internet bug**, è diventata una fanatica di Internet.
to **bug** /bʌg/ *v. t.* ***1*** (*fam.*) installare microspie in; mettere sotto controllo (*un telefono*) ***2*** (*pop.*) irritare; scocciare; far girare le scatole.
bugaboo /ˈbʌgəbuː/ *n.* (*pl.* **bugaboos**) (*USA*) spauracchio; babau.
bugbear /ˈbʌgbɛə(r)/ *n.* spauracchio; babau.
bugger /ˈbʌgə(r)/ *n.* ***1*** (*volg. GB*) stronzo; bastardo ***2*** (*volg. GB*) individuo; tipo: **poor b.**, povero cristo; **The cheeky little b.!**, piccola faccia di tolla! ***3*** sodomita ***4*** (*volg. GB*) cosa difficile; rogna.
to **bugger** /ˈbʌgə(r)/ *v. t.* sodomizzare ● (*volg. GB*) **Oh, b. it!**, cazzo!; vaffanculo!
♦ **bugger about** (*volg. GB*) ***A*** *v. t. + avv.* rompere le palle a ***B*** *v. i. + avv.* non fare un cazzo.
♦ **bugger off** *v. i. + avv.* (*volg. GB*) levarsi dalle palle; andare a farsi fottere.
♦ **bugger up** *v. t. + avv.* (*volg. GB*) incasinare; mandare a puttane.
bugger all /ˈbʌgə(r) ɔːl/ *locuz. n.* (*volg. GB*) un cazzo di niente.
buggered /ˈbʌgəd/ *a. pred.* (*volg. GB*) ***1*** (*di persona*) esausto; spompato ***2*** (*di cosa*) scassato; fottuto ● **Well, I'm b.!**, che mi venga...!
buggery /ˈbʌgərɪ/ *n.* Ⓤ (*leg.*) sodomia.
bugging /ˈbʌgɪŋ/ *n.* Ⓤ ***1*** utilizzazione di microspie ***2*** intercettazione telefonica ● **b. device**, microspia.
buggy /ˈbʌgɪ/ *n.* ***1*** calesse; calessino ***2*** (*USA*) passeggino.
bugle /ˈbjuːgl/ *n.* ***1*** corno da caccia ***2*** (*mil.*) tromba.
to **bugle** /ˈbjuːgl/ *v. i.* (*mil.*) suonare la tromba.
bugler /ˈbjuːglə(r)/ *n.* (*mil.*) trombettiere.
build /bɪld/ *n.* Ⓤ e Ⓒ corporatura; fisico.
to **build** /bɪld/ (*pass. e p.p.* **built**) ***A*** *v. t.* ***1*** costruire; fabbricare: **while the motorway was being built**, mentre era in costruzione l'autostrada ***2*** basare; fondare: **to b. a theory on facts**, basare una teoria su fatti concreti ***3*** creare; costruire; stabilire: **to b. a business**, creare un'azienda; **to b. trust**, stabilire un rapporto di fiducia ***B*** *v. i.* ***1*** costruire ***2*** fare il costruttore ***3*** (*di uccelli*) nidificare ***4*** crescere; intensificarsi.
♦ **build in** *v. t. + avv.* ***1*** (*edil.*) incassare ***2*** incorporare; inserire: **to b. a clause into a contract**, inserire una clausola in un contratto.
♦ **build on** ***A*** *v. t. + avv.* (*edil.*) aggiungere ***B*** *v. i. + prep.* basarsi su; sfruttare.
♦ **build up** ***A*** *v. t. + avv.* ***1*** ingrandire; allargare: **to b. up a business**, ingrandire un'azienda ***2*** accumulare; accrescere; incrementare: **to b. up a fortune**, farsi una fortuna; **to b. up one's strength**, rimettersi in forze ***3*** magnificare; pompare (*fam.*): **He is being built up as the new James Dean**, stanno cercando di farne il nuovo James Dean ***B*** *v. i. + avv.* ***1*** accumularsi; addensarsi ***2*** aumentare; crescere; salire.
builder /ˈbɪldə(r)/ *n.* ***1*** costruttore; imprenditore edile ***2*** creatore (-trice); edificatore (-trice) ● **We had the builders about the house for weeks**, abbiamo avuto gli operai in casa per settimane.
building /ˈbɪldɪŋ/ ***A*** *n.* ***1*** Ⓤ costruzione: **land for b.**, terreno da costruzione ***2*** Ⓤ edilizia ***3*** edificio; fabbricato; costruzione; palazzo ***B*** *a.* edile; edilizio ● **b. block**, (*edil.*) blocco da costruzione; (*giocattolo*) cubetto (*o* blocchetto) per costruzioni; (*fig.*) componente elementare, elemento □ **b. contractor**, imprenditore edile □ (*USA*) **b. lot**, lotto fabbricabile □ **b. site**, cantiere edile; area fabbricabile □ **b. society**, istituto di credito immobiliare □ **b. trade**, industria edilizia.
build-up /ˈbɪldʌp/ *n.* ***1*** aumento; rafforzamento; intensificazione ***2*** (*comm.*) lancio pubblicitario ***3*** (*mil.*) concentramento (*di forze*).
built /bɪlt/ *pass. e p.p. di* **to build**.
built-in /ˈbɪltˈɪn/ *a.* ***1*** (*edil.*) incassato, a muro; (*mecc.*) incorporato; (*elab.*) integrato; (*econ.*) automatico: (*GB*) **b. wardrobe**, armadio a muro; **b. oven**, forno incorporato ***2*** incorporato; insito: **b. clause**, clausola inserita (nel contratto).
built-up /ˈbɪltˈʌp/ *a.* costruito; edificato: **b. area**, zona edificata; abitato.
bulb /bʌlb/ *n.* ***1*** (*bot.*) bulbo; tubero ***2*** bulbo (*di capello, termometro, ecc.*) ***3*** (*elettr.*) lampadina.
bulbous /ˈbʌlbəs/ *a.* bulboso.
Bulgarian /bʌlˈgɛərɪən/ *a. e n.* bulgaro.
bulge /bʌldʒ/ *n.* ***1*** rigonfiamento; protuberanza ***2*** aumento improvviso (*di numero*); punta.
to **bulge** /bʌldʒ/ *v. i.* incurvarsi (in fuori); sporgere; essere gonfio.
bulging /ˈbʌldʒɪŋ/ *a.* ***1*** sporgente; gonfio ***2*** rigonfio; pieno zeppo.
bulimia /bjuːˈlɪmɪə, *USA* buːˈliːmɪ-/ *n.* (*med.*) bulimia.
bulimic /bjuːˈlɪmɪk, *USA* buːˈliːmɪ-/ *a.* bulimico.
bulk /bʌlk/ ***A*** *n.* Ⓤ ***1*** massa; volume; mole ***2*** — **the b. of**, la maggior parte di; il grosso di ● (*comm.*) **in b.**, all'ingrosso ***B*** *a.* all'ingrosso; in grande quantità: **b. buying**, il comprare all'ingrosso; **b. order**, grosso ordinativo.
to **bulk** /bʌlk/ *v i.* — **to b. large**, avere (*o* assumere) rilevanza.
♦ **bulk out** (*o* **up**) ***A*** *v. t. + avv.* ingrossare; rendere più corposo ***B*** *v. i. + avv.* crescere; ingrossare.
bulkhead /ˈbʌlkhɛd/ *n.* (*naut., aeron.*) paratia.
bulky /ˈbʌlkɪ/ *a.* ***1*** grosso; voluminoso ***2*** ingombrante.
bull (1) /bʊl/ *n.* ***1*** toro; bufalo maschio ***2*** (*zool.*) maschio (*di grosso mammifero*): **b. elephant**, elefante maschio; **b. whale**, maschio di balena ***3*** (*Borsa*) rialzista ***4*** *V.* **b.'s-eye** ● **b.-necked**, dal collo taurino □ **b.-headed**, testardo □ (*Borsa*) **b. market**, mercato tendente al rialzo □ **b.'s-eye**, centro (del bersaglio): **to hit the b.'s-eye**, (*anche fig.*) fare centro, colpire nel segno □ **b. in a china shop**, persona impacciata (*o* maldestra); elefante in un negozio di porcellane □ **like a b. at a gate**, a testa bassa (*fig.*) □ **to take the b. by the horns**, prendere il toro per le corna.
bull (2) /bʊl/ *n.* (*eccl.*) bolla pontificia.
bull (3) /bʊl/ *V.* **bullshit**.
bulldog /ˈbʊldɒg, *USA* -dɔːg/ *n.* bulldog.
to **bulldoze** /ˈbʊldəʊz/ *v. t.* ***1*** spianare con un bulldozer ***2*** (*fam.*) costringere con la prepotenza.
bulldozer /ˈbʊldəʊzə(r)/ *n.* (*mecc.*) bulldozer; apripista.
bullet /ˈbʊlɪt/ *n.* pallottola; proiettile: **spent b.**, pallottola

morta; **b. hole**, foro di proiettile • **b.-proof**, a prova di pallottola (*o* di proiettile); blindato: **b.-proof glass**, vetro blindato; **b.-proof vest**, giubbotto antiproiettile.
bulletin /ˈbʊlətɪn, *USA* -tn/ *n.* *1* bollettino; comunicato *2* (*radio, TV*) notiziario • (*USA*) **b. board**, tabellone; bacheca.
bullfight /ˈbʊlfaɪt/ *n.* corrida.
bullfighter /ˈbʊlfaɪtə(r)/ *n.* torero.
bullfighting /ˈbʊlfaɪtɪŋ/ *n.* Ⓤ tauromachia.
bullfinch /ˈbʊlfɪntʃ/ *n.* (*zool.*) ciuffolotto.
bullfrog /ˈbʊlfrɒg, *USA* -ɔːg/ *n.* (*zool.*) rana toro.
bullion /ˈbʊlɪən/ *n.* Ⓤ oro (*o* argento) in lingotti.
bullish /ˈbʊlɪʃ/ *a.* *1* (*Borsa*) tendente al rialzo *2* ottimistico.
bullock /ˈbʊlək/ *n.* giovenco; manzo.
bullring /ˈbʊlrɪŋ/ *n.* arena (*per corride*).
bullshit /ˈbʊlʃɪt/ *n.* Ⓤ *e inter.* (*pop.*) fesserie; balle; cazzate (*volg.*) • **b. artist**, raccontaballe; ballista.
to **bullshit** /ˈbʊlʃɪt/ *v. i. e t.* (*pop.*) raccontare cazzate (a) (*volg.*).
bully /ˈbʊlɪ/ *n.* prepotente; bullo (*fam.*).
to **bully** /ˈbʊlɪ/ *A v. t.* angariare; opprimere • **to b. sb. into doing st.**, costringere q. con le minacce a fare q.c. *B v. i.* fare il prepotente.
bullying /ˈbʊlɪɪŋ/ *A n.* Ⓤ prepotenze; angherie *B a.* (da) prepotente.
bulrush /ˈbʊlrʌʃ/ *n.* (*bot.*) *1* giunco di palude *2* stiancia.
bulwark /ˈbʊlwək/ *n.* *1* baluardo (*anche fig.*); bastione; spalto *2* frangiflutti *3* (*generalm. al pl.*) (*naut.*) murata.
bum (1) /bʌm/ *n.* (*pop.*) sedere; culo.
bum (2) /bʌm/ *n.* (*pop. USA*) *1* fannullone; buono a nulla *2* vagabondo; barbone • **on the bum**, dedito al vagabondaggio.
bum (3) /bʌm/ *a.* (*pop. USA*) che non vale nulla; che non funziona; scadente • **bum deal**, bidone □ **bum steer**, informazioni false.
to **bum** /bʌm/ (*pop. USA*) *A v. i.* *1* fare il vagabondo *2* vivere di scrocco *B v. t.* scroccare.
♦ **bum around** *v. i. + avv.* gironzolare; bighellonare.
bumblebee /ˈbʌmblbiː/ *n.* (*zool.*) bombo.
bumbling /ˈbʌmblɪŋ/ *a.* goffo; maldestro.
bumf /ˈbʌmf/ *n.* (*pop. GB*) carte inutili; cartaccia.
bummer /ˈbʌmə(r)/ *n.* (*pop.*) *1* seccatura; rottura *2* bidone; fregatura; bufala.
bump /bʌmp/ *n.* *1* colpo; urto *2* sobbalzo *3* (*antiq.*) bernoccolo (*anche fig.*); bozzo *4* gobba (*di strada*); cunetta.
to **bump** /bʌmp/ *v. t.* urtare; (andare a) sbattere: **to b. one's head against st.**, sbattere la testa contro q.c.
♦ **bump about** *v. i. + avv.* sobbalzare.
♦ **bump against** *v. i. + prep.* andare a sbattere contro.
♦ **bump along** *v. i. + avv.* (*di veicolo*) procedere sobbalzando.
♦ **bump into** *v. i. + prep.* *1* andare a sbattere contro (*un muro, una persona, ecc.*) *2* tamponare (*un veicolo*) *3* imbattersi in; incontrare per caso.
♦ **bump off** *v. t. + avv.* (*pop.*) ammazzare; far fuori.
♦ **bump up** *v. i. + avv.* (*fam.*) far salire (*prezzi, produzione, ecc.*); alzare (*una media*).
bumper (1) /ˈbʌmpə(r)/ *n.* *1* (*autom.*) paraurti *2* (*ferr., USA*) respingente • **b. cars**, autoscontro □ **b. sticker**, adesivo per paraurti □ **b.-to-b.**, (*di automobili*) in coda serrata.
bumper (2) /ˈbʌmpə(r)/ *a.* eccezionale; abbondante: **b. crop**, raccolto eccezionale.
bumph /bʌmf/ *V.* **bumf**.
bumpkin /ˈbʌmpkɪn/ *n.* zoticone; bifolco.
to **bump-start** /ˈbʌmpstɑːt/ *v. t.* (*autom., GB*) (far) partire in seconda.
bumptious /ˈbʌmpʃəs/ *a.* presuntuoso; arrogante; borioso.
bumpy /ˈbʌmpɪ/ *a.* *1* (*di terreno, strada, ecc.*) irregolare; accidentato *2* pieno di scossoni: **b. ride**, viaggio tutto scossoni; **We had a b. flight**, abbiamo ballato in volo *3* (*di periodo, ecc.*) con alti e bassi.
bun /bʌn/ *n.* *1* ciambella; focaccina dolce *2* crocchia; chignon.
bunch /bʌntʃ/ *n.* *1* grappolo; gruppo (*di oggetti*); mazzo: **b. of grapes**, grappolo d'uva; **b. of flowers** [**of keys**], mazzo di fiori [di chiavi]; **b. of bananas**, casco di banane *2* (*fam.*) gruppetto; combriccola; banda • **the best of the b.**, il migliore fra tutti.
to **bunch** /bʌntʃ/ *A v. t.* (*anche* **to b. together** *o* **up**) raggruppare; raccogliere in mazzo; ammucchiare; avvicinare *B v. i.* *1* (*anche* **to b. together** *o* **up**) raggrupparsi; ammucchiarsi; avvicinarsi *2* (*di traffico*) formare code.
bundle /ˈbʌndl/ *n.* *1* fascio; fastello: **b. of newspapers**, fascio di giornali *2* involto; pacco; fagotto *3* (*anat., bot.*) fascio *4* (*pop. USA*) pacco di soldi; malloppo • **b. of laughs**, (*di cosa o persona*) spasso □ **b. of nerves**, fascio di nervi (*fig.*).
to **bundle** /ˈbʌndl/ *v. t.* legare in un fascio; fare un fagotto di ; affastellare; impacchettare: **to b. clothes into a suitcase**, ammucchiare vestiti in una valigia.
♦ **bundle in** *A v. t. + avv.* spingere dentro a forza *B v. i. + avv.* infilarsi dentro; ammucchiarsi dentro.
♦ **bundle off** *v. t. + avv.* mandare via in fretta e furia; spedir via.
♦ **bundle out** *A v. t. + avv.* far uscire in fretta e furia; buttare fuori *B v. i. + avv.* uscire in fretta; precipitarsi fuori.
♦ **bundle up** *A v. t. + avv.* *1 V.* **to bundle** *2* infagottare; imbacuccare *B v. i. + avv.* infagottarsi; imbacuccarsi.
bung /bʌŋ/ *n.* (*ind.*) grosso turacciolo; tappo (*di botte, ecc.*); zipolo.
to **bung** /bʌŋ/ *v. t.* *1* tappare (*una botte, ecc.*) *2* (*fam.*) mettere; ficcare; cacciare • **My nose is all bunged up**, ho il naso tappato.
bungalow /ˈbʌŋgələʊ/ *n.* villetta a un piano; bungalow.
bunghole /ˈbʌŋhəʊl/ *n.* cocchiume.
bungle /ˈbʌŋgl/ *n.* lavoro malfatto; pasticcio; raffazzonatura.
to **bungle** /ˈbʌŋgl/ *v. t. e i.* fare male (*un lavoro*); raffazzonare; pasticciare; fare pasticci.
bungler /ˈbʌŋglə(r)/ *n.* pasticcione; arruffone; casinista (*pop.*).
bungling /ˈbʌŋglɪŋ/ *a.* goffo; maldestro; imbranato (*fam.*).
bunion /ˈbʌnjən/ *n.* (*med.*) borsite dell'alluce.
bunk (1) /bʌŋk/ *n.* *1* (*naut.*) cuccetta *2* (*anche* **b. bed**) letto a castello.
bunk (2) /bʌŋk/ *n.* Ⓤ (*pop.*) sciocchezze; fesserie; balle.
bunk (3) /bʌŋk/ *n.* — (*pop. GB*) **to do a b.**, tagliare la corda; filarsela.
to **bunk** /bʌŋk/ *v. i.* (*fam.*) sistemarsi per la notte (*alla meglio*): **to b.** (**down**) **on a sofa**, dormire su un sofà.
bunker /ˈbʌŋkə(r)/ *n.* *1* (*naut.*) carbonile *2* (*mil.*) bunker; fortino; casamatta.
bunkum /ˈbʌŋkəm/ *n.* Ⓤ (*pop.*) scempiaggini; fesserie.
bunny /ˈbʌnɪ/ *n.* (*infant.*) coniglietto.
bunting (1) /ˈbʌntɪŋ/ *n.* Ⓤ *1* (*ind. tess.*) stamigna *2* (*fila di*) bandierine; (*naut.*) pavese.
bunting (2) /ˈbʌntɪŋ/ *n.* (*zool.*) zigolo.
buoy /bɔɪ, *USA* ˈbuːɪ, bɔɪ/ *n.* (*naut.*) boa; gavitello.
to **buoy** /bɔɪ/ *v. t.* (*anche* **to b. up**) *1* tenere a galla *2* sostenere; incoraggiare.
buoyancy /ˈbɔɪənsɪ/ *n.* Ⓤ *1* galleggiabilità *2* (*naut.*) spinta idrostatica *3* capacità di recupero; vivacità; esuberanza *4* (*comm.*) tendenza al rialzo.
buoyant /ˈbɔɪənt/ *a.* *1* (*naut.*) galleggiante; galleggiabile *2* esuberante; allegro; vivace *3* (*comm.*) tendente al rialzo; in recupero; sostenuto.
to **burble** /ˈbɜːbl/ *v. i.* *1* gorgogliare *2* (*fam.*) ciarlare.
burden /ˈbɜːdn/ *n.* (*anche fig.*) peso; fardello; soma; onere; gravame: **to be a b. to sb.**, essere di peso a q.; **beast of b.**, bestia da soma; **tax b.**, onere fiscale; **b. of proof**, onere della prova.
to **burden** /ˈbɜːdn/ *v. t.* *1* caricare; gravare; oberare: **to be burdened with debt**, essere gravato di debiti *2* opprimere.
burdensome /ˈbɜːdnsəm/ *a.* gravoso; oneroso; opprimente.
bureau /ˈbjʊərəʊ, -ˈrəʊ/ *n.* (*pl.* **bureaux**, **bureaus**) *1* (*GB*) scrivania (con ribalta); scrittoio *2* (*USA*) cassettiera; cassettone *3* ufficio; agenzia: **information b.**, agenzia d'informazioni *4* (*USA*) ufficio governativo (*o* federale); sezione.
bureaucracy /bjʊəˈrɒkrəsɪ/ *n.* Ⓤ burocrazia.
bureaucrat /ˈbjʊərəkræt/ *n.* burocrate.
bureaucratic /bjʊərəˈkrætɪk/ *a.* burocratico.
to **bureaucratize**, (*GB anche*) to **bureaucratise** /bjʊəˈrɒkrətaɪz/ *v. t.* burocratizzare.
bureaux /ˈbjʊərəʊz/ *pl. di* **bureau**.
burgeoning /ˈbɜːdʒənɪŋ/ *a.* in crescita; fiorente.
burger /ˈbɜːgə(r)/ *n.* hamburger.
burglar /ˈbɜːglə(r)/ *n.* scassinatore; (*estens.*) ladro (d'appartamento o di negozio) • **b. alarm**, (impianto di) allarme

(*in appartamento*); antifurto □ **b. proof**, antiscasso.
to **burglarize** /ˈbɜːgləraɪz/ (*USA*) *V.* **to burgle**.
burglary /ˈbɜːglərɪ/ *n.* [U] e [C] furto con scasso.
to **burgle** /ˈbɜːgl/ (*GB*) ***A*** *v. t.* svaligiare (*una casa, un negozio, ecc.*): **We were burgled**, ci hanno svaligiato la casa [il negozio] ***B*** *v. i.* fare lo scassinatore.
Burgundian /bɜːˈgʌndɪən/ *a. e n.* borgognone.
burgundy /ˈbɜːgəndɪ/ *n.* [U] borgogna; vino di Borgogna.
burial /ˈberɪəl/ *n.* ***1*** [U] e [C] sepoltura; seppellimento ***2*** funerale; esequie ● **b. ground**, cimitero.
burin /ˈbjʊərɪn/ *n.* bulino.
burlap /ˈbɜːlæp/ *n.* [U] tela ruvida; tela da sacchi.
burlesque /bɜːˈlesk/ ***A*** *n.* ***1*** [U] e [C] caricatura; parodia ***2*** (*USA*) spettacolo di varietà; rivista ***B*** *a.* caricaturale; parodistico.
to **burlesque** /bɜːˈlesk/ *v. t.* parodiare; mettere in ridicolo.
burly /ˈbɜːlɪ/ *a.* corpulento; tarchiato.
Burman /ˈbɜːmən/, **Burmese** /bɜːˈmiːz/ *a. e n.* birmano.
burn /bɜːn/ *n.* bruciatura; scottatura; (*med.*) ustione.
to **burn** /bɜːn/ (*pass. e p.p.* **burnt**, *talvolta* **burned**) ***A*** *v. t.* ***1*** (*anche fig.*) bruciare; ardere; incendiare: **to b. wood**, bruciare (*o* ardere) legna ***2*** scottare; ustionare: **to b. one's hand**, scottarsi una mano ***3*** provocare (q.c.) col fuoco: **to b. a hole in the tablecloth**, fare un buco nella tovaglia (*con la sigaretta, ecc.*); **to b. a mark into st.**, imprimere a fuoco un marchio su q.c. ***4*** consumare, usare (*combustibile, energia*); andare a: **My water-heater burns gas**, il mio scaldaacqua va a gas; **wood-burning stove**, stufa a legna ***5*** (*med.*) cauterizzare ***6*** (*pop. USA*) fregare; bidonare ***7*** (*pop. USA*) ammazzare ● **to b. one's boats** (*o* **bridges**), bruciarsi i ponti alle spalle □ **to b. one's fingers** (*o* **to get burnt**), scottarsi le dita (*fig.*); rimanere scottato □ **to b. the candle at both ends**, lavorare fino a tardi; riposare troppo poco □ **to b. the midnight oil**, studiare (*o* lavorare) fino a tardi; passare la notte sui libri □ (*pop. USA*) **to b. rubber**, sgommare □ **to burn a village to the ground**, bruciare un villaggio □ **to be burnt to death**, morire carbonizzato □ **All that money is burning a hole in his pocket**, freme dalla voglia di spendere quei soldi ***B*** *v. i.* ***1*** bruciare; bruciarsi; andare a fuoco; ardere; scottare: **The house is burning**, la casa sta bruciando (*o* sta andando a fuoco); **The roast has burnt**, l'arrosto si è bruciato; **A fire was burning in the fireplace**, il fuoco ardeva nel caminetto; **to b. with fever**, scottare dalla febbre ***2*** bruciare, ardere (*di rabbia, dal desiderio*) ***3*** (*di luce*) essere acceso; ardere ***4*** (*seguito da prep.*) (*di automobile, ecc.*) filare; volare; saettare ● **to b. low**, bruciare a fiamma bassa □ **to b. to a crisp**, incenerirsi □ **to b. to the ground** (*o* **to ashes**), essere distrutto dal fuoco; incenerirsi.
♦ **burn down** ***A*** *v. t. + avv.* bruciare; incenerire ***B*** *v. i. + avv.* essere distrutto dal fuoco; bruciare.
♦ **burn off** *v. t. + avv.* distruggere col fuoco; bruciare.
♦ **burn out** *v. i. + avv.* ***1*** (*anche* **to b. itself out**) estinguersi; spegnersi ***2*** (*elettr.*) fulminarsi; bruciarsi ***3*** (*mecc.*) fondere, fondersi ***4*** consumarsi, esaurirsi (*per il troppo lavoro o lo stress*).
♦ **burn up** ***A*** *v. t. + avv.* bruciare; incenerire ***B*** *v. i. + avv.* ***1*** divampare ***2*** essere distrutto dal fuoco; bruciare ***3*** avere la febbre molto alta.
burner /ˈbɜːnə(r)/ *n.* ***1*** fornello (*a gas*) ***2*** (*tecn.*) bruciatore; becco a gas ● **to put st. on the back b.**, accantonare q.c. (*per occuparsene in seguito*).
burning /ˈbɜːnɪŋ/ *a.* ***1*** che brucia; che scotta; ardente; in fiamme: **b. cheeks**, guance in fiamme; **b. desire**, desiderio ardente ***2*** (*di questione, ecc.*) scottante ***3*** (*di lacrime, vergogna*) cocente ***4*** (*di sete, febbre*) bruciante ● **b. glass**, specchio ustorio □ **a smell of b.**, odore di bruciato.
to **burnish** /ˈbɜːnɪʃ/ *v. t.* brunire.
burnout /ˈbɜːnaʊt/ *n.* ***1*** (*miss.*) arresto della combustione ***2*** (*fig. fam.*) esaurimento per troppo lavoro.
burnt /bɜːnt/ *pass. e p.p. di* **to burn** ● **b. sugar**, caramello.
burnt-out /ˈbɜːntaʊt/ *a.* ***1*** (*di fuoco, ecc.*) spento ***2*** distrutto dal fuoco; incenerito ***3*** esaurito; esausto; bruciato: **a b. writer**, uno scrittore bruciato ***4*** (*elettr.*) fulminato ***5*** (*di motore*) fuso.
burp /bɜːp/ *n.* (*fam.*) rutto; (*di bambino*) ruttino.
to **burp** /bɜːp/ (*fam.*) ***A*** *v. i.* ruttare ***B*** *v. t.* far fare un ruttino a (*un bambino*).
burr (1) /bɜː(r)/ *n.* (*bot*) involucro spinoso; lappa; riccio (*di castagna*).
burr (2) /bɜː(r)/ *n.* ***1*** (*fon.*) pronuncia arrotata della erre: **He spoke with a soft b.**, arrotava leggermente la erre ***2*** (*in G.B.*) cadenza dialettale del sud-ovest dell'Inghilterra.
burrow /ˈbʌrəʊ, *USA* -ɜːr-/ *n.* cunicolo; covo; tana.
to **burrow** /ˈbʌrəʊ, *USA* -ɜːr-/ ***A*** *v. t.* scavare (*una buca, una tana*) ***B*** *v. i.* ***1*** scavare gallerie; farsi la tana ***2*** nascondersi; rintanarsi ***3*** frugare.
bursar /ˈbɜːsə(r)/ *n.* economo (*di università o college universitario*).
bursary /ˈbɜːsərɪ/ *n.* ***1*** economato (*di università o college universitario*) ***2*** borsa di studio.
burst /bɜːst/ *n.* ***1*** scoppio, esplosione (*anche fig.*); scroscio; raffica: **b. of laughter**, scoppio di risa; **b. of machine-gun fire**, raffica di mitragliatrice ***2*** rottura; spacco ● **b. of enthusiasm**, fiammata d'entusiasmo □ **b. of speed**, scatto.
to **burst** /bɜːst/ (*pass. e p.p.* **burst**) ***A*** *v. i.* ***1*** (*anche fig.*) esplodere; scoppiare: **One of the tyres b.**, è scoppiato un pneumatico; **I was ready to b.**, ero sul punto di esplodere; **to be bursting with impatience**, scoppiare d'impazienza ***2*** rompersi; spaccarsi; (*di diga*) cedere ***3*** essere ricolmo di; traboccare ***4*** aprirsi; (*di germogli, ecc.*) spuntare; (*di nuvole*) squarciarsi ● **to b. free**, riuscire a liberarsi □ **to b. open**, spalancarsi di colpo; sbocciare □ **to b. with envy**, crepare d'invidia □ **to be bursting at the seams (with)**, essere stracolmo (di); rigurgitare (di) □ **to be bursting to do st.**, morire dalla voglia di fare q.c. ***B*** *v. t.* ***1*** fare esplodere; far scoppiare ***2*** spaccare; rompere; abbattere ● **to b. one's sides with laughing** (*o* **laughter**), sbellicarsi dalle risa.
♦ **burst in** *v. i. + avv.* irrompere.
♦ **burst in on** (*o* **upon**) *v. i. + avv. e prep.* interrompere.
♦ **burst into** *v. i. + prep.* ***1*** irrompere in; fare irruzione in ***2*** — **to b. into flames**, prendere fuoco improvvisamente; **to b. into tears**, scoppiare in lacrime; **to b. into song**, mettersi a cantare.
♦ **burst out** *v. i. + avv.* ***1*** (*seguito da gerundio*) scoppiare a: **to b. out laughing [crying]**, scoppiare a ridere [a piangere *o* in lacrime] ***2*** esclamare.
to **bury** /ˈberɪ/ *v. t.* ***1*** seppellire; sotterrare: **to be buried alive**, essere sepolto vivo ***2*** nascondere; sprofondare: **to b. one's face in one's hands**, nascondere il viso tra le mani; **to be buried in thought**, essere assorto nei propri pensieri ● **to b. one's head in the sand**, fare lo struzzo.
bus /bʌs/ *n.* (*pl.* **buses, busses**) autobus; bus (*fam.*): **to go by bus**, andare in autobus; **to miss the bus**, (*anche fig.*) perdere l'autobus ● **bus company**, autolinea □ **bus lane**, corsia preferenziale (per autobus) □ **bus shelter**, fermata coperta; pensilina □ **bus station**, stazione delle corriere.
to **bus** /bʌs/ ***A*** *v. t.* trasportare in autobus ***B*** *v. i.* ***1*** andare in autobus ***2*** (*USA*) sparecchiare i tavoli (*in un ristorante*).
bus boy /ˈbʌsbɔɪ/ *locuz. n.* (*USA*) cameriere (*di ristorante*) addetto a sparecchiare.
busby /ˈbʌzbɪ/ *n.* (*mil.*) colbacco.
bush (1) /bʊʃ/ *n.* ***1*** cespuglio; arbusto ***2*** — **the b.**, la boscaglia, la macchia (*specialm. in Australia e Africa*).
bush (2) /bʊʃ/ *n.* ***1*** (*mecc.*) boccola ***2*** (*elettr.*) rivestimento isolante.
bushbaby /ˈbʊʃbeɪbɪ/ *n.* (*zool.*) galagone.
bushed /bʊʃt/ *a.* (*fam.*) esausto; stremato; stanco morto.
bushel /ˈbʊʃl/ *n.* bushel (*misura di capacità per cereali*).
Bushman /ˈbʊʃmən/ *n.* (*pl.* **Bushmen** /-mən/) boscimano.
bushranger /ˈbʊʃreɪndʒə(r)/ *n.* (*in Australia, stor.*) evaso che si è dato alla macchia; bandito.
bushy /ˈbʊʃɪ/ *a.* cespuglioso; irsuto; folto.
business /ˈbɪznəs/ ***A*** *n.* ***1*** [U] affari: **to do b. with sb.**, fare affari con q.; **to go into b.**, darsi agli affari; **B. is b.**, gli affari sono affari; **on b.**, per affari ***2*** [U] commercio; ramo; attività: **the cotton b.**, il commercio del cotone; **He's in the insurance b.**, è nel ramo assicurazioni ***3*** azienda; impresa; ditta: **family b.**, impresa familiare ***4*** [U] attività; lavoro; occupazione: **His b. is selling television sets**, di mestiere vende televisori ***5*** [U] compito; affare: **to get down to the b. of doing st.**, accingersi a fare q.c.; **to make it one's b. to do st.**, farsi un dovere di fare q.c.; **It's no b. of mine** (*o* **none of my b.**), non è affar mio; la cosa non mi riguarda; **Mind your own b.**, bada ai fatti tuoi; non t'impicciare ***6*** (*solo al sing.*) faccenda; affare: **a nasty b.**, una brutta faccenda; un brutto affare ***7*** (*teatr.*) azione mimica ● **B. as usual**, l'attività prosegue regolarmente; «siamo aperti» □ **B. before**

pleasure, prima il dovere, poi il piacere □ (*econ.*) **big b.**, la grande industria; il grande capitale □ **Now we are in b.!**, adesso ci siamo! □ **We are not in the b. of...**, il nostro scopo non è di...; noi non siamo qui per... □ **to get down to b.**, cominciare a lavorare: **Let's get down to b.!**, bando alle chiacchiere!; mettiamoci sotto! □ **to have no b. doing st.**, non toccare a q. fare q.c. □ **to know one's b.**, saper fare il proprio mestiere □ **like nobody's b.**, a più non posso; all'impazzata; da non dirsi □ **to mean b.**, fare sul serio □ **to send sb. about his b.**, mandare q. per i fatti suoi ***B*** *a.* ***1*** d'affari; commerciale: **b. address**, indirizzo d'ufficio; **b. deal**, operazione commerciale; **b. lunch**, colazione d'affari ***2*** economico; aziendale: **b. administration**, gestione aziendale ● **b. card**, biglietto da visita della ditta □ **b. consultant**, commercialista □ (*fam.*) **b. end**, parte operativa di un oggetto (*punta di coltello, canna di fucile, ecc.*) □ **b. hours**, orario d'ufficio; orario di apertura (*di negozio*) □ **b. name**, ragione sociale □ **b. school**, facoltà di economia e commercio □ **b. studies**, economia e commercio.

businesslike /ˈbɪznɪslaɪk/ *a.* efficiente; pratico; metodico.

businessman /ˈbɪznəsmən/ *n.* (*pl.* **businessmen** /-mən/) uomo d'affari.

businesswoman /ˈbɪznəswʊmən/ *n.* (*pl.* **businesswomen** /-wɪmən/) donna d'affari.

to **busk** /bʌsk/ *v. i.* (*fam. GB*) suonare (*o* cantare, recitare) per la strada (*per guadagnare*); fare il musicista di strada.

busker /ˈbʌskə(r)/ *n.* (*fam. GB*) musicista (*o* attore) di strada.

busman /ˈbʌsmən/ *n.* (*pl.* **busmen** /-mən/) conducente (*o* bigliettaio) di autobus ● **b.'s holiday**, vacanza passata facendo quel che si fa nei giorni feriali.

bust (**1**) /bʌst/ *n.* busto (*anche scult.*); torace; petto; seno.

bust (**2**) /bʌst/ *n.* (*pop.*) ***1*** (*USA*) fallimento; fiasco ***2*** irruzione (*della polizia*); retata.

bust (**3**) /bʌst/ *a.* (*fam.*) ***1*** (*USA*) rotto; scassato ***2*** fallito: **to go b.**, fallire; fare fallimento.

to **bust** /bʌst/ ***A*** *v. t.* ***1*** (*fam.*) rompere; fracassare; sfasciare ***2*** (*fam. USA*) far scoppiare ***3*** (*fam. USA*) far fallire (q.); mandare in rovina ***4*** (*mil., fam. USA*) degradare ***5*** (*pop., della polizia*) fare irruzione in; fare una retata in ***6*** (*pop.*) arrestare; beccare ***B*** *v. i.* scoppiare.

♦ **bust up** (*fam.*) ***A*** *v. t. + avv.* (*USA*) rovinare; mandare a pallino ***B*** *v. i. + avv.* rompere (con q.).

bustard /ˈbʌstəd/ *n.* (*zool.*) otarda.

buster /ˈbʌstə(r)/ *n.* (*fam. USA, al vocat.*) amico; bello.

bustle /ˈbʌsl/ *n.* Ⓤ confusione; tramestio; trambusto.

to **bustle** /ˈbʌsl/ ***A*** *v. i.* affaccendarsi; darsi da fare ***B*** *v. t.* far fretta a; pungolare.

♦ **bustle about** *v. i. + avv.* andare su e giù; agitarsi; affaccendarsi.

bust-up /ˈbʌstʌp/ *n.* (*pop.*) lite; rottura.

busty /ˈbʌstɪ/ *a.* (*fam., rif. a donna*) pettoruto.

busy /ˈbɪzɪ/ *a.* ***1*** attivo; indaffarato; occupato: **a b. man**, un uomo molto occupato; **He is b. packing [writing]**, sta facendo le valigie [scrivendo]; **as b. as a bee**, indaffaratissimo ***2*** pieno di attività; attivo; intenso: **b. day**, giornata piena (*o* intensa); **The shops are very b.**, i negozi sono affollati ***3*** (*telef., USA*) occupato: **b. tone**, segnale di occupato.

to **busy** /ˈbɪzɪ/ *v. t.* tenere occupato ● **to b. oneself with st.**, occuparsi di q.c.

busybody /ˈbɪzɪbɒdɪ/ *n.* intrigante; impiccione; ficcanaso.

but /bʌt, bət/ ***A*** *cong.* ***1*** ma; però; eppure; tuttavia; invece: **young but already experienced**, giovane ma già esperto; **It's a nice house, but it's damp**, la casa è bella, però è umida; **He seems happy, but he isn't**, sembra felice, e invece non lo è ***2*** ma; bensì: **He phoned not just once but five times**, telefonò non una volta sola, ma (*o* bensì) cinque volte ***3*** (*in frasi neg.*) che; altro... che; se non: **There is no doubt but that he's guilty**, non v'è dubbio che sia colpevole; **There was nothing else to do but (to) leave**, non c'era altro da fare che (*o* se non) partire ***4*** (*in frasi neg.*) da non: **He is not such a fool but he can see that**, non è tanto sciocco da non capirlo ***5*** (*pop., intensivo*) — **It was terrific, but terrific!**, è stato fantastico, veramente fantastico!; **Come here, but now!**, vieni qui, e subito! ***B*** *prep.* ***1*** eccetto; tranne: **Nobody went but me**, non vi andò nessuno eccetto me; **no one but you**, solo tu; solo te ***2*** che; altro che; se non: **nothing but the truth**, nient'altro che la verità; **Who else but him knew about the gun?**, chi altri se non lui sapeva della pistola? ***C*** *avv.* ***1*** (*lett.*) solo; soltanto: **He is but a boy**, è solo un ragazzo; non è che un ragazzo; **Had I but known**, se solo l'avessi saputo ***2*** (*preceduto da* **can, could**) non... altro (da fare) che: **You can but try**, non hai che da provare ***D*** *pron. relat. neg.* (*lett.*) che non: **There was no man but admired her**, non c'era uomo che non l'ammirasse ● **But for you, I would have made a real blunder**, se non fosse stato per te, l'avrei fatta grossa □ **but then**, però; d'altra parte; ma del resto: **The concert was too long, but then I'm not very fond of Scriabin**, il concerto è stato troppo lungo, ma d'altra parte io non sono un patito di Scriabin □ **all but**, quasi: **all but complete**, quasi finito □ **It's anything but new**, è tutt'altro che nuovo □ **anywhere but**, in qualsiasi posto all'infuori che □ **the last but one**, il penultimo ***E*** *n.* ma; obiezione: **I am tired of your ifs and buts**, sono stanco dei tuoi ma e dei tuoi se; **There's no buts about it**, non c'è ma che tenga; **And no buts about it!**, e niente discussioni!

butane /ˈbjuːteɪn/ *n.* Ⓤ (*chim.*) butano.

butch /bʊtʃ/ *a.* (*pop.*) maschio; macho; (*rif. a donna*) mascolino.

butcher /ˈbʊtʃə(r)/ *n.* macellaio ● **b.'s knife**, coltello da macellaio □ **at the b.'s**, dal macellaio; in macelleria.

to **butcher** /ˈbʊtʃə(r)/ *v. t.* ***1*** macellare ***2*** massacrare; fare scempio di.

butchery /ˈbʊtʃərɪ/ *n.* Ⓤ *e* Ⓒ ***1*** macellazione ***2*** massacro; macello: scempio.

butler /ˈbʌtlə(r)/ *n.* maggiordomo.

butt (**1**) /bʌt/ *n.* grossa botte.

butt (**2**) /bʌt/ *n.* ***1*** (*anche* **b.-end**) estremità più grossa e rinforzata (*di bastone, ecc.*); calcio (*di fucile*) ***2*** mozzicone di sigaretta; cicca ***3*** (*pop.*) sedere; chiappe: **Get off your butt!**, alza le chiappe!

butt (**3**) /bʌt/ *n.* bersaglio; zimbello: **b. of jokes**, bersaglio di scherzi.

butt (**4**) /bʌt/ *n.* cozzo; cornata; testata.

to **butt** /bʌt/ *v. i. e t.* cozzare (*con la testa o le corna*); dar di cozzo (a).

♦ **butt in** *v. i. + avv.* intromettersi; interloquire; interferire.

♦ **butt out** *v. i. + avv.* (*pop.*) smettere di intromettersi.

butter /ˈbʌtə(r)/ *n.* Ⓤ burro ● **b. dish**, burriera; portaburro □ **b.-fingered**, con le mani di burro (*o* di pastafrolla) □ **to look as if b. would not melt in one's mouth**, avere l'aria innocente (*o* ingenua); avere un'aria da santarellina.

to **butter** /ˈbʌtə(r)/ *v. t.* imburrare.

♦ **butter up** *v. t. + avv.* adulare; lisciare.

buttercup /ˈbʌtəkʌp/ *n.* (*bot.*) ranuncolo; bottone d'oro.

butterfingers /ˈbʌtəfɪŋgəz/ *n.* (*fam.*) persona dalle mani di pastafrolla (*o* di burro).

butterfly /ˈbʌtəflaɪ/ *n.* ***1*** farfalla ***2*** (*fig.*) farfallone; farfallina ***3*** (*sport*) (nuoto a) farfalla ● **to break a b. on a wheel**, far spreco di mezzi (*per una cosa da poco*) □ **to have butterflies in one's stomach**, avere lo stomaco chiuso (dal nervosismo); avere la tremarella.

buttermilk /ˈbʌtəmɪlk/ *n.* Ⓤ siero (*del latte*).

butterscotch /ˈbʌtəskɒtʃ/ *n.* Ⓤ caramella dura (*di zucchero e burro*).

buttery /ˈbʌtərɪ/ *a.* ***1*** burroso ***2*** imburrato.

buttock /ˈbʌtək/ *n.* natica.

button /ˈbʌtn/ *n.* ***1*** bottone ***2*** pulsante; bottone ***3*** (*bot.*) germoglio ● **b.-down**, (*di colletto di camicia da uomo*) con bottoni; (*di camicia*) con le punte del colletto abbottonate □ (*fam.*) **on the b.**, esattamente; puntualmente.

to **button** /ˈbʌtn/ (*anche* **to b. up**) ***A*** *v. t.* abbottonare ***B*** *v. i.* abbottonarsi.

♦ **button up** *v. i. + avv.* (*pop.*) cucirsi la bocca; abbottonarsi.

buttonhole /ˈbʌtnhəʊl/ *n.* ***1*** asola; occhiello ***2*** fiore portato (*o* da mettere) all'occhiello.

to **buttonhole** /ˈbʌtnhəʊl/ *v. t.* ***1*** fare gli occhielli a ***2*** bloccare (q. e trattenerlo a parlare).

buttress /ˈbʌtrɪs/ *n.* ***1*** (*edil.*) contrafforte; sperone: **flying b.**, arco rampante ***2*** (*fig.*) appoggio; sostegno.

to **buttress** /ˈbʌtrɪs/ *v. t.* ***1*** (*edil.*) sostenere, rafforzare (*con un contrafforte o sperone*) ***2*** (*fig., anche* **to b. up**) rafforzare; sostenere; avvalorare.

buxom /ˈbʌksəm/ *a.* (*rif. a donna*) prosperoso; formoso.

buy /baɪ/ *n.* (*fam.*) acquisto; compera: **good buy**, buon acquisto ● (*Borsa*) **buy order**, ordine di comprare.

to **buy** /baɪ/ (*pass. e p.p.* **bought**) *v. t.* ***1*** acquistare; comprare **2** (*pop.*) credere a; abboccare a; cascarci **3** (*pop.*) accettare (*un'idea, una teoria*) • (*fam. USA*) **to buy it**, morire; restarci □ **to buy time**, guadagnare tempo.

♦ **buy back** *v. t. + avv.* ricomprare; riprendersi indietro.

♦ **buy in** *v. t. + avv.* far provvista di.

♦ **buy into** *v. i. + prep.* **1** (*Borsa*) comprare azioni di **2** (*pop.*) accettare (*un'idea, una teoria*).

♦ **buy off** *v. t. + avv.* tacitare pagando; comprare il silenzio di.

♦ **buy out** *v. t. + avv.* **1** (*fin.*) rilevare la quota (*o* le azioni) di (q.); acquisire (*una società*) **2** rilevare (*un negozio*).

♦ **buy up** *v. t. + avv.* (*econ.*) accaparrarsi; fare incetta di.

buyer /ˈbaɪə(r)/ *n.* **1** acquirente; compratore (-trice) **2** (*comm.*) addetto (-a) agli acquisti.

buyout /ˈbaɪaʊt/ *n.* (*fin.*) rilevamento; acquisizione.

buzz /bʌz/ *n.* **1** ronzio; brusio **2** (*fam.*) telefonata; chiamata col cicalino: **to give sb. a b.**, fare uno squillo a q. **3** (*fam. USA*) eccitazione; brivido • (*USA*) **b. saw**, sega circolare.

to **buzz** /bʌz/ **A** *v. i.* **1** (*di insetto, macchina, ecc.*) ronzare **2** (*di luogo affollato*) risuonare (*di voci*): **The room was buzzing with excitement**, la sala era tutta un brusio eccitato **B** *v. t.* **1** (*aeron.*) sorvolare a bassa quota **2** chiamare o segnalare con un cicalino.

♦ **buzz off** *v. i. + avv.* (*pop.*) filare; togliersi dai piedi; smammare.

buzzard /ˈbʌzəd/ *n.* (*zool.*) poiana.

buzzer /ˈbʌzə(r)/ *n.* cicalino.

buzzword /ˈbʌzwɜːd/ *n.* parola alla moda; termine del momento.

by (**1**) /baɪ/ *prep.* **1** (*luogo*) vicino presso; lungo; a; da; davanti a; per: **to live by the river**, abitare vicino al fiume; **to stroll by the river**, passeggiare lungo il fiume; **to pass by st.**, passare davanti a q.c.; **to come in by the window**, entrare dalla finestra; **by moonlight**, al chiaro di luna **2** (*tempo*) per; entro; di: **by three o'clock**, per le tre; **by the end of the month**, entro la fine del mese; **by day**, di giorno; **by now**, a quest'ora; ormai **3** (*mezzo*) a; con; per; in: **by candlelight**, a lume di candela; **to take sb. by the hand**, prendere q. per mano; **made by hand**, fatto a mano; **by train**, in (*o* col) treno; **by post**, per posta; **What do you mean by that?**, che vuoi dire con ciò? **4** (*modo*) per; di; a; da; con: **by accident**, per caso; per sbaglio; **by oneself**, da solo; da sé; in disparte; **to know sb. by sight**, conoscere q. di vista; **to pay by cheque**, pagare con assegno; **to play by the rules**, stare alle regole; **Italian by birth**, italiano di nascita; **He justified himself by saying that...**, si giustificò dicendo (*o* col dire) che... **5** (*agente*) da; di; da parte di: **a play by Marlowe**, un dramma di Marlowe; **stopped by the police**, fermato dalla polizia; **an abuse of power by the government**, un abuso di potere da parte del governo **6** (*misura, quantità*) per; di; a: **six metres by four**, sei metri per quattro; **He missed me by an inch**, mi mancò di un centimetro; **Prices have gone up by 5%**, i prezzi sono aumentati del 5%: **to work by the hour**, lavorare a ore; **to sell by the kilo**, vendere a chili; **by degrees**, gradatamente; **one by one**, ad uno a d uno; **little by little**, a poco a poco • **by the bye** (*o* **by the way**), a proposito □ **without so much as a by-your-leave**, senza neanche chiedere il permesso.

by (**2**) /baɪ/ *avv.* **1** vicino; accanto; oltre: **The car sped by**, l'automobile passò oltre velocemente; **to hurry by**, passare in fretta; **to run by**, passare di corsa; **There was no one by**, non era presente nessuno; non c'era nessuno; **to keep st. by**, tenere q.c. a portata di mano **2** da parte; in disparte; via: **to put by**, mettere da parte • **by and by**, fra breve; di qui [di ʃi] a poco □ **by and large**, nell'insieme; nel complesso □ **in days gone by**, in passato; nei tempi andati.

bye /baɪ/ *n.* — **by the bye**, a proposito.

bye-bye /baɪˈbaɪ, ˈbaɪbaɪ/ *inter.* (*fam.*) arrivederci; ciao.

bye-byes /ˈbaɪbaɪz/ *n. pl.* (*infant.*) nanna: **to go b.**, andare a (far la) nanna.

by-election /ˈbaɪɪlekʃn/ *n.* (*polit.*) elezione suppletiva.

bygone /ˈbaɪgɒn, *USA* -ɔːn/ **A** *a.* passato; antico **B** *n.* — **to let bygones be bygones**, metterci una pietra sopra.

bylaw /ˈbaɪlɔː/ *n.* (*leg.*) **1** legge locale; ordinanza **2** legge suppletiva.

by-line /ˈbaɪlaɪn/ *n.* (*giorn.*) nome dell'autore (*sotto il titolo dell'articolo*).

bypass /ˈbaɪpɑːs, *USA* -æs/ *n.* **1** (*autom.*) circonvallazione; tangenziale **2** (*med.*) by-pass.

to **bypass** /ˈbaɪpɑːs, *USA* -æs/ *v. t.* **1** evitare (*una città*) seguendo la tangenziale; girare intorno a **2** (*fig.*) evitare; aggirare.

byplay /ˈbaɪpleɪ/ *n.* U (*teatr.*) azione secondaria (*per lo più mimica*) dei personaggi minori.

by-product /ˈbaɪprɒdʌkt/ *n.* **1** (*ind.*) sottoprodotto **2** effetto secondario; conseguenza; ricaduta.

byre /ˈbaɪə(r)/ *n.* stalla per bovini.

byroad /ˈbaɪrəʊd/ *n.* strada secondaria.

bystander /ˈbaɪstændə(r)/ *n.* astante; spettatore (-trice).

byte /baɪt/ *n.* (*elab.*) byte.

byway /ˈbaɪweɪ/ *n.* **1** strada fuorimano **2** aspetto meno noto; retroscena.

byword /ˈbaɪwɜːd/ *n.* (*di nome, persona, cosa*) sinonimo; simbolo; personificazione: **His name has become a b. for success**, il suo nome è diventato sinonimo di successo.

Byzantine /bɪˈzæntaɪn, baɪ-, *USA* ˈbɪzntiːn, -aɪn/ *a.* e *n.* (*anche fig.*) bizantino.

c, C

C, c /siː/ *n.* (*pl.* **C's, c's**; **Cs, cs**) ***1*** C, c ***2*** (*mus.*) do • (*telef.*) **c for Charlie**, c come Como.
cab /kæb/ *n.* ***1*** taxi; tassì ***2*** cabina (*di camion, ecc.*) ***3*** carrozza da nolo; vettura di piazza • **cab driver**, vetturino; (*autom.*) tassista.
cabal /kəˈbæl, -ɑːl/ *n.* cricca; camarilla.
cabala /kəˈbɑːlə, ˈkæbələ/ *V.* **cabbala.**
cabaret /ˈkæbəreɪ, *USA* kæbəˈreɪ/ (*franc.*) *n.* ◻ *e* ◻ (spettacolo di) cabaret.
cabbage /ˈkæbɪdʒ/ *n.* ◻ *e* ◻ ***1*** (*bot.*) cavolo ***2*** (*fam.*) persona in coma irreversibile; vegetale • (*zool.*) **c. butterfly**, cavolaia □ (*bot.*) **c. rose**, rosa centifoglia.
cabbala /kəˈbɑːlə, ˈkæbələ/ *n.* cabala.
cabbie, cabby /ˈkæbɪ/ *n.* (*fam.*) ***1*** tassista ***2*** vetturino.
cabin /ˈkæbɪn/ *n.* ***1*** cabina ***2*** capanna; baita • (*aeron.*) **c. baggage**, bagaglio a mano □ (*naut.*) **c. boy**, mozzo □ (*naut.*) **c. class**, seconda classe □ (*naut.*) **c. cruiser**, cabinato.
cabinet /ˈkæbɪnɪt/ *n.* ***1*** armadietto: **glass-fronted c.**, vetrina; **medicine c.**, armadietto dei medicinali; **c.-maker**, stipettaio; ebanista ***2*** (*polit.*, *anche* **Cabinet**) gabinetto; **shadow c.**, gabinetto ombra; **c. minister**, membro dei gabinetto.
cable /ˈkeɪbl/ *n.* ***1*** cavo; canapo; fune ***2*** (*naut.*) cavo; gomena ***3*** cablogramma • **c. car**, funivia □ **c. railway**, funicolare □ (*lavoro a maglia*) **c. stitch**, punto treccia □ **c. television**, televisione via cavo.
to **cable** /ˈkeɪbl/ *v. t. e i.* ***1*** trasmettere per cablogramma ***2*** mandare un cablogramma (a).
cablegram /ˈkeɪblgræm/ *n.* cablogramma.
cableway /ˈkeɪblweɪ/ *n.* ◻ funivia; teleferica.
cabman /ˈkæbmən/ *n.* (*pl.* **cabmen** /-mən/) ***1*** (*USA*) tassista ***2*** vetturino.
caboodle /kəˈbuːdl/ *n.* — (*pop.*) **the whole c.**, tutto quanto; tutti quanti; tutta la baracca.
caboose /kəˈbuːs/ *n.* (*ferr.*, *USA*) carrozza del personale.
cabstand /ˈkæbstænd/ *n.* (*USA*) posteggio di taxi.
cacao /kəˈkɑːəʊ, -eɪəʊ, -aʊ/ *n.* ◻ (*bot.*) cacao.
cache /kæʃ/ *n.* ***1*** nascondiglio, deposito segreto (*di viveri, armi, ecc.*) ***2*** materiale (*viveri, armi, ecc.*) nascosto.
to **cache** /kæʃ/ *v. t.* nascondere (*viveri, armi*); lasciare in un deposito.
cachet /ˈkæʃeɪ, *USA* kæˈʃeɪ/ (*franc.*) *n.* prestigio; distinzione.
cack-handed /kækˈhændɪd/ *a.* (*fam. GB*) ***1*** mancino ***2*** maldestro.
cackle /ˈkækl/ *n.* ***1*** (*della gallina*) coccodè; (*dell'anatra*) schiamazzo ***2*** risata stridula ***3*** chiacchierio; schiamazzo • (*pop.*) **to cut the c.**, smetterla con le chiacchiere; darci un taglio.
to **cackle** /ˈkækl/ *v. i.* ***1*** (*di gallina*) chiocciare, fare coccodè; (*di anatra*) schiamazzare ***2*** ridacchiare ***3*** parlare con voce stridula; ciarlare.
cacophonous /kəˈkɒfənəs/ *a.* cacofonico.
cacophony /kəˈkɒfənɪ/ *n.* ◻ cacofonia.
cactus /ˈkæktəs/ *n.* (*pl.* **cactuses, cacti** /-taɪ/) (*bot.*) cactus.
cad /kæd/ *n.* (*antiq. GB*) ***1*** maleducato; villanzone ***2*** canaglia; mascalzone.
cadaver /kəˈdɑːvə(r), -ˈdeɪv-, *USA* kəˈdævə(r)/ *n.* (*med.*) cadavere.
cadaveric /kəˈdævərɪk/ *a.* (*med.*) cadaverico.
cadaverous /kəˈdævərəs/ *a.* cadaverico; pallidissimo.
caddie /ˈkædɪ/ *n.* (*golf*) caddie; portamazze.
caddish /ˈkædɪʃ/ *a.* (*antiq. GB*) ***1*** villano ***2*** da mascalzone; canagliesco.
caddy /ˈkædɪ/ *n.* ***1*** *V.* **caddie** ***2*** (*anche* **tea c.**) barattolo per il tè.
cadence /ˈkeɪdns/ *n.* cadenza; intonazione; ritmo.
cadenced /ˈkeɪdnst/ *a.* cadenzato; ritmico.
cadet /kəˈdet/ *n.* (*anche mil.*) cadetto.
to **cadge** /kædʒ/ ***A*** *v. i.* vivere a scrocco ***B*** *v. t.* elemosinare, scroccare (*un pasto, ecc.*).
cadger /ˈkædʒə(r)/ *n.* scroccone.
cadmium /ˈkædmɪəm/ *n.* ◻ (*chim.*) cadmio.
cadre /ˈkɑːdə(r), ˈkeɪ-, -drə, *USA* ˈkædreɪ, ˈkɑː-, -ɪ/ *n.* (*mil., polit.*) ***1*** gruppo; organico ***2*** quadro.
Caesarean, Caesarian /sɪˈzeərɪən/ *a. e m.* — (*med.*) **C. (section)**, (taglio) cesareo.
caesium /ˈsiːzɪəm/ *n.* ◻ (*chim.*) cesio.
café /ˈkæfeɪ, -fɪ, kæˈfeɪ, *USA* kæˈ-, kəˈ-/ *n.* ***1*** caffè; bar ***2*** tavola calda.
cafeteria /kæfəˈtɪərɪə/ *n.* ***1*** tavola calda; self-service ***2*** mensa (*scolastica, ecc.*).
cafetière /kæfəˈtjeə(r)/ (*franc.*) *n.* caffettiera a pressione--infusione.
caffeine /ˈkæfiːn, *USA* kæˈfiːn/ *n.* ◻ (*chim.*) caffeina • **c.--free**, decaffeinato.
caftan /ˈkæftæn/ *n.* caffetano.
cage /keɪdʒ/ *n.* (*anche fis., mecc., ind. min.*) gabbia.
to **cage** /keɪdʒ/ *v. t.* mettere in gabbia.
cagey /ˈkeɪdʒɪ/ *a.* (*fam.*) cauto; guardingo.
cagoule /kəˈguːl/ (*franc.*) *n.* mantella impermeabile; K--way ®.
cahoots /kəˈhuːts/ *n. pl.* — (*pop.*) **in c.** (**with**), in combutta (con).
caiman /ˈkeɪmən/ *n.* (*zool.*) caimano.
cairn /keən/ *n.* tumulo di pietre.
caisson /ˈkeɪsn, kəˈsuːn, *USA* ˈkeɪsɒn/ *n.* ***1*** (*edil.*) cassone pneumatico ***2*** (*costr. navali*) cassone d'immersione.
to **cajole** /kəˈdʒəʊl/ *v. t.* convincere con blandizie (*o* lusinghe); blandire.
cake /keɪk/ *n.* ***1*** ◻ *e* ◻ torta; pasta; pasticcino: **birthday c.**, torta di compleanno; **c. mix**, miscela per torte; **c. shop**, pasticceria ***2*** pezzo; tavoletta: **c. of soap**, pezzo di sapone; saponetta; **c. of chocolate**, tavoletta di cioccolata • **cakes and ale**, le cose belle della vita; gli spassi □ (*fam.*) **to have one's c. and eat it**, avere la botte piena e la moglie ubriaca □ (*fam.*) **piece of c.**, cosa da nulla; bazzecola; gioco da ragazzi □ **to sell like hot cakes**, andare a ruba □ (*fam. USA*) **to take the c.**, batterle tutte; essere il colmo.
to **cake** /keɪk/ ***A*** *v. t.* incrostare ***B*** *v. i.* rapprendersi; indurirsi.
calabash /ˈkæləbæʃ/ *n.* (*bot.*) zucca a fiasco.
calaboose /kæləˈbuːs/ *n.* (*pop. USA*) prigione; gattabuia.
Calabrian /kəˈlæbrɪən/ *a. e n.* calabrese.
calamitous /kəˈlæmɪtəs/ *a.* calamitoso.
calamity /kəˈlæmətɪ/ *n.* ◻ *e* ◻ calamità.
calcareous /kælˈkeərɪəs/ *a.* calcareo.
calcification /kælsɪfɪˈkeɪʃn/ *n.* ◻ calcificazione.
to **calcify** /ˈkælsɪfaɪ/ ***A*** *v. t.* calcificare ***B*** *v. i.* calcificarsi.
calcination /kælsɪˈneɪʃn/ *n.* ◻ (*chim.*) calcinazione.
calcium /ˈkælsɪəm/ *n.* ◻ (*chim.*) calcio.
calculable /ˈkælkjʊləbl/ *a.* calcolabile.
to **calculate** /ˈkælkjʊleɪt/ ***A*** *v. t.* ***1*** calcolare ***2*** (*al passivo*) essere studiato (per); avere come fine (di) ***B*** *v. i.* fare calcoli; fare conti.
♦ **calculate on** *v. i. + prep.* contare su; mettere in conto.
calculated /ˈkælkjʊleɪtɪd/ *a.* calcolato.
calculating /ˈkælkjʊleɪtɪŋ/ *a.* calcolatore: **c. machine**, (macchina) calcolatrice.
calculation /kælkjʊˈleɪʃn/ *n.* ◻ *e* ◻ calcolo.
calculator /ˈkælkjʊleɪtə(r)/ *n.* (macchina) calcolatrice.
calculus /ˈkælkjʊləs/ *n.* (*pl.* **calculuses**; **calculi** /-laɪ/) ***1*** (*med.*) calcolo ***2*** ◻ (*mat.*) calcolo.
caldron /ˈkɔːldrən/ (*USA*) *V.* **cauldron**.
Caledonian /kælɪˈdəʊnɪən/ *a.* ***1*** (*stor.*) caledone ***2*** scozzese.

calendar /ˈkæləndə(r)/ *n.* calendario • **c. month**, mese civile □ **c. watch**, orologio con datario □ **c. year**, anno solare.
calender /ˈkæləndə(r)/ *n.* (*tecn.*) calandra.
calf (1) /kɑːf, *USA* kæf/ *n.* (*pl.* **calves**) *1* (*zool.*) vitello *2* (*zool.*) piccolo di grosso mammifero (*elefante, balena, ecc.*) *3* (pelle di) vitello: **c.-bound**, rilegato in pelle di vitello • **c. love**, amore adolescenziale.
calf (2) /kɑːf, *USA* kæf/ *n.* (*pl.* **calves**) polpaccio.
calfskin /ˈkɑːfskɪn, *USA* ˈkæf-/ *n.* Ⓤ pelle di vitello.
caliber /ˈkælɪbə(r)/ (*USA*) *V.* **calibre**.
to **calibrate** /ˈkælɪbreɪt/ *v. t.* (*mecc.*) *1* calibrare *2* tarare.
calibre /ˈkælɪbə(r)/ *n.* *1* (*mecc.*) calibro *2* Ⓤ calibro; valore.
calico /ˈkælɪkəʊ/ *n.* Ⓤ (*ind. tess.*) calicò; cotonina.
calif /ˈkælɪf/ *e deriv.* *V.* **caliph** *e deriv.*
Californian /kælɪˈfɔːnɪən/ *a. e n.* californiano.
calipers /ˈkælɪpə(r)z/ (*USA*) *V.* **callipers**.
caliph /ˈkeɪlɪf, ˈkæl-/ *n.* califfo.
caliphate /ˈkeɪlɪfeɪt, -fət, ˈkæl-/ *n.* califfato.
calisthenics /kælɪsˈθenɪks/ (*USA*) *V.* **callisthenics**.
to **calk** /kɔːk/ *e deriv.* *V.* **to caulk** *e deriv.*
call /kɔːl/ *n.* *1* chiamata; grido; invocazione; appello; richiamo: **Last c. for flight BA192**, ultima chiamata per il volo BA192; **c. for help**, invocazione d'aiuto; **a c. to free the hostages**, un appello per la liberazione degli ostaggi; **the c. of the sea**, il richiamo del mare; **Please give me a c. at 6**, per piacere mi chiami alle 6 *2* (*di uccello*) verso; grido; richiamo *3* telefonata; chiamata: **to make a c.**, fare una telefonata; **long-distance c.**, chiamata interurbana *4* breve visita; fermata; scalo: **to make** (*o* **to pay**) **a c.**, fare una visita; **house c.**, visita a domicilio; (*naut.*) **port of c.**, porto di scalo *5* richiesta: **There's no c. for this product any more**, non c'è più richiesta per questo prodotto *6* Ⓤ bisogno; motivo: **There's no c. to worry**, non c'è motivo di preoccuparsi *7* (*sport*) decisione dell'arbitro *8* (*caccia*) richiamo • **c. box**, cabina telefonica □ **c.-girl**, ragazza squillo □ (*comm.*) **c. for bids** (*o* **tenders**), bando di gara di appalto □ **c. number**, segnatura (*di libro di biblioteca*) □ (*eufem.*) **c. of nature**, bisogno fisiologico □ (*telef., radio*) **c. sign**, segnale di chiamata □ (*mil., GB*) **c.-up**, chiamata alle armi; richiamo □ (*mil., GB*) **c.-up papers**, cartolina precetto □ (*fam.*) **to have a close c.**, scamparla per miracolo □ **on c.**, a disposizione; (*di medico*) di reperibilità □ **within c.**, a portata di voce.
to **call** /kɔːl/ *A* *v. t.* *1* chiamare; (*al passivo anche*) chiamarsi, avere nome: **We'll c. him Marco**, lo chiameremo Marco; **She's called Ann**, si chiama Ann; **to c. sb. by his first name**, chiamare q. per nome; **He was called after his uncle**, gli fu dato il nome dello zio; **to c. a taxi [the doctor]**, chiamare un taxi [il medico]; **He was called away on business**, ha dovuto assentarsi per affari *2* convocare; indire; proclamare: **to c. a meeting**, indire una riunione; **to c. a strike**, proclamare uno sciopero *3* telefonare a *4* definire; considerare: **Would you c. that well done?**, lo definiresti ben fatto?; **He called me a liar**, mi ha dato del bugiardo; **I c. his attitude callous**, il suo lo considero un atteggiamento cinico • **to c. into question**, mettere in dubbio □ **to c. sb. to account**, chiedere conto a q. (*di q.c.*) □ **to c. to arms**, chiamare alle armi □ **to c. to mind**, richiamare alla mente □ **Let's c. it a day**, smettiamo (*o* chiudiamo qui) per oggi; per oggi abbiamo fatto abbastanza □ **Let's c. it £30**, facciamo trenta sterline *B* *v. i.* *1* chiamare; gridare: **Duty calls**, il dovere chiama *2* telefonare: **Who's calling?**, chi parla? *3* passare; venire: **Has anybody called?**, è venuto nessuno?
♦ **call at** *v. i. + prep.* *1* passare da (*o* in): **Let's c. at Mary's**, passiamo da Mary; **to c. at the bank**, passare in banca *2* (*naut.*) fare scalo a; (*di treno, ecc.*) fermare a.
♦ **call back** *A* *v. t. + avv.* richiamare; ritelefonare a *B* *v. i. + avv.* *1* tornare; ripassare: **I'll call back later**, ripasserò più tardi *2* richiamare; ritelefonare.
♦ **call by** *v. i. + avv.* passare; fare un salto.
♦ **call down** *v. t. + avv.* *1* far scendere; invocare (q.c. su q.) *2* (*fam. USA*) sgridare.
♦ **call for** *v. i. + prep.* *1* chiedere; richiedere; esigere: **a job that calls for a lot of patience**, un lavoro che richiede molta pazienza; **This calls for a celebration**, dobbiamo celebrare *2* (*GB*) passare a prendere; ritirare (q.c.); (*su una busta*) **to be kept until called for**, fermo posta.
♦ **call forth** *v. i. + avv.* (*lett.*) suscitare; far scaturire.
♦ **call in** *A* *v. t. + avv.* *1* chiamare; rivolgersi a *2* ritirare (*dalla circolazione, dal mercato*) *3* chiedere la restituzione di (*denaro*) *B* *v. i. + avv.* *1* fare visita; passare *2* telefonare in ufficio.
♦ **call off** *v. t. + avv.* *1* disdire; cancellare; revocare *2* richiamare (*cani, poliziotti, ecc.*).
♦ **call on** *v. i. + prep.* *1* fare visita a *2* invitare (*a fare q.c.*); richiedere a *3* fare appello a; fare ricorso a.
♦ **call out** *A* *v. t. + avv.* *1* far venire (*a casa propria*); chiamare: **to c. out the plumber**, chiamare l'idraulico *2* (*GB*) far scendere in sciopero *3* sfidare a duello *B* *v. i. + avv.* gridare; dire ad alta voce.
♦ **call round** *v. i. + avv.* passare (da); fare un salto (da).
♦ **call up** *v. t. + avv.* *1* telefonare a *2* ricordare; risvegliare; evocare *3* (*mil.*) richiamare; mobilitare.
♦ **call upon** *V.* **to call on**.
caller /ˈkɔːlə(r)/ *n.* visitatore (-trice).
calligraphy /kəˈlɪgrəfɪ/ *n.* Ⓤ calligrafia.
calling /ˈkɔːlɪŋ/ *n.* *1* (*form.*) occupazione; mestiere *2* vocazione; chiamata.
callipers /ˈkælɪpə(r)z/ *n. pl.* *1* compasso (*da tracciatore*) *2* (*med.*) tutore (*per gamba*).
callisthenics /kælɪsˈθenɪks/ *n. pl.* (*col verbo al sing.*) ginnastica ritmica.
callous /ˈkæləs/ *a.* *1* (*med.*) calloso *2* insensibile; indifferente; cinico; crudele.
calloused /ˈkæləst/ *a.* calloso.
callousness /ˈkæləsnəs/ *n.* Ⓤ insensibilità; durezza; cinismo; crudeltà.
callow /ˈkæləʊ/ *a.* immaturo; inesperto; imberbe.
callus /ˈkæləs/ *n.* (*med., bot.*) callo.
calm /kɑːm/ *A* *n.* Ⓤ calma; quiete; tranquillità: **the c. before the storm**, la quiete che precede il temporale • (*naut.*) **flat c.**, calma piatta; bonaccia *B* *a.* calmo; quieto; tranquillo.
to **calm** /kɑːm/ *A* *v. t.* calmare *B* to **calm oneself** *v. rifl.* calmarsi.
♦ **calm down** *A* *v. t. + avv.* calmare *B* *v. i. + avv.* calmarsi.
calmly /ˈkɑːmlɪ/ *avv.* tranquillamente; con calma.
calor gas ® /ˈkæləgæs/ *locuz. n.* (*GB*) gas liquido in bombole.
calorie /ˈkælərɪ/ *n.* (*fis., biol.*) caloria.
calorific /kæləˈrɪfɪk/ *a.* (*fis.*) calorifico.
calque /kælk/ *n.* (*ling.*) calco.
calumny /ˈkæləmnɪ/ *n.* calunnia.
Calvary /ˈkælvərɪ/ *n.* *1* Calvario *2* Via Crucis *3* (*fig.*) calvario.
to **calve** /kɑːv, *USA* kæv/ *v. t.* (*di vacca*) partorire; figliare.
calves /kɑːvz, *USA* kævz/ *pl. di* **calf** (1) e (2).
Calvinism /ˈkælvɪnɪzəm/ *n.* Ⓤ (*relig.*) calvinismo.
Calvinist /ˈkælvɪnɪst/ *n.* (*relig.*) calvinista.
Calvinistic /kælvɪˈnɪstɪk/ *a.* calvinista.
calyx /ˈkeɪlɪks/ *n.* (*pl.* **calyces** /ˈkeɪlɪsiːz/, **calyxes**) (*bot.*) calice.
cam /kæm/ *n.* (*mecc.*) camma; eccentrico.
camaraderie /kæməˈrɑːdrɪ, *USA* kɑːmˈr-, -æd-/ (*franc.*) *n.* Ⓤ cameratismo.
camber /ˈkæmbə(r)/ *n.* Ⓒ e Ⓤ (*tecn.*) bombatura; curvatura.
to **camber** /ˈkæmbə(r)/ (*tecn.*) *A* *v. t.* curvare *B* *v. i.* avere una curvatura.
Cambodian /kæmˈbəʊdɪən/ *a. e n.* cambogiano.
cambric /ˈkeɪmbrɪk/ *n.* Ⓤ (*ind. tess.*) batista.
camcorder /ˈkæmkɔːdə(r)/ *n.* camcorder; videocamera.
came /keɪm/ *pass. di* **to come**.
camel /ˈkæml/ *n.* *1* (*zool.*) cammello *2* Ⓤ (color) cammello.
camelhair /ˈkæmlheə(r)/ *n.* (pelo di) cammello.
camellia /kəˈmiːlɪə, -ˈmelɪə/ *n.* (*bot.*) camelia.
cameo /ˈkæmɪəʊ/ *n.* (*pl.* **cameos**) *1* cammeo *2* (*teatr., cinem., anche* **c. role**) piccola parte molto ben interpretata (*specialm. da un attore famoso*); cammeo.
camera /ˈkæmərə/ *n.* *1* macchina fotografica *2* (*anche* **film c.**) cinepresa; macchina da presa *3* (*TV*) telecamera *4* (*leg.*) — **in c.**, a porte chiuse • **c.-shy**, che non ama essere fotografato o filmato. ATTENZIONE: **camera** ≠ camera.
cameraman /ˈkæmərəmæn/ *n.* (*pl.* **cameramen** /-mən/) operatore cinematografico (*o* televisivo).
cami-knickers /ˈkæmɪnɪkəz/ *n. pl.* pagliaccetto (*da donna*).
camisole /ˈkæmɪsəʊl/ *n.* camiciola.
camomile /ˈkæməmaɪl/ *n.* Ⓤ (*bot.*) camomilla.
camouflage /ˈkæməflɑːʒ, -dʒ/ (*franc.*) *n.* Ⓒ e Ⓤ *1* camuffamento; mascheramento *2* (*mil., bot., zool.*) mimetizzazione.

to **camouflage** /ˈkæməflɑːʒ, -dʒ/ (*franc.*) *v. t.* ***1*** camuffare; mascherare ***2*** (*mil., bot., zool.*) mimetizzare.

camp (1) /kæmp/ *n.* ***1*** [C] *e* [U] campo; accampamento; campeggio (turistico): **to pitch c.**, montare il campo; piantare le tende; **to break** (*o* **to strike**) **c.**, levare il campo; **holiday c.**, campeggio ***2*** campo; schieramento; partito • **c. bed**, letto da campo; brandina □ **c.-follower**, (*stor.*) civile al seguito di un esercito; (*fig.*) simpatizzante □ **c.-stool**, seggiolino pieghevole.

camp (2) /kæmp/ *a.* ***1*** ostentatamente effeminato ***2*** volutamente kitsch o pacchiano; caricato.

to **camp** (1) /kæmp/ *v. i.* accamparsi; attendarsi • **to go camping**, andare in (*o* fare del) campeggio.

♦ **camp out** *v. i. + avv.* dormire in tenda; accamparsi (*anche fig.*).

to **camp** (2) /kæmp/ *v. Solo come*:

♦ **camp up** *v. t. + avv.* — (*fam.*) **to c. it up**, comportarsi in modo volutamente effeminato; (*di attore*) caricare la parte, prodursi in mossette.

campaign /kæmˈpeɪn/ *n.* (*mil., polit., pubbl.*) campagna.

to **campaign** /kæmˈpeɪn/ *v. i.* fare (*o* partecipare a) una campagna (politica o pubblicitaria).

campaigner /kæmˈpeɪnə(r)/ *n.* ***1*** chi fa una campagna politica (*o* pubblicitaria) ***2*** (*mil.*) chi ha partecipato a molte campagne • (*anche fig.*) **old c.**, veterano.

campanology /kæmpəˈnɒlədʒɪ/ *n.* [U] arte di suonare le campane.

campanula /kæmˈpænjʊlə/ *n.* (*bot.*) campanula.

camper /ˈkæmpə(r)/ *n.* campeggiatore (-trice).

campfire /ˈkæmpfaɪə(r)/ *n.* fuoco di bivacco.

campground /ˈkæmpgraʊnd/ *n.* (*USA*) campeggio (*luogo*); camping.

camphor /ˈkæmfə(r)/ *n.* [U] canfora.

camphorated /ˈkæmfəreɪtɪd/ *a.* canforato.

camping /ˈkæmpɪŋ/ *n.* [U] campeggio (*attività*) • **c. site**, *V.* **campsite.**

campsite /ˈkæmpsaɪt/ *n.* campeggio (*luogo*); camping.

campus /ˈkæmpəs/ *n.* [C] *e* [U] complesso universitario; campus universitario.

camshaft /ˈkæmʃɑːft, *USA* -æft/ *n.* (*mecc.*) albero a camme.

can (1) /kæn, kən, kn/ (*pass. e condiz.* **could**) *v. modale* ***1*** sono, sei, ecc., capace (*o* in grado) di; posso, puoi, ecc.; riesco, riesci, ecc., a; so, sai, ecc.: **I'm sure you can do it**, sono sicuro che ne sei capace; **Can he speak English?**, sa parlare inglese?; **I can't get the bottle open**, non riesco ad aprire la bottiglia; **Can you come?**, puoi venire?; **How could you do such a thing?**, come hai potuto fare una cosa simile?; **I'm sorry I couldn't come earlier**, mi spiace di non essere potuto venire prima; **You couldn't have chosen a better day**, non avresti potuto scegliere un giorno migliore; **We could have made it, if we hadn't had a puncture**, avremmo potuto farcela, se non avessimo bucato ***2*** ho, hai, ecc. il diritto (*o* il permesso) di; posso, puoi, ecc.: **You cannot travel first-class with a second-class ticket**, non si può viaggiare in prima con un biglietto di seconda; **Can I use your telephone?**, posso usare il tuo telefono? ***3*** (*impers.*) è possibile: **Can it be true?**, possibile che sia vero?; **It can't be true**, non può essere vero ***4*** (*con verbi di percezione*) — **Can you see that bird on the branch?**, lo vedi quell'uccello sul ramo?; **Can you hear me?**, mi senti? ***5*** (*per esprimere possibilità, suggerimento*) — **You could try tomorrow**, potresti provare domani; **It could take months**, potrebbe richiedere mesi; **Could you move that suitcase?**, ti spiace spostare quella valigia? • **Answers can be found on page 23**, le soluzioni si trovano a p. 23 □ **Life can be difficult**, la vita è difficile a volte □ **Can you shut up a minute?**, vuoi star zitto un momento? □ **You can't be serious!**, stai scherzando? □ **Whatever can she want?**, che cosa vorrà mai? □ **I can't help it**, non posso farci nulla □ **as happy as can [could] be**, felice come non mai; felicissimo □ **I could have wept**, mi sarei messo a piangere.

can (2) /kæn/ *n.* ***1*** recipiente (metallico); bidone; barattolo; latta; fusto: **petrol can**, latta di benzina ***2*** (*specialm. USA*) scatola; scatoletta; lattina: **can of beans**, scatoletta di fagioli; **can of beer**, lattina di birra ***3*** (*cinem.*) pizza ***4*** (*pop.*) galera ***5*** (*pop. USA*) latrina; cesso • (*fam.*) **can of worms**, pasticcio nascosto (*che viene portato alla luce*) □ (*specialm. USA*) **can opener**, apriscatole □ (*fam. GB*) **to carry the can**, prendersi la colpa □ (*fam.*) **in the can**, (*di film*) finito.

to **can** /kæn/ *v. t.* ***1*** inscatolare (*generi alimentari*) ***2*** (*pop. USA*) smettere: **Can it!**, piantala!

Canadian /kəˈneɪdɪən/ *a. e n.* canadese.

canal /kəˈnæl/ *n.* canale: **ship c.**, canale navigabile.

to **canalise** /ˈkænəlaɪz/ *e deriv.* (*GB*) *V.* **to canalize** *e deriv.*

canalization /kænəlaɪˈzeɪʃn, *USA* -lɪˈz-/ *n.* [U] ***1*** canalizzazione ***2*** (*anche fig.*) incanalamento.

to **canalize** /ˈkænəlaɪz/ *v. t.* canalizzare.

canapé /ˈkænəpeɪ, *USA* kænəˈpeɪ/ (*franc.*) *n.* (*cucina*) canapé; tartina.

canard /kæˈnɑːd, ˈkænɑːd/ (*franc.*) *n.* notizia falsa; voce tendenziosa; frottola.

canary /kəˈneərɪ/ *n.* ***1*** (*zool.*) canarino ***2*** [U] (*anche* **C. wine**) vino delle Canarie ***3*** [U] (*anche* **c. yellow**) (color) giallo canarino.

to **cancel** /ˈkænsl/ *v. t.* ***1*** annullare; disdire; sospendere; sopprimere; (*aeron.*) cancellare: **to c. an appointment**, annullare un appuntamento; **to c. a subscription**, disdire un abbonamento; **to c. a match**, sospendere una partita; **to c. a flight**, cancellare un volo ***2*** rescindere; revocare: **to c. a contract**, rescindere un contratto; **to c. sb.'s passport**, revocare il passaporto a q. ***3*** annullare: **to c. a cheque [a stamp]**, annullare un assegno [un francobollo] ***4*** (*mat.*) elidere (*fattori comuni*).

♦ **cancel out** ***A*** *v. t. + avv.* compensare; controbilanciare ***B*** *v. i. + avv.* annullarsi a vicenda; (*comm.*) bilanciarsi; (*mat.*) elidersi.

cancellation /kænsəˈleɪʃn/ *n.* ***1*** [U] *e* [C] annullamento; sospensione; soppressione; (*aeron.*) cancellazione; (*turismo*) rinuncia ***2*** revoca; rescissione ***3*** (segno di) annullamento; (*di francobollo*) annullo • (*leg.*) **c. clause**, clausola di rescissione.

cancer /ˈkænsə(r)/ *n.* ***1*** [U] *e* [C] (*med. e fig.*) cancro ***2*** — (*astron., astrol.*) **C.**, il Cancro.

cancerologist /kænsəˈrɒlədʒɪst/ *n.* (*med.*) oncologo (-a); cancerologo (-a).

cancerous /ˈkænsərəs/ *a.* (*med.*) canceroso.

candelabrum /kændəˈlɑːbrəm, -ˈlæ-/ (*pl.* **candelabra** /-brə/, **candelabrums**), **candelabra** /kændəˈlɑːbrə/ (*pl.* **candelabras**) *n.* candelabro.

candid /ˈkændɪd/ *a.* franco; schietto; sincero.

candidacy /ˈkændɪdəsɪ/ *n.* [U] *e* [C] candidatura.

candidate /ˈkændɪdət, *USA* -deɪt/ *n.* candidato (-a).

candidature /ˈkændɪdətʃə/ *n.* candidatura.

candied /ˈkændɪd/ *a.* (*cucina*) candito: **c. peel**, scorzette d'arancia candite.

candle /ˈkændl/ *n.* ***1*** candela ***2*** (*fis.*) candela • **c.-end**, moccolo □ **to burn the c. at both ends**, lavorare o divertirsi giorno e notte; riposare troppo poco.

candlelight /ˈkændllaɪt/ *n.* [U] lume di candela: **by c.**, a lume di candela.

Candlemas /ˈkændlməs/ *n.* (*relig.*) Candelora.

candlestick /ˈkændlstɪk/ *n.* candeliere; bugia; portacandele.

candlewick /ˈkændlwɪk/ *n.* [U] ciniglia.

candour, (*USA*) **candor** /ˈkændə(r)/ *n.* [U] franchezza; schiettezza; sincerità.

candy /ˈkændɪ/ *n.* ***1*** [U] zucchero candito ***2*** (*USA*) caramella; confetto; cioccolatino ***3*** [U] (*USA*) caramelle e cioccolatini; dolciumi • (*USA*) **c. apple**, mela caramellata □ (*USA*) **c. bar**, sbarretta di cioccolato con ripieno □ **c.-striped**, a righine colorate (*su fondo bianco*).

to **candy** /ˈkændɪ/ *v. t.* (*cucina*) candire.

candyfloss /ˈkændɪflɒs/ *n.* [U] (*GB*) zucchero filato.

cane /keɪn/ *n.* ***1*** canna (*di bambù, da zucchero, ecc.*): **c. sugar**, zucchero di canna ***2*** bastone da passeggio; bastoncino (*di ceralacca, ecc.*) ***3*** [U] giunco; bambù: **c. chair**, sedia di bambù ***4*** verga, bacchetta (*per punizioni corporali*).

to **cane** /keɪn/ *v. t.* picchiare con una verga; bacchettare.

canine /ˈkeɪnaɪn/ ***A*** *a.* canino ***B*** *n.* (*anche* **c. tooth**) (dente) canino.

caning /ˈkeɪnɪŋ/ *n.* [U] *e* [C] bacchettate; vergate.

canister /ˈkænɪstə(r)/ *n.* ***1*** barattolo metallico (*per caffè, tè, ecc.*) ***2*** bombola; bomboletta • **c. of teargas**, candelotto di gas lacrimogeno.

canker /ˈkæŋkə(r)/ *n.* [U] *e* [C] ***1*** (*med.*) stomatite aftosa ***2*** (*vet.*) afta; rogna auricolare ***3*** (*agric.*) cancro ***4*** (*fig.*) male;

morbo; cancro.
cannabis /ˈkænəbɪs/ *n.* U **1** (*bot.*) canapa indiana **2** (*droga*) marijuana; hashish.
canned /kænd/ *a.* **1** in scatola: **c. food**, alimenti in scatola; **c. goods**, scatolame **2** (*di musica o risate*) registrato; preconfezionato **3** (*pop. USA*) ubriaco; sbronzo.
cannery /ˈkænərɪ/ *n.* conservificio.
cannibal /ˈkænɪbl/ *n.* cannibale.
to **cannibalise** /ˈkænɪbəlaɪz/ (*GB*) *V.* **to cannibalize**.
cannibalism /ˈkænɪbəlɪzəm/ *n.* U cannibalismo.
to **cannibalize** /ˈkænɪbəlaɪz/ *v. t.* (*tecn.*) demolire (*una macchina per ricavarne pezzi utilizzabili come ricambi*); cannibalizzare.
cannon /ˈkænən/ *n.* **1** (*mil.*) cannone; (*collett.*) cannoni, artiglieria: **c. fodder**, carne da cannone **2** (*biliardo*) carambola **3** (*pop.*) arma da fuoco.
to **cannon** /ˈkænən/ *v. i.* — **to c. into sb.** [**st.**], urtare (*o* andare a sbattere) contro q. [q.c.].
cannonade /kænəˈneɪd/ *n.* cannoneggiamento; bombardamento.
cannonball /ˈkænənbɔːl/ *n.* palla di cannone.
cannot /ˈkænɒt, -ət, *USA* ˈkænɒt, kæˈnɒt, kəˈnɒt/ *voce verb. modale neg. V.* **can** (**1**).
canny /ˈkænɪ/ *a.* **1** circospetto; guardingo **2** astuto.
canoe /kəˈnuː/ *n.* canoa.
to **canoe** /kəˈnuː/ *v. i.* andare in canoa.
canoeing /kəˈnuːɪŋ/ *n.* U (*sport*) canoismo • **to go c.**, andare in canoa.
canoeist /kəˈnuːɪst/ *n.* (*sport*) canoista.
canon /ˈkænən/ *n.* **1** canone **2** (*eccles.*) canonico • (*eccles.*) **c. law**, diritto canonico.
canonical /kəˈnɒnɪkl/ *a.* canonico.
to **canonize** /ˈkænənaɪz/, (*GB anche*) to **canonise** *v. t.* (*eccles.*) canonizzare.
to **canoodle** /kəˈnuːdl/ *v. i.* (*fam. GB*) sbaciucchiarsi; pomiciare (*pop.*).
canopy /ˈkænəpɪ/ *n.* **1** baldacchino **2** volta, tetto (*di rami, ecc.*) **3** (*aeron.*) tettuccio.
cant (**1**) /kænt/ *n.* U **1** discorsi ipocriti; ipocrisie **2** gergo.
cant (**2**) /kænt/ *n.* **1** angolo smussato **2** spinta; urto **3** inclinazione.
to **cant** /kænt/ **A** *v. t.* **1** inclinare bruscamente **2** rovesciare **B** *v. i.* inclinarsi; rovesciarsi.
can't /kɑːnt, *USA* kænt/ *contraz. di* **cannot**.
cantaloup(**e**) /ˈkæntəluːp/ *n.* (*bot.*) cantalupo.
cantankerous /kænˈtæŋkərəs/ *a.* (*fam.*) irascibile; litigioso.
canteen /kænˈtiːn/ *n.* **1** mensa (aziendale, scolastica) **2** (*mil.*) borraccia **3** (*GB*) (contenitore per) servizio di posate. ATTENZIONE: **canteen ≠ cantina**.
canter /ˈkæntə(r)/ *n.* (*ippica*) piccolo galoppo: **at a c.**, al piccolo galoppo.
to **canter** /ˈkæntə(r)/ **A** *v. i.* andare al piccolo galoppo **B** *v. t.* far andare al piccolo galoppo.
canticle /ˈkæntɪkl/ *n.* cantico.
cantilever /ˈkæntɪliːvə(r)/ *n.* (*edil., mecc.*) trave a sbalzo • **c. bridge**, ponte a cantilever.
canto /ˈkæntəʊ/ (*ital.*) *n.* (*pl.* **cantos**) (*poesia*) canto.
canton /ˈkæntɒn/ *n.* cantone (*della Svizzera*).
cantonment /kænˈtuːnmənt, *USA* -ˈtəʊn-, -ˈtɒn-/ *n.* U e C (*mil.*) accantonamento; acquartieramento.
cantor /ˈkæntɔː(r)/ *n.* cantore (*di coro chiesastico*).
canvas /ˈkænvəs/ *n.* **1** U canovaccio; tela **2** (quadro dipinto su) tela **3** tenda; telone (*specialm. di circo*) **4** tela da vele; (*estens.*) velatura, vele • **c. town**, tendopoli □ **under c.**, (*mil.*) sotto la tenda; (*naut.*) a vele spiegate.
canvass /ˈkænvəs/ *n.* **1** discussione esauriente; esame approfondito **2** sollecitazione (*di voti, ordinazioni, ecc.*); propaganda **3** sondaggio elettorale.
to **canvass** /ˈkænvəs/ **A** *v. t.* **1** discutere, esaminare a fondo **2** sollecitare (*voti, ordinazioni*) **3** sondare (*opinioni*) **B** *v. i.* **1** (*polit.*) sollecitare voti; fare propaganda elettorale **2** (*comm.*) battere una zona per raccogliere ordinazioni **3** (*polit.*) fare un sondaggio elettorale.
canvasser /ˈkænvəsə(r)/ *n.* **1** propagandista elettorale **2** (*comm.*) piazzista.
canyon /ˈkænjən/ *n.* (*geogr.*) canyon.
caoutchouc /ˈkaʊtʃʊk/ *n.* U (*ind.*) caucciù; gomma elastica.
cap /kæp/ *n.* **1** berretto (*con o senza visiera*); bustina militare; cuffia (*da bambino, donna o infermiera*); cuffia da bagno: **baseball cap**, berretto da baseball; **cloth** (*o* **flat**) **c.**, berretto floscio; coppola **2** cappello (*di fungo*); coperchio (*o* tappo) (*metallico*); cappuccio (*di penna*) **3** (*mecc.*) tappo (*del radiatore*); cappellotto **4** (*elettr.*) calotta; cappa **5** (*mil., anche* **percussion cap**) capsula (*di cartuccia*); detonatore **6** (*med., fam.*) diaframma (anticoncezionale) • **cap and bells**, berretto con campanelli (*insegna del giullare*) □ **cap and gown**, tocco e toga (*universitari*) □ **cap in hand**, umilmente □ **If the cap fits, wear it**, se la cosa ti riguarda, prendine nota; a buon intenditor poche parole □ (*sport*) **to get** (*o* **to win**) **one's cap for England** [**Wales, etc.**], essere scelto per far parte della (*o* giocare nella) nazionale inglese [gallese, ecc.] □ (*fam.*) **to set one's cap at sb.**, mettere gli occhi addosso a q. (*come possibile marito*).
to **cap** /kæp/ *v. t.* **1** mettere un rivestimento metallico a; tappare (*una bottiglia*); incapsulare (*un dente*) **2** ricoprire la cima di **3** superare; far meglio di: **to cap a joke**, raccontare una barzelletta migliore di quella appena raccontata **4** coronare: **She capped her career by winning Olympic gold**, coronò la sua carriera con una medaglia d'oro ai giochi olimpici **5** (*sport*) scegliere per la nazionale • **to cap it all**, per coronare l'opera; per colmo di misura.
capability /keɪpəˈbɪlətɪ/ *n.* U e C **1** capacità; idoneità **2** potenzialità; (*al pl.*) possibilità, risorse.
capable /ˈkeɪpəbl/ *a.* **1** capace; abile **2** capace; in grado: **He's c. of anything**, è capace di tutto **3** (*di cosa*) suscettibile: **c. of improvement**, suscettibile di miglioramento.
capacious /kəˈpeɪʃəs/ *a.* ampio; spazioso; capiente.
capacitor /kəˈpæsɪtə(r)/ *n.* (*elettr.*) condensatore.
capacity /kəˈpæsətɪ/ *n.* U e C **1** capacità; capienza; (*di camion, ecc.*) portata: **The theatre has a seating c. of 600**, il teatro ha una capienza di 600 posti **2** (*ind.*) capacità produttiva **3** capacità; abilità **4** posizione; funzione; ruolo: **In my c. as mayor**, nella mia veste (*o* in qualità) di sindaco; **in an advisory c.**, con funzioni consultive; **in an official c.**, in veste ufficiale; **in one's private c.**, in veste di privato cittadino • **c. audience**, sala piena; tutto esaurito □ **filled to c.**, al completo □ **to work at full c.**, funzionare a pieno ritmo.
caparison /kəˈpærɪsn/ *n.* gualdrappa.
to **caparison** /kəˈpærɪsn/ *v. t.* (*stor.*) bardare (un cavallo).
cape (**1**) /keɪp/ *n.* (*geogr.*) capo; promontorio • **the C.** (**of Good Hope**), il Capo di Buona Speranza.
cape (**2**) /keɪp/ *n.* mantella; mantellina.
caper (**1**) /ˈkeɪpə(r)/ *n.* (*bot.*) cappero.
caper (**2**) /ˈkeɪpə(r)/ *n.* **1** capriola; salto: **to cut capers**, fare capriole; saltellare **2** (*fam.*) avventura; impresa **3** (*pop.*) impresa criminosa; colpo; affare.
to **caper** /ˈkeɪpə(r)/ *v. i.* fare capriole; saltellare.
capercaillie /kæpəˈkeɪlɪ, -ljɪ, keɪ-/ *n.* (*zool.*) gallo cedrone; urogallo.
capillary /kəˈpɪlərɪ, *USA* ˈkæpɪlerɪ/ **A** *a.* capillare • (*fis.*) **c. action**, capillarità **B** *n.* (*anat.*) (vaso) capillare.
capital (**1**) /ˈkæpɪtl/ **A** *a.* **1** (*leg.*) capitale: **c. punishment**, pena capitale **2** (*di lettera*) maiuscolo **3** (*econ., fin.*) di capitale, di capitali: **c. gains**, redditi di capitale; plusvalenze; **c. flow**, flusso di capitali **4** (*antiq.*) eccellente; splendido • (*rag.*) **c. assets**, capitale fisso; immobilizzi □ (*rag.*) **c. expenditure**, spese in conto capitale; spese d'impianto □ (*fisc.*) **c. tax**, imposta patrimoniale **B** *n.* **1** U e C (*econ., fin.*) capitale: **c. stock**, capitale azionario; **fixed c.**, capitale immobilizzato; **paid-up c.**, capitale versato; **working c.**, capitale di esercizio **2** (città) capitale **3** (lettera) maiuscola: **printed in capitals**, stampato in lettere maiuscole; in stampatello • **to make c. out of st.**, sfruttare q.c. **C** *inter.* bene!; eccellente!
capital (**2**) /ˈkæpɪtl/ *n.* (*archit.*) capitello.
to **capitalise** /ˈkæpɪtəlaɪz/ *e deriv.* (*GB*) *V.* **to capitalize** *e deriv.*
capitalism /ˈkæpɪtəlɪzəm/ *n.* U capitalismo.
capitalist /ˈkæpɪtəlɪst/ *n.* capitalista.
capitalistic /kæpɪtəˈlɪstɪk/ *a.* capitalistico.
capitalization /kæpɪtəlaɪˈzeɪʃn, *USA* -lɪˈz-/ *n.* **1** U (*econ., fin.*) capitalizzazione **2** (*rag.*) capitale complessivo (*di una società*) **3** U uso delle maiuscole.
to **capitalize** /ˈkæpɪtəlaɪz/ *v. t.* **1** (*econ., fin.*) capitalizzare **2** finanziare (*un'impresa*) **3** scrivere con la maiuscola; scrivere in lettere maiuscole.
♦ **capitalize on** *v. i. + prep.* volgere a proprio profitto; trarre

vantaggio da.

capitation /kæpɪ'teɪʃn/ *n.* (*fisc.*) testatico.

Capitol /'kæpɪtl, -ɒl, *USA* -pɪtl, -ptl/ *n.* Campidoglio.

to **capitulate** /kə'pɪtʃʊleɪt/ *v. i.* capitolare.

capitulation /kəpɪtʃʊ'leɪʃn/ *n.* 🅄 capitolazione; resa.

capon /'keɪpən, -ɒn/ *n.* cappone.

caprice /kə'priːs/ *n.* 🄲 e 🅄 capriccio; capricciosità.

capricious /kə'prɪʃəs/ *a.* capriccioso.

Capricorn /'kæprɪkɔːn/ *n.* (*astron., astrol.*) il Capricorno.

caps /kæps/ *n. pl.* (*abbr. di* **capitals**) maiuscole; (carattere) maiuscolo.

capsicum /'kæpsɪkəm/ *n.* (*bot.*) capsico; (*cucina*) peperone.

to **capsize** /kæp'saɪz, *USA* 'kæps-/ ***A*** *v. t.* capovolgere; ribaltare ***B*** *v. i.* capovolgersi; ribaltarsi; (*di imbarcazione a vela*) fare scuffia.

capstan /'kæpstən/ *n.* (*naut.*) argano.

capsule /'kæpsjuːl, *USA* 'kæpsəl/ *n.* (*bot., farm., miss.*) capsula.

captain /'kæptɪn, -ən/ *n.* ***1*** (*mil., nell'esercito*) capitano; (*nella marina*) capitano di vascello ***2*** comandante; (*anche sport*) capitano: **the c. of a ship**, il comandante di una nave; **c. of industry**, capitano d'industria ***3*** (*a scuola*) capogruppo; caposquadra.

to **captain** /'kæptɪn, -ən/ *v. t.* ***1*** comandare (*una nave*) ***2*** capitanare (*una squadra di calcio, ecc.*).

captaincy /'kæptɪnsɪ, -tən-/ *n.* grado di capitano.

caption /'kæpʃn/ *n.* ***1*** titolo; intestazione ***2*** didascalia; sottotitolo • (*tipogr.*) **c. writer**, titolista.

captious /'kæpʃəs/ *a.* ipercritico; sofistico.

to **captivate** /'kæptɪveɪt/ *v. t.* attrarre; affascinare; incantare.

captivation /kæptɪ'veɪʃn/ *n.* 🅄 attrazione; fascino; seduzione.

captive /'kæptɪv/ *a. e n.* prigioniero (-a): **to be taken c.**, essere fatto prigioniero.

captivity /kæp'tɪvətɪ/ *n.* 🅄 prigionia; (*di animali e lett.*) cattività.

captor /'kæptə(r)/ *n.* chi cattura; chi fa prigioniero; rapitore.

capture /'kæptʃə(r)/ *n.* ***1*** 🅄 cattura ***2*** bottino; preda.

to **capture** /'kæptʃə(r)/ *v. t.* catturare; far prigioniero • **to c. an atmosphere**, rendere un'armosfera □ **to c. sb.'s attention**, attirare l'attenzione di q. □ **to c. the imagination**, colpire la fantasia □ **to c. the headlines**, far notizia.

Capuchin /'kæpjʊʃɪn/ *n. e a.* (frate) cappuccino.

car /kɑː(r)/ *n.* ***1*** automobile; auto; macchina (*fam.*) ***2*** (*ferr.*) carrozza; vagone: **dining-car**, carrozza (*o* vagone) ristorante; (*USA*) **freight car**, carro merci ***3*** (*aeron.*) navicella (*di aerostato o dirigibile*); cabina (*di funivia*); gabbia, cabina (*di ascensore*) ***4*** (*ind. min.*) vagoncino; vagonetto • **car bomb**, autobomba □ **car hire**, autonoleggio □ **car licence**, permesso di circolazione □ (*GB*) **car park**, posteggio; parcheggio □ **car pool**, accordo tra più persone per andare al lavoro o a scuola usando, a turno, un'auto sola □ **car-sick**, che soffre di mal d'auto □ **car-sickness**, mal d'auto □ **car tax**, bollo □ **car-wash**, autolavaggio.

carafe /kə'ræf/ *n.* caraffa.

caramel /'kærəmel, *USA* 'kɑːml/ *n.* ***1*** 🅄 caramello; zucchero caramellato ***2*** caramella ***3*** 🅄 color caramello.

carapace /'kærəpeɪs/ *n.* (*zool.*) carapace.

carat /'kærət/ *n.* carato.

caravan /'kærəvæn/ *n.* ***1*** carovana ***2*** carrozzone (*di zingari, ecc.*) ***3*** (*autom., GB*) roulotte.

caravanner /kærə'vænə(r)/ *n.* roulottista.

caravanserai /kærə'vænsəraɪ/ *n.* caravanserraglio.

caraway /'kærəweɪ/ *n.* (*bot.*) carvi; cumino tedesco (*o* dei prati).

carbide /'kɑːbaɪd/ *n.* 🅄 (*chim.*) carburo.

carbine /'kɑːbaɪn/ *n.* carabina.

carbohydrate /kɑːbə'haɪdreɪt/ *n.* (*chim.*) carboidrato.

carbolic /kɑː'bɒlɪk/ *a.* (*chim.*) — **c. acid**, acido fenico; fenolo.

carbon /'kɑːbən/ *n.* ***1*** 🅄 (*chim.*) carbonio ***2*** (*anche* **c. paper**) (foglio di) carta carbone • **c. black**, nerofumo □ **c. copy**, copia carbone □ **c. dating**, datazione con il carbonio 14 □ **c. dioxide**, anidride carbonica □ **c. monoxide**, monossido di carbonio □ **c. fibre** (*USA* **fiber**), fibra al carbonio.

carbonate /'kɑːbəneɪt/ *n.* (*chim.*) carbonato.

carbonated /'kɑːbəneɪtɪd/ *a.* che contiene anidride carbonica; gassato.

carbonic /kɑː'bɒnɪk/ *a.* (*chim.*) carbonico.

carboniferous /kɑːbə'nɪfərəs/ *a.* carbonifero.

carboy /'kɑːbɔɪ/ *n.* (*ind.*) damigiana (*per liquidi corrosivi*).

carburation /kɑːbjʊ'reɪʃn/, (*USA*) **carburetion** /kɑːbə'reʃn/ *n.* 🅄 e 🄲 (*autom.*) carburazione.

carburetter, (*USA*) **carburetor** /kɑːbə'retə(r), *USA* 'kɑːbəreɪtə(r)/ *n.* (*autom.*) carburatore.

carcase, **carcass** /'kɑːkəs/ *n.* ***1*** carcassa ***2*** armatura (*di fabbricato*); ossatura (*di nave*).

carcinogen /kɑː'sɪnədʒən/ *n.* (*med.*) cancerogeno.

carcinogenic /kɑːsɪnə'dʒenɪk, *USA* -sən-/ *a.* (*med.*) cancerogeno.

carcinoma /kɑːsɪ'nəʊmə, *USA* -sən'əʊ-/, **carcinomata** *n.* (*pl.* **carcinomata** /-mətə/, **carcinomas**) (*med.*) carcinoma.

card (1) /kɑːd/ *n.* ***1*** biglietto: **birthday c.**, biglietto di compleanno; **Christmas c.**, biglietto di Natale; **visiting c.** (*USA* **calling c.**), biglietto da visita ***2*** cartolina ***3*** (*anche* **playing c.**) carta (da gioco): **c. game**, gioco di carte; **game of cards**, partita a carte; **to play cards**, giocare a carte ***4*** tessera; tesserino; carta: **membership c.**, tessera di socio; **identity c.**, carta d'identità; **credit c.**, carta di credito ***5*** (*calcio*) cartellino: **red [yellow] c.**, cartellino rosso [giallo] ***6*** scheda (*di schedario*) ***7*** programma (stampato): **race c.**, programma delle corse ***8*** (*fam.*) persona eccentrica; tipo • **c.-carrying member**, socio tesserato □ **c. holder**, tesserato; titolare di una tessera (*o* di una carta di credito); abbonato □ **c. index** (*USA* **c. catalog**), schedario □ **c. indexing**, schedatura □ **c. file**, schedario □ **c. phone**, telefono a scheda □ (*fam.*) **c.-sharper**, baro □ **to have a c. up one's sleeve**, avere un asso nella manica □ **to hold all the cards**, avere tutte le carte in mano □ **to play one's cards close to one's chest**, fare un gioco coperto □ **to put** (*o* **to lay**) **one's cards on the table**, mettere le carte in tavola; giocare a carte scoperte □ **to throw up one's cards**, darsi per vinto □ (*fam.*) **on** (*USA* **in**) **the cards**, molto probabile.

card (2) /kɑːd/ *n.* (*ind. tess.*) cardatrice.

to **card** /kɑːd/ *v. t.* (*ind. tess.*) cardare.

cardamom /'kɑːdəməm/ *n.* 🅄 e 🄲 (*cucina*) cardamomo.

cardboard /'kɑːdbɔːd/ *n.* 🅄 cartone.

cardiac /'kɑːdɪæk/ *a.* (*med.*) cardiaco: **c. surgery**, cardiochirurgia.

cardigan /'kɑːdɪgən/ *n.* golf abbottonato; cardigan.

cardinal /'kɑːdɪnl/ *a. e n.* cardinale.

cardiogram /'kɑːdɪəʊgræm/ *n.* (*med.*) cardiogramma.

cardiologist /kɑːdɪ'ɒlədʒɪst/ *n.* cardiologo (-a).

cardiology /kɑːdɪ'ɒlədʒɪ/ *n.* 🅄 cardiologia.

cardiovascular /kɑːdɪəʊ'væskjʊlə(r)/ *a.* cardiovascolare.

cardoon /kɑ'duːn/ *n.* (*bot.*) cardo (commestibile).

care /keə(r)/ *n.* ***1*** 🅄 cura, cure; assistenza; protezione; responsabilità: **medical c.**, assistenza medica; **skin c.**, la cura della pelle; **to leave st. in sb.'s c.**, affidare q.c. alle cure di q. (*o* a q.); **to have [to take] c. of sb.**, avere [prendersi] cura di q.; **I'll take c. of it**, ci penso io; **It has all been taken c. of**, è tutto sistemato; **The library is under the c. of Mr Green**, Mr Green ha la responsabilità della biblioteca ***2*** 🅄 attenzione; cura; cautela; accuratezza; precisione: **to take c.**, fare attenzione; stare attento; **Handle with c.**, maneggiare con cura; (*su un collo*) fragile ***3*** 🅄 e 🄲 preoccupazione, preoccupazioni; affanni • (*negli indirizzi*) **c. of** (*abbr.* **c/o**), presso □ **to take a child into c.**, affidare un bambino a un ente assistenziale.

to **care** /keə(r)/ *v. i.* ***1*** interessare, importare (*costruz. impers.*): **I don't c. what he thinks**, non mi interessa quello che pensa; **for all he cares**, per quel che gliene importa; **I couldn't c. less**, non me ne importa un bel niente; **Who cares?**, che importa?; chi se ne infischia? (*fam.*) ***2*** (*nelle domande*) desiderare; volere: **Would you c. to go for a walk?**, ti andrebbe di fare una passeggiata?

♦ **care about** *v. i. + prep.* ***1*** preoccuparsi di: **He only cares about money**, gli interessano solo i soldi ***2*** voler bene a.

♦ **care for** *v. i. + prep.* ***1*** voler bene a ***2*** piacere (*costruz. impers.*): **I don't c. for that book**, quel libro non mi piace ***3*** avere cura di ***4*** desiderare; volere: **Would you c. for a drink?**, vuoi qualcosa da bere?

to **careen** /kə'riːn/ *v. t.* (*naut.*) carenare.

career /kə'rɪə(r)/ *n.* carriera: **to take up a c.**, abbracciare una carriera • **c. diplomat**, diplomatico di carriera □ **careers guidance**, orientamento professionale □ **c.-minded**, che pensa a far carriera; in carriera □ **c. woman**, donna in car-

riera □ **in full c.**, di gran carriera.
to **career** /kə'rɪə(r)/ *v. i.* andare a grande velocità.
careerist /kə'rɪərɪst/ *n.* carrierista; arrivista.
carefree /'kɛəfriː/ *a.* libero da preoccupazioni; spensierato.
careful /'kɛəfl/ *a.* *1* accurato; attento *2* cauto; prudente; sollecito ● **Be c. you don't lose it**, sta' attento a (*o* bada di) non perdelo □ **c. with one's money**, parsimonioso.
carefulness /'kɛəflnəs/ *n.* U *1* accuratezza; attenzione *2* cautela; prudenza.
careless /'kɛələs/ *a.* *1* spensierato *2* trascurato; sbadato; distratto; negligente: **c. about one's clothes**, trascurato nel vestire; **c. driver**, autista imprudente *3* fatto con trascuratezza; malfatto.
carelessness /'kɛələsnəs/ *n.* U *1* spensieratezza *2* trascuratezza; distrazione; sbadataggine; negligenza.
carer /'kɛərə(r)/ *n.* persona che assiste un anziano, un malato o un disabile.
caress /kə'rɛs/ *n.* carezza.
to **caress** /kə'rɛs/ *v. t.* accarezzare; carezzare.
caret /'kærət/ *n.* (*tipogr.*) *1* segno d'omissione *2* (segno di) accento circonflesso.
caretaker /'kɛəteɪkə(r)/ *n.* *1* custode; sorvegliante *2* (*GB*) portinaio (-a); portiere (-a).
careworn /'kɛəwɔːn/ *a.* logorato dalle preoccupazioni.
cargo /'kɑːgəʊ/ *n.* (*pl.* **cargos, cargoes**) carico (*di nave, aereo*); merci imbarcate ● **c. boat**, nave da carico; cargo; **c. plane**, aereo da carico.
Caribbean /kærə'biːən, kə'rɪbɪən/ *a.* caraibico; caribico ● **C. Sea**, Mar dei Caraibi.
caribou /'kærɪbuː/ *n.* (*zool.*) caribù.
caricature /'kærɪkətʃʊə(r), -tʃə(r)/ *n.* C e U caricatura.
to **caricature** /'kærɪkətʃʊə(r), -tʃə(r)/ *v. t.* fare la caricatura di; mettere in caricatura; parodiare.
caricaturist /'kærɪkətʃʊərɪst, -tʃər-/ *n.* caricaturista.
caries /'kɛəriːz/ *n.* U (*med., bot.*) carie.
caring /'kɛərɪŋ/ *a.* *1* che si prende cura del prossimo; premuroso; affettuoso *2* assistenziale: **the c. professions**, le professioni di chi assiste il prossimo.
Carmelite /'kɑːməlaɪt/ **A** *a.* carmelitano **B** *n.* (frate) carmelitano; (suora) carmelitana.
carmine /'kɑːmaɪn/ *n.* U *e a.* (color) carminio.
carnage /'kɑːnɪdʒ/ *n.* U carneficina; strage.
carnal /'kɑːnl/ *a.* carnale; della carne; sensuale.
carnation /kɑː'neɪʃn/ *n.* (*bot.*) garofano.
carnival /'kɑːnɪvl/ *n.* U e C *1* carnevale *2* (*USA*) fiera; luna park.
carnivore /'kɑːnɪvɔː(r)/ *n.* *1* (*zool.*) carnivoro *2* pianta carnivora.
carnivorous /kɑː'nɪvərəs/ *a.* (*zool., bot.*) carnivoro.
carob /'kærəb/ *n.* *1* (*bot.*) carrubo *2* carruba.
carol /'kærəl/ *n.* (*anche* **Christmas c.**) canto di Natale.
Carolingian /kærə'lɪndʒɪən/ *a. e n.* (*stor.*) carolingio.
carotid /kə'rɒtɪd/ *n.* (*anat.*) carotide.
carousal /kə'raʊzl/, **carouse** /kə'raʊz/ *n.* U e C (*lett.*) baldoria; gran bevuta; gozzoviglia.
to **carouse** /kə'raʊz/ *v. i.* (*lett.*) fare baldoria; gozzovigliare.
carousel /kærə'sɛl/ *n.* *1* (*USA*) giostra *2* nastro trasportatore (*per bagagli, in aeroporto*).
carp /kɑːp/ *n.* (*zool.*) carpa.
to **carp** /kɑːp/ *v. i.* cavillare; trovare a ridire.
carpenter /'kɑːpəntə(r)/ *n.* falegname; carpentiere.
carpentry /'kɑːpəntrɪ/ *n.* U falegnameria; carpenteria.
carpet /'kɑːpɪt/ *n.* *1* tappeto *2* (*anche* **fitted c., wall-to-wall c.**) moquette ● **c. cleaner** (*o* **sweeper**), battitappeto □ **on the c.**, sul tappeto; in discussione □ (*fam.*) **to be on the c.**, prendersi una lavata di capo (*o* un cicchetto) □ **red c. treatment**, accoglienza con tutti gli onori.
to **carpet** /'kɑːpɪt/ *v. t.* *1* ricoprire con un tappeto; mettere la moquette in *2* (*fam.*) dare una lavata di capo a; fare un cicchetto a.
carpetbagger /'kɑːpɪtbægə(r)/ *n.* (*polit., spreg. USA*) politicante che cerca di inserirsi in un ambiente politico non suo.
carpeting /'kɑːpɪtɪŋ/ *n.* U moquette.
carpi /'kɑːpaɪ/ *pl. di* **carpus**.
carport /'kɑːpɔːt/ *n.* tettoia per auto.
carpus /'kɑːpəs/ (*lat.*) *n.* (*pl.* **carpi**) (*anat.*) carpo.
carriage /'kærɪdʒ/ *n.* *1* carrozza; vettura *2* (*GB, anche* **railway c.**) carrozza ferroviaria *3* U trasporto: **c. by rail**, trasporto per ferrovia *4* U (*comm.*) spese di trasporto; porto: **c. forward**, porto assegnato; **c. free** (*o* **c. paid**), franco di porto *5* portamento: **graceful c.**, portamento aggraziato *6* (*mecc.*) carrello (*di macchina da scrivere, ecc.*) *7* affusto (*di cannone*) ● **c. and pair** [**and four**], tiro a due [a quattro] □ (*USA*) **baby c.**, carrozzina (*per bambini*).
carriageway /'kærɪdʒweɪ/ *n.* (*GB*) carreggiata ● **dual c.**, strada a doppia carreggiata.
carrier /'kærɪə(r)/ *n.* *1* portatore (-trice) *2* (*comm.*) vettore; corriere; spedizioniere *3* (*aeron.*) vettore *4* (*chim., med.*) veicolo, portatore (*di malattia*) *5* portapacchi (*di bicicletta*) *6* (*naut. mil., anche* **aircraft c.**) portaerei *7* (*GB, anche* **c. bag**) sacchetto (per la spesa) ● **c. pigeon**, piccione viaggiatore.
carrion /'kærɪən/ *n.* U carogna ● (*zool.*) **c. crow**, cornacchia nera.
carrot /'kærət/ *n.* (*bot.*) carota ● **the c. and the stick**, il bastone e la carota.
to **carry** /'kærɪ/ **A** *v. t.* *1* portare; trasportare; avere con sé: **to c. a baby in one's arms**, portare un bambino in braccio; **to c. money about one**, portare denaro con sé (*o* addosso); **The car can c. up to five people**, l'auto porta fino a cinque persone; **to c. passengers**, trasportare passeggeri; **to c. st. to extremes**, portare q.c. all'eccesso *2* portare; reggere; sostenere: **the beams which c. the roof**, le travi che sostengono il tetto; **to c. one's liquor**, reggere bene l'alcol *3* trasmettere (*una malattia*) *4* (*comm., anche* **to c. in stock**) tenere, avere (*una merce*) *5* (*di giornale, ecc.*) riportare (*una notizia*) *6* comportare; implicare; prevedere: **The job carries certain responsibilities**, il posto comporta certe responsabilità; **Murder no longer carries the death penalty**, l'omicidio non comporta più la pena di morte *7* vincere la simpatia, l'appoggio, il consenso di; conquistare: (*teatr.*) **to c. the house**, conquistare il pubblico *8* avere: **to c. a guarantee**, essere garantito; avere una garanzia; **to c. 6% interest**, avere un interesse del 6%; **to c. authority**, essere autorevole; avere peso (o influenza); **to c. conviction**, essere convincente *9* (*generalm. al passivo*) approvare, far passare (*una legge, ecc.*): **The motion was carried**, la mozione venne approvata *10* (*mat.*) riportare ● **to c. all before one**, riportare un completo successo □ **to c. coals to Newcastle**, portare vasi a Samo □ **to c. the day**, riportare la vittoria; avere successo; trionfare □ (*radio, TV*) **to c. advertising**, trasmettere pubblicità □ **to c. a joke too far**, spingere uno scherzo troppo in là **B** *v. i.* *1* (*di rumore, sparo, ecc.*) arrivare; farsi sentire; diffondersi *2* (*di cannone, ecc.*) avere una portata *3* (*solo nella forma progress.*) (*pop.*) essere armato; essere in possesso di droga **C** to **carry oneself** *v. rifl.* avere un portamento: **to c. oneself like a soldier**, avere un portamento militaresco.
♦ **carry along** *v. t. + avv.* trascinare: **to be carried along by the crowd**, essere trascinato dalla folla.
♦ **carry away** *v. t. + avv.* *1* portare via *2* (*al passivo*) lasciarsi trascinare, farsi prendere (*da passione, commozione, entusiasmo, ecc.*).
♦ **carry forward** *v. t. + avv.* (*rag.*) riportare (*una cifra*).
♦ **carry off** *v. t. + avv.* *1* portare via (*con la violenza*) *2* vincere, portarsi via (*un premio, ecc.*) *3* riuscire a fare bene (q.c.); cavarsela con successo in (q.c.).
♦ **carry on** **A** *v. t. + avv.* *1* continuare *2* mandare avanti (*un'azienda, ecc.*) *3* fare; esercitare (*un mestiere, un'attività, un commercio*); svolgere: **to c. on a conversation with sb.**, conversare con q. **B** *v. i. + avv.* *1* continuare: **They carried on chatting**, continuarono a chiacchierare; **Very well, c. on with it**, va bene, continua pure *2* (*fam.*) fare storie; far baccano *3* (*fam.*) comportarsi in modo indecoroso *4* (*fam.*) avere una relazione; intendersela.
♦ **carry out** *v. t. + avv.* *1* compiere; svolgere; eseguire; realizzare; portare a termine *2* adempiere; mettere in atto.
♦ **carry over** **A** *v. t. + avv.* *V.* **to carry forward** **B** *v. i. + avv.* perdurare; persistere.
♦ **carry through** **A** *v. t. + avv.* portare a termine; compiere **B** *v. t. + avv. o prep.* aiutare a superare (*un periodo difficile*); sostenere.
carrycot /'kærɪkɒt/ *n.* culla portatile.
carryings-on /kærɪɪŋz'ɒn/ *n. pl.* (*fam.*) attività rumorosa o scandalosa; casino (*fam.*).
carry-on /'kærɪɒn/ *n.* (*fam.*) (mucchio di) storie; scenata; confusione; casino (*fam.*).

carryout /ˈkærɪaʊt/ (*USA*) ***A*** *a.* (*di cibo*) da portare via; da asporto ***B*** *n.* piatto pronto da portare via; piatto da asporto.

cart /kɑːt/ *n.* ***1*** carro; carretto (*anche a mano*) ***2*** (*USA*) carrello: **tea c.**, carrello portavivande • **to put the c. before the horse**, mettere il carro davanti ai buoi.

to **cart** /kɑːt/ *v. t.* ***1*** trasportare con un carro ***2*** (*fam.*) portare (*q.c. di ingombrante*); trascinare.

♦ **cart about** *v. t. + avv.* (*fam.*) portarsi dietro; trascinarsi dietro.

♦ **cart away** (*o* **off**) *v. t. + avv.* (*fam.*) portare via (*senza tanti complimenti*).

carte blanche /ˈkɑːtˈblɑːnʃ/ (*franc.*) *locuz. n.* Ⓤ carta bianca (*fig.*).

cartel /kɑːˈtɛl/ *n.* (*econ., polit.*) cartello.

carter /ˈkɑːtə(r)/ *n.* carrettiere.

Cartesian /kɑːˈtiːzɪən/ *a. e n.* (*filos.*) cartesiano.

cartful /ˈkɑːtfʊl/ *n.* carrettata.

carthorse /ˈkɑːthɔːs/ *n.* cavallo da tiro.

Carthusian /kɑːˈθuːzɪən, -ˈθjuː-/ *a. e n.* (*eccles.*) certosino.

cartilage /ˈkɑːtəlɪdʒ/ *n.* Ⓤ e Ⓒ (*anat.*) cartilagine.

cartographer /kɑːˈtɒgrəfə(r)/ *n.* cartografo (-a).

cartography /kɑːˈtɒgrəfɪ/ *n.* Ⓤ cartografia.

cartomancy /ˈkɑːtəmænsɪ/ *n.* Ⓤ cartomanzia.

carton /ˈkɑːtn/ *n.* ***1*** (scatola di) cartone: **c. of milk**, cartone di latte ***2*** stecca (*di sigarette*).

cartoon /kɑːˈtuːn/ *n.* ***1*** vignetta ***2*** (*pitt.*) cartone ***3*** (*anche* **animated c.**) cartone animato.

cartoonist /kɑːˈtuːnɪst/ *n.* ***1*** vignettista ***2*** disegnatore (-trice) di cartoni animati.

cartouche /kɑːˈtuːʃ/ (*franc.*) *n.* (*archit.*) cartoccio; cartiglio.

cartridge /ˈkɑːtrɪdʒ/ *n.* ***1*** cartuccia: **blank c.**, cartuccia a salve ***2*** (*fotogr., USA*) rullino ***3*** cassetta (*di registratore*) ***4*** testina (*di giradischi*) • **c. belt**, cartucciera □ **c. box**, cassetta per munizioni □ **c. case**, bossolo (*di cartuccia*) □ **c. paper**, carta spessa (*da disegno*).

cartwheel /ˈkɑːtwiːl, *USA* -hwiːl/ *n.* ***1*** ruota di carro ***2*** (*ginnastica*) ruota: **to turn a c.** (*o* **cartwheels**), fare la ruota.

to **carve** /kɑːv/ ***A*** *v. t.* ***1*** intagliare; incidere ***2*** scolpire ***3*** tagliare, trinciare (*carne, ecc.*) ***B*** *v. i.* fare l'intagliatore (*o* l'incisore).

♦ **carve out** *v. t. + avv.* costruire; fare: **to c. out a career for oneself**, farsi una carriera.

♦ **carve up** *v. t. + avv.* ***1*** dividere, spartire (*profitti, mercato, ecc.*) ***2*** (*pop.*) accoltellare ***3*** (*autom., GB*) stringere dopo un sorpasso.

carver /ˈkɑːvə(r)/ *n.* ***1*** (*arte*) intagliatore (-trice); incisore ***2*** chi taglia (*carne, ecc.*) ***3*** coltello da scalco; trinciante.

carvery /ˈkɑːvərɪ/ *n.* ristorante dove si servono principalmente carni arrosto.

carve-up /ˈkɑːvʌp/ *n.* suddivisione; spartizione.

carving /ˈkɑːvɪŋ/ *n.* ***1*** Ⓤ (*arte*) intaglio ***2*** scultura in legno ***3*** il tagliare, il trinciare (*carne, ecc.*); scalco • **c. fork**, forchettone □ **c. knife**, coltello da scalco; trinciante.

caryatid /kærɪˈætɪd/ *n.* (*archit.*) cariatide.

cascade /kæˈskeɪd/ *n.* (*anche fig.*) cascata.

to **cascade** /kæˈskeɪd/ *v. i.* scendere (*o* ricadere) a cascata.

case (1) /keɪs/ *n.* ***1*** caso; avvenimento; fatto; esempio: **a c. in point**, un caso esemplare; un tipico esempio ***2*** (*leg.*) causa; processo ***3*** (*leg. ed estens.*) tesi; ragioni; pretesa: **the c. for the defence**, la tesi della difesa; **to make out a good c. for**, portare buone ragioni per ***4*** (*med. ed estens.*) caso: **hopeless c.**, caso disperato ***5*** (*gramm.*) caso • **c. history**, storia di un caso; curriculum; (*med.*) anamnesi □ (*leg.*) **c. law**, diritto giurisprudenziale □ **a c. of mistaken identity**, uno scambio di persona □ **c. study**, studio approfondito (*di un caso o di una serie di casi*) □ (*pop.*) **hard c.**, tipo tosto; duro □ **in any c.**, in ogni caso; ad ogni modo □ **in c.**, nel caso che; casomai □ **if that's the c.**, se le cose stanno così; in caso affermativo □ **in that c.**, in tal caso □ **I didn't want to sell, but it's a c. of having to**, non volevo vendere, ma non ho scelta □ **That was not the c.**, non era così; le cose non stavano così.

case (2) /keɪs/ *n.* ***1*** cassa; cassetta ***2*** astuccio; custodia: **jewel c.**, astuccio per gioielli; **cigarette c.**, portasigarette ***3*** fodero (*di arma bianca*); fondina (*di arma da fuoco*) ***4*** valigia ***5*** bossolo (*di cartuccia*) ***6*** (*bot.*) baccello.

casebook /ˈkeɪsbʊk/ *n.* registro dei casi (*di medico, detective, ecc.*)

casein /ˈkeɪsiːɪn/ *n.* Ⓤ (*chim.*) caseina.

caseload /ˈkeɪsləʊd/ *n.* numero dei casi da esaminare; carico di lavoro (*di medico, assistente sociale, ecc.*)

casement /ˈkeɪsmənt/ *n.* (*anche* **c. window**) finestra a battenti.

casework /ˈkeɪswɜːk/ *n.* Ⓤ assistenza sociale.

cash /kæʃ/ *n.* Ⓤ denaro liquido (*o* contante); contanti: **to buy** [**to pay**] **c.**, comprare per [pagare in] contanti; **c. price**, prezzo per contanti; **I haven't any c. on me**, non ho denaro contante con me • (*comm.*) **c.-and-carry**, grande magazzino che vende per contanti (*e pratica forti sconti ai dettaglianti*) □ **c. book**, libro cassa □ **c. card**, carta Bancomat ® □ **c. desk**, cassa □ **c.-in-hand**, in (*o* per) contanti □ (*comm.*) **c. on delivery**, pagamento alla consegna (*o* contro assegno) □ **c. dispenser** (*o* **point**), Bancomat ® □ (*econ.*) **c. flow**, liquidità di cassa □ (*comm.*) **c. in hand**, fondo (*di cassa*) □ (*fam.*) **c.-out**, cassa di supermercato □ (*comm.*) **c. payment** (*o* **c. down**), pagamento in contanti □ **c. register**, registratore di cassa □ (*fam.*) **hard c.**, contanti; denaro sonante.

to **cash** /kæʃ/ *v. t.* (*comm.*) ***1*** incassare; riscuotere ***2*** convertire in denaro.

♦ **cash in** *v. t. + avv.* incassare; riscuotere.

♦ **cash in on** *v. i. + avv. e prep.* (*fam.*) approfittare di.

♦ **cash up** *v. i. + avv.* (*di negozio, ecc.*) chiudere i conti alla fine della giornata.

cashew /ˈkæʃuː/ *n.* (*bot., anche* **c. nut**) anacardio; acagiù.

cashier /kæˈʃɪə(r)/ *n.* cassiere (-a) • **c.'s desk**, cassa.

to **cashier** /kæˈʃɪə(r)/ *v. t.* (*mil. ed estens.*) destituire.

cashmere /kæʃˈmɪə(r), ˈkæʃmɪə(r)/ *n.* Ⓤ (*ind. tess.*) cashmere.

casing /ˈkeɪsɪŋ/ *n.* ***1*** (*edil.*) intelaiatura; telaio; infisso ***2*** (*mecc.*) involucro protettivo; rivestimento; astuccio; scatola ***3*** (*autom.*) copertone; gomma.

casino /kəˈsiːnəʊ/ (*ital.*) *n.* (*pl.* **casinos**) casinò.

cask /kɑːsk, *USA* kæsk/ *n.* barile; botte; fusto.

casket /ˈkɑːskɪt, *USA* ˈkæs-/ *n.* ***1*** cofanetto; scrigno ***2*** (*USA*) bara.

Caspian /ˈkæspɪən/ *a.* (*geogr.*) Caspio: **the C. Sea**, il Mar Caspio.

cassation /kæˈseɪʃn/ *n.* Ⓤ e Ⓒ (*leg.*) cassazione.

casserole /ˈkæsərəʊl/ *n.* ***1*** casseruola da forno (*con coperchio*); pirofila ***2*** pietanza in casseruola; stufato.

cassette /kəˈsɛt/ *n.* ***1*** (*mus.*) cassetta; musicassetta: **c. recorder**, registratore a cassette; **c. player**, mangiacassette (*fam.*); mangianastri (*fam.*) ***2*** videocassetta ***3*** (*fotogr.*) caricatore.

cassock /ˈkæsək/ *n.* (*eccles.*) tonaca.

cassowary /ˈkæsəweərɪ/ *n.* (*zool.*) casuario.

cast /kɑːst, *USA* kæst/ *n.* ***1*** lancio; getto; tiro ***2*** (*teatr., cinem.*) cast; attori ***3*** (*med.*) gesso; ingessatura ***4*** (*tecn.*) fusione; getto; colata ***5*** stampo; calco; impronta ***6*** (*form.*) aspetto; carattere: **c. of mind**, mentalità; forma mentis (*lat.*) ***7*** (*med.*) leggero strabismo ***8*** (*pesca*) lancio (della lenza).

to **cast** /kɑːst, *USA* kæst/ (*pass. e p.p.* **cast**) ***A*** *v. t.* ***1*** (*form.*) gettare; lanciare; scagliare: **to c. a glance**, gettare (*o* lanciare) uno sguardo; dare un'occhiata; **to c. a spell**, gettare un incantesimo ***2*** diffondere; gettare; mandare: **to c. a shadow**, gettare un'ombra; **to c. new light on st.**, gettare una nuova luce su q.c.; **to c. doubt on st.**, far sorgere dubbi su q.c.; mettere in dubbio q.c. ***3*** (*polit.*) dare (*il proprio voto*) ***4*** fondere, gettare (*metallo, statue, ecc.*) ***5*** (*teatr., cinem.*) scegliere (*un attore*) per una parte; assegnare, distribuire (*parti ad attori*) ***6*** (*di serpente*) cambiare (*pelle*) ***7*** (*di cavallo*) perdere (*un ferro*) ***B*** *v. i.* ***1*** gettare la lenza ***2*** (*teatr., cinem.*) scegliere gli attori.

♦ **cast about for** *v. i. + avv. e prep.* guardarsi attorno in cerca di; andare alla ricerca di

♦ **cast away** *v. t. + avv.* ***1*** buttare via; scartare ***2*** (*al passivo*) fare naufragio; naufragare: **He was cast away on an island**, naufragò su un'isola.

♦ **cast back** *v. t. + avv.* — **to c. one's mind back**, ripensare; riandare col pensiero.

♦ **cast down** *v. t. + avv.* abbattere; deprimere.

♦ **cast off** ***A*** *v. t. + avv.* ***1*** scartare; smettere (*abiti*) ***2*** (*naut.*) sciogliere, mollare (*una cima, gli ormeggi*) ***3*** (*lavoro a maglia*) chiudere; intrecciare ***B*** *v. i. + avv.* ***1*** (*naut.*) levare gli ormeggi; salpare ***2*** (*lavoro a maglia*) chiudere.

♦ **cast on** *v. t. e i.* + *avv.* (*lavoro a maglia*) avviare (le maglie).

♦ **cast out** *v. t.* + *avv.* espellere; buttare fuori.

♦ **cast up** *v. t.* + *avv.* ***1*** (*di mare*) portare alla superficie; gettare a riva ***2*** rimettere; vomitare ***3*** rinfacciare.

castanets /kæstə'nεts/ *n. pl.* nacchere.

castaway /'kɑːstəweɪ, *USA* 'kæst-/ *n.* naufrago (-a) (*su una terra deserta*).

caste /kɑːst, *USA* kæst/ *n.* casta.

castellated /'kæstəleɪtɪd/ *a.* turrito.

caster /'kɑːstə(r), *USA* 'kæs-/ *n.* ***1*** lanciatore (-trice) ***2*** (*metall.*) fonditore; modellatore ***3*** (*mecc.*) rotella (*di mobili*).

caster sugar /'kɑːstəʃʊgə(r)/ *locuz. n.* [U] (*GB*) zucchero raffinato.

to **castigate** /'kæstɪgeɪt/ *v. t.* ***1*** castigare ***2*** criticare aspramente.

castigation /kæstɪ'geɪʃn/ *n.* [U] *e* [C] ***1*** castigo ***2*** aspra critica.

Castilian /kæ'stɪlɪən/ *a. e n.* castigliano.

casting /'kɑːstɪŋ, *USA* 'kæs-/ *n.* [U] *e* [C] ***1*** (il) gettare; (il) lanciare ***2*** (*ind.*) getto; gettata; fusione; pezzo fuso; colata ***3*** (*teatr., cinem.*) assegnazione delle parti ● **c. vote**, voto decisivo.

cast iron /'kɑːst'aɪən, *USA* 'kæst'aɪərn/ ***A*** *locuz. n.* ghisa (di seconda fusione) ***B*** **cast-iron** *a.* ***1*** di ghisa ***2*** (*fig.*) di ferro: **c. alibi** [**will**], alibi [volontà] di ferro.

castle /'kɑːsl, *USA* 'kæsl/ *n.* ***1*** castello ***2*** (*scacchi*) torre ● **to build castles in the air** (*o* **in Spain**), fare castelli in aria.

to **castle** /'kɑːsl, *USA* 'kæsl/ *v. i.* (*scacchi*) arroccare, arroccarsi.

cast-off /'kɑːstɒf, *USA* 'kæstɔːf/ ***A*** *a.* (*di abito*) smesso ***B*** *n.* ***1*** abito smesso ***2*** (*pop.*) ex innamorato; amante respinto.

castor /'kɑːstə(r), *USA* 'kæs-/ *V.* **caster**.

castor oil /'kɑːstər'ɔɪl, *USA* 'kæs-/ *locuz. n.* [U] olio di ricino ● (*bot.*) **c. plant**, ricino.

castor sugar /'kɑːstəʃʊgə(r), *USA* 'kæs-/ *V.* **caster sugar**.

to **castrate** /kæ'streɪt, *USA* 'kæstreɪt/ *v. t.* (*anche fig.*) castrare.

castration /kæ'streɪʃn/ *n.* [U] (*anche fig.*) castrazione.

casual /'kæʒʊəl/ *a.* ***1*** casuale; accidentale; fortuito ***2*** noncurante; indifferente; disinvolto ***3*** occasionale; saltuario; avventizio: **c. worker**, lavoratore avventizio ***4*** informale; (*di abiti*) casual, sportivo ● **c. sex**, avventure (sessuali).

casually /'kæʒʊəlɪ/ *avv.* ***1*** casualmente; per caso; accidentalmente ***2*** in modo noncurante; con aria indifferente; con disinvoltura.

casuals /'kæʒʊəlz/ *n. pl.* abiti pratici; abbigliamento sportivo.

casualty /'kæʒʊəltɪ/ *n.* ***1*** infortunato; ferito, morto (*in guerra o in un incidente*); vittima ***2*** (*al pl.*) (*mil.*) perdite ***3*** (*GB, anche* **c. ward**) pronto soccorso (*di ospedale*).

casuist /'kæʒʊɪst/ *n.* sofista; cavillatore (-trice).

casuistry /'kæʒʊɪstrɪ/ *n.* [U] sofismi; cavilli.

cat /kæt/ *n.* ***1*** gatto; gatta; felino: **big cats**, grossi felini ***2*** (*fam.*) donna maligna; strega ***3*** (*anche* **cat-o'-nine-tails**) gatto a nove code; sferza ***4*** (*pop. USA*) tipo; ragazzo ***5*** (*pop. USA*) appassionato di jazz ● **cat burglar**, ladro acrobata □ **cat's cradle**, ripiglino (*gioco*) □ **cat-door** (*o* **cat-flap**), gattaiola □ **cat's eye**, (*miner.*) occhio di gatto; (*di veicolo*) catarifrangente □ (*fam.*) **cat's paw**, strumento (involontario) □ (*fam.*) **Cat got your tongue?**, hai perso la lingua? □ (*pop.*) **fat cat**, riccone □ (*fam.*) **to fight like cat and dog**, essere come cane e gatto □ (*fam.*) **to be like a cat on hot bricks** (*USA* **on a hot tin roof**), essere sui carboni ardenti □ **to let the cat out of the bag**, lasciarsi sfuggire un segreto □ (*fam.*) **to lead a cat-and-dog life**, litigare in continuazione; essere come cane e gatto □ **to play cat and mouse with sb.**, fare come il gatto col topo □ **to put the cat among the pigeons**, suscitare un vespaio □ **to see which way the cat jumps**, vedere come si mettono le cose; vedere come butta (*fam.*) □ (*prov.*) **When the cat's away the mice will play**, via il gatto, i topi ballano.

cataclysm /'kætəklɪzəm/ *n.* cataclisma.

catacomb /'kætəkəʊm/ *n.* (*generalm. al pl.*) catacomba.

catafalque /'kætəfælk, *USA* -fɔː(l)k/ *n.* catafalco.

Catalan /'kætəlæn/ *a. e n.* catalano.

catalepsy /'kætəlεpsɪ/ *n.* [U] (*med.*) catalessi.

catalogue, (*USA*) **catalog** /'kætəlɒg, *USA* -lɔːg/ *n.* catalogo.

to **catalogue**, (*USA*) to **catalog** /'kætəlɒg, *USA* -lɔːg/ *v. t.* catalogare; mettere in catalogo.

to **catalyse** /'kætəlaɪz/ *v. t.* (*chim. e fig.*) catalizzare.

catalysis /kə'tæləsɪs/ *n.* (*pl.* **catalyses** /-siːz/) [C] *e* [U] (*chim.*) catalisi.

catalyst /'kætəlɪst/ *n.* (*chim. e fig.*) catalizzatore.

catalytic /kætə'lɪtɪk/ *a.* (*chim.*) catalitico: (*autom.*) **c. converter**, marmitta catalitica.

to **catalyze** /'kætəlaɪz/ (*USA*) *V.* **to catalyse**.

catamaran /kætəmə'ræn, 'kætəmər-/ *n.* (*naut.*) catamarano.

catapult /'kætəpʌlt/ *n.* ***1*** (*mil., stor.*) catapulta ***2*** (*aeron.*) catapulta ***3*** fionda.

to **catapult** /'kætəpʌlt/ *v. t.* (*anche fig.*) catapultare.

cataract /'kætərækt/ *n.* (*geogr., med., idraul.*) cateratta, cataratta.

catarrh /kə'tɑː(r)/ *n.* [U] (*med.*) catarro.

catastrophe /kə'tæstrəfɪ/ *n.* catastrofe.

catastrophic /kætə'strɒfɪk/ *a.* catastrofico.

catatonic /kætə'tɒnɪk/ *a.* (*med.*) catatonico.

catcall /'kætkɔːl/ *n.* fischio (*di derisione o disapprovazione*).

catch /kætʃ/ *n.* ***1*** presa ***2*** (*rif. a persona*) buon partito ***3*** gancio, fermo (*di porta, finestra*) ***4*** tranello; trucco; inghippo (*fam.*): **What's the c.?**, dov'è il trucco? ***5*** (*mecc.*) dente d'arresto ***6*** retata; pesca ● (*sport*) **c.-as-c.-can**, catch; lotta libera americana □ **C.-22**, circolo vizioso; situazione da Comma 22.

to **catch** /kætʃ/ (*pass. e p.p.* **caught**) ***A*** *v. t.* ***1*** afferrare; prendere; cogliere; catturare; acchiappare: **to c. a ball**, prendere al volo una palla; **to c. a butterfly**, acchiappare una farfalla; **The film exactly catches the mood of those years**, il film coglie alla perfezione il clima di quegli anni; **to c. a bad cold**, prendere un brutto raffreddore ***2*** sorprendere; cogliere: **to c. sb. doing st.**, sorprendere q. a fare q.c.; **I caught him at the whisky again**, l'ho sorpreso di nuovo a bere whisky; **to c. sb. in the act** (*o* **red-handed**), cogliere q. sul fatto (*o* in flagrante); **to be caught in the rain**, essere sorpreso dalla pioggia ***3*** sentire; capire; afferrare: **I didn't c. what he said**, non ho afferrato quello che ha detto ***4*** (riuscire a) prendere (*un treno, ecc.*); (riuscire a) vedere (*un film, ecc.*) ***5*** attirare: **to c. sb.'s attention** (*o* **eye**), attirare l'attenzione di q. ***6*** impigliare; chiudere: **I caught my pants on the wire**, mi si sono impigliati i pantaloni sul filo spinato; **He's caught his finger in the door**, si è chiuso un dito nella porta ***7*** colpire; prendere: **The bullet caught him in the chest**, la pallottola lo colpì in pieno petto ***8*** (*baseball, cricket*) ricevere ● **to c. one's breath**, trattenere il respiro □ (*fam.*) **to c. sb. bending**, cogliere q. alla sprovvista; prendere q. in contropiede □ **to c. fire**, prendere fuoco □ (*fam.*) **to c. sb. flat-footed**, cogliere q. alla sprovvista □ (*fam.*) **to c. it**, prendersi una sgridata; buscarle; prenderle □ **to c. the light**, riflettere la luce □ **caught like a rat in a hole**, preso in trappola □ **to c. sight of st.**, scorgere q.c. □ (*fam. GB*) **to be caught short**, dover andare urgentemente al gabinetto; avere un bisogno urgente □ (*fam.*) **You won't c. me doing it!**, figurati se lo faccio! ***B*** *v. i.* ***1*** impigliarsi; restare preso ***2*** far presa ***3*** (*di fuoco*) diffondersi.

♦ **catch at** *v. i.* + *prep.* cercare di afferrarsi a ● **to c. at straws**, attaccarsi anche a una pagliuzza.

♦ **catch on** *v. i.* + *avv.* (*di moda, ecc.*) prendere piede; attecchire.

♦ **catch on to** *v. i.* + *avv. e prep.* capire (q.c.): **He was quick to c. on to what was happening**, ha capito al volo quello che stava succedendo.

♦ **catch out** *v. t.* + *avv.* cogliere in fallo; prendere in castagna.

♦ **catch up** ***A*** *v. t.* + *avv.* ***1*** afferrare; agguantare ***2*** raggiungere: **I caught her up at the station**, la raggiunsi alla stazione ***3*** (*al passivo*) impigliarsi; restare preso; restare coinvolto ***B*** *v. i.* + *avv.* impigliarsi.

♦ **catch up on** *v. i.* + *avv. e prep.* mettersi in pari con: **to c. up on one's work**, mettersi in pari col lavoro.

♦ **catch up with** *v. i.* + *avv. e prep.* raggiungere: **You won't c. up with him**, non riuscirai a raggiungerlo.

catcher /'kætʃə(r)/ *n.* (*baseball*) ricevitore.

catching /'kætʃɪŋ/ *a.* (*med. e fig.*) contagioso.

catchment /'kætʃmənt/ *n.* (*anche* **c. basin**) bacino imbrifero ● **c. drain**, canale collettore □ **c. area**, (*geol.*) bacino di raccolta; (*fig.*) bacino di utenza.

catchpenny /'kætʃpεnɪ/ *a.* (*antiq.*) da due soldi; dozzinale.

catchphrase /ˈkætʃfreɪz/ *n.* slogan; espressione in voga.
catchword /ˈkætʃwɜːd/ *n.* slogan; motto.
catchy /ˈkætʃɪ/ *a.* (*fam.*) ***1*** (*di canzone, ecc.*) orecchiabile ***2*** facile da ricordare; catturante.
catechism /ˈkætəkɪzəm/ *n.* Ⓤ (*eccles.*) catechismo.
categorical /kætəˈgɒrɪkl, *USA* -ˈgɔːr-/ *a.* categorico.
to **categorize** /ˈkætəgəraɪz/, (*GB anche*) to **categorise** *v. t.* classificare.
category /ˈkætəgərɪ, *USA* -gɔːrɪ/ *n.* categoria.
to **cater** /ˈkeɪtə(r)/ *v. t.* provvedere (*cibi o vivande*); organizzare (*il servizio per un banchetto, ecc.*).
♦ **cater for** *v. i. + prep.* ***1*** provvedere cibi e bevande per: **to c. for a wedding**, organizzare (*o* fare il catering per) un pranzo di nozze ***2*** servire; soddisfare; venire incontro alle esigenze di ***3*** tener conto di.
♦ **cater to** *V.* **to cater for**, *def. 2 e 3.*
caterer /ˈkeɪtərə(r)/ *n.* ***1*** fornitore di cibi e bevande (*per alberghi, banchetti, ecc.*); persona che si occupa di catering ***2*** organizzatore di banchetti, ecc.
catering /ˈkeɪtərɪŋ/ *n.* ***1*** catering; servizio di approvvigionamento (*di cibi e bevande*) ***2*** cibi e bevande forniti (*a un banchetto, ecc.*).
caterpillar /ˈkætəpɪlə(r)/ *n.* ***1*** (*zool.*) bruco ***2*** (*anche* **c. tractor**) trattore a cingoli; caterpillar.
to **caterwaul** /ˈkætəwɔːl/ *v. i.* ***1*** miagolare (*di gatto in amore*) ***2*** (*fam.*) cantare malissimo; miagolare.
catfish /ˈkætfɪʃ/ *n.* (*zool.*) pesce gatto.
catgut /ˈkætgʌt/ *n.* Ⓤ ***1*** minugia ***2*** (*chir.*) catgut; filo per suture.
catharsis /kəˈθɑːsɪs/ *n.* Ⓤ catarsi.
cathedral /kəˈθiːdrəl/ *n.* cattedrale; duomo.
catherine wheel /ˈkæθərɪn ˈhwiːl/ *locuz. n.* girandola (*fuoco d'artificio*).
catheter /ˈkæθɪtə(r)/ *n.* (*med.*) catetere.
to **catheterise** /ˈkæθɪtəˈraɪz/ *e deriv.* (*GB*) *V.* **to catheterize** *e deriv.*
catheterization /kæθɪtəraɪˈzeɪʃn, *USA* -rɪˈz-/ *n.* Ⓤ *e* Ⓒ (*med.*) cateterismo.
to **catheterize** /ˈkæθɪtəˈraɪz/ *v. t.* (*med.*) cateterizzare; inserire un catetere in.
cathode /ˈkæθəʊd/ ***A*** *n.* (*elettr.*) catodo ***B*** *a.* catodico.
Catholic /ˈkæθəlɪk/ *a. e n.* cattolico (-a).
catholic /ˈkæθəlɪk/ *a.* ***1*** generale; universale ***2*** liberale; aperto; eclettico: **c. tastes**, gusti eclettici.
Catholicism /kəˈθɒlɪsɪzəm/ *n.* Ⓤ cattolicesimo.
catkin /ˈkætkɪn/ *n.* (*bot.*) amento.
catlike /ˈkætlaɪk/ *a.* da gatto; felino; furtivo.
catnap /ˈkætnæp/ *n.* (*fam.*) pisolino.
catsuit /ˈkætsuːt, -sjuːt/ *n.* tuta elasticizzata (*da donna*).
catsup /ˈkætsəp/ (*USA*) *V.* **ketchup**.
cattery /ˈkætərɪ/ *n.* (*GB*) pensione per gatti.
cattle /ˈkætl/ *n.* Ⓤ bestiame; bovini: **300 head of c.**, 300 capi di bestiame ● **c. grid** (*USA* **guard**), griglia su una fossa attraverso la strada (*per impedire il passaggio del bestiame*) □ **c. shed**, stalla □ (*ferr.*) **c. truck**, carro bestiame.
cattleman /ˈkætlmən/ *n.* (*pl.* **cattlemen** /-mən/) (*specialm. USA*) allevatore di bestiame.
catty /ˈkætɪ/ *a.* (*fam.*) maligno; dispettoso.
catwalk /ˈkætwɔːk/ *n.* passerella.
Caucasian /kɔːˈkeɪʒn, -zɪən/ *a. e n.* caucasico.
caucus /ˈkɔːkəs/ *n.* ***1*** riunione ristretta dei capi di un partito ***2*** gruppo (*generalm. influente*) all'interno di un'organizzazione.
caught /kɔːt/ *pass. e p.p. di* **to catch**.
cauldron /ˈkɔːldrən/ *n.* calderone.
cauliflower /ˈkɒlɪflaʊə(r), *USA* ˈkɔːlɪ-/ *n.* cavolfiore.
to **caulk** /kɔːk/ *v. t.* (*naut.*) calafatare.
caulker /ˈkɔːkə(r)/ *n.* (*naut.*) calafato.
causal /ˈkɔːzl/ *a.* causale.
causality /kɔːˈzælətɪ/ *n.* Ⓤ causalità.
causative /ˈkɔːzətɪv/ *a.* causativo.
cause /kɔːz/ *n.* ***1*** (*anche leg.*) causa: **the c. of human rights**, la causa dei diritti umani; **to plead a c.**, perorare una causa ***2*** Ⓤ motivo; ragione: **c. for concern**, motivo di preoccupazione; **without good c.**, senza un legittimo motivo ● **to make common c. with**, fare causa comune con.
to **cause** /kɔːz/ *v. t.* ***1*** causare; provocare; produrre: **What caused the explosion?**, che cosa ha provocato l'esplosione?; **His lateness caused great concern**, il suo ritardo fu fonte di preoccupazione ***2*** (*seguito da un inf.*) fare: **He caused me to miss the bus**, mi fece perdere l'autobus.
causeway /ˈkɔːzweɪ/ *n.* strada rialzata.
caustic /ˈkɔːstɪk/ *a.* (*chim. e fig.*) caustico.
to **cauterize**, (*GB anche*) to **cauterise** /ˈkɔːtəraɪz/ *v. t.* (*med.*) cauterizzare.
caution /ˈkɔːʃn/ *n.* ***1*** Ⓤ cautela; prudenza: **to throw c. to the winds**, abbandonare ogni cautela ***2*** avvertimento; ammonimento; (*leg.*) diffida.
to **caution** /ˈkɔːʃn/ *v. t.* ***1*** avvertire; ammonire; mettere in guardia ***2*** (*leg.*) ammonire; diffidare.
cautionary /ˈkɔːʃənrɪ, *USA* -nerɪ/ *a.* ammonitore.
cautious /ˈkɔːʃəs/ *a.* cauto; prudente.
cavalcade /kævlˈkeɪd/ *n.* sfilata (*di persone a cavallo, di automobili*).
cavalier /kævəˈlɪə(r)/ *a.* incurante; pieno di disprezzo.
cavalry /ˈkævlrɪ/ *n.* Ⓤ (*mil.*) cavalleria.
cavalryman /ˈkævlrɪmən/ *n.* (*pl.* **cavalrymen** /-mən/) (*mil.*) cavalleggero; soldato di cavalleria.
cave /keɪv/ *n.* caverna; grotta; spelonca ● **c. art**, arte rupestre □ **c.-dweller**, uomo delle caverne; troglodita. ATTENZIONE: **cave** ≠ cava.
to **cave** /keɪv/ *v. Solo come*:
♦ **cave in** *v. i. + avv.* ***1*** (*di tetto e sim.*) crollare; sprofondare ***2*** (*fam.*) crollare; cedere.
caveat /ˈkeɪvɪæt, ˈkæ-/ (*lat.*) *n.* ***1*** (*leg.*) intimazione; diffida ***2*** ammonimento.
cave-in /keɪv/ *n.* crollo; sprofondamento.
caveman /ˈkeɪvmæn/ *n.* (*pl.* **cavemen** /-mən/) uomo delle caverne; cavernicolo.
cavern /ˈkævən/ *n.* caverna; grotta.
cavernous /ˈkævənəs/ *a.* cavernoso.
caviar(e) /ˈkævɪɑː(r)/ *n.* Ⓤ caviale.
cavil /ˈkævl/ *n.* Ⓒ *e* Ⓤ cavillo.
to **cavil** /ˈkævl/ *v. i.* cavillare: **to c. at st.**, cavillare su q.c.
caving /ˈkeɪvɪŋ/ *n.* Ⓤ (*sport*) speleologia.
cavity /ˈkævətɪ/ *n.* ***1*** cavità ***2*** (*mecc., edil.*) intercapedine: **c. wall**, muro a intercapedine ***3*** (*odontoiatria*) carie.
to **cavort** /kəˈvɔːt/ *v. i.* (*fam.*) saltare; saltellare; far capriole.
caw /kɔː/ *n.* (*zool.*) gracchio.
to **caw** /kɔː/ *v. i.* gracchiare.
cayenne /ˈkeɪen, *USA* kaɪˈen/ *n.* Ⓤ (*anche* **C. pepper**) pepe di Caienna.
cayman /ˈkeɪmən/ *n.* (*zool.*) caimano.
cease /siːs/ *n.* — (*form.*) **without c.**, senza sosta; incessantemente.
to **cease** /siːs/ *v. t. e i.* cessare; smettere: **to c. doing st.**, cessare di fare q.c.; **C. fire!**, cessate il fuoco!
cease-fire /ˈsiːsfaɪə(r)/ *n.* (*mil.*) cessate il fuoco; tregua.
ceaseless /ˈsiːsləs/ *a.* incessante; continuo.
cedar /ˈsiːdə(r)/ *n.* (*pianta e legno*) cedro.
to **cede** /siːd/ *v. t.* cedere (*un diritto, un territorio, ecc.*).
cedilla /sɪˈdɪlə/ *n.* cediglia.
ceiling /ˈsiːlɪŋ/ *n.* ***1*** (*edil.*) soffitto ***2*** (*aeron.*) quota di tangenza ***3*** (*econ.*) limite massimo; tetto.
celebrant /ˈseləbrənt/ *n.* (*relig.*) celebrante; officiante.
to **celebrate** /ˈseləbreɪt/ ***A*** *v. t.* ***1*** celebrare; commemorare; festeggiare ***2*** (*relig.*) celebrare; officiare ***B*** *v. i.* far festa.
celebrated /ˈseləbreɪtɪd/ *a.* celebre; illustre.
celebration /seləˈbreɪʃn/ *n.* Ⓒ *e* Ⓤ celebrazione; festeggiamento.
celebrity /səˈlebrətɪ/ *n.* Ⓤ *e* Ⓒ celebrità.
celeriac /səˈlerɪæk/ *n.* (*bot.*) sedano rapa.
celerity /səˈlerətɪ/ *n.* Ⓤ celerità; velocità; sveltezza.
celery /ˈselərɪ/ *n.* Ⓤ (*bot.*) sedano.
celestial /səˈlestɪəl, *USA* -stʃəl/ *a.* celeste (*anche astron.*); celestiale.
celibacy /ˈseləbəsɪ/ *n.* Ⓤ celibato (*specialm. di religioso*).
celibate /ˈseləbət/ *a. e n.* ***1*** (*specialm. di religioso*) celibe ***2*** casto (*agg.*).
cell /sel/ *n.* ***1*** cella (*di prigione, monastero, ecc.*) ***2*** (*biol.*) cellula: **blood c.**, cellula ematica ***3*** (*elettr.*) elemento (*di batteria*) ***4*** (*polit.*) cell ● (*biol.*) **c. division**, divisione cellulare □ (*fam.*) **grey cells**, cervello; materia grigia.
cellar /ˈselə(r)/ *n.* cantina.
cellist /ˈtʃelɪst/ *n.* (*mus.*) violoncellista.
cello /ˈtʃeləʊ/ *n.* (*mus.*) violoncello.
cellophane ® /ˈseləfeɪn/ *n.* Ⓤ cellophane ®.
cellphone /ˈselfəʊn/ *n.* (*fam.*) (telefono) cellulare.

cellular /ˈsɛljʊlə(r)/ *a.* **1** (*scient., tecn.*) cellulare: **c. phone**, telefono cellulare; (*biol.*) **c. tissue**, tessuto cellulare **2** (*ind. tess.*) a nido d'ape.
cellulite /ˈsɛljʊlaɪt/ *n.* U (*med., fam.*) cellulite.
celluloid ® /ˈsɛljʊlɔɪd/ *n.* U celluloide ®.
cellulose /ˈsɛljʊləʊs/ *n.* U cellulosa.
Celt /kɛlt, *USA* sɛlt/ *n.* (*stor.*) celta.
Celtic /ˈkɛltɪk, *USA* ˈsɛltɪk/ *a.* celtico.
cement /sɪˈmɛnt/ *n.* U **1** cemento **2** mastice; adesivo • **c. mixer**, betoniera; impastatrice di cemento.
to **cement** /sɪˈmɛnt/ *v. t.* (*anche fig.*) cementare.
cemetery /ˈsɛmətrɪ, *USA* -tɛrɪ/ *n.* cimitero (*non annesso a una chiesa*).
cenobite /ˈsiːnəʊbaɪt/ *n.* cenobita.
cenotaph /ˈsɛnətɑːf, *USA* -tæf/ *n.* cenotafio.
censor /ˈsɛnsə(r)/ *n.* censore.
to **censor** /ˈsɛnsə(r)/ *v. t.* censurare.
censorious /sɛnˈsɔːrɪəs/ *a.* incline a criticare; ipercritico.
censorship /ˈsɛnsəʃɪp/ *n.* U censura.
censure /ˈsɛnʃə(r)/ *n.* U *e* C biasimo; riprovazione.
to **censure** /ˈsɛnʃə(r)/ *v. t.* biasimare; criticare.
census /ˈsɛnsəs/ *n.* censimento.
cent /sɛnt/ *n.* **1** (*USA*) centesimo di dollaro **2** (*fam.*) soldo: **I haven't a red c.**, non ho neanche un soldo; non ho il becco di un quattrino **3** *V.* **per cent**.
centaur /ˈsɛntɔː(r)/ *n.* (*mitol.*) centauro.
centenarian /sɛntɪˈnɛərɪən/ *a. e n.* centenario (-a).
centenary /sɛnˈtiːnərɪ, -ˈtɛn-, *USA* ˈsɛntɪnɛrɪ/ *a. e n.* centenario.
centennial /sɛnˈtɛnɪəl/ *n.* (*USA*) centenario.
center /ˈsɛntə(r)/ *e deriv.* (*USA*) *V.* **centre** *e deriv.*
centigrade /ˈsɛntɪgreɪd/ *a.* centigrado.
centigram(me) /ˈsɛntɪgræm/ *n.* centigrammo.
centilitre, (*USA*) **centiliter** /ˈsɛntɪliːtə(r)/ *n.* centilitro.
centimetre, (*USA*) **centimeter** /ˈsɛntɪmiːtə(r)/ *n.* centimetro.
centipede /ˈsɛntɪpiːd/ *n.* (*zool.*) centopiedi.
central /ˈsɛntrəl/ *a.* centrale; principale: **c. heating**, riscaldamento centrale • (*autom., GB*) **c. reservation**, banchina spartitraffico.
to **centralise** /ˈsɛntrəlaɪz/ *e deriv.* (*GB*) *V.* **to centralize** *e deriv.*
centralism /ˈsɛntrəlɪzəm/ *n.* U (*polit.*) centralismo.
centralist /ˈsɛntrəlɪst/ *n. e a. attr.* (*polit.*) centralista.
centralization /sɛntrəlaɪˈzeɪʃn, *USA* -lɪˈz-/ *n.* U centralizzazione; accentramento.
to **centralize** /ˈsɛntrəlaɪz/ *v. t.* centralizzare; accentrare.
centre /ˈsɛntə(r)/ *n.* **1** centro: **c. of attraction**, centro d'attrazione; **c. of gravity**, centro di gravità; baricentro; **shopping [sports, health] c.**, centro commerciale [sportivo, sanitario]; (*polit.*) **c. party**, partito di centro **2** (*sport*) centrocampista • (*calcio*) **c. forward**, centrattacco; centravanti □ **c. stage**, posizione centrale: **to take c. stage**, porsi al centro dell'attenzione □ **soft c.**, (cioccolatino con) ripieno di crema morbida.
to **centre** /ˈsɛntə(r)/ *v. t.* centrare; mettere al centro.
♦ **centre around** *v. i. + prep.* incentrarsi su.
♦ **centre on** *v. i. + prep.* concentrarsi su; convergere su.
centreboard /ˈsɛntəbɔːd/ *n.* (*naut.*) deriva mobile.
centrefold /ˈsɛntəfəʊld/ *n.* **1** paginone centrale (*di rivista*) **2** (*pop.*) foto di bella ragazza nuda; pin-up.
centrepiece /ˈsɛntəpiːs/ *n.* **1** centrotavola **2** (*fig.*) pezzo forte.
centrifugal /sɛntrɪˈfjuːgl, sɛnˈtrɪfjʊgl/ *a.* centrifugo.
centrifuge /ˈsɛntrɪfjuːdʒ/ *n.* centrifuga.
centrism /ˈsɛntrɪzəm/ *n.* U (*polit.*) centrismo.
centrist /ˈsɛntrɪst/ *n. e a. attr.* (*polit.*) centrista.
centurion /sɛnˈtjʊərɪən, *USA* -ˈtʊə-/ *n.* (*stor. romana*) centurione.
century /ˈsɛntʃərɪ/ *n.* secolo.
ceramic /səˈræmɪk/ *a.* di ceramica.
ceramics /səˈræmɪks/ *n. pl.* **1** (*col verbo al sing.*) (arte della) ceramica **2** ceramiche.
ceramist /ˈsɛrəmɪst/ *n.* ceramista.
cereal /ˈsɪərɪəl/ *a. e n.* **1** cereale **2** (*cucina*) fiocchi d'avena, d'orzo, ecc.
cerebellum /sɛrəˈbɛləm/ *n.* (*pl.* **cerebellums**, **cerebella** /-lə/) (*anat.*) cervelletto.
cerebral /ˈsɛrəbrəl, *USA* səˈriːbrəl/ *a.* (*med. e fig.*) cerebrale: (*med.*) **c. palsy**, paralisi cerebrale.
cerebrospinal /sɛrəbrəʊˈspaɪnl/ *a.* (*anat.*) cerebrospinale.
ceremonial /sɛrəˈməʊnɪəl/ **A** *a.* **1** da cerimonia; cerimoniale **2** formale; solenne; rituale **B** *n.* **1** cerimoniale **2** (*relig.*) rituale.
ceremonious /sɛrəˈməʊnɪəs/ *a.* cerimonioso.
ceremony /ˈsɛrəmənɪ, *USA* -məʊnɪ/ *n.* C *e* U cerimonia • **to stand on c.**, fare complimenti.
cerise /səˈriːz, -riːs/ *a. e n.* U (color) rosso ciliegia.
cert /sɜːt/ *n.* (*abbr. fam. di* **certainty**) cosa certa; fatto certo.
certain /ˈsɜːtn/ *a.* **1** certo; sicuro: **for c.**, per certo; di sicuro; **I'm c. I saw them**, sono sicura di averli visti; **He's c. to win**, vincerà sicuramente; **to make c. of st.**, accertarsi di q.c. **2** certo: **a c. John Smith**, un certo John Smith; **to a c. extent**, fino a un certo punto.
certainly /ˈsɜːtnlɪ/ *avv.* certamente; certo: **C. not!**, no di certo!
certainty /ˈsɜːtntɪ/ *n.* **1** U certezza **2** cosa certa; fatto certo • **to bet on a c.**, scommettere a colpo sicuro □ **to know st. for a c.**, sapere q.c. per certo.
certifiable /sɜːtɪˈfaɪəbl/ *a.* **1** attestabile **2** (*med. e fig.*) da ricoverare in manicomio.
certificate /səˈtɪfɪkət/ *n.* certificato; attestato; diploma: **birth c.**, certificato (*o* atto) di nascita; **health c.**, certificato di sana costituzione.
certified /ˈsɜːtɪfaɪd/ *a.* **1** documentato: (*comm.*) **c. transfer**, cessione documentata **2** legalizzato; autenticato: **c. copy**, copia autenticata **3** abilitato; iscritto all'albo: (*USA*) **c. public accountant**, ragioniere iscritto all'albo • (*USA*) **c. mail**, servizio di posta raccomandata □ **c. milk**, latte garantito immune da germi.
to **certify** /ˈsɜːtɪfaɪ/ *v. t.* **1** certificare; attestare **2** legalizzare; autenticare **3** dichiarare pazzo (*da parte di un medico*) **4** (*comm., USA*) garantire.
certitude /ˈsɜːtɪtjuːd, *USA* -tuːd/ *n.* certezza; convinzione.
cervical /ˈsɜːvɪkl/ *a.* (*anat.*) cervicale • **c. cancer**, cancro al collo dell'utero.
cervix /ˈsɜːvɪks/ *n.* (*pl.* **cervices** /səˈvaɪsiːz/, **cervixes**) (*anat.*) cervice uterina; collo dell'utero.
Cesarean /sɪˈzɛərɪən/ (*USA*) *V.* **Caesarean**.
cessation /sɛˈseɪʃn/ *n.* U *e* C cessazione; arresto; pausa.
cession /ˈsɛʃn/ *n.* U *e* C cessione (*di diritto, territorio, ecc.*).
cesspit /ˈsɛspɪt/, **cesspool** /ˈsɛspuːl/ *n.* pozzo nero.
to **chafe** /tʃeɪf/ **A** *v. t.* **1** sfregare; strofinare; frizionare **2** irritare (*per sfregamento*) **B** *v. i.* (*anche fig.*) irritarsi: **to c. at a delay**, irritarsi per un ritardo.
chaff /tʃɑːf, tʃæf, *USA* tʃæf/ *n.* U **1** pula; loppa **2** paglia, fieno (*usati come foraggio*).
chaffinch /ˈtʃæfɪntʃ/ *n.* (*zool.*) fringuello.
chafing dish /ˈtʃeɪfɪŋdɪʃ/ *locuz. n.* scaldavivande.
chagrin /ˈʃægrɪn, -æn, *USA* ʃəˈgrɪn, -iːn, -æn/ *n.* U disappunto; delusione.
chain /tʃeɪn/ *n.* catena; catenina: **in chains**, in catene; incatenato • **c. reaction**, reazione a catena □ **c. saw**, motosega □ **c. smoker**, fumatore accanito □ **c. stitch**, punto a catenella □ **c. store**, negozio (*o* grande magazzino) che fa parte di una catena □ **c. of command**, linea gerarchica □ **c. of events**, serie di avvenimenti.
to **chain** /tʃeɪn/ *v. t.* (*anche* **to c. up**) incatenare; mettere alla catena.
to **chain-smoke** /ˈtʃeɪnsməʊk/ *v. i.* fumare una sigaretta dopo l'altra.
chair /tʃɛə(r)/ *n.* **1** sedia; seggiola **2** seggio (*presidenziale, ecc.*); cattedra (*universitaria*) **3** presidenza (*di riunione, ecc.*); (*estens.*) presidente: **to take the c.**, assumere la presidenza; **to be in the c.**, presiedere **4** (*fam. USA*) sedia elettrica • **c. lift**, seggiovia □ **dentist's c.**, poltrona del dentista □ **easy c.**, poltrona □ **to take a c.**, sedersi.
to **chair** /tʃɛə(r)/ *v. t.* **1** presiedere (*una riunione, ecc.*) **2** portare in trionfo.
chairman /ˈtʃɛəmən/ *n.* (*pl.* **chairmen** /-mən/) presidente (*di riunione, ecc.*).
chairmanship /ˈtʃɛəmənʃɪp/ *n.* presidenza (*di riunione, ecc.*).
chairperson /ˈtʃɛəpɜːsn/ *n.* presidente (-essa) (*di riunione, ecc.*).
chairwoman /ˈtʃɛəwʊmən/ (*pl.* **chairwomen** /-wɪmən/) *n.* presidentessa (*di riunione, ecc.*).

chaise longue /ʃeɪz'lɒŋ, *USA* -lɔːŋ/ (*franc.*) *locuz. n.* ***1*** dormeuse (*franc.*) ***2*** sedia a sdraio.
chalcedony /kæl'sedənɪ/ *n.* [U] (*miner.*) calcedonio.
Chaldean /kæl'diːən/ *a. e n.* (*stor.*) caldeo.
chalet /'ʃæleɪ, *USA* ʃæ'leɪ/ (*franc.*) *n.* ***1*** chalet; baita ***2*** bungalow per villeggiatura.
chalice /'tʃælɪs/ *n.* calice.
chalk /tʃɔːk/ *n.* ***1*** [U] gesso; calcare fine: **c.-pit**, cava di gesso ***2*** (*anche* **piece of c.**) gessetto • **The matter isn't closed yet, not by a long c.**, la faccenda è tutt'altro che chiusa □ (*fam.*) **They are like** (*o* **as different as**) **c. and cheese**, sono completamente diversi.
to **chalk** /tʃɔːk/ *v. t.* segnare, scrivere col gesso.
♦ **chalk up** *v. t. + avv.* ***1*** (*sport*) segnare (*punti*) ***2*** (*sport*) mettere a segno (*una vittoria*) ***3*** segnare sul conto (di q.).
chalky /'tʃɔːkɪ/ *a.* gessoso; calcareo.
challenge /'tʃælɪndʒ/ *n.* ***1*** sfida: **to take up a c.**, raccogliere una sfida ***2*** contestazione; messa in discussione ***3*** (*leg.*) ricusazione (*di giurato*) ***4*** stimolo; sfida: **a job which offers a c.**, un lavoro stimolante ***5*** (*mil.*) chi va là.
to **challenge** /'tʃælɪndʒ/ *v. t.* ***1*** (*anche sport*) sfidare ***2*** contestare; mettere in dubbio ***3*** (*leg.*) ricusare (*un giurato*) ***4*** stimolare; mettere alla prova ***5*** (*mil.*) intimare il chi va là a.
challenged /'tʃælɪndʒd/ *a.* (*sempre preceduto da avv.*) che ha un handicap: **visually c.**, non vedente; con handicap visivo.
challenger /'tʃælɪndʒə(r)/ *n.* (*anche sport*) sfidante.
challenging /'tʃælɪndʒɪŋ/ *a.* ***1*** stimolante; impegnativo ***2*** provocatorio; polemico.
chamber /'tʃeɪmbə(r)/ *n.* ***1*** sala; aula ***2*** (*polit.*) camera: **C. of Commerce**, Camera di commercio; **Upper** [**Lower**] **C.**, Camera alta [bassa] ***3*** (*al pl.*) (*leg.*) ufficio di giudice (*presso il tribunale*); studio legale ***4*** (*di arma da fuoco*) camera di scoppio ***5*** (*anat.*) cavità • **c. music**, musica da camera □ **c. pot**, vaso da notte.
chamberlain /'tʃeɪmbəlɪn/ *n.* ciambellano.
chambermaid /'tʃeɪmbəmeɪd/ *n.* cameriera (*d'albergo*).
chameleon /kə'miːlɪən/ *n.* (*zool. e fig.*) camaleonte.
chamfer /'tʃæmfə(r)/ *n.* ***1*** (*mecc.*) smussatura; taglio a sbieco ***2*** (*archit.*) modanatura ***3*** (*falegn.*) scanalatura.
to **chamfer** /'tʃæmfə(r)/ *v. t.* ***1*** (*mecc.*) smussare ***2*** (*falegn.*) scanalare.
chammy /'ʃæmɪ/ *V.* **chamois**, *def.* 2.
chamois /'ʃæmwɑː, *USA* ʃæm'wɑː/ *n.* ***1*** (*zool.*) camoscio ***2*** [U] (*anche* **c. leather**) pelle di camoscio (*per pulire*).
champ /tʃæmp/ *n.* (*abbr. fam. di* **champion**) campione (*sportivo*).
to **champ** /tʃæmp/ *v. t. e i.* ***1*** masticare rumorosamente ***2*** mordere: (*anche fig.*) **to c. at the bit**, mordere il freno.
champagne /ʃæm'peɪn/ (*franc.*) *n.* [U] champagne.
champers /'ʃæmpəz/ *n.* [U] (*fam. GB*) champagne.
champion /'tʃæmpɪən/ *n.* ***1*** (*anche sport*) campione ***2*** difensore; protettore.
to **champion** /'tʃæmpɪən/ *v. t.* sostenere la causa di; battersi per.
championship /'tʃæmpɪənʃɪp/ *n.* ***1*** campionato ***2*** [U] difesa (*di una causa, ecc.*).
chance /tʃɑːns, *USA* tʃæns/ ***A*** *n.* ***1*** [U] caso; sorte; fortuna: **by c.**, per caso ***2*** [C] *e* [U] probabilità; possibilità: **to have no c. of success**, non avere alcuna probabilità di riuscita; **I don't stand a c. of winning**, non ho nessuna probabilità di vincere ***3*** opportunità; occasione: **the c. of a lifetime**, un'occasione irripetibile • (*fam.*) **Chances are...**, è molto probabile che... □ (*pop.*) **Fat c.!**, figurati!; magari! □ **game of c.**, gioco d'azzardo □ **to take chances**, correre rischi ***B*** *a. attr.* casuale; fortuito.
to **chance** /tʃɑːns, *USA* tʃæns/ ***A*** *v. i.* (*antiq.*) accadere; capitare; darsi il caso che: **It chanced that he wasn't in**, accadde che lui non fosse in casa; **I chanced to meet him**, mi capitò d'incontrarlo ***B*** *v. t.* rischiare: **Let's c. it**, rischiamo!; proviamoci!
♦ **chance upon** *v. i. + prep.* imbattersi in.
chancel /'tʃɑːnsl, *USA* 'tʃæn-/ *n.* (*archit.*) coro; presbiterio.
chancellery /'tʃɑːnslrɪ, *USA* 'tʃæn-/ *n.* cancelleria (*ufficio ed edificio*).
chancellor /'tʃɑːnsələ(r), *USA* 'tʃæn-/ *n.* ***1*** (*stor., polit.*) cancelliere ***2*** rettore (*di università, carica di sola rappresentanza*) • (*in G.B.*) **C. of the Exchequer**, Cancelliere dello Scacchiere (*ministro delle finanze*).
chancery /'tʃɑːnsərɪ, *USA* 'tʃæn-/ *n.* (*in G.B.*) sezione dell'Alta Corte di Giustizia.
chancy /'tʃɑːnsɪ, *USA* 'tʃænsɪ/ *a.* (*fam.*) incerto; avventato; rischioso.
chandelier /ʃændə'lɪə(r)/ *n.* lampadario a bracci.
change /tʃeɪndʒ/ *n.* ***1*** cambiamento: **c. of address**, cambiamento di indirizzo; **c. for the better** [**for the worse**], cambiamento in meglio [in peggio]; **That'll make a c.**, sarà un cambiamento piacevole ***2*** cambio; ricambio: **c. of clothes**, cambio d'abiti ***3*** [U] resto; spiccioli; moneta: **He gave me $3 c.**, mi diede 3 dollari di resto; **I have no small** (*o* **loose**) **c.**, non ho spiccioli ***4*** (*fam., anche* **c. of life**) menopausa • **c. of heart**, ripensamento □ (*pallavolo*) **c. of service**, cambio palla □ (*USA*) **c. purse**, borsellino; portamonete □ **for a c.**, tanto per cambiare □ **Can you give me c. for £100?**, mi puoi cambiare 100 sterline?
to **change** /tʃeɪndʒ/ ***A*** *v. t.* cambiare; mutare; trasformare: **to c. the subject**, cambiare discorso; **to c. colour**, (*anche fig.*) cambiare colore; **to c. the baby**, cambiare il bambino; **to c. one's clothes**, cambiarsi d'abito; **to c. trains**, cambiare treno; **Let's c. seats**, scambiamoci di posto; **to c. dollars into lire**, cambiare dollari in lire; **The prince was changed into a frog**, il principe fu trasformato in rana • (*sport*) **to c. ends**, cambiare campo □ (*autom.*) **to c. gear**, cambiare (marcia) □ **to c. hands**, cambiare proprietario; passare di mano □ **to c. one's mind**, cambiare idea □ (*fig.*) **to c. places with sb.**, far cambio con q. □ (*polit.*) **to c. sides**, cambiare schieramento; cambiare bandiera ***B*** *v. i.* ***1*** cambiare, mutare; trasformarsi: **She's changed a lot**, è molto cambiata; **The lights changed to red**, il semaforo diventò rosso ***2*** cambiarsi (*d'abito*): **to c. into evening dress**, mettersi in abito da sera; **C. out of that wet shirt**, cambiati quella camicia bagnata • (*autom.*) **to c. into third gear**, mettere la terza.
♦ **change back** ***A*** *v. t. + avv.* ritrasformare ***B*** *v. i. + avv.* tornare a essere.
♦ **change down** *v. i. + avv.* (*autom.*) scalare (una marcia).
♦ **change over** ***A*** *v. t. + avv.* scambiare ***B*** *v. i. + avv.* ***1*** passare a: **to c. over to gas central heating**, passare al riscaldamento a gas ***2*** scambiarsi (*di posto, ecc.*); fare cambio.
♦ **change round** ***A*** *v. t. + avv.* ***1*** invertire la posizione di ***2*** spostare (*mobili, ecc.*) ***B*** *v. i. + avv.* ***1*** (*del vento*) girare ***2*** scambiarsi (*di posto, ecc.*); fare cambio.
♦ **change up** *v. i. + avv.* (*autom.*) passare a una marcia superiore; cambiare.
changeability /tʃeɪndʒə'bɪlətɪ/ *n.* [U] mutevolezza; incostanza; variabilità.
changeable /'tʃeɪndʒəbl/ *a.* mutevole; incostante; variabile.
changeableness /'tʃeɪndʒəblnəs/ *V.* **changeability**.
changeless /'tʃeɪndʒləs/ *a.* immutabile; costante.
changeover /'tʃeɪndʒəʊvə(r)/ *n.* ***1*** passaggio; conversione: **the c. to the decimal system**, la conversione al sistema decimale ***2*** (*sport*) cambio di campo.
changing /'tʃeɪndʒɪŋ/ ***A*** *a.* mutevole; variabile ***B*** *n.* (il) cambiare; cambio • **c. room**, (*sport*) spogliatoio; (*in un negozio*) camerino.
channel /'tʃænl/ *n.* ***1*** (*geogr.*) canale: **the** (**English**) **C.**, la Manica ***2*** (*di fiume*) alveo ***3*** (*radio, TV*) canale ***4*** (*anat.*) canale; condotto ***5*** (*fig.*) canale; via; mezzo: **secret channels of information**, vie segrete d'informazione; **through official channels**, per via gerarchica; **to go through the usual channels**, seguire la normale procedura; seguire l'iter burocratico ***6*** (*archit.*) scanalatura.
to **channel** /'tʃænl/ *v. t.* ***1*** scavare canali in; irrigare ***2*** (*archit.*) scanalare ***3*** (*anche fig.*) convogliare; incanalare: **to c. one's energies**, convogliare le proprie energie.
chant /tʃɑːnt, *USA* tʃænt/ *n.* ***1*** canto (*specialm. religioso*); salmodia ***2*** grido ripetuto in coro; slogan.
to **chant** /tʃɑːnt, *USA* tʃænt/ *v. t. e i.* ***1*** salmodiare ***2*** ripetere in coro; lanciare slogan.
chanter /'tʃɑːntə(r), *USA* 'tʃæn-/ *n.* cantore di oratorio; corista.
chanterelle /tʃæntə'rel, ʃɒn-, *USA* ʃæn-/ (*franc.*) *n.* (*bot.*) gallinaccio.
chaos /'keɪɒs/ *n.* [U] caos.
chaotic /keɪ'ɒtɪk/ *a.* caotico.
chap (1) /tʃæp/ *n.* screpolatura (*della pelle*).
chap (2) /tʃæp/ *n.* (*fam. GB*) uomo; tipo; tizio; tale: **He's a good c.**, è un brav'uomo; **poor little c.**, povero piccolo.

chap (3) /tʃæp/ *V.* **chaps**.

to **chap** /tʃæp/ ***A*** *v. t.* screpolare ***B*** *v. i.* screpolarsi.

chapel /ˈtʃæpl/ *n.* ***1*** cappella: **Lady C.**, cappella dedicata alla Madonna ***2*** (*in Inghilterra e Galles*) luogo di culto nonconformista (*di dissenzienti dalla Chiesa anglicana*).

chaperon /ˈʃæpərəʊn/ *n.* chaperon; accompagnatrice.

to **chaperon** /ˈʃæpərəʊn/ *v. t.* fare da chaperon a.

chaplain /ˈtʃæplɪn/ *n.* cappellano.

chaps /tʃæps, ʃæps/ *n. pl.* (*USA*) gambali da cow-boy.

chapter /ˈtʃæptə(r)/ *n.* ***1*** capitolo (*di libro e fig.*) ***2*** (*eccles.*) capitolo: **c.-house**, sala capitolare ***3*** sede locale di un'organizzazione ● **c. and verse**, informazione precisa; fonte esatta □ **c. of accidents**, serie di guai.

char (1) /tʃɑː(r)/ *n.* (*antiq. fam. GB*; *abbr. di* **charwoman**) donna delle pulizie (*a ore*).

char (2) /tʃɑː(r)/ *n.* [U] (*pop. GB*) tè.

to **char** (1) /tʃɑː(r)/ ***A*** *v. t.* carbonizzare ***B*** *v. i.* carbonizzarsi.

to **char** (2) /tʃɑː(r)/ *v. i.* (*antiq. fam. GB*) lavorare come donna a ore; fare le pulizie; fare i servizi (*fam.*).

character /ˈkærəktə(r)/ *n.* ***1*** [U] carattere; indole: **man of c.**, uomo di carattere; **It's out of c. for him**, non è in carattere con lui; non è da lui ***2*** (*di luogo*) carattere; atmosfera ***3*** personaggio (*di romanzo, ecc.*) ***4*** reputazione ***5*** (*form.*) posizione ufficiale; veste ***6*** (*fam.*) individuo; tipo; (tipo) originale, eccentrico ***7*** (*tipogr., elab.*) carattere ● **c. actor** [**actress**], caratterista.

to **characterise** /ˈkærəktəraɪz/ *e deriv.* (*GB*) *V.* **to characterize** *e deriv.*

characteristic /kærəktəˈrɪstɪk/ ***A*** *a.* caratteristico; tipico ***B*** *n.* caratteristica.

characterization /kærəktəraɪˈzeɪʃn, *USA* -rɪˈz-/ *n.* [C] *e* [U] ***1*** caratterizzazione ***2*** (*letter.*) descrizione (*di un personaggio, di personaggi*); personaggi.

to **characterize** /ˈkærəktəraɪz/ *v. t.* ***1*** caratterizzare ***2*** definire; descrivere.

characterless /ˈkærəktələs/ *a.* senza carattere; senza personalità; qualunque: **a c. office-block**, un palazzo di uffici qualunque.

charade /ʃəˈrɑːd, *USA* ʃəˈreɪd/ *n.* sciarada.

charcoal /ˈtʃɑːkəʊl/ *n.* [U] ***1*** carbone di legna; carbonella ***2*** (*pitt.*) carboncino: **c. drawing**, disegno a carboncino.

chard /tʃɑːd/ *n.* [C] *e* [U] (*bot., anche* **Swiss c.**) bietola.

charge /tʃɑːdʒ/ *n.* ***1*** prezzo; costo; spesa: **admission c.**, prezzo del biglietto d'ingresso; **handling c.**, commissione; **extra c.**, supplemento; **Is there any c. for home delivery?**, la consegna a domicilio è a pagamento?; **free of c.**, gratuitamente; (*comm.*) **charges forward**, spese assegnate ***2*** onere; incarico ***3*** [U] responsabilità; cura; custodia; tutela: **to take c. of st.**, assumere la direzione di q.c.; prendere in mano q.c.; **to take c. of sb.**, prendersi cura di q.; **the person in c.**, il responsabile; **Who's in c. here?**, chi è il responsabile qui? ***4*** persona (*o* cosa) affidata alle cure di q. ***5*** (*leg.*) accusa; imputazione: **to be arrested on a c. of murder**, essere arrestato con l'accusa di omicidio; **to be in c.**, essere in stato di arresto; **to bring a c. of theft against sb.**, incriminare q. per furto ***6*** istruzioni; ingiunzione; ordine ***7*** (*mil., elettr., tecn., sport e fig.*) carica: (*elettr.*) **on c.**, sotto carica; **emotional c.**, carica emotiva ● (*USA*) **c. account**, conto aperto □ (*comm.*) **c. card**, carta di credito (*rilasciata da un negozio*) □ **c. hand**, vicecaposquadra □ (*leg.*) **c. sheet**, elenco delle persone in stato di arresto e in attesa di giudizio.

to **charge** /tʃɑːdʒ/ ***A*** *v. t.* ***1*** far pagare; chiedere (*un prezzo*): **They charged me $300**, mi hanno fatto pagare 300 dollari; **How much do you c. for full board?**, quanto prendete per la pensione completa? ***2*** addebitare; mettere sul conto: **C. it to my account**, mettetelo sul mio conto ***3*** (*mil., sport e fig.*) caricare; attaccare ***4*** (*leg.*) accusare; incriminare: **to be charged with theft**, essere accusato di furto ***5*** incaricare; affidare a; dare ordine a: **to c. sb. with an important mission**, affidare a q. una missione importante ***6*** caricare (*un'arma, una batteria*) ***7*** impregnare; caricare; saturare ***B*** *v. i.* ***1*** (*mil.*) caricare; andare alla carica ***2*** precipitarsi; lanciarsi; scagliarsi: **to c. into a room**, precipitarsi in una stanza; **to c. at sb.**, scagliarsi contro q. ***3*** (*elettr.*) caricarsi.

chargeable /ˈtʃɑːdʒəbl/ *a.* ***1*** imputabile ***2*** (*comm.*) addebitabile; a carico (di): **expenses c. to the company**, spese da addebitarsi alla ditta.

charged /tʃɑːdʒd/ *a.* carico: **emotionally c. atmosphere**, atmosfera carica d'emozione.

chargé d'affaires /ˈʃɑːʒeɪdəˈfɛə(r), *USA* ʃɑːˈʒeɪ/ (*franc.*) *locuz. n.* incaricato d'affari.

charger /ˈtʃɑːdʒə(r)/ *n.* (*lett.*) destriero; cavallo (*da battaglia*).

chariot /ˈtʃærɪət/ *n.* (*stor.*) carro (*da guerra, trionfale*); cocchio.

charioteer /tʃærɪəˈtɪə(r)/ *n.* (*stor.*) auriga.

charisma /kəˈrɪzmə/ *n.* [U] *e* [C] carisma.

charismatic /kærɪzˈmætɪk/ *a.* carismatico.

charitable /ˈtʃærɪtəbl/ *a.* ***1*** caritatevole; generoso ***2*** indulgente; benevolo ***3*** di carità; di beneficenza: **c. organisation**, istituto di beneficenza.

charity /ˈtʃærətɪ/ *n.* ***1*** [U] carità; belevolenza: **out of c.**, per pura carità ***2*** [U] carità; beneficenza: **to live on c.**, vivere di carità; **c. ball**, ballo di beneficenza ***3*** (*leg.*) opera di carità; opera pia; istituto di beneficenza.

charlady /ˈtʃɑːleɪdɪ/ *V.* **charwoman**.

charlatan /ˈʃɑːlətən/ *n.* ciarlatano.

charlatanism /ˈʃɑːlətənɪzəm/ *n.* [U] *e* [C] ciarlataneria.

charm /tʃɑːm/ *n.* ***1*** formula magica; incantesimo ***2*** [C] *e* [U] fascino; incanto ***3*** amuleto; talismano ***4*** (*al pl.*) grazie (*femminili*) ● **to work like a c.**, funzionare a meraviglia.

to **charm** /tʃɑːm/ *v. t. e i.* ***1*** incantare ***2*** affascinare; ammaliare; deliziare ● **to have** (*o* **to lead**) **a charmed life**, essere protetto dalla fortuna.

charmer /ˈtʃɑːmə(r)/ *n.* ***1*** incantatore (-trice): **snake c.**, incantatore di serpenti ***2*** ammaliatore (-trice) ***3*** (*fam.*) tipo fascinoso.

charming /ˈtʃɑːmɪŋ/ *a.* ***1*** affascinante; incantevole; delizioso ***2*** molto gradevole; di piacevole compagnia; squisito.

charnel house /ˈtʃɑːnlhaʊs/ *locuz. n.* ossario.

chart /tʃɑːt/ *n.* ***1*** (*naut.*) carta nautica ***2*** tabella; quadro ***3*** grafico ***4*** (*al pl.*) classifica dei dischi più venduti; hit-parade.

to **chart** /tʃɑːt/ *v. t.* ***1*** (*naut.*) fare una carta nautica di (*una regione*); tracciare (*una rotta*) sulla carta ***2*** registrare; descrivere ***3*** progettare; pianificare.

charter /ˈtʃɑːtə(r)/ *n.* ***1*** carta; statuto; documento di concessione ***2*** (*leg.*) atto istitutivo, statuto (*di una società*) ***3*** (*comm., anche* **c. party**) (contratto di) noleggio ***4*** privilegio; esenzione ● (*aeron.*) **c. flight**, volo charter □ **c. company**, società di noleggio.

to **charter** /ˈtʃɑːtə(r)/ *v. t.* ***1*** concedere uno statuto (*o* un documento, un privilegio, un'esenzione) a ***2*** riconoscere mediante statuto ***3*** (*comm.*) noleggiare (*un mezzo di trasporto*).

chartered /ˈtʃɑːtəd/ *a.* — (*GB*) **c. accountant**, ragioniere iscritto all'ordine; commercialista.

Chartism /ˈtʃɑːtɪzəm/ *n.* [U] (*stor.*) cartismo.

Chartist /ˈtʃɑːtɪst/ *n.* (*stor.*) cartista.

charwoman /ˈtʃɑːwʊmən/ *n.* (*pl.* **charwomen** /-wɪmən/) domestica a ore; donna delle pulizie.

chary /ˈtʃɛərɪ/ *a.* cauto; prudente ● **to be c. of doing st.**, pensarci bene prima di fare q.c.; esitare a fare q.c.

chase /tʃeɪs/ *n.* ***1*** [C] *e* [U] inseguimento; caccia: **to give c.**, lanciarsi all'inseguimento; inseguire ***2*** (*sport*) caccia.

to **chase** (1) /tʃeɪs/ ***A*** *v. t.* ***1*** inseguire; rincorrere; dare la caccia a; essere a caccia di ***2*** mettere in fuga; cacciare; scacciare ● **to c. sb. about st.**, andare a parlare a q. di q.c. ***B*** *v. i.* (*seguito da compl.*) correre; precipitarsi.

♦ **chase after** *v. i. + prep.* inseguire; correre dietro a.

♦ **chase down** *v. t. + avv.* (*fam.*) far seguire a (*una bevanda un'altra bevanda di genere diverso*).

♦ **chase up** *v. t. + avv.* rintracciare; scovare.

to **chase** (2) /tʃeɪs/ *v. t.* ***1*** (*mecc.*) scanalare; filettare ***2*** cesellare.

chaser /ˈtʃeɪsə(r)/ *n.* (*fam.*) bevanda bevuta dopo un'altra di genere diverso.

chasm /ˈkæzəm/ *n.* (*anche fig.*) abisso; baratro; voragine.

chassis /ˈʃæsɪ, ˈtʃ-/ *n.* (*pl.* **chassis** /-sɪz/) (*autom.*) telaio; chassis.

chaste /tʃeɪst/ *a.* casto; puro.

to **chasten** /ˈtʃeɪsn/ *v. t.* (*generalm. al passivo*) ammonire; dare una salutare lezione a ● **to feel chastened**, aver imparato la lezione.

chastening /ˈtʃeɪsnɪŋ/ *a.* che è di ammonimento; salutare: **a c. experience**, un'esperienza salutare.

to **chastise** /tʃæˈstaɪz/ *v. t.* (*form.*) punire severamente.

chastity /ˈtʃæstətɪ/ *n.* [U] castità.

chasuble /ˈtʃæzjubl, *USA* -zəbl/ *n.* (*eccles.*) casula; pianeta.

chat /tʃæt/ *n.* chiacchierata; quattro chiacchiere (*fam.*): **to have a long c.**, fare una lunga chiacchierata • (*radio, TV*) **c. show**, programma con ospiti; talk show.

to **chat** /tʃæt/ *v. t.* chiacchierare; conversare.

♦ **chat up** *v. t. + avv.* (*pop. GB*) attaccar bottone a; abbordare.

chatelaine /ˈʃætəleɪn/ (*franc.*) *n.* castellana.

chattel /ˈtʃætl/ *n.* (*leg. ed estens.*) bene mobile; oggetto di proprietà • **goods and chattels**, tutto quello che si possiede; le proprie cose.

chatter /ˈtʃætə(r)/ *n.* U **1** chiacchiera; ciarla **2** (il) battere (*dei denti*) **3** (*di uccelli*) cinguettìo; (*di scimmie*) schiamazzo.

to **chatter** /ˈtʃætə(r)/ *v. i.* **1** chiacchierare; ciarlare **2** (*di denti*) battere **3** (*di uccelli*) cinguettare; (*di scimmie*) schiamazzare.

chatterbox /ˈtʃætəbɒks/ *n.* chiacchierone (-a).

chatty /ˈtʃætɪ/ *a.* **1** loquace; ciarliero **2** (*di conversazione, lettera, ecc.*) familiare; amichevole.

chauffeur /ˈʃəʊfə(r), *USA* ʃəʊˈfɜː(r)/ (*franc.*) *n.* conducente (*di automobile privata*); autista.

chauvinism /ˈʃəʊvɪnɪzəm/ *n.* U sciovinismo.

chauvinist /ˈʃəʊvɪnɪst/ *n.* sciovinista.

cheap /tʃiːp/ **A** *a.* **1** poco costoso; economico; a buon mercato; conveniente; a prezzo ridotto: **a c. restaurant**, un ristorante poco costoso; **I got it c.**, l'ho avuto per poco; **c. labour**, manodopera a basso costo **2** (*spreg.*) dozzinale; scadente; da pochi soldi **3** (*spreg.*) mediocre; meschino; di cattivo gusto: **c. trick**, scherzo di cattivo gusto • (*fam.*) **c. and cheerful**, da quattro soldi ma allegro □ (*fam.*) **c. and nasty**, dozzinale □ (*fam.*) **c.-jack**, da quattro soldi; dozzinale; (*di negozio, ecc.*) che vende articoli da quattro soldi □ **to hold sb. c.**, tenere q. in poco conto □ **to feel c.**, vergognarsi; sentirsi un verme □ **on the c.**, a buon mercato; a basso prezzo **B** *avv.* a buon mercato; a buon prezzo: **It doesn't come c.**, costa parecchio • (*fam.*) **to get off c.**, cavarsela a buon mercato.

to **cheapen** /ˈtʃiːpən/ **A** *v. t.* ridurre, far scendere (*di prezzo*); deprezzare **B** *v. i.* calare (*di prezzo*); deprezzarsi **C** to **cheapen oneself** *v. rifl.* screditarsi; svendersi.

cheaply /ˈtʃiːplɪ/ *avv.* **1** a buon mercato **2** meschinamente.

cheapness /ˈtʃiːpnəs/ *n.* U **1** basso costo; convenienza; modicità **2** mediocrità; volgarità.

cheapskate /ˈtʃiːpskeɪt/ *n.* (*fam.*) taccagno (-a); spilorcio (-a).

cheat /tʃiːt/ *n.* **1** imbroglione (-a); truffatore (-trice) **2** baro.

to **cheat** /tʃiːt/ **A** *v. t.* ingannare; imbrogliare; truffare: **to c. sb. out of st.**, defraudare q. di q.c. • **to c. death**, farla in barba alla morte **B** *v. i.* **1** barare (*al gioco*); copiare (*a un esame*) **2** (*fam.*) essere infedele; tradire: **to c. on one's wife**, tradire la moglie.

check /tʃɛk/ *n.* **1** verifica; controllo; ispezione **2** freno (*fig.*); ostacolo: **to keep in c.**, tenere a freno (*o* sotto controllo) **3** scontrino; contromarca **4** (*USA*) segno di spunta **5** (*USA*) assegno (*Per gli esempi d'uso, V. sotto* **cheque**) **6** (*USA e scozz.*) conto (*di ristorante e simili*) **7** (disegno a) scacchi; quadri **8** (*scacchi*) scacco (*al re*) • **c.-in**, (*in albergo*) registrazione; (*in aeroporto*) accettazione bagagli, check-in □ (*med.*) **c.-up**, controllo generale; check-up.

to **check** /tʃɛk/ *v. t.* **1** controllare; verificare: **to c. st. for mistakes**, controllare q.c. per eliminare gli errori **2** porre un freno a; tenere a freno; trattenere **3** arrestare; bloccare **4** (*USA*) depositare (*bagagli, cappotti*) **5** (*USA*) prendere in consegna (*bagagli, cappotti*) **6** (*USA*) spuntare; fare la spunta **7** (*scacchi*) dare scacco (*al re*).

♦ **check in** *v. i. + avv.* **1** registrarsi (*in albergo*); arrivare in albergo **2** presentarsi all'accettazione bagagli (*in aeroporto*); fare il check-in.

♦ **check off** *v. t. + avv.* spuntare (*le voci di un conto, ecc.*).

♦ **check on** *v. i. + prep.* controllare.

♦ **check out** **A** *v. t. + avv.* **1** controllare **2** (*pop.*) guardare; osservare: **C. out that bike!**, guarda quella moto! **B** *v. i. + avv.* **1** saldare il conto (*di un albergo*); lasciare l'albergo **2** (*pop.*) morire.

♦ **check up** *v. t. e i. + avv.* verificare; accertare l'autenticità (di): **to check up (on) st.**, verificare q.c.

checkbook /ˈtʃɛkbʊk/ *n.* (*USA*) libretto degli assegni.

checked /tʃɛkt/ *a.* a scacchi; a quadri.

checkered /ˈtʃɛkəd/ (*USA*) *V.* **chequered**.

checkers /ˈtʃɛkəz/ *n. pl.* (*USA*) (gioco della) dama.

checking account /ˈtʃɛkɪŋ əˈkaʊnt/ *locuz. n.* (*USA*) conto corrente.

checklist /ˈtʃɛklɪst/ *n.* lista di controllo.

checkmate /ˈtʃɛkmeɪt, -ɛkˈm-/ *n.* U *e inter.* (*anche fig.*) scacco matto.

to **checkmate** /ˈtʃɛkmeɪt, -ɛkˈm-/ *v. t.* (*anche fig.*) dare scacco matto a.

checkout /ˈtʃɛkaʊt/ *n.* **1** cassa (*di supermercato*) **2** ora in cui si deve lasciare libera la stanza (*in un albergo*).

checkpoint /ˈtʃɛkpɔɪnt/ *n.* posto di controllo.

checkroom /ˈtʃɛkruːm, -rʊm/ *n.* (*USA*) **1** deposito bagagli **2** guardaroba (*di teatro, ristorante*).

Cheddar /ˈtʃɛdə(r)/ *n.* formaggio compatto, di colore bianco o giallo; cheddar.

cheek /tʃiːk/ *n.* **1** guancia; gota: **c. to c.**, guancia a guancia **2** U (*fam.*) sfrontatezza; sfacciataggine; faccia tosta • (*fam.*) **c. by jowl**, gomito a gomito.

to **cheek** /tʃiːk/ *v. t.* (*fam. GB*) parlare a (q.) in modo impertinente.

cheekbone /ˈtʃiːkbəʊn/ *n.* (*anat.*) zigomo.

cheeky /ˈtʃiːkɪ/ *a.* (*fam.*) sfrontato; sfacciato.

cheep /tʃiːp/ *n.* pigolio.

to **cheep** /tʃiːp/ *v. i.* pigolare.

cheer /tʃɪə(r)/ *n.* **1** grido di acclamazione; evviva; urrà: **Three cheers for...!**, tre urrà per...! **2** U (*form. o lett.*) allegrezza; letizia • **to be of good c.**, stare di buon animo.

to **cheer** /tʃɪə(r)/ *v. t. e i.* acclamare; applaudire.

♦ **cheer on** *v. t. + avv.* incitare (*con grida*).

♦ **cheer up** **A** *v. t. + avv.* rallegrare **B** *v. i. + avv.* rallegrarsi; farsi animo: **C. up!**, fatti animo!; coraggio!

cheerful /ˈtʃɪəfl/ *a.* **1** allegro; che dà allegria **2** cordiale; ben disposto.

cheering /ˈtʃɪərɪŋ/ **A** *n.* U ovazione; applausi **B** *a.* incoraggiante.

cheerio /tʃɪərɪˈəʊ/ *inter.* (*fam. GB*) **1** arrivederci!; ciao! **2** (*antiq., nei brindisi*) cin cin!; salute!

cheerleader /ˈtʃɪəliːdə(r)/ *n.* (*USA*) capo della tifoseria; ragazza pon-pon.

cheerless /ˈtʃɪələs/ *a.* squallido; tetro; triste.

cheers /tʃɪəz/ *inter.* **1** (*nei brindisi*) (alla) salute!; cin cin! **2** (*fam. GB*) arrivederci!; ciao! **3** (*pop. GB*) grazie!

cheery /ˈtʃɪərɪ/ *a.* allegro; cordiale.

cheese /tʃiːz/ *n.* **1** U formaggio **2** forma di formaggio • **c. straws**, salatini al formaggio □ (*pop.*) **big c.**, pezzo grosso □ (*pop. GB*) **Hard c.!**, peggio per te [per lui, ecc.]!; cavoli amari! (*pop.*) □ (*scherz.*) **Say c.!**, sorridi!, sorridete!

cheeseburger /ˈtʃiːzbɜːgə(r)/ *n.* (*cucina*) hamburger al formaggio.

cheesecake /ˈtʃiːzkeɪk/ *n.* **1** C *e* U (*cucina*) torta (*dolce*) di formaggio **2** U (*pop.*) (foto di) donnine nude (*su riviste, ecc.*).

cheesecloth /ˈtʃiːzklɒθ, *USA* -ɔθ/ *n.* U (*ind. tess.*) garza grezza.

cheesed off /ˈtʃiːzdɒf/ *a. pred.* (*fam. GB*) stufo; scocciato.

cheeseparing /ˈtʃiːzˈpɛərɪŋ/ **A** *n.* taccagneria **B** *a.* taccagno.

cheesy /ˈtʃiːzɪ/ *a.* **1** che sa (*o* odora) di formaggio; simile a formaggio **2** (*pop.*) squallido • **c. grin**, ampio sorriso.

cheetah /ˈtʃiːtə/ *n.* (*zool.*) ghepardo.

chef /ʃɛf/ (*franc.*) *n.* capocuoco; chef.

chemical /ˈkɛmɪkl/ **A** *a.* chimico **B** *n.* sostanza chimica; prodotto chimico.

chemist /ˈkɛmɪst/ *n.* **1** chimico **2** (*GB*) farmacista • **c.'s (shop)**, farmacia.

chemistry /ˈkɛmɪstrɪ/ *n.* U chimica.

chemotherapy /kiːməʊˈθɛrəpɪ, kɛ-/ *n.* U (*med.*) chemioterapia.

chenille /ʃəˈniːl/ *n.* U ciniglia.

cheque /tʃɛk/ *n.* (*GB*) assegno: **to pay by c.**, pagare con (*o* per) assegno; **bad c.**, assegno a vuoto; **blank c.**, assegno in bianco; (*fig.*) carta bianca; **crossed c.**, assegno sbarrato; **open c.**, assegno non sbarrato • **c. card**, carta assegni.

chequebook /ˈtʃɛkbʊk/ *n.* (*GB*) libretto degli assegni.

chequered /ˈtʃɛkəd/ *a.* **1** a scacchi (*colorati*) **2** movimentato; variegato; con molti alti e bassi: **c. career**, carriera movimentata.

to **cherish** /ˈtʃɛrɪʃ/ *v. t.* **1** aver caro; curare teneramente **2** serbare nell'animo; nutrire (*un sentimento*); accarezzare (*un'idea*).
cherished /ˈtʃɛrɪʃt/ *a.* **1** caro: **c. memories**, cari ricordi **2** forte; intenso: **c. ambition**, grande ambizione.
cheroot /ʃəˈruːt/ *n.* sigaro spuntato.
cherry /ˈtʃɛrɪ/ **A** *n.* **1** ciliegia **2** (*anche* **c.-tree**) ciliegio **B** *a.* color ciliegia • **c. brandy**, cherry brandy □ **the c. on the top**, la ciliegina sulla torta (*fig.*) □ **c. tomato**, pomodorino; ciliegina.
cherub /ˈtʃɛrəb/ *n.* (*pl.* **cherubs**, **cherubim** /-bɪm/) (*relig., arte*) cherubino.
cherubic /tʃəˈruːbɪk/ *a.* di (*o* da) cherubino.
chervil /ˈtʃɜːvɪl/ *n.* [U] (*bot.*) cerfoglio.
chess /tʃɛs/ *n.* [U] (gioco degli) scacchi: **to play c.**, giocare a scacchi.
chessboard /ˈtʃɛsbɔːd/ *n.* scacchiera.
chessman /ˈtʃɛsmæn, -mən/ (*pl.* **chessmen** /-mən/) *n.* pezzo (degli scacchi).
chesspiece /ˈtʃɛspiːs/ *n.* pezzo (degli scacchi) (*esclusi i pedoni*).
chest /tʃɛst/ *n.* **1** cassa; cassetta; scrigno **2** cassapanca **3** (*anat.*) torace; petto: **to have c. trouble**, soffrire di bronchite; **to have a weak c.**, essere debole di petto; **c. size**, circonferenza torace • (*GB*) **c. of drawers**, cassettone □ **c. expander**, estensore (*attrezzo da ginnastica*) □ (*fam.*) **to get st. off one's c.**, levarsi un peso dallo stomaco.
chesterfield /ˈtʃɛstəfiːld/ *n.* **1** soprabito con bottoni nascosti e bavero di velluto **2** divano imbottito con braccioli.
chestnut /ˈtʃɛsnʌt, -nət/ **A** *n.* **1** castagna **2** (*anche* **c.-tree**) castagno **3** (*anche* **horse c.**) ippocastano **4** (cavallo) sauro **5** (*fam.*) barzelletta arcinota • (*fam.*) **to pull sb.'s chestnuts out of the fire**, levare le castagne dal fuoco a q. **B** *a.* **1** castano **2** (*di cavallo*) sauro.
chesty /ˈtʃɛstɪ/ *a.* **1** delicato di bronchi; con un po' di tosse **2** (*rif. a donna*) pettoruto • **c. cough**, tosse di petto.
cheval glass /ʃəˈvælglɑːs, *USA* -æs/ (*franc.*) *locuz. n.* specchio a bilico; psiche.
chevron /ˈʃɛvrən/ *n.* **1** (*mil.*) gallone a forma di V o di A **2** (*al pl.*) (*autom.*) segnale stradale a zigzag che indica direzione obbligata.
to **chew** /tʃuː/ *v. t. e i.* masticare.
♦ **chew out** *v. t. + avv.* (*pop.*) fare una sfuriata, un cicchetto a.
♦ **chew over** *v. t. + avv.* rimuginare.
chewing-gum /ˈtʃuːɪŋgʌm/ *n.* [U] gomma da masticare; chewing-gum.
chewy /ˈtʃuːɪ/ *a.* che si può (*o* si deve) masticare a lungo.
chic /ʃiːk/ **A** *a.* eleganza; stile **B** *a.* elegante; chic.
chicane /ʃɪˈkeɪn/ *n.* (*autom., sport*) chicane.
chicanery /ʃɪˈkeɪnərɪ/ *n.* **1** [U] pratiche disoneste; imbrogli **2** imbroglio; trucco.
Chicano /tʃɪˈkɑːnəʊ, ʃɪ-, *USA* -ˈkæn-/ *n.* (*pop. USA*) messicano che vive negli Stati Uniti; americano di origine messicana.
chichi /ˈʃiːʃiː, ˈtʃiːtʃiː/ *a.* (*fam.*) con pretese di eleganza; pretenzioso; sciccoso (*fam.*).
chick /tʃɪk/ *n.* **1** pulcino; uccellino (*implume*) **2** (*pop.*) bella ragazza; pollastrella.
chicken /ˈtʃɪkɪn/ **A** *n.* **1** pollo **2** [U] (carne di) pollo **3** (*pop.*) fifone; vigliacco • **c.-hearted**, pusillanime; vile □ **to count one's chickens before they are hatched**, vendere la pelle dell'orso prima d'averlo ammazzato □ **spring c.**, pollo novello; pollastro □ (*iron.*) **no spring c.**, non più un giovincello [una giovincella] **B** *a.* pauroso; fifone.
to **chicken** /ˈtʃɪkɪn/ *v. Solo come*:
♦ **chicken out** *v. i. + avv.* (*pop.*) tirarsi indietro per paura: **to c. out of st.**, rinunciare a q.c. per paura.
chickenfeed /ˈtʃɪkɪnfiːd/ *n.* [U] **1** mangime per polli **2** (*pop.*) somma di danaro trascurabile; pochi spiccioli; miseria.
chickenpox /ˈtʃɪkɪnpɔks/ *n.* [U] (*med.*) varicella.
chickpea /ˈtʃɪkpiː/ *n.* (*bot.*) cece.
chicory /ˈtʃɪkərɪ/ *n.* [U] (*bot.*) cicoria.
to **chide** /tʃaɪd/ (*pass.* **chid** /tʃɪd/ o **chided**, *p.p.* **chid, chided** o **chidden** /tʃɪdn/) *v. t. e i.* (*lett.*) rimproverare.
chief /tʃiːf/ **A** *n.* capo; comandante: (*mil.*) **c. of staff**, capo di stato maggiore **B** *a.* **1** principale; più importante: **c. surgeon**, primario chirurgo; **c. town**, (città) capoluogo **2** (che sta a) capo: (*GB*) **c. constable**, capo della polizia di una contea; **c. inspector**, ispettore capo • (*fam. iron.*) **c. cook and bottle-washer**, chi deve occuparsi di tutto (*in un ufficio, ecc.*) □ (*in U.S.A.*) **the C. Executive**, il Presidente degli Stati Uniti.
chiefly /ˈtʃiːflɪ/ *avv.* principalmente; soprattutto; per lo più.
chieftain /ˈtʃiːftən/ *n.* **1** (*scozz.*) capoclan **2** comandante; capo.
chiffon /ˈʃɪfɒn, *USA* ʃɪˈfɒn/ (*franc.*) *n.* [U] (*ind. tess.*) chiffon.
chiffonier /ʃɪfəˈnɪə(r)/ (*franc.*) *n.* cassettoncino; comò.
chignon /ˈʃiːnjɒn/ (*franc.*) *n.* chignon; crocchia.
chilblain /ˈtʃɪlbleɪn/ *n.* (*med.*) gelone.
child /tʃaɪld/ *n.* (*pl.* **children**) bambino (-a); figlio (-a): **I'm an only c.**, sono figlio unico [figlia unica]; **small c.**, bambino (-a) • (*in G.B.*) **c. benefit**, assegni familiari □ **c. labour**, lavoro minorile □ **c. prodigy**, bambino prodigio □ (*fig.*) **c.'s play**, gioco da ragazzi; cosa facilissima □ **children's home**, istituto per l'infanzia (*abbandonata, maltrattata o disadattata*).
childbearing /ˈtʃaɪldbɛərɪŋ/ *n.* [U] l'avere figli; gravidanze • **women of c. age**, donne in età feconda.
childbirth /ˈtʃaɪldbɜːθ/ *n.* [U] parto: **to die in c.**, morire di parto.
childhood /ˈtʃaɪldhʊd/ *n.* [U] infanzia.
childish /ˈtʃaɪldɪʃ/ *a.* infantile; puerile.
childishness /ˈtʃaɪldɪʃnəs/ *n.* [U] puerilità.
childless /ˈtʃaɪldləs/ *a.* senza figli.
childlike /ˈtʃaɪldlaɪk/ *a.* infantile; ingenuo; innocente.
childminder /ˈtʃaɪldmaɪndə(r)/ *n.* persona che bada ai bambini altrui a casa propria.
childproof /ˈtʃaɪldpruːf/ *a.* a prova di bambino.
children /ˈtʃɪldrən/ *pl. di* **child**.
Chilean /ˈtʃɪlɪən/ *a. e n.* cileno.
chili /ˈtʃɪlɪ/ *V.* **chilli**.
chill /tʃɪl/ **A** *n.* **1** (sensazione di) freddo; brivido (*di febbre*); colpo di freddo; infreddatura: **to catch a c.**, prendersi un'infreddatura **2** (*rif. a una situazione*) (senso di) gelo; doccia fredda **3** (*rif. a un rapporto*) freddezza; raffreddamento **B** *a.* (*anche fig.*) freddo; gelido.
to **chill** /tʃɪl/ **A** *v. t.* **1** intirizzire **2** (*fig.*) gelare; raggelare **3** mettere in fresco (*vino, ecc.*) • **chilled to the bone**, gelato fino alle ossa **B** *v. i.* raffreddarsi.
♦ **chill out** *v. i. + avv.* (*pop.*) darsi una calmata.
chilli /ˈtʃɪlɪ/ *n.* (*pl.* **chillies**) **1** (*bot.*) peperoncino rosso; chili **2** [U] (*anche* **c. sauce**) salsa di peperoncino rosso.
chilly /ˈtʃɪlɪ/ *a.* **1** (*anche fig.*) freddo; gelido; raggelante **2** infreddolito.
chime /tʃaɪm/ *n.* **1** scampanio; rintocchi **2** (*al pl.*) concerto di campane.
to **chime** /tʃaɪm/ **A** *v. i.* **1** (*di campane*) rintoccare; scampanare **2** (*fig.*) concordare **B** *v. t.* (*di orologio*) battere (*le ore*).
♦ **chime in** *v. i. + avv.* (*fam.*) interloquire; fare eco.
♦ **chime in with** *v. i. + avv. e prep.* concordare con.
chimera /kaɪˈmɪərə/ *n.* (*mitol. e fig.*) chimera.
chimney /ˈtʃɪmnɪ/ *n.* **1** camino **2** ciminiera; fumaiolo **3** (*alpinismo*) camino **4** tubo di vetro (*di lampada a olio*) • **c.-sweep**, spazzacamino.
chimneypot /ˈtʃɪmnɪpɒt/ *n.* comignolo (*di terracotta*).
chimneystack /ˈtʃɪmnɪstæk/ *n.* **1** ciminiera **2** (*GB*) gruppo di camini.
chimp /tʃɪmp/ *n. abbr. fam. di* **chimpanzee**.
chimpanzee /tʃɪmpænˈziː, *USA* tʃɪmˈpænzɪ/ *n.* (*zool.*) scimpanzé.
chin /tʃɪn/ *n.* mento • **c.-rest**, mentoniera (*di violino*) □ **to keep one's c. up**, reagire bene (*alle avversità*); tenere duro □ (*fam.*) (**Keep your**) **c. up!**, su con la vita!; coraggio! □ (*fam.*) **to take it on the c.**, incassare bene.
china /ˈtʃaɪnə/ *n.* [U] **1** porcellana: **bone c.**, porcellana fine **2** oggetti di porcellana; porcellane; stoviglie di porcellana • (*miner.*) **c. clay**, caolino.
Chinaman /ˈtʃaɪnəmən/ *n.* (*pl.* **Chinamen** /-mən/) (*antiq. o spreg.*) cinese (*m.*).
Chinatown /ˈtʃaɪnətaʊn/ *n.* quartiere cinese.
chinaware /ˈtʃaɪnəwɛə(r)/ *n.* [U] oggetti di porcellana; porcellane.
chinchilla /tʃɪnˈtʃɪlə/ *n.* **1** (*zool.*) cincilla **2** pelliccia di cincilla.
Chinese /tʃaɪˈniːz/ *a. e n.* (*pl. invar.*) **1** cinese **2** (*fam.*) ristorante cinese; cucina cinese • **C. lantern**, lanterna cinese; lampioncino colorato.

chink (1) /tʃɪŋk/ *n.* crepa; fessura • **a c. in sb.'s armour**, il punto debole di q.

chink (2) /tʃɪŋk/ *n.* tintinnio.

to **chink** /tʃɪŋk/ ***A*** *v. i.* tintinnare ***B*** *v. t.* far tintinnare.

chinless /ˈtʃɪnləs/ *a.* ***1*** senza mento ***2*** (*di uomo, GB*) smidollato.

chinoiserie /ʃɪnˈwɑːzərɪ, *USA* ʃiːnwɑːzəˈriː/ (*franc.*) *n.* U (*anche arte*) cineseria.

chinstrap /ˈtʃɪnstræp/ *n.* sottogola.

chintz /tʃɪnts/ *n.* U (*ind. tess.*) chintz.

chinwag /ˈtʃɪnwæg/ *n.* (*fam. GB*) chiacchierata.

chip /tʃɪp/ *n.* ***1*** frammento; pezzetto; scheggia; truciolo ***2*** sbeccatura; scheggiatura ***3*** (*al pl.*) (*GB*) patatine fritte (*a bastoncino*) ***4*** (*al pl.*) (*USA*) patatine (croccanti) ***5*** gettone (*da gioco*); fiche (*franc.*) ***6*** (*elab.*) chip; circuito integrato ***7*** (*calcio, ecc.*) pallonetto • **a c. off the old block**, (*di figlio o figlia*) tale quale suo padre □ **to have a c. on one's shoulder**, covare un risentimento generalizzato; essere pieno di risentimento □ (*fam.*) **when the chips are down**, alla resa dei conti.

to **chip** /tʃɪp/ ***A*** *v. t.* ***1*** sbeccare; scheggiare ***2*** tagliare a bastoncino (*patate*) ***B*** *v. i.* sbeccarsi; scheggiarsi.

♦ **chip away** ***A*** *v. t. + avv.* staccare a piccoli colpi (*di scalpello, ecc.*); scrostare ***B*** *v. i. + avv.* ***1*** dare piccoli colpi (*di scalpello, ecc.*): **to c. away at st.**, scalpellare q.c. ***2*** (*fig.*) demolire; sgretolare; ridurre.

♦ **chip in** (*fam.*) ***A*** *v. i. + avv.* interrompere ***B*** *v. i. e t. + avv.* contribuire (*con soldi a una colletta*); starci.

chipboard /ˈtʃɪpbɔːd/ *n.* U truciolato.

chipmunk /ˈtʃɪpmʌŋk/ *n.* (*zool.*) tamia.

chipping /ˈtʃɪpɪŋ/ *n.* ***1*** V. **chip**, *def. 1* ***2*** (*al pl.*) ghiaietto; ghiaino.

chiromancer /ˈkaɪərəʊmænsə(r)/ *n.* chiromante.

chiromancy /ˈkaɪərəʊmænsɪ/ *n.* U chiromanzia.

chiropodist /kɪˈrɒpədɪst/ *n.* pedicure; callista.

chiropractic /kaɪərəʊˈpræktɪk/ *n.* U (*med.*) chiroterapia.

chiropractor /ˈkaɪərəʊpræktə(r)/ *n.* (*med.*) chiroterapeuta; chiroterapista.

chirp /tʃɜːp/ *n.* ***1*** cinguettio; trillo ***2*** cri cri; frinire.

to **chirp** /tʃɜːp/ *v. i.* ***1*** cinguettare (*anche fig.*); trillare ***2*** fare cri cri; frinire.

chirpy /ˈtʃɜːpɪ/ *a.* cinguettante; vivace; allegro.

chirrup /ˈtʃɪrəp, *USA* ˈtʃɜːrəp/ *n.* cinguettio.

to **chirrup** /ˈtʃɪrəp, *USA* ˈtʃɜːrəp/ *v. i.* cinguettare.

chisel /ˈtʃɪzl/ *n.* ***1*** scalpello; cesello; bulino ***2*** (*pop.*) fregatura; bidone.

to **chisel** /ˈtʃɪzl/ *v. t. e i.* ***1*** cesellare; incidere (col bulino) ***2*** (*pop.*) imbrogliare; fregare (*pop.*): **to c. sb. out of st.**, fregare q.c. a q.

chit /tʃɪt/ *n.* (*fam.*) nota; biglietto.

chitchat /ˈtʃɪttʃæt/ *n.* (*fam.*) U quattro chiacchiere.

chitterlings /ˈtʃɪtəlɪŋz/ *n. pl.* (*cucina*) frattaglie di maiale.

chivalric /ˈʃɪvəlrɪk, ʃɪˈvæl-/, **chivalrous** /ˈʃɪvəlrəs/ *a.* cavalleresco.

chivalry /ˈʃɪvəlrɪ/ *n.* U (*stor. e fig.*) cavalleria.

chives /tʃaɪvz/ *n. pl.* (*bot.*) erba cipollina.

to **chi(v)y** /ˈtʃɪvɪ/ *v. t.* (*anche* **to c. along** *o* **up**) (*fam.*) far premura a; stare addosso a.

chloride /ˈklɔːraɪd/ *n.* (*chim.*) cloruro.

to **chlorinate** /ˈklɔːrɪneɪt/ *v. t.* trattare con cloro (*l'acqua*).

chlorine /ˈklɔːriːn/ *n.* U (*chim.*) cloro.

chloroform /ˈklɒrəfɔːm, *USA* ˈklɔː-/ *n.* U (*chim.*) cloroformio.

to **chloroform** /ˈklɒrəfɔːm, *USA* ˈklɔː-/ *v. t.* cloroformizzare.

chlorophyl(l) /ˈklɒrəfɪl, *USA* ˈklɔː-/ *n.* U (*bot.*) clorofilla.

choc /tʃɒk/ *n.* (*abbr. fam. di* **chocolate**) cioccolatino • **c.-ice**, barretta di gelato ricoperta di cioccolato.

chock /tʃɒk/ *n.* bietta; cuneo; zeppa.

chock-a-block /tʃɒkəˈblɒk, *USA* ˈtʃɔkəˈblɔk/, **chock-full** /tʃɒkəˈfʊl, *USA* ˈtʃɔk-/ *a.* (*fam.*) pieno zeppo.

chocolate /ˈtʃɒklət, *USA* ˈtʃɔː-/ ***A*** *n.* ***1*** U cioccolato; cioccolata: **c. biscuits**, biscotti al cioccolato ***2*** cioccolatino ***3*** cioccolata (*da bere*) ***B*** *a.* ***1*** di cioccolato ***2*** color cioccolato.

choice /tʃɔɪs/ ***A*** *n.* ***1*** scelta ***2*** (cosa o persona) scelta ***3*** U possibilità di scelta; alternativa: **I had no c. but to obey**, non mi restò (altra scelta) che obbedire ***4*** assortimento • **by c.**, di propria volontà; per libera scelta □ **to get first c.**, essere il primo a scegliere □ **Take your c.!**, scegli! ***B*** *a.* scelto; eccellente; di prima qualità.

choir /ˈkwaɪə(r)/ *n.* ***1*** coro (*di scuola, di chiesa, di angeli*) ***2*** (*archit.*) coro.

choirboy /ˈkwaɪəbɔɪ/ *n.* corista (*ragazzo*).

choirmaster /ˈkwaɪəmɑːstə(r), *USA* -mæ-/ *n.* maestro del coro.

choke /tʃəʊk/ *n.* (*autom.*) valvola dell'aria.

to **choke** /tʃəʊk/ ***A*** *v. t.* ***1*** soffocare (*anche fig.*); strangolare ***2*** ostruire; intasare ***B*** *v. i.* ***1*** soffocare; sentirsi soffocare: **to c. with anger**, soffocare dalla rabbia; **to c. to death**, morire soffocato ***2*** ostruirsi; intasarsi.

♦ **choke back** *v. t. + avv.* frenare, reprimere (*lacrime, ecc.*).

♦ **choke off** *v. t. + avv.* ***1*** soffocare (*una rivolta, ecc.*); sventare (*un tentativo, ecc.*) ***2*** scoraggiare.

♦ **choke up** *v. t. + avv.* ostruire.

choked /tʃəʊkt/ *a.* (*pop.*) ***1*** turbato; sconvolto ***2*** disgustato; furioso.

choker /ˈtʃəʊkə(r)/ *n.* (*fam.*) ***1*** colletto rigido ***2*** collana a girocollo.

choking /ˈtʃəʊkɪŋ/ *a.* ***1*** soffocante ***2*** strozzato, soffocato (*per l'emozione*).

cholera /ˈkɒlərə/ *n.* U (*med.*) colera.

choleric /ˈkɒlərɪk/ *a.* collerico; irascibile.

cholesterol /kəˈlestərɒl, *USA* -ɔːl, -əʊl/ *n.* U (*biochim.*) colesterolo.

to **chomp** /tʃɒmp, *USA* tʃɔːmp/ *v. i.* (*fam.*) masticare rumorosamente.

to **choose** /tʃuːz/ (*pass.* **chose**, *p.p.* **chosen**) *v. t. e i.* ***1*** scegliere: **There isn't much to c. from**, c'è poco da scegliere; **There is little to c. between them**, si equivalgono; l'uno vale l'altro ***2*** preferire: decidere (*di fare q.c.*): **As you c.**, come vuoi; **He chose to remain**, decise di restare ***3*** (*sport*) selezionare (*giocatori, ecc.*).

choos(e)y /ˈtʃuːzɪ/ *a.* (*fam.*) difficile da accontentare; pignolo.

chop /tʃɒp/ *n.* ***1*** taglio netto; colpo (*d'ascia, ecc.*) ***2*** (*boxe*) colpo corto ***3*** braciola (*specialm. di maiale o di agnello*) • (*fam.*) **to get the c.**, essere licenziato; (*di progetto, ecc.*) essere bocciato; (*di finanziamento, ecc.*) essere tagliato.

to **chop** (1) /tʃɒp/ *v. t. e i.* ***1*** tagliare; mozzare; spaccare: **to c. wood**, spaccare la legna ***2*** tagliare a pezzetti; tritare: **finely [coarsely] chopped onion**, cipolla tagliata finemente [grossolanamente] ***3*** (*sport*) tagliare (*una palla*) ***4*** (*fam.*) tagliare (*fondi, ecc.*); licenziare; bocciare (*un progetto, ecc.*).

♦ **chop down** *v. t. + avv.* abbattere (*un albero*).

♦ **chop off** *v. t. + avv.* tagliare via; staccare con un colpo (*d'ascia, ecc.*).

♦ **chop up** *v. t. + avv.* fare a pezzi; sminuzzare.

to **chop** (2) /tʃɒp/ *v. i.* (*antiq., del vento, ecc.*) mutare direzione • (*fam.*) **to c. and change**, cambiare continuamente idea; tentennare.

♦ **chop about** *v. i. + avv.* cambiare continuamente idea, opinione, ecc.

chophouse /ˈtʃɒphaʊs/ *n.* (*fam.*) ristorante specializzato in carne alla griglia.

chopper /ˈtʃɒpə(r)/ *n.* ***1*** ascia corta; mannaia (*da macellaio*) ***2*** (*pop.*) elicottero ***3*** (*al pl.*) (*pop.*) denti; dentiera.

chopping board /ˈtʃɒpɪŋ bɔːd/ *locuz. n.* tagliere.

choppy /ˈtʃɒpɪ/ *a.* ***1*** (*del mare*) increspato ***2*** (*del vento*) variabile • (*naut.*) **c. sea**, maretta.

chops /tʃɒps/ *n. pl.* mascelle • (*fam.*) **to lick one's c.**, leccarsi i baffi.

chopstick /ˈtʃɒpstɪk/ *n.* (*generalm. pl.*) bastoncino cinese (*per mangiare*).

choral /ˈkɔːrəl/ *a.* (*mus.*) corale.

chorale /kəˈrɑːl, *USA* -æl/ *n.* (*mus.*) corale.

chord (1) /kɔːd/ *n.* (*geom., anat.*) corda: **vocal chords**, corde vocali • **spinal c.**, spina dorsale.

chord (2) /kɔːd/ *n.* (*mus.*) accordo • **to strike a c.**, avere un suono familiare; ricordare qualcosa (a q.); toccare il tasto giusto.

chore /tʃɔː(r)/ *n.* ***1*** lavoro di routine: **household chores**, lavori di casa; faccende domestiche ***2*** lavoro noioso; fatica.

to **choreograph** /ˈkɒrɪəgrɑːf, -græf, *USA* ˈkɔːrɪəgræf/ *v. t.* fare la coreografia di.

choreographer /kɒrɪˈɒgrəfə(r), *USA* kɔː-/ *n.* coreografo (-a).

choreography /kɒrɪˈɒgrəfɪ, *USA* kɔː-/ *n.* U coreografia.

chorister /ˈkɒrɪstə(r), *USA* ˈkɔː-/ *n.* corista (*specialm. ra-*

gazzo).
chortle /ˈtʃɔːtl/ *n.* risata chioccia (*di soddisfazione*).
to **chortle** /ˈtʃɔːtl/ *v. i.* ridacchiare (*di soddisfazione*).
chorus /ˈkɔːrəs/ *n.* **1** coro (*d'opera, di commedia musicale e fig.*): **c. of criticism**, coro di critiche **2** ritornello **3** corpo di ballo (*di rivista musicale*): **c. girl**, ballerina di fila.
to **chorus** /ˈkɔːrəs/ *v. i. e t.* cantare [parlare, dire] in coro; fare coro.
chose /tʃəʊz/ *pass. di* **to choose**.
chosen /ˈtʃəʊzn/ *p.p. di* **to choose**.
chough /tʃʌf/ *n.* (*zool.*) gracchio.
chow /tʃaʊ/ *n.* **1** (*zool., anche* **chow-chow**) chow chow **2** (*pop.*) cibo; mangiare.
chowder /ˈtʃaʊdə(r)/ *n.* (*cucina*) zuppa di pesce.
chrism /ˈkrɪzəm/ *n.* U (*eccles.*) crisma.
to **christen** /ˈkrɪsn/ *v. t.* **1** (*relig. e estens.*) battezzare **2** (*fig.*) inaugurare.
Christendom /ˈkrɪsndəm/ *n.* U la cristianità; i cristiani.
christening /ˈkrɪsnɪŋ/ *n.* (*relig.*) battesimo (*la cerimonia*).
Christian /ˈkrɪstʃən/ *a. e n.* cristiano (-a) • **C. name**, nome di battesimo.
Christianity /krɪstɪˈænətɪ/ *n.* U cristianesimo.
Christmas /ˈkrɪsməs/ *n.* Natale: **Merry C.!**, Buon N.!; **C. Eve**, la vigilia di Natale; **C. tree**, albero di Natale.
Christmastime /ˈkrɪsməstaɪm/ *n.* (periodo delle) feste natalizie.
chromatic /krəˈmætɪk/ *a.* (*anche mus.*) cromatico.
chrome /krəʊm/ *n.* U (*chim.*) cromo.
chromium /ˈkrəʊmɪəm/ *n.* U (*chim.*) cromo • **c.-plating**, cromatura.
chromosome /ˈkrəʊməsəʊm/ *n.* (*biol.*) cromosoma • **c. complement**, corredo cromosomico; **c. map**, mappa cromosomica.
chronic /ˈkrɒnɪk/ *a.* **1** cronico **2** (*pop. GB*) tremendo; allucinante.
chronically /ˈkrɒnɪklɪ/ *avv.* in modo cronico: **c. ill**, malato cronico; **c. short of money**, eternamente squattrinato.
chronicle /ˈkrɒnɪkl/ *n.* cronaca; cronistoria.
to **chronicle** /ˈkrɒnɪkl/ *v. t.* fare la cronaca di; registrare.
chronicler /ˈkrɒnɪklə(r)/ *n.* cronista.
chronograph /ˈkrɒnəgrɑːf, *USA* -æf/ *n.* cronografo.
chronological /krɒnəˈlɒdʒɪkl/ *a.* cronologico.
chronology /krəˈnɒlədʒɪ/ *n.* U cronologia.
chronometer /krəˈnɒmɪtə(r)/ *n.* cronometro.
chrysalis /ˈkrɪsəlɪs/ *n.* (*pl.* **chrysalises, chrysalides** /-diːz/) (*zool.*) crisalide.
chrysanthemum /krɪˈsænθəməm/ *n.* crisantemo.
chubby /ˈtʃʌbɪ/ *a.* paffuto.
chuck (**1**) /tʃʌk/ *n.* buffetto (*sotto il mento*) • (*pop.*) **to give sb. the c.**, licenziare q.; mandare a spasso q.
chuck (**2**) /tʃʌk/ *n.* **1** (*cucina*) spalla **2** (*mecc.*) mandrino.
to **chuck** /tʃʌk/ *v. t.* **1** (*fam.*) gettare; lanciare **2** (*fam.*) buttare via **3** (*pop.*) mollare; piantare: **to c. one's job**, mollare il lavoro; **C. it!**, smettila!; piantala! **4 — to c. sb. under the chin**, dare un buffetto a q. sotto il mento.
♦ **chuck out** *v. t. + avv.* buttare, sbattere fuori • **chucking-out time**, ora di chiusura (*dei bar*).
♦ **chuck up** *v. t. + avv.* (*fam.*) abbandonare; piantare.
chuckle /ˈtʃʌkl/ *n.* riso sommesso; risatina.
to **chuckle** /ˈtʃʌkl/ *v. i.* ridere tra sé; ridacchiare.
chuffed /tʃʌft/ *a. pred.* (*fam. GB*) contentissimo; tutto soddisfatto.
chug /tʃʌg/ *n.* U sbuffo (*di locomotiva*); piccolo scoppio (*di motore*).
to **chug** /tʃʌg/ *v. i.* sbuffare; scoppiettare • **to c. along**, procedere sbuffando (*o* scoppiettando).
chum /tʃʌm/ *n.* (*fam. GB*) amico intimo (*specialm. fra ragazzi*).
to **chum** /tʃʌm/ *v. Solo come*:
♦ **chum up** /tʃʌm/ *v. i. + avv.* (*fam.*) fare amicizia.
chummy /ˈtʃʌmɪ/ *a.* (*fam.*) amichevole; cameratesco.
chump /tʃʌmp/ *n.* **1** ceppo; ciocco **2** (*fam.*) testone; zuccone.
chunk /tʃʌŋk/ *n.* (*fam.*) grosso pezzo; grossa porzione.
chunky /ˈtʃʌŋkɪ/ *a.* (*fam.*) **1** tarchiato; ben piantato **2** grosso; spesso **3** (*di cosa*) a grossi pezzi.
Chunnel /ˈtʃʌnl/ *n.* (*fam. GB, contraz. di* **channel** *e* **tunnel**) tunnel sotto la Manica.
church /tʃɜːtʃ/ *n.* **1** chiesa: **to go to c.**, andare in chiesa; **the C. of England**, la Chiesa anglicana; **to enter the C.**, prendere gli ordini; farsi prete **2** funzione religiosa; servizio divino: **after c.**, dopo la funzione; (*per i cattolici*) dopo la Messa • **c.-burial**, sepoltura religiosa □ **to be received into the C.**, venire battezzato.
churchgoer /ˈtʃɜːtʃgəʊə(r)/ *n.* persona che va in chiesa regolarmente; praticante.
churchman /ˈtʃɜːtʃmən/ *n.* (*pl.* **churchmen** /-mən/) ecclesiastico.
churchwarden /ˈtʃɜːtʃwɔːdn/ *n.* (*nella Chiesa anglicana*) amministratore laico di una parrocchia.
churchyard /ˈtʃɜːtʃjɑːd/ *n.* cimitero, camposanto (*presso una chiesa*).
churlish /ˈtʃɜːlɪʃ/ *a.* (*form.*) villano.
churlishness /ˈtʃɜːlɪʃnəs/ *n.* U (*form.*) villania; rozzezza.
churn /tʃɜːn/ *n.* **1** zangola **2** bidone del latte.
to **churn** /tʃɜːn/ **A** *v. t.* **1** agitare (*latte o panna*) in una zangola **2** agitare, far spumeggiare (*acqua, ecc.*); sommuovere, rovesciare (*terra*) **B** *v. i.* **1** fare il burro (*con la zangola*) **2** (*di acqua, ecc.*) agitarsi; spumeggiare; ribollire • **My stomach churned at the prospect**, a quella prospettiva mi si torse lo stomaco.
♦ **churn out** *v. t. + avv.* (*spreg.*) produrre in grande quantità; sfornare.
♦ **churn up** *v. t. + avv.* **1** agitare; sommuovere **2** (*fig.*) sconvolgere; angosciare.
chute /ʃuːt/ *n.* **1** scivolo; piano inclinato **2** (*fam.*) paracadute.
chutney /ˈtʃʌtnɪ/ *n.* (*cucina*) salsa indiana a base di frutta e spezie; chutney.
chutzpah /ˈhʊtspə/ *n.* (*pop. USA*) faccia tosta; improntitudine.
ciborium /sɪˈbɔːrɪəm/ *n.* (*eccles.*) pisside.
cicada /sɪˈkɑːdə, *USA* -ˈkeɪ-/ *n.* (*zool.*) cicala.
cider /ˈsaɪdə(r)/ *n.* U sidro.
cigar /sɪˈgɑː(r)/ *n.* sigaro.
cigarette /sɪgəˈret, *USA* ˈsɪgəret/ *n.* sigaretta • **c. case**, portasigarette □ **c. end**, mozzicone di sigaretta; cicca (*fam.*) □ **c. holder**, bocchino □ **c. lighter**, accendisigari; accendino (*fam.*) □ **c. paper**, cartina (*per sigarette*).
cigarillo /sɪgəˈrɪləʊ/ *n.* (*pl.* **cigarillos**) sigaretto.
cinch /sɪntʃ/ *n.* (*pop.*) **1** cosa facile; sciocchezza; bazzecola **2** cosa sicura.
cinder /ˈsɪndə(r)/ *n.* **1** (*metall.*) scoria **2** scoria di carbone **3** (*al pl.*) cenere • (*sport*) **c. track**, pista di cenere □ **burnt to a cinder**, ridotto in cenere.
cinderblock /ˈsɪndəblɒk/ *n.* (*edil., USA*) blocco di calcestruzzo di scorie.
cinecamera /ˈsɪnɪkæmərə/ *n.* cinepresa; macchina da presa.
cinema /ˈsɪnəmə/ *n.* cinema; cinematografo • **c.-goer**, appassionato di cinema.
cinematic /sɪnəˈmætɪk/ *a.* cinematografico.
cinematographer /sɪnəməˈtɒgrəfə(r)/ *n.* (*cinem.*) operatore.
cinematography /sɪnəməˈtɒgrəfɪ/ *n.* U cinematografia.
cineraria /sɪnəˈreərɪə/ *n.* (*bot.*) cineraria.
cinnabar /ˈsɪnəbɑː(r)/ *n.* U (*miner.*) cinabro.
cinnamon /ˈsɪnəmən/ *n.* U (*bot., cucina*) cannella.
cipher /ˈsaɪfə(r)/ *n.* **1** U scrittura cifrata; codice; cifra: **in c.**, in codice; **c. code**, cifrario **2** (*mat.*) zero **3** (*fig.*) nullità.
to **cipher** /ˈsaɪfə(r)/ *v. t.* scrivere in cifra; cifrare.
circa /ˈsɜːkə/ *prep.* circa.
circle /ˈsɜːkl/ *n.* **1** (*geom. ed estens.*) cerchio; circolo; anello: **to draw a c.**, tracciare un cerchio; **chairs placed in a c.**, sedie disposte in cerchio; **vicious c.**, circolo vizioso **2** cerchia; ambiente; giro; sfera: **the family c.**, la cerchia familiare; **political circles**, ambienti politici; **a wide c. of friends**, un vasto giro di amicizie **3** (*geogr.*) circolo: **Arctic** [**Antarctic**] **C.**, circolo polare artico [antartico] **4** (*teatr.*) galleria: **dress** [**upper**] **c.**, prima [seconda] galleria • **to come full c.**, fare un giro completo; tornare al punto di partenza □ **to go** (*o* **to run**) **round in circles**, girare a vuoto; darsi un gran daffare con scarsi risultati.
to **circle** /ˈsɜːkl/ **A** *v. t.* **1** girare intorno a; (*di aereo, uccello*) volteggiare su **2** circondare; racchiudere; circolettare (*una parola, ecc.*) **3** (*mil.*) aggirare (*il nemico*) **B** *v. i.* muoversi in cerchio; ruotare; (*di aereo, uccello*) volteggiare.
circlet /ˈsɜːklət/ *n.* cerchietto (*per capelli*).

circuit /ˈsɜːkɪt/ *n.* **1** giro (*anche di lavoro*) **2** (*sport*) circuito **3** (*teatr.*) tournée (*franc.*); serie di teatri o locali (*in cui ci si esibisce*) **4** (*leg.*) circuito giudiziario; circoscrizione: **c. judge**, giudice itinerante **5** (*elettr.*) circuito: **c.-breaker**, interruttore automatico; **short c.**, corto circuito **6** Ⓤ (*astron.*) rivoluzione.

circuitous /sɜːˈkjuːɪtəs/ *a.* indiretto; tortuoso.

circuitry /ˈsɜːkɪtrɪ/ *n.* Ⓤ (*elettr.*) collegamenti elettrici; schema di un circuito.

circular /ˈsɜːkjʊlə(r)/ **A** *a.* **1** circolare **2** (*di argomento*) vizioso **B** *n.* **1** circolare **2** volantino pubblicitario.

to **circularize**, (*GB anche*) to **circularise** /ˈsɜːkjʊləraɪz/ *v. t.* (*comm.*) mandare circolari a.

to **circulate** /ˈsɜːkjʊleɪt/ **A** *v. i.* **1** circolare; girare **2** diffondersi; divulgarsi **B** *v. t.* **1** far circolare; far girare **2** mettere in circolazione; diffondere.

circulating /ˈsɜːkjʊleɪtɪŋ/ *a.* circolante: **c. library**, biblioteca circolante; (*comm.*) **c. capital**, capitale circolante (*o* di esercizio).

circulation /sɜːkjʊˈleɪʃn/ *n.* **1** Ⓤ (*anche fisiol.*) circolazione: **to be back in c.**, essere di nuovo in circolazione **2** Ⓤ diffusione; divulgazione **3** tiratura (*di giornale, rivista*).

circulatory /sɜːkjʊˈleɪtrɪ, ˈsɜːkjʊlətrɪ, *USA* ˈsɜːkjʊlətɔːrɪ/ *a.* (*scient.*) circolatorio.

to **circumcise** /ˈsɜːkəmsaɪz/ *v. t.* circoncidere.

circumcision /sɜːkəmˈsɪʒn/ *n.* Ⓤ *e* Ⓒ circoncisione.

circumference /səˈkʌmfərəns/ *n.* (*geom.*) circonferenza.

circumflex /ˈsɜːkəmflɛks/ **A** *n.* accento circonflesso **B** *a.* circonflesso.

circumlocution /sɜːkəmləˈkjuːʃn/ *n.* Ⓤ *e* Ⓒ circonlocuzione; perifrasi.

circumlocutory /sɜːkəmˈlɒkjʊtrɪ, *USA* -tɔːrɪ/ *a.* circonlocutorio; perifrastico.

to **circumnavigate** /sɜːkəmˈnævɪgeɪt/ *v. t.* circumnavigare.

circumnavigation /sɜːkəmnævɪˈgeɪʃn/ *n.* circumnavigazione.

to **circumscribe** /ˈsɜːkəmskraɪb/ *v. t.* **1** circoscrivere **2** limitare.

circumspect /ˈsɜːkəmspɛkt/ *a.* circospetto; cauto; guardingo.

circumspection /sɜːkəmˈspɛkʃn/ *n.* Ⓤ circospezione; cautela.

circumstance /ˈsɜːkəmstəns, *USA* -æns/ *n.* **1** (*generalm. al pl.*) circostanza; occasione; caso; particolare: **in** (*o* **under**) **the circumstances**, date le circostanze; **in** (*o* **under**) **no circumstances**, in nessuna occasione; in nessun caso **2** (*al pl.*) condizioni finanziarie: **in reduced** (*o* **straitened**) **circumstances**, in ristrettezze **3** Ⓤ cerimonia.

circumstantial /sɜːkəmˈstænʃl/ *a.* **1** legato alle circostanze: (*leg.*) **c. evidence**, prove indiziarie **2** circostanziato: **c. report**, rapporto circostanziato.

to **circumvent** /sɜːkəmˈvɛnt/ *v. t.* **1** aggirare; eludere: **to c. the law**, aggirare la legge **2** circuire; raggirare.

circumvolution /sɜːkəmvəˈluːʃn/ *n.* Ⓤ *e* Ⓒ circonvoluzione.

circus /ˈsɜːkəs/ *n.* **1** circo (equestre) **2** (*archeol.*) circo; arena **3** piazza rotonda.

cirque /sɜːk/ (*franc.*) *n.* (*geol.*) circo glaciale.

cirrhosis /səˈrəʊsɪs/ *n.* Ⓤ (*med.*) cirrosi.

cirrus /ˈsɪrəs/ *n.* (*pl.* **cirri** /-raɪ/) (*meteor.*) cirro.

cissy /ˈsɪsɪ/ *V.* **sissy**.

Cistercian /sɪˈstɜːʃn/ *a. e n.* (monaco) cistercense.

cistern /ˈsɪstən/ *n.* cisterna; serbatoio.

citadel /ˈsɪtədəl/ *n.* cittadella; fortezza; roccaforte (*anche fig.*).

citation /saɪˈteɪʃn/ *n.* Ⓤ *e* Ⓒ **1** (*anche leg.*) citazione **2** (*mil.*) encomio.

to **cite** /saɪt/ *v. t.* **1** (*anche leg.*) citare **2** (*mil.*) encomiare.

citizen /ˈsɪtɪzn/ *n.* cittadino (-a); abitante (*di una città*) • (*radio*) **Citizens' Band**, banda cittadina □ **c. of the world**, cittadino del mondo, cosmopolita.

citizenship /ˈsɪtɪznʃɪp/ *n.* Ⓤ cittadinanza.

citrate /ˈsaɪtreɪt/ *n.* (*chim.*) citrato.

citric /ˈsɪtrɪk/ *a.* (*chim.*) citrico.

citron /ˈsɪtrən/ *n.* (*pianta e frutto*) cedro.

citrus /ˈsɪtrəs/ (*bot.*) **A** *n.* agrume: **c. plantation**, agrumeto **B** *a.* degli agrumi: **c. fruit**, agrume; **c. tree**, pianta di agrumi.

city /ˈsɪtɪ/ *n.* città • **the C.**, centro finanziario e commerciale di Londra; la City □ (*giorn.*) **c. desk**, (*GB*) redazione finanziaria; (*USA*) cronaca □ (*giorn.*) **c. editor**, (*GB*) caporedattore finanziario; (*USA*) capocronista □ **c. father**, notabile □ (*USA*) **c. hall**, municipio □ **c. planning**, urbanistica □ **c. slicker**, imbroglione elegante e dalla parola facile □ (*stor.*) **c.-state**, città stato.

civet /ˈsɪvɪt/ *n.* **1** (*zool., anche* **c. cat**) zibetto **2** Ⓤ (*profumeria*) zibetto.

civic /ˈsɪvɪk/ *a.* civico; civile • **c. centre**, centro delle attività amministrative e recreative (*di una città*) □ **c.-minded**, che ha senso civico.

civics /ˈsɪvɪks/ *n. pl.* (*col verbo al sing.*) educazione civica.

civil /ˈsɪvl/ *a.* **1** civile: **c. law**, diritto civile; **c. war**, guerra civile; **c. marriage**, matrimonio civile; **c. aviation**, aviazione civile; **c. disobedience**, disobbedienza civile; **c. servant**, pubblico dipendente; **the C. Service**, la pubblica amministrazione; la burocrazia statale **2** cortese; garbato; educato • (*in G.B.*) **c. list**, appannaggio della Casa Reale.

civilian /sɪˈvɪlɪən/ **A** *a.* civile; borghese; da borghese: **in c. clothes**, in abiti borghesi; in borghese; **c. pilot**, pilota civile **B** *n.* civile; borghese.

to **civilise** /ˈsɪvəlaɪz/ *e deriv.* (*GB*) *V.* **to civilize** *e deriv.*

civility /sɪˈvɪlətɪ/ *n.* **1** Ⓤ cortesia; educazione **2** cortesia; frase di circostanza.

civilization /sɪvəlaɪˈzeɪʃn, *USA* -lɪˈz-/ *n.* **1** Ⓒ *e* Ⓤ civiltà; i paesi civili **2** Ⓤ incivilimento; civilizzazione.

to **civilize** /ˈsɪvəlaɪz/ *v. t.* incivilire; civilizzare.

civilized /ˈsɪvəlaɪzd/ *a.* **1** civile: **c. countries**, i paesi civili **2** civilizzato **3** garbato; educato; per bene.

civilly /ˈsɪvəlɪ/ *avv.* **1** (*leg.*) civilmente **2** cortesemente; educatamente.

civvies /ˈsɪvɪz/ *n. pl.* (*pop.*) abiti civili • **in c.**, in borghese.

Civvy Street /ˈsɪvɪstriːt/ *locuz. n.* (*pop. GB*) vita civile (*dopo essere stato nell'esercito*).

clack /klæk/ *n.* **1** rumore secco; schiocco **2** Ⓤ ticchettio rumoroso **3** Ⓤ chiacchierio; schiamazzo.

to **clack** /klæk/ *v. i.* fare un rumore secco; schioccare; (*di tacchi, macchina da scrivere e sim.*) ticchettare rumorosamente.

clad /klæd/ *a.* (*lett.*) vestito; rivestito: **c. in black**, vestito di nero; **ivy-c.**, coperto d'edera.

cladding /ˈklædɪŋ/ *n.* Ⓤ (*edil.*) rivestimento.

claim /kleɪm/ *n.* **1** rivendicazione (*di un diritto*); richiesta (*di riconoscimento di un diritto*); (*ass.*) richiesta di risarcimento: **to lay c. to st.**, rivendicare il proprio diritto a q.c.; **to put in a c. for reimbursement**, fare domanda di rimborso; **pay c.**, rivendicazione sindacale **2** Ⓤ diritto (*di cui si chiede il riconoscimento*): **to have a c. to st.**, avere diritto a q.c. **3** (*comm.*) reclamo: **to lodge a c.**, presentare un reclamo **4** pretesa; asserzione: **I make no c. to be an expert**, non ho la pretesa di essere un esperto **5** concessione mineraria • **c. to fame**, titolo di fama; distinzione □ (*ass.*) **no-claims bonus**, abbuono in assenza di sinistri.

to **claim** /kleɪm/ **A** *v. t.* **1** chiedere, esigere, rivendicare (*il riconoscimento di un diritto, la restituzione di q.c., ecc.*): **to c. victory** [**the throne**], rivendicare la vittoria [il trono]; **to c. damages**, chiedere il risarcimento dei danni; **No one claimed the lost wallet**, nessuno è venuto a cercare il portafoglio perduto **2** affermare; asserire; sostenere: **He claims to be** (*o* **he is**) **innocent**, sostiene di essere innocente • **to c. sb.'s attention**, esigere l'attenzione di q. □ **to c. st. back**, chiedere la restituzione di q.c. □ **to c. lives**, provocare vittime □ **to c. one's luggage**, ritirare il bagaglio □ **to c. responsibility for st.**, rivendicare q.c. **B** *v. i.* fare richiesta di risarcimento: **to c. on the insurance**, fare richiesta di risarcimento (all'assicurazione).

claimant /ˈkleɪmənt/ *n.* **1** richiedente; (*leg.*) ricorrente: **the rightful c.**, l'avente diritto **2** pretendente (*al trono*).

clairvoyance /klɛəˈvɔɪəns/ *n.* Ⓤ chiaroveggenza.

clairvoyant /klɛəˈvɔɪənt/ *a. e n.* chiaroveggente.

clam /klæm/ *n.* (*zool.*) mollusco (bivalve); vongola.

to **clam** /klæm/ *v. Solo come:*

♦ **clam up** *v. i. + avv.* (*fam.*) ammutolire; chiudersi nel silenzio; cucirsi la bocca (*pop.*).

clambake /ˈklæmbeɪk/ *n.* (*USA*) picnic in riva al mare (*a base di frutti di mare*).

to **clamber** /ˈklæmbə(r)/ *v. i.* arrampicarsi (*con mani e piedi*).

clammy /ˈklæmɪ/ *a.* umidiccio; sudaticcio.

clamor, to **clamor** /ˈklæmə(r)/ (*USA*) *V.* **clamour**, **to clamour**.

clamorous /ˈklæmərəs/ *a.* **1** rumoreggiante; vociante **2** (*di richiesta, protesta*) fatto a gran voce. ATTENZIONE: clamorous ≠ clamoroso.
clamour /ˈklæmə(r)/ *n.* **1** Ⓤ clamore; vociare **2** richiesta a gran voce; protesta rumorosa.
to **clamour** /ˈklæmə(r)/ *v. i.* **1** fare un grande clamore; rumoreggiare; vociare **2** protestare rumorosamente.
♦ **clamour for** *v. i. + prep.* chiedere a gran voce.
clamp /klæmp/ *n.* **1** (*mecc.*) morsa, morsetto (*a vite*); pinza; ganascia **2** (*autom.*) ganasce; ceppi.
to **clamp** /klæmp/ *v. t.* **1** (*mecc.*) stringere (*in una morsa*); assicurare (*con un morsetto*) **2** (*autom.*) mettere le ganasce a.
♦ **clamp down** (**on**) *v. i. + avv.* (*e prep.*) adottare misure restrittive (contro).
clampdown /ˈklæmpdaʊn/ *n.* misure restrittive.
clan /klæn/ *n.* **1** (*scozz.*) clan **2** (*fig.*) clan; tribù.
clandestine /klænˈdɛstɪn, ˈklændəstaɪn/ *a.* clandestino.
clang /klæŋ/ *n.* suono metallico; clangore.
to **clang** /klæŋ/ **A** *v. i.* risuonare con clangore: **The gate clanged shut**, il cancello si chiuse con fracasso **B** *v. t.* suonare, far risuonare con strepito; sbattere con fracasso (*una porta, ecc.*): **to c. a bell**, scampanellare.
clanger /ˈklæŋə(r)/ *n.* (*pop. GB*) gaffe: **to drop a c.**, fare una gaffe.
clangour, (*USA*) **clangor** /ˈklæŋgə(r)/ *n.* Ⓤ *e* Ⓒ clangore; strepito.
clank /klæŋk/ *n.* rumore metallico secco; (lo) sferragliare.
to **clank** /klæŋk/ **A** *v. t.* far risuonare (*con suono metallico*); sferragliare **B** *v. i.* mandare un suono metallico.
clannish /ˈklænɪʃ/ *a.* **1** di clan **2** (*spreg., di gruppo*) chiuso; selettivo.
clansman /ˈklænzmən/ *n.* (*pl.* **clansmen** /-mən/) membro di un clan.
clap (**1**) /klæp/ *n.* **1** colpo secco; scoppio: **c. of thunder**, scoppio di tuono **2** manata; pacca **3** applauso; battimano.
clap (**2**) /klæp/ *n.* Ⓤ (*med., pop.*) gonorrea; scolo (*pop.*).
to **clap** /klæp/ *v. t. e i.* **1** battere (*con la mano*): **to c. sb. on the back**, battere sulla spalla a q. **2** battere le mani; applaudire **3** (*fam.*) mettere velocemente: **to c. sb. in prison**, spedire q. in prigione; (*GB*) **to c. eyes on sb.**, vedere q.
clapboard /ˈklæpbɔːd, -æb-, -əd/ *n.* (*edil., USA*) assicella per rivestimento esterno.
clapped-out /ˈklæptˈaʊt/ *a.* (*fam.*) **1** (*specialm. di auto*) scassato; da buttare **2** stanco morto; a pezzi.
clapper /ˈklæpə(r)/ *n.* **1** battaglio **2** raganella • (*fam. GB*) **to run like the clappers**, correre a rotta di collo, a gambe levate.
clapperboard /ˈklæpəbɔːd/ *n.* (*cinem.*) ciac (*la tavoletta*).
claptrap /ˈklæptræp/ *n.* Ⓤ (*fam.*) sproloquio; sciocchezze.
claret /ˈklærət/ *n.* Ⓤ **1** vino di Bordeaux **2** (color) rosso violaceo.
clarification /klærɪfɪˈkeɪʃn/ *n.* Ⓤ *e* Ⓒ **1** chiarificazione **2** chiarimento.
to **clarify** /ˈklærɪfaɪ/ *v. t.* **1** chiarire; chiarificare **2** chiarificare, purificare (*un liquido*).
clarinet /klærəˈnɛt, *USA* -ˈnɛt, ˈklærənɛt/ *n.* clarinetto.
clarinettist /klærəˈnɛtɪst/ *n.* clarinettista.
clarion /ˈklærɪən/ *n.* **1** (*stor.*) tromba militare **2** (*mus.*) chiarina • **c. call**, fervido appello (*al dovere, ecc.*).
clarity /ˈklærətɪ/ *n.* Ⓤ chiarezza.
clash /klæʃ/ *n.* **1** scontro: **a c. with the police**, uno scontro con la polizia **2** contrasto; urto; scontro: **c. of ideas**, scontro di idee; **c. of interests**, contrasto di interessi; **c. of colours**, contrasto sgradevole di colori **3** sovrapposizione (*di impegni, ecc.*) **4** rumore metallico; clangore; fragore: **c. of weapons**, clangore di armi.
to **clash** /klæʃ/ **A** *v. i.* **1** scontrarsi **2** contrastare; essere in conflitto; (*di colori, ecc.*) stridere, stonare, fare a pugni: **The carpet clashes with the sofa**, il tappeto fa a pugni col sofà **3** (*di impegni, ecc.*) coincidere **4** cozzare con suono metallico **B** *v. t.* far cozzare; sbattere insieme.
clasp /klɑːsp, *USA* klæsp/ *n.* **1** fermaglio; fibbia; gancio **2** abbraccio **3** stretta (di mano) • **c. knife**, coltello a serramanico.
to **clasp** /klɑːsp, *USA* klæsp/ *v. t.* **1** fermare; affibbiare; agganciare **2** stringere: **to c. sb. in one's arms**, stringere q. fra le braccia; **to c. one's hands**, giungere le mani (*allacciando le dita*).
class /klɑːs, *USA* klæs/ *n.* **1** classe; ceto: **the middle c.** (*o* **classes**), il ceto medio; la borghesia; **the working c.** (*o* **classes**), la classe operaia; **c. consciousness**, coscienza di classe; **c. struggle**, lotta di classe **2** classe (*su mezzi di trasporto*): **to travel first c.**, viaggiare in prima (classe); **tourist c.**, classe turistica **3** classe (*gruppo di studenti*) **4** lezione; (*al pl.*) corso: **I have a c. at 10**, ho una lezione alle 10; **to talk in c.**, parlare durante la lezione; **evening classes**, corso serale **5** (*fam.*) classe; stile **6** (*bot., zool.*) classe • (*leg., USA*) **c. action**, azione legale mossa da una o più persone a nome proprio e per conto di tutti coloro che si trovano nella stessa situazione □ **first-c. actor**, attore di prim'ordine □ **in a c. of one's own**, straordinario; impareggiabile.
to **class** /klɑːs, *USA* klæs/ *v. t.* classificare.
classic /ˈklæsɪk/ **A** *a.* **1** tipico; classico: **a c. example of love at first sight**, un tipico esempio di amore a prima vista **2** memorabile; intramontabile: **Disney's c. cartoon «Bambi»**, l'intramontabile «Bambi» di Disney; quel classico disneyano che è «Bambi»; **It was a c. match**, fu un incontro memorabile **3** (*rif. allo stile*) classico **B** *n.* **1** classico **2** (*al pl.*) studi classici; lettere classiche.
classical /ˈklæsɪkl/ *a.* classico: **c. languages**, lingue classiche; **c. music**, musica classica.
classicism /ˈklæsɪsɪzəm/ *n.* Ⓤ classicismo.
classicist /ˈklæsɪsɪst/ *n.* classicista.
classification /klæsɪfɪˈkeɪʃn/ *n.* Ⓤ *e* Ⓒ classificazione.
classified /ˈklæsɪfaɪd/ *a.* **1** diviso in classi **2** coperto da segreto ufficiale; segreto; riservato • **c. advertisements** (*fam.* **c. ads**), piccola pubblicità.
classifier /ˈklæsɪfaɪə(r)/ *n.* classificatore (-trice).
to **classify** /ˈklæsɪfaɪ/ *v. t.* classificare.
classless /ˈklɑːsləs, *USA* ˈklæs-/ *a.* senza classi: **c. society**, società senza classi.
classmate /ˈklɑːsmeɪt, *USA* ˈklæs-/ *n.* compagno (-a) di classe.
classroom /ˈklɑːsruːm, -rʊm, *USA* ˈklæs-/ *n.* aula (scolastica); classe.
classwork /ˈklɑːswɜːk, *USA* ˈklæs-/ *n.* Ⓤ compito in classe.
classy /ˈklɑːsɪ, *USA* ˈklæsɪ/ *a.* (*fam.*) elegante; eccellente; di classe.
clatter /ˈklætə(r)/ *n.* **1** acciottolio (*di piatti*) **2** scalpitio **3** ticchettio (*di macchina da scrivere*).
to **clatter** /ˈklætə(r)/ **A** *v. t.* sbatacchiare; acciottolare **B** *v. i.* **1** scontrarsi rumorosamente (*di piatti, ecc.*); sbatacchiare **2** muoversi facendo rumore: **He clattered down the stairs**, scese le scale con fracasso.
clause /klɔːz/ *n.* **1** (*gramm.*) proposizione **2** (*leg., comm.*) clausola.
claustrophobia /klɔːstrəˈfəʊbɪə/ *n.* Ⓤ (*med.*) claustrofobia.
claustrophobic /klɔːstrəˈfəʊbɪk/ (*med.*) **A** *a.* **1** (*di persona*) claustrofobo **2** claustrofobico **B** *n.* claustrofobo (-a).
clavichord /ˈklævɪkɔːd/ *n.* (*mus.*) clavicordo, clavicordio.
clavicle /ˈklævɪkl/ *n.* (*anat.*) clavicola.
claw /klɔː/ *n.* **1** unghia; artiglio **2** (*di crostaceo*) chela; tenaglia • **c. hammer**, martello a granchio □ **to have one's claws into sb.**, prendere di mira q. (*per invidia, ecc.*); mettere gli occhi addosso a un uomo (*per sposarlo*).
to **claw** /klɔː/ *v. t.* afferrare, dilaniare con gli artigli; artigliare • **to c. one's way up**, riuscire ad arrampicarsi; (*fig.*) riuscire a far carriera.
♦ **claw at** *v. i. + prep.* **1** graffiare **2** aggrapparsi a (q.c.).
♦ **claw back** *v. t. + avv.* **1** riuscire a recuperare (*una somma, ecc.*) **2** (*fisc.*) recuperare (*somme erogate, mediante tassazione*).
clawback /ˈklɔːbæk/ *n.* Ⓒ *e* Ⓤ (*fisc.*) recupero (*di somme erogate, mediante tassazione*).
clay /kleɪ/ *n.* Ⓤ **1** argilla; creta **2** (*tennis*) terra rossa; campo di terra battuta • (*sport*) **c. pigeon shooting**, tiro al piattello.
clayey /ˈkleɪɪ/ *a.* argilloso.
clean (**1**) /kliːn/ **A** *a.* **1** (*anche fig.*) pulito: **c. energy**, energia pulita; **c. conscience**, coscienza pulita; **c. air**, aria pura; **to have a c. record**, (*leg.*) avere la fedina penale pulita; avere un passato irreprensibile **2** armonioso; con una bella linea: **The boat had c. lines**, la barca aveva una linea armoniosa **3** corretto; leale: **c. fight**, combattimento leale **4** netto; preciso: **c. cut**, taglio netto; (*sport*) **c. shot**, tiro netto (*o* preciso) **5** (*pop.*) che non ha su di sé armi o droga; pulito • (*fam.*) **to come c. about st.**, dire la verità su q.c.;

confessare q.c. ***B*** *avv.* completamente: **I c. forgot**, me ne sono completamente dimenticato; **The blade went c. through his wrist**, la lama gli trapassò il polso da parte a parte.

clean (2) /kliːn/ *n.* pulita; ripulita.

to **clean** /kliːn/ ***A*** *v. t.* pulire ***B*** *v. i.* pulirsi; rassettarsi.

♦ **clean out** *v. t. + avv.* ***1*** pulire a fondo; riordinare ***2*** (*fam.*) vuotare le tasche a; ripulire ***3*** (*di ladri*) ripulire (*q.c.*).

♦ **clean up** ***A*** *v. t. + avv.* ***1*** ripulire; fare pulizia in ***2*** (*pop.*) guadagnare (*molti soldi*); intascare ***B*** *v. i. + avv.* ***1*** fare pulizia (*o* le pulizie) ***2*** (*pop.*) fare un sacco di soldi; vincere una fortuna.

clean-cut /ˈkliːnˈkʌt/ *a.* ***1*** ben delineato; netto: **c. features**, fattezze ben delineate ***2*** (*di ragazzo, ecc.*) a posto; ordinato.

cleaner /ˈkliːnə(r)/ *n.* ***1*** addetto (-a) alle pulizie ***2*** smacchiatore ***3*** (*mecc.*) depuratore ● **c.'s** (*USA* **cleaners**), tintoria; lavasecco □ **to take sb. to the c.'s**, ripulire q. di tutti i suoi soldi; ridurre q. sul lastrico.

cleaning /ˈkliːnɪŋ/ *n.* [U] pulizie; pulita; (*ind.*) pulitura ● **c. contractor**, impresa di pulizie □ **c. lady**, donna delle pulizie.

cleanliness /ˈklɛnlɪnəs/ *n.* [U] pulizia (*come qualità, abitudine*).

cleanness /ˈkliːnnəs/ *n.* [U] ***1*** pulizia (*come qualità o condizione*) ***2*** nitidezza, purezza (*di lineamenti, ecc.*).

to **cleanse** /klɛnz/ *v. t.* ***1*** pulire; detergere ***2*** purificare.

cleanser /ˈklɛnzə(r)/ *n.* ***1*** detergente ***2*** (*cosmesi*) latte [lozione, crema] detergente.

clean-shaven /ˈkliːnˈʃeɪvn/ *a.* sbarbato; ben rasato; senza barba o baffi.

cleansing /ˈklɛnzɪŋ/ ***A*** *a.* purificante ● **c. cream**, crema detergente ***B*** *n.* purificazione; depurazione.

clear /klɪə(r)/ ***A*** *a.* ***1*** chiaro; limpido; sereno: **c. skin**, pelle chiara; **c. voice**, voce chiara; **c. day**, giornata serena; **c. sky**, cielo limpido; **c. instructions**, istruzioni chiare; **a c. view**, una buona visuale; **Have I made myself c.?**, mi sono spiegato?; è chiaro?; **I'm not quite c. about how it happened**, non ho ancora ben capito come sia successo ***2*** libero; aperto; sgombro: **The road is c.**, la strada è sgombra; **c. of debt**, libero da debiti ***3*** completo; intero: **c. month**, mese intero ***4*** netto: **a c. majority**, una netta maggioranza; **a c. £3,000**, 3000 sterline nette ***5*** chiaro; evidente: **It's c. he was involved**, è evidente che era coinvolto ● **c. conscience**, coscienza pulita □ **c.-headed**, che ha idee chiare; lucido □ **c. of suspicion**, al di fuori di ogni sospetto □ **c.-sighted**, perspicace □ **c. soup**, brodo □ **All c.!**, cessato pericolo!; cessato allarme!; (*fam.*) via libera! □ **as c. as day**, chiaro come il sole ***B*** *avv.* ***1*** in modo chiaro; chiaro: **loud and c.**, forte e chiaro ***2*** (*fam.*) completamente; interamente: **three hours c.**, tre ore intere; **c. through the town**, da un capo all'altro della città ***3*** in disparte; a debita distanza: **to keep c. of sb.**, tenersi alla larga da q. ***C*** *n.* — **in the c.**, al sicuro; scagionato.

to **clear** /klɪə(r)/ ***A*** *v. t.* ***1*** sgombrare: **to c. the streets of snow**, sgombrare le strade dalla neve; (*leg.*) **to c. the court**, far sgombrare l'aula; **to c. the table**, sgombrare il tavolo; sparecchiare (la tavola); **I cleared a space for my books**, feci un po' di posto per i miei libri; **to c. a blocked drain**, sturare uno scarico intasato ***2*** (*leg.*) prosciogliere (*da un'accusa*); discolpare: **He was cleared of murdering his aunt**, fu prosciolto dall'accusa di aver ucciso la zia; **to c. one's name**, dimostrare la propria innocenza ***3*** autorizzare; approvare; dare il benestare a: **The plane was cleared for take-off**, l'aereo fu autorizzato al decollo; **You have to be cleared by security**, devi superare il controllo del servizio di sicurezza ***4*** (*fin.*) fare la compensazione di (*un assegno*); liberarsi di (*un debito, pagandolo*) ***5*** (*comm., naut.*) svincolare, sdoganare (*merce*) ***6*** (*fam.*) guadagnare al netto: **He must c. £30,000 a year**, deve guadagnare 30.000 sterline l'anno pulite ***7*** passare vicino a (*o* superare) (q.c.) senza toccarlo: **to c. an obstacle**, superare un ostacolo (*saltando*) ***8*** (*calcio, ecc.*) disimpegnare; ribattere; respingere; parare ● (*fig.*) **to c. the air**, chiarire le cose □ **to c. one's throat**, schiarirsi la gola □ **to c. the way for sb.**, aprire la strada a q. ***B*** *v. i.* ***1*** (*anche fig.*) schiarirsi; rasserenarsi: **The sky is clearing**, il cielo si va schiarendo ***2*** (*di strada, ecc.*) sgombrarsi ***3*** (*di nebbia*) diradarsi ***4*** (*di assegno*) essere accreditato (*o* addebitato).

♦ **clear away** ***A*** *v. t. + avv.* portare via; sparecchiare ***B*** *v. i. + avv.* sparire; dissiparsi.

♦ **clear off** ***A*** *v. t. + avv.* ***1*** *V.* **to clear**, *def.* *2* ***2*** liquidare (*un debito*) ***B*** *v. i. + avv.* (*fam.*) squagliarsela; sparire.

♦ **clear out** ***A*** *v. t. + avv.* ***1*** disfarsi di (*cose vecchie, ecc.*) ***2*** vuotare e ripulire (*armadi, ecc.*) ***B*** *v. i. + avv.* (*fam.*) uscire in fretta; andarsene.

♦ **clear up** ***A*** *v. t. + avv.* ***1*** spiegare; chiarire; risolvere: **to c. up a doubt**, chiarire un dubbio ***2*** mettere in ordine; rassettare ***3*** sbrigare; smaltire ***B*** *v. i. + avv.* ***1*** (*di tempo, raffreddore, ecc.*) migliorare ***2*** mettere in ordine.

clearance /ˈklɪərəns/ *n.* ***1*** [U] sgombero; rimozione ***2*** autorizzazione; benestare ***3*** (*comm.*) sdoganamento (*di merce*) ***4*** (*fin.*) compensazione; clearing ***5*** [C] *e* [U] spazio lasciato libero; altezza (*di galleria, ponte*) ***6*** (*calcio, ecc.*) disimpegno; respinta; parata ● **c. sale**, (vendita di) liquidazione □ **bank c.**, benestare bancario.

clear-cut /ˈklɪəˈkʌt/ *a.* netto; ben definito; chiaro.

clearing /ˈklɪərɪŋ/ *n.* ***1*** tratto di terreno disboscato; radura ***2*** [U] (*banca*) compensazione: **c. bank**, banca che aderisce alla stanza di compensazione di Londra; **c.-house**, stanza di compensazione.

clearly /ˈklɪəlɪ/ *avv.* ***1*** chiaramente; con chiarezza ***2*** evidentemente: **Something was c. wrong**, era chiaro che qualcosa non andava ***3*** certamente.

clearness /ˈklɪənəs/ *n.* [U] chiarezza; trasparenza; limpidezza.

clearout /ˈklɪəraʊt/ *n.* (*fam. GB*) ripulita; sgombero.

clearway /ˈklɪəweɪ/ *n.* (*autom.*) strada con divieto di sosta; superstrada.

cleat /kliːt/ *n.* ***1*** bietta; cuneo ***2*** (*naut.*) galloccia.

cleavage /ˈkliːvɪdʒ/ *n.* ***1*** divisione; separazione ***2*** solco fra i seni; décolleté (*franc.*) ***3*** [U] (*geol.*) clivaggio ***4*** [U] (*biol.*) scissione.

to **cleave** /kliːv/ (*pass.* **clove**, **cleft**; *p.p.* **cloven**, **cleft**) *v. t.* (*lett.*) fendere; spaccare: **to c. the air**, fendere l'aria.

♦ **cleave to** *v. i. + prep.* rimanere fedele a.

cleaver /ˈkliːvə(r)/ *n.* mannaia (*di macellaio*).

clef /klɛf/ *n.* (*mus.*) chiave: **bass c.**, chiave di basso.

cleft (1) /klɛft/ *n.* fenditura; fessura; spaccatura.

cleft (2) /klɛft/ ***A*** *pass. e p.p. di* **to cleave** ***B*** *a.* — (*med.*) **c. palate**, palatoschisi □ **in a c. stick**, trovarsi in un'impasse.

clematis /ˈklɛmətɪs, kləˈmeɪtɪs/ *n.* [U] (*bot.*) clematide.

clemency /ˈklɛmənsɪ/ *n.* [U] ***1*** clemenza ***2*** (*del tempo*) mitezza; clemenza.

clement /ˈklɛmənt/ *a.* ***1*** clemente ***2*** (*del tempo*) mite; clemente.

clementine /ˈklɛməntiːn/ *n.* (*bot.*) clementina; mandarancio.

to **clench** /klɛntʃ/ *v. t.* stringere (*denti, pugno*).

clergy /ˈklɜːdʒɪ/ *n.* clero.

clergyman /ˈklɜːdʒɪmən/ *n.* (*pl.* **clergymen** /-mən/) ecclesiastico; prete; pastore.

clergywoman /ˈklɜːdʒɪwʊmən/ *n.* (*pl.* **clergywomen** /-wɪmən/) donna sacerdote.

cleric /ˈklɛrɪk/ *n.* ecclesiastico.

clerical /ˈklɛrɪkl/ ***A*** *a.* ***1*** di impiegato; impiegatizio; di ufficio: **c. duties**, mansioni di impiegato; **c. staff**, personale impiegatizio; impiegati; **c. work**, lavoro di ufficio; **c. worker**, impiegato; **c. error**, errore di trascrizione; svista ***2*** ecclesiastico: **c. collar**, colletto da pastore anglicano ***B*** *n.* (*al pl.*) abito sacerdotale.

clericalism /ˈklɛrɪkəlɪzəm/ *n.* [U] (*polit.*) clericalismo.

clerk /klɑːk, *USA* klɜːk/ *n.* ***1*** impiegato (-a) ***2*** (*USA*) commesso (-a) (*di negozio*) ***3*** (*USA*) addetto alla ricezione; receptionist ● **c. of (the) works**, sovrintendente ai lavori.

clever /ˈklɛvə(r)/ *a.* ***1*** intelligente; sveglio; abile; bravo: **c. face**, faccia intelligente; **c. at maths**, bravo in matematica; **c. with one's hands**, bravo nei lavori manuali ***2*** furbo: **Don't try to get c. with me!**, non cercare di fare il furbo con me! ***3*** (*di cosa, idea, ecc.*) ingegnoso; abile; eseguito con intelligenza: **a c. device**, un dispositivo ingegnoso; **a c. move**, una mossa abile ● **He was too c. for me!**, me l'ha fatta! □ (*fam.*) **too c. by half**, che vuol fare il furbo.

cleverness /ˈklɛvənəs/ *n.* [U] ***1*** abilità; bravura; destrezza; intelligenza ***2*** (*fam.*) astuzia; furberia.

cliché /ˈkliːʃeɪ/ (*franc.*) *n.* cliché; frase fatta: **c.-ridden**, pieno di cliché.

clichéd /ˈkliːʃeɪd/ *a.* stereotipato.

click /klɪk/ *n.* scatto; clic; schiocco.

to **click** /klɪk/ ***A*** *v. i.* ***1*** scattare; fare clic: **to c. shut**, chiudersi con uno scatto; **to c. into place**, andare a posto con un clic ***2*** (*fam.*) essere di colpo chiaro: **It suddenly clicked where I'd seen her before**, tutt'a un tratto mi ricordai dove l'avevo già vista ***3*** (*pop.*) andare subito d'accordo ***4*** (*pop.*) avere successo ***B*** *v. t.* far scattare; schioccare; battere (*con un colpo secco*): **to c. one's fingers**, schioccare le dita; **to c. one's tongue**, schioccare la lingua; **to c. one's heels**, battere i tacchi.

client /ˈklaɪənt/ *n.* cliente.

clientele /kliːɒnˈtɛl, -iːən-, *USA* klaɪən-/ *n.* (*col verbo al sing. o al pl.*) clientela.

cliff /klɪf/ *n.* dirupo; scogliera.

cliffhanger /ˈklɪfhæŋə(r)/ *n.* (*fam.*) film, situazione, evento, ecc., ricco di suspense; avvenimento al cardiopalmo.

climacteric /klaɪˈmæktərɪk/ *n.* ***1*** (*fisiol.*) climaterio ***2*** (*fig.*) periodo critico.

climactic /klaɪˈmæktɪk/ *a.* ***1*** caratterizzato da tensione crescente; in crescendo ***2*** culminante; saliente.

climate /ˈklaɪmət/ *n.* U e C (*anche fig.*) clima.

climatic /klaɪˈmætɪk/ *a.* climatico.

climax /ˈklaɪmæks/ *n.* ***1*** punto (*o* momento) saliente (*o* culminante); apice; acme ***2*** (*retor.*) climax; crescendo ***3*** (*fisiol.*) orgasmo.

to **climax** /ˈklaɪmæks/ ***A*** *v. i.* raggiungere il punto culminante; culminare ***B*** *v. t.* portare al punto culminante.

climb /klaɪm/ *n.* arrampicata; scalata; salita; ascesa • **c.-down**, discesa; (*fig.*) marcia indietro, ritirata.

to **climb** /klaɪm/ ***A*** *v. i.* ***1*** arrampicarsi; salire; montare: **The sun climbed in the sky**, il sole salì nel cielo; **to c. onto a table**, salire (*o* montare) su un tavolo ***2*** (*di aereo*) alzarsi; prendere quota ***3*** (*seguito da prep.*) entrare, uscire, salire, ecc. (*con cautela, sforzo, ecc.*): **to c. into a car**, entrare in macchina; **to c. down from a tree**, scendere da un albero; **to c. out of a window**, (*arrampicarsi sul davanzale e*) uscire da una finestra; **to c. over a wall**, scavalcare un muro ***B*** *v. t.* arrampicarsi su; scalare: **to c. a tree**, arrampicarsi su un albero; **to c. a mountain**, scalare una montagna.

♦ **climb down** *v. i. + avv.* ***1*** scendere ***2*** (*fig.*) fare marcia indietro.

♦ **climb on** (*o* **up**) *v. i. + avv. V.* **to climb**, *A def. 1 e 2.*

climber /ˈklaɪmə(r)/ *n.* ***1*** arrampicatore (-trice); scalatore (-trice) ***2*** (*bot., zool.*) rampicante • **social c.**, arrampicatore sociale.

climbing /ˈklaɪmɪŋ/ ***A*** *n.* ***1*** (lo) scalare; scalata ***2*** l'arrampicarsi; il fare roccia • **free c.**, arrampicata libera ***B*** *a.* (*bot.*) rampicante • **c. frame**, struttura di metallo o legno su cui i bambini possono arrampicarsi □ **c. iron**, rampone (*da alpinista*).

clime /klaɪm/ *n.* (*lett.*) clima.

clinch /klɪntʃ/ *n.* ***1*** (*boxe*) clinch ***2*** (*antiq.*) lungo abbraccio appassionato (*specialm. in un film*).

to **clinch** /klɪntʃ/ ***A*** *v. t.* concludere definitivamente, sigillare (*un affare, un accordo, ecc.*) ***B*** *v. i.* (*boxe*) stringere l'avversario (*per impedirgli di colpire*).

clincher /ˈklɪntʃə(r)/ *n.* (*fam.*) argomento decisivo; fattore decisivo.

to **cling** /klɪŋ/ (*pass. e p.p.* **clung**) *v. i.* ***1*** aderire strettamente; stare attaccato ***2*** stringersi; aggrapparsi: **to c. to a hope**, aggrapparsi a una speranza ***3*** (*di profumo*) impregnare.

clingfilm /ˈklɪŋfɪlm/ *n.* U pellicola trasparente (*per alimenti*).

clinging /ˈklɪŋɪŋ/ *a.* ***1*** (*di abito*) aderente; attillato ***2*** (*di persona*) appiccicoso; che sta sempre attaccato.

clinic /ˈklɪnɪk/ *n.* (*med.*) clinica.

clinical /ˈklɪnɪkl/ *a.* clinico.

clinician /klɪˈnɪʃn/ *n.* (*med.*) clinico.

clink /klɪŋk/ *n.* ***1*** tintinnio ***2*** U (*pop.*) prigione; gattabuia (*pop.*).

to **clink** /klɪŋk/ ***A*** *v. i.* tintinnare ***B*** *v. t.* far tintinnare.

clinker /ˈklɪŋkə(r)/ *n.* ***1*** (*edil.*) clinker ***2*** U (*ind.*) scoria (*di fornace*).

clip (**1**) /klɪp/ *n.* ***1*** fermaglio; molletta; clip: **tie c.**, fermaglio per cravatta; **hair c.**, fermaglio (per capelli); molletta; **paper c.**, fermaglio (*per fogli*); graffetta ***2*** (orecchino a) clip ***3*** spilla (a clip) ***4*** (*mecc.*) morsetto ***5*** (*di arma*) caricatore.

clip (**2**) /klɪp/ *n.* ***1*** tosatura; tosa; taglio (*di capelli*) ***2*** ritaglio ***3*** (*cinem.*) brano; spezzone; clip ***4*** (*fam., anche* **c. on the ear**) scappellotto.

to **clip** (**1**) /klɪp/ *v. Solo come*:

♦ **clip on** ***A*** *v. i. + avv.* agganciarsi; assicurarsi ***B*** *v. t. + avv.* attaccare (*una spilla, ecc.*).

♦ **clip together** *v. t. + avv.* unire (*con un fermaglio*).

to **clip** (**2**) /klɪp/ *v. t.* ***1*** tagliare (*specialm. con forbici*); tosare ***2*** ritagliare (*da giornale*) ***3*** forare (*un biglietto, ecc.*) • **to c. sb. on** (*o* **round**) **the ear** (*o* **to c. sb.'s ear**), dare uno scappellotto a q. □ **to c. sb.'s wings**, tarpare le ali a q.

clipboard /ˈklɪpbɔːd/ *n.* (tavoletta) portablocco con molla.

clip-on /ˈklɪpɒn/ *a.* munito di clip: **c. earrings**, orecchini a clip.

clipped /klɪpt/ *a.* ***1*** tosato; spuntato ***2*** (*rif. a pronuncia dell'inglese*) veloce e secco; rapido e asciutto: **c. tones**, modo di parlare rapido e asciutto (*percepito come raffinato o aristocratico*).

clipper /ˈklɪpə(r)/ *n.* ***1*** (*al pl.*) tosatrice (*per capelli*) ***2*** (*al pl.*) tronchesina (*per unghie*) ***3*** (*naut.*) clipper.

clipping /ˈklɪpɪŋ/ *n.* ritaglio (*anche di giornale*).

clique /kliːk, *USA* klɪk/ *n.* (*spreg.*) cricca.

cliquish /ˈkliːkɪʃ, *USA* ˈklɪ-/, **cliquey** /ˈkliːkɪ, *USA* ˈklɪ-/ *a.* (*spreg.*) di cricca; ristretto; esclusivo.

clitoris /ˈklɪtərɪs, ˈklaɪ-/ *n.* (*anat.*) clitoride.

cloak /kləʊk/ *n.* ***1*** mantello; manto (*anche fig.*) ***2*** travestimento; pretesto; maschera.

to **cloak** /kləʊk/ *v. t.* ***1*** coprire con un mantello ***2*** ammantare ***3*** celare, nascondere, mascherare (*un'intenzione, un sentimento*).

cloak-and-dagger /ˈkləʊkənˈdægə(r)/ *a.* (*di attività*) clandestino; pieno di mistero; misterioso.

cloakroom /ˈkləʊkruːm, -rʊm/ *n.* (*GB*) ***1*** guardaroba (*di teatro, albergo, ecc.*) ***2*** (*eufem.*) toilette.

clobber /ˈklɒbə(r)/ *n.* U (*pop.*) indumenti; roba.

to **clobber** /ˈklɒbə(r)/ *v. t.* (*fam.*) ***1*** prendere a pugni; picchiare ***2*** sconfiggere; suonarle a ***3*** (*fig.*) colpire; dare una batosta a.

cloche /klɒʃ/ (*franc.*) *n.* ***1*** campana di vetro (*per proteggere piante*) ***2*** cloche (*cappello*).

clock (**1**) /klɒk/ *n.* ***1*** orologio (*che non si porta sulla persona*): **to put the c.** (*o* **the clocks**) **back** [**forward**], tirare indietro [mettere avanti] l'orologio ***2*** (*fam.*) cronometro ***3*** (*fam.*) contamiglia; contakilometri • **against the c.**, lottando col tempo □ **alarm c.**, sveglia □ **biological c.**, orologio biologico □ **by the c.**, orologio alla mano □ **c.-radio**, radiosveglia □ **round the c.**, 24 ore su 24; giorno e notte □ **It is four** [**five, etc.**] **o'clock**, sono le quattro [le cinque, ecc.] □ **to turn the clock back**, tornare al passato; riportare indietro l'orologio □ **to watch the c.**, avere sempre l'occhio sull'orologio.

clock (**2**) /klɒk/ *n.* baghetta (*di calza*).

to **clock** /klɒk/ *v. t.* ***1*** (*sport*) cronometrare ***2*** (*fam.*) registrare (*una velocità, una distanza*): **She clocked 200 on the straight**, ha toccato i duecento sul rettilineo; **We clocked 300 km**, stamattina abbiamo fatto 300 km.

♦ **clock in** (*o* **on**) *v. i.* timbrare il cartellino (all'entrata); (*fig.*) cominciare a lavorare (*a una data ora*).

♦ **clock off** (*o* **out**) *v. i. + avv.* timbrare il cartellino (all'uscita); (*fig.*) smettere di lavorare (*a una data ora*).

♦ **clock up** *v. t. + avv.* (*fam.*) ***1*** registrare (*una distanza*) ***2*** mettere a segno; totalizzare.

clockmaker /ˈklɒkmeɪkə(r)/ *n.* orologiaio.

clockwise /ˈklɒkwaɪz/ *agg. e avv.* in senso orario.

clockwork /ˈklɒkwɜːk/ *n.* U ***1*** meccanismo dell'orologio; movimento ***2*** carica a molla: **c. toy**, giocattolo a molla • **like c.**, come un orologio; con perfetta regolarità.

clod /klɒd/ *n.* ***1*** zolla ***2*** stupido; imbranato.

clodhopper /ˈklɒdhɒpə(r)/ *n.* zoticone.

clog /klɒg, *USA* klɔːg/ *n.* zoccolo (*calzatura*).

to **clog** /klɒg, *USA* klɔːg/ ***A*** *v. t.* ***1*** ostruire; otturare ***2*** ostacolare; impedire ***B*** *v. i.* ostruirsi; otturarsi.

cloister /ˈklɔɪstə(r)/ *n.* chiostro.

to **cloister** /ˈklɔɪstə(r)/ *v. t.* — **to c. oneself**, isolarsi; rinchiudersi.

cloistered /ˈklɔɪstəd/ *a.* ***1*** isolato dal mondo; appartato ***2*** (*archit.*) con chiostro ***3*** — **c. nun**, suora di clausura.

clone /kləʊn/ *n.* ***1*** (*biol.*) clone ***2*** (*fig.*) duplicato; copia; clone.

to **clone** /kləʊn/ *v. t.* clonare.

clonk /klɒŋk/ *n.* (*fam.*) rumore sordo; tonfo; botta; colpo.

to **clonk** /klɒŋk/ *v. t.* (*fam.*) colpire; dare una botta a.

close (1) /kləʊs/ ***A*** *a.* ***1*** vicino; ravvicinato; serrato: **We are c. to the station**, siamo vicini alla stazione; **c. at hand**, vicino; a portata di mano; (*sport*) **c. finish**, arrivo serrato, in gruppo; **c. print**, caratteri ravvicinati; **c. stitches**, punti serrati; **c. formation**, formazione chiusa; **c. combat**, combattimento corpo a corpo; **at c. range**, a distanza ravvicinata; **at c. quarters**, da vicino ***2*** intimo; stretto; legato; unito: **c. friend**, amico intimo; **c. connections**, stretti legami; **The two brothers are very c.**, i due fratelli sono molto legati (*o* uniti); **He and I were very c.**, eravamo molto amici ***3*** accurato; preciso; serrato; aderente: **c. examination**, esame accurato; **to keep a c. watch**, fare buona guardia; **c. translation**, traduzione fedele; **c. resemblance**, stretta somiglianza ***4*** afoso; soffocante; poco arieggiato ***5*** (*anche* **c.-fisted**) avaro; taccagno; tirchio ***6*** riservato; abbottonato (*fam.*) • (*GB*) **c. season**, periodo di chiusura della caccia □ **to have had a c. call** (*o* **shave**), averla scampata bella □ **It was a c. thing**, c'è mancato poco □ **too c. for comfort**, un po' troppo vicino per i propri gusti ***B*** *avv.* vicino; accanto: **Don't come too c.**, non venirmi vicino; non avvicinarti!; **I live c. to the church**, abito vicino alla chiesa; **He came c. up to me**, mi venne vicino; **I was c. by him**, ero accanto a lui; **c. behind me**, subito dietro di me • **c. by**, vicino; nelle vicinanze □ (*fam.*) **close on** (+ *numero*), quasi □ **I came c. to hitting him**, fui lì lì per dargli una sberla □ **when you see it c. to** (*o* **up**), quando lo vedi da vicino □ (*fam.*) **c. to home**, spiacevolmente vero; che brucia.

close (2) /kləʊs/ *n.* ***1*** spazio recintato; area circostante (*di cattedrale, ecc.*) ***2*** (*GB*) strada chiusa.

close (3) /kləʊz/ *n.* ***1*** chiusa (*di lettera, discorso, ecc.*) ***2*** fine; conclusione; termine: **to come to a c.**, terminare; **to bring st. to a c.**, concludere; mettere fine a.

to **close** /kləʊz/ ***A*** *v. t.* ***1*** chiudere: **to c. the door** [**one's eyes**], chiudere la porta [gli occhi]; **to c. an account**, chiudere un conto in banca ***2*** bloccare (*una strada, ecc.*) ***3*** concludere; finire; portare a termine: **to c. a deal**, concludere un affare ***B*** *v. i.* ***1*** chiudersi; chiudere: **The shops close at one**, i negozi chiudono all'una ***2*** (*di ferita*) rimarginarsi ***3*** terminare; finire.

♦ **close down** *v. t. e i + avv.* ***1*** *V.* **to close**, *def. 1* ***2*** (*radio, TV*) cessare (le trasmissioni).

♦ **close in (on)** *v. i. + avv.* (*e prep.*) avanzare da ogni lato (su); circondare: **Night was closing in**, calava la notte; **The enemy closed in on us**, il nemico ci circondò.

♦ **close off** *v. t. + avv.* chiudere; bloccare.

♦ **close out** (*USA*) ***A*** *v. t. + avv.* liquidare, svendere (*merce*) ***B*** *v. i. + avv.* fare una liquidazione, una svendita.

♦ **close up** ***A*** *v. t. + avv.* chiudere (*a chiave, ecc.*) ***B*** *v. i. + avv.* *V.* **to close**, *def. 1 e 2.*

♦ **close with** *v. i. + prep.* ***1*** muovere contro; andare all'attacco di ***2*** (*comm.*) raggiungere un accordo con; accordarsi su.

close-cropped /ˈkləʊsˈkrɒpt/ *a.* (*di capelli*) tagliati corti; (*di erba, prato*) rasato, raso.

closed /kləʊzd/ *a.* chiuso: **c. to the public**, chiuso al pubblico; **c. circuit television**, televisione a circuito chiuso • **c. book**, enigma; mistero; storia finita; capitolo chiuso □ **c. hearing**, udienza a porte chiuse □ (*USA*) **c. season**, periodo di chiusura della caccia □ **c. shop**, azienda che assume solo lavoratori iscritti a un sindacato.

close-down /kləʊzdaʊn/ *n.* ***1*** chiusura (*di fabbrica, ecc.*) ***2*** (*radio, TV*) segnale di fine trasmissioni.

close-fitting /ˈkləʊsˈfɪtɪŋ/ *a.* aderente; attillato.

close-knit /ˈkləʊsˈnɪt/ *a.* molto unito: **c. family**, famiglia molto unita.

closely /ˈkləʊslɪ/ *avv.* ***1*** da vicino; attentamente; bene ***2*** moltissimo • **c. printed**, stampato fitto □ **c. related to**, affine a.

closeness /ˈkləʊsnəs/ *n.* [U] ***1*** vicinanza ***2*** (grado di) intimità ***3*** afa; pesantezza.

close-set /ˈkləʊsˈsɛt/ *a.* (*di occhi*) ravvicinati; (*di alberi*) piantati a brevi intervalli; (*di caratteri tipogr.*) con poca spaziatura, poco spaziati.

closet /ˈklɒzɪt, *USA* ˈklɔː-/ ***A*** *n.* ***1*** (*USA*) armadio a muro; ripostiglio ***2*** (*antiq., anche* **water c.**) gabinetto; WC • (*fam.*) **to come out of the c.**, rivelare la propria omosessualità ***B*** *a. attr.* segreto; nascosto.

to **closet** /ˈklɒzɪt, *USA* ˈklɔː-/ *v. t.* (*per lo più rifl.*) rinchiudere (*a rapporto, in riunione segreta*) • **to be closeted with sb.**, essere chiuso a colloquio privato con q.

close-up /ˈkləʊsʌp/ *n.* (*cinem., fotogr., TV*) primo piano.

closing /ˈkləʊzɪŋ/ ***A*** *n.* chiusura (*di fabbrica, negozio, ecc.*) ***B*** *a.* di chiusura; conclusivo; ultimo: **c. time**, orario di chiusura; **C. time!**, si chiude!; (*Borsa*) **c. price**, prezzo di chiusura; **the c. stages of st.**, l'ultima fase di q.c.

closure /ˈkləʊʒə(r)/ *n.* ***1*** chiusura ***2*** (*in Parlamento*) sospensione del dibattito (*per passare ai voti*); chiusura.

clot (1) /klɒt/ *n.* grumo; coagulo (*di sangue*).

clot (2) /klɒt/ *n.* (*pop.*) stupido; zuccone.

to **clot** /klɒt/ ***A*** *v. t.* raggrumare; coagulare ***B*** *v. i.* raggrumarsi; coagularsi.

cloth /klɒθ, *USA* klɔːθ/ *n.* ***1*** [U] panno; stoffa; tela; tessuto: **linen c.**, tela di lino ***2*** pezza (*di panno, ecc.*); straccio ***3*** tovaglia ***4*** **— the c.**, l'abito talare; il clero • **c. cap**, coppola □ (*fam.*) **c.-eared** (*agg.*, **c.-ears** *sost.*), finto sordo.

clothbound /ˈklɔθbaʊnd/ *a.* (*di libro*) rilegato in tela.

to **clothe** /kləʊð/ *v. t.* ***1*** vestire ***2*** (*fig.*) vestire; rivestire; ricoprire; ammantare.

clothes /kləʊðz, kləʊz/ *n. pl.* abiti; vestiti; indumenti: **to change one's c.**, cambiarsi (d'abito); **to put on one's c.**, vestirsi; **to take off one's c.**, svestirsi; **c. brush**, spazzola per abiti; **c. hanger**, gruccia per abiti • **c. basket**, cesto per il bucato □ (*GB*) **c. peg**, molletta per il bucato.

clotheshorse /ˈkləʊðzhɔːs, kləʊz-/ *n.* stenditoio.

clothesline /ˈkləʊðzlaɪn, kləʊz-/ *n.* corda per il bucato.

clothespin /ˈkləʊðzpɪn, kləʊz-/ *n.* (*USA*) molletta per il bucato.

clothing /ˈkləʊðɪŋ/ *n.* [U] abbigliamento; vestiario; indumenti: **the c. industry**, l'industria dell'abbigliamento; **article of c.**, capo di vestiario; **protective c.**, indumenti protettivi.

clotted /ˈklɒtɪd/ *a.* — (*cucina*) **c. cream**, panna rappresa.

cloud /klaʊd/ *n.* ***1*** [C] *e* [U] nuvola; nube: **storm clouds**, nubi temporalesche; **We were flying through c.**, volavamo tra le nuvole; **c. of smoke** [**of dust**], nuvola di fumo [di polvere] ***2*** nugolo: **c. of flies**, nugolo di mosche ***3*** intorbidamento, ombra (*entro un liquido, su uno specchio, ecc.*) • **c.-capped**, incappucciato di nubi □ **c.-cuckoo-land**, mondo delle nuvole; regno di utopia □ **to cast a c. over st.**, gettare un'ombra su q.c. □ **to be in the clouds**, vivere nelle nuvole □ (*fam.*) **on c. nine**, al settimo cielo □ **under a c.**, oggetto di sospetti; in disgrazia □ (*prov.*) **Every c. has a silver lining**, ogni cosa ha il suo lato buono.

to **cloud** /klaʊd/ ***A*** *v. t.* ***1*** annuvolare; coprire di nuvole ***2*** appannare ***3*** oscurare; annebbiare; rendere confuso: **to c. the mind**, annebbiare la mente; **to c. the issue**, confondere le cose ***4*** offuscare; turbare ***5*** macchiare (*la reputazione di q., ecc.*) ***6*** intorbidare (*un liquido*) ***B*** *v. i.* ***1*** (*anche fig.*) annuvolarsi; rannuvolarsi ***2*** (*di liquido*) intorbidarsi.

♦ **cloud over** *v. i. + avv.* ***1*** (*anche fig.*) annuvolarsi; rannuvolarsi ***2*** appannarsi.

♦ **cloud up** *v. i. + avv.* ***1*** annuvolarsi; rannuvolarsi ***2*** appannarsi.

cloudbank /ˈklaʊdbæŋk/ *n.* (*meteor.*) banco di nuvole.

cloudburst /ˈklaʊdbɜːst/ *n.* acquazzone.

cloudless /ˈklaʊdləs/ *a.* senza nubi; sereno; limpido.

cloudy /ˈklaʊdɪ/ *a.* ***1*** nuvoloso ***2*** (*di viso, ecc.*) rannuvolato; turbato ***3*** (*di liquido*) torbido; opaco ***4*** oscuro; poco chiaro.

clout /klaʊt/ *n.* (*fam.*) ***1*** colpo; botta ***2*** (*fam.*) potere; peso; influenza.

to **clout** /klaʊt/ *v. t.* (*fam.*) colpire; dare un pugno, una botta a.

clove (1) /kləʊv/ *n.* (*generalm. pl.*) chiodo di garofano.

clove (2) /kləʊv/ *n.* spicchio (*d'aglio o di altra pianta bulbosa*).

clove (3) /kləʊv/ *pass. di* **to cleave**.

clove hitch /ˈkləʊvhɪtʃ/ *locuz. n.* (*naut.*) nodo parlato.

cloven /ˈkləʊvn/ ***A*** *p.p. di* **to cleave** ***B*** *a.* **— c. hoof**, zoccolo (*o* piede) fesso; piede caprino.

clover /ˈkləʊvə(r)/ *n.* [U] (*bot.*) trifoglio • **to be** (*o* **to live**) **in c.**, vivere nel lusso; nuotare nell'abbondanza.

cloverleaf /ˈkləʊvəliːf/ *n.* (*autom.*) raccordo stradale a quadrifoglio.

clown /klaʊn/ *n.* clown; pagliaccio; buffone.

to **clown** /klaʊn/ *v. i.* fare il pagliaccio (*o* il buffone).

clownish /ˈklaʊnɪʃ/ *a.* da pagliaccio; buffonesco.

to **cloy** /klɔɪ/ ***A*** *v. t.* stuccare; nauseare; stancare ***B*** *v. i.* diventare stucchevole.

cloying /ˈklɔɪɪŋ/ *a.* stucchevole; sdolcinato.

club /klʌb/ *n.* ***1*** bastone; clava; mazza; randello: **golf c.**, mazza da golf ***2*** (*a carte*) (carta di) fiori: **to lead clubs**, aprire a fiori ***3*** circolo; club; associazione; società ***4*** locale notturno; night (club) ● (*USA*) **c. sandwich**, sandwich a più strati con vari ingredienti □ (*USA*) **c. soda**, acqua di seltz □ (*iron.*) **Join the c.!**, anch'io!; non sei l'unico!
to **club** /klʌb/ *v. t.* bastonare; picchiare (*con un bastone, una mazza*): **to c. sb. to death**, uccidere q. a bastonate.
♦ **club together** *v. i. + avv.* mettersi insieme (*per fare una spesa*); fare una colletta.
clubfoot /ˈklʌbfʊt/ *n.* (*med.*) piede equino.
clubhouse /ˈklʌbhaʊs/ *n.* sede di un circolo (*generalm. sportivo*).
cluck /klʌk/ *n.* ***1*** (il) chiocciare; verso della chioccia ***2*** (*USA*) stupido; idiota.
to **cluck** /klʌk/ ***A*** *v. i.* ***1*** chiocciare ***2*** esprimere (q.c.) emettendo piccoli schiocchi della lingua: **to c. over a baby**, fare moine a un bambino ***B*** *v. t.* ***1*** far schioccare (*la lingua*) ***2*** esprimere con piccoli schiocchi della lingua: **He clucked his disapproval**, fece un verso di disapprovazione.
clue /kluː/ *n.* ***1*** indizio; indicazione ***2*** definizione (*nelle parole crociate*) ● (*fam.*) **I haven't a c.**, non ne ho la minima idea; non ci capisco niente □ (*fam.*) **He hasn't a clue!**, è un imbranato totale!
to **clue** /kluː/ *v. Solo come*:
♦ **clue in** (*o* **up**) *v. t. + avv.* (*fam.*) informare; mettere al corrente; aggiornare.
clued-up /kluːdˈʌp/ *a.* (*fam.*) bene informato; al corrente; aggiornato.
clueless /ˈkluːləs/ *a.* stupido; incapace; imbranato (*fam.*).
clump /klʌmp/ *n.* ***1*** pezzo informe; blocco ***2*** macchia, folto (*d'alberi*); ciuffo (*d'erba, di capelli*) ***3*** capannello (*di persone*) ***4*** rumore di passi pesanti.
to **clump** /klʌmp/ ***A*** *v. t.* ammucchiare; piantare fitto (*alberi, ecc.*) ***B*** *v. i.* camminare con passo pesante.
clumsiness /ˈklʌmzɪnəs/ *n.* [U] ***1*** goffaggine ***2*** mancanza di tatto.
clumsy /ˈklʌmzɪ/ *a.* ***1*** goffo; impacciato; maldestro; sgraziato ***2*** senza tatto ***3*** malfatto; mal costruito: **c. piece of work**, lavoro malfatto.
clung /klʌŋ/ *pass. e p.p. di* **to cling**.
clunk /klʌŋk/ *n.* rumore sordo.
cluster /ˈklʌstə(r)/ *n.* ***1*** gruppo; grappolo: **c. of people**, gruppo (*o* capannello) di gente; **consonant c.**, gruppo di consonanti ***2*** (*zool.*) sciame ***3*** (*astron.*) ammasso: **star c.**, ammasso stellare ● **c. bomb**, bomba a grappolo.
to **cluster** /ˈklʌstə(r)/ *v. i.* ***1*** crescere in grappoli ***2*** far grappolo; essere raggruppati; raggrupparsi; stringersi.
clutch (1) /klʌtʃ/ *n.* ***1*** stretta; forte presa ***2*** (*al pl.*) grinfie; morsa: **to fall into sb.'s clutches**, cadere nelle grinfie di q. ***3*** (*mecc.*) innesto; (*autom.*) frizione ● **c. bag**, borsetta senza manico; pochette.
clutch (2) /klʌtʃ/ *n.* ***1*** (*anche* **c. of eggs**) covata; nidiata ***2*** (*fig.*) gruppetto.
to **clutch** /klʌtʃ/ *v. t.* afferrare; stringere convulsamente; aggrapparsi a.
♦ **clutch at** *v. i. + prep.* tentare di afferrare (*o* di aggrapparsi a): **to c. at straws**, afferrarsi a ogni minima speranza.
clutter /ˈklʌtə(r)/ *n.* [U] *e* [C] ***1*** confusione; disordine: **in a c.**, in disordine ***2*** congerie di cose; cianfrusaglie.
to **clutter** /ˈklʌtə(r)/ *v. t.* (*anche* **to c. up**) ingombrare.
cluttered /ˈklʌtəd/ *a.* ingombro; zeppo.
coach /kəʊtʃ/ *n.* ***1*** carrozza a cavalli (*chiusa*); vettura; diligenza ***2*** (*GB*) carrozza ferroviaria; vettura ***3*** (*GB*) corriera; pullman ***4*** insegnante privato ***5*** (*sport*) allenatore (-trice); istruttore (-trice) ***6*** (*USA, su aereo*) classe economica ● **c.-and-four**, tiro a quattro □ **c. party**, gruppo di gitanti (*che viaggia in pullman*).
to **coach** /kəʊtʃ/ ***A*** *v. t.* ***1*** dare lezioni private (*o* ripetizioni) a; preparare (*per un esame*) ***2*** (*sport*) allenare ***B*** *v. i.* ***1*** dare ripetizioni ***2*** fare l'allenatore.
coachbuilder /ˈkəʊtʃbɪldə(r)/ *n.* (*autom., GB*) carrozziere.
coaching /ˈkəʊtʃɪŋ/ *n.* [U] ***1*** lezioni private; ripetizioni ***2*** (*sport*) allenamento.
coachload /ˈkəʊtʃləʊd/ *n.* passeggeri (di un pullman); carico di passeggeri: **a c. of football fans**, un pullman di tifosi di calcio.
coachman /ˈkəʊtʃmən/ *n.* (*pl.* **coachmen** /-mən/) vetturino; postiglione; cocchiere.
coachwork /ˈkəʊtʃwɜːk/ *n.* [U] (*GB*) ***1*** carrozzeria (*di auto*) ***2*** lavori di carrozzeria.
coadjutor /kəʊˈædʒʊtə(r)/ *n.* coadiutore (-trice); collaboratore (-trice).
coagulant /kəʊˈægjʊlənt/ *n.* coagulante.
to **coagulate** /kəʊˈægjʊleɪt/ ***A*** *v. t.* coagulare ***B*** *v. i.* coagularsi.
coagulation /kəʊægjʊˈleɪʃn/ *n.* [U] *e* [C] coagulazione.
coal /kəʊl/ *n.* ***1*** [U] carbone: **c. mine**, miniera di carbone; **c.-black**, nero come il carbone ***2*** carbone ardente ● **c.-bearing**, carbonifero □ **c. bed**, strato di carbone; strato carbonifero □ **c. bunker**, carbonile □ **c. cellar**, carbonaia □ (*ind.*) **c.-dust**, polverino di carbone □ **c.-fired**, (alimentato) a carbone □ **c.-gas**, gas illuminante □ **c. seam**, strato carbonifero □ **to heap coals of fire on sb.'s head**, fare arrossire q. (*facendogli del bene in cambio del male ricevuto*) □ **live coals**, brace □ **to take coals to Newcastle**, portare acqua al mare.
coaler /ˈkəʊlə(r)/ *n.* (*naut.*) carboniera.
to **coalesce** /kəʊəˈlɛs/ *v. i.* agglomerarsi; unirsi; fondersi.
coalescence /kəʊəˈlɛsns/ *n.* [U] unione; fusione.
coalface /ˈkəʊlfeɪs/ *n.* (*ind. min.*) fronte di abbattimento del carbone.
coalfield /ˈkəʊlfiːd/ *n.* bacino carbonifero.
coalition /kəʊəˈlɪʃn/ *n.* ***1*** [U] unione; fusione ***2*** (*polit.*) coalizione.
coalmine /ˈkəʊlmaɪn/ *n.* miniera di carbone.
coalminer /ˈkəʊlmaɪnə(r)/ *n.* minatore (di carbone).
coalscuttle /ˈkəʊlskʌtl/ *n.* recipiente per il carbone.
coarse /kɔːs/ *a.* ***1*** grezzo; ruvido; rozzo: **c. cloth**, tela ruvida; **c.-grained**, a grana grossa; **c. salt**, sale grosso ***2*** grossolano; rozzo; volgare: **c. manners**, modi grossolani ● (*sport, GB*) **c. fish**, pesce [pesci] d'acqua dolce (*esclusi salmoni e trote*) □ (*sport, GB*) **c. fishing**, pesca d'acqua dolce (*non di salmoni o di trote*).
to **coarsen** /ˈkɔːsn/ ***A*** *v. t.* rendere grossolano (*o* rozzo) ***B*** *v. i.* diventare grossolano (*o* rozzo).
coarseness /ˈkɔːsnəs/ *n.* [U] ***1*** grossezza; ruvidezza ***2*** grossolanità; volgarità.
coast /kəʊst/ *n.* costa; litorale ● (*USA*) **from c. to c.**, da costa a costa; in tutti gli Stati □ **off the c.**, al largo □ **The c. is clear**, via libera; non ci sono pericoli in vista.
to **coast** /kəʊst/ ***A*** *v. i.* (*naut.*) costeggiare ***B*** *v. i.* ***1*** (*naut.*) navigare sotto costa ***2*** (*autom.*) andare in discesa in folle (*o* a motore spento); (*in bicicletta*) scendere a ruota libera ***3*** (*anche* **to c. along**) procedere senza sforzo; avanzare tranquillamente; procedere sull'abbrivo: **to c. through an exam**, passare un esame senza sforzo ***4*** prendersela calma.
coastal /ˈkəʊstl/ *a.* costiero; litoraneo.
coaster /ˈkəʊstə(r)/ *n.* ***1*** (*naut.*) nave di piccolo cabotaggio ***2*** sottobicchiere; sottobottiglia.
coastguard /ˈkəʊstgɑːd/ *n.* ***1*** guardia costiera ***2*** guardacoste.
coasting /ˈkəʊstɪŋ/ ***A*** *a.* (*naut.*) costiero; cabotiero: **c. trade**, commercio costiero; **c. vessel**, nave cabotiera ***B*** *n.* ***1*** (*naut.*) cabotaggio ***2*** (*autom.*) discesa in folle (*o* a motore spento) ***3*** (il) procedere tranquillamente; (il) procedere sull'abbrivo.
coastline /ˈkəʊstlaɪn/ *n.* linea costiera; profilo (*di una costa*).
coat /kəʊt/ *n.* ***1*** cappotto; soprabito: **fur c.**, (cappotto di) pelliccia ***2*** (*USA; antiq. GB*) giacca ***3*** (*di animale*) mantello; pelliccia; pelo ***4*** strato (ricoprente); rivestimento: **c. of paint**, mano di vernice ● **c. hanger**, gruccia (per abiti) □ **c. rack**, attaccapanni a muro □ **c.-tails**, code del frac; frac □ (*arald.*) **c. of arms**, stemma; blasone □ **c. of mail**, cotta di maglia □ **to cut one's c. according to one's cloth**, fare il passo secondo la gamba □ **on sb.'s c.-tails**, sfruttando il successo (*o* la popolarità, la forza traente, ecc.) di q.; a rimorchio di q. □ **to turn one's c.**, voltar gabbana; mutar bandiera.
to **coat** /kəʊt/ *v. t.* spalmare; rivestire; ricoprire.
coated /ˈkəʊtɪd/ *a.* coperto; ricoperto; rivestito: **c. with dust**, coperto di polvere; **chocolate-c. cake**, torta ricoperta di cioccolato.
coating /ˈkəʊtɪŋ/ *n.* rivestimento; strato; mano: **c. of chocolate [of dust]**, strato di cioccolato [di polvere]; **c. of paint**, mano di vernice.

co-author /kəʊ'ɔːθə(r)/ *n.* coautore (-trice).
to **coax** /kəʊks/ *v. t.* ***1*** persuadere; indurre: **to c. sb. into [out of] doing st.**, persuadere q. a fare [a non fare] q.c. ***2*** ottenere (*con la persuasione*); strappare: **to c. a promise out of sb.**, strappare a q. una promessa.
coaxial /kəʊ'æksɪəl/ *a.* coassiale.
coaxingly /'kəʊksɪŋlɪ/ *avv.* con modi dolci; con fare accattivante.
cob /kɒb/ *n.* ***1*** cigno maschio ***2*** cavallo da sella ***3*** pannocchia (*di granturco*) ***4*** (*GB*) pagnotta tondeggiante.
cobalt /'kəʊbɔːlt/ *n.* [U] (*chim.*) cobalto ● **c. blue**, blu di cobalto (*sost.*); blu cobalto (*agg.*).
cobber /'kɒbə(r)/ *n.* (*fam. Austr.*) amico; compagno; socio.
cobble /'kɒbl/ *n.* ***1*** ciottolo (*per pavimentazione stradale*) ***2*** (*al pl.*) acciottolato.
to **cobble** (**1**) /'kɒbl/ *v. t.* pavimentare con ciottoli; acciottolare.
to **cobble** (**2**) /'kɒbl/ *v. Solo come*:
♦ **cobble together, cobble up** *v. t. + avv.* (*fam.*) mettere insieme alla bell'e meglio; raffazzonare.
cobbler /'kɒblə(r)/ *n.* ***1*** ciabattino ***2*** raffazzonatore ***3*** (*al pl.*) (*pop. GB*) stupidaggini; fesserie.
cobblestone /'kɒblstəʊn/ *n.* ciottolo (*per pavimentazione stradale*).
cobra /'kəʊbrə/ *n.* (*zool.*) cobra.
cobweb /'kɒbwɛb/ *n.* ragnatela ● (*fam.*) **to blow the cobwebs away**, snebbiarsi il cervello; schiarirsi le idee.
cocaine /kəʊ'keɪn, *USA* -'keɪn, 'kəʊk-/ *n.* [U] cocaina ● **c. addict**, cocainomane.
coccyx /'kɒksɪks/ *n.* (*anat.*) coccige.
cochineal /kɒtʃɪ'niːl/ *n.* [U] cocciniglia.
cochlea /'kɒklɪə/ (*pl.* **cochleae** /-klɪiː/, **cochleas**) *n.* (*anat.*) coclea.
cock /kɒk/ *n.* ***1*** gallo ***2*** (*zool.*) maschio (*di uccello*): **c. robin**, pettirosso maschio ***3*** valvola; rubinetto di regolazione ***4*** cane (*di arma da fuoco*): **at full c.**, col cane in posizione di sparo ***5*** (*volg.*) cazzo; uccello ● **c.-a-doodle-doo**, chicchirichì □ **c.-a-hoop**, giubilante; esultante; al settimo cielo □ **c.-and-bull story**, racconto inverosimile; panzana □ (*fig.*) **the c. of the walk**, il gallo del pollaio □ **to live like fighting cocks**, avere ogni ben di Dio; vivere da pascià.
to **cock** /kɒk/ ***A*** *v. t.* ***1*** alzare; sollevare; drizzare: **to c. one's ears**, drizzare le orecchie ***2*** alzare il cane di (*un'arma da fuoco*) ● **to c. one's eye at sb.**, dare un'occhiata d'intesa (*o* ammiccare) a q. □ **to c. one's hat**, mettersi il cappello di sghembo (*o* sulle ventitré) □ **to c. a snook at sb.**, fare marameo a q. □ **with one's head cocked**, con la testa rivolta (*a q.c.*) ***B*** *v. i.* drizzarsi.
♦ **cock up** *v. t. + avv.* (*volg. GB*) rovinare; incasinare (*pop.*); mandare a puttane (*volg.*).
cockade /kɒ'keɪd/ *n.* coccarda.
cockamamie /kɒkə'meɪmɪ/ *a.* (*fam. USA*) ridicolo; strampalato; assurdo.
cockatoo /kɒkə'tuː, *USA* 'kɒkətuː/ *n.* (*pl.* **cockatoos**) (*zool.*) cacatua.
cockchafer /'kɒktʃeɪfə(r)/ *n.* (*zool.*) maggiolino.
cockcrow /'kɒk-krəʊ/ *n.* [C] *e* [U] ***1*** canto del gallo ***2*** (*estens.*) alba.
cocked /kɒkt/ *a.* — **c. hat**, tricorno.
cocker /'kɒkə(r)/ *V.* **cocker spaniel**.
cockerel /'kɒkərəl/ *n.* ***1*** galletto ***2*** (*fig.*) giovane attaccabrighe.
cocker spaniel /'kɒkə'spænjəl/ *locuz. n.* cocker (spaniel).
cockeyed /'kɒkaɪd/ *a.* (*fam.*) ***1*** strabico ***2*** sbilenco; storto ***3*** ridicolo; sballato; strampalato.
cockfight /'kɒkfaɪt/ *n.* combattimento di galli.
cockiness /'kɒkɪnəs/ *n.* [U] (*fam.*) arroganza; spavalderia; impudenza.
cockle /'kɒkl/ *n.* (*zool.*) ***1*** cardio; noce di mare (*e altri molluschi bivalvi*) ***2*** (*anche* **cockleshell**) conchiglia di cardio ● **to warm the cockles of sb.'s heart**, far bene al cuore di q.; rincuorare q.
cockney /'kɒknɪ/ ***A*** *n.* ***1*** nativo (-a) di Londra ***2*** cockney; dialetto londinese ***B*** *a.* tipicamente londinese; londinese; cockney.
cockpit /'kɒkpɪt/ *n.* ***1*** recinto per i combattimenti di galli ***2*** (*fig.*) teatro di lotte; campo di battaglia ***3*** (*aeron.*) cabina di pilotaggio; (*autom.*) abitacolo (*del pilota*).
cockroach /'kɒkrəʊtʃ/ *n.* (*zool.*) scarafaggio; blatta.
cockscomb /'kɒkskəʊm/ *n.* cresta di gallo.
cocksure /'kɒk'ʃʊə(r)/ *a.* (*fam.*) spavaldo; presuntuoso; arrogante.
cocktail /'kɒkteɪl/ *n.* ***1*** cocktail ***2*** (*cucina*) cocktail: **shrimp c.**, cocktail di gamberetti; **fruit c.**, macedonia; cocktail di frutta ● **c. cabinet**, mobile bar □ **c. party**, cocktail (*ricevimento*) □ **c. snacks**, salatini.
cock-up /'kɒkʌp/ *n.* (*volg. GB*) fiasco; casino (*pop.*).
cocky /'kɒkɪ/ *a.* (*fam.*) spavaldo; presuntuoso; arrogante.
cocoa /'kəʊkəʊ/ *n.* [U] ***1*** cacao ***2*** [U] cioccolata calda; bevanda al cacao ***3*** color cacao ● **c. butter**, burro di cacao.
coconut /'kəʊkənʌt, -nət/ *n.* ***1*** (*anche* **c. palm, c. tree**) palma da cocco ***2*** noce di cocco ● **c. milk**, latte di cocco □ **c. oil**, olio di cocco.
cocoon /kə'kuːn/ *n.* (*zool.*) bozzolo.
to **cocoon** /kə'kuːn/ *v. t.* ***1*** avviluppare ***2*** proteggere.
cod /'kɒd/ *n.* (*pl. invar.*) (*zool.*) merluzzo ● **cod-liver oil**, olio di fegato di merluzzo □ **dried cod**, stoccafisso □ **salted cod**, baccalà.
to **coddle** /'kɒdl/ *v. t.* ***1*** cuocere a fuoco lento ***2*** coccolare.
coddled /'kɒdld/ *a.* — (*cucina*) **c. egg**, uovo bazzotto.
code /kəʊd/ *n.* ***1*** codice: **c. of honour**, codice d'onore; **c. of conduct**, codice di etica professionale; deontologia professionale; (*leg.*) **criminal c.**, codice penale; **postal c.**, codice di avviamento postale; (*elab.*) **binary c.**, codice binario ***2*** cifrario; codice: **to break a c.**, decifrare un codice; **written in c.**, scritto in codice; cifrato ***3*** (*telef., anche* **c. number**) prefisso (teleselettivo) ● **c.-book**, codice crittografico □ **c.-breaker**, decodificatore; decrittatore □ **c. language**, linguaggio cifrato □ **c. name**, nome in codice; nome convenzionale
to **code** /kəʊd/ *v. t.* mettere in cifra (*o* in codice); cifrare.
coded /'kəʊdɪd/ *a.* ***1*** cifrato; in codice ***2*** (*fig.*) in codice; velato; tra le righe.
codeine /'kəʊdiːn/ *n.* [U] (*chim., farm.*) codeina.
codex /'kəʊdɛks/ *n.* (*pl.* **codices**) codice; manoscritto antico.
codfish /'kɒdfɪʃ/ *n.* (*pl. invar.*) (*zool.*) merluzzo.
codger /'kɒdʒə(r)/ *n.* — (*fam.*) **old c.**, vecchiardo.
codices /'kəʊdɪsiːz/ *pl. di* **codex**.
codicil /'kəʊdɪsɪl, *USA* 'kɒdəsl/ *n.* codicillo.
codification /kɒdɪfɪ'keɪʃn/ *n.* [U] *e* [C] codificazione.
to **codify** /'kəʊdɪfaɪ, *USA* 'kɒd-/ *v. t.* ***1*** codificare ***2*** cifrare (*un messaggio*).
coding /'kəʊdɪŋ/ *n.* [U] ***1*** (il) mettere in cifra ***2*** (*elab.*) programmazione; codifica.
co-director /kəʊdaɪ'rɛktə(r), -də'r-/ *n.* condirettore (-trice).
codswallop /'kɒdzwɒləp/ *n.* [U] (*pop. GB*) scemenze; fesserie.
coed, co-ed /'kəʊ'ɛd, 'kəʊɛd/ (*abbr. fam. di* **coeducational**) ***A*** *a.* (*di scuola, ecc.*) misto ***B*** *n.* (*USA*) studentessa di scuola mista (*o* di università).
coeducation /kəʊɛdʒʊ'keɪʃən/ *n.* istruzione scolastica mista.
coeducational /kəʊɛdʒʊ'keɪʃənl/ *a.* (*di scuola, ecc.*) misto.
coefficient /kəʊɪ'fɪʃnt/ *n.* coefficiente.
to **coerce** /kəʊ'ɜːs/ *v. t.* ***1*** costringere: **to c. sb. into doing st.**, costringere q. a fare q.c. ***2*** reprimere.
coercion /kəʊ'ɜːʃn, *USA* -ʒn/ *n.* [U] coercizione.
coercive /kəʊ'ɜːsɪv/ *a.* coercitivo.
coeval /kəʊ'iːvl/ *a. e n.* ***1*** coevo; contemporaneo ***2*** coetaneo.
to **coexist** /kəʊɪg'zɪst/ *v. i.* coesistere.
coexistence /kəʊɪg'zɪstəns/ *n.* [U] coesistenza.
coffee /'kɒfɪ, *USA* 'kɔːfɪ/ *n.* [U] caffè: **black c.**, caffè (*senza latte*); caffè normale; **strong c.**, caffè ristretto; **weak c.**, caffè lungo; **white c.**, caffe macchiato ● **c. bar**, caffè; bar □ **c. bean**, chicco di caffè □ **c. grinder** (*o* **mill**), macinacaffè □ **c. house**, caffè □ **c. shop**, torrefazione; (*USA*) caffè □ **c. table**, tavolino basso (*da salotto*) □ (*spreg.*) **c.-table book**, grosso libro con prevalenza di foto o illustrazioni.
coffeepot /'kɒfɪpɒt, *USA* 'kɔːf-/ *n.* caffettiera.
coffer /'kɒfə(r), *USA* 'kɔːf-/ *n.* ***1*** forziere; cassa ***2*** (*archit.*) cassettone.
cofferdam /'kɒfədæm, *USA* 'kɔːf-/ *n.* ***1*** cassone pneumatico ***2*** (*edil.*) cassone di fondazione.
coffin /'kɒfɪn, *USA* 'kɔːf-/ *n.* bara; cassa da morto.
cog /kɒg, *USA* kɔːg/ *n.* ***1*** (*mecc.*) dente (*di ruota*) ***2*** (*mecc.*) *V.* **cogwheel** ***3*** (*fig., anche* **cog in the machine**) rotella di

ingranaggio.

cogency /ˈkəʊdʒənsɪ/ *n.* [U] forza (*di un argomento*); forza di persuasione.

cogent /ˈkəʊdʒənt/ *a.* (*di argomento*) convincente; persuasivo; forte.

to **cogitate** /ˈkɒdʒɪteɪt/ (*form. o scherz.*) ***A*** *v. i.* meditare ***B*** *v. t.* ponderare; meditare su.

cogitation /kɒdʒɪˈteɪʃn/ *n.* [U] *e* [C] riflessione; meditazione.

cognac /ˈkɒnjæk, *USA* ˈkəʊ-/ (*franc.*) *n.* cognac.

cognate /ˈkɒgneɪt/ ***A*** *a.* (*ling.*) affine ***B*** *n.* ***1*** (*form.*) congiunto; consanguineo ***2*** (*ling.*) vocabolo affine.

cognition /kɒgˈnɪʃn/ *n.* [U] cognizione.

cognitive /ˈkɒgnɪtɪv/ *a.* ***1*** (*filos.*) cognitivo ***2*** (*form.*) conoscitivo.

cognizance /ˈkɒgnɪzəns, ˈkɒnɪ-, kɒgˈnaɪ-/ *n.* [U] (*form. o leg.*) conoscenza; cognizione: **to have c. of st.**, essere a conoscenza di q.c.; (*leg.*) **to take c. of st.**, prendere atto di q.c.; (*leg.*) **to fall within sb.'s c.**, essere di competenza di q.

cognizant /ˈkɒgnɪzənt, ˈkɒnɪ-, kɒgˈnaɪ-/ *a.* a conoscenza (di q.c.); informato (su q.c.); (*leg., anche*) competente.

cognoscenti /kɒgnəˈʃentɪ, -əʊˈsen-, *USA* kɒnjə-, -nə-/ *n. pl.* intenditori; conoscitori.

cogwheel /ˈkɒgwiːl, *USA* ˈkɔːghwiːl/ *n.* ruota dentata.

to **cohabit** /kəʊˈhæbɪt/ *v. i.* (*form.*) convivere.

cohabitation /kəʊhæbɪˈteɪʃn/ *n.* [U] (*form.*) convivenza.

to **cohere** /kəʊˈhɪə(r)/ *v. i.* ***1*** aderire; restare unito ***2*** essere coerente.

coherence /kəʊˈhɪərəns/, **coherency** /kəʊˈhɪərənsɪ/ *n.* [U] ***1*** coesione; aderenza ***2*** coerenza.

coherent /kəʊˈhɪərənt/ *a.* ***1*** coerente; ben strutturato ***2*** logico; intelligibile.

cohesion /kəʊˈhiːʒn/ *n.* [U] (*anche fis.*) coesione.

cohesive /kəʊˈhiːsɪv/ *a.* coesivo.

cohort /ˈkəʊhɔːt/ *n.* ***1*** (*stor.*) coorte ***2*** (*stat.*) coorte ***3*** (*spreg.*) coorte; banda.

coif /kɔɪf/ (*franc.*) *n.* cuffia (*specialm. di suora*).

coiffure /kwɑːˈfjʊə(r)/ (*franc.*) *n.* (*form. o scherz.*) pettinatura; acconciatura.

coil /kɔɪl/ *n.* ***1*** spira (*di serpente, ecc.*); giro (*di corda avvolta*) ***2*** rotolo (*di corda*) ***3*** crocchia (*di capelli*) ***4*** serpentina ***5*** (*elettr., mecc.*) bobina; rocchetto ***6*** spirale (intrauterina).

to **coil** /kɔɪl/ ***A*** *v. t.* (*anche* **to c. up**) avvolgere a spirale; attorcigliare ***B*** *v. i.* ***1*** (*anche* **to c. up**) avvolgersi (a spirale); attorcigliarsi; raggomitolarsi ***2*** salire avvolgendosi.

coin /kɔɪn/ *n.* [C] *e* [U] moneta (*metallica*): **gold c.**, moneta d'oro; **false c.**, moneta falsa (*anche fig.*); **small c.**, moneta spicciola; spiccioli • **the other side of the c.**, l'altra faccia della medaglia □ **to pay sb. (back) in his own c.**, pagare q. di pari moneta; rendere pan per focaccia.

to **coin** /kɔɪn/ *v. t.* ***1*** coniare ***2*** (*econ., fin.*) monetare • (*fam.*) **to c. it** (*o* **money**), far denaro a palate □ (*fam. iron.*) **to c. a phrase**, per dirla in modo originale.

coinage /ˈkɔɪnɪdʒ/ *n.* ***1*** [U] conio; coniatura ***2*** [U] monete; moneta metallica ***3*** sistema monetario ***4*** [U] (il) coniare (*parole nuove*) ***5*** parola coniata ***6*** [U] (*econ., fin.*) monetazione.

to **coincide** /kəʊɪnˈsaɪd/ *v. i.* coincidere.

coincidence /kəʊˈɪnsɪdəns/ *n.* [U] *e* [C] coincidenza.

coincidental /kəʊɪnsɪˈdentl/ *a.* coincidente; casuale.

coir /ˈkɔɪə(r)/ *n.* [U] fibra della noce di cocco.

coitus /ˈkəʊɪtəs, ˈkɔɪtəs/ (*lat.*) *n.* [U] coito.

coke (1) /kəʊk/ *n.* [U] (carbone) coke.

coke (2) /kəʊk/ *n.* [C] *e* [U] (*pop.*) coca-cola; coca (*pop.*).

coke (3) /kəʊk/ *n.* [U] (*pop.*) cocaina; coca (*pop.*).

col /kɒl/ *n.* sella (*fra due monti*); passo; valico.

colander /ˈkʌləndə(r), *USA* ˈkɒl-/ *n.* colabrodo; (s)colapasta.

cold /kəʊld/ ***A*** *a.* freddo: **to be** (*o* **to feel**) **c.**, avere freddo; **Tea is getting c.**, il tè si sta raffreddando; **in c. blood**, a sangue freddo; **c. reception**, accoglienza fredda; **c. handshake**, fredda stretta di mano • **c.-blooded**, (*di animale*) a sangue freddo; (*fig.*) freddo, insensibile, spietato □ **c. comfort**, una magra consolazione □ **c. cream**, crema emolliente; cold cream □ **c. cuts**, carne fredda affettata □ **c.-hearted**, freddo; indifferente; arido □ **c. news**, notizie stantie □ **c. snap** (*o* **spell**), ondata di freddo □ (*med.*) **c. sore**, herpes simplex; febbre (sulle labbra) □ **c. storage**, conservazione in cella frigorifera □ **c. store**, cella frigorifera □ (*pop.*) **c. turkey**, crisi di astinenza (*di drogato*); interruzione improvvisa (*dell'assunzione di droga*) □ **The news left me c.**, la notizia non mi fece né caldo né freddo □ **to make sb.'s blood run c.**, far gelare il sangue a q. □ (*fam.*) **out c.**, svenuto ***B*** *n.* ***1*** [U] freddo: **in the c.**, al freddo; **to catch c.**, prendere freddo; (*fig. fam.*) perdere soldi in un affare, restare scottato ***2*** (*med.*) raffreddore: **to catch a c.**, prendere un raffreddore; **head c.**, raffreddore di testa • (*fam.*) **left out in the c.**, lasciato in disparte; ignorato; escluso ***C*** *avv.* senza preparazione; a freddo. ATTENZIONE: **cold** ≠ caldo.

coldness /ˈkəʊldnəs/ *n.* [U] (*anche fig.*) freddezza.

to **cold-shoulder** /ˈkəʊldˈʃəʊldə(r)/ *v. t.* (*fam.*) trattare q. con freddezza.

cole /kəʊl/ *n.* (*bot.*) ravizzone.

coleslaw /ˈkəʊlslɔː/ *n.* [U] (*cucina*) insalata di cavolo con maionese.

colic /ˈkɒlɪk/ (*med.*) ***A*** *n.* [U] colica ***B*** *a.* colico.

colicky /ˈkɒlɪkɪ/ *a.* (*med.*) soggetto a coliche.

colitis /kəˈlaɪtɪs/ *n.* [U] (*med.*) colite.

to **collaborate** /kəˈlæbəreɪt/ *v. i.* ***1*** collaborare ***2*** (*polit.*) essere un collaboratore.

collaboration /kəlæbəˈreɪʃn/ *n.* [U] ***1*** collaborazione ***2*** (*polit.*) collaborazionismo.

collaborationist /kəlæbəˈreɪʃənɪst/ *n.* (*polit.*) collaborazionista.

collaborative /kəˈlæbrətɪv, *USA* -bəreɪtɪv/ *a.* (fatto) in collaborazione; d'équipe; d'insieme.

collaborator /kəˈlæbəreɪtə(r)/ *n.* ***1*** collaboratore (-trice) ***2*** (*polit.*) collaborazionista.

collage /ˈkɒlɑːʒ, kɒˈlɑːʒ, *USA* kəˈlɑːʒ/ (*franc.*) *n.* (*arte*) [U] *e* [C] collage.

collagen /ˈkɒlədʒən/ *n.* [U] (*biol.*) collagene.

collapse /kəˈlæps/ *n.* ***1*** crollo; caduta; sprofondamento ***2*** crollo, rovina (*di speranza, progetto*); fallimento (*di trattativa, azienda, ecc.*); caduta (*di un governo, dei prezzi, ecc.*); (*econ., Borsa*) collasso, tracollo ***3*** (*med.*) collasso.

to **collapse** /kəˈlæps/ ***A*** *v. i.* ***1*** crollare; sprofondare; cadere: **The roof collapsed**, il tetto crollò; **She collapsed to the floor**, cadde a terra; **to c. into an armchair**, lasciarsi cadere in una poltrona ***2*** (*di speranza, progetto*) crollare, andare a monte; (*di trattativa, azienda, ecc.*) fallire, andare a rotoli; (*di un governo, ecc.*) cadere; (*econ., Borsa*) crollare ***3*** (*med.*) avere un collasso; (*di polmone*) collassare ***4*** (*di un sedile, ecc.*) ripiegarsi; essere pieghevole ***B*** *v. t.* ***1*** far crollare ***2*** piegare (*un sedile, ecc.*).

collapsible /kəˈlæpsəbl/ *a.* pieghevole: **c. chair**, sedia pieghevole.

collar /ˈkɒlə(r)/ *n.* ***1*** colletto; collo; bavero: **fur c.**, collo di pelliccia; **c. stud**, fermacolletto; bottone da colletto ***2*** collare (*per animali*) ***3*** (*mecc.*) collare; fascetta ***4*** (*pop. USA*) arresto; cattura • (*fam.*) **c. and tie**, abbigliamento formale maschile; giacca e cravatta.

to **collar** /ˈkɒlə(r)/ *v. t.* (*fam.*) ***1*** arrestare; acciuffare; beccare ***2*** fermare, bloccare (*q. per parlargli*).

collarbone /ˈkɒləbəʊn/ *n.* (*anat.*) clavicola.

to **collate** /kəˈleɪt/ *v. t.* ***1*** collazionare; confrontare ***2*** esaminare e ordinare (*dati, ecc.*).

collateral /kəˈlætərəl/ ***A*** *a.* ***1*** collaterale; parallelo ***2*** secondario; aggiuntivo ***3*** (*leg.*) collaterale; (*di prestito*) garantito ***B*** *n.* ***1*** (parente) collaterale ***2*** (*leg.*) garanzia collaterale; garanzia.

collation /kəˈleɪʃn/ *n.* ***1*** collazione; confronto ***2*** pasto leggero freddo.

colleague /ˈkɒliːg/ *n.* collega.

collect (1) /ˈkɒlekt/ *n.* (*eccles.*) colletta.

collect (2) /kəˈlekt/ *agg. e avv.* (*USA*) a carico del destinatario: **c. call**, telefonata a carico del ricevente; **to call sb. c.**, telefonare a q. facendogli addebitare la telefonata; **to send a parcel c.**, spedire un pacco contrassegno.

to **collect** /kəˈlekt/ ***A*** *v. t.* ***1*** riunire; radunare; raccogliere: **to c. money for charity**, raccogliere denaro da dare in beneficenza; **to c. one's thoughts**, concentrarsi; riordinare le idee ***2*** collezionare; fare collezione di ***3*** (*comm.*) incassare; riscuotere ***4*** andare (*o* passare) a prendere; ritirare: **to c. the kids from school**, andare a prendere i bambini a scuola; **to c. a parcel**, ritirare un pacco ***B*** *v. i.* ***1*** radunarsi; riunirsi; raccogliersi ***2*** accumularsi; raccogliersi ***3*** (*comm.*) fare riscossioni ***C*** to **collect oneself** *v. rifl.* riaversi; riprendere la padronanza di sé.

collectable /kəˈlɛktəbl/ *A a.* *1* (*comm.*) esigibile; incassabile *2* ricercato dai collezionisti; di interesse collezionistico *B n.* oggetto di interesse collezionistico; oggetto molto ricercato.
collected /kəˈlɛktɪd/ *a.* *1* raccolto *2* padrone di sé; sicuro • **the c. works of Byron**, le opere complete di Byron.
collectible /kəˈlɛktəbl/ *V.* **collectable**.
collecting /kəˈlɛktɪŋ/ *A n.* *1* (il) collezionare: **stamp c.**, il collezionare francobolli; filatelia *2 V.* **collection**, *def. 1, 4* *B a.* *1* che raccoglie *2* (*comm.*) d'incasso *3* (*fisc.*) esattore • **c. box**, cassetta delle elemosine.
collection /kəˈlɛkʃn/ *n.* *1* [U] raccolta; ritiro; levata (*della posta*) *2* collezione; raccolta: **art c.**, collezione d'arte; **c. of short stories**, raccolta di racconti *3* mucchio; cumulo; gruppo *4* colletta; (*in chiesa*) questua *5* [U] *e* [C] (*comm.*) riscossione; incasso; (*fisc.*) esazione • **c.-box**, cassetta delle elemosine.
collective /kəˈlɛktɪv/ *A a.* collettivo (*anche gramm.*); collegiale: **c. bargaining**, trattative (sindacali) collettive; (*polit.*) **c. leadership**, direzione collegiale *B n.* *1* (*gramm.*) collettivo *2* (*polit.*) collettivo.
collectivism /kəˈlɛktɪvɪzəm/ *n.* [U] (*polit.*) collettivismo.
collectivist /kəˈlɛktɪvɪst/ *n.* (*polit.*) collettivista.
collector /kəˈlɛktə(r)/ *n.* *1* raccoglitore (-trice); collezionista *2* (*comm., fisc.*) esattore *3* bigliettaio *4* (*aeron., radio*) collettore • **c.'s item**, pezzo da collezione ◻ **c.'s office**, esattoria; ricevitoria.
college /ˈkɒlɪdʒ/ *n.* *1* istituto (*o* scuola) di studi superiori; università: **art c.**, scuola d'arte; **c. of music**, conservatorio; **He's been to c.**, ha fatto l'università; **c. education**, istruzione universitaria *2* (*GB*) collegio universitario; college: **the Oxford colleges**, i college di Oxford *3* (*GB*) scuola privata; collegio residenziale *4* (*USA*) facoltà universitaria; università *5* ordine; collegio: **the C. of Surgeons**, l'Ordine dei chirurghi; **c. of cardinals**, collegio dei cardinali *6* — (*polit.*) **electoral c.**, collegio elettorale.
collegial /kəˈliːdʒɪəl/ *V.* **collegiate**.
collegiate /kəˈliːdʒət/ *a.* *1 a.* collegiale; di collegio; di un college *2* — (*eccles.*) **c. church**, collegiata.
to **collide** /kəˈlaɪd/ *v. i.* scontrarsi; urtarsi.
collie /ˈkɒlɪ/ *n.* (*cane*) pastore scozzese; collie.
collier /ˈkɒlɪə(r)/ *n.* *1* minatore (*di carbone*) *2* (*naut.*) carboniera.
colliery /ˈkɒlɪərɪ/ *n.* miniera di carbone.
collision /kəˈlɪʒn/ *n.* [U] *e* [C] collisione; scontro; conflitto (*fig.*): **c. course**, rotta di collisione; **c. of interests**, conflitto di interessi; **to come into c. with**, scontrarsi con.
to **collocate** /ˈkɒləkeɪt/ (*ling.*) *A v. i.* abbinarsi *B n.* parola abbinata.
collocation /kɒləˈkeɪʃn/ *n.* [U] *e* [C] (*ling.*) abbinamento; collocazione.
colloquial /kəˈləʊkwɪəl/ *a.* (*ling.*) della lingua parlata; colloquiale; familiare.
colloquialism /kəˈləʊkwɪəlɪzəm/ *n.* (*ling.*) espressione della lingua parlata (*o* colloquiale); colloquialismo.
colloquium /kəˈləʊkwɪəm/ *n.* convegno.
colloquy /ˈkɒləkwɪ/ *n.* [U] *e* [C] (*lett.*) colloquio; dialogo.
to **collude** /kəˈluːd/ *v. i.* (*anche leg.*) essere in collusione; colludere.
collusion /kəˈluːʒn/ *n.* [U] (*anche leg.*) collusione.
collywobbles /ˈkɒlɪwɒblz/ *n. pl.* (*fam.*) mal di pancia, crampi allo stomaco (*per la paura*); tremarella.
cologne /kəˈləʊn/ (*franc.*) *n.* [U] acqua di colonia.
Colombian /kəˈlɒmbɪən/ *a. e n.* colombiano (*della Colombia*).
colon (1) /ˈkəʊlən/ *n.* due punti (*segno d'interpunzione*).
colon (2) /ˈkəʊlən/ *n.* (*anat.*) colon.
colonel /ˈkɜːnl/ *n.* colonnello.
colonial /kəˈləʊnɪəl/ *A a.* *1* coloniale *2* (*archit.*) di stile coloniale *B n.* coloniale.
colonialism /kəˈləʊnɪəlɪzəm/ *n.* [U] colonialismo.
colonialist /kəˈləʊnɪəlɪst/ *n.* colonialista.
to **colonise** /ˈkɒlənaɪz/ *e deriv.* (*GB*) *V.* **to colonize** *e deriv.*
colonist /ˈkɒlənɪst/ *n.* colono; pioniere.
colonization /kɒlənaɪˈzeɪʃn, *USA* -nɪˈz-/ *n.* [U] colonizzazione.
to **colonize** /ˈkɒlənaɪz/ *A v. t.* colonizzare *B v. i.* stabilirsi in una colonia.
colonizer /ˈkɒlənaɪzə(r)/ *n.* colonizzatore (-trice).
colonnade /kɒləˈneɪd/ *n.* (*archit.*) colonnato.
colony /ˈkɒlənɪ/ *n.* colonia.
color /ˈkʌlə(r)/ *e deriv.* (*USA*) *V.* **colour** *e deriv.*
coloration /kʌləˈreɪʃn/ *n.* colorazione.
colossal /kəˈlɒsl/ *a.* colossale.
colossus /kəˈlɒsəs/ *n.* colosso.
colostomy /kəˈlɒstəmɪ/ *n.* [U] (*chir.*) colostomia.
colour /ˈkʌlə(r)/ *n.* *1* [C] *e* [U] colore; tinta: **What c. is it?**, di che colore è?; **soft c.**, tinta tenue; **primary colours**, colori fondamentali; **c. film**, film [pellicola] a colori; **c. scheme**, combinazione di colori *2* colorito; colore: **high c.**, colorito acceso; **to get one's c. back**, riprendere colore; **to change c.**, cambiar colore; impallidire *3* (*al pl.*) colori nazionali; bandiera; (*di club sportivo, ecc.*) colori, distintivo: **regimental colours**, bandiera del reggimento *4* colore; materia colorante *5* [U] (*acustica, mus.*) timbro; tonalità • **c. bar** (*USA* **color line**), segregazione razziale ◻ (*med.*) **c.-blind**, daltonico ◻ (*med.*) **c.-blindness**, daltonismo ◻ **c. code**, codice a colori ◻ (*sport*) **to get one's colours**, essere scelto a far parte di una squadra ◻ **to give a false c. to**, travisare ◻ **to give** (*o* **to lend**) **c. to**, corroborare; dare verosimiglianza a ◻ **local c.**, colore locale ◻ (*fam.*) **off-c.**, (*di persona*) che si sente poco bene; (*di battuta, ecc.*) spinto ◻ **to paint st. in dark [bright] colours**, descrivere q.c. a tinte fosche [rosee] ◻ **to sail under false colours**, (*naut.*) battere bandiera falsa; (*fig.*) spacciarsi per ciò che non si è, presentarsi sotto mentite spoglie ◻ **to see st. [sb.] in one's true colours**, vedere q.c. [q.] come realmente è ◻ **to show one's true colours**, rivelarsi per quello che si è ◻ **with flying colours**, con successo; brillantemente; trionfalmente.
to **colour** /ˈkʌlə(r)/ *A v. t.* *1* colorare; dipingere; tingere: **to c. one's hair**, tingersi i capelli *2* colorire: **The wind had coloured her cheeks**, il vento le aveva colorito le guance *3* influenzare *4* alterare; deformare; travisare *B v. i.* *1* colorirsi (*in viso*); arrossire *2* colorarsi; (*di foglie, ecc.*) cambiare colore.
♦ **colour in** *v. t. + avv.* colorare (*un disegno, ecc.*).
to **colour-code** /ˈkʌləkəʊd/ *v. t.* contrassegnare con colori diversi.
coloured /ˈkʌləd/ *a.* *1* colorato; a colori: **c. shirt**, camicia colorata; **brightly c.**, a colori (*o* tinte) vivaci; **lemon-c.**, color limone *2* di colore: **c. person**, persona di colore.
colourfast /ˈkʌləfɑːst, *USA* -æst/ *a.* dalle tinte solide; che non stinge.
colourful /ˈkʌləfl/ *a.* pieno di colore; colorito; pittoresco.
colouring /ˈkʌlərɪŋ/ *A n.* [U] *1* colore; colorazione *2* colore dei capelli, degli occhi e della pelle; colori *3* (*tecn.*) colorante *B a.* — **c. book**, album da colorare.
colourless /ˈkʌlələs/ *a.* *1* incolore *2* pallido *3* scialbo; incolore.
colt /kəʊlt/ *n.* puledro.
coltish /ˈkəʊltɪʃ/ *a.* vivace; irrequieto.
column /ˈkɒləm/ *n.* *1* colonna (*anche fig.*); pilastro: **c. of figures**, colonna di cifre; **c. of smoke**, colonna di fumo; **advertisement columns**, (colonne degli) annunci economici *2* colonna; fila: **c. of soldiers**, colonna di soldati; (*polit.*) **fifth c.**, quinta colonna *3* (*giorn.*) rubrica: **He writes a regular c. for the «Chronicler»**, tiene una rubrica sul «Chronicler»; **gossip c.**, cronaca rosa.
columnist /ˈkɒləmnɪst, -mɪst/ *n.* giornalista che tiene una rubrica; notista • **gossip c.**, cronista mondano.
coma /ˈkəʊmə/ *n.* (*med.*) coma: **in a c.**, in coma; **to go into a c.**, entrare in coma.
comatose /ˈkəʊmətəʊs/ *a.* (*med.*) comatoso.
comb /kəʊm/ *n.* *1* pettine *2* (*zool.*) cresta *3* pettinata *4* favo • **fine-tooth(ed) c.**, pettine fitto; pettinina ◻ **to go through st. with a fine-tooth c.**, passare al setaccio q.c.; esaminare a fondo q.c.
to **comb** /kəʊm/ *v. t.* *1* pettinare *2* strigliare (*un cavallo*) *3* setacciare; rastrellare; battere a tappeto: **to c. the area for st.**, setacciare la zona in cerca di q.c.
♦ **comb out** *v. t. + avv.* togliere (*nodi, ecc.*) col pettine.
combat /ˈkɒmbæt, ˈkʌm-, *USA* kəmˈbæt/ *n.* [U] *e* [C] combattimento; lotta; azione: **c. zone**, zona di combattimento; **mortal c.**, lotta mortale; **killed in c.**, ucciso in azione; **single c.**, singolar tenzone; duello.
to **combat** /ˈkɒmbæt, ˈkʌm-, *USA* kəmˈbæt/ *v. t.* (*form.*) combattere; lottare contro: **to c. crime**, combattere la delinquenza.

combatant /'kɒmbətənt, 'kʌm-, *USA* kəm'bætnt/ *a. e n.* combattente.

combative /'kɒmbətɪv, 'kʌm-, *USA* kəm'bæt-/ *a.* combattivo; battagliero; pugnace.

comber /'kəʊmə(r)/ *n.* **1** (*ind. tess.*) cardatore **2** (*ind. tess.*) (macchina) cardatrice **3** frangente; maroso.

combination /kɒmbɪ'neɪʃn/ *n.* **1** U *e* C combinazione: **c. lock**, serratura a combinazione **2** (*al pl.*) costume (*maglia e mutande*) di lana.

combine /'kɒmbaɪn/ *n.* **1** associazione **2** (*agric., anche* **c. harvester**) mietitrebbia.

to **combine** /kəm'baɪn/ **A** *v. t.* combinare; congiungere; unire **B** *v. i.* combinarsi; congiungersi; unirsi.

combo /'kɒmbəʊ/ *n.* (*fam.*) **1** combinazione; assortimento **2** (*USA*) complessino jazz.

combustible /kəm'bʌstəbl/ **A** *a.* **1** combustibile **2** (*di persona*) irascibile **B** *n.* (sostanza) combustibile.

combustion /kəm'bʌstʃn/ *n.* U combustione.

to **come** /kʌm/ (*pass.* **came**, *p.p.* **come**) *v. i.* **1** venire; arrivare; giungere: **He comes from Sweden**, viene dalla Svezia; **I've c. to help you**, sono venuto a (*o* sono qui per) aiutarvi; **C. and see me sometime**, vieni a trovarmi quando puoi; **May comes after April**, maggio viene dopo aprile; **to c. and go**, andare e venire; **to c. running**, arrivare di corsa; **to c. first**, venire per primo; arrivare primo; **The time has c. for me to reveal the truth**, è venuto (*o* giunto) il momento che io riveli la verità; **to c. to an agreement**, venire a un accordo; **to c. to an end**, giungere al termine; finire; **The total came to $650**, il totale ammontava a 650 dollari; **No good will c. (out) of it**, non ne verrà (*o* deriverà) niente di buono; **It'll c. to me**, mi verrà in mente; **to c. as a surprise**, giungere inaspettato; essere una sorpresa; **to take things as they c.**, prendere le cose come vengono **2** accadere; avvenire; succedere: **C. what may**, qualunque cosa accada; **That's what comes of waiting too long**, ecco che cosa succede ad aspettare troppo **3** percorrere, fare (*una distanza*): **We have c. twenty miles**, abbiamo fatto venti miglia; **to have c. a long way**, venire da lontano; (*anche fig.*) aver fatto molta strada **4** diventare: **to c. true**, avverarsi; **to c. all right**, andare a posto; aggiustarsi; **to c. undone**, disfarsi; slacciarsi; sbottonarsi **5** (*comm.*) essere in vendita; essere disponibile: **This model comes in six colours**, questo modello è disponibile in sei tinte **6** trovarsi: **Your name comes at the end of the list**, il tuo nome si trova in fondo alla lista **7** (*fam.*) fare (*una parte*): **Don't c. the innocent!**, non fare l'innocente! **8** (*volg.*) avere un orgasmo; venire • **C., now!** (*o* **C., c.!**), suvvia!; andiamo! □ (*fam.*) **to c. clean**, confessare □ **It finally came home to him that...**, finalmente ha capito che... □ **to c. home to roost**, ritorcersi su q. □ **to c. of age**, diventare maggiorenne □ **to c. into effect**, entrare in vigore □ **to c. into one's own**, veder riconosciuto (*o* poter mostrare) finalmente quello che si vale □ **to c. into a fortune**, ereditare una fortuna □ **to c. into sight**, apparire (alla vista) □ **to c. to know sb.**, imparare (*o* arrivare) a conoscere q. □ **to c. to be**, diventare □ **to c. to blows**, venire alle mani; azzuffarsi □ **to c. to hand**, essere a disposizione; essere a portata di mano □ **to c. to nothing**, finire in niente □ **to c. to power**, andare al potere □ (*fam.*) **as silly as they c.**, sciocco come pochi □ **c. the spring**, con l'arrivo della (*o* con la) primavera □ (*fam.*) **(now that I) c. to think of it**, ora che ci penso □ (*fam.*) **How c. you didn't know?**, come mai (*o* com'è che) non lo sapevi? □ **if it comes to that**, a dire il vero; per la verità □ **in years to c.**, negli anni futuri (*o* che verranno) □ **when it comes to eating [to cinema]**, quando si tratta di mangiare [di cinema].

♦ **come about** *v. i. + avv.* **1** accadere; succedere; verificarsi **2** (*naut.*) virare di bordo (in prua).

♦ **come across** **A** *v. i. + avv.* **1** fare la traversata; arrivare via mare **2** attraversare (*una strada*) **3** (*di discorso, ecc.*) essere capito; risultare convincente **4** (*di persona*) dare l'impressione (di essere); risultare: **He comes across as aggressive**, dà l'impressione di essere un tipo aggressivo; **to c. across well**, saper comunicare; fare una buona impressione **B** *v. i. + prep.* **1** attraversare **2** imbattersi in; trovare per caso.

♦ **come across with** *v. i. + avv. e prep.* tirar fuori (*soldi, informazioni*).

♦ **come after** *v. i. + prep.* **1** seguire; venire dietro a **2** inseguire; correre dietro a.

♦ **come again** *v. i. + avv.* **1** tornare **2** — (*fam. GB*) **C. again?**, come (hai detto)?; cosa?

♦ **come along** *v. i. + avv.* **1** venire: **C. along with me**, venga con me **2** (*fam.*) arrivare; capitare; presentarsi **3** procedere; andare: **How's the work coming along?**, come procede (*o* a che punto è) il lavoro? **4** fare progressi; migliorare **5** — (*fam.*) **C. along!**, suvvia!; forza!; sbrigati!

♦ **come apart** *v. i. + avv.* sfasciarsi; disfarsi.

♦ **come around** *v. i. + avv. V.* **to come round**.

♦ **come at** *v. i. + prep.* attaccare; assalire.

♦ **come away** *v. i. + avv.* **1** venir via: **C. away from the window**, vieni via dalla finestra **2** staccarsi.

♦ **come back** *v. i. + avv.* **1** tornare **2** tornare di moda **3** tornare alla mente **4** (*di artista, atleta, ecc.*) fare una rentrée **5** (*fam.*) rimbeccare.

♦ **come before** *v. i. + prep.* **1** venire prima di; precedere **2** comparire davanti a (*un giudice*).

♦ **come between** *v. i. + prep.* frapporsi tra; interferire tra.

♦ **come by** **A** *v. i. + avv.* passare; arrivare; capitare **B** *v. i. + prep.* ottenere; ricevere; procurarsi.

♦ **come down** *v. i. + avv.* **1** scendere; venire giù; calare; cadere; atterrare: **to c. down from a ladder**, scendere da una scala; **to c. down in the world**, scendere nella scala sociale; decadere; **to c. down to earth**, tornare coi piedi per terra (*o* alla realtà) **2** (*fam.*) diluviare **3** (*GB*) venire, arrivare (*da una città importante o da una città universitaria*) • **to c. down on the side of**, schierarsi con; prendere posizione a favore di.

♦ **come down on** *v. i. + avv. e prep.* **1** rimproverare **2** esigere (*un pagamento*) da.

♦ **come down to** *v. i. + avv. e prep.* **1** essere tramandato a **2** (*fam.*) ridursi a; trattarsi di: **What it comes down to is...**, si tratta tutto sommato di...

♦ **come down with** *v. i. + avv. e prep.* prendersi, buscarsi (*una malattia*).

♦ **come forward** *v. i. + avv.* farsi avanti; presentarsi.

♦ **come in** *v. i. + avv.* **1** entrare **2** arrivare; finire: **to c. in third**, arrivare terzo **3** entrare in gioco (*fig.*) **4** venire di moda **5** (*di marea*) salire • **to c. in useful** (*o* **handy**), tornare utile.

♦ **come in for** *v. i. + avv. e prep.* essere oggetto, bersaglio di: **The minister came in for a great deal of criticism**, il ministro fu ampiamente criticato.

♦ **come off** *v. i. + avv.* **1** staccarsi; venir via **2** avere luogo **3** (*di festa, piatto, ecc.*) riuscire; essere un successo **4** (*di persona*) uscirne; cavarsela: **He didn't c. off too badly, did he?**, non se l'è cavata troppo male, no?; **to c. off best**, avere la meglio **5** — (*fam.*) **C. off it!**, ma va'!; ma contala!

♦ **come on** **A** *v. i. + avv.* **1** *V.* **coming**, *B, def. 3* **2** cominciare **3** accendersi **4** (*teatr.*) entrare in scena **5** *V.* **to come along**, *def. 3 e 4* **6** — (*fam.*) **C. on!**, forza!; dài!; andiamo!; coraggio! • (*USA*) **Come on in!**, entra!; entrate! **B** *v. i. + prep.* imbattersi in.

♦ **come out** *v. i. + avv.* **1** uscire; venir fuori; spuntare **2** essere pubblicato; uscire **3** venire alla luce; scoprirsi; venir fuori **4** (*di macchia*) venire (*o* andare) via **5** risultare; riuscire; venire: **to c. out on top**, risultare primo; **You've c. out well in this photo**, sei riuscita bene in questa foto **6** dichiarare la propria omosessualità **7** (*GB*) scendere in sciopero **8** debuttare in società • **to c. out in favour of [against]**, dichiararsi favorevole [contrario] a.

♦ **come out in** *v. i. + avv. e prep.* coprirsi di (*bolle, pustole, ecc.*).

♦ **come out with** *v. i. + avv. e prep.* uscirsene con.

♦ **come over** **A** *v. i. + avv.* **1** venire, arrivare (*in un paese*) **2** venire a trovare; far visita **3** *V.* **to come across**, *def. 3 e 4* **4** (*fam. GB*) sentirsi; cominciare a essere: **to c. over faint**, sentirsi d'un tratto debole **B** *v. i. + prep.* capitare a; succedere a; prendere: **What's c. over her?**, che le è preso?; che cos'ha?

♦ **come round** *v. i. + avv.* **1** rinvenire; riprendere conoscenza **2** adeguarsi (*a un punto di vista, ecc.*); persuadersi **3** (*di ricorrenza*) ritornare **4** calmarsi (*dopo un accesso d'ira*): **He'll soon c. round**, gli passerà presto **5** (*fam.*) fare un salto (da q.) **6** (*naut.*) virare di bordo (in prua).

♦ **come through** **A** *v. i. + avv.* **1** (*di notizia*) arrivare; giungere **2** cavarsela; farcela; sopravvivere **B** *v. i. + prep.* superare (*una malattia, un brutto periodo, ecc.*).

♦ **come to** *v. i. + avv.* **1** rinvenire; riprendere conoscenza **2** (*naut.*) orzare; stringere il vento.

♦ **come under** *v. i. + prep.* rientrare in (*una classe, un ordine di cose*); essere sotto (*la giurisdizione di*); trovarsi a (*o* sotto) (*un titolo, una voce, ecc.*).
♦ **come up** *v. i. + avv.* **1** salire; venire su; venire a galla **2** avvicinarsi **3** (*di occasione*) presentarsi; venir fuori **4** (*di pianta*) spuntare **5** (*di argomento*) essere sollevato • **to c. up for auction**, essere messo all'asta □ **to c. up for sale**, essere messo in vendita □ **to c. up in the world**, migliorare la propria posizione sociale.
♦ **come up against** *v. i. + avv. e prep.* imbattersi in; trovarsi di fronte a; scontrarsi con.
♦ **come up to** *v. i. + avv. e prep.* **1** raggiungere; arrivare a: **The water came up to my waist**, l'acqua mi arrivava alla vita **2** essere all'altezza di.
♦ **come up with** *v. i. + avv. e prep.* proporre; tirar fuori.
♦ **come upon** *V.* **to come on**.
♦ **come within** *v. i. + prep.* rientrare in.
come-at-able /kʌm'ætəbl/ *a.* (*fam.*) accessibile; che si può raggiungere (*o* ottenere).
comeback /'kʌmbæk/ *n.* (*fam.*) **1** reclamo **2** ritorno sulle scene; rentrée (*franc.*) **3** (*sport*) rimonta **4** risposta pronta.
comedian /kə'miːdɪən/ *n.* comico; attore di rivista.
comedienne /kəmiːdɪ'ɛn/ (*franc.*) *n.* attrice comica.
comedown /'kʌmdaʊn/ *n.* **1** perdita di prestigio; passo indietro **2** delusione.
comedy /'kɒmədɪ/ *n.* U *e* C commedia.
come-hither /kʌm'hɪðə(r)/ (*fam.*) **A** *n.* occhiata provocante **B** *a.* invitante; provocante.
comely /'kʌmlɪ/ *a.* bello; attraente.
come-on /'kʌmɒn, *USA* -ɔːn/ *n.* (*fam.*) **1** occhiata o gesto provocante **2** offerta allettante; esca.
comer /'kʌmə(r)/ *n.* chi viene; chi si presenta: **The contest is open to all comers**, la gara è aperta a tutti (coloro che si presentano).
comet /'kɒmɪt/ *n.* (*astron.*) cometa.
come-uppance /kʌm'ʌpəns/ *n.* (*fam.*) punizione meritata; quello che ci si merita.
comfort /'kʌmfət/ *n.* **1** U conforto; consolazione: (*iron.*) **cold c.**, una magra consolazione; **to take c. from the fact that**, consolarsi pensando che **2** U agiatezza; benessere **3** comodità; confort • (*USA*) **c. station**, gabinetto pubblico.
to **comfort** /'kʌmfət/ *v. t.* confortare; consolare.
comfortable /'kʌmf(ə)təbl/ *a.* **1** confortevole; comodo **2** a proprio agio; comodo: **to make oneself c.**, accomodarsi; mettersi comodo **3** (*fam.*) agiato; benestante.
comfortably /'kʌmf(ə)təblɪ/ *avv.* **1** comodamente **2** agevolmente • **c. off**, agiato; benestante.
comforter /'kʌmfətə(r)/ *n.* **1** consolatore (-trice) **2** (*specialm. USA*) imbottita; trapunta **3** (*GB*) ciuccio; ciucciotto.
comfortless /'kʌmfətləs/ *a.* **1** senza conforto; sconsolato **2** senza comodità; scomodo.
comfy /'kʌmfɪ/ *a.* (*fam.*) comodo; a proprio agio.
comic /'kɒmɪk/ **A** *a.* comico • (*USA*) **c. book**, giornalino a fumetti □ (*mus.*) **c. opera**, opera buffa □ **c. strip**, striscia di fumetti **B** *n.* (*fam.*) **1** attore di varietà; comico **2** (*GB*) giornalino a fumetti **3** (*al pl.*) (*giorn., USA*) pagina dei fumetti.
comical /'kɒmɪkl/ *a.* comico; buffo.
coming /'kʌmɪŋ/ **A** *n.* U arrivo; venuta; avvento • **c. and going**, andirivieni □ **c. of age**, raggiungimento della maggiore età **B** *a.* **1** prossimo; imminente; futuro: **the c. winter**, il prossimo inverno **2** promettente; che farà strada: **He is the c. man**, è uno che farà strada **3** — **c. on**, in arrivo: **There's a storm c. on**, sta arrivando un temporale; **I've got flu c. on**, mi sta venendo l'influenza • (*iron.*) **He's got a big surprise c. to him!**, avrà una grossa sorpresa! □ **He had it c. to him**, ha avuto quello che si meritava □ **I could see it c.**, me l'aspettavo.
comma /'kɒmə/ *n.* virgola • **inverted commas**, virgolette.
command /kə'mɑːnd, *USA* -'mænd/ *n.* **1** U comando: **under the c. of**, sotto il comando (*o* agli ordini) di; **Who is in c. here?**, chi comanda qui?; **to take c. of st.**, prendere il comando di q.c. **2** ordine; comando: **at sb.'s c.**, per ordine di q. **3** padronanza; dominio: **a good c. of a language**, una buona padronanza di una lingua **4** (*mil.*) comando • (*miss.*) **c. module**, modulo di comando □ **c. performance**, spettacolo teatrale dato su richiesta del sovrano o del capo di Stato □ **at one's c.**, a propria disposizione.
to **command** /kə'mɑːnd, *USA* -'mænd/ **A** *v. t.* **1** comandare; essere al comando di **2** ordinare; comandare; dare ordine **3** meritare e ottenere: **to c. respect**, ispirare (*o* incutere) rispetto; **His pictures c. a high price**, i suoi quadri si vendono a prezzi elevati **4** offrire (*una vista*) **5** essere padrone di; disporre di • (*econ.*) **to c. a market**, avere il controllo di un mercato **B** *v. i.* comandare.
commandant /kɒmən'dænt, *USA* 'kɒməndɑːnt/ *n.* (*mil.*) comandante.
to **commandeer** /kɒmən'dɪə(r)/ *v. t.* (*mil.*) requisire.
commander /kə'mɑːndə(r), *USA* -mæn-/ *n.* **1** comandante: **c. in chief**, comandante in capo; comandante supremo **2** (*naut. mil.*) capitano di fregata.
commanding /kə'mɑːndɪŋ, *USA* -'mæn-/ *a.* **1** che ha il comando: **c. officer**, ufficiale al comando; ufficiale comandante **2** autorevole; imponente **3** dominante; strategico.
commandment /kə'mɑːndmənt, *USA* -'mæn-/ *n.* comandamento.
commando /kə'mɑːndəʊ, *USA* -'mæn-/ *n.* (*pl.* **commandos, commandoes**) (*mil.*) **1** commando; truppe d'assalto **2** soldato appartenente a un commando.
to **commemorate** /kə'mɛməreɪt/ *v. t.* commemorare.
commemoration /kəmɛmə'reɪʃn/ *n.* U *e* C commemorazione.
commemorative /kə'mɛmərətɪv, *USA* -reɪtɪv/ *a.* commemorativo.
to **commence** /kə'mɛns/ *v. t. e i.* (*form.*) cominciare; iniziare.
commencement /kə'mɛnsmənt/ *n.* **1** (*form.*) principio; inizio **2** (*specialm. USA*) cerimonia del conferimento delle lauree.
to **commend** /kə'mɛnd/ *v. t.* **1** lodare **2** raccomandare; affidare.
commendable /kə'mɛndəbl/ *a.* lodevole.
commendation /kɒmɛn'deɪʃn/ *n.* U **1** encomio; lode **2** raccomandazione • **letters of c.**, commendatizie.
commensurate /kə'mɛnʃərət/ *a.* commisurato; proporzionato.
comment /'kɒmɛnt/ *n.* C *e* U commento; osservazione; critica: **to make** (*o* **to pass**) **a c. on st.**, fare un commento su q.c.; **fair c.**, osservazione giusta; **unfavourable c.**, commento critico • **No c.**, nessuna dichiarazione.
to **comment** /'kɒmɛnt, kə'mɛnt/ *v. i.* fare commenti; commentare: **I won't c. on that**, non voglio far commenti su ciò; **to c. upon a text**, commentare un testo.
commentary /'kɒməntrɪ, *USA* -terɪ/ *n.* **1** commentario **2** commento **3** (*anche* **running c.**) (*radio*) radiocronaca; (*TV*) telecronaca.
to **commentate** /'kɒmənteɪt/ *v. t. e i.* (*radio*) fare la radiocronaca di; (*TV*) fare la telecronaca di.
commentator /'kɒmənteɪtə(r)/ *n.* **1** commentatore (-trice) **2** (*radio*) radiocronista; (*TV*) telecronista.
commerce /'kɒmɜːs/ *n.* U commercio.
commercial /kə'mɜːʃl/ **A** *a.* commerciale • **c. break**, interruzione pubblicitaria; pubblicità □ **c. design**, disegno pubblicitario □ **c. television**, televisione privata **B** *n.* (*radio, TV*) comunicato commerciale; spot (televisivo): **TV commercials**, spot televisivi; pubblicità televisiva.
to **commercialise** /kə'mɜːʃəlaɪz/ (*GB*) *V.* **to commercialise**.
commercialism /kə'mɜːʃəlɪzəm/ *n.* mercantilismo; (*spreg.*) affarismo.
to **commercialize** /kə'mɜːʃəlaɪz/ *v. t.* commercializzare.
commie /'kɒmɪ/ *n.* (*pop.*) comunista; rosso (*pop.*).
to **commiserate** /kə'mɪzəreɪt/ *v. i.* — **to c. with sb. about st.**, dolersi con q. per q.c.
commiseration /kəmɪzə'reɪʃn/ *n.* **1** *u* commiserazione **2** (*al pl.*) condoglianze.
commissariat /kɒmɪ'sɛərɪət/ *n.* U (*mil.*) commissariato; intendenza.
commissary /'kɒmɪsərɪ, *USA* -serɪ/ *n.* **1** commissario; delegato **2** (*mil.*) ufficiale di commissariato **3** (*USA*) spaccio militare.
commission /kə'mɪʃn/ *n.* **1** C *e* U (*comm.*) commissione; provvigione **2** incarico; commissione **3** commissione; comitato: **c. of inquiry**, commissione d'inchiesta **4** (*mil.*) brevetto di ufficiale; nomina a ufficiale **5** U (*leg.*) commissione; perpetrazione • (*comm.*) **c. agent**, (agente) commissionario □ **in c.**, (*di nave da guerra*) in servizio; (*fam., di cosa in genere*) in efficienza □ (*comm.*) **to be on c.**, lavorare su commissione □ **out of c.**, (*di nave da guerra*) in disarmo;

(*fam., di cosa*) fuori servizio.
to **commission** /kə'mɪʃn/ *v. t.* ***1*** commissionare (q.c. a q.); incaricare (q. di q.c.): **He was commissioned to paint the king's portrait**, gli fu commissionato il ritratto del re; **to c. a survey**, commissionare una ricerca ***2*** (*mil.*) nominare (*un ufficiale*) ***3*** (*naut.*) armare ed equipaggiare (*una nave*).
commissionaire /kəmɪʃə'nɛə(r)/ (*franc.*) *n.* portiere in livrea (*di teatro, albergo, ecc.*).
commissioned /kə'mɪʃənd/ *a.* ***1*** fatto su commissione ***2*** — (*mil.*) **c. officer**, ufficiale.
commissioner /kə'mɪʃənə(r)/ *n.* ***1*** commissario; membro di una commissione (*specialm. ministeriale*): **High C.**, alto commissario ***2*** sovrintendente; direttore.
to **commit** /kə'mɪt/ ***A*** *v. t.* ***1*** commettere: **to c. a crime**, commettere un delitto; **to c. suicide**, suicidarsi ***2*** impegnare: **to c. resources to a plan**, impegnare risorse in un progetto ***3*** affidare; mandare; dare: **to c. to memory**, mandare a memoria; **to c. st. to paper**, affidare q.c. alla carta; mettere q.c. per iscritto; **to c. sb. to prison**, mandare q. in prigione; **to c. sb. for trial**, rinviare q. a giudizio ***B*** to **commit oneself** *v. rifl.* impegnarsi; compromettersi: **to c. oneself to doing st.**, impegnarsi a fare q.c.; **I don't want to c. myself to a specific figure**, non voglio arrischiare una cifra precisa.
commitment /kə'mɪtmənt/ *n.* ***1*** impegno; obbligo; responsabilità ***2*** dedizione; impegno.
committal /kə'mɪtl/ *n.* (*leg.*) ***1*** arresto; carcerazione ***2*** internamento (*in manicomio*).
committed /kə'mɪtɪd/ *a.* ***1*** pieno di dedizione ***2*** impegnato: **to be c. to st.**, essere impegnato in q.c.; **c. writer**, scrittore impegnato.
committee /kə'mɪtɪ/ *n.* comitato; commissione: **to be on a c.**, fare parte di una commissione; **standing c.**, commissione permanente; (*polit., di progetto di legge*) **at the c. stage**, all'esame della commissione (parlamentare).
commode /kə'məʊd/ (*franc.*) *n.* comoda.
commodity /kə'mɒdətɪ/ *n.* ***1*** (*comm.*) prodotto agricolo; materia prima; derrata; merce: **basic commodities**, prodotti fondamentali; **c. exchange**, borsa merci ***2*** oggetto utile. ATTENZIONE: **commodity** ≠ comodità.
commodore /'kɒmədɔː(r)/ *n.* (*naut.*: *grado mil. e titolo di cortesia*) commodoro.
common (1) /'kɒmən/ *a.* ***1*** comune; frequente; normale: **a c. occurrence**, un fatto comune (*o* frequente); **in c. use**, di uso corrente ***2*** comune; ordinario; normale; semplice: **c. salt**, sale comune; (*gramm.*) **c. noun**, nome comune; **c. courtesy**, normale cortesia ***3*** comune; generale: **the c. good**, il bene comune; **by c. consent**, per consenso unanime; **It's c. knowledge that...**, lo sanno tutti che...; **to make c. cause**, fare causa comune ***4*** volgare; ordinario; dozzinale • (*med.*) **c. cold**, raffreddore □ **c. ground**, punto d'incontro; intesa □ (*leg.*) **c. law**, diritto consuetudinario; legge non scritta □ (*leg.*) **c.-law husband [wife]**, convivente; marito [moglie] de facto □ (*fam.*) **c.-or-garden**, ordinario; normalissimo □ **c. room**, sala di ritrovo (*in una scuola o college universitario*) □ **c. sense**, senso comune; buonsenso □ (*fam.*) **as c. as muck**, comunissimo; molto ordinario.
common (2) /'kɒmən/ *n.* ***1*** terreno di proprietà comune; pascolo demaniale; spazio verde comunale ***2*** (*al pl.*) — (*stor.*) **the commons**, il popolo, la gente comune (*di contro alla nobiltà*) ***3*** (*al pl.*) — (*in G.B.*) **the Commons** (*anche* **the House of Commons**), la Camera dei Comuni • **in c.**, in comune □ (*antiq.*) **nothing out of the c.**, niente di straordinario.
commonality /kɒmə'nælɪtɪ/ *n.* Ⓤ *e* Ⓒ comunione, comunità (*di interessi, ecc.*).
commonalty /'kɒmənltɪ/ *n.* (*form.*) ***1*** (il) popolo ***2*** comunità.
commoner /'kɒmənə(r)/ *n.* cittadino comune (*non nobile*).
commonly /'kɒmənlɪ/ *avv.* comunemente; usualmente.
commonplace /'kɒmənpleɪs/ ***A*** *n.* luogo comune; osservazione trita; banalità ***B*** *a.* comune; normale; abituale.
commonwealth /'kɒmənwelθ/ *n.* ***1*** confederazione ***2*** — **the (British) C.**, il Commonwealth britannico.
commotion /kə'məʊʃn/ *n.* trambusto; agitazione; scompiglio. ATTENZIONE: **commotion** ≠ commozione.
communal /'kɒmjʊnəl, *USA* kə'mjuː-/ *a.* ***1*** comune; comunitario: **c. ownership**, proprietà comune ***2*** di gruppo; tra gruppi: **c. riots**, disordini tra diversi gruppi (*all'interno di un paese*).
commune /'kɒmjuːn/ *n.* ***1*** (*stor., amm.*) comune (*m.*) ***2*** comunità; comune (*f.*).
to **commune** /kə'mjuːn/ *v. i.* (*lett.*) essere in comunione spirituale (con).
communicable /kə'mjuːnɪkəbl/ *a.* comunicabile; trasmissibile.
communicant /kə'mjuːnɪkənt/ *n.* (*relig.*) chi si comunica; comunicando.
to **communicate** /kə'mjuːnɪkeɪt/ *v. t. e i.* ***1*** comunicare, comunicarsi (*anche relig.*); trasmettere (*una malattia*); far conoscere (*una scoperta*) ***2*** (*di stanze, ecc.*) essere in comunicazione; comunicare.
communication /kəmjuːnɪ'keɪʃn/ *n.* ***1*** Ⓤ comunicazione: **means of c.**, mezzo di comunicazione; **radio c.**, comunicazione via radio ***2*** (*al pl.*) comunicazioni; mezzi di comunicazione: **communications satellite**, satellite per telecomunicazioni ***3*** comunicato; comunicazione ***4*** Ⓤ trasmissione; diffusione (*di malattie, ecc.*) • (*ferr.*) **c. cord**, segnale d'allarme □ **c. skills**, capacità espositive.
communicative /kə'mjuːnɪkətɪv, *USA* -keɪtɪv/ *a.* comunicativo; loquace.
communion /kə'mjuːnɪən/ *n.* ***1*** Ⓤ comunione (spirituale) ***2*** comunità (*religiosa o politica*) ***3*** — (*relig.*) **(Holy) C.**, la Comunione: **to take C.**, ricevere la comunione; **to go to C.**, comunicarsi; fare la comunione.
communiqué /kə'mjuːnɪkeɪ, *USA* -'keɪ/ (*franc.*) *n.* comunicato; bollettino.
communism /'kɒmjʊnɪzəm/ *n.* Ⓤ comunismo.
communist, **Communist** /'kɒmjʊnɪst/ *n. e a.* comunista.
community /kə'mjuːnətɪ/ ***A*** *n.* ***1*** comunità; collettività ***2*** Ⓤ comunione; comunanza: **c. of interests**, comunanza di interessi ***B*** *a. attr.* ***1*** sociale; civile; civico: **c. centre**, centro ricreativo; centro sociale; **c. health centre**, centro socio-sanitario; **c. service**, (lavoro di) volontariato; (*leg.*) servizio civile (*come pena per reati minori*); **c. spirit**, spirito civico; solidarietà civile ***2*** — **C.**, della Comunità Europea; comunitario • (*USA*) **c. chest**, fondo di beneficenza □ (*GB*) **c. home**, scuola correzionale; casa di rieducazione.
commutation /kɒmjuː'teɪʃn/ *n.* Ⓤ *e* Ⓒ ***1*** (*leg., ass., comm.*) commutazione ***2*** permuta; scambio ***3*** (*USA*) pendolarismo: **c. ticket**, abbonamento ferroviario.
commutator /'kɒmjuːteɪtə(r)/ *n.* (*elettr.*) commutatore.
to **commute** /kə'mjuːt/ ***A*** *v. i.* fare il pendolare; fare la spola ***B*** *v. t.* (*anche leg.*) commutare.
commuter /kə'mjuːtə(r)/ *n.* pendolare.
compact (1) /'kɒmpækt/ *n.* patto; accordo; convenzione; trattato.
compact (2) /kəm'pækt/ *n.* portacipria (*da borsetta*).
compact (3) /kəm'pækt/ *a.* ***1*** compatto; denso; sodo ***2*** piccolo ma funzionale; compatto ***3*** conciso; serrato • **c. disc**, compact (disc); CD □ **c. disc player**, lettore di compact (disc); lettore CD.
to **compact** /kəm'pækt/ *v. t.* ***1*** rendere compatto; pressare ***2*** (*tecn.*) compattare ***3*** condensare; compendiare.
companion /kəm'pænɪən/ *n.* ***1*** compagno (-a): **travelling c.**, compagno di viaggio ***2*** manuale; guida ***3*** (*di oggetto*) compagno; gemello ***4*** (*antiq.*) dama di compagnia.
companionable /kəm'pænɪənəbl/ *a.* socievole.
companionship /kəm'pænɪənʃɪp/ *n.* Ⓤ compagnia; cameratismo.
companionway /kəm'pænɪənweɪ/ *n.* (*naut.*) scala di boccaporto.
company /'kʌmpənɪ/ *n.* ***1*** Ⓤ compagnia: **to keep sb. c.**, tener compagnia a q. ***2*** compagnia; (*fin., leg., anche*) azienda; società: **theatrical c.**, compagnia drammatica; **insurance c.**, società d'assicurazioni; **limited c.**, società per azioni; **subsidiary c.**, società controllata ***3*** Ⓤ (*fam.*) ospiti; gente • **c. car**, macchina della ditta □ **c. director**, consigliere di amministrazione; amministratore □ **c. title**, ragione sociale □ **to get into bad c.**, fare cattive amicizie □ **to be good [poor] c.**, essere di buona [di poca] compagnia □ **to keep one's own c.**, starsene solo □ **to part c. with sb.**, separarsi da q. □ **present c. excepted**, esclusi i presenti □ **John Smith and C.** (*abbr.* **Co.**), John Smith e Soci □ (*prov.*) **Two's c., three's a crowd**, poca brigata, vita beata.
comparable /'kɒmpərəbl/ *a.* comparabile; paragonabile.
comparative /kəm'pærətɪv/ ***A*** *a.* ***1*** comparativo: **c. study**, studio comparativo ***2*** comparato: **c. anatomy**, anatomia comparata ***3*** relativo: **in c. comfort**, in relativo benessere;

c. strangers, persone che si conoscono appena *4* (*gramm.*) comparativo *B* *n.* (*gramm.*) comparativo.
compare /kəm'pɛə(r)/ *n.* — **beyond c.**, senza paragone; incomparabile; incomparabilmente.
to **compare** /kəm'pɛə(r)/ *A* *v. t.* confrontare; paragonare: **If you c. it with the original, you'll notice few differences**, se lo confronterai con l'originale, noterai poche differenze; **He has been compared to Auden**, è stato paragonato a Auden; **It's not bad compared to the other one**, non è male rispetto all'altro • **to c. notes**, scambiare opinioni, idee, ecc. *B* *v. i.* essere paragonabile; reggere al confronto: **His car doesn't c. with mine**, la sua macchina non è nemmeno da paragonare alla mia; **to c. favourably**, reggere bene al confronto; **How does your new job c. with the old one?**, come trovi il tuo nuovo lavoro rispetto al precedente?
comparison /kəm'pærɪsn/ *n.* U e C *1* confronto; paragone: **to bear** (*o* **to stand**) **c. with st.**, reggere al confronto con q.c.; **to draw a c.**, fare un paragone; **in c. with**, in confronto a; a paragone di; **by c. with**, rispetto a *2* (*gramm.*) comparazione.
compartment /kəm'pɑːtmənt/ *n.* *1* compartimento; scompartimento: **watertight c.**, compartimento stagno; (*ferr.*) **first-class c.**, scompartimento di prima classe *2* scomparto; vano: (*autom.*) **glove c.**, vano portaoggetti.
compass /'kʌmpəs/ *n.* *1* bussola: **to take a c. bearing**, fare un rilevamento con la bussola; **c. point**, punto cardinale; (*naut.*) **c. rose**, rosa della bussola *2* (*al pl.*) (*anche* **pair of compasses**) compasso *3* ambito; raggio; limiti: **within the c. of a few miles**, nel raggio di qualche miglio *4* (*mus.*) estensione; gamma.
compassion /kəm'pæʃn/ *n.* U compassione; pietà: **to have** (*o* **to take**) **c. on sb.**, avere pietà di q.
compassionate /kəm'pæʃənət/ *a.* compassionevole; pietoso • (*specialm. mil.*) **c. leave**, congedo straordinario per motivi familiari.
compatibility /kəmpætə'bɪlətɪ/ *n.* U compatibilità; conciliabilità.
compatible /kəm'pætəbl/ *a.* compatibile; conciliabile.
compatriot /kəm'pætrɪət, *USA* -'peɪt-/ *n.* compatriota.
to **compel** /kəm'pɛl/ *v. t.* *1* costringere; obbligare: **We'll c. him to speak**, lo costringeremo a parlare; **to feel compelled to do st.**, sentirsi obbligato a (*o* sentirsi in dovere di) fare q.c. *2* (*al passivo*) dovere: **to be compelled to do st.**, dover fare q.c *3* esigere; rendere necessario: **to c. admiration**, essere ammirevole.
compelling /kəm'pɛlɪŋ/ *a.* avvincente; irresistibile; convincente.
compendium /kəm'pɛndɪəm/ *n.* compendio.
to **compensate** /'kɒmpɛnseɪt/ *A* *v. t.* *1* risarcire; indennizzare *2* (*anche tecn.*) compensare *B* *v. i.* — **to c. for st.**, compensare q.c.
compensation /kɒmpɛn'seɪʃn/ *n.* U e C *1* risarcimento; indennizzo; compenso *2* (*comm., fisiol., psic., tecn.*) compensazione.
compensatory /kɒmpən'seɪtrɪ, kəm'pɛnsətrɪ, *USA* kəm'pɛnsətɔːrɪ/ *a.* compensativo.
compere /'kɒmpɛə(r)/ *n.* (*GB*) presentatore (*di programma televisivo e sim.*).
to **compere** /'kɒmpɛə(r)/ *v. t.* (*GB*) presentare (*un programma televisivo e sim.*).
to **compete** /kəm'piːt/ *v. i.* competere; gareggiare; concorrere: **to c. for first place**, contendersi il primo posto.
competence /'kɒmpɪtəns/ *n.* *1* U competenza *2* (*leg., di tribunale*) competenza, giurisdizione; (*di persona*) capacità.
competent /'kɒmpɪtənt/ *a.* *1* competente: **I'm not c. to judge**, non ho competenza per giudicare; non sono in grado di giudicare *2* soddisfacente; buono; ben fatto *3* (*leg., di tribunale*) competente; (*di persona*) capace.
competing /kəm'piːtɪŋ/ *a.* *1* in concorrenza *2* contrastante; opposto.
competition /kɒmpə'tɪʃn/ *n.* *1* concorso; gara: **open c.**, concorso pubblico *2* (*sport*) competizione; gara *3* U (*econ.*) concorrenza *4* U rivalità.
competitive /kəm'pɛtətɪv/ *a.* *1* (*sport*) agonistico, agonismo *2* di concorso: **c. exam**, esame di concorso *3* (*comm.*) competitivo; concorrenziale • **c. edge**, competitività □ **c. nature**, spirito di emulazione.
competitiveness /kəm'pɛtətɪvnəs/ *n.* U *1* spirito di emulazione; (*sport*) spirito agonistico; agonismo *2* (*econ.*) competitività.
competitor /kəm'pɛtɪtə(r)/ *n.* *1* (*anche econ.*) concorrente *2* rivale.
compilation /kɒmpɪ'leɪʃn/ *n.* U e C compilazione.
to **compile** /kəm'paɪl/ *v. t.* compilare.
compiler /kəm'paɪlə(r)/ *n.* *1* compilatore (-trice) *2* (*elab.*) compilatore.
complacency /kəm'pleɪsnsɪ/ *n.* U (*generalm. spreg.*) tranquillità soddisfatta; ottimismo compiaciuto.
complacent /kəm'pleɪsnt/ *a.* (*generalm. spreg.*) tranquillo e soddisfatto; compiaciuto.
to **complain** /kəm'pleɪn/ *v. i.* *1* lamentarsi; lagnarsi *2* reclamare; protestare: **to c. to sb. about st.**, reclamare per q.c. presso q.
♦ **complain of** *v. i. + prep.* *1* lagnarsi di *2* lamentare, accusare (*un dolore*).
complainant /kəm'pleɪnənt/ *n.* (*leg.*) querelante.
complaint /kəm'pleɪnt/ *n.* *1* U e C lagnanza; lamentela: **I have no complaints**, non mi lamento; **cause for c.**, motivo di lagnanza *2* reclamo; (*leg.*) querela: **to lodge a c.**, sporgere reclamo *3* malattia; disturbo.
complaisance /kəm'pleɪzns, *USA* -sns/ *n.* U compiacenza; cortesia.
complaisant /kəm'pleɪznt, *USA* -sns/ *a.* compiacente; cortese.
complement /'kɒmplɪmənt/ *n.* *1* (*anche geom., gramm.*) complemento *2* personale al completo; (*naut.*) effettivo *3* accompagnamento; completamento.
to **complement** /'kɒmplɪmɛnt/ *v. t.* *1* accompagnarsi a *2* essere il complemento di; integrare • **to c. each other**, integrarsi a vicenda.
complementary /kɒmplɪ'mɛntrɪ/ *a.* complementare.
complete /kəm'pliːt/ *a.* *1* completo; intero; al completo *2* compiuto; finito *3* assoluto; totale; perfetto • **c. with**, completo di.
to **complete** /kəm'pliːt/ *v. t.* *1* rendere completo; completare *2* portare a termine; finire *3* riempire (*un modulo*).
completion /kəm'pliːʃn/ *n.* U completamento; compimento; ultimazione.
complex (1) /'kɒmplɛks, *USA* kəm'plɛks/ *a.* complesso (*anche scient., gramm.*); complicato.
complex (2) /'kɒmplɛks, *USA* kɑːm-/ *n.* *1* complesso; insieme *2* (*edil., psic.*) complesso.
complexion /kəm'plɛkʃn/ *n.* *1* carnagione; colorito *2* aspetto; carattere: **to put a different c. on st.**, fare apparire q.c. sotto un altro aspetto; gettare una luce diversa su q.c.
complexity /kəm'plɛksətɪ/ *n.* U e C complessità.
compliance /kəm'plaɪəns/ *n.* U *1* ottemperanza; conformità: **c. with the law**, ottemperanza alla legge; **in c. with**, in conformità a *2* acquiescenza; arrendevolezza.
compliant /kəm'plaɪənt/ *a.* *1* accondiscendente *2* acquiescente; arrendevole.
to **complicate** /'kɒmplɪkeɪt/ *v. t.* complicare.
complicated /'kɒmplɪkeɪtɪd/ *a.* complicato.
complication /kɒmplɪ'keɪʃn/ *n.* C e U complicazione.
complicity /kəm'plɪsətɪ/ *n.* U complicità.
compliment /'kɒmplɪmənt/ *n.* *1* complimento: **to pay a c.**, fare un complimento *2* (*al pl.*) omaggi; ossequi; rispetti • **c. slip**, cartoncino della società (*che accompagna un plico al posto di una lettera*) □ **compliments of the season**, auguri (*di Natale, Pasqua, ecc.*) □ **to send st. to sb. with one's compliments**, mandare q.c. in omaggio a q.
to **compliment** /'kɒmplɪmənt/ *v. t.* fare i complimenti a; congratularsi con: **to c. sb. on st.**, congratularsi con q. per q.c.
complimentary /kɒmplɪ'mɛntrɪ/ *a.* *1* elogiativo; pieno di complimenti *2* (in) omaggio: **c. ticket**, biglietto omaggio.
to **comply** /kəm'plaɪ/ *v. i.* ubbidire; conformarsi.
♦ **comply with** *v. i. + prep.* conformarsi a; ottemperare a; osservare: **to c. with sb.'s wishes**, conformarsi ai desideri di q.; **to fail to c. with the rules**, non osservare le regole.
component /kəm'pəʊnənt/ *a.* e *n.* componente.
to **compose** /kəm'pəʊz/ *A* *v. t.* *1* comporre (*musica, ecc.*) *2* comporre, appianare (*una lite, ecc.*) *3* (*tipogr.*) comporre *4* costituire • **to c. one's features**, ricomporsi *B* to **compose oneself** *v. rifl.* calmarsi; ricomporsi.
composed /kəm'pəʊzd/ *a.* calmo; composto; padrone di sé.
composer /kəm'pəʊzə(r)/ *n.* (*mus.*) compositore (-trice).
composite /'kɒmpəzɪt, *USA* kəm'pɒzɪt/ *A* *a.* (*anche archit.*,

bot.) composito • (*USA*) **c. portrait**, identikit ***B*** *n.* ***1*** composto ***2*** (*USA*) identikit.

composition /kɒmpəˈzɪʃn/ *n.* ***1*** [U] *e* [C] composizione ***2*** (*leg.*) concordato; (*comm.*) transazione ***3*** (*a scuola*) composizione; tema ***4*** (*tipogr.*) composizione.

compositor /kəmˈpɒzɪtə(r)/ *n.* (*tipogr.*) compositore.

compost /ˈkɒmpɒst, *USA* -əʊst/ *n.* [U] (*orticoltura*) concime organico; compost.

composure /kəmˈpəʊʒə(r)/ *n.* [U] calma; padronanza di sé.

compote /ˈkɒmpəʊt, -pɒt/ *n.* [C] *e* [U] (*cucina*) composta.

compound (**1**) /ˈkɒmpaʊnd/ *a. e n.* composto.

compound (**2**) /ˈkɒmpaʊnd/ *n.* area recintata; recinto.

to **compound** /kəmˈpaʊnd/ ***A*** *v. t.* ***1*** aggravare; aumentare: **to c. a problem**, aggravare un problema ***2*** comporre; mescolare; combinare ***B*** *v. i.* accordarsi; (*leg.*) fare un concordato.

to **comprehend** /kɒmprɪˈhɛnd/ *v. t.* (*form.*) ***1*** comprendere ***2*** includere.

comprehensible /kɒmprɪˈhɛnsəbl/ *a.* comprensibile.

comprehension /kɒmprɪˈhɛnʃn/ *n.* [U] comprensione; capacità di intendere.

comprehensive /kɒmprɪˈhɛnsɪv/ *a.* ***1*** comprensivo; globale: (*ass.*) **c. policy**, polizza globale ***2*** esteso; esauriente; completo: **c. report**, rapporto completo ***3*** — (*GB*) **c. school**, scuola secondaria unificata.

compress /ˈkɒmprɛs/ *n.* compressa (*di garza*); impacco: **c. compress**, impacco freddo.

to **compress** /kəmˈprɛs/ *v. t.* ***1*** comprimere ***2*** condensare.

compression /kəmˈprɛʃn/ *n.* [U] ***1*** compressione ***2*** concentrazione (*di idee, ecc.*).

compressor /kəmˈprɛsə(r)/ *n.* (*mecc.*) compressore.

to **comprise** /kəmˈpraɪz/ *v. t.* (*form.*) ***1*** comprendere; includere ***2*** costituire; formare.

compromise /ˈkɒmprəmaɪz/ *n.* [U] *e* [C] compromesso.

to **compromise** /ˈkɒmprəmaɪz/ ***A*** *v. t.* compromettere ***B*** *v. i.* venire a un compromesso; transigere ***C*** to **compromise oneself**, *v. rifl.* compromettersi.

compromising /ˈkɒmprəmaɪzɪŋ/ *a.* compromettente.

comptroller /kənˈtrəʊlə(r)/ *V.* **controller**, *def. 1 e 2.*

compulsion /kəmˈpʌlʃn/ *n.* ***1*** [U] coercizione; costrizione: **under c.**, dietro costrizione ***2*** [C] (*psic.*) coazione.

compulsive /kəmˈpʌlsɪv/ *a.* ***1*** incontenibile; incontrollabile: **c. need**, bisogno incontenibile; **c. eating**, bulimia ***2*** inveterato; (*psic.*) compulsivo: **c. gambler**, persona che ha il vizio del gioco; giocatore d'azzardo inveterato; **c. liar**, bugiardo patologico ***3*** appassionante; avvincente: **A fast-paced plot makes this novel c. reading**, una trama mozzafiato fa di questo un romanzo una lettura appassionante.

compulsorily /kəmˈpʌlsərəlɪ/ *avv.* forzatamente; per forza; (*leg.*) coattivamente.

compulsory /kəmˈpʌlsərɪ/ *a.* ***1*** obbligatorio: **c. education**, istruzione obbligatoria ***2*** (*leg.*) forzoso; coatto: **c. sale**, liquidazione coatta; **c. purchase**, espropriazione.

compunction /kəmˈpʌŋkʃn/ *n.* [U] scrupolo; lieve rimorso.

computable /kəmˈpjuːtəbl/ *a.* computabile; calcolabile.

computation /kɒmpjuːˈteɪʃn/ *n.* [U] *e* [C] computo; calcolo.

to **compute** /kəmˈpjuːt/ *v. t.* computare; calcolare.

computer /kəmˈpjuːtə(r)/ *n.* computer; elaboratore elettronico: **personal c.**, personal computer; personal; **c.-aided**, assistito dai computer; computerizzato; **c.-controlled**, computerizzato • **c. graphics**, grafica computerizzata □ **c. language**, linguaggio macchina □ **c. operator**, operatore di macchina; terminalista □ **c. program**, programma di computer □ **c. science**, informatica.

to **computerize**, (*GB anche*) to **computerise** /kəmˈpjuːtəraɪz/ *v. t.* computerizzare.

computing /kəmˈpjuːtɪŋ/ *n.* [U] ***1*** uso del computer ***2*** (*fam.*) informatica.

comrade /ˈkɒmreɪd, *USA* -ræd/ *n.* compagno; camerata: **c. in arms**, compagno d'armi; commilitone.

comradeship /ˈkɒmreɪdʃɪp, *USA* -ræd-/ *n.* [U] cameratismo.

con (**1**) /kɒn/ *n.* (*fam.*) truffa; raggiro; bidone (*fam.*) • **con-artist**, imbroglione; truffatore.

con (**2**) /kɒn/ *n.* (*abbr. fam. di* **convict**) ***1*** detenuto ***2*** ex detenuto.

to **con** /kɒn/ *v. t.* (*fam.*) truffare; raggirare; bidonare (*fam.*) • **to con sb. out of st.**, portar via q.c. a q. con un raggiro.

to **concatenate** /kənˈkætəneɪt/ *v. t.* (*form. o tecn.*) concatenare.

concatenation /kənkætəˈneɪʃn/ *n.* [U] *e* [C] (*form. o tecn.*) concatenazione.

concave /kɒnˈkeɪv/ *a.* concavo.

concavity /kɒnˈkævətɪ/ *n.* ***1*** [U] concavità ***2*** cavità.

to **conceal** /kənˈsiːl/ *v. t.* celare; nascondere: **to c. st. from sb.**, nascondere q.c. a q.

concealment /kənˈsiːlmənt/ *n.* [U] (*form.*) (il) nascondere; occultamento: (*leg.*) **c. of evidence**, occultamento di prova.

to **concede** /kənˈsiːd/ *v. t.* ***1*** concedere ***2*** ammettere; riconoscere • (*calcio*) **to c. a penalty**, commettere un fallo da rigore.

conceit /kənˈsiːt/ *n.* ***1*** [U] presunzione; vanità ***2*** (*letter.*) concetto lambiccato; immagine ricercata.

conceited /kənˈsiːtɪd/ *a.* presuntuoso; vanitoso.

conceivable /kənˈsiːvəbl/ *a.* concepibile; immaginabile; plausibile.

to **conceive** /kənˈsiːv/ *v. t.* concepire.

♦ **to conceive of** *v. i. + prep.* immaginare; concepire: **I can't c. of his reason for resigning**, non riesco a immaginare il motivo delle sue dimissioni.

concentrate /ˈkɒnsntreɪt/ *n.* concentrato.

to **concentrate** /ˈkɒnsntreɪt/ ***A*** *v. t.* concentrare ***B*** *v. i.* concentrarsi.

concentrated /ˈkɒnsntreɪtɪd/ *a.* ***1*** concentrato ***2*** intenso.

concentration /kɒnsnˈtreɪʃn/ *n.* [U] *e* [C] ***1*** concentrazione: **the c. of power in the hands of a few people**, la concentrazione del potere nelle mani di pochi; **powers of c.**, capacità di concentrazione ***2*** concentramento: **c. camp**, campo di concentramento.

concentric /kənˈsɛntrɪk/ *a.* concentrico.

concept /ˈkɒnsɛpt/ *n.* concetto; nozione.

conception /kənˈsɛpʃn/ *n.* [U] *e* [C] concezione.

conceptual /kənˈsɛptʃʊəl/ *a.* concettuale.

concern /kənˈsɜːn/ *n.* ***1*** fatto che riguarda (q.); affare: **It's no c. of mine**, non è affar mio; non mi riguarda ***2*** [U] preoccupazione; sollecitudine: **to give cause for c.**, essere motivo di preoccupazione ***3*** cointeressenza; partecipazione ***4*** (*comm.*) azienda; ditta: **going c.**, azienda florida; ditta bene avviata; **family c.**, azienda a conduzione familiare.

to **concern** /kənˈsɜːn/ ***A*** *v. t.* ***1*** trattare di: **The article concerns recent political events**, l'articolo tratta di avvenimenti politici recenti ***2*** riguardare; concernere ***3*** preoccupare • **as far as I am concerned**, per quanto mi riguarda; quanto a me □ **where safety is concerned**, quando si tratta di sicurezza; per quanto riguarda la sicurezza □ **to whom it may concern**, a tutti gli interessati ***B*** to **concern oneself** (**with, about**) *v. rifl.* ***1*** occuparsi (di) ***2*** preoccuparsi (di).

concerned /kənˈsɜːnd/ *a.* ***1*** interessato; in questione; coinvolto: **the persons c.**, gli interessati ***2*** preoccupato: **C. neighbours intervened**, intervennero alcuni vicini preoccupati; **I'm not c. about what people think**, non mi preoccupa quello che pensa la gente.

concerning /kənˈsɜːnɪŋ/ *prep.* riguardo a; quanto a; circa.

concert /ˈkɒnsət/ *n.* ***1*** (*mus.*) concerto ***2*** [U] concerto (*fig.*); accordo: **to act in c. with sb.**, agire di concerto con q. • **c. hall**, sala da concerti □ **c. grand**, pianoforte da concerto □ **c. pianist**, concertista □ (*mus.*) **c. pitch**, diapason da concerto □ **to be at c. pitch**, essere prontissimo.

to **concert** /kənˈsɜːt/ *v. t.* concertare; concordare.

concerted /kənˈsɜːtɪd/ *a.* concertato: **c. attack**, attacco concertato.

concertina /kɒnsəˈtiːnə/ *n.* (*mus.*) piccola fisarmonica esagonale.

to **concertina** /kɒnsəˈtiːnə/ *v. i.* (*fam. GB, di veicolo*) accartocciarsi.

concerto /kənˈtʃɛətəʊ, -ˈtʃɜːt-/ *n.* (*pl.* **concertos**) (*mus.*) concerto: **violin c.**, concerto per violino.

concession /kənˈsɛʃn/ *n.* [U] *e* [C] concessione • **c. stand**, chiosco mobile di rinfreschi.

concessionaire /kənsɛʃəˈnɛə(r)/ *n.* (*comm.*) concessionario.

concessionary /kənˈsɛʃənrɪ, *USA* -nɛrɪ/ *a.* ***1*** concessionario ***2*** (*di prezzo*) ridotto.

conch /kɒŋk, kɒntʃ/ *n.* ***1*** (*zool.*) strombo ***2*** conchiglia (di strombo).

conchie, conchy /ˈkɒnʃɪ/ *n.* (*pop.*) obiettore di coscienza.

concierge /ˈkɒnsɪɛəʒ, *USA* kɒnsɪˈɛəʒ/ (*franc.*) *n.* portiere (-a).

to **conciliate** /kənˈsɪlɪeɪt/ *v. t.* placare; rabbonire.

conciliation /kənsɪlɪ'eɪʃn/ *n.* [U] conciliazione.
conciliatory /kən'sɪlɪətrɪ, *USA* -'sɪlɪətɔːrɪ/ *a.* conciliativo; conciliatorio.
concise /kən'saɪs/ *a.* conciso; breve; stringato.
conciseness /kən'saɪsnəs/, **concision** /kən'sɪʒn/ *n.* [U] concisione; stringatezza.
conclave /'kɒŋkleɪv/ *n.* ***1*** (*eccles.*) conclave ***2*** riunione segreta • **to sit in c.**, essere chiusi in conclave; tenere una riunione segreta.
to **conclude** /kən'kluːd/ ***A*** *v. t.* concludere ***B*** *v. i.* ***1*** concludersi ***2*** decidere.
concluding /kən'kluːdɪŋ/ *a.* conclusivo; ultimo.
conclusion /kən'kluːʒn/ *n.* conclusione: **to jump to conclusions**, giungere a conclusioni avventate
conclusive /kən'kluːsɪv/ *a.* conclusivo; definitivo.
to **concoct** /kən'kɒkt/ *v. t.* ***1*** preparare (*mescolando ingredienti diversi*) ***2*** inventare, escogitare (*bugie, scuse, ecc.*).
concoction /kən'kɒkʃn/ *n.* miscuglio; miscela.
concomitant /kən'kɒmɪtənt/ ***A*** *a.* concomitante ***B*** *n.* fattore (*o* fatto) concomitante.
concord /'kɒŋkɔːd/ *n.* ***1*** [U] concordia; armonia ***2*** accordo; trattato ***3*** [U] (*gramm.*) concordanza.
concordance /kən'kɔːdns/ *n.* ***1*** [U] armonia; accordo ***2*** (repertorio di) concordanze.
concordant /kən'kɔːdnt/ *a.* concorde; concordante.
concordat /kən'kɔːdæt/ *n.* (*stor.*) concordato.
concourse /'kɒŋkɔːs/ *n.* ***1*** (*form.*) concorso; affluenza ***2*** atrio, sala (*di aeroporto, stazione, ecc.*).
concrete (1) /'kɒŋkriːt, *USA* kɒn'k-/ *a.* ***1*** concreto; reale ***2*** (*ind. costr.*) di calcestruzzo; di cemento.
concrete (2) /'kɒŋkriːt/ *n.* [U] (*ind. costr.*) calcestruzzo; (*fam.*) cemento: **reinforced c.**, cemento armato; **c. mixer**, betoniera.
to **concrete** /kən'kriːt/ *v. t.* (*ind. costr.*) ricoprire di calcestruzzo.
concubinage /kɒn'kjuːbɪnɪdʒ/ *n.* [U] concubinato.
concubine /'kɒŋkjʊbaɪn/ *n.* concubina.
concupiscence /kən'kjuːpɪsns/ *n.* [U] concupiscenza.
to **concur** /kən'kɜː(r)/ *v. i.* ***1*** (*form.*) concordare; essere d'accordo ***2*** coincidere ***3*** concorrere; contribuire.
concurrence /kən'kʌrəns, *USA* -'kɜːr-/ *n.* ***1*** accordo; concordanza (*di idee*); consenso ***2*** concorso (*di fattori, circostanze*); combinazione (*di cause*) ***3*** [U] coincidenza; simultaneità; concomitanza. ATTENZIONE: **concurrence** ≠ concorrenza.
concurrent /kən'kʌrənt, *USA* -'kɜːr-/ *a.* ***1*** simultaneo ***2*** concomitante; convergente ***3*** (*form.*) concordante.
to **concuss** /kən'kʌs/ *v. t.* (*med.*) provocare una commozione cerebrale a.
concussion /kən'kʌʃn/ *n.* [U] (*med.*) commozione cerebrale. ATTENZIONE: **concussion** ≠ concussione.
to **condemn** /kən'dɛm/ *v. t.* ***1*** condannare ***2*** dichiarare inagibile [non commestibile, ecc.].
condemnation /kɒndɛm'neɪʃn/ *n.* [U] *e* [C] condanna; biasimo.
condemnatory /kɒndɛm'neɪtrɪ, *USA* kən'dɛmnətɔːrɪ/ *a.* fortemente critico.
condemned /kən'dɛmd/ *a.* ***1*** condannato a morte ***2*** (*di edificio*) dichiarato inagibile; destinato alla demolizione • **c. cell**, cella dei condannati a morte.
condensation /kɒndɛn'seɪʃn/ *n.* [U] ***1*** condensazione ***2*** condensa.
to **condense** /kən'dɛns/ (*anche fig.*) ***A*** *v. t.* condensare ***B*** *v. i.* condensarsi.
condenser /kən'dɛnsə(r)/ *n.* (*fis., elettr.*) condensatore.
to **condescend** /kɒndɪ'sɛnd/ *v. i.* ***1*** accondiscendere ***2*** (*spreg.*) degnarsi (di fare q.c.).
condescending /kɒndɪ'sɛndɪŋ/ *a.* pieno di sussiego.
condescension /kɒndɪ'sɛnʃn/ *n.* [U] ***1*** condiscendenza ***2*** (*spreg.*) aria di superiorità; sussiego.
condiment /'kɒndɪmənt/ *n.* [C] *e* [U] condimento.
condition /kən'dɪʃn/ *n.* [C] *e* [U] ***1*** condizione; condizioni; stato: **conditions of payment**, condizioni di pagamento; **working conditions**, condizioni di lavoro; **The bicycle is in excellent [in poor] c.**, la bicicletta è in perfette [in cattive] condizioni; **to be in no c. to do st.**, non essere nelle condizioni di fare q.c.; **His c. is improving**, sta meglio, sta migliorando; **to be in an interesting c.**, essere in stato interessante ***2*** (*al pl.*) circostanze ***3*** condizione; clausola: **on c. that**, a condizione che; **on no c.**, in nessun caso • **to be in [out of] c.**, essere in buone [in cattive] condizioni fisiche; essere in forma [giù di forma] □ **to have a heart c.**, soffrire di cuore.
to **condition** /kən'dɪʃn/ *v. t.* ***1*** (*anche psic.*) condizionare ***2*** (*capelli*) trattare con balsamo.
conditional /kən'dɪʃənl/ ***A*** *a.* ***1*** condizionale; condizionato; **c. acceptance**, accettazione condizionata; (*leg.*) **c. clause**, clausola restrittiva; **His approval is c. to a deferment of the deadline**, la sua approvazione ha come condizione lo spostamento del termine ultimo ***2*** (*gramm.*) condizionale • (*leg.*) **c. discharge**, libertà con sospensione condizionale della pena ***B*** *n.* (*gramm.*) ***1*** (modo) condizionale ***2*** proposizione condizionale.
conditioned /kən'dɪʃnd/ *a.* — (*psic.*) **c. reflex**, riflesso condizionato.
conditioner /kən'dɪʃənə(r)/ *n.* ***1*** balsamo (per capelli) ***2*** (*anche* **fabric c.**) ammorbidente (per tessuti).
conditioning /kən'dɪʃənɪŋ/ *n.* [U] condizionamento.
condo /'kɒndəʊ/ *n.* (*USA*) *abbr. fam. di* **condominium**.
to **condole** /kən'dəʊl/ *v. Solo come*:
♦ **condole with** *v. i. + prep.* fare le condoglianze a.
condolence /kən'dəʊləns/ *n.* (*generalm. pl.*) condoglianza.
condom /'kɒndəm, -ɒm, *USA* 'kʌndəm, 'kɒn-/ *n.* preservativo; profilattico.
condominium /kɒndə'mɪnɪəm/ *n.* (*USA*) ***1*** condominio ***2*** appartamento in un condominio.
to **condone** /kən'dəʊn/ *v. t.* condonare; scusare; passare sopra a.
condor /'kɒndɔː(r)/ *n.* (*zool.*) condor.
conducive /kən'djuːsɪv, *USA* -'duː-/ *a.* favorevole; propizio; che contribuisce a.
conduct /'kɒndʌkt/ *n.* [U] ***1*** condotta; comportamento ***2*** modo di condurre; conduzione; gestione.
to **conduct** /kən'dʌkt/ ***A*** *v. t.* ***1*** condurre; guidare: **conducted tour**, visita guidata ***2*** svolgere; condurre: **to c. an inquiry**, svolgere un'inchiesta; **to c. business**, svolgere il lavoro (*in una ditta, ecc.*) ***3*** dirigere, amministrare (*un'azienda, ecc.*) ***4*** (*mus.*) dirigere (*un'orchestra, un concerto*) ***5*** (*fis.*) condurre ***B*** to **conduct oneself** *v. rifl.* comportarsi.
conduction /kən'dʌkʃn/ *n.* [U] (*fis.*) conduzione.
conductive /kən'dʌktɪv/ *a.* (*fis.*) conduttivo.
conductivity /kɒndʌk'tɪvətɪ/ *n.* [U] (*fis.*) conduttività.
conductor /kən'dʌktə(r)/ *n.* ***1*** direttore d'orchestra (*o* di coro) ***2*** (*fis.*) conduttore ***3*** bigliettaio (*di autobus, ecc.*) ***4*** (*ferr., USA*) controllore.
conductress /kən'dʌktrɪs/ *n.* bigliettaia (*di autobus, ecc.*).
conduit /'kɒndɪt, -djʊɪt, *USA* -dwɪt, -dɪt/ *n.* ***1*** condotto; conduttura; tubazione ***2*** tubo protettivo (*per fili elettrici*).
cone /kəʊn/ *n.* ***1*** cono: **ice-cream c.**, cono di gelato ***2*** (*bot.*) pigna.
coney /'kəʊnɪ/ *V.* **cony**.
confab /'kɒnfæb/ *n. abbr. fam. di* **confabulation**.
confabulation /kənfæbjʊ'leɪʃn/ *n.* discussione; chiacchierata.
confection /kən'fɛkʃn/ *n.* ***1*** dolce ***2*** struttura elaborata.
confectioner /kən'fɛkʃənə(r)/ *n.* pasticciere • (*USA*) **c.'s sugar**, zucchero a velo.
confectionery /kən'fɛkʃənrɪ, *USA* -nɛrɪ/ *n.* ***1*** pasticceria ***2*** [U] dolci; dolciumi.
confederacy /kən'fɛdərəsɪ/ *n.* confederazione; lega; alleanza.
confederate /kən'fɛdərət/ ***A*** *n.* ***1*** alleato ***2*** complice ***B*** *a.* confederato; alleato.
to **confederate** /kən'fɛdəreɪt/ ***A*** *v. t.* unire in confederazione ***B*** *v. i.* confederarsi; allearsi.
confederation /kənfɛdə'reɪʃn/ *n.* confederazione.
to **confer** /kən'fɜː(r)/ *v. t.* conferire; assegnare: **to c. a title on sb.**, conferire un titolo a q.
♦ **confer with** *v. i. + prep.* conferire con; consultarsi con.
conference /'kɒnfərəns/ *n.* convegno; congresso; riunione: **The manager is in c.**, il direttore è in riunione • **press. c.**, conferenza stampa.
conferment /kən'fɜːmənt/ *n.* [U] conferimento (*di titolo, carica*).
to **confess** /kən'fɛs/ ***A*** *v. t.* confessare (*anche relig.*); ammettere; riconoscere ***B*** *v. i.* ***1*** confessare: **to c. to having done st.**, confessare di aver fatto q.c. ***2*** (*relig.*) confessarsi.
confessedly /kən'fɛsɪdlɪ/ *avv.* per ammissione spontanea.
confession /kən'fɛʃn/ *n.* ***1*** [U] *e* [C] confessione; ammissione;

riconoscimento *2* dichiarazione; professione *3* (*relig.*) confessione: **to go to c.**, (andare a) confessarsi; **to hear confessions**, (*di sacerdote*) confessare.

confessional /kən'fɛʃənl/ *n.* confessionale.

confessor /kən'fesə(r)/ *n.* confessore.

confetti /kən'fɛtɪ/ (*ital.*) *n. pl.* coriandoli. ATTENZIONE: **confetti** ≠ confetti.

confidant / 'kɒnfɪdænt, -ɑːnt, kɒnfɪ'd-/ *n.* confidente (*m.*).

confidante / 'kɒnfɪdænt, -ɑːnt, kɒnfɪ'd-/ *n.* confidente (*f.*).

to **confide** /kən'faɪd/ *v. t.* *1* confidare; rivelare *2* affidare. ♦ **confide in** *v. i. + prep.* confidarsi con.

confidence / 'kɒnfɪdəns/ *n.* *1* [U] fiducia: **to look to the future with c.**, guardare al futuro con fiducia; **to have c. in sb.**, avere fiducia in q. *2* [U] e [C] confidenza: **to be in sb.'s c.**, godere della fiducia di q.c.; **to take sb. into one's c.**, confidarsi con q.; **in strict c.**, in via strettamente confidenziale *3* fiducia in se stessi; sicurezza (di sé) ● **c. trick**, truffa all'americana □ (*polit.*) **vote of c.** [**of no c.**], voto di fiducia [di sfiducia].

confident / 'kɒnfɪdənt/ *a.* *1* fiducioso: **c. smile**, sorriso fiducioso; **He is c. of winning**, confida di vincere *2* sicuro di sé.

confidential /kɒnfɪ'dɛnʃl/ *a.* segreto; riservato; confidenziale: **c. information**, informazioni riservate ● **c. secretary**, segretario particolare.

confidentiality /kɒnfɪdɛnʃɪ'æləti/ *n.* [U] carattere confidenziale, riservato (di q.c.).

confidentially /kɒnfɪ'dɛnʃəlɪ/ *avv.* confidenzialmente; in confidenza.

confiding /kɒn'faɪdɪŋ/ *a.* fiducioso; senza sospetto.

configuration /kənfɪgə'reɪʃn, *USA* -gjə-/ *n.* (*anche elab.*) configurazione.

confine / 'kɒnfaɪn/ *n.* (*generalm. pl.*) confine; limite.

to **confine** /kən'faɪn/ *v. t.* *1* relegare; confinare; rinchiudere: **He was confined to bed with a cold**, fu costretto a letto da un raffreddore; **to c. to a mental home**, rinchiudere in manicomio; (*mil.*) **to c. to barracks**, consegnare (in caserma) *2* limitare: **I shall c. myself to saying that...**, mi limiterò a dire che... ● (*antiq., di donna*) **to be confined**, essere in travaglio.

confined /kən'faɪnd/ *a.* limitato; ristretto.

confinement /kən'faɪnmənt/ *n.* *1* [U] reclusione; ricovero (in manicomio) *2* [U] e [C] parto ● (*mil.*) **c. to barracks**, consegna □ **solitary c.**, segregazione cellulare.

to **confirm** /kən'fɜːm/ *v. t.* *1* confermare *2* ratificare *3* (*relig.*) cresimare.

confirmation /kɒnfə'meɪʃn/ *n.* [U] e [C] *1* conferma *2* ratifica *3* (*relig.*) cresima.

confirmed /kən'fɜːmd/ *a.* inveterato; impenitente; incallito: **c. bachelor**, scapolo impenitente; **c. smoker**, fumatore incallito.

to **confiscate** / 'kɒnfɪskeɪt, kən'fɪ-/ *v. t.* confiscare.

confiscation /kɒnfɪ'skeɪʃn/ *n.* [U] e [C] confisca.

conflagration /kɒnflə'greɪʃn/ *n.* incendio molto esteso.

to **conflate** /kən'fleɪt/ *v. t.* combinare, mescolare, fondere (*idee, testi, ecc.*).

conflict / 'kɒnflɪkt/ *n.* [C] e [U] *1* conflitto; contrasto: **c. of ideas** [**of interest**], conflitto di idee [di interessi]; **to be in c. with**, essere in conflitto (*o* in contrasto) con; contrastare con *2* conflitto; guerra.

to **conflict** /kən'flɪkt/ *v. i.* essere in contrasto (*o* in conflitto).

conflicting /kən'flɪktɪŋ/ *a.* in conflitto; contraddittorio.

confluence / 'kɒnfluəns/ *n.* *1* confluenza *2* (*fig.*) convergenza.

to **conform** /kən'fɔːm/ *v. i.* *1* conformarsi; adeguarsi: **to c. to the rules**, conformarsi alle regole *2* (*di oggetto*) essere conforme.

conformation /kɒnfɔː'meɪʃn/ *n.* [U] e [C] conformazione; struttura.

conformist /kən'fɔːmɪst/ *n.* conformista.

conformity /kən'fɔːmətɪ/ *n.* [U] *1* conformità: **in c. with**, in conformità a; conformemente a *2* accordo; corrispondenza.

to **confound** /kən'faʊnd/ *v. t.* confondere; sconcertare ● (*antiq. GB*) **C. it!**, accidenti! □ (*antiq. GB*) **C. you!**, va' al diavolo!; va' in malora!

confounded /kən'faʊndɪd/ *a.* *1* confuso; stupito; attonito *2* (*antiq. GB*) maledetto: **a c. nuisance**, una maledetta scocciatura.

confraternity /kɒnfrə'tɜːnətɪ/ *n.* confraternita.

to **confront** /kən'frʌnt/ *v. t.* *1* affrontare; far fronte a *2* essere di fronte a; fronteggiare ● **We confronted him with the facts**, gli mettemmo davanti i fatti □ **to be confronted with a problem**, avere di fronte (*o* dover affrontare) un problema □ **I was confronted by a growling dog**, mi trovai di fronte un cane ringhioso. ATTENZIONE: **to confront** ≠ confrontare.

confrontation /kɒnfrʌn'teɪʃn/ *n.* [U] e [C] *1* confronto (*specialm. di imputati, ecc.*) *2* scontro; braccio di ferro (*fig.*).

Confucian /kən'fjuːʃn/ *a. e n.* confuciano.

Confucianism /kən'fjuːʃənɪzəm/ *n.* [U] confucianesimo.

to **confuse** /kən'fjuːz/ *v. t.* confondere: **I always c. her with her mother**, la confondo sempre con sua madre ● **to c. the issue**, mettere confusione; ingarbugliare la questione.

confused /kən'fjuːzd/ *a.* confuso.

confusing /kən'fjuːzɪŋ/ *a.* che confonde; poco chiaro.

confusingly /kən'fjuːzɪŋlɪ/ *avv.* in modo confuso; in modo da confondere.

confusion /kən'fjuːʒn/ *n.* [U] confusione.

confutation /kɒnfjuː'teɪʃn/ *n.* [U] e [C] confutazione.

to **confute** /kən'fjuːt/ *v. t.* confutare.

to **congeal** /kən'dʒiːl/ *v. i.* rapprendersi; (*del sangue*) coagularsi. ATTENZIONE: **to congeal** ≠ congelare.

congenial /kən'dʒiːnɪəl/ *a.* *1* (*di cosa*) congeniale; piacevole; gradevole: **a c. job**, un lavoro congeniale; **c. atmosphere**, atmosfera piacevole *2* (*di persona*) simpatico (*perché ha gli stessi gusti e interessi*); piacevole.

congenital /kən'dʒɛnɪtl/ *a.* congenito.

conger eel / 'kɒŋgə(r) 'iːl/ *locuz. n.* (*zool.*) grongo.

to **congest** /kən'dʒɛst/ *v. t.* (*med. e fig.*) congestionare.

congestion /kən'dʒɛstʃn/ *n.* [U] *1* (*med.*) congestione *2* (*fig.*) congestione; ingorgo.

conglomerate /kən'glɒmərət/ *n.* (*geol., fin.*) conglomerato.

to **conglomerate** /kən'glɒməreɪt/ *A* *v. t.* conglomerare *B* *v. i.* conglomerarsi.

conglomeration /kənglɒmə'reɪʃn/ *n.* [U] e [C] conglomerazione.

to **congratulate** /kən'grætʃʊleɪt/ *A* *v. t.* congratularsi con: **to c. sb. on st.**, congratularsi con q. per q.c. *B* to **congratulate oneself** *v. rifl.* rallegrarsi; felicitarsi.

congratulations /kəngrætʃʊ'leɪʃənz/ *n. pl.* congratulazioni; felicitazioni.

congratulatory /kən'grætʃʊleɪtrɪ, *USA* -lətɔːrɪ/ *a.* congratulatorio; di congratulazioni; di felicitazioni.

to **congregate** / 'kɒŋgrɪgeɪt/ *v. i.* radunarsi; riunirsi.

congregation /kɒŋgrɪ'geɪʃn/ *n.* (*col verbo al sing. o al pl.*) (*eccles.*) (i) fedeli.

congress / 'kɒŋgres, *USA* -rɪs/ *n.* *1* congresso; incontro *2* — (*USA*) **the C.**, il Congresso.

congressional /kɒŋ'grɛʃənl/ *a.* *1* congressuale *2* — (*USA*) **C.**, del Congresso.

Congressman / 'kɒngrɛsmæn, *USA* -rɪs-/ *n.* (*pl.* **Congressmen** /-mən/) (*USA*) membro del Congresso.

Congresswoman / 'kɒngrɛswʊmən, *USA* -rɪs-/ *n.* (*pl.* **Congresswomen** /-wɪmən/) (*USA*) (donna) membro del Congresso.

congruent / 'kɒŋgrʊənt, *USA* kəŋ'gruːənt/ *a.* *1* (*mat., geom.*) congruente *2* compatibile.

congruous / 'kɒŋgrʊəs/ *a.* congruo; adeguato.

conical / 'kɒnɪkl/ *a.* conico.

conifer / 'kɒnɪfə(r), 'kəʊn-/ *n.* (*bot.*) conifera.

coniferous /kə'nɪfərəs/ *a.* (*bot.*) conifero.

conjectural /kən'dʒɛktʃərəl/ *a.* congetturale.

conjecture /kən'dʒɛktʃə(r)/ *n.* [C] e [U] congettura.

to **conjecture** /kən'dʒɛktʃə(r)/ *v. t. e i.* congetturare; fare congetture; ipotizzare.

to **conjoin** /kən'dʒɔɪn/ *A* *v. t.* congiungere *B* *v. i.* congiungersi.

conjugal / 'kɒndʒʊgl/ *a.* coniugale: **c. rights**, diritti coniugali.

to **conjugate** / 'kɒndʒʊgeɪt/ *v. t.* (*gramm.*) coniugare.

conjugation /kɒndʒʊ'geɪʃn/ *n.* [C] e [U] (*gramm.*) coniugazione.

conjunction /kən'dʒʌŋkʃn/ *n.* *1* (*anche gramm., astron.*) congiunzione *2* concomitanza; coincidenza ● **in c. with**, insieme con.

conjunctivitis /kəndʒʌŋktɪ'vaɪtɪs/ *n.* [U] (*med.*) congiuntivite.

conjuncture /kən'dʒʌŋktʃə(r)/ *n.* congiuntura.

to **conjure** / 'kʌndʒə(r), *USA* 'kɒn-/ *A* *v. t.* far apparire (co-

me per magia); **to c. a dove out of one's hat**, far apparire una colomba dal cappello • **a name to c. with**, una persona molto importante; un nome prestigioso ***B*** *v. i.* fare giochi di prestigio. ATTENZIONE: **to conjure** ≠ congiurare.
♦ **conjure up** *v. t. + avv.* ***1*** evocare (*uno spirito*) ***2*** evocare, rievocare (*alla memoria*) ***3*** far apparire (come per magia); preparare in quattro e quattr'otto (*un pranzo, ecc.*).
conjurer /ˈkʌndʒərə(r), *USA* ˈkɒn-/ *n.* prestigiatore (-trice); prestidigitatore (-trice).
conjuring /ˈkʌndʒərɪŋ, *USA* ˈkɒn-/ *a.* — **c. trick**, gioco di prestigio.
conjuror /ˈkʌndʒərə(r), *USA* ˈkɒn-/ *V.* **conjurer**.
to **conk** /kɒŋk/ *v. Solo come*:
♦ **conk out** *v. i. + avv.* (*fam.*) ***1*** (*di motore, ecc.*) guastarsi; bloccarsi ***2*** addormentarsi di botto ***3*** svenire.
conker /ˈkɒŋkə(r)/ *n.* (*fam. GB*) castagna d'India.
conman /ˈkɒnmæn/ *n.* truffatore di professione; imbroglione.
to **connect** /kəˈnɛkt/ ***A*** *v. t.* ***1*** collegare (*anche elettr.*); connettere ***2*** associare (*idee*) ***3*** (*telef.*) mettere in comunicazione ***B*** *v. i.* ***1*** collegarsi ***2*** (*di treni, ecc.*) essere in coincidenza.
♦ **connect up** *v. t. + avv.* (*elettr.*) collegare.
connected /kəˈnɛktɪd/ *a.* ***1*** collegato (*anche elettr.*); connesso ***2*** imparentato ***3*** in relazione (*di affari, ecc.*) • **well c.**, che ha conoscenze importanti.
connecting /kəˈnɛktɪŋ/ *a.* di collegamento • (*elettr.*) **c. plug**, spina di contatto □ (*autom.*) **c. rod**, biella.
connection /kəˈnɛkʃn/ *n.* ***1*** [C] *e* [U] collegamento (*anche elettr., telef.*); connessione; rapporto; relazione; nesso: **The connections between the two cities**, i collegamenti tra le due città; **There is no c. between the two events**, non c'è nessun rapporto tra i due fatti; **business connections**, rapporti d'affari ***2*** (*generalm. pl.*) conoscenza; amicizia ***3*** parente (*specialm. acquisito*) ***4*** (*di treno, ecc.*) coincidenza • **In c. with your request**, con riferimento alla vostra richiesta □ **He was questioned in c. with the murder**, è stato interrogato nell'ambito delle indagini sull'omicidio □ **in this c.**, per questa circostanza; a questo proposito.
connective /kəˈnɛktɪv/ ***A*** *a.* (*scient.*) connettivo ***B*** *n.* (*ling.*) connettivo.
connexion /kəˈnɛkʃn/ (*GB*) *V.* **connection**.
conning tower /ˈkɒnɪŋtaʊə(r)/ *locuz. n.* (*naut.*) torretta di comando.
connivance /kəˈnaɪvəns/ *n.* [U] connivenza.
to **connive** /kəˈnaɪv/ *v. i.* ***1*** complottare ***2*** (*leg.*) essere connivente.
♦ **connive at** *v. i. + prep.* ***1*** essere connivente in ***2*** tollerare (*un abuso, ecc.*).
connoisseur /kɒnəˈsɜː(r), *USA* -ˈsɜː(r), -ˈsʊə(r)/ (*franc.*) *n.* conoscitore (-trice); intenditore (-trice); cultore (-trice).
connotation /kɒnəˈteɪʃn/ *n.* (*ling.*) connotazione.
connubial /kəˈnjuːbɪəl, *USA* -ˈnuː-/ *a.* (*form.*) coniugale; matrimoniale.
to **conquer** /ˈkɒŋkə(r)/ ***A*** *v. t.* ***1*** conquistare ***2*** vincere; sconfiggere ***B*** *v. i.* vincere.
conqueror /ˈkɒŋkərə(r)/ *n.* conquistatore; vincitore.
conquest /ˈkɒŋkwɛst/ *n.* [U] *e* [C] conquista.
consanguinity /kɒnsæŋˈgwɪnətɪ/ *n.* [U] consanguineità.
conscience /ˈkɒnʃns/ *n.* [U] *e* [C] coscienza: **to have a clear** [**a bad** *o* **a guilty**] **c.**, avere la coscienza pulita [sporca]; **in all c.**, in coscienza; **a matter of c.**, un caso di coscienza; **c.-stricken**, pieno di rimorso; **to be c.-stricken**, provare rimorso • (*leg.*) **c. clause**, clausola di riserva morale □ **c. money**, somma restituita per rimediare a un torto fatto.
conscientious /kɒnʃɪˈɛnʃəs/ *a.* coscienzioso • **c. objector**, obiettore di coscienza.
conscious /ˈkɒnʃəs/ ***A*** *a.* ***1*** consapevole; conscio: **to be c. of one's guilt**, essere conscio della propria colpevolezza; **to become c. of st.**, accorgersi di q.c.; **I was c. of the fact that I was getting drunk**, mi rendevo conto che mi stavo ubriacando ***2*** cosciente: **to be c. to the last**, rimanere cosciente fino all'ultimo ***3*** intenzionale; deliberato ***4*** (*nei composti*) sensibile a; preoccupato di: **health-c. person**, persona che si preoccupa della salute; salutista; **environmentally c.**, sensibile ai problemi ambientalistici; ambientalistico ***B*** *n.* (*psic.*) (il) conscio.
consciousness /ˈkɒnʃəsnəs/ *n.* [U] ***1*** coscienza; consapevolezza ***2*** conoscenza: **to lose c.**, perdere conoscenza (*o* i sensi); **to recover** (*o* **to regain**) **c.**, riprendere conoscenza (*o* i sensi); tornare in sé.
conscript /ˈkɒnskrɪpt/ *n.* (*mil.*) coscritto.
to **conscript** /kənˈskrɪpt/ *v. t.* (*mil.*) chiamare alle armi; arruolare.
conscription /kənˈskrɪpʃn/ *n.* [U] *e* [C] (*mil.*) coscrizione.
to **consecrate** /ˈkɒnsɪkreɪt/ *v. t.* consacrare.
consecration /kɒnsɪˈkreɪʃn/ *n.* [U] *e* [C] consacrazione.
consecutive /kənˈsɛkjʊtɪv/ *a.* consecutivo.
consecutively /kənˈsɛkjʊtɪvlɪ/ *avv.* consecutivamente; di seguito.
consensus /kənˈsɛnsəs/ *n.* [U] consenso generale; opinione generale.
consent /kənˈsɛnt/ *n.* [U] consenso: **by common c.**, per unanime consenso.
to **consent** /kənˈsɛnt/ *v. i.* acconsentire; consentire: **to c. to a proposal**, acconsentire a una proposta.
consenting /kənˈsɛnʃɪənt/ *a.* consenziente: (*leg.*) **c. adults**, adulti consenzienti.
consequence /ˈkɒnsɪkwəns, *USA* -kwɛns/ *n.* ***1*** conseguenza: **to take the consequences**, accettare le conseguenze di q.c.; **in** (*o* **as a**) **c. of**, a causa di; in conseguenza di; **in c.**, di conseguenza; perciò ***2*** [U] (*form.*) importanza: **a matter of no c.**, una cosa di nessuna importanza; **man of c.**, uomo importante.
consequent /ˈkɒnsɪkwənt, *USA* -kwɛnt/ *a.* conseguente; risultante.
consequential /kɒnsɪˈkwɛnʃl/ *a.* ***1*** conseguente ***2*** (*di persona*) pieno di sé ***3*** importante: **c. decision**, decisione importante.
consequently /ˈkɒnsɪkwəntlɪ, *USA* -kwɛntlɪ/ *avv.* di conseguenza; perciò; dunque.
conservancy /kənˈsɜːvnsɪ/ *n.* ***1*** (*GB*) commissione di controllo (*di un territorio, un fiume, ecc.*) ***2*** [U] (*ecol.*) conservazione; preservazione; tutela.
conservation /kɒnsəˈveɪʃn/ *n.* [U] conservazione; tutela • (*ecol.*) **c. area**, zona protetta.
conservationist /kɒnsəˈveɪʃənɪst/ *n.* (*ecol.*) ambientalista; ecologista.
conservatism /kənˈsɜːvətɪzəm/ *n.* [U] (*polit.*) conservatorismo.
conservative /kənˈsɜːvətɪv/ ***A*** *a.* ***1*** conservatore (-trice) (*anche polit.*); tradizionalista: **the C. Party**, il partito conservatore ***2*** cauto; prudente; prudenziale: **c. estimate**, stima prudenziale ***B*** *n.* ***1*** persona di idee conservatrici; tradizionalista ***2*** — (*polit.*) **C.**, conservatore.
conservatoire /kənˈsɜːvətwɑː(r)/ (*franc.*) *n.* (*mus.*) conservatorio.
conservator /ˈkɒnsəveɪtə(r)/ *n.* sovrintendente (*di museo, ecc.*); conservatore.
conservatory /kənˈsɜːvətrɪ, *USA* -tɔːrɪ/ *n.* ***1*** serra; veranda chiusa (*con piante*) ***2*** (*mus.*) conservatorio.
conserve /kənˈsɜːv, ˈkɒnsɜːv/ *n.* conserva (*di frutta*); marmellata.
to **conserve** /kənˈsɜːv/ *v. t.* conservare.
to **consider** /kənˈsɪdə(r)/ ***A*** *v. t.* ***1*** considerare; ritenere: **C. yourself lucky**, considerati (*o* puoi dirti) fortunato; **C. it done!**, consideralo cosa fatta! ***2*** tenere conto di; considerare; pensare a ***3*** riflettere su; valutare: **to c. the situation**, riflettere sulla situazione ***4*** pensare di (*fare q.c.*); prendere in considerazione (*una possibilità*): **Have you ever considered applying for a transfer?**, hai mai pensato di far domanda di trasferimento? ***B*** *v. i.* considerare; riflettere.
considerable /kənˈsɪdərəbl/ *a.* considerevole; notevole.
considerate /kənˈsɪdərət/ *a.* riguardoso; premuroso.
consideration /kənsɪdəˈreɪʃn/ *n.* ***1*** [U] considerazione; riflessione; valutazione ***2*** fattore; motivo ***3*** compenso: **to do st. for a c.**, fare q.c. dietro compenso ***4*** [U] riguardo: **out of c. for his age**, per riguardo alla sua età • **in c. of**, in considerazione di; in vista di; come compenso per □ **to take st. into c.**, tener conto di q.c.; considerare q.c. □ **under c.**, in esame.
considered /kənˈsɪdəd/ *a.* ***1*** meditato; ponderato: **It is my c. opinion that...**, il mio parere, dopo matura riflessione, è che... ***2*** considerato; stimato • **all things c.**, tutto considerato.
considering /kənˈsɪdərɪŋ/ ***A*** *prep.* se si tiene conto di; visto [visti, ecc.] ***B*** *cong.* se si considera che ***C*** *avv.* (*fam.*) tutto sommato.
to **consign** /kənˈsaɪn/ *v. t.* ***1*** (*comm.*) spedire ***2*** affidare ***3***

relegare.

consignee /kɒnsaɪ'niː/ *n.* (*comm.*) consegnatario; destinatario.

consigner /kən'saɪnə(r)/ *n.* (*comm.*) mittente.

consignment /kən'saɪnmənt/ *n.* (*comm.*) ***1*** [U] spedizione; invio ***2*** merce spedita; partita (*di merce*) • **on c.**, in conto deposito.

to **consist** /kən'sɪst/ *v. Solo come*:

♦ **consist in** *v. i.* + *prep.* consistere in.

♦ **consist of** *v. i.* + *prep.* essere formato (*o* composto) di.

consistency /kən'sɪstənsɪ/ *n.* ***1*** [U] *e* [C] consistenza; densità ***2*** [U] coerenza.

consistent /kən'sɪstənt/ *a.* ***1*** costante ***2*** conforme (a); in accordo (con); compatibile (con) ***3*** coerente. ATTENZIONE: consistent ≠ consistente.

consistently /kən'sɪstəntlɪ/ *avv.* continuamente; invariabilmente.

consistory /kən'sɪstərɪ, *USA* 'kɒnsɪstɔːrɪ/ *n.* (*relig.*) concistoro.

consolation /kɒnsə'leɪʃn/ *n.* [U] *e* [C] consolazione: **a poor c.**, una magra consolazione; **c. prize**, premio di consolazione.

console / 'kɒnsəʊl/ (*franc.*) *n.* (*anche elab.*) console.

to **console** /kən'səʊl/ *v. t.* consolare; confortare.

to **consolidate** /kən'sɒlɪdeɪt/ ***A*** *v. t.* ***1*** consolidare ***2*** unire; unificare; fondere ***3*** (*fin.*) consolidare ***B*** *v. i.* ***1*** consolidarsi ***2*** unirsi; unificarsi; fondersi.

consolidation /kənsɒlɪ'deɪʃn/ *n.* ***1*** [U] consolidamento; rafforzamento ***2*** [U] *e* [C] (*fin.*) fusione (*di aziende*); consolidamento (*di debito pubblico, di azioni*) ***3*** [U] *e* [C] (*leg.*) unificazione (*di leggi*).

consoling /kən'səʊlɪŋ/ *a.* confortante; consolante.

consols / 'kɒnslz/ *n. pl.* (*abbr. di* **consolidated annuities**) (*in G.B.*) titoli consolidati (*o* del debito pubblico).

consommé /kən'sɒmeɪ, 'kɒnsəmeɪ, *USA* kɒnsə'meɪ/ (*franc.*) *n.* [U] (*cucina*) consommé; brodo ristretto.

consonance / 'kɒnsənəns/ *n.* [U] (*mus. e fig.*) consonanza.

consonant (1) / 'kɒnsənənt/ *a.* consono; conforme; concorde.

consonant (2) / 'kɒnsənənt/ *n.* (*ling.*) consonante.

consort (1) / 'kɒnsɔːt/ *n.* consorte; coniuge: **prince c.**, principe consorte.

consort (2) / 'kɒnsɔːt/ *n.* ***1*** (*mus.*) complesso; concerto: **c. of viols**, concerto di viole ***2*** — **in c. with**, di concerto con; insieme con.

to **consort** /kən'sɔːt/ *v. Solo come*:

♦ **consort together** *v. i.* + *avv.* stare insieme; frequentarsi.

♦ **consort with** *v. i.* + *prep.* ***1*** associarsi con; frequentare ***2*** (*form.*) accordarsi con.

consortium /kən'sɔːtɪəm, -ʃɪəm/ (*lat.*) *n.* (*econ.*) consorzio.

conspicuous /kən'spɪkjʊəs/ *a.* ***1*** evidente; bene in vista ***2*** notevole; vistoso • **to be c. by one's absence**, brillare per la propria assenza □ **to make oneself c.**, farsi notare.

conspicuousness /kən'spɪkjʊəsnəs/ *n.* [U] ***1*** evidenza; visibilità ***2*** vistosità.

conspiracy /kən'spɪrəsɪ/ *n.* [U] *e* [C] cospirazione; congiura: **c. of silence**, congiura del silenzio; **c. theory**, teoria del complotto; esempio di dietrologia.

conspirator /kən'spɪrətə(r)/ *n.* cospiratore (-trice); congiurato (-a).

conspiratorial /kənspɪrə'tɔːrɪəl/ *a.* di (*o* da) cospiratore; cospiratorio.

to **conspire** /kən'spaɪə(r)/ *v. i.* cospirare.

constable / 'kʌnstəbl, *USA* 'kɒn-/ *n.* ***1*** (*GB*) (*anche* **police c.**) poliziotto; agente; vigile urbano ***2*** (*stor.*) conestabile ***3*** (*stor.*) governatore (*di castello, ecc.*) • (*GB*) **Chief C.**, capo della polizia (*di un distretto*).

constabulary /kən'stæbjʊlərɪ, *USA* -lerɪ/ *n.* (*GB*) ***1*** corpo di polizia ***2*** (*collett.*) la polizia (*di un distretto*).

constancy / 'kɒnstənsɪ/ *n.* [U] costanza; fermezza.

constant / 'kɒnstənt/ ***A*** *a.* ***1*** costante ***2*** fedele ***B*** *n.* (*mat., fis.*) costante.

constellation /kɒnstə'leɪʃn/ *n.* (*astron.*) costellazione.

consternation /kɒnstə'neɪʃn/ *n.* [U] costernazione.

constipated / 'kɒnstɪpeɪtɪd/ *a.* (*med.*) stitico; costipato.

constipation /kɒnstɪ'peɪʃn/ *n.* [U] (*med.*) stitichezza; costipazione.

constituency /kən'stɪtʃʊənsɪ/ *n.* collegio elettorale.

constituent /kən'stɪtʃʊənt/ ***A*** *a.* costitutivo; componente: **c. parts**, parti costitutive • **c. assembly**, assemblea costituente ***B*** *n.* ***1*** (*polit.*) elettore (-trice) (*di un dato collegio*) ***2*** elemento costitutivo; componente; ingrediente.

to **constitute** / 'kɒnstɪtjuːt, *USA* -tuːt/ *v. t.* costituire.

constitution /kɒnstɪ'tjuːʃn, *USA* -'tuːʃn/ *n.* (*anche polit.*) costituzione: **iron c.**, salute di ferro.

constitutional /kɒnstɪ'tjuːʃənl, *USA* -'tuː-/ ***A*** *a.* costituzionale: **c. monarchy**, monarchia costituzionale; **c. weakness**, debolezza costituzionale ***B*** *n.* (*fam.*) passeggiata igienica.

constitutionalism /kɒnstɪ'tjuːʃənəlɪzəm, *USA* -'tuː-/ *n.* [U] (*polit.*) costituzionalismo.

to **constrain** /kən'streɪn/ *v. t.* ***1*** costringere; obbligare ***2*** limitare.

constrained /kən'streɪnd/ *a.* ***1*** costretto; obbligato ***2*** forzato; innaturale.

constraint /kən'streɪnt/ *n.* [U] ***1*** costrizione; coercizione ***2*** vincolo; limite; restrizione ***3*** soggezione; imbarazzo.

to **constrict** /kən'strɪkt/ *v. t.* ***1*** stringere; comprimere ***2*** limitare.

constriction /kən'strɪkʃn/ *n.* ***1*** [U] *e* [C] compressione; restringimento ***2*** oppressione (*al petto, ecc.*).

construct /kən'strʌkt/ *n.* (*form.*) ***1*** concetto elaborato ***2*** struttura.

to **construct** /kən'strʌkt/ *v. t.* costruire.

construction /kən'strʌkʃn/ *n.* ***1*** [U] edilizia: **c. industry**, industria edilizia; **c. worker**, edile ***2*** [U] costruzione: **under c.**, in costruzione ***3*** costruzione; edificio ***4*** (*ling.*) costruzione; costrutto ***5*** (*anche leg.*) interpretazione: **to put a good [bad] c. upon st.**, interpretare qualche cosa in senso buono [cattivo].

constructive /kən'strʌktɪv/ *a.* costruttivo.

to **construe** /kən'struː/ *v. t.* ***1*** (*gramm.*) fare l'analisi logica (*di una frase*) ***2*** analizzare e tradurre (*una frase latina o greca*) ***3*** interpretare.

consul / 'kɒnsl/ *n.* console.

consular / 'kɒnsjʊlə(r), *USA* -səl-/ *a.* consolare.

consulate / 'kɒnsjʊlət, *USA* -səl-/ *n.* consolato.

to **consult** /kən'sʌlt/ ***A*** *v. t.* consultare ***B*** *v. i.* consultarsi.

consultancy /kən'sʌltənsɪ/ *n.* ***1*** consulenza ***2*** società di consulenza.

consultant /kən'sʌltənt/ *n.* ***1*** consulente; esperto ***2*** medico specialista.

consultation /kɒnsl'teɪʃn/ *n.* ***1*** [U] *e* [C] consultazione ***2*** (*med.*) consulto ***3*** riunione (*per discutere q.c.*).

consulting /kən'sʌltɪŋ/ *a.* che dà consulenze; consulente: **c. engineer**, consulente tecnico; **c. firm**, società di consulenze • **c. hours**, orario di visita (*di un medico*) □ **c. room**, studio medico.

consumables /kən'sjuːməblz, -'suː-/ *n. pl.* (*econ.*) beni di consumo.

to **consume** /kən'sjuːm, -'suː-/ *v. t.* ***1*** consumare ***2*** (*del fuoco*) distruggere ***3*** rodere; bruciare; struggere: **to be consumed with jealousy**, essere roso dalla gelosia; **to be consumed with curiosity**, bruciare dalla curiosità.

consumer /kən'sjuːmə(r), -'suː-/ *n.* ***1*** consumatore (-trice) ***2*** utente • (*econ.*) **c. durables**, beni di consumo durevoli □ (*econ.*) **c. goods**, beni (*o* articoli) di consumo □ (*econ.*) **c. society**, la società dei consumi.

consumerism /kən'sjuːmərɪzəm, -'suː-/ *n.* [U] consumismo.

consuming /kən'sjuːmɪŋ, -'suː-/ *a.* molto forte: **a c. interest for**, un fortissimo interesse per.

consummate /kən'sʌmət, *USA* 'kɒnsəm-/ *a.* (*form.*) ***1*** consumato; perfetto: **man of c. skill**, un uomo di consumata abilità ***2*** molto abile; esperto: **a c. liar**, un esperto mentitore.

to **consummate** / 'kɒnsəmeɪt/ *v. t.* (*form.*) ***1*** compiere; completare; coronare ***2*** consumare (*un matrimonio*).

consummation /kɒnsə'meɪʃn/ *n.* [U] *e* [C] (*form.*) ***1*** completamento; coronamento (*di un'opera, ecc.*) ***2*** consumazione (*di un matrimonio*).

consumption /kən'sʌm(p)ʃn/ *n.* [U] ***1*** consumo: **fuel c.**, il consumo di carburante ***2*** (*med., antiq.*) tisi.

consumptive /kən'sʌm(p)tɪv/ *a. e n.* (*med., antiq.*) tisico.

contact / 'kɒntækt/ ***A*** *n.* ***1*** [U] contatto: **to make c. with**, mettersi in contatto con; contattare; **to lose c. with sb.**, perdere i contatti con q.; **to come into c. with**, venire a contatto di; **to put sb. in c. with sb.**, mettere q. in contatto con q.; **eye c.**, (il) guardare in faccia q.; sguardo diretto; **radio c.**, contatto radio ***2*** conoscenza; contatto: **business contacts**, contatti di lavoro; **to have the right contacts**, conoscere le persone giuste ***3*** (*fam.*) lente a contatto ***B*** *a. attr.* a contatto; di contatto: **c. lenses**, lenti a contatto; (*fotogr.*) **c. print**, stampa per contatto • (*elettr.*) **c. breaker**, ruttore □ (*aeron.*) **c. flight**, volo a vista.

to **contact** /kən'tækt, 'kɒntækt, *USA* 'kɒntækt/ *v. t.* mettersi in contatto con; contattare.

contagion /kən'teɪdʒən/ *n.* U *e* C contagio.

contagious /kən'teɪdʒəs/ *a.* ***1*** (*anche fig.*) contagioso ***2*** (*di persona*) portatore di contagio.

to **contain** /kən'teɪn/ ***A*** *v. t.* ***1*** contenere ***2*** trattenere; contenere ***3*** limitare; circoscrivere ***4*** (*geom.*) comprendere ***B*** to **contain oneself** *v. rifl.* trattenersi; controllarsi.

container /kən'teɪnə(r)/ *n.* ***1*** recipiente; contenitore ***2*** (*comm., naut.*) container: **c. ship**, nave portacontainer; **c. port**, porto per navi portacontainer.

containment /kən'teɪnmənt/ *n.* U (*anche polit.*) contenimento.

contaminant /kən'tæmɪnənt/ *a. e n.* (*chim.*) (sostanza) contaminante.

to **contaminate** /kən'tæmɪneɪt/ *v. t.* contaminare.

contamination /kəntæmɪ'neɪʃn/ *n.* U *e* C contaminazione.

to **contemplate** /'kɒntəmpleɪt, -ɛm-/ ***A*** *v. t.* ***1*** prendere in considerazione; pensare di; avere intenzione di: **to c. changing jobs**, pensare di cambiar lavoro ***2*** riflettere su; meditare su; pensare a ***3*** guardare; contemplare ***B*** *v. i.* meditare.

contemplation /kɒntɛm'pleɪʃn/ *n.* U contemplazione; meditazione.

contemplative /kən'tɛmplətɪv, 'kɒntɛmpleɪtɪv/ *a.* contemplativo.

contemporaneous /kəntɛmpə'reɪnɪəs/ *a.* contemporaneo.

contemporary /kən'tɛmprərɪ, *USA* -pərerɪ/ ***A*** *a.* ***1*** contemporaneo; moderno; attuale ***2*** contemporaneo; coevo ***B*** *n.* ***1*** contemporaneo (-a) ***2*** coetaneo (-a).

contempt /kən'tɛmpt/ *n.* U disprezzo; spregio: **to hold in c.**, provare disprezzo per • (*leg.*) **c. of court**, oltraggio alla corte; disobbedienza alle ingiunzioni del giudice; turbativa di processo □ **beneath c.**, indegno; inqualificabile.

contemptible /kən'tɛm(p)təbl/ *a.* spregevole; disprezzabile.

contemptuous /kən'tɛm(p)tʃʊəs/ *a.* sprezzante; sdegnoso.

to **contend** /kən'tɛnd/ ***A*** *v. i.* combattere; lottare; contendere: **to c. with st.**, conbattere contro q.c. ***B*** *v. t.* sostenere; asserire.

contender /kən'tɛndə(r)/ *n.* ***1*** contendente; concorrente ***2*** (*sport*) aspirante al titolo.

content (**1**) /kən'tɛnt/ *a. pred.* contento; soddisfatto: **c. with st.**, contento di q.c.

content (**2**) /kən'tɛnt/ *n.* U (*lett.*) contentezza; soddisfazione • **to one's heart's c.**, quanto si vuole; a sazietà.

content (**3**) /'kɒntɛnt/ *n.* ***1*** U contenuto (*di libro, sostanza, ecc.*): **a high fat c.**, un elevato contenuto di grassi ***2*** (*al pl.*) cose contenute (*di un contenitore*); contenuto: **the contents of a trunk**, il contenuto di un baule; **the house and its contents**, la casa e tutto ciò che essa contiene ***3*** (*al pl.*) (*anche* **table of contents**) indice (*di libro*).

to **content** /kən'tɛnt/ *v. t.* accontentare; soddisfare.

♦ **content oneself with** *v. rifl.* + *prep.* accontentarsi di; limitarsi a.

contented /kən'tɛntɪd/ *a.* soddisfatto; pago.

contentedly /kən'tɛntɪdlɪ/ *avv.* con soddisfazione.

contention /kən'tɛnʃn/ *n.* ***1*** U contesa; controversia; disputa: **the point in c.**, il punto in discussione ***2*** opinione; tesi; assunto: **My c. is that...**, io sostengo che... • **in** [**out of**] **c.**, in [fuori] gara.

contentious /kən'tɛnʃəs/ *a.* ***1*** litigioso; polemico ***2*** controverso.

contentment /kən'tɛntmənt/ *n.* U soddisfazione; appagamento.

contest /'kɒntɛst/ *n.* ***1*** lotta; combattimento ***2*** gara; competizione; concorso: **beauty c.**, concorso di bellezza.

to **contest** /kən'tɛst/ (*form.*) *v. t.* ***1*** battersi per; disputarsi; concorrere a ***2*** (*leg.*) impugnare ***3*** presentarsi candidato in (*un'elezione*).

contestant /kən'tɛstənt/ *n.* concorrente.

context /'kɒntɛkst/ *n.* C *e* U contesto.

contextual /kən'tɛkstʃʊəl/ *a.* contestuale.

contiguity /kɒntɪ'gjuːətɪ/ *n.* U contiguità.

contiguous /kən'tɪgjʊəs/ *a.* contiguo.

continence /'kɒntɪnəns, *USA* -tən-/ *n.* U continenza.

continent (**1**) /'kɒntɪnənt, *USA* -tən-/ *a.* continente.

continent (**2**) /'kɒntɪnənt, *USA* -tən-/ *n.* ***1*** continente ***2*** — **the C.**, l'Europa continentale.

continental /kɒntɪ'nɛntl, *USA* -tn'ɛ-/ ***A*** *a.* ***1*** continentale ***2*** europeo; di gusto francese o italiano: **c. breakfast**, (prima) colazione leggera ***B*** *n.* (*antiq. GB*) europeo (-a).

contingency /kən'tɪndʒənsɪ/ *n.* contingenza; evenienza; eventualità • **c. plan**, piano di emergenza.

contingent /kən'tɪndʒənt/ ***A*** *a.* ***1*** casuale; fortuito ***2*** condizionato: **to be c. on st.**, dipendere da q.c. ***B*** *n.* ***1*** contingente: **c. of troops**, contingente di truppe ***2*** (*fam.*) delegazione; drappello.

continua /kən'tɪnjʊə/ *pl. di* **continuum**.

continual /kən'tɪnjʊəl/ *a.* continuo; incessante.

continually /kən'tɪnjʊəlɪ/ *avv.* continuamente; di continuo; ininterrottamente; incessantemente.

continuance /kən'tɪnjʊəns/ *n.* (*form.*) continuazione.

continuation /kəntɪnjʊ'eɪʃn/ *n.* continuazione.

to **continue** /kən'tɪnjuː/ ***A*** *v. i.* ***1*** continuare; proseguire: **to c. doing** (*o* **to do**) **st.**, continuare a fare q.c. ***2*** rimanere; restare: **to c. in office**, rimanere in carica ***B*** *v. t.* ***1*** continuare; proseguire ***2*** riprendere (*un discorso, un'attività*) • **continued on p. 90**, continua a p. 90 □ (*di puntata, ecc.*) **to be continued**, continua.

continuing /kən'tɪnjuːɪŋ/ *a.* che continua; persistente • **c. education**, istruzione per adulti; corsi per adulti.

continuity /kɒntɪ'njuːətɪ, *USA* -tn'uː-/ *n.* U ***1*** continuità ***2*** (*cinem.*) (schema della) sceneggiatura • (*cinem.*) **c. girl** [**man**], segretaria [segretario] di produzione.

continuous /kən'tɪnjʊəs/ *a.* continuo; ininterrotto • (*a scuola*) **c. assessment**, valutazione progressiva (*al posto di un esame finale*).

continuum /kən'tɪnjʊəm/ *n.* (*pl.* **continua**, **continuums**) (*lat.*) ***1*** (*fis.*) continuo ***2*** serie ininterrotta.

to **contort** /kən'tɔːt/ *v. t.* contorcere; storcere.

contortion /kən'tɔːʃn/ *n.* U *e* C contorsione; contorcimento.

contour /'kɒntʊə(r)/ *n.* ***1*** contorno; profilo ***2*** (*geogr., anche* **c. line**) curva di livello: **c. map**, carta a curve di livello.

to **contour** /'kɒntʊə(r)/ *v. t.* ***1*** segnare il contorno di ***2*** costruire (*una strada, ecc.*) seguendo le curve di livello.

contraband /'kɒntrəbænd/ ***A*** *n.* U contrabbando ***B*** *a.* di contrabbando.

contrabass /kɒntrə'beɪs, *USA* 'kɒntrəb-/ *n.* (*mus.*) contrabbasso.

contraception /kɒntrə'sɛpʃn/ *n.* U contraccezione.

contraceptive /kɒntrə'sɛptɪv/ *a. e n.* anticoncezionale; contraccettivo.

contract /'kɒntrækt/ *n.* ***1*** C *e* U (*leg.*) contratto: **c. of employment**, contratto di lavoro; **to draw up** [**to enter into**] **a c.**, stendere [stipulare] un contratto; **draft c.**, bozza di contratto; **c. to sell**, preliminare di vendita; compromesso ***2*** (*leg.*) (contratto di) appalto: **c. work**, lavoro in appalto ***3*** (*pop.*) omicidio su commissione: **to put out a c. on sb.**, commissionare l'omicidio di q.

to **contract** /kən'trækt/ ***A*** *v. t.* ***1*** contrarre: **to c. marriage** [**a debt, a disease**], contrarre matrimonio [un debito, una malattia] ***2*** (*fis.*) far contrarre ***3*** prendere in appalto; appaltare: **to c. to build st.**, prendere in appalto la costruzione di q.c. ***B*** *v. i.* ***1*** fare un contratto; accordarsi; impegnarsi ***2*** contrarsi.

♦ **contract in** *v. i.* + *avv.* (*GB*) aderire a.

♦ **contract out** ***A*** *v. t.* + *avv.* dare in appalto; appaltare ***B*** *v. i.* + *avv.* (*GB*) non aderire a; dissociarsi da.

contractile /kən'træktaɪl, *USA* -tl/ *a.* ***1*** contrattile ***2*** retrattile.

contraction /kən'trækʃn/ *n.* U *e* C contrazione.

contractor /kən'træktə(r), *USA* 'kɒntræk-/ *n.* ***1*** (*comm.*) contraente ***2*** (*ind., comm.*) imprenditore; appaltatore.

contractual /kən'træktʃʊəl/ *a.* contrattuale.

to **contradict** /kɒntrə'dɪkt/ ***A*** *v. t.* contraddire ***B*** to **contradict oneself** *v. rifl.* contraddirsi.

contradiction /kɒntrə'dɪkʃn/ *n.* U *e* C contraddizione.

contradictory /kɒntrə'dɪktərɪ/ *a.* contraddittorio.

contraflow /'kɒntrəfləʊ/ *n.* (*autom., GB*) traffico a corsia unica.

contrail /'kɒntreɪl/ *n.* (*aeron.*) scia di condensazione.

contraindication /kɒntrəɪndɪ'keɪʃn/ *n.* (*med.*) controindicazione.

contralto /kən'træltəʊ/ (*ital.*) *n.* (*pl.* **contraltos**) (*mus.*) contralto.

contraption /kən'træpʃn/ *n.* (*fam.*) congegno; aggeggio.

contrapuntal /kɒntrə'pʌntl/ *a.* (*mus.*) contrappuntistico.

contrarily /kən'treərəlɪ/ *avv.* (*fam.*) con spirito di contraddizione; ostinatamente.

contrariness /'kɒntreərɪnəs/ *n.* U (*fam.*) spirito di contraddizione; (il) fare il bastian contrario.

contrariwise /'kɒntrərɪwaɪz, *USA* -rerɪ-/ *avv.* (*antiq.*) ***1*** al contrario; invece ***2*** in senso contrario.

contrary (1) /'kɒntrərɪ, *USA* -erɪ/ ***A*** *a.* contrario; avverso; opposto ***B*** *n.* — **the c.**, il contrario; l'opposto: **on the c.**, al contrario; invece; **information to the c.**, informazioni di contenuto opposto; **unless I hear to the c.**, salvo contrordini ***C*** *avv.* — **c. to**, contrariamente a; al contrario di; a differenza di.

contrary (2) /kən'treərɪ/ *a.* (*fam.*) caparbio; testardo; che fa il bastian contrario.

contrast /'kɒntrɑːst, *USA* -træst/ *n.* U *e* C contrasto: **by c.**, per contrasto; per converso.

to **contrast** /kən'trɑːst, *USA* -'træst/ ***A*** *v. t.* mettere in contrasto; contrapporre ***B*** *v. i.* contrastare; essere in contrasto.

to **contravene** /kɒntrə'viːn/ *v. t.* (*form.*) contravvenire a; trasgredire.

contravention /kɒntrə'venʃn/ *n.* U *e* C contravvenzione; trasgressione.

contretemps /'kɒntrətɒŋ, *USA* 'kɒntrətɑːn/ (*franc.*) *n.* (*pl. invar.*) contrattempo.

to **contribute** /kən'trɪbjuːt/ ***A*** *v. t.* ***1*** contribuire con; dare (*come contributo*): **to c. £20 towards st.**, contribuire a q.c. con 20 sterline ***2*** scrivere (*per un giornale, ecc.*) ***B*** *v. i.* ***1*** contribuire ***2*** collaborare (*a un giornale, ecc.*).

contribution /kɒntrɪ'bjuːʃn/ *n.* ***1*** U *e* C contributo; contribuzione ***2*** contributo (in denaro); donazione; offerta ***3*** U collaborazione (*a un giornale*) ***4*** articolo (*scritto per un giornale, ecc.*); pezzo.

contributor /kən'trɪbjuːtə(r), 'kɒntrɪbjuːtə(r)/ *n.* ***1*** contributore (-trice); sottoscrittore (-trice); donatore (-trice) ***2*** collaboratore (-trice) (*di giornale, ecc.*) ***3*** causa; fattore.

contributory /kən'trɪbjʊtrɪ, *USA* kən'trɪbjətɔːrɪ/ *a.* ***1*** contribuente; concomitante: **c. cause**, causa concomitante; concausa ***2*** contributivo; basato su contributi • (*leg.*) **c. negligence**, concorso di colpa.

contrite /'kɒntraɪt/ *a.* contrito.

contrition /kən'trɪʃn/ *n.* U contrizione.

contrivance /kən'traɪvəns/ *n.* ***1*** invenzione; trovata (*fam.*) ***2*** congegno; dispositivo ***3*** espediente; stratagemma ***4*** U capacità inventiva.

to **contrive** /kən'traɪv/ *v. t.* ***1*** escogitare; riuscire a ottenere; congegnare ***2*** riuscire a; trovare il mezzo (*o* il modo) di ***3*** inventare; costruire.

contrived /kən'traɪvd/ *a.* forzato; voluto; artificioso.

control /kən'trəʊl/ *n.* ***1*** U *e* C controllo; comando; autorità: **to lose c. of the car**, perdere il controllo dell'auto; **to lose c.**, perdere il controllo di sé; **to have no c. over sb.**, non avere autorità su q.; **He is now in c.**, ora comanda lui; **to be in c. of a situation**, avere il comando della situazione; avere una situazione sotto controllo; **The car was out of c.**, l'auto non rispondeva più ai comandi; **Everything is under c.**, è tutto sotto controllo; **to bring st. under c.**, riuscire a contenere q.c.; **beyond my c.**, che sfugge al mio controllo; indipendente dalla mia volontà ***2*** C *e* U limitazione; freno; controllo: **to impose a c. over spending**, imporre un freno alle spese; **birth c.**, controllo (*o* limitazione) delle nascite; **wage c.**, contenimento dei salari ***3*** controllo; verifica; regolazione: **passport c.**, controllo dei passaporti; **traffic c.**, regolazione del traffico; (*aeron.*) **c. tower**, torre di controllo; **c. centre**, centrale di comando; (*scient.*) **c. group**, gruppo di controllo ***4*** (*tecn.*) (dispositivo di) comando; regolatore: **the controls of a plane**, i comandi di un aereo; **remote c.**, telecomando; **volume c.**, regolatore del volume; **c. panel**, pannello dei comandi; (*elab.*) pannello di controllo; (*aeron.*) **c. stick**, barra di comando; cloche.

to **control** /kən'trəʊl/ ***A*** *v. t.* ***1*** avere il controllo di; controllare; comandare: **to c. the market**, controllare il mercato ***2*** (*tecn.*) comandare; azionare; regolare; **The doors are controlled from the porter's lodge**, le porte sono comandate dal gabbiotto del custode; **Two valves c. the flow**, il flusso è regolato da due valvole ***3*** tenere a freno; dominare: **She can't c. her class**, non sa tenere la disciplina in classe ***4*** tenere sotto controllo; limitare; contenere; arginare: **to c. the spread of a disease**, contenere il diffondersi di una malattia ***5*** controllare; verificare ***B*** to **control oneself** *v. rifl.* dominarsi.

controllable /kən'trəʊləbl/ *a.* controllabile.

controller /kən'trəʊlə(r)/ *n.* ***1*** controllore: (*aeron.*) **air-traffic c.**, controllore di volo ***2*** (*amm.*) controllore delle spese; revisore dei conti ***3*** (*USA*) direttore amministrativo ***4*** (*mecc.*) regolatore automatico ***5*** (*elettr.*) combinatore.

controversial /kɒntrə'vɜːʃl/ *a.* controverso; assai discusso.

controversy /'kɒntrəvɜːsɪ, -vəsɪ, kən'trɒvəsɪ, *USA* 'kɒntrəvɜːsɪ/ *n.* U *e* C controversia; discussione; polemica.

contumelious /kɒntjuː'miːlɪəs, *USA* -tə-/ *a.* insolente; ingiurioso.

contumely /'kɒntjuːmlɪ, *USA* kən'tuːməlɪ/ *n.* U *e* C (*form.*) insolenza; contumelia.

to **contuse** /kən'tjuːz, *USA* -'tuːz/ *v. t.* (*med.*) contundere.

contusion /kən'tjuːʒn, *USA* -'tuː-/ *n.* (*med.*) contusione; ammaccatura (*fam.*).

conundrum /kə'nʌndrəm/ *n.* indovinello; enigma; rompicapo.

conurbation /kɒnɜː'beɪʃn/, *n.* conurbazione.

to **convalesce** /kɒnvə'les/ *v. i.* rimettersi in salute; fare la (*o* essere in) convalescenza.

convalescence /kɒnvə'lesns/ *n.* U convalescenza.

convalescent /kɒnvə'lesnt/ *a. e n.* convalescente • **c. home**, convalescenziario.

convection /kən'vekʃn/ *n.* U (*fis.*) convezione.

convector /kən'vektə(r)/ *n.* convettore: **c. heater**, termoconvettore.

to **convene** /kən'viːn/ ***A*** *v. i.* riunirsi; adunarsi; convenire ***B*** *v. t.* convocare.

convenience /kən'viːnɪəns/ *n.* ***1*** U convenienza; utilità; interesse: **marriage of c.**, matrimonio d'interesse ***2*** U *e* C *agio; comodo; comodità*: **at your c.**, con tuo comodo; a tuo agio; **at your earliest c.**, appena ti è possibile; (*form., in una lettera*) con cortese sollecitudine; **The house has all conveniences**, la casa ha tutte le comodità ***3*** (*anche* **public c.**) gabinetto pubblico • **c. food**, alimenti già preparati (*surgelati, in scatola, ecc.*).

convenient /kən'viːnɪənt/ *a.* ***1*** comodo; che va bene: **Is Monday morning c. for you?**, ti è comodo (*o* ti va bene) lunedì mattina? ***2*** (*di oggetto*) utile; pratico ***3*** (*di luogo*) comodo; vicino: **a house c. for the shops**, una casa vicina ai negozi. ATTENZIONE: **convenient** ≠ conveniente.

convent /'kɒnvənt, *USA* -vent/ *n.* convento • **c. school**, scuola religiosa femminile.

convention /kən'venʃn/ *n.* ***1*** C *e* U convenzione; consuetudine ***2*** convegno; raduno; assemblea ***3*** convenzione; accordo; patto.

conventional /kən'venʃənl/ *a.* convenzionale; tradizionale; comune; ordinario: **c. weapons**, armi convenzionali; **c. oven**, forno tradizionale (*cioè non a microonde*).

to **converge** /kən'vɜːdʒ/ *v. i.* convergere.

convergence /kən'vɜːdʒəns/, **convergency** /kən'vɜːdʒənsɪ/ *n.* U *e* C convergenza.

convergent /kən'vɜːdʒənt/ *a.* convergente.

conversant /kən'vɜːsnt/ *a.* ***1*** (*form.*) al corrente (di): **c. with the rules**, al corrente del regolamento ***2*** (*form.*) che ha dimestichezza (con); pratico (di) ***3*** (*USA*) in grado di sostenere una conversazione (*in una lingua*).

conversation /kɒnvə'seɪʃn/ *n.* U *e* C conversazione.

conversational /kɒnvə'seɪʃənl/ *a.* parlato; della lingua parlata; colloquiale: **c. German**, tedesco parlato; **c. style**, stile colloquiale.

conversationalist /kɒnvə'seɪʃənəlɪst/ *n.* buon conversatore (-trice).

converse /'kɒnvɜːs, kən'vɜːs/ ***A*** *a.* contrario; opposto ***B*** *n.* contrario; opposto; inverso.

to **converse** /kən'vɜːs/ *v. i.* (*form.*) conversare.

conversely /'kɒnvɜːslɪ/ *avv.* per converso; viceversa.

conversion /kən'vɜːʃn, *USA* -ʒn/ *n.* U *e* C ***1*** conversione ***2*** (*edil.*) ristrutturazione ***3*** (*tecn.*) trasformazione ***4*** (*rugby*) trasformazione.

convert /'kɒnvɜːt/ *n.* (*relig. e fig.*) convertito (-a).

to **convert** /kən'vɜːt/ ***A*** *v. t.* ***1*** convertire ***2*** (*edil.*) ristrutturare; riadattare ***3*** (*anche rugby*) trasformare ***B*** *v. i.* ***1*** convertirsi ***2*** trasformarsi; diventare: **The sofa converts into a**

bed, il sofà si trasforma in letto.
converted /kən'vɜːtɪd/ *a.* *1* convertito *2* (*edil.*) ristrutturato; riadattato *3* (*anche rugby*) trasformato.
converter /kən'vɜːtə(r)/ *n.* (*tecn.*) convertitore.
convertible /kən'vɜːtəbl/ ***A*** *a.* *1* convertibile: **c. bed**, divano letto; **c. currency**, valuta convertibile *2* (*autom.*) decappottabile ***B*** *n.* (*autom.*) decappottabile.
convex /kɒn'vɛks, 'kɒnvɛks/ *a.* convesso.
convexity /kɒn'vɛksətɪ/ *n.* U e C convessità.
to **convey** /kən'veɪ/ *v. t.* *1* portare; trasportare *2* comunicare; trasmettere; esprimere *3* (*leg.*) trasferire (*proprietà ad altri*).
conveyance /kən'veɪəns/ *n.* *1* U trasporto *2* mezzo di trasporto *3* U comunicazione (*di idee, ecc.*); trasmissione *4* U (*leg.*) cessione; trapasso, passaggio, trasferimento di proprietà *5* (*leg.*) atto di cessione.
conveyancing /kən'veɪənsɪŋ/ *n.* U (*leg.*) insieme delle procedure necessarie per un trasferimento di proprietà.
conveyer, **conveyor** /kən'veɪə(r)/ *n.* *1* portatore *2* (*ind.*) trasportatore; convogliatore: **c. belt**, nastro trasportatore; **c. truck**, carrello convogliatore *3* (*leg.*) cedente.
convict /'kɒnvɪkt/ *n.* detenuto (-a); carcerato (-a); forzato (-a) • **c. labour**, manodopera costituita da detenuti (*o* da forzati).
to **convict** /kən'vɪkt/ *v. t.* (*leg.*) giudicare colpevole; dichiarare colpevole; condannare: **He was convicted of murder**, fu condannato per omicidio.
conviction /kən'vɪkʃn/ *n.* U o C *1* (*leg.*) condanna: **to have no previous convictions**, essere incensurato *2* convinzione; convincimento: **to carry c.**, essere convincente.
to **convince** /kən'vɪns/ *v. t.* convincere; persuadere.
convincing /kən'vɪnsɪŋ/ *a.* convincente; persuasivo.
convincingly /kən'vɪnsɪŋlɪ/ *avv.* in modo convincente.
convivial /kən'vɪvɪəl/ *a.* conviviale; festoso; gioviale.
conviviality /kənvɪvɪ'ælətɪ/ *n.* U festosità; giovialità.
convocation /kɒnvə'keɪʃn/ *n.* *1* U convocazione *2* assemblea.
to **convoke** /kən'vəʊk/ *v. t.* convocare.
convoluted /'kɒnvəluːtɪd/ *a.* *1* ritorto; a spirale *2* contorto; involuto.
convolution /kɒnvə'luːʃn/ *n.* *1* spira *2* (*anat.*) circonvoluzione (*cerebrale*) *3* tortuosità; ragionamento contorto.
convolvulus /kən'vɒlvjʊləs/ *n.* (*bot.*) convolvolo.
convoy /'kɒnvɔɪ/ *n.* *1* U scorta *2* convoglio (*di navi, ecc.*); autocolonna (*di veicoli mil.*).
to **convoy** /'kɒnvɔɪ/ *v. t.* scortare.
to **convulse** /kən'vʌls/ *v. t.* agitare; sconvolgere • **convulsed with laughter**, preso da un convulso di riso.
convulsion /kən'vʌlʃn/ *n.* *1* (*generalm. pl.*) (*med.*) convulsione *2* convulso di riso.
convulsive /kən'vʌlsɪv/ *a.* *1* (*med.*) convulsivo *2* convulso: **c. laughter**, riso convulso.
cony /'kəʊnɪ/ *n.* (*USA*) coniglio; pelle di coniglio.
to **coo** /kuː/ *v. i.* *1* tubare *2* fare versetti: **to coo over a baby**, fare versetti a un neonato.
cook /kʊk/ *n.* cuoco (-a).
to **cook** /kʊk/ ***A*** *v. t.* *1* cuocere; cucinare *2* (*fam.*) manipolare; falsificare: **to c. the books**, falsificare i libri contabili • (*fam.*) **to c. sb.'s goose**, sistemare per bene q. ***B*** *v. i.* *1* cucinare; fare da mangiare *2* (*di cibo*) cuocere; cuocersi.
♦ **cook up** *v. t. + avv.* *1* cucinare in fretta *2* inventare; escogitare: **to c. up an excuse**, inventare una scusa.
cookbook /'kʊkbʊk/ *n.* libro di cucina; ricettario.
cooker /'kʊkə(r)/ *n.* *1* fornello; cucina: **gas c.**, cucina a gas *2* frutto da cuocere.
cookery /'kʊkərɪ/ *n.* U gastronomia; arte culinaria • **c. book**, libro di cucina (*o* di ricette).
cookhouse /'kʊkhaʊs/ *n.* cucina da campo.
cookie /'kʊkɪ/ *n.* *1* (*USA*) biscotto (dolce) *2* (*scozz.*) focaccina *3* (*pop., specialm. USA*) individuo; tizio: **a tough c.**, un duro • (*pop.*) **That's the way the c. crumbles**, così stanno le cose; così è.
cooking /'kʊkɪŋ/ ***A*** *n.* U *1* cottura *2* cucina: **to do the c.**, cucinare; fare da mangiare; **plain c.**, cucina casalinga; **Chinese c.**, la cucina cinese ***B*** *a. attr.* da, per cucina: **c. apples**, mele da cuocere; **c. oil**, olio da cucina.
cooky /'kʊkɪ/ *V.* **cookie**.
cool /kuːl/ ***A*** *a.* *1* fresco; (*di bevande, ecc.*) freddo; (*di abiti, ecc.*) che tiene fresco, leggero: **It's getting c.**, sta rinfrescando; (*su etichette*) **Keep in a c. place**, tenere al fresco *2* calmo; tranquillo: **Keep c.**, sta' calmo; **to have a c. head**, essere uno che tiene la testa a posto; **c.-headed**, calmo; freddo *3* freddo; poco entusiastico: **a c. reception**, un'accoglienza fredda *4* (*fam.*) sfacciato; impudente: **I call that pretty c.!**, ci vuole una bella faccia! *5* (*fam., con cifre*) — **a c. million**, la bellezza di un milione *6* (*pop.*) forte; fantastico; ganzo (*pop.*) • **as c. as a cucumber**, imperturbabile; come se niente fosse □ **to play it c.**, fare finta di niente □ (*pop. USA*) **That's c.**, non c'è problema ***B*** *n.* *1* U fresco; frescura *2* calma; sangue freddo: **to keep one's c.**, mantenere la calma; **to lose one's c.**, perdere la testa.
to **cool** /kuːl/ ***A*** *v. t.* rinfrescare; raffreddare (*anche fig.*): **to c. the air**, rinfrescare l'aria; **to c. sb.'s ardour**, raffreddare i bollori di q. • **to c. one's heels**, aspettare a lungo; fare anticamera □ (*pop. USA*) **to c. it**, darsi una calmata; piantarla ***B*** *v. i.* *1* (*del tempo*) rinfrescare; rinfrescarsi *2* raffreddare; raffreddarsi (*anche fig.*); (*d'ira, ecc.*) sbollire.
♦ **cool down** ***A*** *v. t. + avv.* *1* *V.* **to cool** *2* calmare (q.) ***B*** *v. i. + avv.* *1* *V.* **to cool** *2* (*di persona*) calmarsi.
♦ **cool off** *v. i. + avv.* (*di persona*) calmarsi; (*d'ira, ecc.*) sbollire.
coolant /'kuːlənt/ *n.* C e U (*tecn.*) fluido refrigerante.
coolbag /'kuːlbæg/, **coolbox** /'kuːlbɒks, *USA* -bɔks/ *n.* borsa frigo.
cooler /'kuːlə(r)/ *n.* *1* refrigeratore; ghiacciaia *2* (*USA*) *V.* **coolbox** *3* (*fam. USA*) condizionatore *4* (*pop.*) prigione; gattabuia.
coolie /'kuːlɪ/ *n.* coolie; facchino, servo (*specialm. in India e in Estremo Oriente*).
cooling /'kuːlɪŋ/ ***A*** *n.* raffreddamento ***B*** *a.* *1* rinfrescante *2* (*tecn.*) — **c. chamber**, cella frigorifera; **c. plant**, impianto di refrigerazione; **c. tower**, torre di raffreddamento • (*econ.*) **c.-off**, raffreddamento; flessione □ **c.-off period**, fase di conciliazione (*in cui le due parti di una controversia sindacale si astengono da ogni azione*); periodo di ripensamento (*in cui si ha diritto di recedere da un contratto di vendita*).
coolly /'kuː(l)lɪ/ *avv.* *1* freddamente; con freddezza *2* con calma; a sangue freddo *3* disinvoltamente; come se niente fosse (*fam.*).
coolness /'kuːlnəs/ *n.* U *1* fresco; frescura *2* freddezza; indifferenza *3* calma; sangue freddo.
coon /kuːn/ *n.* (*zool., fam. USA*) procione; orso lavatore.
coop /kuːp/ *n.* stia; gabbia.
to **coop** /kuːp/ *v.* *Solo come*:
♦ **coop up** *v. t. + avv.* rinchiudere; stipare.
co-op, **coop** /'kəʊɒp/ *n. abbr. fam. di* **co(-)operative.**
cooper /'kuːpə(r)/ *n.* bottaio.
to **co(-)operate** /kəʊ'ɒpəreɪt/ *v. i.* *1* cooperare; collaborare *2* contribuire; concorrere.
co(-)operation /kəʊɒpə'reɪʃn/ *n.* U cooperazione; collaborazione.
co(-)operative /kəʊ'ɒprətɪv, *USA* -pəreɪtɪv/ ***A*** *a.* *1* disposto a collaborare *2* cooperativo: **c. store**, spaccio cooperativo ***B*** *n.* cooperativa: **farm c.**, cooperativa agricola.
to **co-opt** /kəʊ'ɒpt/ *v. t.* cooptare.
co(-)ordinate /kəʊ'ɔːdɪnət/ ***A*** *a.* (*mat., gramm., moda*) coordinato ***B*** *n.* *1* (*mat., geogr., astron.*) coordinata *2* (*al pl.*) (*moda*) coordinati.
to **co(-)ordinate** /kəʊ'ɔːdɪneɪt/ *v. t.* coordinare.
co(-)ordination /kəʊɔːdɪ'neɪʃn/ *n.* U coordinazione.
coot /kuːt/ *n.* (*zool.*) folaga.
co-owner /kəʊ'əʊnə(r)/ *n.* comproprietario (-a); condomino (-a).
cop /kɒp/ *n.* (*fam.*) poliziotto (-a).
to **cop** /kɒp/ *v. t.* (*pop.*) acchiappare; prendere; buscare; beccare (*fam.*) • (*GB*) **to cop it**, essere punito; prenderle; buscarle.
♦ **cop out** *v. i. + avv.* (*pop.*) sottrarsi (a q.c.); tirarsi indietro (*adducendo pretesti*).
to **cope** /kəʊp/ *v. i.* farcela; cavarsela; tirare avanti.
♦ **cope with** *v. i. + prep.* *1* far fronte a; affrontare *2* cavarsela con.
copier /'kɒpɪə(r)/ *n.* fotocopiatrice.
copilot /'kəʊpaɪlət/ *n.* (*aeron.*) secondo pilota.
coping /'kəʊpɪŋ/ *n.* (*edil.*) cimasa • **c. stone**, pietra per cimasa.
copious /'kəʊpɪəs/ *a.* copioso; abbondante.
cop-out /'kɒpaʊt/ *n.* (*pop.*) (il) sottrarsi a un impegno; pretesto; scusa.
copper (1) /'kɒpə(r)/ ***A*** *n.* *1* U (*chim.*) rame *2* (*fam. antiq. GB*) monetina; spicciolo *3* (*al pl.*) oggetti di rame ***B*** *a.* *1* di rame *2* color rame • (*bot.*) **c. beech**, faggio rosso □ **c.**

-**bottomed**, col fondo di rame; (*fam. GB, di investimento, ecc.*) sicuro, solido.
copper (2) /'kɒpə(r)/ *n.* (*pop.*) poliziotto (-a).
to **copper** /'kɒpə(r)/ *v. t.* rivestire di rame; ramare.
copperplate /'kɒpəpleɪt/ *n.* ***1*** lastra di rame (*per incisione*) ***2*** incisione su rame • **c. writing**, scrittura corsiva regolare.
coppice /'kɒpɪs/ *n.* bosco ceduo.
copse /kɒps/ *n.* boschetto; macchia.
Copt /kɒpt/ *n.* (*relig.*) copto.
Coptic /'kɒptɪk/ *a. e n.* copto.
copula /'kɒpjʊlə/ *n.* (*gramm.*) copula.
to **copulate** /'kɒpjʊleɪt/ *v. i.* accoppiarsi.
copulation /kɒpjʊ'leɪʃn/ *n.* [U] *e* [C] copulazione; copula; accoppiamento.
copy /'kɒpɪ/ *n.* ***1*** [C] *e* [U] copia: **rough c.**, brutta copia; minuta; **fair c.**, bella copia; **my c. of «The Times»**, la mia copia del «Times» ***2*** [U] (*giorn.*) materiale scritto; testo ***3*** [U] (*giorn.*) notizia, notizie; storia, storie: **It'll make good c.**, farà notizia; è una storia che andrà • (*giorn.*) **c. desk**, tavolo redazionale □ (*giorn.*) **c. editor**, redattore.
to **copy** /'kɒpɪ/ *v. t. e i.* copiare; trascrivere; imitare; riprodurre.
♦ **copy down** *v. i. + avv.* trascrivere.
♦ **copy out** *v. t. + avv.* ricopiare (*un testo*).
copybook /'kɒpɪbʊk/ *n.* (*antiq.*) quaderno (*specialm. di calligrafia*) • **c. answer**, risposta perfetta.
copycat /'kɒpɪkæt/ (*fam.*) ***A*** *n.* copione (-a); scimmiottatore (-trice); pappagallo ***B*** *a. attr.* fatto per imitazione.
copyist /'kɒpɪɪst/ *n.* copista.
copyright /'kɒpɪraɪt/ ***A*** *n.* [U] (*leg.*) copyright; diritto d'autore ***B*** *a.* (*di libro, ecc.*) tutelato dai diritti d'autore.
to **copyright** /'kɒpɪraɪt/ *v. t.* tutelare (*un libro, ecc.*) con i diritti d'autore.
copywriter /'kɒpɪraɪtə(r)/ *n.* redattore (-trice) di testi pubblicitari; copywriter; creativo (-a).
coquetry /'kɒkɪtrɪ/ *n.* [U] *e* [C] civetteria.
coquette /kəʊ'ket/ *n.* civetta (*fig.*).
coquettish /kəʊ'ketɪʃ/ *a.* civettuolo.
coral /'kɒrəl, *USA* 'kɔːrəl/ ***A*** *n.* [U] corallo ***B*** *a.* corallino; di (*o* simile a) corallo; color corallo: **c. island** [**reef**], isola [barriera] corallina; **c. red**, rosso corallo.
cor anglais /'kɔːr'ɒŋgleɪ, *USA* 'kɔːrɔːŋ'gleɪ/ (*franc.*) *locuz. n.* (*mus.*) corno inglese.
corbel /'kɔːbl/ *n.* (*archit.*) mensolone.
cord /kɔːd/ *n.* ***1*** [U] *e* [C] corda; spago ***2*** (*elettr.*) filo; cordone ***3*** *abbr. fam. di* **corduroy** • (*anat.*) **spinal c.**, midollo spinale □ (*anat.*) **umbilical c.**, cordone ombelicale □ (*anat.*) **vocal cords**, corde vocali.
cordial /'kɔːdɪəl, *USA* -dʒəl/ ***A*** *a.* cordiale ***B*** *n.* [C] *e* [U] cordiale (*liquore*).
cordiality /kɔːdɪ'ælətɪ, *USA* -dʒɪ-/ *n.* [U] cordialità.
cordite /'kɔːdaɪt/ *n.* [U] cordite.
cordless /'kɔːdləs/ *a.* (*di apparecchio*) senza filo.
cordon /'kɔːdn/ *n.* cordone (*di poliziotti, ecc.*).
to **cordon** /'kɔːdn/ *v. Solo come*:
♦ **cordon off** *v. t.* fare cordone intorno a; circondare con un cordone (*di poliziotti, ecc.*).
corduroy /'kɔːdərɔɪ, -'rɔɪ/ *n.* ***1*** [U] velluto a coste ***2*** (*al pl.*) calzoni di velluto a coste.
core /kɔː(r)/ *n.* ***1*** torsolo (*di frutto*) ***2*** centro; nucleo; cuore; anima; nocciolo: **the c. of a volcano**, il nucleo di un vulcano; **the c. of a problem**, il cuore di un problema; **English to the c.**, inglese fino al midollo.
to **core** /kɔː(r)/ *v. t.* (*cucina*) togliere il torsolo a.
coreligionist /kəʊrɪ'lɪdʒənɪst/ *n.* correligionario (-a).
corer /'kɔːrə(r)/ *n.* (*cucina*) scavino.
co-respondent /kəʊrɪ'spɒndənt/ *n.* (*leg.*) correo (-a) (*di adulterio*).
coriander /kɒrɪ'ændə(r), *USA* kɔː-/ *n.* (*bot.*) coriandolo.
Corinthian /kə'rɪnθɪən/ *a.* corinzio.
cork /kɔːk/ *n.* ***1*** [U] sughero ***2*** tappo; turacciolo • (*bot.*) **c. oak**, quercia da sughero □ (*di sigaretta*) **c.-tipped**, con il filtro di sughero.
to **cork** /kɔːk/ *v. t.* tappare; turare.
corkage /'kɔːkɪdʒ/ *n.* [U] somma che si paga in un ristorante per ogni bottiglia stappata (*se comperata altrove*).
corked /kɔːkt/ *a.* (*di vino*) che sa di tappo.
corkscrew /'kɔːkskruː/ ***A*** *n.* cavatappi ***B*** *a. attr.* a spirale; a chiocciola; (*aeron.*) a vite.
corm /kɔːm/ *n.* (*bot.*) rizoma.
cormorant /'kɔːmərənt/ *n.* (*zool.*) cormorano.
corn (1) /kɔːn/ *n.* [U] ***1*** chicco; grano ***2*** cereali; granaglie ***3*** (*GB*) grano; frumento ***4*** (*scozz., irl.*) avena ***5*** (*USA, anche* **Indian c.**) granturco; mais; frumentone ***6*** (*anche* **sweet c.**) mais dolce • **c. dealer**, grossista in granaglie □ **the C. Exchange**, la Borsa dei cereali □ (*cucina*) **c. on the cob**, pannocchia bollita o arrostita.
corn (2) /kɔːn/ *n.* callo • **c. plaster**, callifugo.
corncob /'kɔːnkɒb/ *n.* tutolo.
corncrake /'kɔːnkreɪk/ *n.* (*zool.*) re di quaglie.
cornea /'kɔːnɪə/ *n.* (*anat.*) cornea.
corned beef /'kɔːnd 'biːf/ *locuz. n.* manzo conservato sotto sale.
cornelian /kɔː'niːlɪən/ *n.* (*miner.*) cornalina; corniola.
corner /'kɔːnə(r)/ *n.* ***1*** angolo (*anche geom., di strada*); spigolo: **round the c.**, dietro l'angolo; **to turn the c.**, girare l'angolo; svoltare; (*fig.*) superare il punto critico ***2*** (*fig.*) angolo; canto: **a quiet c.**, un angolo tranquillo ***3*** (*calcio*) calcio d'angolo; corner • (*fam. GB*) **c.-boy**, perdigiorno; fannullone □ **c. shop**, negozio all'angolo; negozio sotto casa □ (*autom.*) **dangerous c.**, svolta pericolosa (*a gomito*) □ **to drive sb. into a c.**, mettere q. con le spalle al muro (*o* alle corde) □ **from the four corners of the world**, da tutto il mondo □ (*fig.*) **in a c.**, con le spalle al muro □ (*econ.*) **to make a c. in the gold market**, accaparrarsi il mercato dell'oro; fare incetta d'oro □ **out of the c. of one's eye**, con la coda dell'occhio □ **tight c.**, situazione difficile.
to **corner** /'kɔːnə(r)/ ***A*** *v. t.* ***1*** mettere con le spalle al muro (*o* alle corde) ***2*** (*comm.*) accaparrare; fare incetta di; monopolizzare: **to c. the market**, monopolizzare il mercato ***B*** *v. i.* (*autom.*) prendere le curve: **to c. well**, tenere bene la strada in curva.
cornered /'kɔːnəd/ *a.* ***1*** (*di animale*) circondato ***2*** (*di persona*) con le spalle al muro; alle corde.
cornerstone /'kɔːnəstəʊn/ *n.* (*edil. e fig.*) pietra angolare.
cornet /'kɔːnɪt, *USA* kɔː'net/ *n.* ***1*** (*mus.*) cornetta ***2*** (*GB*) cono (*per gelato*).
cornflakes /'kɔːnfleɪks/ *n. pl.* (*cucina*) fiocchi di granturco.
cornflour /'kɔːnflaʊə(r)/ *n.* [U] (*cucina, GB*) farina fine di granturco.
cornflower /'kɔːnflaʊə(r)/ *n.* (*bot.*) fiordaliso.
cornice /'kɔːnɪs/ *n.* (*archit.*) ***1*** cornicione ***2*** cornice.
Cornish /'kɔːnɪʃ/ ***A*** *a.* della Cornovaglia ***B*** *n.* lingua della Cornovaglia; cornico.
cornmeal /'kɔːnmiːl/ *n.* farina di granturco; farina gialla.
cornstarch /'kɔːnstɑːtʃ/ (*USA*) *V.* **cornflour**.
corny /'kɔːnɪ/ *a.* (*pop.*) ***1*** banale; trito ***2*** sentimentale; sdolcinato; melenso.
corolla /kə'rɒlə, *USA* -'rəʊ-/ *n.* (*bot.*) corolla.
corollary /kə'rɒlərɪ, *USA* 'kɔːrəlerɪ, 'kɒ-/ *n.* ***1*** (*filos., mat.*) corollario ***2*** conseguenza.
corona /kə'rəʊnə/ *n.* (*pl.* **coronas**, **coronae** /-niː/) (*astron.*) corona.
coronary /'kɒrənrɪ, *USA* 'kɔːrənerɪ/ (*anat., med.*) ***A*** *a.* coronario; coronarico: **c. arteries**, (arterie) coronarie; **c. by-pass**, by-pass (coronarico) ***B*** *n.* (*fam.*) trombosi coronaria.
coronation /kɒrə'neɪʃn, *USA* kɔː-/ *n.* incoronazione.
coroner /'kɒrənə(r), *USA* 'kɔː-/ *n.* (*leg.*) coroner (*magistrato che indaga sui casi di morte violenta o sospetta*).
coronet /'kɒrənet, -ət, *USA* 'kɔː-/ *n.* ***1*** corona nobiliare ***2*** diadema.
corpora /'kɔːpərə/ *pl. di* **corpus**.
corporal (1) /'kɔːpərəl/ *a.* corporale: **c. punishment**, punizioni corporali.
corporal (2) /'kɔːpərəl/ *n.* (*mil.*) caporale.
corporate /'kɔːpərət/ *a.* ***1*** (*leg.*) collettivo; collegiale: **c. responsibility**, responsabilità collegiale ***2*** (*leg.*) — **c. body**, ente pubblico; persona giuridica ***3*** (*fin.*) sociale; societario; aziendale: **c. capital**, capitale sociale; **c. law**, diritto societario; **c. name**, ragione sociale; **c. image**, immagine aziendale.
corporation /kɔːpə'reɪʃn/ *n.* ***1*** (*fin., leg., in G.B.*) ente dotato di personalità giuridica; società di servizi pubblici ***2*** (*fin., USA*) società di capitali; società per azioni: **c. income tax**, imposta sul reddito delle società ***3*** (*in G.B., anche* **municipal c.**) consiglio comunale.
corporeal /kɔː'pɔːrɪəl/ *a.* (*form.*) ***1*** corporeo ***2*** fisico; materiale.
corps /kɔː(r)/ *n.* (*pl.* **corps** /kɔːz/) ***1*** corpo: **medical c.**, corpo sanitario; **diplomatic c.**, corpo diplomatico ***2*** (*mil.*) corpo d'armata.
corpse /kɔːps/ *n.* cadavere.

corpulence /ˈkɔːpjʊləns/, **corpulency** /ˈkɔːpjʊlənsɪ/ *n.* [U] corpulenza; obesità.

corpulent /ˈkɔːpjʊlənt/ *a.* corpulento; obeso.

corpus /ˈkɔːpəs/ (*lat.*) *n.* (*pl.* **corpora**, **corpuses**) corpus (*di opere*).

corpuscle /ˈkɔːpəsl, kɔːˈpʌsl/ *n.* ***1*** corpuscolo ***2*** (*biol.*) globulo.

corpuscular /kɔːˈpʌskjʊlə(r)/ *a.* (*scient.*) corpuscolare.

corral /kəˈrɑːl, *USA* -ˈræl/ *n.* ***1*** recinto per bestiame ***2*** cerchio di carri (*per proteggere un accampamento*).

correct /kəˈrɛkt/ *a.* ***1*** giusto; esatto: **the c. time**, l'ora esatta ***2*** corretto; adatto: **c. behaviour**, comportamento corretto • **if my memory is c.**, se ben ricordo.

to **correct** /kəˈrɛkt/ *v. t.* correggere; rettificare; regolare.

correcting /kəˈrɛktɪŋ/ *a.* — **c. fluid**, correttore (liquido); bianchetto (*fam.*).

correction /kəˈrɛkʃn/ *n.* [U] *e* [C] correzione; rettifica • **c. fluid**, correttore (liquido); bianchetto (*fam.*).

corrective /kəˈrɛktɪv/ *a. e n.* correttivo.

correlate /ˈkɒrəleɪt, *USA* ˈkɔː-/ *n.* termine di correlazione.

to **correlate** /ˈkɒrəleɪt, *USA* ˈkɔː-/ ***A*** *v. t.* correlare; mettere in correlazione ***B*** *v. i.* essere in correlazione.

correlation /kɒrəˈleɪʃn, *USA* kɔː-/ *n.* [U] *e* [C] ***1*** correlazione ***2*** rispondenza.

correlative /kəˈrɛlətɪv, *USA* ˈkɔːrəleɪ-/ ***A*** *a.* correlativo ***B*** *n.* termine di correlazione.

to **correspond** /kɒrəˈspɒnd, *USA* kɔː-/ *v. i.* ***1*** corrispondere ***2*** essere in corrispondenza epistolare ***3*** rispondere (a); essere adatto (a).

correspondence /kɒrəˈspɒndəns, *USA* kɔː-/ *n.* [U] *e* [C] ***1*** corrispondenza ***2*** rispondenza; accordo • **c. school**, scuola per corrispondenza.

correspondent /kɒrəˈspɒndənt, *USA* kɔː-/ ***A*** *a.* corrispondente; corrispettivo ***B*** *n.* corrispondente • (*giorn.*) **political c.**, redattore politico □ (*giorn.*) **special c.**, inviato speciale.

corresponding /kɒrəˈspɒndɪŋ, *USA* kɔː-/ *a.* corrispondente.

corridor /ˈkɒrɪdɔː(r), *USA* ˈkɔː-/ *n.* corridoio • **corridors of power**, le stanze del potere.

corrigendum /kɒrɪˈgɛndəm, *USA* kɔː-/ *n.* (*pl.* **corrigenda** /də/) errore di stampa da correggere.

to **corroborate** /kəˈrɒbəreɪt/ *v. t.* corroborare.

corroboration /kərɒbəˈreɪʃn/ *n.* [U] corroborazione.

corroborative /kəˈrɒbərətɪv, *USA* -reɪtɪv/ *a.* corroborativo.

to **corrode** /kəˈrəʊd/ ***A*** *v. t.* corrodere ***B*** *v. i.* corrodersi.

corrosion /kəˈrəʊʒn/ *n.* [U] *e* [C] corrosione.

corrosive /kəˈrəʊsɪv/ ***A*** *a.* (*anche fig.*) corrosivo ***B*** *n.* sostanza corrosiva.

to **corrugate** /ˈkɒrəgeɪt, *USA* ˈkɔː-/ ***A*** *v. t.* corrugare ***B*** *v. i.* corrugarsi.

corrugated /ˈkɒrəgeɪtɪd, *USA* ˈkɔː-/ *a.* ***1*** corrugato ***2*** ondulato: **c. cardboard**, cartone ondulato; **c. iron**, lamiera (di ferro) ondulata.

corrugation /kɒrəˈgeɪʃn, *USA* kɔː-/ *n.* [C] *e* [U] corrugamento.

corrupt /kəˈrʌpt/ *a.* corrotto; guasto.

to **corrupt** /kəˈrʌpt/ ***A*** *v. t.* corrompere; guastare ***B*** *v. i.* corrompersi; guastarsi.

corruptible /kəˈrʌptəbl/ *a.* corruttibile.

corruption /kəˈrʌpʃn/ *n.* [U] corruzione.

corsage /kɔːˈsɑːʒ/ *n.* mazzolino di fiori (*da appuntare al petto*).

corsair /ˈkɔːsɛə(r)/ *n.* ***1*** corsaro; pirata ***2*** nave corsara.

corset /ˈkɔːsɪt/ *n.* corsetto; busto.

Corsican /ˈkɔːsɪkən/ *a. e n.* corso.

cortège (*franc.*), **cortege** /kɔːˈteɪʒ, *USA* -ˈtɛʒ/ *n.* corteo (*che segue un funerale*).

cortex /ˈkɔːteks/ (*lat.*) *n.* (*pl.* **cortices**) (*anat., bot.*) corteccia.

cortical /ˈkɔːtɪkl/ *a.* (*anat., bot.*) corticale.

cortices /ˈkɔːtɪsiːz/ *pl. di* **cortex**.

cortisone /ˈkɔːtɪzəʊn/ *n.* [U] (*farm.*) cortisone.

corundum /kəˈrʌndəm/ *n.* [U] (*miner.*) corindone.

to **coruscate** /ˈkɒrəskeɪt, *USA* ˈkɔː-/ *v. i.* (*form.*) scintillare; brillare.

corvette /kɔːˈvɛt/ *n.* (*naut.*) corvetta.

cos (1) /kɒs/ *n.* (*anche* **cos lettuce**) lattuga romana.

cos (2) /kɒs, kɒz/ *n.* (*mat., abbr. di* **cosine**) coseno.

cosecant /kəʊˈsiːkənt/ *n.* (*mat.*) cosecante.

cosh /kɒʃ/ *n.* (*pop.*) manganello.

to **cosh** /kɒʃ/ *v. t.* (*pop.*) manganellare.

cosignatory /kəʊˈsɪgnətrɪ, *USA* -tɔːrɪ/ *n.* (*form.*) cofirmatario (-a).

cosily /ˈkəʊzəlɪ/ *avv.* comodamente.

cosine /ˈkəʊsaɪn/ *n.* (*mat.*) coseno.

cosiness /ˈkəʊzɪnəs/ *n.* [U] intimità; calore; comodità.

cosmetic /kɒzˈmɛtɪk/ *a. e n.* cosmetico • **c. surgery**, chirurgia plastica.

cosmetician /kɒzməˈtɪʃn/ *n.* cosmetista.

cosmic /ˈkɒzmɪk/ *a.* cosmico.

cosmogony /kɒzˈmɒgənɪ/ *n.* [U] cosmogonia.

cosmography /kɒzˈmɒgrəfɪ/ *n.* [U] cosmografia.

cosmological /kɒzməˈlɒdʒɪkl/ *a.* cosmologico.

cosmology /kɒzˈmɒlədʒɪ/ *n.* cosmologia.

cosmonaut /ˈkɒzmənɔːt/ *n.* cosmonauta.

cosmopolitan /kɒzməˈpɒlɪtn/ *a. e n.* cosmopolita.

cosmos /ˈkɒzmɒs/ *n.* cosmo.

Cossack /ˈkɒsæk, -ək/ *a. e n.* cosacco • **c. hat**, colbacco.

to **cosset** /ˈkɒsɪt/ *v. t.* vezzeggiare; coccolare.

cost /kɒst, *USA* kɔːst/ *n.* ***1*** [U] *e* [C] (*econ.*) costo: **c. of living**, costo della vita ***2*** costo; prezzo; sacrificio: **at the c. of one's life**, a costo della vita; **at great c.**, a caro prezzo; **at all costs**, a ogni costo; a tutti i costi; **to one's c.**, a proprie spese ***3*** (*al pl.*) (*leg.*) spese processuali • **c.-effective**, redditizio; conveniente; efficiente □ **c. accountant**, analista dei costi □ (*comm.*) **c., insurance and freight** (*abbr.* **c. i. f.**), costo, assicurazione e nolo □ **at c. (price)**, a prezzo di costo □ **whatever the c.**, costi quel che costi.

to **cost** /kɒst, *USA* kɔːst/ ***A*** *v. i.* (*pass. e p.p.* **cost**) costare: **How much did it c.?**, quanto è costato?; **My mistake cost me dearly**, il mio errore mi costò caro; (*fam.*) **to c. the earth**, costare una fortuna ***B*** *v. t.* (*pass. e p.p.* **costed**) (*comm.*) determinare (*o* valutare) il costo di: **The builders costed the job at £1,000**, l'impresa ha fatto un preventivo di mille sterline.

co-star /ˈkəʊstɑː(r)/ *n.* (*cinem., teatr.*) (attore) comprimario; (attrice) comprimaria.

to **co-star** /ˈkəʊstɑː(r)/ (*cinem., teatr.*) ***A*** *v. i.* recitare (con, al fianco di) ***B*** *v. t.* (*di film, ecc.*) avere come interpreti.

costing /ˈkɒstɪŋ, *USA* ˈkɔːs-/ *n.* [U] (*comm.*) determinazione (*o* valutazione) dei costi.

costly /ˈkɒstlɪ, *USA* ˈkɔːs-/ *a.* costoso; caro.

costume /ˈkɒstjuːm, *USA* -tuːm/ *n.* ***1*** [U] costume: **regional c.**, costume regionale; **c. ball**, ballo in costume; **c. drama**, dramma (storico) in costume ***2*** (*anche* **swimming c.**) costume (da bagno) ***3*** (*antiq.*) tailleur • **c. jewellery**, bigiotteria.

costumier /kɒˈstjuːmɪə(r), *USA* -tuːmɪeɪ/ *n.* fabbricante (*o* venditore, noleggiatore) di costumi; costumista.

cosy /ˈkəʊzɪ/ ***A*** *a.* intimo; accogliente; caldo; comodo: **c. chat**, quattro chiacchiere nell'intimità ***B*** *n.* (*anche* **tea c.**) copriteiera.

cot /kɒt/ *n.* ***1*** lettino (*per bambini*) ***2*** branda • (*med.*) **c. death**, morte in culla.

cotangent /kəʊˈtændʒənt/ *n.* (*mat.*) cotangente.

co-tenant /kəʊˈtɛnənt/ *n.* (*leg.*) coaffittuario.

coterie /ˈkəʊtərɪ/ (*franc.*) *n.* coterie; circolo.

cottage /ˈkɒtɪdʒ/ *n.* casetta di campagna; villetta • **c. cheese**, formaggio fresco di latte fermentato □ (*econ.*) **c. industry**, attività industriale basata sul lavoro artigianale a domicilio.

cotton /ˈkɒtn/ *n.* [U] ***1*** cotone: **c. mill**, cotonificio; (*GB*) **c. wool**, bambagia; cotone idrofilo ***2*** (*anche* **sewing c.**) (filo di) cotone ***3*** (*USA*) bambagia; cotone idrofilo • (*USA*) **c. candy**, zucchero filato □ (*ind. tess.*) **c. gin**, sgranatrice (di cotone).

to **cotton** /ˈkɒtn/ *v. Solo come:*

♦ **cotton on (to)** *v. i. + avv.* (*e prep.*) (*fam.*) cominciare a capire; afferrare.

♦ **cotton to** *v. i. + prep.* (*fam. USA*) fraternizzare con; legare con.

cottony /ˈkɒtnɪ/ *a.* simile al cotone; cotonoso.

couch /kaʊtʃ/ *n.* divano; sofà • (*bot.*) **c.-grass**, gramigna (dei medici) □ (*fam.*) **c. potato**, chi non fa mai del moto; chi sta sempre davanti alla tivù.

to **couch** /kaʊtʃ/ *v. t.* (*form.*) formulare; esprimere: **a reproach couched in polite terms**, un rimprovero espresso con parole cortesi.

couchette /kuːˈʃɛt/ (*franc.*) *n.* (*ferr.*) cuccetta.

cougar /ˈkuːgə(r)/ *n.* (*zool.*) coguaro; puma.

cough /kɒf, *USA* kɔːf/ *n.* ***1*** tosse: **to have a c.**, avere la tosse; **a bad c.**, una brutta tosse; **whooping c.**, pertosse; tosse asinina ***2*** colpo di tosse • **c. drop** (*o* **c. lozenge**),

pasticca per la tosse □ **c. mixture**, sciroppo per la tosse.
to **cough** /kɒf, *USA* kɔːf/ *v. i.* tossire.
♦ **cough up** *v. t. + avv.* ***1*** espellere tossendo; espettorare ***2*** (*pop.*) tirar fuori, sganciare (*soldi*); sputare (*una confessione*).
could /kʊd, kəd, kd/ *pass. e condiz. di* **can**.
couldn't /ˈkʊdnt, -dn/ *contraz. di* **could not**.
council /ˈkaʊnsl/ *n.* ***1*** consiglio: **c. of war**, consiglio di guerra; **c. chamber**, camera di consiglio; **C. of Ministers**, Consiglio dei ministri; **city c.**, consiglio comunale ***2*** (*in G.B., anche* **borough c.**) consiglio comunale; (*anche* **county c.**), consiglio di contea ***3*** (*eccles.*) concilio ● (*in G.B.*) **c. house** [**flat**], casa popolare □ (*in G.B.*) **c. estate**, quartiere di case popolari.
councillor, (*USA*) **councilor** /ˈkaʊnsələ(r)/ *n.* consigliere.
councilman /ˈkaʊnslmən/ *n.* (*pl.* **councilmen** /-mən/) (*USA*) consigliere.
councilwoman /ˈkaʊnslwʊmən/ *n.* (*pl.* **councilwomen** /-wɪmən/) (*USA*) (donna) consigliere.
counsel /ˈkaʊnsl/ *n.* ***1*** U (*form.*) consiglio; parere: **to give good c.**, dare buoni consigli; **to take c.**, sentire un parere; consultarsi (con q.) ***2*** (*al pl. invar.*) (*leg.*) consulente legale; avvocato patrocinante: **c. for the defence**, l'avvocato difensore; il collegio di difesa ● **Queen's** (*o* **King's**) **C.** (*abbr.* **QC, KC**), patrocinante per la Corona (*titolo onorifico concesso ad avvocati eminenti*) □ **to keep one's own c.**, tenere per sé le proprie opinioni; tacere sui propri piani.
to **counsel** /ˈkaʊnsl/ *v. t.* ***1*** (*form.*) consigliare; raccomandare ***2*** fornire assistenza socio-psicologica.
counselling, (*USA*) **counseling** /ˈkaʊnslɪŋ/ *n.* U orientamento; assistenza socio-psicologica; terapia: **marriage c.**, terapia di coppia.
counsellor, (*USA*) **counselor** /ˈkaʊnsələ(r)/ *n.* ***1*** consulente; assistente socio-psicologico ***2*** (*USA*) avvocato patrocinante.
count (**1**) /kaʊnt/ *n.* ***1*** C e U conto; conteggio; calcolo; (*di voti*) spoglio, scrutinio: **to keep** [**to lose**] **c. of st.**, tenere [perdere] il conto di q.c. ***2*** (*leg.*) capo d'accusa ***3*** aspetto; punto: **You are wrong on three counts**, hai torto su tre punti ***4*** (*boxe*) conteggio: **to be down for the c.**, essere al tappeto per il conteggio finale; essere contato fino a 10; **to be down for a c. of 6**, essere contato fino a 6; **to take the c.**, essere dichiarato fuori combattimento; **out for the c.**, fuori combattimento; kappaò; (*estens., fam.*) addormentato della grossa.
count (**2**) /kaʊnt/ *n.* conte (*titolo nobiliare straniero*).
to **count** /kaʊnt/ ***A*** *v. t.* ***1*** contare; conteggiare; calcolare; (*nelle votazioni*) fare lo spoglio di, scrutinare: **not counting the children**, senza contare i bambini; **seven, counting the dog**, sette compreso il cane; (*fig.*) **to c. the days**, contare i giorni; non vedere l'ora ***2*** (*antiq.*) considerare; reputare: **to c. oneself lucky**, considerarsi fortunato; **He is counted among the best**, è considerato (*o* annoverato) tra i migliori ***B*** *v. i.* ***1*** contare: **to c. up to ten**, contare fino a dieci ***2*** contare; valere: **the only thing that counts**, l'unica cosa che conta; **to c. for little** [**nothing**], contare (*o* valere) poco [nulla].
♦ **count against** *v. i. + prep.* tornare a svantaggio di.
♦ **count down** *v. i. + avv.* contare (*o* fare il conto) alla rovescia.
♦ **count in** *v. t. + avv.* includere; calcolare; mettere dentro: **If you're going to town, c. me in**, se andate in città, vengo anch'io.
♦ **count on** *v. i. + prep.* fare assegnamento su; contare su.
♦ **count out** *v. t. + avv.* ***1*** contare uno per uno: **She counted out twenty pounds and gave them to me**, contò venti sterline e me le diede ***2*** lasciare fuori; escludere: **You can c. me out**, lasciami fuori; non ci sto ***3*** (*boxe*) contare (*un pugile*) fino a 10; dichiarare kappaò.
♦ **count up** *v. t. + avv.* sommare; addizionare.
countable /ˈkaʊntəbl/ *a.* numerabile ● (*gramm. ingl.*) **«Dog» is a c. noun**, «cane» è un sostantivo numerabile.
countdown /ˈkaʊntdaʊn/ *n.* (*miss.*) conto alla rovescia.
countenance /ˈkaʊntənəns/ *n.* (*form.*) ***1*** C *e* U espressione (del volto) ***2*** U approvazione; incoraggiamento; appoggio ● **to keep one's c.**, restare serio.
to **countenance** /ˈkaʊntənəns/ *v. t.* (*form.*) ***1*** approvare ***2*** consentire; tollerare.
counter (**1**) /ˈkaʊntə(r)/ *n.* ***1*** (*tecn.*) contatore ***2*** fiche (*franc.*); gettone.
counter (**2**) /ˈkaʊntə(r)/ *n.* banco (*di negozio*); sportello; cassa ● **over the c.**, (*di medicinale*) da banco; senza ricetta medica □ **under the c.**, sottobanco; di nascosto; illegalmente.
counter (**3**) /ˈkaʊntə(r)/ ***A*** *a. attr.* contrario; opposto ***B*** *avv.* contro; in opposizione; in senso contrario: **to act c. to sb.'s wishes**, agire in opposizione ai desideri di q.; **to run c. to a law**, andare contro una legge.
to **counter** /ˈkaʊntə(r)/ *v. t. e i.* ***1*** opporsi a; contrastare; controbattere ***2*** respingere, rispondere a (*un attacco*); parare (*un colpo*): **to c. an objection by saying...**, rispondere a un'obiezione dicendo...
to **counteract** /kaʊntərˈækt/ *v. t.* contrastare; neutralizzare.
counterattack /ˈkaʊntərətæk/ *n.* (*mil.*) contrattacco.
to **counterattack** /ˈkaʊntərətæk/ *v. t. e i.* (*mil.*) contrattaccare.
counterbalance /ˈkaʊntəbæləns/ *n.* (*anche fig.*) contrappeso.
to **counterbalance** /kaʊntəˈbæləns/ *v. t.* controbilanciare.
counterblast /ˈkaʊntəblɑːst, *USA* -blæst/ *n.* violenta reazione; replica energica.
countercharge /ˈkaʊntətʃɑːdʒ/ *n.* (*leg.*) contraccusa.
countercheck /ˈkaʊntətʃek/ *n.* ***1*** freno (*fig.*); remora ***2*** seconda verifica; doppio riscontro (*di conti, ecc.*).
counterclaim /ˈkaʊntəkleɪm/ *n.* (*leg.*) domanda riconvenzionale.
counterclockwise /kaʊntəˈklɒkwaɪz/ *a. e avv.* (*USA*) (in senso) antiorario.
counterespionage /kaʊntərˈespɪənɑːʒ, -ɪdʒ/ *n.* U controspionaggio.
counterfeit /ˈkaʊntəfɪt/ ***A*** *a.* ***1*** falsificato; falso; contraffatto ***2*** simulato ***B*** *n.* falsificazione; contraffazione.
to **counterfeit** /ˈkaʊntəfɪt/ *v. t.* ***1*** falsificare; contraffare ***2*** imitare ***3*** fingere, simulare (*sentimenti, ecc.*).
counterfoil /ˈkaʊntəfɔɪl/ *n.* (*comm.*) matrice; madre.
counterintelligence /kaʊntərɪnˈtelɪdʒəns/ *n.* U controspionaggio.
countermand /kaʊntəˈmɑːnd, *USA* -ænd/ *n.* contrordine; revoca (*di un ordine*).
to **countermand** /kaʊntəˈmɑːnd, *USA* -ænd/ *v. t.* annullare, revocare (*un ordine, ecc.*).
countermark /ˈkaʊntəmɑːk/ *n.* (*comm.*) contromarca; contrassegno.
countermeasure /ˈkaʊntəmeʒə(r)/ *n.* contromisura.
countermove /ˈkaʊntəmuːv/ *n.* contromossa.
counteroffensive /kaʊntərəˈfensɪv/ *n.* (*mil.*) controffensiva.
counterpane /ˈkaʊntəpeɪn/ *n.* (*antiq.*) copriletto.
counterpart /ˈkaʊntəpɑːt/ *n.* omologo; corrispettivo.
counterpoint /ˈkaʊntəpɔɪnt/ *n.* U e C (*mus.*) contrappunto.
counterproductive /kaʊntəprəˈdʌktɪv/ *a.* controproducente.
Counter-Reformation /kaʊntərefəˈmeɪʃn/ *n.* (*stor.*) Controriforma.
counter-revolution /kaʊntərevəˈluːʃn/ *n.* controrivoluzione.
countersank /ˈkaʊntəsæŋk/ *pass. di* **to countersink**.
countersign /ˈkaʊntəsaɪn/ *n.* ***1*** parola d'ordine ***2*** controfirma.
to **countersign** /ˈkaʊntəsaɪn/ *v. t.* controfirmare; autenticare.
to **countersink** /ˈkaʊntəsɪŋk/ *v. t.* (*pass.* **countersank**, *p.p.* **countersunk**) (*mecc.*) ***1*** accecare (*una vite*) ***2*** svasare (*un foro*).
countersunk /ˈkaʊntəsʌŋk/ *p.p. di* **to countersink**.
countertenor /kaʊntəˈtenə(r)/ *n.* (*mus.*) contraltista.
countervailing /kaʊntəˈveɪlɪŋ/ *a.* opposto; contrastante.
counterweight /ˈkaʊntəweɪt/ *n.* contrappeso.
countess /ˈkaʊntɪs/ *n.* contessa.
counting /ˈkaʊntɪŋ/ *n.* — (*comm.*) **c. house**, (ufficio di) contabilità.
countless /ˈkaʊntləs/ *a.* innumerevole.
countrified /ˈkʌntrɪfaɪd/ *a.* rustico; campagnolo.
country /ˈkʌntrɪ/ ***A*** *n.* ***1*** paese; nazione; patria ***2*** campagna; campi: **to go into the c.**, andare in campagna ***3*** U terreno; regione; territorio: **wooded c.**, terreno boschivo; **This is wine-growing c.**, da queste parti si coltiva la vite ***B*** *a. attr.* di campagna: **c. life**, vita di campagna; **c. gentleman**, gentiluomo di campagna; proprietario terriero; **c. house** (*o* **seat**), residenza di campagna; **c. people**, gente di campagna; campagnoli ● (*mus.*) **c. and western** (*o* **c. music**), musica country □ (*fam.*) **c. cousin**, topo di campagna (*fig.*) □

c. dance, danza popolare (*o* folkloristica) □ (*polit.*) **to go** (*o* **to appeal**) **to the c.**, indire le elezioni generali; consultare gli elettori.
countryman /ˈkʌntrɪmən/ *n.* (*pl.* **countrymen** /-mən/) ***1*** compatriota ***2*** campagnolo.
countryside /ˈkʌntrɪsaɪd/ *n.* U campagna.
countrywide /ˈkʌntrɪwaɪd/ ***A*** *a.* diffuso in tutto il paese; esteso a tutta la nazione; nazionale ***B*** *avv.* per (*o* in) tutto il paese.
countrywoman /ˈkʌntrɪwʊmən/ *n.* (*pl.* **countrywomen** /-wɪmən/) ***1*** compatriota ***2*** campagnola.
county /ˈkaʊntɪ/ ***A*** *n.* contea: **the Home Counties**, le sei contee intorno a Londra; **c. town** (*USA* **seat**), capoluogo di contea ***B*** *a. pred.* (*GB*) dell'alta società provinciale.
coup /kuː/ (*franc.*) *n.* ***1*** colpo maestro; mossa brillante ***2*** (*anche* **c. d'état**) colpo di Stato ● **c. de grâce**, (*anche fig.*) colpo di grazia.
coupé /ˈkuːpeɪ, *USA* kuːˈpeɪ, kuːp/ (*franc.*) *n.* (*autom.*) auto sportiva; coupé.
couple /ˈkʌpl/ *n.* ***1*** coppia: **a married c.**, una coppia di sposi; **the happy c.**, gli sposini ***2*** paio; qualche: **a c. of books**, un paio di libri; qualche libro.
to **couple** /ˈkʌpl/ ***A*** *v. t.* ***1*** unire ***2*** (*ferr.*) agganciare ***3*** (*specialm. al passivo*) collegare; associare ***B*** *v. i.* accoppiarsi.
couplet /ˈkʌplət/ *n.* (*poesia*) distico: **heroic c.**, distico eroico.
coupling /ˈkʌplɪŋ/ *n.* ***1*** U accoppiamento ***2*** (*tecn.*) giunto d'accoppiamento ***3*** (*ferr.*) attacco.
coupon /ˈkuːpɒn/ *n.* ***1*** tagliando; buono ***2*** (*fin.*) cedola ***3*** (*sport*) schedina: **football c.**, schedina del totocalcio.
courage /ˈkʌrɪdʒ, *USA* ˈkɜːrɪdʒ/ *n.* U coraggio: **to lose c.**, perdersi di coraggio (*o* d'animo); **to take** (*o* **to pluck up, to muster up**) **c.**, farsi coraggio; farsi animo.
courageous /kəˈreɪdʒəs/ *a.* coraggioso; audace.
courgette /kʊəˈʒɛt/ (*franc.*) *n.* (*GB*) zucchina, zucchino.
courier /ˈkʊrɪə(r)/ *n.* ***1*** corriere; messaggero ***2*** corriere (*ditta*) ***3*** accompagnatore turistico.
course /kɔːs/ *n.* ***1*** corso; direzione; (*naut., aeron.*) rotta: **the c. of a river**, il corso di un fiume; **to change c.**, cambiare direzione; mutare rotta; **to set c. for**, far rotta per; **off c.**, fuori rotta ***2*** corso; andamento; decorso: **in the c. of the year**, nel corso dell'anno; durante l'anno; **in the c. of time**, col (passar del) tempo; **The law must take its c.**, la legge deve seguire il suo corso; **the c. of an illness**, il decorso di una malattia; **to let st. run its c.**, lasciare che q.c. faccia il suo corso ***3*** linea (di condotta); via; china: **c. of action**, linea di condotta; **The best c. is to...**, la cosa migliore da fare è di...; **bent on a dangerous c.**, che ha imboccato una china pericolosa ***4*** (*sport*) percorso; tracciato; campo; circuito; pista (*da slalom, ecc.*): **golf c.**, campo di golf ***5*** corso (*di lezioni*); serie; ciclo: **c. of lectures**, serie (*o* ciclo) di lezioni; **a c. on Shakespeare**, un corso su Shakespeare; **French c.**, corso di francese ***6*** (*med.*) ciclo di cure; terapia: **a c. of antibiotics**, un ciclo di antibiotici ***7*** portata; piatto: **a five-c. dinner**, un pranzo di cinque portate; **main c.**, piatto principale ***8*** (*edil.*) corso ● **in due c.**, a tempo debito □ **a matter of c.**, una cosa naturale; una cosa scontata □ **in c. of construction**, in (via di) costruzione □ **in the normal c. of events** (*o* **things**), normalmente; di norma □ **of c.**, naturalmente; certo.
to **course** /kɔːs/ *v. i.* (*lett.*) scorrere.
court /kɔːt/ *n.* ***1*** (*leg.*) corte; tribunale; aula; (i) giudici: **law c.** (*o* **c. of law**), tribunale; **to settle out of c.**, conciliare una causa in via amichevole; **to take sb. to c.**, portare q. in tribunale; **to bring sb. before the c.**, processare q. ***2*** (*in G.B., nei toponimi*) corte; breve strada chiusa ***3*** (*in G.B.*) palazzo di appartamenti ***4*** cortile; corte ***5*** corte (reale); famiglia reale e seguito: **c. ball**, ballo a corte ***6*** (*sport*) campo (*da tennis, squash, ecc.*): **hard** [**grass**] **c.**, campo in terra battuta [in erba] ● **c. card**, figura (*delle carte da gioco*) □ **c. of inquiry**, commissione d'inchiesta □ (*GB*) **c. shoes**, scarpe scollate con tacco.
to **court** /kɔːt/ *v. t.* ***1*** (*anche fig.*) corteggiare; fare la corte a ***2*** cercare; andare in cerca di: **to c. danger**, cercare i pericoli.
courteous /ˈkɜːtɪəs/ *a.* cortese.
courtesan /kɔːtɪˈzæn, *USA* ˈkɔːtɪzn/ *n.* (*eufem.*) cortigiana.
courtesy /ˈkɜːtəsɪ/ *n.* U ***1*** cortesia ***2*** atto di cortesia ● **(by) c. of**, per gentile concessione di.
courthouse /ˈkɔːthaʊs/ *n.* (*specialm. USA*) palazzo di giustizia.
courtier /ˈkɔːtɪə(r)/ *n.* cortigiano; uomo di corte.
courting /ˈkɔːtɪŋ/ *n.* U corteggiamento.
courtly /ˈkɔːtlɪ/ *a.* ***1*** di corte; cortigianesco ***2*** (*letter.*) cortese: **c. love**, amor cortese.
court-martial /ˈkɔːtmɑːʃl/ *n.* (*pl.* **courts-martial, court-martials**) (*mil.*) corte marziale.
to **court-martial** /ˈkɔːtmɑːʃl/ *v. t.* portare davanti a una corte marziale: **to be court-martialled**, essere processato da una corte marziale.
courtroom /kɔːtruːm, -rʊm/ *n.* aula di tribunale.
courtship /ˈkɔːtʃɪp/ *n.* U *e* C corteggiamento.
courtyard /ˈkɔːtjɑːd/ *n.* cortile; corte (*di castello, ecc.*).
couscous /ˈkuːskuːs/ *n.* U (*cucina*) cuscus.
cousin /ˈkʌzn/ *n.* cugino (-a): **first c.**, cugino di primo grado; primo cugino; **first c. once removed**, figlio di un primo cugino.
couture /kʊˈtjʊə(r), -ˈtʊə(r)/ (*franc.*) *n.* U (alta) moda.
couturier /kʊˈtjʊərɪeɪ, -ˈtʊə-/ (*franc.*) *n.* sarto (di alta moda); stilista.
cove /kəʊv/ *n.* piccola baia; cala; insenatura.
covenant /ˈkʌvənənt/ *n.* ***1*** convenzione; accordo solenne; patto ***2*** impegno scritto (*a versare regolarmente una somma di denaro in beneficenza*).
to **covenant** /ˈkʌvənənt/ *v. t. e i.* convenire; pattuire.
cover /ˈkʌvə(r)/ *n.* ***1*** copertura: **insurance c.**, copertura assicurativa; **The shop is just a c.**, il negozio è solo una copertura; (*fin.*) **without c.**, senza copertura; allo scoperto ***2*** coperchio; calotta (*di protezione*) ***3*** coperta; fodera (*di poltrona, ecc.*) ***4*** copertina (*di libro, ecc.*): **to read a book from c. to c.**, leggere un libro dalla prima all'ultima pagina ***5*** coperta (da letto) ***6*** U riparo; rifugio: **to get under c.**, mettersi al coperto; nascondersi; **to take c.**, trovare riparo; ripararsi; (*mil.*) **to break c.**, uscire allo scoperto; **under the c. of darkness**, col favore delle tenebre ***7*** coperto (*a tavola*): **c. charge**, (prezzo del) coperto ***8*** (*sport*) copertura; difesa ● (*fam.*) **c. girl**, ragazza copertina □ (*USA*) **c. letter**, lettera di accompagnamento □ **c. name**, nome di copertura □ (*giorn.*) **c. story**, articolo al quale rimanda la copertina □ **c.-up**, insabbiamento (*di scandalo, illegalità, ecc.*) □ **under separate c.**, in plico a parte.
to **cover** /ˈkʌvə(r)/ ***A*** *v. t.* ***1*** coprire; ricoprire: **to c. a cake with icing**, ricoprire una torta di glassa; **covered in dust**, coperto di polvere; **to be covered by insurance**, essere coperto da assicurazione; **to c. a distance**, coprire una distanza; **to c. costs**, coprire i costi; **to c. a retreat**, coprire una ritirata ***2*** riparare; proteggere ***3*** nascondere; mascherare ***4*** abbracciare (*un periodo*) ***5*** trattare (*un argomento*): **The book covers the period between the wars**, il libro prende in esame il periodo tra le due guerre ***6*** (*giorn.*) seguire (*un avvenimento*); fare un servizio su; occuparsi di ***7*** coprire le spalle a; tenere sotto tiro: **No tricks, I've got you covered!**, niente scherzetti, ti tengo sotto tiro! ***8*** (*sport*) coprire (*un altro giocatore*); difendere (*una posizione*) ***9*** accettare (*una scommessa*) ***10*** covare (*uova*) ***B*** to **cover oneself** *v. rifl.* coprirsi: **to c. oneself with glory**, coprirsi di gloria.
♦ **cover for** *v. i. + prep.* ***1*** proteggere (*q. fornendo un falso alibi*); coprire ***2*** sostituire (*un collega, ecc., assente*).
♦ **cover over** *v. t. + avv.* colmare; ricoprire.
♦ **cover up** ***A*** *v. t. + avv.* ***1*** nascondere; mascherare ***2*** insabbiare (*uno scandalo, ecc.*) ***B*** *v. i. + avv.* coprirsi (*con abiti*).
coverage /ˈkʌvərɪdʒ/ *n.* U ***1*** (*ass.*) copertura ***2*** (*giorn.*) copertura; ampio servizio ***3*** (*radio, TV*) zona di ricezione.
covering /ˈkʌvərɪŋ/ ***A*** *a.* che copre ● **c. letter**, lettera di accompagnamento ***B*** *n.* copertura; protezione; rivestimento.
coverlet /ˈkʌvələt/ *n.* (*antiq.*) copriletto.
covert /ˈkʌvət, kəʊˈvɜːt/ *a.* nascosto; celato; di sfuggita; velato.
to **covet** /ˈkʌvɪt/ *v. t.* bramare; desiderare ardentemente (*specialm. cose altrui*).
coveted /ˈkʌvɪtɪd/ *a.* ambito; agognato.
covetous /ˈkʌvɪtəs/ *a.* bramoso; cupido; avido.
covetousness /ˈkʌvɪtəsnəs/ *a.* bramosia; cupidigia; avidità.
cow /kaʊ/ *n.* ***1*** vacca; mucca ***2*** (*zool.*) femmina (*di grosso mammifero*): **cow elephant**, elefantessa; **cow whale**, balena femmina ***3*** (*pop.*) — **Poor c.!**, poveraccia!; **Silly c.!**, che stupida! ● (*fam.*) **till the cows come home**, per un'eternità; fino alle calende greche.
to **cow** /kaʊ/ *v. t.* intimidire; intimorire.
coward /ˈkaʊəd/ *n.* codardo (-a); vile.

cowardice /ˈkaʊədɪs/, **cowardliness** /ˈkaʊədlɪnəs/ *n.* U codardia; viltà.
cowardly /ˈkaʊədlɪ/ *a.* codardo; vile.
cowboy /ˈkaʊbɔɪ/ *n.* ***1*** cowboy; mandriano ***2*** (*pop. GB*) imprenditore disonesto; farabutto; filibustiere.
to **cower** /ˈkaʊə(r)/ *v. i.* rannicchiarsi (*specialm. per paura*); farsi piccolo; (*di animale*) accucciarsi.
cowhand /ˈkaʊhænd/ *n.* (*USA*) mandriano; cowboy.
cowherd /ˈkaʊhɜːd/ *n.* bovaro; vaccaro.
cowhide /ˈkaʊhaɪd/ *n.* cuoio di vacca; vacchetta.
cowhouse /ˈkaʊhaʊs/ *n.* stalla (*per bovini*).
cowl /kaʊl/ *n.* ***1*** cappuccio (*da frate*) ***2*** comignolo metallico.
cowling /ˈkaʊlɪŋ/ *n.* (*aeron.*) cappottatura (*che copre il motore*).
co-worker /kəʊˈwɜːkə(r)/ *n.* compagno (-a) di lavoro; collega.
cowrie, **cowry** /ˈkaʊrɪ/ *n.* ***1*** (*zool.*) ciprea ***2*** conchiglia di ciprea.
cowshed /ˈkaʊʃɛd/ *n.* stalla (*per bovini*).
cowslip /ˈkaʊslɪp/ *n.* (*bot.*) primula odorosa.
cox /kɒks/ *n.* (*naut., abbr. di* **coxwain**) timoniere (*specialm. nel canottaggio*).
to **cox** /kɒks/ (*naut.*) ***A*** *v. i.* fare da timoniere ***B*** *v. t.* essere al timone di (*una imbarcazione*).
coxcomb /ˈkɒkskəʊm/ *n.* damerino; bellimbusto.
coxed /kɒkst/ *a.* — (*canottaggio*) **c. pair** [**four**], due [quattro] con.
coxless /ˈkɒksləs/ *a.* — (*canottaggio*) **c. pair** [**four**], due [quattro] senza.
coxswain /ˈkɒksn/ *n.* (*naut.*) nocchiere; timoniere.
coy /kɔɪ/ *a.* ritroso; timido; schivo.
coyness /ˈkɔɪnəs/ *n.* U ritrosia; timidezza.
coyote /kɔɪˈəʊtɪ, ˈkɔɪəʊt, *USA* ˈkaɪəʊtɪ, ˈkaɪəʊt/ *n.* (*zool.*) coyote.
cozy /ˈkəʊzɪ/ *e deriv.* (*USA*) *V.* **cosy** *e deriv.*
crab (**1**) /kræb/ *n.* ***1*** (*zool.*) granchio ***2*** (*zool., anche* **c. louse**) piattola ***3*** (*al pl.*) (*med.*) ftiriasi.
crab (**2**) /kræb/ *n.* ***1*** (*bot., anche* **c. apple**) melo selvatico ***2*** (*anche* **c. apple**) mela selvatica ***3*** persona acida, bisbetica.
crabbed /ˈkræbɪd/ *a.* ***1*** (*di persona*) acido; bisbetico ***2*** (*di scrittura*) illeggibile.
crabby /ˈkræbɪ/ *a.* acido; bisbetico; irritabile.
crabwise /ˈkræbwaɪz/ *avv.* come un granchio; di sghembo; di traverso.
crack /kræk/ ***A*** *n.* ***1*** fessura; incrinatura; crepa; screpolatura; spaccatura ***2*** schianto; schiocco; detonazione; scoppio ***3*** forte colpo; botta ***4*** (*fam.*) prova; tentativo: **Ok, I'll have a c. at it**, ok, ci provo ***5*** battuta (di spirito) ***6*** incrinatura (*della voce*) ***7*** (*pop., anche* **c. cocaine**) crack (*droga*) ● **at the c. of dawn**, all'alba ***B*** *a.* (*fam.*) eccellente; fuoriclasse; scelto: **c. shot** (*o* **marksman**), tiratore eccellente; (*mil.*) **c. regiment**, reggimento scelto.
to **crack** /kræk/ ***A*** *v. i.* ***1*** fendersi; incrinarsi; creparsi; screpolarsi ***2*** schioccare ***3*** (*di voce*) rompersi (*per l'emozione*) ***4*** (*di arma da fuoco*) crepitare ***5*** cedere; crollare: **His nerves cracked**, gli cedettero i nervi; **The prisoner cracked in the end**, alla fine il prigioniero crollò ***B*** *v. t.* ***1*** incrinare; far crepare ***2*** spezzare; schiacciare (*noci, ecc.*) ***3*** (far) schioccare ***4*** sbattere; picchiare: **to c. one's head against st.**, sbattere la testa contro q.c. ***5*** risolvere (*un problema, ecc.*); decifrare (*un codice*) ● (*fig.*) **to c. a bottle**, aprire una bottiglia □ **to c. a joke**, fare una battuta □ **to c. a safe**, scassinare una cassaforte □ **to c. a smile**, fare un sorriso.
♦ **crack down** (**on**) *v. i. + avv.* (*e prep.*) prendere serie misure (contro); usare la mano pesante (con q.).
♦ **crack up** ***A*** *v. t. + avv.* (*fam.*) ***1*** far morire dal ridere ***2*** decantare: **It isn't all it's cracked up to be**, non è poi granché; è molto sopravvalutato ***B*** *v. i. + avv.* ***1*** spaccarsi ***2*** crollare (psicologicamente e fisicamente); avere un crollo ***3*** (*fam.*) piegarsi in due dal ridere.
crackbrained /ˈkrækbreɪnd/ *a.* (*di idea, ecc.*) assurdo; demente.
crack-down /ˈkrækdaʊn/ *n.* restrizioni severe.
cracked /krækt/ *a.* ***1*** incrinato; rotto; crepato ***2*** (*di voce*) fessa; stridula ***3*** (*fam.*) matto; scemo; picchiato.
cracker /ˈkrækə(r)/ *n.* ***1*** petardo ***2*** cracker; biscotto croccante ***3*** (*anche* **Christmas c.**) pacchetto a sorpresa (*di forma tubolare, che esplode quando viene tirato dalle due estremità, rivelando un regalino*).
crackers /ˈkrækəz/ *a. pred.* (*fam. GB*) pazzo; matto.
cracking /ˈkrækɪŋ/ *a.* ***1*** (*GB*) ottimo; eccellente ***2*** veloce: **to go at a c. pace**, andare di gran carriera; (*fam.*) **to get c.**, sbrigarsi; darsi una mossa.
crackle /ˈkrækl/ *n.* U crepitio; scoppiettio; scricchiolio.
to **crackle** /ˈkrækl/ *v. i.* crepitare; scoppiettare; scricchiolare.
crackling /ˈkræklɪŋ/ *n.* U ***1*** crepitio; scoppiettio; scricchiolio ***2*** (*cucina*) cotenna di maiale arrostita.
crackpot /ˈkrækpɒt/ *a. e n.* (*fam.*) eccentrico; mattoide; picchiato.
crack-up /ˈkrækʌp/ *n.* (*fam.*) crollo nervoso.
cradle /ˈkreɪdl/ *n.* ***1*** (*anche fig.*) culla ***2*** (*tecn.*) intelaiatura di sostegno; culla ***3*** (*telef.*) forcella ● **c.-song**, ninnananna □ **from the c.**, fin da piccolo □ **from the c. to the grave**, dalla nascita alla morte; per tutta la vita.
to **cradle** /ˈkreɪdl/ *v. t.* tenere fra le braccia (*o* fra le mani).
craft (**1**) /krɑːft, *USA* kræft/ *n.* ***1*** U arte; abilità; maestria ***2*** arte manuale; mestiere: **the goldsmith's c.**, il mestiere dell'orafo; l'oreficeria; **arts and crafts**, arti e mestieri; **local crafts**, artigianato locale ***3*** corporazione artigiana ***4*** U astuzia; furbizia.
craft (**2**) /krɑːft, *USA* kræft/ *n.* (*pl. invar.*) ***1*** (*naut.*) imbarcazione; natante; naviglio; nave: **landing c.**, mezzi da sbarco; **pleasure c.**, imbarcazioni da diporto ***2*** (*aeron.*) velivolo; aeromobile; veicolo spaziale.
craftsman /ˈkrɑːftsmən, *USA* -æft-/ *n.* (*pl.* **craftsmen** /-mən/) artigiano.
craftsmanship /ˈkrɑːftsmənʃɪp, *USA* -æft-/ *n.* U ***1*** abilità di esecuzione; maestria ***2*** esecuzione; fattura.
crafty /ˈkrɑːftɪ, *USA* ˈkræftɪ/ *a.* abile; astuto; furbo.
crag /kræg/ *n.* dirupo; picco; spuntone (di roccia).
craggy /ˈkrægɪ/ *a.* ***1*** dirupato; scosceso ***2*** (*di faccia*) dai lineamenti marcati.
to **cram** /kræm/ ***A*** *v. t.* ***1*** riempire; pigiare; stipare: **to c. people into a coach**, stipare persone in un pullman; **He crammed his mouth with cake**, si riempì la bocca di dolce ***2*** ingozzare; rimpinzare ***3*** preparare intensivamente per un esame; dare ripetizioni a ***B*** *v. i.* ***1*** accalcarsi; pigiarsi; stiparsi ***2*** ingozzarsi; rimpinzarsi ***3*** (*fam.*) fare una sgobbata (*per un esame*).
cram-full /ˈkræmˈfʊl/ *a. e avv.* (*fam.*) pieno zeppo.
crammer /ˈkræmə(r)/ *n.* (*GB*) ***1*** istituto per la preparazione intensiva a esami ***2*** ripetitore (che prepara a un esame) ***3*** libro per preparare in fretta un esame; Bignami ®.
cramp (**1**) /kræmp/ *n.* U *e* C (*med.*) ***1*** crampo ***2*** (*al pl.*) crampi allo stomaco ***3*** (*al pl.*) dolori mestruali.
cramp (**2**) /kræmp/ *n.* ***1*** (*anche* **c. iron**) grappa ***2*** morsa; morsetto.
to **cramp** /kræmp/ *v. t.* ***1*** ostacolare; rendere difficile; impacciare ***2*** stringere (*con un morsetto*) ● (*fam.*) **to c. sb.'s style**, inibire q.; bloccare q.
cramped /kræmpt/ *a.* ***1*** (*di spazio*) ristretto; limitato; angusto: **a c. little study**, uno studiolo angusto; un buco di studio (*fam.*); **We're a bit c. for space**, siamo un po' a corto di spazio; siamo un po' impiccati (*fam.*) ***2*** (*di scrittura*) fitta e illeggibile.
crampon /ˈkræmpən/ *n.* rampone.
cranberry /ˈkrænbərɪ, *USA* -bɛrɪ/ *n.* (*bot.*) mirtillo rosso.
crane /kreɪn/ *n.* (*zool. e mecc.*) gru ● (*zool.*) **c. fly**, tipula; zanzarone degli orti.
to **crane** /kreɪn/ ***A*** *v. t.* ***1*** (*mecc.*) sollevare con una gru ***2*** allungare (*il collo, per vedere*) ***B*** *v. i.* allungare il collo.
crania /ˈkreɪnɪə/ *pl. di* **cranium**.
cranial /ˈkreɪnɪəl/ *a.* (*anat.*) cranico.
cranium /ˈkreɪnɪəm/ *n.* (*pl.* **craniums**, **crania**) (*anat.*) cranio.
crank /kræŋk/ *n.* ***1*** (*mecc.*) manovella ***2*** (*fam.*) mattoide; mitomane.
to **crank** /kræŋk/ *v. t.* mettere in moto (*con una manovella*).
♦ **crank out** *v. t. + avv.* produrre in serie; sfornare.
♦ **crank up** *v. t. + avv.* ***1*** *V.* **to crank** ***2*** alzare la velocità, il volume (*di un apparecchio*) ***3*** accrescere; intensificare.
crankshaft /ˈkræŋkʃɑːft, *USA* -æft/ *n.* (*mecc.*) albero a gomiti.
cranky /ˈkræŋkɪ/ *a.* (*fam.*) ***1*** eccentrico; strambo ***2*** irritabile; nervoso.
cranny /ˈkrænɪ/ *n.* crepa; fessura.
crap /kræp/ *n.* U (*volg.*) ***1*** merda ***2*** cacata: **to have a c.**, cacare, cagare ***3*** porcata; cagata; fesseria.
to **crap** /kræp/ *v. i.* (*volg.*) cacare, cagare.
crappy /ˈkræpɪ/ *a.* (*volg.*) schifoso; di merda.
crash (**1**) /kræʃ/ *n.* ***1*** schianto; fracasso; fragore ***2*** grave

incidente; scontro; caduta (*di aereo*): **car [train] c.**, scontro (*o* incidente) automobilistico [ferroviario]; **air c.**, disastro aereo; **There has been a plane c.**, è caduto un aereo ***3*** (*Borsa*) crollo; (*fin.*) crac, fallimento, tracollo ***4*** (*elab.*) blocco totale; crash ● (*autom.*) **c. barrier**, guardrail centrale □ **c. helmet**, casco di protezione.

crash (2) /kræʃ/ *n.* [U] tela pesante di lino.

crash (3) /kræʃ/ *a. attr.* intensivo; accelerato: **c. course**, corso intensivo; **c. diet**, dieta drastica.

to **crash** /kræʃ/ ***A*** *v. i.* ***1*** cadere rumorosamente; crollare, (*aeron.*) precipitare, schiantarsi: **The tree crashed onto the roof**, l'albero crollò sul tetto ***2*** andare a sbattere; schiantarsi: **to c. into a wall**, andare a sbattere contro un muro ***3*** emettere un suono violento: **The thunder crashed**, tuonava ***4*** (*fin.*) fallire, fare un crac; (*Borsa*) crollare, avere un crollo ***5*** (*pop.*) dormire (*in un letto di fortuna*); sistemarsi per la notte: **We crashed at Jack's**, abbiamo dormito da Jack ***6*** (*elab.*) bloccarsi ***B*** *v. t.* ***1*** fracassare; schiantare; sfasciare: **to c. a car**, sfasciare un'auto ***2*** sbattere con violenza ***3*** *V.* **to gatecrash**.

♦ **crash out** *v. i. + avv.* (*pop.*) crollare addormentato.

crash dive /ˈkræʃdaɪv/ *locuz. n.* (*naut.*) immersione rapida.

to **crash-dive** /ˈkræʃdaɪv/ *v. i.* (*naut.*) immergersi precipitosamente.

to **crash-land** /ˈkræʃˈlænd/ (*aeron.*) ***A*** *v. i.* fare un atterraggio di fortuna ***B*** *v. t.* far fare un atterraggio di fortuna a (*un aereo*).

crash landing /ˈkræʃ ˈlændɪŋ/ *locuz. n.* (*aeron.*) atterraggio di fortuna.

crass /kræs/ *a.* grossolano; crasso.

crate /kreɪt/ *n.* ***1*** gabbia (*da imballaggio*) ***2*** cassa; cassetta ***3*** (*pop., di aereo, auto*) macinino; carretta.

to **crate** /kreɪt/ *v. t.* imballare in una gabbia (*o* cassa).

crater /ˈkreɪtə(r)/ *n.* cratere.

cravat /krəˈvæt/ *n.* fazzoletto da collo (*per uomo*).

to **crave** /kreɪv/ ***A*** *v. i. e t.* avere una gran voglia di; morire dalla voglia di; anelare (a): **He's craving for a cigarette**, muore dalla voglia di una sigaretta ***B*** *v. t.* (*form.*) chiedere insistentemente; implorare.

craven /ˈkreɪvn/ *a. e n.* codardo; vile.

craving /ˈkreɪvɪŋ/ *n.* brama; forte desiderio; voglia: **a c. for chocolate**, voglia di cioccolato.

craw /krɔː/ *n.* ***1*** gozzo (*di uccello*); ingluvie ***2*** stomaco (*di animale*) ● (*fig.*) **to stick in the** (*o* **in one's**) **c.**, rimanere sullo stomaco; non andar giù.

crawfish /ˈkrɔːfɪʃ/ *V.* **crayfish**.

crawl /krɔːl/ *n.* ***1*** (lo) strisciare; moto lento: **We were moving at a c.**, procedevamo a passo d'uomo ***2*** (*nuoto*) crawl: **c. swimmer**, crawlista.

to **crawl** /krɔːl/ *v. i.* ***1*** strisciare; trascinarsi per terra; camminare carponi ***2*** procedere lentamente; avanzare a passo d'uomo ***3*** (*generalm. alla forma progress.*) brulicare; formicolare: **The floor was crawling with ants**, il pavimento brulicava di formiche ***4*** strisciare (*fig.*); fare il leccapiedi: **to c. to the boss**, leccare i piedi al capo ***5*** (*nuoto*) fare il crawl; nuotare a crawl ● **to make sb.'s flesh c.**, far accapponare la pelle.

crawler /ˈkrɔːlə(r)/ *n.* ***1*** veicolo molto lento; lumaca (*fam.*): (*autom.*) **c. lane**, corsia per veicoli lenti ***2*** (*pop.*) leccapiedi ***3*** (*al pl.*) tutina per bambino.

crayfish /ˈkreɪfɪʃ/ *n.* (*zool.*) ***1*** (*Astacus*; *Cambarus*) gambero di acqua dolce ***2*** (*Palinurus vulgaris*) aragosta.

crayon /ˈkreɪən/ *n.* ***1*** gessetto, pastello (*da disegno*); matita colorata ***2*** disegno fatto con il gessetto.

to **crayon** /ˈkreɪən/ *v. t.* disegnare a pastello.

craze /kreɪz/ *n.* mania; voga: **the latest c.**, l'ultima mania.

to **craze** /kreɪz/ ***A*** *v. i.* (*di ceramica*) screpolarsi ***B*** *v. t.* far screpolare (*una ceramica*).

crazed /kreɪzd/ *a. pred.* impazzito; folle: **c. with grief**, impazzito dal (*o* folle di) dolore; **a c. expression**, un'espressione folle.

craziness /ˈkreɪzɪnəs/ *n.* [U] ***1*** pazzia; follia ***2*** stramberia.

crazing /ˈkreɪzɪŋ/ *n.* [U] screpolatura (*dello smalto di ceramiche*).

crazy /ˈkreɪzɪ/ *a.* pazzo; matto; folle: **What a c. notion**, che idea folle; **to be c. about st.**, andar matto per q.c.; **He's driving me c.**, mi fa impazzire; **to go c.**, impazzire; perdere la testa ● (*anat., fam. USA*) **c. bone**, punta del gomito; olecrano □ **c. paving**, lastricato a mosaico irregolare □ (*pop. USA*) **like c.**, come un pazzo.

creak /kriːk/ *n.* [U] cigolio; scricchiolio.

to **creak** /kriːk/ *v. i.* cigolare; stridere; scricchiolare.

creaky /ˈkriːkɪ/ *a.* cigolante; stridente; scricchiolante.

cream /kriːm/ ***A*** *n.* ***1*** [U] panna; fior di latte: **single [double, sour] c.**, panna liquida [densa, acida]; **whipped c.**, panna montata ***2*** [U] *e* [C] *crema*: **c. of asparagus soup**, crema di asparagi; **cleansing c.**, crema detergente; **chocolate c.**, cremino di cioccolato ***3*** fior fiore; crème (*franc.*): **the c. of society**, il fior fiore della buona società ***4*** color crema ● **c. cake**, pasticcino alla panna □ **c. cheese**, formaggio fresco e cremoso □ **c. cracker**, biscotto secco non dolce; cracker □ (*chim.*) **c. of tartar**, cremortartaro ***B*** *a.* color crema.

to **cream** /kriːm/ *v. t.* ***1*** (*cucina*) sbattere fino a rendere cremoso ***2*** scremare (*il latte*) ***3*** (*pop. USA*) battere; stracciare.

♦ **cream off** *v. i. + avv.* selezionare; prendersi; portarsi via.

creamer /ˈkriːmə(r)/ *n.* ***1*** bricchetto per la panna ***2*** scrematrice.

creamery /ˈkriːmərɪ/ *n.* ***1*** caseificio ***2*** latteria.

creamy /ˈkriːmɪ/ *a.* ***1*** ricco di panna; cremoso ***2*** (*fig.*) morbido; vellutato.

crease /kriːs/ *n.* ***1*** piega; piegatura ***2*** grinza; sgualcitura ● **c.-resistant**, ingualcibile.

to **crease** /kriːs/ ***A*** *v. t.* sgualcire; spiegazzare ***B*** *v. i.* ***1*** sgualcirsi; spiegazzarsi ***2*** (*di fronte*) incresparsi.

to **create** /kriːˈeɪt/ *v. t.* creare; fare: **to c. new jobs**, creare nuovi posti di lavoro; **to c. a sensation**, fare scalpore; **to c. a bad impression**, fare una cattiva impressione; **to c. a fashion**, lanciare una moda.

creation /kriːˈeɪʃn/ *n.* ***1*** [U] *e* [C] creazione ***2*** [U] (il) creato.

creative /kriːˈeɪtɪv/ *a.* creativo ● (*fam.*) **c. accounting**, cosmesi di bilancio.

creativity /kriːeɪˈtɪvɪtɪ/, **creativeness** /kriːˈeɪtɪvnəs/, *n.* creatività.

creator /kriːˈeɪtə(r)/ *n.* creatore (-trice).

creature /ˈkriːtʃə(r)/ *n.* creatura; essere vivente ● **c. comforts**, le comodità materiali □ **c. of habit**, persona abitudinaria □ **poor c.**, poveretto (-a).

crèche /kreʃ, -eɪʃ/ (*franc.*) *n.* ***1*** asilo infantile; nido d'infanzia ***2*** presepio; presepe.

credence /ˈkriːdns/ *n.* [U] credenza; credito; fede: **to give c. to**, prestar fede a; dar credito a ● **letter of c.**, lettera di presentazione.

credentials /krɪˈdenʃlz/ *n. pl.* (lettere) credenziali.

credibility /kredəˈbɪlətɪ/ *n.* [U] credibilità ● (*polit.*) **c. gap**, gap di credibilità; divario tra ciò che viene detto e ciò che viene pensato o progettato.

credible /ˈkredəbl/ *a.* credibile; degno di fede: **hardly c.**, poco credibile.

credit /ˈkredɪt/ *n.* ***1*** [U] (*comm., banca*) credito; fido; accreditamento: **to buy [to sell] on c.**, comprare [vendere] a credito; **His c. is good**, gli si può fare credito; **to give sb. c.**, fare credito a q.; (*banca*) **to be in c.**, essere in credito; **c. account**, conto aperto (*presso un negozio*); **c. balance**, differenza a credito; saldo attivo; **c. card**, carta di credito; **c. limit**, linea di credito; (*econ.*) **c. squeeze**, stretta creditizia ***2*** [U] fiducia; fede; credito: **to give c. to a story**, dare credito (*o* prestar fede) a una storia; **to gain c.**, acquistare credito ***3*** [U] onore: **It does him c.**, gli fa onore ***4*** [U] merito: **to be to sb.'s c.**, tornare a merito di q.; **to take c. for st.**, prendersi il merito di q.c. ***5*** (*al pl.*) (*TV, cinem.*) titoli di testa o di coda.

to **credit** /ˈkredɪt/ *v. t.* ***1*** prestar fede a; credere a; (*al passivo*) trovare credito ***2*** attribuire; fare credito a: **He was wrongly credited with the discovery**, la scoperta fu erroneamente attribuita a lui; **I credited him with more courage**, lo reputavo più coraggioso ***3*** (*comm.*) accreditare.

creditable /ˈkredɪtəbl/ *a.* che fa onore; degno di lode; lodevole; encomiabile.

creditor /ˈkredɪtə(r)/ *n.* (*comm.*) creditore (-trice).

credo /ˈkreɪdəʊ, ˈkriː-/ *n.* (*pl.* **credos**) (*relig. e fig.*) credo; professione di fede.

credulity /krəˈdjuːlətɪ, *USA* -ˈduː-/ *n.* [U] credulità.

credulous /ˈkredjʊləs, *USA* -dʒʊ-/ *a.* credulo.

creed /kriːd/ *n.* ***1*** credo; dottrina ***2*** fede; credo religioso.

creek /kriːk, *USA* kriːk, krɪk/ *n.* ***1*** (*GB*) piccola baia; insenatura; cala ***2*** (*USA*) torrente ● (*fam.*) **up the c.**, nei guai.

creel /kriːl/ *n.* cesto di vimini per il pesce; nassa.

creep /kriːp/ *n.* ***1*** (*geol.*) scorrimento ***2*** (*fam.*) individuo odioso; tipo viscido; leccapiedi ***3*** (*al pl.*) brividi (*di paura*); pelle d'oca: **to give sb. the creeps**, far venire i brividi; far accapponare la pelle a q.

to **creep** /kriːp/ (*pass. e p.p.* **crept**) *v. i.* ***1*** strisciare ***2*** muo-

versi adagio e in silenzio; avanzare furtivamente, di soppiatto: **I crept towards the door**, mi avvicinai di soppiatto alla porta; **to c. in**, entrare piano; insinuarsi; **to c. into bed**, scivolare nel letto ***3*** (*di piante*) arrampicarsi ***4*** (*di pelle*) accapponarsi: **to make sb.'s flesh c.**, far accapponare la pelle a q.
♦ **creep up on** *v. i. + avv. e prep.* avvicinarsi di nascosto (*o* furtivamente) a; sorprendere.
creeper /ˈkriːpə(r)/ *n.* (*bot.*) (pianta) rampicante.
creeping /ˈkriːpɪŋ/ *a.* (*anche fig.*) strisciante: **c. inflation**, inflazione strisciante
creepy /ˈkriːpɪ/ *a.* che fa venire i brividi (*di paura*); da brividi • (*fam., specialm. GB*) **c.-crawly**, bestiolina (*ragno, insetto, vermetto, ecc.*) che striscia.
to **cremate** /krəˈmeɪt, *USA* ˈkriːmeɪt/ *v. t.* cremare.
cremation /krəˈmeɪʃn/ *n.* U *e* C cremazione.
crematorium /krɛməˈtɔːrɪəm, *USA* kriː-/ *n.* (*pl.* **crematoriums**, **crematoria** /-rɪə/) crematorio.
crenellated, (*USA*) **crenelated** /ˈkrɛnəleɪtɪd/ *a.* (*archit.*) merlato.
crenellation, (*USA*) **crenelation** /krɛnəˈleɪʃn/ *n.* (*archit.*) merlatura.
creole /ˈkriːəʊl/ *a. e n.* creolo.
creosote /ˈkriːəsəʊt/ *n.* U (*chim., farm.*) creosoto.
crepe, **crêpe** /kreɪp/ (*franc.*) *n.* U ***1*** (*cucina*) crêpe; crespella ***2*** (*tessuto*) crespo; crêpe à • **crepe paper**, carta crespata.
crept /krɛpt/ *pass. e p.p. di* **to creep**.
crepuscular /krɪˈpʌskjʊlə(r)/ *a.* crepuscolare.
crescent /ˈkrɛsnt/ ***A*** *n.* ***1*** falce di luna ***2*** strada semicircolare; fila di case disposte a semicerchio ***3*** mezzaluna (*l'islamismo e il suo emblema*) ***B*** *a.* ***1*** crescente ***2*** a mezzaluna.
cress /krɛs/ *n.* U (*bot.*) crescione.
crest /krɛst/ *n.* ***1*** (*zool.*) cresta; ciuffo di penne; criniera (*di cavallo, leone, ecc.*) ***2*** cresta (*di monte, di onda*); crinale; (*fis.*) picco d'onda ***3*** cresta di elmo; pennacchio; (*arald.*) cimiero.
crested /ˈkrɛstɪd/ *a.* crestato.
crestfallen /ˈkrɛstfɔːlən/ *a.* mortificato; con la coda fra le gambe.
cretaceous /krɪˈteɪʃəs/ *a.* (*geol.*) cretaceo.
Cretan /ˈkriːtn/ *a. e n.* cretese.
cretin /ˈkrɛtɪn, *USA* ˈkriːtn/ *n.* ***1*** imbecille; deficiente; idiota ***2*** (*med.*) cretino.
crevasse /krəˈvæs/ *n.* crepaccio (*di ghiacciaio*).
crevice /ˈkrɛvɪs/ *n.* fessura, fenditura, spaccatura (*nella roccia*).
crew (**1**) /kruː/ *n.* ***1*** (*naut., aeron.*) equipaggio ***2*** squadra di lavoro: **camera c.**, operatori; **TV c.**, troupe televisiva ***3*** gruppo; squadra ***4*** banda; combriccola: **a motley c.**, un gruppo molto misto • **c. cut**, taglio a spazzola (*di capelli*) □ **c.-neck**, (golf a) girocollo □ (*aeron.*) **ground c.**, personale di terra.
crew (**2**) /kruː/ *pass. di* **to crow**.
to **crew** /kruː/ *v. i. e t.* (*naut.*) fare parte dell'equipaggio (*di una barca a vela*).
crib /krɪb/ *n.* ***1*** mangiatoia ***2*** presepio ***3*** lettino con sponde (*per bambini*) ***4*** (*fam.*) traduttore; bigino (*fam.*).
to **crib** /krɪb/ *v. t. e i.* (*fam.*) copiare.
crick /krɪk/ *n.* (*med.*) crampo: **I have a c. in my neck**, ho il torcicollo.
cricket (**1**) /ˈkrɪkɪt/ *n.* (*zool.*) grillo.
cricket (**2**) /ˈkrɪkɪt/ *n.* U (*sport*) cricket • **c. bat**, mazza da cricket □ **c. pitch**, campo di cricket.
cricketer /ˈkrɪkɪtə(r)/ *n.* giocatore di cricket.
crikey /ˈkraɪkɪ/ *inter.* (*fam. GB*) cribbio!; caspita!
crime /kraɪm/ *n.* ***1*** (*leg.*) reato; crimine ***2*** (*fig.*) delitto; peccato ***3*** U criminalità • (*prov.*) **C. doesn't pay**, il delitto non paga.
Crimean /kraɪˈmiːən/ *a.* della Crimea.
criminal /ˈkrɪmɪnl/ ***A*** *a.* ***1*** criminale; criminoso ***2*** penale: **c. law**, diritto penale • **c. association**, associazione per delinquere □ **c. negligence**, negligenza colposa □ **c. lawyer**, penalista □ **c. offence**, illecito penale; reato □ **c. records**, precedenti penali ***B*** *n.* criminale; delinquente.
criminologist /krɪmɪˈnɒlədʒɪst/ *n.* criminologo (-a).
criminology /krɪmɪˈnɒlədʒɪ/ *n.* U criminologia.
to **crimp** /krɪmp/ *v. t.* ***1*** pieghettare; increspare ***2*** arricciare, ondulare (*capelli*).
crimson /ˈkrɪmzn/ *a. e n.* cremisi • **to turn c.**, arrossire.
to **crimson** /ˈkrɪmzn/ *v. i.* arrossire.
to **cringe** /krɪndʒ/ *v. i.* ***1*** farsi piccolo (*per paura*) ***2*** essere servile; curvare la schiena ***3*** (*fam.*) star male per l'imbarazzo; provare orrore (*per un'idea, un'azione, ecc.*).
crinkle /ˈkrɪŋkl/ *n.* grinza; piega.
to **crinkle** /ˈkrɪŋkl/ ***A*** *v. t.* arricciare; increspare; spiegazzare ***B*** *v. i.* arricciarsi; incresparsi; sgualcirsi.
crinoline /ˈkrɪnəlɪn/ *n.* crinolina.
cripple /ˈkrɪpl/ *a. e n.* storpio (-a); sciancato (-a).
to **cripple** /ˈkrɪpl/ *v. t.* ***1*** storpiare; rendere storpio ***2*** (*fig.*) danneggiare; paralizzare.
crisis /ˈkraɪsɪs/ *n.* (*pl.* **crises** /-siːs/) crisi.
crisp /krɪsp/ ***A*** *a.* ***1*** croccante; friabile; (*di frutta, verdura*) fresco e sodo: **c. biscuit**, biscotto croccante; **c. lettuce**, lattuga fresca; **c. apple**, mela soda ***2*** (*di aria, ecc.*) frizzante; tonificante ***3*** (*di stile, ecc.*) vivace; deciso ***B*** *n.* (*generalm. al pl.*) (*GB*) patatina (croccante).
to **crisp** /krɪsp/ ***A*** *a. v. t.* rendere croccante. ***B*** *v. i.* diventare croccante.
crispbread /ˈkrɪspbrɛd/ *n.* U fette biscottate.
crispy /ˈkrɪspɪ/ *a.* croccante.
criss-cross /ˈkrɪskrɒs, *USA* -krɔːs/ ***A*** *n.* incrocio (*di fili, linee ecc.*) ***B*** *a.* incrociato; a linee incrociate.
to **criss-cross** /ˈkrɪskrɒs, *USA* -krɔːs/ ***A*** *v. t.* incrociare più volte; intersecare ***B*** *v. i.* incrociarsi più volte; intersecarsi.
criterion /kraɪˈtɪərɪən/ *n.* (*pl.* **criteria** /-rɪə/, **criterions**) criterio; norma.
critic /ˈkrɪtɪk/ *n.* ***1*** critico (-a) ***2*** persona che critica.
critical /ˈkrɪtɪkl/ *a.* ***1*** critico: **c. moment**, momento critico; **c. writings**, scritti critici ***2*** dei critici; della critica: **c. approval**, approvazione della critica; **c. success**, successo di critica ***3*** pronto a criticare; critico.
to **criticise** /ˈkrɪtɪsaɪz/ (*GB*) *V.* **to criticize**.
criticism /ˈkrɪtɪsɪzəm/ *n.* U *e* C critica; critiche: **literary c.**, critica letteraria; **to lay oneself open to c.**, esporsi alle critiche; **to come in for a great deal of c.**, essere molto criticato.
to **criticize** /ˈkrɪtɪsaɪz/ *v. t.* criticare.
critique /krɪˈtiːk/ *n.* critica; saggio critico; recensione.
croak /krəʊk/ *n.* U ***1*** gracchiamento; gracidio ***2*** voca roca; tono rauco.
to **croak** /krəʊk/ ***A*** *v. i.* ***1*** gracchiare; gracidare ***2*** (*pop.*) morire; crepare (*pop.*) ***B*** *v. t.* dire con voce roca.
croaky /ˈkrəʊkɪ/ *a.* ***1*** gracchiante; gracidante ***2*** rauco; roco.
Croat /ˈkrəʊæt/ *n.* ***1*** croato (-a) ***2*** croato (*lingua*)
Croatian /krəʊˈeɪʃn/ ***A*** *a.* croato ***B*** *n.* croato (*lingua*).
crochet /ˈkrəʊʃeɪ, *USA* krəʊˈʃeɪ/ *n.* U (lavoro all')uncinetto • **c.-hook**, uncinetto.
to **crochet** /ˈkrəʊʃeɪ, *USA* krəʊˈʃeɪ/ *v. t. e i.* lavorare all'uncinetto: **a crocheted jacket**, una giacca all'uncinetto.
crock (**1**) /krɒk/ *n.* vaso (*o* brocca, giara) di terracotta.
crock (**2**) /krɒk/ *n.* (*pop.*) ***1*** persona malandata; rottame ***2*** catorcio; macinino.
crockery /ˈkrɒkərɪ/ *n.* U terraglie; vasellame di terracotta; stoviglie.
crocodile /ˈkrɒkədaɪl/ *n.* (*zool.*) coccodrillo.
crocus /ˈkrəʊkəs/ *n.* (*bot.*) croco.
croft /krɒft, *USA* krɔːft/ *n.* (*in Scozia*) piccola fattoria.
crofter /ˈkrɒftə(r), *USA* ˈkrɔːft-/ *n.* (*in Scozia*) affittuario di una piccola fattoria.
crone /krəʊn/ *n.* (*spreg.*) vecchiaccia; vecchia megera.
crony /ˈkrəʊnɪ/ *n.* (*fam.*) amico intimo; amicone (*fam.*).
crook /krʊk/ *n.* ***1*** bastone ricurvo a un'estremità o terminante con un uncino ***2*** bastone da pastore ***3*** (*eccles.*) pastorale ***4*** curva; piegatura: **the c. of one's arm**, l'incavo del braccio; **c.-backed**, gobbo ***5*** (*fam.*) imbroglione; truffatore.
to **crook** /krʊk/ *v. t.* curvare; piegare: **to c. one's finger**, chiamare facendo segno con l'indice.
crooked /ˈkrʊkɪd/ *a.* ***1*** curvo; storto; tortuoso; sbilenco: **c. back**, schiena curva (*o* ingobbita); **c. smile**, sorriso storto (*o* forzato); **c. path**, sentiero tortuoso ***2*** disonesto.
crookedly /ˈkrʊkɪdlɪ/ *avv.* ***1*** di sghembo; di traverso ***2*** disonestamente; in modo truffaldino.
crookedness /ˈkrʊkɪdnəs/ *n.* ***1*** (l')essere storto; deformità; tortuosità ***2*** disonestà.
to **croon** /kruːn/ *v. t. e i.* ***1*** cantare in tono sommesso ***2*** cantare in modo sentimentale e confidenziale.
crooner /ˈkruːnə(r)/ *n.* cantante di canzoni sentimentali; cantante confidenziale.
crop /krɒp/ *n.* ***1*** (*agric.*) coltura: **The main crop is potatoes**, la coltura principale sono le patate ***2*** (*agric.*) raccolto;

(*di cereali, anche*) messe: **this year's c. of apples**, il raccolto di mele di quest'anno; **a record c.**, un raccolto da record *3* (*fam.*) contingente; infornata *4* gozzo (*di uccello*); ingluvie *5* frustino *6* taglio corto (*di capelli*).

to **crop** /krɒp/ ***A*** *v. t.* *1* tagliare (*o* tosare) corto: **to have one's hair cropped**, farsi tagliare corti i capelli *2* tagliare via *3* brucare ***B*** *v. i.* (*agric.*) dare un raccolto: **to c. well**, dare un buon raccolto.

♦ **crop up** *v. i. + avv.* (*fam.*) presentarsi; capitare; saltar fuori: **A new problem has cropped up**, è saltata fuori una nuova difficoltà.

cropper /ˈkrɒpə(r)/ *n.* — (*pop.*) **to come a c.**, fare un capitombolo; andare a gambe all'aria; (*fig.*) fare fiasco.

croquet /ˈkrəʊkeɪ, *USA* krəʊˈkeɪ/ *n.* Ⓤ (*gioco*) croquet.

croquette /krəˈkɛt/ (*franc.*) *n.* (*cucina*) crocchetta.

crosier /ˈkrəʊʒə(r)/ *V.* **crozier**.

cross (1) /krɒs, *USA* krɔːs/ *n.* *1* croce *2* (*bot., zool.*) incrocio; ibrido *3* via di mezzo: **a c. between cream and yoghurt**, una via di mezzo tra panna e yogurt *4* tribolazione; croce: **to bear one's c.**, portare la propria croce *5* (*calcio, ecc.*) cross; traversone; diagonale ● **the c. of a t**, il taglio della t □ **c.-shaped**, cruciforme □ **c.-stitch**, punto croce □ **on the c.**, di sbieco; diagonalmente □ **sign of the cross**, segno della (*o* di) croce.

cross (2) /krɒs, *USA* krɔːs/ *a.* *1* trasversale; obliquo; che interseca: **c. cut**, taglio trasversale; **c.-cut**, tagliato trasversalmente (*o* sulla diagonale) *2* irritato; arrabbiato; di cattivo umore.

to **cross** /krɒs, *USA* krɔːs/ ***A*** *v. t.* *1* attraversare: **to c. a road [the sea, etc.]**, attraversare una strada [il mare, ecc.] *2* incrociare; accavallare (*le gambe*) *3* tagliare; intersecare: **to c. one's t's**, fare il taglietto alle t *4* contrariare; contrastare *5* (*bot., zool.*) incrociare; ibridare *6* (*comm.*) sbarrare (*un assegno*) ● (*calcio, ecc.*) **to cross the ball**, crossare; traversare al centro □ **to c. one's mind**, venire in mente □ **to c. sb.'s path**, trovarsi sulla strada di q.; sbarrare la strada a q. ***B*** *v. i.* *1* incrociarsi: **Our letters must have crossed**, le nostre lettere devono essersi incrociate *2* (*calcio, ecc.*) crossare; traversare al centro ***C*** to **cross oneself** *v. rifl.* farsi il segno della croce; segnarsi.

♦ **cross off** *v. t. + avv.* cancellare; depennare.

♦ **cross out** *v. t. + avv.* cancellare (*per correggere*); tirare un frego su.

♦ **cross over** *v. i. + avv.* *1* andare dall'altra parte; fare una traversata *2* (*USA, di cantante, ecc.*) cambiare genere.

crossbar /ˈkrɒsbɑː(r), *USA* ˈkrɔːs-/ *n.* *1* traversa (*anche di porta di calcio*) *2* canna (*della bicicletta*) *3* (*sport*) asticella (*nel salto*).

crossbeam /ˈkrɒsbiːm, *USA* ˈkrɔːs-/ *n.* (*ind. costr.*) trave trasversale.

crossbencher /ˈkrɒsbɛntʃə(r), *USA* krɔːs-/ *n.* (*in G.B.*) deputato indipendente.

crossbenches /krɒsˈbɛntʃɪz, *USA* krɔːs-/ *n. pl.* (*in G.B.*) banchi trasversali (*in Parlamento*) dei deputati indipendenti.

crossbones /ˈkrɒsbəʊnz, *USA* ˈkrɔːs-/ *n. pl.* tibie incrociate.

crossbow /ˈkrɒsbəʊ, *USA* ˈkrɔːs-/ *n.* (*mil., stor.*) balestra.

crossbred /ˈkrɒsbrɛd, *USA* ˈkrɔːs-/ ***A*** *pass. e p.p. di* **to crossbreed** ***B*** *a.* (*biol.*) incrociato; ibrido.

crossbreed /ˈkrɒsbriːd, *USA* ˈkrɔːs-/ *n.* (*biol.*) incrocio (*di razze*).

to **crossbreed** /ˈkrɒsbriːd, *USA* ˈkrɔːs-/ (*pass. e p.p.* **crossbred**) ***A*** *v. t.* incrociare; ibridare ***B*** *v. i.* incrociarsi.

crossbreeding /ˈkrɒsbriːdɪŋ, *USA* ˈkrɔːs-/ *n.* (*biol.*) ibridazione.

to **crosscheck** /ˈkrɒsˈtʃɛk, *USA* ˈkrɔːs/ *v. t.* fare un controllo incrociato; fare un riscontro; riscontrare.

cross-country /ˈkrɒsˈkʌntrɪ, *USA* ˈkrɔːs-/ ***A*** *a. e avv.* *1* attraverso la campagna; per i campi *2* da un capo all'altro del paese *3* (*sci*) di fondo ***B*** *n.* (*anche* **c. race**) corsa campestre.

cross-cultural /ˈkrɒsˈkʌltʃərəl, *USA* ˈkrɔːs/ *a.* che interessa (*o* paragona) diverse civiltà.

crosscurrent /ˈkrɒskʌrənt, *USA* -kɜːr-/ *n.* *1* corrente trasversale *2* (*fig.*) tendenza (*o* corrente) contraria.

cross-dressing /krɒsˈdrɛsɪŋ/ *n.* travestitismo.

cross-examination /ˈkrɒsɪgzæmɪˈneɪʃn, *USA* ˈkrɔːs-/ *n.* *1* (*leg.*) interrogatorio in contraddittorio; controinterrogatorio *2* interrogatorio a fondo.

to **cross-examine** /ˈkrɒsɪgˈzæmɪn, *USA* ˈkrɔːs-/ *v. t.* *1* (*leg.*) sottoporre a controinterrogatorio *2* interrogare a fondo.

cross-eyed /ˈkrɒsaɪd, *USA* ˈkrɔːs-/ *a.* strabico.

crossfire /ˈkrɒsfaɪə(r), *USA* ˈkrɔːs-/ *n.* Ⓤ (*mil.*) fuoco (*o* tiro) incrociato.

cross-grained /ˈkrɒsgreɪnd, *USA* ˈkrɔːs-/ *a.* *1* (*di legno*) a fibra irregolare *2* (*di persona*) intrattabile; irascibile.

cross-hatching /ˈkrɒshætʃɪŋ, *USA* ˈkrɔːs-/ *n.* tratteggio incrociato.

crossing /ˈkrɒsɪŋ, *USA* ˈkrɔːsɪŋ/ *n.* *1* traversata *2* (punto di) attraversamento; incrocio: **pedestrian c.**, attraversamento (*o* passaggio) pedonale; **level** (*USA* **grade**) **c.**, passaggio a livello.

cross-legged /ˈkrɒsˈlɛgɪd, -ɛgd, *USA* ˈkrɔːs/ *a.* *1* a gambe incrociate *2* con le gambe accavallate.

crossly /ˈkrɒslɪ, *USA* ˈkrɔːslɪ/ *avv.* bruscamente; di malumore.

crosspatch /ˈkrɒspætʃ, *USA* ˈkrɔːs-/ *n.* (*fam.*) persona bisbetica.

crosspiece /ˈkrɒspiːs, *USA* ˈkrɔːs-/ *n.* asta (*o* sbarra) trasversale; traversa.

cross-purposes /ˈkrɒsˈpɜːpəsɪz, *USA* ˈkrɔːs/ *n. pl.* — **to be at c.**, essere in contrasto; **to be talking at c.**, fraintendersi.

to **cross-question** /ˈkrɒsˈkwɛstʃən, *USA* ˈkrɔːs-/ *V.* to **cross-examine**.

cross-reference /ˈkrɒsˈrɛfrəns, *USA* ˈkrɔːs/ *n.* rimando, rinvio (*in un libro*).

crossroads /ˈkrɒsrəʊdz, *USA* ˈkrɔːs-/ *n.* (*pl. invar.*) incrocio stradale; crocicchio ● (*fig.*) **to be at the** (*o* **a**) **c.**, essere a un bivio.

cross-section /ˈkrɒssɛkʃn, *USA* ˈkrɔːs-/ *n.* *1* (*disegno*) sezione trasversale; spaccato *2* settore rappresentativo; campione; spaccato.

cross-stitch /ˈkrɒsstɪtʃ, *USA* ˈkrɔːs-/ *n.* Ⓤ punto a (*o* in) croce.

cross-talk /ˈkrɒstɔːk, *USA* ˈkrɔːs-/ *n.* Ⓤ *1* (*GB*) rapido scambio di battute; (*teatr., polit.*) dialogo a botta e risposta *2* (*telef., radio, TV*) interferenza acustica.

crosstrees /ˈkrɒstriːs, *USA* ˈkrɔːs-/ *n. pl.* (*naut.*) crocette; barre.

crosswalk /ˈkrɒswɔːk, *USA* ˈkrɔːs-/ *n.* (*USA*) attraversamento (*o* passaggio) pedonale.

crossways /ˈkrɒsweɪz, *USA* ˈkrɔːs-/, **crosswise** /ˈkrɒswaɪz, *USA* ˈkrɔːs-/ *avv.* *1* di traverso; trasversalmente *2* in croce.

crossword /ˈkrɒswɜːd, *USA* ˈkrɔːs-/ *n.* (*anche* **c. puzzle**) parole crociate; cruciverba.

crotch /krɒtʃ/ *n.* *1* inforcatura (*del corpo umano*) *2* cavallo (*dei pantaloni*) *3* biforcazione (*di rami*).

crotchet /ˈkrɒtʃɪt/ *n.* (*mus., GB*) semiminima.

crotchety /ˈkrɒtʃɪtɪ/ *a.* bisbetico; irascibile.

crouch /kraʊtʃ/ *n.* (l')accovacciarsi; (il) rannicchiarsi.

to **crouch** /kraʊtʃ/ *v. i.* accovacciarsi; rannicchiarsi; accucciarsi.

croup /kruːp/ *n.* Ⓤ (*med.*) crup; laringite difterica.

crouton /ˈkruːtɒn/ (*franc.*) *n.* (*cucina*) crostino (*fritto, per brodo*).

crow (1) /krəʊ/ *n.* (*zool.*) cornacchia (nera) ● **c.'s-foot**, ruga; zampa di gallina □ (*naut.*) **c.'s nest**, coffa □ **as the c. flies**, in linea d'aria □ (*fam. USA*) **to eat c.**, riconoscere di essere in torto; ingollare il rospo.

crow (2) /krəʊ/ *n.* Ⓤ canto del gallo.

to **crow** /krəʊ/ (*pass.* **crowed** *e* **crew**; *p.p.* **crowed**) *v. i.* *1* (*del gallo*) cantare *2* (*di bambino piccolo*) fare gridolini *3* gloriarsi; vantarsi *4* cantare vittoria.

crowbar /ˈkrəʊbɑː(r)/ *n.* grimaldello; piede di porco.

crowd /kraʊd/ *n.* *1* calca; folla; moltitudine; ressa *2* grande quantità (*di cose*); mucchio *3* — **the c.**, la massa (*del popolo*) *4* (*fam.*) combriccola; compagnia ● **c.-puller**, grande attrazione; richiamo □ (*cinem.*) **c. scenes**, scene di massa □ **to follow** (*o* **to go with**) **the c.**, seguire la corrente (*fig.*).

to **crowd** /kraʊd/ ***A*** *v. i.* accalcarsi; affollarsi; far ressa; ammassarsi: **to c. into a cinema**, entrare in massa in un cinema ***B*** *v. t.* *1* affollare; riempire *2* stipare; pigiare; ammassare: **to c. people into a room**, stipare gente in una stanza *3* (*fam.*) incalzare; fare pressione a; stare sotto a.

♦ **crowd in** *v. i. + avv.* affollarsi: **Journalists crowded in on the speaker**, i giornalisti si affollarono intorno al portavoce.

♦ **crowd out** *v. t. + avv.* lasciar fuori (per mancanza di spazio, per eccessivo affollamento).

♦ **crowd together** *v. i. + avv.* raccogliersi; accalcarsi.

crowded /ˈkraʊdɪd/ *a.* *1* affollato *2* popoloso *3* stipato; pigiato *4* pieno: **a c. agenda**, una fitta serie di impegni.

crown /kraʊn/ *n.* ***1*** corona ***2*** (*polit.*) — **the C.**, la Corona ***3*** culmine, cima (*di monte*) ***4*** calotta cranica; cocuzzolo (*della testa, del cappello*) ***5*** corona, capsula (*di dente*) ***6*** (*sport*) titolo ***7*** (*moneta*) corona ***8*** colmo (*di una strada*) ***9*** (*archit.*) chiave (*di un arco*) ● **c. cap**, tappo a corona □ (*leg., GB*) **C. court**, corte penale □ **C. prince**, principe ereditario □ (*leg.*) **C. witness**, testimone d'accusa □ (*in G.B.*) **half a c.**, mezza corona (*moneta del valore di due scellini e mezzo, in corso fino al 1971*).

to **crown** /kraʊn/ *v. t.* ***1*** incoronare; coronare: **to be crowned king**, essere incoronato re ***2*** completare; finire; coronare: **to c. it all**, per coronare l'opera, come se non bastasse ***3*** incapsulare (*un dente*) ***4*** (*a dama*) damare (*una pedina*).

crowning /ˈkraʊnɪŋ/ ***A*** *n.* ***1*** incoronazione ***2*** coronamento ***B*** *a.* sommo; supremo: **c. happiness**, somma felicità; **the c. touch**, il tocco finale.

crozier /ˈkrəʊʒə(r)/ *n.* (*eccles.*) pastorale.

cruces /ˈkruːsiːz/ *pl. di* **crux**.

crucial /ˈkruːʃl/ *a.* cruciale; decisivo; critico.

crucible /ˈkruːsəbl/ *n.* ***1*** crogiolo ***2*** (*lett.*) dura prova.

crucifix /ˈkruːsɪfɪks/ *n.* crocifisso.

crucifixion /kruːsɪˈfɪkʃn/ *n.* U *e* C crocifissione.

to **crucify** /ˈkruːsɪfaɪ/ *v. t.* ***1*** crocifiggere; mettere in croce ***2*** (*fig.*) attaccare violentemente.

crud /krʌd/ *n.* U (*fam. USA*) schifezza; porcheria; schifo.

crude /kruːd/ ***A*** *a.* ***1*** grezzo; greggio: **c. oil**, (petrolio) greggio ***2*** rudimentale; rozzo; appena abbozzato ***3*** approssimativo; sommario ***4*** grossolano; rozzo; volgare ***B*** *n.* (petrolio) greggio.

crudeness /ˈkruːdnəs/, **crudity** /ˈkruːdətɪ/ *n.* U ***1*** rudimentalità; rozzezza ***2*** crudezza; volgarità.

cruel /ˈkrʊəl/ *a.* crudele.

cruelty /ˈkrʊəltɪ/ *n.* U *e* C crudeltà.

cruet /ˈkruːət/ *n.* ***1*** oliera, saliera e pepiera ***2*** ampolla (*dell'olio e dell'aceto*) ***3*** (*eccles.*) ampollina ● **c.-stand**, ampolliera.

cruise /kruːz/ *n.* crociera: **to go on a c.**, fare una crociera; **c. liner**, nave da crociere ● (*mil.*) **c. missile**, missile cruise.

to **cruise** /kruːz/ ***A*** *v. i.* ***1*** andare in crociera; fare una crociera ***2*** (*di nave*) incrociare ***3*** (*di taxi*) girare in cerca di clienti ***4*** (*di automobile della polizia*) essere in perlustrazione ***B*** *v. i. e t.* (*pop.*) girare i locali in cerca di un partner; andare in battuta (*pop.*).

cruiser /ˈkruːzə(r)/ *n.* ***1*** (*naut. mil.*) incrociatore ***2*** (*naut.*) cruiser; cabinato ***3*** (*USA*) automobile della polizia; radiomobile.

crumb /krʌm/ *n.* ***1*** briciola ***2*** (*fig.*) briciola; briciolo ***3*** U mollica; midolla (*del pane*).

to **crumb** /krʌm/ *v. t.* ***1*** sbriciolare ***2*** (*cucina*) impanare.

to **crumble** /ˈkrʌmbl/ ***A*** *v. t.* sbriciolare; sgretolare; frantumare ***B*** *v. i.* ***1*** sbriciolarsi; sgretolarsi ***2*** (*fig.*) crollare; venir meno.

crumbling /ˈkrʌmblɪŋ/ *a.* ***1*** cadente; in rovina ***2*** friabile: **c. rocks**, rocce friabili.

crumbly /ˈkrʌmblɪ/ *a.* friabile.

crummy /ˈkrʌmɪ/ *a.* (*pop.*) squallido; schifoso: **What a c. film!**, che cesso di film!

crumpet /ˈkrʌmpɪt/ *n.* ***1*** focaccina ***2*** U (*pop. GB*) le donne.

to **crumple** /ˈkrʌmpl/ ***A*** *v. t.* ***1*** spiegazzare; sgualcire ***2*** (*anche* **to c. up**) accartocciare; appallottolare ***B*** *v. i.* ***1*** spiegazzarsi; sgualcirsi ***2*** (*di parti metalliche, anche* **to c. up**) accartocciarsi ***3*** (*di viso*) corrugarsi; raggrinzirsi; contrarsi ***4*** (*di persona*) accasciarsi ***5*** (*fam., di persona*) crollare; cedere.

crunch /krʌntʃ/ *n.* ***1*** rumore di passi o ruote (*sulla ghiaia, ecc.*) ***2*** (*fam.*) momento critico (*o* cruciale); resa dei conti; (il) dunque.

to **crunch** /krʌntʃ/ ***A*** *v. t.* ***1*** schiacciare (*con i denti*); masticare rumorosamente; sgranocchiare ***2*** far scricchiolare ***B*** *v. i.* scricchiolare.

♦ **crunch up** *v. t. + avv.* tritare.

crunchy /ˈkrʌntʃɪ/ *a.* ***1*** croccante ***2*** che scricchiola; scricchiolante.

crusade /kruːˈseɪd/ *n.* (*anche fig.*) crociata.

to **crusade** /kruːˈseɪd/ *v. i.* ***1*** (*stor.*) andare in crociata; partecipare a una crociata ***2*** fare una crociata; battersi.

crusader /kruːˈseɪdə(r)/ *n.* ***1*** (*stor.*) crociato ***2*** chi bandisce una crociata (contro q.c.); chi si batte per q.c.

crusading /kruːˈseɪdɪŋ/ *a.* che fa crociate; che si batte per q.c.; battagliero.

crush /krʌʃ/ *n.* ***1*** ressa; calca; pigia pigia ***2*** spremuta (*con acqua*) ***3*** (*fam.*) infatuazione; cotta: **to have a c. on sb.**, avere (*o* essersi preso) una cotta per q. ● **c. barrier**, transenna (*per contenere la folla*).

to **crush** /krʌʃ/ ***A*** *v. t.* ***1*** schiacciare; spiaccicare ***2*** triturare; pigiare (*uva*); torchiare (*olive*) ***3*** sgualcire ***4*** schiacciare; annientare: **to c. the opposition**, annientare l'opposizione; **to be crushed by grief**, essere schiacciato dal dolore ● **to c. to death**, uccidere (*schiacciando*) □ **to c. to pieces**, stritolare ***B*** *v. i.* ***1*** sgualcirsi ***2*** penetrare in massa: **to c. into a place**, entrare a forza in un posto.

♦ **crush up** *v. t. + avv.* ***1*** appallottolare ***2*** frantumare; polverizzare.

crushing /ˈkrʌʃɪŋ/ *a.* (*anche fig.*) schiacciante: **c. defeat**, schiacciante sconfitta; **c. remark**, osservazione che taglia le gambe.

crust /krʌst/ *n.* C *e* U ***1*** crosta: **c. of bread**, crosta di pane; **the earth's c.**, la crosta terrestre; **to form a c.**, formare una crosta (*anche med.*) ***2*** incrostazione ● **upper c.**, l'alta società.

crustacean /krʌˈsteɪʃn/ *n.* (*zool.*) crostaceo.

crusted /ˈkrʌstɪd/ *a.* incrostato.

crusty /ˈkrʌstɪ/ *a.* ***1*** con molta crosta; crostoso ***2*** (*di persona*) irritabile; burbero; scontroso.

crutch /krʌtʃ/ *n.* ***1*** gruccia; stampella ***2*** (*fig.*) appoggio; sostegno ***3*** *V.* **crotch**, *def. 1 e 2.*

crux /krʌks/ *n.* (*pl.* **cruxes**, **cruces**) punto cruciale; nodo.

cry /kraɪ/ *n.* ***1*** grido: **a cry for help [of joy]**, un grido di aiuto [di gioia]; **hostile cries**, grida ostili ***2*** pianto: **to have a good cry**, farsi un bel pianto ***3*** (*di uccelli*) verso; richiamo ***4*** grido; slogan: **battle cry**, grido di battaglia; **rallying cry**, slogan; grido di battaglia ● **a far cry from**, lontano mille miglia da; ben altra cosa che □ **to be in full cry**, (*di muta*) abbaiare e correre all'inseguimento; (*fig.*) essere vociferante, vociferare, richiedere a gran voce (q.c.) □ **to be [to keep] within cry**, essere [tenersi] a portata di voce.

to **cry** /kraɪ/ *v. i.* ***1*** gridare; esclamare: **to cry with pain**, gridare dal (*o* di) dolore ***2*** piangere: **The baby is crying for its mother**, il bambino piange perché vuole la mamma; **to cry oneself to sleep**, addormentarsi a forza di piangere ***3*** (*di uccelli*) fare il verso ● **to cry over spilt milk**, piangere sul latte versato □ **to cry wolf**, gridare al lupo.

♦ **cry down** *v. t. + avv.* denigrare; deprezzare.

♦ **cry off** *v. i. + avv.* tirarsi indietro; rimangiarsi un impegno.

♦ **cry out** *v. i. + avv.* ***1*** gridare; esclamare ***2*** avere urgente bisogno (di q.c.) ● **to cry one's eyes out**, piangere tutte le proprie lacrime □ (*fam.*) **For crying out loud!**, oh, santo cielo!; oh, insomma!

♦ **cry out against** *v. i. + avv. e prep.* protestare vivacemente contro.

♦ **cry out for** *v. i. + avv. e prep.* (*solo alla forma progress.*) reclamare; avere urgente bisogno di.

cry-baby /ˈkraɪbeɪbɪ/ *n.* piagnucolone (-a).

crying /ˈkraɪɪŋ/ *a.* — **c. need**, bisogno urgente; **c. shame**, vera vergogna.

cryogenics /kraɪəˈdʒenɪks/ *n. pl.* (*col verbo al sing.*) (*fis.*) criogenia.

cryonics /kraɪˈɒnɪks/ *n. pl.* (*col verbo al sing.*) ibernazione (*di corpi umani*).

cryosurgery /kraɪəˈsɜːdʒərɪ/ *n.* U criochirurgia.

cryotherapy /kraɪəˈθerəpɪ/ *n.* U (*med.*) crioterapia.

crypt /krɪpt/ *n.* cripta.

cryptic /ˈkrɪptɪk/ *a.* ***1*** segreto; occulto; criptico ***2*** ambiguo; ermetico.

cryptography /krɪpˈtɒgrəfɪ/ *n.* U crittografia.

crystal /ˈkrɪstl/ ***A*** *n.* ***1*** U *e* C (*miner., chim.*) cristallo ***2*** U cristalleria; cristalli ***3*** (*USA*) vetro di orologio ***B*** *a.* ***1*** di cristallo: **c. ball**, sfera di cristallo ***2*** cristallino ● **c. clear**, chiarissimo; inequivocabile; cristallino □ **c. gazing**, divinazione del futuro per mezzo di una sfera di cristallo □ **c. set**, radio a galena.

crystalline /ˈkrɪstəlaɪn/ *a.* cristallino ● (*anat.*) **c. lens**, cristallino.

crystallization, (*GB anche*) **crystallisation** /krɪstəlaɪˈzeɪʃn, *USA* -lɪˈz-/ *n.* U *e* C cristallizzazione.

to **crystallize**, (*GB anche*) to **crystallise** /ˈkrɪstəlaɪz/ ***A*** *v. t.* ***1*** (*anche fig.*) cristallizzare ***2*** (*cucina*) candire ***B*** *v. i.* ***1*** (*anche fig.*) cristallizzarsi ***2*** concretarsi.

cub /kʌb/ *n.* ***1*** cucciolo (*di animali selvatici*): **lion cub**, cucciolo di leone; leoncino; **whale cub**, balenottero ***2*** principiante; novellino: **cub reporter**, cronista alle prime armi ***3*** (*nello scoutismo, anche* **cub scout**) lupetto.

to **cub** /kʌb/ *v. t. e i.* (*di animale selvatico*) figliare.
cubage /ˈkjuːbɪdʒ/ *n.* 🄤 *e* 🄒 (*mat.*) cubatura; volume.
Cuban /ˈkjuːbən/ *a. e n.* cubano.
cubbyhole /ˈkʌbɪhəʊl/ *n.* sgabuzzino; bugigattolo.
cube /kjuːb/ *n.* ***1*** (*anche geom., mat.*) cubo: **c. root**, radice cubica ***2*** cubetto (*di zucchero, ecc.*).
to **cube** /kjuːb/ *v. t.* ***1*** (*mat.*) elevare al cubo ***2*** calcolare il volume di; fare la cubatura di ***3*** (*cucina*) tagliare a cubetti.
cubic /ˈkjuːbɪk/ *a.* (*anche mat., geom.*) cubico: **cubic metre**, metro cubico (*o* cubo) • (*autom.*) **c. capacity**, cilindrata □ **c. contents**, volume □ **c. measure**, misura di capacità.
cubicle /ˈkjuːbɪkl/ *n.* scomparto; stanzino; cabina; box: **shower c.**, cabina della doccia.
cubism /ˈkjuːbɪzəm/ *n.* 🄤 (*arte*) cubismo.
cubist /ˈkjuːbɪst/ *n.* (*arte*) cubista.
cuckold /ˈkʌkəʊld/ *n.* (*antiq.*) (marito) cornuto; becco.
to **cuckold** /ˈkʌkəʊld/ *v. t.* (*antiq.*) mettere le corna a; cornificare.
cuckoo /ˈkʊkuː, *USA* ˈkuː-, ˈkʊ-/ ***A*** *n.* ***1*** (*zool.*) cuculo ***2*** cucù: **c. clock**, orologio a cucù ***B*** *a.* (*pop.*) matto; rimbambito.
cucumber /ˈkjuːkʌmbə(r)/ *n.* (*bot.*) cetriolo.
cud /kʌd/ *n.* 🄤 bolo alimentare (*dei ruminanti*) • **to chew the cud**, ruminare; (*fig.*) rimuginare, ruminare.
cuddle /ˈkʌdl/ *n.* ***1*** abbraccio affettuoso ***2*** coccole.
to **cuddle** /ˈkʌdl/ ***A*** *v. t.* abbracciare teneramente; coccolare ***B*** *v. i.* abbracciarsi.
♦ **cuddle up** *v. i. + avv.* rannicchiarsi; raggomitolarsi.
cuddly /ˈkʌdlɪ/ *a.* tenero; da coccolare.
cudgel /ˈkʌdʒl/ *n.* randello; clava • **to take up cudgels for sb.**, prendere le difese di q.
to **cudgel** /ˈkʌdʒl/ *v. t.* bastonare; randellare • **to c. one's brains**, lambiccarsi il cervello.
cue (1) /kjuː/ *n.* ***1*** (*teatr., mus.*) battuta d'entrata; attacco ***2*** (*cinem., radio*) segnale d'azione ***3*** suggerimento; spunto; segnale • **on cue**, sulla battuta; al momento giusto □ **to take one's cue from sb.**, imitare q.; fare come fa q.; regolarsi su q.
cue (2) /kjuː/ *n.* stecca (*da biliardo*).
cuff (1) /kʌf/ *n.* ***1*** polsino ***2*** (*USA*) risvolto (*dei pantaloni*) ***3*** (*al pl.*) manette • **c.-links**, gemelli (*per polsino*) □ (*fam.*) **off the c.**, improvvisando; a braccio □ **off-the-cuff**, improvvisato; a braccio.
cuff (2) /kʌf/ *n.* scappellotto; scapaccione.
to **cuff** /kʌf/ *v. t.* dare uno scappellotto; scapaccionare.
cuirass /kwɪˈræs/ *n.* (*anche zool.*) corazza.
cuisine /kwɪˈziːn/ (*franc.*) *n.* 🄤 cucina: **French c.**, la cucina francese.
cul-de-sac /ˈkʌldəsæk/ (*franc.*) *n.* (*anche fig.*) vicolo cieco.
culinary /ˈkʌlɪnərɪ, *USA* -nerɪ/ *a.* culinario; gastronomico • (*form.*) **c. art**, culinaria; gastronomia.
cull /kʌl/ *n.* eliminazione, abbattimento (*di animali deboli o in eccesso*).
to **cull** /kʌl/ *v. t.* ***1*** raccogliere; scegliere: **information culled from various papers**, informazioni raccolte da vari giornali ***2*** selezionare ed eliminare (*animali*).
to **culminate** /ˈkʌlmɪneɪt/ *v. i.* culminare.
culmination /kʌlmɪˈneɪʃn/ *n.* ***1*** culmine; apice; apogeo ***2*** (*astron.*) culminazione.
culottes /kjuːˈlɒts, *USA* ˈkuːlɒts, ˈkjuː-/ (*franc.*) *n. pl.* gonna pantalone.
culpability /kʌlpəˈbɪlətɪ/ *n.* 🄤 colpevolezza.
culpable /ˈkʌlpəbl/ *a.* ***1*** colpevole ***2*** (*leg.*) colposo.
culprit /ˈkʌlprɪt/ *n.* ***1*** colpevole ***2*** imputato (-a); accusato (-a).
cult /kʌlt/ *n.* ***1*** culto: **c. of the dead**, culto dei morti; **personality c.**, culto della personalità; **c. figure**, figura carismatica; **c. movie**, film di culto; cult movie ***2*** setta.
cultivable /ˈkʌltɪvəbl/ *a.* coltivabile.
to **cultivate** /ˈkʌltɪveɪt/ *v. t.* coltivare
cultivated /ˈkʌltɪveɪtɪd/ *a.* ***1*** coltivato ***2*** colto; raffinato.
cultivation /kʌltɪˈveɪʃn/ *n.* 🄤 ***1*** (*agric.*) coltivazione; coltura ***2*** cultura; raffinatezza.
cultivator /ˈkʌltɪveɪtə(r)/ *n.* (*agric.*) coltivatore; frangizolle.
cultural /ˈkʌltʃərəl/ *a.* culturale.
culture /ˈkʌltʃə(r)/ *n.* ***1*** 🄤 cultura ***2*** 🄤 *e* 🄒 civiltà ***3*** 🄤 (*agric.*) coltura; coltivazione ***4*** (*biol.*) coltura: **c. medium**, terreno di coltura • **c. shock**, spaesamento (*per impatto con una cultura diversa*); shock culturale □ (*fam.*) **c. vulture**, pseudointellettuale.
cultured /ˈkʌltʃəd/ *a.* ***1*** colto; raffinato ***2*** coltivato: **c. pearl**, perla coltivata.
culvert /ˈkʌlvət/ *n.* galleria di drenaggio (*sotto una strada o una ferrovia*); canale fognario.
cumbersome /ˈkʌmbəsəm/, **cumbrous** /ˈkʌmbrəs/ *a.* pesante e ingombrante; scomodo.
cumin /ˈkʌmɪn/ *n.* 🄤 (*cucina*) cumino.
cummerbund /ˈkʌməbʌnd/ *n.* fascia portata intorno alla vita (*specialm. dello smoking*).
cumulative /ˈkjuːmjʊlətɪv, *USA* -leɪtɪv/ *a.* ***1*** cumulativo ***2*** (*leg.*) aggiuntivo.
cumulus /ˈkjuːmjʊləs/ *n.* (*pl.* **cumuli** /-laɪ/) (*meteor.*) cumulo.
cuneiform /ˈkjuːnɪfɔːm, *USA* kjuːˈniːɪf-, ˈkjuːniːɪf-/ ***A*** *a.* cuneiforme ***B*** *n.* 🄤 scrittura cuneiforme; caratteri cuneiformi.
cunnilingus /kʌnɪˈlɪŋgəs/ *n.* 🄤 cunnilinguo.
cunning /ˈkʌnɪŋ/ ***A*** *a.* ***1*** astuto; furbo; scaltro ***2*** (*antiq.*) abile ***B*** *n.* 🄤 ***1*** astuzia; furberia; scaltrezza ***2*** (*antiq.*) abilità.
cunt /kʌnt/ *n.* (*volg.*) ***1*** fica, figa ***2*** (*fig.*) figlio di puttana; stronzo.
cup /kʌp/ *n.* ***1*** tazza; tazzina: **cup of coffee**, tazza di caffè; **coffee cup**, tazzina da caffè ***2*** coppa: (*sport*) **challenge cup**, coppa messa in palio; (*sport*) **cup final**, finale di coppa; **bra cups**, coppe del reggiseno ***3*** (*mecc.*) coppa; scodellino ***4*** (*eccles.*) calice ***5*** (*cucina*) misura equivalente a 0,28 litri • (*antiq.*) **to be in one's cups**, avere alzato il gomito; essere sbronzo □ (*fam.*) **one's cup of tea**, cosa che piace, che è di proprio gusto: **It's not my cup of tea**, non è il mio genere.
to **cup** /kʌp/ *v. t.* ***1*** unire (*le mani, ecc.*) a coppa ***2*** reggere (*o* stringere) (*tra le mani a coppa*): **Her hands were cupped [She cupped her hands] round the mug**, stringeva [prese] tra le mani il boccale.
cupboard /ˈkʌbəd/ *n.* ***1*** armadio ***2*** (*anche* **kitchen c.**) credenza • **c. love**, amore interessato.
cupful /ˈkʌpfʊl/ *n.* (contenuto di una) tazza: **a c. of milk [sugar]**, una tazza di latte [zucchero].
cupola /ˈkjuːpələ/ (*ital.*) *n.* ***1*** (*archit.*) cupola ***2*** (*mil.*) torretta.
cuppa /ˈkʌpə/ *n.* (*fam. GB*) tazza di tè.
cur /kɜː(r)/ *n.* (*antiq.*) cagnaccio; cane bastardo.
curable /ˈkjʊərəbl/ *a.* curabile.
curacy /ˈkjʊərəsɪ/ *n.* (*eccles.*) curazia; vicariato.
curare, curari /kjuːˈrɑːrɪ/ *n.* 🄤 curaro.
curate /ˈkjʊərət, *USA* ˈkjʊəreɪt/ *n.* (*eccles.*) curato; vicario; coadiutore • (*fam.*) **c.'s egg**, cosa (*specialm. spettacolo, film, ecc.*) buona solo in parte.
curative /ˈkjʊərətɪv/ *a.* curativo; terapeutico.
curator /kjʊəˈreɪtə(r), *USA* ˈkjʊərətə(r)/ *n.* conservatore, direttore (*di museo, biblioteca, ecc.*)
curatorship /kjʊəˈreɪtəʃɪp/ *n.* direzione (*di museo, biblioteca, ecc.*).
curb /kɜːb/ *n.* ***1*** (*del cavallo*) barbozzale ***2*** freno: **to keep a c. on st.**, tenere a freno q.c. ***3*** (*USA*) bordo di marciapiede; cordolo.
to **curb** /kɜːb/ *v. t.* mettere un freno a; tenere a freno; dominare: **to c. inflation**, mettere un freno all'inflazione; **to c. one's tongue**, tenere a freno la lingua.
curd /kɜːd/ *n.* (*spesso pl.*) latte cagliato; cagliata.
to **curdle** /ˈkɜːdl/ ***A*** *v. t.* far rapprendere; far cagliare (*il latte*) ***B*** *v. i.* rapprendersi; (*del latte*) cagliare • **to make sb.'s blood c.**, gelare (*o* agghiacciare) il sangue a q.
cure /kjʊə(r)/ *n.* ***1*** (*med. e fig.*) cura (*che guarisce*); rimedio: **to take a c.**, fare una cura ***2*** guarigione.
to **cure** /kjʊə(r)/ *v. t.* ***1*** guarire ***2*** porre rimedio a ***3*** conservare (*carne, pesce, ecc., salando o affumicando*) ***4*** conciare (*tabacco*).
cure-all /ˈkjʊərɔːl/ *n.* panacea; toccasana; cura di tutti i mali.
curettage /kjʊərɪˈtɑːʒ, kjʊəˈretɪdʒ/ *n.* 🄤 (*chir.*) raschiamento.
curfew /ˈkɜːfjuː/ *n.* coprifuoco: **during c.**, durante il coprifuoco.
curio /ˈkjʊərɪəʊ/ *n.* (*pl.* **curios**) curiosità; oggetto insolito; oggetto da collezione.
curiosity /kjʊərɪˈɒsətɪ/ *n.* 🄤 *e* 🄒 curiosità • (*prov.*) **C. killed the cat**, tanto va la gatta al lardo (che ci lascia lo zampino).
curious /ˈkjʊərɪəs/ *a.* curioso.
curiously /ˈkjʊərɪəslɪ/ *avv.* ***1*** con curiosità; curiosamente ***2*** stranamente • **c. enough**, strano a dirsi; stranamente.
curl /kɜːl/ *n.* ***1*** riccio (*di capelli*); ricciolo; ciocca ricciuta ***2***

ricciolo (*di carta, legno, buccia, ecc.*) ***3*** spira, voluta (*di fumo, ecc.*) ***4*** arricciamento: **a c. of the lips**, una smorfia (di scherno).

to **curl** /kɜːl/ ***A*** *v. t.* ***1*** arricciare (*i capelli*) ***2*** arrotolare; avvolgere a spirale ***3*** increspare; arricciare: **to c. one's lips**, arricciare le labbra; storcere la bocca ***B*** *v. i.* ***1*** (*di capelli*) arricciarsi; essere riccio; **My hair curls naturally**, i miei capelli sono ricci per natura; i miei ricci sono naturali ***2*** arrotolarsi; avvolgersi a spirale: **Smoke curled out of the chimney**, volute di fumo salivano dal camino; **to c. round st.**, avvolgersi intorno a q.c.; **to c. into a ball**, formare una palla; raggomitolarsi.

♦ **curl up** *v. i. + avv.* ***1*** arricciarsi ***2*** salire a spirale (*o* in volute) ***3*** (*anche* **to c. oneself up**) raggomitolarsi; rannicchiarsi.

curler /ˈkɜːlə(r)/ *n.* bigodino.

curlew /ˈkɜːljuː/ *n.* (*zool.*) chiurlo.

curlicue /ˈkɜːlɪkjuː/ *n.* svolazzo; fregio.

curling (**1**) /ˈkɜːlɪŋ/ *n.* curling (*gioco in cui si lanciano dischi di pietra sul ghiaccio*).

curling (**2**) /ˈkɜːlɪŋ/ *n.* — **c. tongs**, ferro per arricciare i capelli.

curly /ˈkɜːlɪ/ *a.* riccio; ricciuto.

curmudgeon /kɜːˈmʌdʒən/ *n.* vecchio intrattabile.

currant /ˈkʌrənt, *USA* ˈkɜːr-/ *n.* ***1*** (*al pl.*) (uva) sultanina ***2*** (*bot.*) ribes.

currency /ˈkʌrənsɪ, *USA* ˈkɜːr-/ *n.* ***1*** Ⓒ e Ⓤ (*fin.*) moneta; valuta; divisa: **stable c.**, moneta stabile; **foreign currencies**, valute (*o* divise) estere ***2*** Ⓤ diffusione; fondamento; credito: **to gain c.**, acquistare credito.

current (**1**) /ˈkʌrənt, *USA* ˈkɜːr-/ *a.* corrente; in corso; attuale: **in c. use**, d'uso corrente; **the c. year**, l'anno in corso; **c. affairs**, attualità; (*banca, GB*) **c. account**, conto corrente.

current (**2**) /ˈkʌrənt, *USA* ˈkɜːr-/ *n.* corronto.

currently /ˈkʌrəntlɪ, *USA* ˈkɜːr-/ *avv.* attualmente; al momento.

curricle /ˈkʌrɪkl, *USA* ˈkɜːr-/ *n.* calesse.

curriculum /kəˈrɪkjʊləm/ (*lat.*) *n.* (*pl.* **curricula** /-kjʊlə/, **curriculums**) programma di studi; corso di studi ● **c. vitae**, curriculum; curricolo.

curried /ˈkʌrɪd, *USA* ˈkɜːrɪd/ *a.* (*cucina*) al (*o* col) curry.

curry /ˈkʌrɪ, *USA* ˈkɜːrɪ/ *n.* Ⓤ curry: **c. powder**, curry.

to **curry** (**1**) /ˈkʌrɪ, *USA* ˈkɜːrɪ/ *v. t.* cucinare, condire con curry.

to **curry** (**2**) /ˈkʌrɪ, *USA* ˈkɜːrɪ/ *v. t.* ***1*** strigliare (*un cavallo, ecc.*) ***2*** — **to c. favour with sb.**, cercare di ingraziarsi q.

currycomb /ˈkʌrɪkəʊm, *USA* ˈkɜːr-/ *n.* striglia.

curse /kɜːs/ *n.* ***1*** maledizione: **to be under a c.**, avere una maledizione addosso; **to put a c. on sb.**, scagliare una maledizione su q. ***2*** imprecazione; bestemmia ***3*** calamità; rovina ***4*** (*fam.*) mestruazioni; faccende (*fam.*).

to **curse** /kɜːs/ ***A*** *v. t.* ***1*** maledire ***2*** imprecare contro; bestemmiare ***B*** *v. i.* imprecare; bestemmiare: lanciare moccoli (*fam.*).

cursed /ˈkɜːsɪd/ *a.* ***1*** maledetto ***2*** fastidioso; scocciante; maledetto: **It's a c. nuisance**, è una vera scocciatura; **Throw out the c. cat!**, sbatti fuori quel maledetto gatto! ● **to be c. with st.**, essere afflitto (*o* tormentato) da q.c.

cursive /ˈkɜːsɪv/ *a. e n.* corsivo.

cursor /ˈkɜːsə(r)/ *n.* (*anche elab.*) cursore.

cursory /ˈkɜːsərɪ/ *a.* rapido; superficiale: **a c. reading**, una lettura veloce; una scorsa.

curt /kɜːt/ *a.* reciso; brusco; asciutto; secco.

to **curtail** /kɜːˈteɪl/ *v. t.* accorciare; ridurre; decurtare.

curtailment /kɜːˈteɪlmənt/ *n.* Ⓤ e Ⓒ accorciamento; riduzione; decurtazione.

curtain /ˈkɜːtn/ *n.* ***1*** tenda; tendina ***2*** cortina: **c. of smoke**, cortina di fumo ***3*** (*teatr.*) sipario; tela: **C. up!**, su il sipario!; **The c. rises** [**falls**], si alza [cala] il sipario ● (*teatr.*) **c. call**, chiamata alla ribalta: **to take a c. call**, essere chiamato alla ribalta □ (*mil.*) **c. fire**, fuoco di sbarramento □ **c. raiser**, (*teatr.*) breve spettacolo d'apertura, avanspettacolo; (*fig.*) preambolo, prologo □ (*fam.*) **It'll be curtains for him!**, sarà la fine per lui!; sarà fritto! □ **to raise the c. on st.**, dare inizio a q.c.

to **curtain** /ˈkɜːtn/ *v. t.* provvedere di tende (*o* tendine).

♦ **curtain off** *v. t. + avv.* separare con una tenda.

curtness /ˈkɜːtnəs/ *n.* Ⓤ tono brusco.

curts(**e**)**y** /ˈkɜːtsɪ/ *n.* inchino, riverenza (*di donna*).

to **curts**(**e**)**y** /ˈkɜːtsɪ/ *v. i.* (*di donna*) inchinarsi; fare un inchino.

curvaceous /kɜːˈveɪʃəs/ *a.* (*fam., di donna*) formosa; procace; tutta curve.

curvature /ˈkɜːvətʃə(r), *USA* -tʃʊə(r)/ *n.* Ⓤ e Ⓒ curvatura.

curve /kɜːv/ *n.* ***1*** curva ***2*** (*baseball, anche* **c. ball**) lancio curvo ● (*fam. USA*) **to throw sb. a c.**, spiazzare q.; prendere in contropiede q.

to **curve** /kɜːv/ ***A*** *v. t.* curvare ***B*** *v. i.* curvarsi.

curved /kɜːvd/ *a.* curvo.

cushion /ˈkʊʃn/ *n.* ***1*** cuscino (*da divano, ecc.*) ***2*** (*tecn.*) cuscino; cuscinetto ***3*** sponda elastica (*del biliardo*).

to **cushion** /ˈkʊʃn/ *v. t.* ***1*** provvedere di cuscini; imbottire ***2*** attenuare; attutire; smorzare ***3*** proteggere.

cushy /ˈkʊʃɪ/ *a.* (*fam.*) comodo; facile: **c. number**, lavoro di tutto riposo.

cusp /kʌsp/ *n.* cuspide.

cuspidor /ˈkʌspɪdɔː(r)/ *n.* (*USA*) sputacchiera.

cuss /kʌs/ *n.* (*pop.*) ***1*** maledizione; imprecazione ***2*** individuo; tipo.

to **cuss** /kʌs/ *v. t. e i.* (*pop.*) imprecare; bestemmiare.

cussed /ˈkʌsɪd/ *a.* (*pop.*) ***1*** maledetto; scocciante ***2*** ostinato; testardo.

cussedness /ˈkʌsɪdnəs/ *n.* (*pop.*) ostinazione; testardaggine.

custard /ˈkʌstəd/ *n.* Ⓤ e Ⓒ (*cucina*) ***1*** crema (pasticcera) ***2*** budino di crema.

custodian /kʌˈstəʊdɪən/ *n.* custode; guardiano (-a).

custody /ˈkʌstədɪ/ *n.* Ⓤ ***1*** (*leg.*) tutela; custodia: **The father was awarded c. of the children**, i figli sono stati affidati al padre ***2*** (*leg.*) custodia cautelare; detenzione: **to be in c.**, essere in stato d'arresto; **to take sb. into c.**, arrestare q.; mettere sotto custodia q.

custom /ˈkʌstəm/ *n.* ***1*** costume; abitudine; usanza; consuetudine ***2*** Ⓤ convenienze sociali ***3*** (*al pl.*) (*comm.*) dogana: **customs duty**, dazi doganali; **customs house**, dogana (*l'edificio*); **to go through customs**, passare la dogana ***4*** Ⓤ (*comm.*) l'essere cliente (*di un negozio*): **to take one's c. elsewhere**, smettere di servirsi presso un negozio ***5*** clientela (*di negozio*); clienti: **to lose a lot of c.**, perdere molti clienti ● **c.-built**, fatto su ordinazione; (*autom.*) fuori serie □ **c.-made**, fatto su ordinazione (*o* su misura).

customary /ˈkʌstəmərɪ, *USA* -merɪ/ *a.* ***1*** consueto; abituale; usuale ***2*** (*leg.*) consuetudinario.

customer /ˈkʌstəmə(r)/ *n.* ***1*** (*comm.*) cliente ***2*** (*fam.*) individuo; tipo: **cool c.**, tipo imperturbabile; **queer c.**, tipo strano.

to **customize**, (*GB anche*) to **customise** /ˈkʌstəmaɪz/ *v. t.* personalizzare (*un prodotto*); modificare su ordinazione.

cut (**1**) /kʌt/ *n.* ***1*** taglio; incisione: **a cut on one's finger**, un taglio al dito ***2*** taglio (*di carne, di stoffa, ecc.*) ***3*** riduzione; ribasso; taglio: **cut in expenditures**, taglio alle spese; **cut in prices**, ribasso dei prezzi; **wage cuts**, riduzione dei salari; **He made heavy cuts in my article**, ha tagliato pesantemente il mio articolo ***4*** (*fam.*) parte; quota; fetta ***5*** colpo di taglio; fendente; (*sport*) colpo tagliato ***6*** (*sartoria*) taglio; linea ***7*** (*a carte*) alzata; taglio ***8*** (*cinem.*) montaggio ● (*fam.*) **a cut above**, (molto) superiore a; (assai) meglio di □ **c. and thrust**, atmosfera competitiva; schermaglie □ (*fam.*) **I don't like the cut of his jib**, ha un aspetto che non mi piace.

cut (**2**) /kʌt/ *a.* ***1*** tagliato; reciso: **cut flowers**, fiori recisi ***2*** (*del tabacco*) trinciato ***3*** ridotto: **cut-price** (*o* **cut-rate**), a prezzo ridotto ● **cut glass**, cristallo intagliato □ **cut out**, adatto; tagliato: **I'm not cut out for that sort of thing**, non sono tagliato per cose simili □ **to have one's work cut out**, avere un bel daffare.

to **cut** /kʌt/ (*pass. e p.p.* **cut**) ***A*** *v. t.* ***1*** tagliare: **to cut st. in two** [**in half**], tagliare q.c. in due [a metà]; **to cut st. into pieces**, tagliare q.c. a pezzi; **to cut one's nails** [**one's finger**], tagliarsi le unghie [un dito]; **to have one's hair cut**, farsi tagliare i capelli; **to cut the top off st.**, tagliare la cima di q.c.; **to cut a hole in st.**, fare un buco in q.c. (*con una lama*); **to cut a tunnel through a mountain**, scavare una galleria attraverso un monte ***2*** intagliare; incidere; molare ***3*** mietere; falciare; tagliare ***4*** intersecare; tagliare ***5*** ridurre; tagliare; abbassare (*prezzi*): **to cut costs**, ridurre i costi ***6*** (*sport*) tagliare (*una palla*) ***7*** ferire (*nei sentimenti*): **to cut sb. to the quick**, ferire q. nel profondo ***8*** (*fam.*) fingere di non vedere (*o* di non conoscere); ignorare ***9*** (*fam.*) marinare; salare; bigiare: **to cut classes**, marinare la scuola ***10*** tagliare, alzare (*le carte*) ***11*** (*cinem.*) fare il montaggio di ***12*** (*fam.*) incidere (*un disco*) ● (*pop.*) **to cut and run**, tagliare la corda; scappare □ **to cut both ways**, (*di misura,* *azione, ecc.*) essere a doppio taglio □ (*autom.*) **to cut a corner**, tagliare una curva □ **to cut corners**, tirare via (*in un lavoro*) □ (*fam.*) **to cut sb. dead**, fingere di non vedere q.; ignorare q. □ **to cut a fine figure**, fare colpo; fare una gran figura □ (*fam.*) **to cut it fine**, farcela per un pelo □ (*fam.*) **to cut no ice with**, non fare effetto a; lasciare indifferente □ **to cut st. short**, interrompere q.c. □ **to cut a long story short**, per farla breve □ **to cut a tooth**, mettere un dente ***B*** *v. i.* ***1*** tagliare: **This knife doesn't cut**, questo coltello non taglia ***2*** tagliarsi: **This wood cuts easily**, questo legno si taglia bene ***3*** penetrare ***4*** (*pop.*) tagliare la corda; scappare ***5*** (*cinem.*) tagliare ***6*** (*cinem.*) spostare un'inquadratura.

♦ **cut across** *v. i. + avv.* ***1*** attraversare, tagliare per (*un campo, ecc.*) ***2*** trascendere, andare oltre (*barriere, schieramenti*).

♦ **cut along** *v. i. + avv.* (*fam.*) andare via in fretta.

♦ **cut back** ***A*** *v. t. + avv.* ***1*** potare ***2*** ridurre le spese di; apportare tagli a ***B*** *v. i. + avv.* (*cinem.*) fare un flashback.

♦ **cut back on** *v. i. + avv. e prep.* ridurre le spese di; apportare tagli a.

♦ **cut down** *v. t. + avv.* ***1*** abbattere (*un albero*) ***2*** uccidere ***3*** ridurre (*spese, consumi*) • (*fam.*) **to cut sb. down to size**, fare abbassare la cresta a q.

♦ **cut down on** *v. i. + avv. e prep.* ridurre (*spese, consumi*): **I must cut down on bread**, devo mangiare meno pane.

♦ **cut in** ***A*** *v. t. + avv.* (*fam.*) far partecipare (*q. a un'impresa lucrosa*): **to cut sb. in on the profits**, far partecipare q. agli utili ***B*** *v. i. + avv.* ***1*** interloquire; intervenire: **to cut in on a conversation**, intervenire in una conversazione ***2*** (*autom.*) fare un rientro improvviso; tagliare la strada a q..

♦ **cut into** *v. i. + avv.* ***1*** tagliare la prima fetta di ***2*** intaccare: **to cut into one's savings**, intaccare i propri risparmi.

♦ **cut off** *v. t. + avv.* ***1*** tagliare; amputare ***2*** tagliare, sospendere (*un finanziamento, una fornitura*) ***3*** interrompere (*una telefonata*): **We've been cut off**, è caduta la linea ***4*** tagliar fuori; isolare • **He was cut off in his prime**, fu stroncato nel fiore degli anni □ **to cut sb. off without a penny**, diseredare q.

♦ **cut out** ***A*** *v. t. + avv.* ***1*** ritagliare; tagliare (*un vestito, ecc.*) ***2*** eliminare: **to cut out cigarettes**, eliminare le sigarette; **to cut out a paragraph**, eliminare (*o* tagliare) un capoverso ***3*** (*fam.*) smettere: **Cut it out!**, piantala!; **to cut out smoking**, smettere di fumare (*V. anche sotto* **cut**, *agg.*) ***B*** *v. i. + avv.* (*di un motore*) spegnersi.

♦ **cut up** *v. t. + avv.* ***1*** tagliare a pezzi; tagliuzzare ***2*** (*generalm. al passivo*) sconvolgere; addolorare: **He was very cut up by the news**, la notizia lo ha sconvolto ***3*** (*fam. USA*) comportarsi male; fare casino (*fam.*): **to cut up rough**, fare il diavolo a quattro.

cut-and-dried /kʌtən'draɪd/, **cut-and-dry** /kʌtən'draɪ/ *a.* netto; chiaro; definito; pronto; scontato: **c. solution**, soluzione bell'e fatta; **c. result**, risultato scontato.

cutaway /'kʌtəweɪ/ ***A*** *a.* (*di disegno*) in sezione; spaccato ***B*** *n.* giacca a coda di rondine.

cutback /'kʌtbæk/ *n.* taglio (*di personale, di spese, ecc.*); riduzione.

cute /kjuːt/ *a.* (*fam. USA*) ***1*** attraente; carino ***2*** abile; in gamba ***3*** (*spreg.*) furbo.

cuticle /'kjuːtɪkl/ *n.* (*anat., bot.*) cuticola.

cutlass /'kʌtləs/ *n.* sciabola corta; coltellaccio (*di pirata*).

cutler /'kʌtlə(r)/ *n.* coltellinaio.

cutlery /'kʌtlərɪ/ *n.* Ⓤ posate; posateria.

cutlet /'kʌtlət/ *n.* (*cucina*) cotoletta; costoletta.

cutoff /'kʌtɒf, *USA* -ɔːf/ *n.* ***1*** interruzione ***2*** (*mecc.*) otturatore ***3*** (*USA*) scorciatoia ***4*** (*al pl.*) (*fam. USA*) pantaloni tagliati al ginocchio (*e sfrangiati*) • (*tecn.*) **c. valve**, valvola d'arresto.

cutout /'kʌtaʊt/ *n.* ***1*** figura ritagliata (*di carta, legno, ecc.*) ***2*** (*elettr.*) interruttore.

cutter /'kʌtə(r)/ *n.* ***1*** tagliatore (*di stoffa, gemme, ecc.*) ***2*** (*naut.*) cutter; (*mil.*) lancia armata ***3*** (*generalm. al pl.*) arnese da taglio; taglierina.

cutthroat /'kʌtθrəʊt/ ***A*** *n.* ***1*** tagliagole; assassino ***2*** (*anche* **c. razor**) rasoio a serramanico ***B*** *a.* (*fig.*) accanito; spietato: **c. competition**, concorrenza spietata.

cutting /'kʌtɪŋ/ ***A*** *n.* ***1*** (*GB, anche* **press c.**) ritaglio di giornale ***2*** (*bot.*) talea ***3*** trincea (*di ferrovia, di strada*) ***B*** *a.* ***1*** (*anche del vento*) tagliente ***2*** pungente; sferzante: **c. irony**, ironia sferzante • **c. edge**, incisività; posizione avanzata; avanguardia: **at the c. edge of technology**, tecnologicamente all'avanguardia □ (*cinem.*) **c. room**, sala di montaggio.

cuttlefish /'kʌtlfɪʃ/ *n.* (*zool.*) seppia.

cyanide /'saɪənaɪd/ *n.* Ⓤ (*chim.*) cianuro.

cybernetics /saɪbə'netɪks/ *n. pl.* (*col verbo al sing.*) cibernetica.

cyberspace /'saɪbəspeɪs/ *n.* Ⓤ (*elab.*) cyberspazio, ciberspazio.

cyclamen /'sɪkləmən, *USA* 'saɪ-/ *n.* (*bot.*) ciclamino.

cycle /'saɪkl/ *n.* ***1*** ciclo: **to go in cycles**, svolgersi per cicli ***2*** (*abbr. di* **bicycle**) bicicletta • **c. path** (*o* **track**), pista ciclabile □ **c. racing**, ciclismo (agonistico).

to **cycle** /'saɪkl/ *v. i.* andare in bicicletta.

cyclic(al) /'saɪklɪk(l), 'sɪ / *a.* ciclico.

cycling /'saɪklɪŋ/ ***A*** *n.* Ⓤ (l')andare in bicicletta; ciclismo (*anche sport*) ***B*** *a.* ciclistico; in bicicletta • **c. track**, velodromo.

cyclist /'saɪklɪst/ *n.* ciclista.

cyclo-cross /'saɪkləʊkrɒs, *USA* -krɔːs/ *n.* Ⓤ (*sport*) ciclocross • **c. rider**, ciclocrossista.

cyclone /'saɪkləʊn/ *n.* ciclone.

cyclonic /saɪ'klɒnɪk/ *a.* ciclonico.

Cyclop(s) /'saɪklɒp(s)/ *n.* (*pl.* **Cyclops, Cyclopes**) (*mitol.*) ciclope.

cyclostyle /'saɪkləstaɪl/ *n.* Ⓒ e Ⓤ ciclostile.

to **cyclostyle** /'saɪkləstaɪl/ *v. t.* ciclostilare.

cyclotron /'saɪklətrɒn/ *n.* (*fis. nucl.*) ciclotrone.

cygnet /'sɪgnət/ *n.* cigno giovane.

cylinder /'sɪlɪndə(r)/ *n.* ***1*** (*geom., mecc., autom.*) cilindro ***2*** (*ind.*) bombola (*di gas liquido*) ***3*** tamburo (*di rivoltella, ecc*) • (*autom.*) **c. block**, blocco cilindri; monoblocco □ (*tipogr.*) **c. press**, rotativa.

cylindrical /sɪ'lɪndrɪkl/ *a.* cilindrico.

cymbal /'sɪmbl/ *n.* (*mus.*) piatto.

cynic /'sɪnɪk/ *a. e n.* (*anche filos.*) cinico.

cynical /'sɪnɪkl/ *a.* cinico.

cynicism /'sɪnɪsɪzəm/ *n.* Ⓤ (*anche filos.*) cinismo.

cynosure /'saɪnəʃʊə(r)/ *n.* (*form.*) persona (*o* cosa) che è al centro dell'interesse generale.

cypher, to **cypher** /'saɪfə(r)/ *V.* **cipher, to cipher**.

cypress /'saɪprəs/ *n.* (*bot.*) cipresso.

Cypriot /'sɪprɪət/ *a. e n.* cipriota.

Cyrillic /sɪ'rɪlɪk/ *a. e n.* (alfabeto) cirillico.

cyst /sɪst/ *n.* (*med.*) cisti, ciste.

cystic /'sɪstɪk/ *a.* (*med.*) cistico: **c. fibrosis**, fibrosi cistica.

cystitis /sɪ'staɪtɪs/ *n.* Ⓤ (*med.*) cistite.

cytology /saɪ'tɒlədʒɪ/ *n.* Ⓤ (*biol.*) citologia.

czar /zɑː(r), ts-/ *n.* zar.

czarina /zɑː'riːnə, ts-/ *n.* zarina.

Czech /tʃek/ *a. e n.* ceco.

d,D

D, d /diː/ *n.* (*pl.* **D's, d's; Ds, ds**) ***1*** D, d ***2*** (*mus.*) re • (*telef.*) **d for David**, d come Domodossola.

d' /d, əd/ *vc. verb. abbr. fam. di* **do.**

'd /d, əd/ *contraz. di* **had, should, would.**

dab (**1**) /dæb/ *n.* ***1*** colpetto; tocco ***2*** piccola quantità (*di sostanza molle o liquida*); tocco: **a dab of lipstick**, un tocco di rossetto.

dab (**2**) /dæb/ *a.* — (*fam.*) **a d. hand**, una persona esperta (in q.c.): **She's a d. hand at knitting**, lavora a maglia molto bene.

to **dab** /dæb/ *v. t. e i.* toccare leggermente più volte; tamponare: **to dab** (**at**) **a wound**, tamponare una ferita.

♦ **dab on** *v. t. + avv.* applicare (*con rapidi tocchi*).

to **dabble** /ˈdæbl/ *v. t.* agitare (*mani, piedi, ecc. in un liquido*).

♦ **dabble in** *v. i. + prep.* occuparsi di (q.c.) a tempo perso, da dilettante.

dabbler /ˈdæblə(r)/ *n.* chi si occupa di q.c. in modo superficiale, a tempo perso; dilettante.

dachshund /ˈdækshund, -snd, *USA* ˈdɑːks-/ *n.* (*zool.*) bassotto.

dad /dæd/ *n.* (*fam.*) papà; babbo.

Dada /ˈdɑːdɑː/, **Dadaism** /ˈdɑːdɑːɪzəm/ *n.* 🄤 (*arte*) dadaismo.

Dadaist /ˈdɑːdɑːɪst/ *n.* (*arte*) dadaista.

daddy /ˈdædɪ/ *n.* (*fam.*) ***1*** papà; babbo ***2*** *V.* **sugar daddy**, *sotto* **sugar**.

daddy-longlegs /ˈdædɪˈlɒŋlɛgz, *USA* -lɔːŋ-/ *n.* (*zool., fam.*) ***1*** (*GB*) tipula; zanzarone degli orti ***2*** (*USA*) opilione; ragno dalle lunghe zampe.

dado /ˈdeɪdəʊ/ *n.* (*pl.* **dados, dadoes**) (*archit.*) dado; zoccolo decorato.

daemon /ˈdiːmən/ *e deriv. V.* **demon** *e deriv.*

daffodil /ˈdæfədɪl/ *n.* (*bot.*) giunchiglia grande.

daffy /ˈdæfɪ/ *a.* (*fam.*) matto; balzano.

daft /dɑːft, *USA* dæft/ *a.* (*fam.*) ***1*** sciocco; stupido ***2*** matto; pazzo: **d. about sb.**, innamorato pazzo di q.

dagger /ˈdægə(r)/ *n.* pugnale; stiletto • **at daggers drawn with sb.**, ai ferri corti con q. □ **to look daggers at**, fare gli occhiacci a; guardare in cagnesco.

dago /ˈdeɪgəʊ/ *n.* (*pl.* **dagos, dagoes**) (*spreg. USA*) individuo di origine spagnola, portoghese o italiana.

daguerreotype /dəˈgɛrətaɪp/ *n.* ***1*** dagherrotipo ***2*** 🄤 dagherrotipia.

dahlia /ˈdeɪlɪə, *USA* ˈdæ-/ *n.* (*bot.*) dalia.

daily /ˈdeɪlɪ/ ***A*** *a.* quotidiano; giornaliero: **one's d. bread**, il pane quotidiano • **d. allowance**, diaria □ **d. routine**, trantran ***B*** *n.* ***1*** quotidiano ***2*** domestica a giornata ***C*** *avv.* ***1*** tutti i giorni; giornalmente; quotidianamente ***2*** alla giornata: **to be paid d.**, essere pagato a giornata.

dainty /ˈdeɪntɪ/ ***A*** *a.* ***1*** bello; grazioso; fine ***2*** (*di cibo*) squisito; prelibato ***3*** (*antiq.*) di difficile contentatura; schizzinoso ***B*** *n.* bocconcino prelibato; ghiottoneria.

dairy /ˈdɛərɪ/ *n.* ***1*** latteria (*locale e negozio*) ***2*** caseificio • **d. cattle**, mucche da latte □ **d. farm**, fattoria dove si producono latticini; piccolo caseificio □ **d. farming**, industria casearia; produzione di latticini □ **d. products**, latticini.

dairymaid /ˈdɛərɪmeɪd/ *n.* (*antiq.*) donna che lavora con le mucche da latte.

dairyman /ˈdɛərɪmən/ *n.* (*pl.* **dairymen** /-mən/) ***1*** uomo che lavora in un caseificio ***2*** proprietario o gestore di un caseificio ***3*** lattaio.

dais /ˈdeɪɪs/ *n.* predella; pedana; palco.

daisy /ˈdeɪzɪ/ *n.* (*bot.*) ***1*** margheritina; pratolina ***2*** margherita dei campi • (*tipogr., elab.*) **d. wheel**, margherita □ (*scherz.*) **to push up the daisies**, essere morto e sepolto.

'ale /deɪl/ *n.* valle; valletta.

dalliance /ˈdælɪəns/ *n.* 🄤 ***1*** (*antiq.*) amoreggiamento ***2*** (*fig.*) (il) trastullarsi (*con q.c.*); flirt.

to **dally** /ˈdælɪ/ *v. i.* ***1*** perdere tempo; indugiare ***2*** gingillarsi; trastullarsi: **to d. with an idea**, gingillarsi con un'idea ***3*** (*antiq.*) amoreggiare.

Dalmatian /dælˈmeɪʃn/ *a. e n.* ***1*** dalmata ***2*** (cane) dalmata.

daltonism /ˈdɔːltənɪzəm/ *n.* 🄤 (*med.*) daltonismo.

dam (**1**) /dæm/ *n.* diga; sbarramento.

dam (**2**) /dæm/ *n.* genitrice (*di quadrupede*).

to **dam** /dæm/ *v. t.* (*anche* **to dam up**) ***1*** costruire una diga su ***2*** arginare; sbarrare ***3*** contenere, reprimere (*un sentimento*).

damage /ˈdæmɪdʒ/ *n.* 🄤 ***1*** danno; danni: **to cause serious d.**, causare seri danni; **The d. is done**, il danno è fatto ormai ***2*** (*al pl.*) (*ass., leg.*) danni; risarcimento dei danni; indennizzo: **to claim damages**, chiedere il risarcimento dei danni; **d. claim**, richiesta di indennizzo ***3*** (*scherz.*) costo; prezzo: **What's the d.?**, quanto devo?

to **damage** /ˈdæmɪdʒ/ *v. t.* ***1*** danneggiare ***2*** avariare ***3*** compromettere.

damaged /ˈdæmɪdʒd/ *a.* ***1*** danneggiato ***2*** avariato: **d. goods**, merce avariata ***3*** (*ass.*) sinistrato • (*leg.*) **d. party**, parte lesa.

damaging /ˈdæmɪdʒɪŋ/ *a.* ***1*** dannoso; nocivo ***2*** pregiudizievole; compromettente.

damask /ˈdæməsk/ ***A*** *n.* 🄤 ***1*** (*tessuto*) damasco ***2*** color rosa intenso ***B*** *a. attr.* damascato • (*bot.*) **d. rose**, rosa damascena.

dame /deɪm/ *n.* ***1*** (*titolo onorifico in G.B.*) Dame ***2*** (*pop. USA*) donna ***3*** (*arc.*) gentildonna; dama.

dammit /ˈdæmɪt/ *inter.* (*fam.*) accidenti!

damn /dæm/ ***A*** *n.* (*fam.*) accidente: **It isn't worth a d.**, non vale un accidente; **I don't care** (*o* **give**) **a d.**, non me ne importa un accidente; me ne infischio; me ne frego ***B*** *a. attr.* (*fam.*) maledetto: **a d. nuisance**, una scocciatura ***C*** *avv.* (*pop.*) molto: **You were d. lucky!**, hai avuto una bella fortuna!; **He knows d. well I'm against it**, lo sa benissimo che io sono contrario; **d. all**, un bel niente ***D*** *inter.* (*pop.*) accidenti!

to **damn** /dæm/ *v. t.* ***1*** (*relig.*) dannare; condannare ***2*** condannare; stroncare ***3*** (*fam.*) mandare al diavolo: **D. you!**, va' al diavolo!; **D. him!**, accidenti a lui!; **D. it** (**all**)!, accidenti! • **to d. with faint praise**, fare lodi molto tiepide a.

damnable /ˈdæmnəbl/ *a.* orribile; schifoso.

damnation /dæmˈneɪʃn/ ***A*** *n.* 🄤 dannazione ***B*** *inter.* (*pop.*) maledizione!

damned /dæmd/ ***A*** *a.* ***1*** (*relig.*) dannato: **the d.**, i dannati ***2*** (*fam.*) maledetto: **d. liar**, maledetto bugiardo; **That d. fool!**, quel deficiente! • (*fam.*) **I'll be d. if I stay!**, non ci resto manco morto! □ (*fam.*) **well, I'll be d.!**, che mi venga un colpo!; accidenti! ***B*** *avv.* (*fam.*) molto: **d. good job**, un lavoro coi fiocchi.

damnedest /ˈdæmdɪst/ *n.* — (*fam.*) **to do** [**to try**] **one's d.**, fare [tentare] l'impossibile.

damning /ˈdæmɪŋ/ *a.* incriminante; schiacciante: **d. evidence**, prove schiaccianti (*di colpevolezza*).

damp /dæmp/ ***A*** *n.* 🄤 umidità; umido ***B*** *a.* umido • (*edil.*) **d.(-proof) course**, strato impermeabile (*alla base di un muro esterno*).

to **damp** /dæmp/ *v. t.* ***1*** inumidire ***2*** (*anche tecn.*) smorzare.

♦ **damp down** *v. t. + avv.* ***1*** coprire (*un fuoco*) con la cenere (*per rallentarne la combustione*) ***2*** smorzare.

to **dampen** /ˈdæmpən/ *v. t.* ***1*** inumidire ***2*** scoraggiare; smorzare: **to d. sb.'s spirits**, scoraggiare q.; **to d. sb.'s enthusiasm**, smorzare l'entusiasmo di q.

damper /ˈdæmpə(r)/ *n.* ***1*** valvola di tiraggio (*di camino*) ***2*** (*elettron.*) smorzatore ***3*** (*mus.*) smorzatoio (*di pianoforte*)

● **to put a d. on a party**, smorzare l'allegria di una festa.

dampness /ˈdæmpnəs/ *n.* [U] umidità; umido.

damsel /ˈdæmzl/ *n.* (*lett.*) damigella; donzella.

damson /ˈdæmzn/ *n.* *1* (*bot.*) susino selvatico *2* susina selvatica.

dance /dɑːns, *USA* dæns/ *n.* *1* ballo; danza *2* ballo; festa da ballo ● **d.-band**, orchestra da ballo □ **d. floor**, pista da ballo □ **to lead sb. a (pretty) d.**, dare del filo da torcere a q.; far girare q. come una trottola.

to **dance** /dɑːns, *USA* dæns/ *v. i. e t.* danzare; ballare: **to d. the tango**, ballare il tango ● **to d. attendance on sb.**, essere ossequioso con q.; stare intorno a q. □ **to d. to sb.'s tune**, fare tutto quello che vuole q.; obbedire ciecamente a q. □ **to d. to another tune**, cambiar musica.

dancer /ˈdɑːnsə(r), *USA* ˈdæn-/ *n.* danzatore (-trice); ballerino (-a).

dancing /ˈdɑːnsɪŋ, *USA* ˈdæn-/ *n.* [U] (la) danza; (il) ballo ● **d.-master**, maestro di ballo □ **d.-school**, scuola di danza.

dandelion /ˈdændɪlaɪən/ *n.* (*bot.*) dente di leone; soffione.

dander /ˈdændə(r)/ *n.* [U] — (*fam. antiq.*) **to get one's d. up**, arrabbiarsi; uscire dai gangheri.

dandified /ˈdændɪfaɪd/ *a. pred.* (*generalm. spreg.*) *1* azzimato *2* da damerino; da elegantone.

to **dandle** /ˈdændl/ *v. t.* (*fam.*) far saltellare (*un bambino*) sulle ginocchia o fra le braccia.

dandruff /ˈdændrʌf/ *n.* [U] forfora.

dandy /ˈdændɪ/ *A n.* dandy; damerino; elegantone *B a.* (*pop.*) eccellente, bellissimo.

dandyism /ˈdændɪɪzəm/ *n.* [U] eleganza ricercata; dandismo.

Dane /deɪn/ *n.* *1* danese *2* (*anche* **Great D.**) (cane) danese; alano.

danger /ˈdeɪndʒə(r)/ *n.* [U] e [C] pericolo; rischio: **in [out of] d.**, in [fuori] pericolo; **We were in d. of sinking**, correvamo il rischio (*o* rischiavamo) di affondare ● **d. money**, indennità di rischio □ (*med.*) **on the d. list**, in prognosi riservata.

dangerous /ˈdeɪndʒərəs/ *a.* *1* pericoloso *2* (*di malattia, ecc.*) grave.

dangerously /ˈdeɪndʒərəslɪ/ *avv.* *1* pericolosamente *2* gravemente: **d. ill**, gravemente malato; in pericolo di vita.

to **dangle** /ˈdæŋgl/ *A v. i.* dondolare; ciondolare; penzolare ● (*antiq.*) **to d. after sb.**, ronzare intorno a q. (*come corteggiatore*) □ **to keep sb. dangling**, tenere q. sulla corda *B v. t.* *1* dondolare; lasciar penzolare *2* far balenare; far intravvedere la prospettiva di.

Danish /ˈdeɪnɪʃ/ *A a.* danese ● **D. blue**, formaggio tipo gorgonzola □ **D. pastry**, pasta di pasta sfoglia con ripieno di mele, pasta di mandorle, ecc. *B n.* (lingua) danese.

dank /dæŋk/ *a.* (*di locale o del tempo*) umido; stillante umidità.

dapper /ˈdæpə(r)/ *a.* (*specialm. di uomo piccolo*) vivace ed elegante; azzimato.

dapple /ˈdæpl/ *A n.* *1* macchia; chiazza *2* (cavallo) pomellato: **d.-grey**, grigio pomellato *B a.* *1* *V.* **dappled** *2* (*di cavallo*) pomellato.

to **dapple** /ˈdæpl/ *A v. t.* (*lett.*) macchiare; chiazzare; maculare *B v. i.* macchiarsi; chiazzarsi.

dappled /ˈdæpld/ *a.* macchiato; chiazzato; maculato.

dare /deə(r)/ *n.* (*fam.*) sfida (*a fare q.c. di pericoloso*).

to **dare** /deə(r)/ *A v. i.* (*al pres. si comporta anche come verbo modale*) osare; ardire; arrischiarsi; avere il coraggio di: **How d. you say such a thing?**, come osi dire una cosa simile?; **I daren't tell him**, non oso (*o* non ho il coraggio di) dirglielo; **He would never d. (to) refuse**, non oserebbe mai rifiutare ● **(Don't) you d.!**, guai a te se ci provi!; provaci e vedrai! □ **How d. you!**, come osa!; come si permette! □ **I d. say**, immagino (che); è probabile (che) *B v. t.* sfidare; provocare: **to d. sb. to do st.**, sfidare q. a fare q.c.

daredevil /ˈdeədevl/ *n.* scavezzacollo; spericolato.

daresay /ˈdeəˈseɪ/ *V.* **I dare say**, *sotto* **to dare**.

daring /ˈdeərɪŋ/ *A a.* audace; ardito; intrepido *B n.* [U] audacia; intrepidezza.

dark /dɑːk/ *A a.* *1* scuro; buio: **d. green**, verde scuro; **d. room**, stanza buia; **It's getting d.**, comincia a farsi buio *2* (*di carnagione, di occhi, ecc.*) bruno, scuro; (*di persona*) scuro di capelli o di carnagione: **d. hair**, capelli scuri; **d.-haired**, bruno *3* oscuro; tenebroso; truce; segreto: **to keep st. d.**, tenere q.c. segreto; **d. look**, occhiata truce; **d. forces**, forze oscure *4* cupo; tetro; nero: **d. mood**, umor nero; **to look on the d. side of things**, vedere soltanto il lato nero delle cose ● **the D. Ages**, l'Alto Medioevo □ **a d. horse**, persona che ha potenzialità nascoste; persona che ottiene inaspettatamente successo *B n.* [U] oscurità; buio: **before d.**, prima che faccia buio; prima di notte; **afraid of the d.**, che ha paura del buio; **in the d.**, al buio; (*fig.*) all'oscuro.

to **darken** /ˈdɑːkən/ *A v. i.* *1* oscurarsi; farsi scuro (*o* buio) *2* (*di colore, ecc.*) scurirsi *B v. t.* *1* oscurare *2* scurire (*un colore, ecc.*) ● (*antiq.*) **Never d. this door again!**, guai a te se rimetti piede qui dentro!

darkie /ˈdɑːkɪ/ *V.* **darky**.

darkness /ˈdɑːknəs/ *n.* [U] oscurità; buio; tenebre.

darkroom /ˈdɑːkruːm, -rʊm/ *n.* (*fotogr.*) camera oscura.

darky /ˈdɑːkɪ/ *n.* (*antiq., fortemente spreg.*) negro (-a).

darling /ˈdɑːlɪŋ/ *A a.* *1* caro; amato *2* grazioso; delizioso: **a d. little flat**, un appartamentino delizioso; un amore di appartamento *B n.* *1* (*anche al vocat.*) tesoro; amore *2* beniamino (-a); prediletto (-a); cocco (-a) (*fam.*).

darn (1) /dɑːn/ *n.* rammendo; rammendatura.

darn (2) /dɑːn/ *e deriv. V.* **damn** *e deriv.*

to **darn** /dɑːn/ *v. t.* rammendare.

darning /ˈdɑːnɪŋ/ *n.* [U] *1* (arte del) rammendo; rammendatura *2* indumenti da rammendare ● **d.-needle**, ago da rammendo.

dart /dɑːt/ *n.* *1* freccia; dardo *2* (*al pl.*) (gioco delle) freccette *3* balzo; guizzo: **to make a d. for the door**, fare un balzo verso la porta *4* (*sartoria*) pince (*franc.*).

to **dart** /dɑːt/ *A v. i.* balzare; guizzare *B v. t.* lanciare; gettare (*un'occhiata, ecc.*).

dartboard /ˈdɑːtbɔːd/ *n.* bersaglio (del gioco delle freccette).

Darwinian /dɑːˈwɪnɪən/ *a. e n.* darwiniano.

Darwinism /ˈdɑːwɪnɪzəm/ *n.* [U] darwinismo.

dash /dæʃ/ *n.* *1* corsa; balzo: **to make a d. for st.**, fare un balzo (*o* slanciarsi) verso q.c. *2* piglio ardito; disinvoltura elegante; stile *3* (un) po'; goccio; pizzico: **a d. of milk**, un goccio di latte; **a d. of humour**, un pizzico di umorismo *4* (*tipogr.*) tratto medio; (*nell'alfabeto Morse*) linea *5* (*specialm. USA*) cruscotto *6* (*sport*) corsa veloce: **the 100-metre d.**, i cento metri piani *7* scroscio; scrosciare ● **to cut a d.**, fare un figurone □ **to make a d. for freedom**, darsi alla fuga.

to **dash** /dæʃ/ *A v. t.* *1* scaraventare; scagliare: **to d. to the ground**, scaraventare (*o* scagliare) a terra; **to d. to pieces**, frantumare; mandare in pezzi *2* (*fig.*) infrangere; frantumare: **His hopes were dashed**, le sue speranze furono frantumate ● (*fam.*) **D. it!**, accidenti! *B v. i.* *1* infrangersi; urtare: **The waves dashed against the rocks**, le onde s'infrangevano contro le rocce *2* correre; precipitarsi; scappare: **to d. across the street**, attraversare di corsa la strada; **I must d.**, devo scappare.

◆ **dash away** *A v. i. + avv. V.* **to dash off**, *A B v. t. + avv.* asciugarsi (*le lacrime*).

◆ **dash off** *A v. i. + avv.* andar via di corsa; scappare *B v. t. + avv.* buttar giù (*uno scritto, ecc.*).

◆ **dash out** *A v. i. + avv.* precipitarsi fuori *B v. t. + avv.* sfracellare; fracassare: **to d. out one's brains**, fracassarsi la testa.

dashboard /ˈdæʃbɔːd/ *n.* (*autom.*) cruscotto.

dashed /dæʃt/ *eufem. per* **damned**.

dashing /ˈdæʃɪŋ/ *a.* *1* ardito *2* elegante.

dastardly /ˈdæstədlɪ/ *a.* (*antiq.*) vigliacco; ignobile.

data /ˈdeɪtə, ˈdɑː-, *USA* ˈdeɪ-, ˈdæ-/ (*lat.*) *n. pl.* (*ma spesso usato come sing*) *1* dati *2* informazioni ● **d. bank**, banca dati □ **d.(-processing) centre**, centro meccanografico (*o* di calcolo) □ **d. pen**, penna ottica □ **d. processing**, elaborazione dei dati; trattamento dell'informazione.

database /ˈdeɪtəbeɪs, ˈdɑː-, *USA* ˈdeɪ-, ˈdæ-/ *n.* (*elab.*) base (di) dati; data base.

date (1) /deɪt/ *n.* dattero: **d. palm**, palma da datteri.

date (2) /deɪt/ *n.* *1* data: **d. of birth**, data di nascita; **What's the d. today?**, quanti ne abbiamo oggi?; **at a later d.**, in seguito; in data da definire; **closing d.**, termine; scadenza; **sell-by d.**, data di scadenza (*di alimento*) *2* (*fam.*) appuntamento (*per uscire insieme*): **dinner d.**, invito a cena (*generalm. a due*); **to go out on a d.**, uscire con un ragazzo [una ragazza] *3* (*fam.*) persona con cui si ha un appuntamento (per uscire insieme); ragazzo (-a); filarino (*fam.*) ● **d.-mark**, timbro della data □ **d. stamp**, datario (*timbro*) □ **blind d.**, incontro organizzato tra persone che non si conoscono □ **out of d.**, antiquato; fuori moda; in disuso □

(*comm.*) **to d.**, a tutt'oggi; sinora.
to **date** /deɪt/ ***A*** *v. t.* ***1*** datare ***2*** (*archeol.*) datare; determinare la data di; attribuire (q.c.) a ***3*** (*fam.*) uscire regolarmente con ***4*** (*fam.*) denunciare l'età di: **You went to a Beatles concert? Well, that dates you!**, sei andato a un concerto dei Beatles? Be', ne hai di annetti! ***B*** *v. i.* (*specialm. USA*) uscire regolarmente con q.
♦ **date back to** *v. i. + avv. e prep.* risalire a.
♦ **date forward** *v. t. + avv.* postdatare.
♦ **date from** *v. i. + prep.* risalire a.
dated /ˈdeɪtɪd/ *a.* datato; superato; antiquato.
dateless /ˈdeɪtləs/ *a.* ***1*** senza data ***2*** senza età; eterno.
dateline /ˈdeɪtlaɪn/ *n.* (*geogr.*) linea del cambiamento di data.
dative /ˈdeɪtɪv/ *a. e n.* (*gramm.*) dativo.
daub /dɔːb/ *n.* ***1*** Ⓤ intonaco; argilla; fango ***2*** quadro malfatto; crosta.
to **daub** /dɔːb/ ***A*** *v. t.* ***1*** spalmare; impiastrare ***2*** (*spreg.*) imbrattare; impiastricciare ***B*** *v. i.* essere un imbrattatele; dipingere male.
daughter /ˈdɔːtə(r)/ *n.* figlia • **d.-in-law**, nuora.
daughterly /ˈdɔːtəlɪ/ *a.* di, da figlia; filiale.
to **daunt** /dɔːnt/ *v. t.* intimidire; sgomentare; scoraggiare • **a d. experience**, una prospettiva che sgomenta □ **nothing daunted**, per nulla scoraggiato; intrepidamente.
dauntless /ˈdɔːntləs/ *a.* impavido; intrepido.
dauphin /ˈdɔːfɪn, dəʊˈfæn/ (*franc.*) *n.* (*stor.*) delfino.
davenport /ˈdævnpɔːt/ *n.* ***1*** (*GB*) scrittorio; scrivania (*con piano ribaltabile*) ***2*** (*USA*) divano; divano letto.
davit /ˈdævɪt, ˈdeɪ-/ *n.* (*naut.*) gru.
to **dawdle** /ˈdɔːdl/ *v. i.* perdere tempo; gingillarsi; cincischiare.
dawdler /ˈdɔːdlə(r)/ *n.* perdigiorno; fannullone (-a).
dawn /dɔːn/ *n.* Ⓤ ***1*** alba: **D. was breaking**, spuntava l'alba; si faceva giorno; **from d. to dark**, dall'alba al tramonto ***2*** (*fig.*) alba; albori.
to **dawn** /dɔːn/ *v. i.* ***1*** spuntare: **Day was dawning**, si faceva giorno; spuntava l'alba; **The great day dawned at last**, arrivò finalmente il gran giorno ***2*** (*fig.*) essere agli albori.
♦ **dawn on** (*o* **upon**) *v. i. + prep.* farsi evidente a: **It dawned on me that he was lying**, mi resi conto che stava mentendo; **The truth gradually dawned upon him**, la verità si fece strada nella sua mente.
day /deɪ/ *n.* ***1*** Ⓤ *e* Ⓒ giorno; giornata: **during the day**, durante il giorno; **It was a long day**, è stata una lunga giornata; **the other day**, l'altro giorno; **eight-hour day**, giornata (lavorativa) di otto ore; **day after day**, un giorno dopo l'altro; **day by day**, giorno per giorno; **all day (long)**, per tutta la giornata (*o* il giorno); **by day**, di giorno; **to pay sb. by the day**, pagare q. a giornata ***2*** epoca; tempo; tempi: **in my day**, ai miei tempi; **the best painter of his day**, il miglior pittore del suo tempo; **in the days of Queen Victoria**, all'epoca della regina Vittoria • **the day after tomorrow**, dopodomani □ **the day before yesterday**, l'altroieri □ (*comm.*) **day-book**, brogliaccio □ **day care**, assistenza (*ad anziani, handicappati, ecc.*) □ **day-care centre**, centro assistenziale (*per anziani, handicappati, ecc.*); asilo nido □ **day in, day out**, tutti i giorni; per giorni e giorni □ **day-long**, che dura tutto il giorno □ **the day of reckoning**, il giorno della resa dei conti □ **day off**, giorno libero; giornata libera □ **day pupil**, allievo esterno □ (*GB*) **day release**, permesso di studio (*di uno o più giorni alla settimana*) concesso a un lavoratore □ (*GB*) **day release course**, corso per lavoratori □ (*GB*) **day return**, biglietto di andata e ritorno □ **day-to-day**, di tutti i giorni; normale □ **day-to-day existence**, vita alla giornata □ **day trip**, escursione (in giornata); gita □ **for days on end**, per giorni e giorni □ **in this day and age**, oggigiorno □ **every other day**, un giorno sì e un giorno no □ **from one day to the next**, da un giorno all'altro □ **to have had one's day**, aver fatto il proprio tempo □ **some day**, un giorno o l'altro □ **this day week [fortnight]**, oggi a otto [quindici] □ (*fam.*) **That'll be the day!**, voglio proprio vedere!; sì, domani! (*fam.*) □ **to the present day**, fino a oggi; fino al momento attuale □ **one year ago to the day**, esattamente un anno fa oggi □ **to this day**, a tutt'oggi.
d…boy /ˈdeɪbɔɪ/ *n.* allievo esterno (*di collegio*).
…reak /ˈdeɪbreɪk/ *n.* Ⓤ (*form.*) alba; spuntar del giorno.
…ream /ˈdeɪdriːm/ *n.* sogno a occhi aperti.
…dream /ˈdeɪdriːm/ *v. i.* sognare a occhi aperti.
daygirl /ˈdeɪgɜːl/ *n.* allieva esterna (*di collegio*).
daylight /ˈdeɪlaɪt/ *n.* Ⓤ ***1*** luce (del giorno); giorno: **d. hours**, ore di luce; **broad d.**, pieno giorno ***2*** alba; spuntar del giorno ***3*** *V.* **daylights** • (*USA*) **d. saving (time)**, ora estiva (*o* legale) □ (*fam.*) **d. robbery**, un vero furto; pura rapina □ **to begin to see d.**, cominciare a vederci chiaro.
daylights /ˈdeɪlaɪts/ *n. pl.* — (*fam.*) **to beat the (living) d. out of sb.**, riempire q. di botte; pestare a sangue q.
daytime /ˈdeɪtaɪm/ *n.* Ⓤ giorno; ore diurne; **in the d.**, di giorno.
daze /deɪz/ *n.* stordimento • **in a d.**, stordito; intontito.
to **daze** /deɪz/ *v. t.* stordire; intontire.
dazedly /ˈdeɪzdlɪ/ *avv.* con aria stordita, intontita.
dazzle /ˈdæzl/ *n.* Ⓤ bagliore; sfolgorio • (*autom., USA*) **d. lamps** (*o* **lights**), (fari) abbaglianti.
to **dazzle** /ˈdæzl/ *v. t.* (*anche fig.*) abbagliare.
dazzling /ˈdæzlɪŋ, -zəl-/ *a.* ***1*** abbagliante; splendente ***2*** stupefacente.
deacon /ˈdiːkən/ *n.* (*eccles.*) diacono.
deaconess /diːkəˈnɛs, ˈdiːkənɪs/ *n.* (*eccles.*) diaconessa.
to **deactivate** /diːˈæktɪveɪt/ *v. t.* disattivare (*una bomba, ecc.*).
dead /dɛd/ ***A*** *a.* ***1*** morto; defunto: **d. leaves**, foglie morte; **the d. woman**, la morta; la defunta; **d. body**, cadavere; corpo; **d. languages**, lingue morte; **d. season**, stagione morta; **The town's d. tonight**, la città è morta stasera ***2*** (*di parte del corpo*) insensibile; intirizzito ***3*** insensibile; indifferente; sordo: **to be d. to any feeling of pity**, essere sordo a ogni sentimento di pietà ***4*** spento; non funzionante; (*elettr.*) scarico, che fa massa, neutro: **d. match**, fiammifero spento; **d. battery**, accumulatore scarico; **d. wire**, filo neutro; (*telef.*) **The line's gone d.**, è caduta la linea ***5*** assoluto; esatto: **d. silence**, silenzio assoluto; **d. centre**, centro esatto ***6*** (*di suono, colore, ecc.*) smorto; spento ***7*** (*solo pred.*) (*fam.*) esausto; stanco morto • **d.-and-alive**, (*di persona*) mezzo morto, più morto che vivo; (*di cosa, luogo, ecc.*) monotono, noioso, tedioso □ **d. and buried** (*o* **gone**), morto e sepolto □ (*fam.*) **d. duck**, progetto destinato a fallire o fallito; fiasco □ **d. end**, vicolo cieco (*anche fig.*) □ **d.-end job**, lavoro noioso e senza prospettive □ (*fam.*) **d. in the water**, (*di idea, progetto*) fallito; senza speranza □ **d. letter**, lettera in giacenza; (*fig.*) lettera morta □ **d. loss**, persona incapace; frana (*fam.*) □ (*USA*) **d.-man's float**, (il) morto (*nel nuoto*) □ **d. on one's feet**, morto di stanchezza □ (*naut.*) **d. reckoning**, stima della posizione; punto stimato □ (*fam. USA*) **d. ringer**, sosia □ **d. shot**, colpo di fucile [pistola, ecc.] preciso al millimetro; tiratore infallibile □ **d. soil**, terreno sterile □ (*fam.*) **d. to the world**, addormentato; svenuto □ **d. wood**, rami secchi (*fig.*); roba inutile □ (*fam.*) **as d. as a doornail**, morto stecchito ***B*** *n.* ***1*** — **the dead**, i morti ***2*** (*fig.*) profondità; cuore: **d. of night**, cuore della notte; **in the d. of winter**, in pieno inverno ***C*** *avv.* ***1*** di colpo; di botto: **to stop d.**, fermarsi di botto; bloccarsi ***2*** (*fam.*) assolutamente; completamente: **d. certain**, certissimo; **d. beat**, stanco morto; **d. drunk**, ubriaco fradicio ***3*** (*fam.*) perfettamente; esattamente: **d. on time**, in perfetto orario.
deadbeat /ˈdɛdbiːt/ *n.* (*fam.*) fannullone; scroccone.
to **deaden** /ˈdɛdn/ *v. t.* ***1*** attutire; attenuare; smorzare ***2*** rendere insensibile.
deadline /ˈdɛdlaɪn/ *n.* termine ultimo; scadenza: **to meet a d.**, rispettare una scadenza; **to work to a d.**, avere una scadenza da rispettare.
deadlock /ˈdɛdlɒk/ *n.* Ⓒ *e* Ⓤ punto morto; impasse: **to break the d.**, porre fine all'impasse.
deadlocked /ˈdɛdlɒkt/ *a. pred.* a un punto morto.
deadly /ˈdɛdlɪ/ ***A*** *a.* ***1*** mortale; fatale ***2*** implacabile; mortale; micidiale: **d. enemy**, nemico mortale; **d. combat**, combattimento all'ultimo sangue ***3*** assoluto; totale: **in d. earnest**, con assoluta serietà • (*bot.*) **d. nightshade**, belladonna ***B*** *avv.* molto; assolutamente: **d. dull**, di una noia mortale; **d. serious**, serissimo.
deadpan /ˈdɛdpæn/ (*fam.*) ***A*** *a.* impassibile; serissimo: **d. face [humour]**, faccia [umorismo] impassibile ***B*** *avv.* impassibilmente; con faccia impassibile.
deaf /dɛf/ *a.* sordo: **d. in one ear**, sordo da un orecchio; **d. man [woman]**, sordo [sorda]; **d. to a plea**, sordo a una supplica • **as d. as a post**, sordo come una campana □ **d. and dumb** (*o* **d.-mute**), sordomuto □ (*fam.*) **d.-aid**, apparecchio acustico □ **to turn a d. ear**, fare orecchi da mer-

cante.
to **deafen** /ˈdɛfn/ *v. t.* assordare.
deafening /ˈdɛfnɪŋ, -fən-/ *a.* assordante; fragoroso.
deafness /ˈdɛfnəs/ *n.* [U] sordità.
deal (1) /diːl/ *n.* quantità: **a good** (*o* **a great**) **d.**, molto; parecchio; **It takes a good d. of patience**, ci vuole molta pazienza; **a great d. older**, molto più vecchio.
deal (2) /diːl/ *n.* *1* accordo; patto: **to do** (*o* **to make**) **a d. with sb.**, venire a un accordo con q. *2* trattamento: **raw d.**, trattamento ingiusto; **We got a good d. from them**, ci hanno trattato bene *3* (*a carte*) turno di fare le carte: **Whose d. is it?**, a chi tocca fare le carte? • (*pop. iron.*) **Big d.!**, sai che roba!; capirai! □ **It's a d.!**, affare fatto! □ (*fam.*) **to make a big d. of st.**, fare tante scene per q.c.; metterla giù dura.
deal (3) /diːl/ *n.* asse di pino (*o* di abete).
to **deal** /diːl/ (*pass. e p.p.* **dealt**) ***A*** *v. t.* dare; distribuire: **to d. sb. a blow**, dare (*o* assestare) un colpo a q.; **to d. the cards**, dare (*o* fare) le carte ***B*** *v. i.* dare, fare la carte.
♦ **deal in** ***A*** *v. i. + prep.* commerciare in; occuparsi di; (*Borsa*) trattare ***B*** *v. t. + avv.* (*a carte*) far partecipare (q.) al gioco.
♦ **deal out** *v. t. + avv.* *1* distribuire, dare (*a più persone*) *2* somministrare (*una punizione*); amministrare (*la giustizia*) *3* escludere (*da un gioco di carte, da un affare*).
♦ **deal with** *v. i. + prep.* *1* occuparsi di; trattare di: **I'll d. with him**, mi occupo io di lui; **The article deals with the Irish problem**, l'articolo tratta della questione irlandese *2* avere a che fare con; avere rapporti d'affari con *3* trattare: **to d. fairly with sb.**, trattare q. lealmente (*o* con giustizia).
dealer /ˈdiːlə(r)/ *n.* *1* commerciante; venditore; trafficante: **car d.**, venditore di auto; **antique d.**, antiquario; **authorized d.**, rivenditore autorizzato; **drugs d.**, trafficante di droga; spacciatore *2* (*Borsa*) operatore *3* (*a carte*) chi fa le carte; mazziere.
dealings /ˈdiːlɪŋz/ *n. pl.* *1* rapporti, relazioni (*specialm. di affari*): **to have d. with sb.**, avere rapporti d'affari con q. *2* (*Borsa*) operazione; negoziazione.
dealt /dɛlt/ *pass. e p.p. di* **to deal**.
dean /diːn/ *n.* *1* (*nella chiesa anglicana*) decano *2* (*nelle università*) preside di facoltà.
dear /dɪə(r)/ ***A*** *a.* *1* caro: **a d. friend**, un caro amico; **a d. little dog**, un cagnolino grazioso *2* caro; costoso: **a very d. shop**, un negozio carissimo •. (*nelle lettere*) **D. Sir** [**Madam**], Egregio Signore [Gentile Signora] ***B*** *n.* *1* (*al vocat.*) caro *2* amore; tesoro: **She's a d.!**, è un tesoro!; (*fam.*) **There's a d.!**, da bravo (-a)! ***C*** *avv.* caro; a caro prezzo ***D*** *inter.* (*anche* **d. me!**; **oh d.!**), Dio mio!; santo cielo!; povero me!
dearly /ˈdɪəlɪ/ *avv.* *1* caramente; intensamente: **to love sb. d.**, volere molto bene a q.; **I'd d. love to go**, vorrei tanto andarci *2* a caro prezzo: **to pay d. for an error**, pagare un errore a caro prezzo.
dearth /dɜːθ/ *n.* (*form.*) scarsità; penuria.
death /dɛθ/ *n.* [C] *e* [U] *1* morte; decesso (*form.*): **to die a natural d.**, morire di morte naturale; **the d. of my hopes**, la morte delle mie speranze; **d. by** (*o* **from**) **drowning**, morte per annegamento; (*leg.*) **d. by misadventure**, morte accidentale; **to be frozen** [**starved, burned**] **to d.**, morire assiderato [di fame, carbonizzato] *2* rovina; fine: *3* (*al pl.*) (*giorn.*) necrologi • (*leg., GB*) **d. duties**, tassa di successione □ **d.-knell**, campana a morte □ **d. mask**, maschera mortuaria □ (*giorn.*) **d. notice**, necrologio □ **d. rate**, indice di mortalità □ **d. row**, braccio della morte (*di prigione*) □ **d.'s-head**, teschio □ **d. squad**, squadrone della morte □ **d. toll**, numero delle vittime (*di un disastro, ecc.*); perdite umane □ (*fam.*) **d. trap**, trappola mortale □ **d. warrant**, condanna a morte □ **to be at d.'s door**, essere in punto di morte □ **Smoking will be the d. of him**, si ucciderà a forza di fumare □ **He'll be the d. of me!**, mi fa disperare; mi distrugge □ (*fam.*) **This stuff is d. on grease**, questa roba è fantastica per le macchie d'unto □ (*fam.*) **You'll catch your d.** (**of cold**), ti prenderai un malanno (*o* un accidente, una polmonite) □ (*fam.*) **to feel like d.**, sentirsi uno straccio □ **to frighten to d.**, spaventare a morte; far morire di paura □ (*fam.*) **to look like d. warmed up**, sembrare uno straccio (*o* un cadavere ambulante) □ **to be sick to d. of**, averne fin sopra i capelli di □ **to the d.**, all'ultimo sangue.
deathbed /ˈdɛθbɛd/ *n.* letto di morte • **on one's d.**, in punto di morte.
deathblow /ˈdɛθbləʊ/ *n.* colpo mortale; colpo di grazia.
deathless /ˈdɛθləs/ *a.* immortale; imperituro.
deathlike /ˈdɛθlaɪk/ *a.* simile alla morte; di morte.
deathly /ˈdɛθlɪ/ ***A*** *a.* *1* mortale; micidiale; fatale *2* mortale; di morte: **d. hush** (*o* **silence**), silenzio di tomba ***B*** *avv.* *1* mortalmente: **d. pale**, pallido come un morto; di un pallore mortale *2* estremamente.
deb /dɛb/ *n. abbr. fam. di* **debutante**.
to **debar** /dɪˈbɑː(r)/ *v. t.* escludere (*da un diritto, ecc.*); privare di; interdire (*l'accesso, ecc.*); impedire: **to be debarred from voting**, essere privato del diritto di voto; (*leg.*) **to be debarred by the statute of limitation**, cadere in prescrizione.
to **debase** /dɪˈbeɪs/ *v. t.* *1* svilire; degradare *2* (*econ.*) deprezzare, svilire (*la moneta*).
debasement /dɪˈbeɪsmənt/ *n.* [U] *e* [C] *1* svilimento; degradazione *2* (*econ.*) deprezzamento, svilimento (*della moneta*).
debatable /dɪˈbeɪtəbl/ *a.* *1* discutibile; dubbio *2* (*di territorio*) conteso.
debate /dɪˈbeɪt/ *n.* [C] *e* [U] dibattito; discussione.
to **debate** /dɪˈbeɪt/ *v. t. e i.* *1* dibattere; discutere *2* considerare; riflettere su.
to **debauch** /dɪˈbɔːtʃ/ *v. t.* corrompere; traviare.
debauched /dɪˈbɔːtʃt/ *a.* dissoluto; debosciato.
debauchee /dɛbɔːˈtʃiː/ *n.* (*antiq.*) dissoluto; debosciato.
debauchery /dɪˈbɔːtʃərɪ/ *n.* [U] dissolutezza; sregolatezza.
debenture /dɪˈbɛntʃə(r)/ *n.* (*fin.*) obbligazione; titolo obbligazionario • **d. holder**, obbligazionista □ **d. stock**, obbligazioni nominative (*o* irredimibili).
to **debilitate** /dɪˈbɪləteɪt/ *v. t.* debilitare; indebolire.
debility /dɪˈbɪlətɪ/ *n.* [U] debolezza; (*med.*) astenia.
debit /ˈdɛbɪt/ *n.* (*rag.*) *1* addebito; registrazione a debito *2* (*anche* **d. side**) (colonna del) dare: **d. and credit**, il dare e l'avere • **d. card**, carta di addebito □ **d. note**, nota di addebito.
to **debit** /ˈdɛbɪt/ *v. t.* (*rag.*) addebitare: **to d. sb.** [**sb.'s account**] **with £40**, addebitare 40 sterline a q. [sul conto di q.].
debonair /dɛbəˈnɛə(r)/ *a.* (*antiq.*) simpatico e disinvolto.
to **debrief** /diːˈbriːf/ *v. t.* *1* (*mil., aeron. ed estens.*) chiamare a rapporto (*dopo una missione*) *2* interrogare a fondo (*un agente segreto*).
debriefing /diːˈbriːfɪŋ/ *n.* *1* (*mil., aeron. ed estens.*) rapporto (*a missione completata*) *2* interrogatorio (*di agente segreto*).
debris /ˈdeɪbriː, ˈdɛ-, *USA* dəˈbriː/ *n.* [U] *1* macerie; detriti *2* (*geol.*) detriti.
debt /dɛt/ *n.* [U] *e* [C] (*comm.*) debito: **to owe sb. a d.** (*o* **to be in d. to sb.**), essere in debito con q.; **to run** (*o* **to get**) **into debt**, fare debiti; indebitarsi; **the National D.**, il debito pubblico; **d. of honour**, debito d'onore • **bad d.**, credito inesigibile; sofferenza □ **to be deeply in d.**, essere indebitato fino agli occhi (*o* fin sopra i capelli) □ **I'm in your d.**, ti sono obbligato □ **to get out of d.**, sdebitarsi.
debtor /ˈdɛtə(r)/ *n.* debitore (-trice).
to **debug** /diːˈbʌg/ *v. t.* (*fam.*) *1* rimuovere le microspie (*da un locale, ecc.*) *2* (*elab.*) cercare e togliere gli errori (*da un programma*); fare un debugging.
debugging /diːˈbʌgɪŋ/ *n.* (*elab.*) debugging; eliminazione degli errori di un programma.
to **debunk** /diːˈbʌŋk/ *v. t.* (*fam.*) ridimensionare; sgonfiare (*fam.*); sfatare (*un mito*).
debut /ˈdeɪbjuː, ˈdɛ-, *USA* deɪˈbjuː, dɪ-/ (*franc.*) *n.* debutto; esordio: **to make one's d.**, debuttare; esordire; fare il proprio debutto.
debutante /ˈdɛbjuːtɑːnt, -ænt, -ɒnt/ *n.* ragazza che debutta in società; debuttante.
decade /ˈdɛkeɪd, dɪˈkeɪd/ *n.* decennio. ATTENZIONE: **decade** ≠ decade.
decadence /ˈdɛkədəns/ *n.* [U] *1* decadenza; decadimento; deterioramento *2* (*arte, letter.*) decadentismo; decadenza.
decadent /ˈdɛkədənt/ ***A*** *a.* (*anche arte, letter.*) decadente ***B*** *n.* (*arte, letter.*) scrittore decadente; decadentista.
decaff /ˈdiːkæf/ *n.* (*fam.*) caffè decaffeinato.
decaffeinated /diːˈkæfɪneɪtɪd/ *a.* decaffeinato.
decal /dɪˈkæl, ˈdiːkæl, ˈdɛkəl/ *n.* (*USA*) decalcomania.
decalitre, (*USA*) **decaliter** /ˈdɛkəliːtə(r)/ *n.* decalitro.
decalogue, (*USA anche*) **decalog** /ˈdɛkəlɒg, *USA* -ɔːg/ *n.* (*relig.*) decalogo.
decametre, (*USA*) **decameter** /ˈdɛkəmiːtə(r)/ *n.* deca-

metro.

to **decamp** /dɪ'kæmp/ *v. i.* (*fam.*) squagliarsela; filare; levare le tende.

to **decant** /dɪ'kænt/ *v. t.* versare, travasare (*vino, ecc.*). ATTENZIONE: **to decant** ≠ decantare.

decanter /dɪ'kæntə(r)/ *n.* caraffa (*da vino*).

to **decapitate** /dɪ'kæpɪteɪt/ *v. t.* (*anche fig.*) decapitare.

decapitation /dɪkæpɪ'teɪʃn/ *n.* decapitazione.

decasyllable /'dɛkəsɪləbl, dɛkə's-/ *n.* (*poesia*) decasillabo.

decathlon /dɪ'kæθlɒn/ *n.* (*sport*) decathlon, decatlon.

decay /dɪ'keɪ/ *n.* [U] ***1*** decadimento; decadenza; rovina: **to fall into d.**, andare in rovina ***2*** deterioramento; putrefazione ***3*** (*med.*) carie (dentaria) ***4*** (*fis. nucl.*) decadimento.

to **decay** /dɪ'keɪ/ ***A*** *v. i.* ***1*** decadere; declinare ***2*** decomporsi; marcire; imputridire; putrefarsi ***3*** (*di dente*) cariarsi ***4*** (*fis. nucl.*) decadere ***B*** *v. t.* ***1*** far imputridire; far marcire ***2*** cariare (*i denti*).

decayed /dɪ'keɪd/ *a.* ***1*** decaduto; in rovina ***2*** marcio; imputridito ***3*** (*di dente*) cariato; guasto.

deceased /dɪ'siːst/ (*form. o bur.*) ***A*** *a.* deceduto; defunto ***B*** *n.* — **the d.**, il defunto [la defunta].

deceit /dɪ'siːt/ *n.* ***1*** [U] falsità; disonestà ***2*** inganno; raggiro ***3*** [U] frode.

deceitful /dɪ'siːtfl/ *a.* disonesto; fraudolento.

to **deceive** /dɪ'siːv/ ***A*** *v. t.* ingannare; raggirare • **to d. sb. into doing st.**, convincere q. con l'inganno a fare q.c. ***B*** **to deceive oneself** *v. rifl.* illudersi.

to **decelerate** /diː'sɛləreɪt/ *v. t. e i.* decelerare; rallentare.

December /dɪ'sɛmbə(r)/ *n.* dicembre. (*Per gli esempi d'uso, V. sotto* **summer**).

decency /'diːsnsɪ/ *n.* ***1*** [U] decenza; decoro ***2*** (*fam.*) cortesia: **At least have the d. to keep quiet**, abbi almeno la cortesia di tacere ***3*** (*al pl.*) (*antiq.*) convenienze; norme del vivere civile.

decent /'diːsnt/ *a.* ***1*** decente; decoroso ***2*** (*fam.*) discreto; soddisfacente; adeguato ***3*** onesto; per bene; a posto: **d. people**, gente per bene ***4*** (*fam.*) gentile; generoso: **It was very d. of him**, è stato gentile da parte sua.

decentralization, (*GB anche*) **decentralisation** /diːsɛntrəlaɪ'zeɪʃn, *USA* -lɪ'z-/ *n.* [U] decentramento; decentralizzazione.

to **decentralize**, (*GB anche*) to **decentralise** /diː'sɛntrəlaɪz/ *v. t.* decentrare; decentralizzare.

deception /dɪ'sɛpʃn/ *n.* ***1*** [U] falsità ***2*** inganno; frode; raggiro.

deceptive /dɪ'sɛptɪv/ *a.* ingannevole; fallace; illusorio.

decibel /'dɛsɪbɛl/ *n.* (*fis.*) decibel.

to **decide** /dɪ'saɪd/ ***A*** *v. i.* decidere; decidersi; optare: **to d. to do** (*o* **on doing**) **st.**, decidere di fare q.c.; **to d. not to do** (*o* **against doing**) **st.**, decidere di non fare q.c.; **We've decided on Greece for our holidays**, abbiamo scelto la Grecia per le vacanze ***B*** *v. t.* ***1*** determinare; decidere: **to d. sb.'s future**, decidere il (*o* del) futuro di q. ***2*** far prendere una decisione a; (far) decidere.

decided /dɪ'saɪdɪd/ *a.* ***1*** definito; netto: **d. improvement**, netto miglioramento ***2*** deciso; fermo; risoluto.

decider /dɪ'saɪdə(r)/ *n.* (*sport*) ***1*** partita decisiva; bella (*fam.*) ***2*** punto [gol] della vittoria.

deciduous /dɪ'sɪdjʊəs, *USA* -dʒʊ-/ *a.* (*bot.*) deciduo.

decigram(me) /'dɛsɪgræm/ *n.* decigrammo.

decilitre, (*USA*) **deciliter** /'dɛsɪliːtə(r)/ *n.* decilitro.

decimal /'dɛsɪml/ *a. e n.* (*mat.*) decimale: **d. point**, punto che separa l'intero dai decimali; **recurring d.**, numero decimale periodico.

to **decimalize**, (*GB anche*) to **decimalise** /'dɛsɪməlaɪz/ *v. t.* convertire al sistema decimale; decimalizzare.

to **decimate** /'dɛsɪmeɪt/ *v. t.* decimare.

decimation /dɛsɪ'meɪʃn/ *n.* [U] decimazione.

decimetre, (*USA*) **decimeter** /'dɛsɪmiːtə(r)/ *n.* decimetro.

to **decipher** /dɪ'saɪfə(r)/ *v. t.* decifrare.

decision /dɪ'sɪʒn/ *n.* ***1*** [U] *e* [C] decisione: **to make a d.**, prendere una decisione; **to come to** (*o* **to arrive at**) **a d.**, giungere a una decisione; **d.-making**, processo decisionale ***2*** [U] decisione; fermezza; risolutezza.

decisive /dɪ'saɪsɪv/ *a.* ***1*** decisivo ***2*** deciso; fermo; risoluto ***3*** chiaro; netto.

[illegible] /dɛk/ *n.* ***1*** (*naut.*) ponte; (*anche* **main** *o* **upper d.**) [illegible] di) coperta: **lower d.**, ponte inferiore; **to go up on** [illegible] re in coperta; **below d.**, sottocoperta ***2*** piano (*di au-* [illegible] ***3*** (*USA*) mazzo (*di carte da gioco*) • **to clear the decks**, (*naut.*) sgombrare i ponti (*per il combattimento*); (*fig.*) prepararsi all'azione □ **to hit the d.**, buttarsi a terra.

to **deck** /dɛk/ *v. t.* (*anche* **to d. out**) adornare; decorare; addobbare • **decked with flags**, imbandierato.

deckchair /'dɛktʃɛə(r)/ *n.* sedia a sdraio.

deckhand /'dɛkhænd/ *n.* (*naut.*) marinaio.

to **declaim** /dɪ'kleɪm/ *v. t. e i.* declamare • **to d. against st.**, concionare contro q.c.

declamatory /dɪ'klæmətrɪ, *USA* -tɔːrɪ/ *a.* declamatorio; retorico.

declaration /dɛklə'reɪʃn/ *n.* [U] *e* [C] dichiarazione.

to **declare** /dɪ'klɛə(r)/ *v. t.* dichiarare: **to d. war**, dichiarare guerra; **Have you anything to d.?**, ha niente da dichiarare (*alla dogana*)? • **Well, I d.!**, beh, questa poi!

♦ **declare against** *v. i. + prep.* dichiararsi contrario a.

♦ **declare for** *v. i. + prep.* dichiararsi in favore di.

to **declassify** /diː'klæsɪfaɪ/ *v. t.* rendere di dominio pubblico (*documenti già considerati segreto di Stato*).

declension /dɪ'klɛnʃn/ *n.* [U] *e* [C] (*gramm.*) declinazione.

declination /dɛklɪ'neɪʃn/ *n.* [U] *e* [C] (*astron., aeron.*) declinazione.

decline /dɪ'klaɪn/ *n.* ***1*** declino; decadimento; decadenza ***2*** diminuzione; calo; ribasso: **d. in prices**, ribasso dei prezzi ***3*** declivio; pendio • **in** (*o* **on the**) **d.**, in declino; in ribasso.

to **decline** /dɪ'klaɪn/ ***A*** *v. t.* ***1*** rifiutare; declinare: **to d. an invitation**, declinare un invito ***2*** (*gramm.*) declinare ***B*** *v. i.* ***1*** decadere; diminuire ***2*** (*econ.*) calare; subire una flessione ***3*** (*form.*) digradare; scendere: **to d. to the sea**, digradare verso il mare ***4*** rifiutare; rifiutarsi ***5*** (*gramm.*) declinarsi.

declining /dɪ'klaɪnɪŋ/ *a.* ***1*** (*del sole*) che declina; al tramonto ***2*** (*fig.*) in declino; sul declinare: **one's d. years**, il declinare della vita ***3*** (*econ.*) in calo; in ribasso.

declivity /dɪ'klɪvətɪ/ *n.* (*form., tecn.*) declivio; pendio.

to **declutch** /diː'klʌtʃ/ *v. i.* (*autom.*) disinnestare la frizione.

decoction /dɪ'kɒkʃn/ *n.* decotto.

to **decode** /diː'kəʊd/ *v. t.* decodificare; decifrare; decrittare.

décolletage /deɪkɒl'tɑːʒ, *USA* deɪkɒlə't-/ (*franc.*) *n.* ***1*** décolleté (*franc.*) ***2*** scollatura (*di abito femm.*).

décolleté /deɪ'kɒlteɪ, *USA* deɪkɒl'teɪ/ (*franc.*) *a.* (*di abito*) scollato.

decolonization, (*GB anche*) **decolonisation** /diːkɒlənaɪ'zeɪʃn, *USA* -nɪ'z-/ *n.* [U] decolonizzazione.

to **decolonize**, (*GB anche*) to **decolonise** /diː'kɒlənaɪz/ *v. t.* decolonizzare.

to **decompose** /diːkəm'pəʊz/ ***A*** *v. t.* decomporre; scomporre ***B*** *v. i.* decomporsi; imputridire.

decomposition /diːkɒmpə'zɪʃn/ *n.* [U] decomposizione; scomposizione.

decompression /diːkəm'prɛʃn/ *n.* [U] (*mecc., med.*) decompressione: **d. chamber**, camera di decompressione.

decongestant /diːkən'dʒɛstənt/ *a. e n.* decongestionante.

to **deconsecrate** /diː'kɒnsɪkreɪt/ *v. t.* sconsacrare; secolarizzare.

to **decontaminate** /diːkən'tæmɪneɪt/ *v. t.* decontaminare.

decontamination /diːkəntæmɪ'neɪʃn/ *n.* decontaminazione.

to **decontrol** /diːkən'trəʊl/ *v. t.* liberalizzare, sbloccare (*prezzi, affitti, ecc.*).

décor /'deɪkɔː(r), *USA* deɪ'kɔː(r)/ (*franc.*) *n.* [C] *e* [U] ***1*** arredamento; décor ***2*** (*teatr.*) allestimento scenico; scenografia.

to **decorate** /'dɛkəreɪt/ *v. t.* ***1*** decorare; ornare ***2*** imbiancare, dipingere, tappezzare (*una stanza, ecc.*) ***3*** decorare (*con medaglia*).

decoration /dɛkə'reɪʃn/ *n.* [U] *e* [C] decorazione.

decorative /'dɛkrətɪv, *USA* 'dɛkəreɪtɪv/ *a.* decorativo.

decorator /'dɛkəreɪtə(r)/ *n.* ***1*** imbianchino; tappezziere ***2*** (*anche* **interior d.**) arredatore; architetto di interni.

decorous /'dɛkərəs/ *a.* decoroso; dignitoso.

decorum /dɪ'kɔːrəm/ *n.* [U] decoro; proprietà.

decoy /'diːkɔɪ/ *n.* ***1*** (uccello da) richiamo (*anche artificiale*) ***2*** (persona o cosa che fa da) esca.

to **decoy** /dɪ'kɔɪ/ *v. t.* ***1*** attirare (*uccelli, ecc.*) con i richiami ***2*** attirare (*con l'inganno*).

decrease /'diːkriːs/ *n.* diminuzione; calo; ribasso: **d. in value**, diminuzione di valore; **d. in prices**, ribasso dei prezzi; **on the d.**, in diminuzione.

to **decrease** /dɪ'kriːs/ ***A*** *v. i.* diminuire; calare; decrescere ***B*** *v. t.* diminuire.

decreasing /dɪ'kri:sɪŋ/ *a.* decrescente.
decree /dɪ'kri:/ *n.* (*leg.*) decreto; ordinanza; sentenza: **d. in bankruptcy**, dichiarazione giudiziale di fallimento; (*in G.B.*) **d. nisi** [**absolute**], sentenza provvisoria [definitiva] (*di divorzio*).
to **decree** /dɪ'kri:/ *v. t.* decretare.
decrepit /dɪ'krɛpɪt/ *a.* decrepito.
decrepitude /dɪ'krɛpɪtju:d, *USA* -tu:d/ *n.* 🅄 decrepitezza.
de-criminalization, (*GB anche*) **decriminalisation** /dɪkrɪmɪnəlaɪ'zeɪʃn, *USA* -lɪ'z-/ *n.* 🅄 (*leg.*) depenalizzazione.
to **de-criminalize**, (*GB anche*) to **decriminalise** /dɪ'krɪmɪnəlaɪz/ *v. t.* (*leg.*) depenalizzare.
to **decry** /dɪ'kraɪ/ *v. t.* condannare; biasimare.
to **dedicate** /'dɛdɪkeɪt/ *v. t.* ***1*** dedicare ***2*** inaugurare (*un edificio*); consacrare (*una chiesa, ecc.*).
dedicated /'dɛdɪkeɪtɪd/ *a.* ***1*** impegnato; coscienzioso ***2*** (*specialm. elab.*) specializzato; dedicato.
dedication /dɛdɪ'keɪʃn/ *n.* ***1*** dedica ***2*** 🅄 inaugurazione (*di edificio*); consacrazione (*di chiesa*).
to **deduce** /dɪ'dju:s, *USA* -'du:s/ *v. t.* dedurre; desumere; concludere.
to **deduct** /dɪ'dʌkt/ *v. t.* dedurre; detrarre.
deductible /dɪ'dʌktəbl/ *a.* deducibile; detraibile.
deduction /dɪ'dʌkʃn/ *n.* 🅄 *e* 🄲 ***1*** deduzione; conclusione ***2*** detrazione; ritenuta; trattenuta: **after deductions**, al netto delle ritenute; **d. at source**, detrazione alla fonte.
deductive /dɪ'dʌktɪv/ *a.* deduttivo.
deed /di:d/ *n.* ***1*** atto; azione: **good deeds**, buone azioni; **brave deeds**, imprese ***2*** (*leg.*) atto; scrittura; documento: **d. of association**, atto costitutivo; **d. of covenant**, atto di donazione; **d. poll**, atto unilaterale • **in word and d.**, di nome e di fatto.
deejay /'di:dʒeɪ/ *n.* disc jockey; presentatore (di dischi).
to **deem** /di:m/ *v. t.* (*form.*) credere; giudicare; ritenere.
deep /di:p/ ***A*** *a.* ***1*** profondo; alto: **d. sleep**, sonno profondo; **d. wound**, ferita profonda; **to take a d. breath**, respirare a fondo; inspirare profondamente; **d. voice**, voce profonda; **d. love**, amore profondo; **d. thinker**, profondo pensatore; **d. snow**, neve alta; **d. sea**, alto mare; **d. space**, spazio (profondo) ***2*** (*di colore*) carico; cupo; intenso: **d. red**, rosso cupo ***3*** (*di sentimento*) intenso; profondo ***4*** difficile da capire; misterioso: **He's a d. one**, è un tipo enigmatico; è un'acqua cheta • **d. mourning**, lutto stretto □ **d.-sea fishing**, pesca d'altura □ (*fam. USA*) **d. throat**, gola profonda □ **ankle-d. in water**, con l'acqua alle caviglie □ **in d. trouble**, in un mare di guai; nelle peste □ **to be in d. waters**, trovarsi in cattive acque □ **The cars were parked three d.**, le auto erano parcheggiate su tre file ***B*** *avv.* profondamente; in profondità: **to breathe d.**, respirare profondamente; **to dig d.**, scavare in profondità; **with one's hands d. in one's pockets**, con le mani sprofondate nelle tasche; **d.-rooted** (*o* **-seated**), radicato; profondo; **d.-set eyes**, occhi infossati; **d. in one's heart**, nel profondo del cuore • **d. in debt** [**in thought**], immerso nei debiti [nei propri pensieri] □ **d. into the night**, fino a tarda notte □ **He's not bad, d. down**, non è cattivo in realtà ***C*** *n.* — ***1*** (*poet.*) **the d.**, il mare; l'oceano ***2*** — (*al pl.*) **the deeps**, gli abissi; le profondità.
to **deepen** /'di:pən/ ***A*** *v. t.* ***1*** scavare ancora (per rendere più profondo) ***2*** approfondire ***3*** accrescere; aumentare; aggravare ***4*** caricare, scurire (*un colore*) ***5*** rendere più grave (*un suono*) ***B*** *v. i.* ***1*** farsi più profondo ***2*** (*di oscurità*) infittirsi: **Darkness deepened**, le tenebre si infittirono ***3*** aumentare; aggravarsi ***4*** (*di colore*) farsi più intenso; scurirsi ***5*** (*di suono*) farsi più grave.
deep freeze /'di:p'fri:z/ *locuz. n.* congelatore; freezer.
to **deep-freeze** /'di:p'fri:z/ (*pass.* **deep-froze** /di:p'frəʊz/, *p.p.* **deep-frozen** /di:p'frəʊzn/) *v. t.* congelare; surgelare.
to **deep-fry** /'di:p'fraɪ/ *v. t.* friggere in molto olio.
deeply /'di:plɪ/ *avv.* profondamente; fortemente; molto.
deer /dɪə(r)/ *n.* (*pl. invar.*) (*zool.*) cervo; daino; capriolo.
deerskin /'dɪəskɪn/ *n.* 🄲 *e* 🅄 pelle di daino.
deerstalker /'dɪəstɔ:kə(r)/ *n.* berretto da cacciatore con copriorecchie.
to **de-escalate** /di:'ɛskəleɪt/ (*mil.*) ***A*** *v. t.* ridurre (*la tensione, ecc.*); diminuire ***B*** *v. i.* ridursi; diminuire.
de-escalation /di:ɛskə'leɪʃn/ *n.* (*mil.*) riduzione (*della tensione, ecc.*).
to **deface** /dɪ'feɪs/ *v. t.* ***1*** deturpare; imbrattare; sfregiare ***2*** cancellare (*un'iscrizione, ecc.*).
defacement /dɪ'feɪsmənt/ *a.* ***1*** deturpazione; sfregio ***2*** cancellazione (*di un'iscrizione, ecc.*).
defamation /dɛfə'meɪʃn/ *n.* 🅄 diffamazione; calunnia.
defamatory /dɪ'fæmətrɪ, *USA* -tɔ:rɪ/ *a.* diffamatorio; calunnioso.
to **defame** /dɪ'feɪm/ *v. t.* diffamare; calunniare.
default /dɪ'fɔ:lt/ *n.* 🅄 ***1*** mancanza; omissione; inadempienza: **in d. of**, in mancanza di; **by d.**, in assenza di disposizioni specifiche; **d. of payment**, inadempienza ***2*** (*leg.*) assenza (*di una delle due parti*); contumacia: **judgment by d.**, sentenza emessa in contumacia ***3*** (*elab.*) parametro preassegnato; valore di default ***4*** (*sport*) abbandono: **to win by d.**, vincere per abbandono (dell'avversario).
to **default** /dɪ'fɔ:lt/ *v. i.* ***1*** venir meno (*a un impegno*); essere inadempiente: **to d. on st.**, venir meno a q.c.; non onorare q.c. ***2*** (*leg.*) essere contumace ***3*** (*sport*) abbandonare la gara.
defaulter /dɪ'fɔ:ltə(r)/ *n.* ***1*** (*leg.*) contumace ***2*** (*comm.*) debitore moroso; inadempiente.
defeat /dɪ'fi:t/ *n.* 🅄 *e* 🄲 sconfitta.
to **defeat** /dɪ'fi:t/ *v. t.* ***1*** sconfiggere; battere; vincere ***2*** far fallire; frustrare ***3*** (*polit.*) respingere (*un progetto di legge, ecc.*) • **to d. one's own ends**, darsi la zappa sui piedi □ **The problem defeated him**, quel problema si rivelò troppo difficile per lui; dovette arrendersi di fronte a quel problema.
defeatism /dɪ'fi:tɪzəm/ *n.* 🅄 disfattismo.
defeatist /dɪ'fi:tɪst/ *n. e a.* disfattista.
to **defecate** /'dɛfəkeɪt/ *v. i.* defecare.
defect /'di:fɛkt/ *n.* difetto.
to **defect** /dɪ'fɛkt/ *v. i.* defezionare; rifugiarsi (*in un altro paese*).
defection /dɪ'fɛkʃn/ *n.* 🅄 *e* 🄲 defezione; fuga.
defective /dɪ'fɛktɪv/ *a.* ***1*** difettoso; imperfetto; incompleto ***2*** (*gramm.*) difettivo • **to be d. in**, mancare di □ **mentally d.**, subnormale.
defence /dɪ'fɛns/ *n.* ***1*** 🅄 *e* 🄲 (*anche leg., sport*) difesa ***2*** (*al pl.*) opere di difesa; fortificazioni.
defenceless /dɪ'fɛnsləs/ *a.* indifeso; inerme; incapace di difendersi.
to **defend** /dɪ'fɛnd/ *v. t.* ***1*** difendere (*anche leg., sport*) ***2*** (cercare di) giustificare.
defendant /dɪ'fɛndənt/ *n.* (*leg.*) imputato (-a).
defender /dɪ'fɛndə(r)/ *n.* ***1*** (*anche sport*) difensore ***2*** (*lotta, boxe*) difensore del titolo.
defense /dɪ'fɛns, 'di:f-/ (*USA*) *V.* **defence**.
defensible /dɪ'fɛnsəbl/ *a.* ***1*** difendibile ***2*** sostenibile; giustificabile.
defensive /dɪ'fɛnsɪv/ ***A*** *a.* ***1*** difensivo ***2*** (*di persona*) che si mette sulla difensiva: **to become d.**, mettersi sulla difensiva ***B*** *n.* — **on the d.**, sulla difensiva.
defensively /dɪ'fɛnsɪvlɪ/ *avv.* sulla difensiva.
defensiveness /dɪ'fɛnsɪvnəs/ *n.* atteggiamento difensivo.
to **defer** (1) /dɪ'fɜ:(r)/ *v. t.* differire; rinviare; prorogare.
to **defer** (2) /dɪ'fɜ:(r)/ *v. i.* rimettersi: **I d. to your opinion**, mi rimetto alla tua opinione.
deference /'dɛfərəns/ *n.* 🅄 deferenza; riguardo: **in d. to**, per riguardo verso.
deferential /dɛfə'rɛnʃl/ *a.* deferente; rispettoso.
deferment /dɪ'fɜ:mənt/ *n.* 🅄 *e* 🄲 dilazione; proroga; rinvio.
defiance /dɪ'faɪəns/ *n.* 🅄 ***1*** sfida ***2*** rifiuto di obbedienza; resistenza (*all'autorità*) • **in d. of**, a dispetto di; disubbidendo a.
defiant /dɪ'faɪənt/ *a.* ***1*** provocatorio; di sfida; spavaldo ***2*** ribelle.
defibrillation /dɪfaɪbrɪ'leɪʃn, -fɪb-/ *n.* (*med.*) defibrillazione.
deficiency /dɪ'fɪʃnsɪ/ *n.* ***1*** 🅄 *e* 🄲 deficienza; insufficienza ***2*** difetto; carenza; inadeguatezza ***3*** (*fin., rag.*) disavanzo; scoperto ***4*** (*med.*) deficienza; carenza: **d. disease**, malattia da carenza.
deficient /dɪ'fɪʃnt/ *a.* ***1*** carente; povero: **d. in Vitamin C**, carente di vitamina C ***2*** difettoso; manchevole.
deficit /'dɛfɪsɪt/ *n.* (*fin., rag.*) deficit; disavanzo: **to show a d.**, essere in deficit: **to make up the d.**, colmare il deficit.
defile /'di:faɪl/ *n.* (*geogr.*) gola; stretta.
to **defile** /dɪ'faɪl/ *v. t.* ***1*** contaminare; corrompere ***2*** profanare.
definable /dɪ'faɪnəbl/ *a.* definibile; determinabile.
to **define** /dɪ'faɪn/ *v. t.* ***1*** definire ***2*** chiarire; spiegare: **to d.**

one's position, chiarire la propria posizione.

definite /ˈdɛfənət/ *a.* ***1*** definito; preciso; chiaro: **a d. answer**, una risposta precisa; **very d. opinions**, idee molto chiare; **d. proof**, prova certa ***2*** netto; deciso: **a d. improvement**, un netto miglioramento ***3*** (*di persona*) sicuro; esplicito • (*gramm.*) **d. article**, articolo determinativo.

definitely /ˈdɛfənətlɪ/ *avv.* ***1*** sicuramente; certamente: **D. not!**, no di certo! ***2*** chiaramente; in modo preciso.

definition /dɛfəˈnɪʃn/ *n.* U *e* C definizione: **by d.**, per definizione; (*elettron., TV*) **high-d.**, ad alta definizione.

definitive /dɪˈfɪnətɪv/ *a.* definitivo; decisivo; finale.

to **deflate** /diːˈfleɪt, dɪ-/ ***A*** *v. t.* ***1*** sgonfiare ***2*** smontare (*una persona*); far abbassare la cresta a ***3*** (*econ.*) deflazionare ***B*** *v. i.* sgonfiarsi.

deflation /diːˈfleɪʃn, dɪ-/ *n.* ***1*** U sgonfiamento ***2*** U *e* C (*econ.*) deflazione.

deflationary /diːˈfleɪʃənrɪ, dɪ-, *USA* -nɛrɪ/ *a.* (*econ.*) deflazionistico.

to **deflect** /dɪˈflɛkt/ ***A*** *v. t.* ***1*** deviare; stornare ***2*** distogliere; far deviare ***B*** *v. i.* deviare.

deflection /dɪˈflɛkʃn/ *n.* U *e* C ***1*** deviazione ***2*** (*fis.*) deflessione.

to **deflower** /diːˈflaʊə(r)/ *v. t.* (*lett.*) deflorare.

to **defog** /diːˈfɒg, *USA* -fɔːg/ *v. t.* (*USA*) disappannare (*i finestrini di un'automobile*).

defoliant /diːˈfəʊlɪənt/ *a. e n.* (*agric.*) defogliante.

to **defoliate** /diːˈfəʊlɪeɪt/ *v. t.* defogliare.

to **deforest** /diːˈfɒrɪst, *USA* -ɔːr-/ *v. t.* disboscare; diboscare.

deforestation /diːfɒrɪˈsteɪʃn, *USA* -ɔːr-/ *n.* disboscamento; diboscamento.

to **deform** /dɪˈfɔːm/ ***A*** *v. t.* deformare; sfigurare ***B*** *v. i.* deformarsi; diventare deforme.

deformation /diːfɔːˈmeɪʃn/ *n.* U *e* C deformazione.

deformity /dɪˈfɔːmətɪ/ *n.* U *e* C deformità.

to **defraud** /dɪˈfrɔːd/ *v. t.* defraudare.

to **defray** /dɪˈfreɪ/ *v. t.* (*form.*) pagare; sostenere; accollarsi: **We will d. all expenses**, tutte le spese saranno a carico nostro.

to **defrock** /diːˈfrɒk/ *v. t.* (*eccles.*) sospendere (*un prete*) dalle sue funzioni; sospendere a divinis.

to **defrost** /diːˈfrɒst, *USA* -ɔːst/ ***A*** *v. t.* ***1*** sgelare, scongelare (*cibo, ecc.*) ***2*** sbrinare (*un frigorifero, ecc.*) ***B*** *v. t.* ***1*** scongelarsi ***2*** sbrinarsi.

defroster /diːˈfrɒstə(r), *USA* -ɔːs-/ *n.* ***1*** sbrinatore (*di frigorifero*) ***2*** (*autom.*) sbrinatore.

deft /dɛft/ *a.* abile; destro.

defunct /dɪˈfʌŋkt/ *a.* defunto.

to **defuse** /diːˈfjuːz/ *v. t.* ***1*** disinnescare (*una bomba*) ***2*** (*fig.*) disinnescare, ridurre la tensione di (*una situazione*); sdramatizzare.

to **defy** /dɪˈfaɪ/ *v. t.* ***1*** disobbedire a ***2*** sfidare: **I d. you to prove it**, ti sfido a provarlo ***3*** resistere a: **to d. description**, essere indescrivibile; **to d. solution**, essere insolubile.

degeneracy /dɪˈdʒɛnərəsɪ/ *n.* U degenerazione; depravazione.

degenerate /dɪˈdʒɛnərət/ ***A*** *a.* ***1*** degenere ***2*** degenerato; depravato ***B*** *n.* degenerato; depravato.

to **degenerate** /dɪˈdʒɛnəreɪt/ *v. i.* (*anche biol.*) degenerare.

degeneration /dɪdʒɛnəˈreɪʃn/ *n.* U degenerazione.

degenerative /dɪˈdʒɛnrətɪv, *USA* -reɪtɪv/ *a.* (*med., biol.*) degenerativo.

degradation /dɛgrəˈdeɪʃn/ *n.* U (*anche scient.*) degradazione.

to **degrade** /dɪˈgreɪd/ ***A*** *v. t.* ***1*** degradare; umiliare ***2*** (*biol., geol.*) degradare ***B*** *v. i.* degenerare ***C*** to **degrade oneself** *v. rifl.* degradarsi; abbassarsi.

to **degrease** /diːˈgriːs/ *v. t.* sgrassare.

degree /dɪˈgriː/ *n.* ***1*** (*scient., tecn.*) grado: **ten degrees South**, dieci gradi di latitudine sud; **third d. burns**, ustioni di terzo grado; **equation of the second d.**, equazione di secondo grado ***2*** grado; misura; livello; punto: **by degrees**, per gradi; **in some d.**, in una certa misura; **a d. of freedom**, una certa libertà; **to a certain d.**, fino a un certo punto; **to such a d. that**, a tal punto che ***3*** laurea: **to take one's d.**, laurearsi ***4*** (*gramm.*) grado: **comparative d.**, grado compara[illegible] ***5*** (*antiq.*) condizione sociale; rango • (*fam.*) **third d.**, [illegible]rrogazione di) terzo grado: **to give sb. the third d.**, [illegible] terzo grado a q. □ **It's true to a d.**, è vero solo par[illegible]ente □ **proud to a d.**, orgogliosissimo.

to **dehumanize**, (*GB anche*) to **dehumanise** /diːˈhjuːmənaɪz/ *v. t.* disumanizzare.

to **dehydrate** /diːˈhaɪdreɪt/ ***A*** *v. t.* disidratare ***B*** *v. i.* disidratarsi.

dehydration /diːhaɪˈdreɪʃn/ *n.* disidratazione.

to **de-ice** /diːˈaɪs/ *v. t.* liberare dal ghiaccio.

de-icer /diːˈaɪsə(r)/ *n.* ***1*** (*aeron.*) dispositivo antighiaccio ***2*** antigelo.

to **deify** /ˈdeɪɪfaɪ, ˈdiːɪf-/ *v. t.* deificare; divinizzare.

to **deign** /deɪn/ *v. i.* degnarsi.

deism /ˈdeɪɪzəm, ˈdiːɪz-/ *n.* U (*filos.*) deismo.

deist /ˈdeɪɪst, ˈdiːɪst/ *n.* (*filos.*) deista.

deity /ˈdeɪətɪ, ˈdiːə-/ *n.* U *e* C divinità.

dejected /dɪˈdʒɛktɪd/ *a.* demoralizzato; scoraggiato; abbattuto; avvilito.

dejection /dɪˈdʒɛkʃn/ *n.* U sconforto; abbattimento; avvilimento.

delay /dɪˈleɪ/ *n.* U *e* C ***1*** ritardo; indugio: **without (further) d.**, senza (ulteriore) indugio ***2*** (*comm.*) dilazione; proroga.

to **delay** /dɪˈleɪ/ ***A*** *v. t.* ***1*** causare un ritardo a; ritardare; trattenere: **My plane was delayed by fog**, il mio aereo ha avuto un ritardo a causa della nebbia; **I was delayed**, sono stato trattenuto ***2*** rimandare; rinviare ***B*** *v. i.* indugiare; tardare.

delayed /dɪˈleɪd/ *a.* ***1*** ritardato ***2*** posticipato • **d.-action bomb**, bomba a scoppio ritardato.

delaying /dɪˈleɪɪŋ/ *a.* dilatorio.

delectable /dɪˈlɛktəbl/ *a.* delizioso.

delegate /ˈdɛlɪgət/ *n.* delegato (-a).

to **delegate** /ˈdɛlɪgeɪt/ *v. t.* delegare.

delegation /dɛlɪˈgeɪʃn/ *n.* ***1*** U delega ***2*** C delegazione; deputazione.

to **delete** /dɪˈliːt/ *v. t.* cancellare.

deleterious /dɛlɪˈtɪərɪəs/ *a.* (*form.*) deleterio; nocivo.

deletion /dɪˈliːʃn/ *n.* ***1*** U cancellazione ***2*** cancellatura.

deli /ˈdɛlɪ/ *n. abbr. fam. di* **delicatessen**.

deliberate /dɪˈlɪbərət/ *a.* ***1*** intenzionale; calcolato; premeditato ***2*** ponderato; calmo.

to **deliberate** /dɪˈlɪbəreɪt/ *v. t.* considerare a fondo; riflettere su.

deliberation /dɪlɪbəˈreɪʃn/ *n.* ***1*** U riflessione; valutazione ***2*** (*al pl.*) discussioni ***3*** U ponderatezza; calma.

delicacy /ˈdɛlɪkəsɪ/ *n.* ***1*** U delicatezza ***2*** cibo squisito; ghiottoneria; squisitezza.

delicate /ˈdɛlɪkət/ *a.* delicato.

delicatessen /dɛlɪkəˈtɛsn/ *n.* negozio di gastronomia; rosticceria.

delicious /dɪˈlɪʃəs/ *a.* ***1*** delizioso ***2*** (*di cibo*) squisito.

delight /dɪˈlaɪt/ *n.* ***1*** U grande piacere; gioia; diletto: **to my great d.**, con mia grande gioia ***2*** (cosa che dà) piacere • **to take d. in doing st.**, divertirsi (*o* godere) a fare q.c. □ **to take d. in st.**, trarre piacere (*o* gioia) da q.c.

to **delight** /dɪˈlaɪt/ ***A*** *v. t.* ***1*** piacere molto; fare molto piacere a ***2*** deliziare; incantare ***B*** *v. i.* — **to d. in**, trarre piacere da; provare gran gioia a.

delighted /dɪˈlaɪtɪd/ *a.* molto lieto; molto felice: **I'm d. you can come**, mi fa molto piacere che tu possa venire; **d. with st.**, felice di q.c.

delightful /dɪˈlaɪtfl/ *a.* ***1*** (*di cosa*) bellissimo; piacevolissimo; delizioso; incantevole ***2*** (*di persona*) delizioso.

to **delimit** /diːˈlɪmɪt/, to **delimitate** /diːˈlɪmɪteɪt/ *v. t.* delimitare.

delimitation /diːlɪmɪˈteɪʃn/ *n.* U *e* C delimitazione.

to **delineate** /dɪˈlɪnɪeɪt/ *v. t.* delineare.

delineation /dɪlɪnɪˈeɪʃn/ *n.* U *e* C delineamento; descrizione sommaria.

delinquency /dɪˈlɪŋkwənsɪ/ *n.* ***1*** (*leg.*) U delinquenza: **juvenile d.**, delinquenza minorile ***2*** colpa; reato.

delinquent /dɪˈlɪŋkwənt/ ***A*** *a.* ***1*** colpevole ***2*** delinquenziale ***3*** (*fin., leg.*) moroso; insoluto ***B*** *n.* delinquente.

delirious /dɪˈlɪrɪəs, -lɪər-/ *a.* ***1*** delirante; in delirio: **to be d.**, delirare ***2*** (*di discorso, ecc.*) farneticante ***3*** folle di gioia.

deliriously /dɪˈlɪrɪəslɪ, -lɪər-/ *avv.* — **d. happy**, fuori di sé dalla gioia.

delirium /dɪˈlɪrɪəm, -lɪər-/ *n.* U *e* C (*med.*) delirio.

to **deliver** /dɪˈlɪvə(r)/ ***A*** *v. t.* ***1*** consegnare: **The town was delivered to the enemy**, la città fu consegnata al nemico ***2*** recapitare; consegnare; distribuire (*la posta*): **to d. a message**, dare un messaggio ***3*** pronunciare (*un discorso*); tenere (*una conferenza*) ***4*** esprimere, enunciare (*un'opi-*

nione, ecc.) ***5*** liberare; salvare ***6*** dare; tirare; assestare: **to d. a kick**, tirare un calcio ***7*** far partorire; far nascere: **She was delivered of twins**, partorì due gemelli ***8*** mantenere (*una promessa*); non venir meno a (*un'attesa*) • (*pop.*) **to d. the goods**, mantenere un impegno; mantenere le promesse ***B*** *v. i.* ***1*** fare consegne a domicilio ***2*** mantenere un impegno; mantenere le promesse.

♦ **deliver on** *v. i. + prep. V.* **to deliver**, *A, def. 8*.

♦ **deliver over** (*o* **up**) ***A*** *v. t. + avv.* consegnare ***B*** to **deliver oneself up** *v. rifl. + avv.* arrendersi.

deliverance /dɪ'lɪvərəns/ *n.* [U] liberazione.

delivery /dɪ'lɪvərɪ/ *n.* ***1*** [U] *e* [C] (*comm.*) consegna; distribuzione (*della posta*): **home d.**, consegna a domicilio; **cash on d.**, pagamento alla consegna; **d. note**, bolla di consegna ***2*** modo di parlare (*in pubblico*); elocuzione ***3*** parto: **d. room**, sala parto.

deliveryman /dɪ'lɪvərɪmən/ (*pl.* **deliverymen** /-mən/) *n.* addetto alle consegne; fattorino.

dell /dɛl/ *n.* (*lett.*) piccola valle; valletta.

to **delouse** /diː'laʊs/ *v. t.* spidocchiare.

delphinium /dɛl'fɪnɪəm/ *n.* (*bot.*) delfinio.

delta /'dɛltə/ *n.* ***1*** (*alfabeto greco*) delta ***2*** (*geogr.*) delta.

to **delude** /dɪ'luːd, -'ljuːd/ ***A*** *v. t.* ingannare; illudere ***B*** to **delude oneself** *v. rifl.* ingannarsi; illudersi. ATTENZIONE: **to delude** ≠ deludere.

deluge /'dɛljuːdʒ/ *n.* (*anche fig.*) diluvio.

to **deluge** /'dɛljuːdʒ/ *v. t.* ***1*** inondare; allagare ***2*** (*fig.*) inondare; sommergere; tempestare.

delusion /dɪ'luːʒn, -'ljuː-/ *n.* ***1*** [U] illusione ***2*** fissazione; mania: **delusions of grandeur**, manie di grandezza ***3*** (*psic.*) delirio • **He is under the d. that he is Einstein**, è convinto di essere Einstein. ATTENZIONE: **delusion** ≠ delusione.

delusive /dɪ'luːsɪv, -'ljuː-/, **delusory** /dɪ'luːsərɪ, -'ljuː-/ *a.* ingannevole; illusorio; fallace.

de luxe /də'lʌks, -ʊks, -uːks/ (*franc.*) *locuz. a.* di lusso.

to **delve** /dɛlv/ *v. i.* fare ricerche; scavare (*fig.*): **to d. into sb.'s past**, scavare nel passato di q.

to **demagnetize**, (*GB anche*) to **demagnetise** /diː'mægnətaɪz/ *v. t.* (*fis.*) smagnetizzare.

demagog /'dɛməgɒg, -ɔːg/ (*USA*) *V.* **demagogue**.

demagogic /dɛmə'gɒgɪk, -gɒdʒ-, *USA* -ɒg-, -ɒdʒ-, -ɔːg-/ *a.* demagogico.

demagogue /'dɛməgɒg/ *n.* demagogo.

demagogy /'dɛməgɒgɪ, -gɒdʒɪ, *USA* -ɒgɪ, -ɒdʒɪ, -ɔːgɪ/ *n.* [U] demagogia.

demand /dɪ'mɑːnd, *USA* -'mænd/ *n.* [C] *e* [U] domanda; richiesta: **in great d.**, molto richiesto (*o* ricercato); (*comm.*) **on d.**, a richiesta; **by popular d.**, a richiesta generale; **to make demands on sb.'s time**, richiedere tempo.

to **demand** /dɪ'mɑːnd, *USA* -'mænd/ *v. t.* domandare; chiedere; esigere.

demanding /dɪ'mɑːndɪŋ, *USA* -'mæn-/ *a.* ***1*** (*di persona*) esigente ***2*** (*di lavoro, ecc.*) impegnativo; arduo.

to **demarcate** /'diːmɑːkeɪt, *USA* diː'mɑːkeɪt/ *v. t.* demarcare; tracciare.

demarcation /diːmɑː'keɪʃn/ *n.* [U] demarcazione • **d. dispute**, conflitto di competenza (*tra sindacati*).

to **demean** /dɪ'miːn/ ***A*** *v. t.* abbassare; umiliare ***B*** to **demean oneself** *v. rifl.* abbassarsi; umiliarsi.

demeaning /dɪ'miːnɪŋ/ *a.* umiliante; avvilente.

demeanour, (*USA*) **demeanor** /dɪ'miːnə(r)/ *n.* [U] comportamento; contegno.

demented /dɪ'mɛntɪd/ *a.* demente; pazzo.

dementia /dɪ'mɛnʃə/ *n.* [U] (*med.*) demenza.

demerara sugar /'dɛmərɛərə 'ʃʊgə(r)/ *locuz. n.* zucchero bruno di canna.

demerit /diː'mɛrɪt/ *n.* (*form.*) ***1*** demerito; difetto ***2*** (*USA*) (anche **d. note**) nota di biasimo (*o* di demerito).

demesne /dɪ'meɪn/ *n.* ***1*** [U] (*leg.*) dominio; proprietà (*di beni immobili*) ***2*** (*form.*) proprietà fondiaria; possedimenti: **Royal D.**, possedimenti della Corona.

demigod /'dɛmɪgɒd, *USA* -gɔːd/ *n.* semidio.

demijohn /'dɛmɪdʒɒn/ *n.* damigiana.

demilitarization, (*GB anche*) **demilitarisation** /diːmɪlɪtəraɪ'zeɪʃn, *USA* -rɪ'z-/ *n.* [U] smilitarizzazione.

to **demilitarize**, (*GB anche*) to **demilitarise** /diː'mɪlɪtəraɪz/ *v. t.* smilitarizzare.

demise /dɪ'maɪz/ *n.* [U] (*form.*) decesso; scomparsa; fine.

demisemiquaver /'dɛmɪsɛmɪkweɪvə(r), dɛmɪ's-/ *n.* (*mus., GB*) biscroma.

to **demist** /diː'mɪst/ *v. t.* (*GB*) disappannare (*i finestrini di un'automobile*).

demiurge /'dɛmɪɜːdʒ, 'diːm-/ *n.* demiurgo.

demo /'dɛməʊ/ *n.* (*pl.* **demos**) *abbr. fam. di* **demonstration**.

to **demob** /diː'mɒb/ *v. t. abbr. fam. di* **to demobilize**.

demobilization, (*GB anche*) **demobilisation** /diːməʊbɪlaɪ'zeɪʃn, *USA* -lɪ'z-/ *n.* [U] (*mil.*) smobilitazione.

to **demobilize**, (*GB anche*) to **demobilise** /diː'məʊbɪlaɪz/ *v. t.* (*mil.*) smobilitare; congedare.

democracy /dɪ'mɒkrəsɪ/ *n.* [C] *e* [U] democrazia.

democrat /'dɛməkræt/ *n.* democratico (-a).

democratic /dɛmə'krætɪk/ *a.* democratico.

democratization, (*GB anche*) **democratisation** /dɪmɒkrətaɪ'zeɪʃn, *USA* -tɪ'z-/ *n.* democratizzazione.

to **democratize**, (*GB anche*) to **democratise** /dɪ'mɒkrətaɪz/ ***A*** *v. t.* democratizzare ***B*** *v. i.* democratizzarsi.

demographic /dɛmə'græfɪk, diːm-/ *a.* demografico.

demography /dɪ'mɒgrəfɪ/ *n.* [U] demografia.

to **demolish** /dɪ'mɒlɪʃ/ *v. t.* ***1*** demolire; abbattere ***2*** (*fam.*) divorare.

demolition /dɛmə'lɪʃn/ *n.* [U] *e* [C] demolizione.

demon /'diːmən/ *n.* ***1*** demone ***2*** demonio; diavolo ***3*** (*fam.*) persona in gamba (*in q.c.*): **a d. for work**, un lavoratore indefesso; **a d. tennis player**, un mago della racchetta (da tennis).

to **demonetize**, (*GB anche*) to **demonetise** /diː'mʌnɪtaɪz, -'mɒn-/ *v. t.* ***1*** demonetizzare ***2*** ritirare (*monete*) dalla circolazione.

demoniac /dɪ'məʊnɪæk/, **demoniacal** /diːmə'naɪəkl/ *a.* ***1*** demoniaco; diabolico ***2*** indemoniato ***3*** (*fig.*) indiavolato; frenetico.

demonic /dɪ'mɒnɪk/ *a.* demoniaco; diabolico.

demonology /diːmə'nɒlədʒɪ/ *n.* [U] demonologia.

demonstrable /dɪ'mɒnstrəbl, 'dɛmən-/ *a.* dimostrabile.

demonstrably /dɪ'mɒnstrəblɪ, 'dɛmən-/ *avv.* manifestamente.

to **demonstrate** /'dɛmənstreɪt/ ***A*** *v. t.* ***1*** dimostrare; provare ***2*** mostrare, dimostrare (*il funzionamento di q.c.*); (*comm.*) fare la dimostrazione di ***B*** *v. i.* fare una dimostrazione; scendere in piazza.

demonstration /dɛmən'streɪʃn/ *n.* ***1*** [U] *e* [C] dimostrazione; prova ***2*** (*comm.*) dimostrazione ***3*** dimostrazione; manifestazione (*di protesta*).

demonstrative /dɪ'mɒnstrətɪv, *USA* 'dɛmənstreɪtɪv/ ***A*** *a.* ***1*** espansivo ***2*** che prova (q.c.): **His statement is d. of his bad faith**, la sua dichiarazione prova la sua malafede ***3*** (*gramm.*) dimostrativo ***B*** *n.* (*gramm.*) dimostrativo.

demonstrator /'dɛmənstreɪtə(r)/ *n.* ***1*** (*comm.*) dimostratore (-trice) ***2*** dimostrante (*in una manifestazione di protesta, ecc.*) ***3*** assistente, tecnico (*di laboratorio*).

demoralization, (*GB anche*) **demoralisation** /dɪmɒrəlaɪ'zeɪʃn, *USA* dɪmɔːrəlɪ'z-/ *n.* [U] demoralizzazione.

to **demoralize**, (*GB anche*) to **demoralise** /dɪ'mɒrəlaɪz, *USA* -'mɔːr-/ *v. t.* demoralizzare.

to **demote** /diː'məʊt/ *v. t.* ***1*** (*mil.*) degradare ***2*** (*amm.*) retrocedere (*di grado*).

demotic /dɪ'mɒtɪk/ *a.* ***1*** popolare ***2*** (*ling.*) demotico.

demotion /dɪ'məʊʃn/ *n.* [U] *e* [C] ***1*** (*mil.*) degradazione ***2*** (*amm.*) retrocessione (*di grado*).

to **demotivate** /diː'məʊtɪveɪt/ *v. t.* demotivare.

demur /dɪ'mɜː(r)/ *n.* (*form.*) ***1*** [U] esitazione ***2*** obiezione.

to **demur** /dɪ'mɜː(r)/ (*form.*) *v. i.* sollevare obiezioni; essere riluttante.

demure /dɪ'mjʊə(r)/ *a.* ***1*** contegnoso; schivo; pudico ***2*** falsamente pudico; pudibondo (*iron.*).

demurrage /dɪ'mʌrɪdʒ, *USA* -'mɜː-/ *n.* [U] (*naut.*) controstallia.

demystification /diːmɪstɪfɪ'keɪʃn/ *n.* demistificazione.

to **demystify** /diː'mɪstɪfaɪ/ *v. t.* demistificare.

den /dɛn/ *n.* ***1*** tana ***2*** covo: **a den of iniquity**, un luogo di perdizione ***3*** (*fam.*) stanza (personale) tranquilla; stanzetta; rifugio • **opium den**, fumeria d'oppio.

to **denationalize**, (*GB anche*) to **denationalise** /diː'næʃnəlaɪz/ *v. t.* snazionalizzare; privatizzare.

denial /dɪ'naɪəl/ *n.* ***1*** [U] *e* [C] diniego; smentita ***2*** rifiuto ***3*** [U] ripudio.

denier /də'nɪə(r), 'dɛnɪə(r)/ *n.* (*ind. tess.*) denaro (*misura di peso per la titolazione dei filati*).

to **denigrate** /ˈdɛnɪgreɪt/ *v. t.* denigrare.
denigration /dɛnɪˈgreɪʃn/ *n.* denigrazione.
denim /ˈdɛnɪm/ *n.* ***1*** [U] (*ind. tess.*) denim; tela jeans ***2*** (*al pl.*) pantaloni di denim; jeans.
denizen /ˈdɛnɪzn/ *n.* (*lett.*) abitante.
to **denominate** /dɪˈnɒmɪneɪt/ *v. t.* denominare; chiamare.
denomination /dɪnɒmɪˈneɪʃn/ *n.* ***1*** denominazione; nome ***2*** (*fin.*) valore (nominale); taglio ***3*** (*relig.*) confessione; fede.
denominational /dɪnɒmɪˈneɪʃənl/ *a.* ***1*** (*fin.*) nominale: **d. value**, valore nominale ***2*** (*relig.*) confessionale.
denominator /dɪˈnɒmɪneɪtə(r)/ *n.* (*mat.*) denominatore: **the highest [lowest] common d.**, il massimo [minimo] comune denominatore.
to **denote** /dɪˈnəʊt/ *v. t.* denotare; indicare; significare.
denouement /deɪˈnuːmɒŋ/ (*franc.*) *n.* scioglimento (*dell'intreccio di un romanzo, ecc.*); epilogo; finale.
to **denounce** /dɪˈnaʊns/ *v. t.* denunciare, condannare pubblicamente.
dense /dɛns/ *a.* ***1*** denso; fitto; spesso; compatto: **d. fog**, nebbia fitta; **d. smoke**, fumo denso; **d. crowd**, folla compatta ***2*** ottuso (*fig.*).
density /ˈdɛnsətɪ/ *n.* [U] *e* [C] ***1*** densità; fittezza; foltezza ***2*** (*tecn.*) densità.
dent /dɛnt/ *n.* ammaccatura ● **to make a d. in sb.'s savings**, assottigliare i risparmi di q.
to **dent** /dɛnt/ *v. t.* ammaccare.
dental /ˈdɛntl/ ***A*** *a.* ***1*** dentale; dentario: **d. decay**, carie dentale ***2*** dentistico; odontoiatrico ● **d. floss**, filo interdentale □ **d. plate**, dentiera □ **d. surgeon**, odontoiatra ***B*** *n.* (*fon.*) dentale.
dentist /ˈdɛntɪst/ *n.* dentista.
dentistry /ˈdɛntɪstrɪ/ *n.* [U] odontoiatria; professione di dentista.
denture /ˈdɛntʃə(r)/ *n.* (*generalm. al pl.*) dentiera.
to **denude** /dɪˈnjuːd, *USA* -ˈnuːd/ *v. t.* (*geol.*) denudare; spogliare.
denunciation /dɪnʌnsɪˈeɪʃn/ *n.* [U] *e* [C] denuncia, denunzia.
to **deny** /dɪˈnaɪ/ ***A*** *v. t.* ***1*** negare; smentire: **to d. a charge**, negare un'accusa; **There is no denying the fact that...**, non si può negare (*o* è innegabile) che... ***2*** rifiutare; negare ***3*** (*form.*) rinnegare; ripudiare: **to d. one's principles**, rinnegare i propri principi ***B*** to **deny oneself** *v. rifl.* negarsi, privarsi di (q.c.); sacrificarsi.
deodorant /diːˈəʊdərənt/ *n.* deodorante.
to **deodorize**, (*GB anche*) to **deodorise** /diːˈəʊdəraɪz/ *v. t.* deodorare.
to **depart** /dɪˈpɑːt/ *v. i.* (*form.*) partire.
♦ **depart from** *v. i. + prep.* allontanarsi da; discostarsi da; venir meno a: **to d. from a rule**, venir meno a una regola.
departed /dɪˈpɑːtɪd/ *a.* ***1*** passato; trascorso ***2*** (*form.*) defunto; morto: **the d.**, i defunti.
department /dɪˈpɑːtmənt/ *n.* ***1*** (*polit.*) dipartimento; ministero: **D. of Health**, Ministero della Sanità; (*in G.B.*) **D. of Education and Science**, Ministero della Pubblica Istruzione e della Scienza; (*in U.S.A.*) **D. of Justice**, Ministero della Giustizia; (*in U.S.A.*) **D. of State**, Dipartimento di Stato (*ministero degli Esteri*) ***2*** (*amm.*) dipartimento ***3*** sezione; ufficio; reparto: **sales d.**, ufficio commerciale ***4*** dipartimento (universitario) ***5*** (*fam.*) compito; competenza ● **d. store**, emporio; grandi magazzini.
departmental /diːpɑːtˈmɛntl, dɪ-/ *a.* ***1*** dipartimentale ***2*** (*polit.*) ministeriale.
departure /dɪˈpɑːtʃə(r)/ *n.* [U] *e* [C] ***1*** partenza: (*ferr.*) **d. platform**, marciapiede delle partenze ***2*** nuovo indirizzo; nuovo orientamento; mutamento ***3*** abbandono; distacco; infrazione ***4*** (*leg.*) deroga.
to **depend** /dɪˈpɛnd/ *v. i.* dipendere: **It all** (*o* **That**) **depends**, dipende.
♦ **depend on** (*o* **upon**) *v. i. + prep.* ***1*** (*anche gramm.*) dipendere da ***2*** contare su; fare assegnamento su: **D. upon it!**, contaci!; non dubitare! ● **depending on the result**, a seconda del risultato.
dependability /dɪpɛndəˈbɪlətɪ/ *n.* affidabilità.
dependable /dɪˈpɛndəbl/ *a.* fidato; affidabile.
dependant /dɪˈpɛndənt/ *n.* persona a carico. ATTENZIONE: [illegible]**ndant** ≠ dipendente.
[illegible]**ndence** /dɪˈpɛndəns/ *n.* [U] ***1*** dipendenza; (il) dipende[illegible]**r d. on the phone**, la nostra dipendenza dal telefono; [illegible]**other**, il dipendere dagli altri; **alcohol d.**, dipendenza dall'alcol ***2*** fiducia ***3*** (l') essere a carico (di q.).
dependency /dɪˈpɛndənsɪ/ *n.* (*polit.*) possedimento; colonia.
dependent /dɪˈpɛndənt/ ***A*** *a.* ***1*** che dipende: **We are d. on foreign imports**, dipendiamo dalle importazioni dall'estero; **The success of the party will be d. on the weather**, il successo della festa dipenderà dal tempo ***2*** (*gramm.*) dipendente ***3*** a carico: **d. children**, figli a carico ***B*** *n.* ***1*** (*gramm.*) (proposizione) dipendente ***2*** persona a carico.
to **depersonalize**, (*GB anche*) to **depersonalise** /diːˈpɜːsənəlaɪz/ *v. t.* spersonalizzare.
to **depict** /dɪˈpɪkt/ *v. t.* raffigurare; dipingere; descrivere.
depiction /dɪˈpɪkʃn/ *n.* raffigurazione; descrizione.
to **depilate** /ˈdɛpɪleɪt/ *v. t.* depilare.
depilation /dɛpɪˈleɪʃn/ *n.* [U] depilazione.
depilatory /dɪˈpɪlətrɪ, *USA* -tɔːrɪ/ *a. e n.* depilatorio.
to **deplete** /dɪˈpliːt/ *v. t.* ridurre; impoverire.
depletion /dɪˈpliːʃn/ *n.* [U] *e* [C] riduzione; impoverimento.
deplorable /dɪˈplɔːrəbl/ *a.* deplorevole; biasimevole.
to **deplore** /dɪˈplɔː(r)/ *v. t.* deplorare; disapprovare.
to **deploy** /dɪˈplɔɪ/ ***A*** *v. t.* ***1*** (*mil.*) spiegare, schierare (*truppe, ecc.*) ***2*** (*fig.*) impiegare; mettere in campo ***B*** *v. i.* (*di truppe, ecc.*) spiegarsi; schierarsi.
deployment /dɪˈplɔɪmənt/ *n.* ***1*** (*mil.*) spiegamento, schieramento (*di forze*) ***2*** (*fig.*) impiego.
to **depoliticize**, (*GB anche*) to **depoliticise** /diːpəˈlɪtɪsaɪz/ *v. t.* spoliticizzare.
to **depollute** /diːpəˈluːt/ *v. t.* disinquinare.
to **depopulate** /diːˈpɒpjʊleɪt/ ***A*** *v. t.* spopolare ***B*** *v. i.* spopolarsi.
depopulation /diːpɒpjʊˈleɪʃn/ *n.* [U] spopolamento.
to **deport** /dɪˈpɔːt/ *v. t.* espellere (*da un paese*).
deportation /diːpɔːˈteɪʃn/ *n.* [U] *e* [C] espulsione (*da un paese*): **d. order**, ordine di espulsione; foglio di via.
deportee /diːpɔːˈtiː/ *n.* persona espulsa (*da un paese*).
deportment /dɪˈpɔːtmənt/ *n.* [U] ***1*** portamento ***2*** (*specialm. USA*) comportamento; condotta; contegno.
to **depose** /dɪˈpəʊz/ *v. t. e i.* ***1*** (*polit.*) deporre; destituire ***2*** (*leg.*) deporre; testimoniare.
deposit /dɪˈpɒzɪt/ *n.* ***1*** deposito (*anche geol.*); sedimento ***2*** (*banca*) deposito; versamento: **d. account**, conto di deposito; **interest-bearing d.**, deposito fruttifero; **d. slip**, distinta di versamento ***3*** acconto; caparra; cauzione.
to **deposit** /dɪˈpɒzɪt/ *v. t.* ***1*** depositare (*anche geol.*); deporre; scaricare ***2*** (*banca*) depositare; versare; fare un versamento ***3*** dare in acconto; lasciare come caparra.
depositary /dɪˈpɒzɪtrɪ, *USA* -ɛrɪ/ *n.* depositario.
deposition /dɛpəˈzɪʃn/ *n.* [U] *e* [C] (*anche leg.*) deposizione.
depositor /dɪˈpɒzɪtə(r)/ *n.* (*banca*) depositante.
depository /dɪˈpɒzɪtrɪ, *USA* -tɔːrɪ/ *n.* ***1*** deposito; magazzino ***2*** *V.* **depositary**.
depot /ˈdɛpəʊ, *USA* ˈdiːpəʊ/ *n.* ***1*** deposito (*anche mil.*); magazzino ***2*** (*mil., USA*) centro di addestramento reclute ***3*** (*USA*) piccola stazione ferroviaria o di autobus; scalo ***4*** rimessa (di autobus); deposito.
depravation /dɛprəˈveɪʃn/ *n.* [U] depravazione; corruzione.
to **deprave** /dɪˈpreɪv/ *v. t.* depravare; pervertire.
depraved /dɪˈpreɪvd/ *a.* depravato; corrotto.
depravity /dɪˈprævətɪ/ *n.* ***1*** [U] depravazione ***2*** azione perversa.
to **deprecate** /ˈdɛprəkeɪt/ *v. t.* (*form.*) deplorare; deprecare; condannare.
deprecating /ˈdɛprəkeɪtɪŋ/ *a.* di deplorazione; di disapprovazione.
deprecation /dɛprəˈkeɪʃn/ *n.* [U] deprecazione; condanna.
deprecatory /ˈdɛprəkeɪtrɪ, -ɪkə-, dɛprəˈkeɪ-, *USA* ˈdɛprəkətɔːrɪ/ *a.* ***1*** di disapprovazione ***2*** di scusa: **d. smile**, sorriso di scusa.
to **depreciate** /dɪˈpriːʃɪeɪt/ ***A*** *v. t.* ***1*** (*comm.*) deprezzare ***2*** (*fin.*) svalutare ***3*** sminuire; screditare ***B*** *v. i.* ***1*** (*comm.*) deprezzarsi ***2*** (*fin.*) svalutarsi.
depreciation /dɪpriːʃɪˈeɪʃn/ *n.* [U] ***1*** (*comm.*) deprezzamento ***2*** (*fin.*) svalutazione ● (*fisc.*) **d. allowance**, detrazione per deprezzamento □ **d. fund**, fondo di ammortamento.
depredation /dɛprəˈdeɪʃn/ *n.* devastazione.
to **depress** /dɪˈprɛs/ *v. t.* ***1*** deprimere; abbattere; scoraggiare ***2*** (*form.*) abbassare; premere: **to d. a lever**, abbassare una leva; **to d. a button**, premere un pulsante ***3*** (*comm.*) ridurre (*il volume d'affari, i prezzi, ecc.*).

depressant /dɪ'presnt/ *a. e n.* (*farm.*) sedativo.
depressed /dɪ'prest/ *a.* ***1*** depresso; abbattuto; scoraggiato ***2*** (*econ., comm.*) depresso; (*di volume d'affari*) ridotto ***3*** appiattito al centro.
depressing /dɪ'presɪŋ/ *a.* deprimente; sconfortante.
depression /dɪ'preʃn/ *n.* ***1*** [U] depressione (*anche psic.*); abbattimento; scoraggiamento ***2*** abbassamento; avvallamento (*del terreno*) ***3*** (*econ.*) depressione; crisi ***4*** (*meteor.*) depressione.
depressive /dɪ'presɪv/ ***A*** *a.* ***1*** deprimente ***2*** (*psic.*) depressivo ***B*** *n.* (*psic.*) depresso (-a).
deprivation /deprɪ'veɪʃn/ *n.* [U] *e* [C] privazione.
to **deprive** /dɪ'praɪv/ *v. t.* privare; spogliare.
deprived /dɪ'praɪvd/ *a.* indigente; disagiato; bisognoso: **a d. background**, un ambiente disagiato; **d. childhood**, infanzia bisognosa; infanzia di privazioni.
depth /depθ/ *n.* ***1*** [U] *e* [C] profondità (*anche fig.*); altezza: **the d. of a lake**, la profondità di un lago; **The snow reached a d. of two metres**, la neve arrivò a un'altezza di due metri ***2*** [U] intensità: **d. of colour** [**of feeling**], intensità di colore [di sentimento] ***3*** (*al pl.*) profondità; abissi: **the depths of the sea**, gli abissi del mare; le profondità marine • **d. charge**, bomba di profondità □ **d. psychology**, psicologia del profondo □ (*fig.*) **hidden depths**, doti nascoste □ **in d.**, a fondo; in profondità □ **in the d. of the country**, in piena campagna □ **in the d. of winter**, nel cuore dell'inverno □ **in the depths of despair**, al colmo della disperazione □ **to be out of one's d.**, non toccare il fondo (*in acqua*); (*fig.*) non essere all'altezza (*di un lavoro, di una situazione, ecc.*).
deputation /depjʊ'teɪʃn/ *n.* [U] *e* [C] deputazione; delegazione.
to **depute** /dɪ'pjuːt/ *v. t.* deputare; delegare.
to **deputize**, (*GB anche*) to **deputise** /'depjʊtaɪz/ *v. i.* fare le veci; sostituire: **to d. for sb.**, fare le veci di q.
deputy /'depjʊtɪ/ *n.* ***1*** (*amm.*) vice; sostituto; aggiunto: **d. headmaster**, vicepreside ***2*** (*polit.*) deputato (*non in G.B. e U.S.A.*) ***3*** (*USA*) vicesceriffo.
deracinated /dɪ'ræsɪneɪtɪd/ *a.* sradicato (*fig.*).
to **derail** /dɪ'reɪl/ (*ferr.*) ***A*** *v. i.* deragliare ***B*** *v. t.* far deragliare.
derailment /dɪ'reɪlmənt/ *n.* (*ferr.*) deragliamento.
to **derange** /dɪ'reɪndʒ/ *v. t.* ***1*** sconvolgere ***2*** fare impazzire.
deranged /dɪ'reɪndʒd/ *a.* ***1*** pazzo; squilibrato ***2*** (*di mente*) sconvolto • **mentally d.**, pazzo.
derangement /dɪ'reɪndʒmənt/ *n.* [U] (*antiq.*) alienazione mentale; pazzia.
derby /'dɑːbɪ, *USA* 'dɜːbɪ/ *n.* ***1*** (*USA*) bombetta ***2*** (*sport*) derby.
to **deregulate** /diː'regjʊleɪt/ *v. t.* (*econ.*) deregolamentare; liberalizzare.
deregulation /diːregjʊ'leɪʃn/ *n.* (*econ.*) deregolamentazione; liberalizzazione; deregulation.
derelict /'derəlɪkt/ ***A*** *a.* (*di edificio, ecc.*) abbandonato; cadente ***B*** *n.* derelitto; vagabondo; barbone.
dereliction /derə'lɪkʃn/ *n.* [U] ***1*** abbandono ***2*** negligenza; trascuratezza • (*leg.*) **d. of duty**, inosservanza del dovere, abbandono di posto (*specialm. da parte di pubblico ufficiale*).
to **deride** /dɪ'raɪd/ *v. t.* deridere; schernire.
de rigueur /dərɪ'gɜː(r), deɪ-/ (*franc.*) *locuz. a.* di rigore.
derision /dɪ'rɪʒn/ *n.* [U] derisione; scherno.
derisive /dɪ'raɪsɪv, -z-/ *a.* derisorio; di scherno; beffardo: **d. laughter**, risata di scherno.
derisory /dɪ'raɪsərɪ, -z-/ *a.* ***1*** irrisorio: **d. offer**, offerta irrisoria ***2*** *V.* **derisive**.
derivation /derɪ'veɪʃn/ *n.* [U] *e* [C] derivazione.
derivative /dɪ'rɪvətɪv/ ***A*** *a.* poco originale: di imitazione; derivativo ***B*** *n.* ***1*** (*chim., gramm.*) derivato ***2*** (*mat.*) derivata.
to **derive** /dɪ'raɪv/ ***A*** *v. t.* ricavare; trarre: **to d. pleasure from st.**, trarre piacere da q.c. • **to be derived from**, derivare da ***B*** *v. i.* derivare; provenire: **Italian derives from Latin**, l'italiano deriva dal latino.
dermatitis /dɜːmə'taɪtɪs/ *n.* [U] (*med.*) dermatite.
dermatologist /dɜːmə'tɒlədʒɪst/ *n.* dermatologo (-a).
dermatology /dɜːmə'tɒlədʒɪ/ *n.* [U] (*med.*) dermatologia.
derogatory /dɪ'rɒgətrɪ, *USA* -tɔːrɪ/ *a.* spregiativo; sprezzante: **d. term**, termine spregiativo; **d. remark**, commento sprezzante.
derrick /'derɪk/ *n.* ***1*** (*naut.*) bigo; albero di carico ***2*** (*ind. min.*) derrick; torre di sondaggio (*o* di trivellazione).
derring-do /'derɪŋ'duː/ *n.* (*antiq. o scherz.*) audacia; temerarietà.
derv /dɜːv/ *n.* [U] (*GB*) gasolio per autotrazione.
dervish /'dɜːvɪʃ/ *n.* derviscio.
to **desalinate** /diː'sælɪneɪt/ *v. t.* desalinizzare; dissalare.
desalination /diːsælɪ'neɪʃn/ *n.* desalinizzazione; dissalamento.
to **descale** /diː'skeɪl/ *v. t.* (*tecn.*) disincrostare.
descant /'deskænt/ *n.* (*mus.*) discanto.
to **descend** /dɪ'send/ *v. i. e i.* ***1*** (*form.*) scendere; discendere ***2*** essere trasmesso; passare (*in eredità*) • **to be descended from**, discendere da; avere origine da.
♦ **descend on** *v. i. + prep.* ***1*** piombare addosso a; attaccare ***2*** arrivare in massa e all'improvviso; piombare in casa.
♦ **descend to** *v. i. + prep.* abbassarsi a; arrivare a: **to d. to abuse**, arrivare agli insulti.
descendant /dɪ'sendənt/ *n.* discendente.
descent /dɪ'sent/ *n.* ***1*** [U] discesa ***2*** [U] (*fig.*) discesa; caduta: **d. into chaos**, caduta nel caos ***3*** calata; incursione: **the d. of tourists**, la calata dei turisti ***4*** discesa; china; pendio: **steep d.**, discesa ripida ***5*** [U] origine; discendenza; famiglia: **of Scottish d.**, di origine (*o* discendenza) scozzese.
to **describe** /dɪ'skraɪb/ *v. t.* ***1*** descrivere ***2*** definire: **a place I'd d. as chaotic**, un posto che io definirei caotico.
description /dɪ'skrɪpʃn/ *n.* ***1*** [C] *e* [U] descrizione ***2*** genere; specie; sorta: **of every d.**, di ogni sorta; **of the worst d.**, della peggior specie • **beyond** (*o* **past**) **d.**, indescrivibile.
descriptive /dɪ'skrɪptɪv/ *a.* descrittivo.
to **desecrate** /'desɪkreɪt/ *v. t.* (*anche fig.*) profanare.
desecration /desɪ'kreɪʃn/ *n.* [U] *e* [C] (*anche fig.*) profanazione.
to **desegregate** /diː'segrɪgeɪt/ *v. t.* abolire la segregazione razziale in.
desegregation /diːsegrɪ'geɪʃn/ *n.* [U] abolizione della segregazione razziale.
to **desensitize**, (*GB anche*) to **desensitise** /diː'sensɪtaɪz/ *v. t.* desensibilizzare.
desert (1) /'dezət/ ***A*** *n.* (*anche fig.*) deserto ***B*** *a.* ***1*** deserto; disabitato ***2*** desertico; del deserto • **d. boot**, scarponcino.
desert (2) /dɪ'zɜːt/ *V.* **deserts**.
to **desert** /dɪ'zɜːt/ ***A*** *v. t.* abbandonare; lasciare: **to d. one's wife**, abbandonare (*o* lasciare) la moglie; (*mil.*) **to d. one's post**, abbandonare il posto; **My courage deserted me**, mi venne meno il coraggio ***B*** *v. i.* disertare.
deserted /dɪ'zɜːtɪd/ *a.* ***1*** (*di persona*) abbandonato ***2*** (*di luogo*) abbandonato; disabitato; deserto: **d. streets**, strade deserte.
deserter /dɪ'zɜːtə(r)/ *n.* disertore.
desertion /dɪ'zɜːʃn/ *n.* [U] *e* [C] ***1*** abbandono ***2*** (*mil.*) diserzione.
deserts /dɪ'zɜːts/ *n. pl.* meriti: **according to one's d.**, secondo i propri meriti; **He got his just d.**, ha avuto quello che si meritava.
to **deserve** /dɪ'zɜːv/ *v. t.* meritare; essere degno di; meritarsi.
deservedly /dɪ'zɜːvɪdlɪ/ *n.* meritatamente; giustamente.
deserving /dɪ'zɜːvɪŋ/ *a.* meritevole; degno.
to **desiccate** /'desɪkeɪt/ *v. t.* essiccare; disseccare.
desiccation /desɪ'keɪʃn/ *n.* [U] essiccazione; disseccazione.
desideratum /dɪzɪdə'rɑːtəm, -'reɪ-/ *n.* (*pl.* **desiderata** /-tə/) (*lat.*) ciò che si desidera; (*al pl.*) desiderata.
design /dɪ'zaɪn/ *n.* ***1*** [U] progettazione; design: **industrial d.**, design industriale ***2*** [U] linea; modello; design: **clothes of good d.**, abiti con una bella linea ***3*** progetto; modello: **a d. for a new car**, il progetto di una nuova automobile ***4*** disegno decorativo; motivo; fantasia: **geometric d.** motivo geometrico; **floral d.**, fantasia a fiori ***5*** piano; disegno; mira; intento: **to have designs on st.**, avere mire su q.c.; **by d.**, di proposito; apposta.
to **design** /dɪ'zaɪn/ ***A*** *v. t.* ***1*** progettare; fare il modello di; disegnare ***2*** mettere a punto; studiare ***3*** (*generalm. al passivo*) ideare; concepire: **The building was designed as a community centre**, l'edificio è stato concepito come centro sociale ***B*** *v. i.* fare il progettista; fare il modellista.
designate /'dezɪgneɪt, -nət/ *a.* (*form.*) designato: **ambassador d.**, ambasciatore designato.
to **designate** /'dezɪgneɪt/ *v. t.* ***1*** designare; nominare ***2*** segnare; indicare.
designation /dezɪg'neɪʃn/ *n.* ***1*** [U] designazione; nomina ***2***

designazione; titolo.
designer /dɪ'zaɪnə(r)/ ***A*** *n.* ***1*** (*ind.*) progettista; disegnatore (-trice); designer ***2*** disegnatore (-trice) di moda; stilista ***3*** (*teatr., cinem.*) costumista • (*teatr., cinem.*) **scene d.**, scenografo (-a) ***B*** *a. attr.* ***1*** firmato; griffato: **d. jeans**, jeans firmati ***2*** (*scherz. o spreg.*) alla moda ***3*** (*scient.*) mirato.
designing /dɪ'zaɪnɪŋ/ ***A*** *n.* disegno; creazione; progettazione ***B*** *a.* che ha delle mire; astuto.
desirable /dɪ'zaɪərəbl/ *a.* ***1*** desiderabile; attraente; piacevole ***2*** opportuno • **A degree in French is d.**, una laurea in francese costituisce titolo preferenziale.
desire /dɪ'zaɪə(r)/ *n.* U *e* C desiderio • **my heart's d.**, il mio più grande desiderio; ciò che più desidero.
to **desire** /dɪ'zaɪə(r)/ *v. t.* ***1*** (*form.*) desiderare ***2*** (*antiq.*) pregare (q. di fare q.c.).
desirous /dɪ'zaɪərəs/ *a.* (*form.*) desideroso.
to **desist** /dɪ'zɪst/ (from) *v. i.* desistere; cessare; smettere: **to d. from doing st.**, desistere dal (*o* smettere, cessare di) fare q.c.
desk /dɛsk/ *n.* ***1*** scrivania; scrittoio; tavolo: **drawing d.**, tavolo da disegno; **d. lamp**, lampada da tavolo ***2*** (*in albergo, aeroporto, scuola, ecc.*) banco: **information d.**, banco delle informazioni; **reception d.**, banco della reception • **d. clerk**, addetto alla reception (*di un albergo*) □ **d. job**, lavoro d'ufficio; lavoro a tavolino.
deskbound /'dɛskbaʊnd/ *a.* che fa un lavoro a tavolino.
desktop /'dɛsktɒp/ *n.* piano della scrivania • **d. computer**, computer da tavolo; desktop □ **d. publishing**, desktop publishing; editoria da tavolo.
desolate /'dɛsələt/ *a.* ***1*** (*di luogo*) abbandonato; solitario; desolato ***2*** (*di persona*) desolato.
to **desolate** /'dɛsəleɪt/ *v. t.* affliggere; desolare.
desolation /dɛsə'leɪʃn/ *n.* desolazione.
despair /dɪ'spɛə(r)/ *n.* U disperazione: **in d.**, in preda alla disperazione; disperato.
to **despair** /dɪ'spɛə(r)/ *v. i.* disperare; avere poche speranze di.
despairing /dɪ'spɛərɪŋ/ *a.* disperato; di disperazione.
despatch, to **despatch** /dɪ'spætʃ/ *V.* **dispatch**, **to dispatch**.
desperado /dɛspə'rɑːdəʊ, *USA* -'reɪ-/ *n.* (*pl.* **desperadoes**, **desperados**) bandito; malvivente.
desperate /'dɛspərət/ *a.* disperato; estremo: **d. need**, bisogno disperato; **a final d. attempt**, un ultimo disperato tentativo; **d. measures**, misure estreme; **a d. criminal**, un criminale capace di tutto; **We were d. for money**, avevamo un disperato bisogno di soldi.
desperation /dɛspə'reɪʃn/ *n.* U disperazione (*che porta a gesti estremi*): **in d.**, per la disperazione.
despicable /dɪ'spɪkəbl, 'dɛs-/ *a.* spregevole.
to **despise** /dɪ'spaɪz/ *v. t.* disprezzare.
despite /dɪ'spaɪt/ *prep.* a dispetto di; malgrado.
to **despoil** /dɪ'spɔɪl/ *v. t.* (*form.*) derubare; saccheggiare.
despondency /dɪ'spɒndənsɪ/ *n.* U abbattimento; scoraggiamento; sconforto.
despondent /dɪ'spɒndənt/ *a.* abbattuto; scoraggiato; sfiduciato; demoralizzato.
despondently /dɪ'spɒndəntlɪ/ *avv.* con aria scoraggiata, sfiduciata.
despot /'dɛspɒt, -ət/ *n.* despota.
despotic /dɪ'spɒtɪk/ *a.* dispotico.
despotism /'dɛspətɪzəm/ *n.* U dispotismo.
dessert /dɪ'zɜːt/ *n.* U dessert; dolce.
destabilization, (*GB anche*) **destabilisation** /diːsteɪbəlaɪ'zeɪʃn, *USA* -lɪ'z-/ *n.* destabilizzazione.
to **destabilize**, (*GB anche*) to **destabilise** /diː'steɪbəlaɪz/ *v. t.* destabilizzare.
destination /dɛstɪ'neɪʃn/ *n.* U *e* C destinazione; meta.
to **destine** /'dɛstɪn/ *v. t.* destinare.
destined /'dɛstɪnd/ *a.* ***1*** diretto: **a flight d. for Rome**, un volo diretto a (*o* con destinazione) Roma ***2*** destinato: **d. for stardom**, destinato a diventare un divo; **d. to be unhappy**, destinato all'infelicità.
destiny /'dɛstənɪ/ *n.* U *e* C destino; fato.
destitute /'dɛstɪtjuːt, *USA* -tuːt/ *a.* ***1*** poverissimo; indigente ***2*** **— d. of**, privo di.
destitution /dɛstɪ'tjuːʃn, *USA* -tuː-/ *n.* U povertà estrema; indigenza; miseria.
to **destroy** /dɪ'strɔɪ/ *v. t.* ***1*** distruggere; annientare ***2*** abbattere, sopprimere (*un animale*).
destroyer /dɪ'strɔɪə(r)/ *n.* ***1*** distruttore (-trice) ***2*** (*naut.*) cacciatorpediniere.
destruction /dɪ'strʌkʃn/ *n.* U distruzione; rovina.
destructive /dɪ'strʌktɪv/ *a.* ***1*** distruttivo ***2*** dannoso; rovinoso.
desultory /'dɛsltrɪ, *USA* -tɔːrɪ/ *a.* senza entusiasmo; svogliato; non metodico: **d. conversation**, conversazione svogliata; **d. reading**, letture non metodiche.
to **detach** /dɪ'tætʃ/ *v. t.* ***1*** staccare; distaccare; separare ***2*** (*mil.*) distaccare.
detachable /dɪ'tætʃəbl/ *a.* staccabile; separabile: **d. collar**, colletto staccabile.
detached /dɪ'tætʃt/ *a.* ***1*** (*di edificio*) isolato, staccato (*da altri edifici*): **d. house**, villetta unifamiliare ***2*** distaccato; spassionato; obiettivo.
detachment /dɪ'tætʃmənt/ *n.* U ***1*** distacco; obiettività ***2*** (*mil.*) distaccamento.
detail /'diːteɪl, *USA* dɪ'teɪl/ *n.* ***1*** particolare; dettaglio: **in (great) d.**, nei particolari; dettagliatamente; per filo e per segno; **down to the smallest d.**, fin nei minimi particolari; **to go into d.** (*o* **details**), entrare nei particolari ***2*** (*mil.*) piccolo distaccamento.
to **detail** /'diːteɪl, *USA* dɪ'teɪl/ *v. t.* ***1*** elencare dettagliatamente; fare un elenco dettagliato di ***2*** (*mil.*) assegnare; distaccare.
detailed /'diːteɪld, *USA* dɪ'teɪld/ *a.* particolareggiato; dettagliato; circostanziato.
to **detain** /dɪ'teɪn/ *v. t.* ***1*** trattenere; far ritardare ***2*** (*leg.*) mettere in stato di fermo; tenere agli arresti.
detainee /diːteɪ'niː/ *n.* detenuto politico.
to **detect** /dɪ'tɛkt/ *v. i.* ***1*** scoprire; trovare; individuare ***2*** percepire; rilevare.
detectable /dɪ'tɛktəbl/ *a.* visibile; percettibile; individuabile.
detection /dɪ'tɛkʃn/ *n.* U scoperta; individuazione • **crime d.**, investigazioni criminali □ **to escape d.**, sfuggire alle indagini, alle ricerche; passare inosservato.
detective /dɪ'tɛktɪv/ *n.* ***1*** agente investigativo ***2*** (*anche* **private d.**) investigatore privato; detective • **d. agency**, agenzia investigativa □ **d. fiction**, giallistica □ **d. story**, racconto poliziesco; giallo.
detector /dɪ'tɛktə(r)/ *n.* (*tecn.*) detector; rivelatore • **lie d.**, macchina della verità □ **metal d.**, metal detector; cercametalli.
détente /'deɪtɒnt, -ɑːnt, *USA* deɪ'tɑːnt/ (*franc.*) *n.* (*polit.*) distensione.
detention /dɪ'tɛnʃn/ *n.* U ***1*** (*leg.*) detenzione; arresto ***2*** (l') essere trattenuto (*a scuola oltre l'orario, come punizione*) • **d. barracks**, prigione militare □ **d. camp**, campo di internamento □ **d. centre** (*USA* **home**), casa di correzione; riformatorio.
to **deter** /dɪ'tɜː(r)/ *v. t.* dissuadere; scoraggiare: **to d. sb. from doing st.**, dissuadere q. dal fare q.c.
detergent /dɪ'tɜːdʒənt/ *a. e n.* detersivo; detergente.
to **deteriorate** /dɪ'tɪərɪəreɪt/ *v. i.* ***1*** deteriorarsi ***2*** peggiorare; aggravarsi; acuirsi.
deterioration /dɪtɪərɪə'reɪʃn/ *n.* U ***1*** deterioramento ***2*** peggioramento; aggravamento.
determinant /dɪ'tɜːmɪnənt/ *n.* (*form.*) fattore determinante.
determination /dɪtɜːmɪ'neɪʃn/ *n.* U ***1*** decisione; ferma intenzione; risolutezza ***2*** determinazione; individuazione.
to **determine** /dɪ'tɜːmɪn/ *v. t.* ***1*** decidere; stabilire ***2*** accertare; determinare; individuare: **to d. the cause of an accident**, stabilire la causa di un incidente ***3*** determinare; causare.
determined /dɪ'tɜːmɪnd/ *a.* deciso; risoluto: **a very d. person**, una persona molto risoluta; **to be d. to do st.**, essere ben deciso a fare q.c.
determinism /dɪ'tɜːmɪnɪzəm/ *n.* U (*filos.*) determinismo.
determinist /dɪ'tɜːmɪnɪst/ (*filos.*) ***A*** *n.* determinista ***B*** *a.* deterministico.
deterrent /dɪ'tɛrənt, *USA* -'tɜː-/ *a. e n.* deterrente.
to **detest** /dɪ'tɛst/ *v. t.* detestare; odiare.
detestable /dɪ'tɛstəbl/ *a.* detestabile; odioso.
to **dethrone** /diː'θrəʊn/ *v. t.* (*anche fig.*) detronizzare.
dethronement /diː'θrəʊnmənt/ *n.* U *e* C (*anche fig.*) detronizzazione.
to **detonate** /'dɛtəneɪt/ ***A*** *v. i.* detonare; esplodere ***B*** *v. t.* far detonare; far esplodere.
detonation /dɛtə'neɪʃn/ *n.* U *e* C detonazione; esplosione.

detonator /ˈdɛtəneɪtə(r)/ *n.* detonatore.
detour /ˈdiːtʊə(r), *USA* dɪˈtʊə(r)/ *n.* deviazione; giro (*fam.*).
detox /diːˈtɒks/ *n.* (*USA*) *abbr. fam. di* **detoxification**.
detoxification /diːtɒksɪfɪˈkeɪʃn/ *n.* U disintossicazione (*dall'alcol o dalla droga*).
to **detoxify** /diːˈtɒksɪfaɪ/ *v. t.* ***1*** disintossicare (*da una sostanza nociva*) ***2*** eliminare la tossicità di; rendere non tossico.
to **detract** /dɪˈtrækt/ *v. Solo come*:
♦ **detract from** *v. i. + prep.* togliere qualcosa a; sminuire.
detractor /dɪˈtræktə(r)/ *n.* detrattore (-trice); denigratore (-trice).
to **detrain** /diːˈtreɪn/ *v. i.* (*form. USA*) scendere dal treno.
detriment /ˈdɛtrɪmənt/ *n.* U (*form.*) detrimento; danno; scapito: **to the d. of one's health**, a detrimento (*o* scapito) della propria salute.
detrimental /detrɪˈmɛntl/ *a.* (*form.*) dannoso; nocivo; pregiudizievole.
detritus /dɪˈtraɪtəs/ *n.* U (*geol.*) detriti.
deuce (**1**) /djuːs, *USA* duːs/ *n.* ***1*** due (*carta da gioco*; *punto ai dadi*) ***2*** (*tennis*) 40 pari; parità.
deuce (**2**) /djuːs, *USA* duːs/ *n.* (*antiq. fam., nelle interr., ecc.*) diavolo; diamine: **Where the d. is he?**, dove diamine s'è cacciato?
deuced /ˈdjuːsɪd, djuːst, *USA* ˈduː-, duː-/ (*antiq. fam.*) ***A*** *a.* tremendo; del diavolo ***B*** *avv.* maledettamente: **d. inconvenient**, maledettamente scomodo.
deuterium /djuːˈtɪərɪəm, *USA* duː-/ *n.* U (*chim.*) deuterio; idrogeno pesante.
devaluation /diːvæljʊˈeɪʃn/ *n.* U *e* C (*econ.*) svalutazione.
to **devalue** /diːˈvæljuː/ *v. t.* ***1*** (*econ.*) svalutare ***2*** sminuire; sottovalutare.
to **devastate** /ˈdɛvəsteɪt/ *v. t.* ***1*** devastare; distruggere ***2*** sconvolgere; scioccare.
devastating /ˈdɛvəsteɪtɪŋ/ *a.* ***1*** disastroso; distruttore ***2*** sconvolgente; sciocсante ***3*** (*fam.*) fantastico; irresistibile.
devastation /dɛvəˈsteɪʃn/ *n.* U devastazione; rovina.
to **develop** /dɪˈvɛləp/ ***A*** *v. t.* ***1*** sviluppare: **to d. a business** [**an idea, one's muscles**], sviluppare un'azienda [un'idea, i muscoli] ***2*** sfruttare; sviluppare; valorizzare: **to d. a district**, valorizzare un quartiere ***3*** manifestare; rivelare: **to d. a tendency** [**a symptom**], manifestare una tendenza [un sintomo]; **to d. a taste for st.**, acquisire il gusto di q.c.; **to d. a liking for sb.**, cominciare a trovare simpatico q. ***4*** (*fotogr.*) sviluppare ***B*** *v. i.* ***1*** svilupparsi; diventare; trasformarsi: **His small business has developed into a big company**, la sua piccola azienda è diventata una grossa società ***2*** insorgere; manifestarsi.
developer /dɪˈvɛləpə(r)/ *n.* ***1*** (*edil.*) operatore immobiliare ***2*** (*fotogr.*) rivelatore.
developing /dɪˈvɛləpɪŋ/ *a.* — **d. country**, paese in via di sviluppo.
development /dɪˈvɛləpmənt/ *n.* U *e* C ***1*** sviluppo; evoluzione: **the d. of the embryo**, lo sviluppo dell'embrione; **the d. of a disease**, l'evoluzione di una malattia; **to wait for further developments**, attendere ulteriori sviluppi ***2*** messa a punto: **the d. of a new technique**, la messa a punto di una nuova tecnica ***3*** sfruttamento; valorizzazione; sviluppo ***4*** (*anche* **housing d.**) complesso urbano; quartiere nuovo.
deviance /ˈdiːvɪəns/ *n.* (*psic.*) devianza.
deviant /ˈdiːvɪənt/ *a.* (*psic.*) deviante.
to **deviate** /ˈdiːvɪeɪt/ *v. i.* deviare • **to d. from a rule**, trasgredire una regola.
deviation /diːvɪˈeɪʃn/ *n.* U *e* C deviazione.
deviationism /diːvɪˈeɪʃənɪzəm/ *n.* U (*polit.*) deviazionismo.
deviationist /diːvɪˈeɪʃənɪst/ *n.* (*polit.*) deviazionista.
device /dɪˈvaɪs/ *n.* ***1*** congegno; dispositivo; meccanismo ***2*** ordigno: **explosive d.**, ordigno esplosivo ***3*** espediente; stratagemma ***4*** (*arald.*) divisa; emblema • **to leave sb. to his own devices**, abbandonare q. a se stesso.
devil /ˈdɛvl/ *n.* ***1*** (*anche fig.*) diavolo; demonio ***2*** (*preceduto da agg.*) uomo; individuo: **a poor d.**, un povero diavolo; un poveraccio; un povero cristo (*fam.*); **Lucky d.!**, fortunato!; fortunello! • **d.'s advocate**, avvocato del diavolo □ **Better the d. you know...**, chi lascia la via vecchia per la nuova... □ (*fam.*) **Go on, be a d.!**, dài, lasciati tentare! □ **between the d. and the deep** (**blue**) **sea**, fra l'incudine e il martello □ (*fam.*) **to give the d. his due**, rendere giustizia a q.; riconoscere un merito a q. □ (*fam.*) **Go to the d.**, va' al diavolo! □ (*fam.*) **like the d.**, come un matto; come un dannato; a tutto spiano □ (*fam.*) **to play the d. with**, mandare a rotoli (*o* a catafascio); essere una tortura per (*i calli, i reumatismi, ecc.*) □ (*fam.*) **to raise the d.**, fare il diavolo a quattro □ **Talk of the d.!**, lupus in fabula! □ (*fam.*) **This tin-opener is the very d. to operate!**, questo apriscatole è una disperazione da usare! □ (*pop.*) **The d. you will** [**he has, she can't, etc.**]**!**, col cavolo! □ **There'll be the d. to pay**, saranno guai (*o* dolori) □ (*fam.*) **What the d. do you want?**, che diavolo vuoi?
to **devil** /ˈdɛvl/ *v. t.* (*cucina*) cuocere in salsa piccante.
devilish /ˈdɛvəlɪʃ/ *a.* (*anche fig.*) diabolico.
devil-may-care /ˈdɛvlmeɪˈkɛə(r)/ *a.* incurante; scanzonato.
devilment /ˈdɛvlmənt/ *n.* diavoleria.
devious /ˈdiːvɪəs/ *a.* ***1*** indiretto; traverso; tortuoso: **by d. ways**, per vie traverse ***2*** ambiguo; subdolo.
to **devise** /dɪˈvaɪz/ *v. t.* ***1*** ideare; escogitare ***2*** (*leg.*) lasciare in eredità (*beni immobili*).
to **devitalize**, (*GB anche*) to **devitalise** /diːˈvaɪtəlaɪz/ *v. t.* ***1*** indebolire; infiacchire ***2*** (*med.*) devitalizzare.
devoid /dɪˈvɔɪd/ *a.* privo (di); mancante (di): **d. of common sense**, privo di buon senso.
devolution /diːvəˈluːʃn/ *n.* U ***1*** devoluzione (*di diritti, proprietà, ecc.*) ***2*** (*polit.*) delega (*dei poteri*); decentramento amministrativo.
to **devolve** /dɪˈvɒlv/ *v. t.* devolvere (*un diritto, ecc.*); delegare; affidare.
♦ **devolve on** *v. i. + prep.* ***1*** ricadere su ***2*** passare (*in proprietà*) a; essere ereditato da.
to **devote** /dɪˈvəʊt/ *v. t.* dedicare; consacrare.
devoted /dɪˈvəʊtɪd/ *a.* devoto; fedele.
devotee /dɛvəˈtiː/ *n.* ***1*** appassionato (-a) ***2*** (*relig.*) devoto (-a).
devotion /dɪˈvəʊʃn/ *n.* ***1*** U devozione; dedizione ***2*** (*al pl.*) devozioni; preghiere.
devotional /dɪˈvəʊʃənl/ *a.* (*form.*) devoto; religioso: **d. books**, libri religiosi.
to **devour** /dɪˈvaʊə(r)/ *v. t.* divorare • **to be devoured by curiosity**, struggersi dalla curiosità.
devout /dɪˈvaʊt/ *a.* ***1*** devoto; pio ***2*** sincero; fervido: **d. thanks**, ringraziamenti sinceri.
devoutness /dɪˈvaʊtnəs/ *n.* U devozione; pietà; religiosità.
dew /djuː, *USA* duː/ *n.* U rugiada.
dewdrop /ˈdjuːdrɒp, *USA* ˈduː-/ *n.* goccia di rugiada.
dewlap /ˈdjuːlæp, *USA* ˈduː-/ *n.* ***1*** giogaia (*del bue, ecc.*) ***2*** (*antiq.*) doppio mento.
dewy /ˈdjuːɪ, *USA* ˈduːɪ/ *a.* rugiadoso • (*spesso iron.*) **d.-eyed**, ingenuo; innocente.
dexterity /dɛkˈstɛrətɪ/ *n.* U destrezza; abilità.
dexterous /ˈdɛkstrəs/ *a.* destro; abile; agile.
dextrose /ˈdɛkstrəʊs, -əʊz/ *n.* U (*chim.*) destrosio.
diabetes /daɪəˈbiːtiːz/ *n.* U (*med.*) diabete.
diabetic /daɪəˈbɛtɪk/ *a. e n.* diabetico (-a).
diabolic /daɪəˈbɒlɪk/ *a.* (*form.*) diabolico.
diabolical /daɪəˈbɒlɪkl/ *a.* ***1*** diabolico ***2*** (*fam. GB*) terribile; atroce; scandaloso.
diacritic /daɪəˈkrɪtɪk/ *n.* segno diacritico.
diacritical /daɪəˈkrɪtɪkl/ *a.* diacritico.
diadem /ˈdaɪədɛm/ *n.* diadema (*corona*).
diaeresis /daɪˈɛrəsɪs, -ˈɪər-/ *n.* (*pl.* **diaereses** /-siːz/) dieresi.
to **diagnose** /ˈdaɪəgnəʊz, *USA* daɪəgˈnəʊs/ *v. t.* diagnosticare.
diagnosis /daɪəgˈnəʊsɪs/ *n.* (*pl.* **diagnoses** /-siːz/) U *e* C diagnosi.
diagnostic /daɪəgˈnɒstɪk/ *a.* diagnostico.
diagnostics /daɪəgˈnɒstɪks/ *n. pl.* (*col verbo al sing.*) diagnostica.
diagonal /daɪˈægənl/ *a. e n.* diagonale.
diagram /ˈdaɪəgræm/ *n.* diagramma; grafico.
dial /ˈdaɪəl/ *n.* ***1*** quadrante (*di orologio, di bilancia automatica, ecc.*) ***2*** (*telef.*) disco combinatore ***3*** (*radio*) scala parlante.
to **dial** /ˈdaɪəl/ *v. t.* (*telef.*) comporre; fare; chiamare: **to d. a number**, comporre (*o* fare) un numero; **to d. London**, chiamare Londra; **Insert a coin before dialling**, inserisci una moneta prima di fare il numero.
dialect /ˈdaɪəlɛkt/ *n.* C *e* U dialetto.

dialectal /daɪə'lɛktl/ *a.* dialettale.
dialectic /daɪə'lɛktɪk/ *n.* U dialettica.
dialectical /daɪə'lɛktɪkl/ *a.* dialettico.
dialectics /daɪə'lɛktɪks/ *n. pl.* (*col verbo al sing.*) dialettica.
dialling, (*USA*) **dialing** /'daɪəlɪŋ/ *n.* U (*telef.*) (il) comporre un numero; selezione • **d. code**, prefisso telefonico □ (*GB*) **d. tone**, segnale di linea libera.
dialogue, (*USA*) **dialog** /'daɪəlɒg, *USA* -lɔːg/ *n.* U e C dialogo.
dial tone /'daɪəltəʊn/ *locuz. n.* (*telef., USA*) segnale di linea libera.
to **dialyse** /'daɪəlaɪz/ *v. t.* (*med.*) dializzare.
dialysis /daɪ'æləsɪs/ *n.* (*chim., med.*) dialisi.
to **dialyze** /'daɪəlaɪz/ (*USA*) *V.* **to dialyse**.
diameter /daɪ'æmɪtə(r)/ *n.* (*geom.*) diametro.
diametrically /daɪə'mɛtrɪklɪ/ *avv.* diametralmente: **d. opposite point of view**, punto di vista diametralmente opposto.
diamond /'daɪəmənd, *USA* 'daɪm-/ ***A*** *n.* ***1*** (*miner.*) diamante: **cut d.**, brillante ***2*** (*geom.*) rombo; losanga ***3*** (*al pl.*) (*carte*) quadri • **d. wedding**, nozze di diamante □ **rough d.**, persona rozza ma piena di buone qualità ***B*** *a.* ***1*** di diamante; di brillanti: **d. ring**, anello di brillanti ***2*** (*geom.*) romboidale.
dianthus /daɪ'ænθəs/ *n.* (*bot.*) dianto.
diapason /daɪə'peɪzn, -sn/ *n.* (*mus.*) diapason.
diaper /'daɪəpə(r), *USA* 'daɪp-/ *n.* (*specialm. USA*) pannolino (*per bambini*).
diaphanous /daɪ'æfənəs/ *a.* diafano; trasparente.
diaphragm /'daɪəfræm/ *n.* ***1*** diaframma ***2*** (*mecc., radio*) membrana ***3*** (*med.*) diaframma; pessario.
diarist /'daɪərɪst/ *n.* diarista.
diarrhoea, (*USA*) **diarrhea** /daɪə'rɪːə/ *n* U (*med.*) diarrea.
diary /'daɪərɪ/ *n.* ***1*** diario ***2*** agenda; taccuino.
diaspora /daɪ'æspərə/ *n.* diaspora; dispersione.
diatonic /daɪə'tɒnɪk/ *a.* (*mus.*) diatonico.
diatribe /'daɪətraɪb/ *n.* diatriba.
dibber /'dɪbə(r)/, **dibble** /'dɪbl/ *n.* (*agric.*) piantatoio.
to **dibble** /'dɪbl/ *v. t.* ***1*** forare (*il terreno*) con un piantatoio ***2*** piantare (*semi*) con un piantatoio.
dice /daɪs/ *n.* ***1*** (*pl. invar.*) dado ***2*** gioco dei dadi • (*pop.*) **no d.**, niente da fare; inutile; ciccia (*pop.*).
to **dice** /daɪs/ ***A*** *v. i.* giocare ai dadi: **to d. for st.**, giocarsi a dadi q.c. • **to d. with death**, rischiare grosso ***B*** *v. t.* tagliare (*carne, verdura, ecc.*) a cubetti.
dicey /'daɪsɪ/ *a.* (*fam. GB*) rischioso; imprevedibile; delicato.
dichotomy /daɪ'kɒtəmɪ/ *n.* U dicotomia.
dick /dɪk/ *n.* (*pop.*) ***1*** (*USA*) detective ***2*** (*volg.*) uccello; cazzo • (*fam. GB*) **clever d.**, furbone; furbastro.
dickens /'dɪkɪnz/ *n.* (*fam.*) diavolo; diamine: **What the d.!**, che diamine!
dickey /'dɪkɪ/ *V.* **dicky (1)**, *def. 1*.
dickhead /'dɪkhɛd/ *n.* (*volg.*) coglione; testa di cazzo.
dicky (1) /'dɪkɪ/ *n.* (*fam.*) ***1*** davantino, pettorina (*che si può staccare*) ***2*** (*GB*) strapuntino (*di automobile*).
dicky (2) /'dɪkɪ/ *a.* (*fam. GB*) malandato: **d. heart**, cuore malandato; cuore matto.
dickybird /'dɪkɪbɜːd/ *m.* (*fam.*) uccellino: **Watch the d.!**, guarda l'uccellino!
dicotyledonous /daɪkɒtɪ'liːdənəs/ *a.* (*bot.*) dicotiledone.
dicta /'dɪktə/ *pl. di* **dictum**.
Dictaphone ® /'dɪktəfəʊn/ *n.* dittafono ®.
dictate /'dɪkteɪt, *USA* 'dɪkteɪt/ *n.* (*generalm. al pl.*) dettame.
to **dictate** /dɪk'teɪt, *USA* 'dɪkteɪt/ ***A*** *v. t.* dettare ***B*** *v. i.* dare ordini; dettar legge: **I won't be dictated to**, non accetto ordini da nessuno.
dictation /dɪk'teɪʃn/ *n.* ***1*** U dettatura: **to take d.**, scrivere sotto dettatura ***2*** dettato.
dictator /dɪk'teɪtə(r), *USA* 'dɪkteɪtə(r)/ *n.* dittatore.
dictatorial /dɪktə'tɔːrɪəl/ *a.* dittatoriale.
dictatorship /dɪk'teɪtəʃɪp, *USA* 'dɪkt-/ *n.* C e U dittatura.
diction /'dɪkʃn/ *n.* U ***1*** stile (*di oratore, di poeta*) ***2*** dizione.
dictionary /'dɪkʃənrɪ, *USA* -nɛrɪ/ *n.* dizionario; vocabolario.
dictum /'dɪktəm/ *n.* (*pl.* **dicta, dictums**) ***1*** dichiarazione ***2*** detto; massima.
did /dɪd, dəd/ *pass. di* **to do**.
didactic /daɪ'dæktɪk, dɪ'-/ *a.* ***1*** didattico ***2*** didascalico.
didactics /daɪ'dæktɪks, dɪ'-/ *n. pl.* (*col verbo al sing.*) didattica.
to **diddle** /'dɪdl/ *v. t.* (*fam. GB*) imbrogliare; infinocchiare.
didn't /'dɪdnt, -dn/ *contraz. di* **did not**.
die /daɪ/ *n.* ***1*** (*mecc.*) conio; matrice; stampo ***2*** (*pl.* **dice**) dado: **The die is cast**, il dado è tratto • (*metall.*) **d.-casting**, pressofusione.
to **die** /daɪ/ *v. i.* ***1*** morire: **to die of hunger [of a broken heart]**, morire di fame [di crepacuore]; **to die by one's own hand**, morire di propria mano; darsi la morte; **to die a hero**, morire da eroe; **to die a horrible death**, fare una morte orribile; **I was dying of curiosity [with laughter]**, morivo dalla curiosità [dal ridere]; **He's dying to find out**, muore dalla voglia di saperlo; **I'm dying for a cup of coffee**, muoio dalla voglia di un caffè ***2*** (*fam., di macchina*) fermarsi; spegnersi: **The car died on me after ten miles**, la macchina mi ha piantato dopo dieci miglia • **to die hard**, esser duro a morire □ **to die in one's bed**, morire nel proprio letto □ **to die with one's boots on**, morire sulla breccia □ **to be dying on one's feet**, essere stanco morto □ (*fam.*) **It's to die for**, è fantastico □ **I nearly died when...**, mi è quasi venuto un colpo quando... □ **Never say die!**, mai disperare!
♦ **die away** *v. i. + avv.* (*di suono*) affievolirsi; spegnersi a poco a poco.
♦ **die back** *v. i. + avv.* (*bot.*) avvizzire; seccarsi dalla cima verso la radice.
♦ **die down** *v. i. + avv.* ***1*** spegnersi ***2*** calmarsi; placarsi.
♦ **die off** *v. i. + avv.* morire uno dopo l'altro.
♦ **die out** *v. i. + avv.* ***1*** (*di animali, piante, ecc.*) estinguersi ***2*** (*di tradizione, ecc.*) scomparire.
diehard /'daɪhɑːd/ ***A*** *n.* ***1*** persona intransigente ***2*** (*polit.*) esponente della vecchia guardia ***B*** *a. attr.* ***1*** duro a morire; radicato ***2*** (*polit.*) intransigente; vetero-.
diesel /'diːzl/ ***A*** *n.* ***1*** gasolio (*per autotrazione*) ***2*** (*fam. USA*) (veicolo con motore) diesel ***B*** *a.* diesel: **d. engine**, motore diesel.
diet /'daɪət/ ***A*** *n.* U e C ***1*** alimentazione; dieta ***2*** dieta: **to be [go] on a d.**, essere [mettersi] a dieta; **to stick to a d.**, stare a dieta ***B*** *a.* dietetico.
to **diet** /'daɪət/ *v. i.* essere a dieta; seguire una dieta.
dietary /'daɪətrɪ, *USA* -terɪ/ *a.* ***1*** alimentare ***2*** (*med.*) dietetico.
dietetics /daɪə'tɛtɪks/ *n. pl.* (*col verbo al sing.*) (*med.*) dietetica.
dietician, **dietitian** /daɪə'tɪʃn/ *n.* dietista; dietologo (-a).
to **differ** /'dɪfə(r)/ *v. i.* ***1*** differire; essere diverso: **to d. from st.**, essere diverso da q.c. ***2*** non essere d'accordo; dissentire; avere opinioni diverse: **to d. from (*o* with) sb. about st.**, non essere d'accordo con q. su q.c.; **I beg to d.**, mi permetto di dissentire • **to agree to d.**, rimanere ciascuno della propria opinione.
difference /'dɪfrəns/ *n.* C e U ***1*** differenza; diversità: **d. in temperature**, differenza di temperatura ***2*** divergenza; dissapore; screzio: **d. of opinion**, divergenza di opinioni ***3*** (*mat.*) differenza • **to make all the d.**, cambiare tutto □ **It makes no d.**, è lo stesso; non fa differenza □ **I went into politics because I wanted to make a d.**, sono entrato in politica perché volevo contribuire a cambiare le cose □ (*fam.*) **What's the d.?**, che differenza fa?; che importa? □ **a comedy with a d.**, una commedia diversa dal solito (*o* speciale).
different /'dɪfrənt/ *a.* ***1*** diverso; differente: **d. from what** (*USA* **d. than**) **I expected**, diverso da quello che mi aspettavo; **They are d. from** (*anche, meno corretto,* **to**) **each other**, sono diversi fra loro ***2*** vari; diversi • **quite a d. thing**, tutt'altra cosa □ **I felt a d. man**, mi sentivo un altro.
differential /dɪfə'rɛnʃl/ *a. e n.* differenziale: (*mat.*) **d. calculus**, calcolo differenziale; (*mecc.*) **d. (gear)**, differenziale; (*comm.*) **d. tariffs**, tariffe differenziali.
to **differentiate** /dɪfə'rɛnʃɪeɪt/ ***A*** *v. t.* ***1*** rendere diverso; differenziare; distinguere ***2*** distinguere (q.c. da q.c.); percepire la differenza: **I can't d. this insect from that one**, non vedo la differenza tra questo insetto e quello ***B*** *v. i.* ***1*** (*anche biol.*) differenziarsi ***2*** fare distinzioni: **We don't d. between sexes**, non facciamo distinzioni di sesso.
differentiation /dɪfərɛnʃɪ'eɪʃn/ *n.* differenziazione.
difficult /'dɪfɪklt, *USA* 'dɪfɪkʌlt/ *a.* difficile.
difficulty /'dɪfɪkltɪ, *USA* 'dɪfɪkʌltɪ/ *n.* U e C difficoltà: **to have some d. (in) doing st.**, avere difficoltà a fare q.c.; **to be in difficulties**, trovarsi in difficoltà (finanziarie).

diffidence /ˈdɪfɪdəns/ *n.* 🅄 mancanza di fiducia in se stesso; timidezza. ATTENZIONE: **diffidence** ≠ diffidenza.
diffident /ˈdɪfɪdənt/ *a.* che non ha fiducia in se stesso; insicuro; timido. ATTENZIONE: **diffident** ≠ diffidente.
diffuse /dɪˈfjuːs/ *a.* ***1*** diffuso ***2*** prolisso; verboso.
to **diffuse** /dɪˈfjuːz/ ***A*** *v. t.* diffondere ***B*** *v. i.* diffondersi.
diffuser /dɪˈfjuːzə(r)/ *n.* (*anche mecc.*) diffusore.
diffusion /dɪˈfjuːʒn/ *n.* 🅄 diffusione; propagazione.
dig /dɪg/ *n.* ***1*** scavo archeologico ***2*** spinta (*col gomito o con un dito*): **a dig in the ribs**, una gomitata nelle costole ***3*** frecciata: **to have a dig at sb.**, lanciare una frecciata a q. ***4*** (*al pl.*) (*fam.*) camera (*o* camere) in affitto.
to **dig** /dɪg/ (*pass. e p.p.* **dug**) ***A*** *v. t.* ***1*** scavare; vangare; zappare: **to dig a hole in the ground**, scavare una buca in terra; **to dig the garden**, zappare il giardino ***2*** cavare: **to dig potatoes**, cavare patate ***3*** affondare; conficcare: **He dug his nails into my arm**, mi conficcò le unghie nel braccio; **to dig one's hand into one's pockets**, ficcare le mani in tasca ***4*** (*pop. USA*) piacere: **I really dig that song**, mi piace un sacco quella canzone ***5*** (*pop. USA*) capire • **to dig sb. in the ribs**, dare una gomitata a q. □ **to dig one's own grave**, scavarsi la fossa da soli ***B*** *v. i.* ***1*** scavare; fare un tunnel: **to dig through the debris**, scavare tra le macerie; **to dig under a river**, fare un tunnel sotto un fiume ***2*** vangare; zappare.
♦ **dig for** *v. i. + prep.* cercare (*scavando*).
♦ **dig in** ***A*** *v. t. + avv.* ***1*** mescolare (*q.c. con la terra*); far penetrare ***2*** affondare; conficcare: **to dig a knife in**, spingere a fondo un coltello • **to dig one's heels in**, impuntarsi; puntare i piedi ***B*** *v. i. + avv.* ***1*** (*mil.*) trincerarsi ***2*** (*estens.*) trincerarsi nelle proprie posizioni (*fig.*) ***3*** (*fam.*) cominciare a mangiare (con appetito): **Come on, folks, dig in!**, forza, gente, dateci sotto! ***C*** to **dig oneself in** *v. rifl. + avv.* ***1*** (*mil.*) trincerarsi ***2*** sistemarsi; installarsi; ambientarsi • **to get dug in**, ambientarsi (*in un posto di lavoro*); sistemarsi.
♦ **dig into** ***A*** *v. t. + prep.* mescolare scavando: **to dig fertilizers into the soil**, mescolare bene i fertilizzanti al terreno ***B*** *v. i. + prep.* ***1*** conficcarsi in; piantarsi in ***2*** mettere la mano in; frugare in: **to dig into one's pocket for st.**, frugarsi in tasca alla ricerca di q.c.; (*fam.*) **OK, guys, dig into your pockets**, forza, amici, tirate fuori i soldi ***3*** esaminare (q.c.); setacciare (q.c.) ***4*** (*fam.*) cominciare a mangiare (q.c.) con appetito; attaccare (q.c.): **He dug into the roast**, attaccò l'arrosto.
♦ **dig out** *v. t. + avv.* ***1*** tirar fuori, estrarre (scavando) ***2*** stanare (*un animale*) ***3*** (*fam.*) scovare; pescare: **I dug out some old family snaps**, scovai delle vecchie fotografie di famiglia.
♦ **dig up** *v. t. + avv.* ***1*** dissodare; vangare; zappare ***2*** dissotterrare; estrarre (dal suolo); (*anche fig.*) portare alla luce, trovare, riesumare: **to dig up a plant**, sradicare (*o* togliere) una pianta; **to dig up a treasure**, portare alla luce (*o* trovare) un tesoro sepolto; **to dig up evidence**, trovare prove.
digest /ˈdaɪdʒɛst/ *n.* compendio; sommario; sinossi.
to **digest** /daɪˈdʒɛst, dɪ-/ ***A*** *v. t.* ***1*** digerire ***2*** (*fig.*) digerire; assimilare ***B*** *v. i.* venir digerito; digerirsi.
digestible /daɪˈdʒɛstəbl, dɪ-/ *a.* digeribile.
digestion /daɪˈdʒɛstʃn, dɪ-/ *n.* 🅄 digestione: **a weak d.**, una digestione difficile.
digestive /daɪˈdʒɛstɪv, dɪ-/ *a. e n.* digestivo • (*anat.*) **d. system**, apparato digerente □ (*anat.*) **d. tract**, canale alimentare.
digger /ˈdɪgə(r)/ *n.* ***1*** (*mecc.*) scavatrice ***2*** sterratore.
diggings /ˈdɪgɪŋz/ *n. pl.* ***1*** scavo, scavi ***2*** miniera.
digit /ˈdɪdʒɪt/ *n.* ***1*** (*mat.*) cifra ***2*** (*anat., zool.*) dito.
digital /ˈdɪdʒɪtl/ *a.* digitale; numerico: **d. clock**, orologio digitale.
to **digitize**, (*GB anche*) to **digitise** /ˈdɪdʒɪtaɪz/ *v. t.* (*elab.*) digitalizzare.
dignified /ˈdɪgnɪfaɪd/ *a.* dignitoso; pieno di dignità.
to **dignify** /ˈdɪgnɪfaɪ/ *v. t.* nobilitare.
dignitary /ˈdɪgnətrɪ, *USA* -tɛrɪ/ *n.* dignitario.
dignity /ˈdɪgnətɪ/ *n.* 🅄 *e* 🄲 dignità • **beneath one's d.**, poco dignitoso per q. □ **to stand on one's d.**, pretendere rispetto; (*spreg.*) essere sussiegoso.
to **digress** /daɪˈgrɛs/ *v. i.* divagare; fare digressioni.
digression /daɪˈgrɛʃn/ *n.* 🅄 *e* 🄲 digressione.
digressive /daɪˈgrɛsɪv/ *a.* digressivo.
dihedral /daɪˈhiːdrəl/, **dihedron** /daɪˈhiːdrən/ *n.* (*geom.*) diedro.
dike (**1**) /daɪk/ *n.* ***1*** fosso; fossato; canale di scolo ***2*** argine; diga.
dike (**2**) /daɪk/ *n.* (*pop. spreg.*) lesbica.
dilapidated /dɪˈlæpɪdeɪtɪd/ *a.* ***1*** cadente; in rovina ***2*** malconcio; sgangherato.
to **dilate** /daɪˈleɪt, *USA* ˈdaɪleɪt/ ***A*** *v. t.* dilatare; allargare ***B*** *v. i.* ***1*** dilatarsi; allargarsi ***2*** — **to d. on st.**, dilungarsi su q.c.
dilation /daɪˈleɪʃn/ *n.* 🅄 *e* 🄲 dilatazione.
dilatory /ˈdɪlətrɪ, *USA* -tɔːrɪ/ *a.* ***1*** dilatorio ***2*** lento (*nel fare q.c.*).
dildo /ˈdɪldəʊ/ *n.* pene artificiale.
dilemma /daɪˈlɛmə, dɪ-/ *n.* dilemma.
dilettante /dɪləˈtæntɪ, *USA* -ˈtɑːnt, ˈdɪ-/ *n.* (*pl.* **dilettanti**, **dilettantes**) dilettante.
dilettantism /dɪləˈtæntɪzəm, *USA* -ɑːn-, ˈdɪ-/ *n.* 🅄 dilettantismo.
diligence /ˈdɪlɪdʒəns/ *n.* 🅄 ***1*** diligenza; accuratezza ***2*** diligenza (*veicolo*).
diligent /ˈdɪlɪdʒənt/ *a.* diligente; accurato.
dill /dɪl/ *n.* (*bot.*) aneto.
to **dilly-dally** /ˈdɪlɪdælɪ/ *v. i.* (*fam.*) esitare; tentennare.
dilute /daɪˈluːt, -ˈljuːt/ *a.* diluito.
to **dilute** /daɪˈluːt, -ˈljuːt/ *v. t.* ***1*** diluire; allungare ***2*** (*fig.*) indebolire.
dilution /daɪˈluːʃn, -ˈljuːt-/ *n.* ***1*** 🅄 *e* 🄲 diluizione ***2*** 🅄 (*fig.*) indebolimento.
dim /dɪm/ *a.* ***1*** (*di luce*) fioco; incerto ***2*** poco illuminato; oscuro ***3*** indistinto; incerto; confuso; vago ***4*** (*degli occhi*) offuscato; velato ***5*** (*fam.*) stupido • **to go dim**, (*della vista*) indebolirsi □ **to take a dim view of st.**, disapprovare q.c.
to **dim** /dɪm/ ***A*** *v. t.* ***1*** abbassare (*una luce*); (*anche fig.*) attenuare, affievolire: (*autom., USA*) **to dim one's lights**, togliere gli abbaglianti ***2*** offuscare; velare: **eyes dimmed with tears**, occhi velati dalle lacrime ***B*** *v. i.* ***1*** (*di luce*) abbassarsi; (*anche fig.*) attenuarsi, affievolirsi ***2*** offuscarsi; velarsi.
dime /daɪm/ *n.* (*USA*) dime (*moneta da 10 cent*) • **They're a d. a dozen**, ce n'è a dozzine.
dimension /daɪˈmɛnʃn, dɪ-/ *n.* dimensione.
to **diminish** /dɪˈmɪnɪʃ/ *v. t. e i.* diminuire; ridurre.
diminuendo /dɪmɪnjuːˈɛndəʊ/ (*ital.*) *n.* (*pl.* **diminuendos**) (*mus.*) diminuendo.
diminution /dɪmɪˈnjuːʃn, *USA* -ˈnuːʃn/ *n.* 🅄 *e* 🄲 diminuzione.
diminutive /dɪˈmɪnjʊtɪv/ ***A*** *a.* ***1*** minuscolo ***2*** (*gramm.*) diminutivo ***B*** *n.* (*gramm.*) diminutivo.
dimmer /ˈdɪmə(r)/ *n.* ***1*** (*elettr.*) oscuratore graduale ***2*** (*al pl.*) (*autom., USA*) fari anabbaglianti • **d. switch**, (*elettr.*) interruttore a reostato; (*autom., USA*) commutatore delle luci.
dimple /ˈdɪmpl/ *n.* fossetta (*nelle guance o nel mento*).
to **dimple** /ˈdɪmpl/ *v. i.* fare le fossette.
dimwit /ˈdɪmwɪt/ *n.* (*fam.*) stupido; zuccone.
dim-witted /ˈdɪmˈwɪtɪd/ *a.* (*fam.*) stupido.
din /dɪn/ *n.* 🅄 chiasso; baccano; fracasso.
to **din** /dɪn/ *v. t.* — (*fam.*) **to din st. into sb.**, ficcare q.c. in testa a q.
to **dine** /daɪn/ *v. i.* pranzare; cenare: **to d. on st.**, pranzare (*o* pasteggiare) a base di q.c.
♦ **dine out** *v. i. + avv.* pranzare, cenare fuori.
diner /ˈdaɪnə(r)/ *n.* ***1*** convitato ***2*** cliente (*di ristorante*) ***3*** (*ferr.*) carrozza ristorante.
dinette /daɪˈnɛt/ *n.* (*USA*) zona pranzo (*in una cucina*).
ding-dong /ˈdɪŋdɒŋ, *USA* -ɔːŋ/ *n.* ***1*** din don; scampanio ***2*** (*fam. GB, anche* **d. fight**) lite furibonda; discussione violenta.
dinghy /ˈdɪŋɪ, -ŋgɪ/ *n.* (*naut.*) ***1*** dinghy ***2*** (*anche* **rubber d.**) canotto.
dinginess /ˈdɪndʒɪnəs/ *n.* 🅄 ***1*** patina di sporcizia (*causata da fumo, carbone, ecc.*) ***2*** squallore.
dingo /ˈdɪŋgəʊ/ *n.* (*pl.* **dingoes**) (*zool.*) dingo.
dingy /ˈdɪndʒɪ/ *a.* ***1*** nerastro; sporco ***2*** squallido.
dining car /ˈdaɪnɪŋ kɑː(r)/ *locuz. n.* (*ferr.*) carrozza ristorante.
dining room /ˈdaɪnɪŋ rʊm, -ruːm/ *locuz. n.* sala da pranzo.
dining table /ˈdaɪnɪŋ ˈteɪbl/ *locuz. n.* tavolo da pranzo.
dinky /ˈdɪŋkɪ/ *a.* (*fam.*) piccolo; grazioso.
dinner /ˈdɪnə(r)/ *n.* 🅄 *e* 🄲 ***1*** pasto principale; pranzo; cena: **to have d.**, pranzare; cenare; **to ask sb. to d.**, invitare q. a

cena *2* cena formale; pranzo ufficiale • (*GB*) **d. jacket**, smoking □ **d. party**, cena (*con invitati*) □ **d. service** (*o* **d. set**), servizio (*di posate*) da tavola □ **at the d. table**, a tavola.
dinosaur /ˈdaɪnəsɔː(r)/ *n.* (*paleont.*) dinosauro.
dint /dɪnt/ *n.* — (*form.*) **by d. of**, a forza di; per mezzo di.
diocesan /daɪˈɒsɪsn, ˈdaɪəsiː-, -zn/ *a. e n.* (*eccles.*) diocesano.
diocese /ˈdaɪəsɪs, -iːs/ *n.* (*eccles.*) diocesi.
diode /ˈdaɪəʊd/ *n.* (*elettron.*) diodo.
Dionysiac /daɪəˈnɪzɪæk/, **Dionysian** /daɪəˈnɪzɪən/ *a.* dionisiaco.
dioxide /daɪˈɒksaɪd/ *n.* (*chim.*) biossido.
dioxin /daɪˈɒksɪn/ *n.* Ⓤ (*chim.*) diossina.
dip /dɪp/ *n.* *1* (*fam.*) (breve) bagno; nuotata; tuffo *2* avvallamento *3* lieve calo; lieve flessione *4* (*cucina*) salsa cremosa (*per intingervi verdure, ecc.*); intingolo *5* (*astron.*) inclinazione magnetica *6* bagno disinfestante (*per pecore, ecc.*).
to **dip** /dɪp/ ***A*** *v. t.* *1* immergere; intingere; tuffare *2* abbassare; calare: **to dip a flag**, abbassare una bandiera (*in segno di saluto*); (*autom., GB*) **to dip one's headlights**, togliere gli abbaglianti *3* mettere; infilare: **She dipped her hand in the sack and pulled out an apple**, mise la mano nel sacco e tirò fuori una mela *4* immergere (*un animale*) in un bagno disinfestante ***B*** *v. i.* *1* immergersi, tuffarsi (*nell'acqua, ecc. e risalire subito alla superficie*) *2* abbassarsi improvvisamente; tuffarsi: **The sun dipped into the sea**, il sole si tuffò nel mare *3* scendere; essere in discesa; digradare *4* calare; diminuire.
♦ **dip into** *v. i. + prep.* *1* sfogliare; leggiucchiare *2* infilare, tuffare la mano in *3* attingere da; intaccare: **to dip into one's savings**, intaccare i propri risparmi • **to dip deeply into one's purse**, spendere e spandere.
diphtheria /dɪfˈθɪərɪə/ *n.* Ⓤ (*med.*) difterite.
diphthong /ˈdɪfθɒŋ, *USA* -θɔːŋ/ *n.* (*fon.*) dittongo.
diploma /dɪˈpləʊmə/ *n.* diploma.
diplomacy /dɪpˈləʊməsɪ/ *n.* Ⓤ diplomazia.
diplomat /ˈdɪpləmæt/ *n.* (*anche fig.*) diplomatico.
diplomatic /dɪpləˈmætɪk/ *a.* (*anche fig.*) diplomatico.
diplomatist /dɪˈpləʊmətɪst/ *n.* (*anche fig.*) diplomatico.
dipper /ˈdɪpə(r)/ *n.* *1* mestolo *2* — (*astron., USA*) **the D.**, l'Orsa: **the Big** [**Little**] **D.**, l'Orsa maggiore [minore] *3* (*zool.*) merlo acquaiolo.
dipsomaniac /dɪpsəˈmeɪnɪæk/ *n.* (*med.*) dipsomane; alcolizzato (-a).
dipstick /ˈdɪpstɪk/ *n.* (*autom.*) astina dell'olio.
dipswitch /ˈdɪpswɪtʃ/ *n.* (*autom., GB*) commutatore dei fari.
diptych /ˈdɪptɪk/ *n.* (*arte*) dittico.
dire /ˈdaɪə(r)/ *a.* terribile; spaventoso; tremendo.
direct /daɪˈrɛkt, dɪ-/ ***A*** *a.* *1* diretto: **in a d. line**, in linea diretta; **d. descendant**, discendente diretto; **d. tax**, imposta diretta *2* esplicito; chiaro; franco: **d. answer**, risposta chiara *3* esatto: **the d. opposite**, l'esatto contrario • (*elab.*) **d. access**, accesso diretto □ (*elettr.*) **d. current**, corrente continua □ (*banca*) **d. debit**, ordine permanente (di pagamento) □ (*telef., USA*) **d. distance dialing**, teleselezione □ (*mil.*) **d. hit**, colpo diretto: **to make a d. hit**, colpire in pieno □ (*comm.*) **d. mail**, mailing □ (*gramm.*) **d. object**, complemento oggetto □ **d. speech** (*o* **discourse**), discorso diretto ***B*** *avv.* *1* direttamente *2* (*telef., USA*) in teleselezione.
to **direct** /daɪˈrɛkt, dɪ-/ *v. t.* *1* dirigere: **to d. the works** [**the traffic**], dirigere i lavori [il traffico] *2* rivolgere; dirigere; indirizzare: **His words were directed at me**, le sue parole erano rivolte a me *3* dare istruzioni (*o* direttive) a; dare ordine a *4* indicare la strada a: **Can you d. me to the museum?**, mi può indicare la strada per il museo? *5* (*teatr., cinem.*) essere il regista di; dirigere.
direction /daɪˈrɛkʃn, dɪ-/ *n.* *1* Ⓒ e Ⓤ direzione: **in a northerly d.**, in direzione nord; verso nord; **in the d. of London**, in direzione di Londra; **sense of d.**, senso dell'orientamento; **under my d.**, sotto la mia direzione *2* (*al pl.*) istruzioni; indicazioni *3* Ⓤ (*teatr., cinem.*) regia • (*radio*) **d. finder**, radiogoniometro.
directional /daɪˈrɛkʃənl, dɪ-/ *a.* (*tecn.*) direzionale: (*radio*) **d. antenna**, antenna direzionale.
directive /daɪˈrɛktɪv, dɪ-/ *n.* (*form.*) direttiva; istruzione.
directly /daɪˈrɛktlɪ, dɪ-/ ***A*** *avv.* *1* direttamente *2* in modo diretto; schiettamente *3* esattamente; proprio: **d. opposite**, proprio di fronte a; **d. above us**, proprio sopra di noi *4* (*GB*) immediatamente; subito: **d. after classes**, subito dopo le lezioni *5* (*antiq.*) fra poco ***B*** *cong.* (*fam.*) appena: **Phone me d. you get home**, telefonami appena arrivi a casa.
directness /daɪˈrɛktnəs, dɪ-/ *n.* Ⓤ *1* immediatezza *2* chiarezza; franchezza; spontaneità.
director /daɪˈrɛktə(r), dɪ-/ *n.* *1* direttore *2* (*amm.*) consigliere d'amministrazione; amministratore: **managing d.**, amministratore delegato; **board of directors**, consiglio d'amministrazione *3* (*teatr., cinem.*) regista.
directorate /daɪˈrɛktərət, dɪ-/ *n.* *1* Ⓤ carica di direttore; direzione *2* (*amm.*) consiglio d'amministrazione.
directorial /daɪrɛkˈtɔːrɪəl, dɪ-/ *a.* *1* direttivo; direzionale *2* (*teatr., cinem.*) da regista: **d. debut**, debutto come regista.
directorship /daɪˈrɛktəʃɪp, dɪ-/ *n.* carica (*o* durata in ufficio) di direttore.
directory /daɪˈrɛktərɪ, dɪ-/ *n.* elenco nominativo; annuario: **telephone d.**, elenco telefonico; guida telefonica • (*telef.*) **d. enquiries**, informazioni elenco abbonati.
dirge /dɜːdʒ/ *n.* canto, lamento funebre.
dirigible /ˈdɪrɪdʒəbl, dɪˈrɪ-/ *n.* (*aeron.*) dirigibile.
dirk /dɜːk/ *n.* pugnale; daga.
dirt /dɜːt/ *n.* Ⓤ *1* immondizia; sporcizia; sudiciume; sporco *2* terra; terriccio: **to play in the d.**, giocare con la terra *3* bruttura; lordura; sozzura *4* (*pop. USA*) scandalo; informazioni scandalistiche • (*fam.*) **d.-cheap**, che costa pochissimo; da due soldi □ **d. road**, strada in terra battuta □ (*sport*) **d. track**, pista di cenere (*per moto e auto*) □ **to treat sb. like d.**, trattare q. come una pezza da piedi.
dirty /ˈdɜːtɪ/ *a.* *1* sudicio; sporco; lurido; sordido *2* (*fam., del tempo, ecc.*) orribile; da cani *3* disonesto; sleale • **d. look**, occhiataccia □ **d. old man**, vecchio sporcaccione □ **d. trick**, brutto scherzo; tiro mancino □ **d. weekend**, weekend di follie (extraconiugali) □ **d. work**, lavoro ingrato; compito sgradevole □ **d. word**, parola al bando; parola tabù □ (*fam. GB*) **to do the d. on sb.**, giocare un brutto tiro a q. □ (*fam.*) **to have a d. mind**, pensare solo a quello.
to **dirty** /ˈdɜːtɪ/ ***A*** *v. t.* sporcare; insudiciare ***B*** *v. i.* sporcarsi; insudiciarsi.
disability /dɪsəˈbɪlətɪ/ *n.* *1* Ⓤ invalidità: **d. pension**, pensione di invalidità *2* menomazione.
to **disable** /dɪsˈeɪbl/ *v. t.* *1* rendere invalido *2* (*leg.*) dichiarare incapace *3* (*tecn.*) mettere fuori uso; disinserire.
disabled /dɪsˈeɪbld/ *a.* disabile; invalido; handicappato • **d. soldier**, invalido di guerra □ **the d.**, gli handicappati.
to **disabuse** /dɪsəˈbjuːz/ *v. t.* (*form.*) disingannare.
disadvantage /dɪsədˈvɑːntɪdʒ, *USA* -ˈvæn-/ *n.* svantaggio: **at a d.**, in condizioni di svantaggio; svantaggiato; **to put sb. at a d.**, mettere q. in condizioni di svantaggio.
disadvantaged /dɪsədˈvɑːntɪdʒd, *USA* -ˈvæn-/ *a.* svantaggiato.
disadvantageous /dɪsædvɑːnˈteɪdʒəs, *USA* -væn-/ *a.* svantaggioso; sfavorevole.
disaffected /dɪsəˈfɛktɪd/ *a.* deluso; scontento; insoddisfatto: **d. voters**, elettorato deluso.
disaffection /dɪsəˈfɛkʃn/ *n.* Ⓤ delusione; scontentezza.
to **disagree** /dɪsəˈgriː/ *v. i.* *1* essere in disaccordo: **I d. with him on everything**, sono in disaccordo con lui su tutto; **We often d.**, spesso non ci troviamo d'accordo *2* discordare; essere discordante: **Their statements d.**, le loro dichiarazioni discordano *3* fare male (a): **Onions disagre with me**, le cipolle mi fanno male.
disagreeable /dɪsəˈgriːəbl/ *a.* sgradevole; spiacevole; antipatico: **d. company**, compagnia sgradevole; **Don't be so d.!**, non essere antipatico!
disagreement /dɪsəˈgriːmənt/ *n.* *1* Ⓤ e Ⓒ disaccordo; dissenso *2* Ⓤ discordanza; discrepanza *3* Ⓒ dissapore; litigio.
to **disallow** /dɪsəˈlaʊ/ *v. t.* (*leg., sport*) respingere; non ammettere.
to **disappear** /dɪsəˈpɪə(r)/ *v. i.* scomparire; sparire.
disappearance /dɪsəˈpɪərəns/ *n.* Ⓤ e Ⓒ scomparsa; sparizione.
to **disappoint** /dɪsəˈpɔɪnt/ *v. t.* *1* deludere *2* frustrare; rendere vano.
disappointed /dɪsəˈpɔɪntɪd/ *a.* deluso; insoddisfatto: **I was d. at finding out he'd left**, rimasi deluso quando scoprii che lui se n'era andato; **d. in** (*o* **with**) **sb.**, deluso di q.
disappointing /dɪsəˈpɔɪntɪŋ/ *a.* deludente.
disappointment /dɪsəˈpɔɪntmənt/ *n.* Ⓤ e Ⓒ delusione; disap-

punto.

disapproval /dɪsə'pruːvl/ *n.* [U] disapprovazione.

to **disapprove** /dɪsə'pruːv/ ***A*** *v. i.* disapprovare: **to d. of sb.** [**st.**], disapprovare q. [q.c.]. ***B*** *v. t.* (*polit.*) non approvare; respingere.

disapproving /dɪsə'pruːvɪŋ/ *a.* di disapprovazione: **d. look**, sguardo di disapprovazione.

disapprovingly /dɪsə'pruːvɪŋlɪ/ *avv.* con aria (*o* in segno) di disapprovazione.

to **disarm** /dɪs'ɑːm/ ***A*** *v. t.* (*anche fig.*) disarmare ***B*** *v. i.* ridurre gli armamenti.

disarmament /dɪs'ɑːməmənt/ *n.* [U] disarmo.

disarmer /dɪs'ɑːmə(r)/ *n.* fautore (-trice) del disarmo nucleare.

disarming /dɪs'ɑːmɪŋ/ *a.* disarmante.

to **disarrange** /dɪsə'reɪndʒ/ *v. t.* mettere in disordine; scompigliare.

disarray /dɪsə'reɪ/ *n.* [U] (*form.*) disordine; scompiglio: **in d.**, in disordine; **to throw st. into complete d.**, gettare q.c. nel caos.

to **disassemble** /dɪsə'sɛmbl/ *v. t.* (*mecc.*) smontare.

to **disassociate** /dɪsə'səʊʃɪeɪt/ *V.* **to dissociate**.

disaster /dɪ'zɑːstə(r), *USA* -æs-/ *n.* [C] e [U] disastro • **d. area**, zona sinistrata; (*fam., di luogo*) caos, (*di persona*) disastro.

disastrous /dɪ'zɑːstrəs, *USA* -æs-/ *a.* disastroso.

to **disavow** /dɪsə'vaʊ/ *v. t.* (*form.*) sconfessare; ripudiare; disconoscere (*anche leg.*).

disavowal /dɪsə'vaʊəl/ *n.* [U] (*form.*) sconfessione; ripudio; disconoscimento (*anche leg.*).

to **disband** /dɪs'bænd/ ***A*** *v. t.* ***1*** (*mil.*) smobilitare; congedare ***2*** sciogliere (*un'organizzazione*) ***B*** *v. i.* ***1*** (*mil.*) sbandarsi; disperdersi ***2*** (*di organizzazione*) sciogliersi.

to **disbar** /dɪs'bɑː(r)/ *v. t.* radiare (*un avvocato*) dall'albo.

disbarment /dɪs'bɑːmənt/ *n.* [U] radiazione (*di un avvocato*) dall'albo.

disbelief /dɪsbɪ'liːf/ *n.* [U] incredulità.

to **disbelieve** /dɪsbɪ'liːv/ *v. t. e i.* non credere (a); rifiutarsi di credere (a).

to **disburse** /dɪs'bɜːs/ *v. t.* (*form.*) sborsare (*denaro, ecc.*).

disc /dɪsk/ *n.* ***1*** disco: **the d. of the sun**, il disco solare; **to have a slipped d.**, avere l'ernia del disco ***2*** disco (fonografico) • (*autom.*) **d. brakes**, freni a disco □ **d. jockey**, disc jockey.

discard /dɪs'kɑːd/ *n.* (*a carte*) carta scartata; scarto.

to **discard** /dɪs'kɑːd/ ***A*** *v. t.* ***1*** scartare (*una carta*) ***2*** scartare, smettere (*un indumento, ecc.*) ***3*** abbandonare (q.) ***B*** *v. i.* (*a carte*) scartare.

to **discern** /dɪ'sɜːn/ *v. t. e i.* ***1*** distinguere ***2*** percepire; accorgersi di; capire.

discernible /dɪ'sɜːnəbl/ *a.* ***1*** distinguibile; visibile ***2*** percepibile; discernibile.

discerning /dɪ'sɜːnɪŋ/ *a.* perspicace; attento; sagace; che sa scegliere.

discernment /dɪ'sɜːnmənt/ *n.* [U] discernimento; giudizio; sagacia.

discharge /'dɪstʃɑːdʒ/ *n.* [C] e [U] ***1*** scarico ***2*** scarica (*elettrica o di arma da fuoco*) ***3*** liberazione; rilascio; uscita (*da un ospedale*) ***4*** scarcerazione ***5*** (*mil.*) congedo ***6*** (*leg.*) proscioglimento: **conditional d.**, libertà con sospensione condizionale della pena ***7*** adempimento ***8*** pagamento (*di un debito*) ***9*** emissione (*di gas*); scarico (*di acque*); portata (*di fiume, ecc.*) ***10*** (*med.*) emissione (*di pus*); spurgo; evacuazione.

to **discharge** /dɪs'tʃɑːdʒ/ ***A*** *v. t.* ***1*** scaricare (*un peso, un veicolo, un'arma*) ***2*** (*elettr.*) scaricare ***3*** rilasciare; liberare ***4*** dimettere (*da un ospedale*) ***5*** scarcerare ***6*** (*mil.*) congedare ***7*** (*leg.*) rilasciare; prosciogliere ***8*** adempiere; compiere ***9*** pagare (*un debito*) ***10*** (*med.*) secernere (*pus*) ***B*** *v. i.* ***1*** (*di fiume*) scaricarsi; sfociare ***2*** (*med.*) suppurare.

disciple /dɪ'saɪpl/ *n.* discepolo; seguace.

disciplinary /'dɪsəplɪnrɪ, dɪsə'plɪnrɪ, *USA* 'dɪsəplɪnerɪ/ *a.* disciplinare.

discipline /'dɪsəplɪn/ *n.* ***1*** [U] disciplina: **to keep d.**, tenere la disciplina ***2*** disciplina; materia di studio ***3*** castigo.

to **discipline** /'dɪsəplɪn/ *v. t.* ***1*** disciplinare ***2*** castigare; punire.

to **disclaim** /dɪs'kleɪm/ *v. t.* ***1*** negare; respingere; smentire: **to d. responsibility**, negare ogni responsabilità ***2*** (*leg.*) rinunciare (*a un diritto*).

disclaimer /dɪs'kleɪmə(r)/ *n.* ***1*** smentita ***2*** (*leg.*) rinuncia (*a un diritto*).

to **disclose** /dɪ'skləʊz/ *v. t.* ***1*** svelare; rivelare; divulgare ***2*** scoprire; rivelare.

disclosure /dɪ'skləʊʒə(r)/ *n.* [U] e [C] rivelazione; divulgazione.

disco /'dɪskəʊ/ *n.* (*pl.* **discos**) (*abbr. fam. di* **discotheque**) discoteca.

to **discolour**, (*USA*) to **discolor** /dɪs'kʌlə(r)/ ***A*** *v. t.* scolorare; scolorire ***B*** *v. i.* scolorire.

discolouration, (*USA*) **discoloration** /dɪskʌlə'reɪʃn/ *n.* ***1*** [U] scolorimento ***2*** chiazza scolorita.

to **discomfit** /dɪs'kʌmfɪt/ *v. t.* (*form.*) sconcertare; mettere in imbarazzo.

discomfiture /dɪs'kʌmfɪtʃə(r)/ *n.* [U] sconcerto; imbarazzo.

discomfort /dɪs'kʌmfət/ *n.* ***1*** [U] fastidio (fisico): **I felt some d., but no pain**, provavo un certo fastidio, ma non avevo dolore ***2*** [U] imbarazzo; disagio ***3*** disagio; scomodità.

to **discompose** /dɪskəm'pəʊz/ *v. t.* (*form.*) sconcertare; agitare; turbare.

discomposure /dɪskəm'pəʊʒə(r)/ *n.* [U] (*form.*) sconcerto; agitazione; turbamento.

to **disconcert** /dɪskən'sɜːt/ *v. t.* sconcertare; imbarazzare.

disconcerting /dɪskən'sɜːtɪŋ/ *a.* sconcertante; imbarazzante.

disconcertingly /dɪskən'sɜːtɪŋlɪ/ *avv.* in modo sconcertante.

to **disconnect** /dɪskə'nɛkt/ *v. t.* scollegare; (*elettr., telef.*) staccare; (*mecc.*) disinnestare; (*elab.*) disinserire: **You'll be disconnected if you don't pay your bill**, se non paghi la bolletta ti staccheranno la luce [il telefono, ecc.]; **The line's gone dead, we must have been disconnected**, non sento più niente, dev'essere caduta la linea.

disconnected /dɪskə'nɛktɪd/ *a.* sconnesso; sconclusionato; incoerente.

disconsolate /dɪs'kɒnsələt/ *a.* sconsolato.

discontent /dɪskən'tɛnt/ *n.* [U] scontentezza; scontento; malcontento.

discontented /dɪskən'tɛntɪd/ *a.* scontento; malcontento; insoddisfatto.

discontinuance /dɪskən'tɪnjʊəns/ *n.* [U] cessazione; interruzione.

to **discontinue** /dɪskən'tɪnjuː/ *v. t.* cessare; interrompere: **to d. a subcription**, non rinnovare un abbonamento; **This model has been d.**, questo modello non è più in produzione.

discontinuity /dɪskɒntɪ'njuːətɪ, *USA* -'nuː-/ *n.* [U] discontinuità.

discontinuous /dɪskən'tɪnjʊəs/ *a.* discontinuo; intermittente; (*di linea*) tratteggiato.

discord /'dɪskɔːd/ *n.* ***1*** [U] discordia; disaccordo ***2*** [U] e [C] (*mus.*) dissonanza.

discordant /dɪs'kɔːdənt/ *a.* ***1*** discorde; discordante; divergente: **d. views**, opinioni divergenti ***2*** (*mus.*) dissonante.

discotheque /'dɪskətɛk/ *n.* discoteca.

discount /'dɪskaʊnt/ *n.* [C] e [U] (*comm.*) sconto; ribasso; riduzione: **to grant a 5% d. for cash**, concedere uno sconto del 5% per pagamento in contanti; **trade d.**, sconto per rivenditori • (*fin.*) **d. rate**, tasso di sconto □ **d. store**, discount □ (*comm.*) **at a d.**, sottoprezzo.

to **discount** /dɪs'kaʊnt, *USA* 'dɪskaʊnt/ *v. t.* ***1*** (*comm.*) scontare; ribassare ***2*** scartare (*una possibilità*); non dare peso (*o* credito) a (*una notizia*).

to **discountenance** /dɪs'kaʊntɪnəns/ *v. t.* (*form.*) disapprovare; scoraggiare.

to **discourage** /dɪs'kʌrɪdʒ, *USA* -kɜː-/ *v. t.* ***1*** scoraggiare ***2*** dissuadere ***3*** (*econ.*) disincentivare.

discouragement /dɪs'kʌrɪdʒmənt, *USA* -kɜː-/ *n.* [U] ***1*** scoraggiamento ***2*** freno; impedimento ***3*** (*econ.*) disincentivo.

discourse /'dɪskɔːs/ *n.* ***1*** discorso; colloquio ***2*** dissertazione; sermone ***3*** (*ling.*) discorso.

to **discourse** /dɪs'kɔːs/ *v. i.* dissertare.

discourteous /dɪs'kɜːtɪəs/ *a.* scortese.

discourtesy /dɪs'kɜːtəsɪ/ *n.* [U] e [C] scortesia.

to **discover** /dɪs'kʌvə(r)/ *v. t.* scoprire: **to d. new lands** [**the truth**], scoprire nuove terre [la verità]: **He discovered he had lost his wallet**, scoprì (*o* si accorse) di aver perso il portafoglio.

discoverer /dɪs'kʌvərə(r)/ *n.* scopritore (-trice).

discovery /dɪs'kʌvərɪ/ *n.* [U] e [C] scoperta.

discredit /dɪs'krɛdɪt/ *n.* ***1*** U discredito: **to bring d. on**, gettare discredito su ***2*** disonore; vergogna: **a d. to our family**, una vergogna per la nostra famiglia.
to **discredit** /dɪs'krɛdɪt/ *v. t.* ***1*** screditare ***2*** non prestare fede a.
discreditable /dɪs'krɛdɪtəbl/ *a.* disonorevole; vergognoso.
discreet /dɪ'skriːt/ *a.* discreto; riservato; prudente.
discrepancy /dɪ'skrɛpənsɪ/ *n.* U *e* C discrepanza; divergenza; contraddizione.
discrete /dɪ'skriːt/ *a.* ***1*** (*form.*) distinto; separato ***2*** (*mat., elab.*) discreto.
discretion /dɪ'skrɛʃn/ *n.* U discrezione: **the age of d.**, l'età della discrezione; **at the d. of**, a discrezione di; a giudizio di.
discretionary /dɪ'skrɛʃənrɪ, *USA* -nɛrɪ/ *a.* discrezionale.
to **discriminate** /dɪ'skrɪmɪneɪt/ ***A*** *v. t.* discriminare; distinguere: **to d. right from wrong**, distinguere il bene dal male ***B*** *v. i.* distinguere; fare distinzione; fare discriminazioni: **to d. against [in favour of] sb.**, fare discriminazioni contro [a vantaggio di] q.
discriminating /dɪ'skrɪmɪneɪtɪŋ/ *a.* acuto; fine; perspicace: **a d. ear**, un orecchio fine; **a d. reader**, un lettore intelligente.
discrimination /dɪskrɪmɪ'neɪʃn/ *n.* U ***1*** discriminazione; parzialità ***2*** discernimento; acume; perspicacia.
discriminatory /dɪ'skrɪmɪnətrɪ, *USA* -tɔːrɪ/ *a.* discriminatorio.
discursive /dɪ'skɜːsɪv/ *a.* (*form.*) digressivo; che divaga.
discus /'dɪskəs/ *n.* (*sport*) disco: **d. thrower**, lanciatore di disco; discobolo.
to **discuss** /dɪ'skʌs/ *v. t.* discutere; dibattere.
discussion /dɪ'skʌʃn/ *n.* U *e* C discussione; dibattito: **to come up for d.**, venire discusso; **under d.**, in discussione.
disdain /dɪs'deɪn/ *n.* U sdegno; disprezzo.
to **disdain** /dɪs'deɪn/ *v. t.* disdegnare; sdegnare; disprezzare.
disdainful /dɪs'deɪnfl/ *a.* sdegnoso; sprezzante.
disease /dɪ'ziːz/ *n.* U *e* C malattia; male; morbo: **heart d.**, malattia di cuore.
diseased /dɪ'ziːzd/ *a.* malato.
to **disembark** /dɪsɪm'bɑːk/ *v. t. e i.* sbarcare.
disembarkation /dɪsɛmbɑː'keɪʃn/ *n.* sbarco.
disembodied /dɪsɪm'bɒdɪd/ *a.* incorporeo; disincarnato.
to **disembowel** /dɪsɪm'baʊəl/ *v. t.* sbudellare; sventrare.
to **disenchant** /dɪsɪn'tʃɑːnt, *USA* -ænt/ *v. t.* disincantare; disilludere.
disenchanted /dɪsɪn'tʃɑːntɪd, *USA* -ænt/ *a.* disincantato; disilluso.
disenchantment /dɪsɪn'tʃɑːntmənt, *USA* -æn-/ *n.* U disincanto; disillusione.
to **disenfranchise** /dɪsɪn'fræntʃaɪz/ *v. t.* (*leg.*) privare dei diritti civili (*o* elettorali).
to **disengage** /dɪsɪn'geɪdʒ/ ***A*** *v. t.* ***1*** disimpegnare; districare; liberare: **to d. a rope**, liberare una corda ***2*** (*mecc.*) disinnestare ***3*** (*mil.*) disimpegnare ***B*** *v. i.* ***1*** disimpegnarsi; liberarsi ***2*** (*mil.*) disimpegnarsi; sganciarsi.
disengaged /dɪsɪn'geɪdʒd/ *a.* ***1*** (*form.*) libero; non impegnato; disponibile ***2*** (*mecc.*) disinnestato.
to **disentail** /dɪsɪn'teɪl/ *v. i.* (*leg.*) liberare (*una proprietà*) da vincoli.
to **disentangle** /dɪsɪn'tæŋgl/ *v. t.* liberare; sbrogliare; districare.
disequilibrium /dɪsiːkwɪ'lɪbrɪəm/ *n.* U (*form.*) squilibrio.
to **disestablish** /dɪsɪ'stæblɪʃ/ *v. t.* privare (*una Chiesa*) della sua posizione ufficiale.
disestablishment /dɪsɪ'stæblɪʃmənt/ *n.* separazione tra Stato e Chiesa.
disfavour /dɪs'feɪvə(r)/ *n.* U ***1*** sfavore; disapprovazione: **to regard st. with d.**, guardare a q.c. con sfavore ***2*** disgrazia: **to be in d. with**, non godere delle simpatie di; **to fall into d. with**, cadere in disgrazia presso.
to **disfigure** /dɪs'fɪgə(r), *USA* dɪs'fɪgjə(r)/ *v. t.* sfigurare; deturpare.
disfigurement /dɪs'fɪgəmənt, *USA* -gjə-/ *n.* ***1*** U deturpazione ***2*** sfregio.
to **disfranchise** /dɪs'fræntʃaɪz/ *V.* **to disenfranchise**.
to **disgorge** /dɪs'gɔːdʒ/ ***A*** *v. t.* ***1*** (*anche fig.*) vomitare ***2*** scaricare (*acque*) ***3*** (*fam.*) restituire (*il maltolto, ecc.*); tirar fuori ***B*** *v. i.* sfociare; scaricarsi.
disgrace /dɪs'greɪs/ *n.* U *e* C disonore; onta; vergogna: **to be a d. to**, essere il disonore di; **It's a d.!**, è una vergogna (*o* uno scandalo)! • **to be in d.**, essere guardato male; (*di bambino*) essere in castigo □ **to resign in d.**, dare le dimissioni in seguito a uno scandalo. ATTENZIONE: **disgrace** ≠ disgrazia.
to **disgrace** /dɪs'greɪs/ ***A*** *v. t.* disonorare • **to be disgraced**, essere screditato ***B*** to **disgrace oneself** *v. rifl.* comportarsi in modo disonorevole; fare una figura vergognosa.
disgraceful /dɪs'greɪsfl/ *a.* disonorevole; vergognoso: **How d.!**, che vergogna!; che figura!
disgruntled /dɪs'grʌntld/ *a.* scontento; di cattivo umore.
disguise /dɪs'gaɪz/ *n.* U *e* C travestimento • **in d.**, travestito; (*fig.*) sotto mentite spoglie.
to **disguise** /dɪs'gaɪz/ *v. t.* ***1*** travestire; camuffare ***2*** contraffare (*la voce, ecc.*) ***3*** celare; nascondere; mascherare: **to d. one's origins**, nascondere le proprie origini; **to d. one's satisfaction**, mascherare la propria soddisfazione.
disgust /dɪs'gʌst/ *n.* U disgusto; ripugnanza: **He left in d.**, se ne andò disgustato.
to **disgust** /dɪs'gʌst/ *v. t.* disgustare: **to be disgusted at** (*o* **by, with**) **st.**, essere disgustato di q.c.
disgusting /dɪs'gʌstɪŋ/ *a.* disgustoso; ripugnante.
dish /dɪʃ/ *n.* ***1*** piatto: **to wash** (*USA* **to do**) **the dishes**, lavare i piatti; **serving d.**, piatto di portata; (*USA*) **d. towel**, strofinaccio da cucina ***2*** pietanza; piatto: **a meat d.**, un piatto (a base) di carne; **my favourite d.**, il mio piatto favorito ***3*** (*radar*) riflettore parabolico ***4*** (*pop. USA*) uomo [donna] attraente.
to **dish** /dɪʃ/ *v. t.* (*fam.*) sconfiggere con l'astuzia; sistemare.
♦ **dish out** *v. t. + avv.* (*fam.*) ***1*** servire (*cibo*) ***2*** distribuire; dispensare: **to d. out advice**, distribuire consigli.
♦ **dish up** *v. t. + avv.* servire (*cibo*).
disharmony /dɪs'hɑːmənɪ/ *n.* (*form.*) disarmonia.
dishcloth /'dɪʃklɒθ, *USA* -ɔːθ/ *n.* strofinaccio per (lavare) i piatti.
to **dishearten** /dɪs'hɑːtn/ *v. t.* scoraggiare; deprimere.
disheartening /dɪs'hɑːtnɪŋ/ *a.* scoraggiante; deprimente.
dishevelled, (*USA*) **disheveled** /dɪ'ʃɛvld/ *a.* arruffato; scarmigliato.
dishonest /dɪs'ɒnɪst/ *a.* disonesto.
dishonesty /dɪs'ɒnɪstɪ/ *n.* U *e* C disonestà.
dishonour, (*USA*) **dishonor** /dɪs'ɒnə(r)/ *n.* U *e* C disonore; onta; vergogna: **to bring d. to**, disonorare; gettare il disonore su.
to **dishonour**, (*USA*) to **dishonor** /dɪs'ɒnə(r)/ *v. t.* ***1*** disonorare ***2*** (*banca*) rifiutare di pagare (*un assegno, ecc.*); lasciar andare in protesto (*una cambiale*) • **dishonoured cheque**, assegno a vuoto.
dishonourable, (*USA*) **dishonorable** /dɪs'ɒnərəbl/ *a.* disonorevole; vergognoso.
dishwasher /'dɪʃwɒʃə(r), *USA* -wɔː-/ *n.* lavastoviglie; lavapiatti.
dishwater /'dɪʃwɔːtə(r), *USA* -wɒ-/ *n.* U ***1*** (acqua della) rigovernatura ***2*** (*spreg.*) brodaglia; risciacquatura (di piatti).
dishy /'dɪʃɪ/ *a.* (*fam.*) sexy.
disillusion /dɪsɪ'luːʒn, -lj-/ *n. V.* **disillusionment.**
to **disillusion** /dɪsɪ'luːʒn, -lj-/ *v. t.* disilludere; disingannare.
disillusionment /dɪsɪ'luːʒnmənt, -lj-/ *n.* U disillusione.
disincentive /dɪsɪn'sɛntɪv/ *n.* disincentivo; freno.
disinclination /dɪsɪnklɪ'neɪʃn/ *n.* avversione; riluttanza.
disinclined /dɪsɪn'klaɪnd/ *a.* riluttante; restio.
to **disinfect** /dɪsɪn'fɛkt/ *v. t.* disinfettare.
disinfectant /dɪsɪn'fɛktənt/ *n.* disinfettante.
disinfection /dɪsɪn'fɛkʃn/ *n.* U disinfezione.
to **disinfest** /dɪsɪn'fɛst/ *v. t.* disinfestare.
disinfestation /dɪsɪnfɛ'steɪʃn/ *n.* U disinfestazione.
disinformation /dɪsɪnfə'meɪʃn/ *n.* U (*specialm. polit.*) disinformazione; false informazioni.
disingenuous /dɪsɪn'dʒɛnjʊəs/ *a.* insincero; disonesto.
to **disinherit** /dɪsɪn'hɛrɪt/ *v. t.* diseredare.
to **disintegrate** /dɪs'ɪntɪgreɪt/ ***A*** *v. t.* disintegrare ***B*** *v. i.* disintegrarsi.
disintegration /dɪsɪntɪ'greɪʃn/ *n.* U disintegrazione.
to **disinter** /dɪsɪn'tɜː(r)/ *v. t.* dissotterrare; disseppellire; esumare.
disinterest /dɪs'ɪntrəst, *USA* -tərɛst/ *n.* disinteresse.
disinterested /dɪs'ɪntrəstɪd, *USA* -tərɛs-/ *a.* disinteressato; imparziale.
disinterment /dɪsɪn'tɜːmənt/ *n.* C *e* U dissotterramento;

esumazione.

disinvestment /dɪsɪn'vɛstmənt/ *n.* (*econ.*) disinvestimento.

disjointed /dɪs'dʒɔɪntɪd/ *a.* sconclusionato; sconnesso; incoerente.

disjunctive /dɪs'dʒʌŋktɪv/ *a.* (*gramm.*) disgiuntivo.

disk /dɪsk/ *n.* ***1*** (*USA*) *V.* **disc** ***2*** (*elab.*) disco: **d. drive**, unità disco; **floppy d.**, dischetto; floppy; **hard d.**, disco rigido (*o* fisso).

diskette /dɪ'skɛt/ *n.* (*elab.*) dischetto.

dislike /dɪs'laɪk/ *n.* antipatia: **to take a d. to sb.**, prendere q. in antipatia.

to **dislike** /dɪs'laɪk/ *v. t.* provare antipatia per; non piacere (*costr. impers.*): **I d. camping**, non mi piace andare in campeggio.

to **dislocate** /'dɪsləkeɪt, *USA* dɪs'ləʊkeɪt/ *v. t.* ***1*** (*med.*) slogare; lussare ***2*** scombussolare; sconvolgere.

dislocation /dɪslə'keɪʃn, -ləʊ-/ *n.* [U] *e* [C] ***1*** (*med.*) slogatura; lussazione ***2*** scompiglio; intralcio.

to **dislodge** /dɪs'lɒdʒ/ *v. t.* rimuovere; togliere; staccare; estrarre.

disloyal /dɪs'lɔɪəl/ *a.* sleale; infedele.

disloyalty /dɪs'lɔɪəltɪ/ *n.* [U] *e* [C] slealtà; infedeltà.

dismal /'dɪzməl/ *a.* cupo; fosco; lugubre; tetro; triste.

to **dismantle** /dɪs'mæntl/ *v. t.* ***1*** smantellare ***2*** (*mecc.*) smontare.

to **dismast** /dɪs'mɑːst, *USA* -'mæst/ *v. t.* (*naut.*) disalberare.

dismay /dɪs'meɪ/ *n.* [U] costernazione; sgomento.

to **dismay** /dɪs'meɪ/ *v. t.* costernare; sgomentare.

to **dismember** /dɪs'mɛmbəd/ *v. t.* smembrare.

to **dismiss** /dɪs'mɪs/ *v. t.* ***1*** congedare; mandare via ***2*** licenziare; destituire ***3*** sciogliere (*un'assemblea*) ***4*** bandire, scacciare, scartare (*un'idea, ecc.*) ***5*** (*leg.*) rigettare (*un'istanza*); archiviare (*un caso*) • (*mil.*) **D.!**, rompete le righe! □ (*leg.*) **to d. a charge**, pronunciare un non luogo a procedere.

dismissal /dɪs'mɪsl/ *n.* [U] *e* [C] ***1*** congedo ***2*** licenziamento; destituzione: **unfair d.**, licenziamento senza giusta causa ***3*** scioglimento (*di assemblea*) ***4*** (*leg.*) rigetto (*di una domanda*) • (*leg.*) **the d. of a charge**, il non luogo a procedere.

dismissive /dɪs'mɪsɪv/ *a.* sprezzante nei confronti di.

to **dismount** /dɪs'maʊnt/ *v. i.* smontare, scendere (*da cavallo, dalla bicicletta, ecc.*).

disobedience /dɪsə'biːdɪəns/ *n.* [U] disubbidienza: **civil d.**, disubbidienza civile.

disobedient /dɪsə'biːdɪənt/ *a.* disubbidiente.

to **disobey** /dɪsə'beɪ/ *v. t. e i.* disubbidire.

disobliging /dɪsə'blaɪdʒɪŋ/ *a.* scompiacente.

disorder /dɪs'ɔːdə(r)/ *n.* ***1*** [U] disordine; confusione ***2*** [U] *e* [C] disordine; tumulto popolare ***3*** [C] *e* [U] disturbo; malattia.

to **disorder** /dɪs'ɔːdə(r)/ *v. t.* disordinare; mettere in disordine.

disordered /dɪs'ɔːdəd/ *a.* ***1*** disordinato; in disordine ***2*** disturbato; malato: **a d. mind**, una mente malata.

disorderliness /dɪs'ɔːdəlɪnəs/ *n.* [U] ***1*** disordine; confusione ***2*** turbolenza ***3*** sregolatezza.

disorderly /dɪs'ɔːdəlɪ/ *a.* ***1*** disordinato; in disordine ***2*** turbolento; tumultuoso ***3*** sregolato • **d. conduct**, condotta contraria all'ordine pubblico; turbamento della quiete pubblica □ (*leg., GB*) **d. house**, casa di malaffare.

disorganization, (*GB anche*) **disorganisation** /dɪsɔːgənaɪ'zeɪʃn, *USA* -nɪ'z-/ *n.* [U] disorganizzazione.

to **disorganize**, (*GB anche*) to **disorganise** /dɪs'ɔːgənaɪz/ *v. t.* disorganizzare.

to **disorient** /dɪs'ɔːrɪənt/, (*GB anche*) to **disorientate** /dɪs'ɔːrɪənteɪtɪd/ *v. t.* disorientare.

to **disown** /dɪs'əʊn/ *v. t.* disconoscere; rinnegare; ripudiare.

to **disparage** /dɪ'spærɪdʒ/ *v. t.* denigrare.

disparagement /dɪ'spærɪdʒmənt/ *n.* [U] denigrazione.

disparaging /dɪ'spærɪdʒɪŋ/ *a.* denigratorio.

disparate /'dɪspərət, -prət/ *a.* disparato.

disparity /dɪ'spærətɪ/ *n.* [U] *e* [C] disparità; differenza.

dispassionate /dɪs'pæʃənət/ *a.* spassionato; equo; imparziale.

dispatch /dɪ'spætʃ/ *n.* ***1*** [U] spedizione; invio ***2*** dispaccio ***3*** [U] prontezza; celerità • **d. case**, valigia diplomatica □ (*mil.*) **d. rider**, portaordini; staffetta □ (*mil.*) **mentioned in dispatches**, citato all'ordine del giorno.

to **dispatch** /dɪ'spætʃ/ *v. t.* ***1*** spedire; inviare; mandare ***2*** (*antiq.*) sbrigare (*un lavoro*) ***3*** (*fam.*) finire (*cibo*); far fuori (*fam.*) ***4*** (*antiq.*) uccidere.

to **dispel** /dɪ'spɛl/ *v. t.* disperdere; dissipare; scacciare.

dispensable /dɪ'spɛnsəbl/ *a.* di cui si può fare a meno; superfluo.

dispensary /dɪ'spɛnsərɪ/ *n.* (*med.*) dispensario.

dispensation /dɪspɛn'seɪʃn/ *n.* ***1*** [U] *e* [C] esenzione; dispensa ***2*** [U] distribuzione; amministrazione (*della giustizia*) ***3*** legge (religiosa); religione.

to **dispense** /dɪ'spɛns/ *v. t.* ***1*** dispensare; distribuire; amministrare (*la giustizia*) ***2*** (*farm.*) preparare e distribuire (*medicinali*) ***3*** (*form.*) dispensare; esentare.

♦ **dispense with** *v. i. + prep.* fare a meno di.

dispenser /dɪ'spɛnsə(r)/ *n.* ***1*** (*farm.*) chi prepara e distribuisce medicinali ***2*** distributore (automatico); dosatore ***3*** (*banca*) cassa automatica; Bancomat ®.

dispensing chemist /dɪ'spɛnsɪʃ 'kɛmɪst/ *locuz. n.* farmacista (*che fa anche preparati galenici*).

dispersal /dɪ'spɜːsl/ *n.* [U] dispersione.

to **disperse** /dɪ'spɜːs/ ***A*** *v. t.* ***1*** disperdere ***2*** spargere: sparpagliare ***B*** *v. i.* ***1*** disperdersi ***2*** spargersi; sparpagliarsi.

dispersion /dɪ'spɜːʃn, *USA* -ʒn/ *n.* [U] *e* [C] dispersione.

dispirited /dɪ'spɪrɪtɪd/ *a.* abbattuto; depresso; scoraggiato.

to **displace** /dɪs'pleɪs/ *v. t.* ***1*** spostare; rimuovere ***2*** costringere (q.) a lasciare il proprio paese ***3*** sostituire; soppiantare ***4*** (*naut.*) dislocare ***5*** (*med.*) lussare • **displaced person**, profugo (*di guerra*); rifugiato.

displacement /dɪs'pleɪsmənt/ *n.* [U] ***1*** spostamento; rimozione ***2*** sostituzione; soppiantamento ***3*** (*naut.*) dislocamento ***4*** (*med.*) lussazione ***5*** (*psic.*) dislocazione affettiva.

display /dɪ'spleɪ/ *n.* [C] *e* [U] ***1*** mostra; esposizione; esibizione: **a d. of goods**, un'esposizione di merci; **on d.**, in mostra; esposto; **air d.**, esibizione aeronautica ***2*** manifestazione; esibizione: **d. of affection**, esibizione di affetto; **to make a d. of one's wealth**, esibire la (*o* fare sfoggio della) propria ricchezza ***3*** (*elab.*) visualizzatore; schermo; display ***4*** (*elab.*) schermata; videata • **d. case**, vetrina □ (*elab.*) **d. unit**, unità video □ **d. window**, vetrina.

to **display** /dɪ'spleɪ/ *v. t.* ***1*** mostrare; mettere in mostra; esporre: **to d. one's goods**, mettere in mostra la propria merce; **to d. a notice**, esporre un avviso ***2*** esibire; mettere in mostra ***3*** manifestare; rivelare; dimostrare: **to d. one's feelings**, manifestare i propri sentimenti; **to d. courage**, dare prova di (*o* dimostrare di avere) coraggio.

to **displease** /dɪs'pliːz/ *v. t.* (*form.*) dispiacere a • **to be displeased with** (*o* **by, at**), essere scontento di.

displeasure /dɪs'plɛʒə(r)/ *n.* [U] scontento; malcontento • **to incur sb.'s d.**, incorrere nella disapprovazione di q.; suscitare il malcontento di. ATTENZIONE: **displeasure** ≠ dispiacere.

disposable /dɪ'spəʊzəbl/ *a.* ***1*** usa e getta; a perdere ***2*** disponibile: **d. income**, reddito disponibile.

disposal /dɪ'spəʊzl/ *n.* [U] ***1*** disposizione: **at sb.'s d.**, a disposizione di q. ***2*** eliminazione; rimozione; smaltimento: **bomb disposal**, rimozione e disinnesco di bombe; **waste d.**, smaltimento dei rifiuti ***3*** (*mil.*) schieramento: **d. of troops**, schieramento delle truppe ***4*** (*leg.*) cessione; vendita ***5*** (*USA*) eliminazione dei rifiuti.

to **dispose** /dɪ'spəʊz/ *v. t.* (*form.*) inclinare; predisporre: **to d. sb. to laziness**, predisporre q. alla pigrizia. ATTENZIONE: **to dispose** ≠ disporre.

♦ **dispose of** *v. i. + prep.* ***1*** eliminare; smaltire (*rifiuti*); sbarazzarsi di; liquidare ***2*** sistemare; risolvere ***3*** (*eufem.*) sbarazzarsi di; eliminare ***4*** (*leg.*) vendere (*beni, ecc.*); disfarsi di.

disposed /dɪ'spəʊzd/ *a.* disposto; incline; propenso • **ill-d.** [**well-d.**] **towards**, maldisposto [bendisposto] verso.

disposition /dɪspə'zɪʃn/ *n.* [C] *e* [U] ***1*** carattere; temperamento: **cheerful d.**, temperamento allegro ***2*** (*form.*) inclinazione; desiderio ***3*** (*leg.*) trasferimento (*di proprietà*); cessione (*di beni*). ATTENZIONE: **disposition** ≠ disposizione.

to **dispossess** /dɪspə'zɛs/ *v. t.* ***1*** spogliare; privare ***2*** (*leg.*) espropriare.

dispossessed /dɪspə'zɛst/ *a.* ***1*** spogliato; privato ***2*** (*leg.*) espropriato • **the d.**, i diseredati.

dispossession /dɪspə'zɛʃn/ *n.* [U] ***1*** spoliazione ***2*** (*leg.*) esproprio; espropriazione.

disproof /dɪs'pruːf/ *n.* [U] (*form.*) confutazione; smentita.

disproportion /dɪsprə'pɔːʃn/ *n.* [C] *e* [U] sproporzione.

disproportionate /dɪsprə'pɔːʃneɪt/ *a.* sproporzionato.

to **disprove** /dɪs'pru:v/ *v. t.* confutare; smentire.
disputable /dɪ'spju:təbl/ *a.* ***1*** discutibile; opinabile ***2*** (*leg.*) contestabile.
dispute /dɪ'spju:t/ *n.* Ⓤ *e* Ⓒ disputa; discussione; dibattito; controversia; vertenza: **religious disputes**, controversie religiose; **pay d.**, vertenza salariale; **the matter under d.**, la faccenda in discussione; **to be in d. with sb. over st.**, avere una vertenza con q. su q.c.; **beyond d.**, incontestabile; fuori discussione; **The question is open to d.**, la cosa è discutibile.
to **dispute** /dɪ'spju:t/ *v. i. e t.* ***1*** discutere; dibattere; disputare; litigare ***2*** contendersi; disputarsi: **to d. ownership of st.**, disputarsi il possesso di q.c. ***3*** contestare: **I d. your account of the facts**, contesto la tua descrizione dei fatti; **to d. a claim**, contestare un diritto; (*leg.*) **to d. a will**, impugnare un testamento.
disqualification /dɪskwɒlɪfɪ'keɪʃn/ *n.* ***1*** Ⓤ *e* Ⓒ esclusione; (*sport*) squalifica ***2*** Ⓤ (*anche leg.*) incapacità; inabilità ***3*** (*leg.*) interdizione; esclusione.
to **disqualify** /dɪs'kwɒlɪfaɪ/ *v. t.* ***1*** escludere; (*sport*) squalificare ***2*** rendere incapace; rendere inabile ***3*** (*leg.*) dichiarare incapace; interdire: **to d. sb. from driving**, ritirare la patente a q.
disquiet /dɪs'kwaɪət/ *n.* Ⓤ inquietudine; ansia; allarme.
disquieting /dɪs'kwaɪətɪŋ/ *a.* inquietante; allarmante; preoccupante.
disquisition /dɪskwɪ'zɪʃn/ *n.* disquisizione; dissertazione.
disregard /dɪsrɪ'gɑ:d/ *n.* Ⓤ noncuranza; indifferenza.
to **disregard** /dɪsrɪ'gɑ:d/ *v. t.* non curarsi di; trascurare.
disrepair /dɪsrɪ'pɛə(r)/ *n.* Ⓤ cattivo stato; rovina: **to fall into d.**, cadere in rovina.
disreputable /dɪs'rɛpjʊtəbl/ *a.* indecoroso; di dubbia fama; malfamato.
disrepute /dɪsrɪ'pju:t/ *n.* Ⓤ cattiva reputazione; discredito: **to bring into d.**, screditare; **to fall into d.**, cadere in discredito.
disrespect /dɪsrɪ'spɛkt/ *n.* Ⓤ mancanza di rispetto; irriverenza.
disrespectful /dɪsrɪ'spɛktfl/ *a.* che manca di rispetto; irriverente.
to **disrobe** /dɪs'rəʊb/ (*form.*) ***A*** *v. t.* togliere (*vesti cerimoniali*) ***B*** *v. i.* togliersi (*vesti cerimoniali*).
to **disrupt** /dɪs'rʌpt/ *v. t.* ***1*** sconvolgere; creare il caos in ***2*** interrompere; disturbare.
disruption /dɪs'rʌpʃn/ *n.* Ⓤ *e* Ⓒ ***1*** scompiglio; caos ***2*** interruzione; disturbo.
disruptive /dɪs'rʌptɪv/ *a.* ***1*** disgregante; destabilizzante; di disturbo; negativo ***2*** (*mil.*) dirompente.
dissatisfaction /dɪ(s)sætɪs'fækʃn/ *n.* Ⓤ insoddisfazione; malcontento; scontentezza.
dissatisfied /dɪ(s)'sætɪsfaɪd/ *a.* insoddisfatto; scontento: **d. with st.**, scontento di q.c.
to **dissect** /dɪ'sɛkt/ *v. t.* ***1*** sezionare; anatomizzare ***2*** analizzare minutamente; sviscerare.
dissection /dɪ'sɛkʃn/ *n.* ***1*** Ⓤ dissezione; sezione anatomica ***2*** parte sezionata ***3*** Ⓤ *e* Ⓒ analisi; esame analitico.
to **dissemble** /dɪ'sɛmbl/ *v. t. e i.* ***1*** dissimulare; celare ***2*** simulare; atteggiarsi a.
dissembler /dɪ'sɛmblə(r)/ *n.* simulatore (-trice); ipocrita.
to **disseminate** /dɪ'sɛmɪneɪt/ *v. t.* disseminare; diffondere.
dissemination /dɪsɛmɪ'neɪʃn/ *n.* Ⓤ disseminazione; diffusione.
dissension /dɪ'sɛnʃn/ *n.* Ⓤ dissenso; disaccordo; dissidio.
dissent /dɪ'sɛnt/ *n.* Ⓤ dissenso.
to **dissent** /dɪ'sɛnt/ *v. i.* dissentire.
dissenter /dɪ'sɛntə(r)/ *n.* ***1*** dissenziente ***2*** (*polit., relig.*) dissidente.
dissertation /dɪsə'teɪʃn/ *n.* dissertazione; disquisizione.
disservice /dɪ'sɜ:vɪs/ *n.* Ⓤ cattivo servizio; danno: **to do sb. a d.**, rendere un cattivo servizio a q.
dissidence /'dɪsɪdəns/ *n.* Ⓤ dissenso; dissidenza.
dissident /'dɪsɪdənt/ *a. e n.* dissidente.
dissimilar /dɪ'sɪmələ(r)/ *a.* dissimile; diverso.
dissimilarity /dɪsɪmə'lærətɪ/ *n.* Ⓤ *e* Ⓒ dissomiglianza; diversità.
to **dissimulate** /dɪ'sɪmjʊleɪt/ *v. t. e i.* dissimulare; fingere.
dissimulation /dɪsɪmjʊ'leɪʃn/ *n.* Ⓤ *e* Ⓒ dissimulazione; ipocrisia.
to **dissipate** /'dɪsɪpeɪt/ ***A*** *v. t.* ***1*** dissipare; disperdere ***2*** dissipare; sprecare; scialacquare ***B*** *v. i.* dissiparsi; disperdersi.
dissipated /'dɪsɪpeɪtɪd/ *a.* dissipato; dissoluto.
dissipation /dɪsɪ'peɪʃn/ *n.* Ⓤ ***1*** dissipazione; dispersione ***2*** dissipatezza; dissolutezza: **a life of d.**, una vita dissoluta.
to **dissociate** /dɪ'səʊʃɪeɪt/ ***A*** *v. t.* dissociare; scindere ***B*** *v. i.* dissociarsi; scindersi.
dissociation /dɪsəʊʃɪ'eɪʃn/ *n.* Ⓤ dissociazione; scissione.
dissolute /'dɪsəlu:t, -lju:t/ *a.* dissoluto.
dissoluteness /'dɪsəlu:tnəs, -lju:-/ *n.* Ⓤ dissolutezza.
dissolution /dɪsə'lu:ʃn, -lju:-/ *n.* Ⓒ *e* Ⓤ ***1*** dissoluzione (*di un'istituzione, ecc.*) ***2*** (*leg.*) scioglimento (*di un'associazione, ecc.*).
to **dissolve** /dɪ'zɒlv/ ***A*** *v. t.* ***1*** dissolvere; sciogliere ***2*** (*leg.*) sciogliere (*un'associazione, ecc.*); risolvere (*un contratto*) ***B*** *v. i.* ***1*** dissolversi; (*anche fig.*) sciogliersi: **to d. in tears**, sciogliersi in lacrime; **to d. into laughter**, scoppiare a ridere ***2*** (*leg., di associazione, ecc.*) sciogliersi ***3*** dileguarsi; svanire.
dissonance /'dɪsənəns/ *n.* Ⓤ *e* Ⓒ dissonanza.
dissonant /'dɪsənənt/ *a.* dissonante; discordante.
to **dissuade** /dɪ'sweɪd/ *v. t.* dissuadere; distogliere.
dissuasion /dɪ'sweɪʒn/ *n.* Ⓤ dissuasione.
distaff /'dɪstɑ:f, *USA* -æf/ *n.* conocchia; rocca ● **the d. side**, il ramo femminile (*di una famiglia*): **on the d. side**, da parte femminile; per parte di madre.
distance /'dɪstəns/ *n.* Ⓒ *e* Ⓤ ***1*** distanza; lontananza: **The church is some d. away**, la chiesa è a una certa distanza (*o* un po' lontana) da qui; **at this d. in time**, a distanza di tanto tempo; **in the d.**, in lontananza; **from** (*o* **at**) **a d.**, di lontano ***2*** riservatezza; freddezza; distacco ● **d. learning**, apprendimento a distanza □ (*sport e fig.*) **to go the d.**, reggere fino in fondo □ **to keep one's d.**, stare lontano (da); girare alla larga (da); mantenere le distanze □ **to keep sb. at a d.**, tenere q. a distanza; non dare confidenza a q. □ (*telef.*) **long-d. call**, chiamata interurbana □ **middle d.**, secondo piano (*di quadro, foto, ecc.*) □ **within walking d.**, raggiungibile a piedi □ **within striking d.**, a (portata di) tiro.
to **distance** /'dɪstəns/ *v. t.* ***1*** distanziare; lasciarsi indietro ***2*** allontanare.
♦ **distance oneself from** *v. rifl. + prep* ***1*** allontanarsi da ***2*** prendere le distanze da.
distant /'dɪstənt/ *a.* ***1*** distante; lontano: **The village is ten miles d.**, il paese è lontano (*o* dista) dieci miglia; **a d. relative**, un lontano parente ***2*** riservato; freddo, distaccato ***3*** assente; distratto: **a d. look**, uno sguardo distratto.
distantly /'dɪstəntlɪ/ *avv.* ***1*** alla lontana: **d. related**, imparentato alla lontana ***2*** freddamente; con distacco.
distaste /dɪs'teɪst/ *n.* antipatia; avversione; disgusto.
distasteful /dɪs'teɪstfl/ *a.* sgradevole; ripugnante.
distemper (**1**) /dɪs'tɛmpə(r)/ *n.* Ⓤ (*vet.*) cimurro.
distemper (**2**) /dɪs'tɛmpə(r)/ *n.* Ⓤ (*pitt.*) tempera.
to **distemper** /dɪs'tɛmpə(r)/ *v. t.* ***1*** stemperare (*un colore*) ***2*** (*pitt.*) dipingere a tempera ***3*** (*edil.*) tinteggiare a tempera.
to **distend** /dɪ'stɛnd/ ***A*** *v. t.* dilatare; gonfiare ***B*** *v. i.* dilatarsi; gonfiarsi.
distension /dɪ'stɛnʃn/ *n.* Ⓤ (*med.*) dilatazione; rigonfiamento.
to **distil** /dɪ'stɪl/ *v. t.* ***1*** distillare ***2*** estrarre; ricavare: **The article is distilled from a series of conversations**, l'articolo è stato ricavato da una serie di conversazioni.
distillate /'dɪstɪlət/ *n.* (*chim.*) distillato.
distillation /dɪstɪ'leɪʃn/ *n.* ***1*** Ⓤ distillazione ***2*** distillato; essenza.
distiller /dɪ'stɪlə(r)/ *n.* distillatore.
distillery /dɪ'stɪlərɪ/ *n.* distilleria.
distinct /dɪ'stɪŋkt/ *a.* ***1*** distinto; chiaro; deciso; netto; spiccato ***2*** distinto; separato ● **as d. from**, e non; di contro a.
distinction /dɪ'stɪŋkʃn/ *n.* ***1*** Ⓤ *e* Ⓒ distinzione; differenza: **to draw** (*o* **to make**) **a d.**, fare una distinzione; distinguere ***2*** Ⓤ eccellenza; originalità ***3*** onorificenza ***4*** voto massimo; lode.
distinctive /dɪ'stɪŋktɪv/ *a.* distintivo; caratteristico; particolare; peculiare.
to **distinguish** /dɪ'stɪŋgwɪʃ/ ***A*** *v. t.* distinguere ● **to be distinguished by st.**, distinguersi (*o* riconoscersi) per q.c. ***B*** *v. i.* distinguere; fare distinzione ***C*** **to distinguish oneself** *v. rifl.* distinguersi.
distinguishable /dɪ'stɪŋgwɪʃəbl/ *a.* distinguibile; riconosci-

bile.
distinguished /dɪ'stɪŋgwɪʃt/ *a.* *1* distinto: **d.-looking**, dall'aria distinta *2* eminente; insigne; illustre; prestigioso: **a d. scientist**, un eminente scienziato; **a d. career**, una prestigiosa carriera; **d. guests**, ospiti di riguardo.
distinguishing /dɪ'stɪŋgwɪʃɪŋ/ *a.* distintivo; caratteristico.
to **distort** /dɪ'stɔːt/ *v. t.* *1* distorcere; deformare; stravolgere: **a face distorted with rage**, un viso stravolto dall'ira *2* travisare; alterare; falsare: **to d. facts**, travisare i fatti.
distorted /dɪ'stɔːtɪd/ *a.* *1* distorto; deformato; stravolto: **d. features**, lineamenti alterati *2* travisato; alterato; falso: **a d. account**, un resoconto che travisa i fatti.
distortion /dɪ'stɔːʃn/ *n.* [U] *e* [C] *1* distorsione; deformazione *2* travisamento; alterazione.
to **distract** /dɪ'strækt/ *v. t.* distrarre; distogliere; sviare.
distracted /dɪ'stræktɪd/ *a.* *1* distratto; svagato *2* confuso; sconcertato; turbato.
distraction /dɪ'strækʃn/ *n.* *1* [C] *e* [U] distrazione; divertimento; svago *2* — **to d.**, alla follia: **to love sb. to d.**, amare q. alla follia; **to drive sb. to d.**, far impazzire q. (*fig.*).
to **distrain** /dɪ'streɪn/ (*leg.*) *A* *v. t.* sequestrare *B* *v. i.* fare un sequestro: **to d. upon st.**, sequestrare q.c.; mettere q.c. sotto sequestro.
distraint /dɪ'streɪnt/ *n.* [U] (*leg.*) sequestro.
distrait /dɪ'streɪ/ (*franc.*) *a.* distratto.
distraught /dɪ'strɔːt/ *a.* sconvolto; stravolto.
distress /dɪ'strɛs/ *n.* *1* [U] angoscia; pena; dolore *2* [U] bisogno; indigenza *3* [U] pericolo; difficoltà: **ship in d.**, nave in pericolo; **d. signal**, segnale di soccorso (*o* di pericolo).
to **distress** /dɪ'strɛs/ *v. t.* angosciare; affliggere; addolorare.
distressed /dɪ'strɛst/ *a.* *1* angosciato *2* bisognoso; indigente: **d. area**, zona depressa.
distressful /dɪ'strɛsfl/, **distressing** /dɪ'strɛsɪŋ/ *a.* penoso; doloroso; angoscioso.
to **distribute** /dɪ'strɪbjuːt, 'dɪs-, *USA* dɪ'strɪbjət/ *v. t.* distribuire; (*fin.*) ripartire.
distribution /dɪstrɪ'bjuːʃn/ *n.* [U] *e* [C] distribuzione; (*fin.*) ripartizione.
distributive /dɪ'strɪbjʊtɪv, 'dɪs-, *USA* dɪ'strɪbjə-/ *a.* *1* distributivo *2* della distribuzione.
distributor /dɪ'strɪbjʊtə(r), 'dɪs-, *USA* dɪ'strɪbjə-/ *n.* *1* distributore *2* (*elettr.*) distributore *3* (*autom.*) spinterogeno.
district /'dɪstrɪkt/ *n.* *1* (*amm.*) distretto; circoscrizione: **postal d.**, distretto postale *2* quartiere (*di città*); zona *3* regione *4* (*in U.S.A.*) circoscrizione elettorale (*o* giudiziaria): **d. judge** [**attorney**], giudice [procuratore] distrettuale ● (*comm.*) **d. manager**, direttore di zona □ (*in G.B.*) **d. nurse**, assistente sanitaria (*che fa visite a domicilio*).
distrust /dɪs'trʌst/ *n.* [U] sfiducia; diffidenza.
to **distrust** /dɪs'trʌst/ *v. t.* diffidare di; non aver fiducia in.
distrustful /dɪs'trʌstfl/ *a.* diffidente; sospettoso.
to **disturb** /dɪ'stɜːb/ *v. t.* *1* disturbare; incomodare: **Please don't d. yourself**, non si disturbi *2* turbare; agitare *3* spostare; scompigliare; disturbare ● (*leg.*) **to d. the peace**, turbare l'ordine pubblico.
disturbance /dɪ'stɜːbəns/ *n.* [U] *e* [C] *1* disordine; agitazione; tumulto *2* disturbo; scompiglio; perturbazione *3* (*psic.*) disturbo; turba ● (*leg.*) **to cause a d.**, turbare l'ordine pubblico (*o* la quiete pubblica).
disturbed /dɪ'stɜːbd/ *a.* *1* disturbato *2* (*psic.*) affetto da turbe psichiche: **emotionally d.**, con problemi emotivi.
disturbing /dɪ'stɜːbɪŋ/ *a.* inquietante.
to **disunite** /dɪsjuː'naɪt/ *v. t.* disunire; separare;
disuse /dɪs'juːs/ *n.* [U] disuso; mancanza d'uso: **to fall into d.**, cadere in disuso.
disused /dɪs'juːzd/ *a.* (*di edificio, miniera, ecc.*) non più in uso; abbandonato.
ditch /dɪtʃ/ *n.* *1* fossa; fosso; fossato *2* canale di irrigazione; canale di scolo ● **d.-water**, acqua di fosso; acqua stagnante.
to **ditch** /dɪtʃ/ *A* *v. t.* *1* far compiere un ammaraggio di fortuna a *2* (*pop.*) mollare; piantare in asso; piantare *B* *v. i.* (*aeron.*) compiere un ammaraggio di fortuna.
dither /'dɪðə(r)/ *n.* (*fam.*) agitazione (*per non sapersi decidere*); tentennamento: **to be all in a d.**, essere in agitazione.
to **dither** /'dɪðə(r)/ *v. i.* esitare; tentennare.
dithyramb /'dɪθɪræm, -mb/ *n.* (*poesia*) ditirambo.
ditto /'dɪtəʊ/ *A* *n.* (*pl.* **dittos**) lo stesso; la stessa cosa *B* *avv.* *1* (*comm.*) idem; lo stesso; come sopra *2* (*fam.*) è lo stesso; idem: **«I'm fed up» «D. Let's leave»**, «ne ho abbastanza» «io pure, andiamocene» ● **d. marks**, virgolette (*segno di ripetizione*).
ditty /'dɪtɪ/ *n.* (*antiq.*) canzoncina; arietta.
diuretic /daɪjʊə'rɛtɪk/ *a. e n.* (*farm.*) diuretico.
diurnal /daɪ'ɜːnl/ *a.* (*astron., zool.*) diurno.
divan /dɪ'væn, daɪ-, -'vɑːn, 'daɪvæn/ *n.* divano: **d. bed**, divano letto.
dive /daɪv/ *n.* *1* tuffo: **to make a d. for st.**, tuffarsi verso q.c. (*o* per afferrare q.c.) *2* (*aeron.*) picchiata: **nose d.**, (picchiata in) candela *3* (*naut.*) immersione (*di un sottomarino*): **crash d.**, immersione rapida *4* (*fam.*) locale poco raccomandabile; bettola.
to **dive** /daɪv/ *v. i.* *1* tuffarsi; buttarsi: **to d. for pearls**, tuffarsi in cerca di perle; fare il cercatore di perle; **to d. under a bed**, sgattaiolare sotto un letto; **to d. for cover**, gettarsi al riparo; **to d. into a bag**, tuffare la mano in una borsa *2* (*naut.*) immergersi *3* (*aeron.*) discendere in picchiata.
♦ **dive in** *v. i. + avv.* cominciare con energia (*a fare q.c.*): **The pasta arrived and we all dived in**, arrivò la pastasciutta e ci buttammo tutti all'assalto.
to **dive-bomb** /'daɪvbɒm/ *v. t.* bombardare in picchiata.
dive-bomber /'daɪvbɒmə(r)/ *n.* (*aeron.*) bombardiere da picchiata.
diver /'daɪvə(r)/ *n.* *1* tuffatore (-trice) *2* (*naut.*) palombaro; sommozzatore *3* (*zool.*) strolaga.
to **diverge** /daɪ'vɜːdʒ, dɪ-/ *v. i.* divergere.
divergence /daɪ'vɜːdʒəns, dɪ-/ *n.* [U] *e* [C] divergenza.
divergent /daɪ'vɜːdʒənt, dɪ-/ *a.* divergente.
diverse /daɪ'vɜːs, dɪ-/ *a.* vario; diverso; svariato.
diversification /daɪvɜːsɪfɪ'keɪʃn, dɪ-/ *n.* [U] *e* [C] diversificazione.
to **diversify** /daɪ'vɜːsɪfaɪ, dɪ-/ *A* *v. t.* *1* diversificare (*anche econ.*); ampliare la gamma di *2* variare; rendere vario *3* (*fin.*) differenziare *B* *v. i.* (*econ.*) diversificarsi.
diversion /daɪ'vɜːʃn, dɪ-, *USA* -ʒn/ *n.* *1* [U] *e* [C] deviazione *2* azione diversiva; diversione: **to create a d.**, creare una diversione *3* divertimento; diversivo.
diversionary /daɪ'vɜːʃənrɪ, dɪ-, *USA* -ʒənerɪ/ *a.* diversivo: **d. tactics**, tattica diversiva.
diversity /daɪ'vɜːsətɪ, dɪ-/ *n.* [U] diversità; varietà.
to **divert** /daɪ'vɜːt, dɪ-/ *v. t.* *1* deviare; deflettere *2* stornare (*fondi, ecc.*) *3* sviare, distogliere, stornare (*l'attenzione, ecc.*) *4* (*autom., aeron., naut.*) dirottare; far deviare *5* (*antiq.*) distrarre; divertire.
to **divest** /daɪ'vɛst/ (*form.*) *v. t.* spogliare; (*anche leg.*) privare: **He was divested of all authority**, fu privato di ogni autorità.
♦ **divest oneself of** *v. rifl. + prep.* liberarsi di (q.c.); cedere.
divide /dɪ'vaɪd/ *n.* *1* (*geogr.*) spartiacque *2* (*fig.*) linea di demarcazione; spartiacque.
to **divide** /dɪ'vaɪd/ *A* *v. t.* *1* (*anche* **to d. up**) dividere; ripartire: **to d. st. in half** [**into equal parts**], dividere q.c. a metà [in parti eguali]; **to d. st. among** (*o* **between**) **four people**, dividere q.c. tra quattro persone; **to d. 20 by 4**, dividere 20 per 4 *2* separare; spartire *3* (*mat., di un numero*) essere divisore di ● **d. and rule**, divide et impera (*lat.*) *B* *v. i.* *1* dividersi: **We divided into three groups**, ci dividemmo in tre gruppi *2* (*mat.*) stare in: **4 divides into 20 5 times**, il quattro sta nel venti cinque volte.
divided /dɪ'vaɪdɪd/ *a.* diviso ● (*USA*) **d. highway**, strada a doppia carreggiata □ **d. skirt**, gonna pantalone.
dividend /'dɪvɪdɛnd/ *n.* (*mat., fin., leg.*) dividendo ● (*fig.*) **to pay dividends**, dimostrarsi vantaggioso (*o* vincente).
divider /dɪ'vaɪdə(r)/ *n.* *1* divisore *2* (*al pl.*) compasso a punte fisse.
divination /dɪvɪ'neɪʃn/ *n.* [U] divinazione.
divine /dɪ'vaɪn/ *A* *a.* *1* divino *2* (*fam.*) magnifico; splendido *B* *n.* (*antiq.*) teologo; ecclesiastico.
to **divine** /dɪ'vaɪn/ *v. t.* *1* indovinare; predire *2* — **to d.** (**for**) **water**, cercare l'acqua (*con la bacchetta del rabdomante*); fare il rabdomante.
diviner /dɪ'vaɪnə(r)/ *n.* rabdomante.
diving /'daɪvɪŋ/ *n.* [U] tuffo; immersione ● **d. bell**, campana subacquea □ **d. suit**, scafandro da palombaro.
divingboard /'daɪvɪŋbɔːd/ *n.* trampolino.
divining rod /dɪ'vaɪnɪŋ rɒd/ *locuz. n.* bacchetta da rabdomante.

divinity /dɪ'vɪnətɪ/ *n.* **1** [U] *e* [C] divinità **2** [U] teologia: **doctor of d.**, dottore in teologia.
divisibility /dɪvɪzə'bɪlətɪ/ *n.* [U] (*anche mat.*) divisibilità.
divisible /dɪ'vɪzəbl/ *a.* (*anche mat.*) divisibile.
division /dɪ'vɪʒn/ *n.* **1** [U] *e* [C] divisione (*anche mat.*); suddivisione; ripartizione; spartizione: **d. of labour**, divisione del lavoro; **d. of profits**, ripartizione degli utili **2** (linea di) divisione; confine; separazione **3** disunione; discordia **4** (*amm.*) settore; sezione; reparto **5** (*mil.*) divisione **6** (*polit., in G.B.*) votazione per divisione (*nella quale i parlamentari si dividono in due gruppi, uno favorevole e uno contrario*) **7** (*calcio, ecc.*) divisione, serie; (*boxe*) categoria.
divisive /dɪ'vaɪsɪv/ *a.* (*di cosa*) che divide; che crea disaccordo.
divisor /dɪ'vaɪzə(r)/ *n.* (*mat.*) divisore.
divorce /dɪ'vɔːs/ *n.* [U] *e* [C] **1** divorzio: **to get a d.**, ottenere il divorzio **2** (*fig.*) separazione; divorzio; frattura.
to **divorce** /dɪ'vɔːs/ *v. t.* **1** divorziare da **2** accordare il divorzio a **3** separare.
divorced /dɪ'vɔːst/ *a.* **1** divorziato: **to get d.**, divorziare **2** separato: **d. from reality**, che non ha nulla a che fare con la realtà.
divorcee /dɪvɔː'siː, *USA* -'seɪ/ *n.* divorziato (-a).
to **divulge** /daɪ'vʌldʒ/ *v. t.* (*form.*) rivelare; divulgare.
dizzily /'dɪzɪlɪ/ *avv.* vertiginosamente; in modo da far girare la testa.
dizziness /'dɪzɪnəs/ *n.* [U] vertigini; capogiro.
dizzy /'dɪzɪ/ *a.* **1** che ha le vertigini: **to feel d.**, avere le vertigini (*o* il capogiro) **2** che fa venire il capogiro; vertiginoso: **d. feeling**, senso di vertigine; **d. heights**, altezze vertiginose; **d. spell**, attacco di capogiro **3** (*fam. USA*) svampito.
do (1) /duː/ *n.* (*pl.* **dos, do's**) **1** (*fam.*) festa; party; trattenimento **2** — **the do's and dont's**, ciò che si può e non si può fare; le regole.
do (2) /dəʊ/ *V.* **doh.**
to **do** /duː/ (*pass.* **did**, *p.p.* **done**) **A** *v. t.* **1** fare; compiere; eseguire: **What are you doing?**, che stai facendo?; **What do you do on weekends?**, che cosa fai nei weekend?; **What does she do (for a living)?**, che lavoro fa?; **Do whatever you want**, fa' come ti pare; **I did all I could [my best] to help her**, feci di tutto [del mio meglio] per aiutarla; **It'll do you good**, ti farà bene; **You did right**, hai fatto bene; **to do one's duty**, fare il proprio dovere; **to do a sum**, fare una somma; **to do one's homework**, fare i compiti; **to do business with sb.**, fare affari con q.; **to do the cooking**, fare da mangiare; **to do sb. a favour**, fare un favore a q.; **The car can do 100 miles an hour**, la macchina fa cento miglia all'ora **2** studiare; fare: **I did French at university**, ho fatto francese all'università **3** cucinare; cuocere; fare: **They do meat very well here**, fanno bene la carne qui; **to be done to a turn**, essere cotto a puntino **4** riordinare; pulire; fare: **to do the rooms**, pulire (*o* fare) le stanze; **to do the dishes**, lavare i piatti; **to do one's hair**, aggiustarsi i capelli; **to do one's teeth**, pulirsi i denti **5** (*fam.*) visitare; vedere: **We did two museums today**, oggi abbiamo visto due musei **6** interpretare; recitare la parte di; imitare: **He did Othello at the National**, ha recitato la parte di Otello al National; **He does Clinton to a T**, imita Clinton alla perfezione **7** (*fam.*) andare bene a: **My red coat would do you fine**, il mio cappotto rosso ti andrebbe benissimo **8** (*fam.*) imbrogliare; farla a: **You've been done!**, ti hanno imbrogliato!; te l'hanno fatta! ● (*pop.*) **to do drugs**, farsi; bucarsi □ **to do the ironing**, stirare □ **to do st. to death**, ripetere (*una barzelletta, ecc.*) fino alla nausea; dire e ripetere □ **That hairstyle does something for her**, sta meglio pettinata così □ **How do you do?**, (*nelle presentazioni*) piacere!; lieto (-a) di conoscerla □ **Now you've done it!**, l'hai fatta grossa! □ **That does it!**, adesso basta!; questo è troppo! **B** *v. i.* **1** fare; agire; riuscire: **He would do well to wait a bit longer**, farebbe bene ad aspettare ancora un po'; **She did well [badly] in the exam**, è andata bene [male] nell'esame; **He's done very well for himself**, ha fatto fortuna; ha avuto molto successo; **to do well out of the sale of st.**, vendere bene q.c. **2** stare (*di salute*): **How are you doing?**, come va?; come stai?; **Mother and child are doing very well**, la madre e il bambino stanno benissimo **3** bastare; andare: **This should do**, questo dovrebbe bastare; **I'll make it do**, lo farò bastare; **A few pounds will do**, basteranno poche sterline; **I'm sorry but your explanation won't do**, mi spiace, ma la tua spiegazione non è accettabile; **That will do!**, basta!; smettetela! **4** (*al pass. prossimo*) finire: **Have they done?**, hanno finito?; **to have done working**, avere finito di lavorare; **I have done with day-dreaming**, ho smesso di fare castelli in aria; **I have done with him**, ho chiuso con lui; **Have done with it!**, smettila; piantala (*fam.*) ● **Do or die!**, o la va o la spacca! **C** *v. ausiliare* **1** (*nelle frasi interr. e neg., nelle «tag questions» e nella costruz. inversa*) — **Do you understand?**, capisci?; **You don't love me, do you?**, tu non mi ami, vero?; **Doesn't she look like Garbo?**, non assomiglia alla Garbo?; **I didn't like it**, non mi è piaciuto; **You saw them, didn't you?**, tu li hai visti, no?; **Little did he know that...**, certo non immaginava che... **2** (*nell'imper. neg.*) — **Don't worry!**, non preoccuparti! **3** (*evita la ripetizione del verbo precedente*) — **If you want to tell him, do it now**, se vuoi dirglielo, fallo ora; **«Who took my hat?» «I did»**, «chi ha preso il mio cappello?» «(sono stato) io»; **He paid much more than I did**, ha pagato molto più di me; **«I didn't finish my homework» «Neither did I»**, «non ho finito il compito» «nemmeno io»; **I like westerns and so does he**, a me piacciono i western e a lui anche **4** (*enfatico*) — **Do tell me!**, dimmelo, te ne prego; **I do wish I could stay**, come vorrei poter restare!; **Do shut up!**, oh, insomma, taci!; **I did see him**, sì che l'ho visto.
♦ **do away with** *v. i. + avv. e prep.* **1** abolire; sopprimere **2** (*fam.*) uccidere; far fuori.
♦ **do by** *v. i. + prep.* trattare: **He's always done well by me**, mi ha sempre trattato bene; **to be hard done by**, essere trattato malissimo; **Do as you would be done by**, non fare agli altri quello che non vorresti fosse fatto a te.
♦ **do down** *v. t. + avv.* (*fam.*) **1** screditare; sminuire **2** imbrogliare.
♦ **do for** *v. i. + prep.* **1** (*fam. GB*) fare le pulizie (*o* i lavori di casa) per **2** (*pop.*) rovinare; spacciare **3** (*pop.*) uccidere; far fuori.
♦ **do in** *v. t. + avv.* (*pop.*) **1** uccidere; far fuori **2** stancare; distruggere.
♦ **do out** *v. t. + avv.* (*fam.*) pulire a fondo.
♦ **do out of** *v. t. + avv. e prep.* (*fam.*) privare (q. di q.c.); togliere (q.c. a q.): **She did me out of my share**, mi ha portato via la mia parte.
♦ **do over** *v. t. + avv.* **1** ridipingere; riverniciare; dare una ripulita a **2** (*USA*) rifare **3** (*pop. GB*) picchiare; pestare **4** (*pop. GB*) svaligiare; ripulire.
♦ **do up** **A** *v. t. + avv.* **1** abbottonare; allacciare, agganciare **2** rinnovare, ristrutturare (*una casa, ecc.*) **3** avvolgere, incartare (*un pacco*) **B** *v. i. + avv.* abbottonarsi; allacciarsi **C** to **do oneself up** *v. rifl. + avv.* farsi bello; mettersi in ghingheri.
♦ **do with** *v. i. + prep.* (*fam.*) **1** volere; aver bisogno: **I could do with a drink**, qualcosa da bere non ci starebbe male; **The room could do with a paint**, la stanza avrebbe bisogno di una rinfrescata **2** (*solo al neg.*) (*GB*) sopportare: **I can't be doing with a lot of noise**, non sopporto i rumori **3** cavarsela con; accontentarsi di: **You'll just have to do with what you've got**, dovrai accontentarti di quello che hai ● **They didn't know what to do with themselves**, non sapevano come passare il tempo □ **What have you done with my watch?**, che ne hai fatto del mio orologio? □ **His job has to do with computer programming**, il suo lavoro ha a che fare con l'informatica □ **What's that got to do with...?**, che c'entra (*o* che ha a che vedere) con...?
♦ **do without** *v. i. + prep.* fare a meno di: **You'll just have to do without**, dovrai farne a meno.
doc /dɒk/ *n.* (*fam.*) dottore (*medico*).
docile /'dəʊsaɪl, *USA* 'dɒsl/ *n.* docile.
docility /dəʊ'sɪlətɪ/ *n.* [U] docilità.
dock (1) /dɒk/ *n.* **1** [C] *e* [U] (*naut.*) bacino; darsena: **dry d.**, bacino di carenaggio; **floating d.**, bacino di carenaggio galleggiante **2** (*al pl.*) area portuale; docks **3** (*ferr., USA*) piattaforma di carico ● **d. workers**, portuali □ (*autom.*) **in d.**, in riparazione; dal meccanico.
dock (2) /dɒk/ *n.* (*leg.*) banco degli imputati.
to **dock** (1) /dɒk/ **A** *v. t.* **1** (*naut.*) accostare alla banchina; ormeggiare **2** (*naut.*) mettere in bacino **3** (*miss.*) agganciare (*una navicella spaziale*) **B** *v. i.* **1** (*naut.*) attraccare; ormeggiarsi **2** (*naut.*) entrare in bacino **3** (*miss.*) agganciarsi.
to **dock** (2) /dɒk/ *v. t.* **1** mozzare (*la coda*); mozzare la coda a (*un animale*) **2** (*fam.*) ridurre; tagliare: **to d. sb.'s wages**, ridurre il salario a q.

docker /ˈdɒkə(r)/ *n.* scaricatore di porto; portuale.
docket /ˈdɒkɪt/ *n.* **1** (*GB*) scontrino; distinta (*del contenuto*); cartellino **2** (*leg., USA*) lista delle cause da discutere.
to **docket** /ˈdɒkɪt/ *v. t.* (*GB*) **1** fare la distinta (*del contenuto di q.c.*) **2** mettere il cartellino a.
dockland /ˈdɒklənd/ *n.* (*anche al pl.*) (*GB*) area portuale; zona del porto.
dockyard /ˈdɒkjɑːd/ *n.* cantiere navale; darsena; arsenale.
doctor /ˈdɒktə(r)/ *n.* **1** dottore (-essa); medico **2** (*titolo universitario*) dottore (-essa) (*usato solo per chi ha conseguito un dottorato di ricerca*) ● (*fam.*) **just what the d. ordered**, proprio quello che ci vuole.
to **doctor** /ˈdɒktə(r)/ *v. t.* **1** manipolare; falsificare: **These figures have been doctored**, qualcuno ha falsificato queste cifre **2** (*GB*) castrare (*un animale domestico*).
doctorate /ˈdɒktərət/ *n.* dottorato di ricerca.
doctrinaire /dɒktrɪˈnɛə(r)/ *a.* dottrinario; teorico; dogmatico.
doctrinal /dɒkˈtraɪnl, *USA* ˈdɒktrɪnl/ *a.* dottrinale.
doctrine /ˈdɒktrɪn/ *n.* [C] *e* [U] dottrina.
docudrama /ˈdɒkjʊdrɑːmə, *USA* -æmə/ *n.* (*USA*) ricreazione drammatica televisiva di un fatto vero; film-documento.
document /ˈdɒkjʊmənt/ *n.* documento; certificato; attestato.
to **document** /ˈdɒkjʊmɛnt/ *v. t.* documentare; attestare.
documentary /dɒkjʊˈmɛntrɪ, *USA* ˈdɒkjʊməntɛrɪ/ **A** *a.* **1** documentario **2** (*leg.*) documentale **B** *n.* (*cinem., TV*) documentario.
documentation /dɒkjʊmɛnˈteɪʃn/ *n.* [U] documentazione.
to **dodder** /ˈdɒdə(r)/ *v. i.* barcollare; vacillare.
dodderer /ˈdɒdərə(r)/ *n.* vecchio (-a) cadente.
doddering /ˈdɒdərɪ/ *a.* barcollante; malfermo.
doddle /ˈdɒdl/ *n.* (*fam.*) cosa da niente; bazzecola; gioco da ragazzi.
dodge /dɒdʒ/ *n.* (*fam.*) stratagemma; trucco; sotterfugio: **tax d.**, trucco per non pagare le tasse.
to **dodge** /dɒdʒ/ **A** *v. t.* **1** scansare; schivare **2** (*fam.*) eludere; sottrarsi a: **to d. taxation**, evadere il fisco; **to d. a responsibility**, sottrarsi a una responsabilità; (*USA*) **to d. the draft**, sottrarsi alla chiamata alle armi; imboscarsi (*fam.*) **B** *v. i.* (*sempre accompagnato da compl. di moto*) muoversi di lato rapidamente: **to d. behind st.**, sgattaiolare dietro q.c.; **to d. past sb.**, schivare e oltrepassare q.
Dodgem ® /ˈdɒdʒəm/ *n.* (*anche* **D. car**) automobilina dell'autoscontro; (*al pl.*) autoscontro.
dodger /ˈdɒdʒə(r)/ *n.* (*fam.*) imbroglione; furbacchione ● (*USA*) **draft d.**, renitente alla leva □ **tax d.**, evasore fiscale.
dodgy /ˈdɒdʒɪ/ *a.* (*fam.*) **1** rischioso **2** (*di sedia, ecc.*) malfermo; traballante; poco sicuro **3** subdolo; ingannevole.
dodo /ˈdəʊdəʊ/ *n.* (*pl.* **dodoes, dodos**) (*zool.*) dronte; dodo.
doe /dəʊ/ *n.* (*zool.*) femmina (*di daino, cervo, camoscio, antilope, coniglio, lepre*).
doer /ˈduːə(r)/ *n.* persona che fa, che agisce; persona dinamica: **He is a d., not a talker**, è uno che agisce, senza tante chiacchiere.
does /dʌz, dəz/ 3ª *pers. sing. del pres. ind. di* **to do**.
doeskin /ˈdəʊskɪn/ *n.* [C] *e* [U] pelle di daino.
doesn't /ˈdʌznt, ˈdəznt/ *contraz. di* **does not**.
to **doff** /dɒf, *USA* dɔːf/ *v. t.* (*antiq.*) levarsi, togliersi (*il cappello, un indumento*).
dog /dɒg, *USA* dɔːg/ *n.* **1** cane: **guard dog**, cane da guardia; **dog biscuit**, biscotto per cani **2** (*zool.*) maschio (*del lupo, della volpe*) **3** (*fam.*) tipo; individuo: **sly dog**, tipo astuto; furbastro; **He's a lucky dog**, ha tutte le fortune **4** (*pop. USA*) cosa scadente; schifo (*fam.*) **5** (*pop. USA*) donna brutta; racchia; scorfana **6** (*al pl.*) — **the dogs**, le corse dei cani **7** (*mecc.*) dente d'arresto; gancio; grappa **8** (*al pl.*) alari (*del focolare*) ● **dog-catcher**, accalappiacani □ **dog collar**, collare per cani; (*fam.*) collarino (da prete) □ (*meteor.*) **dog days**, la canicola; il solleone □ **dog-eared**, (*di libro*) con le orecchie □ **dog eat dog**, una lotta a coltello; mors tua vita mea (*lat.*) □ **a dog in the manger**, chi non vuole che gli altri godano di quello che a lui non serve o non piace □ **dog Latin**, latino maccheronico; latinorum □ **dog-lover**, cinofilo (-a) □ (*fam.*) **dog paddle**, nuotata a cane □ (*bot.*) **dog-rose**, rosa canina □ (*fam.*) **dog's breakfast**, cosa malfatta; casino □ **a dog's life**, una vita da cani □ (*astron.*) **Dog Star**, Sirio □ **dog tag**, medaglietta per cani; (*gergo mil., USA*) piastrina di riconoscimento □ (*fam.*) **dog-tired**, stanco morto; a pezzi □ **dog track**, cinodromo □ **to go to the dogs**, andare in malora □ **not to have a dog's chance**, non avere nessuna probabilità di successo □ (*prov.*) **Every dog has its day**, ognuno ha il suo momento di gloria □ (*prov.*) **Let sleeping dogs lie**, non svegliare il can che dorme.
to **dog** /dɒg, *USA* dɔːg/ *v. t.* seguire; pedinare ● **to dog sb.'s footsteps**, stare alle calcagna di q. □ **to be dogged by bad luck**, essere perseguitato dalla sfortuna.
dogcart /ˈdɒgkɑːt, *USA* ˈdɔːg-/ *n.* biroccino; calesse.
dogfight /ˈdɒgfaɪt, *USA* ˈdɔːg-/ *n.* **1** zuffa tra cani **2** lotta furiosa **3** (*fam.*) combattimento ravvicinato (*fra aerei da caccia*).
dogfish /ˈdɒgfɪʃ, *USA* ˈdɔːg-/ *n.* (*zool.*) piccolo squalo.
dogged /ˈdɒgɪd, *USA* ˈdɔːgɪd/ *a.* caparbio; ostinato; tenace.
doggerel /ˈdɒgərəl, *USA* ˈdɔːg-/ *n.* [U] poesia burlesca; (*estens.*) versi zoppicanti.
doggie /ˈdɒgɪ, *USA* ˈdɔːgɪ/ *V.* **doggy (1)**.
doggo /ˈdɒgəʊ, *USA* ˈdɔːgəʊ/ *avv.* — **to lie d.**, starsene fermo e zitto; fare il morto.
doggone /ˈdɒgɒn, *USA* ˈdɔːgɔːn/ *a.* (*pop. USA*) stupido; maledetto.
doggy (1) /ˈdɒgɪ, *USA* ˈdɔːgɪ/ *n.* (*infant.*) cagnolino; cagnetto.
doggy (2) /ˈdɒgɪ, *USA* ˈdɔːgɪ/ *a.* di (*o* da) cane; canino ● **d. bag**, sacchetto usato al ristorante per raccogliere gli avanzi (*in teoria destinati al cane*) (*fam.*) **d. paddle**, nuotata a cagnolino.
doghouse /ˈdɒghaʊs/ *n.* canile ● (*fam.*) **in the d.**, in disgrazia.
dogleg /ˈdɒgdɛg, *USA* ˈdɔːg-/ *n.* (*fam.*) curva a gomito.
dogma /ˈdɒgmə, *USA* ˈdɔːgmə/ *n.* (*pl.* **dogmas, dogmata** /-mətə/) dogma.
dogmatic /dɒgˈmætɪk, *USA* dɔːg-/ *a.* dogmatico.
dogmatism /ˈdɒgmətɪzəm, *USA* ˈdɔːg-/ *n.* [U] dogmatismo.
dogmatist /ˈdɒgmətɪst/ *n.* dogmatico (-a).
do-gooder /duːˈgʊdə(r)/ *n.* (*spreg.*) filantropo.
dogsbody /ˈdɒgzbɒdɪ, *USA* ˈdɔːg-/ *n.* (*fam. GB*) travet; bestia da soma; galoppino.
doh /dəʊ/ *n.* (*mus.*) do (*nel solfeggio*).
doily /ˈdɔɪlɪ/ *n.* sottocoppa, centrino (*di stoffa o lavorato*).
doing /ˈduːɪŋ/ *n.* **1** opera; azione: **It's all your d.**, è tutta opera tua **2** [U] duro lavoro: **It'll take a lot of doing**, sarà dura **3** (*al pl.*) azioni; fatti.
doings /ˈduːɪŋz/ *n.* (*fam. GB*) coso; affare: **Pass me that d. over there**, passami quel coso.
do-it-yourself /ˈduːɪtʃəˈsɛlf/ **A** *a.* da costruire (montare, *ecc.*) da soli **B** *n.* (il) fai-da-te; bricolage (*franc.*).
doldrums /ˈdɒldrəmz, ˈdəʊl-, *USA* ˈdəʊl-, ˈdɔːl-, ˈdɒl-/ *n. pl.* **1** (*naut.*) zona delle calme equatoriali **2** depressione: **in the d.**, depresso; giù (di corda) **3** (*econ.*) stagnazione; crisi.
dole /dəʊl/ *n.* (*fam.*) sussidio di disoccupazione: **to be on the d.**, ricevere il sussidio di disoccupazione; essere disoccupato.
to **dole** /dəʊl/ *v. Solo come*:
♦ **dole out** *v. t.* + *avv.* distribuire (*a molti*).
doleful /ˈdəʊlfl/ *a.* triste; malinconico.
doll /dɒl, *USA* dɔːl/ *n.* **1** bambola: **d.'s house**, casa delle bambole **2** (*pop.*) ragazza; bambola; pupa **3** (*pop. USA*) angelo; tesoro.
to **doll** /dɒl, *USA* dɔːl/ *v. Solo come*:
♦ **doll up** (*fam.*) **A** *v. t.* + *avv.* agghindare **B** *v. i.* + *avv.* farsi bello; mettersi in ghingheri.
dollar /ˈdɒlə(r)/ *n.* dollaro.
dollop /ˈdɒləp/ *n.* (*fam.*) piccola massa informe; mucchietto; cucchiatata (*di purea, stufato, ecc.*).
dolly /ˈdɒlɪ, *USA* ˈdɔːlɪ/ *n.* **1** (*infant.*) bambola; bambolina **2** (*tecn.*) piattaforma a rulli **3** (*cinem., TV*) carrello; dolly: **d. shot**, carrellata.
to **dolly** /ˈdɒlɪ, *USA* ˈdɔːlɪ/ *v. i.* (*cinem., TV*) carrellare; fare una carrellata.
dolmen /ˈdɒlmɛn, -mən/ *n.* (*archeol.*) dolmen.
dolomite /ˈdɒləmaɪt/ *n.* [U] (*miner.*) dolomite.
dolphin /ˈdɒlfɪn, *USA* ˈdɔːl-/ *n.* (*zool.*) delfino.
dolt /dəʊlt/ *n.* stupido; testone.
doltish /ˈdəʊltɪʃ/ *a.* stupido; ottuso.
domain /dəʊˈmeɪn/ *n.* **1** ambito; campo **2** (*antiq.*) dominio; proprietà **3** (*mat.*) dominio.
dome /dəʊm/ *n.* (*archit. ed estens.*) cupola; volta (a cu-

pola).
domed /dəʊmd/ *a.* fornito di cupola; a cupola; a volta.
Domesday Book / ˈduːmzdeɪbʊk/ *locuz. n.* (*stor.*) il Libro del Catasto d'Inghilterra (*fatto compilare da Guglielmo il Conquistatore nel 1086*).
domestic /dəˈmɛstɪk/ ***A*** *a.* ***1*** domestico: **d. animals**, animali domestici; **d. science**, economia domestica ***2*** nazionale; interno: **d. politics**, politica interna • **d. electrical goods**, elettrodomestici □ **d. help**, collaboratore (-trice) familiare; colf ***B*** *n.* domestico; servitore.
to **domesticate** /dəˈmɛstɪkeɪt/ *v. t.* addomesticare (*animali*).
domesticated /dəˈmɛstɪkeɪtɪd/ *a.* esperto nelle faccende domestiche; che aiuta in casa.
domesticity /dɒməˈstɪsətɪ, dəʊ-/ *n.* ***1*** Ⓤ vita familiare ***2*** Ⓤ amore per la vita domestica.
domicile / ˈdɒmɪsaɪl, ˈdəʊ-/ *n.* (*leg.*) domicilio.
domiciled / ˈdɒmɪsaɪld, ˈdəʊ-/ *a.* (*form.*) residente; domiciliato.
domiciliary /dɒmɪˈsɪlɪərɪ, dəʊ-, *USA* -ɪɛrɪ/ *a.* domiciliare; a domicilio.
dominance / ˈdɒmɪnəns/, **dominancy** / ˈdɒmɪnənsɪ/ *n.* Ⓤ dominio; predominio.
dominant / ˈdɒmɪnənt/ ***A*** *a.* ***1*** dominante (*anche mus., biol.*); più importante; più autorevole ***2*** dominatore: **d. personality**, personalità dominatrice ***B*** *n.* (*mus.*) (nota) dominante.
to **dominate** / ˈdɒmɪneɪt/ *v. t. e i.* dominare.
domination /dɒmɪˈneɪʃn/ *n.* Ⓤ dominazione.
to **domineer** /dɒmɪˈnɪə(r)/ *v. i.* tiranneggiare; fare il despota (con): **to d. over sb.**, tiranneggiare q.
domineering /dɒmɪˈnɪərɪŋ/ *a.* autoritario; dispotico; tirannico; prepotente.
Dominican /dəˈmɪnɪkən/ *a. e n.* ***1*** (*eccles.*) (frate) domenicano ***2*** dominicano.
dominion /dəˈmɪnjən/ *n.* ***1*** Ⓤ potere; sovranità ***2*** dominio; possedimento ***3*** (*polit.*) dominion (*Stato membro del Commonwealth britannico*).
domino / ˈdɒmɪnəʊ/ *n.* (*pl.* **dominoes**, **dominos**) ***1*** tessera del domino ***2*** (*al pl.*) (gioco del) domino • **d. effect**, effetto a catena.
don /dɒn/ *n.* (*in G.B.*) docente universitario (*specialm. a Oxford e a Cambridge*).
to **don** /dɒn/ *v. t.* (*form.*) indossare.
to **donate** /dəʊˈneɪt, *USA* ˈdəʊneɪt/ *v. t. e i.* donare; fare una donazione.
donation /dəʊˈneɪʃn/ *n.* Ⓤ *e* Ⓒ donazione.
done /dʌn/ ***A*** *p.p. di* **to do** ***B*** *a.* ***1*** fatto; finito; pronto: **Well d.!**, bravo; benissimo!; **when you are d.**, quando hai finito; **D.!**, affare fatto! ***2*** cotto: **d. to a turn**, cotto a puntino; **half--d.**, cotto a metà; **well-d.**, ben cotto ***3*** socialmente accettabile; che sta bene: **It's not d.** (*o* **It's not the d. thing**), non sta bene; non si fa • (*fam.*) **d. for**, spacciato; finito □ (*fam.*) **d. in** (*o* **d. up**), stanco morto; sfinito; a pezzi.
donkey / ˈdɒŋkɪ, *USA* ˈdʌ-, ˈdɔː-/ *n.* asino; somaro • **d. engine**, (*naut.*) motore ausiliario; (*ferr.*) locomotiva da manovra □ **d. jacket**, giaccone corto pesante □ (*fam.*) **d. work**, la parte più ingrata di un lavoro □ (*pop.*) **d.'s years**, un sacco di tempo; secoli.
donnish / ˈdɒnɪʃ/ *a.* professorale; accademico; pedantesco.
donor / ˈdəʊnə(r)/ *n.* donatore (-trice): **blood d.**, donatore di sangue.
don't /dəʊnt/ *contraz. di* **do not**.
don't-know / ˈdəʊn(t)ˈnəʊ/ *n.* (*fam.*) ***1*** (*polit.*) elettore indeciso ***2*** (*nelle indagini*) "non sa".
doodad / ˈduːdæd/ (*USA*), **doodah** / ˈduːdɑː/ (*GB*) *n.* (*fam.*) coso; affare; aggeggio.
doodle / ˈduːdl/ *n.* (*fam.*) ghirigoro; disegnino.
to **doodle** / ˈduːdl/ *v. i.* (*fam.*) fare disegnini; fare ghirigori.
doom /duːm/ *n.* destino (*inevitabile e funesto*); sorte; (*estens.*) disastro, rovina, morte: **His d. is sealed**, la sua sorte è segnata • (*fam.*) **d. and gloom**, previsioni pessimistiche; pessimismo □ **d.-laden**, carico di infausti presagi □ **the day of d.**, il giorno del Giudizio.
to **doom** /duːm/ *v. t.* (*generalm. al passivo*) condannare; predestinare: **He was doomed to fail**, era destinato a fare fiasco.
doomed /duːmd/ *a.* destinato (*o* votato) alla rovina, al fallimento; segnato; predestinato: **d. venture**, impresa destinata a fallire; **a d. flight**, un volo segnato.
Doomsday / ˈduːmzdeɪ/ *n.* il giorno del Giudizio Universale • **till D.**, fino a chissà quando; per sempre.
door /dɔː(r)/ *n.* ***1*** porta; uscio: **to answer the d.**, aprire la porta; andare ad aprire; **to show sb. the d.**, mettere q. alla porta; **back d.**, porta posteriore (*o* di servizio); **front d.**, porta principale (*o* di ingresso); **revolving [sliding, swing] d.**, porta girevole [scorrevole, oscillante] ***2*** portiera (*di automobile*); sportello (*di mobile, treno*) • **d.-post**, stipite □ **d.-to-d.**, porta a porta; a domicilio: **d.-to-d. delivery**, servizio di consegna a domicilio □ **behind closed doors**, a porte chiuse □ **to get in by the back d.**, entrare dal retro; (*fig.*) entrare di straforo, entrare con qualche aiuto □ **to lay st. at sb.'s d.**, imputare q.c. a q.; dare a q. la colpa di q.c. □ **next d.**, nella casa accanto; di fianco □ **to open the d. to st.**, rendere possibile q.c.; aprire la strada a q.c. □ **They live three doors away**, abitano nella terza casa dopo la nostra □ **two-d. car**, (auto a) due porte.
doorbell / ˈdɔːbɛl/ *n.* campanello (della porta).
doorkeeper / ˈdɔːkiːpə(r)/ *n.* portiere; portinaio.
doorknob / ˈdɔːnɒb/ *n.* pomello (della porta).
doorknocker / ˈdɔːnɒkə(r)/ *n.* battente; batacchio; picchiotto.
doorman / ˈdɔːmən/ *n.* portiere (*di albergo, teatro, ecc.*).
doormat / ˈdɔːmæt/ *n.* ***1*** stuoino; zerbino ***2*** (*fig. spreg.*) pezza da piedi.
doornail / ˈdɔːneɪl/ *n.* borchia sulla porta.
doorplate / ˈdɔːpleɪt/ *n.* targa (*o* targhetta) sulla porta.
doorstep / ˈdɔːstɛp/ *n.* gradino davanti alla porta • **on sb.'s d.**, davanti a casa; sotto casa.
to **doorstep** / ˈdɔːstɛp/ *v. t.* (*giorn., fam.*) assediare (q.) per ottenere un'intervista.
doorstop / ˈdɔːstɒp/, **doorstopper** / ˈdɔːstɒpə(r)/ *n.* fermaporta.
doorway / ˈdɔːweɪ/ *n.* ***1*** vano della porta; entrata; soglia ***2*** (*fig.*) via d'accesso; porta.
dope /dəʊp/ *n.* Ⓤ ***1*** (*fam.*) stupefacente; droga (*specialm. marijuana*) ***2*** (*sport*) sostanza eccitante; bomba ***3*** (*pop.*) informazioni riservate ***4*** (*fam.*) tonto; stupido • **d. dealer**, trafficante di droga □ (*fam.*) **d. fiend**, drogato (-a).
to **dope** /dəʊp/ *v. t.* drogare.
dopey / ˈdəʊpɪ/ *a.* (*fam.*) ***1*** stupido ***2*** intontito; assonnato ***3*** (*USA*) inebetito dalla droga.
doping / ˈdəʊpɪŋ/ *n.* Ⓤ (*sport*) doping; drogaggio.
dopy / ˈdəʊpɪ/ *V.* **dopey**.
Doric / ˈdɒrɪk, *USA* -ɔːr-/ *a.* dorico.
dorm / ˈdɔːm/ *n. abbr. fam. di* **dormitory**.
dormant / ˈdɔːmənt/ *a.* ***1*** (*biol.*) in letargo ***2*** (*bot.*) quiescente ***3*** (*di vulcano*) inattivo ***4*** inattivo; in sospeso; latente: **d. faculties**, facoltà latenti ***5*** (*arald.*) disteso; accovacciato: **a lion d.**, un leone disteso.
dormer / ˈdɔːmə(r)/ *n.* (*anche* **d. window**) abbaino.
dormice / ˈdɔːmaɪs/ *pl. di* **dormouse**.
dormitory / ˈdɔːmətrɪ, *USA* -tɔːrɪ/ *n.* ***1*** dormitorio ***2*** (*USA*) pensionato universitario • (*GB*) **d. suburb**, quartiere dormitorio.
dormouse / ˈdɔːmaʊs/ *n.* (*pl.* **dormice**) (*zool.*) ghiro.
dorsal / ˈdɔːsl/ *a.* (*anat.*) dorsale.
dory / ˈdɔːrɪ/ *n.* ***1*** (*naut.*) barca da pesca a fondo piatto ***2*** (*zool.*) pesce San Pietro.
dosage / ˈdəʊsɪdʒ/ *n.* Ⓤ (*farm.*) dosaggio; posologia.
dose /dəʊs/ *n.* ***1*** dose ***2*** (*pop.*) gonorrea; scolo (*pop.*) • **a bad d. of flu**, una brutta influenza.
to **dose** /dəʊs/ *v. t.* somministrare a: **to d. sb. (up) with castor oil**, somministrare a q. olio di ricino.
doss /dɒs, *USA* dɔːs/ *n.* (*pop.*) ***1*** letto; branda ***2*** dormita.
to **doss** /dɒs, *USA* dɔːs/ *v. Solo come*:
♦ **doss down** *v. i. + avv.* (*pop., specialm. GB*) dormire (*su un giaciglio di fortuna*); sistemarsi (per la notte).
dosshouse / ˈdɒshaʊs/ *n.* (*pop. GB*) dormitorio pubblico.
dossier / ˈdɒsɪə(r), -ɪeɪ, *USA* ˈdɔː-/ (*franc.*) *n.* incartamento; dossier.
dot /dɒt/ *n.* punto; puntino; pallino: **the dot over the i**, il puntino sulla i; (*tel.*) **dot and dashes**, punti e linee; **a dot on the horizon**, un puntino all'orizzonte; **blue, with white dots**, blu a pallini bianchi • (*elab.*) **dot matrix printer**, stampante a punti □ (*fam.*) **on the dot**, all'ora precisa; puntualmente.
to **dot** /dɒt/ *v. t.* ***1*** mettere il puntino su ***2*** punteggiare • **to**

dot one's i's and cross one's t's, essere minuzioso; essere meticoloso; specificare ogni cosa □ (*pop.*) **to dot sb. one**, assestare un colpo a q.

dotage /ˈdəʊtɪdʒ/ *n.* Ⓤ rimbambimento • **to be in one's d.**, essere un vecchio rimbambito.

dotard /ˈdəʊtəd/ *n.* (*antiq.*) vecchio rimbambito.

to **dote** /dəʊt/ *v. Solo come*:

♦ **dote on** *v. i. + prep.* amare svisceratamente; stravedere per (q.).

doting /ˈdəʊtɪŋ/ *a.* ciecamente innamorato; che stravede (per q.).

dotted /ˈdɒtɪd/ *a.* ***1*** punteggiato: **d. line**, linea punteggiata ***2*** punteggiato; costellato; trapunto: **a bay d. with craft**, una baia punteggiata di imbarcazioni; **d. with stars**, trapunto di stelle ***3*** (*mus.*) puntato.

dotty /ˈdɒtɪ/ *a.* (*fam.*) mezzo matto; un po' tocco.

double /ˈdʌbl/ ***A*** *a.* doppio; duplice: **d. chin**, doppio mento; **d. consonant**, (consonante) doppia; (*rag.*) **d. entry**, partita doppia; **d. glazing**, doppi vetri; **d. life**, doppia vita; **a d.-page photo**, una foto su due pagine ***B*** *avv.* ***1*** due volte; (il) doppio: **The price is d. what I remember**, il prezzo è due volte (*o* il doppio di) quello che ricordavo; **to see d.**, vederci doppio ***2*** in due: **bent d.**, piegato in due ***C*** *n.* ***1*** doppio: **Ten is the d. of five**, dieci è il doppio di cinque ***2*** sosia ***3*** (*teatr.*) sostituto; (*cinem.*) controfigura ***4*** (*al pl.*) (*tennis*) doppio: **mixed doubles**, doppio misto • **d. agent**, agente segreto che fa il doppio gioco □ (*mus.*) **d. bass**, contrabbasso □ **d.-barrelled gun**, fucile a due canne; doppietta □ **d.-barrelled name**, cognome doppio □ **d. bed**, letto a due piazze; letto matrimoniale □ (*cinem., teatr.*) **d. bill**, doppio spettacolo □ (*tur.*) **d. booking**, doppia prenotazione □ (*di giacca, ecc.*) **d.-breasted**, a doppio petto; doppiopetto □ **d. cream**, panna molto densa □ **d.-crosser**, doppiogiochista □ **d.-decker**, autobus a due piani □ **d.-dealer**, doppiogiochista; imbroglione □ **d.-dealing**, falsità; ipocrisia; doppiezza □ **d.-Dutch**, lingua incomprensibile; turco; arabo □ **d.-edged**, a doppio taglio (*anche fig.*) □ **d.-faced**, (*di tessuto*) double-face (*franc.*) □ (*cinem.*) **d. feature**, doppio spettacolo □ **d. figures**, numeri di due cifre □ **d.-jointed**, snodato □ **d.-quick**, velocissimo □ **d. standards**, due pesi e due misure □ **d.-talk**, linguaggio ambiguo □ (*fam.*) **d. time**, paga doppia □ (*med.*) **d. vision**, diplopia □ (*mil.*) **at the d.**, a passo di corsa □ **to do a d. take**, reagire a scoppio ritardato.

to **double** /ˈdʌbl/ ***A*** *v. t.* ***1*** raddoppiare ***2*** piegare in due ***3*** duplicare; ripetere ***4*** (*naut.*) doppiare ***B*** *v. i.* ***1*** raddoppiare: **Prices have doubled**, i prezzi sono raddoppiati; **d. or quit**, lascia o raddoppia ***2*** — **to d. as**, fare anche da; (*teatr.*) fare anche la parte di: **The sofa doubles as a bed**, il sofà fa anche da letto.

♦ **double back** *v. i. + avv.* ritornare sui propri passi.

♦ **double for** *v. i. + prep.* (*teatr., cinem.*) fare il sostituto di; fare la controfigura per.

♦ **double up** *v. i. + avv.* ***1*** piegarsi in due: **to d. up with laughter**, piegarsi in due dal ridere ***2*** dividere la stanza (*o* il letto) (con).

to **double-check** /ˈdʌblˈtʃek/ *v. t.* controllare due volte; ricontrollare.

to **double-cross** /ˈdʌblˈkrɒs, *USA* -ɔːs/ *v. t.* fare il doppio gioco con; ingannare (q.) facendo il doppio gioco.

to **double-declutch** /ˈdʌbldiːˈklʌtʃ/ *v. i.* (*autom.*) fare la doppietta.

double-declutching /ˈdʌbldiːˈklʌtʃɪŋ/ *n.* (*autom.*) doppietta.

to **double-lock** /ˈdʌblˈlɒk/ *v. t.* chiudere a doppia mandata.

to **double-park** /ˈdʌblˈpɑːk/ *v. t.* (*autom.*) parcheggiare in doppia (*o* seconda) fila.

doublet /ˈdʌblət/ *n.* (*stor.*) farsetto.

doubly /ˈdʌblɪ/ *avv.* doppiamente.

doubt /daʊt/ *n.* Ⓤ *e* Ⓒ dubbio • **beyond d.**, fuor di dubbio; senza possibilità di dubbio □ **The result is in d.**, il risultato è incerto (*o* in forse) □ **to cast doubts on st.**, mettere in dubbio q.c. □ **no d.**, senza dubbio; certamente; (*fam.*) con tutta probabilità.

to **doubt** /daʊt/ *v. t.* ***1*** dubitare: **I d. they will ever make it**, dubito che ce la facciano; **I d. it**, ho i miei dubbi; ne dubito ***2*** mettere in dubbio; nutrire dubbi su: **to d. sb.'s word**, mettere in dubbio la parola di q.; **to d. sb.'s honesty**, avere dubbi sull'onestà di q. • **to d. one's eyes**, non credere ai propri occhi □ **He's a doubting Thomas**, è come San Tommaso.

doubtful /ˈdaʊtfl/ *a.* ***1*** dubbioso; incerto: **I'm d. whether they'll accept**, non so se (*o* non sono sicuro che) accetteranno ***2*** incerto; indeciso: **d. result**, risultato incerto ***3*** poco probabile ***4*** dubbio; discutibile; ambiguo; equivoco: **d. reputation**, dubbia fama; **d. character**, tipo equivoco.

doubtless /ˈdaʊtləs/ *avv.* ***1*** indubbiamente; senza dubbio ***2*** con tutta probabilità.

douche /duːʃ/ *n.* (*med.*) irrigazione.

dough /dəʊ/ *n.* Ⓤ ***1*** impasto per il pane; pasta ***2*** (*pop.*) denaro; quattrini; grana (*pop.*).

doughnut /ˈdəʊnʌt, -ət/ *n.* bombolone; ciambella.

doughty /ˈdaʊtɪ/ *a.* (*antiq. o scherz.*) valoroso; prode.

doughy /ˈdəʊɪ/ *a.* pastoso; molle; soffice.

dour /dʊə(r)/ *a.* severo; arcigno; cupo.

to **douse** /daʊs/ *v. t.* ***1*** immergere nell'acqua ***2*** gettare acqua su; bagnare ***3*** (*fam.*) spegnere.

dove /dʌv/ *n.* ***1*** (*zool.*) colombo; colomba; piccione ***2*** (*polit.*) colomba • **d.-cot(e)**, colombaia; piccionaia.

dovetail /ˈdʌvteɪl/ *n.* (*tecn., anche* **d. joint**) incastro a coda di rondine.

to **dovetail** /ˈdʌvteɪl/ ***A*** *v. t.* ***1*** (*tecn.*) congiungere con un incastro a coda di rondine ***2*** collegare (*fatti, ecc.*); far combaciare ***B*** *v. i.* combaciare; inserirsi perfettamente.

dowager /ˈdaʊədʒə(r)/ *n.* ***1*** vedova titolata: **the d. duchess**, la duchessa madre ***2*** (*fam.*) vecchia signora distinta.

dowdy /ˈdaʊdɪ/ *a.* (*di donna o di abbigliamento*) poco elegante; poco alla moda.

dowel /ˈdaʊəl/ *n.* (*falegn.*) caviglia; cavicchio.

down (1) /daʊn/ *n.* collina erbosa.

down (2) /daʊn/ *n.* Ⓤ ***1*** piumino ***2*** lanugine; peluria.

down (3) /daʊn/ ***A*** *avv.* ***1*** (*direzione*) giù; in giù; in basso; di sotto: **to come d.**, venire giù; scendere; **to pull [to put] st. d.**, tirare [mettere] giù q.c.; **up and d.**, su e giù; **from the director d.**, dal direttore in giù ***2*** (*posizione*) giù; di sotto; dabbasso: **d. in the valley**, giù nella valle; **d. there**, laggiù; **d. south**, (giù) al sud; **on the second shelf d.**, sul secondo scaffale dall'alto ***B*** *avv. e a. pred.* ***1*** giù; abbassato; tramontato; sceso; calato: **The blinds were d.**, le persiane erano giù (*o* abbassate); **The sun has gone d.**, il sole è tramontato; **He is up, but not d. yet**, s'è alzato, ma non è ancora sceso (*dalla sua camera*) ***2*** in ribasso: **Prices are d.**, i prezzi sono in ribasso ***3*** per iscritto; in lista: **to get st. d. on paper**, mettere q.c. per iscritto (*o* nero su bianco); **I have it d. somewhere**, l'ho scritto da qualche parte; **Put my name d.**, aggiungi il mio nome all'elenco; mettimi in lista; **I'm d. for three tickets**, ho prenotato tre biglietti ***4*** (*fam.*) depresso; giù di morale; giù (di corda): **to feel d.**, sentirsi giù; essere depresso ***5*** in contanti: **Fifty dollars d. and the rest in installments**, cinquanta dollari in contanti e il resto a rate ***6*** (*fam.*) fuori uso; in panne: **The computer is d.**, il computer non funziona ***7*** (*sport*) sotto; in svantaggio: **to be d. (by) two goals** (*o* **3-1 d.**), essere sotto di due gol (*o* per 3 a 1) • **d. at heel**, (*di scarpa*) scalcagnato; (*di persona*) male in arnese, trasandato □ (*boxe*) **to be d. for the count**, *V. sotto* **count** □ (*fam.*) **d. in the mouth**, abbattuto; scoraggiato; triste □ **d.-market**, destinato a una clientela medio-bassa; di qualità inferiore □ **d. on one's luck**, sfortunato □ (*fam.*) **to be d. on sb.**, avercela con q. □ **d.-to-earth**, con i piedi per terra; pratico; realistico □ (*fam.*) **d. under**, in Australia; in Nuova Zelanda; agli antipodi □ **D. with the tyrant!**, abbasso il tiranno! ***C*** *prep.* giù per; lungo: **to run d. a hill**, correre giù per un colle; **to go d. a river**, discendere un fiume; **just d. the road**, poco più avanti; **d. the ages**, lungo i secoli ***D*** *a. attr.* ***1*** verso il basso; in giù; in discesa; in pendenza: **d. lift**, ascensore in discesa; **d. journey**, discesa; **d. draught**, corrente discendente ***2*** anticipato: **d. payment**, anticipo • (*ferr.*) **d. train**, treno che dalla città (*specialm. da Londra*) porta in provincia ***E*** *n.* ***1*** basso; rovescio (*della sorte*): **the ups and downs of life**, gli alti e bassi della vita ***2*** — (*fam.*) **to have a d. on sb.**, avere in antipatia q.

to **down** /daʊn/ *v. t.* (*fam.*) ***1*** abbattere; gettare a terra ***2*** ingurgitare; buttare giù (in un sorso); scolarsi (*fam.*) ***3*** sconfiggere; battere • **to d. tools**, scioperare; incrociare le braccia.

down-and-out /ˈdaʊnənˈaʊt/ ***A*** *a.* ***1*** senza un soldo ***2*** scalcagnato; che vive da barbone ***B*** *n.* barbone.

down-at-heel /ˈdaʊnətˈhiːl/ *a.* (*di persona*) male in arnese.

downbeat /ˈdaʊnbiːt/ *a.* (*fam.*) ***1*** deprimente; sconfortante;

pessimistico *2* rilassato; casual *3* in tono minore; di basso profilo.
downcast /ˈdaʊnkɑːst, *USA* -kæst/ *a.* *1* abbattuto; scoraggiato *2* (*di occhi*) basso.
downer /ˈdaʊnə(r)/ *n.* (*pop.*) *1* tranquillante; sedativo *2* persona deprimente; situazione deprimente.
downfall /ˈdaʊnfɔːl/ *n.* *1* caduta; rovina *2* forte precipitazione atmosferica.
to **downgrade** /ˈdaʊngreɪd/ *v. t.* *1* retrocedere, degradare (*un funzionario, ecc.*) *2* declassare *3* (*USA*) sminuire.
downhearted /daʊn/ *a.* scoraggiato; abbattuto.
downhill /ˈdaʊnhɪl/ *a. e avv.* in discesa; in pendenza: **to go d.**, andare in discesa; (*fig.*) peggiorare, essere in declino, declinare ● (*sci*) **d. racer**, discesista □ (*sci*) **d. skiing**, discesa □ (*fig.*) **It's all d. from now on**, il più è fatto; d'ora innanzi è tutto in discesa.
to **download** /ˈdaʊnləʊd, daʊnˈl-/ *v. t. e i.* (*elab.*) scaricare (*dati, file, ecc.*) dall'unità centrale a un'unità periferica; fare il downloading.
to **downplay** /ˈdaʊnpleɪ, daʊnˈp-/ *v. t.* sdrammatizzare; ridimensionare.
downpour /ˈdaʊnpɔː(r)/ *n.* acquazzone; scroscio di pioggia.
downright /ˈdaʊnraɪt/ **A** *a.* *1* autentico; vero e proprio; bello e buono: **a d. disgrace**, una vera vergogna *2* franco; schietto **B** *avv.* veramente; proprio: **d. offensive**, veramente offensivo.
downrightness /ˈdaʊnraɪtnəs/ *n.* U franchezza; schiettezza.
downside /ˈdaʊnsaɪd/ (*comm.*) **A** *a.* negativo **B** *n.* aspetto negativo.
to **downsize** /ˈdaʊnsaɪz/ *v. t.* (*ind.*) ridimensionare.
downspout /ˈdaʊnspaʊt/ *n.* (*USA*) pluviale; tubo di scolo.
downstage /daʊnˈsteɪdʒ/ (*teatr.*) **A** *n.* ribalta; proscenio **B** *a.* della ribalta **C** *avv.* alla ribalta; verso la ribalta.
downstairs /ˈdaʊnˈsteəz/ **A** *avv.* giù (dalle scale); (al piano) di sotto: **to go d.**, scendere (le scale); andare di sotto; **Wait for me d.**, aspettami giù (*o* dabbasso) **B** *a.* al piano terreno; al piano inferiore.
downstream /ˈdaʊnstriːm/ *a. e avv.* *1* lungo la corrente (*di un fiume*) *2* a valle.
downtime /ˈdaʊntaɪm/ *n.* *1* (*elab.*) downtime; tempo di fermo (*per un guasto*) *2* (*fam. USA*) tempo libero.
downtown /ˈdaʊntaʊn/ (*USA*) **A** *n.* centro (*di una città*); centro commerciale **B** *a.* del centro **C** *avv.* verso il centro ● **d. New York**, il centro di New York □ **to go d.**, andare in centro.
downtrend /ˈdaʊntrend/ *n.* (*econ.*) tendenza al ribasso.
downtrodden /ˈdaʊntrɒdn/ *a.* oppresso; calpestato.
downturn /ˈdaʊntɜːn/ *n.* (*specialm. econ.*) ribasso; flessione; calo.
downward (1) /ˈdaʊnwəd/ *a.* in discesa; verso il basso ● (*econ.*) **d. trend**, tendenza al ribasso.
downward(s) (2) /ˈdaʊnwəd(z)/ *avv.* *1* in giù; verso il basso *2* verso tempi più recenti.
downwind /ˈdaʊnˈwɪnd/ *a. e avv.* sottovento.
downy /ˈdaʊnɪ/ *a.* *1* coperto di piume; coperto di peluria *2* lanuginoso; soffice.
dowry /ˈdaʊərɪ/ *n.* (*leg.*) dote.
to **dowse** (1) /daʊs/ *V.* **to douse**.
to **dowse** (2) /daʊz/ *v. i.* cercare acqua (*o* minerali) con la bacchetta da rabdomante.
dowser /ˈdaʊzə(r)/ *n.* rabdomante.
dowsing /ˈdaʊzɪŋ/ *n.* U rabdomanzia.
doyen /ˈdɔɪən/ *n.* il più anziano (*di un gruppo professionale*); decano.
doze /dəʊz/ *n.* sonnellino; pisolino.
to **doze** /dəʊz/ *v. i.* sonnecchiare; pisolare (*fam.*).
♦ **doze off** *v. i. + avv.* appisolarsi.
dozen /ˈdʌzn/ *n.* dozzina: **four pounds a d.**, quattro sterline la dozzina; **two d. eggs**, due dozzine di uova ● **dozens of people**, decine di persone □ **dozens of times**, un sacco di volte.
dozy /ˈdəʊzɪ/ *a.* sonnolento.
drab /dræb/ *a.* grigio (*fig.*); monotono.
drachma /ˈdrækmə/ *n.* (*pl.* **drachmas**, **drachmae** /-miː/) dracma (*moneta greca*).
Draconian /dreɪˈkəʊnɪən/ *a.* (*stor. e fig.*) draconiano.
draft /drɑːft, *USA* dræft/ *n.* *1* abbozzo; minuta; bozza; schizzo: **the d. of a letter**, la minuta di una lettera; **first d.**, prima stesura; **d. proposal**, bozza di proposta *2* (*fin.*) tratta; cambiale tratta *3* (*mil., USA*) coscrizione; chiamata alle armi: **d. dodger**, renitente alla leva *4* (*USA*) *V.* **draught**.
to **draft** /drɑːft, *USA* dræft/ *v. t.* *1* stendere la minuta di; abbozzare; fare una bozza di; redigere *2* (*mil. ed estens.*) distaccare *3* (*mil., USA*) chiamare alle armi; arruolare.
draftee /drɑːfˈtiː, *USA* dræfˈtiː/ *n.* (*mil., USA*) coscritto.
draftsman /ˈdræftsmən/ (*USA*) *V.* **draughtsman** (1).
draftswoman /ˈdræftsˈwʊmən/ (*USA*) *V.* **draughtswoman**.
drafty /ˈdræftɪ/ (*USA*) *V.* **draughty**.
drag /dræg/ *n.* *1* trascinamento *2* (*fis.*) resistenza; (*aeron.*) resistenza aerodinamica *3* (*agric.*) erpice pesante *4* draga *5* freno; impedimento; ostacolo; peso *6* (*pop.*) scocciatura; barba; pizza *7* (*pop.*) individuo noioso; pizza; rompipalle *8* (*fam.*) tiro (*di sigaretta*) *9* (*pop.*) indumenti femminili portati da un uomo: **in d.**, travestito; **d. act**, numero fatto da un uomo travestito da donna *10* (*pop. USA*) via; strada: **main d.**, strada principale ● (*pop.*) **d. queen**, travestito □ (*USA*) **d. race**, gara di accelerazione.
to **drag** /dræg/ **A** *v. t.* *1* trascinare; tirare; strascicare: **to d. one's feet**, strascicare i piedi; (*fig.*) tirarla per le lunghe, perdere tempo; **to d. sb. out of bed**, tirare giù dal letto q. *2* (*agric.*) erpicare *3* dragare, rastrellare (*il fondo di un fiume*) **B** *v. i.* *1* strascicare *2* (*di tempo, ecc.*) muoversi lentamente; trascinarsi; passare lentamente *3* (*naut., dell'ancora*) arare.
♦ **drag behind** *v. i. + avv.* rimanere indietro; essere il fanalino di coda (*fam.*).
♦ **drag down** *v. t. + avv.* *1* tirare giù *2* deprimere; buttar giù *3* rovinare.
♦ **drag in** *v. t. + avv.* tirare in ballo; coinvolgere.
♦ **drag on** *v. i. + avv.* trascinarsi; andare per le lunghe.
♦ **drag out** *v. t. + avv.* protrarre; tirare per le lunghe.
♦ **drag up** *v. t. + avv.* (*fam.*) *1* tirar su male (*un bambino*) *2* rivangare.
draggy /ˈdrægɪ/ *a.* (*fam.*) barboso; pizzoso.
dragnet /ˈdrægnet/ *n.* *1* rete a strascico *2* retata (*della polizia, ecc.*).
dragon /ˈdrægən/ *n.* *1* (*mitol.*) drago *2* (*fam., di donna*) sergente maggiore; caporale.
dragonfly /ˈdrægənflaɪ/ *n.* (*zool.*) libellula.
dragoon /drəˈguːn/ *n.* (*mil.*) dragone.
to **dragoon** /drəˈguːn/ *v. t.* — **to d. sb. into doing st.**, costringere q. a fare q.c.
drain /dreɪn/ *n.* *1* canale di scolo; tubo di scarico (*o* di scolo, di spurgo); fogna *2* (*al pl.*) fogne *3* (*med., anche* **d.-tube**) tubo di drenaggio *4* prosciugamento; esaurimento: **a d. on savings**, un salasso per i risparmi *5* (*pop.*) sorso ● **brain d.**, fuga dei cervelli □ **to go down the d.**, andare sprecato; essere buttato via.
to **drain** /dreɪn/ **A** *v. t.* *1* prosciugare (*un terreno*); drenare *2* fare defluire; spurgare *3* far scolare; scolare: **to d. the salad**, scolare l'insalata *4* vuotare: **He drained his glass**, vuotò il bicchiere d'un fiato *5* (*med.*) drenare *6* esaurire; prosciugare: **to d. sb.'s resources**, esaurire le risorse di q. **B** *v. i.* *1* defluire *2* svuotarsi; sfociare *3* sgocciolare; scolare.
♦ **drain away** *v. i. + avv.* *1* scorrere via; defluire *2* venir meno; esaurirsi.
drainage /ˈdreɪnɪdʒ/ *n.* U *1* (*di terreno*) drenaggio; prosciugamento *2* fognatura *3* (*med.*) drenaggio.
drainer /ˈdreɪnə(r)/ *n.* scolatoio; scolapiatti.
draining board /ˈdreɪnɪŋ bɔːd/ *locuz. n.* scolapiatti.
drainpipe /ˈdreɪnpaɪp/ *n.* *1* canale di scolo; (*edil.*) pluviale *2* (*al pl.*) pantaloni a tubo aderenti.
drake /dreɪk/ *n.* (*zool.*) maschio dell'anatra.
dram /dræm/ *n.* (*fam.*) bicchierino (*di liquore*); goccio.
drama /ˈdrɑːmə, *USA* ˈdræmə/ *n.* *1* dramma; lavoro teatrale *2* U teatro; dramma: **Elizabethan d.**, il teatro elisabettiano *3* agitazione; emozione ● **d. school**, scuola di arte drammatica.
dramatic /drəˈmætɪk/ *a.* *1* drammatico; teatrale *2* sensazionale; emozionante; drammatico; teatrale: **d. escape**, fuga avventurosa; **d. entrance**, ingresso teatrale.
dramatics /drəˈmætɪks/ *n. pl.* (*col verbo al sing.*) *1* arte drammatica *2* (*spreg.*) atteggiamento teatrale; scene madri.
to **dramatise** /ˈdræmətaɪz/ *e deriv.* (*GB*) *V.* **to dramatize** *e deriv.*

dramatist /ˈdræmətɪst/ *n.* drammaturgo.
dramatization /dræmətaɪˈzeɪʃn, *USA* -tɪˈz-/ *n.* [U] drammatizzazione; riduzione (*di un romanzo, ecc.*) in forma teatrale.
to **dramatize** /ˈdræmətaɪz/ *v. t.* ***1*** sceneggiare (*un romanzo, ecc.*) ***2*** (*anche intr.*) drammatizzare (*un avvenimento, ecc.*).
drank /dræŋk/ *pass. di* **to drink**.
drape /dreɪp/ *n.* ***1*** drappo; drappeggio ***2*** (*al pl.*) (*USA*) tende; tendaggi.
to **drape** /dreɪp/ *v. t.* ***1*** drappeggiare: **She draped her coat round her shoulders**, si drappeggiò il cappotto sulle spalle ***2*** coprire (*con un drappo, ecc.*) ***3*** lasciar penzolare (*braccia, gambe*).
draper /ˈdreɪpə(r)/ *n.* negoziante di stoffe.
drapery /ˈdreɪpərɪ/ *n.* [U] *e* [C] ***1*** stoffe; tessuti ***2*** drappeggio ***3*** commercio di stoffe.
drastic /ˈdræstɪk/ *a.* drastico.
draught /drɑːft/ *n.* ***1*** corrente d'aria; spiffero (*fam.*) ***2*** [U] (*di camino, ecc.*) tiraggio ***3*** sorso; sorsata ***4*** [U] spillatura (*dalla botte, ecc.*) ***5*** (*med.*) pozione ***6*** [U] (*naut.*) pescaggio ***7*** retata (*di pesce*) • **d. beer** (*o* **beer on d.**), birra alla spina □ **d. horse**, cavallo da tiro.
draughtboard /ˈdrɑːftbɔːd, *USA* ˈdræft-/ *n.* (*GB*) scacchiera.
draughts /drɑːfts, *USA* dræfts/ *n. pl.* (*GB*) (gioco della) dama.
draughtsman (1) /ˈdrɑːftsmən/ *n.* (*pl.* **draughtsmen** /-mən/) ***1*** disegnatore tecnico; progettista ***2*** disegnatore.
draughtsman (2) /ˈdrɑːftsmæn/ *n.* (*pl.* **draughtsmen** /-mən/) (*GB*) pedina (della dama).
draughtsmanship /ˈdrɑːftsmənʃɪp/ *n.* ***1*** arte del disegno tecnico ***2*** abilità nel disegno.
draughtswoman /ˈdrɑːftswʊmən/ *n.* (*pl.* **draughtswomen** /-wɪmən/) ***1*** disegnatrice tecnica; progettista ***2*** disegnatrice.
draughty /ˈdrɑːftɪ, *USA* ˈdræftɪ/ *a.* pieno di (*o* esposto alle) correnti d'aria.
draw /drɔː/ *n.* ***1*** (*sport*) pareggio ***2*** estrazione; sorteggio ***3*** (*di persona o cosa*) attrazione ***4*** boccata; tiro (*di sigaretta*) • **to be quick on the d.**, essere veloce a estrarre un'arma; (*fig.*) avere la risposta pronta.
to **draw** /drɔː/ (*pass.* **drew**, *p.p.* **drawn**) ***A*** *v. t.* ***1*** disegnare; descrivere; tracciare: **to d. a picture**, disegnare un quadro; descrivere una scena; **to d. a line**, tirare una riga ***2*** tirare; trainare: **to d. the curtains**, tirare (*o* chiudere) le tende; **to d. a trailer**, trainare un rimorchio; **to d. sb. aside**, tirare q. in disparte; **to d. down sb.'s anger on oneself**, tirarsi addosso l'ira di q. ***3*** attirare; attrarre: **to d. sb.'s attention**, attirare l'attenzione di q.; **He felt drawn to her**, si sentì attratto verso di lei; **to d. big crowds**, richiamare grandi folle ***4*** (*comm.*) prelevare; incassare: **to d. a cheque**, incassare un assegno ***5*** estrarre; tirar fuori; togliere; attingere: **to d. the winning ticket**, estrarre il biglietto vincente; **to d. a knife**, estrarre un coltello; **to d. breath**, tirare un respiro; **to d. water**, attingere acqua; **to d. a tooth**, estrarre un dente; **to d. blood**, far uscire sangue ***6*** ricavare; ottenere; trarre: **to d. a conclusion**, ricavare (*o* trarre) una conclusione; **to d. comfort from st.**, trarre conforto da q.c.; **to d. information out of sb.**, ottenere informazioni da q. ***7*** riscuotere: **to d. a salary**, riscuotere uno stipendio ***8*** chiudere (*una partita, ecc.*) alla pari (*o* in pareggio) ***9*** tendere (*un arco, un elastico*) ***10*** sventrare (*un pollo*) ***11*** spillare (*birra, ecc.*) ***12*** (*naut.*) avere un pescaggio di • **to d. a blank**, fare un buco nell'acqua □ **to d. one's last breath**, trarre l'ultimo respiro □ **to d. a distinction**, distinguere □ **to d. a prize**, vincere un premio (*alla lotteria, ecc.*) □ **to d. the line**, mettere un limite; dire basta; rifiutarsi ***B*** *v. i.* ***1*** disegnare; fare disegni ***2*** finire alla pari; pareggiare; **They drew three all**, hanno chiuso a tre pari ***3*** (*di camino, fuoco*) tirare ***4*** muoversi (*gradatamente*); farsi: **to d. near**, farsi vicino; avvicinarsi; **to d. apart**, allontanarsi; **to d. aside**, farsi da parte; scostarsi; **to d. to a close**, avvicinarsi alla fine; **The train drew into the station**, il treno entrò in stazione.
♦ **draw back** ***A*** *v. t. + avv.* tirare indietro; ritrarre; ritirare ***B*** *v. i. + avv.* indietreggiare; (*anche fig.*) tirarsi indietro.
♦ **draw forth** *v. t. + avv.* (*form.*) provocare.
♦ **draw in** ***A*** *v. t. + avv.* ***1*** coinvolgere: **I don't want to be drawn into the argument**, è una faccenda in cui non voglio entrare ***2*** ritirare; ritrarre; tirare in dentro: **to d. in one's horns**, ritirare le corna; (*fig.*) farsi prudente ***B*** *v. i. + avv.* ***1*** (*delle giornate*) accorciarsi ***2*** (*di treno*) entrare in stazione; arrivare.
♦ **draw on** ***A*** *v. i. + prep.* ***1*** fare appello a (q.c.); ricorrere a: **to d. on one's ingenuity**, ricorrere alla propria ingegnosità ***2*** (*banca*) prelevare denaro da ***3*** dare una tirata (*a una sigaretta, ecc.*) ***B*** *v. i. + avv.* (*di stagione, ecc.*) avvicinarsi ***C*** *v. t. + avv.* infilare (*guanti, calze, ecc.*).
♦ **draw out** ***A*** *v. t. + avv.* ***1*** tirare per le lunghe ***2*** tirare (q.) fuori dal suo guscio; far parlare ***B*** *v. i. + avv.* (*delle giornate*) allungarsi.
♦ **draw up** ***A*** *v. t. + avv.* ***1*** stendere; redigere: **to d. up a contract**, stendere un contratto; **to d. up a deed**, redigere un atto legale ***2*** accostare; avvicinare: **D. up a chair!**, avvicina una sedia! ***3*** schierare ***B*** *v. i. + avv.* (*di veicolo*) fermarsi; arrestarsi: **The car drew up at the front door**, la macchina si fermò davanti al portone ***C*** to **draw oneself up** *v. rifl. + avv.* ergersi; raddrizzarsi; tirarsi su.
drawback /ˈdrɔːbæk/ *n.* inconveniente; svantaggio.
drawbridge /ˈdrɔːbrɪdʒ/ *n.* ponte levatoio.
drawer *n.* ***1*** /drɔː(r)/ cassetto ***2*** /ˈdrɔːə(r)/ disegnatore (-trice) ***3*** /ˈdrɔːə(r)/(*comm.*) traente • **out of the top d.**, appartenente a una classe elevata.
drawers /drɔːz/ *n. pl.* mutande lunghe; mutandoni.
drawing /ˈdrɔːɪŋ/ *n.* [U] *e* [C] ***1*** disegno ***2*** (*comm.*) prelevamento (*di denaro*) ***3*** (*metall.*) trafilatura (*di un metallo*) ***4*** sorteggio; estrazione a sorte • **d. board**, tavolo da disegno □ (*fig.*) **to go back to the d. board**, ricominciare daccapo □ **d. pen**, tiralinee □ (*GB*) **d. pin**, puntina da disegno □ **d. room**, salotto.
drawl /drɔːl/ *n.* pronuncia lenta, strascicata.
to **drawl** /drɔːl/ *v. i. e t.* strascicare (le parole).
drawn /drɔːn/ ***A*** *p.p. di* **to draw** ***B*** ***1*** (*di viso*) contratto; teso ***2*** (*sport*) chiuso in pareggio • **d.-out**, lungo; prolisso; tirato per le lunghe □ **d.-work**, ricamo sfilato.
dray /dreɪ/ *n.* carro pesante; barroccio.
dread /dred/ *n.* [U] timore; paura; terrore.
to **dread** /dred/ *v. t. e i.* temere; aver paura (di): **to d. the consequences**, temere le conseguenze; **I d. to think of what could happen**, tremo all'idea di quello che potrebbe accadere.
dreadful /ˈdredfl/ *a.* terribile; tremendo; spaventoso.
dreadfully /ˈdredfəlɪ/ *avv.* terribilmente; tremendamente: **d. tired**, stanchissimo; **I'm d. sorry**, mi dispiace infinitamente.
dreadlocks /ˈdredlɒks/ *n. pl.* capelli lunghi acconciati in boccoli fitti (*acconciatura tipica dei suonatori di reggae*).
dreadnought /ˈdrednɔːt/ *n.* (*naut. mil.*) corazzata.
dream /driːm/ *n.* sogno: **to have bad dreams**, fare brutti sogni; **a d. come true**, un sogno diventato realtà • (*psic.*) **d. activity**, attività onirica □ **d. holiday**, vacanza di sogno □ **d. world**, mondo della fantasia; paese dei sogni □ **beyond one's wildest dreams**, oltre ogni speranza □ (*fam.*) **like a d.**, a meraviglia; alla perfezione □ **Sweet dreams!**, sogni d'oro!
to **dream** /driːm/ (*pass. e p.p.* **dreamt** *o* **dreamed**) *v. t. e i.* ***1*** sognare, sognarsi: **I dreamt about my father**, ho sognato mio padre ***2*** sognare; fantasticare; immaginare: **to d. of home**, sognare la propria casa; **to d. of doing st.**, sognare di fare q.c.; **He little dreamed that...**, non immaginava nemmeno lontanamente che... • **to d. a dream**, fare un sogno □ (*fam.*) **I wouldn't d. of it!**, non me lo sogno neanche.
♦ **dream up** *v. t. + avv.* (*fam.*) inventare.
dreamboat /ˈdriːmbəʊt/ *n.* (*pop. antiq.*) ***1*** (l')uomo [(la) donna] dei propri sogni ***2*** ragazza di sogno.
dreamer /ˈdriːmə(r)/ *n.* sognatore (-trice).
dreamily /ˈdriːməlɪ/ *avv.* come in sogno.
dreamland /ˈdriːmlænd/ *n.* paese di sogno; paese dei sogni.
dreamless /ˈdriːmləs/ *a.* senza sogni.
dreamlike /ˈdriːmlaɪk/ *a.* ***1*** di sogno ***2*** irreale.
dreamt /dremt/ *pass. e p.p. di* **to dream**.
dreamy /ˈdriːmɪ/ *a.* ***1*** pieno di sogni; sognatore ***2*** sognante; come di sogno; irreale ***3*** (*fam.*) meraviglioso; di sogno.
dreariness /ˈdrɪərɪnəs/ *n.* [U] desolazione; tetraggine; squallore.
dreary /ˈdrɪərɪ/ *a.* ***1*** triste; deprimente; squallido ***2*** noioso; monotono.
dredge /dredʒ/ *n.* draga (*macchina*).
to **dredge** (1) /dredʒ/ *v. t. e i.* dragare; scavare (*con la draga*).

♦ **dredge up** *v. t. + avv.* **1** ripescare dragando **2** rivangare; riesumare.

to **dredge (2)** /drɛdʒ/ *v. t.* (*cucina*) cospargere; spolverizzare.

dredger /ˈdrɛdʒə(r)/ *n.* draga (*macchina e battello*).

dregs /drɛgz/ *n. pl.* feccia (*anche fig.*); sedimento: **d. of society**, feccia della società; **to drink to the d.**, bere sino alla feccia; **coffee d.**, fondi di caffè.

to **drench** /drɛntʃ/ *v. t.* infradiciare; inzuppare: **drenched with rain**, zuppo di pioggia.

dress /drɛs/ *n.* **1** vestito (*da donna o bambina*) **2** [U] abbigliamento; abito; abiti; costume: **We had to wear evening d.**, dovevamo metterci in abito da sera; **national d.**, costume nazionale • (*teatr.*) **d. circle**, prima galleria □ **d. coat**, marsina; frac □ **d. designer**, stilista; (*teatr., cinem.*) costumista □ (*teatr.*) **d. rehearsal**, prova generale □ **d. shirt**, sparato □ **full d.**, alta tenuta; (*naut.*) gran pavese □ (*mil.*) **full-d. uniform**, alta uniforme.

to **dress** /drɛs/ **A** *v. t.* **1** vestire: **dressed in black**, vestito di nero; **to get dressed**, vestirsi **2** decorare; addobbare; allestire (*una vetrina*) **3** (*med.*) medicare (*una ferita*) **4** (*cucina*) preparare; condire: **to d. a salad**, condire un'insalata **5** acconciare (*capelli*) **6** conciare (*cuoio*) **7** (*agric.*) concimare (*il terreno*) **8** (*mil.*) mettere in riga; allineare **9** (*naut.*) pavesare **B** *v. i.* **1** vestire; vestirsi: **to d. in red**, vestirsi di rosso **2** mettersi un vestito elegante **3** (*mil.*) mettersi in riga; allinearsi **C** to **dress oneself** *v. rifl.* vestirsi.

♦ **dress down** *v. t. + avv.* dare una strigliata a.

♦ **dress up** **A** *v. i. + avv.* **1** vestirsi in costume; mascherarsi: **to d. up as a fairy**, vestirsi da fatina **2** mettersi un vestito elegante **B** *v. t. + avv.* abbellire; infiorare.

dressage /ˈdrɛsɑːʒ, *USA* drəˈsɑːʒ/ (*franc.*) *n.* [U] (*equitazione*) dressage; dressaggio.

dresser /ˈdrɛsə(r)/ *n.* **1** (*GB*) credenza **2** (*USA*) cassettone **3** (*teatr., cinem., TV*) costumista **4** persona che si veste in un certo modo: **casual d.**, persona che si veste senza ricercatezza.

dressing /ˈdrɛsɪŋ/ *n.* **1** [U] il vestirsi **2** (*med.*) medicazione; bende **3** (*cucina*) condimento (*per insalata*); salsa; (*USA*) ripieno • (*fam.*) **d.-down**, strigliata; lavata di testa □ (*GB*) **d.-gown**, vestaglia; veste da camera □ **d. room**, spogliatoio; (*teatr.*) camerino □ **d. table**, toletta (*mobile*).

dressmaker /ˈdrɛsmeɪkə(r)/ *n.* sarto (-a) (*da donna*).

dressmaking /ˈdrɛsmeɪkɪŋ/ *n.* sartoria.

dressy /ˈdrɛsɪ/ *a.* (*fam.*) **1** elegante; ricercato (*nel vestire*) **2** (*di abito*) elegante; alla moda.

drew /druː/ *pass. di* **to draw**.

dribble /ˈdrɪbl/ *n.* **1** filo (*di liquido che cola*): **a d. of saliva at the corner of the mouth**, un filo di saliva all'angolo della bocca **2** [U] saliva; bava **3** gocciolio **4** (*calcio, ecc.*) dribbling; dribblaggio; palleggio.

to **dribble** /ˈdrɪbl/ **A** *v. i.* **1** gocciolare **2** perdere bava; sbavare **3** (*calcio, ecc.*) dribblare, palleggiare **4** andare alla spicciolata **B** *v. t.* **1** far gocciolare; sgocciolare **2** (*calcio, ecc.*) — **to d. the ball**, dribblare, palleggiare.

♦ **dribble past** (*o* **round**) *v. i. + prep.* (*calcio, ecc.*) dribblare (*un avversario*).

dribbling /ˈdrɪblɪŋ/ *n.* [U] (*calcio*) dribbling; dribblaggio.

driblet /ˈdrɪblət/ *n.* **1** gocciolina **2** (*fig.*) piccola quantità.

dribs /drɪbz/ *n. pl.* — **in d. and drabs**, un po' per volta; poco alla volta; alla spicciolata.

dried /draɪd/ *a.* seccato; secco: **d. fruit**, frutta secca (*uvetta, ecc.*); **d. milk**, latte in polvere • **d.-up**, rinsecchito.

drier /ˈdraɪə(r)/ *V.* **dryer**.

drift /drɪft/ *n.* **1** [U] movimento; moto; spostamento; scivolamento: **the d. of the tide**, il movimento della marea; **the d. towards the cities**, il trasferimento nelle città; l'inurbamento **2** [U] tendenza; inclinazione; piega **3** [U] significato; senso: **the d. of what he said**, il senso delle sue parole; **to get sb.'s d.**, capire dove vuol arrivare q. **4** cumulo, mucchio (*di neve, foglie secche, ecc.*) **5** [U] (*geol.*) deposito alluvionale **6** [U] (*naut., aeron.*) scarroccio; deriva **7** (*geol.*) deriva: **continental d.**, deriva dei continenti • **d. ice**, banchi di ghiaccio alla deriva □ **d. of smoke**, sbuffo di fumo.

to **drift** /drɪft/ **A** *v. i.* **1** andare alla deriva; lasciarsi trasportare dalla corrente: **to d. ashore**, essere trasportato a riva dalla corrente **2** essere trasportato; vagare; scivolare; spostarsi: **to d. from job to job**, passare da un lavoro all'altro; **to d. towards war**, scivolare verso la guerra; **to d. towards the cities**, spostarsi verso le città; inurbarsi **3** accumularsi, ammucchiarsi (*per l'azione del vento, ecc.*) **B** *v. t.* (*del vento, di una corrente*) trasportare; accumulare; ammucchiare.

♦ **drift along** *v. i. + avv.* vivere alla giornata.

♦ **drift apart** *v. i. + avv.* allontanarsi a poco a poco; estraniarsi.

♦ **drift away** (*o* **off**) *v. i. + avv.* allontanarsi; scivolare via: **to d. off to sleep**, scivolare nel sonno.

drifter /ˈdrɪftə(r)/ *n.* **1** persona che fa una vita instabile; sbandato (-a); vagabondo (-a) **2** (*naut.*) peschereccio con tramaglio.

driftnet /ˈdrɪftnɛt/ *n.* (*pesca*) tramaglio; rete a deriva.

driftwood /ˈdrɪftwʊd/ *n.* [U] legname trasportato dalla corrente; legname che giace sulla spiaggia.

drill (1) /drɪl/ *n.* **1** (*mecc.*) trapano: **hand d.**, trapano a mano; **dentist's d.**, trapano da dentista **2** (*ind. min.*) trivella; sonda **3** [C] e [U] esercitazione; addestramento; esercizio: (*mil.*) **d.-ground**, terreno per esercitazioni; piazza d'armi; **fire d.**, esercitazione antincendio; **pronunciation d.**, esercizio di pronuncia **4** (*fam. GB*) tecnica; metodo: **What's the d. for...?**, come si fa a...?; che cosa si deve fare per...?

drill (2) /drɪl/ *n.* (*agric.*) **1** seminatrice **2** solco (*in cui seminare*).

drill (3) /drɪl/ *n.* [U] (*ind. tess.*) tessuto pesante di cotone.

to **drill** /drɪl/ **A** *v. t.* **1** forare; perforare; trapanare; trivellare: **to d. a hole**, praticare un foro **2** esercitare; addestrare • **to d. an idea into sb.**, inculcare un'idea in q. **B** *v. i.* **1** fare perforazioni (*o* trivellazioni, sondaggi): **to d. for oil**, cercare il petrolio **2** fare esercitazioni (*militari*); esercitarsi.

drily /ˈdraɪlɪ/ *V.* **dryly**.

drink /drɪŋk/ *n.* **1** [U] e [C] bevanda; bibita; qualcosa da bere; (*estens.*) alcolico, drink: **soft d.**, bibita (analcolica); analcolico; **strong d.**, bevanda alcolica; alcolico; **Would you like a d.?**, prendi qualcosa da bere?; **food and d.**, cose da mangiare e da bere **2** bevuta; sorsata; sorso: **a d. of water**, un sorso d'acqua; un po' d'acqua **3** il bere; l'alcol: **to drive sb. to d.**, spingere q. al bere; **to smell of d.**, puzzare d'alcol • **drinks machine**, distributore automatico di bevande □ **drinks party**, bicchierata □ **He has a d. problem**, (è uno che) beve.

to **drink** /drɪŋk/ (*pass.* **drank**, *p.p.* **drunk**) *v. t. e i.* **1** bere: **to d. hard** (*o* **heavily**), bere molto; essere un forte bevitore **to d. to sb.** [**to st.**], bere alla salute di q. [a q.c.]; **to d. sb.'s health**, bere alla salute di q. **2** mangiare (*minestra, ecc.*) • **to d. and drive**, guidare quando si è bevuto □ **to d. like a fish**, bere come una spugna □ **to d. oneself to death**, uccidersi col bere □ **to d. socially**, bere solo in compagnia □ (*fam.*) **to d. sb. under the table**, reggere l'alcol meglio di q.

♦ **drink down** *v. t. + avv.* mandare giù.

♦ **drink in** *v. t. + avv.* ascoltare affascinati (*o* rapiti); bersi.

♦ **drink up** *v. t. + avv.* bere fino in fondo; finire di bere: **D. up your tea!**, finisci il tuo tè!

drinkable /ˈdrɪŋkəbl/ *a.* bevibile; potabile.

drink-driving /drɪŋkˈdraɪvɪŋ/ *n.* (*fam. GB*) guida in stato di ubriachezza.

drinker /ˈdrɪŋkə(r)/ *n.* bevitore (-trice).

drinking /ˈdrɪŋkɪŋ/ *n.* il bere • **d. fountain**, fontanella pubblica □ **d. song**, canzone conviviale □ **d. water**, acqua potabile.

drip /drɪp/ *n.* **1** [U] gocciolamento; stillicidio **2** (*med.*) fleboclisi; flebo (*fam.*): **He's on a d.**, gli fanno delle flebo **3** (*pop.*) individuo insignificante; nullità.

to **drip** /drɪp/ *v. i. e t.* gocciolare; sgocciolare; colare; grondare: **to be dripping with sweat**, grondare sudore.

drip-dry /drɪpˈdraɪ/ *a.* che non si stira.

to **drip-dry** /ˈdrɪpˈdraɪ/ *v. i. e t.* (far) asciugare senza bisogno di stiratura.

dripping /ˈdrɪpɪŋ/ **A** *n.* [U] **1** sgocciolatura **2** grasso di arrosto • **d.-pan**, leccarda **B** *a. e avv.* molto bagnato; fradicio: **d. wet**, bagnato fradicio.

drive /draɪv/ *n.* **1** giro, gita, viaggio (*in automobile, carrozza*): **to go for a d.**, fare un giro in macchina; **a long d.**, un viaggio lungo; **It's a two-hour d. there and back**, sono due ore di macchina tra andare e tornare **2** viale (*o* vialetto) d'accesso **3** strada panoramica **4** [U] energia; (spirito di) iniziativa; sforzo **5** campagna (*di propaganda, ecc.*): **membership d.**, campagna di iscrizioni **6** (*mecc.*) comando; trasmissione **7** (*autom.*) trazione; guida: **front-wheel d.**, trazione anteriore; **right-hand d.**, guida a destra **8** (*golf*) drive; (*tennis*) diritto, drive **9** (*psic.*) pulsione; impulso: **sex**

d., impulso sessuale ***10*** (*elab.*) unità; drive.
to **drive** /draɪv/ (*pass.* **drove**, *p.p.* **driven**) ***A*** *v. t.* ***1*** guidare, condurre (*un veicolo*): **to d. a bus**, guidare un autobus ***2*** portare, accompagnare in automobile: **I'll d. you home**, ti porto a casa (in macchina) ***3*** spingere; sospingere: **to d. a herd of cattle**, spingere una mandria di bestiame; **to d. a ship off course**, spingere una nave fuori rotta ***4*** conficcare; piantare: **to d. a nail into a wall**, conficcare un chiodo in un muro ***5*** aprire (*una galleria*) ***6*** portare; spingere: **to d. sb. to despair**, portare q. alla disperazione; **to d. sb. to drink**, spingere q. al bere; **to d. sb. mad**, far impazzire q.; **to be driven by ambition**, essere spinto dall'ambizione ***7*** (*sport*) battere, colpire, scagliare (*una palla*); (*tennis*) colpire di diritto; (*golf*) colpire con un drive ***8*** azionare; far funzionare: **a machine driven by electricity**, una macchina che funziona a elettricità ***9*** incalzare; stare addosso a: **to d. sb. hard**, stare addosso a q.; far sgobbare q. • (*fam.*) **to d. sb. crazy** (*o* **round the bend** *o* **up the wall**), far impazzire q. (*fig.*) □ **to d. a hard bargain**, contrattare a proprio vantaggio; mettere delle condizioni difficili □ **to d. the point home**, far capire bene (la cosa) ***B*** *v. i.* ***1*** guidare ***2*** andare, viaggiare (*in macchina, carrozza, ecc.*): **They drove to the station**, andarono (*in macchina*) alla stazione; **We drove by the cinema**, passammo davanti al cinema ***3*** spingersi; addentrarsi: **to d. inland**, spingersi nell'interno.
♦ **drive at** *v. i. + prep.* (*fam.*) mirare a: **What is he driving at?**, a che cosa mira?; dove vuol andare a parare?
♦ **drive away** ***A*** *v. i. + avv.* allontanarsi (*in un veicolo*); partire ***B*** *v. t. + avv.* scacciare.
♦ **drive back** ***A*** *v. i. + avv.* tornare (*in un veicolo*) ***B*** *v. t. + avv.* respingere; ricacciare.
♦ **drive in** ***A*** *v. i. + avv.* entrare (*con un veicolo*) ***B*** *v. t. + avv.* conficcare; piantare.
♦ **drive off** ***A*** *v. i. + avv.* allontanarsi (*in un veicolo*) ***B*** *v. t. + avv.* respingere.
♦ **drive on** ***A*** *v. i. + avv.* proseguire ***B*** *v. t. + avv.* incitare; sospingere.
♦ **drive out** ***A*** *v. i. + avv.* uscire (*con un veicolo*) ***B*** *v. t. + avv.* ***1*** stanare ***2*** scacciare.
♦ **drive up** ***A*** *v. i. + avv.* accostarsi (*con un veicolo*); sopraggiungere; fermarsi ***B*** *v. t. + avv.* far salire (*prezzi, ecc.*).
drive-by /ˈdraɪvbaɪ/ *a.* (*di omicidio*) commesso sparando da un'auto.
drive-in /ˈdraɪvɪn/ *a. e n.* (banca, cinema, ristorante, ecc.) dove si è serviti senza dover scendere dall'automobile; drive-in.
drivel /ˈdrɪvl/ *n.* U stupidaggini; ciance.
to **drivel** /ˈdrɪvl/ *v. i.* ***1*** sbavare ***2*** (*anche* **to d. on**) parlare a vanvera; dire sciocchezze.
driven /ˈdrɪvn/ ***A*** *p.p. di* **to drive** ***B*** *a.* fortemente motivato; spinto (*da ambizione, ecc.*); fanatico.
driver /ˈdraɪvə(r)/ *n.* ***1*** guidatore (-trice); autista; conducente; **bus d.**, autista di autobus; **car d.**, automobilista ***2*** (*mecc.*) elemento motore (*ingranaggio, biella, ecc.*) ***3*** (*elab.*) driver • (*USA*) **d.'s license**, patente di guida.
driveway /ˈdraɪvweɪ/ *n.* (*USA*) viale (*o* vialetto) di accesso.
driving /ˈdraɪvɪŋ/ ***A*** *n.* U (*autom., ecc.*) (il) guidare; guida ***B*** *a.* ***1*** (*mecc.*) motore; di trasmissione: **d. power**, forza motrice; **d. shaft**, albero motore ***2*** di, della guida: (*GB*) **d. licence**, patente di guida; **d. school**, scuola guida; **d. test**, esame di guida; **d. ban**, sospensione della patente ***3*** (*di pioggia, neve*) sferzante ***4*** che sprona; impellente: **d. ambition**, ambizione impellente • **d. force**, forza trainante; anima: **He is the d. force behind the scheme**, è lui l'anima del progetto.
drizzle /ˈdrɪzl/ *n.* pioggerellina; acquerugiola (*fam.*).
to **drizzle** /ˈdrɪzl/ *v. i.* piovigginare.
drizzly /ˈdrɪzlɪ/ *a.* piovigginoso.
droll /drəʊl/ *a.* (*form. o scherz.*) buffo; comico; faceto.
dromedary /ˈdrɒmədrɪ, *USA* -ədərɪ/ *n.* (*zool.*) dromedario.
drone /drəʊn/ *n.* ***1*** (*zool.*) fuco ***2*** (*antiq.*) parassita; fannullone; ozioso ***3*** U ronzio; brusio; rumore basso e monotono ***4*** (*mus.*) bordone.
to **drone** /drəʊn/ *v. i.* ***1*** ronzare ***2*** parlare in modo monotono.
to **drool** /druːl/ *v. i.* sbavare.
♦ **drool over** *v. i. + prep.* (*fam.*) sbavare per; andare in estasi per.
droop /druːp/ *n.* U piega verso il basso; abbassamento; (l')essere cascante: **the d. of his shoulders**, il suo atteggiamento curvo; le sue spalle cascanti.
to **droop** /druːp/ ***A*** *v. i.* ***1*** curvarsi; piegarsi; abbassarsi; essere curvo; essere cascante: **His eyelids began to d.**, gli si chiudevano gli occhi ***2*** (*di fiore*) afflosciarsi ***3*** languire; intristire; abbattersi ***B*** *v. t.* abbassare (*gli occhi, ecc.*); piegare, chinare (*il capo*).
drooping /ˈdruːpɪŋ/ *a.* ***1*** piegato in giù; pendente; cascante; (*di fiore*) afflosciato: **d. branches**, rami curvi; **d. shoulders**, spalle cascanti ***2*** languente; abbattuto: **d. spirits**, abbattimento.
droopy /druːpɪ/ *a.* floscio; cascante.
drop /drɒp/ *n.* ***1*** goccia: **drops of rain [of dew, of blood]**, gocce di pioggia [di rugiada, di sangue] ***2*** goccio: **Just a d., please**, solo un goccio, per favore ***3*** (*sempre con attr.*) caramellina rotonda; pastiglia: **cough drops**, pastiglie per la tosse ***4*** calo; abbassamento: **d. in temperature [in prices]**, calo di temperatura [dei prezzi] ***5*** dislivello; caduta; salto; strapiombo: **a d. of ten metres**, un salto di dieci metri ***6*** (*aeron.*) lancio ***7*** (*fam.*) posto di consegna (*di messaggi segreti*) • **a d. in the bucket** (*o* **in the ocean**), una goccia nel mare □ (*tennis, ecc.*) **d. shot**, (palla) smorzata □ **at the d. of a hat**, a un cenno; sui due piedi.
to **drop** /drɒp/ ***A*** *v. i.* ***1*** gocciolare; stillare ***2*** cadere; lasciarsi cadere: **to d. to one's knees**, cadere in ginocchio; **to d. into a chair**, lasciarsi cadere in una poltrona; **to let the matter d.**, lasciar cadere la cosa; **He worked until he dropped**, lavorò fino a crollare dalla stanchezza ***3*** abbassarsi; calare; diminuire; ridursi: **His voice dropped to a whisper**, la sua voce diventò un bisbiglio • (*fam.*) **to d. dead**, morire sul colpo □ (*pop.*) **D. dead!**, crepa!; va' al diavolo! □ **Her face dropped**, ci rimase di sasso □ **I'm ready to d.**, non mi reggo in piedi ***B*** *v. t.* ***1*** far cadere a gocce; sgocciolare ***2*** lasciar cadere; lasciar andare: **Don't d. it!**, non lasciarlo (*o* farlo) cadere!; **I've dropped the pen**, mi è caduta la penna ***3*** sganciare, lanciare (*bombe*) ***4*** abbassare: **to d. one's eyes [one's voice]**, abbassare gli occhi [la voce] ***5*** omettere; non pronunciare; tralasciare ***6*** ridurre: **to d. one's speed**, ridurre la velocità ***7*** abbandonare; rinunciare a; lasciar perdere; mollare, piantare (*fam.*): **to d. a plan**, rinunciare a un progetto; **Let's d. this subject**, cambiamo discorso; **D. everything and come!**, molla tutto e vieni! ***8*** (*fam.*) far scendere (*da un'automobile, ecc.*); lasciare: **Where shall I d. you?**, dove ti lascio?; dove vuoi scendere? ***9*** (*aeron.*) lanciare; paracadutare ***10*** (*golf, pallacanestro*) depositare (*la palla in buca, in canestro*) ***11*** (*tennis, ecc.*) smorzare ***12*** (*pop.*) abbattere, stendere (*con un colpo o un'arma da fuoco*) ***13*** (*di animali*) partorire ***14*** (*pop. USA*) farsi di (*droga*) • **to d. anchor**, dar fondo all'ancora □ **to d. a brick**, fare una gaffe □ **to d. a hint**, dire una mezza parola (*come suggerimento, allusione, ecc.*) □ **to d. a line**, scrivere un rigo.
♦ **drop behind** *v. i. + avv.* rimanere indietro; rimanere in coda; (*ciclismo, ecc.*) farsi staccare.
♦ **drop by** (*o* **in**) *v. i. + avv.* fare una visita inaspettata: **to d. in on sb.**, andare a trovare q.; fare un salto da q.; **D. in anytime**, vieni a trovarci quando vuoi.
♦ **drop off** ***A*** *v. i. + avv.* ***1*** (*fam.*) addormentarsi ***2*** diminuire ***B*** *v. t. + avv.* V. **to drop**, *B, def. 8.*
♦ **drop out** *v. i. + avv.* ***1*** abbandonare (*un corso, ecc.*); ritirarsi ***2*** autoemarginarsi.
♦ **drop round** *v. i. + avv.* V. **to drop by**.
dropkick /ˈdrɒpkɪk/ *n.* (*sport*) calcio di rimbalzo; (*rugby*) drop.
to **drop-kick** /ˈdrɒpkɪk/ *v. t. e i.* (*sport*) ***1*** calciare di rimbalzo ***2*** segnare con un calcio di rimbalzo.
droplet /ˈdrɒplət/ *n.* gocciolina; stilla.
dropout /ˈdrɒpaʊt/ *n.* ***1*** chi abbandona gli studi ***2*** chi si autoemargina dalla società; emarginato (-a).
dropper /ˈdrɒpə(r)/ *n.* contagocce.
droppings /ˈdrɒpɪŋz/ *n. pl.* sterco (*di animali*).
dropsy /ˈdrɒpsɪ/ *n.* U (*med.*) idropisia.
dross /drɒs, *USA* drɔːs/ *n.* U scorie; rifiuti; scarti.
drought /draʊt/ *n.* C *e* U siccità.
drove (1) /drəʊv/ *pass. di* **to drive**.
drove (2) /drəʊv/ *n.* ***1*** branco; gregge; mandria ***2*** (*specialm. al pl.*) folla (*specialm. in movimento*); orda.
drover /ˈdrəʊvə(r)/ *n.* (*stor.*) ***1*** mandriano ***2*** mercante di bestiame.
to **drown** /draʊn/ ***A*** *v. t.* ***1*** affogare; annegare ***2*** allagare;

inondare; sommergere ***3*** (*anche* **to d. out**) coprire; soffocare (*un suono*) • **to be drowned**, affogare; annegare ***B*** *v. i.* annegare; affogare.
to **drowse** /draʊz/ *v. i.* essere assopito; sonnecchiare.
drowsiness /ˈdraʊzɪnəs/ *n.* ◻ sonnolenza; sopore.
drowsy /ˈdraʊzɪ/ *a.* sonnolento; assonnato: **to make sb. d.**, mettere sonno a q.; **d. afternoons**, pomeriggi sonnolenti; **d. voice**, voce assonnata.
drubbing /ˈdrʌbɪŋ/ *n.* bastonatura; legnate.
drudge /drʌdʒ/ *n.* chi sfacchina; uomo [donna] di fatica.
to **drudge** /drʌdʒ/ *v. i.* sgobbare; sfacchinare (*fam.*).
drudgery /ˈdrʌdʒərɪ/ *n.* ◻ lavoro monotono e pesante.
drug /drʌg/ *n.* ***1*** farmaco ***2*** droga; narcotico; stupefacente: **hard [soft] drugs**, droghe pesanti [leggere]; **to be on drugs**, drogarsi • **d. addict**, tossicomane; drogato ◻ **d. addiction**, tossicodipendenza ◻ (*fam.*) **d. on the market**, articolo poco richiesto ◻ **d. pusher**, spacciatore (di droga).
to **drug** /drʌg/ *v. t.* ***1*** drogare ***2*** narcotizzare.
druggie /ˈdrʌgɪ/ *n.* (*pop.*) drogato (-a); tossico (-a).
druggist /ˈdrʌgɪst/ *n.* (*USA*) farmacista.
drugstore /ˈdrʌgstɔː(r)/ *n.* (*USA*) drugstore (*negozio dove si vendono medicinali, cosmetici, tabacco, libri, ecc.*).
Druid /ˈdruːɪd/ *n.* (*stor.*) druido, druida.
drum /drʌm/ *n.* ***1*** (*mus.*) tamburo ***2*** (*al pl.*) (*mus.*) batteria ***3*** bidone; fusto ***4*** (*mecc.*) cilindro • (*autom.*) **d. brakes**, freni a tamburo ◻ (*mil.*) **d. major**, tamburo maggiore ◻ **d. majorette**, majorette ◻ (*mus.*) **big d.**, grancassa ◻ **to beat the d. for**, battere la grancassa per.
to **drum** /drʌm/ ***A*** *v. i.* ***1*** suonare il tamburo ***2*** tamburellare ***B*** *v. t.* suonare sul tamburo • **to d. a lesson into sb.'s head**, inculcare (*fam.* ficcare in testa) una lezione a q.
♦ **drum out** *v. t. + avv.* espellere; radiare.
♦ **drum up** *v. t. + avv.* cercare di ottenere; sollecitare: **to d. up support**, cercare sostenitori; **to d. up business**, cercare, procurarsi clienti.
drumbeat /ˈdrʌmbiːt/ *n.* rullo del tamburo.
drummer /ˈdrʌmə(r)/ *n.* (*mus.*) batterista; (*mil.*) tamburino.
drumstick /ˈdrʌmstɪk/ *n.* ***1*** bacchetta (*di tamburo*) ***2*** (*cucina*) coscia di pollo.
drunk /drʌŋk/ ***A*** *p.p. di* **to drink** ***B*** *a. pred.* ubriaco; ebbro: **to get d.**, ubriacarsi; **d. with joy**, ebbro di gioia • (*leg.*) **d. and disorderly**, in stato di ubriachezza molesta ◻ **as d. as a lord**, ubriaco fradicio ***C*** *n.* (*pop.*) ubriaco.
drunkard /ˈdrʌŋkəd/ *n.* ubriacone (-a); beone (-a).
drunken /ˈdrʌŋkən/ *a. attr.* ***1*** ubriaco; ebbro ***2*** da ubriaco; dovuto a ubriachezza: **d. brawl**, rissa di ubriachi; **d. stupor**, intontimento da ubriachezza.
drunkometer /ˈdrʌŋˈkɒmɪtə(r)/ *n.* (*USA*) alcoltest; etilometro.
dry /draɪ/ *a.* ***1*** asciutto; secco; arido: **dry weather**, tempo asciutto; **dry eyes**, occhi asciutti; **dry climate**, clima secco; **dry cough**, tosse secca; **The paint's dry**, la vernice si è asciugata; **dry wine**, vino secco ***2*** (*fam.*) assetato: **to feel dry**, aver sete ***3*** arido; noioso ***4*** essenziale; asciutto: **dry style**, stile asciutto ***5*** (*di umorismo*) ironico; all'inglese ***6*** (*fam.*) proibizionista: **dry state**, Stato dove vige il proibizionismo • **(as) dry as a bone**, completamente asciutto ◻ **(as) dry as dust**, noiosissimo ◻ (*elettr.*) **dry battery**, batteria a secco ◻ (*naut.*) **dry dock**, bacino di carenaggio ◻ **dry land**, terraferma ◻ (*arte*) **dry-point**, puntasecca ◻ **dry-shod**, a piedi asciutti ◻ **dry-stone wall**, muro a secco ◻ **dry toast**, pane tostato senza burro o marmellata.
to **dry** /draɪ/ ***A*** *v. t.* ***1*** (*anche* **to dry off, to dry out**) asciugare: **to dry one's hands**, asciugarsi le mani ***2*** seccare ***B*** *v. i.* ***1*** (*anche* **to dry off, to dry out**) asciugare; asciugarsi ***2*** seccare; seccarsi.
♦ **dry out** ***A*** *v. t. + avv.* (*fam.*) far smettere di bere ***B*** *v. i. + avv.* (*fam.*) smettere di bere.
♦ **dry up** ***A*** *v. t. + avv.* asciugare completamente; prosciugare ***B*** *v. i. + avv.* ***1*** seccarsi; inaridirsi; rinsecchirsi ***2*** finire; esaurirsi ***3*** (*teatr.*) non ricordarsi più la battuta ***4*** rimanere senza parole; ammutolire ***5*** (*fam. GB*) asciugare i piatti • (*fam.*) **Dry up!**, taci!; sta' zitto!
dryad /ˈdraɪæd, ˈdraɪəd/ *n.* (*mitol.*) driade.
to **dry-clean** /ˈdraɪˈkliːn/ *v. t.* lavare, pulire a secco.
dry-cleaner's /draɪˈkliːnəz/ *n.* lavanderia (a secco); lavasecco; tintoria.
dry-cleaning /draɪˈkliːnɪŋ/ *n.* pulitura a secco.
dryer /ˈdraɪə(r)/ *n.* ***1*** essiccatore ***2*** asciugabiancheria; asciugatrice.
dryly /draɪlɪ/*avv.* ***1*** seccamente ***2*** ironicamente.
dryness /ˈdraɪnəs/ *n.* ◻ ***1*** secchezza; aridità; siccità ***2*** monotonia; noiosità ***3*** umorismo all'inglese.
dual /ˈdjuːəl, *USA* ˈduːəl/ *a.* doppio; duplice: (*GB*) **d. carriageway**, strada a doppia carreggiata; **d. citizenship**, doppia nazionalità; **d. controls**, doppi comandi; **d. aim**, duplice scopo; **d.-purpose**, a doppio uso.
dualism /ˈdjuːəlɪzəm, *USA* ˈduː-/ *n.* ◻ (*filos.*) dualismo.
duality /djuːˈælətɪ, *USA* duː-/ *n.* dualità.
to **dub (1)** /dʌb/ *v. t.* ***1*** (*stor.*) creare cavaliere ***2*** conferire un titolo a; nominare ***3*** soprannominare.
to **dub (2)** /dʌb/ *v. t.* (*cinem., TV*) doppiare.
dubber /ˈdʌbə(r)/ *n.* (*cinem., TV*) doppiatore (-trice).
dubbing /ˈdʌbɪŋ/ *n.* ◻ *e* ◻ (*cinem., TV*) doppiaggio.
dubious /ˈdjuːbɪəs, *USA* ˈduː-/ *a.* ***1*** dubbioso; incerto: **to feel d. as to what to do**, essere dubbioso sul da farsi; **to be d. of st.**, avere dubbi su q.c. ***2*** dubbio; discutibile: **d. privilege**, privilegio discutibile ***3*** di dubbia fama (*o* reputazione); ambiguo: **d. character**, tipo un po' equivoco.
Dubliner /ˈdʌblɪnə(r)/ *n.* dublinese.
ducal /ˈdjuːkl, *USA* ˈduː-/ *a.* ducale.
ducat /ˈdʌkət/ *n.* (*stor.*) ducato (*moneta*).
duchess /ˈdʌtʃɪs/ *n.* duchessa.
duchy /ˈdʌtʃɪ/ *n.* ducato (*territorio*).
duck (1) /dʌk/ *n.* ***1*** (*zool.*) anatra ***2*** (*cricket*) (punteggio) zero ***3*** (*fam.*) tipo: **funny old d.**, tipo un po' strano ***4*** (*al vocat., anche pl.*) (*fam. GB*) caro (-a); tesoro • **ducks and drakes**, rimbalzello ◻ (*zool.*) **d.-billed platypus**, ornitorinco ◻ **lame d.**, persona o azienda in difficoltà; (*polit.*) uomo di governo uscente (*e che quindi ha poco potere*) ◻ **to play ducks and drakes with one's money**, sperperare il proprio denaro ◻ **sitting d.**, bersaglio facile ◻ **to take to st. like a d. to water**, mettersi a fare q.c. con naturalezza; trovarsi benissimo (a fare q.c.).
duck (2) /dʌk/ *n.* ***1*** ◻ (*ind. tess.*) tela grezza; tela olona ***2*** (*al pl.*) calzoni di tela grezza.
to **duck** /dʌk/ ***A*** *v. t.* ***1*** immergere; tuffare ***2*** chinare; piegare: **to d. one's head**, chinare la testa (*per evitare un colpo*) ***3*** (*fam.*) evitare, schivare (*un colpo*) ***B*** *v. i.* ***1*** immergersi; tuffarsi ***2*** chinarsi (*per evitare un colpo*); abbassarsi: **to d. behind a bush**, nascondersi dietro un cespuglio.
duckboards /ˈdʌkbɔːdz/ *n. pl.* (*GB*) passerella di legno.
ducking /ˈdʌkɪŋ/ *n.* tuffo; immersione; bagnata: **to give sb. a d.**, buttare in acqua q.
duckling /ˈdʌklɪŋ/ *n.* anatroccolo • **ugly d.**, brutto anatroccolo.
ducks /dʌks/ *V.* **duck (1)**, *def.* 4.
duckweed /ˈdʌkwiːd/ *n.* ◻ (*bot.*) lente, lenticchia d'acqua.
ducky /ˈdʌkɪ/ ***A*** *n.* (*al vocat.*) (*fam. GB*) caro (-a); tesoro; cocco (-a) ***B*** *a.* (*USA*) ***1*** carino; grazioso ***2*** a posto; perfetto.
duct /ˈdʌkt/ *n.* ***1*** condotto; tubo ***2*** (*anat.*) canale; dotto.
ductile /ˈdʌktaɪl, *USA* -tl/ *a.* duttile.
dud /dʌd/ (*pop.*) ***A*** *n.* ***1*** proiettile che fa cilecca ***2*** cosa che non funziona; bidone ***3*** incompetente; incapace; fallito ***B*** *a.* ***1*** che non funziona; inutile: **dud cheque**, assegno a vuoto ***2*** falso.
dude /djuːd, *USA* duːd/ *n.* (*pop. USA*) ***1*** individuo; tipo ***2*** (*nel West*) turista (*specialm. della costa atlantica*); tipo di città.
dudgeon /ˈdʌdʒən/ *n.* — **in high d.**, indignatissimo.
due /djuː, *USA* duː/ ***A*** *a.* ***1*** dovuto; debito; doveroso; adeguato: **in due time** (*o* **in due course**), a tempo debito; **with due care**, con la debita cura; **after due consideration**, dopo adeguata riflessione; **to give credit where it is due**, riconoscere il giusto merito ***2*** (*generalm. pred.*) (*comm., leg.*) dovuto; esigibile; che scade: **to fall due**, scadere ***3*** (*pred.*) atteso; in arrivo (*secondo l'orario*): **The train is due at 2.15**, il treno è atteso per le 2.15; **When is your baby due?**, quando deve nascere il bambino?; **He is due to arrive on Tuesday**, il suo arrivo è previsto per martedì; deve arrivare martedì • **due date**, data di scadenza ◻ (*leg.*) **due notice**, avviso dato nei termini di legge ◻ **due to**, a causa di ***B*** *avv.* (*con i punti cardinali*) verso; in direzione: **to sail due west**, navigare verso ovest ***C*** *n.* ***1*** ciò che è dovuto; ciò che spetta: **to give sb. his due**, dare a q. quel che gli spetta ***2*** (*al pl.*) diritti; dazi: **harbour dues**, diritti portuali ***3*** (*al pl.*) contri-

buti; quota: **union dues**, contributi sindacali; **membership dues**, quota d'iscrizione.
duel /ˈdjuːəl, *USA* ˈduːəl/ *n.* duello: **to fight a d.**, battersi in duello.
to **duel** /ˈdjuːəl, *USA* ˈduːəl/ *v. i.* duellare.
duellist /ˈdjuːəlɪst, *USA* ˈduːə-/ *n.* duellante.
duet /djuːˈɛt, *USA* duː-/ *n.* (*mus.*) duetto.
duff /dʌf/ *a.* (*pop. GB*) difettoso; rotto; scassato.
duffel bag /ˈdʌfl bæg/ *locuz. n.* sacca da viaggio.
duffel coat /ˈdʌfl kəʊt/ *locuz. n.* (*moda*) montgomery.
duffer /ˈdʌfə(r)/ *n.* (*fam. antiq.*) imbranato; pasticcione.
dug (1) /dʌg/ *pass. e p.p. di* **to dig**.
dug (2) /dʌg/ *n.* mammella, capezzolo (*di animale*).
dugout /ˈdʌgaʊt/ *n.* ***1*** canoa (*ricavata da un tronco d'albero*) ***2*** rifugio; riparo antiaereo; (*mil.*) trincea coperta ***3*** (*sport*) panchina.
duke /djuːk, *USA* duːk/ *n.* duca.
dukedom /ˈdjuːkdəm, *USA* ˈduːk-/ *n.* ducato (*titolo, territorio*).
dulcet /ˈdʌlsɪt/ *a.* (*lett. o scherz.*) dolce; melodioso.
dulcimer /ˈdʌlsɪmə(r)/ *n.* (*mus.*) salterio.
dull /dʌl/ *a.* ***1*** (*di colore*) opaco; smorto ***2*** (*di suono, di dolore*) sordo ***3*** (*del tempo*) coperto ***4*** monotono; noioso ***5*** tardo; lento; ottuso ***6*** (*comm.*) inattivo; stagnante; fiacco ***7*** smussato; spuntato; che non taglia • **as d. as ditchwater**, noioso da morire.
to **dull** /dʌl/ *v. t.* ***1*** ottundere; smussare ***2*** intorpidire; ottundere ***3*** attutire; lenire ***4*** attenuare; smorzare.
dullard /ˈdʌləd/ *n.* (*antiq.*) individuo ottuso; stupido.
dullness /ˈdʌlnəs/ *n.* Ⓤ ***1*** (*del tempo*) grigiore; nuvolosità ***2*** monotonia; tediosità.
duly /ˈdjuːlɪ, *USA* ˈduː-/ *avv.* ***1*** debitamente; adeguatamente ***2*** a tempo debito.
dumb /dʌm/ *a.* ***1*** muto ***2*** silenzioso ***3*** (*fam.*) stupido; tonto • **d. blonde**, oca giuliva; svampita □ **d. show**, pantomima; scena muta □ **to strike sb. d.**, fare ammutolire q.
dumbbell /ˈdʌmbɛl/ *n.* manubrio (*per ginnastica*).
to **dumbfound** /dʌmˈfaʊnd/ *v. t.* fare ammutolire; sbalordire.
dumbfounded /dʌmˈfaʊndɪd/ *a.* ammutolito; sbalordito; attonito: **d. silence**, silenzio attonito.
dumbly /dʌmlɪ/ *avv.* senza parlare; in silenzio.
dumbstruck /ˈdʌmstrʌk/ *a. pred.* esterrefatto; senza parole.
dumbwaiter /ˈdʌmweɪtə(r)/ *n.* ***1*** montavivande ***2*** (*GB*) tavolino portavivande (*a più piani*); servo muto.
dum-dum /ˈdʌmdʌm/ *n.* (*anche* **d. bullet**) proiettile dum-dum.
dummy /ˈdʌmɪ/ ***A*** *n.* ***1*** manichino (*da sarta, da vetrina*) ***2*** pupazzo (di ventriloquo) ***3*** imitazione; cosa finta ***4*** (*GB*) ciuccio; succhiotto ***5*** (*fam.*) stupido; tonto ***6*** (*a carte*) morto ***7*** (*tipogr.*) menabò ***B*** *a.* ***1*** finto; falso: **d. gun**, pistola finta (*o* giocattolo) ***2*** (*econ.*) fittizio; di comodo: **d. corporation**, società commerciale fittizia • **d. run**, prova generale; verifica di funzionamento.
dump /dʌmp/ *n.* ***1*** discarica (*di rifiuti*) ***2*** (*mil.*) deposito (*di munizioni, ecc.*) ***3*** (*pop.*) luogo squallido; postaccio; topaia ***4*** (*pop.*) posto noioso ***5*** (*elab.*) copia del contenuto della memoria • **d. truck**, *V.* **dumper**.
to **dump** /dʌmp/ *v. t.* ***1*** scaricare ***2*** mettere giù; scaricare; mollare ***3*** (*fam.*) abbandonare; mollare; piantare ***4*** (*comm.*) vendere sottocosto (*su un mercato straniero*) ***5*** (*elab.*) riversare (*il contenuto della memoria*).
dumper /ˈdʌmpə(r)/ *n.* (*anche* **d. truck**) autocarro con cassone ribaltabile.
dumping /ˈdʌmpɪŋ/ *n.* ***1*** scarico (*di rifiuti*) ***2*** (*econ.*) dumping; vendita sottocosto (*specialm. all'estero*) • **d. ground**, discarica.
dumpling /ˈdʌmplɪŋ/ *n.* (*cucina*) ***1*** gnocco (*condito o ripieno di carne*) ***2*** — **apple d.**, mela in crosta.
dumps /dʌmps/ *n.* — **down in the d.**, giù di corda; col morale a terra.
dumpster ® /ˈdʌmpstə(r)/ *n.* (*USA*) cassonetto (per la spazzatura).
dumpy /ˈdʌmpɪ/ *a.* tozzo; basso e grassottello.
dun /dʌn/ ***A*** *a.* (color) grigio-marrone ***B*** *n.* cavallo color grigio-marrone.
dunce /dʌns/ *n.* somaro (*fig.*); asino (*fig.*) • **d.'s cap**, berretto d'asino.
dunderhead /ˈdʌndəhɛd/ *n.* testa di legno; testone.
dune /djuːn, *USA* duːn/ *n.* duna • **d. buggy**, dune buggy; pulce del deserto (*fam.*).
dung /dʌŋ/ *n.* Ⓤ sterco; letame; concime • (*zool.*) **d. beetle**, scarabeo stercorario.
dungarees /dʌŋgəˈriːz/ *n. pl.* (*GB*) calzoni da lavoro con pettorina; salopette; (*USA*) jeans da lavoro.
dungeon /ˈdʌndʒən/ *n.* prigione sotterranea.
dunghill /ˈdʌŋhɪl/ *n.* letamaio.
dunk /dʌŋk/ *n.* (*pallacanestro, anche* **d. shot**) schiacciata nel canestro.
to **dunk** /dʌŋk/ *v. t.* inzuppare (*pane, ecc.*).
dunno /dəˈnəʊ, dʌ-/ *contraz. fam. di* **don't know**.
duo /ˈdjuːəʊ, *USA* ˈduːəʊ/ *n.* (*pl.* **duos**) (*mus.*) duetto; duo.
duodecimal /djuːəʊˈdɛsɪml, *USA* duː-/ (*mat.*) *a.* duodecimale; dodicesimale.
duodenal /djuːəˈdiːnl, djuːˈɒdɪnl, *USA* duː-/ *a.* (*anat.*) duodenale.
duodenum /djuːəʊˈdiːnəm, -ˈɒdɪnəm, *USA* duː-/ *n.* (*pl.* **duodena** /-diːnə, -dɪnə/, **duodenums**) (*anat.*) duodeno.
dupe /djuːp, *USA* duːp/ *n.* babbeo; gonzo; credulone.
to **dupe** /djuːp, *USA* duːp/ *v. t.* imbrogliare; abbindolare.
duplex /ˈdjuːplɛks, *USA* ˈduː-/ *n.* (*USA*) ***1*** villetta bifamiliare ***2*** appartamento su due piani.
duplicate /ˈdjuːplɪkət, *USA* ˈduː-/ ***A*** *a.* doppio; gemello: **d. key**, chiave gemella ***B*** *n.* duplicato; copia • **in d.**, in duplice copia.
to **duplicate** /ˈdjuːplɪkeɪt, *USA* ˈduː-/ *v. t.* ***1*** duplicare; fare una copia di ***2*** replicare; ripetere.
duplication /djuːplɪˈkeɪʃn, *USA* duː-/ *n.* Ⓤ duplicazione; replica; ripetizione.
duplicator /ˈdjuːplɪkeɪtə(r), *USA* ˈduː-/ *n.* duplicatore; ciclostile.
duplicity /djuːˈplɪsətɪ, *USA* duː-/ *n.* Ⓤ duplicità; doppiezza; finzione.
durability /djʊərəˈbɪlətɪ, *USA* dʊə-/ *n.* Ⓤ durabilità; durevolezza.
durable /ˈdjʊərəbl, *USA* ˈdʊə-/ ***A*** *a.* durevole; duraturo ***B*** *n.* (*al pl.*) beni durevoli: **consumer durables**, beni di consumo durevoli.
duration /djʊˈreɪʃn, *USA* dʊˈreɪʃn/ *n.* Ⓤ durata • **for the d.**, per tutta la durata (*di una data situazione*).
duress /djʊˈrɛs, ˈdjʊərɛs, *USA* dʊˈrɛs/ *n.* Ⓤ (*lett.*) coercizione; costrizione • **statement made under d.**, deposizione estorta con le minacce (*o* con la violenza).
Durex ® /ˈdjʊəːrɛks/ *n.* (*pl. invar.*) profilattico.
during /ˈdjʊərɪŋ, *USA* ˈdʊə-/ *prep.* durante; nel corso di: **d. the day**, durante il giorno.
dusk /dʌsk/ *n.* Ⓤ crepuscolo: **at d.**, al crepuscolo; all'imbrunire.
dusky /ˈdʌskɪ/ *a.* ***1*** scuro; oscuro; cupo ***2*** (*lett. o spreg.*) di carnagione scura.
dust /dʌst/ *n.* Ⓤ ***1*** polvere: **layer** [**cloud**] **of d.**, strato [nube] di polvere; **gold d.**, polvere d'oro ***2*** (*lett.*) ceneri ***3*** (*fam.*) spolverata ***4*** trambusto; polverone: **to kick up** (*o* **to raise**) **a d.**, creare un gran trambusto; **when the d. has settled**, quando si sarà posato il polverone • **d. cover** (*o* **jacket**), sopraccoperta (*di libro*) □ **d. storm**, tempesta di polvere □ **to bite the d.**, mordere la polvere □ **to throw d. in sb.'s eyes**, gettare polvere negli occhi a q.
to **dust** /dʌst/ ***A*** *v. t.* ***1*** spolverare ***2*** togliere la polvere di dosso a (q.) ***3*** spolverizzare; cospargere: **to d. a cake with sugar**, spolverizzare di zucchero un dolce ***B*** *v. i.* spolverare; levare la polvere.
♦ **dust off** *v. t. + avv.* rispolverare (*fig.*).
dustbin /ˈdʌstbɪn/ *n.* (*GB*) pattumiera; bidone della spazzatura (*o* dell'immondizia).
dustbowl /ˈdʌstbəʊl/ *n.* regione che è diventata desertica.
dustcart /ˈdʌstkɑːt/ *n.* (*GB*) camion della nettezza urbana.
duster /ˈdʌstə(r)/ *n.* ***1*** straccio per la polvere ***2*** (*moda*) spolverino ***3*** (*agric.*) polverizzatore.
dustman /ˈdʌstmən/ *n.* (*pl.* **dustmen** /-mən/) (*GB*) spazzino; netturbino.
dustpan /ˈdʌstpæn/ *n.* paletta per la spazzatura.
dustup /ˈdʌstʌp/ *n.* (*pop. GB*) lite; rissa.
dusty /ˈdʌstɪ/ *a.* ***1*** polveroso; impolverato: **to get d.**, impolverarsi ***2*** (*di colore*) spento: **d. pink**, rosa spento; rosa polvere • (*fam.*) **d. answer**, risposta poco incoraggiante □ (*pop.*) **not so d.**, discretamente; non c'è male.
Dutch /dʌtʃ/ ***A*** *a.* olandese • (*fam.*) **D. cap.** diaframma (*contraccettivo*) □ **D. courage**, coraggio fittizio prodotto da

eccitanti □ (*fam.*) **D. treat**, pranzo in cui ciascuno paga per sé □ (*fam.*) **to go D.**, fare alla romana; pagare ciascuno per sé □ **to talk to sb. like a D. uncle**, fare una paternale a q. ***B*** *n.* ***1*** (lingua) olandese ***2*** — **the D.**, gli olandesi ● **double D.**, linguaggio incomprensibile; arabo; turco.

Dutchman /ˈdʌtʃmən/ *n.* (*pl.* **Dutchmen** /-mən/) olandese (*m.*).

Dutchwoman /ˈdʌtʃwʊmən/ *n.* (*pl.* **Dutchwomen** /-wɪmən/) olandese (*f.*).

dutiful /ˈdjuːtɪfl, *USA* ˈduː-/ *a.* deferente; rispettoso; obbediente.

duty /ˈdjuːtɪ, *USA* ˈduːtɪ/ *n.* ***1*** U e C dovere (*anche leg.*); obbligo morale: **to do one's d.**, fare il proprio dovere ***2*** (*generalm. al pl.*) compito; funzione; mansione ***3*** C e U (*econ., comm.*) dazio; imposta; tassa: **customs d.**, dazio doganale; **stamp d.**, tassa di bollo ● **d.-bound**, moralmente obbligato □ (*comm.*) **d. unpaid**, dazio escluso (*da pagare*) □ **to be on night d.**, fare il turno di notte □ **to come off d.**, smontare dal servizio □ **off d.**, fuori servizio □ **on d.**, in servizio □ **to do d. for**, servire da; fare funzione di: **A wooden box did d. as a chair**, una cassetta di legno serviva da sedia.

duty-free /djuːtɪˈfriː/ ***A*** *a.* esente da dazio ● **d. shop**, duty-free ***B*** *n.* (*fam.*) articolo esente da dazio; articolo da duty-free.

duvet /ˈduːveɪ, ˈdj-, *USA* duːˈveɪ/ (*franc.*) *n.* piumino; piumone ®.

dwarf /dwɔːf/ *n. e a.* nano (-a).

to **dwarf** /dwɔːf/ *v. t.* ***1*** impedire la crescita di (*una pianta, ecc.*) ***2*** far apparire piccolo; schiacciare.

to **dwell** /dwel/ (*pass. e p.p.* **dwelt, dwelled**) *v. i.* (*lett.*) dimorare; abitare; risiedere (*anche leg.*).

♦ **dwell on** *v. i. + prep.* ***1*** dilungarsi su: **to d. on one's problems**, dilungarsi sui propri problemi ***2*** indugiare su; soffermarsi su.

dweller /ˈdwelə(r)/ *n.* abitante; abitatore (-trice) ● **cave d.**, uomo delle caverne □ **town dweller**, cittadino.

dwelling /ˈdwelɪŋ/ *n.* (*form. o scherz.*) abitazione; dimora ● (*leg.*) **d. house**, casa di abitazione □ **d.-place**, luogo di residenza.

dwelt /dwelt/ *pass. e p.p. di* **to dwell**.

to **dwindle** /ˈdwɪndl/ *v. i.* diminuire; ridursi.

dye /daɪ/ *n.* C e U tinta; tintura; colorante: **hair dye**, tintura per capelli; **food dye**, colorante alimentare ● **dye-stuff**, sostanza colorante.

to **dye** /daɪ/ (*pass. e p.p.* **dyed**, *part. pres.* **dyeing**) ***A*** *v. t.* tingere: **to dye a shirt green**, tingere di verde una camicia ***B*** *v. i.* (*di stoffa*) tingersi.

dyed-in-the-wool /ˈdaɪdɪnðəˈwʊl/ *a.* irriducibile; incallito.

dyeing /ˈdaɪɪŋ/ ***A*** *part. pres. di* **to dye** ***B*** *n.* U tintura; tintoria (*arte del tingere*).

dyer /ˈdaɪə(r)/ *n.* tintore (-a).

dying /ˈdaɪɪŋ/ ***A*** *part. pres. di* **to die** ***B*** *a.* ***1*** morente; moribondo: **a d. man**, un moribondo ***2*** estremo; ultimo: **d. wish**, ultimo desiderio; **to one's d. day**, fino al giorno della morte.

dyke /daɪk/ *V.* **dike** (**1**) *e* (**2**).

dynamic /daɪˈnæmɪk, dɪ-/ *a.* dinamico.

dynamics /daɪˈnæmɪks, dɪ-/ *n. pl.* (*col verbo al sing.*) dinamica.

dynamism /ˈdaɪnəmɪzəm/ *n.* U dinamismo.

dynamite /ˈdaɪnəmaɪt/ *n.* U ***1*** dinamite ***2*** (*pop., di notizia*) dinamite ***3*** (*pop.*) cosa o persona sensazionale; bomba; cannonata.

to **dynamite** /ˈdaɪnəmaɪt/ *v. t.* far saltare con la dinamite.

dynamo /ˈdaɪnəməʊ/ (*pl.* **dynamos**) *n.* (*fis.*) dinamo.

dynamometer /daɪnəˈmɒmɪtə(r)/ *n.* dinamometro.

dynastic /dɪˈnæstɪk, *USA* daɪ-/ *a.* dinastico.

dynasty /ˈdɪnəstɪ, *USA* ˈdaɪ-/ *n.* dinastia.

dysentery /ˈdɪsntrɪ, *USA* -terɪ/ *n.* U (*med.*) dissenteria.

dyslexia /dɪsˈleksɪə, *USA* dɪsˈlekʃə/ *n.* (*med.*) dislessia.

dyslexic /dɪsˈleksɪk/ *a.* (*med.*) dislessico.

dyspepsia /dɪsˈpepsɪə/ *n.* U (*med.*) dispepsia.

dyspeptic /dɪsˈpeptɪk/ *a.* (*med.*) dispeptico.

dystrophy /ˈdɪstrəfɪ/ *n.* U (*med.*) distrofia: **muscular d.**, distrofia muscolare.

e, E

E, e /iː/ *n.* (*pl.* **E's, e's**; **Es, es**) ***1*** E, e ***2*** (*mus.*) mi ***3*** (*gergo della droga*) ecstasy • (*telef.*) **e for Edward** (*USA* **for Easy**), e come Empoli.

each /iːtʃ/ ***A*** *a.* ciascuno; ogni ***B*** *pron.* ciascuno; ognuno: **E. of us has a book**, ciascuno di noi ha un libro ***C*** *avv.* a testa; l'uno: **They cost a pound e.**, costano una sterlina l'uno • **e. other**, l'un l'altro; a vicenda: **They know e. other**, si conoscono; **We must help e. other**, dobbiamo aiutarci a vicenda; **for e. other**, l'uno per l'altro □ (*ippica*) **I bet on Blue Boy e. way**, ho scommesso su Blue Boy piazzato.

eager /ˈiːɡə(r)/ *a.* ***1*** ansioso; bramoso; desideroso; impaziente: **e. to do st.**, ansioso (*o* impaziente) di fare q.c.; **e. for success**, bramoso di successo ***2*** entusiasta; appassionato: **e. supporter**, sostenitore entusiasta ***3*** (*di sentimento, ecc.*) ardente; vivo.

eagerness /ˈiːɡənəs/ *n.* [U] ***1*** vivo desiderio; ansia; brama ***2*** ardore; entusiasmo.

eagle /ˈiːɡl/ *n.* (*zool.*) aquila • **e.-eyed**, dall'occhio d'aquila; con occhi di lince □ (*zool.*) **e. owl**, gufo reale.

eaglet /ˈiːɡlət/ *n.* aquilotto.

ear (**1**) /ɪə(r)/ *n.* ***1*** orecchio, orecchia: **to have an ear for music**, avere orecchio per la musica ***2*** ansa, manico (*di brocca, ecc.*) • **ear-drop**, orecchino (a goccia) □ (*di suono*) **ear-piercing** (*o* **splitting**), penetrante; assordante □ **ear trumpet**, cornetto acustico □ **Her ears must be burning**, le devono fischiare le orecchie □ **to be all ears**, essere tutt'orecchi □ **to go in one ear and out the other**, entrare da un orecchio e uscire dall'altro □ **to have sb.'s e.**, avere influenza presso q. □ **to lend an ear to sb.**, prestare orecchio a q. □ **not to believe one's ears**, non credere alle proprie orecchie □ **to keep one's ear to the ground**, tenere le orecchie aperte; stare all'erta □ (*pop.*) **out on one's ear**, buttato fuori; cacciato via □ **to play by e.**, suonare a orecchio □ **to turn a deaf e.**, fare orecchie da mercante □ **up to one's ears in debt**, indebitato fino al collo.

ear (**2**) /ɪə(r)/ *n.* (*bot.*) spiga; pannocchia.

earache /ˈɪəreɪk/ *n.* [U] *e* [C] (*med.*) mal d'orecchi.

eardrum /ˈɪədrʌm/ *n.* (*anat.*) timpano.

earflaps /ˈɪəflæps/ *n. pl.* paraorecchie (*di berretto*).

earful /ˈɪəfʊl/ *n.* (*fam.*) sgridata; ramanzina.

earl /ɜːl/ *n.* conte (*titolo nobiliare britannico*).

earldom /ˈɜːldəm/ *n.* contea (*titolo e territorio*).

earlobe /ˈɪələʊb/ *n.* (*anat.*) lobo dell'orecchio.

early /ˈɜːlɪ/ ***A*** *a.* ***1*** primo; appena iniziato; iniziale; degli inizi: **e. childhood**, prima infanzia; **the e. hours of the morning**, le prime ore del mattino; **my earliest memories**, i miei primissimi ricordi; **in the e. morning**, di mattina presto; **in the e. 18th century**, agli inizi del Settecento ***2*** anticipato; prematuro; precoce; (*di frutta, ecc.*) primaticcio: **e. retirement**, pensionamento anticipato; prepensionamento; **e. death**, morte prematura; **an e. spring**, una primavera precoce ***3*** primitivo; antico; remoto: **the e. Church**, la Chiesa primitiva; **the e. writers**, gli scrittori antichi ***4*** mattiniero; mattutino; di buon mattino: **e. riser** (*fam.* **e. bird**), persona mattiniera ***5*** (*form.*) sollecito: **an e. reply**, una risposta sollecita; **at your earliest convenience**, con cortese sollecitudine • (*mil.*) **e. warning system**, sistema di preallarme □ **to be e.**, essere in anticipo; arrivare per tempo □ **He is in his e. forties**, ha poco più di quarant'anni □ (*fam.*) **It's e. days yet**, è ancora presto (*per sapere, dire, decidere, ecc.*) □ **to keep e. hours**, andare a letto presto e alzarsi di buon'ora □ (*prov.*) **The e. bird catches the worm**, chi dorme non piglia pesci ***B*** *avv.* presto; di buon'ora; di buon mattino; per tempo: **to get up e.**, alzarsi di buon'ora; **e. in winter**, all'inizio dell'inverno; (*fam.*) **e. on**, presto; all'inizio; **earlier on**, in precedenza; **as e. as possible**, al più presto.

to **earmark** /ˈɪəmɑːk/ *v. t.* stanziare; destinare; assegnare.

earmuffs /ˈɪəmʌfs/ *n. pl.* paraorecchie.

to **earn** /ɜːn/ *v. t.* ***1*** guadagnare: **to e. one's living**, fare (*q.c.*) per vivere; guadagnarsi la vita ***2*** meritare; guadagnarsi; procurarsi ***3*** procurare: **The book earned him worldwide fame**, quel libro gli procurò una fama mondiale.

earner /ˈɜːnə(r)/ *n.* chi guadagna; chi percepisce un reddito • **a nice little e.**, una cosa che rende bene; una bella fonte di guadagno.

earnest /ˈɜːnɪst/ *n.* ***1*** (*comm., anche* **e. money**) caparra ***2*** presagio; primo accenno ***3*** **— in e.**, sul serio; seriamente; **to be in e.**, fare sul serio.

earnings /ˈɜːnɪŋz/ *n. pl.* ***1*** guadagni; profitti; entrate ***2*** salario; stipendio: **take-home e.**, stipendio al netto.

earphones /ˈɪəfəʊnz/ *n. pl.* cuffia (*d'ascolto*).

earpiece /ˈɪəpiːs/ *n.* ***1*** auricolare ***2*** stanghetta (*di occhiali*) ***3*** (*generalm. al pl.*) paraorecchie.

earplug /ˈɪəplʌɡ/ *n.* tappo per le orecchie.

earring /ˈɪərɪŋ, *USA* ˈɪərɪŋ, ˈɪrɪŋ/ *n.* orecchino.

earshot /ˈɪəʃɒt/ *n.* [U] **— within e.**, a portata d'orecchio.

earth /ɜːθ/ *n.* ***1*** terra; mondo: **the E.**, la Terra; **on e.**, sulla terra; **the greatest scientist on e.**, il più grande scienziato del mondo ***2*** [U] terra; terriccio ***3*** covo, tana (*di volpe, ecc.*) ***4*** [C] *e* [U] (*elettr., GB*) terra; massa ***5*** (*chim.*) terra • **e.-shattering**, clamoroso; sconvolgente □ **to come back** (*o* **down**) **to e.**, rimettere i piedi in terra (*fig.*); tornare alla realtà □ **to cost the e.**, costare un occhio della testa □ (*fam.*) **like nothing on e.**, tremendo; ridicolo; pazzesco □ **What on e. are you doing?**, che diavolo stai facendo? □ **Why on e. didn't you come?**, perché mai non sei venuto?

to **earth** /ɜːθ/ ***A*** *v. t.* (*elettr., GB*) mettere a terra ***B*** *v. i.* (*di volpe, ecc.*) rintanarsi.

♦ **earth up** *v. t. + avv.* coprire di terra; rincalzare (*una pianta*).

earthbound /ˈɜːθbaʊnd/ *a.* ***1*** che non può volare; costretto a terra; (*zool.*) che non vola ***2*** attaccato alle cose terrene.

earthen /ˈɜːθn/ *a.* ***1*** di terra ***2*** di terracotta.

earthenware /ˈɜːθnweə(r)/ *n.* [U] terraglie • **e. vessels**, recipienti di terracotta.

earthing /ˈɜːθɪŋ/ *n.* (*elettr., GB*) messa a terra.

earthliness /ˈɜːθlɪnəs/ *n.* [U] (l')essere terreno (*o* terrestre); mondanità.

earthling /ˈɜːθlɪŋ/ *n.* (*fantascienza*) terrestre.

earthly /ˈɜːθlɪ/ *a.* ***1*** terreno; terrestre; mondano: **e. possessions**, beni terreni; **e. pleasures**, piaceri mondani ***2*** (*fam.*) **— There is no e. reason**, non c'è ragione al mondo; **of no e. use**, di nessunissima utilità.

earthquake /ˈɜːθkweɪk/ *n.* terremoto; sisma.

earthward /ˈɜːθwəd/ ***A*** *a.* verso (la) terra; diretto a terra ***B*** **earthward**(**s**) *avv.* verso (la) terra.

earthwork /ˈɜːθwɜːk/ *n.* (*generalm. al pl.*) terrapieno.

earthworm /ˈɜːθwɜːm/ *n.* lombrico.

earthy /ˈɜːθɪ/ *a.* ***1*** terroso; di terra ***2*** grossolano; materiale; rusticano.

earwax /ˈɪəwæks/ *n.* [U] cerume.

earwig /ˈɪəwɪɡ/ *n.* (*zool.*) forfecchia; forbicina.

ease /iːz/ *n.* [U] ***1*** agio; comodo; tranquillità: **a life of e.**, una vita di agi (*o* agiata): **to take one's e.**, mettersi a proprio agio; **to be ill at e.**, trovarsi a disagio; essere inquieto ***2*** facilità; disinvoltura: **with the greatest of e.**, con estrema facilità • (*mil.*) (**Stand**) **at e.!**, riposo!

to **ease** /iːz/ ***A*** *v. t.* ***1*** alleviare; calmare ***2*** allentare (*la tensione*); sollevare: **to e. sb.'s mind**, tranquillizzare q. ***3*** facilitare ***4*** rallentare ***5*** spostare, sistemare con cautela: **to e. a lid shut**, chiudere adagio un coperchio; **to e. st. into place**, mettere a posto q.c. con cautela; **to e. sb. into an armchair**, aiutare q. a sedersi in poltrona; **to e. back a lever**, tirare adagio una leva ***6*** (*scherz.*) alleggerire; derubare ***B*** *v. i.* ***1*** calmarsi; attenuarsi ***2*** (*econ., di prezzi, ecc.*)

diminuire leggermente.
♦ **ease off** *v. i. + avv.* ***1*** calare; diminuire; allentarsi ***2*** lavorare di meno; ridurre il ritmo; prendersela più calma.
♦ **ease out** *v. t. + avv.* cercare di far dare le dimissioni a q.
♦ **ease up** *v. i. + avv. V.* **to ease off**.
easel /ˈiːzl/ *n.* cavalletto (*da pittore, per lavagna, ecc.*).
easily /ˈiːzəlɪ/ *avv.* ***1*** facilmente; comodamente; senza intoppi ***2*** con disinvoltura ***3*** senza dubbio; sicuramente: **e. the richest man in the country**, sicuramente l'uomo più ricco del paese.
easiness /ˈiːzɪnəs/ *n.* Ⓤ facilità.
east /iːst/ ***A*** *n.* ***1*** est; oriente; levante: **in the e.**, a est; a oriente; **Japan is to the e. of China**, il Giappone è a est della Cina ***2*** parte orientale; Est ***3*** — **the E.**, l'Oriente: **the Far** [**Middle, Near**] **E.**, l'Estremo [il Medio, il Vicino] Oriente ***B*** *a.* a est; da est; orientale: **e. wind**, vento da est (*o* di levante); **E. Africa**, Africa Orientale ***C*** *avv.* verso est; verso oriente; a est; a oriente: **to go e.**, andare verso est (*o* verso oriente); **The house faces e.**, la casa è rivolta a est.
eastbound /ˈiːstbaʊnd/ *a.* diretto verso est.
Easter /ˈiːstə(r)/ *n.* Pasqua ● **E. eggs**, uova di Pasqua □ **E. Monday**, il lunedì di Pasqua; Pasquetta (*fam.*) □ **E. week**, la Settimana Santa.
easterly /ˈiːstəlɪ/ ***A*** *a.* ***1*** da est: **e. breeze**, brezza da est ***2*** verso est: **in an e. direction**, in direzione (*o* verso) est ***B*** *n.* vento da est.
eastern /ˈiːstən/ *a.* ***1*** orientale; d'oriente; dell'est: **e. countries**, paesi orientali; **the E. Church**, la Chiesa d'Oriente ***2*** rivolto a est (*o* a oriente); orientale: **the e. side**, il lato orientale (*o* est).
Easterner /ˈiːstənə(r)/ *n.* (*USA*) abitante di uno degli Stati dell'est.
easternmost /ˈiːstənməʊst/ *a.* il più orientale; all'estremo oriente.
Eastertide /ˈiːstətaɪd/ *n.* periodo pasquale.
eastward /ˈiːstwəd/ ***A*** *a.* (verso) est ***B*** **eastward(s)** /ˈiːstwəd(z)/ *avv.* verso est.
easy /ˈiːzɪ/ ***A*** *a.* ***1*** facile; semplice: **e. task**, compito facile (*o* semplice); **e. money**, guadagni facili; **e. to please**, facile da accontentare; **e. to get to**, di facile accesso ***2*** comodo; agiato: **e. life**, vita comoda ***3*** calmo; sereno; tranquillo: **e. conscience**, coscienza tranquilla ***4*** disinvolto: **e. manners**, maniere disinvolte ***5*** (*fam. USA, di donna*) facile ● **e. chair**, poltrona □ **e. game**, facile preda (*fig.*) □ **e. on the ear** [**the eye**], piacevole da ascoltare [da vedere]; gradevole □ **e. to get on with**, con cui si va d'accordo □ **as e. as pie**, facilissimo; uno scherzo □ **by e. stages**, a piccole tappe □ (*fam.*) **I'm e.**, per me va bene; decidi tu □ (*comm.*) **on e. terms**, a condizioni agevolate ***B*** *avv.* ***1*** facilmente ***2*** comodamente; con calma ● (*fam.*) **e. come e. go**, (*di denaro e sim.*) presto venuto, presto andato □ **E. does it!**, piano!; adagio! □ **easier said than done**, si fa presto a dirlo!; è una parola! □ **to go e. on sb.** [**st.**], andarci piano con q. [q.c.] □ (*fam.*) **to take it e.**, non prendersela; prendersela comoda.
easy-going /iːzɪˈgəʊɪŋ/ *a.* accomodante; tollerante; pacifico.
to **eat** /iːt/ (*pass.* **ate**, *p.p.* **eaten**) ***A*** *v. t.* ***1*** mangiare ***2*** consumare (*pasti*); fare: **to e. lunch**, fare colazione; pranzare; **to eat one's meals in a restaurant**, mangiare al ristorante ***3*** (*fig.*) divorare; rodere; **to be eaten up with envy**, essere roso dall'invidia; **What's eating you?**, che cosa ti rode; che cos'hai? ● (*fam. USA*) **to eat crow**, riconoscere di essere in torto; ingollare il rospo □ **to eat one's heart out**, struggersi dal dolore; rodersi (*o* morire) di invidia □ **to eat like a horse**, mangiare come un lupo □ **I could eat a horse**, ho una fame da lupo □ **to eat sb. out of house and home**, avere un appetito che manda in rovina □ **to eat one's words**, rimangiarsi quello che si è detto ***B*** *v. i.* mangiare ● (*fam.*) **to eat out of sb.'s hand**, fare tutto quello che vuole q.
♦ **eat away at** *v. i. + avv. e prep.* rodere; corrodere; intaccare.
♦ **eat in** *v. i. + avv.* mangiare a casa.
♦ **eat into** *v. i. + prep.* ***1*** corrodere ***2*** intaccare (*risparmi, ecc.*).
♦ **eat out** *v. i. + avv.* mangiare fuori; mangiare al ristorante.
♦ **eat up** ***A*** *v. i. + avv.* mangiare tutto ***B*** *v. t. + avv.* ***1*** finire di mangiare ***2*** (*al passivo*) essere divorato; essere roso: **to be eaten up with envy**, essere roso dall'invidia.
eatable /ˈiːtəbl/ ***A*** *a.* mangiabile; commestibile ***B*** *n.* (*al pl.*) commestibili; vivande; viveri.
eaten /ˈiːtn/ *p.p. di* **to eat**.
eater /ˈiːtə(r)/ *n.* mangiatore (-trice): **big e.**, gran mangiatore; **fussy e.**, persona difficile nel mangiare.
eatery /ˈiːtərɪ/ *n.* (*USA*) ristorante; trattoria.
eating /ˈiːtɪŋ/ ***A*** *a.* (il) mangiare ● (*med.*) **e. disorder**, disturbo dell'alimentazione ***B*** *a.* da mangiare; da tavola: **e. apples**, mele da tavola.
eau de Cologne /ˈəʊ də kəˈləʊn/ (*franc.*) *locuz. n.* acqua di Colonia.
eaves /iːvz/ *n. pl.* (*edil.*) gronda; cornicione.
to **eavesdrop** /ˈiːvzdrɒp/ *v. i.* origliare; ascoltare di nascosto.
eavesdropper /ˈiːvzdrɒpə(r)/ *n.* chi origlia.
ebb /ɛb/ *n.* ***1*** riflusso (*della marea*): **on the ebb**, al riflusso; **ebb-tide**, riflusso; bassa marea ***2*** decadenza; declino: **at a low ebb**, a un punto basso.
to **ebb** /ɛb/ *v. i.* ***1*** (*della marea*) rifluire ***2*** decadere; venir meno: **His strength was beginning to ebb**, le forze cominciavano a venirgli meno; **Daylight was ebbing away**, la luce del giorno declinava.
ebonite /ˈɛbənaɪt/ *n.* Ⓤ (*ind.*) ebanite.
ebony /ˈɛbənɪ/ ***A*** *n.* Ⓤ (*bot. e legno*) ebano ***B*** *a.* ***1*** d'ebano ***2*** nero come l'ebano.
ebullience /ɪˈbʌlɪəns, ɪˈbʊ-/ *n.* Ⓤ esuberanza.
ebullient /ɪˈbʌlɪənt, ɪˈbʊ-/ *a.* esuberante.
eccentric /ɪkˈsɛntrɪk/ ***A*** *a.* ***1*** (*geom.*) eccentrico ***2*** eccentrico; originale; stravagante ***B*** *n.* eccentrico (-a).
eccentricity /ɛksɛnˈtrɪsətɪ/ *n.* Ⓤ *e* Ⓒ (*geom. e fig.*) eccentricità.
ecclesiastic /ɪkliːzɪˈæstɪk/ *n.* ecclesiastico.
ecclesiastical /ɪkliːzɪˈæstɪkl/ *a.* ecclesiastico.
echelon /ˈɛʃəlɒn/ *n.* ***1*** Ⓒ *e* Ⓤ (*mil.*) scaglione: **in e.**, a scaglioni ***2*** livello; gradino; grado: **the lower echelons of society**, i gradini più bassi della società; **the higher echelons of the Civil Service**, gli alti livelli dell'amministrazione pubblica.
echo /ˈɛkəʊ/ *n.* (*pl.* **echoes**) eco ● (*naut.*) **e. sounder**, ecometro; ecoscandaglio.
to **echo** /ˈɛkəʊ/ ***A*** *v. i.* ***1*** echeggiare; risuonare ***2*** dare l'eco ***B*** *v. t.* (*fig.*) fare eco a; ripetere.
éclair /eɪˈklɛə(r), ɪ-/ (*franc.*) *n.* (*cucina*) bignè.
eclectic /ɪˈklɛktɪk/ *a. e n.* eclettico.
eclecticism /ɪˈklɛktɪsɪzəm/ *n.* Ⓤ eclettismo.
eclipse /ɪˈklɪps/ *n.* ***1*** (*astron.*) eclissi, eclisse: **lunar e.**, eclissi di luna ***2*** decadenza; declino; eclissi.
to **eclipse** /ɪˈklɪps/ *v. t.* (*astron. e fig.*) eclissare: (*astron.*) **to be eclipsed**, eclissarsi.
ecliptic /ɪˈklɪptɪk/ *n.* (*astron.*) eclittica.
eco-friendly /iːkəʊˈfrɛndlɪ, ɛ-/ *a.* non dannoso per l'ambiente; ecologico.
ecological /iːkəˈlɒdʒɪkl, ɛ-/ *a.* ecologico.
ecologist /ɪˈkɒlədʒɪst/ *n.* ecologo (-a).
ecology /ɪˈkɒlədʒɪ/ *n.* Ⓤ ecologia.
economic /iːkəˈnɒmɪk, ɛk-/ *a.* economico: **e. policy**, politica economica; **e. geography**, geografia economica; **e. prices**, prezzi economici.
economical /iːkəˈnɒmɪkl, ɛk-/ *a.* ***1*** economico; conveniente ***2*** economo; parsimonioso ● (*scherz.*) **e. with the truth**, che non dice tutta la verità; che nasconde la verità.
economics /iːkəˈnɒmɪks, ɛk-/ *n. pl.* (*col verbo al sing.*) ***1*** economia; scienze economiche ***2*** aspetto economico.
to **economise** /ɪˈkɒnəmaɪz/ (*GB*) *V.* **to economize**.
economist /ɪˈkɒnəmɪst, ɛk-/ *n.* economista.
to **economize** /ɪˈkɒnəmaɪz/ *v. t. e i.* fare economia (di); economizzare; risparmiare.
economy /ɪˈkɒnəmɪ/ ***A*** *n.* Ⓒ *e* Ⓤ economia: **an expanding e.**, un'economia in espansione; **domestic e.**, economia domestica; **economies of scale**, economie di scala; **to make economies**, fare economia ***B*** *a.* economico: (*aeron.*) **e. class**, classe economica (*o* turistica); **e. size**, formato economico.
ecosystem /ˈiːkəʊsɪstəm/ *n.* ecosistema.
ecoterrorism /iːkəʊˈtɛrərɪzəm, ɛ-/ *n.* terrorismo ecologico.
ecstasy /ˈɛkstəsɪ/ *n.* ***1*** Ⓒ *e* Ⓤ estasi; rapimento mistico ***2*** estasi; trasporto: **We were all in e.**, eravamo tutti in estasi (*o* estasiati); **in an e. of delight**, in un trasporto di gioia; **to go into ecstasies over st.**, andare in estasi per q.c. ***3*** Ⓤ (*droga*) ecstasy.
ecstatic /ɪkˈstætɪk/ *a.* estatico; estasiato; in estasi.
ectopic /ɛkˈtɒpɪk/ *a.* (*med.*) ectopico ● **e. pregnancy**, gra-

vidanza extrauterina.

ecumenical /iːkjʊˈmɛnɪkl, *USA* ɛk-/ *a.* ecumenico.

ecumenism /ɪˈkjuːmənɪzəm, *USA* ɛk-/ *n.* ecumenismo.

eczema /ˈɛksɪmə, *USA* ɪgˈziːmə/ *n.* U (*med.*) eczema.

eddy /ˈɛdɪ/ *n.* mulinello; vortice; turbine.

to **eddy** /ˈɛdɪ/ *v. i.* mulinare; turbinare; girare vorticosamente.

edelweiss /ˈeɪdlvaɪs/ (*ted.*) *n.* U (*bot.*) stella alpina.

Eden /ˈiːdn/ *n.* (*fig.*) eden; paradiso terrestre.

edge /ɛdʒ/ *n.* **1** bordo, orlo (*di abito, ecc.*); ciglio (*di strada, burrone*); margine, limitare (*di foresta*); sponda, riva, bordo (*di lago, ecc.*) **2** filo, taglio (*di lama*) **3** (*al pl.*) bordi (*di libro*) **4** orlo (*fig.*): **on the e. of madness**, sull'orlo della pazzia **5** (*fam.*) (margine di) vantaggio: **to have the e. on sb.**, essere in vantaggio su q. **6** nota dura (*nella voce*) • **on e.**, nervoso; con i nervi tesi □ (*fam. USA*) **on the e.**, prossimo alla pazzia □ **to set sb.'s teeth on e.**, fare rabbrividire q.; dare sui nervi a q. □ **to take the e. off st.**, attenuare q.c.; calmare q.c.

to **edge** /ɛdʒ/ **A** *v. t.* **1** orlare; bordare **2** spostare gradatamente: **He edged his chair closer to the table**, si accostò con la sedia al tavolo; **to e. one's way through the crowd**, farsi largo attraverso la folla; **to e. sb. out**, allontanare q. a poco a poco **B** *v. i.* spostarsi gradatamente: **to e. away**, allontanarsi di soppiatto; andarsene alla chetichella; **to e. in [out]**, entrare [uscire] alla chetichella.

edged /ɛdʒd/ *a. pred.* **1** bordato; orlato; fiancheggiato: **e. with poplars**, fiancheggiato da pioppi **2** con una punta (di): **e. with irony**, con una punta di ironia.

edgeways /ˈɛdʒweɪz/, **edgewise** /ˈɛdʒwaɪz/ *avv.* di taglio; di fianco; di traverso.

edging /ˈɛdʒɪŋ/ *n.* orlo; frangia; guarnizione.

edgy /ˈɛdʒɪ/ *a.* nervoso; irritabile.

edible /ˈɛdəbl/ *a.* commestibile; mangereccio.

edict /ˈiːdɪkt/ *n.* editto; ordine; proclama.

edification /ɛdɪfɪˈkeɪʃn/ *n.* U edificazione.

edifice /ˈɛdɪfɪs/ *n.* edificio.

to **edify** /ˈɛdɪfaɪ/ *v. t.* (*form.*) edificare.

edifying /ˈɛdɪfaɪɪŋ/ *a.* (*form.*) edificante.

to **edit** /ˈɛdɪt/ *v. t.* **1** curare l'edizione critica di **2** preparare (*un testo*) per la stampa (*o* la trasmissione); rivedere **3** dirigere (*un giornale, una rivista, ecc.*) **4** (*cinem., TV*) montare • **edited by**, a cura di.

♦ **edit out** *v. t. + avv.* togliere; espungere; censurare.

editing /ˈɛdɪtɪŋ/ *n.* elaborazione redazionale; editing.

edition /ɪˈdɪʃn/ *n.* edizione: **pocket e.**, edizione tascabile; **limited e.**, tiratura limitata.

editor /ˈɛdɪtə(r)/ *n.* **1** curatore (-trice) (*di un testo*) **2** direttore (-trice) (*di giornale, rivista, ecc.*) **3** redattore (-trice) (*di giornale, di casa editrice*): (*giorn.*) **e. in chief**, redattore capo; **art e.**, grafico **4** scrittore (-trice) di articoli di fondo; editorialista **5** (*cinem., TV*) tecnico del montaggio. ATTENZIONE: **editor** ≠ editore.

editorial /ɛdɪˈtɔːrɪəl/ **A** *a.* **1** del curatore; curatoriale **2** del direttore (*di un giornale*) **3** redazionale **B** *n.* articolo di fondo; editoriale • **e. staff**, redazione (*di giornale*).

to **editorialize**, (*GB anche*) to **editorialise** /ɛdɪˈtɔːrɪəlaɪz/ *v. i.* **1** scrivere un editoriale, un articolo d'opinione **2** (*giorn.*) essere tendenzioso.

editorship /ˈɛdɪtəʃɪp/ *n.* U direzione (*di un giornale, ecc.*).

to **educate** /ˈɛdʒʊkeɪt/ **A** *v. t.* **1** istruire; provvedere all'istruzione di: **He was educated in France**, ha studiato (*o* ha fatto i suoi studi) in Francia **2** educare; affinare; coltivare **B** to **educate oneself** *v. rifl.* istruirsi.

educated /ˈɛdʒʊkeɪtɪd/ *a.* **1** colto; istruito **2** raffinato: **e. tastes**, gusti raffinati • (*fam.*) **e. guess**, ipotesi fondata. ATTENZIONE: **educated** ≠ educato.

education /ɛdʒʊˈkeɪʃn/ *n.* U **1** istruzione: **high-school** (*o* **secondary**) **e.**, istruzione secondaria; **to have a university e.**, avere una preparazione universitaria; **cuts in e.**, tagli alle spese per la pubblica istruzione **2** insegnamento; didattica: **to work in e.**, occuparsi di didattica **3** pedagogia: **a degree in e.**, una laurea in pedagogia **4** educazione; affinamento (*di qualità naturali, ecc.*) • (*in G.B.*) **Department of E. and Science**, Ministero della Pubblica Istruzione e della Scienza. ATTENZIONE: **education** ≠ educazione.

educational /ɛdʒʊˈkeɪʃənl/ *a.* **1** di istruzione; di insegnamento; didattico; pedagogico: **e. methods**, metodi didattici; **e. psychologist**, psicopedagogista; **e. psychology**, psicopedagogia **2** istruttivo; educativo.

educationalist /ɛdʒʊˈkeɪʃənəlɪst/, **educationist** /ɛdʒʊˈkeɪʃənɪst/ *n.* pedagogista.

educative /ˈɛdʒʊkətɪv, *USA* -eɪtɪv/ *a.* educativo.

educator /ˈɛdʒʊkeɪtə(r)/ *n.* **1** educatore (-trice) **2** pedagogista.

Edwardian /ɛdˈwɔːdɪən/ *a.* edoardiano (*del regno di Edoardo VII*).

eel /iːl/ *n.* (*zool.*) anguilla.

eerie, eery /ˈɪərɪ/ *a.* che dà i brividi; inquietante; misterioso.

to **efface** /ɪˈfeɪs/ **A** *v. t.* cancellare **B** to **efface oneself** *v. rifl.* tenersi in disparte.

effect /ɪˈfɛkt/ *n.* **1** C e U effetto; risultato; conseguenza **2** (*al pl.*) effetti personali • **to be brought into e.**, entrare in vigore; essere attuato □ **for e.**, per far colpo □ **to give e. to**, attuare (*una promessa, un provvedimento*) □ **in e.**, di fatto; in realtà □ **His words produced an e.**, le sue parole fecero colpo □ **to put st. into e.**, mandare a effetto (*o* mettere in atto) q.c. □ **to remain in e.**, rimanere in vigore □ (*cinem.*) **special effects**, effetti speciali □ **to take e.**, avere effetto; (*di legge, ecc.*) entrare in vigore □ **an announcement to this e.**, un annuncio in questo senso □ **Her message was to the e. that we were to...**, il suo messaggio diceva che noi dovevamo... □ **to no e.**, inutilmente; invano.

to **effect** /ɪˈfɛkt/ *v. t.* **1** attuare; effettuare; compiere **2** operare: **to e. a reconciliation**, operare una riconciliazione.

effective /ɪˈfɛktɪv/ *a.* **1** efficace **2** che fa effetto; che colpisce **3** reale; effettivo **4** in vigore; operante: **to become e.**, entrare in vigore.

effectively /ɪˈfɛktɪvlɪ/ *avv.* **1** efficacemente **2** di fatto; sostanzialmente.

effectiveness /ɪˈfɛktɪvnəs/ *n.* U efficacia.

effectual /ɪˈfɛktʃʊəl/ *a.* (*form.*) efficace.

to **effectuate** /ɪˈfɛktʃʊeɪt/ *v. t.* (*form.*) effettuare; compiere.

effeminacy /ɪˈfɛmɪnəsɪ/ *n.* U effeminatezza.

effeminate /ɪˈfɛmɪnət/ *a.* effeminato.

to **effervesce** /ɛfəˈvɛs/ *v. i.* essere effervescente.

effervescence /ɛfəˈvɛsns/ *n.* U (*anche fig.*) effervescenza.

effervescent /ɛfəˈvɛsnt/ *a.* (*anche fig.*) effervescente.

effete /ɪˈfiːt/ *a.* **1** indebolito; fiacco **2** effeminato.

efficacious /ɛfɪˈkeɪʃəs/ *a.* efficace.

efficacy /ˈɛfɪkəsɪ/ *n.* U efficacia.

efficiency /ɪˈfɪʃnsɪ/ *n.* U **1** efficienza **2** (*tecn., ind.*) efficienza; rendimento.

efficient /ɪˈfɪʃnt/ *a.* efficiente.

effigy /ˈɛfɪdʒɪ/ *n.* effigie.

efflorescence /ɛflɔːˈrɛsns, -lə-/ *n.* U (*bot.*) fioritura.

effluent /ˈɛflʊənt/ *n.* prodotti di scarico; acque nere; liquami.

effluvium /ɪˈfluːvɪəm/ *n.* (*pl.* **effluvia** /-vɪə/) effluvio.

effort /ˈɛfət/ *n.* **1** U e C sforzo: **to make an e.**, fare uno sforzo; sforzarsi; fare il possibile; **joint e.**, sforzo comune; **It's not worth the e.**, non ne vale la pena **2** (*fam.*) lavoro: **poor e.**, lavoro scadente; **my latest e.**, la mia ultima fatica; **not a bad e.**, niente male.

effortless /ˈɛfətləs/ *a.* **1** che non richiede sforzo; facile **2** spontaneo; disinvolto; sciolto.

effrontery /ɪˈfrʌntərɪ/ *n.* U e C sfrontatezza; impudenza; sfacciataggine.

effulgence /ɪˈfʌldʒəns/ *n.* U fulgore; fulgidezza; splendore.

effulgent /ɪˈfʌldʒənt/ *a.* fulgido; splendido; splendente.

effusion /ɪˈfjuːʒn/ *n.* U e C effusione.

effusive /ɪˈfjuːsɪv/ *a.* **1** espansivo; esuberante; pieno di effusioni **2** (*geol.*) effusivo.

egalitarian /ɪgælɪˈtɛərɪən/ *a. e n.* (*polit.*) egualitario.

egalitarianism /ɪgælɪˈtɛərɪənɪzəm/ *n.* U (*polit.*) egualitarismo.

egg /ɛg/ *n.* **1** uovo: **to lay an egg**, deporre (*o* fare) l'uovo; **boiled [hard-boiled, soft-boiled] egg**, uovo alla coque [sodo, bazzotto]; **scrambled eggs**, uova strapazzate **2** (*pop.*) individuo; tipo: **bad egg**, tipaccio • **egg-whisk**, frusta (per montare le uova) □ **egg white**, chiara d'uovo; albume □ **to have egg on one's face**, fare una figuraccia □ **in the egg**, allo stato embrionale; in potenza □ **to put all one's eggs in one basket**, puntare tutto su una carta sola.

to **egg** /ɛg/ *v. Solo come*:

♦ **egg on** *v. t. + avv.* **1** incitare; spingere **2** istigare.

eggcup /ˈɛgkʌp/ *n.* portauovo.

egghead /ˈɛghɛd/ *n.* (*fam. spreg.*) intellettuale; testa

d'uovo.
eggnog /ɛg'nɒg/ *n.* Ⓤ *e* Ⓒ zabaione.
eggplant /'ɛgplɑːnt, *USA* -ænt/ *n.* (*USA*) melanzana.
eggshell /'ɛgʃɛl/ *n.* guscio d'uovo • **e. china**, porcellana finissima □ **e. paint**, vernice opaca.
eglantine /'ɛgləntaɪn/ *n.* Ⓤ (*bot.*) rosa canina; rosa di macchia.
ego /'iːgəʊ, ɛ-/ *n.* (*pl.* **egos**) *1* ego; io *2* (*psic.*) io • **ego-trip**, comportamento esibizionistico; gratificazione del proprio io.
egocentric /iːgəʊ'sɛntrɪk, ɛ-/ *a. e n.* egocentrico.
egocentricity /iːgəʊsɛn'trɪsətɪ, ɛ-/ *n.* egocentrismo.
egoism /'iːgəʊɪzəm, ɛ-/ *n.* Ⓤ *1* egoismo *2* egotismo; egocentrismo.
egoist /'iːgəʊɪst, ɛ-/ *n.* *1* egoista *2* egocentrico (-a).
egoistic /iːgəʊ'ɪstɪk, ɛ-/ *a.* *1* egoistico *2* egocentrico.
egomania /iːgəʊ'meɪnɪə, ɛ-/ *n.* egocentrismo esasperato.
egotism /'iːgəʊtɪzəm, ɛ-/ *n.* Ⓤ egotismo; egocentrismo.
egotist /'iːgəʊtɪst, ɛ-/ *n.* egocentrico (-a).
egotistic /iːgəʊ'tɪstɪk, ɛ-/ *a.* egotistico.
egregious /ɪ'griːdʒəs/ *a.* enorme; madornale. ATTENZIONE: **egregious** ≠ egregio.
egret /'iːgrət/ *n.* *1* (*zool.*) airone bianco *2* (*moda*) aigrette.
Egyptian /ɪ'dʒɪpʃn/ *a. e n.* egiziano; (*stor.*) egizio.
Egyptologist /iːdʒɪp'tɒlədʒɪst/ *n.* egittologo (-a).
Egyptology /iːdʒɪp'tɒlədʒɪ/ *n.* Ⓤ egittologia.
eider /'aɪdə(r)/ *n.* (*zool., anche* **e. duck**) edredone.
eiderdown /'aɪdədaʊn/ *n.* *1* Ⓤ piumino di edredone *2* piumino; piumone ®.
eight /eɪt/ *a. e n.* otto • (*in U.S.A.*) **800 number** (*o* **line**), numero verde.
eighteen /eɪ'tiːn/ *a. e n.* diciotto • (*USA*) **18-wheeler**, grosso autotreno (*con 18 ruote*).
eighteenth /eɪ'tiːnθ/ *a. e n.* diciottesimo.
eighth /eɪtθ/ *a. e n.* ottavo • (*mus., USA*) **e. note**, croma.
eightieth /'eɪtɪəθ/ *a. e n.* ottantesimo.
eighty /'eɪtɪ/ *a. e n.* ottanta. (*Per gli esempi d'uso, V. sotto* **forty**).
either /'aɪðə(r), *USA* 'iːðə(r)/ ***A*** *a. e pron.* *1* uno dei due; l'uno o l'altro: **E. one will do**, l'uno o l'altro andrà bene; **Take e.**, prendi quello che vuoi *2* entrambi; ambo: **on e. side**, da ambo i lati; **I don't like e.**, non mi piace né l'uno né l'altro ***B*** *avv.* (*dopo una neg.*) neanche; nemmeno; neppure: **I didn't go e.**, non ci sono andato nemmeno io; **I don't want that, e.**, non voglio neanche quello ***C*** *cong.* o: **e. in Rome or in Florence**, o a Roma o a Firenze.
to **ejaculate** /ɪ'dʒækjʊleɪt/ *v. t.* *1* eiaculare *2* (*form.*) esclamare.
ejaculation /ɪdʒækjʊ'leɪʃn/ *n.* *1* eiaculazione *2* (*form.*) esclamazione.
to **eject** /ɪ'dʒɛkt/ ***A*** *v. t.* *1* espellere; sfrattare *2* (*mecc.*) eiettare; espellere ***B*** *v. i.* (*aeron.*) lanciarsi azionando il seggiolino eiettabile.
ejection /ɪ'dʒɛkʃn/ *n.* Ⓤ *e* Ⓒ *1* espulsione *2* (*mecc.*) espulsione; eiezione.
ejector /ɪ'dʒɛktə(r)/ *n.* espulsore (*di arma da fuoco*) • (*aeron.*) **e. seat**, seggiolino eiettabile.
to **eke** /iːk/ *v. Solo come*:
♦ **eke out** *v. t. + avv.* arrotondare (*lo stipendio, ecc.*) • **to eke out a living**, sbarcare il lunario.
elaborate /ɪ'læbərət/ *a.* elaborato; complesso; minuzioso.
to **elaborate** /ɪ'læbəreɪt/ *v. t.* elaborare; sviluppare: **Could you e.?**, puoi essere più particolareggiato?
elaboration /ɪlæbə'reɪʃn/ *n.* Ⓤ *e* Ⓒ elaborazione.
to **elapse** /ɪ'læps/ *v. i.* (*del tempo*) passare; trascorrere.
elastic /ɪ'læstɪk/ ***A*** *a.* (*anche fig.*) elastico: **e. band**, elastico (*anello di gomma*) ***B*** *n.* Ⓤ (nastro) elastico: **a skirt with e. round the waist**, una gonna con l'elastico in vita.
elasticity /iːlæ'stɪsətɪ, ɛ-, ɪ-/ *n.* Ⓤ elasticità.
elasticized /ɪ'læstɪsaɪzd/ *a.* elasticizzato.
elated /ɪ'leɪtɪd/ *a.* esultante; euforico.
elation /ɪ'leɪʃn/ *n.* Ⓤ esultanza; giubilo; euforia.
elbow /'ɛlbəʊ/ *n.* gomito • (*fam.*) **e. grease**, olio di gomito □ **e.-room**, spazio (per muoversi) □ **at one's e.**, a portata di mano □ (*pop. GB*) **to give sb. the e.**, licenziare; metter fuori □ **out at (the) elbows**, (*di indumento*) sdrucito ai gomiti; (*di persona*) male in arnese.
to **elbow** /'ɛlbəʊ/ *v. t.* dare gomitate a; spostare a gomitate: **to e. sb. to one side**, allontanare q. con una gomitata; **to e. one's way through the crowd**, farsi largo fra la folla a gomitate.
elder (**1**) /'ɛldə(r)/ ***A*** *a.* (*compar. di* **old**) più vecchio; maggiore (*d'età, fra due membri di una famiglia*): **her e. son**, il maggiore dei suoi figli • **e. statesman**, uomo politico anziano e di grande prestigio ***B*** *n.* *1* (il) più vecchio (*di due*): **She is my e. by ten years**, è maggiore (*o* più vecchia) di me di dieci anni; **You should respect your elders**, dovresti rispettare chi è più anziano di te *2* (*al pl.*) anziani (*in una comunità*) *3* (*eccles.*) pastore (*specialm. presbiteriano*) • **Pliny the E.**, Plinio il Vecchio.
elder (**2**) /'ɛldə(r)/ *n.* Ⓒ *e* Ⓤ (*bot.*) sambuco.
elderberry /'ɛldəbrɪ, *USA* -bɛrɪ/ *n.* bacca di sambuco.
elderly /'ɛldəlɪ/ *a.* *1* anziano: **the e.**, gli anziani *2* (*di cosa*) vecchiotto.
eldest /'ɛldɪst/ ***A*** *a.* (*superl. di* **old**) (il) più vecchio, (il) maggiore (*tra più di due membri di una famiglia*) ***B*** *n.* (figlio) primogenito; (figlia) primogenita.
elect /ɪ'lɛkt/ *a.* (*form.*) eletto; designato: **the president e.**, il presidente eletto.
to **elect** /ɪ'lɛkt/ *v. t.* *1* eleggere *2* decidere; scegliere.
election /ɪ'lɛkʃn/ *n.* Ⓤ *e* Ⓒ elezione; elezioni: **general e.**, elezioni (politiche); **local elections**, elezioni amministrative; **e. results**, risultati elettoriali.
to **electioneer** /ɪlɛkʃə'nɪə(r)/ *v. i.* fare propaganda elettorale.
electioneering /ɪlɛkʃə'nɪərɪŋ/ *n.* Ⓤ propaganda elettorale.
elective /ɪ'lɛktɪv/ *a.* elettivo.
elector /ɪ'lɛktə(r)/ *n.* elettore (-trice).
electoral /ɪ'lɛktərəl/ *a.* elettorale: **e. register** (*o* **roll**), registro elettorale.
electorate /ɪ'lɛktərət/ *n.* elettorato.
electric /ɪ'lɛktrɪk/ *a.* *1* elettrico; **e. blanket**, coperta elettrica; **e. chair**, sedia elettrica; **e. shock**, scossa; (*med.*) shock da folgorazione; **e. blue**, blu elettrico *2* (*fig.*) elettrico; elettrizzante • (*fam.*) **e. eye**, cellula fotoelettrica □ (*meteor.*) **e. storm**, temporale □ **e. train**, elettrotreno.
electrical /ɪ'lɛktrɪkl/ *a.* *1* elettrico: **e. output**, erogazione di energia elettrica; **e. appliances**, elettrodomestici; **e. failure**, guasto all'impianto elettrico *2* elettrotecnico: **e. engineer**, ingegnere elettrotecnico; **e. engineering**, elettrotecnica.
electrician /ɪlɛk'trɪʃn/ *n.* elettricista.
electricity /ɪlɛk'trɪsətɪ/ *n.* Ⓤ elettricità.
electrification /ɪlɛktrɪfɪ'keɪʃn/ *n.* Ⓤ elettrificazione.
to **electrify** /ɪ'lɛktrɪfaɪ/ *v. t.* *1* elettrificare *2* elettrizzare.
electrocardiogram /ɪlɛktrəʊ'kɑːdɪəgræm/ *n.* (*med.*) elettrocardiogramma.
electroconvulsive /ɪlɛktrəʊkən'vʌlsɪv/ *a.* (*med.*) elettoconvulsivo • **e. therapy**, elettroshockterapia; elettroshock.
to **electrocute** /ɪ'lɛktrəkjuːt/ *v. t.* *1* fulminare (*con la scossa elettrica*) *2* (*leg.*) giustiziare sulla sedia elettrica.
electrocution /ɪlɛktrə'kjuːʃn/ *n.* (*leg.*) esecuzione capitale mediante sedia elettrica.
electrode /ɪ'lɛktrəʊd/ *n.* elettrodo.
electroencephalogram /ɪlɛktrəʊɛn'sɛfələgræm/ *n.* (*med.*) elettroencefalogramma.
electrolysis /ɪlɛk'trɒləsɪs/ *n.* Ⓤ (*chim.*) elettrolisi.
electrolyte /ɪ'lɛktrəlaɪt/ *n.* (*chim., fis.*) elettrolito, elettrolita.
electrolytic /ɪlɛktrəʊ'lɪtɪk/ *a.* electrolitico.
electromagnet /ɪlɛktrəʊ'mægnɪt/ *n.* elettromagnete; elettrocalamita.
electromagnetic /ɪlɛktrəʊmæg'nɛtɪk/ *a.* elettromagnetico.
electromagnetism /ɪlɛktrəʊ'mægnətɪzəm/ *n.* Ⓤ elettromagnetismo.
electron /ɪ'lɛktrɒn/ *n.* (*fis.*) elettrone • **e. microscope**, microscopio elettronico.
electronic /ɪlɛk'trɒnɪk/ *a.* elettronico.
electronics /ɪlɛk'trɒnɪks/ *n. pl.* (*col verbo al sing.*) elettronica.
electroplate /ɪ'lɛktrəpleɪt/ *n.* Ⓤ (*ind.*) oggetti placcati (mediante galvanostegia).
to **electroplate** /ɪ'lɛktrəpleɪt/ *v. t.* (*ind.*) placcare con galvanostegia.
electroshock therapy /ɪ'lɛktrəʊʃɒk 'θɛrəpɪ/ *locuz. n.* elettroshockterapia; elettroshock.
elegance /'ɛlɪgəns/ *n.* Ⓤ eleganza.
elegant /'ɛlɪgənt/ *a.* elegante.
elegiac /ɛlɪ'dʒaɪək, ɪ'liːdʒɪæk/ *a.* elegiaco.
elegy /'ɛlədʒɪ/ *n.* elegia.

element /ˈɛlɪmənt/ *n.* **1** (*chim., elettr.*) elemento **2** elemento; fattore; componente: **an e. of risk**, un fattore di rischio; **an e. of truth**, un elemento di verità **3** elemento; individuo **4** (*al pl.*) (gli) elementi; (il) brutto tempo **5** (*al pl.*) nozioni elementari; elementi: **elements of physics**, elementi di fisica • **to be in [out of] one's e.**, trovarsi nel [fuori del] proprio elemento.

elemental /ɛlɪˈmɛntl/ *a.* **1** fondamentale; primitivo; primordiale **2** delle (*o* simile alle) forze della natura: **e. fury**, furia selvaggia **3** (*chim.*) elementare; semplice.

elementary /ɛlɪˈmɛntrɪ/ *a.* elementare: **e. school** scuola elementare; (*chim.*) **e. particle**, particella elementare.

elephant /ˈɛlɪfənt/ *n.* elefante • (*fig.*) **white e.**, cosa costosa, ingombrante e inutile.

elephantine /ɛlɪˈfæntaɪn/ *a.* elefantesco; mastodontico.

to **elevate** /ˈɛlɪveɪt/ *v. t.* elevare.

elevated /ˈɛlɪveɪtɪd/ *a.* **1** elevato; alto; nobile **2** sopraelevato: **e. railway**, ferrovia soprelevata.

elevating /ˈɛlɪveɪtɪŋ/ *a.* che eleva lo spirito; (*iron.*) esaltante.

elevation /ɛlɪˈveɪʃn/ *n.* **1** [U] *e* [C] elevazione; innalzamento **2** altitudine; altezza **3** (*form.*) altura **4** [U] elevatezza; nobiltà **5** (*archit.*) prospetto **6** angolo di elevazione (*di arma da fuoco, di strumento ottico*).

elevator /ˈɛlɪveɪtə(r)/ *n.* **1** (*USA*) ascensore **2** (*mecc.*) elevatore; montacarichi **3** (*agric.*) silos **4** (*aeron.*) timone di profondità **5** (*calzoleria*) alzatacco interno.

eleven /ɪˈlɛvn/ *a. e n.* undici • (*in G.B., un tempo*) **e.-plus** (**examination**), esame di ammissione alla «grammar school» (*q.V.*) □ (*sport*) **the e.**, gli undici (*di una squadra*).

elevenses /ɪˈlɛvnzɪz/ *n.* [U] (*fam., GB*) spuntino a metà mattina.

eleventh /ɪˈlɛvnθ/ *a. e n.* undicesimo • **at the e. hour**, all'ultimo momento; appena in tempo.

elf /ɛlf/ *n.* (*pl.* **elves**) elfo; folletto.

elfin /ˈɛlfɪn/ *a.* di elfo; da elfo; (*estens.*) delicato.

to **elicit** /ɪˈlɪsɪt/ *v. t.* (*form.*) ottenere; suscitare; strappare (*informazioni, applausi, ecc.*): **to e. a response**, ottenere una risposta.

to **elide** /ɪˈlaɪd/ *v. t.* elidere.

eligibility /ɛlɪdʒəˈbɪlətɪ/ *n.* [U] idoneità. ATTENZIONE: **eligibility** ≠ eleggibilità.

eligible /ˈɛlɪdʒəbl/ *a.* che ha i requisiti per; che ha diritto a; idoneo • **an e. young man**, un buon partito. ATTENZIONE: **eligible** ≠ eleggibile.

to **eliminate** /ɪˈlɪmɪneɪt/ *v. t.* eliminare; scartare.

elimination /ɪˈlɪmɪneɪʃn/ *n.* [U] *e* [C] eliminazione.

elision /ɪˈlɪʒn/ *n.* [U] *e* [C] elisione.

élite /eɪˈliːt, ɪ-/ (*franc.*) *n.* élite; fior fiore.

elitism /eɪˈliːtɪzəm, ɪ-/ *n.* elitarismo.

elitist /eɪˈliːtɪst, ɪ-/ **A** *n.* elitista **B** *a.* elitista; elitario.

elixir /ɪˈlɪksɪə(r)/ *n.* elisir.

Elizabethan /ɪlɪzəˈbiːθn, -ɛθn, ɪˈlɪzəb-/ *a. e n.* elisabettiano.

elk /ɛlk/ *n.* (*zool.*) alce.

ellipse /ɪˈlɪps/ *n.* (*geom.*) ellisse.

ellipsis /ɪˈlɪpsɪs/ *n.* (*pl.* **ellipses** /-siːz/) [U] *e* [C] (*ling.*) ellissi.

elliptic(al) /ɪˈlɪptɪk(l)/ *a.* (*geom., gramm*) ellittico.

elm /ɛlm/ *n.* [C] *e* [U] (*bot.*) olmo.

elocution /ɛləˈkjuːʃn/ *n.* [U] elocuzione.

to **elongate** /ˈiːlɒŋgeɪt, *USA* ɪˈlɔːŋ-/ **A** *v. t.* allungare **B** *v. i.* allungarsi.

elongation /iːlɒŋˈgeɪʃn, *USA* -ɔːŋ-/ *n.* [U] *e* [C] allungamento.

to **elope** /ɪˈləʊp/ *v. i.* fuggire (*insieme, per sposarsi*).

elopement /ɪˈləʊpmənt/ *n.* [C] *e* [U] fuga (*per sposarsi*); fuga romantica.

eloquence /ˈɛləkwəns/ *n.* [U] eloquenza.

eloquent /ˈɛləkwənt/ *a.* eloquente.

else /ɛls/ **A** *a. e avv.* (*dopo un pron. interr. o un composto di* **some, any, no, every**) altro: **What e. could I say?**, che altro potevo dire?; **Who e. was there?**, chi altri c'era?; **nothing e.**, nient'altro; nulla più; **everybody e.**, tutti gli altri; **nowhere e.**, in nessun altro luogo; **little e.** (*o* **not much e.**), poco altro **B** *cong.* — **or e.**, altrimenti; se no.

elsewhere /ɛlsˈwɛə(r), *USA* ˈɛlshwɛə(r)/ *avv.* altrove; in qualche altro luogo.

to **elucidate** /ɪˈluːsɪdeɪt/ *v. t.* delucidare; chiarire; spiegare.

elucidation /ɪluːsɪˈdeɪʃn/ *n.* [U] delucidazione; chiarimento; spiegazione.

to **elude** /ɪˈluːd, ɪˈljuːd/ *v. t.* eludere; sfuggire a; sottrarsi a: **to e. one's pursuers**, sottrarsi agli inseguitori; **Success eluded him**, il successo non gli ha arriso.

elusive /ɪˈluːsɪv, ɪˈlj-/ *a.* **1** inafferrabile; sfuggente; fantomatico **2** elusivo; vago; difficile da cogliere.

elves /ɛlvz/ *pl. di* **elf**.

Elysium /ɪˈlɪzɪəm/ *n.* **1** (*mitol.*) Elisio **2** (*fig.*) paradiso.

'em /əm, m/ *vc. verb. abbr. fam. di* **them**.

emaciated /ɪˈmeɪʃɪeɪtɪd/ *a.* emaciato; smunto.

emaciation /ɪmeɪsɪˈeɪʃn/ *n.* [U] emaciazione; deperimento.

E-mail, **e-mail** /ˈiːmeɪl/ *n.* posta elettronica; e-mail.

to **emanate** /ˈɛməneɪt/ **A** *v. i.* emanare; derivare; scaturire **B** *v. t.* emanare; sprigionare.

emanation /ɛməˈneɪʃn/ *n.* [U] *e* [C] emanazione.

to **emancipate** /ɪˈmænsɪpeɪt/ *v. t.* emancipare.

emancipation /ɪmænsɪˈpeɪʃn/ *n.* [U] emancipazione.

to **emasculate** /ɪˈmæskjʊleɪt/ *v. t.* **1** evirare; castrare **2** (*fig.*) infiacchire; indebolire.

emasculation /ɪmæskjʊˈleɪʃn/ *n.* [U] **1** evirazione; castrazione **2** (*fig.*) infiacchimento; indebolimento.

to **embalm** /ɪmˈbɑːm, *USA* -m, -lm/ *v. t.* imbalsamare.

embalmer /ɪmˈbɑːmə(r), *USA* -m-, -lm-/ *n.* imbalsamatore.

embankment /ɪmˈbæŋkmənt/ *n.* terrapieno; alzaia.

embargo /ɪmˈbɑːgəʊ/ *n.* (*pl.* **embargoes**) **1** (*leg., naut.*) embargo: **to put an e. on st.**, mettere l'embargo su q.c.; **to be under an e.**, essere sotto embargo; **to lift the e.**, togliere l'embargo **2** divieto; proibizione.

to **embargo** /ɪmˈbɑːgəʊ/ *v. t.* (*leg., naut.*) **1** mettere l'embargo su (*navi, merci*) **2** requisire, sequestrare (*navi, merci*).

to **embark** /ɪmˈbɑːk/ *v. t.* imbarcare.

♦ **embark on** (*o* **upon**) *v. i. + prep.* imbarcarsi in; intraprendere: **to e. on a new venture**, imbarcarsi in una nuova impresa; **to e. on a new career**, intraprendere una nuova carriera.

embarkation /ɛmbɑːˈkeɪʃn/ *n.* [U] *e* [C] imbarco.

to **embarrass** /ɪmˈbærəs/ *v. t.* **1** imbarazzare; confondere **2** mettere in difficoltà.

embarrassing /ɪmˈbærəsɪŋ/ *a.* imbarazzante.

embarrassment /ɪmˈbærəsmənt/ *n.* **1** [U] imbarazzo; perplessità **2** impiccio; fastidio **3** difficoltà: **financial e.**, difficoltà finanziarie • **e. of riches**, sovrabbondanza; eccesso.

embassy /ˈɛmbəsɪ/ *n.* ambasciata.

embattled /ɪmˈbætld/ *a.* **1** circondato (dai nemici) **2** assediato da difficoltà.

to **embed** /ɪmˈbɛd/ *v. t.* **1** conficcare; incassare; incastrare **2** (*fig.*) imprimere; radicare: **deeply embedded prejudices**, pregiudizi radicati.

to **embellish** /ɪmˈbɛlɪʃ/ *v. t.* abbellire.

embellishment /ɪmˈbɛlɪʃmənt/ *n.* [U] *e* [C] abbellimento.

ember /ˈɛmbə(r)/ *n.* tizzone; carbone ardente; (*al pl., anche*) brace.

to **embezzle** /ɪmˈbɛzl/ *v. t.* (*leg.*) appropriarsi indebitamente di; malversare.

embezzlement /ɪmˈbɛzlmənt/ *n.* [U] (*leg.*) appropriazione indebita; malversazione; peculato.

embezzler /ɪmˈbɛzlə(r)/ *n.* (*leg.*) malversatore.

to **embitter** /ɪmˈbɪtə(r)/ *v. t.* amareggiare; inasprire.

to **emblazon** /ɪmˈbleɪzn/ *v. t.* **1** adornare di stemma gentilizio **2** mettere in evidenza; far spiccare.

emblem /ˈɛmbləm/ *n.* emblema; simbolo.

emblematic /ɛmbləˈmætɪk/ *a.* emblematico; simbolico.

embodiment /ɪmˈbɒdɪmənt/ *n.* incarnazione; personificazione.

to **embody** /ɪmˈbɒdɪ/ *v. t.* **1** incarnare; personificare; rappresentare **2** comprendere; includere; racchiudere.

to **embolden** /ɪmˈbəʊldən/ *v. t.* incoraggiare.

emboli /ˈɛmbəlaɪ/ *pl. di* **embolus**.

embolism /ˈɛmbəlɪzəm/ *n.* [U] (*med.*) embolia.

embolus /ˈɛmbələs/ *n.* (*pl.* **emboli** /-laɪ/) (*med.*) embolo.

to **emboss** /ɪmˈbɒs, *USA* -ɔːs/ *v. t.* **1** lavorare a sbalzo; sbalzare **2** stampare in rilievo; goffrare.

embossed /ɪmˈbɒst, *USA* -ɔːst/ *a.* **1** lavorato a sbalzo; sbalzato **2** (stampato) in rilievo; goffrato.

embrace /ɪmˈbreɪs/ *n.* abbraccio.

to **embrace** /ɪmˈbreɪs/ **A** *v. t.* (*anche fig.*) abbracciare **B** *v. i.* abbracciarsi.

embrasure /ɪmˈbreɪʒə(r)/ *n.* **1** (*archit.*) strombatura; strombo **2** (*mil.*) cannoniera; feritoia.

embrocation /ɛmbrəʊˈkeɪʃn/ *n.* [C] *e* [U] (*farm.*) linimento.

to **embroider** /ɪmˈbrɔɪdə(r)/ *v. t. e i.* **1** ricamare **2** (*fig.*) ricamare; abbellire.

embroidery /ɪm'brɔɪdərɪ/ *n.* [U] *e* [C] *1* ricamo *2* (*fig.*) ricamo; abbellimento.

to **embroil** /ɪm'brɔɪl/ *v. t.* coinvolgere; immischiare.

embryo /'ɛmbrɪəʊ/ *n.* (*pl.* **embryos**) (*anche fig.*) embrione: **in e.**, in embrione; allo stato embrionale.

embryologist /ɛmbrɪ'ɒlədʒɪst/ *n.* embriologo (-a).

embryology /ɛmbrɪ'ɒlədʒɪ/ *n.* [U] embriologia.

embryonic /ɛmbrɪ'ɒnɪk/ *a.* (*anche fig.*) embrionale.

emcee /ɛm'siː/ *n.* (*fam. USA*) *1* cerimoniere *2* (*TV*) presentatore.

to **emend** /ɪ'mɛnd/ *v. t.* emendare, correggere (*un testo*).

emendation /iːmɛn'deɪʃn/ *n.* [U] *e* [C] emendamento; correzione.

emerald /'ɛmərəld/ *A* *n.* smeraldo *B* *a.* color smeraldo; smeraldino.

to **emerge** /ɪ'mɜːdʒ/ *v. i.* emergere; spuntare; apparire • **It emerged that...**, si venne a sapere che...

emergence /ɪ'mɜːdʒəns/ *n.* [U] apparizione; comparsa.

emergency /ɪ'mɜːdʒənsɪ/ *n.* emergenza: **in an e.**, in caso di emergenza; **to declare a state of e.**, dichiarare lo stato di emergenza • **e. exit**, uscita di sicurezza □ **e. fund**, fondo di riserva □ **e. landing**, atterraggio di fortuna □ (*med., USA*) **e. room**, pronto soccorso (*di ospedale*).

emergent /ɪ'mɜːdʒənt/, **emerging** /ɪ'mɜːdʒɪŋ/ *a.* emergente: **e. country**, paese emergente.

emeritus /ɪ'mɛrɪtəs/ (*lat.*) *a.* emerito: **professor e.**, professore emerito.

emersion /ɪ'məʃn/ *n.* [U] *e* [C] emersione.

emery /'ɛmərɪ/ *n.* [U] smeriglio • **e. board**, limetta per unghie (*di carta smerigliata*) □ **e. paper**, carta smerigliata □ **e. wheel**, mola a smeriglio.

emetic /ɪ'mɛtɪk/ *a. e n.* (*farm.*) emetico.

emigrant /'ɛmɪgrənt/ *a. e n.* emigrante; emigrato.

to **emigrate** /'ɛmɪgreɪt/ *v. i.* emigrare.

emigration /ɛmɪ'greɪʃn/ *n.* [U] *e* [C] emigrazione.

eminence /'ɛmɪnəns/ *n.* *1* [U] eminenza; prominenza *2* altura; prominenza • **His E.**, Sua Eminenza.

eminent /'ɛmɪnənt/ *a.* eminente; prominente.

eminently /'ɛmɪnəntlɪ/ *avv.* notevolmente; assai; molto.

emir /ɛ'mɪə(r)/ *n.* emiro.

emirate /'ɛmərət, ɛ'mɪər-/ *n.* emirato.

emissary /'ɛmɪsərɪ, *USA* -ɛrɪ/ *n.* emissario.

emission /ɪ'mɪʃn/ *n.* [U] *e* [C] (*fis., fisiol., radio*) emissione.

to **emit** /ɪ'mɪt/ *v. t.* emettere.

emollient /ɪ'mɒlɪənt/ *a. e n.* (*farm.*) emolliente.

emolument /ɪ'mɒljʊmənt/ *n.* emolumento; retribuzione.

emotion /ɪ'məʊʃn/ *n.* [U] *e* [C] emozione.

emotional /ɪ'məʊʃənl/ *a.* *1* emotivo *2* commovente *3* facile alla commozione; commosso: **When he had to thank us he became very e.**, quando dovette ringraziarci si commosse *4* (*psic.*) emozionale.

emotionalism /ɪ'məʊʃənəlɪzəm/ *n.* [U] *1* emotività *2* (*psic.*) temperamento emotivo.

emotionally /ɪ'məʊʃənəlɪ/ *avv.* *1* emotivamente *2* con grande emozione; con voce commossa *3* (*psic.*) emozionalmente.

emotive /ɪ'məʊtɪv/ *a.* che suscita forti emozioni; scottante: **Euthanasia is an e. issue**, l'eutanasia è una questione scottante.

to **empanel** /ɪm'pænl/ *v. t.* (*leg.*) iscrivere nella lista dei giurati; formare (*una giuria*).

to **empathize**, (*GB anche*) to **empathise** /'ɛmpəθaɪz/ *v. i.* identificarsi (con); capire (q.).

empathy /'ɛmpəθɪ/ *n.* empatia; capacità di capire (q.).

emperor /'ɛmpərə(r)/ *n.* imperatore.

emphasis /'ɛmfəsɪs/ *n.* [U] *e* [C] (*pl.* **emphases** /-siːz/) *1* enfasi *2* importanza; rilievo: **to lay great e. on st.**, dare grande importanza a q.c.

to **emphasize**, (*GB anche*) to **emphasise** /'ɛmfəsaɪz/ *v. t.* *1* pronunciare con enfasi; enfatizzare; accentuare *2* mettere in evidenza; mettere in rilievo; sottolineare.

emphatic /ɪm'fætɪk/ *a.* *1* enfatico; accentuato *2* energico; risoluto *3* decisivo; netto.

emphatically /ɪm'fætɪklɪ/ *avv.* *1* enfaticamente *2* certamente; assolutamente: **Most e. no!**, assolutamente no!

emphysema /ɛmfɪ'siːmə/ *n.* [U] (*med.*) enfisema.

empire /'ɛmpaɪə(r)/ *n.* impero: **the British E.**, l'Impero Britannico; **industrial e.**, impero industriale.

empirical /ɪm'pɪrɪkl/ *a.* empirico.

empiricism /ɪm'pɪrɪsɪzəm/ *n.* [U] (*filos.*) empirismo.

empiricist /ɪm'pɪrɪsɪst/ *n.* (*filos.*) empirista.

emplacement /ɪm'pleɪsmənt/ *n.* (*mil.*) postazione; piazzola.

employ /ɪm'plɔɪ/ *n.* impiego • **to be in the e. of sb.**, essere alle dipendenze di q.

to **employ** /ɪm'plɔɪ/ *v. t.* *1* impiegare; dare lavoro a *2* adoperare; usare; valersi di • **to be employed doing st.**, essere occupato a fare q.c.

employable /ɪm'plɔɪəbl/ *a.* idoneo al lavoro.

employee /ɛmplɔɪ'iː, ɪm'plɔɪiː/ *n.* impiegato (-a); dipendente.

employer /ɪm'plɔɪə(r)/ *n.* datore (-trice) di lavoro; principale.

employment /ɪm'plɔɪmənt/ *n.* [U] *e* [C] *1* uso; impiego: **the e. of force**, l'impiego della forza *2* (*econ.*) impiego; occupazione; lavoro: **full e.**, piena occupazione; **to be in e.**, essere impiegato; **out of e.**, disoccupato; **to be looking for e.**, cercare lavoro • **e. agency**, agenzia (privata) di collocamento □ **e. exchange** (*o* **bureau**), ufficio di collocamento □ **e. card**, libretto di lavoro.

emporium /ɪm'pɔːrɪəm/ *n.* emporio.

to **empower** /ɪm'paʊə(r)/ *v. t.* *1* autorizzare *2* mettere in grado (di); rendere capace (di).

empress /'ɛmprɪs/ *n.* imperatrice.

empty /'ɛm(p)tɪ/ *A* *a.* *1* vuoto: **e. room**, stanza vuota; **e. streets**, strade deserte; **e. of traffic**, privo di traffico *2* vuoto; vano: **e. words**, parole vuote; **e. promises**, vane promesse *3* libero; vacante: **e. post**, posizione vacante • **e.-handed**, a mani vuote □ **e.-headed**, sciocco □ **on an e. stomach**, a stomaco vuoto *B* *n.* vuoto (*bottiglia*).

to **empty** /'ɛm(p)tɪ/ *A* *v. t.* vuotare; svuotare; sgombrare: **to e. a glass [one's pockets]**, vuotare un bicchiere [le tasche]; **to e. out a drawer**, svuotare un cassetto *B* *v. i.* vuotarsi; scaricarsi; (*di fiume*) sfociare.

empyrean /ɛmpaɪ'riːən/ *a. e n.* (*lett.*) empireo.

emu /'iːmjuː/ *n.* (*zool.*) emù.

to **emulate** /'ɛmjʊleɪt/ *v. t.* (*anche elab.*) emulare.

emulation /ɛmjʊ'leɪʃn/ *n.* [U] (*anche elab.*) emulazione.

emulsifier /ɪ'mʌlsɪfaɪə(r)/ *n.* (*chim.*) emulsionante.

to **emulsify** /ɪ'mʌlsɪfaɪ/ *v. t.* emulsionare.

emulsion /ɪ'mʌlʃn/ *n.* [C] *e* [U] emulsione.

to **enable** /ɪ'neɪbl/ *v. t.* *1* permettere; consentire; mettere in grado *2* (*elab.*) abilitare; attivare.

to **enact** /ɪ'nækt/ *v. t.* *1* (*leg.*) decretare; convertire in legge; approvare; emanare *2* (*teatr., form.*) recitare (*una parte*); rappresentare (*un lavoro*).

enactment /ɪ'næktmənt/ *n.* (*leg.*) *1* [U] promulgazione; conversione in legge; approvazione *2* decreto; legge.

enamel /ɪ'næml/ *n.* [U] smalto.

to **enamel** /ɪ'næml/ *v. t.* smaltare; decorare a smalto.

enamelware /ɪ'næmlwɛə(r)/ *n.* [U] vasellame smaltato.

enamoured, (*USA*) **enamored** /ɪ'næməd/ *a. pred.* *1* (*lett.*) innamorato *2* affascinato; entusiasta: **I'm not particularly e. of this new software**, non sono granché entusiasta di questo nuovo software.

en bloc /ɒn'blɒk/ (*franc.*) *locuz. avv.* in blocco.

to **encamp** /ɪn'kæmp/ *A* *v. t.* accampare *B* *v. i.* accamparsi.

encampment /ɪn'kæmpmənt/ *n.* (*mil.*) accampamento.

to **encapsulate** /ɪn'kæpsjʊleɪt, *USA* -psə-/ *v. t.* *1* incapsulare *2* contenere; racchiudere.

to **encase** /ɪn'keɪs/ *v. t.* racchiudere; ricoprire.

encephalitis /ɛnsɛfə'laɪtɪs/ *n.* [U] (*med.*) encefalite.

encephalon /ɛn'sɛfəlɒn/ *n.* (*pl.* **encephala** /-lə/) (*anat.*) encefalo.

to **enchain** /ɪn'tʃeɪn/ *v. t.* (*lett.*) incatenare.

to **enchant** /ɪn'tʃɑːnt, *USA* -'tʃæn-/ *v. t.* incantare; affascinare.

enchanter /ɪn'tʃɑːntə(r), *USA* -'tʃæn-/ *n.* incantatore; mago.

enchanting /ɪn'tʃɑːntɪŋ, *USA* -'tʃæn-/ *a.* incantevole.

enchantment /ɪn'tʃɑːntmənt, *USA* -'tʃæn-/ *n.* [U] *e* [C] incantesimo; incanto.

enchantress /ɪn'tʃɑːntrɪs, *USA* -'tʃæn-/ *n.* *1* incantatrice; maga *2* ammaliatrice; maliarda.

to **encircle** /ɪn'sɜːkl/ *v. t.* accerchiare; attorniare.

enclave /'ɛnkleɪv/ *n.* (*polit.*) enclave.

enclitic /ɛn'klɪtɪk/ (*gramm.*) *A* *a.* enclitico *B* *n.* enclitica.

to **enclose** /ɪn'kləʊz/ *v. t.* *1* circondare; cingere *2* accludere;

allegare.

enclosure /ɪn'kləʊʒə(r)/ *n.* **1** Ⓤ chiusura; recinzione **2** terreno recintato; recinto **3** allegato.

to **encode** /ɪn'kəʊd/ *v. t.* **1** mettere in cifra; cifrare **2** (*elab.*) codificare.

encomium /ɪn'kəʊmɪəm/ *n.* (*pl.* **encomia** /-mɪə/, **encomiums**) encomio.

to **encompass** /ɪn'kʌmpəs/ *v. t.* **1** comprendere; includere **2** (*form.*) circondare.

encore /'ɒŋkɔː(r), *USA* 'ɑːŋkɔː(r)/ *inter. e n.* bis: **to give an e.**, concedere il bis.

to **encore** /ɒŋ'kɔː(r), *USA* 'ɑːŋkɔː(r)/ **A** *v. t.* chiedere il bis a **B** *v. i.* concedere un bis.

encounter /ɪn'kaʊntə(r)/ *n.* incontro (*casuale o pericoloso*): **close e.**, incontro ravvicinato.

to **encounter** /ɪn'kaʊntə(r)/ *v. t.* (*form.*) incontrare per caso; imbattersi in.

to **encourage** /ɪn'kʌrɪdʒ, *USA* -ɜːr-/ *v. t.* incoraggiare; favorire; promuovere.

encouragement /ɪn'kʌrɪdʒmənt, *USA* -ɜːr-/ *n.* Ⓤ *e* Ⓒ incoraggiamento.

encouraging /ɪn'kʌrɪdʒɪŋ, *USA* -ɜːr-/ *a.* incoraggiante.

to **encroach** /ɪn'krəʊtʃ/ *v. Solo come:*

♦ **encroach on** (*o* **upon**) *v. i. + prep.* **1** usurpare; invadere; sconfinare: **to e. upon sb.'s rights**, usurpare i diritti di q.; **to e. upon sb.'s land**, sconfinare nella proprietà di q. **2** abusare di: **to e. upon sb.'s time**, abusare del tempo di q.

encroachment /ɪn'krəʊtʃmənt/ *n.* Ⓤ *e* Ⓒ **1** usurpazione; invasione; sconfinamento **2** abuso.

to **encrust** /ɪn'krʌst/ *v. t.* **1** incrostare **2** tempestare (*di pietre preziose*).

to **encumber** /ɪn'kʌmbə(r)/ *v. t.* **1** ingombrare; intralciare **2** gravare: **to be encumbered with debts**, essere gravato di debiti.

encumbrance /ɪn'kʌmbrəns/ *n.* **1** ingombro; impaccio **2** gravame; carico **3** (*leg.*) carico ipotecario.

encyclical /ɪn'sɪklɪkl/ (*eccles.*) **A** *a.* enciclico **B** *n.* enciclica.

encyclop(a)edia /ɪnsaɪklə'piːdɪə/ *n.* enciclopedia.

encyclop(a)edic /ɪnsaɪklə'piːdɪk/ *a.* enciclopedico.

end /ɛnd/ *n.* **1** fine; termine; conclusione: **the end of the year** [**of a story**], la fine dell'anno [di una storia]; **to put an end to**, mettere fine a; porre termine a; **in the end**, infine; alla fine **2** estremità; capo: **the two ends of a rope**, i due capi di una corda; **the other end of the world**, l'altro capo del mondo; **at the end of the corridor**, in fondo al corridoio; **my end of the bargain**, la mia parte dell'accordo; **How are things at your end?**, come vanno le cose lì da voi? **3** (*anche al pl.*) fine; intento; scopo: **to achieve one's ends**, raggiungere il proprio fine; **to this end**, a questo scopo; **to be an end in itself**, essere fine a se stesso **4** residuo; mozzicone: **cigarette ends**, mozziconi di sigarette **5** morte; fine ● (*econ.*) **end product**, prodotto finito □ **end to end**, con le estremità che si toccano; in fila per il lungo □ (*econ.*) **end user**, utente finale □ **the** (**absolute**) **end**, il colmo □ (*fig.*) **at the end of the day**, alla fin fine □ **to be at an end**, aver finito; essere finito □ (*fam.*) **to be at a loose end** (*USA* **at loose ends**), non avere nulla da fare; essere sfaccendato □ (*anche fig.*) **to be the end of sb.**, far morire q. □ (*mecc.*, *GB*) **big end**, testa (*di biella*) □ (*sport*) **to change ends**, fare il cambio di campo □ **to come to an end**, finire □ **to come to a bad end**, fare una brutta fine □ **to keep one's end up**, tenere testa a q.c.; resistere □ (*fig.*) **loose end**, questione irrisolta: **to tie up loose ends**, sistemare gli ultimi dettagli □ **Now, make an end of it!**, avanti, falla finita! □ **to make** (**both**) **ends meet**, sbarcare il lunario; far quadrare il bilancio familiare □ (*fam.*) **no end**, moltissimo: **I enjoyed it no end**, mi è piaciuto da pazzi; **no end of money**, un sacco di soldi □ **on end**, (*di oggetto*) ritto; in piedi □ **for hours on end**, per ore e ore □ (*fam.*) **rear end**, posteriore; didietro □ **the thin end of the wedge**, il primo passo (*verso q.c. di negativo*) □ **to no end**, inutilmente; invano □ **to the bitter end**, fino in fondo; a oltranza.

to **end** /ɛnd/ **A** *v. i.* finire; terminare; concludersi: **The match ended in a draw**, la partita finì in pareggio; **to end by doing st.**, finire col fare q.c. **B** *v. t.* finire; terminare; concludere: **to end one's life in poverty**, finire la vita in miseria ● **to end it all**, farla finita; suicidarsi.

♦ **end up** *v. i. + avv.* (andare a) finire: **He ended up in jail**, finì in galera; **They ended up accepting**, finirono per accettare; **He started as an electrician and ended up** (**as**) **a film director**, ha cominciato come elettricista ed è arrivato a fare il regista.

to **endanger** /ɪn'deɪndʒə(r)/ *v. t.* rischiare; mettere in pericolo (*o* a repentaglio); compromettere: **to e. one's life**, rischiare la vita; **endangered species**, specie in via (*o* in pericolo) di estinzione.

to **endear** /ɪn'dɪə(r)/ *v. t.* rendere caro, simpatico: **His cheerfulness endeared him to everyone**, la sua allegria lo rendeva simpatico a tutti; **to e. oneself to sb.**, accattivarsi le simpatie di q.

endearing /ɪn'dɪərɪŋ/ *a.* che ispira simpatia, affetto; che fa tenerezza.

endearment /ɪn'dɪəmənt/ *n.* parola, frase affettuosa ● **term of e.**, appellativo affettuoso; vezzeggiativo.

endeavour, (*USA*) **endeavor** /ɪn'dɛvə(r)/ *n.* (*form.*) sforzo; tentativo.

to **endeavour**, (*USA*) to **endeavor** /ɪn'dɛvə(r)/ *v. i.* (*form.*) cercare; sforzarsi; tentare.

endemic /ɛn'dɛmɪk/ **A** *a.* (*med.*) endemico **B** *n.* **1** (*med.*) malattia endemica **2** (*bot.*) pianta endemica.

ending /'ɛndɪŋ/ *n.* **1** fine; conclusione; epilogo **2** (*gramm.*) desinenza.

endive /'ɛndɪv, *USA* -daɪv/ *n.* Ⓤ (*bot.*) indivia.

endless /'ɛndləs/ *a.* **1** infinito; sconfinato; interminabile **2** continuo; incessante; eterno **3** (*mecc.*) continuo: **e. belt**, nastro continuo.

endocrine /'ɛndəkraɪn, -krɪn/ *a.* (*anat.*) endocrino.

endocrinology /ɛndəʊkrɪ'nɒlədʒɪ/ *n.* Ⓤ (*med.*) endocrinologia.

to **endorse** /ɪn'dɔːs/ *v. t.* **1** approvare; sanzionare **2** firmare a tergo; girare: **to e. a cheque**, firmare un assegno.

endorsee /ɛndɔː'siː/ *n.* (*comm.*) giratario.

endorsement /ɪn'dɔːsmənt/ *n.* Ⓤ *e* Ⓒ **1** approvazione; sanzione **2** (*comm.*) girata **3** (*leg.*, *GB*) annotazione di infrazione (*sulla patente*).

endorser /ɪn'dɔːsə(r)/ *n.* (*comm.*) girante.

endoscope /'ɛndəʊskəʊp/ *n.* (*med.*) endoscopio.

endoscopy /ɛn'dɒskəpɪ/ *n.* (*med.*) endoscopia.

to **endow** /ɪn'daʊ/ *v. t.* **1** fare una donazione a (*un'istituzione, ecc.*) **2** dotare: **to be endowed with brains**, essere dotato di intelligenza.

endowment /ɪn'daʊmənt/ *n.* **1** donazione **2** dote; dono: **mental endowments**, doti intellettuali.

endpaper /'ɛndpeɪpə(r)/ *n.* (*legatoria*) risguardo.

endurable /ɪn'djʊərəbl, *USA* -'dʊə-/ *a.* sopportabile; tollerabile.

endurance /ɪn'djʊərəns, *USA* -'dʊə-/ *n.* Ⓤ **1** sopportazione; resistenza **2** (*mecc.*) durata ● **past** (*o* **beyond**) **e.**, insopportabile.

to **endure** /ɪn'djʊə(r), *USA* -'dʊə(r)/ **A** *v. t.* sopportare; resistere a; tollerare **B** *v. i.* **1** resistere **2** durare.

enduring /ɪn'djʊərɪŋ, *USA* -'dʊə-/ *a.* durevole; duraturo.

endways /'ɛndweɪz/, **endwise** /'ɛndwaɪz/ *avv.* **1** di faccia; di punta **2** in posizione verticale; per ritto **3** per il lungo **4** con le estremità che si toccano.

enema /'ɛnəmə/ *n.* (*med.*) clistere; clisma.

enemy /'ɛnəmɪ/ **A** *n.* (*anche collett.*) nemico: **The e. was** (*o* **were**) **advancing**, il nemico avanzava **B** *a. attr.* nemico; del nemico: **e. aircraft**, aeroplani nemici.

energetic /ɛnə'dʒɛtɪk/ *a.* energico; attivo.

to **energize**, (*GB anche*) to **energise** /'ɛnədʒaɪz/ *v. t.* infondere energia in; stimolare.

energy /'ɛnədʒɪ/ *n.* Ⓤ *e* Ⓒ energia: **full of e.**, pieno di energia; **solar e.**, energia solare; **e. conservation**, risparmio energetico; **e. source**, fonte energetica.

to **enervate** /'ɛnəveɪt/ *v. t.* snervare; debilitare; infiacchire.

enervating /'ɛnəveɪtɪŋ/ *a.* snervante; debilitante.

to **enfeeble** /ɪn'fiːbl/ *v. t.* indebolire; debilitare.

enfilade /ɛnfɪ'leɪd/ *n.* (*mil.*) infilata.

to **enfilade** /ɛnfɪ'leɪd/ *v. t.* (*mil.*) battere, colpire d'infilata.

to **enfold** /ɪn'fəʊld/ *v. t.* **1** avvolgere **2** abbracciare.

to **enforce** /ɪn'fɔːs/ *v. t.* **1** applicare; far osservare; far valere: **to e. the law**, applicare la legge; **to e. a rule**, far rispettare una regola; **to e. a right**, far valere un diritto **2** imporre; ingiungere: **to e. payment**, ingiungere il pagamento; **to e. silence**, imporre il silenzio **3** rafforzare; sostenere: **to e. an argument**, rafforzare un argomento.

enforceable /ɪn'fɔːsəbl/ *a.* **1** applicabile **2** (*leg.*) esecutivo;

esecutorio.
enforced /ɪn'fɔːst/ *a.* imposto; forzato.
enforcement /ɪn'fɔːsmənt/ *n.* [U] *1* applicazione; esecuzione *2* imposizione *3* rafforzamento.
to **enfranchise** /ɪn'fræntʃaɪz/ *v. t.* *1* concedere il diritto di voto a *2* affrancare; emancipare.
enfranchisement /ɪn'fræntʃaɪzmənt/ *n.* [U] *e* [C] *1* concessione del diritto di voto *2* affrancamento; emancipazione.
to **engage** /ɪn'geɪdʒ/ *A* *v. t.* *1* attirare; catturare: **to e. sb.'s attention**, catturare l'attenzione di q. *2* assumere; ingaggiare; prendere a servizio *3* impegnare; coinvolgere: **to e. sb. in conversation**, iniziare una conversazione con q.; attaccare discorso con q. *4* (*mecc.*) ingranare; innestare: **to e. first gear**, ingranare la prima *5* (*mil.*) attaccare; impegnare *B* *v. i.* *1* impegnarsi: **He engaged to pay my expenses**, si impegnò a pagare le mie spese *2* (*mil.*) impegnare il combattimento *3* (*mecc.*) ingranare; innestarsi.
♦ **engage in** *v. i. + prep.* prendere parte a; impegnarsi in; dedicarsi a.
engaged /ɪn'geɪdʒd/ *a.* *1* impegnato; occupato: **I'm e. in writing a novel**, sono occupato a scrivere un romanzo; **otherwise e.**, impegnato altrimenti *2* occupato; riservato: **Is this seat e.?**, è occupato questo posto? *3* (*telef.*, *GB*) occupato: **e. tone**, segnale di occupato *4* fidanzato: **to be e. to sb.**, essere fidanzato con q.; **to get e. to sb.**, fidanzarsi con q.; **an e. couple**, una coppia di fidanzati; due fidanzati *5* (*mil.*) impegnato in combattimento *6* (*mecc.*) ingranato; innestato.
engagement /ɪn'geɪdʒmənt/ *n.* *1* impegno; promessa; appuntamento *2* fidanzamento: **e. ring**, anello di fidanzamento *3* (*mil.*) combattimento; scontro.
engaging /ɪn'geɪdʒɪŋ/ *a.* simpatico; attraente.
to **engender** /ɪn'dʒendə(r)/ *v. t.* causare; generare; produrre.
engine /'endʒɪn/ *n.* *1* (*mecc.*) motore; macchina (*di nave, ecc.*) *2* (*ferr.*) locomotiva • (*ferr.*, *GB*) **e. driver**, macchinista □ **e. failure**, guasto al motore □ (*naut.*) **e. room**, sala macchine.
engined /'endʒɪnd/ *a.* (*nei composti*) — **diesel-e.**, con motore diesel; **small-e.**, di piccola cilindrata; **twin-e.**, a due motori.
engineer /endʒɪ'nɪə(r)/ *n.* *1* ingegnere: **civil e.**, ingegnere civile *2* macchinista; motorista *3* tecnico specializzato *4* (*ferr.*, *USA*) macchinista *5* (*mil.*) geniere • (*mil.*) **E. Corps**, Arma del Genio.
to **engineer** /endʒɪ'nɪə(r)/ *v. t.* *1* costruire; progettare *2* organizzare; ideare; architettare.
engineering /endʒɪ'nɪərɪŋ/ *n.* [U] *1* ingegneria: **civil [genetic] engineering**, ingegneria civile [genetica] *2* macchinazione; manovra • **school of e.**, facoltà di ingegneria; politecnico.
English /'ɪŋglɪʃ/ *A* *a.* inglese • **E. breakfast**, colazione all'inglese □ **the E. Channel**, la Manica *B* *n.* *1* (la lingua) inglese *2* — (*collett.*) **the E.**, gli inglesi • **E.-speaking**, di lingua inglese; anglofono □ **British [American] English**, l'inglese parlato nel Regno Unito [negli Stati Uniti] □ **in plain E.**, chiaro e tondo; esplicitamente □ **Old E.**, l'inglese antico.
Englishman /'ɪŋglɪʃmən/ *n.* (*pl.* **Englishmen** /-mən/) inglese (*m.*).
Englishwoman /'ɪŋglɪʃwʊmən/ *n.* (*pl.* **Englishwomen** /-wɪmən/) inglese (*f.*).
engrained /ɪn'greɪnd/ *a.* radicato: inveterato: **e. habits**, abitudini inveterate; **e. prejudice**, pregiudizio fortemente radicato.
to **engrave** /ɪn'greɪv/ *v. t.* *1* incidere; scolpire; intagliare *2* (*fig.*) imprimere; incidere; scolpire: **to be engraved on one's memory**, essere impresso nella propria memoria.
engraver /ɪn'greɪvə(r)/ *n.* incisore; intagliatore.
engraving /ɪn'greɪvɪŋ/ *n.* [U] *e* [C] incisione.
to **engross** /ɪn'grəʊs/ *v. t.* assorbire; prendere totalmente; avvincere: **to be engrossed in one's work**, essere tutto preso dal lavoro; **engrossed in a book**, immerso in un libro.
engrossing /ɪn'grəʊsɪŋ/ *a.* avvincente; appassionante; che assorbe.
to **engulf** /ɪn'gʌlf/ *v. t.* sommergere; inghiottire.
to **enhance** /ɪn'hɑːns, *USA* -æns/ *v. t.* *1* aumentare; accrescere *2* migliorare; arricchire; valorizzare.
enhancement /ɪn'hɑːnsmənt, *USA* -æns-/ *n.* [U] *e* [C] *1* accrescimento; aumento *2* miglioramento; arricchimento; valorizzazione.
enigma /ɪ'nɪgmə/ *n.* enigma.
enigmatic /enɪg'mætɪk/ *a.* enigmatico.
to **enjoin** /ɪn'dʒɔɪn/ *v. t.* *1* ordinare; ingiungere; intimare: **to e. sb. to do st.**, ordinare a q. di fare q.c.; **to e. silence on sb.**, intimare a q. il silenzio *2* (*specialm. USA*) diffidare; proibire.
to **enjoy** /ɪn'dʒɔɪ/ *A* *v. t.* *1* provar piacere in; gradire: **I enjoyed talking to him**, mi ha fatto piacere (*o* è stato piacevole) parlare con lui; **I enjoyed that film very much**, quel film mi è piaciuto moltissimo *2* godere (di): **to e. good health**, godere di buona salute *B* to **enjoy oneself** *v. rifl.* divertirsi.
enjoyable /ɪn'dʒɔɪəbl/ *a.* divertente; piacevole; godibile.
enjoyment /ɪn'dʒɔɪmənt/ *n.* [U] *e* [C] piacere; divertimento; gioia.
to **enlarge** /ɪn'lɑːdʒ/ *A* *v. t.* ampliare; allargare; (*anche fotogr.*) ingrandire *B* *v. i.* ampliarsi; allargarsi; ingrandirsi.
♦ **enlarge on** *v. i. + prep.* sviluppare (*un argomento, ecc.*); diffondersi su; dilungarsi su.
enlargement /ɪn'lɑːdʒmənt/ *n.* *1* [U] ampliamento; allargamento *2* (*fotogr.*) ingrandimento.
enlarger /ɪn'lɑːdʒə(r)/ *n.* (*fotogr.*) ingranditore.
to **enlighten** /ɪn'laɪtn/ *v. t.* (*form. o scherz.*) illuminare; chiarire (q.c. a q.).
enlightened /ɪn'laɪtnd/ *a.* illuminato; di larghe vedute: **an e. policy**, una politica illuminata.
enlightening /ɪn'laɪtnɪŋ/ *a.* illuminante; istruttivo.
enlightenment /ɪn'laɪtnmənt/ *n.* [U] *1* schiarimento; spiegazione *2* — (*stor.*, *filos.*) **the E.**, l'Illuminismo.
to **enlist** /ɪn'lɪst/ *A* *v. t.* *1* (*mil.*) arruolare *2* ottenere, procurarsi (*l'aiuto, l'appoggio di q.*) *B* *v. i.* (*mil.*) arruolarsi.
enlistment /ɪn'lɪstmənt/ *n.* [U] *e* [C] (*mil.*) arruolamento.
to **enliven** /ɪn'laɪvn/ *v. t.* animare; ravvivare; rallegrare.
to **enmesh** /ɪn'meʃ/ *v. t.* (*anche fig.*) irretire; avviluppare.
enmity /'enmətɪ/ *n.* [U] *e* [C] inimicizia; ostilità; odio.
to **ennoble** /ɪ'nəʊbl/ *v. t.* (*anche fig.*) nobilitare.
ennui /ɒn'wiː/ (*franc.*) *n.* [U] noia; tedio.
enologist /iː'nɒlədʒɪst/, **enology** /iː'nɒlədʒɪ/ (*USA*) *V.* **oenologist**, **oenology**.
enormity /ɪ'nɔːmətɪ/ *n.* *1* [U] enormità; immensità *2* enormità (*di una colpa, ecc.*); mostruosità *3* atto scellerato; enormità; atrocità.
enormous /ɪ'nɔːməs/ *a.* enorme; smisurato.
enough /ɪ'nʌf/ *A* *a.* sufficiente; abbastanza: **to have beer e.** (*o* **e. beer**), avere birra a sufficienza; **There aren't e. plates for everyone**, non ci sono abbastanza piatti per tutti; **We've got more than e. time**, abbiamo tempo più che sufficiente *B* *avv.* *1* abbastanza; a sufficienza: **to play well e.**, suonare abbastanza bene; **a large e. sum**, una somma abbastanza grande *2* piuttosto; ben: **You know well e. what I mean**, sai benissimo quel che voglio dire • **fair e.**, *V. sotto* **fair** (2) □ **oddly e.**, strano a dirsi □ **sure e.**, *V. sotto* **sure** *C* *n.* abbastanza; quanto basta; il necessario: **to have had e. of sb.**, averne abbastanza di q.; **e. to live on**, quanto basta per vivere; **Will this money be e.?**, basteranno questi soldi?; **E. of this nonsense!**, basta con queste sciocchezze!; **to do more than e.**, fare anche troppo; **to have e. and to spare**, averne più che a sufficienza • **E. said**, non dico altro □ **E. is e.**, quel che è troppo è troppo □ **That's e.!**, basta così!; adesso basta! □ (*prov.*) **E. is as good as a feast**, chi si contenta gode *D* *inter.* basta!
to **enquire** /ɪn'kwaɪə(r)/ *e deriv.* *V.* **to inquire** *e deriv.*
to **enrage** /ɪn'reɪdʒ/ *v. t.* fare arrabbiare (*o* infuriare); mandare in collera.
enraged /ɪn'reɪdʒd/ *a.* arrabbiato; infuriato; incollerito.
to **enrapture** /ɪn'ræptʃə(r)/ *v. t.* mandare in estasi.
enraptured /ɪn'ræptʃəd/ *a.* rapito; estasiato; in estasi.
to **enrich** /ɪn'rɪtʃ/ *v. t.* arricchire.
enrichment /ɪn'rɪtʃmənt/ *n.* arricchimento.
to **enrol**, (*USA*) to **enroll** /ɪn'rəʊl/ *A* *v. t.* iscrivere; immatricolare *B* *v. i.* iscriversi: **to e. in a French course**, iscriversi a un corso di francese.
enrolment, (*USA*) **enrollment** /ɪn'rəʊlmənt/ *n.* *1* [U] iscrizione; immatricolazine *2* (*al pl.*) numero degli iscritti; iscrizioni.
to **ensconce** /ɪn'skɒns/ *A* *v. t.* installare; sistemare comodamente *B* to **ensconce oneself** *v. rifl.* sistemarsi comoda-

mente.
ensemble /ɒn'sɒmbl, *USA* ɑːn'sɑːmb(l)/ (*franc.*) *n.* ***1*** (*mus.*) ensemble; complesso ***2*** (*moda*) completo; insieme ***3*** effetto d'insieme.
to **enshrine** /ɪn'ʃraɪn/ *v. t.* racchiudere e custodire (*come una reliquia o una cosa sacra*): **the principles that are enshrined in our constitution**, i principi racchiusi nella nostra costituzione.
ensign /'ɛnsən/ *n.* ***1*** bandiera (*specialm. naut.*) ***2*** (*naut. mil., USA*) guardiamarina ***3*** (*mil., stor.*) alfiere.
to **enslave** /ɪn'sleɪv/ *v. t.* ***1*** ridurre in schiavitù ***2*** (*fig.*) rendere schiavo; asservire.
enslavement /ɪn'sleɪvmənt/ *n.* schiavitù; asservimento.
to **ensnare** /ɪn'snɛə(r)/ *v. t.* (*anche fig.*) prendere in trappola; intrappolare.
to **ensue** /ɪn'sjuː, *USA* -'suː/ *v. i.* seguire (*come conseguenza*); derivare; risultare: **A long silence ensued**, seguì un lungo silenzio.
ensuing /ɪn'sjuːɪŋ, *USA* -'suː/ *a.* che segue (*cone conseguenza*); che deriva (da); risultante: **The e. debate lead nowhere**, la discussione che ne seguì non approdò a nulla.
en suite /ɒn 'swiːt/ (*franc.*) ***A*** *locuz. a.* ***1*** (*di bagno o doccia*) annesso (*a una camera*) ***2*** (*di camera*) con bagno (annesso) ***B*** *locuz. n.* bagno annesso.
to **ensure** /ɪn'ʃʊə(r), ɪn'ʃɔː(r), *USA* ɪn'ʃʊə(r), ɪn'ʃɜː(r)/ *v. t.* assicurare; garantire.
to **entail** /ɪn'teɪl/ *v. t.* ***1*** comportare; implicare ***2*** (*leg.*) lasciare in eredità (*terre, ecc.*) con vincolo di inalienabilità.
to **entangle** /ɪn'tæŋgl/ *v. t.* ***1*** impigliare; intrappolare ***2*** (*fig.*) intrappolare; invischiare; impegolare • **to get entangled**, restare impigliato; (*fig.*) restare invischiato.
entanglement /ɪn'tæŋglmənt/ *n.* U *e* C ***1*** coinvolgimento; complicazione: **e. with the law**, guai con la giustizia ***2*** relazione sentimentale (*specialm. complicata o illecita*) ***3*** intrico; groviglio; aggrovigliamento ***4*** (*mil.*) reticolato.
entente /ɒn'tɒnt/ (*franc.*) *n.* (*polit.*) intesa.
to **enter** /'ɛntə(r)/ ***A*** *v. t.* ***1*** entrare in; penetrare in: **to e. a tunnel**, entrare in una galleria; **to e. politics**, entrare in politica; **to e. the Navy**, arruolarsi in marina ***2*** entrare a far parte di; partecipare a: **to e. a competition**, partecipare a una gara ***3*** iscrivere: **to e. sb.** (*o* **sb.'s name**) **for a race**, iscrivere q. a una corsa ***4*** scrivere; (*anche rag.*) registrare: **to e. a word in a dictionary**, registrare una parola in un dizionario ***5*** (*leg.*) presentare: **to e. a complaint**, presentare un reclamo; **to e. evidence**, presentare prove ***6*** (*elab.*) inserire (*dati*) ***B*** *v. i.* ***1*** entrare ***2*** iscriversi (*a una gara, ecc.*).
♦ **enter into** *v. i. + prep.* ***1*** entrare in; avviare: **to e. into negotiations with sb.**, avviare trattative con q. ***2*** avere importanza; entrare: **Money considerations certainly entered into his decision**, l'aspetto finanziario ha avuto sicuramente un peso sulla sua decisione.
♦ **enter on** (*o* **upon**) *v. i. + prep.* (*form.*) ***1*** entrare in possesso di: **to e. upon an inheritance**, entrare in possesso di una eredità ***2*** iniziare; intraprendere: **to e. upon a new career**, iniziare una nuova carriera.
enteritis /ɛntə'raɪtɪs/ *n.* U (*med.*) enterite.
enterprise /'ɛntəpraɪz/ *n.* ***1*** impresa ***2*** U intraprendenza; iniziativa ***3*** U (*econ.*) imprenditorialità ***4*** (*econ.*) impresa; azienda.
enterprising /'ɛntəpraɪzɪŋ/ *a.* intraprendente; pieno di iniziativa.
to **entertain** /ɛntə'teɪn/ ***A*** *v. t.* ***1*** divertire; intrattenere ***2*** ricevere (*ospiti*); avere come ospite ***3*** avere (*in mente, in animo*); nutrire: **to e. hopes of success**, nutrire speranze di buona riuscita ***4*** prendere in considerazione; considerare: **to e. an offer**, considerare un'offerta ***B*** *v. i.* avere ospiti; dare pranzi.
entertainer /ɛntə'teɪnə(r)/ *n.* intrattenitore (-trice); artista (*di cabaret, TV, ecc.*); showman; comico.
entertaining /ɛntə'teɪnɪŋ/ *a.* divertente; piacevole.
entertainment /ɛntə'teɪnmənt/ *n.* ***1*** U divertimento ***2*** spettacolo ***3*** U intrattenimento (*di ospiti*) • **e. allowance**, spese di rappresentanza.
to **enthral(l)** /ɪn'θrɔːl/ *v. t.* affascinare; incantare.
to **enthrone** /ɪn'θrəʊn/ *v. t.* ***1*** mettere sul trono; insediare ***2*** (*fig.*) esaltare; dare prominenza a.
enthronement /ɪn'θrəʊnmənt/ *n.* investitura.
to **enthuse** /ɪn'θjuːz, *USA* -'θuːz/ (*fam.*) ***A*** *v. i.* parlare con entusiasmo; essere entusiasta: **to e. about** (*o* **over**) **st.**, parlare con entusiasmo di q.c. ***B*** *v. t.* entusiasmare.
enthusiasm /ɪn'θjuːzɪæzəm, *USA* -'θuːz-/ *n.* U *e* C ***1*** entusiasmo ***2*** passione: **One of his enthusiasms is fishing**, la pesca è una delle sue passioni.
enthusiast /ɪn'θjuːzɪæst, *USA* -'θuːz-/ *n.* appassionato: **a jogging e.**, un appassionato di jogging.
enthusiastic /ɪnθjuːzɪ'æstɪk, *USA* -θuːz-/ *a.* ***1*** entusiastico ***2*** (*di persona*) entusiasta: **to be e. about st.**, essere entusiasta di q.c.; **to become e. about st.**, entusiasmarsi per q.c.
to **entice** /ɪn'taɪs/ *v. t.* indurre (*con lusinghe*); attirare; allettare; adescare; sedurre.
enticement /ɪn'taɪsmənt/ *n.* ***1*** U allettamento; adescamento; seduzione ***2*** attrattiva; lusinga.
enticing /ɪn'taɪsɪŋ/ *a.* allettante; attraente; seducente.
entire /ɪn'taɪə(r)/ *a.* intero; completo; pieno: **the e. day**, l'intero giorno; tutto il giorno.
entirety /ɪn'taɪərətɪ/ *n.* U totalità; interezza: **I read the document in its e.**, ho letto il documento per intero; **to consider a question in its e.**, considerare una questione nel suo complesso.
to **entitle** /ɪn'taɪtl/ *v. t.* ***1*** intitolare ***2*** dare a (q.) il diritto (di): **This coupon entitles you to a free meal**, questo tagliando ti dà diritto a un pasto gratuito; **You are entitled to a rebate**, hai diritto a un rimborso.
entitlement /ɪn'taɪtlmənt/ *n.* titolo; diritto.
entity /'ɛntətɪ/ *n.* entità.
to **entomb** /ɪn'tuːm/ *v. t.* seppellire.
entombment /ɪn'tuːmmənt/ *n.* U *e* U seppellimento.
entomologist /ɛntə'mɒlədʒɪst/ *n.* entomologo (-a).
entomology /ɛntə'mɒlədʒɪ/ *n.* U entomologia.
entourage /'ɒntʊrɑːʒ, *USA* ɑːntʊː'rɑːʒ/ (*franc.*) *n.* seguito; entourage.
entrails /'ɛntreɪlz, -əlz/ *n. pl.* ***1*** interiora; intestini; visceri; viscere ***2*** (*fig.*) viscere.
entrance /'ɛntrəns/ *n.* ***1*** entrata; ingresso: **front e.**, entrata principale; **back e.**, ingresso posteriore ***2*** ingresso; (*teatr.*) entrata in scena: **to make one's e.**, entrare in scena ***3*** U ingresso; accesso; ammissione; iscrizione: **free e.**, ingresso libero; **e. examination**, esame di ammissione; **e. fee**, tassa di iscrizione.
to **entrance** /ɪn'trɑːns, *USA* -æns/ *v. t.* estasiare; incantare; rapire.
entrancing /ɪn'trɑːnsɪŋ, *USA* -æns-/ *a.* incantevole.
entrant /'ɛntrənt/ *n.* ***1*** partecipante (*a una gara, ecc.*); concorrente ***2*** chi intraprende una professione.
to **entrap** /ɪn'træp/ *v. t.* prendere in trappola; intrappolare: **to e. sb. into doing st.**, far fare q.c. a q. con un inganno.
to **entreat** /ɪn'triːt/ *v. t.* implorare; pregare; supplicare: **to e. sb. to do st.**, supplicare q. di fare q.c.
entreaty /ɪn'triːtɪ/ *n.* U *e* C implorazione; preghiera; supplica.
entrée /'ɒntreɪ/ (*franc.*) *n.* ***1*** C *e* U accesso; adito ***2*** (*cucina*) entrée; (*USA*) portata principale.
to **entrench** /ɪn'trɛntʃ/ ***A*** *v. t.* ***1*** (*mil.*) trincerare ***2*** (*fig.*) rafforzare; consolidare; radicare ***B*** to **entrench oneself** *v. rifl.* (*anche fig.*) trincerarsi.
♦ **entrench on** (*o* **upon**) *v. i. + prep.* violare; usurpare: **to e. upon sb.'s privacy**, violare la vita privata di q.; **to e. upon a right**, usurpare un diritto.
entrenched /ɪn'trɛntʃt/ *a.* ***1*** radicato: **deeply e. prejudices**, pregiudizi profondamente radicati ***2*** (*mil.*) trincerato.
entrenchment /ɪn'trɛntʃmənt/ *n.* U *e* C trinceramento; trincea.
entrepreneur /ɒntrəprə'nɜː(r)/ (*franc.*) *n.* (*econ.*) imprenditore.
entrepreneurial /ɒntrəprə'nɜːrɪəl/ *a.* imprenditoriale.
entropy /'ɛntrəpɪ/ *n.* (*fis.*) entropia.
to **entrust** /ɪn'trʌst/ *v. t.* affidare: **to e. a task to sb.** (*o* **sb. with a task**), affidare un compito a q.
entry /'ɛntrɪ/ *n.* ***1*** entrata; ingresso: **e. into war**, entrata in guerra; **No E.**, (*cartello*) divieto di accesso ***2*** (*USA*) entrata; atrio ***3*** annotazione; nota; (*rag.*) registrazione ***4*** voce (*di dizionario*); lemma ***5*** iscrizione (*a una gara, ecc.*): **e. form**, modulo di iscrizione ***6*** iscritto (*a una gara*); concorrente ***7*** lavoro di un concorrente; lavoro mandato a un concorso ***8*** (*elab.*) immissione; inserimento • (*rag.*) **double-e. book-keeping**, contabilità in partita doppia.
to **entwine** /ɪn'twaɪn/ ***A*** *v. t.* intrecciare ***B*** *v. i.* intrecciarsi.

to **enumerate** /ɪ'njuːməreɪt, *USA* ɪ'nuː-/ *v. t.* enumerare; contare.
enumeration /ɪnjuːmə'reɪʃn, *USA* ɪnuː-/ *n.* [U] *e* [C] enumerazione.
to **enunciate** /ɪ'nʌnsɪeɪt/ ***A*** *v. t.* ***1*** enunciare ***2*** pronunciare chiaramente; articolare ***B*** *v. i.* pronunciare chiaramente.
enunciation /ɪnʌnsɪ'eɪʃn/ *n.* [U] *e* [C] ***1*** enunciazione ***2*** pronuncia.
enuresis /ɛnjʊə'riːsɪs, *USA* ɛnʊə-/ *n.* [U] (*med.*) enuresi.
to **envelop** /ɪn'vɛləp/ *v. t.* avvolgere; avviluppare.
envelope /'ɛnvələʊp, 'ɒn-/ *n.* ***1*** busta ***2*** involucro.
enviable /'ɛnvɪəbl/ *a.* invidiabile.
envious /'ɛnvɪəs/ *a.* invidioso; d'invidia: **e. glance**, occhiata d'invidia.
environment /ɪn'vaɪərənmənt/ *n.* ambiente.
environmental /ɪnvaɪərən'mɛntl/ *a.* ***1*** ambientale; dell'ambiente ***2*** ambientalistico; ecologico.
environmentalist /ɪnvaɪərən'mɛntəlɪst/ *n.* ambientalista; ecologista.
environs /ɪn'vaɪərənz, 'ɛnvərənz/ *n. pl.* dintorni.
to **envisage** /ɪn'vɪzɪdʒ/ *v. t.* ***1*** prevedere ***2*** immaginare.
envoy (1) /'ɛnvɔɪ/ *n.* ***1*** inviato; messo ***2*** (*polit.*) inviato straordinario.
envoy (2) /'ɛnvɔɪ/ *n.* (*letter.*) commiato; congedo.
envy /'ɛnvɪ/ *n.* [U] invidia: **to be the e. of everyone**, essere l'invidia di tutti; essere invidiato da tutti.
to **envy** /'ɛnvɪ/ *v. t.* invidiare: **I don't e. you your task**, non ti invidio il tuo incarico.
enzyme /'ɛnzaɪm/ *n.* (*chim.*) enzima.
eon /'iːən/ (*USA*) *V.* **aeon**.
epaulet(te) /'ɛpəlɛt/ *n.* (*mil.*) spallina.
épée /'eɪpeɪ, 'ɛ-, *USA* eɪ'peɪ/ (*franc.*) *n.* (*scherma*) spada.
ephemeral /ɪ'fɛmərəl/ *a.* effimero; passeggero.
ephemeris /ɪ'fɛmərɪs/ *n.* (*pl.* **ephemerides** /-diːz/) (*astron.*) effemeride.
epic /'ɛpɪk/ ***A*** *n.* poema epico; epopea ***B*** *a.* epico.
epicentre /'ɛpɪsɛntə(r)/ *n.* (*geol.*) epicentro.
epicure /'ɛpɪkjʊə(r)/ *n.* buongustaio; intenditore.
Epicurean /ɛpɪkjʊ'riːən/ *a. e n.* ***1*** (*filos.*) epicureo ***2*** (*con la minuscola, spreg.*) epicureo.
epidemic /ɛpɪ'dɛmɪk/ (*med.*) ***A*** *a.* epidemico ***B*** *n.* (*med. e fig.*) epidemia.
epidermal /ɛpɪ'dɜːml/, **epidermic** /ɛpɪ'dɜːmɪk/ *a.* (*anat.*) epidermico.
epidermis /ɛpɪ'dɜːmɪs/ *n.* [U] *e* [C] (*anat.*) epidermide.
epigastrium /ɛpɪ'gæstrɪəm/ *n.* (*pl.* **epigastria** /-strɪə/) (*anat.*) epigastrio.
epiglottis /ɛpɪ'glɒtɪs/ *n.* (*anat.*) epiglottide.
epigram /'ɛpɪgræm/ *n.* epigramma.
epigrammatic /ɛpɪgrə'mætɪk/ *a.* epigrammatico.
epigraph /'ɛpɪgrɑːf, *USA* -græf/ *n.* epigrafe.
epigraphic /ɛpɪ'græfɪk/ *a.* epigrafico.
epigraphy /ɛ'pɪgrəfɪ/ *n.* [U] epigrafia.
epilepsy /'ɛpɪlɛpsɪ/ *n.* [U] (*med.*) epilessia.
epileptic /ɛpɪ'lɛptɪk/ *a. e n.* epilettico.
epilogue, (*USA*) **epilog** /'ɛpɪlɒg, *USA* -ɔːg/ *n.* epilogo.
Epiphany /ɪ'pɪfənɪ/ *n.* (*relig.*) Epifania.
episcopacy /ɪ'pɪskəpəsɪ/ *V.* **episcopate**.
episcopal /ɪ'pɪskəpl/ *a.* episcopale; vescovile.
Episcopalian /ɪpɪskə'peɪlɪən/ *a. e n.* (*relig.*) episcopaliano.
episcopate /ɪ'pɪskəpət/ *n.* ***1*** episcopato; vescovato ***2*** (l')episcopato; (i) vescovi.
episode /'ɛpɪsəʊd/ *n.* episodio.
episodic /ɛpɪ'sɒdɪk/ *a.* episodico.
epistle /ɪ'pɪsl/ *n.* epistola.
epistolary /ɪ'pɪstələrɪ, *USA* -ɛrɪ/ *a.* epistolare.
epitaph /'ɛpɪtɑːf, *USA* -æf/ *n.* epitaffio.
epithelium /ɛpɪ'θiːlɪəm/ *n.* (*anat.*) epitelio.
epithet /'ɛpɪθɛt/ *n.* epiteto; appellativo.
epitome /ɪ'pɪtəmɪ/ *n.* quintessenza; personificazione.
to **epitomize**, (*GB anche*) to **epitomise** /ɪ'pɪtəmaɪz/ *v. t.* ***1*** riassumere; sintetizzare ***2*** rappresentare; incarnare.
epoch /'iːpɒk, *USA* 'ɛpək/ *n.* epoca; età: **to mark an e.**, fare epoca; **e.-making**, che fa [fece] epoca; epocale.
eponymous /ɪ'pɒnɪməs/ *a.* eponimo.
epos /'ɛpɒs/ *n.* epos; epopea.
epoxy /ɪ'pɒksɪ/ *a.* (*chim.*) epossidico.
Epsom salt(s) /ɛpsəm'sɔːlt(s)/ *locuz. n.* (*farm.*) sale inglese.
equable /'ɛkwəbl/ *a.* ***1*** (*di carattere, umore*) calmo; sereno; equilibrato ***2*** (*meteor.*) uniforme; costante.
equal /'iːkwəl/ ***A*** *a.* uguale; pari: **two e. parts**, due parti uguali; **e. opportunities**, pari opportunità; **to fight for e. pay**, lottare per la parità salariale • **e. to**, (*di persona*) all'altezza di; capace di: **e. to the occasion**, all'altezza della situazione; **to feel e. to doing st.**, sentirsi di fare q.c. □ **on e. terms**, alla pari: **to be on e. terms with sb.**, trattare q. da pari a pari ***B*** *n.* pari; eguale: **to treat sb. as an e.**, trattare q. da pari a pari; **He has no e.**, non ha eguali; non c'è nessuno come lui.
to **equal** /'iːkwəl/ *v. t.* uguagliare, eguagliare; essere uguale (*o* pari) a: **to e. a record**, uguagliare un record; **Let x e. y**, sia x uguale a y.
to **equalise** /'iːkwəlaɪz/ *e deriv.* (*GB*) *V.* **to equalize** *e deriv.*
equality /ɪ'kwɒlətɪ/ *n.* [U] uguaglianza; parità.
equalization /iːkwəlaɪ'zeɪʃn, *USA* -lɪ'z-/ *n.* [U] *e* [C] pareggiamento; uguagliamento; livellamento • **e. of taxes**, perequazione delle imposte.
to **equalize** /'iːkwəlaɪz/ ***A*** *v. t.* pareggiare; livellare; rendere uniforme; distribuire in modo uniforme ***B*** *v. i.* (*sport, specialm. GB*) pareggiare.
equalizer /'iːkwəlaɪzə(r)/ *n.* ***1*** (*elettr.*) equalizzatore ***2*** (*mecc.*) equilibratore ***3*** (*sport, specialm. GB*) gol (*o* punto) del pareggio.
equally /'iːkwəlɪ/ *avv.* ***1*** ugualmente ***2*** in parti uguali; equamente ***3*** al tempo stesso.
equanimity /ɛkwə'nɪmətɪ/ *n.* [U] (*form.*) equanimità; serenità; calma.
to **equate** /ɪ'kweɪt/ *v. t.* mettere sullo stesso piano; equiparare; identificare.
equation /ɪ'kweɪʒn/ *n.* ***1*** (*mat. e fig.*) equazione ***2*** identificazione ***3*** *V.* **equalization**.
equator /ɪ'kweɪtə(r)/ *n.* (*geogr., astron.*) equatore.
equatorial /ɛkwə'tɔːrɪəl/ *a.* equatoriale.
equerry /ɪ'kwɛrɪ, 'ɛkwərɪ/ *n.* scudiero (*carica di corte*).
equestrian /ɪ'kwɛstrɪən/ ***A*** *a.* equestre • **e. events**, gare di equitazione ***B*** *n.* cavallerizzo.
equidistant /iːkwɪ'dɪstənt, ɛ-/ *a.* equidistante.
equilateral /iːkwɪ'lætərəl, ɛ-/ *a.* (*geom.*) equilatero.
equilibrium /iːkwɪ'lɪbrɪəm, ɛ-/ *n.* [U] (*anche fig.*) equilibrio.
equine /'ɛkwaɪn, 'iː-/ *a.* equino.
equinoctial /iːkwɪ'nɒkʃl, ɛ-/ *a.* (*astron.*) equinoziale.
equinox /'iːkwɪnɒks, 'ɛ-/ *n.* (*astron.*) equinozio.
to **equip** /ɪ'kwɪp/ ***A*** *v. t.* ***1*** equipaggiare, allestire (*una nave, un esercito*); attrezzare; munire; corredare; fornire ***2*** preparare: **The training equips prisoners for their return to society**, questi corsi preparano i detenuti al reinserimento nella società ***B*** to **equip oneself** (**with**) *v. rifl.* munirsi (di).
equipment /ɪ'kwɪpmənt/ *n.* [U] ***1*** equipaggiamento; attrezzatura; apparecchiatura: **piece of e.**, attrezzo ***2*** allestimento; preparazione.
equipoise /'ɛkwɪpɔɪz, 'iː-/ *n.* ***1*** [U] equilibrio ***2*** contrappeso.
equisetum /ɛkwɪ'siːtəm/ *n.* (*pl.* **equiseta** /-tə/) (*bot.*) equiseto.
equitable /'ɛkwɪtəbl/ *a.* equo; giusto.
equity /'ɛkwətɪ/ *n.* ***1*** [U] equità; giustizia ***2*** (*leg.*) complesso di norme integrative della «common law» (*applicate solo in materia civile*) ***3*** (*fin.*) capitale netto ***4*** (*al pl.*) (*fin.*) azioni ordinarie • (*fin.*) **e. capital**, capitale proprio □ (*fin.*) **e. interests**, partecipazioni azionarie □ (*fin.*) **the e. market**, il mercato azionario.
equivalence /ɪ'kwɪvələns/ *n.* [U] *e* [C] equivalenza.
equivalent /ɪ'kwɪvələnt/ *a. e n.* equivalente.
equivocal /ɪ'kwɪvəkl/ *a.* ***1*** equivoco; ambiguo ***2*** dubbio; misterioso; poco chiaro.
to **equivocate** /ɪ'kwɪvəkeɪt/ *v. i.* esprimersi in modo ambiguo; giocare sull'equivoco. ATTENZIONE: **to equivocate** ≠ equivocare.
equivocation /ɪkwɪvə'keɪʃn/ *n.* ***1*** [U] (il) giocare sull'equivoco; (il) parlare in modo ambiguo ***2*** parole equivoche. ATTENZIONE: **equivocation** ≠ equivoco.
equivocator /ɪ'kwɪvəkeɪtə(r)/ *n.* chi gioca sull'equivoco.
er /ə, ɜː/ *inter.* ehm (*esprime esitazione nel parlare*).
era /'ɪərə/ *n.* era; epoca; età: **the Christian era**, l'era cristiana; **the Victorian era**, l'epoca vittoriana.
to **eradicate** /ɪ'rædɪkeɪt/ *v. t.* sradicare; estirpare.
eradication /ɪrædɪ'keɪʃn/ *n.* [U] sradicamento; estirpazione.
to **erase** /ɪ'reɪz, *USA* ɪ'reɪs/ *v. t.* cancellare (*anche fig.*); ra-

schiare via.
eraser /ɪ'reɪzə(r), *USA* -s-/ *n.* (*USA*) *1* gomma (*per cancellare*) *2* cimosa (*da lavagna*); cancellino.
erasure /ɪ'reɪʒə(r)/ *n.* U e C cancellatura.
ere /ɛə(r)/ (*poet.*) *A prep.* prima di *B cong.* prima che.
erect /ɪ'rɛkt/ *a.* eretto; diritto; ritto.
to **erect** /ɪ'rɛkt/ *v. t.* *1* erigere; costruire; alzare *2* costituire; fondare.
erectile /ɪ'rɛktaɪl, *USA* -tl/ *a.* (*anat., bot.*) erettile.
erection /ɪ'rɛkʃn/ *n.* *1* U erezione; costruzione *2* edificio; struttura *3* C e U (*fisiol.*) erezione: **to get an e.**, avere un'erezione.
erectness /ɪ'rɛktnəs/ *n.* posizione eretta.
ergonomic /ɜːgə'nɒmɪk/ *a.* ergonomico.
ergonomics /ɜːgə'nɒmɪks/ *n. pl.* (*col verbo al sing.*) ergonomia.
Eritrean /ɛrɪ'treɪən, *USA* -'triːən/ *a. e n.* eritreo.
ermine /'ɜːmɪn/ *n.* ermellino (*animale e pelliccia*).
to **erode** /ɪ'rəʊd/ *v. t.* erodere; corrodere; consumare.
erogenous /ɪ'rɒdʒənəs/ *a.* erogeno.
erosion /ɪ'rəʊʒn/ *n.* U e C erosione.
erosive /ɪ'rəʊsɪv/ *a.* erosivo.
erotic /ɪ'rɒtɪk/ *a.* erotico.
erotica /ɪ'rɒtɪkə/ *n. pl.* opere d'arte (*o* letteratura) di carattere erotico.
eroticism /ɪ'rɒtɪsɪzəm/, **erotism** /'ɛrətɪzəm/ *n.* U erotismo.
to **err** /ɜː(r)/ *v. i.* errare ● **to err on the side of caution**, esagerare in prudenza.
errand /'ɛrənd/ *n.* commissione; incarico; messaggio: **e.-boy**, fattorino; **to go on** (*o* **to run**) **errands**, fare commissioni.
errant /'ɛrənt/ *a.* (*antiq. o scherz.*) *1* errante; vagante: **knight e.**, cavaliere errante *2* che sbaglia; in errore.
errata /ɛ'rɑːtə, -eɪtə/ *pl. di* **erratum**.
erratic /ɪ'rætɪk/ *a.* *1* irregolare; incostante; fluttuante *2* (*geol.*) erratico.
erratum /ɛ'rɑːtəm, -eɪ-/ (*lat.*) *n.* (*pl.* **errata**) errore (*inserito in un'errata corrige*); (*al pl., anche*) errata corrige.
erroneous /ɪ'rəʊnɪəs/ *a.* erroneo; sbagliato.
error /'ɛrə(r)/ *n.* C e U errore: **to make an e.**, fare un errore; **caused by human e.**, provocato da errore umano; **youthful errors**, errori di gioventù; **to lead sb. into e.**, indurre q. in errore; **in e.**, per errore ● (*elab.*) **e. message**, messaggio di errore □ **to see the e. of one's ways**, emendarsi; mutare vita.
ersatz /'ɛəzæts, 'ɜː-, -sɑːts/ (*ted.*) *a. e n.* surrogato.
erstwhile /'ɜːstwaɪl, *USA* -hw-/ *a.* (*form.*) di un tempo.
eructation /ɪrʌk'teɪʃn, ɛrək-/ *n.* (*form.*) *1* (il) ruttare *2* rutto.
erudite /'ɛruːdaɪt/ *a.* erudito; dotto.
erudition /ɛruː'dɪʃn/ *n.* U erudizione.
to **erupt** /ɪ'rʌpt/ *A v. i.* *1* (*di un vulcano*) entrare in eruzione *2* (*di lava, ecc.*) erompere; sgorgare *3* (*di violenza, ecc.*) esplodere; scoppiare *4* (*med.*) coprirsi: **to e. in eczema**, coprirsi di eczema *5* (*di dente*) spuntare *B v. t.* (*di vulcano*) eruttare.
eruption /ɪ'rʌpʃn/ *n.* U e C *1* (*geol., med.*) eruzione *2* esplosione, scoppio (*di violenza, ecc.*).
to **escalate** /'ɛskəleɪt/ *A v. t.* aumentare; intensificare; provocare un'escalation *B v. i.* aumentare; crescere; intensificarsi; subire un'escalation.
escalation /ɛskə'leɪʃn/ *n.* U (*polit.*) escalation; intensificazione.
escalator /'ɛskəleɪtə(r)/ *n.* scala mobile.
escalope /'ɛskələʊp/ (*franc.*) *n.* (*cucina, GB*) scaloppina.
escapade /'ɛskəpeɪd, ɛskə'peɪd/ *n.* scappatella; avventura.
escape /ɪ'skeɪp/ *n.* *1* C e U fuga; evasione: **to make one's e.**, evadere *2* scampo; via d'uscita *3* evasione; svago; distrazione *4* (*di liquido, gas, ecc.*) fuga; perdita *5* (*mecc.*) scappamento; scarico ● (*leg.*) **e. clause**, clausola di rescissione dal contratto □ (*astron.*) **e. velocity**, velocità di fuga □ **to have a narrow e.**, scamparla per miracolo (*o* per un pelo).
to **escape** /ɪ'skeɪp/ *A v. i.* *1* fuggire; evadere *2* salvarsi; uscire indenne; scampare; cavarsela *3* fuoriuscire; sgorgare *B v. t.* sfuggire a; scampare a; evitare; schivare: **to e. punishment**, sfuggire alla punizione; **to e. death**, scampare alla morte; **to e. being killed**, evitare di essere ucciso; **Her name escapes me**, ora mi sfugge il suo nome.
escapee /ɪskeɪ'piː/ *n.* evaso (-a); fuggiasco (-a).
escapement /ɪ'skeɪpmənt/ *n.* scappamento (*di orologio*).
escapism /ɪ'skeɪpɪzəm/ *n.* U evasione dalla realtà.
escapist /ɪ'skeɪpɪst/ *A n.* persona che cerca di evadere dalla realtà *B a.* di evasione: **e. literature**, letteratura di evasione.
escapologist /ɛskə'pɒlədʒɪst/ *n.* illusionista (*che riesce a liberarsi da solo da bauli, camicie di forza, ecc.*).
escarpment /ɪ'skɑːpmənt/ *n.* scarpata.
eschatological /ɛskətə'lɒdʒɪkl/ *a.* escatologico.
eschatology /ɛskə'tɒlədʒɪ/ *n.* U escatologia.
to **eschew** /ɪ'stʃuː/ *v. t.* (*form.*) evitare; rifuggire da.
escort /'ɛskɔːt/ *n.* *1* (*anche naut.*) scorta *2* accompagnatore (-trice) ● **e. agency**, agenzia che procura accompagnatori o accompagnatrici.
to **escort** /ɪ'skɔːt/ *v. t.* scortare (*anche mil.*); accompagnare.
escutcheon /ɪ'skʌtʃən/ *n.* (*arald.*) scudo; arme gentilizia; blasone.
Eskimo /'ɛskɪməʊ/ *a. e n.* (*pl.* **Eskimo**, **Eskimos**) eschimese.
esophagus /iː'sɒfəgəs, ɪ-/ (*USA*) *V.* **oesophagus**.
esoteric /ɛsə'tɛrɪk/ *a.* esoterico.
especial /ɪ'spɛʃl/ *V.* **special**.
especially /ɪ'spɛʃəlɪ/ *avv.* specialmente.
Esperanto /ɛspə'ræntəʊ, *USA* -ɑːn-/ *n.* esperanto.
espionage /'ɛspɪənɑːʒ, -ɑːdʒ, -ɪdʒ/ *n.* U spionaggio.
esplanade /ɛsplə'neɪd/ *n.* passeggiata (*specialm. a mare*).
espousal /ɪ'spaʊzəl/ *n.* (*form.*) adesione (a), adozione (di) (*causa, idea, ecc.*).
to **espouse** /ɪ'spaʊz/ *v. t.* abbracciare, sposare, aderire a (*una causa, un'idea, ecc.*).
espresso /ɛ'sprɛsəʊ/ (*ital.*) *n.* (*pl.* **espressos**) *1* U e C (*anche* **e. coffee**) (caffè) espresso *2* (*anche* **e. machine**) macchina (per caffè) espresso.
esprit /ɛ'spriː, ɪ-/ (*franc.*) *n.* U — **e. de corps**, spirito di corpo.
to **espy** /ɪ'spaɪ/ *v. t.* (*lett.*) scorgere; vedere (*in distanza*).
esquire /ɪ'skwaɪə(r), *USA* 'ɛsk-/ *n.* *1* (*stor.*) scudiero *2* (*antiq.*: *titolo di cortesia usato negli indirizzi*; *di solito abbreviato in* **Esq.**) Egregio Signor: **Robert Smith, Esq.**, Egregio Sig. Robert Smith.
essay /'ɛseɪ/ *n.* *1* saggio *2* (*a scuola*) tema; composizione; saggio.
to **essay** /ɛ'seɪ/ *v. t. e i.* (*form.*) tentare; provare.
essayist /'ɛseɪɪst/ *n.* saggista.
essence /'ɛsns/ *n.* *1* U essenza; sostanza: **in e.**, in sostanza; (*form.*) **of the e.**, di estrema importanza *2* C e U (*chim., ind.*) estratto; essenza: **vanilla e.**, estratto di vaniglia.
essential /ɪ'sɛnʃl/ *A a.* *1* essenziale; fondamentale; indispensabile *2* (*chim.*) essenziale: **e. oils**, oli essenziali *B n.* *1* elemento essenziale: **the bare essentials**, l'essenziale; il minimo indispensabile *2* elemento fondamentale; fondamento: (*nei titoli di libri*) **The Essentials of...**, Fondamenti di...
essentially /ɪ'sɛnʃəlɪ/ *avv.* *1* essenzialmente; fondamentalmente; in fondo *2* necessariamente.
to **establish** /ɪ'stæblɪʃ/ *A v. t.* *1* costituire; fondare; creare; avviare: **to e. a new state**, creare un nuovo Stato; **to e. a company**, fondare una società; avviare un'azienda *2* stabilire: **to e. prices**, stabilire i prezzi; **to e. a precedent**, stabilire un precedente *3* determinare; stabilire; confermare; dimostrare: **to e. the facts**, stabilire i fatti; **to e. the truth**, dimostrare la verità *4* istituire (*una religione*) come religione ufficiale dello Stato: **established religion**, religione ufficiale (*o* di Stato) ● **to e. sb.'s reputation**, rendere famoso q. □ **to e. one's reputation**, affermarsi; farsi un nome □ **the Established Church**, la Chiesa nazionale inglese; la Chiesa anglicana *B* to **establish oneself** *v. rifl.* *1* stabilirsi; installarsi *2* affermarsi.
establishment /ɪ'stæblɪʃmənt/ *n.* *1* U fondazione; costituzione; creazione *2* azienda; impresa *3* — (*polit.*) **the E.**, l'establishment; la classe dirigente.
estate /ɪ'steɪt/ *n.* *1* proprietà terriera; tenuta *2* (*leg.*) patrimonio; beni: **real e.**, beni immobili; **personal e.**, proprietà personale; beni d'uso *3* (*GB*) zona costruita; quartiere: **industrial e.**, zona industriale; **housing e.**, quartiere di case popolari *4* (*form.*) condizione; stato *5* (*form. o stor.*) classe sociale; stato: **the Three Estates**, i tre Stati ● (*GB*) **e. agency**, agenzia immobiliare □ (*GB*) **e. agent**, agente immobiliare □ (*autom., GB*) **e. car**, familiare; station-wagon □ **e. tax**, tassa di successione.

esteem /ɪ'sti:m/ *n.* U stima; considerazione: **to hold sb. in high e.**, avere grande stima di q.
to **esteem** /ɪ'sti:m/ *v. t.* ***1*** stimare; apprezzare ***2*** (*form.*) reputare; considerare.
esthete /'ɛsθi:t/ *e deriv.* (*USA*) *V.* **aesthete** *e deriv.*
estimable /'ɛstɪməbl/ *a.* (*form.*) degno di stima; stimabile.
estimate /'ɛstɪmət/ *n.* ***1*** calcolo; giudizio; previsione: **at a rough e.**, facendo un calcolo approssimativo; approssimativamente ***2*** (*comm.*) stima; valutazione ***3*** (*rag.*) preventivo; previsione: **e. of expenditure**, previsione di spesa ***4*** (*stat.*) stima.
to **estimate** /'ɛstɪmeɪt/ ***A*** *v. t.* ***1*** calcolare; giudicare; prevedere ***2*** (*comm.*) stimare; valutare ***3*** (*rag.*) preventivare ***B*** *v. i.* (*comm.*) fare un preventivo.
estimation /ɛstɪ'meɪʃn/ *n.* U ***1*** opinione; giudizio; avviso: **in my e.**, a mio avviso; secondo me ***2*** stima; considerazione.
Estonian /ɛ'stəʊnɪən/ *a. e n.* estone.
estranged /ɪ'streɪndʒd/ *a.* ***1*** non più affezionato; non più amico ***2*** (*di coppia*) separato: **to become e.**, allontanarsi; disaffezionarsi; (*di coppia*) separarsi.
estrangement /ɪ'streɪndʒmənt/ *n.* U *e* C disaffezione; allontanamento; distacco; separazione.
estrogen /'ɛstrədʒən/ (*USA*) *V.* **oestrogen**.
estuary /'ɛstʃʊərɪ, *USA* -ʊɛrɪ/ *n.* (*geogr.*) estuario.
et cetera /ɛt'sɛtrə, ɪt-/ (*lat.*) *locuz. avv.* eccetera.
to **etch** /ɛtʃ/ ***A*** *v. t.* ***1*** incidere all'acquaforte ***2*** (*fig.*) imprimere: **etched in one's memory**, impresso nella memoria ***B*** *v. i.* incidere all'acquaforte.
etcher /'ɛtʃə(r)/ *n.* acquafortista.
etching /'ɛtʃɪŋ/ *n.* ***1*** U arte dell'acquaforte ***2*** incisione all'acquaforte; acquaforte.
eternal /ɪ'tɜ:nl/ *a.* eterno; (*fig.*, *anche*) continuo, incessante.
eternity /ɪ'tɜ:nətɪ/ *n.* U eternità.
ethanol /'ɛθənɒl/ *n.* (*chim.*) etanolo; alcol etilico.
ether /'i:θə(r)/ *n.* U (*chim.*, *tecn.*, *poet.*) etere.
ethereal /ɪ'θɪərɪəl/ *a.* etereo.
ethic /'ɛθɪk/ *n.* etica; morale.
ethical /'ɛθɪkl/ *a.* etico; morale.
ethics /'ɛθɪks/ *n. pl.* (*col verbo al sing.*) ***1*** (*filos.*) etica ***2*** etica; morale; eticità; moralità: **professional e.**, etica professionale; deontologia.
Ethiopian /i:θɪ'əʊpɪən/ *a. e n.* etiope.
ethnic /'ɛθnɪk/ *a.* ***1*** etnico ***2*** esotico: **e. food**, cucina esotica.
ethnographic /ɛθnəʊ'græfɪk/ *a.* etnografico.
ethnography /ɛθ'nɒgrəfɪ/ *n.* U etnografia.
ethnological /ɛθnəʊ'lɒdʒɪkl/ *a.* etnologico.
ethnologist /ɛθ'nɒlədʒɪst/ *n.* etnologo (-a).
ethnology /ɛθ'nɒlədʒɪ/ *n.* U etnologia.
ethos /'i:θɒs/ *n.* U ethos; norma, spirito (*di un gruppo, ecc.*).
ethylene /'ɛθɪli:n/ *n.* U (*chim.*) etilene.
etiology /i:tɪ'ɒlədʒɪ/ *n.* (*med.*) eziologia.
etiquette /'ɛtɪkɛt, -kət/ *n.* U ***1*** etichetta; cerimoniale ***2*** prassi professionale.
Etonian /i:'təʊnɪən/ ***A*** *a.* del collegio di Eton (*in G.B.*) ***B*** *n.* allievo (*o* ex allievo) di Eton.
Etrurian /ɪ'trʊərɪən/, **Etruscan** /ɪ'trʌskən/ *a. e n.* etrusco.
etyma /'ɛtɪmə/ *pl. di* **etymon**.
etymological /ɛtɪmə'lɒdʒɪkl/ *a.* etimologico.
etymologist /ɛtɪ'mɒlədʒɪst/ *n.* etimologo (-a).
etymology /ɛtɪ'mɒlədʒɪ/ *n.* U *e* C etimologia.
etymon /'ɛtɪmɒn/ *n.* (*pl.* **etyma**, **etymons**) (*ling.*) etimo.
eucalypt /ju:kə'lɪpt/ *n.*, **eucalyptus** /ju:kə'lɪptəs/ *n.* (*pl.* **eucalypti** /-taɪ/, **eucalyptuses**) (*bot.*) eucalipto.
Eucharist /'ju:kərɪst/ *n.* (*relig.*) eucaristia, eucarestia.
Euclidean, **Euclidian** /ju:'klɪdɪən/ *a.* euclideo.
eugenic /ju:'dʒɛnɪk/ *a.* (*biol.*) eugenetico.
eugenics /ju:'dʒɛnɪks/ *n. pl.* (*col verbo al sing.*) eugenetica.
to **eulogise** /'ju:lədʒaɪz/ (*GB*) *V.* **to eulogize**.
eulogistic /ju:lə'dʒɪstɪk/ *a.* elogiativo; laudativo.
to **eulogize** /'ju:lədʒaɪz/ *v. t.* elogiare; lodare.
eulogy /'ju:lədʒɪ/ *n.* C *e* U elogio; panegirico.
eunuch /'ju:nək/ *n.* eunuco.
euphemism /'ju:fəmɪzəm/ *n.* U *e* C eufemismo.
euphemistic /ju:fɪ'mɪstɪk/ *a.* eufemistico.
euphonic /ju:'fɒnɪk/, **euphonious** /ju:'fəʊnɪəs/ *a.* eufonico.
euphony /'ju:fənɪ/ *n.* U eufonia.
euphoria /ju:'fɔ:rɪə/ *n.* U euforia.
euphoric /ju:'fɒrɪk, *USA* -'fɔ:r-/ *a.* euforico.
Eurasian /jʊə'reɪʃn, -ʒn/ *a. e n.* eurasiatico.
euro /'jʊərəʊ/ *n.* (*fin.*) euro.
Eurobond /'jʊərəʊbɒnd/ *n.* (*fin.*) eurobbligazione; eurobond.
Eurocrat /'jʊərəʊkræt/ *n.* (*econ.*) eurocrate.
Eurodollar /'jʊərəʊdɒlə(r)/ *n.* (*fin.*) eurodollaro.
Euromarket /'jʊərəʊmɑ:kɪt/ *n.* (*fin.*) euromercato.
European /jʊərə'pi:ən/ *a. e n.* europeo.
to **Europeanise** /jʊərə'pi:ənaɪz/ (*GB*) *V.* **to Europeanize**.
Europeanism /jʊərə'pi:ənɪzəm/ *n.* U *e* C europeismo.
to **Europeanize** /jʊərə'pi:ənaɪz/ *v. t.* europeizzare.
Eurosceptic /'jʊərəʊ'skɛptɪk/ *a. e n.* euroscettico (-a).
Eurovision /'jʊərəʊvɪʒn/ *n.* U (*TV*) eurovisione.
euthanasia /ju:θə'neɪzɪə, *USA* -ʒə/ *n.* U eutanasia.
to **evacuate** /ɪ'vækjʊeɪt/ *v. t. e i.* ***1*** evacuare; sgombrare; sfollare ***2*** (*fisiol.*) evacuare.
evacuation /ɪvækjʊ'eɪʃn/ *n.* U *e* C ***1*** evacuazione; sfollamento ***2*** (*fisiol.*) evacuazione.
evacuee /ɪvækju:'i:, ɪ'vækjʊi:/ *n.* sfollato (-a).
to **evade** /ɪ'veɪd/ *v. t.* eludere; evitare; schivare; sfuggire a: **to e. a question**, eludere una domanda; **to e. a blow**, schivare un colpo; **to e. capture**, evitare la (*o* sfuggire alla) cattura.
evader /ɪ'veɪdə(r)/ *n.* evasore: **tax e.**, evasore fiscale.
to **evaluate** /ɪ'væljʊeɪt/ *v. t.* ***1*** valutare ***2*** (*mat.*) calcolare (*il valore numerico di un'espressione*).
evaluation /ɪvæljʊ'eɪʃn/ *n.* U *e* C ***1*** valutazione ***2*** (*mat.*) valutazione; calcolo.
evanescent /i:və'nɛsnt, ɛ-/ *a.* evanescente.
evangelical /i:væn'dʒɛlɪkl/ *a.* evangelico.
to **evangelise** /ɪ'vændʒəlaɪz/ *e deriv.* (*GB*) *V.* **to evangelize** *e deriv.*
evangelism /ɪ'vændʒəlɪzəm/ *n.* predicazione del Vangelo; evangelizzazione.
evangelist /ɪ'vændʒəlɪst/ *n.* ***1*** predicatore evangelico; evangelizzatore (-trice) ***2*** — **E.**, Evangelista.
evangelization /ɪvændʒɪlaɪ'zeɪʃn, *USA* -lɪ'z-/ *n.* U evangelizzazione.
to **evangelize** /ɪ'vændʒəlaɪz/ *v. t.* evangelizzare.
to **evaporate** /ɪ'væpəreɪt/ ***A*** *v. i.* ***1*** evaporare ***2*** (*fig.*) svanire; dissolversi ***B*** *v. t.* far evaporare ● **evaporated milk**, latte condensato.
evaporation /ɪvæpə'reɪʃn/ *n.* U *e* C evaporazione.
evaporator /ɪ'væpəreɪtə(r)/ *n.* (*tecn.*) evaporatore.
evasion /ɪ'veɪʒn/ *n.* ***1*** U evasione: **tax e.**, evasione fiscale ***2*** risposta evasiva; tergiversazione.
evasive /ɪ'veɪsɪv/ *a.* evasivo; elusivo; ambiguo ● (*mil.*) **to take e. action**, disimpegnarsi; defilarsi.
eve /i:v/ *n.* vigilia: **Christmas Eve**, la vigilia di Natale; **New Year's Eve**, l'ultimo dell'anno; San Silvestro.
even (**1**) /'i:vn/ *a.* ***1*** piano; liscio; pari; uniforme; regolare; alla stessa altezza ***2*** regolare; costante; sempre uguale: **e. breathing**, respiro regolare; **e. temperature**, temperatura costante ***3*** uguale; stesso; pari: **e. contest**, lotta ad armi pari; **to stand an e. chance of winning**, avere uguali probabilità di vincere o di perdere; avere il 50% di probabilità di vincere ***4*** (*mat.*) pari ● **e.-handed**, imparziale □ **e.-tempered**, placido □ **to break e.**, chiudere in pareggio □ **to get e. with sb.**, prendersi una rivincita su q.; farla pagare a q. □ **The scores** (*o* **We**) **are e.**, siamo pari (*al gioco o fig.*).
even (**2**) /'i:vn/ *avv.* perfino; persino; anche; addirittura; (*in frase neg.*) neanche, nemmeno, neppure: **Even I know that**, perfino io lo so; **e. colder**, ancora più freddo; **e. worse**, ancora (*o* anche) peggio; **She never e. phoned**, non ha neanche telefonato ● **e. as**, proprio mentre: **e. as we speak**, proprio mentre stiamo parlando; in questo stesso momento □ **e. if** (*o* **e. though**), anche se; sebbene □ **e. so**, ciò nonostante; tuttavia; ugualmente □ **e. then**, anche in tal caso; eppure; però.
to **even** /'i:vn/ *v. Solo come*:
♦ **even out** ***A*** *v. t.* + *avv.* livellare; appianare ***B*** *v. i.* + *avv.* livellarsi; appianarsi.
♦ **even up** ***A*** *v. t.* + *avv.* pareggiare; mettere in pari ***B*** *v. i.* + *avv.* pareggiarsi; essere (in) pari.
evening /'i:vnɪŋ/ *n.* ***1*** sera; serata: **this e.**, questa sera; stasera; **last e.**, ieri sera; **We had a pleasant e.**, abbiamo passato una bella serata; **in the e.**, di sera; la sera; **on the e.**

of the 10th, la sera del 10; **Sunday e.**, domenica sera ***2*** serata: **musical e.**, serata musicale • **e. classes**, corso serale □ **e. dress**, abito da sera; (*di donna*) abito lungo; (*di uomo*) abito scuro □ **e. paper**, giornale della sera □ **in the e. of life**, nel tramonto della vita.

evenly /ˈiːvnlɪ/ *avv.* ***1*** in modo uguale; uniformemente ***2*** pacatamente; con calma ***3*** equamente; in parti uguali.

evenness /ˈiːvnnəs/ *n.* ***1*** parità; uniformità; regolarità ***2*** calma; tranquillità ***3*** equità; imparzialità.

evensong /ˈiːvnsɒŋ, *USA* -ɔːŋ/ *n.* (*eccles.*) vespri.

event /ɪˈvɛnt/ *n.* ***1*** avvenimento; evento ***2*** caso; eventualità: **in the e. of**, in caso di; nell'eventualità di; **in any e.** (*o* **at all events**), comunque; ad ogni modo; in ogni caso; (*GB*) **in the e.**, in realtà; di fatto ***3*** avvenimento mondano; riunione; festa ***4*** (*sport*) avvenimento sportivo; gara.

eventful /ɪˈvɛntfl/ *a.* denso di eventi; movimentato; avventuroso.

eventide /ˈiːvntaɪd/ *n.* (*poet.*) sera; vespro.

eventual /ɪˈvɛntʃʊəl/ *a.* conclusivo; finale; futuro. ATTENZIONE: **eventual** ≠ eventuale.

eventuality /ɪvɛntʃʊˈælətɪ/ *n.* eventualità; evenienza.

eventually /ɪˈvɛntʃʊəlɪ/ *avv.* alla fine; infine. ATTENZIONE: **eventually** ≠ eventualmente.

to **eventuate** /ɪˈvɛntʃʊeɪt/ *v. i.* (*form. USA*) accadere.

♦ **eventuate in** *v. i. + prep.* (*form.*) concludersi con; risolversi in.

ever /ˈɛvə(r)/ *avv.* ***1*** (*in frasi neg., interr., dubit. e compar.*) mai: **better than e.**, meglio che mai; **Nothing e. happens here**, qui non succede mai niente; **Did you e. hear such nonsense?**, hai mai sentito una simile sciocchezza? ***2*** sempre: **as e.**, come sempre; **for e.** (**and e.**), per sempre; **e.-increasing**, sempre maggiore; in continuo aumento ***3*** (*fam.*) mai; diamine: **Who e. told you?**, chi te l'ha mai detto?; **Why e. didn't you say so?**, perché diamine non l'hai detto? • **e. after**, da allora in poi; per sempre □ **e. since**, (*cong.*) fin da quando; (*avv.*) da allora in poi □ (*fam. GB*) **e. so**, tanto; così: **It is e. so lovely!**, è così grazioso!; **Thank you e. so much!**, grazie infinite! □ (*nelle lettere*) **E. yours** (*o* **Yours e.**), sempre tuo □ **the best meal e.**, il pasto migliore in assoluto □ **She's an egoist, if e. there was one**, se mai c'è un'egoista, questa è lei □ **rarely, if e.**, quasi mai.

evergreen /ˈɛvəgriːn/ *a. e n.* sempreverde.

everlasting /ɛvəˈlɑːstɪŋ, *USA* -æst-/ *a.* ***1*** eterno; immortale: **e. glory**, gloria immortale ***2*** continuo; interminabile ***3*** (*bot.*) semprevivo • **the E.**, l'Eterno.

evermore /ɛvəˈmɔː(r)/ *avv.* (*lett.*) sempre; eternamente.

every /ˈɛvrɪ/ *a.* ogni; ciascuno: **e. month**, ogni mese; tutti i mesi; **e. time**, (*avv.*) ogni volta, tutte le volte; (*cong.*) ogni volta che, tutte le volte che; **e. three weeks** (*o* **e. third week**), ogni tre settimane • **e. bit**, tutto quanto □ **e. bit as interesting as**, altrettanto (*o* non meno) interessante di □ (*fam.*) **e. last penny**, fino all'ultimo centesimo □ **e. now and then** (*o* **e. now and again**), di quando in quando; ogni tanto □ **e. one**, ognuno; ciascuno; tutti □ **e. one of us [you, them]**, tutti quanti □ **e. other day**, un giorno sì e uno no; a giorni alterni □ **They'll be here e. minute now**, saranno qui da un minuto all'altro □ **in e. way**, in tutto e per tutto; sotto ogni aspetto □ (*fam. USA*) **e. which way**, da tutte le parti; in tutte le direzioni.

everybody /ˈɛvrɪbɒdɪ/ *pron.* ognuno; ciascuno; tutti: **as e. knows**, come tutti sanno; **Has e. got pen and paper?**, avete tutti carta e penna?; **e. else**, tutti gli altri; **E. knew e. else**, si conoscevano tutti.

everyday /ˈɛvrɪdeɪ/ *a.* di ogni giorno; di tutti i giorni; comune: **e. occurrence**, cosa che succede tutti i giorni; **e. life**, la vita di tutti i giorni.

everyone /ˈɛvrɪwʌn/ *pron. V.* **everybody**.

everything /ˈɛvrɪθɪŋ/ *pron.* ogni cosa; tutto: **Money isn't e.**, il denaro non è tutto; **I repeated e. I had heard**, ripetei tutto quello che avevo sentito; **e. else**, ogni altra cosa; tutto il resto • (*fam.*) **and e.**, eccetera.

everywhere /ˈɛvrɪwɛə(r), *USA* -hw-/ *avv.* dappertutto; dovunque; in ogni luogo.

to **evict** /ɪˈvɪkt/ *v. t.* (*leg.*) sfrattare.

eviction /ɪˈvɪkʃn/ *n.* [U] *e* [C] (*leg.*) sfratto: **e. order**, ingiunzione di sfratto.

evidence /ˈɛvɪdəns/ *n.* [U] ***1*** prova; prove; segno; traccia: **There wasn't enough e. to condemn him**, non c'erano prove sufficienti per condannarlo; **to destroy the e.**, distruggere le prove; **a crucial piece of e.**, una prova fondamentale; **The door showed e. of having been forced**, la porta mostrava segni di scasso ***2*** (*leg.*) testimonianza; deposizione: **to give e.**, testimoniare; **to call sb. in e.**, chiamare q. a testimoniare; **verbal e.**, deposizione verbale • **in e.**, in evidenza; bene in vista.

to **evidence** /ˈɛvɪdəns/ *v. t.* (*form.*) attestare; comprovare; testimoniare.

evident /ˈɛvɪdənt/ *a.* evidente; chiaro; manifesto; ovvio.

evil /ˈiːvl/ ***A*** *a.* ***1*** cattivo; malvagio: **e. thoughts**, pensieri cattivi; **He's an e. man**, è un uomo malvagio; **an e. tongue**, una lingua malefica ***2*** cattivo; sgradevole: **e. smell**, odore cattivo; (*fam.*) **e. night**, nottataccia ***3*** nefasto; funesto: **an e. influence**, un'influenza nefasta; **e. day**, giorno funesto • **the e. eye**, il malocchio; la iettatura □ **e.-minded**, malvagio □ **the E. One**, il Maligno; Satana □ **to fall on e. days**, cadere in miseria ***B*** *n.* [U] *e* [C] male: **the lesser of two evils**, il minore di due mali; **to speak e. of sb.**, parlar male (*o* sparlare) di q. • **Hear no e., see no e., speak no e.**, non sento, non vedo, non parlo.

evildoer /ˈiːvlduːə(r)/ *n.* persona malvagia; malfattore.

to **evince** /ɪˈvɪns/ *v. t.* (*form.*) manifestare; rivelare.

to **eviscerate** /ɪˈvɪsəreɪt/ *v. t.* (*form. o tecn.*) sventrare.

evocation /iːvəˈkeɪʃn, ɛv-/ *n.* [U] *e* [C] evocazione.

evocative /ɪˈvɒkətɪv, ɪˈvəʊ-/ *a.* evocativo • **sounds e. of the countryside**, suoni che evocano la campagna.

to **evoke** /ɪˈvəʊk/ *v. t.* ***1*** evocare ***2*** suscitare.

evolution /iːvəˈluːʃn, *USA* ɛ-/ *n.* [U] *e* [C] evoluzione.

evolutionary /iːvəˈluːʃənərɪ, *USA* ɛvəˈluːʃənɛrɪ/ *a.* evolutivo.

evolutionism /iːvəˈluːʃənɪzəm, *USA* ɛ-/ *n.* [U] evoluzionismo.

evolutionist /iːvəˈluːʃənɪst, *USA* ɛ-/ ***A*** *n.* evoluzionista ***B*** *a. attr.* evoluzionistico.

to **evolve** /ɪˈvɒlv, *USA* -ɒlv, -ɔːlv/ ***A*** *v. t.* sviluppare; elaborare: **to e. a new theory**, elaborare una nuova teoria ***B*** *v. i.* evolversi; svilupparsi.

ewe /juː/ *n.* (*zool.*) pecora (*femmina*).

ewer /ˈjuːə(r)/ *n.* brocca.

ex (**1**) /ɛks/ *pref.* ex: **ex-minister**, ex ministro; **ex-wife**, ex moglie.

ex (**2**) /ɛks/ *n.* (*fam.*) ex: **He's on good terms with his ex**, è in buoni rapporti con la sua ex.

to **exacerbate** /ɪgˈzæsəbeɪt/ *v. t.* esacerbare; inasprire.

exact /ɪgˈzækt/ *a.* esatto; preciso: **e. meaning**, significato esatto; **the e. time**, l'ora esatta; **to be e.**, per essere precisi.

to **exact** /ɪgˈzækt/ *v. t.* esigere.

exacta /ɪgˈzæktə/ *n.* (*ippica, USA*) accoppiata.

exacting /ɪgˈzæktɪŋ/ *a.* ***1*** esigente ***2*** impegnativo; difficile.

exactitude /ɪgˈzæktɪtjuːd, *USA* -tuːd/ *n.* (*form.*) *V.* **exactness**.

exactly /ɪgˈzæktlɪ/ *avv.* ***1*** esattamente; precisamente ***2*** (*nelle risposte*) precisamente; proprio così; appunto • **at e. 3 o'clock**, alle 3 precise □ **not e.**, non proprio.

exactness /ɪgˈzæktnəs/ *n.* esattezza; precisione.

to **exaggerate** /ɪgˈzædʒəreɪt/ *v. t. e i.* esagerare.

exaggerated /ɪgˈzædʒəreɪtɪd/ *a.* esagerato.

exaggeration /ɪgzædʒəˈreɪʃn/ *n.* [U] *e* [C] esagerazione.

to **exalt** /ɪgˈzɔːlt/ *v. t.* ***1*** esaltare; magnificare ***2*** innalzare; elevare • **to e. sb. to the skies**, portare q. alle stelle.

exaltation /ɛgzɔːlˈteɪʃn/ *n.* [U] esaltazione.

exalted /ɪgˈzɔːltɪd/ *a.* ***1*** elevato; eminente ***2*** (*lett.*) esaltato; entusiasta.

exam /ɪgˈzæm/ *n. abbr. fam. di* **examination**.

examination /ɪgzæmɪˈneɪʃn/ *n.* [U] *e* [C] ***1*** esame: **to take [to pass] an e.**, sostenere [superare] un esame; **under e.**, all' esame; **history e.** (*o* **e. in history**), esame di storia; **e. paper**, prova d'esame; elaborato ***2*** (*med.*) visita ***3*** (*leg.*) esame; interrogatorio.

to **examine** /ɪgˈzæmɪn/ *v. t.* ***1*** esaminare; verificare ***2*** (*med.*) visitare; esaminare ***3*** (*leg.*) interrogare.

examinee /ɪgzæmɪˈniː/ *n.* esaminando (-a); candidato (-a).

examiner /ɪgˈzæmɪnə(r)/ *n.* esaminatore (-trice).

example /ɪgˈzɑːmpl, *USA* -æmpl/ *n.* esempio: **to give an e.**, fare un esempio; **for e.**, per esempio • **to make an e. of sb.**, punire q. come esempio per gli altri □ **to set an e.**, essere di esempio; dare il buon esempio □ **to set a good [bad] e.**, dare il buon [il cattivo] esempio.

to **exasperate** /ɪgˈzæspəreɪt/ *v. t.* esasperare.

exasperating /ɪg'zæspəreɪtɪŋ/ *a.* esasperante.
exasperation /ɪgzæspə'reɪʃn/ *n.* 🄤 esasperazione.
to **excavate** /'ɛkskəveɪt/ *v. t.* *1* scavare *2* portare alla luce.
excavation /ɛkskə'veɪʃn/ *n.* *1* 🄤 (lo) scavare; escavazione *2* scavo.
excavator /'ɛkskəveɪtə(r)/ *n.* *1* scavatore; sterratore *2* (*mecc.*) escavatore; escavatrice.
to **exceed** /ɪk'siːd/ *v. t.* superare; oltrepassare; andare oltre; essere superiore a: **to e. sb.'s expectations**, andare oltre (*o* superare) le aspettative di q.; **to e. the speed limit**, superare il limite di velocità.
exceedingly /ɪk'siːdɪŋlɪ/ *avv.* (*form.*) estremamente.
to **excel** /ɪk'sɛl/ *A* *v. i.* eccellere: **to e. at sport**, eccellere nello sport *B* *v. t.* superare: **to e. oneself**, superare se stesso.
excellence /'ɛksələns/ *n.* *1* 🄤 eccellenza; superiorità *2* merito; pregio.
Excellency /'ɛksələnsɪ/ *n.* Eccellenza: **Your E.**, Vostra Eccellenza.
excellent /'ɛksələnt/ *a.* eccellente.
except /ɪk'sɛpt/ *A* *prep.* eccetto; salvo; tranne; all'infuori di: **every day e. Sunday**, tutti i giorni eccetto la domenica; **e. for**, fatta eccezione per; a parte *B* *cong.* *1* tranne che; eccetto che: **I'll do anything e. apologize**, farò di tutto tranne che chiedere scusa *2* (*fam.*, *anche* **e. that**) se non che.
to **except** /ɪk'sɛpt/ *v. t.* eccettuare; escludere ● **present company excepted**, esclusi i presenti.
excepting /ɪk'sɛptɪŋ/ *prep.* eccetto; salvo.
exception /ɪk'sɛpʃn/ *n.* *1* eccezione: **exceptions to a rule**, eccezioni a una regola; **to be an e.**, essere un'eccezione; fare eccezione; **to make an e.**, fare un'eccezione; **with the e. of**, a eccezione di; **without e.**, senza eccezioni *2* 🄤 obiezione: **to take e. to st.**, risentirsi per q.c.; irritarsi per q.c.
exceptionable /ɪk'sɛpʃnəbl/ *a.* eccepibile; criticabile.
exceptional /ɪk'sɛpʃənl/ *a.* eccezionale; straordinario.
excerpt /'ɛksɜːpt/ *n.* estratto; brano; passo.
excess /ɪk'sɛs/ *A* *n.* *1* eccesso: **an e. of kindness**, un eccesso di gentilezza; **the excesses of a revolution**, gli eccessi di una rivoluzione; **to carry st. to e.**, spingere q.c. all'eccesso *2* eccedenza; esubero; sovrappiù ● **in e. of**, più di; oltre a □ **to be in e. of**, superare □ **to e.**, all'eccesso; smodatamente *B* *a. attr.* in eccesso; in eccedenza; eccedente: **e. luggage**, bagaglio in eccedenza; **e. weight**, peso superfluo; eccedenza di peso; (*ferr.*) **e. fare**, supplemento di tariffa.
excessive /ɪk'sɛsɪv/ *a.* eccessivo.
exchange /ɪk'stʃeɪndʒ/ *n.* *1* 🄤 *e* 🄒 (*anche econ.*) scambio; baratto; cambio: **e. of goods** [**of prisoners**], scambio di merci [di prigionieri]; **cultural exchanges**, scambi culturali; **in e. for**, in cambio di *2* (*fin.*) cambio: **e. rate**, tasso di cambio; **e. rate mechanism**, meccanismo dei tassi di cambio *3* (*fin.*) Borsa: **Stock E.**, Borsa Valori *4* (*telef.*, *anche* **telephone e.**), centralino *5* scambio di parole; battibecco *6* (*mil.*) scontro a fuoco.
to **exchange** /ɪk'stʃeɪndʒ/ *v. t.* cambiare; barattare; scambiare: **to e. st. for st. else**, cambiare q.c. con q.c. altro; **to e. greetings with sb.**, scambiarsi gli auguri con q. ● (*leg.*) **to e. contracts**, fare un rogito □ **to e. prisoners**, fare uno scambio di prigionieri.
Exchequer /ɪk'stʃɛkə(r), *USA* 'ɛkstʃɛ-/ *n.* (*in G.B.*) Scacchiere (*«Dipartimento dei conti» del Ministero del tesoro*): **Chancellor of the E.**, Cancelliere dello Scacchiere.
excise /'ɛksaɪz/ *n.* 🄤 (*fin.*) imposta; dazio: **e. duty**, imposta sui consumi; dazio di consumo.
to **excise** /ɪk'saɪz/ *v. t.* tagliare via; recidere; asportare.
exciseman /'ɛksaɪzmn/ *n.* (*pl.* **excisemen** /-mən/) agente delle imposte; (*stor.*) daziere.
excision /ɪk'sɪʒn/ *n.* 🄤 *e* 🄒 taglio; recisione; asportazione.
excitability /ɪksaɪtə'bɪlətɪ/ *n.* 🄤 eccitabilità.
excitable /ɪk'saɪtəbl/ *a.* eccitabile; impressionabile.
to **excite** /ɪk'saɪt/ *v. t.* *1* eccitare; agitare: **Don't e. yourself!**, non eccitarti! *2* suscitare; provocare: **to e. comment**, suscitare commenti.
excited /ɪk'saɪtɪd/ *a.* eccitato; emozionato; agitato ● **to get e.**, eccitarsi; emozionarsi; agitarsi.
excitement /ɪk'saɪtmənt/ *n.* 🄤 *e* 🄒 eccitazione; emozione; agitazione.
exciting /ɪk'saɪtɪŋ/ *a.* eccitante; emozionante.
to **exclaim** /ɪk'skleɪm/ *v. t.* esclamare.
♦ **exclaim at** *v. i.* + *prep.* meravigliarsi per; indignarsi per.
exclamation /ɛksklə'meɪʃn/ *n.* 🄤 *e* 🄒 esclamazione ● **e. mark** (*USA* **point**), punto esclamativo.
to **exclude** /ɪk'skluːd/ *v. t.* escludere; non ammettere.
excluding /ɪk'scluːdɪŋ/ *prep.* a esclusione di; a eccezione di; eccetto.
exclusion /ɪk'skluːʒn/ *n.* 🄤 esclusione ● **to the e. of**, a esclusione di.
exclusive /ɪk'skluːsɪv/ *A* *a.* *1* esclusivo: **e. right**, diritto esclusivo; esclusiva *2* riservato; esclusivo: **an e. club**, un club esclusivo *3* di lusso; esclusivo: **e. shops**, negozi di lusso ● **e. of**, a esclusione di; escluso □ **mutually e.**, incompatibili (fra loro); che si escludono a vicenda *B* *n.* (*giorn.*) esclusiva.
to **excommunicate** /ɛkskə'mjuːnɪkeɪt/ *v. t.* scomunicare.
excommunication /ɛkskəmjuːnɪ'keɪʃn/ *n.* 🄤 *e* 🄒 scomunica.
to **excoriate** /ɛk'skɔːrɪeɪt/ *v. t.* criticare aspramente; stroncare; demolire.
excoriation /ɛkskɔːrɪ'eɪʃn/ *n.* 🄤 *e* 🄒 critica aspra; stroncatura.
excrement /'ɛkskrɪmənt/ *n.* 🄤 escremento.
excrescence /ɪk'skrɛsns/ *n.* escrescenza.
excreta /ɪk'skriːtə/ *n. pl.* *1* (*fisiol.*) escrementi *2* (*biol.*) escrezioni.
to **excrete** /ɪk'skriːt/ *v. t.* *1* espellere, eliminare (*escrementi*) *2* secernere.
excretion /ɪk'skriːʃn/ *n.* 🄤 *e* 🄒 escrezione.
excruciating /ɪk'skruːʃɪeɪtɪŋ/ *a.* atroce: **e. pain**, dolore atroce; **e. performance**, esecuzione atroce.
to **exculpate** /'ɛkskʌlpeɪt, ɪk'skʌlpeɪt/ *v. t.* discolpare; assolvere.
exculpation /ɛkskʌl'peɪʃn/ *n.* 🄤 discolpa.
excursion /ɪk'skɜːʃn, -ʒn/ *n.* escursione; gita: **to go on an e.**, fare un'escursione; andare in gita.
excusable /ɪk'skjuːzəbl/ *a.* scusabile; giustificabile; perdonabile.
excuse /ɪk'skjuːs/ *n.* 🄒 *e* 🄤 scusa: **to make one's excuses**, fare (*form.* presentare) le proprie scuse; **to offer excuses**, addurre scuse; **There is no e.**, non ci sono scuse.
to **excuse** /ɪk'skjuːz/ *A* *v. t.* *1* scusare: **Excuse me for interrupting you**, scusa se ti interrompo *2* esonerare; dispensare: **to e. sb. from doing st.**, esonerare q. dal fare q.c. ● **E. me**, scusami; mi scusi □ (*USA*) **E. me?**, scusa, come hai detto? *B* to **excuse oneself** *v. rifl.* scusarsi ● **to e. oneself from st.**, chiedere di essere dispensato da q.c.
ex-directory /ɛksdaɪ'rɛktərɪ, -dɪ-/ *a.* (*telef.*, *di numero*) non in elenco ● **to go e.**, far togliere il proprio numero dall'elenco.
execrable /'ɛksɪkrəbl/ *a.* esecrabile; abominevole.
to **execrate** /'ɛksɪkreɪt/ *v. t.* esecrare; detestare.
execration /ɛksɪ'kreɪʃn/ *n.* *1* 🄤 esecrazione *2* imprecazione; maledizione.
to **execute** /'ɛksɪkjuːt/ *v. t.* *1* giustiziare *2* eseguire; mettere in atto: **to e. sb.'s orders**, eseguire gli ordini di q.; **to e. a plan**, mettere in atto un piano *3* (*leg.*) rendere esecutivo *4* (*arte*, *mus.*) eseguire.
execution /ɛksɪ'kjuːʃn/ *n.* *1* 🄤 *e* 🄒 esecuzione (capitale) *2* 🄤 esecuzione; adempimento: **in the e. of one's duty**, nell'adempimento del proprio dovere *3* 🄤 (*leg.*) esecuzione; firma (*di un contratto, ecc.*) *4* 🄤 (*arte*) esecuzione; fattura *5* 🄤 (*mus.*) esecuzione.
executioner /ɛksɪ'kjuːʃənə(r)/ *n.* carnefice; boia.
executive /ɪg'zɛkjʊtɪv/ *A* *a.* *1* (*polit.*) esecutivo *2* direttivo; dirigenziale; dei dirigenti; della direzione: **e. duties**, mansioni dirigenziali; **e. secretary**, segretario (-a) di direzione *3* di rappresentanza; di lusso: **e. suite**, appartamento di rappresentanza ● **e. director**, amministratore (-trice) □ (*mil.*) **e. officer**, comandante in seconda *B* *n.* *1* (*polit.*) (potere) esecutivo *2* dirigente; manager.
executor /ɪg'zɛkjʊtə(r)/ *n.* (*leg.*) esecutore testamentario.
exegesis /ɛksɪ'dʒiːsɪs/ *n.* 🄤 *e* 🄒 (*pl.* **exegeses** /-siːz/) esegesi.
exemplar /ɪg'zɛmplɑː(r), -plə(r)/ *n.* esemplare; modello.
exemplary /ɪg'zɛmplərɪ, *USA* 'ɛgzəmplɛrɪ/ *a.* esemplare.
to **exemplify** /ɪg'zɛmplɪfaɪ/ *v. t.* *1* esemplificare *2* dare un esempio di; illustrare.
exempt /ɪg'zɛmpt/ *a.* esente: **e. from duty**, esente da dazio.

to **exempt** /ɪg'zɛmpt/ *v. t.* esentare; esonerare; dispensare.
exemption /ɪg'zɛmpʃn/ *n.* Ⓤ *e* Ⓒ esenzione; esonero; dispensa: **e. from taxation**, esenzione dalle imposte; esonero fiscale.
exercise /'ɛksəsaɪz/ *n.* *1* esercizio: **piano exercises**, esercizi al pianoforte *2* Ⓤ moto; ginnastica: **to take** (*o* **to get**) **some e.**, fare un po' di moto *3* esercizio; uso: **e. of power**, esercizio del potere *4* (*mil.*) esercitazione • **e. bike**, Cyclette ® □ **e.-book**, quaderno □ **e. yard**, cortile dell'aria (*in un carcere*).
to **exercise** /'ɛksəsaɪz/ *A* *v. t.* *1* esercitare; praticare: **to e. patience**, esercitare la pazienza; **to e. a function**, esercitare una funzione *2* allenare; esercitare *3* (*generalm. al passivo*) preoccupare: **to be greatly exercised about st.**, essere molto preoccupato per q.c. *B* *v. i.* fare del moto; fare ginnastica.
to **exert** /ɪg'zɜːt/ *A* *v. t.* esercitare; fare uso di: **to e. one's influence**, fare uso della propria influenza; **to e. all one's strength**, fare uso di tutta la propria forza *B* to **exert oneself** *v. rifl.* sforzarsi.
exertion /ɪg'zɜːʃn/ *n.* *1* Ⓤ esercizio; uso; impiego; applicazione *2* sforzo.
to **exfoliate** /ɛks'fəʊlɪeɪt/ *v. i.* *1* (*geol.*) sfaldarsi *2* (*med.*) desquamarsi; esfoliarsi.
exfoliation /ɛksfəʊlɪ'eɪʃn/ *n.* (*med.*) desquamazione; esfoliazione.
exhalation /ɛkshə'leɪʃn/ *n.* Ⓒ *e* Ⓤ *1* (*fisiol.*) espirazione *2* esalazione; emanazione.
to **exhale** /ɛks'heɪl/ *A* *v. t.* esalare; emettere; espirare *B* *v. i.* (*fisiol.*) espirare.
exhaust /ɪg'zɔːst/ *n.* *1* (*anche* **e. pipe**) tubo di scarico; (*autom.*) tubo di scappamento *2* Ⓤ gas [vapore] di scarico • **e. fan**, aspiratore □ **e. valve**, valvola di scarico.
to **exhaust** /ɪg'zɔːst/ *A* *v. t.* esaurire *B* to **exhaust oneself** *v. rifl.* esaurirsi.
exhausted /ɪg'zɔːstɪd/ *a.* esaurito; esausto.
exhaustion /ɪg'zɔːstʃn/ *n.* Ⓤ *1* esaurimento *2* spossatezza.
exhaustive /ɪg'zɔːstɪv/ *a.* esauriente; esaustivo.
exhibit /ɪg'zɪbɪt/ *n.* *1* oggetto esposto *2* (*leg.*) reperto *3* (*USA*) mostra; esposizione.
to **exhibit** /ɪg'zɪbɪt/ *v. t. e i.* *1* esporre; mettere in mostra *2* mostrare; dimostrare; rivelare: **to e. bravery**, dimostrare valore *3* (*leg.*) esibire; produrre.
exhibition /ɛksɪ'bɪʃn/ *n.* *1* esposizione; mostra: **on e.**, in mostra; esposto; **e. hall**, sala di esposizione *2* esibizione; dimostrazione • **to make an e. of oneself**, dare spettacolo; fare scene.
exhibitionism /ɛksɪ'bɪʃənɪzəm/ *n.* Ⓤ (*anche psic.*) esibizionismo.
exhibitionist /ɛksɪ'bɪʃənɪst/ *n.* (*anche psic.*) esibizionista.
exhibitor /ɪg'zɪbɪtə(r)/ *n.* espositore.
to **exhilarate** /ɪg'zɪləreɪt/ *v. t.* *1* rendere euforico; entusiasmare; elettrizzare *2* stimolare; tonificare. ATTENZIONE: **to exhilarate ≠ esilarare**.
exhilarating /ɪg'zɪləreɪtɪŋ/ *a.* entusiasmante; elettrizzante. ATTENZIONE: **exhilarating ≠ esilarante**.
exhilaration /ɪgzɪlə'reɪʃn/ *n.* Ⓤ euforia; allegrezza.
to **exhort** /ɪg'zɔːt/ *v. t.* esortare.
exhortation /ɛgzɔː'teɪʃn/ *n.* Ⓤ *e* Ⓒ esortazione.
exhumation /ɛkshjuː'meɪʃn, *USA* ɪgzuːm-/ *n.* Ⓤ *e* Ⓒ esumazione.
to **exhume** /ɛks'hjuːm, *USA* ɪg'zuːm/ *v. t.* (*anche fig.*) esumare.
exigency /'ɛksɪdʒənsɪ/ *n.* *1* esigenza; necessità *2* emergenza.
exigent /'ɛksɪdʒənt/ *a.* *1* urgente *2* esigente.
exile /'ɛksaɪl, 'ɛgzaɪl/ *n.* *1* Ⓤ esilio: **to send into e.**, mandare in esilio *2* esule; esiliato (-a).
to **exile** /'ɛksaɪl, 'ɛgzaɪl/ *v. t.* esiliare.
to **exist** /ɪg'zɪst/ *v. i.* *1* esistere *2* vivere; tirare avanti (*fam.*): **to e. on a paltry salary**, vivere di un misero stipendio.
existence /ɪg'zɪstəns/ *n.* Ⓤ *e* Ⓒ esistenza • **to come into e.**, avere origine; nascere (*fig.*) □ **in e.**, esistente: **the only one in e.**, l'unico esistente; **the largest ship in e.**, la nave più grande che esista.
existent /ɪg'zɪstənt/ *a.* esistente.
existentialism /ɛgzɪ'stɛnʃəlɪzəm/ *n.* Ⓤ (*filos.*) esistenzialismo.
existentialist /ɛgzɪ'stɛnʃəlɪst/ *a. e n.* (*filos.*) esistenzialista.
existing /ɪg'zɪstɪŋ/ *a.* esistente; attuale: **under the e. regulations**, in base alle attuali regole.
exit /'ɛksɪt/ *n.* Ⓒ *e* Ⓤ uscita: **emergency e.**, uscita di sicurezza • **e. poll**, sondaggio all'uscita del seggio elettorale; exit poll □ **e. visa**, visto di uscita □ **to make one's e.**, andarsene; uscire; (*eufem.*) morire.
to **exit** /'ɛksɪt/ *v. i.* *1* (*teatr.*) uscire di scena *2* uscire; andarsene.
exodus /'ɛksədəs/ *n.* esodo.
to **exonerate** /ɪg'zɒnəreɪt/ *v. t.* assolvere; discolpare; prosciogliere. ATTENZIONE: **to exonerate ≠ esonerare**.
exoneration /ɪgzɒnə'reɪʃn/ *n.* Ⓤ discolpa; proscioglimento.
exorbitant /ɪg'zɔːbɪtənt/ *a.* esorbitante; eccessivo.
to **exorcise** /'ɛksɔːsaɪz/ (*GB*) *V.* **to exorcize**.
exorcism /'ɛksɔːsɪzəm/ *n.* Ⓤ esorcismo.
exorcist /'ɛksɔːsɪst/ *n.* esorcista.
to **exorcize** /'ɛksɔːsaɪz/ *v. t.* esorcizzare.
exotic /ɪg'zɒtɪk/ *a.* esotico.
exotica /ɪg'zɒtɪkə/ (*lat.*) *n. pl.* curiosità; oggetti esotici.
to **expand** /ɪk'spænd/ *A* *v. t.* *1* espandere; dilatare; ampliare; allargare: **Heat expands metals**, il calore dilata i metalli; **to e. one's chest**, gonfiare il petto; **to e. one's business**, ampliare il proprio giro di affari; espandersi *2* sviluppare; ampliare: **to e. an argument**, sviluppare un ragionamento *3* (*mat.*) sviluppare *B* *v. i.* *1* espandersi; dilatarsi; ampliarsi; allargarsi *2* diventare espansivo; aprirsi • **expanded polystyrene**, polistirolo espanso □ **expanding universe**, universo in espansione.
♦ **expand on** *v. i. + prep.* sviluppare, approfondire (*un'idea, ecc.*).
expanse /ɪk'spæns/ *n.* distesa; estensione.
expansion /ɪk'spænʃn/ *n.* *1* Ⓤ espansione; allargamento; ampliamento; dilatazione: **territorial e.**, espansione territoriale; **metal e.**, dilatazione dei metalli *2* aumento; estensione *3* Ⓤ (*mat.*) sviluppo (*di un'equazione*).
expansionary /ɪk'spænʃənərɪ, *USA* -ɛrɪ/ *a.* (*econ.*) espansionistico.
expansionism /ɪk'spænʃənɪzəm/ *n.* Ⓤ espansionismo.
expansionist /ɪk'spænʃənɪst/ *A* *n.* espansionista *B* *a.* espansionistico.
expansive /ɪk'spænsɪv/ *a.* *1* espansivo; comunicativo *2* ampio; esteso.
expat /ɛks'pæt/ *n.* (*fam. GB, abbr. di* **expatriate**) cittadino britannico residente all'estero.
to **expatiate** /ɪk'speɪʃɪeɪt/ *v. i.* diffondersi; dilungarsi: **to e. on a subject**, diffondersi su un argomento.
expatriate /ɛk'spætrɪət/ *a. e n.* residente all'estero.
to **expatriate** /ɛk'spætrɪeɪt/ *A* *v. t.* esiliare *B* *v. i.* espatriare; abbandonare il proprio paese.
expatriation /ɛkspætrɪ'eɪʃn/ *n.* Ⓤ *1* (il) mandare in esilio *2* espatrio.
to **expect** /ɪk'spɛkt/ *v. t.* *1* aspettarsi; prevedere: **It was better than I expected**, fu migliore di quanto non mi aspettassi; **easier than expected**, più facile del previsto; **I didn't e. it of him**, non me lo aspettavo da lui; **I e. to be back on Monday**, prevedo (*o* conto) di tornare lunedì *2* aspettare; attendere: **I was expecting a letter from him**, aspettavo una sua lettera; **He is expected at 3 o'clock**, è atteso per le tre; **to be expecting a baby**, aspettare un figlio *3* pretendere; esigere; richiedere: **to e. obedience**, esigere ubbidienza; **They e. too much of him**, pretendono troppo da lui; **We are expected to vacate the room at 12**, dobbiamo lasciar libera la stanza alle 12 *4* immaginare; pensare: **I e. you know already**, immagino che tu lo sappia già; **He is expected to make the announcement at the meeting**, dovrebbe dare l'annuncio durante la riunione; **«Will she be there?» «I e. so.»**, «lei ci sarà?» «penso di sì» • (*fam.*) **to be expecting**, essere in attesa (*di un figlio*); essere in stato interessante □ **It was only to be expected**, c'era da aspettarselo; era prevedibile □ **What can** (*o* **do**) **you e.?**, che ti aspettavi?; che cosa pretendi?
expectancy /ɪk'spɛktənsɪ/ *n.* Ⓤ aspettativa; attesa • **life e.**, aspettativa di vita; vita presunta.
expectant /ɪk'spɛktənt/ *a.* in grande attesa; ansioso; speranzoso • **e. mother**, donna incinta; mamma in attesa (*fam.*).
expectation /ɛkspɛk'teɪʃn/ *n.* *1* Ⓤ attesa; aspettativa; speranza; previsione; prospettiva: **I have little e. of winning**, ho poche speranze di vincere; **to fall short of sb.'s expectations**, deludere le aspettative di q.; **beyond e.**, oltre le pre-

visioni; **contrary to e.** (*o* **to all expectations**), contro ogni aspettativa; **in e. of**, in previsione di ***2*** [U] probabilità: **e. of life**, aspettativa di vita; vita presunta.

expectorant /ɪk'spɛktərənt/ *a. e n.* (*farm.*) espettorante.

to **expectorate** /ɪk'spɛktəreɪt/ *v. t. e i.* espettorare.

expedience /ɪk'spiːdɪəns/, **expediency** /ɪk'spiːdɪənsɪ/ *n.* [U] convenienza; opportunità; vantaggio.

expedient /ɪk'spiːdɪənt/ ***A*** *a.* conveniente; opportuno; vantaggioso ***B*** *n.* espediente; ripiego.

to **expedite** /'ɛkspɪdaɪt/ *v. t.* (*form.*) accelerare; facilitare; sbrigare.

expedition /ɛkspɪ'dɪʃn/ *n.* ***1*** spedizione ***2*** [U] (*form.*) speditezza; prontezza.

expeditionary /ɛkspɪ'dɪʃənərɪ, *USA* -ɛrɪ/ *a.* (*mil.*) di spedizione: **e. force**, corpo di spedizione.

expeditious /ɛkspɪ'dɪʃəs/ *a.* (*form.*) pronto; sollecito.

to **expel** /ɪk'spɛl/ *v. t.* espellere.

to **expend** /ɪk'spɛnd/ *v. t.* spendere, consumare (*tempo, energie, ecc.*).

expendable /ɪk'spɛndəbl/ *a.* di cui si può fare a meno; sacrificabile.

expenditure /ɪk'spɛndɪtʃə(r)/ *n.* ***1*** [U] *e* [C] (*econ., fin.*) spesa: **public e.**, la spesa pubblica ***2*** [U] consumo; dispendio.

expense /ɪk'spɛns/ *n.* [U] *e* [C] (*anche fig.*) spesa; costo: **to spare no e.**, non badare a spese; **to cut down on expenses**, tagliare le spese [i costi]; **Freight is at customer's e.**, il trasporto è a carico del cliente; **at public e.**, a spese pubbliche; **I had it cleaned at my own e.**, l'ho fatto pulire a mie spese • **e. account**, conto spese: **e.-account lunch**, pranzo che si può mettere in conto spese □ **at the e. of**, a scapito di; a costo di □ **at great e.**, a caro prezzo □ **to go to the e. of**, sobbarcarsi alla spesa di □ **travelling expenses**, spese di viaggio.

expensive /ɪk'spɛnsɪv/ *a.* costoso; caro.

expensively /ɪk'spɛnsɪvlɪ/ *avv.* ***1*** in modo costoso ***2*** ad alto costo; a caro prezzo.

experience /ɪk'spɪərɪəns/ *n.* [U] *e* [C] esperienza: **to learn by e.**, imparare con l'esperienza; **to know st. from e.**, sapere q.c. per esperienza; (*anche iron.*) **quite an e.**, una bella esperienza.

to **experience** /ɪk'spɪərɪəns/ *v. t.* ***1*** sperimentare; provare; conoscere: **to e. difficulties**, incontrare difficoltà ***2*** provare; sentire: **I experienced a curious sensation**, provai una curiosa sensazione.

experienced /ɪk'spɪərɪənst/ *a.* esperto.

experiential /ɪkspɪərɪ'ɛnʃl/ *a.* sperimentale; empirico.

experiment /ɪk'spɛrɪmənt/ *n.* ***1*** esperimento: **to do** (*o* **carry out**) **an e.**, fare un esperimento ***2*** [U] sperimentazione.

to **experiment** /ɪk'spɛrɪmənt/ *v. i.* sperimentare; fare esperimenti: **to e. with new methods**, sperimentare nuovi metodi; **to e. on animals**, fare esperimenti su animali.

experimental /ɪkspɛrɪ'mɛntl/ *a.* sperimentale.

experimentation /ɪkspɛrɪmɛn'teɪʃn/ *n.* [U] sperimentazione.

experimenter /ɛk'spɛrɪmɛntə(r)/ *n.* sperimentatore (-trice).

expert /'ɛkspɜːt/ ***A*** *a.* esperto; provetto: **e. at doing st.**, esperto nel fare q.c. • **e. opinion**, parere di un competente; (*leg.*) perizia □ (*elab.*) **e. system**, sistema esperto □ (*leg.*) **e. witness**, perito ***B*** *n.* ***1*** esperto (-a); competente ***2*** perito; specialista.

expertise /ɛkspɜː'tiːz/ *n.* [U] ***1*** competenza; perizia ***2*** (*arte*) perizia; expertise.

to **expiate** /'ɛkspɪeɪt/ *v. t.* espiare.

expiation /ɛkspɪ'eɪʃn/ *n.* [U] espiazione.

expiration /ɛkspɪ'reɪʃn/ *V.* **expiry**.

to **expire** /ɪk'spaɪə(r)/ *v. i.* ***1*** scadere; finire; terminare ***2*** (*lett.*) spirare; morire.

expiry /ɪk'spaɪərɪ/ *n.* [U] scadenza; fine; termine: **e. date**, data di scadenza.

to **explain** /ɪk'spleɪn/ ***A*** *v. t.* spiegare; chiarire ***B*** *v. i.* dare spiegazioni; giustificarsi ***C*** to **explain oneself** *v. rifl.* ***1*** spiegarsi ***2*** dare spiegazioni.

♦ **explain away** *v. t. + avv.* dare una spiegazione di (*q.c. di negativo*); giustificare; liquidare: **to e. away a mistake**, giustificare un errore.

explanation /ɛksplə'neɪʃn/ *n.* [U] *e* [C] ***1*** spiegazione; chiarimento ***2*** giustificazione.

explanatory /ɪk'splænətrɪ, *USA* -tɔːrɪ/ *a.* esplicativo; di spiegazione.

expletive /ɪk'spliːtɪv, *USA* 'ɛksplətɪv/ *n.* imprecazione.

explicable /ɪk'splɪkəbl, 'ɛk-/ *a.* spiegabile; giustificabile.

to **explicate** /'ɛksplɪkeɪt/ *v. t.* (*form.*) spiegare.

explicit /ɪk'splɪsɪt/ *a.* ***1*** esplicito; chiaro: **e. instructions**, istruzioni precise ***2*** categorico; netto: **e. denial**, smentita recisa • **sexually e. scenes**, scene di sesso (*in un film, ecc.*).

explicitness /ɪk'splɪsɪtnəs/ *n.* [U] chiarezza; franchezza.

to **explode** /ɪk'spləʊd/ ***A*** *v. i.* (*anche fig.*) esplodere; scoppiare: **to e. with rage**, scoppiare dalla rabbia ***B*** *v. t.* ***1*** far esplodere; far scoppiare ***2*** screditare; dimostrare la falsità di.

exploit /'ɛksplɔɪt/ *n.* impresa; atto eroico; (*al pl., anche*) gesta.

to **exploit** /ɪk'splɔɪt/ *v. t.* sfruttare; utilizzare.

exploitable /ɪk'splɔɪtəbl/ *a.* sfruttabile.

exploitation /ɛksplɔɪ'teɪʃn/ *n.* [U] sfruttamento.

exploitative /ɪk'splɔɪtətɪv/ *a.* basato sullo sfruttamento.

exploiter /ɪk'splɔɪtə(r)/ *n.* sfruttatore (-trice).

exploration /ɛksplə'reɪʃn/ *n.* [U] *e* [C] esplorazione.

exploratory /ɪks'plɒrətərɪ/ *a.* esplorativo.

to **explore** /ɪk'splɔː(r)/ *v. t.* ***1*** esplorare ***2*** esaminare; investigare.

explorer /ɪk'splɔːrə(r)/ *n.* esploratore (-trice).

explosion /ɪk'spləʊʒn/ *n.* (*anche fig.*) esplosione; scoppio: **population e.**, esplosione demografica; **explosion of laughter**, scoppio di risa.

explosive /ɪk'spləʊsɪv/ ***A*** *a.* (*anche fig.*) esplosivo ***B*** *n.* esplosivo.

explosiveness /ɪk'spləʊsɪvnəs/ *n.* [U] esplosività.

expo /'ɛkspəʊ/ *n.* (*pl.* **expos**) *abbr. fam. di* **exposition**.

exponent /ɪk'spəʊnənt/ *n.* ***1*** esponente ***2*** (*mat.*) esponente.

export /'ɛkspɔːt/ *n.* (*econ.*) ***1*** [U] esportazione ***2*** prodotto di esportazione; (*al pl., anche*) esportazioni.

to **export** /ɪk'spɔːt/ *v. t.* esportare.

exportation /ɛkspɔː'teɪʃn/ *n.* [U] esportazione.

exporter /ɪk'spɔːtə(r)/ *n.* esportatore (-trice).

exposé /ɛk'spəʊzeɪ, *USA* ɛkspəʊ'zeɪ/ (*franc.*) *n.* denuncia.

to **expose** /ɪk'spəʊz/ ***A*** *v. t.* ***1*** esporre: **to e. sb. to a risk**, esporre q. a un rischio ***2*** denunciare; smascherare ***3*** (*fotogr.*) esporre; impressionare ***B*** to **expose oneself** *v. rifl.* ***1*** esporsi ***2*** scoprire i genitali; esibirsi.

exposition /ɛkspə'zɪʃn/ *n.* ***1*** [U] *e* [C] esposizione; spiegazione; interpretazione ***2*** esposizione; mostra.

to **expostulate** /ɪk'spɒstʃʊleɪt/ *v. i.* fare rimostranze; protestare.

expostulation /ɪkspɒstʃʊ'leɪʃn/ *n.* [U] *e* [C] rimostranza; protesta.

exposure /ɪk'spəʊʒə(r)/ *n.* ***1*** [U] *e* [C] esposizione: **e. to radiations**, esposizione alle radiazioni; **a house with a southern e.**, una casa con esposizione a sud ***2*** [U] *e* [C] denuncia; smascheramento ***3*** [U] (*med.*) esposizione alle intemperie; assideramento: **to die of e.**, morire per assideramento ***4*** (*fotogr.*) esposizione; posa; tempo di esposizione • (*fotogr.*) **e. meter**, esposimetro □ (*leg.*) **indecent e.**, esibizionismo.

to **expound** /ɪk'spaʊnd/ *v. t. e i.* esporre (*una teoria, ecc.*).

express (**1**) /ɪk'sprɛs/ ***A*** *a.* ***1*** espresso; esplicito: **e. wish**, espresso desiderio ***2*** espresso: **e. train**, treno espresso; **e. letter**, (lettera) espresso; **e. delivery**, consegna per espresso ***B*** *avv.* per espresso: **to send a parcel e.**, mandare un pacco per espresso.

express (**2**) /ɪk'sprɛs/ *n.* ***1*** (*ferr.*) espresso ***2*** (*GB*) (consegna) espresso; lettera espresso.

to **express** /ɪk'sprɛs/ ***A*** *v. t.* ***1*** esprimere; manifestare ***2*** mandare per espresso ***3*** spremere ***B*** to **express oneself** *v. rifl.* esprimersi.

expression /ɪk'sprɛʃn/ *n.* [U] *e* [C] ***1*** espressione: **idiomatic e.**, espressione idiomatica; **surprised e.**, espressione di sorpresa; **to give e. to st.**, esprimere q.c.; **to sing with e.**, cantare con espressione ***2*** (*mat.*) espressione.

expressionism /ɪk'sprɛʃənɪzəm/ *n.* [U] (*arte, letter.*) espressionismo.

expressionist /ɪk'sprɛʃənɪst/ *a. e n.* (*arte, letter.*) espressionista.

expressionless /ɪk'sprɛʃnləs/ *a.* senza espressione; inespressivo.

expressive /ɪk'sprɛsɪv/ *a.* ***1*** espressivo ***2*** — **e. of**, che esprime; che è indice di.

expressly /ɪk'sprɛslɪ/ *avv.* espressamente.

expressway /ɪk'sprɛsweɪ/ *n.* (*USA*) autostrada.
to **expropriate** /ɛk'sprəʊprɪeɪt/ *v. t.* espropriare: **to e. st. from sb.**, espropriare q. di q.c.
expropriation /ɛksprəʊprɪ'eɪʃn/ *n.* [U] *e* [C] espropriazione; esproprio.
expulsion /ɪk'spʌlʃn/ *n.* [U] *e* [C] espulsione; cacciata.
to **expunge** /ɪk'spʌndʒ/ *v. t.* espungere.
to **expurgate** /'ɛkspəgeɪt/ *v. t.* espurgare (*un libro, ecc.*).
expurgation /ɛkspɜː'geɪʃn/ *n.* espurgazione.
exquisite /ɪk'skwɪzɪt, 'ɛks-/ *a.* *1* squisito; delicato; ricercato; raffinato *2* (*form., di dolore o piacere*) acuto; vivo.
exquisiteness /ɪk'skwɪzɪtnəs, 'ɛks-/ *n.* [U] *1* squisitezza; delicatezza; ricercatezza; raffinatezza *2* (*form., di dolore o piacere*) acutezza; intensità.
ex-serviceman /ɛks'sɜːvɪsmən/ *n.* (*pl.* **ex-servicemen** /-mən/) (*mil.*) ex combattente; reduce; veterano.
ex-servicewoman /ɛks'sɜːvɪs'wʊmən/ *n.* (*pl.* **ex-servicewomen** /-wɪmən/) (*mil.*) (donna) ex combattente; reduce; veterana.
extant /ɛk'stænt, *USA* 'ɛkstənt/ *a.* (*di documento, opera e sim.*) ancora esistente.
extemporaneous /ɛkstɛmpə'reɪnɪəs/ *a.* estemporaneo; improvvisato: **e. speech**, discorso estemporaneo.
extempore /ɛk'stɛmpərɪ/ *A a.* estemporaneo; improvvisato *B avv.* improvvisando: **to speak e.**, parlare improvvisando (*o* a braccio).
to **extemporize**, (*GB anche*) to **extemporise** /ɛk'stɛmpəraɪz/ *v. t. e i.* improvvisare.
to **extend** /ɪk'stɛnd/ *A v. t.* *1* estendere; allargare; ampliare: **to e. the city boundaries**, allargare i confini della città; **to e. a house**, ampliare una casa *2* allungare; stendere; tendere *3* prolungare; protrarre: **to e. a wall**, prolungare un muro; **to e. one's stay**, protrarre la propria permanenza *4* offrire; porgere; accordare: **to e. a warm welcome to sb.**, porgere un caloroso benvenuto a q. *5* (*comm.*) dilazionare, prorogare (*un pagamento*) *6* impegnare al massimo *B v. i.* estendersi; protrarsi; prolungarsi.
extended /ɪk'stɛndɪd/ *a.* *1* steso; disteso; teso: **e. arms**, braccia tese *2* ingrandito; allargato *3* prolungato; protratto *4* ampio; vasto *5* prorogato • **e. family**, famiglia allargata (*che comprende anche nonni, zii, ecc.*).
extension /ɪk'stɛnʃn/ *n.* *1* [U] *e* [C] estensione; ampliamento; allungamento; aggiunta *2* prolungamento *3* (*comm.*) dilazione; proroga *4* (*edil.*) ampliamento; annesso *5* (*telef.*) (numero) interno *6* (*elettr., anche* **e. lead, e. cord**) prolunga *7* prolunga (*di tavolo*) • **e. ladder**, scala allungabile.
extensive /ɪk'stɛnsɪv/ *a.* *1* esteso; ampio; vasto: **e. damage**, vasti danni; **e. repairs**, riparazioni su larga scala; **e. knowledge of st.**, conoscenza approfondita di q.c. *2* (*agric.*) estensivo.
extensor /ɪk'stɛnsə(r)/ *a. e n.* (*anat.*) (muscolo) estensore.
extent /ɪk'stɛnt/ *n.* *1* [U] estensione; ampiezza; entità: **the e. of the damage**, l'entità dei danni; **the e. of his knowledge**, l'ampiezza della sua cultura *2* punto; limite; grado; misura: **to such an e. that**, a tal punto che; **to a certain** (*o* **to some**) **e.**, fino a un certo punto; **to a great e.**, in larga misura.
to **extenuate** /ɪk'stɛnjʊeɪt/ *v. t.* attenuare • (*leg.*) **extenuating circumstances**, (circostanze) attenuanti.
extenuation /ɪkstɛnjʊ'eɪʃn/ *n.* *1* [U] attenuazione *2* circostanza attenuante; giustificazione.
exterior /ɪk'stɪərɪə(r)/ *A a.* esteriore; esterno *B n.* *1* esterno *2* aspetto (esteriore).
to **exterminate** /ɪk'stɜːmɪneɪt/ *v. t.* sterminare.
extermination /ɪkstɜːmɪ'neɪʃn/ *n.* [U] sterminio.
external /ɪk'stɜːnl/ *A a.* *1* esterno; esteriore: **for e. use**, per uso esterno; **the e. world**, il mondo esterno; **e. examiner**, esaminatore esterno *2* estero: **e. affairs**, affari esteri *B n. pl.* esteriorità; apparenze.
to **externalize**, (*GB anche*) to **externalise** /ɪk'stɜːnəlaɪz/ *v. t.* *1* (*psic.*) esteriorizzare *2* estrinsecare; manifestare.
exterritorial /ɛkstɛrɪ'tɔːrɪəl/ *a.* extraterritoriale.
extinct /ɪk'stɪŋkt/ *a.* *1* estinto; scomparso: **to become e.**, estinguersi *2* (*di vulcano*) spento.
extinction /ɪk'stɪŋkʃn/ *n.* [U] estinzione.
to **extinguish** /ɪk'stɪŋgwɪʃ/ *v. t.* estinguere; spegnere: **to e. a light**, spegnere una luce.
extinguisher /ɪk'stɪŋgwɪʃə(r)/ *n.* *1* (*anche* **fire e.**) estintore *2* spegnitoio (*per candele*); spegnimoccolo.
to **extirpate** /'ɛkstəpeɪt/ *v. t.* estirpare; sradicare.
extirpation /ɛkstə'peɪʃn/ *n.* [U] estirpazione; sradicamento.
to **extol** /ɪk'stəʊl/ *v. t.* decantare; esaltare; magnificare.
to **extort** /ɪk'stɔːt/ *v. t.* estorcere; strappare: **to e. a confession**, estorcere una confessione.
extortion /ɪk'stɔːʃn/ *n.* [U] *e* [C] estorsione.
extortionate /ɪk'stɔːʃənət/ *a.* eccessivo; esorbitante.
extortioner /ɪk'stɔːʃənə(r)/, **extortionist** /ɪk'stɔːʃənɪst/ *n.* strozzino (-a).
extra /'ɛkstrə/ *A a.* *1* aggiuntivo; supplementare; straordinario; extra; in più: **to take on e. staff**, assumere personale supplementare; **to work e. hours**, fare dello straordinario *2* extra; di qualità superiore • (*calcio*) **e. time**, tempi supplementari *B avv.* *1* particolarmente; molto: **to be e. careful**, stare molto attento; **e.-special**, specialissimo *2* in più; extra; a parte *C n.* *1* aggiunta; supplemento; spesa aggiuntiva; extra: **Wine is an e.**, il vino è a parte (*o* non è incluso nel prezzo) *2* (*giorn.*) edizione straordinaria *3* (*cinem.*) comparsa.
extract /'ɛkstrækt/ *n.* *1* [U] *e* [C] estratto; essenza *2* brano; passo.
to **extract** /ɪk'strækt/ *v. t.* *1* estrarre: **to e. a tooth**, estrarre un dente; **to e. oil**, estrarre olio *2* ottenere; ricavare: **to e. information from sb.**, ricavare informazioni da q. • (*fam.*) **to e. money from sb.**, spillare denaro a q.
extraction /ɪk'strækʃn/ *n.* [U] *1* estrazione *2* origine; estrazione: **He is of German e.**, è di origine tedesca.
extractor /ɪk'stræktə(r)/ *n.* (*anche mecc.*) estrattore.
extracurricular /ɛkstrəkə'rɪkjʊlə(r)/ *a.* extrascolastico.
to **extradite** /'ɛkstrədaɪt/ *v. t.* (*leg.*) estradare.
extradition /ɛkstrə'dɪʃn/ *n.* [U] *e* [C] (*leg.*) estradizione.
extra-European /ɛkstrəjʊərə'piːən/ *a.* (*geogr.*) extraeuropeo.
extramarital /ɛkstrə'mærɪtl/ *a.* extraconiugale.
extramural /ɛkstrə'mjʊərəl/ *a.* *1* svolto all'esterno (*di un'organizzazione*); esterno: **e. hospital care**, assistenza a domicilio *2* (*specialm. GB*) fuori dell'università: **e. classes**, corsi liberi.
extraneous /ɪk'streɪnɪəs/ *a.* estraneo.
extraordinary /ɪk'strɔːdnrɪ, *USA* -dnɛrɪ/ *a.* straordinario.
to **extrapolate** /ɪk'stræpəleɪt/ *v. t.* (*mat., stat.*) estrapolare.
extrapolation /ɪkstræpə'leɪʃn, ɛ-/ *n.* [U] (*mat., stat.*) estrapolazione.
extrasensory /ɛkstrə'sɛnsərɪ/ *a.* extrasensoriale.
extraterrestrial /ɛkstrətə'rɛstrɪəl/ *a. e n.* extraterrestre.
extraterritorial /ɛkstrətɛrɪ'tɔːrɪəl/ *a.* extraterritoriale.
extravagance /ɪk'strævəgəns/ *n.* *1* [U] *e* [C] acquisto dispendioso; spesa folle *2* [U] prodigalità; sperpero.
extravagant /ɪk'strævəgənt/ *a.* *1* smodato nello spendere *2* esageratamente costoso; dispendioso *3* esagerato; smodato; eccessivo; esorbitante.
extravaganza /ɪkstrævə'gænzə/ *n.* (*teatr., mus.*) rappresentazione (*o* produzione) spettacolare.
extreme /ɪk'striːm/ *A a.* *1* estremo: **in e. old age**, nell'estrema vecchiaia; (*polit.*) **the e. left**, l'estrema sinistra; **the e. south of the country**, l'estremo sud del paese *2* estremista: **e. views**, opinioni estremiste *B n.* (*anche mat.*) estremo: **to go to extremes**, spingere le cose all'estremo; **to take st. to extremes**, portare q.c. agli estremi; **in the e.**, estremamente.
extremism /ɪk'striːmɪzəm/ *n.* [U] (*polit.*) estremismo.
extremist /ɪk'striːmɪst/ *n.* (*polit.*) estremista.
extremity /ɪk'strɛmətɪ/ *n.* *1* (*al pl.*) (*anat.*) estremità *2* (*solo al sing.*) estremo; eccesso; condizioni estreme; frangente estremo *3* (*generalm. al pl.*) misura estrema; provvedimento eccezionale: **to go** (*o* **to resort**) **to extremities**, adottare misure estreme.
to **extricate** /'ɛkstrɪkeɪt/ *v. t.* districare; liberare; sbrogliare.
extrication /ɛkstrɪ'keɪʃn/ *n.* [U] (il) districare; (il) districarsi.
extrinsic /ɛk'strɪnsɪk/ *a.* estrinseco.
extroversion /ɛkstrə'vɜːʃn, *USA* -ʒn/ *n.* [U] (*psic.*) estroversione.
extrovert /'ɛkstrəvɜːt/ *n.* (*psic.*) estroverso (-a).
to **extrude** /ɪk'struːd/ *v. t.* *1* (*mecc., metall., geol.*) estrudere *2* (*form.*) espellere.
extrusion /ɪk'struːʒn/ *n.* [U] *e* [C] *1* (*mecc., metall., geol.*) estrusione *2* (*form.*) espulsione.
exuberance /ɪg'zuːbərəns, -zjuː-/ *n.* *1* esuberanza *2* ricchezza; sovrabbondanza.
exuberant /ɪg'zuːbərənt, -zjuː-/ *a.* *1* esuberante *2* ricco; so-

vrabbondante; lussureggiante.

to **exude** /ɪg'zjuːd, *USA* -zuːd/ ***A*** *v. t.* ***1*** trasudare; stillare ***2*** emanare; diffondere ***B*** *v. i.* trasudare; stillare.

to **exult** /ɪg'zʌlt/ *v. i.* esultare: **to e. in** (*o* **at**) **st.**, esultare per q.c.

exultant /ɪg'zʌltənt/ *a.* esultante; trionfante.

exultation /ɛgzʌl'teɪʃn/ *n.* Ⓤ esultanza; giubilo.

eye /aɪ/ *n.* ***1*** occhio; (*estens.*) sguardo, vista: **with one's eyes open**, ad occhi aperti; **I couldn't to take my eyes off him**, non riuscivo a staccargli (*o* togliergli) gli occhi di dosso; **My eye fell on the page**, mi cadde l'occhio sulla pagina; **to have a keen eye**, avere la vista acuta; **to cast an eye on st.**, gettare l'occhio su q.c. ***2*** cruna (*di ago*) ***3*** maglietta (*di gancio*) ***4*** (*bot.*) gemma ***5*** (*naut.*) gassa ● **eye-catching**, che colpisce; che attira l'attenzione □ **eye contact**, (il) guardare in faccia q.; sguardo diretto □ **an eye for an eye**, occhio per occhio □ **eye of the storm**, occhio del ciclone □ **eye-opener**, cosa che fa aprire gli occhi; rivelazione □ **e. shadow**, ombretto □ (*mil.*) **Eyes right [left]!**, attenti a destr [a sinistr]! □ **all eyes**, tutt'occhi □ **black eye**, occhio nero; occhio pesto □ **not to bat an eye**, non batter ciglio □ **to catch sb.'s eye**, attirare l'attenzione di q. □ **to have an eye for**, avere occhio per □ **to have an eye for the main chance**, non perdere di vista il proprio interesse □ **in the eyes of the law**, agli occhi della legge □ **to be in the public eye**, essere una persona in vista □ **to keep an eye on sb.**, tener d'occhio q. □ **to keep one's eyes open** (*fam.* **peeled**), tenere gli occhi aperti □ **to keep an eye out for st.**, stare all'erta per scorgere q.c. □ **to make eyes at sb.**, fare gli occhi dolci a q. □ (*fam.*) **My eye!**, storie!; col cavolo! □ (*fam.*) **It's one in the eye for him!**, ben gli sta!; alla faccia sua! □ **to open sb.'s eyes to st.**, aprire gli occhi a q. su q.c. □ **to see eye to eye with sb.**, essere pienamente d'accordo con q. □ **to see st. with half an eye**, capire q.c. a prima vista; accorgersi di q.c. con una sola occhiata □ **to turn a blind eye to st.**, chiudere un occhio su q.c.; far finta di non vedere q.c. □ **with an eye to**, con l'idea di □ **up to the eyes in debt**, indebitato fino agli occhi □ **up to one's eyes in work**, pieno di lavoro fin sopra i capelli.

to **eye** /aɪ/ *v. t.* ***1*** guardare; osservare; squadrare ***2*** fissare; adocchiare: **to eye (up) the girls**, adocchiare le ragazze.

eyeball /'aɪbɔːl/ *n.* (*anat.*) globo dell'occhio; bulbo oculare ● (*fam.*) **e. to e. with sb.**, faccia a faccia con q. (*con sentimenti di ostilità; in atteggiamento aggressivo*).

eyebrow /'aɪbraʊ/ *n.* sopracciglio ● **to raise one's eyebrows**, inarcare le sopracciglia; (*fig.*) essere sorpreso, essere sconcertato, mostrare disapprovazione.

eyeful /'aɪfʊl/ *n.* (*fam.*) ***1*** occhiata; guardata ***2*** cosa che riempie gli occhi; cosa da lustrarsi gli occhi ***3*** donna molto bella.

eyeglass /'aɪglɑːs, *USA* -æs/ *n.* ***1*** monocolo ***2*** (*al pl.*) (*USA*) occhiali.

eyelash /'aɪlæʃ/ *n.* ciglio: **false eyelashes**, ciglia finte.

eyelet /'aɪlət/ *n.* occhiello metallico.

eyelid /'aɪlɪd/ *n.* palpebra.

eyeliner /aɪ'laɪnə(r)/ *n.* matita per gli occhi.

eyepiece /'aɪpiːs/ *n.* oculare (*di microscopio, ecc.*).

eyesight /'aɪsaɪt/ *n.* Ⓤ vista: **to have good [poor] e.**, avere la vista buona [cattiva].

eyesore /'aɪsɔː(r)/ *n.* (*fam.*) mostruosità; obbrobrio; pugno in un occhio (*fig.*).

eyetooth /'aɪtuːθ/ *n.* (*pl.* **eyeteeth**) dente canino superiore ● (*fam.*) **I'd give my eyeteeth for...**, darei non so cosa per...

eyewash /'aɪwɒʃ, *USA* -wɔːʃ/ *n.* Ⓤ ***1*** collirio ***2*** (*fam.*) chiacchiere; storie.

eyewitness /'aɪwɪtnəs, 'aɪ'wɪt-/ *n.* (*leg.*) testimone oculare.

eyrie, eyry /'aɪərɪ/ *n.* nido di rapace.

f, F

F, f /ɛf/ *n.* (*pl.* **F's, f's**; **Fs, fs**) ***1*** F, f ***2*** (*mus.*) fa • (*telef.*) **f. for Freddy**, f come Firenze.
fa /fɑː/ *n.* (*mus.*) fa (*nel solfeggio*).
fab /fæb/ *a.* (*pop. GB, abbr. di* **fabulous**) favoloso; fantastico.
fable /ˈfeɪbl/ *n.* ***1*** favola ***2*** leggenda; mito ***3*** favola; fandonia.
fabled /ˈfeɪbld/ *a.* favoloso; leggendario.
fabric /ˈfæbrɪk/ *n.* ***1*** U *e* C stoffa; tessuto ***2*** struttura; tessuto: **the f. of society**, il tessuto sociale. ATTENZIONE: **fabric** ≠ fabbrica.
to **fabricate** /ˈfæbrɪkeɪt/ *v. t.* ***1*** inventare; architettare ***2*** (*form.*) fabbricare.
fabrication /fæbrɪˈkeɪʃn/ *n.* U *e* C ***1*** invenzione ***2*** (*form.*) fabbricazione.
fabulous /ˈfæbjʊləs/ *a.* favoloso.
façade /fəˈsɑːd/ *n.* ***1*** (*archit.*) facciata ***2*** apparenza; facciata.
face /feɪs/ *n.* ***1*** faccia; viso; volto; (*di animale*) muso: **f. to f.**, faccia a faccia; **f. down**, a faccia in giù; **to look sb. in the f.**, guardare q. in faccia; **to show one's f.**, mostrare la faccia; farsi vedere ***2*** faccia, lato (*di oggetto*) ***3*** quadrante (*di orologio*) ***4*** (*edil.*) facciata; fronte ***5*** parete (*di monte*) ***6*** diritto (*di stoffa*) ***7*** (*fam.*) sfacciataggine; (bella) faccia ***8*** smorfia; boccacce; **to pull a f.**, fare una smorfia; **to make** (*o* **to pull**) **faces**, fare le boccacce • **f. card**, figura (*delle carte da gioco*) □ (*med.*) **f.-lift**, plastica facciale; lifting □ **f. pack**, maschera di bellezza □ **f.-saver**, cosa (*gesto, risultato, ecc.*) che salva la faccia □ **f.-saving**, che salva la faccia □ **f. value**, valore nominale; valore di facciata □ **to take st. at f. value**, prendere q.c. per buono □ **He had a f. like thunder**, aveva la faccia scura □ **Her f. fell**, c'è rimasta male; ha fatto una faccia! □ **in the f. of**, a dispetto di; nonostante □ **to have a f. as long as a fiddle**, avere una faccia da funerale □ □ **to keep a straight f.**, restare serio; non ridere □ **to lose f.**, perdere la faccia □ **on the f. of it**, a prima vista; a giudicare dalle apparenze □ **to pull a long f.**, fare la faccia lunga □ **to put a bold f. on st.**, non lasciarsi scoraggiare da q.c. □ **to put a good** (*o* **brave**) **f. on st.**, fare buon viso a q.c. □ **to save (one's) f.**, salvare la faccia □ **to set one's f. against st.**, opporsi a q.c. □ **to throw st. in sb.'s f.**, rinfacciare q.c. a q. □ **He said so to my f.**, me l'ha detto in faccia □ **to wear a long f.**, fare la faccia lunga; fare il broncio.
to **face** /feɪs/ ***A*** *v. t.* ***1*** essere di fronte a; essere rivolto a; guardare verso: **We stood facing each other**, eravamo uno di fronte all'altro; **The house faces south**, la casa è rivolta a (*o* guarda verso) sud; **the picture facing p. 43**, l'illustrazione di fronte a p. 43 ***2*** mettersi di fronte a; rivolgersi verso: **He faced the wall**, si voltò con la faccia al muro ***3*** trovarsi di fronte a; avere di fronte: **We are facing a slump in production**, ci aspetta un calo della produzione ***4*** affrontare; tener testa a: **to f. danger [the truth, the press]**, affrontare il pericolo [la verità, la stampa] ***5*** (*edil.*) rivestire (*specialm. una facciata*) • **to f. the music**, affrontare con coraggio le conseguenze (*di ciò che si è fatto*) □ **Well, let's f. it, he has a point**, be', siamo sinceri (*o* diciamo la verità), non ha tutti i torti □ **I can't f. the prospect of seeing them**, non me la sento proprio di vederli ***B*** *v. i.* ***1*** essere rivolto a; guardare verso: **The hotel faces onto the lake**, l'albergo guarda verso il lago ***2*** (*mil.*) voltarsi; girarsi: **About f.!**, dietro front!; **Left [right] f.!**, fronte sinistr [destr]!
♦ **face down** *v. t. + avv.* (*fam.*) affrontare e vincere; tener testa a.
♦ **face out** *v. t. + avv.* (*fam.*) affrontare. • **to f. it out**, tener duro.
♦ **face up to** *v. i. + avv. e prep. V.* **to face**, *A, def. 4*.
♦ **face with** *v. t. + prep.* mettere (q.) di fronte a: **He faced me with a difficult choice**, mi mise di fronte a una scelta difficile.
facecloth /ˈfeɪsklɒθ, *USA* -ɔːθ/ *n.* panno di spugna (*o* pezzuola) per lavarsi il viso.
faceless /ˈfeɪsləs/ *a.* senza volto; anonimo; impersonale.
facet /ˈfæsɪt/ *n.* ***1*** faccetta; sfaccettatura ***2*** aspetto; lato.
to **facet** /ˈfæsɪt/ *v. t.* sfaccettare.
facetious /fəˈsiːʃəs/ *a.* spiritoso: **Don't be f.!**, non fare lo spiritoso!; **f. remark**, spiritosaggine.
facetiousness /fəˈsiːʃəsnəs/ *n.* U spirito; (*spreg.*) spiritosaggine.
facial /ˈfeɪʃl/ ***A*** *a.* facciale ***B*** *n.* (*fam.*) trattamento di bellezza (*al viso*).
facile /ˈfæsaɪl, *USA* ˈfæsl/ *a.* ***1*** superficiale; semplicistico ***2*** ottenuto o fatto facilmente; facile: **f. success**, facile successo.
to **facilitate** /fəˈsɪləteɪt/ *v. t.* facilitare; agevolare.
facilitation /fəsɪləˈteɪʃn/ *n.* U facilitazione; agevolazione.
facility /fəˈsɪlətɪ/ *n.* ***1*** U abilità; destrezza; disposizione; attitudine ***2*** (*form.*) facilità ***3*** facilitazione; agevolazione; servizio aggiuntivo ***4*** (*tecn.*) dispositivo ***5*** impianto; struttura; attezzatura; (*al pl., anche*) servizi ***6*** (*al pl.*) (*eufem.*) toilette.
facing /ˈfeɪsɪŋ/ *n.* ***1*** (*sartoria*) copririsvolto; paramontura; (*al pl., anche*) risvolti (*di uniforme*) ***2*** (*edil.*) rivestimento.
facsimile /fækˈsɪməlɪ/ *n.* facsimile.
fact /fækt/ *n.* ***1*** fatto ***2*** U *e* C realtà; dati di fatto: **a film based on f.**, un film basato sulla realtà; **to face facts**, guardare in faccia la realtà; **f. and fiction**, realtà e invenzione • **f.-finding**, di indagine; d'inchiesta □ **after the f.**, a fatto compiuto □ **as a matter of f.** (*o* **in actual f.**), per la verità; effettivamente □ **in f.**, anzi; in realtà □ (*fam. eufem*) **the facts of life**, i fatti riguardanti il sesso □ **The f. of the matter is...**, la verità è che...
faction /ˈfækʃn/ *n.* ***1*** fazione ***2*** (*polit.*) corrente ***3*** U faziosità.
factional /ˈfækʃənl/ *a.* ***1*** tra fazioni; di fazione ***2*** (*polit.*) di corrente.
factitious /fækˈtɪʃəs/ *a.* fittizio; artificiale; artificioso.
factor /ˈfæktə(r)/ *n.* ***1*** (*anche mat.*) fattore ***2*** (*comm.*) agente commissionario ***3*** (*scozz.*) fattore; agente agricolo.
factoring /ˈfæktərɪŋ/ *n.* (*fin.*) factoring.
factory /ˈfæktərɪ/ *n.* fabbrica; stabilimento; manifattura • **f. cost**, costo di produzione □ **f. farming**, allevamento industriale □ **the f. floor**, il reparto produzione; (*estens.*) gli operai □ **f. price**, prezzo di fabbrica □ **f. worker**, operaio (manifatturiero). ATTENZIONE: **factory** ≠ fattoria.
factotum /fækˈtəʊtəm/ *n.* factotum; tuttofare.
factual /ˈfæktʃʊəl/ *a.* che riguarda i fatti: **f. account**, resoconto dei puri fatti; **f. error**, errore di fatto.
faculty /ˈfækltɪ/ *n.* ***1*** facoltà; capacità ***2*** abilità ***3*** facoltà (universitaria) ***4*** corpo docente (universitario).
fad /fæd/ *n.* capriccio; moda passeggera; pallino; fisima.
faddy /fædɪ/ *a.* capriccioso; pieno di fisime; schizzinoso.
to **fade** /feɪd/ ***A*** *v. i.* ***1*** appassire ***2*** scolorire; sbiadire ***3*** (*anche* **to f. away**) svanire; scomparire; dileguarsi: **The music faded away**, la musica si spense in lontananza ***B*** *v. t.* ***1*** far appassire ***2*** scolorire; sbiadire.
♦ **fade in** ***A*** *v. i. + avv.* ***1*** (*cinem., TV*) aprire [aprirsi] in dissolvenza ***2*** (*radio, di un suono*) crescere gradatamente ***B*** *v. t. + avv.* ***1*** (*cinem., TV*) aprire in dissolvenza su ***2*** (*radio*) aumentare gradatamente l'intensità di (*un suono*).
♦ **fade out** ***A*** *v. i. + avv.* ***1*** (*cinem., TV*) chiudere in dissolvenza ***2*** (*radio, di suono*) smorzarsi a poco a poco ***B*** *v. t. + avv.* ***1*** (*cinem., TV*) chiudere in dissolvenza su; fare una dissolvenza di ***2*** (*radio*) smorzare a poco a poco (*un suono*).
fadeout /ˈfeɪdaʊt/ *n.* (*cinem., TV*) dissolvenza.

faeces /ˈfiːsiːz/ *n. pl.* feci; escrementi.
to **faff** /fæf/ *v. Solo come*:
♦ **faff about** (*o* **around**) *v. i. + avv.* (*pop.*) agitarsi senza combinare nulla.
fag /fæg/ *n.* ***1*** (*fam. GB*) faticata; sfacchinata; sgobbata ***2*** (*in alcune scuole private inglesi*) studente di corso inferiore che fa servizi a un anziano ***3*** (*pop.*) sigaretta ***4*** (*pop. spreg. USA*) finocchio; frocio ● **fag-end**, rimasuglio; residuo; (*pop. GB*) mozzicone di sigaretta, cicca: **at the fag-end of the season**, verso la fine della stagione.
to **fag** /fæg/ *v. i.* (*fam. GB*) ***1*** faticare; sfacchinare; sgobbare ***2*** (*in alcune scuole private*) fare servizi (*a uno studente più anziano*).
fagged (**out**) /fægd (ˈaʊt)/ *pred.* (*fam.*) stanco morto; sfinito; a pezzi.
faggot /ˈfægət/ *n.* ***1*** (*antiq.*) fascina ***2*** (*cucina, GB*) polpetta ***3*** (*pop. USA*) finocchio; frocio. ATTENZIONE: **faggot** ≠ fagotto.
fah /fɑː/ *V.* **fa**.
faience /faɪˈɒns, *USA* feɪˈɑːns/ *n.* [U] ceramica; faenza.
fail /feɪl/ *n.* ***1*** (*USA*) bocciatura ***2*** — **without f.**, senza fallo; certamente.
to **fail** /feɪl/ ***A*** *v. i.* ***1*** fallire; fare fiasco: **The plan failed**, il piano è fallito; **The wheat crop failed**, il raccolto del grano è stato rovinato ***2*** non riuscire: **to f. to convince sb.**, non riuscire a convincere q.; **I f. to understand how you could think such a thing**, non capisco come hai potuto pensare una cosa simile ***3*** mancare; venir meno: **Don't f. to let me know**, non mancare di informarmi; **He failed to answer our letter**, non ha risposto alla nostra lettera; **to f. in one's duty**, venir meno al proprio dovere; **Words f. me**, mi mancano le parole; non ho parole ***4*** essere privo (di); mancare (di): **to f. in perseverance**, mancare di tenacia ***5*** essere respinto (*o* bocciato) ***6*** (*mecc.*) guastarsi; smettere di funzionare ***B*** *v. t.* ***1*** respingere; bocciare ***2*** non superare (*un esame*); essere respinto (*o* bocciato) in: **I failed maths**, mi hanno bocciato in matematica.
failing /ˈfeɪlɪŋ/ ***A*** *n.* debolezza; difetto; manchevolezza ***B*** *prep.* in mancanza di: **Call me Monday. F. that, I'll see you Friday**, chiamami lunedì; se non ti sento, ci vediamo venerdì.
fail-safe /ˈfeɪlseɪf/ *a.* (*tecn.*) di sicurezza.
failure /ˈfeɪlɪə(r)/ *n.* ***1*** [U] fallimento; insuccesso: **to be destined to f.**, essere destinato all'insuccesso; **to meet with f.**, fallire; non avere successo; fare fiasco; **to end in f.**, fallire; fare fiasco ***2*** (*di cosa*) insuccesso, fiasco, fallimento; (*di persona*) fallito (-a), fallimento: **The dinner was a total f.**, il pranzo fu un fiasco completo (*o* un disastro); **He's a f. as an actor**, come attore è un fallito ***3*** [U] *e* [C] (il) non fare q.c.: **f. to obey the rules**, inosservanza del regolamento; **His f. to deal with the problem was criticized**, è stato criticato per non aver risolto il problema; **her f. to understand**, il fatto che non capisca; la sua incapacità di capire; (*leg.*) **f. to appear**, mancata comparizione ***4*** perdita, rovina (*di un raccolto*) ***5*** [U] (*med.*) collasso: **heart f.**, collasso cardiaco ***6*** (*mecc.*) guasto.
fain /feɪn/ *avv.* (*antiq.*) volentieri; di buon grado.
faint (**1**) /feɪnt/ *a.* ***1*** debole; estenuato; stremato ***2*** debole; flebile; vago: **f. attempt**, debole tentativo; **f. sounds**, suoni fievoli; **f. hope**, vaga speranza; **f. colours**, tinte pallide ● **f.-hearted**, cordardo □ **to grow f.**, affievolirsi □ **to feel f.**, sentirsi svenire □ **I haven't the faintest idea**, non ne ho la più pallida (*o* la minima) idea.
faint (**2**) /feɪnt/ *n.* svenimento; mancamento: **to fall in a dead f.**, cadere svenuto.
to **faint** /feɪnt/ *v. i.* svenire.
faintly /ˈfeɪntlɪ/ *avv.* ***1*** debolmente ***2*** vagamente; leggermente; un po': **He looked f. surprised**, sembrava un po' sorpreso.
fair (**1**) /fɛə(r)/ *n.* ***1*** fiera; mercato: **cattle f.**, fiera del bestiame; **world f.**, fiera universale ***2*** fiera di beneficenza ***3*** (*GB*) luna park.
fair (**2**) /fɛə(r)/ ***A*** *a.* ***1*** giusto; equo; imparziale; leale; onesto; (*sport*) corretto: **f. price**, prezzo giusto; **f. treatment**, trattamento imparziale; **f. trial**, equo processo; **It's not f.!**, non è giusto!; **To be f., he tried to fix it**, a essere onesti, ha cercato di sistemare la cosa ***2*** discreto; abbastanza buono: **a f. knowledge of English**, un discreta conoscenza dell'inglese; **a f. idea what is needed**, un'idea abbastanza chiara di quello che ci vuole; **It takes a f. amount of practice**, ci vuole un bel po' di pratica ***3*** biondo; chiaro (*di pelle*) ***4*** bello; sereno; buono; favorevole: **f. copy**, bella copia; **f. wind**, vento favorevole ● **F. dos!**, quel che è giusto è giusto! □ **f. enough**, mi sembra giusto; d'accordo; e va bene!; come vuoi □ **f. game**, preda consentita; (*fig.*) bersaglio facile, bersaglio lecito (*di critiche, di interesse da parte dei media, ecc.*) □ **f.-minded**, equanime; imparziale □ **f. play**, fair play; correttezza; lealtà; lo stare alle regole del gioco □ **f. rent**, equo canone □ **my f. share of st.**, la mia buona parte di □ **f.-to-middling**, sufficiente; così così □ **the f. sex**, il gentil sesso □ **f.-weather friend**, amico della buona sorte □ **by f. means**, con mezzi leciti □ **by f. means or foul**, di riffa o di raffa □ **in f. or foul weather**, col buono o col cattivo tempo; (*fig.*) nella fortuna e nell'avversità □ **to be in a f. way to doing st.**, essere bene incamminato verso q.c.; avere buone probabilità di fare q.c. ***B*** *avv.* ***1*** correttamente; lealmente; onestamente: **to play f.**, agire onestamente ***2*** esattamente; proprio: **to hit sb. f. and square on the face**, colpire q. in piena faccia.
fairground /ˈfɛəgraʊnd/ *n.* (*GB*) spiazzo per il luna park.
fairing /ˈfɛərɪŋ/ *n.* (*aeron.*) carenatura.
fairly /ˈfɛəlɪ/ *avv.* ***1*** con giustizia; equamente; onestamente ***2*** abbastanza; piuttosto: **f. late**, piuttosto tardi ***3*** veramente: **He f. took me by surprise**, mi ha veramente sorpreso; **He f. leapt to the door**, balzò letteralmente alla porta.
fairness /ˈfɛənəs/ *n.* [U] ***1*** equità; imparzialità; lealtà; onestà; correttezza ***2*** colore biondo (*dei capelli*); colore chiaro (*delle carnagione*) ***3*** bellezza.
fairy /ˈfɛərɪ/ ***A*** *n.* ***1*** fata ***2*** (*pop. spreg.*) finocchio; frocio ***B*** *a. attr.* di fata; delle fate; fatato: **f. tale**, racconto di fate; (*fig.*) favola; **the f. queen**, la regina delle fate ● **f. godmother**, fata madrina; (*fig.*) benefattrice □ **f. lights**, lanternine colorate □ **f.-tale** (*agg.*), di favola; magico.
fairyland /ˈfɛərɪlænd/ *n.* [U] ***1*** (il) regno delle fate ***2*** (*fig.*) luogo di favola.
fait accompli /ˈfeɪtəˈkɒmpliː, *USA* -əkɒmˈpliː/ (*pl.* **faits accomplis**) (*franc.*) *locuz. n.* fatto compiuto.
faith /feɪθ/ *n.* ***1*** [U] *e* [C] fede: **to have f. in God**, avere fede in Dio; **the Catholic f.**, la fede cattolica ***2*** [U] fiducia; fede: **to place one's f. in sb.** [**st.**], riporre la propria fiducia in q. [q.c.]; **f. in oneself**, fiducia in se stessi ***3*** [U] promessa; parola data: **to break** [**to keep**] **f. with sb.**, mancare alla [mantenere la] parola data (a q.) ● **f. healer**, guaritore; santone □ **f. healing**, guarigione con preghiere e suggestioni □ **bad f.**, malafede □ **good f.**, buona fede.
faithful /ˈfeɪθfl/ ***A*** *a.* ***1*** fedele; fido ***2*** accurato; fedele: **f. account**, resoconto fedele ***B*** *n.* ***1*** — (*relig.*) **the f.**, i fedeli ***2*** fedele; seguace.
faithfully /ˈfeɪθfəlɪ/ *avv.* fedelmente ● (*nelle lettere*) **Yours f.**, distinti saluti.
faithfulness /ˈfeɪθflnəs/ *n.* [U] ***1*** fedeltà ***2*** accuratezza; fedeltà; precisione.
faithless /ˈfeɪθləs/ *a.* infedele.
faithlessness /ˈfeɪθləsnəs/ *n.* [U] infedeltà.
fake /feɪk/ (*fam.*) ***A*** *n.* ***1*** (oggetto) falso: **He was sold a f.**, gli hanno venduto un falso ***2*** impostore (-a); imbroglione (-a) ***B*** *a. attr.* falso; finto: **f. ruby**, rubino falso; **f. fur**, pelliccia finta (*o* sintetica).
to **fake** /feɪk/ (*fam.*) ***A*** *v. t.* ***1*** contraffare; falsificare: **to f. a signature** [**a report**], falsificare una firma [un resoconto] ***2*** fingere; simulare: **to f. interest**, fingere interesse; **to f. illness**, fingersi malato ***B*** *v. i.* far finta; fingere.
faker /ˈfeɪkə(r)/ *n.* contraffattore (-trice); falsificatore (-trice).
fakir /ˈfeɪkɪə(r), *USA* fəˈkɪə(r)/ *n.* fachiro.
falcon /ˈfɔːlkən, *USA* ˈfæl-/ *n.* (*zool.*) falcone; falco.
falconer /ˈfɔːlkənə(r), *USA* ˈfæl-/ *n.* falconiere.
falconry /ˈfɔːlkənrɪ, *USA* ˈfæl-/ *n.* [U] falconeria.
fall /fɔːl/ *n.* ***1*** caduta: **I had a bad f.**, ho fatto una brutta caduta; **a heavy f. of snow**, un'abbondante caduta di neve ***2*** diminuzione; calo; ribasso; abbassamento: **f. in prices**, ribasso dei prezzi; **a f. in temperature**, un abbassamento della temperatura ***3*** (*generalm. al pl.*) cascata; cascate ***4*** (*USA*) autunno ***5*** (*lotta*) schienata.
to **fall** /fɔːl/ (*pass.* **fell**, *p.p.* **fallen**) *v. i.* ***1*** cadere: **I slipped and fell** (**down**), scivolai e caddi (per terra); **to f. out of a window** [**off a chair, down the stairs, into a well**], cadere da una finestra [da una sedia, giù dalle scale, in un pozzo]; **to f. to one's knees**, cadere in ginocchio; **to f. in battle**,

cadere in battaglia; **Night fell suddenly**, di colpo cadde la notte; **My eyes fell on the ring**, lo sguardo mi cadde sull'anello; **The government has fallen**, è caduto il governo; **Christmas falls on a Sunday**, Natale cade di domenica ***2*** scendere; calare; diminuire: **The barometer has fallen**, il barometro è sceso; **Prices will f.**, i prezzi diminuiranno • **to f. asleep**, addormentarsi □ **to f. between two stools**, fare la fine dell'asino di Buridano □ **to f. due**, scadere □ **to f. flat**, non avere successo; fare cilecca (*fam.*) □ **to f. foul of**, urtarsi con; entrare in contrasto con □ **to f. ill**, ammalarsi □ **to f. in love**, innamorarsi □ **to f. into line**, adeguarsi; conformarsi □ **to f. on deaf ears**, restare inascoltato □ **to f. on one's feet**, cadere in piedi (*anche fig.*) □ **to f. on hard times**, avere un rovescio di fortuna □ **to f. short (of)**, essere inferiore (a); essere insufficiente (a) □ **His face fell when I told him**, ci rimase male quando glielo dissi □ **Her voice fell to a whisper**, la sua voce diventò un sussurro □ **Not a word fell from his lips**, non una parola gli uscì di bocca.

♦ **fall about** *v. i. + avv.* (*fam. GB, anche* **to f. about laughing**) sbellicarsi (dalle risa).

♦ **fall apart** *v. i. + avv.* ***1*** andare in pezzi; sfasciarsi ***2*** (*fam.*) avere un crollo nervoso; crollare.

♦ **fall back** *v. i. + avv.* indietreggiare; ritirarsi.

♦ **fall back on** *v. i. + avv. e prep.* ricorrere a; far ricorso a; ripiegare su.

♦ **fall behind** *v. i. + avv.* ***1*** rimanere indietro ***2*** essere in arretrato: **to f. behind with payments**, essere in arretrato coi pagamenti.

♦ **fall for** *v. i. + prep.* ***1*** farsi ingannare da, credere a, bere (*fam.*): **He fell for it**, c'è cascato; ha abboccato; l'ha bevuta ***2*** (*fam.*) prendersi una cotta per.

♦ **fall in** *v. i. + avv.* ***1*** crollare; (*di pavimento, ecc.*) cedere ***2*** (*mil.*) formare le file; mettersi in riga: **F. in!**, nei ranghi!; serrate!

♦ **fall into** *v. i. + prep.* ***1*** cominciare (*per caso*): **to f. into conversation with sb.**, mettersi a parlare con q.; **to f. into a habit**, prendere un'abitudine ***2*** suddividersi in: **It falls into three divisions**, si suddivide in tre sezioni.

♦ **fall in with** *v. i. + avv. e prep.* ***1*** incontrare; unirsi a; mettersi a frequentare ***2*** aderire a; approvare.

♦ **fall off** *v. i. + avv.* ***1*** cadere ***2*** calare; diminuire ***3*** deteriorarsi.

♦ **fall on** *v. i. + prep.* ***1*** attaccare; gettarsi su: **to f. on the enemy**, attaccare il nemico; **to f. on the food**, gettarsi sul cibo ***2*** ricadere su: **The responsibility falls on us**, la responsabilità ricade su di noi.

♦ **fall out** *v. i. + avv.* ***1*** (*di capelli*) cadere ***2*** litigare ***3*** (*mil.*) rompere le righe ***4*** (*di situazione, ecc.*) andare; mettersi: **Let's see how things f. out**, vediamo come si mettono le cose.

♦ **fall over** ***A*** *v. i. + avv.* cadere (*da una posizione eretta*) ***B*** *v. i. + prep.* inciampare su • **to f. over oneself to do st.**, farsi in quattro per fare q.c. □ **to f. over each other**, fare a gara; sgomitare.

♦ **fall through** *v. i. + avv.* fallire; fare fiasco.

♦ **fall to** ***A*** *v. i. + avv.* mettersi a mangiare ***B*** *v. i. + prep.* ***1*** mettersi a; attaccare a: **to f. to work**, mettersi a lavorare ***2*** spettare a; toccare a; andare a: **The inheritance falls to the widow**, l'eredità spetta alla vedova; **It fell to me to tell them**, toccò a me dirglielo.

♦ **fall under** *v. i. + prep.* ***1*** rientrare in (*una categoria, ecc.*) ***2*** dividersi in: **The subject falls under three heads**, l'argomento si divide in tre parti.

fallacious /fə'leɪʃəs/ *a.* fallace; falso.

fallacy /'fæləsɪ/ *n.* ***1*** errore; convinzone errata ***2*** Ⓤ fallacia.

fallback /'fɔːlbæk/ *n.* ***1*** sostituto ***2*** ripiego; alternativa.

fallen /'fɔːlən/ ***A*** *p.p. di* **to fall** ***B*** *a.* caduto • (*collett.*) **the f.**, i caduti (*in guerra*) □ **f. arches**, piedi piatti.

fall guy /'fɔːlgaɪ/ *locuz. n.* (*fam.*) ***1*** capro espiatorio ***2*** facile vittima.

fallibility /fælə'bɪlətɪ/ *n.* Ⓤ fallibilità.

fallible /'fæləbl/ *a.* fallibile.

falling /'fɔːlɪŋ/ *a.* cadente: **f. star**, stella cadente • **«F. rocks»**, «caduta massi».

falling-off /fɔːlɪŋ'ɒf/ *n.* declino; deminuzione.

falling-out /fɔːlɪŋ'aʊt/ *n.* screzio; dissidio.

fallout /'fɔːlaʊt/ *n.* ***1*** pioggia radioattiva; ricaduta radioattiva ***2*** (*fig.*) ricaduta negativa.

fallow /'fæləʊ/ *a.* (*agric.*) incolto; lasciato a maggese.

fallow deer /'fæləʊ dɪə(r)/ *locuz. n.* (*pl. invar.*) (*zool.*) daino.

false /fɔːls/ ***A*** *a.* ***1*** falso; finto; posticcio: **f. alarm**, falso allarme; **f. beard**, barba posticcia (*o* finta); **f. teeth**, denti finti; dentiera; **f. bottom**, doppiofondo ***2*** errato; erroneo; illusorio: **to be under a f. impression**, avere un'impressione sbagliata; **f. hopes**, speranze illusorie ***3*** falso; sleale: **f. friend**, falso amico; **f. witness**, falsa testimonianza • **f. ceiling**, controsoffitto □ **to give f. witness**, testimoniare il falso □ **f. move**, mossa falsa □ **under f. pretences**, con l'inganno ***B*** *avv.* falsamente; ingannevolmente: **to play sb. f.**, ingannare q.

falsehood /'fɔːlshʊd/ *n.* Ⓒ e Ⓤ menzogna; falsità.

falseness /'fɔːlsnəs/ *n.* falsità (*di persona, notizia, ecc.*).

falsies /'fɔːlsɪz/ *n. pl.* (*fam.*) seno finto; reggiseno imbottito.

falsification /fɔːlsɪfɪ'keɪʃn/ *n.* Ⓤ e Ⓒ falsificazione.

to **falsify** /'fɔːlsɪfaɪ/ *v. t.* falsificare.

falsity /'fɔːlsətɪ/ *n.* Ⓤ falsità.

to **falter** /'fɔːltə(r)/ *v. i.* ***1*** incespicare; vacillare ***2*** esitare ***3*** (*di azienda, ecc.*) perdere colpi ***4*** balbettare.

faltering /'fɔːltərɪŋ/ *a.* vacillante; esitante; incerto.

fame /feɪm/ *n.* Ⓤ fama; celebrità.

famed /feɪmd/ *a.* famoso; celebre.

familial /fə'mɪlɪəl/ *a.* (*form.*) familiare; della famiglia.

familiar /fə'mɪlɪə(r)/ ***A*** *a.* ***1*** familiare; conosciuto: **a f. sight**, una vista familiare; **f. faces**, facce note ***2*** che conosce bene (q.c.): **I'm not f. with the rules**, non conosco le regole ***3*** confidenziale: **to be on f. terms with sb.**, essere in rapporti confidenziali con q.; **to be too f. with sb.**, dare troppa confidenza a q., **to get too f. with sb.**, prendersi troppa confidenza con q. ***B*** *n.* amico intimo.

familiarity /fəmɪlɪ'ærətɪ/ *n.* Ⓤ ***1*** conoscenza; dimestichezza: **your f. with French**, la tua conoscenza del francese ***2*** familiarità; confidenza; intimità ***3*** familiarità; (l')essere noto • (*prov.*) **F. breeds contempt**, confidenza toglie riverenza.

to **familiarize**, (*GB anche*) to **familiarise** /fə'mɪlɪəraɪz/ ***A*** *v. t.* far conoscere: **to f. sb. with st.**, far conoscere q.c. a q. ***B*** to **familiarize oneself** *v. rifl.* familiarizzarsi; prendere dimestichezza.

familiarly /fə'mɪlɪəlɪ/ *avv.* familiarmente; con familiarità.

family /'fæmlɪ, -məlɪ/ *n.* (*anche scient., ling.*) famiglia: **His f. is** (*o* **are**) **against the marriage**, la sua famiglia è contro il matrimonio; **to start a f.**, metter su famiglia; **He is one of the f.**, è di famiglia; **Do you have any f.?**, hai famiglia (*o* figli)?; hai una famiglia?; **f. gathering**, riunione di famiglia; **the Germanic f. of languages**, la famiglia delle lingue germaniche • **f. friend**, amico di famiglia □ **f. hotel**, albergo di tipo familiare □ **f. man**, padre di famiglia; uomo tutto famiglia □ **f. name**, cognome □ **f.-owned hotel**, albergo a gestione familiare □ **f. planning**, pianificazione familiare □ **f. size**, confezione famiglia □ **f. tree**, albero genealogico □ (*di donna*) **in the f. way**, incinta.

famine /'fæmɪn/ *n.* Ⓤ e Ⓒ carestia.

famished /'fæmɪʃt/ *a. pred.* affamato; con una fame da lupo.

famous /'feɪməs/ *a.* ***1*** famoso; celebre ***2*** grande; che resterà famoso ***3*** (*fam. antiq.*) eccellente • **f. last words**, ultime parole famose.

famously /'feɪməslɪ/ *avv.* (*fam.*) a meraviglia; ottimamente: **to get on f.**, andare d'accordissimo.

fan (1) /fæn/ *n.* ***1*** ventaglio ***2*** (*mecc.*) ventilatore; ventola ***3*** (*naut.*) pala dell'elica ***4*** coda (*del pavone*).

fan (2) /fæn/ *n.* (*fam.*) ammiratore (-trice); fanatico (-a); (*sport*) tifoso (-a): **football fans**, tifosi del calcio.

to **fan** /fæn/ ***A*** *v. t.* ***1*** sventolare; far vento a ***2*** (*agric.*) vagliare ***3*** (*fig.*) ravvivare; alimentare • (*fig.*) **to fan the flames**, soffiare sul fuoco ***B*** *v. i.* aprirsi a ventaglio ***C*** to **fan oneself** *v. rifl.* farsi vento; sventolarsi.

♦ **fan out** ***A*** *v. t. + avv.* aprire a ventaglio ***B*** *v. i. + avv.* allargarsi (*o* disporsi) a ventaglio; aprirsi.

fanatic /fə'nætɪk/ *n.* fanatico (-a).

fanatical /fə'nætɪkl/ *a.* fanatico.

fanaticism /fə'nætɪsɪzəm/ *n.* Ⓤ e Ⓒ fanatismo.

fancier /'fænsɪə(r)/ *n.* ***1*** amatore (-trice); cultore (-trice) ***2*** allevatore (-trice) (*di animali*); coltivatore (-trice) (*di piante*): **bird f.**, allevatore di uccelli.

fanciful /'fænsɪfl/ *a.* fantastico; fantasioso; di fantasia.

fancy /'fænsɪ/ ***A*** *n.* ***1*** Ⓤ e Ⓒ fantasia; immaginazione: **to take sb.'s f.**, colpire la fantasia di q.; **a mixture of facts and f.**, un miscuglio di fatti e fantasia; **Is it just my f., or...?**, me lo sono immaginato, oppure...? ***2*** simpatia; voglia; capriccio; fantasia: **to take a f. to sb.**, affezionarsi a q.; incapricciarsi di q.; **when the f. takes me**, quando mi vien voglia; quando mi salta il ticchio (*fam.*); **passing f.**, capriccio passeggero; **Pay no attention – it's just an old man's f.**, non badargli, è solo una fantasia di vecchio *3* idea; impressione: **I have a f. she won't like it**, ho l'impressione che non le piacerà • **f.-free**, spensierato; (*scherz.*) non legato sentimentalmente, libero cittadino *B* a. attr. *1* elaborato; decorato; fantasia: **I'd like something less f.**, vorrei qualcosa di più semplice; **f. bread**, pane speciale; **f. necktie**, cravatta fantasia *2* (*di prezzo*) esorbitante • **f. cakes**, pasticcini □ **f. dress**, travestimento (*in maschera*); costume: **to wear f. dress**, mettersi in costume; mascherarsi □ **f.-dress ball** (*o* **f. ball**), ballo in maschera □ **f. goods**, articoli da regalo □ (*fam.*) **f. man**, amante; amico □ (*fam.*) **f. woman**, amante; amica.

to **fancy** /ˈfænsɪ/ *A* v. t. *1* avere voglia di; andare a (*costruz. inpers.*): **I don't f. going out in this weather**, non ho nessuna voglia di uscire con questo tempo; **Do you f. the idea of a picnic?**, ti va l'idea di un picnic?; **What do you f.?**, che cosa ti andrebbe?; (*al bar, ecc.*) che cosa prendi? *2* provare attrazione per: **He fancies you**, gli piaci *3* immaginare, immaginarsi; figurarsi: **F. marrying at his age!**, sposarsi alla sua età, pensa!; **F. meeting you here!**, che combinazione incontrarti qui!; **F. that!**, ma pensa!; ma guarda!; **Just f.!**, pensa un po'!; immaginati!; figurati! *4* credere; sembrare (*costruz. impers.*): **He fancied he heard a noise outside**, credeva di sentire un rumore fuori; **I f. he won't come at all**, mi sa che non verrà affatto *B* to **fancy oneself** v. rifl. credersi; darsi delle arie: **He fancies himself as a Don Juan**, si dà arie da (*o* si crede un) dongiovanni; **She really fancies herself**, si dà un sacco d'arie; crede d'essere chissà chi.

fancywork /ˈfænsɪwɜːk/ n. Ⓤ ricamo.

fanfare /ˈfænfɛə(r)/ n. fanfara.

fang /fæŋ/ n. *1* zanna *2* dente (*di serpente velenoso*).

fanlight /ˈfænlaɪt/ n. (*archit.*) lunetta a ventaglio.

fanny /ˈfænɪ/ n. *1* (*volg. GB*) fica *2* (*pop. USA*) culo.

to **fantasize**, (*GB anche*) to **fantasise** /ˈfæntəsaɪz/ v. i. fantasticare.

fantastic /fænˈtæstɪk/ a. *1* (*fam.*) fantastico; straordinario *2* bizzarro; stravagante *3* assurdo; incredibile.

fantasy /ˈfæntəsɪ/ n. *1* Ⓤ fantasia *2* idea fantastica; fantasia; fantasticheria *3* (*letter.*) fantasy.

far /fɑː(r)/ (*compar.* **farther**, **further**; *superl. relat.* **farthest**, **furthest**) *A* avv. *1* lontano: **I didn't have to go far**, non dovetti andare lontano; **How far is it from here to Rome?**, quanto c'è di qui a Roma?; **f. from home**, lontano da casa *2* molto; di gran lunga: **far better**, molto meglio; **far beyond May**, molto più in là di maggio; **far too small**, decisamente troppo piccolo • **far and away**, di gran lunga: **It's far and away the ugliest thing I ever saw**, è di gran lunga la cosa più brutta che abbia mai visto □ **far and near** (*o* **wide**), vicino e lontano; dappertutto □ **far from**, tutt'altro che; lungi da: **far from clear**, tutt'altro che chiaro; **Far from keeping it secret, he told the whole story to his wife**, lungi dal tenerselo per sé, andò a raccontare tutto alla moglie; **Far be it from me to...**, lungi da me l'idea di...; **Far from it!**, al contrario!; tutt'altro! □ **far into the night**, fino a tarda notte □ **far off**, lontano: **Christmas is not far off**, Natale non è lontano; **from far off**, di lontano □ **as** (*o* **so**) **far as**, fino a: **to go as far as the station**, andare fino alla stazione □ **as far as I know**, per quel che so io; per quel che mi consta □ **by far**, di gran lunga □ (*fig.*) **to go far**, fare molta strada □ (*fig.*) **to go too far**, esagerare □ **How far?**, fino a che punto?; fin dove? □ **In so far as I can, I'll help you**, ti aiuterò per quanto posso □ **so far**, fino a questo punto; fin qui; finora: **So far so good**, e fin qui tutto bene *B* a. attr. lontano; distante; remoto; estremo: **a far country**, un paese lontano; **the far bank of the river**, la riva opposta del fiume; **at the far end of the room**, in fondo alla sala; all'altro capo della sala; **on the far side of the hill**, sull'altro fianco della collina; **the Far East**, l'Estremo Oriente; (*polit.*) **the far right**, l'estrema destra • **a far cry from**, ben diverso da □ **in the far distance**, in lontananza.

faraway /ˈfɑːrəweɪ/ a. *1* lontano; distante; remoto *2* (*di sguardo*) sognante; remoto.

farce /fɑːs/ n. Ⓒ e Ⓤ farsa.

farcical /ˈfɑːsɪkl/ a. farsesco; comico; ridicolo.

fare /fɛə(r)/ n. *1* prezzo di una corsa (*in taxi, treno, ecc.*); tariffa: **air fares**, tariffe aeree; **What's the f. to Rome?**, quanto costa il biglietto per Roma? *2* passeggero (*di treno, taxi, ecc.*) *3* Ⓤ cibo; vitto.

to **fare** /fɛə(r)/ v. i. andare (*bene, male*): **The firm fared badly last year**, la ditta è andata male l'anno scorso; **How did it f. with him?**, come gli è andata?

farewell /fɛəˈwɛl/ inter. e n. addio.

far-fetched /fɑːˈfɛtʃt/ a. stiracchiato; lambiccato; inverosimile.

far-flung /ˈfɑːˈflʌŋ/ a. *1* assai diffuso; esteso *2* remoto.

farinaceous /færɪˈneɪʃəs/ a. farinaceo.

farm /fɑːm/ n. *1* fattoria; azienda agricola *2* V. **farmhouse** *3* allevamento; vivaio: **chicken f.**, allevamento di polli; **oyster f.**, vivaio di ostriche • **f. labourer** (*o* **f. worker**), bracciante agricolo □ **f. produce**, prodotti agricoli □ **f. holidays**, agriturismo.

to **farm** /fɑːm/ *A* v. i. *1* fare l'agricoltore *2* fare l'allevatore *B* v. t. *1* coltivare *2* allevare.

♦ **farm out** v. t. + avv. *1* dare in appalto; affidare all'esterno (*un lavoro*) *2* affidare temporaneamente ad altri (*un bambino*).

farmer /ˈfɑːmə(r)/ n. *1* coltivatore (*diretto o affittuario*); colono; agricoltore *2* allevatore: **pig-f.**, allevatore di maiali • **farmers' union**, corsorzio agrario.

farmhand /ˈfɑːmhænd/ n. bracciante agricolo.

farmhouse /ˈfɑːmhaʊs/ n. casa colonica; fattoria.

farming /ˈfɑːmɪŋ/ n. Ⓤ *1* agricoltura; coltivazione del suolo *2* (*nei composti*) allevamento: **sheep f.**, l'allevamento delle pecore.

farmland /ˈfɑːmlænd/ n. terreno coltivato; terreno coltivabile.

farmstead /ˈfɑːmstɛd/ n. casa colonica; fattoria.

farmyard /ˈfɑːmjɑːd/ n. aia; corte.

far-off /ˈfɑːˈɒf/ a. lontano; distante; remoto.

far-out /ˈfɑːˈaʊt/ a. *1* (*fam. antiq.*) insolito; stravagante *2* (*pop. USA*) fantastico; strepitoso.

farrago /fəˈrɑːgəʊ, -ˈreɪ-/ n. (*pl.* **farragoes**) congerie; farragine; guazzabuglio.

far-reaching /ˈfɑːˈriːtʃɪŋ/ a. di vasta portata.

farrier /ˈfærɪə(r)/ n. maniscalco.

to **farrow** /ˈfærəʊ/ v. t. e i. (*di scrofa*) figliare.

far-seeing /ˈfɑːˈsiːɪŋ/ a. lungimirante; previdente.

far-sighted /ˈfɑːˈsaɪtɪd/ a. *1* lungimirante; previdente *2* (*med., USA*) ipermetrope; presbite.

far-sightedness /fɑːˈsaɪtɪdnəs/ n. *1* lungimiranza; previdenza *2* (*USA*) ipermetropia; presbiopia.

fart /fɑːt/ n. (*volg.*) *1* scor(r)eggia; peto *2* rompipalle.

to **fart** /fɑːt/ v. i. (*volg.*) scor(r)eggiare.

♦ **fart about** v. i. + avv. (*fam.*) bighellonare; cazzeggiare (*volg.*).

farther /ˈfɑːðə(r)/ (*compar. di* **far**) *A* avv. più lontano; oltre: **I can't go any f.**, non posso andare oltre; **f. down the road**, più avanti (lungo la strada) • **f. back**, più indietro □ **f. on**, più avanti □ **f. off**, più lontano *B* a. più lontano; più distante.

farthermost /ˈfɑːðəməʊst/ a. (il) più lontano; (il) più distante.

farthest /ˈfɑːðɪst/ superl. relat. di **far**.

farthing /ˈfɑːðɪŋ/ n. quarto di penny (*antica moneta ingl.*) • **It isn't worth a (brass) f.**, non vale un soldo.

farthingale /ˈfɑːðɪŋgeɪl/ n. (*stor.*) guardinfante.

fascia /ˈfeɪʃə, ˈfæ-/ n. (*GB*) *1* (*autom.*) cruscotto *2* insegna (di negozio).

to **fascinate** /ˈfæsɪneɪt/ v. t. affascinare.

fascinating /ˈfæsɪneɪtɪŋ/ a. affascinante.

fascination /fæsɪˈneɪʃn/ n. Ⓤ e Ⓒ fascino.

fascism, **Fascism** /ˈfæʃɪzəm/ n. Ⓤ fascismo.

fascist, **Fascist** /ˈfæʃɪst/ n. e a. fascista.

fashion /ˈfæʃn/ n. *1* (*solo al sing.*) maniera; modo; stile: **to behave in a strange f.**, comportarsi in modo strano *2* Ⓒ e Ⓤ moda; voga: **to bring into f.**, far diventare di moda; **to come into [to go out of] f.**, venire [passare] di moda; **to be all the f.**, essere alla moda; **to keep up with f.**, tenersi aggiornato con la moda; **to set the f.**, creare (*o* lanciare) la moda; **in f.**, alla moda; di moda; **out of f.**, fuori moda • **f. designer**, disegnatore di moda; figurinista □ (*anche fig.*) **f. plate**, figurino □ **f. show**, sfilata di moda □ **after** (*o* **in**) **a f.**, in qualche modo; alla meno peggio.

to **fashion** /ˈfæʃn/ v. t. foggiare; fabbricare; modellare.

fashionable /ˈfæʃnəbl/ a. alla moda; di moda; elegante •

f. society, il bel mondo.
fashionably /ˈfæʃnəblɪ/ *avv.* alla moda; con eleganza.
fast (1) /fɑːst, *USA* fæst/ *n.* [C] *e* [U] digiuno (*religioso*).
fast (2) /fɑːst, *USA* fæst/ ***A*** *a.* ***1*** veloce; rapido ***2*** (*di orologio*) che è (*o* va) avanti: **My watch is half an hour f.**, il mio orologio è avanti di mezz'ora ***3*** fermo; fisso; saldo; solido: **to make a rope f. to st.**, assicurare una corda a q.c.; **f. colours**, colori solidi ***4*** (*fotogr.*) ad alta sensibilità ***5*** (*antiq.*) dissoluto; dissipato • **f. and furious**, frenetico □ **f. food**, pasto veloce; cibi pronti: **f. food restaurant**, fast food □ (*antiq.*) **f. friend**, amico intimo □ (*autom.*) **f. lane**, corsia di sorpasso □ **f. train**, treno diretto □ **to pull a f. one on sb.**, giocare un brutto tiro a q. ***B*** *avv.* ***1*** in fretta; presto; rapidamente: **to talk f.**, parlare in fretta; **to drive f.**, guidare ad alta velocità; **as f. as I can**, più in fretta possibile; **Not so f.!**, adagio! ***2*** fermamente; saldamente; solidamente: **stuck f.**, saldamente bloccato; incastrato ***3*** (*di treno*) in anticipo sull'orario • **f.-acting**, ad azione rapida □ **f. asleep**, profondamente addormentato □ **f.-breeder reactor**, reattore autofertilizzante veloce □ **to hold f. to st.**, tenere q.c. saldamente; tenersi con forza a q.c. □ **to play f. and loose**, fare a tira e molla □ **to stand f.**, rimanere immobile; tener duro.
to **fast** /fɑːst, *USA* fæst/ *v. i.* digiunare (*per motivi religiosi*).
to **fasten** /ˈfɑːsn, *USA* ˈfæsn/ ***A*** *v. t.* ***1*** fissare; attaccare; assicurare; fermare: **to f. a note on the noticeboard**, attaccare un avviso sul tabellone; **to f. one's eyes on sb.**, fissare lo sguardo su q.; **F. the pages together with this paper clip**, assicura insieme i fogli con questa graffetta ***2*** (*anche* **to f. up**) allacciare; legare; chiudere: **to f. one's coat**, abbottonarsi il cappotto; **to f. one's seatbelt**, allacciare la cintura di sicurezza • **to f. a crime upon sb.**, incolpare q. di un delitto ***B*** *v. i.* allacciarsi; chiudersi: **The dress fastens down the back**, il vestito si allaccia dietro; **The door won't f.**, la porta non si chiude.
♦ **fasten on** *v. i. + prep.* ***1*** (*anche fig.*) fissarsi su; attaccarsi a: **He fastened on a pretext**, si attaccò a un pretesto ***2*** concentrarsi su ***3*** mettere gli occhi su; scegliere.
fastener /ˈfɑːsnə(r), *USA* ˈfæs-/ *n.* chiusura; fermaglio: **zip f.**, chiusura lampo; **snap f.**, bottone automatico.
fastening /ˈfɑːsnɪŋ, *USA* ˈfæs-/ *n.* ***1*** *V.* **fastener** ***2*** (*di porta o finestra*) gancio; chiavistello.
fastidious /fæˈstɪdɪəs/ *a.* ***1*** esigente; meticoloso; pignolo: **f. about one's clothes**, esigente nel vestire ***2*** schizzinoso; schifiltoso. ATTENZIONE: **fastidious** ≠ fastidioso.
fastidiousness /fæˈstɪdɪəsnəs/ *n.* [U] ***1*** meticolosità; pignoleria ***2*** schizzinosità; schifiltosità.
fastness /ˈfɑːstnəs, *USA* ˈfæs-/ *n.* ***1*** [U] fermezza; saldezza; solidità (*di colori*) ***2*** (*lett.*) luogo fortificato; fortezza.
fat (1) /fæt/ *a.* ***1*** grasso: **fat man**, uomo grasso; **fat meat**, carne grassa; **to get fat**, ingrassare ***2*** grosso: **f. book**, grosso libro ***3*** lucroso; lauto; ben fornito: **f. profit**, lauti (*o* grossi) profitti; **fat wallet**, portafogli ben fornito • (*fam. USA*) **fat cat**, riccone □ (*fam. iron.*) **Fat chance!**, magari!; figurarsi! □ (*pop.*) **fat-head**, testa dura; zuccone □ (*fam. iron.*) **A fat lot of good that will do!**, sai a che serve!; bell'aiuto! □ **to grow fat on st.**, arricchirsi con q.c.
fat (2) /fæt/ *n.* [U] grasso: **to fry st. in deep fat**, friggere q.c. in molto olio (*o* burro); **fat-free**, senza grassi • **to live off the fat of the land**, avere ogni ben di Dio □ (*fam.*) **The fat is in the fire**, la frittata è fatta!; adesso sono guai!
fatal /ˈfeɪtl/ *a.* ***1*** mortale: **f. accident**, incidente mortale ***2*** fatale; disastroso; rovinoso: **f. mistake**, sbaglio fatale ***3*** fatidico: **f. day**, giorno fatidico.
fatalism /ˈfeɪtəlɪzəm/ *n.* [U] fatalismo.
fatalist /ˈfeɪtəlɪst/ *n.* fatalista.
fatality /fəˈtælətɪ, *USA* feɪ-/ *n.* ***1*** [U] mortalità ***2*** [U] fatalità ***3*** (*form.*) morte accidentale; (*estens.*) vittima, morto (-a).
fate /feɪt/ *n.* [U] *e* [C] ***1*** fato; destino; sorte ***2*** morte; sorte: **to meet one's f.**, trovare la morte • **the Fates**, le Parche.
fated /ˈfeɪtɪd/ *a. pred.* destinato: **He was f. to be killed in battle**, era destinato a morire in guerra.
fateful /ˈfeɪtfl/ *a.* fatale; fatidico.
father /ˈfɑːðə(r)/ *n.* ***1*** padre; papà (*fam.*): **f.-to-be**, futuro padre; **Has f. left?**, papà è andato via? ***2*** (*relig.*) padre: **F. Matthew**, Padre Matthew ***3*** (*al pl.*) padri; antenati • **F. Christmas**, Babbo Natale □ **f.-figure**, figura paterna □ **God the F.**, Dio Padre □ (*eccles.*) **the Holy F.**, il Santo Padre □ **like f., like son**, tale il padre, tale il figlio.
to **father** /ˈfɑːðə(r)/ *v. t.* ***1*** generare; (*anche fig.*) essere il padre di ***2*** fare da padre a.
fatherhood /ˈfɑːðəhʊd/ *n.* [U] paternità.
father-in-law /ˈfɑːðərɪnlɔː/ *n.* (*pl.* **fathers-in-law**) suocero.
fatherland /ˈfɑːðəlænd/ *n.* patria.
fatherless /ˈfɑːðələs/ *a.* senza padre; orfano di padre.
fatherly /ˈfɑːðəlɪ/ *a.* paterno • **in a f. way**, paternamente.
fathom /ˈfæðəm/ *n.* (*naut.*) fathom; braccio.
to **fathom** /ˈfæðəm/ *v. t.* (*anche* **to f. out**) riuscire a capire; penetrare.
fathomless /ˈfæðəmləs/ *a.* ***1*** incommensurabile; senza fondo ***2*** (*fig.*) impenetrabile; incomprensibile.
fatigue /fəˈtiːg/ *n.* ***1*** [U] stanchezza; affaticamento: **bodily [mental] f.**, stanchezza fisica [mentale] ***2*** [U] (*mecc.*) fatica ***3*** (*anche* **f. duty**) (*mil.*) corvè; (*naut.*) comandata: **to be on f.**, essere di corvè; **f. party**, squadra di corvè ***4*** (*al pl.*) (*mil.*) uniforme (*o* tenuta) di fatica.
to **fatigue** /fəˈtiːg/ *v. t.* (*form.*) affaticare; stancare.
fatigued /fəˈtiːgd/ *a.* (*form.*) affaticato; stanco.
fatless /ˈfætləs/ *a.* senza grassi: **f. diet**, dieta senza grassi.
fatness /ˈfætnəs/ *n.* [U] grassezza; pinguedine.
to **fatten** /ˈfætn/ (*anche* **to f. up**) ***A*** *v. t.* ***1*** ingrassare; far ingrassare ***2*** (*fig.*) impinguare ***B*** *v. i.* ingrassare; diventare grasso.
fattening /ˈfætnɪŋ, -tən-/ *a.* ingrassante; che fa ingrassare; che ingrassa.
fattiness /ˈfætɪnəs/ *n.* [U] untuosità; oleosità.
fattish /ˈfætɪʃ/ *a.* grassoccio; grassottello; piuttosto pingue.
fatty /ˈfætɪ/ ***A*** *a.* grasso; untuoso; unto ***B*** *n.* (*fam. spreg.*) grassone; ciccione.
fatuity /fəˈtjuːətɪ, *USA* -ˈtuː-/ *n.* [U] *e* [C] sciocchezza; fatuità.
fatuous /ˈfætʃʊəs/ *a.* sciocco; fatuo.
fauces /ˈfɔːsiːz/ *n. pl.* (*anat.*) fauci; gola.
faucet /ˈfɔːsɪt/ *n.* (*USA*) rubinetto.
fault /fɔːlt/ *n.* ***1*** difetto; imperfezione ***2*** colpa; fallo: **It is my f.**,, è colpa mia; **to be at f.**, essere colpevole; essere in fallo; **through no f. of my own**, non per colpa mia ***3*** (*geol.*) faglia ***4*** (*tennis*) fallo • **to find f. (with)**, trovare da ridire (su) □ **to a f.**, eccessivamente; fin troppo.
to **fault** /fɔːlt/ *v. t.* trovare da ridire su; biasimare.
faultless /ˈfɔːltləs/ *a.* perfetto; impeccabile; irreprensibile.
faultlessness /ˈfɔːltləsnəs/ *n.* [U] perfezione; irreprensibilità.
faulty /ˈfɔːltɪ/ *a.* difettoso.
faun /fɔːn/ *n.* (*mitol.*) fauno.
fauna /ˈfɔːnə/ *n.* (*pl.* **faunae** /-niː/, **faunas**) fauna.
faux pas /ˈfəʊ ˈpɑː/ (*franc.*) *locuz. n.* (*pl. invar.*) gaffe; topica.
favour, (*USA*) **favor** /ˈfeɪvə(r)/ *n.* ***1*** favore; piacere; cortesia: **to ask a f. of sb.**, chiedere un favore a q.; **to do sb. a f.**, fare un favore a q.; **to return a f.**, ricambiare un favore; (*fam.*) **Do me a f.!**, ma fammi il piacere! ***2*** [U] favore; simpatia: **to find f. with s.**, incontrare il favore di q.; **to look on st. with f.**, guardare a q.c. con favore; **to be in [out of] f. with sb.**, godere [non godere] delle simpatie (*o* del favore) di q. ***3*** (*GB*) distintivo (*di appartenenza a un'associazione, ecc.*) • **in f. of**, a favore di; favorevole a: **The exchange rate is in our f.**, il cambio è a nostro favore; **to be in f. of st.**, essere favorevole a q.; **to come out in f. of st.**, pronunciarsi a favore di q.c.; decidere di appoggiare q.c.
to **favour**, (*USA*) to **favor** /ˈfeɪvə(r)/ *v. t.* ***1*** preferire; essere a favore di ***2*** favorire; essere parziale con ***3*** (*fam.*) assomigliare a; aver preso da.
favourable, (*USA*) **favorable** /ˈfeɪvərəbl/ *a.* ***1*** favorevole; propizio ***2*** positivo: **f. comments**, commenti positivi; **to have a f. reception**, essere bene accolto ***3*** vantaggioso.
favourite, (*USA*) **favorite** /ˈfeɪvrɪt/ ***A*** *a.* preferito ***B*** *n.* favorito (-a).
favouritism, (*USA*) **favoritism** /ˈfeɪvrɪtɪzəm/ *n.* [U] favoritismo.
fawn /fɔːn/ ***A*** *n.* (*zool.*) cerbiatto ***B*** *n.* [U] *e a.* (color) fulvo chiaro.
to **fawn** (1) /fɔːn/ *v. t. e i.* (*di cerva, daina*) figliare.
to **fawn** (2) /fɔːn/ *v. i.* (*del cane*) fare festa; fare le feste.
♦ **fawn on** *v. i. + prep.* adulare servilmente; essere servile con.
fawning /ˈfɔːnɪŋ/ *a.* servile; strisciante.
fax /fæks/ *n.* fax • **fax machine**, (macchina del) fax.
to **fax** /fæks/ *v. t.* ***1*** mandare per fax ***2*** mandare un fax a.
to **faze** /feɪz/ *v. t.* sconcertare.
fealty /ˈfiːəltɪ/ *n.* [U] (*stor.*) omaggio, fedeltà (*di vassallo*).

fear /fɪə(r)/ *n.* ⓤ *e* ⓒ paura; timore: **a man without f.**, un uomo senza paura; **f. of God**, timore di Dio; **for f. that**, per paura di (*o* che) • **to be in f. of one's life**, temere per la propria vita □ **to live in f. of st.**, vivere con la paura di q.c. □ **No f.!**, non c'è pericolo!; figuriamoci! □ **to put the f. of God into sb.**, spaventare a morte q.; mettere addosso a q. una paura tremenda □ **to stand in f. of**, avere paura di □ **without f. or favour**, imparzialmente.

to **fear** /fɪə(r)/ *v. t. e i.* aver paura di; temere: **to f. to do st.**, aver paura di fare q.c.; **to f. death**, temere la morte; **to f. for sb.'s safety**, temere per la salvezza di q. • **I f. not [so]**, temo di no [di sì] □ **Never f.!**, niente paura!; sta' tranquillo!

fearful /ˈfɪəfl/ *a.* **1** spaventoso; pauroso; terribile **2** (*form.*) timoroso; che ha paura: **to be f. of [that]**, aver paura di [che] **3** (*fam. antiq.*) grandissimo; tremendo; terribile.

fearfully /ˈfɪəfəlɪ/ *avv.* **1** spaventosamente; paurosamente **2** (*fam. antiq.*) molto; veramente: **It's f. kind of you**, è veramente gentile da parte sua; **f. expensive**, spaventosamente caro.

fearless /ˈfɪələs/ *a.* senza paura; impavido; intrepido.

fearsome /ˈfɪəsəm/ *a.* (*lett. o scherz.*) terribile; spaventoso.

feasibility /fiːzəˈbɪlətɪ/ *n.* ⓤ (l')essere fattibile; fattibilità.

feasible /ˈfiːzəbl/ *a.* fattibile; possibile.

feast /fiːst/ *n.* **1** banchetto; convito **2** piacere; festa: **a f. for the eyes**, un piacere per gli occhi **3** festa (*religiosa*): **f. day**, giorno festivo; festività.

to **feast** /fiːst/ **A** *v. i.* banchettare: **to f. on st.**, banchettare con q.c. **B** *v. t.* — **to f. one's eyes on st.**, pascersi gli occhi di q.c.; contemplare rapito q.c.

feat /fiːt/ *n.* impresa; prodezza.

feather /ˈfɛðə(r)/ *n.* **1** penna; piuma: **as light as a f.**, leggero come una piuma **2** (*al pl.*) piumaggio • **f. bed**, materasso di piume □ **f.-brained**, sciocco; vuoto □ **f. duster**, piumino (*per spolverare*) □ **a f. in one's cap**, motivo d'orgoglio; vanto □ **to ruffle sb.'s feathers**, irritare q. □ **to show the white f.**, mostrarsi vile.

to **feather** /ˈfɛðə(r)/ *v. t.* ornare di penne; coprire di piume • **to f. one's nest**, arricchirsi (*indebitamente*).

to **featherbed** /ˈfɛðəbɛd/ *v. t.* (*econ.*) proteggere (*un'industria, i lavoratori, ecc.*).

featherbedding /ˈfɛðəbɛdɪŋ/ *n.* ⓤ (*econ.*) concessione di sovvenzioni statali a un'industria; mantenimento di un tasso di occupazione artificialmente alto.

feathered /ˈfɛðəd/ *a.* pennuto; piumato: **our f. friends**, gli uccelli.

featherweight /ˈfɛðəweɪt/ *n.* (*sport*) peso piuma.

feathery /ˈfɛðərɪ/ *a.* **1** pennuto; piumato **2** leggero; soffice.

feature /ˈfiːtʃə(r)/ *n.* **1** caratteristica; aspetto **2** fattezza; lineamento; (*al pl., anche*) fisionomia **3** attrattiva principale (*di uno spettacolo*); numero **4** (*giorn.*) servizio speciale • (*cinem.*) **f. film**, lungometraggio.

to **feature** /ˈfiːtʃə(r)/ **A** *v. t.* **1** (*cinem., teatr.*) avere come interprete principale: **a film featuring famous actors**, un film con attori famosi **2** presentare; dare risalto a **B** *v. i.* figurare: **to f. prominently**, figurare in (*o* avere un posto di) primo piano.

featureless /ˈfiːtʃələs/ *a.* informe; piatto.

febrifuge /ˈfɛbrɪfjuːdʒ/ *a. e n.* (*farm.*) febbrifugo; antipiretico.

febrile /ˈfiːbraɪl, *USA* -rəl, ˈfɛb-/ *a.* (*med.*) febbrile.

February /ˈfɛbrʊərɪ, ˈfɛbjʊrɪ, *USA* -ʊerɪ, -jʊrɪ/ *n.* febbraio. (*Per gli esempi d'uso, V. sotto* **April**).

feces /ˈfiːsiːz/ (*USA*) *V.* **faeces**.

feckless /ˈfɛkləs/ *a.* inetto; incapace.

fecund /ˈfɛkənd, ˈfiːk-/ *a.* (*lett.*) fecondo; fertile; prolifico.

fecundity /fɪˈkʌndətɪ/ *n.* ⓤ fecondità; fertilità; prolificità.

fed /fɛd/ **A** *pass. e p.p. di* **to feed** **B** *a. pred.* — (*fam.*) **fed up**, stufo: **I am fed up with you**, sono stufo di te.

federal /ˈfɛdərəl/ *a.* federale.

federalism /ˈfɛdərəlɪzəm/ *n.* ⓤ federalismo.

federalist /ˈfɛdərəlɪst/ *n. e a.* federalista.

to **federate** /ˈfɛdəreɪt/ **A** *v. t.* federare **B** *v. i.* federarsi.

federation /fɛdəˈreɪʃn/ *n.* ⓒ *e* ⓤ federazione; confederazione.

fedora /fɪˈdɔːrə/ *n.* cappello floscio di feltro.

fee /fiː/ *n.* **1** onorario; parcella **2** tassa; quota: **registration fee**, tassa di iscrizione; **school fees**, tasse scolastiche; **club fees**, quote sociali **3** (*stor.*) feudo • **f.-paying**, (*di allievo*) pagante; (*di scuola*) a pagamento.

Feebie /ˈfiːbɪ/ *n.* (*pop. USA*) agente dell'FBI.

feeble /ˈfiːbl/ *a.* debole; fiacco; fievole: **f. joke**, battuta fiacca; **f. light**, luce fievole (*o* fioca); **f.-minded**, debole di mente; deficiente.

feebleness /ˈfiːblnəs/ *n.* ⓤ debolezza; fiacchezza.

feed /fiːd/ *n.* **1** pasto (*di animale*); pascolo (*di bestiame*) **2** pasto, poppata (*di neonato*) **3** ⓤ mangime; becchime **4** ⓤ (*mecc.*) alimentazione: **f.-pump**, pompa d'alimentazione **5** (*teatr.*) spalla **6** (*fam. USA*) pasto; mangiata.

to **feed** /fiːd/ (*pass. e p.p.* **fed**) **A** *v. t.* **1** dar da mangiare a; nutrire; cibare; alimentare: **to f. a baby**, dar da mangiare a un bambino; **He has seven mouths to f.**, ha sette bocche da nutrire; **to f. a cat on tinned food**, dar da mangiare a un gatto cibo in scatola **2** pascolare (*bestiame*) **3** (*fig.*) alimentare **4** inserire: **to f. coins into a machine**, inserire monete in una macchina; **to f. data into a computer**, inserire dati in un computer **5** (*tecn., mecc.*) alimentare: **The lake is fed by two streams**, il lago è alimentato da due torrenti **6** (*fam.*) dare, passare (*informazioni, ecc.*) • (*teatr.*) **to f. a line to an actor**, dare la battuta a un attore **B** *v. i.* (*specialm. di animali*) mangiare; pascolare: **to f. on grass**, mangiare (*o* cibarsi di) erba **C** to **feed oneself** *v. rifl.* mangiare da solo.

♦ **feed back** *v. t. + avv.* rinviare; dare in risposta (*o* come riscontro).

♦ **feed up** *v. t. + avv.* **1** ingrassare (*un animale*) **2** nutrire bene.

feedback /ˈfiːdbæk/ *n.* ⓤ **1** (*elettron.*) feedback; retroazione **2** reazione; riscontro; feedback.

feedbag /ˈfiːdbæg/ *n.* (*USA*) musetta; sacchetto per la biada.

feeder /ˈfiːdə(r)/ *n.* **1** mangiatore (-trice) **2** linea secondaria (*di treni, autobus, ecc.*) **3** (*ferr.*) raccordo **4** (*mecc.*) alimentatore **5** affluente (*di fiume*); immissario (*di lago*) **6** ciotola (*per animale*).

feeding bottle /ˈfiːdɪŋ ˈbɒtl/ *locuz. n.* poppatoio; biberon.

feel /fiːl/ *n.* **1** sensazione (*tattile*); tatto: **I like the f. of this fabric**, mi piace al tatto questa stoffa **2** (*fam.*) toccata; tastata: **Let me have a f. (of it)**, fammelo toccare **3** aria; atmosfera • **I soon got the f. of the new job**, feci presto la mano al nuovo lavoro.

to **feel** /fiːl/ (*pass. e p.p.* **felt**) **A** *v. t.* **1** sentire (*al tatto*); tastare; toccare; palpare: **Just f. it!**, sentilo!; toccalo!; **to f. sb.'s forehead**, toccare la fronte a q.; **to f. sb.'s pulse**, tastare il polso a q.; **to f. the heat on one's face**, sentire in viso il calore **2** sentire, provare (*un sentimento, un'emozione, un dolore*): **to f. pity for sb.**, sentire compassione per q.; **to f. a sudden twinge**, sentire una fitta improvvisa; **I felt something terrible was going to happen**, sentivo che stava per succedere qualcosa di terribile • **to f. it in one's bones that**, sentirsela che □ **to f. the cold [the heat]**, soffrire il freddo [il caldo] □ **to f. (quite) oneself**, sentirsi bene □ **to f. one's way**, andare a tentoni; (*fig.*) tastare il terreno **B** *v. i.* **1** essere (*o* sembrare) al tatto: **Velvet feels smooth**, il velluto è liscio al tatto; **It feels like glass**, sembra vetro, a toccarlo; **The air feels chilly**, l'aria è piuttosto fredda **2** sentirsi; essere; avere la sensazione: **to f. better**, sentirsi (*o* stare) meglio; **to f. cold [hungry]**, avere freddo [fame]; **I f. sure he'll come back**, sono sicuro che tornerà; **I felt as if I'd known her for years**, mi pareva di conoscerla da anni **3** pensare; ritenere; essere dell'opinione: **We f. he should resign**, riteniamo che debba dimettersi; **I f. you haven't quite understood my position**, mi pare che tu non abbia ben capito la mia posizione • (*fam.*) **to f. bad about st.**, essere dispiaciuto per q.c.; sentirsi in colpa per q.c. □ **to f. like**, aver voglia di: **I don't f. like eating now**, non ho voglia di mangiare ora □ **How does it f. to be back?**, che impressione fa essere tornato? □ **Please f. free to ask questions!**, fate pure domande!

♦ **feel for** *v. i. + prep.* **1** cercare a tastoni; frugare: **I felt for the switch**, cercai a tastoni l'interruttore **2** provare compassione per.

♦ **feel out** *v. t. + avv.* (*fam. USA*) sondare (q.); tastare il terreno con (q.).

♦ **feel up to** *v. i. + avv. e prep.* sentirsela di: **I don't f. up to waiting another hour**, non me la sento di aspettare un'altra ora.

feeler /ˈfiːlə(r)/ *n.* (*zool.*) antenna; tentacolo • (*fig.*) **to put** (*o* **to throw**) **out a f.** (*o* **feelers**), tastare il terreno; sondare

le acque.
feeling / 'fiːlɪŋ/ *n.* ***1*** sentimento; senso: **f. of gratitude**, sentimento di gratitudine; **f. of guilt**, senso di colpa ***2*** sensazione; impressione: **f. of danger**, sensazione di pericolo; **I've a f. something's wrong**, ho la sensazione che ci sia qualcosa che non va ***3*** ▣ sensibilità (*fisica*); sensazione: **I've lost all f. in my leg**, ho perso la sensibilità nella gamba ***4*** (*al pl.*) emozioni; sentimenti: **to rouse the feelings of the audience**, risvegliare le emozioni del pubblico; **to hurt sb.'s feelings**, offendere q.; ferire q. ***5*** opinione; idea: **to have strong feelings about st.**, avere idee ben precise su q.c.; **What are your feelings about it?**, che ne pensi?; **mixed feelings**, incertezza ***6*** ▣ sentimento; partecipazione; sensibilità: **to play with f.**, suonare con sentimento; **a f. for beauty**, una grande sensibilità per la bellezza ***7*** ▣ affetto; simpatia; compassione • **to appeal to sb.'s better feelings**, fare appello al lato migliore di q. □ **bad** (*o* **ill**) **f.**, ostilità; astiosità □ **I know the f.!**, lo so!; l'ho provato anch'io! □ **No hard feelings!**, senza rancore!
feelingly / 'fiːlɪŋlɪ/ *avv.* con partecipazione; con sentimento.
feet /fiːt/ *pl. di* **foot**.
to **feign** /feɪn/ *v. t.* fingere; simulare; ostentare: **to f. illness**, simulare una malattia; fingersi malato; **to f. indifference**, ostentare indifferenza.
feint /feɪnt/ *n.* ***1*** (*sport*) finta ***2*** (*mil.*) finto attacco.
to **feint** /feɪnt/ *v. i.* ***1*** (*sport*) fare una finta ***2*** (*mil.*) lanciare un finto attacco.
feisty / 'fiːstɪ/ *a.* (*fam. USA*) combattivo; grintoso; energico.
feldspar / 'feldspɑː(r)/ *n.* ▣ (*miner.*) feldspato.
to **felicitate** /fə'lɪsɪteɪt/ *v. t.* congratularsi con: **to f. sb. on st.**, congratularsi con q. per q.c.
felicitations /fəlɪsɪ'teɪʃnz/ *n. pl.* congratulazioni; felicitazioni.
felicitous /fə'lɪsɪtəs/ *a.* (*form.*) felice; calzante.
felicity /fə'lɪsətɪ/ *n.* (*form.*) ***1*** ▣ felicità; letizia ***2*** ▣ appropriatezza; felicità ***3*** espressione felice.
feline / 'fiːlaɪn/ *a. e n.* (*zool.*) felino.
fell (1) /fel/ *n.* montagna; collina.
fell (2) /fel/ *pass. di* **to fall**.
fell (3) /fel/ *a.* (*lett.*) crudele; feroce.
to **fell** /fel/ *v. t.* ***1*** abbattere (*un albero*) ***2*** atterrare (q.) ***3*** (*cucito*) ribattere.
fellow / 'feləʊ/ ***A*** *n.* ***1*** individuo; tipo: **pleasant f.**, tipo simpatico; **Poor f.!**, poveretto!; povero diavolo! ***2*** (*generalm. al pl.*) compagno; collega: **to be fellows in good fortune**, essere compagni nella buona sorte ***3*** (*in G.B.*) membro (*di un'accademia, di un college universitario, ecc.*) ***4*** (*di cose appaiate*) compagno ***B*** *a. attr.* — **f. citizen**, concittadino; **f. countryman**, compatriota; **one's f. creatures**, i propri simili; **f. feeling**, cameratismo; simpatia; **f. passenger**, compagno di viaggio; **f. traveller**, compagno di viaggio; (*polit.*) filocomunista.
fellowship / 'feləʊʃɪp/ *n.* ***1*** ▣ compagnia; amicizia; cameratismo; fratellanza ***2*** associazione; confraternita ***3*** (*nelle università*) borsa di studio (*per ricerca*) ***4*** (*in G.B.*) grado di «fellow», *q.V., def. 3*.
felon (1) / 'felən/ *n.* (*leg.*) criminale.
felon (2) / 'felən/ *n.* (*med.*) patereccio; giradito.
felonious /fɪ'ləʊnɪəs/ *a.* (*leg.*) criminoso; delittuoso.
felony / 'felənɪ/ *n.* ▣ *e* ◻ (*leg.*) crimine.
felspar / 'felspɑː(r)/ *n.* ▣ (*miner.*) feldspato.
felt (1) /felt/ *pass. e p.p. di* **to feel**.
felt (2) /felt/ *n.* feltro • **f.-tipped** (*o* **f.-tip**) **pen**, pennarello.
to **felt** /felt/ *v. i.* (*di panno e sim.*) infeltrire, infeltrirsi.
felucca /fe'lʌkə, *USA* fə'luːkə/ *n.* (*naut.*) feluca.
female / 'fiːmeɪl/ ***A*** *n.* ***1*** femmina ***2*** donna; ragazza ***B*** *a.* ***1*** femminile: **the f. sex**, il sesso femminile; **f. voice**, voce femminile ***2*** femmina; **f. tiger**, tigre femmina; **f. friend**, amica; **f. child**, bambina.
feminine / 'femənɪn/ *a.* (*anche gramm.*) femminile.
femininity /femə'nɪnətɪ/ *n.* ▣ femminilità.
feminism / 'femənɪzəm/ *n.* ▣ femminismo.
feminist / 'femənɪst/ *n. e a.* femminista.
femora / 'fiːmərə/ *pl. di* **femur**.
femoral / 'femərəl/ *a.* (*anat.*) femorale.
femur / 'fiːmə(r)/ *n.* (*pl.* **femurs**, **femora**) (*anat.*) femore.
fen /fen/ *n.* palude; maremma.
fence /fens/ *n.* ***1*** recinto; staccionata; steccato; palizzata ***2*** (*equitazione*) fence; fosso con siepe ***3*** (*pop.*) ricettatore • **to come down off the f.**, decidere da che parte stare; schierarsi □ **to sit on the f.**, rimanere neutrale.
to **fence** /fens/ ***A*** *v. t.* recintare; cintare ***B*** *v. i.* ***1*** tirare di scherma ***2*** (*pop.*) fare il ricettatore.
♦ **fence in** *v. t. + avv.* ***1*** chiudere con un recinto; recintare ***2*** (*specialm. al passivo*) imprigionare (*fig.*).
♦ **fence off** *v. t. + avv.* separare con un recinto; isolare.
fencer / 'fensə(r)/ *n.* schermidore (-a, -trice).
fencing / 'fensɪŋ/ *n.* ***1*** ▣ (*sport*) scherma ***2*** materiale per recinzione ***3*** recinzione.
to **fend** /fend/ *v. i.* — **to f. for oneself**, badare a se stesso.
♦ **fend off** *v. t. + avv.* (*anche fig.*) parare; schivare.
fender / 'fendə(r)/ *n.* ***1*** parafuoco ***2*** (*USA*) parafango (*di automobile, bicicletta*) ***3*** (*naut.*) parabordo d'accosto.
fennel / 'fenl/ *n.* ▣ (*bot.*) finocchio.
fenugreek / 'fenjʊgriːk/ *n.* (*bot.*) fieno greco; trigonella.
feral / 'fɪərəl, *USA* 'fer-/ *a.* ferino; selvaggio.
ferment / 'fɜːment/ *n.* fermento; agitazione: **in a state of f.**, in fermento; in agitazione.
to **ferment** /fə'ment/ ***A*** *v. i.* ***1*** (*chim.*) fermentare ***2*** essere in fermento; agitarsi ***B*** *v. t.* ***1*** (*chim.*) far fermentare ***2*** suscitare; fomentare.
fermentation /fɜːmen'teɪʃn/ *n.* ▣ fermentazione.
fern /fɜːn/ *n.* (*bot.*) felce.
ferocious /fə'rəʊʃəs/ *a.* feroce; crudele.
ferocity /fə'rɒsətɪ/ *n.* ▣ ferocia; crudeltà.
ferret / 'ferət/ *n.* (*zool.*) furetto.
to **ferret** / 'ferət/ *v. i.* stanare (*conigli, ecc.*) con un furetto.
♦ **ferret about** *v. i. + avv.* frugare; rovistare.
♦ **ferret out** *v. t. + avv.* riuscire a scoprire (*un segreto, ecc.*): **to f. out the truth**, scoprire la verità.
ferris wheel / 'ferɪswiːl, *USA* -hw-/ *locuz. n.* ruota panoramica (*di luna park*).
ferroconcrete /ferəʊ'kɒŋkriːt/ *n.* ▣ (*edil.*) cemento armato.
ferrous / 'ferəs/ *a.* (*chim.*) ferroso.
ferrule / 'feruːl, *USA* 'ferəl/ *n.* (*mecc.*) ghiera.
ferry / 'ferɪ/ *n.* ***1*** traghetto ***2*** nave traghetto.
to **ferry** / 'ferɪ/ *v. t. e i.* ***1*** traghettare ***2*** portare (*avanti e indietro*).
ferryboat / 'ferɪbəʊt/ *n.* nave traghetto.
ferryman / 'ferɪmæn/ *n.* (*pl.* **ferrymen** /-mən/) traghettatore.
fertile / 'fɜːtaɪl, *USA* 'fɜːtl/ *a.* fertile; fecondo.
to **fertilise** / 'fɜːtəlaɪz/ *e deriv.* (*GB*) *V.* **to fertilize** *e deriv.*
fertility /fɜː'tɪlətɪ/ *n.* ▣ fertilità; fecondità.
fertilization /fɜːtəlaɪ'zeɪʃn, *USA* -lɪ'z-/ *n.* ▣ fertilizzazione; fecondazione.
to **fertilize** / 'fɜːtəlaɪz/ *v. t.* fertilizzare; fecondare.
fertilizer / 'fɜːtəlaɪzə(r)/ *n.* ▣ *e* ◻ fertilizzante.
ferule / 'feruːl/ *n.* ferula; bacchetta.
fervent / 'fɜːvənt/ *a.* fervido; ardente.
fervid / 'fɜːvɪd/ *a.* (*form.*) ardente; appassionato.
fervour, (*USA*) **fervor** / 'fɜːvə(r)/ *n.* ▣ fervore; ardore; zelo.
to **fester** / 'festə(r)/ *v. i.* ***1*** (*med.*) suppurare ***2*** farsi più aspro; inasprirsi; esacerbarsi ***3*** corrompersi; guastarsi.
festival / 'festɪvl/ *n.* ***1*** (*relig.*) festa; festività ***2*** festival: **pop f.**, festival di musica pop.
festive / 'festɪv/ *a.* ***1*** delle feste; di festa ***2*** festoso; gioioso.
ATTENZIONE: **festive ≠ festivo.**
festivity /fe'stɪvətɪ/ *n.* ***1*** ▣ festosità; festa ***2*** (*al pl.*) festeggiamenti.
festoon /fe'stuːn/ *n.* festone.
to **festoon** /fe'stuːn/ *v. t.* ornare di festoni.
to **fetch** /fetʃ/ *v. t. e i.* ***1*** andare a prendere: **F. me a knife**, vammi a prendere un coltello; **I'll f. the doctor**, vado a chiamare il dottore ***2*** essere venduto a (*un certo prezzo*); fruttare; raggiungere ***3*** (*fam.*) assestare, appioppare (*un pugno, ecc.*) • **to f. and carry** (**for sb.**), fare da servitore (a q.).
♦ **fetch back** *v. t. + avv.* riportare.
♦ **fetch up** *v. i. + avv.* (*fam.*) (andare a) finire; ritrovarsi: **We fetched up in a tiny village**, ci ritrovammo in un paesino.
fetching / 'fetʃɪŋ/ *a.* (*fam.*) attraente.
fête, fete /feɪt/ (*franc.*) *n.* festa (di beneficenza): **garden f.**, festa all'aperto.
to **fête**, to **fete** /feɪt/ *v. t.* festeggiare.
fetid / 'fetɪd, 'fiːt-/ *a.* fetido.
fetish / 'fetɪʃ, 'fiː-/ *n.* ***1*** feticcio ***2*** mania; fissazione: **to have a f. about st.**, avere la mania di q.c.
fetishism / 'fetɪʃɪzəm, 'fiː-/ *n.* ▣ feticismo.

fetlock /ˈfɛtlɒk/ *n.* (*di cavallo*) nodello.
fetter /ˈfɛtə(r)/ *n.* **1** catena (*per piedi*); (*al pl.*) catene, ceppi, ferri **2** (*al pl.*) (*fig.*) pastoie.
to **fetter** /ˈfɛtə(r)/ *v. t.* **1** mettere in ceppi (*o* ai ferri); incatenare **2** (*di cavallo*) impastoiare **3** (*fig.*) impedire; ostacolare.
fettle /ˈfɛtl/ *n.* Ⓤ — **in fine f.**, in forma.
fetus /ˈfiːtəs/ (*USA*) *V.* **foetus**.
feud /fjuːd/ *n.* Ⓒ *e* Ⓤ contesa; lotta; faida.
to **feud** /fjuːd/ *v. i.* essere in lotta.
feudal /ˈfjuːdl/ *a.* (*stor.*) feudale: **f. lord**, signore feudale; feudatario.
feudalism /ˈfjuːdəlɪzəm/ *n.* Ⓤ (*stor.*) feudalesimo.
fever /ˈfiːvə(r)/ *n.* (*anche fig.*) febbre: **to have a high f.**, avere la febbre alta • (*med., USA*) **f. blister**, herpes simplex; febbre (sulle labbra) □ **f. of anxiety**, ansia febbrile □ **at a f. pitch**, al culmine; frenetico □ **to rise to f. pitch**, diventare incontenibile.
fevered /ˈfiːvəd/ *a.* **1** febbricitante **2** (*fig.*) sovreccitato.
feverish /ˈfiːvərɪʃ/ *a.* **1** febbricitante; che ha la febbre **2** dovuto alla febbre **3** (*fig.*) eccitato; febbrile; frenetico.
feverishly /ˈfiːvərɪʃlɪ/ *avv.* **1** freneticamente; febbrilmente **2** impazientemente.
few /fjuː/ *a. e pron.* **1** pochi (-e): **a man of few words**, un uomo di poche parole; **every few minutes**, ogni pochi minuti; a intervalli di pochi minuti; **Few of us noticed it**, pochi di noi se ne accorsero; **the few I knew**, i pochi che conoscevo; **There are fewer butterflies this year**, ci sono meno farfalle quest'anno; **I got the fewest presents**, io ho ricevuto meno regali di tutti **2** — **a few**, alcuni (-e); alquanti (-e); qualcuno (-a); qualche: **for a few years**, per alcuni anni; per qualche anno; **a few of them**, alcuni di loro; qualcuno • **few and far between**, molto pochi; scarsi; rari □ **Give me a few more**, dammene degli altri; dammene ancora □ **a good few** (*o* **quite a few**), un buon numero; parecchi □ **as few as six**, solo sei □ (*fam.*) **She's had a few**, è un po' brilla □ **not a few**, non pochi □ **no fewer than**, non meno di.
fey /feɪ/ *a.* **1** (*specialm. scozz.*) che vede nel futuro; visionario **2** bizzarro; stravagante; esaltato.
fiancé /fɪˈɒnseɪ, fɪˈɑːn-, *USA* fiɑːnˈseɪ/ (*franc.*) *n.* fidanzato.
fiancée /fɪˈɒnseɪ, fɪˈɑːn-, *USA* fiɑːnˈseɪ/ (*franc.*) *n.* fidanzata.
fiasco /fɪˈæskəʊ/ (*ital.*) *n.* (*pl.* **fiascos**) fallimento; fiasco; insuccesso.
fiat /ˈfiːæt, ˈfaɪæt, *USA* -ɑːt/ *n.* decreto; ordine.
fib /fɪb/ *n.* (*fam.*) bugia; frottola.
to **fib** /fɪb/ *v. i.* dire bugie; contar frottole.
fibre, (*USA*) **fiber** /ˈfaɪbə(r)/ *n.* Ⓒ *e* Ⓤ fibra • (*fis.*) **f. optics**, ottica delle fibre ottiche.
fibreglass, (*USA*) **fiberglass** /ˈfaɪbəglɑːs, *USA* -æs/ *n.* Ⓤ (*ind.*) lana di vetro.
fibrosis /faɪˈbrəʊsɪs/ *n.* (*med.*) fibrosi: **cystic f.**, fibrosi cistica.
fibrous /ˈfaɪbrəs/ *a.* fibroso.
fibula /ˈfɪbjʊlə/ *n.* (*pl.* **fibulae** /-liː/, **fibulas**) (*anat.*) fibula; perone.
fickle /ˈfɪkl/ *a.* incostante; volubile; (*del tempo*) instabile.
fickleness /ˈfɪklnəs/ *n.* Ⓤ incostanza; volubilità; instabilità.
fiction /ˈfɪkʃn/ *n.* **1** Ⓤ (*letter.*) narrativa: **works of f.**, opere di narrativa; romanzi e racconti **2** invenzione; finzione.
fictional /ˈfɪkʃənl/ *a.* **1** (*letter.*) narrativo; del romanzo **2** immaginario; romanzesco; romanzato.
to **fictionalize**, (*GB anche*) to **fictionalise** /ˈfɪkʃənəlaɪz/ *v. t.* romanzare.
fictitious /fɪkˈtɪʃəs/ *a.* fittizio; immaginario.
fiddle /ˈfɪdl/ *n.* **1** (*mus.*) violino (*fam. o come strumento popolare*) **2** (*fam. GB*) piccola truffa; imbroglio: **to be on the f.**, essere dedito a piccole truffe; essere un imbroglione • **to play second f. (to sb.)**, avere una parte di secondaria importanza (rispetto a q.).
to **fiddle** /ˈfɪdl/ (*fam.*) **A** *v. i.* **1** suonare il violino **2** gingillarsi **B** *v. t.* **1** falsificare; manipolare; imbrogliare su: **to f. the books**, falsificare i libri contabili (*o* i conti); **to f. one's income tax**, imbrogliare sulla denuncia dei redditi **2** sottrarre; fregare (*pop.*).
♦ **fiddle about** (*o* **around**) *v. i.* + *avv.* **1** gingillarsi **2** *V.* **to fiddle**, *A, def.* 2.
fiddle-faddle /ˈfɪdlfædl/ *n.* Ⓤ (*fam.*) sciocchezze.
fiddler /ˈfɪdlə(r)/ *n.* (*fam.*) **1** violinista; (*spreg.*) strimpellatore (*di violino*) **2** imbroglione; truffatore.
fiddlesticks /ˈfɪdlstɪks/ *inter.* (*antiq.*) sciocchezze.
fiddling /ˈfɪdlɪŋ/ *a.* (*fam.*) **1** futile; insignificante **2** *V.* **fiddly**.
fiddly /ˈfɪdlɪ/ *a.* (*fam.*) **1** complicato da maneggiare **2** (*di lavoro*) che richiede dita agili; da certosino.
fidelity /fɪˈdɛlətɪ/ *n.* Ⓤ fedeltà.
fidget /ˈfɪdʒɪt/ *n.* **1** persona irrequieta **2** (*al pl.*) nervosismo; irrequietezza: **to have the fidgets**, essere nervoso; stare sulle spine.
to **fidget** /ˈfɪdʒɪt/ *v. i.* agitarsi; dimenarsi; giocherellare (*nervosamente*).
fidgety /ˈfɪdʒətɪ/ *a.* irrequieto; nervoso.
fiduciary /fɪˈdjuːʃɪərɪ, *USA* -ˈduːʃɪerɪ/ *a. e n.* (*leg., fin.*) fiduciario.
fie /faɪ/ *inter.* (*antiq.*) vergogna!: **Fie upon you!**, vergognati!
fief /fiːf/ *n.* (*stor.*) feudo.
field /fiːld/ *n.* **1** campo: **f. of wheat [of battle]**, campo di grano [di battaglia]; **f. of vision**, campo visivo; **magnetic f.**, campo magnetico; **sports f.**, campo da gioco **2** (*geol.*) bacino; giacimento: **gold f.**, bacino aurifero; **coal-f.**, giacimento carbonifero **3** campo (*di studio, di attività*); settore; ambito **4** (*sport*) (i) giocatori in campo **5** (*ippica*) (i) cavalli iscritti a una corsa **6** (*elab.*) campo **7** (*arald.*) campo • (*mil.*) **f. artillery**, artiglieria da campo □ (*sport*) **f. events**, atletica leggera (non su pista) □ (*sport*) **f. hockey**, hockey su prato □ **f. glasses**, binocolo □ (*comm.*) **f. manager**, direttore di zona □ (*mil., GB*) **f. marshal**, feldmaresciallo □ (*mil.*) **f. officer**, ufficiale superiore □ **f. studies**, ricerca sul campo □ **We had a f. day in town**, è stata una giornata di spese folli in città □ **The press will have a f. day, if they get on to it**, se la stampa lo scopre, ci andrà a nozze □ (*mil.*) **to hold the f.**, tenere il campo; non cedere terreno □ **to study st. in the f.**, studiare q.c. sul campo □ **to lead the f.**, essere in testa □ **to play the f.**, correre la cavallina □ (*mil., sport*) **to take the f.**, scendere in campo.
to **field** /fiːld/ **A** *v. i.* (*cricket, baseball*) giocare in difesa **B** *v. t.* **1** prendere e rilanciare (*la palla*) **2** (*mil., sport*) mettere in campo **3** rispondere abilmente a (*domande*).
fielder /ˈfiːldə(r)/ *n.* (*baseball, cricket*) esterno.
to **field-test** /ˈfiːldtɛst/ *v. t.* collaudare in condizioni reali di utilizzo.
fieldwork /ˈfiːldwɜːk/ *n.* Ⓤ ricerca sul campo.
fiend /fiːnd/ *n.* **1** (*anche fig.*) demonio; diavolo **2** patito (-a); fanatico (-a): **cigarette f.**, fumatore accanito; **jogging f.**, fanatico del jogging.
fiendish /ˈfiːndɪʃ/ *a.* diabolico; infernale.
fiendishness /ˈfiːndɪʃnəs/ *n.* Ⓤ diabolicità; malvagità infernale.
fierce /fɪəs/ *a.* **1** feroce: **f. dog**, cane feroce; **f. heat**, caldo feroce **2** furioso; accanito: **f. debate**, disputa accanita **3** tenace; accanito: **f. loyalty**, fedeltà tenace; **f. competition**, concorrenza accanita.
fierceness /ˈfɪəsnəs/ *n.* Ⓤ **1** ferocia **2** furia **3** tenacia; accanimento.
fiery /ˈfaɪərɪ/ *a.* **1** infuocato; di fuoco: **f. sunset**, tramonto infuocato **2** focoso; ardente **3** fiammeggiante.
fife /faɪf/ *n.* (*mus.*) piffero.
fifteen /fɪfˈtiːn/ *a. e n.* quindici.
fifteenth /fɪfˈtiːnθ/ *a. e n.* quindicesimo.
fifth /fɪfθ/ **A** *a.* quinto • (*polit.*) **f. column**, quinta colonna □ **f. wheel**, (*autom., USA*) ruota di scorta; (*fig.*) persona inutile, che non conta nulla **B** *n.* **1** quinto **2** (*mus.*) quinta.
fiftieth /ˈfɪftɪəθ/ *a. e n.* cinquantesimo.
fifty /ˈfɪftɪ/ *a. e n.* cinquanta. (*Per gli esempi d'uso, V. sotto* **forty**) **to go f.-f. with sb.**, fare a metà con q. □ **on a f.-f. basis**, a metà; alla pari □ **a f.-f. chance of success**, una probabilità su due di riuscire.
fig /fɪg/ *n.* fico (*albero e frutto*) • (*anche fig.*) **fig leaf**, foglia di fico □ (*antiq.*) **I don't care a fig for him**, non me ne importa un fico di lui.
fight /faɪt/ *n.* **1** combattimento; lotta: **the f. against drugs**, la lotta contro la droga **2** zuffa; rissa **3** lite **4** Ⓤ spirito combattivo; combattività **5** (*boxe*) incontro • **to put up a f.**, resistere □ **to put up a good [poor] f.**, battersi bene [male] □ **to show f.**, mostrarsi combattivo; mostrare i denti.
to **fight** /faɪt/ (*pass. e p.p.* **fought**) **A** *v. i.* **1** combattere; battersi; lottare **2** azzuffarsi; picchiarsi; litigare: **to f. over st.**, azzuffarsi per q.c. • **to f. shy of**, tenersi alla larga da; evitare **B** *v. t.* combattere; lottare contro: **to f. a battle**, combattere

una battaglia; **to f. a fire**, lottare contro un incendio • **to f. a duel**, battersi in duello □ **to f. one's way through st.**, aprirsi la strada a fatica tra q.c.

♦ **fight back** *A v. i. + avv.* reagire; contrattaccare *B v. t. + avv.* reprimere: **to f. back one's tears**, ricacciare indietro le lacrime.

♦ **fight down** *v. t. + avv.* reprimere (*un sentimento*).

♦ **fight off** *v. t. + avv.* *1* respingere *2* stroncare (*una malattia*).

♦ **fight on** *v. i. + avv.* continuare a lottare.

♦ **fight out** *v. t. + avv.* — (*fam.*) **to f. it out**, risolvere una questione a pugni; farla fuori: **Let them f. it out among themselves**, che se la vedano tra loro.

fighter /ˈfaɪtə(r)/ *n.* *1* combattente *2* (*aeron. mil.*) caccia.

fighting /ˈfaɪtɪŋ/ *A n.* U combattimento; scontri *B a.* *1* combattivo: **f. spirit**, spirito combattivo *2* di (*o* da) combattimento • **f. chance**, piccola ma concreta probabilità.

figment /ˈfɪgmənt/ *n.* finzione; invenzione • **f. of sb.'s imagination**, frutto dell'imaginazione di q.

figurative /ˈfɪgərətɪv, *USA* -gjə-/ *a.* *1* figurato; metaforico *2* figurativo: **f. arts**, arti figurative.

figuratively /ˈfɪgərətɪvlɪ, *USA* -gjə-/ *avv.* in senso figurato.

figure /ˈfɪgə(r), *USA* -gjə(r)/ *n.* *1* figura: (*geom.*) **solid f.**, figura solida; **historical f.**, figura storica; personaggio storico; **f. of speech**, figura retorica *2* (*mat.*) cifra; numero: **double figures**, numeri di due cifre; **in round figures**, in cifra tonda; **a six-f. income**, un reddito di sei cifre; **to be good at figures**, essere bravo coi numeri (*o* a fare i conti); **a mistake in the figures**, un errore nei calcoli *3* corpo; figura; linea: **to keep one's f.**, mantenere la linea • **f. of eight**, otto; nodo sabaudo □ **f. of fun**, persona grottesca; tipo ridicolo □ **f. skating**, pattinaggio artistico □ **to cut a fine f.**, fare colpo; fare una gran figura □ **to cut a poor f.**, fare una magra figura; fare cattiva impressione.

to **figure** /ˈfɪgə(r), *USA* -gjə(r)/ *A v. i.* figurare; comparire; avere un posto preminente: **My name didn't f. in the list**, il mio nome non figurava sull'elenco *B v. t.* immaginare; pensare: **He figured few people would come**, immaginava che sarebbero venuti in pochi • **That figures**, la cosa torna; è logico.

♦ **figure on** *v. i. + prep.* pensare; calcolare: **I figured on getting more money**, calcolavo di ricevere più soldi.

♦ **figure out** *v. t. + avv.* *1* riuscire a capire: **I can't f. him out**, non riesco a capirlo; per me è un mistero *2* risolvere.

♦ **figure up** *v. t. + avv.* calcolare l'ammontare di.

figured /ˈfɪgəd, *USA* -gjəd/ *a.* *1* figurato; decorato *2* (*di tessuto*) stampato.

figurehead /ˈfɪgəhɛd, *USA* -gjə-/ *n.* *1* (*naut.*) polena *2* personaggio decorativo; prestanome; uomo di paglia.

figurine /ˈfɪgəriːn, *USA* fɪgjəˈriːn/ *n.* figurina; statuetta.

filament /ˈfɪləmənt/ *n.* filamento • (*elettr.*) **f. lamp**, lampada a incandescenza.

to **filch** /fɪltʃ/ *v. t.* rubare; sgraffignare.

file (1) /faɪl/ *n.* *1* schedario; cartella; raccoglitore *2* dossier; pratica; scheda: **personal f.**, scheda personale; **to keep files on**, schedare; **to be on f.**, essere schedato *3* (*elab.*) file; archivio • **f. card**, cartellino; scheda □ **f. clerk**, archivista □ **f. holder**, raccoglitore.

file (2) /faɪl/ *n.* C *e* U (*anche mil.*) fila: **in single** (*o* **Indian**) **f.**, in fila indiana.

file (3) /faɪl/ *n.* (*tecn.*) lima.

to **file** (1) /faɪl/ *v. t.* *1* registrare; raccogliere; schedare; archiviare *2* presentare; inoltrare: **to f. a complaint**, inoltrare un reclamo; **to f. a suit against sb.**, fare causa a q.

♦ **file for** *v. i. + prep.* (*leg.*) richiedere ufficialmente: **to f. for divorce**, presentare istanza di divorzio

to **file** (2) /faɪl/ *v. i.* sfilare: **to f. in** [**out, off**], entrare [uscire, allontanarsi] in fila; **to f. past**, sfilare; **to f. past sb.** [**st.**], sfilare davanti a q. [q.c.].

to **file** (3) /faɪl/ *v. t.* limare.

filial /ˈfɪlɪəl/ *a.* filiale.

filibuster /ˈfɪlɪbʌstə(r)/ *n.* *1* filibustiere *2* (*USA*) tattica ostruzionistica (*in parlamento*); ostruzionismo parlamentare.

to **filibuster** /ˈfɪlɪbʌstə(r)/ *v. i.* *1* fare il filibustiere *2* (*polit., USA*) fare ostruzionismo (*in parlamento*).

filibustering /ˈfɪlɪbʌstərɪŋ/ *n.* (*polit., USA*) ostruzionismo parlamentare.

filiform /ˈfɪlɪfɔːm/ *a.* filiforme.

filigree /ˈfɪlɪgriː/ *n.* U filigrana.

filing /ˈfaɪlɪŋ/ *n.* schedatura; archiviazione • **f. cabinet**, schedario; casellario □ **f. clerk**, archivista.

filings /ˈfaɪlɪŋz/ *n. pl.* (*tecn.*) limatura.

Filipino /fɪlɪˈpiːnəʊ/ *n.* (*pl.* **Filipinos**) *e a.* filippino (-a).

fill /fɪl/ *n.* U sazietà; sufficienza: **to eat one's f.**, mangiare a sazietà; **to have had one's f. of st.**, averne avuto abbastanza di q.c.; averne le tasche piene di q.c. (*fam.*).

to **fill** /fɪl/ *A v. t.* *1* riempire; colmare: **to f. a hole with sand**, riempire un buco di sabbia; **to f. st. full**, riempire q.c. completamente *2* occupare (*un posto*); ricoprire (*una carica*) *3* adempiere (*un dovere, una mansione*) *4* impiegare (*il proprio tempo*) *5* (*comm.*) eseguire: **to f. an order**, eseguire un'ordinazione • **to f. one's pipe**, caricare la pipa □ **to f. the sails**, gonfiare le vele □ **to f. a tooth**, otturare un dente *B v. i.* *1* riempirsi; colmarsi *2* (*delle vele*) gonfiarsi.

♦ **fill in** *A v. t. + avv.* *1* riempire; mettere; aggiungere: **to f. in one's name on st.**, scrivere il proprio nome su (*un modulo, ecc.*) *2* compilare (*un modulo*); riempire (*un assegno*) *3* completare, colorare (*un disegno*) *4* mettere al corrente; aggiornare *B v. i. + avv.* fare da sostituto: **to f. in for sb.**, sostiture q.

♦ **fill out** *A v. i. + avv.* ingrassare (*generalm. in senso positivo*) *B v. t. + avv.* (*USA*) *V.* **to fill in**, *def. 1, 2 e 3.*

♦ **fill up** *A v. t. + avv.* *1* riempire; colmare: (*autom.*) **F. her up, please**, mi faccia il pieno *2* (*GB*) *V.* **to fill in**, *def. 2* *B v. i. + avv.* riempirsi: **The square soon filled up**, la piazza fu presto piena.

filled /fɪld/ *a. pred.* pieno, colmo (di): **eyes f. with tears**, occhi pieni di lacrime.

filler /ˈfɪlə(r)/ *n.* *1* riempitivo *2* (*tecn.*) bocchettone (*di serbatoio*): (*autom.*) **f. cap**, tappo del serbatoio *3* (*tecn.*) stucco *4* (*giorn.*) tappabuco; zeppa.

fillet /ˈfɪlət/ *n.* *1* (*cucina*) filetto *2* fascia (*per capelli, ecc.*) *3* (*archit.*) listello.

to **fillet** /ˈfɪlət/ *v. t.* (*cucina*) disossare (*carne*); diliscare, sfilettare (*pesce*).

fill-in /ˈfɪlɪn/ *n.* sostituto; tappabuchi (*fam.*).

filling /ˈfɪlɪŋ/ *A n.* U *e* C *1* riempimento; riempitura *2* otturazione (*di dente*) *3* (*cucina*) ripieno; farcia • (*autom.*) **f. station**, stazione di rifornimento *B a.* (*di cibo*) che sazia; sostanzioso.

fillip /ˈfɪlɪp/ *n.* stimolo.

filly /ˈfɪlɪ/ *n.* *1* puledra; cavallina *2* (*antiq. fam.*) bella ragazza; bella figliola.

film /fɪlm/ *n.* *1* strato sottile; patina; velo; pellicola: **a f. of dust**, una patina di polvere; **a f. of mist**, un velo di nebbia; **plastic f.**, pellicola trasparente *2* (*cinem.*) film; pellicola: **silent f.**, film muto *3* U *e* C (*fotogr.*) pellicola • (*TV*) **f. clip**, filmato □ **f. library**, cineteca □ **f. script**, copione □ **f. society**, cineclub □ **f. stock**, pellicola vergine □ **short f.**, cortometraggio.

to **film** /fɪlm/ *A v. t.* *1* filmare; girare *2* trarre un film da; fare un film di *B v. i.* *1* girare *2* (*di scena, film*) essere girato.

♦ **film over** *v. i. + avv.* annebbiarsi; velarsi.

filmgoer /ˈfɪlmgəʊə(r)/ *n.* frequentatore (-trice) di cinema: **He's a keen f.**, va spesso al cinema.

filmstrip /ˈfɪlmstrɪp/ *n.* filmina.

filmy /ˈfɪlmɪ/ *a.* trasparente.

filter /ˈfɪltə(r)/ *n.* filtro • **f. coffee**, caffè fatto con una caffettiera □ **f. tip**, filtro di sigaretta; sigaretta col filtro □ **f.-tipped**, col filtro.

to **filter** /ˈfɪltə(r)/ *A v. t.* filtrare *B v. i.* *1* filtrare; penetrare: **Light filtered through the leaves** [**into the room**], la luce filtrava attraverso il fogliame [nella stanza] *2* (*del traffico, GB*) girare (*a destra o a sinistra*).

♦ **filter out** *v. t. + avv.* rimuovere filtrando: **to f. out harmful rays**, non lasciar passare raggi dannosi.

♦ **filter through** *v. i. + avv.* (*di notizia, ecc.*) filtrare; trapelare.

filth /fɪlθ/ *n.* U *1* sudiciume; sozzura *2* oscenità; porcheria; porcherie.

filthy /ˈfɪlθɪ/ *a.* *1* sudicio; lurido; sozzo *2* schifoso: **f. weather**, tempo schifoso; tempaccio *3* osceno; sconcio • **f. rich**, ricco sfondato.

to **filtrate** /ˈfɪltreɪt/ *v. t. e i.* (*tecn.*) filtrare.

filtration /fɪlˈtreɪʃn/ *n.* (*tecn.*) filtrazione.

fin /fɪn/ *n.* *1* pinna (*di pesce*); natatoia (*di mammifero acquatico*) *2* (*aeron., naut.*) pinna; deriva *3* (*mecc.*) aletta *4* (*USA*) pinna (*per nuotare*).

final /ˈfaɪnl/ *A a.* finale; ultimo; conclusivo; definitivo: **f.**

attempt, ultimo (*o* estremo) tentativo; (*econ.*) **f. product**, prodotto finale; **f. offer**, ultima offerta; **f. answer**, risposta definitiva; **You'll do as I say, and that's f.!**, farai come dico io, e basta! ***B*** *n.* ***1*** (*sport*) finale: **tennis finals**, finali di tennis ***2*** (*USA*) esame finale ***3*** (*al pl.*) (*GB*) esami finali (*all'università*).

finale /fɪ'nɑːlɪ, *USA* -nælɪ/ *n.* (*mus. e fig.*) finale.

to **finalise** /'faɪnəlaɪz/ (*GB*) *V.* **to finalize**.

finalist /'faɪnəlɪst/ *n.* (*sport*) finalista.

finality /faɪ'nælətɪ/ *n.* Ⓤ carattere definitivo; irrevocabilità • **to say st. with f.**, dire q.c. col tono di chi non ammette discussioni.

to **finalize** /'faɪnəlaɪz/ *v. t.* ***1*** ultimare; completare; concludere ***2*** rendere definitivo.

finally /'faɪnəlɪ/ *avv.* ***1*** alla fine; infine; per finire ***2*** definitivamente. ATTENZIONE: **finally ≠ finalmente**.

finance /'faɪnæns, f(a)ɪ'næns/ *n.* ***1*** Ⓤ finanza; finanze: **Minister of F.**, Ministero delle finanze ***2*** Ⓤ finanziamento; sovvenzione ***3*** (*al pl.*) finanze; mezzi: **My finances won't run to it**, le mie finanze non me lo permettono • **f. company** (*o* **house**), società finanziaria; istituto che finanzia le vendite rateali.

to **finance** /'faɪnæns, f(a)ɪ'næns/ *v. t.* finanziare.

financial /f(a)ɪ'nænʃl, *USA* -fɪ-, 'faɪnæn-/ *a.* finanziario: **f. adviser**, consulente finanziario; **f. year**, anno finanziario.

financier /f(a)ɪ'nænsɪə(r), *USA* f(a)ɪnən'sɪə(r)/ *n.* ***1*** finanziere ***2*** finanziatore (-trice).

financing /'faɪnænsɪŋ, fɪ'nænsɪŋ/ *n.* finanziamento.

finch /fɪntʃ/ *n.* (*zool.*) fringillide.

find /faɪnd/ *n.* scoperta.

to **find** /faɪnd/ (*pass. e p.p.* **found**) *v. t.* ***1*** trovare; scoprire; ritrovare: **I can't f. my keys**, non trovo (*o* non riesco a trovare) le mie chiavi; **to f. a job**, trovare lavoro; **We found him in [up]**, lo trovammo in casa [alzato]; **She was found after a two-day search**, fu ritrovata dopo due giorni di ricerche; **to f. it difficult to do st.**, trovare difficile fare q.c.; **This variety is only found in the South**, questa varietà si trova solo al sud; **It's nowhere to be found**, non lo si trova da nessuna parte; è introvabile ***2*** accorgersi; rendersi conto: **I f. I have been mistaken**, mi accorgo di aver sbagliato; **We're finding that this product is no longer popular**, ci stiamo rendendo conto che questo prodotto non ha più successo ***3*** (*leg.*) giudicare; dichiarare: **to f. sb. guilty**, dichiarare colpevole q. • **to f. one's bearings**, orientarsi □ **to f. favour with**, incontrare il favore (*o* la simpatia) di □ **to f. one's feet**, ambientarsi □ **to f. one's own tools**, provvedersi degli arnesi da lavoro □ **to f. one's own way to**, sapere come arrivare a □ **to f. oneself**, scoprire la propria vocazione □ **I can't f. it in my heart to blame him**, non me la sento di biasimarlo □ **all found**, più vitto e alloggio.

♦ **find against** *v. i. + prep.* (*leg.*) emettere un verdetto contro.

♦ **find for** *v. i. + prep.* (*leg.*) emettere un verdetto favorevole a.

♦ **find out** *v. t. + avv.* ***1*** scoprire: **to f. out the truth**, scoprire la verità ***2*** scoprire; smascherare.

finder /'faɪndə(r)/ *n.* ***1*** chi trova ***2*** (*fotogr., fis.*) mirino; traguardo ***3*** (*astron.*) (telescopio) cercatore • **Finders keepers**, la roba è di chi la trova; chi trova tiene.

finding /'faɪndɪŋ/ *n.* ***1*** ritrovamento; scoperta ***2*** (*leg.*) verdetto; sentenza ***3*** (*al pl.*) risultato, conclusioni (*di un'inchiesta, ecc.*).

fine (**1**) /faɪn/ ***A*** *a.* ***1*** bello (*anche iron.*); eccellente; di qualità: **f. arts**, belle arti; **f. example**, bell'esempio; **f. weather**, bel tempo; **f. pianist**, ottimo pianista; **f. wine**, vino pregiato; **You're looking very f. today**, sei molto elegante, oggi; **One f. day he said to me...**, un bel giorno mi disse...; **A f. thing to say!**, bella cosa da dirsi! ***2*** sottile: **f. hair**, capelli sottili; **f. distinction**, distinzione sottile ***3*** fine: **f. sand**, sabbia fine ***4*** che sta bene; che va bene: **I'm f., thank you**, sto bene, grazie; **The new job is f.**, il nuovo lavoro va bene • **f. arts**, belle arti □ **f. print**, caratteri piccoli; (*estens.*) clausole minori □ **f.-tooth(ed) comb**, *V. sotto* **comb** □ **f. tuning**, (*mecc. e fig.*) messa a punto; (*radio, ecc.*) sintonizzazione accurata □ **You're a f. one to talk!**, senti chi parla! ***B*** *avv.* ***1*** (*fam.*) bene: **to feel f.**, sentirsi bene; **«See you tomorrow» «F.»**, «ci vediamo domani» «benissimo» ***2*** finemente; a fette sottili.

fine (**2**) /faɪn/ *n.* multa; contravvenzione; ammenda.

to **fine** (**1**) /faɪn/ *v. t.* multare.

to **fine** (**2**) /faɪn/ *v. Solo come:*

♦ **fine down** ***A*** *v. t. + avv.* ***1*** assottigliare ***2*** affinare ***B*** *v. i. + avv.* assottigliarsi.

finely /'faɪnlɪ/ *avv.* ***1*** benissimo ***2*** finemente; delicatamente ***3*** finemente; fine: **f. cut**, tagliato fine.

fineness /'faɪnnəs/ *n.* Ⓤ finezza; sottigliezza.

finery /'faɪnərɪ/ *n.* Ⓤ abiti di gala: **to put on one's f.**, mettersi in ghingheri.

finesse /fɪ'nɛs/ *n.* Ⓤ ***1*** finezza; delicatezza ***2*** (*a carte*) impasse.

to **fine-tune** /'faɪn'tjuːn, *USA* -'tuːn/ *v. t.* ***1*** (*mecc. e fig.*) mettere a punto ***2*** (*radio, ecc.*) sintonizzare accuratamente.

finger /'fɪŋgə(r)/ *n.* ***1*** dito (*di mano o di guanto*) ***2*** (*mecc.*) lancetta ***3*** (*cucina*) bastoncino • **f. bowl**, vaschetta lavadita □ **to be all fingers and thumbs**, essere molto maldestro □ (*fig.*) **to get one's fingers burnt**, scottarsi le dita □ (*fam. USA*) **to give sb. the f.**, fare un gestaccio a q. (*sollevando il medio*) □ **green fingers**, pollice verde □ (*fam.*) **to have a f. in every pie**, avere le mani in pasta dappertutto □ **to keep one's fingers crossed**, fare gli scongiuri; toccare ferro; incrociare le dita □ **to let st. slip through one's fingers**, lasciarsi sfuggire q.c. di mano □ **little f.**, mignolo □ **to put one's f. on st.**, individuare q.c. □ **I didn't even lay a f. on him!**, non l'ho toccato neanche con un dito □ **to work one's fingers to the bone**, ammazzarsi di lavoro.

to **finger** /'fɪŋgə(r)/ *v. t.* ***1*** toccare; tastare; palpare ***2*** (*mus.*) diteggiare ***3*** (*fam. USA*) denunciare.

fingerboard /'fɪŋgəbɔːd/ *n.* (*mus.*) tastiera (*di violino, chitarra, ecc.*).

fingering /'fɪŋgərɪŋ/ *n.* Ⓤ ***1*** tocco ***2*** (*mus.*) diteggiatura.

fingermark /'fɪŋgəmɑːk/ *n.* ditata.

fingernail /'fɪŋgəneɪl/ *n.* unghia (*della mano*).

fingerprint /'fɪŋgəprɪnt/ *n.* ***1*** impronta digitale ***2*** (*fig.*) caratteristica; impronta.

to **fingerprint** /'fɪŋgəprɪnt/ *v. t.* prendere le impronte digitali a.

fingerstall /'fɪŋgəstɔːl/ *n.* copridito; dito di gomma.

fingertip /'fɪŋgətɪp/ *n.* punta del dito • **to have st. at one's fingertips**, sapere q.c. a menadito □ **to one's fingertips**, completamente; fino alla punta dei capelli.

finicking /'fɪnɪkɪŋ/, **finicky** /'fɪnɪkɪ/ *a.* ***1*** meticoloso; pignolo ***2*** schizzinoso ***3*** (*di lavoro, ecc.*) delicato; minuzioso.

finish /'fɪnɪʃ/ *n.* ***1*** fine: **from start to f.**, dall'inizio alla fine ***2*** (*sport*) finale: **close f.**, finale combattuto ***3*** finitura; rifinitura • **to fight to the f.**, combattere sino alla fine (*o* a oltranza).

to **finish** /'fɪnɪʃ/ ***A*** *v. t.* ***1*** finire; completare; terminare: **to f. one's studies**, finire (*o* completare) gli studi; **to f. doing st.**, finire di fare q.c. ***2*** *V.* **to finish off** ***B*** *v. i.* ***1*** finire; terminare ***2*** (*in una gara*) classificarsi; arrivare; finire: **to f. second**, arrivare secondo.

♦ **finish off** *v. t. + avv.* ***1*** finire: **to f. off a job**, finire un lavoro; **Who wants to f. off the cake?**, chi vuole finire la torta? ***2*** (*fam.*) uccidere; finire ***3*** (*fam.*) stremare; distruggere.

♦ **finish up** ***A*** *v. i. + avv.* (andare a) finire; ritrovarsi: **He finished up in jail**, finì in galera ***B*** *v. t. + avv.* finire (*cibo o bevanda*).

♦ **finish with** *v. i. + prep.* ***1*** finire di usare; finire con ***2*** (*fam.*) finire con (q.); rompere con.

finished /'fɪnɪʃt/ *a.* ***1*** finito; terminato; chiuso ***2*** finito; rifinito ***3*** (*fam.*) che ha finito: **When will you be f.?**, quando finirai?; **I'm f. with commuting**, ho finito di fare il pendolare ***4*** (*fam.*) finito; rovinato.

finishing /'fɪnɪʃɪŋ/ ***A*** *n.* Ⓤ finitura; rifinitura ***B*** *a.* ultimo • (*sport*) **f. line**, traguardo; linea d'arrivo □ **f. school**, scuola privata per signorine.

finite /'faɪnaɪt/ *a.* ***1*** limitato; circoscritto ***2*** (*mat., gramm.*) finito.

fink /fɪŋk/ *n.* (*pop. USA*) ***1*** delatore; spia ***2*** carogna.

Finn /fɪn/ *n.* Finlandese.

Finnish /'fɪnɪʃ/ ***A*** *a.* finlandese ***B*** *n.* (lingua) finlandese.

Finno-Ugric /'fɪnəʊ-'uːgrɪk/ *a.* (*ling.*) ugro-finnico.

fiord /'fiːɔːd, *USA* fɪ'ɔːd/ *n.* (*geogr.*) fiordo.

fir /fɜː(r)/ *n.* (*anche* **fir-tree**) abete • **fir-cone**, pigna (d'abete).

fire /'faɪə(r)/ *n.* ***1*** Ⓒ *e* Ⓤ fuoco: **F.!**, al fuoco!; **to catch f.**, prendere fuoco; **to light a f.**, accendere il fuoco; **to be on f.**, bruciare; essere in preda alle fiamme; **to set st. on f.** (*o* **to set f. to st.**), dar fuoco a q.c.; incendiare q.c. ***2*** incendio: **Ten people died in the f.**, nell'incendio morirono dieci persone; **to put out a f.**, spegnere un incendio ***3*** Ⓤ (*mil.*) fuoco; tiro: **the enemy's f.**, il fuoco nemico; **to open** [**to cease**] **f.**, aprire [cessare] il fuoco; **under f.**, sotto tiro ***4*** stufa; stufetta: **electric** [**gas**] **f.**, stufa elettrica [a gas] ***5*** Ⓤ fuoco; ardore; foga; slancio • **f. alarm**, allarme antincendio □ **f. and brimstone**, il fuoco eterno □ **f. brigade**, corpo dei pompieri □ **f. door**, porta antincendio □ **f.-eater**, mangiatore di fuoco; (*fig.*) attaccabrighe □ **f. engine**, autopompa □ **f. escape**, uscita di sicurezza; scala antincendio □ **f. extinguisher**, estintore □ **f. fighter**, pompiere volontario □ **f. insurance**, assicurazione contro l'incendio □ **f. irons**, ferri per il caminetto (*molle, paletta, attizzatoio, ecc.*) □ (*USA*) **f.-plug**, idrante □ (*ass.*) **f. policy**, polizza antincendio □ (*leg., GB*) **f.-raising**, incendio doloso □ **f. screen**, parafuoco □ **f. station**, caserma dei pompieri □ **to be between two fires**, trovarsi fra due fuochi □ **to come under f. from sb.**, essere criticato da q. □ **to go through f. and water** (**for sb.**), buttarsi nel fuoco (per q.) □ **to play with f.**, giocare col fuoco □ (*GB*) **to set the Thames on f.**, fare q.c. di straordinario; fare colpo.

to **fire** /ˈfaɪə(r)/ ***A*** *v. t.* ***1*** sparare, far partire (*un colpo*) ***2*** fare fuoco con (*un fucile, ecc.*); lanciare (*un razzo, ecc.*); tirare (*una freccia*) ***3*** (*fam.*) licenziare ***4*** infiammare; accendere: **to f. sb. with enthusiasm**, infiammare q.; accendere q. di entusiasmo ***5*** cuocere (*ceramica, ecc.*) • **to f. questions**, fare domande a bruciapelo ***B*** *v. i.* far fuoco; sparare.

♦ **fire away** *v. i. + avv.* — (*fam.*) **F. away!**, comincia a far domande!, forza, chiedi pure!

firearm /ˈfaɪərɑːm/ *n.* (*generalm. al pl.*) arma da fuoco.

fireball /ˈfaɪəbɔːl/ *n.* ***1*** (*astron.*) bolide; meteorite ***2*** (*fis. nucl.*) fireball; sfera di fuoco.

firebomb /ˈfaɪəbɒmb/ *n.* bomba incendiaria.

firebrand /ˈfaɪəbrænd/ *n.* ***1*** tizzone ardente ***2*** agitatore (-trice).

firebreak /ˈfaɪəbreɪk/ *n.* trincea tagliafuoco.

firebrick /ˈfaɪəbrɪk/ *n.* mattone refrattario.

firebug /ˈfaɪəbʌg/ *n.* (*fam.*) incendiario; piromane.

firecracker /ˈfaɪəkrækə(r)/ *n.* petardo.

firedamp /ˈfaɪədæmp/ *n.* (*min.*) grisou.

firedog /ˈfaɪədɒg, *USA* -ɔːg/ *n.* alare (*del camino*).

firefly /ˈfaɪəflaɪ/ *n.* (*zool.*) lucciola.

fireguard /ˈfaɪəgɑːd/ *n.* parafuoco.

firelight /ˈfaɪəlaɪt/ *n.* luce del fuoco.

fireman /ˈfaɪəmən/ *n.* (*pl.* **firemen** /-mən/) ***1*** pompiere; vigile del fuoco ***2*** fochista (*di locomotiva, fornace, ecc.*).

fireplace /ˈfaɪəpleɪs/ *n.* focolare; camino; caminetto.

firepower /ˈfaɪəpaʊə(r)/ *n.* Ⓤ (*mil.*) potenza di fuoco.

fireproof /ˈfaɪəpruːf/ *a.* a prova di fuoco; incombustibile.

to **fireproof** /ˈfaɪəpruːf/ *v. t.* rendere resistente al fuoco; rendere incombustibile.

firescreen /ˈfaɪəskriːn/ *n.* (*USA*) parafuoco.

fireside /ˈfaɪəsaɪd/ *n.* angolo del focolare; focolare.

firetrap /ˈfaɪətræp/ *n.* edificio pericoloso in caso d'incendio.

firewarden /ˈfaɪəwɔːdn/ *n.* (*USA*) addetto alla sorveglianza contro gli incendi.

firewood /ˈfaɪəwʊd/ *n.* Ⓤ legna da ardere.

fireworks /ˈfaɪəwɜːks/ *n. pl.* ***1*** fuochi artificiali (*o* d'artificio) ***2*** (*fam.*) sfuriata; scenata.

firing /ˈfaɪərɪŋ/ *n.* Ⓤ ***1*** sparatoria; spari; tiro ***2*** cottura (*di ceramiche e sim.*) ***3*** (*fam.*) licenziamento • (*mil.*) **f. ground**, poligono di tiro □ **f. line**, (*mil.*) linea del fuoco; (*fig.*) prima linea □ **f. pin**, percussore □ (*mil.*) **f. squad**, plotone d'esecuzione.

firm (**1**) /fɜːm/ *a.* ***1*** stabile; saldo; solido: **f. ladder**, scala solida; (*comm.*) **f. prices**, prezzi stabili ***2*** deciso; risoluto; forte; energico: **f. refusal**, deciso (*o* netto) rifiuto; **f. handshake**, forte stretta di mano ***3*** sodo; compatto • **as f. as a rock**, saldo come una roccia □ **to be a f. believer in st.**, credere fermamente in q.c. □ **to be on f. ground**, andare sul sicuro □ **to stand f.**, resistere; non cedere.

firm (**2**) /fɜːm/ *n.* ditta; azienda; impresa; società di persone: **law f.**, studio legale; **publishing f.**, casa editrice • **f. name**, ragione sociale. ATTENZIONE: **firm ≠ firma.**

to **firm** /fɜːm/ *v. t.* comprimere, calcare (*terreno*).

♦ **firm up** *v. t. + avv.* ***1*** rassodare (*muscoli, terra*) ***2*** consolidare (*un accordo, ecc.*).

firmament /ˈfɜːməmənt/ *n.* firmamento.

firmness /ˈfɜːmnəs/ *n.* Ⓤ ***1*** stabilità; saldezza; solidità ***2*** fermezza; risolutezza.

firmware /ˈfɜːmwɛə(r)/ *n.* Ⓤ (*elab.*) firmware.

first (**1**) /fɜːst/ ***A*** *a.* primo: **Henry the F.**, Enrico Primo; **the f. three**, i primi tre; **f. cousin**, cugino primo (*o* di primo grado); **f. officer**, primo ufficiale; **at f. light**, alle prime luci dell'alba; **to come in f.**, arrivare primo (*in una corsa*) • **f. aid**, pronto soccorso: **f.-aid kit**, cassetta di pronto soccorso □ **f. class**, (*ferr., aeron.*) prima classe; (*di posta, in G.B.*) servizio postale celere □ **f.-class**, (*ferr., aeron.*) di prima classe; (*fig.*) eccellente, di prima qualità □ (*leg.*) **f.-degree murder**, omicidio di primo grado □ **f.-ever**, primo in assoluto □ **f. finger**, (dito) indice □ **f. floor**, (*GB*) primo piano; (*USA*) pianterreno □ (*autom.*) **f. gear**, prima □ **f. language**, lingua madre □ **f. name**, nome proprio; nome di battesimo □ (*cinem., teatr.*) **f. night**, prima □ (*polit.*) **f. past the post**, sistema uninominale a scrutinio unico □ **f.-rate**, di prima qualità; di prim'ordine; eccellente □ **f. refusal**, diritto di opzione □ **f. thing tomorrow**, per prima cosa domani mattina □ **f. things f.**, prima le cose più importanti □ **f.-time buyer**, chi acquista la prima casa □ **at f. hand**, di prima mano □ **in the f. instance**, in primo luogo; prima di tutto □ **I don't know the f. thing about computers**, non so niente di computer □ (*antiq.*) **of the f. water**, della più bell'acqua ***B*** *avv.* ***1*** per prima cosa; prima: **You must f. switch off the power**, per prima cosa devi staccare la corrente; **f. of all** (*fam.* **f. off**), prima di tutto; per prima cosa ***2*** (per) la prima volta: **I f. heard about it last year**, ne sentii parlare per la prima volta l'anno scorso; **when we f. met**, quando ci siamo conosciuti ***3*** inizialmente, all'inizio: **when I f. arrived here**, all'inizio, quando arrivai qui ***4*** piuttosto: **I'd die f.**, piuttosto morire! • **f. and foremost**, anzitutto; soprattutto □ **f. and last**, soprattutto.

first (**2**) /fɜːst/ *n.* ***1*** (il) primo, (la) prima: **We are the f.**, siamo i primi ***2*** (il) primo (*del mese*): **on the f. of May**, il primo maggio ***3*** (*in G.B.*) massimo (dei voti); lode: **She got a f. in History**, si è laureata con lode in storia ***4*** primo esempio (di q.c.); primato: **The presidential visit is a f. for the city**, questa è la prima visita del Presidente alla città; **to score a f.**, mettere a segno un primato ***5*** (*autom.*) prima • **f. come, f. served**, chi arriva prima sceglie; (*prov.*) chi tardi arriva male alloggia □ **at f.**, in principio; dapprima □ **from f. to last**, dall'inizio alla fine; da cima a fondo □ **from the f.**, fin dal principio.

firstborn /ˈfɜːstbɔːn/ *a. e n.* primogenito (-a).

firsthand /ˈfɜːstˈhænd/ *a. e avv.* di prima mano.

firstly /ˈfɜːstlɪ/ *avv.* in primo luogo (*nelle enumerazioni*).

firth /fɜːθ/ *n.* (*geogr.*) estuario; fiordo.

fiscal /ˈfɪskl/ *a.* fiscale; tributario: **f. charges**, oneri fiscali; (*econ., fin.*) **f. drag**, fiscal drag; drenaggio fiscale; **f. reform**, riforma tributaria; (*USA*) **f. year**, anno finanziario.

fish /fɪʃ/ *n.* ***1*** (*generalm. invar. al pl.*) pesce ***2*** (*fam.*) individuo; tipo: **cold f.**, tipo gelido; **odd f.**, tipo strano • (*in G.B.*) **f.-and-chip shop**, friggitoria □ **f.-bone**, lisca; spina □ (*fotogr.*) **f.-eye lens**, obiettivo grandangolare □ **f. farm**, vivaio (di pesci) □ (*cucina*) **f. finger**, bastoncino di pesce □ (*cucina*) **f. kettle**, pesciera □ (*cucina*) **f. slice**, paletta per il pesce □ **to drink like a f.**, bere come una spugna □ (*sport, GB*) **coarse f.**, pesce d'acqua dolce (*esclusi salmoni e trote*) □ **to feed the fishes**, andare in pasto ai pesci; annegare □ (*fam.*) **to have other f. to fry**, avere altro a cui badare □ **like a f. out of water**, come un pesce fuor d'acqua □ **neither f. nor fowl**, né carne né pesce.

to **fish** /fɪʃ/ ***A*** *v. i.* ***1*** pescare: **to f. for trout**, pescare trote ***2*** cercare (*di ottenere*); sollecitare: **to f. for compliments**, sollecitare (*o* andare in cerca di) complimenti • **to f. in troubled waters**, pescare nel torbido □ **to go fishing**, andare a pesca ***B*** *v. t.* pescare in.

♦ **fish about** (*o* **around**) *v. i. + avv.* frugare.

♦ **fish out** *v. t. + avv.* (*fam.*) ***1*** ripescare ***2*** tirar fuori; cavare.

fishcake /ˈfɪʃkeɪk/ *n.* (*cucina*) crocchetta di pesce.

fisher /ˈfɪʃə(r)/ *n.* (*antiq.*) pescatore.

fisherman /ˈfɪʃəmən/ *n.* (*pl.* **fishermen** /-mən/) pescatore.

fishery /ˈfɪʃərɪ/ *n.* ***1*** zona di pesca ***2*** (industria della) pesca.

fishing /ˈfɪʃɪŋ/ ***A*** *n.* Ⓤ pesca: **deep-sea f.**, pesca oceanica ***B*** *a. attr.* da pesca: **f. boat**, peschereccio; barca da pesca; **f. line**, lenza; **f. rod**, canna da pesca; **f. tackle**, arnesi da pesca.

fishmonger /ˈfɪʃmʌŋgə(r), *USA* -mɒ-/ *n.* pescivendolo.

fishnet /ˈfɪʃnɛt/ *n.* rete da pesca • **f. stockings**, calze a rete.
fishwife /ˈfɪʃwaɪf/ *n.* (*pl.* **fishwives** /-waɪvz/) pescivendola.
fishy /ˈfɪʃɪ/ *a.* **1** di pesce: **f. smell**, odore di pesce **2** (*fam.*) poco chiaro; sospetto • **f. stare**, sguardo freddo.
fissile /ˈfɪsaɪl, *USA* ˈfɪsl/ *a.* (*fis. nucl.*) fissile.
fission /ˈfɪʃn/ *n.* Ⓤ **1** (*biol.*) scissione **2** (*fis. nucl.*) fissione.
fissure /ˈfɪʃə(r)/ *n.* fessura; fenditura; spaccatura.
fist /fɪst/ *n.* pugno.
fistful /ˈfɪstfʊl/ *n.* manciata; pugno.
fisticuffs /ˈfɪstɪkʌfs/ *n. pl.* (*antiq.*) scazzottatura.
fistula /ˈfɪstjʊlə, *USA* -tʃʊ-/ *n.* (*med.*) fistola.
fit (1) /fɪt/ *a.* **1** adatto; appropriato; conveniente; idoneo: **He's not fit company for you**, non è la compagnia adatta per te; **fit for a job**, adatto a un lavoro; **fit for a king**, da re; **fit to eat**, mangiabile; commestibile; **fit for nothing**, buono a nulla **2** in forma; in buona salute: **to keep fit**, tenersi in forma **3** in grado (di); in condizione (di): **You're not fit to drive**, non sei in condizione di guidare; **not fit to be seen**, in condizioni non presentabili • (*fam.*) **as fit as a fiddle**, sano come un pesce □ **to be fit to drop**, non poterne più dalla stanchezza □ **as you see fit**, come meglio credi.
fit (2) /fɪt/ *n.* taglio, misura (*di indumento*): **The shirt was a slightly tight fit**, la camicia era un po' stretta; **It's a perfect fit**, è perfetto; va benissimo.
fit (3) /fɪt/ *n.* **1** accesso; attacco: **a fit of coughing [of laughter]**, un accesso di tosse [di risa] **2** (*med.*) attacco di convulsioni: **to fall down in a fit**, avere un attacco di convulsioni **3** scatto; scoppio; slancio: **fit of anger**, scatto d'ira • **by fits and starts**, a sbalzi; a singhiozzo □ **He had us in fits**, ci fece morire dal ridere □ (*fam.*) **to give sb. a fit** (*o* **the fits**), far venire un colpo (*o* un accidente) a q. □ (*fam.*) **to throw a fit**, uscire dai gangheri.
to **fit** /fɪt/ **A** *v. t.* **1** adattarsi a; andare (*bene, male, ecc.*) a: **This lid doesn't fit**, questo coperchio non chiude bene; **This jacket doesn't fit me**, questa giacca non mi va bene **2** rendere adatto: **His experience fitted him for the job**, la sua esperienza lo rendeva adatto a quel lavoro **3** accordarsi; collimare: **What he told us doesn't f. the facts**, quello che ci ha detto non si accorda coi fatti **4** fornire; munire; provvedere: **New cars are fitted with airbags**, le nuove auto sono munite di airbag **5** mettere; montare; installare: **to fit a key in a lock**, infilare una chiave in una serratura; **I've fitted a new exhaust**, ho montato una marmitta nuova; **I've had a new lock fitted**, ho fatto mettere una serratura nuova • **to fit like a glove**, andare a pennello; calzare come un guanto □ **to fit the bill**, andare bene; essere perfetto **B** *v. i.* **1** andare (*bene, male, ecc.*) **2** essere adatto.
♦ **fit in A** *v. i. + avv.* **1** ambientarsi; inserirsi; integrarsi **2** accordarsi; andare d'accordo **B** *v. t. + avv.* **1** concordare; accordare; far coincidere **2** infilare; far entrare **3** dare un appuntamento a; ricevere: **The dentist can fit you in on Friday**, il dentista la può ricevere venerdì **4** trovare il tempo per; far entrare: **Let's fit in a visit to the Tower of London**, facciamoci entrare anche una visita alla Torre di Londra.
♦ **fit out** *v. t. + avv.* attrezzare; equipaggiare.
♦ **fit up** *v. t. + avv.* **1** allestire; attrezzare **2** procurare (q.c.) a **3** (*pop. GB*) falsificare prove contro; incastrare.
fitful /ˈfɪtfl/ *a.* irregolare; intermittente: **f. sleep**, sonno agitato.
fitment /ˈfɪtmənt/ *n.* arredo a muro.
fitness /ˈfɪtnəs/ *n.* Ⓤ **1** buona salute; buona forma fisica **2** appropriatezza; idoneità.
fitted /ˈfɪtɪd/ *a.* **1** (*di abito*) aderente; attillato **2** su misura; montato: **f. kitchen**, cucina su misura **3** dotato; munito: **f. with st.** munito di q.c. **4** adatto • **f. carpet**, moquette □ **f. sheet**, lenzuolo con gli orli elasticizzati.
fitter /ˈfɪtə(r)/ *n.* **1** (*mecc.*) aggiustatore; installatore; montatore **2** (*sartoria*) addetto (-a) alla prova.
fitting (1) /ˈfɪtɪŋ/ *n.* Ⓒ *e* Ⓤ **1** (*al pl.*) (*mecc.*) accessori **2** (*al pl.*) apparecchiature; impianti; articoli d'arredamento: **office fittings**, mobili per ufficio **3** prova (*di abiti*): **f. room**, sala di prova (*di sartoria*); camerino di prova (*di negozio*).
fitting (2) /ˈfɪtɪŋ/ *a.* appropriato; adatto; conveniente; giusto.
five /faɪv/ *a. e n.* cinque • (*fam. USA*) **f.-and ten (store)**, magazzino che vende articoli a buon mercato □ **f.-day week**, settimana di cinque giorni lavorativi □ **f.-o'clock shadow**, ombra pomeridiana della barba □ **f.-star**, a cinque stelle; di lusso □ (*pop. USA*) **Give me f.!**, qua la mano!
fiver /ˈfaɪvə(r)/ *n.* (*pop. GB*) biglietto da cinque sterline.
fix /fɪks/ *n.* **1** (*fam.*) situazione difficile; pasticcio; imbroglio: **to be in a (bad) fix**, essere in un brutto pasticcio **2** evento (*incontro, elezioni, votazione*) truccato **3** (*pop.*) dose (*di droga*); pera (*pop.*); buco (*pop.*).
to **fix** /fɪks/ **A** *v. t.* **1** fissare; attaccare **2** fissare; fermare: **to fix one's eyes on st.**, fissare gli occhi su q.c.; **to fix a name in one's mind**, imprimersi un nome nella mente **3** fissare; stabilire: **to fix a date**, fissare una data **4** aggiustare; riparare **5** (*fam. USA*) sistemare; mettere in ordine: **He's fixed everything**, ha sistemato tutto lui; **to fix one's hair**, mettersi in ordine i capelli **6** (*fam. USA*) preparare: **to fix supper**, preparare la cena; **Can I fix you a drink?**, posso darti qualcosa da bere? **7** (*fam.*) truccare (*una gara, ecc.*) **8** (*fam.*) corrompere; comprare **9** (*fam.*) sistemare; mettere a posto: **I'll fix him!**, lo sistemo io, quello! **10** (*fam. USA*) castrare (*un animale*) **B** *v. i.* **1** decidere; stabilire **2** (*USA*) avere intenzione; progettare: **We're fixing to leave early tomorrow**, abbiamo intenzione di partire presto domani.
♦ **fix on** *v. i. + prep.* stabilire; scegliere: **We've fixed on May 5th for the meeting**, abbiamo scelto il 5 maggio come data per la riunione.
♦ **fix up** *v. t. + avv.* **1** *V.* **to fix**, *A, def. 3 e 5* **2** (*fam.*) sistemare; procurare (q.c.) a: **to fix up sb. for the night**, sistemare q. per la notte; **They fixed me up with a flat in Richmond**, mi hanno trovato un appartamento a Richmond **3** sistemare (*una stanza, una casa, ecc.*).
fixated /fɪksˈeɪtɪd/ *a. pred.* fissato.
fixation /fɪkˈseɪʃn/ *n.* (*psic.*) fissazione: mania.
fixative /ˈfɪksətɪv/ *a. e n.* fissatore.
fixed /fɪkst/ *a.* **1** fisso; stabile: **f. star**, stella fissa; **f. proces**, prezzi fissi; **f. idea**, idea fissa; (*econ.*) **f. assets**, attività fisse; immobili e impianti **2** fissato; stabilito: **at the f. time**, all'ora fissata **3** (*fam.*) sistemato; messo (*fam.*): **How are you f. for Thursday night [for cutlery]?**, come sei messa per giovedì sera [a posate]?
fixedly /ˈfɪksɪdlɪ/ *avv.* in modo fisso; fissamente.
fixer /ˈfɪksə(r)/ *n.* **1** (*fam.*) faccendiere; intrallazzatore **2** (*fotogr.*) fissatore.
fixings /ˈfɪksɪŋz/ *n. pl.* (*cucina, fam. USA*) contorno.
fixity /ˈfɪksətɪ/ *n.* fissità (*di sguardo, ecc.*).
fixture /ˈfɪkstʃə(r)/ *n.* **1** (*al pl.*) impianti; installazioni **2** (*sport*) avvenimento del calendario sportivo: **football f.**, partita di calcio fissata nel calendario **3** (*fam.*) persona che ha messo radici in un posto; istituzione.
fizz /fɪz/ *n.* Ⓤ **1** bollicine; effervescenza (*anche fig.*) **2** (*pop.*) spumante; champagne.
to **fizz** /fɪz/ *v. i.* **1** sibilare **2** (*del vino*) spumeggiare.
to **fizzle** /ˈfɪzl/ *v. i.* frizzare.
♦ **fizzle out** *v. i. + avv.* (*fam.*) finire a poco a poco; finire in nulla.
fizzy /ˈfɪzɪ/ *a.* frizzante; effervescente.
fjord /ˈfiːɔːd, *USA* fɪˈɔːd/ *n.* (*geogr.*) fiordo.
flab /flæb/ *n.* (*fam.*) grasso; ciccia; trippa.
flabbergasted /ˈflæbəgɑːstɪd, *USA* -æst/ *a.* (*fam.*) sbalordito: **to be f.**, restare sbalordito; rimanere a bocca aperta.
flabbiness /ˈflæbɪnəs/ *n.* Ⓤ **1** flaccidezza; flaccidità **2** fiacchezza; debolezza.
flabby /ˈflæbɪ/ *a.* **1** flaccido; floscio; cascante **2** fiacco; debole.
flaccid /ˈflæsɪd, -ks-/ *a.* flaccido.
flack /flæk/ *V.* **flak**.
flag (1) /flæg/ *n.* **1** bandiera: (*naut.*) **f. of convenience**, bandiera ombra **2** bandierina (*da segnalazioni, ecc.*) • (*in G.B.*) **f. day**, giorno in cui si vendono bandierine per le strade a scopo benefico □ (*in U.S.A.*) **F. Day**, anniversario dell'adozione della bandiera nazionale (*il 14 giugno 1777*) □ (*USA*) **f. stop**, fermata a richiesta □ **f.-waving**, sciovinismo (*sost.*); sciovinistico (*agg.*) □ **to fly the f.**, portare alta la bandiera □ **to keep the f. flying**, tenere alta la bandiera □ **to show the f.**, far sentire la propria presenza (*come nazione, organizzazione, ecc.*).
flag (2) /flæg/ *V.* **flagstone**.
to **flag** (1) /flæg/ *v. t.* segnalare con bandierine.
♦ **flag down** *v. t. + avv.* fermare (*un taxi, ecc.*).
to **flag** (2) /flæg/ *v. i.* indebolirsi; cedere; venir meno.
to **flagellate** /ˈflædʒəleɪt/ *v. t.* flagellare; fustigare.
flagellation /flædʒəˈleɪʃn/ *n.* Ⓤ *e* Ⓒ flagellazione.
flageolet /flædʒəˈlɛt, ˈflædʒəl-/ *n.* (*mus.*) zufolo.

flagged /flægd/ *a.* lastricato.
flagging /ˈflægɪŋ/ *a.* *1* affievolito; fiacco *2* in diminuzione.
flagon /ˈflægən/ *n.* *1* caraffa (*con coperchio*) *2* bottiglione.
flagpole /ˈflægpəʊl/ *n.* asta della bandiera; pennone.
flagrancy /ˈfleɪgrənsɪ/ *n.* U *1* flagranza; evidenza *2* atrocità; enormità.
flagrant /ˈfleɪgrənt/ *a.* flagrante.
flagrantly /ˈfleɪgrəntlɪ/ *avv.* palesemente; vistosamente.
flagship /ˈflægʃɪp/ *n.* *1* (*naut.*) nave ammiraglia *2* (*fig.*) fiore all'occhiello.
flagstaff /ˈflægstɑːf, *USA* -æf/ *n.* asta della bandiera; pennone.
flagstone /ˈflægstəʊn/ *n.* lastra di pietra; pietra da lastrico.
flail /fleɪl/ *n.* (*agric.*) correggiato.
to **flail** /fleɪl/ *v. t.* *1* (*agric.*) battere col correggiato *2* agitare scompostamente (*le braccia, le gambe*).
♦ **flail about** *A* *v. i.* + *avv.* agitarsi scompostamente; dimenarsi *B* *v. t.* + *avv.* *V.* **to flail**, *def. 2.*
flair /flɛə(r)/ *n.* *1* abilità naturale; talento; fiuto: **She has a f. for arranging flowers**, è bravissima a disporre i fiori; **to have a f. for business**, avere fiuto per gli affari *2* stile: **to do st. with f.**, fare q.c. con stile.
flak /flæk/ *n.* U *1* (*mil.*) contraerea *2* critiche violente; attacchi ● **f. jacket**, giubbotto antiproiettile.
flake /fleɪk/ *n.* *1* fiocco (*di neve, d'avena, ecc.*); falda (*di neve*) *2* scaglia; squama: **soap flakes**, scaglie di sapone; **flakes of paint**, scaglie di vernice.
to **flake** /fleɪk/ *A* *v. i.* *1* (*anche* **to f. off**) sfaldarsi; scrostarsi; (*di pelle*) squamarsi *2* (*cucina*) dividersi in scaglie *B* *v. t.* *1* (*anche* **to f. off**) sfaldare; scrostare; squamare (*la pelle*) *2* (*cucina*) sminuzzare; dividere in scaglie.
♦ **flake out** *v. i.* + *avv.* (*fam.*) *1* crollare addormentato *2* svenire *3* (*pop. USA*) uscire di testa; dare i numeri.
flaky /ˈfleɪkɪ/ *a.* *1* a scaglie; scaglioso *2* (*geol.*) lamellare; che si sfalda *3* (*fam. USA*) scervellato; fuori di testa ● (*cucina*) **f. pastry**, pasta sfoglia.
to **flambé** /ˈflɒmbeɪ, *USA* flɑːmˈbeɪ/ *v. t.* cucinare alla fiamma.
flambeau /ˈflæmbəʊ/ (*franc.*) *n.* fiaccola; torcia.
flamboyance /flæmˈbɔɪəns/ *n.* vistosità; enfaticità.
flamboyant /flæmˈbɔɪənt/ *a.* *1* sgargiante *2* enfatico; vistoso *3* ornato; fiorito.
flame /fleɪm/ *n.* fiamma: **to burst into flames**, prendere fuoco; incendiarsi; **to go up in flames**, andare a fuoco ● **f. resistant**, ignifugo □ (*mil.*) **f.-thrower**, lanciafiamme □ **old f.**, vecchia fiamma.
to **flame** /fleɪm/ *v. i.* *1* fiammeggiare; divampare *2* avvampare infiammarsi; accendersi: **Her face flamed with anger**, il viso le avvampò d'ira.
flameproof /ˈfleɪmpruːf/ *a.* ininfiammabile; ignifugo.
flaming /ˈfleɪmɪŋ/ *a.* *1* fiammeggiante; ardente; focoso *2* furioso; furibondo: **f. row**, alterco furibondo *3* di colore acceso; sgargiante *4* (*fam.*) dannato; maledetto.
flamingo /fləˈmɪŋgəʊ/ *n.* (*pl.* **flamingos, flamingoes**) (*zool.*) fenicottero.
flammable /ˈflæməbl/ *a.* (*tecn.*) infiammabile ● **non-f.**, ininfiammabile.
flan /flæn/ *n.* (*cucina*) flan; timballo.
flange /flændʒ/ *n.* *1* (*mecc., ferr.*) flangia; bordo *2* (*mecc.*) utensile per fare flange.
flank /flæŋk/ *n.* fianco.
to **flank** /flæŋk/ *v. t.* fiancheggiare: **a road flanked with trees**, una strada fiancheggiata da alberi; **He was flanked by two policemen**, era scortato da due poliziotti.
flannel /ˈflænl/ *A* *n.* *1* U flanella *2* (*al pl.*) pantaloni di flanella *3* (*GB*) panno di spugna (*per lavarsi*) *4* (*fam. GB*) chiacchiere vuote; aria fritta *B* *a.* di flanella.
to **flannel** /ˈflænl/ *v. t.* (*fam. GB*) *1* fare chiacchiere vuote *2* lisciare; sviolinare.
flannelette /flænəˈlɛt/ *n.* U flanella di cotone.
flap /flæp/ *n.* *1* lembo; falda; ala, tesa (*di cappello*); risvolto, patta (*di tasca*); ribalta (*di tavolo, ecc.*): **the f. of an envelope**, il lembo (*o* la linguetta) di una busta; **a f. of skin**, un lembo di pelle *2* battito, colpo (*d'ala*); (lo) sbattere, schiocco (*di vela, ecc.*) *3* (*aeron.*) flap; ipersostentatore *4* (*fam.*) agitazione: **in a f.**, agitato; **to get in a f.**, agitarsi.
to **flap** /flæp/ *A* *v. t.* *1* battere (*le ali*) *2* far sbattere (*una vela, ecc.*); agitare *B* *v. i.* *1* sbattere *2* (*fam.*) agitarsi.
flapjack /ˈflæpdʒæk/ *n.* (*cucina*) *1* (*USA*) frittella *2* (*GB*) biscotto dolce d'avena.
flapper /ˈflæpə(r)/ *n.* ragazza spregiudicata (*negli anni 20*); maschietta.
flare /flɛə(r)/ *n.* *1* bagliore; lampo *2* (*mil.*) razzo; segnale luminoso *3* U scampanatura; svasatura *4* (*al pl.*) pantaloni a zampa d'elefante ● (*aeron.*) **f. path**, pista illuminata (*per atterraggio di fortuna*) □ **f.-up**, lite.
to **flare** /flɛə(r)/ *v. i.* *1* ardere; brillare *2* essere svasato; allargarsi.
♦ **flare up** *v. i.* + *avv.* *1* prendere fuoco; accendersi; brillare brevemente *2* arrabbiarsi *3* (*di violenza, epidemia, ecc.*) divampare; scoppiare.
flared /flɛəd/ *a.* (*moda*) scampanato; svasato.
flash (1) /flæʃ/ *n.* *1* bagliore; lampo; sprazzo: **a f. of lightning**, un lampo; **a f. of inspiration**, un lampo d'ispirazione *2* (*cinem.*) scena retrospettiva; flashback *3* (*giorn.*) notizia lampo; flash *4* U *e* C (*fotogr.*) flash *5* (*mil.*) mostrina *6* (*metall.*) bava; bavatura ● **f. in the pan**, fuoco di paglia □ **in a f.**, in un lampo.
flash (2) /flæʃ/ *a.* *1* (*di inondazione, incendio, ecc.*) improvviso e violento *2* (*GB*) vistoso; chiassoso; appariscente.
to **flash** /flæʃ/ *A* *v. i.* *1* balenare; lampeggiare: **His eyes flashed with anger**, i suoi occhi lampeggiavano d'ira; **The lightning flashed**, guizzavano i fulmini; **An idea flashed into** (*o* **through**) **my mind**, mi balenò in mente un'idea *2* muoversi rapidamente: **The car flashed by** (*o* **past**), l'auto passò come un razzo; **The days flashed by**, le giornate passarono in un lampo; **My mind flashed back to our first meeting**, mi tornò subito in mente il nostro primo incontro *B* *v. t.* *1* proiettare, gettare, mandare (*luce e sim.*): **to f. a light into sb.'s face**, gettare un fascio di luce in faccia a q.; **His eyes flashed fire**, i suoi occhi mandavano fuoco *2* mostrare per un attimo; far balenare: **to f. a badge**, far balenare un distintivo; **She flashed a smile at me**, mi lanciò un sorriso; **to f. one's money about**, spendere e spandere *3* trasmettere (*per radio, ecc.*) *4* (*pop., di uomo*) denudarsi in pubblico; mettere in mostra i genitali.
flashback /ˈflæʃbæk/ *n.* C *e* U *1* (*cinem.*) flashback; scena retrospettiva *2* (*mecc.*) ritorno di fiamma.
flashbulb /ˈflæʃbʌlb/ *n.* (*fotogr.*) (lampadina per il) flash.
flashcard /ˈflæʃkɑːd/ *n.* cartella didattica (*recante un numero, una figura, ecc.*).
flasher /ˈflæʃə(r)/ *n.* *1* (*elettr., autom.*) lampeggiatore *2* (*pop.*) uomo che mette in mostra i genitali; esibizionista.
flashiness /ˈflæʃɪnəs/ *n.* U vistosità; chiassosità; appariscenza.
flashlight /ˈflæʃlaɪt/ *n.* *1* (*fotogr.*) flash *2* (*USA*) torcia elettrica; pila.
flashpoint /ˈflæʃpɔɪnt/ *n.* *1* (*fis.*) temperatura di ignizione *2* punto critico: **to reach (one's) f.**, arrivare a un punto critico; essere sul punto di esplodere (*fig.*) *3* punto caldo (*di un paese*).
flashy /ˈflæʃɪ/ *a.* sgargiante; vistoso; pacchiano.
flask /flɑːsk, *USA* flæsk/ *n.* *1* fiaschetta; borraccia *2* (*chim.*) pallone.
flat (1) /flæt/ *A* *a.* *1* piano; liscio; piatto; uniforme: **f. country**, regione piatta; (*sport*) **f. racing**, corsa piana; **f. feet**, piedi piatti *2* basso; piatto; schiacciato: **f. cake**, torta piatta; **f. shoes**, scarpe basse; **f. cap**, berretto floscio; coppola *3* monotono; piatto; scialbo *4* netto; reciso; secco: **f. denial**, netto rifiuto; (*fam.*) **And that's f.!**, e basta!; e non si discute! *5* fisso; invariabile: **f. rate**, importo fisso; prezzo forfettario; tariffa unica *6* (*di pneumatico*) sgonfio; a terra *7* (*di batteria*) scarico; a secco *8* (*di bevanda*) non più effervescente; sgassato *9* (*mus., di nota*) bemolle: **B f.**, si bemolle *10* (*mus., di voce, strumento*) stonato (*perché più basso dell'intonazione voluta*) *11* (*Borsa*) inattivo; rigido: **f. market**, mercato inattivo ● **f.-footed**, coi piedi piatti; (*fig.*) goffo □ **f. spin**, *V. sotto* **spin** □ **as f. as a pancake**, completamente piatto; completamente sgonfio *B* *avv.* *1* in posizione orizzontale: **to spread a paper f. on the table**, distendere un giornale sul tavolo; **to fall f.**, cadere lungo disteso; (*fig.*) fare fiasco; **f. on one's face** [**on one's back**], bocconi [supino] *2* completamente: (*fam.*) **f. broke**, completamente al verde; in bolletta (*fam.*) *3* nettamente; recisamente; seccamente: **I told him f.**, gliel'ho detto chiaro e tondo *4* (*fam.*) esattamente: **in five minutes f.**, in cinque minuti spaccati *5* (*mus.*) sotto tono: **to sing f.**, stonare ● (*fam.*) **f. out**, a più non posso; alla massima velocità: **to work f. out**,

lavorare a più non posso.
flat (2) /flæt/ *n.* **1** parte piatta; piatto: **the f. of a sword**, il piatto di una spada; **the f. of the hand**, il palmo della mano **2** piano; pianura: **on the f.**, in piano **3** (*mus.*) bemolle **4** (*teatr.*) fondale **5** (*specialm. USA*) gomma a terra **6** (*al pl.*) scarpe basse.
flat (3) /flæt/ *n.* (*GB*) **1** appartamento **2** (*al pl.*) palazzo di appartamenti.
to **flat** /flæt/ *v. t.* (*GB*) convertire in appartamenti.
flatlet /ˈflætlət/ *n.* (*GB*) piccolo appartamento; appartamentino.
flatly /ˈflætlɪ/ *avv.* **1** in modo piatto; con voce piatta **2** recisamente; seccamente.
flatmate /ˈflætmeɪt/ *n.* (*GB*) persona con cui si divide un appartamento.
to **flatten** /ˈflætn/ **A** *v. t.* **1** appiattire; spianare **2** schiacciare **3** abbattere; stendere; distruggere: **The bombing has flattened the area**, il bombardamento ha distrutto il quartiere; **He flattened him with a right to his chin**, lo stese con un destro al mento **4** (*mus.*) bemollizzare **B** *v. i.* appiattirsi; spianarsi **C** to **flatten oneself** *v. rifl.* appiattirsi (contro q.c.); addossarsi (a q.c.).
♦ **flatten out A** *v. t.* + *avv.* appiattire; spianare; schiacciare **B** *v. i.* + *avv.* **1** appiattirsi; spianarsi **2** (*aeron.*) riportarsi in linea di volo.
to **flatter** /ˈflætə(r)/ **A** *v. t.* **1** adulare **2** lusingare: **I was flattered by** (*o* **at**) **the appointment**, mi sentii lusingata per quella nomina **3** far sembrare più bello; imbellire: **This photo flatters her**, sembra più bella in questa foto ● **to f. to deceive**, essere tutta scena **B** to **flatter oneself** *v. rifl.* **1** illudersi **2** vantarsi; compiacersi: **I f. myself I'm among the best students in the year**, mi vanto di essere tra i migliori studenti dell'anno.
flatterer /ˈflætərə(r)/ *n.* adulatore (-trice); lusingatore (-trice).
flattering /ˈflætərɪŋ/ *a.* **1** adulatorio **2** lusinghiero **3** che dona: **The hat is not very f.**, il cappello non mi [ti, ecc.] dona.
flattery /ˈflætərɪ/ *n.* Ⓤ **1** adulazione **2** adulazioni.
flatulence /ˈflætʃʊləns/ *n.* flatulenza.
flatulent /ˈflætʃʊlənt/ *a.* flatulento.
to **flaunt** /flɔːnt, *USA* flɔː-, flɑː-/ *v. t.* fare mostra di; ostentare; sfoggiare.
flautist /ˈflɔːtɪst/ *n.* (*mus., GB*) flautista.
flavour, (*USA*) **flavor** /ˈfleɪvə(r)/ *n.* Ⓤ *e* Ⓒ gusto; sapore.
to **flavour**, (*USA*) to **flavor** /ˈfleɪvə(r)/ *v. t.* aromatizzare; insaporire.
flavouring, (*USA*) **flavoring** /ˈfleɪvərɪŋ/ *n.* Ⓤ *e* Ⓒ essenza aromatizzante; estratto; aroma: **vanilla f.**, essenza di vaniglia.
flaw /flɔː/ *n.* **1** difetto; imperfezione **2** pecca; errore **3** (*leg.*) vizio.
to **flaw** /flɔː/ *v. t.* guastare; rovinare.
flawed /flɔːd/ *a.* difettoso; imperfetto; (*di carattere*) che ha un difetto (*o* difetti).
flawless /ˈflɔːləs/ *a.* senza difetti; integro; perfetto; impeccabile.
flax /flæks/ *n.* Ⓤ lino (*pianta e fibra*).
flaxen /ˈflæksn/ *a.* **1** di lino **2** (*di capelli*) biondo chiaro.
to **flay** /fleɪ/ *v. t.* **1** scorticare; scuoiare **2** criticare severamente; levare la pelle a (*fam.*) **3** (*lett.*) fustigare.
flea /fliː/ *n.* (*zool.*) pulce ● **f.-bitten**, morsicato (*o* infestato) dalle pulci □ **a f. in sb.'s ear**, un rimprovero; un rabbuffo: **to send sb. away with a f. in his ear**, mandare via q.c. in malo modo □ **f. market**, mercato delle pulci.
fleabag /ˈfliːbæg/ *n.* (*fam.*) **1** persona sporca **2** animale pulcioso; sacco di pulci **3** (*USA*) albergo d'infimo ordine.
fleabite /ˈfliːbaɪt/ *n.* **1** morso di pulce **2** (*GB*) piccola seccatura; inezia.
fleapit /ˈfliːpɪt/ *n.* (*fam.*) pulciaio; cimiciaio.
fleck /flɛk/ *n.* **1** piccola chiazza; macchiolina **2** particella; granello: **f. of dust**, granello di polvere.
to **fleck** /flɛk/ *v. t.* chiazzare; macchiettare; punteggiare.
fled /flɛd/ *pass. e p.p. di* **to flee**.
fledged /flɛdʒd/ *a.* (*di uccello*) pennuto; in grado di volare.
fledg(e)ling /ˈflɛdʒlɪŋ/ **A** *n.* uccellino (*che ha appena lasciato il nido*) **B** *a.* (*fig.*) alle prime armi; che muove i primi passi.
to **flee** /fliː/ (*pass. e p.p.* **fled**) **A** *v. i.* fuggire **B** *v. t.* fuggire da; abbandonare.
fleece /fliːs/ *n.* vello.
to **fleece** /fliːs/ *v. t.* **1** tosare **2** (*fam.*) spogliare; spennare; pelare: **We were fleeced at that restaurant**, ci hanno pelati in quel ristorante.
fleecy /ˈfliːsɪ/ *a.* **1** villoso; lanoso **2** soffice.
fleet /fliːt/ *n.* **1** (*naut.*) flotta; flottiglia: **fishing f.**, flottiglia di pescherecci **2** (*aeron.*) flotta **3** parco (*di taxi, camion, ecc.*): **the company's f. of cars**, il parco macchine dell'azienda ● (*naut. mil., USA*) **F. Admiral**, Grande Ammiraglio.
fleeting /ˈfliːtɪŋ/ *a.* fugace; passeggero.
Flemish /ˈflɛmɪʃ/ **A** *a.* fiammingo **B** *n.* fiammingo (*lingua*).
flesh /flɛʃ/ *n.* Ⓤ **1** carne (*di animale vivo*): **the pleasures of the f.**, i piaceri della carne (*o* carnali) **2** parte carnosa; polpa (*di frutta, ecc.*) ● **f. and blood**, la carne; la natura umana: **more than f. and blood can stand**, più di quanto un essere umano possa sopportare; **I'm only f. and blood!**, sono un essere umano anch'io!; **They're my own f. and blood**, sono della mia famiglia; sono del mio stesso sangue □ **f.-coloured**, color carne □ **f.-eating**, carnivoro □ **f. wound**, ferita superficiale □ (*lett.*) **to go the way of all f.**, morire; fare la fine di tutti □ **in the f.**, in carne e ossa □ **to make sb.'s f. creep**, far accapponare la pelle a q.
to **flesh** /flɛʃ/ *v. t.* scuoiare.
♦ **flesh out** *v. t.* + *avv.* dare più sostanza a; rimpolpare.
fleshpot /ˈflɛʃpɒt/ *n.* (*scherz. o spreg.*) **1** luogo di piacere **2** (*al pl.*) vita di piacere; lusso.
fleshy /ˈflɛʃɪ/ *a.* **1** carnoso; bene in carne; grasso **2** polposo; carnoso.
fleur-de-lis /ˌflɜːdəˈliː/ (*franc.*) *n.* (*pl.* **fleurs-de-lis**) (*arald.*) fiordaliso; giglio di Francia.
flew /fluː/ *pass. di* **to fly**.
flex /flɛks/ *n.* Ⓒ *e* Ⓤ (*elettr., GB*) filo (flessibile).
to **flex** /flɛks/ **A** *v. t.* flettere (*un muscolo, ecc.*); piegare **B** *v. i.* flettersi; piegarsi.
flexibility /flɛksəˈbɪlətɪ/ *n.* Ⓤ (*anche fig.*) flessibilità; elasticità.
flexible /ˈflɛksəbl/ *a.* (*anche fig.*) flessibile; elastico.
flexitime /ˈflɛksɪtaɪm/ *n.* (*org. az.*) orario flessibile.
flibbertigibbet /flɪbətɪˈdʒɪbɪt/ *n.* donna o ragazza frivola e volubile.
flick /flɪk/ *n.* **1** colpo secco; buffetto; schiocco **2** movimento improvviso; scarto: **f. of the wrist**, breve movimento del polso **3** (*al pl.*) (*fam. antiq.*) cinema ● (*fam.*) **f.-knife**, coltello a molla.
to **flick** /flɪk/ **A** *v. t.* **1** dare un colpetto a: **He flicked the ash from his sleeve**, con un buffetto si tolse dalla manica la cenere; **to f. an insect away**, scacciare un insetto (*con la mano*) **2** scuotere brevemente: **to f. a whip**, far schioccare una frusta ● (*TV*) **to f. channels**, cambiare canale velocemente col telecomando □ **to f. a switch**, azionare un interruttore **B** *v. i.* muoversi velocemente; guizzare; muoversi a scatti.
♦ **flick through** *v. i.* + *prep.* sfogliare; dare un'occhiata a.
flicker /ˈflɪkə(r)/ *n.* **1** (*di fiamma, ecc.*) tremolio; bagliore: **the f. of a candle**, il tremolio d'una candela **2** barlume; fremito: **f. of hope**, barlume di speranza; **I saw a f. of amusement in her eyes**, colsi un lampo divertito nei suoi occhi.
to **flicker** /ˈflɪkə(r)/ *v. i.* **1** (*di luce, fiamma*) tremolare **2** (*di ombra*) tremolare; danzare **3** (*di palpebre*) battere appena **4** (*di espressione, ecc.*) passare velocemente; sfiorare: **A smile flickered across his face**, sul suo viso passò un breve sorriso.
flier /ˈflaɪə(r)/ *V.* **flyer**.
flight (1) /flaɪt/ *n.* **1** Ⓤ *e* Ⓒ volo: **a bird in f.**, un uccello in volo; **We had a bumpy f.**, abbiamo ballato durante il volo; **a f. of fancy**, un volo della fantasia **2** stormo (*di uccelli o aerei*) **3** (*anche* **f. of stairs**) rampa di scale; scala; scalinata ● (*aeron., USA*) **f. attendant**, assistente di volo □ **f. deck**, (*naut.*) ponte di decollo (*di portaerei*); (*aeron.*) cabina di pilotaggio □ (*aeron.*) **f. formation**, formazione di volo □ (*aeron. mil., GB*) **f. lieutenant**, tenente pilota □ **f. path**, (*aeron.*) rotta di volo; (*di proiettile, ecc.*) traiettoria □ (*aeron.*) **f. recorder**, registratore di volo; scatola nera (*fam.*) □ **in the top f.**, di primo rango (*o* piano) □ **to take f.**, prendere il volo.
flight (2) /flaɪt/ *n.* Ⓤ *e* Ⓒ fuga: **f. of capital**, fuga di capitali all'estero; **to put sb. to f.**, mettere in fuga q.; **to take f.**, darsi alla fuga.
flightless /ˈflaɪtləs/ *a.* (*di uccello*) inabile al volo; incapace

di volare.
flighty /ˈflaɪtɪ/ *a.* volubile; frivolo.
flimsy /ˈflɪmzɪ/ ***A*** *a.* ***1*** leggero; sottile ***2*** poco solido; fragile ***3*** debole; inconsistente: **f. excuse**, scusa debole ***B*** *n.* ***1*** foglio di carta velina ***2*** (*fam. USA*) velina; copia.
to **flinch** /flɪntʃ/ *v. i.* ***1*** trasalire; sussultare ***2*** ritrarsi; indietreggiare; tirarsi indietro: **to f. from st.**, tirarsi indietro di fronte a q.c. • **without flinching**, senza batter ciglio; senza un fremito.
fling /flɪŋ/ *n.* ***1*** periodo di divertimento ***2*** avventura (amorosa); breve storia ***3*** tentativo • **to have one's f.**, godersela; correre la cavallina.
to **fling** /flɪŋ/ (*pass. e p.p.* **flung**) ***A*** *v. t.* ***1*** lanciare; gettare; scagliare: **to f. a stone at sb.**, scagliare una pietra contro q.; **to f. sb. into prison**, gettare q. in prigione ***2*** muovere con energia: **to f. a door open**, spalancare una porta; **to f. out one's arms**, spalancare le braccia • **to f. one's clothes on**, vestirsi in fretta e furia □ **to f. up one's hands in horror**, essere indignato; stracciarsi le vesti ***B*** *v. i.* lanciarsi; gettarsi; precipitarsi: **He flung out of the room in a rage**, si precipitò fuori dalla stanza arrabbiatissimo.
flint /flɪnt/ *n.* ***1*** U (*miner.*) selce ***2*** pietra focaia ***3*** pietrina (*di accendisigari*).
flintlock /ˈflɪntlɒk/ *n.* (*stor.*) fucile a pietra focaia.
flip (1) /flɪp/ *n.* ***1*** colpetto (*che capovolge*): **the f. of a coin**, il lancio di una moneta ***2*** capriola ***3*** breve volo di piacere ***4*** bevanda alcolica calda.
flip (2) /flɪp/ *a.* (*fam.*) ***1*** frivolo; poco serio ***2*** impertinente.
to **flip** /flɪp/ ***A*** *v. t.* voltare (con un rapido movimento della mano): **to f. a coin**, lanciare una moneta; **to f. an omelette over**, rivoltare un'omelette; **to f. through st.**, sfogliare q.c. ***B*** *v. i.* (*pop.*) ***1*** infuriarsi; dare fuori di matto ***2*** perdere la testa; sballare.
♦ **flip over** *v. i. + avv.* girarsi; rovesciarsi.
flip-flop /ˈflɪpflɒp/ *n.* ***1*** (*al pl.*) (*GB*) samurai; ciabattine infradito ***2*** (*fam. USA*) ripensamento; dietrofront.
flippancy /ˈflɪpənsɪ/ *n.* U *e* C ***1*** frivolezza ***2*** impertinenza; irriverenza.
flippant /ˈflɪpənt/ *a.* ***1*** frivolo ***2*** impertinente; irriverente.
flipper /ˈflɪpə(r)/ *n.* ***1*** (*zool.*) pinna; natatoia ***2*** pinna (*di sommozzatore*).
flipping /ˈflɪpɪŋ/ *a.* (*pop.*) maledetto; dannato.
flip-side /ˈflɪpsaɪd/ *n.* (*fam.*) retro (di disco).
flirt /flɜːt/ *n.* ***1*** (*di donna*) civetta; fraschetta ***2*** (*di uomo*) donnaiolo; farfallone.
to **flirt** /flɜːt/ *v. i.* amoreggiare; flirtare; (*di donna, anche*) civettare • **to f. with an idea**, trastullarsi con un'idea; vagheggiare.
flirtation /flɜːˈteɪʃn/ *n.* ***1*** U (il) flirtare ***2*** flirt ***3*** (*fig.*) interesse passeggero; breve passione.
flirtatious /flɜːˈteɪʃəs/ *a.* ***1*** (*rif. a donna*) civettuolo; leggero; provocante ***2*** (*rif. a uomo*) galante.
flirty /ˈflɜːtɪ/ *V.* **flirtatious**.
flit /flɪt/ *n.* trasloco fatto alla chetichella (*per non pagare l'affitto*).
to **flit** /flɪt/ *v. i.* ***1*** svolazzare; volteggiare ***2*** passare rapidamente; scorrere ***3*** andarsene di soppiatto (*per non pagare i debiti, ecc.*); squagliarsela.
float /fləʊt/ *n.* ***1*** galleggiante ***2*** sughero (*di lenza o rete da pesca*) ***3*** carro allegorico; carro carnevalesco ***4*** (*rag.*) fondo di cassa; denaro per dare il resto.
to **float** /fləʊt/ ***A*** *v. i.* ***1*** galleggiare; stare a galla ***2*** librarsi (*nell'aria*); essere sospeso; fluttuare ***3*** lasciarsi trasportare dalla corrente; (*di legname*) fluitare: **to f. down the river**, scendere il fiume seguendo la corrente ***4*** spostarsi senza una meta; vagabondare ***5*** (*anche fin.*) fluttuare ***B*** *v. t.* ***1*** far galleggiare; tenere a galla; rimettere a galla ***2*** far scendere la corrente; flottare (*legname*) ***3*** proporre, suggerire (*un'idea*) ***4*** (*fin.*) emettere (*azioni*); lanciare (*una società emettendo azioni*) ***5*** far fluttuare (*una valuta*) ***6*** (*USA*) emettere (*assegni*) a vuoto • (*fig.*) **to f. on air**, essere al settimo cielo □ **There are some strange rumours floating around**, circolano strane voci.
floating /ˈfləʊtɪŋ/ *a.* ***1*** galleggiante: (*naut.*) **f. dock**, bacino galleggiante ***2*** fluttuante; oscillante; variabile: **f. population**, popolazione fluttuante; (*fin.*) **f. currency**, valuta a tasso di cambio variabile; (*fin.*) **f. interest rate**, tasso di interesse variabile ***3*** (*anat., med.*) mobile: **f. rib [kidney]**, costola [rene] mobile • (*fin.*) **f. capital**, capitale circolante □ (*polit.*) **f. voter**, elettore indeciso.
flock (1) /flɒk/ *n.* ***1*** gregge (*di pecore*) ***2*** stormo (*di uccelli*) ***3*** stuolo; folla ***4*** gregge (*fig.*); fedeli.
flock (2) /flɒk/ *n.* ***1*** fiocco (*di lana, ecc.*); bioccolo ***2*** U cascami.
to **flock** /flɒk/ *v. i.* affollarsi; accalcarsi.
floe /fləʊ/ *n.* banco di ghiaccio galleggiante.
to **flog** /flɒg, *USA* flɔːg/ *v. t.* ***1*** frustare; fustigare ***2*** (*pop.*) vendere • **to f. a dead horse**, sprecare tempo ed energie □ **to f. a story to death**, logorare una storia a forza di ripeterla.
flogging /ˈflɒgɪŋ, *USA* -ɔːg-/ *n.* U *e* C fustigazione.
flood /flʌd/ *n.* ***1*** alluvione; inondazione ***2*** piena: **a river in f.**, un fiume in piena; **f. level**, livello di piena ***3*** (*anche* **f.-tide**) flusso (*della marea*); alta marea ***4*** — **the F.**, il Diluvio universale ***5*** (*fig.*) fiume; diluvio; marea; profluvio: **a f. of protests**, un diluvio di proteste; **a f. of refugees**, un fiume di profughi; **in floods of tears**, in un mare di lacrime.
to **flood** /flʌd/ ***A*** *v. t.* ***1*** allagare; (*anche fig.*) inondare, sommergere: **The room was flooded with light**, la sala era inondata di luce; **to f. the market**, inondare il mercato ***2*** (*mecc.*) ingolfare (*il motore*) ***B*** *v. i.* ***1*** allagarsi; inondarsi ***2*** (*di fiume*) gonfiarsi; straripare.
♦ **flood in** *v. i. + avv.* ***1*** (*dell'acqua*) irrompere (allagando) ***2*** (*fig.*) affluire abbondantemente; fioccare; riversarsi: **Angry phonecalls flooded in**, ci fu un diluvio di (*o* fioccarono le) telefonate furenti.
♦ **flood out** *v. t. + avv.* costringere ad abbandonare la casa (*a causa di un'inondazione*).
flooded /flʌdɪd/ *a.* (*mecc., di motore*) ingolfato.
floodgate /ˈflʌdgeɪt/ *n.* chiusa; paratoia • (*fig.*) **to open the floodgates to**, dare il via a un'ondata di; dare libero sfogo a; dare la stura a.
floodlight /ˈflʌdlaɪt/ *n.* (potente) riflettore.
to **floodlight** /ˈflʌdlaɪt/ (*pass. e p.p.* **floodlit** /ˈflʌdlɪt/) *v. t.* illuminare con riflettori; illuminare a giorno.
floodwater /ˈflʌdwɔːtə(r)/ *n.* acque (di inondazione).
floor /flɔː(r)/ *n.* ***1*** pavimento ***2*** piano (*di edificio*): **first f.**, (*GB*) primo piano; (*USA*) pianterreno; **second f.**, (*GB*) secondo piano; (*USA*) primo piano; **I live on the third f.**, abito al terzo piano ***3*** fondo: **sea f.**, fondo marino ***4*** base; fondamento ***5*** (*in Parlamento*) banchi dei deputati ***6*** (*in una riunione*) pubblico: **questions from the f.**, domande del pubblico ***7*** (*Borsa*) sala delle contrattazioni ***8*** (*di night club*) pista da ballo • **f. cloth**, strofinaccio per i pavimenti □ **f. lamp**, lampada a stelo □ **f.-polisher**, lucidatrice; spandicera □ (*comm.*) **f. price**, prezzo minimo □ **f. show**, spettacolo di varietà (*in un night club*) □ (*fig.*) **to fall through the f.**, crollare □ **to have the f.**, avere la parola (*in Parlamento*) □ **to take (to) the f.**, mettersi a ballare; scendere in pista □ **to wipe the f. with sb.**, annientare q. (*in una discussione, ecc.*).
to **floor** /flɔː(r)/ *v. t.* ***1*** pavimentare ***2*** gettare a terra; atterrare ***3*** (*fam.*) battere; stendere.
floorboard /ˈflɔːbɔːd/ *n.* asse del pavimento.
flooring /ˈflɔːrɪŋ/ *n.* U materiale da pavimentazione.
floorwalker /ˈflɔːwɔːkə(r)/ *n.* (*USA*) caporeparto (*di grande magazzino*).
floosie, floozy /ˈfluːzɪ/ *n.* (*pop.*) sgualdrina.
flop /flɒp/ *n.* ***1*** tonfo ***2*** (*fam.*) fiasco.
to **flop** /flɒp/ *v. i.* ***1*** (*anche* **to f. down**) lasciarsi cadere pesantemente: **to f. on a sofa**, lasciarsi cadere (*o* crollare a sedere) su un divano ***2*** ricadere; penzolare ***3*** (*fam.*) fare fiasco.
flophouse /ˈflɒphaʊs/ *n.* (*fam.*) alberghetto sordido.
floppy /ˈflɒpɪ/ *a.* floscio; molle • (*elab.*) **f. disk**, floppy (disk); dischetto.
flora /ˈflɔːrə/ *n.* (*pl.* **florae** /-riː/, **floras**) (*bot.*) flora.
floral /ˈflɔːrəl/ *a.* floreale.
Florentine /ˈflɒrəntaɪn, *USA* ˈflɔː-/ *a. e n.* fiorentino.
florid /ˈflɒrɪd, *USA* ˈflɔː-/ *a.* ***1*** rubicondo; rubizzo ***2*** (*di stile, ecc.*) fiorito.
florin /ˈflɒrɪn, *USA* ˈflɔː-/ *n.* ***1*** (*stor.*) fiorino ***2*** (*in G.B., fino al 1971*) moneta da due scellini.
florist /ˈflɒrɪst, *USA* ˈflɔː-/ *n.* fioraio (-a); fiorista.
floss /flɒs, *USA* flɔːs/ *n.* U (*ind. tess.*) cascame di seta • **dental f.**, filo interdentale.
flotation /fləʊˈteɪʃn/ *n.* U *e* C (*fin.*) emissione (*di azioni*); lancio (*di una società commerciale*).

flotilla /fləʊ'tɪlə/ *n.* (*naut.*) flottiglia.

flotsam /'flɒtsəm/ *n.* [U] (*naut., leg*) relitti (*o* rottami) galleggianti • **f. and jetsam**, (*naut.*) relitti galleggianti (*o* portati a riva); (*fig.*) cianfrusaglie; derelitti, vagabondi.

flounce (1) /flaʊns/ *n.* gesto d'impazienza (*o* di stizza).

flounce (2) /flaʊns/ *n.* balza; gala.

to **flounce** (1) /flaʊns/ *v. i.* muoversi con impazienza (*o* con stizza): **She flounced out of the room**, se ne andò stizzita.

to **flounce** (2) /flaʊns/ *v. t.* ornare di balze (*o* gale).

flounder /'flaʊndə(r)/ *n.* (*zool.*) passera di mare.

to **flounder** /'flaʊndə(r)/ *v. i.* **1** dibattersi; annaspare **2** impappinarsi.

flour /'flaʊə(r)/ *n.* [U] farina • **self-raising f.**, farina con lievito □ **f.-bin**, madia.

to **flour** /'flaʊə(r)/ *v. t.* infarinare.

flourish /'flʌrɪʃ, *USA* 'flɜː-/ *n.* **1** gesto teatrale; gran gesto **2** svolazzo **3** (*di tromba*) fanfara; squilli.

to **flourish** /'flʌrɪʃ, *USA* 'flɜː-/ **A** *v. i.* **1** stare bene (*di salute*); sprizzare salute (*fam.*) **2** (*di pianta*) attecchire; prosperare **3** prosperare; essere fiorente **B** *v. t.* agitare; sventolare; brandire.

flourishing /'flʌrɪʃɪŋ, *USA* 'flɜː-/ *a.* fiorente; prosperoso; rigoglioso.

flourmill /'flaʊəmɪl/ *n.* mulino (da grano).

floury /'flaʊərɪ/ *a.* **1** farinoso **2** coperto di farina; infarinato.

to **flout** /flaʊt/ *v. t.* disprezzare; farsi beffe di; sfidare.

flow /fləʊ/ *n.* flusso; corrente: **traffic f.**, flusso del traffico; circolazione; **ebb and f.**, flusso e riflusso (*della marea*) • **a f. of words**, un fiume di parole □ (*USA*) **f. sheet**, *V.* **flowchart** □ **to be in full f.**, essere lanciato (*a parlare*) □ (*fam.*) **to go with the f.**, seguire la corrente.

to **flow** /fləʊ/ *v. i.* **1** scorrere; fluire **2** sgorgare; uscire: **Blood flowed from the wound**, dalla ferita usciva sangue **3** (*della marea*) salire **4** (*di fiume*) sfociare **5** (*di stile, ecc.*) essere scorrevole **6** (*di capelli, ecc.*) ricadere morbidamente **7** derivare; provenire.

♦ **flow out** *v. i. + avv.* **1** defluire **2** (*di denaro*) essere speso; andarsene.

flowchart /'fləʊtʃɑːt/ *n.* **1** (*org. az.*) organigramma **2** (*elab.*) diagramma di flusso; flowchart.

flower /'flaʊə(r)/ *n.* [C] e [U] (*anche fig.*) fiore: **in f.**, in fiore • **f. arrangement**, composizione floreale □ **f. girl**, fioraia □ **f. people** (*o* **children**), figli dei fiori (*negli anni 60 e 70*) □ **f. show**, esposizione floreale; mostra dei fiori.

to **flower** /'flaʊə(r)/ *v. i.* (*anche fig.*) fiorire.

flowerbed /'flaʊəbed/ *n.* aiuola.

flowered /'flaʊəd/ *a.* a fiori; a fiorami.

flowering /'flaʊərɪŋ/ **A** *a.* da fiore: **f. plant**, pianta da fiore **B** *n.* fioritura (*fig.*).

flowerpot /'flaʊəpɒt/ *n.* vaso da fiori.

flowery /'flaʊərɪ/ *a.* **1** ornato di fiori; a fiori; fiorato **2** (*di stile*) fiorito; infiorato.

flowing /'fləʊɪŋ/ *a.* **1** fluente; fluido: **f. hair**, capelli fluenti; **f. lines**, linee fluide **2** (*di marea*) montante; crescente **3** (*di abito*) non aderente; dalla linea morbida.

flown /fləʊn/ *p.p. di* **to fly**.

flu /fluː/ *n.* [U] (*med., fam.*) influenza: **I've got flu**, ho l'influenza.

to **fluctuate** /'flʌktʃʊeɪt/ *v. i.* (*anche fin.*) fluttuare; oscillare.

fluctuation /flʌktʃʊ'eɪʃn/ *n.* [U] e [C] (*anche fin.*) fluttuazione; oscillazione.

flue /fluː/ *n.* **1** canna fumaria; gola del camino **2** condotto; tubo.

fluency /'fluːənsɪ/ *n.* [U] **1** scorrevolezza; scioltezza **2** (il) parlare correntemente (*una lingua straniera*): **F. in English is required**, si richiede un'ottima conoscenza dell'inglese.

fluent /'fluːənt/ *a.* **1** (*di parola, stile*) scorrevole **2** (*di persona*) eloquente **3** (*rif. a lingua straniera*) — **She speaks f. English**, parla un ottimo inglese; **He is f. in three languages**, parla correntemente tre lingue.

fluently /'fluːəntlɪ/ *avv.* scorrevolmente; correntemente.

fluff /flʌf/ *n.* [U] lanugine; peluria.

to **fluff** /flʌf/ *v. t.* **1** arruffare (*le penne*) **2** (*fam.*) sbagliare; pasticciare: (*teatr.*) **to f. one's lines**, impaperarsi.

♦ **fluff up** *v. t. + avv.* sprimacciare (*un cuscino, ecc.*).

fluffiness /'flʌfɪnəs/ *n.* [U] morbidezza; vaporosità.

fluffy /'flʌfɪ/ *a.* **1** coperto di peluria; morbido **2** soffice; vaporoso.

fluid /'fluːɪd/ **A** *a.* **1** fluido **2** fluente; morbido **3** instabile; mutevole **B** *n.* [C] e [U] **1** fluido **2** liquido • **correcting f.**, correttore (liquido).

fluidity /fluː'ɪdətɪ/ *n.* [U] fluidità.

fluke (1) /fluːk/ *n.* (*naut.*) patta (*d'ancora*); palma.

fluke (2) /fluːk/ *n.* colpo di fortuna • **by a f.**, per puro caso.

fluky /'fluːkɪ/ *a.* fortuito; fortunato.

flume /fluːm/ *n.* canale artificiale (*inclinato*).

to **flummox** /'flʌməks/ *v. t.* (*fam.*) sconcertare.

flung /flʌŋ/ *pass. e p.p. di* **to fling**.

to **flunk** /flʌŋk/ (*fam. USA*) **A** *v. t.* **1** essere bocciato in: **I flunked math**, mi hanno bocciato in matematica **2** bocciare **B** *v. i.* essere bocciato.

♦ **flunk out** *v. i. + avv.* (*fam. USA*) essere espulso (*da una scuola*) per cattivo rendimento.

flunk(e)y /'flʌŋkɪ/ *n.* **1** servo in livrea; lacchè **2** (*spreg.*) lacchè; tirapiedi.

fluorescence /flʊə'resns, flɔː-/ *n.* [U] fluorescenza.

fluorescent /flʊə'resnt, flɔː-/ *a.* fluorescente • **f. lighting**, illuminazione a fluorescenza.

fluoride /'flʊəraɪd, 'flɔː-/ *n.* (*chim.*) fluoruro • **f. toothpaste**, dentifricio al fluoro.

fluorine /'flʊəriːn, 'flɔː-, -rɪn/ *n.* [U] (*chim.*) fluoro.

flurry /'flʌrɪ, *USA* 'flɜː-/ *n.* **1** folata, raffica (*di vento*); scroscio (*di pioggia*); turbine (*di neve*) **2** fermento; agitazione: **f. of excitement**, grande eccitazione; **f. of activity**, attività frenetica improvvisa.

to **flurry** /'flʌrɪ, *USA* 'flɜː-/ *v. t.* agitare; confondere.

flush (1) /flʌʃ/ *n.* **1** sciacquata **2** sciacquone (*del gabinetto*) **3** rossore **4** empito; ebbrezza: **f. of excitement**, empito di entusiasmo; **in the first f. of victory**, nell'ebbrezza della vittoria; **in the first f. of youth**, nel primo rigoglio della giovinezza.

flush (2) /flʌʃ/ **A** *a.* **1** pari; a filo; a livello **2** (*fam.*) ben fornito di quattrini; ricco **B** *avv.* a filo; a livello.

flush (3) /flʌʃ/ *n.* (*nel poker*) colore.

to **flush** /flʌʃ/ **A** *v. t.* **1** pulire (*con un getto d'acqua*); sciacquare: **to f. the toilet**, tirare lo sciacquone (del water) **2** stanare (*uomini o animali*); far levare in volo (*uccelli*) • **to f. st. down the toilet**, gettare qualcosa nel water e tirare lo sciacquone **B** *v. i.* **1** arrossire **2** — **The toilet won't f.**, lo sciacquone non funziona.

flushed /flʌʃt/ *a.* **1** accaldato; rosso in viso **2** eccitato; inebriato: **f. with success**, inebriato dal successo.

fluster /'flʌstə(r)/ *n.* stato di agitazione • **to be in a f.**, essere agitato.

to **fluster** /'flʌstə(r)/ *v. t.* agitare; innervosire.

flute /fluːt/ *n.* (*mus.*) flauto.

fluted /'fluːtɪd/ *a.* scanalato.

flutist /'fluːtɪst/ *n.* (*mus., USA*) flautista.

flutter /'flʌtə(r)/ *n.* **1** battito (*d'ali e sim.*); frullo **2** stato di agitazione: **to put sb. in a f.**, mettere q. in agitazione; **to be in a f.**, essere agitato **3** [U] (*mecc.*) sfarfallamento **4** (*med.*) flutter; fibrillazione **5** (*pop.*) piccola scommessa • **to cause a f.**, far colpo.

to **flutter** /'flʌtə(r)/ **A** *v. t.* battere (*le ali, le palpebre, ecc.*) **B** *v. i.* **1** battere le ali; svolazzare **2** ondeggiare; sventolare **3** (*del cuore*) palpitare **4** (*mecc.*) sfarfallare.

fluty /'fluːtɪ/ *a.* flautato.

fluvial /'fluːvɪəl/ *a.* fluviale.

flux /flʌks/ *n.* **1** flusso **2** [U] continuo mutamento: **in a state of f.**, in continuo mutamento **3** [C] e [U] (*fonderia*) fondente.

fly (1) /flaɪ/ *n.* **1** (*zool.*) mosca **2** (*pesca*) mosca (artificiale): **fly-fishing**, pesca con la mosca • **fly in the ointment**, piccolo neo (che sciupa tutto) □ **fly-on-the-wall documentary**, documentario verità □ **to break a fly on the wheel**, sprecare le proprie energie per un nonnulla □ **He wouldn't hurt a fly**, non farebbe male a una mosca □ (*pop.*) **There are no flies on him**, è furbo; non è nato ieri.

fly (2) /flaɪ/ *n.* **1** (*anche al pl.*) (*GB*) patta (*dei calzoni*): **Your fly is undone**, hai la patta (*fam.* la bottega) aperta **2** (*mecc.*) volano **3** (*al pl.*) (*teatr.*) ballatoio di manovra • **on the fly**, in volo.

fly (3) /flaɪ/ *a.* (*pop.*) furbo; sveglio.

to **fly** /flaɪ/ (*pass.* **flew**, *p.p.* **flown**) **A** *v. i.* **1** volare; svolazzare: **to fly away**, volar via; **to fly about**, svolazzare qua e là; **to fly up**, alzarsi in volo **2** (*rif. ad aereo*) volare; andare in aereo; prendere l'aereo: **to f. blind**, volare alla cieca; **We will fly over Paris**, sorvoleremo (*o* passeremo sopra) Parigi; **This time I'm going to fly**, questa volta prendo l'aereo (*o* vado in aereo); **He flew back from London on Monday**, lunedì tornò in aereo da Londra; **He flew into Heathrow this morning**, è atterrato a Heathrow stamattina; **He flies out [in] tomorrow**, parte [arriva] (*in aereo*) domani; **to fly across the Atlantic**, trasvolare l'Atlantico ***3*** sventolare ***4*** precipitarsi; passare (*o* muoversi) velocemente; volare: **to fly down the stairs**, precipitarsi giù per le scale; **My dog flew to meet me**, il mio cane mi volò incontro; **Time flies**, il tempo vola; **Bullets were flying**, volavano le pallottole; **to fly past st.**, sfrecciare davanti a q.c.; **to fly open**, spalancarsi di colpo ***5*** (*anche fig.*) fuggire; scappare: **I really must fly**, devo proprio scappare • **to fly at half mast**, (*di bandiera*) essere a mezz'asta □ **to fly high**, essere ambizioso; mirare in alto □ **to fly in the face of**, essere un'aperta sfida a; sfidare apertamente □ **to fly into a rage** (*o* **a passion, a temper**), infuriarsi □ (*fam.*) **to fly off the handle**, perdere le staffe; uscire dai gangheri □ **to fly to arms**, correre alle armi □ **to send sb. [st.] flying**, far volare q. [q.c.] □ **to send things flying**, buttare tutto all'aria ***B*** *v. t.* ***1*** far volare; pilotare (*un aereo*); trasportare (*in aereo*); volare (*con una compagnia aerea*); percorrere (*una distanza*): **to fly in supplies**, far pervenire rifornimenti per via aerea; **We were flown out the next day**, ci fecero partire in aereo il giorno dopo ***2*** trasvolare ***3*** (*naut.*) battere: **to fly the Chilean flag**, battere bandiera cilena ***4*** (*form.*) fuggire da: **to fly a country**, fuggire da un paese • **to fly the coop**, scappare; tagliare la corda □ (*fig.*) **to fly a kite**, lanciare una proposta per saggiare il terreno; lanciare un ballon d'essai.

♦ **fly at** *v. i. + prep.* avventarsi su; lanciarsi su. • **to let fly at sb.**, sparare a q.; scagliarsi su q., attaccare q. (*anche a parole*).

♦ **fly by** *v. i. + avv.* ***1*** sfrecciare accanto (a q.c.) ***2*** passare in un lampo ***3*** (*aeron.*) volare in parata.

flyaway /ˈflaɪəweɪ/ *a.* (*di capelli*) che si spettinano facilmente.

flyblown /ˈflaɪbləʊn/ *a.* ***1*** (*di carne*) infestato da uova di mosca; guasto ***2*** sporco di caccole di mosca ***3*** (*fig.*) trito; logoro.

flyby /ˈflaɪbaɪ/ *n.* (*USA*) ***1*** parata aerea ***2*** (*miss.*) passaggio ravvicinato.

fly-by-night /ˈflaɪbaɪˈnaɪt/ *n. e a.* (persona) poco affidabile, poco raccomandabile.

flycatcher /ˈflaɪkætʃə(r)/ *n.* (*zool.*) pigliamosche.

flyer /ˈflaɪə(r)/ *n.* ***1*** aviatore ***2*** volantino • **high f.**, giovane ambizioso che farà carriera.

fly half /ˈflaɪhɑːf, *USA* -æf/ *locuz. n.* (*rugby*) mediano di apertura.

flying (1) /ˈflaɪɪŋ/ *a.* ***1*** volante; che vola: **f. fish**, pesce volante; **f. saucer**, disco volante ***2*** (*aeron.*) di aviazione; di volo: **f. time**, ore di volo ***3*** (*di bandiera*) spiegato; al vento: **with all flags f.**, con tutte le bandiere spiegate ***4*** veloce; breve; frettoloso; volante: **f. visit**, breve visita • **f. boat**, idrovolante a scafo centrale □ (*archit.*) **f. buttress**, arco rampante □ **f. doctor**, medico che fa le visite spostandosi in aereo o in elicottero □ **f. jump**, salto con rincorsa □ (*polizia*) **f. squad**, squadra volante; volante □ (*sport*) **f. start**, partenza lanciata □ (*fam.*) **to get off to a f. start**, cominciare molto bene; partire in quarta.

flying (2) /ˈflaɪɪŋ/ *n.* Ⓤ volo; il volare • **f. club**, aeroclub □ **f. school**, scuola di pilotaggio.

flyleaf /ˈflaɪliːf/ *n.* (*pl.* **flyleaves** /-liːvz/) (*tipogr.*) risguardo.

flyover /ˈflaɪəʊvə(r)/ *n.* ***1*** (*GB*) cavalcavia ***2*** (*aeron., USA*) parata aerea.

flypaper /ˈflaɪpeɪpə(r)/ *n.* carta moschicida.

flypast /ˈflaɪpɑːst, *USA* -æst/ *n.* (*aeron., GB*) parata aerea.

fly-sheet /ˈflaɪʃiːt/ *n.* volantino.

flyswatter /ˈflaɪswɒtə(r)/ *n.* (paletta) scacciamosche.

flyweight /ˈflaɪweɪt/ *n.* (*boxe*) peso mosca.

flywheel /ˈflaɪwiːl, *USA* -hw-/ *n.* (*autom., mecc.*) volano.

foal /fəʊl/ *n.* (*zool.*) puledro.

to **foal** /fəʊl/ *v. t. e i.* (*di cavalla, asina*) figliare.

foam /fəʊm/ *n.* Ⓤ schiuma; spuma • **f. rubber**, gommapiuma.

to **foam** /fəʊm/ *v. i.* spumare; spumeggiare; (*del sapone*) schiumare • (*anche fig.*) **to f. at the mouth**, avere la schiuma alla bocca □ **to f. with rage**, essere furibondo; schiumare di rabbia.

foamy /ˈfəʊmɪ/ *a.* spumeggiante; spumante; spumoso; schiumoso.

fob /fɒb/ *n.* ***1*** taschino per l'orologio ***2*** catenella (*cui appendere l'orologio*) • **fob watch**, orologio da tasca.

to **fob** /fɒb/ *v. Solo come:*

♦ **fob off** *v. t. + avv.* ***1*** non dare risposta a (q.) ***2*** ignorare; non tener conto di.

♦ **fob off with** *v. t. + avv. + prep.* ***1*** tener buono (q.) con: **He tried to fob me off with promises**, cercò di tenermi buono con promesse ***2*** imbrogliare (q.) rifilandogli (q.c.); **They fobbed him off with a fake Gauguin**, gli hanno rifilato un Gauguin falso.

♦ **fob off on** *v. t. + avv. + prep.* rifilare (q.c. a q.).

focal /ˈfəʊkl/ *a.* (*fis.*) focale: **f. length**, distanza focale; **f. point**, punto focale; fuoco; (*fig.*) centro, punto focale.

foci /ˈfəʊsaɪ/ *pl. di* **focus**.

fo'c'sle /ˈfəʊksl/ *V.* **forecastle**.

focus /ˈfəʊkəs/ *n.* (*pl.* **foci, focuses**) ***1*** (*fis., geom.*) fuoco ***2*** punto focale; centro: **f. of attention**, centro dell'attenzione ***3*** interesse; attenzione ***4*** (*med.*) focolaio (di malattia) • **to bring into f.**, mettere a fuoco □ **in f.**, a fuoco □ **out of f.**, sfocato.

to **focus** /ˈfəʊkəs/ ***A*** *v. t.* ***1*** (*fis.*) mettere a fuoco ***2*** concentrare; far convergere; focalizzare: **to f. one's attention on st.**, concentrare l'attenzione su q.c. ***B*** *v. i.* ***1*** (*fis.*: *di raggi, ecc.*) convergere ***2*** (*di occhi*) mettere a fuoco (le immagini) ***3*** concentrarsi; focalizzarsi: **All eyes focused on me**, tutti gli sguardi si concentrarono su di me; **to f. on a problem**, concentrare l'attenzione su una questione.

fodder /ˈfɒdə(r)/ *n.* Ⓤ ***1*** foraggio ***2*** (*spreg.*) cosa o persona da dare in pasto (a q.c.): **cannon f.**, carne da cannone.

foe /fəʊ/ *n.* (*lett.*) nemico.

foetal /ˈfiːtl/ *a.* fetale; di feto.

foetus /ˈfiːtəs/ *n.* feto.

fog /fɒg, *USA* fɔːg/ *n.* Ⓤ *e* Ⓒ ***1*** nebbia ***2*** (*fotogr.*) velo; velatura • (*fam.*) **to be in a fog**, essere confuso; non capire □ (*autom.*) **fog lamp** (*o* **light**), (faro) antinebbia; fendinebbia.

to **fog** /fɒg, *USA* fɔːg/ ***A*** *v. t.* ***1*** annebbiare; appannare; offuscare ***2*** (*fotogr.*) velare ***3*** confondere: **His statement simply fogs the real issue**, la sua dichiarazione serve solo a confondere il vero problema ***B*** *v. i.* annebbiarsi; appannarsi; offuscarsi.

fogbound /ˈfɒgbaʊnd, *USA* ˈfɔːg-/ *a.* bloccato dalla nebbia.

fogey /ˈfəʊgɪ/ *V.* **fogy**.

foggy /ˈfɒgɪ, *USA* ˈfɔːgɪ/ *a.* ***1*** nebbioso ***2*** nebuloso; vago • (*fam.*) **not to have the foggiest (idea)**, non aver la più pallida idea.

foghorn /ˈfɒghɔːn, *USA* ˈfɔːg-/ *n.* (*naut.*) sirena da nebbia.

fogy /ˈfəʊgɪ/ *n.* (*spreg., generalm.* **old f.**) uomo all'antica; vecchio barbogio; parruccone.

foible /ˈfɔɪbl/ *n.* pallino; mania; debole.

foil (1) /fɔɪl/ *n.* ***1*** Ⓤ lamina (*di metallo*): **tin f.**, stagnola ***2*** (*cucina*) foglio di alluminio ***3*** contrasto; ciò che fa risaltare (per contrasto): **to serve as a f. to**, far risaltare per contrasto.

foil (2) /fɔɪl/ *n.* (*scherma*) fioretto.

to **foil** /fɔɪl/ *v. t.* sventare; far fallire; frustrare.

to **foist** /fɔɪst/ *v. t.* ***1*** imporre: **to f. one's presence** (*o* **oneself**) **on sb.**, imporre a q. la propria presenza ***2*** rifilare; sbolognare (*fam.*): **to f. st. (off) on sb.**, rifilare q.c. a q.

fold (1) /fəʊld/ *n.* ***1*** (*anche geol., anat.*) piega ***2*** recesso (*fra i monti*) ***3*** spira (*di serpente, ecc.*).

fold (2) /fəʊld/ *n.* ovile.

to **fold** /fəʊld/ ***A*** *v. t.* ***1*** piegare; ripiegare: **to f. a sheet**, piegare un lenzuolo; **to f. back**, piegare indietro; ripiegare ***2*** avvolgere ***3*** chiudere ***4*** serrare, stringere (*fra le braccia, ecc.*) ***5*** incrociare (*le braccia*); ripiegare, raccogliere (*le ali*): **with arms folded**, a braccia conserte ***B*** *v. i.* ***1*** chiudersi; piegarsi; essere pieghevole ***2*** *V.* **to fold up**, *B, def. 1* ***3*** (*a carte*) chiudere.

♦ **fold in** *v. t. + avv.* (*cucina*) aggiungere mescolando adagio.

♦ **fold up** ***A*** *v. t. + avv.* ***1*** piegare ***2*** chiudere (*una sdraio, ecc.*) ***B*** *v. i. + avv.* ***1*** (*comm.*) chiudere l'attività; liquidare tutto; fallire ***2*** (*di persona*) crollare; accasciarsi.

foldaway /ˈfəʊldəweɪ/ *a.* pieghevole: **f. bed**, branda.

folder /ˈfəʊldə(r)/ *n.* cartelletta; raccoglitore.

folding /ˈfəʊldɪŋ/ *a.* pieghevole: **f. seat**, sedile reclinabile; **f. camera**, macchina fotografica a soffietto; (*USA*) **f. money**, moneta cartacea.

foliage /ˈfəʊlɪɪdʒ/ *n.* Ⓤ fogliame.

folio /ˈfəʊlɪəʊ/ *n.* (*pl.* **folios**) *1* foglio, pagina (*di libro antico*) *2* pagina in-folio *3* volume in-folio.

folk /fəʊk/ *A n. 1* (*col verbo al pl., anche* **folks**) gente: **country f.**, gente di campagna *2* (*al pl.*) (*fam.*) — **one's** (*o* **the**) **folks**, i propri familiari; la famiglia; **How are your** (*o* **the**) **folks?**, come stanno i tuoi? *3* (*al pl.*) (*vocat., fam.*) gente; amici; ragazzi *4* musica folk *B a. attr. 1* popolare: **f. dance** [**art**], danza [arte] popolare *2* (*mus.*) popolare; folk: **f. music**, musica popolare; musica folk; **f. singer**, cantante folk; **f. song**, canto popolare; canzone folk.

folklore /ˈfəʊklɔː(r)/ *n.* U folclore; tradizioni popolari.

folksy /ˈfəʊksɪ/ *a.* (*fam.*) *1* popolaresco *2* (*USA*) cordiale; socievole *3* (*spreg.*) campagnolo; rustico.

folktale /ˈfəʊkteɪl/ *n.* racconto popolare.

follicle /ˈfɒlɪkl/ *n.* (*anat., bot.*) follicolo.

to **follow** /ˈfɒləʊ/ *A v. t. 1* seguire: **We are being followed**, qualcuno ci segue; **He followed me in**, entrò dietro di me; **to f. sb.'s advice** [**example**], seguire i consigli [l'esempio] di q.; **I didn't f. the last Olympics**, non ho seguito le ultime Olimpiadi; **I don't quite f. you**, non ti seguo; non ho capito bene *2* venire dopo; succedere a: **June follows May**, giugno viene dopo maggio *3* far seguire: **to f. praise with criticism**, far seguire agli elogi le critiche *4* esercitare, fare (*un mestiere*): **to f. the sea** [**the law**], fare il marinaio [l'avvocato] *5* derivare da; procedere da • **to f. one another**, susseguirsi; succedersi □ **to f. one's nose**, andare sempre dritto □ **to f. suit**, (*a carte*) rispondere a colore; (*fig.*) fare altrettanto *B v. i. 1* seguire; venire dopo *2* seguirne; derivarne: **If he left at 7, it follows he can't have heard the shot**, se è andato via alle 7, ne segue che non può aver sentito lo sparo • **to f. in the footsteps of**, seguire le orme di □ **I'll have lasagne and a salad to f.**, prendo le lasagne e poi un'insalata.

♦ **follow on** *v. i. + avv. 1* seguire; venire dopo *2* risultarne; derivarne.

♦ **follow out** *v. t. + avv.* seguire alla lettera (*ordini, ecc.*).

♦ **follow through** *A v. t. + avv.* portare a termine; eseguire fino in fondo *B v. i. + avv.* (*tennis, ecc.*) accompagnare il colpo.

♦ **follow through with** *v. i. + avv. e prep.* portare avanti (*un'idea, ecc.*); procedere con.

♦ **follow up** *v. t. + avv. 1* seguire: **to f. up a suggestion**, seguire un suggerimento *2* fare seguito a: **I followed up my telegram with a visit**, feci seguito al mio telegramma con una visita.

follower /ˈfɒləʊə(r)/ *n. 1* seguace; discepolo (-a) *2* (*sport*) sostenitore (-trice); tifoso (-a).

following (**1**) /ˈfɒləʊɪŋ/ *A a. 1* seguente; successivo: **the f. day**, il giorno seguente; l'indomani; **in the f. months**, nei mesi seguenti (*o* successivi); **I did it in the f. way**, l'ho fatto nel seguente modo *2* (*naut.*) in poppa; di poppa: **f. wind**, vento in poppa *B n. 1* seguito *2* (*giorn.*) pubblico; lettori • **The f. are requested to stay behind**, le seguenti persone sono pregate di fermarsi □ **He announced the f.**, annunciò quanto segue.

following (**2**) /ˈfɒləʊɪŋ/ *prep.* dopo.

follow-my-leader /ˈfɒləʊmaɪˈliːdə(r), -ləmɪ-/, (*USA*) **follow-the-leader** /ˈfɒləʊðəˈliːdə(r), -ləðə-/ *n.* gioco in cui tutti imitano i gesti del capofila.

follow-on /ˈfɒləʊˈɒn, *USA* -ˈɔːn/ *n.* seguito; continuazione.

follow-through /ˈfɒləʊˈθruː/ *n. 1* (*sport*) accompagnamento (di un colpo) *2* (*USA*) esecuzione; conclusione.

follow-up /ˈfɒləʊʌp/ *A a.* successivo; ulteriore *B n. 1* seguito (*di articolo, ecc.*) *2* (lettera di) sollecito.

folly /ˈfɒlɪ/ *n.* U *e* C follia; pazzia.

to **foment** /fəʊˈmɛnt/ *v. t.* fomentare.

fond /fɒnd/ *a. 1* amoroso; tenero *2* (*spreg.*) troppo tenero; che ama ciecamente *3* (*di desiderio, speranza, ecc.*) vivo ma poco realistico: **I had f. hopes of seeing him for Christmas**, speravo ardentemente di vederlo per Natale (*e invece...*) *4* (*di ricordo*) piacevole; bello • **to be f. of**, voler molto bene a; essere molto affezionato a; avere una passione per: **I'm very f. of chocolate**, mi piace molto (*o* ho un debole per) il cioccolato; **as Gran is f. of saying**, come ama dire la nonna.

fondant /ˈfɒndənt/ *n.* (*cucina*) fondente; fondant.

to **fondle** /ˈfɒndl/ *v. t.* accarezzare; coccolare.

fondly /ˈfɒndlɪ/ *avv. 1* affettuosamente; con affetto; teneramente *2* con piacere *3* ingenuamente: **He f. imagines he can win**, si illude di poter vincere!

fondness /ˈfɒndnəs/ *n.* U *1* affetto; amore; tenerezza *2* predilezione; passione; debole: **a f. for chocolate**, un debole per il cioccolato.

fondue /fɒnˈduː/ (*franc.*) *n.* C *e* U (*cucina*) fonduta.

font (**1**) /fɒnt/ *n. 1* fonte battesimale *2* acquasantiera.

font (**2**) /fɒnt/ *V.* **fount** (**2**).

food /fuːd/ *n. 1* U cibo; nutrimento *2* U *e* C *cibo; cibi; cose da mangiare;* (*il*) *mangiare; cucina; viveri*: **health f.**, cibi naturali; **Chinese f.**, la cucina cinese; **There is no f. in the house**, in casa non c'è niente da mangiare; **The f. was good**, abbiamo mangiato bene; **f. supplies**, rifornimenti di viveri • **f. chain**, catena alimentare □ **f. for thought**, materia di riflessione □ **f. mixer**, frullatore; sbattitore; impastatrice □ **f. poisoning**, intossicazione alimentare □ **f. processor**, tritatutto elettrico □ **to be off one's f.**, soffrire d'inappetenza.

foodstuffs /ˈfuːdstʌfs/ *n. pl.* generi alimentari.

fool /fuːl/ *n. 1* sciocco (-a); stolto (-a) *2* (*stor.*) buffone; giullare • **f.'s cap**, berretto da giullare; berretto conico (*imposto a uno scolaro zuccone*) □ **f.'s errand**, impresa inutile; viaggio a vuoto □ **f.'s gold**, oro matto □ **All Fools' Day**, il primo aprile □ **Any f. could do it!**, non occorre essere un genio per riuscirci! □ **to live in a f.'s paradise**, vivere nel mondo della luna □ **to make a f. of oneself**, rendersi ridicolo; fare la figura dello stupido □ **to make a f. of sb.**, imbrogliare q.; prendere in giro q. □ **More f. you!**, che stupido (sei)!; peggio per te! □ **to be nobody's f.**, non essere nato ieri □ **to play the f.**, fare il buffone; fare lo stupido. ATTENZIONE: **fool** ≠ folle.

to **fool** /fuːl/ *A v. t.* imbrogliare; ingannare • **to f. sb. into believing st.**, far credere q.c. a q. *B v. i.* scherzare.

♦ **fool about** (*o* **around**) *v. i. + avv. 1* oziare; perdere tempo *2* fare lo stupido (*o* lo scemo): **Stop fooling around with that gun!**, smettila di giocherellare con quella pistola! *3* avere avventure amorose.

foolery /ˈfuːlərɪ/ *n.* U *e* C stupidità; idiozia; scempiaggine.

foolhardiness /ˈfuːlhɑːdɪnəs/ *n.* U avventatezza; temerarietà.

foolhardy /ˈfuːlhɑːdɪ/ *a.* avventato; temerario.

foolish /ˈfuːlɪʃ/ *a.* sciocco; stupido; assurdo.

foolishness /ˈfuːlɪʃnəs/ *n.* U sciocchezza; stupidità; assurdità.

foolproof /ˈfuːlpruːf/ *a. 1* infallibile *2* di semplice funzionamento; facilissimo.

foolscap /ˈfuːlskæp/ *n.* U carta protocollo.

foot /fʊt/ *n.* (*pl.* **feet**) *1* (*anche fig.*) piede: **on one's feet**, in piedi; **to rise to one's feet**, alzarsi in piedi; **at the f. of the bed**, ai piedi del letto; **at the f. of the hill**, ai piedi della collina; **at the f. of the page**, in fondo alla pagina; in calce *2* (*poesia*) piede *3* (*misura*) piede: **six feet** (*o* **foot**) **tall**, alto sei piedi *4* U (*mil.*) fanteria: **f. soldier**, soldato di fanteria • (*vet.*) **f.-and-mouth disease**, afta epizootica □ **f.-bath**, pediluvio □ **f. brake**, freno a pedale □ **feet first**, coi piedi in avanti □ **to get a f. in the door**, farsi un'entratura □ □ **to get cold feet**, farsi prendere dalla paura (*e tirarsi indietro*); ripensarci □ **to have a f. in both camps**, tenere il piede in due staffe □ **to have one f. in the grave**, avere un piede nella fossa □ **to keep one's feet**, rimanere in piedi; non perdere l'equilibrio □ **to have** (*o* **keep**) **one's** (*o* **both**) **feet on the ground**, stare coi piedi per terra □ (*fam.*) **My f.!**, un accidente!; un corno! □ **on f.**, a piedi □ **not to put a f. wrong**, non fare un passo falso □ **to put one's best f. forward**, camminare di buon passo; (*fig.*) mettersi d'impegno □ (*fam.*) **to put one's f. down**, fare la voce grossa; puntare i piedi □ **to put one's f. in it** (*o* **in one's mouth**), fare una gaffe □ (*fam.*) **to put one's feet up**, sedersi e riposare □ **to start off on the wrong f.**, partire col piede sbagliato □ **to be under sb.'s feet**, essere fra i piedi.

to **foot** /fʊt/ *v. t.* — (*fam.*) **to f. the bill**, pagare il conto; (*fig.*) pagare □ (*fam.*) **to f. it**, farsela a piedi.

footage /ˈfʊtɪdʒ/ *n.* U (*cinem.*) *1* metraggio *2* spezzone.

football /ˈfʊtbɔːl/ *n.* (*sport*) *1* pallone (*da calcio, ecc.*) *2* U (*GB*) (gioco del) calcio; football *3* U (*USA*) football americano.

footballer /ˈfʊtbɔːlə(r)/ *n.* (*sport*) *1* calciatore *2* (*USA*) giocatore di football americano.

footbridge /ˈfʊtbrɪdʒ/ *n.* passerella; ponticello pedonale.

footed /ˈfʊtɪd/ *a.* (*nei composti*) — **bare-f.**, a piedi nudi; scalzo □ **four-f.**, quadrupede □ **flat-f.**, coi piedi piatti.

footfall /ˈfʊtfɔːl/ *n.* rumore di un passo; passo.

foothill /ˈfʊthɪl/ *n.* collina pedemontana.

foothold /ˈfʊthəʊld/ *n.* ***1*** punto d'appoggio (*per il piede*); appiglio ***2*** (*fig.*) punto d'appoggio.
footing /ˈfʊtɪŋ/ *n.* ***1*** punto d'appoggio (*per il piede*): **to miss one's f.**, mettere il piede in fallo; perdere l'equilibrio ***2*** (*fig.*) base; piano; posizione: **on an equal f.**, su un piano di parità; in condizioni di parità; **on a friendly f. with**, in rapporti amichevoli con.
footlights /ˈfʊtlaɪts/ *n. pl.* luci della ribalta.
footling /ˈfʊtlɪŋ/ *a.* insignificante; futile.
footloose /ˈfʊtluːs/ *a.* libero; indipendente • **f. and fancy-free**, spensierato; libero e senza legami sentimentali.
footman /ˈfʊtmən/ *n.* (*pl.* **footmen** /-mən/) domestico in livrea; lacchè; valletto.
footnote /ˈfʊtnəʊt/ *n.* nota a piè di pagina; nota in calce.
footpath /ˈfʊtpɑːθ, *USA* -æθ/ *n.* ***1*** sentiero ***2*** marciapiede.
footprint /ˈfʊtprɪnt/ *n.* impronta (di piede); orma.
footsie /ˈfʊtsɪ/ *n.* — (*fam.*) **to play f. (with sb.)**, far piedino (a q.).
to **footslog** /ˈfʊtslɒg, *USA* -ɔːg/ *v. i.* (*fam. GB*) scarpinare.
footsore /ˈfʊtsɔː(r)/ *a.* con i piedi doloranti.
footstep /ˈfʊtstɛp/ *n.* ***1*** passo: **to hear footsteps**, sentire dei passi (*o* un rumore di passi) ***2*** impronta; orma: **to follow in sb.'s footsteps**, seguire le orme di q. (*fig.*).
footstool /ˈfʊtstuːl/ *n.* poggiapiedi; sgabello.
footwarmer /ˈfʊtwɔːmə(r)/ *n.* scaldapiedi; scaldino.
footwear /ˈfʊtwɛə(r)/ *n.* Ⓤ calzature.
footwork /ˈfʊtwɜːk/ *n.* Ⓤ ***1*** (*sport*) gioco di gambe ***2*** (*nel ballo*) movimento dei piedi ***3*** (*fig.*) abilità (*dimostrata in una situazione difficile*) • **fancy f.**, abile manovra.
fop /fɒp/ *n.* bellimbusto; damerino; zerbinotto.
foppish /ˈfɒpɪʃ/ *a.* affettato; fatuo; frivolo; vanitoso.
for (1) /fɔː(r), fə(r)/ *prep.* ***1*** (*direzione, destinazione, scopo*) per: **He left for Venice**, partì per Venezia; **the train for London**, il treno per Londra; **I did it for you**, l'ho fatto per te; **a gadget for opening bottles**, un aggeggio per aprire le bottiglie; **to invite sb. for lunch**, invitare q. a pranzo; **to be good for one's health**, fare bene alla salute; **Take an aspirin for the pain**, prendi un'aspirina per il dolore; **to have an ear for music**, avere orecchio per la musica; **There were forty votes for the motion**, ci sono stati quaranta voti a favore della mozione; **a table for two**, un tavolo per due; **to work for one's living**, lavorare per vivere; **for sale**, in vendita; **for hire**, a noleggio; **longing for peace**, desideroso di pace; **It's time for school**, è ora d'andare a scuola ***2*** (*causa*) per; a causa di: **I didn't speak for fear of offending her**, non parlai per paura di offenderla; **We can't hear for the noise of the trains**, non sentiamo niente a causa del rumore dei treni; **reward for bravery**, ricompensa al valore ***3*** (*tempo*) per; durante; (*nella «duration form»*) da: **for now** (*o* **for the time being**), per ora; **for the last time**, per l'ultima volta; **We're invited for eight o'clock**, siamo invitati per le otto; **to walk for hours**, camminare per ore; **I have been waiting for an hour**, aspetto da un'ora; è un'ora che aspetto; **It hadn't rained for two weeks**, non pioveva da due settimane; erano due settimane che non pioveva ***4*** (*distanza*) per: **We walked for miles and miles**, abbiamo camminato per miglia e miglia ***5*** (*prezzo*) per: **I bought it for very little**, l'ho comprato per molto poco; **a cheque for ten pounds**, un assegno di dieci sterline ***6*** (*limitazione*) per; quanto a: **as for me [him, you, etc.]**, quanto a me [a lui, a voi, ecc.]; **for my part**, per me; da parte mia; **for all I know**, per quel che so; **It's good enough for me**, per me, va bene; **It is very cool for summer**, è molto fresco per essere estate ***7*** a dispetto di; nonostante: **for all my efforts**, nonostante tutti i miei sforzi; **for all that**, nonostante tutto; con tutto ciò; **for all you say**, nonostante ciò che dici ***8*** (*seguito da compl. ogg. e inf.*) — **It's necessary for him to leave at once**, è necessario che lui parta subito; **It isn't for you to reply**, non sta (*o* non tocca) a te rispondere; **It's difficult for me to decide**, mi è difficile decidere; **He is too young for me to leave him alone in the house**, è troppo piccolo perché io possa lasciarlo solo in casa; **For us to get there in time, we'll have to catch the 3.30 train**, per arrivare in tempo, dovremo prendere il treno delle tre e mezza • **for instance**, per esempio □ **For God's sake!**, per l'amor di Dio! □ **for one thing**, tanto per cominciare □ **for or against**, pro o contro □ **I'm all for asking for an extension**, io sono del parere di chiedere una proroga □ **I for one don't believe it**, quanto a me, io non ci credo □ **Lilies are for purity**, il giglio è simbolo di purezza □ (*fam.*) **Now you are (in) for it!**, l'hai fatta bella! □ **Now for it!**, e ora, a noi (al lavoro, ecc.)! □ **We'll be all the better for some rest**, un po' di riposo ci farà bene.
for (2) /fɔː(r), fə(r)/ *cong.* (*form. o lett.*) poiché; perché.
forage /ˈfɒrɪdʒ, *USA* ˈfɔː-/ *n.* Ⓤ foraggio • (*mil.*) **f. cap**, berretto a busta; bustina.
to **forage** /ˈfɒrɪdʒ, *USA* ˈfɔː-/ *v. i.* (*di animale*) essere in cerca di cibo.
♦ **forage for** *v. i. + prep.* ***1*** andare in cerca di ***2*** rovistare in cerca di.
foray /ˈfɒreɪ, *USA* ˈfɔːreɪ/ *n.* ***1*** (*mil.*) incursione; scorreria ***2*** (*fig.*) incursione.
to **foray** /ˈfɒreɪ, *USA* ˈfɔːreɪ/ *v. i.* (*mil.*) fare un'incursione; fare una scorreria.
forbad /fəˈbæd/, **forbade** /fəˈbeɪd/ *pass. di* **to forbid**.
forbear /ˈfɔːbɛə(r)/ *V.* **forebear**.
to **forbear** /fɔːˈbɛə(r)/ (*pass.* **forbore**, *p.p.* **forborne**) *v. t. e i.* astenersi (da); trattenersi (da): **to f. from doing** (*o* **to do**) **st.**, astenersi dal fare q.c.
forbearance /fɔːˈbɛərəns/ *n.* Ⓤ pazienza; tolleranza; sopportazione; indulgenza.
forbearing /fɔːˈbɛərɪŋ/ *a.* paziente; tollerante; indulgente.
to **forbid** /fəˈbɪd/ (*pass.* **forbade**, **forbad**; *p.p.* **forbidden**) *v. t.* ***1*** proibire; vietare: **Smoking is forbidden**, è vietato fumare; **I f. him to go**, gli proibisco di andare ***2*** impedire ***3*** vietare l'accesso a; bandire da • **God** (*o* **Heaven**) **f.!**, Dio non voglia!; Dio ce ne guardi!
forbidden /fəˈbɪdn/ ***A*** *p.p. di* **to forbid** ***B*** *a.* proibito; vietato • **the f. fruit**, il frutto proibito.
forbidding /fəˈbɪdɪŋ/ *a.* arcigno; severo; minaccioso.
forbore /fɔːˈbɔː(r)/ *pass. di* **to forbear**.
forborne /fɔːˈbɔːn/ *p.p. di* **to forbear**.
force /fɔːs/ *n.* ***1*** Ⓤ forza; violenza: **the f. of the wind**, la forza del vento; **by f.**, con la forza; **to use f.**, ricorrere alla forza ***2*** Ⓤ forza; energia; potenza: (*fis.*) **f. of gravity**, forza di gravità; **driving f.**, forza motrice; (*fig.*) stimolo, elemento propulsore, motore; **market forces**, le forze del mercato; **f. of character**, forza di carattere; **from f. of habit**, per forza d'abitudine ***3*** (*mil.*) unità; reparto; truppa: **task f.**, unità operativa speciale; **a small f. of infantry**, un piccolo reparto di fanteria; **peacekeeping f.**, forze di pace; **landing forces**, truppe da sbarco ***4*** (*al pl.*) (*mil., anche* **armed forces**) forze armate • **the f.**, la forza pubblica; la polizia □ (*naut.*) **f. 10 gale**, vento forza 10 □ (*aeron.*) **air f.**, aviazione □ **by f. of**, a forza di; per mezzo di □ (*leg.*) **to come into f.**, entrare in vigore □ **in f.**, (*mil.*) in forze, in gran numero; (*leg.*) in vigore □ **to join forces with sb.**, unire le proprie forze a quelle di q.; unirsi a q.
to **force** /fɔːs/ *v. t.* ***1*** costringere; obbligare: **to f. sb. to do st.**, costringere q. a fare q.c.; **to f. sb. into action**, costringere q. ad agire; **to f. st. on sb.**, costringere q. ad accettare q.c.; imporre q.c. a q. ***2*** forzare; **to f. a lock**, forzare una serratura; **to f. one's voice**, forzare la voce; **to f. st. open**, aprire q.c. con la forza; **to f. st. into a drawer**, spingere a forza q.c. dentro un cassetto; **to f. the facts out of sb.**, strappare la verità a q. ***3*** (*giardinaggio*) forzare • **to f. sb.'s hand**, forzare la mano a q. □ **to f. a passage**, aprirsi un varco □ **to f. a smile**, fare un sorriso forzato □ **to f. one's way through the crowd**, farsi largo tra la folla □ **to f. one's presence upon sb.**, imporre la propria presenza a q.
♦ **force back** *v. t. + avv.* ***1*** respingere ***2*** reprimere.
♦ **force down** *v. t. + avv.* far scendere (*prezzi, ecc.*).
♦ **force in** *v. t. + avv.* far entrare a forza; conficcare (*un palo, ecc.*).
♦ **force out** *v. t. + avv.* ***1*** spingere fuori ***2*** estromettere; costringere a dare le dimissioni.
♦ **force up** *v. t. + avv.* far salire (*prezzi, ecc.*).
forced /fɔːst/ *a.* ***1*** costretto; obbligato ***2*** forzato: **f. landing**, atterraggio forzato; **f. smile**, sorriso forzato ***3*** (*agric.*) forzato.
to **force-feed** /ˈfɔːsfiːd/ (*pass. e p.p.* **force-fed** /ˈfɔːsfɛd/) *v. t.* ***1*** sottoporre ad alimentazione forzata ***2*** (*fig.*) imporre; propinare.
forceful /ˈfɔːsfl/ *a.* forte; vigoroso; energico.
forcefulness /ˈfɔːsflnəs/ *n.* Ⓤ forza; vigore; energia.
forcemeat /ˈfɔːsmiːt/ *n.* Ⓤ (*cucina*) ripieno (*per pollo, ecc.*).
forceps /ˈfɔːsɛps, -əps/ *n.* (*pl. invar.*) (*med.*) forcipe.
forcible /ˈfɔːsəbl/ *a.* ***1*** fatto con la forza; forzato: **f. repatriation**, rimpatrio forzato; **to make a f. entry**, entrare con la forza; fare irruzione ***2*** vigoroso; efficace: **f.**

reminder, efficace promemoria.
forcibly /ˈfɔːsəblɪ/ *avv.* con forza; vigorosamente; efficacemente.
ford /fɔːd/ *n.* guado.
to **ford** /fɔːd/ *v. t.* guadare; passare a guado.
fordable /ˈfɔːdəbl/ *a.* guadabile.
fore /fɔː(r)/ ***A*** *avv.* (*naut.*) a prua; di prora • **f. and aft**, da prua a poppa; longitudinalmente □ **f.-and-aft** (*agg.*), longitudinale; per chiglia □ **f.-and-aft sail**, vela aurica; vela di taglio ***B*** *a.* ***1*** anteriore; frontale; davanti ***2*** (*naut.*) prodiero; di prua ***C*** *n.* primo piano: **to bring to the f.**, mettere in evidenza; portare in primo piano □ **to come to the f.**, mettersi in luce; venire alla ribalta; emergere.
forearm /ˈfɔːrɑːm/ *n.* avambraccio.
to **forearm** /fɔːrˈɑːm/ *v. t.* preparare alla difesa; premunire.
forebear /ˈfɔːbeə(r)/ *n.* (*generalm. al pl.*) antenato; progenitore.
to **forebode** /fɔːˈbəʊd/ *v. t.* (*form.*) essere presagio di; presagire.
foreboding /fɔːˈbəʊdɪŋ/ *n.* Ⓒ *e* Ⓤ (cattivo) presentimento; premonizione.
forecast /ˈfɔːkɑːst, *USA* -kæst/ *n.* previsione; pronostico: **weather f.**, previsioni del tempo.
to **forecast** /ˈfɔːkɑːst, *USA* -kæst/ (*pass. e p.p.* **forecast, forecasted**) *v. t.* prevedere; pronosticare.
forecastle /ˈfəʊksl/ *n.* (*naut.*) castello di prua.
to **foreclose** /fɔːˈkləʊz/ *v. t. e i.* (*leg.*) privare del diritto di riscatto di un'ipoteca.
foreclosure /fɔːˈkləʊʒə(r)/ *n.* (*leg.*) privazione del diritto di riscatto di un'ipoteca.
forecourt /ˈfɔːkɔːt/ *n.* ***1*** cortile anteriore; spiazzo ***2*** piazzale (*di una stazione di servizio*); area dei distributori.
forefather /ˈfɔːfɑːðə(r)/ *n.* antenato; avo; progenitore.
forefinger /ˈfɔːfɪŋgə(r)/ *n.* (dito) indice.
forefoot /ˈfɔːfʊt/ *n.* (*pl.* **forefeet** /-fiːt/) zampa anteriore.
forefront /ˈfɔːfrʌnt/ *n.* (*mil. ed estens.*) prima linea • **to be at the f. of the civil rights campaign**, essere in prima linea nella campagna per i diritti civili □ **at the f. of one's mind**, in cima ai propri pensieri.
to **foregather** /fɔːˈgæðə(r)/ *V.* **to forgather**.
to **forego** /fɔːˈgəʊ/ *V.* **to forgo**.
foregoing /ˈfɔːgəʊɪŋ/ (*form.*) ***A*** *a.* precedente; anteriore ***B*** *n.* quanto sopra.
foregone /ˈfɔːgɒn, *USA* -ˈgɔːn/ *a.* previsto; scontato: **f. conclusion**, conclusione scontata.
foreground /ˈfɔːgraʊnd/ *n.* (*arti figurative*) primo piano: **in the f.**, in primo piano; (*fig., anche*) in vista, al centro (dell'interesse).
forehand /fɔːˈhænd/ (*tennis*) ***A*** *n.* diritto ***B*** *a. e avv.* di diritto.
forehead /ˈfɒrɪd, ˈfɔːhed, *USA* ˈfɔː-, ˈfɔːhed/ *n.* (*anat. e fig.*) fronte.
foreign /ˈfɒrən, *USA* ˈfɔː-/ *a.* ***1*** straniero; estero: **f. countries**, paesi stranieri; **f. languages**, lingue straniere; **f. affairs**, affari esteri; **f. trade**, commercio estero (*o* con l'estero) ***2*** estraneo: (*med.*) **f. body**, corpo estraneo; **It's f. to his nature**, non fa parte del suo carattere • **F. Legion**, Legione Straniera □ (*in G.B.*) **F. Office**, Ministero degli esteri □ (*in G.B.*) **F. Secretary**, Ministro degli esteri.
foreigner /ˈfɒrənə(r), *USA* ˈfɔː-/ *n.* straniero (-a); forestiero (-a).
foreknowledge /fɔːˈnɒlɪdʒ/ *n.* Ⓤ preconoscenza; prescienza.
foreleg /ˈfɔːleg/ *n.* zampa anteriore.
forelock /ˈfɔːlɒk/ *n.* ciuffo di capelli sulla fronte.
foreman /ˈfɔːmən/ *n.* (*pl.* **foremen** /-mən/) ***1*** caposquadra; caporeparto; capomastro ***2*** (*leg.*) capo della giuria.
foremast /ˈfɔːmɑːst, -əst, *USA* -æst, -əst/ *n.* (*naut.*) albero di trinchetto.
foremost /ˈfɔːməʊst/ *a.* primo; principale.
forename /ˈfɔːneɪm/ *n.* nome (di battesimo).
forenoon /ˈfɔːnuːn/ *n.* (*form.*) mattina.
forensic /fəˈrensɪk, *USA* -zɪk/ *a.* forense; legale: **f. medicine**, medicina legale.
to **foreordain** /fɔːrɔːˈdeɪn/ *v. t.* (*form.*) predestinare.
foreplay /ˈfɔːpleɪ/ *n.* Ⓤ preliminari (*al rapporto sessuale*).
forerunner /ˈfɔːrʌnə(r)/ *n.* ***1*** precursore; antesignano ***2*** presagio; indizio.
foresail /ˈfɔːseɪl/ *n.* (*naut.*) vela di trinchetto.
foresaw /fɔːˈsɔː/ *pass. di* **to foresee**.
to **foresee** /fɔːˈsiː/ (*pass.* **foresaw**, *p.p.* **foreseen**) *v. t.* prevedere.
foreseeable /fɔːˈsiːəbl/ *a.* prevedibile • **in the f. future**, nell'immediato futuro.
foreseen /fɔːˈsiːn/ *p.p. di* **to foresee**.
to **foreshadow** /fɔːˈʃædəʊ/ *v. t.* adombrare; prefigurare; presagire.
foreshore /ˈfɔːʃɔː(r)/ *n.* ***1*** battigia ***2*** spiaggia; lido.
to **foreshorten** /fɔːˈʃɔːtn/ *v. t.* ***1*** (*pitt.*) disegnare in prospettiva; raffigurare di scorcio ***2*** scorciare.
foresight /ˈfɔːsaɪt/ *n.* Ⓤ previdenza; preveggenza.
foreskin /ˈfɔːskɪn/ *n.* (*anat.*) prepuzio.
forest /ˈfɒrɪst, *USA* ˈfɔː-/ *n.* Ⓒ *e* Ⓤ foresta; bosco; selva (*anche fig.*) • **f. tree**, albero ad alto fusto □ **pine f.**, pineta.
to **forestall** /fɔːˈstɔːl/ *v. t.* prevenire; precedere; anticipare.
forester /ˈfɒrɪstə(r), *USA* ˈfɔː-/ *n.* guardia forestale; guardaboschi.
forestry /ˈfɒrɪstrɪ, *USA* ˈfɔː-/ *n.* Ⓤ selvicoltura.
foretaste /ˈfɔːteɪst/ *n.* (*anche fig.*) assaggio.
to **foretell** /fɔːˈtel/ (*pass. e p.p.* **foretold**) *v. t.* predire.
forethought /ˈfɔːθɔːt/ *n.* Ⓤ previdenza; avvertenza; accortezza.
foretold /fɔːˈtəʊld/ *pass. e p.p. di* **to foretell**.
forever /fəˈrevə(r)/ *avv.* sempre; per sempre • **f. and ever**, per sempre □ **to take f.**, metterci un'eternità (*o* una vita) □ **She's f. complaining about the food**, si lamenta in continuazione del mangiare.
to **forewarn** /fɔːˈwɔːn/ *v. t.* preavvisare; preavvertire • (*prov.*) **Forewarned is forearmed**, uomo avvisato è mezzo salvato.
forewoman /ˈfɔːwʊmən/ *n.* (*pl.* **forewomen** /-wɪmən/) ***1*** prima operaia; caporeparto ***2*** (*leg.*) capo della giuria.
foreword /ˈfɔːwɜːd/ *n.* prefazione; introduzione.
forfeit /ˈfɔːfɪt/ *n.* ***1*** ammenda; penalità ***2*** scotto; pena ***3*** (*nei giochi*) pegno; penitenza ***4*** (*al pl., col verbo al sing. o al pl.*) gioco di società con pegni.
to **forfeit** /ˈfɔːfɪt/ *v. t.* perdere, essere privato di (*q.c., per confisca, colpa propria, ecc.*); dover pagare.
forfeitable /ˈfɔːfɪtəbl/ *a.* (*leg.*) confiscabile.
forfeiter /ˈfɔːfɪtə(r)/ *n.* (*leg.*) chi subisce la confisca di un bene.
forfeiture /ˈfɔːfɪtʃə(r)/ *n.* Ⓤ (*leg.*) confisca.
to **forgather** /fɔːˈgæðə(r)/ *v. i.* (*form.*) adunarsi; riunirsi.
forgave /fəˈgeɪv/ *pass. di* **to forgive**.
forge /fɔːdʒ/ *n.* ***1*** fucina ***2*** fornace • **f. hammer**, maglio (*per fucinare*).
to **forge** (1) /fɔːdʒ/ *v. t. e i.* ***1*** (*metall.*) fucinare, forgiare (*metalli, ecc.*) ***2*** forgiare; creare ***3*** contraffare; falsificare.
to **forge** (2) /fɔːdʒ/ *v. i.* avanzare a tutta velocità: (*sport*) **to f. into the lead**, prendere il comando; passare in testa; **to f. ahead**, avanzare con decisione; (*fig.*) fare progressi.
forger /ˈfɔːdʒə(r)/ *n.* ***1*** falsario (-a) ***2*** (*metall.*) fucinatore; forgiatore.
forgery /ˈfɔːdʒərɪ/ *n.* ***1*** Ⓤ contraffazione; falsificazione ***2*** documento falso; firma falsa; falso: (*leg.*) **crime of f.**, reato di falso.
to **forget** /fəˈget/ (*pass.* **forgot**, *p.p.* **forgotten**) ***A*** *v. t.* ***1*** dimenticare; scordare; non ricordare: **He had forgotten my address**, aveva dimenticato (*o* non ricordava) il mio indirizzo; **I f. his name**, non ricordo il suo nome; **Don't f. to write to her**, non dimenticare di scriverle; **«I'm sorry about it» «F. it»**, «mi spiace» «lascia perdere» ***2*** *v. i.* dimenticarsi (di); ; scordarsi (di): **I forgot about it**, me ne sono scordato ***B*** to **forget oneself** *v. rifl.* perdere le staffe; dimenticare la buona creanza.
forgetful /fəˈgetfl/ *a.* ***1*** smemorato ***2*** dimentico; noncurante; immemore.
forgetfulness /fəˈgetflnəs/ *n.* Ⓤ ***1*** smemoratezza ***2*** dimenticanza; oblio (*lett.*).
forget-me-not /fəˈgetmɪnɒt/ *n.* (*bot.*) nontiscordardimé.
forging /ˈfɔːdʒɪŋ/ *n.* (*metall.*) ***1*** Ⓤ fucinatura; forgiatura ***2*** pezzo fucinato (*o* forgiato).
forgivable /fəˈgɪvəbl/ *a.* perdonabile.
to **forgive** /fəˈgɪv/ (*pass.* **forgave**, *p.p.* **forgiven**) *v. t. e i.* ***1*** perdonare (a): **Can you ever f. me?**, potrai mai perdonarmi?: **F. me for asking, but...**, scusa la domanda, ma... ***2*** rimettere (*un peccato*): **F. us our sins**, rimetti a noi i nostri peccati • **to f. and forget**, metterci una pietra sopra.
forgiven /fəˈgɪvn/ *p.p. di* **to forgive**.
forgiveness /fəˈgɪvnəs/ *n.* Ⓤ ***1*** perdono: **to ask for f.**, chiedere perdono ***2*** remissione (*di un peccato*) ***3*** clemenza;

indulgenza.
forgiving /fəˈgɪvɪŋ/ *a.* clemente; indulgente; comprensivo.
to **forgo** /fɔːˈgəʊ/ (*pass.* **forwent**, *p.p.* **forgone**) *v. t.* astenersi da; rinunciare a.
forgone /fɔːˈgɒn/ *p.p. di* **to forgo**.
forgot /fəˈgɒt/ *pass. di* **to forget**.
forgotten /fəˈgɒtn/ *p.p. di* **to forget**.
fork /fɔːk/ *n.* ***1*** forchetta ***2*** (*agric.*) forca; forcone ***3*** biforcazione; bivio ***4*** (*mecc.*) forcella (*di bicicletta, ecc.*).
to **fork** /fɔːk/ ***A*** *v. t.* (*agric.*) smuovere (*o* trasportare) con la forca; inforcare ***B*** *v. i.* biforcarsi.
♦ **fork out** *v. t. + avv.* (*pop.*) tirar fuori (*denaro*); sborsare; sganciare.
forked /fɔːkt/ *a.* forcuto; biforcuto; a forcella: **f. tongue**, lingua biforcuta; **f. lightning**, lampo ramificato; saetta.
forklift truck /ˈfɔːklɪft trʌk/ *locuz. n.* carrello elevatore.
forlorn /fəˈlɔːn, fɔː-/ *a.* ***1*** abbandonato; derelitto ***2*** misero; sconsolato ***3*** vano; senza speranza.
form /fɔːm/ *n.* ***1*** Ⓤ *e* Ⓒ forma; aspetto; apparenza: **to take the f. of**, assumere la forma (*o* l'aspetto) di; apparire in veste di; **in the f. of**, sotto forma di; **f. and content**, forma e contenuto ***2*** Ⓤ *e* Ⓒ forma; sagoma; figura ***3*** forma; tipo; genere: **f. of government**, forma di governo; **a new form of protest**, un nuovo genere di protesta ***4*** Ⓤ forma, forme; formalità: **It's only as a matter of f.**, è solo pro forma; è una pura formalità; **for f.'s sake**, per la forma; per salvare le forme ***5*** Ⓤ forma fisica: **in** (*o* **on**) **f.**, in forma; **in top f.**, in gran forma; **out of** (*o* **off**) **f.**, non in forma; (*di atleta, ecc.*) **to lose one's f.**, andare giù di forma ***6*** modulo: **to fill in** (*o* **up, out**) **a f.**, riempire un modulo; **application f.**, modulo di domanda ***7*** procedura ***8*** Ⓤ *e* Ⓒ (*gramm.*) forma; voce ***9*** (*GB*) classe (scolastica) ***10*** banco; panca ***11*** (*sport*) prestazioni passate ***12*** (*pop. GB*) fedina penale sporca ● **f. letter**, lettera prestampata □ **f. of address**, modo di rivolgersi a q. □ **It's bad f.**, non sta bene; è da maleducati □ **true to f.**, come è il suo [tuo, ecc.] solito.
to **form** /fɔːm/ ***A*** *v. t.* ***1*** formare; costituire; costruire: **to f. a government**, formare un governo; **to f. the plural of a noun**, formare il plurale di un nome; **to f. a circle**, formare un cerchio; **to f. the basis of an agreement**, costituire la base di un accordo; **to f. an opinion**, farsi un'opinione; **to f. a habit**, prendere un'abitudine; **to f. part of**, far parte di ***2*** (*specialm. mil.*) disporre: **to f. a regiment into columns**, disporre un reggimento in colonne ***B*** *v. i.* ***1*** formarsi; costituirsi: **A group formed outside the house**, davanti alla casa si formò un gruppo ***2*** (*specialm. mil.*) disporsi.
formal /ˈfɔːml/ *a.* formale; ufficiale; cerimoniale: **f. agreement**, accordo formale; **f. denial**, smentita ufficiale; **f. dinner party**, pranzo elegante; **f. dress**, abito da cerimonia; abito scuro; **f. call**, visita di convenienza ● **f. garden**, giardino all'italiana □ **f. wedding**, matrimonio tradizionale.
formaldehyde /fɔːˈmældɪhaɪd/ *n.* Ⓤ (*chim.*) formaldeide.
formalin /ˈfɔːməlɪn/ *n.* Ⓤ (*chim.*) formalina.
to **formalise** /ˈfɔːməlaɪz/ *e deriv.* (*GB*) *V.* **to formalize** *e deriv.*
formalism /ˈfɔːməlɪzəm/ *n.* Ⓤ formalismo.
formalist /ˈfɔːməlɪst/ ***A*** *n.* formalista ***B*** *a.* formalistico.
formality /fɔːˈmælətɪ/ *n.* Ⓤ *e* Ⓒ formalità.
formalization /fɔːməlaɪˈzeɪʃn, *USA* -lɪˈz-/ *n.* formalizzazione; ufficializzazione.
to **formalize** /ˈfɔːməlaɪz/ *v. t.* ***1*** rendere formale ***2*** formalizzare; rendere ufficiale.
formally /ˈfɔːməlɪ/ *avv.* ***1*** formalmente; ufficialmente ***2*** con formalità ***3*** nel modo prescritto.
format /ˈfɔːmæt/ *n.* (*anche elab.*) formato.
to **format** /ˈfɔːmæt/ *v. t.* (*elab.*) formattare.
formation /fɔːˈmeɪʃn/ *n.* ***1*** Ⓤ formazione; (il) formarsi ***2*** (*mil., geol., meteor., sport*) formazione.
formative /ˈfɔːmətɪv/ *a.* formativo.
former /ˈfɔːmə(r)/ ***A*** *a.* ***1*** precedente; passato; andato: **on a f. occasion**, in un'occasione precedente; **in f. times**, nei tempi andati ***2*** ex: **my f. wife**, la mia ex moglie; **f. Yugoslavia**, l'ex Jugoslavia; ● **He's his f. self again**, è tornato quello di prima; è di nuovo lui ***B*** *a. e pron.* primo (*di due*); quello: **the f... the latter**, il primo..., il secondo; quello... questo.
formerly /ˈfɔːməlɪ/ *avv.* tempo addietro; un tempo; in passato.
formic /ˈfɔːmɪk/ *a.* — (*chim.*) **f. acid**, acido formico.
Formica ® /fɔːˈmaɪkə/ *n.* Ⓤ formica.
formidable /ˈfɔːmɪdəbl, fɔːˈmɪd-/ *a.* ***1*** (*di compito, ecc.*) arduo; di tutto rispetto ***2*** (*di persona, aspetto*) che incute soggezione; che incute rispetto. ATTENZIONE: **formidable** ≠ formidabile.
formless /ˈfɔːmləs/ *a.* informe; amorfo.
formula /ˈfɔːmjʊlə/ *n.* (*pl.* **formulae** /-liː/, **formulas**) ***1*** (*scient. e fig.*) formula ***2*** (*sport*) formula: **F. one car**, automobile di formula uno ***3*** (*USA*) latte in polvere per neonati.
formulaic /fɔːmjʊˈleɪɪk/ *a.* di formule; costituito da formule ● **f. expression**, frase fatta; modo di dire.
to **formulate** /ˈfɔːmjʊleɪt/ *v. t.* formulare.
formulation /fɔːmjʊˈleɪʃn/ *n.* Ⓤ *e* Ⓒ formulazione.
to **fornicate** /ˈfɔːnɪkeɪt/ *v. i.* fornicare.
fornication /fɔːnɪˈkeɪʃn/ *n.* Ⓤ fornicazione.
to **forsake** /fəˈseɪk/ (*pass.* **forsook**, *p.p.* **forsaken**) *v. t.* abbandonare.
forsaken /fəˈseɪkən/ ***A*** *p.p. di* **to forsake** ***B*** *a.* abbandonato; desolato; derelitto.
forsook /fəˈsʊk/ *pass. di* **to forsake**.
to **forswear** /fɔːˈsweə(r)/ (*pass.* **forswore** /fɔːˈswɔː(r)/, *p.p.* **forsworn** /fɔːˈswɔːn/) (*form.*) *v. t.* (giurare di) rinunciare a.
forsythia /fɔːˈsaɪθɪə, *USA* fəˈsɪθɪə/ *n.* (*bot.*) forsizia.
fort /fɔːt/ *n.* (*mil.*) forte; posto fortificato.
forte /fɔːt, ˈfɔːteɪ, -ɪ/ (*ital.*) *n.* forte; punto forte.
forth /fɔːθ/ *avv.* (*form.*) ***1*** avanti; innanzi: **back and f.**, avanti e indietro; **from this time f.**, d'ora in avanti (*o* in poi) ***2*** fuori; in vista ● **and so f.**, e così via; eccetera □ **to set f.**, mettersi in viaggio.
forthcoming /ˈfɔːθkʌmɪŋ, fɔːθˈkʌ-/ *a.* ***1*** prossimo; imminente: **f. books**, libri di prossima pubblicazione ***2*** disponibile; pronto ***3*** (*fam., generalm. al neg.*) disposto a parlare (*di q.c.*); comunicativo.
forthright /ˈfɔːθraɪt/ *a.* franco; esplicito; schietto.
forthwith /fɔːθˈwɪθ, -ˈwɪð/ *avv.* (*form.*) immediatamente.
fortieth /ˈfɔːtɪəθ/ *a. e n.* quarantesimo.
fortification /fɔːtɪfɪˈkeɪʃn/ *n.* Ⓤ *e* Ⓒ fortificazione.
to **fortify** /ˈfɔːtɪfaɪ/ *v. t.* ***1*** (*mil.*) fortificare ***2*** rafforzare; rinvigorire ***3*** (*alimento*) arricchire ● **fortified wine**, vino liquoroso.
fortitude /ˈfɔːtɪtjuːd, *USA* -tuːd/ *n.* Ⓤ forza d'animo; coraggio morale.
fortnight /ˈfɔːtnaɪt/ *n.* due settimane; quindici giorni: **a f.'s holiday**, quindici giorni di vacanza; **a f. today** (*o* **today f.**), oggi a quindici.
fortnightly /ˈfɔːtnaɪtlɪ/ ***A*** *a.* quindicinale; bimensile: **f. review**, rivista quindicinale ***B*** *avv.* ogni due settimane; ogni quindici giorni.
fortress /ˈfɔːtrɪs/ *n.* fortezza; piazzaforte.
fortuitous /fɔːˈtjuːɪtəs, *USA* -ˈtuː-/ *a.* fortuito; casuale.
fortunate /ˈfɔːtʃənət/ *a.* ***1*** fortunato ***2*** favorevole; propizio.
fortunately /ˈfɔːtʃənətlɪ/ *avv.* fortunatamente; per fortuna.
fortune /ˈfɔːtʃən/ *n.* ***1*** Ⓤ fortuna; sorte: **bad f.**, la cattiva sorte; la sfortuna; **good f.**, la buona sorte; la fortuna; **to try one's f.**, tentare la sorte; **to tell sb. his** (*o* **her**) **f.**, predire la fortuna a q. ***2*** fortuna: **to make a f.**, accumulare una fortuna; **to cost a f.**, costare una fortuna (*o* un patrimonio) ● **f. hunter**, cacciatore di dote □ **the fortunes of war**, le vicende della guerra □ **f.-teller**, indovino, indovina □ **to seek one's f.**, cercare fortuna.
forty /ˈfɔːtɪ/ *n. e a.* quaranta ● **the forties**, gli anni 40 (*o* Quaranta) □ **f.-one**, quarantuno □ **f.-first**, quarantunesimo □ (*fam.*) **f. winks**, un pisolino □ **f.-year-old**, quarantenne (*agg.*) □ **about f.**, una quarantina □ **He is about f.**, è sulla quarantina □ **in one's forties**, tra i quaranta e i cinquanta (*anni di età*) □ **to be in ones' early** [**late**] **forties**, avere passato da poco i quaranta [essere vicino ai cinquanta].
forum /ˈfɔːrəm/ *n.* ***1*** (*stor.*) foro ***2*** luogo di pubblico dibattito; tribuna.
forward /ˈfɔːwəd/ ***A*** *a.* ***1*** in avanti: **f. movement**, movimento in avanti ***2*** primo; avanzato: **the f. ranks of a column**, le prime file d'una colonna; **f. position**, posizione avanzata; **f. planning**, programmazione tempestiva ***3*** impertinente; sfacciato ***4*** (*fin., Borsa*) futuro; a termine ***5*** (*naut.*) prodiero ***B*** *avv.* ***1*** (in) avanti; innanzi: **to fall f.**, cadere in avanti; **to go f.**, andare avanti; progredire; **to come f.**, farsi avanti; **to put a clock f.**, mettere avanti un orologio; **from this time f.**, d'ora in avanti (*o* innanzi, in poi); **f.-looking**, lungimirante; progressista ***2*** (*naut.*) a proravia ● (*comm.*) **to date f.**, postdatare □ (*su registratore, ecc.*) **fast f.**, avanti veloce ***C*** *n.* (*sport*) attaccante.

to **forward** /ˈfɔːwəd/ *v. t.* ***1*** promuovere; favorire; appoggiare ***2*** inoltrare; far proseguire: (*su una busta*) **Please f.**, con preghiera d'inoltrare ***3*** (*comm.*) spedire; inviare.
forwarding /ˈfɔːwədɪŋ/ *n.* (*comm.*) spedizione; invio • **f. address**, recapito □ (*comm.*) **f. agent**, spedizioniere.
forwardly /ˈfɔːwədlɪ/ *avv.* sfacciatamente.
forwardness /ˈfɔːwədnəs/ *n.* Ⓤ ***1*** precocità ***2*** impertinenza; sfacciataggine.
forwards /ˈfɔːwədz/ *V.* **forward**, *B.*
forwent /fɔːˈwɛnt/ *pass. di* **to forgo**.
fossil /ˈfɒsl/ *a. e n.* fossile.
to **fossilize**, (*GB anche*) to **fossilise** /ˈfɒsɪlaɪz/ ***A*** *v. t.* fossilizzare ***B*** *v. i.* fossilizzarsi.
foster /ˈfɒstə(r)/ *a. attr.* affidatario; in affidamento: **f. parents**, genitori affidatari; **f. child**, bambino dato in affidamento; **f. brother**, fratellastro; **f. home**, famiglia affidataria; **to place in f. care**, dare in affidamento.
to **foster** /ˈfɒstə(r)/ *v. t.* ***1*** allevare, prendersi cura di (*un bambino altrui*); prendere in affidamento ***2*** nutrire (*speranze, ecc.*); favorire; promuovere.
fought /fɔːt/ *pass. e p.p. di* **to fight**.
foul (1) /faʊl/ *a.* ***1*** orribile; pessimo: **f. weather**, tempo orribile; tempaccio; **to be in a f. mood**, essere di pessimo umore ***2*** fetido; disgustoso; schifoso (*fam.*): **f. smell**, odore disgustoso; **f. air**, aria irrespirabile ***3*** osceno; sconcio: **f. language**, linguaggio osceno ***4*** disonesto; corrotto; malvagio: (*sport*) **f. play**, gioco falloso; **The police suspect f. play**, la polizia sospetta si tratti di omicidio ***5*** (*di vento*) contrario • (*sport*) **f. blow**, colpo proibito □ **f.-mouthed**, sboccato; triviale □ **by fair means or f.**, con mezzi onesti o sleali; di riffa o di raffa.
foul (2) /faʊl/ *n.* (*sport*) fallo.
to **foul** /faʊl/ ***A*** *v. t.* ***1*** (*anche fig.*) sporcare; insozzare; contaminare; inquinare: **to f. the air**, inquinare l'aria ***2*** (*specialm. naut., di cavo, ecc.*) impigliarsi in ***3*** (*sport*) commettere un fallo su ***B*** *v. i.* ***1*** (*sport*) commettere un fallo ***2*** (*specialm. naut., di cavo, ecc.*) impigliarsi.
♦ **foul up** (*fam.*) *v. t. + avv.* rovinare; mandare all'aria; incasinare (*fam.*): **to f. things up**, rovinare tutto.
foul-up /ˈfaʊlʌp/ *n.* (*fam.*) confusione; casino (*fam.*).
found /faʊnd/ *pass. e p.p. di* **to find**.
to **found** (1) /faʊnd/ *v. t.* ***1*** fondare; istituire ***2*** fondare; basare: **to be founded on fact**, essere basato su dati di fatto.
to **found** (2) /faʊnd/ *v. t.* (*metall.*) fondere; colare.
foundation /faʊnˈdeɪʃn/ *n.* ***1*** Ⓤ fondazione; costituzione; istituzione ***2*** Ⓤ fondamento: **a rumour without f.**, una voce senza fondamento (*o* infondata) ***3*** fondazione: **the Carnegie F.**, la fondazione Carnegie ***4*** (*al pl.*) fondamenta; basi: **the foundations of a house**, le fondamenta d'una casa; **the foundations of civilization**, le basi della civiltà ***5*** (*anche* **f. cream**) fondotinta • (*antiq.*) **f. garment**, guaina (*da donna*) • **f. course**, corso propedeutico □ (*edil.*) **f. stone**, prima pietra.
founder (1) /ˈfaʊndə(r)/ *n.* fondatore (-trice) • (*GB*) **f. member**, socio fondatore.
founder (2) /ˈfaʊndə(r)/ *n.* (*metall.*) fonditore.
to **founder** /ˈfaʊndə(r)/ *v. i.* ***1*** (*di nave*) affondare; colare a picco ***2*** (*di progetto*) fallire; naufragare.
founding /ˈfaʊndɪŋ/ *a.* fondatore: (*stor., USA*) **the F. Fathers**, i Padri Fondatori.
foundling /ˈfaʊndlɪŋ/ *n.* trovatello (-a).
foundry /ˈfaʊndrɪ/ *n.* fonderia.
fount (1) /faʊnt/ *n.* (*lett. e fig.*) fonte; sorgente.
fount (2) /faʊnt/ *n.* (*tipogr.*) serie completa di caratteri.
fountain /ˈfaʊntɪn, *USA* -tn/ *n.* ***1*** fontana ***2*** getto d'acqua ***3*** (*fig.*) fonte • **f. pen**, penna stilografica.
four /fɔː(r)/ *a. e n.* quattro • (*scherz.*) **f.-eyes**, quattrocchi □ **f.-footed**, a quattro zampe; quadrupede □ **f.-handed**, (*di gioco*) che si gioca in quattro; (*mus.*) a quattro mani □ (*bot.*) **f.-leaf** (*o* **f.-leaved**) **clover**, quadrifoglio □ **f.-letter word**, parolaccia □ **f.-ply**, (*di lana, ecc.*) a quattro capi □ **f.-poster**, (letto) a quattro colonne □ (*autom.*) **f.-seater**, automobile a quattro posti □ **f.-stroke**, (*di motore*) a quattro tempi □ (*autom.*) **f.-wheel drive**, trazione sulle quattro ruote □ **to make up a four**, fare il quarto (*per una partita a carte*) □ **on all fours**, a quattro zampe; carponi.
fourfold /ˈfɔːfəʊld/ ***A*** *a.* ***1*** quadruplice ***2*** quadruplo ***B*** *avv.* quattro volte (tanto, tanti, ecc.).
foursome /ˈfɔːsəm/ *n.* ***1*** (*al pl.*) partita giocata da due coppie ***2*** quattro persone; quartetto.
foursquare /fɔːˈskwɛə(r), ˈfɔː-/ *a.* quadrato; solido.
fourteen /fɔːˈtiːn/ *a. e n.* quattordici.
fourteenth /fɔːˈtiːnθ/ *a. e n.* quattordicesimo.
fourth /fɔːθ/ ***A*** *a.* quarto • (*autom.*) **f. gear**, quarta ***B*** *n.* ***1*** quarto: **three fourths**, tre quarti ***2*** (*mus.*) quarta.
fourthly /ˈfɔːθlɪ/ *avv.* in quarto luogo.
fowl /faʊl/ *n.* (*pl.* **fowls** *o invar.*) ***1*** volatile; gallinaceo domestico ***2*** (*poet. o in combinazione*) uccello.
fox /fɒks/ *n.* volpe • **fox cub**, volpacchiotto □ (*fam.*) **sly old fox**, vecchia volpe; furbone.
to **fox** /fɒks/ ***A*** *v. t.* ***1*** (*fam.*) ingannare ***2*** mettere in difficoltà; lasciare perplesso: **His question really foxed me**, la sua domanda mi mise in difficoltà ***B*** *v. i.* (*di pagine di un libro*) scolorire formando macchie giallastre.
foxglove /ˈfɒksglʌv/ *n.* Ⓤ (*bot.*) digitale.
foxhole /ˈfɒkshəʊl/ *n.* (*mil.*) appostamento a buca; buca.
foxhound /ˈfɒkshaʊnd/ *n.* cane da volpe.
foxhunting /ˈfɒkshʌntɪŋ/ *n.* Ⓤ caccia alla volpe.
fox terrier /fɒks ˈtɛrɪə(r)/ *locuz. n.* (*zool.*) fox-terrier.
foxy /ˈfɒksɪ/ *a.* ***1*** astuto; volpino ***2*** (*pop. USA, di donna*) sexy.
foyer /ˈfɔɪeɪ, *USA* ˈfɔɪə(r)/ (*franc.*) *n.* ***1*** (*teatr.*) ridotto ***2*** (*USA*) atrio.
fracas /ˈfrækɑː, *USA* ˈfreɪkəs/ *n.* (*pl. invar.*) lite; rissa.
fractal /ˈfræktəl/ *n.* (*mat.*) frattale.
fraction /ˈfrækʃn/ *n.* ***1*** (*mat.*) frazione ***2*** frammento; pezzetto.
fractional /ˈfrækʃənl/ *a.* ***1*** (*mat.*) frazionario ***2*** minimo; esiguo.
fractionally /ˈfrækʃənlɪ/ *avv.* appena; in minima parte.
fractious /ˈfrækʃəs/ *a.* irritabile; stizzoso.
fractiousness /ˈfrækʃəsnəs/ *n.* Ⓤ irritabilità; stizzosità.
fracture /ˈfræktʃə(r)/ *n.* Ⓤ *e* Ⓒ (*med., geol.*) frattura.
to **fracture** /ˈfræktʃə(r)/ ***A*** *v. t.* fratturare ***B*** *v. i.* fratturarsi.
fragile /ˈfrædʒaɪl, *USA* -dʒəl/ *a.* ***1*** fragile ***2*** debole (*di salute*) ***3*** (*fam.*) sbattuto; giù.
fragility /frəˈdʒɪlətɪ/ *n.* Ⓤ ***1*** fragilità ***2*** debolezza.
fragment /ˈfrægmənt/ *n.* frammento.
to **fragment** /frægˈmɛnt, *USA* ˈfrægmənt, -ɛnt/ ***A*** *v. t.* frammentare ***B*** *v. i.* frammentarsi.
fragmentary /ˈfrægməntrɪ, *USA* -tɛrɪ/ *a.* frammentario.
fragmentation /frægmənˈteɪʃn/ *n.* Ⓒ *e* Ⓤ frammentazione.
fragrance /ˈfreɪgrəns/ *n.* Ⓤ fragranza; profumo.
fragrant /ˈfreɪgrənt/ *a.* fragrante; profumato; odoroso.
frail /freɪl/ *a.* debole (*di salute o moralmente*); delicato; fragile.
frailty /ˈfreɪltɪ/ *n.* Ⓤ *e* Ⓒ debolezza; fragilità.
frame /freɪm/ *n.* ***1*** intelaiatura; armatura; telaio: **window** [**bicycle**] **f.**, telaio di finestra [di bicicletta] ***2*** (*anche* **picture f.**) cornice (*di quadro*) ***3*** (*edil.*) ossatura; struttura ***4*** corporatura; corpo; struttura ***5*** (*al pl.*) montatura (*di occhiali*) ***6*** (*TV*) quadro (*dell'immagine*) ***7*** (*fotogr., cinem.*) fotogramma ***8*** (*giardinaggio*) cassa a vetri • **f. of mind**, stato d'animo; umore: **in a happy f. of mind**, di buon umore □ **f. of reference**, sistema di riferimento.
to **frame** /freɪm/ *v. t.* ***1*** incorniciare; inquadrare ***2*** formulare; enunciare; elaborare; redigere; strutturare: **to f. a question**, formulare una domanda; **to f. a constitution**, elaborare una costituzione ***3*** (*fam.*) montare un'accusa contro; incastrare.
♦ **frame up** *v. t. + avv.* ***1*** montare (*un'accusa*) ***2*** truccare (*un'elezione*).
framer /ˈfreɪmə(r)/ *n.* corniciaio.
frame-up /ˈfreɪmˌʌp/ *n.* macchinazione; montatura.
framework /ˈfreɪmwɜːk/ *n.* struttura; intelaiatura; ossatura; impalcatura; traliccio.
franc /fræŋk/ *n.* franco (*moneta*).
franchise /ˈfræntʃaɪz/ *n.* ***1*** Ⓤ (*polit.*) diritto di voto ***2*** (*leg., market.*) concessione; esclusiva ***3*** (*leg., market.*) affiliazione; contratto di franchising.
to **franchise** /ˈfræntʃaɪz/ *v. t.* (*leg., market.*) ***1*** concedere in esclusiva ***2*** concedere un'affiliazione commerciale; concedere in franchising.
franchisee /fræntʃaɪˈziː/ *n.* (*leg., market.*) ***1*** concessionario di un'esclusiva ***2*** affiliato; titolare di un contratto di franchising.
franchiser /ˈfræntʃaɪzə(r)/ *n.* (*leg., market.*) concedente di un diritto di esclusiva; affiliante.
franchising /ˈfræntʃaɪzɪŋ/ *n.* (*leg., market.*) franchising; affiliazione commerciale.
Franciscan /frænˈsɪskən/ *a. e m.* francescano.

Francophile /ˈfræŋkəʊfaɪl, *USA* -fɪl/ *a. e n.* francofilo.
Frank /fræŋk/ *n.* (*stor.*) franco.
frank /fræŋk/ *a.* franco; aperto; sincero; schietto.
to **frank** /fræŋk/ *v. t.* affrancare; spedire in franchigia.
frankfurter /ˈfræŋkfɜːtə(r)/ *n.* (*USA*) würstel.
frankincense /ˈfræŋkɪnsens/ *n.* U incenso.
franking-machine /ˈfræŋkɪŋməˈʃiːn/ *n.* affrancatrice.
frankness /ˈfræŋknəs/ *n.* U franchezza; schiettezza.
frantic /ˈfræntɪk/ *a.* *1* agitatissimo; fuori di sé: **to drive sb. f.**, far impazzire q. *2* frenetico; affannoso: **f. effort**, sforzo frenetico.
frappé /ˈfræpeɪ, *USA* fræˈpeɪ/ (*franc.*) ***A*** *a.* (*di vino*) ghiacciato ***B*** *n.* *1* liquore con ghiaccio tritato *2* frappé; frullato.
fraternal /frəˈtɜːnl/ *a.* fraterno.
to **fraternise** /ˈfrætənaɪz/ *e deriv.* (*GB*) *V.* **to fraternize** *e deriv.*
fraternity /frəˈtɜːnətɪ/ *n.* *1* U fraternità; fratellanza *2* categoria; ordine: **the legal f.**, la categoria degli avvocati *3* (*USA*) club universitario maschile.
fraternization /frætənaɪˈzeɪʃn, *USA* -nɪˈz-/ *n.* U fraternizzazione.
to **fraternize** /ˈfrætənaɪz/ *v. i.* fraternizzare.
fratricidal /frætrɪˈsaɪdl/ *a.* fratricida.
fratricide /ˈfrætrɪsaɪd/ *n.* *1* U fratricidio *2* fratricida.
fraud /frɔːd/ *n.* *1* U *e* C (*anche leg.*) frode; truffa *2* impostore (-a); imbroglione (-a); truffatore (-trice).
fraudulence /ˈfrɔːdjʊləns, *USA* -dʒʊ-/, **fraudulency** /ˈfrɔːdjʊlənsɪ, *USA* -dʒʊ-/ *n.* U fraudolenza; dolo.
fraudulent /ˈfrɔːdjʊlənt, *USA* dʒʊ / *a.* fraudolento; doloso.
fraught /frɔːt/ *a. pred.* *1* pieno; carico: **f. with risks**, pieno di rischi *2* agitato; teso.
fray /freɪ/ *n.* (*form.*) lotta; mischia.
to **fray** /freɪ/ ***A*** *v. t.* consumare (*per sfregamento*); logorare (*anche fig.*); sfilacciare ***B*** *v. i.* consumarsi; logorarsi (*anche fig.*); sfilacciarsi.
frazzle /ˈfræzl/ *n.* — **burnt to a f.**, completamente bruciato; carbonizzato; **worn to a f.**, ridotto uno straccio.
frazzled /ˈfræzld/ *a.* (*fam.*) *1* agitato *2* esausto; sfinito; a pezzi.
freak /friːk/ ***A*** *n.* *1* (*anche* **f. of nature**) mostro; scherzo di natura; fenomeno da baraccone *2* (*pop.*) tipo strano; fricchettone (*pop.*) *3* (*pop.*) fanatico; patito: **jazz f.**, patito del jazz; **health f.**, salutista ***B*** *a.* anomalo; insolito: **f. storm**, temporale anomalo.
to **freak** /friːk/ (*fam., anche* **to f. out**) ***A*** *v. i. + avv.* *1* impazzire di paura; andare fuori di testa (*per paura, rabbia, ecc.*) *2* raggiungere lo sballo (*per droga*) ***B*** *v. t. + avv.* far andare fuori di testa (*dalla paura, dalla rabbia, ecc.*); far impazzire (*dal godimento*).
freakish /ˈfriːkɪʃ/ *a.* stravagante; bizzarro; (*di fenomeno, ecc.*) anomalo.
freakishness /ˈfriːkɪʃnəs/ *n.* U stravaganza; bizzarria; (*di fenomeno, ecc.*) anomalia.
freaky /ˈfriːkɪ/ *a.* (*pop.*) bizzarro; strambo.
freckle /ˈfrɛkl/ *n.* lentiggine; efelide.
to **freckle** /ˈfrɛkl/ *v. t.* coprire di lentiggini.
freckled /ˈfrɛkld/, **freckly** /ˈfrɛklɪ/ *a.* lentigginoso; coperto di lentiggini.
free /friː/ ***A*** *a.* *1* libero: **f. country**, paese libero; **f. speech**, libertà di parola; **f. to choose**, libero di scegliere; **Are you f. on Tuesday?**, sei libero martedì?; **f. parking space**, posteggio libero; **Is this seat f.?**, è libero questo posto?; **f. translation**, traduzione libera; (*sport*) **f. skating**, pattinaggio libero; **to give sb. a f. hand**, dare mano libera a q. *2* gratuito: **admission f.**, ingresso gratuito (*o* libero); **f. tickets**, biglietti gratuiti *3* (*comm.*) franco; esente: **f. port**, porto franco; **f. on board**, franco a bordo; **f. of duty**, esente da dazio; **postage f.**, esente da affrancatura; **rent f.**, senza canone di affitto *4* — **f. of** (*o* **from**), privo di; esente da; senza: **f. of debt**, privo di debiti; **f. from worries**, senza preoccupazioni; **fat-f.**, senza (*o* privo di) grassi *5* — **f. with**, abbondante di; generoso di; prodigo di: **f. with one's advice**, prodigo di consigli; **to be f. with one's money**, spendere con larghezza; essere uno spendaccione *6* (*di gesto, movimento*) sciolto; ampio; disinvolto *7* troppo confidenziale: **f. manners**, maniere troppo confidenziali; eccessiva familiarità • **f. and easy**, accomodante; rilassato; (*spreg.*) molto disinvolto □ **the F. Churches**, le Chiese non conformiste (*d'Inghilterra*) □ **f. climbing**, arrampicata libera □ **f.-fall**, caduta libera □ (*fin.*) **f.-floating**, fluttuante □ **f.-form**, (*arte*) dalle forme libere; (*poesia*) libero; (*elab.*) a tracciato libero, a struttura libera □ **f. gift**, omaggio □ (*sport*) **f. kick**, calcio di punizione □ **f. of charge**, gratuito; gratuitamente; gratis □ (*leg.*) **f. pardon**, condono □ **f. pass**, lasciapassare □ **f.-range chicken**, pollo ruspante □ (*fig.*) **f. ride**, utilizzo gratuito (*indebito*); sfruttamento □ **f.-spoken**, esplicito; franco □ **f. verse**, versi sciolti □ **f. will**, libero arbitrio □ **of my own f. will**, di mia spontanea volontà □ **to be f. of sb.** [**st.**], sbarazzarsi di q. [q.c.] □ **to feel f. to do st.**, sentirsi autorizzato a fare q.c.: **Feel f. to ask**, chiedi pure; **Feel f.!**, fa' pure □ (*fam.*) **for f.**, gratis □ **to make f. with st.**, servirsi liberamente di q.c. ***B*** *avv.* *1* gratis; gratuitamente: **to travel f.**, viaggiare gratuitamente *2* liberamente; senza intoppi: **to run f.**, correre liberamente; **The handle turned f.**, la maniglia girò senza intoppi.
to **free** /friː/ *v. t.* *1* liberare *2* esonerare *3* (*econ., fin.*) liberalizzare *4* (*mecc.*) liberare; sbloccare • **to f. oneself from**, liberarsi di; sbarazzarsi di.
freebase /ˈfriːbeɪs/ *n.* (*pop.*) cocaina raffinata.
to **freebase** /ˈfriːbeɪs/ *v. t.* (*pop.*) fumare cocaina raffinata.
freebie /ˈfriːbɪ/ *n.* (*pop.*) (cosa data in) omaggio.
freebooter /ˈfriːbuːtə(r)/ *n.* filibustiere; pirata; predone.
freeborn /ˈfriːbɔːn/ *a.* nato libero.
freedman /ˈfriːdmæn/ *n.* (*pl.* **freedmen** /-mən/) (*stor. romana*) liberto.
freedom /ˈfriːdəm/ *n.* U *e* C libertà: **f. of movement**, libertà di movimenti; **f. from want**, libertà dal bisogno; **f. of speech** [**of thought**], libertà di parola [di pensiero]; **to enjoy one's f.**, godersi la libertà; **to speak with great f.**, parlare con grande libertà • **f. fighter**, combattente per la libertà; partigiano □ **f. of the city**, cittadinanza onoraria □ **to give sb. the f. of one's house**, mettere la propria casa a disposizione di q.
Freefone ® /ˈfriːfəʊn/ *n.* U (*in G.B.*) numero verde.
free-for-all /friːfərˈɔːl/ *n.* (*fam.*) discussione caotica; litigio generale; parapiglia.
freehand /ˈfriːhænd/ *a. e avv.* a mano libera.
free-handed /ˈfriːhændɪd/ *a.* generoso.
free-handedness /ˈfriːhændɪdnəs/ *n.* generosità.
freehold /ˈfriːhəʊld/ *n.* C *e* U (*leg.*) (bene immobile tenuto in) proprietà assoluta.
freeholder /ˈfriːhəʊldə(r)/ *n.* (*leg.*) possessore di un bene immobile in proprietà assoluta.
freelance /ˈfriːˈlɑːns, *USA* -æns/ ***A*** *n. V.* **freelancer** ***B*** *a.* indipendente; freelance ***C*** *avv.* da (*o* come) freelance: **to work f.**, lavorare come freelance.
to **freelance** /ˈfriːˈlɑːns, *USA* -æns/ *v. i.* lavorare come freelance.
freelancer /ˈfriːlɑːnsə(r), *USA* -læn-/ *n.* collaboratore esterno; freelance; giornalista [fotografo, ecc.] indipendente.
to **freeload** /ˈfriːləʊd/ *v. i.* (*fam.*) vivere a sbafo; scroccare.
freeloader /ˈfriːləʊd/ *n.* (*fam.*) scroccone (-a); parassita.
freely /ˈfriːlɪ/ *avv.* *1* liberamente *2* senza impedimenti *3* generosamente • **f. available**, a disposizione.
freeman *def. 1* /ˈfriːmæn/, *def. 2* /ˈfriːmən/ *n.* (*pl.* **freemen** /-mən/) *1* (*stor.*) uomo libero *2* cittadino onorario.
freemason /ˈfriːmeɪsn, friːˈm-/ *n.* massone.
freemasonry /ˈfriːmeɪsnrɪ, friːˈm-/ *n.* U massoneria.
freephone /ˈfriːfəʊn/ *V.* **Freefone**.
freepost /ˈfriːpəʊst/ *n.* U (*in G.B.*) affrancatura a carico del destinatario.
freesia /ˈfriːzɪə, *USA* -ʒə/ *n.* (*bot.*) fresia.
freestanding /ˈfriːˈstændɪŋ/ *a.* (*di mobile*) che non necessita di supporto (*o* fissaggio); (*di lampada, ecc.*) a piede, a stelo.
freestone /ˈfriːstəʊn/ *n.* pietra da taglio.
freestyle /ˈfriːstaɪl/ *n.* *1* (nuoto a) stile libero *2* lotta libera.
freethinker /ˈfriːˈθɪŋkə(r)/ *n.* libero pensatore.
freeway /ˈfriːweɪ/ *n.* (*USA*) autostrada (senza pedaggio); superstrada.
to **freewheel** /friːˈwiːl, ˈfriːˈ-, *USA* -hw-/ *v. i.* *1* andare a ruota libera (*in bicicletta*) *2* (*autom.*) andare in folle.
freewheeling /friːˈwiːlɪŋ, ˈfriːˈ-, *USA* -hw-/ *a.* *1* che va a ruota libera (*o* in folle) *2* (*fam.*) disinvolto; noncurante; scanzonato.
freeze /friːz/ *n.* *1* gelo; gelata *2* (*econ.*) congelamento, blocco (*di prezzi, salari, ecc.*) • **deep f.**, congelatore; freezer.
to **freeze** /friːz/ (*pass.* **froze**, *p.p.* **frozen**) ***A*** *v. t.* *1* gelare; ghiacciare; (*cucina*) congelare, surgelare *2* (*econ.*) conge-

lare, bloccare (*prezzi, salari, ecc.*) ***B*** *v. i.* ***1*** gelare; ghiacciare; (*cucina*) congelare, surgelare: **It froze last night**, ieri notte è gelato; **to f. to death**, morire assiderato; **to make sb.'s blood f.**, far gelare il sangue a q. ***2*** sentirsi gelare; morire dal freddo (*fig.*) ***3*** arrestarsi di colpo; bloccarsi; irrigidirsi: **to f. in one's tracks**, bloccarsi; (*pop.*) **F.!**, fermo dove sei!

♦ **freeze out** *v. t. + avv.* (*fam.*) escludere; tagliar fuori.

♦ **freeze over** *v. i. + avv.* ghiacciare; coprirsi di ghiaccio: **The pond has frozen over**, lo stagno è tutto ghiacciato.

♦ **freeze up** *v. i. + avv.* ***1*** gelarsi completamente ***2*** rimanere paralizzato, non riuscire a parlare (*dalla paura, ecc.*).

to **freeze-dry** / 'fri:z'draɪ/ *v. t.* liofilizzare.

freeze-frame /'fri:zfreɪm/ *n.* (*TV*) fermo immagine; (*cinem.*) inquadratura fissa.

freezer / 'fri:zə(r)/ *n.* congelatore; freezer.

freeze-up / 'fri:zʌp/ *n.* gelata.

freezing / 'fri:zɪŋ/ *a.* (*anche* **f. cold**) gelido; glaciale: **It's f. today**, fa un freddo polare oggi ● **f.-point**, punto di congelamento; zero.

freight /freɪt/ *n.* ***1*** Ⓤ trasporto (*di merci*); spese di trasporto: **air [sea] freight**, trasporto aereo [marittimo]; **f. forward**, spese a carico del destinatario ***2*** Ⓤ nolo; noleggio: (*naut.*) **f. market**, mercato dei noli ***3*** merce trasportata; carico ● (*ferr., USA*) **f. car**, carro merci □ **f. train**, treno merci.

to **freight** /freɪt/ *v. t.* ***1*** caricare (*di merci*) ***2*** (*USA*) spedire, trasportare (*merci*) ***3*** noleggiare (*specialm. una nave*).

freightage / 'freɪtɪdʒ/ *n.* Ⓤ (*comm.*) nolo; spese di trasporto.

freighter / 'freɪtə(r)/ *n.* ***1*** nave da carico; cargo; aereo da trasporto ***2*** noleggiatore marittimo ***3*** (*USA*) consegnatario (*di merce per trasporto via terra*).

freightliner / 'freɪtlaɪnə(r)/ *n.* (*ferr.*) treno merci per contenitori.

French /frentʃ/ ***A*** *a.* francese: **F. lesson**, lezione di francese ● **F. beans**, fagiolini verdi □ **F. Canadian**, franco-canadese □ **F. chalk**, gesso da sarto □ **F. doors** (*o* **windows**), porta finestra □ (*cucina*) **F. dressing**, vinaigrette; condimento per insalata □ (*USA*) **F. fries**, patatine fritte (*a bastoncino*) □ **F. kiss**, bacio in bocca; bacio alla francese □ **F. loaf**, filone (*di pane*) □ **F. polish**, vernice a spirito (*per mobili*) □ **F. roll**, panino □ **to take F. leave**, filarsela all'inglese ***B*** *n.* ***1*** francese (*lingua*) ***2*** **— the F.**, i francesi.

Frenchman /'frentʃmən/ *n.* (*pl.* **Frenchmen** /-mən/) francese (*m.*).

Frenchwoman / 'frentʃwʊmən/ *n.* (*pl.* **Frenchwomen** /-wɪmən/) francese (*f.*).

frenetic /frə'netɪk/ *a.* frenetico; forsennato.

frenzied / 'frenzɪd/ *a.* frenetico.

frenzy / 'frenzɪ/ *n.* Ⓤ frenesia; delirio; parossismo; raptus.

frequency / 'fri:kwənsɪ/ *n.* Ⓤ *e* Ⓒ (*anche tecn.*) frequenza.

frequent / 'fri:kwənt/ *a.* ***1*** frequente ***2*** abituale; regolare.

to **frequent** /frɪ'kwent/ *v. t.* (*form.*) frequentare.

frequently / 'fri:kwəntlɪ/ *avv.* frequentemente; di frequente.

fresco / 'freskəʊ/ *n.* (*pl.* **frescos, frescoes**) affresco.

fresh /freʃ/ ***A*** *a.* ***1*** fresco; non usato; nuovo; recente: **f. flowers**, fiori freschi; **f. fruit**, frutta fresca; **f. sheets**, lenzuola pulite; **f. complexion**, carnagione fresca; **f. troops**, truppe fresche; **a f. sheet of paper**, un foglio bianco; **f. air**, aria fresca; aria pura; **to go out for some f. air**, andare a prendere una boccata d'aria; **f. ideas**, idee nuove; **f. information**, informazioni recenti ***2*** arrivato di fresco: **f. from the oven**, appena sfornato; **f. from the wash**, (fresco) di bucato; **a boy f. from school**, un ragazzo che ha appena terminato gli studi ***3*** (*di acqua*) non salata; dolce ***4*** (*naut., del vento*) forte: **f. gale**, burrasca moderata ***5*** (*fam.*) impertinente; sfacciato ● **as f. as a daisy**, fresco come una rosa □ **to make a f. start**, cominciare daccapo; rifarsi una vita ***B*** *avv.* di fresco; di recente; appena: **f.-ground coffee**, caffè appena macinato; **to be f. out of st.**, avere appena terminato q.c.; non aver più q.c.

to **freshen** / 'freʃn/ ***A*** *v. t.* rinfrescare ***B*** *v. i.* ***1*** rinfrescarsi ***2*** (*del vento*) rinforzare.

♦ **freshen up** *v. i. + avv.* rinfrescarsi; darsi una rinfrescata.

fresher / 'freʃə(r)/ *n.* (*fam. GB*) matricola (di università).

freshly / 'freʃlɪ/ *avv.* (*seguito da p.p.*) di fresco; di recente; appena: **f.-gathered flowers**, fiori appena colti; **f.-baked bread**, pane appena sfornato; pane fresco.

freshman / 'freʃmən/ *n.* (*pl.* **freshmen** /-mən/) (*fam. USA*) matricola (di università).

freshness / 'freʃnəs/ *n.* Ⓤ freschezza.

freshwater / 'freʃwɔ:tə(r), *USA* -wɒt-/ *a.* di acqua dolce.

fret (**1**) /fret/ *n.* greca; fregio.

fret (**2**) /fret/ *n.* Ⓤ *e* Ⓒ ***1*** agitazione; inquietudine ***2*** irritazione ● **in a f.**, agitato; inquieto; irritato.

fret (**3**) /fret/ *n.* tasto (*di strumento a corda*).

to **fret** (**1**) /fret/ *v. t.* traforare; intarsiare.

to **fret** (**2**) /fret/ ***A*** *v. t.* ***1*** agitare; tormentare ***2*** irritare ***B*** *v. i.* agitarsi; tormentarsi; (*di bambino*) piagnucolare ● **to f. and fume**, essere sulle spine; rodersi il fegato.

fretful / 'fretfl/ *a.* irritabile; stizzoso; (*di bambino*) piagnucoloso.

fretfulness / 'fretflnəs/ *n.* Ⓤ irritabilità; stizza.

fretsaw / 'fretsɔ:/ *n.* sega da traforo.

fretted / 'fretɪd/ *a.* traforato; intarsiato.

fretwork / 'fretwɜ:k/ *n.* Ⓤ (lavoro di) traforo.

Freudian / 'frɔɪdɪən/ (*psic.*) *a. e n.* freudiano: **F. slip**, lapsus freudiano.

friability /fraɪə'bɪlətɪ/ *n.* Ⓤ friabilità.

friable / 'fraɪəbl/ *a.* friabile.

friar / 'fraɪə(r)/ *n.* frate.

friary / 'fraɪərɪ/ *n.* convento di frati.

fricassee / 'frɪkəseɪ, *USA* frɪkə'si:/ *n.* Ⓒ *e* Ⓤ (*cucina*) fricassea; spezzatino.

fricative / 'frɪkətɪv/ (*fon.*) ***A*** *a.* fricativo ***B*** *n.* fricativa.

friction / 'frɪkʃn/ *n.* Ⓤ (*mecc. e fig.*) attrito; frizione ● (*USA*) **f. tape**, nastro isolante.

frictional / 'frɪkʃənl/ *a.* (*mecc.*) di attrito.

Friday / 'fraɪdeɪ, -dɪ/ *n.* venerdì (*Per gli esempi d'uso, V. sotto* **Tuesday**) ● **Good F.**, Venerdì Santo.

fridge /frɪdʒ/ *n.* (*fam.*) frigorifero; frigo (*fam.*) ● **f.-freezer**, frigorifero con congelatore.

friend /frend/ *n.* ***1*** amico (-a): **friends in high places**, amici potenti; amicizie importanti; **to be friends with sb.**, essere amico di q.; **to make friends with sb.**, fare amicizia con q. ***2*** **—** (*relig.*) **F.**, quacchero (-a).

friendless / 'frendləs/ *a.* senza amici; solo.

friendliness / 'frendlɪnəs/ *n.* Ⓤ cordialità; dimostrazioni di amicizia.

friendly / 'frendlɪ/ ***A*** *a.* ***1*** cordiale; benevolo ***2*** amico: **f. nation**, nazione amica; **to be f. with sb.**, essere amico di q. ***3*** amichevole: **f. discussion [match]**, discussione [partita] amichevole; **on f. terms**, in rapporti d'amicizia ***4*** bendisposto; favorevole ● (*mil.*) **f. divorce**, divorzio consensuale □ (*mil.*) **f. fire**, fuoco amico □ **F. Society**, società di mutuo soccorso ***B*** *n.* (*sport*) (partita) amichevole.

friendship / 'frendʃɪp/ *n.* Ⓤ *e* Ⓒ amicizia.

frieze /fri:z/ *n.* fregio.

frigate / 'frɪgət/ *n.* (*naut.*) fregata.

frigging / 'frɪgɪŋ/ *a.* (*volg. USA*) maledetto; fottuto (*volg.*).

fright /fraɪt/ *n.* ***1*** Ⓤ *e* Ⓒ paura; spavento: **to give sb. a f.**, spaventare q.; far paura a q.; **to take f. (at st.)**, spaventarsi (di q.c.); impaurirsi (per q.c.) ***2*** (*fam.*) persona (*o* cosa) dall'aspetto pauroso o ridicolo; spauracchio: **to look a f.**, avere un aspetto orribile; essere conciato da far paura.

to **frighten** / 'fraɪtn/ *v. t.* spaventare; impaurire; far paura a: **I was frightened by his words**, le sue parole mi spaventarono; mi spaventai alle sue parole; **to f. sb. into doing st.**, convincere q. a fare q.c. mettendogli paura; **to f. sb. to death**, far morire q. di paura; **to f. sb. out of his wits**, far morire q. dallo spavento; **to f. sb. away** (*o* **off**), far fuggire q. mettendogli paura; mettere in fuga q.

frightened / 'fraɪtnd/ *a.* spaventato; impaurito ● **f. to death**, morto di paura □ **to be f. at**, spaventarsi per □ **to be f. of**, aver paura di.

frightening /fraɪtnɪŋ/ *a.* spaventoso; pauroso.

frightful / 'fraɪtfl/ *a.* ***1*** spaventoso; spaventevole; terribile ***2*** (*fam. antiq.*) orribile; atroce: **f. weather**, tempo orribile; **His manners are f.**, ha maniere atroci.

frightfully / 'fraɪtflɪ/ *avv.* (*fam. antiq.*) molto: **f. nice**, simpaticissimo; **I'm f. sorry**, sono davvero spiacente.

frigid / 'frɪdʒɪd/ *a.* ***1*** gelido; glaciale: **f. stare**, sguardo glaciale ***2*** (*med.*) frigido.

frigidity /frɪ'dʒɪdətɪ/ *n.* Ⓤ ***1*** freddezza ***2*** (*med.*) frigidità.

frill /frɪl/ *n.* ***1*** gala increspata; trina ***2*** (*al pl.*) fronzoli.

frilled /frɪld/, **frilly** / 'frɪlɪ/ *a.* ornato di trine; increspato.

fringe /frɪndʒ/ *n.* ***1*** frangia ***2*** frangetta (*di capelli*): **to wear a f.**, portare la frangetta ***3*** orlo; margine: **on the f. of society**, ai margini della società ● **f. benefits**, benefici aggiuntivi; fringe-benefit □ (*polit.*) **f. group**, frangia; gruppuscolo.

to **fringe** /frɪndʒ/ *v. t.* ***1*** ornare di frange; frangiare ***2*** orlare;

contornare.
frippery /ˈfrɪpərɪ/ *n.* Ⓤ cianfrusaglie; fronzoli.
Frisian /ˈfrɪzɪən/ *a. e n.* frisone.
frisk /frɪsk/ *n.* *1* salto; sgambetto; capriola *2* (*fam.*) perquisizione personale.
to **frisk** /frɪsk/ *A v. i.* saltellare; sgambettare; far capriole *B v. t.* (*fam.*) perquisire (q.).
friskiness /ˈfrɪskɪnəs/ *n.* Ⓤ allegrezza; vivacità.
frisky /ˈfrɪskɪ/ *a.* *1* saltellante; sgambettante *2* vivace; vispo.
frisson /ˈfriːsɒn, *USA* friːˈsəʊn/ (*franc.*) *n.* brivido (*di piacere*); fremito.
fritter /ˈfrɪtə(r)/ *n.* (*cucina*) frittella.
to **fritter** /ˈfrɪtə(r)/ *v. Solo come*:
♦ **fritter away** *v. t. + avv.* sprecare; sperperare.
frivolity /frɪˈvɒlətɪ/ *n.* Ⓤ *e* Ⓒ frivolezza; leggerezza.
frivolous /ˈfrɪvələs/ *a.* frivolo; leggero.
frizz /frɪz/ *n.* capelli crespi.
to **frizz** /frɪz/ *A v. t.* arricciare (*capelli*) *B v. i.* (*di capelli*) arricciarsi.
to **frizzle** (1) /ˈfrɪzl/ *A v. t.* *1* friggere fino a rendere croccante *2* bruciacchiare *B v. i.* *1* sfrigolare *2* bruciacchiarsi.
to **frizzle** (2) /ˈfrɪzl/ *v. t.* arricciare (*i capelli col ferro*).
frizzly /ˈfrɪzlɪ/, **frizzy** /ˈfrɪzɪ/ *a.* riccio; crespo.
fro /frəʊ/ *avv.* — **to and fro**, avanti e indietro; su e giù.
frock /frɒk/ *n.* *1* abito, vestito (*da donna o da bambina*) *2* tonaca (*di frate*) *3* camiciotto, blusa (*da marinaio o da operaio*) • **f. coat**, redingote; finanziera.
frog /frɒg, *USA* frɔːg/ *n.* *1* (*zool.*) rana; ranocchio *2* alamaro *3* — (*pop. spreg.*) **F.**, francese • **to have a f. in one's throat**, avere la voce rauca.
frogman /ˈfrɒgmən, *USA* ˈfrɔːg-/ *n.* (*pl.* **frogmen** /-mən/) uomo rana; sommozzatore.
to **frogmarch** /ˈfrɒgmɑːtʃ, *USA* ˈfrɔːg-/ *v. t.* spingere avanti (q.) tenendogli le braccia strette dietro la schiena.
frogspawn /ˈfrɒgspɔːn/ *n.* Ⓤ (*zool.*) uova di rana.
frolic /ˈfrɒlɪk/ *n.* divertimento chiassoso: **to have a f.**, divertirsi (*o* giocare) un poco.
to **frolic** /ˈfrɒlɪk/ *v. i.* saltellare allegramente; ruzzare.
frolicsome /ˈfrɒlɪksəm/ *a.* allegro; che ha voglia di giocare.
from /frɒm, frəm, *USA* frɒm, frʌm, frəm/ *prep.* *1* (*provenienza, origine, derivazione, allontanamento*) da; da parte di; a: **to start f. London**, partire da Londra; **to be far f. home**, essere lontano da casa; **Where are you f.?**, di dove sei?; da dove vieni?; **I'm f. Ireland**, sono irlandese; **f. a distance**, da lontano; **to translate f. German**, tradurre dal tedesco; **Tell him f. me that ...**, digli da parte mia che ...; **to take st. f. sb.**, prendere (*o* togliere) q.c. a q.; **to separate sb. f. st.**, separare q. da q.c.; **to hide the truth f. sb.**, nascondere la verità a q.; **to keep a secret f. others**, nascondere un segreto agli altri; **to prevent sb. f. doing st.**, impedire a q. di fare q.c.; **There were f. twenty to thirty people**, c'erano dalle venti alle trenta persone *2* (*causa*) per; a causa di; di: **to speak f. experience**, parlare per esperienza; **to suffer f. rheumatism**, soffrire di reumatismi *3* (*tempo*) da; a partire da: **f. the beginning**, dall'inizio; **f. next Monday**, (a partire) da lunedì prossimo *4* (*differenza*) da: **to be different f. others**, essere diverso dagli altri; **to distinguish one thing f. another**, distinguere una cosa da un'altra *5* (*mezzo o materia*) con; di: **Flour is made f. wheat**, la farina si fa col grano; **a box made f. wood**, una scatola fatta di legno • **f. bad to worse**, di male in peggio □ **to paint f. life**, dipingere dal vero □ (*mus.*) **to play f. memory**, suonare a memoria.
frond /frɒnd/ *n.* (*bot.*) fronda (*di palma e sim.*).
front /frʌnt/ *A n.* *1* parte anteriore; davanti; facciata; testa (*di treno*); davanti, petto, sparato (*di camicia*); copertina, frontespizio (*di libro*): **the f. of a plane**, la parte anteriore (*o* il davanti) di un aereo; **the f. of a building**, la facciata di un edificio; **at the f.**, davanti; nelle prime file; **in f.**, davanti; in testa; nei primi posti *2* (*mil. ed estens.*) fronte: **to be sent to the f.**, essere mandato al fronte; **popular f.**, fronte popolare; **on the unemployment f.**, sul fronte disoccupazione; **on all fronts**, su tutti i fronti *3* (*meteor.*) fronte: **cold f.**, fronte freddo *4* lungomare; lungolago *5* apparenza; facciata: **to put up a f.**, salvare le apparenze; **to put up a bold f.**, ostentare coraggio *6* Ⓤ (*fam.*) sfacciataggine; faccia tosta: **to have the f. to do st.**, avere la sfacciataggine di fare q.c. *7* (*fam.*) (attività di) copertura; facciata • **to come to the f.**, mettersi in vista □ **in f. of**, di fronte a; davanti a □ (*fam.*) **up f.**, subito *B a. attr.* anteriore; frontale; sul davanti; primo: **f. seat**, sedile anteriore; **f. door**, porta (di casa); portone; ingresso; **f. line**, prima linea; (*ferr.*) **f. carriage**, carrozza di testa; **the f. page of a newspaper**, la prima pagina di un giornale; **f.-runner**, corridore in testa; (*fig.*) favorito; **f. seat**, posto a sedere di prima fila • (*polit., in G.B.*) **the f. bench**, la prima fila di posti nei due settori della Camera dei Comuni; (*estens.*) i membri del governo; i capi dell'opposizione □ (*polit., in G.B.*) **f.-bencher**, membro del governo; membro del governo ombra □ **f. man**, uomo di punta; (*spreg.*) figura di facciata.
to **front** /frʌnt/ *v. t.* *1* essere prospiciente a; guardare su; dare su; essere di fronte (*o* di faccia) a: **The hotel fronts the sea**, l'albergo dà sul mare *2* (*GB*) essere a capo di (*un'organizzazione, ecc.*) *3* essere il cantante (*di un gruppo rock*) *4* (*TV*) presentare (*un programma*).
♦ **front for** *v. i. + prep.* fare da copertura a.
♦ **front onto** *v. i. + prep.* affacciarsi su; guardare su; dare su.
frontage /ˈfrʌntɪdʒ/ *n.* *1* lato di terreno prospiciente una strada (*o* un fiume, ecc.) *2* facciata (*di edificio*); fronte.
frontal /ˈfrʌntl/ *a.* frontale.
frontier /ˈfrʌntɪə(r), *USA* frʌnˈt-/ *A n.* (*anche fig.*) frontiera; confine *B a. attr.* di frontiera; di confine.
frontiersman /ˈfrʌntɪəzmən, *USA* frʌnˈt-/ *n.* (*pl.* **frontiersmen** /-mən/) (*stor., USA*) pioniere.
frontispiece /ˈfrʌntɪspiːs/ *n.* (*tipogr.*) illustrazione a sinistra del frontespizio.
frost /frɒst, *USA* -ɔːst/ *n.* *1* Ⓤ *e* Ⓒ gelo (*anche fig.*); gelata; ghiaccio (*su vetro, ecc.*) *2* (*anche* **white f.**) brina; brinata • **four degrees of f.**, quattro gradi sotto zero.
to **frost** /frɒst, *USA* -ɔːst/ *A v. t.* *1* (*anche* **to f. over, to f. up**) coprire di brina (*o* di ghiaccio); far gelare (*una pianta*) *2* smerigliare (*vetro*) *3* (*cucina, USA*) glassare *B v. i.* (*anche* **to f. over, to f. up**) coprirsi di brina (*o* di ghiaccio).
frostbite /ˈfrɒstbaɪt, *USA* -ɔːs-/ *n.* Ⓤ (*med.*) congelamento.
frostbitten /ˈfrɒstbɪtn, *USA* -ɔːs-/ *a.* (*med.*) congelato.
frosted /ˈfrɒstɪd, *USA* -ɔːs-/ *a.* *1* (*di vetro*) smerigliato *2* (*cucina, USA*) glassato.
frostiness /ˈfrɒstɪnəs, *USA* -ɔːs-/ *n.* Ⓤ (*fig.*) freddezza; gelo.
frosting /ˈfrɒstɪŋ, *USA* -ɔːs-/ *n.* Ⓤ *1* smerigliatura (*del vetro, ecc.*) *2* (*cucina, USA*) glassatura; glassa.
frosty /ˈfrɒstɪ, *USA* -ɔːs-/ *a.* *1* gelido; di gelo; glaciale (*fig.*) *2* ghiacciato; gelato; coperto di brina.
froth /frɒθ, *USA* -ɔːθ/ *n.* Ⓤ *1* schiuma; spuma *2* (*fig.*) cosa di poca sostanza; cosa inconsistente; frivolezza.
to **froth** /frɒθ, *USA* -ɔːθ/ *A v. i.* spumeggiare; spumare • (*anche fig.*) **to f. at the mouth**, avere la schiuma alla bocca *B v. t.* *1* far spumare *2* coprire di schiuma.
frothiness /ˈfrɒθɪnəs, *USA* -ɔːθ-/ *n.* Ⓤ *1* schiumosità; spumosità *2* (*fig.*) frivolezza; inconsistenza; leggerezza.
frothy /ˈfrɒθɪ, *USA* -ɔːθɪ/ *a.* *1* schiumoso; spumoso; spumeggiante: **f. beer**, birra spumeggiante *2* (*fig.*) frivolo; inconsistente; leggero.
frown /fraʊn/ *n.* espressione accigliata; cipiglio.
to **frown** /fraʊn/ *v. i.* aggrottare le sopracciglia; corrugare la fronte; accigliarsi.
♦ **frown at** *v. i. + prep.* guardare con disapprovazione; guardare con cipiglio; fare gli occhiacci a (*fam.*).
♦ **frown on** *v. i. + prep.* disapprovare.
frowning /ˈfraʊnɪŋ/ *a.* *1* accigliato *2* (*fig.*) minaccioso.
frowsty /ˈfraʊstɪ/ *a.* (*fam. GB*) che sa di rinchiuso.
frowzy /ˈfraʊzɪ/ *a.* *1* (*di persona, vestiti*) sciatto; trasandato; poco pulito *2* che sa di rinchiuso.
froze /frəʊz/ *pass. di* **to freeze**.
frozen /ˈfrəʊzn/ *A p.p. di* **to freeze** *B a.* *1* gelato; ghiacciato *2* (*cucina*) congelato; surgelato: **f. peas**, piselli surgelati *3* (*fin.*) congelato • **f. with fright**, paralizzato dalla paura □ (*fam.*) **I'm f. stiff**, sono gelato; sono un pezzo di ghiaccio.
frugal /ˈfruːgl/ *a.* *1* parsimonioso *2* frugale; parco.
frugality /fruːˈgælətɪ/ *n.* Ⓤ *1* parsimonia *2* frugalità.
fruit /fruːt/ *n.* *1* (*bot.*) frutto *2* Ⓤ frutta: **to eat a lot of f.**, mangiare molta frutta *3* (*spesso al pl.*) (*fig.*) frutto; profitto: **the fruits of one's labours**, i frutti del proprio lavoro • **f. knife**, coltello da frutta □ (*GB*) **f. machine**, slot machine; macchinetta mangiasoldi □ **fruits of the earth**, frutti della terra □ **f. salad**, macedonia di frutta □ **f.-tree**, albero da frutto.
to **fruit** /fruːt/ *v. i.* fruttificare; dare frutti (*anche fig.*).
fruitcake /ˈfruːtkeɪk/ *n.* *1* (*cucina*) torta con uvette, canditi,

ecc.; plumcake *2* (*pop.*) individuo picchiato; mattoide.
fruiterer /ˈfruːtərə(r)/ *n.* fruttivendolo.
fruitful /ˈfruːtfl/ *a.* *1* fruttuoso; proficuo *2* (*antiq.*) fruttifero; fertile.
fruitfulness /ˈfruːtflnəs/ *n.* U *1* fruttuosità *2* (*antiq.*) fecondità; fertilità.
fruition /fruːˈɪʃn/ *n.* U realizzazione: **to come to f.**, realizzarsi.
fruitless /ˈfruːtləs/ *a.* infruttuoso; inutile; vano.
fruitlessness /ˈfruːtləsnəs/ *n.* U infruttuosità; inutilità.
fruity /ˈfruːtɪ/ *a.* *1* che ha sapore (*o* odore) di frutta *2* (*di voce, risata*) caldo; pastoso; profondo *3* (*fam.*) piccante; spinto.
frump /frʌmp/ *n.* donna malvestita; donna infagottata.
frumpish /ˈfrʌmpɪʃ/, **frumpy** /ˈfrʌmpɪ/ *a.* malvestito; infagottato.
to **frustrate** /frʌˈstreɪt, *USA* ˈfrʌst-/ *v. t.* *1* frustrare; vanificare; deludere *2* ostacolare *3* (*fam.*) scoraggiare; irritare.
frustrated /frʌˈstreɪtɪd, *USA* ˈfrʌst-/ *a.* scoraggiato; irritato; deluso
frustrating /frʌˈstreɪtɪŋ, *USA* ˈfrʌst-/ *a.* frustrante; irritante: **How f.!**, che seccatura!
frustration /frʌˈstreɪʃn/ *n.* U *e* C *1* frustrazione *2* irritazione; delusione *3* (*psic.*) frustrazione.
fry (1) /fraɪ/ *n. pl.* (*zool.*) avannotti • (*fig.*) **small f.**, pesci piccoli.
fry (2) /fraɪ/ *n.* U frittura; fritto.
to **fry** /fraɪ/ *v. t. e i.* friggere: **to fry gently**, soffriggere.
♦ **fry up** *v. t. + avv.* friggere.
fryer /ˈfraɪə(r)/ *n.* *1* friggitore (-trice) *2* friggitrice (*pentola*) *3* (*cucina, USA*) pollo novello.
frying-pan /ˈfraɪɪŋpæn/ *n.* padella • **out of the f. into the fire**, dalla padella nella brace.
fry-up /ˈfraɪʌp/ *n.* (*fam.*) *1* piatto di uova, salsicce e patate fritte, ecc. *2* (il) friggere; frittura.
fuchsia /ˈfjuːʃə/ *n.* (*bot.*) fucsia.
fuck (1) /fʌk/ *n.* (*volg.*) chiavata; scopata • **not to give a f. about st.**, fottersene di q.c. □ **f. all**, un cazzo di niente.
fuck (2) /fʌk/ *inter.* (*volg.*) cazzo!
to **fuck** /fʌk/ *v. t.* (*volg.*) scopare; chiavare.
♦ **fuck about** (*o* **around**) *v. i. + avv.* (*volg.*) cazzeggiare; non fare un cazzo • **to f. about with st.**, armeggiare con q.c.
♦ **fuck off** *v. i. + avv.* (*volg.*) andare a farsi fottere; andare affanculo.
♦ **fuck up** *v. t. + avv.* (*volg.*) mandare a puttane.
fucking /ˈfʌkɪŋ/ *a.* (*volg.*) fottuto; del cazzo.
fuddle /ˈfʌdl/ *n.* — (*fam.*) **to get in a f.**, confondersi; andare nel pallone.
to **fuddle** /ˈfʌdl/ *v. t.* (*fam.*) confondere • **to f. sb.'s brain**, annebbiare il cervello.
fuddy-duddy /ˈfʌdɪdʌdɪ/ *n.* (*fam.*) vecchio barbogio; retrogrado; parruccone.
fudge /fʌdʒ/ *n.* U caramella fondente (*a base di zucchero, latte e burro*).
to **fudge** /fʌdʒ/ *v. t.* *1* rabberciare *2* falsificare • **to f. an issue**, essere evasivo su q.c.; cercare di scantonare.
fuel /ˈfjuːəl/ *n.* U *1* combustibile *2* carburante; (*fam.*) benzina *3* (*fig.*) alimento; esca • (*autom.*) **f.-injection**, a iniezione □ **f. oil**, olio combustibile; nafta □ **to add f. to the flames**, versare olio sul fuoco.
to **fuel** /ˈfjuːəl/ *A* *v. t.* *1* alimentare di combustibile; rifornire di carburante *2* (*fig.*) alimentare *B* *v. i.* (*anche* **to f. up**) rifornirsi di carburante; fare rifornimento.
fug /fʌg/ *n.* (*fam.*) aria viziata.
fuggy /ˈfʌgɪ/ *a.* (*fam., di aria*) viziato.
fugitive /ˈfjuːdʒətɪv/ *A* *a.* *1* fuggitivo; in fuga; evaso *2* fugace; effimero *B* *n.* *1* fuggiasco (-a) *2* evaso (-a).
fugue /fjuːg/ *n.* (*mus.*) fuga.
fulcrum /ˈfʌlkrəm, ˈfʊl-/ *n.* (*pl.* **fulcra** /-krə/, **fulcrums**) (*fis., mecc.*) fulcro.
to **fulfil**, (*USA anche*) to **fulfill** /fʊlˈfɪl/ *A* *v. t.* *1* adempiere; compiere; eseguire: **to f. one's duty**, compiere il proprio dovere; **to f. an order**, eseguire un ordine *2* esaudire; soddisfare; appagare: **to f. a requirement**, soddisfare un requisito; **The prophecy was fulfilled**, la profezia si avverò • **to f. sb.'s expectations**, rispondere alle aspettative di q. □ **to f. a promise**, mantenere una promessa *B* to **fulfil oneself** *v. rifl.* realizzarsi.
fulfilling /fʊlˈfɪlɪŋ/ *a.* appagante; di soddisfazione.
fulfilment, (*USA anche*) **fulfillment** /fʊlˈfɪlmənt/ *n.* U *1* adempimento; compimento; esecuzione *2* appagamento; soddisfazione *3* completamento *4* realizzazione.
full /fʊl/ *A* *a.* *1* pieno; colmo; completo; intero: **f. of hope [mistakes, people]**, pieno di speranza [sbagli, gente]; **The hotel was f.**, l'albergo era al completo; **f. moon**, luna piena; **f. board**, pensione completa; **f. pay**, paga intera; **f. investigation**, investigazione esauriente *2* ampio; abbondante; copioso: **f. skirt**, gonna ampia; **f. breakfast**, colazione abbondante • **f. daylight**, pieno giorno □ **f. house**, (*teatr.*) tutto esaurito; (*poker*) full □ **f. orchestra**, orchestra al completo □ (*USA*) **f. professor**, professore (universitario) di ruolo □ **f. stop**, *V.* **full stop**, *locuz. n.* □ **f. to overflowing**, pieno fino a traboccare □ (*fam.*) **f. up**, satollo; pieno □ **at f. speed**, a tutta velocità □ **to give f. details**, dare ampi ragguagli; fornire ogni particolare □ **half f.**, pieno a metà; mezzo vuoto □ **in f. career**, di gran carriera □ (*naut.*) **F. speed ahead!**, avanti tutta! *B* *n.* — **in f.**, completamente; pienamente; per intero; **to the f.**, appieno; completamente *C* *avv.* completamente; interamente; pienamente; del tutto • (*form.*) **f. well**, benissimo.
to **full** /fʊl/ *v. t.* (*ind. tess.*) follare.
full-back /ˈfʊlbæk/ *a.* *1* (*calcio*) terzino *2* (*rugby*) estremo.
full-blooded /fʊlˈblʌdɪd/ *a.* *1* di razza pura; purosangue *2* vigoroso; esuberante.
full-blown /fʊlˈbləʊn/ *a.* *1* (*di fiore*) completamente aperto *2* (*fig.*) vero e proprio; autentico *3* (*med.*) conclamato.
full-bodied /fʊlˈbɒdɪd/ *a.* (*di vino*) che ha corpo; corposo.
full-cream /fʊlˈkriːm/ *a.* (*di latte*) intero.
full-grown /fʊlˈgrəʊn/ *a.* sviluppato; adulto; maturo.
full-length /fʊlˈleŋθ/ *a.* *1* (*di ritratto, ecc.*) a figura intera *2* (*di abito*) lungo *3* di lunghezza normale: (*cinem.*) **f. film**, lungometraggio.
fullness /ˈfʊlnəs/ *n.* U *1* pienezza; completezza *2* sazietà *3* abbondanza; gran copia *4* (*di suono*) ampiezza; volume *5* (*di colore*) vivezza • **in the f. of time**, a tempo debito.
full-page /fʊlˈpeɪdʒ/ *a.* a tutta pagina; a pagina intera.
full-scale /fʊlˈskeɪl/ *a.* *1* (*di copia, modello, ecc.*) a grandezza naturale *2* (*fig.*) vero e proprio; in piena regola: **f. inquiry**, inchiesta in piena regola; **f. war**, guerra in piena regola; guerra totale.
full stop /fʊlˈstɒp/ *locuz. n.* (*GB*) punto (fermo) • **I'm not coming, f.!**, non vengo, punto e basta! □ **to come to a f.**, arrestarsi; bloccarsi.
full-term /fʊlˈtɜːm/ *a.* (*di neonato*) a termine.
full-throated /fʊlˈθrəʊtɪd/ *a.* a piena gola.
full-time /fʊlˈtaɪm/ *a. e avv.* a tempo pieno.
fully /ˈfʊlɪ/ *avv.* *1* pienamente; completamente; interamente; del tutto *2* esattamente; precisamente *3* non meno di: **f. two hundred people**, non meno di duecento persone.
fully-fledged /fʊlɪˈfledʒd/ *f.* *1* (*di uccello*) che ha messo tutte le penne; capace di volare *2* (*fig.*) esperto.
fully-grown /fʊlɪˈgrəʊn/ *n.* sviluppato; adulto; maturo.
fulmar /ˈfʊlmə(r)/ *n.* (*zool.*) fulmaro.
fulminate /ˈfʌlmɪneɪt, *USA* ˈfʊl-/ *n.* (*chim.*) fulminato.
to **fulminate** /ˈfʌlmɪneɪt, *USA* ˈfʊl-/ *v. i.* inveire; scagliare fulmini.
fulsome /ˈfʊlsəm/ *a.* esagerato; eccessivo, smaccato.
fulsomeness /ˈfʊlsəmnəs/ *n.* U esagerazione; eccesso.
to **fumble** /ˈfʌmbl/ *A* *v. i.* *1* frugare; armeggiare: **to f. for st.**, frugare in cerca di q.c.; **to f. for words**, cercare le parole; annaspare in cerca delle parole *2* brancolare; andare a tentoni *B* *v. t.* maneggiare in modo maldestro; pasticciare: **to f. the ball**, lasciarsi sfuggire di mano la palla.
to **fume** /fjuːm/ *v. i.* fumare di rabbia; friggere.
fumes /fjuːmz/ *n. pl.* esalazioni; fumi; vapori.
to **fumigate** /ˈfjuːmɪgeɪt/ *v. t.* suffumicare.
fumigation /fjuːmɪˈgeɪʃn/ *n.* U *e* C suffumicazione.
fun /fʌn/ *A* *n.* U divertimento; spasso: **to have fun**, divertirsi; spassarsela; **It's fun to watch the monkeys**, è divertente guardare le scimmie; **There's no fun in it**, non c'è nessun divertimento; non è divertente; **for fun** (*o* **for the fun of it**), tanto per divertirsi; **in fun**, per scherzo • (*fam.*) **fun and games**, grande spasso □ **to be full of fun** (*o* **to be great fun**), essere un tipo allegro, divertente □ **to make fun of** (*o* **to poke fun at**) **sb.**, prendere in giro q. *B* *a.* divertente; spassoso.
function /ˈfʌŋkʃn/ *n.* *1* funzione; mansione *2* cerimonia; funzione *3* (*mat.*) funzione.
to **function** /ˈfʌŋkʃn/ *v. i.* funzionare: **to f. as**, fungere da; funzionare da.

functional /ˈfʌŋkʃənl/ *a.* **1** funzionale **2** funzionante; operativo.
functionalism /ˈfʌŋkʃənəlɪzəm/ *n.* U (*anche archit., psic.*) funzionalismo.
functionary /ˈfʌŋkʃənrɪ, *USA* -nɛrɪ/ *n.* (piccolo) funzionario (-a); burocrate.
fund /fʌnd/ *n.* **1** (*rag.*) fondo; cassa: **relief f.**, fondo per l'assistenza: **pension f.**, fondo pensione; **sickness f.**, cassa malattie **2** (*al pl.*) fondi; denaro: **to raise funds**, raccogliere fondi; (*fam.*) **to be in funds**, stare bene a quattrini **3** (*fin.*) fondo (d'investimento) **4** (*al pl.*) (*in G.B.*) titoli di Stato **5** provvista; fondo; riserva: **f. of jokes**, provvista di barzellette; **f. of knowledge**, bagaglio culturale.
to **fund** /fʌnd/ *v. t.* **1** sovvenzionare; finanziare **2** (*fin.*) consolidare (*un debito*).
fundamental /fʌndəˈmɛntl/ **A** *a.* fondamentale **B** *n.* (*generalm. al pl.*) fondamento; base.
fundamentalism /fʌndəˈmɛntəlɪzəm/ *n.* fondamentalismo.
fundamentalist /fʌndəˈmɛntəlɪst/ *a. e n.* fondamentalista.
funding /ˈfʌndɪŋ/ *n.* **1** finanziamento **2** (*fin.*) consolidamento (*di un debito*).
funeral /ˈfjuːnərəl/ **A** *a. attr.* funebre; funerario: **f. procession**, corteo funebre; **f. urn**, urna funeraria • **f. director**, impresario di pompe funebri □ **f. home** (*USA* **parlor**), impresa di pompe funebri **B** *n.* funerale • (*fam.*) **That's your f.**, fatti tuoi!; peggio per te!
funerary /ˈfjuːnrərɪ, *USA* -nərɛrɪ/ *a.* funebre; funerario.
funereal /fjuːˈnɪərɪəl/ *a.* funereo; da funerale.
funfair /ˈfʌnfɛə(r)/ *n.* (*GB*) parco divertimenti; luna park.
fungal /ˈfʌŋgl/ *a.* (*bot., med.*) fungoso; da fungo.
fungi /ˈfʌŋgaɪ/ *pl. di* **fungus**.
fungicide /ˈfʌndʒɪsaɪd/ *n.* (*agric.*) fungicida; anticrittogamico.
fungoid /ˈfʌŋgɔɪd/ *a.* fungoso; a forma di fungo.
fungus /ˈfʌŋgəs/ *n.* (*pl.* **fungi**, **funguses**) (*bot., med.*) fungo.
funicular /fjuːˈnɪkjʊlə(r)/ *n.* (*anche* **f. railway**) funicolare.
funk (1) /fʌŋk/ *n.* — (*fam. antiq.*) **to be in a blue f.**, avere una fifa da morire.
funk (2) /fʌŋk/ *n.* (*mus.*) funk (*stile misto di jazz, country e soul*).
funky /ˈfʌŋkɪ/ *a.* (*pop., specialm. USA*) **1** (*mus.*) funky **2** fantastico; fortissimo.
funnel /ˈfʌnl/ *n.* **1** imbuto **2** fumaiolo, ciminiera (*di nave, ecc.*) **3** tubo d'aerazione.
to **funnel** /ˈfʌnl/ **A** *v. t.* **1** travasare (con l'imbuto) **2** incanalare (*il traffico, ecc.*) **B** *v. i.* incanalarsi.
funnily /ˈfʌnəlɪ/ *avv.* in modo divertente (*o* buffo) • **f. enough**, strano a dirsi.
funny /ˈfʌnɪ/ *a.* **1** divertente; buffo; comico **2** strano; insolito; bizzarro **3** (*fam.*) poco chiaro; sospetto; losco: **f. business**, faccenda poco chiara; affare poco pulito **4** (*fam.*) un po' matto • (*anat., fam. GB*) **f. bone**, punta del gomito; olecrano □ **to feel f.**, sentirsi poco bene; sentirsi strano □ (*fam.*) **Don't get f. with me!**, non fare il furbo con me!
fur /fɜː(r)/ *n.* **1** U pelo (*di animale*); pelame; pelliccia **2** (*moda, anche* **fur coat**) pelliccia **3** U incrostazione (*in una pentola, ecc.*) **4** patina (*sulla lingua*) • **The fur flew**, è scoppiato un finimondo.
to **fur** /fɜː(r)/ **A** *v. t.* **1** incrostare **2** coprire (*la lingua*) di una patina **B** *v. i.* **1** coprirsi d'incrostazioni **2** (*di lingua*) coprirsi di patina.
furbelow /ˈfɜːbɪləʊ/ *n.* (*antiq. o scherz.*) **1** falpalà **2** (*al pl.*) ornamenti vistosi; fronzoli.
furious /ˈfjʊərɪəs/ *a.* furioso; furibondo • **at a f. pace**, a rotta di collo.
to **furl** /fɜːl/ *v. t.* ammainare (*una vela*); serrare (*una bandiera*); arrotolare (*un ombrello*).
furlong /ˈfɜːlɒŋ, *USA* -lɔːŋ/ *n.* furlong (*misura di lunghezza pari a 201,16 m.*).
furlough /ˈfɜːləʊ/ *n.* C *e* U **1** (*mil.*) licenza **2** congedo.
furnace /ˈfɜːnəs/ *n.* fornace.
to **furnish** /ˈfɜːnɪʃ/ *v. t.* **1** fornire; provvedere: **to f. with st.**, fornire di q.c. **2** ammobiliare; arredare.
furnishings /ˈfɜːnɪʃɪŋz/ *n. pl.* arredamento; mobilia.
furniture /ˈfɜːnɪtʃə(r)/ *n.* U **1** mobili; mobilia: **a piece of f.**, un mobile **2** attrezzatura; attrezzi.
furore /fjuːˈrɔːrɪ, ˈfjʊərɔː(r)/, (*USA*) **furor** /ˈfjʊərə(r), -ɔː(r)/ *n.* scalpore; entusiasmo: **to create a f.**, far scalpore.
ATTENZIONE: **furor(e)** ≠ furore.
furrier /ˈfʌrɪə(r), *USA* ˈfɜː-/ *n.* pellicciaio.
furrow /ˈfʌrəʊ, *USA* ˈfɜː-/ *n.* **1** solco **2** ruga profonda **3** (*arch., falegn.*) scanalatura.
to **furrow** /ˈfʌrəʊ, *USA* ˈfɜː-/ *v. t.* **1** (*lett.*) solcare **2** segnare di rughe **3** (*arch., falegn.*) scanalare.
furry /ˈfɜːrɪ/ *a.* **1** peloso; coperto di pelliccia **2** (fatto) di pelliccia **3** (*di tessuto*) simile a pelliccia **4** (*della lingua*) impastata; sporca.
further /ˈfɜːðə(r)/ (*compar. di* **far**) **A** *a.* **1** più lontano **2** ulteriore: **f. information**, ulteriori informazioni; **until f. notice**, fino a nuovo avviso; **I have no f. need for it**, non ne ho più bisogno • (*GB*) **f. education**, istruzione superiore; corsi per adulti **B** *avv.* **1** più lontano; oltre: **I won't go any f.**, non intendo andare oltre **2** inoltre; per di più • **f. to**, facendo seguito a □ **to enquire f.**, fare ulteriori indagini.
to **further** /ˈfɜːðə(r)/ *v. t.* agevolare; favorire; promuovere.
furtherance /ˈfɜːðərəns/ *n.* U (*form.*) appoggio; aiuto.
furthermore /ˈfɜːðəmɔː(r), fɜːðəˈmɔː(r)/ *avv.* (*form.*) inoltre; per di più.
furthermost /ˈfɜːðəməʊst/ *a.* (il) più lontano; estremo.
furthest /ˈfɜːðɪst/ *superl. relat. di* **far**.
furtive /ˈfɜːtɪv/ *a.* furtivo; circospetto.
fury /ˈfjʊərɪ/ *n.* **1** U *e* C furia **2** persona (*specialm. donna*) furibonda; furia • (*mitol.*) **the Furies**, le Furie □ **a f. of activity**, un'attività frenetica □ **to fly into a f.**, andare su tutte le furie □ **to be in a f.**, essere infuriato □ (*fam.*) **to work like f.**, lavorare come un pazzo.
furze /fɜːz/ *n.* U (*bot.*) ginestrone.
fuse (1) /fjuːz/ *n.* **1** miccia **2** detonatore; spoletta • (*fam.*) **to have a short f.**, essere irascibile; scattare per un nonnulla.
fuse (2) /fjuːz/ *n.* (*elettr.*) fusibile; valvola: **to blow a f.**, far saltare una valvola; (*fig. fam.*) andare su tutte le furie; **A f. has blown**, è saltata una valvola; **f. box**, scatola delle valvole; portafusibili.
to **fuse** /fjuːz/ **A** *v. t.* **1** fondere **2** (*elettr.*) far saltare (*una valvola*): **to f. the lights**, far saltare le valvole **B** *v. i.* **1** fondersi **2** (*elettr., di valvola, ecc.*) saltare: **The lights have fused**, sono saltate le valvole; è andata via la luce **3** (*di ossa*) saldarsi.
fuselage /ˈfjuːzəlɑːʒ, *USA* -səl-/ *n.* (*aeron.*) fusoliera.
fusilier /fjuːzəˈlɪə(r)/ *n.* (*mil., stor.*) fuciliere.
fusillade /fjuːzəˈleɪd, *USA* ˈfjuːsəlɑːd/ *n.* (*mil.*) scarica di fucileria; (*anche fig.*) fuoco di fila.
fusion /ˈfjuːʒn/ *n.* U *e* C fusione.
fuss /fʌs/ *n.* U trambusto; agitazione; chiasso; storie: **to make a great f. about nothing**, fare un gran chiasso (*o* tante storie) per nulla; **to make a f. about st.**, protestare per q.c.; fare una scenata per q.c.; **to make a f. of sb.**, colmare q. di attenzioni.
to **fuss** /fʌs/ **A** *v. i.* agitarsi; preoccuparsi • **to f. over sb.**, circondare di attenzioni q. **B** *v. t.* mettere in agitazione; innervosire.
fussiness /ˈfʌsɪnəs/ *n.* U meticolosità; pignoleria.
fusspot /ˈfʌspɒt/ *n.* (*fam.*) **1** chi fa un sacco di storie; chi se la prende; piaga (*fam.*) **2** pignolo (*fam.*).
fussy /ˈfʌsɪ/ *a.* **1** esigente; pignolo (*fam.*) **2** nervoso; agitato **3** (*di abito, disegno, ecc.*) carico di fronzoli • **I'm not f.!**, per me fa lo stesso.
fustian /ˈfʌstɪən, *USA* -tʃən/ *a. e n.* U (di) fustagno.
fusty /ˈfʌstɪ/ *a.* **1** che sa di chiuso (*o* di muffa) **2** antiquato; sorpassato.
futile /ˈfjuːtaɪl, *USA* -tl/ *a.* inutile; vano; futile.
futility /fjuːˈtɪlətɪ/ *n.* U *e* C inutilità; futilità.
future /ˈfjuːtʃə(r)/ **A** *a.* futuro • **for f. use**, da usare in futuro **B** *n.* **1** futuro; avvenire: **in f.** (*o* **for the f.**), d'ora innanzi; in futuro; per l'avvenire; **in the near** [**distant**] **f.**, in un prossimo [lontano] futuro; **There is no f. in it**, è una cosa che non ha futuro **2** (*al pl.*) (*fin.*) contratti per consegne a termine; futures **3** (*gramm.*) futuro: **f. perfect**, futuro anteriore.
futurism /ˈfjuːtʃərɪzəm/ *n.* U (*arte, letter.*) futurismo.
futurist /ˈfjuːtʃərɪst/ *n.* (*arte, letter.*) futurista.
futurologist /fjuːtʃəˈrɒlədʒɪst/ *n.* futurologo (-a).
fuzz /fʌz/ *n.* U **1** lanugine; peluria **2** capelli crespi **3** (*pop.*) polizia.
fuzzy /ˈfʌzɪ/ *a.* **1** (*di capelli*) crespo; gonfio **2** coperto di lanugine (*o* di peluria) **3** confuso; sfocato: **f. memories**, ricordi confusi; **f. TV picture**, immagine televisiva sfocata.

g,G

G, **g** /dʒiː/ *n.* (*pl.* **G's, g's**; **Gs, gs**) ***1*** G, g ***2*** (*mus.*) sol: **G clef**, chiave di sol (*o* di violino) • (*telef.*) **g for George**, g come Genova □ (*fam. USA*) **G-man** (*abbr. di* **Government man**), agente investigativo federale □ **G-string**, coprisesso; tanga.

gab /gæb/ *n.* Ⓤ — (*fam.*) **the gift of the gab**, la parlantina sciolta.

to **gab** /gæb/ *v. i.* (*fam.*) chiacchierare; ciarlare.

gabardine /ˈgæbədiːn, -ˈdiːn/ *n.* Ⓤ gabardine.

gabble /ˈgæbl/ *n.* Ⓤ parole incomprensibili; farfugliamento; blatera.

to **gabble** /ˈgæbl/ *v. i. e t.* ***1*** dire parole incomprensibili; farfugliare ***2*** ciarlare.

gaberdine /gæbəˈdiːn, *USA* ˈgæ-/ *n. V.* **gabardine**.

gable /ˈgeɪbl/ *n.* (*archit.*) timpano.

to **gad** /gæd/ *v. Solo come:*

♦ **gad about** *v. i. + avv.* (*fam.*) vagabondare; gironzolare.

gadabout /ˈgædəbaʊt/ *n.* (*fam.*) girandolone (-a).

gadfly /ˈgædflaɪ/ *n.* (*zool.*) tafano.

gadget /ˈgædʒɪt/ *n.* (*fam.*) aggeggio; congegno; dispositivo.

gadgetry /ˈgædʒɪtrɪ/ *n.* Ⓤ aggeggi; congegni.

Gaelic /ˈgeɪlɪk, ˈgæ-/ *a. e n.* gaelico.

gaff (**1**) /gæf/ *n.* arpione; rampone.

gaff (**2**) /gæf/ *n.* Ⓤ —(*pop.*) **to blow the g.**, rivelare un segreto; spifferare tutto.

gaffe /gæf/ *n.* gaffe.

gaffer /ˈgæfə(r)/ *n.* ***1*** caposquadra (*di operai*) ***2*** (*cinem., TV*) capoelettricista ***3*** vecchio; compare.

gag /gæg/ *n.* ***1*** bavaglio ***2*** (*teatr.*) gag; battuta.

to **gag** /gæg/ ***A*** *v. t.* (*anche fig.*) imbavagliare ***B*** *v. i.* strozzarsi; avere conati di vomito.

gaga /ˈgɑːgɑː/ *a.* (*fam., di persona anziana*) rimbambito; rincitrullito • **to go g.**, rimbambirsi.

gage, to **gage** /geɪdʒ/ (*USA*) *V.* **gauge, to gauge**.

gaggle /ˈgægl/ *n.* ***1*** branco (*d'oche*) ***2*** (*estens.*) gruppo rumoroso.

gaiety /ˈgeɪətɪ/ *n.* Ⓤ allegria; gaiezza.

gaily /ˈgeɪlɪ/ *avv.* allegramente; gaiamente.

gain /geɪn/ *n.* ***1*** Ⓤ *e* Ⓒ guadagno; profitto; vincita ***2*** aumento: **g. in weight**, aumento di peso.

to **gain** /geɪn/ ***A*** *v. t.* ***1*** guadagnare; acquistare; ottenere; vincere: **to g. experience**, acquistare esperienza; **to g. ground**, guadagnare terreno; **to g. weight**, aumentare di peso ***2*** (*di orologio*) andare avanti di ***3*** (*form.*) raggiungere • **to g. the upper hand** (**over sb.**), avere la meglio su q. ***B*** *v. i.* ***1*** guadagnarci; profittare ***2*** progredire; aumentare ***3*** (*di orologio*) andare avanti.

♦ **gain on** *v. i. + prep.* guadagnare terreno su.

gainful /ˈgeɪnfl/ *a.* (*form.*) remunerativo.

to **gainsay** /geɪnˈseɪ/ *v. t.* (*pass. e p.p.* **gainsaid** /geɪnˈsɛd/) negare.

gait /geɪt/ *n.* (*form.*) andatura; passo.

gaiter /ˈgeɪtə(r)/ *n.* ghetta; uosa.

gal /gæl/ *n.* (*fam.*) ragazza.

gala /ˈgɑːlə, ˈgeɪ-, *USA* ˈgeɪ-, ˈgæ-/ ***A*** *n.* Ⓤ gala; galà ***B*** *a. attr.* di gala: **g. night**, serata di gala.

galactic /gəˈlæktɪk/ *a.* galattico.

galaxy /ˈgæləksɪ/ *n.* galassia.

gale /geɪl/ *n.* vento forte; (*naut.*) burrasca • **gales of laughter**, forti risate.

Galilean (**1**) /gælɪˈliːən/ *a. e n.* galileo.

Galilean (**2**) /gælɪˈliːən/ *a.* galileiano.

gall (**1**) /gɔːl/ *n.* Ⓤ ***1*** (*antiq.*) bile; fiele ***2*** (*spreg.*) sfacciataggine; coraggio; faccia: **He had the g. to complain**, ha avuto il coraggio di lamentarsi • (*anat.*) **g. bladder**, cistifellea.

gall (**2**) /gɔːl/ *n.* (*bot.*) galla.

to **gall** /gɔːl/ *v. t.* irritare; infastidire.

gallant /ˈgælənt/ *a.* ***1*** (*form.*) coraggioso; prode; valoroso ***2*** galante; cortese.

gallantry /ˈgæləntrɪ/ *n.* ***1*** Ⓤ (*form.*) coraggio; prodezza; valore ***2*** Ⓤ galanteria; cavalleria.

galleon /ˈgælɪən/ *n.* (*naut.*) galeone.

gallery /ˈgælərɪ/ *n.* ***1*** galleria (d'arte) ***2*** (*per spettatori*) tribuna; (*teatr.*) loggione: **press g.**, tribuna per la stampa • **to play to the g.**, recitare per il loggione; cercare di far colpo sul grosso pubblico.

galley /ˈgælɪ/ *n.* ***1*** (*naut., stor.*) galea ***2*** (*naut.*) cambusa ***3*** (*tipogr., anche* **g. proof**) bozza in colonna; prima bozza.

Gallic /ˈgælɪk/ *a.* ***1*** (*stor.*) gallico ***2*** (*generalm. scherz.*) francese.

gallicism /ˈgælɪsɪzəm/ *n.* gallicismo; francesismo.

galling /ˈgɔːlɪŋ/ *a.* irritante; molesto; seccante.

to **gallivant** /gælɪˈvænt/ *v. i.* andare in giro a divertirsi.

gallon /ˈgælən/ *n.* gallone (*misura di capacità per liquidi*).

gallop /ˈgæləp/ *n.* ***1*** Ⓤ galoppo: **at a g.**, al (*o* di) galoppo (*anche fig.*); **at full g.**, al gran galoppo ***2*** galoppata: **to go for a g.**, andare a fare una galoppata.

to **gallop** /ˈgæləp/ ***A*** *v. i.* (*anche fig.*) galoppare; andare al galoppo: **to g. off**, galoppare via; partire al galoppo ***B*** *v. t.* far galoppare.

galloping /ˈgæləpɪŋ/ *a.* (*anche fig.*) galoppante: (*econ.*) **g. inflation**, inflazione galoppante.

gallows /ˈgæləʊz/ *n.* (*pl. invar.*) forca; patibolo • **g. humour**, umorismo macabro.

gallstone /ˈgɔːlstəʊn/ *n.* (*med.*) calcolo biliare.

galore /gəˈlɔː(r)/ *avv.* a bizzeffe; a iosa.

galosh /gəˈlɒʃ/ *n.* caloscia.

galvanic /gælˈvænɪk/ *a.* ***1*** (*fis.*) galvanico ***2*** (*fig.*) galvanizzante; elettrizzante.

to **galvanize**, (*GB anche*) to **galvanise** /ˈgælvənaɪz/ *v. t.* (*tecn. e fig.*) galvanizzare: **to g. sb. into doing st.**, spronare q. a fare q.c.

galvanized, (*GB anche*) **galvanised** /ˈgælvənaɪzd/ *a.* galvanizzato; zincato: **g. iron**, ferro zincato.

gambit /ˈgæmbɪt/ *n.* ***1*** (*scacchi*) gambetto ***2*** (*fig.*) mossa: **opening g.** prima mossa.

gamble /ˈgæmbl/ *n.* azzardo; rischio: **to take a g.**, rischiare.

to **gamble** /ˈgæmbl/ ***A*** *v. i.* giocare (d'azzardo): **to g. at the roulette table**, giocare alla roulette ***B*** *v. t.* giocare; puntare.

♦ **gamble away** *v. t. + avv.* perdere al gioco; giocarsi.

♦ **gamble on** *v. i. + prep.* puntare su.

gambler /ˈgæmblə(r)/ *n.* giocatore (-trice) d'azzardo.

gambling /ˈgæmblɪŋ/ *n.* Ⓤ gioco (d'azzardo): **g. debt**, debito di gioco; **g. house**, casa da gioco; bisca.

to **gambol** /ˈgæmbl/ *v. i.* saltellare; sgambettare; far capriole.

game (**1**) /geɪm/ *n.* ***1*** gioco (*con regole precise*): **the g. of football**, il gioco del calcio; **the Olympic Games**, i Giochi Olimpici ***2*** partita: **g. of cards**, partita a carte; **a football g.**, una partita di football ***3*** Ⓤ cacciagione; selvaggina: **big g.**, selvaggina da caccia grossa; **g. bird**, uccello da cacciagione ***4*** (*fam.*) attività; mestiere ***5*** (*tennis*) game; gioco ***6*** (*fam. spreg.*) gioco; giochetto: **What's your little g.?**, a che gioco giochiamo? ***7*** (*al pl.*) (*GB*) attività sportiva (*a scuola*) • **g.-bag**, carniere □ **g. licence**, licenza di caccia □ (*TV*) **g. show**, gioco a premi □ **g. warden**, guardiacaccia □ **The g. is not worth the candle**, il gioco non vale la candela □ **The g. is up**, la partita è persa (*fig.*); è finita □ (*sport*) **on** [**off**] **one's g.**, in forma [giù di forma] □ (*pop.*) **to be on the g.**, fare la vita; battere □ **to play a good** [**a poor**] **g.**, essere un buon [un cattivo] giocatore; giocare bene [male].

game (**2**) /geɪm/ *a.* ***1*** ardimentoso; coraggioso ***2*** disposto; che ci sta: **Who's g. for a run?**, chi ci sta a fare una corsa?;

I am g. for anything, sono pronto a tutto.
gamekeeper /ˈgeɪmkiːpə(r)/ *n.* guardacaccia.
gamely /geɪmlɪ/ *avv.* (*fam.*) coraggiosamente.
gameplan /ˈgeɪmplæn/ *n.* strategia.
gamesmanship /ˈgeɪmzmənʃɪp/ *n.* 🅄 (*generalm. spreg.*) (il) saper vincere con l'astuzia ma senza infrangere le regole.
gamete /ˈgæmiːt/ *n.* (*biol.*) gamete.
gaming /ˈgeɪmɪŋ/ *n.* 🅄 gioco (d'azzardo) • **g. den**, bisca □ **g. house**, casa da gioco □ **g. table**, tavolo da gioco.
gamma /ˈgæmə/ *n.* (*alfabeto greco*) gamma • (*biol.*) **g. globulin**, gammaglobulina □ (*fis.*) **g. rays**, raggi gamma.
gammon /ˈgæmən/ *n.* 🅄 (*cucina*) prosciutto affumicato.
gammy /ˈgæmɪ/ *a.* (*fam. antiq., di gamba*) zoppo; malandato.
gamut /ˈgæmət/ *n.* (*mus. e fig.*) gamma.
gamy /ˈgeɪmɪ/ *a.* ***1*** ricco di selvaggina ***2*** che ha il gusto (*o* l'odore) della cacciagione.
gander /ˈgændə(r)/ *n.* (*zool.*) maschio dell'oca.
gang /gæŋ/ *n.* ***1*** squadra; gruppo ***2*** combriccola; banda; gang.
to **gang** /gæŋ/ *v. Solo come*:
♦ **gang up** (**on** *o* **against**) *v. i.* + *avv.* (*e prep.*) coalizzarsi (contro); fare comunella (contro) (*fam.*).
ganger /ˈgæŋə(r)/ *n.* (*GB*) caposquadra (*di operai*).
gangland /ˈgæŋlænd/ *n.* 🅄 ambiente della malavita • **g. boss**, capo malavitoso; boss della malavita.
ganglia /ˈgæŋglɪə/ *pl. di* **ganglion**.
gangling /ˈgæŋglɪŋ/ *a.* allampanato; magro e dinoccolato.
ganglion /ˈgæŋglɪən/ *n.* (*pl.* **ganglia, ganglions**) (*anat.*) ganglio.
gangplank /ˈgæŋplænk/ *n.* (*naut.*) passerella (da sbarco).
gangrene /ˈgæŋgriːn/ *n.* 🅄 (*med.*) cancrena.
gangrenous /ˈgæŋgrɪnəs/ *a.* (*med.*) cancrenoso; in cancrena.
gangster /ˈgæŋstə(r)/ *n.* bandito; gangster.
gangway /ˈgæŋweɪ/ ***A*** *n.* ***1*** (*tra file di sedili*) passaggio; corridoio; corsia ***2*** (*naut.*) passerella; pontile ***B*** *inter.* largo!; pista!
gannet /ˈgænɪt/ *n.* (*zool.*) sula.
gantry /ˈgæntrɪ/ *n.* ***1*** (*ferr., mecc.*) cavalletto ***2*** (*miss.*) torre di lancio • **g. crane**, gru a portale.
gaol /dʒeɪl/ *e deriv.* (*GB*) *V.* **jail** *e deriv.*
gap /gæp/ *n.* ***1*** apertura; breccia; buco; varco ***2*** passo (*fra monti*); valico ***3*** lacuna ***4*** divario; gap: **to bridge a g.**, colmare un divario ***5*** (*sport*) distacco; svantaggio • **gap-toothed**, dai denti radi.
to **gape** /geɪp/ *v. i.* ***1*** aprirsi; spalancarsi ***2*** spalancare la bocca; restare a bocca aperta: **to g. at st.**, guardare q.c. a bocca aperta.
gaping /ˈgeɪpɪŋ/ *a.* ***1*** aperto; spalancato: **g. wound**, ferita aperta ***2*** a bocca aperta.
garage /ˈgærɑːʒ, -ɪdʒ, *USA* gəˈrɑːʒ/ *n.* ***1*** autorimessa; garage ***2*** stazione di servizio ***3*** autofficina • (*USA*) **g. sale**, vendita di oggetti di cui ci si vuole liberare (*generalm. fatta nel garage di casa*).
to **garage** /ˈgærɑːʒ, -ɪdʒ, *USA* gəˈrɑːʒ/ *v. t.* mettere (*o* tenere) in garage.
garb /gɑːb/ *n.* 🅄 (*form.*) abbigliamento; abito.
garbage /ˈgɑːbɪdʒ/ *n.* 🅄 ***1*** (*USA*) immondizia; spazzatura: **g. can**, pattumiera; bidone della spazzatura; **g. collector**, netturbino; **g. disposal**, tritarifiuti; **g. truck**, camion della spazzatura ***2*** (*specialm. USA*) ciarpame ***3*** (*spreg., specialm. USA*) scemenze.
to **garble** /ˈgɑːbl/ *v. t.* ingarbugliare (*una storia, ecc., nel raccontarla*).
garbled /ˈgɑːbld/ *a.* confuso; ingarbugliato.
garden /ˈgɑːdn/ *n.* ***1*** giardino ***2*** orto • **g. centre**, centro per il giardinaggio; vivaio □ **g. city**, città giardino □ **g. party**, trattenimento all'aperto; garden party □ **g. plants**, piante da giardino □ (*USA*) **g.-variety**, comune; ordinario □ (*fam.*) **to lead sb. up the g. path**, darla a bere a q.; menare q. per il naso.
gardener /ˈgɑːdnə(r)/ *n.* giardiniere.
gardenia /gɑːˈdiːnɪə/ *n.* (*bot.*) gardenia.
gardening /ˈgɑːdnɪŋ/ *n.* 🅄 giardinaggio • **g. gloves**, guanti da giardinaggio.
gargantuan /gɑːˈgæntjʊən, *USA* -tʃʊən/ *a.* enorme; gigantesco.
gargle /ˈgɑːgl/ *n.* ***1*** gargarismo ***2*** (*farm.*) colluttorio.
to **gargle** /ˈgɑːgl/ *v. i.* fare gargarismi.
gargoyle /ˈgɑːgɔɪl/ *n.* (*archit.*) doccione; gargolla.
garish /ˈgɛərɪʃ/ *a.* sgargiante; vistoso.
garishness /ˈgɛərɪʃnəs/ *n.* 🅄 vistosità.
garland /ˈgɑːlənd/ *n.* ghirlanda.
to **garland** /ˈgɑːlənd/ *v. t.* inghirlandare.
garlic /ˈgɑːlɪk/ *n.* 🅄 aglio.
garlicky /ˈgɑːlɪkɪ/ *a.* che puzza di aglio; che sa di aglio.
garment /ˈgɑːmənt/ *n.* capo di vestiario; indumento; (*al pl., anche*) abiti.
to **garner** /ˈgɑːnə(r)/ *v. t.* (*form.*) raccogliere.
garnet /ˈgɑːnɪt/ *n.* 🅄 *e* 🄲 (*miner.*) granato.
garnish /ˈgɑːnɪʃ/ *n.* (*cucina*) guarnizione.
to **garnish** /ˈgɑːnɪʃ/ *v. t.* (*cucina*) guarnire.
garret /ˈgærət/ *n.* (*lett.*) soffitta; solaio.
garrison /ˈgærɪsn/ *n.* (*mil.*) ***1*** guarnigione; presidio ***2*** piazza fortificata • **g. town**, città sede di guarnigione.
to **garrison** /ˈgærɪsn/ *v. t.* (*mil.*) ***1*** fornire di guarnigione; presidiare ***2*** mandare in servizio di guarnigione.
garrotte /gəˈrɒt/ *n.* garrotta.
to **garrotte** /gəˈrɒt/ *v. t.* garrottare.
garrulous /ˈgærʊləs/ *a.* loquace; ciarliero.
garter /ˈgɑːtə(r)/ *n.* giarrettiera.
gas /gæs/ *n.* ***1*** 🅄 *e* 🄲 gas: **to turn on** [**off**] **the gas**, accendere [spegnere] il gas ***2*** 🅄 (*fam. USA*) benzina: **to step on the gas**, accelerare; dare gas ***3*** 🅄 (*fam. GB*) chiacchiere; ciance ***4*** (*pop. USA*) spasso • **gas bottle**, bombola (per gas) □ **gas chamber**, camera a gas □ **gas cooker**, cucina a gas □ **gas fire**, stufa a gas □ **gas-fired central heating**, riscaldamento centrale a gas □ **gas fitter**, gassista □ (*fam. USA*) **gas guzzler**, auto che beve □ **gas mask**, maschera antigas □ **gas meter**, contatore del gas □ **gas ring**, fornello a gas.
to **gas** /gæs/ ***A*** *v. t.* ***1*** uccidere col gas; asfissiare; gassare ***2*** (*mil.*) attaccare con gas tossici ***B*** *v. i.* (*fam.*) chiacchierare; ciarlare.
♦ **gas up** *v. t.* + *avv.* (*fam. USA*) rifornire di benzina.
gasbag /ˈgæsbæg/ *n.* (*fam.*) chiacchierone.
gaseous /ˈgæsɪəs, ˈgeɪsɪəs/ *a.* gassoso.
gash /gæʃ/ *n.* taglio profondo; squarcio; sfregio.
to **gash** /gæʃ/ *v. t.* fare un taglio profondo in; squarciare; sfregiare.
gasholder /ˈgæshəʊldə(r)/ *n.* gasometro.
gasket /ˈgæskɪt/ *n.* ***1*** (*mecc.*) guarnizione ***2*** (*naut.*) matafione.
gaslamp /ˈgæslæmp/ *n.* lampada a gas.
gaslight /ˈgæslaɪt/ *n.* 🅄 illuminazione a gas.
gasman /ˈgæsmæn/ *n.* (*pl.* **gasmen** /-mən/) gasista.
gasolene, gasoline /ˈgæsəliːn/ *n.* 🅄 (*USA*) benzina.
gasometer /gæˈsɒmɪtə(r)/ *n.* gasometro.
gasp /gɑːsp, *USA* gæsp/ *n.* breve inspirazione; ansito: **He gave a g. of surprise**, boccheggiò dalla sorpresa • **at the last g.**, moribondo.
to **gasp** /gɑːsp, *USA* gæsp/ *v. i.* ***1*** ansare; ansimare; boccheggiare: **to g. for breath**, respirare affannosamente; boccheggiare ***2*** restare senza fiato.
♦ **gasp out** *v. t.* + *avv.* dire boccheggiando.
gasper /ˈgɑːspə(r)/ *n.* (*pop. GB*) sigaretta.
gasping /ˈgɑːspɪŋ, *USA* -æs-/ *a.* ansimante; trafelato; boccheggiante.
gassy /ˈgæsɪ/ *a.* troppo gassato; troppo frizzante.
gastric /ˈgæstrɪk/ *a.* gastrico: **g. juice**, succo gastrico; (*med.*) **g. ulcer**, ulcera gastrica.
gastritis /gæˈstraɪtɪs/ *n.* 🅄 (*med.*) gastrite.
gastroenteritis /gæstrəʊentəˈraɪtɪs/ *n.* 🅄 (*med.*) gastroenterite.
gastronome /ˈgæstrənəʊm/, **gastronomer** /gæˈstrɒnəmə(r)/ *n.* gastronomo (-a).
gastronomic /gæstrəˈnɒmɪk/ *a.* gastronomico.
gastronomy /gæˈstrɒnəmɪ/ *n.* 🅄 gastronomia.
gasworks /ˈgæswɜːks/ *n.* (*col verbo al pl. o sing.*) impianto di produzione del gas.
gate /geɪt/ *n.* ***1*** cancello; porta (*di città*); portone (*d'accesso a un cortile*) ***2*** cancello di imbarco (*di aeroporto*) ***3*** (*ferr.*) barriera ***4*** (*ippica*) cancello di partenza ***5*** (*sci*) porta ***6*** (*sport*) (numero degli) spettatori paganti; incasso (ai cancelli).
gateau /ˈgætəʊ, *USA* gɑːˈtəʊ/ (*franc.*) *n.* (*pl.* **gateaux**

/-əʊz/) torta.
to **gatecrash** /ˈgeɪtkræʃ/ *v. i.* (*fam.*) autoinvitarsi; intrufolarsi; imbucarsi (*fam.*).
gatecrasher /ˈgeɪtkræʃə(r)/ *n.* (*fam.*) ospite non invitato; intruso (-a); imbucato (*fam.*).
gatehouse /ˈgeɪthaʊs/ *n.* casetta del custode (*di una villa*).
gatekeeper /ˈgeɪtkiːpə(r)/ *n.* portinaio, custode (*di villa con parco*).
gatepost /ˈgeɪtpəʊst/ *n.* pilastro di cancello • **between you, me and the g.**, detto fra noi.
gateway /ˈgeɪtweɪ/ *n.* ***1*** entrata; ingresso ***2*** (*fig.*) porta; strada; via.
to **gather** /ˈgæðə(r)/ ***A*** *v. t.* ***1*** raccogliere; radunare: **to g. flowers**, raccogliere fiori; **to g. dust**, raccogliere polvere; **to g. grapes**, vendemmiare; **He gathered the blanket round him**, si avvolse nella coperta; **to g. one's strength**, chiamare a raccolta le proprie forze ***2*** prendere; acquistare: **to g. information**, prendere (*o* assumere) informazioni; **to g. speed**, acquistare velocità ***3*** capire; dedurre: **You'll have gathered that...**, avrai capito che; **I g. you've decided to leave**, mi pare di capire (*o* ho sentito) che hai deciso di partire ***4*** increspare (*una stoffa*) ***B*** *v. i.* ***1*** raccogliersi; radunarsi ***2*** addensarsi; accumularsi.
♦ **gather together** ***A*** *v. t. + avv.* riunire; radunare ***B*** *v. i. + avv.* riunirsi; radunarsi.
♦ **gather up** *v. t. + avv.* radunare; raccogliere: **I gathered up my books**, raccolsi (*o* radunai) i miei libri.
gathering /ˈgæðərɪŋ/ *n.* ***1*** raduno; riunione; adunata ***2*** raccolta.
gathers /ˈgæðəz/ *n. pl.* (*sartoria*) increspatura; pieghe.
gauche /gəʊʃ/ (*franc.*) *a.* goffo; privo di tatto.
gaudy /ˈgɔːdɪ/ *a.* vistoso; sgargiante; chiassoso.
gauge /geɪdʒ/ *n.* ***1*** Ⓤ calibro (*di arma da fuoco*); diametro (*di tubo, ecc.*) ***2*** Ⓤ (*ferr.*) scartamento: **standard [narrow] g.**, scartamento normale [ridotto] ***3*** (*mecc.*) indicatore di livello: **pressure g.**, manometro; (*autom.*) **fuel g.**, indicatore (*o* spia) della benzina; **rain g.**, pluviometro ***4*** stima; metro: **to take the g. of st.**, fare la stima di q.c.
to **gauge** /geɪdʒ/ *v. t.* ***1*** misurare (*con uno strumento di precisione*) ***2*** calcolare; stimare; valutare.
Gaul /gɔːl/ *n.* (*stor.*) gallo.
gaunt /gɔːnt/ *a.* ***1*** scarno; macilento ***2*** (*lett.*) desolato.
gauntlet (1) /ˈgɔːntlət/ *n.* ***1*** guanto di protezione; manopola ***2*** (*stor.*) guanto d'armatura ***3*** (*fig.*) guanto di sfida: **to throw down [to pick up] the g.**, gettare [raccogliere] il guanto; lanciare [accettare] la sfida.
gauntlet (2) /ˈgɔːntlət/ *n.* — **to run the g.**, affrontare gli attacchi (*o* le critiche).
gauntness /ˈgɔːntnəs/ *n.* Ⓤ ***1*** estrema magrezza ***2*** (*lett.*) desolazione.
gauze /gɔːz/ *n.* Ⓤ garza; velo.
gauzy /ˈgɔːzɪ/ *a.* diafano; trasparente.
gave /geɪv/ *pass. di* **to give**.
gavel /ˈgævl/ *n.* martelletto (*di banditore d'asta, ecc.*).
gavotte /gəˈvɒt/ *n.* gavotta.
to **gawk** /gɔːk/ *v. i.* (*fam.*) avere l'aria imbambolata • **to g. at st.**, guardare q.c. con aria imbambolata.
gawky /ˈgɔːkɪ/ *a.* goffo; sgraziato.
to **gawp** /gɔːp/ (*GB*) *V.* **to gawk**.
gay /geɪ/ ***A*** *a.* ***1*** gaio; allegro; vivace ***2*** (*fam.*) omosessuale; degli omosessuali; gay ***B*** *n.* (*fam.*) omosessuale; gay.
gayness /ˈgeɪnəs/ *n.* Ⓤ ***1*** allegria; vivacità ***2*** (*fam.*) omosessualità; (l')essere gay.
gaze /geɪz/ *n.* sguardo fisso.
to **gaze** /geɪz/ *v. i.* guardare (*fissamente*); contemplare: **We stood gazing at the scene**, contemplammo la scena; **to g. into space**, guardare nel vuoto.
gazebo /gəˈziːbəʊ/ *n.* (*pl.* **gazebos**, **gazeboes**) gazebo; belvedere; chiosco.
gazelle /gəˈzɛl/ *n.* gazzella.
gazette /gəˈzɛt/ *n.* gazzetta; gazzetta ufficiale.
gazetteer /gæzəˈtɪə(r)/ *n.* dizionario geografico.
to **gazump** /gəˈzʌmp/ *v. t.* (*fam. GB*) imbrogliare (*l'aspirante compratore di un immobile*) vendendo a un terzo nonostante l'impegno verbale già preso.
gear /gɪə(r)/ *n.* ***1*** (*mecc.*) congegno; dispositivo; ingranaggio ***2*** (*autom.*) marcia: **to put into g.**, ingranare (*o* innestare) la marcia; **to change into third g.**, mettere (*o* ingranare) la terza; **to shift gears**, cambiare (marcia); **in g.**, con la marcia ingranata; **out of g.**, in folle; **bottom g.**, prima; **top g.**, la marcia più alta (*la 4ª o la 5ª*); **reverse g.**, retromarcia; (*GB*) **g. lever** (*o* **stick**), leva del cambio ***3*** moltiplica (*di bicicletta*) ***4*** Ⓤ arnesi; attrezzi; equipaggiamento; attrezzatura ***5*** (*fam.*) vestiti; roba; cose • (*mecc.*) **g.-wheel**, ruota dentata □ (*fig.*) **to move into top g.**, subire una forte accelerazione.
to **gear** /gɪə(r)/ *v. t.* adattare; adeguare; far corrispondere: **lessons that are geared to the children's needs**, lezioni che tengono conto delle esigenze dei bambini.
♦ **gear up** (*fam.*) ***A*** *v. t. + avv.* preparare ***B*** *v. i. + avv.*, prepararsi.
gearbox /ˈgɪəbɒks/ *n.* (*autom.*) scatola del cambio.
gearshift /ˈgɪəʃɪft/ *n.* (*autom., USA*) leva del cambio.
gecko /ˈgɛkəʊ/ *n.* (*pl.* **geckos**, **geckoes**) (*zool.*) geco.
gee /dʒiː/ *inter.* (*pop. USA, anche* **gee whiz**) accidenti!; urca!; cribbio!
geese /giːs/ *pl. di* **goose**.
geezer /ˈgiːzə(r)/ *n.* (*pop.*) tizio (*specialm. vecchio e bislacco*).
gel /dʒɛl/ *n.* Ⓒ *e* Ⓤ gel.
to **gel** /dʒɛl/ *v. i.* ***1*** gelificarsi ***2*** (*di idea, progetto, ecc.*) prendere forma; prendere corpo.
gelatin(e) /ˈdʒɛlətiːn, -ˈtiːn, *USA* ˈdʒɛlətn/ *n.* Ⓤ gelatina.
gelatinous /dʒəˈlætɪnəs/ *a.* gelatinoso.
to **geld** /gɛld/ *v. t.* castrare (*un animale*).
gelding /ˈgɛldɪŋ/ *n.* cavallo castrato; castrone.
gelignite /ˈdʒɛlɪgnaɪt/ *n.* Ⓤ gelatina esplosiva; gelignite.
gem /dʒɛm/ *n.* ***1*** gemma; pietra preziosa ***2*** (*fig.*) gioiello; perla.
Gemini /ˈdʒɛmɪnaɪ, -niː/ *n. pl.* (*astron., astrol.*) Gemelli.
gemstone /ˈdʒɛmstəʊn/ *n.* (*miner.*) gemma grezza; pietra preziosa.
gen /dʒɛn/ *n.* Ⓤ (*fam. GB*) informazioni.
to **gen** /dʒɛn/ *v. Solo come*:
♦ **gen up** *v. i. + avv.* (*fam. GB*) informarsi.
gender /ˈdʒɛndə(r)/ *n.* Ⓒ *e* Ⓤ ***1*** (*gramm.*) genere ***2*** (*estens.*) sesso.
gene /dʒiːn/ *n.* (*biol.*) gene.
genealogical /dʒiːnɪəˈlɒdʒɪkl/ *a.* genealogico.
genealogy /dʒiːnɪˈælədʒɪ/ *n.* Ⓤ *e* Ⓒ genealogia.
genera /ˈdʒɛnərə/ *pl. di* **genus**.
general (1) /ˈdʒɛnrəl/ *a.* generale; generico: **a matter of g. interest**, una faccenda d'interesse generale; **in g. use**, di uso comune (*o* corrente); **g. strike**, sciopero generale; **g. idea**, idea generica; **in g. terms**, in termini generici; **g. knowledge**, cultura generale; **g. practitioner**, medico generico • (*med.*) **g. anaesthesia**, anestesia totale □ (*USA*) **g. delivery**, fermo posta □ **g. election**, elezioni politiche □ **g. hospital**, policlinico □ **G. Post Office**, posta centrale □ **the g. public**, il (grande) pubblico □ **g. store**, negozio di generi vari □ **as a g. rule**, in genere; di regola □ **in g.**, in genere; generalmente.
general (2) /ˈdʒɛnrəl/ *n.* (*mil.*) generale.
to **generalise** /ˈdʒɛnrəlaɪz/ *e deriv.* (*GB*) *V.* **to generalize** *e deriv.*
generality /dʒɛnəˈrælətɪ/ *n.* ***1*** idea generale: **to speak in generalities**, tenersi sulle generali ***2*** maggioranza; maggior parte.
generalization /dʒɛnrəlaɪˈzeɪʃn, *USA* -lɪˈz-/ *n.* Ⓤ *e* Ⓒ generalizzazione.
to **generalize** /ˈdʒɛnrəlaɪz/ *v. t. e i.* generalizzare.
generally /ˈdʒɛnrəlɪ/ *avv.* ***1*** generalmente; in genere; di solito ***2*** generalmente.
to **generate** /ˈdʒɛnəreɪt/ *v. t.* generare; produrre.
generation /dʒɛnəˈreɪʃn/ *n.* ***1*** Ⓤ generazione; produzione ***2*** generazione: **the rising g.**, la nuova generazione; i giovani; **g. gap**, gap generazionale.
generative /ˈdʒɛnrətɪv, *USA* -əreɪtɪv/ *a.* generativo.
generator /ˈdʒɛnəreɪtə(r)/ *n.* (*mecc.*) generatore.
generic /dʒəˈnɛrɪk/ *a.* generico.
generosity /dʒɛnəˈrɒsətɪ/ *n.* Ⓤ generosità.
generous /ˈdʒɛnərəs/ *a.* ***1*** generoso ***2*** abbondante; ricco.
genesis /ˈdʒɛnəsɪs/ *n.* (*pl.* **geneses** /-siːz/) genesi.
genetic /dʒəˈnɛtɪk/ *a.* genetico.
geneticist /dʒəˈnɛtɪsɪst/ *n.* genetista.
genetics /dʒəˈnɛtɪks/ *n. pl.* (*col verbo al sing.*) genetica.
Genevan /dʒəˈniːvn/ *a. e n.* ginevrino.
genial /ˈdʒiːnɪəl/ *a.* cordiale; socievole. ATTENZIONE: **genial**

≠ geniale.
geniality /dʒiːnɪ'ælətɪ/ *n.* Ⓤ cordialità; socievolezza. ATTENZIONE: **geniality** ≠ genialità.
genie /'dʒiːnɪ/ *n.* genio; spirito.
genital /'dʒɛnɪtl/ *a.* genitale.
genitally /'dʒɛnɪtlɪ/ *avv.* per via genitale.
genitals /'dʒɛnɪtlz/ *n. pl.* (*anat.*) genitali.
genitive /'dʒɛnətɪv/ *a. e n.* (*gramm.*) genitivo.
genius /'dʒiːnɪəs/ *n.* ***1*** Ⓤ *e* Ⓒ (*pl.* **geniuses**) genio (*talento e persona*): **mathematical g.**, genio matematico; **work of g.**, opera di genio; **man of g.**, uomo di genio; **She is no g.**, non è un genio (*o* un'aquila) ***2*** talento; dono: **to have a g. for st.**, avere talento per q.c.; **He has a g. for putting his foot in it**, ha un dono per le gaffe.
genned-up /'dʒɛnd'ʌp/ *a. pred.* (*pop.*) bene informato; informatissimo.
genocide /'dʒɛnəsaɪd/ *n.* Ⓤ genocidio.
Genoese /dʒɛnəʊ'iːz/ *a. e n.* genovese.
genre /'ʒɑːnrə, 'ʒɒn-/ (*franc.*) *n.* (*arte, letter.*) genere.
gent /dʒɛnt/ *n.* ***1*** (*pop.*) signore ***2*** — (*fam. GB*) **gents** (*pl. col verbo al sing.*), toilette per uomini.
genteel /dʒɛn'tiːl/ *a.* (*iron.*) distinto; raffinato; manieroso; snob.
gentian /'dʒɛnʃn/ *n.* (*bot.*) genziana.
gentile /'dʒɛntaɪl/ *a. e n.* gentile; pagano.
gentility /dʒɛn'tɪlətɪ/ *n.* Ⓤ (*di solito iron.*) distinzione; raffinatezza; modi raffinati.
gentle /'dʒɛntl/ *a.* ***1*** delicato; leggero; lieve; mite; dolce ***2*** garbato, cortese, dolce.
gentleman /'dʒɛntlmən/ *n.* (*pl.* **gentlemen** /-mən/) gentiluomo; signore • **g.'s agreement**, accordo sulla parola □ **g. farmer**, gentiluomo di campagna □ **ladies and gentlemen**, signore e signori.
gentlemanly /'dʒɛntlmənlɪ/ *a.* da gentiluomo; signorile; distinto.
gentleness /'dʒɛntlnəs/ *n.* Ⓤ ***1*** delicatezza; mitezza; dolcezza ***2*** dolcezza (*di modi, ecc.*); garbo; grazia.
gentlewoman /'dʒɛntlwʊmən/ *n.* (*pl.* **gentlewomen** /-wɪmən/) (*antiq.*) gentildonna.
gently /'dʒɛntlɪ/ *avv.* ***1*** delicatamente; lievemente; dolcemente ***2*** a bassa voce; piano.
gentry /'dʒɛntrɪ/ *n. pl.* piccola nobiltà: **the landed g.**, la piccola nobiltà terriera.
to **genuflect** /'dʒɛnjʊflɛkt/ *v. i.* genuflettersi.
genuflection /dʒɛnjʊ'flɛkʃn/ *n.* genuflessione.
genuine /'dʒɛnjʊɪn/ *a.* ***1*** genuino; autentico ***2*** sincero; schietto.
genuineness /'dʒɛnjʊɪnnəs/ *n.* Ⓤ ***1*** genuinità; autenticità ***2*** sincerità; schiettezza.
genus /'dʒiːnəs/ *n.* (*pl.* **genera**) (*scient.*) genere.
geocentric /dʒiːə'sɛntrɪk/ *a.* (*astron.*) geocentrico.
geographer /dʒɪ'ɒgrəfə(r)/ *n.* geografo (-a).
geographic(al) /dʒɪə'græfɪk(l)/ *a.* geografico.
geography /dʒɪ'ɒgrəfɪ/ *n.* Ⓤ geografia.
geological /dʒɪə'lɒdʒɪkl/ *a.* geologico.
geologist /dʒɪ'ɒlədʒɪst/ *n.* geologo (-a).
geology /dʒɪ'ɒlədʒɪ/ *n.* Ⓤ geologia.
geometric(al) /dʒɪə'mɛtrɪk(l)/ *a.* geometrico.
geometry /dʒɪ'ɒmətrɪ/ *n.* Ⓤ geometria.
geophysical /dʒiːəʊ'fɪzɪkl/ *a.* geofisico.
geophysics /dʒiːəʊ'fɪzɪks/ *n. pl.* (*col verbo al sing.*) geofisica.
geopolitical /dʒiːəpə'lɪtɪkl/ *a.* geopolitico.
geopolitics /dʒiːə'pɒlətɪks/ *n. pl.* (*col verbo al sing.*) geopolitica.
Geordie /'dʒɔːdɪ/ (*fam.*) ***A*** *n.* ***1*** nativo del Tyneside (*nel nord-est dell'Inghilterra*) ***2*** dialetto del Tyneside ***B*** *a.* del Tyneside.
Georgian /'dʒɔːdʒən, -ɪən/ *a.* (*stor., geogr.*) georgiano.
geostationary /dʒiːə'steɪʃənrɪ, *USA* -nɛrɪ/, **geosynchronous** /dʒiːəʊ'sɪŋkrənəs/ *a.* (*miss.*) geostazionario; geosincrono.
geotechnics /dʒiːəʊ'tɛknɪks/ *n. pl.* Ⓤ (*col verbo al sing.*) (*geol.*) geotecnica.
geothermal /dʒiːə'θɜːml/, **geothermic** /dʒiːə'θɜːmɪk/ *a.* geotermico.
geotropism /dʒɪ'ɒtrəpɪzəm/ *n.* Ⓤ (*bot.*) geotropismo.
geranium /dʒə'reɪnɪəm/ *n.* (*bot.*) geranio.
gerbil /'dʒɜːbɪl/ *n.* (*zool.*) gerbillo.
geriatric /dʒɛrɪ'ætrɪk/ *a.* ***1*** geriatrico ***2*** (*spreg.*) decrepito.
geriatrician /dʒɛrɪə'trɪʃn/ *n.* geriatra.
geriatrics /dʒɛrɪ'ætrɪks/ *n. pl.* (*col verbo al sing.*) geriatria.
germ /dʒɜːm/ *n.* ***1*** (*biol.*) germe; batterio; microbo ***2*** germoglio; germe; embrione • (*mil.*) **g. warfare**, guerra batteriologica.
German /'dʒɜːmən/ *a. e n.* tedesco • (*med.*) **G. measles**, rosolia □ **G. shepherd**, (cane) pastore tedesco; alsaziano.
germane /dʒɜː'meɪn/ *a.* (*form.*) attinente; pertinente.
Germanic /dʒɜː'mænɪk/ *a.* germanico.
germicidal /dʒɜːmɪ'saɪdl/ *a.* germicida.
germicide /'dʒɜːmɪsaɪd/ *n.* (*chim.*) (sostanza) germicida.
germinal /'dʒɜːmɪnəl/ *a.* ***1*** germinale ***2*** embrionale.
to **germinate** /'dʒɜːmɪneɪt/ *v. i. e t.* (far) germinare; (far) germogliare.
germination /dʒɜːmɪ'neɪʃn/ *n.* Ⓤ germinazione.
gerontologist /dʒɛrɒn'tɒlədʒɪst/ *n.* gerontologo (-a).
gerontology /dʒɛrɒn'tɒlədʒɪ/ *n.* Ⓤ gerontologia.
to **gerrymander** /'dʒɛrɪmændə(r)/ *v. t.* ridefinire le circoscrizioni elettorali di (*una regione*) a vantaggio di un partito o di un candidato.
gerrymandering /dʒɛrɪ'mændərɪŋ/ *n.* Ⓤ (*spreg.*) ridefinizione delle circoscrizioni elettorali a vantaggio di un partito o di un candidato.
gerund /'dʒɛrənd/ *n.* (*gramm.*) gerundio.
gestation /dʒɛ'steɪʃn/ *n.* Ⓤ (*anche fig.*) gestazione.
to **gesticulate** /dʒɛ'stɪkjʊleɪt/ ***A*** *v. i.* gesticolare ***B*** *v. t.* esprimere a gesti.
gesticulation /dʒɛstɪkjʊ'leɪʃn/ *n.* ***1*** Ⓤ gesticolazione ***2*** gesto.
gesture /'dʒɛstʃə(r)/ *n.* ***1*** gesto ***2*** Ⓤ (il) gestire; mimica.
to **gesture** /'dʒɛstʃə(r)/ *v. i.* ***1*** gestire; gesticolare ***2*** fare un gesto; fare segno.
to **get** /gɛt/ (*pass.* **got**, *p.p.* **got**, *USA* **gotten**) ***A*** *v. t.* ***1*** ricevere; avere: **to get a letter [a present]**, ricevere una lettera [un regalo]; **to get a surprise**, avere una sorpresa; **I got £1,000 for it**, mi hanno dato mille sterline; **He got three years for robbery**, gli hanno dato tre anni per rapina; **We get a lot of rain in winter**, d'inverno abbiamo molta pioggia; **We can't get the third programme**, non riceviamo il terzo programma; **to get a cold**, prendersi un raffreddore; **I got the impression he knew**, mi è sembrato che lo sapesse ***2*** procurarsi; ottenere; ricavare: **to get permission to**, ottenere il permesso di; **I got nothing out of that deal**, non ho ricavato niente da quell'affare ***3*** prendere; trovare: **Where did you get that hat?**, dove hai preso quel cappello?; **He got a job with a bank**, ha trovato un posto in banca; **I never get time to read**, non trovo mai il tempo per leggere; **The police got him at the airport**, la polizia l'ha preso all'aeroporto; **I've been trying to get you (on the phone) all afternoon**, ti ho cercato al telefono tutto il pomeriggio; (*telef.*) **You've got the wrong number**, ha sbagliato numero ***4*** prendere (*un mezzo di trasporto*) ***5*** portare; andare a prendere: **Get me home**, portami a casa; **I'll get it for you**, vado a prendertelo io; **to get sb. at the airport**, andare a prendere q. all'aeroporto ***6*** preparare (*un pasto*) ***7*** colpire; beccare (*fam.*): **The bullet got him in the arm**, la pallottola lo colpì la braccio ***8*** (*fam.*) capire: **I don't get it**, non l'ho capito; **I've got it!**, ci sono! ***9*** (*seguito da un p.p.*) fare (+ *inf.*): **to get sb. annoyed**, far arrabbiare q.; **to get sb. fired**, far licenziare q.; **to get st. done**, far fare q.c. ***10*** (*seguito da un agg.*) — **to get breakfast ready**, preparare la colazione; **to get one's hands dirty**, sporcarsi le mani; **to get st. open**, riuscire ad aprire q.c. ***11*** (*seguito da un inf.*) (riuscire a) fare: **I got him to pay for the repairs**, sono riuscito a fargli pagare le riparazioni; **See if you can get it to work**, vedi se riesci a farlo funzionare; **Get Jane to tell you about the wedding!**, fatti raccontare del matrimonio da Jane! ***12*** (*seguito un compl. di luogo*) fare (+ *inf. di verbo di moto*): **Get that dog out of my room**, fa' uscire quel cane dalla mia stanza!; **At last we got the piano into the room**, alla fine riuscimmo a far entrare il piano nella stanza; **to get sb. away**, allontanare q.; mandare via q. ***13*** (*fam.*) dare ai nervi a ***14*** (*fam.*) confondere; mettere in difficoltà; sorprendere: **You've got me there!**, non so che risponderti; mi cogli impreparato; **I've got you there!**, ti ho preso! ***15*** (*fam.*) notare; osservare ***B*** *v. i.* ***1*** andare; arrivare: **They won't get far**, non andranno lontano; **to get home**, arrivare a casa; **How did you get here?**, come sei arrivato qui? ***2*** diventare;

farsi (*o idiom.*): **It's getting late**, si fa tardi; **to get old**, diventare vecchio; invecchiare; **to get rich**, diventare ricco; arricchire; **to get angry**, arrabbiarsi; **to get ill**, ammalarsi; **to get lost**, perdersi; **to get married**, sposarsi; **to get ready**, prepararsi; **to get used to st.**, abituarsi a q.c.; **to get tired**, stancarsi ***3*** essere; rimanere; venire: **Our team got beaten**, la nostra squadra è stata sconfitta; **to get killed**, venire ucciso ***4*** riuscire; avere modo: **I didn't get to speak to him**, non sono riuscito a parlargli ***5*** (*fam.*) cominciare a; mettersi a: **to get talking**, mettersi a parlare; **Let's get to business**, mettiamoci al lavoro; (*fig.*) veniamo al sodo; **to get going**, mettersi in moto ***6*** — (*fam.*) **to have got**, avere: **I've got an idea**, ho un'idea; **He's got three cats**, ha tre gatti ***7*** — (*fam.*) **to have got to**, dovere: **You've got to wait**, devi aspettare; (*fam.*) **You've got to be joking!**, vuoi scherzare? • **to get nowhere**, non concludere niente □ **to get somewhere**, ottenere qualche risultato; concludere qualcosa □ (*fam.*) **to get there**, farcela; arrivarci □ **I got to like her**, mi diventò simpatica.

♦ **get about** *v. i. + avv.* ***1*** andare in giro; muoversi; spostarsi ***2*** (*di notizia*) diffondersi.

♦ **get above oneself** *v. i. + prep.* montarsi la testa.

♦ **get across** ***A*** *v. i. + avv.* passare dall'altra parte ***B*** *v. i. + prep.* attraversare ***C*** *v. t. + avv.* (riuscire a) comunicare; trasmettere; **to get one's ideas across to sb.**, riuscire a comunicare le proprie idee a q.

♦ **get ahead** *v. i. + avv.* ***1*** far progressi; avere successo ***2*** (*sport e fig.*) passare in testa.

♦ **get along** *v. i. + avv.* ***1*** cavarsela; passarsela ***2*** *V.* **to get on**, *B, def. 5* • (*fam.*) **Get along with you!**, ma va'!; non ci credo.

♦ **get around** ***A*** *v. i. + avv.* ***1*** *V.* **to get about** ***2*** trovare il tempo (di, per): **When are you going to get around to writing?**, quand'è che troverai il tempo per scrivere? ***B*** *v. i. + prep. V.* **to get round.**

♦ **get at** *v. i. + prep.* ***1*** arrivare a prendere; raggiungere: **to get at the truth**, arrivare alla verità ***2*** (*fam.*) criticare; dare addosso a ***3*** (*fam.*) corrompere ***4*** (*fam., solo alla forma progress.*) insinuare: **I don't know what you're getting at**, non capisco a che cosa alludi.

♦ **get away** *v. i. + avv.* ***1*** andarsene ***2*** fuggire • **There's no getting away from the fact that...**, non si può negare che... □ **Get away (with you)!**, ma va'!; ma dài!

♦ **get away with** *v. i. + avv. e prep.* fare (q.c.) e passarla liscia: **to get away with double-parking**, parcheggiare in seconda fila e non prendere la multa; **to get away with it**, farla franca; cavarsela impunemente; passarla liscia • **to get away with murder**, fare tutto quello che si vuole impunemente.

♦ **get back** ***A*** *v. i. + avv.* ***1*** tornare indietro; ritornare ***2*** (*polit.*) ritornare al potere ***3*** indietreggiare; tirarsi indietro: **Get back!**, indietro ***B*** *v. t. + avv.* farsi restituire; riottenere; riavere.

♦ **get back at** *v. i. + avv. e prep.* vendicarsi di; rendere pan per focaccia a.

♦ **get back to** *v. i. + avv. e prep.* rispondere a (*per lettera*); ritelefonare a.

♦ **get behind** *v. i. + avv.* rimanere indietro: **I've got behind with the rent**, sono in arretrato con l'affitto.

♦ **get beyond** *v. i. + prep.* diventare troppo difficile per.

♦ **get by** *v. i. + avv.* ***1*** passare (*accanto a q., q.c.*) ***2*** farcela; cavarsela ***3*** essere passabile.

♦ **get down** ***A*** *v. i. + avv.* scendere ***B*** *v. t. + avv.* ***1*** far scendere; tirare giù ***2*** trascrivere; annotare ***3*** inghiottire; mandare giù ***4*** deprimere; demoralizzare.

♦ **get down to** *v. i. + avv. e prep.* mettersi a (*fare q.c.*): **I must get down to writing those letters**, devo proprio trovare il tempo di scrivere quelle lettere.

♦ **get in** ***A*** *v. i. + avv.* ***1*** arrivare ***2*** riuscire a entrare ***3*** (*polit.*) essere eletto; andare al potere ***B*** *v. t. + avv.* ***1*** far entrare; portare dentro; ritirare ***2*** chiamare; consultare: **to get in the experts**, consultare gli esperti ***3*** raccogliere; far provvista di.

♦ **get in with** *v. i. + avv. e prep.* fare amicizia con; mettersi con.

♦ **get into** ***A*** *v. i. + prep.* ***1*** entrare in; montare, salire in (*macchina*); salire su (*un treno, ecc.*) ***2*** infilarsi, mettersi (*un vestito*) ***3*** (cominciare a) interessarsi di: **to get into computers**, incominciare a occuparsi di computer ***4*** succedere a; prendere: **What's got into her?**, che le ha preso? • **to get into a rage**, infuriarsi □ **to get into a habit**, prendere un'abitudine □ **to get into the way of doing st.**, fare la mano a q.c. ***B*** *v. t. + prep.* mettere: **to get sb. into trouble**, mettere nei guai q.; **to get st. into one's head**, mettersi in testa q.c.

♦ **get off** ***A*** *v. i. + prep.* scendere da (*un treno, ecc.*) ***B*** *v. i. + avv.* ***1*** scendere ***2*** andarsene; partire ***3*** smettere di lavorare; staccare ***4*** cavarsela ***5*** (*fam. USA*) avere un orgasmo; venire • **to get off to a good start**, cominciare bene □ **to get off to sleep**, addormentarsi; prender sonno □ (*fam.*) **I told him where to get off**, l'ho mandato a quel paese ***C*** *v. t. + avv.* spedire ***D*** *v. t. + prep.* tirar fuori da (*una situazione difficile*).

♦ **get off with** *v. i. + avv. e prep.* (*fam.*) cominciare ad amoreggiare con; andare con.

♦ **get on** ***A*** *v. i. + prep.* montare su; salire su • **to get on sb.'s nerves**, dare ai nervi a q. ***B*** *v. i. + avv.* ***1*** montare; salire ***2*** progredire; procedere: **How did you get on?**, come ti è andata?; **How are you getting on?**, come va (la vita, il lavoro)?; come ti vanno le cose?; **It's getting on**, si sta facendo tardi ***3*** continuare: **Get on with your story**, continua la tua storia; **Get on with it!**, forza!; sbrigati! ***4*** (*solo nella forma progress.*) invecchiare: **He's getting on a bit**, ha i suoi annetti; **to be getting on in years**, essere in là con gli anni ***5*** andare d'accordo: **We get on fine**, andiamo molto d'accordo ***C*** *v. t. + avv.* indossare; mettersi.

♦ **get on for** *v. i. + avv. e prep.* (*solo nella forma progress.*) andare per (*una certa età*); essere su (*una certa cifra*): **to be getting on for 70**, andare per i settanta.

♦ **get onto** *v. i. + prep.* ***1*** parlare a; scrivere a ***2*** essere eletto a far parte di ***3*** arrivare a (*un argomento*).

♦ **get out** ***A*** *v. i. + avv.* ***1*** uscire ***2*** scappare (*da un luogo chiuso*) ***3*** scendere (*da un veicolo*) ***4*** (*di notizia*) venir fuori; spargersi • **to get out of a habit**, perdere un'abitudine □ **to get out of sight**, scomparire alla vista □ **He always gets out of washing the dishes**, riesce sempre a non lavare i piatti ***B*** *v. t. + avv.* ***1*** tirare fuori; far uscire ***2*** pubblicare; far uscire ***3*** proferire; tirare fuori.

♦ **get over** ***A*** *v. i. + prep.* ***1*** scavalcare ***2*** riaversi, riprendersi da (*una malattia, un dolore*); superare ***3*** darsi ragione di; spiegarsi: **I can't get over his behaviour**, non riesco a spiegarmi il suo comportamento ***4*** superare; risolvere ***B*** *v. t. + avv.* ***1*** finire; togliersi il pensiero di: **Let's get it over and done with**, finiamolo e non pensiamoci più ***2*** comunicare; far capire.

♦ **get round** ***A*** *v. i. + prep.* ***1*** convincere; persuadere ***2*** aggirare (*un problema, ecc.*) ***B*** *v. i. + avv. V.* **to get about.**

♦ **get through** ***A*** *v. i. + prep.* ***1*** superare, passare (*un esame, un dibattito*) ***2*** riuscire a finire; far fuori (*fam.*) ***B*** *v. i. + avv.* ***1*** (riuscire ad) arrivare ***2*** (*di legge*) essere approvato; passare ***3*** (*telef.*) ottenere la linea; mettersi in comunicazione: **We can't get through to London**, non riusciamo a ottenere la linea con Londra ***C*** *v. t. + prep.* ***1*** far passare: **to get a bill through Parliament**, far approvare una legge (dal Parlamento) ***2*** far capire: **I can't get it through to him that...**, non riesco a fargli capire che...

♦ **get through to** *v. i. + avv. e prep.* farsi capire da; comunicare con.

♦ **get together** ***A*** *v. i. + avv.* riunirsi; incontrarsi; trovarsi ***B*** *v. t. + avv.* raccogliere; mettere insieme • (*fam. USA*) **to get it together**, organizzarsi; fare mente locale.

♦ **get up** ***A*** *v. i. + avv.* ***1*** alzarsi (dal letto); alzarsi (in piedi) ***2*** (*di vento*) alzarsi; levarsi ***B*** *v. t. + avv.* preparare; organizzare • **to get oneself up (in, as)**, vestirsi (con, da).

♦ **get up to** *v. i. + avv. e prep.* (*fam.*) combinare: **What have you been getting up to?**, cosa avete combinato?

get-at-able /gɛt'ætəbl/ *a.* (*fam.*) accessibile; raggiungibile.

getaway /'gɛtəweɪ/ *n.* fuga (*dopo una rapina, ecc.*).

get-out /'gɛtaʊt/ *n.* (*fam.*) via d'uscita; scappatoia.

get-together /'gɛttəgɛðə(r)/ *n.* (*fam.*) riunione familiare.

get-up /'gɛtʌp/ *n.* (*fam.*) abbigliamento; modo di vestire.

gewgaw /'gjuːgɔː/ *n.* ninnolo; gingillo.

geyser (*def. 1* /'gaɪzə(r), 'giː-/, *def. 2* /'giːzə(r), 'gaɪ-/) *n.* ***1*** (*geol.*) geyser ***2*** scaldabagno.

Ghanaian /gɑː'neɪən/ *n.* ghaneano.

ghastliness /'gɑːstlɪnəs, *USA* -æs-/ *n.* U orrore; aspetto spaventoso.

ghastly /'gɑːstlɪ, *USA* 'gæs-/ *a.* ***1*** orribile; orrendo; spaventoso ***2*** pallidissimo; spettrale ***3*** (*fam.*) pessimo; atroce.

gherkin /'gɜːkɪn/ *n.* cetriolino.

ghetto /'gɛtəʊ/ *n.* (*pl.* **ghettos, ghettoes**) ghetto • (*pop.*) **g. blaster**, grosso stereo portatile.

ghost /gəʊst/ *n.* ***1*** fantasma; spettro ***2*** (*lett.*) spirito; anima: **to give up the g.**, rendere l'anima; (*fig. fam.*) guastarsi definitivamente; **the Holy G.**, lo Spirito Santo ***3*** (*ottica, TV*) falsa immagine ***4*** *V.* **ghostwriter** ● **g. town**, città abbandonata □ **not to have the g. of a chance**, non avere la minima probabilità di successo.
to **ghost** /gəʊst/ *V.* **to ghost-write**.
ghostly /ˈgəʊstlɪ/ *a.* spettrale.
to **ghost-write** /ˈgəʊstraɪt/ *v. t. e i.* scrivere per conto d'altri; fare il negro (*scherz.*).
ghostwriter /ˈgəʊstraɪtə(r)/ *n.* chi scrive per conto d'altri; negro (*scherz.*).
ghost-written /ˈgəʊstrɪtn/ *p.p. di* **to ghost-write**.
ghost-wrote /ˈgəʊstrəʊt/ *pass. di* **to ghost-write**.
ghoul /guːl/ *n.* ***1*** (*mitol. orientale*) demone che divora i cadaveri ***2*** predatore di tombe ***3*** individuo morbosamente affascinato dalla morte.
ghoulish /ˈguːlɪʃ/ *a.* ***1*** demoniaco ***2*** macabro; morboso.
giant /ˈdʒaɪənt/ ***A*** *n.* gigante ***B*** *a. attr.* gigante; gigantesco.
giantess /ˈdʒaɪəntes, *USA* -tɪs/ *n.* gigantessa.
to **gibber** /ˈdʒɪbə(r)/ *v. i.* farfugliare; borbottare.
gibberish /ˈdʒɪbərɪʃ/ *n.* Ⓤ parole senza senso.
gibbet /ˈdʒɪbɪt/ *n.* (*stor.*) forca; patibolo.
gibbon /ˈgɪbən/ *n.* (*zool.*) gibbone.
gibe, to **gibe** /dʒaɪb/ *V.* **jibe, to jibe**.
giblets /ˈdʒɪbləts/ *n. pl.* frattaglie; rigaglie; interiora.
giddiness /ˈgɪdɪnəs/ *n.* Ⓤ ***1*** capogiro; vertigini ***2*** frivolezza.
giddy /ˈgɪdɪ/ *a.* ***1*** che ha il capogiro (*o* le vertigini): **to feel g.**, avere il capogiro (*o* lo vortigini); **I feel g.**, mi gira la testa ***2*** che dà il capogiro (*o* le vertigini); vertiginoso; (*di velocità*) folle; (*di esperienza*) inebriante ***3*** frivolo; scervellato.
gift /gɪft/ *n.* ***1*** dono; regalo ***2*** Ⓤ (*leg.*) donazione: **by (free) g.**, in donazione ***3*** dono; dote; talento: **to have a g. for poetry**, avere il dono della poesia ● **the g. of the gab**, la parlantina sciolta □ **g.-shop**, negozio di articoli da regalo □ **g. token** (*o* **voucher**), buono d'acquisto □ **free g.**, omaggio.
gifted /ˈgɪftɪd/ *a.* che ha talento; dotato.
to **gift-wrap** /ˈgɪftræp/ *v. t.* avvolgere in carta da regalo; preparare in confezione regalo.
gig (1) /gɪg/ *n.* ***1*** barroccino; calesse ***2*** (*naut.*) lancia.
gig (2) /gɪg/ *n.* (*pop.*) spettacolo (*di gruppo musicale*) serata; concerto; (*estens.*) ingaggio.
gigantic /dʒaɪˈgæntɪk/ *a.* gigantesco; enorme.
gigantism /ˈdʒaɪgəntɪzəm/ *n.* Ⓤ (*med., bot.*) gigantismo.
giggle /ˈgɪgl/ *n.* ***1*** risatina (sciocca o nervosa): (*fam.*) **to have the giggles**, avere la ridarella ***2*** (*fam. GB*) spasso; scherzo.
to **giggle** /ˈgɪgl/ *v. i.* ridacchiare; ridere scioccamente (*o* nervosamente).
gigolo /ˈdʒɪgələʊ, ˈʒ-/ *n.* (*pl.* **gigolos**) gigolò.
gigue /ʒiːg/ *n.* (*mus.*) giga.
to **gild** /gɪld/ (*pass. e p.p.* **gilded**, **gilt**) *v. t.* ***1*** dorare ***2*** (*fig.*) indorare ● **to g. the lily**, aggiungere fronzoli inutili; strafare.
gilded /ˈgɪldɪd/ *a.* dorato ● (*antiq.*) **g. youth**, gioventù dorata.
gill (1) /gɪl/ *n.* (*zool.*) branchia.
gill (2) /dʒɪl/ *n.* gill; quarto di pinta.
gilt /gɪlt/ ***A*** *pass. e p.p. di* **to gild** ***B*** *n.* Ⓤ doratura ***C*** *a.* dorato ● (*fin.*) **g.-edged securities [stocks]**, titoli [azioni] di prim'ordine; titoli di Stato.
gimbals /ˈdʒɪmblz/ *n. pl.* (*mecc.*) sospensione cardanica.
gimcrack /ˈdʒɪmkræk/ *a.* appariscente; dozzinale.
gimlet /ˈgɪmlət/ *n.* (*falegn.*) succhiello ● **g. eyes**, sguardo penetrante.
gimme /ˈgɪmɪ/ *contraz. fam. di* **give me**.
gimmick /ˈgɪmɪk/ *n.* (*fam.*) ***1*** trovata: **sales g.**, trovata commerciale (*o* pubblicitaria) ***2*** fronzolo; aggeggio inutile; belluria.
gimmickry /ˈgɪmɪkrɪ/ *n.* Ⓤ ***1*** ammennicoli; bellurie; fronzoli ***2*** trovate; trucchetti.
gimmicky /ˈgɪmɪkɪ/ *a.* (*fam.*) pieno di trovate inutili; pieno di fronzoli.
gin /dʒɪn/ *n.* Ⓤ gin: **gin and it**, gin e vermut; **gin and tonic**, gin tonic ● **gin rummy**, ramino.
ginger /ˈdʒɪndʒə(r)/ ***A*** *n.* Ⓤ ***1*** (*bot.*) zenzero ***2*** color fulvo ***3*** (*fam.*) energia; spirito ***B*** *a. attr.* fulvo; rossiccio ● **g. ale** (*o* **beer**), bevanda gassosa aromatizzata con zenzero □ **g. group**, gruppo di punta (*di un partito, un sindacato*) □ **g. nut**, biscotto allo zenzero.
to **ginger** /ˈdʒɪndʒə(r)/ *v. Solo come*:
♦ **ginger up** *v. t. + avv.* animare; ravvivare.
gingerbread /ˈdʒɪndʒəbred/ *n.* Ⓤ pan di zenzero; pan pepato.
gingerly /ˈdʒɪndʒəlɪ/ ***A*** *a.* cauto; circospetto; guardingo ***B*** *avv.* cautamente; con circospezione.
gingery /ˈdʒɪndʒərɪ/ *a.* ***1*** simile allo zenzero; aromatizzato con zenzero ***2*** rossiccio.
gingham /ˈgɪŋəm/ *n.* Ⓤ percalle.
gingivitis /dʒɪndʒɪˈvaɪtɪs/ *n.* Ⓤ (*med.*) gengivite.
ginseng /ˈdʒɪnseŋ/ *n.* (*bot.*) ginseng.
gipsy /ˈdʒɪpsɪ/ ***A*** *n.* zingaro (-a) ***B*** *a. attr.* zingaresco; di (*o* da) zingaro.
giraffe /dʒɪˈrɑːf, *USA* -æf/ *n.* (*zool.*) giraffa.
to **gird** /gɜːd/ (*pass. e p.p.* **girded**, **girt**) *v. t.* (*lett.*) cingere; circondare: **to g. on one's sword**, cingere la spada ● (*scherz.*) **to g. up one's loins**, prepararsi all'azione; rimboccarsi le maniche.
girder /ˈgɜːdə(r)/ *n.* (*edil.*) trave maestra.
girdle /ˈgɜːdl/ *n.* ***1*** busto; guaina ***2*** (*lett., anche fig.*) cintura; cinta.
to **girdle** /ˈgɜːdl/ *v. t.* (*lett.*) cingere; circondare.
girl /gɜːl/ *n.* ***1*** ragazza; bambina: **little g.**, bambina; ragazzina ***2*** figlia ***3*** (*fam.*) innamorata; ragazza ● (*fam.*) **g. Friday**, segretaria; assistente □ **G. Guide**, giovane esploratrice □ **girls' school**, scuola femminile □ (*scherz.*) **the old g.**, la vecchia signora; la cara vecchietta.
girlfriend /ˈgɜːlfrend/ *n.* ***1*** innamorata; ragazza ***2*** amante; amica; donna ***3*** amica.
girlhood /ˈgɜːlhʊd/ *n.* Ⓤ adolescenza (*di ragazza*).
girlie /ˈgɜːlɪ/ *a.* (*fam., di rivista*) con foto di donne nude; porno.
girlish /ˈgɜːlɪʃ/ *a.* di (*o* da) ragazzina; giovanile.
girlishness /ˈgɜːlɪʃnəs/ *n.* modi da ragazza; carattere fanciullesco.
giro /ˈdʒaɪ(ə)rəʊ/ *n.* (*pl.* **giros**) (*fin.*) giroconto; postagiro.
girt /gɜːt/ *pass. e p.p. di* **to gird**.
girth /gɜːθ/ *n.* ***1*** Ⓤ circonferenza ***2*** (*di cavallo*) sottopancia.
gist /dʒɪst/ *n.* essenza; sostanza; succo.
git /gɪt/ *n.* (*pop. GB*) imbecille; cretino.
give /gɪv/ *n.* Ⓤ cedevolezza; elasticità ● **g.-and-take**, concessioni reciproche; compromesso.
to **give** /gɪv/ (*pass.* **gave**, *p.p.* **given**) ***A*** *v. t.* ***1*** dare; consegnare; regalare; pagare: **I gave him a book**, gli diedi un libro; **to g. one's word**, dare la propria parola; **to g. a message**, consegnare un messaggio; **to g. a party**, dare una festa; **G. him time**, dagli tempo; **I've been given a bicycle for my birthday**, mi hanno regalato una bici per il mio compleanno; **How much did you g. for that hat?**, quanto hai pagato quel cappello? ***2*** dare; procurare; fornire: **to g. sb. a headache**, dare (*o* far venire) il mal di testa a q.; **to g. pleasure**, far piacere; **to g. a discount**, fare uno sconto ***3*** fruttare; rendere: (*fin.*) **to g. a good return**, rendere bene ***4*** fare; tenere: **to g. a speech**, tenere (*o* fare) un discorso; **to g. a lecture**, tenere una conferenza (*o* una lezione); **to g. a play**, dare una commedia ***5*** esprimere; emettere: **to g. an opinion**, esprimere un'opinione; **to g. a shriek**, dare un urlo; **to g. a sigh**, mandare un sospiro; **to g. a laugh**, scoppiare in una risata ***6*** concedere: **She's been treated badly, I'll g. you that**, è stata trattata male, te lo concedo ***7*** (*mat.*) dare come risultato; fare: **Ten plus five gives fifteen**, dieci più cinque fa quindici ***8*** indicare; segnare: **My watch doesn't g. the right time**, il mio orologio non segna l'ora giusta ***9*** (*sport*) dichiarare ● **to g. in marriage** dare in moglie (*o* in sposa) □ **g. or take a few minutes**, minuto più minuto meno □ (*pop.*) **to g. sb. what for**, darle a q.; picchiare q.; sgridare q. □ **to g. sb. to understand st.**, indurre q. a credere q.c.: **I was given to understand that...**, mi avevano assicurato che... □ **Puccini? G. me Verdi any day!**, Puccini? Mille volte meglio Verdi! □ (*fam.*) **Don't g. me that nonsense about a flat tyre!**, non venirmi a contare che hai forato! ***B*** *v. i.* ***1*** fare doni (*o* elargizioni); donare: **Please, g. generously**, siate generosi ***2*** cedere; piegarsi; essere cedevole ***3*** (*pop. USA*) succedere: **What gives?**, che succede? ● **to g. as good as one gets**, rendere colpo per colpo.
♦ **give away** *v. t. + avv.* ***1*** dare via; gettare via ***2*** distribuire: **to g. away prizes**, distribuire premi ***3*** rivelare: **to g. the game away**, rivelare tutto; tradire il segreto; **to g. oneself**

away, tradirsi *4* condurre (*una sposa*) all'altare *5* (*sport*) regalare (*la partita, ecc.*).
♦ **give back** *v. t. + avv.* *1* ridare; rendere; restituire *2* riflettere (*immagini*).
♦ **give in** ***A*** *v. t. + avv.* consegnare (*un compito, un biglietto*) ***B*** *v. i. + avv.* *1* arrendersi *2* cedere: **to g. in to sb.'s demands**, cedere alle richieste di q.
♦ **give off** *v. t. + avv.* emettere; emanare.
♦ **give onto** *v. i. + prep.* dare su; affacciarsi su.
♦ **give out** ***A*** *v. t. + avv.* *1* distribuire *2* annunciare *3* mandare, emettere (*un suono*) ***B*** *v. i. + avv.* *1* esaurirsi; venir meno; cedere: **My legs finally gave out**, alla fine mi cedettero le gambe *2* (*fam.*) smettere di funzionare; piantarsi.
♦ **give over** ***A*** *v. t. + avv.* assegnare; dedicare: **The evenings were given over to study**, le sere erano dedicate allo studio ***B*** *v. i. + avv.* (*fam.*) smetterla; piantarla: **G. over, will you?**, vuoi piantarla?
♦ **give up** ***A*** *v. t. + avv.* *1* cedere; consegnare: **to g. up one's seat to sb.**, cedere il posto a q.; **to g. oneself up to the police**, costituirsi *2* rinunciare a; abbandonare: **to g. up a right**, rinunciare a un diritto; **The doctors have given him up**, i dottori non hanno più speranze per lui; **to g. oneself up to despair**, abbandonarsi alla disperazione *3* smettere: **to g. up smoking**, smettere di fumare • **to g. up the ghost**, esalare lo spirito □ **to g. sb. up for dead**, dare q. per morto □ **to g. oneself up to st.**, dedicarsi (*o* darsi) a q.c. ***B*** *v. i. + avv.* *1* smettere *2* rinunciare; arrendersi: **All right, I g. up; what is it?**, e va bene, mi arrendo: che cos'è?; (*fam.*) **I've long given up on him**, è un pezzo che con lui ci ho rinunciato.
giveaway /ˈgɪvəweɪ/ ***A*** *n.* *1* (*fam.*) segno che rivela come stanno le cose: **His smile was a g.**, il suo sorriso rivelava tutto *2* (*comm., specialm. USA*) (articolo in) omaggio ***B*** *a.* (*di prezzo*) stracciato.
given /ˈgɪvn/ ***A*** *p.p. di* **to give** ***B*** *a.* *1* dato; prestabilito; fissato: **at a g. time**, a una data ora *2* dedito: **to be g. to st.**, essere dedito a q.c.; avere l'abitudine di fare q.c. *3* portato (a); facile (a): **to be g. to fainting fits**, essere facile agli svenimenti • (*USA*) **g. name**, nome di battesimo • **g. the circumstances...**, date le circostanze □ **g. time...**, avendone il tempo; se ci fosse abbastanza tempo.
giver /ˈgɪvə(r)/ *n.* donatore (-trice).
gizmo /ˈgɪzməʊ/ *n.* (*pop.*) affare; aggeggio.
gizzard /ˈgɪzəd/ *n.* ventriglio.
glacé /ˈglæseɪ, *USA* glæˈseɪ/ (*franc.*) *a.* glacé; candito.
glacial /ˈgleɪʃl/ *a.* (*anche fig.*) glaciale.
glaciation /gleɪsɪˈeɪʃn, *USA* -eɪʃɪ-/ *n.* Ⓤ (*geol.*) glaciazione.
glacier /ˈglæsɪə(r)/ *n.* (*geol.*) ghiacciaio.
glad /glæd/ *a.* *1* lieto; contento; felice: **I am g. of it**, ne sono lieto; **I am g. to see you**, sono contento di vederti; **You'll be g. to know that...**, ti farà piacere sapere che... *2* grato: **I was g. of his help**, gli fui grato dell'aiuto • (*fam. antiq. GB*) **g. rags**, vestito elegante: **to put on one's g. rags**, mettersi in ghingheri □ (*pop.*) **to give sb. the g. eye**, fare gli occhi dolci a q.; lanciare occhiate provocanti a q.
to **gladden** /ˈglædn/ *v. t.* allietare; rallegrare.
glade /gleɪd/ *n.* radura.
gladiator /ˈglædɪeɪtə(r)/ *n.* (*stor.*) gladiatore.
gladiolus /glædɪˈəʊləs/ *n.* (*pl.* **gladioli** /-laɪ/, **gladioluses**) (*bot.*) gladiolo.
gladly /ˈglædlɪ/ *avv.* con piacere; volentieri.
gladness /ˈglædnəs/ *n.* Ⓤ gioia; contentezza.
glamor /ˈglæmə(r)/ (*USA*) *V.* **glamour**.
to **glamorize**, (*GB anche*) to **glamorise** /ˈglæməraɪz/ *v. t.* far apparire (q.c.) migliore di quello che è; abbellire; rendere attraente.
glamorous /ˈglæmərəs/ *a.* affascinante; attraente; incantevole.
glamour /ˈglæmə(r)/ *n.* Ⓤ fascino; incanto • (*fam.*) **g. girl**, ragazza affascinante.
glance /glɑːns, *USA* glæns/ *n.* occhiata; sguardo; colpo d'occhio: **to take** (*o* **to cast**) **a g. at st.**, dare un'occhiata a q.c.; **at a g.**, con una sola occhiata; a colpo d'occhio.
to **glance** /glɑːns, *USA* glæns/ *v. i.* gettare uno sguardo (*o* dare un'occhiata): **He glanced at me**, mi gettò un'occhiata; **I glanced down the list**, diedi una scorsa all'elenco; **to g. up from st.**, alzare gli occhi da q.c.
♦ **glance off** *v. i. + prep.* *1* colpire di striscio (*e deviare*); rimbalzare su (*dopo il colpo*) *2* (*di luce*) riflettersi; balenare.
glancing /ˈglɑːnsɪŋ, *USA* -æn-/ *a.* di striscio.
gland /glænd/ *n.* (*anat.*) ghiandola.
glandular /ˈglændjʊlə(r), *USA* -dʒʊ-/ *a.* ghiandolare.
glare /gleə(r)/ *n.* *1* bagliore accecante *2* occhiata feroce; sguardo furioso.
to **glare** /gleə(r)/ *v. i.* mandare una luce abbagliante; sfolgorare.
♦ **glare at** *v. i. + prep.* guardare con occhio torvo; fulminare.
glaring /ˈgleərɪŋ/ *a.* *1* abbagliante; accecante *2* (*di colore, ecc.*) sgargiante; vistoso *3* evidente; lampante; palese.
glass /glɑːs, *USA* glæs/ ***A*** *n.* *1* Ⓤ vetro *2* Ⓤ oggetti di vetro; cristalli; cristalleria *3* bicchiere *4* specchio *5* barometro *6* cannocchiale *7* (*al pl.*) occhiali; lenti *8* (*al pl.*) binocolo ***B*** *a. attr.* di vetro: **g. fibre**, fibra di vetro.
glassblower /ˈglɑːsbləʊə(r)/ *n.* soffiatore di vetro.
glasscutter /ˈglɑːskʌtə(r), *USA* ˈglæs-/ *n.* *1* tagliatore di lastre di vetro *2* rotella tagliavetro.
glassful /ˈglɑːsfʊl, *USA* ˈglæs-/ *n.* (contenuto di un) bicchiere.
glasshouse /ˈglɑːshaʊs, *USA* ˈglæs-/ *n.* *1* serra *2* (*pop.*) prigione militare.
glassware /ˈglɑːsweə(r), *USA* ˈglæs-/ *n.* Ⓤ articoli di vetro; cristalleria.
glassworks /ˈglɑːswɜːks, *USA* ˈglæs-/ *n. pl.* (*col verbo al sing.*) vetreria.
glassy /ˈglɑːsɪ, *USA* ˈglæsɪ/ *a.* *1* vetroso; vitreo; simile al vetro *2* (*di lago, ecc.*) liscio come uno specchio *3* (*di sguardo*) fisso; vitreo.
Glaswegian /glæzˈwiːdʒən/ *a. e n.* (abitante) di Glasgow.
glaucoma /glɔːˈkəʊmə/ *n.* Ⓤ (*med.*) glaucoma.
glaze /gleɪz/ *n.* *1* smalto; (*ceramica*) vetrina *2* (*cucina*) glassa.
to **glaze** /gleɪz/ ***A*** *v. t.* *1* mettere i vetri a; fornire di vetri *2* smaltare (*ceramica*) *3* lucidare (*cuoio*) *4* (*cucina*) candire (*frutta*); glassare (*dolci*) ***B*** *v. i.* (*dell'occhio*) appannarsi; diventare vitreo.
glazed /gleɪzd/ *a.* *1* (*di ceramica*) smaltato *2* (*cucina*) glassato *3* (*di sguardo*) vitreo; vuoto.
glazier /ˈgleɪzɪə(r), *USA* -ʒə(r)/ *n.* vetraio.
glazing /ˈgleɪzɪŋ/ *n.* Ⓤ *1* mestiere del vetraio *2* (*edil.*) montaggio di vetri • **double g.**, doppi vetri.
gleam /gliːm/ *n.* barlume; sprazzo.
to **gleam** /gliːm/ *v. i.* brillare (di luce morbida); luccicare.
gleaming /ˈgliːmɪŋ/ *a.* splendente; luccicante.
to **glean** /gliːn/ *v. t. e i.* *1* (*agric.*) spigolare *2* (*fig.*) spigolare; racimolare: **to g. information**, racimolare informazioni.
gleanings /ˈgliːnɪŋz/ *n. pl.* *1* (*agric.*) grano spigolato *2* (*fig.*) spigolature; notizie racimolate.
glee /gliː/ *n.* Ⓤ gioia, soddisfazione (*specialm. davanti alla sfortuna altrui*).
gleeful /ˈgliːfl/ *a.* pieno di gioia (*specialm. davanti alla sfortuna altrui*).
glen /glen/ *n.* valletta.
glib /glɪb/ *a.* *1* (*di persona*) dalla parlantina sciolta *2* (*di parole, ecc.*) sciolto; facile; disinvolto: **g. tongue**, lingua sciolta; bella parlantina; **g. excuse**, scusa pronta.
glibness /ˈglɪbnəs/ *n.* Ⓤ *1* parlantina *2* scioltezza; facilità; disinvoltura.
glide /glaɪd/ *n.* *1* scivolata *2* (*aeron.*) planata.
to **glide** /glaɪd/ *v. i.* *1* scivolare (silenziosamente); (*di ballerino*) volteggiare *2* (*di uccello, aereo*) planare.
glider /ˈglaɪdə(r)/ *n.* Ⓤ (*aeron.*) aliante.
gliding /ˈglaɪdɪŋ/ *n.* Ⓤ (*sport*) volo a vela.
glimmer /ˈglɪmə(r)/ *n.* Ⓒ e Ⓤ luce debole e intermittente; (*anche fig.*) barlume.
to **glimmer** /ˈglɪmə(r)/ *v. i.* luccicare; baluginare.
glimpse /glɪmps/ *n.* *1* occhiata di sfuggita *2* breve visione: **to catch a g. of st.**, vedere q.c. di sfuggita; intravedere q.c.
to **glimpse** /glɪmps/ *v. t.* vedere di sfuggita; intravedere.
glint /glɪnt/ *n.* bagliore; sprazzo; luccichio.
to **glint** /glɪnt/ *v. i.* mandare bagliori; luccicare; scintillare.
to **glisten** /ˈglɪsn/ *v. i.* luccicare; brillare.
glitch /glɪtʃ/ *n.* (*fam.*) difetto di funzionamento.
glitter /ˈglɪtə(r)/ *n.* *1* scintillio; brillio; luccichio *2* polvere d'oro *3* lustrini.
to **glitter** /ˈglɪtə(r)/ *v. i.* scintillare; brillare; luccicare • (*prov.*) **All that glitters is not gold**, non è tutto oro quel che luccica.
glitterati /glɪtəˈrɑːtɪ, -iː/ *n. pl.* (*pop.*) (il) bel mondo; (il)

jet set.
glittering /ˈɡlɪtərɪŋ/ *a.* scintillante; brillante.
glitz /ɡlɪts/ *n.* ▣ (*pop.*) appariscenza; sfarzo.
glitzy /ˈɡlɪtsɪ/ *a.* (*pop. USA*) appariscente; sfarzoso.
to **gloat** /ɡləʊt/ *v. i.* esultare malignamente; gongolare: **to g. over sb.'s defeat**, gongolare per la sconfitta di q.
gloatingly /ˈɡləʊtɪŋlɪ/ *avv.* con gioia maligna; gongolando.
global /ˈɡləʊbl/ *a.* ***1*** che riguarda tutto il globo; mondiale: **g. climatic changes**, mutamenti climatici che interessano tutto il globo; **g. warming**, riscaldamento dell'atmosfera terrestre ***2*** globale; complessivo.
globalism /ˈɡləʊbəlɪzəm/ *n.* ▣ globalità.
globe /ɡləʊb/ *n.* ***1*** globo; sfera ***2*** mappamondo ***3*** globo (terrestre).
globetrotter /ˈɡləʊbtrɒtə(r)/ *n.* giramondo.
globular /ˈɡlɒbjʊlə(r)/ *a.* sferico; globulare.
globule /ˈɡlɒbjuːl/ *n.* gocciolina; globulo.
globulin /ˈɡlɒbjʊlɪn/ *n.* (*biol.*) globulina.
gloom /ɡluːm/ *n.* ▣ ***1*** (*lett.*) oscurità; buio ***2*** tristezza; malinconia; tetraggine • **to throw a g. over**, rattristare.
gloominess /ˈɡluːmɪnəs/ *n.* ▣ ***1*** oscurità ***2*** tristezza; malinconia; tetraggine.
gloomy /ˈɡluːmɪ/ *a.* ***1*** oscuro; cupo; fosco ***2*** triste; malinconico; tetro ***3*** sfiduciato; pessimista.
glorification /ɡlɔːrɪfɪˈkeɪʃn/ *n.* ▣ glorificazione.
glorified /ˈɡlɔːrɪfaɪd/ *a.* (*fam.*) gonfiato; pompato: **Her penthouse is just a g. top-floor flat**, il suo attico è in realtà una semplice mansarda.
to **glorify** /ˈɡlɔːrɪfaɪ/ *v. t.* glorificare; magnificare; esaltare.
glorious /ˈɡlɔːrɪəs/ *a.* ***1*** glorioso; illustre ***2*** magnifico; splendido: **a g. day**, una giornata splendida.
glory /ˈɡlɔːrɪ/ *n.* ***1*** ▣ gloria ***2*** ▣ magnificenza; splendore ***3*** motivo di vanto; gloria • (*fam.*) **g. hole**, sgabuzzino; ripostiglio □ **crowning g.**, supremo trionfo.
to **glory** /ˈɡlɔːrɪ/ *v. Solo come*:
♦ **glory in** *v. i.* + *prep.* ***1*** gioire di; gustare ***2*** compiacersi di (*una sventura altrui*).
gloss (1) /ɡlɒs, *USA* ɡlɔːs/ *n.* ***1*** ▣ lucentezza; lustro ***2*** parvenza; vernice (*fig.*).
gloss (2) /ɡlɒs, *USA* ɡlɔːs/ *n.* glossa; chiosa; spiegazione.
to **gloss** /ɡlɒs, *USA* ɡlɔːs/ *v. t. e i.* glossare; chiosare; spiegare.
♦ **gloss over** *v. i.* + *prep.* sorvolare su; mascherare.
glossary /ˈɡlɒsərɪ, *USA* ˈɡlɔː-/ *n.* glossario.
glossiness /ˈɡlɒsɪnəs, *USA* ˈɡlɔː-/ *n.* ▣ lucentezza.
glossy /ˈɡlɒsɪ, *USA* ˈɡlɔːsɪ/ *a.* lucente; lucido • **g. magazine**, rivista su carta patinata.
glottal /ˈɡlɒtl/ *a.* (*fon.*) glottale; linguale: **g. stop**, occlusiva glottale.
glottis /ˈɡlɒtɪs/ *n.* (*anat.*) glottide.
glove /ɡlʌv/ *n.* guanto: **boxing g.**, guanto da boxe; guantone • (*autom.*) **g. compartment** (*o* **box**), vano portaoggetti □ **g. puppet**, burattino.
gloved /ɡlʌvd/ *a.* inguantato.
glover /ˈɡlʌvə(r)/ *n.* guantaio (-a).
glow /ɡləʊ/ *n.* ***1*** luce diffusa; luminosità calda; bagliore; splendore; colore acceso ***2*** (*rif. a sentimento*) calore; ardore; vampata.
to **glow** /ɡləʊ/ *v. i.* ***1*** bruciare senza fiamma; ardere; essere incandescente ***2*** (*fig.*) ardere; brillare: **to g. with pride**, brillare di orgoglio; **to be glowing with enthusiasm**, ardere d'entusiasmo; **to be glowing with health**, sprizzare salute.
to **glower** /ˈɡlaʊə(r)/ *v. i.* fare gli occhi truci: **to g. at sb.**, guardare con occhi truci q.
glowering /ˈɡlaʊərɪŋ/ *a.* ***1*** (*di sguardo*) truce; torvo ***2*** (*estens.*) minaccioso.
glowing /ˈɡləʊɪŋ/ *a.* ***1*** ardente; brillante: **g. embers**, tizzoni ardenti ***2*** acceso (*fig.*); raggiante ***3*** caloroso; entusiastico: **to speak of sb. in g. terms**, parlare di q. in toni entusiastici; **to paint st. in g. colours**, magnificare q.c.
glow-worm /ˈɡləʊwɜːm/ *n.* (*zool.*) lampiride nottiluca; lucciola.
glucose /ˈɡluːkəʊz, -s/ *n.* ▣ (*chim.*) glucosio; destrosio.
glue /ɡluː/ *n.* ▣ colla • **g.-sniffing**, (lo) sniffare colla.
to **glue** /ɡluː/ *v. t.* (*anche fig.*) incollare.
gluey /ˈɡluːɪ/ *a.* colloso; appiccicoso.
glum /ɡlʌm/ *a.* accigliato; depresso; cupo.
glumness /ˈɡlʌmnəs/ *n.* ▣ cupezza; tetraggine.
glut /ɡlʌt/ *n.* quantità eccessiva; saturazione.
to **glut** /ɡlʌt/ *v. t.* saturare: **to g. the market**, saturare il mercato (*di merci, beni di consumo*).
gluten /ˈɡluːtn/ *n.* ▣ glutine.
glutinous /ˈɡluːtənəs/ *a.* glutinoso.
glutton /ˈɡlʌtn/ *n.* ghiottone (-a); goloso (-a) • (*fam.*) **g. for punishment**, masochista.
gluttonous /ˈɡlʌtənəs/ *a.* ghiotto; goloso; ingordo.
gluttony /ˈɡlʌtənɪ/ *n.* ▣ ghiottoneria; golosità; ingordigia.
glycaemia, (*USA*) **glycemia** /ɡlaɪˈsiːmɪə/ *n.* (*med.*) glicemia.
glycerin(e) /ˈɡlɪsəriːn, *USA* -rɪn/ *n.* ▣ (*chim.*) glicerina.
gnarled /nɑːld/, **gnarly** /ˈnɑːlɪ/ *a.* ***1*** (*di albero, di mani*) nodoso ***2*** (*di persona*) dall'aspetto ruvido; rugoso.
to **gnash** /næʃ/ *v. t. e i.* digrignare (*i denti*).
gnat /næt/ *n.* (*zool.*) ***1*** moscerino ***2*** zanzara.
to **gnaw** /nɔː/ (*pass.* **gnawed**, *p.p.* **gnawed, gnawn**) *v. t. e i.* ***1*** rodere; rosicchiare: **to g. (at) a bone**, rosicchiare un osso ***2*** tormentare; rodere.
gnawing /ˈnɔːɪŋ/ *a.* che rode; tormentoso; che attanaglia: **g. hunger**, fame che attanaglia.
gnawn /nɔːn/ *p.p. di* **to gnaw**.
gneiss /naɪs/ *n.* ▣ (*geol.*) gneiss.
gnome /nəʊm/ *n.* (*mitol.*) gnomo; nano.
gnu /nuː/ *n.* (*zool.*) gnu.
go /ɡəʊ/ *n.* (*pl.* **goes**) (*fam.*) ***1*** movimento; attività: **It's all go**, c'è un gran daffare; si lavora a pieno ritmo; **She's always on the go**, è sempre indaffarata (*o* in moto); **to have something on the go**, avere qualcosa per le mani ***2*** ▣ vitalità; energia; brio; entusiasmo ***3*** prova; tentativo: **Let's have a go at it!**, facciamo un tentativo!; proviamo! ***4*** moda; voga: **to be all the go**, essere in gran voga ***5*** turno: **Whose go is it?**, a chi tocca? • **It's no go**, non c'è niente da fare; è impossibile □ **to have a go at sb.**, sgridare q.; prendersela con q. □ **to make a go of st.**, (*GB*) avere successo con q.c.; (*USA*) tentare q.c.
to **go** /ɡəʊ/ (*pass.* **went**, *p.p.* **gone**) ***A*** *v. i.* ***1*** andare: **to go by train**, andare in treno; **to go to Australia**, andare in Australia; **All his money goes on books**, tutto il suo denaro va in libri; **You're going too fast**, vai troppo veloce; **to go shooting**, andare a caccia; **Go and see if there is any mail**, va' a vedere se c'è posta; **Who goes there?**, chi va là?; **to let oneself go**, lasciarsi andare; **Let go!**, lascia andare!; molla! ***2*** andare via; andarsene; passare; finire: **I must be going**, devo andare; **The pain has gone**, il dolore è passato; **The money has all gone**, i soldi sono finiti; **There are only four days to go**, mancano solo quattro giorni ***3*** svolgersi; andare: **The dinner went well**, il pranzo è andato bene ***4*** diventare: **to go blind**, diventare cieco; **to go mad**, diventare matto; impazzire; **to go bad**, andare a male ***5*** essere; restare: **to go unpunished**, restare impunito; **to go hungry**, fare la fame; **to go free**, essere rimesso in libertà ***6*** funzionare: **He got the car going again**, riuscì a far ripartire la macchina; **The alarm has gone**, è suonata la sveglia ***7*** (*fam.*) rompersi; partire (*fam.*); saltare: **The strap of my watch has gone**, mi si è rotto (*o* mi è partito) il cinturino dell'orologio; **The fuse has gone**, è saltata la valvola ***8*** essere venduto: **The painting went for only $500**, il quadro fu venduto per soli 500 dollari ***9*** fare; dire: **He went like this with his hand**, ha fatto così con la mano; **The refrain goes like this**, il ritornello fa così; **Cats go miaow**, il gatto fa miao; **The story goes that...**, si racconta che...; (*fam.*) **And he went: «You're mad!»**, e lui fa: «Ma tu sei pazza!» ***10*** valere; essere valido: **And that goes for you too**, e questo vale anche per te; **anything goes**, tutto è permesso ***11*** starci: **Will this go into your bag?**, ci sta questo nella tua borsetta?; **Five into three won't go**, il cinque nel tre non ci sta ***12*** (*fam.*) andare a; cominciare a: **Don't go blaming others!**, non cominciare ad accusare gli altri! ***13*** — **to be going to**, stare per; avere intenzione di: **It is going to rain**, sta per piovere; **I'm going to stay here**, io resto qui • **to go all out**, mettercela tutta □ (*fig.*) **to go far**, andare lontano; fare strada □ **to go so far as to**, arrivare al punto di; arrivare a □ (*fam.*) **to go to town**, non trattenersi; buttarsi a pesce su q.c. (*fam.*); spendere e spandere (*fam.*) □ **to go one's own way**, fare di testa propria □ (*fam.*) **to go steady**, fare coppia fissa; filare □ **to go straight**, andare (sempre) diritto; (*fig.*) rigare dritto □ **to go to great lengths to**, fare di tutto per; darsi un gran daffare per □ **to go to a lot of trouble**, prodigarsi; prendersi un grosso disturbo □

(*pop.*) **to be gone on sb.**, essere innamorato cotto di q. □ **That goes to prove that he is wrong**, ciò dimostra che ha torto □ **As quiz shows go, this one is rather well done**, come programma di quiz, è abbastanza ben fatto □ **Here goes!**, o la va o la spacca!; coraggio! □ (*sport*) **One, two, three... go!**, uno, due, tre... via! □ **There she goes!**, eccola là! ***B*** *v. t.* — **to go it alone**, fare da solo □ **Go it!**, forza!; dacci sotto! □ **to go one better**, fare di meglio.

♦ **go about** ***A*** *v. i. + avv.* ***1*** andare in giro ***2*** (*di voce, ecc.*) circolare; correre ***3*** (*naut.*) virare di bordo ***B*** *v. i. + prep.* ***1*** occuparsi di; badare a: **to go about one's business**, badare ai fatti propri ***2*** procedere; fare: **How do you go about fixing a leaking tap?**, come si fa ad aggiustare un rubinetto che perde?

♦ **go after** *v. i. + prep.* inseguire; rincorrere; stare dietro a.

♦ **go against** *v. i. + prep.* ***1*** essere contrario a; andare contro ***2*** agire contro: **to go against sb.'s wishes**, agire contro i desideri di q. ***3*** andare male per.

♦ **go ahead** *v. i. + avv.* ***1*** andare avanti; precedere ***2*** continuare; andare avanti; procedere: **«Can I say something?» «Go ahead»**, «posso dire una cosa?» «avanti!».

♦ **go ahead with** *v. i. + avv. e prep.* dare inizio a: **to go ahead with the works**, dare inizio ai lavori.

♦ **go along** *v. i. + avv.* procedere; avanzare.

♦ **go along with** *v. i. + avv. e prep.* ***1*** accompagnare ***2*** essere d'accordo con; sottoscrivere: **I go along with that**, sono d'accordo ● **Go along (with you)!**, ma va' là!

♦ **go around** *V.* **to go round**, *def. 1 e 2.*

♦ **go at** *v. i. + prep.* ***1*** attaccare; scagliarsi contro ***2*** affrontare; attaccare.

♦ **go away** *v. i. + avv.* ***1*** andare via; andarsene ***2*** scappare (*con q. o q.c.*) ***3*** (*di dolore*) passare; andare via ***4*** (nelle corse) andare in fuga; andare via (*fam.*).

♦ **go back** *v. i. + avv.* ***1*** tornare ***2*** riandare (col ricordo) ***3*** risalire nel tempo: **His family goes back 400 years**, la sua famiglia è antica di quattro secoli; **The house goes back to the last century**, la casa risale al secolo scorso.

♦ **go back on** *v. i. + avv. e prep.* rimangiarsi (*una promessa, ecc.*); tornare su (*una decisione*).

♦ **go before** *v. i. + prep.* precedere.

♦ **go by** ***A*** *v. i. + avv.* passare ***B*** *v. i. + prep.* agire in base a; obbedire; seguire ● **Going by what he says...**, stando a quello che dice...

♦ **go down** *v. i. + avv.* ***1*** andare giù; scendere ***2*** diminuire; calare; scendere ***3*** affondare ***4*** tramontare; calare ***5*** (*del vento*) calmarsi ***6*** (*fam., di idea, suggerimento*) essere accolto ***7*** degradarsi; peggiorare ***8*** (*pop. USA*) succedere ***9*** (*di computer*) bloccarsi ● **to go down in history**, passare alla storia; diventare famoso □ **to go down on all fours**, mettersi carponi.

♦ **go down with** *v. i. + avv. e prep.* prendersi (*una malattia*); ammalarsi di.

♦ **go for** *v. i. + prep.* ***1*** andare a fare: **to go for a swim**, andare a fare una nuotata ***2*** andare a prendere; andare a cercare ***3*** attaccare; aggredire ***4*** cercare di (*prendere, ottenere*); mirare a: **He went for my throat**, cercò di afferrarmi alla gola; **to go for the gold medal**, mirare alla medaglia d'oro ***5*** (*fam.*) gradire: **I don't go for tall women**, non mi piacciono le donne alte ● (*di opinione, ecc.*) **to go for nothing [little]**, non contare niente [contare poco].

♦ **go in** *v. i. + avv.* ***1*** entrare ***2*** (*del sole, della luna*) coprirsi; velarsi.

♦ **go in for** *v. i. + avv. e prep.* ***1*** interessarsi di; essere appassionato di ***2*** iscriversi a (*un esame, una gara*); partecipare a.

♦ **go into** *v. i. + prep.* ***1*** entrare in: **to go into a room [into politics]**, entrare in una stanza [in politica] ***2*** addentrarsi in; approfondire; andare al fondo di: **We'll go into that later**, di questo ci occuperemo più avanti.

♦ **go off** ***A*** *v. i. + avv.* ***1*** esplodere; scoppiare ***2*** (*di sveglia, allarme*) suonare ***3*** (*di meccanismo, luci*) spegnersi ***4*** perdere coscienza; addormentarsi; assopirsi ***5*** svolgersi; andare: **The meeting went off well**, la riunione andò bene ***6*** scadere in qualità; peggiorare ***7*** (*di cibo*) andare a male ***8*** (*fam. GB*) perdere interesse per ***9*** (*fam. USA*) smettere di mangiare, di fumare, ecc.; eliminare (*un cibo, ecc.*) ***B*** *v. i. + prep.* — (*fam.*) **to go off one's head**, perdere la testa; impazzire □ (*fam.*) **to go off the deep end**, dare in escandescenze; uscire dai gangheri.

♦ **go off with** *v. i. + avv.* portarsi via (*senza permesso*).

♦ **go on** ***A*** *v. i. + avv.* ***1*** continuare; andare avanti; procedere: **to go on doing st.**, continuare a fare q.c.; **He went on to say that...**, aggiunse che...; **to go on to university**, andare all'università (*dopo le superiori*); **This train goes on to Glasgow**, questo treno prosegue per Glasgow; **He's been going on about getting a new car**, non fa che insistere per cambiare la macchina ***2*** accadere; succedere: **What's going on?**, cosa succede? ***3*** (*del tempo*) passare ***4*** (*di luce, ecc.*) accendersi ● **Go on (with you)!**, ma va' là! ***B*** *v. i. + prep.* ***1*** basarsi su ***2*** cominciare a usare (*una medicina*).

♦ **go on at** *v. i. + avv. e prep.* assillare; tormentare.

♦ **go on for** *v. i. + avv. e prep.* (*solo alla forma progress.*) — **He's going on for 60**, va per i sessanta; **It's going on for 10 o'clock**, sono quasi le dieci.

♦ **go out** *v. i. + avv.* ***1*** uscire ***2*** spegnersi ***3*** passare di moda ***4*** (*della marea*) rifluire ● **to go out (on strike)**, scendere in sciopero □ **My heart went out to him**, ebbi un moto di simpatia per lui.

♦ **go over** ***A*** *v. i. + prep.* ***1*** esaminare ***2*** rivedere; ripetere (*una lezione*) ***B*** *v. i. + avv.* essere accolto (*in un certo modo*): **to go over well**, avere successo.

♦ **go over to** *v. i. + avv. e prep.* ***1*** passare a: **I've gone over from coffee to tea**, sono passato dal caffè al tè ***2*** (*TV, radio*) collegarsi con.

♦ **go round** *v. i. + avv.* ***1*** andare in giro; circolare; essere in giro ***2*** bastare per tutti: **Are there enough spoons to go around?**, bastano per tutti i cucchiai?; ci sono abbastanza cucchiai per tutti? ***3*** girare ● **to go round to see sb.**, fare una visitina a q.

♦ **go through** *v. i. + prep.* ***1*** attraversare; passare attraverso; trapassare; perforare; sfondare ***2*** esaminare; controllare; frugare ***3*** fare (*dall'inizio alla fine*): **Let's go through that scene again**, rifacciamo questa scena; **I went through the article**, lessi l'articolo ***4*** usare fino in fondo; esaurire; finire ● **The bill went through Parliament**, il progetto di legge è stato approvato dal parlamento.

♦ **go through with** *v. i. + avv. e prep.* compiere; portare a termine.

♦ **go together** *v. i. + avv.* (*di cose*) andare (*o* stare) bene insieme; armonizzare.

♦ **go under** *v. i. + avv.* ***1*** affondare ***2*** fallire.

♦ **go up** *v. i. + avv.* ***1*** salire ***2*** saltare in aria (*per un'esplosione*) ***3*** essere costruito; sorgere ***4*** (*di sipario*) alzarsi ● **to go up in flames**, andare a fuoco.

♦ **go with** *v. i. + prep.* intonarsi con; accompagnarsi a.

♦ **go without** *v. i. + prep.* ***1*** fare a meno di ***2*** — **It goes without saying that...**, va da sé che...; inutile dire che...

goad /gəʊd/ *n.* (*anche fig.*) pungolo.

to **goad** /gəʊd/ *v. t.* ***1*** pungolare ***2*** (*fig.*) pungolare: spronare: **to g. sb. into doing st.**, spronare q. a fare q.c.

go-ahead /ˈgəʊəhed/ ***A*** *a.* (*fam.*) intraprendente; pieno di iniziativa ***B*** *n.* benestare; via libera.

goal /gəʊl/ *n.* ***1*** meta; traguardo; scopo; fine ***2*** (*calcio, ecc.*) porta; rete; (*estens.*) rete, gol: **to score a g.**, segnare una rete; **to win by two goals to nil**, vincere per due reti a zero ***3*** (*pallacanestro*) canestro (*il punto*) ***4*** (*rugby*) marcatura ● (*calcio*) **g. kick**, rimessa (dal fondo) □ (*sport*) **g. line**, linea di fondo; linea di porta.

goalie /ˈgəʊlɪ/ *n.* (*sport, fam.*) portiere.

goalkeeper /ˈgəʊlkiːpə(r)/ *n.* (*sport*) portiere.

goalmouth /ˈgəʊlmaʊθ/ *n.* (*sport*) specchio della porta ● **to move the goalposts**, cambiare i termini della questione; cambiare le regole del gioco.

goalpost /ˈgəʊlpəʊst/ *n.* (*sport*) palo (della porta) ● **to move the goalposts**, cambiare i termini della questione; cambiare le regole del gioco.

goat /gəʊt/ *n.* ***1*** capra ***2*** (*fig.*) uomo libidinoso; satiro ● (*pop.*) **to get sb.'s g.**, far imbestialire q.

goatee /gəʊˈtiː/ *n.* barbetta a punta; pizzo.

goatherd /ˈgəʊthɜːd/ *n.* capraio (-a).

goatskin /ˈgəʊtskɪn/ *n.* C e U pelle di capra.

gob /gɒb/ *n.* (*pop.*) bocca.

gobbet /ˈgɒbɪt/ *n.* (*fam.*) pezzo; boccone.

to **gobble** (1) /ˈgɒbl/ *v. t. e i.* ingollare; trangugiare.

to **gobble** (2) /ˈgɒbl/ *v. i.* (*del tacchino*) gloglottare; fare glu glu.

gobbledegook, **gobbledygook** /ˈgɒbldɪguːk/ *n.* U (*fam.*) oscuro gergo burocratico; politichese; linguaggio pomposo.

go-between /ˈɡəʊbɪtwiːn/ *n.* intermediario (-a).
goblet /ˈɡɒblət/ *n.* calice; coppa.
goblin /ˈɡɒblɪn/ *n.* folletto; spiritello maligno.
gobsmacked /ˈɡɒbsmækt/ *a.* (*fam. GB*) sbalordito; di sasso.
God /ɡɒd/ *n.* Dio; Iddio: **to pray to God**, pregare Iddio; **God knows!**, Dio solo lo sa! • (*fam.*) **god-awful**, orrendo; spaventoso; schifoso □ **god-fearing**, timorato di Dio; pio; devoto □ **God forbid!**, Dio ce ne guardi!; Dio non voglia! □ **God willing**, a Dio piacendo; speriamo bene □ **to play God**, fare il padreterno □ **so help me God!**, com'è vero Dio! □ **thank God**, grazie a Dio.
god /ɡɒd/ *n.* **1** dio: **the god of thunder**, il dio del tuono; **to make a god of st.**, idolatrare q.c. **2** — (*teatr.*) **the gods**, il loggione.
godchild /ˈɡɒdtʃaɪld/ *n.* (*pl.* **godchildren** /-tʃɪldrən/) figlioccio (-a).
goddammit /ɡɒdˈdæmɪt/ *inter.* (*fam. USA*) maledizione.
goddam(n) /ˈɡɒdæm/, **goddamned** /ˈɡɒdæmd/ *a. e avv. V.* **damn**.
goddaughter /ˈɡɒddɔːtə(r)/ *n.* figlioccia.
goddess /ˈɡɒdɪs/ *n.* dea.
godfather /ˈɡɒdfɑːðə(r)/ *n.* padrino.
godforsaken /ˈɡɒdfəseɪkn/ *a.* (*di luogo*) dimenticato da Dio; sperduto; desolato.
godhead /ˈɡɒdhed/ *n.* Ⓤ divinità; natura divina.
godless /ˈɡɒdləs/ *a.* **1** ateo **2** empio; malvagio.
godlike /ˈɡɒdlaɪk/ *a.* divino.
godliness /ˈɡɒdlɪnəs/ Ⓤ *n.* devozione; pietà, religiosità.
godly /ˈɡɒdlɪ/ *a.* (*form.*) devoto; pio; religioso.
godmother /ˈɡɒdmʌðə(r)/ *n.* madrina.
godparent /ˈɡɒdpeərənt/ *n.* padrino; madrina: **my godparents**, i miei padrini.
godsend /ˈɡɒdsend/ *n.* dono del Cielo; fortuna impensata.
godson /ˈɡɒdsʌn/ *n.* figlioccio.
goer /ˈɡəʊə(r)/ *n.* **1** (*fam.*) persona (*o* cosa) che si muove veloce: **My car is a real g.**, la mia auto fila che è un piacere **2** (*fam.*) tipo che si dà da fare (*sessualmente*); tipo intraprendente **3** (*nei composti*) frequentatore: **theatre-g.**, frequentatore di teatri.
gofer /ˈɡəʊfə(r)/ *n.* (*fam. USA*) factotum; portaborse.
go-getter /ˈɡəʊɡetə(r)/ *n.* (*fam.*) tipo intraprendente.
to **goggle** /ˈɡɒɡl/ *v. i.* guardare con gli occhi sbarrati; sgranare gli occhi.
gogglebox /ˈɡɒɡlbɒks/ *n.* (*pop. GB, spesso spreg.*) televisione; tele (*fam.*).
goggle-eyed /ˈɡɒɡlaɪd/ *a.* con gli occhi sgranati; facendo tanto d'occhi.
goggles /ˈɡɒɡlz/ *n. pl.* occhiali di protezione; occhialoni; occhiali da sci; maschera (*per sub*).
go-go /ˈɡəʊɡəʊ/ *a.* **1** da discoteca **2** (*fam.*) dinamico; intraprendente.
going /ˈɡəʊɪŋ/ ***A*** *n.* **1** andata; partenza **2** Ⓤ andatura; velocità: **«We got it over in two hours» «That was pretty good g.»**, «abbiamo finito tutto in due ore» «avete fatto presto» **3** Ⓤ percorso; avanzata: **The g. was easier beyond the pass**, dopo il passo il percorso si fece più facile; **Let's go while the g. is good**, andiamocene finché siamo in tempo • (*fam.*) **g.-over**, ispezione completa, revisione; pulizia di fondo; lavata di capo, ripassata; botte, pestaggio □ (*fam.*) **goings-on**, attività, fatti (*specialm. riprovevoli*) ***B*** *a.* **1** efficiente; che funziona; (*comm.*) bene avviato: **g. concern**, impresa florida, avviata **2** (*comm.*) corrente: **g. rate**, tariffa corrente **3** disponibile: **There's a job g. at my office**, c'è un posto disponibile nel mio ufficio; **Are there any free tickets g.?**, si possono avere dei biglietti gratis? • **the best car g.**, la miglior macchina che ci sia □ (*fam.*) **Is there any food g.?**, c'è niente da mangiare? □ **to have a lot g. for one**, avere molti punti a proprio favore; avere molti vantaggi.
goitre /ˈɡɔɪtə(r)/ *n.* (*med.*) gozzo.
go-kart /ˈɡəʊkɑːt/ *n.* (*sport*) go-kart.
gold /ɡəʊld/ ***A*** *n.* Ⓤ oro ***B*** *a. attr.* **1** d'oro; aureo: **g. coin [dust]**, moneta [polvere] d'oro; (*fin.*) **g. reserve**, riserva aurea **2** color oro • **g. digger**, cercatore d'oro; (*fig.*) donna che mira solo ai soldi □ **g. leaf**, foglia (*o* lamina) d'oro □ **g.-plated**, placcato oro □ **g. rush**, corsa all'oro; febbre dell'oro □ **to be like g. dust**, essere cosa rara.
goldcrest /ˈɡəʊldkrest/ *n.* (*zool.*) regolo.
golden /ˈɡəʊldən/ *a.* d'oro; dorato: **g. hair**, capelli d'oro; **g. age**, età dell'oro; **g. opportunity**, occasione d'oro • **g. boy**, giovane speranza □ (*comm.*) **g. handshake**, buonuscita; liquidazione □ **g. mean**, giusto mezzo; aurea mediocrità □ (*GB*) **g. syrup**, melassa raffinata.
goldfield /ˈɡəʊldfiːld/ *n.* giacimento aurifero.
goldfinch /ˈɡəʊldfɪntʃ/ *n.* (*zool.*) cardellino.
goldfish /ˈɡəʊldfɪʃ/ *n.* (*pl. invar.*) (*zool.*) pesce rosso.
goldmine /ˈɡəʊldmaɪn/ *n.* (*anche fig.*) miniera d'oro.
to **gold-plate** /ˈɡəʊldpleɪt/ *v. t.* placcare in oro.
goldsmith /ˈɡəʊldsmɪθ/ *n.* orefice; orafo.
golf /ɡɒlf/ *n.* Ⓤ (*sport*) golf • **g. ball**, pallina da golf; testina rotante (*di macchina da scrivere*) □ **g. club**, circolo di golf; mazza da golf □ **g. course** (*o* **g. links**), campo di golf □ **g. player**, giocatore (-trice) di golf; golfista.
golfer /ˈɡɒlfə(r)/ *n.* giocatore (-trice) di golf; golfista.
golfing /ˈɡɒlfɪŋ/ *n.* (il giocare a) golf: **to go g.**, giocare a golf • **the g. season**, la stagione golfistica.
golliwog /ˈɡɒlɪwɒɡ/ *n.* bambolotto negro.
golly /ˈɡɒlɪ/ *inter.* (*fam.*) perbacco!; perdinci!
gonad /ˈɡəʊnæd, ˈɡɒn-/ *n.* (*biol.*) gonade.
gondola /ˈɡɒndələ/ *n.* **1** gondola **2** (*aeron.*) navicella (*di dirigibile*) **3** cabina (*di funivia*).
gondolier /ɡɒndəˈlɪə(r)/ *n.* gondoliere.
gone /ɡɒn, *USA* ɡɔːn/ ***A*** *p.p. di* **to go** ***B*** *a.* andato; finito; passato • **to be far g.**, essere gravemente ammalato; essere più di là che di qua □ (*fam.*) **She is six months g.**, è (incinta) di sei mesi.
goner /ˈɡɒnə(r), *USA* ˈɡɔːn-/ *n.* (*fam.*) **1** persona finita, spacciata: **If he finds out, I'm a g.**, se lo scopre, sono spacciato **2** caso disperato.
gong /ɡɒŋ, *USA* ɡɔːŋ/ *n.* **1** gong **2** (*pop. GB*) medaglia.
gonna /ˈɡɒnə, ˈɡə-/ (*USA*) *contraz. di* **going to**.
gonorrhoea, (*USA*) **gonorrhea** /ɡɒnəˈriːə/ *n.* Ⓤ (*med.*) gonorrea; blenorragia.
goo /ɡuː/ *n.* (*fam.*) sostanza appiccicosa; appiccicume.
good (1) /ɡʊd/ *a.* (*compar.* **better**; *superl. relat.* **best**) **1** buono; bello; piacevole: **g. idea**, buona idea; **g. film**, bel film; **g. weather**, tempo bello (*o* buono); **g. manners**, belle maniere; buona educazione; **g.-looking**, di bell'aspetto; bello; **to have a g. cry**, farsi un bel pianto; **It is g. to be here**, è bello essere qui **2** buono; bravo; gentile: **g. deeds**, opere buone; **g. friend**, buon amico; **g. girl**, brava ragazza; **g. to sb.**, gentile con q.; **It was g. of you to come**, è stato gentile da parte tua venire **3** buono; bravo; abile: **g. at Latin**, bravo in latino; **g. at doing st.**, bravo a fare q.c. **4** buono; che fa bene; favorevole: **It's g. for you** (*o* **for your health**), ti fa bene; **to have a g. opinion of**, avere una buona opinione di **5** buono; valido; ben fatto: **his g. leg**, la sua gamba buona; **to have g. reason to believe st.**, avere buoni motivi per credere q.c.; **It seemed g. to do it**, è sembrato bene farlo; **It's a g. thing you came back**, per fortuna (*o* meno male che) sei tornato **6** considerevole: **to earn g. money**, guadagnare bene; **a g. crowd**, una folla considerevole **7** buono; adatto; che va bene: **g. for killing mosquitos**, buono per ammazzare le zanzare **8** (*con valore rafforzativo*) — **a g. deal of**, un bel po' di; **a g. many people**, un bel po' di (*o* parecchia) gente; **a g. while ago**, un bel po' di tempo fa; **a g. twenty minutes**, venti minuti buoni **9** (*nei saluti*) — **g. morning [day, afternoon]**, buongiorno; **g. evening**, buonasera; **g. night**, buonanotte • **G.!**, bene!; bravo!; d'accordo! □ **g. and...**, proprio; davvero: **g. and angry**, arrabbiatissimo; **when I'm g. and ready**, quando sarò pronto, e non prima □ **g.-for-nothing**, buono a nulla □ **G. for you [him, etc.]!**, bravo!; brava! □ **g.-humoured**, bonario □ **G. luck to you!**, buona fortuna!; tanti auguri! □ **g.-natured**, affabile □ **as g. as**, praticamente; come; quasi: **as g. as dead**, come morto; **It's as g. as new**, è tornato come nuovo; **It's as g. as done**, (ormai) è cosa fatta □ **as g. as gold**, buonissimo; un angelo □ **all in g. time**, a suo tempo; al momento giusto □ **to make g. st.**, *V. sotto* **to make** □ **That's g.!**, molto bene □ **That's a g. one!**, bella, questa!
good (2) /ɡʊd/ *n.* **1** Ⓤ bene: **g. and evil**, il bene e il male; **to do g.**, fare del bene; fare opere buone; **It'll do you g.**, ti farà bene **2** Ⓤ bene; beneficio; profitto; vantaggio: **for your own g.**, per il tuo bene; **the common g.**, il bene comune; l'interesse generale **3** (*al pl.*) *V.* **goods** • **all to the g.**, tutto di guadagnato □ **to come to no g.**, andare a finir male □ **for g. and all**, per sempre; una volta per tutte □ **to the g.**, in attivo □ **What g. will it do?**, a che servirà?; a che

pro? □ (*spesso iron.*) **Much g. may it do you!**, buon pro ti faccia! □ (*iron.*) **A fat lot of g. that will do to him!**, sai a che gli serve! □ **Is this any g.?**, può servire (*o* va bene) questo? □ **It is no g.**, non serve a nulla; è inutile □ **What is the g. of it?**, a che serve?; a che pro? □ **He is up to no g.**, ne sta combinando qualcuna.

goodbye /gʊd'baɪ, gəd-/ ***A*** *inter.* arrivederci!; addio! (*lett.*) ● **G. for now!**, arrivederci! ***B*** *n.* saluto; addio: **to say g. to sb.**, salutare q.

goodie /'gʊdɪ/ *V.* **goody** (**1**), *def. 3.*

goodly /'gʊdlɪ/ *a.* (*form.*) considerevole.

goodness /'gʊdnəs/ *n.* Ⓤ ***1*** bontà; gentilezza: **g. of heart**, bontà di cuore ***2*** buona qualità; bontà; (il) buono ● **G. knows**, lo sa Iddio □ **G. me!** (*o* **G. gracious!**), Dio mio!; santo cielo! □ **For g.' sake!**, per amor di Dio! □ **Thank g.!**, grazie al cielo!; meno male!

goods /gʊdz/ *n. pl.* ***1*** beni mobili: **consumer g.**, beni di consumo; (*leg.*) **g. and chattels**, beni mobili ***2*** (*comm.*) merce; merci: **The g. have just arrived**, la merce è appena arrivata; (*ferr.*) **g. station**, scalo merci; **g. train**, treno merci.

goodwill /gʊd'wɪl/ *n.* Ⓤ ***1*** benevolenza; simpatia; favore ***2*** buona volontà; buona fede ***3*** (*comm.*) avviamento (*di una ditta, ecc.*) ● (*polit.*) **g. mission**, missione per migliorare i rapporti; missione di mediazione.

goody (**1**) /'gʊdɪ/ *n.* (*fam.*) ***1*** (*generalm. al pl.*) cosa buona (da mangiare); golosità; leccornia ***2*** cosa desiderabile; chicca ***3*** (personaggio) buono (*di libro, film*).

goody (**2**) /'gʊdɪ/ *inter.* (*fam.*) che bello!; che bellezza!

goody-goody /'gʊdɪ'gʊdɪ/ *n.* (*spreg.*) perfettino (-a); primo (-a) della classe; santerellino (-a).

gooey /'guːɪ/ *a.* (*fam.*) ***1*** appiccicoso ***2*** sentimentale; sdolcinato; sciropposo.

goof /guːf/ *n.* (*fam.*) ***1*** babbeo; credulone ***2*** (*USA*) errore sciocco.

to **goof** /guːf/ *v. i.* (*fam. USA*) sbagliare scioccamente; fare un pasticcio.

goofy /'guːfɪ/ *a.* (*pop.*) sciocco; stupido.

gook /guːk/ *n.* (*fam. USA*) ***1*** svitato ***2*** (*spreg.*) orientale; giallo (*fam.*).

goon /guːn/ *n.* (*pop.*) ***1*** sciocco; imbranato ***2*** (*USA*) picchiatore; scagnozzo.

goosander /guː'sændə(r)/ *n.* (*zool.*) smergo maggiore.

goose /guːs/ *n.* (*pl.* **geese**) ***1*** (*zool.*) oca ***2*** (*fig.*) stupido; (*di donna*) oca: **Don't be such a g.!**, non essere stupido! ● **g. pimples** (*USA* **g. bumps**), *V.* **gooseflesh** □ (*mil.*) **g. step**, passo dell'oca □ **to kill the g. that lays the golden egg**, uccidere la gallina dalle uova d'oro □ (*fam. GB*) **All his geese are swans**, esagera sempre.

gooseberry /'gʊzbərɪ, -brɪ, *USA* 'guːsberɪ/ *n.* (*bot.*) uva spina ● **to play g.**, reggere il moccolo.

gooseflesh /'guːsflɛʃ/ *n.* Ⓤ pelle d'oca.

gopher /'gəʊfə(r)/ *n.* (*zool.*) citello.

gore (**1**) /gɔː(r)/ *n.* Ⓤ ***1*** (*lett.*) sangue coagulato (*di ferita*) ***2*** (*estens.*) scene truculente ● **a film full of blood and g.**, un film truculento.

gore (**2**) /gɔː(r)/ *n.* (*sartoria*) godet; gherone.

to **gore** /gɔː(r)/ *v. t.* incornare; trafiggere (*con le corna*).

gored /gɔːd/ *a.* (*di gonna*) a godet.

gorge /gɔːdʒ/ *n.* ***1*** gola; burrone; forra ***2*** contenuto dello stomaco (*solo nelle seguenti espress.*): **to make sb.'s g. rise**, dare il voltastomaco a q.; **My g. rises at the thought of it**, mi si rivolta lo stomaco solo a pensarci.

to **gorge** /gɔːdʒ/ *v. i.*, to **gorge oneself** *v. rifl.* rimpinzarsi; abbuffarsi: **to g. on** (*o* **with**) **st.**, rimpinzarsi di q.c.

gorgeous /'gɔːdʒəs/ *a.* splendido; magnifico; stupendo; favoloso.

gorilla /gə'rɪlə/ *n.* gorilla.

gormless /'gɔːmləs/ *a.* (*fam. GB*) sciocco; stupido.

gorse /gɔːs/ *n.* Ⓤ (*bot.*) ginestrone; ginestra spinosa.

gory /'gɔːrɪ/ *a.* ***1*** (*lett.*) insanguinato; sporco di sangue ***2*** cruento; sanguinoso ● **g. details**, particolari raccapriccianti.

gosh /gɒʃ, *USA* gɔːʃ/ *inter.* (*fam.*) perbacco!; mamma mia!

goshawk /'gɒshɔːk/ *n.* (*zool.*) astore.

gosling /'gɒzlɪŋ, *USA*, 'gɔː-/ *n.* (*zool.*) papero (-a).

go-slow /'gəʊsləʊ/ *n.* sciopero bianco.

Gospel /'gɒspl, *USA*, 'gɔː-/ *n.* Vangelo.

gospel /'gɒspl, *USA*, 'gɔː-/ *n.* ***1*** (*anche* **g. truth**) verità sacrosanta; vangelo ***2*** (*anche* **g. music**) gospel: **g. singer**, cantante di gospel.

gossamer /'gɒsəmə(r)/ ***A*** *n.* ***1*** Ⓒ *e* Ⓤ filo di ragnatela ***2*** Ⓤ stoffa leggerissima; garza ***B*** *a. attr.* sottilissimo; trasparente.

gossip /'gɒsɪp/ *n.* ***1*** Ⓤ chiacchiera; pettegolezzo: **Don't believe all that g.!**, non credere a tutte quelle chiacchiere; **idle g.**, chiacchiere (vuote) ***2*** chiacchierata; quattro chiacchiere (*fam.*) ***3*** chiacchierone (-a); pettegolo (-a) ● (*giorn.*) **g. column**, rubrica mondana; cronaca rosa.

to **gossip** /'gɒsɪp/ *v. i.* chiacchierare; pettegolare.

gossipmonger /'gɒsɪpmʌŋgə(r), *USA* -mɒ-/ *n.* pettegolo (-a); malalingua.

gossipy /'gɒsɪpɪ/ *a.* ***1*** chiacchierone; pettegolo ***2*** pieno di chiacchiere (*o* di pettegolezzi).

got /gɒt/ *pass. e p.p. di* **to get**.

Goth /gɒθ, *USA* gɒθ, gɔːθ/ *n.* (*stor.*) goto.

Gothic /'gɒθɪk, *USA* 'gɒ-, 'gɔː-/ *a. e m.* gotico.

gotta /'gɒtə/ (*USA*) *contraz. di* **got to**.

gotten /'gɒtn/ (*USA*) *p.p. di* **to get**.

gouache /gʊ'ɑːʃ, gwɑːʃ/ (*franc.*) *n.* Ⓤ (*pitt.*) (pittura a) guazzo.

gouge /gaʊdʒ/ *n.* (*falegn.*) sgorbia.

to **gouge** /gaʊdʒ/ *v. t.* (*falegn.*) scavare; scanalare.

♦ **gouge out** *v. t. + avv.* cavare fuori; strappare (*scavando*).

gourd /gʊəd, gɔːd/ *n.* ***1*** frutto delle cucurbitacee (*zucca, cocomero, ecc.*) ***2*** zucca vuota (*usata come recipiente*).

gourmand /'gʊəmənd, *USA* -'mɑːnd/ (*franc.*) *n.* ***1*** ghiottone (-a) ***2*** buongustaio (-a).

gourmet /'gʊəmeɪ, *USA* -'meɪ/ (*franc.*) *n.* buongustaio (-a).

gout /gaʊt/ *n.* Ⓤ (*med.*) gotta.

gouty /'gaʊtɪ/ *a.* (*med.*) gottoso.

to **govern** /'gʌvn/ ***A*** *v. t.* ***1*** governare; amministrare ***2*** regolare; controllare ***3*** (*gramm.*) reggere ***4*** (*mecc.*) regolare; registrare ***B*** *v. i.* governare.

governess /'gʌvənəs/ *n.* governante; istitutrice.

governing /'gʌvənɪŋ/ *a.* al governo; al potere; dirigente: **g. party**, partito al governo; **g. body**, consiglio di amministrazione (*di un ente, un istituto, un ospedale, ecc.*).

government /'gʌvnmənt/ *n.* Ⓤ *e* Ⓒ governo; amministrazione: **form of g.**, forma di governo; **local g.**, amministrazione locale; **military g.**, governo dei militari; regime militare ● **g. control**, controllo governativo □ **g. department**, ministero; dicastero □ **g. expenditure**, spesa pubblica □ **g. loan**, prestito pubblico □ (*fin.*) **G. securities**, titoli di Stato.

governmental /gʌvn'mɛntl/ *a.* governativo; statale; di Stato.

governor /'gʌvənə(r)/ *n.* ***1*** governatore: **g.-general**, governatore generale ***2*** direttore (*di prigione*) ***3*** membro del consiglio di amministrazione (*di un ente, un istituto, un ospedale, ecc.*): **board of governors**, consiglio di amministrazione ***4*** (*mecc.*) regolatore.

governorship /'gʌvənəʃɪp/ *n.* governatorato (*carica*).

gown /gaʊn/ *n.* ***1*** abito lungo (*da donna*): **evening g.**, abito da sera ***2*** toga (*di giudice, avvocato, professore universitario, ecc.*) ***3*** camice (*di chirurgo*).

grab /græb/ *n.* tentativo di afferrare: **to make a g. at st.**, tentare d'afferrare q.c. ● (*fam.*) **to be up for grabs**, essere a disposizione di chi vuole.

to **grab** /græb/ *v. t.* ***1*** afferrare; agguantare; cogliere al volo ***2*** impadronirsi; mettere le mani su ***3*** (*fam. USA*) piacere a; andare a genio a.

♦ **grab at** *v. i. + prep.* tentare di afferrare.

grace /greɪs/ *n.* ***1*** Ⓤ grazia: **to move with g.**, muoversi con grazia ***2*** grazia; garbo; cortesia; bei modi: **social graces**, buone maniere; **She had the g. to admit she was wrong**, ha avuto la buona grazia di ammettere di aver avuto torto; **with** (**a**) **bad g.**, di mala grazia; sgarbatamente; malvolentieri; **with** (**a**) **good g.**, di buona grazia; con garbo; volentieri ***3*** Ⓒ *e* Ⓤ (*relig.*) grazia ***4*** Ⓒ *e* Ⓤ preghiera (*recitata prima o dopo i pasti*); benedicite: **to say g.**, rendere grazie; recitare il benedicite ***5*** Ⓤ (concessione di una) dilazione; proroga ***6*** — (*mitol.*) **the Graces**, le Grazie ● (*mus.*) **g.-note**, abbellimento □ **His** [**Your**] **G.**, Sua [Vostra] Grazia (*titolo dato a un duca, a una duchessa o a un arcivescovo*) □ **to be in sb.'s good graces**, essere nelle grazie di q. □ **to fall from g.**, cadere in disgrazia; ricadere nel male □ **saving g.**, (unica) qualità che salva; unica buona qualità.

to **grace** /greɪs/ *v. t.* ***1*** abbellire; ornare ***2*** onorare.

graceful /'greɪsfl/ *a.* ***1*** grazioso; aggraziato ***2*** gentile; garbato.

gracefulness /ˈgreɪsflnəs/ *n.* Ⓤ *1* grazia; eleganza *2* garbo.
graceless /ˈgreɪsləs/ *a.* *1* sgraziato; goffo *2* sgarbato; indecoroso.
gracious /ˈgreɪʃəs/ *a.* *1* cortese; benevolo *2* agiato; raffinato: **g. living**, vita agiata *3* (*form., di sovrano*) grazioso *4* — **Good g.!**, santo cielo!; perbacco!
graciousness /ˈgreɪʃəsnəs/ *n.* Ⓤ cortesia; benevolenza.
gradation /grəˈdeɪʃn, *USA* greɪ-/ *n.* Ⓒ *e* Ⓤ *1* gradazione *2* (*di colore*) sfumatura.
grade /greɪd/ *n.* *1* grado; categoria; classe; qualità: **top-g. fruit**, frutta di prima qualità *2* (*USA*) classe (*scolastica*); anno (*di corso*): **He's in third g.**, fa la terza *3* (*USA*) voto (*scolastico*) *4* (*USA*) pendenza; inclinazione • (*USA*) **g. crossing**, passaggio a livello □ (*antiq. USA*) **g. school**, scuola elementare □ **to make the g.**, riuscire, farcela (*in una professione, ecc.*).
to **grade** /greɪd/ *v. t.* *1* graduare; classificare *2* (*USA*) dare un voto a; classificare.
gradient /ˈgreɪdɪənt/ *n.* *1* (*GB*) pendenza; inclinazione *2* (*fis., meteor.*) gradiente.
gradual /ˈgrædʒʊəl/ *a.* graduale.
graduand /ˈgrædʒʊənd/ *n.* laureando (-a).
graduate /ˈgrædʒʊət/ *A n.* laureato (-a); (*USA anche*) diplomato (-a) *B a.* — (*USA*) **g. school**, scuola di specializzazione; **g. student**, specializzando. ATTENZIONE: **graduate** ≠ graduato.
to **graduate** /ˈgrædʒʊeɪt/ *A v. i.* laurearsi; (*USA anche*) diplomarsi *B v. t.* *1* conferire la laurea a; (*USA anche*) rilasciare un diploma a *2* graduare, distinguere in gradi *3* (*tecn.*) graduare; segnare i gradi su.
graduated /ˈgrædʒʊeɪtɪd/ *a.* *1* graduato *2* (*fin.*) progressivo: **g. tax**, imposta progressiva.
graduation /grædʒʊˈeɪʃn/ *n.* *1* Ⓤ (conseguimento della) laurea; (*USA anche*) (conseguimento del) diploma (*di scuola secondaria*) *2* Ⓒ *e* Ⓤ graduazione; classificazione *3* grado; segno di divisione.
Graeco-Roman /griːkəʊˈrəʊmən/ *a.* greco-romano.
graffiti /græˈfiːtɪ, grə-/ *n.* Ⓤ (*col verbo al sing. o al pl.*) graffito; graffiti.
graft (1) /grɑːft, *USA* græft/ *n.* *1* (*agric.*) innesto *2* (*chir.*) innesto; trapianto Ⓤ (*fam.*) concussione; corruzione.
graft (2) /grɑːft, *USA* græft/ *n.* Ⓤ (*fam. GB*) lavoraccio; sfacchinata.
to **graft** (1) /grɑːft, *USA* græft/ *A v. t.* *1* (*agric.*) innestare *2* (*chir.*) innestare; trapiantare *3* (*fig.*) aggiungere; appiccicare *B v. i.* praticare la concussione.
to **graft** (2) /grɑːft, *USA* græft/ *v. i.* (*fam.*) faticare; sgobbare; sfacchinare.
grafter /ˈgrɑːftə(r), *USA* ˈgræf-/ *n.* *1* concussionario; persona corrotta *2* (*fam. GB*) stacanovista; sgobbone.
grain /greɪn/ *n.* *1* grano; chicco: **g. of rice**, chicco di riso *2* Ⓤ grano; granaglie; cereali: **g. harvest**, raccolto del grano *3* granello; briciolo: **g. of sand**, granello di sabbia; **a g. of truth**, un granello di verità *4* Ⓤ grana (*del marmo, ecc.*); venatura (*del legno*) *5* (*antiq.*) grano (*la più piccola unità di peso ingl.*) • **against the g.**, di malavoglia; contro la propria inclinazione □ **with a g. of salt**, cum grano salis (*lat.*).
grainy /ˈgreɪnɪ/ *a.* *1* ricco di cereali *2* granuloso *3* (*di legno, ecc.*) venato.
gram /græm/ *n.* grammo.
grammar /ˈgræmə(r)/ *n.* *1* Ⓤ grammatica *2* (*anche* **g. book**) (libro di) grammatica • (*in G.B.*) **g. school**, scuola secondaria a indirizzo umanistico.
grammarian /grəˈmeərɪən/ *n.* grammatico; filologo.
grammatical /grəˈmætɪkl/ *a.* grammaticale.
gramme /græm/ *n.* (*GB*) grammo.
gramophone /ˈgræməfəʊn/ *n.* grammofono.
grampus /ˈgræmpəs/ *n.* *1* (*zool.*) grampo *2* (*zool.*) orca • **to puff** (*o* **to blow**) **like a g.**, soffiare come un mantice.
gran /græn/ *n.* (*fam. GB*) nonna.
granary /ˈgrænərɪ, *USA* ˈgreɪn-/ *n.* granaio • **g. bread**, pane integrale (*con chicchi interi di cereali*).
grand (1) /grænd/ *a.* *1* grandioso; imponente; splendido *2* (*di progetto, ecc.*) grande; ambizioso; grandioso *3* (*di persona, spesso spreg.*) grande; importante; altolocato; eccelso *4* (*fam.*) eccellente; ottimo: **to have a g. time**, divertirsi un mondo *5* complessivo; totale: **g. total**, somma totale • **g. finale**, gran finale □ (*USA*) **g. jury**, gran giurì □ **g. opera**, opera lirica □ **g. piano**, pianoforte a coda □ (*sport, bridge*) **g. slam**, grande slam □ **to do things in a g. style**, fare le cose in grande.
grand (2) /grænd/ *n.* (*mus.*) pianoforte a coda • **baby g.**, pianoforte a mezza coda.
grandchild /ˈgræntʃaɪld/ *n.* (*pl.* **grandchildren** /-tʃɪldrən/) nipote (*di nonni*).
granddad /ˈgrændæd/ *n.* (*fam.*) nonno.
granddaughter /ˈgrændɔːtə(r)/ *n.* nipote (*f.*) (*di nonni*).
grandee /grænˈdiː/ *n.* *1* grande di Spagna *2* personaggio importante.
grandeur /ˈgrændʒə(r)/ (*franc.*) *n.* Ⓤ *1* grandiosità; magnificenza; splendore *2* grandezza; grandiosità • **delusions of g.**, manie di grandezza.
grandfather /ˈgrænfɑːðə(r)/ *n.* *1* nonno *2* antenato; avo • **g. clock**, orologio a pendolo (*a colonna*); pendola.
grandiloquence /grænˈdɪləkwəns/ *n.* Ⓤ magniloquenza.
grandiloquent /grænˈdɪləkwənt/ *a.* magniloquente; ampolloso.
grandiose /ˈgrændɪəʊs/ *a.* (*spreg.*) grandioso.
grandma /ˈgrænmɑː/ *n.* (*fam.*) nonna.
grand mal /ˈgrɒnˈmæl, *USA* -æn-, -ɑːn-/ (*franc.*) *locuz. n.* (*med.*) epilessia generalizzata; grande male.
grandmother /ˈgrænmʌðə(r)/ *n.* *1* nonna *2* antenata; ava.
grand-nephew /ˈgrænnɛfjuː, -vjuː/ *n.* pronipote (*m.*) (*di zii*).
grandness /ˈgrændnəs/ *n.* Ⓤ grandiosità.
grand-niece /ˈgrænniːs/ *n.* pronipote (*f.*) (*di zii*).
grandparent /ˈgrænpɛərənt/ *n.* nonno; nonna: **my grandparents**, i miei nonni.
grand prix /ˈgrɒnˈpriː, *USA* ˈgrɑːn-/ (*pl.* **grands prix**) (*franc.*) *locuz. n.* (*autom.*) gran premio.
grandson /ˈgrænsʌn/ *n.* nipote (*m.*) (*di nonni*).
grandstand /ˈgrænstænd/ *n.* (*sport*) tribuna principale coperta.
grange /greɪndʒ/ *n.* fattoria; cascina.
granite /ˈgrænɪt/ *n.* Ⓤ (*geol.*) granito.
granitic /grəˈnɪtɪk/ *a.* granitico.
grannie, **granny** /ˈgrænɪ/ *n.* (*fam.*) *1* nonna *2* vecchia • **g. flat**, piccolo appartamento annesso a una casa (*per ospitare un parente anziano*).
granola /grəˈnəʊlə/ *n.* (*cucina, USA*) cereali con frutta secca; muesli.
granpa /ˈgrænpɑː/ *n.* (*fam.*) nonno.
grant /grɑːnt, *USA* grænt/ *n.* sussidio; sovvenzione; borsa di studio • **g.-in-aid**, contributo statale.
to **grant** /grɑːnt, *USA* grænt/ *v. t.* *1* accordare; concedere; assegnare: **to g. sb. permission to do st.**, accordare a q. il permesso di fare q.c. *2* riconoscere; concedere: **I g. you, he's not very bright**, non è un'aquila, te lo concedo *3* accogliere; esaudire: **to g. a request**, accogliere una richiesta; **My wish was granted**, il mio desiderio fu esaudito • **Granted, but...**, d'accordo, ma... □ **Granted that...**, ammesso che □ **to take st. for granted**, dare q.c. per scontato □ **to take sb. for granted**, dare per scontata la presenza di q.; non mostrare nessuna gratitudine verso q.
granular /ˈgrænjʊlə(r)/ *a.* granulare; granuloso.
granulated /ˈgrænjʊleɪtɪd/ *a.* in granelli: **g. sugar**, zucchero a grana grossa.
granule /ˈgrænjuːl/ *n.* granulo; granello.
grape /greɪp/ *n.* *1* acino; chicco d'uva: **bunch of grapes**, grappolo d'uva *2* (*al pl.*) uva • **g. harvest**, vendemmia □ (*fam.*) **sour grapes**, invidia.
grapefruit /ˈgreɪpfruːt/ *n.* pompelmo.
grapeshot /ˈgreɪpʃɒt/ *n.* Ⓤ mitraglia.
grapevine /ˈgreɪpvaɪn/ *n.* *1* (*agric.*) vite *2* (*fam.*) passaparola; tam-tam: **I heard it on** (*o* **through**) **the office g.**, l'ho saputo attraverso il tam-tam dell'ufficio.
graph /grɑːf, *USA* græf/ *n.* grafico; diagramma • **g. paper**, carta millimetrata.
graphic /ˈgræfɪk/ *A a.* *1* grafico *2* vivido; molto efficace • **g. design**, grafica; design □ **g. designer**, grafico (-a) □ (*elab.*) **g. display**, visualizzazione grafica *B n.* disegno; illustrazione.
graphics /ˈgræfɪks/ *n. pl.* (*col verbo al sing.*) grafica.
graphite /ˈgræfaɪt/ *n.* Ⓤ grafite.
graphologist /græˈfɒlədʒɪst/ *n.* grafologo (-a).
graphology /græˈfɒlədʒɪ/ *n.* Ⓤ grafologia.
grapnel /ˈgræpnəl/ *n.* (*naut.*) grappino; rampino.
to **grapple** /ˈgræpl/ *v. Solo come:*

♦ **grapple with** *v. i. + prep.* ***1*** lottare con ***2*** essere alle prese con.

grappling /ˈgræplɪŋ/ *a.* — (*naut.*) **g. iron**, grappino; rampino.

grasp /grɑːsp, *USA* græsp/ *n.* ***1*** presa; stretta ***2*** comprensione; portata: **It's beyond my g.**, supera le mie capacità di comprensione; è troppo difficile per me; **concepts within everyone's g.**, concetti alla portata di tutti • **to have st. within one's g.**, avere q.c. a portata di mano □ **a good g. of a subject**, una buona padronanza di una materia □ **to take a g. on oneself**, controllarsi.

to **grasp** /grɑːsp, *USA* græsp/ *v. t.* ***1*** afferrare; impugnare ***2*** capire; afferrare ***3*** cogliere al volo (*una opportunità, ecc.*) • **to g. the nettle**, afferrare il toro per le corna.

♦ **grasp at** *v. i. + prep.* cercare di afferrare.

grasping /ˈgrɑːspɪŋ, *USA* -æs-/ *a.* avido.

grass /grɑːs, *USA* græs/ *n.* ***1*** Ⓤ erba ***2*** Ⓤ prato ***3*** pianta graminacea; erba ***4*** (*pop. GB*) informatore (della polizia) ***5*** (*tennis*) erba; terreno erboso ***6*** Ⓤ (*gergo della droga*) marijuana; erba • **g. roots**, gente comune; (*di un partito*) base □ **g. snake**, biscia □ **g. widow**, vedova bianca □ **to send the cattle to g.**, mandare il bestiame al pascolo □ **not to let the g. grow under one's feet**, non perdere tempo □ (*fam.*) **to put sb. out to g.**, mettere a riposo q.

to **grass** /grɑːs, *USA* græs/ ***A*** *v. t.* ricoprire d'erba ***B*** *v. i.* (*pop. GB*) informare la polizia; fare una soffiata: **to g. on sb.**, fare una soffiata su q.

grasshopper /ˈgrɑːshɒpə(r), *USA* -æs-/ *n.* (*zool.*) cavalletta.

grassland /ˈgrɑslənd, *USA* -æs-/ *n.* Ⓤ prato; prateria.

grassy /ˈgrɑːsɪ, *USA* -æsɪ/ *a.* erboso; ricco d'erba.

grate /greɪt/ *n.* grata, griglia (*del focolare*).

to **grate** /greɪt/ ***A*** *v. t.* grattugiare; grattare ***B*** *v. i.* stridere • **to g. on sb.'s ear**, straziare le orecchie (a q.) □ **to g. on sb.'s nerves**, dare sui nervi a q.

grateful /ˈgreɪtfl/ *a.* grato; riconoscente.

gratefully /ˈgreɪtfəlɪ/ *avv.* con gratitudine; con riconoscenza.

gratefulness /ˈgreɪtflnəs/ *n.* Ⓤ gratitudine; riconoscenza.

grater /ˈgreɪtə(r)/ *n.* grattugia.

gratification /grætɪfɪˈkeɪʃn/ *n.* Ⓤ *e* Ⓒ soddisfazione; gratificazione.

to **gratify** /ˈgrætɪfaɪ/ *v. t.* ***1*** dare soddisfazione; far piacere a; gratificare ***2*** esaudire (*un desiderio*).

gratifying /ˈgrætɪfaɪɪŋ/ *a.* gratificante; di soddisfazione; che fa piacere.

grating (1) /ˈgreɪtɪŋ/ *a.* stridente; stridulo.

grating (2) /ˈgreɪtɪŋ/ *n.* grata; inferriata.

gratis /ˈgrætɪs, -ɑːt-, -eɪt-/ ***A*** *avv.* gratuitamente; gratis ***B*** *a.* gratuito.

gratitude /ˈgrætɪtjuːd, *USA* -tuːd/ *n.* Ⓤ gratitudine; riconoscenza.

gratuitous /grəˈtjuːɪtəs, *USA* -ˈtuː-/ *a.* gratuito; ingiustificato.

gratuity /grəˈtjuːətɪ, *USA* -ˈtuː-/ *n.* ***1*** gratifica; mancia ***2*** (*mil., GB*) indennità di congedo ***3*** (*econ., GB*) indennità di buonuscita; liquidazione.

grave (1) /greɪv/ *n.* tomba; fossa • **g.-digger**, becchino □ **to dig one's own g.**, scavarsi la fossa da soli □ **to make sb. turn in his g.**, far rivoltare q. nella tomba.

grave (2) /grɑːv, greɪv/ *a.* ***1*** grave; serio ***2*** (*fon., di accento*) grave.

gravel /ˈgrævl/ *n.* Ⓤ ghiaia; ghiaietto.

to **gravel** /ˈgrævl/ *v. t.* coprire di ghiaia.

gravelled, (*USA*) **graveled** /ˈgrævld/ *a.* coperto di ghiaia; ghiaioso.

gravelly /ˈgrævəlɪ/ *a.* ***1*** ghiaioso ***2*** (*di voce*) rauco; roco.

graven /ˈgreɪvn/ *a.* (*antiq.*) scolpito: **g. image**, idolo.

gravestone /greɪv/ *n.* pietra tombale; lapide funeraria.

graveyard /ˈgreɪvjɑːd/ *n.* cimitero; camposanto.

to **gravitate** /ˈgrævɪteɪt/ *v. i.* gravitare: **to g. towards**, gravitare verso; essere attratto da.

gravitation /grævɪˈteɪʃn/ *n.* Ⓤ (*fis.*) gravitazione.

gravitational /grævɪˈteɪʃənl/ *a.* (*fis.*) gravitazionale.

gravity /ˈgrævətɪ/ *n.* Ⓤ ***1*** (*fis.*) gravità: **centre of g.**, centro di gravità; **specific g.**, peso specifico ***2*** gravità; serietà.

gravure /grəˈvjʊə(r)/ *n.* Ⓤ *e* Ⓒ fotoincisione • **g. printing**, rotocalco (*il processo*).

gravy /ˈgreɪvɪ/ *n.* Ⓤ intingolo (*a base di sugo di arrosto*) • **g. boat**, salsiera □ (*fam.*) **g. train**, miniera d'oro; cuccagna.

gray /greɪ/ *e deriv.* (*USA*) *V.* **grey** *e deriv.*

graze /greɪz/ *n.* escoriazione; scorticatura; sbucciatura; graffio.

to **graze** (1) /greɪz/ ***A*** *v. i.* pascolare ***B*** *v. t.* far pascolare.

to **graze** (2) /greɪz/ *v. t.* ***1*** escoriare; scorticare; sbucciare ***2*** rasentare; sfiorare.

grazing /ˈgreɪzɪŋ/ *n.* Ⓤ pascolo; pastura • **g. land**, terreno da pascolo.

grease /griːs/ *n.* Ⓤ ***1*** grasso; unto ***2*** grasso; lubrificante ***3*** brillantina • **g. gun**, pistola per ingrassaggio; ingrassatore a pressione.

to **grease** /griːs/ *v. t.* ***1*** (*cucina*) ungere ***2*** (*tecn.*) lubrificare; ingrassare • **to g. sb.'s palm**, ungere q.; corrompere q.

greasepaint /ˈgriːspeɪnt/ *n.* (*teatr.*) cerone.

greaseproof /ˈgriːspruːf/ *a.* oleato: **g. paper**, carta oleata.

greaser /ˈgriːsə(r)/ *n.* ***1*** lubrificatore; ingrassatore ***2*** (*pop. spreg. USA*) messicano; sudamericano.

greasiness /ˈgriːsɪnəs/ *n.* Ⓤ (*anche fig.*) untuosità.

greasy /ˈgriːsɪ/ *a.* ***1*** (*anche fig.*) untuoso ***2*** scivoloso; viscido • **g. pole**, albero della cuccagna □ (*pop.*) **g. spoon**, ristorante di terz'ordine.

great /greɪt/ ***A*** *a.* ***1*** grande: **a g. success**, un grande successo; **g. friends**, grandi amici; **g. writers of the past**, grandi scrittori del passato; **Alexander the G.**, Alessandro il Grande (*o* Magno) ***2*** (*fam.*) eccellente; splendido; magnifico: **a g. idea**, una splendida idea; **to be g. at st.**, essere bravissimo in q.c.; **It's g. to see you again!**, che piacere rivederti!; **That's g.!**, magnifico!; **You look g.!**, stai benissimo!; sei splendido! ***3*** molto attivo (*in q.c.*): **a g. talker**, uno a cui piace parlare; **a g. reader**, un lettore accanito ***4*** (*rafforzativo di un agg.*) — **a g. big spider**, un ragno enorme ***5*** (*nei termini di parentela*) — **g.-aunt**, prozia; **g.-grandchild**, pronipote (*di nonni*); **g.-granddaughter**, pronipote (*f.*) (*di nonni*); **g.-grandfather**, bisnonno; **g.-grandmother**, bisnonna; **g.-grandson**, pronipote (*m.*) (*di nonni*); **g.-g.-grandfather**, trisavolo; **g.-g.-grandmother**, trisavola; **g.-nephew**, pronipote (*m.*) (*di zii*); **g.-niece**, pronipote (*f.*) (*di zii*); **g.-uncle**, prozio • **G. Dane**, (cane) danese; alano □ **the g. majority of people**, la stragrande maggioranza □ **Greater London**, Londra e i sobborghi □ (*mat.*) **the greatest common divisor**, il massimo comun divisore □ (*fam.*) **He's a g. one for putting his foot in it**, è speciale per fare gaffe. ***B*** *n.* (*specialm. pl.*) grande; grosso personaggio.

greatcoat /ˈgreɪtˈkəʊt/ *n.* cappotto pesante (*specialm. militare*).

greatly /ˈgreɪtlɪ/ *avv.* molto; moltissimo.

greatness /ˈgreɪtnəs/ *n.* Ⓤ grandezza.

grebe /griːb/ *n.* (*zool.*) svasso • **little g.**, tuffetto.

Grecian /ˈgriːʃn/ *a.* greco (*classico*): **G. urn**, urna greca.

greed /griːd/, **greediness** /ˈgriːdɪnəs/ *n.* Ⓤ ***1*** avidità; cupidigia ***2*** golosità; gola; ingordigia.

greedy /ˈgriːdɪ/ *a.* ***1*** avido: **g. for st.**, avido di q.c. ***2*** goloso; ingordo.

Greek /griːk/ *a. e n.* greco • (*fam.*) **It's G. to me**, per me è arabo; non ci capisco un'acca.

Green /griːn/ *n.* (*polit.*) verde.

green /griːn/ ***A*** *a.* ***1*** verde: **g. peaches**, pesche acerbe; **g. salad**, insalata verde ***2*** verde; ambientalista; ecologico ***3*** (*di viso*) pallido; livido; verde ***4*** (*fam.*) inesperto; ingenuo ***5*** (*fam.*) geloso; invidioso; verde ***6*** (*lett.*) fresco; vivo: **The memory is still g.**, il ricordo è ancora vivo • **to be g. about the gills**, avere l'aria sbattuta; essere verde (di paura) □ **g. beans**, fagiolini □ **g. belt**, cintura di verde □ **g.-blue**, verdazzurro □ **g. card**, (*autom., GB*) carta verde; (*USA*) permesso di lavoro per stranieri □ **g. fingers** (*USA* **g. thumb**), pollice verde □ **g. light**, verde (*di semaforo*); (*fig.*) autorizzazione, via libera ***B*** *n.* ***1*** verde: **dressed in g.**, vestita di verde ***2*** prato; spiazzo erboso ***3*** (*sport*) campo (*da gioco*); (*golf*) green: **bowling g.**, campo di bocce ***4*** (*al pl.*) verdura; ortaggi.

to **green** /griːn/ ***A*** *v. t.* rendere verde; inverdire ***B*** *v. i.* diventare verde; inverdire.

greenback /ˈgriːnbæk/ *n.* (*fam. USA*) banconota; (*specialm.*) banconota da un dollaro.

greenery /ˈgriːnərɪ/ *n.* Ⓤ fogliame; vegetazione.

greenfinch /ˈgriːnfɪntʃ/ *n.* (*zool.*) verdone.

greenfly /ˈgriːnflaɪ/ *n.* (*zool.*) afide verde.

greengage /ˈgriːngeɪdʒ/ *n.* (*bot.*) susina regina Claudia.
greengrocer /ˈgriːngrəʊsə(r)/ *n.* erbivendolo (-a); fruttivendolo (-a).
greenhorn /ˈgriːnhɔːn/ *n.* (*fam.*) novellino; pivello.
greenhouse /ˈgriːnhaʊs/ *n.* serra • **g. effect**, effetto serra.
greenish /ˈgriːnɪʃ/ *a.* verdastro; verdognolo.
Greenlander /ˈgriːnləndə(r)/ *n.* groenlandese.
greenness /ˈgriːnnəs/ *n.* U *1* verde *2* freschezza; vigore *3* (*fam.*) inesperienza; immaturità.
greenroom /ˈgriːnruːm, -rʊm/ *n.* (*teatr.*) camerino.
greenstuff /ˈgriːnstʌf/ *n.* U verdura; verdure.
to **greet** /griːt/ *v. t.* *1* salutare (*incontrando*) *2* accogliere; dare il benvenuto a; salutare.
greeting /ˈgriːtɪŋ/ *n.* *1* saluto *2* benvenuto; accoglienza *3* (*al pl.*) auguri: **Season's Greetings**, (auguri di) buone feste; **greetings card**, biglietto di auguri.
gregarious /grɪˈgɛərɪəs/ *a.* *1* amante della compagnia; socievole *2* (*zool.*) gregario.
gregariousness /grɪˈgɛərɪəsnəs/ *n.* U *1* socievolezza *2* (*biol.*) gregarismo.
Gregorian /grɪˈgɔːrɪən/ *a.* gregoriano.
gremlin /ˈgrɛmlɪn/ *n.* (*fam.*) *1* spiritello maligno (*ritenuto responsabile di guasti meccanici, ecc.*) *2* (*estens.*) piccolo guasto; problema.
grenade /grəˈneɪd/ *n.* (*mil.*) granata.
grenadier /grɛnəˈdɪə(r)/ *n.* (*mil.*) granatiere.
grew /gruː/ *pass. di* **to grow**.
grey /greɪ/ **A** *a.* *1* (*anche fig.*) grigio: **to go g.**, diventare grigio (*di capelli*), ingrigire *2* (*di viso*) pallido; smorto: **to turn g.**, impallidire • (*fig.*) **g. area**, zona grigia; terreno poco esplorato; questione tutta da chiarire □ (*anat. e fig.*) **g. matter**, materia grigia **B** *n.* (color) grigio.
greyhound /ˈgreɪhaʊnd/ *n.* levriero • (*sport*) **g. racing**, corse dei cani.
greyish /ˈgreɪɪʃ/ *a.* grigiastro.
greyness /ˈgreɪnəs/ *n.* U grigiore.
grid /grɪd/ *n.* *1* grata; inferriata *2* (*GB*) rete elettrica *3* reticolo, reticolato (*di cartina topografica, ecc.*); griglia *4* (*sport, autom.*) griglia di partenza.
griddle /ˈgrɪdl/ *a.* piastra (*per cuocere focacce, ecc.*).
gridiron /ˈgrɪdaɪən, *USA* -aɪ[r]n/ *n.* *1* graticola *2* (*USA*) campo di football americano.
gridlock /ˈgrɪdlɒk/ *n.* (*specialm. USA*) grosso ingorgo di traffico (*specialm. a un incrocio*).
grief /griːf/ *n.* U *e* C dolore; afflizione; angoscia • **g.-stricken**, afflitto; addolorato □ **to come to g.**, finir male □ **Good g.!**, santo cielo!
grievance /ˈgriːvns/ *n.* *1* (motivo di) lagnanza; reclamo *2* risentimento; ruggine: **to nurse a g. against sb.**, nutrire risentimento verso q.
to **grieve** /griːv/ **A** *v. t.* addolorare; affliggere; rattristare **B** *v. i.* addolorarsi; affliggersi; rattristarsi.
grievous /ˈgriːvəs/ *a.* molto grave: **g. losses**, gravi perdite • (*leg.*) **g. bodily harm**, lesioni corporali gravi.
griffin /ˈgrɪfɪn/, **griffon** /ˈgrɪfn/ *n.* (*mitol.*) grifone • (*zool.*) **g.-vulture**, grifone.
grill /grɪl/ *n.* *1* graticola; griglia *2* (*cucina*) grigliata: **mixed g.**, grigliata mista di carne e salsicce.
to **grill** /grɪl/ *v. t. e i.* *1* cuocere ai ferri; arrostire alla griglia *2* (*fam.*) torchiare • **to lie grilling in the sunshine**, starsene sdraiato ad arrostire al sole.
grille /grɪl/ *n.* grata; inferriata.
grilled /grɪld/ *a.* *1* munito di grata; provvisto d'inferriata *2* (*cucina*) ai ferri; alla griglia.
grilling /ˈgrɪlɪŋ/ *n.* (*fam.*) interrogatorio.
grim /grɪm/ *a.* *1* severo; torvo; arcigno; truce *2* cupo; tetro; sinistro *3* (*fam.*) poco piacevole; sgradevole; brutto.
grimace /grɪˈmeɪs, *USA* ˈgrɪməs/ *n.* smorfia.
to **grimace** /grɪˈmeɪs, *USA* ˈgrɪməs/ *v. i.* fare una smorfia; fare smorfie.
grime /graɪm/ *n.* U sporcizia; sudiciume.
grimy /ˈgraɪmɪ/ *a.* sporco; sudicio.
grin /grɪn/ *n.* (largo) sorriso.
to **grin** /grɪn/ *v. i.* sorridere (*mostrando i denti*); fare un largo sorriso • **to g. and bear it**, fare buon viso a cattivo gioco; prenderla con filosofia.
grind /graɪnd/ *n.* *1* (*fam.*) lavoro noioso; barba *2* faticata; sgobbata *3* (*fam. USA*) sgobbone.
to **grind** /graɪnd/ (*pass. e p.p.* **ground**) **A** *v. t.* *1* macinare; tritare *2* stritolare *3* affilare; arrotare *4* levigare; molare; smerigliare *5* digrignare (*i denti*) *6* (*mecc.*) far grattare (*le marce*) *7* far girare (*macine*) **B** *v. i.* *1* (*mecc., di marcia*) grattare *2* stridere: **to g. to a halt**, fermarsi con stridore (di freni, ruote); (*fig.*) rallentare fino a fermarsi.
♦ **grind away** *v. i. + avv.* (*USA*) sgobbare; darci sotto (*specialm. per un esame*).
♦ **grind down** *v. t. + avv.* opprimere.
♦ **grind into** *v. t. + prep.* pigiare e spingere in; far penetrare in.
♦ **grind on** *v. i. + avv.* continuare inesorabilmente.
♦ **grind out** *v. t. + avv.* produrre a getto continuo; sfornare.
♦ **grind up** *v. t. + avv.* ridurre in polvere (*macinando o tritando*).
grinder /ˈgraɪndə(r)/ *n.* *1* macinino: **coffee g.**, macinacaffè *2* affilatore; (*mecc.*) affilatrice: **knife g.**, affilacoltelli; (*persona*) arrotino *3* (*anat.*) (dente) molare *4* macina (*di mulino*).
grinding /ˈgraɪndɪŋ/ *a.* opprimente; logorante.
grindstone /ˈgraɪndstəʊn/ *n.* mola.
grip /grɪp/ *n.* *1* presa; stretta; morsa *2* impugnatura *3* dominio; padronanza: **Get a g. on yourself!**, controllati!; **to lose one's g.**, perdere grinta *4* borsa da viaggio; valigetta *5* (*cinem., TV*) macchinista • **to come to grips with st.**, venire alle prese con q.c.; affrontare q.c.
to **grip** /grɪp/ *v. t.* *1* afferrare; stringere; impugnare; far presa: (*autom.*) **to g. the road**, tenere bene la strada *2* avvincere; tenere avvinto: **to g. the attention of one's audience**, tenere avvinta l'attenzione del pubblico; **to be gripped by panic**, essere preso dal panico.
gripe /graɪp/ *n.* *1* (*fam.*) lamentela *2* (*al pl.*) — **the gripes**, mal di pancia; colica.
to **gripe** /graɪp/ *v. i.* (*fam.*) brontolare; mugugnare.
gripping /ˈgrɪpɪŋ/ *a.* (*di racconto, ecc.*) appassionante; avvincente.
grisly /ˈgrɪzlɪ/ *a.* raccapricciante; orribile; macabro.
grist /grɪst/ *n.* U cereale da macinare • (**all**) **g. to sb.'s mill**, tutte cose che tornano utili a q. (*o* che servono allo scopo di q.); tutto grasso che cola (*fam.*).
gristle /ˈgrɪsl/ *n.* U cartilagine.
gristly /ˈgrɪslɪ/ *a.* cartilaginoso.
grit /grɪt/ *n.* U *1* tritume di pietra; graniglia *2* forza di carattere; coraggio; grinta.
to **grit** /grɪt/ *v. t.* *1* coprire di tritume di pietra *2* — **to g. one's teeth**, stringere i denti (*fig.*).
grits /grɪts/ *n. pl.* (*USA*) farina di granturco macinata grossa.
gritty /ˈgrɪtɪ/ *a.* *1* ghiaioso; sabbioso *2* coraggioso; grintoso.
to **grizzle** /ˈgrɪzl/ *v. i.* (*fam.*) (*GB*) frignare; piagnucolare.
grizzled /ˈgrɪzld/ *a.* brizzolato.
grizzly (**bear**) /ˈgrɪzlɪ (ˈbɛə(r))/ *n.* (*zool.*) orso grigio (*del Nord America*); grizzly.
groan /grəʊn/ *n.* *1* gemito *2* mormorio (*di disapprovazione, fastidio, ecc.*) *3* scricchiolio; cigolio.
to **groan** /grəʊn/ **A** *v. i.* *1* gemere *2* scricchiolare **B** *v. t.* dire con voce lamentosa.
grocer /ˈgrəʊsə(r)/ *n.* droghiere.
grocery /ˈgrəʊsərɪ/ *n.* *1* (*al pl.*) generi di drogheria *2* drogheria.
grog /grɒg, *USA* grɔːg/ *n.* U grog.
groggy /ˈgrɒgɪ, *USA* -ɔːgɪ/ *a.* stordito; intontito; barcollante.
groin /grɔɪn/ *n.* (*anat.*) inguine.
groom /gruːm, -ʊm/ *n.* *1* stalliere; palafreniere *2* sposo.
to **groom** /gruːm, -ʊm/ *v. t.* *1* governare, strigliare (*un cavallo*) *2* (*di animale*) pulire (*il mantello, le penne, ecc.*) *3* preparare, addestrare (*per una carriera, ecc.*) • (*di persona*) **well-groomed**, curato nell'aspetto; ben curato.
groove /gruːv/ *n.* *1* scanalatura; incavo; solco (*anche di disco*) *2* routine; trantan: **to get into a g.**, restare preso in un trantran; fossilizzarsi.
groovy /ˈgruːvɪ/ *a.* (*pop. antiq.*) all'ultima moda; favoloso; fortissimo.
grope /grəʊp/ *n.* (*fam.*) palpata.
to **grope** /grəʊp/ **A** *v. i.* andare a tentoni (*o* tastoni); brancolare • **to g. for st.**, cercare a tastoni q.c.; frugare alla ricerca di q.c. □ **to g. for a word**, cercare disperatamente una parola **B** *v. t.* *1* cercare a tastoni: **to g. one's way**, cercare la strada a tastoni *2* (*fam.*) palpare (*una donna*); allungare le mani.
gross (1) /grəʊs/ *n.* (*pl. invar.*) dodici dozzine; grossa.
gross (2) /grəʊs/ **A** *a.* *1* (*comm.*) lordo: **g. profit**(**s**), utile

lordo; **g. domestic product**, prodotto interno lordo *2* grave; enorme: **g. negligence**, negligenza grave; **g. mistakes**, errori enormi (*o* grossolani) *3* grossolano; rozzo; volgare *4* grasso; obeso *5* (*pop. USA*) disgustoso; schifoso *B* *n.* totale lordo. ATTENZIONE: **gross ≠ grosso**.

to **gross** (1) /grəʊs/ *v. t.* *1* (*comm.*) avere un incasso lordo di *2* guadagnare al lordo.

to **gross** (2) /grəʊs/ *v. Solo come:*

♦ **gross out** *v. t. + avv.* (*pop. USA*) dare il voltastomaco a.

grossness /ˈgrəʊsnəs/ *n.* U *1* grossolanità; volgarità *2* enormità.

grot /grɒt/ *n.* U (*pop. GB*) sudiciume; lerciume.

grotesque /grəʊˈtɛsk/ *A* *a.* grottesco *B* *n.* (*arte*) grottesco.

grotesqueness /grəʊˈtɛsknəs/ *n.* U (l'essere) grottesco; assurdità.

grotto /ˈgrɒtəʊ/ *n.* (*pl.* **grottoes, grottos**) grotta (*artificiale o pittoresca*).

grotty /ˈgrɒtɪ/ *a.* (*pop. GB*) brutto; orrendo; schifoso.

grouch /graʊtʃ/ *n.* (*fam.*) *1* lamentela; mugugno: **He's always got a g.**, ha sempre da brontolare *2* brontolone (-a).

to **grouch** /graʊtʃ/ *v. i.* (*fam.*) brontolare; mugugnare.

grouchy /ˈgraʊtʃɪ/ *a.* (*fam.*) brontolone.

ground (1) /graʊnd/ *A* *pass. e p.p. di* **to grind** *B* *a.* *1* macinato; in polvere *2* (*mecc.*) molato; smerigliato: **g. glass**, vetro smerigliato.

ground (2) /graʊnd/ *A* *n.* *1* U terra; suolo; terreno: **to fall to the g.**, cadere a terra; **to get off the g.**, alzarsi da terra; **below g.**, sotto terra; **above g.**, in superficie; **The g. was wet**, il terreno era bagnato; **to gain [to lose] g.**, guadagnare [perdere] terreno; **on dangerous g.**, su un terreno minato (*fig.*); **common g.**, terreno di intesa *2* campo (*di gioco, ecc.*): **football g.**, campo di calcio *3* U fondo (*del mare e sim.*): **to touch g.**, toccare il fondo *4* (*al pl.*) parco che circonda una casa *5* territorio; zona: **fishing grounds**, zone di pesca *6* fondamento; motivo; ragione: **There is no g. for anxiety**, non c'è motivo di preoccuparsi; (*leg.*) **grounds for divorce**, motivi per concedere il divorzio; **on medical grounds**, per motivi di salute; **on the grounds that**, adducendo come motivo che *7* campo; fondo; sfondo: **blue diamonds on a red g.**, rombi azzurri su fondo rosso *8* (*elettr., USA*) terra *9* (*al pl.*) fondi (*di caffè, ecc.*) • **to break fresh g.**, essere un pioniere □ **breeding g.**, terreno fertile (*fig.*) □ **to cover a lot of g.**, percorrere molta strada; (*fig.*) trattare molti argomenti □ **to cut the g. from under sb.'s feet**, far mancare il terreno sotto i piedi a q. □ (*fig.*) **forbidden g.**, argomento tabù □ **to hold** (*o* **to keep**) **one's g.**, restare sulle proprie posizioni; non cedere □ **to shift one's g.**, mutare la propria posizione; cambiare le carte in tavola □ **It suits me down to the g.**, mi va benissimo; perfetto!; mi torna a puntino *B* *a. attr.* — (*USA*) **g. cloth**, telone impermeabile (*da stendere in terra*) □ (*miss.*) **g. control**, base di controllo □ (*GB*) **g. floor**, pianterreno □ **g. level**, piano terra; livello del suolo □ **g. plan**, schema di base □ **g. rules**, norme fondamentali; (*fam.*) regole del gioco □ (*aeron.*) **g. speed**, velocità rispetto al suolo □ **g. staff** (*o* **crew**), personale di terra (*di aeroporto*) □ (*miss.*) **g.-to-air**, terra-aria □ (*elettr.*) **g. wire**, filo di terra.

to **ground** /graʊnd/ *A* *v. t.* *1* (*naut.*) fare arenare; mandare a incagliare *2* (*aeron.*) tenere a terra *3* basare; fondare *4* (*elettr., USA*) mettere a terra *B* *v. i.* (*naut.*) arenarsi; incagliarsi.

♦ **ground in** *v. t. + prep.* istruire (q.) nei primi elementi di; dare (a q.) le basi in.

grounding /ˈgraʊndɪŋ/ *n.* U *1* preparazione di base; basi: **to get a g. in st.**, farsi le basi in q.c. *2* (*elettr., USA*) messa a terra.

groundless /ˈgraʊndləs/ *a.* infondato; ingiustificato.

groundnut /ˈgraʊndnʌt/ *n.* arachide; nocciolina americana.

groundsheet /ˈgraʊndʃiːt/ *n.* telone impermeabile (*da stendere in terra*).

groundsman /ˈgraʊndzmən/ *n.* custode di campo da gioco.

groundswell /ˈgraʊndswɛl/ *n.* *1* (*naut.*) onda di fondo; mare vecchio *2* (*fig.*) ondata; movimento d'opinione.

groundwork /ˈgraʊndwɜːk/ *n.* U basi; fondamenti.

group /gruːp/ *n.* *1* gruppo *2* (*mus.*) gruppo; complesso • (*aeron. mil., GB*) **g. captain**, comandante di gruppo □ (*med.*) **g. practice**, poliambulatorio □ (*psic.*) **g. therapy**, terapia di gruppo.

to **group** /gruːp/ *A* *v. t.* raggruppare; radunare *B* *v. i.* raggrupparsi; radunarsi.

groupie /ˈgruːpɪ/ *n.* (*pop.*) ragazza che segue un cantante o un complesso nei suoi spostamenti.

grouping /ˈgruːpɪŋ/ *n.* raggruppamento.

grouse (1) /graʊs/ *n.* (*pl. invar.*) (*zool.*) gallo delle praterie; tetraone • **black g.**, fagiano di monte.

grouse (2) /graʊs/ *n.* (*fam.*) lamentela; mugugno.

to **grouse** /graʊs/ *v. i.* (*fam.*) brontolare; mugugnare.

grove /grəʊv/ *n.* (*lett.*) boschetto.

to **grovel** /ˈgrɒvl/ *v. i.* *1* strisciare per terra (*per paura, ecc.*) *2* (*fig.*) strisciare; umiliarsi.

groveller /ˈgrɒvələ(r)/ *n.* persona strisciante; verme; leccapiedi.

grovelling /ˈgrɒvlɪŋ/ *a.* strisciante; abietto; vile.

to **grow** /grəʊ/ (*pass.* **grew**, *p.p.* **grown**) *A* *v. i.* *1* crescere; aumentare: **to let one's hair g.**, farsi crescere i capelli *2* diventare (*per gradi*); divenire; farsi: **to g. rich**, diventare ricco; arricchire; **to g. louder**, diventare più forte; aumentare di volume; **to g. less**, calare; diminuire; **It's growing late**, si sta facendo tardi *3* cominciare a poco a poco: **I grew to like her**, a poco a poco cominciai a trovarla simpatica *B* *v. t.* *1* far crescere; coltivare: **to g. a beard**, farsi crescere la barba; **to g. roses**, coltivare rose *2* (*bot.*) mettere (*radici, ecc.*).

♦ **grow apart** *v. i. + avv.* (*di persone*) allontanarsi; estraniarsi.

♦ **grow away from** *v. i. + avv. e prep.* estraniarsi da.

♦ **grow back** *v. i. + avv.* (*di capelli, pianta, ecc.*) ricrescere; rispuntare.

♦ **grow into** *v. i. + prep.* trasformarsi in; diventare: **She's grown into a beautiful woman**, è diventata una gran bella donna.

♦ **grow on** *v. i. + prep.* venire a piacere a: **I found it dull at first, but it's grown on me**, all'inizio lo trovavo barboso ma a poco a poco è venuto a piacermi.

♦ **grow out of** *v. i. + avv. e prep.* perdere (*un'abitudine, con l'età*); diventare troppo grande per (*i vestiti*): **He's grown out of his coat**, il cappotto gli è passato di misura.

♦ **grow up** *v. i. + avv.* *1* crescere; farsi grande; diventare adulto: **G. up!**, non fare il bambino! *2* (*di piante*) spuntare *3* (*di abitudini, usi, ecc.*) prendere piede; diffondersi.

grower /ˈgrəʊə(r)/ *n.* coltivatore (-trice) • **wine g.**, viticoltore (-trice).

growing /ˈgrəʊɪŋ/ *A* *a.* crescente *B* *n.* *1* coltivazione *2* crescita: **g. pains**, problemi di crescita; (*fig.*) difficoltà iniziali.

growl /graʊl/ *n.* ringhio; brontolio.

to **growl** /graʊl/ *v. i.* ringhiare; brontolare.

growler /ˈgraʊlə(r)/ *n.* brontolone (-a).

grown /grəʊn/ *A* *p.p. di* **to grow** *B* *a.* adulto; maturo: **g. man**, uomo fatto; adulto.

grown-up /ˈgrəʊˈʌp/ *a. e n.* adulto.

growth /grəʊθ/ *n.* *1* U crescita; aumento *2* sviluppo: **full g.**, pieno sviluppo *3* (*med.*) escrescenza *4* (*med.*) tumore • **a four-days' g. of beard**, una barba di quattro giorni.

groyne /grɔɪn/ *n.* frangiflutti.

grub /grʌb/ *n.* *1* (*zool.*) larva di insetto; bruco; verme *2* U (*fam.*) roba da mangiare; pappatoria (*fam.*): **G.'s up!**, si mangia!; a tavola!

to **grub** /grʌb/ *A* *v. i.* (*anche* **to g. about**) scavare; rovistare; (*di maiale*) grufolare *B* *v. t.* (*anche* **to g. up**) estirpare; sradicare.

grubby /ˈgrʌbɪ/ *a.* sporco.

grudge /grʌdʒ/ *n.* rancore; risentimento; malanimo; ruggine: **to bear sb. a g.**, serbare rancore verso q.; **to have a g. against sb.**, covare un risentimento contro q.; avercela con q.

to **grudge** /grʌdʒ/ *v. t.* *1* invidiare *2* dare di malavoglia; lesinare: **He grudges her the housekeeping money**, le lesina i soldi per la casa; **to g. doing st.**, fare q.c. malvolentieri.

grudging /ˈgrʌdʒɪŋ/ *a.* *1* invidioso *2* riluttante (*a dare q.c.*); avaro: **g. in one's praise**, avaro di lodi *3* dato di malavoglia; riluttante; **g. consent**, riluttante consenso.

grudgingly /ˈgrʌdʒɪŋlɪ/ *avv.* di malavoglia; a malincuore.

gruel /ˈgruːəl/ *n.* U pappa d'avena.

gruelling, (*USA*) **grueling** /ˈgruːəlɪŋ/ *a.* faticoso; snervante; estenuante.

gruesome /ˈgruːsəm/ *a.* orribile; raccapricciante; macabro.

gruff /grʌf/ *a.* *1* arcigno; burbero *2* (*di voce, suono, ecc.*) aspro; rauco; roco.

gruffness /ˈgrʌfnəs/ *n.* U *1* scontrosità; maniere ruvide *2*

(*di voce*) asprezza.
grumble /'grʌmbl/ *n.* *1* lagnanza; lamentela *2* brontolio.
to **grumble** /'grʌmbl/ *v. i.* *1* brontolare; borbottare; lagnarsi: **to g. at** (*o* **over, about**) **st.**, lagnarsi di q.c. *2* rumoreggiare; brontolare.
grumbler /'grʌmblə(r)/ *n.* brontolone (-a).
grumbling /'grʌmblɪŋ/ *a.* (*med., fam., di appendice*) infiammata.
grumpiness /'grʌmpɪnəs/ *n.* ▣ irritabilità; scontrosità.
grumpy /'grʌmpɪ/ *a.* irritabile; scontroso.
grunt /grʌnt/ *n.* grugnito.
to **grunt** /grʌnt/ *A* *v. i.* grugnire *B* *v. t.* borbottare.
Gruyère /'gru:jeə(r), -jə(r), *USA* -'jeə(r), grɪ-/ (*franc.*) *n.* ▣ groviera.
gryphon /'grɪfn/ *n.* (*mitol.*) grifone.
guano /'gwɑ:nəʊ/ *n.* ▣ guano.
guarantee /gærən'ti:/ *n.* *1* (*comm.*) garanzia: **under g.**, in garanzia *2* (*leg.*) avallo; fideiussione *3* (*leg.*) garante; avallante; fideiussore *4* garanzia; assicurazione; promessa.
to **guarantee** /gærən'ti:/ *v. t.* *1* (*comm.*) garantire *2* (*leg.*) farsi garante; avallare *3* garantire; assicurare; promettere.
guarantor /gærən'tɔ:(r), *USA* 'gærəntɔ:(r)/ *n.* (*leg.*) garante; avallante.
guard /gɑ:d/ *n.* *1* ▣ guardia; custodia; vigilanza: **to be on g.**, essere di guardia; **to be on one's g. against sb.** [**st.**], stare in guardia contro q. [q.c.]; **to mount g.**, montare la guardia *2* guardia; guardiano; custode *3* ▣ scorta: **under armed g.**, sotto scorta armata *4* (*ferr.*) capotreno *5* (*boxe*) posizione di guardia • **to be caught off one's g.**, essere preso alla sprovvista □ (*mil.*) **Horse Guards**, Guardie a cavallo.
to **guard** /gɑ:d/ *v. t.* fare la guardia a; custodire; sorvegliare; salvaguardare • **to g. one's tongue**, tenere a freno la lingua.
♦ **guard against** *v. i. + prep.* guardarsi da (q.c.); mettersi in guardia contro q.c.; evitare di (fare q.c.).
guarded /'gɑ:dɪd/ *a.* guardingo; cauto; prudente.
guardhouse /'gɑ:dhaʊs/ *n.* (*mil.*) guardina.
guardian /'gɑ:dɪən/ *A* *n.* *1* custode *2* (*leg.*) tutore (-trice) *B* *a. attr.* custode: (*anche fig.*) **g. angel**, angelo custode. ATTENZIONE: **guardian** ≠ guardiano.
guardianship /'gɑ:dɪənʃɪp/ *n.* ▣ (*leg.*) tutela.
guardrail /'gɑ:dreɪl/ *n.* *1* (*autom.*) guardrail; barriera di protezione *2* (*ferr.*) controrotaia *3* (*naut.*) battagliola *4* (*edil.*) corrimano.
guardroom /'gɑ:dru:m, -rʊm/ *n.* *1* corpo di guardia (*locale*) *2* *V.* **guardhouse**.
guardsman /'gɑ:dzmən/ *n.* (*pl.* **guardsmen** /-mən/) (*in G.B.*) soldato delle Guardie Reali.
Guatemalan /gwɑ:tə'mɑ:lən, gwæ-, gwʌ-/ *a. e n.* guatemalteco.
gubernatorial /gu:bənə'tɔ:rɪəl/ *a.* governatoriale; di governatore (*o* governatorato): **g. election**, elezione d'un governatore.
guer(r)illa /gə'rɪlə/ *n.* guerrigliero • **g. warfare**, guerriglia □ **g. tactics**, tattiche di guerriglia.
guess /ges/ *n.* congettura; supposizione: **to make a wild g.**, tirare a indovinare; **to have** (*o* **to take**) **a g.**, provare a indovinare; **to make a good g.**, azzeccare giusto; cogliere nel segno • **at a g.**, a occhio e croce □ **It's anybody's g.**, chi lo sa? □ **Your g. is as good as mine**, ne so quanto te.
to **guess** /ges/ *v. t. e i.* *1* dire approssimativamente; (provare a) indovinare: **You'll never g. what I saw!**, non indovinerai mai quello che ho visto!; **to g. at sb.'s age**, provare a indovinare l'età di q.; **G. what!**, indovina un po'!; pensa un po'; **to g. right**, indovinare; **to g. wrong**, non indovinare; sbagliare (*facendo una congettura*) *2* indovinare: **I guessed as much**, l'avevo indovinato *3* (*fam. USA*) immaginare; supporre: **I g. you know already**, immagino che lo saprai già; **I g. I'd better go now**, be', è meglio che vada ora • **to keep sb. guessing**, tenere q. sulla corda (*o* nel dubbio).
guessing game /'gesɪŋ geɪm/ *locuz. n.* quiz.
guesstimate /'gestɪmət/ *n.* (*fam.*) stima approssimata.
guesswork /'geswɜ:k/ *n.* ▣ congettura; supposizione • **by pure g.**, andando a lume di naso; tirando a indovinare.
guest /gest/ *n.* *1* ospite; invitato (-a) *2* cliente, ospite (*di albergo*); pensionante • **g. worker**, lavoratore straniero □ (*TV*) **g. star**, ospite d'onore □ **paying g.**, pensionante □ (*USA*) **Be my g.!**, fa' pure!; prego!
guesthouse /'gesthaʊs/ *n.* (casa privata adibita a) pensione.
guestroom /'gestrʊm, -ru:m/ *n.* camera degli ospiti.
guff /gʌf/ *n.* (*fam.*) scemenze.
guffaw /gə'fɔ:/ *n.* risata fragorosa; sghignazzata.
to **guffaw** /gə'fɔ:/ *v. i.* ridere fragorosamente; sghignazzare.
guidance /'gaɪdns/ *n.* ▣ *1* guida; consigli *2* (*miss.*) guida; controllo • **for your g.**, a titolo informativo.
guide /gaɪd/ *n.* *1* guida *2* (*anche* **g. book**) guida (*libro*) *3* (*anche* **girl g.**) giovane esploratrice; guida • **g. dog**, cane guida.
to **guide** /gaɪd/ *v. t.* guidare; dirigere: **to be guided by common sense**, lasciarsi guidare dal buonsenso.
guided /'gaɪdɪd/ *a.* guidato: **g. tour**, visita guidata; (*mil.*) **g. missile**, missile teleguidato.
guidelines /'gaɪdlaɪnz/ *n. pl.* direttive; istruzioni.
guild /gɪld/ *n.* *1* (*stor.*) corporazione (d'arti e mestieri); gilda *2* associazione (*di mutua assistenza, ecc.*).
guilder /'gɪldə(r)/ *n.* fiorino olandese.
guildhall /'gɪldhɔ:l/ *n.* *1* palazzo delle corporazioni *2* palazzo municipale.
guile /gaɪl/ *n.* ▣ astuzia.
guileless /'gaɪlləs/ *a.* *1* ingenuo; semplice *2* schietto.
guillemot /'gɪlɪmɒt/ *n.* (*zool.*) uria.
guillotine /'gɪləti:n/ *n.* *1* ghigliottina *2* taglierina (*per carta*) *3* (*polit.*) procedura parlamentare che limita i tempi di discussione di un disegno di legge.
to **guillotine** /'gɪləti:n/ *v. t.* ghigliottinare.
guilt /gɪlt/ *n.* ▣ *1* colpa; colpevolezza *2* senso di colpa • **feelings of g.**, senso di colpa.
guiltiness /'gɪltɪnəs/ *n.* ▣ colpevolezza.
guiltless /'gɪltləs/ *a.* senza colpa; innocente.
guilty /'gɪltɪ/ *a.* colpevole; reo: (*leg.*) **to plead g.** [**not g.**], dichiararsi colpevole [innocente] • **to have a g. conscience**, avere la coscienza sporca □ (*leg.*) **verdict of not g.**, verdetto di non colpevolezza.
guinea /'gɪnɪ/ *n.* ghinea (*nel vecchio sistema monetario britannico moneta di conto pari a 21 scellini*).
guinea fowl /'gɪnɪ faʊl/ *locuz. n.* (*zool.*) faraona.
guinea hen /'gɪnɪ hen/ *n.* (*zool.*) faraona (*la femmina*).
guinea pig /'gɪnɪ pɪg/ *locuz. n.* (*zool.*) cavia (*anche fig.*); porcellino d'India.
guise /gaɪz/ *n.* aspetto esteriore; apparenza; vesti; maschera: **under** (*o* **in**) **the g. of friendship**, sotto la maschera dell'amicizia.
guitar /gɪ'tɑ:(r)/ *n.* chitarra.
guitarist /gɪ'tɑ:rɪst/ *n.* chitarrista.
gulch /gʌltʃ/ *n.* (*USA*) gola; burrone.
gulf /gʌlf/ *n.* *1* golfo *2* abisso (*anche fig.*).
gull /gʌl/ *n.* (*zool.*) gabbiano.
gullet /'gʌlət/ *n.* (*fam.*) gola; gargarozzo.
gullibility /gʌlə'bɪlətɪ/ *n.* ▣ credulità; dabbenaggine.
gullible /'gʌləbl/ *a.* credulone; sempliciotto.
gully /'gʌlɪ/ *n.* *1* burrone; gola *2* canale; condotto di scolo.
gulp /gʌlp/ *n.* boccata; sorso; boccone: **at one g.**, in un sorso; d'un fiato.
to **gulp** /gʌlp/ *A* *v. t.* (*anche* **to g. down**) inghiottire; trangugiare *B* *v. i.* restare senza fiato; trattenere il fiato.
♦ **gulp back** *v. t. + avv.* reprimere; inghiottire: **to g. back one's tears**, inghiottire le lacrime.
gum (1) /gʌm/ *n.* (*anat.*) gengiva.
gum (2) /gʌm/ *n.* *1* ▣ gomma; resina *2* colla *3* *V.* **gumdrop** *4* gomma da masticare *5* (*anche* **g. tree**) albero della gomma; (*Austr.*) eucalipto *6* ▣ cispa • **gum arabic**, gomma arabica □ (*fam. GB*) **up a gum tree**, nei guai; nelle peste.
to **gum** /gʌm/ *v. t.* incollare.
♦ **gum up** *v. t. + avv.* (*fam.*) inceppare; incasinare (*pop.*): **to gum up the works**, incasinare tutto.
gumboil /'gʌmbɔɪl/ *n.* (*med.*) ascesso gengivale.
gumboot /'gʌmbu:t/ *n.* (*GB*) stivale di gomma.
gumdrop /'gʌmdrɒp/ *n.* caramella gommosa.
gummy /'gʌmɪ/ *a.* *1* gommoso; appiccicaticcio *2* sdentato.
gumption /'gʌmpʃn/ *n.* ▣ (*fam.*) *1* buon senso; senso pratico *2* spirito d'iniziativa; intraprendenza.
gumshiled /'gʌmʃi:ld/ *n.* (*sport*) paradenti.
gumshoe /'gʌmʃu:/ *n.* (*pop. USA*) investigatore privato.
gun /gʌn/ *n.* *1* arma da fuoco; pistola; rivoltella; fucile; cannone: **to carry a gun**, portare la pistola; essere armato *2* (*tecn.*) pistola *3* (*fam. USA*) sicario • **gun barrel**, canna di fucile □ **gun carriage**, affusto di cannone □ **gun fodder**, car-

ne da cannone □ **gun licence**, porto d'armi □ (*fam.*) **to go great guns**, avere successo; andare fortissimo; trionfare □ **big guns**, (*mil.*) artiglieria pesante; (*fig.*) pezzi grossi, persone importanti □ **to jump the gun**, anticipare i tempi; agire prematuramente □ (*fig.*) **to stick to one's guns**, tenere duro.

to **gun** /gʌn/ *v. Solo come*:

♦ **gun down** *v. t. + avv.* (*fam.*) abbattere a fucilate.

♦ **gun for** *v. i. + prep.* (*solo nella forma progress.*) prendere di mira; avercela a morte con; averla giurata a.

gunboat /ˈgʌnbəʊt/ *n.* (*naut.*) cannoniera.

gundog /ˈgʌndɒg/ *n.* cane da caccia; cane da penna.

gunfight /ˈgʌnfaɪt/ *n.* (*USA*) sparatoria; scontro a fuoco.

gunfighter /ˈgʌnfaɪtə(r)/ *n.* (*USA*) pistolero.

gunfire /ˈgʌnfaɪə(r)/ *n.* U *1* (rumore di) spari *2* sparatoria *3* cannoneggiamento.

gunge /gʌndʒ/ *n.* U (*GB*) sostanza sporca e appiccicosa; schifezza.

gung-ho /ˈgʌŋˈhəʊ/ *a.* (*fam.*) aggressivo; fanaticamente entusiasta.

gunk /gʌŋk/ *n.* U (*USA*) sostanza sporca e appiccicosa; schifezza.

gunman /ˈgʌnmən/ *n.* (*pl.* **gunmen** /-mən/) (*fam.*) bandito; gangster.

gunmetal /ˈgʌnmetl/ *n.* U lega di rame, zinco e alluminio • **g. grey**, (color) grigio piombo.

gunner /ˈgʌnə(r)/ *n.* *1* (*mil.*) artigliere *2* (*naut.*) capo cannoniere.

gunnery /ˈgʌnərɪ/ *n.* U (*mil.*) artiglieria.

gunpoint /ˈgʌnpɔɪnt/ *n.* — **at g.**, sotto tiro; sotto la minaccia di un'arma da fuoco.

gunpowder /ˈgʌnpaʊdə(r)/ *n.* U polvere da sparo.

gunroom /ˈgʌnrʊm -ruːm/ *n.* *1* (*naut.*) quadrato subalterni *2* sala delle armi.

gunrunner /ˈgʌnrʌnə(r)/ *n.* contrabbandiere d'armi.

gunrunning /ˈgʌnrʌnɪŋ/ *n.* contrabbando d'armi.

gunshot /ˈgʌnʃɒt/ *n.* *1* colpo d'arma da fuoco; sparo *2* pallottole: **g. wound**, ferita di arma da fuoco *3* U portata, tiro (*d'arma da fuoco*): **out of [within] g.**, fuori [a] tiro.

gunsmith /ˈgʌnsmɪθ/ *n.* armaiolo.

gunwale /ˈgʌnl/ *n.* (*naut.*) falchetta.

gurgle /ˈgɜːgl/ *n.* U *e* C gorgoglio.

to **gurgle** /ˈgɜːgl/ *v. i.* gorgogliare.

guru /ˈgʊruː, gʊˈruː/ *n.* guru.

gush /gʌʃ/ *n.* *1* fiotto; getto; zampillo *2* ondata (*di emozione*); torrente (*di parole, ecc.*) *3* U effusioni; sentimentalismo.

to **gush** /gʌʃ/ *v. i.* *1* sgorgare; scaturire; zampillare *2* effondersi smodatamente; eccedere in effusioni.

gusher /ˈgʌʃə(r)/ *n.* (*fam.*) pozzo di petrolio a eruzione spontanea.

gushing /ˈgʌʃɪŋ/ *a.* *1* sgorgante; zampillante *2* esageratamente entusiastico; esagerato.

gushy /ˈgʌʃɪ/ *a.* esageratamente entusiasta; pieno di effusioni.

gusset /ˈgʌsɪt/ *n.* (*sartoria*) rinforzo; gherone.

gust /gʌst/ *n.* *1* folata, raffica (*di vento, pioggia*) *2* accesso, scoppio (*di emozione*).

gusto /ˈgʌstəʊ/ *n.* U gusto; piacere; entusiasmo.

gusty /ˈgʌstɪ/ *a.* (*di vento*) a raffiche; (*di giornata*) ventoso.

gut /gʌt/ ***A*** *n.* *1* (*anat.*) intestino *2* U budello, minugia; (*chir.*) catgut *3* (*al pl.*) (*fam.*) budella; intestino; (*di animale*) interiora *4* (*al pl.*) coraggio; fegato: **a man with plenty of guts**, un uomo di fegato *5* (*al pl.*) parti interne (*di macchina*); interno • **to hate sb.'s guts**, odiare q. ***B*** *a. attr.* istintivo; viscerale: **gut feeling [reaction]**, sensazione [reazione] istintiva.

to **gut** /gʌt/ *v. t.* *1* (*cucina*) sventrare; pulire *2* sventrare (*un edificio*).

gutless /ˈgʌtləs/ *a.* (*fam.*) pauroso; vigliacco.

gutsy /ˈgʌtsɪ/ *a.* (*fam.*) coraggioso; pieno di fegato.

gutted /ˈgʌtɪd/ *a. pred.* (*fam.*) *1* (*di edificio*) sventrato *2* (*di persona*) sconvolto; distrutto.

gutter /ˈgʌtə(r)/ *n.* *1* grondaia *2* cunetta; scolo *3* (*fig.*) strada; marciapiede: **to take a child out of the g.**, togliere un ragazzo dalla strada • **g. press**, stampa scandalistica.

to **gutter** /ˈgʌtə(r)/ *v. i.* (*di candela*) colare; sgocciolare.

guttersnipe /ˈgʌtəsnaɪp/ *n.* monello; scugnizzo.

guttural /ˈgʌtərəl/ *a.* gutturale.

guv /gʌv/, **guvnor** /ˈgʌvnə(r)/ *n.* (*pop. GB*) *1* padrone; capo; principale *2* (*al vocat.*) signore.

guy (1) /gaɪ/ *n.* cavo (*o* catena) di ritegno; tirante.

guy (2) /gaɪ/ *n.* *1* (*fam. USA*) uomo; individuo; tipo *2* (*al pl.*) (*fam. USA*) — **Hey, you guys**, ehi, voi, gente (*rivolto a uomini e donne*) *3* (*GB*) fantoccio che viene bruciato in occasione della «Guy Fawkes' Night», *q.V.*

Guy Fawkes' Night /ˈgaɪ ˈfɔːks naɪt/ *locuz. n.* (*in G.B.*) notte del 5 novembre (*in cui si accendono falò, si sparano mortaretti e si brucia un pupazzo, in ricordo della «Congiura delle polveri», lo sventato attentato al Parlamento ad opera di Guy Fawkes nel 1605*).

to **guzzle** /ˈgʌzl/ ***A*** *v. i.* darsi ai bagordi; gozzovigliare ***B*** *v. t.* tracannare; trincare.

guzzler /ˈgʌzlə(r)/ *n.* beone (-a); spugna.

gym /dʒɪm/ *n.* (*fam.*) *1* palestra *2* ginnastica: **gym shoes**, scarpe da ginnastica.

gymkhana /dʒɪmˈkaːnə/ *n.* (*sport*) serie di gare di equitazione.

gymnasium /dʒɪmˈneɪzɪəm/ *n.* palestra.

gymnast /ˈdʒɪmnæst, -əst/ *n.* ginnasta.

gymnastic /dʒɪmˈnæstɪk/ *a.* ginnastico; ginnico.

gymnastics /dʒɪmˈnæstɪks/ *n. pl.* ginnastica; esercizi ginnici.

gynaecological, (*USA*) **gynecological** /gaɪnəkəˈlɒdʒɪkl/ *a.* ginecologico.

gynaecologist, (*USA*) **gynecologist** /gaɪnəˈkɒlədʒɪst/ *n.* ginecologo (-a).

gynaecology, (*USA*) **gynecology** /gaɪnəˈkɒlədʒɪ/ *n.* U ginecologia.

gyp /dʒɪp/ *n.* U — (*pop.*) **to give sb. gyp**, punire q. severamente; far soffrire q.; far vedere le stelle a q.

gypsum /ˈdʒɪpsəm/ *n.* U (*miner.*) gesso (*solfato di calcio idrato*); pietra da gesso.

gypsy /ˈdʒɪpsɪ/ *V.* **gipsy**.

to **gyrate** /dʒaɪˈreɪt, *USA* ˈdʒaɪreɪt/ *v. i.* (*form.*) girare; roteare; ruotare su se stessi.

gyration /dʒaɪˈreɪʃn/ *n.* C *e* U (*form.*) rotazione; giravolta.

gyrocompass /ˈdʒaɪ(ə)rəʊkʌmpəs/ *n.* bussola giroscopica; girobussola.

gyroscope /ˈdʒaɪ(ə)rəskəʊp/ *n.* giroscopio.

gyroscopic /dʒaɪ(ə)rəˈskɒpɪk/ *a.* giroscopico.

h, H

H, h /eɪtʃ/ *n.* (*pl.* **H's, h's**; **Hs, hs**) H, h ● **H-bomb**, bomba H; bomba all'idrogeno □ (*telef.*) **h for Harry** (*USA* **for How**), h come hotel.

ha /hɑː/ *inter.* ah!

habeas corpus /ˈheɪbɪəsˈkɔːpəs/ (*lat.*) *locuz. n.* 🅄 (*leg.*) habeas corpus.

haberdasher /ˈhæbədæʃə(r)/ *n.* ***1*** (*GB*) merciaio (-a) ***2*** (*antiq. USA*) venditore di articoli di abbigliamento maschile.

haberdashery /ˈhæbədæʃərɪ/ *n.* 🅄 ***1*** (*GB*) merceria ***2*** (*antiq. USA*) articoli di abbigliamento maschile.

habit /ˈhæbɪt/ *n.* ***1*** 🄲 *e* 🅄 abitudine; consuetudine: **to be in [to get into] the h. of doing st.**, avere [prendere] l'abitudine di fare q.c.; **out of h.** (*o* **from h.**), per abitudine; **Don't make a h. of it**, che non diventi un'abitudine ***2*** abitudine nociva; assuefazione; vizio: **to break a h.**, togliersi un'abitudine; (*pop.*) **to kick the h.**, liberarsi dal vizio (*del bere, della droga, ecc.*); **h.-forming**, che dà assuefazione ***3*** (*eccles.*) abito (*di monaco o suora*).

habitable /ˈhæbɪtəbl/ *a.* abitabile.

habitat /ˈhæbɪtæt/ *n.* (*zool., bot.*) habitat.

habitation /hæbɪˈteɪʃn/ *n.* 🅄 *e* 🄲 (*form.*) abitazione.

habitual /həˈbɪtʃʊəl/ *a.* ***1*** abituale; consueto; ordinario; solito ***2*** assiduo; incallito; inveterato: **h. smoker**, fumatore incallito; **h. drunkard**, bevitore impenitente.

hack (1) /hæk/ *n.* fendente; colpo.

hack (2) /hæk/ *n.* ***1*** cavallo da nolo ***2*** ronzino ***3*** gita a cavallo ***4*** scribacchino; imbrattacarte ***5*** (*fam. o spreg.*) giornalista ● **h. journalism**, giornalismo di bassa lega.

to **hack (1)** /hæk/ *v. t.* tagliare (*con violenza o in modo irregolare*); fare a pezzi: **to h. one's way through a forest**, aprirsi la strada in una foresta (a colpi d'ascia); **He was hacked to death**, fu fatto a pezzi ● (*pop.*) **to h. it**, farcela; resistere.

♦ **hack about** *v. t. + avv.* tagliare senza pietà (*un libro, ecc.*); massacrare.

♦ **hack at** *v. i. + prep.* colpire ripetutamente (*con una lama*); menare fendenti a.

♦ **hack down** *v. t. + avv.* abbattere (*un albero*).

♦ **hack into** *v. i. + prep.* inserirsi abusivamente (*in un computer*).

♦ **hack off** *v. t. + avv.* troncare.

to **hack (2)** /hæk/ *v. i.* cavalcare al passo.

hacker /ˈhækə(r)/ *n.* (*fam.*) pirata informatico; hacker.

hacking (1) /ˈhækɪŋ, *USA* -ɔːf/ *a.* (*di tosse*) secca; stizzosa.

hacking (2) /ˈhækɪŋ/ *n.* 🅄 (*fam.*) pirateria informatica.

hackles /ˈhæklz/ *n. pl.* ***1*** penne del collo (*di gallo, piccione, ecc.*) ***2*** pelo del collo (*di cane, ecc.*) ● **to make sb.'s h. rise**, irritare profondamente q.; far arrabbiare q.

hackney /ˈhæknɪ/ *n.* — **h. cab**, autopubblica; vettura di piazza □ **h. carriage**, carrozza da nolo.

hackneyed /ˈhæknɪd/ *a.* trito; vieto.

hacksaw /ˈhæksɔː/ *n.* sega, seghetto per metalli.

hackwork /ˈhækwɜːk/ *n.* lavoro intellettuale mercenario e di poca soddisfazione.

had /hæd, həd/ *pass. e p.p. di* **to have**.

haddock /ˈhædək/ *n.* (*pl. invar.*) (*zool.*) eglefino; merluzzo.

hadn't /ˈhædnt, -dn/ *contraz. di* **had not**.

haematoma /hiːməˈtəʊmə/ *n.* (*med.*) ematoma.

haemoglobin /hiːməˈgləʊbɪn/ *n.* 🅄 (*chim. biol.*) emoglobina.

haemophilia /hiːməˈfɪlɪə/ *n.* (*med.*) emofilia.

haemophiliac /hiːməˈfɪlɪək/ *n.* emofiliaco.

haemorrhage /ˈhemərɪdʒ/ *n.* 🅄 *e* 🄲 (*med.*) emorragia.

haemorrhoids /ˈhemərɔɪdz/ *n. pl.* (*med.*) emorroidi.

haemostatic /hiːməˈstætɪk/ *a. e n.* (*farm.*) emostatico.

haft /hɑːft, *USA* hæft/ *n.* manico, impugnatura (*d'ascia, coltello, ecc.*).

hag /hæg/ *n.* vecchia strega; befana; megera.

haggard /ˈhægəd/ *a.* tirato; segnato; smunto.

to **haggle** /ˈhægl/ *v. i.* discutere sul prezzo; mercanteggiare.

hagiographer /hægɪˈɒgrəfə(r)/ *n.* agiografo.

hagiography /hægɪˈɒgrəfɪ/ *n.* 🅄 agiografia.

hag-ridden /ˈhægrɪdn/ *a.* (*lett.*) ossessionato; tormentato.

ha-ha /hɑːˈhɑː, hʌˈhɑː/ *inter.* (*indicante ilarità*) ah ah!

hail (1) /heɪl/ *n.* ***1*** 🅄 grandine ***2*** (*fig.*) grandine; pioggia: **h. of bullets**, grandine di pallottole; **h. of abuse**, pioggia di insulti.

hail (2) /heɪl/ (*lett. o poet.*) ***A*** grido di saluto ● **within h.**, a portata di voce ***B*** *inter.* salve! ● **H. Mary**, Ave Maria.

to **hail (1)** /heɪl/ ***A*** *v. i. impers.* grandinare ***B*** *v. i.* (*di proiettili, ecc.*) piovere; grandinare.

to **hail (2)** /heɪl/ *v. t.* ***1*** salutare (*chiamando*) ***2*** acclamare; salutare: **to h. st. as a masterpiece**, salutare q.c come un capolavoro ***3*** chiamare (*a gran voce*): **to h. a taxi**, chiamare un taxi.

♦ **hail from** *v. i. + prep.* (*form. o scherz.*) venire da.

hail-fellow-well-met /ˈheɪlfeləʊwelˈmet/ *a.* esageratamente cordiale.

hailstone /ˈheɪlstəʊn/ *n.* chicco di grandine.

hailstorm /ˈheɪlstɔːm/ *n.* grandinata.

hair /heə(r)/ *n.* ***1*** 🅄 capelli; capigliatura: **to have one's h. cut**, farsi tagliare i capelli ***2*** capello; pelo ***3*** 🅄 peli (*sul corpo*); peluria; pelame ● **h.-dryer**, asciugacapelli □ **h.-raising**, da far drizzare i capelli sulla testa; terrificante □ **h.-remover**, depilatore □ **h.-restorer**, rigeneratore per capelli □ **h. slide**, fermaglio per capelli □ **h.-splitting**, (*sost.*) pedanteria, cavillosità; (*agg.*) pedante, cavilloso □ **by a h.'s-breadth**, per un pelo □ **within a h.'s-breadth from**, a un pelo da □ (*fam.*) **to get in sb.'s h.**, infastidire q.; stare tra i piedi a q.; rompere q. (*pop.*) □ (*fam.*) **Keep your h. on!**, calmati!; non agitarti!; non scaldarti! □ **to let one's h. down**, (*di donna*) sciogliersi i capelli; (*fam.*) rilassarsi, lasciarsi andare □ **to make sb.'s h. stand on end**, far rizzare i capelli a q. □ **My h. stood on end**, mi si rizzarono i capelli □ **not to turn a h.**, non batter ciglio; restare impassibile □ **to put up one's h.**, tirarsi su i capelli □ **to split hairs**, spaccare un capello in quattro; cercare il pelo nell'uovo.

hairbrush /ˈheəbrʌʃ/ *n.* spazzola per capelli.

haircut /ˈheəkʌt/ *n.* taglio dei capelli.

hairdo /ˈheəduː/ *n.* (*fam.*) ***1*** acconciatura; pettinatura ***2*** messimpiega.

hairdresser /ˈheədresə(r)/ *n.* parrucchiere (-a).

hairdressing /ˈheədresɪŋ/ *n.* 🅄 lavoro di parrucchiere.

hairgrip /ˈheəgrɪp/ *n.* (*GB*) molletta per capelli.

hairiness /ˈheərɪnəs/ *n.* 🅄 pelosità; aspetto irsuto.

hairless /ˈheələs/ *a.* ***1*** senza capelli; calvo ***2*** senza peli; glabro.

hairline /ˈheəlaɪn/ ***A*** *n.* ***1*** attaccatura dei capelli ***2*** linea sottile ***B*** *a. attr.* sottilissimo: **h. crack**, fessura sottilissima; (*med.*) **h. fracture**, frattura capillare.

hairnet /ˈheənet/ *n.* reticella (*o* retina) per capelli.

hairpiece /ˈheəpiːs/ *n.* toupet; parrucchino.

hairpin /ˈheəpɪn/ *n.* forcina ● **h. bend**, tornante.

hairspray /ˈheəspreɪ/ *n.* lacca per capelli.

hairstyle /ˈheəstaɪl/ *n.* pettinatura; taglio (di capelli).

hairy /ˈheərɪ/ *a.* ***1*** peloso; irsuto ***2*** (*fam.*) pericoloso; da far rizzare i capelli; da brivido.

hake /heɪk/ *n.* (*zool.*) nasello.

halberd /ˈhælbɜːd, ˈhɔːl-/ *n.* alabarda.

halcyon /ˈhælsɪən/ *a. attr.* — (*lett.*) **h. days**, giorni felici; giorni sereni.

hale /heɪl/ *a.* — **h. and hearty**, vigoroso; arzillo.

half /hɑːf, *USA* hæf/ ***A*** *n.* (*pl.* **halves**) ***1*** metà; mezzo: **Two**

halves make a whole, due mezzi fanno un intero; **the top h.**, la metà superiore; **A pound and a h. will do**, una libbra e mezzo basta; **A year and a h. has passed**, è passato un anno e mezzo; **one and a h. kilos**, un chilo e mezzo; **h. past two [three, etc.]**, le due [le tre, ecc.] e mezzo; **to cut st. in h.**, tagliare q.c. in due (*o* a metà) ***2*** (*sport*) mediano ***3*** (*sport*) tempo (*di partita*) ***4*** (*sport*) metà campo ***5*** mezza pinta (*di birra*) ***6*** biglietto ridotto • **not to do things by halves**, non fare le cose a metà □ **to go halves**, dividere la spesa; fare a metà; fare alla romana ***B*** *a.* mezzo; metà di; semi-: **h. a kilo**, mezzo kilo; **h. a pound**, mezza libbra; **h. the girls**, metà delle ragazze; **for h. my life**, per metà della mia vita; **h. board**, mezza pensione; **every h.-hour**, ogni mezz'ora; **h. measures**, mezze misure; **h. moon**, mezzaluna • **h.-boot**, stivaletto □ **h.-breed**, meticcio (-a); mezzosangue □ **h.-brother**, fratellastro □ **h.-caste**, meticcio (-a); mezzosangue □ **h.-cock**, (*di arma*) a mezzo cane □ **h. holiday**, giorno semifestivo □ **h.-hourly**, ogni mezz'ora □ **h.-length**, a mezzo busto □ **h.-light**, penombra; semioscurità □ (*fis.*) **h. life**, periodo di dimezzamento □ (*USA, mus.*) **h.-note**, minima □ **h.-price**, a metà prezzo □ **h.-sister**, sorellastra □ (*mus., USA*) **h. step**, semitono □ (*in G.B.*) **h. term**, breve vacanza di metà trimestre □ (*sport*) **h. time**, intervallo (*fra due tempi*) □ **h.-truth**, mezza verità □ (*fam.*) **h.-wit**, idiota (*sost.*) □ (*fam.*) **h.-witted**, stupido, idiota (*agg.*) □ **h.-yearly**, semestrale; semestralmente □ **at h.-mast**, a mezz'asta □ **It's h. the battle**, è metà battaglia vinta □ **to go off at h.-cock**, (*di piano, evento, ecc.*) partire prematuramente; fallire; fare fiasco ***C*** *avv.* ***1*** mezzo; a mezzo; a metà: **h. dead**, mezzo morto; **h. cooked**, cotto a metà; **h. closed**, chiuso a metà; semichiuso; **h. and h.**, metà e metà; mezzo e mezzo; **h. as big as**, grande una volta e mezzo ***2*** (*fam.*) quasi: **I h. wish...**, quasi quasi vorrei...; **I was h. afraid that...**, avevo un po' di paura che... • **h. as much again**, una metà in più; un altro 50% □ **h.-baked**, cotto a metà; (*fam., di idee, ecc.*) scombinato, sballato □ **h.-bound**, rilegato in mezza tela □ **h.-hearted**, svogliato; poco convinto; tiepido □ (*archit.*) **h.-timbered**, in legno e muratura □ **h.-witted**, idiota; stupido □ (*fam. GB*) **not h.**, niente affatto; per niente; molto: **not h. bad**, niente affatto male; **He wasn't h. lucky!**, ha avuto una bella fortuna!; **It wasn't h. freezing!**, si gelava proprio! □ (*fam. GB*) **Not h.!**, altroché; eccome!

halfback /ˈhɑːfbæk, *USA* ˈhæf-/ *n.* (*sport*) mediano.

halfpenny /ˈheɪpnɪ/ *n.* ***1*** (*pl.* **halfpennies**) (moneta da) mezzo penny ***2*** (*pl.* **halfpence** /ˈheɪpəns/) (valore di) mezzo penny: **twopence h.**, due penny e mezzo.

halfpennyworth /ˈheɪpnɪwɜːθ/ *n.* ***1*** (valore di) mezzo penny ***2*** (*fig.*) briciolo; grammo.

halftone /ˈhɑːftəʊn, *USA* ˈhæf-/ *n.* ***1*** mezzatinta ***2*** (*mus., USA*) semitono.

halfway /ˈhɑːfˈweɪ, *USA* ˈhæf-/ ***A*** *avv.* a mezza strada; a metà: **h. down the road**, a metà strada; **h. up [down] the stair**, a metà delle scale; **I'm h. through the book**, sono a metà libro • **to meet sb. h.**, raggiungere un compromesso ***B*** *a. attr.* di mezzo: **h. house**, centro di riadattamento sociale (*per detenuti, ecc.*); (*fig.*) via di mezzo, compromesso; **h. measures**, mezze misure.

halibut /ˈhælɪbət/ *n.* (*zool.*) ippoglosso.

halitosis /hælɪˈtəʊsɪs/ *n.* Ⓤ (*med.*) alitosi.

hall /hɔːl/ *n.* ***1*** sala; salone ***2*** palazzo; maniero; grande villa (*nobiliare*) ***3*** ingresso; atrio • **h. of residence**, pensionato universitario; casa dello studente.

hallelujah /hælɪˈluːjə/ *n. e inter.* alleluia.

hallmark /ˈhɔːlmɑːk/ *n.* ***1*** marchio di garanzia (*su metalli preziosi*) ***2*** caratteristica; impronta.

to **hallmark** /ˈhɔːlmɑːk/ *v. t.* marchiare (*metalli preziosi*).

hallo /həˈləʊ, hæ-, he-/ *V.* **hello**.

to **hallow** /ˈhæləʊ/ *v. t.* ***1*** santificare; consacrare ***2*** venerare.

Halloween, Hallowe'en /hæləʊˈiːn/ *n.* sera del 31 ottobre; vigilia di Ognissanti (*in cui i bambini si mascherano da fantasmi o da streghe*).

hallstand /ˈhɔːlstænd/ *n.* attaccapanni (a stelo).

to **hallucinate** /həˈluːsɪneɪt/ *v. i.* avere allucinazioni.

hallucination /həluːsɪˈneɪʃn/ *n.* Ⓒ e Ⓤ allucinazione.

hallucinatory /həˈluːsɪnətrɪ, *USA* -tɔːrɪ/ *a.* allucinatorio.

hallucinogen /həˈluːsɪnədʒən/ *n.* (*farm.*) allucinogeno.

hallucinogenic /həluːsɪnəˈdʒenɪk/ *a.* (*farm.*) allucinogeno.

hallway /ˈhɔːlweɪ/ *n.* ingresso; atrio; corridoio.

halo /ˈheɪləʊ/ *n.* (*pl.* **halos, haloes**) ***1*** (*astron., fis.*) alone ***2*** aureola.

to **halo** /ˈheɪləʊ/ *v. t.* circondare di un alone (*o* di un'aureola).

halt /hɔːlt/ *n.* fermata; sosta: **to come to a h.**, arrestarsi; fermarsi; **to bring to a h.**, arrestare; fermare • **to call a halt to st.**, mettere fine a q.c.; finirla con q.c.

to **halt** /hɔːlt/ ***A*** *v. i.* ***1*** arrestarsi; fermarsi ***2*** (*mil.*) fare alt • **Halt!**, alt!; stop! ***B*** *v. t.* fermare; (*mil.*) dare l'alt a.

halter /ˈhɔːltə(r)/ *n.* ***1*** cavezza ***2*** capestro.

halterneck /ˈhɔːltənek/ *a.* (*di abito da donna*) allacciato dietro al collo e con le spalle e la schiena scoperte.

halting /ˈhɔːltɪŋ/ *a.* ***1*** zoppicante ***2*** esitante.

haltingly /ˈhɔːltɪŋlɪ/ *avv.* in modo esitante; con titubanza; stentatamente; zoppicando.

to **halve** /hɑːv, *USA* hæv/ *v. t.* ***1*** dividere a metà ***2*** dimezzare; ridurre di metà.

halves /hɑːvz, *USA* hævz/ *pl. di* **half**.

halyard /ˈhæljəd/ *n.* (*naut.*) drizza.

ham /hæm/ *n.* ***1*** Ⓒ e Ⓤ prosciutto ***2*** (*specialm. di animali*) coscia e natica ***3*** (*fam., teatr.*) gigione ***4*** (*fam.*) radioamatore (-trice) • (*pop.*) **ham-fisted**, maldestro; imbranato.

to **ham** /hæm/ *v. i. e t.* (*teatr.*) recitare da gigione; gigioneggiare.

hamburger /ˈhæmbɜːgə(r)/ *n.* ***1*** hamburger ***2*** (*USA*) carne trita.

hamlet /ˈhæmlət/ *n.* piccolo villaggio; paesino.

hammer /ˈhæmə(r)/ *n.* ***1*** martello; maglio; mazza; mazzuolo ***2*** martelletto (*specialm. di pianoforte*) ***3*** cane (*di arma da fuoco*) ***4*** (*anat.*) martello • **h. and sickle**, falce e martello □ (*zool.*) **h.-head shark**, pesce martello □ **to be** (*o* **to go**) **at it h. and tongs**, mettercela tutta; darci dentro □ **to come under the h.**, essere venduto all'asta.

to **hammer** /ˈhæmə(r)/ *v. t. e i.* ***1*** battere (*o* picchiare, piantare) con il martello: **to h. a nail in**, piantare un chiodo (con il martello); **to h. st. into shape**, dare forma a q.c. col martello ***2*** usare il martello; martellare (*anche fig.*); picchiare: **to h. at the door**, picchiare alla porta ***3*** (*fam.*) battere sonoramente; suonarle a • **to h. an idea into sb.'s head**, far entrare un'idea in testa a q.

♦ **hammer away at** *v. i. + avv. e prep.* ***1*** lavorare sodo a; sgobbare su ***2*** insistere su.

♦ **hammer down** *v. t. + avv.* inchiodare: **to h. down a lid**, inchiodare un coperchio.

♦ **hammer out** *v. t. + avv.* ***1*** spianare col martello (*una lamiera, ecc.*) ***2*** (*fam.*) escogitare; mettere a punto ***3*** scrivere a macchina ***4*** strimpellare (*sul pianoforte*).

hammock /ˈhæmək/ *n.* ***1*** amaca ***2*** (*naut.*) branda.

hamper /ˈhæmpə(r)/ *n.* cesta (*con coperchio*); paniere.

to **hamper** /ˈhæmpə(r)/ *v. t.* impedire; intralciare; ostacolare.

hamster /ˈhæmstə(r)/ *n.* (*zool.*) criceto.

hamstring /ˈhæmstrɪŋ/ *n.* (*anat.*) ***1*** tendine del ginocchio (*nell'uomo*) ***2*** tendine del garretto (*nei quadrupedi*).

to **hamstring** /ˈhæmstrɪŋ/ (*pass. e p.p.* **hamstrung** /-strʌŋ/) *v. t.* ***1*** rendere storpio (*tagliando i tendini delle ginocchia*) ***2*** (*fig.*) tagliare le gambe a; bloccare; paralizzare.

hand /hænd/ *n.* ***1*** mano: **He had a book in his h.**, teneva in mano un libro; **She waved her right h.**, agitò la (mano) destra; **to fall into the enemy's hands**, cadere nelle mani del nemico; **to take sb. by the h.**, prendere q. per mano; **to hold hands**, tenersi per mano ***2*** grafia; scrittura ***3*** (*naut.*) membro dell'equipaggio; marinaio; (*al pl.*) equipaggio, uomini: **All hands on deck!**, tutti (gli uomini) in coperta! ***4*** lavoratore; operaio: **factory h.**, operaio ***5*** esperto: **He's a dab h. with a drill**, sa usare bene il trapano; **old h.**, uno navigato; uno che la sa lunga ***6*** lancetta (*di orologio*); indice (*di meridiana*) ***7*** mano (*di carte*) ***8*** partita (*a carte*): **to play a good h.**, giocare bene ***9*** applauso: **Let's give her a big h.!**, facciamole un bell'applauso! ***10*** (*al pl.*) (*calcio*) fallo di mano • **h. luggage**, bagaglio a mano □ **h. in glove with sb.**, in combutta con q. □ **h. in h.**, tenendosi per mano □ **h.-held camera**, telecamera portatile □ **h.-sewn**, cucito a mano □ **h. to h. fighting**, combattimento corpo a corpo □ (*fig.*) **hands down**, senza sforzo; a mani basse □ **Hands off!**, giù le mani! □ **hands-off policy**, politica di non intervento □ **hands-on**, pratico; attivo: **hands-on experience**, esperienza pratica □ **Hands up!**, mani in alto!; su le mani! □ **at h.**, a portata di mano; vicino; imminente □ **at first [at**

second] **h.**, di prima [di seconda] mano □ **at sb.'s hands**, per mano di q.; per causa di q. □ **to bind sb. h. and foot**, legare q. mani e piedi □ **by h.**, a mano □ **to get st. off one's hands**, liberarsi (*o* sbarazzarsi, disfarsi) di q.c. □ (*fig.*) **to go h. in h. with**, andare di pari passo con □ **to have a free h.**, avere carta bianca □ **to have a h. in st.**, essere immischiato in q.c. □ (*fig.*) **to have one's hands full**, essere occupatissimo (*o* presissimo) □ **to have the upper h. with**, avere la meglio su □ **in h.**, di riserva; per le mani □ **to have the situation in h.**, avere la situazione sotto controllo □ **to keep a firm h. on sb.**, tenere in pugno q. □ **to keep one's h. in**, tenersi in esercizio; fare esercizio □ **to lay hands on sb.**, mettere le mani addosso a q. □ **to lend a h.**, dare una mano; aiutare □ **to live from h. to mouth**, vivere alla giornata □ **That job is off my hands**, mi sono liberato di quel lavoro □ **on h.**, a portata di mano; a disposizione; disponibile □ **on the one h...., on the other h....**, da un lato..., dall'altro... □ **on the other h.**, d'altra parte; d'altro canto; però □ **to put** (*o* **to set**) **one's h. to st.**, mettere mano a q.c. □ **He can turn his h. to anything**, sa fare di tutto.

to **hand** /hænd/ *v. t.* ***1*** dare; porgere; passare; consegnare: **Please h. me that book**, dammi (*o* passami) quel libro, per favore ***2*** guidare, sorreggere (*con la mano*): **He handed her into the taxi**, l'aiutò a salire sul taxi ● **You've got to h. it to him, he's got guts**, devi ammettere che ha del fegato.

♦ **hand back** *v. t. + avv.* restituire.

♦ **hand down** *v. t. + avv.* trasmettere; tramandare; lasciare in eredità.

♦ **hand in** *v. t. + avv.* consegnare (*un compito, un lavoro*); rassegnare (*le proprie dimissioni*).

♦ **hand on** *v. t. + avv.* trasmettere; passare; dare.

♦ **hand out** *v. t. + avv.* consegnare (*premi*); distribuire.

♦ **hand over** *v. t. + avv.* consegnare; cedere.

♦ **hand round** *v. t. + avv.* far circolare; distribuire in giro

handbag /ˈhændbæg/ *n.* borsetta.

handball /ˈhændbɔːl/ *n.* ***1*** (*sport*) pallamuro ***2*** (*calcio*) fallo di mano.

handbill /ˈhændbɪl/ *n.* volantino; foglietto pubblicitario.

handbook /ˈhændbʊk/ *n.* manuale; prontuario; guida.

handbrake /ˈhændbreɪk/ *n.* freno a mano.

handcart /ˈhændkɑːt/ *n.* carretto a mano.

handclap /ˈhændklæp/ *n.* applauso; battimani ● **slow h.**, battimani lento (*in segno di disapprovazione*).

to **handcuff** /ˈhændkʌf/ *v. t.* ammanettare; mettere le manette a.

handcuffs /ˈhændkʌfs/ *n. pl.* manette.

handful /ˈhændfʊl/ *n.* ***1*** manciata; manata ***2*** piccolo gruppo; pugno (*d'uomini*) ***3*** (*fam.*) persona (*o* cosa) difficile da tenere a bada: **That young boy is quite a h.**, quel ragazzino è un terremoto.

handgun /ˈhændgʌn/ *n.* rivoltella; pistola.

handicap /ˈhændɪkæp/ *n.* ***1*** (*med.*) handicap; menomazione ***2*** (*sport*) vantaggio; handicap ***3*** ostacolo; svantaggio; handicap.

to **handicap** /ˈhændɪkæp/ *v. t.* svantaggiare; ostacolare; handicappare.

handicapped /ˈhændɪkæpt/ *a.* (*med.*) handicappato; portatore di handicap: **physically h.**, con un handicap fisico; **facilities for h. people**, attrezzature per portatori di handicap.

handicraft /ˈhændɪkrɑːft, *USA* -æft/ *n.* ***1*** lavoro di artigianato ***2*** (*al pl.*) oggetti di artigianato.

handiness /ˈhændɪnəs/ *n.* Ⓤ ***1*** maneggevolezza; praticità; manovrabilità ***2*** comodità.

handiwork /ˈhændɪwɜːk/ *n.* Ⓤ *e* Ⓒ ***1*** lavoro manuale ***2*** (*fig.*) opera; operato.

handkerchief /ˈhæŋkətʃɪf, -tʃiːf/ *n.* fazzoletto.

handle /ˈhændl/ *n.* ***1*** manico; maniglia; ansa (*di vaso, ecc.*) ***2*** impugnatura ***3*** manovella ***4*** (*fam.*) titolo (*per lo più nobiliare*).

to **handle** /ˈhændl/ ***A*** *v. t.* ***1*** maneggiare; manipolare; toccare: **to h. money**, maneggiare denaro; **Please don't h. the goods**, si prega di non toccare la merce ***2*** manovrare (*un veicolo*) ***3*** affrontare; occuparsi di; gestire; risolvere: **I'll h. that**, me ne occupo io ***4*** essere responsabile di: **to h. the accounts**, occuparsi della contabilità ***5*** trattare; prendere: **She know how to h. him**, sa come prenderlo ***6*** (*comm.*) trattare; commerciare in ● **«H. with care»**, «fragile» ***B*** *v. i.* (*di veicolo*) rispondere ai comandi: **to h. well**, rispondere bene; (*di barca*) essere maneggevole.

handlebar /ˈhændlbɑː(r)/ *n.* (*anche al pl.*) manubrio (*di bicicletta, motocicletta*) ● **h. moustache**, baffi a manubrio.

handler /ˈhændlə(r)/ *n.* ***1*** chi maneggia; manipolatore ***2*** addestratore (*di animale*).

handling /ˈhændlɪŋ/ *n.* Ⓤ ***1*** maneggio; manipolazione ***2*** trattamento; modo di trattare (q.c.) ***3*** (*naut.*) manovra ***4*** (*calcio*) fallo di mano ● (*banca*) **h. charges**, spese bancarie.

handmade /ˈhændˈmeɪd/ *a.* fatto a mano.

handmaid /ˈhændmeɪd/ *n.* ***1*** (*antiq.*) ancella; fantesca ***2*** (*fig.*) ancella.

hand-me-down /ˈhændmɪˈdaʊn/ (*fam.*) *a. e n.* (vestito) smesso (*passato ad altra persona, generalm. un fratello minore*).

handout /ˈhændaʊt/ *n.* ***1*** (cosa data in) elemosina ***2*** (*fam.*) foglio (*scritto, distribuito a una lezione, ecc.*) ***3*** comunicato stampa; velina (*fam.*) ***4*** (*fam.*) foglietto pubblicitario; volantino ***5*** (*fam.*) sussidio.

to **handpick** /ˈhændˈpɪk/ *v. t.* ***1*** raccogliere a mano ***2*** selezionare; scegliere uno ad uno.

handrail /ˈhændreɪl/ *n.* corrimano; ringhiera.

handsaw /ˈhændsɔː/ *n.* sega a mano.

handset /ˈhændsɛt/ *n.* cornetta del telefono; ricevitore.

handshake /ˈhændʃeɪk/ *n.* stretta di mano.

handshaking /ˈhændʃeɪkɪŋ/ *n.* Ⓤ ***1*** (lo) stringersi la mano; strette di mano ***2*** (*elab.*) handshaking; scambio di caratteri di controllo.

handsome /ˈhænsəm/ *a.* ***1*** bello ***2*** considerevole; sostanzioso: **h. price**, bel prezzo ***3*** (*di gesto, ecc.*) generoso; bello.

handstand /ˈhændstænd/ *n.* (*ginnastica*) verticale sulle mani.

handwriting /ˈhændraɪtɪŋ/ *n.* Ⓤ scrittura; grafia ● **h. expert**, perito calligrafo.

handwritten /ˈhændrɪtn/ *a.* scritto a mano.

handy /ˈhændɪ/ *a.* ***1*** comodo; utile: **to come in h.**, rivelarsi utile ***2*** abile (*con le mani*); bravo ***3*** (*fam.*) a portata di mano; sottomano.

handyman /ˈhændɪmæn/ *n.* uomo che sa fare un po' di tutto.

hang /hæŋ/ *n.* modo di cadere (*di stoffe, vestiti e sim.*) ● (*fam.*) **I don't give a h.**, non me ne importa un fico (secco) □ (*fam.*) **to get the h. of st.**, imparare a fare q.c.; fare la mano a q.c.; capire come funziona q.c.

to **hang** /hæŋ/ (*pass. e p.p.* **hung**, *ma* **hanged** *nel signif. di «impiccare»*) ***A*** *v. t.* ***1*** appendere; attaccare: **to h. wallpaper**, attaccare la tappezzeria ***2*** decorare; ornare: **The hall was hung with flags**, la sala era ornata di bandiere ***3*** montare (*su cardini e sim.*) ***4*** lasciar frollare (*carne*) ***5*** impiccare: **to be hanged for murder**, essere impiccato per omicidio ***6*** (*fam.*) — **H. the money!**, al diavolo i soldi!; **H. it!**, accidenti!; **Tell him to go h.!**, mandalo all'inferno! ● **to h. fire**, sospendere tutto □ **to h. one's head**, abbassare la testa, stare a capo chino (*per la vergogna*) □ (*fam.*) **I'll be hanged if I know!**, non ne ho la più pallida idea! ***B*** *v. i.* ***1*** pendere; penzolare; essere appeso; essere sospeso: **a lamp hanging from the ceiling**, una lampada che pende dal (*o* appesa al) soffitto; **pictures hanging on the wall**, quadri appesi al muro; (*fig.*) **to h. by a hair** (*o* **by a single thread**), essere sospeso a un filo; **to h. on sb.'s words**, pendere dalle labbra di q. ***2*** (*di stoffa, abiti, capelli*) cadere; scendere; ricadere ***3*** girare (*su cardini e sim.*) ***4*** essere impiccato ● **to h. in the balance**, (*di situazione*) essere incerto ***C*** to **hang oneself** *v. rifl.* impiccarsi.

♦ **hang about** *v. i. + avv.* ***1*** ciondolare; bighellonare; perdere tempo ***2*** bazzicare; gironzolare; aggirarsi ***3*** (*fam. GB*) stare ad aspettare.

♦ **hang back** *v. i. + avv.* esitare; tirarsi indietro.

♦ **hang back from** *v. i. + avv. e prep.* rifiutarsi di; essere riluttante a.

♦ **hang behind** *v. i. + avv.* rimanere indietro; attardarsi.

♦ **hang in** *v. i. + avv.* (*fam. USA*) tenere duro; non mollare.

♦ **hang on** ***A*** *v. i. + prep.* ***1*** tenersi a; appoggiarsi a ***2*** dipendere da ***B*** *v. i. + avv.* ***1*** aspettare: **H. on a minute!**, aspetta un attimo! ***2*** tener duro; resistere; non mollare.

♦ **hang onto** *v. i. + prep.* ***1*** aggrapparsi a ***2*** tenere stretto ***3*** (*fam.*) tenere; tenersi stretto; non cedere; non vendere: **H. onto your ticket**, conserva il biglietto; **He advised me to h. onto those shares**, mi ha consigliato di non vendere quelle azioni.

♦ **hang out** ***A*** *v. t. + avv.* stendere (*il bucato*) ***B*** *v. i. + avv.* ***1*** sporgersi ***2*** pendere fuori; spenzolare ***3*** (*pop.*) frequentare; bazzicare ● (*fam.*) **to let it all h. out**, rilassarsi; lasciarsi andare.

♦ **hang together** *v. i. + avv.* ***1*** stare insieme; stare uniti ***2*** (*di storia, ecc.*) essere ben congegnato; stare in piedi.

♦ **hang up** *v. i. + avv.* ***1*** appendere: **H. up your raincoat**, appendi il tuo impermeabile ***2*** (*telef.*) riattaccare; mettere giù (il ricevitore).

hangar /ˈhæŋə(r)/ *n.* (*aeron.*) aviorimessa; hangar.

hangdog /ˈhæŋdɒg, *USA* -dɔːg/ *a.* — **h. look**, aria avvilita (*o* mogia, da cane bastonato).

hanger /ˈhæŋə(r)/ *n.* gruccia (*per abiti*).

hanger-on /ˈhæŋərˈɒn/ (*pl.* **hangers-on**) *n.* parassita.

hang-glider /ˈhæŋglaɪdə(r)/ *n.* deltaplano.

hang-gliding /ˈhæŋglaɪdɪŋ/ *n.* U sport del deltaplano.

hanging (1) /ˈhæŋɪŋ/ *n.* ***1*** U *e* C impiccagione ***2*** (*al pl.*) tappezzeria; tende; arazzi.

hanging (2) /ˈhæŋɪŋ/ *a.* ***1*** sospeso; pendente; pensile ***2*** — **h. offence**, delitto punibile con l'impiccagione.

hangman /ˈhæŋmən/ *n.* (*pl.* **hangmen** /-mən/) boia.

hangnail /ˈhæŋneɪl/ *n.* pipita.

hangout /ˈhæŋaʊt/ *n.* (*fam.*) ritrovo.

hangover /ˈhæŋəʊvə(r)/ *n.* ***1*** postumi di una sbornia; mal di testa del doposbornia ***2*** residuato.

hang-up /ˈhæŋʌp/ *n.* (*fam.*) complesso; fissazione.

hank /hæŋk/ *n.* matassa.

to **hanker** /ˈhæŋkə(r)/ *v. Solo come*:

♦ **hanker after** (*o* **for**) *v. i. + prep.* agognare; bramare; desiderare ardentemente.

hankering /ˈhæŋkərɪŋ/ *n.* brama; bramosia.

hankie, hanky /ˈhæŋkɪ/ *n.* (*fam.*) fazzoletto.

hanky-panky /ˈhæŋkɪˈpæŋkɪ/ *n.* U (*fam.*) ***1*** imbroglio; trucchi ***2*** intimità sessuali; giochini.

Hanoverian /hænəˈvɪərɪən/ ***A*** *a.* (*stor.*) della casa di Hannover ***B*** *n.* (*stor.*) membro (*o* seguace) della casa di Hannover.

hansom (**cab**) /ˈhænsəm(kæb)/ *n.* carrozza a due ruote (*usata come vettura di piazza*).

haphazard /hæpˈhæzəd/ *a.* fatto a caso; fatto a casaccio; disordinato; confuso: **in a h. way**, a casaccio; disordinatamente.

haphazardly /hæpˈhæzədlɪ/ *avv.* a caso; a casaccio.

hapless /ˈhæpləs/ *a.* (*lett.*) sfortunato; sventurato; infelice.

to **happen** /ˈhæpən/ *v. i.* ***1*** accadere; succedere: **What happened?**, che cosa è successo? ***2*** (*con costruz. pers.*) capitare; ... per caso: **If you h. to see him**, se ti capita di vederlo; **Do you h. to know his name?**, sai per caso come si chiama?; **I happened to have no money with me**, non avevo denaro con me; **I h. to know her, so be careful what you say**, si dà il caso che io la conosca, per cui misura le parole ● **As it happened, I had left the book at home**, avevo (*o* il caso volle che avessi) lasciato il libro a casa □ **Do you know what's happened to Jack?**, sai che ne è di Jack? □ **Don't let it h. again**, che non si ripeta più □ **It so happened that...**, il caso volle che... □ **These things will h.**, sono cose che capitano.

♦ **happen on** (*o* **upon**) *v. i. + prep.* (*form.*) imbattersi in.

happening /ˈhæpənɪŋ/ ***A*** *n.* ***1*** avvenimento; evento ***2*** happening ***B*** *a.* (*pop.*) alla moda; "in": **Dublin is the h. city this year**, Dublino è la città "in", quest'anno.

happily /ˈhæpəlɪ/ *avv.* ***1*** felicemente ***2*** per fortuna; fortunatamente ***3*** con piacere.

happiness /ˈhæpɪnəs/ *n.* U felicità; contentezza; gioia.

happy /ˈhæpɪ/ *a.* ***1*** felice; contento; lieto: **h. marriage**, matrimonio felice; **h. choice**, scelta felice; **h. ending**, lieto fine; **h. event**, lieto evento; **H. to meet you**, felice (*o* lieto) di conoscerla; **I'm not h. with his performance**, non sono contento (*o* soddisfatto) della sua resa; **I'll be h. to help him**, lo aiuterò con piacere ***2*** (*negli auguri*) buono: **H. birthday**, buon compleanno ***3*** (*come secondo termine di composti*) che non esita a usare: **bomb-h.**, che non esita a lanciare bombe; **trigger-h.**, che ha il grilletto facile ● **h.-go-lucky**, spensierato □ (*fam., specialm. USA*) **h. hour**, periodo in cui le bevande (*al bar*) costano meno; ora dell'aperitivo □ **h. medium**, giusto mezzo.

harangue /həˈræŋ/ *n.* ***1*** arringa ***2*** tirata; concione; filippica.

to **harangue** /həˈræŋ/ *v. t.* ***1*** arringare ***2*** fare una filippica contro.

to **harass** /ˈhærəs, *USA* həˈræs/ *v. t.* ***1*** molestare; tormentare; vessare: **to h. sexually**, sottoporre a molestie sessuali; molestare ***2*** assillare; stressare ***3*** (*mil.*) impegnare (*il nemico*) con ripetuti attacchi.

harassed /ˈhærəst, *USA* həˈræst/ *a.* ***1*** tormentato; molestato ***2*** teso; stressato.

harassment /ˈhærəsmənt, *USA* həˈræsmənt/ *n.* U *e* C molestia; vessazione; tormento: **sexual h.**, molestie sessuali.

harbinger /ˈhɑːbɪndʒə(r)/ *n.* (*lett.*) annunciatore; araldo; messaggero.

to **harbinger** /ˈhɑːbɪndʒə(r)/ *v. t.* (*lett.*) annunciare; essere foriero di.

harbour, (*USA*) **harbor** /ˈhɑːbə(r)/ *n.* (*naut.*) porto ● **h. dues**, diritti portuali □ **h.-master**, capitano di porto.

to **harbour**, (*USA*) to **harbor** /ˈhɑːbə(r)/ *v. t.* ***1*** accogliere; dare rifugio a; tenere nascosto ***2*** covare; nutrire: **to h. a grudge**, nutrire rancore.

hard /hɑːd/ ***A*** *a.* ***1*** duro; sodo: **to get** (*o* **to become, to grow**) **h.**, indurire ***2*** duro; faticoso; rigido **h. fight**, dura lotta; **h. life**, vita dura; **h. winter**, inverno rigido ***3*** duro (*di cuore*); rigoroso; severo: **h. father**, padre severo; **to be h. on sb.**, trattare q. con durezza ***4*** forte; violento: **h. push**, forte spinta; spinta violenta ***5*** difficile: **h. question**, domanda difficile; **h. times**, tempi difficili; **h. to please**, difficile da accontentare; esigente; **I find it h. to believe it**, stento (*o* faccio fatica) a crederlo ***6*** forte; accanito; tenace: **h. drinker**, forte bevitore; **h. worker**, gran lavoratore ***7*** (*di acqua*) duro ***8*** (*di bevanda*) forte ***9*** (*di droga*) pesante ***10*** fattuale; concreto: **h. facts**, fatti concreti; **h. evidence**, prove concrete ● **h. and fast**, rigido; ferreo: **h. and fast rules**, regole ferree □ (*fam.*) **h. cash**, contante; denaro sonante □ (*elab.*) **h. copy**, copia a stampa; hard copy □ **h.-core**, duro; intransigente; incallito; pornografico □ **h. cover**, copertina cartonata □ (*elab.*) **h. disk**, disco fisso (*o* rigido); hard disk □ **h. drink**, superalcolici □ **h.-headed**, pratico; realista □ **h.-hearted**, duro di cuore; insensibile □ **h. feelings**, inimicizia; rancore: **No h. feelings**, senza rancore □ **h.-fisted**, avaro; tirchio □ **h. hat**, casco protettivo; (*estens.*) operaio edile □ **h. left** [**right**], (*polit.*) estrema sinistra [destra]; (*USA*) curva secca a sinistra [a destra] □ **h. line**, linea dura; intransigenza □ **h.-line**, intransigente □ **h.-liner**, (persona) intransigente □ **h. luck**, sfortuna; disdetta □ (*fam.*) **h.-nosed**, realistico; pratico; non sentimentale □ **h. of hearing**, duro d'orecchi □ (*volg.*) **h.-on**, erezione □ **h. porn**, pornografia spinta; pornografia hard-core □ **h. shoulder**, banchina; corsia d'emergenza (*di autostrada*) □ **as h. as nails**, (*di persona*) duro; grintoso; spietato □ **to give sb. a h. time**, strapazzare q. □ **to have a h. time**, passarsela male □ **to learn st. the h. way**, imparare q.c. sulla propria pelle (*o* a proprie spese) □ **to take a h. look at st.**, esaminare attentamente q.c. ***B*** *avv.* ***1*** forte; con forza; intensamente; attentamente: **It's raining h.**, piove forte (*o* a dirotto); **to work h.**, lavorare sodo; **to study h.**, studiare molto (*o* sodo); **to look h. at**, fissare attentamente; guardare fissamente; **to listen h.**, ascoltare attentamente; **to think h.**, riflettere bene; **to try h.**, sforzarsi; provare in ogni modo ***2*** male; con difficoltà: **to go h. with sb.**, essere duro per q.; **to breathe h.**, respirare affannosamente; **to take it h.**, prenderla male; prendersela; **to be h. done by**, essere trattato male (*o* con ingiustizia) ***3*** da vicino; da presso: **to follow h. upon** (*o* **behind**) **sb.**, seguire q. da vicino; **h. on sb.'s heels**, subito dietro a q.; **We live h. by**, abitiamo proprio qui vicino ● **h.-bitten**, duro; temprato; coriaceo □ **h.-boiled**, (*di uovo*) sodo; (*fig.*) duro, incallito □ (*fig.*) **h.-hitting**, vigoroso; energico; incisivo □ **h. up**, al verde; a corto di quattrini □ **h. up for ideas**, a corto di idee □ **h.-won**, sudato: **h.-won victory**, vittoria sudata □ **to be h. at it**, essere impegnato; darci sotto □ **to be h. hit**, essere colpito duramente; essere danneggiato; essere devastato □ **to be h.-pressed**, trovarsi in difficoltà □ **to be h. put to do st.**, avere difficoltà a (*o* trovare difficile) fare q.c. □ **to try one's hardest**, mettercela tutta.

hardback /ˈhɑːdbæk/ *n.* libro rilegato ● **in h.**, in edizione rilegata.

hardball /ˈhɑːdbɔːl/ *n.* (*fam. USA*) baseball ● (*fig. fam.*) **to play h.**, giocare pesante; usare i metodi spicci.

hardboard /ˈhɑːdbɔːd/ *n.* (*tecn.*) faesite.

to **harden** /ˈhɑːdn/ ***A*** *v. t.* ***1*** indurire ***2*** rafforzare ***3*** temprare ***B*** *v. i.* ***1*** indurirsi ***2*** (*di posizione, ecc.*) irrigidirsi ***3*** (*econ.*) consolidarsi.

hardened /ˈhɑːdnd/ *a.* (reso) insensibile; incallito: **h. criminal**, criminale incallito.

hardiness /ˈhɑːdɪnəs/ *n.* Ⓤ ***1*** resistenza; robustezza ***2*** ardimento; audacia; intrepidezza.

hardly /ˈhɑːdlɪ/ *a.* ***1*** appena; quasi non: **We h. know them**, li conosciamo appena; **You've h. eaten anything**, non hai mangiato quasi niente; **h. anybody [anything, ever]**, quasi nessuno [niente, mai]; **I had h. begun, when...**, non avevo quasi nemmeno cominciato, quando...; **He's h. more than six**, ha poco più di sei anni; **H. two hours had gone by**, non erano passate neanche due ore ***2*** a stento; a fatica: **I could h. understand him**, riuscivo a stento (*o* stentavo) a capirlo; **I could h. speak [move]**, non riuscivo quasi a parlare [a muovermi]; **I can h. believe it**, stento a crederlo ***3*** non certo: **This is h. the time for second thoughts**, non è certo il momento di avere ripensamenti; **H.!**, figuriamoci! ***4*** difficilmente: **He will h. turn up now**, ormai è difficile che si faccia vivo.

hardness /ˈhɑːdnəs/ *n.* Ⓤ ***1*** durezza ***2*** asprezza; rigidezza; severità ***3*** difficoltà (*di un esame. ecc.*).

hardship /ˈhɑːdʃɪp/ *n.* Ⓒ *e* Ⓤ privazione; stenti; difficoltà: **a life of h.**, una vita di stenti.

hardware /ˈhɑːdweə(r)/ *n.* Ⓤ ***1*** ferramenta; utensileria ***2*** (*elab.*) hardware ***3*** (*mil.*) armamenti pesanti.

hardwearing /hɑːdˈweərɪŋ/ *a.* durevole; resistente.

hardwood /ˈhɑːdwʊd/ *n.* Ⓤ legno duro.

hardy /ˈhɑːdɪ/ *a.* ***1*** resistente; robusto ***2*** (*di pianta*) resistente al gelo.

hare /heə(r)/ *n.* lepre: **young h.**, leprotto ● **h.-brained**, scervellato; balzano.

to **hare** /heə(r)/ *v. i.* correre: **to h. after st.**, rincorrere q.c.

harebell /ˈheəbel/ *n.* (*bot.*) campanula; campanella.

harebrained /ˈheəbreɪnd/ *a.* cervellotico; folle.

harelip /ˈheəlɪp/ *n.* Ⓒ *e* Ⓤ (*med.*) labbro leporino.

harem /ˈhɑːriːm, ˈheərəm, *USA* ˈhærəm/ *n.* harem.

haricot /ˈhærɪkəʊ/ *n.* (*anche* **h. bean**) fagiolo bianco.

to **hark** /hɑːk/ *v. i.* (*lett.*) ascoltare.

♦ **hark back to** *v. i. + avv. e prep.* ***1*** ritornare su (*un argomento*); rievocare ***2*** richiamare; rifarsi a.

harlequin /ˈhɑːləkwɪn, -kɪn/ *n.* arlecchino.

harlot /ˈhɑːlət/ *n.* (*antiq.*) prostituta.

harm /hɑːm/ *n.* Ⓤ danno; male: **to do sb. h.**, fare del male a q.; **to do h. to st.**, recare danno a q.c.; danneggiare q.c.; **There's no h. in asking**, non c'è niente di male a chiedere; **There's no h. in trying**, tentar non nuoce ● **to come to no h.**, non farsi niente; non subire danni □ **to mean no h.**, non avere intenzione d'offendere □ **out of h.'s way**, al sicuro □ **to keep out of h.'s way**, tenersi alla larga.

to **harm** /hɑːm/ *v. t.* ***1*** far (del) male a: **No one was harmed**, nessuno si è fatto male ***2*** danneggiare; nuocere a.

harmful /ˈhɑːmfl/ *a.* dannoso; nocivo.

harmless /ˈhɑːmləs/ *a.* innocuo; inoffensivo.

harmonic /hɑːˈmɒnɪk/ *a.* ***1*** (*mus., mat.*) armonico ***2*** armonioso.

harmonica /hɑːˈmɒnɪkə/ *n.* (*mus.*) armonica a bocca.

harmonically /hɑːˈmɒnɪklɪ/ *avv.* ***1*** (*mus., mat.*) armonicamente ***2*** armoniosamente.

harmonics /hɑːˈmɒnɪks/ *n. pl.* (*col verbo al sing.*) (*mus.*) armonica.

harmonious /hɑːˈməʊnɪəs/ *a.* armonioso.

harmonium /hɑːˈməʊnɪəm/ *n.* (*mus.*) armonium.

to **harmonize**, (*GB anche*) to **harmonise** /ˈhɑːmənaɪz/ ***A*** *v. t.* armonizzare ***B*** *v. i.* ***1*** (*mus.*) armonizzare ***2*** armonizzarsi.

harmony /ˈhɑːmənɪ/ *n.* ***1*** Ⓤ *e* Ⓒ (*mus.*) armonia ***2*** Ⓤ armonia; accordo.

harness /ˈhɑːnəs/ *n.* Ⓤ ***1*** finimenti; bardatura ***2*** briglie (*per bambino*) ***3*** (*aeron.*) imbracatura (*di paracadute*) ● **to be back in h.**, essere tornato al lavoro □ **to die in h.**, morire sulla breccia □ **to work in h.**, lavorare in collaborazione (*o* in tandem).

to **harness** /ˈhɑːnəs/ *v. t.* ***1*** bardare; mettere i finimenti a: **to h. an ox to a cart**, attaccare un bue a un carro ***2*** imbrigliare (*un fiume, ecc.*); sfruttare (*una cascata*).

harp /hɑːp/ *n.* (*mus.*) arpa.

to **harp** /hɑːp/ *v. Solo come*:

♦ **harp on** ***A*** *v. i. + prep.* continuare a parlare tediosamente di; non fare che parlare di ***B*** *v. i. + avv.* battere sullo stesso chiodo; insistere.

harpist /ˈhɑːpɪst/ *n.* arpista.

harpoon /hɑːˈpuːn/ *n.* arpione; fiocina.

to **harpoon** /hɑːˈpuːn/ *v. t.* arpionare; fiocinare.

harpsichord /ˈhɑːpsɪkɔːd/ *n.* (*mus.*) clavicembalo; cembalo.

harpy /ˈhɑːpɪ/ *n.* (*mitol. e fig.*) arpia.

harquebus /ˈhɑːkwɪbəs/ *n.* (*stor.*) archibugio.

harridan /ˈhærɪdən/ *n.* vecchia bisbetica; vecchia strega; vecchiaccia.

harrier /ˈhærɪə(r)/ *n.* (*zool.*) albanella.

harrow /ˈhærəʊ/ *n.* (*agric.*) erpice.

to **harrow** /ˈhærəʊ/ *v. t.* ***1*** (*agric.*) erpicare ***2*** straziare; tormentare.

harrowing /ˈhærəʊɪŋ/ *a.* straziante; atroce.

to **harry** /ˈhærɪ/ *v. t.* (*lett.*) ***1*** tormentare; assillare ***2*** devastare; saccheggiare.

harsh /hɑːʃ/ *a.* ***1*** duro; severo; rigido: **h. discipline**, disciplina dura (*o* severa); **h. words**, parole dure (*o* aspre); **h. winter**, inverno rigido ***2*** (*di suono*) aspro; sgradevole; stridente ***3*** (*di luce, colore*) abbagliante; violento; aggressivo ***4*** ruvido (*al tatto*).

harshness /ˈhɑːʃnəs/ *n.* Ⓤ ***1*** durezza; asprezza; severità; rigidità ***2*** (*di suono*) asprezza; stridore ***3*** (*di luce, colore*) qualità abbagliante; violenza; aggressività.

hart /hɑːt/ *n.* (*pl.* **harts, hart**) (*zool.*) cervo maschio.

hartebeest /ˈhɑːtɪbiːst/ *n.* (*pl.* **hartebeests, hartebeest**) (*zool.*) alcelafo; antilope sudafricana.

harum-scarum /ˈheərəmˈskeərəm/ ***A*** *a.* sfrenato; avventato ***B*** *avv.* sfrenatamente; avventatamente.

harvest /ˈhɑːvɪst/ *n.* ***1*** (*agric.*) raccolto: **the corn h.**, il raccolto del mais; **grape h.**, vendemmia; **h.-time**, stagione del raccolto ***2*** (*fig.*) frutto; frutti: **They are now reaping the h. of a year's inactivity**, ora raccolgono i frutti di un anno di inattività.

to **harvest** /ˈhɑːvɪst/ *v. t. e i.* (*agric.*) fare il raccolto (di); raccogliere; mietere: **to h. grapes**, raccogliere (*o* vendemmiare) l'uva.

harvester /ˈhɑːvɪstə(r)/ *n.* ***1*** mietitore (-trice) ***2*** (*agric.*) mietitrice ***3*** (*agric., anche* **combine h.**) mietitrebbia.

has /hæz, həz/ *3ª pers. sing. del pres. ind. di* **to have.**

has-been /ˈhæzbiːn, -ɪn/ *n.* (*fam.*) persona sorpassata, che ha fatto il suo tempo.

hash /hæʃ/ *n.* Ⓒ *e* Ⓤ ***1*** piatto di carne e verdura tritate ***2*** guazzabuglio; pasticcio; casino (*fam.*): **I made a h. of the interview**, ho rovinato tutto al colloquio; il colloquio mi è andato malissimo ***3*** *V.* **rehash** ***4*** (*fam.*) hascisc.

to **hash** /hæʃ/ *v. Solo come*:

♦ **hash up** *v. t. + avv.* (*fam.*) pasticciare; incasinare (*fam.*).

hashish /ˈhæʃiːʃ/ *n.* Ⓤ hascisc.

hasn't /ˈhæznt, -zn/ *contraz. di* **has not.**

hasp /hɑːsp, *USA* hæsp/ *n.* fermaglio, chiusura (*di scatola, porta, ecc.*).

hassle /ˈhæsl/ *n.* (*fam.*) ***1*** cosa difficile; impresa; lotta ***2*** scocciatura (*fam.*); rottura (*fam.*) ***3*** (*USA*) discussione; lite.

to **hassle** /ˈhæsl/ ***A*** *v. t.* (*fam.*) stare addosso a; scocciare (*fam.*); rompere (*fam.*) ***B*** *v. i.* discutere; litigare.

hassock /ˈhæsək/ *n.* cuscino (*di inginocchiatoio*).

hast /hæst, həst/ (*arc. o poet.*) *2ª pers. sing. del pres. indic. di* **to have.**

haste /heɪst/ *n.* Ⓤ fretta; furia ● **in h.**, in fretta e furia □ **to make h.**, affrettarsi; sbrigarsi.

to **hasten** /ˈheɪsn/ ***A*** *v. t.* (*form.*) affrettare; accelerare ***B*** *v. i.* affrettarsi ● **I h. to add that...**, dico subito che...; mi preme aggiungere che...

hastily /ˈheɪstɪlɪ/ *avv.* ***1*** frettolosamente; in gran fretta; affrettatamente ***2*** precipitosamente; senza riflettere.

hasty /ˈheɪstɪ/ *a.* ***1*** frettoloso; affrettato ***2*** precipitoso; avventato.

hat /hæt/ *n.* cappello ● (*fig.*) **hat in hand**, con deferenza; servilmente □ **hat maker**, cappellaio □ **Hats off!**, tanto di cappello!; giù il cappello! □ **hat stand**, attaccapanni a stelo □ (*GB*) **hat trick**, tre successi consecutivi; (*sport*) tripletta (*di gol, ecc.*) □ **old hat**, roba vecchia; storia vecchia □ (*fam.*) **to keep st. under one's hat**, tenersi per sé q.c.; non far parola di q.c. □ **to pass round the hat**, fare una colletta □ **to take off one's h. to sb.**, fare tanto di cappello a q.

hatband /ˈhætbænd/ *n.* nastro da cappello.

hatbox /ˈhætbɒks/ *n.* cappelliera.

hatch /hætʃ/ *n.* ***1*** (*naut.*) (portello di) boccaporto ***2*** passa-

vivande • (*naut.*) **under hatches**, sotto coperta.
to **hatch** (1) /hætʃ/ ***A*** *v. t.* ***1*** covare ***2*** far schiudere (*un uovo*); far nascere (*un pulcino*) ***3*** macchinare; tramare ***B*** *v. i.* ***1*** (*di pulcino*) uscire dal guscio; nascere ***2*** (*di uovo*) schiudersi.
to **hatch** (2) /hætʃ/ *v. t.* (*arte*) tratteggiare; ombreggiare.
hatchback /ˈhætʃbæk/ *n.* (*autom.*) auto a tre (*o* cinque) porte.
hatchery /ˈhætʃərɪ/ *n.* vivaio (*di pesci*).
hatchet /ˈhætʃɪt/ *n.* accetta; ascia • (*spreg.*) **h.-faced**, dal viso affilato e duro □ (*fam.*) **h. job**, stroncatura: **to do a h. job on sb.**, stroncare q. □ (*fam.*) **h. man**, sicario; (*estens.*) persona incaricata di ristrutturare un'azienda, tagliatore di teste (*fam.*) □ **to bury the h.**, fare la pace; seppellire l'ascia di guerra.
hatching /ˈhætʃɪŋ/ *n.* Ⓤ (*arte*) tratteggio; ombreggiatura.
hatchway /ˈhætʃweɪ/ *n.* (*naut.*) boccaporto.
hate /heɪt/ *n.* Ⓤ odio • (*fam.*) **my pet h.**, la cosa che odio di più.
to **hate** /heɪt/ *v. t.* ***1*** odiare; detestare: (*fam.*) **to h. sb.'s guts**, odiare a morte q.; **I h. being kept waiting**, non sopporto di dover aspettare ***2*** (*fam.*) essere spiacente: **I h. to have to tell you that...**, sono spiacente di doverti dire che...
hateful /ˈheɪtfl/ *a.* odioso; detestabile.
hatefulness /ˈheɪtflnəs/ *n.* Ⓤ odiosità.
hath /hæθ/ (*arc. o poet.*) *3ª pers. sing. del pres. indic. di* **to have**.
hatpin /ˈhætpɪn/ *n.* spillone (da cappello).
hatred /ˈheɪtrɪd/ *n.* Ⓤ odio; astio.
hatter /ˈhætə(r)/ *n.* cappellaio.
haughtiness /ˈhɔːtɪnəs/ *n.* Ⓤ altezzosità; alterigia; arroganza.
haughty /ˈhɔːtɪ/ *n.* altezzoso; arrogante.
haul /hɔːl/ *n.* ***1*** retata; pescato ***2*** distanza percorsa (*da un carico*); (*estens.*) tragitto: **long h.**, lungo percorso; tirata (*fam.*); (*fig.*) faccenda lunga e difficile, faticata ***3*** bottino ***4*** forte strappo.
to **haul** /hɔːl/ *v. t.* ***1*** tirare; trascinare: **to h. up** (*o* **in**) **the nets**, tirare su (*o* ritirare) le reti ***2*** trasportare (*su camion, ecc.*) ***3*** (*fam., anche* **to h. up**) trascinare (*davanti a un tribunale e sim.*) • (*fam.*) **to h. sb. over the coals**, dare una lavata di capo a q.; fare un cicchetto a q. □ (*naut.*) **to h. down one's flag** (*o* **colours**), ammainare la bandiera; (*estens.*) arrendersi.
haulage /ˈhɔːlɪdʒ/ *n.* Ⓤ (*comm.*) ***1*** trasporto: **road h.**, autotrasporto; **h. firm**, impresa di autotrasporti ***2*** spese di trasporto.
haulaway /ˈhɔːləweɪ/ *n.* (*USA*) bisarca; cicogna.
hauler /ˈhɔːlə(r)/ (*USA*), **haulier** /ˈhɔːlɪə(r)/ (*GB*) *n.* autotrasportatore.
haunch /hɔːntʃ, *USA* hɔː-, hɑː-/ *n.* ***1*** (*anat.*) anca ***2*** (*macelleria*) coscia; quarto • **to squat on one's haunches**, accosciarsi.
haunt /hɔːnt, *USA* hɔː-, hɑː-/ *n.* ***1*** luogo di ritrovo ***2*** covo (*di criminali*).
to **haunt** /hɔːnt, *USA* hɔː-, hɑː-/ *v. t.* ***1*** (*di fantasma*) aggirarsi per; abitare ***2*** ossessionare; perseguitare: **I was haunted by that memory**, ero ossessionato da quel ricordo ***3*** (*fam.*) frequentare regolarmente (*un locale, ecc.*).
haunted /ˈhɔːntɪd, *USA* ˈhɔː-, ˈhɑː-/ *a.* ***1*** abitato dai fantasmi ***2*** tormentato; impaurito.
haunting /ˈhɔːntɪŋ, *USA* ˈhɔː-, ˈhɑː-/ *a.* che continua a tornare alla mente; (*estens.*) indimenticabile, struggente.
hautbois /ˈəʊbɔɪ, ˈhəʊbɔɪ/ *n.* (*pl. invar.*) (*antiq.*) oboe.
hauteur /əʊˈtɜː(r), h-/ (*franc.*) *n.* alterigia.
Havana /həˈvænə, -ɑːnə/ *n.* (sigaro) avana.
have /hæv/ *n.* — **the haves and have-nots**, i ricchi e i poveri.
to **have** /hæv, həv/ (*pass. e p.p.* **had**) ***A*** *v. ausiliare* avere; essere: **«H. you seen it?»**, «l'hai visto?»; **He has been here**, è stato qui; **We haven't been seen**, non siamo stati visti; **You should h. warned me**, avresti dovuto avvertirmi; **They shouldn't h. come**, non sarebbero dovuti (*o* avrebbero dovuto) venire; **«You've haven't paid» «Yes, I h.»**, «non hai pagato» «ma sì (che ho pagato)»; **You haven't told anyone, h. you?**, non l'hai detto a nessuno, vero? ***B*** *v. modale* ***1*** (*anche* **to h. got**) dovere: **I h. (got) to go now**, devo andare ora; **Does it h.** (*o* **Has it got**) **to be done at once?**, deve essere fatto subito?; **You don't h. to say anything**, non occorre che tu dica nulla; **There has to be an explanation**, ci dev'essere una spiegazione ***2*** — **I [you, etc.] had better leave [speak, etc.]**, è meglio che io [tu] vada [parli, ecc.] ***C*** *v. t.* ***1*** avere: **I had my work to do**, avevo il mio lavoro da fare; **She has arthritis**, ha (*o* soffre di) artrite ***2*** (*anche* **to h. got**) avere; possedere: **She has red hair**, ha i capelli rossi; **He has** (*o* **He's got**) **plenty of courage**, ha molto coraggio; **I h. no money on me**, non ho soldi con me; **H. you got a pen?**, hai una penna?; **I h.** (*o* **I've got**) **an idea!**, ho un'idea! ***3*** avere; ricevere; ottenere: **I had your wire last night**, ho ricevuto il tuo telegramma ieri sera; **I had a phonecall from Sarah**, mi ha telefonato Sara; **Let me h. your address**, mi dia il suo indirizzo; **to h. a child**, avere un figlio ***4*** avere; tenere: **to h. one's eyes shut [the radio on]**, avere (*o* tenere) gli occhi chiusi [la radio accesa] ***5*** prendere; mangiare; bere; fare (*un pasto*): **I usually h. tea for breakfast**, di solito prendo (*o* bevo) tè a colazione; **to h. breakfast**, fare colazione; **to h. dinner**, cenare; **Will you h. some more?**, ne vuoi (*o* prendi) ancora?; **I had three slices of cake**, ho mangiato tre fette di torta ***6*** fare; dare: **to h. a walk [a bath, a game]**, fare una passeggiata [un bagno, una partita]; **to h. a party**, dare una festa; **H. a look at this**, da' un'occhiata a questo; **H. a try!**, prova!; **Let me h. a try**, fammi provare ***7*** (*causativo*) fare; farsi: **I'll h. a doctor h. a look at it**, lo farò vedere da un dottore; **to h. one's hair cut**, farsi tagliare i capelli; **H. it done at once**, fallo fare subito ***8*** subire: **He's had an operation**, è stato operato; ha subito un'operazione; **I had my money stolen**, mi hanno rubato i soldi ***9*** (*generalm. al passivo*) (*fam.*) imbrogliare; farla a: **We've been had!**, ce l'hanno fatta!; ci siamo fatti fregare! ***10*** (*seguito da* **it**) asserire; sostenere: **Rumour has it that...**, corre voce che...; **As Plato has it**, come dice Platone ***11*** conoscere; sapere: **He has some French**, sa un po' di francese ***12*** volere; tollerare; accettare: **Would you h. me rot in this place?**, vuoi che resti a marcire in questo posto?; **I won't h. you say** (*o* **saying**) **such things**, non tollero che tu dica simili cose; (*fam.*) **I tried to convince her, but she wasn't having any**, tentai di convincerla, ma non ne volle sapere • **I h. it on good authority**, lo so da fonte sicura □ (*fam.*) **Let him h. it!**, dagliele! □ (*fam.*) **He has had it**, è spacciato □ (*fam.*) **He had it coming for a long time!**, se lo meritava da un pezzo! □ (*fam.*) **«She's thrown him out at last» «I didn't know she had it in her»**, «l'ha sbattuto fuori finalmente» «non pensavo che ne avrebbe avuto il coraggio» □ (*fam.*) **You h.** (*o* **you've got**) **me there!**, non lo so proprio!; mi cogli impreparato!.
♦ **have back** *v. t. + avv.* ***1*** avere indietro; riavere; farsi restituire ***2*** far ritornare; invitare di nuovo.
♦ **have in** *v. t. + avv.* ***1*** far entrare ***2*** avere (*operai, ecc.*) in casa • (*fam.*) **to h. (got) it in for sb.**, avercela con q.
♦ **have on** *v. t. + avv.* ***1*** indossare; avere addosso ***2*** (*fam.*) prendere in giro ***3*** avere in programma: **I've nothing on tonight**, non ho niente in programma per stasera.
♦ **have out** *v. t. + avv.* farsi togliere (*un dente, ecc.*) • **to h. it** (*o* **things**) **out with sb.**, mettere le cose in chiaro con q.; sistemare i conti con q.
♦ **have over** (*o* **round**) *v. t. + avv.* invitare (a casa).
♦ **have up** *v. t. + avv.* (*fam.*) chiamare in tribunale.
haven /ˈheɪvn/ *n.* oasi; rifugio; asilo.
haven't /ˈhævnt, -vn/ *contraz. di* **have not**.
haversack /ˈhævəsæk/ *n.* sacca; bisaccia.
havoc /ˈhævək/ *n.* Ⓤ devastazione; distruzione; strage • **to wreak h. on st.**, devastare q.c. □ **to play h. with st.**, scombussolare; mandare a rotoli.
haw /hɔː/ *n.* (*bot.*) bacca del biancospino.
to **haw** /hɔː/ *V. sotto* **to hum**.
Hawaiian /həˈwaɪən/ *a. e n.* hawaiano.
hawk /hɔːk/ *n.* (*zool. e polit.*) falco • **h.-eyed**, dagli occhi di falco □ **h.-nosed**, dal naso aquilino □ **to watch sb. like a h.**, tenere gli occhi addosso a q.
to **hawk** (1) /hɔːk/ *v. i.* cacciare col falco.
to **hawk** (2) /hɔːk/ *v. t.* ***1*** vendere (*merce*) per la strada (*o* di casa in casa) ***2*** diffondere; divulgare.
hawker /ˈhɔːkə(r)/ *n.* venditore ambulante.
hawkish /ˈhɔːkɪʃ/ *a.* (*polit.*) da falco.
hawser /ˈhɔːzə(r)/ *n.* (*naut.*) gomena.
hawthorn /ˈhɔːθɔːn/ *n.* Ⓤ *e* Ⓒ (*bot.*) biancospino.
hay /heɪ/ *n.* Ⓤ fieno • (*med.*) **hay fever**, febbre da fieno □ (*fam. scherz.*) **to hit the hay**, andare a dormire; andare a nanna (*fam.*) □ **to make hay while the sun shines**, battere

il ferro finché è caldo.
haycock /ˈheɪkɒk/ *n.* mucchio di fieno (*nel campo*).
hayfork /ˈheɪfɔːk/ *n.* forca da fieno; forcone.
hayloft /ˈheɪlɒft, *USA* -ɔːft/ *n.* fienile.
haymaking /ˈheɪmeɪkɪŋ/ *n.* [U] fienagione.
hayrick /ˈheɪrɪk/ *n. V.* **haystack**.
hayseed /ˈheɪsiːd/ *n.* (*pop. USA*) contadino; bifolco.
haystack /ˈheɪstæk/ *n.* cumulo di fieno; pagliaio.
haywire /ˈheɪwaɪə(r)/ *a. pred.* — (*fam.*) **to go h.**, (*di sistema, meccanismo*) impazzire.
hazard /ˈhæzəd/ *n.* rischio; pericolo: **health h.**, cosa dannosa per la salute; **occupational h.**, rischio professionale.
to **hazard** /ˈhæzəd/ *v. t.* ***1*** rischiare; mettere a repentaglio ***2*** azzardare; arrischiare: **to h. a guess**, azzardare un'ipotesi; tirare a indovinare.
hazardous /ˈhæzədəs/ *a.* rischioso; pericoloso.
haze /heɪz/ *n.* [U] *e* [C] ***1*** foschia ***2*** velo (*di fumo*) ***3*** confusione mentale.
to **haze** /heɪz/ *v. Solo come*:
♦ **haze over** *v. i. + avv.* offuscarsi.
hazel /ˈheɪzl/ *n.* ***1*** (*bot.*) nocciolo ***2*** nocciola ***3*** [U] color nocciola.
hazelnut /ˈheɪzlnʌt/ *n.* nocciola.
haziness /ˈheɪzɪnəs/ *n.* [U] ***1*** nebbiosità ***2*** nebulosità.
hazy /ˈheɪzɪ/ *a.* ***1*** coperto da foschia; caliginoso ***2*** sfocato; confuso; vago.
H-bomb /ˈeɪtʃbɒm/ *n.* (*mil.*) bomba H.
he (***1***) /hiː, hɪ/ *pron pers. 3ª pers. sing. m.* egli; lui (*spesso sottinteso in ital.*) ● (*lett.*) **he who**, colui che.
he (***2***) /hiː/ ***A*** *n.* maschio: **It's a he, not a she**, è un maschio, non una femmina ***B*** *a. attr.* maschio (*di animale*): **he-goat**, capro; caprone; becco ● (*generalm. iron.*) **he-man**, maschione; macho.
head /hed/ *n.* ***1*** testa; capo: **to bang one's h.**, picchiare la testa; **My h. aches**, ho male alla testa; mi fa male la testa; **from h. to foot**, da capo a piedi; **Whisky [success] has gone to his h.**, il whisky [il successo] gli ha dato alla testa ***2*** cervello; testa: **to get** (*o* **to take**) **it into one's h. to do st.**, mettersi in testa di fare q.c.; **Get it into your h.**, ficcatelo bene in testa; **It never entered my h.**, non mi è mai passato per la testa; **to put an idea out of one's h.**, togliersi un'idea dalla testa ***3*** abilità; capacità: **to have a good h. for business**, avere il bernoccolo degli affari; **to have no h. for figures**, non essere bravo in matematica; **to have no h. for heights**, soffrire di vertigini ***4*** parte alta (*o* iniziale); testa; cima: **the h. of a queue**, la testa di una coda; **at the h. of the page**, in cima (*o* in testa) alla pagina; **at the h. of the stairs**, in cima alle scale; **at the h. of the table**, a capotavola; **at the h. of a business [of an army]**, alla testa di un'azienda [di un esercito] ***5*** testata (*di letto*): capocchia (*di chiodo, fiammifero, ecc.*); punta (*di freccia*); capolino (*di fiore*); cespo (*di lattuga*); testina (*di registratore, ecc.*) ***6*** capo; direttore; preside (*di scuola*): **h. of state**, capo di Stato; **h. of the family**, capofamiglia; **h. teacher**, direttore, preside (*di scuola*); **h. waiter**, capocameriere ***7*** persona; testa: **Three dollars a** (*o* **per**) **h.**, tre dollari a testa ***8*** (*pl. invar.*) capo (*di bestiame*): **fifty h. of cattle**, cinquanta capi di bestiame ***9*** (*geogr.*) promontorio; punta; capo; sorgente (*di fiume*); inizio (*di lago*) ***10*** schiuma (*di birra*) ***11*** rubrica; titolo; capo: **to treat a question under several heads**, trattare un problema per diversi capi ● **h. of hair**, testa di capelli; capigliatura □ **h. office**, sede centrale □ **h.-on**, frontale; frontalmente: **h.-on collision**, scontro frontale □ **Heads or tails?**, testa o croce? □ **h. over heels**, a gambe all'aria □ **h. over heels in love**, innamorato cotto □ (*sport e fig.*) **h. start**, vantaggio □ **Heads will roll**, salterà qualche testa (*fig.*) □ (*ippica*) **by a h.**, di una testa □ **to come to a h.**, (*med., di ascesso*) maturare; (*fig., di situazione*) precipitare □ (*fig.*) **to go over sb.'s h.**, scavalcare q. (*nella scala gerarchica*) □ **to have a (good) h. on one's shoulders**, avere la testa sul collo □ **to have one's h. in the clouds**, avere la testa fra le nuvole □ **to keep one's h.**, non perdere la testa; mantenere la calma □ **to keep one's h. above water**, mantenersi a galla; barcamenarsi □ **to laugh one's h. off**, sbellicarsi dal ridere □ **I can't make h. or tail of it**, non ci capisco niente □ **to be off one's h.**, essere pazzo □ **On your h. be it**, bada che la responsabilità è tua □ (*fig.*) **over sb.'s h.**, troppo difficile per q. □ **Let's put our heads together**, studiamo la cosa insieme □ **to shout one's h. off**, sgolarsi □ **to stand h. and shoulders above sb.**, superare q. di gran lunga □ **to talk over sb.'s h.**, dire cose troppo difficili per q. □ **to talk one's h. off**, parlare a ruota libera □ **to talk sb.'s h. off**, stordire q. di chiacchiere □ **to turn sb.'s h.**, far girare la testa a q.
to **head** /hed/ ***A*** *v. t.* ***1*** essere in testa a: **to h. a column [the charts]**, essere in testa a una colonna [alla classifica] ***2*** essere alla testa (*o* a capo) di; dirigere ***3*** intitolare ***4*** (*sport*) colpire (*la palla*) di testa ● (*calcio*) **to h. the ball in**, segnare di testa ***B*** *v. i.* (*seguito da avv. o compl.*) dirigersi: **to h. home**, dirigersi verso casa; **to h. back**, ritornare; **We headed for the station**, ci dirigemmo verso la stazione; **He's heading for trouble**, è in cerca di guai.
♦ **head off** *v. t. + avv.* ***1*** far cambiare direzione; intercettare ***2*** prevenire; scongiurare.
♦ **head up** *v. t. + avv.* (*fam.*) capeggiare; essere a capo di.
headache /ˈhedeɪk/ *n.* [C] *e* [U] ***1*** mal di testa; mal di capo: **to have a h.**, aver mal di testa ***2*** (*fam.*) grattacapo.
headband /ˈhedbænd/ *n.* fascia per capelli.
headboard /ˈhedbɔːd/ *n.* testata (*di letto*).
headcase /ˈhedkeɪs/ *n.* (*fam.*) pazzo.
headcount /ˈhedkaʊnt/ *n.* conteggio dei presenti (*o* delle presenze).
headdress /ˈheddres/ *n.* acconciatura.
headed /ˈhedɪd/ *a.* intestato: **h. notepaper**, carta (da lettere) intestata.
header /ˈhedə(r)/ *n.* ***1*** (*calcio*) colpo di testa ***2*** (*fam.*) tuffo di testa.
headfirst /ˈhedˈfɜːst/ *avv.* ***1*** a testa in giù; a capofitto ***2*** senza riflettere.
headgear /ˈhedgɪə(r)/ *n.* [U] *e* [C] copricapo.
headhunter /ˈhedhʌntə(r)/ *n.* (*anche fig.*) cacciatore di teste.
heading /ˈhedɪŋ/ *n.* ***1*** intestazione; titolo ***2*** (*tipogr.*) testatina; titolo corrente.
headlamp /ˈhedlæmp/ *n. V.* **headlight**.
headland /ˈhedlənd/ *n.* capo; promontorio.
headless /ˈhedləs/ *a.* senza testa; decapitato.
headlight /ˈhedlaɪt/ *n.* (*autom.*) faro; fanale.
headline /ˈhedlaɪn/ *n.* ***1*** (*giorn.*) titolo ***2*** (*al pl.*) (*radio, TV*) sommario (delle notizie) ● (*fam.*) **to hit the headlines**, fare notizia; (*di persona*) avere gli onori della cronaca, diventare famoso.
to **headline** /ˈhedlaɪn/ *v. t.* ***1*** (*giorn.*) fare un titolo su ***2*** mettere in risalto (*o* in evidenza) ***3*** (*teatr., USA*) essere l'attrazone principale di.
headlong /ˈhedlɒŋ, *USA* -ɔːŋ/ ***A*** *avv.* ***1*** a capofitto ***2*** precipitosamente; impetuosamente; senza riflettere ***B*** *a.* ***1*** a capofitto ***2*** precipitoso; avventato.
headman /ˈhedmən/ *n.* (*pl.* **headmen** /-mən/) capo; capotribù.
headmaster /ˈhedˈmɑːstə(r), *USA* -æs-/ *n.* direttore, preside (*di scuola*).
headmistress /ˈhedˈmɪstrɪs/ *n.* direttrice, preside (*di scuola*).
headphones /ˈhedfəʊnz/ *n. pl.* (*tel., radio*) cuffia.
headquarters /ˈhedˈkwɔːtəz/ *n. pl.* ***1*** (*mil.*) quartier generale ***2*** sede centrale.
headrest /ˈhedrest/ *n.* poggiatesta.
headroom /ˈhedruːm, -rʊm/ *n.* [U] spazio sopra la testa; (*di ponte*) altezza libera (di passaggio); (*autom.*) altezza dall'abitacolo.
headscarf /ˈhedskɑːf/ *n.* fazzoletto da testa; foulard.
headset /ˈhedset/ *n.* (*tel., radio*) cuffia.
headship /ˈhedʃɪp/ *n.* comando; guida; direzione.
headshrinker /ˈhedʃrɪŋkə(r)/ *n.* (*scherz.*) strizzacervelli.
headstand /ˈhedstænd/ *n.* (*ginnastica*) verticale.
headstone /ˈhedstəʊn/ *n.* ***1*** pietra tombale; lapide ***2*** (*edil.*) pietra angolare.
headstrong /ˈhedstrɒŋ, *USA* -ɔːŋ/ *a.* caparbio; ostinato; testardo.
headway /ˈhedweɪ/ *n.* [U] ***1*** movimento in avanti; (*naut.*) abbrivio in avanti ***2*** (*fig.*) progresso ● **to make h.**, (*naut.*) avanzare; (*fig.*) fare progressi.
headwind /ˈhedwɪnd/ *n.* vento contrario; (*naut.*) vento di prua.
headword /ˈhedwɜːd/ *n.* lemma (*di dizionario*).
heady /ˈhedɪ/ *a.* inebriante.
to **heal** /hiːl/ ***A*** *v. t.* ***1*** guarire; risanare ***2*** (*fig.*) sanare; com-

porre ***B*** *v. i.* (*anche* **to h. up** *o* **over**) cicatrizzarsi; rimarginarsi.

healer /ˈhiːlə(r)/ *n.* guaritore (-trice); risanatore (-trice).

healing /ˈhiːlɪŋ/ *a.* curativo; medicamentoso; salutare.

health /hɛlθ/ *n.* ◻ salute • **h. care**, assistenza sanitaria ◻ **h. centre**, poliambulatorio ◻ **h. club**, club salutistico ◻ **h. food**, cibo macrobiotico; alimenti naturali ◻ **h. inspection**, controllo sanitario ◻ **h. insurance**, assicurazione contro le malattie ◻ **h. officer**, ufficiale sanitario ◻ (*in G.B.*) **the National H. Service**, il Servizio Sanitario Nazionale ◻ **Ministry of H.**, Ministero della Sanità ◻ **Your h.!**, alla tua!; salute!

healthy /ˈhɛlθɪ/ *a.* ***1*** (*di persona*) sano; in buona salute ***2*** (*anche fig.*) sano; salutare: **h. habit**, abitudine sana; **h. appetite**, robusto appetito; **h. respect**, salutare rispetto.

heap /hiːp/ *n.* ***1*** mucchio; cumulo; catasta ***2*** (*anche al pl.*) (*fam.*) sacco; mucchio: **heaps of time**, un sacco di tempo; **heaps of times**, un mucchio di volte • (*fam.*) **to feel heaps better**, stare molto meglio.

to **heap** /hiːp/ *v. t.* ***1*** ammucchiare; accumulare: **to h. up riches**, accumulare ricchezze; **She heaped my plate with pasta** (*o* **heaped pasta onto my plate**), mi riempì il piatto di pastasciutta ***2*** profondere; riversare: **to h. praise on sb.**, profondere elogi su q.; **to h. insults on sb.**, coprire q. d'insulti.

heaped /hiːpt/ *a.* colmo: **a h. spoonful**, un cucchiaio colmo.

to **hear** /hɪə(r)/ (*pass. e p.p.* **heard**) ***A*** *v. t.* ***1*** sentire; udire (*form.*): **I can't h. anything**, non sento niente; **I could h. the patter of rain on the window**, sentivo il picchiettio della pioggia sui vetri; **I heard him groan**, lo sentii lamentarsi; **I don't want to h. any more of this nonsense**, non voglio più sentire queste stupidaggini ***2*** sentire; venire a sapere: **I h. he's gone to the States**, ho sentito (*o* saputo) che è andato negli Stati Uniti ***3*** (*leg.*) ascoltare; esaminare; giudicare • **H., h.!**, bravo (-a)!; ben detto! ◻ (*fam.*) **I can't h. myself think!**, non riesco nemmeno a pensare con questo chiasso! ***B*** *v. i.* sentire; sentirci: **He can't h. very well**, non ci sente bene.

♦ **hear about** *v. i. + prep.* sentire di; (venire a) sapere di: **Did you h. about the meeting?**, hai sentito della riunione?

♦ **hear from** *v. i. + prep.* avere notizie da; ricevere una lettera da.

♦ **hear of** *v. i. + prep.* ***1*** sentir parlare di: **John Taylor? Never heard of him**, John Taylor? Mai sentito nominare; **I won't h. of it**, non ne voglio sentir parlare; non se ne parla nemmeno! ***2*** avere notizie di: **That's the last I heard of her**, queste sono le ultime notizie che ho di lei; **He was never heard of again**, non se ne seppe più nulla.

♦ **hear out** *v. t. + avv.* ascoltare sino in fondo.

heard /hɜːd/ *pass. e p.p. di* **to hear**.

hearing /ˈhɪərɪŋ/ *n.* ***1*** ◻ udito ***2*** ascolto: **to give sb. a (fair) h.**, dare ascolto a q.; **I didn't like it at first h.**, la prima volta che l'ho sentito non mi è piaciuto ***3*** (*leg.*) udienza • (*med.*) **h. aid**, protesi acustica ◻ **hard of h.**, duro d'orecchi ◻ **He said so in my h.**, l'ha detto in mia presenza; gliel'ho sentito dire io stesso ◻ **out of h.**, troppo lontano per essere udito ◻ **within h.**, a portata d'orecchio.

hearsay /ˈhɪəseɪ/ *n.* ◻ diceria; voce; cose sentite dire: **It's all h.**, sono solo voci; (*leg.*) **h. evidence**, testimonianza fondata su dicerie; prova «per sentito dire».

hearse /hɜːs/ *n.* carro funebre.

heart /hɑːt/ *n.* ***1*** cuore: **h. attack**, attacco cardiaco (*o* di cuore); infarto; **to break sb.'s h.**, spezzare il cuore a q. ***2*** ◻ animo; coraggio; cuore; entusiasmo: **to take h.**, farsi coraggio; farsi animo; **I didn't have the h. to tell them**, non ho avuto cuore (*o* il coraggio) di dirglielo; non me la sono sentita di dirglielo; **My h. wasn't in it**, mi mancava l'entusiasmo ***3*** cuore; centro; nocciolo: **in the h. of the forest**, nel cuore della foresta; **the h. of the matter**, il nocciolo della faccenda; **to strike at the h. of st.**, colpire al cuore di q.c. ***4*** (*al pl.*) (*a carte*) cuori • **h. and soul**, anima e corpo; con tutta l'anima ◻ **h. condition**, cardiopatia: **to have a h. condition**, essere cardiopatico ◻ **h. disease**, malattia di cuore; cardiopatia ◻ **h. failure**, collasso cardiaco; arresto cardiaco ◻ **h.-searching**, riflessione (*sul proprio comportamento o le proprie motivazioni*); esame di coscienza ◻ **h. surgery**, cardiochirurgia: **to undergo h. surgery**, essere operato al cuore ◻ **h.-to-h. talk**, conversazione a cuore aperto ◻ **My h. was in my mouth**, avevo il cuore in gola ◻ **He grumbles a lot, but his h. is in the right place**, è un gran brontolone, ma in fondo è un brav'uomo ◻ **My h. sank**, mi caddero le braccia ◻ **He's a man after my own h.**, è proprio il tipo che piace a me ◻ **at h.**, in realtà; in fondo ◻ **by h.**, a memoria: **to know [to learn] st. off by h.**, sapere [imparare] q.c. a memoria ◻ **close to sb.'s h.**, che sta molto a cuore a q. ◻ **to cry one's h. out**, piangere accoratamente (*o* a calde lacrime) ◻ **to die of a broken h.**, morire di crepacuore ◻ **from the bottom of one's h.**, di cuore; sinceramente ◻ (*fam.*) **Have a h.!**, abbi pazienza!; sii buono! ◻ **in my h. of hearts**, dentro di me; nel mio intimo ◻ **to lose one's h. to sb.**, innamorarsi perdutamente di q. ◻ **to one's h.'s content**, quanto si vuole ◻ **to set one's h. on st.**, desiderare ardentemente; tenere molto a q.c. ◻ **to take st. to h.**, essere molto colpito da q.c. (*che viene detto*); rimanerci (male) per q.c. ◻ **to wear one's h. on one's sleeve**, avere il cuore sulle labbra.

heartache /ˈhɑːteɪk/ *n.* ◻ pena; angoscia.

heartbeat /ˈhɑːtbiːt/ *n.* battito del cuore; pulsazione.

heartbreak /ˈhɑːtbreɪk/ *n.* ◻ crepacuore.

heartbreaking /ˈhɑːtbreɪkɪŋ/ *a.* straziante; penoso.

heartbroken /ˈhɑːtbrəʊkən/ *a.* affranto; col cuore spezzato; straziato.

heartburn /ˈhɑːtbɜːn/ *n.* ◻ (*med.*) bruciore di stomaco.

to **hearten** /ˈhɑːtn/ *v. t.* rincuorare; incoraggiare.

heartfelt /ˈhɑːtfɛlt/ *a.* sincero; profondo.

hearth /hɑːθ/ *n.* focolare • (*antiq.*) **h. and home**, il focolare domestico.

hearthrug /ˈhɑːθrʌg/ *n.* tappeto davanti al camino.

heartily /ˈhɑːtəlɪ/ *avv.* ***1*** cordialmente; di cuore ***2*** con grande entusiasmo ***3*** di buon appetito ***4*** assolutamente; completamente.

heartland /ˈhɑːtlənd/ *n.* zona centrale; cuore (*di un paese, una regione*) • (*gergo giorn.*) **Tory h.**, roccaforte conservatrice.

heartless /ˈhɑːtləs/ *a.* senza cuore; crudele; insensibile.

heartrending /ˈhɑːtˈrɛndɪŋ/ *a.* straziante; pietoso.

heartsick /ˈhɑːtsɪk/ *a.* abbattuto; depresso.

heartstrings /ˈhɑːtstrɪŋz/ *n. pl.* — **to tug at sb.'s h.**, far vibrare la corda del sentimento in q.; toccare profondamente q.

heartthrob /ˈhɑːtθrɒb/ *n.* (*pop.*) idolo delle donne.

heartwarming /ˈhɑːtˈwɔːmɪŋ/ *a.* che fa bene al cuore; caloroso.

heartwood /ˈhɑːtwʊd/ *n.* ◻ (*bot.*) durame.

hearty /ˈhɑːtɪ/ *a.* ***1*** cordiale; caloroso; sincero: **h. welcome**, calorosa accoglienza; **h. laugh**, risata di cuore; (*iron.*) **a h. dislike of sb.**, una cordiale antipatia per q. ***2*** robusto; abbondante: **h. appetite**, robusto appetito; **h. meal**, pasto abbondante; **h. eater**, buona forchetta.

heat /hiːt/ *n.* ***1*** ◻ calore; caldo: **h.-resistant**, resistente al calore; **h.-wave**, ondata di caldo ***2*** calore; fervore; foga: **in the h. of the debate**, nel fervore della discussione; **in the h. of the moment**, nella foga del momento; **in the h. of the battle**, nella furia della battaglia ***3*** fuoco; fiamma: **Cook on a low h. for twenty minutes**, cuocere a fuoco basso per venti minuti ***4*** (*sport*) eliminatoria; batteria ***5*** (*di animali*) calore: **on** (*o* **in**) **h.**, in calore ***6*** (*fam.*) pressione; tensione ***7*** (*pop. USA*) polizia • (*med.*) **h. rash**, infiammazione cutanea; calore (*fam.*) ◻ (*sport*) **dead h.**, gara alla pari.

to **heat** /hiːt/ ***A*** *v. t.* (*anche* **to heat up**) scaldare; riscaldare: **to h. up some soup**, riscaldare della minestra ***B*** *v. i.* scaldarsi; riscaldarsi.

heated /ˈhiːtɪd/ *a.* ***1*** riscaldato ***2*** accalorato; acceso; animato: **h. debate**, animato dibattito; **He always gets h. about such things**, si scalda sempre per queste cose.

heater /ˈhiːtə(r)/ *n.* riscaldatore; calorifero; stufa: **bath h.**, scaldabagno; **electric h.**, stufa elettrica; **fan h.**, convogliatore di aria calda.

heath /hiːθ/ *n.* ***1*** brughiera; landa ***2*** ◻ (*bot.*) erica.

heathen /ˈhiːðn/ *a. e n.* ***1*** pagano ***2*** barbaro; selvaggio.

heather /ˈhɛðə(r)/ *n.* ◻ (*bot.*) erica.

heating /ˈhiːtɪŋ/ *n.* ◻ riscaldamento: **central h.**, riscaldamento centrale.

heatstroke /ˈhiːtstrəʊk/ *n.* (*med.*) colpo di sole.

heave /hiːv/ *n.* ***1*** sforzo (*per sollevare o tirare q.c.*) ***2*** sollevamento ritmico (*specialm. del mare*); rigonfiamento (*di onda*).

to **heave** /hiːv/ (*pass. e p.p.* **heaved**, (*naut.*) **hove**) ***A*** *v. t.* ***1*** sollevare (*con sforzo*); issare: **to h. st. overboard**, gettare q.c. a mare; **H. ho!**, issa! ***2*** emettere: **to h. a sigh**, emettere un sospiro *3* (*fam.*) gettare; lanciare *B* *v. i.* *1* alzarsi e abbassarsi (*con moto ritmico*) *2* avere conati di vomito; (*dello stomaco*) rivoltarsi ● **to h. into sight**, comparire all'orizzonte (*anche fig.*).

♦ **heave to** *v. i. + avv.* (*naut.*) mettersi in panna.

heaven /ˈhɛvn/ *n.* *1* cielo; (*anche fig.*) paradiso: **to go to h.**, andare in paradiso *2* (*al pl.*) (i) cieli; (la) volta celeste ● **h.-sent**, mandato dal cielo; provvidenziale □ **H. forbid!**, il Cielo non voglia! □ **The heavens opened**, cominciò a diluviare □ **For H.'s sake!**, per amor del cielo! □ **(Good) Heavens!**, santo cielo! □ **(Good) heavens, no!**, neanche per sogno!; per carità! □ **in seventh h.**, al settimo cielo □ **to move h. and earth**, muovere mari e monti; fare di tutto □ **The hotel was right on the beach – sheer h.!**, l'albergo dava direttamente sulla spiaggia: un sogno!

heavenly /ˈhɛvnlɪ/ *a.* *1* (*astron.*) celeste *2* (*relig.*) celeste; celestiale *3* (*fam.*) meraviglioso; di sogno; di favola.

heavily /ˈhɛvəlɪ/ *avv.* *1* pesantemente *2* forte; abbondantemente: **It was raining h.**, pioveva forte *3* molto; grandemente: **to smoke h.**, fumare molto; **to be h. dependent on st.**, dipendere in larga misura da q.c. *4* duramente; pesantemente: **to fine sb. h.**, multare pesantemente q. *5* profondamente: **to sleep h.**, dormire profondamente ● **h.-built**, massiccio (*di corporatura*).

heavy /ˈhɛvɪ/ *A* *a.* *1* pesante; intenso; violento: **h. responsibility**, pesante (*o* grave) responsabilità; **a h. day**, una giornata pesante; **h. burden**, grosso peso; **h. meal**, pasto pesante; **My head feels h.**, ho la testa pesante; **h. heart**, cuore pesante (*o* gonfio); **h. artillery**, artiglieria pesante; **h. industry**, industria pesante; **h. expenses**, forti spese; **h. storm**, violenta tempesta; **h. traffic**, traffico intenso (*o* pesante); **h. fighting**, pesanti combattimenti *2* profondo: **h. sigh**, profondo sospiro; **h. sleep**, sonno profondo *3* faticoso: **Digging the hole was h. work**, scavare quella buca è stato faticoso; **to be h. going**, essere faticoso *4* (*del cielo*) coperto; nuvoloso *5* (*fam.*) severo; duro ● **h. breather**, maniaco che ansima al telefono □ **h. breathing**, respiro ansimante di maniaco al telefono □ **h.-duty**, (*di moquette, scarpe, ecc.*) robusto; resistente □ **h. goods vehicle**, autoveicolo pesante da trasporto □ **h.-handed**, severo; oppressivo; privo di tatto □ **h.-hearted**, malinconico; triste □ **h.-laden**, molto carico □ (*mus.*) **h. metal**, heavy metal □ **h.-set**, tracagnotto; ben piantato □ **h. sleeper**, persona che ha il sonno duro □ **h. smoker**, fumatore accanito □ **h. with scent**, carico di profumo □ **h. with sleep**, appesantito dal sonno □ **This car is h. on petrol**, questa macchina consuma molta benzina *B* *n.* (*pop.*) guardia del corpo; gorilla.

heavyweight /ˈhɛvɪweɪt/ *n.* *1* (*boxe*) peso massimo *2* (*fam.*) pezzo grosso.

Hebraic /hiːˈbreɪɪk/ *a.* ebraico.

Hebrew /ˈhiːbruː/ *A* *a.* ebreo; ebraico *B* *n.* *1* (*specialm. stor.*) ebreo (-a) *2* ebraico (*lingua*).

heck /hɛk/ (*fam.*) *A* *n.* — **a h. of a lot of**, un casino di; **What the h. are you doing?**, che cavolo fai? *B* *inter.* cavolo!; accidenti! ● **What the h.!**, al diavolo!; chi se ne frega!

to **heckle** /ˈhɛkl/ *v. t.* interrompere (*un oratore*) con commenti ostili; contestare.

hectare /ˈhɛktɛə(r), -ɑː(r)/ *n.* ettaro.

hectic /ˈhɛktɪk/ *a.* frenetico; febbrile; tumultuoso.

to **hector** /ˈhɛktə(r)/ *v. t.* fare il prepotente con.

he'd /hiːd, hɪd/ *contraz. di* **he had, he would**.

hedge /hɛdʒ/ *n.* *1* siepe *2* riparo: **h. against inflation**, riparo contro l'inflazione ● (*fin.*) **h. funds**, fondi di copertura □ (*zool.*) **h. sparrow**, passera scopaiola.

to **hedge** /hɛdʒ/ *A* *v. t.* *1* circondare con una siepe *2* (*fin.*) coprirsi da (*un rischio*) ● **to h. a bet**, scommettere pro e contro □ **to h. one's bets**, tenersi equidistante; non schierarsi; giocare su più fronti *B* *v. i.* eludere una domanda; tergiversare.

♦ **hedge about** (*o* **around**) *v. t. + avv.* — **to be hedged about with st.**, essere vincolato (*o* limitato) da q.c.

♦ **hedge against** *v. i. + prep.* coprirsi da; mettersi al riparo da: **to h. against inflation**, mettersi al riparo dall'inflazione.

♦ **hedge in** *v. t. + avv.* *1* circondare con una siepe *2* vincolare.

hedgehog /ˈhɛdʒhɒg, *USA* -ɔːg/ *n.* (*zool.*) *1* (*GB*) riccio *2* (*USA*) porcospino.

hedgerow /ˈhɛdʒrəʊ/ *n.* siepe di arbusti (*o* di cespugli) (*per separare i campi*).

hedonism /ˈhiːdənɪzəm/ *n.* Ⓤ edonismo.

hedonist /ˈhiːdənɪst/ *n.* edonista.

hedonistic /hiːdəˈnɪstɪk/ *a.* edonistico.

heebie-jeebies /hiːbɪˈdʒiːbɪz/ *n. pl.* (*fam.*) tremarella; strizza.

heed /hiːd/ *n.* Ⓤ attenzione ● **to give** (*o* **to pay**) **h. to**, dare ascolto (*o* retta) a □ **to take h.** (**of**), badare (a).

to **heed** /hiːd/ *v. t.* (*fam.*) dare ascolto (*o* retta) a.

heedless /ˈhiːdləs/ *a.* noncurante; sbadato; trascurato.

heedlessness /ˈhiːdləsnəs/ *n.* Ⓤ noncuranza; sbadataggine; trascuratezza.

heehaw /ˈhiːhɔː/ *n.* raglio.

to **heehaw** /ˈhiːhɔː/ *v. i.* ragliare.

heel /hiːl/ *n.* *1* (*anat.*) calcagno; tallone *2* calcagno (*di calza*) *3* tacco (*di scarpa*) *4* (*pop.*) stronzo; verme ● **to bring sb. to h.**, riportare q. all'ordine □ **hard** (*o* **hot**) **on the heels of**, subito dopo; a ridosso di □ (**hot**) **on sb.'s heels**, alle calcagna di q. □ **to come to h.**, (*di cane*) venire dal padrone; (*fig.*) obbedire □ **to take to one's heels** (*o* **to show a clean pair of heels**), mostrare le calcagna; darsela a gambe □ **to turn on one's h.**, girare sui tacchi □ (*fig.*) **under the h. of**, sotto il tallone di.

to **heel** (**1**) /hiːl/ *A* *v. t.* *1* fare (*o* mettere, rifare) i tacchi a *2* (*sport*) colpire di tacco *B* *v. i.* — **H.!**, (*a un cane*) qui!

to **heel** (**2**) /hiːl/ *v. Solo come*:

♦ **heel over** *v. i. + avv.* (*naut.*) sbandare; ingavonarsi.

hefty /ˈhɛftɪ/ *a.* (*fam.*) *1* robusto; forte; grosso: **h. man**, uomo robusto; **h. fine**, grossa multa *2* pesante; ingombrante.

hegemonic /hɛgəˈmɒnɪk, -dʒə-, *USA* -dʒə-/ *a.* egemonico.

hegemony /hɪˈgɛmənɪ, ˈdʒɛ, *USA* -ˈdʒɛ-, ˈhɛdʒəməʊnɪ/ *n.* Ⓤ egemonia.

heifer /ˈhɛfə(r)/ *n.* giovenca.

height /haɪt/ *n.* *1* Ⓤ *e* Ⓒ altezza; statura: **What h. are you?**, quant'è la tua statura?; quanto sei alto?; **to be six feet in h.**, essere alto sei piedi *2* altitudine; quota: (*aeron.*) **to gain** [**to lose**] **h.**, guadagnare [perdere] quota *3* altura; cima *4* apice; colmo; culmine: **at the h. of the season**, al culmine della stagione; **the h. of perfection**, l'apice della perfezione ● **to be afraid of heights**, soffrire di vertigini.

to **heighten** /ˈhaɪtn/ *A* *v. t.* *1* elevare; innalzare *2* accrescere; aumentare; intensificare *B* *v. i.* aumentare; intensificarsi.

heinous /ˈheɪnəs/ *a.* atroce; efferato; nefando; odioso.

heir /ɛə(r)/ *n.* (*leg.*) erede: **h. to the throne**, erede al trono; **h. apparent**, erede in linea diretta; (*fig.*) erede, delfino; **h. presumptive**, erede presuntivo.

heiress /ˈɛərɪs/ *n.* *1* (*leg.*) erede (*f.*) *2* ereditiera.

heirloom /ˈɛəluːm/ *n.* oggetto (*o* cimelio) di famiglia.

heist /haɪst/ *n.* (*pop. USA*) furto.

held /hɛld/ *pass. e p.p. di* **to hold**.

helical /ˈhɛlɪkl, ˈhiːlɪkl/ *a.* (*mecc.*) elicoidale.

helicopter /ˈhɛlɪkɒptə(r)/ *n.* (*aeron.*) elicottero.

heliocentric /hiːlɪəʊˈsɛntrɪk/ *a.* (*astron.*) eliocentrico.

heliograph /ˈhiːlɪəʊgrɑːf, *USA* -æf/ *n.* eliografo.

heliography /hiːlɪˈɒgrəfɪ/ *n.* Ⓤ eliografia.

heliotrope /ˈhiːlɪətrəʊp/ *n.* (*bot., miner.*) eliotropio.

heliotropism /hiːlɪˈɒtrəpɪzəm/ *n.* Ⓤ (*bot.*) eliotropismo.

helipad /ˈhɛlɪpæd/ *n.* (*aeron.*) piattaforma di atterraggio per elicotteri.

heliport /ˈhɛlɪpɔːt/ *n.* (*aeron.*) eliporto.

helium /ˈhiːlɪəm/ *n.* Ⓤ (*chim.*) elio.

helix /ˈhiːlɪks/ *n.* (*pl.* **helixes**, **helices** /-siːz/) *1* (*geom., mecc.*) elica; spirale *2* (*anat.*) elice *3* (*archit.*) voluta.

hell /hɛl/ *n.* inferno: **to go to h.**, andare all'inferno; **to make sb.'s life a h.**, far fare una vita d'inferno a q. ● (*fam.*) **To** (*o* **The**) **h. with it!**, alla malora!; al diavolo! □ **h.-bent on doing st.**, deciso a fare q.c. a tutti i costi □ (*fam.*) **All h. broke loose**, è successo un finimondo; apriti cielo! □ (*fam.*) **a h. of a lot of money**, un casino di soldi □ (*fam.*) **to give sb. h.**, fare una sfuriata a q.; far vedere i sorci verdi a q. □ (*fam.*) **just for the h. of it**, solo per il gusto di farlo □ (*fam.*) **like h.**, a rotta di collo; moltissimo □ (*fam.*) **Like h.!**, col cavolo!: **Like h. you're going!**, col cavolo che ci vai! □ (*fam.*) **Oh, h.!**, accidenti!; porca miseria! □ (*fam.*) **to raise h.**, *V. sotto* **to raise** □ (*antiq.*) **to ride h.-for-leather**, galoppare a briglia sciolta; andare di gran galoppo □ (*fam.*) **What the h.!**, al diavolo!; chi se ne frega! □ (*fam.*) **What the h. do you want?**, che accidenti vuoi? □ (*fam.*) **There'll be h. to pay if...**, saranno guai se...

he'll /hiːl, hɪl/ *contraz. di* **he will, he shall**.

hellcat /ˈhɛlkæt/ *n.* donna bisbetica; furia; strega.

hellebore /ˈhɛlɪbɔː(r)/ *n.* ◻ (*bot.*) elleboro.
Hellenic /hɛˈliːnɪk, *USA* -lɛn-/ *a.* (*stor., geogr.*) ellenico.
Hellenism /ˈhɛlɪnɪzəm/ *n.* ◻ ellenismo.
Hellenistic /hɛlɪˈnɪstɪk/ *a.* ellenistico.
hellish /ˈhɛlɪʃ/ *a.* infernale; diabolico.
hello /həˈləʊ, hɛ-/ *inter. e n.* (*pl.* **hellos**) *1* (*incontrandosi*) buongiorno; ciao: **Say h. to her for me**, salutamela *2* (*al telefono*) pronto *3* (*di sorpresa*) ehi!; ma guarda! *4* (*per attirare l'attenzione*) ehi!
helm /hɛlm/ *n.* (*naut.*) timone • (*fig.*) **to be at the h.**, essere al comando.
helmet /ˈhɛlmɪt/ *n.* *1* (*stor.*) elmo *2* (*mil.*) elmetto *3* casco.
helmsman /ˈhɛlmzmən/ *n.* (*pl.* **helmsmen** /-mən/) (*naut.*) timoniere.
help /hɛlp/ *n.* ◻ *e* ◻ *1* aiuto; soccorso: **to call for h.**, chiedere aiuto; **to be of h. to sb.**, essere d'aiuto a q.; **to be a great h. to sb.**, essere di grande aiuto a q. *2* persona di servizio (*a ore*); domestica *3* rimedio; via d'uscita; scampo: **There's no h. for it**, non c'è rimedio; **beyond h.**, senza rimedio; senza speranza.
to **help** /hɛlp/ *A* *v. t.* *1* aiutare: **to h. sb. (to) do st.**, aiutare q. a fare q.c.; **Let me h. you with the luggage**, lascia che ti aiuti a portare i bagagli; **Can I h. you?**, (*in un negozio*) che cosa desidera?; in che cosa posso servirla?; **to h. sb. out of a difficulty**, aiutare q. a trarsi d'impaccio; **to h. sb. to a decision**, aiutare q. a prendere una decisione; **to h. sb. into [out of, over] st.**, aiutare q. a entrare in [a uscire da, a scavalcare] q.c.; (*GB*) **to h. sb. on [off] with st.**, aiutare q. a mettersi [a togliersi] q.c. *2* dare, servire, versare (*cibo o bevanda, a tavola*): **May I h. you to some more meat?**, posso darti dell'altra carne? *3* (*preceduto da* **can't, couldn't**) fare a meno di: **I couldn't h. laughing**, non potei fare a meno di ridere • **Don't tell him more than you can h.**, non dirgli più di quanto è necessario □ **How can I h. it?**, che cosa posso farci? □ **It can't be helped**, non c'è rimedio; non c'è niente da fare □ **So h. me God**, (*in un giuramento*) e che Dio mi assista *B* *v. i.* servire; giovare *C* to **help oneself** *v. rifl.* *1* servirsi (*a tavola*); prendere: **H. yourself, please!**, si serva, prego!; **I helped myself to some more potatoes**, presi ancora un po' di patate *2* (*preceduto da* **can't, couldn't**) frenarsi; trattenersi.
♦ **help out** *v. t. e i. + avv.* aiutare; dare una mano (a).
helper /ˈhɛlpə(r)/ *n.* aiutante; assistente; aiuto.
helpful /ˈhɛlpfl/ *a.* *1* di aiuto; utile *2* servizievole; che si rende utile.
helping /ˈhɛlpɪŋ/ *A* *n.* porzione (*di cibo*): **He had three h. of dessert**, ha preso tre volte il dolce *B* *a. attr.* — **to give sb. a h. hand**, dare una mano a q.
helpless /ˈhɛlpləs/ *a.* impotente; indifeso; inerme; debole.
helplessly /ˈhɛlpləslɪ/ *avv.* senza poter fare niente: **to stand h. by**, assistere impotente a q.c.
helplessness /ˈhɛlpləsnəs/ *n.* ◻ impotenza; debolezza.
helpline /ˈhɛlplaɪn/ *n.* (*telef.*) *1* servizio di informazioni *2* telefono amico.
helpmate /ˈhɛlpmeɪt/ *n.* (*form.*) compagno (-a).
helter-skelter /ˈhɛltəˈskɛltə(r)/ *A* *avv.* in fretta e furia; con grande scompiglio *B* *a.* affrettato e confuso; disordinato *C* *n.* (*GB*) scivolo a spirale (*al luna park*).
Helvetian /hɛlˈviːʃn/ *a.* elvetico; svizzero.
hem (1) /hɛm/ *n.* orlo; orlatura: **to take up [to let down] a hem**, accorciare [allungare] un orlo.
hem (2) /hm, mm/ *inter.* ehm.
to **hem (1)** /hɛm/ *v. t.* orlare; fare l'orlo a.
♦ **hem in** *v. t. + avv.* *1* circondare *2* soffocare; impedire; bloccare: **hemmed in by rules and regulations**, bloccato da norme e regolamenti.
to **hem (2)** /hɛm/ *v. i.* — **to hem and haw**, titubare; tentennare; essere evasivo.
hematite /ˈhɛmətaɪt/ *n.* ◻ (*miner.*) ematite.
hematoma /hiːməˈtəʊmə/ (*USA*) *V.* **haematoma**.
hemiplegia /hɛmɪˈpliːdʒə/ *n.* ◻ (*med.*) emiplegia.
hemisphere /ˈhɛmɪsfɪə(r)/ *n.* *1* (*anat., geogr.*) emisfero *2* (*geom.*) semisfera.
hemline /ˈhɛmlaɪn/ *n.* orlo di gonna (*o* di vestito).
hemlock /ˈhɛmlɒk/ *n.* (*bot. e veleno*) cicuta.
hemoglobin /hiːməˈgləʊbɪn/ (*USA*) *V.* **haemoglobin**.
hemophilia /hiːməˈfɪlɪə/ *e deriv.* (*USA*) *V.* **haemophilia** *e deriv.*
hemorrhage /ˈhɛmərɪdʒ/ (*USA*) *V.* **haemorrhage**.
hemorrhoids /ˈhɛmərɔɪdz/ (*USA*) *V.* **haemorrhoids**.
hemostatic /hiːməˈstætɪk/ (*USA*) *V.* **haemostatic**.
hemp /hɛmp/ *n.* ◻ (*bot.*) canapa.
hemstitch /ˈhɛmstɪtʃ/ *n.* punto a giorno.
to **hemstitch** /ˈhɛmstɪtʃ/ *v. t.* orlare a giorno.
hen /hɛn/ *n.* *1* gallina *2* (*zool.*) femmina (*di uccello*): **hen pheasant**, femmina del fagiano • **hen-coop**, gabbia per polli □ (*fam. scherz.*) **hen party**, riunione di sole donne.
hence /hɛns/ *avv.* *1* (*form.*) da ciò; di qui; donde *2* (*form.*) quindi; perciò *3* da adesso; da ora: **a week h.**, fra una settimana; di qui a una settimana *4* (*lett.*) di qui; di qua.
henceforth /hɛnsˈfɔːθ/, **henceforward** /hɛnsˈfɔːwəd/ *avv.* (*form.*) d'ora innanzi; d'ora in poi.
henchman /ˈhɛntʃmən/ *n.* (*pl.* **henchmen** /-mən/) seguace; accolito.
hendecasyllable /ˈhɛndɛkəsɪləbl/ *n.* (*poesia*) endecasillabo.
henna /ˈhɛnə/ *n.* ◻ (*bot. e tintura*) henna; henné.
henpecked /ˈhɛnpɛkt/ *a.* bistrattato dalla moglie; succube della moglie.
hepatitis /hɛpəˈtaɪtɪs/ *n.* ◻ (*med.*) epatite.
her /hɜː(r), hə(r)/ *A* *pron. pers. 3ª pers. sing. f. compl.* lei; la; le: **He came with her**, venne con lei; **I saw her**, la vidi; l'ho vista; **I gave her the book**, le diedi il libro *B* *a. poss.* di lei; suo (-a); suoi, sue: **Mary and her husband**, Mary e suo marito.
herald /ˈhɛrəld/ *n.* (*anche fig.*) araldo.
to **herald** /ˈhɛrəld/ *v. t.* (*form.*) annunciare; preannunciare.
heraldic /həˈrældɪk/ *a.* araldico.
heraldry /ˈhɛrəldrɪ/ *n.* ◻ araldica.
herb /hɜːb, *USA* ɜːb, hɜːb/ *n.* erba aromatica; erba (medicinale): **h. tea**, infuso d'erbe; tisana.
herbaceous /hɜːˈbeɪʃəs, *USA* hɜː-, ɜː-/ *a.* erbaceo • **h. border**, lunga aiuola piantata a erbe e fiori perenni.
herbal /ˈhɜːbl, *USA* ˈɜː-, ˈhɜː-/ *A* *a.* a base d'erbe; d'erbe: **h. tea**, infuso d'erbe; tisana *B* *n.* erbario.
herbalist /ˈhɜːbəlɪst, *USA* ˈhɜː-, ˈɜː-/ *n.* erborista.
herbarium /hɜːˈbɛərɪəm, *USA* hɜː-, ɜː-/ *n.* erbario.
herbicide /ˈhɜːbɪsaɪd, *USA* ˈhɜː-, ˈɜː-/ *n.* erbicida.
herbivore /ˈhɜːbɪvɔː(r), *USA* ˈhɜː-, ˈɜː-/ *n.* erbivoro.
herbivorous /hɜːˈbɪvərəs, *USA* hɜː-, ɜː-/ *a.* erbivoro.
Herculean /hɜːkjʊˈliːən, hɜːˈkjuːlɪən/ *a.* erculeo.
herd /hɜːd/ *n.* mandria; branco • **the common (*o* vulgar) h.**, il gregge (*fig.*); il volgo □ **the h. instinct**, l'istinto gregario.
to **herd** /hɜːd/ *A* *v. t.* *1* custodire (*il bestiame*) *2* guidare, sospingere (*il bestiame*); raccogliere, ammucchiare (*persone*): **They were herded onto a lorry**, furono spinti su un camion *B* *v. i.* far gregge; aggregarsi.
herdsman /ˈhɜːdzmən/ *n.* (*pl.* **herdsmen** /-mən/) mandriano; pastore.
here /hɪə(r)/ *avv.* qui; qua: **Come h.**, vieni qui (*o* qua); **It's not far from h.**, non è lontano da qui; **h. and there**, qua e là; **h. in St Louis**, qui a St Louis; **Christmas is h. at last**, finalmente è arrivato il Natale • (*rispondendo a un appello*) **H.!**, presente! □ **h. below**, quaggiù; in questo mondo □ **H. comes Peter**, ecco Peter (che arriva) □ (*fam.*) **H. goes!**, o la va o la spacca!; coraggio!; forza! □ **H. they are!**, eccoli (qui)! □ **H. you are!**, ecco!; eccoti!; ecco fatto! □ **H.'s your paper**, ecco il tuo giornale! □ **H.'s to your appointment!**, (*brindando*) alla tua nomina! □ **H. he goes again!**, eccolo che riattacca! □ **h., there, and everywhere**, dappertutto □ **Cellphones are h. to stay**, i telefonini hanno definitivamente preso piede □ **down h.**, quaggiù □ **near h.**, qui vicino □ **Look h.!**, ehi, senti un po' □ **up h.**, quassù.
hereabout(s) /hɪərəˈbaʊt(s)/ *avv.* qui vicino; qui intorno.
hereafter /hɪərˈɑːftə(r), *USA* -æf-/ (*form.*) *A* *avv.* in seguito; d'ora in poi; per il futuro *B* *n.* — **the h.** l'aldilà.
hereby /hɪəˈbaɪ/ *avv.* *1* (*leg.*) con il presente atto (*o* documento, ecc.) *2* (*form.*) pertanto.
hereditary /həˈrɛdɪtrɪ, *USA* -tɛrɪ/ *a.* ereditario.
heredity /həˈrɛdətɪ/ *n.* ◻ *1* (*biol.*) ereditarietà *2* eredità; (l')ereditare.
herein /hɪərˈɪn/ *avv.* (*form. o leg.*) qui.
hereinafter /hɪərɪnˈɑːftə(r), *USA* -æf-/ *avv.* (*leg.*) in seguito; sotto; più avanti.
hereof /hɪərˈɒv, *USA* -ʌv/ *avv.* (*leg.*) di questo; di ciò.
heresy /ˈhɛrəsɪ/ *n.* ◻ *e* ◻ eresia.
heretic /ˈhɛrətɪk/ *n.* eretico (-a).

heretical /hə'retɪkl/ *a.* eretico.
hereto /'hɪə'tuː/ *avv.* (*leg.*) a questo; qui.
heretofore /hɪətə'fɔː(r), *USA* 'hɪətəf-/ *avv.* (*antiq. o leg.*) prima d'ora.
hereunder /hɪər'ʌndə(r)/ *avv.* (*leg.*) più avanti; sotto.
hereupon /hɪərə'pɒn, *USA* -ɔːn/ *avv.* (*lett.*) al che; in conseguenza di ciò; subito dopo.
herewith /hɪə'wɪð/ *avv.* ***1*** (*leg.*) per questo mezzo ***2*** (*comm.*) insieme con questo; qui: **h. enclosed**, qui accluso.
heritable /'herɪtəbl/ *a.* (*leg.*) ***1*** ereditabile ***2*** capace di ereditare.
heritage /'herɪtɪdʒ/ *n.* ***1*** (*leg.*) eredità immobiliare ***2*** patrimonio; retaggio: **our artistic h.**, il nostro patrimonio artistico.
herm /hɜːm/ *n.* (*archeol.*) erma.
hermaphrodite /hɜː'mæfrədaɪt/ *n. e a.* (*biol.*) ermafrodito.
hermaphroditism /hɜː'mæfrədɪtɪzəm/ *n.* [U] (*biol.*) ermafroditismo.
hermeneutics /hɜːmə'njuːtɪks, *USA* -'nuː-/ *n. pl.* (*col verbo al sing.*) ermeneutica.
hermetic /hɜː'metɪk/ *a.* ermetico.
hermit /'hɜːmɪt/ *n.* eremita • (*zool.*) **h. crab**, paguro.
hermitage /'hɜːmɪtɪdʒ/ *n.* eremitaggio; eremo.
hernia /'hɜːnɪə/ *n.* [U] (*med.*) ernia.
hero /'hɪərəʊ/ *n.* (*pl.* **heroes**) eroe • **h. worship**, culto degli eroi; (*fig.*) ammirazione sfrenata, idolizzazione.
heroic /hɪ'rəʊɪk/ *a.* eroico.
heroics /hɪ'rəʊɪks/ *n. pl.* (*spreg.*) discorsi altisonanti; eroismi vuoti.
heroin /'herəʊɪn/ *n.* [U] (*chim.*) eroina.
heroine /'herəʊɪn/ *n.* eroina.
heroism /'herəʊɪzəm/ *n.* [U] eroismo.
heron /'herən/ *n.* (*zool.*) airone.
herpes /'hɜːpiːz/ *n.* [U] (*med.*) erpete; herpes.
herring /'herɪŋ/ *n.* (*zool.*) aringa.
herringbone /'herɪŋbəʊn/ *n.* disegno a spina di pesce • **h. tweed**, (tweed) spinato.
hers /hɜːz/ *pron. poss.* di lei; il suo, la sua; i suoi, le sue: **Is this book his or h.?**, questo libro è di lui o di lei?; **Your job is over, h. is not**, il tuo compito è finito, il suo no; **A friend of h.**, un suo amico.
herself /hə'self/ ***A*** *pron. rifl. 3ª pers. f. sing.* se stessa; si: **at peace with h.**, in pace con se stessa; **She hurt h.**, si fece male; **She said to h. it couldn't last**, si disse che non poteva durare ***B*** *pron. enfatico* essa stessa; lei (stessa); in persona: **She wanted it h.**, l'ha voluto lei (stessa); **She didn't believe it h.**, lei stessa non ci credeva; **She went there h.**, ci andò di persona • **She is not h. today**, oggi non sembra nemmeno lei; oggi ha qualcosa che non va □ **(all) by h.**, da sé; (da) sola □ **a room to h.**, una stanza tutta per sé (*o* per lei).
hertz /hɜːts/ *n.* (*pl.* **hertz**) (*fis.*) hertz.
hertzian /'hɜːtsɪən/ *a.* (*fis.*) hertziano: **h. waves**, onde hertziane.
he's /hiːz, hɪz/ *contraz. di* **he is, he has**.
hesitancy /'hezɪtənsɪ/ *n.* [U] esitazione; titubanza.
hesitant /'hezɪtənt/ *a.* esitante; titubante • **to be h. about doing st.**, esitare a fare q.c.
to **hesitate** /'hezɪteɪt/ *v. i.* esitare.
hesitation /hezɪ'teɪʃn/ *n.* [U] *e* [C] esitazione; titubanza.
hessian /'hesɪən, *USA* 'heʃn/ *n.* [U] (*ind. tess.*) tela grezza di canapa (*o* iuta).
heterodox /'hetərədɒks/ *a.* (*form.*) eterodosso.
heterodoxy /'hetərədɒksɪ/ *n.* [U] eterodossia.
heterogeneity /hetərədʒə'niːətɪ/ *n.* [U] eterogeneità.
heterogeneous /hetərəʊ'dʒiːnɪəs/ *a.* eterogeneo.
heterosexual /hetərə'sekʃʊəl/ *a. e n.* eterosessuale.
heterosexuality /hetərəsekʃʊ'ælətɪ/ *n.* [U] eterosessualità.
heterozygote /hetərəʊ'zaɪgəʊt/ *n.* (*biol.*) eterozigote.
heterozygous /hetərəʊ'zaɪgəs/ *a.* (*biol.*) eterozigote.
het up /'het'ʌp/ *locuz. a. pred.* (*fam.*) agitato; confuso.
heuristics /hjʊə'rɪstɪks/ *n. pl.* (*col verbo al sing.*) euristica.
to **hew** /hjuː/ (*pass.* **hewed**, *p.p.* **hewed** *o* **hewn**) *v. t.* (*lett.*) tagliare; spaccare: **to hew wood**, spaccare legna.
♦ **hew down** *v. t. + avv.* abbattere (*con l'ascia*).
♦ **hew out** *v. t. + avv.* intagliare; scavare.
hewn /hjuːn/ *p. p. di* **to hew**.
hex /heks/ *n.* (*fam. USA*) malocchio.
hexagon /'heksəgən, *USA* -gɒn/ *n.* (*geom.*) esagono.
hexagonal /hek'sægənl/ *a.* (*geom.*) esagonale.
hexameter /hek'sæmɪtə(r)/ *n.* (*poesia*) esametro.
hey /heɪ/ *inter.* ehi! • (*fam.*) **hey presto**, oplà!; voilà (*franc.*).
heyday /'heɪdeɪ/ *n.* periodo d'oro; apice; apogeo; fiore: **in his h.**, quando era all'apice del successo (*o* della carriera); **in the h. of jazz**, nel periodo d'oro del jazz.
hi /haɪ/ *inter.* (*nell'incontrarsi, fam.*) ciao!; salve!
hiatus /haɪ'eɪtəs/ *n.* (*pl.* **hiatuses**) ***1*** (*gramm., anat., geol.*) iato ***2*** lacuna; pausa.
to **hibernate** /'haɪbəneɪt/ *v. i.* (*zool.*) andare in letargo; essere in letargo; ibernare.
hibernation /haɪbə'neɪʃn/ *n.* [U] (*zool.*) letargo; ibernazione.
hibiscus /hɪ'bɪskəs, *USA* haɪ-/ *n.* (*bot.*) ibisco.
hiccough, to **hiccough** /'hɪkʌp/ *V.* **hiccup, to hiccup**.
hiccup /'hɪkʌp/ *n.* ***1*** singhiozzo: **to have hiccups**, avere il singhiozzo ***2*** intoppo.
to **hiccup** /'hɪkʌp/ *v. i.* avere il singhiozzo.
hick /hɪk/ *n.* (*fam. USA*) bifolco; zotico.
hickory /'hɪkərɪ/ *n.* [C] *e* [U] (*bot.*) hickory; noce americano.
hid /hɪd/ *pass. e p.p. di* **to hide**.
hidden /'hɪdn/ ***A*** *p.p. di* **to hide** ***B*** *a.* nascosto; segreto: **h. meaning**, significato riposto; **h. agenda**, programma non dichiarato; intenzioni segrete.
hide (1) /haɪd/ *n.* nascondiglio (*da cui osservare animali selvatici*); posta (*nella caccia*).
hide (2) /haɪd/ *n.* pelle (*di animale*); pellame; cuoio • **to save one's h.**, salvare la pelle □ (*fam.*) **to tan sb.'s h.**, fare nero di botte q.
to **hide** /haɪd/ (*pass.* **hid**, *p.p.* **hidden** *o* **hid**) ***A*** *v. t.* nascondere; celare: **to h. st. from sb.**, nascondere q.c. a q. ***B*** *v. i. e* to **hide oneself** *v. rifl.* nascondersi; celarsi.
hide-and-seek /'haɪdən'siːk/ *n.* [U] rimpiattino; nascondino.
hideaway /'haɪdəweɪ/ *n.* nascondiglio; rifugio.
hidebound /'haɪdbaʊnd/ *a.* di mente ristretta; gretto.
hideous /'hɪdɪəs/ *a.* orrendo; orribile; atroce; ripugnante.
hide-out /haɪd/ *n.* nascondiglio.
hiding (1) /'haɪdɪŋ/ ***A*** *n.* [U] — **to be in h.**, tenersi nascosto □ **to go into h.**, nascondersi ***B*** *a. attr.* — **h.-place**, nascondiglio.
hiding (2) /'haɪdɪŋ/ *n.* (*fam.*) botte; legnate; (*estens.*) batosta: **to give sb. a good h.**, darle sode a q.; suonarle di santa ragione a q.
hierarchical /haɪə'rɑːkɪkl/ *a.* gerarchico.
hierarchy /'haɪərɑːkɪ/ *n.* [C] *e* [U] gerarchia.
hieratic /haɪə'rætɪk/ *a.* ieratico; sacerdotale.
hieroglyph /'haɪərəglɪf/ *n.* geroglifico.
hieroglyphic /haɪərə'glɪfɪk/ *a.* geroglifico.
hieroglyphics /haɪərə'glɪfɪks/ *n. pl.* (*col verbo al sing. o al pl.*) geroglifici; scrittura geroglifica.
hi-fi /'haɪfaɪ/ *a. e n.* (*radio, mus.*) (ad) alta fedeltà; hi-fi: **hi-fi (system)**, impianto hi-fi.
higgledy-piggledy /hɪgldɪ'pɪgldɪ/ *avv. e a.* (buttato) alla rinfusa.
high /haɪ/ ***A*** *a.* ***1*** alto; elevato: **h. wall**, muro alto; **h. price**, prezzo alto; (*elettr.*) **h. frequency**, alta frequenza; **h. risk**, alto rischio; **h. society**, alta società; **h. position**, posizione elevata; **The house is thirty feet h.**, la casa è alta trenta piedi; **at h. speed**, a velocità elevata; **to have a h. opinion of sb.**, avere un alto concetto di q. ***2*** (*di suono*) alto; acuto: **h. notes**, note acute ***3*** (*rif. al tempo*) pieno: **h. summer**, piena estate; **h. noon**, mezzogiorno ***4*** (*di selvaggina*) frollo ***5*** (*fam.*) brillo ***6*** (*fam.*) su di giri; eccitato ***7*** (*pop.*) drogato; fatto ***B*** *avv.* in alto: **to climb [to aim] h.**, arrampicarsi [mirare] in alto; **to pay h.**, pagare a caro prezzo; **h. up**, molto in alto ***C*** *n.* ***1*** alto: **on h.**, in alto; in cielo; **from on h.**, dall'alto; dal cielo; **orders from on h.**, ordini dall'alto ***2*** alto livello; punta alta: **Prices have reached an all-time h.**, i prezzi hanno raggiunto la punta massima ***3*** (*meteor.*) anticiclone; alta (*fam.*) ***4*** (*pop.*) sballo (*per droga*) • **h. altar**, altare maggiore □ **h. and dry**, (*di nave*) in secca; (*fig.*) nei guai, nelle peste □ **h. and low**, dappertutto, in ogni dove, per mare e per terra □ **h. and mighty**, arrogante; pieno di arie □ **h. chair**, seggiolone (*per bambini*) □ **H. Church**, Chiesa Alta (*ramo più conservatore della chiesa anglicana*) □ **h.-class**, di prima classe; di prim'ordine □ (*mil.*) **h. command**, comando supremo □ **h. commissioner**, alto commissario □ **h. colour**, colorito acceso □ (*leg.*) **h. court**, corte suprema □ **h. explosive**, esplosivo ad alto potenziale □ (*radio, mus.*) **h. fidelity**, alta fedeltà □ **h.-flown**, ampol-

loso; pomposo □ **h.-flyer**, giovane ambizioso e di talento; giovane rampante □ **h.-flying**, di talento e avviato al successo; rampante □ **h.-grade**, di prima qualità □ **h.-handed**, prepotente; dispotico; autoritario □ **h. jinks**, *V.* **to have a h. (old) time** □ (*sport*) **h. jump**, salto in alto □ **h.-level**, ad alto livello □ **h. life**, gran mondo; alta società □ (*eccles.*) **H. Mass**, messa cantata (*o* solenne) □ **h.-minded**, di nobili principi; di grandi ideali □ **h.-pitched**, (*di suono*) acuto □ **h. point**, momento culminante; clou (*franc.*) □ (*fam.*) **h.-up**, personaggio importante; pezzo grosso □ **h.-powered**, potente; di potere; prestigioso; dinamico; efficace □ **h.-pressure**, ad alta pressione; (*fig.*) insistente, aggressivo □ **h. priest**, gran sacerdote □ **h.-profile**, di profilo alto □ **h.-ranking**, di grado elevato □ **h.-rise building**, edificio a molti piani; palazzone □ **h. road**, strada maestra □ **h. school**, (*in G.B.*) scuola media inferiore e superiore; (*in U.S.A.*) scuola superiore □ **h. sea**, mare grosso; (*anche* **h. seas**) mare aperto, alto mare □ **h.-sounding**, altisonante; ampolloso □ **h. spirits**, allegria; euforia □ **h.-spirited**, vivace □ **h. street**, via principale; corso □ (*GB*) **h. tea**, pasto consumato verso le sei di sera (*che vale da cena*) □ **h. tech**, alta tecnologia □ **h.-tech**, tecnologicamente avanzato □ **h. time**, ora: **It's h. time he sold that car**, è ora che venda quella macchina □ **h.-water**, alta marea; acqua alta □ **h.water mark**, livello di piena; limite dell'alta marea; (*fig.*) punto più alto, apice del successo □ **h. wind**, forte vento □ **to have a h. (old) time** (*o* **to have h. jinks**), divertirsi un mondo □ **to fly h.**, volare a grande altezza; (*fig.*) mirare in alto, essere ambizioso □ **the Most H.**, l'Altissimo.

highball /ˈhaɪbɔːl/ *n.* (*fam. USA*) highball; whiskey allungato con seltz.

highboy /ˈhaɪbɔɪ/ *n.* (*USA*) cassettone alto; cassettiera.

highbrow /ˈhaɪbraʊ/ *n. e a.* intellettuale.

higher /ˈhaɪə(r)/ *a.* (*compar. di* **high**) superiore, più elevato: **h. education**, istruzione superiore.

highest /ˈhaɪɪst/ *a.* (*superl. di* **high**) massimo; (il) più elevato; (il) più alto ● (*comm.*) **the h. bidder**, il miglior offerente.

highfalutin' /haɪfəˈluːtɪn, *USA* -tn/ *a.* (*fam.*) ampolloso; pomposo; pretenzioso.

highland /ˈhaɪlənd/ ***A*** *n.* regione montuosa; altopiano ***B*** *a. attr.* dell'altopiano.

Highlander /ˈhaɪləndə(r)/ *n.* abitante delle Highlands scozzesi.

highlight /ˈhaɪlaɪt/ *n.* ***1*** punto culminante; momento saliente; clou (*franc.*) ***2*** (*fotogr., arte*) parte più luminosa ***3*** (*al pl.*) colpi di sole (*nei capelli*).

to **highlight** /ˈhaɪlaɪt/ *v. t.* ***1*** mettere in luce (*o* in evidenza) ***2*** (*fotogr., arte*) lumeggiare.

highlighter /ˈhaɪlaɪtə(r)/ *n.* evidenziatore.

highly /ˈhaɪlɪ/ *avv.* ***1*** altamente; estremamente; molto: **h. amusing**, molto divertente; **h. paid**, molto ben pagato ***2*** in alto: **h. placed**, posto in alto ● **h.-strung**, ipersensibile; eccitabile; molto nervoso □ **to speak h. of sb.**, parlare molto bene di q. □ **to think h. of sb.**, avere molta stima di q.

highness /ˈhaɪnəs/ *n.* altezza (*titolo*): **His Royal H.**, Sua Altezza Reale.

highway /ˈhaɪweɪ/ *n.* ***1*** (*GB*) strada pubblica; strada maestra ***2*** (*USA*) autostrada ● (*GB*) **H. Code**, codice della strada.

highwayman /ˈhaɪweɪmən/ *n.* (*pl.* **highwaymen** /-mən/) (*stor.*) bandito; brigante di strada.

hijack /ˈhaɪdʒæk/ *n.* dirottamento; atto di prateria aerea.

to **hijack** /ˈhaɪdʒæk/ *v. t.* ***1*** dirottare (*un aereo, ecc.*); impadronirsi (*di un treno, ecc.*) ***2*** monopolizzare (*una discussione*); prendere il controllo di (*una riunione, ecc.*).

hijacker /ˈhaɪdʒækə(r)/ *n.* dirottatore (-trice); pirata dell'aria.

hijacking /ˈhaɪdʒækɪŋ/ *n.* Ⓤ e Ⓒ dirottamento (*di aerei, ecc.*); pirateria aerea.

hike /haɪk/ *n.* (*fam.*) ***1*** escursione a piedi; gita; camminata ***2*** brusco aumento (*di prezzi*).

to **hike** /haɪk/ ***A*** *v. i.* (*fam.*) fare un'escusione a piedi; fare una gita ***B*** *v. t.* (*anche* **to h. up**) alzare, aumentare (*prezzi*).

hilarious /hɪˈlɛərɪəs/ *a.* spassosissimo.

hilariousness /hɪˈlɛərɪəsnəs/ *n.* comicità.

hilarity /hɪˈlærətɪ/ *n.* Ⓤ ilarità; allegria.

hill /hɪl/ *n.* ***1*** collina; colle; altura ***2*** cumulo; mucchio; montagnola ● (*fam.*) **over the h.**, non più giovane.

hillbilly /ˈhɪlbɪlɪ/ *n.* (*spreg. o scherz., USA*) montanaro; zotico.

hillock /ˈhɪlək/ *n.* collinetta; monticello.

hillside /ˈhɪlsaɪd/ *n.* fianco (*o* pendio) di colle.

hilltop /ˈhɪltɒp/ *n.* cima (*o* vetta) di colle.

hilly /ˈhɪlɪ/ *a.* collinoso; collinare.

hilt /hɪlt/ *n.* elsa; impugnatura ● **to back sb. (up) to the h.**, appoggiare q. fino in fondo □ **up to the h. in debt**, indebitato fino al collo.

him /hɪm/ *pron. pers. 3ª pers. sing. m. compl.* lui; lo; gli: **I warned him**, lo avvertii; l'ho avvertito; **I'd rather give it to him**, preferisco darlo a lui; **Tell him!**, diglielo!

Himalayan /hɪməˈleɪən/ *a. e n.* himalaiano.

himself /hɪmˈsɛlf/ ***A*** *pron. rifl. 3ª pers. m. sing.* se stesso; si: **at peace with h.**, in pace con se stesso; **He hurt h.**, si fece male; **He looked at h. in the mirror**, si guardò allo specchio ***B*** *pron. enfatico* egli stesso; lui (stesso); in persona: **He h. says so**, lo dice lui stesso; **He wanted it h.**, l'ha voluto lui (stesso); **He went there h.**, ci andò di persona ● **He is not quite h. today**, oggi non sembra nemmeno lui; oggi ha qualcosa che non va □ **(all) by h.**, da sé; (da) solo □ **a room to h.**, una stanza tutta per lui (*o* per sé).

hind (1) /haɪnd/ *n.* (*zool.*) cerva.

hind (2) /haɪnd/ *a. attr.* posteriore.

to **hinder** /ˈhɪndə(r)/ *v. t.* impedire; intralciare; ostacolare: **to h. sb. from doing st.**, impedire a q. di fare q.c.

Hindi /ˈhɪndɪ/ *a. e n.* hindi.

hindquarters /ˈhaɪndkwɔːtə(r)z/ *n. pl.* quarti posteriori (*di un animale*); posteriore.

hindrance /ˈhɪndrəns/ *n.* ostacolo; impedimento; intralcio.

hindsight /ˈhaɪndsaɪt/ *n.* senno di poi: **with (the benefit of) h.**, col senno di poi.

Hindu /hɪnˈduː, *USA* ˈhɪnduː/ *a. e n.* indù.

Hinduism /ˈhɪnduːɪzəm/ *n.* Ⓤ (*relig.*) induismo.

hinge /hɪndʒ/ *n.* ***1*** cardine; perno ***2*** cerniera.

to **hinge** /hɪndʒ/ *v. t.* ***1*** munire di cardini; incardinare ***2*** incernierare.

♦ **hinge on** (*o* **upon**) *v. i. + prep.* dipendere da.

hinged /hɪndʒd/ *a.* ***1*** provvisto di cardini; fissato su cardini ***2*** provvisto di cerniera; incernierato.

hint /hɪnt/ *n.* ***1*** accenno; allusione: **gentle [broad] h.**, velata [chiara] allusione ***2*** punta; pizzico; ombra: **a h. of envy**, una punta d'invidia ***3*** suggerimento; consiglio ● **to drop a h.**, lasciar cadere un'allusione; fare un accenno □ **to take a h.**, capire al volo (*un'allusione, un suggerimento implicito*).

to **hint** /hɪnt/ *v. t.* lasciare intendere; accennare alla possibilità (che): **He hinted that the job might go to Davies**, ha lasciato intendere che il posto potrebbe andare a Davies.

♦ **hint at** *v. i. + prep.* accennare a; alludere a; insinuare; suggerire: **What are you hinting at?**, a che cosa alludi?; che cosa vuoi insinuare?

hinterland /ˈhɪntəlænd/ (*ted.*) *n.* Ⓤ e Ⓒ hinterland; entroterra.

hip (1) /hɪp/ *n.* (*anat.*) anca; fianco ● (*anat.*) **hip-bone**, osso iliaco □ **hip flask**, fiaschetta piatta □ **hip pocket**, tasca posteriore dei pantaloni □ **to sway one's hips**, ancheggiare.

hip (2) /hɪp/ *n.* (*bot.*) frutto della rosa canina.

hip (3) /hɪp/ *a.* (*pop.*) all'ultima moda; in.

hip (4) /hɪp/ *inter.* — **hip, hip, hurrah!**, evviva!

hipbath /ˈhɪpbɑːθ, *USA* -bæθ/ *n.* semicupio.

hippie /ˈhɪpɪ/ *n.* hippy.

hippo /ˈhɪpəʊ/ *n.* (*pl.* **hippos**) *abbr. fam. di* **hippopotamus**.

hippopotamus /hɪpəˈpɒtəməs/ *n.* (*pl.* **hippopotamuses**, **hippopotami** /-maɪ/) (*zool.*) ippopotamo.

hippy /ˈhɪpɪ/ *n.* hippy.

hipsters /ˈhɪpstəz/ *n. pl.* pantaloni aderenti e bassi di vita.

hire /ˈhaɪə(r)/ *n.* Ⓤ nolo; noleggio; affitto: **car h.**, noleggio d'automobili; **the h. of a hall**, l'affitto di una sala; **for h.**, (*di cose*) da nolo; (*di taxi*) libero ● (*comm., GB*) **h.-purchase**, acquisto (*o* vendita) a rate: **on h.-purchase**, a rate.

to **hire** /ˈhaɪə(r)/ *v. t.* ***1*** noleggiare; prendere a nolo; affittare: **to h. a car**, noleggiare un'automobile ***2*** assumere: **to h. a servant**, assumere un domestico.

♦ **hire out** *v. t. + avv.* dare a nolo; noleggiare; affittare.

hired /ˈhaɪəd/ *a.* ***1*** preso a nolo; noleggiato; **h. car**, auto presa a nolo ***2*** assunto; prezzolato: **h. hand**, bracciante; **h. killer**, sicario prezzolato.

hireling /ˈhaɪəlɪŋ/ *n.* (*form. spreg.*) mercenario; individuo prezzolato.

hirsute /ˈhɜːsjuːt, -suːt/ *a.* irsuto; ispido; peloso.
his /hɪz/ *a. e pron. poss.* di lui; suo (-a); suoi, sue: **I saw his wife**, ho visto sua moglie; **Is this book hers or his?**, questo libro è di lei o di lui?; **My letter arrived, his didn't**, la mia lettera è arrivata, la sua no; **Are you a friend of his?**, sei un suo amico?
Hispanic /hɪˈspænɪk/ *a.* ispanico; spagnolo.
Hispanicism /hɪˈspænɪsɪzəm/ *n.* ispanismo; spagnolismo.
Hispanist /ˈhɪspənɪst/ *n.* ispanista.
hiss /hɪs/ *n.* fischio; sibilo.
to **hiss** /hɪs/ **A** *v. i.* sibilare; fischiare **B** *v. t.* fischiare (*a teatro*).
histamine /ˈhɪstəmiːn, -mɪn/ *n.* U (*biol.*) istamina.
histogram /ˈhɪstəgræm/ *n.* istogramma.
histological /hɪstəˈlɒdʒɪkl/ *a.* istologico.
histology /hɪˈstɒlədʒɪ/ *n.* U istologia.
historian /hɪˈstɔːrɪən/ *n.* storico (-a); storiografo (-a).
historic /hɪˈstɒrɪk, *USA* -ɔːr-/ *a.* **1** storico; famoso nella storia: **h. battle**, battaglia storica **2** (*gramm.*) storico.
historical /hɪˈstɒrɪkl, *USA* -ɔːr-/ *a.* storico: **h. studies**, studi storici; **h. novel**, romanzo storico.
history /ˈhɪstrɪ/ *n.* U *e* C **1** storia: **h. of Europe**, storia d'Europa; **h. lesson**, lezione di storia **2** passato; precedenti: **He has a h. of heart problems**, ha sofferto spesso in passato di disturbi cardiaci ● (*med.*) **case h.**, anamnesi □ **It's all ancient h.**, è una storia vecchia ormai □ (*pop.*) **You're h.!**, sei finito! □ **to go down in h.**, passare alla storia □ **to make h.**, fare storia.
histrionic /hɪstrɪˈɒnɪk/ (*spreg.*) **A** *a.* istrionico; melodrammatico; teatrale **B** *n. pl.* istrionismo; teatralità.
hit /hɪt/ *n.* **1** colpo; urto **2** colpo messo a segno: **to score a hit**, mettere a segno un colpo **3** (cosa che ha) successo: **to be a great hit**, avere un grande successo; **to be a hit with sb.**, fare colpo su q. **4** commento sarcastico; frecciata **5** (*pop. USA*) rapina **6** (*pop.*) assassinio; vittima di assassinio ● (*fam.*) **hit list**, lista di persone da eliminare; (*estens.*) lista di persone da contattare □ (*pop.*) **hit man**, sicario; killer □ **hit parade**, hit parade; classifica dei dischi più venduti.
to **hit** /hɪt/ (*pass. e p.p.* **hit**) *v. t.* **1** battere; colpire; picchiare: **to hit a nail**, battere un chiodo; **to hit sb. on the head**, colpire q. sulla testa **2** urtare contro; (andare a) sbattere: **The car hit a wall**, la macchina andò a sbattere contro un muro **3** (*fam.*) raggiungere; arrivare a: **After a few miles, we hit the motorway**, dopo qualche miglio, arrivammo sull'autostrada; **to hit town**, arrivare in città ● **to hit below the belt**, (*boxe*) assestare un colpo proibito (*sotto la cintura*); (*fig.*) agire in modo sleale □ **to hit home**, fare centro; andare a segno □ (*fam.*) **to hit the bottle**, mettersi a bere; bere troppo □ (*fam.*) **to hit the deck**, buttarsi a terra □ (*fam.*) **to hit the hay** (*o* **the sack**), andare a dormire □ **to hit the headlines**, finire sui giornali □ **to hit a man when he is down**, infierire su chi non può difendersi; fare il maramaldo □ **to hit the mark**, cogliere nel segno; fare centro □ **to hit the nail on the head**, cogliere nel segno □ (*fam.*) **to hit the road**, partire; mettersi per strada □ (*fam.*) **to hit the roof**, andare su tutte le furie □ (*fam.*) **to hit the spot**, (*di bevanda, ecc.*) essere quello che ci vuole □ **It suddenly hit me where I'd seen her before**, tutt'a un tratto mi ricordai di dove l'avevo vista.
♦ **hit at** *v. i. + prep.* cercare di colpire (q.).
♦ **hit back** *v. i. + avv.* restituire il colpo; contrattaccare; reagire.
♦ **hit off** *v. t. + avv.* — **to hit it off (with sb.)**, andare subito d'accordo (con q.).
♦ **hit on** (*o* **upon**) *v. i. + prep.* imbattersi in; trovare per caso; imbroccare.
♦ **hit out at** *v. i. + avv. e prep.* attaccare violentemente.
hit-and-miss /ˈhɪtənˈmɪs/ *V.* **hit-or-miss**.
hit-and-run /ˈhɪtənˈrʌn/ *a.* (*fam.*) **1** — **h. driver**, pirata della strada (*che investe e non si ferma*); **h. accident**, investimento da parte di un automobilista che non si ferma; **He was the victim of a h. accident**, è stato travolto da un pirata della strada **2** (*di attacco, ecc.*) a sorpresa.
hitch /hɪtʃ/ *n.* **1** intoppo; difficoltà: **Everything went ahead without a h.**, tutto si svolse senza intoppi; **technical h.**, difficoltà tecnica **2** breve strappo; strattone: **He gave his trousers a h.**, si tirò su i pantaloni **3** (*naut.*) nodo.
to **hitch** /hɪtʃ/ **A** *v. t.* **1** attaccare (*agganciando*); legare (*a un palo, ecc.*) **2** farsi dare, ottenere (*un passaggio*) **B** *v. i.* (*fam.*) fare l'autostop.
♦ **hitch up** *v. t. + avv.* **1** tirare su: **to h. up one's trousers**, tirarsi su i pantaloni **2** *V.* **to hitch**, *A, def. 1.*
hitched /hɪtʃt/ *a. pred.* — (*fam. USA*) **to get h.**, sposarsi.
hitcher /ˈhɪtʃə(r)/ *V.* **hitch-hiker**.
to **hitch-hike** /ˈhɪtʃhaɪk/ *v. i.* fare l'autostop; viaggiare con l'autostop.
hitch-hiker /ˈhɪtʃhaɪkə(r)/ *n.* autostoppista.
hitch-hiking /ˈhɪtʃhaɪkɪŋ/ *n.* U autostop.
hi-tech /ˈhaɪˈtek/ *V.* **high tech, high-tech**, *sotto* **high**.
hither /ˈhɪðə(r)/ *avv.* (*di moto, lett.*) qui, qua; di qui, di qua.
hitherto /ˈhɪðətuː, -tʊ/ *avv.* (*form.*) fin qui; finora.
hit-or-miss /ˈhɪtɔːˈmɪs/ *a.* (*fam.*) casuale; che è questione di fortuna; fatto a casaccio.
Hittite /ˈhɪtaɪt/ *a. e n.* (*stor.*) ittita.
HIV /eɪtʃaɪˈviː/ *n.* (*iniz. di* **Human Immunodeficiency Virus**) virus HIV; virus dell'AIDS ● **HIV positive**, sieropositivo.
hive /haɪv/ *n.* **1** alveare; arnia ● **The office was a h. of industry**, c'era una grande attività in ufficio **2** (*al pl.*) *V.* **hives**.
to **hive** /haɪv/ *v. Solo come*:
♦ **hive off** *v. t. + avv.* (*econ.*) scorporare; separare; trasferire.
hives /haɪvz/ *n. pl.* (*med.*) orticaria.
hoard /hɔːd/ *n.* **1** cumulo (nascosto) (*specialm. di cose preziose*); tesoro nascosto **2** scorta; provvista **3** gruzzolo.
to **hoard** /hɔːd/ *v. t. e i.* **1** (*anche* **to h. up**) ammassare; accumulare; fare provvista di **2** fare incetta di.
hoarder /ˈhɔːdə(r)/ *n.* accaparratore (-trice).
hoarding /ˈhɔːdɪŋ/ *n.* **1** staccionata; palizzata **2** (*GB*) quadro per affissioni; tabellone pubblicitario.
hoarfrost /ˈhɔːfrɒst, *USA* -ɔːst/ *n.* U brina.
hoarse /hɔːs/ *a.* rauco; roco: **to shout oneself h.**, diventare rauco a forza di urlare; sgolarsi.
hoarsely /ˈɔːslɪ/ *vv.* con voce roca.
hoarseness /ˈhɔːsnəs/ *n.* U raucedine.
hoary /ˈhɔːrɪ/ *a.* **1** bianco; canuto **2** vetusto: **h. joke**, barzelletta decrepita.
hoax /həʊks/ *n.* beffa; scherzo ● **bomb h.**, falso allarme (della presenza di una bomba).
to **hoax** /həʊks/ *v. t.* beffare; burlare; fare un tiro a.
hob /hɒb/ *n.* (*cucina*) piano di cottura; piastra.
to **hobble** /ˈhɒbl/ **A** *v. i.* zoppicare: **to h. in** [**out**], entrare [uscire] zoppicando; **to h. along**, procedere zoppicando **B** *v. t.* impastoiare.
hobby /ˈhɒbɪ/ *n.* hobby; passatempo.
hobbyhorse /ˈhɒbɪhɔːs/ *n.* **1** argomento preferito; chiodo fisso **2** (*antiq.*) giocattolo formato da un bastone con una testa di cavallo a un'estremità ● **to get on one's h.**, buttarsi (*su un argomento*); partire in quarta.
hobgoblin /ˈhɒbgɒblɪn/ *n.* **1** folletto **2** babau; uomo nero.
hobnail /ˈhɒbneɪl/ *n.* chiodo da scarponi; bulletta.
hobnailed /ˈhɒbneɪld/ *a.* (*di scarpa, scarpone*) chiodato.
to **hobnob** /ˈhɒbnɒb/ *v. Solo come*:
♦ **hobnob with** *v. i. + prep.* frequentare (*specialmente persone importanti o ricche*); farsi vedere con.
hobo /ˈhəʊbəʊ/ *n.* (*pl.* **hobos, hoboes**) (*fam. USA*) vagabondo.
Hobson's choice /ˈhɒbsnztʃɔɪs/ *locuz. n.* scelta forzata; nessuna scelta: prendere o lasciare.
hock (1) /hɒk/ *n.* garretto (*di cavallo*).
hock (2) /hɒk/ *n.* U vino bianco del Reno.
hock (3) /hɒk/ *n.* — (*pop.*) **in h.**, impegnato, pignorato □ **in h. to sb.**, indebitato con q.
to **hock** /hɒk/ *v. i.* (*pop.*) impegnare.
hockey /ˈhɒkɪ/ *n.* U (*sport*) **1** (*specialm. GB*; *USA* **field h.**) hockey su prato **2** (*specialm. USA*; *GB* **ice h.**) hockey su ghiaccio.
hocus-pocus /ˈhəʊkəsˈpəʊkəs/ *n.* U trucco; imbroglio; fumo negli occhi.
hod /hɒd/ *n.* (*edil.*) sparviero.
hodgepodge /ˈhɒdʒpɒdʒ/ (*USA*) *V.* **hotchpotch**.
hodman /ˈhɒdmən/ *n.* (*pl.* **hodmen** /-mən/) manovale.
hoe /həʊ/ *n.* zappa; marra.
to **hoe** /həʊ/ *v. t. e i.* zappare; sarchiare: **to hoe potatoes**, sarchiare patate.
hog /hɒg, *USA* hɔːg/ *n.* porco; maiale (castrato) ● (*fam.*) **to go the whole hog**, fare le cose fino in fondo.
to **hog** /hɒg, *USA* hɔːg/ *v. t.* accaparrarsi ● **to hog the road**, guidare in mezzo alla strada

Hogmanay / 'hɒgmənei/ *n.* (*scozz.*) l'ultimo dell'anno.
hogshead / 'hɒgzhed, *USA* 'hɔːg-/ *n.* botte (*per birra, ecc.*).
hogwash / 'hɒgwɒʃ, *USA* 'hɔːgwɔːʃ/ *n.* U (*fam.*) stupidaggini; fesserie.
hoi polloi / 'hɔɪpə'lɔɪ/ *locuz. n. pl.* volgo; plebe; massa.
hoist (1) /hɔɪst/ *n.* **1** montacarichi; paranco **2** (*fam.*) spinta (verso l'alto).
hoist (2) /hɔɪst/ *pred.* — **h. with one's own petard**, caduto nella propria trappola; preso nelle proprie reti.
to **hoist** /hɔɪst/ *v. t.* sollevare; issare; alzare (*una bandiera*).
hoity-toity / 'hɔɪtɪ'tɔɪtɪ/ *a.* (*fam. antiq.*) altezzoso.
hokum / 'həʊkəm/ *n.* U (*pop. USA*) **1** comicità ad effetto **2** stupidaggini; fesserie.
hold (1) /həʊld/ *n.* C e U **1** presa (*anche di lotta*); stretta: **to catch** (*o* **to grab, to take, to get**) **h. of**, afferrare; **to lose h. of st.**, lasciarsi sfuggire di mano q.c.; **to release one's h. on st.**, mollare la presa su q.c. **2** appiglio **3** presa; controllo; dominio: **to get a h. of oneself**, calmarsi; controllarsi; **to have a h. over sb.**, avere un grande ascendente su; tenere in pugno q.; **to lose one's h. on reality**, perdere il contatto con la realtà • **to get h. of st.**, procurarsi; trovare; ottenere □ **to get h. of an idea**, convincersi di q.c.; mettersi in testa un'idea □ (*fam.*) **to get h. of sb.**, mettersi in contatto con q. □ (*sport e fig.*) **no holds barred**, senza esclusione di colpi □ (*telef.*) **on h.**, in attesa □ **to put a plan on h.**, accantonare temporaneamente un progetto.
hold (2) /həʊld/ *n.* (*naut., aeron.*) stiva.
to **hold** /həʊld/ (*pass. e p.p.* **held**) **A** *v. t.* **1** tenere (in mano, in braccio); tenere stretto; stringere: **H. this for me, while I look for the key**, tienimi questo, mentre cerco la chiave; **She was holding a cat in her arms**, teneva (*o* aveva) in braccio un gatto; **He was holding a gun**, aveva (*o* stringeva) in mano una pistola **2** tenere (fermo); trattenere; tenere a freno; mantenere: **to h. a door open**, tenere aperta una porta; **to h. a note**, tenere una nota; **to h. prices**, tenere fermi i prezzi; **to h. a course**, mantenere una rotta; **to h. sb. prisoner**, tenere q. prigioniero; **He is being held by the police**, è stato trattenuto dalla polizia; è in stato di fermo; **to h. one's breath**, trattenere il fiato; **H. your tongue!**, sta' zitto! **3** reggere; sorreggere; sostenere; tenere: **That branch won't h. you**, quel ramo non ti reggerà **4** contenere; racchiudere; tenere (*un liquido, ecc.*); (*di veicolo*) portare **5** occupare (*un posto di lavoro*); reggere (*una carica*); tenere; detenere; avere; possedere: **to h. an important position**, avere una posizione importante; (*polit.*) **to h. office**, essere in carica; **to h. a record**, detenere un primato; **to h. a degree in...**, essere in possesso di una laurea in...; **The army held the area for two months**, l'esercito tenne quella regione per due mesi **6** avere (*un'opinione*); sostenere; ritenere; considerare: **to h. radical views**, avere idee radicali; **He holds that...**, sostiene che...; **to h. sb. responsible for q.c.**, ritenere q. responsabile di q.c. **7** tenere desto (*l'interesse, ecc.*); tenere avvinto (*l'uditorio*) **8** tenere; organizzare: **to h. an election**, tenere le elezioni **9** tenere in serbo; riservare • **to h. one's drink**, reggere l'alcol □ **to h. the fort**, restare a bada di q.c. □ **to h. sb. in great esteem**, tenere q. in grande stima □ **to h. one's ground**, mantenere le proprie posizioni; non cedere □ (*fig.*) **to h. one's head high**, andare a testa alta □ **to h. hands**, tenersi per mano □ **H. it!**, aspetta!; un momento! □ (*telef.*) **H. the line!**, resti in linea! □ **to h. one's own**, tener duro; non demordere □ (*autom.*) **to h. the road**, tenere bene la strada □ **to h. one's sides laughing**, tenersi la pancia (*o* sbellicarsi) dal ridere □ **to h. sb. to a promise**, vincolare q. a una promessa □ **to h. sb. to ransom**, tener prigioniero q. e chiedere un riscatto □ (*fam.*) **not to h. a candle to**, non reggere al confronto con □ (*fig.*) **not to h. water**, fare acqua da tutte le parti □ **I was left holding the baby**, mi ritrovai con la patata bollente in mano **B** *v. i.* **1** tenere; reggere; resistere: **Will this rope h.?**, terrà questa corda? **2** continuare; durare; mantenersi: **Let's hope the good weather holds**, speriamo che continui il bel tempo **3** (*anche* **to h. good**) essere valido: **The offer still holds**, la mia offerta è ancora valida.
♦ **hold against** *v. t. + prep.* fare una colpa (di q.c.) a.
♦ **hold back** **A** *v. t. + avv.* **1** trattenere; tenere a bada (*o* a freno); contenere: **to h. back the crowd**, tenere indietro (*o* contenere) la folla **2** impedire **3** tenere per sé; non rivelare: **to h. back the truth**, non dire la verità **B** *v. i. + avv.* esitare; tirarsi indietro.
♦ **hold down** *v. t. + avv.* **1** contenere (*spese, ecc.*) **2** tenere in soggezione **3** (*fam.*) conservare, riuscire a tenere (*un lavoro*) **4** (*lotta, judo*) immobilizzare.
♦ **hold forth** *v. i. + avv.* tenere banco; concionare; pontificare.
♦ **hold in** *v. t. + avv.* **1** trattenere, controllare (*un'emozione*) **2** tirare in dentro: **to h. in one's stomach**, tirare la pancia in dentro.
♦ **hold off** **A** *v. t. + avv.* **1** tenere lontano (*o* a distanza); bloccare (*un attacco*); respingere (q., q.c.) **2** ritardare; posticipare **B** *v. i. + avv.* **1** tenersi a distanza; stare alla larga **2** — **The rain held off**, non piovve.
♦ **hold on** *v. i. + avv.* **1** resistere; tenere duro; non mollare **2** (*fam.*) aspettare **3** (*telef.*) restare in linea.
♦ **hold on to** *v. i. + avv. e prep.* **1** tenersi a **2** tenere; conservare: **H. on to this ticket**, tieni questo biglietto (e non perderlo); **He held on to the photo for years**, conservò quella foto per anni; **to h. on to one's beliefs**, restare fedele alla proprie convinzioni.
♦ **hold out** **A** *v. t. + avv.* **1** stendere; tendere: **H. your arms out!**, stendi le braccia!; **to h. out one's hand**, tendere la mano **2** presentare; offrire: **to h. out good prospects**, offrire buone prospettive; **Doctors don't h. out much hope for him**, i dottori non nutrono molte speranze per lui **B** *v. i. + avv.* **1** durare **2** resistere; tenere duro.
♦ **hold out for** *v. i. + avv. e prep.* continuare a chiedere; fare il braccio di ferro per ottenere.
♦ **hold out on** *v. i. + avv. e prep.* (*fam.*) tenere nascosto q.c. a: **Don't h. out on me**, dimmi la verità.
♦ **hold over** **A** *v. t. + avv.* rinviare **B** *v. t. + prep.* usare (*informazioni, ecc.*) per minacciare (q.).
♦ **hold up** **A** *v. t. + avv.* **1** alzare; sollevare; tenere sollevato (*o* alzato) **2** sostenere; sorreggere **3** trattenere; bloccare; ritardare **4** rapinare **5** additare; esporre: **to h. sb. up as an example**, additare q. come esempio; **to h. sb. up to ridicule**, mettere q. in ridicolo; **to h. st. up to view**, tenere q.c. in evidenza **B** *v. i. + avv.* **1** (*del tempo*) mantenersi bello; durare **2** (*di argomento*) reggere.
♦ **hold with** *v. i. + prep.* (*fam.*) approvare: **I don't h. with this permissiveness**, non approvo tutta questa permissività.
holdall / 'həʊldɔːl/ *n.* borsa (*o* sacca) da viaggio.
holder / 'həʊldə(r)/ *n.* **1** possessore; proprietario; detentore: **h. of a ticket** [**of a diploma**], possessore di un biglietto [di un diploma]; **record h.**, detentore di un record **2** contenitore: porta-: **pen h.**, portapenne.
holding / 'həʊldɪŋ/ *n.* **1** (*agric.*) tenuta; podere **2** (*fin.*) partecipazione azionaria; pacchetto (di azioni) **3** (*al pl.*) proprietà; beni • (*fin.*) **h. company**, holding; società controllante.
holdout / 'həʊldaʊt/ *n.* (*USA*) chi si oppone a q.c.; chi si impunta.
holdover / 'həʊldəʊvə(r)/ *n.* (*fam. USA*) chi resta in carica (*da un governo all'altro, ecc.*).
holdup / 'həʊldʌp/ *n.* **1** rapina (a mano armata) **2** arresto; blocco; interruzione; ingorgo (*di traffico*).
hole /həʊl/ *n.* **1** buco; foro; pertugio **2** buca; fossa; cavità **3** tana; buco **4** (*golf*) buca **5** (*fam.*) buco; topaia • (*astron.*) **black h.**, buco nero □ (*fam.*) **h.-and-corner**, segreto; furtivo; sottobanco □ **h.-in-the-wall**, bugigattolo; (*fam. GB*) Bancomat □ **to be full of holes**, (*di teoria*) fare acqua da tutte le parti □ (*fam.*) **to be in a h.**, trovarsi nei guai □ **Money burns a h. in his pocket**, ha le mani bucate □ **to make a big h. in sb.'s savings**, portarsi via buona parte dei risparmi di q. □ **to pick holes in st.**, trovare da ridire su q.c.; rivedere le bucce a q.
to **hole** /həʊl/ *v. t.* **1** bucare; forare; perforare **2** (*naut.*) aprire una falla in (*una nave*) **3** (*golf*) mettere in buca.
♦ **hole out** (*golf*) **A** *v. i. + avv.* andare in buca **B** *v. t. + avv.* mettere in buca.
♦ **hole up** *v. i. + avv.* rifugiarsi; rintanarsi.
holiday / 'hɒlədeɪ, -dɪ/ **A** *n.* **1** giorno festivo; festa: **national h.**, festa nazionale **2** (*spesso al pl.*) vacanza, vacanze; ferie; villeggiatura: **the Christmas holidays**, le vacanze di Natale; **school holidays**, vacanze scolastiche; **We get four weeks' h.**, ci spettano quattro settimane di ferie; **to take a month's h.**, prendere un mese di vacanza; **to go** [**to be**] **on h.**, andare [essere] in vacanza **B** *a. attr.* festivo; di festa; vacanziero • **h.-camp**, villaggio turistico □ **h.-maker**, villeggiante; gitante; vacanziere □ **h. resort**, luogo di villeggiatura.

to **holiday** / ˈhɒlədeɪ, -dɪ/ *v. i.* passare le vacanze; essere in vacanza.
holier-than-thou / ˈhəʊlɪəðənˈðaʊ/ *a.* moralistico da santocchio (-a).
holiness / ˈhəʊlɪnəs/ *n.* U santità • **His H.**, Sua Santità; il Papa.
holism / ˈhəʊlɪzəm, ˈhɒ-/ *n.* olismo.
holistic /həˈlɪstɪk, həʊ-/ *a.* olistico.
holler / ˈhɒlə(r)/ *n.* (*fam.*) grido; urlo.
to **holler** / ˈhɒlə(r)/ *v. i. e t.* (*fam.*) gridare; urlare; vociare.
hollow / ˈhɒləʊ/ **A** *a.* **1** incavato; cavo: **h. cheeks**, guance incavate; **h.-eyed**, dagli occhi infossati **2** (*di suono*) cupo; sordo **3** falso; ipocrita **4** vano; vuoto; senza valore: **h. promises**, promesse vane; **h. victory**, vittoria senza valore **B** *n.* **1** cavità; cavo: **the h. of one's hand**, il cavo della mano **2** valletta; conca; depressione **C** *avv.* — (*fam.*) **to beat sb. h.**, stracciare q.
to **hollow** / ˈhɒləʊ/ *v. Solo come*:
♦ **hollow out** *v. t. + avv.* scavare; incavare.
holly / ˈhɒlɪ/ *n.* U (*bot.*) agrifoglio.
hollyhock / ˈhɒlɪhɒk/ *n.* (*bot.*) malvarosa; malvone.
holm-oak / ˈhəʊməʊk/ *n.* (*bot.*) leccio.
holocaust / ˈhɒləkɔːst/ *n.* olocausto.
hologram / ˈhɒləgræm, *USA* ˈhəʊ-/ *n.* (*fis.*) ologramma.
holograph / ˈhɒləgrɑːf, *USA* ˈhəʊləgræf/ *a. e n.* (documento) olografo.
holography /hɒˈlɒgrəfɪ, *USA* həʊ-/ *n.* (*fis.*) olografia.
hols /hɒlz/ *n. pl.* (*GB*) *abbr. fam. di* **holidays**.
holster / ˈhəʊlstə(r)/ *n.* fondina (*di pistola*).
holy / ˈhəʊlɪ/ **A** *a.* santo; sacro: **the H. Ghost**, lo Spirito Santo; **h. city**, città santa; **the H. Bible**, la Sacra Bibbia; **the H. Week**, la Settimana Santa • (*stor.*) **the H. Alliance**, la Santa Alleanza □ **h. day**, festa religiosa □ **the H. Grail**, il Santo Graal □ **the H. Land**, la Terrasanta □ **h. man**, uomo pio □ **h. orders**, ordini (sacri) □ (*stor.*) **the H. Roman Empire**, il Sacro Romano Impero □ (*fam.*) **h. terror**, bambino terribile; peste **B** *n.* — (*generalm. iron.*) **h. of holies**, sancta sanctorum (*lat.*).
homage / ˈhɒmɪdʒ/ *n.* U omaggio: **to pay h. to sb.**, rendere omaggio a q.
homburg / ˈhɒmbɜːg/ *n.* lobbia.
home /həʊm/ **A** *n.* **1** U casa; dimora; alloggio: **I left it at h.**, l'ho lasciato a casa; **to make one's h. in the country**, andare a vivere in campagna; **h. owner**, proprietario di casa **2** famiglia: **to leave h.**, andarsene (*o* uscire) di casa; **He comes from a broken h.**, è figlio di genitori divorziati **3** U patria; paese natale; luogo di origine: **at h. and abroad**, in patria e all'estero; **I live in Rome but my h. is Verona**, abito a Roma ma sono di Verona; **England is the h. of rugby**, l'Inghilterra è la patria del rugby **4** ambiente naturale; habitat **5** asilo; ricovero; casa: **children's h.**, brefotrofio; **old people's h.**, ricovero (*o* casa) per anziani **6** U (*sport*) meta; traguardo; (*baseball*) casa base • **a h. (away) from h.**, un posto in cui ci si sente come a casa □ **to be [to feel, to make oneself] at h.**, essere [sentirsi, mettersi] a proprio agio □ **I'm not at h. to them**, non sono in casa per loro **B** *a. attr.* **1** di casa; in casa: **h. address**, indirizzo di casa; **h.-made**, di fattura casalinga; fatto in casa; **h.-baked cakes**, dolci fatti in casa; **h. delivery**, consegna a domicilio **2** casalingo; domestico; familiare; natio: **h. cooking**, cucina casalinga; **h. village**, paese natio; **on one's h. ground**, su un terreno familiare **3** interno; nazionale: **h. affairs**, affari interni; **h. front**, fronte interno; **h. market**, mercato interno (*o* nazionale) **4** (*sport*) locale; di casa; in casa: **h. team**, squadra locale (*o* di casa); **h. game**, partita giocata in casa; **h. win**, vittoria in casa • **h. computer**, personal computer □ **h. economics**, economia domestica □ **h. help**, assistente a domicilio (*per anziano o disabile*) □ (*in G.B.*) **H. Office**, Ministero degli interni □ (*polit.*) **h. rule**, autonomia; autogoverno □ (*in G.B.*) **H. Secretary**, Ministro degli interni □ **h. straight** (*o* **stretch**), (*sport*) dirittura d'arrivo; (*fig.*) fase finale □ **h. truth**, verità sgradevole: **I told him a few h. truths**, gli dissi quello che si meritava **C** *avv.* **1** a casa: **to go h.**, andare a casa; **to see sb. h.**, accompagnare q. a casa **2** in patria **3** a fondo: **to drive a nail h.**, piantare a fondo un chiodo **4** (*sport*) a segno; (*calcio*) in rete: **to drive the ball h.**, mettere la palla in rete; segnare • (*fam. GB*) **h. and dry**, a posto; a cavallo □ **to bring h. to sb. the importance of st.**, convincere q. dell'importanza di q.c. □ **to come h. to sb.**, diventare chiaro a q.: **It finally came h. to me that...**, capii (*o* mi fu chiaro) finalmente che... □ **to hit h.**, colpire nel segno □ (*fam.*) **It's nothing to write h. about**, non è un gran che.
to **home** /həʊm/ *v. Solo come*:
♦ **home in on** *v. i. + avv. e prep.* dirigersi (*o* puntare dritto) verso (*o* su).
homebody / ˈhəʊmbɒdɪ/ *n.* (*fam.*) tipo casalingo.
homecoming / ˈhəʊmkʌmɪŋ/ *n.* **1** ritorno (a casa, in patria) **2** (*USA*) raduno (*di ex studenti*).
homegrown / ˈhəʊmˈgrəʊn/ *a.* di produzione locale; nostrano.
homeland / ˈhəʊmlænd/ *n.* terra natia; patria.
homeless / ˈhəʊmləs/ *a.* senza casa; senza tetto • **the h.**, i senzatetto.
homely / ˈhəʊmlɪ/ *a.* **1** (*specialm. GB*) semplice; senza pretese; alla buona **2** (*specialm. GB*) familiare; accogliente; intimo **3** (*USA*) bruttino; insignificante.
homemaker / ˈhəʊmmeɪkə(r)/ *n.* casalinga.
homeopath / ˈhəʊmɪəpæθ/ *n.* (*med.*) omeopata.
homeopathic /həʊmɪəˈpæθɪk/ *a.* (*med.*) omeopatico.
homeopathy /həʊmɪˈɒpəθɪ/ *n.* (*med.*) omeopatia.
Homeric /həʊˈmerɪk/ *a.* omerico.
homesick / ˈhəʊmsɪk/ *a.* che ha nostalgia di casa.
homesickness / ˈhəʊmsɪknəs/ *n.* U nostalgia (di casa).
homespun / ˈhəʊmspʌn/ **A** *a.* **1** tessuto in casa **2** casalingo; semplice; senza pretese **B** *n.* stoffa tessuta in casa.
homestead / ˈhəʊmsted/ *n.* casa colonica e podere; fattoria.
homeward / ˈhəʊmwəd/ **A** *avv.* (*USA*) *V.* **homewards** **B** *a.* di ritorno: **h. journey**, viaggio di ritorno.
homewards / ˈhəʊmwədz/ *avv.* **1** verso casa **2** verso la patria.
homework / ˈhəʊmwɜːk/ *n.* U **1** compito (*o* compiti) per casa **2** (*fam.*) preparazione: **I must do my h. for the meeting**, devo prepararmi per la riunione.
homey / ˈhəʊmɪ/ *a.* (*fam. USA*) casalingo; domestico; familiare; intimo.
homicidal /hɒmɪˈsaɪdl/ *a.* omicida • **h. maniac**, pazzo criminale.
homicide / ˈhɒmɪsaɪd/ *n.* **1** omicida **2** U omicidio.
homiletics / ˈhɒmɪˈletɪks/ *n. pl.* (*col verbo al sing.*) omiletica.
homily / ˈhɒməlɪ/ *n.* omelia; predica (*anche fig.*).
homing / ˈhəʊmɪŋ/ *a.* — **h. instinct**, senso dell'orientamento □ (*mil.*) **h. device**, dispositivo di autoguida □ (*mil.*) **h. missile**, missile autoguidato □ **h. pigeon**, piccione viaggiatore.
hominid / ˈhɒmɪnɪd/ *n.* (*antropol.*) ominide.
homoeopath / ˈhəʊmɪəpæθ/ *e deriv. V.* **homeopath** *e deriv.*
homogeneity /həʊmədʒəˈniːətɪ, hɒ-/ *n.* U omogeneità.
homogeneous /həʊməˈdʒiːnɪəs, hɒ-/ *a.* omogeneo.
to **homogenize**, (*GB anche*) to **homogenise** /həˈmɒdʒənaɪz/ *v. t.* omogeneizzare.
homogenous /həʊməˈdʒiːnɪəs, hɒ-/ *V.* **homogeneous**.
homograph / ˈhəʊməgrɑːf, ˈhɒ-, *USA* -æf/ *n.* (*ling.*) omografo.
homologue / ˈhəʊməlɒg, ˈhɒ-, *USA* -ɔːg/ *n.* omologo.
homology /həˈmɒlədʒɪ/ *n.* U (*lett., scient.*) omologia.
homonym / ˈhəʊmənɪm, ˈhɒ-/ *n.* (*ling.*) omonimo.
homophobia /həʊməˈfəʊbɪə/ *n.* omofobia.
homophone / ˈhəʊməfəʊn, ˈhɒ-/ *n.* (*ling.*) omofono.
homophonic / ˈhɒməˈfɒnɪk/ *a.* omofono.
homophony /həˈmɒfənɪ/ *n.* U (*ling., mus.*) omofonia.
homosexual /həʊməˈsekʃʊəl, hɒ-/ *a. e n.* omosessuale.
homosexuality /həʊməsekʃʊˈælətɪ, hɒ-/ *n.* U omosessualità.
homozygote /həʊməˈzaɪgəʊt/ *n.* (*biol.*) omozigote.
homozygous /həʊməˈzaɪgəʊs/ *a.* (*biol.*) omozigote.
to **hone** /həʊn/ *v. t.* affilare (sulla cote).
honest / ˈɒnɪst/ **A** *a.* **1** onesto **2** sincero; onesto; schietto: **to be h. with you**, se devo essere sincero • **h. broker**, intermediario al di sopra delle parti □ (*fam.*) **h.-to-God** (*o* **h.-to-goodness**), genuino □ **to earn an h. penny** (*o* **to make an h. living**), guadagnarsi la vita onestamente **B** *avv.* (*fam.*) davvero; lo giuro: **It wasn't me, h.!**, non sono stato io, lo giuro!
honestly / ˈɒnɪstlɪ/ *avv.* **1** onestamente **2** sinceramente; onestamente **3** davvero; sul serio: **H., I'll do it**, lo farò, davvero **4** — **H.!**, ma insomma!; ma via!

honesty /ˈɒnɪstɪ/ *n.* ⓤ *1* onestà *2* sincerità; onestà; schiettezza.
honey /ˈhʌnɪ/ *n.* *1* ⓤ miele *2* (*fam.*) caro (-a); tesoro.
honeybee /ˈhʌnɪbiː/ *n.* (*zool.*) ape domestica.
honeycomb /ˈhʌnɪkəʊm/ *n.* *1* favo *2* struttura a nido d'ape.
to **honeycomb** /ˈhʌnɪkəʊm/ *v. t.* crivellare; perforare.
honeyed /ˈhʌnɪd/ *a.* (*lett.*) dolce; melato; mellifluo.
honeymoon /ˈhʌnɪmuːn/ *n.* viaggio di nozze; luna di miele.
to **honeymoon** /ˈhʌnɪmuːn/ *v. i.* essere in viaggio di nozze (*o* in luna di miele).
honeysuckle /ˈhʌnɪsʌkl/ *n.* ⓤ (*bot.*) caprifoglio.
honk /hɒŋk, *USA* hɔːŋk/ *n.* *1* richiamo (*o* verso) dell'anatra selvatica *2* colpo di clacson.
to **honk** /hɒŋk, *USA* hɔːŋk/ *v. i.* *1* (*dell'anatra*) starnazzare *2* suonare il clacson *3* (*del clacson*) suonare.
honkie, honky /ˈhɒŋkɪ, *USA* -ɔːŋk/ *n.* (*spreg. USA*) bianco (*detto da un nero*).
honor /ˈɒnə(r)/ *e deriv.* (*USA*) *V.* **honour** *e deriv.*
honorarium /ɒnəˈreərɪəm/ *n.* onorario.
honorary /ˈɒnrərɪ, *USA* ˈɒnərerɪ/ *a.* *1* onorario *2* onorifico • **h. degree**, laurea ad honorem.
honorific /ɒnəˈrɪfɪk/ *a.* onorifico.
honour /ˈɒnə(r)/ *n.* *1* ⓤ *e* ⓒ onore: **to do h. to sb.**, fare onore a q.; **Will you do me the h. of...?**, vuole farmi l'onore di...?; **word of h.**, parola d'onore; **in h. of**, in onore di; **on my h.**, sul mio onore *2* (*al pl.*) onori; onoranze: **military honours**, onori militari; (*fam.*) **to do the honours**, fare gli onori di casa • **honours degree**, laurea con lode □ (*in G.B.*) **honours list**, elenco annuale delle persone cui il sovrano ha concesso un'onorificenza □ **to be h. bound to do st.**, essere moralmente obbligato a fare q.c. □ **Your H.**, Vostro Onore (*a un giudice*).
to **honour** /ˈɒnə(r)/ *v. t.* *1* onorare; fare onore a *2* conferire un'onorificenza (*o* un titolo) a *3* (*comm.*) onorare; far onore a: **to h. a bill [commitment]**, onorare una cambiale [una promessa].
honourable /ˈɒnrəbl/ *a.* onorevole; onorato; d'onore: **h. man**, uomo d'onore; **h. mention**, menzione onorevole.
hooch /huːtʃ/ *n.* ⓤ (*fam. USA*) liquore, whiskey (distillato illegalmente).
hood /hʊd/ *n.* *1* cappuccio *2* capote (*di automobile aperta*) *3* soffietto (*di carrozzina*) *4* cappa (*di cucina, ecc.*) *5* (*autom., USA*) cofano *6* (*pop.*) malvivente; gangster.
hooded /ˈhʊdɪd/ *a.* *1* con cappuccio *2* (*di persona*) incappucciato • **h. eyes**, occhi socchiusi.
hoodlum /ˈhuːdləm/ *n.* (*pop. USA*) teppista; malvivente.
hoodoo /ˈhuːduː/ *n.* (*fam., specialm. USA*) *1* ⓤ sfortuna; iella (*pop.*) *2* iettatore (-trice); menagramo.
to **hoodwink** /ˈhʊdwɪŋk/ *v. t.* abbindolare; ingannare; infinocchiare (*fam.*).
hooey /ˈhuːɪ/ *n.* ⓤ (*pop. USA*) fesserie.
hoof /huːf, hʊf/ *n.* (*pl.* **hoofs, hooves**) zoccolo; unghia (*di cavallo, ecc.*) • (*di bestiame*) **on the h.**, vivo; non macellato.
hoofer /ˈhuːfə(r), ˈhʊ-/ *n.* (*pop. USA*) ballerino (-a).
hoo-ha /ˈhuːhɑː/ *n.* (*fam.*) trambusto; chiasso.
hook /hʊk/ *n.* *1* gancio; uncino *2* amo *3* (*boxe*) gancio *4* uncinetto • **h. and eye**, allacciatura a gancio; gancio e maglietta □ **h.-nosed**, dal naso a becco □ **by h. or by crook**, di riffa o di raffa; con le buone o con le cattive □ **to let sb. off the h.**, togliere q. dagli impicci; liberare q. □ (*fam.*) **He swallowed it h., line and sinker**, se l'è bevuta pari pari.
to **hook** /hʊk/ *A* *v. t.* *1* agganciare *2* passare (*un braccio, un piede, ecc.*) intorno a *3* prendere all'amo *4* (*fam.*) accalappiare *B* *v. i.* agganciarsi.
♦ **hook up** *v. t. + avv.* *1* agganciare (*un vestito*) *2* (*radio, TV, telef.*) allacciare; collegare.
hookah /ˈhʊkə/ *n.* narghilè.
hooked /hʊkt/ *a.* *1* ricurvo; a uncino; a becco; adunco: **h. nose**, naso adunco; naso aquilino *2* provvisto di ganci (*o* di uncini) *3* (*fam.*) fanatico di: **h. on video games**, fanatico di videogiochi *4* — **h. on drugs**, schiavo della droga; tossicodipendente.
hooker /ˈhʊkə(r)/ *n.* (*pop. USA*) prostituta; battona.
hookey /ˈhʊkɪ/ *V.* **hooky**.
hook-up /ˈhʊkʌp/ *n.* *1* (*radio, TV, elab.*) collegamento *2* allacciamento (*alla rete del gas, ecc.*).
hookworm /ˈhʊkwɜːm/ *n.* (*zool.*) anchilostoma.
hooky /ˈhʊkɪ/ *n.* — (*pop. USA*) **to play h.**, marinare la scuola.
hooligan /ˈhuːlɪgən/ *n.* teppista; vandalo.
hooliganism /ˈhuːlɪgənɪzəm/ *n.* ⓤ teppismo; vandalismo.
hoop /huːp, *USA* hʊp/ *n.* *1* cerchio; cerchione; anello metallico *2* guardinfante; crinolina • **to put sb. through hoops**, mettere q. alla prova; mettere q. sotto pressione.
hoopla /ˈhuːplɑː/ *n.* ⓤ *1* gioco del lancio degli anelli *2* (*fam. USA*) cancan; strombazzamento pubblicitario.
hoopoe /ˈhuːpuː/ *n.* (*zool.*) upupa.
hoorah, hooray /hʊˈreɪ/ *V.* **hurrah, hurray**.
hoot /huːt/ *n.* *1* grido, strido (*specialm. della civetta*) *2* fischio (*di sirena, di locomotiva*) *3* (*autom.*) colpo di clacson *4* ululato di derisione; risata di scherno *5* (*fam. GB*) persona o cosa spassosa; spasso • (*pop.*) **I don't care a h.**, me ne infischio □ (*pop.*) **It isn't worth two hoots**, non vale una cicca.
to **hoot** /huːt/ *A* *v. i.* *1* (*di civetta*) stridere *2* (*di sirena, locomotiva*) fischiare *3* (*autom.*) suonare il clacson *4* sghignazzare *B* *v. t.* *1* suonare (*il clacson*) *2* subissare di urli (di scherno): **to h. sb. off the stage**, cacciare q. di scena a suon di fischi.
hooter /ˈhuːtə(r)/ *n.* *1* (*autom.*) clacson *2* sirena (*di fabbrica*) *3* (*pop.*) naso.
hoover ® /ˈhuːvə(r)/ *n.* aspirapolvere.
to **hoover** /ˈhuːvə(r)/ *v. t. e i.* pulire con l'aspirapolvere; passare l'aspirapolvere (su).
hooves /huːvz/ *pl. di* **hoof**.
hop (1) /hɒp/ *n.* *1* (*bot.*) luppolo *2* (*al pl.*) infiorescenze di luppolo.
hop (2) /hɒp/ *n.* *1* salto (*su una gamba sola*); saltello *2* (*fam.*) quattro salti; ballo *3* (*fam.*) breve volo (*in aereo*); salto • (*atletica*) **hop, shep and jump**, salto triplo □ (*fam.*) **to catch sb. on the hop**, cogliere q. impreparato (*o* alla sprovvista).
to **hop** /hɒp/ *A* *v. i.* saltare; saltellare *B* *v. t.* *1* saltare *2* (*fam. USA*) prendere (*un aereo*) • (*pop.*) **to hop it**, sloggiare; smammare.
hope /həʊp/ *n.* ⓒ *e* ⓤ speranza • (*USA*) **h. chest**, corredo da sposa □ **to have high hopes**, essere ottimista (*a proposito di q.c.*) □ **to live in h.**, continuare a sperare □ **past** (*o* **beyond**) **h.**, senza speranza □ (*fam.*) **Some h.** (*o* **hopes**)**!**, magari!; figurati!
to **hope** /həʊp/ *v. i. e t.* sperare: **to h. for the best**, sperare in bene; **I hope not [so]**, spero di no [di sì]; **to h. against hope**, sperare malgrado tutto.
hopeful /ˈhəʊpfl/ *A* *a.* *1* pieno di speranza; speranzoso; fiducioso: **h. of success**, fiducioso nel successo *2* promettente; incoraggiante *B* *n.* — **young h.**, giovane di belle speranze; giovane promettente.
hopefully /ˈhəʊpfəlɪ/ *avv.* *1* con speranza; fiduciosamente: **He was waiting h. for her call**, aspettava fiducioso la sua telefonata *2* (*fam.*) se tutto va bene.
hopefulness /ˈhəʊpflnəs/ *n.* ⓤ buona speranza; fiducia.
hopeless /ˈhəʊpləs/ *a.* *1* senza speranza; disperato; completamente inutile: **h. case**, caso disperato; (*fam.*) frana *2* (*fam.*) pessimo; disastroso: **I'm h. at cards**, sono un disastro a carte; sono negato per le carte; **The organization was h.**, l'organizzazione era pessima.
hopelessness /ˈhəʊpləsnəs/ *n.* ⓤ *1* disperazione; profondo sconforto *2* irreparabilità.
hopper /ˈhɒpə(r)/ *n.* tramoggia.
hopping /ˈhɒpɪŋ/ *avv.* — (*fam.*) **h. mad**, furibondo; fuori di sé.
hopscotch /ˈhɒpskɒtʃ/ *n.* ⓤ (*gioco*) campana; mondo.
horde /hɔːd/ *n.* orda.
horizon /həˈraɪzn/ *n.* orizzonte: **on the h.**, all'orizzonte.
horizontal /hɒrɪˈzɒntl, *USA* hɔː-/ *a.* orizzontale.
hormonal /hɔːˈməʊnl/ *a.* (*biol.*) ormonale.
hormone /ˈhɔːməʊn/ *n.* (*biol.*) ormone • **h. replacement therapy**, terapia ormonale sostitutiva (*in menopausa*).
horn /hɔːn/ *n.* *1* ⓒ *e* ⓤ corno: **bull's horns**, corna di toro; **hunting h.**, corno da caccia *2* (*autom.*) clacson *3* (*mus.*) corno *4* tromba (*di fonografo*) • **h.-rimmed glasses**, occhiali con la montatura di corno □ **to be on the horns of a dilemma**, trovarsi tra l'incudine e il martello □ (*fam.*) **to pull in one's horns**, ridurre le spese.
to **horn** /hɔːn/ *v.* *Solo come*:
♦ **horn in (on)** *v. i. + avv.* (*e prep.*) intromettersi (in); interferire (in).

hornbeam /ˈhɔːnbiːm/ *n.* (*bot.*) carpino.
horned /hɔːnd/ *a.* (*zool.*) cornuto.
hornet /ˈhɔːnɪt/ *n.* (*zool.*) calabrone ● **to stir up a h.'s nest**, suscitare un vespaio.
horny /ˈhɔːnɪ/ *a.* ***1*** corneo; di corno ***2*** calloso ***3*** (*volg.*) arrapato.
horoscope /ˈhɒrəskəʊp, *USA* ˈhɔːr-/ *n.* oroscopo.
horrendous /həˈrendəs/ *a.* orrendo; orribile.
horrible /ˈhɒrəbl, *USA* ˈhɔːr-/ *a.* orribile; orrendo; tremendo; spaventoso.
horrid /ˈhɒrɪd, *USA* ˈhɔːrɪd/ *a.* ***1*** orribile; orrido ***2*** (*fam.*) odioso; antipatico ● (*fam.*) **to be h. to sb.**, comportarsi malissimo con q.
horrific /həˈrɪfɪk/ *a.* orrendo; orripilante.
to **horrify** /ˈhɒrɪfaɪ, *USA* ˈhɔː-/ *v. t.* ***1*** lasciare inorridito; sconvolgere: **When I found out, I was horrified**, quando lo venni a sapere, rimasi inorridito ***2*** scandalizzare.
horror /ˈhɒrə(r), *USA* ˈhɔː-/ *n.* ***1*** [C] e [U] orrore ***2*** (*di bambino*) demonio; peste ***3*** — (*fam.*) **the horrors**, brividi (di orrore); ribrezzo: **to give sb. the horrors**, riempire q. di raccapriccio; far ribrezzo a q. ● **h. film**, film dell'orrore □ **h.-struck** (*o* **h.-stricken**), inorridito □ **chamber of horrors**, camera degli orrori □ **to have a h. of st.**, provare ribrezzo per q.c.; avere il terrore di q.c.
hors d'oeuvre /ɔːˈdɜːv/ (*franc.*) *locuz. n.* (*pl.* **hors d'oeuvres**) antipasto.
horse /hɔːs/ *n.* ***1*** cavallo ***2*** cavalletto; sostegno; trespolo ***3*** (*ginnastica*) cavallo ***4*** [U] (*col verbo al pl.*) (*mil.*) cavalleria: **light h.**, cavalleria leggera; cavalleggeri ***5*** [U] (*pop.*) eroina (*droga*) ● (*bot.*) **h. chestnut**, ippocastano; castagna d'India □ **h.-breaker**, domatore di cavalli □ **h.-drawn**, a cavalli; tirato da cavalli □ **H. Guards**, guardie a cavallo □ (*scherz.*) **h. opera**, western □ **h. race**, corsa di cavalli □ **h.-racing**, ippica □ **h.-riding**, equitazione □ (*fam.*) **h. sense**, buon senso □ **h. show**, concorso ippico; gare di equitazione □ **h.-trading**, mercanteggiamento □ **dark h.**, *V. sotto* **dark** □ **from the h.'s mouth**, di prima mano; da fonte sicura □ **to get on one's high h.**, darsi un sacco d'arie □ **Hold your horses!**, aspetta!; calmati! □ **It's a h. of another colour**, è tutt'altra faccenda; è un altro paio di maniche □ **white horses**, cavalloni.
to **horse** /hɔːs/ *v. Solo come*:
♦ **horse about** (*o* **around**) *v. i. + avv.* giocare in modo sfrenato; fare lo stupido.
horseback /ˈhɔːsbæk/ *n.* — **on h.**, in sella; a cavallo.
horsebox /ˈhɔːsbɒks/ *n.* furgone per il trasporto di cavalli.
horseflesh /ˈhɔːsfleʃ/ *n.* [U] cavalli.
horsefly /ˈhɔːsflaɪ/ *n.* (*zool.*) tafano; mosca cavallina.
horsehair /ˈhɔːsheə(r)/ *n.* [U] crine (di cavallo).
horseman /ˈhɔːsmən/ *n.* (*pl.* **horsemen** /-mən/) cavaliere.
horsemanship /ˈhɔːsmənʃɪp/ *n.* [U] ***1*** abilità di cavaliere ***2*** equitazione.
horseplay /ˈhɔːspleɪ/ *n.* [U] giochi scatenati; scherzi rozzi.
horsepower /ˈhɔːspaʊə(r)/ *n.* [U] (*fis.*) cavallo (vapore): **a 30-h. engine**, un motore da 30 cavalli.
horseradish /ˈhɔːsrædɪʃ/ *n.* (*bot.*) rafano.
horseshoe /ˈhɔːsʃuː/ *n.* ferro di cavallo.
horsetail /ˈhɔːsteɪl/ *n.* (*bot.*) equiseto; coda di cavallo.
horsewhip /ˈhɔːswɪp, *USA* -hw-/ *n.* frustino; staffile.
to **horsewhip** /ˈhɔːswɪp, *USA* -hw-/ *v. t.* frustare; staffilare.
horsewoman /ˈhɔːswʊmən/ *n.* (*pl.* **horsewomen** /-wɪmən/) amazzone; cavallerizza.
hors(e)y /ˈhɔːsɪ/ *a.* ***1*** (*spreg. GB, generalm. di donna*) con una faccia da cavallo; cavallino ***2*** (*spesso spreg.*) appassionato di cavalli.
horticultural /hɔːtɪˈkʌltʃərəl/ *a.* orticolo.
horticulture /ˈhɔːtɪkʌltʃə(r)/ *n.* [U] orticoltura.
horticulturist /hɔːtɪˈkʌltʃərɪst/ *n.* orticoltore (-trice).
hosanna /həʊˈzænə/ *n. e inter.* osanna.
hose /həʊz/ *n.* ***1*** [C] e [U] tubo flessibile; tubo di gomma: **garden h.**, tubo per annaffiare ***2*** (*mecc.*) manicotto ***3*** (*comm.*) calze; calzetteria ***4*** (*stor.*) calzamaglia.
to **hose** /həʊz/ *v. t.* bagnare, annaffiare (con un tubo di gomma): **to h. down one's car**, lavare l'automobile.
hosepipe /ˈhəʊzpaɪp/ (*GB*) *V.* **hose**, *def. 1.*
hosier /ˈhəʊzɪə(r), *USA* -ʒə(r)/ *n.* (*antiq.*) negoziante di maglieria intima (da uomo).
hosiery /ˈhəʊzɪərɪ, *USA* -ʒərɪ/ *n.* [U] (*comm.*) ***1*** calze; calzetteria ***2*** maglieria intima.
hospice /ˈhɒspɪs/ *n.* ***1*** ospizio; ricovero ***2*** clinica per malati terminali.
hospitable /hɒˈspɪtəbl, ˈhɒs-/ *a.* ospitale.
hospital /ˈhɒspɪtl/ *n.* [C] e [U] ospedale ● **h. bed**, letto d'ospedale □ **h. equipment**, attrezzature ospedaliere □ **h. nurse**, infermiere (-a) □ **general h.**, policlinico.
to **hospitalise** /ˈhɒspɪtəlaɪz/ *e deriv.* (*GB*) *V.* **to hospitalize** *e deriv.*
hospitality /hɒspɪˈtælətɪ/ *n.* [U] ospitalità.
hospitalization /hɒspɪtəlaɪˈzeɪʃn, *USA* -lɪˈz-/ *n.* [U] ospedalizzazione; ricovero (in ospedale).
to **hospitalize** /ˈhɒspɪtəlaɪz/ *v. t.* ricoverare (in ospedale).
host (1) /həʊst/ *n.* ***1*** ospite; padrone di casa ***2*** (*TV*) presentatore; conduttore ***3*** (*bot., zool.*) ospite ● **to play h. to st.**, ospitare q.c. (*riunione, giochi, ecc.*).
host (2) /həʊst/ *n.* folla; moltitudine; schiera.
host (3), **Host** /həʊst/ *n.* (*relig.*) ostia (consacrata).
hostage /ˈhɒstɪdʒ/ *n.* ostaggio: **to hold [to take] sb. h.**, tenere [prendere] q. in ostaggio.
hostel /ˈhɒstl/ *n.* ostello; pensionato: **youth h.**, ostello della gioventù.
hostess /ˈhəʊstɪs/ *n.* ***1*** ospite (*f.*); padrona di casa ***2*** (*aeron., anche* **air h.**) hostess; assistente di volo ***3*** entraineuse (*in un locale notturno*).
hostile /ˈhɒstaɪl, *USA* -tl/ *a.* ostile; nemico; avverso.
hostility /hɒˈstɪlətɪ/ *n.* ***1*** [U] ostilità; inimicizia ***2*** (*al pl.*) (*mil.*) ostilità.
hot /hɒt/ *a.* ***1*** (molto) caldo; bollente; che scotta: **h. oven**, forno caldo; **hot meal**, pasto caldo; **Careful, it's hot!**, attento, scotta!; **It's very h. in here**, fa molto caldo qui dentro; **to feel** (*o* **to be**) **h.**, avere caldo; **to get hot**, scaldarsi; riscaldarsi; (*del tempo*) cominciare a fare caldo; **I'm getting hot**, comincio ad avere caldo ***2*** (*di sapore*) piccante ***3*** caldo; ardente; focoso; collerico; **h. competition**, accesa concorrenza; **h. temper**, carattere collerico; **hot-tempered**, irascibile ***4*** (*fam.*) recente; fresco: **hot news**, notizie recenti; **hot off the press**, fresco di stampa ***5*** (*fam.*) controverso; scottante: **hot issue**, argomento di dibattito ***6*** (*pop.*) eccezionale; fantastico; (*estens.*) di successo, alla moda ***7*** (*pop.*) piccante; sexy ***8*** (*fam.*) appassionato (a q.c.); molto in gamba: **She's very hot on computers**, è una fanatica di computer; **He's a really hot lawyer**, è un avvocato in gambissima ***9*** (*pop.*) rubato; che scotta; ricercato dalla polizia ● **hot and bothered**, agitato □ (*fam.*) **hot air**, parole vuote; chiacchiere □ **hot-air balloon**, mongolfiera □ **hot-blooded**, dal sangue caldo; appassionato; focoso □ (*fam. USA*) **hot dog**, panino con würstel caldo; hot dog □ **hot flush** (*USA* **flash**), caldana; vampata □ **hot-headed**, focoso; impetuoso; irruente □ **hot line**, (*mil., polit.*) linea calda, filo rosso; (*radio, TV, elab.*) linea diretta □ **hot on the track of sb.**, alle calcagna di q. □ **hot pepper**, peperoncino (rosso) □ **hot potato**, patata bollente (*anche fig.*) □ (*pop. USA*) **hot rod**, automobile truccata □ (*fam.*) **hot seat**, posto di responsabilità; posto che scotta □ **hot spot**, (*fam.*) posto alla moda; (*mil., polit.*) zona calda □ **hot spring**, sorgente termale □ (*fam.*) **hot stuff**, tipo eccezionale; roba fantastica; roba sexy □ **hot-tempered**, collerico; irascibile □ **hot tip**, cavallo sicuro; (*estens.*) dritta sicura (*pop.*) □ **hot-water bottle** (*USA* **bag**), borsa dell'acqua calda; boule (*franc.*) □ **hot under the collar**, furente; furioso □ **to blow hot and cold**, cambiar parere di continuo □ (*fam.*) **not to feel too hot**, non sentirsi tanto bene □ **to get into hot water**, mettersi nei guai □ **to go hot all over**, avere vampate di caldo □ **You're getting hot!**, (*a chi cerca di indovinare q.c.*) fuochino! □ **to make things hot for sb.**, rendere la vita difficile a q.
to **hot** /hɒt/ *v. Solo come*:
♦ **hot up** *v. i. + avv.* (*fam.*) intensificarsi; farsi più teso; riscaldarsi.
hotbed /ˈhɒtbed/ *n.* focolaio (*fig.*).
hotchpotch /ˈhɒtʃpɒtʃ/ *n.* (*GB*) pot-pourri (*franc.*); miscuglio.
hotel /həʊˈtel/ *n.* albergo ● **h. accommodation**, sistemazione in albergo □ **h. facilities**, attrezzatura alberghiera □ **h.-keeper**, albergatore (-trice).
hotelier /həʊˈtelɪə(r)/ *n.* albergatore (-trice).
hotfoot /ˈhɒtfʊt/ *avv.* (*fam.*) di gran carriera; in fretta e furia.
to **hotfoot** /ˈhɒtfʊt/ *v. i.* — (*fam.*) **to h. it**, andare a gran velocità (*o* di gran carriera).
hothead /ˈhɒthed/ *n.* testa calda.

hothouse /ˈhɒthaʊs/ *n.* ***1*** serra ***2*** (*fig.*) vivaio; terreno fertile.
hotly /ˈhɒtlɪ/ *avv.* ***1*** caldamente; calorosamente ***2*** violentemente ***3*** rabbiosamente.
hotplate /ˈhɒtpleɪt/ *n.* (*cucina*) fornello a piastra; piastra.
hots /hɒts/ *n. pl.* (*pop.*) — **the h.**, desiderio sessuale; eccitazione: **He has the h. for you**, tu lo ecciti.
Hottentot /ˈhɒtntɒt/ *n.* ottentotto.
to **hot-wire** /ˈhɒtwaɪə(r)/ *v. t.* (*di ladro d'auto, ecc.*) mettere in moto (*un'auto*) collegando i fili dell'accensione.
hound /haʊnd/ *n.* ***1*** cane da caccia; segugio ***2*** (*antiq.*) uomo spregevole; cane • **to ride to hounds**, cacciare la volpe (con una muta di cani).
to **hound** /haʊnd/ *v. t.* perseguitare; tormentare.
♦ **hound out** *v. t. + avv.* cacciare (via).
hour /aʊə(r)/ *n.* ***1*** ora: **half an h.**, mezz'ora; **in an h.** (*o* **h.'s time**), tra un'ora; **ten miles an h.**, dieci miglia all'ora; **a two-h. trip**, un viaggio di due ore; **to pay by the h.**, pagare a ore; **I've been waiting for hours**, aspetto da ore; **office hours**, ore d'ufficio ***2*** (*al pl.*) orario: **opening hours**, orario d'apertura; **after hours**, dopo l'orario di lavoro (*o* di chiusura) ***3*** momento: **at the eleventh h.**, all'ultimo momento; **the question of the h.**, il problema del momento; **his finest h.**, il suo momento di gloria • **h. after h.**, per ore e ore □ **h. hand**, lancetta delle ore □ **at all hours**, a tutte le ore (del giorno e della notte) □ **at an early h.**, di buon'ora; presto □ **the early** (*o* **small**) **hours**, le ore piccole □ **to keep regular hours**, fare vita regolare □ **to keep late hours**, andare a letto tardi; fare le ore piccole □ **on the h.**, allo scadere dell'ora □ **out of hours**, fuori orario □ (*fam.*) **till all hours**, fino a molto tardi.
hourglass /ˈaʊəglɑːs, *USA* -æs/ *n.* clessidra • **to have an h. figure**, avere la vita stretta.
hourly /ˈaʊəlɪ/ ***A*** *a.* di un'ora; ogni ora; orario: **h. intervals**, intervalli di un'ora; **h. flights**, voli ogni ora; **h. output**, produzione oraria ***B*** *avv.* ***1*** ogni ora; a ore: **paid h.**, pagato a ore ***2*** da un momento all'altro.
house /haʊs, *pl.* haʊzɪz/ *n.* ***1*** casa; abitazione; alloggio: **a row of houses**, una fila di case; **at our h.**, a casa nostra; **to move h.**, cambiare casa; traslocare; **to keep h.**, mandare avanti la casa; **h. prices**, i prezzi delle case (*o* delle abitazioni) ***2*** casa; casato; dinastia ***3*** (*comm.*) ditta; azienda; casa: **software h.**, ditta di software; **publishing h.**, casa editrice ***4*** locale pubblico; casa: **on the h.**, offerto dalla casa; **speciality of the h.**, specialità della casa; **h. wine**, vino della casa ***5*** (*polit.*) assemblea; Camera: (*in G.B.*) **the H. of Commons** [**of Lords**], Camera dei Comuni [dei Lord]; (*in U.S.A.*) **the H. of Representatives**, la Camera dei Rappresentanti; **the Houses of Parliament**, il Parlamento; **lower** [**upper**] **h.**, camera bassa [alta] ***6*** (*teatr.*) teatro; sala; pubblico: **an almost empty h.**, un teatro semideserto; **a full h.**, il tutto esaurito ***7*** (*cinem., teatr.*) spettacolo; rappresentazione: **the first h.**, il primo spettacolo ***8*** (*in G.B.*) suddivisione all'interno di un collegio o una scuola (*specialm. negli sport*) ***9*** recinto (*di zoo*); capannone • **h. agent**, agente immobiliare; mediatore di case □ (*leg.*) **h. arrest**, arresti domiciliari □ **h. call**, visita a domicilio (*di medico*) □ (*zool.*) **h. fly**, mosca comune □ **h. journal** (*o* **organ**), bollettino aziendale □ (*teatr.*) **h. lights**, luci di sala □ (*zool.*) **h. martin**, balestruccio □ **h. of cards**, castello di carte (*anche fig.*) □ **h. physician** [**surgeon**], medico [chirurgo] interno (*in un ospedale*) □ **h.-proud**, (*di donna*) che ci tiene ad avere una bella casa □ **h. style**, regole ortografiche (*di una casa editrice*) □ **h.-to-h.**, porta a porta; di casa in casa □ **h.-trained**, (*di animale domestico*) che non sporca in casa; pulito □ **h.--warming**, festa d'inaugurazione di una nuova casa □ **to bring the h. down**, scatenare gli applausi □ (*fam.*) **to get on like a h. on fire**, andare d'accordissimo □ (*fam.*) **to go h.-hunting**, cercare casa □ (*fig.*) **to set one's h. in order**, sistemare i propri affari (*o* le proprie cose).
to **house** /haʊz/ *v. t.* alloggiare; ospitare.
houseboat /ˈhaʊsbəʊt/ *n.* casa galleggiante.
housebound /ˈhaʊsbaʊnd/ *a.* costretto a stare a casa; chiuso in casa.
housebreaker /ˈhaʊsbreɪkə(r)/ *n.* ladro (*di appartamento*); scassinatore.
housebreaking /ˈhaʊsbreɪkɪŋ/ *n.* Ⓤ violazione di domicilio; furto con scasso.
housecoat /ˈhaʊskəʊt/ *n.* vestaglia.
housefather /ˈhaʊsfɑːðə(r)/ *n.* educatore (*in un brefotrofio, in un istituto per minori, ecc.*).
houseful /ˈhaʊsfʊl/ *n.* — **We had a h. of relatives at Christmas**, abbiamo avuto la casa piena di parenti a Natale.
household /ˈhaʊshəʊld/ *n.* famiglia (*inclusi i domestici, ecc.*); casa: **the Royal H.**, la Casa Reale • **h. appliances**, elettrodomestici □ **h. name**, nome noto a tutti; nome familiare.
householder /ˈhaʊshəʊldə(r)/ *n.* ***1*** proprietario di casa ***2*** capofamiglia.
housekeeper /ˈhaʊskiːpə(r)/ *n.* governante (*che sovrintende alla casa*).
housekeeping /ˈhaʊskiːpɪŋ/ *n.* Ⓤ ***1*** governo della casa; andamento della casa ***2*** (*anche* **h. money**) denaro per le spese di casa ***3*** (*elab.*) operazioni ausiliarie.
housemaid /ˈhaʊsmeɪd/ *n.* domestica; cameriera.
houseman /ˈhaʊsmən/ *n.* (*pl.* **housemen** /-mən/) (*GB*) (medico) interno.
housemaster /ˈhaʊsmɑːstə(r), *USA* -æs-/ *n. m.* **housemistress** /ˈhaʊsmɪstrɪs/ *n. f.* insegnante responsabile di una «house», *q.V., def. 8.*
housemother /ˈhaʊsmʌðə(r)/ *n.* educatrice (*in un brefotrofio, in un istituto per minori, ecc.*).
houseparent /ˈhaʊsˈpɛərənt/ *n.* educatore (-trice) (*in un brefotrofio, in un istituto per minori, ecc.*).
houseplant /ˈhaʊsplɑːnt, *USA* -plænt/ *n.* pianta d'appartamento.
houseroom /ˈhaʊsruːm, -rʊm/ *n.* posto, spazio in casa: **I wouldn't give it h.**, non lo vorrei in casa neanche se me lo regalassero.
housetop /ˈhaʊstɒp/ *n.* tetto (della casa) • **to proclaim st. from the h.-tops**, gridare q.c. ai quattro venti.
housewares /ˈhaʊswɛəz/ *n. pl.* (*col verbo al sing. o al pl.*) (*USA*) reparto casalinghi (*in un grande magazzino*).
housewife /ˈhaʊswaɪf/ *n.* (*pl.* **housewives**) donna di casa; massaia; casalinga.
housewifely /ˈhaʊswaɪflɪ/ *a.* della massaia; da buona massaia.
housewives /ˈhaʊswaɪvs/ *pl. di* **housewife**.
housework /ˈhaʊswɜːk/ *n.* Ⓤ faccende domestiche; lavori di casa.
housewrecker /ˈhaʊsrɛkə(r)/ *n.* (*USA*) demolitore (di case).
housing /ˈhaʊzɪŋ/ *n.* Ⓤ e Ⓒ ***1*** sistemazione in alloggi ***2*** alloggi; case ***3*** (*tecn.*) custodia; sede; contenitore; alloggiamento • **h. association**, cooperativa edilizia □ **h. conditions**, condizioni abitative □ **h. estate** (*USA* **h. project**), quartiere di case popolari □ **the h. problem**, il problema della casa.
hove /həʊv/ *pass. e p.p. di* **to heave**.
hovel /ˈhɒvl, *USA* ˈhʌ-, ˈhɒ-/ *n.* casupola; bicocca; tugurio.
to **hover** /ˈhɒvə(r), *USA* ˈhʌ-, ˈhɒ-/ *v. i.* ***1*** librarsi ***2*** essere sospeso: **to h. between life and death**, essere (sospeso) fra la vita e la morte ***3*** (*anche* **to h. about**) ronzare intorno (*fig.*).
hovercraft /ˈhɒvəkrɑːft, *USA* ˈhʌvəkræft, ˈhɒ-/ *n.* (*pl. invar.*) (*naut.*) hovercraft; veicolo a cuscino d'aria.
how /haʊ/ ***A*** *avv.* ***1*** (*interr.*) come; in che modo; quanto: **How do you open this jar?**, come si apre questo barattolo?; **How do you know?**, come fai a saperlo?; **How are you?**, come stai?; come ti senti?; **How do you like it?**, ti piace?; che cosa ne dici?; **How tall is it?**, quant'è alto?; **How long ago?**, quanto tempo fa?; **How long did you stay?**, quanto (*o* per quanto tempo) sei rimasto?; **How much?**, quanto?: **How much sugar have you got?**, quanto zucchero hai? ***2*** (*escl.*) che; come; quanto: **How nice!**, che bello!; **How boring it is!**, com'è (*o* quant'è) noioso! • **How about it?**, che ne dici? □ **How about going out?**, che ne diresti di uscire? □ (*fam., specialm. USA*) **How come?**, come mai? □ **How do you do?**, piacere! (*nelle presentazioni*) □ (*form.*) **How so?**, come può essere?; spiegati meglio! □ (*fam.*) **How's that?**, cos'hai detto?; come mai? □ **And how!**, eccome! ***B*** *cong.* come; quanto: **Tell him how to do it**, digli come si fa; **I remember how we laughed**, mi ricordo quanto (*o* come) abbiamo riso ***C*** *n.* (il) come; modo: **Tell me the how and why**, ditemi il come e il perché (*fam.* il perché e il percome) • (*fam.*) **any old how**, in qualche modo; a casaccio.
howdy /ˈhaʊdɪ/ *inter.* (*fam. USA*) salve!; come va?; ehilà!

however /haʊ'ɛvə(r)/ ***A*** *avv.* ***1*** comunque; in qualunque modo: **h. that may be**, comunque stiano le cose ***2*** per quanto: **h. rich you may be**, per quanto ricco tu sia ***3*** (*interr.*) in che modo; come: **H. did you find out?**, ma come hai fatto a scoprirlo? ***B*** *cong.* ***1*** come; in qualsiasi modo: **He can behave h. he likes**, può comportarsi come vuole ***2*** tuttavia; però; comunque.
howitzer /'haʊɪtsə(r)/ *n.* (*mil.*) obice.
howl /haʊl/ *n.* ***1*** ululato; ululo ***2*** urlo; grido.
to **howl** /haʊl/ *v. i.* ***1*** ululare ***2*** urlare; gridare • (*fam.*) **to h. with laughter**, sbellicarsi dalle risa.
♦ **howl down** *v. t. + avv.* far tacere a forza di urla.
howler /'haʊlə(r)/ *n.* (*fam.*) errore madornale; strafalcione; sfondone.
howling /'haʊlɪŋ/ *a.* ***1*** ululante: **h. gale**, furiosa tempesta ***2*** (*fam.*) enorme; strepitoso: **h. success**, successo strepitoso.
hoyden /'hɔɪdn/ *n.* (*lett.*) ragazza selvaggia; maschiaccio.
hub /hʌb/ *n.* ***1*** mozzo (*di ruota*) ***2*** (*fig.*) fulcro; centro.
hubbub /'hʌbʌb/ *n.* [U] chiasso; baccano; baraonda.
hubby /'hʌbɪ/ *n.* (*fam.*) marito; maritino.
hubcap /'hʌbkæp/ *n.* (*autom.*) coprimozzo.
hubris /'hju:brɪs/ *n.* [U] (*form.*) presunzione; tracotanza.
huckleberry /'hʌklbərɪ, *USA* -berɪ/ *n.* (*bot.*) mirtillo.
huckster /'hʌkstə(r)/ *n.* venditore ambulante.
huddle /'hʌdl/ *n.* ***1*** mucchio; calca ***2*** (*football americano*) consultazione (*sulla tattica*) • (*fam.*) **to go into a h.**, confabulare; fare capannello.
to **huddle** /'hʌdl/ ***A*** *v. i.* ***1*** (*anche* **to h. up**) pigiarsi; rannicchiarsi; raggomitolarsi ***2*** (*fam.*) confabulare ***B*** *v. t.* ***1*** ammonticchiare; ammucchiare ***2*** calcare; pigiare.
♦ **huddle together** *v. i. + avv.* stringersi (*o* rannicchiarsi, raggomitolarsi) l'uno contro l'altro.
hue /hju:/ *n.* (*lett. o tecn.*) colore; tinta; sfumatura.
hue and cry /'hju:ən'kraɪ/ *locuz. n.* [U] grida di protesta; clamore.
huff /hʌf/ *n.* stizza • **in a h.**, stizzito; imbronciato.
to **huff** /hʌf/ *v. i.* — **to h. and puff**, minacciare a vuoto.
huffy /'hʌfɪ/ *a.* ***1*** permaloso ***2*** stizzito; imbronciato.
hug /hʌg/ *n.* ***1*** abbraccio ***2*** (*di un orso, ecc.*) stretta.
to **hug** /hʌg/ *v. t.* ***1*** abbracciare ***2*** stringere al petto; tenere stretto a sé; (*di un orso*) abbrancare ***3*** (*lotta*) cinturare ***4*** costeggiare; fiancheggiare: **The road hugs the lake for several miles**, la strada costeggia il lago per qualche miglio; (*naut.*) **to hug the coast**, tenersi sottocosta.
huge /hju:dʒ, *USA* hj-, j-/ *a.* enorme; immenso; smisurato.
hugeness /'hju:dʒnəs, *USA* hj-, j-/ *n.* [U] enormità; immensità.
Huguenot /'hju:gənəʊ/ *n.* (*stor.*) ugonotto.
hulk /hʌlk/ *n.* ***1*** (*naut.*) scafo di nave in disarmo; pontone ***2*** omaccione; mastodonte.
hulking /'hʌlkɪŋ/ *a.* ***1*** (*di persona*) massiccio; grosso e goffo ***2*** (*di oggetto*) enorme; mastodontico.
hull (1) /hʌl/ *n.* (*bot.*) guscio; baccello; mallo (*di noci*).
hull (2) /hʌl/ *n.* (*naut.*) scafo.
to **hull** /hʌl/ *v. t.* sgusciare; togliere il baccello (*o* il mallo) a.
hullabaloo /'hʌləbəlu:, -'lu:/ *n.* clamore; baccano; schiamazzo; cancan.
hullo /hʌ'ləʊ/ *V.* **hello**.
hum (1) /hʌm/ *n.* ronzio; rumore sordo e continuo; mormorio; borbottio.
hum (2) /hʌm/ *inter.* ehm!; uhm!
to **hum** /hʌm/ ***A*** *v. i.* ***1*** ronzare ***2*** canticchiare (*a bocca chiusa*) ***3*** (*fam.*) fervere: **to be humming with activity**, fervere di attività • **to hum and haw**, titubare; tentennare; essere evasivo □ **to make things hum**, far procedere le cose alla svelta ***B*** *v. t.* canticchiare (*una canzone, a bocca chiusa*).
human /'hju:mən, *USA* 'hj-, 'j-/ ***A*** *a.* umano: **h. being**, essere umano; **h. rights**, diritti dell'uomo • **I'm only h.!**, nessuno è perfetto! ***B*** *n.* essere umano.
humane /hju:'meɪn/ *a.* ***1*** umano; benevolo; caritatevole ***2*** umanitario.
to **humanise** /'hju:mənaɪz/ *e deriv.* (*GB*) *V.* **to humanize** *e deriv.*
humanism /'hju:mənɪzəm/ *n.* ***1*** [U] (*letter.*) umanesimo ***2*** (*filos.*) umanitarismo ***3*** studi (*al pl.*) umanistici.
humanist /'hju:mənɪst/ *n.* umanista.
humanistic /hju:mə'nɪstɪk/ *a.* (*letter.*) umanistico.
humanitarian /hju:mænɪ'tɛərɪən/ ***A*** *n.* filantropo ***B*** *a.* umanitario; filantropico.
humanitarianism /hju:mænɪ'tɛərɪənɪzəm/ *n.* [U] umanitarismo; filantropia.
humanity /hju:'mænətɪ/ *n.* ***1*** [U] umanità ***2*** (*al pl.*) studi umanistici; lettere.
to **humanize** /'hju:mənaɪz/ *v. t.* umanizzare.
humankind /'hju:mənkaɪnd/ *n.* [U] genere umano; umanità.
humble /'hʌmbl/ *a.* umile; modesto.
to **humble** /'hʌmbl/ ***A*** *v. t.* umiliare ***B*** to **humble oneself** *v. rifl.* umiliarsi.
humbleness /'hʌmblnəs/ *n.* [U] umiltà.
humbly /'hʌmblɪ/ *avv.* umilmente; con umiltà; modestamente • **h. born**, di umili natali.
humbug /'hʌmbʌg/ ***A*** *n.* ***1*** [U] (*antiq.*) impostura; frottole ***2*** [U] (*antiq.*) sciocchezze ***3*** (*antiq.*) impostore ***4*** caramella alla menta ***B*** *inter.* frottole!
humdinger /'hʌm'dɪŋə(r)/ *n.* (*fam.*) cosa o persona eccezionale; cannonata.
humdrum /'hʌmdrʌm/ *a.* monotono; noioso; banale.
humerus /'hju:mərəs/ *n.* (*pl.* **humeri** /-raɪ/) (*anat.*) omero.
humid /'hju:mɪd/ *a.* umido.
humidifier /hju:'mɪdɪfaɪə(r)/ *n.* umidificatore.
to **humidify** /hju:'mɪdɪfaɪ/ *v. t.* umidificare.
humidity /hju:'mɪdətɪ/ *n.* [U] umidità.
to **humiliate** /hju:'mɪlɪeɪt/ *v. t.* umiliare.
humiliating /hju:'mɪlɪeɪtɪŋ/ *a.* umiliante.
humiliation /hju:mɪlɪ'eɪʃn/ *n.* [U] *e* [C] umiliazione.
humility /hju:'mɪlətɪ/ *n.* [U] umiltà.
humming-bird /'hʌmɪŋbɜ:d/ *n.* (*zool.*) colibrì.
humming-top /'hʌmɪŋtɒp/ *n.* trottola sonora.
humor /'hju:mə(r)/ *e deriv.* (*USA*) *V.* **humour** *e deriv.*
humorist /'hju:mərɪst/ *n.* umorista.
humorous /'hju:mərəs/ *a.* ***1*** umoristico; divertente; spiritoso ***2*** (*di persona*) spiritoso.
humour /'hju:mə(r)/ *n.* [U] *e* [C] ***1*** umorismo; lato comico (*di situazione*): **sense of h.**, senso dell'umorismo ***2*** umore; stato d'animo: **in a good [bad] h.**, di buon [di cattivo] umore; **out of h.**, di cattivo umore.
to **humour** /'hju:mə(r)/ *v. t.* assecondare; accontentare.
humourless /'hju:mələs/ *a.* privo di senso dell'umorismo.
hump /hʌmp/ *n.* ***1*** gobba ***2*** collinetta; montagnola ***3*** (*fam. GB*) malumore: **It gives me the h.**, mi mette di malumore • **to be over the h.**, aver superato il peggio.
to **hump** /hʌmp/ *v. t.* ***1*** (*fam. GB*) trascinare con fatica; portare sulle spalle ***2*** (*volg.*) sbattere; scopare.
humpback /'hʌmpbæk/ *n.* ***1*** *V.* **hunchback** ***2*** (*zool., anche* **h. whale**) megattera.
humpbacked /'hʌmpbækt/ *a.* gobbo • **h. bridge**, ponte a schiena d'asino.
humph /hʌmf/ *inter.* uff!
humus /'hju:məs/ *n.* [U] (*agric.*) humus.
Hun /hʌn/ *n.* ***1*** (*stor.*) Unno ***2*** (*spreg.*) tedesco; crucco (*pop.*).
hunch /hʌntʃ/ *n.* ***1*** gobba; gibbosità ***2*** (*fam.*) impressione; sensazione; sospetto; intuizione.
to **hunch** /hʌntʃ/ *v. t.* curvare; inarcare; ingobbire.
hunchback /'hʌntʃbæk/ *n.* ***1*** gobba ***2*** gobbo (-a).
hunchbacked /'hʌntʃbækt/ *a.* gobbo; gibboso.
hundred /'hʌndrəd/ *n. e a.* ***1*** cento: **a h. pounds**, cento sterline; **three h. miles**, trecento miglia; **a h. and twelve**, centododici ***2*** centinaio: **about a h. books**, un centinaio di libri; **hundreds of times**, centinaia di volte; **a few h. people**, alcune centinaia di persone; **in (their) hundreds**, a centinaia • (*fam.*) **to have a h. and one things to do**, avere mille cose da fare □ **I agree with you one h. per cent**, sono d'accordo con te al cento per cento □ **He lived to be a h.**, visse fino a cent'anni.
hundredth /'hʌndrətθ/ *a. e n.* centesimo.
hundredweight /'hʌndrədweɪt/ *n.* hundredweight (*misura di peso*).
hung /hʌŋ/ ***A*** *pass. e p.p. di* **to hang** ***B*** *a.* (*di parlamento, giuria, ecc.*) in cui non esiste una maggioranza assoluta: **h. jury**, giuria divisa sul verdetto • **h. up on**, ossessionato da; fissato su; infatuato di.
Hungarian /hʌŋ'gɛərɪən/ *a. e n.* ungherese.
hunger /'hʌŋgə(r)/ *n.* [U] ***1*** fame: **to die of h.**, morire di fame; **h. strike**, sciopero della fame ***2*** fame (*fig.*); sete (*fig.*); brama: **h. for adventure**, sete di avventure.
to **hunger** /'hʌŋgə(r)/ *v. Solo come*:
♦ **hunger after** (*o* **for**) *v. i. + prep.* desiderare ardentemente;

aver sete di; anelare.

hungover /hʌŋ'əʊvə(r)/ *a.* sofferente per i postumi di una sbronza.

hungrily / 'hʌŋgrɪlɪ/ *avv.* ***1*** con grande appetito; voracemente ***2*** avidamente.

hungry / 'hʌŋgrɪ/ *a.* ***1*** affamato: **to be h.**, aver fame; essere affamato; **to go h.**, saltare il pasto; patire la fame ***2*** famelico: **h. look**, aspetto famelico ***3*** affamato (*fig.*); bramoso; desideroso: **h. for news**, affamato (*o* bramoso) di notizie; **power-h.**, assetato di potere.

hunk /hʌŋk/ *n.* (*fam.*) ***1*** grosso pezzo ***2*** (*scherz.*) bel pezzo di ragazzo; bel tocco; fusto.

to **hunker** (**down**) / 'hʌŋkə(r) (daʊn)/ *v. i.* (+ *avv.*) (*USA*) ***1*** accosciarsi ***2*** tenere un basso profilo; abbozzare.

hunkers / 'hʌŋkəz/ *n. pl.* (*fam.*) cosce • **on one's h.**, accosciato.

hunky-dory / 'hʌŋkɪ'dɔːrɪ/ *a. pred.* (*fam.*) eccellente; perfetto.

hunt /hʌnt/ *n.* ***1*** caccia (*alla volpe o ad animali di grossa taglia*); partita di caccia: **tiger h.**, caccia alla tigre ***2*** (*in G.B.*) (partita di) caccia alla volpe (*o* al cervo) ***3*** (comitiva di) cacciatori ***4*** ricerca; caccia: **the h. for the murderers**, la caccia agli assassini; **after a long h.**, dopo lunghe ricerche.

to **hunt** /hʌnt/ *v. t. e i.* ***1*** cacciare; andare a caccia (di): **to h. big game**, andare a caccia grossa; **to go hunting**, andare a caccia (*del cervo, della volpe, ecc.*) ***2*** essere alla ricerca di; dare la caccia a.

♦ **hunt down** *v. t. + avv.* trovare (*dopo molte ricerche*); scovare: **The police hunted him down after a week**, la polizia lo scovò dopo una settimana.

♦ **hunt for** *v. i. + prep.* cercare; andare in cerca di.

♦ **hunt out** *v. t. + avv.* scovare.

♦ **hunt up** *v. t. + avv.* cercare (accanitamente) e trovare.

hunter / 'hʌntə(r)/ *n.* ***1*** cacciatore ***2*** cavallo da caccia ***3*** (*GB*) orologio a doppia cassa • **h.-gatherer**, cacciatore e raccoglitore.

hunting / 'hʌntɪŋ/ ***A*** *n.* 🅄 caccia; caccia alla volpe • **big-game h.**, caccia grossa ***B*** *a. attr.* di (*o* da) caccia; per la caccia: **h. dog**, cane da caccia; **h. ground**, terreno di caccia (*anche fig.*); **h. lodge**, casino di caccia.

huntress / 'hʌntrɪs/ *n.* (*lett.*) cacciatrice.

huntsman / 'hʌntsmən/ *n.* (*pl.* **huntsmen** /-mən/) ***1*** cacciatore ***2*** capocaccia; bracchiere (*specialm. nella caccia alla volpe*).

hurdle / 'hɜːdl/ *n.* (*atletica e fig.*) ostacolo: **h. race**, corsa a ostacoli; **the 200m hurdles**, i duecento (metri) ostacoli.

to **hurdle** / 'hɜːdl/ ***A*** *v. t.* superare con un balzo; saltare ***B*** *v. i.* (*atletica*) ***1*** saltare gli ostacoli ***2*** partecipare a una corsa ad ostacoli.

hurdler / 'hɜːdlə(r)/ *n.* (*atletica*) ostacolista.

hurdling / 'hɜːdlɪŋ/ *n.* (*atletica*) le corse a ostacoli.

hurdy-gurdy / 'hɜːdɪgɜːdɪ/ *n.* organetto di Barberia; organino.

to **hurl** /hɜːl/ ***A*** *v. t.* lanciare; scagliare: **to h. st. at sb.**, scagliare q.c. contro q. ***B*** to **hurl oneself** *v. rifl.* lanciarsi; scagliarsi.

hurling / 'hɜːlɪŋ/ *n.* hockey irlandese.

hurly-burly / 'hɜːlɪbɜːlɪ/ *n.* 🅄 *e* 🄲 confusione; chiasso; baccano.

hurrah /hʊ'rɑː/, **hurray** /hʊ'reɪ/ *inter. e n.* urrà.

hurricane / 'hʌrɪkən, *USA* 'hɜːrɪkeɪn/ *n.* uragano; ciclone • **h. lamp**, lanterna controvento.

hurried / 'hʌrid, *USA* 'hɜː-/ *a.* affrettato; frettoloso.

hurry / 'hʌrɪ, *USA* 'hɜː-/ *n.* 🅄 fretta; premura; urgenza: **There's no h.**, non c'è fretta; **to be in a h.**, aver fretta; essere impaziente; **to do st. in a h.**, fare q.c. in fretta e furia • **to be in no h.**, non avere fretta; (*fam.*) non avere voglia (*di fare q.c.*) □ **I won't forget in a h.**, non lo dimenticherò tanto presto!

to **hurry** / 'hʌrɪ, *USA* 'hɜː-/ ***A*** *v. i.* ***1*** affrettarsi; sbrigarsi; far presto; spicciarsi ***2*** camminare in fretta (*in una data direzione*); affrettarsi: **to h. across the road**, attraversare in fretta la strada; **to h. down the stairs**, scendere in fretta le scale; **to h. away**, partire in fretta ***B*** *v. t.* ***1*** fare (q.c.) in fretta; affrettare; sbrigare ***2*** fare fretta a: **Stop hurrying me!**, smettila di farmi fretta! ***3*** portare in tutta fretta: **He was hurried to hospital**, l'hanno portato d'urgenza all'ospedale; **He hurried her into the room**, la sospinse nella stanza.

♦ **hurry along** *v. i. + avv.* andare (*o* camminare) in fretta.

♦ **hurry up** ***A*** *v. i. + avv.* sbrigarsi; spicciarsi ***B*** *v. t. + avv.* ***1*** sollecitare; far accelerare il passo (*o* il ritmo) a ***2*** accelerare; fare in fretta.

hurt /hɜːt/ ***A*** *n.* ferita (*fig.*); offesa; danno; dolore ***B*** *a.* (*anche fig.*) ferito; offeso.

to **hurt** /hɜːt/ (*pass. e p.p.* **hurt**) ***A*** *v. t.* ***1*** far male a; ferire: **Did it h. you?**, ti ha fatto male?; **I h. my foot**, mi sono fatto male a un piede; **No one was h.**, nessuno si è fatto male; non ci sono state vittime ***2*** ferire; offendere: **to h. sb.'s feelings**, ferire (*o* offendere) q. ***3*** danneggiare; nuocere a ***B*** *v. i.* ***1*** far male; dolere: **My leg hurts**, mi fa male la gamba; **It hurts here**, mi fa male (*o* mi duole) qui ***2*** (*fam., specialm. USA*) soffrire ***C*** to **hurt oneself** *v. rifl.* farsi male; ferirsi.

hurtful / 'hɜːtfl/ *a.* che ferisce; offensivo.

to **hurtle** / 'hɜːtl/ *v. i.* precipitare; precipitarsi: **to h. down the stairs**, precipitarsi giù per le scale.

husband / 'hʌzbənd/ *n.* marito • **h. and wife**, marito e moglie; coniugi; coppia.

to **husband** / 'hʌzbənd/ *v. t.* (*form.*) economizzare; fare saggio uso di.

husbandry / 'hʌzbəndrɪ/ *n.* 🅄 ***1*** agricoltura ***2*** — **animal h.**, zootecnia ***3*** amministrazione.

hush /hʌʃ/ ***A*** *n.* 🅄 silenzio; quiete ***B*** *inter.* zitto!; silenzio! • **h. money**, prezzo del silenzio • (*fam.*) **h.-h.**, segreto.

to **hush** /hʌʃ/ ***A*** *v. t.* far tacere ***B*** *v. i.* tacere; far silenzio.

♦ **hush up** *v. t. + avv.* mettere a tacere; soffocare (*uno scandalo, ecc.*).

husk /hʌsk/ *n.* buccia, pula (*di cereale*); cartoccio (*del granturco*).

to **husk** /hʌsk/ *v. t.* sbucciare; mondare; spannocchiare.

huskily / 'hʌskɪlɪ/ *avv.* con voce roca.

husky (**1**) / 'hʌskɪ/ *a.* ***1*** rauco; roco ***2*** (*fam.*) forte; robusto.

husky (**2**) / 'hʌskɪ/ *n.* cane da slitta; husky.

hussar /hʊ'zɑː(r)/ *n.* (*mil.*) ussaro.

hussy / 'hʌsɪ/ *n.* (*antiq.*) ***1*** donna leggera; fraschetta (*fam.*) ***2*** ragazza impertinente.

hustings / 'hʌstɪŋz/ *n. pl.* (*generalm. col verbo al sing.*) (*GB*) campagna elettorale.

hustle / 'hʌsl/ *n.* (*fam., anche* **h. and bustle**) attività febbrile; trambusto.

to **hustle** / 'hʌsl/ ***A*** *v. t.* ***1*** spingere; spintonare ***2*** far fretta a; sollecitare; spingere ***B*** *v. i.* ***1*** sbrigarsi; spicciarsi; darsi da fare ***2*** (*pop.*) fare la prostituta; fare la vita (*fam.*) ***3*** (*pop.*) trafficare.

hustler / 'hʌslə(r)/ *n.* (*pop.*) ***1*** trafficone; intrallazzatore ***2*** (*USA*) marchetta.

hut /hʌt/ *n.* ***1*** capanna; casupola ***2*** capanno; casotto ***3*** (*mil.*) baracca • **Alpine hut**, rifugio alpino; baita.

hutch /hʌtʃ/ *n.* gabbia (*specialm. per conigli*); conigliera.

hyacinth / 'haɪəsɪnθ/ *n.* (*bot.*) giacinto.

hybrid / 'haɪbrɪd/ *a. e n.* ibrido.

to **hybridize**, (*GB anche*) to **hybridise** / 'haɪbrɪdaɪz/ (*biol.*) *v. t.* ibridare; incrociare.

hydrangea /haɪ'dreɪndʒə/ *n.* (*bot.*) ortensia.

hydrant / 'haɪdrənt/ *n.* idrante.

hydrate / 'haɪdreɪt/ *n.* 🄲 *e* 🅄 (*chim.*) idrato.

hydraulic /haɪ'drɔːlɪk/ *a.* idraulico.

hydraulics /haɪ'drɔːlɪks/ *n. pl.* (*col verbo al sing.*) idraulica.

hydrocarbon /haɪdrə'kɑːbən/ *n.* (*chim.*) idrocarburo.

hydrocephalus /haɪdrəʊ'sɛfələs/ *n.* 🅄 (*med.*) idrocefalo.

hydrocephaly /haɪdrəʊ'sɛfəlɪ/ *n.* 🅄 (*med.*) idrocefalia.

hydrochloric /haɪdrə'klɒrɪk, *USA* -lɔː-/ *a.* (*chim.*) — **h. acid**, acido cloridrico (*o* muriatico).

hydroelectric /haɪdrəʊɪ'lɛktrɪk/ *a.* idroelettrico.

hydroelectricity /haɪdrəʊɪlɛk'trɪsətɪ/ *n.* energia idroelettrica.

hydrofoil / 'haɪdrəfɔɪl/ *n.* (*naut.*) aliscafo.

hydrogen / 'haɪdrədʒən/ *n.* 🅄 (*chim.*) idrogeno • **h. bomb**, bomba all'idrogeno □ **h. peroxide**, acqua ossigenata.

hydrolysis /haɪ'drɒləsɪs/ *n.* 🅄 (*chim.*) idrolisi.

hydrometer /haɪ'drɒmɪtə(r)/ *n.* (*fis.*) idrometro.

hydrophobia /haɪdrə'fəʊbɪə/ *n.* 🅄 (*med. e psic.*) idrofobia.

hydrophobic /haɪdrə'fəʊbɪk/ *a.* (*med.*) idrofobo.

hydroplane / 'haɪdrəpleɪn/ *n.* (*aeron.*) idrovolante.

hydroponics /haɪdrə'pɒnɪks/ *n. pl.* (*col verbo al sing.*) (*bot.*) coltura idroponica.

hydrosphere / 'haɪdrəsfɪə(r)/ *n.* (*geogr.*) idrosfera.

hydrostat / 'haɪdrəstæt/ *n.* regolatore di livello.

hydrostatics /haɪdrə'stætɪks/ *n. pl.* (*col verbo al sing.*) (*fis.*) idrostatica.
hydrotherapy /haɪdrə'θerəpɪ/ *n.* U (*med.*) idroterapia.
hyena /haɪ'iːnə/ *n.* (*zool.*) iena.
hygiene /'haɪdʒiːn/ *n.* U igiene.
hygienic /haɪ'dʒiːnɪk, *USA* -dʒɪ'en-, -'dʒen-/ *a.* igienico.
hygienist /'haɪdʒiːnɪst, *USA* -'dʒiːn-, -'dʒen-/ *n.* igienista.
hygrometer /haɪ'grɒmɪtə(r)/ *n.* (*meteor.*) igrometro.
hygroscope /'haɪgrəskəʊp/ *n.* (*meteor.*) igroscopio.
hygroscopic /haɪgrə'skɒpɪk/ *a.* (*chim.*) igroscopico.
hymen /'haɪmən/ *n.* (*anat.*) imene.
hymn /hɪm/ *n.* inno (religioso) • **h. book**, innario.
hymnal /'hɪmnəl/ *n.* innario.
hype /haɪp/ *n.* (*fam.*) pubblicità esagerata; battage (*franc.*) pubblicitario; gonfiatura giornalistica.
to **hype** /haɪp/ *v. t.* (*fam.*) reclamizzare a tutto spiano; spingere; battere la grancassa per.
♦ **hype up** *v. t. + avv.* (*fam.*) eccitare; mandare su di giri: **hyped up**, su di giri.
hyperactive /haɪpər'æktɪv/ *a.* iperattivo.
hyperbola /haɪ'pɜːbələ/ *n.* (*geom.*) iperbole.
hyperbole /haɪ'pɜːbəlɪ/ *n.* U *e* C (*retor.*) iperbole.
hyperbolic /haɪpə'bɒlɪk/ *a.* (*geom., retor.*) iperbolico.
hypercritical /haɪpə'krɪtɪkl/ *a.* ipercritico.
hyperinflation /haɪpərɪn'fleɪʃn/ *n.* iperinflazione.
hypermarket /'haɪpəmɑːkɪt/ *n.* (*comm.*) ipermercato.
hypersensitive /haɪpə'sensətɪv/ *a.* ipersensibile.
hypersensitivity /haɪpəsensə'tɪvətɪ/ *n.* U ipersensibilità.
hypertension /haɪpə'tenʃn/ *n.* U (*med.*) ipertensione.
hypertensive /haɪpə'tensɪv/ *a. e n.* (*med.*) iperteso (-a).
hypertrophy /haɪ'pɜːtrəfɪ/ *n.* U (*med.*) ipertrofia.
hyphen /'haɪfn/ *n.* trattino (d'unione); lineetta.
to **hyphen** /'haɪfn/, to **hyphenate** /'haɪfəneɪt/ *v. t.* ***1*** unire (*o* separare) con un trattino ***2*** scrivere (*una parola*) con un trattino • **hyphenated word**, parola composta (*che si scrive con un trattino*).
hypnosis /hɪp'nəʊsɪs/ *n.* U ipnosi.
hypnotherapist /hɪpnə'θerəpɪst/ *n.* ipnoterapista.
hypnotherapy /hɪpnə'θerəpɪ/ *n.* ipnoterapia.
hypnotic /hɪp'nɒtɪk/ *a.* ipnotico: **in a h. state**, in stato ipnotico.
to **hypnotise** /'hɪpnətaɪz/ *e deriv.* (*GB*) *V.* **to hypnotize** *e deriv.*
hypnotism /'hɪpnətɪzəm/ *n.* U ipnotismo.
hypnotist /'hɪpnətɪst/ *n.* ipnotizzatore (-trice).
to **hypnotize** /'hɪpnətaɪz/ *v. t.* ipnotizzare.
hypo /'haɪpəʊ/ *n.* (*fam.*) siringa ipodermica.
hypoallergenic /'haɪpəʊælə'dʒenɪk/ *a.* anallergico.
hypocaust /'haɪpəkɔːst/ *n.* (*archeol.*) ipocausto.
hypochondria /haɪpə'kɒndrɪə/ *n.* U (*med.*) ipocondria.
hypochondriac /haɪpə'kɒndrɪæk/ *a. e n.* (*med.*) ipocondriaco (-a).
hypocrisy /hɪ'pɒkrəsɪ/ *n.* U *e* C ipocrisia.
hypocrite /'hɪpəkrɪt/ *n.* ipocrita.
hypocritical /hɪpə'krɪtɪkl/ *a.* ipocrita.
hypodermic /haɪpə'dɜːmɪk/ ***A*** *a.* ipodermico: **h. injection**, iniezione ipodermica ***B*** *n.* siringa ipodermica.
hypotension /haɪpəʊ'tenʃn/ *n.* U (*med.*) ipotensione.
hypotensive /haɪpəʊ'tensɪv/ *a. e n.* (*med.*) ipoteso (-a).
hypotenuse /haɪ'pɒtənjuːz, *USA* -nuːs/ *n.* (*geom.*) ipotenusa.
hypothermia /haɪpə'θɜːmɪə/ *n.* (*med.*) ipotermia.
hypothesis /haɪ'pɒθəsɪs/ *n.* (*pl.* **hypotheses** /-siːz/) ipotesi.
to **hypothesize,** (*GB anche*) to **hypothesise** /haɪ'pɒθəsaɪz/ *v. i. e t.* fare ipotesi; ipotizzare; supporre.
hypothetical /haɪpə'θetɪkl/ *a.* ipotetico.
hyssop /'hɪsəp/ *n.* U (*bot.*) issopo.
hysterectomy /hɪstə'rektəmɪ/ *n.* U *e* C (*chir.*) isterectomia.
hysteria /hɪ'stɪərɪə, *USA* -erɪə/ *n.* U (*med. e fig.*) isterismo; isteria.
hysteric /hɪ'sterɪk/ (*med.*) *n.* persona isterica.
hysterical /hɪ'sterɪkl/ *a.* ***1*** (*med. e fig.*) isterico ***2*** (*fam. GB*) spassosissimo; da morire dal ridere.
hysterics /hɪ'sterɪks/ *n. pl.* accesso d'isterismo; attacco isterico; crisi isterica: **to go into h.**, avere una crisi isterica (*o* una crisi di nervi); ridere fino alle lacrime; (*fam.*) **He had us in h.**, ci ha fatto morire dal ridere.

i, I

I (1), i /aɪ/ *n.* (*pl.* **I's, i's; Is, is**) I, i • (*telef.*) **i for Isaac** (*USA* **i for item**), i come Imola.
I (2) /aɪ/ *pron. pers. 1ª pers. sing.* io: **you and I**, io e te; **I'll see to it**, ci penso io; (*form.*) **It is I**, sono io; **I was right, wasn't I?**, avevo ragione, no?
Iberian /aɪ'bɪərɪən/ *a. e n.* iberico.
ibex /'aɪbɛks/ *n.* (*zool.*) stambecco.
ibis /'aɪbɪs/ *n.* (*zool.*) ibis.
ice /aɪs/ *n.* ***1*** [U] ghiaccio: **ice cubes**, cubetti di ghiaccio; **My feet were like i.**, avevo i piedi come pezzi di ghiaccio ***2*** gelato ***3*** (*pop. USA*) diamanti • (*geol.*) **ice age**, era glaciale □ **ice axe**, piccozza □ **ice-blue**, verdazzurro □ **ice bucket**, secchiello per il ghiaccio □ **ice cap**, calotta polare □ **ice-cold**, ghiacciato; gelato □ **ice cream**, gelato □ **ice-cream man** (*o* **vendor**), gelataio □ **ice-cream shop**, gelateria □ **ice-cream soda**, gelato con soda e sciroppo □ **ice field**, banchisa □ **ice floe**, banchisa galleggiante □ (*sport, GB*) **ice hockey**, hockey su ghiaccio □ (*GB*) **ice lolly**, ghiacciolo (*da succhiare*) □ **ice pack**, borsa del ghiaccio □ **ice pick**, rompighiaccio (*arnese*) □ **ice rink**, pista di pattinaggio □ **ice-skater**, pattinatore (*su ghiaccio*) □ **ice-skating**, pattinaggio su ghiaccio □ **ice water**, acqua ghiacciata □ **black ice**, velo di ghiaccio (*su una strada*) □ **to be on thin ice**, camminare sul filo del rasoio □ **dry ice**, ghiaccio secco □ (*fig.*) **to keep** (*o* **to put**) **st. on ice**, tenere q.c. in sospeso; accantonare q.c.
to **ice** /aɪs/ *v. t.* ***1*** ghiacciare; mettere in ghiaccio ***2*** (*cucina*) glassare.
♦ **ice over** (*o* **up**) ***A*** *v. i. + avv.* ghiacciare; ghiacciarsi; gelare ***B*** *v. t. + avv.* ghiacciare; gelare.
iceberg /'aɪsbɜːg/ *n.* iceberg.
icebound /'aɪsbaʊnd/ *a.* bloccato dai ghiacci.
icebox /'aɪsbɒks/ *n.* ghiacciaia (*mobile*).
icebreaker /'aɪsbreɪkə(r)/ *n.* ***1*** (*naut.*) (nave) rompighiaccio ***2*** (*USA*) azione (*o* frase) che serve a rompere il ghiaccio.
iced /aɪst/ *a.* ***1*** (*di bevanda*) ghiacciato; freddo: **i. tea**, tè freddo ***2*** (*cucina*) glassato.
Icelander /'aɪsləndə(r)/ *n.* islandese.
Icelandic /aɪs'lændɪk/ ***A*** *a.* islandese ***B*** *n.* (lingua) islandese.
to **ice-skate** /'aɪ(s)skeɪt/ *v. i.* pattinare sul ghiaccio.
icicle /'aɪsɪkl/ *n.* ghiacciolo.
icily /'aɪsəlɪ/ *avv.* gelidamente; con grande freddezza.
iciness /'aɪsɪnəs/ *n.* [U] freddezza; freddo glaciale.
icing /'aɪsɪŋ/ *n.* [U] ***1*** (*cucina*) glassa ***2*** formazione di ghiaccio • **i. on the cake**, ciliegina (sulla torta) (*fig.*); (*spreg.*) bellurie □ (*GB*) **i. sugar**, zucchero a velo.
icon /'aɪkɒn/ *n.* (*arte, elab.*) icona.
iconoclast /aɪ'kɒnəklæst/ *n.* iconoclasta.
iconoclastic /aɪkɒnə'klæstɪk/ *a.* iconoclastico.
iconographic /aɪkɒnə'græfɪk/ *a.* iconografico.
iconography /aɪkə'nɒgrəfɪ/ *n.* [U] iconografia.
icy /'aɪsɪ/ *n.* ghiacciato; gelato; gelido.
id /ɪd/ *n.* (*psic.*) id.
I'd /aɪd/ *contraz. di* **I had**; **I would**.
idea /aɪ'dɪə/ *n.* idea; opinione: **to form an i. of st.**, farsi un'idea di q.c.; **I have no i.**, non ne ho idea; non saprei; **Have you any i. of what they're up to?**, hai idea di che cosa stiano combinando?; **What an i.!**, che idea! (*iron.*) • **to get ideas into one's head**, mettersi idee (*o* fantasie) in testa □ **not to have the faintest** (*o* **slightest**) **i.**, non aver la più pallida idea □ **I've got the general i.**, me ne sono fatto un'idea □ **That's the i.!**, ecco, bravo!; ci siamo! □ **The i. of it!** (*o* **The very i.!**), figurarsi!; roba da matti! □ (*fam.*) **What's the big i.?**, che ti salta in mente?; chi ti credi di essere?
ideal /aɪ'dɪəl/ *a. e n.* ideale.
to **idealise** /aɪ'dɪəlaɪz/ *e deriv.* (*GB*) *V.* **to idealize** *e deriv.*
idealism /aɪ'dɪəlɪzəm/ *n.* [U] idealismo.
idealist /aɪ'dɪəlɪst/ *n.* idealista.
idealistic /aɪdɪə'lɪstɪk/ *a.* idealistico.
idealization /aɪdɪəlaɪ'zeɪʃn, *USA* lɪ'z-/ *n.* [U] *e* [C] idealizzazione.
to **idealize** /aɪ'dɪəlaɪz/ *v. t.* idealizzare.
ideally /aɪ'dɪəlɪ/ *avv.* ***1*** perfettamente: **i. situated**, in una posizione ideale ***2*** — **I., we should use...**, l'ideale sarebbe di usare...
identical /aɪ'dɛntɪkl/ *a.* ***1*** identico ***2*** stesso: **Another murder has happened on the i. spot**, un altro omicidio è stato commesso nello stesso identico posto • **i. twins**, gemelli monozigotici.
identifiable /aɪdɛntɪ'faɪəbl/ *a.* identificabile.
identification /aɪdɛntɪfɪ'keɪʃn/ *n.* [U] ***1*** identificazione; riconoscimento ***2*** documento di riconoscimento • (*leg., GB*) **i. parade**, confronto all'americana.
to **identify** /aɪ'dɛntɪfaɪ/ ***A*** *v. t.* ***1*** identificare; riconoscere ***2*** individuare ***B*** to **identify oneself** *v. rifl.* farsi riconoscere.
♦ **identify with** ***A*** *v. t. + prep.* associare con ***B*** *v. i. + prep.* identificarsi con.
identikit /aɪ'dɛntɪkɪt/ *n.* (*GB*) identikit.
identity /aɪ'dɛntətɪ/ *n.* [U] *e* [C] identità • **i. card**, carta d'identità □ (*psic.*) **i. crisis**, crisi d'identità □ (*mil.*) **i. disk**, piastrina di riconoscimento.
ideogram /'ɪdɪəgræm/, **ideograph** /'ɪdɪəgrɑːf, *USA* -æf/ *n.* ideogramma.
ideological /aɪdɪə'lɒdʒɪkl/ *a.* ideologico.
ideologist /aɪdɪ'ɒlədʒɪst/ *n.* ideologo (-a).
ideology /aɪdɪ'ɒlədʒɪ/ *n.* [U] *e* [C] ideologia.
idiocy /'ɪdɪəsɪ/ *n.* [U] *e* [C] idiozia.
idiom /'ɪdɪəm/ *n.* ***1*** locuzione idiomatica; modo di dire ***2*** idioma; linguaggio.
idiomatic /ɪdɪə'mætɪk/ *a.* ***1*** idiomatico ***2*** ricco di locuzioni idiomatiche.
idiosyncrasy /ɪdɪə'sɪŋkrəsɪ/ *n.* ***1*** peculiarità; piccola mania ***2*** (*med.*) idiosincrasia.
idiosyncratic /ɪdɪəsɪŋ'krætɪk/ *a.* peculiare; molto individuale; eccentrico.
idiot /'ɪdɪət/ *n.* stupido; deficiente; idiota • (*gergo TV*) **i. board**, gobbo.
idiotic /ɪdɪ'ɒtɪk/ *a.* ***1*** stupido ***2*** ridicolo; assurdo.
idle /'aɪdl/ *a.* ***1*** ozioso; pigro: **i. life**, vita d'ozio ***2*** inattivo; disoccupato: **to lie i.**, (*di impianto, ecc.*) essere fermo; restare inattivo ***3*** inutile; ozioso; vano: **i. speculation**, supposizioni oziose; **i. gossip**, chiacchiere; voci infondate; **out of i. curiosity**, per pura curiosità.
to **idle** /'aɪdl/ *v. i.* ***1*** oziare; essere ozioso ***2*** (*di motore*) girare al minimo.
♦ **idle away** *v. t. + avv.* sprecare (*il tempo, ecc.*) nell'ozio.
idleness /'aɪdlnəs/ *n.* [U] ozio; pigrizia.
idler /'aɪdlə(r)/ *n.* ozioso; pigro; fannullone.
idly /'aɪdlɪ/ *avv.* ***1*** oziosamente; pigramente ***2*** inutilmente.
idol /'aɪdl/ *n.* idolo.
idolatrous /aɪ'dɒlətrəs/ *a.* idolatra; idolatrico.
idolatry /aɪ'dɒlətrɪ/ *n.* [U] *e* [C] idolatria.
idolization, (*GB anche*) **idolisation** /aɪdəlaɪ'zeɪʃn, *USA* -lɪ'z-/ *n.* [U] (l')idoleggiare; (l')idolatrare.
to **idolize**, (*GB anche*) to **idolise** /'aɪdəlaɪz/ *v. t.* idoleggiare; idolatrare.
idyll, idyl /'ɪdl, *USA* 'aɪdl/ *n.* idillio.
idyllic /ɪ'dɪlɪk, *USA* aɪ-/ *a.* idillico.
if /ɪf/ ***A*** *cong.* ***1*** se: **I wouldn't go, if I were you**, se fossi in te, non andrei; **If he says so, it must be true**, se lo dice lui, deve essere vero; **If only I had known!**, se soltanto l'avessi saputo!; **He asked if he could be of any help**, chiese se poteva essere utile ***2*** se; anche se; seppure: **Even if**

he was late, his lecture was interesting, anche se è arrivato in ritardo, la sua conferenza è stata interessante; **It was a beautiful trip, if a bit tiring**, è stato un bellissimo viaggio, anche se un po' stancante • **if anything**, se mai; semmai □ **if only for an hour**, anche solo per un'ora □ **I'd like to speak to him, if only to apologize**, vorrei parlargli, non foss'altro che per scusarmi □ **if so**, se è così; se le cose stanno così □ **as if**, come se; quasi □ **as if by chance**, come per caso □ **He looks as if he were tired**, ha l'aria d'essere stanco □ **It isn't as if she hadn't been warned**, e dire che era stata avvertita ***B*** *n.* (*fam.*) se: **No ifs and buts, please**, non voglio sentire né se né ma.

iffy /ˈɪfɪ/ *a.* (*fam.*) ***1*** incerto; in forse ***2*** dubbio.

igloo /ˈɪgluː/ *n.* igloo.

igneous /ˈɪgnɪəs/ *a.* ***1*** igneo ***2*** (*geol.*) eruttivo.

to **ignite** /ɪgˈnaɪt/ ***A*** *v. t.* accendere; incendiare ***B*** *v. i.* accendersi; prendere fuoco.

ignition /ɪgˈnɪʃn/ *n.* [U] ***1*** (*anche mecc., elettr.*) accensione: (*autom.*) **i. key**, chiave dell'accensione ***2*** (*chim.*) ignizione.

ignoble /ɪgˈnəʊbl/ *a.* (*form.*) ignobile; turpe; vile.

ignominious /ɪgnəˈmɪnɪəs/ *a.* ignominioso.

ignominy /ˈɪgnəmɪnɪ/ *n.* [U] *e* [C] ignominia.

ignoramus /ɪgnəˈreɪməs/ *n.* ignorantone (-a).

ignorance /ˈɪgnərəns/ *n.* [U] ignoranza • **to keep sb. in i. of st.**, tenere q. all'oscuro di q.c.

ignorant /ˈɪgnərənt/ *a.* ***1*** ignorante ***2*** ignaro; all'oscuro (di) ***3*** (*fam.*) rozzo; ignorante.

to **ignore** /ɪgˈnɔː(r)/ *v. t.* ***1*** non tener conto di; non curarsi di; trascurare ***2*** non fare caso a; fingere di non conoscere, ignorare.

iguana /ɪgˈwɑːnə/ *n.* (*zool.*) iguana.

ikon /ˈaɪkɒn/ *V.* **icon**.

ilex /ˈaɪlɛks/ *n.* (*bot.*) leccio.

ilk /ɪlk/ *n.* — **of that ilk**, di quel genere; simile.

I'll /aɪl/ *contraz. di* **I will**; **I shall**.

ill (**1**) /ɪl/ ***A*** *a.* (*compar.* **worse**; *superl. relat.* **worst**) ***1*** (*generalm. pred.*) ammalato; malato: **to fall** (*o* **to be taken**) **ill**, ammalarsi; **to feel ill**, sentirsi male; **He is ill with hepatitis**, ha l'epatite ***2*** (*solo attr.*) cattivo; dannoso; nocivo: **ill health**, cattiva salute; **ill effect**, effetto dannoso (*o* nocivo); **ill luck**, sfortuna • **ill-at-ease**, a disagio □ **ill blood**, cattivo sangue; rancore □ **ill will**, ostilità; rancore; malanimo □ **ill feeling**, ruggine; cattivo sangue □ **to have ill luck**, essere sfortunato □ (*antiq., lett.*) **house of ill repute**, casa di malaffare ***B*** *n.* ***1*** [U] male: **to do ill**, fare del male ***2*** (*al pl.*) mali; sventure ***3*** (*al pl.*) malati: **the mentally ill**, i malati mentali.

ill (**2**) /ɪl/ *avv.* ***1*** male; malamente; in malo modo: **to speak ill of sb.**, dire male di q.; **You've been ill informed**, sei stato male informato ***2*** poco; scarsamente: **I can ill afford to wait any longer**, non posso permettermi di aspettare ancora • **ill-advised**, sconsiderato; imprudente □ **ill-behaved**, maleducato □ **ill-bred**, maleducato □ **ill-disposed toward sb.**, maldisposto verso q. □ **ill-equipped**, male attrezzato; impreparato; senza i requisiti necessari □ **ill-fated**, sfortunato; infausto □ **ill-founded**, infondato □ **ill-gotten gains**, guadagni illeciti □ **ill-intentioned**, malintenzionato □ **ill--judged**, sconsiderato; inopportuno □ **ill-mannered**, maleducato; rozzo □ **ill-natured**, di carattere cattivo □ **ill--omened**, malaugurato; nefasto □ **ill-prepared**, impreparato □ **ill-suited**, inadatto □ **ill-starred**, nato sotto cattiva stella; sfortunato □ **ill-tempered**, di cattivo carattere; bisbetico □ **ill-timed**, inopportuno; intempestivo □ **ill-treatment**, maltrattamento.

illegal /ɪˈliːgl/ *a.* illegale.

illegality /ɪlɪˈgælətɪ/ *n.* [U] *e* [C] illegalità.

illegibility /ɪlɛdʒəˈbɪlətɪ/ *n.* [U] illeggibilità.

illegible /ɪˈlɛdʒəbl/ *a.* illeggibile; indecifrabile.

illegitimacy /ɪlɪˈdʒɪtɪməsɪ/ *n.* [U] illegittimità.

illegitimate /ɪlɪˈdʒɪtɪmət/ *a. e n.* illegittimo.

illiberal /ɪˈlɪbərəl/ *a.* ***1*** illiberale; repressivo ***2*** poco generoso; gretto; meschino.

illicit /ɪˈlɪsɪt/ *a.* illecito.

illiteracy /ɪˈlɪtərəsɪ/ *a.* [U] analfabetismo.

illiterate /ɪˈlɪtərət/ ***A*** *a.* ***1*** analfabeta; illetterato ***2*** (*fam.*) incolto; ignorante ***B*** *n.* ***1*** analfabeta ***2*** (*fam.*) persona incolta.

illness /ˈɪlnəs/ *n.* [U] *e* [C] malattia: **mental i.**, malattia mentale.

illogical /ɪˈlɒdʒɪkl/ *a.* illogico.

to **ill-treat** /ˈɪlˈtriːt/ *v. t.* maltrattare.

to **illuminate** /ɪˈluːmɪneɪt/ *v. t.* ***1*** illuminare ***2*** delucidare; illuminare ***3*** miniare.

illuminating /ɪˈluːmɪneɪtɪŋ/ *a.* ***1*** illuminante ***2*** chiarificatore; rivelatore; (*estens.*) istruttivo.

illumination /ɪluːmɪˈneɪʃn/ *n.* ***1*** [U] illuminazione ***2*** [U] delucidazione; chiarimento ***3*** (*al pl.*) luminaria ***4*** [U] *e* [C] miniatura (*di libro e sim.*).

illusion /ɪˈluːʒn/ *n.* [C] *e* [U] illusione: **to have no illusions**, non farsi illusioni; **to be under the i. that**, illudersi che.

illusionist /ɪˈluːʒənɪst/ *n.* illusionista.

illusory /ɪˈluːsərɪ/ *a.* illusorio; ingannevole.

to **illustrate** /ˈɪləstreɪt/ *v. t.* ***1*** illustrare (*un libro, ecc.*) ***2*** esemplificare; illustrare.

illustrated /ˈɪləstreɪtɪd/ *a.* illustrato.

illustration /ɪləˈstreɪʃn/ *n.* [U] *e* [C] ***1*** illustrazione ***2*** esempio; esemplificazione: **by way of i.**, a titolo di esempio.

illustrative /ˈɪləstrətɪv, -eɪt-, *USA* ɪˈlʌstreɪ-, -ətɪv/ *a.* illustrativo.

illustrator /ˈɪləstreɪtə(r), *USA* ɪˈlʌstreɪ-/ *n.* illustratore (-trice).

illustrious /ɪˈlʌstrɪəs/ *a.* illustre; insigne.

I'm /aɪm/ *contraz. di* **I am**.

image /ˈɪmɪdʒ/ *n.* ***1*** immagine: **mirror i.**, immagine speculare ***2*** immagine; idea: **I had a clear i. of it in my mind**, ne avevo in mente un'idea chiara ***3*** immagine (pubblica): **to improve one's i.**, migliorare la propria immagine ***4*** (*letter.*) immagine; metafora • **She's the i. of her mother**, è il ritratto di sua madre.

imagery /ˈɪmɪdʒrɪ/ *n.* [U] (*letter.*) immagini; metafore.

imaginable /ɪˈmædʒɪnəbl/ *a.* immaginabile.

imaginary /ɪˈmædʒɪnrɪ, *USA* -ənerɪ/ *a.* immaginario.

imagination /ɪmædʒɪˈneɪʃn/ *n.* [U] *e* [C] fantasia; immaginazione.

imaginative /ɪˈmædʒɪnətɪv, *USA* -əneɪtɪv/ *a.* ***1*** di invenzione; di fantasia ***2*** fantasioso; immaginoso.

to **imagine** /ɪˈmædʒɪn/ *v. t.* ***1*** immaginare, immaginarsi; figurarsi: **I can i.**, me lo immagino; **You can i. my horror!**, figurati il mio orrore!; **Just i.!**, te l'immagini?; figurati!; **You're just imagining things**, è tutto frutto della tua fantasia ***2*** credere; immaginare: **I i. so**, credo di sì; immagino.

imbalance /ɪmˈbæləns/ *n.* [U] ***1*** squilibrio; sperequazione ***2*** (*econ.*) squilibrio; sbilancio.

imbecile /ˈɪmbəsiːl, *USA* -sl/ *a. e n.* deficiente; idiota; ebete.

imbecility /ɪmbəˈsɪlətɪ/ *n.* [U] deficienza; idiozia.

to **imbibe** /ɪmˈbaɪb/ *v. t.* ***1*** assorbire; imbeversi di; assimilare ***2*** (*fam. scherz.*) bere (*alcol*).

imbroglio /ɪmˈbrəʊlɪəʊ/ (*ital.*) *n.* pasticcio; situazione confusa.

to **imbue** /ɪmˈbjuː/ *v. t.* (*generalm. al passivo*) ***1*** imbevere; impregnare; pervadere ***2*** instillare; infondere • **imbued with a strong sense of justice**, compenetrato (*o* pervaso) da un forte senso della giustizia.

to **imitate** /ˈɪmɪteɪt/ *v. t.* imitare.

imitation /ɪmɪˈteɪʃn/ *n.* [U] *e* [C] imitazione • **i. jewellery**, gioielli falsi □ **i. leather**, finto cuoio; similpelle.

imitative /ˈɪmɪtətɪv, *USA* -teɪtɪv/ *a.* imitativo.

immaculate /ɪˈmækjʊlət/ *a.* ***1*** immacolato ***2*** impeccabile.

immanence /ˈɪmənəns/ *n.* [U] (*filos.*) immanenza.

immanent /ˈɪmənənt/ *a.* (*filos.*) immanente.

immaterial /ɪməˈtɪərɪəl/ *a.* ***1*** immateriale; spirituale ***2*** irrilevante; senza importanza.

immature /ɪməˈtʃʊə(r), *USA* -ˈtʊə(r)/ *a.* immaturo.

immaturity /ɪməˈtʃʊərətɪ, *USA* -ˈtʊə-/ *n.* [U] immaturità.

immeasurable /ɪˈmɛʒərəbl/ *a.* incommensurabile.

immediacy /ɪˈmiːdɪəsɪ/ *n.* [U] ***1*** immediatezza ***2*** prossimità; vicinanza.

immediate /ɪˈmiːdɪət/ *a.* ***1*** immediato: **i. response**, risposta immediata; **in the i. future**, nell'immediato futuro; **in the i. vicinity**, nelle immediate vicinanze ***2*** prossimo; stretto: **one's i. family**, i parenti stretti.

immediately /ɪˈmiːdɪətlɪ/ ***A*** *avv.* immediatamente; direttamente; subito: **i. behind me**, subito dietro di me ***B*** *cong.* (*GB*) non appena.

immemorial /ɪməˈmɔːrɪəl/ *a.* immemorabile; antichissimo: **from time i.**, da tempo immemorabile.

immense /ɪˈmɛns/ *a.* immenso; enorme.

immensity /ɪˈmɛnsɪtɪ/ *n.* [U] immensità; enormità.

to **immerse** /ɪˈmɜːs/ ***A*** *v. t.* (*anche fig.*) immergere ***B*** to **immerse oneself** *v. rifl.* (*anche fig.*) immergersi.

immersion /ɪˈmɜːʃn, *USA* -ʒn/ *n.* [U] *e* [C] **1** (*anche fig.*) immersione **2** (*relig.*) battesimo per immersione • **i. heater**, scaldaacqua (a immersione).
immigrant /ˈɪmɪgrənt/ *a. e n.* immigrante.
to **immigrate** /ˈɪmɪgreɪt/ *v. i.* immigrare.
immigration /ɪmɪˈgreɪʃn/ *n.* [U] *e* [C] immigrazione.
imminence /ˈɪmɪnəns/ *n.* [U] imminenza.
imminent /ˈɪmɪnənt/ *a.* imminente.
immobile /ɪˈməʊbaɪl, *USA* -bl/ *a.* immobile.
to **immobilise** /ɪˈməʊbɪlaɪz/ *e deriv.* (*GB*) *V.* **to immobilize** *e deriv.*
immobility /ɪməˈbɪlətɪ/ *n.* [U] immobilità.
immobilization /ɪməʊbɪlaɪˈzeɪʃn, *USA* -lɪˈz-/ *n.* [U] immobilizzazione.
to **immobilize** /ɪˈməʊbɪlaɪz/ *v. t.* immobilizzare.
immoderate /ɪˈmɒdərət/ *a.* smodato; sregolato; eccessivo.
immodest /ɪˈmɒdɪst/ *a.* **1** immodesto **2** (*di abito, comportamento, ecc.*) indecente; indecoroso; impudico.
immodesty /ɪˈmɒdəstɪ/ *n.* [U] **1** immodestia **2** indecenza; indecorosità; impudicizia.
to **immolate** /ˈɪməleɪt/ *v. t.* immolare.
immolation /ɪməˈleɪʃn/ *n.* [U] *e* [C] immolazione.
immoral /ɪˈmɒrəl, *USA* ɪˈmɔː-/ *a.* immorale.
immorality /ɪməˈrælətɪ/ *n.* [U] *e* [C] immoralità.
immortal /ɪˈmɔːtl/ *a.* immortale.
to **immortalise** /ɪˈmɔːtəlaɪz/ (*GB*) *V.* **to immortalize.**
immortality /ɪmɔːˈtælətɪ/ *n.* [U] immortalità.
to **immortalize** /ɪˈmɔːtəlaɪz/ *v. t.* immortalare.
immortelle /ɪmɔːˈtel/ *n.* (*bot.*) pianta perenne; semprevivo.
immovable /ɪˈmuːvəbl/ *a.* **1** inamovibile; fisso **2** irremovibile.
immune /ɪˈmjuːn/ *a.* **1** immune (*anche med.*); esente: **i. from prosecution**, immune dall'azione penale; **i. to a disease**, immune da una malattia **2** immunitario: **i. response**, risposta immunitaria; **i. system**, sistema immunitario; **i. reaction**, immunoreazione **3** insensibile: **i. to criticism**, insensibile alle critiche.
to **immunise** /ˈɪmjʊnaɪz/ *e deriv.* (*GB*) *V.* **to immunize** *e deriv.*
immunity /ɪˈmjuːnətɪ/ *n.* [U] (*anche leg., med.*) immunità.
immunization /ɪmjʊnaɪˈzeɪʃn, -mjuː-, *USA* -nɪˈz-/ *n.* [U] (*med.*) immunizzazione.
to **immunize** /ˈɪmjʊnaɪz/ *v. t.* (*med.*) immunizzare.
immunodeficiency /ɪmjʊnəʊdɪˈfɪʃnsɪ, ɪmjuː-/ *n.* (*med.*) immunodeficienza.
immunogen /ɪˈmjuːnədʒən/ *n.* (*biol.*) immunogeno.
immunologist /ɪmjʊˈnɒlədʒɪst/ *n.* immunologo (-a).
immunology /ɪmjʊˈnɒlədʒɪ/ *n.* [U] immunologia.
immunotherapy /ɪmjʊnəʊˈθerəpɪ, ɪmjuː-/ *n.* [U] (*med.*) immunoterapia.
to **immure** /ɪˈmjʊə(r)/ **A** *v. t.* imprigionare; rinchiudere (fra quattro mura) **B** to **immure oneself** *v. rifl.* rinchiudersi.
immutability /ɪmjuːtəˈbɪlətɪ/ *n.* [U] immutabilità.
immutable /ɪˈmjuːtəbl/ *a.* immutabile.
imp /ɪmp/ *n.* (*anche fig.*) diavoletto; demonietto.
impact /ˈɪmpækt/ *n.* **1** impatto; (forza d')urto: **on i.**, nell'impatto; nell'urto **2** effetto; impatto; conseguenze; impressione; **The full i. of these measures will be felt in a year**, le conseguenze di queste misure saranno evidenti tra un anno; **to make a considerable i.**, creare una forte impressione; avere grandi conseguenze.
to **impact** /ɪmˈpækt/ *v. t.* **1** colpire; urtare **2** *V.* **to i. on**, *def.* 2. ♦ **impact on** *v. i. + prep.* **1** entrare in collisione con; colpire **2** (*specialm. USA*) incidere su; avere un impatto su.
impacted /ɪmˈpæktɪd/ *a.* (*di dente del giudizio*) incluso.
to **impair** /ɪmˈpeə(r)/ *v. t.* **1** indebolire **2** danneggiare; deteriorare; menomare.
impairment /ɪmˈpeəmənt/ *n.* [U] **1** indebolimento **2** danneggiamento; deterioramento; menomazione.
to **impale** /ɪmˈpeɪl/ *v. t.* impalare.
impalpable /ɪmˈpælpəbl/ *a.* **1** impalpabile **2** (*fig.*) inafferrabile; impercettibile.
to **impart** /ɪmˈpɑːt/ *v. t.* (*form.*) **1** impartire; conferire **2** comunicare; rivelare.
impartial /ɪmˈpɑːʃl/ *a.* imparziale.
impartiality /ɪmpɑːʃɪˈælətɪ/ *n.* [U] imparzialità.
impassable /ɪmˈpɑːsəbl, *USA* -æs-/ *a.* impraticabile; invalicabile.
impasse /æmˈpɑːs, ɪm-, *USA* ˈɪmpæs/ (*franc.*) *n.* impasse; punto morto.
impassioned /ɪmˈpæʃnd/ *a.* appassionato; infiammato.
impassive /ɪmˈpæsɪv/ *a.* impassibile; imperturbabile.
impassiveness /ɪmˈpæsɪvnəs/, **impassivity** /ɪmpæˈsɪvətɪ/ *n.* [U] impassibilità; imperturbabilità.
impatience /ɪmˈpeɪʃns/ *n.* [U] **1** impazienza **2** insofferenza; intolleranza: **a growing i. at delays**, un'insofferenza crescente verso i ritardi.
impatient /ɪmˈpeɪʃnt/ *a.* **1** impaziente **2** insofferente; intollerante • **to get i. with sb. [st.]**, perdere la pazienza con q. [q.c.].
to **impeach** /ɪmˈpiːtʃ/ *v. t.* **1** (*leg., USA*) mettere in stato di accusa (*un uomo politico*) **2** mettere in dubbio: **to i. sb.'s honour**, sollevare dubbi sull'onorabilità di q.
impeachable /ɪmˈpiːtʃəbl/ *a.* (*leg., USA, di uomo politico*) che può essere messo in stato di accusa; incriminabile.
impeachment /ɪmˈpiːtʃmənt/ *n.* [U] *e* [C] (*leg., USA*) messa in stato di accusa (*di un uomo politico*); impeachment.
impeccable /ɪmˈpekəbl/ *a.* impeccabile; irreprensibile; inappuntabile.
impecunious /ɪmpɪˈkjuːnɪəs/ *a.* (*form.*) senza denaro; povero; indigente.
impedance /ɪmˈpiːdəns/ *n.* [U] (*elettr.*) impedenza.
to **impede** /ɪmˈpiːd/ *v. t.* impedire; ostacolare.
impediment /ɪmˈpedɪmənt/ *n.* **1** impedimento (*anche leg.*); ostacolo **2** (*anche* **speech i.**) difetto di pronuncia.
to **impel** /ɪmˈpel/ *v. t.* incitare; spingere: **to i. sb. to do st.**, incitare q. a fare q.c.; **to feel impelled to do st.**, sentirsi in dovere di fare q.c.
impending /ɪmˈpendɪŋ/ *a.* imminente; incombente.
impenetrable /ɪmˈpenətrəbl/ *a.* **1** impenetrabile **2** incomprensibile.
impenitence /ɪmˈpenɪtəns/ *n.* [U] impenitenza.
impenitent /ɪmˈpenɪtənt/ *a.* impenitente.
imperative /ɪmˈperətɪv/ **A** *a.* **1** (*form.*) essenziale; necessario **2** imperioso **3** (*gramm.*) imperativo **B** *n.* (*gramm. ed estens.*) imperativo: **in the i.**, all'imperativo.
imperceptible /ɪmpəˈseptəbl/ *a.* impercettibile.
imperfect /ɪmˈpɜːfɪkt/ **A** *a.* (*anche gramm.*) imperfetto **B** *n.* (*gramm.*) imperfetto.
imperfection /ɪmpəˈfekʃn/ *n.* [U] *e* [C] imperfezione.
imperial /ɪmˈpɪərɪəl/ *a.* **1** imperiale **2** (*rif. a pesi e misure*) britannico; imperiale.
imperialism /ɪmˈpɪərɪəlɪzəm/ *n.* [U] imperialismo.
imperialist /ɪmˈpɪərɪəlɪst/ *n.* imperialista.
imperialistic /ɪmpɪərɪəˈlɪstɪk/ *a.* imperialistico.
to **imperil** /ɪmˈperəl/ *v. t.* (*form.*) mettere in pericolo.
imperious /ɪmˈpɪərɪəs/ *a.* imperioso.
imperiousness /ɪmˈpɪərɪəsnəs/ *n.* [U] imperiosità.
imperishable /ɪmˈperɪʃəbl/ *a.* indistruttibile; imperituro.
impermanence /ɪmˈpɜːmənəns/ *n.* [U] precarietà; transitorietà; temporaneità.
impermanent /ɪmˈpɜːmənənt/ *a.* transitorio; temporaneo.
impermeability /ɪmpɜːmɪəˈbɪlətɪ/ *n.* [U] impermeabilità.
impermeable /ɪmˈpɜːmɪəbl/ *a.* impermeabile.
impersonal /ɪmˈpɜːsənl/ *a.* **1** (*anche gramm.*) impersonale **2** distaccato; impersonale.
impersonality /ɪmpɜːsəˈnælətɪ/ *n.* [U] impersonalità.
to **impersonate** /ɪmˈpɜːsəneɪt/ *v. t.* **1** imitare (q.) **2** spacciarsi per. ATTENZIONE: **impersonate** ≠ impersonare.
impersonation /ɪmpɜːsəˈneɪʃn/ *n.* [U] *e* [C] **1** imitazione (di q.) **2** (lo) spacciarsi (per q.); (*leg.*) sostituzione di persona.
impersonator /ɪmˈpɜːsəneɪtə(r)/ *n.* **1** imitatore (-trice) **2** chi si spaccia per un altro.
impertinence /ɪmˈpɜːtɪnəns/ *n.* [U] *e* [C] **1** impertinenza; sconvenienza **2** non pertinenza; irrilevanza.
impertinent /ɪmˈpɜːtɪnənt/ *a.* **1** impertinente; sconveniente **2** non pertinente; irrilevante.
imperturbability /ɪmpətɜːbəˈbɪlətɪ/ *n.* [U] imperturbabilità.
imperturbable /ɪmpəˈtɜːbəbl/ *a.* imperturbabile.
impervious /ɪmˈpɜːvɪəs/ *a.* **1** impermeabile: **i. to gas**, impermeabile ai gas **2** insensibile; indifferente: **i. to sb.'s beauty**, insensibile alla bellezza di q.; **i. to criticism**, indifferente alle critiche.
impetigo /ɪmpɪˈtaɪgəʊ/ *n.* [U] (*med.*) impetigine.
impetuosity /ɪmpetʃʊˈɒsətɪ/ *n.* [U] impetuosità; impulsività; precipitazione.
impetuous /ɪmˈpetʃʊəs/ *a.* impetuoso; impulsivo; precipitoso.

impetus /ˈɪmpɪtəs/ *n.* **1** U impeto; spinta; impulso **2** impulso; incentivo.

impiety /ɪmˈpaɪətɪ/ *n.* U *e* C **1** empietà **2** irriverenza.

to **impinge** /ɪmˈpɪndʒ/ *v. Solo come*:

♦ **impinge on** (*o* **upon**) *v. i. + prep.* (*form.*) **1** urtare; percuotere **2** ripercuotersi su **3** violare, ledere (*un diritto, ecc.*).

impious /ˈɪmpɪəs/ *a.* **1** empio **2** irriverente.

impish /ˈɪmpɪʃ/ *a.* birichino; malizioso; sbarazzino.

implacable /ɪmˈplækəbl/ *a.* implacabile.

implant /ˈɪmplɑːnt, *USA* -ænt/ *n.* (*med.*) impianto; innesto.

to **implant** /ɪmˈplɑːnt, *USA* -ænt/ *v. t.* **1** inculcare; imprimere; instillare **2** (*med.*) impiantare.

implausible /ɪmˈplɔːzəbl/ *a.* non plausibile; poco plausibile.

implement /ˈɪmplɪmənt/ *n.* attrezzo; arnese; utensile.

to **implement** /ˈɪmplɪmɛnt/ *v. t.* **1** realizzare; attuare **2** (*leg.*) perfezionare (*un contratto*) **3** (*elab.*) implementare; realizzare.

implementation /ɪmplɪmɛnˈteɪʃn/ *n.* U **1** realizzazione; attuazione; esecuzione **2** (*leg.*) perfezionamento (*di un contratto*) **3** (*elab.*) implementazione; realizzazione.

to **implicate** /ˈɪmplɪkeɪt/ *v. t.* implicare; coinvolgere.

implication /ɪmplɪˈkeɪʃn/ *n.* U *e* C **1** sottinteso; idea implicita: **The i. of what you say is that...**, è implicito in quello che hai detto che...; **by i.**, implicitamente **2** conseguenza **3** implicazione; coinvolgimento.

implicit /ɪmˈplɪsɪt/ *a.* **1** implicito; tacito; sottinteso: **i. agreement**, tacito accordo **2** assoluto; incondizionato: **i. obedience**, ubbidienza assoluta; **i. trust**, cieca fiducia.

implicitly /ɪmˈplɪsɪtlɪ/ *avv.* **1** implicitamente; tacitamente **2** totalmente; in tutto; senza riserve.

implied /ɪmˈplaɪd/ *a.* implicito; tacito; sottinteso.

to **implode** /ɪmˈpləʊd/ *v. i.* implodere.

to **implore** /ɪmˈplɔː(r)/ *v. t.* implorare; supplicare.

imploring /ɪmˈplɔːrɪŋ/ *a.* implorante; supplichevole.

imploringly /ɪmˈplɔːrɪŋlɪ/ *avv.* supplichevolmente.

implosion /ɪmˈpləʊʒn/ *n.* implosione.

to **imply** /ɪmˈplaɪ/ *v. t.* **1** indicare **2** sottintendere; insinuare **3** implicare; comportare.

impolite /ɪmpəˈlaɪt/ *a.* scortese; maleducato.

impoliteness /ɪmpəˈlaɪtnəs/ *n.* U scortesia; villania.

impolitic /ɪmˈpɒlɪtɪk/ *a.* impolitico; inopportuno.

imponderable /ɪmˈpɒndərəbl/ *a. e n.* imponderabile.

import /ˈɪmpɔːt/ *n.* **1** (*econ.*) importazione; merce importata **2** U (*econ.*) importazione; (l')importare **3** (*form.*) senso; significato **4** U (*form.*) importanza; momento.

to **import** /ɪmˈpɔːt/ *v. t. e i.* importare.

importance /ɪmˈpɔːtns/ *n.* U importanza.

important /ɪmˈpɔːtnt/ *a.* importante.

importantly /ɪmˈpɔːtntlɪ/ *avv.* — **and, more i...**, e, quel che più conta...

importation /ɪmpɔːˈteɪʃn/ *n.* **1** U (*econ.*) importazione; (l')importare **2** cosa (*usanza, oggetto*) importata.

importer /ɪmˈpɔːtə(r)/ *n.* (*econ.*) **1** importatore (-trice) **2** ditta importatrice.

importunate /ɪmˈpɔːtʃʊnət/ *a.* (*form.*) importuno; molesto; insistente.

to **importune** /ɪmpəˈtjuːn, *USA* -ˈtuːn/ *v. t.* importunare; molestare.

to **impose** /ɪmˈpəʊz/ *v. t.* imporre.

♦ **impose on** (*o* **upon**) *v. i. + prep.* approfittare di.

imposing /ɪmˈpəʊzɪŋ/ *a.* imponente; grandioso.

imposition /ɪmpəˈzɪʃn/ *n.* **1** U imposizione **2** imposta; tributo ● **It's quite an i. to ask me to work on a Saturday**, è pretendere un po' troppo chiedermi di lavorare di sabato.

impossibility /ɪmpɒsəˈbɪlətɪ/ *n.* **1** U impossibilità **2** cosa impossibile.

impossible /ɪmˈpɒsəbl/ *a.* impossibile: **It's i. for me to stay**, mi è impossibile restare; **You're just i.!**, sei proprio impossibile!

impossibly /ɪmˈpɒsəblɪ/ *avv.* enormemente; incredibilmente.

impostor /ɪmˈpɒstə(r)/ *n.* impostore (-a).

imposture /ɪmˈpɒstʃə(r)/ *n.* U *e* C (*form.*) impostura; frode; inganno.

impotence /ˈɪmpətəns/ *n.* U (*anche med.*) impotenza.

impotent /ˈɪmpətənt/ *a.* (*anche med.*) impotente.

to **impound** /ɪmˈpaʊnd/ *v. t.* (*leg.*) confiscare; sequestrare.

to **impoverish** /ɪmˈpɒvərɪʃ/ *v. t.* impoverire.

impoverishment /ɪmˈpɒvərɪʃmənt/ *n.* U impoverimento.

impracticability /ɪmpræktɪkəˈbɪlətɪ/ *n.* U **1** inattuabilità; impossibilità **2** impraticabilità (*di strada*).

impracticable /ɪmˈpræktɪkəbl/ *a.* **1** inattuabile; impossibile **2** (*di strada*) impraticabile.

impractical /ɪmˈpræktɪkl/ *a.* **1** (*di persona*) privo di senso pratico **2** (*di progetto, ecc.*) poco pratico; poco realistico.

imprecation /ɪmprɪˈkeɪʃn/ *n.* imprecazione; maledizione.

imprecise /ɪmprɪˈsaɪs/ *a.* impreciso.

imprecision /ɪmprɪˈsɪʒn/ *n.* U *e* C imprecisione.

impregnable /ɪmˈprɛgnəbl/ *a.* **1** inespugnabile **2** (*fig.*) inattaccabile; incrollabile.

to **impregnate** /ˈɪmprɛgneɪt, *USA* ɪmˈprɛg-/ *v. t.* **1** (*biol.*) ingravidare; fecondare **2** impregnare; imbevere; saturare.

impresario /ɪmprəˈsɑːrɪəʊ, *USA* -ˈsərɪəʊ/ *n.* (*pl.* **impresarios**) (*teatr.*) impresario.

to **impress** /ɪmˈprɛs/ *v. t.* **1** fare buona impressione a; colpire: **I was impressed by the size of the rooms**, fui colpito dalla dimensione delle stanze; **I wasn't impressed by his new film**, il suo nuovo film non mi ha entusiasmato **2** imprimere: **to i. one's seal on a document**, imprimere il proprio sigillo su un documento **3** far capire: **to i. sb. with st.** (*o* **to i. st. on sb.**), far capire a q. l'importanza di q.c. ATTENZIONE: **to impress** ≠ impressionare.

impression /ɪmˈprɛʃn/ *n.* **1** impressione; impronta **2** impressione: **to create an i. of st.**, dare l'impressione di q.c.; **He made a good i. on me**, mi ha fatto una buona impressione; **I was under the i. that...**, mi era stato detto che...; mi pareva che... **3** imitazione (*di una persona*) **4** (*tipogr.*) stampa; tiratura **5** U *e* C effetto; risultato.

impressionability /ɪmprɛʃnəˈbɪlətɪ/ *n.* U impressionabilità.

impressionable /ɪmˈprɛʃnəbl/ *a.* impressionabile; sensibile.

impressionism /ɪmˈprɛʃnɪzəm/ *n.* U (*arte*) impressionismo.

impressionist /ɪmˈprɛʃənɪst/ *n.* (*arte*) impressionista.

impressionistic /ɪmprɛʃəˈnɪstɪk/ *a.* (*arte*) impressionistico; impressionista.

impressive /ɪmˈprɛsɪv/ *a.* notevole; imponente; che colpisce; che fa colpo. ATTENZIONE: **impressive** ≠ impressionante.

impressively /ɪmˈprɛsɪvlɪ/ *avv.* straordinariamente; in modo notevole.

impressiveness /ɪmˈprɛsɪvnəs/ *n.* U imponenza.

imprint /ˈɪmprɪnt/ *n.* **1** (*anche fig.*) impronta; segno **2** (*anche* **publisher's i.**) sigla editoriale.

to **imprint** /ɪmˈprɪnt/ *v. t.* (*anche fig.*) imprimere; stampare: **ideas imprinted on one's mind**, idee impresse nella mente.

to **imprison** /ɪmˈprɪzn/ *v. t.* imprigionare.

imprisonment /ɪmˈprɪznmənt/ *n.* **1** U incarcerazione; imprigionamento **2** prigionia; reclusione ● **life i.**, carcere a vita; ergastolo.

improbability /ɪmprɒbəˈbɪlətɪ/ *n.* U *e* C improbabilità; inverosimiglianza.

improbable /ɪmˈprɒbəbl/ *a.* improbabile; inverosimile.

impromptu /ɪmˈprɒmptjuː, *USA* -tuː/ **A** *a.* estemporaneo; improvvisato **B** *avv.* estemporaneamente; all'impronta; improvvisando **C** *n.* (*mus.*) improvviso; impromptu.

improper /ɪmˈprɒpə(r)/ *a.* **1** improprio; inadatto **2** erroneo; scorretto; illegale **3** sconveniente **4** (*mat.*) improprio.

impropriety /ɪmprəˈpraɪətɪ/ *n.* **1** U *e* C improprietà **2** U erroneità; scorrettezza **3** U sconvenienza; scostumatezza.

to **improve** /ɪmˈpruːv/ **A** *v. t.* **1** migliorare; perfezionare **2** valorizzare (*un terreno*); apportare migliorie a (*una casa*) **B** *v. i.* migliorare; stare meglio.

♦ **improve on** (*o* **upon**) *v. i. + prep.* fare meglio (di quanto già fatto); migliorare: **I can't i. on his offer**, non posso fare un'offerta migliore della sua; **to i. on sb.'s [one's] record**, migliorare il record di q. [il proprio record].

improvement /ɪmˈpruːvmənt/ *n.* U *e* C **1** miglioramento; progresso; perfezionamento: **to show great i.**, mostrare un grande miglioramento; **an i. in the weather**, un miglioramento del tempo; **It's an i. on the previous version**, c'è un miglioramento rispetto alla (*o* è meglio della) versione precedente; **There is room for i.**, si può migliorare (*o* fare di meglio) **2** valorizzazione (*di un terreno*); migliorie (*di una casa*) ● **i. area**, zona di risanamento.

improvidence /ɪmˈprɒvɪdəns/ *n.* U imprevidenza.

improvident /ɪmˈprɒvɪdənt/ *a.* imprevidente.

improvisation /ɪmprəvaɪˈzeɪʃn, *USA* ɪmprɒvɪˈz-/ *n.* U *e* C

improvvisazione.
to **improvise** /ˈɪmprəvaɪz/ *v. t. e i.* improvvisare.
imprudence /ɪmˈpruːdns/ *n.* U *e* C imprudenza.
imprudent /ɪmˈpruːdnt/ *a.* imprudente; incauto.
impudence /ˈɪmpjʊdəns/ *n.* U impudenza; insolenza.
impudent /ˈɪmpjʊdənt/ *a.* impudente; insolente.
to **impugn** /ɪmˈpjuːn/ *v. t.* ***1*** contestare; mettere in discussione; criticare ***2*** (*leg.*) impugnare.
impulse /ˈɪmpʌls/ *n.* U *e* C ***1*** (*anche fis., fisiol.*) impulso: **nerve i.**, impulso nervoso; **to act on i.**, agire d'impulso (*o* impulsivamente) ***2*** impulso; stimolo: **to give an i. to trade**, dare impulso al commercio.
impulsion /ɪmˈpʌlʃn/ *n.* U *e* C impulso; impeto.
impulsive /ɪmˈpʌlsɪv/ *a.* impulsivo.
impulsiveness /ɪmˈpʌlsɪvnəs/ *n.* U impulsività.
impunity /ɪmˈpjuːnətɪ/ *n.* U impunità • **with i.**, impunemente.
impure /ɪmˈpjʊə(r), -jɔː(r)/ *a.* impuro.
impurity /ɪmˈpjʊərətɪ, -jɔː-/ *n.* U *e* C impurità.
imputable /ɪmˈpjuːtəbl/ *a.* imputabile; ascrivibile; attribuibile.
imputation /ɪmpjuːˈteɪʃn/ *n.* U *e* C accusa.
to **impute** /ɪmˈpjuːt/ *v. t.* ascrivere; attribuire: **to i. a crime to sb.**, accusare q. di un delitto.
in (1) /ɪn/ *prep.* ***1*** (*stato in luogo, posizione*) in; a; su; di: **in the house**, nella (*o* in) casa; **in the garden**, nel (*o* in) giardino; **in London**, a Londra; **in bed**, a letto; **in the dark**, al buio; **in the sun**, al sole; **in the rain**, sotto la pioggia; **in a crowd**, in (mezzo a) una folla; **in the paper**, sul giornale; **the best in the country**, il migliore del paese; **wounded in the arm**, ferito al braccio ***2*** (*modo, condizione*) in; a; su; di; per; con: **to write in pencil** [**in ink**], scrivere a matita (*o* in inchiostro); **dressed in rags** [**in black, in mourning**], vestito di stracci [in nero, a lutto]; **in a good mood**, di buon umore; **in tears**, in lacrime; **in horror**, con orrore; **in earnest**, sul serio; **in fun**, per scherzo; **in groups**, a gruppi ***3*** (*tempo*) in; di; fra: **in April**, in aprile; **in 1959**, nel 1959; **in the morning** [**afternoon, evening**], di mattina [pomeriggio, sera]; **in an hour's time**, fra un'ora ***4*** (*moto a luogo*) in; dentro: **to put st. in one's pocket**, mettersi q.c. in tasca ***5*** (*limitazione, misura, ecc.*) in; di; su: **to be wanting in courage**, essere privo di coraggio; **four in number**, quattro di numero; **one in a hundred**, uno su cento ***6*** (*seguito da gerundio*) — **In crossing the river, I fell into the water**, attraversando (*o* nell'attraversare) il fiume, caddi in acqua ***7*** in fatto di; quanto a: **This is the latest thing in printers**, questa è l'ultima novità in fatto di stampanti ***8*** (*causa*) per; a causa di: **to cry in pain**, gridare per il dolore • **in that**, in quanto; perché.
in (2) /ɪn/ *avv.* ***1*** dentro (*o idiom., V. sotto i vari verbi*): **Put it back in**, rimettilo dentro; **to go in**, andare dentro; entrare; **to come in**, venire dentro; entrare; **to ask sb. in**, invitare q. a entrare; **In you go!**, su, entra!; **Applications must be in by the 31st**, le domande devono pervenire entro il 31 ***2*** in casa [in ufficio, *ecc.*]: **Is anybody in?**, c'è nessuno (in casa, in ufficio, ecc.)?; **Is the boss** [**the train**] **in yet?**, è arrivato il capo [il treno]? ***3*** (*di partito politico*) al potere ***4*** di moda; in voga: **Short skirts are back in this year**, quest'anno le gonne corte sono tornate di moda • **in between**, *V. sotto* **between**.
in (3) /ɪn/ *a.* ***1*** interno: **in door**, porta d'ingresso ***2*** (*polit.*) al potere; in carica ***3*** (*fam.*) alla moda; in voga; "in": **the in thing to do**, una cosa molto "in" ***4*** (*fam.*) privato; per iniziati: **in joke**, battuta per iniziati • **in tray**, cestello per corrispondenza in arrivo o da evadere.
in (4) /ɪn/ *n.* — (*fam.*) **the ins and outs**, tutti i particolari.
inability /ɪnəˈbɪlətɪ/ *n.* U incapacità; impossibilità.
inaccessibility /ɪnæksɛsəˈbɪlətɪ/ *n.* U inaccessibilità.
inaccessible /ɪnækˈsɛsəbl/ *a.* inaccessibile.
inaccuracy /ɪnˈækjərəsɪ/ *n.* U *e* C inesattezza; imprecisione; errore.
inaccurate /ɪnˈækjərət/ *a.* impreciso; inesatto; sbagliato.
inaction /ɪnˈækʃn/ *n.* U inazione; inattività; inerzia.
inactive /ɪnˈæktɪv/ *a.* inattivo; inoperoso.
inactivity /ɪnækˈtɪvətɪ/ *n.* U inattività; inoperosità; inerzia.
inadequacy /ɪnˈædɪkwəsɪ/ *n.* U *e* C ***1*** inadeguatezza; insufficienza; manchevolezza ***2*** incapacità.
inadequate /ɪnˈædɪkwət/ *a.* ***1*** inadeguato; insufficiente; manchevole ***2*** incapace.
inadmissibility /ɪnədmɪsəˈbɪlətɪ/ *n.* U inammissibilità.
inadmissible /ɪnədˈmɪsəbl/ *a.* inammissibile.
inadvertent /ɪnədˈvɜːtənt/ *a.* involontario.
inadvisable /ɪnədˈvaɪzəbl/ *a.* sconsigliabile.
inalienable /ɪnˈeɪlɪənəbl/ *a.* (*leg.*) inalienabile.
inane /ɪˈneɪn/ *a.* sciocco; stupido; vacuo.
inanimate /ɪnˈænɪmət/ *a.* inanimato; esanime.
inanity /ɪˈnænətɪ/ *n.* U sciocchezza; vacuità.
inapplicable /ɪnˈæplɪkəbl, ɪnəˈplɪk-/ *a.* inapplicabile.
inappropriate /ɪnəˈprəʊprɪət/ *a.* inadatto; improprio; poco opportuno; fuori luogo.
inapt /ɪnˈæpt/ *a.* improprio; fuori luogo.
inarticulate /ɪnɑːˈtɪkjʊlət/ *a.* ***1*** (*di suono, ecc.*) inarticolato ***2*** che non sa esprimersi; impacciato nel parlare ***3*** che non riesce a parlare: **i. with rage**, muto dalla rabbia.
inasmuch /ɪnəzˈmʌtʃ/ *avv.* (*form.*) — **i. as**, in quanto (che); poiché.
inattention /ɪnəˈtɛnʃn/ *n.* U ***1*** disattenzione ***2*** mancanza di riguardo.
inattentive /ɪnəˈtɛntɪv/ *a.* disattento.
inaudible /ɪnˈɔːdəbl/ *a.* (*di suono, ecc.*) impercettibile.
inaugural /ɪˈnɔːgjʊrəl/ *a.* inaugurale.
to **inaugurate** /ɪˈnɔːgjʊreɪt/ *v. t.* ***1*** inaugurare ***2*** insediare in carica (*con pubblica cerimonia*).
inauguration /ɪnɔːgjʊˈreɪʃn/ *n.* ***1*** inaugurazione ***2*** insediamento in carica.
inauspicious /ɪnɔːˈspɪʃəs/ *a.* infausto; malaugurato.
inboard /ˈɪnbɔːd/ *a.* (*naut.*) entrobordo.
inborn /ˈɪnbɔːn/ *a.* innato; congenito; connaturato.
inbound /ˈɪnbaʊnd/ *a.* (*USA*) in viaggio di ritorno (al paese di origine).
inbred /ɪnˈbrɛd/ *a.* ***1*** innato; congenito; connaturato ***2*** (*di animale*) ottenuto mediante accoppiamento tra soggetti consanguinei.
inbreeding /ɪnˈbriːdɪŋ/ *n.* U ***1*** matrimoni tra consanguinei ***2*** (*di animali*) accoppiamento tra soggetti consanguinei.
inbuilt /ˈɪnˈbɪlt/ *a.* ***1*** congenito; innato; inerente ***2*** (*tecn.*) incorporato.
incalculable /ɪnˈkælkjʊləbl/ *a.* ***1*** incalcolabile ***2*** imprevedibile.
incandescence /ɪnkænˈdɛsns/ *n.* U incandescenza.
incandescent /ɪnkænˈdɛsnt/ *a.* incandescente.
incantation /ɪnkænˈteɪʃn/ *n.* U *e* C incanto; incantesimo.
incapability /ɪnkeɪpəˈbɪlətɪ/ *n.* U incapacità.
incapable /ɪnˈkeɪpəbl/ *a.* incapace: **i. of doing st.**, incapace di fare q.c.
to **incapacitate** /ɪnkəˈpæsɪteɪt/ *v. t.* (*form.*) inabilitare (*anche leg.*); rendere inabile (*o* incapace).
incapacitating /ɪnkəˈpæsɪteɪtɪŋ/ *a.* inabilitante; invalidante.
incapacitation /ɪnkəpæsɪˈteɪʃn/ *n.* U (*form.*) ***1*** (il) rendere inabile (*o* incapace); inabilitazione ***2*** (*leg.*) inabilitazione.
incapacity /ɪnkəˈpæsətɪ/ *n.* U incapacità (*anche giuridica*); inabilità.
to **incarcerate** /ɪnˈkɑːsəreɪt/ *v. t.* incarcerare; imprigionare.
incarceration /ɪnkɑːsəˈreɪʃn/ *n.* U incarcerazione; carcerazione.
incarnate /ɪnˈkɑːnət/ *a.* incarnato; personificato: **the devil i.**, il diavolo in persona; **He is egoism i.**, è l'egoismo personificato (*o* fatto persona).
to **incarnate** /ˈɪnkɑːneɪt/ *v. t.* incarnare; personificare.
incarnation /ɪnkɑːˈneɪʃn/ *n.* U *e* C ***1*** incarnazione; personificazione ***2*** — (*teol.*) **the I.**, l'Incarnazione.
incautious /ɪnˈkɔːʃəs/ *a.* incauto; imprudente; sconsiderato.
incautiousness /ɪnˈkɔːʃəsnəs/ *n.* U mancanza di cautela; imprudenza; sconsideratezza.
incendiary /ɪnˈsɛndɪərɪ, *USA* -dɪerɪ/ ***A*** *a.* (*anche fig.*) incendiario ***B*** *n.* (*mil.*) bomba incendiaria.
incense /ˈɪnsɛns/ *n.* U incenso • **i. burner**, incensiere; turibolo.
to **incense** /ɪnˈsɛns/ *v. t.* fare infuriare; indignare. ATTENZIONE: **to incense** ≠ incensare.
incensed /ɪnˈsɛnst/ *a.* furioso; indignato. ATTENZIONE: **incensed** ≠ incensato.
incentive /ɪnˈsɛntɪv/ *n.* C *e* U incentivo; stimolo.
inception /ɪnˈsɛpʃn/ *n.* (*form.*) inizio; principio.
incessant /ɪnˈsɛsnt/ *a.* incessante; continuo.
incest /ˈɪnsɛst/ *n.* U incesto.
incestuous /ɪnˈsɛstjʊəs, *USA* -tʃʊəs/ *a.* incestuoso.

inch /ɪntʃ/ *n.* ***1*** pollice (*misura lineare*): **square i.**, pollice quadrato ***2*** (*fig.*) piccolissima distanza; poco; (un) pelo (*fam.*): **by inches**, di poco; per un pelo; **The car missed me by inches**, ci mancò un pelo che l'auto non mi investisse; **i. by i.**, a poco a poco; gradatamente ● **every i. a gentleman**, un signore da capo a piedi □ **Give her an i., and she'll take a mile**, dalle un dito e ti prenderà il braccio □ **not to yield an i.**, non cedere di un millimetro □ **within an i. of**, a un pelo da; a un passo da.

to **inch** /ɪntʃ/ ***A*** *v. t.* muovere gradatamente: **We inched the boulder forward**, spingemmo avanti piano il masso ***B*** *v. i.* muoversi gradatamente: **to i. past st.**, superare con cautela q.c.

inchoate /ɪn'kəʊeɪt, 'ɪn-/ *a.* (*form.*) incipiente; iniziale; rudimentale.

incidence /'ɪnsɪdəns/ *n.* U incidenza.

incident /'ɪnsɪdənt/ *n.* ***1*** avvenimento; caso; incidente: **diplomatic** [**border**] **i.**, incidente diplomatico [di frontiera]; **without further i.**, senza ulteriori incidenti ***2*** episodio (*di romanzo, ecc.*).

incidental /ɪnsɪ'dɛntl/ ***A*** *a.* ***1*** secondario; accessorio: **i. to st.**, secondario rispetto a q.c.; **i. expenses**, spese accessorie ***2*** incidentale; occasionale; fortuito ● (*cinem., teatr.*) sottofondo musicale ***B*** *n.* (*generalm. al pl.*) spese impreviste; imprevisti.

incidentally /ɪnsɪ'dɛntlɪ/ *avv.* ***1*** incidentalmente; per caso ***2*** fra parentesi; fra l'altro.

to **incinerate** /ɪn'sɪnəreɪt/ *v. t.* incenerire; ridurre in cenere.

incineration /ɪnsɪnə'reɪʃn/ *n.* U incenerimento.

incinerator /ɪn'sɪnəreɪtə(r)/ *n.* inceneritore.

incipient /ɪn'sɪpɪənt/ *a.* (*form.*) incipiente.

to **incise** /ɪn'saɪz/ *v. t.* incidere; intagliare.

incision /ɪn'sɪʒn/ *n.* U e C incisione.

incisive /ɪn'saɪsɪv/ *a.* (*fig.*) incisivo; acuto; penetrante.

incisiveness /ɪn'saɪsɪvnəs/ *n.* U incisività; acutezza.

incisor /ɪn'saɪzə(r)/ *n.* (*anat.*) (dente) incisivo.

to **incite** /ɪn'saɪt/ *v. t.* ***1*** incitare ***2*** istigare.

incitement /ɪn'saɪtmənt/ *n.* U e C ***1*** incitamento ***2*** istigazione.

incivility /ɪnsɪ'vɪlətɪ/ *n.* U e C inciviltà; villania.

inclemency /ɪn'klɛmənsɪ/ *n.* U inclemenza.

inclement /ɪn'klɛmənt/ *a.* inclemente.

inclination /ɪnklɪ'neɪʃn/ *n.* C e U ***1*** inclinazione: **to follow one's i.**, seguire le proprie inclinazioni; **no i. to work**, nessuna voglia di lavorare ***2*** tendenza ***3*** (l') inclinarsi; piegamento: **i. of the head**, cenno del capo ***4*** china; pendio.

incline /'ɪnklaɪn/ *n.* ***1*** (*mecc.*) piano inclinato ***2*** pendenza; pendio.

to **incline** /ɪn'klaɪn/ ***A*** *v. t.* ***1*** inclinare; chinare; piegare ***2*** indurre; far propendere; disporre ***B*** *v. i.* ***1*** inclinare, inclinarsi ***2*** propendere; tendere: **to i. to believe st.**, propendere a credere q.c.; **to i. to stoutness**, tendere alla pinguedine.

inclined /ɪn'klaɪnd/ *a.* ***1*** inclinato ***2*** (*solo pred.*) propenso; incline: **I'm i. to agree with you**, sono propenso a crederti; **i. to anger**, incline all'ira; **to be i. to exaggerate**, avere tendenza ad esagerare.

to **include** /ɪn'kluːd/ *v. t.* includere; comprendere; considerare: **My name was included in the list**, il mio nome fu incluso nell'elenco; **There are six of us, if you include the cat**, siamo in sei, contando anche il gatto; **ten people, including three children**, dieci persone, tra cui tre bambini; **Prices include postage and packing**, i prezzi sono comprensivi delle spese di spedizione; **to i. sb. among one's friends**, annoverare q. tra i propri amici.

inclusion /ɪn'kluːʒn/ *n.* U inclusione.

inclusive /ɪn'kluːsɪv/ *a.* ***1*** incluso; compreso: **from the 5th to the 20th i.**, dal giorno 5 al 20 incluso (*o* compreso) ***2*** comprensivo: **i. of board and lodging**, comprensivo di vitto e alloggio ***3*** complessivo; totale ● **i. of everything** (*o* **all-inclusive**), tutto compreso □ (*in un albergo*) **i. terms**, tutto compreso.

incognito /ɪnkɒg'niːtəʊ, *USA* ɪn'kɒgnɪtəʊ/ ***A*** *a.* incognito: **to remain i.**, mantenere l'incognito ***B*** *avv.* in incognito: **to travel i.**, viaggiare in incognito.

incoherence /ɪnkəʊ'hɪərəns/ *n.* U incoerenza.

incoherent /ɪnkəʊ'hɪərənt/ *a.* ***1*** sconclusionato; sconnesso; incoerente ***2*** (*di persona*) che sragiona; farneticante: **to become i.**, cominciare a sragionare; non connettere più; farneticare.

income /'ɪnkʌm/ *n.* U e C (*econ., fin.*) entrata, entrate; reddito: **earned** [**unearned**] **i.**, reddito da lavoro [da capitale]; **private i.**, rendita; **to live within one's i.**, non spendere più delle proprie entrate ● **i. bracket**, fascia di reddito □ (*in G.B.*) **i. support**, assegno integrativo □ **i. tax**, imposta sul reddito □ **i. tax return**, dichiarazione dei redditi □ **incomes policy**, politica dei redditi.

incomer /'ɪnkʌmə(r)/ *n.* (*GB*) nuovo venuto.

incoming /'ɪnkʌmɪŋ/ *a.* ***1*** entrante; subentrante: **i. president**, presidente subentrante ***2*** in arrivo: **i. flight**, volo in arrivo; **i. mail**, posta in arrivo ***3*** (*di marea*) montante.

incommensurable /ɪnkə'mɛnʃərəbl/ *a.* incommensurabile.

incommensurate /ɪnkə'mɛnʃərət/ *a.* inadeguato; sproporzionato.

to **incommode** /ɪnkə'məʊd/ *v. t.* (*form.*) incomodare; scomodare.

incommunicado /ɪnkəmjuːnɪ'kɑːdəʊ/ ***A*** *a.* senza possibilità di comunicare; segregato; isolato ***B*** *avv.* in segregazione; in isolamento.

incomparable /ɪn'kɒmpərəbl/ *a.* incomparabile; ineguagliabile.

incompatibility /ɪnkəmpætə'bɪlətɪ/ *n.* U incompatibilità.

incompatible /ɪnkəm'pætəbl/ *a.* incompatibile.

incompetence /ɪn'kɒmpɪtəns/ *n.* U incompetenza; incapacità.

incompetent /ɪn'kɒmpɪtənt/ *a. e n.* incompetente; incapace.

incomplete /ɪnkəm'pliːt/ *a.* incompleto; incompiuto; imperfetto.

incompleteness /ɪnkəm'pliːtnəs/ *n.* U incompletezza.

incomprehensibility /ɪnkɒmprɪhɛnsə'bɪlətɪ/ *n.* U incomprensibilità.

incomprehensible /ɪnkɒmprɪ'hɛnsəbl/ *a.* incomprensibile.

incomprehension /ɪnkɒmprɪ'hɛnʃn/ *n.* U incomprensione.

inconceivable /ɪnkən'siːvəbl/ *a.* inconcepibile.

inconclusive /ɪnkən'kluːsɪv/ *a.* inconcludente; non risolutivo: (*leg.*) **i. evidence**, prove non conclusive.

incongruity /ɪnkən'gruːətɪ/ *n.* U e C incongruenza.

incongruous /ɪn'kɒŋgrʊəs/ *a.* incongruente; fuori posto; assurdo.

inconsequential /ɪnkɒnsɪ'kwɛnʃl/ *a.* irrilevante; senza importanza; insignificante.

inconsiderable /ɪnkən'sɪdrəbl/ *a.* — **not i.**, non trascurabile; più che discreto.

inconsiderate /ɪnkən'sɪd(ə)rət/ *a.* senza riguardi; privo di considerazione; poco gentile.

inconsistency /ɪnkən'sɪstənsɪ/ *n.* ***1*** contraddizione; incongruenza: **His statement is full of inconsistencies**, la sua deposizione è piena di contraddizioni ***2*** U incoerenza; contradditorietà ***3*** U discontinuità di rendimento. ATTENZIONE: **inconsistency** ≠ inconsistenza.

inconsistent /ɪnkən'sɪstənt/ *a.* ***1*** contraddittorio; incoerente ***2*** in contraddizione (con); incompatibile (con). ATTENZIONE: **inconsistent** ≠ inconsistente.

inconsolable /ɪnkən'səʊləbl/ *a.* inconsolabile.

inconspicuous /ɪnkən'spɪkjʊəs/ *a.* non appariscente; che non dà nell'occhio ● **to make oneself i.**, non mettersi in evidenza.

inconstancy /ɪn'kɒnstənsɪ/ *n.* U incostanza; instabilità; mutevolezza.

inconstant /ɪn'kɒnstənt/ *a.* incostante; instabile; mutevole.

incontestable /ɪnkən'tɛstəbl/ *a.* incontestabile.

incontinence /ɪn'kɒntɪnəns/ *n.* U (*anche med.*) incontinenza.

incontinent /ɪn'kɒntɪnənt/ *a.* (*anche med.*) incontinente.

incontrovertible /ɪnkɒntrə'vɜːtəbl/ *a.* incontrovertibile.

inconvenience /ɪnkən'viːnɪəns/ *n.* U disturbo; disagio; fastidio; scomodità.

to **inconvenience** /ɪnkən'viːnɪəns/ *v. t.* disturbare; incomodare; recare disagio a: **It doesn't i. me in the least**, non è di nessun disturbo.

inconvenient /ɪnkən'viːnɪənt/ *a.* scomodo; inopportuno: **at an i. time**, a un'ora scomoda; **if it isn't i. to you**, se non ti è scomodo; se non ti crea problemi. ATTENZIONE: **inconvenient** ≠ inconveniente.

inconveniently /ɪnkən'viːnɪəntlɪ/ *avv.* in modo scomodo; creando disturbo: **The house is i. situated**, la casa è in una posizione scomoda; **He phoned, very i., while we were at dinner**, per telefonare scelse proprio il momento in cui eravamo a tavola.

to **incorporate** /ɪnˈkɔːpəreɪt/ ***A*** *v. t.* ***1*** incorporare; includere ***2*** (*leg.*) costituire in ente giuridico; registrare ***3*** (*fin.*) associare, fondere (*società, ecc.*) ***B*** *v. i.* (*fin.*) associarsi; fondersi.

incorporation /ɪnkɔːpəˈreɪʃn/ *n.* [U] *e* [C] ***1*** (*leg.*) costituzione in ente giuridico; registrazione ***2*** (*fin.*) fusione (*di società, ecc.*).

incorporeal /ɪnkɔːˈpɔːrɪəl/ *a.* incorporeo.

incorrect /ɪnkəˈrɛkt/ *a.* ***1*** inesatto; sbagliato ***2*** scorretto; sconveniente: **i. posture**, posizione scorretta.

incorrectly /ɪnkəˈrɛktlɪ/ *avv.* erroneamente; in modo sbagliato.

incorrectness /ɪnkəˈrɛktnəs/ *n.* [U] ***1*** inesattezza; erroneità ***2*** scorrettezza; sconvenienza.

incorrigible /ɪnˈkɒrɪdʒəbl, *USA* -ɔː-/ *a.* incorreggibile.

incorrupt /ɪnkəˈrʌpt/ *a.* incorrotto.

incorruptibility /ɪnkərʌptəˈbɪlətɪ/ *n.* [U] incorruttibilità.

incorruptible /ɪnkəˈrʌptəbl/ *a.* incorruttibile.

increase /ˈɪŋkriːs/ *n.* [U] *e* [C] aumento; accrescimento; incremento: **i. in prices**, aumento dei prezzi; **on the i.**, in aumento.

to **increase** /ɪnˈkriːs/ *v. t. e i.* aumentare; accrescere; (far) crescere.: **to i. in number**, aumentare (*o* crescere) di numero.

increasing /ɪnˈkriːsɪŋ/ *a.* in aumento; crescente; sempre maggiore.

increasingly /ɪnˈkriːsɪŋlɪ/ *avv.* sempre più.

incredible /ɪnˈkrɛdəbl/ *a.* incredibile.

incredulity /ɪnkrəˈdjuːlətɪ, *USA* -ˈduː-/ *n.* [U] incredulità.

incredulous /ɪnˈkrɛdjʊləs, *USA* -dʒʊ-/ *a.* incredulo.

increment /ˈɪŋkrɪmənt/ *n.* [U] *e* [C] incremento; accrescimento; aumento.

incremental /ɪŋkrɪˈmɛntl/ *a.* incrementale.

to **incriminate** /ɪnˈkrɪmɪneɪt/ *v. t.* (*di circostanza, oggetto*) accusare; far apparire colpevole; coinvolgere. ATTENZIONE: **to incriminate** ≠ incriminare.

incrimination /ɪnkrɪmɪˈneɪʃn/ *n.* [U] accusa; coinvolgimento (*in un reato*). ATTENZIONE: **incrimination** ≠ incriminazione.

incrustation /ɪnkrʌˈsteɪʃn/ *n.* [U] *e* [C] incrostazione.

to **incubate** /ˈɪŋkjʊbeɪt/ ***A*** *v. t.* ***1*** (*zootecnia*) covare ***2*** (*med.*) incubare ***B*** *v. i.* ***1*** (*zootecnia*) covare ***2*** (*med. e fig.*) essere in incubazione.

incubation /ɪŋkjʊˈbeɪʃn/ *n.* [U] incubazione.

incubator /ˈɪŋkjʊbeɪtə(r)/ *n.* incubatrice.

to **inculcate** /ˈɪnkʌlkeɪt, *USA* ɪnˈkʌl-/ *v. t.* inculcare: **to i. st. in sb.** (*o* **sb. with st.**), inculcare q.c. a q.

inculcation /ɪnkʌlˈkeɪʃn/ *n.* [U] inculcazione.

to **inculpate** /ˈɪnkʌlpeɪt, *USA* ɪnˈkʌl-/ *v. t.* (*form.*) ***1*** incolpare ***2*** accusare.

incumbency /ɪnˈkʌmbənsɪ/ *n.* periodo in carica; incarico.

incumbent (1) /ɪnˈkʌmbənt/ *n.* ***1*** titolare di un beneficio ecclesiastico; beneficiato ***2*** titolare (*di un ufficio*).

incumbent (2) /ɪnˈkʌmbənt/ *a.* ***1*** che spetta, che tocca a: **It is i. on me to do it**, spetta a me (*o* è mio dovere) farlo ***2*** in carica: **the i. president**, il presidente in carica. ATTENZIONE: **incumbent** ≠ incombente.

incunabulum /ɪnkjuːˈnæbjʊləm/ (*lat.*) *n.* (*pl.* **incunabula** /-lə/) incunabolo.

to **incur** /ɪnˈkɜː(r)/ *v. t.* ***1*** incorrere in; esporsi a; attirarsi: **to i. danger**, esporsi al pericolo; **to i. sb.'s displeasure**, attirarsi la disapprovazione di q. ***2*** contrarre; subire: **to i. debts**, contrarre debiti; **to i. losses**, subire perdite.

incurable /ɪnˈkjʊərəbl, -ˈkjɔː-/ *a.* ***1*** incurabile ***2*** (*fig.*) incorreggibile; inguaribile: **i. optimist**, inguaribile ottimista.

incurious /ɪnˈkjʊərɪəs, -ˈkjɔː-/ *a.* non curioso; indifferente.

incursion /ɪnˈkɜːʃn, *USA* -ʒn/ *n.* incursione; irruzione; scorreria.

indebted /ɪnˈdɛtɪd/ *a.* ***1*** (*econ.*) indebitato ***2*** (*fig.*) obbligato; in debito: **to be i. to sb.**, essere obbligato a q.; essere in debito con q.

indebtedness /ɪnˈdɛtɪdnəs/ *n.* [U] ***1*** (*econ.*) indebitamento ***2*** (*fig.*) debito; obbligo.

indecency /ɪnˈdiːsnsɪ/ *n.* [U] *e* [C] indecenza.

indecent /ɪnˈdiːsnt/ *a.* indecente; sconveniente; osceno • (*leg.*) **i. assault**, tentata violenza carnale □ (*leg.*) **i. exposure**, (atto di) esibizionismo (degli organi sessuali).

indecipherable /ɪndɪˈsaɪfrəbl/ *a.* indecifrabile.

indecision /ɪndɪˈsɪʒn/ *n.* [U] indecisione; esitazione.

indecisive /ɪndɪˈsaɪsɪv/ *a.* ***1*** non decisivo ***2*** indeciso; irresoluto.

indecisiveness /ɪndɪˈsaɪsɪvnəs/ *n.* [U] ***1*** incertezza (*di un esito, ecc.*) ***2*** indecisione; esitazione; irresolutezza.

indeclinable /ɪndɪˈklaɪnəbl/ *a.* (*gramm.*) indeclinabile.

indecorous /ɪnˈdɛkərəs/ *a.* indecoroso; disdicevole; sconveniente.

indeed /ɪnˈdiːd/ ***A*** *avv.* ***1*** veramente; in effetti; davvero: **The man did i. go back to the shop**, l'uomo è effettivamente ritornato nel negozio; **very interesting i.**, estremamente interessante; **very much i.**, moltissimo ***2*** anzi ***B*** *inter.* ***1*** ma no!; ah, sì?; davvero? ***2*** macché!: **«I bought it» «Bought it, i.! You stole it!»**, «l'ho comprato» «macché comprato, lei l'ha rubato!»

indefatigable /ɪndɪˈfætɪgəbl/ *a.* infaticabile; indefesso; instancabile.

indefensible /ɪndɪˈfɛnsəbl/ *a.* ***1*** indifendibile ***2*** (*di tesi, ecc.*) insostenibile; indifendibile.

indefinable /ɪndɪˈfaɪnəbl/ *a.* indefinibile.

indefinite /ɪnˈdɛfənət/ *a.* ***1*** indefinito; impreciso; vago ***2*** indeterminato; indefinito ***3*** (*gramm.*) indefinito.

indefinitely /ɪnˈdɛfənətlɪ/ *avv.* ***1*** indefinitamente; a tempo indeterminato ***2*** in modo impreciso; vagamente.

indelible /ɪnˈdɛləbl/ *a.* indelebile; incancellabile.

indelicacy /ɪnˈdɛlɪkəsɪ/ *n.* [U] *e* [C] indelicatezza; sconvenienza.

indelicate /ɪnˈdɛlɪkət/ *a.* sconveniente.

indemnification /ɪndɛmnɪfɪˈkeɪʃn/ *n.* [U] *e* [C] risarcimento; indennizzo.

to **indemnify** /ɪnˈdɛmnɪfaɪ/ *v. t.* (*form.*) ***1*** indennizzare; risarcire: **to i. sb. for st.**, indennizare q. per q.c. ***2*** assicurare: **to i. oneself against damage**, assicurarsi contro i danni.

indemnity /ɪnˈdɛmnətɪ/ *n.* [U] *e* [C] ***1*** indennizzo; risarcimento ***2*** assicurazione.

indent /ˈɪndɛnt/ *n.* ***1*** (*tipogr.*) capoverso (rientrato) ***2*** (*comm.*) ordinazione di merci (*specialm. dall'estero*).

to **indent** /ɪnˈdɛnt/ ***A*** *v. t.* ***1*** dentellare; intaccare ***2*** frastagliare ***3*** (*tipogr.*) rientrare (*una riga*) ***B*** *v. i.* (*comm.*) ordinare (*merci, specialm. dall'estero*): **to i. upon sb. for st.**, ordinare q.c. a q.

indentation /ɪndɛnˈteɪʃn/ *n.* ***1*** [U] l'intaccare ***2*** dentellatura ***3*** frastagliatura ***4*** tacca ***5*** (*tipogr.*) rientranza.

indented /ɪnˈdɛntɪd/ *a.* ***1*** dentellato; intaccato ***2*** frastagliato ***3*** (*tipogr.*) rientrato.

indenture /ɪnˈdɛntʃə(r)/ *n.* (*anche al pl.*) (*leg.*) contratto (*specialm. di apprendistato*).

to **indenture** /ɪnˈdɛntʃə(r)/ *v. t.* vincolare con contratto (*specialm. un apprendista*); collocare come apprendista.

independence /ɪndɪˈpɛndəns/ *n.* [U] indipendenza.

independent /ɪndɪˈpɛndənt/ ***A*** *a.* indipendente • **to be i. of sb. [st.]**, non dipendere da q. [q.c.] ***B*** *n.* (*specialm. polit.*) indipendente.

independently /ɪndɪˈpɛndəntlɪ/ *avv.* indipendentemente: **i. of**, indipendentemente da; senza tenere conto di.

in-depth /ɪnˈdɛpθ/ *a.* approfondito: **i. study**, studio approfondito.

indescribable /ɪndɪˈskraɪbəbl/ *a.* indescrivibile.

indestructible /ɪndɪˈstrʌktəbl/ *a.* indistruttibile.

indeterminate /ɪndɪˈtɜːmɪnət/ *a.* indeterminato; incerto; vago.

index /ˈɪndɛks/ *n.* (*pl.* **indexes**, **indices**) ***1*** indice analitico (*di libro*) ***2*** (*anche* **card i.**) catalogo; schedario ***3*** indice; indicazione; indizio ***4*** (*econ.*) indice: **cost of living i.**, indice del costo della vita ***5*** — (*eccles.*) **the I.**, l'Indice ***6*** (*mat.*) indice; esponente • **i. card**, scheda □ **i. finger**, (dito) indice □ (*econ.*) **i.-linked**, indicizzato □ (*econ.*) **i.-linking**, indicizzazione.

to **index** /ˈɪndɛks/ *v. t.* ***1*** fornire (*un libro*) di indice analitico ***2*** mettere in un indice; elencare ***3*** catalogare ***4*** (*econ.*) indicizzare.

indexation /ɪndɛkˈseɪʃn/ *n.* [U] (*econ.*) indicizzazione.

to **index-link** /ˈɪndɛksˈlɪŋk/ *v. t.* indicizzare.

India /ˈɪndɪə/ *n.* (*geogr.*) India • **I. paper**, carta India; carta Bibbia □ **i. rubber**, caucciù; gomma per cancellare.

Indian /ˈɪndɪən/ *a. e n.* indiano • **I. corn**, granturco □ **I. ink**, inchiostro di china □ **I. file**, fila indiana □ **I. Ocean**, Oceano Indiano □ **I. summer**, estate di S. Martino □ **Red I.**, pellerossa.

to **indicate** /ˈɪndɪkeɪt/ ***A*** *v. t.* ***1*** indicare; additare ***2*** manifestare; indicare; lasciare intendere; rivelare ***3*** suggerire; ri-

chiedere • **to be indicated**, essere consigliabile (*o* opportuno) ***B*** *v. i.* (*autom., GB*) segnalare (un cambiamento di direzione); mettere la freccia (*fam.*): **to i. left**, segnalare la svolta a sinistra; mettere la freccia a sinistra.
indication /ɪndɪ'keɪʃn/ *n.* [U] *e* [C] segno; indice; accenno.
indicative /ɪn'dɪkətɪv/ ***A*** *a.* ***1*** **— i. of**, indice di ***2*** (*gramm.*) indicativo ***B*** *n.* (*gramm.*) indicativo.
indicator /'ɪndɪkeɪtə(r)/ *n.* ***1*** (*tecn.*) indicatore; spia; lancetta: **speed i.**, indicatore di velocità; tachimetro; **mileage i.**, contachilometri ***2*** (*autom., GB*) indicatore di direzione; freccia (*fam.*) ***3*** indicatore; indice; indizio.
indices /'ɪndɪsiːz/ *pl. di* **index**.
to **indict** /ɪn'daɪt/ *v. t.* (*leg.*) incriminare.
indictable /ɪn'daɪtəbl/ *a.* (*leg.*) ***1*** incriminabile ***2*** perseguibile; passibile di pena: **i. offence**, reato passibile di pena.
indictment /ɪn'daɪtmənt/ *n.* [C] *e* [U] (*leg.*) incriminazione • **bill of i.**, atto di accusa; imputazione.
indie /'ɪndɪ/ *n.* (*fam.*) produttore (discografico, cinematografico) indipendente.
indifference /ɪn'dɪfrəns/ *n.* [U] indifferenza; apatia.
indifferent /ɪn'dɪfrənt/ *a.* ***1*** indifferente; apatico ***2*** insensibile; incurante ***3*** mediocre; scadente.
indigence /'ɪndɪdʒəns/ *n.* [U] indigenza.
indigenous /ɪn'dɪdʒənəs/ *a.* indigeno; nativo.
indigent /'ɪndɪdʒənt/ *a.* indigente.
indigestible /ɪndɪ'dʒɛstəbl/ *a.* indigeribile, indigesto (*anche fig.*).
indigestion /ɪndɪ'dʒɛstʃn/ *n.* [U] ***1*** indigestione ***2*** cattiva digestione; dispepsia.
indignant /ɪn'dɪgnənt/ *a.* indignato; sdegnato.
indignantly /ɪn'dɪgnəntlɪ/ *avv.* con indignazione; sdegnosamente.
indignation /ɪndɪg'neɪʃn/ *n.* [U] indignazione; sdegno.
indignity /ɪn'dɪgnətɪ/ *n.* [U] *e* [C] *umiliazione.*
indigo /'ɪndɪgəʊ/ *n. e a.* [U] indaco.
indirect /ɪndaɪ'rɛkt, -dɪ-/ *a.* indiretto: (*fisc.*) **i. tax**, imposta indiretta; (*gramm.*) **i. object**, oggetto indiretto.
indiscernible /ɪndɪ'sɜːnəbl/ *a.* indistinguibile; impercettibile.
indiscipline /ɪn'dɪsəplɪn/ *n.* [U] indisciplina.
indiscreet /ɪndɪ'skriːt/ *a.* ***1*** indiscreto; indelicato ***2*** sconsiderato; imprudente.
indiscretion /ɪndɪ'skrɛʃn/ *n.* [U] *e* [C] ***1*** indiscrezione; indelicatezza ***2*** azione sconsiderata; imprudenza; errore (*dovuto a sconsideratezza*).
indiscriminate /ɪndɪ'skrɪmɪnət/ *a.* ***1*** indiscriminato ***2*** che non fa distinzioni; che sceglie a caso: **an i. reader**, uno che legge di tutto • **to deal out i. blows**, colpire alla cieca.
indispensable /ɪndɪ'spɛnsəbl/ *a.* indispensabile.
indisposed /ɪndɪ'spəʊzd/ *a.* (*form.*) ***1*** indisposto ***2*** poco incline; riluttante; non disponibile.
indisposition /ɪndɪspə'zɪʃn/ *n.* (*form.*) ***1*** indisposizione; malessere ***2*** poca inclinazione; riluttanza.
indisputable /ɪndɪ'spjuːtəbl/ *a.* indisputabile; indiscutibile.
indissolubility /ɪndɪsɒljʊ'bɪlətɪ/ *n.* [U] indissolubilità.
indissoluble /ɪndɪ'sɒljʊbl/ *a.* indissolubile.
indistinct /ɪndɪ'stɪŋkt/ *a.* indistinto; confuso; vago.
indistinguishable /ɪndɪ'stɪŋgwɪʃəbl/ *a.* indistinguibile.
individual /ɪndɪ'vɪdʒʊəl/ ***A*** *a.* ***1*** singolo; individuale ***2*** individuale; personale; caratteristico ***B*** *n.* individuo.
to **individualise** /ɪndɪ'vɪdʒʊəlaɪz/ *e deriv.* (*GB*) *V.* **to individualize** *e deriv.*
individualism /ɪndɪ'vɪdʒʊəlɪzəm/ *n.* [U] individualismo.
individualist /ɪndɪ'vɪdʒʊəlɪst/ *n.* individualista.
individualistic /ɪndɪvɪdʒʊə'lɪstɪk/ *a.* individualistico.
individuality /ɪndɪvɪdʒʊ'ælətɪ/ *n.* [U] ***1*** individualità ***2*** personalità.
to **individualize** /ɪndɪ'vɪdʒʊəlaɪz/ *v. t.* ***1*** considerare individualmente; specificare ***2*** individualizzare; personalizzare.
individually /ɪndɪ'vɪdʒʊəlɪ/ *avv.* ***1*** singolarmente; separatamente; personalmente: **i. wrapped**, confezionati separatamente; **i. chosen**, scelti uno per uno; **We are i. responsible**, siamo responsabili personalmente ***2*** in modo personale (*o* caratteristico).
indivisibility /ɪndɪvɪzə'bɪlətɪ/ *n.* [U] indivisibilità.
indivisible /ɪndɪ'vɪzəbl/ *a.* indivisibile.
Indo-Chinese /'ɪndəʊtʃaɪ'niːz/ *a. e n.* indocinese.
to **indoctrinate** /ɪn'dɒktrɪneɪt/ *v. t.* indottrinare.
indoctrination /ɪndɒktrɪ'neɪʃn/ *n.* [U] indottrinamento.
Indo-European /ɪndəʊjʊərə'piːən/ *a. e n.* indoeuropeo.
indolence /'ɪndələns/ *n.* [U] indolenza; neghittosità.
indolent /'ɪndələnt/ *a.* indolente; neghittoso.
indomitable /ɪn'dɒmɪtəbl/ *a.* indomabile; indomito.
Indonesian /ɪndəʊ'niːzjən, -ʒn/ *a. e n.* indonesiano.
indoor /'ɪndɔː(r)/ *a. attr.* al coperto; coperto; interno; da casa; (*sport*) indoor: **i. swimming pool**, piscina coperta; **i. clothes**, abiti da casa; **i. plant**, pianta da appartamento; **i. tennis**, tennis indoor.
indoors /ɪn'dɔːz/ *avv.* in casa; al coperto; all'interno: **He went i.**, entrò in casa; andò dentro.
indubitable /ɪn'djuːbɪtəbl, *USA* -duː-/ *a.* indubitabile; indubbio.
to **induce** /ɪn'djuːs, *USA* -duːs/ *v. t.* ***1*** indurre; persuadere; spingere: **to i. sb. to do st.**, indurre q. a fare q.c. ***2*** provocare; indurre: **It may i. drowsiness**, può indurre sonnolenza ***3*** (*med.*) stimolare (*le doglie*); provocare il parto di (*una donna*) ***4*** (*elettr.*) indurre.
induced /ɪn'djuːst, *USA* -duː-/ *a.* ***1*** indotto; provocato: **i. labour**, parto indotto ***2*** (*elettr.*) indotto.
inducement /ɪn'djuːsmənt, *USA* -duː-/ *n.* [U] *e* [C] incentivo; stimolo.
to **induct** /ɪn'dʌkt/ *v. t.* (*spesso al passivo*) ***1*** insediare; investire: **to i. sb. to a benefice**, investire q. di un beneficio ecclesiastico ***2*** (*mil., USA*) reclutare.
induction /ɪn'dʌkʃn/ *n.* ***1*** [U] (*logica*) induzione ***2*** [U] insediamento; investitura ***3*** [U] *e* [C] (*med.*) stimolazione (*delle doglie*) ***4*** (*fis.*) induzione ***5*** (*mil., USA*) reclutamento ***6*** introduzione; inserimento: **i. course**, corso introduttivo (*o* propedeutico).
inductive /ɪn'dʌktɪv/ *a.* induttivo.
to **indulge** /ɪn'dʌldʒ/ ***A*** *v. t.* ***1*** appagare; soddisfare: **to i. a whim**, appagare una voglia ***2*** assecondare; accontentare ***3*** accontentare in tutto; viziare ***B*** to **indulge oneself** *v. rifl.* concedersi un lusso.
♦ **indulge in** *v. i. + prep.* ***1*** indulgere a: **to i. in idle hopes**, indulgere a vane speranze ***2*** concedersi (il lusso di): **to i. in a cigarette after coffee**, concedersi una sigaretta dopo il caffè ***3*** (*fam.*) bere (*alcolici*).
indulgence /ɪn'dʌldʒəns/ *n.* ***1*** [U] indulgenza ***2*** [U] (l')indulgere (a q.c.); eccessivo uso (di q.c.) ***3*** piccola concessione (a se stessi); debolezza; vizio ***4*** [U] *e* [C] (*relig.*) indulgenza.
indulgent /ɪn'dʌldʒənt/ *a.* indulgente.
industrial /ɪn'dʌstrɪəl/ *a.* ***1*** industriale; dell'industria: **the i. revolution**, la rivoluzione industriale: **i. town**, città industriale; **i. workers**, lavoratori dell'industria ***2*** industrializzato • **i. action**, agitazione sindacale □ **i. alcohol**, alcol per uso industriale □ **i. archaeology**, archologia industriale □ **i. disease**, malattia professionale □ **i. disputes**, vertenze sindacali □ **i. estate**, zona industriale □ **i. injury**, infortunio sul lavoro □ **i. relations**, relazioni industriali □ (*in G.B.*) **i. tribunal**, tribunale del lavoro.
to **industrialise** /ɪn'dʌstrɪəlaɪz/ *e deriv.* (*GB*) *V.* **to industrialize** *e deriv.*
industrialist /ɪn'dʌstrɪəlɪst/ *n.* industriale.
industrialization /ɪndʌstrɪəlaɪ'zeɪʃn, *USA* -lɪ'z-/ *n.* [U] industrializzazione.
to **industrialize** /ɪn'dʌstrɪəlaɪz/ ***A*** *v. t.* industrializzare ***B*** *v. i.* industrializzarsi.
industrious /ɪn'dʌstrɪəs/ *a.* attivo; laborioso; diligente.
industry /'ɪndəstrɪ/ *n.* ***1*** [C] *e* [U] industria: **the steel** [**the clothing**] **i.**, l'industria dell'acciaio [dell'abbigliamento] ***2*** [U] laboriosità; operosità.
inebriated /ɪ'niːbrɪeɪtɪd/ *a.* (*form.*) ubriaco; ebbro.
inebriation /ɪniːbrɪ'eɪʃn/ *n.* [U] (*form.*) ubriachezza; ebbrezza.
inedible /ɪn'ɛdəbl/ *a.* immangiabile; non commestibile.
ineffability /ɪnɛfə'bɪlətɪ/ *n.* [U] ineffabilità.
ineffable /ɪn'ɛfəbl/ *a.* ineffabile.
ineffective /ɪnɪ'fɛktɪv/ *a.* ***1*** inefficace ***2*** poco efficiente.
ineffectual /ɪnɪ'fɛktʃʊəl/ *a.* ***1*** inefficace; inutile ***2*** incapace; inefficiente; inetto.
inefficacious /ɪnɛfɪ'keɪʃəs/ *a.* inefficace; inutile.
inefficacy /ɪn'ɛfɪkəsɪ/ *n.* [U] inefficacia; inutilità.
inefficiency /ɪnɪ'fɪʃnsɪ/ *n.* [U] inefficienza.
inefficient /ɪnɪ'fɪʃnt/ *a.* inefficiente; poco efficiente.
inelegance /ɪn'ɛlɪgəns/ *n.* [U] ineleganza.
inelegant /ɪn'ɛlɪgənt/ *a.* inelegante.
ineligibility /ɪnɛlɪdʒə'bɪlətɪ/ *n.* [U] (il) non avere i requisiti

(per); (il) non avere diritto (a).
ineligible /ɪn'ɛlɪdʒəbl/ *a.* che non ha i requisiti (per); che non ha diritto (a): **i. to vote [for a grant]**, che non ha diritto al voto [a un sussidio].
ineluctable /ɪnɪ'lʌktəbl/ *a.* (*lett.*) ineluttabile.
inept /ɪ'nɛpt/ *a.* ***1*** incompetente; incapace; goffo ***2*** fatuo; sciocco.
ineptitude /ɪ'nɛptɪtjuːd, *USA* -tuːd/ *n.* 🅄 *e* 🄲 ***1*** incompetenza; incapacità; goffaggine ***2*** fatuità; sciocchezza.
inequality /ɪnɪ'kwɒlətɪ/ *n.* 🅄 *e* 🄲 ineguaglianza; disuguaglianza; (*econ.*) sperequazione.
inequitable /ɪn'ɛkwɪtəbl/ *a.* non equo; ingiusto; iniquo.
inequity /ɪn'ɛkwətɪ/ *n.* 🅄 *e* 🄲 ingiustizia; iniquità.
inert /ɪ'nɜːt/ *a.* (*anche chim., fis.*) inerte.
inertia /ɪ'nɜːʃə/ *n.* 🅄 (*anche fis.*) inerzia.
inescapable /ɪnɪ'skeɪpəbl/ *a.* inevitabile; ineluttabile.
inessential /ɪnɪ'sɛnʃl/ ***A*** *a.* non essenziale ***B*** *n.* cosa secondaria.
inestimable /ɪn'ɛstɪməbl/ *a.* inestimabile; incalcolabile.
inevitability /ɪnɛvɪtə'bɪlətɪ/ *n.* 🅄 inevitabilità.
inevitable /ɪn'ɛvɪtəbl/ *a.* ***1*** inevitabile ***2*** (*fam.*) immancabile.
inexact /ɪnɪg'zækt/ *a.* inesatto; impreciso.
inexactitude /ɪnɪg'zæktɪtjuːd, *USA* -tuːd/ *n.* 🅄 *e* 🄲 inesattezza.
inexcusable /ɪnɪk'skjuːzəbl/ *a.* imperdonabile.
inexhaustible /ɪnɪg'zɔːstəbl/ *a.* ***1*** inesauribile ***2*** instancabile.
inexorability /ɪnɛksərə'bɪlətɪ/ *n.* 🅄 inesorabilità.
inexorable /ɪn'ɛksərəbl/ *a.* inesorabile.
inexpedient /ɪnɪk'spiːdɪənt/ *a.* (*form.*) inopportuno.
inexpensive /ɪnɪk'spɛnsɪv/ *a.* non costoso; economico; a buon mercato.
inexperience /ɪnɪk'spɪərɪəns/ *n.* 🅄 inesperienza.
inexperienced /ɪnɪk'spɪərɪənst/ *a.* inesperto; senza esperienza.
inexpert /ɪn'ɛkspɜːt/ *a.* inesperto; maldestro.
inexplicable /ɪnɪk'splɪkəbl/ *a.* inesplicabile; inspiegabile.
inexplicably /ɪnɪk'splɪkəblɪ/ *avv.* inesplicabilmente; inspiegabilmente
inexpressible /ɪnɪk'sprɛsəbl/ *a.* inesprimibile; indicibile.
inexpressive /ɪnɪk'sprɛsɪv/ *a.* inespressivo.
inextinguishable /ɪnɪk'stɪŋgwɪʃəbl/ *a.* inestinguibile.
inextricable /ɪn'ɛkstrɪkəbl, ɪnɪk'strɪk-/ *a.* inestricabile.
infallibility /ɪnfælə'bɪlətɪ/ *n.* 🅄 infallibilità.
infallible /ɪn'fæləbl/ *a.* infallibile.
infallibly /ɪn'fæləblɪ/ *avv.* ***1*** infallibilmente ***2*** (*fam.*) immancabilmente; senza fallo.
infamous /'ɪnfəməs/ *a.* ***1*** infame; scellerato ***2*** famigerato.
infamy /'ɪnfəmɪ/ *n.* 🅄 *e* 🄲 infamia; scelleratezza.
infancy /'ɪnfənsɪ/ *n.* 🅄 ***1*** infanzia ***2*** (*leg.*) minorità ***3*** (*fig.*) stadio iniziale; primi passi.
infant /'ɪnfənt/ ***A*** *n.* ***1*** infante; bambino (-a) ***2*** (*leg.*) minore • **i. prodigy**, bambino (-a) prodigio ***B*** *a. attr.* ***1*** infantile; da (*o* per) bambini: **i. mortality rate**, mortalità infantile; (*in G.B.*) **i. school**, scuola elementare (*dai 5 ai 7 anni*) ***2*** (*fig.*) nascente.
infanticide /ɪn'fæntɪsaɪd/ *n.* ***1*** 🅄 *e* 🄲 infanticidio ***2*** infanticida.
infantile /'ɪnfəntaɪl, *USA* -tl/ *a.* infantile: (*med.*) **i. paralysis**, paralisi infantile.
infantilism /ɪn'fæntəlɪzəm/ *n.* 🅄 (*med.*) infantilismo.
infantry /'ɪnfəntrɪ/ *n.* fanteria.
infantryman /'ɪnfəntrɪmən/ *n.* (*pl.* **infantrymen** /-mən/) soldato di fanteria; fante.
infatuated /ɪn'fætʃʊeɪtɪd/ *a.* infatuato • **to become i. with**, infatuarsi di.
infatuation /ɪnfætʃʊ'eɪʃn/ *n.* 🅄 *e* 🄲 infatuazione.
to **infect** /ɪn'fɛkt/ *v. t.* ***1*** (*med.*) infettare (q.c.); trasmettere a (q.); contagiare (q.): **to i. water**, infettare l'acqua; **to i. sb. with a disease**, trasmettere a q. una malattia ***2*** (*fig.*) contagiare: **to i. others with one's enthusiasm**, contagiare gli altri col proprio entusiasmo.
infected /ɪn'fɛktɪd/ *a.* infetto • **to become i.**, infettarsi.
infection /ɪn'fɛkʃn/ *n.* 🅄 *e* 🄲 infezione; contagio (*anche fig.*).
infectious /ɪn'fɛkʃəs/ *a.* ***1*** (*med.*) infettivo; contagioso ***2*** (*fig.*) contagioso: **an i. laugh**, una risata contagiosa.
infective /ɪn'fɛktɪv/ *a.* (*med.*) infettivo; contagioso.
infelicitous /ɪnfə'lɪsɪtəs/ *a.* (*form.*) inopportuno; infelice.
to **infer** /ɪn'fɜː(r)/ *v. t.* dedurre; desumere; arguire.
inferable /ɪn'fɜːrəbl/ *a.* deducibile; desumibile; arguibile.
inference /'ɪnfərəns/ *n.* 🅄 *e* 🄲 deduzione; illazione • **by i.**, per deduzione; di conseguenza.
inferential /ɪnfə'rɛnʃl/ *a.* deduttivo.
inferior /ɪn'fɪərɪə(r)/ ***A*** *a.* ***1*** inferiore ***2*** mediocre; scadente ***B*** *n.* inferiore; subalterno (-a); subordinato (-a).
inferiority /ɪnfɪərɪ'ɒrətɪ, *USA* -ɪ'ɔː-/ *n.* 🅄 inferiorità: (*psic.*) **i. complex**, complesso d'inferiorità.
infernal /ɪn'fɜːnl/ *a.* ***1*** infernale; dell'inferno ***2*** (*fam. antiq.*) infernale; del diavolo.
infertile /ɪn'fɜːtaɪl, *USA* -tl/ *a.* sterile.
infertility /ɪnfə'tɪlətɪ/ *n.* 🅄 sterilità.
to **infest** /ɪn'fɛst/ *v. t.* infestare.
infestation /ɪnfɛ'steɪʃn/ *n.* 🅄 *e* 🄲 infestazione.
infidel /'ɪnfɪdl/ *n.* (*stor.*) infedele.
infidelity /ɪnfɪ'dɛlətɪ/ *n.* 🅄 *e* 🄲 infedeltà.
infighting /'ɪnfaɪtɪŋ/ *n.* 🅄 lotte interne (*a un partito, ecc.*); rivalità interne.
to **infiltrate** /'ɪnfɪltreɪt, *USA* ɪn'f-/ ***A*** *v. t.* ***1*** infiltrarsi in ***2*** mettere (*un agente, una spia*) come infiltrato ***B*** *v. i.* infiltrarsi (*in un'organizzazione, ecc.*).
infiltration /ɪnfɪl'treɪʃn/ *n.* 🅄 *e* 🄲 infiltrazione.
infiltrator /'ɪnfɪltreɪtə(r), *USA* ɪn'fɪ-/ *n.* infiltrato (-a); spia.
infinite /'ɪnfɪnət/ ***A*** *a.* infinito; illimitato; sconfinato ***B*** *n.* — **the i.**, l'infinito.
infinitesimal /ɪnfɪnɪ'tɛsɪml/ ***A*** *a.* ***1*** infinitesimo ***2*** (*mat.*) infinitesimale ***B*** *n.* infinitesimo.
infinitive /ɪn'fɪnətɪv/ (*gramm.*) ***A*** *n.* infinito: **a verb in the i.**, un verbo all'infinito ***B*** *a.* infinitivo.
infinity /ɪn'fɪnətɪ/ *n.* 🅄 *e* 🄲 ***1*** infinità ***2*** (*mat., fis.*) infinito.
infirm /ɪn'fɜːm/ *a.* debole; malato; infermo • **i. of purpose**, irresoluto.
infirmary /ɪn'fɜːmərɪ/ *n.* ***1*** infermeria ***2*** ospedale.
infirmity /ɪn'fɜːmətɪ/ *n.* ***1*** 🅄 *e* 🄲 infermità; acciacco ***2*** 🅄 debolezza.
to **inflame** /ɪn'fleɪm/ *v. t.* ***1*** infiammare; accendere ***2*** mandare in collera.
inflammable /ɪn'flæməbl/ *a.* ***1*** infiammabile ***2*** (*di situazione*) esplosivo; (*di persona*) collerico.
inflammation /ɪnflə'meɪʃn/ *n.* 🅄 *e* 🄲 (*med.*) infiammazione.
inflammatory /ɪn'flæmətrɪ, *USA* -tɔːrɪ/ *a.* ***1*** (*med.*) infiammatorio; flogistico ***2*** (*fig.*) che infiamma; incendiario.
inflatable /ɪn'fleɪtəbl/ ***A*** *a.* gonfiabile ***B*** *n.* (*GB*) oggetto gonfiabile.
to **inflate** /ɪn'fleɪt/ ***A*** *v. t.* ***1*** gonfiare ***2*** (*econ.*) inflazionare; gonfiare (*prezzi*) ***3*** gonfiare, montare (*una notizia, ecc.*) ***B*** *v. i.* ***1*** gonfiarsi ***2*** (*econ., di prezzi*) gonfiarsi.
inflated /ɪn'fleɪtɪd/ *a.* ***1*** (*econ.*) inflazionato; (*di prezzi*) gonfiato ***2*** (*di fatto, ecc.*) gonfiato; montato ***3*** gonfio.
inflation /ɪn'fleɪʃn/ *n.* 🅄 ***1*** (*econ.*) inflazione ***2*** gonfiamento; gonfiore.
inflationary /ɪn'fleɪʃənrɪ, *USA* -nɛrɪ/ *a.* (*econ.*) inflazionistico.
to **inflect** /ɪn'flɛkt/ ***A*** *v. t.* ***1*** (*gramm.*) flettere ***2*** modulare (*la voce*) ***B*** *v. i.* (*gramm.*) flettersi.
inflected /ɪn'flɛktɪd/ *a.* (*ling.*) flessivo.
inflection /ɪn'flɛkʃn/ *n.* ***1*** 🅄 modulazione (*della voce*) ***2*** 🅄 (*gramm.*) flessione ***3*** (*gramm.*) forma flessiva; desinenza.
inflexibility /ɪnflɛksə'bɪlətɪ/ *n.* 🅄 inflessibilità; rigidità; rigidezza.
inflexible /ɪn'flɛksəbl/ *a.* ***1*** (*tecn.*) rigido; non flessibile ***2*** inflessibile; rigido.
inflexion /ɪn'flɛkʃn/ *V.* **inflection**.
to **inflict** /ɪn'flɪkt/ *v. t.* infliggere; imporre • **to i. a blow on sb.**, assestare un colpo a q. □ **to i. oneself on sb.**, imporre la propria compagnia a q.
infliction /ɪn'flɪkʃn/ *n.* 🅄 (l')infliggere; inflizione.
in-flight /ɪn'flaɪt/ *a.* ***1*** (*di pasto*) offerto durante il volo ***2*** (*di film*) proiettato durante il volo.
inflorescence /ɪnflə'rɛsns/ *n.* 🅄 (*bot.*) infiorescenza.
inflow /'ɪnfləʊ/ *n.* 🅄 *e* 🄲 afflusso.
influence /'ɪnflʊəns/ *n.* 🅄 *e* 🄲 influenza; influsso; ascendente: **to use one's i.**, servirsi della propria influenza; **the stars' i.**, l'influsso degli astri; **to have a bad [good] i. on sb. [st.]**, avere una cattiva [buona] influenza su q. [q.c.]; influenzare q. [q.c.] negativamente [positivamente]; **to exert one's i. over sb.**, esercitare il proprio ascendente su q.; **That man is a bad i. on her**, quell'uomo esercita un'influenza negativa su di lei; **to be under the i. of st.**, essere sotto l'effetto di q.c. • (*fam.*) **to be under the i.**, essere ubriaco; avere al-

zato il gomito.
to **influence** /ˈɪnflʊəns/ *v. t.* influenzare; influire su.
influential /ɪnflʊˈenʃl/ *a.* influente; autorevole.
influenza /ɪnflʊˈenzə/ *n.* U (*med.*) influenza.
influx /ˈɪnflʌks/ *n.* U e C afflusso; affluenza. ATTENZIONE: **influx** ≠ influsso.
info /ˈɪnfəʊ/ *n.* U (*fam.*) informazioni.
to **inform** /ɪnˈfɔːm/ *v. t.* informare.
♦ **inform against** (*o* **on**) *v. i. + prep.* denunciare (q.).
informal /ɪnˈfɔːml/ *a.* ***1*** non ufficiale: (*polit.*) **i. talks**, colloqui non ufficiali ***2*** informale; non formale; senza formalità; fra amici: (*leg.*) **i. agreement**, accordo informale; **i. letter**, lettera non formale; **i. dinner**, cena fra amici ***3*** (*ling.*) colloquiale; familiare.
informality /ɪnfɔːˈmælətɪ/ *n.* U ***1*** carattere non ufficiale ***2*** mancanza di formalità; semplicità; carattere intimo; tono colloquiale.
informally /ɪnˈfɔːməlɪ/ *avv.* ***1*** in forma non ufficiale; ufficiosamente; in forma privata ***2*** senza formalità; senza cerimonie; fra amici.
informant /ɪnˈfɔːmənt/ *n.* informatore (-trice).
information /ɪnfəˈmeɪʃn/ *n.* U ***1*** informazioni; informazione: **The police acted on i. received**, la polizia agì in base alle informazioni ricevute; **Can you give me some i. on** (*o* **about**) **this matter?**, puoi darmi informazioni su questa faccenda?; **to get information on sb.** [**st.**], avere informazioni su q. [q.c.]; informarsi su q. [q.c.]; **freedom of i.**, diritto all'informazione; **a useful piece of i.**, un'informazione utile ***2*** (*USA*) servizio elenco abbonati ● **i. desk**, banco informazioni □ **i. retrieval**, reperimento dell'informazione □ **i. science**, informatica □ **i. technology**, informatica □ **i. theory**, teoria dell'informazione □ **for your i.**, a titolo d'informazione.
informative /ɪnˈfɔːmətɪv/ *a.* informativo; istruttivo.
informed /ɪnˈfɔːmd/ *a.* informato; al corrente: **to keep sb. i.**, tenere informato (*o* al corrente) q.; **i. sources**, fonti bene informate; **i. guess**, ipotesi fondata.
informer /ɪnˈfɔːmə(r)/ *n.* informatore (-trice) (*specialm. della polizia*).
infraction /ɪnˈfrækʃn/ *n.* U e C (*form.*) infrazione.
infra dig /ˈɪnfrəˈdɪg/ *locuz. pred.* (*fam. GB*) poco dignitoso: **He considers it a bit i. to take the bus**, trova poco dignitoso prendere l'autobus.
infrared /ɪnfrəˈred/ *a.* (*fis.*) infrarosso.
infrastructure /ˈɪnfrəstrʌktʃə(r)/ *n.* infrastruttura.
infrequency /ɪnˈfriːkwənsɪ/ *n.* U infrequenza; rarità.
infrequent /ɪnˈfriːkwənt/ *a.* infrequente; raro.
to **infringe** /ɪnˈfrɪndʒ/ *v. t.* infrangere; contravvenire a; trasgredire.
♦ **infringe on** (*o* **upon**) *v. i. + prep.* ledere; violare; usurpare: **to i. upon sb.'s rights**, ledere i diritti di q.; **to i. on sb.'s privacy**, invadere la vita privata di q.
infringement /ɪnˈfrɪndʒmənt/ *n.* U e C infrazione; trasgressione; violazione: **an i. of the law**, un'infrazione alla legge; **i. of copyright**, violazione di copyright.
to **infuriate** /ɪnˈfjʊərɪeɪt, -jɔː-/ *v. t.* rendere furioso; far infuriare.
infuriated /ɪnˈfjʊərɪeɪtɪd, -jɔː-/ *a.* infuriato; furente.
to **infuse** /ɪnˈfjuːz/ ***A*** *v. t.* ***1*** lasciare in infusione (*tè, ecc.*) ***2*** pervadere ***3*** infondere; instillare: **to i. fresh courage into sb.** (*o* **to i. sb. with fresh courage**), infondere nuovo coraggio in q. ***B*** *v. i.* essere in infusione.
infusion /ɪnˈfjuːʒn/ *n.* ***1*** U e C infusione; apporto ***2*** infuso.
ingenious /ɪnˈdʒiːnɪəs/ *a.* ingegnoso.
ingenuity /ɪndʒəˈnjuːətɪ, *USA* -ˈnuː-/ *n.* U ingegnosità. ATTENZIONE: **ingenuity** ≠ ingenuità.
ingenuous /ɪnˈdʒenjʊəs/ *a.* ingenuo.
ingenuousness /ɪnˈdʒenjʊəsnəs/ *n.* U ingenuità.
to **ingest** /ɪnˈdʒest/ *v. t.* ingerire.
ingestion /ɪnˈdʒestʃn/ *n.* U ingestione.
inglenook /ˈɪŋglnʊk/ *n.* cantuccio del focolare.
inglorious /ɪnˈglɔːrɪəs/ *a.* (*lett.*) ***1*** inglorioso; ingominioso ***2*** poco noto; oscuro.
ingoing /ˈɪngəʊɪŋ/ *a.* entrante; subentrante.
ingot /ˈɪŋgət/ *n.* lingotto.
ingrained /ɪnˈgreɪnd/ *a.* inveterato; radicato: **i. prejudice**, pregiudizio radicato.
ingrate /ɪnˈgreɪt, ˈɪŋgreɪt/ *n.* (*form.*) ingrato (-a).
to **ingratiate** /ɪnˈgreɪʃɪeɪt/ *v. t.* — **to i. oneself with sb.**, ingraziarsi q.
ingratiating /ɪnˈgreɪʃɪeɪtɪŋ/ *a.* suadente; insinuante.
ingratitude /ɪnˈgrætɪtjuːd, *USA* -tuːd/ *n.* U ingratitudine.
ingredient /ɪnˈgriːdɪənt/ *n.* ***1*** (*cucina*) ingrediente ***2*** ingrediente; fattore; elemento.
in-group /ˈɪngruːp/ *n.* (*spesso spreg.*) gruppo chiuso; gruppo a sé.
ingrowing /ˈɪngrəʊɪŋ/ (*GB*), **ingrown** /ˈɪngrəʊn/ (*USA*) *a.* (*di unghia*) incarnita.
to **inhabit** /ɪnˈhæbɪt/ *v. t.* abitare.
inhabitable /ɪnˈhæbɪtəbl/ *a.* abitabile.
inhabitant /ɪnˈhæbɪtənt/ *n.* abitante.
inhabited /ɪnˈhæbɪtɪd/ *a.* abitato.
inhalation /ɪnhəˈleɪʃn/ *n.* U e C inalazione.
to **inhale** /ɪnˈheɪl/ ***A*** *v. i.* ***1*** inspirare ***2*** aspirare (il fumo di una sigaretta) ***B*** *v. t.* ***1*** inalare ***2*** aspirare.
inhaler /ɪnˈheɪlə(r)/ *n.* (*med.*) inalatore.
inharmonious /ɪnhɑːˈməʊnɪəs/ *a.* (*form.*) non armonioso; disarmonico.
inherent /ɪnˈhɪərənt, -her-/ *a.* intrinseco; insito; proprio.
inherently /ɪnˈhɪərəntlɪ, -er-/ *avv.* intrinsecamente.
to **inherit** /ɪnˈherɪt/ *v. t. e i.* ereditare.
inheritance /ɪnˈherɪtəns/ *n.* U e C eredità ● (*leg.*) **i. tax**, imposta di successione.
to **inhibit** /ɪnˈhɪbɪt/ *v. t.* ***1*** impedire: **to i. expansion**, impedire l'espansione; **to i. sb. from doing st.**, impedire a q. di fare q.c. ***2*** (*psic.*) inibire.
inhibited /ɪnˈhɪbɪtɪd/ *a.* inibito.
inhibition /ɪnhɪˈbɪʃn, ɪnɪˈb-/ *n.* U e C inibizione.
inhibitory /ɪnˈhɪbɪtrɪ, *USA* -tɔːrɪ/ *a.* inibitorio.
inhospitable /ɪnhɒˈspɪtəbl, ɪnˈhɒs-/ *a.* inospitale.
inhospitableness /ɪnhɒˈspɪtəblnəs, ɪnˈhɒs-/, **inhospitality** /ɪnhɒspɪˈtælətɪ/ *n.* U inospitalità.
in-house /ˈɪnhaʊs, -ˈhaʊs/ *a.* (*org. az.*) interno (all'azienda).
inhuman /ɪnˈhjuːmən/ *a.* non umano; disumano.
inhumane /ɪnhjuːˈmeɪn/ *a.* inumano; disumano.
inhumanity /ɪnhjuːˈmænətɪ/ *n.* U e C inumanità; disumanità.
inimical /ɪˈnɪmɪkl/ *a.* (*form.*) ostile; nemico; avverso; contrario.
inimitable /ɪˈnɪmɪtəbl/ *a.* inimitabile; impareggiabile.
iniquitous /ɪˈnɪkwɪtəs/ *a.* (*form.*) iniquo.
iniquity /ɪˈnɪkwətɪ/ *n.* U e C (*form.*) iniquità.
initial /ɪˈnɪʃl/ *a. e m.* iniziale.
to **initial** /ɪˈnɪʃl/ *v. t.* firmare con le iniziali; siglare.
initiate /ɪˈnɪʃɪət/ *n.* iniziato (-a).
to **initiate** /ɪˈnɪʃɪeɪt/ *v. t.* ***1*** dare inizio a; avviare; iniziare ***2*** iniziare: **to i. sb. into st.** iniziare q. a q.c.
initiation /ɪnɪʃɪˈeɪʃn/ *n.* U e C iniziazione.
initiative /ɪˈnɪʃətɪv, -ʃɪə-/ *n.* U e C iniziativa: **to take the i.**, prendere l'iniziativa; **on one's own i.**, di propria iniziativa; **to lack i.**, mancare di (spirito d')iniziativa.
to **inject** /ɪnˈdʒekt/ *v. t.* iniettare.
injection /ɪnˈdʒekʃn/ *n.* U e C iniezione: **to give sb. an i.**, fare un'iniezione a q.; **i. of capital**, iniezione di capitali; **i. engine**, motore a iniezione.
injector /ɪnˈdʒektə(r)/ *n.* (*mecc.*) iniettore.
injudicious /ɪndʒuːˈdɪʃəs/ *a.* (*form.*) imprudente; sconsiderato.
injunction /ɪnˈdʒʌŋkʃn/ *n.* (*anche leg.*) ingiunzione; ordine.
to **injure** /ˈɪndʒə(r)/ *v. t.* ***1*** ferire: **to i. one's leg**, ferirsi (*o* farsi male) a una gamba ***2*** danneggiare; nuocere a ***3*** offendere; ferire: **to i. sb.'s feelings**, offendere q.; **to i. sb.'s pride**, ferire q. nell'orgoglio. ATTENZIONE: **to injure** ≠ ingiuriare.
injured /ˈɪndʒəd/ *a.* ***1*** ferito ***2*** danneggiato; leso: (*leg.*) **the i. party**, la parte lesa ***3*** offeso; ferito: **i. pride**, orgoglio ferito ● **the i.**, i feriti.
injurious /ɪnˈdʒʊərɪəs/ *a.* ***1*** dannoso; nocivo ***2*** offensivo.
injury /ˈɪndʒərɪ/ *n.* ***1*** U danno; lesione; torto; offesa: **personal i.**, lesione personale; **i. at work**, infortunio sul lavoro ***2*** ferita; lesione: **to sustain serious injuries**, riportare gravi ferite; **to do oneself an i.**, farsi male ● (*sport*) **i. time**, minuti di recupero. ATTENZIONE: **injury** ≠ ingiuria.
injustice /ɪnˈdʒʌstɪs/ *n.* U e C ingiustizia; torto: **to do sb. an i.**, fare torto a q.
ink /ɪŋk/ *n.* U ***1*** inchiostro: **invisible ink**, inchiostro simpatico; **written in ink**, scritto a penna ***2*** (*zool., della seppia, ecc.*) inchiostro; nero: **ink-bag**, tasca del nero ● (*elab.*) **ink-**

-jet printer, stampante a getto di inchiostro.
to **ink** /ɪŋk/ *v. t.* **1** inchiostrare **2** macchiare d'inchiostro.
♦ **ink in** *v. t.* + *avv.* ripassare a penna (*un disegno*).
inkling /ˈɪŋklɪŋ/ *n.* vaga idea; sentore; sospetto: **to give sb. an i. of st.**, dare a q. una vaga idea di q.c.; lasciar intuire q.c. a q.; **to have no i. that...**, non avere idea che...
inkpad /ˈɪŋkpæd/ *n.* tampone per timbri.
inkstand /ˈɪŋkstænd/ *n.* calamaio (*da scrittoio*).
inkwell /ˈɪŋkwɛl/ *n.* calamaio (*a pozzetto*).
inky /ˈɪŋkɪ/ *a.* **1** sporco d'inchiostro; inchiostrato **2** nero come l'inchiostro.
inlaid /ˈɪnleɪd, ɪnˈleɪd/ **A** *pass. e p.p. di* **to inlay** **B** *a.* **1** inserito (*in una decorazione*) **2** intarsiato ● **i. work**, intarsio.
inland (1) /ˈɪnlənd/ *a.* dell'interno (*di una regione*); interno: **i. sea**, mare interno; **i. trade**, commercio interno ● (*GB*) **i. revenue**, gettito fiscale □ (*in G.B.*) **the I. Revenue**, il Fisco.
inland (2) /ɪnˈlənd/ *avv.* verso l'interno (*di una regione*); nell'interno: **to drive i.**, spingersi nell'interno.
in-law /ˈɪnlɔː/ *n.* (*fam., di solito al pl.*) parente acquisito; (*specialm.*) suocero (-a).
inlay /ˈɪnleɪ/ *n.* **1** Ⓤ *e* Ⓒ intarsio **2** otturazione (*di dente*).
to **inlay** /ˈɪnleɪ, ɪnˈleɪ/ (*pass. e p.p.* **inlaid**) *v. t.* intarsiare.
inlayer /ˈɪnleɪə(r)/ *n.* intarsiatore (-trice).
inlet /ˈɪnlɛt/ *n.* **1** (*geogr.*) braccio di mare; piccola baia; insenatura **2** (*mecc.*) immissione.
inmate /ˈɪnmeɪt/ *n.* **1** ricoverato (-a); internato (-a) **2** detenuto (-a); carcerato (-a).
inmost /ˈɪnməʊst/ *V.* **innermost**.
inn /ɪn/ *n.* locanda.
innards /ˈɪnədz/ *n. pl.* (*fam.*) **1** budella; visceri **2** (*di un meccanismo*) interno; parti interne.
innate /ɪˈneɪt/ *a.* innato; congenito; naturale.
inner /ˈɪnə(r)/ *a.* **1** interno; interiore; intimo: **i. ear**, orecchio interno; **i. feelings**, sentimenti intimi **2** ristretto: **i. circle**, cerchia ristretta ● **i. city**, centro urbano (*in condizioni di degrado sociale*) □ **the i. man** [**woman**], l'anima, lo spirito; (*scherz.*) lo stomaco, la gola □ **i. tube**, camera d'aria.
innermost /ˈɪnəməʊst/ *a.* intimo; (il) più profondo; (il) più riposto ● **in one's i. heart**, nell'intimo del cuore; nel proprio intimo.
inning /ˈɪnɪŋ/ *n.* (*baseball*) turno di battuta.
innings /ˈɪnɪŋz/ *n.* (*pl. invar.*) **1** (*cricket*) turno di battuta **2** (*fam. GB*) periodo di attività; (*polit.*) durata in carica, periodo di permanenza al potere: **He's had a good i.**, è stato sulla breccia per un bel pezzo; ha avuto una bella vita.
innkeeper /ˈɪnkiːpə(r)/ *n.* locandiere (-a); albergatore (-trice).
innocence /ˈɪnəsns/ *n.* Ⓤ innocenza.
innocent /ˈɪnəsnt/ *a. e n.* innocente.
innocuous /ɪˈnɒkjʊəs/ *a.* innocuo; inoffensivo.
innocuousness /ɪˈnɒkjʊəsnəs/ *n.* Ⓤ innocuità.
to **innovate** /ˈɪnəveɪt/ *v. i.* introdurre innovazioni.
innovation /ɪnəˈveɪʃn/ *n.* Ⓤ *e* Ⓒ innovazione.
innovative /ˈɪnəveɪtɪv/ *a.* innovativo.
innovator /ˈɪnəveɪtə(r)/ *n.* innovatore (-trice).
innovatory /ˈɪnəveɪtrɪ/ *a.* innovatore.
innuendo /ɪnjuːˈɛndəʊ/ *n.* (*pl.* **innuendos, innuendoes**) Ⓒ *e* Ⓤ insinuazione; insinuazioni.
innumerable /ɪˈnjuːmərəbl, *USA* ɪˈnuː-/ *a.* innumerevole.
to **inoculate** /ɪˈnɒkjʊleɪt/ *v. t.* (*med.*) **1** — **to i. sb. with st.**, inoculare q.c. a q. **2** vaccinare: **to i. children against polio**, vaccinare i bambini contro la poliomielite.
inoculation /ɪnɒkjʊˈleɪʃn/ *n.* Ⓤ *e* Ⓒ (*med.*) inoculazione; vaccinazione.
inoffensive /ɪnəˈfensɪv/ *a.* inoffensivo.
inoperable /ɪnˈɒpərəbl/ *a.* **1** (*med.*) inoperabile **2** inattuabile.
inoperative /ɪnˈɒpərətɪv, *USA* -eɪt-/ *a.* **1** inattivo; inutilizzato **2** (*di legge, ecc.*) non operante; non in vigore.
inopportune /ɪnˈɒpətjuːn, *USA* ɪnɒpəˈtuːn/ *a.* inopportuno; intempestivo.
inordinate /ɪnˈɔːdənət/ *a.* eccessivo; esagerato; esorbitante; smodato.
inorganic /ɪnɔːˈgænɪk/ *a.* inorganico.
in-patient /ˈɪnpeɪʃnt/ *n.* degente; ricoverato (-a).
input /ˈɪnpʊt/ *n.* **1** introduzione; immissione **2** (*elettr.*) alimentazione: **i. circuit**, circuito di alimentazione **3** (*elettron.*) input; entrata; ingresso **4** (*elab.*) immissione; input: **i. data**, dati d'immissione **5** (*econ.*) fattore produttivo; input.
to **input** /ˈɪnpʊt/ *v. t.* (*elab.*) immettere, introdurre (*dati*).
inquest /ˈɪŋkwɛst/ *n.* (*leg.*) inchiesta.
to **inquire** /ɪnˈkwaɪə(r)/ **A** *v. i.* informarsi; chiedere informazioni: **to i. about st.**, informarsi su q.c.; **«I. within»**, «per informazioni rivolgersi all'interno» **B** *v. t.* domandare; chiedere; informarsi di: **to i. a person's name**, chiedere il nome di una persona; **to i. how to do st.**, chiedere come (si fa a) fare q.c.
♦ **inquire after** *v. i.* + *prep.* informarsi sulla salute di; chiedere notizie di.
♦ **inquire into** *v. i.* + *prep.* indagare su (q.c.).
♦ **inquire of** *v. i.* + *prep.* (*form.*) chiedere a.
inquirer /ɪnˈkwaɪərə(r)/ *n.* chi chiede informazioni.
inquiring /ɪnˈkwaɪərɪŋ/ *a.* **1** indagatore; scrutatore **2** pieno di curiosità.
inquiry /ɪnˈkwaɪərɪ, *USA* ˈɪnkwərɪ, -kwaɪərɪ/ *n.* **1** Ⓒ *e* Ⓤ richiesta di informazioni; indagine: **to make inquiries about st.**, chiedere informazioni su q.c.; **i. office**, ufficio informazioni **2** inchiesta; investigazione: **board of i.**, commissione d'inchiesta; **to hold an official i. into st.**, svolgere un'inchiesta ufficiale su q.c.
inquisition /ɪnkwɪˈzɪʃn/ *n.* **1** Ⓤ *e* Ⓒ (*generalm. spreg.*) indagine; inquisizione **2** — (*stor.*) **the I.**, l'Inquisizione.
inquisitive /ɪnˈkwɪzətɪv/ *a.* curioso; indiscreto.
inquisitively /ɪnˈkwɪzətɪvlɪ/ *avv.* con curiosità.
inquisitiveness /ɪnˈkwɪzətɪvnəs/ *n.* Ⓤ curiosità; indiscrezione.
inquisitor /ɪnˈkwɪzɪtə(r)/ *n.* (*anche stor.*) inquisitore.
inquisitorial /ɪnkwɪzɪˈtɔːrɪəl/ *a.* inquisitorio.
inroads /ˈɪnrəʊdz/ *n.* incursione; attacco ● **to make i. into** (*o* **on**), intaccare gravemente (*risparmi, ecc.*); portar via (*tempo libero*); imporsi su (*un mercato, ecc.*).
insalubrious /ɪnsəˈluːbrɪəs/ *a.* insalubre; malsano.
insane /ɪnˈseɪn/ *a.* **1** pazzo; malato di mente; demente **2** folle; dissennato; demenziale ● **the i.**, i malati di mente □ **i. asylum**, ricovero per alienati; manicomio.
insanitary /ɪnˈsænətrɪ, *USA* -terɪ/ *a.* antigienico; malsano; insalubre.
insanity /ɪnˈsænətɪ/ *n.* Ⓤ **1** alienazione mentale; pazzia; follia **2** (*fig.*) follia; dissennatezza; insensatezza.
insatiable /ɪnˈseɪʃəbl/ *a.* insaziabile.
to **inscribe** /ɪnˈskraɪb/ *v. t.* **1** incidere; scolpire (*anche, fig., nella mente*) **2** scrivere **3** firmare; fare una dedica su (*un libro, ecc.*) **4** (*geom.*) inscrivere.
inscription /ɪnˈskrɪpʃn/ *n.* **1** iscrizione **2** dedica (*di un libro, ecc.*) **3** (*geom.*) inscrizione.
inscrutability /ɪnskruːtəˈbɪlətɪ/ *n.* Ⓤ imperscrutabilità.
inscrutable /ɪnˈskruːtəbl/ *a.* imperscrutabile.
insect /ˈɪnsɛkt/ *n.* insetto.
insecticide /ɪnˈsɛktɪsaɪd/ *n.* insetticida.
insectivorous /ɪnsɛkˈtɪvərəs/ *a.* (*zool., bot.*) insettivoro.
insecure /ɪnsɪˈkjʊə(r), -jɔː(r)/ *a.* **1** (*di persona*) insicuro **2** (*di cosa*) malsicuro; incerto.
insecurity /ɪnsɪˈkjʊərətɪ, -jɔː-/ *n.* Ⓤ **1** insicurezza **2** incertezza; scarsa sicurezza.
to **inseminate** /ɪnˈsɛmɪneɪt/ *v. t.* fecondare.
insemination /ɪnsɛmɪˈneɪʃn/ *n.* Ⓤ *e* Ⓒ fecondazione.
insensate /ɪnˈsɛnseɪt/ *a.* **1** insensibile **2** dissennato; folle.
insensible /ɪnˈsɛnsəbl/ *a.* (*form.*) **1** insensibile; indifferente **2** impercettibile **3** privo di sensi; svenuto **4** inconsapevole (di); ignaro (di).
insensitive /ɪnˈsɛnsətɪv/ *a.* insensibile; privo di sensibilità (*o* di tatto).
insensitivity /ɪnsɛnsəˈtɪvətɪ/ *n.* Ⓤ insensibilità.
inseparable /ɪnˈsɛprəbl/ *a.* inseparabile.
insert /ˈɪnsɜːt/ *n.* inserto (pubblicitario) (*di giornale, ecc.*).
to **insert** /ɪnˈsɜːt/ *v. t.* inserire; introdurre.
insertion /ɪnˈsɜːʃn/ *n.* **1** Ⓤ inserimento **2** inserzione.
in-service /ˈɪnˈsɜːvɪs/ *a.* che avviene durante il servizio ● **i. training**, aggiornamento professionale.
inset /ˈɪnsɛt/ *n.* inserto; riquadro.
to **inset** /ˈɪnsɛt/ (*pass. e p.p.* **inset** *o* **insetted**) *v. t.* inserire; introdurre.
inshore /ɪnˈʃɔː(r)/ **A** *avv.* presso (*o* verso) la riva **B** *a.* **1** vicino alla costa; costiero: **i. waters**, acque costiere **2** diretto a riva: **i. current**, corrente diretta a riva.
inside (1) /ˈɪnsaɪd/ **A** *n.* **1** parte interna; interno: **the i. of a box**, l'interno di una scatola; **It opens only from the i.**,

si apre solo dall'interno ***2*** (*anche al pl.*) (*fam.*) ventre; pancia: **to have a pain in one's i.**, avere mal di ventre • **i. out**, rivoltato; alla rovescia: **to turn a sock i. out**, rivoltare un calzino □ (*fam.*) **to know st. i. out**, conoscere q.c. a menadito (*o* come le proprie tasche) ***B*** *a. attr.* ***1*** interno: (*autom., sport*) **i. lane**, corsia interna; **i. walls**, pareti interne ***2*** riservato: **i. information**, informazioni riservate; **i. story**, storia confidenziale • (*calcio*) **i. forward**, mezzala; interno □ (*fam.*) **i. job**, rapina organizzata con l'aiuto di un complice all'interno □ **i. joke**, battuta per iniziati □ (*calcio*) **i. left** [**right**], mezzala sinistra [destra].

inside (2) /ɪn'saɪd/ ***A*** *avv.* dentro: **Go i.**, va' dentro!; **He's i. for theft**, è dentro per furto ***B*** *prep.* ***1*** dentro; all'interno di ***2*** (*fam.*) entro; in meno di; **He'll do it i. a week**, lo farà in meno di una settimana.

insider /ɪn'saɪdə(r)/ *n.* ***1*** chi sta dentro (*un gruppo, un ambiente*) ***2*** chi è addentro a q.c.; iniziato; addetto ai lavori • (*Borsa*) **i. trading** (*o* **dealing**), insider trading.

insidious /ɪn'sɪdɪəs/ *a.* subdolo; strisciante.

insight /'ɪnsaɪt/ *n.* ***1*** [U] acume; perspicacia; intuito ***2*** intuizione; chiave per capire: **to give an i. into st.**, permettere di capire q.c.; illuminare su q.c.; **to gain an i. into st.**, riuscire a penetrare in q.c.

insignia /ɪn'sɪgnɪə/ *n. pl.* insegne (*di rango, grado, ecc.*).

insignificance /ɪnsɪg'nɪfɪkəns/ *n.* [U] scarsa importanza; insignificanza.

insignificant /ɪnsɪg'nɪfɪkənt/ *a.* insignificante; di nessun conto.

insincere /ɪnsɪn'sɪə(r)/ *a.* insincero; falso.

insincerity /ɪnsɪn'sɛrətɪ/ *n.* [U] insincerità; falsità.

to **insinuate** /ɪn'sɪnjʊeɪt/ *v. t.* insinuare: **What are you trying to i.?**, che cosa vorresti insinuare?; **to i. oneself into sb.'s favour**, insinuarsi nelle grazie di q.

insinuation /ɪnsɪnjʊ'eɪʃn/ *n.* [U] *e* [C] insinuazione.

insipid /ɪn'sɪpɪd/ *a.* ***1*** insipido; scipito ***2*** insulso; insipido.

insipidness /ɪn'sɪpɪdnəs/, *n.* [U] ***1*** insipidezza ***2*** insulsaggine; scipitaggine.

to **insist** /ɪn'sɪst/ ***A*** *v. i.* ***1*** insistere: **He insists on innocence**, insiste sulla propria innocenza ***2*** insistere; volere; esigere: **I i. on your coming with us**, voglio assolutamente che tu venga con noi; **to i. on the truth**, esigere la verità ***B*** *v. t.* insistere; sostenere: **He insists he left before three**, sostiene di essere uscito prima delle tre.

insistence /ɪn'sɪstəns/ *n.* [U] insistenza.

insistent /ɪn'sɪstənt/ *a.* insistente; persistente: **She was i. that we would like the film**, insisteva a dire che il film ci sarebbe piaciuto.

in situ /ɪn'sɪtjuː, *USA* -'saɪtuː/ (*lat.*) *locuz. avv.* (*form.*) sul posto.

insobriety /ɪnsəʊ'braɪətɪ/ *n.* [U] intemperanza; ubriachezza.

insofar /ɪnsə'fɑː(r)/ *avv.* — **i. as**, per quanto, nella misura in cui: **I'll help i. as I'm able**, aiuterò per quanto posso.

insole /'ɪnsəʊl/ *n.* soletta (*di scarpa*).

insolence /'ɪnsələns/ *n.* [U] insolenza; arroganza; impertinenza.

insolent /'ɪnsələnt/ *a.* insolente; arrogante; impertinente.

insolubility /ɪnsɒljʊ'bɪlətɪ/ *n.* [U] insolubilità.

insoluble /ɪn'sɒljʊbl/ *a.* insolubile.

insolvency /ɪn'sɒlvənsɪ/ *n.* [U] (*leg., comm.*) insolvenza.

insolvent /ɪn'sɒlvənt/ (*leg., comm.*) ***A*** *a.* insolvente ***B*** *n.* debitore insolvente.

insomnia /ɪn'sɒmnɪə/ *n.* [U] insonnia.

insomniac /ɪn'sɒmnɪæk/ *n.* sofferente d'insonnia.

insomuch /ɪnsə'mʌtʃ, -səʊ-/ *avv.* ***1*** — **i. as**, in quanto (che); poiché ***2*** — **i. that**, tanto che; al punto che.

insouciance /ɪn'suːsɪəns/ (*franc.*) *n.* [U] (*lett.*) spensieratezza; noncuranza.

insouciant /ɪn'suːsɪənt/ (*franc.*) *a.* (*lett.*) spensierato; noncurante.

to **inspect** /ɪn'spɛkt/ *v. t.* ispezionare; controllare.

inspection /ɪn'spɛkʃn/ *n.* [U] *e* [C] ispezione; controllo; esame: **on closer i.**, a un controllo più accurato.

inspector /ɪn'spɛktə(r)/ *n.* ***1*** ispettore (-trice) ***2*** controllore (*di autobus, ecc.*).

inspectorate /ɪn'spɛktərət/ *n.* ispettorato.

inspiration /ɪnspə'reɪʃn/ *n.* ***1*** [U] *e* [C] ispirazione: **a sudden i.**, un'ispirazione improvvisa; un lampo di genio (*fam.*) ***2*** esempio; fonte di ispirazione: **He's been an i. to us**, ci è stato di esempio.

to **inspire** /ɪn'spaɪə(r)/ *v. t.* ***1*** ispirare: **to i. confidence**, ispirare fiducia ***2*** riempire; colmare: **to i. sb. with st.**, colmare q. di speranza; infondere speranza a q.

inspired /ɪn'spaɪəd/ *a.* ***1*** (*di persona*) ispirato ***2*** (*di cosa*) ispirato; geniale: **an i. guess**, un'intuizione geniale.

inspiring /ɪn'spaɪərɪŋ/ *a.* che ispira; stimolante; entusiasmante.

instability /ɪnstə'bɪlətɪ/ *n.* [U] instabilità.

to **install** /ɪn'stɔːl/ ***A*** *v. t.* ***1*** installare ***2*** insediare ***B*** to **install oneself** *v. rifl.* insediarsi; stabilirsi; sistemarsi.

installation /ɪnstə'leɪʃn/ *n.* [U] *e* [C] ***1*** installazione; impianto ***2*** insediamento.

instalment, (*USA*) **installment** /ɪn'stɔːlmənt/ *n.* ***1*** (*comm.*) rata: **by instalments**, a rate ***2*** puntata: **in instalments**, a puntate ***3*** quota • (*USA*) **i. plan**, (sistema di) vendita a pagamenti rateali: **on the i. plan**, a rate.

instance /'ɪnstəns/ *n.* [C] *e* [U] ***1*** esempio: **for i.**, per esempio ***2*** caso: **in this i.**, in questo caso • (*form.*) **at sb.'s i.**, su richiesta di q. □ **in the first i.**, in primo luogo.

to **instance** /'ɪnstəns/ *v. t.* (*form.*) portare ad esempio; citare.

instant (**1**) /'ɪnstənt/ *a.* ***1*** immediato; istantaneo: **i. relief**, sollievo immediato ***2*** (*di cibi*) istantaneo; pronto: **i. coffee**, caffè solubile.

instant (**2**) /'ɪnstənt/ *n.* istante; attimo; momento • **(at) the i.**, (non) appena □ **on the i.**, immediatamente; subito.

instantaneous /ɪnstən'teɪnɪəs/ *a.* istantaneo; immediato.

instantly /'ɪnstəntlɪ/ ***A*** *avv.* immediatamente ***B*** *cong.* (non) appena.

instead /ɪn'stɛd/ *avv.* invece; piuttosto; al posto di q. ⌊q.c.⌋ • **i. of**, invece di; al posto di.

instep /'ɪnstɛp/ *n.* ***1*** collo del piede ***2*** collo (*di scarpa*).

to **instigate** /'ɪnstɪgeɪt/ *v. t.* ***1*** promuovere; iniziare ***2*** istigare.

instigation /ɪnstɪ'geɪʃn/ *n.* [U] *e* [C] ***1*** incitamento; iniziativa ***2*** istigazione.

instigator /'ɪnstɪgeɪtə(r)/ *n.* ***1*** promotore (-trice) ***2*** istigatore (-trice).

to **instil**, (*USA*) to **instill** /ɪn'stɪl/ *v. t.* instillare; infondere; inculcare.

instinct /'ɪnstɪŋkt/ *n.* [U] *e* [C] istinto: **to act on i.**, agire d'istinto; **to do st. by i.**, fare q.c. per istinto.

instinctive /ɪn'stɪŋktɪv/ *a.* istintivo.

institute /'ɪnstɪtjuːt, *USA* -tuːt/ *n.* istituto.

to **institute** /'ɪnstɪtjuːt, *USA* -tuːt/ *v. t.* ***1*** istituire ***2*** avviare; iniziare • (*leg.*) **to i. (legal) proceedings against sb.**, intentare causa contro q.

institution /ɪnstɪ'tjuːʃn, *USA* -tuːʃn/ *n.* ***1*** [U] istituzione: **the i. of a new law**, l'istituzione di una nuova legge ***2*** istituzione: **the i. of marriage**, l'istituzione del matrimonio; **He has become quite an i.**, è diventato un'istituzione ***3*** ente; istituto; organizzazione: **charitable i.**, istituto di beneficenza ***4*** (*eufem.*) istituto; ricovero; casa di riposo; riformatorio; manicomio.

institutional /ɪnstɪ'tjuːʃənl, *USA* -tuː-/ *a.* ***1*** istituzionale ***2*** di istituto (*assistenziale, ecc.*): **i. care**, assistenza presso un istituto; **i. food**, vitto da istituto.

to **institutionalize**, (*GB anche*) to **institutionalise** /ɪnstɪ'tjuːʃnəlaɪz, *USA* -tuː-/ *v. t.* ricoverare; internare.

institutionalized /ɪnstɪ'tjuːʃnəlaɪzd, *USA* -tuː-/ *v. t.* ***1*** istituzionalizzato ***2*** abituato a vivere in un istituto.

instore /'ɪnstɔː(r)/ *a. attr.* interno (*a un grande magazzino*).

to **instruct** /ɪn'strʌkt/ *v. t.* ***1*** istruire; insegnare a ***2*** dare istruzioni a; dare ordini a ***3*** informare.

instruction /ɪn'strʌkʃn/ *n.* ***1*** [U] istruzione; insegnamento ***2*** (*al pl.*) istruzioni; informazioni: **instructions for use**, istruzioni per l'uso ***3*** (*al pl.*) istruzioni; ordini.

instructive /ɪn'strʌktɪv/ *a.* istruttivo.

instructor /ɪn'strʌktə(r)/ *n.* istruttore (-trice): **driving** [**flying**] **i.**, istruttore di scuola guida [di volo]; **ski i.**, maestro di sci.

instrument /'ɪnstrəmənt/ *n.* ***1*** strumento: **surgical i.**, strumento chirurgico; **stringed** [**wind**] **i.**, strumento a corde [a fiato] ***2*** strumento (*fig.*); mezzo; causa • (*autom., aeron.*) **i. panel**, cruscotto.

instrumental /ɪnstrə'mɛntl/ *a.* ***1*** di valido aiuto (*per fare o ottenere q.c.*): **He was i. in getting us good terms**, grazie al suo aiuto, riuscimmo a ottenere buone condizioni ***2*** (*mus.*) strumentale.

instrumentalist /ɪnstrə'mɛntəlɪst/ *n.* (*mus.*) strumentista.
instrumentation /ɪnstrəmɛn'teɪʃn/ *n.* [U] (*mus.*) strumentazione.
insubordinate /ɪnsə'bɔːdənət/ *a.* (*form.*) insubordinato.
insubordination /ɪnsəbɔːdɪ'neɪʃn/ *n.* [U] *e* [C] (*form.*) insubordinazione.
insubstantial /ɪnsəb'stænʃl/ *a.* ***1*** incorporeo; irreale; immaginario ***2*** inconsistente; privo di solidità.
insufferable /ɪn'sʌfrəbl/ *a.* insopportabile; intollerabile.
insufficiency /ɪnsə'fɪʃnsɪ/ *n.* [U] insufficienza; inadeguatezza.
insufficient /ɪnsə'fɪʃnt/ *a.* insufficiente; inadeguato.
insular /'ɪnsjʊlə(r), *USA* -sə-/ *a.* ***1*** insulare; isolano ***2*** gretto; di vedute ristrette.
insularity /ɪnsjʊ'lærətɪ, *USA* -sə-/ *n.* [U] ***1*** insularità ***2*** grettezza; limitatezza di vedute.
to **insulate** /'ɪnsjʊleɪt, *USA* -sə-/ *v. t.* isolare.
insulating /'ɪnsjʊleɪtɪŋ, *USA* -sə-/ *a.* isolante: **i. tape**, nastro isolante; **i. board**, pannello isolante.
insulation /ɪnsjʊ'leɪʃn, *USA* -sə-/ *n.* [U] ***1*** isolamento ***2*** (materiale) isolante.
insulator /'ɪnsjʊleɪtə(r), *USA* -sə-/ *n.* ***1*** (*elettr.*) isolatore ***2*** (*fis., tecn.*) isolante.
insulin /'ɪnsjʊlɪn, *USA* -sə-/ *n.* [U] (*biol.*) insulina.
insult /'ɪnsʌlt/ *n.* [C] *e* [U] insulto; ingiuria; offesa • **to add i. to injury**, aggiungere al danno la beffa.
to **insult** /ɪn'sʌlt/ *v. t.* insultare; ingiuriare; offendere.
insulting /ɪn'sʌltɪŋ/ *a.* insultante; offensivo.
insuperable /ɪn'suːprəbl, -sj-/ *a.* insuperabile; insormontabile.
insupportable /ɪnsə'pɔːtəbl/ *a.* (*form.*) insopportabile; intollerabile.
insurable /ɪn'ʃʊərəbl/ *a.* (*comm.*) assicurabile.
insurance /ɪn'ʃʊərəns/ *n.* [U] *e* [C] ***1*** (*comm.*) assicurazione: **i. agent** [**company**], agente [società] d'assicurazioni; **i. policy** [**premium**], polizza [premio] di assicurazione; (*USA*) **life i.**, assicurazione sulla vita; **national i.**, previdenza sociale; **third-party i.**, assicurazione per la responsabilità civile; **to take out fire i.**, assicurarsi contro gli incendi; **to work in i.**, lavorare nel ramo assicurazioni ***2*** protezione; sicurezza.
to **insure** /ɪn'ʃʊə(r)/ *v. t.* ***1*** (*comm.*) assicurare: **to i. one's house against fire**, assicurare la casa contro gli incendi; **to be insured for all risks**, essere assicurato contro ogni rischio ***2*** (*specialm. USA*) garantire; assicurare.
insured /ɪn'ʃʊəd/ *a. e n.* (*comm.*) assicurato (-a).
insurer /ɪn'ʃʊərə(r)/ *n.* (*comm.*) assicuratore (-trice).
insurgency /ɪn'sɜːdʒənsɪ/ *n.* insurrezione.
insurgent /ɪn'sɜːdʒənt/ *a. e n.* insorto (-a); rivoltoso (-a).
insurmountable /ɪnsə'maʊntəbl/ *a.* insormontabile.
insurrection /ɪnsə'rɛkʃn/ *n.* [U] *e* [C] insurrezione.
intact /ɪn'tækt/ *a.* intatto; integro; intero.
intake /'ɪnteɪk/ *n.* ***1*** quantità assunta; immissione: **i. of food**, quantità di cibo assunto; consumo di cibo; **i. of breath**, breve inspirazione (*per sorpresa, ecc.*) ***2*** (numero di) assunzioni; (numero di) iscritti; iscrizioni; nuove reclute; quota (*di immigranti, ecc.*) ***3*** (*ind., mecc.*) capacità di assorbimento; aspirazione (*di pompa*) ***4*** (*ind., mecc.*) presa (*d'acqua, d'aria, ecc.*).
intangible /ɪn'tændʒəbl/ *a.* impalpabile; inafferrabile; indefinibile • (*comm.*) **i. assets**, attività immateriali.
integer /'ɪntɪdʒə(r)/ *n.* (*mat.*) numero intero.
integral /'ɪntɪgrəl/ *a.* ***1*** integrante: **an i. part of our plans**, una parte integrante dei nostri piani ***2*** (*mat.*) integrale: **i. calculus**, calcolo integrale.
to **integrate** /'ɪntɪgreɪt/ ***A*** *v. t.* ***1*** integrare; inserire: **to i. ex-convicts back into society**, reinserire gli ex detenuti nella società ***2*** unificare ***B*** *v. i.* integrarsi; inserirsi.
integrated /'ɪntɪgreɪtɪd/ *a.* ***1*** integrato ***2*** (*di scuola, ecc.*) senza segregazione razziale • (*elab.*) **i. circuit**, circuito integrato.
integration /ɪntɪ'greɪʃn/ *n.* [U] integrazione: **racial i.**, integrazione razziale.
integrity /ɪn'tɛgrətɪ/ *n.* [U] integrità.
intellect /'ɪntəlɛkt/ *n.* [U] intelletto; intelligenza.
intellectual /ɪntə'lɛktʃʊəl/ ***A*** *a.* ***1*** intellettuale ***2*** intelligente ***B*** *n.* intellettuale.
to **intellectualize**, (*GB anche*) to **intellectualise** /ɪntə'lɛktʃʊəlaɪz/ ***A*** *v. t.* intellettualizzare; rendere intellettuale ***B*** *v. i.* pensare; ragionare.
intelligence /ɪn'tɛlɪdʒəns/ *n.* [U] ***1*** intelligenza; capacità intellettuale ***2*** informazioni; notizie ***3*** servizi segreti: **He worked in i. during the war**, era nei servizi segreti durante la guerra; **military i.**, servizio segreto militare.
intelligent /ɪn'tɛlɪdʒənt/ *a.* intelligente.
intelligentsia /ɪntɛlɪ'dʒɛntsɪə/ *n.* intellighenzia; (la) classe colta; (gli) intellettuali.
intelligibility /ɪntɛlɪdʒə'bɪlətɪ/ *n.* [U] intelligibilità.
intelligible /ɪn'tɛlɪdʒəbl/ *a.* intelligibile.
intemperance /ɪn'tɛmpərəns/ *n.* [U] ***1*** intemperanza; smoderatezza; sregolatezza ***2*** intemperanza nel bere.
intemperate /ɪn'tɛmpərət/ *a.* ***1*** intemperante; smoderato; sregolato ***2*** intemperante nel bere.
to **intend** /ɪn'tɛnd/ *v. t.* ***1*** intendere; avere intenzione; proporsi; volere: **to i. to do** (*o* **doing**) **st.**, avere intenzione di fare q.c.; **I didn't i. him to find out about our meeting**, non volevo che venisse a sapere del nostro incontro; **It was intended as a compliment**, voleva essere un complimento ***2*** (*al passivo*) destinare; rivolgere: **a book intended for young people**, un libro rivolto ai giovani.
intended /ɪn'tɛndɪd/ ***A*** *a.* ***1*** intenzionale; voluto ***2*** designato: **i. victim**, vittima designata ***B*** *n.* (*antiq. o scherz.*) fidanzato (-a); promesso (-a).
intense /ɪn'tɛns/ *a.* ***1*** intenso; vivo; profondo; acuto ***2*** animato; acceso; veemente ***3*** (*di persona*) che prende se stesso o le cose molto sul serio; appassionato; concentrato.
intensification /ɪntɛnsɪfɪ'keɪʃn/ *n.* [U] *e* [C] intensificazione.
intensifier /ɪn'tɛnsɪfaɪə(r)/ *n.* (*ling.*) rafforzativo.
to **intensify** /ɪn'tɛnsɪfaɪ/ ***A*** *v. t.* intensificare ***B*** *v. i.* intensificarsi.
intensity /ɪn'tɛnsətɪ/ *n.* [U] intensità.
intensive /ɪn'tɛnsɪv/ *a.* ***1*** intensivo: **i. farming**, agricoltura intensiva; **i. course**, corso intensivo ***2*** intenso: **i. study**, studio intenso • (*med.*) **i. care unit**, centro di rianimazione.
intent /ɪn'tɛnt/ ***A*** *n.* [U] intenzione; proposito; intento: **with good i.**, con buone intenzioni; (*leg.*) **with i. to kill**, con l'intento di uccidere • **to** (*o* **for**) **all intents and purposes**, a tutti gli effetti; sotto ogni aspetto ***B*** *a.* intento; assorto; dedito: **i. on st.**, intento a q.c.
intention /ɪn'tɛnʃn/ *n.* [U] *e* [C] intenzione; proposito.
intentional /ɪn'tɛnʃənl/ *a.* intenzionale; deliberato; premeditato.
to **inter** /ɪn'tɜː(r)/ *v. t.* (*form.*) seppellire; inumare.
to **interact** /ɪntər'ækt/ *v. i.* interagire.
interaction /ɪntər'ækʃn/ *n.* [U] interazione; azione reciproca.
interactive /ɪntər'æktɪv/ *a.* ***1*** interagente ***2*** (*elab.*) interattivo.
to **interbreed** /ɪntə'briːd/ (*pass. e p.p.* **interbred** /ɪntə'brɛd/) ***A*** *v. t.* incrociare, ibridare (*animali o piante*) ***B*** *v. i.* ***1*** (*di animali, piante*) incrociarsi ***2*** (*di gruppo umano*) unirsi fra consanguinei.
to **intercede** /ɪntə'siːd/ *v. i.* intercedere: **to i. with sb. for** (*o* **on behalf of**) **a friend**, intercedere presso q. per un amico.
to **intercept** /ɪntə'sɛpt/ *v. t.* intercettare.
interception /ɪntə'sɛpʃn/ *n.* [U] intercettazione.
interceptor /ɪntə'sɛptə(r)/ *n.* (*aeron.*) (caccia) intercettore.
intercession /ɪntə'sɛʃn/ *n.* [U] *e* [C] intercessione.
intercessor /ɪntə'sɛsə(r), 'ɪntəsɛ-/ *n.* intercessore.
interchange /'ɪntətʃeɪndʒ/ *n.* [U] *e* [C] ***1*** scambio ***2*** svincolo (autostradale).
to **interchange** /ɪntə'tʃeɪndʒ/ ***A*** *v. t.* scambiare; scambiarsi ***B*** *v. i.* scambiarsi.
interchangeable /ɪntə'tʃeɪndʒəbl/ *a.* intercambiabile.
intercity /ɪntə'sɪtɪ/ *a.* di collegamento rapido fra città: **i. train**, (treno) rapido; (treno) intercity.
intercollegiate /ɪntəkə'liːdʒət/ *a.* fra college universitari; interuniversitario.
intercom /'ɪntəkɒm/ *n.* (*telef.*) interfono.
to **intercommunicate** /ɪntəkə'mjuːnɪkeɪt/ *v. i.* (*di stanze, ecc.*) essere comunicanti; intercomunicare.
to **interconnect** /ɪntəkə'nɛkt/ *v. i.* collegarsi l'uno all'altro; essere collegato.
interconnected /ɪntəkə'nɛktɪd/ *a.* collegato.
intercontinental /ɪntəkɒntɪ'nɛntl/ *a.* intercontinentale.
intercourse /'ɪntəkɔːs/ *n.* [U] ***1*** rapporti; relazioni: **social i.**, rapporti sociali ***2*** rapporti sessuali; amplesso (*eufem.*).
interdenominational /ɪntədɪnɒmɪ'neɪʃənl/ *a.* (*relig.*) interconfessionale.

interdepartmental /ɪntədiːpɑːt'mɛntl, -dɪ-/ *a.* ***1*** interministeriale ***2*** interdipartimentale (*all'università*).
interdependence /ɪntədɪ'pɛndəns/ *n.* Ⓤ interdipendenza.
interdependent /ɪntədɪ'pɛndənt/ *a.* interdipendente.
interdict /'ɪntədɪkt/ *n.* ***1*** interdizione ***2*** (*eccles.*) interdetto.
to **interdict** /ɪntə'dɪkt/ *v. t.* interdire; proibire.
interdiction /ɪntə'dɪkʃn/ *n.* Ⓤ *e* Ⓒ interdizione; proibizione.
interdisciplinary /ɪntə'dɪsəplɪnrɪ, *USA* -'dɪsəplənɛrɪ/ *a.* interdisciplinare.
interest /'ɪntrəst, *USA* -tərɛst/ *n.* ***1*** Ⓤ *e* Ⓒ interesse: **to arouse i.**, destare interesse; **to be of i. to sb.**, interessare q.; **to show an i. in st.**, mostrare interesse per q.c.; **to take an i. in st.**, interessarsi di q.c.; **My main i. is football**, il mio maggior interesse è il calcio; **of no i.**, di nessun interesse ***2*** interesse; vantaggio; tornaconto: **public i.**, interesse pubblico; **in sb.'s own i.**, nell'interesse di q.; **in the i. of truth**, nell'interesse della verità ***3*** (*al pl.*) interessi (commerciali): **British interests in the Far East**, gli interessi britannici in Estremo Oriente; **to look after one's own interests**, badare ai propri interessi ***4*** (*fin.*) partecipazione: **controlling i.**, partecipazione di maggioranza ***5*** Ⓤ (*fin.*) interesse; interessi: **to yield 7% i.**, rendere un interesse del 7%; **at 5% i.**, con un interesse del 5%; **rate of i.**, tasso d'interesse; **i.-bearing**, fruttifero; (*anche fig.*) **with i.**, con gli interessi ***6*** settore; gruppo: **the landed interests**, i proprietari terrieri; gli agrari.
to **interest** /'ɪntrəst, *USA* -tərɛst/ *v. t.* interessare.
♦ **interest oneself in** *v. rifl. + prep.* interessarsi a.
interested /'ɪntrəstɪd, *USA* -tərɛs-/ *a.* ***1*** che prova interesse; pieno di interesse: **to be i. in st.**, interessarsi di q.c.; avere interesse per q.c.; **an i. look**, uno sguardo di interesse ***2*** interessato: (*leg.*) **the i. parties**, le parti interessate; gli interessati.
interesting /'ɪntrəstɪŋ, *USA* -tərɛs-/ *a.* interessante.
interestingly /'ɪntrəstɪŋlɪ, *USA* -tərɛs-/ *avv.* in modo interessante ● **i. enough**, curiosamente; stranamente; è interessante notare che...
interface /'ɪntəfeɪs/ *n.* ***1*** (*elab.*) interfaccia ***2*** punto d'incontro; punto di contatto.
to **interface** /'ɪntəfeɪs/ ***A*** *v. i.* ***1*** (*elab.*) interfacciarsi; essere collegato ***2*** interagire ***B*** *v. t.* (*elab.*) interfacciare; interfacciarsi con.
to **interfere** /ɪntə'fɪə(r)/ *v. i.* interferire; immischiarsi; intromettersi: **to i. in other people's business**, immischiarsi nelle faccende altrui; **to i. in a debate**, intromettersi in una discussione.
♦ **interfere with** *v. i. + prep.* ***1*** toccare; manomettere: **Who's been interfering with my papers?**, chi ha toccato le mie carte?; **The lock hasn't been interfered with**, la serratura non è stata manomessa ***2*** ostacolare; intralciare: **The rain interfered with our plans**, la pioggia ostacolò i nostri progetti ***3*** (*eufem.*) molestare (sessualmente).
interference /ɪntə'fɪərəns/ *n.* ***1*** Ⓤ interferenza; intromissione ***2*** impedimento; ostacolo ***3*** (*tel.*) interferenza.
interferon /ɪntə'fɪərɒn/ *n.* (*med.*) interferone.
interim /'ɪntərɪm/ (*lat.*) ***A*** *n.* — **in the i.**, nel frattempo ***B*** *a. attr.* ***1*** temporaneo; provvisorio ***2*** (*polit.*) ad interim.
interior /ɪn'tɪərɪə(r)/ ***A*** *a.* interiore; interno: **i. monologue**, monologo interiore; **i. walls**, muri interni ● **i. decoration** (*o* **design**), arredamento □ **i. decorator** (*o* **designer**), arredatore (-trice) ***B*** *n.* ***1*** interno ***2*** (*di paese*) interno; entroterra ● **I. Ministry** (*o* **Ministry of the I.**), Ministero degli interni.
to **interject** /ɪntə'dʒɛkt/ ***A*** *v. t.* intervenire con ***B*** *v. i.* interloquire; intervenire.
interjection /ɪntə'dʒɛkʃn/ *n.* ***1*** Ⓤ intromissione ***2*** (*gramm.*) interiezione.
to **interlace** /ɪntə'leɪs/ ***A*** *v. t.* intrecciare ***B*** *v. i.* intrecciarsi.
to **interlink** /ɪntə'lɪŋk/ *v. t.* concatenare; collegare.
to **interlock** /ɪntə'lɒk/ ***A*** *v. t.* collegare; connettere ***B*** *v. i.* essere collegato (*o* connesso).
interlocutor /ɪntə'lɒkjʊtə(r)/ *n.* interlocutore (-trice).
interloper /'ɪntələʊpə(r)/ *n.* intruso (-a).
interlude /'ɪntəluːd/ *n.* ***1*** intervallo; parentesi ***2*** (*teatr.*) intermezzo; (*mus.*) interludio.
intermarriage /ɪntə'mærɪdʒ/ *n.* Ⓤ ***1*** matrimonio misto ***2*** matrimonio fra consanguinei.
to **intermarry** /ɪntə'mærɪ/ *v. i.* ***1*** fare matrimoni misti; (*di famiglie, tribù, ecc.*) imparentarsi (*per mezzo di matrimoni*) ***2*** sposarsi fra consaguinei.
intermediary /ɪntə'miːdɪərɪ, *USA* -dɪɛrɪ/ *n.* intermediario (-a); mediatore (-trice).
intermediate /ɪntə'miːdɪət/ *a.* intermedio; medio.
interment /ɪn'tɜːmənt/ *n.* Ⓤ *e* Ⓒ inumazione; sepoltura.
interminable /ɪn'tɜːmɪnəbl/ *a.* interminabile.
to **intermingle** /ɪntə'mɪŋgl/ ***A*** *v. t.* mescolare; mischiare ***B*** *v. i.* mescolarsi; mischiarsi.
intermission /ɪntə'mɪʃn/ *n.* intervallo.
intermittent /ɪntə'mɪtnt/ *a.* intermittente; discontinuo: **i. showers**, piogge intermittenti.
intern /'ɪntɜːn/ *n.* (medico) interno.
to **intern** /ɪn'tɜːn/ *v. t.* internare; confinare.
internal /ɪn'tɜːnl/ *a.* interno; interiore: (*org. az.*) **i. audit**, revisione contabile interna; **i. injuries**, lesioni interne; **i.-combustion engine**, motore a combustione interna (*o* a scoppio) ● (*USA*) **i. revenue**, gettito fiscale □ (*in U.S.A.*) **the I. Revenue Service** (*abbr.* **I.R.S.**), il Fisco.
to **internalize**, (*GB anche*) to **internalise** /ɪn'tɜːnəlaɪz/ *v. t.* interiorizzare.
international /ɪntə'næʃnəl/ ***A*** *a.* internazionale ● **I. Date Line**, linea del cambiamento di data ***B*** *n.* (*sport*) ***1*** incontro internazionale ***2*** giocatore (-trice) della squadra nazionale.
to **internationalise** /ɪntə'næʃnəlaɪz/ (*GB*) *V.* **to internationalize**.
internationalism /ɪntə'næʃnəlɪzəm/ *n.* Ⓤ internazionalismo.
internationalist /ɪntə'næʃnəlɪst/ *n.* internazionalista.
to **internationalize** /ɪntə'næʃnəlaɪz/ *v. t.* (*polit., econ.*) internazionalizzare.
internationally /ɪntə'næʃnəlɪ/ *avv.* internazionalmente; a livello internazionale: **i. famous**, di fama internazionale.
internecine /ɪntə'niːsaɪn, *USA* -sn, -'nɛ-/ *a.* ***1*** distruttivo per entrambe le parti ***2*** intestino: **i. fighting**, lotte intestine.
internee /ɪntɜː'niː/ *n.* (*polit.*) internato (-a).
Internet /'ɪntənɛt/ *n.* Internet; (la) rete: **to surf the I.**, navigare in Internet; navigare la rete.
internist /ɪn'tɜːnɪst/ *n.* internista.
internment /ɪn'tɜːnmənt/ *n.* Ⓤ (*polit.*) internamento.
to **interpenetrate** /ɪntə'pɛnɪtreɪt/ ***A*** *v. t.* compenetrare; permeare ***B*** *v. i.* compenetrarsi.
interpersonal /ɪntə'pɜːsənl/ *a.* interpersonale.
interphone /'ɪntəfəʊn/ *n.* (*telef.*) interfono.
interplanetary /ɪntə'plænətrɪ, *USA* -tɛrɪ/ *a.* interplanetario.
interplay /'ɪntəpleɪ/ *n.* Ⓤ azione reciproca; interazione; gioco: **i. of colours**, gioco di colori.
to **interpolate** /ɪn'tɜːpəleɪt/ *v. t.* interpolare.
interpolation /ɪntəpə'leɪʃn, ɪntɜː-/ *n.* Ⓤ *e* Ⓒ interpolazione.
to **interpose** /ɪntə'pəʊz/ ***A*** *v. t.* ***1*** frapporre; interporre ***2*** intervenire con (*un commento, ecc.*) ***B*** *v. i.* ***1*** frapporsi; interporsi ***2*** interrompere; intervenire.
to **interpret** /ɪn'tɜːprɪt/ ***A*** *v. t.* interpretare ***B*** *v. i.* fare da interprete.
interpretation /ɪntəprɪ'teɪʃn, ɪntɜː-/ *n.* Ⓤ *e* Ⓒ interpretazione.
interpretative /ɪn'tɜːprɪtətɪv, *USA* -eɪt-/ *a.* interpretativo.
interpreter /ɪn'tɜːprɪtə(r)/ *n.* interprete.
interracial /ɪntə'reɪʃl/ *a.* interrazziale.
interregnum /ɪntə'rɛgnəm/ *n.* (*anche fig.*) interregno.
to **interrelate** /ɪntərɪ'leɪt/ *v. i.* essere connesso; essere in correlazione.
interrelated /ɪntərɪ'leɪtɪd/ *a.* interconnesso; interrelato.
interrelation /ɪntərɪ'leɪʃn/, **interrelationship** /ɪntərɪ'leɪʃnʃɪp/ *n.* Ⓒ *e* Ⓤ interrelazione; rapporto reciproco; interdipendenza.
to **interrogate** /ɪn'tɛrəgeɪt/ *v. t.* interrogare.
interrogation /ɪntɛrə'geɪʃn/ *n.* Ⓤ *e* Ⓒ ***1*** interrogazione ***2*** (*leg., ecc.*) interrogatorio.
interrogative /ɪntə'rɒgətɪv/ ***A*** *a.* interrogativo ***B*** *n.* (*gramm.*) ***1*** forma interrogativa ***2*** pronome interrogativo.
interrogator /ɪn'tɛrəgeɪtə(r)/ *n.* interrogatore (-trice).
to **interrupt** /ɪntə'rʌpt/ *v. t.* ***1*** interrompere ***2*** ostacolare; impedire: **to i. the view**, impedire la vista.
interruption /ɪntə'rʌpʃn/ *n.* Ⓤ *e* Ⓒ interruzione.
to **intersect** /ɪntə'sɛkt/ ***A*** *v. t.* intersecare ***B*** *v. i.* intersecarsi.
intersection /ɪntə'sɛkʃn/ *n.* ***1*** Ⓤ intersecazione ***2*** intersezione ***3*** incrocio (stradale).
to **intersperse** /ɪntə'spɜːs/ *v. t.* cospargere; disseminare; punteggiare.
interstate /ɪntə'steɪt/ (*USA*) ***A*** *a.* fra Stati (*dell'Unione*); interstatale ***B*** *n.* strada interstatale.
interstellar /ɪntə'stɛlə(r)/ *a.* (*astron.*) interstellare.

interstice /ɪn'tɜːstɪs/ *n.* interstizio.
to **intertwine** /ɪntə'twaɪn/ ***A*** *v. t.* intrecciare ***B*** *v. i.* intrecciarsi.
interval /'ɪntəvl/ *n.* intervallo: **at 5-minute intervals**, a intervalli di 5 minuti.
to **intervene** /ɪntə'viːn/ *v. i.* ***1*** intervenire: **to i. in a dispute**, intervenire in una disputa ***2*** accadere (*nel frattempo*); sopraggiungere ***3*** intercorrere; trascorrere.
intervening /ɪntə'viːnɪŋ/ *a.* intercorrente; intercorso: **the i. years**, gli anni intercorsi; **in the i. time**, nel frattempo.
intervention /ɪntə'venʃn/ *n.* Ⓤ e Ⓒ intervento.
interventionism /ɪntə'venʃənɪzəm/ *n.* Ⓤ (*polit.*) interventismo.
interventionist /ɪntə'venʃənɪst/ *a. e n.* (*polit.*) interventista.
interview /'ɪntəvjuː/ *n.* ***1*** intervista ***2*** colloquio (*di lavoro, ecc.*).
to **interview** /'ɪntəvjuː/ *v. t.* ***1*** intervistare ***2*** sottoporre a colloquio (*di lavoro, ecc.*).
interviewee /ɪntəvjuː'iː/ *n.* ***1*** intervistato (-a) ***2*** candidato (*sottoposto a un colloquio*).
interviewer /'ɪntəvjuːə(r)/ *n.* intervistatore (-trice).
to **interweave** /ɪntə'wiːv/ (*pass.* **interwove** /ɪntə'wəʊv/, *p.p.* **interwoven** /ɪntə'wəʊvən/) *v. t.* intessere; intrecciare.
intestate /ɪn'testeɪt/ *a.* (*leg.*) intestato; senza aver fatto testamento.
intestinal /ɪn'testɪnl, ɪnte'staɪnl/ *a.* (*anat.*) intestinale.
intestine /ɪn'testɪn/ *n.* (*anat.*) intestino: **large [small] i.**, intestino crasso [tenue].
intimacy /'ɪntɪməsɪ/ *n.* ***1*** Ⓤ intimità ***2*** intima conoscenza (di q.c.) ***3*** (*generalm. al pl.*) intimità; affettuosità ***4*** (*eufem.*) rapporti intimi; amplesso.
intimate /'ɪntɪmət/ ***A*** *a.* ***1*** intimo: **i. friend**, amico intimo; **i. atmosphere**, atmosfera intima; **my i. thoughts**, i miei pensieri più intimi ***2*** profondo: **i. knowledge of st.**, profonda conoscenza di q.c. • **to be on i. terms with sb.**, essere in intimità con q. □ (*eufem.*) **to be i. with sb.**, avere rapporti intimi con q. ***B*** *n.* (amico) intimo.
to **intimate** /'ɪntɪmeɪt/ *v. t.* (*form.*) lasciar capire; suggerire. ATTENZIONE: **to intimate ≠ intimare.**
intimation /ɪntɪ'meɪʃn/ *n.* Ⓤ e Ⓒ accenno; indizio; segno. ATTENZIONE: **intimation ≠ intimazione.**
to **intimidate** /ɪn'tɪmɪdeɪt/ *v. t.* intimidire; intimorire; minacciare.
intimidating /ɪn'tɪmɪdeɪtɪŋ/ *a.* che intimidisce; che mette paura.
intimidation /ɪntɪmɪ'deɪʃn/ *n.* Ⓤ e Ⓒ intimidazione; minaccia.
into /'ɪntuː, 'ɪntʊ, 'ɪntə/ *prep.* ***1*** dentro; in: **to go i. the garden**, andare in giardino; **to turn i. ice**, trasformarsi in ghiaccio; **to get i. difficulties**, incontrare difficoltà; **Translate that i. French**, traducilo in francese; **I changed i. clean clothes**, mi cambiai e mi misi abiti puliti ***2*** in; contro: **to run i. sb.**, imbattersi in q.; **to crash i. a wall**, andare a sbattere contro un muro • (*mat.*) **Two i. four is two**, il due nel quattro sta due volte □ (*fam.*) **to be i. jazz**, essere appassionato di jazz □ **far i. the night**, fino a tarda notte.
intolerable /ɪn'tɒlərəbl/ *a.* intollerabile; insopportabile.
intolerance /ɪn'tɒlərəns/ *n.* Ⓤ (*anche med.*) intolleranza.
intolerant /ɪn'tɒlərənt/ *a.* intollerante.
intonation /ɪntə'neɪʃn/ *n.* Ⓤ e Ⓒ intonazione.
to **intone** /ɪn'təʊn/ *v. t. e i.* salmodiare. ATTENZIONE: **to intone ≠ intonare.**
intoxicant /ɪn'tɒksɪkənt/ ***A*** *a.* inebriante; alcolico ***B*** *n.* (*form.*) bevanda alcolica.
to **intoxicate** /ɪn'tɒksɪkeɪt/ *v. t.* (*anche fig.*) inebriare; ubriacare. ATTENZIONE: **to intoxicate ≠ intossicare.**
intoxicated /ɪn'tɒksɪkeɪtɪd/ *a.* (*form.*) ubriaco; ebbro • **to become i.**, ubriacarsi.
intoxicating /ɪn'tɒksɪkeɪtɪŋ/ *a.* (*anche fig.*) inebriante.
intoxication /ɪntɒksɪ'keɪʃn/ *n.* Ⓤ ebbrezza; ubriachezza; inebriamento. ATTENZIONE: **intoxication ≠ intossicazione.**
intractable /ɪn'træktəbl/ *a.* ***1*** difficile; insolubile ***2*** intrattabile; scontroso.
intramural /ɪntrə'mjʊərəl/ *a.* che si svolge nell'ambito di una scuola, un'università, ecc.; interno.
intramuscular /ɪntrə'mʌskjələ(r)/ *a.* (*med.*) intramuscolare.
intransigence /ɪn'trænsɪdʒəns/ *n.* Ⓤ intransigenza.
intransigent /ɪn'trænsɪdʒənt/ *a.* intransigente.
intransitive /ɪn'trænsətɪv/ *a. e n.* (*gramm.*) intransitivo.
intrauterine /ɪntrə'juːtəraɪn, *USA* -rən/ *a.* intrauterino: **i. device** (*abbr.* **IUD**), contraccettivo intrauterino.
intravenous /ɪntrə'viːnəs/ *a.* (*med.*) endovenoso.
intrepid /ɪn'trepɪd/ *a.* intrepido; impavido.
intricacy /'ɪntrɪkəsɪ/ *n.* Ⓤ e Ⓒ intrico; complessità; complicazione.
intricate /'ɪntrɪkət/ *a.* intricato; complicato; difficile.
intrigue /'ɪntriːg, ɪn't-/ *n.* ***1*** Ⓤ e Ⓒ intrigo; trame ***2*** (*antiq.*) tresca.
to **intrigue** /ɪn'triːg/ ***A*** *v. t.* (*fam.*) incuriosire; intrigare ***B*** *v. i.* tramare; complottare.
intriguing /ɪn'triːgɪŋ/ *a.* ***1*** interessante; affascinante ***2*** che incuriosisce; intrigante.
intrinsic /ɪn'trɪnsɪk, -z-/ *a.* intrinseco.
intro /'ɪntrəʊ/ *n. abbr. fam. di* **introduction**, *def. 1, 2 e 3.*
to **introduce** /ɪntrə'djuːs, *USA* -duːs/ ***A*** *v. t.* ***1*** introdurre ***2*** presentare; far conoscere: **to i. two people**, presentare due persone; **I. me to your friend**, presentami al tuo amico ***3*** iniziare; mettere in contatto: **He introduced me to weaving**, mi ha iniziato alla tessitura ***4*** (*polit.*) presentare (*un progetto di legge*) ***B*** to **introduce oneself** *v. rifl.* presentarsi.
introduction /ɪntrə'dʌkʃn/ *n.* Ⓤ e Ⓒ ***1*** introduzione ***2*** testo introduttivo ***3*** presentazione: **letter of i.**, lettera di presentazione ***4*** (*polit.*) presentazione, proposta (*di un progetto di legge*).
introductory /ɪntrə'dʌktərɪ/ *a.* introduttivo; preliminare.
introspection /ɪntrə'spekʃn/ *n.* Ⓤ introspezione.
introspective /ɪntrə'spektɪv/ *a.* introspettivo.
introversion /ɪntrə'vɜːʃn, *USA* -ʒn/ *n.* Ⓤ (*psic.*) introversione.
introvert /'ɪntrəvɜːt/ *a. e n.* (*psic.*) introverso (-a).
introverted /ɪntrə'vɜːtɪd/ *a.* (*psic.*) introverso.
to **intrude** /ɪn'truːd/ ***A*** *v. i.* intromettersi; disturbare ***B*** *v. t.* intromettere; imporre: **to i. st. upon sb.**, imporre q.c. a q.
♦ **intrude into** (*o* **on, upon**) *v. i. + prep.* importunare: **to i. upon sb.'s grief**, disturbare q. nel momento del dolore.
intruder /ɪn'truːdə(r)/ *n.* intruso (-a); importuno (-a).
intrusion /ɪn'truːʒn/ *n.* Ⓤ e Ⓒ intrusione.
intrusive /ɪn'truːsɪv/ *a.* ***1*** importuno; invadente ***2*** (*geol.*) intrusivo.
to **intuit** /ɪn'tjuːɪt, *USA* -tuː-/ (*form.*) ***A*** *v. t.* intuire ***B*** *v. i.* avere intuito.
intuition /ɪntjuː'ɪʃn, *USA* -tuː-/ *n.* ***1*** Ⓤ intuizione; intuito ***2*** intuizione (*cosa intuita*).
intuitive /ɪn'tjuːɪtɪv, *USA* -tuː-/ *a.* ***1*** dotato di intuito ***2*** intuitivo.
to **inundate** /'ɪnʌndeɪt, 'ɪnə-/ *v. t.* (*anche fig.*) inondare; sommergere.
inundation /ɪnʌn'deɪʃn, ɪnə-/ *n.* Ⓤ e Ⓒ inondazione; allagamento.
to **inure** /ɪ'njʊə(r), *USA* ɪ'nʊə(r)/ *v. t.* abituare; assuefare.
to **invade** /ɪn'veɪd/ *v. t.* ***1*** invadere ***2*** violare: **to i. sb.'s privacy**, violare l'intimità di q.
invader /ɪn'veɪdə(r)/ *n.* invasore.
invading /ɪn'veɪdɪŋ/ *a.* invasore: **the i. army**, l'esercito invasore.
invalid (**1**) /'ɪnvəliːd, *USA* -ɪd/ *a. e n.* invalido (-a); infermo (-a) • (*GB*) **i. chair**, sedia a rotelle.
invalid (**2**) /ɪn'vælɪd/ *a.* (*anche leg.*) non valido; nullo: **to declare i.**, dichiarare nullo; annullare.
to **invalid** /'ɪnvəliːd, *USA* -ɪd/ *v. Solo come*:
♦ **invalid out** *v. t. + avv.* (*mil.*) congedare per invalidità.
to **invalidate** /ɪn'vælɪdeɪt/ *v. t.* (*anche leg.*) invalidare.
invalidity /ɪnvə'lɪdətɪ/ *n.* Ⓤ (*anche leg.*) invalidità.
invaluable /ɪn'væljʊəbl/ *a.* inestimabile; prezioso.
invariable /ɪn'veərɪəbl/ *a.* (*anche mat.*) invariabile; costante; fisso.
invariably /ɪn'veərɪəblɪ/ *avv.* invariabilmente; immancabilmente.
invasion /ɪn'veɪʒn/ *n.* Ⓤ e Ⓒ ***1*** invasione ***2*** intrusione; violazione: **i. of sb.'s privacy**, intrusione nella vita personale di q.; violazione dela privacy di q.
invective /ɪn'vektɪv/ *n.* Ⓤ invettiva.
to **inveigh** /ɪn'veɪ/ *v. Solo come*:
♦ **inveigh against** *v. i. + prep.* inveire contro.
to **inveigle** /ɪn'veɪgl, -'viː-/ *v. t.* carpire (con l'inganno) • **to i. sb. into doing st.**, indurre con belle parole q. a fare q.c.
to **invent** /ɪn'vent/ *v. t.* inventare.
invention /ɪn'venʃn/ *n.* Ⓤ e Ⓒ invenzione • **power of i.**, ca-

pacità di invenzione; inventiva.
inventive /ɪnˈvɛntɪv/ *a.* inventivo.
inventiveness /ɪnˈvɛntɪvnəs/ *n.* U inventiva.
inventor /ɪnˈvɛntə(r)/ *n.* inventore (-trice).
inventory /ˈɪnvəntrɪ, *USA* -tɔːrɪ/ *n.* *1* inventario: **to draw up** (*o* **to take**) **an i. of**, fare l'inventario di *2* (*comm., USA*) giacenze; scorte; magazzino.
to **inventory** /ˈɪnvəntrɪ, *USA* -tɔːrɪ/ *v. t.* inventariare; fare l'inventario di.
inverse /ˈɪnvɜːs/ ***A*** *a.* inverso; contrario; opposto • **in i. relation** (*o* **proportion**) **to**, inversamente proporzionale a ***B*** *n.* *1* inverso; opposto *2* (*mat.*) reciproco.
inversion /ɪnˈvɜːʃn, *USA* -ʒn/ *n.* U e C inversione.
to **invert** /ɪnˈvɜːt/ *v. t.* *1* invertire *2* capovolgere; rovesciare.
invertebrate /ɪnˈvɜːtɪbrət/ *a. e n.* (*zool.*) invertebrato.
inverted /ɪnˈvɜːtɪd/ *a.* *1* inverso; al contrario; alla rovescia *2* capovolto; rovesciato • **i. commas**, virgolette □ **i. snobbery**, l'atteggiarsi a popolano.
to **invest** /ɪnˈvɛst/ *v. i.* (*fin.*) investire; fare investimenti.
♦ **invest in** *v. i. + prep.* (*fam.*) comprare: **I've invested in a laptop**, mi sono comprato un computer portatile.
♦ **invest with** *v. t. + prep.* (*form.*) *1* investire di (*poteri, ecc.*); conferire a: **to i. sb. with full authority**, conferire a q. piena autorità *2* (*al passivo*) assommare in sé; essere avvolto da: **to be invested with an aura of mystery**, essere avvolto da un'aura di mistero.
to **investigate** /ɪnˈvɛstɪgeɪt/ *v. t. e i.* investigare; indagare; fare indagini su: **to i. the cause of st.**, investigare le cause di q.c.; **to i. a crime**, fare indagini su un delitto.
investigating /ɪnˈvɛstɪgeɪtɪŋ/ *a.* (*leg.*) inquirente • **i. magistrate**, giudice istruttore.
investigation /ɪnvɛstɪˈgeɪʃn/ *n.* U e C investigazione; indagine.
investigative /ɪnˈvɛstɪgətɪv, *USA* -geɪtɪv/ *a.* investigativo.
investigator /ɪnˈvɛstɪgeɪtə(r)/ *n.* investigatore (-trice).
investiture /ɪnˈvɛstɪtʃə(r), *USA* -tʃʊə(r)/ *n.* U e C investitura.
investment /ɪnˈvɛstmənt/ *n.* U e C (*fin.*) investimento • (*fin.*) **i. fund** (*o* **trust**), fondo comune di investimento □ (*econ.*) **i. goods**, beni d'investimento □ **i. policy**, politica degli investimenti.
investor /ɪnˈvɛstə(r)/ *n.* (*fin.*) investitore (-trice).
inveterate /ɪnˈvɛtərət/ *a.* *1* impenitente; accanito; incallito: **i. liar**, bugiardo impenitente; **i. smoker**, fumatore accanito *2* (*di vizio, abitudine*) inveterato; radicato *3* (*med.*) cronico.
invidious /ɪnˈvɪdɪəs/ *a.* (*di azione, ecc.*) spiacevole; antipatico; poco generoso; odioso; ingiusto: **i. comparison**, paragone odioso; **in an i. position**, in una posizione antipatica.
ATTENZIONE: **invidious** ≠ invidioso.
to **invigilate** /ɪnˈvɪdʒəleɪt/ *v. i.* fare sorveglianza, sorvegliare (*durante gli esami scritti*).
invigilation /ɪnvɪdʒəˈleɪʃn/ *n.* U sorveglianza (*agli esami scritti*).
invigilator /ɪnˈvɪdʒəleɪtə(r)/ *n.* incaricato della sorveglianza (*durante gli esami scritti*).
to **invigorate** /ɪnˈvɪgəreɪt/ *v. t.* rinvigorire; corroborare; tonificare.
invincibility /ɪnvɪnsəˈbɪlətɪ/ *n.* U invincibilità.
invincible /ɪnˈvɪnsəbl/ *a.* invincibile.
inviolability /ɪnvaɪələˈbɪlətɪ/ *n.* U inviolabilità.
inviolable /ɪnˈvaɪələbl/ *a.* inviolabile.
inviolate /ɪnˈvaɪələt/ *a.* (*form.*) inviolato; integro; intatto.
invisibility /ɪnvɪzəˈbɪlətɪ/ *n.* U invisibilità.
invisible /ɪnˈvɪzəbl/ *a.* invisibile; impercettibile • **i. ink**, inchiostro simpatico.
invitation /ɪnvɪˈteɪʃn/ *n.* U e C invito: **by i. only**, solo su invito.
invite /ɪnˈvaɪt/ *n.* (*fam.*) invito (scritto).
to **invite** /ɪnˈvaɪt/ *v. t.* *1* invitare: **to i. sb. to dinner**, invitare q. a pranzo; **They invited us round for drinks**, ci hanno invitato da loro a bere qualcosa; **to invite sb. in**, invitare q. a entrare (in casa) *2* sollecitare; chiedere: **to i. questions**, sollecitare domande *3* provocare; suscitare; cercare: **to i. criticism**, suscitare critiche; **to i. trouble**, cercare guai.
inviting /ɪnˈvaɪtɪŋ/ *a.* invitante; allettante; attraente.
invocation /ɪnvəˈkeɪʃn/ *n.* U e C invocazione.
invoice /ˈɪnvɔɪs/ *n.* (*comm.*) fattura: **to make out an i.**, emettere una fattura.
to **invoice** /ˈɪnvɔɪs/ *v. t.* (*comm.*) fatturare (q.c., q.); mandare una fattura a (q.).
to **invoke** /ɪnˈvəʊk/ *v. t.* (*form.*) *1* invocare: **to i. God** [**the law**], invocare Dio [la legge] *2* evocare.
involuntary /ɪnˈvɒləntrɪ, *USA* -tɛrɪ/ *a.* involontario.
to **involve** /ɪnˈvɒlv/ *v. t.* *1* coinvolgere: **to be involved in a bankruptcy**, essere coinvolto in un fallimento; **Three cars and a lorry were involved in the accident**, nell'incidente sono stati coinvolti tre auto e un camion; **Do what you like, just don't i. me**, fa' come ti pare, ma non coinvolgere (*o* mettere in mezzo) me; **a fight involving several prisoners**, una rissa fra un gruppo di prigionieri *2* comportare, richiedere (*come conseguenza*): **It's a great idea, but it involves a lot of work**, è una bellissima idea, ma richiede un sacco di lavoro.
involved /ɪnˈvɒlvd/ *a.* *1* complesso; involuto; intricato *2* coinvolto; implicato; interessato; impegnato: **He got i. in a building scheme**, entrò a far parte di un progetto edilizio; **to be i. in a crime**, essere implicato in un delitto; **all the people i.**, tutte le persone interessate; **She's deeply i. in voluntary work**, è molto impegnata nel volontariato; **to be romantically i. with sb.**, avere una relazione sentimentale con q.
involvement /ɪnˈvɒlvmənt/ *n.* U *1* coinvolgimento; implicazione; impegno; partecipazione *2* relazione (sentimentale).
invulnerability /ɪnvʌlnərəˈbɪlətɪ/ *n.* U invulnerabilità.
invulnerable /ɪnˈvʌlnərəbl/ *a.* invulnerabile.
inward /ˈɪnwəd/ ***A*** *a.* *1* interiore; intimo; interno: **i. satisfaction**, intima soddisfazione *2* diretto verso l'interno: (*econ.*) **i. investment**, investimenti di società straniere *3* (*naut.*) di ritorno ***B*** *avv.* (*USA*) *V.* **inwards**.
inward-looking /ˈɪnwədˈlʊkɪŋ/ *a.* chiuso; isolazionistico.
inwardly /ˈɪnwədlɪ/ *avv.* *1* all'interno; dentro *2* intimamente; nell'intimo; dentro di sé.
inwards /ˈɪnwədz/ *avv.* verso l'interno; all'interno.
iodine /ˈaɪədiːn, *USA* -daɪn/ *n.* U (*chim.*) iodio.
ion /ˈaɪən, ˈaɪɒn/ *n.* (*fis.*) ione.
Ionian /aɪˈəʊnɪən/ *a.* (*geogr.*) ionio.
Ionic /aɪˈɒnɪk/ *a.* (*stor., archit.*) ionico.
ionization, (*GB anche*) **ionisation** /aɪənaɪˈzeɪʃn, *USA* -nɪˈz-/ *n.* U (*fis.*) ionizzazione.
to **ionize**, (*GB anche*) to **ionise** /ˈaɪənaɪz/ (*fis.*) ***A*** *v. t.* ionizzare ***B*** *v. i.* trasformarsi in ioni.
ionosphere /aɪˈɒnəsfɪə(r)/ *n.* ionosfera.
iota /aɪˈəʊtə/ *n.* *1* (*alfabeto greco*) iota *2* (*fig.*) ette; briciolo.
IOU /aɪəʊˈjuː/ *n.* (*abbr. di* **I owe you**) (*comm.*) pagherò.
Iranian /ɪˈreɪnɪən, ɪˈrɑː-/ *a. e n.* iraniano; persiano.
Iraqi /ɪˈrɑːkɪ, -ækɪ/ *a. e n.* iracheno.
irascibility /ɪræsəˈbɪlətɪ/ *n.* U irascibilità.
irascible /ɪˈræsəbl/ *a.* irascibile.
irate /aɪˈreɪt, *USA* ˈaɪreɪt/ *a.* irato; adirato.
iridescence /ɪrɪˈdɛsns, aɪ-/ *n.* U iridescenza.
iridescent /ɪrɪˈdɛsnt, aɪ-/ *a.* iridescente; cangiante.
iridium /ɪˈrɪdɪəm, aɪ-/ *n.* U (*chim.*) iridio.
iris /ˈaɪərɪs/ *n.* *1* (*meteor.*) iride; arcobaleno *2* (*anat.*) iride (*dell'occhio*) *3* (*bot.*) iris.
Irish /ˈaɪərɪʃ/ ***A*** *a.* irlandese ***B*** *n.* *1* (*anche* **I. Gaelic**) (lingua) irlandese *2* **— the I.** (*pl.*), gli irlandesi.
Irishman /ˈaɪərɪʃmən/ *n.* (*pl.* **Irishmen** /-mən/) irlandese (*m.*).
Irishwoman /ˈaɪərɪʃwʊmən/ *n.* (*pl.* **Irishwomen** /-wɪmɪn/) irlandese (*f.*).
to **irk** /ɜːk/ *v. t.* infastidire; seccare.
irksome /ˈɜːksəm/ *a.* tedioso; fastidioso; seccante.
iron /ˈaɪən, *USA* ˈaɪərn/ ***A*** *n.* *1* U ferro *2* ferro (da stiro) *3* (*al pl.*) ferri; catene: **to be put in irons**, essere messo ai ferri *4* (*golf*) ferro ***B*** *a. attr.* di ferro; ferreo: **i. gates**, cancelli di ferro; **i. will**, volontà ferrea; **I. Age**, età del ferro • **i.-clad**, *V.* **ironclad** □ **i. and steel industry**, industria siderurgica □ **the i. fist in the velvet glove**, pugno di ferro in guanto di velluto □ **i. foundry**, fonderia □ **i.-grey**, (color) grigio ferro □ (*med.*) **i. lung**, polmone d'acciaio □ (*mil.*) **i. rations**, razioni d'emergenza; viveri di riserva □ **to have too many irons in the fire**, avere troppa carne al fuoco.
to **iron** /ˈaɪən, *USA* ˈaɪərn/ ***A*** *v. t.* stirare ***B*** *v. i.* (*di indumento, stoffa*) stirarsi (*bene, male, ecc.*).
♦ **iron out** *v. t. + avv.* *1* eliminare (*pieghe, ecc.*) col ferro (*da stiro*) *2* (*fig.*) eliminare, appianare (*problemi, ecc.*).
ironclad /ˈaɪənˈklæd, *USA* ˈaɪərn-/ *a.* *1* corazzato (di ferro) *2* rigido; inflessibile; inoppugnabile.

ironic /aɪˈrɒnɪk/ *a.* ironico.
ironing /ˈaɪənɪŋ, *USA* ˈaɪər-/ *n.* Ⓤ ***1*** stiratura: **to do the i.**, stirare ***2*** indumenti da stirare (o stirati) • **i. board**, asse da stiro.
ironist /ˈaɪərənɪst, *USA* ˈaɪər-/ *n.* (*lett.*) ironista.
ironmonger /ˈaɪənmʌŋgə(r), *USA* ˈaɪərnmɒŋ-/ *n.* (*GB*) negoziante di ferramenta • **i.'s (shop)**, (negozio di) ferramenta.
ironwork /ˈaɪənwɜːk, *USA* ˈaɪər-/ *n.* Ⓤ ferrame; oggetti di ferro.
ironworks /ˈaɪənwɜːks, *USA* ˈaɪər-/ *n. pl.* (*anche col verbo al sing.*) ferriera.
irony /ˈaɪərənɪ/ *n.* Ⓤ e Ⓒ ironia.
iroquois /ˈɪrəkwɔɪ/ *a. e n.* (*stor.*) irochese.
to **irradiate** /ɪˈreɪdɪeɪt/ *v. t.* ***1*** (*fis.*) irradiare; sottoporre a radiazioni ***2*** illuminare.
irradiation /ɪreɪdɪˈeɪʃn/ *n.* Ⓤ e Ⓒ (*fis.*) irradiazione.
irrational /ɪˈræʃənl/ ***A*** *a.* irrazionale; irragionevole ***B*** *n.* (*mat.*) numero irrazionale.
irrationalism /ɪˈræʃənəlɪzəm/ *n.* Ⓤ (*filos.*) irrazionalismo.
irrationality /ɪræʃəˈnælətɪ/ *n.* Ⓤ irrazionalità; irragionevolezza.
irreclaimable /ɪrɪˈkleɪməbl/ *a.* ***1*** irrecuperabile ***2*** (*di terreno, ecc.*) non bonificabile.
irreconcilable /ɪˈrɛkənˈsaɪləbl/ *a.* irreconciliabile; inconciliabile.
irrecoverable /ɪrɪˈkʌvərəbl/ *a.* irrecuperabile; irreparabile.
irredeemable /ɪrɪˈdiːməbl/ *a.* ***1*** irreparabile; irrimediabile ***2*** (*fin.*) irredimibile; (*di cartamoneta*) non convertibile.
irreducible /ɪrɪˈdjuːsəbl, *USA* -duː-/ *a.* (*mat. o form.*) irriducibile.
irrefutable /ɪrɪˈfjuːtəbl, ɪˈrɛfjʊt-/ *a.* irrefutabile.
irregular /ɪˈrɛgjʊlə(r)/ ***A*** *a.* ***1*** irregolare: **i. shape**, forma irregolare; **i. verb**, verbo irregolare ***2*** disordinato; sregolato: **i. life**, vita disordinata ***B*** *n.* (*al pl.*) milizie irregolari.
irregularity /ɪrɛgjʊˈlærətɪ/ *n.* Ⓤ e Ⓒ ***1*** irregolarità ***2*** disordine; sregolatezza.
irrelevance /ɪˈrɛləvəns/, **irrelevancy** /ɪˈrɛləvənsɪ/ *n.* ***1*** Ⓤ non pertinenza ***2*** domanda (*o* osservazione, *ecc.*) non pertinente. ATTENZIONE: **irrelevance** ≠ irrilevanza.
irrelevant /ɪˈrɛləvənt/ *a.* non pertinente. ATTENZIONE: **irrelevant** ≠ irrilevante.
irreligious /ɪrɪˈlɪdʒəs/ *a.* irreligioso.
irremediable /ɪrɪˈmiːdɪəbl/ *a.* irrimediabile; irreparabile.
irremovable /ɪrɪˈmuːvəbl/ *a.* inamovibile.
irreparable /ɪˈrɛpərəbl/ *a.* irreparabile; irrimediabile.
irreplaceable /ɪrɪˈpleɪsəbl/ *a.* insostituibile.
irrepressible /ɪrɪˈprɛsəbl/ *a.* irrefrenabile.
irreproachable /ɪrɪˈprəʊtʃəbl/ *a.* irreprensibile.
irresistible /ɪrɪˈzɪstəbl/ *a.* irresistibile.
irresolute /ɪˈrɛzəluːt, -lj-/ *a.* irresoluto; indeciso.
irrespective /ɪrɪˈspɛktɪv/ *a.* — **i. of**, prescindendo da; indipendentemente da: **i. of the time**, a qualunque ora; **i. of age**, indipendentemente dall'età; a qualunque età.
irresponsibility /ɪrɪspɒnsəˈbɪlətɪ/ *n.* Ⓤ irresponsabilità.
irresponsible /ɪrɪˈspɒnsəbl/ *a.* irresponsabile.
irretrievable /ɪrɪˈtriːvəbl/ *a.* ***1*** irrecuperabile ***2*** irreparabile.
irreverence /ɪˈrɛvərəns/ *n.* Ⓤ irriverenza.
irreverent /ɪˈrɛvərənt/ *a.* irriverente.
irreversible /ɪrɪˈvɜːsəbl/ *a.* irreversibile.
irrevocable /ɪˈrɛvəkəbl/ *a.* irrevocabile; immutabile.
to **irrigate** /ˈɪrɪgeɪt/ *v. t.* (*agric., med.*) irrigare.
irrigation /ɪrɪˈgeɪʃn/ *n.* Ⓤ (*agric., med.*) irrigazione.
irrigator /ˈɪrɪgeɪtə(r)/ *n.* (*agric., med.*) irrigatore.
irritability /ɪrɪtəˈbɪlətɪ/ *n.* Ⓤ irritabilità.
irritable /ˈɪrɪtəbl/ *a.* irritabile.
irritant /ˈɪrɪtənt/ ***A*** *a.* irritante; fastidioso ***B*** *n.* ***1*** sostanza irritante ***2*** fonte di irritazione; fastidio.
to **irritate** /ˈɪrɪteɪt/ *v. t.* irritare.
irritating /ˈɪrɪteɪtɪŋ/ *a.* irritante.
irritation /ɪrɪˈteɪʃn/ *n.* Ⓤ e Ⓒ ***1*** (*anche med.*) irritazione ***2*** seccatura.
irruption /ɪˈrʌpʃn/ *n.* irruzione.
is /ɪz, əz, z, s/ 3ª *pers. sing. del pres. indic. di* **to be**.
isinglass /ˈaɪzɪŋglɑːs, *USA* -æs/ *n.* Ⓤ colla di pesce.
Islam /ˈɪzlɑːm, -læm, -ˈlɑːm/ *n.* ***1*** Islam ***2*** islamismo.
Islamic /ɪzˈlæmɪk/ *a.* islamico.
Islamism /ˈɪzlæmɪzəm/ *n.* Ⓤ islamismo.
island /ˈaɪlənd/ *n.* ***1*** isola ***2*** (*anche* **traffic i., safety i.**) salvagente (stradale).
islander /ˈaɪləndə(r)/ *n.* isolano (-a).
isle /aɪl/ *n.* (*poet. o nei toponimi*) isola.
islet /ˈaɪlɪt/ *n.* isoletta; isolotto.
ism /ˈɪzəm/ *n.* (*fam., generalm. spreg.*) ismo; dottrina; teoria.
isn't /ˈɪznt, -zn/ *contraz. di* **is not**.
isobar /ˈaɪsəbɑː(r)/ *n.* (*meteor.*) (linea) isobara.
isobaric /aɪsəˈbærɪk/ *a.* (*meteor.*) isobarico: **i. chart**, carta isobarica.
to **isolate** /ˈaɪsəleɪt/ *v. t.* isolare; separare.
isolated /ˈaɪsəleɪtɪd/ *a.* isolato.
isolation /aɪsəˈleɪʃn/ *n.* Ⓤ isolamento.
isolationism /aɪsəˈleɪʃənɪzəm/ *n.* Ⓤ (*polit.*) isolazionismo.
isolationist /aɪsəˈleɪʃənɪst/ *n.* (*polit.*) isolazionista.
isometrics /aɪsəˈmɛtrɪks/ *n. pl.* (*col verbo al sing.*) ginnastica isometrica.
isosceles /aɪˈsɒsəliːz/ *a.* (*geom.*) isoscele.
isotherm /ˈaɪsəθɜːm/ *n.* (*meteor.*) isoterma.
isotope /ˈaɪsətəʊp/ *n.* (*chim., fis.*) isotopo.
Israeli /ɪzˈreɪlɪ/ *a. e n.* israeliano.
Israelite /ˈɪzrɪəlaɪt, -rə-/ *n. e a.* israelita.
issue /ˈɪʃuː, ˈɪsjuː/ *n.* ***1*** questione; problema: **a political i.**, una questione politica; **to avoid [to confront] the i.**, eludere [affrontare] il vero problema ***2*** numero (*di giornale, ecc.*): **back i.**, (numero) arretrato ***3*** Ⓤ e Ⓒ emissione; rilascio; distribuzione: **i. of new stamps [of shares]**, emissione di nuovi francobolli [di azioni] ***4*** Ⓤ e Ⓒ uscita; fuoruscita; sbocco ***5*** esito; conclusione; risultato ***6*** Ⓤ (*antiq. o leg.*) discendenza; prole; figli: **without male i.**, senza figli maschi; **to die without i.**, morire senza discendenza • **at i.**, in discussione □ **to confuse the i.**, confondere le acque □ **to make an i. of st.**, fare un caso di q.c. □ **to take i. with sb. over st.**, dissentire da q. su q.c.; prendere posizione contro q. su q.c.
to **issue** /ˈɪʃuː, ˈɪsjuː/ ***A*** *v. t.* ***1*** emettere; rilasciare: **to i. bank notes [stamps]**, emettere banconote [francobolli]; **to i. a passport**, rilasciare un passaporto ***2*** impartire; rilasciare; diffondere: **to i. an order**, impartire un ordine; **to i. a statement**, rilasciare una dichiarazione ***3*** pubblicare; mettere in circolazione ***4*** (*leg.*) emanare; spiccare; emettere ***5*** distribuire (q.c. a q.); rifornire; fornire: **to i. policemen with riot shields**, fornire ai poliziotti scudi antisommossa ***B*** *v. i.* (*form.*) ***1*** uscire; venir fuori; scaturire; sgorgare ***2*** derivare; discendere; aver origine; provenire.
isthmus /ˈɪsməs/ *n.* istmo.
it /ɪt/ ***A*** *pron. neutro 3ª pers. sing.* ***1*** (*sogg.*) esso, essa (*ma raramente espresso in italiano*) ***2*** (*compl.*) lo, la; ciò: **I don't want it**, non lo voglio; **I don't want to do it**, non voglio farlo; **I mentioned it to him**, gliene ho accennato; **I doubt it**, ne dubito; **I'm glad of it**, ne sono lieto; **Put a lid on it**, mettici su un coperchio ***3*** (*sogg. di verbo impers., anche passivo*) — **It is raining [snowing]**, piove [nevica]; **It is winter**, è inverno; **It is five o'clock**, sono le cinque; **It's very hot today**, fa molto caldo oggi; **It doesn't matter**, non importa; **It is forty miles to London**, ci sono quaranta miglia di qui a Londra; **Who is it?**, chi è?; **It is I** (*fam.*: **it's me**), sono io; **It's John**, è John ***4*** (*prolettico*: *introduce una frase*) — **It is clear that he wants to go**, è chiaro che vuole andarsene; **It is incredible that he should refuse**, è incredibile che rifiuti; **It is absurd talking** (*o* **to talk**) **like that**, è ridicolo parlare così; **What is it you want?**, insomma, che cosa vuoi?; **It was I who said that**, sono stato io a dirlo ***5*** (*in locuz. idiom. particolari*) — **to walk it**, camminare, andare a piedi; **to lord it**, farla da padrone; comportarsi da gran signore; **to run for it**, darsela a gambe; **Now you've done it!**, l'hai fatta bella!; **That's it**, è finito; basta! ***B*** *n.* ***1*** (*fam.*) il non plus ultra; il massimo ***2*** (*fam.*) un certo non so che ***3*** (*fam.*) — **gin and it**, gin e vermouth ***4*** (*pop.*) sesso; rapporto sessuale ***5*** (*fam.*) momento importante: **This is it!**, ci siamo!; o la va o la spacca!
Italian /ɪˈtæljən/ *a. e n.* italiano.
to **Italianize**, (*GB anche*) to **Italianise** /ɪˈtæljənaɪz/ ***A*** *v. t.* italianizzare ***B*** *v. i.* italianizzarsi.
Italic /ɪˈtælɪk/ *a.* (*stor., ling.*) italico.
italic /ɪˈtælɪk/ (*tipogr.*) *a.* corsivo.
to **italicize**, (*GB anche*) to **italicise** /ɪˈtælɪsaɪz/ *v. t.* (*tipogr.*) scrivere in corsivo; stampare in corsivo.
italicized, (*GB anche*) **italicised** /ɪˈtælɪsaɪzd/ *a.* in corsivo;

corsivo.
italics /ɪ'tælɪks/ *n. pl.* (*tipogr.*) corsivo: **in i.**, in corsivo.
Italo-American /'ɪtæləʊ-ə'merɪkən/ *a. e n.* italo-americano.
itch /ɪtʃ/ *n.* ***1*** prurito ***2*** (*fam.*) desiderio irresistibile; gran voglia; smania.
to **itch** /ɪtʃ/ ***A*** *v. i.* ***1*** prudere: **My foot itches**, mi prude il piede ***2*** avere il prurito: **I'm itching all over**, mi prude dappertutto; sono tutto un prurito ***3*** (*nella forma progress.*) (*fam.*) avere una gran voglia; non veder l'ora: **The boy was itching to be off**, il ragazzo non vedeva l'ora di andare via ***B*** *v. t.* dare il prurito a.
itchy /'ɪtʃɪ/ *a.* ***1*** che prude: **My nose is i.**, mi prude il naso ***2*** che ha il prurito • **to have i. feet**, avere l'istinto del nomade; non saper stare fermo in un posto.
item /'aɪtəm/ *n.* ***1*** articolo; capo: **i. of clothing**, capo di vestiario ***2*** voce (*di elenco, bilancio*) ***3*** (*teatr.*) numero (*di un programma*) ***4*** notizia: **i. of news** (*o* **news i.**), notizia ***5*** (*elab.*) elemento; articolo ***6*** (*fam.*) coppia di innamorati: **I think Jane and Paul are an i.**, credo che Jane e Paul abbiano una storia • **items on the agenda**, punti all'ordine del giorno □ **collector's i.**, pezzo da collezione.
to **itemize**, (*GB anche*) to **itemise** /'aɪtəmaɪz/ *v. t.* (*comm.*) dettagliare; elencare.
itinerant /aɪ'tɪnərənt, ɪ-/ ***A*** *a.* ***1*** ambulante; girovago ***2*** (*di magistrato, predicatore, ecc.*) itinerante ***B*** *n.* itinerante; girovago.
itinerary /aɪ'tɪnrərɪ, ɪ-, *USA* -ərerɪ/ *n.* itinerario.
it'll /'ɪtl/ *contraz. di* **it will**; **it shall**.
its /ɪts, *USA* ɪts, əts/ *a. poss. neutro* (il) suo, (la) sua; (i) suoi, (le) sue: **Nature and its mysteries**, la natura e i suoi misteri.
it's /ɪts/ *contraz. di* **it is**; **it has**.
itself /ɪt'self/ *pron. neutro 3ª pers. sing.* ***1*** (*rifl.*) si; se stesso, se stessa: **The dog was scratching i.**, il cane si grattava ***2*** (*enfat.*) stesso (-a): **The frame i. is a work of art**, la cornice stessa è un'opera d'arte • **by i.**, da solo (-a); da sé □ **in i.**, in sé; in sé e per sé □ **of i.**, da solo (-a) □ **She is kindness i.**, è la gentilezza fatta persona.
itsy-bitsy /'ɪtsɪ'bɪtsɪ/ *a.* (*fam.*) piccolissimo; minuscolo.
IUD /aɪjuː'diː/ *n.* (*abbr. di* **Intrauterine Device**) contraccettivo intrauterino; spirale.
I've /aɪv/ *contraz. di* **I have**.
ivory /'aɪvərɪ/ ***A*** *n.* ***1*** Ⓤ avorio ***2*** (*al pl.*) avori ***3*** (*al pl.*) (*pop.*) dadi ***4*** (*al pl.*) (*pop.*) palle di biliardo; bilie ***5*** (*al pl.*) (*pop.*) tasti del pianoforte ***B*** *a. attr.* (color) avorio; d'avorio; eburneo • (*fig.*) **i. tower**, torre d'avorio.
ivy /'aɪvɪ/ *n.* Ⓤ (*bot.*) edera.

j, J

J, j /dʒeɪ/ *n.* (*pl.* **J's, j's**; **Js, js**) J, j • (*telef.*) **j. for Jack** (*USA* **for Juliet**), j come jolly.
jab /dʒæb/ *n.* ***1*** colpo (di punta) ***2*** (*boxe*) jab; diretto corto ***3*** (*fam.*) iniezione; puntura.
to **jab** /dʒæb/ *v. t.* ***1*** infilzare; conficcare; premere ***2*** dare un colpo (di punta) a: **He jabbed me in the side**, mi diede un colpo [una ditata, una gomitata, ecc.] nel fianco ***3*** (*boxe*) colpire con diretti corti.
♦ **jab at** *v. i. + prep.* dare un colpo (di punta) a: **He jabbed impatiently at the doorbell**, diede una scampanellata impaziente.
jabber /ˈdʒæbə(r)/ *n.* Ⓤ ***1*** parole veloci e confuse ***2*** cicaleccio; chiacchiere.
to **jabber** /ˈdʒæbə(r)/ *v. i.* (*anche* **to j. away**) ***1*** parlare in fretta e accavallando le parole ***2*** chiacchierare fitto; cicalare; ciarlare.
jabberer /ˈdʒæbərə(r)/ *n.* chiacchierone (-a).
jack /dʒæk/ *n.* ***1*** (*mecc.*) cric; martinetto ***2*** (*elettr.*) jack; connettore a spina ***3*** (*a carte*) fante ***4*** (*alle bocce*) boccino; pallino • **J. Frost**, il Gelo (*personificato*) □ **j.-in-the-box**, (scatola con) pupazzo a molla □ **j. in office**, funzionario che si dà delle arie □ **j. of all trades**, uomo che sa fare un po' di tutto □ **j.-o'-lantern**, lanterna fatta con una zucca □ **before you can say J. Robinson**, in un batter d'occhio; in men che non si dica □ **every man J. of them**, ogni uomo; tutti quanti.
to **jack** /dʒæk/ *v. Solo come:*
♦ **jack in** *v. t. + avv.* (*pop. GB*) mollare, piantare (*un lavoro, ecc.*).
♦ **jack up** *v. t. + avv.* ***1*** sollevare con il cric ***2*** aumentare (*prezzi*).
jackal /ˈdʒækɔːl, *USA* -kl/ *n.* (*zool.*) sciacallo.
jackass /ˈdʒækæs/ *n.* ***1*** (*antiq.*) asino; somaro ***2*** (*fam.*) stupido; cretino.
jackboot /ˈdʒækbuːt/ *n.* stivalone • (*fig.*) **under the j.**, sotto un regime oppressivo.
jackdaw /ˈdʒækdɔː/ *n.* (*zool.*) taccola.
jacket /ˈdʒækɪt/ *n.* ***1*** giacca ***2*** (*mecc.*) camicia; rivestimento ***3*** sopraccoperta (*di libro*) ***4*** (*USA*) custodia; copertina (*di disco*) ***5*** (*GB*) buccia (*di patata*).
jackknife /ˈdʒæknaɪf/ *n.* (*pl.* **jackknives** /-naɪvz/) coltello a serramanico.
to **jack-knife** /ˈdʒæknaɪf/ *v. i.* (*di camion con rimorchio*) finire col rimorchio ad angolo acuto con la motrice (*in seguito a sbandata, ecc.*).
jackpot /ˈdʒækpɒt/ *n.* ***1*** somma in palio; monte premi; jackpot ***2*** primo premio (*in un lotteria*) • **to hit the j.**, vincere il primo premio; (*fig.*) avere un grosso colpo di fortuna, fare un colpo grosso.
Jacobean /dʒækəˈbiːən/ *a.* del regno di Giacomo I d'Inghilterra.
Jacobin /ˈdʒækəbɪn/ *a. e n.* (*stor.*) giacobino.
Jacobite /ˈdʒækəbaɪt/ *a. e n.* (*stor.*) giacobita (*sostenitore dei discendenti di Giacomo II d'Inghilterra*).
Jacuzzi ® /dʒəˈkuːzɪ/ *n.* (*pl.* **Jacuzzis**) vasca per idromassaggio.
jade (1) /dʒeɪd/ ***A*** *n.* Ⓤ (*miner.*) giada ***B*** *a.* color verde giada.
jade (2) /dʒeɪd/ *n.* ***1*** ronzino ***2*** (*spreg.*) donnaccia; sgualdrina.
jaded /ˈdʒeɪdɪd/ *a.* stanco; annoiato: **j. palate**, palato stanco di cibi raffinati.
Jaffa /ˈdʒæfə/ *n.* arancia israeliana (*grossa e ovale*).
Jag /dʒæg/ *n.* (*autom., fam.*) Jaguar.
jag /dʒæg/ *n.* (*fam. GB*) iniezione.
jagged /ˈdʒægɪd/ *a.* frastagliato; dentellato; seghettato.
jaggy /ˈdʒægɪ/ *a.* (*fam.*) frastagliato; dentellato; seghettato.
jaguar /ˈdʒægjʊə(r), *USA* -gwɑː(r)/ *n.* giaguaro.
jail /dʒeɪl/ *n.* Ⓒ *e* Ⓤ prigione; carcere: **to go to j.**, andare in prigione.
to **jail** /dʒeɪl/ *v. t.* mandare in prigione; mettere in prigione.
jailbird /ˈdʒeɪlbɜːd/ *n.* (*fam.*) avanzo di galera.
jailbreak /ˈdʒeɪlbreɪk/ *n.* evasione.
jailer /ˈdʒeɪlə(r)/ *n.* carceriere.
jalopy /dʒəˈlɒpɪ/ *n.* (*pop.*) vecchia automobile; macinino; carretta.
jam (1) /dʒæm/ *n.* Ⓤ marmellata; confettura: **peach jam**, marmellata di pesche; **jam jar**, vasetto della marmellata.
jam (2) /dʒæm/ *n.* ***1*** ressa; calca: **traffic jam**, ingorgo stradale ***2*** (*fam.*) guaio; pasticcio: **I'm in a bit of a jam**, mi trovo nei pasticci • (*fam.*) **jam-packed**, stipato; pieno zeppo; strapieno □ (*mus.*) **jam session**, esibizione improvvisata di musica jazz.
to **jam** /dʒæm/ ***A*** *v. t.* ***1*** comprimere; premere; pigiare ***2*** intasare; ostruire; bloccare ***3*** (*mecc.*) bloccare; inceppare ***4*** (*radio*) disturbare con interferenze ***B*** *v. i.* (*mecc.*) bloccarsi; incepparsi.
♦ **jam into** *v. i. + prep.* affollarsi in (*un locale, ecc.*).
♦ **jam on** *v. i. + prep. e v. t. + avv.* pigiare su: **to jam on the brakes** (*o* **to jam the brakes on**), pigiare sui freni; frenare bruscamente.
Jamaican /dʒəˈmeɪkən/ *a. e n.* giamaicano.
jamb /dʒæm/ *n.* montante, stipite (*di porta, finestra*).
jamboree /dʒæmbəˈriː/ *n.* ***1*** (*fam.*) festa chiassosa; baldoria ***2*** raduno di giovani esploratori; jamboree.
jammed /dʒæmd/ *a.* ***1*** (*di congegno*) bloccato; inceppato ***2*** (*di strada, ecc.*) intasato; ostruito; affollato; congestionato ***3*** (*di linea telefonica*) sovraccarico.
jammy /ˈdʒæmɪ/ *a.* ***1*** appiccicoso; attaccaticcio ***2*** (*pop.*) facile ***3*** (*pop.*) fortunato.
jangle /ˈdʒæŋgl/ *n.* Ⓤ *e* Ⓒ rumore metallico; sferragliamento; tintinnio: **a j. of bells**, uno scampanio.
to **jangle** /ˈdʒæŋgl/ ***A*** *v. i.* mandare un suono metallico; sferragliare; tintinnare ***B*** *v. t.* far suonare (*una campana, ecc.*) in modo stonato • **to j. sb.'s nerves** (*o* **to make sb.'s nerves j.**), urtare i nervi di q.; dare ai nervi a q.
jangling /ˈdʒæŋglɪŋ/ *a.* stridente; stonato.
janissary /ˈdʒænɪsərɪ, *USA* -erɪ/ *n.* (*stor.*) giannizzero.
janitor /ˈdʒænɪtə(r)/ *n.* ***1*** (*USA*) portinaio; portiere; custode ***2*** bidello (*di scuola*).
Jansenism /ˈdʒænsənɪzəm/ *n.* Ⓤ (*relig.*) giansenismo.
Jansenist /ˈdʒænsənɪst/ *n.* (*relig.*) giansenista.
January /ˈdʒænjʊərɪ, *USA* -jʊerɪ/ *n.* gennaio. (*Per gli esempi d'uso, V. sotto* **April**).
Jap /dʒæp/ *a. e n.* (*fam., offensivo*) giapponese.
japan /dʒəˈpæn/ *n.* Ⓤ ***1*** lacca giapponese ***2*** oggetti laccati.
to **japan** /dʒəˈpæn/ *v. t.* laccare.
Japanese /dʒæpəˈniːz/ *a. e n.* (*pl. invar.*) giapponese.
jape /dʒeɪp/ *n.* (*lett.*) scherzo.
japonica /dʒəˈpɒnɪkə/ *n.* (*bot.*) cotogno del Giappone.
jar (1) /dʒɑː(r)/ *n.* ***1*** colpo; scossa; scossone ***2*** dissonanza; stonatura ***3*** colpo; shock.
jar (2) /dʒɑː(r)/ *n.* ***1*** barattolo; vasetto ***2*** vaso; orcio.
to **jar** /dʒɑː(r)/ ***A*** *v. i.* ***1*** essere stonato; stridere; cozzare ***2*** urtare (*fig.*): **to jar on sb.**, urtare (*o* irritare) q.; **to jar on sb.'s nerves**, urtare i nervi di q.; dare ai nervi a q. ***3*** scuotersi; vibrare ***B*** *v. t.* (*anche fig.*) scuotere; far vibrare.
jargon /ˈdʒɑːgən/ *n.* Ⓤ (*spesso spreg.*) gergo (professionale).
jarring /ˈdʒɑːrɪŋ/ *a.* discordante; stridente; stonato.
jasmin(e) /ˈdʒæsmɪn/ *n.* Ⓤ (*bot.*) gelsomino.
jasper /ˈdʒæspə(r)/ *n.* Ⓤ (*miner.*) diaspro.
jaundice /ˈdʒɔːndɪs/ *n.* Ⓤ (*med.*) itterizia.
jaundiced /ˈdʒɔːndɪst/ *a.* ***1*** (*med.*) affetto da itterizia ***2*** ci-

nico; pessimistico; negativo.
jaunt /dʒɔːnt/ *n.* gita; escursione; viaggio di piacere.
to **jaunt** /dʒɔːnt/ *v. i.* andare in gita; fare una gita.
jauntiness /ˈdʒɔːntɪnəs/ *n.* Ⓤ disinvoltura; spigliatezza; allegria; brio; vivacità.
jaunty /ˈdʒɔːntɪ/ *a.* disinvolto; spigliato; brioso; vivace • **to wear one's hat at a j. angle**, portare il cappello sulle ventitré.
Javanese /dʒɑːvəˈniːz/ *a. e n.* (*pl. invar.*) giavanese.
javelin /ˈdʒævlɪn/ *n.* (*sport, stor.*) giavellotto.
jaw /dʒɔː/ *n.* **1** (*anat.*) mascella; mandibola **2** (*al pl.*) (*di animali*) fauci **3** (*al pl.*) (*mecc.*) morsa; ganasce **4** (*fam.*) chiacchierata • **to stare into the jaws of death**, guardare la morte in faccia.
to **jaw** /dʒɔː/ *v. i.* (*fam.*) chiacchierare; farsi una bella chiacchierata.
jawbone /ˈdʒɔːbəʊn/ *n.* (*anat.*) mandibola; osso mascellare.
jawbreaker /ˈdʒɔːbreɪkə(r)/ *n.* (*fam.*) **1** parola difficile a pronunciarsi **2** (*USA*) caramella dura.
jawing /ˈdʒɔːɪŋ/ *n.* (*fam.*) lavata di testa.
jay /dʒeɪ/ *n.* (*zool.*) ghiandaia.
jaywalking /ˈdʒeɪwɔːkɪŋ/ *n.* (l')attraversare la strada fuori dai passaggi pedonali o senza guardare.
jazz /dʒæz/ (*mus.*) **A** *n.* Ⓤ jazz • **and all that j.**, e tutto il resto; e compagnia bella **B** *a. attr.* jazzistico.
to **jazz** /dʒæz/ *v. Solo come*:
♦ **jazz up** *v. t. + avv.* (*fam.*) ravvivare; animare; tirare su (*fam.*).
jazzy /ˈdʒæzɪ/ *a.* **1** (*mus.*) jazzistico **2** vivace; vistoso; chiassoso.
jealous /ˈdʒeləs/ *a.* **1** geloso **2** invidioso • **to make sb. j.**, far ingelosire q.
jealousy /ˈdʒeləsɪ/ *n.* Ⓤ **1** gelosia **2** invidia.
jeans /dʒiːnz/ *n. pl.* jeans; blue-jeans.
jeep ® /dʒiːp/ *n.* jeep; camionetta.
jeer /dʒɪə(r)/ *n.* derisione; scherno; canzonatura.
to **jeer** /dʒɪə(r)/ *v. t. e i.* deridere; schernire; canzonare: **to j. at sb.**, schernire q.
jeering /ˈdʒɪərɪŋ/ *a.* beffardo; derisorio; canzonatorio.
jejune /dʒɪˈdʒuːn/ *a.* (*form.*) **1** infantile; ingenuo **2** arido; noioso.
to **jell** /dʒel/ *V.* **to gel.**
jellied /ˈdʒelɪd/ *a.* (*cucina*) in gelatina.
jell-o ® /ˈdʒeləʊ/ *n.* (*USA*) gelatina di frutta.
jelly /ˈdʒelɪ/ *n.* Ⓤ *e* Ⓒ **1** gelatina (*anche di carne*) **2** (*GB*) gelatina di frutta **3** (*USA*) marmellata • **j. baby**, caramella gommosa (*a forma di bambolina*) □ **j. bean**, caramella gelatinosa □ **My legs turned to j.**, le mie gambe si fecero molli.
jellyfish /ˈdʒelɪfɪʃ/ *n.* (*zool.*) medusa.
jemmy /ˈdʒemɪ/ *n.* (*GB*) piede di porco.
to **jeopardize**, (*GB anche*) to **jeopardise** /ˈdʒepədaɪz/ *v. t.* arrischiare; mettere a repentaglio.
jeopardy /ˈdʒepədɪ/ *n.* Ⓤ pericolo; rischio; repentaglio: **in j.**, in pericolo; a rischio; a repentaglio.
jeremiad /dʒerɪˈmaɪæd/ *n.* (*lett.*) geremiade.
jerk /dʒɜːk/ *n.* **1** strattone; strappo **2** scossa; sobbalzo **3** scatto; spasmo muscolare **4** (*fam. USA*) cretino; fesso; coglione (*volg.*) • (*fam.*) **physical jerks**, esercizi fisici; ginnastica.
to **jerk** /dʒɜːk/ **A** *v. t.* dare uno strattone a; dare una scossa a; tirare a strattoni: **to j. oneself free**, liberarsi con uno strattone; **to j. out one's words**, parlare a scatti **B** *v. i.* muoversi a strappi; procedere a scosse: **to j. to a halt**, fermarsi con un sobbalzo.
jerkily /ˈdʒɜːkəlɪ/ *avv.* a sobbalzi; a scatti.
jerkin /ˈdʒɜːkɪn/ *n.* **1** (*stor.*) giustacuore **2** panciotto; gilè.
jerky /ˈdʒɜːkɪ/ *a.* **1** sobbalzante; sussultante **2** a scatti; spasmodico.
jeroboam /dʒerəˈbəʊəm/ *n.* bottiglione; fiasca.
Jerry /ˈdʒerɪ/ *n.* (*spreg. GB*) (soldato) tedesco.
jerry-built /ˈdʒerɪbɪlt/ *a.* costruito in fretta e con materiale scadente.
jersey /ˈdʒɜːzɪ/ *n.* **1** Ⓤ (*ind. tess.*) jersey **2** maglia; golf; maglione **3** (*sport, USA*) maglia.
Jerusalem artichoke /dʒəˈruːsələm ˈɑːtɪtʃəʊk/ *locuz. n.* (*bot.*) topinambur.
jest /dʒest/ *n.* (*form.*) **1** scherzo; celia **2** facezia • **in j.**, per scherzo.
to **jest** /dʒest/ *v. i.* (*form.*) scherzare; celiare.
jester /ˈdʒestə(r)/ *n.* **1** burlone **2** (*stor.*) buffone; giullare.
jesting /ˈdʒestɪŋ/ *a.* (*form.*) scherzoso; faceto.
Jesuit /ˈdʒezjʊɪt, *USA* -ʒʊ-/ *n.* gesuita.
Jesuitical /dʒezjʊˈɪtɪkl, *USA* -ʒʊ-/ *a.* gesuitico.
jet (**1**) /dʒet/ *n.* **1** getto; zampillo **2** becco; beccuccio; ugello **3** (*aeron.*) jet; aereo a reazione; aviogetto • (*aeron.*) **jet engine**, motore a reazione □ **jet-lag**, malessere dovuto al rapido cambiamento di fuso orario; jetlag □ **jet-propelled**, a reazione □ (*fam.*) **jet set**, jet-set □ (*fam.*) **jet-setter**, appartenente al jet-set □ (*meteor.*) **jet stream**, corrente a getto.
jet (**2**) /dʒet/ *n.* Ⓤ (*miner.*) giaietto • **jet-black**, nero come l'ebano; (*di capelli*) corvino.
to **jet** /dʒet/ **A** *v. t.* emettere a getti; schizzare **B** *v. i.* **1** uscire a getti; schizzare; zampillare **2** (*fam.*) viaggiare in jet.
jetsam /ˈdʒetsəm/ *n.* Ⓤ (*naut.*) oggetti gettati fuori bordo (*per alleggerire il carico*); relitti portati a riva. *V. anche sotto* **flotsam.**
to **jettison** /ˈdʒetɪsn/ *v. t.* **1** (*naut.*) gettare a mare (*il carico*); alleggerirsi di **2** gettare via; disfarsi di.
jetty /ˈdʒetɪ/ *n.* (*naut.*) banchina; molo; pontile.
Jew /dʒuː/ *n.* ebreo • (*mus.*) **jew's harp**, scacciapensieri.
jewel /ˈdʒuːəl/ *n.* **1** pietra preziosa **2** (*al pl.*) gioielli **3** (*fig.*) gioiello; perla **4** (*mecc.*) rubino (*di orologio*) • **j. case**, portagioie.
jewelled /ˈdʒuːəld/, (*USA*) **jeweled** *a.* ornato di pietre preziose.
jeweller, (*USA*) **jeweler** /ˈdʒuːələ(r)/ *n.* gioielliere; orefice • **j.'s shop**, gioielleria; oreficeria.
jewellery, (*USA*) **jewelry** /ˈdʒuːəlrɪ/ *n.* Ⓤ gioielli; gioie: **a piece of j.**, un gioiello • **costume j.**, bigiotteria.
Jewess /ˈdʒuːes/ *n.* ebrea.
Jewish /ˈdʒuːɪʃ/ *a.* ebreo; ebraico; giudaico.
Jewry /ˈdʒʊərɪ/ *n.* (*form.*) la comunità ebraica; gli ebrei.
jib /dʒɪb/ *n.* **1** (*naut.*) fiocco: **jib boom**, asta del fiocco **2** (*mecc.*) braccio (*di gru, d'argano*).
to **jib** /dʒɪb/ *v. i.* recalcitrare; riluttare; essere restio (a fare q.c.).
jibe /dʒaɪb/ *n.* battuta sarcastica; frecciata.
to **jibe** /dʒaɪb/ *v. t.*, to **jibe at** *v. i. + prep.* schernire; farsi beffe di.
jiffy /ˈdʒɪfɪ/ *n.* (*fam.*) attimo; istante; momento: **in a j.**, in un momento; in un batter d'occhio.
jig /dʒɪg/ *n.* (*mus.*) giga.
to **jig** /dʒɪg/ *v. i.* **1** ballare una giga **2** saltellare.
jiggery-pokery /ˈdʒɪgərɪˈpəʊkərɪ/ *n.* Ⓤ (*fam. GB*) imbroglio; trame losche.
to **jiggle** /ˈdʒɪgl/ **A** *v. t.* muovere a scatti; scuotere lievemente **B** *v. i.* muoversi a scatti; scuotersi.
jigsaw /ˈdʒɪgsɔː/ *n.* **1** sega da traforo **2** (*anche* **j. puzzle**) puzzle.
to **jilt** /dʒɪlt/ *v. t.* piantare (*un innamorato*).
Jim Crow /ˈdʒɪmˈkrəʊ/ *locuz. a.* (*USA*) **1** discriminatorio **2** per soli negri.
jimjams /ˈdʒɪmdʒæmz/ *n. pl.* (*pop. scherz.*) **1** agitazione; nervosismo **2** pigiama.
jimmy /ˈdʒɪmɪ/ *n.* (*USA*) piede di porco.
jingle /ˈdʒɪŋgl/ *n.* **1** tintinnio; scampanellio **2** canzoncina pubblicitaria; jingle.
to **jingle** /ˈdʒɪŋgl/ **A** *v. i.* tintinnare; scampanellare **B** *v. t.* far tintinnare; scampanellare.
jingoism /ˈdʒɪŋgəʊɪzəm/ *n.* Ⓤ sciovinismo.
jingoist /ˈdʒɪŋgəʊɪst/ *n.* sciovinista.
jingoistic /dʒɪŋgəʊˈɪstɪk/ *a.* sciovinistico.
jink /dʒɪŋk/ *n.* — **high jinks**, allegria sfrenata.
to **jink** /dʒɪŋk/ (*fam.*) **A** *v. i.* fare uno scarto; muoversi a zigzag **B** *v. t.* scartare; schivare.
jinx /dʒɪŋks/ *n.* **1** iettatura; malocchio: **to put a j. on st.**, gettare il malocchio su q.c.; **There's a j. on it**, è iellato **2** iettatore (-trice); menagramo.
to **jinx** /dʒɪŋks/ *v. t.* portare iella (*o* scalogna) a.
jinxed /dʒɪŋkst/ *a.* scalognato; iellato.
jitters /ˈdʒɪtəz/ *n. pl.* (*fam.*) agitazione; nervosismo; fifa: **to have the j.**, essere nervoso; aver fifa; **to give sb. the j.**, mettere il nervosismo addosso a q.; mettere i brividi a q.
jittery /ˈdʒɪtərɪ/ *a.* (*fam.*) nervoso.
jive /dʒaɪv/ *n.* Ⓤ (*pop.*) **1** varietà di jazz degli anni '50 **2**

(*anche* **j. talk**) gergo dei negri urbani (*specialm. dei jazzisti*).
to **jive** /dʒaɪv/ *v. i.* (*pop.*) ballare il jive.
job /dʒɒb/ *n.* ***1*** lavoro; compito; mansione; dovere: **odd jobs**, lavori saltuari; lavoretti; **It's not my job to tell him what to do**, non è compito mio dirgli che cosa fare; **to do a good job (of work)** (*o* **to make a good job of it**), fare un buon lavoro ***2*** (*fam.*) posto; impiego: **to have a job as a typist**, avere un posto di dattilografa; **full-time [part-time] job**, lavoro a pieno tempo [a orario ridotto]; **to be out of a job**, essere disoccupato ***3*** situazione; faccenda ***4*** (*fam.*) compito difficile; impresa: **We had a terrible job persuading him**, è stata un'impresa convincerlo; abbiamo sudato per convincerlo ***5*** (*pop.*) rapina; colpo ***6*** (*elab.*) job; lavoro ***7*** (*fam.*) intervento plastico: **She's had a nose job**, si è fatta la plastica al naso; si è rifatta il naso ● **job centre**, ufficio del lavoro; ufficio di collocamento □ **job description**, mansionario □ (*fam.*) **jobs for the boys**, sistemazione di amici e sostenitori □ **job lot**, partita di merce disparata □ **job satisfaction**, soddisfazione nel lavoro □ **job security**, sicurezza del posto di lavoro □ **I gave it up as a bad job**, lasciai perdere: era un'impresa disperata □ **It's a good job (that)...**, meno male che... □ **just the job**, proprio quello che ci vuole □ **on the job**, in attività; sul lavoro; mentre si lavora.
jobber /ˈdʒɒbə(r)/ *n.* (*Borsa*) jobber; operatore di borsa (*professionista*).
jobbing /ˈdʒɒbɪŋ/ *a.* a cottimo.
jobless /ˈdʒɒbləs/ *a.* disoccupato.
Job's comforter /dʒəbs ˈkʌmfətə(r)/ *locuz. n.* pessimo consolatore.
jobsharing /ˈdʒɒbʃɛərɪŋ/ *n.* suddivisione di un lavoro a tempo pieno tra due persone che lavorano a orario ridotto.
Jock /dʒɒk/ *n.* (*fam., spesso spreg.*) scozzese.
jock /dʒɒk/ *n.* (*fam. USA, spesso spreg.*) sportivo (*generalm. studente universitario*).
jockey /ˈdʒɒkɪ/ *n.* (*sport*) fantino ● **J. shorts** ®, boxer.
to **jockey** /ˈdʒɒkɪ/ *v. t. e i.* ***1*** (*sport*) montare (*un cavallo*) in una corsa ***2*** manovrare abilmente: **to j. sb. into doing st.**, indurre q. a fare q.c.; **to j. for position**, essere in competizione (per una posizione ambita).
jockstrap /ˈdʒɒkstræp/ *n.* (*fam.*) sospensorio.
jocose /dʒəʊˈkəʊs/ *a.* (*lett.*) giocoso; faceto; scherzoso.
jocular /ˈdʒɒkjʊlə(r)/ *a.* (*form.*) scherzoso; gioviale.
jocularity /dʒɒkjʊˈlærətɪ/ *n.* Ⓤ ***1*** (*form.*) scherzosità; giovialità ***2*** facezia.
jodhpurs /ˈdʒɒdpəz/ *n. pl.* calzoni da equitazione.
jog /dʒɒg, *USA* dʒɔːg/ *n.* ***1*** lieve scossa; piccola spinta; leggero urto ***2*** colpetto di gomito ***3*** (*mecc.*) movimento a intermittenza ***4*** corsa lenta; piccolo trotto: **to go for a jog**, andare a fare del jogging.
to **jog** /dʒɒg, *USA* dʒɔːg/ ***A*** *v. t.* ***1*** spingere (*o* urtare, scuotere) lievemente; far sobbalzare; sballottare ***2*** dare di gomito a ● **to jog sb.'s memory**, aiutare q. a ricordare; rinfrescare la memoria a q. ***B*** *v. i.* ***1*** avanzare a scatti; procedere a sbalzi (*o* traballando) ***2*** (*fam.*) fare del jogging ● **to jog along**, procedere a fatica; (*fig.*) procedere normalmente, seguire il solito trantran.
jogger /ˈdʒɒgə(r), *USA* ˈdʒɔːg-/ *n.* chi pratica il jogging.
jogging /ˈdʒɒgɪŋ, *USA* ˈdʒɔːg-/ *n.* Ⓤ (*sport*) jogging.
joggle /ˈdʒɒgl/ *n.* lieve scossa; piccola spinta; leggero urto.
to **joggle** /ˈdʒɒgl/ ***A*** *v. t.* far sobbalzare; sballottare ***B*** *v. i.* sobbalzare; essere sballottato.
jogtrot /ˈdʒɒgtrɒt, *USA* ˈdʒɔːg-/ *n.* Ⓤ ***1*** (*di cavallo*) piccolo trotto ***2*** andatura lenta.
john /dʒɒn/ *n.* (*pop. USA*) ***1*** gabinetto; cesso (*volg.*) ***2*** poliziotto ● **long johns**, mutandoni lunghi.
John Bull /ˈdʒɒnˈbʊl/ *locuz. n.* ***1*** l'Inghilterra; il popolo inglese ***2*** (*spesso spreg.*) l'inglese tipico.
John Dory /dʒɒn ˈdɔːrɪ/ *locuz. n.* (*zool.*) pesce San Pietro.
johnny /ˈdʒɒnɪ/ *n.* (*fam.*) individuo; tipo; tizio ● **j.-come-lately**, ultimo arrivato.
join /dʒɔɪn/ *n.* giuntura; punto di congiunzione.
to **join** /dʒɔɪn/ ***A*** *v. t.* ***1*** congiungere; unire; collegare ***2*** entrare a far parte di; diventare socio di; iscriversi a; arruolarsi in: **to j. a club**, diventare socio di un club; **to j. the army**, arruolarsi nell'esercito; **to j. a queue**, mettersi in coda ***3*** unirsi a; raggiungere: **You go on, and I'll j. you later**, andate pure avanti, io vi raggiungo più tardi; **Will you j. us for lunch?**, pranzi con noi?; **Will you j. me in a drink?**, bevi qualcosa con me? ***4*** (*di fiume*) confluire in; gettarsi in ● **to j. battle**, attaccare battaglia; cominciare a combattere □ **to j. forces (with)**, allearsi (con); mettersi insieme (a) □ **to j. hands**, prendersi per mano ***B*** *v. i.* ***1*** congiungersi; unirsi; riunirsi; confluire ***2*** associarsi; consociarsi.
♦ **join in** ***A*** *v. i. + avv.* prendere parte; partecipare: **He struck up the song and we all joined in**, attaccò la canzone e tutti ci unimmo a lui ***B*** *v. i. + prep.* unirsi a; partecipare a.
♦ **join on** ***A*** *v. t. + avv.* unire; attaccare ***B*** *v. i. + avv.* unirsi; attaccarsi.
♦ **join up** ***A*** *v. t. + avv.* unire; collegare; attaccare ***B*** *v. i. + avv.* (*mil.*) arruolarsi.
joiner /ˈdʒɔɪnə(r)/ *n.* falegname.
joinery /ˈdʒɔɪnərɪ/ *n.* Ⓤ falegnameria.
joint (1) /dʒɔɪnt/ *n.* ***1*** (*anat.*) articolazione; giuntura ***2*** (*mecc., falegn,*) giunto; giuntura; snodo; giunzione ***3*** (*macelleria*) pezzo di carne; (pezzo per) arrosto: **a nice j. of beef**, un bel pezzo di manzo ***4*** (*pop. USA, spesso spreg.*) locale ***5*** (*pop.*) spinello ● **out of j.**, (*di osso*) slogato; (*fig.*) che non quadra, fuori posto.
joint (2) /dʒɔɪnt/ *a.* congiunto; comune: **j. effort**, sforzo congiunto; **j. statement**, dichiarazione congiunta; (*banca*) **j. account**, conto a firme congiunte; **j. author**, coautore; **j. director**, condirettore; **j. owner**, comproprietario ● (*leg.*) **j. and several**, congiunto e solidale □ (*fin.*) **j. stock**, capitale sociale; capitale azionario □ (*fin.*) **j.-stock company**, società per azioni □ (*leg.*) **j. venture**, joint venture; associazione in partecipazione.
to **joint** /dʒɔɪnt/ *v. t.* (*macelleria*) tagliare a pezzi.
jointly /ˈdʒɔɪntlɪ/ *avv.* ***1*** congiuntamente; in comune ***2*** (*leg., fin., anche* **j. and severally**) solidalmente; in solido.
joist /dʒɔɪst/ *n.* (*edil.*) travetto; travicello.
joke /dʒəʊk/ *n.* ***1*** scherzo; burla; beffa: **practical j.**, scherzo di cattivo genere; tiro mancino; **to play a j. on sb.**, fare uno scherzo a q. ***2*** barzelletta; battuta: **to tell jokes**, raccontare barzellette; **to crack a j.**, fare una battuta ● **as a j.**, per scherzo □ **It's no j.**, c'è poco da scherzare; è una cosa seria □ **I don't see the j.**, non vedo che cosa ci sia da ridere □ **He can't take a j.**, non sa stare allo scherzo; non ha il senso dell'umorismo. ATTENZIONE: **joke** ≠ gioco.
to **joke** /dʒəʊk/ *v. i.* scherzare; fare battute ● **joking apart**, scherzi a parte □ **You must be joking!**, vuoi scherzare?
joker /ˈdʒəʊkə(r)/ *n.* ***1*** burlone; tipo ameno ***2*** (*a carte*) matta; jolly ***3*** (*pop.*) individuo; tipo; tizio.
jokey /ˈdʒəʊkɪ/ *a.* (*fam.*) scherzoso.
jokingly /ˈdʒəʊkɪŋlɪ/ *avv.* in tono scherzoso; per scherzo.
jollification /dʒɒlɪfɪˈkeɪʃn/ *n.* Ⓤ e Ⓒ (*fam.*) divertimento; allegria; festa.
jolliness /ˈdʒɒlɪnəs/, **jollity** /ˈdʒɒlətɪ/ *n.* Ⓤ allegria.
jolly /ˈdʒɒlɪ/ ***A*** *a.* allegro ***B*** *avv.* (*fam. GB*) molto; proprio; veramente: **J. good!**, benissimo!; ottimamente! ● **He'll j. well have to do it!**, deve farlo e senza discutere!
to **jolly** /ˈdʒɒlɪ/ *v.* (*fam. GB*) *Solo come*:
♦ **jolly along** *v. t. + avv.* incoraggiare.
♦ **jolly into** *v. t. + prep.* convincere (q. a fare q.c.).
♦ **jolly out of** *v. t. + prep.* convincere (q. a non fare q.c.).
♦ **jolly up** *v. t. + avv.* rallegrare (*una stanza, ecc.*).
Jolly Roger /ˈdʒɒlɪˈrɒdʒə(r)/ *locuz. n.* (*stor.*) bandiera dei pirati.
jolt /dʒəʊlt/ *n.* scossone; sobbalzo; colpo.
to **jolt** /dʒəʊlt/ ***A*** *v. i.* (*di veicolo*) sobbalzare; procedere a sobbalzi ***B*** *v. t.* sballottare; scuotere (*anche fig.*).
Jonah /ˈdʒəʊnə/ *n.* iettatore; menagramo.
jonquil /ˈdʒɒŋkwɪl/ *n.* (*bot.*) giunchiglia.
Jordanian /dʒɔːˈdeɪnɪən/ *a. e n.* giordano.
joss stick /ˈdʒɒs stɪk/ *locuz. n.* bastoncino d'incenso.
to **jostle** /ˈdʒɒsl/ ***A*** *v. i.* spingersi; dare spintoni; pigiarsi ● **to j. with sb. for st.**, fare a gara con q. per ottenere q.c. ***B*** *v. t.* spingere; dare spintoni a; spintonare.
jot /dʒɒt/ *n.* minima quantità; briciolo: **not one jot of truth**, neanche un briciolo di verità; **not to make a jot of difference**, non fare la minima differenza.
to **jot** /dʒɒt/ *v. t.*, to **jot down** *v. t. + avv.* annotare in fretta; appuntarsi.
jotter /ˈdʒɒtə(r)/ *n.* taccuino per appunti; block-notes.
jottings /ˈdʒɒtɪŋz/ *n. pl.* breve appunto; annotazione frettolosa.
joule /dʒuːl/ *n.* (*fis.*) joule.

journal /ˈdʒɜːnl/ *n.* ***1*** rivista (*specialm. letteraria o scientifica*); giornale (*specialm. in un nome di testata*) ***2*** diario ***3*** (*rag.*) libro giornale.
journalese /dʒɜːnəˈliːz/ *n.* Ⓤ stile, gergo giornalistico.
journalism /ˈdʒɜːnəlɪzəm/ *n.* Ⓤ giornalismo.
journalist /ˈdʒɜːnəlɪst/ *n.* giornalista.
journalistic /dʒɜːnəˈlɪstɪk/ *a.* giornalistico.
journey /ˈdʒɜːnɪ/ *n.* viaggio (*specialm. per via di terra*); tragitto: **to make** (*o* **to take, to go on**) **a j.**, fare un viaggio; **to be on a j.**, essere in viaggio; viaggiare; **j. out**, viaggio d'andata.
to **journey** /ˈdʒɜːnɪ/ *v. i.* (*lett.*) viaggiare; fare un viaggio.
journeyman /ˈdʒɜːnɪmən/ *n.* (*pl.* **journeymen** /-mən/) operaio qualificato.
joust /dʒaʊst/ *n.* (*stor.*) giostra; torneo.
to **joust** /dʒaʊst/ *v. i.* ***1*** (*stor.*) giostrare; torneare ***2*** rivaleggiare; scontrarsi.
jovial /ˈdʒəʊvɪəl/ *a.* gioviale; allegro.
joviality /dʒəʊvɪˈælətɪ/ *n.* Ⓤ giovialità; allegria.
jowl /dʒaʊl/ *n.* ***1*** mascella ***2*** guancia ***3*** giogaia (*di bue, ecc.*).
joy /dʒɔɪ/ *n.* Ⓤ *e* Ⓒ gioia; felicità; contentezza.
joyful /ˈdʒɔɪfl/ *a.* (*form.*) gioioso; allegro; felice; lieto.
joyfulness /ˈdʒɔɪflnəs/ *n.* Ⓤ (*form.*) gioia; felicità; letizia.
joyless /ˈdʒɔɪləs/ *a.* senza gioia; mesto; triste.
joylessness /ˈdʒɔɪləsnəs/ *n.* Ⓤ mestizia; tristezza.
joyous /ˈdʒɔɪəs/ *a.* (*lett.*) gioioso; festevole; lieto.
joyride /ˈdʒɔɪraɪd/ *n.* (*fam.*) scorribanda su un'automobile rubata.
to **joyride** /ˈdʒɔɪraɪd/ *v. i.* (*fam.*) fare una scorribanda su un'automobile rubata.
joyrider /ˈdʒɔɪraɪdə(r)/ *n.* (*fam.*) chi ruba automobili per fare scorribande.
joystick /ˈdʒɔɪstɪk/ *n.* ***1*** (*aeron., fam.*) barra (*o* leva) di comando; cloche ***2*** (*elab.*) joystick; leva di comando.
jubilant /ˈdʒuːbɪlənt/ *a.* giubilante; esultante.
jubilation /dʒuːbɪˈleɪʃn/ *n.* Ⓤ giubilo; esultanza; grandi festeggiamenti.
jubilee /ˈdʒuːbɪliː/ *n.* ***1*** (*eccles.*) giubileo ***2*** (*anche* **golden j.**) giubileo; cinquantenario ● **diamond j.**, sessantesimo anniversario; nozze di diamante □ **silver j.**, venticinquesimo anniversario; nozze d'argento.
Jud(a)ean /dʒuːˈdiːən/ *a. e n.* (*stor.*) giudeo.
Judaic /dʒuːˈdeɪɪk/ *a.* giudaico; ebraico.
Judaism /ˈdʒuːdeɪɪzəm, *USA* -dɪɪz-/ *n.* Ⓤ giudaismo.
Judas /ˈdʒuːdəs/ *n.* traditore; giuda ● (*bot.*) **J. tree**, albero di Giuda.
judas /ˈdʒuːdəs/ *n.* (*anche* **j.-hole**) spioncino (*in una porta*).
to **judder** /ˈdʒʌdə(r)/ *v. i.* (*mecc.*) vibrare forte.
judge /dʒʌdʒ/ *n.* ***1*** (*leg.*) giudice ***2*** (*sport*) giudice; arbitro ***3*** conoscitore; intenditore: **He's no j. of that**, non è un intenditore; non è un'autorità in materia.
to **judge** /dʒʌdʒ/ ***A*** *v. t.* (*leg.*) giudicare; fare da giudice in ***B*** *v. i. e t.* ***1*** giudicare; ritenere; considerare: **to j. from appearances**, giudicare dalle apparenze; **judging by what happened...**, a giudicare da quanto è successo... ***2*** fare da giudice (*in una gara, ecc.*); fare da arbitro (*in una controversia*).
judg(e)ment /ˈdʒʌdʒmənt/ *n.* ***1*** Ⓤ *e* Ⓒ (*leg.*) sentenza; giudizio: **to pass j. on sb.**, emettere una sentenza contro q. ***2*** Ⓤ giudizio; discernimento; senno: **a man of sound j.**, un uomo di giudizio (*o* assennato); **against one's better j.**, pur sapendo di sbagliare ***3*** Ⓤ *e* Ⓒ giudizio; avviso; parere: **in my j.**, a mio giudizio; a mio avviso; **error of j.**, errore di valutazione ● (*relig.*) **J. Day**, il giorno del Giudizio □ (*relig.*) **the Last J.**, il Giudizio universale □ **to sit in j. on sb.**, erigersi a giudice di q.
judicial /dʒuːˈdɪʃl/ *a.* (*leg.*) giudiziario; giudiziale ● **the j. bench**, il banco dei giudici □ **to take j. proceedings against sb.**, adire le vie legali contro q.
judiciary /dʒuːˈdɪʃɪərɪ, *USA* -ʃɪerɪ/ *n.* (*col verbo al sing. o al pl.*) magistratura; (i) giudici.
judicious /dʒuːˈdɪʃəs/ *a.* giudizioso; assennato.
judo /ˈdʒuːdəʊ/ *n.* Ⓤ judo; lotta giapponese.
jug /dʒʌg/ *n.* brocca; caraffa: **milk jug**, lattiera.
to **jug** /dʒʌg/ *v. t.* (*cucina*) cuocere in salmì ● **jugged hare**, lepre in salmì.
juggernaut /ˈdʒʌgənɔːt/ *n.* (*fam. GB*) autotreno; TIR.
to **juggle** /ˈdʒʌgl/ *v. i. e tr.* ***1*** fare giochi di prestigio (con) ***2*** (*fig.*) giostrare (con); destreggiarsi (con); manipolare: **to j. the figures**, manipolare le cifre; **to j. with words**, equivocare.
juggler /ˈdʒʌglə(r)/ *n.* giocoliere; prestigiatore.
jugular /ˈdʒʌgjʊlə(r)/ (*anat.*) *a. e n.* (vena) giugulare.
juice /dʒuːs/ *n.* ***1*** Ⓤ *e* Ⓒ succo: **orange j.**, succo d'arancia; **gastric juices**, succhi gastrici ***2*** sugo (*di carne*) ***3*** Ⓤ (*pop.*) benzina; nafta ***4*** (*pop.*) corrente elettrica.
to **juice** /dʒuːs/ *v. Solo come*:
♦ **juice up** *v. t. + avv.* (*fam. USA*) animare; vivacizzare; movimentare.
juiciness /ˈdʒuːsɪnəs/ *n.* sugosità; succosità.
juicy /ˈdʒuːsɪ/ *a.* ***1*** succoso; sugoso ***2*** (*di notizia, ecc.*) appetitoso; piccante ***3*** (*specialm. USA*) redditizio; vantaggioso.
jujitsu /dʒuːˈdʒɪtsuː/ *n.* jujitsu; lotta giapponese.
ju-ju /ˈdʒuːdʒuː/ *n.* ***1*** feticcio africano ***2*** Ⓤ magia nera africana.
jujube /ˈdʒuːdʒuːb/ *n.* (*fam.*) giuggiola; pasticca.
jukebox /ˈdʒuːkbɒks/ *n.* juke-box.
julep /ˈdʒuːlɪp/ *n.* Ⓤ *e* Ⓒ ***1*** giulebbe ***2*** (*USA, anche* **mint j.**) whisky (*o* brandy) con zucchero e menta.
July /dʒʊˈlaɪ, dʒə-/ *n.* luglio. (*Per gli esempi d'uso, V. sotto* **April**).
jumble /ˈdʒʌmbl/ *n.* ***1*** mescolanza; miscuglio; guazzabuglio ***2*** Ⓤ (*GB*) oggetti vecchi; roba vecchia ● **j. sale**, vendita di beneficenza.
to **jumble** /ˈdʒʌmbl/ ***A*** *v. t.* (*anche* to **jumble up**) mischiare; ammucchiare; mettere, gettare alla rinfusa ***B*** *v. i.* mescolarsi; ammucchiarsi; accavallarsi.
jumbo /ˈdʒʌmbəʊ/ ***A*** *n.* (*pl.* **jumbos**) (*aeron., anche* **j. jet**) jumbo ***B*** *a. attr.* (*anche* **j.-sized**) enorme; maxi-.
jump /dʒʌmp/ *n.* ***1*** salto; balzo; sobbalzo: (*sport*) **high [long, triple] j.**, salto in alto [in lungo, triplo]; **a j. in prices**, un aumento improvviso (*o* un balzo) dei prezzi ***2*** (*al pl.*) (*fam.*) nervosismo: **to have the jumps**, essere nervosissimo ● (*fam. GB*) **You'll be for the high j. when he finds out!**, povero te quando se ne accorge! □ (*fam.*) **to be one j. ahead of sb.**, essere un passo più avanti di q. □ (*fam. USA*) **to get the j. on sb.**, essere in vantaggio su q.
to **jump** /dʒʌmp/ ***A*** *v. i.* ***1*** saltare; balzare; sobbalzare: **to j. over a fence**, saltare uno steccato; **to j. to one's feet**, balzare in piedi; **to j. for joy**, saltare dalla gioia ***2*** (*di prezzi*) fare un balzo; salire improvvisamente ***3*** (*a dama*) mangiare una pedina ● (*fam.*) **to j. down sb.'s throat**, saltare addosso a q. (*fig.*); aggredire q. (*fig.*) □ **to j. on sb.**, saltare addosso a q. (*fig.*) □ **to j. to conclusions**, trarre conclusioni affrettate □ **to j. to it**, sbrigarsi ***B*** *v. t.* ***1*** saltare; scavalcare ***2*** far saltare ● **to j. the gun**, (*sport*) scattare prima del segnale di partenza; (*fig.*) essere precipitoso □ (*GB*) **to j. the queue**, passare davanti agli altri (*in una coda*) □ **to j. the rails** (*o* **the track**), (*di treno, tram*) deragliare.
♦ **jump at** *v. i. + prep.* affrettarsi ad accettare; afferrare al volo.
♦ **jump in** *v. i. + avv.* ***1*** interrompere (una conversazione) ***2*** intervenire in fretta.
♦ **jump up** *v. i. + avv.* scattare in piedi; saltar su.
jumped-up /ˈdʒʌmptʌp/ *a.* (*fam. GB*) ***1*** (*spreg.*) che ha fatto carriera ***2*** pieno di sé.
jumper (1) /ˈdʒʌmpə(r)/ *n.* saltatore (-trice).
jumper (2) /ˈdʒʌmpə(r)/ *n.* ***1*** (*GB*) maglione; pullover ***2*** (*USA*) scamiciato.
jumpiness /ˈdʒʌmpɪnəs/ *n.* Ⓤ eccitabilità; nervosità; nervosismo.
jumping-off point /dʒʌmpɪŋˈɒf pɔɪnt/ *locuz. n.* (*fam.*) punto di partenza (*di un viaggio, una discussione, ecc.*).
jump leads /ˈdʒʌmp liːdz/ *locuz. n. pl.* (*elettr.*) morsetto; coccodrillo.
to **jump-start** /ˈdʒʌmpstaːt/ *v. t.* ***1*** (*autom.*) mettere in moto (*un'automobile*) collegando con morsetti i poli della batteria (*scarica o guasta*) con quella di un'altra vettura ***2*** (*fig.*) mettere in moto; far partire; dare una spinta a.
jumpsuit /ˈdʒʌmpsuːt, -sjuːt/ *n.* tuta.
jumpy /ˈdʒʌmpɪ/ *a.* nervoso; coi nervi a fior di pelle.
junction /ˈdʒʌŋkʃn/ *n.* ***1*** Ⓤ *e* Ⓒ congiungimento; congiunzione ***2*** (*elettr., mecc., falegn.*) giunzione ***3*** (*ferr.*) nodo ferroviario; stazione (di raccordo) ***4*** raccordo stradale.
juncture /ˈdʒʌŋktʃə(r)/ *n.* momento (critico); congiuntura; frangente: **at this j.**, in questo momento; in questo fran-

gente.
June /dʒu:n/ *n.* giugno. (*Per gli esempi d'uso, V. sotto* **April**).
jungle /ˈdʒʌŋgl/ *n.* Ⓤ e Ⓒ *1* giungla *2* (*fig.*) giungla; groviglio ● (*med.*) **j. fever**, febbre tropicale.
junior /ˈdʒu:nɪə(r)/ *A a. 1* inferiore (*di grado, posizione, ecc.*); minore (*di età*) *2* (*fra padre e figlio, dello stesso nome*) il giovane; junior *3* (*in U.S.A.*) che frequenta il terzo anno (*di scuola secondaria, università*) ● (*in U.S.A.*) **j. high-school**, scuola media inferiore □ (*in G.B.*) **j. school**, scuola per bambini fra i 7 e gli 11 anni *B n. 1* persona più giovane (*di un'altra*): **He is my j. by two years**, è più giovane di me di due anni *2* (*in U.S.A.*) studente del terzo anno (*di scuola secondaria, università*) *3* (*in G.B.*) allievo fra i 7 e gli 11 anni nella scuola elementare.
juniper /ˈdʒu:nɪpə(r)/ *n.* Ⓒ e Ⓤ (*bot.*) ginepro.
junk (1) /dʒʌŋk/ *n.* (*naut.*) giunca.
junk (2) /dʒʌŋk/ *n. 1* Ⓤ roba vecchia; (*estens.*) cianfrusaglie *2* Ⓤ (*fam.*) fesserie; idiozie *3* Ⓤ (*pop.*) droga; eroina ● (*fin.*) **j. bond**, titolo spazzatura □ (*fam.*) **j. food**, cibo spazzatura □ (*fam.*) **j. mail**, opuscoli pubblicitari (*ricevuti per posta*) □ **j. shop**, negozio di rigattiere.
to **junk** /dʒʌŋk/ *v. t.* (*fam.*) scartare; buttare via.
junket /ˈdʒʌŋkɪt/ *n. 1* Ⓤ e Ⓒ giuncata; ricotta *2* (*USA*) gita; merenda all'aperto *3* (*spesso spreg.*) viaggio ufficiale a spese dei contribuenti.
to **junket** /ˈdʒʌŋkɪt/ *v. t. 1* far festa; divertirsi *2* (*USA*) andare in gita *3* (*spesso spreg.*) fare viaggi ufficiali a spese dei contribuenti.
junkie, **junky** /ˈdʒʌŋkɪ/ *n.* (*pop.*) tossicomane; eroinomane.
Junoesque /dʒu:nəʊˈesk/ *a.* giunonico.
junta /ˈdʒʌntə, ˈdʒʊ-, ˈhʊ-/ *n.* (*polit.*) giunta militare.
Jurassic /dʒʊəˈræsɪk/ *a.* (*geol.*) giurassico.
juridical /dʒʊəˈrɪdɪkl/ *a.* giuridico; legale ● **j. days**, giorni di udienza.
jurisdiction /dʒʊərɪsˈdɪkʃn/ *n.* Ⓤ (*leg.*) giurisdizione.
jurisdictional /dʒʊərɪsˈdɪkʃənl/ *a.* giurisdizionale.
jurisprudence /dʒʊərɪˈspru:dns/ *n.* Ⓤ giurisprudenza.
jurist /ˈdʒʊərɪst/ *n.* giurista.
juror /ˈdʒʊərə(r)/ *n.* (*leg.*) giurato (-a); membro di giuria.
jury /ˈdʒʊərɪ/ *n.* giuria; (i) giurati: **j.-box**, banco dei giurati; **The j. is still out**, (*leg.*) la giuria sta ancora discutendo; (*fig.*) la cosa non è ancora decisa, le opinioni variano.
juryman /ˈdʒʊərɪmən/ *n.* (*pl.* **jurymen** /-mən/) (*leg.*) giurato.
jurywoman /ˈdʒʊərɪwʊmən/ *n.* (*pl.* **jurywomen** /-wɪmən/) (*leg.*) giurata.
just (1) /dʒʌst/ *a. 1* giusto; equo; retto *2* giustificato; meritato.
just (2) /dʒʌst, dʒəst/ *avv. 1* precisamente; proprio; (per l')appunto; giusto (*fam.*): **j. now [then]** , proprio ora [in quel momento]; **J. the thing!**, proprio (*o* giusto) quello che ci vuole!; **J. so!**, proprio così!; **We were j. leaving**, stavamo per partire; **I j. don't understand**, non capisco proprio; (*fam.*) **It's j. beautiful**, è davvero bello!; è bellissimo!; **She looks j. like her mother**, è tutta sua madre; **That's j. it**, appunto! *2* appena; a mala pena: **j. before Christmas [after midnight]**, poco (*o* subito) prima di Natale [dopo mezzanotte]; **I have j. enough money**, ho appena denaro a sufficienza *3* solo; soltanto: **He's j. a child**, è solo un bambino; **J. get me the eggs**, comprami solo le uova *4* appena; un momento ora; poco fa; or ora: **I've j. seen him**, l'ho visto un momento fa *5* per poco; per un pelo: **I j. missed the pheasant**, ho mancato il fagiano per un pelo ● **J. do as I told you!**, fa' come ti ho detto e basta! □ **J. listen to him!**, ma sentilo! □ **J. shut the door, will you?**, vuoi chiudere quella porta? □ **J. a moment, please**, un momento, prego □ (*fam.*) **j. about**, quasi: **He's j. about finished**, ha quasi finito □ **j. as good**, altrettanto buono □ (*fam.*) **j. as soon**, piuttosto: **I'd j. as soon stay at home**, preferirei starmene a casa □ (*fam.*) **j. now**, un momento fa; proprio ora □ (*fam.*) **j. the same**, lo stesso: **I'll go j. the same**, andrò lo stesso □ (*fam.*) **I should j. think so!**, vorrei vedere!; direi! □ **It's j. as well I didn't go**, per fortuna non ci sono andato.
justice /ˈdʒʌstɪs/ *n. 1* Ⓤ giustizia *2* (*leg.*) giudice (di corte superiore) ● **J. of the Peace**, giudice conciliatore □ **to do j. to sb.**, rendere giustizia a q. □ **to do j. to st.**, fare onore a q.c. □ **to do oneself j.**, farsi onore.
justifiable /ˈdʒʌstɪfaɪəbl/ *a.* giustificabile; lecito ● (*leg.*) **j. homicide**, omicidio non punibile (*perché commesso in stato di necessità*).
justifiably /ˈdʒʌstɪfaɪəblɪ/ *avv.* a ragione; giustamente; comprensibilmente.
justification /dʒʌstɪfɪˈkeɪʃn/ *n.* Ⓤ *1* giustificazione; discolpa *2* (*tipogr.*) giustificazione.
to **justify** /ˈdʒʌstɪfaɪ/ *A v. t. 1* giustificare; scusare *2* giustificare; motivare; comprovare: **to j. a statement**, comprovare una dichiarazione *3* (*tipogr.*) giustificare ● **to be justified in doing st.**, avere buone ragioni per fare q.c. *B* to **justify oneself** *v. rifl.* giustificarsi.
justly /ˈdʒʌstlɪ/ *avv.* giustamente; a buon diritto.
justness /ˈdʒʌstnəs/ *n.* Ⓤ *1* giustezza; fondatezza; validità *2* esattezza; precisione.
to **jut** /dʒʌt/ *v. i.* (*anche* **to jut out** *o* **forth**) sporgere; protendersi; (*edil.*) aggettare.
jute /dʒu:t/ *n.* Ⓤ (*ind. tess.*) iuta.
Jutes /dʒu:ts/ *n. pl.* (*stor.*) juti.
jutting /ˈdʒʌtɪŋ/ *a.* sporgente; aggettante.
juvenile /ˈdʒu:vənaɪl, *USA* -nl/ *A a. 1* dei giovani; giovanile; (*leg.*) minorile: **j. delinquency**, delinquenza giovanile; (*leg.*) **j. delinquent**, delinquente minorenne; (*leg.*) **j. court**, tribunale minorile *2* immaturo; infantile *B n. 1* giovane *2* (*teatr.*) attor giovane.
juvenilia /dʒu:vəˈnɪlɪə/ (*lat.*) *n. pl.* opere giovanili.
to **juxtapose** /dʒʌkstəˈpəʊz/ *v. t.* giustapporre.
juxtaposition /dʒʌkstəpəˈzɪʃn/ *n.* Ⓤ giustapposizione.

k, K

K, k /keɪ/ *n.* (*pl.* **K's, k's; Ks, ks**) K, k • (*telef.*) **k for king**, k come Kursaal.
kab(b)ala /kəˈbɑːlə, ˈkæbələ/ *n.* cabala.
kadi /ˈkɑːdɪ, ˈkeɪ-/ *n.* cadì.
Kaf(f)ir /ˈkæfə(r), *USA* ˈkɑː-/ *n.* cafro.
kail, kale /keɪl/ *n.* Ⓤ (*bot.*) cavolo verde.
kaleidoscope /kəˈlaɪdəskəʊp/ *n.* caleidoscopio.
kaleidoscopic /kəlaɪdəˈskɒpɪk/ *a.* caleidoscopico.
kamikaze /kæmɪˈkɑːzɪ, *USA* kɑː-/ ***A*** *n.* kamikaze ***B*** *a.* da kamikaze; suicida.
kangaroo /kæŋgəˈruː/ *n.* (*zool.*) canguro • **k. court**, tribunale illegale; tribunale fittizio.
kaolin /ˈkeɪəlɪn/ *n.* Ⓤ (*miner.*) caolino.
kapok /ˈkeɪpɒk/ *n.* Ⓤ (*ind. tess.*) capoc, kapok.
kaput /kæˈpʊt/ (*ted.*) *a. pred.* (*pop.*) finito; rovinato; rotto; kaputt.
karat /ˈkærət/ *n.* (*USA*) carato.
karate /kəˈrɑːtɪ/ . Ⓤ (*sport*) karate.
karma /ˈkɑːmə/ *n.* (*relig.*) karma.
kayak /ˈkaɪæk/ *n.* kayak (*canoa eschimese*).
kebab /kəˈbæb/ *n.* (*cucina*) spiedino di carne, verdura, ecc.
kedge /kɛdʒ/ *n.* (*naut.*) ancorotto.
keel /kiːl/ *n.* (*naut.*) chiglia • **on an even k.**, in (stato di) equilibrio; in carreggiata (*fig.*); sui binari (*fig.*).
to **keel** /kiːl/ *v. Solo come*:
♦ **keel over** *v. i. + avv.* ***1*** rovesciarsi; capovolgersi ***2*** (*fam.*) cadere (di lato).
to **keelhaul** /ˈkiːlhɔːl/ *v. t.* (*naut., stor.*) punire con un giro di chiglia.
keen (1) /kiːn/ *a.* ***1*** appassionato; entusiasta: **a k. golfer**, un appassionato di golf; **k. on anything Egyptian**, appassionato di cose egiziane; (*fam.*) **k. on sb.**, innamorato di q. ***2*** desideroso: **k. to help**, desideroso di aiutare ***3*** (*di intelletto, sentimenti, sensi, ecc.*) acuto; intenso; forte: **k. intelligence**, ingegno acuto; **k. eye**, vista acuta; **k. appetite**, buon appetito; **k. competition**, accesa competizione; forte concorrenza ***4*** (*lett.*) affilato; pungente: **k. wind**, vento pungente ***5*** (*di prezzo*) basso; competitivo • (*fam.*) **as k. as mustard**, pieno di entusiasmo.
keen (2) /kiːn/ *n.* (*irl.*) lamento funebre.
to **keen** /kiːn/ *v. i.* (*irl.*) fare un lamento funebre.
keenly /ˈkiːnlɪ/ *avv.* ***1*** appassionatamente ***2*** intensamente; profondamente: **to feel st. k.**, sentire q.c. intensamente.
keenness /ˈkiːnnəs/ *n.* Ⓤ ***1*** forte desiderio; ardore ***2*** acutezza (*anche fig.*) ***3*** intensità; vivezza.
keep /kiːp/ *n.* ***1*** Ⓤ mantenimento; sostentamento; vitto e alloggio ***2*** (*archit.*) torrione; maschio • (*fam.*) **for keeps**, per sempre.
to **keep** /kiːp/ (*pass. e p.p.* **kept**) ***A*** *v. t.* ***1*** tenere; mantenere; conservare; serbare: **to k. one's hands in one's pockets**, tenere le mani in tasca; **to k. a diary**, tenere un diario; **to k. st. to oneself**, tenere per sé q.c. (*una notizia, ecc.*); **to k. one's temper**, mantenere (*o* conservare) la calma ***2*** mantenere; tenere; trattenere: **to k. costs to a minimum**, mantenere i costi al minimo; **to k. sb. awake [warm]**, tenere sveglio [caldo] q.; **to k. sb. in**, tenere in casa q.; **to k. sb. waiting**, far aspettare q.; **to k. sb. amused**, divertire q.; distrarre q.; **I won't k. you long**, non ti tratterrò a lungo; **to k. st. from sb.**, tenere q.c. nascosto a q.; **to k. sb. from st.**, impedire a q. di fare q.c. ***3*** mantenere; allevare: **to have a family to k.**, avere una famiglia da mantenere; **to k. chickens**, allevare polli ***4*** tenere fede a; mantenere; osservare; rispettare: **to k. a promise [a secret]**, mantenere una promessa [un segreto]; **to k. the law**, rispettare la legge ***5*** (*antiq.*) osservare; celebrare: **to k. Christmas**, celebrare il Natale • **to k. hold of sb. [st.]**, tenere stretto q. [q.c.] □ **to k. open house**, essere ospitale □ **to k. (oneself) to oneself**, starsene per proprio conto; tenersi in disparte ***B*** *v. i.* ***1*** tenersi; stare; restare: **to k. out of trouble**, tenersi lontano (*o* fuori) dai guai; **to k. out of a quarrel**, non immischiarsi in una lite; **to k. to the point**, restare in tema; **to k. to one's room**, restare in camera propria; **to k. to the right**, tenere la destra; tenersi a destra ***2*** mantenersi; conservarsi: **Meat doesn't k. in hot weather**, la carne non si mantiene col caldo; **I hope you are keeping well**, spero che tu stia bene ***3*** trattenersi: **to k. from laughing**, trattenersi dal ridere ***4*** continuare: **I k. forgetting to phone her**, dimentico sempre di telefonarle; **K. straight on for two miles**, continua sempre dritto per due miglia.
♦ **keep at** *v. i. + prep.* ***1*** insistere in; perseverare in: **K. at it!**, dacci sotto!; non mollare! ***2*** non dare pace a; assillare.
♦ **keep after** *v. i. + prep.* ***1*** inseguire; continuare a cercare ***2*** non dare pace a.
♦ **keep back** *v. t. + avv.* ***1*** trattenere (*una parte di q.c.*); tenere da parte ***2*** non rivelare; nascondere: **to k. st. back from sb.**, nascondere q.c. a q.
♦ **keep down** *v. t. + avv.* ***1*** tenere basso; tenere giù; abbassare: **to k. prices down**, tenere bassi i prezzi; **K. your head down**, tieni giù la testa; **K. your voice down**, abbassa la voce; non gridare ***2*** tenere nello stomaco; tenere giù ***3*** limitare; tenere sotto controllo: **to k. expenses down**, limitare le spese ***4*** opprimere; reprimere.
♦ **keep in with** *v. i. + avv. e prep.* (*fam.*) tenersi buono (q.).
♦ **keep off** *v. i. + prep.* stare lontano da; evitare: **to k. off fats**, evitare i grassi; **K. off the grass**, è vietato calpestare l'erba.
♦ **keep on** ***A*** *v. i. + avv.* continuare a: **to k. on doing st.**, continuare a fare q.c.; **to k. on about st.**, continuare a parlare di q.c.; insistere su q.c.; **to k. on at sb.**, continuare a infastidire (*o* a criticare) q.; assillare q. ***B*** *v. t. + avv.* continuare a tenere (*un impiegato, ecc.*); continuare ad avere o affittare (*una casa, ecc.*).
♦ **keep up** ***A*** *v. i. + avv.* ***1*** (*del tempo*) durare; continuare ***2*** stare al passo; tenere dietro a q. [q.c.] ***B*** *v. t. + avv.* continuare; mantenere; conservare: **K. it up!**, continua così!; resisti!; **to k. up appearances**, salvare le apparenze; **to k. up one's English**, tenersi in esercizio con l'inglese.
♦ **keep up with** *v. i. + avv. e prep.* stare al passo con; tenere (*o* stare) dietro a: **to k. up with the times**, andare al passo con i tempi • **to k. up with the Joneses**, non voler essere da meno dei vicini.
keeper /ˈkiːpə(r)/ *n.* custode; guardiano; sorvegliante: **zoo k.**, guardiano di zoo; **I'm not his k.!**, non sono il suo custode!; non sono responsabile per lui!
keep-fit /ˈkiːpfɪt/ *n.* Ⓤ ginnastica per mantenersi in forma.
keeping /ˈkiːpɪŋ/ *n.* Ⓤ ***1*** custodia; cura; guardia ***2*** mantenimento; conservazione ***3*** armonia; accordo: **to be in [out of] k. with**, essere [non essere] in armonia con.
keepsake /ˈkiːpseɪk/ *n.* (oggetto) ricordo; pegno d'affetto.
keg /kɛg/ *n.* barilotto.
kelp /kɛlp/ *n.* (*bot.*) fuco.
ken /kɛn/ *n.* Ⓤ conoscenza • **It's beyond my k.**, non rientra nel mio campo; non me ne intendo.
kennel /ˈkɛnl/ *n.* ***1*** canile ***2*** (*al pl.*) pensione per cani ***3*** (*al pl.*) allevamento di cani.
Kentish /ˈkɛntɪʃ/ *a.* (*geogr.*) del Kent.
kepi /ˈkeɪpɪ/ *n.* (*mil.*) chepì.
kept /kɛpt/ ***A*** *pass. e p.p. di* **to keep** ***B*** *a.* — **k. woman**, mantenuta.
keratin /ˈkɛrətɪn, *USA* -tn/ *n.* Ⓤ (*chim., biol.*) cheratina.
kerb /kɜːb/ *n.* (cordone di) marciapiede • (*fam.*) **k.-crawler**, automobilista in cerca di prostitute di strada.
kerchief /ˈkɜːtʃɪf/ *n.* fazzoletto da testa (*o* da collo).
kerfuffle /kəˈfʌfl/ *n.* (*fam. GB*) confusione; trambusto; scene.

kermess, **kermis** /ˈkɜːmɪs/ *n.* kermesse.
kernel /ˈkɜːnl/ *n.* ***1*** nocciolo; gheriglio (*di noce*); seme; chicco (*di grano, granturco, ecc.*) ***2*** (*fig.*) nocciolo; nucleo ***3*** (*fis. nucl.*) nucleo.
kerosene /ˈkɛrəsiːn/ *n.* U (*USA*) cherosene.
kestrel /ˈkɛstrəl/ *n.* (*zool.*) gheppio.
ketch /kɛtʃ/ *n.* (*naut.*) ketch.
ketchup /ˈkɛtʃəp/ *n.* U (*cucina*) ketchup.
kettle /ˈkɛtl/ *n.* bollitore: **to put the k. on**, mettere a bollire l'acqua (*per il tè, ecc.*) • (*fam.*) **a different k. of fish**, un'altro paio di maniche; tutt'altra cosa □ (*fam.*) **a pretty k. of fish**, un bel pasticcio.
kettledrum /ˈkɛtldrʌm/ *n.* (*mus.*) timpano.
key /kiː/ ***A*** *n.* ***1*** chiave (*anche fig.*); chiavetta: **master-key**, passe-partout; (*autom.*) **ignition key**, chiavetta dell'accensione; **the key to a problem**, la chiave di un problema ***2*** (*mus.*) chiave; tonalità ***3*** tasto: **piano keys**, i tasti di un pianoforte ***4*** tono; tonalità: **in a minor key**, in tono smorzato ***5*** (*mecc.*) chiavetta; bietta ***6*** (*archit.*) chiave (*dell'arco, della volta*) ***7*** (*di mappa, ecc.*) legenda • **key money**, somma pagata per poter affittare un appartamento □ **key ring**, anello portachiavi ***B*** *a. attr.* chiave; fondamentale: **key position** [**men**], posizione [uomini] chiave; **key issue**, questione fondamentale.
to **key** /kiː/ *v. Solo come*:
♦ **key in** *v. t. + avv.* (*elab.*) introdurre (*dati digitando sulla tastiera*).
keyboard /ˈkiːbɔːd/ *n.* tastiera • **k. operator**, tastierista.
to **keyboard** /ˈkiːbɔːd/ *v. t.* (*elab.*) digitare.
keyboarder /ˈkiːbɔːdə(r)/ *n.* (*elab.*) tastierista.
keyed up /kiːdˈʌp/ *a. pred.* eccitato; teso; nervoso.
keyhole /ˈkiːhəʊl/ *n.* buco della serratura • **k. surgery**, microchirurgia.
keynote /ˈkiːnəʊt/ *n.* ***1*** (*mus.*) tonica ***2*** nota dominante; concetto fondamentale • **k. speech**, discorso chiave.
keypunch /ˈkiːpʌntʃ/ *n.* (*USA*) perforatrice di schede.
keystone /ˈkiːstəʊn/ *n.* (*archit. e fig.*) chiave di volta.
khaki /ˈkɑːkɪ, *USA* ˈkæ-/ ***A*** *a.* cachi; kaki ***B*** *n.* ***1*** color cachi ***2*** tela cachi.
khalif /ˈkeɪlɪf, ˈkæ-/ *V.* **caliph**.
khan /kɑːn, *USA* kæn/ *n.* (*stor., polit.*) khan; can.
kibbutz /kɪˈbʊts/ *n.* (*pl.* **kibbutzim** /-tsiːm/, **kibbutzes**) kibbutz.
kibosh /ˈkaɪbɒʃ/ *n.* — (*pop. GB*) **to put the k. on st.**, rovinare q.c.; farla finita con q.c.
kick /kɪk/ *n.* ***1*** calcio; pedata ***2*** U (*di arma da fuoco*) rinculo ***3*** U *e* C (*fam.*) divertimento; gusto; piacere: **to get a k. out of st.**, trarre piacere da q.c.; provarci gusto a fare q.c.; **to do st. for kicks**, fare q.c. per il puro gusto di farlo ***4*** U (*fam.*) forza: **This whisky's got quite a k.**, questo whisky è potente • (*fig.*) **k. in the teeth**, schiaffo, calcio in faccia (*fig.*) □ **k.-start**, (*di motocicletta, anche* **k.-starter**) pedale di avviamento; (*fig.*) spinta (*a un'attività*).
to **kick** /kɪk/ ***A*** *v. i.* ***1*** tirare (*o* dare) calci; scalciare ***2*** (*di arma da fuoco*) rinculare • (*fig.*) **kicking and screaming**, a forza ***B*** *v. t.* ***1*** dare un calcio a; dare calci a; prendere a calci (*o* a pedate): **He kicked me in the shin**, mi tirò un calcio nello stinco; **I could k. myself!**, mi prenderei a calci!; **to k. open a door**, aprire una porta con un calcio; **to k. one's legs in the air**, lanciare in alto le gambe; sgambettare ***2*** (*sport*) calciare; mandare con un calcio: **to k. a ball back to sb.**, rimandare una palla a q. con un calcio ***3*** (*sport*) segnare (*una rete*) con un calcio ***4*** (*pop.*) smettere, rinunciare a (*un'abitudine*): **to k. the habit**, smettere di drogarsi; smettere di fumare • (*fam.*) **to k. the bucket**, morire; tirare le cuoia □ **to k. one's heels**, aspettare a lungo; fare anticamera; non avere niente da fare □ (*fam.*) **to k. sb. upstairs**, promuovere q. a una carica più importante ma di minor potere.
♦ **kick about** *v. i. + avv.* ***1*** (*di oggetto*) essere in giro da qualche parte ***2*** (*di persona*) bighellonare; ciondolare in giro senza far niente.
♦ **kick against** *v. i. + prep.* ribellarsi contro.
♦ **kick around** (*fam.*) ***A*** *v. t. + avv.* discutere (*un'idea, idee*) informalmente ***B*** *v. i. + avv. V.* **to k. about**.
♦ **kick at** *V.* **to k. against**.
♦ **kick back** ***A*** *v. t. + avv.* dare come tangente; dare sottobanco ***B*** *v. i. + avv.* ***1*** (*mecc.*) dare un contraccolpo ***2*** (*di malattia*) colpire di nuovo.
♦ **kick in** ***A*** *v. t. + avv.* ***1*** sfondare (a calci) ***2*** (*fam.*) dare (*denaro per una colletta*) ***B*** *v. i. + avv.* ***1*** contribuire (*a una colletta, ecc.*) ***2*** (*pop.*) cominciare a funzionare, a farsi sentire: **The painkiller should k. in within ten minutes**, l'analgesico dovrebbe cominciare a fare effetto entro dieci minuti.
♦ **kick off** ***A*** *v. t. + avv.* ***1*** togliersi (*le scarpe*) con un calcio ***2*** dare il via a ***B*** *v. i. + avv.* ***1*** (*sport*) battere il calcio d'inizio ***2*** (*fig.*) cominciare.
♦ **kick out** *v. t. + avv.* ***1*** buttare fuori con un calcio ***2*** (*sport*) calciare (*la palla*) fuori; mandare (*la palla*) a fondocampo ***3*** cacciare; buttare fuori.
♦ **kick over** *v. t. + avv.* rovesciare con un calcio.
♦ **kick up** *v. t. + avv.* alzare; sollevare: **to k. up a dust**, sollevare la polvere (*camminando*) • (*fam.*) **to k. up a fuss** (*o* **a row, a stink**), scatenare un putiferio; fare una scenata □ (*fam.*) **to k. up one's heels**, darsi alla pazza gioia.
kickback /ˈkɪkbæk/ *n.* (*pop.*) tangente; mazzetta.
kickoff /ˈkɪkɒf, *USA* -ɔːf/ *n.* ***1*** (*sport*) calcio d'inizio (*o* di ripresa del gioco) ***2*** (*fam. GB*) orario d'inizio.
to **kick-start** /ˈkɪkstɑːt/ *v. t.* ***1*** mettere in moto (*una motocicletta*) (col pedale di avviamento) ***2*** (*fig.*) far partire; mettere in moto.
kid /kɪd/ ***A*** *n.* ***1*** capretto ***2*** U pelle di capretto: **kid gloves**, guanti di pelle di capretto ***3*** (*fam.*) bambino (-a); ragazzo (-a) • **to handle** (*o* **to treat**) **sb. with kid gloves**, trattare q. coi guanti ***B*** *a.* (*di fratello, sorella*) più piccolo; minore: **my kid brother**, il mio fratellino; il mio fratello minore.
to **kid** /kɪd/ (*fam.*) ***A*** *v. t.* prendere in giro ***B*** *v. i.* scherzare: **He's only kidding**, sta scherzando • **No kidding!**, non scherzo!; ma va'!; davvero?; ma va'?
kiddie, **kiddy** /ˈkɪdɪ/ *n.* (*fam.*) bambino (-a); ragazzino (-a).
kidnap /ˈkɪdnæp/ *n.* rapimento, sequestro (*a scopo di estorsione*).
to **kidnap** /ˈkɪdnæp/ *v. t.* rapire, sequestrare (*a scopo di estorsione*).
kidnapper /ˈkɪdnæpə(r)/ *n.* rapitore (-trice); sequestratore (-trice).
kidnapping /ˈkɪdnæpɪŋ/ *n.* U *e* C rapimento, sequestro (*a scopo di estorsione*).
kidney /ˈkɪdnɪ/ *n.* ***1*** (*anat.*) rene ***2*** (*cucina*) rognone • (*bot.*) **k. bean**, fagiolo comune □ (*med.*) **k. machine**, rene artificiale □ (*med.*) **k. stone**, calcolo renale.
kill /kɪl/ *n.* ***1*** (momento dell')uccisione (*nella caccia*) ***2*** preda uccisa • **to be in at the k.**, essere presente nel momento cruciale (*o* finale).
to **kill** /kɪl/ ***A*** *v. t.* ***1*** uccidere; ammazzare: **The frost killed all the plants**, il gelo ha ucciso tutte le piante; **to be killed in a train accident**, rimanere ucciso (*o* morire) in un incidente ferroviario ***2*** distruggere; rovinare; sopprimere; mettere fine a: **to k. sb.'s hopes**, distruggere le speranze di q.; **to k. a pain**, far passare un dolore; (*giorn.*) **to k. a story**, sopprimere un articolo; non pubblicare un pezzo ***3*** respingere, bocciare (*una proposta, ecc.*) ***4*** (*fam.*) far morire dal ridere ***5*** (*tennis, pallavolo, ecc.*) smorzare, schiacciare (*una palla*); (*calcio*) stoppare (*un pallone*) ***6*** (*di colori*) neutralizzare • **to k. two birds with one stone**, prendere due piccioni con una fava □ **to k. sb. with kindness**, sopraffare q. di cortesie □ **to k. time**, ammazzare il tempo □ **My feet are killing me!**, mi fanno male i piedi da morire ***B*** *v. i.* uccidere; ammazzare ***C*** to **kill oneself** *v. rifl.* uccidersi; ammazzarsi; suicidarsi • **to k. oneself laughing**, crepare dal ridere.
♦ **kill off** *v. t. + avv.* uccidere; distruggere; sterminare.
killer /ˈkɪlə(r)/ *n.* assassino (-a); uccisore • (*fig.*) **k. instinct**, grinta □ (*zool.*) **k. whale**, orca.
killing /ˈkɪlɪŋ/ ***A*** *n.* uccisione; omicidio; assassinio • **to make a k.**, fare un sacco di soldi tutti in un colpo; fare un bel colpo ***B*** *a.* ***1*** mortale ***2*** massacrante; che stronca ***3*** (*fam.*) buffissimo; che fa morire dal ridere.
killjoy /ˈkɪldʒɔɪ/ *n.* guastafeste.
kiln /kɪln/ *n.* ***1*** forno; fornace ***2*** essiccatoio.
kilo /ˈkiːləʊ, ˈkɪ-/ *n.* (*pl.* **kilos**) ***1*** (*abbr. di* **kilogram**) kilogrammo; chilo ***2*** (*abbr. di* **kilometre**) kilometro.
kilocycle /ˈkɪləsaɪkl/ *n.* (*fis.*) kilociclo.
kilogram(**me**) /ˈkɪləgræm/ *n.* kilogrammo.
kilohertz /ˈkɪləhɜːts/ *n.* (*pl.* **kilohertz**) (*fis.*) kilohertz.
kilometre, (*USA*) **kilometer** /ˈkɪləmiːtə(r), kɪˈlɒmɪtə(r),

USA kɪ'l-, 'k-/ *n.* kilometro.
kilowatt /'kɪləwɒt/ *n.* (*elettr.*) kilowatt • **k.-hour**, kilowattora.
kilt /kɪlt/ *n.* kilt; gonnellino scozzese.
kilter /'kɪltə(r)/ *n.* — **out of k.**, fuori uso; guasto
kimono /kɪ'məʊnəʊ, *USA* -nə/ *n.* (*pl.* **kimonos**) chimono.
kin /kɪn/ *n. pl.* (*form. GB; fam. USA*) parenti (*collett.*): **one's next of kin**, i parenti stretti.
kind (1) /kaɪnd/ *n.* genere; sorta; specie; tipo; natura: **pears of several kinds**, pere di diverse qualità; **something of the k.**, qualcosa del genere; **What k. of animal is this?**, che tipo d'animale è questo?; **It's a k. of melon**, è una specie di melone; **It's OK, if you like that k. of book**, non è male, se ti piace quel genere di libro; **That k. of problem can't be solved in a day**, problemi del genere non si risolvono in un giorno; **They differ in k.**, sono cose di natura diversa • (*fam.*) **I k. of expected it**, quasi me l'aspettavo □ (*fam.*) **I felt k. of let down**, ci sono rimasto un po' male □ (*fam.*) **I had a k. of feeling it wasn't quite right**, avevo la vaga sensazione che non fosse del tutto a posto □ **Nothing of the k.!**, niente affatto! □ **to pay in k.**, pagare in natura □ **to pay back in k.**, ripagare della stessa moneta □ **They are two of a k.**, sono uguali.
kind (2) /kaɪnd/ *a.* gentile; buono: **to be kind to sb.**, essere gentile (*o* buono) con q.; **It's very k. of you**, è molto gentile da parte vostra; **Would you be so k. as to...?**, ti dispiacerebbe... • **k.-hearted**, di buon cuore; comprensivo □ **k. regards**, cordiali saluti.
kindergarten /'kɪndəgɑːtn/ (*ted.*) *n.* asilo (infantile).
to **kindle** /'kɪndl/ **A** *v. t.* appiccare il fuoco a; dar fuoco a; accendere (*anche fig.*) **B** *v. i.* (*anche fig.*) prendere fuoco; accendersi; infiammarsi.
kindliness /'kaɪndlɪnəs/ *n.* Ⓤ gentilezza; benevolenza; bontà.
kindling /'kɪndlɪŋ/ *n.* Ⓤ fuscelli; legna minuta.
kindly (1) /'kaɪndlɪ/ *avv.* gentilmente • **K. put that down** (*o* **Will you k. put that down?**), mettilo giù, se non ti spiace □ **to look k. on st.**, guardare con favore a q.c. □ **not to take k. to st.**, non prendere bene q.c.
kindly (2) /'kaɪndlɪ/ *a.* benevolo; gentile; buono.
kindness /'kaɪndnəs/ *n.* *1* Ⓤ gentilezza; bontà: **to do st. out of k.**, fare q.c. per gentilezza *2* piacere; gentilezza.
kindred /'kɪndrɪd/ **A** *n.* (*form.*) *1* (*col verbo al pl.*) congiunti; parenti *2* Ⓤ (*leg.*) parentela **B** *a. attr.* affine; simile: **k. souls**, anime gemelle.
kinetic /kɪ'netɪk, kaɪ-/ *a.* (*fis.*) cinetico: **k. energy**, energia cinetica.
kinetics /kɪ'netɪks, kaɪ-/ *n. pl.* (*col verbo al sing.*) (*fis.*) cinetica.
kinfolk /'kɪnfəʊk/, **kinfolks** *n. pl.* (*fam. USA*) *V.* **kinsfolk**.
king /kɪŋ/ *n.* re (*anche di carte, scacchi e fig.*) • **the K.'s English.**, l'inglese corretto □ **k.-size(d)**, di misura superiore al normale; king-size.
kingcup /'kɪŋkʌp/ *n.* (*bot.*) ranuncolo; botton d'oro.
kingdom /'kɪŋdəm/ *n.* regno; reame • **the animal k.**, il regno animale □ (*polit.*) **the United K.**, il Regno Unito □ (*fam.*) **to send sb. to k. come**, spedire q. all'altro mondo □ (*fam.*) **to wait until k. come**, aspettare un'eternità.
kingfisher /'kɪŋfɪʃə(r)/ *n.* (*zool.*) martin pescatore.
kingly /'kɪŋlɪ/ *a.* regale; augusto.
kingpin /'kɪŋpɪn/ *n.* (*mecc. e fig.*) perno.
kingship /'kɪŋʃɪp/ *n.* Ⓤ regalità.
kink /kɪŋk/ *n.* *1* piega; ondulazione: **a k. in a pipe**, un gomito in un tubo; **Her hair has a bit of a k.**, ha i capelli ricci *2* eccentricità; bizzarria.
to **kink** /kɪŋk/ **A** *v. t.* *1* piegare; torcere *2* arricciare **B** *v. i.* *1* piegarsi; stortarsi *2* arricciarsi.
kinky /'kɪŋkɪ/ *a.* *1* storto; contorto *2* ricciuto *3* (*fam.*) bizzarro; (sessualmente) deviante.
kinsfolk /'kɪnsfəʊk/ *n. pl.* (*lett.*) parentado; parenti.
kinship /'kɪnʃɪp/ *n.* Ⓤ *1* parentela; consanguineità *2* affinità; somiglianza.
kinsman /'kɪnzmən/ *n.* (*pl.* **kinsmen** /-mən/) parente (*m.*); congiunto.
kinswoman /'kɪnzwʊmən/ *n.* (*pl.* **kinswomen** /-wɪmən/) parente (*f.*); congiunta.
kiosk /kɪ'ɒsk/ *n.* *1* chiosco; edicola *2* cabina di telefono pubblico.
kip /kɪp/ *n.* (*pop.*) sonno; dormita: **to have a kip**, fare una dormita.
to **kip** /kɪp/ *v. i.* (*pop.*) dormire; passare la notte.
kipper /'kɪpə(r)/ *n.* aringa affumicata.
kirk /kɜːk/ *n.* (*scozz.*) chiesa.
kismet /'kɪsmet/ *n.* (*lett.*) destino; fato.
kiss /kɪs/ *n.* bacio • (*fam.*) **k. of death**, colpo mortale □ (*fam.*) **k. of life**, respirazione bocca a bocca; (*fig.*) intervento provvidenziale, salvezza.
to **kiss** /kɪs/ **A** *v. t.* baciare • (*fam.*) **to k. and tell**, raccontare alla stampa tutti i particolari di una relazione dopo che questa è finita □ (*iron.*) **to k. st. goodbye**, dire addio a q.c. □ **to k. sb. goodnight**, dare a q. il bacio della buona notte **B** *v. i.* baciarsi.
kit /kɪt/ *n.* *1* Ⓤ equipaggiamento; attrezzatura *2* attrezzi; kit; nécessaire (*franc.*): **shaving kit**, nécessaire da barba; **first aid kit**, cassetta di pronto soccorso.
to **kit** /kɪt/ *v. Solo come*:
♦ **kit out** *v. t. + avv.* equipaggiare; attrezzare.
kitbag /'kɪtbæg/ *n.* (*mil., GB*) sacco militare; zaino.
kitchen /'kɪtʃən/ *n.* cucina • **k. garden**, orto □ **k. roll**, rotolo da cucina □ **k. sink**, lavandino di cucina; acquaio □ **k. stove**, cucina economica □ **k. unit**, modulo di cucina componibile.
kitchenette /kɪtʃə'net/ *n.* cucinotto; cucinino.
kitchenware /'kɪtʃənweə(r)/ *n.* utensili da cucina.
kite /kaɪt/ *n.* *1* (*zool.*) nibbio *2* aquilone: **to fly a k.**, far volare un aquilone; (*fig.*) lanciare una proposta per studiare la reazione che suscita • (*fam.*) **Go fly a kite!**, va' a farti friggere!
kith /kɪθ/ *n.* — (*antiq.*) **k. and kin**, parenti.
kitsch /kɪtʃ/ (*ted.*) *n.* Ⓤ *1* kitsch *2* oggetti kitsch.
kitschy /kɪtʃɪ/ *a.* kitsch.
kitten /'kɪtn/ *n.* gattino (-a); micino (-a) • **to have kittens**, (*di gatta*) figliare; (*fam.*) essere molto agitato, dare i numeri.
kittenish /'kɪtənɪʃ/ *a.* da gattino; giocoso; scherzoso.
kittiwake /'kɪtɪweɪk/ *n.* (*zool.*) gabbiano tridattilo.
kitty (1) /'kɪtɪ/ *n.* micino.
kitty (2) /'kɪtɪ/ *n.* *1* piatto (*nel poker, ecc.*) *2* fondo comune; cassa.
kiwi /'kiːwiː/ *n.* *1* (*zool.*) kiwi *2* (*pop.*) neozelandese • (*bot.*) **k. fruit**, kiwi.
kleptomania /kleptə'meɪnɪə/ *n.* Ⓤ (*psic.*) cleptomania.
kleptomaniac /kleptə'meɪnɪæk/ *n.* (*psic.*) cleptomane.
knack /næk/ *n.* abilità; destrezza • **to have a k. for st.**, avere il dono di q.c.; essere tagliato per q.c. □ **It's easy once you've got the k. of it**, è facile, una volta che ne conosci il trucco.
knacker /'nækə(r)/ *n.* — **k.'s yard**, mattatoio per cavalli.
knackered /'nækəd/ *a.* (*pop. GB*) *1* stanco morto; a pezzi *2* guasto; kaputt.
knapsack /'næpsæk/ *n.* zaino; sacco da montagna.
knapweed /'næpwiːd/ *n.* (*bot.*) centaurea.
knave /neɪv/ *n.* *1* (*antiq.*) furfante; briccone *2* (*a carte*) fante.
knavery /'neɪvərɪ/ *n.* Ⓤ *e* Ⓒ (*antiq.*) furfanteria.
knavish /'neɪvɪʃ/ *a.* (*antiq.*) furfantesco.
to **knead** /niːd/ *v. t.* *1* impastare (*farina, argilla*) *2* massaggiare (*muscoli, ecc.*).
knee /niː/ *n.* *1* ginocchio: **to go (down) on one's knees**, mettersi in ginocchio; inginocchiarsi; **(Down) on your knees!**, in ginocchio! *2* (*mecc., falegn., ecc.*) giunto a ginocchio; tubo a gomito • **k. breeches**, calzoni al ginocchio (*o* alla zuava) □ **k.-deep**, (che arriva) fino al ginocchio; immerso fino al ginocchio □ **k.-high**, (che arriva) fino al ginocchio □ (*scherz.*) **k.-high to a grasshopper**, alto come un soldo di cacio □ **k.-jerk reaction**, reazione automatica (*o* istintiva) □ **k.-length boots**, stivali al ginocchio □ **k. socks**, calze al ginocchio; calzettoni □ (*fam. GB*) **knees-up**, festa rumorosa □ **to bring sb. to his knees**, mettere q. in ginocchio (*fig.*) □ **on bended knee**, in ginocchio; supplichevolmente.
to **knee** /niː/ *v. t.* dare una ginocchiata a (q.).
kneecap /'niːkæp/ *n.* (*anat.*) rotula.
to **kneecap** /'niːkæp/ *v. t.* gambizzare.
to **kneel** /niːl/ (*pass. e p.p.* **knelt**) *v. i.* *1* (*anche* **to k. down**) inginocchiarsi *2* genuflettersi.
kneeler /'niːlə(r)/ *n.* inginocchiatoio.
knell /nel/ *n.* rintocco funebre.
knelt /nelt/ *pass. e p.p. di* **to kneel**.
knew /njuː, *USA* nuː/ *pass. di* **to know**.

knickerbockers /ˈnɪkəbɒkəz/ *n. pl.* calzoni alla zuava.

knickers /ˈnɪkəz/ *n. pl.* ***1*** *abbr. di* **knickerbockers** ***2*** (*fam.*) mutande, mutandine (*da donna*) • (*fam.*) **to get one's k. in a twist**, scaldarsi per q.c.; andare nel pallone.

knick-knack /ˈnɪknæk/ *n.* gingillo; ninnolo; soprammobile.

knife /naɪf/ *n.* (*pl.* **knives**) coltello • **balanced on a k.-edge**, in bilico □ **to get one's k. into sb.**, avercela a morte con q.

to **knife** /naɪf/ *v. t.* accoltellare; dare una coltellata a.

knight /naɪt/ *n.* ***1*** (*stor. e titolo*) cavaliere ***2*** (*scacchi*) cavallo • (*stor.*) **k.-errant**, cavaliere errante □ **k. in shining armour**, campione; cavaliere senza macchia e senza paura.

to **knight** /naɪt/ *v. t.* creare cavaliere.

knighthood /ˈnaɪthʊd/ *n.* [U] titolo di cavaliere; cavalierato.

to **knit** /nɪt/ (*pass. e p.p.* **knitted** *o* **knit**) ***A*** *v. i.* ***1*** lavorare a maglia; fare la calza ***2*** (*anche* **to k. together**) unirsi; (*di ossa*) saldarsi ***B*** *v. t.* ***1*** fare (q.c.) a maglia; lavorare a (punto) diritto: **to k. one purl two**, lavorare un diritto e due rovesci ***2*** (*anche* **to k. together**) unire; congiungere • **to k. one's brows**, aggrottare le sopracciglia; corrugare la fronte.

knitter /ˈnɪtə(r)/ *n.* chi lavora a maglia; magliaia.

knitting /ˈnɪtɪŋ/ *n.* [U] lavoro a maglia • **k. machine**, macchina per maglieria.

knitwear /ˈnɪtwɛə(r)/ *n.* [U] indumenti di maglia; maglieria.

knives /naɪvz/ *pl. di* **knife**.

knob /nɒb/ *n.* ***1*** protuberanza; nodo (*del legno*) ***2*** pomo (*di bastone, ecc.*); pomello; manopola (*di radio, ecc.*) ***3*** **— k. of butter**, noce di burro.

knobbly /ˈnɒblɪ/ *a.* nodoso; pieno di protuberanze.

knock /nɒk/ *n.* ***1*** botta; bussata; colpo; percossa: **There was a k. at the door**, si udì un colpo alla porta; bussarono alla porta ***2*** colpo; batosta; shock ***3*** (*autom.*) battito in testa.

to **knock** /nɒk/ ***A*** *v. t.* ***1*** battere; colpire; picchiare; scontrare: **to k. one's head against the wall**, battere la testa contro il muro; **He was knocked unconscious**, il colpo gli fece perdere i sensi ***2*** (*fam.*) criticare • (*fam.*) **to k. the bottom out of st.**, far crollare q.c. (*fig.*) □ (*fam.*) **to k. sb. [st.] into a cocked hat**, essere cento volte migliore di q. [q.c.]; dare la birra a q. [q.c.]. □ (*fam.*) **to k. into shape**, *V. sotto* **shape** □ (*fam. GB*) **to k. spots off sb.**, dare dei punti a q. ***B*** *v. i.* ***1*** battere; colpire; picchiare: **to k. at the door [on the window]**, bussare (*o* battere) alla porta [alla finestra] ***2*** urtarsi; scontrarsi; **My knees were knocking**, le ginocchia mi facevano giacomo giacomo ***3*** (*autom.*) battere in testa • (*USA*) **K. on wood!**, tocca ferro!

♦ **knock about** ***A*** *v. t. + avv.* ***1*** malmenare ***2*** sbattere qua e là ***B*** *v. i. + avv.* girovagare; vagabondare.

♦ **knock back** *v. t. + avv.* (*fam.*) ***1*** buttar giù; tracannare ***2*** lasciare di stucco; scioccare • (*fam.*) **to k. sb. back a few pounds**, costare un bel po' di sterline a q.

♦ **knock down** *v. t. + avv.* ***1*** abbattere; demolire ***2*** gettare a terra; (*autom.*) investire ***3*** (*fam.*) abbassare (*un prezzo*) ***4*** (*a un'asta pubblica*) aggiudicare ***5*** (*boxe*) atterrare; mandare al tappeto.

♦ **knock in** *v. t. + avv.* piantare, assicurare, fissare (*battendo*): **to k. in a nail**, piantare un chiodo.

♦ **knock off** ***A*** *v. t. + avv.* ***1*** far saltare via (*battendo colpi o colpetti*); togliere ***2*** (*fam.*) scontare; fare uno sconto di ***3*** (*pop.*) uccidere; far fuori ***4*** produrre in fretta; fare in quattro e quattr'otto: **to k. off an article**, buttar giù un pezzo ***5*** (*fam. GB*) rubare; fregare (*fam.*) • (*pop.*) **K. it off!**, piantala! ***B*** *v. i. + avv.* (*fam.*) smettere di lavorare; staccare (*fam.*).

♦ **knock out** *v. t. + avv.* ***1*** far perdere i sensi a; (*di sonnifero, ecc.*) far addormentare ***2*** (*boxe*) mettere fuori combattimento; mettere K.O. ***3*** eliminare (da una gara) ***4*** sfiancare; stremare ***5*** (*pop.*) sbalordire; stendere.

♦ **knock over** *v. t. + avv.* rovesciare; buttare a terra.

♦ **knock together** *v. t. + avv.* (*fam.*) mettere insieme alla meglio; imbastire.

♦ **knock up** *v. t. + avv.* ***1*** (*fam. GB*) svegliare (*con un colpo alla porta*) ***2*** (*fam. GB*) mettere insieme alla meglio; imbastire: **to k. up a meal**, imbastire un pranzo ***3*** (*volg. USA*) mettere incinta.

knockabout /ˈnɒkəbaʊt/ *a.* (*di commedia, film, ecc.*) chiassoso; rumoroso; sguaiato • **k. comedian**, guitto; pagliaccio.

knockdown /ˈnɒkdaʊn/ ***A*** *a.* (*di prezzo*) di liquidazione; stracciato (*fam.*) ***B*** *n.* (*boxe*) atterramento; colpo che manda al tappeto.

knocker /ˈnɒkə(r)/ *n.* ***1*** batacchio, picchiotto, battente (*della porta*) ***2*** (*fam.*) criticone (-a).

knock-kneed /ˈnɒkniːd/ *a.* con le gambe a ics.

knock-knees /ˈnɒkniːz/ *n. pl.* (*med.*) ginocchio valgo; gambe a ics (*fam.*).

knock-on /ˈnɒkɒn/ *a.* — **k. effect**, effetto a catena.

knockout /ˈnɒkaʊt/ ***A*** *n.* ***1*** (*boxe*) knock-out; K.O.; fuori combattimento ***2*** (*pop.*) persona (*o* cosa) straordinaria; cannonata (*fam.*); schianto (*fam.*) ***3*** (*anche* **k. competition**) gara a eliminazione ***B*** *a.* ***1*** (*boxe*) che mette fuori combattimento; da K.O. ***2*** (*fam.*) fantastico; favoloso ***3*** (*fam.*) che fa addormentare subito.

knock-up /ˈnɒkʌp/ *n.* (*tennis, GB*) palleggio (prima della partita).

knoll /nəʊl/ *n.* collinetta; montagnola; poggio.

knot /nɒt/ *n.* ***1*** nodo: **to tie a k.**, fare un nodo; **slip k.**, nodo scorsoio; **the marriage k.**, il nodo coniugale ***2*** nodo del legno ***3*** viluppo; groviglio ***4*** crocchio; capannello ***5*** (*naut.*) nodo (*misura di velocità*) • **to tie oneself (up) in knots**, confondersi; imbrogliarsi.

to **knot** /nɒt/ ***A*** *v. t.* annodare; legare: **to k. a fringe**, annodare una frangia ***B*** *v. i.* annodarsi; aggrovigliarsi.

knotty /ˈnɒtɪ/ *a.* ***1*** nodoso; nocchieruto ***2*** (*di problema*) imbrogliato; intricato.

know /nəʊ/ *n.* — (*fam.*) **in the k.**, al corrente; che se ne intende; addentro alle segrete cose.

to **know** /nəʊ/ (*pass.* **knew**, *p.p.* **known**) *v. t. e i.* ***1*** sapere; conoscere: **Everybody knows that**, lo sanno tutti; **to k. English well**, sapere (*o* conoscere) bene l'inglese; **Let me k. when you get back**, fammi sapere quando torni; **I might have known**, dovevo immaginarmelo; **I k. of a good pub not far from here**, conosco un bel pub non lontano da qui; **not that I k. of**, non che io sappia; **You never k.**, non si sa mai ***2*** riconoscere: **I'd k. that face anywhere**, riconoscerei quella faccia fra mille ***3*** distinguere: **to k. right from wrong**, distinguere tra il bene e il male • **to k. about st.**, essere a conoscenza di q.c.; essere informato su q.c. □ (*fam.*) **to k. st. backwards**, conoscere q.c. a menadito; sapere q.c. a memoria (*fig.*) □ **I k. better (than that)**, so che le cose non stanno così; so che la verità è un'altra □ **to k. better than to do st.**, avere tanto buonsenso da non fare q.c. □ **You know best**, sei tu il miglior giudice; fai tu □ **to k. how**, sapere; saper fare: **Do you k. how to open this door?**, sai aprire questa porta? □ **to k. one's business** (*o* **what's what, a thing or two**), sapere il fatto proprio; saperla lunga □ **to k. what one is talking about**, essere uno che se ne intende □ **Don't I k. it!**, a chi lo dici! □ **to be known as**, essere noto come □ **to make oneself known**, farsi conoscere □ **There's no knowing when he will come back**, chi lo sa quando tornerà.

♦ **know apart** *v. t. + avv.* saper distinguere.

knowable /ˈnəʊəbl/ *a.* ***1*** conoscibile; riconoscibile ***2*** apprendibile.

know-all /ˈnəʊɔːl/, **know-it-all** /ˈnəʊɪtɔːl/ *n.* sapientone (-a); saccente.

know-how /ˈnəʊhaʊ/ *n.* [U] abilità tecnica; pratica; know-how.

knowing /ˈnəʊɪŋ/ *a.* d'intesa; di chi la sa lunga: **k. smile**, sorriso d'intesa.

knowingly /ˈnəʊɪŋlɪ/ *avv.* ***1*** a bella posta; di proposito ***2*** con aria d'intesa; con l'aria di chi la sa lunga.

knowledge /ˈnɒlɪdʒ/ *n.* [U] ***1*** conoscenza: **to have an in-depth k. of st.**, conoscere a fondo q.c.; **to bring st. to sb.'s k.**, portare q.c. a conoscenza di q. ***2*** consapevolezza ***3*** sapere; scienza; scibile: **every branch of k.**, ogni branca del sapere; **the sum of human k.**, la somma delle conoscenze umane ***4*** notizia • **It's common k.**, è noto a tutti; lo sanno tutti □ **not to my k.**, non che io sappia □ **to the best of my k.**, per quel che ne so io; a quanto mi consta □ **without my k.**, a mia insaputa.

knowledgeable /ˈnɒlɪdʒəbl/ *a.* (*fam.*) bene informato; che si intende (di q.c.).

known /nəʊn/ ***A*** *p.p. di* **to know** ***B*** *a.* noto; riconosciuto: **There is no k. cure for it**, non se ne conosce la cura; **a man of k. honesty**, un uomo di specchiata onestà.

knuckle /ˈnʌkl/ *n.* ***1*** (*anat.*) nocca ***2*** (*di animale macellato*) zampetto; piedino • **k.-duster**, tirapugni □ (*fam. GB*) **near the k.**, poco meno che indecente; spinto.

to **knuckle** /ˈnʌkl/ *v. Solo come*:

♦ **knuckle down** *v. i. + avv.* mettersi al lavoro di buona lena.

◆ **knuckle under** (**to**) *v. i.* + *avv.* (*e prep.*) cedere (a); sottomettersi (a).
knucklebone /ˈnʌklbəʊn/ *n.* (*anat.*) (osso della) nocca.
koala /kəʊˈɑːlə/ *n.* (*zool.*) koala.
kohlrabi /kəʊlˈrɑːbɪ, -æbɪ/ *n.* 🄤 (*bot.*) cavolo rapa.
Koran /kəˈrɑːn, -æn/ *n.* (*relig.*) Corano.
Koranic /kəˈrænɪk/ *a.* coranico; del Corano.
Korean /kəˈriːən/ *a. e n.* coreano.
kosher /ˈkəʊʃə(r)/ ***A*** *a.* ***1*** (*relig. ebraica*) puro; lecito; kasher ***2*** (*fam.*) onesto; a posto ***B*** *n.* (*relig. ebraica*) cibo puro.
to **kowtow** /kaʊˈtaʊ, *USA* ˈk-/ *v. i.* ***1*** inchinarsi ossequiosamente ***2*** mostrare eccessiva deferenza (verso q.); prostrarsi.
Kremlinologist /kremlɪˈnɒlədʒɪst/ *n.* (*polit.*) cremlinologo (-a).
krill /krɪl/ *n.* 🄤 (*zool.*) krill.
kris /kriːs, -ɪs/ *n.* kriss; pugnale malese.
krona /ˈkrəʊnə/ *n.* (*pl.* **kronor** /-nə/) corona (*moneta svedese*).
krone /ˈkrəʊnə/ *n.* (*pl.* **kroner** /-nə/) corona (*moneta danese e norvegese*).
kudos /ˈkjuːdɒs/ *n.* 🄤 (*fam.*) gloria; fama; prestigio; rinomanza.
kümmel /ˈkʊml, *USA* ˈkɪml/ (*ted.*) *n.* 🄤 kümmel.
kumquat /ˈkʌmkwɒt/ *n.* (*bot.*) arancio cinese; kumquat.
kung fu /kʊŋˈfuː, kʌŋ-/ *n.* (*sport*) kung fu.
Kurd /kɜːd, kʊəd/ *n.* curdo (-a).
Kurdish /ˈkɜːdɪʃ/ ***A*** *a.* curdo ***B*** *n.* curdo (*lingua*).

l, L

L, l /ɛl/ *n.* (*pl.* **L's, l's**; **Ls, ls**) L, l • (*telef.*) **l for Lucy**, l come Livorno □ (*autom., in G.B.*) **L-driver**, guidatore principiante (**L** *sta per* **learner**) □ (*autom., in G.B.*) **L-plate**, cartello da principiante (*bianco con una L rossa*) □ **L-shaped**, a forma di L.

la /lɑː/ *n.* (*mus.*) la (*nel solfeggio*).

lab /læb/ *n. abbr. fam. di* **laboratory**.

label /ˈleɪbl/ *n.* ***1*** etichetta; cartellino ***2*** etichetta; marchio; marca: **record l.**, (marchio di) casa discografica; **designer l.**, marchio di stilista; griffe (*franc.*) ***3*** etichetta (*fig.*); definizione; formula.

to **label** /ˈleɪbl/ *v. t.* ***1*** mettere l'etichetta [il cartellino] su; etichettare ***2*** etichettare (*fig.*); classificare.

labial /ˈleɪbɪəl/ *a. e n.* (*fon., anat.*) labiale.

labium /ˈleɪbɪəm/ (*lat.*) *n.* (*pl.* **labia** /-bɪə/) (*anat., bot.*) labbro: (*anat.*) **labia maiora** [**minora**], grandi [piccole] labbra.

labor /ˈleɪbə(r)/ *e deriv.* (*USA*) *V.* **labour** *e deriv.*

laboratory /ləˈbɒrətrɪ, *USA* ˈlæbrətɔːrɪ/ *n.* laboratorio.

laborious /ləˈbɔːrɪəs/ *a.* laborioso; gravoso; faticoso.

labour /ˈleɪbə(r)/ *n.* ***1*** [U] *e* [C] lavoro; fatica; impresa: **manual l.**, lavoro manuale; **the labours of Hercules**, le fatiche d'Ercole ***2*** [U] lavoro; manodopera; lavoratori: **l. force**, forza lavoro; **l. market**, mercato del lavoro; **skilled l.**, manodopera qualificata ***3*** [U] (*med.*) travaglio (del parto): **to be in l.**, essere in travaglio; avere le doglie; **l. pains**, doglie • **l. dispute**, controversia tra lavoratori e datori di lavoro □ (*antiq. GB*) **l. exchange**, ufficio di collocamento □ **l.-intensive**, ad alto impiego di manodopera □ **l. of love**, lavoro fatto per passione (*o* per fare un piacere) □ **l.-saving**, che fa risparmiare lavoro □ (*USA*) **l. union**, sindacato □ (*leg.*) **hard l.**, lavori forzati.

Labour /ˈleɪbə(r)/ *n.* (*in G.B., anche* **the L. Party**) il Partito laburista: **to vote L.**, votare laburista.

to **labour** /ˈleɪbə(r)/ ***A*** *v. i.* (*form.*) ***1*** lavorare; faticare ***2*** avanzare faticosamente; procedere con difficoltà; arrancare • **to l. under a false impression**, avere un'impressione errata ***B*** *v. t.* — **to l. a point**, insistere.

laboured /ˈleɪbəd/ *a.* ***1*** difficoltoso; faticoso: **l. breathing**, respiro affannoso ***2*** elaborato; studiato.

labourer /ˈleɪbərə(r)/ *n.* manovale; bracciante.

laburnum /ləˈbɜːnəm/ *n.* (*bot.*) laburno; maggiociondolo.

labyrinth /ˈlæbərɪnθ/ *n.* labirinto.

labyrinthine /læbəˈrɪnθaɪn, *USA* -θɪn/ *a.* labirintico; intricato.

lace /leɪs/ *n.* ***1*** [U] pizzo; merletto ***2*** laccio; stringa: **shoe-laces**, lacci da scarpe; stringhe • **l. pillow**, tombolo (*per merletto*) □ **pillow l.**, (merletto a) tombolo.

to **lace** /leɪs/ ***A*** *v. t.* ***1*** (*anche* **to l. up**) allacciare: **to l. (up) one's shoes**, allacciarsi le scarpe ***2*** correggere (*caffè, ecc.*) ***B*** *v. i.* (*anche* **to l. up**) allacciarsi.

to **lacerate** /ˈlæsəreɪt/ *v. t.* lacerare.

laceration /læsəˈreɪʃn/ *n.* [U] *e* [C] (*med.*) lacerazione.

lace-ups /ˈleɪsʌps/ *n. pl.* (*fam.*) scarpe che si allacciano; scarpe con stringhe.

lachrymal /ˈlækrɪml/ *a.* lacrimale.

lachrymose /ˈlækrɪməʊs/ *a.* lacrimoso.

lack /læk/ *n.* [U] mancanza; difetto; scarsità: **for l. of**, per mancanza di; **There is no l. of food**, il cibo non manca.

to **lack** /læk/ ***A*** *v. t.* mancare di; essere privo di: **to l. experience**, mancare di esperienza; **We l. the money**, ci mancano i soldi ***B*** *v. i.* — **to l. for nothing**, non mancare di nulla.

lackadaisical /lækəˈdeɪzɪkl/ *a.* noncurante; apatico; fiacco; svogliato.

lackey /ˈlækɪ/ *n.* (*anche fig.*) lacchè.

lacking /ˈlækɪŋ/ *a.* ***1*** mancante (di); privo (di); carente (di): **to be l. in common sense**, mancare (*o* essere privo) di buonsenso ***2*** insufficiente; carente.

lacklustre /ˈlæklʌstə(r)/ *a.* scialbo; spento; noioso; smorto.

laconic /ləˈkɒnɪk/ *a.* laconico; conciso.

lacquer /ˈlækə(r)/ *n.* [U] *e* [C] lacca.

to **lacquer** /ˈlækə(r)/ *v. t.* laccare.

lacrosse /ləˈkrɒs, *USA* -ˈkrɔːs/ *n.* (*sport*) lacrosse.

lactation /lækˈteɪʃn/ *n.* [U] (*fisiol.*) lattazione.

lactic /ˈlæktɪk/ *a.* (*chim.*) — **l. acid**, acido lattico.

lactose /ˈlæktəʊs, -z/ *n.* [U] (*chim.*) lattosio.

lacuna /ləˈkjuːnə, *USA* -ˈkuː-/ *n.* (*pl.* **lacunae** /-niː/, **lacunas**) lacuna.

lacy /ˈleɪsɪ/ *a.* di (*o* simile a) pizzo; merlettato.

lad /læd/ *n.* ***1*** ragazzo; giovanotto ***2*** (*al pl.*) — (*fam. GB*) **the lads**, gli amici: **He's at the pub with the lads**, è al pub con gli amici • (*fam. GB*) **He's a bit of a lad**, è pieno di ragazze; è un donnaiolo □ **stable lad**, mozzo di stalla.

ladder /ˈlædə(r)/ *n.* ***1*** scala a pioli; scala a libretto: **rope l.**, scala di corda; **the social l.**, la scala sociale ***2*** (*di calza, GB*) smagliatura; sfilatura.

to **ladder** /ˈlædə(r)/ (*GB*) ***A*** *v. t.* smagliare, sfilare (*una calza*) ***B*** *v. i.* (*di calza*) smagliarsi; sfilarsi.

ladderproof /ˈlædəpruːf/ *a.* (*di calza, GB*) indemagliabile.

laddie /ˈlædɪ/ *V.* **lad**.

laden /ˈleɪdn/ *a.* ***1*** carico: **a ship l. with timber**, una nave carica di legname; **fully l.**, a pieno carico ***2*** (*fig.*) gravato; oppresso: **l. with cares**, oppresso dalle preoccupazioni.

la-di-da /lɑːdɪˈdɑː/ *a.* affettato; pretenzioso; snob.

lading /ˈleɪdɪŋ/ *n.* [U] (*naut.*) carico: **bill of l.**, polizza di carico.

ladle /ˈleɪdl/ *n.* ***1*** mestolo; ramaiolo ***2*** (*metall.*) cucchiaione.

to **ladle** /ˈleɪdl/ *v. t.* togliere (*o* versare) con un mestolo: **to l. the soup into the bowls**, scodellare la minestra nei piatti. ♦ **ladle out** *v. t. + avv.* distribuire a piene mani.

lady /ˈleɪdɪ/ *n.* ***1*** signora: **Ladies and gentlemen!**, signore e signori!; **young l.**, signorina; **the l. of the house**, la padrona di casa ***2*** Lady (*titolo onorifico*) ***3*** (*attr.*) — **l. doctor**, dottoressa; **l. president**, presidentessa; (*scherz.*) **l. friend**, amica; amichetta ***4*** (*al pl. col verbo al sing.*) (*fam. GB*) toilette per signore • (*eccles.*) **L. Chapel**, cappella dedicata alla Madonna □ (*eccles.*) **L. Day**, (festa del)l'Annunciazione □ **l.-in-waiting**, dama di corte □ **l.-killer**, rubacuori; dongiovanni □ (*fam. spreg.*) **L. Muck**, donna piena di supponenza □ **ladies' man**, uomo che ama la compagnia femminile; donnaiolo □ **ladies room**, toilette per signore □ (*antiq. fam. o scherz.*) **the** (*o* **one's**) **old lady**, la moglie □ **Our L.**, Nostra Signora; la Madonna.

ladybird /ˈleɪdɪbɜːd/, (*USA*) **ladybug** /ˈleɪdɪbʌg/ *n.* (*zool.*) coccinella.

ladylike /ˈleɪdɪlaɪk/ *a.* da signora; distinto; raffinato.

ladyship /ˈleɪdɪʃɪp/ *n.* ***1*** [U] rango di nobildonna ***2*** (*appellativo*) signoria; eccellenza: **Your** [**Her**] **L.**, Vostra [Sua] Signoria (*o* Eccellenza).

lag (**1**) /læg/ *n.* ***1*** (*anche* **time lag**) intervallo (di tempo) ***2*** ritardo.

lag (**2**) /læg/ *n.* — **old lag**, vecchio galeotto.

to **lag** (**1**) /læg/ *v. i.* ***1*** attardarsi: **to lag behind**, restare indietro ***2*** (*mecc.*) ritardare ***3*** (*anche econ.*) ristagnare.

to **lag** (**2**) /læg/ *v. t.* (*GB*) rivestire con materiale isolante; coibentare.

lager /ˈlɑːgə(r), *USA* ˈlɑː-, ˈlɔː-/ *n.* [U] birra chiara • (*fam.*) **l. lout**, giovinastro; teppista.

laggard /ˈlægəd/ *n.* (*lett.*) ***1*** indolente; infingardo ***2*** ritardatario.

lagging /ˈlægɪŋ/ *n.* [U] (*GB*) rivestimento isolante.

lagoon /ləˈguːn/ *n.* laguna.

lah-di-dah /lɑːdɪˈdɑː/ *V.* **la-di-da**.

laid /leɪd/ *pass. e p.p. di* **to lay**.
laid-back /ˈleɪdˈbæk/ *a.* (*fam.*) calmo; rilassato.
laid-up /ˈleɪdˈʌp/ *a.* ***1*** (*di nave*) in disarmo ***2*** (*fam.*) costretto a letto.
lain /leɪn/ *p.p. di* **to lie (2)**.
lair /lɛə(r)/ *n.* covo; tana.
laird /ˈlɛəd/ *n.* (*scozz.*) proprietario terriero.
laissez-faire /ˈleɪseɪˈfɛə(r), ˈlɛs-/ (*franc.*) ***A*** *n.* U ***1*** (*polit.*) non interferenza ***2*** (*econ.*) liberismo ***B*** *a.* ***1*** (*polit.*) di non interferenza ***2*** (*econ.*) liberistico.
laity /ˈleɪətɪ/ *n.* U ***1*** laicato; (i) laici ***2*** (i) profani.
lake (1) /leɪk/ *n.* lago • **l. dweller**, palafitticolo □ **l. dwelling**, palafitta.
lake (2) /leɪk/ *n.* U (*ind., chim.*) pigmento rosso.
lakeside /ˈleɪksaɪd/ *n.* riva di lago.
lam /læm/ *n.* — (*pop. USA*) **on the lam**, uccel di bosco.
to **lam** /læm/ *v. t. e i.* (*pop.*) picchiare; pestare.
lama /ˈlɑːmə/ *n.* (*relig. buddista*) lama.
lamb /læm/ *n.* C e U ***1*** agnello ***2*** (*fig.*) agnello; agnellino • **l.'s wool**, lambswool □ **like a l.**, docile come un agnello; docilmente.
to **lamb** /læm/ *v. i.* (*di pecora*) figliare.
to **lambaste** /læmˈbeɪst/ *v. t.* (*fam.*) ***1*** picchiare; pestare ***2*** criticare violentemente; dare addosso a; fare a pezzi.
lambkin /ˈlæmkɪn/ *n.* agnellino.
lamblike /ˈlæmlaɪk/ *a.* docile; mite.
lambskin /ˈlæmskɪn/ *n.* C e U (pelle d')agnello.
lame /leɪm/ *a.* ***1*** zoppo: **l. in one foot**, zoppo da un piede ***2*** (*fig.*) debole; zoppicante • **l. duck**, persona o azienda in difficoltà; (*polit.*) uomo di governo uscente (*e che quindi ha poco potere*).
to **lame** /leɪm/ *v. t.* rendere zoppo; azzoppare; storpiare.
lamé /ˈlɑːmeɪ, ˈlæ-, *USA* -ˈmeɪ/ (*franc.*) *n.* U lamé.
lamella /ləˈmɛlə/ (*lat.*) *n.* (*pl.* **lamellae** /-liː/, **lamellas**) (*scient.*) lamella.
lamely /ˈleɪmlɪ/ *avv.* debolmente; in modo poco convincente.
lameness /ˈleɪmnəs/ *n.* U ***1*** claudicazione; zoppia ***2*** debolezza; insufficienza.
lament /ləˈmɛnt/ *n.* (*anche letter., mus.*) lamento.
to **lament** /ləˈmɛnt/ *v. t. e i.* ***1*** lamentare; piangere ***2*** deplorare; lamentarsi di • **the late lamented XY**, il compianto XY.
lamentable /ˈlæməntəbl, *USA* ləˈmɛn-/ *a.* ***1*** doloroso ***2*** deplorevole; mediocre.
lamentation /læmənˈteɪʃn/ *n.* U e C lamentazione; lamenti; compianto.
lamina /ˈlæmɪnə/ *n.* (*pl.* **laminae** /-niː/) (*scient.*) lamina.
laminar /ˈlæmɪnə(r)/, **laminate** /ˈlæmɪnət/ *a.* (*scient.*) laminare; lamellare.
laminate /ˈlæmɪneɪt/ *n.* (*tecn.*) laminato.
to **laminate** /ˈlæmɪneɪt/ *v. t.* (*metall.*) ***1*** laminare ***2*** ridurre in lamine.
lamp /læmp/ *n.* lampada; lanterna; lampione; lume; fanale; lampadina: **standard [table] l.**, lampada a stelo [da tavolo] **bicycle l.**, fanale da bicicletta; **l.-holder**, portalampada.
lampblack /ˈlæmpblæk/ *n.* U nerofumo.
lamplight /ˈlæmplaɪt/ *n.* U lume di lampada.
lampoon /læmˈpuːn/ *n.* libello satirico; satira; pasquinata.
to **lampoon** /læmˈpuːn/ *v. t.* satireggiare; scrivere satire contro.
lamppost /ˈlæmppəʊst/ *n.* fanale, lampione (*di strada*) • **between you and me and the l.**, detto fra noi; che resti fra noi.
lamprey /ˈlæmprɪ/ *n.* (*zool.*) lampreda.
lampshade /ˈlæmpʃeɪd/ *n.* paralume.
Lancastrian /læŋˈkæstrɪən/ *a. e n.* ***1*** (abitante) del Lancashire ***2*** (*stor.*) (sostenitore) della Casa di Lancaster.
lance /lɑːns, *USA* læns/ *n.* lancia • (*mil.*) **l. corporal**, caporale.
to **lance** /lɑːns, *USA* læns/ *v. t.* (*chir.*) incidere.
lancer /ˈlɑːnsə(r), *USA* ˈlæn-/ *n.* (*mil.*) lanciere.
lancet /ˈlɑːnsɪt, *USA* ˈlæn-/ *n.* (*chir.*) bisturi.
lancet window /ˈlɑːnsɪt ˈwɪndəʊ, *USA* læn-/ *locuz. n.* (*archit.*) finestra ogivale.
land /lænd/ *n.* ***1*** U terra: **to travel by l.**, andare (*o* viaggiare) per via di terra ***2*** terra; paese; contrada: **to visit distant lands**, visitare terre lontane; **one's native l.**, la terra natale; la patria ***3*** U e C terra; terreno; **to work the l.**, lavorare la terra; **agricultural l.**, terreno agricolo; **public l.**, terreno demaniale • **l. agent**, fattore; agente agricolo □ **l. bank**, banca di credito agricolo □ (*mil.*) **l. forces**, forze terrestri □ (*geol.*) **l. mass**, continente □ **l. reform**, riforma fondiaria □ **l. surveyor**, agrimensore □ **l. tax**, imposta fondiaria □ **to see how the l. lies**, vedere come stanno le cose; tastare il terreno.
to **land** /lænd/ ***A*** *v. t.* ***1*** (*naut., aeron.*) sbarcare; scaricare ***2*** (*aeron.*) far atterrare (*un aeroplano*) ***3*** tirare a riva; prendere (*pesci, ecc.*) ***4*** (*fam.*) riuscire a procurarsi; accaparrarsi: **to l. a good job**, riuscire a ottenere un buon posto ***5*** (*fam.*) assestare (*un colpo*) ***6*** mettere; far finire: **This could l. me in trouble**, questo potrebbe mettermi nei guai; **The fight landed them both in jail**, la rissa li fece finire tutti e due in galera; **to l. sb. in trouble**, cacciare q. nei guai ***7*** (*fam.*) mollare; scaricare; sbolognare: **She's been landed with the grandchildren**, le hanno mollato i nipotini; **I got landed with the president's wife**, mi sono dovuta sorbire la moglie del presidente ***B*** *v. i.* ***1*** (*naut.*) sbarcare; approdare ***2*** (*aeron.*) atterrare ***3*** scendere (*da un veicolo*) ***4*** posarsi; cadere: **The bird landed on a branch**, l'uccello si posò su un ramo; (*anche fig.*) **to l. on one's feet**, cadere in piedi ***5*** (*anche* **to l. up**) (andare a) finire; arrivare.
landed /ˈlændɪd/ *a.* terriero; agricolo; fondiario: **l. gentry**, proprietari terrieri; **l. property**, proprietà fondiaria.
landfall /ˈlændfɔːl/ *n.* (*naut.*) avvistamento (della terra); approdo: **to make l.**, avvistare terra.
landfill /ˈlændfɪl/ *n.* ***1*** U interramento ***2*** (*anche* **l. site**) discarica.
landholder /ˈlændhəʊldə(r)/ *n.* ***1*** proprietario terriero ***2*** affittuario.
landing /ˈlændɪŋ/ *n.* ***1*** (*naut.*) sbarco ***2*** (*aeron.*) atterraggio ***3*** (*edil.*) pianerottolo • (*aeron.*) **l. card**, carta di sbarco □ (*mil.*) **l. craft [force]**, mezzo [truppe] da sbarco □ (*aeron.*) **l. field**, campo d'atterraggio □ (*aeron.*) **l. gear**, carrello d'atterraggio □ **l. place**, (*naut.*) approdo, banchina, molo; (*aeron.*) scalo □ (*naut.*) **l. stage**, pontile; imbarcadero.
landlady /ˈlænleɪdɪ/ *n.* ***1*** affittacamere; padrona di casa ***2*** proprietaria (*di pensione, di pub*).
landlocked /ˈlændlɒkt/ *a.* senza sbocco al mare.
landlord /ˈlænlɔːd/ *n.* ***1*** affittacamere; padrone di casa; (*leg.*) locatore ***2*** proprietario (*di pensione, di pub*); locandiere; oste.
landlubber /ˈlændlʌbə(r)/ *n.* (*fam. spreg.*) marinaio d'acqua dolce.
landmark /ˈlændmɑːk/ *n.* ***1*** pietra confinaria; segno di confine; pietra miliare (*anche fig.*) ***2*** punto di riferimento.
landmine /ˈlændmaɪn/ *n.* (*mil.*) mina (*antiuomo o anticarro*).
landowner /ˈlændəʊnə(r)/ *n.* proprietario terriero; possidente.
landowning /ˈlændəʊnɪŋ/ *a.* che possiede terreni; terriero.
landscape /ˈlænskeɪp/ *n.* C e U paesaggio; panorama • **l. architect** (*o* **gardener**), architetto di giardini □ **l. gardening**, architettura di giardini □ **l. painter**, paesaggista; paesista.
to **landscape** /ˈlænskeɪp/ *v. t.* modificare e abbellire (*un giardino, ecc.*).
landslide /ˈlænslaɪd/ *n.* ***1*** frana; smottamento ***2*** (*polit.*) (*anche* **l. victory**) schiacciante vittoria elettorale.
landslip /ˈlændslɪp/ *n.* piccola frana; smottamento.
lane /leɪn/ *n.* ***1*** viottolo; stradina; vicolo ***2*** (*autom., sport*) corsia: **inside [outside] l.**, corsia interna [esterna]; **three-l. motorway**, autostrada a tre corsie ***3*** (*naut., aeron.*) rotta.
language /ˈlæŋgwɪdʒ/ *n.* C e U linguaggio; lingua: **the origin of l.**, l'origine del linguaggio; **foreign languages**, lingue straniere; **the l. of poetry**, il linguaggio poetico; **We clearly don't speak the same l.**, è chiaro che non parliamo lo stesso linguaggio; **to use bad l.**, usare un linguaggio volgare; dire parolacce; fare del turpiloquio • **l. degree**, laurea in lingue □ **l. laboratory**, laboratorio linguistico □ **l. school**, scuola di lingue □ **l. studies**, studi linguistici □ **strong l.**, parole forti; parole grosse.
languid /ˈlæŋgwɪd/ *a.* languido; fiacco.
to **languish** /ˈlæŋgwɪʃ/ *v. i.* languire • **to l. for sb. [st.]**, struggersi per.
languishing /ˈlæŋgwɪʃɪŋ/ *a.* ***1*** languente ***2*** languido; fiacco; svenevole.
languor /ˈlæŋgə(r)/ *n.* U (*lett.*) languore; languidezza.
languorous /ˈlæŋgərəs/ *a.* (*lett.*) languido.

lank /læŋk/ *a.* (*di capelli*) dritto e senza vita.
lanky /ˈlæŋkɪ/ *a.* allampanato.
lanolin(e) /ˈlænəlɪn/ *n.* ⓤ (*ind.*) lanolina.
lantern /ˈlæntən/ *n.* lanterna; fanale; faro: **dark l.**, lanterna cieca; **magic l.**, lanterna magica • **l.-jawed**, dal viso lungo e scarno.
lanyard /ˈlænjəd/ *n.* (*naut.*) sagola.
Laotian /leɪˈaʊʃn, ˈlaʊʃn, -ʃɪən/ *a. e n.* laotiano.
lap (1) /læp/ *n.* grembo • (*elab.*) **lap-top**, (computer) portatile □ (*fam.*) **in the lap of luxury**, nel lusso □ **in the lap of the Gods**, nelle mani di Dio.
lap (2) /læp/ *n.* *1* (*sport*) giro (di pista): **lap of honour**, giro d'onore *2* tappa (*di viaggio*).
to **lap (1)** /læp/ *A v. t.* *1* leccare; lappare *2* (*di acqua*) lambire *B v. i.* sciabordare: **to lap against** (*o* **at**) **st.**, sciabordare contro q.c.; lambire q.c.
♦ **lap up** *v. t. + avv.* *1* leccare; lappare *2* bearsi di: **to lap up compliments**, bearsi dei complimenti.
to **lap (2)** /læp/ *A v. i.* fare un giro di pista *B v. t.* (*sport*) doppiare (*un concorrente*).
laparotomy /læpəˈrɒtəmɪ/ *n.* (*chir.*) laparotomia.
lapdog /ˈlæpdɒg, *USA* -dɔːg/ *n.* cagnolino da salotto.
lapel /ləˈpel/ *n.* risvolto, bavero (*di giacca, ecc.*).
lapis lazuli /ˈlæpɪsˈlæzjʊlaɪ, -lɪ, *USA* -ˈlæzə-/ *locuz. n.* ⓤ (*miner.*) lapislazzuli.
Laplander /ˈlæplændə(r)/ *n.* lappone (*abitante*).
Lapp /læp/ *a. e n.* lappone (*abitante e lingua*).
lapse /læps/ *n.* *1* svista; sbaglio; fallo; mancanza: **l. of memory**, dimenticanza; vuoto di memoria *2* caduta, ricaduta (*in un vizio, nel peccato, ecc.*) *3* lasso di tempo; intervallo; periodo *4* decadimento; decadenza; (*leg.*) estinzione, cessazione, decadenza *5* (*ass.*) cessazione di copertura.
to **lapse** /læps/ *v. i.* *1* decadere; venir meno; cadere; scivolare: **to l. into oblivion**, cadere nell'oblio; **to l. into bad habits**, prendere brutte abitudini; **to l. into unconsciousness**, scivolare nell'incoscienza *2* (*del tempo*) passare; trascorrere *3* decadere; scadere; (*leg.*) venir meno, estinguersi, decadere *4* (*ass.*) scadere; perdere validità *5* (*relig.*) non essere più praticante.
lapsed /læpst/ *a.* *1* caduto in disuso; obsoleto *2* (*leg.*) estinto; decaduto *3* (*ass.*) scaduto *4* (*relig.*) non praticante.
lapwing /ˈlæpwɪŋ/ *n.* (*zool.*) pavoncella.
larceny /ˈlɑːsənɪ/ *n.* ⓤ *e* ⓒ (*leg.*) furto.
larch /lɑːtʃ/ *n.* ⓒ *e* ⓤ (*bot.*) larice.
lard /lɑːd/ *n.* ⓤ strutto; sugna.
to **lard** /lɑːd/ *v. t.* *1* lardellare *2* (*fig.*) infiorare; infarcire.
larder /ˈlɑːdə(r)/ *n.* dispensa.
large /lɑːdʒ/ *a.* grande; ampio; vasto; grosso; numeroso: **l. house**, casa grande; **on a l. scale**, su vasta scala; **l. sum of money**, grossa somma di denaro; **l. family**, famiglia numerosa; **to have a l. meal**, fare un pasto abbondante • **larger than life**, dalla personalità straripante □ (*fam.*) **as l. as life**, in carne e ossa □ **at l.**, in genere; nell'insieme; (*di criminale*) in libertà, a piede libero: **society at l.**, la società in genere (*o* nel suo insieme).
largely /ˈlɑːdʒlɪ/ *avv.* in larga misura; in gran parte.
largesse /ˈlɑːdʒes/ (*franc.*) *n.* ⓤ munificenza.
largish /ˈlɑːdʒɪʃ/ *a.* piuttosto grande [grosso, ecc.].
lark (1) /lɑːk/ *n.* (*zool.*) allodola.
lark (2) /lɑːk/ *n.* (*fam. antiq., GB*) gioco; scherzo; spasso: **to do st. for a l.**, fare q.c. per scherzo; **What a l.!**, che spasso!
to **lark** /lɑːk/ *v. Solo come*:
♦ **lark about** (*o* **around**) *v. i. + avv.* (*fam. antiq., GB*) divertirsi; scherzare; fare scherzi.
larkspur /ˈlɑːkspɜː(r)/ *n.* (*bot.*) speronella; spron di cavaliere.
larva /ˈlɑːvə/ *n.* (*pl.* **larvae** /-viː/) (*zool.*) larva.
larval /ˈlɑːvl/ *a.* larvale.
larynges /ləˈrɪndʒiːz/ *pl. di* **larynx**.
laryngitis /lærənˈdʒaɪtɪs/ *n.* ⓤ (*med.*) laringite.
larynx /ˈlærɪŋks/ *n.* (*pl.* **larynges, larynxes**) (*anat.*) laringe.
lasagna /ləˈzænjə/ (*ital.*) *n.* ⓤ (*cucina*) lasagne.
lascivious /ləˈsɪvɪəs/ *a.* lascivo.
lasciviousness /ləˈsɪvɪəsnəs/ *n.* ⓤ lascivia.
laser /ˈleɪzə(r)/ *n.* (*fis.*) laser • **l. beam**, fascio laser □ **l. printer**, stampante laser □ **l. surgery**, chirurgia con il laser.
lash /læʃ/ *n.* *1* frustata; sferzata; colpo (*di coda*) *2* sferza; sverzino *3* fustigazione *4* ciglio (*dell'occhio*).
to **lash** /læʃ/ *A v. t.* *1* frustare; sferzare; dare un colpo (*di coda*) *2* legare, assicurare (*con una fune*) *B v. i.* *1* sferzare l'aria *2* battere (contro); sferzare: **The rain lashed against the window**, la pioggia sferzava i vetri *3* aggredire; inveire contro: **His boss lashed into him for being late**, il capo lo aggredì perché era in ritardo.
♦ **lash out** *v. i. + avv.* *1* menare colpi alla cieca *2* (*di cavallo*) sferrare calci *3* inveire; lanciare strali: **to l. out at sb.** [**st**], inveire (*o* scagliarsi) contro q. [q.c.].
lashing /ˈlæʃɪŋ/ *n.* ⓤ *e* ⓒ *1* fustigazione; frustate *2* critiche; attacco *3* legatura *4* (*al pl.*) (*fam.*) mucchio; montagna: **strawberries with lashings of cream**, fragole con una montagna di panna.
lass /læs/ *n.* (*antiq. o lett.*) ragazza.
lassitude /ˈlæsɪtjuːd, *USA* -tuːd/ *n.* ⓤ (*form.*) stanchezza; languore.
lasso /læˈsuː, ˈlæsəʊ/ *n.* (*pl.* **lassos, lassoes**) lasso; lazo.
to **lasso** /læˈsuː, ˈlæsəʊ/ *v. t.* prendere al lazo.
last (1) /lɑːst, *USA* læst/ *A a.* *1* ultimo; estremo: **one's l. hope**, l'ultima speranza; **the l. page**, l'ultima pagina; **That's the l. thing I would do**, è l'ultima cosa che farei *2* scorso; passato; ultimo: **l. night**, ieri sera; la notte scorsa; **l. year**, l'anno scorso (*o* passato); **in these l. few days**, in questi ultimi giorni; **the night before l.**, l'altro ieri notte • **l. but one** (*o* **second l.**), penultimo □ **l. but two**, terzultimo □ **l. but not least**, ultimo, ma non da meno (*degli altri*) □ **l.-ditch attempt**, disperato tentativo □ **l. name**, cognome □ (*mil.*) **the l. post**, il silenzio □ **He ate every l. bit of the cake**, mangiò il dolce fino all'ultima briciola *B n.* (**the l.**) *1* l'ultimo (-a); l'ultima cosa: **the l. I heard of him**, le ultime notizie che ho avuto di lui *2* la fine; quel che resta: **to the l.**, fino alla fine; fino all'ultimo • **at (long) l.**, alla fine; finalmente □ **to breathe one's l.**, morire; esalare l'ultimo respiro □ **to see the l. of sb.**, liberarsi di q. *C avv.* *1* (per) ultimo: **to arrive l.**, arrivare ultimo *2* l'ultima volta: **When did you l. see him?**, quand'è stata l'ultima volta che l'hai visto?
last (2) /lɑːst, *USA* læst/ *n.* forma da scarpe.
to **last** /lɑːst, *USA* læst/ *v. i.* durare; protrarsi; conservarsi; resistere: **The meeting lasted three hours**, la riunione durò tre ore; **Milk only lasts a few days**, il latte si conserva solo per pochi giorni; **This wood will l. us the whole winter**, questa legna ci basterà per tutto l'inverno.
lasting /ˈlɑːstɪŋ, *USA* ˈlæs-/ *a.* durevole; duraturo; permanente.
lastly /ˈlɑːstlɪ, *USA* ˈlæs-/ *avv.* infine; per finire; da ultimo.
latch /lætʃ/ *n.* *1* saliscendi; paletto; chiavistello: **on the l.**, chiuso col saliscendi *2* serratura a scatto.
to **latch** /lætʃ/ *A v. t.* chiudere col saliscendi *B v. i.* chiudersi col saliscendi.
♦ **latch on** *v. i. + avv.* (*fam.*) capire; afferrare l'idea.
♦ **latch onto** *v. i. + prep.* *1* afferrare (*un'idea*); cogliere l'importanza di *2* (*di persona*) attaccarsi a (q.); appiccicarsi a (q.).
latchkey /ˈlætʃkiː/ *n.* chiave (di serratura a scatto).
late /leɪt/ *A a.* *1* (*pred.*) tardi; in ritardo; ritardato: **It is too l. to go**, è troppo tardi per andare; **I was l. for school**, arrivai a scuola in ritardo; **l. arrival**, (arrivo in) ritardo; ritardatario *2* (*attr.*) tardo; tardivo; inoltrato: **at a l. hour**, a un'ora tarda; tardi; **in l. summer**, nella tarda estate; a fine estate; **in the l. Twenties**, negli ultimi anni '20; **in the l. 16th century**, verso la fine del Cinquecento; **to have a l. breakfast**, fare colazione tardi *3* (*attr.*) recente; ultimo; appena arrivato: **Some l. news has just come in about the election**, abbiamo appena ricevuto informazioni sulle elezioni; (*antiq.*) **of l. years**, negli ultimi anni; di recente *4* (*attr.*) defunto: **my l. husband**, il mio povero marito *5* (*attr.*) ex; precedente: **the l. prime minister**, l'ex primo ministro • **l.-night**, fatto (*o* che avviene) a ora tarda: **the l.-night news**, il notiziario della notte; **l.-night show**, ultimo spettacolo *B avv.* *1* tardi; in ritardo: **I got up l.**, mi sono alzato tardi; **to sit up l.**, stare alzato fino a tardi; **to arrive l.**, arrivare in ritardo; **l. last year**, verso la fine dello scorso anno; **l. in the season**, a stagione inoltrata; **l. into the night**, fino a tarda notte *2* fino a poco tempo fa • **l. in the day**, (troppo) tardi □ **as l. as last year**, fino all'anno scorso; ancora l'anno scorso □ **of l.**, ultimamente; negli ultimi tempi.
latecomer /ˈleɪtkʌmə(r)/ *n.* ritardatario (-a).
lateen /ləˈtiːn/ *a.* — (*naut.*) **l. sail**, vela latina.

lately /ˈleɪtlɪ/ *avv.* di recente; ultimamente • **till l.**, fino a poco tempo fa.
latency /ˈleɪtnsɪ/ *n.* U latenza.
lateness /ˈleɪtnəs/ *n.* U ritardo • **the l. of the hour**, l'ora tarda.
latent /ˈleɪtnt/ *a.* latente; nascosto • (*med., psic.*) **l. period**, periodo di latenza.
later /ˈleɪtə(r)/ (*compar. di* **late**, *A e B*) ***A*** *a.* ***1*** posteriore; successivo; più recente: **at a l. date**, in data posteriore; **at a l. stage**, in una fase successiva; in seguito ***2*** più in ritardo: **She was l. than usual**, era più in ritardo del solito ***B*** *avv.* più tardi; poi; dopo • **l. on**, in seguito □ **not l. than**, non più tardi di; (*bur.*) non oltre □ **See you l.!**, arrivederci!; ci vediamo!
lateral /ˈlætərəl/ *a.* laterale.
Lateran /ˈlætərən/ *a.* lateranense.
latest /ˈleɪtɪst/ ***A*** *a.* (*superl. relat. di* **late**, *A*) ultimo; (il) più recente; ultimissimo: **the l. news**, le ultime notizie ***B*** *n.* esempio più recente; ultima novità: **the l. in printers**, l'ultima novità in fatto di stampanti; **Have you heard the l. about Tom?**, la sai l'ultima di Tom? • **at the l.**, al più tardi.
latex /ˈleɪtɛks/ *n.* U (*bot.*) lattice, latice.
lath /lɑːθ, *USA* læθ/ *n.* assicella; listello; stecca; canniccio.
lathe /leɪð/ *n.* (*anche* **turning l.**) tornio.
lather /ˈlɑːðə(r), *USA* ˈlæ-/ *n.* ***1*** U schiuma (di sapone) ***2*** U (*di cavallo*) schiuma • (*fam. GB*) **in a l.**, agitato; affannato.
to **lather** /ˈlɑːðə(r), *USA* ˈlæ-/ ***A*** *v. t.* insaponare ***B*** *v. i.* fare schiuma; schiumare.
Latin /ˈlætɪn, *USA* ˈlætn/ ***A*** *a.* ***1*** latino ***2*** (*estens.*) neolatino; romanzo: **L. languages**, lingue neolatine (*o* romanze) • **L. America**, America Latina □ **L. American**, latino-americano □ **L. lover**, latin lover ***B*** *n.* latino: **classical L.**, latino classico; **the Latins**, i latini.
to **latinise** /ˈlætɪnaɪz/ (*GB*) *V.* **to latinize.**
Latinism /ˈlætɪnɪzəm/ *n.* latinismo.
Latinist /ˈlætɪnɪst/ *n.* latinista.
to **latinize** /ˈlætɪnaɪz/ ***A*** *v. t.* latinizzare ***B*** *v. i.* latinizzarsi.
latitude /ˈlætɪtjuːd, *USA* -tuːd/ *n.* ***1*** U (*geogr., astron.*) latitudine ***2*** (*geogr.*) regione: **warm latitudes**, regioni calde ***3*** libertà d'azione; autonomia.
latrine /ləˈtriːn/ *n.* latrina (*specialm. di caserma, di campo militare, ecc.*).
latter /ˈlætə(r)/ (*compar. di* **late**, *A*) ***A*** *a.* posteriore; più recente; ultimo; secondo: **in the l. half of the century**, nella seconda metà del secolo • **l.-day**, moderno; dei nostri giorni ***B*** *n.* — **the l.**, il secondo (*di due*): **the former..., the l.**, il primo..., il secondo; quello..., questo.
latterly /ˈlætəlɪ/ *avv.* recentemente; ultimamente.
lattice /ˈlætɪs/ *n.* ***1*** graticcio; traliccio ***2*** (*chim., fis.*) reticolo.
Latvian /ˈlætvɪən/ *a. e n.* lettone.
to **laud** /lɔːd/ *v. t.* (*lett.*) lodare; elogiare.
laudable /ˈlɔːdəbl/ *a.* (*form.*) lodevole.
laudanum /ˈlɔːdənəm/ *n.* U (*farm.*) laudano.
laudatory /ˈlɔːdətrɪ, *USA* -tɔːrɪ/ *a.* laudativo; elogiativo.
laugh /lɑːf, *USA* læf/ *n.* ***1*** risata: **to have a good l.**, farsi una bella risata ***2*** (*fam.*) cosa, persona spassosa; spasso • **to do st. for laughs**, fare q.c. tanto per ridere □ **to have the last l.**, ridere per ultimo (*fig.*) □ **to raise a l.**, far ridere; destare ilarità □ **What a l.!**, che ridere!
to **laugh** /lɑːf, *USA* læf/ ***A*** *v. i.* ridere: **to l. to oneself**, ridere tra sé (*o* dentro di sé); **to l. in sb.'s face**, ridere in faccia a q.; **to l. up one's sleeve**, ridere sotto i baffi; **to l. oneself silly**, ridere a crepapelle; **I laughed till I cried**, ho riso fino alle lacrime • **to l. all the way to the bank**, gongolare per un grosso guadagno □ **You'll l. on the other side of your face, when...**, ti passerà la voglia di ridere quando... ***B*** *v. t.* — (*fam.*) **to l. sb. [st.] out of court**, ridicolizzare q. [q.c.]; mettere in ridicolo q. [q.c.].
♦ **laugh at** *v. i. + prep.* ***1*** ridere di; prendere in giro ***2*** non curarsi di; ridersi di.
♦ **laugh away** *v. t. + avv.* liquidare con una risata.
♦ **laugh off** *v. t. + avv.* buttare in ridere; prendere alla leggera.
laughable /ˈlɑːfəbl, *USA* ˈlæf-/ *a.* ridicolo; comico.
laughing /ˈlɑːfɪŋ, *USA* ˈlæfɪŋ/ ***A*** *a.* ridente; allegro • (*chim.*) **l. gas**, gas esilarante □ **l.-stock**, zimbello □ **It is no l. matter!**, non c'è niente da ridere!; non è cosa da ridere! ***B*** *n.* U riso; ridere; risata.
laughingly /ˈlɑːfɪŋlɪ, *USA* ˈlæfɪŋlɪ/ *avv.* ***1*** ridendo ***2*** scherzosamente; per scherzo.
laughter /ˈlɑːftə(r), *USA* ˈlæf-/ *n.* U riso; risata; risate: **We heard l. in the next room**, sentimmo delle risate nella stanza vicina; **to roar with l.**, scoppiare in una grassa risata; ridere a crepapelle.
launch (1) /lɔːntʃ/ *n.* ***1*** (*naut.*) varo ***2*** (*miss.*) lancio ***3*** (*di prodotto*) lancio.
launch (2) /lɔːntʃ/ *n.* (*naut.*) motolancia; scialuppa.
to **launch** /lɔːntʃ/ *v. t.* ***1*** (*naut. e fig.*) varare: **to l. a ship [a project]**, varare una nave [un progetto] ***2*** (*miss. e fig.*) lanciare: **to l. a rocket [an author]**, lanciare un razzo [un autore] ***3*** sferrare: **to l. an attack**, sferrare un attacco.
♦ **launch into** *v. i. + prep.* (*fig.*) buttarsi in; lanciarsi in: **He launched into a long explanation**, si lanciò in una lunga spiegazione.
♦ **launch out** *v. i. + avv.* mettersi a fare q.c.: **to l. out as a freelance journalist**, mettersi a lavorare come giornalista indipendente; darsi al giornalismo indipendente.
launching-pad /ˈlɔːntʃɪŋˈpæd/ *n.* (*miss.*) rampa di lancio.
to **launder** /ˈlɔːndə(r)/ *v. t.* ***1*** lavare e stirare ***2*** (*fam.*) riciclare (*denaro sporco*) • **freshly laundered**, di bucato.
launderette /lɔːnˈdrɛt/ *n.* lavanderia automatica (*o* a gettone).
laundress /ˈlɔːndrɪs/ *n.* lavandaia; stiratrice.
laundrette /lɔːnˈdrɛt/ *V.* **launderette.**
laundry /ˈlɔːndrɪ/ *n.* ***1*** lavanderia ***2*** U biancheria da lavare; bucato • **l. basket**, cesto della biancheria sporca □ **l. list**, lista della lavandaia; (*fig.*) lista di cose necessarie.
laureate /ˈlɒrɪət, *USA* ˈlɔː-/ ***A*** *a.* coronato d'alloro ***B*** *n.* — **Nobel l.**, vincitore di un Nobel; premio Nobel □ (*in G.B.*) **the Poet L.**, il poeta laureato (*poeta ufficiale della nazione*).
laurel /ˈlɒrəl, *USA* ˈlɔː-/ *n.* C *e* U (*bot. e fig.*) lauro; alloro: **to rest on one's laurels**, riposare sugli allori.
lava /ˈlɑːvə/ *n.* U (*geol.*) lava • **l. flow**, colata lavica.
lavatory /ˈlævətrɪ, *USA* -tɔːrɪ/ *n.* gabinetto.
lavender /ˈlævəndə(r)/ *n.* U lavanda.
lavish /ˈlævɪʃ/ *a.* ***1*** prodigo; abbondante; generoso; eccessivo: **l. with one's praise**, prodigo di elogi ***2*** fastoso; sontuoso.
to **lavish** /ˈlævɪʃ/ *v. t.* prodigare; profondere: **to l. st. on sb.**, colmare q. di q.c.
lavishness /ˈlævɪʃnəs/ *n.* U ***1*** prodigalità; abbondanza; profusione ***2*** sontuosità; lusso.
law /lɔː/ *n.* ***1*** U diritto; legge: **criminal [civil] law**, diritto penale [civile]; **law student**, studente di legge (*o* di giurisprudenza); **to break the law**, violare la legge; **by law**, per legge ***2*** legge: **law of supply and demand**, legge della domanda e dell'offerta; **Newton's laws**, le leggi di Newton; **the law of the jungle**, la legge della giungla ***3*** — **the law**, la polizia; la legge • **law-abiding**, osservante della legge □ **law breaker**, trasgressore della legge □ **law court**, tribunale □ **law firm**, studio legale □ **law officer**, magistrato; funzionario di polizia □ **law school**, facoltà di legge (*o* di giurisprudenza) □ **to be a law unto oneself**, non conoscere legge; fare a modo proprio □ **to go to law against sb.**, intentare causa a q.; adire le vie legali □ **to lay down the law**, stabilire la legge; (*fig.*) dettar legge, pontificare □ **to take the law into one's hands**, farsi giustizia da sé.
lawful /ˈlɔːfl/ *a.* legale; legittimo; lecito.
lawfulness /ˈlɔːflnəs/ *n.* U legalità; legittimità.
lawgiver /ˈlɔːgɪvə(r)/ *n.* (*form.*) legislatore.
lawless /ˈlɔːləs/ *a.* ***1*** senza legge; in preda all'anarchia ***2*** sfrenato; sregolato; selvaggio.
lawlessness /ˈlɔːləsnəs/ *n.* U ***1*** mancanza di leggi; anarchia ***2*** sfrenatezza; sregolatezza; licenza.
lawmaker /ˈlɔːmeɪkə(r)/ *n.* legislatore.
lawman /ˈlɔːmən/ *n.* (*USA*) uomo di legge; poliziotto.
lawn (1) /lɔːn/ *n.* prato all'inglese; tappeto erboso • **l. sprinkler**, irrigatore □ (*sport*) **l. tennis**, tennis su prato; (*in G.B.*) tennis (*in genere*).
lawn (2) /lɔːn/ *n.* U (*ind. tess.*) linone; batista.
lawnmower /ˈlɔːnməʊə(r)/ *n.* falciatrice per prati; tagliaerba; tosaerba.
lawsuit /ˈlɔːsuːt/ *n.* (*leg.*) azione legale; causa civile: **to bring a l. against sb.**, intentare causa a q..
lawyer /ˈlɔːjə(r), ˈlɔɪə(r)/ *n.* avvocato (-essa); legale.
lax /læks/ *a.* ***1*** debole; permissivo; lassista: **lax teacher**, insegnante permissivo ***2*** rilassato; allentato; trascurato: **lax security**, scarsa sorveglianza; **lax morals**, morale rilassata ***3*** (*dell'intestino*) affetto da diarrea.

laxative /ˈlæksətɪv/ *a. e n.* (*fam.*) lassativo.
laxity /ˈlæksətɪ/ *n.* ⓤ e ⓒ *1* debolezza; permissività; lassismo *2* rilassatezza; trascuratezza.
lay (1) /leɪ/ *n.* *1* (*USA*) V. **lie** (2) *2* (*volg.*) scopata; (*estens.*) donna (considerata come partner sessuale).
lay (2) /leɪ/ *a.* *1* laico; secolare *2* non specialista; profano • (*eccles.*) **lay brother** [**sister**], converso [conversa].
lay (3) /leɪ/ *pass. di* **to lie** (2).
to **lay** /leɪ/ (*pass. e p.p.* **laid**) *A v. t.* *1* posare; porre; mettere; collocare; stendere: **to lay the foundation of st.**, porre (*o* gettare) le fondamenta di q.c.; **to lay the tablecloth**, stendere la tovaglia; **to have a carpet laid in a room**, far mettere la moquette in una stanza; **to lay bricks**, posare i mattoni l'uno sull'altro *2* preparare: **to lay a fire** [**a trap**], preparare il fuoco [una trappola]; **to lay plans**, fare piani; (*GB*) **to lay the table**, apparecchiare la tavola *3* deporre, fare (*uova*) *4* esporre; presentare: **I have laid the facts before you**, vi ho esposto (*o* messo davanti) i fatti; **to lay a charge against sb.**, accusare q. *5* imporre; dare: **to lay heavy taxes on st.**, imporre gravose tasse su q.c.; **to lay the blame on sb.**, dare la colpa a q. *6* fare (*una scommessa*); scommettere (*una somma*): **I'll lay you a bet that...**, scommetto che... *7* (*volg.*) portarsi a letto; scopare • **to lay claim to st.**, rivendicare il proprio diritto a q.c. □ (*naut.*) **to lay a course**, seguire una rotta □ **to lay eyes on**, vedere: **I hadn't laid eyes on him for months**, erano mesi che non lo vedevo □ **not to lay a finger on sb.**, non toccare q. neanche con un dito; non sfiorare q. □ **to lay a ghost**, placare uno spirito □ **to lay hands on sb.**, mettere le mani addosso a q. □ **to lay hands on st.**, mettere le mani su q.c.; impadronirsi di q.c. □ **to lay st. at sb.'s door**, attribuire q.c. (*colpa, responsabilità, ecc.*) a q. □ **I've been laid low with flu for a week**, sono stato una settimana a letto con l'influenza □ **to lay st. on the line**, mettere a repentaglio q.c.; rischiare q.c. □ (*volg.*) **to get** (*o* **to be**) **laid**, scopare *B v. i.* fare (*o* deporre) le uova.
♦ **lay aside** *v. t. + avv.* mettere da parte; accantonare.
♦ **lay by** *v. t. + avv.* mettere da parte; risparmiare.
♦ **lay down** *v. t. + avv.* *1* posare; mettere giù; deporre: **to lay down arms**, deporre le armi *2* iniziare a costruire; gettare (*le fondamenta*): **to lay down a railway**, iniziare i lavori per una ferrovia *3* stabilire; disporre: **to lay down a rule**, stabilire una regola; **The regulations lay down that...**, il regolamento stabilisce che... *4* mettere (*un vino*) in cantina (*per l'invecchiamento*) • **to lay down one's life**, dare la propria vita; sacrificarsi.
♦ **lay in** *v. t. + avv.* fare scorta (*o* provvista) di: **to lay in stores for the winter**, fare provviste per l'inverno.
♦ **lay into** *v. i. + prep.* aggredire (*anche verbalmente*).
♦ **lay off** *A v. t. + avv.* mettere in cassa integrazione; lasciare a casa *B v. i. + avv.* (*fam.*) smetterla; piantarla.
♦ **lay on** *v. t. + avv.* *1* preparare; predisporre *2* fornire; installare (*corrente, acqua, ecc.*) • (*fam.*) **to lay it on thick**, esagerare; fare lodi sperticate.
♦ **lay open** *v. t. + avv.* scoprire; esporre; svelare: **to lay oneself open to criticism**, esporsi alle critiche.
♦ **lay out** *v. t. + avv.* *1* disporre; sistemare *2* esporre: **to lay out one's goods** [**one's ideas**], esporre la propria merce [le proprie idee] *3* preparare; progettare: **to lay out a park**, progettare un giardino pubblico *4* sborsare (*grosse cifre*) *5* comporre (*un morto*) *6* (*fam.*) stendere (q.) *7* impostare (*una pagina*); impaginare (*un libro, ecc.*).
♦ **lay up** *v. t. + avv.* *1* fare provvista (*o* scorta) di; mettere da parte *2* costringere a letto *3* (*naut.*) mettere in cantiere (*per riparazioni*).
layabout /ˈleɪəbaʊt/ *n.* (*fam.*) sfaccendato; perdigiorno.
lay-by /ˈleɪbaɪ/ *n.* (*autom., GB*) piazzuola di sosta.
layer /ˈleɪə(r)/ *n.* *1* strato *2* (*agric.*) margotta; propaggine.
to **layer** /ˈleɪə(r)/ *v. t.* *1* disporre a strati *2* (*agric.*) margottare; propagginare.
layered /ˈleɪəd/ *a.* stratificato; a strati; **l. rocks**, rocce stratificate; **l. cake**, torta a strati.
layette /leɪˈɛt/ (*franc.*) *n.* corredino (per neonato).
lay figure /ˈleɪfɪgə(r), *USA* -gj-/ *locuz. n.* manichino snodabile (*per pittori, ecc.*).
layman /ˈleɪmən/ *n.* (*pl.* **laymen** /-mən/) *1* laico *2* profano.
lay-off /ˈleɪɒf, *USA* -ɔːf/ *n.* sospensione temporanea (*dal lavoro*); messa in cassa integrazione.
layout /ˈleɪaʊt/ *n.* *1* disposizione; posizione; configurazione *2* pianta; tracciato: **l. of a building**, pianta di un edificio *3* piano; progetto *4* (*tipogr.*) impostazione (*di una pagina*); bozzetto; impaginazione.
layover /ˈleɪəʊvə(r)/ *n.* (*USA*) tappa; sosta; fermata.
layperson /ˈleɪˈpɜːsən/ *n.* *1* laico (-a) *2* profano (-a).
laywoman /ˈleɪwʊmən/ *n.* *1* laica *2* profana.
to **laze** /leɪz/ *v. i.* (*fam.*) oziare.
laziness /ˈleɪzɪnəs/ *n.* ⓤ pigrizia; indolenza.
lazy /ˈleɪzɪ/ *a.* *1* pigro; indolente *2* lento.
lazybones /ˈleɪzɪbəʊnz/ *n.* (*fam.*) pigrone (-a); poltrone (-a).
to **leach** /liːtʃ/ *A v. t.* *1* colare, filtrare (*un liquido*) *2* lisciviare *B v. i.* filtrare.
lead (1) /lɛd/ *n.* *1* ⓤ (*chim.*) piombo *2* ⓤ (*anche* **black l.**) grafite; mina (*di matita*) *3* (*naut.*) scandaglio • **l.-free**, (*di benzina*) senza piombo □ **l. pencil**, matita (*di grafite*) □ (*med.*) **l.-poisoning**, avvelenamento da piombo; saturnismo.
lead (2) /liːd/ *n.* *1* comando; guida; posizione di testa; vantaggio: **to take the l.**, prendere il comando; passare in testa; **to be in the l.**, essere in testa; essere all'avanguardia; **to have a l. of six points**, avere sei punti di vantaggio; **He's got a clear l. over the other candidate**, è in netto vantaggio sull'altro candidato *2* esempio; suggerimento: **to follow sb.'s l.**, seguire l'esempio di q. *3* (*teatr.*) parte (*o* ruolo) principale; (*estens.*) primo attore, prima attrice: **to play the l.**, essere il [la] protagonista *4* (*GB*) guinzaglio: **on the l.**, al guinzaglio *5* (*a carte*) mano; diritto di giocare per primo: **Whose l. is it?**, chi è di mano? *6* (*elettr.*) conduttore isolato *7* indizio; pista • (*comm.*) **l. time**, intervallo tra progettazione e produzione; intervallo tra ordinazione e consegna.
to **lead** (1) /lɛd/ *v. t.* impiombare.
to **lead** (2) /liːd/ (*pass. e p.p.* **led**) *A v. t.* *1* condurre; portare; indurre: **to l. sb. by the hand**, condurre q. per mano; **to l. sb. away** [**out, etc.**], condurre via [fuori, ecc.] q.; **to l. sb. to do st.**, indurre (*o* portare) q. a fare q.c.: **Where does this door l.?**, dove dà questa porta?; che cosa c'è al di là di questa porta?; **I was led to believe that...**, mi hanno fatto credere che...; mi avevano detto che... *2* essere alla testa di; guidare; capeggiare; essere a capo (*o* al comando) di: **to l. a party**, essere a capo di un partito; **to l. an orchestra**, (*USA*) dirigere un'orchestra; (*GB*) essere primo violino in un'orchestra; **to l. the way**, fare strada; fare da battistrada; **to l. the dance**, aprire le danze; **to l. the market**, essere il primo sul mercato *3* condurre, fare, avere (*una vita...*): **to l. a active life**, fare una vita attiva; **to l. a double life**, avere una doppia vita • **to l. astray**, portare fuori strada; sviare; traviare □ **to l. sb. by the nose**, menare q. per il naso □ (*fig.*) **to l. nowhere**, non portare ad alcun risultato *B v. i.* *1* essere in testa; fare strada *2* (*sport*) condurre; essere in testa; essere in vantaggio *3* (*di strada, ecc.*) portare: **All paths l. to Rome**, tutte le strade portano a Roma *4* (*boxe*) attaccare *5* (*a carte*) avere la mano; giocare per primo; aprire.
♦ **lead back** *v. t. + avv.* ricondurre; riportare.
♦ **lead off** *v. i. + avv.* cominciare; attaccare.
♦ **lead on** *v. i. + avv.* *1* prendere in giro *2* indurre, spingere, trascinare (*a fare q.c. di male*).
♦ **lead up to** *v. i. + avv. e prep.* portare a; preparare il terreno per.
leaded /ˈlɛdɪd/ *a.* *1* piombato: **l. window**, finestra coi vetri piombati *2* (*di benzina*) con piombo.
leaden /ˈlɛdn/ *a.* *1* di piombo *2* plumbeo; grave; greve; pesante.
leader /ˈliːdə(r)/ *n.* *1* capo; guida; leader: (*polit.*) **l. of the opposition**, capo (*o* leader) dell'opposizione; **l. of a choir**, direttore di un coro; (*sport*) **team l.**, capitano (*di una squadra*); (*leg.*) **l. for the defence**, primo avvocato della difesa; **He's a born l.**, è nato per comandare; è fatto per il comando *2* chi è in testa (*a una classifica*): **the leaders of the First Division**, la squadra in testa alla classifica (*o* la capoclassifica) della Serie A *3* (*mus., GB*) primo violino; (*USA*) direttore d'orchestra *4* (*giorn., GB*) articolo di fondo *5* cavallo di testa (*di un tiro*) *6* (*bot.*) germoglio terminale.
leadership /ˈliːdəʃɪp/ *n.* ⓤ *1* comando; direzione; guida *2* primo posto; primato *3* attitudine al comando *4* (*col verbo al pl. o al sing.*) (i) dirigenti; (la) dirigenza; (la) leadership.
lead-in /ˈliːdɪn/ *n.* *1* introduzione; presentazione *2* (*radio, TV*) discesa d'antenna.

leading /ˈliːdɪŋ/ *a.* ***1*** che guida; che è in testa; primo ***2*** primo; principale; eminente; preminente: **the l. critics of those years**, i primi critici dell'epoca; **a l. scientist**, un eminente scienziato • (*giorn., GB*) **l. article**, articolo di fondo □ (*teatr.*) **l. lady**, prima attrice □ **l. light**, figura di primo piano □ (*teatr.*) **l. man**, primo attore □ (*specialm. leg.*) **l. question**, domanda tendenziosa □ **l. reins**, dande.

lead-off /ˈliːdɒf, *USA* -ɔːf/ *a.* (*USA*) iniziale; di inizio; di apertura.

lead-up /ˈliːdʌp/ *n.* (periodo dei) preparativi.

leaf /liːf/ *n.* (*pl.* **leaves**) ***1*** (*bot.*) foglia: **to come into l.**, mettere le foglie ***2*** Ⓤ foglia (*di metallo*); lamina ***3*** foglio (*di libro, ecc.*); pagina ***4*** ribalta, prolunga (*di tavolo*) • (*orticoltura*) **l. mould**, pacciame □ **to take a l. out of sb.'s book**, seguire l'esempio di q. □ **to turn over a new l.**, voltare pagina; cambiare vita.

to **leaf** /liːf/ *v. Solo come*:

♦ **leaf through** *v. i. + prep.* sfogliare (*un libro, ecc.*).

leaflet /ˈliːflət/ *n.* volantino; dépliant (*franc.*).

to **leaflet** /ˈliːflət/ *v. t. e i.* distribuire volantini (a); fare del volantinaggio.

leafletting /ˈliːflətɪŋ/ *n.* volantinaggio.

leafstalk /ˈliːfstɔːk/ *n.* (*bot.*) picciolo.

leafy /ˈliːfɪ/ *a.* coperto di foglie; frondoso; fronzuto.

league (**1**) /liːg/ *n.* ***1*** lega; alleanza; società: **L. of Nations**, Società delle Nazioni; (*spreg.*) **to be in l. with sb.**, essere in lega (*o* in combutta) con q. ***2*** (*sport*) lega; (*estens.*) campionato: (*in G.B.*) **Premier L.**, campionato (di calcio) di Serie A; **l. table**, classifica di campionato ***3*** (*fam.*) classe; livello: **in the same l. as**, dello stesso livello di.

league (**2**) /liːg/ *n.* lega (*misura itineraria*).

leak /liːk/ *n.* ***1*** crepa; fessura; (*naut.*) falla: **to spring a l.**, aprire una falla ***2*** fuga, perdita, fuoruscita (*di liquido, gas, ecc.*); (*elettr.*) dispersione ***3*** fuga (*di notizia*) • (*volg.*) **to take a l.**, pisciare.

to **leak** /liːk/ ***A*** *v. t.* ***1*** perdere, lasciar passare (*acqua, ecc.*); lasciar uscire (*gas, ecc.*) ***2*** far trapelare (*una notizia*) ***B*** *v. i.* ***1*** (*di recipiente*) perdere; fare acqua; (*naut.*) imbarcare acqua ***2*** (*di liquido*) colare.

♦ **leak in** *v. i. + avv.* colare; infiltrarsi.

♦ **leak out** *v. i. + avv.* ***1*** colare; sgocciolare ***2*** (*di notizia, ecc.*) trapelare.

leakage /ˈliːkɪdʒ/ *n.* Ⓤ e Ⓒ ***1*** perdita (*di liquido*); fuga (*di gas*); infiltrazione; (*elettr.*) dispersione ***2*** fuga (*di notizie*) ***3*** (*tecn.*) colaggio; calo.

leaky /ˈliːkɪ/ *a.* ***1*** che non tiene (*l'acqua*); che perde ***2*** (*naut.*) che fa (*o* imbarca) acqua.

lean (**1**) /liːn/ ***A*** *a.* magro (*anche fig.*); snello • **l. years**, anni di carestia ***B*** *n.* Ⓤ magro; carne magra.

lean (**2**) /liːn/ *n.* inclinazione; pendenza.

to **lean** /liːn/ (*pass. e p.p.* **leaned** *o* **leant**) ***A*** *v. i.* ***1*** essere inclinato; pendere ***2*** chinarsi; piegarsi: **to l. forward**, chinarsi in avanti ***3*** appoggiarsi: **to l. on one's elbows**, appoggiarsi sui gomiti; **He was leaning against the wall**, era appoggiato al muro ***B*** *v. t.* appoggiare; poggiare: **to l. one's elbows on the table**, poggiare i gomiti sul tavolo • **to l. over backwards**, farsi in quattro.

♦ **lean on** *v. i. + prep.* ***1*** contare su; fare affidamento su ***2*** fare pressione su.

♦ **lean out** *v. i. + avv.* sporgersi: **to l. out of a window**, sporgersi da una finestra.

♦ **lean towards** *v. i. + prep.* propendere verso; tendere a: **to l. towards pacifism**, tendere al pacifismo.

leaning /ˈliːnɪŋ/ ***A*** *n.* inclinazione; propensione; tendenza ***B*** *a.* inclinato; pendente: **l. tower**, torre pendente.

leanness /ˈliːnnəs/ *n.* Ⓤ magrezza.

leant /lɛnt/ *pass. e p.p. di* **to lean**.

lean-to /ˈliːntuː/ *n.* edificio con tettoia appoggiato ad altro edificio • **l- roof**, tetto a una falda (*o* a leggio).

leap /liːp/ *n.* ***1*** salto; balzo ***2*** aumento improvviso; balzo in avanti • **a l. in the dark**, un salto nel buio □ **l. day**, giorno intercalare □ **l. year**, anno bisestile □ **by leaps and bounds**, a passi da gigante.

to **leap** /liːp/ (*pass. e p.p.* **leapt** *o* **leaped**) ***A*** *v. i.* saltare; fare salti; balzare: **to l. to one's feet**, balzare in piedi; **to l. over st.**, scavalcare q.c. con un balzo • (*prov.*) **Look before you l.!**, pensaci prima di agire! ***B*** *v. t.* saltare; scavalcare con un balzo.

♦ **leap at** *v. i. + prep.* cogliere al volo (*un'occasione, ecc.*); accettare al volo (*un'offerta, ecc.*).

♦ **leap out at** *v. i. + avv. e prep.* balzare agli occhi di (*fig.*).

leapfrog /ˈliːpfrɒg, *USA* -ɔːg/ *n.* Ⓤ (gioco della) cavallina.

leapt /liːpt/ *pass. e p.p. di* **to leap**.

to **learn** /lɜːn/ (*pass. e p.p.* **learned** *o* **learnt**) *v. t. e i.* ***1*** imparare; apprendere: **to l. how to do st.**, imparare a fare q.c. ***2*** venire a sapere; apprendere: **to l. of st.**, venire a sapere di q.c.

learned /ˈlɜːnɪd/ *a.* dotto; colto; erudito.

learner /ˈlɜːnə(r)/ *n.* chi sta imparando; allievo: **fast l.**, persona che impara in fretta • (*autom., GB*) **l. driver**, principiante □ (*autom., USA*) **l.'s permit**, patente provvisoria (*equivalente al «foglio rosa»*).

learning /ˈlɜːnɪŋ/ *n.* Ⓤ cultura; erudizione; sapere.

learnt /lɜːnt/ *pass. e p.p. di* **to learn**.

lease /liːs/ *n.* Ⓒ e Ⓤ ***1*** (*leg.*) «lease» (*istituto non esistente in Italia*); (cessione di) proprietà superficiaria; (contratto di) affitto (prolungato): **to buy a house on a 99-year l.**, comprare una casa con un «lease» di 99 anni; **to take a l. on st.** (*o* **to take st. on a l.**), prendere in affitto q.c. ***2*** (*fin.*) contratto di leasing • **a new l. of life** (*USA* **on life**), nuove prospettive di vita.

to **lease** /liːs/ *v. t.* ***1*** (*leg.*) cedere [acquistare, avere] in «lease» (*q.V.*); affittare ***2*** (*fin.*) noleggiare [avere] in leasing.

leasehold /ˈliːshəʊld/ (*leg.*) ***A*** *n.* (diritto di) possesso immobiliare in base a un «lease» (*q.V.*); proprietà superficiaria ***B*** *a.* (*di immobile*) posseduto in base a un «lease» (*q.V.*) ***C*** *avv.* in proprietà superficiaria.

leaseholder /ˈliːshəʊldə(r)/ *n.* titolare di un «leasehold» (*q. V.*); affittuario; locatario.

leash /liːʃ/ *n.* guinzaglio: **to keep on a l.**, tenere al guinzaglio; (*fig.*) tenere a freno; **to strain at the l.**, tirare il guinzaglio; (*fig.*) mordere il freno.

least /liːst/ (*superl. di* **little**) ***A*** *a.* (il) più piccolo; minimo: **I haven't the l. doubt**, non ho il minimo dubbio; **That is the l. of my concerns**, è l'ultima delle mie preoccupazioni ***B*** *n.* — **the l.**, il minimo: **It's the l. I can do**, è il minimo che io possa fare ***C*** *avv.* (il) meno: **the l. expensive**, il meno costoso • **l. of all**, meno di tutti; tanto meno □ **at l.**, almeno, per lo meno □ **at (the) l.**, a dir poco; come minimo □ **not in the l.**, per nulla; niente affatto □ **to say the l.**, a dir poco; per non dire di più.

leastwise /ˈliːstwaɪz/ *avv.* (*fam. USA*) almeno; per lo meno.

leather /ˈlɛðə(r)/ *n.* Ⓤ cuoio; pelle • **l. goods**, (articoli di) pelletteria □ **patent l.**, cuoio verniciato; vernice.

leatherette ® /lɛðəˈrɛt/ *n.* Ⓤ finta pelle; similpelle.

leathery /ˈlɛðərɪ/ *a.* corlaceo; duro come il cuoio.

leave /liːv/ *n.* ***1*** Ⓤ permesso; autorizzazione: **to give sb. l. to do st.**, dare a q. il permesso di fare q.c.; **by your l.**, col suo permesso ***2*** Ⓤ e Ⓒ (*anche* **l. of absence**) permesso; licenza; congedo: **on l.**, in congedo; in licenza; in permesso; **six months' l.**, sei mesi di congedo ***3*** Ⓤ congedo; commiato: **to take l. of sb.**, prendere commiato da q.; accomiatarsi da q.; **to take one's l.**, accomiatarsi; congedarsi • **to take French l.**, andarsene alla chetichella □ **to take l. of one's senses**, uscire di senno.

to **leave** /liːv/ (*pass. e p.p.* **left**) ***A*** *v. t.* ***1*** partire da; lasciare: **We left Rome yesterday**, siamo partiti da (*o* abbiamo lasciato) Roma ieri; **to l. home**, uscire di casa; andarsene da casa ***2*** lasciare: **Have you left me anything to eat?**, mi hai lasciato qualcosa da mangiare?; **L. it to me!**, lascia fare a me!; **L. him alone!**, lascialo stare!; lascialo in pace! ***3*** affidare; lasciare: **to l. sb. in charge of st.** (*o* **to l. st. in sb.'s charge**), affidare (la custodia di) q.c. a q.; **L. the matter in his hands**, affida a lui la faccenda; lascia che se ne occupi lui ***4*** lasciare in eredità ***5*** (*mat.*) fare: **Ten minus two leaves eight**, dieci meno due fa otto • **to l. st. to chance**, affidare q.c. alla sorte; lasciar decidere q.c. al caso □ (*ferr.*) **to l. the rails**, deragliare □ (*autom.*) **to l. the road**, uscire di strada □ **to l. the table**, alzarsi da tavola □ **to l. things lying about**, lasciare oggetti in giro □ (*fam.*) **to l. sb. standing**, superare di gran lunga q. □ **to l. sb. to himself [herself]** (*o* **to his [her] own devices**), lasciare che q. faccia a modo suo; lasciare che q. si arrangi □ **to l. st. unsaid**, tacere q.c. □ **to l. word**, lasciar detto □ (*fam.*) **Let's l. it at that**, non parliamone più □ **This leaves me cold**, ciò mi lascia indifferente □ **to be left**, rimanere; restare: **How much is there left?**, quanto ne rimane?; **I have only one pound**

left, mi è rimasta solo una sterlina ***B*** *v. i.* partire; andarsene.
♦ **leave around** (*o* **about**) *v. t. + avv.* lasciare in giro.
♦ **leave aside** *v. t. + avv.* lasciare da parte (q.c.).
♦ **leave behind** *v. i. + avv.* ***1*** dimenticare ***2*** lasciare indietro; superare ***3*** lasciare dietro di sé.
♦ **leave off** *v. t. + avv.* (*fam.*) smettere.
♦ **leave out** *v. t. + avv.* omettere; lasciar fuori ● **to feel left out**, sentirsi escluso.
♦ **leave over** *v. t. + avv.* lasciare in sospeso; rimandare ● **to be left over**, rimanere; avanzare.
leaven /ˈlɛvn/ *n.* Ⓤ lievito.
to **leaven** /ˈlɛvn/ *v. t.* far lievitare; far fermentare.
leaves /liːvz/ *pl. di* **leaf**.
leavings /ˈliːvɪŋz/ *n. pl.* avanzi; rifiuti; rimasugli.
Lebanese /lɛbəˈniːz/ *a. e n.* libanese.
lecher /ˈlɛtʃə(r)/ *n.* fornicatore; satiro.
lecherous /ˈlɛtʃərəs/ *a.* lascivo; lussurioso.
lechery /ˈlɛtʃərɪ/ *n.* Ⓤ e Ⓒ lascivia.
lectern /ˈlɛktɜːn/ *n.* leggio (*di chiesa*).
lecture /ˈlɛktʃə(r)/ *n.* ***1*** conferenza; lezione (*universitaria*): **to go on a l. tour**, fare un giro di conferenze; **l. hall**, sala per conferenze; (*di università*) aula ***2*** predicozzo; ramanzina; paternale: **to give sb. a good l.**, fare a q. una bella ramanzina. ATTENZIONE: **lecture** ≠ lettura.
to **lecture** /ˈlɛktʃə(r)/ ***A*** *v. i.* fare conferenze; tenere un corso di lezioni; insegnare (all'università) ***B*** *v. t.* ***1*** fare una conferenza a; far lezione a (*una classe, ecc.*) ***2*** fare un predicozzo (*o* una ramanzina) a; sgridare.
lecturer /ˈlɛktʃərə(r)/ *n.* ***1*** conferenziere ***2*** docente universitario; professore incaricato.
lectureship /ˈlɛktʃəʃɪp/ *n.* incarico universitario.
led /lɛd/ *pass. e p.p. di* **to lead** (**2**).
ledge /lɛdʒ/ *n.* ***1*** sporgenza; orlo; ripiano ***2*** (*di montagna*) cornice; cengia.
ledger /ˈlɛdʒə(r)/ *n.* ***1*** (*rag.*) libro mastro; registro contabile ***2*** (*mus., anche* **l. line**) rigo supplementare.
lee /liː/ ***A*** *n.* ***1*** riparo (*dal vento*): **in the lee of a wall**, al riparo di un muro ***2*** (*naut.*) ridosso; lato sottovento (*di nave*): **in the lee of the island**, a ridosso dell'isola ***B*** *a. attr.* (*specialm. naut.*) sottovento: **lee shore**, costa sottovento.
leech /liːtʃ/ *n.* (*zool.*) sanguisuga.
leek /liːk/ *n.* (*bot.*) porro.
leer /lɪə(r)/ *n.* Ⓤ sguardo (*o* sorriso) maligno; sguardo (*o* sorriso) lascivo (*o* libidinoso).
to **leer** /lɪə(r)/ *v. i.* guardare vogliosamente; occhieggiare lascivamente.
leery /ˈlɪərɪ/ *a.* (*fam.*) diffidente; sospettoso: **to be l. of sb.**, non fidarsi di q.
lees /liːz/ *n. pl.* feccia; sedimento.
leeward /ˈliːwəd, ˈluːəd/ (*naut.*) ***A*** *a. e avv.* (a) sottovento. ***B*** *n.* Ⓤ sottovento; lato sottovento (*di nave*).
leeway /ˈliːweɪ/ *n.* Ⓤ ***1*** (*naut., aeron.*) scarroccio; deriva: **to make l.**, scarrocciare ***2*** (*aeron.*) angolo di deriva ***3*** libertà di azione; margine ● (*GB*) **to make up l.**, recuperare il tempo perduto; rimettersi in pari.
left (1) /lɛft/ ***A*** *a.* ***1*** sinistro ***2*** (*polit.*) a (*o* di) sinistra ***B*** *n.* ***1*** sinistra; lato sinistro: **Turn to the l.**, volta a sinistra ***2*** (*boxe*) sinistro ***3*** (*mil.*) ala sinistra, fianco sinistro ***C*** *avv.* a sinistra: **to turn l.**, voltare a sinistra ● (*polit.*) **the L.**, la Sinistra □ **l.-hand**, sinistro; a sinistra; di sinistra: **l.-hand page**, pagina di (*o* a) sinistra; **on the l.-hand side**, sul lato sinistro; a sinistra; (*autom.*) **l.-hand drive**, guida a sinistra □ **l.-handed**, *V.* **left-handed**, *a.* □ **l.-hander**, mancino (-a); (*boxe*) sinistro □ (*polit.*) **l.-of-centre**, di centro-sinistra □ **l. wing**, (*polit.*) sinistra; (*calcio*) ala sinistra □ (*polit.*) **l.--wing**, di sinistra □ (*polit.*) **l.-winger**, appartenente alla sinistra.
left (2) /lɛft/ *pass. e p.p. di* **to leave**.
left-handed /ˈlɛftˈhændɪd/ *a.* ***1*** mancino ***2*** fatto con la sinistra ***3*** goffo; maldestro ***4*** ambiguo; a doppio taglio.
leftie /ˈlɛftɪ/ *V.* **lefty**.
leftist /ˈlɛftɪst/ (*polit.*) ***A*** *a.* di sinistra ***B*** *n.* appartenente alla sinistra.
left-luggage office /ˈlɛftˈlʌgɪdʒ ˈɒfɪs/ *locuz. n.* (*ferr., GB*) deposito bagagli.
leftovers /ˈlɛftəʊvə(r)z/ *n. pl.* avanzi; resti; rimasugli.
lefty /ˈlɛftɪ/ *n.* (*fam.*) ***1*** (*polit., spreg.*) sinistroide ***2*** (*USA, specialm. sport*) mancino.
leg /lɛg/ *n.* ***1*** gamba; (*di animale*) zampa ***2*** (*cucina*) coscia (*di pollo*); cosciotto (*di agnello*) ***3*** gamba (*di mobile*) ***4*** tappa (*di un viaggio, di una corsa*) ***5*** (*sport*) turno (*di torneo*); tempo; ripresa ● (*sport*) **leg-guard**, gambiera; parastinchi □ (*fam.*) **leg-pull**, presa in giro □ **leg-pulling**, prese in giro; scherzi □ **leg-warmer**, scaldamuscoli □ **to be all legs**, essere tutto gambe; essere alto e magro □ **Break a leg!**, in bocca al lupo! □ **to give sb. a leg up**, aiutare q. a salire su q.c.; (*fig.*) aiutare q. a far carriera □ **not to have a leg to stand on**, non avere una ragione che regga; non avere una scusa convincente □ **on one's last legs**, ridotto allo stremo; ridotto al lumicino; (*di macchina. ecc.*) che sta insieme per miracolo □ (*fam.*) **to pull sb.'s leg**, prendere in giro q. □ (*fam.*) **Shake a leg!**, sbrigati!; muoviti! □ **to stretch one's legs**, sgranchirsi le gambe.
to **leg** /lɛg/ *v. t.* — (*fam.*) **to leg it**, correre via; darsela a gambe.
legacy /ˈlɛgəsɪ/ *n.* ***1*** (*leg.*) legato; lascito ***2*** eredità (*fig.*); retaggio.
legal /ˈliːgl/ *a.* legale; giuridico; legittimo ● **l. action**, azione legale: **to take l. action**, adire le vie legali □ **l. age**, età legale; maggiore età □ **l. aid**, patrocinio legale gratuito □ **l. rights**, diritti riconosciuti dalla legge □ **l. tender**, moneta a corso legale.
to **legalise** /ˈliːgəlaɪz/ *e deriv.* (*GB*) *V.* **to legalize** *e deriv.*
legalist /ˈliːgəlɪst/ *n.* legalista.
legalistic /liːgəˈlɪstɪk/ *a.* legalistico.
legality /liːˈgælətɪ/ *n.* Ⓤ legalità.
legalization /liːgəlaɪˈzeɪʃn, *USA* -lɪˈz-/ *n.* Ⓤ legalizzazione.
to **legalize** /ˈliːgəlaɪz/ *v. t.* legalizzare.
legate /ˈlɛgət/ *n.* (*eccles.*) legato pontificio; nunzio apostolico.
legatee /lɛgəˈtiː/ *n.* (*leg.*) legatario (-a).
legation /lɪˈgeɪʃn/ *n.* (*polit.*) legazione.
legend /ˈlɛdʒənd/ *n.* ***1*** Ⓒ e Ⓤ leggenda; mito ***2*** figura leggendaria; mito ***3*** legenda; didascalia.
legendary /ˈlɛdʒəndrɪ, *USA* -dərɪ/ *a.* leggendario; mitico.
legerdemain /lɛdʒədəˈmeɪn/ *n.* Ⓤ ***1*** prestidigitazione; giochi di prestigio ***2*** cavilli; trucchi.
leggings /ˈlɛgɪŋz/ *n. pl.* ***1*** gambali ***2*** ghette lunghe.
leggy /ˈlɛgɪ/ *a.* (*di bambino, donna, puledro, ecc.*) dalle gambe lunghe e sottili; tutto gambe.
legibility /lɛdʒəˈbɪlətɪ/ *n.* leggibilità.
legible /ˈlɛdʒəbl/ *a.* leggibile.
legibly /ˈlɛdʒəblɪ/ *avv.* in modo leggibile.
legion /ˈliːdʒən/ ***A*** *n.* ***1*** legione ***2*** moltitudine; folta schiera ***B*** *a. pred.* innumerevoli.
legionary /ˈliːdʒənərɪ, *USA* -nerɪ/ *a. e n.* legionario.
legionnaire's disease /liːdʒəˈnɛəzdɪziːz/ *locuz. n.* (*med.*) malattia (*o* morbo) del legionario; legionellosi.
to **legislate** /ˈlɛdʒɪsleɪt/ *v. i.* legiferare; promulgare leggi.
legislation /lɛdʒɪsˈleɪʃn/ *n.* Ⓤ legislazione.
legislative /ˈlɛdʒɪslətɪv, *USA* -leɪtɪv/ *a.* legislativo.
legislator /ˈlɛdʒɪsleɪtə(r)/ *n.* legislatore.
legislature /ˈlɛdʒɪsleɪtʃə(r)/ *n.* corpo legislativo; assemblea legislativa.
legit /lɪˈdʒɪt/ *abbr. pop. di* **legitimate**.
legitimacy /lɪˈdʒɪtɪməsɪ/ *n.* Ⓤ (*leg.*) legittimità.
legitimate /lɪˈdʒɪtɪmət/ *a.* legittimo; valido.
to **legitimate** /lɪˈdʒɪtɪmeɪt/ *v. t.* ***1*** legittimare ***2*** giustificare; scusare.
legitimation /lɪdʒɪtɪˈmeɪʃn/ *n.* Ⓤ legittimazione.
to **legitimize**, (*GB anche*) to **legitimise** /lɪˈdʒɪtɪmaɪz/ *v. t.* legittimare.
legless /ˈlɛgləs/ *a.* ***1*** senza gambe ***2*** (*fam.*) ubriaco fradicio; completamente sbronzo.
legroom /ˈlɛgrʊm, -ruːm/ *n.* spazio per le gambe (*in auto, in aereo, ecc.*).
legume /ˈlɛgjuːm/, **legumen** /lɪˈgjuːmən/ *n.* (*bot.*) legume.
leguminous /lɪˈgjuːmɪnəs/ *a.* (*bot.*) delle leguminose.
legwork /ˈlɛgwɜːk/ *n.* (*fam.*) lavoro di gambe; scarpinata: **There's a lot of l. involved in this job**, si deve scarpinare parecchio in questo lavoro.
leisure /ˈlɛʒə(r), *USA* ˈliː-/ *n.* Ⓤ tempo libero ● **l. activities**, attività del tempo libero □ **l. centre**, centro ricreativo □ **l. hours**, ore di svago □ **to do st. at one's l.**, fare q.c. con comodo.
leisured /ˈlɛʒəd, *USA* ˈliː-/ *a.* che ha tempo libero ● **the l. classes**, le classi agiate; i ricchi.
leisurely /ˈlɛʒəlɪ, *USA* ˈliː-/ *a.* comodo; fatto con comodo;

tranquillo.
leitmotif, **leitmotiv** / ˈlaɪtməʊtiːf/ (*ted.*) *n.* (*mus. e fig.*) leitmotiv.
lemming / ˈlɛmɪŋ/ *n.* (*zool.*) lemming.
lemon / ˈlɛmən/ *n.* ***1*** C e U (*albero e frutto*) limone ***2*** U giallo limone ***3*** (*pop.*) bidone; fregatura • **l. drop**, caramella al limone □ **l. squash**, spremuta di limone □ **l. squeezer**, spremilimoni □ **l. cheese** (*o* **curd**), crema al limone □ **l. tea**, tè al limone □ (*bot.*) **l. tree**, limone (*albero*) □ **l. peel**, scorza di limone.
lemonade /lɛməˈneɪd/ *n.* U e C limonata.
lemon sole / ˈlɛmən səʊl/ *locuz. n.* (*zool.*) sogliola limanda.
lemur / ˈliːmə(r)/ *n.* (*zool.*) lemure.
to **lend** /lɛnd/ (*pass. e p.p.* **lent**) ***A*** *v. t.* ***1*** prestare; dare in prestito: **to l. st. to sb.** (*o* **sb. st.**), prestare q.c. a q. ***2*** dare; conferire • **to l. an ear**, prestare orecchio; dare ascolto □ **to l. a hand with st.**, dare una mano a fare q.c. □ **to l. one's name to st.**, prestare il proprio nome per q.c. ***B*** to **lend oneself** *v. rifl.* prestarsi.
lender / ˈlɛndə(r)/ *n.* prestatore (-trice).
lending / ˈlɛndɪŋ/ *n.* (*fin.*) attività creditizia • **l. rate**, (*fin.*) tasso d'interesse ufficiale; (*banca*) tasso d'impiego.
lending library / ˈlɛndɪŋ ˈlaɪbrərɪ/ *locuz. n.* biblioteca circolante.
length /lɛŋθ/ *n.* U e C ***1*** lunghezza: **the l. of a road**, la lunghezza di una strada; **to be four feet in l.**, essere lungo quattro piedi; avere una lunghezza di quattro piedi ***2*** (*di tempo*) durata; periodo: **l. of time**, periodo di tempo ***3*** (*ippica*) lunghezza: **to win by a l.**, vincere per una lunghezza ***4*** pezzo (*di corda, ecc.*); taglio (*di stoffa*) • **at arm's l.**, a distanza □ **at** (**great**) **l.**, diffusamente; con abbondanza di particolari □ **at l.**, alla fine; finalmente □ **to fall full l.**, cadere lungo disteso; stramazzare al suolo □ **full-l. portrait**, ritratto a figura intera □ **He'd go to any lengths to avoid work**, farebbe qualsiasi cosa pur di non lavorare □ **I went to great lengths to keep the truth from her**, feci di tutto per nasconderle la verità □ **to travel the l. and breadth of a country**, girare un paese in lungo e in largo.
to **lengthen** / ˈlɛŋθən/ ***A*** *v. t.* allungare ***B*** *v. i.* allungarsi.
lengthiness / ˈlɛŋθɪnəs/ *n.* U lunghezza; lungaggine; prolissità.
lengthways / ˈlɛŋθweɪz/, **lengthwise** / ˈlɛŋθwaɪz/ ***A*** *avv.* per il lungo; longitudinalmente ***B*** *a.* messo per il lungo; longitudinale.
lengthy / ˈlɛŋθɪ/ *a.* troppo lungo; prolisso.
leniency / ˈliːnɪənsɪ/ *n.* U clemenza; indulgenza; (*di sentenza, ecc.*) mitezza.
lenient / ˈliːnɪənt/ *a.* clemente; indulgente; (*di sentenza, ecc.*) mite.
Leninism / ˈlɛnɪnɪzəm/ *n.* U (*polit.*) leninismo.
Leninist / ˈlɛnɪnɪst/, **Leninite** / ˈlɛnɪnaɪt/ *n. e a.* (*polit.*) leninista.
lens /lɛnz/ *n.* ***1*** lente ***2*** (*fotogr.*) obiettivo ***3*** (*anat.*) cristallino.
Lent /lɛnt/ *n.* (*eccles.*) Quaresima.
lent /lɛnt/ *pass. e p.p. di* **to lend**.
Lenten / ˈlɛntən/ *a.* (*eccles.*) quaresimale.
lentil / ˈlɛntl/ *n.* (*bot.*) lenticchia; lente.
Leo / ˈliːəʊ/ *n.* (*astron., astrol.*) Leone.
leonine / ˈliːənaɪn/ *a.* leonino.
leopard / ˈlɛpəd/ *n.* (*zool.*) leopardo • (*prov.*) **The l. doesn't change its spots**, il lupo perde il pelo ma non il vizio.
leopardess / ˈlɛpədɪs/ *n.* femmina di leopardo.
leotard / ˈliːətɑːd/ *n.* body (da ginnastica, da danza).
leper / ˈlɛpə(r)/ *n.* lebbroso (-a) • **l. hospital**, lebbrosario.
leprechaun / ˈlɛprəkɔːn/ *n.* (*mitol. irl.*) gnomo; folletto.
leprosy / ˈlɛprəsɪ/ *n.* U (*med.*) lebbra.
leprous / ˈlɛprəs/ *a.* (*med.*) lebbroso.
lesbian / ˈlɛzbɪən/ ***A*** *a.* lesbico ***B*** *n.* lesbica.
lesbianism / ˈlɛzbɪənɪzəm/ *n.* lesbismo.
lese-majesty / ˈleɪzˈmædʒəsteɪ, ˈliːzˈmædʒəstɪ/ *n.* U (*leg.*) lesa maestà; alto tradimento.
lesion / ˈliːʒn/ *n.* (*anche med.*) lesione.
less /lɛs/ (*compar. di* **little**) ***A*** *a.* meno; minore; più piccolo: **L. noise, please!**, meno rumore, per favore!; **of l. importance**, di minore importanza ***B*** *pron.* meno: **I took l. than you**, ne ho preso meno di te; **The l. said about it the better**, meno se ne parla meglio è ***C*** *avv.* meno; di meno: **l. tall**, meno alto; **to work l.**, lavorare di meno ***D*** *prep.* meno: **It's $120, l. a 10% discount**, costa 120 dollari, meno il 10% di sconto • **l. and l.**, sempre meno □ **in l. than no time**, in men che non si dica □ **more or l.**, più o meno; all'incirca □ **no l. than**, non meno di □ **The concert will be attended by no l. a person than the Pope**, al concerto presenzierà nientemeno che il Papa □ **Guess who walked in? Her ex-husband, no less!**, indovina chi è entrato? il suo ex marito, pensa un po'! □ **The l. you work, the l. you earn**, meno lavori, meno guadagni.
lessee /lɛˈsiː/ *n.* (*leg.*) affittuario (-a); locatario (-a).
to **lessen** / ˈlɛsn/ ***A*** *v. t.* diminuire; ridurre; abbassare ***B*** *v. i.* diminuire; ridursi; abbassarsi.
lesser / ˈlɛsə(r)/ ***A*** *a. attr.* (*compar. di* **little**) minore; più piccolo; inferiore ***B*** *avv.* meno.
lesson / ˈlɛsn/ *n.* lezione • **Let that be a l. to you**, che ti serva di lezione □ **to teach sb. a l.**, dare una lezione a q.
lessor /lɛˈsɔː(r)/ *n.* (*leg.*) locatore (-trice).
lest /lɛst/ *cong.* (*form.*) ***1*** affinché non; per paura che ***2*** (*dopo espressioni indicanti timore*) che: **I was afraid l. he should fall**, temevo che cadesse.
let (**1**) /lɛt/ *n.* (*tennis*) colpo nullo; let.
let (**2**) /lɛt/ *n.* (*GB*) ***1*** affitto; locazione ***2*** casa affittata (*o* da affittare).
to **let** /lɛt/ (*pass. e p.p.* **let**) *v. t.* ***1*** lasciare; permettere; fare: **You've let the fire go out**, hai lasciato spegnere il fuoco; **to let fall a hint**, lasciar cadere un'allusione; **Let me give you some advice**, permetti (*o* lascia) che ti dia un consiglio; **Let me have a look at it**, fammelo vedere; lasciamelo vedere; **He's letting his beard grow**, si sta facendo crescere la barba ***2*** (*ausiliare nell'imper. per la 1ª e la 3ª pers. sing. e pl.*) — **Let us pray**, preghiamo!; **Let's go!**, andiamocene!; **Let's not wait!** (*GB anche* **Don't let's wait**), non aspettiamo!; **Let him try**, ci provi pure!; che ci provi!; **Let there be no mistake about it**, che sia ben chiaro ***3*** affittare; dare in affitto: **«To Let»**, «affittasi» • **to let sb. alone**, lasciare in pace (*o* lasciar stare) q. □ **let alone**, tanto meno; figuriamoci: **I can't afford a bicycle, let alone a car**, non ho i soldi per una bicicletta, figuriamoci per un'automobile! □ **to let sb.** [**st.**] **be**, lasciar stare q. [q.c.]; lasciare in pace q. [q.c.] □ **Let me see...**, vediamo un po'... □ (*geom.*) **Let AB be equal to CD**, sia AB uguale a CD □ **to let go of st.**, lasciar andare q.c.; mollare q.c: □ **to let oneself go**, lasciarsi andare (*anche fig.*) □ **to let sb. know**, far sapere a q.; informare q. □ **to let slip**, sciogliere, lasciar libero (*un cane, ecc.*); lasciarsi scappare (*un segreto*); perdere (*un'occasione*) □ **Let well enough alone**, non strafare; non cercare la perfezione.
♦ **let down** *v. t. + avv.* ***1*** abbassare; calare ***2*** allungare (*un orlo, ecc.*) ***3*** sciogliere (*i capelli*) ***4*** sgonfiare (*una gomma*) ***5*** deludere ***6*** non mantenere un impegno con; mollare • **to let sb. down gently**, dare una cattiva notizia a q. con delicatezza.
♦ **let in** *v. t. + avv.* far entrare; lasciar entrare • **I had no idea what I was letting myself in for**, non avevo idea di quello in cui mi stavo imbarcando □ **to let sb. in on a secret**, rivelare un segreto a q.
♦ **let into** *v. t. + prep.* ***1*** far entrare; lasciar entrare: **I let myself into the house**, presi le chiavi e entrai in casa ***2*** ammettere in (*un club, ecc.*) ***3*** far partecipe di: **to let sb. into a secret**, far partecipe q. di un segreto.
♦ **let off** *v. t. + avv.* ***1*** far scendere (*da un mezzo*) ***2*** far esplodere (*fuochi d'artificio, ecc.*); sparare (*un colpo di fucile*) ***3*** emettere (*vapore, ecc.*) ***4*** dispensare; scusare; lasciar andare; mandare assolto: **He was let off lightly**, se l'è cavata a buon mercato.
♦ **let on** ***A*** *v. t. + avv.* far salire; lasciar salire ***B*** *v. i. e t. + avv.* (*fam.*) ammettere; svelare.
♦ **let out** ***A*** *v. t. + avv.* ***1*** far uscire; lasciare uscire: **to let oneself out**, (aprire la porta e) uscire ***2*** emettere (*un grido, ecc.*) ***3*** (*specialm. GB*) affittare; dare a nolo ***4*** allargare (*un vestito*) ***5*** rendere noto; rivelare ***B*** *v. i. + avv.* (*USA, di film, lezione, ecc.*) finire.
♦ **let through** *v. t. + avv.* far passare.
♦ **let up** *v. i. + avv.* (*fam.*) smettere.
letdown / ˈlɛtdaʊn/ *n.* (*fam.*) delusione.
lethal / ˈliːθl/ *a.* letale; mortale.
lethargic /lɪˈθɑːdʒɪk/ *a.* ***1*** letargico ***2*** apatico.
lethargy / ˈlɛθədʒɪ/ *n.* U ***1*** letargo ***2*** apatia; inerzia.
let-out / ˈlɛtaʊt/ *n.* via d'uscita; scappatoia.

let's /lɛts/ *contraz. di* **let us**.
Lett /lɛt/ *n.* lettone (*abitante*).
letter /ˈlɛtə(r)/ *n.* ***1*** lettera (dell'alfabeto); carattere (*di stampa*): **capital** [**small**] **letters**, lettere maiuscole [minuscole] ***2*** lettera: **registered l.**, (lettera) raccomandata; **business l.**, lettera d'affari ***3*** (*al pl.*) (*form.*) lettere; letteratura: **man of letters**, uomo di lettere; letterato ● **l. bomb**, lettera esplosiva □ **l. card**, biglietto postale □ (*banca*) **l. of credit**, lettera di credito □ **the l. of the law**, la lettera della legge □ (*USA*) **l. opener**, tagliacarte □ **letters patent**, brevetto di invenzione □ **to follow instructions to the l.**, seguire le istruzioni alla lettera.
letterbox /ˈlɛtəbɒks/ *n.* cassetta per le lettere; buca delle lettere.
lettered /ˈlɛtəd/ *a.* (*form.*) colto; istruito.
letterhead /ˈlɛtəhɛd/ *n.* ***1*** intestazione (*di lettera*) ***2*** carta da lettera intestata.
lettering /ˈlɛtərɪŋ/ *n.* Ⓤ ***1*** (*tipogr.*) lettering; progettazione grafica ***2*** caratteri (a mano o stampati) ***3*** iscrizione; dicitura.
letterpress /ˈlɛtəprɛs/ *n.* Ⓤ ***1*** (*tipogr.*) rilievografia ***2*** testo (*di un libro, in quanto distinto dalle illustrazioni*).
lettuce /ˈlɛtɪs/ *n.* Ⓒ *e* Ⓤ (*bot.*) lattuga ● **cabbage l.**, lattuga cappuccia □ **cos l.**, lattuga romana.
let-up /ˈlɛtʌp/ *n.* Ⓒ *e* Ⓤ rallentamento; diminuzione; interruzione.
leucocyte /ˈluːkəsaɪt/ *n.* (*biol.*) leucocito.
leuk(a)emia /luːˈkiːmɪə/ *n.* Ⓤ (*med.*) leucemia.
Levant /ləˈvænt/ *n.* (*geogr., stor.*) (il) Levante.
Levantine /ˈlɛvəntaɪn/ *a. e n.* levantino.
levee /ˈlɛvɪ/ *n.* (*USA*) argine (*di fiume*).
level /ˈlɛvl/ ***A*** *n.* ***1*** Ⓒ *e* Ⓤ livello: **above sea-l.**, sul livello del mare; **on a l. with**, allo stesso livello di; **eye-l.** ad altezza d'occhio ***2*** spianata; piana ***3*** livella (a bolla d'aria) ● (*fam.*) **on the l.**, onesto; onestamente ***B*** *a.* ***1*** piano; orizzontale; piatto ***2*** calmo; fermo: **l. look**, sguardo fermo; **l. tone**, tono pacato ***3*** raso: **a l. spoonful**, un cucchiaio raso ● (*GB*) **l. crossing**, passaggio a livello □ (*aeron.*) **l. flight**, volo orizzontale □ **l.-headed**, equilibrato; di buon senso □ (*fam.*) **to do one's l. best**, fare del proprio meglio □ **to keep a l. head**, restare calmo ***C*** *avv.* a livello; allo stesso livello; alla pari: **to finish l.**, finire alla pari.
to **level** /ˈlɛvl/ *v. t.* ***1*** livellare; spianare; pareggiare; rendere uguale ***2*** demolire; radere al suolo: **to l. a house to the ground**, radere al suolo una casa ***3*** spianare, puntare (*un fucile, ecc.*) ***4*** lanciare, scagliare (*un'accusa, ecc.*) ***5*** appiattire (*prezzi, salari, ecc.*).
♦ **level down** *v. t. + avv.* appiattire; livellare al basso.
♦ **level off** ***A*** *v. t. + avv.* livellare; spianare; pareggiare ***B*** *v. i. + avv.* ***1*** livellarsi; stabilizzarsi ***2*** *V.* **to level out**, B.
♦ **level out** ***A*** *v. t. + avv.* appianare ***B*** *v. i. + avv.* (*di aereo*) mettersi in assetto orizzontale.
♦ **level up** *v. t. + avv.* livellare verso l'alto (*prezzi, ecc.*).
♦ **level with** *v. i. + prep.* parlare con sincerità a; essere franco con.
levelling, (*USA*) **leveling** /ˈlɛvəlɪŋ, -vl-/ *n.* Ⓤ ***1*** livellamento; spianamento; appiattimento ***2*** (*topogr.*) livellazione.
lever /ˈliːvə(r), *USA* ˈlɛv-/ *n.* leva.
to **lever** /ˈliːvə(r), *USA* ˈlɛv-/ *v. t.* ***1*** sollevare con una leva ***2*** fare leva su; tirare [spingere] (come se fosse una leva) ● **to l. oneself up**, sollevarsi a fatica.
leverage /ˈliːvərɪdʒ, *USA* ˈlɛv-/ *n.* Ⓤ ***1*** (*fis., mecc.*) potenza di una leva ***2*** (*mecc.*) leveraggio ***3*** influenza; potere.
leveret /ˈlɛvərət/ *n.* leprotto.
leviathan /lɪˈvaɪəθn/ *n.* ***1*** (*Bibbia*) leviatano ***2*** (*lett.*) cosa enorme.
to **levitate** /ˈlɛvɪteɪt/ ***A*** *v. i.* levitare ***B*** *v. t.* far levitare.
levitation /lɛvɪˈteɪʃn/ *n.* Ⓤ levitazione.
levity /ˈlɛvətɪ/ *n.* Ⓤ *e* Ⓒ frivolezza.
levy /ˈlɛvɪ/ *n.* (*fin.*) imposizione, esazione (*di tasse*); imposta; tassa.
to **levy** /ˈlɛvɪ/ *v. t.* imporre (*tasse, tributi, ecc.*); far pagare (*una multa*).
lewd /luːd, ljuːd/ *a.* ***1*** lascivo; lubrico ***2*** osceno; sconcio.
lexical /ˈlɛksɪkl/ *a.* lessicale.
lexicographer /lɛksɪˈkɒgrəfə(r)/ *n.* lessicografo (-a).
lexicography /lɛksɪˈkɒgrəfɪ/ *n.* Ⓤ lessicografia.
lexicon /ˈlɛksɪkən, *USA* -ɒn/ *n.* ***1*** lessico ***2*** vocabolario; dizionario.
liability /laɪəˈbɪlətɪ/ *n.* ***1*** Ⓤ responsabilità (*anche leg., ass.*) ***2*** (l')essere soggetto (a); predisposizione; vulnerabilità: **l. to disease**, predisposizione alle malattie ***3*** (*generalm. al pl.*) (*fin., rag.*) passivo; passività; debiti; impegni: **assets and liabilities**, attivo e passivo; **to meet one's liabilities**, far fronte ai propri impegni ***4*** (*fam.*) peso; peso morto; handicap.
liable /ˈlaɪəbl/ *a.* ***1*** responsabile: **l. for the damage**, responsabile dei danni ***2*** obbligato (a); tenuto (a) ***3*** soggetto (a); che rischia (di); che ha tendenza (a): **He is l. to fainting fits**, va soggetto a svenimenti; **She's l. to get angry**, tende ad arrabbiarsi ***4*** passibile (di): **l. to a fine**, passibile di multa.
to **liaise** /lɪˈeɪz/ *v. i.* (*mil.*) fare l'ufficiale di collegamento.
♦ **liaise with** *v. i. + prep.* stabilire (o mantenere) i contatti con.
liaison /lɪˈeɪzn, *USA* ˈliːəzɒn, lɪˈeɪ-/ (*franc.*) *n.* ***1*** Ⓤ coordinazione; collegamento: (*mil.*) **l. officer**, ufficiale di collegamento ***2*** relazione (*specialm. amorosa*) ***3*** Ⓤ *e* Ⓒ (*fon.*) legamento.
liana /lɪˈɑːnə, -ænə/, **liane** /lɪˈɑːn, -æn/ *n.* (*bot.*) liana.
liar /ˈlaɪə(r)/ *n.* bugiardo (-a); mentitore (-trice).
lib /lɪb/ *n.* — (*fam.*) **women's lib**, movimento di liberazione della donna.
libel /ˈlaɪbl/ *n.* Ⓤ (*leg.*) diffamazione (a mezzo stampa). ATTENZIONE: **libel ≠ libello**.
to **libel** /ˈlaɪbl/ *v. t.* diffamare (a mezzo stampa).
libellous /ˈlaɪbələs/ *a.* diffamatorio; calunnioso.
Liberal /ˈlɪbərəl/ *a. e n.* (*polit.*) liberale.
liberal /ˈlɪbərəl/ ***A*** *a.* ***1*** liberale; generoso; prodigo ***2*** di larghe vedute; di mente aperta ***3*** (*polit.*) progressista; liberal ● **l. arts** (*o* **studies**), discipline umanistiche ***B*** *n.* progressista; liberal.
to **liberalise** /ˈlɪbərəlaɪz/ *e deriv.* (*GB*) *V.* **to liberalize** *e deriv.*
liberalism /ˈlɪbərəlɪzəm/ *n.* Ⓤ (*polit.*) liberalismo.
liberality /lɪbəˈrælətɪ/ *n.* Ⓤ liberalità; generosità.
liberalization /lɪbərəlaɪˈzeɪʃn, *USA* -lɪˈz-/ *n.* Ⓤ liberalizzazione.
to **liberalize** /ˈlɪbərəlaɪz/ ***A*** *v. t.* liberalizzare ***B*** *v. i.* liberalizzarsi.
to **liberate** /ˈlɪbəreɪt/ *v. t.* (*form.*) liberare.
liberated /ˈlɪbəreɪtɪd/ *a.* ***1*** (*di paese, ecc.*) libero ***2*** emancipato.
liberation /lɪbəˈreɪʃn/ *n.* Ⓤ liberazione.
liberator /ˈlɪbəreɪtə(r)/ *n.* liberatore.
Liberian /laɪˈbɪərɪən/ *a. e n.* liberiano.
libertarian /lɪbəˈtɛərɪən/ *n.* ***1*** (*relig.*) seguace della dottrina del libero arbitrio ***2*** (*polit.*) fautore delle piene libertà civili.
libertine /ˈlɪbətiːn/ *n.* libertino.
liberty /ˈlɪbətɪ/ *n.* Ⓤ *e* Ⓒ libertà: **at l.**, in libertà; libero; **to set sb. at l.**, mettere q. in libertà; **civil liberties**, libertà civili; **to take the l. of doing st.**, prendersi la libertà (*o* permettersi) di fare q.c.; **to take liberties with sb.**, prendersi delle libertà con q.
libidinous /lɪˈbɪdɪnəs/ *a.* libidinoso.
libido /lɪˈbiːdəʊ, ˈlɪbɪdəʊ/ *n.* (*pl.* **libidos**) (*psic.*) libido.
Libra /ˈliːbrə/ *n.* (*astron., astrol.*) Bilancia.
librarian /laɪˈbrɛərɪən/ *n.* bibliotecario (-a).
librarianship /laɪˈbrɛərɪənʃɪp/ *n.* Ⓤ biblioteconomia.
library /ˈlaɪbrərɪ, *USA* -brɛrɪ/ *n.* ***1*** biblioteca: **lending** [**reference**] **l.**, biblioteca circolante [di consultazione] ***2*** raccolta; -teca: **film l.**, cineteca; **record l.**, discoteca ***3*** collana (*di libri*). ATTENZIONE: **library ≠ libreria**.
librettist /lɪˈbrɛtɪst/ *n.* (*mus.*) librettista.
libretto /lɪˈbrɛtəʊ/ *n.* (*pl.* **librettos**, **libretti**) (*mus.*) libretto (d'opera).
Libyan /ˈlɪbɪən/ *a. e n.* libico.
lice /laɪs/ *pl. di* **louse**.
licence, (*USA*) **license** /ˈlaɪsns/ *n.* ***1*** Ⓒ *e* Ⓤ licenza; permesso; autorizzazione: **l. to sell alcohol**, permesso di vendere alcolici; (*comm.*) **under l. from**, su licenza di ***2*** licenza; brevetto; patente: **driving l.**, patente di guida; **pilot's l.**, brevetto di pilota; **television l.**, abbonamento televisivo ***3*** Ⓤ libertà; licenza: **poetic l.**, licenza poetica ***4*** Ⓤ licenziosità; sregolatezza ● (*autom., USA*) **l. number**, numero di targa □ (*autom., USA*) **l. plate**, targa.
to **license** /ˈlaɪsns/ *v. t.* ***1*** permettere; autorizzare ***2*** concedere una licenza a.
licensed /ˈlaɪsnst/ *a.* (*GB*) autorizzato a vendere (*o* a ser-

vire) alcolici.
licensee /laɪsn'siː/ *n.* concessionario (-a) di licenza; licenziatario (-a).
licensing /'laɪsnsɪŋ/ *a.* — (*in G.B.*) **l. hours**, orario di vendita degli alcolici; **l. laws**, leggi che regolano la vendita degli alcolici.
licentiate /laɪ'senʃɪət/ *n.* (*form.*) **1** persona abilitata (*all'esercizio di una professione*) **2** certificato di abilitazione.
licentious /laɪ'senʃəs/ *a.* licenzioso; dissoluto.
licentiousness /laɪ'senʃəsnəs/ *n.* Ⓤ licenziosità; dissolutezza.
lichen /'laɪkən, *GB anche* 'lɪʃn/ *n.* Ⓒ e Ⓤ (*bot.*) lichene.
lick /lɪk/ *n.* **1** leccata **2** (*fam.*) piccola quantità; leggero strato: **a l. of paint**, un leggero strato di vernice **3** (*fam.*) forte colpo • (*fam.*) **a l. and a promise**, (*GB*) una lavatina superficiale; (*USA*) un lavoro sommario, una passata □ (*fam.*) **at full l.**, di gran carriera.
to **lick** /lɪk/ *v. t.* **1** leccare: **to l. st. clean**, pulire q.c. leccando (*o* con la lingua); **The cat licked (up) the milk**, il gatto lappò il latte **2** (*di fiamme o onde*) lambire; sfiorare **3** (*fam.*) bastonare; pestare; dare un fracco di botte a **4** (*fam.*) battere; stracciare; suonarle a: **You've got me licked**, mi hai stracciato • (*fam.*) **to l. into shape**, *V. sotto* **shape** □ (*fig.*) **to l. one's lips**, leccarsi i baffi □ **to l. sb.'s shoes**, leccare i piedi a q. □ (*fig.*) **to l. one's wounds**, leccarsi le ferite.
lickety-split /'lɪkətɪ'splɪt/ *avv.* (*fam. USA*) di gran carriera; a tutta birra.
licking /'lɪkɪŋ/ *n.* (*fam.*) **1** bastonatura; fracco di botte **2** sconfitta; batosta; suonata: **We gave them a l.**, gliele abbiamo suonate.
licorice /'lɪkərɪs, -ɪʃ/ *n. V.* **liquorice**.
lid /lɪd/ *n.* **1** coperchio **2** palpebra • **That puts the lid on it!**, ci mancava solo questa!; è bell'e finita! □ (*fig.*) **to take the lid off st.**, scoperchiare q.c.; smascherare q.c.
lido /'liːdəʊ/ *n.* (*pl.* **lidos**) **1** (*GB*) stabilimento balneare; bagni **2** piscina all'aperto.
lie (1) /laɪ/ *n.* bugia; menzogna: **to tell lies**, dire (*o* raccontare) bugie • **lie detector**, macchina della verità □ **to give the lie to st.**, smentire q.c. □ (*fam. specialm. GB*) **I tell a lie**, no, sbaglio □ **white lie**, piccola bugia; bugia pietosa.
lie (2) /laɪ/ *n.* disposizione; configurazione • (*fig. GB*) **the lie of the land**, la situazione; come stanno le cose.
to **lie (1)** /laɪ/ (*p. pres.* **lying**, *pass. e p.p.* **lied**) *v. i.* **1** mentire; dire (*o* raccontare) bugie **2** (*di cose*) ingannare • **to lie in one's teeth**, mentire spudoratamente (*o* per la gola) □ **to lie one's way out of trouble**, cavarsi dai guai mentendo.
to **lie (2)** /laɪ/ (*p. pres.* **lying**, *pass.* **lay**, *p.p.* **lain**) *v. i.* **1** giacere; essere (*o* stare) disteso (*o* sdraiato): **to lie in the dust**, giacere nella polvere; **He lay on the bed**, era sdraiato sul letto; **Lie still!**, resta sdraiato!; non muoverti! **2** essere; trovarsi; essere situato; stare; restare: **There was a book lying on the floor**, per terra c'era un libro; **to lie in bed**, essere (*o* stare) a letto; **to lie at anchor**, (*di nave*) essere all'ancora (*o* alla fonda); **I know where my interest lies**, so da che parte sta il mio interesse; **The paper lay open on the table**, il giornale era aperto sul tavolo; **The valley lay at our feet**, la valle si stendeva ai nostri piedi; **to lie idle**, stare in ozio; (*di macchinario, ecc.*) restare inattivo; **to lie hidden**, restare nascosto • **to lie heavy on sb.'s conscience**, pesare sulla coscienza di q. □ **to lie in state**, essere esposto nella camera ardente □ **to lie in wait for**, essere appostato in attesa di □ **to lie low**, tenersi nascosto □ **to lie open to st.**, essere esposto a q.c.
♦ **lie about** *v. i. + avv.* **1** essere sparso qua e là; essere in disordine **2** (*di persona*) oziare; poltrire.
♦ **lie back** *v. i. + avv.* **1** adagiarsi (*in una poltrona, ecc.*); sdraiarsi **2** rilassarsi.
♦ **lie behind** *v. i. + prep.* esserci dietro: **What lies behind their decision?**, che cosa c'è dietro la loro decisione?
♦ **lie down** *v. i. + avv.* sdraiarsi; stendersi: **Why don't you go and lie down?**, perché non vai a buttarti sul letto per un po'? • **to take st. lying down**, subire q.c. passivamente (*o* senza reagire).
♦ **lie in** *v. i. + avv.* **1** poltrire a letto **2** (*antiq.*) essere a letto (*in attesa di partorire*).
♦ **lie off** *v. i. + avv.* (*o prep.*) (*naut.*) essere al largo (di).
♦ **lie to** *v. i. + avv.* (*naut.*) essere alla cappa.
♦ **lie up** *v. i. + avv.* **1** rimanere a letto (*per malattia*) **2** (*GB, di evaso*) rifugiarsi; rintanarsi.
♦ **lie with** *v. i. + prep.* spettare a; essere compito di.
lie-abed /'laɪəbed/ *n.* (*antiq.*) dormiglione; poltrone.
lie-down /'laɪdaʊn/ *n.* (*fam.*) dormitina; sonnellino.
liege /liːdʒ, -ʒ/ *n.* (*stor.*) **1** (*anche* **l. lord**) signore feudale; feudatario **2** vassallo.
liegeman /'liːdʒmən, 'liːʒ-/ *n.* (*pl.* **liegemen** /-mən/) **1** (*stor.*) vassallo **2** (*fig.*) seguace fedele; sostenitore fidato.
lie-in /'laɪɪn/ *n.* (*fam.*) (lo) starsene a letto più del solito: **to have a l.**, poltrire a letto.
lien /'liːən, liːn/ *n.* (*leg.*) privilegio; diritto di ritenzione.
lieu /ljuː, luː/ *n.* — **in l. of**, in luogo di; invece di.
lieutenancy /lef'tenənsɪ, ləf-, *USA* luː-/ *n.* luogotenenza.
lieutenant /lef'tenənt, *USA* luː-/ *n.* **1** (*nell'esercito*) tenente: **l. colonel**, tenente colonnello **2** (*nella marina*) tenente di vascello **3** luogotenente; vice.
life /laɪf/ *n.* (*pl.* **lives**) **1** Ⓤ e Ⓒ vita: **l. on earth**, la vita sulla terra; **country l.**, la vita di campagna; **the l. to come**, l'altra vita; la vita futura; **a matter of l. and death**, questione di vita o di morte; **to bring sb. back to l.**, riportare in vita q.; **great loss of l.**, grave perdita di vite umane; **Five lives were lost**, cinque persone sono morte; ci sono state cinque vittime; **to live a double l.**, avere una doppia vita **2** Ⓤ vita; animazione: **full of l.**, pieno di vita; animato; **no sign of l.**, nessun segno di vita **3** Ⓤ (*anche* **l. imprisonment**) ergastolo • **the l. and soul of the party**, l'anima della compagnia □ **l. annuity**, rendita vitalizia □ **l. cycle**, ciclo vitale □ **l. expectancy**, aspettativa di vita; durata presunta di vita □ (*fam.*) **l. in the fast lane**, vita eccitante □ **l. insurance**, assicurazione sulla vita □ **l. interest**, rendita vitalizia □ **l. jacket**, giubbotto di salvataggio □ (*fam.*) **the l. of Reilly**, la vita del michelaccio □ (*in G.B.*) **l. peer**, Pari nominato a vita □ (*USA*) **l. preserver**, giubbotto di salvataggio; salvagente □ (*naut.*) **l. raft**, zattera di salvataggio □ **l. science**, scienze umane □ **l. sentence**, condanna all'ergastolo □ **l.-size(d)**, in grandezza naturale □ **l.-style**, stile di vita □ (*med.*) **l.-support system**, impianto che assicura la sopravvivenza □ (*ind.*) **l. tests**, prove di durata □ **l.-threatening**, minaccioso; pericoloso □ **bird l.**, gli uccelli □ **to bring to l.**, rianimare; animare, vivificare □ **to come to l.**, tornare in sé, riaversi; (*di festa, ecc.*) ravvivarsi □ **for dear l.**, disperatamente; con tutte le proprie forze □ **for l.**, per tutta la vita; fino alla morte; per sempre □ **I can't for the l. of me remember...**, non riesco proprio a ricordarmi... □ **for the rest of one's life**, vita natural durante □ **Not on your l.!**, neanche per sogno! □ **to get the fright of one's life**, prendersi uno spavento di quelli □ **a portrait to the l.**, un ritratto fedelissimo □ **to take one's l. in one's own hands**, rischiare la vita □ **to take sb.'s l.**, uccidere q. □ **That's l.!**, così è la vita!; pazienza! □ **This is the l.!**, questa sì che è vita! □ (*fam.*) **to have the time of one's l.**, divertirsi un mondo □ **to the l.**, tale e quale: **It's Joe to the l.**, è Joe tale e quale □ **true to l.**, rispondente alla realtà; naturale.
lifebelt /'laɪfbelt/ *n.* cintura di salvataggio; salvagente.
lifeblood /'laɪfblʌd/ *n.* (*fig.*) linfa vitale.
lifeboat /'laɪfbəʊt/ *n.* (*naut.*) scialuppa di salvataggio.
lifebuoy /'laɪfbɔɪ/ *n.* (*naut.*) salvagente.
lifeguard /'laɪfgɑːd/ *n.* bagnino (-a).
lifeless /'laɪfləs/ *a.* **1** senza vita; esanime; inanimato **2** senza vita (*fig.*); inerte; fiacco.
lifelike /'laɪflaɪk/ *a.* **1** realistico; vivo; vivido **2** (*di ritratto, ecc.*) fedele; somigliante; parlante.
lifeline /'laɪflaɪn/ *n.* **1** (*naut.*) sagola di salvataggio **2** cavo di recupero (*di sommozzatore*) **3** ancora di salvezza (*fig.*).
lifelong /'laɪflɒŋ, *USA* -ɔːŋ/ *a.* che dura tutta la vita.
lifer /'laɪfə(r)/ *n.* (*pop.*) ergastolano.
lifespan /'laɪfspæn/ *n.* (durata della) vita.
lifetime /'laɪftaɪm/ *n.* (durata *o* arco della) vita • **the chance of a l.**, un'occasione unica.
lift /lɪft/ *n.* **1** (*GB*) ascensore; montacarichi **2** (*autom.*) passaggio **3** (*aeron.*) portanza **4** sollievo: **It gave me a real l.**, mi ha veramente tirato su.
to **lift** /lɪft/ **A** *v. t.* **1** (*anche* **to l. up**) alzare; sollevare; levare: **to l. (up) a trunk**, sollevare un baule; **to l. (up) one's eyes**, sollevare lo sguardo; **to l. st. out of a box**, sollevare (*o* togliere) q.c. da una scatola; **not to l. a hand to help sb.**, non alzare (*o* muovere) un dito per aiutare q. **2** abolire, togliere (*un divieto, ecc.*): **to l. a embargo**, togliere un embargo **3** copiare; prendere di sana pianta; plagiare **4** (*pop.*) rubare **5** cavare (*dal terreno*); scavare: **to l. potatoes**, ca-

var patate ***B*** *v. i.* alzarsi; levarsi; sollevarsi.

♦ **lift off** *v. i. + avv.* ***1*** (*aeron.*) decollare ***2*** (*miss.*) partire.

lifting /ˈlɪftɪŋ/ *n.* Ⓤ *e* Ⓒ ***1*** sollevamento ***2*** abolizione; soppressione ● **l. power**, portata massima (*di gru, ecc.*).

liftman /ˈlɪftmən/ *n.* (*pl.* **liftmen** /-mən/) ascensorista.

lift-off /ˈlɪftɒf/ *n.* ***1*** (*aeron.*) decollo ***2*** (*miss.*) partenza.

ligament /ˈlɪgəmənt/ *n.* (*anat.*) legamento.

ligature /ˈlɪgətʃə(r)/ *n.* ***1*** (*mus., tipogr.*) legatura ***2*** (*chim.*) laccio; filo per legature.

light (1) /laɪt/ *n.* ***1*** Ⓤ luce: **the l. of the sun**, la luce del sole; **to bring st. to l.**, portare q.c. alla luce; **to come to l.**, venire alla luce; manifestarsi; **to shed** (*o* **to throw**) **l. on st.**, fare luce su q.c. ***2*** luce; lume; lampada: **to switch off the lights**, spegnere le luci ***3*** fuoco; fiamma; fiammifero: **to ask sb. for a l.**, chiedere del fuoco a q.; **to set l. to st.**, dar fuoco a q.c.; **to strike a l.**, accendere un fiammifero; **pilot l.**, fiammella di sicurezza ***4*** aspetto; luce: **in a favourable** [**bad**] **light**, sotto una luce favorevole [negativa]; **to see things in a different l.**, vedere le cose sotto un aspetto diverso ***5*** (*al pl.*) semaforo ***6*** (*autom.*) luce; faro; fanale ***7*** (*edil.*) luce; lucernario ● (*arte*) **l. and shade**, luce e ombra; zone in luce e zone in ombra □ **l. bulb**, lampadina □ **lights-out**, ora di spegnere le luci (*in collegio, in caserma*) □ (*astron.*) **l.-year**, anno luce □ **according to one's lights**, secondo i propri lumi □ **against the l.**, controluce □ (*fam.*) **to go out like a l.**, addormentarsi di colpo; svenire di colpo □ **in the l. of**, alla luce di (*fatti nuovi, ecc.*) □ (*fig.*) **to see the l.**, aprire gli occhi; capire □ **to see the l. at the end of the tunnel**, cominciare a intravedere la fine di q.c. (*di negativo*) □ **to see the l. of day**, vedere la luce □ **to stand in sb.'s l.**, fare ombra a q.

light (2) /laɪt/ *a.* ***1*** luminoso; pieno di luce: **a l. room**, una stanza luminosa ***2*** chiaro: **a l. complexion**, una carnagione chiara; **l. green**, verde chiaro.

light (3) /laɪt/ ***A*** *a.* ***1*** leggero; lieve: **l. dress** [**meal**], vestito [pasto] leggero; **with a l. heart**, a cuor leggero; **to have a l. hand**, avere la mano leggera; (*fig.*) **to have a l. touch**, essere pieno di tatto; **l. on one's feet**, agile ***2*** leggero; divertente; brillante: **l. music**, musica leggera; **l. comedy**, commedia brillante ***3*** leggero; da poco; lieve: **l. punishment**, pena lieve; **It's no l. matter**, non è cosa da poco; **l. traffic**, traffico moderato ● **l.-fingered**, svelto di mano □ **l.-headed**, stordito, intontito; sventato, frivolo □ **l.-hearted**, spensierato; allegro □ (*sport*) **l. heavyweight**, peso mediomassimo □ (*mil.*) **l. horse**, cavalleria leggera □ (*mil.*) **l. infantry**, fanteria con armamento leggero □ **l. opera**, operetta □ **l. pen**, penna ottica (*o* luminosa) □ **to be a l. sleeper**, avere il sonno leggero □ **to make l. of st.**, non dare peso a q.c. ***B*** *avv.* leggermente; facilmente: (*fam.*) **to get off l.**, cavarsela a buon mercato; **to travel l.**, viaggiare con poco bagaglio.

to **light** (1) /laɪt/ (*pass. e p.p.* **lighted** *o* **lit**) ***A*** *v. t.* ***1*** accendere; dare fuoco a: **to l. a fire**, accendere un fuoco ***2*** illuminare; rischiarare ***3*** (*antiq.*) far luce a; illuminare la strada a ***B*** *v. i.* ***1*** accendersi; prendere fuoco ***2*** illuminarsi; rischiararsi.

♦ **light up** ***A*** *v. t. + avv.* ***1*** accendere ***2*** illuminare ***B*** *v. i. + avv.* ***1*** accendersi ***2*** illuminarsi ***3*** (*fam.*) accendere una sigaretta (*o* la pipa).

to **light** (2) /laɪt/ (*pass. e p.p.* **lighted** *o* **lit**) *v. Solo come*:

♦ **light on** (*o* **upon**) *v. i. + prep.* ***1*** atterrare su; posarsi su; cadere su: **The bird lighted on the hedge**, l'uccello si posò sulla siepe; **My eyes lighted on the envelope**, gli occhi mi caddero sulla busta; **to l. on one's feet**, cadere in piedi ***2*** imbattersi in; trovare per caso.

to **lighten** (1) /ˈlaɪtn/ ***A*** *v. t.* rischiarare; schiarire ***B*** *v. i.* rischiararsi; schiarirsi.

to **lighten** (2) /ˈlaɪtn/ ***A*** *v. t.* ***1*** alleggerire; alleviare; mitigare ***2*** sollevare (*l'umore, ecc.*) ***B*** *v. i.* ***1*** alleggerirsi ***2*** rasserenarsi.

lighter (1) /ˈlaɪtə(r)/ *n.* accendisigaro; accendino.

lighter (2) /ˈlaɪtə(r)/ *n.* (*naut.*) chiatta; maona.

lighthouse /ˈlaɪthaʊs/ *n.* (*naut.*) faro.

lighting /ˈlaɪtɪŋ/ *n.* Ⓤ illuminazione; (*teatr.*) luci ● (*autom.*) **l.-up time**, l'ora di accendere i fari □ **back l.**, controluce.

lightly /ˈlaɪtlɪ/ *avv.* ***1*** leggermente; lievemente ***2*** agilmente ***3*** alla leggera; con leggerezza ● **l. cooked**, poco cotto □ **to get off l.**, cavarsela a buon mercato (*o* con poco).

lightness /ˈlaɪtnəs/ *n.* Ⓤ ***1*** leggerezza; delicatezza ***2*** agilità ***3*** luminosità; chiarezza.

lightning /ˈlaɪtnɪŋ/ *n.* Ⓤ lampo; fulmine; saetta: **thunder and l.**, lampi e tuoni; **a flash of l.**, un lampo; **struck by l.**, colpito dal fulmine ● **l. rod** (*o* **l. conductor**), parafulmine □ **l. strike**, sciopero senza preavviso □ **like l.**, in un lampo; in un battibaleno.

lights /laɪts/ *n. pl.* frattaglie (*specialm.* polmoni) di animali macellati.

lightship /ˈlaɪtʃɪp/ *n.* (*naut.*) nave faro; faro galleggiante.

lightweight /ˈlaɪtweɪt/ ***A*** *n.* ***1*** (*boxe*) peso leggero ***2*** (*spreg.*) persona da poco, di scarso peso ***B*** *a.* da poco; di scarso peso.

ligneous /ˈlɪgnɪəs/ *a.* (*bot.*) ligneo; legnoso.

lignite /ˈlɪgnaɪt/ *n.* Ⓤ (*geol.*) lignite.

Ligurian /lɪˈgjʊərɪən/ *a. e n.* (*geogr.*) ligure.

likable /ˈlaɪkəbl/ *a.* amabile; piacente; simpatico.

like (1) /laɪk/ ***A*** *a.* (*form.*) simile; somigliante; uguale: **l.-minded**, che la pensa allo stesso modo; che ha le stesse idee (*o* gli stessi gusti); (*mat.*) **l. quantities**, quantità uguali ● (*fam.*) **as l. as two peas** (**in a pod**), identici come due gocce d'acqua ***B*** *prep.* ***1*** come; nello stesso modo di: **to sing l. a bird**, cantare come un uccello ***2*** simile a; come: **a car l. yours**, una macchina come la tua; **He is l. a brother to me**, è come un fratello per me ***3*** tipico di; da: **It's not l. him to ask for help**, non è da lui chiedere aiuto ***4*** (*con verbi di percezione*) — **It sounded** [**looked**] **l. a dog**, sembrava un cane; **It looks l. snow**, sembra che voglia nevicare; **The rain looks l. lasting**, sembra che la pioggia voglia durare ● **l. father, l. son**, tale il padre tale il figlio □ **l. so**, in questo modo; così □ **l. that**, così; in questo modo; fatto così: **Don't speak to me l. that**, non parlarmi così (*o* in questo modo)!; **It went l. this**, è andata così □ **to run l. mad**, correre a più non posso (*o* a gambe levate) □ (*USA*) **to work l. crazy**, lavorare come un pazzo □ **to hurt l. hell**, fare un male cane (*o* del diavolo) □ **to feel l. doing st.**, avere voglia (*o* sentirsela) di fare q.c. □ **It's nothing l. as expensive as I thought**, non è affatto caro come pensavo □ **something l. a million lire**, qualcosa come (*o* circa) un milione di lire □ **something l. that**, qualcosa di simile (*o* del genere) □ (*fam.*) **That's more l. it**, così va meglio □ **What is he l.?**, com'è?; che tipo è? ***C*** *n.* simile; uguale: **and the l.**, e simili; **I've never heard the l. of it**, non ho mai sentito una cosa simile!; (*fam.*) **He doesn't mix with the likes of us**, lui non frequenta gente come noi; **We won't see his l. again**, non ci sarà mai più uno come lui ***D*** *avv.* (*fam.*) ***1*** insomma; come dire; be': **It was getting late, like, so I thought..**, si stava facendo tardi, insomma, e allora ho pensato... ***2*** — **l. as not** (*o* **l. enough**), probabilmente ***E*** *cong.* (*fam.*) come: **It was just l. you said**, era proprio come dicevi tu.

like (2) /laɪk/ *n.* — **likes and dislikes**, simpatie e antipatie; gusti.

to **like** /laɪk/ ***A*** *v. t.* ***1*** piacere (*impers.*); gradire: **Do you l. fish?**, ti piace il pesce?; **I don't l. his manners**, non mi piacciono i suoi modi; **I l. to see them now and then**, mi piace vederli di quando in quando; **I l. people to tell the truth**, mi piace che la gente dica la verità; **Everybody likes her**, è simpatica a tutti ***2*** (*specialm. al condiz.*) volere; piacere (*impers.*): **I would l. a cup of tea**, vorrei una tazza di tè; **I shouldn't l. him to meet you**, non vorrei che ti incontrasse ***3*** (*in frasi neg.*) dispiacere (*impers.*); non volere: **I don't l. troubling him**, mi dispiace disturbarlo ***B*** *v. i.* volere: **You may go whenever you l.**, puoi andartene quando vuoi ● **to l. better**, preferire (*tra due*) □ **to l. best**, preferire (*tra più di due*) □ **I l. his cheek!**, che faccia tosta!; che sfacciato! □ **How do you l. my hat?**, ti piace il mio cappello? □ **Well! I l. that!**, questa è bella!; questa è grossa!

likeable /ˈlaɪkəbl/ *V.* **likable**.

likelihood /ˈlaɪklɪhʊd/ *n.* Ⓤ probabilità ● **in all l.**, con tutta probabilità.

likely /ˈlaɪklɪ/ ***A*** *a.* ***1*** probabile: **It is l. to rain**, è probabile che piova; **It is not l. that he will come** (*o* **He is not l. to come**), non è probabile (*o* è improbabile) che venga ***2*** verosimile; credibile ***3*** adatto: **a l. place for deer**, un posto dove è facile trovare cervi ***4*** promettente; che promette bene ***B*** *avv.* (*generalm.* **very l., most l.**) probabilmente ● (*fam.*) **as l. as not**, probabilmente □ (*fam.*) **Not l.**, nemmeno per sogno!

to **liken** /ˈlaɪkən/ *v. t.* paragonare.

likeness /ˈlaɪknəs/ *n.* ***1*** Ⓤ *e* Ⓒ somiglianza ***2*** ritratto ***3*** Ⓤ

aspetto; sembianza: **in the l. of**, in sembianza di; sotto l'aspetto di.
likewise /ˈlaɪkwaɪz/ *avv.* ***1*** similmente; nello stesso modo; parimenti ***2*** (*fam.*) altrettanto; anch'io.
liking /ˈlaɪkɪŋ/ *n.* preferenza; predilezione; gusto; simpatia: **She has a a l. for bright colours**, le piacciono i colori vivaci; **Is it to your l.?**, è di tuo gusto?; **to have a l. for sb.**, avere simpatia per q.; **to take a l. to sb.**, prendere in simpatia q.
lilac /ˈlaɪlək/ ***A*** *n.* C e U (*bot.*) lillà ***B*** *n. e a.* (color) lilla.
Lilliputian /lɪlɪˈpjuːʃən, -ʃɪən/ *a. e n.* lillipuziano.
Lilo, lilo ® /ˈlaɪləʊ/ *n.* (*GB*) materassino gonfiabile (da spiaggia).
lilt /lɪlt/ *n.* cadenza (*melodiosa*).
lilting /ˈlɪltɪŋ/ *a.* che ha una cadenza dolce; melodioso.
lily /ˈlɪlɪ/ *n.* (*bot.*) giglio • **l.-livered**, codardo; vile □ (*bot.*) **l. of the valley**, mughetto □ **l.-white**, candido come un giglio; bianchissimo □ **Easter l.**, giglio bianco.
limb (1) /lɪm/ *n.* ***1*** arto; membro: **to rest one's tired limbs**, riposare le stanche membra ***2*** (*di albero*) grosso ramo ***3*** (*antiq. fam.*) monello; diavoletto • **to go out on a l.**, rischiare; mettersi contro la maggioranza □ **to tear l. from l.**, squartare; smembrare; fare a pezzi.
limb (2) /lɪm/ *n.* (*astron., fis., bot.*) lembo.
limber /ˈlɪmbə(r)/ *a.* (*di muscolo*) agile; flessibile.
to **limber** /ˈlɪmbə(r)/ *v. Solo come*:
♦ **limber up** ***A*** *v. i. + avv.* scaldare i muscoli ***B*** *v. t. + avv.* scaldare (*i muscoli, le gambe, ecc.*).
limbo /ˈlɪmbəʊ/ *n.* (*pl.* **limbos**) (*teol. e fig.*) limbo.
lime (1) /laɪm/ *n.* U calce; calcina: **caustic l.**, calce viva; **slaked l.**, calce spenta.
lime (2) /laɪm/ *n.* (*bot., anche* **l.-tree**) tiglio.
lime (3) /laɪm/ *n.* limetta (*pianta e frutto*).
to **lime** /laɪm/ *v. t.* (*agric.*) calcinare.
limelight /ˈlaɪmlaɪt/ *n.* U centro della ribalta (*fig.*); posizione in vista: **to be in the l.**, essere alla ribalta; essere in vista; ricevere molta pubblicità; **He likes to be in the l.**, gli piace essere al centro della ribalta.
limerick /ˈlɪmərɪk/ *n.* limerick (*poesiola scherzosa di cinque versi*).
limestone /ˈlaɪmstəʊn/ *n.* U (*miner.*) calcare; pietra calcarea.
limey /ˈlaɪmɪ/ *n.* (*spreg. USA*) inglese.
limit /ˈlɪmɪt/ *n.* limite: **speed l.**, limite di velocità; **within limits**, entro certi limiti; **to know no l.** (*o* **limits**), non conoscere limiti • **He's the absolute l.!**, è un uomo impossibile! □ (*fam.*) **That's the l.!**, questo è il colmo! □ **off limits**, vietato; proibito.
to **limit** /ˈlɪmɪt/ ***A*** *v. t.* limitare ***B*** to **limit oneself** *v. rifl.* limitarsi.
limitation /lɪmɪˈteɪʃn/ *n.* C e U ***1*** limitazione; restrizione ***2*** limite: **I know my limitations**, conosco i miei limiti ***3*** (*leg.*) termine di prescrizione.
limited /ˈlɪmɪtɪd/ *a.* limitato; ristretto; scarso • (*fin.*) **l. company**, società a responsabilità limitata □ (*tipogr.*) **l. edition**, edizione numerata □ (*leg.*) **l. liability**, responsabilità limitata.
limiting /ˈlɪmɪtɪŋ/ *a.* limitativo; restrittivo.
limitless /ˈlɪmɪtləs/ *a.* illimitato; sconfinato; immenso.
limo /ˈlɪməʊ/ *n. abbr. fam. di* **limousine**.
limonite /ˈlaɪmənaɪt/ *n.* U (*miner.*) limonite.
limousine /ˈlɪməziːn, -ˈziːn/ *n.* (*autom.*) limousine.
limp (1) /lɪmp/ *n.* andatura zoppicante; claudicazione: **to walk with a l.**, zoppicare; essere zoppo.
limp (2) /lɪmp/ *a.* ***1*** floscio; flaccido; molle ***2*** abbandonato; rilassato • **to go l.**, accasciarsi.
to **limp** /lɪmp/ *v. i.* ***1*** zoppicare; claudicare: **to l. off**, allontanarsi zoppicando ***2*** (*di aeroplano, nave, ecc.*) procedere con difficoltà ***3*** (*di versi*) zoppicare.
limpet /ˈlɪmpɪt/ *n.* (*zool.*) patella • **to cling to sb. like a l.**, stare appiccicato a q.
limpid /ˈlɪmpɪd/ *a.* limpido; chiaro; terso.
limpidity /lɪmˈpɪdətɪ/ *n.* U limpidità; limpidezza.
limpness /ˈlɪmpnəs/ *n.* U ***1*** flaccidezza; mollezza ***2*** debolezza; fiacchezza.
limy /ˈlaɪmɪ/ *a.* calcareo.
linchpin /ˈlɪntʃpɪn/ *n.* ***1*** (*mecc.*) acciarino (*della ruota*) ***2*** (*fig.*) fulcro; perno; pernio.
linctus /ˈlɪŋktəs/ *n.* (*farm.*) sciroppo per la tosse.
linden /ˈlɪndən/ *n.* (*bot., USA*) tiglio.
line /laɪn/ *n.* C e U ***1*** linea; tratto; riga; (linea di) confine: **straight** [**wavy**] **l.**, linea retta [ondulata]; (*geogr.*) **date l.**, linea del cambiamento di data; (*geogr., antiq.*) **the L.**, l'equatore; (*sport*) **finishing l.**, (linea del) traguardo; (*autom.*) **double yellow lines**, doppia riga gialla (*lungo un marciapiede, indica divieto di sosta*); (*mil.*) **front l.**, linea del fronte ***2*** linea; direzione: **in a straight l.**, in linea retta; **l. of inquiry**, pista di indagini ***3*** fila; coda; (*mil.*) linea, riga: **to stand in** (**a**) **l.**, essere in fila; **to get in l.**, mettersi in coda; **the enemy lines**, le linee nemiche ***4*** riga (*di scrittura*); verso (*di poesia*); rigo (*di musica*); (*al pl., teatr., cinem.*) battute, parte: **to drop sb. a l.**, scrivere due righe a q.; **to read between the lines**, leggere fra le righe; **to learn one's lines**, imparare le battute ***5*** ruga ***6*** corda; fune; cima; filo (*di nylon, ecc.*): **clothes-l.**, corda per stendere; **fishing l.**, lenza ***7*** (*tel., telef.*) linea: **Hold the l., please**, rimanga in linea, per favore; **The l. is engaged** (*USA* **busy**), la linea è occupata ***8*** (*al pl.*) linea; profilo; foggia: **the lines of a car**, la linea di un'automobile ***9*** (*anche al pl.*) linea ferroviaria; binari ***10*** linea di trasporti; compagnia (*o* società) di trasporti: **bus l.**, linea di autobus; **shipping l.**, linea (*o* compagnia) di navigazione ***11*** linea di condotta; metodo; criterio; indirizzo: **to adopt a firm l.**, adottare una linea di condotta energica; **party l.**, linea del partito; **l. of argument**, ragionamento ***12*** (*form.*) stirpe; linea; discendenza: **the last of his l.**, l'ultimo della sua stirpe ***13*** attività; ramo; sfera; ambito: **l. of business**, ramo di affari; **What's your l.?**, di che cosa ti occupi? ***14*** (*comm.*) linea (di prodotti) ***15*** (*fam.*) storia; fandonia ***16*** (*fam.*) informazioni; dritta (*fam.*) ***17*** (*pop.*) dose di cocaina; striscia, linea • (*arte*) **l. drawing**, disegno al tratto □ (*arte*) **l. engraving**, incisione al tratto □ (*mil.*) **l. firing**, fuoco di fila □ **l. of sight** (*o* **of vision**), visuale □ (*elab.*) **l. printer**, stampante di linea □ **l. space**, interlinea (*di macchina da scrivere*) □ **l. spacer**, leva d'interlinea (*di macchina da scrivere*) □ **all along the l.**, su tutta la linea □ **along the same lines**, dello stesso genere; più o meno allo stesso modo □ **bottom l.**, *V. sotto* **bottom** □ **to bring into l. with**, allineare con; conformare a; adeguare a; mettere al passo con □ (*fam. USA*) **down the l.**, completamente; fino in fondo □ **to draw the l.**, mettere un limite a q.c.; rifiutarsi (di fare q.c.) □ **to fall into l.**, adeguarsi; conformarsi □ **Hard lines!**, che sfortuna! □ **to be in line for a job**, avere buone probabilità di ottenere un posto □ **in l. with**, in linea con; d'accordo con; conforme a □ **in the l. of duty**, nell'adempimento del proprio dovere □ (*elab.*) **on l.**, in linea □ **on the l.**, a rischio; in pericolo: **Your job is on the l.**, il tuo posto è in pericolo; rischi il posto; **I'm putting my job on the l.**, mi sto giocando il posto □ **on the right lines**, sulla buona strada □ **to step out of l.**, sgarrare; (*polit.*) abbandonare la linea di partito □ **to toe the l.**, rigare dritto; accettare la disciplina (*di partito, ecc.*).
to **line** (1) /laɪn/ *v. t.* ***1*** segnare con linee (*o* con righe); rigare ***2*** segnare, solcare (*un viso*) ***3*** fiancheggiare: **Tall poplars l. the road**, alti pioppi fiancheggiano la strada ***4*** disporre (in fila) lungo.
♦ **line up** ***A*** *v. t. + avv.* ***1*** mettere in fila (*o* in riga); allineare ***2*** (*fam.*) organizzare ***3*** (*fam.*) prenotare; ingaggiare ***B*** *v. i. + avv.* ***1*** allinearsi; mettersi in fila ***2*** (*sport*) schierarsi.
to **line** (2) /laɪn/ *v. t.* foderare (*l'interno di q.c.*) • **to l. one's pocket**, arricchirsi (*generalm. in modo poco onesto*); fare soldi.
lineage /ˈlɪnɪdʒ, -nɪdʒ/ *n.* U lignaggio; discendenza; casato; stirpe.
lineal /ˈlɪnɪəl/ *a.* (*form.*) in linea diretta; diretto: **l. heir**, erede diretto.
lineament /ˈlɪnɪəmənt/ *n.* (*form.*) ***1*** lineamento; fattezza; tratto (*del viso*) ***2*** caratteristica; aspetto essenziale.
linear /ˈlɪnɪə(r)/ *a.* lineare: **l. measures**, misure lineari.
lineman /ˈlaɪnmən/ *n.* (*pl.* **linemen** /-mən/) (*USA*) *V.* **linesman**, *def. 1 e 2*.
linen /ˈlɪnɪn/ *n.* U ***1*** tela di lino ***2*** biancheria: **bed** [**table**] **l.**, biancheria da letto [da tavola]; **l. cupboard**, armadio della biancheria • **to wash one's dirty l. in public**, lavare i panni sporchi in pubblico.
liner /ˈlaɪnə(r)/ *n.* ***1*** (*naut.*) nave di linea: **ocean l.**, transatlantico ***2*** matita per il trucco degli occhi; eye-liner ***3*** (*anche* **bin liner**) sacchetto di plastica per la spazzatura.
linesman /ˈlaɪnzmən/ *n.* (*pl.* **linesmen** /-mən/) ***1*** guardafili (*di linea telefonica, ecc.*) ***2*** (*ferr.*) guardalinee ***3*** (*sport*) segnalinee; guardalinee.

line-up /ˈlaɪnʌp/ *n.* ***1*** allineamento ***2*** (*sport*) formazione di gioco; schieramento ***3*** (*mecc.*) messa a punto.

to **linger** /ˈlɪŋgə(r)/ *v. i.* ***1*** attardarsi; indugiare; soffermarsi: **to l. over breakfast**, tirare in lungo la colazione; **to l. on a topic**, soffermarsi su un argomento ***2*** perdurare; permanere.

♦ **linger behind** *v. i. + avv.* restare indietro.

♦ **linger on** *v. i. + avv.* ***1*** perdurare; persistere ***2*** (*di malato*) continuare a vivere; trascinarsi; languire.

lingerie /ˈlænʒəriː, *USA* læn(d)ʒəˈreɪ, lɒn-/ (*franc.*) *n.* U biancheria intima (*da donna*).

lingering /ˈlɪŋgərɪŋ/ *a.* ***1*** prolungato; protratto; lento: **l. illness**, lunga malattia; **l. death**, morte lenta; lunga agonia ***2*** persistente; tenace.

lingo /ˈlɪŋgəʊ/ *n.* (*pl.* **lingoes**) ***1*** (*fam.*) lingua (straniera) ***2*** gergo; linguaggio tecnico.

lingua franca /ˈlɪŋgwəˈfræŋkə/ *locuz. n.* (*pl.* **lingua francas**, **linguae francae** /-gwiː -siː/) lingua franca.

linguist /ˈlɪŋgwɪst/ *n.* ***1*** linguista ***2*** persona portata per le lingue.

linguistic /ˈlɪŋgwɪstɪk/ *a.* linguistico.

linguistics /ˈlɪŋgwɪstɪks/ *n. pl.* (*col verbo al sing.*) linguistica.

liniment /ˈlɪnɪmənt/ *n.* C e U (*farm.*) linimento.

lining /ˈlaɪnɪŋ/ *n.* C e U ***1*** fodera ***2*** rivestimento (*interno o isolante*) ***3*** guarnizione (*di freno*).

link /lɪŋk/ *n.* ***1*** anello (*di catena*); maglia ***2*** collegamento; connessione; vincolo; legame: **rail l.**, collegamento ferroviario; **It was a l. with my past**, era un legame col mio passato ***3*** (*mecc.*) giunto ***4*** (*chim.*) legame ***5*** (*anche* **cuff l.**) gemello da polsino.

to **link** /lɪŋk/ ***A*** *v. t.* collegare; congiungere; unire • **to l. arms with sb.**, prendere a braccetto q. ***B*** *v. i.* collegarsi; congiungersi.

♦ **link up** ***A*** *v. t. + avv.* collegare; congiungere ***B*** *v. i. + avv.* incontrarsi; riunirsi; congiungersi; (*radio, TV*) collegarsi.

linkage /ˈlɪŋkɪdʒ/ *n.* U e C connessione; (*anche elab.*) collegamento.

linkman /ˈlɪŋkmən/ *n.* (*pl.* **linkmen** /-mən/) (*radio, TV*) coordinatore.

links /lɪŋks/ *n. pl.* ***1*** terreno erboso; dune erbose ***2*** (*sport*) campo da golf.

link-up /ˈlɪŋkʌp/ *n.* (*anche radio, TV*) collegamento.

linkwoman /ˈlɪŋkwʊmən/ *n.* (*pl.* **linkwomen** /-wɪmən/) (*radio, TV*) coordinatrice.

linnet /ˈlɪnɪt/ *n.* (*zool.*) fanello.

lino /ˈlaɪnəʊ/ *n. abbr. fam. di* **linoleum**.

linocut /ˈlaɪnəʊkʌt/ *n.* ***1*** U incisione in linoleum ***2*** stampa ottenuta con una incisione in linoleum.

linoleum /lɪˈnəʊlɪəm/ *n.* U (*ind.*) linoleum.

Linotype ® /ˈlaɪnəʊtaɪp/ *n.* (*tipogr.*) linotype.

linseed /ˈlɪnsiːd/ *n.* U semi di lino • **l. oil**, olio di lino.

lint /lɪnt/ *n.* U filaccia; garza.

lintel /ˈlɪntl/ *n.* (*archit.*) architrave.

lion /ˈlaɪən/ *n.* ***1*** leone ***2*** celebrità: **literary l.**, celebrità letteraria • **l.-tamer**, domatore (-trice) di leoni □ **in the l.'s den**, nella tana del leone □ **to get the l.'s share**, fare la parte del leone.

lioness /ˈlaɪənɛs, -ɪs, ˈ-ˈnɛs/ *n.* leonessa.

to **lionize**, (*GB anche*) to **lionise** /ˈlaɪənaɪz/ *v. t.* trattare come una celebrità; idoleggiare; ricercare.

lip /lɪp/ *n.* ***1*** (*anat.*) labbro: **to lick one's lips**, leccarsi le labbra; (*fig.*) leccarsi i baffi ***2*** orlo; margine; labbro (*di ferita*); beccuccio (*di recipiente*) ***3*** U (*pop.*) impudenza; sfacciataggine: **None of your lip!**, non fare lo sfacciato! • **l. gloss**, lucidalabbra □ **My lips are sealed**, sarò muto come una tomba □ **to hang on sb.'s lips**, pendere dalle labbra di q. □ **to keep a stiff upper lip**, tener duro; non scoraggiarsi □ **to pay lip service to st.**, dichiararsi favorevole a q.c. solo a parole □ (*scherz.*) **Read my lips!**, ascoltatemi bene!

to **lip** /lɪp/ *v. t.* (*mus.*) imboccare (*uno strumento a fiato*).

lipid /ˈlɪpɪd, *USA* ˈlaɪ-/ *n.* (*chim., biol.*) lipide.

liposuction /ˈlɪpəsʌkʃn, *USA* ˈlaɪ-/ *n.* liposuzione.

to **lip-read** /ˈlɪpriːd/ *v. t. e i.* leggere sulle labbra.

lip-reading /ˈlɪpriːdɪŋ/ *n.* lettura delle labbra; labiolettura.

lipsalve /ˈlɪps-sɑːv/ *n.* U pomata per le labbra.

lipstick /ˈlɪpstɪk/ *n.* C e U rossetto (*per le labbra*).

to **lip-synch** /ˈlɪpsɪŋk/ *v. i.* cantare in play-back.

liquefaction /lɪkwɪˈfækʃn/ *n.* U liquefazione.

to **liquefy** /ˈlɪkwɪfaɪ/ ***A*** *v. t.* liquefare ***B*** *v. i.* liquefarsi.

liqueur /lɪˈkjʊə(r), *USA* -kɜː-/ *n.* liquore.

liquid /ˈlɪkwɪd/ ***A*** *n.* ***1*** C e U liquido ***2*** (*fon.*) consonante liquida ***B*** *a.* ***1*** liquido: **l. food**, cibo liquido ***2*** chiaro, limpido; luminoso: **l. eyes**, occhi lucenti ***3*** (*di suono*) melodioso ***4*** (*fin.*) liquido: **l. assets**, attività liquide.

to **liquidate** /ˈlɪkwɪdeɪt/ ***A*** *v. t.* ***1*** liquidare; sbarazzarsi di ***2*** (*fin.*) liquidare, mettere in liquidazione (*una società*) ***3*** liquidare, estinguere (*un debito*) ***B*** *v. i.* (*fin., di una società*) andare in liquidazione.

liquidation /lɪkwɪˈdeɪʃn/ *n.* U ***1*** (*fin.*) liquidazione (*di società*) ***2*** estinzione (*di un debito*).

liquidator /ˈlɪkwɪdeɪtə(r)/ *n.* (*fin.*) liquidatore.

liquidity /lɪˈkwɪdətɪ/ *n.* U ***1*** liquidità; fluidità ***2*** limpidezza; trasparenza ***3*** (*fin.*) liquidità.

to **liquidize**, (*GB anche*) to **liquidise** /ˈlɪkwɪdaɪz/ *v. t.* frullare.

liquidizer, (*GB anche*) **liquidiser** /ˈlɪkwɪdaɪzə(r)/ *n.* frullatore.

liquor /ˈlɪkə(r)/ *n.* (*USA*) superalcolico.

liquorice /ˈlɪkərɪs, -ɪʃ/ *n.* U liquirizia.

lira /ˈlɪərə/ *n.* (*pl.* **lire**, **liras**) lira (*moneta*).

lisle /laɪl/ *n.* U (*ind. tess.*) filo di Scozia.

lisp /lɪsp/ *n.* pronuncia blesa • **to have** (*o* **to speak with**) **a l.**, essere bleso; avere la lisca (*pop.*).

to **lisp** /lɪsp/ *v. i. e t.* ***1*** essere bleso; avere la lisca (*pop.*) ***2*** (*specialm. di bambino*) biascicare; balbettare; farfugliare.

lissom(e) /ˈlɪsəm/ *a.* (*lett.*) flessuoso; agile; svelto.

list (1) /lɪst/ *n.* ***1*** elenco; lista; catalogo: **to make a l.**, fare un elenco; **alphabetical l.**, elenco alfabetico; **shopping list**, lista della spesa ***2*** (*comm.*) distinta; listino: **price list**, listino (dei) prezzi; **l. price**, prezzo di listino ***3*** (*Borsa*) bollettino; listino • (*mil.*) **active** [**retired**] **l.**, ruolo degli ufficiali in servizio attivo [in congedo] □ **short l.**, rosa di candidati □ **waiting l.**, lista di attesa.

list (2) /lɪst/ *V.* **lists**.

list (3) /lɪst/ *n.* (*specialm. naut.*) sbandamento; inclinazione.

to **list** (1) /lɪst/ *v. t.* ***1*** mettere in lista ***2*** elencare; catalogare ***3*** (*GB*) dichiarare (*un edificio*) di interesse storico o architettonico.

to **list** (2) /lɪst/ *v. i.* (*specialm. naut.*) sbandare; inclinarsi.

listed /ˈlɪstɪd/ *a.* — (*in G.B.*) **l. building**, edificio dichiarato di interesse storico o architettonico.

to **listen** /ˈlɪsn/ *v. i.* ascoltare; dare ascolto: **to l. to music**, ascoltare musica: **Don't l. to him**, non ascoltarlo!; non dargli ascolto!; **L., I think we should...**, senti, io penso che dovremmo...

♦ **listen for** *v. i. + prep.* stare in ascolto per sentire; essere in attesa di sentire.

♦ **listen in** *v. i. + avv.* ***1*** ascoltare (alla radio): **to l. in to the news**, ascoltare il giornale radio ***2*** intercettare una conversazione telefonica.

listener /ˈlɪsnə(r)/ *n.* ascoltatore (-trice) (*specialm. della radio*) • **a good l.**, uno (-a) che sa ascoltare gli altri.

listing /ˈlɪstɪŋ/ *n.* ***1*** elenco; lista ***2*** (*al pl.*) (*giorn.*) (rubrica degli) spettacoli.

listless /ˈlɪstləs/ *a.* apatico; fiacco; svogliato.

lists /lɪsts/ *n. pl.* (*stor.*) lizza: (*anche fig.*) **to enter the l.**, entrare in lizza.

lit /lɪt/ *pass. e p.p. di* **to light**.

litany /ˈlɪtənɪ/ *n.* litania.

liter /ˈliːtə(r)/ (*USA*) *V.* **litre**.

literacy /ˈlɪtrəsɪ/ *n.* U (il) saper leggere e scrivere; alfabetismo • **l. campaign**, campagna di alfabetizzazione.

literal /ˈlɪtərəl/ ***A*** *a.* ***1*** letterale; alla lettera: **l. translation**, traduzione letterale ***2*** testuale; esatto; preciso ***3*** prosaico ***B*** *n.* (*tipogr.*) refuso.

literally /ˈlɪtrəlɪ/ *avv.* letteralmente; alla lettera.

literary /ˈlɪtrərɪ, *USA* ˈlɪtərerɪ/ *a.* letterario: **l. prize**, premio letterario; **l. agent**, agente letterario; **l. man**, uomo di lettere; letterato.

literate /ˈlɪtərət/ *a.* ***1*** che sa leggere e scrivere; istruito ***2*** colto; dotto; erudito ***3*** (*preceduto da avv. o da sost.*) con una certa conoscenza di; non digiuno di: **computer-l.**, non digiuno di informatica.

literati /lɪtəˈrɑːtɪ/ *n. pl.* (*spesso spreg.*) letterati; (la) classe colta; intellettuali.

literature /ˈlɪtrətʃə(r), *USA* -tʃ(ʊ)ə(r)/ *n.* U e C ***1*** letteratura

2 complesso di pubblicazioni; materiale bibliografico; letteratura: **mathematical l.**, pubblicazioni di matematica *3* materiale informativo; opuscoli.
lithe /laɪð/ *a.* flessuoso; agile.
lithium /ˈlɪθɪəm/ *n.* 🅄 (*chim.*) litio.
lithograph /ˈlɪθəgrɑːf, *USA* -æf/ *n.* litografia.
lithographic /lɪθəˈgræfɪk/ *a.* litografico.
lithography /lɪˈθɒgrəfɪ/ *n.* 🅄 litografia (*procedimento*).
lithosphere /ˈlɪθəsfɪə(r)/ *n.* (*geol.*) litosfera.
Lithuanian /lɪθjuːˈeɪnɪən, -θuː-/ *a. e n.* lituano (*anche la lingua*).
litigant /ˈlɪtɪgənt/ (*leg.*) ***A*** *a.* contendente ***B*** *n.* parte in causa.
to **litigate** /ˈlɪtɪgeɪt/ *v. t. e i.* (*leg.*) essere in lite; fare causa.
litigation /lɪtɪˈgeɪʃn/ *n.* 🅄 (*leg.*) causa; vertenza.
litigious /lɪˈtɪdʒəs/ *a.* (*leg.*) pronto a intentare cause.
litmus /ˈlɪtməs/ *n.* 🅄 (*chim.*) tornasole: **l. paper**, cartina al tornasole.
litotes /ˈlaɪtəʊtiːz/ *n.* 🅄 e 🄲 (*pl. invar.*) (*retor.*) litote.
litre /ˈliːtə(r)/ *n.* litro.
litter /ˈlɪtə(r)/ *n.* *1* 🅄 lettiera; strame *2* figliata (*di animali*); cucciolata *3* 🅄 rifiuti; cartacce *4* lettiga; barella ● **l.-bearer**, barelliere; (*mil.*) portaferiti □ **l. bin** [**l. basket**], recipiente [cestino] per i rifiuti □ (*GB*) **l. lout**, persona che getta per terra rifiuti □ **l. tray**, lettiera (*per gatti*).
to **litter** /ˈlɪtə(r)/ ***A*** *v. t.* *1* ingombrare: **The desk was littered with papers**, la scrivania era ingombra di carte *2* spargere; sparpagliare *3* riempire; costellare: **littered with mistakes**, costellato di errori ***B*** *v. i.* (*di animali*) figliare; fare una cucciolata.
little (1) /ˈlɪtl/ *a.* (*compar.* **less**; *superl. relat.* **least**) *1* piccolo: **a l. man**, un uomo piccolo; un ometto; un omino; **a l. book**, un libretto; un libriccino; **a l. boy**, un bambino; **the l. ones**, i piccoli; i bambini; **l. sister**, sorellina; sorella minore; **a pretty l. house**, una bella casetta *2* poco: **l. bread** [**money**], poco pane [denaro]; **l. hope**, poca speranza; **I have so l. time!**, ho così poco tempo! *3* da poco; piccolo; meschino: **to worry about l. things**, preoccuparsi per delle inezie *4* — **a l.**, un po' di: **a l. butter**, un po' di burro; **a l. more time**, un po' più di tempo; **a l. bit**, un pochino ● **l. finger**, mignolo □ **L. Red Riding Hood**, Cappuccetto Rosso □ **the l. people**, le fate; i folletti □ **a l. way**, un breve tratto (*di strada*) □ **a l. while**, un po' di tempo; un poco.
little (2) /ˈlɪtl/ *pron. indef. e n.* poco; po'; pochino: **a l.**, un po'; **to get very l. out of st.**, ricavare ben poco da q.c.; **to know a l. of everything**, sapere un po' di tutto; **to see very little of sb.**, vedere q. pochissimo (*o* raramente); **to do what l. one can**, fare quel poco che si può ● **l. by l.**, a poco a poco □ **l. or nothing**, poco o nulla; quasi niente □ **after a l.**, dopo un po' (*di tempo*); di lì a poco □ **as l. as half a kilo**, soltanto mezzo chilo □ **as l. as possible**, il meno possibile □ **Every l. helps**, tutto serve; tutto fa □ **to make l. of st.**, dare poco peso a q.c.; capire poco di q.c.
little (3) /ˈlɪtl/ *avv.* (*compar.* **less**, *superl. relat.* **least**) *1* poco: **l.-known**, poco noto; sconosciuto; oscuro; **in l. more than an hour**, in poco più di un'ora *2* — **a l.**, un po'; alquanto: **I am a l. better today**, sto un po' meglio oggi; **not a l. displeased**, non poco seccato *3* non... affatto; niente... affatto; per niente; neanche lontanamente: **He l. dreams that we know everything about him**, non immagina neanche che noi sappiamo tutto sul suo conto ● **to think l. of doing st.**, non pensarci su due volte a fare q.c.
littoral /ˈlɪtərəl/ ***A*** *a.* litorale; litoraneo ***B*** *n.* litorale.
liturgical /lɪˈtɜːdʒɪkl/ *a.* liturgico.
liturgy /ˈlɪtədʒɪ/ *n.* liturgia.
livable /ˈlɪvəbl/ *a.* *1* (*della vita*) vivibile *2* (*di casa, ecc.*) abitabile ● (*fam.*) **l. with**, (*di persona*) con cui si può vivere; (*di dolore*) sopportabile.
live /laɪv/ ***A*** *a. attr.* *1* vivo; vivente *2* acceso; ardente: **l. coals**, carboni ardenti *3* (*di arma*) carico; (*di bomba*) inesploso *4* (*elettr.*) sotto tensione: **l. rail**, rotaia sotto tensione; terza rotaia *5* (*radio, TV*) in diretta; (*di concerto, ecc.*) dal vivo *6* (*scherz.*) vivo e parlante; in carne e ossa; vero e proprio ***B*** *avv.* (*radio, TV*) in diretta; (*di concerto, ecc.*) dal vivo.
to **live** /lɪv/ ***A*** *v. i.* *1* vivere; esistere: **to l. to a great age**, vivere fino a tarda età; **The doctors don't think he will l.**, i dottori non credono che vivrà; **to l. for one's children**, vivere per i propri figli *2* abitare; vivere: **to l. in the country**, abitare in campagna *3* (*di cose*) essere vivo; durare; resistere: **Those words still l. in my menory**, quelle parole sono ancora vive nella mia memoria ● **L. and learn**, c'è sempre qualcosa da imparare □ **L. and let l.**, vivi e lascia vivere! □ **to l. from hand to mouth**, vivere alla giornata; vivere in miseria □ **to l. for the day when...**, vivere nell'attesa di...; non vedere l'ora che... □ **to l. in a small way**, fare una vita semplice, senza pretese □ **to l. in fear of st.**, vivere con la paura di q.c. □ **It's not ideal, but I can l. with it**, non è l'ideale ma mi ci posso adattare □ **... and they lived happily ever after**, e vissero felici e contenti □ **Long l. the King!**, viva il Re! ***B*** *v. t.* vivere, fare (*una vita*): **to l. a happy life**, vivere una vita felice; **to l. a life of ease**, far vita comoda; **to l. a double life**, avere una doppia vita ● **to l. a lie**, vivere una vita falsa □ (*teatr.*) **to l. the part**, immedesimarsi nella parte □ (*pop.*) **to live it up**, godersi la vita; darsi alla pazza gioia.
♦ **live down** *v. t. + avv.* far dimenticare (*q.c. di negativo che si è fatto*).
♦ **live in** *v. i. + avv.* (*di domestico*) essere fisso; (*di collegiale*) essere interno.
♦ **live off** *v. i. + prep.* *1* vivere di: **to l. off the land**, vivere delle risorse locali *2* vivere a spese di; vivere alle spalle di.
♦ **live on** ***A*** *v. i. + avv.* continuare a vivere; (*di ricordo, ecc.*) essere sempre vivo, perdurare ***B*** *v. i. + prep.* vivere di; cibarsi di: **to l. on one's salary**, vivere del proprio stipendio; **to l. on fruit**, cibarsi di frutta.
♦ **live out** ***A*** *v. i. + avv.* (*di domestico*) non essere fisso, lavorare a giornata; (*di collegiale*) essere esterno ***B*** *v. t. + avv.* *1* vivere fino alla fine di; trascorrere il resto di: **to l. out one's days**, trascorrere il resto della propria vita *2* realizzare; mettere in atto.
♦ **live through** *v. i. + prep.* sopravvivere a; passare; superare: **He has lived through two wars**, è sopravvissuto a due guerre; (*di malato grave*) **He won't l. through the night**, non passerà la notte.
♦ **live up to** *v. i. + avv. e prep.* essere all'altezza di; non venir meno a.
liveable /ˈlɪvəbl/ *V.* **livable**.
lived-in /ˈlɪvdɪn/ *a.* (*di stanza, ecc.*) dall'aria vissuta; vissuto.
live-in /ˈlɪvɪn/ *a.* *1* (*di domestico*) fisso *2* (*di collegiale*) interno *3* che vive (*o* convive) con q.: **his l. girlfriend**, la ragazza che vive con lui; **l. lover**, convivente.
livelihood /ˈlaɪvlɪhʊd/ *n.* mezzi di sussistenza; sostentamento: **It's my l.**, lo faccio per vivere; è quello che mi dà da vivere.
liveliness /ˈlaɪvlɪnəs/ *n.* 🅄 vivacità; brio; animazione.
livelong /ˈlɪvlɒŋ, *USA* ˈlaɪvlɔːŋ/ *a.* — **all the l. day**, tutto il santo giorno.
lively /ˈlaɪvlɪ/ *a.* vivace; vivo; brioso; animato: **l. imagination**, fantasia vivace (*o* fervida); **l. discussion**, discussione animata; **l. colours**, colori vivaci (*o* vividi); **to show a l. interest in st.**, dimostrare un vivo interesse per q.c. ● (*fam.*) **to make things l. for sb.**, dare del filo da torcere a q.
to **liven** /ˈlaɪvn/ *v. Solo come*:
♦ **liven up** ***A*** *v. t. + avv.* ravvivare; animare ***B*** *v. i. + prep.* ravvivarsi; animarsi.
liver /ˈlɪvə(r)/ *n.* fegato ● (*med.*) **l. failure**, insufficienza epatica □ **l. sausage**, salsiccia di fegato.
liveried /ˈlɪvərɪd/ *a.* in livrea: **l. servant**, domestico in livrea.
liverish /ˈlɪvərɪʃ/ *a.* (*fam.*) *1* fegatoso *2* bilioso; astioso ● **to feel l.**, sentirsi fuori posto (*per aver mangiato troppo*).
Liverpudlian /lɪvəˈpʌdlɪən/ *a. e n.* (abitante) di Liverpool.
livery /ˈlɪvərɪ/ *n.* 🄲 e 🅄 livrea ● **l. company**, corporazione londinese □ **l. stable** (*o* **stables**, *pl.*), scuderia (*di cavalli a nolo o in stallatico*).
liveryman /ˈlɪvərɪmən/ *n.* (*pl.* **liverymen** /-mən/) *1* membro di una corporazione londinese *2* stalliere (*padrone di stallatico*).
lives /laɪvz/ *pl. di* **life**.
livestock /ˈlaɪvstɒk/ *n.* 🅄 (*agric.*) bestiame; scorte vive.
livid /ˈlɪvɪd/ *a.* *1* livido; plumbeo *2* (*fam.*) livido di rabbia; furibondo.
living (1) /ˈlɪvɪŋ/ *a.* vivo; in vita; vivente: **They found her still l.**, la trovarono ancora viva (*o* in vita); **l. relatives**, parenti viventi; **the greatest l. painter**, il più grande pittore vivente; **l. languages**, lingue vive ● **the l.**, i vivi; i viventi □ **the l. image of sb.**, il ritratto di q. (*fig.*) □ **in l. memory**, a me-

moria d'uomo, □ **No man l. could do better**, nessuno al mondo potrebbe far meglio.

living (**2**) /ˈlɪvɪŋ/ *n.* **1** [U] *e* [C] (il) vivere; mezzi di sussistenza; vita: **to make** (*o* **to earn**) **a** (*o* **one's**) **l. as a broker**, fare di mestiere il mediatore; **What does he do for a l.?**, che lavoro fa?; **plain l.**, il vivere modestamente **2** (*eccles.*) beneficio; prebenda • **l. conditions**, condizioni di vita □ **l. quarters**, alloggi □ **l.-room**, (stanza di) soggiorno □ **l. space**, spazio per vivere; (*polit.*) spazio vitale; (*edil.*) zona giorno □ (*econ.*) **l. standard**, tenore di vita □ **l. wage**, salario sufficiente per vivere.

lizard /ˈlɪzəd/ *n.* (*zool.*) lucertola.

'll /l, əl/ *contraz. di* **shall** *e di* **will** *in* **I'll, he'll**, *ecc.*

llama /ˈlɑːmə/ *n.* (*zool.*) lama.

lo /ləʊ/ *inter.* (*poet.*) guarda!; ecco! • (*fam.*) **lo and behold**, ed ecco che...

load /ləʊd/ *n.* **1** carico; peso: **a l. of wood**, un carico di legna; **work l.**, carico di lavoro; **to take a l. off sb.'s mind**, togliere un peso dallo stomaco a q. **2** (*elettr., edil.*) carico **3** (*nei composti*) — **a cart-l. of hay**, un carro di fieno; **a bus-l. of people**, un autobus pieno di gente **4** (*anche al pl.*) (*fam.*) sacco; mucchio: **loads of money**, un sacco di quattrini; **That's a l. of rubbish**, sono tutte sciocchezze • (*edil.*) **l.-bearing wall**, muro portante.

to **load** /ləʊd/ **A** *v. t.* **1** (*anche* **to l. up**) caricare; riempire: **to l.** (**up**) **a cart** [**a ship**], caricare un carro [una nave]; (*fam.*) **They loaded him with honours**, l'hanno colmato di onori **2** caricare (*un'arma, una macchina fotografica*) **3** (*elab.*) caricare **4** truccare (*dadi*) **B** *v. i.* **1** (*anche* **to l. up**) fare un carico; caricare **2** caricare un'arma da fuoco **3** (*di arma*) caricarsi.

♦ **load down** *v. t. + avv.* caricare; gravare.

loaded /ˈləʊdɪd/ *a.* **1** carico (*anche di arma, macchina fotografica, ecc.*) **2** (*di domanda*) tendenzioso **3** fazioso; di parte **4** (*di dado*) truccato **5** (*pop.*) pieno di soldi; in grana (*pop.*) **6** (*pop. USA*) ubriaco; sbronzo.

loader /ˈləʊdə(r)/ *n.* caricatore (*operaio e macchina*).

loaf /ləʊf/ *n.* (*pl.* **loaves**) pagnotta; pane • **l. of sugar**, pan di zucchero □ **meat l.**, polpettone di carne.

to **loaf** /ləʊf/ *v. i.* (*anche* **to l. about** *o* **around**) oziare; bighellonare; andare a zonzo.

loafer /ˈləʊfə(r)/ *n.* **1** bighellone; fannullone; scioperato **2** mocassino.

loam /ləʊm/ *n.* [U] **1** terriccio fertile; terra grassa **2** argilla (*per mattoni*).

loan /ləʊn/ *n.* **1** [U] prestito: **to ask for the l. of st.**, chiedere q.c. in prestito; **on l.**, in prestito **2** prestito; mutuo; finanziamento: **to take out a l.**, ottenere un prestito; fare un mutuo; **long-term l.**, finanziamento a lungo termine; **government loans**, prestiti governativi; debito pubblico; (*fin.*) **l. capital**, capitale di prestito • (*fam.*) **l. shark**, strozzino.

to **loan** /ləʊn/ *v. t. e i.* (*specialm. USA*) prestare; dare in prestito.

loanword /ˈləʊnwɜːd/ *n.* (*ling.*) prestito.

loath /ləʊθ/ *a. pred.* restio; riluttante: **to be l. to do st.**, essere restio a fare q.c. • (*lett.*) **nothing l.**, ben disposto (*a fare q.c.*).

to **loathe** /ləʊð/ *v. t.* odiare; aborrire; detestare.

loathing /ˈləʊðɪŋ/ *n.* [U] odio; disgusto; ripugnanza.

loathsome /ˈləʊðsəm/ *a.* disgustoso; ripugnante.

loaves /ləʊvz/ *pl. di* **loaf**.

lob /lɒb/ *n.* (*sport*) pallonetto.

to **lob** /lɒb/ (*sport*) **A** *v. t.* lanciare (*una palla*) in alto **B** *v. i.* fare un pallonetto (*o* pallonetti).

lobate /ˈləʊbeɪt/ *a.* (*bot., zool.*) lobato.

lobby /ˈlɒbɪ/ *n.* **1** atrio; corridoio; vestibolo; (*di teatro*) ridotto **2** (*polit.*) lobby; gruppo d'interesse; gruppo di pressione.

to **lobby** /ˈlɒbɪ/ (*polit.*) **A** *v. t.* fare pressioni su; influenzare **B** *v. i.* fare pressioni.

lobbyist /ˈlɒbɪɪst/ *n.* lobbista.

lobe /ləʊb/ *n.* (*anat., bot.*) lobo.

lobed /ləʊbd/ *a.* (*specialm. bot.*) lobato.

lobotomy /ləʊˈbɒtəmɪ/ *n.* (*chir.*) lobotomia.

lobster /ˈlɒbstə(r)/ *n.* [C] *e* [U] aragosta.

local /ˈləʊkl/ **A** *a.* locale; del luogo; del posto; di zona: **l. anaesthetic**, anestesia locale; **l. colour** [**time**], colore [ora] locale; **the l. doctor**, il dottore del luogo; il medico di zona; **the l. shops**, i negozi del quartiere; **l. train**, treno locale; **l. news**, notizie di interesse locale; (notizie di) cronaca cittadina **B** *n.* **1** persona del posto **2** (*fam.*) bar sotto casa; (*in G.B.*) pub di zona **3** treno [autobus] locale • (*in G.B.*) **l. authority**, autorità locale; ente locale □ (*in G.B.*) **l. health authority**, unità sanitaria locale □ (*in G.B.*) **l. elections**, elezioni amministrative □ **l. government**, amministrazione locale. ATTENZIONE: **local** *n.* ≠ locale *m.*

locale /ləʊˈkɑːl, *USA* -ˈkæl/ *n.* (*form.*) luogo; ambiente; ambientazione.

to **localise** /ˈləʊkəlaɪz/ (*GB*) *V.* **to localize**.

locality /ləʊˈkælətɪ/ *n.* **1** località; luogo **2** vicinanze • **to have a good sense of l.**, avere uno spiccato senso dell'orientamento.

to **localize** /ˈləʊkəlaɪz/ *v. t.* **1** localizzare; individuare **2** circoscrivere.

locally /ˈləʊkəlɪ/ *avv.* **1** nelle vicinanze **2** localmente.

to **locate** /ləʊˈkeɪt, *USA* ˈləʊkeɪt/ **A** *v. t.* **1** individuare; localizzare; trovare: **to l. a town on a map**, trovare una città su una cartina geografica **2** collocare; porre • **to be located**, essere situato; trovarsi **B** *v. i.* (*USA*) stabilirsi.

location /ləʊˈkeɪʃn/ *n.* **1** sito; posizione **2** (*cinem.*) esterno; esterni: **to shoot on l.**, girare in esterni; **l. work**, esterni **3** [U] (l') individuare; individuazione; localizzazione.

locative /ˈlɒkətɪv/ *a. e n.* (*gramm.*) (caso) locativo.

loch /lɒk, lɒx/ *n.* (*scozz.*) **1** lago **2** stretto braccio di mare.

loci /ˈləʊsaɪ/ *pl. di* **locus**.

lock (**1**) /lɒk/ *n.* **1** ricciolo; ciocca **2** (*al pl.*) (*lett.*) capelli.

lock (**2**) /lɒk/ *n.* **1** serratura: **double l.**, serratura a doppia mandata **2** chiusa (*di canale, ecc.*): **l. gate**, chiusa **3** (*mecc.*) blocco; fermo; arresto: **in the l. position**, in posizione di arresto **4** (*lotta*) chiave; immobilizzazione **5** (*autom.*) angolo di sterzata: **full l.**, tutto lo sterzo • **l., stock, and barrel**, completamente; tutto quanto □ **under l. and key**, sotto chiave; in prigione, in gattabuia (*fam.*).

to **lock** /lɒk/ **A** *v. t.* **1** chiudere (a chiave) **2** chiudere; mettere al sicuro: **to l. st. in a safe**, chiudere q.c. in cassaforte **3** bloccare (*anche mecc.*); immobilizzare; stringere: **They were locked in an embrace**, erano stretti in un abbraccio (*o* abbracciati stretti) **B** *v. i.* **1** chiudersi (a chiave); avere la serratura **2** stringersi; serrarsi **3** (*mecc.*) bloccarsi; incepparsi.

♦ **lock away** *v. t. + avv.* **1** chiudere sotto chiave **2** rinchiudere (*in prigione, in manicomio*).

♦ **lock in** *v. t. + avv.* chiudere a chiave; chiudere dentro; rinchiudere.

♦ **lock out** *v. t. + avv.* chiudere fuori; non far entrare: **I locked myself out**, sono rimasta chiusa fuori casa • **to l. out workers**, attuare una serrata.

♦ **lock up** **A** *v. t. + avv.* **1** chiudere a chiave (q.c.); mettere al sicuro **2** rinchiudere (*in prigione, in manicomio*) **3** (*fin.*) immobilizzare (*denaro*) **B** *v. i. + avv.* chiudere (porte, finestre, ecc.).

locker /ˈlɒkə(r)/ *n.* **1** armadietto; stipetto **2** (*USA*) congelatore • **l. room**, spogliatoio (*di palestra, ecc.*).

locket /ˈlɒkɪt/ *n.* medaglione (*da collo*).

lockjaw /ˈlɒkdʒɔː/ *n.* [U] (*med.*) trisma.

lockout /ˈlɒkaʊt/ *n.* **1** serrata **2** (*elab.*) blocco.

locksmith /ˈlɒksmɪθ/ *n.* fabbro per serrature.

lockup /ˈlɒkʌp/ *n.* (*fam.*) prigione; guardina.

lock-up /ˈlɒkʌp/ *a.* — **l. garage**, garage individuale; box; **l. shop**, negozio senza abitazione.

locomotion /ləʊkəˈməʊʃn/ *n.* [U] locomozione.

locomotive /ləʊkəˈməʊtɪv/ *n.* (*ferr.*) locomotiva; locomotore.

locomotor /ˈləʊkəməʊtə(r)/ *a.* locomotore.

locum /ˈləʊkəm/ *n.* (medico) sostituto.

locus /ˈləʊkəs/ (*lat.*) *n.* (*pl.* **loci**) **1** località **2** (*geom.*) luogo **3** (*letter.*) passo.

locust /ˈləʊkəst/ *n.* (*zool.*) locusta; cavalletta • (*bot.*) **l. tree**, robinia □ **l. bean**, carruba.

locution /ləˈkjuːʃn/ *n.* **1** [U] dizione **2** locuzione.

lode /ləʊd/ *n.* (*ind. min.*) filone a vene parallele.

lodestar /ˈləʊdstɑː(r)/ *n.* **1** (*astron.*) stella polare **2** principio informatore; guida.

lodestone /ˈləʊdstəʊn/ *n.* **1** [U] (*miner.*) magnetite **2** calamita.

lodge /lɒdʒ/ *n.* **1** guardiola; portineria **2** loggia (*massonica*) **3** capanno, casino (di caccia); chalet (di sci) **4** casa del custode; annesso (*di edificio maggiore*) **5** tana (*di castoro,* *ecc.*).

to **lodge** /lɒdʒ/ ***A*** *v. t.* ***1*** alloggiare; albergare; sistemare ***2*** prendere a pensione (*o* come pensionante) ***3*** presentare; sporgere: **to l. a complaint**, presentare (*o* sporgere) reclamo; (*leg.*) **to l. an appeal**, ricorrere in appello ***4*** (*comm.*) depositare: **to l. one's money in a bank**, depositare il proprio denaro in banca ***B*** *v. i.* ***1*** alloggiare; stare; abitare ***2*** stare a pensione ***3*** conficcarsi; piantarsi.

lodger /ˈlɒdʒə(r)/ *n.* pensionante; pigionante; inquilino (-a).

lodging /ˈlɒdʒɪŋ/ *n.* Ⓒ e Ⓤ ***1*** alloggio; sistemazione: **to find (a) l. for the night**, trovare alloggio per la notte; **board and l.**, vitto e alloggio ***2*** (*al pl.*) camera (*o* camere) d'affitto; camera ammobiliata • **l. house**, casa con camere ammobiliate (*da affittare*).

loft /lɒft, *USA* lɔːft/ *n.* ***1*** soffitta; solaio ***2*** (*anche* **hay l.**) fienile ***3*** piccionaia ***4*** galleria, balconata (*di chiesa, ecc.*) ***5*** (*USA, anche* **converted l.**) loft.

loftiness /ˈlɒftɪnəs, *USA* ˈlɔːf-/ *n.* Ⓤ ***1*** nobiltà; grandezza; elevatezza ***2*** alterigia; altezzosità; superbia ***3*** (*lett.*) altezza; elevatezza.

lofty /ˈlɒftɪ, *USA* ˈlɔːftɪ/ *a.* ***1*** nobile; grande; elevato ***2*** altero; altezzoso; superbo ***3*** (*lett.*) alto; elevato: **l. mountains**, alti monti.

log /lɒg, *USA* lɔːg/ *n.* ***1*** ceppo; tronco (d'albero) ***2*** (*naut., aeron.*) giornale di bordo • **l. cabin**, capanna di tronchi □ (*specialm. USA*) **log-rolling**, elogi reciproci non disinteressati; (*polit.*) scambio di favori □ **to sleep like a log**, dormire come un sasso.

to **log** /lɒg, *USA* lɔːg/ ***A*** *v. t.* ***1*** (*USA*) tagliare, abbattere (*alberi, un bosco*) ***2*** (*naut., aeron.*) coprire (*una distanza*); volare per (*un certo periodo di tempo*); filare a (*un certo numero di nodi*) ***3*** (*naut., aeron.*) registrare nel giornale di bordo ***B*** *v. i.* tagliare e trasportare tronchi.

♦ **log in** (*o* **on**) *v. i.* + *avv.* (*elab.*) entrare in un sistema usando una chiave di identificazione.

♦ **log off** (*o* **out**) *v. i.* + *avv.* (*elab.*) uscire da un sistema chiudendo l'accesso mediante una chiave di identificazione.

loganberry /ˈləʊgənbrɪ, *USA* -berɪ/ *n.* (*bot.*) loganberry (*bacca simile al lampone*).

logarithm /ˈlɒgərɪðəm, *USA* ˈlɔːg-/ *n.* (*mat.*) logaritmo.

logarithmic /lɒgəˈrɪθmɪk, *USA* ˈlɔːg-/ *a.* (*mat.*) logaritmico.

logbook /ˈlɒgbʊk, *USA* ˈlɔːg-/ *n.* (*naut., aeron.*) giornale di bordo.

logger /ˈlɒgə(r), *USA* ˈlɔːg-/ *n.* boscaiolo; taglialegna.

loggerhead /ˈlɒgəhed, *USA* ˈlɔːg-/ *n.* — **at loggerheads with sb.**, in forte contrasto con q.; ai ferri corti con q.

loggia /ˈlɒdʒɪə, *USA* ˈləʊdʒə/ *n.* (*arch.*) loggia.

logging /ˈlɒgɪŋ, *USA* ˈlɔːg-/ *n.* Ⓤ taglio e trasporto di tronchi d'albero.

logic /ˈlɒdʒɪk/ *n.* Ⓤ logica.

logical /ˈlɒdʒɪkl/ *a.* logico.

logically /ˈlɒdʒɪklɪ/ *avv.* ***1*** logicamente; in modo logico ***2*** a rigor di logica.

logician /ləˈdʒɪʃn/ *n.* logico (-a).

logistics /ləˈdʒɪstɪks/ *n. pl.* (*col verbo al sing.*) logistica.

logjam /ˈlɒgdʒæm, *USA* ˈlɔːg-/ *n.* ***1*** ingorgo (o intasamento) di tronchi (*su un fiume*) ***2*** (*USA*) impasse; intoppo.

logo /ˈləʊgəʊ, ˈlɒ-/ *n.* logo; logotipo.

loin /lɔɪn/ *n.* ***1*** Ⓒ e Ⓤ (*cucina*) lombata; lonza ***2*** (*al pl.*) (*anat.*) fianchi; (*estens., eufem.*) lombi • **to gird (up) one's loins**, prepararsi all'azione; rimboccarsi le maniche.

loincloth /ˈlɔɪnklɒθ, *USA* -ɔːθ/ *n.* perizoma.

to **loiter** /ˈlɔɪtə(r)/ *v. i.* ***1*** bighellonare; gironzolare ***2*** attardarsi • (*leg.*) **to l. with intent**, aggirarsi con intenzioni sospette.

loiterer /ˈlɔɪtərə(r)/ *n.* bighellone; fannullone.

to **loll** /lɒl/ ***A*** *v. i.* ***1*** ciondolare; penzolare ***2*** sedere in modo scomposto; sedere in panciolle ***B*** *v. t.* lasciar penzolare (*la lingua*); far penzolare (*la testa*).

lollipop /ˈlɒlɪpɒp/ *n.* ***1*** lecca lecca (*fam.*) ***2*** (*GB*) ghiacciolo (*da succhiare*) • (*in G.B.*) **l. man [woman]**, uomo [donna] che regge un segnale di stop e ferma il traffico per far passare scolari, anziani, ecc.

to **lollop** /ˈlɒləp/ *v. i.* (*fam.*) camminare (*o* avanzare) a passi scomposti; camminare goffamente.

lolly /ˈlɒlɪ/ *n.* (*GB*) ***1*** (*fam.*) *V.* **lollipop** ***2*** Ⓤ (*pop.*) quattrini; grana (*pop.*).

Lombard /ˈlɒmbəd/ *a.* e *n.* ***1*** lombardo ***2*** (*stor.*) longobardo.

Londoner /ˈlʌndənə(r)/ *n.* londinese.

lone /ləʊn/ *a. attr.* (*form.*) solo; solitario • (*fig.*) **l. wolf**, tipo solitario □ **to play a l. hand**, battersi da solo.

loneliness /ˈləʊnlɪnəs/ *n.* Ⓤ solitudine; isolamento.

lonely /ˈləʊnlɪ/ *a.* ***1*** (*di persona*) solo: **to feel l.**, sentirsi solo ***2*** (*di luogo, edificio, ec.*) solitario; isolato; deserto.

loner /ˈləʊnə(r)/ *n.* (*fam.*) (tipo) solitario.

lonesome /ˈləʊnsəm/ *a.* (*USA*) ***1*** solo; senza compagnia ***2*** solitario; malinconico. • **all on one's l.**, tutto solo.

long (1) /lɒŋ, *USA* lɔːŋ/ *a.* lungo: **l. journey**, lungo viaggio; **l. dress**, abito lungo; **twenty feet [two hours] l.**, lungo venti piedi [due ore]; **l. vowel**, vocale lunga; **to wear a l. face**, avere il muso lungo; **It took a l. time**, ci volle molto (tempo); **It's a l. business**, è una faccenda che va per le lunghe • **l.-distance flight**, volo a lunga percorrenza; volo intercontinentale □ (*telef.*) **l.-distance call**, (telefonata) interurbana; **to phone l.-distance**, fare una telefonata interurbana □ (*sport*) **l.-distance race**, corsa di fondo □ (*sport*) **l.-distance runner**, fondista □ **l. drink**, bevanda ghiacciata poco alcolica; long drink □ **l.-haired**, dai capelli lunghi; capelluto; capellone □ (*scherz.*) **(rather) l. in the tooth**, non un giovincello; non di primo pelo □ (*fam.*) **l. johns**, mutandoni □ (*sport*) **l. jump**, salto in lungo □ **l.-legged**, dalle gambe lunghe; tutto gambe □ **l.-life**, a lunga durata; a lunga conservazione □ **l.-playing record**, (disco) microsolco □ (*meteor.*) **l.-range forecast**, previsioni del tempo a lungo termine □ (*mil.*) **l.-range guns**, cannoni a lunga gittata □ (*fin.*) **l.-term credit**, credito a lungo termine □ **l.-winded**, prolisso; tedioso □ **at l. last**, finalmente.

long (2) /lɒŋ, *USA* lɔːŋ/ *avv.* a lungo; (per) molto tempo; lungamente: **l. after [before]**, molto tempo dopo [prima]; **l. ago**, molto tempo fa; **to be l. doing st.**, metterci molto tempo a fare q.c.; **How l. will it take?**, quanto tempo ci vorrà?; **Will you be away l.?**, starai via molto?; **It lasted longer than I expected**, è durato più di quanto pensassi; **not any longer**, non più; **I can't wait any longer**, non posso aspettare oltre • **l.-awaited**, tanto atteso; agognato □ **l.-drawn-out**, protratto; che va per le lunghe □ **l.-forgotten**, dimenticato da tempo □ **l.-lasting**, duraturo; durevole □ **l.-lived**, di lunga vita; duraturo □ **l.-lost**, perduto da tempo □ **l.-running**, che dura da molto tempo □ **l.-standing**, di vecchia data □ **l.-suffering**, indulgente; paziente □ **as l. ago as in 1750**, addirittura nel 1750; già nel 1750 □ **as l. as**, finché; per tutto il tempo che □ **as (***o* **so) l. as**, purché; a condizione che □ (*fam. USA*) **So l.!**, ciao!; arrivederci!

long (3) /lɒŋ, *USA* lɔːŋ/ *n.* ***1*** molto tempo: **Don't stay for l.**, non starci molto; **before l.**, (*in un contesto passato*) in breve, di lì a poco; (*in un contesto presente*) presto, fra breve, di qui a poco ***2*** (*fon.*) (vocale *o* sillaba) lunga • **the l. and the short of it is...**, per farla breve...

to **long** /lɒŋ, *USA* lɔːŋ/ *v. i.* desiderare ardentemente; non vedere l'ora di: **I was longing to leave**, non vedevo l'ora di partire; **to l. for peace**, desiderare (*o* anelare) la pace.

longboat /ˈlɒŋbəʊt, *USA* ˈlɔːŋ-/ *n.* (*naut.*) barcaccia (*di veliero*).

longbow /ˈlɒŋbəʊ, *USA* ˈlɔːŋ-/ *n.* (*mil., stor.*) arco lungo.

longed-for /ˈlɒŋdfɔː(r)/ *a.* tanto desiderato; agognato.

longevity /lɒnˈdʒevətɪ/ *n.* Ⓤ longevità.

longhand /ˈlɒŋhænd, *USA* ˈlɔːŋ-/ *n.* Ⓤ scrittura (a mano) per esteso (*di contro a stenografia, ecc.*): **to write st. out in l.**, scrivere q.c. per esteso.

longing /ˈlɒŋɪŋ, *USA* ˈlɔːŋ-/ ***A*** *n.* Ⓒ e Ⓤ forte desiderio • **to feel a l. for home**, sentire nostalgia di casa ***B*** *a.* pieno di desiderio; bramoso; voglioso: **l. look**, sguardo di desiderio.

longingly /ˈlɒŋɪŋlɪ, *USA* ˈlɔːŋ-/ *avv.* con vivo desiderio; ardentemente.

longish /ˈlɒŋɪʃ, *USA* ˈlɔːŋɪʃ/ *a.* lunghetto; piuttosto lungo.

longitude /ˈlɒndʒɪtjuːd, *USA* -tuːd/ *n.* Ⓤ e Ⓒ (*geogr.*) longitudine.

longitudinal /lɒndʒɪˈtjuːdɪnl, -gɪ-, *USA* -ˈtuːdnl/ *a.* longitudinale.

longship /ˈlɒŋʃɪp, *USA* ˈlɔːŋ-/ *n.* nave vichinga.

longshoreman /ˈlɒŋʃɔːmən, *USA* ˈlɔːŋ-/ *n.* (*pl.* **longshoremen** /-mən/) (*USA*) scaricatore (*di porto*).

longsighted /lɒŋˈsaɪtɪd/ *a.* ***1*** (*med.*) presbite ***2*** oculato; previdente.

longways /ˈlɒŋweɪz, *USA* ˈlɔːŋ-/, **longwise** /ˈlɒŋwaɪz, *USA* ˈlɔːŋ-/ *avv.* per il lungo; nel senso della lunghezza.

loo /luː/ *n.* (*pl.* **loos**) (*fam. GB*) gabinetto.

look /lʊk/ *n.* ***1*** occhiata; sguardo: **to have** (*o* **to take**) **a l. at st.**, dare un'occhiata a q.c.; **to have a good l. at st.**, studiare attentamente q.c.; **a furious l.**, un'occhiataccia ***2*** espressione ***3*** aspetto; aria; sembianza: **good looks**, bellezza; **I don't like the l. of that crack in the wall**, quella crepa nel muro mi piace poco; **by the l. of it**, stando a quello che sembra.

to **look** /lʊk/ ***A*** *v. i.* ***1*** guardare; osservare: **L. at that man!**, guarda quell'uomo!; **to l.** (**up**) **at the ceiling**, guardare il soffitto; **to l.** (**down**) **at the floor**, guardare il pavimento; **to l. carefully at st.**, guardare bene q.c.; fare attenzione a q.c.; **to l. away**, distogliere lo sguardo; guardare da un'altra parte; **to l. about**, guardare in giro; guardarsi intorno; **to l. down**, guardare in basso; guardare giù; abbassare gli occhi ***2*** (*di edificio, finestra*) dare su; essere esposto a: **The room looks south**, la camera è esposta a mezzogiorno; **The hotel looks onto the lake**, l'albergo dà sul lago ***3*** essere (*all'aspetto*); parere; sembrare; avere l'aria di; assomigliare: **to l. pale**, essere pallido; **You l. tired**, hai l'aria stanca; **to l. ill** [**well**], avere una brutta [bella] cera; **to l. small**, apparire insignificante; **I don't like the way he looks**, non mi piace il suo aspetto; **The idea looks good on paper**, sulla carta l'idea sembra buona; **That hat looks good on you**, quel cappello ti sta bene; **It looks like chalk to me**, mi sembra gesso; **It looks like rain**, ha l'aria di voler piovere; **He looks like his mother**, assomiglia alla madre ● **L., I don't mean to criticize, but...**, senti, non è per criticare, ma... □ **L. alive!**, forza!; sbrigati!; sotto! □ **to l. black**, essere (di umor) nero □ (*fam.*) **to l. down one's nose at sb.**, guardare con sufficienza q.; guardare q. dall'alto in basso □ **L. here, you can't do that!**, ehi, senti, non puoi fare una cosa simile! □ **to l. oneself again**, essere tornato quello di prima; stare bene di nuovo ***B*** *v. t.* ***1*** guardare: **to l. sb.** [**death**] **in the face**, guardare in faccia q. [la morte]; **to l. sb. up and down**, squadrare q. da capo a piedi ***2*** dimostrare, rivelare (*all'aspetto*); esprimere (*con lo sguardo*): **to look one's age** (*o* **one's years**), dimostrare la propria età; **to l. one's best**, (*rif. all'aspetto esteriore*) stare bene; essere elegante.

♦ **look after** *v. i. + prep.* badare a; prendersi cura di: **I can l. after myself**, so badare a me stesso; **You must l. after yourself**, devi riguardarti.

♦ **look ahead** *v. i. + avv.* pensare al futuro.

♦ **look at** *v. i. + prep.* ***1*** osservare; esaminare: **You should have that leg looked at**, dovresti far vedere quella gamba (a un dottore); **He looked carefully at the picture**, studiò attentamente il quadro ***2*** guardare a; considerare ***3*** prendere in considerazione ● **not much to l. at**, non un granché; non particolarmente bello.

♦ **look back** *v. i. + avv.* ***1*** voltarsi a guardare ***2*** guardare al passato; riandare (a q.c.).

♦ **look back on** *v. i. + avv. e prep.* ricordare; riandare col pensiero a.

♦ **look down on** *v. i. + avv. e prep.* guardare dall'alto in basso; trattare con alterigia.

♦ **look for** *v. i. + prep.* ***1*** cercare; andare in cerca di ***2*** (*fam.*) aspettarsi.

♦ **look forward to** *v. i. + avv. e prep.* aspettare con ansia; essere impaziente di; non vedere l'ora di: **I am looking forward to meeting him**, non vedo l'ora di incontrarlo.

♦ **look in on** *v. i. + avv. e prep.* fare una visitina a; fare un salto da.

♦ **look into** *v. i. + prep.* esaminare; indagare su.

♦ **look on** ***A*** *v. i. + avv.* stare a vedere; essere spettatore ***B*** *v. i. + prep.* considerare: **I look on you as a friend**, ti considero un amico.

♦ **look out** ***A*** *v. i. + avv.* stare in guardia; stare attento ***B*** *v. t. + avv.* cercare (*frugando o scegliendo tra diverse cose*).

♦ **look out for** *v. i. + avv. e prep.* ***1*** aspettare (q., q.c.) cercando con gli occhi; aspettarsi (*o* essere preparato a) (q.c.) ***2*** badare a.

♦ **look over** *v. t. + avv.* esaminare; studiare.

♦ **look round** *v. i. + avv.* ***1*** voltarsi a guardare ***2*** guardarsi intorno (*anche fig.*); dare un'occhiata in giro a.

♦ **look through** *v. i. + prep.* ***1*** far finta di non conoscere; guardare (q.) come se fosse trasparente ***2*** esaminare ***3*** dare una scorsa a; sfogliare.

♦ **look to** *v. i. + prep.* ***1*** badare a; stare attento a ***2*** fare affidamento su; guardare a.

♦ **look up** ***A*** *v. t. + avv.* ***1*** cercare (*in un libro*): **to l. up a word in the dictionary**, cercare una parola nel dizionario ***2*** (*fam.*) andare [venire] a trovare: **Do l. me up if you're ever in Cardiff**, vieni a trovarmi quando capiti a Cardiff ***B*** *v. i. + avv.* migliorare; riprendersi: **Things are looking up**, la situazione sta migliorando.

♦ **look up to** *v. i. + avv. e prep.* avere ammirazione per; rispettare.

look-alike /ˈlʊkəlaɪk/ *n.* sosia; doppio.

looker-on /ˈlʊkərɒn/ *n.* (*pl.* **lookers-on**) spettatore.

look-in /ˈlʊkɪn/ *n.* ***1*** probabilità di successo, di vittoria ***2*** visitina; capatina: **to give sb. a l.**, fare una visitina a q.

looking-glass /ˈlʊkɪŋglɑːs, *USA* -æs/ *n.* (*antiq.*) specchio.

lookout /ˈlʊkaʊt/ *n.* ***1*** guardia: **to keep a good l.**, fare buona guardia; **Keep a l. for a newsagent's**, guarda se vedi un giornalaio ***2*** (*mil.*) posto di osservazione; vedetta ***3*** (*naut.*) marinaio di vedetta ***4*** (*fam.*) prospettiva: **It's a bad l. for him**, è una brutta prospettiva per lui ● **to be on the l. for**, essere alla ricerca di □ (*fam. GB*) **That's his l.**, questo è affar suo.

look-see /ˈlʊksiː/ *n.* (*pop. USA*) rapida occhiata.

loom /luːm/ *n.* telaio (*per tessere*): **hand** [**power**] **l.**, telaio a mano [meccanico].

to **loom** /luːm/ *v. i.* apparire in lontananza; profilarsi ● **to l. large**, incombere.

loony /ˈluːnɪ/ *a.* e *n.* (*pop.*) matto; pazzo ● **l. bin**, manicomio.

loop /luːp/ *n.* ***1*** cappio; anello ***2*** maglietta; asola volante; passante (*di cintura*) ***3*** anello di metallo ***4*** sinuosità; ansa ***5*** (*ferr., anche* **l. line**) raccordo anulare ***6*** (*aeron.*) gran volta; cerchio della morte ***7*** (*elab.*) ciclo; iterazione ***8*** (*med.*) spirale (intrauterina) ***9*** occhio (*di lettera*).

to **loop** /luːp/ *v. t.* ***1*** fare un cappio a ***2*** assicurare (*con un cappio*) ● (*aeron.*) **to l. the loop**, fare il cerchio della morte.

loophole /ˈluːphəʊl/ *n.* ***1*** scappatoia; espediente; via d'uscita ***2*** (*archit.*) feritoia.

loose /luːs/ ***A*** *a.* ***1*** sciolto; slegato; libero: **l. hair**, capelli sciolti; **l. sheets**, fogli sciolti; (*mil.*) **in l. order**, in ordine sparso ***2*** allentato; lento; staccato; (troppo) largo: **l. screw**, vite allentata; **l. tooth**, dente che dondola; **l. collar**, colletto troppo largo; **l. weave**, trama larga ***3*** (*di abiti, anche* **l.-fitting**) largo; sciolto; abbondante ***4*** (*di merce*) sfuso ***5*** non compatto; smosso; rado: **l. soil**, terreno smosso ***6*** approssimativo; impreciso; trasandato; rilassato: **l. translation**, traduzione approssimativa; **l. discipline**, disciplina rilassata ***7*** dissoluto; licenzioso: **l. living**, vita dissoluta ***8*** (*chim.*) libero ● **l. box**, posta (*per cavalli*) □ **l. cash**, moneta spicciola; spiccioli □ **l. cover**, fodera staccabile □ **l.-leaf binder**, raccoglitore a fogli mobili □ **l.-limbed**, flessuoso; agile □ **l. talk**, il lasciar correre la lingua □ **to break l.**, sciogliersi; liberarsi (*da legami, sbarre, ecc.*); scappare; sfogarsi □ **to come** (*o* **to work**) **l.**, allentarsi □ **to have l. bowels**, soffrire di diarrea □ **to let l.**, liberare, sciogliere; sfogare □ **to turn l.**, lasciare in libertà ***B*** *n.* — **on the l.**, latitante; (*di animale*) scappato dalla gabbia.

to **loose** /luːs/ *v. t.* ***1*** allentare; slegare; sciogliere: **to l. a knot**, sciogliere un nodo; **to l. the dogs on sb.**, sguinzagliare i cani contro q. ***2*** sparare; scoccare (*una freccia*).

loosely /ˈluːslɪ/ *avv.* ***1*** in modo impreciso, approssimativo; vagamente ***2*** dissolutamente.

to **loosen** /ˈluːsn/ ***A*** *v. t.* allentare; slegare; sciogliere; rilassare: **to l. one's tie**, allentarsi la cravatta; **to l. sb.'s tongue**, far sciogliere la lingua a q. ● **to l. the bowels**, far andare di corpo ***B*** *v. i.* allentarsi; sciogliersi; rilassarsi.

♦ **loosen up** ***A*** *v. t. + avv.* (*sport*) rilassare, sciogliere (*i muscoli*) ***B*** *v. i. + avv.* ***1*** rilassarsi ***2*** (*sport*) sciogliere i muscoli.

looseness /ˈluːsnəs/ *n.* [U] ***1*** scioltezza ***2*** inesattezza; imprecisione ***3*** dissolutezza; licenziosità.

loot /luːt/ *n.* [U] bottino; preda; spoglie (*di guerra*).

to **loot** /luːt/ *v. t.* saccheggiare; depredare.

looter /ˈluːtə(r)/ *n.* saccheggiatore (-trice).

looting /ˈluːtɪŋ/ *n.* [U] saccheggio, saccheggi.

to **lop** /lɒp/ *v. t.* (*anche* **to lop off**) potare (*alberi*); tagliare via; recidere.

lope /ləʊp/ *n.* falcata; andatura a balzi.

to **lope** /ləʊp/ *v. i.* procedere a lunghi balzi.

lop-eared /lɒpˈɪəd/ *a.* dalle orecchie penzolanti.

lop-sided /lɒpˈsaɪdɪd/ *a.* ***1*** sbilenco ***2*** non equilibrato; di parte.

loquacious /lə'kweɪʃəs/ *a.* loquace; ciarliero.
loquacity /lə'kwæsətɪ/ *n.* Ⓤ loquacità.
loquat /'ləʊkwæt/ *n.* (*bot.*) *1* nespolo del Giappone *2* nespola del Giappone.
Lord /lɔːd/ *n.* *1* — **the L.**, il Signore; Dio; **Our L.**, Nostro Signore *2* (*titolo ingl.*) lord; pari d'Inghilterra *3* (*al pl.*) — (*in G.B.*) **the Lords**, i Lord; la Camera dei Lord • **L. (only) knows who [how, etc.]**, Dio sa chi [come, ecc.] □ (*in G.B.*) **L. Chancellor**, Lord Cancelliere (*massima autorità giudiziaria*) □ (*in G.B.*) **L. Mayor**, sindaco (*di una grande città*) □ (*relig.*) **the L.'s prayer**, il paternostro □ **good L.!**, Dio santo!; santo cielo □ **My L.**, (*a un vescovo*) Eminenza; (*a un giudice*) signor giudice.
lord /lɔːd/ *n.* signore; sovrano: **the l. of the manor**, il signore del castello; (*scherz.*) **l. and master**, signore e padrone; **to live like a l.**, vivere da gran signore.
to **lord** /lɔːd/ *v. i.* — **to l. it over sb.**, tiranneggiare q.; comandare a bacchetta q.
lordly /'lɔːdlɪ/ *a.* *1* fastoso; magnifico *2* altero; altezzoso.
lordship /'lɔːdʃɪp/ *n.* *1* Ⓤ signoria; dominio *2* (*appellativo*) Signoria; Eccellenza: **Your L.**, Vostra Signoria.
lore /lɔː(r)/ *n.* Ⓤ *1* (corpo di) tradizioni; cultura popolare; folklore *2* insieme di conoscenze e informazioni: **bird l.**, notizie sulla vita degli uccelli.
lorry /'lɒrɪ, *USA* 'lɔːrɪ/ *n.* (*GB*) autocarro; camion • **l.-driver**, camionista □ **tipping l.**, autocarro con cassone ribaltabile.
to **lose** /luːz/ (*pass. e p.p.* **lost**) *A* *v. t.* *1* perdere: **to l. one's keys [one's way]**, perdere (*o* smarrire) le chiavi [la strada]; **to l. patience**, perdere la pazienza; **to l. one's parents**, perdere i genitori; **to l. a match**, perdere una partita; (*aeron.*) **to l. height**, perdere quota; **to l. blood**, perdere sangue *2* sprecare; sciupare: **to l. an opportunity**, sprecare (*o* perdere) un'occasione *3* far perdere; costare: **His negligence lost him his job**, la sua negligenza gli costò il posto *4* (*di orologio*) restare indietro di (*un certo periodo di tempo*); perdere *5* (*sport, fam.*) staccare, distanziare (*gli avversari, in una corsa*) • **to l. sight of st.**, perdere di vista q.c. □ **to l. weight**, perdere peso; dimagrire □ **to be lost**, smarrirsi; andare smarrito; andare distrutto; essere ucciso □ **to be lost to all sense of duty**, aver perso ogni senso del dovere *B* *v. i.* *1* perdere; essere sconfitto: **to l. to sb.**, perdere contro q. *2* rimetterci; perderci; scapitare *3* (*di orologio*) restare indietro *C* to **lose oneself** *v. rifl.* perdersi; smarrirsi.
♦ **lose out** *v. i. + avv.* *1* rimetterci: **to l. out on a deal**, rimetterci in un affare *2* risultare (*o* essere) perdente: **to l. out to sb.**, essere perdente rispetto a q.
loser /'luːzə(r)/ *n.* perdente; sconfitto • **to be a good [bad] l.**, saper [non saper] perdere.
losing /'luːzɪŋ/ *a.* perdente • **to fight a l. battle**, combattere una battaglia perduta.
loss /lɒs, *USA* lɔːs/ *n.* Ⓤ *e* Ⓒ perdita: **l. of blood**, perdita di sangue; **to suffer heavy losses**, subire gravi perdite • (*comm.*) **l. leader**, articolo civetta □ **l. of appetite**, inappetenza □ (*comm.*) **l. in weight**, calo di peso □ **to be at a l.**, essere confuso; essere perplesso □ **to be at a l. for words**, non riuscire a trovare le parole □ (*pop.*) **dead l.**, incapace; frana □ (*comm.*) **to sell at a l.**, vendere in perdita.
lost /lɒst, *USA* lɔːst/ *A* *pass. e p.p. di* **to lose** *B* *a.* *1* perduto; smarrito: **l. property**, oggetti smarriti *2* perso; perduto; sprecato; mancato: **a l. cause**, una causa persa; **a l. opportunity**, un'occasione mancata; **My words were l. on him**, le mie parole erano sprecate con lui (*o* non lo smossero) *3* (*fig.*) perduto; disorientato • **l. at sea**, scomparso in mare; morto in un naufragio □ **l. in thought**, immerso nei propri pensieri □ **to feel l.**, sentirsi perso □ **to get l.**, perdersi; smarrirsi □ (*fam.*) **Get l.!**, sparisci!.
lot /lɒt/ *A* *n.* *1* (*form.*) destino; sorte *2* Ⓤ sorteggio: **to draw lots**, tirare a sorte; **to fall to sb.'s lot**, toccare in sorte a q. *3* lotto (*di terreno*) *4* (*comm.*) partita (*di merce*) *5* lotto (*di asta*) *6* (*fam.*, anche **lots**, *pl.*) gran quantità; gran numero; mucchio, sacco (*fam.*): **a lot of money**, un sacco di soldi; **lots of people**, un mucchio di gente; **She gave us lots to eat**, ci ha dato un sacco di roba da mangiare *7* (*fam.*) individuo; tipo: **a bad lot**, un tipaccio; un cattivo soggetto • **the (whole) lot**, tutto quanto; tutti quanti □ **That's the lot!**, questo è tutto □ (*fam.*) **lots and lots**, un'infinità □ (*cinem.*) **film lot**, set *B* *avv.* — **a lot**, molto: **I like her a lot**, mi piace molto; **I feel a lot better**, mi sento molto meglio; (*iron.*) **A lot you care**, te ne importa assai!; **Thanks a lot!**, grazie mille!
loth /ləʊθ/ *V.* **loath**.
lotion /'ləʊʃn/ *n.* Ⓤ *e* Ⓒ lozione.
lottery /'lɒtərɪ/ *n.* lotteria.
lotto /'lɒtəʊ/ *n.* Ⓤ tombola.
lotus /'ləʊtəs/ *n.* (*bot.*) loto.
loud /laʊd/ *A* *a.* *1* forte; rumoroso; alto: **l. music**, musica forte; **in a l. voice**, a voce alta *2* (*di colore, ecc.*) sgargiante; vistoso *3* grossolano; rozzo: **l. manners**, modi grossolani *B* *avv.* a voce alta; forte; sonoramente: **to read st. out l.**, leggere forte q.c. • **l. and clear**, molto chiaramente.
loudhailer /laʊd'heɪlə(r)/ *n.* megafono.
loudmouth /'laʊdmaʊθ/ *n.* (*fam.*) spaccone.
loudness /'laʊdnəs/ *n.* Ⓤ *1* livello sonoro; sonorità; forza (*di un suono*); altezza (*della voce*); rumorosità *2* chiassosità; vistosità.
loudspeaker /'laʊdspiːkə(r), 'laʊd'sp-/ *n.* altoparlante.
lough /lɒk/ (*irl.*) *n.* *1* lago *2* stretto braccio di mare.
lounge /laʊndʒ/ *n.* *1* soggiorno; salotto *2* salone d'albergo; sala di ritrovo *3* sala d'aspetto (*di un aeroporto*) • (*GB*) **l. bar**, sala interna (*di un pub*) □ (*pop.*) **l. lizard**, gigolo □ **l. suit**, abito da giorno (*da uomo*); completo.
to **lounge** /laʊndʒ/ *v. i.* (*anche* **to l. about**) starsene senza far niente; ciondolare; bighellonare: **to l. about in bars**, ciondolare per i bar; **to l. on a deck-chair**, starsene disteso su una sdraio.
lounger /'laʊndʒə(r)/ *n.* *1* bighellone; fannullone; perdigiorno *2* sdraio; lettino da spiaggia.
to **lour** /'laʊə(r)/ *V.* **to lower (2)**.
louse /laʊs/ *n.* *1* (*pl.* **lice**) (*zool.*) pidocchio *2* (*pl.* **louses**) (*pop.*) individuo spregevole; verme.
to **louse** /laʊs/ *v. Solo come*:
♦ **louse up** *v. t. + avv.* (*fam. USA*) rovinare; mandare in malora.
lousy /'laʊzɪ/ *a.* *1* pidocchioso *2* (*pop.*) orribile; schifoso: **l. weather**, tempo schifoso; **She's a l. cook**, come cuoca è un disastro; **I feel l.**, sto da cani *3* — (*pop.*) **l. with**, zeppo di.
lout /laʊt/ *n.* giovinastro.
loutish /'laʊtɪʃ/ *a.* rozzo; villano; zotico.
louvre, (*USA*) **louver** /'luːvə(r)/ *n.* *1* (*edil.*) persiana di ventilazione *2* (*autom.*) feritoia di ventilazione (*sul cofano*) *3* (*anche* **l. board**) stecca di persiana • **l. door**, porta (di armadio) a gelosia.
lovable /'lʌvəbl/ *a.* amabile; simpatico; grazioso; adorabile.
love /lʌv/ *n.* *1* Ⓤ *e* Ⓒ amore, affetto: **l. at first sight**, amore a prima vista; **l. of the theatre**, amore per il teatro; **for the love of**, per amore di *2* (*fam.*) persona amata; amore *3* (*in chiusa di lettera*) affetto; saluti. **L., Peter**, con affetto, Peter; **Give my l. to...**, salutami tanto... *4* (*tennis*) zero punti: **l.-all**, zero a zero; **l. game**, partita in cui il perdente ha fatto zero punti • **l. affair**, relazione; storia (*fam.*) □ (*antiq.*) **l. child**, figlio dell'amore; figlio naturale □ **l. life**, vita sentimentale □ **l.-making**, il fare all'amore □ **l. match**, matrimonio d'amore □ **l. song**, canzone d'amore □ **to be in l. with sb.**, essere innamorato di q. □ **to fall in l. with sb.**, innamorarsi di q. □ **for l.**, per amore; per diletto; gratis □ **to make l. to sb.**, fare all'amore con q. □ (*fam.*) **There's no l. lost between them**, si detestano cordialmente □ **You can't get it for l. nor money**, non si riesce ad averlo; è introvabile.
to **love** /lʌv/ *v. t.* *1* amare; voler bene a: **to l. one's parents**, amare i genitori; **to l. music**, amare la musica *2* piacere molto (*impers.*): **I l. comfort**, mi piacciono le comodità; **He loves playing tennis**, gli piace molto giocare a tennis; (*fam.*) **I'd l. to come with you**, mi piacerebbe molto venire con te; **I'd l. a cup of tea!**, mi farebbe proprio piacere una tazza di tè.
loveable /'lʌvəbl/ *V.* **lovable**.
lovebird /'lʌvbɜːd/ *n.* (*zool.*) inseparabile (*pappagallino*) • (*fam. scherz.*) **lovebirds**, innamorati; piccioncini.
loveless /'lʌvləs/ *a.* senza amore: **l. marriage**, matrimonio senza amore.
loveliness /'lʌvlɪnəs/ *n.* Ⓤ bellezza; grazia; incanto.
lovely /'lʌvlɪ/ *a.* bello; piacevole; delizioso: **l. woman**, bella donna; **l. hair**, bei capelli; **l. meal**, pranzetto delizioso; **She's a l. person**, è una persona deliziosa; **to have a l. time**, divertirsi un mondo.

lover /ˈlʌvə(r)/ *n.* ***1*** amante; innamorato (-a) ***2*** amante (di q.c.); appassionato (-a); cultore (-trice): **l. of music**, appassionato di musica.
lovesick /ˈlʌvsɪk/ *a.* malato d'amore; innamorato.
loving /ˈlʌvɪŋ/ *a.* amoroso; affettuoso; devoto; tenero.
low (1) /ləʊ/ *a.* ***1*** basso: **low clouds**, nuvole basse; **low figure**, cifra bassa; (*autom.*) **low gear**, marcia bassa; **low prices**, prezzi bassi; **low season**, bassa stagione; **low wall**, muro basso ***2*** volgare; meschino: **low tastes**, gusti volgari; **low manners**, maniere volgari; maleducazione; **low trick**, tiro meschino ***3*** (*di suono*) basso: **to speak in a low voice**, parlare a voce bassa ***4*** (*mus.*) basso ***5*** profondo: **low bow**, profondo inchino ***6*** debole; depresso; giù: **I'm feeling very low**, sono molto depresso ***7*** cattivo: **to have a low opinion of sb.**, avere una scarsa opionione di q. ***8*** scarso; quasi esaurito: **of low intelligence**, di scarsa intelligenza; **Our stocks are low**, le nostre scorte sono quasi esaurite • **low comedy**, commedia popolare; farsa □ (*fam. USA*) **low-down**, meschino; ignobile; sporco □ (*elettr., elettron.*) **low-frequency**, a bassa frequenza □ (*cucina*) **low in fat**, magro □ **low-key**, in tono minore; moderato; pacato □ **low life**, vita nei bassifondi; tipo losco, malavitoso □ **low-spirited**, depresso; giù di corda □ **of low birth**, di bassi (*o* umili) natali.
low (2) /ləʊ/ *avv.* ***1*** (in) basso: **to hit low**, colpire basso; **to sink low**, cadere in basso ***2*** profondamente: **to bow low to sb.**, inchinarsi profondamente davanti a q. ***3*** a bassa voce; sottovoce; piano • (*lett.*) **low-born**, di umili natali □ **low-cut** (*o* **low-necked**) **dress**, vestito molto scollato □ **low-pitched**, (*di voce, nota*) basso; (*di tetto*) poco aguzzo □ **low-lying**, poco elevato (rispetto al livello del mare); (*di nuvole*) basso □ **to lay sb. low**, abbattere q.; sopraffare q. □ (*fam.*) **to lie low**, stare nascosto □ **to be running low**, scarseggiare; stare per esaurirsi.
low (3) /ləʊ/ *n.* ***1*** (*fam.*) minimo; livello basso: **an all-time low**, un minimo storico ***2*** (*meteor.*) zona di bassa pressione ***3*** (*Borsa*) quotazione minima ***4*** (*autom., USA*) prima (marcia).
low (4) /ləʊ/ *n.* muggito.
to **low** /ləʊ/ *v. i.* muggire.
lowbrow /ˈləʊbraʊ/ (*fam.*) ***A*** *n.* persona di poche pretese culturali; persona di gusti facili ***B*** *a.* facile; popolare: **l. tastes**, gusti facili; **l. amusements**, divertimenti popolari.
lowdown /ˈləʊdaʊn/ *n.* (*pop. USA*) informazioni; notizie.
lower /ˈləʊə(r)/ (*compar. di* **low**) ***A*** *a.* inferiore; più basso: **l. class**, classe inferiore; (*naut.*) **l. deck**, ponte inferiore ***B*** *avv.* più basso; più in basso • (*tipogr.*) **l. case**, (*sost.*) carattere minuscolo; (*agg.*) minuscolo □ **the l. class(es)**, il ceto basso (*o* operaio) □ (*polit.*) **the L. House**, la Camera Bassa □ **the l. middle class**, la piccola borghesia.
to **lower** (1) /ˈləʊə(r)/ ***A*** *v. t.* ***1*** abbassare; calare; diminuire; ridurre: **to l. a ceiling [one's voice]**, abbassare un soffitto [la voce] ***2*** debilitare; indebolire: **to l. sb.'s resistance**, indebolire la resistenza di q. ***3*** (*naut.*) ammainare ***B*** to **lower oneself** *v. rifl.* abbassarsi; umiliarsi ***C*** *v. i.* calare; diminuire; ridursi.
to **lower** (2) /ˈlaʊə(r)/ *v. i.* ***1*** aggrottare le ciglia ***2*** (*del cielo*) oscurarsi; essere minaccioso • **to l. at** (*o* **on, upon**) **sb.**, guardare q. di traverso.
lowering /ˈləʊərɪŋ/ *n.* abbassamento; diminuzione; riduzione.
lowermost /ˈləʊəməʊst/ *V.* **lowest**.
lowest /ˈləʊɪst/ *a.* (*superl. di* **low**) infimo; (il) più basso • (*mat.*) **l. common multiple**, minimo comune multiplo.
lowland /ˈləʊlənd/ ***A*** *n.* bassopiano; pianura ***B*** *a. attr.* di pianura.
lowlander /ˈləʊləndə(r)/ *n.* ***1*** abitante della pianura ***2*** — **L.**, abitante della Scozia meridionale.
lowly /ˈləʊlɪ/ ***A*** *a.* basso; modesto; umile ***B*** *avv.* ***1*** modestamente; umilmente ***2*** miseramente: **l. paid**, mal retribuito.
loyal /ˈlɔɪəl/ *a.* fedele; devoto; leale.
loyalist /ˈlɔɪəlɪst/ *n.* (*polit.*) lealista.
loyalty /ˈlɔɪəltɪ/ *n.* Ⓤ fedeltà; lealtà; devozione.
lozenge /ˈlɒzəndʒ/ *n.* ***1*** losanga; (*geom.*) rombo ***2*** pasticca; pastiglia: **cough lozenges**, pasticche per la tosse.
lubricant /ˈluːbrɪkənt/ *a. e n.* Ⓒ *e* Ⓤ lubrificante.
to **lubricate** /ˈluːbrɪkeɪt/ *v. t. e i.* ***1*** (*mecc.*) lubrificare ***2*** (*fig.*) agevolare; facilitare.
lubrication /luːbrɪˈkeɪʃn/ *n.* Ⓤ *e* Ⓒ lubrificazione.
lubricator /ˈluːbrɪkeɪtə(r)/ *n.* ***1*** lubrificatore ***2*** (*mecc.*) oliatore; ingrassatore.
lucern(e) /luːˈsɜːn/ *n.* Ⓤ (*bot.*) erba medica.
lucid /ˈluːsɪd/ *a.* ***1*** (*di spiegazione, ecc.*) chiaro ***2*** lucido (*di mente*).
lucidity /luːˈsɪdətɪ/ *n.* Ⓤ ***1*** chiarezza ***2*** lucidità mentale.
luck /lʌk/ *n.* Ⓤ fortuna; sorte: **bad l.**, sfortuna; **good l.**, (buona) fortuna; **It's good [bad] l. to say...**, porta fortuna [sfortuna] dire...; **to try one's l.**, tentare la sorte; **in [out of] l.**, fortunato [sfortunato]; (*iron.*) **Just my l.!**, la mia solita fortuna! • **As l. would have it,...**, fortuna volle che... □ **Better l. next time!**, andrà meglio la prossima volta! □ **It's the l. of the draw**, è tutta fortuna □ (*fam.*) **No such!**, magari!; figurarsi! □ **with any l.**, con un po' di fortuna □ (*fam.*) **worse l.**, purtroppo.
luckily /ˈlʌkəlɪ/ *avv.* per fortuna; fortunatamente.
luckless /ˈlʌkləs/ *a.* (*lett.*) sfortunato; disgraziato; infausto; sventurato.
lucky /ˈlʌkɪ/ *a.* ***1*** fortunato; felice; propizio ***2*** che porta fortuna: **l. charm**, ciondolo portafortuna • **l. dip**, pesca miracolosa (*al luna park, ecc.*) □ **to have a l. escape**, cavarsela a buon mercato □ **L. you!**, beato te! □ **How l.!**, che fortuna!
lucrative /ˈluːkrətɪv/ *a.* lucroso; lucrativo; redditizio.
lucre /ˈluːkə(r)/ *n.* Ⓤ (*spreg. o scherz.*) lucro; guadagno.
ludicrous /ˈluːdɪkrəs/ *a.* ridicolo; comico; assurdo.
ludicrousness /ˈluːdɪkrəsnəs/ *n.* Ⓤ ridicolezza; comicità; assurdità.
to **luff** /lʌf/ (*naut.*) ***A*** *v. i.* orzare; andare all'orza ***B*** *v. t.* mettere all'orza.
to **lug** /lʌg/ *v. t.* tirare; trascinare.
luggage /ˈlʌgɪdʒ/ *n.* Ⓤ (*specialm. GB*) bagaglio • **l. rack**, portabagagli; reticella per i bagagli □ (*ferr.*) **l. van**, bagagliaio □ **hand l.**, bagaglio a mano.
lughole /ˈlʌgəʊl/ *n.* (*scherz. GB*) orecchio.
lugsail /ˈlʌgseɪl, ˈlʌgsl/ *n.* Ⓤ (*naut.*) vela al quarto (*o* al terzo).
lugubrious /ləˈguːbrɪəs/ *a.* lugubre; cupo; tetro.
lugworm /ˈlʌgwɜːm/ *n.* (*zool.*) arenicola.
lukewarm /ˈluːkˈwɔːm/ *a.* (*anche fig.*) tiepido.
lull /lʌl/ *n.* ***1*** momento di calma; pausa ***2*** (*econ.*) stasi; ristagno.
to **lull** /lʌl/ *v. t.* ***1*** cullare (e calmare): **to l. sb. to sleep**, fare addormentare q. ***2*** calmare; placare; sopire: **to l. sb. into a false sense of security**, illudere q. che tutto vada bene.
lullaby /ˈlʌləbaɪ/ *n.* ninnananna.
lumbago /lʌmˈbeɪgəʊ/ *n.* Ⓤ (*med.*) lombaggine.
lumbar /ˈlʌmbə(r)/ *a.* (*anat.*) lombare.
lumber /ˈlʌmbə(r)/ *n.* Ⓤ ***1*** legname da costruzione ***2*** mobili non più usati; roba vecchia • **l.-room**, ripostiglio.
to **lumber** (1) /ˈlʌmbə(r)/ *v. t.* ***1*** rifilare; affibbiare: **I got lumbered with his old aunt**, mi sono dovuto sorbire la sua vecchia zia ***2*** (*USA*) abbattere (*alberi*); tagliare (*legname*).
to **lumber** (2) /ˈlʌmbə(r)/ *v. i.* muoversi pesantemente (*o* rumorosamente) • **to l. along** (*o* **past, by**), passare con fracasso.
lumberjack /ˈlʌmbədʒæk/ *V.* **lumberman**, *def. 1.*
lumberman /ˈlʌmbəmən/ *n.* (*pl.* **lumbermen** /-mən/) ***1*** tagliaboschi; taglialegna; boscaiolo ***2*** (*USA*) commerciante di legname.
lumbermill /ˈlʌmbəmɪll/ *n.* segheria.
lumberyard /ˈlʌmbəjɑːd/ *n.* deposito di legname (*all'aperto*).
luminary /ˈluːmɪnərɪ, *USA* -nerɪ/ *n.* luminare.
luminescence /luːmɪˈnesns/ *n.* Ⓤ (*fis.*) luminescenza.
luminescent /luːmɪˈnesnt/ *a.* (*fis.*) luminescente.
luminosity /luːmɪˈnɒsətɪ/ *n.* Ⓤ luminosità.
luminous /ˈluːmɪnəs/ *a.* ***1*** luminoso; brillante ***2*** fosforescente.
lump /lʌmp/ *n.* ***1*** grumo; pezzo: **lumps in the sauce**, grumi nella salsa; **l. of clay**, pezzo d'argilla; **l. of sugar**, zolletta di zucchero; **l. sugar**, zucchero in zollette ***2*** gonfiore; protuberanza; nodulo; bernoccolo ***3*** (*fam.*) tonto; salame ***4*** (*metall.*) massello • **a l. in the throat**, un groppo (*o* nodo) alla gola □ **l. sum**, somma forfettaria; forfait: **l.-sum payment**, pagamento a forfait.
to **lump** (1) /lʌmp/ *v. i.* (*di salsa, crema, ecc.*) fare i grumi; raggrumarsi.
♦ **lump together** *v. t. + avv.* ***1*** raggruppare ***2*** mettere insieme (*cose diverse*); fare un solo conto di (*spese, ecc.*) • **to l.**

everything together, fare di ogni erba un fascio.
to **lump** (**2**) /lʌmp/ *v. t.* — **He'll just have to (like it or) l. it**, dovrà mandarla giù, che gli piaccia o no; ci si dovrà rassegnare.
lumpy /ˈlʌmpɪ/ *a.* ***1*** grumoso ***2*** bernoccoluto; bozzoluto ***3*** maldestro; goffo.
lunacy /ˈluːnəsɪ/ *n.* Ⓤ demenza; follia; pazzia • **It's sheer l.**, è pura follia.
lunar /ˈluːnə(r)/ *a.* lunare: **l. eclipse**, eclisse lunare (*o* di luna); **l. month**, mese lunare; (*miss.*) **l. module**, modulo lunare.
lunatic /ˈluːnətɪk/ ***A*** *a.* pazzo; matto; folle; pazzesco ***B*** *n.* pazzo (-a) • **l. asylum**, manicomio □ (*polit.*) **l. fringe**, frangia estremista (*di un partito, ecc.*). ATTENZIONE: **lunatic** ≠ lunatico.
lunch /lʌntʃ/ *n.* Ⓤ *e* Ⓒ pranzo; seconda colazione • **l. break**, intervallo per il pranzo □ **to have l.**, pranzare □ **working l.**, colazione di lavoro.
to **lunch** /lʌntʃ/ *v. i.* pranzare.
luncheon /ˈlʌntʃən/ *n.* (*form.*) pranzo • **l. meat**, carne suina pressata in scatola □ **l. voucher**, buono pasto.
lunchtime /ˈlʌntʃtaɪm/ *n.* Ⓤ ora di pranzo.
lunette /luːˈnɛt/ *n.* (*archit.*) lunetta.
lung /lʌŋ/ *n.* (*anat.*) polmone.
lunge /lʌndʒ/ *n.* ***1*** balzo in avanti; balzo improvviso ***2*** (*scherma*) affondo; allungo.
to **lunge** /lʌndʒ/ *v. i.* ***1*** balzare, fare un balzo (*in una direzione*) ***2*** (*scherma*) fare un affondo.
lungwort /ˈlʌŋwɜːt/ *n.* (*bot.*) polmonaria.
lupin, (*USA*) **lupine** /ˈluːpɪn/ *n.* (*bot.*) lupino.
lupus /ˈluːpəs/ *n.* Ⓤ *e* Ⓒ (*med.*) lupus.
lurch (**1**) /lɜːtʃ/ *n.* ***1*** scarto improvviso; sobbalzo ***2*** (*naut.*) rollio (*o* beccheggio) improvviso.
lurch (**2**) /lɜːtʃ/ *n.* — **to leave sb. in the l.**, piantare in asso q.; lasciare q. nelle peste.
to **lurch** /lɜːtʃ/ *v. i.* ***1*** barcollare; traballare ***2*** (*naut.*) rollare (*o* beccheggiare) all'improvviso.
lurcher /ˈlɜːtʃə(r)/ *n.* cane da caccia bastardo (*incrocio fra un cane pastore e un levriero*).
lure /lʊə(r), lj-/ *n.* ***1*** (*caccia*) esca; richiamo ***2*** richiamo; esca; allettamento; lusinga; promessa: **the l. of the sea**, il richiamo del mare.
to **lure** /lʊə(r), lj-/ *v. t.* adescare; allettare; attirare.
lurid /ˈlʊərɪd, ˈlj-/ *a.* ***1*** dai colori sgargianti; (*di colore*) violento: **l. sunset**, tramonto fiammeggiante ***2*** sensazionale; impressionante: **l. tale**, racconto sensazionale; **l. details**, particolari impressionanti ***3*** sinistro; spettrale: (*anche fig.*) **l. light**, luce sinistra. ATTENZIONE: **lurid** ≠ lurido.
to **lurk** /lɜːk/ *v. i.* ***1*** nascondersi; stare in agguato; appostarsi ***2*** aggirarsi furtivamente ***3*** (*fig.*) celarsi; essere nascosto; essere in agguato.
luscious /ˈlʌʃəs/ *a.* ***1*** gustoso; delizioso; saporito; succulento: **a l. pear**, una pera succulenta ***2*** (*fam.*) voluttuoso; appetitoso: **l. lips**, labbra voluttuose.
lush (**1**) /lʌʃ/ *a.* ***1*** lussureggiante; rigoglioso ***2*** lussuoso; sontuoso.
lush (**2**) /lʌʃ/ *n.* (*pop. USA*) beone; ubriacone.
lust /lʌst/ *n.* ***1*** Ⓤ concupiscenza; lussuria; lascivia ***2*** brama; cupidigia; desiderio smodato: **l. for gold**, desiderio smodato di ricchezza.
to **lust** /lʌst/ *v. Solo come*:
♦ **lust after** (*o* **for**) *v. i. + prep.* desiderare ardentemente; concupire.
lustful /ˈlʌstfl/ *a.* ***1*** lussurioso; lascivo ***2*** avido; bramoso.
lustre /ˈlʌstə(r)/ *n.* Ⓤ lustro (*anche fig.*); lucentezza; splendore; gloria: **the l. of silk**, la lucentezza della seta; **to add l. to**, dare lustro a.
lustrous /ˈlʌstrəs/ *a.* (*lett.*) lucente; brillante; splendente.
lusty /ˈlʌstɪ/ *a.* forte; gagliardo; robusto; vigoroso.
lutanist /ˈluːtənɪst/ *n.* (*mus.*) liutista.
lute /luːt/ *n.* (*mus.*) liuto • **l.-maker**, liutaio.
Lutheran /ˈluːθərən/ *a. e n.* (*relig.*) luterano.
Lutheranism /ˈluːθərənɪzəm/ *n.* Ⓤ (*relig.*) luteranesimo.
luv /lʌv/ *n.* (*fam. GB*) caro (-a); tesoro.
luxuriance /lʌgˈʒʊərɪəns/ *n.* Ⓤ ***1*** rigogliosità ***2*** esuberanza; sovrabbondanza ***3*** eccessiva ornatezza.
luxuriant /lʌgˈʒʊərɪənt/ *a.* ***1*** lussureggiante; rigoglioso ***2*** eccessivo; esuberante; sovrabbondante ***3*** (*di stile, ecc.*) sovraccarico; troppo ornato • **l. hair**, una folta chioma.
to **luxuriate** /lʌgˈʒʊərɪeɪt/ *v. i.* ***1*** (*di vegetazione*) lussureggiare; essere rigoglioso ***2*** godere; crogiolarsi: **to l. in the warm summer sunshine**, crogiolarsi al caldo sole d'estate.
luxurious /lʌgˈʒʊərɪəs/ *a.* ***1*** lussuoso; fastoso; sontuoso ***2*** meraviglioso; magnifico: **to have a l. bath**, farsi un meraviglioso bagno. ATTENZIONE: **luxurious** ≠ lussurioso.
luxury /ˈlʌkʃərɪ/ *n.* ***1*** Ⓤ lusso; fasto; sontuosità: **to live in l.**, vivere nel lusso ***2*** cosa di lusso; cosa piacevolissima; lusso • **l. articles**, articoli di lusso. ATTENZIONE: **luxury** ≠ lussuria.
lyceum /laɪˈsiːəm/ *n.* ***1*** sala per conferenze ***2*** (*USA*) associazione culturale.
lychee /laɪˈtʃiː/ *n.* litchi (*albero e frutto*).
lying (**1**) /ˈlaɪɪŋ/ ***A*** *p. pr. di* **to lie** (**1**) ***B*** *a.* bugiardo; falso; menzognero.
lying (**2**) /ˈlaɪɪŋ/ *p. pr. di* **to lie** (**2**).
lying-in /laɪɪŋˈɪn/ *n.* Ⓤ (*antiq.*) degenza in clinica (*di una partoriente*).
lymph /lɪmf/ *n.* Ⓤ (*fisiol.*) linfa • (*anat.*) **l. gland**, ghiandola linfatica □ (*anat.*) **l. node**, linfonodo.
lymphatic /lɪmˈfætɪk/ *a. e n.* (*anat.*) (vaso) linfatico.
to **lynch** /lɪntʃ/ *v. t.* linciare.
lynching /ˈlɪntʃɪŋ/ *n.* Ⓤ linciaggio.
lynx /lɪŋks/ *n.* (*zool.*) lince • **l.-eyed**, dagli occhi di lince.
lyre /ˈlaɪə(r)/ *n.* (*mus., stor.*) lira.
lyrebird /ˈlaɪəbɜːd/ *n.* (*zool.*) uccello lira.
lyric /ˈlɪrɪk/ ***A*** *a.* lirico: **l. poet**, poeta lirico ***B*** *n.* ***1*** lirica; componimento lirico ***2*** (*al pl.*) parole, testo (*di canzone*).
lyrical /ˈlɪrɪkl/ *a.* lirico • **to wax l. about st.**, entusiasmarsi per q.c.
lyricism /ˈlɪrɪsɪzəm/ *n.* Ⓤ lirismo.
lyricist /ˈlɪrɪsɪst/ *n.* paroliere (-a).

m, M

M, m /ɛm/ *n.* (*pl.* **M's, m's**; **Ms, ms**) M, m • (*telef.*) **m for Mary** (*USA* **for Mike**), m come Milano.
'm /m/ *contraz. di* **am**.
ma /mɑː/ *n.* (*fam.*) mamma; ma'.
ma'am /mæm, mɑːm, məm/ *n.* (*contraz. di* **madam**) signora (*al vocat.*).
mac /mæk/ *n. abbr. fam. di* **mackintosh**.
macabre /mə'kɑːbrə, -bə(r), -b/ *a.* macabro; orrido.
macaco /mə'keɪkəʊ/ *n.* (*pl.* **macacos**) (*zool.*) lemure.
macaroni /mækə'rəʊnɪ/ *n.* U (*cucina*) maccheroni • **m. cheese**, maccheroni al forno; pasticcio di maccheroni.
macaronic /mækə'rɒnɪk/ ***A*** *a.* maccheronico ***B*** *n.* (*al pl.*) versi maccheronici.
macaroon /mækə'ruːn/ *n.* amaretto (*pasticcino*).
macaw /mə'kɔː/ *n.* (*zool.*) ara; macao.
mace (1) /meɪs/ *n.* mazza (*da guerra o da cerimonia*) • **m.-bearer**, mazziere.
mace (2) /meɪs/ *n.* U (*bot., cucina*) macis.
mace (3) ® /meɪs/ *n.* U mace (*liquido lacrimogeno*).
Macedonian /mæsɪ'dəʊnɪən/ *a. e n.* macedone.
to **macerate** /'mæsəreɪt/ ***A*** *v. t.* macerare ***B*** *v. i.* macerarsi.
maceration /mæsə'reɪʃn/ *n.* U macerazione.
Machiavellian /mækɪə'vɛlɪən/ *a.* machiavellico.
Machiavellianism /mækɪə'vɛlɪənɪzəm/ *n.* U machiavellismo.
machination /mækɪ'neɪʃn/ *n.* C *e* U macchinazione.
machine /mə'ʃiːn/ *n.* macchina: **sewing m.**, macchina da cucire; **vending m.**, macchina distributrice; distributore; **washing m.**, lavatrice; **the electoral m.**, la macchina elettorale • (*elab.*) **m. code** [**language**], codice [linguaggio] macchina □ **m.-made**, fatto a macchina □ **m. shop**, officina meccanica □ **m. tool**, macchina utensile.
to **machine** /mə'ʃiːn/ *v. t.* ***1*** fare a macchina; lavorare a macchina ***2*** cucire a macchina.
machine-gun /mə'ʃiːngʌn/ *n.* mitragliatrice.
to **machine-gun** /mə'ʃiːngʌn/ *v. t.* mitragliare.
machine-gunner /mə'ʃiːn'gʌnə(r)/ *n.* (*mil.*) mitragliere.
machinery /mə'ʃiːnrɪ/ *n.* U ***1*** (*ind.*) macchinario; macchine ***2*** (*mecc.*) meccanismo; ingranaggi ***3*** (*fig.*) macchina: **the m. of government**, la macchina dello Stato.
machinist /mə'ʃiːnɪst/ *n.* ***1*** macchinista ***2*** meccanico.
machismo /mə'tʃɪzməʊ, -'kɪ-, *USA* mɑː'tʃiː-/ (*spagn.*) *n.* U ostentata virilità; machismo; maschilismo.
macho /'mætʃəʊ, *USA* 'mɑː-/ (*spagn.*) *a.* ostentatamente virile; macho.
mack /mæk/ *n. abbr. fam. di* **mackintosh**.
mackerel /'mækrəl, -kərəl/ *n.* (*zool.*) scombro; maccarello • **m. sky**, cielo a pecorelle.
mackintosh /'mækɪntɒʃ/ *n.* (*GB*) impermeabile.
macramé /mə'krɑːmɪ, *USA* 'mækrəmeɪ/ *n.* U macramè.
macrobiotic /mækrəbaɪ'ɒtɪk/ *a.* macrobiotico.
macrobiotics /mækrəbaɪ'ɒtɪks/ *n. pl.* U (*col verbo al sing.*) macrobiotica.
macrocosm /'mækrəkɒzəm/ *n.* macrocosmo.
macroeconomic /mækrəʊiːkə'nɒmɪk, -ɛkə-/ *a.* (*econ.*) macroeconomico.
macroeconomics /mækrəʊiːkə'nɒmɪks, -ɛkə-/ *n. pl.* U (*col verbo al sing.*) macroeconomia.
macroscopic /mækrə'skɒpɪk/ *a.* macroscopico.
macula /'mækjʊlə/ *n.* (*pl.* **maculae** /-liː/) (*scient.*) macula; macchia (*specialm. del sole, della pelle*).
mad /mæd/ *a.* ***1*** (*anche fig.*) matto; pazzo; folle: **mad with grief**, pazzo di dolore; **What a mad thing to do!**, che pazzia (fare una cosa simile)! ***2*** (*fam.*) arrabbiato; infuriato; furibondo: **to be mad with sb.**, essere furioso contro q. ***3*** (*di cane*) arrabbiato; idrofobo ***4*** entusiasta; appassionato • **as mad as a hatter** (*o* **as a March hare**), matto da legare; matto come un cavallo □ **to drive sb. mad**, far impazzire q.; far diventare matto q. □ **to go mad**, impazzire; diventare matto □ (*fam.*) **barking mad**, matto da legare □ (*fam.*) **hopping mad**, furibondo □ (*fam.*) **like mad**, come un matto; all'impazzata; furiosamente.
madam /'mædəm/ *n.* ***1*** signora (*al vocat.*) ***2*** tenutaria (*di bordello*) ***3*** donna sussiegosa ***4*** (*fam.*, *di ragazzina*) tipetto.
madcap /'mædkæp/ ***A*** *n.* testa matta; testa calda; scervellato ***B*** *a.* scervellato; scriteriato.
to **madden** /'mædn/ *v. t.* ***1*** far impazzire ***2*** far infuriare; esasperare.
maddening /'mædnɪŋ, -dən-/ *a.* ***1*** da far impazzire ***2*** (*fam.*) irritante; esasperante.
madder /'mædə(r)/ *n.* U (*bot.*) robbia.
made /meɪd/ ***A*** *pass. e p.p. di* **to make** ***B*** *a.* fatto; confezionato • **m.-to-measure**, fatto su misura □ **m.-to-order**, fatto su ordinazione □ (*fam.*) **He's got it m.**, è arrivato (*al successo*); ce l'ha fatta; si è sistemato.
Madeira /mə'dɪərə, -ɛərə/ *n.* U madera (*vino*).
made-up /'meɪdʌp/ *a.* ***1*** inventato; falso ***2*** truccato: **heavily m. eyes**, occhi pesantemente truccati.
madhouse /'mædhaʊs/ *n.* (*specialm. fig.*) manicomio.
madly /'mædlɪ/ *a.* follemente; pazzamente; alla follia.
madman /'mædmən/ *n.* (*pl.* **madmen** /-mən/) pazzo.
madness /'mædnəs/ *n.* U (*anche fig.*) pazzia; follia.
madras /'mædrəs, mə'dræs/ *n.* (*tess.*) madras.
madrigal /'mædrɪgl/ *n.* (*poesia, mus.*) madrigale.
madwoman /'mædwʊmən/ *n.* (*pl.* **madwomen** /-wɪmən/) pazza.
maelstrom /'meɪlstrəm/ *n.* maelstrom; vortice (*anche fig.*).
maenad /'miːnæd/ *n.* (*mitol.*) menade.
mag /mæg/ *n. abbr. fam. di* **magazine**, *def. 1*.
magazine /mægə'ziːn, *USA* 'mægəziːn/ *n.* ***1*** rivista; rotocalco ***2*** (*mil.*) deposito munizioni; deposito d'armi ***3*** caricatore (*di arma*) ***4*** (*fotogr.*) caricatore. ATTENZIONE: **magazine** ≠ magazzino.
magenta /mə'dʒɛntə/ *n.* U (color) magenta.
maggot /'mægət/ *n.* (*zool.*) larva; verme.
maggoty /'mægətɪ/ *a.* bacato; verminoso.
Magi /'meɪdʒaɪ/ *n. pl.* (*relig.*) (i) Re Magi.
magic (1) /'mædʒɪk/ *n.* U magia • **like** (*o* **as if by**) **m.**, come per magia (*o* per incanto).
magic (2) /'mædʒɪk/, **magical** /'mædʒɪkl/ *a.* (*anche fig.*) magico • **m. carpet**, tappeto volante □ (*fam.*) **m. eye**, cellula fotoelettrica □ **m. lantern**, lanterna magica.
magician /mə'dʒɪʃn/ *n.* ***1*** mago ***2*** mago; illusionista.
magisterial /mædʒɪ'stɪərɪəl/ *a.* ***1*** (*leg.*) di (*o* da) magistrato ***2*** autorevole.
magistrate /'mædʒɪstreɪt, -ət/ *n.* (*leg.*) ***1*** magistrato ***2*** (*in G.B.*) giudice che presiede un tribunale di grado inferiore; giudice di pace.
magma /'mægmə/ *n.* (*pl.* **magmata** /-tə/, **magmas**) (*geol.*) magma.
magnanimity /mægnə'nɪmətɪ/ *n.* U magnanimità.
magnanimous /mæg'nænɪməs/ *a.* magnanimo.
magnate /'mægneɪt/ *n.* magnate.
magnesia /mæg'niːʃə, -ʒə/ *n.* U (*chim.*) magnesia.
magnesium /mæg'niːzɪəm/ *n.* U (*chim.*) magnesio.
magnet /'mægnɪt/ *n.* (*fis.*) magnete; calamita (*anche fig.*).
magnetic /mæg'nɛtɪk/ *a.* (*fis. e fig.*) magnetico: **m. field**, campo magnetico; **m. tape**, nastro magnetico.
to **magnetise** /'mægnɪtaɪz/ (*GB*) *V.* **to magnetize**.
magnetism /'mægnɪtɪzəm/ *n.* U (*fis. e fig.*) magnetismo • **animal m.**, magnetismo animale.
magnetite /'mægnɪtaɪt/ *n.* U (*miner.*) magnetite.
to **magnetize** /'mægnɪtaɪz/ *v. t.* (*fis. e fig.*) magnetizzare.

magneto /mæg'ni:təʊ/ *n.* (*pl.* **magnetos**) (*elettr.*) magnete.
magnification /mægnɪfɪ'keɪʃn/ *n.* (*fis.*) ingrandimento.
magnificence /mæg'nɪfɪsns/ *n.* Ⓤ magnificenza; splendore.
magnificent /mæg'nɪfɪsnt/ *a.* magnifico; splendido.
to **magnify** /'mægnɪfaɪ/ *v. t.* **1** (*fis.*) ingrandire **2** ingigantire; esagerare.
magnifying glass /'mægnɪfaɪŋ glɑ:s, *USA* glæs/ *locuz. n.* lente d'ingrandimento.
magnitude /'mægnɪtju:d, *USA* -tu:d/ *n.* **1** Ⓤ (*form.*) grandezza; importanza **2** Ⓤ *e* Ⓒ (*astron.*) magnitudine.
magnolia /mæg'nəʊlɪə/ *n.* (*bot.*) magnolia.
magnum /'mægnəm/ *n.* magnum; bottiglione (*da circa un litro e mezzo*).
magnum opus /'mægnəm 'əʊpəs/ (*lat.*) *locuz. n.* (*arte, letter., ecc.*) capolavoro.
magpie /'mægpaɪ/ *n.* **1** (*zool.*) gazza **2** chiacchierone **3** (*fam. GB*) collezionista (*specialm. di cose inutili*).
Magyar /'mægjɑ:(r)/ *a. e n.* magiaro (*anche la lingua*).
maharaja(h) /mɑ:hə'rɑ:dʒə/ *n.* maragià.
maharanee /mɑ:hə'rɑ:nɪ/ *n.* maharani.
mahogany /mə'hɒgənɪ/ *n.* **1** mogano (*pianta e legno*) **2** Ⓤ color mogano.
maid /meɪd/ *n.* **1** (*lett.*) fanciulla; giovinetta **2** domestica; cameriera; donna di servizio • **m. of honour**, damigella d'onore □ **old m.**, (vecchia) zitella.
maiden /'meɪdn/ **A** *n.* (*lett.*) fanciulla; donzella **B** *a. attr.* **1** nubile: **m. name**, nome da nubile **2** inaugurale; primo: **m. voyage**, viaggio inaugurale (*di una nave*); **m. speech**, primo discorso (*di un deputato al parlamento*).
maidenhair /'meɪdnheə(r)/ *n.* Ⓤ (*anche* **m. fern**) (*bot.*) capelvenere.
maidenhead /'meɪdnhed/ *n.* (*lett. o antiq.*) **1** Ⓤ verginità **2** (*anat.*) imene.
maidenhood /'meɪdnhʊd/ *n.* Ⓤ (*specialm. lett.*) fanciullezza, giovinezza (*di donna*).
maidenly /'meɪdnlɪ/ *a.* (*antiq.*) di (*o* da) fanciulla; verginale.
maidservant /'meɪdsɜ:vnt/ *n.* (*antiq.*) cameriera; domestica.
mail (1) /meɪl/ *n.* Ⓤ maglia (*metallica per armature*): **coat of m.**, cotta di maglia.
mail (2) /meɪl/ *n.* Ⓤ posta; corrispondenza: **by m.**, per posta; **It came in the m.**, è arrivato con la posta • (*comm.*) **m. order**, ordinazione per corrispondenza □ (*ferr.*) **m. train**, (treno) postale □ **m. van**, furgone postale □ **junk m.**, stampe pubblicitarie.
to **mail** /meɪl/ *v. t.* **1** (*USA*) spedire per posta **2** (*USA*) impostare; imbucare **3** (*elab.*) spedire per posta elettronica.
mailbag /'meɪlbæg/ *n.* sacco della corrispondenza.
mailbox /'meɪlbɒks/ *n.* (*USA*) **1** buca delle lettere **2** cassetta della posta.
mailing /'meɪlɪŋ/ *n.* Ⓤ (*market.*) mailing; vendita per corrispondenza • **m. list**, indirizzario.
mailman /'meɪlmən/ *n.* (*pl.* **mailmen** /-mən/) (*USA*) postino; portalettere.
to **maim** /meɪm/ *v. t.* storpiare; mutilare.
main /meɪn/ **A** *n.* **1** (*anche* **mains**, *pl.*) conduttura principale (*di acqua, gas*); linea principale (*di elettricità*); collettore (*di fogne*): **to turn the water off at the mains**, chiudere il rubinetto principale dell'acqua **2** (*poet.*) mare **3** — **in the m.**, nel complesso **B** *a.* principale; più importante; essenziale: (*gramm.*) **m. clause**, proposizione principale; **m. course**, piatto principale; piatto forte; secondo; **The m. thing is to...**, la cosa più importante (*o* l'essenziale) è di...; **the m. body of an army**, il grosso d'un esercito • (*pop. USA*) **m. drag**, strada principale □ **by m. force**, a viva forza □ (*fam. GB*) **to have an eye to the m. chance**, non perdere di vista il proprio interesse.
mainframe /'meɪnfreɪm/ *n.* (*elab.*) elaboratore (*o* unità) centrale; mainframe.
mainland /'meɪnlənd/ **A** *n.* continente; terraferma **B** *a.* continentale; della terraferma.
to **mainline** /'meɪnlaɪn/ (*pop.*) **A** *v. t.* iniettare (*droga*) **B** *v. i.* bucarsi.
mainly /'meɪnlɪ/ *avv.* **1** soprattutto **2** in genere.
mainmast /'meɪnmɑ:st, *USA* -æst/ *n.* (*naut.*) albero maestro (*o* di maestra).
mainsail /'meɪnseɪl/ *n.* (*naut.*) vela di maestra.
mainspring /'meɪnsprɪŋ/ *n.* **1** (*mecc.*) molla principale; spirale (*di un orologio*) **2** (*fig.*) molla; movente principale.
mainstay /'meɪnsteɪ/ *n.* **1** (*naut.*) strallo di maestra **2** (*fig.*) sostegno principale; puntello.
mainstream /'meɪnstri:m/ **A** *n.* (*anche fig.*) corrente principale **B** *a.* comune; corrente; tradizionale.
to **maintain** /meɪn'teɪn/ *v. t.* **1** mantenere; conservare **2** mantenere in buono stato, in efficienza; avere la manutenzione di **3** sostenere; affermare: **to m. one's innocence**, sostenere la propria innocenza **4** mantenere; sostenere economicamente.
maintenance /'meɪntənəns/ *n.* Ⓤ **1** mantenimento; conservazione **2** manutenzione: **m. costs**, costi di manutenzione **3** (*leg., GB*) alimenti: **m. order**, ingiunzione di pagamento degli alimenti.
maisonette /meɪzə'net/ *n.* appartamento su due piani.
maize /meɪz/ *n.* Ⓤ (*bot.*) granturco; mais.
majestic /mə'dʒestɪk/ *a.* maestoso.
majesty /'mædʒəstɪ/ *n.* Ⓤ maestà • **Your [Her, His] M.**, Vostra [Sua] Maestà.
major (1) /'meɪdʒə(r)/ *n.* (*mil.*) maggiore • **m. general**, generale di divisione.
major (2) /'meɪdʒə(r)/ **A** *a.* **1** importante; significativo; considerevole; serio; grave: **a m. modern writer**, un importante scrittore contemporaneo; uno dei maggiori scrittori contemporanei; **a m. operation**, un serio intervento chirurgico **2** (*mus.*) maggiore: **sonata in A m.**, sonata in la maggiore **B** *n.* **1** (*leg.*) maggiorenne **2** (*USA*) materia di specializzazione (*all'università*) **3** (*USA*) studente che si specializza in una data materia: **He's a French m.**, si specializza in francese.
to **major** /'meɪdʒə(r)/ *v. i.* (*USA*) specializzarsi (*in una materia*).
majordomo /'meɪdʒə'dəʊməʊ/ *n.* (*pl.* **majordomos**) maggiordomo.
majorette /meɪdʒə'ret/ *n.* majorette.
majority /mə'dʒɒrətɪ, *USA* -ɔ:-/ **A** *n.* **1** maggioranza: **elected by a large m.**, eletto a grande maggioranza; **Women were in the m.**, le donne erano in maggioranza **2** (*leg.*) maggiore età: **to reach one's m.**, raggiungere la maggiore età; diventare maggiorenne **3** (*mil.*) grado di maggiore **B** *a. attr.* di maggioranza: **m. vote [party]**, voto [partito] di maggioranza.
make /meɪk/ *n.* Ⓒ *e* Ⓤ fabbricazione; produzione; marca: **cars of all makes**, automobili di tutti i tipi • (*fam.*) **to be on the m.**, essere intento a far quattrini (*o* a far carriera); cercare di farsi una donna.
to **make** /meɪk/ (*pass. e p.p.* **made**) **A** *v. t.* **1** fare; costruire; fabbricare; creare; produrre: **to m. hats**, fabbricare cappelli; **to m. a noise**, far rumore; **to m. roads**, costruire strade; **to m. tea**, fare il tè; **It's made of wood**, è fatto di legno; **God made man**, Dio creò l'uomo **2** far diventare; rendere; fare: **to m. sb. happy**, rendere (*o* fare) felice q.; **to m. sb. angry**, fare arrabbiare q. **3** fare; eseguire; compiere; prendere: **to m. a journey**, fare un viaggio; **to m. a discovery**, fare una scoperta; **to make an effort**, fare uno sforzo; **to m. a decision**, prendere una decisione; **to m. a bed**, rifare un letto **4** obbligare (q.) a; costringere (q.) a; fare: **to m. sb. repeat st.**, far ripetere q.c. a q.; **Don't m. me laugh!**, non farmi ridere!; **They made me sign the letter**, mi hanno costretto a firmare la lettera **5** arrivare a: **Will Italy m. the semifinals?**, l'Italia arriverà in semifinale?; **This story will m. the papers**, questa storia finirà sui giornali **6** guadagnare: **He makes more than I do**, guadagna più di me **7** calcolare: **I m. the distance about ten miles**, calcolo che la distanza sia di circa dieci miglia; **How old do you make her?**, quanti anni pensi che abbia? **8** essere; costituire; dimostrarsi; diventare: **These three vases m. a set**, questi tre vasi formano un set; **This book makes pleasant reading**, questo libro è di piacevole lettura; **to m. a good teacher**, diventare un buon insegnante **B** *v. i.* fare l'atto di; fare per: **to m. to go**, fare per andarsene; **He made as if to speak**, accennò a dire qualcosa **C** to **make oneself** *v. rifl.* farsi; rendersi: **to m. oneself understood**, farsi capire • **to m. believe that**, far finta che (*specialm. nei giochi infant.*) □ **to m. the best of a bad job**, fare buon viso a cattiva sorte □ **to m. st. do** (*o* **to m. do with st.**), far bastare q.c. □ **to m. fast**, legare; assicurare □ **to m. a fool of oneself**, fare la figura dello stupido; rendersi ridicolo □ **to m. friends**, farsi degli amici □ **to m. friends (with sb.)**, fare amicizia (con q.) □ **to m.**

good sb.'s loss, risarcire q. di una perdita □ **to m. good a promise**, tener fede a una promessa □ (*fam.*) **to m. it**, farcela; riuscire □ **to m. st. into**, trasformare q.c. in: **I'm going to m. this vase into a table lamp**, di questo vaso ne voglio fare una lampada □ (*fam. USA*) **to m. like**, comportarsi da (*o* come se) □ **to m. much of**, dare importanza a □ **to m. or break sb.**, determinare il successo o la rovina di q. □ **to m. sure**, assicurarsi □ **to m. one's way home**, dirigersi verso casa □ (*fam., spesso iron.*) **to make sb.'s day**, far felice q. □ **I can m. nothing of it**, non ci capisco nulla □ **I don't know what to m. of it**, non so come interpretarlo □ **What did you m. of them?**, che impressione ti hanno fatto? □ **What time do you m. it?**, che ora fai?

♦ **make away** *v. i. + avv.* fuggire; scappare.

♦ **make away with** *v. t. + avv.* ***1*** uccidere: **to m. away with oneself**, uccidersi; suicidarsi ***2*** rubare.

♦ **make for** *v. i. + prep.* ***1*** muoversi verso; dirigersi verso: **He made for the door**, si diresse verso la porta ***2*** creare; produrre; contribuire a rendere: **This constant arguing makes for a very unpleasant atmosphere**, questo continuo battibeccare crea un'atmosfera poco piacevole.

♦ **make off** *v. i. + avv.* fuggire; scappare; svignarsela.

♦ **make out** ***A*** *v. t. + avv.* ***1*** compilare; scrivere; riempire (*un modulo, ecc.*): **to m. out a prescription [a cheque]**, scrivere (*o* fare) una ricetta [un assegno] ***2*** scorgere; distinguere ***3*** capire; decifrare ***4*** sostenere; affermare; dare a intendere: **to m. out a case for st.**, sostenere q.c.; **How do you m. that out?**, come lo spieghi? **She made out she knew them well**, ha dato a intendere che li conosceva bene ***B*** *v. i. + avv.* ***1*** (*fam.*) riuscire; cavarsela; andare: **How are you making out?**, come va? ***2*** (*pop. USA*) pomiciare; scopare.

♦ **make over** *v. t. + avv.* ***1*** (*leg.*) trasferire ***2*** (*USA*) rimodernare; trasformare; ristrutturare.

♦ **make up** ***A*** *v. t. + avv.* ***1*** inventare (*una storia, ecc.*) ***2*** truccare ***3*** preparare; confezionare; fare: **to m. up a prescription**, preparare una medicina; **to m. up a bed**, preparare (*o* fare) un letto ***4*** costituire; formare ***5*** completare (*un gruppo, ecc.*) ***6*** compilare (*un elenco, ecc.*) ***7*** compensare: **to m. up a loss**, compensare una perdita; **to m. it up to sb.**, ripagare q. ***8*** (*tipogr.*) mettere in colonna; impaginare ● **to m. it up with sb.**, fare la pace con q. □ **to m. up one's mind**, decidersi; prendere una decisione ***B*** *v. i. + avv.* ***1*** fare la pace; rappacificarsi ***2*** truccarsi.

♦ **make up for** *v. i. + prep.* compensare; recuperare: **to m. up for lost time**, recuperare il tempo perduto.

♦ **make up to** *v. i. + prep.* ***1*** cercare di ingraziarsi; lisciare (*fam.*) ***2*** fare la corte a.

make-believe /ˈmeɪkbɪliːv/ ***A*** *n.* [U] e [C] finzione ***B*** *a. attr.* finto; simulato; irreale.

makeover /ˈmeɪkəʊvə(r)/ *n.* pettinatura, trucco e abbigliamento nuovi; nuovo look.

maker /ˈmeɪkə(r)/ *n.* ***1*** creatore (-trice); artefice ***2*** fabbricante ***3*** (*comm.*) emittente (*di un pagherò*) ● **to meet one's M.**, andare al Creatore; morire.

makeshift /ˈmeɪkʃɪft/ ***A*** *n.* espediente; ripiego ***B*** *a. attr.* improvvisato; di fortuna.

make-up /ˈmeɪkʌp/ *n.* ***1*** composizione; costituzione; formazione ***2*** carattere ***3*** [U] cosmetici; trucco (*anche teatr.*) ***4*** (*tipogr.*) impaginazione.

makeweight /ˈmeɪkweɪt/ *n.* ***1*** quantità aggiunta (*per fare il peso*) ***2*** riempitivo; supplemento.

making /ˈmeɪkɪŋ/ *n.* ***1*** [U] fattura; composizione; creazione; fabbricazione ***2*** causa del successo (*di q.*) ***3*** (*al pl.*) qualità (*pl.*) necessarie; stoffa; ingredienti; presupposti: **He has the makings of a fine surgeon**, ha tutte le qualità per diventare un ottimo chirurgo; **There are the makings of a best-seller in his novel**, il suo romanzo ha tutti gli ingredienti per diventare un best seller ● **in the m.**, in via di formazione; in lavorazione; in fieri.

malachite /ˈmæləkaɪt/ *n.* [U] (*miner.*) malachite.

maladjusted /mæləˈdʒʌstɪd/ *a.* (*psic.*) disadattato.

maladjustment /mæləˈdʒʌstmənt/ *n.* [U] (*psic.*) disadattamento.

maladministration /mælədmɪnɪˈstreɪʃn/ *n.* [U] cattiva amministrazione; malgoverno.

maladroit /mæləˈdrɔɪt/ *a.* maldestro.

malady /ˈmælədɪ/ *n.* ***1*** (*antiq.*) malattia ***2*** (*fig.*) male.

malaise /mæˈleɪz/ *n.* (*anche fig.*) malessere.

malapropism /ˈmæləprɒpɪzəm/ *n.* parola usata per errore al posto di un'altra di suono simile (*per es., «lombardo» per «lombare»*).

malaria /məˈleərɪə/ *n.* [U] (*med.*) malaria.

Malay /məˈleɪ, *USA* -ˈleɪ, ˈmeɪ-/ *a. e n.* malese (*anche la lingua*).

Malayan /məˈleɪən, *USA* -ˈleɪ, ˈmeɪ-/ *a. e n.* malese.

malcontent /ˈmælkəntent/ *a. e n.* malcontento.

male /meɪl/ ***A*** *n.* maschio ***B*** *a.* ***1*** maschile; maschio: **m. voice**, voce maschile; **m. friends**, amici (maschi); **m. nurse**, infermiere ***2*** (*tecn.*) maschio: **m. screw**, vite maschio ● **m. chauvinism**, maschilismo □ **m. chauvinist**, maschilista □ **m. menopause**, andropausa.

malefactor /ˈmælɪfæktə(r)/ *n.* (*form.*) malfattore; criminale.

malevolence /məˈlevələns/ *n.* [U] malevolenza; malignità.

malevolent /məˈlevələnt/ *a.* malevolo; maligno.

malfeasance /mælˈfiːzns/ *n.* (*leg.*) ***1*** azione illecita; trasgressione ***2*** [U] prevaricazione.

malformation /mælfɔːˈmeɪʃn/ *n.* [U] e [C] (*med.*) malformazione; deformità.

malformed /mælˈfɔːmd/ *a.* malformato; deforme.

malfunction /mælˈfʌŋkʃn/ *n.* cattivo funzionamento; disfunzione.

to **malfunction** /mælˈfʌŋkʃn/ *v. i.* funzionare male.

malice /ˈmælɪs/ *n.* [U] ***1*** cattiveria; malevolenza; malignità: **to bear sb. no m.**, non avere malanimo verso q. ***2*** (*leg.*) intenzione criminosa; dolo: **with m. aforethought**, con premeditazione. ATTENZIONE: **malice** ≠ malizia.

malicious /məˈlɪʃəs/ *a.* ***1*** cattivo; malevolo; maligno ***2*** (*leg.*) doloso. ATTENZIONE: **malicious** ≠ malizioso.

malign /məˈlaɪn/ *a.* ***1*** dannoso; pernicioso ***2*** malefico.

to **malign** /məˈlaɪn/ *v. t.* dire male di; calunniare.

malignancy /məˈlɪgnənsɪ/ *n.* ***1*** [U] cattiveria; malvagità; malevolenza ***2*** [U] (*di malattia*) carattere maligno ***3*** (*med.*) tumore maligno.

malignant /məˈlɪgnənt/ *a.* ***1*** cattivo; pieno di odio ***2*** (*med.*) maligno: **m. tumour**, tumore maligno.

to **malinger** /məˈlɪŋgə(r)/ *v. i.* darsi malato; marcare visita (*gergo mil.*).

malingerer /məˈlɪŋgərə(r)/ *n.* chi si dà malato; scansafatiche; lavativo.

mall /mæl, mɔːl/ *n.* (*USA*) centro commerciale; zona pedonale con molti negozi.

mallard /ˈmælɑːd, *USA* -əd/ *n.* (*zool.*) germano reale.

malleability /mælɪəˈbɪlətɪ/ *n.* [U] (*anche fig.*) malleabilità.

malleable /ˈmælɪəbl/ *a.* (*anche fig.*) malleabile.

malleolus /məˈliːələs/ *n.* (*pl.* **malleoli** /-laɪ/) (*anat.*) malleolo.

mallet /ˈmælət/ *n.* (*anche sport*) maglio; mazzuolo.

mallow /ˈmæləʊ/ *n.* (*bot.*) malva.

malmsey /ˈmɑːmzɪ/ *n.* [U] malvasia.

malnourished /mælˈnʌrɪʃt/ *a.* malnutrito; denutrito.

malnutrition /mælnjuːˈtrɪʃn, *USA* -nuː-/ *n.* [U] cattiva alimentazione; denutrizione.

malodorous /mælˈəʊdərəs/ *a.* (*lett.*) maleodorante.

malpractice /mælˈpræktɪs/ *n.* [U] (*leg.*) ***1*** negligenza colposa ***2*** prevaricazione.

malt /mɔːlt/ *n.* ***1*** [U] malto ***2*** [U] e [C] whisky di malto.

to **malt** /mɔːlt/ *v. t.* trasformare (*orzo, ecc.*) in malto.

malted /ˈmɔːltɪd/ *a.* — **m. milk**, latte al malto.

Maltese /mɔːlˈtiːz/ *a. e n.* maltese (*anche la lingua*): **the M.**, i maltesi ● **M. cross**, croce di Malta.

Malthusian /mælˈθjuːzɪən, *USA* -θuː-/ *a. e n.* (*econ.*) maltusiano.

Malthusianism /mælˈθjuːzɪənɪzəm, *USA* -θuː-/ *n.* (*econ.*) maltusianismo; maltusianesimo.

to **maltreat** /mælˈtriːt/ *v. t.* maltrattare; bistrattare; malmenare.

maltreatment /mælˈtriːtmənt/ *n.* [U] maltrattamento.

mama (**1**), **mamma** /ˈmɑːmə/ *n.* (*fam. USA*) mamma.

mama (**2**) /məˈmɑː/ *n.* (*antiq. GB*) mamma.

mammal /ˈmæml/ *n.* (*zool.*) mammifero.

mammalian /məˈmeɪlɪən/ *a. e n.* (*zool.*) mammifero.

mammary /ˈmæmərɪ/ *a.* (*anat.*) mammario.

mammogram /ˈmæməgræm/, **mammograph** /ˈmæməgrɑːf, *USA* -æf/ *n.* (*med.*) mammografia (*lastra*).

mammography /mæˈmɒgrəfɪ/ *n.* [U] (*med.*) mammografia (*procedimento*).

mammon /ˈmæmən/ *n.* [U] (*Bibbia*) mammona.

mammoth /ˈmæməθ/ ***A*** *n.* (*paleont.*) mammut ***B*** *a. attr.* gigantesco; mastodontico.

mammy /ˈmæmɪ/ *n.* ***1*** (*fam.*) mammina ***2*** (*antiq. USA*) bambinaia negra.

man /mæn/ *n.* (*pl.* **men**) ***1*** uomo: **a man of letters**, un uomo di lettere; un letterato; **a man of his word**, un uomo di parola; **man about town**, uomo di mondo; **men's voices**, voci d'uomo; voci maschili ***2*** l'uomo; essere umano: **Man is mortal**, l'uomo è mortale; **the rights of m.**, i diritti dell'uomo ***3*** individuo; persona; uno: **What can a man do in such a case?**, che cosa può fare uno (*o* che cosa si può fare) in un caso simile? ***4*** dipendente; fattorino; operaio; soldato; marinaio; (*antiq.*) servitore, domestico: **officers and men**, ufficiali e soldati ***5*** (*spesso fam.*) marito; compagno; amante ***6*** pezzo (*degli scacchi*); pedina (*della dama*) ***7*** (*sport*) membro di una squadra; giocatore ***8*** (*al vocat.*) caro mio; amico • (*fam. USA*) **Man!**, (*o* **Man, oh man!**, **Man alive!**), accidenti!; gente! □ **man and boy**, fin da ragazzo □ **man and wife**, (*come pred.*) marito e moglie; sposati □ (*mil., stor.*) **man-at-arms**, uomo d'armi □ **man-eater**, antropofago; cannibale; (*scherz., di donna*) mangiatrice di uomini □ (*sport*) **man-for-man defence** [**marking**], difesa [marcatura] a uomo □ **man Friday**, factotum □ (*econ.*) **man-hour**, ora di manodopera; ora lavorativa □ **the man in the street**, l'uomo della strada; l'uomo qualunque □ **man-made**, sintetico; artificiale □ **man of straw**, uomo di paglia □ (*naut., stor.*) **man-of-war**, nave da guerra □ **man of the world**, uomo di mondo □ (*fam.*) **man-size(d)**, da uomo; grande □ **man-to-man**, da uomo a uomo; (*sport*) *V.* *man-for-man* □ (*tennis*) **men's doubles**, doppio maschile □ **men's room**, gabinetto per uomini □ **any man**, chiunque □ **as one man**, come un sol uomo □ (*form.*) **no man**, nessuno □ **Old man!**, vecchio mio! □ **to be one's own man**, essere un uomo di principi; essere indipendente □ **to a man**, tutti quanti; nessuno escluso.

to **man** /mæn/ *v. t.* ***1*** (*mil.*) fornire di uomini; (*naut.*) equipaggiare ***2*** presidiare; far funzionare: **to man the phone**, essere al telefono (*per ricevere le telefonate*); **Man the guns!**, uomini ai pezzi!

to **manacle** /ˈmænəkl/ *v. t.* ammanettare.

manacles /ˈmænəklz/ *n. pl.* manette.

to **manage** /ˈmænɪdʒ/ ***A*** *v. t.* ***1*** amministrare; dirigere; gestire: **to m. a company**, dirigere una società ***2*** maneggiare; manovrare ***3*** sapere come prendere ***4*** riuscire; farcela: **He managed to send a message**, è riuscito a mandare un messaggio; **Can you m. that suitcase?**, ce la fai con quella valigia?; (*fam.*) **Can you m. another slice of cake?**, ce la fai a mangiare un'altra fetta di torta? ***B*** *v. i.* riuscire; farcela; cavarsela: **I'll m., don't worry**, non preoccuparti, me la caverò; **I don't know how they m. on just his salary**, non so come riescano a tirare avanti con solo lo stipendio di lui.

manageable /ˈmænɪdʒəbl/ *a.* ***1*** maneggevole; arrendevole; docile: **m. hair**, capelli docili ***2*** fattibile.

management /ˈmænɪdʒmənt/ *n.* Ⓤ ***1*** direzione (*di un'azienda*); amministrazione; gestione; management: **bad m.**, cattiva amministrazione; **new m.**, nuova gestione ***2*** (*col verbo al sing. o al pl.*) (i) dirigenti; (la) direzione: **middle m.**, quadri intermedi; dirigenti intermedi ***3*** modo di trattare (q.c.) • **m. consultant**, consulente di organizzazione aziendale □ **m. functions**, funzioni manageriali; mansioni dirigenziali.

manager /ˈmænɪdʒə(r)/ *n.* ***1*** direttore (-trice); amministratore (-trice); gestore (-trice): **bank m.**, direttore di banca ***2*** (*teatr.*) impresario; manager ***3*** (*sport*) direttore tecnico; commissario tecnico (*abbr.* CT); mister (*fam.*) • **assistant m.**, vicedirettore □ **staff m.**, capo del personale; □ (*teatr.*) **stage m.**, direttore di scena.

manageress /mænɪdʒəˈrɛs, *USA* ˈmænɪdʒrɪs/ *n.* direttrice, amministratrice, gestrice (*specialm. di negozio, ristorante, ecc.*).

managerial /mænɪˈdʒɪərɪəl/ *a.* direttivo; dirigenziale; manageriale: **m. ability**, capacità direttiva.

managership /ˈmænɪdʒəʃɪp/ *n.* Ⓤ direzione.

managing /ˈmænɪdʒɪŋ/ *a.* ***1*** dirigente; direttivo ***2*** autoritario • (*GB*) **m. director**, amministratore delegato.

manatee /mænəˈtiː/ *n.* (*zool.*) lamantino.

Manchu /mænˈtʃuː/ *a. e n.* manciù (*anche la lingua*).

Mancunian /mæŋˈkjuːnɪən/ *a. e n.* (abitante) di Manchester.

mandarin /ˈmændərɪn/ *n.* ***1*** (*anche* **m. orange**) mandarino ***2*** (*stor., in Cina*) mandarino ***3*** — **M.**, lingua mandarina ***4*** superburocrate; mandarino • (*zool.*) **m. duck**, anatra mandarina.

mandate /ˈmændeɪt/ *n.* ***1*** (*leg., polit., stor.*) mandato ***2*** ingiunzione; ordine.

to **mandate** /ˈmændeɪt/ *v. t.* (*polit., stor.*) porre sotto mandato.

mandatory /ˈmændətrɪ, -deɪ-, mænˈdeɪ-, *USA* ˈmændətɔːrɪ/ *a.* obbligatorio; vincolante; (*leg.*) imperativo.

mandible /ˈmændɪbl/ *n.* (*anat.*) mandibola.

mandolin /mændəˈlɪn, ˈmæ-/ *n.* (*mus.*) mandolino.

mandrake /ˈmændreɪk/ *n.* Ⓤ (*bot.*) mandragora.

mandrel /ˈmændrəl/ *n.* (*mecc.*) mandrino.

mandrill /ˈmændrɪl, -əl/ *n.* (*zool.*) mandrillo.

mane /meɪn/ *n.* (*anche fig.*) criniera.

maneuver /məˈnuːvə(r)/ *e deriv.* (*USA*) *V.* **manoeuvre** *e deriv.*

manful /ˈmænfl/ *a.* coraggioso; risoluto.

manfully /ˈmænflɪ/ *avv.* coraggiosamente; risolutamente.

manganese /ˈmæŋgəniːz/ *n.* Ⓤ (*chim.*) manganese.

mange /meɪndʒ/ *n.* Ⓤ (*vet.*) rogna; scabbia.

manger /ˈmeɪndʒə(r)/ *n.* ***1*** mangiatoia; greppia ***2*** (*eccles.*) presepio.

mangetout /mɒnʒˈtuː, mɑː-/ (*franc.*) *n.* (pisello) mangiatutto; taccola.

mangle /ˈmæŋgl/ *n.* mangano.

to **mangle** (**1**) /ˈmæŋgl/ *v. t.* manganare.

to **mangle** (**2**) /ˈmæŋgl/ *v. t.* ***1*** lacerare; maciullare; mutilare; straziare ***2*** fare scempio di; storpiare; distorcere.

mango /ˈmæŋgəʊ/ *n.* (*pl.* **mangoes, mangos**) mango (*pianta e frutto*).

mangold /ˈmæŋgəʊld/ *n.* bietola da foraggio.

mangrove /ˈmæŋgrəʊv/ *n.* (*bot.*) mangrovia.

mangy /ˈmeɪndʒɪ/ *a.* ***1*** (*vet.*) rognoso; scabbioso ***2*** logoro; spelacchiato.

to **manhandle** /ˈmænhændl/ *v. t.* ***1*** spostare, trasportare a mano ***2*** malmenare; strapazzare.

manhole /ˈmænhəʊl/ *n.* ***1*** botola stradale ***2*** passo d'uomo (*in una caldaia, un serbatoio, ecc.*) • **m. cover**, chiusino, tombino (*stradale*).

manhood /ˈmænhʊd/ *n.* Ⓤ ***1*** virilità ***2*** coraggio; risolutezza.

manhunt /ˈmænhʌnt/ *n.* caccia all'uomo.

mania /ˈmeɪnɪə/ *n.* Ⓤ ***1*** (*psic.*) mania ***2*** fanatismo; passione: **to have a m. for st.**, avere la passione di (*o* per) q.c.; essere fissato con q.c. (*fam.*).

maniac /ˈmeɪnɪæk/ *a. e n.* ***1*** pazzo: **to drive like a m.**, guidare come un pazzo ***2*** fanatico; fissato.

maniacal /məˈnaɪəkl/ *a.* maniacale.

manic /ˈmænɪk/ *a.* ***1*** (*psic.*) maniaco ***2*** folle; frenetico.

manic-depressive /ˈmænɪkdɪˈprɛsɪv/ *a. e n.* (*psic.*) maniaco-depressivo.

manicure /ˈmænɪkjʊə(r)/ *n.* Ⓤ e Ⓒ manicure: **to have a m.**, farsi fare la manicure; **m. set.**, trousse (*franc.*) per la manicure.

to **manicure** /ˈmænɪkjʊə(r)/ *v. t.* fare la manicure a.

manicured /ˈmænɪkjʊəd/ *a.* (*anche fig.*) curato.

manicurist /ˈmænɪkjʊərɪst/ *n.* manicure (*persona*).

manifest /ˈmænɪfɛst/ *a.* (*form.*) manifesto; evidente; ovvio; palese.

to **manifest** /ˈmænɪfɛst/ *v. t.* (*form.*) manifestare; dichiarare; dimostrare; palesare.

manifestation /mænɪfɛˈsteɪʃn/ *n.* (*anche polit.*) manifestazione; dimostrazione.

manifesto /mænɪˈfɛstəʊ/ *n.* (*pl.* **manifestos, manifestoes**) manifesto (*politico, ideologico, ecc.*); proclama.

manifold /ˈmænɪfəʊld/ ***A*** *a.* (*lett.*) molteplice; multiforme; vario ***B*** *n.* (*mecc., ecc.*) collettore.

manikin /ˈmænɪkɪn/ *n.* ***1*** omino; ometto; omuncolo; nano ***2*** (*arte*) manichino; (*med.*) modello anatomico.

Manil(l)a /məˈnɪlə/ *n.* ***1*** Ⓤ (*anche* **M. hemp**) manilla; canapa di Manila ***2*** (*anche* **M. cigar**) manilla (*sigaro*) ***3*** Ⓤ (*anche* **M. paper**) (carta) manilla.

to **manipulate** /məˈnɪpjʊleɪt/ *v. t.* ***1*** manipolare; manovrare ***2*** (*fisioterapia*) manipolare.

manipulation /mənɪpjʊˈleɪʃn/ *n.* Ⓤ e Ⓒ ***1*** manipolazione; manovra ***2*** (*fisioterapia*) manipolazione.

manipulative /məˈnɪpjʊlətɪv, *USA* -leɪtɪv/ *a.* (*di persona*) che cerca di manipolare gli altri; (*di comportamento*) teso a manipolare gli altri.

manipulator /mə'nɪpjʊleɪtə(r)/ *n.* (*anche fig.*) manipolatore (-trice).
mankind /mæn'kaɪnd/ *n.* ▣ genere umano; umanità.
manliness /'mænlɪnəs/ *n.* ▣ virilità.
manly /'mænlɪ/ *a.* virile; maschio.
manna /'mænə/ *n.* ▣ (*Bibbia e fig.*) manna.
manned /mænd/ *a.* *1* con equipaggio (a bordo) *2* fornito di personale.
mannequin /'mænɪkɪn/ *n.* *1* manichino *2* indossatrice; modella.
manner /'mænə(r)/ *n.* *1* maniera; modo; modo di fare: **I don't like his m.**, non mi piace il suo modo di fare; **adverb of m.**, avverbio di modo *2* (*al pl.*) comportamento; maniere: **good manners**, buone maniere; buona educazione; **bad manners**, maleducazione; **table manners**, il saper stare a tavola; **He has no manners**, è un maleducato; **It is bad manners to stare at people**, non sta bene fissare la gente *3* (*al pl.*) consuetudini; usanze; costume: **a comedy of manners**, una commedia di costume *4* specie; sorta; genere: **all m. of things**, ogni sorta di cose; oggetti di ogni specie • **as to the m. born**, come se non si fosse mai fatto altro; con la massima disinvoltura □ **by no m. of means**, per nessuna ragione; in nessun modo □ **in a m. of speaking**, per così dire; in un certo senso.
mannered /'mænəd/ *a.* manieroso; manierato; affettato • **bad-m.**, maleducato □ **well-m.**, beneducato.
mannerism /'mænərɪzəm/ *n.* *1* ▣ (*arte, letter.*) manierismo *2* ▣ affettazione; vezzo.
mannish /'mænɪʃ/ *a.* (*rif. a donna*) mascolino; poco femminile.
manoeuvrability /mənuːvrə'bɪlətɪ/ *n.* ▣ manovrabilità; maneggevolezza.
manoeuvre /mə'nuːvə(r)/ *n.* *1* (*anche fig.*) manovra *2* (*al pl.*) (*mil., naut.*) manovre; esercitazioni.
to **manoeuvre** /mə'nuːvə(r)/ *A* *v. t.* manovrare (*anche fig.*); spostare facendo manovra: **to m. a car out of a drive**, uscire (*con la macchina*) da un vialetto facendo manovra; **to m. a piano into a room**, riuscire a far entrare un pianoforte in una stanza *B* *v. i.* *1* fare manovra *2* (*fig.*) manovrare.
manoeuvring /mə'nuːvrɪŋ/ *n.* manovre: **political m.**, manovre politiche.
manometer /mə'nɒmɪtə(r)/ *n.* (*fis.*) manometro.
manor /'mænə(r)/ *n.* *1* grande proprietà terriera; (*stor.*) feudo *2* (*anche* **m. house**) casa padronale; villa; (*stor.*) maniero.
manpower /'mænpaʊə(r)/ *n.* ▣ (*econ., stat.*) forza lavoro; manodopera; uomini.
manqué /'mɒŋkeɪ, *USA* -'keɪ/ (*franc.*) *a.* mancato; fallito: **artist m.**, artista mancato.
mansard /'mænsɑːd/ *n.* (*anche* **m. roof**) tetto a mansarda.
manse /mæns/ *n.* presbiterio, canonica della chiesa presbiteriana scozzese.
manservant /'mænsɜːvnt/ *n.* (*pl.* **menservants**) (*antiq.*) domestico; servitore.
mansion /'mænʃn/ *n.* casa signorile; palazzo.
manslaughter /'mænslɔːtə(r)/ *n.* ▣ (*leg.*) omicidio (*specialm.* colposo, preterintenzionale).
mantelpiece /'mæntlpiːs/ *n.* *1* struttura portante di caminetto *2* *V.* **mantelshelf**.
mantelshelf /'mæntlʃelf/ *n.* mensola di caminetto.
mantes /'mæntəs/ *pl. di* **mantis**.
mantilla /mæn'tɪlə/ *n.* mantiglia.
mantis /'mæntɪs/ *n.* (*pl.* **mantises**, **mantes**) (*zool.*) mantide.
mantle /'mæntl/ *n.* *1* mantello; cappa; manto *2* (*fig.*) manto.
to **mantle** /'mæntl/ *v. t.* (*lett.*) ammantare; coprire.
mantrap /'mæntræp/ *n.* bocca di lupo; trabocchetto.
Mantuan /'mæntjʊən, *USA* -tʃʊən/ *a. e n.* mantovano.
manual /'mænjʊəl/ *A* *a.* manuale: **m. labour**, lavoro manuale; **m. worker**, manovale; bracciante *B* *n.* manuale.
manufacture /mænjʊ'fæktʃə(r), -nə-/ *n.* ▣ manifattura; fabbricazione; lavorazione.
to **manufacture** /mænjʊ'fæktʃə(r), -nə-/ *v. t.* *1* fabbricare; produrre; confezionare *2* lavorare (*metalli, lana, ecc.*) *3* inventare (*storie, scuse, ecc.*).
manufactured /mænjʊ'fæktʃəd, -nə-/ *a.* — **m. goods**, manufatti.
manufacturer /mænjʊ'fæktʃərə(r), -nə-/ *n.* fabbricante; produttore; industriale.
manufacturing /mænjʊ'fæktʃərɪŋ, -nə-/ *A* *a.* manifatturiero; industriale: **m. industries**, industrie manifatturiere; **m. town**, città industriale *B* *n.* fabbricazione; confezione: **m. process**, processo produttivo (*o* di fabbricazione).
manure /mə'njʊə(r), *USA* -'nʊə(r)/ *n.* ▣ concime; letame.
to **manure** /mə'njʊə(r), *USA* -'nʊə(r)/ *v. t.* concimare.
manuscript /'mænjʊskrɪpt/ *a. e n.* manoscritto.
Manx /mæŋks/ *a.* (*geogr.*) dell'isola di Man.
Manxman /'mæŋksmən/ *n.* (*pl.* **Manxmen** /-mən/) abitante dell'isola di Man.
many /'menɪ/ *a. e pron.* (*pl. di* **much**; *compar.* **more**; *superl.* **most**) molti; numerosi: **m. of us** [**of you, of them**], molti di noi [di voi, di loro]; **M. (people) think so**, molti la pensano così • (*form.*) **the m.**, la maggioranza; la massa □ (*lett.*) **m. a man**, più di un uomo □ **m. a time**, spesso; più di una volta □ **m.-sided**, che ha molti lati; (*fig.*) poliedrico, complesso □ **as m.**, altrettanti □ **as** (*o* **so**) **many as**, tanti quanti □ **a good m.**, molti; parecchi □ **a great m.**, moltissimi □ **how m.?**, quanti? □ **one too m.**, uno di troppo □ **too m.**, troppi □ **too m. people**, troppa gente.
Maoism /'maʊɪzəm/ *n.* ▣ (*polit.*) maoismo.
Maoist /'maʊɪst/ *a. e n.* (*polit.*) maoista.
Maori /'maʊrɪ/ *A* *n.* (*pl.* **Maori**, **Maoris**) maori *B* *a.* maori.
map /mæp/ *n.* *1* carta, cartina (geografica *o* topografica); mappa; pianta: **a map of Europe**, una carta (*o* cartina) dell'Europa; **road map**, carta stradale *2* carta astronomica • **map-maker**, cartografo □ **map-making**, cartografia □ **off the map**, (*di un luogo*) inaccessibile □ (*fam.*) **to put sb. [st.] on the map**, rendere famoso q. [q.c.].
to **map** /mæp/ *v. t.* rappresentare su una carta geografica; tracciare una carta di.
♦ **map out** *v. t. + avv.* progettare; tracciare un piano di.
maple /'meɪpl/ *n.* acero (*pianta e legno*) • **m. syrup**, sciroppo d'acero.
mapping /'mæpɪŋ/ *n.* *1* rilevamento; rilievo *2* cartografia *3* (*mat.*) applicazione.
to **mar** /mɑː(r)/ *v. t.* danneggiare; guastare; rovinare.
marabou /'mærəbuː/ *n.* (*zool.*) marabù.
marathon /'mærəθn, *USA* -ɒn/ *n.* (*sport e fig.*) maratona.
marauder /mə'rɔːdə(r)/ *n.* predatore; predone; saccheggiatore.
marauding /mə'rɔːdɪŋ/ *a.* predatorio; che pratica il saccheggio.
marble /'mɑːbl/ *n.* *1* ▣ marmo *2* bilia, pallina (*di vetro*): **to play marbles**, giocare con le palline • **m. cutter**, marmista □ **m. paper**, carta marmorizzata □ (*fam.*) **to have lost one's marbles**, essere ammattito; dare i numeri.
marbled /'mɑːbld/ *a.* marmorizzato; marezzato.
marc /mɑːk/ *n.* ▣ *1* vinaccia *2* sorta di grappa.
marcasite /'mɑːkəsaɪt/ *n.* ▣ (*miner.*) marcasite, marcassite.
March /mɑːtʃ/ *n.* marzo. (*Per gli esempi d'uso, V. sotto* **April**).
march /mɑːtʃ/ *n.* *1* (*anche mus.*) marcia: **a day's m.**, una giornata di marcia; **peace m.**, marcia per la pace; **dead m.**, marcia funebre; **on the m.**, in marcia *2* corso; progresso: **the m. of events**, il corso degli avvenimenti • (*mil.*) **m.-past**, sfilata □ **to steal a m. on sb.**, battere q. sul tempo.
to **march** /mɑːtʃ/ *A* *v. i.* *1* marciare *2* andare, camminare con passo deciso: **She marched out of the room**, uscì con passo deciso dalla stanza; **to m. past sb.**, sfilare davanti a q. • (*mil.*) **Quick m.!**, avanti marsc'! *B* *v. t.* *1* far marciare (*soldati*) *2* far andare: **He was marched off to jail**, fu portato in prigione.
marcher /'mɑːtʃə(r)/ *n.* *1* marciatore (-trice) *2* dimostrante.
marching /'mɑːtʃɪŋ/ *a. e n.* — **m. orders**, (*mil.*) ordini di partenza; (*fig.*) licenziamento, benservito.
marchioness /mɑːʃə'nes/ *n.* marchesa.
mare /meə(r)/ *n.* cavalla; giumenta • **m.'s nest**, scoperta deludente; fandonia.
margarine /mɑːdʒə'riːn, -gə-, *USA* 'mɑːdʒərɪn, -iːn/ *n.* ▣ margarina.
marge /mɑːdʒ/ *n.* ▣ (*GB*) *abbr. fam. di* **margarine**.
margin /'mɑːdʒɪn/ *n.* margine • **m. release**, liberamargine (*di macchina per scrivere*) □ **m. stop**, marginatore (*di macchina per scrivere*) □ **to win by a wide** [**a narrow**] **m.**, vincere con un largo margine [di stretta misura].
marginal /'mɑːdʒɪnl/ *A* *a.* marginale; a margine: **m. cost**, costo marginale; **m. notes**, note a margine • **m. case**, caso

limite □ **m. stop**, marginatore (*di macchina per scrivere*) ***B*** *n.* (*polit., GB, anche* **m. seat**) seggio parlamentare ottenuto con uno scarto minimo di voti; seggio incerto.

marginalia /mɑːdʒɪ'neɪlɪə/ (*lat.*) *n. pl.* annotazioni a margine.

to **marginalize**, (*GB anche*) to **marginalise** /'mɑːdʒɪnəlaɪz/ *v. t.* emarginare.

marginally /'mɑːdʒɪnlɪ/ *avv.* appena; di poco.

marguerite /mɑːgə'riːt/ *n.* (*bot.*) margherita.

marigold /'mærɪgəʊld/ *n.* (*bot.*) calendola.

marihuana, **marijuana** /mærɪ'wɑːnə, -'hwɑː-/ *n.* [U] marijuana.

marina /mə'riːnə/ *n.* porticciolo turistico.

marinade /mærɪ'neɪd/ *n.* [U] e [C] (*cucina*) marinata.

to **marinade** /mærɪ'neɪd/, **to marinate** /mærɪ'neɪt/ *v. t.* (*cucina*) marinare.

marine /mə'riːn/ ***A*** *a.* ***1*** marino: **m. plants**, piante marine ***2*** marittimo; navale; nautico: **m. insurance**, assicurazione marittima; **m. engineering**, ingegneria navale ***B*** *n.* ***1*** marina: **the merchant m.**, la marina mercantile ***2*** fante di marina; marine ***3*** (*pitt.*) marina: **m. painter**, pittore di marine • (*fam.*) **Tell that to the marines!**, va' a raccontarla a un altro!; contala al gatto (*o* a tua nonna)!

mariner /'mærɪnə(r)/ *n.* (*poet. o nel linguaggio ufficiale*) marinaio.

marionette /mærɪə'nɛt/ *n.* marionetta.

marital /'mærɪtl/ *a.* ***1*** maritale ***2*** coniugale • **m. status**, stato civile.

maritime /'mærɪtaɪm/ *a.* marittimo: **m. law**, diritto marittimo.

marjoram /'mɑːdʒərəm/ *n.* [U] (*bot.*) ***1*** (*anche* **wild m.**) origano ***2*** — **sweet m.**, maggiorana.

mark (1) /mɑːk/ *n.* ***1*** segno; macchia; impronta; orma; traccia; contrassegno: **punctuation marks**, segni di punteggiatura; **Will this m. come off**, verrà via questa macchia?; **There wasn't a m. on the body**, il corpo non presentava nemmeno un graffio; (*anche fig.*) **to leave one's m.**, lasciare il segno; **as a m. of respect**, in segno di rispetto ***2*** bersaglio ***3*** (*specialm. GB*) punto, voto (*scolastico*): **full marks**, pieni voti ***4*** croce (*come firma di analfabeta*) ***5*** (*sport*) linea di partenza: **to get off the m.**, partire; **On your marks!**, ai vostri posti! • **to be quick off the m.**, non perdere tempo a fare q.c. □ **to be wide of the m.**, essere lontano (*dalla verità, dalla cifra esatta, ecc.*) □ **to be up to the m.**, essere all'altezza (*di un compito*) □ **not to feel quite up to the m.**, non sentirsi in forma □ **Full marks!**, bravo!; brava! □ **to hit the m.**, fare centro (*fig.*); cogliere nel segno □ **to make one's m.**, conseguire la fama; avere un gran successo.

mark (2) /mɑːk/ *n.* marco (*moneta ted.*).

to **mark** /mɑːk/ ***A*** *v. t.* ***1*** segnare; contrassegnare; marcare; marchiare: **to m. st. with an X**, segnare (*o* contrassegnare) q.c. con una X ***2*** lasciare un segno su; segnare: **The glasses have marked the table**, i bicchieri hanno lasciato il segno sul tavolo ***3*** contraddistinguere; caratterizzare ***4*** correggere (*compiti*) dando il voto; classificare ***5*** (*sport*) marcare (*un avversario*) • (*mil. e fig.*) **to m. time**, segnare il passo □ **M. my words!**, vedrai se non ho ragione □ **He's not stupid, m. you**, non è stupido, bada ***B*** *v. i.* (*di superficie*) segnarsi (*facilmente, ecc.*).

♦ **mark down** *v. t. + avv.* ***1*** annotare; registrare ***2*** (*comm.*) ribassare il prezzo di.

♦ **mark off** *v. t. + avv.* ***1*** delimitare; demarcare; tracciare ***2*** contraddistinguere.

♦ **mark out** *v. t. + avv.* ***1*** delimitare; tracciare ***2*** designare (q. per q.c.).

♦ **mark up** *v. t. + avv.* (*comm.*) alzare il prezzo di.

markdown /'mɑːkdaʊn/ *n.* (*comm.*) riduzione di prezzo; ribasso.

marked /mɑːkt/ *a.* ***1*** considerevole; notevole; forte; spiccato; netto: **m. increase**, considerevole aumento; **m. contrast**, netto contrasto ***2*** segnato; sotto tiro: **He's a m. man**, è un uomo segnato ***3*** (*sport, di giocatore*) marcato.

markedly /'mɑːkɪdlɪ/ *avv.* notevolmente.

marker /'mɑːkə(r)/ *n.* ***1*** segnapunti (*persona*); marcatore ***2*** segnapunti (*strumento*) ***3*** persona che corregge (*prove di esame*); chi dà i voti ***4*** segnalibro ***5*** pennarello; evidenziatore ***6*** (*mil., ferr.*) segnale ***7*** pietra miliare ***8*** (*sport*) marcatore; chi marca un avversario.

market /'mɑːkɪt/ *n.* ***1*** mercato: **fish m.**, mercato del pesce; **m. day**, giorno di mercato; **to find new markets**, trovare nuovi mercati; (*comm.*) **to put an article on the m.**, lanciare un articolo sul mercato; **corn m.**, mercato del grano; (*Borsa*) **stock m.**, mercato azionario ***2*** (*comm.*) domanda; richiesta: **There is no m. for these goods**, non c'è richiesta di questa merce • **m.-garden**, fattoria che coltiva prodotti ortofrutticoli; orto □ **m.-gardening**, ortofrutticoltura □ **m. price**, prezzo di mercato □ **m. town**, città sede di mercato □ **black m.**, mercato nero □ **buyer's m.**, mercato dei compratori; mercato al ribasso □ **to come into** (*o* **to be on**) **the m.**, essere posto in vendita □ (*Borsa*) **to play the m.**, giocare in Borsa □ **to put one's house on the m.**, mettere in vendita la propria casa □ **seller's m.**, mercato favorevole alle vendite; mercato al rialzo.

to **market** /'mɑːkɪt/ *v. t.* commercializzare (*prodotti*); mettere in vendita; mettere sul mercato; vendere.

marketable /'mɑːkɪtəbl/ *a.* vendibile; commerciabile; smerciabile.

marketing /'mɑːkɪtɪŋ/ *n.* [U] ***1*** (*comm.*) compravendita ***2*** (*econ.*) marketing; commercializzazione (*dei prodotti*); analisi dei mercati.

marketplace /'mɑːkɪtpleɪs/ *n.* piazza del mercato.

marking /'mɑːkɪŋ/ *n.* ***1*** (*generalm. al pl.*) segno; macchia: **the leopard's markings**, le macchie sul mantello del leopardo ***2*** [U] correzione di compiti ***3*** (*sport*) marcatura, marcamento (*di avversari*).

marksman /'mɑːksmən/ *n.* (*pl.* **marksmen** /-mən/) tiratore scelto.

marksmanship /'mɑːksmənʃɪp/ *n.* [U] abilità nel tiro.

markup /'mɑːkʌp/ *n.* (*comm.*) ***1*** aumento di prezzo; rincaro ***2*** margine di profitto; ricarico.

marl /mɑːl/ *n.* [U] (*geol.*) marna.

marlin /'mɑːlɪn/ *n.* (*zool.*) marlin.

marmalade /'mɑːməleɪd/ ***A*** *n.* [U] marmellata d'arance (*o* di limoni) ***B*** *a.* color arancio scuro.

marmoset /'mɑːməzɛt, -s-/ *n.* (*zool.*) uistitì; callitricide.

marmot /'mɑːmət/ *n.* (*zool.*) marmotta.

maroon /mə'ruːn/ *n. e a.* (color) bordeaux; bordò. ATTENZIONE: **maroon** ≠ marrone.

to **maroon** /mə'ruːn/ *v. t.* abbandonare su un'isola deserta (*o* su una costa disabitata) (*come punizione*).

marquee /mɑː'kiː/ *n.* ***1*** grande tenda; padiglione ***2*** (*USA*) insegna sopra un cinema o un teatro (*col titolo del film, i nomi degli attori, ecc.*).

marquess /'mɑːkwɪs/ *n.* marchese.

marquetry /'mɑːkɪtrɪ/ *n.* [U] (lavoro di) intarsio.

marquis /'mɑːkwɪs/ *n.* marchese.

marquise /mɑː'kiːz/ *n.* marchesa (*titolo non ingl.*).

marriage /'mærɪdʒ/ *n.* [U] e [C] matrimonio • **m. licence**, licenza di matrimonio □ **m. service**, cerimonia nuziale.

marriageable /'mærɪdʒəbl/ *a.* in età da marito.

married /'mærɪd/ *a.* ***1*** sposato ***2*** matrimoniale; coniugale: **m. life**, vita matrimoniale; **m. name**, nome da sposata • **m. couple**, coppia di sposi □ **to get m.**, sposarsi.

marrow /'mærəʊ/ *n.* ***1*** [U] (*anat.*) midollo ***2*** (*bot., GB, anche* **vegetable m.**) zucchina, zucchino.

marrowbone /'mærəʊbəʊn/ *n.* (*cucina*) ossobuco.

marrowfat /'mærəʊfæt/ *n.* (*anche* **m. pea**) pisello gigante.

to **marry** /'mærɪ/ ***A*** *v. t.* sposare: **to m. money**, sposare un uomo ricco [una donna ricca]; **The bride's brother married them**, il matrimonio fu celebrato dal fratello della sposa ***B*** *v. i.* sposarsi • **to m. beneath** [**above**] **oneself**, sposare una persona di condizione inferiore [superiore] alla propria □ **to m. into a good family**, fare un buon matrimonio □ **to m. into a family**, imparentarsi con una famiglia.

♦ **marry off** *v. t. + avv.* sposare; accasare; sistemare.

marsh /mɑːʃ/ *n.* [C] e [U] palude; acquitrino • **m. gas**, gas di palude □ (*zool.*) **m. tit**, cincia bigia.

marshal /'mɑːʃl/ *n.* ***1*** (*mil.*) maresciallo ***2*** cerimoniere ***3*** (*leg., USA*) ufficiale giudiziario ***4*** (*USA*) sceriffo; capo di un dipartimento di polizia; comandante dei vigili del fuoco.

to **marshal** /'mɑːʃl/ *v. t.* ***1*** ordinare; schierare ***2*** condurre (*cerimoniosamente*).

marshalling yard /'mɑːʃlɪŋ jɑːd/ *locuz. n.* (*ferr.*) scalo di smistamento.

marshland /'mɑːʃlænd/ *n.* [U] e [C] zona paludosa; acquitrino.

marshmallow /'mɑːʃ'mæləʊ/ *n.* ***1*** caramella soffice e gommosa ***2*** (*bot.*) altea; malvaccione.

marshy /'mɑːʃɪ/ *a.* paludoso; acquitrinoso.

marsupia /mɑː'suːpɪə, -sj-/ *pl. di* **marsupium**.

marsupial /mɑːˈsuːpɪəl, -sj-/ *n.* (*zool.*) marsupiale.
marsupium /mɑːˈsuːpɪəm, -sj-/ *n.* (*pl.* **marsupia**) (*zool.*) marsupio.
mart /mɑːt/ *n.* (*USA*) mercato; centro commerciale.
marten /ˈmɑːtɪn, *USA* -tn/ *n.* (*zool.*) martora.
martial /ˈmɑːʃl/ *a.* marziale; bellicoso; guerresco.
Martian /ˈmɑːʃn/ *a. e n.* marziano.
martin /ˈmɑːtɪn, *USA* -tn/ *n.* — (*zool.*) **house m.**, balestruccio.
martinet /mɑːtɪˈnɛt, ˈmɑːtɪnɛt/ *n.* persona severa ed esigente; cerbero; (*di donna, anche*) caporale.
Martinmas /ˈmɑːtɪnməs, *USA* -tn-/ *n.* festa di San Martino (*11 novembre*).
martyr /ˈmɑːtə(r)/ *n.* ***1*** martire ***2*** (*fig.*) martire; vittima • (*fam.*) **to be a m. to rheumatism**, soffrire di reumatismi □ (*fam.*) **to make a m. of oneself**, martirizzarsi; atteggiarsi a martire.
to **martyr** /ˈmɑːtə(r)/ *v. t.* martirizzare; condannare al martirio.
martyrdom /ˈmɑːtədəm/ *n.* U *e* C martirio.
martyred /ˈmɑːtəd/ *a.* da martire: **m. expression**, espressione da martire.
marvel /ˈmɑːvl/ *n.* meraviglia; miracolo; prodigio: **a m. of modern engineering**, un miracolo dell'ingegneria moderna; **a m. of patience**, un prodigio di pazienza; **to work marvels**, fare miracoli.
to **marvel** /ˈmɑːvl/ *v. i.* meravigliarsi; stupirsi.
marvellous, (*USA*) **marvelous** /ˈmɑːvləs, -vəl-/ *a.* meraviglioso; straordinario; stupendo.
Marxism /ˈmɑːksɪzəm/ *n.* U (*polit.*) marxismo.
Marxist /ˈmɑːksɪst/ *n.* (*polit.*) marxista.
marzipan /ˈmɑːzɪpæn, *USA* ˈmɑːtsɪpɑːn/ *n.* U (*cucina*) marzapane.
mascara /mæˈskɑːrə, *USA* -ærə/ *n.* U mascara.
mascot /ˈmæskət, -ɒt/ *n.* mascotte; portafortuna.
masculine /ˈmæskjʊlɪn/ ***A*** *a.* ***1*** maschile; mascolino; virile ***2*** (*gramm.*) (di genere) maschile ***B*** *n.* (*gramm.*) (genere) maschile.
masculinity /mæskjʊˈlɪnətɪ/ *n.* U mascolinità; virilità.
mash /mæʃ/ *n.* U ***1*** (*fam. GB*) purè di patate ***2*** beverone, pastone (*per animali*).
to **mash** /mæʃ/ *v. t.* (*cucina*) schiacciare, ridurre a purè • **mashed potatoes**, purè di patate.
masher /ˈmæʃə(r)/ *n.* (*anche* **potato m.**) schiacciapatate.
mask /mɑːsk, *USA* mæsk/ *n.* maschera: **gas-m.**, maschera antigas; **surgical m.**, mascherina da chirurgo; (*fig.*) **to throw off one's m.**, gettare la maschera.
to **mask** /mɑːsk, *USA* mæsk/ ***A*** *v. t.* mascherare; celare ***B*** *v. i.* mascherarsi.
masked /mɑːskt, *USA* mæskt/ *a.* mascherato: **m. men**, uomini mascherati; **m. ball**, ballo mascherato (*o* in maschera).
masochism /ˈmæsəkɪzəm/ *n.* U (*psic.*) masochismo.
masochist /ˈmæsəkɪst/ *n.* (*psic.*) masochista.
masochistic /mæsəˈkɪstɪk/ *a.* (*psic.*) masochistico.
mason /ˈmeɪsn/ *n.* ***1*** muratore ***2*** (*generalm.* **M.**) massone; frammassone.
Masonic /məˈsɒnɪk/ *a.* massonico.
masonry /ˈmeɪsnrɪ/ *n.* U ***1*** muratura: **brick m.**, muratura in mattoni; **a piece of m.**, un pezzo di muro ***2*** arte muraria ***3*** (*generalm.* **M.**) massoneria.
masque /mɑːsk, *USA* mæsk/ *n.* (*letter.*) masque.
masquerade /mɑːskəˈreɪd, *USA* mæ-/ *n.* ***1*** finzione; mascherata ***2*** ballo in maschera ***3*** (*USA*) travestimento in maschera; costume.
to **masquerade** /mɑːskəˈreɪd, *USA* mæ-/ *v. i.* mascherarsi; travestirsi.
mass (1) /mæs/ ***A*** *n.* ***1*** ammasso; blocco: **a m. of rock**, un blocco di roccia ***2*** massa; (grande) quantità: **a m. of papers**, una quantità di carte; **masses of food**, un mucchio di cibo; **the masses**, le masse; la massa del popolo ***3*** U (*fis, chim.*) massa ***B*** *a.* di massa: **m. unemployment**, disoccupazione di massa; **m. production**, produzione in serie • **m. media**, mezzi di comunicazione di massa; mass media □ **m. meeting**, raduno popolare; comizio.
mass (2), **Mass** /mæs/ *n.* C *e* U (*relig., mus.*) messa: **to go to M.**, andare a messa; **high** [**low**] **M.**, messa cantata [piana].
to **mass** /mæs/ ***A*** *v. t.* ammassare ***B*** *v. i.* ammassarsi.
massacre /ˈmæsəkə(r)/ *n.* massacro; strage.
to **massacre** /ˈmæsəkə(r)/ *v. t.* massacrare.
massage /ˈmæsɑːʒ, *USA* məˈsɑːʒ/ *n.* C *e* U massaggio.
to **massage** /ˈmæsɑːʒ, *USA* məˈsɑːʒ/ *v. t.* massaggiare.
masseur /mæˈsɜː(r), mə-/ (*franc.*) *n.* massaggiatore.
masseuse /mæˈsɜːz, mə-/ *n.* (*franc.*) massaggiatrice.
massif /ˈmæsiːf, *USA* mæˈsiːf/ *n.* (*geol., geogr.*) massiccio.
massive /ˈmæsɪv/ *a.* ***1*** massiccio; solido ***2*** imponente.
to **mass-produce** /mæsprəˈdjuːs, *USA* -duː-/ *v. t.* produrre in serie.
mast /mɑːst, *USA* mæst/ *n.* ***1*** (*naut.*) albero; (*al pl., anche*) alberatura ***2*** asta (*di bandiera*) ***3*** (supporto di) antenna radio (*o* televisiva).
mastectomy /mæˈstɛktəmɪ/ *n.* U (*chir.*) mastectomia.
master /ˈmɑːstə(r), *USA* ˈmæ-/ ***A*** *n.* ***1*** padrone: **to be one's own m.**, essere padrone di se stesso; non dipendere da nessuno ***2*** (*GB*) insegnante, professore (*specialm. nelle scuole private*): **maths m.**, professore di matematica; **dancing m.**, maestro di ballo ***3*** (*naut.*) capitano (*di mercantile*) ***4*** maestro; mastro: **a m. of irony**, un maestro dell'ironia; **the work of a m.**, l'opera di un maestro; **m. carpenter**, mastro carpentiere ***5*** (*tecn.*) copia originale (*di nastro, dischetto, ecc.*); master ***6*** (*antiq., come appellativo usato dai domestici*) signorino: **M. Teddy**, il signorino Teddy • (*naut. mil.*) **m.-at-arms**, aiutante □ **m.'s degree**, laurea di secondo grado; master □ **M. of Arts** [**of Science**] (*abbr. rispettivamente* **MA, MSc**), dottore in lettere [in scienze] (*titolo accademico di secondo grado*) □ **M. of Ceremonies**, Maestro del cerimoniale; (*TV*) presentatore □ **old m.**, (dipinto di) grande pittore del passato (*tra il XVI e il XVIII secolo*) ***B*** *a. attr.* ***1*** esperto ***2*** generale: **m. key**, chiave maestra; passe-partout; **m. switch**, interruttore generale (*o* centrale); **m. plan**, piano generale ***3*** più grande; principale: **m. bedroom**, camera da letto principale ***4*** (*elab.*) permanente: **m. file**, archivio permanente.
to **master** /ˈmɑːstə(r), *USA* ˈmæ-/ *v. t.* ***1*** dominare; controllare: **to m. one's temper**, controllarsi ***2*** imparare a fondo; impadronirsi di: **to m. the English language**, imparare a fondo la lingua inglese.
masterful /ˈmɑːstəfl, *USA* ˈmæ-/ *a.* ***1*** autoritario; imperioso ***2*** magistrale; da maestro.
masterly /ˈmɑːstəlɪ, *USA* ˈmæ-/ *a.* magistrale; da maestro.
mastermind /ˈmɑːstəmaɪnd, *USA* ˈmæ-/ *n.* ***1*** ideatore (-trice); cervello (*di q.c.*) ***2*** (*scherz.*) cervellone; genio.
to **mastermind** /ˈmɑːstəmaɪnd, *USA* ˈmæ-/ *v. t.* ideare e dirigere (*un piano, ecc.*).
masterpiece /ˈmɑːstəpiːs, *USA* ˈmæ-/ *n.* capolavoro.
masterstroke /ˈmɑːstəstrəʊk, *USA* ˈmæ-/ *n.* colpo magistrale (*o* da maestro).
masterwork /ˈmɑːstəwɜːk, *USA* ˈmæ-/ *n.* capolavoro.
mastery /ˈmɑːstərɪ, *USA* ˈmæ-/ *n.* U ***1*** dominio; supremazia ***2*** maestria; abilità ***3*** padronanza; conoscenza approfondita.
masthead /ˈmɑːsthɛd, *USA* ˈmæ-/ *n.* ***1*** (*naut.*) testa d'albero ***2*** testata (*di giornale*).
mastic /ˈmæstɪk/ *n.* U mastice.
to **masticate** /ˈmæstɪkeɪt/ *v. t.* (*form.*) masticare.
mastication /mæstɪˈkeɪʃn/ *n.* U (*form.*) masticazione.
mastiff /ˈmæstɪf/ *n.* (cane) mastino.
mastitis /mæˈstaɪtɪs/ *n.* U (*med.*) mastite.
to **masturbate** /ˈmæstəbeɪt/ *v. i.* masturbarsi.
masturbation /mæstəˈbeɪʃn/ *n.* U masturbazione.
mat (1) /mæt/ *n.* ***1*** stuoia; tappetino: **bath mat**, tappetino per bagno ***2*** sottopiatto; sottopentola; sottovaso.
mat (2) /mæt/ *V.* **matt**.
matador /ˈmætədɔː(r)/ (*spagn.*) *n.* matador; torero.
match (1) /mætʃ/ *n.* fiammifero: **to strike a m.**, accendere un fiammifero.
match (2) /mætʃ/ *n.* ***1*** (*sport*) incontro; partita; match: **boxing m.**, incontro di pugilato; **soccer m.**, partita di calcio; **tennis m.**, incontro (*o* match) di tennis ***2*** cosa o persona eguale (*a un'altra*); pari: **to be no m. for sb.**, non riuscire a tener testa a q.; **to meet one's m.**, trovare pane per i propri denti ***3*** coppia; paio: **The shoes and handbag are a perfect m.**, le scarpe e la borsetta si intonano perfettamente ***4*** partito (*matrimoniale*) ***5*** matrimonio: **to make a good m.**, fare un buon matrimonio.
to **match** /mætʃ/ ***A*** *v. t.* ***1*** essere pari a; eguagliare; tener testa a: **to m. sb. in st.**, tener testa a q. in q.c. ***2*** intonarsi con; andare bene con; accompagnarsi con ***3*** armonizzare;

accompagnare; coordinare; accoppiare ● **a well-matched couple**, una coppia bene assortita ***B*** *v. i.* accompagnarsi; intonarsi; andare bene insieme: **a skirt with a blouse to m.**, una gonna con una camicetta intonata.

♦ **match against** *v. t. + prep.* ***1*** confrontare con; paragonare con ***2*** opporre a; mettere in competizione con.

♦ **match up to** *v. i. + avv. + prep.* essere all'altezza di.

matchbook /ˈmætʃbʊk/ *n.* bustina di fiammiferi.

matchbox /ˈmætʃbɒks/ *n.* scatola per fiammiferi.

matching /ˈmætʃɪŋ/ *a.* intonato; coordinato.

matchless /ˈmætʃləs/ *a.* (*form. o lett.*) senza pari; ineguagliabile; impareggiabile.

matchmaker /ˈmætʃmeɪkə(r)/ *n.* ***1*** chi combina matrimoni ***2*** chi organizza incontri sportivi.

matchstick /ˈmætʃstɪk/ *n.* ***1*** fiammifero (spento) ***2*** (*estens.*) (forma di) fiammifero: **carrots cut into matchsticks**, carote tagliate a fiammifero ● **m. figures**, pupazzetti disegnati a tratti essenziali.

matchwood /ˈmætʃwʊd/ *n.* Ⓤ ***1*** legno per fiammiferi ***2*** (*estens.*) schegge minute: **smashed to m.**, fatto a pezzi; fracassato.

mate (1) /meɪt/ *n.* ***1*** amico (-a); compagno (-a) ***2*** coniuge; consorte ***3*** (*di animali appaiati*) compagno (-a) ***4*** (*naut., anche* **first m.**) secondo (*di bordo*) ***5*** aiutante; assistente ***6*** (*al vocat.*) (*fam.*) amico; socio.

mate (2) /meɪt/ *n.* Ⓤ scacco matto.

to **mate** (1) /meɪt/ (*zool.*) ***A*** *v. t.* accoppiare ***B*** accoppiarsi.

to **mate** (2) /meɪt/ *v. t.* dare scacco matto a.

material /məˈtɪərɪəl/ ***A*** *a.* ***1*** materiale; corporeo; fisico ***2*** importante; essenziale ***3*** rilevante; pertinente ***4*** (*leg.*) determinante: **m. witness**, testimone chiave ***B*** *n.* ***1*** Ⓤ *e* Ⓒ materiale; materia: **building m.**, materiale da costruzione; **raw materials**, materie prime; **writing materials**, l'occorrente per scrivere ***2*** Ⓤ *e* Ⓒ stoffa; tessuto ***3*** Ⓤ materiale; informazioni: **m. for a book**, materiale per un libro.

to **materialise** /məˈtɪərɪəlaɪz/ (*GB*) *V.* **to materialize.**

materialism /məˈtɪərɪəlɪzəm/ *n.* Ⓤ (*filos.*) materialismo.

materialist /məˈtɪərɪəlɪst/ *n.* (*filos.*) materialista.

to **materialize** /məˈtɪərɪəlaɪz/ ***A*** *v. t.* materializzare ***B*** *v. i.* ***1*** materializzarsi ***2*** avverarsi; realizzarsi ***3*** arrivare; comparire; farsi vedere.

maternal /məˈtɜːnl/ *a.* materno.

maternity /məˈtɜːnətɪ/ *n.* Ⓤ maternità ● **m. dress**, abito prémaman □ **m. hospital**, clinica ostetrica □ **m. leave**, congedo per maternità □ **m. ward**, reparto maternità.

matey /ˈmeɪtɪ/ ***A*** *a.* (*fam.*) socievole; amico ● **to be m. with sb.**, essere grande amico di q. ***B*** *n.* (*fam. GB*) *V.* **mate** (1), *def 6*.

math /mæθ/ *n.* (*USA*) *abbr. fam. di* **mathematics**.

mathematical /mæθəˈmætɪkl/ *a.* matematico.

mathematician /mæθəməˈtɪʃn/ *n.* matematico (-a).

mathematics /mæθəˈmætɪks/ *n. pl.* (*col verbo al sing.*) matematica.

maths /mæθs/ *n.* (*GB*) *abbr. fam. di* **mathematics**.

matinée /ˈmætɪneɪ, *USA* -ˈneɪ/ (*franc.*) *n.* (*teatr.*) matinée; spettacolo pomeridiano.

mating /ˈmeɪtɪŋ/ *n.* accoppiamento ● (*zool.*) **m. season**, stagione degli amori.

matins /ˈmætɪnz, *USA* -tnz/ *n. pl.* (*eccles.*) mattutino.

matriarch /ˈmeɪtrɪɑːk/ *n.* matriarca.

matriarchal /meɪtrɪˈɑːkl/ *a.* matriarcale.

matriarchy /ˈmeɪtrɪɑːkɪ/ *n.* Ⓤ matriarcato.

matrices /ˈmætrɪsiːz/ *pl. di* **matrix**.

matricide /ˈmeɪtrɪsaɪd, *USA* ˈmæ-/ *n.* ***1*** Ⓤ *e* Ⓒ matricidio ***2*** matricida.

to **matriculate** /məˈtrɪkjʊleɪt/ ***A*** *v. t.* immatricolare; iscrivere all'università ***B*** *v. i.* immatricolarsi; iscriversi all'università.

matriculation /mətrɪkjʊˈleɪʃn/ *n.* Ⓤ *e* Ⓒ immatricolazione ● **m. exam**, esame di ammissione all'università.

matrimonial /mætrɪˈməʊnɪəl/ *a.* matrimoniale; coniugale.

matrimony /ˈmætrɪmənɪ, *USA* -məʊnɪ/ *n.* Ⓤ (*form.*) matrimonio.

matrix /ˈmeɪtrɪks/ *n.* (*pl.* **matrices, matrixes**) matrice.

matron /ˈmeɪtrən/ *n.* ***1*** (*antiq. o lett.*) signora matura; matrona ***2*** (*antiq. GB*) capo infermiera (*di ospedale*) ***3*** (*USA*) guardiana (*di carcere*).

matronly /ˈmeɪtrənlɪ/ *a.* matronale.

matt /mæt/ *a.* opaco.

matted /ˈmætɪd/ *a.* ***1*** arruffato ***2*** infeltrito.

matter /ˈmætə(r)/ *n.* ***1*** Ⓤ materia; sostanza: (*anat.*) **grey m.**, materia grigia ***2*** argomento; affare; faccenda; cosa; questione: **money matters**, questioni di denaro; **It's a m. of a few days**, è cosa (*o* questione) di pochi giorni; **a m. of life or death**, una questione di vita o di morte; **to make matters worse**, peggiorare la situazione ***3*** Ⓤ materiale; cose: **reading m.**, cose da leggere; libri, giornali, ecc.; **waste m.**, rifiuti ***4*** Ⓤ (*med.*) sostanza purulenta; pus ● **m.-of fact**, prosaico; pratico; realistico; spassionato □ **m.-of-factness**, praticità; concretezza □ **a m. of course**, una cosa naturale □ **as a m. of fact**, in realtà; effettivamente; a dire il vero □ **for that m.**, in quanto a ciò; se è per quello □ **in the m. of**, quanto a; per ciò che concerne □ **Is anything** (*o* **something**) **the m.?**, c'è qualcosa che non va? □ **It's no laughing m.**, c'è poco da ridere □ **to let the m. drop**, lasciar perdere □ **and to make matters worse**, e come se non bastasse □ **no m. how hard it is**, per difficile che sia □ **no m. how I tried**, per quanto mi sforzassi □ **no m. what**, accada quel che accada □ **no m. what he says**, qualunque cosa dica □ **no m. where he goes**, dovunque vada □ **printed m.**, stampe □ **subject m.**, argomento; contenuto □ **What is the m.?**, che cosa c'è (che non va)?; di che si tratta? □ (*fam.*) **What's the m. with you?**, che cosa hai (che non va)?

to **matter** /ˈmætə(r)/ *v. i.* importare; avere importanza: **What does it m.?**, che importa?

matting /ˈmætɪŋ/ *n.* Ⓤ ***1*** materiale per stuoie ***2*** stuoie.

mattock /ˈmætək/ *n.* (*agric.*) zappone.

mattress /ˈmætrɪs/ *n.* materasso: **foam-rubber m.**, materasso di gommapiuma; **sprung m.**, materasso a molle.

maturation /mætʃʊˈreɪʃn/ *n.* Ⓤ (*form.*) ***1*** maturazione ***2*** (*med.*) suppurazione.

mature /məˈtʃʊə(r), *USA* -ˈtʊ-/ *a.* ***1*** maturo: **after m. deliberation**, dopo maturo esame ***2*** (*comm., di cambiale, ecc.*) scaduto; in scadenza ● (*GB*) **m. student**, studente (universitario) adulto (*sopra i 25 anni*).

to **mature** /məˈtʃʊə(r), *USA* -ˈtʊ-/ ***A*** *v. t.* ***1*** far maturare ***2*** maturare (*un proposito, un piano, ecc.*) ***B*** *v. i.* ***1*** maturare ***2*** (*comm.*) scadere.

maturity /məˈtʃʊərətɪ, *USA* -ˈtʊ-/ *n.* Ⓤ ***1*** maturità ***2*** (*comm.*) scadenza.

maudlin /ˈmɔːdlɪn/ *a.* ***1*** lacrimoso: sentimentale ***2*** (*di ubriaco*) piagnucoloso.

maul /mɔːl/ *n.* mazza; maglio.

to **maul** /mɔːl/ *v. t.* ***1*** dilaniare; sbranare ***2*** (*fig.*) massacrare; fare a pezzi.

maulstick /ˈmɔːlstɪk/ *n.* (*pitt.*) appoggiamano.

to **maunder** /ˈmɔːndə(r)/ *v. i.* parlare a vanvera; farfugliare.

Maundy Thursday /ˈmɔːndɪˈθɜːzdeɪ, -dɪ/ *locuz n.* (*eccles.*) Giovedì Santo.

mausoleum /mɔːsəˈliːəm/ *n.* mausoleo.

mauve /məʊv, mɔːv/ *n. e a.* (color) malva

maverick /ˈmævərɪk/ ***A*** *n.* ***1*** (*USA*) vitello (*o* torello) senza marchio ***2*** individualista; indipendente; (*polit.*) cane sciolto ***B*** *a.* anticonformista.

maw /mɔː/ *n.* (*anche fig.*) fauci.

mawkish /ˈmɔːkɪʃ/ *a.* sdolcinato; stucchevole; svenevole.

maxim /ˈmæksɪm/ *n.* massima; precetto; sentenza.

maxima /ˈmæksɪmə/ *pl. di* **maximum**.

to **maximize**, (*GB anche*) to **maximise** /ˈmæksɪmaɪz/ *v. t.* aumentare al massimo; massimizzare.

maximum /ˈmæksɪməm/ *a. attr. e n.* (*pl.* **maxima**, **maximums**) massimo.

May /meɪ/ *n.* maggio (*Per gli esempi d'uso, V. sotto* **April**) ● **May Day**, primo di maggio; calendimaggio.

may (1) /meɪ/ *n.* (*bot.*) (fiore di) biancospino.

may (2) /meɪ/ (*al condiz. pres. e – nel discorso indir. – al pass. dell'indic.* **might**) *v. modale* ***1*** posso, puoi, ecc.; può darsi che; è possibile che: **It may be true**, può essere vero; può darsi che sia vero; **Tom may not be there**, può darsi che Tom non ci sia; **He said that he might go there, after all**, disse che poteva anche andarci, dopotutto; **That might be very difficult**, potrebbe essere molto difficile ***2*** posso, puoi, ecc.; ho, hai il permesso di: **May I go out?**, posso uscire?; **I may leave now, mayn't I?**, posso andarmene ora, vero?; **Might I make a suggestion?**, potrei dare un suggerimento? ***3*** (*per esprimere augurio, speranza, richiesta, rimprovero, ecc.*) — **May you be happy!**, possa tu essere (*o* sii) felice!; **May the best man win**, vinca il migliore!; **You might at least offer to help!**, potresti almeno offrire il tuo aiuto!; **You might have told me**, avresti potuto dirmelo ***4*** (*idiom., per formare il congiuntivo*) — **I was afraid he might hurt himself**, temevo che si facesse male ● **Be that as it may**, comunque sia; sia come sia □ **I, you, etc., may** (*o* **might**) **as well leave**, tanto vale andarsene □ **He may well refuse**, potrebbe benissimo rifiutare □ **We may well never know**, è più che possibile che non lo sapremo mai.

maybe /ˈmeɪbiː/ *avv.* forse; probabilmente; può darsi.

maybug /ˈmeɪbʌg/ *n.* (*zool.*) maggiolino.

mayday /ˈmeɪdeɪ/ *n.* mayday; SOS radiotelefonico.

mayfly /ˈmeɪflaɪ/ *n.* (*zool.*) effimera.

mayhem /ˈmeɪhem/ *n.* [U] confusione; baraonda.

mayn't /meɪnt, ˈmeɪənt/ *contraz. di* **may not**.

mayonnaise /meɪəˈneɪz, ˈmeɪəneɪz/ *n.* [U] (*cucina*) maionese.

mayor /mɛə(r), *USA* ˈmeɪə(r)/ *n.* sindaco.

mayoral /ˈmɛərəl, *USA* ˈmeɪə-/ *a.* di sindaco; sindacale.

mayoralty /ˈmɛərəltɪ, *USA* ˈmeɪə-/ *n.* [U] (durata in) carica di sindaco.

mayoress /ˈmɛərɪs, *USA* ˈmeɪə-/ *n.* ***1*** moglie di sindaco ***2*** sindaco (*donna*); sindachessa (*scherz.*).

maze /meɪz/ *n.* (*anche fig.*) labirinto; dedalo.

mazurka /məˈzɜːkə/ *n.* (*mus., danza*) mazurka.

me (**1**) /miː, mɪ/ *pron. pers. 1ª pers. sing.* (*compl.*) me; mi; a me: **He saw me**, mi vide; **Come with me**, vieni con me! ● **Dear me!**, povero me! □ (*fam.*) **It's me**, sono io.

me (**2**) /miː/ *n.* (*mus.*) mi (*nel solfeggio*).

mead /miːd/ *n.* [U] idromele.

meadow /ˈmɛdəʊ/ *n.* [U] *e* [C] prato; pascolo ● **water m.**, marcita.

meagre /ˈmiːgə(r)/ *a.* magro; scarno; scarso: **m. salary**, magro stipendio; **m. resources**, scarse risorse.

meal (**1**) /miːl/ *n.* [U] farina: **bone m.**, farina di ossa; **whole m.**, farina integrale.

meal (**2**) /miːl/ *n.* pasto ● **meals on wheels**, pasti caldi a domicilio (*per anziani, invalidi, ecc.*) □ (*fam.*) **m. ticket**, fonte di guadagno assicurato □ **to make a m. of st.**, fare di q.c. un affare di Stato; metterla giù dura.

mealtime /ˈmiːltaɪm/ *n.* ora del pasto (*o* dei pasti).

mealy /ˈmiːlɪ/ *a.* ***1*** farinoso ***2*** (*di carnagione*) pallido ● **m.-mouthed**, che si esprime con mezzi termini; evasivo; mellifluo.

mean (**1**) /miːn/ *a.* ***1*** (*specialm. GB*) tirchio; spilorcio; gretto ***2*** poco gentile; cattivo; odioso ***3*** (*fam. USA*) cattivo; pericoloso ***4*** (*GB*) meschino; misero; da poco: **a very m. grant**, una misera borsa di studio; **no m. achievement**, un risultato non da poco (*o* tutt'altro che disprezzabile) ***5*** squallido: **the m. streets of New York**, le strade squallide di New York ***6*** (*pop.*) favoloso: **She makes a m. apple pie**, fa una torta di mele favolosa; **He plays a m. guitar**, suona la chitarra da dio.

mean (**2**) /miːn/ *a.* (*specialm. mat.*) medio; intermedio ● **Greenwich M. Time**, tempo universale; ora di Greenwich.

mean (**3**) /miːn/ *n.* ***1*** (giusto) mezzo; via di mezzo: **the golden** (*o* **happy**) **m.**, il giusto mezzo; l'aurea mediocrità ***2*** (*al pl., di solito col verbo al sing.*) mezzo; modo; maniera: **a means to fight inflation**, un modo per combattere l'inflazione; **a means to an end**, un modo per ottenere quello che si vuole; **by means of**, per mezzo di ***3*** (*al pl.*) mezzi (*di sussistenza*); sostanze: **a person of means**, una persona agiata; un benestante; **to live within** [**beyond**] **one's means**, vivere secondo i [al di sopra dei] propri mezzi ***4*** (*mat.*) media ***5*** (*mat.*) medio (*nelle proporzioni*) ***6*** (*filos.*) termine medio (*di un sillogismo*) ● **means test**, accertamento dei redditi (*di una persona, per concedere o no sussidi*) □ **means-tested**, che dipende dal reddito □ **by all means**, ma certo; prego □ **by fair means or foul**, con le buone o con le cattive; per diritto o per traverso; di riffa o di raffa □ **by no means**, non... affatto; per nulla: **It was by no means an easy task**, non fu affatto facile □ **ways and means**, modi; metodi.

to **mean** /miːn/ (*pass. e p.p.* **meant**) *v. t. e i.* ***1*** significare; voler dire: **What does this word m.?**, che cosa significa questa parola? ***2*** intendere; volere, avere intenzione (di): **I didn't m. to offend him**, non intendevo (*o* volevo) offenderlo; **What do you m. by that?**, che intendi dire?; **I meant her to go, not you**, volevo che ci andasse lei, non tu ***3*** designare; destinare: **He was meant to be a soldier**, era destinato alla carriera militare ● **to m. business**, fare sul serio □ **to m. mischief**, avere cattive intenzioni □ **to m. what one says**, dire [fare] sul serio □ **He means well**, le sue intenzioni sono buone □ **Is this picture meant for me?**, è per me questo quadro? □ **I meant it as a joke**, volevo solo scherzare.

to **meander** /mɪˈændə(r)/ *v. i.* ***1*** (*di fiume*) serpeggiare ***2*** (*di persona*) girovagare ***3*** divagare.

meanderings /mɪˈændərɪŋz/ *n. pl.* ***1*** meandri; serpeggiamenti: **the m. of a river**, i meandri di un fiume ***2*** divagazioni; tortuosità.

meanie /ˈmiːnɪ/ *n.* (*fam.*) ***1*** individuo meschino ***2*** spilorcio; taccagno.

meaning /ˈmiːnɪŋ/ ***A*** *n.* [C] *e* [U] significato; senso ● **What's the m. of this?**, e questo che significa? □ **full of m.**, denso di significato; eloquente ***B*** *a.* significativo; eloquente: **a m. glance**, uno sguardo significativo.

meaningful /ˈmiːnɪŋfl/ *a.* significativo; importante.

meaningless /ˈmiːnɪŋləs/ *a.* senza senso.

meanness /ˈmiːnnəs/ *n.* [U] ***1*** meschinità; grettezza; bassezza ***2*** (*specialm. GB*) avarizia; spilorceria ***3*** squallore ***4*** (*fam. USA*) cattiveria; pericolosità.

meant /mɛnt/ *pass. e p.p. di* **to mean**.

meantime /ˈmiːntaɪm/ *avv.* (*anche* **in the m.**) nel frattempo; frattanto; intanto.

meanwhile /ˈmiːnwaɪl, *USA* -hw-/ *V.* **meantime**.

measles /ˈmiːzlz/ *n. pl.* (*col verbo al sing.*) (*med.*) morbillo ● **German m.**, rosolia.

measly /ˈmiːzlɪ/ *a.* (*fam.*) meschino; misero.

measurable /ˈmɛʒərəbl/ *a.* ***1*** misurabile ***2*** percettibile; sensibile ● **to come within m. distance of st.**, giungere a poca distanza da q.c.

measure /ˈmɛʒə(r)/ *n.* ***1*** [C] *e* [U] misura: **a m. of length**, una misura di lunghezza; **a liquid m.**, una misura per liquidi; **to give full m.**, dare la misura giusta; **clothes made to m.**, abiti fatti su misura ***2*** misura; provvedimento; precauzione: **safety measures**, misure di sicurezza; **to take measures against sb.**, prendere provvedimenti contro q. ***3*** [U] *e* [C] misura; limite: **beyond m.**, oltre misura ***4*** strumento di misura: **litre m.**, contenitore da un litro; **tape m.**, metro a nastro ***5*** quantità; dose; parte: **We have had a m. of success**, abbiamo avuto un certo successo ***6*** (*mat.*) divisore: **the greatest common m.**, il massimo comun divisore ***7*** (*poesia*) metro ***8*** (*mus.*) battuta ● **for good m.**, per buona misura; in aggiunta □ **in large m.**, in larga misura; in gran parte □ **to take legal measures**, adire le vie legali □ **to take sb.'s m.**, giudicare il carattere (*o* la capacità) di q.

to **measure** /ˈmɛʒə(r)/ ***A*** *v. t.* ***1*** misurare; dosare ***2*** misurare; prendere la misura a: **to m. a piece of cloth**, misurare una pezza di stoffa ***3*** giudicare; stimare; valutare: **to m. the impact of st.**, giudicare l'effetto di q.c. ***B*** *v. i.* misurare; avere una certa misura: **The room measures six square metres**, la stanza misura sei metri quadrati.

♦ **measure off** *v. t. + avv.* tagliare (*stoffa da una pezza*).

♦ **measure out** *v. t. + avv.* dosare; pesare: **to m. out the ingredients**, pesare gli ingredienti.

♦ **measure up** ***A*** *v. t. + avv.* ***1*** misurare ***2*** valutare ***B*** *v. i. + avv.* (*anche* **to m. up to**) essere (*o* dimostrarsi) all'altezza di q.c.

measured /ˈmɛʒəd/ *a.* ***1*** misurato; moderato: **He spoke in m. tones**, parlò con tono misurato ***2*** regolare; ritmico; cadenzato ***3*** calcolato; voluto.

measurement /ˈmɛʒəmənt/ *n.* ***1*** [U] misurazione ***2*** (*generalm. al plur.*) misura: **the measurements of a room**, le misure di una stanza ● **the metric system of m.**, il sistema metrico decimale.

measuring /ˈmɛʒərɪŋ/ *a.* — **m. cup**, tazza graduata; misurino; **m. jug**, brocca graduata; **m. spoon**, misurino; **m. tape**, metro a nastro.

meat /miːt/ *n.* ***1*** [U] carne (*di animale macellato*) ***2*** (*fig.*) sostanza: **There was no real m. in his speech**, il suo discorso mancava di sostanza ● **m. chopper**, mannaia □ **m. pie**, pasticcio di carne □ **m. sauce**, sugo di carne; ragù □ (*fam.*) **easy m.**, pollo (*fig.*); merlo (*fig.*) □ **One man's m. is another man's poison**, quel che giova all'uno, nuoce all'altro □ **This is m. and drink to him**, è una cosa che gli piace moltissimo; per lui è una pacchia.

meatball /ˈmiːtbɔːl/ *n.* (*cucina*) polpetta (di carne).

meatloaf /ˈmiːtləʊf/ *n.* polpettone di carne.

meaty /ˈmiːtɪ/ *a.* ***1*** carnoso ***2*** (*fig.*) sostanzioso.

mecca /ˈmɛkə/ *n.* (*fig.*) mecca.

mechanic /mɪˈkænɪk/ *n.* meccanico • **dental m.**, odontotecnico.
mechanical /mɪˈkænɪkl/ *a.* *1* meccanico: **m. energy**, energia meccanica; **m. engineering**, ingegneria meccanica *2* meccanico; automatico; macchinale • **m. transport**, trasporto motorizzato.
mechanics /mɪˈkænɪks/ *n. pl.* (*col verbo al sing.*) *1* meccanica *2* meccanismo.
to **mechanise** /ˈmɛkənaɪz/ *e deriv.* (*GB*) *V.* **to mechanize** *e deriv.*
mechanism /ˈmɛkənɪzəm/ *n.* meccanismo (*anche fig.*); congegno.
mechanization /mɛkənaɪˈzeɪʃn, *USA* -nɪˈz-/ *n.* 🆄 meccanizzazione.
to **mechanize** /ˈmɛkənaɪz/ *v. t.* meccanizzare.
medal /ˈmɛdl/ *n.* medaglia • **m. collection**, medagliere.
medalist /ˈmɛdəlɪst/ *n.* (*USA*) *V.* **medallist**.
medallion /məˈdælɪən/ *n.* medaglione.
medallist /ˈmɛdəlɪst/ *n.* (*sport*) medaglia (*fig.*); atleta vincitore di medaglia: **He was the gold m. in the 100 metres**, è stato medaglia d'oro nei 100 metri.
to **meddle** /ˈmɛdl/ *v. i.* ingerirsi; immischiarsi; intromettersi: **to m. in st.**, immischiarsi in q.c.
♦ **meddle with** *v. i. + prep.* mettere le mani in; toccare.
meddler /ˈmɛdlə(r)/ *n.* intrigante; impiccione (-a); ficcanaso (*fam.*).
meddlesome /ˈmɛdlsəm/, **meddling** /ˈmɛdlɪŋ, -dəl-/, *a.* intrigante.
media /ˈmiːdɪə/ *pl. di* **medium**.
mediaeval /mɛdɪˈiːvl, *USA* miː-/ *V.* **medieval**.
medial /ˈmiːdɪəl/ *a.* *1* medio; mediano *2* (*anat.*) mediale.
median /ˈmiːdɪən/ ***A*** *a.* mediano; di mezzo • (*autom., USA*) **m. strip**, aiola spartitraffico ***B*** *n.* (*geom., stat.*) mediana.
to **mediate** /ˈmiːdɪeɪt/ ***A*** *v. i* fare da mediatore ***B*** *v. t.* mediare; ottenere con la propria mediazione.
mediation /miːdɪˈeɪʃn/ *n.* 🆄 mediazione.
mediator /ˈmiːdɪeɪtə(r)/ *n.* mediatore.
medic /ˈmɛdɪk/ *n.* (*fam.*) *1* medico *2* studente di medicina.
Medicaid /ˈmɛdɪkeɪd/ *n.* (*USA*) servizio sanitario statale per i non abbienti.
medical /ˈmɛdɪkl/ ***A*** *a.* medico; di medicina: **the m. profession**, la professione medica; **m. examination**, visita medica; **m. student**, studente di medicina • **m. history**, anamnesi □ **m. jurisprudence**, medicina legale □ **m. record**, cartella clinica □ **m. register**, ordine dei medici □ (*fam. USA*) **m. school**, facoltà di medicina ***B*** *n.* (*fam.*) visita medica.
medically /ˈmɛdɪklɪ/ *avv.* sotto il profilo medico.
medicament /məˈdɪkəmənt/ *n.* (*form.*) medicamento, farmaco.
Medicare /ˈmɛdɪkeə(r)/ *n.* 🆄 (*USA*) servizio sanitario statale per gli anziani.
medicated /ˈmɛdɪkeɪtɪd/ *a.* medicato.
medication /mɛdɪˈkeɪʃn/ *n.* 🆄 *1* medicazione *2* 🆄 *e* 🅲 medicina, medicine; farmaci: **to be on m.**, prendere medicine.
medicinal /məˈdɪsənl/ *a.* medicinale; medicamentoso.
medicine /ˈmɛdsn, *USA* ˈmɛdɪsn/ *n.* 🆄 *e* 🅲 medicina • **m. cabinet** (*o* **m. chest**), armadietto farmaceutico □ **m. man**, stregone □ **Doctor of M.**, dottore in medicina □ (*fig.*) **to take one's m.**, mandar giù la pillola.
medico /ˈmɛdɪkəʊ/ *n.* (*pl.* **medicos**) (*fam. scherz.*) dottore; medico.
medieval /mɛdɪˈiːvl, *USA* miː-/ *a.* medievale, medioevale.
mediocre /miːdɪˈəʊkə(r)/ *a.* mediocre.
mediocrity /miːdɪˈɒkrətɪ/ *n.* 🆄 *e* 🅲 mediocrità.
to **meditate** /ˈmɛdɪteɪt/ *v. t. e i.* meditare.
meditation /mɛdɪˈteɪʃn/ *n.* 🆄 *e* 🅲 meditazione.
meditative /ˈmɛdɪtətɪv, *USA* -teɪt-/ *a.* meditativo; cogitabondo; pensieroso.
mediterranean /mɛdɪtəˈreɪnɪən/ *a.* mediterraneo • **the M. (Sea)**, il Mediterraneo.
medium /ˈmiːdɪəm/ ***A*** *n.* (*pl.* **mediums**, **media**) *1* mezzo; strumento: **m. of communication**, mezzo di comunicazione; **through the m. of**, per mezzo di; per il tramite di *2* mezzo di informazione; (*al pl., anche*) media *3* (*arte, letter.*) mezzo espressivo *4* (*scient.*) mezzo di trasmissione; ambiente; elemento naturale *5* punto medio; mezzo: **a happy m.**, il giusto mezzo; la via di mezzo *6* (*pl.* **mediums**) (*spiritismo*) medium *7* (*biol.*) brodo di coltura *8* (*pitt.*) solvente ***B*** *a.* medio: **m.-sized**, di misura media; (*fin.*) **m. term**, medio termine; (*radio*) **m. waves**, onde medie.
medlar /ˈmɛdlə(r)/ *n.* *1* nespola *2* (*anche* **m.-tree**) nespolo.
medley /ˈmɛdlɪ/ *n.* *1* mescolanza; miscuglio *2* (*mus.*) pot-pourri *3* (*sport*) *V.* **m. relay** • (*sport*) **m. events**, gare miste □ (*atletica, nuoto*) **m. relay**, staffetta mista.
medulla /mɪˈdʌlə/ *n.* (*pl.* **medullae** /-liː/) (*anat.*) midollo.
meek /miːk/ *a.* mite; mansueto.
meekness /ˈmiːknəs/ *n.* 🆄 mitezza; mansuetudine.
meerschaum /ˈmɪəʃəm, -ɔːm/ *n.* (*anche* **m. pipe**) pipa di schiuma.
meet (1) /miːt/ *n.* *1* raduno di partecipanti (*per la caccia alla volpe*) *2* (*USA*) riunione (*sportiva*).
meet (2) /miːt/ *a.* (*antiq.*) conveniente; opportuno.
to **meet** /miːt/ (*pass. e p.p.* **met**) ***A*** *v. t.* *1* incontrare; andare [venire] incontro a; andare all'arrivo di; accogliere: **I met her by chance**, la incontrai per caso; **He ran to m. me**, mi corse incontro; **to m. sb. at the station**, andare a prendere q. alla stazione; **A bus will meet the train**, ci sarà un autobus all'arrivo del treno; **He met us at the door**, ci accolse sulla porta *2* conoscere; fare la conoscenza di: **I met him at a party**, l'ho conosciuto a una festa; **M. my wife**, ti [le] presento mia moglie; **Pleased to m. you**, piacere; lieto di conoscerla *3* (*sport*) incontrare; affrontare; battersi con: **Germany will m. Spain in the semifinals**, la Germania incontrerà la Spagna nelle semifinali *4* incrociare: **The path meets the road just before the river**, il sentiero incrocia la strada poco prima del fiume *5* affrontare; far fronte a; ribattere a: **to m. the enemy**, affrontare il nemico; **to m. one's expenses**, far fronte alle proprie spese; **to m. sb.'s eye**, incontrare lo sguardo di q.; sostenere lo sguardo di q.; **to m. all objections**, ribattere a tutte le obiezioni *6* venire incontro a (*fig.*); conformarsi a; soddisfare: **to m. sb.'s wishes**, venire incontro ai desideri di q.; **to m. a demand**, soddisfare una richiesta *7* (*comm.*) onorare; pagare: **to m. a bill at maturity**, pagare una cambiale alla scadenza • **to m. sb. half-way**, venire a un compromesso con q. □ **to m. one's death**, trovare la morte □ **There's more to this than meets the eye**, è molto più complicato di quanto sembri; c'è sotto qualcosa ***B*** *v. i.* *1* incontrarsi; trovarsi: **We met in Chicago**, ci incontrammo a Chicago; **to arrange to m.**, darsi appuntamento; **Let's m. outside the theatre**, troviamoci davanti al teatro; **We haven't met for years**, non ci vediamo da anni; **Their eyes met**, i loro occhi si incrociarono *2* conoscersi: **They met at university**, si conobbero all'università; **We've met before**, ci conosciamo già *3* riunirsi; ritrovarsi *4* (*sport*) incontrarsi; affrontarsi *5* (*di eserciti, ecc.*) scontrarsi *6* (*di strade*) incrociarsi; (*di fiumi*) confluire.
♦ **meet up** *v. i. + avv.* (*fam.*) trovarsi; incontrarsi.
♦ **meet with** *v. i. + prep.* (*lett. o USA*) *1* incontrare; trovare; avere: **to m. with sb.'s approval**, incontrare l'approvazione di q.; **to m. with an accident**, avere un incidente; **to m. with obstacles**, incontrare (*o* imbattersi in) ostacoli *2* avere una riunione con; incontrarsi con.
meeting /ˈmiːtɪŋ/ *n.* *1* riunione; raduno; assemblea: **to call a m.**, convocare una riunione *2* incontro; appuntamento; colloquio *3* incrocio (*di strade*); confluenza (*di fiumi*) • **m. place**, luogo di raduno; ritrovo □ (*geom.*) **m. point**, punto d'intersezione.
megabyte /ˈmɛgəbaɪt/ *n.* (*elab.*) megabyte.
megahertz /ˈmɛgəhɜːts/ *n.* (*fis.*) megahertz.
megalith /ˈmɛgəlɪθ/ *n.* (*archeol.*) megalite; megalito.
megalithic /mɛgəˈlɪθɪk/ *a.* (*archeol.*) megalitico.
megalomania /mɛgələˈmeɪnɪə/ *n.* 🆄 megalomania.
megalomaniac /mɛgələˈmeɪnɪæk/ *a. e n.* megalomane.
megaphone /ˈmɛgəfəʊn/ *n.* megafono.
megaton /ˈmɛgətʌn/ *n.* (*fis. nucl.*) megaton.
melancholia /mɛlənˈkəʊlɪə/ *n.* 🆄 (*med., antiq.*) malinconia; melancolia.
melancholic /mɛlənˈkɒlɪk/ *a.* *1* (*form. o lett.*) malinconico; triste *2* (*med., antiq.*) affetto da malinconia.
melancholy /ˈmɛlənkəlɪ, -klɪ, *USA* -kɒlɪ/ ***A*** *n.* 🆄 malinconia; mestizia; tristezza ***B*** *a.* malinconico; mesto; triste.
melanin /ˈmɛlənɪn/ *n.* 🆄 (*biochim.*) melanina.
melanoma /mɛləˈnəʊmə/ *n.* (*med.*) melanoma.
mêlée (*franc.*), **melee** /ˈmɛleɪ, *USA* meɪˈleɪ, ˈmeɪleɪ/ *n.* mischia; confusione.
mellifluous /məˈlɪflʊəs/ *a.* (*form.*) dolce come il miele; melato.
mellow /ˈmɛləʊ/ *a.* *1* (*di frutto*) ben maturo; polposo *2* (*di*

vino) maturo; pastoso **3** (*di colore, luce, suono, voce*) caldo; morbido **4** (*di persona, del carattere*) addolcito dall'esperienza; comprensivo; pacato **5** (*fam.*) cordiale; gioviale **6** (*pop.*) brillo; alticcio.

to **mellow** /ˈmeləʊ/ **A** *v. t.* addolcire; ammorbidire; maturare **B** *v. i.* **1** (*di colore, suono*) ammorbidirsi; diventare pastoso **2** (*del carattere*) addolcirsi; ammorbidirsi **3** (*del vino*) maturare.

mellowness /ˈmeləʊnəs/ *n.* U **1** (*di vino*) maturità; pastosità **2** (*di colore, suono*) dolcezza; morbidezza **3** (*di carattere*) dolcezza.

melodic /məˈlɒdɪk/ *a.* melodico.

melodious /məˈləʊdɪəs/ *a.* melodioso.

melodrama /ˈmelədrɑːmə, *USA* -æmə/ *n.* C e U (*anche fig.*) melodramma.

melodramatic /melədrəˈmætɪk/ *a.* melodrammatico.

melody /ˈmelədɪ/ *n.* U e C melodia.

melon /ˈmelən/ *n.* **1** melone: **honeydew m.**, melone bianco **2** cocomero; anguria.

to **melt** /melt/ **A** *v. t.* **1** sciogliere; liquefare; fondere **2** intenerire; commuovere **B** *v. i.* **1** sciogliersi; liquefarsi; fondere, fondersi **2** intenerirsi; sciogliersi **3** (*di colore, suono*) fondersi; sfumare **4** sparire: **to m. into the crowd**, sparire (*o* confondersi) tra la folla.

♦ **melt away** *v. i. + avv.* **1** sciogliersi del tutto **2** diradarsi; scomparire (*a poco a poco*); disperdersi.

♦ **melt down** *v. t. + avv.* fondere (*un metallo*).

meltdown /ˈmeltdaʊn/ *n.* U e C **1** (*fis. nucl.*) meltdown **2** (*fig. USA*) disastro.

melting /ˈmeltɪŋ/ **A** *n.* U fusione: **m. point**, punto di fusione **B** *a.* **1** che si scioglie; in fusione **2** (*di voce*) dolce; tenero • **m. pot**, crogiolo (*fig.*) □ **in the m. pot**, incerto; tutto da decidere.

member /ˈmembə(r)/ *n.* **1** membro; socio; iscritto **2** (*anat.*) membro • (*in U.S.A.*) **M. of Congress**, deputato al Congresso □ (*in G.B.*) **M. of Parliament** (*abbr.* **M.P., MP**), deputato (*ai Comuni*) □ **M. of the European Parliament**, eurodeputato □ **m. countries**, paesi membri.

membership /ˈmembəʃɪp/ *n.* **1** (l')essere membro (*o* socio, iscritto): **to apply for m.**, fare domanda di ammissione (*o* di iscrizione); **to renew one's m.**, rinnovare l'iscrizione **2** numero dei membri (*o* dei soci, ecc.); soci; iscritti • **m. card**, tessera (*di socio, di iscritto*).

membrane /ˈmembreɪn/ *n.* C e U (*anat.*) membrana.

memento /məˈmentəʊ/ *n.* (*pl.* **mementos, mementoes**) (oggetto) ricordo.

memo /ˈmeməʊ/ *n.* (*pl.* **memos**) (*abbr. fam. di* **memorandum**) **1** (*org. az.*) comunicazione interna **2** promemoria; appunto; nota.

memoir /ˈmemwɑː(r)/ *n.* **1** (*form.*) nota biografica; biografia **2** monografia; saggio **3** (*al pl.*) (libro di) memorie; ricordi.

memorabilia /memərəˈbɪlɪə/ *n. pl.* cimeli.

memorable /ˈmemərəbl/ *a.* memorabile.

memorandum /meməˈrændəm/ *n.* (*pl.* **memoranda** /-də/, **memorandums**) **1** promemoria; appunto **2** (*org. az.*) comunicazione interna **3** (*polit.*) nota diplomatica; memorandum • (*leg.*) **m. of association**, atto costitutivo di una società.

memorial /məˈmɔːrɪəl/ **A** *a. attr.* commemorativo; in memoria: **m. service**, funzione commemorativa **B** *n.* **1** monumento commemorativo: **war m.**, monumento ai Caduti **2** (*leg.*) memoria; istanza • (*in U.S.A.*) **M. Day**, giorno commemorativo dei caduti in guerra.

to **memorize**, (*GB anche*) to **memorise** /ˈmeməraɪz/ *v. t.* imparare a memoria.

memory /ˈmemrɪ, -mərɪ/ *n.* **1** U memoria: **to commit st. to m.**, mandare q.c. a memoria; **to recite from m.**, ripetere a memoria; **to have a good [a bad] m.**, avere buona [poca] memoria **2** ricordo; memoria: **my earliest memories**, i miei primi ricordi; **to have fond memories of st.**, serbare un felice ricordo di q.c. • **to have a bad m. for faces**, essere poco fisionomista □ **in m. of**, in memoria (*o* ricordo) di □ **I speak from m.**, cito a memoria □ **to the m. of**, alla memoria di □ **within living m.**, a memoria d'uomo.

men /men/ *pl. di* **man**.

menace /ˈmenəs/ *n.* **1** C e U minaccia **2** (*fam., di persona*) tormento, piaga; (*di bambino*) peste • **public m.**, pericolo pubblico.

to **menace** /ˈmenəs/ *v. t.* minacciare.

menacing /ˈmenəsɪŋ/ *a.* minaccioso.

ménage /meɪˈnɑːʒ/ (*franc.*) *n.* gruppo familiare; ménage.

menagerie /məˈnædʒərɪ/ *n.* serraglio.

mend /mend/ *n.* aggiustatura; rammendatura; rammendo • **on the m.**, (*di malato*) in via di guarigione, in ripresa; (*di situazione*) in via di miglioramento.

to **mend** /mend/ **A** *v. t.* **1** aggiustare; riparare; rammendare **2** aggiustare, comporre (*una divisione*) • **to m. fences with**, rappacificarsi con; ricucire uno strappo con □ **to m. one's ways**, correggersi; ravvedersi **B** *v. i.* **1** (*di malato o parte del corpo*) guarire **2** (*di situazione economica*) migliorare.

mendacious /menˈdeɪʃəs/ *a.* (*form.*) mendace; menzognero.

mendacity /menˈdæsətɪ/ *n.* (*form.*) **1** U mendacia **2** menzogna; falsità.

mendicant /ˈmendɪkənt/ (*form.*) *a. e n.* mendicante.

mending /ˈmendɪŋ/ *n.* U **1** riparazione; rammendo **2** cose da rammendare.

menfolk /ˈmenfəʊk/ *n. pl.* (*fam.*) (gli) uomini (*specialm. di una stessa famiglia*).

menial /ˈmiːnɪəl/ **A** *a.* umile; servile: **m. task**, lavoro umile **B** *n.* (*antiq. spreg.*) servo (-a).

meningitis /menɪnˈdʒaɪtɪs/ *n.* (*med.*) meningite.

meniscus /məˈnɪskəs/ *n.* (*pl.* **menisci** /-saɪ/) (*fis., mat., anat.*) menisco.

menopausal /menəˈpɔːzl/ *n.* della menopausa; in menopausa.

menopause /ˈmenəpɔːz/ *n.* (*fisiol.*) menopausa.

menservants /ˈmensɜːvnts/ *pl. di* **manservant**.

menses /ˈmensiːz/ *n. pl.* (*fisiol.*) mestruazioni; mestruo.

menstrual /ˈmenstrʊəl/ *a.* (*fisiol.*) mestruale.

to **menstruate** /ˈmenstrʊeɪt/ *v. i.* mestruare; avere le mestruazioni.

menstruation /menstrʊˈeɪʃn/ *n.* U e C (*fisiol.*) mestruazione.

mensurable /ˈmenʃərəbl/ *a.* (*tecn. o form.*) misurabile.

mensuration /menʃəˈreɪʃn/ *n.* U (*tecn. o form.*) misurazione.

menswear /ˈmenzweə(r)/ *n.* U abbigliamento maschile.

mental /ˈmentl/ **A** *a.* **1** mentale: **m. powers**, facoltà mentali; **m. picture**, immagine mentale; **m. bloc**, blocco mentale (*o* psicologico); **m. illness**, malattia mentale; **m. activities**, attività intellettuali **2** (*med.*) psichiatrico: **m. hospital**, ospedale psichiatrico; **m. patient**, malato di mente; **m. specialist**, specialista di malattie mentali **3** (*pop. GB*) pazzo • (*leg.*) **m. capacity**, capacità di intendere e volere □ (*spreg.*) **m. defective**, ritardato mentale; minorato; deficiente □ (*leg.*) **m. incapacity**, incapacità di intendere e volere □ **m. test**, prova delle facoltà mentali □ **to make a m. note of st.**, prendere nota mentalmente di q.c.; ricordarsi q.c. **B** *n.* (*fam.*) alienato, alienata.

mentality /menˈtælətɪ/ *n.* U e C **1** capacità mentali **2** mentalità.

menthol /ˈmenθɒl, *USA* -ɔːl, -əʊl/ *n.* U (*chim.*) mentolo.

mention /ˈmenʃn/ *n.* U e C menzione: **to make no m. of st.**, non fare menzione di q.c.; non accennare nemmeno a q.c.

to **mention** /ˈmenʃn/ *v. t.* menzionare; fare menzione di; accennare a: **He mentioned that they had met**, accennò al fatto che si erano incontrati (*o* a un loro incontro); **to m. sb.'s name**, fare il nome di q. • **Don't m. it!**, non c'è di che; prego □ **I need hardly m...**, non occorre che dica...; inutile dire... □ **not to m...**, per non parlare di...

mentor /ˈmentɔː(r), -tə(r)/ *n.* mentore; consigliere; guida.

menu /ˈmenjuː, *USA* ˈmeɪnjuː/ *n.* (*anche elab.*) menu.

meow, to **meow** /mɪˈaʊ/ *V.* **miaow, to miaow**.

mercantile /ˈmɜːkəntaɪl, *USA* -tiːl, -taɪl/ *a.* mercantile: **m. marine**, marina mercantile • (*econ.*) **m. system**, mercantilismo.

mercantilism /ˈmɜːkəntɪlɪzəm/ *n.* U (*econ.*) mercantilismo.

mercenary /ˈmɜːsɪnərɪ, *USA* -nerɪ/ **A** *a.* **1** mercenario; prezzolato **2** venale **B** *n.* mercenario.

mercer /ˈmɜːsə(r)/ *n.* (*antiq. GB*) commerciante di tessuti.

to **mercerize** /ˈmɜːsəraɪz/ *v. t.* (*ind. tess.*) mercerizzare.

merchandise /ˈmɜːtʃəndaɪz/ *n.* U mercanzia; merce.

to **merchandise** /ˈmɜːtʃəndaɪz/ *v. t.* commercializzare; reclamizzare.

merchant /ˈmɜːtʃənt/ **A** *n.* **1** mercante; commerciante: **wine m.**, commerciante di vino **2** (*USA*) negoziante **B** *a. attr.* mercantile: **m. ship**, nave mercantile • (*fin.*) **m. bank**,

banca d'affari.
merchantman /ˈmɜːtʃəntmən/ *n.* (*pl.* **merchantmen** /-mən/) (*naut.*) nave mercantile; mercantile.
merciful /ˈmɜːsɪfl/ *a.* misericordioso; pietoso; clemente.
mercifully /ˈmɜːsɪflɪ/ *avv.* ***1*** misericordiosamente; con clemenza ***2*** fortunatamente; grazie al Cielo.
merciless /ˈmɜːsɪləs/ *a.* spietato; crudele; inesorabile.
mercurial /mɜːˈkjʊərɪəl/ *a.* ***1*** (*farm.*) mercuriale; a base di mercurio ***2*** imprevedibile; mutevole; incostante.
mercury /ˈmɜːkjʊrɪ/ *n.* 🅄 (*chim.*) mercurio • (*med.*) **m. poisoning**, avvelenamento da mercurio; idrargirismo.
mercy /ˈmɜːsɪ/ *n.* ***1*** 🅄 misericordia; pietà; clemenza: **to have m. on** (*o* **to show m. to**) **sb.**, aver pietà di q.; usare misericordia a q.; **to throw oneself on sb.'s m.**, affidarsi alla clemenza di q.; **to be at sb.'s m.**, essere alla mercé (*o* in balìa) di q. ***2*** fortuna: **That's a m.!**, che fortuna! • **M.!** (*o* **M. on us!**), pietà (di noi)! ▫ **m. killing**, eutanasia ▫ (*iron.*) **to leave sb. to the tender mercies of sb.**, lasciare q. nelle tenere mani di q.
mere /mɪə(r)/ *a.* mero; puro e semplice.
merely /ˈmɪəlɪ/ *avv.* solamente; soltanto.
meretricious /merəˈtrɪʃəs/ *a.* (*form.*) appariscente; vistoso; artefatto.
merganser /mɜːˈgænsə(r)/ *n.* (*zool.*) smergo.
to **merge** /mɜːdʒ/ ***A*** *v. t.* fondere (*anche fin.*); unire ***B*** *v. i.* fondersi (*anche fin.*); (*di strade*) unirsi; (*di fiumi*) confluire.
merger /ˈmɜːdʒə(r)/ *n.* (*fin.*) fusione.
meridian /məˈrɪdɪən/ ***A*** *n.* ***1*** (*geogr., astron.*) meridiano ***2*** apice; apogeo ***B*** *a.* ***1*** meridiano ***2*** (*form.*) supremo.
meringue /məˈræŋ/ *n.* (*cucina*) meringa.
merino /məˈriːnəʊ/ *n.* ***1*** (*pl.* **merinos**) (*zool., anche* **m. sheep**) merino ***2*** 🅄 (*ind. tess.*) merino.
merit /ˈmerɪt/ *n.* 🅄 *e* 🄲 merito; valore • **to judge a proposal on its merits**, giudicare una proposta valutando il pro e il contro.
to **merit** /ˈmerɪt/ *v. t.* meritare, meritarsi.
meritocracy /merɪˈtɒkrəsɪ/ *n.* 🄲 *e* 🅄 meritocrazia.
meritorious /merɪˈtɔːrɪəs/ *a.* (*form.*) meritorio; meritevole.
merlin /ˈmɜːlɪn/ *n.* (*zool.*) smeriglio.
mermaid /ˈmɜːmeɪd/ *n.* (*mitol.*) sirena.
merman /ˈmɜːmæn/ *n.* (*pl.* **mermen** /-mən/) (*mitol.*) tritone.
merriment /ˈmerɪmənt/ *n.* 🅄 ***1*** (*antiq.*) allegria; gaiezza ***2*** ilarità; risate.
merry /ˈmerɪ/ *a.* ***1*** (*antiq.*) allegro; gaio ***2*** (*fam.*) brillo; alticcio • **M. Christmas!**, buon Natale! ▫ **m.-go-round**, giostra; carosello ▫ (*antiq.*) **to make m.**, far festa; far baldoria.
merrymaking /ˈmerɪmeɪkɪŋ/ *n.* (*lett.*) festa; baldoria.
mesh /meʃ/ *n.* ***1*** maglia (*di rete*) ***2*** rete: **wire m.**, rete metallica • (*mecc.*) **in m.**, ingranato.
to **mesh** /meʃ/ *v. i.* ***1*** (*mecc.*) ingranare ***2*** (*di idee, ecc.*) andare d'accordo; essere compatibile.
to **mesmerize**, (*GB anche*) to **mesmerise** /ˈmezməraɪz/ *v. t.* mesmerizzare; (*anche fig.*) ipnotizzare.
mess /mes/ *n.* ***1*** 🅄 confusione; disordine; sporcizia: **in a m.**, in disordine; sottosopra; **to get into a m.**, insudiciarsi; sporcarsi; **What a m.!**, che caos!; che casino! (*fam.*) ***2*** pasticcio, pasticci; guaio, guai; casino, casini (*pop.*): **This report is a total m.**, questo rapporto è fatto coi piedi; **to get into a m.**, mettersi in un guaio (*o* nei guai); **You look a m.!**, in che stato sei!; come sei conciato! ***3*** 🄲 *e* 🅄 (*mil.*) mensa: **officers' m.**, mensa ufficiali ***4*** 🄲 *e* 🅄 (*eufem.*) sporco, bisogno (*di animale*) • (*mil.*) **m. hall**, mensa; refettorio ▫ (*mil.*) **m.-tin**, gavetta ▫ **to make a m. of st.**, rovinare q.c.; fare un pasticcio di q.c.; incasinare q.c. (*pop.*); sporcare q.c.
to **mess** /mes/ *v. i.* (*mil.*) mangiare (alla mensa).
♦ **mess about** (*o* **around**) (*fam.*) ***A*** *v. i.* + *avv.* ***1*** perdere tempo; gingillarsi; non combinare niente ***2*** fare lo stupido ***B*** *v. t.* + *avv.* divertirsi con; prendere in giro.
♦ **mess about** (*o* **around**) **with** *v. i.* + *avv. e prep.* (*fam.*) ***1*** armeggiare con; trafficare con (*o* intorno a); pasticciare con ***2*** avere una relazione con; andare con ***3*** malmenare.
♦ **mess up** *v. t.* + *avv.* (*fam.*) ***1*** mettere in disordine; incasinare (*pop.*) ***2*** mandare all'aria, a monte; incasinare (*pop.*) ***3*** rovinare; incasinare (*pop.*).
message /ˈmesɪdʒ/ *n.* messaggio • **to get the m.**, capire come stanno le cose; capire l'antifona.
messenger /ˈmesndʒə(r)/ *n.* ***1*** messaggero (-a); messo ***2*** (*anche* **m.-boy**) fattorino.
Messiah /məˈsaɪə/ *n.* (*relig.*) Messia.
Messianic /mesɪˈænɪk/ *a.* (*relig.*) messianico.
Messrs /ˈmesəz/ *n. pl.* (*pl. di* **Mr**, *comm.*) signori, ditta (*seguito da più cognomi*).
messy /ˈmesɪ/ *a.* ***1*** disordinato; in disordine ***2*** imbrattato; sporco ***3*** che mette disordine; che sporca ***4*** ingarbugliato.
mestizo /meˈstiːzəʊ/ *n.* (*pl.* **mestizos, mestizoes**) meticcio (*dell'America Latina*).
met /met/ *pass. e p.p. di* **to meet**.
metabolic /metəˈbɒlɪk/ *a.* (*biol.*) metabolico.
metabolism /məˈtæbəlɪzəm/ *n.* 🅄 (*biol.*) metabolismo.
metacarpus /metəˈkɑːpəs/ *n.* (*pl.* **metacarpi** /-paɪ/) (*anat.*) metacarpo.
metal /ˈmetl/ *n.* ***1*** 🄲 *e* 🅄 metallo ***2*** 🅄 (*anche* **road m.**) breccia; brecciame; pietrisco • (*elettron.*) **m. detector**, rivelatore di metalli ▫ **m. fatigue**, fatica (*o* usura) del metallo ▫ (*mus.*) **heavy m.**, heavy metal ▫ **sheet m.**, lamiera.
to **metal** /ˈmetl/ *v. t.* massicciare.
metalanguage /ˈmetəlæŋgwɪdʒ/ *n.* 🄲 *e* 🅄 (*ling.*) metalinguaggio.
metallic /mɪˈtælɪk/ *a.* metallico.
metalloid /ˈmetəlɔɪd/ *n. e a.* (*chim.*) metalloide.
metallurgical /metəˈlɜːdʒɪkl/ *a.* metallurgico.
metallurgist /mɪˈtælədʒɪst, *USA* ˈmetəlɜːdʒɪst/ *n.* metallurgista.
metallurgy /mɪˈtælədʒɪ, *USA* ˈmetəlɜːdʒɪ/ *n.* 🅄 metallurgia • **iron m.**, siderurgia.
metalwork /ˈmetlwɜːk/ *n.* 🅄 ***1*** oggetti metallici ***2*** lavorazione del metallo; fabbricazione di oggetti metallici.
metalworker /ˈmetlwɜːkə(r)/ *n.* (operaio) metallurgico.
metamorphic /metəˈmɔːfɪk/ *a.* (*biol., geol.*) metamorfico.
metamorphism /metəˈmɔːfɪzəm/ *n.* 🅄 (*biol., geol.*) metamorfismo.
to **metamorphose** /metəˈmɔːfəʊz/ ***A*** *v. t.* trasformare ***B*** *v. i.* trasformarsi.
metamorphosis /metəˈmɔːfəsɪs/ *n.* (*pl.* **metamorphoses** /-siːz/) (*anche biol.*) metamorfosi.
metaphor /ˈmetəfə(r), -ɔː(r)/ *n.* 🅄 *e* 🄲 metafora.
metaphoric(al) /metəˈfɒrɪk(l), *USA* -ɔːr-/ *a.* metaforico.
metaphysical /metəˈfɪzɪkl/ *a.* metafisico.
metaphysics /metəˈfɪzɪks/ *n. pl.* (*col verbo al sing.*) (*filos.*) metafisica.
metastasis /məˈtæstəsɪs/ *n.* (*pl.* **metastases** /-siːz/) (*med.*) metastasi.
metatarsus /metəˈtɑːsəs/ *n.* (*pl.* **metatarsi** /-saɪ/) (*anat.*) metatarso.
to **mete** /miːt/ *v. Solo come*:
♦ **meet out** *v. t.* + *avv.* (*lett.*) assegnare; distribuire; ripartire.
metempsychosis /metempsɪˈkəʊsɪs/ *n.* 🅄 metempsicosi.
meteor /ˈmiːtɪɔː(r), -tɪə(r)/ *n.* (*astron. e fig.*) meteora.
meteoric /miːtɪˈɒrɪk, *USA* -ˈɔːr-/ *a.* ***1*** (*astron.*) meteorico ***2*** (*fig.*) fulmineo; rapidissimo.
meteorite /ˈmiːtɪəraɪt/ *n.* (*scient.*) meteorite; aerolito.
meteorological /miːtɪərəˈlɒdʒɪkl/ *a.* meteorologico.
meteorologist /miːtɪəˈrɒlədʒɪst/ *n.* meteorologo (-a).
meteorology /miːtɪəˈrɒlədʒɪ/ *n.* 🅄 meteorologia.
meter (1) /ˈmiːtə(r)/ *n.* contatore: **gas m.**, contatore del gas • **parking m.**, parchimetro.
meter (2) /ˈmiːtə(r)/ (*USA*) *V.* **metre (1) e (2)**.
to **meter** /ˈmiːtə(r)/ *v. t.* misurare; controllare.
methadone /ˈmeθədəʊn/ *n.* 🅄 (*farm.*) metadone.
methane /ˈmiːθeɪn/ *n.* 🅄 (*chim.*) metano.
methanol /ˈmeθənɒl/ *n.* 🅄 (*chim.*) metanolo.
method /ˈmeθəd/ *n.* 🅄 *e* 🄲 metodo; sistema.
methodical /məˈθɒdɪkl/ *a.* metodico.
Methodism /ˈmeθədɪzəm/ *n.* 🅄 (*relig.*) metodismo.
Methodist /ˈmeθədɪst/ *n. e a.* (*relig.*) metodista.
methodological /meθədəˈlɒdʒɪkl/ *a.* metodologico.
methodology /meθəˈdɒlədʒɪ/ *n.* 🅄 metodologia.
meths /ˈmeθs/ *n. abbr. fam. di* **methylated spirits**.
methyl /ˈmeθɪl, ˈmiːθaɪl/ *n.* 🅄 (*chim.*) metile • **m. alcohol**, alcol metilico; metanolo.
methylated spirits /ˈmeθəleɪtɪd ˈspɪrɪts/ *locuz. n. pl.* (*col verbo al sing.*) (*GB*) alcol denaturato.
meticulous /məˈtɪkjʊləs/ *a.* meticoloso.
métier /ˈmetɪeɪ, meɪ-, *USA* meˈtjeɪ, ˈmetjeɪ/ (*franc.*) *n.* (*form.*) mestiere.
metre (1) /ˈmiːtə(r)/ *n.* metro (*unità di misura*).
metre (2) /ˈmiːtə(r)/ *n.* 🅄 *e* 🄲 (*poesia*) metro.

metric /ˈmɛtrɪk/ *a.* metrico: **m. system**, sistema metrico decimale; **m. ton**, tonnellata (metrica).
metrical /ˈmɛtrɪkl/ *a.* (*poesia*) metrico.
metrication /mɛtrɪˈkeɪʃn/ *n.* [U] conversione al sistema metrico decimale.
to **metricize**, (*GB anche*) to **metricise** /ˈmɛtrɪsaɪz/ *v. t. e i.* convertire al sistema metrico decimale; decimalizzare.
metrics /ˈmɛtrɪks/ *n. pl.* (*col verbo al sing.*) metrica; prosodia.
metro /ˈmɛtrəʊ/ *n.* (*pl.* **metros**) metropolitana.
metronome /ˈmɛtrənəʊm/ *n.* (*mus.*) metronomo.
metropolis /məˈtrɒpəlɪs/ *n.* metropoli.
metropolitan /mɛtrəˈpɒlɪtən/ **A** *a.* metropolitano **B** *n.* (*eccles.*) metropolita.
mettle /ˈmɛtl/ *n.* [U] tempra; carattere • **to be on one's m.**, essere impegnato a fondo □ **to put sb. on his m.**, mettere alla prova il carattere di q.
mettlesome /ˈmɛtlsəm/ *a.* **1** animoso; coraggioso **2** (*di cavallo*) focoso.
mew /mjuː/ *n.* miagolio; miao.
to **mew** /mjuː/ *v. i.* miagolare; fare miao.
mews /mjuːz/ *n.* (*in G.B.*) stradina o piazza con case ricavate da antiche scuderie • **m. flat**, antica scuderia ristrutturata.
Mexican /ˈmɛksɪkən/ *a. e n.* messicano.
mezzanine /ˈmɛzəniːn, -ˈniːn/ *n.* **1** (*archit.*) mezzanino; ammezzato **2** (*teatr., USA*) prima balconata.
mezzo /ˈmɛdzəʊ/, **mezzo-soprano** /ˈmɛdzəʊsəˈprɑːnəʊ, ˈmɛts-, *USA* -æn-/ (*ital.*) *n.* (*pl.* **mezzos, mezzo-sopranos**) (*mus.*) mezzosoprano.
mezzotint /ˈmɛtsəʊtɪnt, -dz-, -z-/ *n.* [U] *e* [C] (*arte*) mezzatinta.
miaow /mɪˈaʊ/ **A** *n.* miagolio; miao **B** *inter.* miao!
to **miaow** /mɪˈaʊ/ *v. i.* miagolare; fare miao.
miasma /mɪˈæzmə/ *n.* (*pl.* **miasmata** /-tə/, **miasmas**) miasma.
mica /ˈmaɪkə/ *n.* [U] (*miner.*) mica.
mice /maɪs/ *pl. di* **mouse**.
Michaelmas /ˈmɪklməs/ *n.* festa di San Michele (*29 settembre*) • (*bot.*) **M. daisy**, aster.
mickey /ˈmɪkɪ/ *n.* — (*fam. GB*) **to take the m. out of sb.**, prendere in giro q.; prendere per i fondelli q. (*pop.*).
Mickey Mouse /ˈmɪkɪˈmaʊs/ *locuz. a.* (*fam. spreg.*) da poco; da quattro soldi; che non vale niente.
microbe /ˈmaɪkrəʊb/ *n.* microbo.
microbiology /maɪkrəʊbaɪˈɒlədʒɪ/ *n.* [U] microbiologia.
microchip /ˈmaɪkrəʊtʃɪp/ *n.* (*elettron.*) microchip.
microcircuit /ˈmaɪkrəʊsɜːkɪt/ *n.* (*elab.*) microcircuito.
microclimate /ˈmaɪkrəʊklaɪmət/ *n.* microclima.
microcomputer /maɪkrəʊkəmˈpjuːtə(r)/ *n.* (*elab.*) microcomputer.
microcosm /ˈmaɪkrəʊkɒzəm/ *n.* microcosmo.
microeconomics /maɪkrəʊiːkəˈnɒmɪks, -ɛkəˈn-/ *n. pl.* (*col verbo al sing.*) microeconomia.
microelectronic /maɪkrəʊɪlɛkˈtrɒnɪk/ *a.* microelettronico.
microelectronics /maɪkrəʊɪlɛkˈtrɒnɪks/ *n. pl.* (*col verbo al sing.*) microelettronica.
microfiche /ˈmaɪkrəʊfiːʃ/ *n.* microfiche; microscheda.
microfilm /ˈmaɪkrəʊfɪlm/ *n.* [C] *e* [U] (*fotogr.*) microfilm.
to **microfilm** /ˈmaɪkrəʊfɪlm/ *v. t.* (*fotogr.*) microfilmare; fotografare su microfilm.
microlight /ˈmaɪkrəlaɪt/ *n.* (*aeron.*) ultraleggero.
micromesh /ˈmaɪkrəʊmɛʃ/ *n.* (*GB*) micromaglia (*per calze da donna*).
micrometer /maɪˈkrɒmɪtə(r)/ *n.* (*tecn.*) micrometro.
micron /ˈmaɪkrɒn/ *n.* micron (*unità di misura*).
microorganism /maɪkrəʊˈɔːgənɪzəm/ *n.* microrganismo.
microphone /ˈmaɪkrəfəʊn/ *n.* microfono.
microphotography /maɪkrəʊfəˈtɒgrəfɪ/ *n.* microfotografia.
microprocessor /ˈmaɪkrəʊprəʊsɛsə(r)/ *n.* (*elab.*) microprocessore.
microscope /ˈmaɪkrəskəʊp/ *n.* microscopio.
microscopic /maɪkrəˈskɒpɪk/ *a.* microscopico.
microsecond /ˈmaɪkrəʊsɛkənd/ *n.* microsecondo.
microsurgery /ˈmaɪkrəʊsɜːdʒərɪ/ *n.* [U] microchirurgia.
microwave /ˈmaɪkrəweɪv/ *n.* **1** (*elettr., radio*) microonda **2** (*anche* **m. oven**) forno a microonde.
mid /mɪd/ *pref.* medio; mezzo; metà: **from mid-April to mid-June**, da metà aprile a metà giugno; **in the mid-eighties**, a metà degli anni ottanta; **She must be in her mid-forties**, dev'essere sui quarantacinque; **mid-life crisis**, crisi della mezza età; **mid morning**, a (*o* di) metà mattina; **Mid-Atlantic**, (*geogr.*) medioatlantico; (*di accento*) metà inglese e metà americano.
midair /ˈmɪdɛə(r)/ *n. e a.* — **in m.**, a mezz'aria; (*aeron.*) in volo; **m. collision**, collisione in volo; **to leave st. in m.**, lasciare q.c. in sospeso.
midday /ˈmɪddeɪ/ **A** *n.* mezzogiorno; mezzodì **B** *a. attr.* di mezzogiorno.
middle /ˈmɪdl/ **A** *a. attr.* di mezzo; centrale; medio; intermedio: **m. rows**, file di centro (*o* centrali); **the M. East**, il Medio Oriente; **to take the m. course**, seguire una via di mezzo • **m. age**, la mezza età □ **m.-aged**, di mezz'età □ **the M. Ages**, il Medioevo □ (*mus.*) **m. C**, do centrale □ **the m. class(es)**, la borghesia □ **m.-class**, borghese □ (*pitt.*) **m. distance**, secondo piano □ (*sport*) **m.-distance race**, gara di mezzofondo □ **M. Eastern**, mediorientale □ **m. finger**, (dito) medio □ **m. management**, quadri intermedi □ **m. name**, secondo nome □ **m.-sized**, di grandezza media; di media statura **B** *n.* **1** centro; mezzo; metà: **the m. of a room**, il centro di una stanza; **in the m. of the photo**, al centro della foto; **in the m. of the month**, a metà del mese **2** (*fam.*) vita; cintura • (*anche polit.*) **m.-of-the-road**, di centro; moderato □ **to be in the m. of st.**, essere occupato a fare q.c. □ **in the m. of nowhere**, a casa del diavolo.
middlebrow /ˈmɪdlbraʊ/ **A** *n.* persona di cultura media **B** *n.* di (*o* per) il lettore [lo spettatore, ecc.] medio.
middleman /ˈmɪdlmæn/ *n.* (*pl.* **middlemen** /-mən/) intermediario; mediatore.
middleweight /ˈmɪdlweɪt/ *n.* (*boxe*) peso medio.
middling /ˈmɪdlɪŋ/ *a.* **1** medio; ordinario **2** né bene né male; così così.
midfield /ˈmɪdfiːld/ *n.* [U] (*sport, specialm. calcio*) centrocampo • **m. player**, centrocampista.
midfielder /ˈmɪdfiːldə(r)/ *n.* (*sport, specialm. calcio*) centrocampista.
midge /mɪdʒ/ *n.* moscerino.
midget /ˈmɪdʒɪt/ **A** *n.* nano (-a) **B** *a. attr.* piccolissimo; mini • (*naut.*) **m. submarine**, sottomarino tascabile.
midi /ˈmɪdɪ/ *n.* (*moda*) gonna a metà polpaccio; midi.
Midlands /ˈmɪdləndz/ *n. pl.* le contee centrali dell'Inghilterra.
midmost /ˈmɪdməʊst/ *a.* (*lett.*) centrale.
midnight /ˈmɪdnaɪt/ **A** *n.* mezzanotte **B** *a. attr.* di mezzanotte: **m. sun**, sole di mezzanotte • **the m. hours**, le ore nel cuore della notte □ **to burn the m. oil**, lavorare fino a tarda notte.
midpoint /ˈmɪdpɔɪnt/ *n.* centro; metà.
midriff /ˈmɪdrɪf/ *n.* **1** (*anat.*) diaframma **2** (*fam.*) vita; cintola.
midshipman /ˈmɪdʃɪpmən/ *n.* (*pl.* **midshipmen** /-mən/) (*naut.*) **1** cadetto di marina **2** (*stor.*) guardiamarina.
midst /mɪdst/ **A** *n.* mezzo; punto medio; centro: **in the m. of**, nel mezzo di; in mezzo a; (*lett.*) **in our m.**, in mezzo a noi; fra noi **B** *prep.* (*poet.*) in mezzo a; fra, tra.
midstream /ˈmɪdstriːm/ *n.* — **in m.**, al centro della corrente; (*fig.*) nel bel mezzo del discorso.
midsummer /ˈmɪdsʌmə(r)/ *n.* [U] **1** piena estate **2** solstizio d'estate • **M.** (*o* **M.'s**) **Day**, il giorno di San Giovanni (*24 giugno*) □ **m. madness**, il colmo della follia.
midterm /ˈmɪdtɜːm/ **A** *n.* (*USA*) esame di metà corso **B** *a.* **1** di metà corso **2** — (*polit., USA*) **m. election**, elezioni di medio termine.
midway /ˈmɪdˈweɪ/ *a. avv.* a mezza strada; a metà strada.
midweek /ˈmɪdwiːk/ *a. e n.* (di) metà settimana.
Midwest /ˈmɪdwɛst/ *n.* (*USA*) gli Stati centro-occidentali.
midwife /ˈmɪdwaɪf/ *n.* (*pl.* **midwives**) levatrice; ostetrica.
midwifery /mɪdˈwɪfrɪ, ˈmɪdw-, *USA* -waɪf-/ *n.* [U] ostetricia.
midwinter /ˈmɪdwɪntə(r)/ *n.* [U] cuore dell'inverno; pieno inverno.
midwives /ˈmɪdwaɪvz/ *pl. di* **midwife**.
mien /miːn/ *n.* (*lett.*) **1** aspetto; aria; cera **2** comportamento; modo di fare.
miffed /mɪft/ *a.* (*fam.*) seccato; offeso; scocciato (*fam.*).
might (**1**) /maɪt/ *pass. di* **may** (**2**).
might (**2**) /maɪt/ *n.* [U] forza; potenza; energia; vigore: **to work with all one's m.**, lavorare con tutte le proprie forze.
mightily /ˈmaɪtɪlɪ/ *avv.* **1** possentemente; vigorosamente **2** (*fam.*) molto; estremamente.
mightn't /ˈmaɪtnt/ *contraz. di* **might not**.

mighty /ˈmaɪtɪ/ *A a.* forte; possente; poderoso; imponente *B avv.* (*fam. USA*) molto.
migraine /ˈmiːgreɪn, *USA* ˈmaɪ-/ *n.* [U] emicrania.
migrant /ˈmaɪgrənt/ *A a. 1* (*zool.*) migrante *2* (*econ.*) emigrante *3* (*antropol.*) nomade *B n. 1* (*zool.*) migratore *2* (*econ.*) emigrante (*per un periodo breve*); emigrante interno; lavoratore stagionale.
to **migrate** /maɪˈgreɪt, *USA* ˈmaɪgreɪt/ *v. i. 1* (*zool.*) migrare *2* (*di persone*) spostarsi in cerca di lavoro; emigrare (*per un periodo breve*).
migration /maɪˈgreɪʃn/ *n.* [U] *e* [C] *1* (*zool.*) migrazione *2* (*di persone*) migrazione; spostamento.
migratory /ˈmaɪgrətrɪ, maɪˈgreɪtərɪ, *USA* ˈmaɪgrətɔːrɪ/ *a. 1* migratorio *2* (*anche zool.*) migratore.
mike /maɪk/ *n. abbr. fam. di* **microphone**.
Milanese /mɪləˈniːz/ *a. e n.* milanese • **the M.**, i milanesi.
milch /mɪltʃ/ *a. attr.* da latte; lattifero: **m. cow**, mucca da latte; (*fig.*) fonte di facile guadagno.
mild /maɪld/ *a. 1* mite; mansueto; gentile *2* non forte; leggero; dolce: **m. beer**, birra leggera; **m. tobacco**, tabacco dolce *3* lieve; non grave *4* (*di medicamento*) blando.
mildew /ˈmɪldjuː, *USA* -duː/ *n.* [U] *1* muffa *2* (*bot.*) ruggine delle piante.
to **mildew** /ˈmɪldjuː, *USA* -duː/ *v. i.* ammuffire.
mildly /ˈmaɪldlɪ/ *avv. 1* mitemente; gentilmente *2* lievemente; vagamente • **to put it m.**, senza voler esagerare; a dir poco.
mildness /ˈmaɪldnəs/ *n.* [U] mitezza; dolcezza; gentilezza.
mile /maɪl/ *A n.* miglio (*misura di lunghezza*) • (*sport*) **the m. run**, il miglio (*corsa*) □ **to go the extra m.**, fare uno sforzo particolare □ **to live miles away**, abitare lontanissimo □ **to talk a m. a minute**, parlare come una macchinetta □ **You can tell a m. off that...**, lo si vede lontano un miglio che... *B avv.* (*anche* **miles**) (*fam.*) di gran lunga; infinitamente: **He's m. better today**, oggi sta molto meglio; **miles easier**, infinitamente più facile.
mileage /ˈmaɪlɪdʒ/ *n. 1* distanza in miglia *2* (*autom.*) consumo (*di benzina*); miglia al gallone *3* rimborso per miglio percorso; costo della benzina *4* vantaggio; utilità; tornaconto: **to get a lot of m. out of st.**, sfruttare il più possibile q.c.
mileometer /maɪˈlɒmɪtə(r)/ *n.* (*autom., GB*) «contamiglia».
milepost /ˈmaɪlpəʊst/ *n.* cartello (stradale) indicatore della distanza (*in miglia*).
milestone /ˈmaɪlstəʊn/ *n.* (*anche fig.*) pietra miliare.
milieu /ˈmiːljɜː, *USA* miːˈljɜː/ (*franc.*) *n.* ambiente (sociale).
militancy /ˈmɪlɪtənsɪ/ *n.* [U] (*polit.*) militanza; attivismo.
militant /ˈmɪlɪtənt/ *A a. 1* militante *2* combattivo; bellicoso *B n.* (*polit.*) attivista.
to **militarise** /ˈmɪlɪtəraɪz/ (*GB*) *V.* **to militarize**.
militarism /ˈmɪlɪtərɪzəm/ *n.* [U] militarismo.
militarist /ˈmɪlɪtərɪst/ *n.* militarista.
militaristic /mɪlɪtəˈrɪstɪc/ *a.* militaristico.
to **militarize** /ˈmɪlɪtəraɪz/ *v. t.* militarizzare.
military /ˈmɪlɪtrɪ, *USA* -terɪ/ *A a.* militare *B n.* — **the m.**, i militari; l'esercito.
to **militate** /ˈmɪlɪteɪt/ *v. Solo come:*
♦ **militate against** *v. i. + prep.* essere di ostacolo a; ostacolare.
militia /mɪˈlɪʃə/ *n.* milizia territoriale; (*in U.S.A.*) guardia nazionale.
militiaman /mɪˈlɪʃəmən/ *n.* (*pl.* **militiamen** /-mən/) soldato territoriale; (*in U.S.A.*) soldato della guardia nazionale.
milk /mɪlk/ *n.* [U] latte: **whole** [**skimmed**] **m.**, latte intero [scremato]; **coconut m.**, latte di cocco • **m.-and-water**, insipido; sciocco □ **m. bar**, latteria; gelateria □ **m. chocolate**, cioccolata al latte □ **m. float**, furgoncino del lattaio □ **m. of magnesia**, latte di magnesia □ **m. powder**, latte in polvere □ (*GB*) **m. round**, giro del lattaio (*per le consegne*) □ (*fam.*) **m. run**, percorso abituale □ **m. shake**, frappè □ **m. tooth**, dente di latte □ **m.-white**, bianco come il latte.
to **milk** /mɪlk/ *v. t. 1* mungere *2* estrarre il succo da (*una pianta*) *3* estrarre il veleno a (*un serpente*) *4* spillare; sfruttare; mungere.
milker /ˈmɪlkə(r)/ *n. 1* mungitore (-trice) *2* mungitrice meccanica *3* vacca che dà latte.
milking /ˈmɪlkɪŋ/ *n.* [U] mungitura • **m. machine**, mungitrice meccanica.
milkmaid /ˈmɪlkmeɪd/ *n.* (*antiq.*) *1* mungitrice *2* lattaia.
milkman /ˈmɪlkmən/ *n.* (*pl.* **milkmen** /-mən/) lattaio.
milksop /ˈmɪlksɒp/ *n.* (*antiq.*) uomo (*o* ragazzo) debole, effeminato.
milky /ˈmɪlkɪ/ *a. 1* latteo: (*astron.*) **the M. Way**, la Via Lattea *2* (*di pianta, liquido*) lattiginoso.
mill /mɪl/ *n. 1* mulino *2* fabbrica; stabilimento: **cotton m.**, cotonificio; **paper m.**, cartiera *3* macinino: **coffee m.**, macinacaffè; **pepper m.**, macinapepe; pepaiola *4* (*mecc.*) fresa • (*di persona*) **to have been through the m.**, aver superato un periodo duro; essersi fatto una dura esperienza □ **to put sb. through the m.**, sottoporre q. a dure prove; mettere sotto il torchio q. (*fam.*).
to **mill** /mɪl/ *v. t. 1* macinare (*cereali, ecc.*) *2* (*mecc.*) fresare *3* zigrinare (*una moneta*).
♦ **mill around** *v. i. + prep.* (*di molte persone*) girare; circolare.
millboard /ˈmɪlbɔːd/ *n.* [U] cartone robusto (*usato in legatoria*).
millennium /mɪˈlenɪəm/ *n.* (*pl.* **millennia** /-nɪə/, **millenniums**) millennio.
miller /ˈmɪlə(r)/ *n. 1* mugnaio *2* (*mecc.*) fresatrice; fresa.
millet /ˈmɪlət/ *n.* [U] (*bot.*) miglio.
millibar /ˈmɪlɪbɑː(r)/ *n.* (*fis., meteor.*) millibar.
milligram(me) /ˈmɪlɪgræm/ *n.* milligrammo.
millilitre, (*USA*) **milliliter** /ˈmɪlɪliːtə(r)/ *n.* millilitro.
millimetre, (*USA*) **millimeter** /ˈmɪlɪmiːtə(r)/ *n.* millimetro.
milliner /ˈmɪlɪnə(r)/ *n.* modista.
millinery /ˈmɪlɪnərɪ, *USA* -nerɪ/ *n.* [U] *1* articoli di modisteria *2* modisteria.
million /ˈmɪljən/ *n. e a.* (*pl.* **millions, million**) milione: **two m. pounds**, due milioni di sterline; **millions of stars**, milioni di stelle; (*fam.*) **There were millions of books**, c'erano migliaia di libri • **He's one in a m.**, è uno come ce ne sono pochi □ (*fam.*) **to feel like a m. dollars**, sentirsi in forma smagliante □ (*fam.*) **to look like a m. dollars**, essere uno splendore.
millionaire /mɪljəˈneə(r)/ *n.* milionario.
millionairess /mɪljəˈneərɪs/ *n.* milionaria.
millionth /ˈmɪljənθ/ *a. e n.* milionesimo.
millipede /ˈmɪlɪpiːd/ *n.* (*zool.*) millepiedi.
millpond /ˈmɪlpɒnd/ *n.* gora di mulino • **The sea is like a m.**, il mare è liscio come l'olio.
millrace /ˈmɪlreɪs/, **millrun** /ˈmɪlrʌn/ *n.* condotta forzata (*o* canale) di mulino; gora.
millstone /ˈmɪlstəʊn/ *n. 1* macina *2* (*fig.*) grave peso; palla al piede: **to be a m. round sb.'s neck**, essere una palla al piede per q.
milometer /maɪˈlɒmɪtə(r)/ *V.* **mileometer**.
mime /maɪm/ *n. 1* (*teatr.*) mimo; pantomima *2* (*attore*) mimo (-a).
to **mime** /maɪm/ *v. t. e i.* mimare.
mimeograph /ˈmɪmɪəgrɑːf, *USA* -æf/ *n.* (*USA*) ciclostile.
to **mimeograph** /ˈmɪmɪəgrɑːf, *USA* -æf/ *v. t.* (*USA*) ciclostilare.
mimetic /mɪˈmetɪk/ *a.* mimetico.
mimic /ˈmɪmɪk/ *n.* imitatore (-trice).
to **mimic** /ˈmɪmɪk/ (*pass. e p.p.* **mimicked**) *v. t.* imitare; parodiare.
mimicry /ˈmɪmɪkrɪ/ *n.* [U] *1* imitazione; parodia *2* (*biol.*) mimetismo.
mimosa /mɪˈməʊzə, *USA* -sə/ *n.* [U] (*bot.*) mimosa.
minaret /mɪnəˈret/ *n.* minareto.
minatory /ˈmɪnətərɪ, *USA* -tɔːrɪ/ *a.* (*form.*) minatorio.
mince /mɪns/ *n.* [U] *1* (*GB*) carne trita *2* (*USA*) *V.* **mincemeat** • (*cucina*) **m. pie**, tortina ripiena di frutta secca, mele trite, spezie, ecc.
to **mince** /mɪns/ *A v. t.* tritare; macinare; triturare; tagliuzzare; sminuzzare *B v. i.* camminare a passettini • **not to m. matters** (*o* **one's words**), dire le cose come stanno; non usare mezzi termini.
mincemeat /ˈmɪnsmiːt/ *n.* [U] (*GB*) farcia di frutta secca, mele trite, spezie, ecc. • (*fam.*) **to make m. of**, sconfiggere; demolire; fare polpette di.
mincer /ˈmɪnsə(r)/ *n.* tritacarne.
mincing /ˈmɪnsɪŋ/ *a.* affettato; lezioso; effeminato.
mincingly /ˈmɪnsɪŋlɪ/ *avv.* a passettini affettati.
mind /maɪnd/ *n. 1* [C] *e* [U] mente; senno; ragione: **to lose one's m.**, perdere la ragione; diventar pazzo; **to be out of one's m.**, essere pazzo; essere uscito di senno *2* [U] mente; animo; pensiero; memoria: **to call st. to m.**, richiamare q.c. alla mente; **to come to m.**, venire in mente; **to cross sb.'s**

m., passare per la mente (*o* la testa) a q.; **to slip sb.'s m.**, uscire di mente a q.; **frame of m.**, stato d'animo; **to have st. on one's m.**, non riuscire a togliersi di mente q.c.; **to keep** (*o* **to bear**) **st. in m.**, tenere a mente q.c.; **to have it in m. to...**, avere intenzione di... ***3*** mente; genio: **one of the best minds of this century**, una delle migliori menti di questo secolo ***4*** opinione; parere; intenzione: **to change one's m.**, cambiare idea; mutar parere; **to be in two minds about st.**, essere indeciso (*o* incerto) su q.c.; **to be of one m.**, essere d'accordo; **to be of the same m.**, essere della stessa idea; pensarla allo stesso modo; **not to know one's own m.**, non saper bene quel che si vuole; **to make up one's m.**, decidersi; **to my m.**, a mio avviso; a mio parere; secondo me; **to speak one's m.**, esprimere il proprio parere; parlar chiaro ***5*** attenzione: **to keep one's m. on**, concentrare la propria attenzione su; **to take sb.'s m. off st.**, distogliere l'attenzione di q. da q.c. ● (*fam.*) **m.-bending**, (*di droga*) allucinogeno □ (*fam.*) **m.-blowing**, (*di droga*) allucinogeno; (*fig.*) allucinante, da sballo □ (*fam.*) **m.-boggling**, inconcepibile; incredibile □ **m.-reader**, chi legge nel pensiero □ **m.'s eye**, immaginazione; occhi della mente □ **to give sb. a piece of one's m.**, dire a q. quel che si pensa di lui □ **I've a good m.** (*o* **half a m.**) **to tell his parents**, sto proprio pensando di avvertire i suoi genitori □ **to have an open m.**, avere una mentalità aperta □ **to keep an open m.**, non giudicare in fretta □ **presence of m.**, presenza di spirito □ **to put sb. in m. of st.**, rammentare q.c. a q. □ **to put st. out of one's m.**, non pensare a q.c.; dimenticare q.c.

to **mind** /maɪnd/ *v. t. e i.* ***1*** badare a; fare attenzione a; dare retta a; curarsi di; occuparsi di: **M. the step [the dog]!**, sta' attento al gradino [al cane]!; **M. you don't drop it!**, attento a non lasciarlo cadere!; **M. your own business!**, bada ai fatti tuoi!; **Don't m. him, he's only being silly**, non dargli retta (*o* non badargli), lo fa per fare lo stupido ***2*** darsi pensiero di; importare (*impers.*): **If I were you, I shouldn't m. at all**, se fossi in te, non me ne darei il minimo pensiero; **Never m.!**, non importa!; non prendertela!; non farci caso!; **Never m. your head, what about the mudguard?**, lascia perdere la tua testa, guarda il parafango piuttosto! ***3*** dispiacere, disturbare, dare fastidio (*costruz. impers.*): **Do you m. if I smoke?**, ti dispiace (*o* ti disturbo) se fumo?; **I wouldn't m. a glass of beer**, non mi dispiacerebbe un bicchiere di birra; **Would you m. closing the door?**, le dispiace chiudere la porta, per favore? ● **m.** (**you**), però; sai; intendiamoci □ **to m. one's p's and q's**, comportarsi bene; badare a quel che si dice.

minded /ˈmaɪndɪd/ *a.* ***1*** (*pred.*) (*form.*) disposto; intenzionato: **if you are so m.**, se sei di quel parere ***2*** (*nei composti*) — **small-m.**, di mente ristretta; **evil-m.**, malvagio; **civic-m.**, con forte senso civico; **ecologically-m.**, sensibile ai problemi ecologici; **career-m.**, che pensa a far carriera.

minder /ˈmaɪndə(r)/ *n.* ***1*** (*nei composti*) sorvegliante: **child-m.**, bambinaia; baby-sitter ***2*** (*fam.*) guardia del corpo; gorilla.

mindful /ˈmaɪndfl/ *a.* attento (a); conscio (di); memore (di).

mindless /ˈmaɪndləs/ *a.* ***1*** insensato; irragionevole; stupido ***2*** noioso; monotono ***3*** incurante (di).

mine (1) /maɪn/ *pron. poss.* (il) mio, (la) mia; (i) miei, (le) mie: **Is it m. or yours?**, è mio o tuo?; **This hat is Jack's, I want m.**, questo cappello è di Jack, io voglio il mio; **a friend of m.**, un mio amico.

mine (2) /maɪn/ *n.* ***1*** miniera: **coal m.**, miniera di carbone; **m. of information**, miniera di informazioni ***2*** (*mil., naut.*) mina: **to lay mines**, posare mine; **m. detector**, rivelatore di mine; cercamine.

to **mine** /maɪn/ ***A*** *v. t.* ***1*** scavare in (*per estrarre minerali*) ***2*** estrarre: **to m. silver**, estrarre argento ***3*** minare ***B*** *v. i.* estrarre minerali; estrarre carbone.

♦ **mine for** *v. i. + prep.* estrarre (*minerale*).

minefield /ˈmaɪnfiːld/ *n.* (*mil. e fig.*) campo minato.

minelayer /ˈmaɪnleɪə(r)/ *n.* (*naut. mil.*) (nave) posamine.

miner /ˈmaɪnə(r)/ *n.* minatore.

mineral /ˈmɪnərəl/ ***A*** *a.* ***1*** minerale: **m. water [oil]**, acqua [olio] minerale ***2*** minerario: **m. resources**, risorse minerarie ***B*** *n.* minerale.

mineralogy /mɪnəˈrælədʒɪ/ *n.* U mineralogia.

minesweeper /ˈmaɪnswiːpə(r)/ *n.* (*naut. mil.*) dragamine.

mingle /ˈmɪŋgl/ ***A*** *v. t.* mescolare; mischiare ***B*** *v. i.* ***1*** mescolarsi; mischiarsi; confondersi ***2*** (*a una festa*) socializzare; non isolarsi.

mingy /ˈmɪndʒɪ/ *a.* (*fam.*) gretto; meschino; spilorcio.

mini /ˈmɪnɪ/ *n.* (*moda*) minigonna; mini.

miniature /ˈmɪnɪtʃə(r), *USA* ˈmɪnɪə-, -tʃʊə(r)/ ***A*** *n.* (*pitt.*) miniatura ● **in m.**, in miniatura; in scala ridotta ***B*** *a. attr.* in miniatura; in scala ridotta; minuscolo: **m. railway**, ferrovia in miniatura ● (*fotogr.*) **m. camera**, microcamera □ **m. golf**, minigolf.

to **miniaturise** /ˈmɪnɪtʃəraɪz/ (*GB*) *V.* **to miniaturize**.

miniaturist /ˈmɪnɪtʃərɪst/ *n.* miniaturista.

to **miniaturize** /ˈmɪnɪtʃəraɪz, *USA* ˈmɪnɪə-/ *v. t.* (*tecn.*) miniaturizzare.

minibus /ˈmɪnɪbʌs/ *n.* minibus.

minicab /ˈmɪnɪkæb/ *n.* (*GB*) taxi (*che si può chiamare solo per telefono*).

minim /ˈmɪnɪm/ *n.* (*mus., GB*) minima.

minima /ˈmɪnɪmə/ *pl. di* **minimum**.

minimal /ˈmɪnɪml/ *a.* minimo ● **m. art**, minimal art.

minimalism /ˈmɪnɪməlɪsm/ *n.* (*arte, letter.*) minimalismo.

minimalist /ˈmɪnɪməlɪst/ *n.* (*polit., arte, letter.*) minimalista.

to **minimize**, (*GB anche*) to **minimise** /ˈmɪnɪmaɪz/ *v. t.* ***1*** ridurre al minimo ***2*** minimizzare.

minimum /ˈmɪnɪməm/ *a. attr. e n.* (*pl.* **minima**, **minimums**) minimo.

mining /ˈmaɪnɪŋ/ ***A*** *n.* U estrazione (*di minerali*); lavori di scavo; industria mineraria ***B*** *a.* minerario.

minion /ˈmɪnɪən/ *n.* (*spreg.*) galoppino; tirapiedi.

miniskirt /ˈmɪnɪskɜːt/ *n.* minigonna.

minister /ˈmɪnɪstə(r)/ *n.* ***1*** (*polit.*) ministro: **the Prime M.**, il Primo Ministro; **M. for Education**, Ministro della Pubblica Istruzione; **M. of Defence**, Ministro della difesa ***2*** (*in G.B., polit., anche* **m. of state**) ministro di Stato (*assiste il titolare di un dicastero*) ***3*** (*relig.*) ministro di culto; pastore (protestante).

to **minister** /ˈmɪnɪstə(r)/ *v. i.* ***1*** (*eccles.*) officiare ***2*** soccorrere; prestare soccorso a: **to m. to the sick**, soccorrere gli ammalati ● (*lett. o iron., generalm. di donna*) **ministering angel**, angelo buono; soccorritrice.

ministerial /mɪnɪˈstɪərɪəl/ *a.* (*polit.*) ministeriale; di ministro.

ministration /mɪnɪˈstreɪʃn/ *n.* cura; assistenza.

ministry /ˈmɪnɪstrɪ/ *n.* ***1*** (*polit.*) ministero: **M. of Defence**, Ministero della difesa; (*in G.B.*) **M. of Agriculture, Fisheries and Food**, Ministero dell'agricoltura, della pesca e delle risorse alimentari; **M. of the Interior**, Ministero degli Interni ***2*** (*eccles.*) sacerdozio; ministero sacerdotale ***3*** U (*eccles.*) clero: **to join the m.**, diventare sacerdote.

minium /ˈmɪnɪəm/ *n.* U (*chim.*) minio.

minivan /ˈmɪnɪvæn/ *n.* (*autom.*) monovolume.

mink /mɪŋk/ *n.* ***1*** (*zool.*) visone ***2*** U (pelliccia di) visone.

minnow /ˈmɪnəʊ/ *n.* pesciolino (*di acqua dolce*).

minor /ˈmaɪnə(r)/ ***A*** *a.* minore; secondario; di second'ordine: **m. poet**, poeta minore; **m. detail**, particolare secondario; (*teatr., cinem.*) **m. part**, particina ● (*mus.*) **m. scale**, scala minore □ (*mus. e fig.*) **in a m. key**, in tono minore ***B*** *n.* ***1*** (*leg.*) minorenne ***2*** (*USA, all'università*) materia complementare.

minority /maɪˈnɒrətɪ, *USA* -ˈnɔːr-/ ***A*** *n.* ***1*** minoranza: **in the m.**, in minoranza ***2*** U (*leg.*) età minore ***B*** *a. attr.* di minoranza; minoritario.

minster /ˈmɪnstə(r)/ *n.* (*in G.B.*) cattedrale (*annessa a un monastero*).

minstrel /ˈmɪnstrəl/ *n.* (*stor.*) menestrello; giullare.

mint (1) /mɪnt/ *n.* ***1*** zecca ***2*** (*fam.*) mucchio di quattrini; barca di soldi ● **in m. condition**, nuovo di zecca.

mint (2) /mɪnt/ *n.* U *e* C (*bot.*) menta ● (*cucina*) **m. sauce**, salsa di menta.

to **mint** /mɪnt/ *v. t.* coniare (*anche fig.*); battere (*moneta*).

minuet /mɪnjʊˈɛt/ *n.* (*mus.*) minuetto.

minus /ˈmaɪnəs/ ***A*** *prep.* ***1*** (*mat.*) meno ***2*** (*fam.*) senza ***B*** *a.* (*mat.*) negativo ***C*** *n.* (*mat.*) ***1*** (*anche* **m. sign**) meno (*segno di sottrazione*) ***2*** quantità negativa.

minuscule /ˈmɪnəskjuːl/ *a.* minuscolo.

minute (1) /ˈmɪnɪt/ *n.* ***1*** minuto (primo) ***2*** (*fam.*) minuto; momento; attimo: **at the last m.**, all'ultimo momento; **in a m.**, in un momento; **I won't be a m.**, torno subito; ci metto un attimo; **Come here this m.!**, vieni qui subito! ***3*** (*geom., geogr.*) (minuto) primo ***4*** (*al pl.*) (*leg.*) verbale: **to take**

the minutes, redigere il verbale ***5*** minuta; nota; promemoria • **m. book**, registro dei verbali □ **m. hand**, lancetta dei minuti □ **They should be here any m. now**, dovrebbero essere qui a minuti (*o* a momenti) □ **to the m.**, preciso; esatto: **at four o'clock to the m.**, alle quattro precise □ **The m. I saw her, I recognised her**, non appena la vidi, la riconobbi.
minute (2) /maɪ'njuːt, *USA* -'nuːt/ *a.* ***1*** minuto; minuscolo ***2*** minuzioso; accurato • **in m. detail**, minuziosamente.
to **minute** /'mɪnɪt/ *v. t.* verbalizzare.
minutely /maɪ'njuːtlɪ, *USA* -nuː-/ *avv.* minutamente; minuziosamente.
minutiae /maɪ'njuːʃiː, mɪn-, *USA* mɪ'nuː-/ *n. pl.* minuzie.
minx /mɪŋks/ *n.* (*antiq.*) sfacciata.
miracle /'mɪrəkl/ *n.* miracolo: **to work a m.**, fare un miracolo • **m. cure**, cura miracolosa □ (*teatr.*) **m. play**, miracolo.
miraculous /mɪ'rækjʊləs/ *a.* miracoloso.
mirage /'mɪrɑːʒ, *USA* mɪ'rɑːʒ/ *n.* ***1*** miraggio ***2*** (*fig.*) miraggio; illusione.
mire /'maɪə(r)/ *n.* U (*lett.*) melma; mota; fango; pantano • **to drag sb.'s name through the m.**, trascinare il nome di q. nel fango □ **stuck in the m.**, impantanato.
mirror /'mɪrə(r)/ *n.* ***1*** specchio: **full-length m.**, specchio intero ***2*** (*autom.*) specchietto: **rear-view m.**, specchietto retrovisore • **m. image**, immagine speculare.
to **mirror** /'mɪrə(r)/ *v. t.* (*anche fig.*) rispecchiare; riflettere.
mirth /mɜːθ/ *n.* U allegria; gaiezza.
mirthless /'mɜːθləs/ *a.* senza gioia; malinconico; triste.
misadventure /mɪsəd'ventʃə(r)/ *n.* C *e* U (*form.*) disavventura; sfortuna • (*leg.*) **death by m.**, morte accidentale.
misalliance /mɪsə'laɪəns/ *n.* matrimonio male assortito.
misanthrope /'mɪsnθrəʊp/ *n.* misantropo.
misanthropy /mɪ'sænθrəpɪ/ *n.* U misantropia.
to **misapply** /mɪsə'plaɪ/ *v. t.* ***1*** usare male; fare un uso errato di ***2*** usare abusivamente; distrarre (*denaro altrui*).
to **misapprehend** /mɪsæprɪ'hend/ *v. t.* (*form.*) fraintendere.
misapprehension /mɪsæprɪ'henʃn/ *n.* (*form.*) equivoco; malinteso • **to be (labouring) under a m.**, sbagliarsi.
to **misappropriate** /mɪsə'prəʊprɪeɪt/ *v. t.* (*leg.*) appropriarsi indebitamente di (*denaro altrui*).
misappropriation /mɪsəprəʊprɪ'eɪʃn/ *n.* U *e* C (*leg.*) appropriazione indebita.
misbegotten /mɪsbɪ'gɒtn/ *a.* (*scherz.*) mal concepito; strampalato; bislacco.
to **misbehave** /mɪsbɪ'heɪv/ *v. i.* comportarsi male.
misbehaviour, (*USA*) **misbehavior** /mɪsbɪ'heɪvjə(r)/ *n.* U comportamento scorretto; cattiva condotta.
to **miscalculate** /mɪs'kælkjʊleɪt/ ***A*** *v. t.* calcolare male ***B*** *v. i.* sbagliare i calcoli.
miscalculation /mɪskælkjʊ'leɪʃn/ *n.* calcolo sbagliato; errore di calcolo.
miscarriage /'mɪskærɪdʒ, mɪs'kærɪdʒ/ *n.* U *e* C (*med.*) aborto (spontaneo) • (*leg.*) **m. of justice**, errore giudiziario.
to **miscarry** /mɪs'kærɪ/ *v. i.* ***1*** (*di donna*) abortire ***2*** (*di progetto, ecc.*) fallire; fare fiasco.
to **miscast** /mɪs'kɑːst, *USA* -æst/ (*pass. e p.p.* **miscast**) *v. t.* assegnare un ruolo non adatto a (*un attore, un'attrice*) • (*anche fig.*) **to be m.**, non essere adatto al ruolo.
miscellaneous /mɪsə'leɪnɪəs/ *a.* miscellaneo; eterogeneo.
miscellany /mɪ'selənɪ, *USA* 'mɪsəleɪnɪ/ *n.* misto; mescolanza; (*anche letter.*) miscellanea.
mischance /mɪs'tʃɑːns, *USA* -æns/ *n.* C *e* U (*form.*) disavventura; disgrazia; sfortuna: **by m.**, per disgrazia; sfortunatamente.
mischief /'mɪstʃɪf/ *n.* ***1*** U guai; birichinata; marachella: **He's always getting into m.**, ne combina sempre qualcuna; **He's up to m. again**, ne sta combinando una delle sue; **to keep a child out of m.**, impedire a un bambino di combinare guai (tenendolo occupato) ***2*** U malizia: **eyes full of m.**, occhi birichini ***3*** U danno; male; malanimo; discordia: **to make m. between two persons**, mettere la discordia fra due persone; **m. maker**, chi semina zizzania; maldicente; (*GB*) **to do oneself a m.**, farsi male.
mischievous /'mɪstʃɪvəs/ *a.* ***1*** (*di bambino*) birichino; cattivello ***2*** malizioso; furbo ***3*** cattivo; malevolo.
mischievousness /'mɪstʃɪvəsnəs/ *n.* U ***1*** (*di bambino*) birichineria; birbanteria ***2*** malizia ***3*** cattiveria.
to **misconceive** /mɪskən'siːv/ *v. t.* (*form.*) fraintendere.
misconceived /mɪskən'siːvd/ *a.* mal progettato; sbagliato.
misconception /mɪskən'sepʃn/ *n.* C *e* U ***1*** giudizio erroneo; idea sbagliata ***2*** equivoco; malinteso.
misconduct /mɪs'kɒndʌkt/ *n.* U (*form.*) ***1*** cattiva condotta; comportamento riprovevole ***2*** cattiva amministrazione (*di un'azienda, ecc.*).
misconstruction /mɪskən'strʌkʃn/ *n.* U *e* C (*form.*) interpretazione errata; fraintendimento.
to **misconstrue** /mɪskən'struː/ *v. t.* (*form.*) interpretare male; fraintendere.
misdeed /mɪs'diːd/ *n.* (*form. o lett.*) misfatto.
misdemeanour /mɪsdɪ'miːnə(r)/ *n.* ***1*** (*leg.*) infrazione; trasgressione; colpa lieve ***2*** (*form.*) misfatto; malefatta.
to **misdirect** /mɪsdaɪ'rekt, -dɪ-/ *v. t.* ***1*** sbagliare l'indirizzo di (*una lettera*) ***2*** rivolgere (*i propri sforzi, ecc.*) nella direzione sbagliata; fare cattivo uso di ***3*** far sbagliare strada a ***4*** (*leg.*) dare istruzioni erronee a (*una giuria*).
mise-en-scène /'miːzɒn'sen, -eɪn, -ɑːn-/ (*franc.*) *n.* (*teatr. e fig.*) messinscena; messa in scena.
miser /'maɪzə(r)/ *n.* avaro (-a).
miserable /'mɪzrəbl/ *a.* ***1*** infelice; depresso; avvilito ***2*** deprimente; insopportabile; orribile: **m. weather**, tempo orribile ***3*** misero; miserabile.
miserably /'mɪzrəblɪ/ *avv.* ***1*** infelicemente ***2*** miseramente; miserabilmente; penosamente: **m. inadequate**, penosamente insufficiente; **to fail m.**, fallire miseramente.
miserliness /'maɪzəlɪnəs/ *n.* avarizia; taccagneria.
miserly /'maɪzəlɪ/ *a.* ***1*** avaro; taccagno ***2*** misero; meschino: **m. sum**, misera somma.
misery /'mɪzərɪ/ *n.* ***1*** U infelicità; sofferenza ***2*** condizioni miserabili ***3*** (*fam.*) lagna • **to make sb.'s life a m.**, rendere la vita impossibile a q. □ **to put sb. out of his** (*o* **her**) **m.**, porre fine alle sofferenze di q. ATTENZIONE: **misery** ≠ miseria.
to **misfire** /mɪs'faɪə(r)/ *v. i.* ***1*** (*di arma da fuoco*) incepparsi; far cilecca ***2*** (*di motore*) avere l'accensione difettosa; perdere colpi ***3*** (*di piano, ecc.*) fallire; far cilecca.
misfit /'mɪsfɪt/ *n.* disadattato (-a); spostato (-a).
misfortune /mɪs'fɔːtʃuːn/ *n.* U *e* C sfortuna; sventura.
misgiving /mɪs'gɪvɪŋ/ *n.* C *e* U dubbio; timore; sospetto.
misguided /mɪs'gaɪdɪd/ *a.* poco saggio; malaccorto; maldestro.
to **mishandle** /mɪs'hændl/ *v. t.* ***1*** maneggiare con poca delicatezza; strapazzare ***2*** condurre, gestire male (*un affare, ecc.*) ***3*** trattare (q.) senza tatto.
mishap /'mɪshæp/ *n.* C *e* U disavventura; contrattempo; incidente.
to **mishear** /mɪs'hɪə(r)/ (*pass. e p.p.* **misheard** /mɪs'hɜːd/) *v. t. e i.* udire male; intendere male; fraintendere.
mishmash /'mɪʃmæʃ/ *n.* (*fam.*) guazzabuglio; miscuglio.
to **misinform** /mɪsɪn'fɔːm/ *v. t.* informare male; dare informazioni erronee a.
misinformation /mɪsɪnfə'meɪʃn/ *n.* disinformazione.
to **misinterpret** /mɪsɪn'tɜːprɪt/ *v. t.* interpretare male.
to **misjudge** /mɪs'dʒʌdʒ/ *v. t.* giudicare male; calcolare male (*una distanza, ecc.*).
misjudg(e)ment /mɪs'dʒʌdʒmənt/ *n.* giudizio errato.
to **mislay** /mɪs'leɪ/ (*pass. e p.p.* **mislaid** /mɪs'leɪd/) *v. t.* mettere (q.c.) in un posto e non ricordare dove; perdere.
to **mislead** /mɪs'liːd/ (*pass. e p.p.* **misled**) *v. t.* ingannare; trarre in inganno: **to m. sb. into thinking that...**, indurre q.c. a credere che...
misleading /mɪs'liːdɪŋ/ *a.* che induce in errore; ingannevole; fuorviante.
misled /mɪs'led/ *pass. e p.p. di* **to mislead**.
to **mismanage** /mɪs'mænɪdʒ/ *v. t.* amministrare male.
mismanagement /mɪs'mænɪdʒmənt/ *n.* cattiva amministrazione; errata conduzione (*degli affari, ecc.*).
mismatched /mɪs'mætʃt/ *a.* male assortito.
misnomer /mɪs'nəʊmə(r)/ *n.* designazione erronea; nome sbagliato.
misogynist /mɪ'sɒdʒənɪst/ *n.* misogino.
misogyny /mɪ'sɒdʒənɪ/ *n.* U misoginia.
to **misplace** /mɪs'pleɪs/ *v. t.* ***1*** mettere in un posto sbagliato ***2*** riporre male: **to m. one's confidence**, riporre male la propria fiducia.
misplaced /mɪs'pleɪst/ *a.* ***1*** collocato al posto sbagliato ***2*** malriposto.
misprint /'mɪsprɪnt/ *n.* errore di stampa; refuso.
to **mispronounce** /mɪsprə'naʊns/ *v. t.* pronunciare scorrettamente.

mispronunciation /mɪsprənʌnsɪ'eɪʃn/ *n.* pronuncia errata; errore di pronuncia.
misquotation /mɪskwəʊ'teɪʃn/ *n.* citazione sbagliata.
to **misquote** /mɪs'kwəʊt/ *v. t.* citare erroneamente.
to **misread** /mɪs'ri:d/ (*pass. e p.p.* **misread** /mɪs'rɛd/) *v. t.* ***1*** leggere male ***2*** interpretare male.
to **misreport** /mɪsrɪ'pɔ:t/ *v. t.* riportare male.
to **misrepresent** /mɪsrɛprɪ'zɛnt/ *v. t.* travisare; distorcere; descrivere a torto (come).
misrepresentation /mɪsrɛprɪzɛn'teɪʃn/ *n.* U e C travisamento; distorsione.
misrule /mɪs'ru:l/ *n.* U malgoverno.
miss (1) /mɪs/ *n.* ***1*** (*davanti a un nome*) signorina ***2*** (*al vocat., GB*) signora (maestra, professoressa) ***3*** (*scherz. o spreg.*) ragazza: **a saucy m.**, una ragazzina impertinente ***4*** (*nei concorsi di bellezza*) miss: **Miss Europe 1995**, Miss Europa 1995 • (*form.*) **The Miss Smiths** (*o* **the Misses Smith**), le signorine Smith.
miss (2) /mɪs/ *n.* colpo mancato; colpo a vuoto • (*fam.*) **to give st. a m.**, rinunciare a q.c.; saltare q.c.; non andare a (*una festa, ecc.*) □ **It was a near m.**, c'è mancato un pelo.
to **miss** /mɪs/ ***A*** *v. t.* ***1*** fallire; non colpire; sbagliare, mancare (*un colpo*): **to m. the target**, fallire il bersaglio ***2*** perdere; mancare a; saltare: **to m. a train [an opportunity, a lecture]**, perdere un treno [un'occasione, una lezione]; **to m. an appointment**, mancare a un appuntamento; **I'm going to have to m. lunch tomorrow**, dovrò saltare il pranzo domani ***3*** non afferrare; non capire; lasciarsi sfuggire: **I missed what he said**, non ho capito quello che ha detto; **You are missing the point**, non hai capito; non capisci; **She doesn't m. a thing**, niente le sfugge; **to m. a chance**, lasciarsi sfuggire un'occasione; **The house is at the corner; you can't m. it**, la casa è all'angolo; non puoi sbagliare ***4*** sentire la mancanza di: **I m. him**, mi manca; sento la sua mancanza ***5*** accorgersi della mancanza di: **When did you m. your keys?**, quando ti sei accorto di aver perso le chiavi?; **We didn't m. him till it was time to go home**, ci accorgemmo che non c'era più solo quando fu ora di rientrare ***6*** evitare; scansare; sfuggire a: **I narrowly missed being hit by a rock**, per un pelo non fui colpito da un masso • (*fam.*) **to m. the bus** (*o* **the boat**), perdere l'occasione (favorevole) □ (*sport*) **to m. the chance**, sciupare un gol [un canestro] □ **to m. the** (*o* **it's**) **mark**, (*di osservazione critica o scherzosa, ecc.*) andare a vuoto; fare cilecca ***B*** *v. i.* sbagliare il colpo; fallire.
♦ **miss out** *v. t. + avv.* omettere; tralasciare; saltare.
♦ **miss out on** *v. i. + avv. e prep.* perdere; lasciarsi sfuggire: **to m. out on an opportunity**, lasciarsi sfuggire (*o* perdere) un'occasione.
missal /'mɪsl/ *n.* messale.
misshapen /mɪs'ʃeɪpən/ *a.* deforme; malformato.
missile /'mɪsaɪl, *USA* 'mɪsl/ *n.* ***1*** (*mil.*) missile ***2*** proiettile • **m. base**, base missilistica.
missing /'mɪsɪŋ/ *a.* ***1*** smarrito; perso; scomparso; mancante: **He has several teeth m.**, gli mancano diversi denti; **Something is m. here**, qui manca qualcosa; **m. person**, scomparso; **to go m.**, sparire ***2*** (*mil., anche* **m. in action**) disperso (*in guerra*): **He was reported m.**, fu dato per disperso • **m. link**, (*biol.*) anello mancante (*tra l'uomo e la scimmia*); (*fig.*) elemento che manca per completare una serie; (*scherz.*) individuo scimmiesco, scimmione.
mission /'mɪʃn/ *n.* missione: **on a m.**, in missione; **my m. in life**, la mia missione nella vita; (*mil. e fig.*) **m. accomplished**, missione compiuta.
missionary /'mɪʃənrɪ, *USA* -nɛrɪ/ *a. e n.* (*eccles.*) missionario (-a).
missis /'mɪsɪz/ *V.* **missus**.
to **misspell** /mɪs'spɛl/ (*pass. e p.p.* **misspelled, misspelt**) *v. t.* sbagliare l'ortografia di.
misspelling /mɪs'spɛlɪŋ/ *n.* errore d'ortografia.
misspelt /mɪs'spɛlt/ *pass. e p.p. di* **to misspell**.
misspent /mɪs'spɛnd/ *a.* mal speso; sciupato; sprecato.
missus /'mɪsɪz/ *n.* (*fam.*) ***1*** signora; padrona ***2*** moglie: **The m. will grumble**, mia moglie brontolerà.
mist /mɪst/ *n.* C e U bruma; nebbia; foschia • **lost in the mists of time**, perso nella notte dei tempi □ **through a m. of tears**, attraverso un velo di lacrime.
to **mist** /mɪst/ (*anche* **to m. up, to m. over**) ***A*** *v. t.* annebbiare; appannare ***B*** *v. i.* annebbiarsi; appannarsi; velarsi.
mistake /mɪ'steɪk/ *n.* sbaglio; errore: **to make a m.**, fare uno sbaglio; **to make a m. about sb.**, sbagliarsi sul conto di q.; **by m.**, per sbaglio; per errore • **Make no m. (about it)!**, stanne certo!
to **mistake** /mɪ'steɪk/ (*pass.* **mistook**, *p.p.* **mistaken**) *v. t.* ***1*** sbagliare ***2*** fraintendere; sbagliarsi su ***3*** non riconoscere: **He's got red hair, you can't m. him**, non ti puoi sbagliare, ha i capelli rossi; **There's no mistaking her dog**, è impossibile non riconoscere il suo cane • **to m. a person [a thing] for another**, scambiare (*o* prendere) una persona [una cosa] per un'altra.
mistaken /mɪ'steɪkən/ ***A*** *p.p. di* **to mistake** ***B*** *a.* sbagliato; errato; erroneo • **to be m.**, sbagliare, sbagliarsi; essere in errore □ **a case of m. identity**, un errore di persona.
mistakenly /mɪ'steɪkənlɪ/ *avv.* erroneamente; per errore.
mister /'mɪstə(r)/ *n.* ***1*** *V.* **Mr** ***2*** (*al vocat., pop.*) signore.
to **mistime** /mɪs'taɪm/ *v. t.* ***1*** sbagliare il momento per dire (*o* fare); dire (*o* fare) al momento sbagliato; calcolare male ***2*** (*sport*) colpire (*la palla*) fuori tempo.
mistletoe /'mɪsltəʊ/ *n.* U (*bot.*) vischio.
mistook /mɪ'stʊk/ *pass. di* **to mistake**.
to **mistranslate** /mɪstræns'leɪt/ *v. t.* tradurre scorrettamente.
to **mistreat** /mɪs'tri:t/ *v. t.* maltrattare; trattar male.
mistress /'mɪstrɪs/ *n.* ***1*** padrona: **m. in one's own house**, padrona in casa propria; **one's own m.**, padrona di sé; **to be m. of the situation**, dominare la situazione ***2*** (*spesso spreg.*) amante (*f.*) ***3*** (*poet.*) donna amata ***4*** (*GB*) insegnante; maestra; professoressa.
mistrial /mɪs'traɪəl/ *n.* (*leg.*) processo nullo per vizio di procedura.
mistrust /mɪs'trʌst/ *n.* U diffidenza; sfiducia.
to **mistrust** /mɪs'trʌst/ *v. t.* ***1*** diffidare di; non aver fiducia in ***2*** dubitare di.
mistrustful /mɪs'trʌstfl/ *a.* diffidente; sospettoso.
misty /'mɪstɪ/ *a.* ***1*** nebbioso; brumoso ***2*** confuso; vago • **m.-eyed**, commosso.
to **misunderstand** /mɪsʌndə'stænd/ (*pass. e p.p.* **misunderstood**) *v. t.* capire male; fraintendere.
misunderstanding /mɪsʌndə'stændɪŋ/ *n.* C e U ***1*** incomprensione ***2*** equivoco; malinteso ***3*** (*eufem.*) dissapore; screzio.
misunderstood /mɪsʌndə'stʊd/ ***A*** *pass. e p.p. di* **to misunderstand** ***B*** *a.* ***1*** frainteso ***2*** incompreso.
misuse /mɪs'ju:s/ *n.* U e C cattivo uso; uso scorretto.
to **misuse** /mɪs'ju:z/ *v. t.* ***1*** fare cattivo uso di ***2*** (*form.*) maltrattare.
mite /maɪt/ *n.* ***1*** (*zool.*) acaro ***2*** (*GB*) piccino (-a); piccolo (-a) ***3*** briciolo; pizzico. • (*scherz.*) **He was a m. upset**, si è un po' arrabbiato.
miter /'maɪtə(r)/ (*USA*) *V.* **mitre**.
to **mitigate** /'mɪtɪgeɪt/ *v. t.* mitigare; alleviare; lenire.
mitigating /'mɪtɪgeɪtɪŋ/ *a.* che mitiga; che attenua • **m. circumstances**, attenuanti.
mitigation /mɪtɪ'geɪʃn/ *n.* U mitigazione; alleviamento • (*leg.*) **in m.**, come attenuante.
mitre /'maɪtə(r)/ *n.* ***1*** (*eccles.*) mitra ***2*** (*tecn., anche* **m. joint**) giunto ad angolo retto; augnatura.
to **mitre** /'maɪtə(r)/ *v. t.* (*falegn.*) commettere ad angolo retto; tagliare a augnatura.
mitt /mɪt/ *n.* ***1*** guanto; manopola: **oven m.**, manopola da forno; **catcher's m.**, guanto da baseball ***2*** (*fam.*) mano; zampa ***3*** *V.* **mitten**.
mitten /'mɪtn/ *n.* ***1*** mezzo guanto ***2*** muffola; manopola.
mix /mɪks/ *n.* ***1*** mescolanza; mix ***2*** miscela • (*fam.*) **mix-up**, confusione; pasticcio; disguido.
to **mix** /mɪks/ ***A*** *v. t.* ***1*** mescolare; mischiare; mettere insieme: **to mix business with pleasure**, unire il piacere agli affari ***2*** (*cucina*) mescolare; amalgamare: **Mix the ingredients to a smooth consistency**, mescolare gli ingredienti fino a ottenere un composto liscio; **to mix a cocktail**, preparare un cocktail ***B*** *v. i.* ***1*** mescolarsi; mischiarsi ***2*** stare in compagnia; andare (con): **to mix well**, essere socievole; **to mix with the wrong people**, frequentare la gente sbagliata.
♦ **mix in** *v. t. + avv.* aggiungere mescolando.
♦ **mix up** *v. t. + avv.* ***1*** mescolare bene ***2*** confondere; scambiare ***3*** mescolare; mettere in disordine ***4*** *V.* **mixed up**.
mixed /mɪkst/ *a.* misto: **m. school**, scuola mista; (*tennis*) **m. doubles**, doppio misto • **m.-ability class**, classe di allievi

con diverse capacità di apprendimento □ (*fam.*) **m. bag**, miscuglio; accozzaglia □ **m. blessing**, cosa positiva che comporta qualche svantaggio □ **m. economy**, economia mista □ **m. metaphor**, unione di due metafore contrastanti □ **in m. company**, davanti a delle signore.

mixed up /ˈmɪkstˈʌp/ *a.* ***1*** (*pred.*) coinvolto: **to be m. up in st.**, essere coinvolto in q.c. ***2*** (*pred.*) che ha a che fare (con): **to get m. up with a dubious lot**, frequentare dei poco di buono ***3*** confuso; disorientato: **to get m. up**, confondersi; rimanere perplesso.

mixer /ˈmɪksə(r)/ *n.* ***1*** (*mecc.*) impastatrice: **cement m.**, betoniera; **food m.**, sbattitore; frullatore ***2*** (*cinem., TV*) tecnico del missaggio ***3*** bibita non alcolica per fare cocktail ***4*** (*USA*) party per far incontrare le persone ***5*** (*radio*) variatore di frequenza • (*fam.*) **good [bad] m.**, persona molto [poco] socievole.

mixing /ˈmɪksɪŋ/ *n.* 🅄 ***1*** mescolamento ***2*** miscelazione ***3*** (*cinem., TV*) missaggio • **m. bowl**, terrina.

mixture /ˈmɪkstʃə(r)/ *n.* ***1*** mescolanza; miscuglio; miscela: **smoking m.**, miscela di tabacco ***2*** misto: **with a m. of amusement and annoyance**, con un misto di divertimento e irritazione ***3*** (*scient., tecn.*) miscela; miscuglio ***4*** (*farm.*) sciroppo.

miz(z)en /ˈmɪzn/ (*naut.*) ***A*** *n.* ***1*** (*anche* **m.-mast**) albero di mezzana ***2*** vela di mezzana ***B*** *a. attr.* di mezzana.

mizzle /ˈmɪzl/ *n.* pioggerella; acquerugiola.

to **mizzle** /ˈmɪzl/ *v. i.* (*impers.*) piovigginare.

mnemonic /nɪˈmɒnɪk/ ***A*** *a.* mnemonico ***B*** *n.* espediente mnemonico.

mo /məʊ/ *n.* (*abbr. fam. di* **moment**) momento; minuto; attimo: **half a mo**, un attimo; un minutino.

moan /məʊn/ *n.* ***1*** lamento; gemito ***2*** (*fam.*) lamentela; lagnanza.

to **moan** /məʊn/ *v. i.* ***1*** lamentarsi; gemere ***2*** lamentarsi; lagnarsi; brontolare.

moaner /ˈməʊnə(r)/ *n.* brontolone (-a).

moat /məʊt/ *n.* fossato (*di castello, ecc.*).

mob /mɒb/ *n.* ***1*** folla tumultuante ***2*** (*spreg.*) plebe; plebaglia; gentaglia ***3*** (*spreg.*) banda; ghenga ***4*** (*pop.*) — **the Mob**, la Mafia; il sindacato del crimine • **mob law**, legge imposta dalla piazza □ **mob violence**, violenze di piazza.

to **mob** /mɒb/ *v. t.* ***1*** accalcarsi (*o* far ressa) intorno a (q.) ***2*** aggredire in massa (q.); prendere d'assalto.

mobile /ˈməʊbaɪl, *USA* -bl, -biːl/ ***A*** *a.* ***1*** mobile; spostabile: **m. unit**, unità mobile ***2*** (*di viso*) mobile; espressivo ***3*** (*di persona*) che può muoversi; che può spostarsi; autonomo • **m. home**, camper; roulotte □ **m. library**, bibliobus; autolibro □ **m. (tele)phone**, (telefono) cellulare; telefonino (*fam.*) ***B*** *n.* (scultura) mobile.

to **mobilise** /ˈməʊbəlaɪz/ *e deriv.* (*GB*) *V.* **to mobilize** *e deriv.*

mobility /məʊˈbɪlətɪ/ *n.* 🅄 ***1*** mobilità ***2*** (*di viso*) mobilità; espressività • (*in G.B.*) **m. allowance**, indennità di spostamento (*a disabili*).

mobilization /məʊbəlaɪˈzeɪʃn, *USA* -lɪˈz-/ *n.* 🄲 *e* 🅄 ***1*** (*mil. e fig.*) mobilitazione ***2*** (*econ.*) mobilizzazione.

to **mobilize** /ˈməʊbəlaɪz/ *v. t.* ***1*** (*mil. e fig.*) mobilitare ***2*** (*econ.*) mobilizzare.

mobster /ˈmɒbstə(r)/ *n.* gangster.

moccasin /ˈmɒkəsɪn/ *n.* mocassino.

mocha /ˈmɒkə, *USA* ˈməʊkə/ *n.* 🅄 (caffè) moca.

mock /mɒk, *USA* mɔːk/ *a.* finto; falso; simulato: **m. battle**, battaglia finta; **m. modesty**, falsa modestia; **m. disbelief**, simulata incredulità; (*GB*) **m. exam**, esame di prova (*prima di quello effettivo*) • (*letter.*) **m.-heroic**, eroicomico.

to **mock** /mɒk, *USA* mɔːk/ *v. t.* ***1*** deridere; schernire; farsi beffe di ***2*** fare il verso a; scimmiottare ***3*** (*form.*) vanificare. ♦ **mock at** *v. i. + prep. V.* **to mock**, *def. 1.*

mocker /ˈmɒkə(r), *USA* ˈmɔː-/ *n.* beffeggiatore (-trice); schernitore (-trice).

mockery /ˈmɒkərɪ, *USA* ˈmɔː-/ *n.* ***1*** 🅄 derisione; dileggio; scherno ***2*** presa in giro; beffa; farsa: **It was a m. of a trial**, il processo fu una presa in giro; fu un processo farsa • **to hold sb. up to m.**, esporre q. al ridicolo □ **to make a m. of st.**, mostrare la vanità di q.c.

mocking /ˈmɒkɪŋ, *USA* ˈmɔː-/ *a.* beffardo; derisorio.

mockingbird /ˈmɒkɪŋbɜːd, *USA* ˈmɔː-/ *n.* (*zool.*) tordo beffeggiatore; mimo.

mock-up /ˈmɒkʌp/ *n.* 🄲 ***1*** (*tecn.*) modello dimostrativo (*a grandezza naturale*) ***2*** (*tipogr.*) menabò.

mod /mɒd/ *a. e n.* (*pop. GB*) mod.

modal /ˈməʊdl/ *a.* (*gramm., mus., filos.*) modale.

modality /məˈdælətɪ/ *n.* 🅄 modalità.

mod cons /ˈmɒdˈkɒns/ *locuz. n. pl.* (*abbr. fam. di* **modern conveniences**) (*nelle inserzioni*) comodità; comfort.

mode /məʊd/ *n.* ***1*** (*form.*) modo; maniera: **m. of life**, modo di vivere; (*elab.*) **graphic m.**, modo grafico ***2*** (*mus.*) modo ***3*** (*form.*) moda.

model /ˈmɒdl/ ***A*** *n.* ***1*** modellino; bozzetto; plastico ***2*** (*di automobile*) modello; versione ***3*** modello (*di casa di mode*) ***4*** (*moda*) modella; indossatore: **male m.**, indossatore ***5*** (*di pittore, scultore, fotografo*) modello (-a) ***6*** modello; esempio; campione ***B*** *a. attr.* modello: **a m. husband**, un marito modello; **m. car**, modellino di auto; automobilina; **m. aircraft**, aeromodello.

to **model** /ˈmɒdl/ ***A*** *v. t.* ***1*** modellare; plasmare ***2*** indossare, presentare (*un abito, ecc.*) ***3*** costruire sul modello (di); copiare: **to be modelled on** (*o* **after**) **st.**, essere costruito sul modello di q.c. • **to m. oneself after** (*o* **on**) **sb.**, prendere a modello q. ***B*** *v. i.* lavorare come modella (*o* indossatrice); lavorare come indossatore.

modeller, (*USA*) **modeler** /ˈmɒdlə(r), -dəl-/ *n.* modellatore (-trice).

modelling, (*USA*) **modeling** /ˈmɒdlɪŋ, -dəl-/ *n.* ***1*** modellatura ***2*** modellistica ***3*** professione di modella.

modem /ˈməʊdem, -əm/ *n.* (*tel.*) modem.

moderate /ˈmɒdərət/ ***A*** *a.* ***1*** moderato; contenuto; misurato, modico: **m. views**, vedute moderate, **m. size**, dimensioni contenute; **m. prices**, prezzi modici ***2*** discreto ***3*** mediocre; modesto • (*meteor.*) **m. breeze**, vento moderato ***B*** *n.* (*polit.*) moderato.

to **moderate** /ˈmɒdəreɪt/ ***A*** *v. t.* ***1*** moderare; frenare; calmare ***2*** moderare (*un dibattito*) ***B*** *v. i.* moderarsi; placarsi.

moderately /ˈmɒdərətlɪ/ *avv.* ***1*** moderatamente; con moderazione ***2*** discretamente; abbastanza ***3*** non troppo.

moderation /mɒdəˈreɪʃn/ *n.* 🅄 ***1*** moderazione; moderatezza; misura: **in m.**, con moderazione ***2*** diminuzione; calo.

moderator /ˈmɒdəreɪtə(r)/ *n.* ***1*** moderatore (-trice) ***2*** (*fis. nucl.*) moderatore.

modern /ˈmɒdn/ *a. e n.* moderno • **m.-day**, moderno; di oggi.

to **modernise** /ˈmɒdənaɪz/ *e deriv.* (*GB*) *V.* **to modernize** *e deriv.*

modernism /ˈmɒdənɪzəm/ *n.* 🅄 modernismo.

modernist /ˈmɒdənɪst/ *n.* (*arte, letter., relig.*) modernista.

modernistic /mɒdəˈnɪstɪc/ *a.* ***1*** modernistico; di avanguardia ***2*** (*spreg.*) troppo moderno.

modernity /məˈdɜːnətɪ, mɒ-, məʊ-/ *n.* 🅄 modernità.

modernization /mɒdənaɪˈzeɪʃn, *USA* -nɪˈz-/ *n.* ***1*** modernizzazione ***2*** ristruttuazione.

to **modernize** /ˈmɒdənaɪz/ *v. t.* modernizzare; rimodernare; ristrutturare.

modest /ˈmɒdɪst/ *a.* modesto • **to be m. about st.**, non vantarsi di q.c.

modesty /ˈmɒdəstɪ/ *n.* 🅄 modestia.

modicum /ˈmɒdɪkəm/ *n.* piccola quantità; (un) po'.

modification /mɒdɪfɪˈkeɪʃn/ *n.* 🅄 *e* 🄲 modificazione; modifica.

modifier /ˈmɒdɪfaɪə(r)/ *n.* (*ling.*) modificatore.

to **modify** /ˈmɒdɪfaɪ/ *v. i.* ***1*** modificare ***2*** (*ling.*) modificare.

modish /ˈməʊdɪʃ/ *a.* alla moda; à la page (*franc.*).

modular /ˈmɒdjʊlə(r), *USA* -dʒʊ-/ *a.* (*tecn.*) modulare.

to **modulate** /ˈmɒdjʊleɪt, *USA* -dʒʊ-/ ***A*** *v. t.* modulare ***B*** *v. i.* (*mus.*) cambiare tonalità; fare modulazioni.

modulation /mɒdjʊˈleɪʃn, *USA* -dʒʊ-/ *n.* 🅄 *e* 🄲 modulazione.

module /ˈmɒdjuːl, *USA* -dʒʊ-/ *n.* modulo.

modulus /ˈmɒdjʊləs/ *n.* (*pl.* **moduli** /-laɪ/) (*mat.*) modulo.

mog /mɒg, *USA* mɔːg/, **moggy** /ˈmɒgɪ, *USA* ˈmɔːgɪ/ *n.* (*fam. GB*) gatto; micio.

mogul (**1**) /ˈməʊgl/ *n.* magnate; pezzo grosso.

mogul (**2**) /ˈməʊgl/ *n.* (*sci*) gobba.

mohair /ˈməʊheə(r)/ *n.* 🅄 mohair.

Mohammedan /məʊˈhæmɪdən/ *a. e n.* maomettano.

Mohammedanism /məʊˈhæmɪdənɪzəm/ *n.* 🅄 (*relig.*) maomettismo; islamismo.

Mohican /məʊˈhiːkən, ˈməʊɪ-/ *n.* (*stor., USA*) moicano, mohicano.

moiety /ˈmɔɪətɪ/ *n.* ***1*** (*leg.*) metà ***2*** (*estens., lett.*) parte.

moire /mwɑː(r)/ *n.* ⓤ seta marezzata.
moiré /ˈmwɑːreɪ, *USA* mwɑːˈreɪ/ (*franc.*) ***A*** *a.* (*di tessuto*) marezzato ***B*** *n.* marezzatura.
moist /mɔɪst/ *a.* ***1*** umido ***2*** (*di torta*) soffice ***3*** (*di tempo*) umido; piovoso • **to become m.**, inumidirsi.
to **moisten** /ˈmɔɪsn/ ***A*** *v. t.* inumidire ***B*** *v. i.* inumidirsi.
moisture /ˈmɔɪstʃə(r)/ *n.* ⓤ umidità; vapore condensato.
to **moisturize**, (*GB anche*) to **moisturise** /ˈmɔɪstʃəraɪz/ *v. t.* (*cosmesi*) idratare.
moisturizer, (*GB anche*) **moisturiser** /ˈmɔɪstʃəraɪzə(r)/ *n.* (*cosmesi*) idratante.
moke /məʊk/ *n.* (*fam. GB*) ciuco; somaro.
molar /ˈməʊlə(r)/ *a. e n.* (*anat.*) molare.
molasses /məˈlæsɪz/ *n.* melassa.
mold /məʊld/ *e deriv.* (*USA*) *V.* **mould** *e deriv.*
Moldavian /mɒlˈdeɪvɪən/ *a. e n.* moldavo.
mole (**1**) /məʊl/ *n.* neo.
mole (**2**) /məʊl/ *n.* (*zool. e fig.*) talpa • **m. cricket**, grillotalpa.
mole (**3**) /məʊl/ *n.* molo; frangiflutti.
molecular /məˈlɛkjʊlə(r)/ *a.* molecolare.
molecule /ˈmɒlɪkjuːl/ *n.* molecola.
molehill /ˈməʊlhɪl/ *n.* cumulo di terra sopra una tana di talpa.
moleskin /ˈməʊlskɪn/ *n.* ⓤ ***1*** pelle di talpa (*usata come pelliccia*) ***2*** fustagno.
to **molest** /məˈlɛst/ *v. t.* ***1*** (*di cane*) attaccare (*le pecore*) ***2*** (*eufem.*) sottoporre a molestie sessuali; aggredire.
molestation /məʊlɛˈsteɪʃn/ *n.* ⓤ molestia sessuale.
molester /məˈlɛstə(r)/ *n.* molestatore (-trice).
moll /mɒl, *USA* mɔːl, mɒl/ *n.* (*pop.*) amante di un gangster; pupa (*fam.*).
to **mollify** /ˈmɒlɪfaɪ/ *v. t.* rabbonire; ammansire.
mollusc /ˈmɒləsk, -ʌsk/ *n.* (*zool.*) mollusco.
to **mollycoddle** /ˈmɒlɪkɒdl/ *v. t.* coccolare; viziare.
Molotov cocktail /ˈmɒlətɒfˈkɒkteɪl, *USA* -tɔːf-, ˈməʊ-, ˈmɔː-/ *locuz. n.* (bottiglia) Molotov.
molt, to **molt** /məʊlt/ (*USA*) *V.* **moult, to moult.**
molten /ˈməʊltən/ *a.* (*di metallo o roccia*) fuso; (allo stato) liquido: **m. lava**, lava allo stato liquido.
molybdenum /məˈlɪbdɪnəm/ *n.* ⓤ (*chim.*) molibdeno.
mom /mɒm/ *n.* (*fam. USA*) mamma.
moment /ˈməʊmənt/ *n.* ***1*** momento; attimo; istante: **Please wait a m.**, aspetta un momento!; **Just a m.!**, un momento!; **at the m.**, al momento; in questo momento; **at this** [**that**] **m.**, in questo [quel] momento; (**at**) **any m.**, da un momento all'altro; **for the m.**, per il momento; per ora ***2*** ⓤ (*form.*) importanza; peso: **an affair of great m.**, una faccenda di grande importanza ***3*** (*fis., mecc.*) momento • **the** (**very**) **m.** (**that**) **I saw her**, non appena la vidi □ **It had its moments**, ha avuto i suoi momenti (*belli, di successo, ecc.*) □ **Not for a m.!**, giammai!
momenta /məˈmɛntə, məʊ-/ *pl. di* **momentum**.
momentary /ˈməʊməntrɪ, *USA* -tɛrɪ/ *a.* momentaneo; passeggero.
momentous /məˈmɛntəs, məʊ-/ *a.* di grande importanza; grave.
momentum /məˈmɛntəm, məʊ-/ *n.* (*pl.* **momenta, momentums**) ***1*** (*mecc.*) quantità di moto; momento ***2*** ⓤ velocità; (*fig.*) impeto, slancio: **to gather m.**, acquistare velocità; **to gain m.**, acquistare slancio.
momma /ˈmɒmə/ *n.* (*USA*) ***1*** (*fam.*) mamma ***2*** (*pop.*) donna.
mommy /ˈmɒmɪ/ *n.* (*fam. USA*) mamma.
monarch /ˈmɒnək/ *n.* monarca; sovrano (-a).
monarchic(**al**) /məˈnɑːkɪk(l), mɒ-/ *a.* monarchico.
monarchism /ˈmɒnəkɪzəm/ *n.* ⓤ (principi del) governo monarchico.
monarchist /ˈmɒnəkɪst/ *n. e a.* monarchico.
monarchy /ˈmɒnəkɪ/ *n.* monarchia.
monastery /ˈmɒnəstrɪ, *USA* -tɛrɪ/ *n.* monastero.
monastic /məˈnæstɪk/ *a.* monastico.
monasticism /məˈnæstɪsɪzəm/ *n.* ⓤ monachesimo; vita monastica.
Monday /ˈmʌndeɪ, -dɪ/ *n.* lunedì. (*Per gli esempi d'uso, V. sotto* **Tuesday**).
monetarism /ˈmʌnɪtərɪzəm, ˈmɒn-/ *n.* ⓤ (*econ.*) monetarismo.
monetarist /ˈmʌnɪtərɪst, ˈmɒn-/ *n.* (*econ.*) monetarista.
monetary /ˈmʌnɪtrɪ, ˈmɒn-, *USA* -tɛrɪ/ *a.* monetario.
money /ˈmʌnɪ/ *n.* ***1*** ⓤ denaro; soldi; quattrini: **to cost m.**, costare denaro (*o* soldi); **to make m.**, fare soldi; **I have no m. left**, non ho più soldi; **to put m. into st.**, investire (denaro) in q.c.; **ready m.**, denaro contante; contanti ***2*** (*econ., fin.*) denaro; moneta: **paper m.**, moneta cartacea; banconote; **m. market**, mercato monetario; **m. supply**, disponibilità monetaria ***3*** ⓤ fondi; ricchezza: **public m.**, fondi pubblici ***4*** *V.* **monies** • **m. changer**, cambiavalute □ (*fam.*) **m. for jam** (*o* **old rope**), fonte di guadagno facile □ **m.-grubbing**, avido (di denaro) □ **m. order**, vaglia; ordine di pagamento □ **m.-spinner**, (*di prodotto, impresa, ecc.*) miniera d'oro □ (*fam.*) **made of m.**, ricco sfondato □ (*fam.*) **We're in the m.!**, siamo ricchi! □ **to get one's m.'s worth**, spendere bene i propri soldi □ **to pay m. down**, pagare in contanti □ **Your m. or your life!**, o la borsa o la vita!
moneybags /ˈmʌnɪbægz/ *n.* (*fam. spreg.*) riccone (-a).
moneybox /ˈmʌnɪbɒks/ *n.* salvadanaio.
moneyed /ˈmʌnɪd/ *a.* danaroso; ricco.
moneylender /ˈmʌnɪlɛndə(r)/ *n.* prestatore (-trice) di denaro; (*spreg.*) usuraio (-a), strozzino (-a).
moneymaker /ˈmʌnɪmeɪkə(r)/ *n.* cosa che rende bene.
monger /ˈmʌŋgə(r), *USA* ˈmɒ-/ *n.* (*soprattutto nei composti*) commerciante; venditore.
Mongol /ˈmɒŋgl/ *a. e n.* mongolo.
mongol /ˈmɒŋgl/ *n.* (*med., fam.*) mongoloide.
mongolism /ˈmɒŋgəlɪzəm/ *n.* ⓤ (*med., fam.*) mongolismo.
mongoose /ˈmɒŋguːs, ˈmʌ-/ *n.* (*zool.*) mangusta.
mongrel /ˈmʌŋgrəl/ ***A*** *n.* ***1*** (cane) bastardo ***2*** cosa ibrida; ibrido; incrocio ***B*** *a. attr.* di razza mista; ibrido.
monied /ˈmʌnɪd/ *n.* (*form.*) danaroso; ricco.
monies /ˈmʌnɪz/ *n. pl.* (*leg.*) somme di denaro; importi.
monism /ˈmɒnɪzəm/ *n.* (*filos.*) monismo.
monitor /ˈmɒnɪtə(r)/ *n.* ***1*** (*radio, TV, elab.*) monitor ***2*** (*tecn.*) dispositivo di controllo; dispositivo di monitoraggio ***3*** (*mil., polit.*) addetto all'ascolto delle radiotrasmissioni straniere ***4*** (*a scuola*) capoclasse.
to **monitor** /ˈmɒnɪtə(r)/ *v. t.* ***1*** controllare; sorvegliare ***2*** (*radio, TV*) controllare (*un'emittente*); ricevere (*una trasmissione*) col monitor.
monk /mʌŋk/ *n.* monaco • (*bot.*) **m.'s-hood**, aconito.
monkey /ˈmʌŋkɪ/ *n.* ***1*** (*zool.*) scimmia ***2*** (*scherz.*) birichino; monello • (*fam.*) **m. business**, scherzi; trucchi; imbrogli □ (*bot.*) **m. nut**, nocciolina americana; arachide □ (*bot.*) **m.-puzzle** (**tree**), araucaria del Cile □ (*mecc., USA*) **m. wrench**, chiave inglese a rullino.
to **monkey** /ˈmʌŋkɪ/ *v. Solo come:*
♦ **monkey about** *v. i. + avv.* fare lo scemo.
♦ **monkey** (**about**) **with** *v. i. +* (*avv. e*) *prep.* armeggiare con.
mono /ˈmɒnəʊ/ *a.* (*abbr. di* **monaural**) (*tecn.*) mono.
monochromatic /mɒnəkrəʊˈmætɪk/ *a.* monocromatico.
monochrome /ˈmɒnəkrəʊm/ ***A*** *n.* ⓤ (*arte*) monocromia ***B*** *a.* ***1*** (*ottica*) monocromo ***2*** (*TV, arte*) monocromatico ***3*** piatto; incolore.
monocle /ˈmɒnəkl/ *n.* monocolo; caramella (*fam.*).
monocotyledon /mɒnəkɒtɪˈliːdn/ *n.* (*bot.*) monocotiledone.
monodic /mɒˈnɒdik/ *a.* (*mus.*) monodico.
monody /ˈmɒnədɪ/ *n.* (*mus.*) monodia.
monogamous /məˈnɒgəməs/ *a.* monogamo.
monogamy /məˈnɒgəmɪ/ *n.* ⓤ monogamia.
monogram /ˈmɒnəgræm/ *n.* monogramma.
monogrammed /ˈmɒnəgræmd/ *a.* con il monogramma; con le cifre.
monograph /ˈmɒnəgrɑːf, *USA* -æf/ *n.* monografia.
monographic /mɒnəˈgræfɪk/ *a.* monografico.
monolingual /mɒnəˈlɪŋgwəl/ *a.* (*ling.*) monolingue.
monolingualism /mɒnəʊˈlɪŋgwəlɪzəm/ *n.* monolinguismo.
monolith /ˈmɒnəlɪθ/ *n.* monolito.
monolithic /mɒnəˈlɪθɪk/ *a.* monolitico.
monologue, (*USA*) **monolog** /ˈmɒnəlɒg, *USA* -ɔːg/ *n.* monologo; soliloquio.
monomania /mɒnəˈmeɪnɪə/ *n.* (*psic.*) monomania.
monomaniac /mɒnəˈmeɪnɪæk/ ***A*** *a.* monomaniacale ***B*** *n.* monomaniaco (-a).
monomaniacal /mɒnəʊməˈnaɪkl/ *a.* monomaniacale.
mononucleosis /mɒnənjuːklɪˈəʊsɪs, *USA* -nuː-/ *n.* ⓤ (*med.*) mononucleosi.
monoplane /ˈmɒnəpleɪn/ *n.* (*aeron.*) monoplano.

to **monopolise** /mə'nɒpəlaɪz/ *e deriv.* (*GB*) *V.* **to monopolize** *e deriv.*
monopolist /mə'nɒpəlɪst/ *n.* monopolista.
monopolistic /mənɒpə'lɪstɪk/ *a.* monopolistico.
monopolization /mənɒpəlaɪ'zeɪʃn, *USA* -lɪ'z-/ *n.* U monopolizzazione.
to **monopolize** /mə'nɒpəlaɪz/ *v. t.* (*anche fig.*) monopolizzare.
Monopoly ® /mə'nɒpəlɪ/ *n.* U Monopoli (*gioco*).
monopoly /mə'nɒpəlɪ/ *n.* (*anche fig.*) monopolio: **to have a m. on st.**, avere il monopolio di q.c.
monorail /'mɒnəreɪl/ *n.* (ferrovia a) monorotaia.
monosodium glutamate /'mɒnəʊ'səʊdɪəm 'glu:təmeɪt/ *locuz. n.* (*chim.*) glutammato di sodio.
monosyllabic /mɒnəsɪ'læbɪk/ *a.* monosillabico; monosillabo.
monosyllable /'mɒnəsɪləbl/ *n.* monosillabo.
monotheism /'mɒnəθi:ɪzəm/ *n.* U monoteismo.
monotheist /'mɒnəθi:ɪst/ *n.* monoteista.
monotheistic /mɒnəθi:'ɪstɪk/ *a.* monoteistico.
monotone /'mɒnətəʊn/ *n.* voce monotona: **to read in a m.**, leggere con voce monotona.
monotonous /mə'nɒtənəs/ *a.* monotono.
monotony /mə'nɒtənɪ/ *n.* U monotonia.
Monotype ® /'mɒnətaɪp/ *n.* U *e* C (*tipogr.*) monotype.
monotypist /mɒnə'taɪpɪst/ *n.* (*tipogr.*) monotipista.
monoxide /mə'nɒksaɪd/ *n.* (*chim.*) monossido.
monsignor /mɒn'si:nɪə(r)/ (*ital.*) *n.* (*eccles.*) Monsignore.
monsoon /mɒn'su:n/ *n.* monsone.
monster /'mɒnstə(r)/ ***A*** *n.* mostro ***B*** *a. attr.* gigantesco; enorme.
monstrance /'mɒnstrəns/ *n.* (*eccles.*) ostensorio.
monstrosity /mɒn'strɒsətɪ/ *n.* U *e* C mostruosità.
monstrous /'mɒnstrəs/ *a.* ***1*** mostruoso; orrendo ***2*** enorme; gigantesco ***3*** (*fam.*) scandaloso; pazzesco.
montage /mɒn'tɑ:ʒ, 'mɒ-/ *n.* ***1*** U (*cinem.*, *TV*) montaggio ***2*** U *e* C (*fotogr.*) fotomontaggio.
month /mʌnθ/ *n.* mese: **calendar m.**, mese civile; **in a m.'s time**, tra un mese; **a m.'s rent**, un mese di affitto • (*scherz.*) **a m. of Sundays**, un sacco di tempo; un'eternità.
monthly /'mʌnθlɪ/ ***A*** *a.* mensile: **m. pay**, (paga) mensile ***B*** *n.* ***1*** (pubblicazione) mensile ***2*** (*al pl.*) (*fam. USA*) mestruazioni ***C*** *avv.* mensilmente; ogni mese.
monument /'mɒnjʊmənt/ *n.* (*anche fig.*) monumento.
monumental /mɒnjʊ'mentl/ *a.* ***1*** monumentale ***2*** colossale; enorme; abissale • **m. mason**, lapidario; marmista.
moo /mu:/ *n.* (*pl.* **moos**) muggito; mugghio.
to **moo** /mu:/ *v. i.* muggire; mugghiare.
to **mooch** /mu:tʃ/ *v. t.* (*pop. USA*) scroccare: **to m. st. off sb.**, scroccare q.c. a q.
♦ **mooch about** *v. i. + avv.* (*pop.*) bighellonare; ciondolare; girellare.
mood (1) /mu:d/ *n.* stato d'animo; umore; disposizione: **to be in a good [bad] m.**, essere di buon [cattivo] umore; **to be in the m. for work**, aver voglia di lavorare; **I'm in no m. for joking**, non sono in vena di scherzi; **to be in no m. to do st.**, non aver voglia di fare q.c.; non essere disposto a fare q.c.; (*fam.*) **to be in a m.**, avere la luna storta.
mood (2) /mu:d/ *n.* (*gramm.*) modo.
moodiness /'mu:dɪnəs/ *n.* U ***1*** umore variabile; capricciosità ***2*** malumore.
moody /'mu:dɪ/ *a.* ***1*** lunatico; capriccioso; di umore variabile ***2*** di malumore; imbronciato.
moon /mu:n/ *n.* luna: **by the light of the m.**, al chiaro di luna; **full m.**, luna piena; plenilunio; **new m.**, luna nuova; novilunio; **Is there a m. tonight?**, c'è la luna questa sera?; **Jupiter's moons**, le lune di Giove • (*miss.*) **m.-landing**, allunaggio □ **to cry for the m.**, volere la luna nel pozzo □ (*fam.*) **once in a blue m.**, a ogni morte di papa □ (*fam. GB*) **over the m.**, fuori di sé dalla gioia; al settimo cielo.
to **moon** /mu:n/ *v. i.* (*pop.*) mostrare il sedere nudo.
♦ **moon about** *v. i. + avv.* (*fam. GB*) ***1*** bighellonare; gironzolare ***2*** girare con aria trasognata.
♦ **moon over** *v. i. + prep.* (*fam.*) fantasticare di; sognare a occhi aperti.
moonbeam /'mu:nbi:m/ *n.* raggio di luna; raggio lunare.
moonless /'mu:nləs/ *a.* senza luna.
moonlight /'mu:nlaɪt/ *n.* U chiaro di luna: **in the m.**, al chiaro di luna • (*fam. GB*) **m. flit**, trasloco fatto alla chetichella (*per non pagare l'affitto*).
to **moonlight** /'mu:nlaɪt/ *v. i.* (*fam.*) avere (*o* fare) un secondo lavoro (in nero).
moonlighter /'mu:nlaɪtə(r)/ *n.* (*fam.*) chi fa un secondo lavoro (in nero).
moonlit /'mu:nlɪt/ *a.* illuminato (*o* rischiarato) dalla luna.
moonrise /'mu:nraɪz/ *n.* C *e* U (il) sorgere della luna.
moonscape /'mu:nskeɪp/ *n.* paesaggio lunare.
moonshine /'mu:nʃaɪn/ *n.* U ***1*** chiaro di luna ***2*** sciocchezze; corbellerie ***3*** (*fam. USA*) liquore di contrabbando.
moonshot /'mu:nʃɒt/ *n.* (*miss.*) lancio verso la luna.
moonstone /'mu:nstəʊn/ *n.* U (*miner.*) pietra di luna; lunaria.
moonstruck /'mu:nstrʌk/ *a.* (*fam.*) matto; picchiato.
moony /'mu:nɪ/ *a.* (*fam.*) svagato; (che sta) nel mondo della luna.
Moor /mʊə(r)/ *n.* moro; saraceno.
moor /mʊə(r)/ *n.* C *e* U brughiera; landa.
to **moor** /mʊə(r)/ ***A*** *v. t.* (*naut.*) ormeggiare ***B*** *v. i.* ormeggiare; ormeggiarsi.
moorhen /'mʊəhen/ *n.* (*zool.*) gallinella d'acqua.
mooring /'mʊərɪŋ/ *n.* (*naut.*) ***1*** (*anche al pl.*) ormeggio ***2*** (*al pl.*) ormeggi; cavi di ormeggio.
Moorish /'mʊərɪʃ/ *a.* moresco.
moorland /'mʊələnd, -lænd/ *n.* C *e* U brughiera; landa.
moose /mu:s/ *n.* (*pl. invar.*) (*zool.*) alce americano.
moot /mu:t/ *a.* controverso; discutibile: **m. point**, questione controversa.
to **moot** /mu:t/ *v. t.* (*form.*) mettere in discussione.
mop /mɒp/ *n.* ***1*** scopa a frange di cotone ***2*** massa di capelli; zazzera.
to **mop** /mɒp/ *v. t.* ***1*** lavare (*un pavimento*) con una scopa a frange ***2*** asciugare (*con un panno*): **to mop one's forehead**, asciugarsi la fronte.
♦ **mop up** *v. t. + avv.* ***1*** asciugare (*liquido*) con un panno ***2*** (*mil.*) rastrellare: **mopping-up operations**, operazioni di rastrellamento ***3*** (*fam.*) eliminare; togliere di mezzo; finire, sbrigare (*un lavoro*).
mope /məʊp/ *n.* ***1*** individuo depresso (*o* imbronciato); musone (-a) ***2*** (*al pl.*) (*fam.*) broncio; muso; paturnie: **to suffer from the mopes**, tenere il muso; avere le paturnie.
to **mope** /məʊp/ *v. i.* essere mogio (*o* imbronciato); avere le paturnie (*fam.*).
♦ **mope about** *v. i. + avv.* trascinarsi con aria mogia.
moped /'məʊped/ *n.* (*autom.*) ciclomotore; motorino.
moppet /'mɒpɪt/ *n.* (*fam.*) bambino (-a).
moquette /məʊ'ket, mə-, mɒ-/ *n.* U moquette (*tessuto*).
moraine /mə'reɪn, mɒ-/ *n.* (*geol.*) morena.
moral /'mɒrəl, *USA* 'mɔ:-/ ***A*** *a.* ***1*** morale; etico: **m. principles**, principi morali; **m. support**, appoggio morale; **m. certainty**, certezza morale ***2*** (*di persona*) morale; virtuoso ***B*** *n.* ***1*** morale (*f.*): **to derive a m. from a story**, trarre una morale da un racconto ***2*** (*al pl.*) principi morali; moralità.
morale /mə'rɑ:l, *USA* -'ræl/ *n.* U (il) morale: **The m. of the troops was excellent**, il morale dei soldati era altissimo.
to **moralise** /'mɒrəlaɪz, *USA* 'mɔ:-/ *e deriv.* (*GB*) *V.* **to moralize** *e deriv.*
moralist /'mɒrəlɪst, *USA* 'mɔ:-/ *n.* moralista.
moralistic /mɒrə'lɪstɪk, *USA* mɔ:-/ *a.* moralistico.
morality /mə'rælətɪ/ *n.* ***1*** U moralità ***2*** sistema morale; etica; morale ***3*** (*teatr.*, *anche* **m. play**) moralità.
to **moralize** /'mɒrəlaɪz, *USA* 'mɔ:-/ *v. i.* moraleggiare.
morally /'mɒrəlɪ, *USA* 'mɔ:-/ *avv.* ***1*** moralmente ***2*** (*form.*) virtualmente: **m. certain**, virtualmente certo.
morass /mə'ræs/ *n.* ***1*** (*lett.*) acquitrino; palude ***2*** (*fig.*) pantano.
moratorium /mɒrə'tɔ:rɪəm, *USA* mɔ:-/ *n.* (*pl.* **moratoria** /-rɪə/, **moratoriums**) (*leg.*, *comm.*) moratoria.
Moravian /mə'reɪvɪən/ *a. e n.* moravo.
moray /'mɔ:reɪ, 'mɒ-, mə'reɪ/ *n.* (*zool.*, *anche* **m. eel**) murena.
morbid /'mɔ:bɪd/ *a.* ***1*** morboso ***2*** (*med.*) morboso; patologico. ATTENZIONE: **morbid** ≠ morbido.
morbidity /mɔ:'bɪdətɪ/ *n.* U ***1*** morbosità ***2*** (*med.*) stato patologico ***3*** percentuale dei malati (*in una data regione*).
mordant /'mɔ:dnt/ ***A*** *a.* mordace; caustico; corrosivo ***B*** *n.* (*chim.*, *tintoria*) mordente.
mordent /'mɔ:dnt/ *n.* (*mus.*) mordente.
more /mɔ:(r)/ (*compar. di* **much**, **many**) ***A*** *a.* più; di più;

(dell')altro; ancora: **There is m. food than we need**, c'è più cibo di quanto ce ne occorre; **I have m. CDs than you (have)**, ho più compact di te; **I need m. water**, ho bisogno di altra acqua; **Have some m. coffee**, prendi ancora un po' di caffè; **He's been buying m. books**, ha comprato ancora altri libri; **ten m. people**, altre dieci persone ***B*** *n. e pron.* ***1*** più; (dell')altro; ancora un po': **many m.**, molti di più; **That is m. than enough**, è più che sufficiente; ce n'è d'avanzo; **I don't want any m.**, non ne voglio più; **Have some m.**, prendine ancora (un po') ***2*** altri: **Some came early, and more came later**, alcuni arrivarono di buon'ora, altri arrivarono più tardi • **the m... the m.**, più... più: **The m. he has, the m. he wants**, più ha, più vorrebbe avere □ **The m., the merrier**, più gente c'è meglio è □ **m.'s the pity**, purtroppo □ **and what is m.**, e quel che più conta □ **I hope to see m. of you**, spero di vederti più spesso ***C*** *avv.* più; di più: **The matter is m. complicated than I thought**, la faccenda è più complicata di quanto pensassi; **m. annoyed than angry**, più seccato che arrabbiato; **m. easily**, più facilmente; **m. and m.**, sempre più • **m. often than not**, abbastanza spesso □ **m. or less**, più o meno; pressappoco □ **never m.**, mai più □ **nothing m.**, nient'altro □ **once m.**, ancora una volta; di nuovo.

morello /mə'rɛləʊ/ *n.* (*pl.* **morellos**) (*bot.*) marasca • **m.-tree**, marasco.

moreover /mɔːr'əʊvə(r)/ *avv.* inoltre; oltre a ciò; per di più.

mores /'mɔːreɪz/ (*lat.*) *n. pl.* (*lett.*) costumi; usanze.

morganatic /mɔːgə'nætɪk/ *a.* morganatico.

morgue /mɔːg/ (*franc.*) *n.* obitorio.

moribund /'mɒrɪbʌnd, *USA* 'mɔːr-/ *a.* moribondo; morente.

Mormon /'mɔːmən/ *n.* (*relig.*) mormone.

morning /'mɔːnɪŋ/ *n.* mattina; mattino; mattinata: **in the m.**, la mattina; di mattina; al mattino; domani mattina; **early in the m.**, di prima mattina; di buon mattino; **on Monday mornings**, di lunedì mattina; **at four in the m.**, alle quattro di notte; **this m.**, stamattina; stamane; **tomorrow m.**, domani mattina; domattina; **Good m.!**, buon giorno!; **m. paper**, giornale del mattino • **m. coat**, giacca a coda di rondine □ **m. dress**, tight □ (*bot.*) **m. glory**, convolvolo □ **m. sickness**, nausea mattutina (*in gravidanza*) □ **m. star**, stella mattutina; Venere.

mornings /'mɔːnɪŋz/ *avv.* (*fam.*) di mattina; tutte le mattine.

Moroccan /mə'rɒkən/ *a. e n.* marocchino.

morocco /mə'rɒkəʊ/ *n.* Ⓤ marocchino (*cuoio*).

moron /'mɔːrɒn/ *n.* deficiente; idiota.

moronic /mə'rɒnɪk/ *a.* deficiente; da deficiente; scemo.

morose /mə'rəʊs/ *a.* imbronciato; immusonito (*fam.*); scontroso. ATTENZIONE: **morose** ≠ moroso.

morpheme /'mɔːfiːm/ *n.* (*ling.*) morfema.

morphine /'mɔːfiːn/ *n.* Ⓤ (*farm.*) morfina.

morphological /mɔːfə'lɒdʒɪkl/ *a.* morfologico.

morphology /mɔː'fɒlədʒɪ/ *n.* Ⓤ morfologia.

morrow /'mɒrəʊ, *USA* 'mɔː-/ *n.* (*lett.*) ***1*** (il) domani ***2*** (il) futuro.

Morse code /'mɔːs'kəʊd/ *locuz. n.* alfabeto Morse.

morsel /'mɔːsl/ *n.* boccone; pezzetto.

mortal /'mɔːtl/ ***A*** *a.* mortale: **Man is m.**, gli uomini sono mortali; **m. wound**, ferita mortale; **m. sin**, peccato mortale; **m. danger**, pericolo di morte; **m. enemy**, nemico mortale • **m. combat**, combattimento all'ultimo sangue □ (*fam.*) **to try every m. thing**, non lasciare nulla di intentato; tentare tutto il possibile ***B*** *n.* mortale.

mortality /mɔː'tælətɪ/ *n.* Ⓤ mortalità • (*stat.*) **m. tables**, tavole di mortalità.

mortar (1) /'mɔːtə(r)/ *n.* (*edil.*) malta.

mortar (2) /'mɔːtə(r)/ *n.* mortaio (*recipiente e bocca da fuoco*).

mortarboard /'mɔːtəbɔːd/ *n.* ***1*** sparviero (*del muratore*) ***2*** tocco accademico.

mortgage /'mɔːgɪdʒ/ *n.* Ⓒ e Ⓤ (*leg.*) ipoteca: **to pay off a m.**, estinguere un'ipoteca; **to take out a m.**, accendere un'ipoteca; **m. rates**, interessi ipotecari.

to **mortgage** /'mɔːgɪdʒ/ *v. t.* (*leg.*) ipotecare.

mortgagee /mɔːgɪ'dʒiː/ *n.* (*leg.*) creditore ipotecario.

mortgagor /mɔːgɪ'dʒɔː(r), 'mɔːgɪdʒə(r)/ *n.* (*leg.*) debitore ipotecario.

mortice /'mɔːtɪs/ *n.* (*falegn.*) mortasa • **m. lock**, serratura incassata.

mortician /mɔː'tɪʃn/ *n.* (*USA*) impresario di pompe funebri.

mortification /mɔːtɪfɪ'keɪʃn/ *n.* Ⓤ mortificazione.

to **mortify** /'mɔːtɪfaɪ/ *v. t.* mortificare.

mortuary /'mɔːtʃərɪ, *USA* -tʃʊɛrɪ/ ***A*** *n.* camera mortuaria ***B*** *a. attr.* funebre.

Mosaic /məʊ'zeɪɪk/ *a.* (*relig.*) di Mosè; mosaico.

mosaic /məʊ'zeɪɪk/ ***A*** *n.* Ⓤ e Ⓒ (*arte*) mosaico ***B*** *a.* musivo.

to **mosey** /'məʊzɪ/ *v. i.* (*seguito da compl. di luogo*) (*fam. USA*) camminare tranquillamente: **He moseyed down the street**, si incamminò lungo la strada con passo tranquillo; percorse bel bello la strada.

Moslem /'mɒzləm/ *a. e n.* musulmano; maomettano.

mosque /mɒsk/ *n.* moschea.

mosquito /mə'skiːtəʊ, mɒ-/ *n.* (*pl.* **mosquitoes, mosquitos**) (*zool.*) zanzara • **m. bite**, puntura di zanzara □ **m. net**, zanzariera.

moss /mɒs, *USA* mɔːs/ *n.* Ⓤ (*bot.*) muschio • **m.-grown**, coperto di muschio.

mossy /'mɒsɪ, *USA* 'mɔːsɪ/ *a.* ***1*** coperto di muschio ***2*** simile a muschio • **m. green**, verde muschio; verde sottobosco.

most /məʊst/ (*superl. di* **much, many**) ***A*** *a.* più; il maggior numero; la maggior parte: **John has m. friends of all**, John ha più amici di tutti; **M. people think so**, i più la pensano così; **for the m. part**, per lo più ***B*** *pron. e n.* ***1*** la maggior parte; il maggior numero; i più: **m. of us**, la maggior parte di noi ***2*** il massimo: **That's the m. I can do for you**, questo è il massimo che posso fare per te • **m. of all**, soprattutto; più di ogni altra cosa □ **at (the) m.**, al massimo □ **to make the m. of st.**, sfruttare al massimo q.c. ***C*** *avv.* ***1*** (*per formare il superl. relat.*) più: **the m. diligent pupil in the class**, lo scolaro più diligente della classe ***2*** di più; più di tutto; più di tutti: **That's what m. annoys me!**, è quel che m'irrita di più! ***3*** molto; estremamente: **a m. interesting novel**, un romanzo molto interessante (*o* interessantissimo); **m. certainly**, certissimamente; **m. likely**, molto probabilmente; quasi certamente.

mostly /'məʊstlɪ/ *avv.* per lo più; generalmente.

mote /məʊt/ *n.* ***1*** atomo di pulviscolo ***2*** bruscolo; pagliuzza.

motel /məʊ'tɛl/ *n.* motel.

moth /mɒθ, *USA* mɔːθ/ *n.* (*zool.*) ***1*** farfalla crepuscolare; falena ***2*** (*anche* **clothes-m.**) tignola; tarma • **m.-eaten**, tarmato; (*fig.*) vecchio, antiquato □ **m.-repellent**, antitarmico.

mothball /'mɒθbɔːl, *USA* 'mɔːθ-/ *n.* pallina antitarmica; (pallina di) naftalina: **in mothballs**, in naftalina (*anche fig.*).

to **mothball** /'mɒθbɔːl, *USA* 'mɔːθ-/ *v. t.* (*anche fig.*) mettere in naftalina.

mother /'mʌðə(r)/ ***A*** *n.* madre; mamma (*fam.*): **a m. of three**, una madre di tre figli • **m.-in-law**, suocera □ **m.-of-pearl**, madreperla □ **m.'s boy**, cocco di mamma; mammone □ **M.'s Day**, Festa della mamma □ **m.-to-be**, futura mamma □ **unmarried m.**, ragazza madre ***B*** *a. attr.* materno: **m. figure**, figura materna; **m. love**, amore materno; **m. tongue**, lingua materna; madrelingua.

to **mother** /'mʌðə(r)/ *v. t.* fare da madre a; coccolare.

motherboard /'mʌðəbɔːd/ *n.* (*elab.*) scheda madre.

motherhood /'mʌðəhʊd/ *n.* Ⓤ maternità.

motherland /'mʌðəlænd/ *n.* madrepatria; paese d'origine.

motherless /'mʌðələs/ *a.* orfano di madre.

motherly /'mʌðəlɪ/ *a.* materno; di (*o* da) madre.

mothproof /'mɒθpruːf, *USA* 'mɔːθ-/ *a.* sottoposto a trattamento antitarmico; inattaccabile dalle tarme.

motif /məʊ'tiːf/ *n.* (*mus., arte, letter.*) motivo.

motion /'məʊʃn/ *n.* ***1*** Ⓤ e Ⓒ moto; movimento: **to set st. in m.**, mettere in moto q.c.; far partire q.c.; avviare q.c. ***2*** mozione; proposta ***3*** evacuazione dell'intestino • (*USA*) **m. picture**, film □ (*fam.*) **to go through the motions**, fare q.c. senza entusiasmo; fare q.c. pro forma □ (*cinem.*) **in slow m.**, al rallentatore.

to **motion** /'məʊʃn/ *v. t. e i.* fare (un) cenno a: **to m. sb. to do st.**, fare cenno (*o* segno) a q. di fare q.c.; **to m. sb. to take a seat**, far cenno a q. di sedersi.

motionless /'məʊʃnləs/ *a.* immobile; immoto; fermo.

to **motivate** /'məʊtɪveɪt/ *v. t.* motivare.

motivation /məʊtɪ'veɪʃn/ *n.* Ⓤ e Ⓒ motivazione.

motive /'məʊtɪv/ ***A*** *n.* ***1*** movente ***2*** intenzione; motivo ***B*** *a. attr.* (*mecc.*) motore: **m. force**, forza motrice.

motley /'mɒtlɪ/ ***A*** *a.* ***1*** (*lett.*) multicolore; variopinto; screziato ***2*** vario; eterogeneo ***B*** *n.* (*lett.*) abito multicolore (*indossato da un buffone*).

motocross /'məʊtəkrɒs, *USA* -ɔːs/ *n.* Ⓤ (*sport*) motocross.

motor /ˈməʊtə(r)/ ***A*** *n.* ***1*** motore: **electric m.**, motore elettrico ***2*** (*fam. GB*) auto; macchina ***B*** *a. attr.* ***1*** a motore ***2*** dell'automobile; automobilistico: **m. show**, salone dell'automobile; **the m. industry**, l'industria automobilistica ● **m. caravan**, camper □ (*USA*) **m. lodge**, motel □ **m. scooter**, motoretta.

to **motor** /ˈməʊtə(r)/ *v. i.* (*GB*) andare in automobile.

motorbike /ˈməʊtəbaɪk/ *n.* (*fam.*) ***1*** (*GB*) moto ***2*** (*USA*) motorino.

motorboat /ˈməʊtəbəʊt/ *n.* motoscafo.

motorcade /ˈməʊtəkeɪd/ *n.* corteo di automobili.

motorcar /ˈməʊtəkɑː(r)/ *n.* (*form. GB*) automobile ● (*sport*) **m. racing**, automobilismo.

motorcoach /ˈməʊtəkəʊtʃ/ *n.* pullman.

motorcycle /ˈməʊtəsaɪkl/ *n.* motocicletta; moto.

motorcyclist /ˈməʊtəsaɪklɪst/ *n.* motociclista.

motoring /ˈməʊtərɪŋ/ *n.* Ⓤ automobilismo (*agonistico e no*); turismo in auto: **to go m. in the U.S.**, visitare gli U.S.A. in auto ● (*sport*) **m. correspondent**, cronista di gare automobilistiche.

to **motorise** /ˈməʊtəraɪz/ (*GB*) *V.* **to motorize**.

motorist /ˈməʊtərɪst/ *n.* automobilista.

to **motorize** /ˈməʊtəraɪz/ *v. t.* motorizzare ● **to become motorized**, motorizzarsi.

motorman /ˈməʊtəmən/ *n.* (*pl.* **motormen** /-mən/) ***1*** conducente (*di tram*) ***2*** macchinista (*di elettromotrice*).

motorway /ˈməʊtəweɪ/ *n.* (*GB*) autostrada.

mottled /ˈmɒtld/ *a.* chiazzato.

motto /ˈmɒtəʊ/ *n.* (*pl.* **mottos, mottoes**) motto, massima, sentenza; (*arald.*) divisa.

mouf(f)lon /ˈmuːflɒn/ *n.* (*zool.*) muflone.

mould (1) /məʊld/ *n.* Ⓤ ***1*** muffa ***2*** terriccio.

mould (2) /məʊld/ *n.* ***1*** forma; matrice; stampo ***2*** (*archit.*) modanatura ***3*** carattere; stampo; tempra ***4*** (*edil.*) cassaforma ● **to be cast in the same m.**, essere dello stesso stampo.

to **mould** /məʊld/ *v. t.* ***1*** foggiare; modellare; plasmare: **to m. a head in** (*o* **out of**) **clay**, modellare una testa in creta ***2*** (*archit.*) modanare.

to **moulder** /ˈməʊldə(r)/ *v. i.* (*anche* **to m. away**) ammuffire; ridursi in polvere; sgretolarsi; andare in rovina.

moulding /ˈməʊldɪŋ/ *n.* Ⓤ *e* Ⓒ ***1*** (*metall.*) modellatura ***2*** (*fonderia*) getto ***3*** (*archit.*) modanatura.

mouldy /ˈməʊldɪ/ *a.* ***1*** ammuffito: **m. smell**, odore di muffa; **to smell m.**, odorare (*o* sapere) di muffa ***2*** (*fig.*) stantio; ammuffito.

moult /məʊlt/ *n.* Ⓤ *e* Ⓒ (*zool.*) muta (delle penne, del pelo).

to **moult** /məʊlt/ (*zool.*) ***A*** *v. i.* fare la muta ***B*** *v. t.* mutare (*le penne, il pelo*).

mound /maʊnd/ *n.* ***1*** collinetta; rialzo; (*anche archeol.*) tumulo ***2*** mucchio; cumulo.

mount (1) /maʊnt/ *n.* ***1*** monte, montagna (*nei toponimi*; *abbr.* **Mt.**): **the M. of Olives**, il Monte degli Ulivi ***2*** (*chiromanzia*) monte.

mount (2) /maʊnt/ *n.* ***1*** montatura; intelaiatura; incastonatura (*di gemme*) ***2*** cavalcatura.

to **mount** /maʊnt/ ***A*** *v. t.* ***1*** montare a (*o* su); salire a (*o* su): **to m. a horse**, montare a cavallo; **to m. a bicycle**, montare (*o* salire) su una bicicletta ***2*** (*form.*) salire: **to m. the stairs**, salire le scale ***3*** organizzare; preparare: **to m. an attack** [**a campaign**], preparare un attacco [una campagna] ***4*** montare (*anche mecc.*); incastonare ***5*** (*zootecnia*) montare ● **to m. guard**, montare la guardia □ **to m. the throne**, salire al trono ***B*** *v. i.* ***1*** (*anche* **to m. up**) salire ***2*** montare a cavallo ***3*** aumentare; crescere; salire.

mountain /ˈmaʊntɪn, *USA* -ntn/ *n.* ***1*** montagna; monte: **in the mountains**, in montagna; **to go to the mountains**, andare in montagna ***2*** mucchio; montagna ● **m. bike**, mountain bike □ **m.-climbing**, alpinismo □ (*fam. USA*) **m. dew**, whisky distillato clandestinamente □ (*zool.*) **m. lion**, puma □ **m. plants**, piante di montagna □ **m. range**, catena montuosa □ **m. rescue**, soccorso alpino □ **to make a m. out of a molehill**, fare di una mosca un elefante.

mountaineer /maʊntɪˈnɪə(r), *USA* -ntnˈɪ-/ *n.* alpinista.

to **mountaineer** /maʊntɪˈnɪə(r), *USA* -ntnˈɪ-/ *v. i.* fare dell'alpinismo.

mountaineering /maʊntɪˈnɪərɪŋ, *USA* -ntnˈɪ-/ *n.* Ⓤ alpinismo.

mountainous /ˈmaʊntɪnəs, *USA* -ntn-/ *a.* ***1*** montagnoso ***2*** enorme; alto come una montagna.

mountainside /ˈmaʊntɪnsaɪd, *USA* -ntn-/ *n.* fianco, versante (di monte).

mountaintop /ˈmaʊntɪntɒp, *USA* -ntn-/ *n.* cima; vetta.

mountebank /ˈmaʊntəbæŋk/ *n.* ***1*** saltimbanco ***2*** ciarlatano.

mounted /ˈmaʊntɪd/ *a.* provvisto di cavallo; a cavallo: **m. police**, polizia a cavallo.

Mountie /ˈmaʊntɪ/ *n.* (*fam.*) poliziotto canadese a cavallo.

mounting /ˈmaʊntɪŋ/ *n.* montatura; incastonatura; supporto; sostegno.

to **mourn** /mɔːn/ ***A*** *v. i.* piangere (una morte) ***B*** *v. t.* lamentare; piangere.

♦ **mourn for** *v. i. + prep.* ***1*** piangere la morte di ***2*** addolorarsi per; lamentare; piangere.

♦ **mourn over** *v. i. + prep. V.* **to mourn for**, *def.* *2.*

mourner /ˈmɔːnə(r)/ *n.* chi segue un funerale ● (*stor.*) **hired m.**, prefica.

mournful /ˈmɔːnfl/ *a.* ***1*** dolente; afflitto ***2*** doloroso; luttuoso.

mourning /ˈmɔːnɪŋ/ *n.* Ⓤ lutto (*periodo e abiti*): **to be in m.**, essere in lutto; **deep m.**, lutto stretto; **to go into m.**, prendere il lutto.

mouse /maʊs/ *n.* (*pl.* **mice**) ***1*** (*zool.*) topo; sorcio: **field m.**, topo di campagna; **house m.**, topo domestico ***2*** (*fig.*) persona timida, ritrosa ***3*** (*pl.* **mouses**) (*elab.*) mouse ● **as poor as a church m.**, povero in canna.

to **mouse** /maʊs/ *v. i.* (*di gatto*) acchiappare topi; dar la caccia ai topi.

mousetrap /ˈmaʊstræp/ *n.* trappola per i topi.

mousey /ˈmaʊsɪ/ *V.* **mousy**.

mousse /muːs/ *n.* (*cucina*) mousse.

mousseline /ˈmuːsliːn/ *n.* Ⓤ (*ind. tess.*) mussolina.

moustache /məˈstɑːʃ, *USA* ˈmʌstæʃ/ *n.* baffi.

mousy /ˈmaʊsɪ/ *a.* ***1*** simile a un topo ***2*** color (grigio) topo ***3*** quieto come un topolino; timido.

mouth /maʊθ/ *n.* ***1*** bocca: **to speak with one's m. full**, parlare con la bocca piena; (*fig.*) **to have a big m.**, non sapere tenere la bocca chiusa ***2*** bocca; imboccatura; apertura: **the m. of a cave**, l'imboccatura di una caverna; **the m. of a river**, la foce di un fiume ● **m.-to-m. resuscitation**, respirazione bocca a bocca □ **m.-watering**, che fa venire l'acquolina in bocca □ (*fam.*) **down in the m.**, depresso; scoraggiato □ **to put words into sb.'s m.**, mettere parole in bocca a q. □ **to take the words out of sb.'s m.**, togliere la parola di bocca a q.

to **mouth** /maʊθ/ *v. t.* muovere le labbra come per dire (q.c.).

mouthful /ˈmaʊθfʊl/ *n.* ***1*** boccone ***2*** (*fam.*) parola (*o* frase) difficile da pronunciare.

mouthorgan /ˈmaʊθˈɔːgən/ *n.* armonica a bocca.

mouthpiece /ˈmaʊθpiːs/ *n.* ***1*** imboccatura (*di strumento musicale, ecc.*) ***2*** bocchino (*di pipa*) ***3*** ricevitore (*di telefono*) ***4*** (*spesso spreg.*) portavoce ***5*** (*sport*) paradenti.

mouthwash /ˈmaʊθwɒʃ, *USA* -wɔːʃ/ *n.* Ⓒ *e* Ⓤ (*farm.*) collutorio.

movable /ˈmuːvəbl/ ***A*** *a.* mobile; movibile: (*eccles.*) **m. feast**, festa mobile ***B*** *n.* (*al pl.*) (*econ.*) beni mobili.

move /muːv/ *n.* ***1*** movimento; mossa: **Don't make a m.!**, non fare una mossa!; non muoverti! ***2*** trasloco ***3*** (*scacchi, dama*) mossa: **It's your m.**, tocca a te (muovere) ***4*** mossa; azione; passo: **to make the first m.**, fare il primo passo; **What's the next m.?**, e adesso che si deve fare? ● (*pop.*) **to get a m. on**, muoversi; sbrigarsi; darsi una mossa □ (*fam.*) **to be on the m.**, essere in movimento; essere in giro □ (*fam.*) **to make a m.**, mettersi in moto; andare via.

to **move** /muːv/ ***A*** *v. t.* ***1*** muovere; spostare ***2*** (*scacchi, dama*) muovere; fare una mossa ***3*** commuovere ***4*** (*form.*) spingere; muovere; indurre: **to m. sb. to tears** [**to laughter**], muovere q. alle lacrime [al riso] ***5*** (*anche polit.*) proporre; chiedere ● **to m. heaven and earth**, muovere mari e monti □ **to m. house**, cambiare casa; traslocare ***B*** *v. i.* ***1*** muoversi; spostarsi ***2*** (*di lavori, eventi, ecc.*) procedere; evolvere; far progressi ***3*** traslocare ***4*** muoversi; agire; prendere l'iniziativa ***5*** (*fam.*) muoversi; incamminarsi ● **to m. in the best circles**, frequentare l'alta società □ **to m. with the times**, andare coi tempi; adeguarsi ai tempi.

♦ **move about** ***A*** *v. t. + avv.* spostare ***B*** *v. i. + avv.* andare qua e là; muoversi da un posto all'altro.

♦ **move along** ***A*** *v. t. + avv.* far spostare; far circolare: ***B*** *v. i.*

\+ avv. spostarsi in avanti: «**M. along, please!**», «avanti c'è posto!»
♦ **move away** *A* v. t. + avv. allontanare; portar via *B* v. i. + avv. *1* allontanarsi *2* cambiar casa; trasferirsi.
♦ **move back** *A* v. t. + avv. rimettere a posto; rimettere dov'era *B* v. i. + avv. ritornare a vivere; ritrasferirsi.
♦ **move for** v. i. + prep. avanzare la proposta di; presentare una mozione per.
♦ **move in** *A* v. t. + avv. *1* portare dentro *2* sistemare (*q. in una casa*) *3* far intervenire (*soldati, ecc.*) *B* v. i. + avv. *1* traslocare (*in una nuova casa*); entrare *2* (*di polizia, esercito*) intervenire • **to m. in on sb.**, circondare q. e avanzare su di lui.
♦ **move off** v. i. + avv. partire; muoversi.
♦ **move on** *A* v. t. + avv. far muovere; far circolare *B* v. i. + avv. spostarsi; andare in un altro posto: **to m. on to other things**, passare ad altre cose; «**M. on, please!**», (*detto da un vigile, ecc.*) «circolare, prego!».
♦ **move over** v. i. + avv. *1* spostarsi (*per fare posto a q.*) *2* (*fig.*) farsi da parte.
♦ **move out** v. i. + avv. andarsene (da una casa); traslocare; sgombrare.
movement /ˈmuːvmənt/ n. *1* Ⓤ e Ⓒ movimento; gesto *2* movimento: **the trade union m.**, il movimento sindacale; **the feminist m.**, il movimento femminista *3* (*fis., astron.*) moto *4* (*mus.*) tempo; movimento *5* (*mecc.*) meccanismo *6* (*med.*) evacuazione *7* (*al pl.*) (*fin.*) oscillazione; variazione *8* (*al pl.*) (*di persona*) spostamenti.
mover /ˈmuːvə(r)/ n. *1* proponente; chi fa una mozione *2* persona che si muove in un dato modo: **She's graceful m.**, si muove con grazia *3* (*USA*) titolare di agenzia di traslochi • (*fam.*) **movers and shakers**, gente che ha potere.
movie /ˈmuːvɪ/ n. (*fam. USA*) *1* film *2* (*al pl.*) cinema (*genere*) • (*USA*) **m. theater**, cinema (*locale*).
moviegoer /ˈmuːvɪgəʊə(r)/ n. (*USA*) frequentatore di cinema.
moving /ˈmuːvɪŋ/ a. *1* commovente; toccante *2* mobile; in moto: **m. staircase**, scala mobile; **m. train**, treno in moto *3* che dà impulso; animatore.
to **mow** /məʊ/ (*pass.* **mowed**, *p.p.* **mown**, **mowed**) *A* v. t. falciare (*erba*); mietere (*grano*) *B* v. i. falciare l'erba.
♦ **mow down** v. t. + avv. falciare (*fig.*).
mower /ˈməʊə(r)/ n. *1* falciatore (-trice) *2* (*mecc.*) falciatrice.
mown /məʊn/ p.p. di **to mow**.
Mr /ˈmɪstə(r)/ n. (*abbr. di* **mister**) signor: **Mr (John) Brown**, il signor (John) Brown; **Mr Chairman**, signor presidente • (*iron.*) **Mr Big**, il Gran Capo □ **Mr Right**, l'uomo giusto; il marito ideale □ **Mr Universe**, Mister Universo.
Mrs /ˈmɪsɪz/ n. (*abbr. di* **mistress**) signora.
Ms /mɪz, məz, məs/ n. abbr. di **Miss** e **Mrs**, *usata per non fare distinzione tra donne sposate e nubili.*
much /mʌtʃ/ (*compar.* **more**; *superl.* **most**; *pl.* **many**) *A* a., n. e pron. molto: **M. of what you say is true**, molto di ciò che dici è vero; **There isn't m. to say**, non c'è molto da dire; **I haven't m. money left**, non mi restano molti soldi *B* avv. *1* molto: **He doesn't eat m.**, non mangia molto; **m. better**, molto meglio *2* spesso: **Do you see him m.?**, lo vedi spesso? *3* pressappoco; più o meno: **He was m. as I expected**, era più o meno come me l'aspettavo • **M. as I like it...**, per quanto mi piaccia... □ **m. to my surprise**, con mia grande sorpresa □ **as m. again**, altrettanto □ **as** (*o* **so**) **m. as**, (tanto)... quanto □ **It was as m. as I could do to keep silent**, ho dovuto fare uno sforzo per stare zitto □ **how m.**, quanto: **How m. are eggs today?**, quanto costano le uova oggi? □ **to make m. of**, dare importanza a □ **not to think m. of sb.** [**st.**], non tenere in grande considerazione q. [q.c.] □ **nothing m.**, niente di importante [di interessante, ecc.] □ **so m.**, *V. sotto* **so** □ **too m.**, troppo □ **He isn't m. of a swimmer**, non è un gran nuotatore □ **I thought as m.!**, me l'aspettavo! □ **this** (*o* **that**) **m.**, tanto così.
muchness /ˈmʌtʃnəs/ n. (*fam.*) — **They are much of a m.**, l'uno vale l'altro; **It's much of a m.**, se non è zuppa è pan bagnato.
muck /mʌk/ n. Ⓤ *1* letame *2* sudiciume; sporcizia *3* (*fam.*) porcheria • **to make a m. of st.**, guastare q.c.
to **muck** /mʌk/ v. *Solo come*:
♦ **muck about** v. i. + avv. (*fam.*) *1* gingillarsi; non combinar niente *2* fare lo stupido.
♦ **muck in** v. i. + avv. (*fam.*) collaborare; mettersi insieme.
♦ **muck out** v. t. + avv. (*fam.*) *1* ripulire (*una stalla*) *2* governare (*un animale*).
♦ **muck up** v. t. + avv. (*fam.*) *1* sporcare *2* rovinare; incasinare (*fam.*); fare un pasticcio di; cannare (*un esame*) (*pop.*).
muckheap /ˈmʌkhiːp/ n. mucchio di letame.
to **muckrake** /ˈmʌkreɪk/ v. i. (*fam.*) andare in cerca di scandali (*da denunciare*).
muckraker /ˈmʌkreɪkə(r)/ n. (*fam.*) chi va in cerca di scandali sul conto di personalità note; giornalista scandalistico.
muckraking /ˈmʌkreɪkɪŋ/ *A* n. scandalismo *B* a. scandalistico.
mucky /ˈmʌkɪ/ a. (*fam.*) sporco; sudicio; lurido.
mucous /ˈmjuːkəs/ a. mucoso.
mucus /ˈmjuːkəs/ n. Ⓤ muco.
mud /mʌd/ n. Ⓤ fango; melma: **to sling mud at sb.**, gettar fango su q.; **mud bath**, bagno di fango • **His name is m.**, non è ben visto; è in disgrazia.
muddle /ˈmʌdl/ n. confusione; disordine.
to **muddle** /ˈmʌdl/ v. t. (*anche* **to m. up**) confondere (le idee a); intontire; far girare la testa a.
♦ **muddle along** v. i. + avv. tirare avanti a casaccio (*alla meglio*); arrabattarsi.
♦ **muddle through** v. i. + avv. cavarsela alla meno peggio.
muddle-headed /ˈmʌdlˈhɛdɪd/ a. che ha le idee confuse; confusionario.
muddler /ˈmʌdlə(r)/ n. confusionario (-a); pasticcione (-a).
muddy /ˈmʌdɪ/ a. *1* fangoso; infangato *2* torbido *3* opaco; scuro; (*di carnagione*) smorto; terreo *4* confuso; vago.
to **muddy** /ˈmʌdɪ/ v. t. infangare.
mudflat /ˈmʌdflæt/ n. (*spesso al pl.*) tratto di costa che s'inonda con l'alta marea.
mudguard /ˈmʌdgɑːd/ n. (*di autoveicolo, ecc., GB*) parafango.
mudpack /ˈmʌdpæk/ n. (*cosmesi*) maschera di fango (*per il viso*).
mudslinging /ˈmʌdslɪŋɪŋ/ n. Ⓤ (*fam.*) denigrazione; diffamazione.
muesli /ˈmjuːslɪ, -zlɪ/ (*ted.*) n. Ⓤ (*GB*) muesli.
muezzin /muːˈɛzɪn, ˈmwɛ-/ n. muezzin.
muff /mʌf/ n. manicotto.
to **muff** /mʌf/ v. t. (*sport*) sbagliare; fallire; mancare: **to m. a ball** [**a catch**], mancare una palla [la presa].
muffin /ˈmʌfɪn/ n. (*cucina*) focaccina dolce.
to **muffle** /ˈmʌfl/ v. t. *1* smorzare, attenuare (*un rumore, un suono*) *2* avvolgere; coprire bene; imbacuccare (*fam.*): **to m. oneself up well**, coprirsi bene; imbacuccarsi.
muffler /ˈmʌflə(r)/ n. *1* sciarpa pesante *2* (*autom., USA*) marmitta.
mufti /ˈmʌftɪ/ n. — **in m.**, in borghese (*di militare*).
mug /mʌg/ n. *1* tazzone; boccale (*da birra, ecc.*) *2* (*fam. GB*) fesso; babbeo; gonzo: **mug's game**, roba da fessi *3* (*pop.*) faccia; muso: **ugly mug**, brutto muso; ceffo; **m. shot**, foto segnaletica.
to **mug** /mʌg/ v. t. aggredire e derubare (*specialm. per strada*).
♦ **mug up** v. i. + avv. (*fam.*) studiare sodo; sgobbare.
mugger /ˈmʌgə(r)/ n. rapinatore (-trice); aggressore, aggreditrice.
mugging /ˈmʌgɪŋ/ n. aggressione con rapina.
muggins /ˈmʌgɪnz/ n. (*fam. GB*) fesso; babbeo; gonzo.
muggy /ˈmʌgɪ/ a. (*di tempo*) afoso; caldo e umido.
mulatto /mjʊˈlætəʊ, *USA* mʊ-/ n. (*pl.* **mulattos, mulattoes**) mulatto (-a).
mulberry /ˈmʌlbrɪ, *USA* -bɛrɪ/ n. (*bot.*) *1* (*anche* **m.-tree**) gelso *2* mora (*di gelso*).
mulch /mʌltʃ/ n. Ⓤ e Ⓒ (*agric.*) concime naturale organico.
mule (1) /mjuːl/ n. mulo.
mule (2) /mjuːl/ n. ciabatta; pianella.
muleteer /mjuːlɪˈtɪə(r)/ n. mulattiere.
mulish /ˈmjuːlɪʃ/ a. caparbio; ostinato.
to **mull** /mʌl/ v. t. scaldare e aromatizzare (*vino*).
♦ **mull over** v. t. + avv. meditare su; rimuginare.
mulled /mʌld/ a. — **m. wine**, vin brûlé (*franc.*).
mullet /ˈmʌlɪt/ n. (*zool.*) triglia.
mullion /ˈmʌlɪən/ n. *1* (*archit.*) colonnina (*di finestra bifora, trifora, ecc.*) *2* (*falegn.*) regolo verticale (*di finestra*).

mullioned /ˈmʌlɪənd/ *a.* (*di finestra*) a colonnine.
multicoloured /mʌltɪˈkʌləd, *USA* -taɪ-/ *a.* multicolore; policromo.
multicultural /mʌltɪˈkʌltʃərəl, *USA* -taɪ-/ *a.* multiculturale.
multifarious /mʌltɪˈfeərɪəs/ *a.* multiforme; molteplice; svariato.
multiform /ˈmʌltɪfɔːm/ *a.* multiforme.
multifunction /mʌltɪˈfʌŋkʃn/ *a.* multiuso.
multilateral /mʌltɪˈlætərəl/ *a.* multilaterale.
multilingual /mʌltɪˈlɪŋgwəl, *USA* -taɪ-/ *a.* plurilingue; multilingue.
multimillionaire /mʌltɪmɪljəˈneə(r), *USA* -taɪ-/ *n.* multimilionario (*in dollari o sterline*); multimiliardario.
multinational /mʌltɪˈnæʃənl, *USA* -taɪ-/ *a.* e *n.* multinazionale.
multiple /ˈmʌltɪpl/ ***A*** *a.* ***1*** (*mat.*) multiplo ***2*** molteplice; vario ● **m.-choice**, (*di una domanda in un test*) a scelta multipla □ (*med.*) **m. sclerosis**, sclerosi multipla (*o* a placche) □ **m. store**, grande magazzino appartenente a una catena ***B*** *n.* (*mat.*) multiplo: **the least common m.**, il minimo comune multiplo.
multiplex /ˈmʌltɪpleks/ ***A*** *a.* ***1*** molteplice ***2*** (*di cinema*) multisala ***B*** *n.* cinema multisala.
multiplicand /mʌltɪplɪˈkænd/ *n.* (*mat.*) moltiplicando.
multiplication /mʌltɪplɪˈkeɪʃn/ *n.* U e C (*mat.*) moltiplicazione ● **m. table**, tavola pitagorica.
multiplicity /mʌltɪˈplɪsətɪ/ *n.* U molteplicità; varietà.
multiplier /ˈmʌltɪplaɪə(r)/ *n.* (*mat., elettr., elettron.*) moltiplicatore.
to **multiply** /ˈmʌltɪplaɪ/ ***A*** *v. t.* moltiplicare: **to m. six by eight**, moltiplicare sei per otto ***B*** *v. i.* ***1*** moltiplicarsi ***2*** (*di animali*) riprodursi.
multipurpose /mʌltɪˈpɜːpəs, *USA* -taɪ-/ *a.* multiuso.
multiracial /mʌltɪˈreɪʃl, *USA* -taɪ-/ *a.* multirazziale.
multistorey /mʌltɪˈstɔːrɪ, *USA* -taɪ-/ ***A*** *a.* (*edil.*) a più piani ***B*** *n.* (*anche* **m. carpark**) autosilo.
multitude /ˈmʌltɪtjuːd, *USA* -tuːd/ *n.* moltitudine.
multitudinous /mʌltɪˈtjuːdɪnəs, *USA* -ˈtuː-/ *a.* (*form.*) ***1*** numerosissimo; innumerevole ***2*** molteplice; svariato.
mum (1) /mʌm/ *a.* (*fam.*) zitto ● **Mum's the word!**, acqua in bocca! □ **to keep mum**, tacere; cucirsi la bocca.
mum (2) /mʌm/ *n.* (*fam.*) mamma.
mumble /ˈmʌmbl/ *n.* borbottio.
to **mumble** /ˈmʌmbl/ *v. t.* e *i.* borbottare; biascicare.
mumbo jumbo /ˈmʌmbəʊˈdʒʌmbəʊ/ *locuz. n.* U (*fam.*) ***1*** parole incomprensibili ***2*** cerimonia astrusa (*specialm. religiosa*).
mummer /ˈmʌmə(r)/ *n.* mimo.
mummery /ˈmʌmərɪ/ *n.* ***1*** pantomima ***2*** cerimonia ridicola; mascherata (*fig.*) ***3*** U cerimoniale ridicolo.
mummification /mʌmɪfɪˈkeɪʃn/ *n.* U mummificazione.
to **mummify** /ˈmʌmɪfaɪ/ *v. t.* mummificare.
mummy (1) /ˈmʌmɪ/ *n.* mummia.
mummy (2) /ˈmʌmɪ/ *n.* (*fam.*) mamma, mammina.
mumps /mʌmps/ *n. pl.* (*col verbo al sing.*) (*med.*) parotite epidemica; orecchioni.
to **munch** /mʌntʃ/ *v. t.* e *i.* masticare rumorosamente; sgranocchiare.
mundane /mʌnˈdeɪn/ *a.* ***1*** ordinario; banale ***2*** pratico; concreto ***3*** mondano; terreno.
municipal /mjuːˈnɪsɪpl/ *a.* municipale; comunale.
municipality /mjuːnɪsɪˈpælətɪ/ *n.* municipio; comune.
munificence /mjuːˈnɪfɪsns/ *n.* U (*form.*) munificenza.
munificent /mjuːˈnɪfɪsnt/ *a.* (*form.*) munifico; generoso.
munitions /mjuːˈnɪʃnz/ *n. pl.* (*mil.*) materiale bellico; armi e munizioni.
mural /ˈmjʊərəl/ ***A*** *a.* murale ***B*** *n.* dipinto murale; murale.
murder /ˈmɜːdə(r)/ *n.* ***1*** U e C omicidio (premeditato); assassinio: **to commit m.**, commettere un omicidio; **the m. weapon**, l'arma del delitto ***2*** U (*fam.*) tortura; faticaccia ● (*fam.*) **to cry blue m.**, strepitare; urlare come un'aquila (*o* come un ossesso) □ **to get away with m.**, fare tutto quello che si vuole impunemente.
to **murder** /ˈmɜːdə(r)/ *v. t.* ***1*** ammazzare; assassinare ***2*** (*fig.*) assassinare; massacrare.
murderer /ˈmɜːdərə(r)/ *n.* assassino; omicida.
murderess /ˈmɜːdərɪs/ *n.* assassina; omicida.
murderous /ˈmɜːdərəs/ *a.* ***1*** omicida; criminale; assassino ***2*** micidiale; massacrante.
murk /mɜːk/ *n.* U (*lett.*) oscurità; tenebre.
murky /ˈmɜːkɪ/ *a.* ***1*** oscuro; tenebroso (*anche fig.*); buio; nero: **a m. past**, un passato tenebroso ***2*** torbido: **m. waters**, acque torbide.
murmur /ˈmɜːmə(r)/ *n.* U e C mormorio; brusio ● **to obey without a m.**, obbedire senza fiatare.
to **murmur** /ˈmɜːmə(r)/ *v. t.* e *i.* ***1*** mormorare; sussurrare ***2*** protestare; mormorare: **to m. at** (*o* **against**) **st.**, protestare contro q.c.
muscat /ˈmʌskət/, **muscatel** /mʌskəˈtel/ *n.* ***1*** U moscato (*vino*) ***2*** (*anche* **m. grapes**) moscatello (*uva*).
muscle /ˈmʌsl/ *n.* ***1*** (*anat.*) muscolo ***2*** U muscolatura; muscoli ***3*** U forza; potere ● **not to move a m.**, restare immobile.
to **muscle** /ˈmʌsl/ *v. Solo come*:
♦ **muscle in** *v. i.* + *avv.* (*fam.*) ***1*** farsi largo a spintoni ***2*** intromettersi.
muscleman /ˈmʌslmæn/ *n.* ***1*** culturista; mister muscolo ***2*** guardia del corpo; gorilla.
Muscovite /ˈmʌskəvaɪt/ *a.* e *n.* ***1*** moscovita ***2*** (*stor.*) russo.
muscular /ˈmʌskjʊlə(r)/ *a.* ***1*** (*anat.*) muscolare ***2*** muscoloso ● (*med.*) **m. dystrophy**, distrofia muscolare.
musculature /ˈmʌskjʊlətʃə(r)/ *n.* (*anat.*) muscolatura; sistema muscolare.
muse /mjuːz/ *n.* (*mitol.* e *fig.*) musa.
to **muse** /mjuːz/ *v. i.* meditare; riflettere: **to m. upon** (*o* **on, over**) **st.**, meditare su q.c.
museum /mjuːˈziːəm/ *n.* museo.
mush /mʌʃ/ *n.* U ***1*** poltiglia; pappa ***2*** (*fam.*) sentimentalismo; sdolcinatezza.
mushroom /ˈmʌʃrʊm, -ruːm/ ***A*** *n.* fungo mangereccio ***B*** *a. attr.* ***1*** a fungo ***2*** che spunta come un fungo; che cresce in fretta ***3*** (color) beige rosato ● **m. cloud**, fungo atomico.
to **mushroom** /ˈmʌʃrʊm, -ruːm/ *v. i.* ***1*** spuntare come un fungo; crescere rapidamente ***2*** espandersi a fungo: **The smoke mushroomed to a great height**, la colonna di fumo salì e si allargò a forma di fungo ● **to go mushrooming**, andare in cerca di funghi.
mushy /ˈmʌʃɪ/ *a.* ***1*** poltiglioso; spappolato ***2*** (*fam.*) sentimentale; sdolcinato.
music /ˈmjuːzɪk/ ***A*** *n.* U musica: **a piece of music**, un pezzo di musica; una musica; **to set to m.**, mettere in musica; **chamber m.**, musica da camera ***B*** *a. attr.* musicale; di (*o* per) musica: **m. critic**, critico musicale; **m. festival**, festival musicale; **m. stand**, leggio (per musica) ● (*fam. GB*) **m. centre**, impianto stereo; stereo □ **m. hall**, (*GB*) teatro di varietà; (*USA*) sala per concerti □ **academy of m.**, conservatorio □ (*fam.*) **to face the m.**, affrontare con coraggio le conseguenze (di quel che s'è fatto).
musical /ˈmjuːzɪkl/ ***A*** *a.* ***1*** musicale ***2*** (*di persona*) amante della musica; dotato per la musica: **m. family**, famiglia di musicisti ● **m. box**, carillon □ **m. chairs**, gioco delle sedie ***B*** *n.* commedia (*o* film) musicale; musical.
musicality /mjuːzɪˈkælətɪ/ *n.* U musicalità.
musician /mjuːˈzɪʃn/ *n.* musicista ● **street m.**, suonatore ambulante.
musicianship /mjuːˈzɪʃnʃɪp/ *n.* U abilità musicale; tecnica musicale.
musicologist /mjuːzɪˈkɒlədʒɪst/ *n.* musicologo (-a).
musicology /mjuːzɪˈkɒlədʒɪ/ *n.* U musicologia.
musing /ˈmjuːzɪŋ/ *a.* pensoso; assorto.
musk /mʌsk/ *n.* U (*profumeria*) muschio ● (*zool.*) **m. deer**, mosco □ (*zool.*) **m. ox**, bue muschiato □ (*bot.*) **m.-rose**, rosa muschiata.
musket /ˈmʌskɪt/ *n.* (*stor.*) moschetto.
musketeer /mʌskəˈtɪə(r)/ *n.* (*stor.*) moschettiere.
muskrat /ˈmʌskræt/ *n.* ***1*** (*zool.*) topo muschiato ***2*** U pelliccia di topo muschiato; rat musqué (*franc.*).
musky /ˈmʌskɪ/ *a.* muschiato.
Muslim /ˈmʌzlɪm/ *V.* **Moslem**.
muslin /ˈmʌzlɪn/ *n.* U (*ind. tess.*) mussola.
musquash /ˈmʌskwɒʃ, *USA* -wɔːʃ/ *V.* **muskrat**.
to **muss** /mʌs/ *v. t.* (*anche* **to m. up**) (*USA*) scompigliare; spiegazzare.
mussel /ˈmʌsl/ *n.* (*zool.*) mitilo; cozza; muscolo.
must (1) /mʌst/ *n.* U mosto.
must (2) /mʌst/ *n.* U muffa.
must (3) /mʌst, məst/ *n.* (*fam.*) cosa da non perdere; cosa di cui non si può fare a meno; must.

must (**4**) /mʌst/ *v. modale* devo (*o* debbo), devi, deve, ecc.; dovevo, dovevi, doveva, ecc.: **You m. do as you're told**, devi fare quel che ti si dice; **He m. be mad**, dev'esser matto!; **It m. be late**, dev'essere tardi; **It m. have been late when you arrived**, doveva essere tardi quando arrivasti; **He m. keep his word, he thought**, pensò che doveva mantenere la parola data; **A solution m. be found**, bisogna trovare una soluzione; **You m. have known what I meant**, sapevi benissimo quel che volevo dire; **If you m. play that trumpet, at least shut the window**, se proprio devi suonare quella tromba, almeno chiudi la finestra; **You m. be joking!**, tu vuoi scherzare!
mustache /mə'stɑːʃ, *USA* 'mʌstæʃ/ (*USA*) *V.* **moustache**.
mustachio /mə'stɑːʃɪəʊ, *USA* -æʃ-/ *n.* (*pl.* **mustachios**) (*generalm. al pl.*) mustacchio; baffone (*fam.*).
mustang /'mʌstæŋ/ *n.* cavallo selvaggio americano; mustang.
mustard /'mʌstəd/ *n.* Ⓤ ***1*** (*pianta e salsa*) senape ***2*** color senape • (*chim.*) **m. gas**, iprite □ **m. plaster**, senapismo □ **m. pot**, senapiera.
muster /'mʌstə(r)/ *n.* ***1*** Ⓤ e Ⓒ (*specialm. mil.*) adunata; rassegna; rivista ***2*** assembramento; raccolta • **to pass m.**, essere accettabile; andar bene.
to **muster** /'mʌstə(r)/ ***A*** *v. t.* ***1*** adunare (*specialm. soldati*); raccogliere ***2*** passare in rivista (*truppe*) ***3*** (*anche* **to m. up**) fare appello a: **to m. up all one's courage**, fare appello a tutto il proprio coraggio ***B*** *v. i.* (*specialm. di soldati*) radunarsi.
mustn't /'mʌsnt, -sn/ *contraz. di* **must not**.
musty /'mʌstɪ/ *a.* ***1*** ammuffito; coperto di muffa ***2*** antiquato; vieto; stantio.
mutability /mjuːtə'bɪlətɪ/ *n.* Ⓤ mutabilità; mutevolezza.
mutable /'mjuːtəbl/ *a.* mutabile; variabile; mutevole.
mutant /'mjuːtənt/ *n.* (*biol.*) mutante.
to **mutate** /mjuː'teɪt/ *v. i.* (*biol.*) subire una mutazione; mutare.
mutation /mjuː'teɪʃn/ *n.* Ⓤ e Ⓒ (*biol.*) mutazione.
mute /mjuːt/ ***A*** *a.* muto ***B*** *n.* ***1*** muto (-a): **deaf m.**, sordomuto ***2*** (*fon.*) consonante muta ***3*** (*mus.*) sordina.
muted /'mjuːtɪd/ *a.* ***1*** (*mus.*) in sordina; con sordina ***2*** (*di suono e fig.*) smorzato; attutito ***3*** (*di colore*) attenuato.
to **mutilate** /'mjuːtileit/ *v. t.* (*anche fig.*) mutilare.
mutilation /mjuːtɪ'leɪʃn/ *n.* Ⓤ e Ⓒ mutilazione.
mutineer /mjuːtɪ'nɪə(r)/ *n.* ammutinato.
mutinous /'mjuːtɪnəs/ *a.* ***1*** ammutinato ***2*** ribelle; sedizioso.
mutiny /'mjuːtənɪ/ *n.* Ⓤ *e* Ⓒ ammutinamento.
to **mutiny** /'mjuːtənɪ/ *v. i.* ammutinarsi.
mutt /mʌt/ *n.* (*fam.*) ***1*** ignorante; testa di legno ***2*** (*USA*) (cane) bastardo; bastardino.
to **mutter** /'mʌtə(r)/ *v. i. e t.* borbottare; brontolare.
muttering /'mʌtərɪŋ/ *n.* Ⓤ borbottio; brontolio.
mutton /'mʌtn/ *n.* Ⓤ carne di montone; castrato • (*fam.*) **m.-chop whiskers**, favoriti; fedine □ **m. dressed up as a lamb**, donna non più giovane che si veste da ragazzina.
mutual /'mjuːtʃʊəl/ *a.* ***1*** mutuo; reciproco; scambievole: **m. dislike**, antipatia reciproca ***2*** comune: **m. friend**, comune amico • (*fin.*) **m. fund**, fondo comune di investimento □ **on m. terms**, su basi di reciprocità.
mutuality /mjuːtʃʊ'ælətɪ/ *n.* Ⓤ mutualità; reciprocità.
mutually /'mjuːtʃʊəlɪ/ *avv.* reciprocamente • **m. exclusive concepts**, concetti che si escludono a vicenda.
muzak, **Muzak** ® /'mjuːzæk/ *n.* Ⓤ musica di sottofondo (*in luoghi pubblici*).
muzzle /'mʌzl/ *n.* ***1*** muso (*di cane, cavallo, ecc.*) ***2*** museruola ***3*** bocca (*di arma da fuoco*).
to **muzzle** /'mʌzl/ *v. t.* ***1*** mettere la museruola a ***2*** (*fig.*) imbavagliare; mettere la mordacchia a.
muzzy /'mʌzɪ/ *a.* (*fam.*) intontito; istupidito.
my /maɪ/ ***A*** *a. poss.* (il) mio, (la) mia; (i) miei, (le) mie ***B*** *inter.* — **Oh, my!**, perbacco!; santo cielo!
myalgia /maɪ'ældʒɪə/ *n.* (*med.*) mialgia.
myasthenia /maɪəs'θiːnɪə/ *n.* (*med.*) miastenia.
mycologist /maɪ'kɒlədʒɪst/ *n.* micologo (-a).
mycology /maɪ'kɒlədʒɪ/ *n.* Ⓤ micologia; micetologia.
myelin(**e**) /'maulɪn/ *n.* (*anat.*) mielina.
myelitis /maɪə'laɪtɪs/ *n.* Ⓤ (*med.*) mielite.
mynah /'maɪnə/ *n.* (*zool.*) storno triste.
myocardium /maɪəʊ'kɑːdɪəm/ *n.* (*pl.* **myocardia** /-dɪə/) (*anat.*) miocardio.
myopia /maɪ'əʊpɪə/ *n.* Ⓤ (*med.*) miopia.
myopic /maɪ'ɒpɪk/ *a.* (*med. e fig.*) miope.
myosotis /maɪə'səʊtɪs/ *n.* Ⓤ (*bot.*) miosotide; nontiscordardimé.
myriad /'mɪrɪəd/ ***A*** *n.* miriade ***B*** *a. attr.* innumerevole.
myrrh /mɜː(r)/ *n.* Ⓤ mirra.
myrtle /'mɜːtl/ *n.* (*bot.*) mirto; mortella.
myself /maɪ'sɛlf/ ***A*** *pron. rifl.* me stesso; mi; me: **I have hurt m.**, mi sono fatto male; **I was talking to m.**, parlavo fra me e me; **a room to m.**, una stanza solo (*o* tutta) per me ***B*** *pron. enfatico* io stesso; io in persona; proprio io: **I saw it m.**, l'ho visto io stesso • **by m.**, da me; da solo □ **I am not m. today**, oggi non mi sento troppo bene □ **I'm quite m. again**, mi sono rimesso del tutto; ora sto proprio bene.
mysterious /mɪ'stɪərɪəs/ *a.* misterioso.
mystery /'mɪstərɪ/ *n.* ***1*** Ⓤ e Ⓒ mistero: **wrapped in m.**, avvolto nel mistero; **to make a m. of st.**, far mistero di q.c. ***2*** (*teatr., anche* **m. play**) mistero; miracolo • **m. tour**, gita in pullman con itinerario a sorpresa.
mystic /'mɪstɪk/ ***A*** *a.* ***1*** mistico ***2*** esoterico; occulto: **m. rites**, riti esoterici ***B*** *n.* mistico (-a).
mystical /'mɪstɪkl/ *V.* **mystic**, *A.*
mysticism /'mɪstɪsɪzəm/ *n.* Ⓤ misticismo.
mystification /mɪstɪfɪ'keɪʃn/ *n.* Ⓤ e Ⓒ mistificazione.
to **mystify** /'mɪstɪfaɪ/ *v. t.* ***1*** mistificare ***2*** confondere; disorientare.
mystique /mɪ'stiːk/ *n.* fascino misterioso.
myth /mɪθ/ *n.* Ⓒ *e* Ⓤ mito.
mythical /'mɪθɪkl/ *a.* ***1*** mitico; leggendario ***2*** immaginario.
mythological /mɪθə'lɒdʒɪkl/ *a.* mitologico.
mythology /mɪ'θɒlədʒɪ/ *n.* Ⓤ e Ⓒ mitologia; miti.
mythomania /mɪθə'meɪnɪə/ *n.* Ⓤ (*psic.*) mitomania.
mythomaniac /mɪθə'meɪnɪæk/ *a. e n.* (*psic.*) mitomane.
myxomatosis /mɪksəʊmə'təʊsɪs/ *n.* Ⓤ (*vet.*) mixomatosi.

n, N

N, **n** /ɛn/ *n.* (*pl.* **N's**, **n's**; **Ns**, **ns**) ***1*** N, n ***2*** (*mat.*) n (*simbolo di numero o potenza indefinita*) • (*telef.*) **n for Nellie** (*USA* **for Nan**), n come Napoli.
'n' /n/ *abbr. di* **and**.
to **nab** /næb/ *v. t.* (*pop.*) ***1*** acchiappare; acciuffare ***2*** fermare; bloccare.
nabob /ˈneɪbɒb/ *n.* nababbo.
nacelle /nəˈsɛl/ *n.* (*aeron.*) gondola.
nacre /ˈneɪkə(r)/ *n.* [U] madreperla.
nadir /ˈneɪdɪə(r)/ *n.* ***1*** (*astron.*) nadir ***2*** punto più basso.
naff /næf/ *a.* (*pop. GB*) non alla moda; senza stile; squallido; cafone.
to **naff** /næf/ *v. Solo come*:
♦ **naff off** *v. i. + avv.* (*pop. GB, generalm. all'imper.*) andare al diavolo: **N. off!**, vaffan!
nag (**1**) /næg/ *n.* (*fam. spreg.*) ronzino.
nag (**2**) /næg/ *n.* persona (*specialm. donna*) bisbetica, brontolona.
to **nag** /næg/ ***A*** *v. t.* ***1*** rimbrottare; sgridare ***2*** assillare; tormentare: **to nag sb. into doing st.**, riuscire far fare q.c. a q. a forza di insistere ***B*** *v. i.* brontolare continuamente.
♦ **nag at** *v. i. + prep. V.* **to nag**, *A*.
nagging /ˈnægɪŋ/ ***A*** *n.* [U] brontolamenti; continui rimproveri ***B*** *a.* ***1*** che brontola sempre; bisbetico ***2*** assillante; tormentoso.
naiad /ˈnaɪæd/ *n.* (*mitol.*) naiade.
nail /neɪl/ *n.* ***1*** (*anat.*) unghia: **to bite one's nails**, mangiarsi le unghie ***2*** chiodo: **to drive in a n.**, piantare un chiodo • **n.-biting**, emozionante; da brivido □ **n.-head**, capocchia di chiodo □ **n. file**, limetta per unghie □ **n. polish** (*o* **varnish**), smalto per unghie □ **n. polish remover**, solvente per smalto; acetone □ **n. scissors**, forbicine per le unghie □ (*fig.*) **to hit the n. on the head**, colpire nel segno □ (*fam.*) **to pay on the n.**, pagare in contanti; pagare sull'unghia (*fam.*).
to **nail** /neɪl/ *v. t.* ***1*** inchiodare ***2*** (*fam.*) acchiappare; acciuffare • **to n. one's colours to the mast**, dichiararsi; prendere una posizione inequivocabile □ **to n. a lie**, smascherare una menzogna.
♦ **nail down** *v. t. + avv.* ***1*** inchiodare ***2*** determinare, definire con precisione; fissare ***3*** costringere a: **to n. sb. down to a date** [**a price**], costringere q. a fissare una data [un prezzo].
♦ **nail up** *v. t. + avv.* inchiodare; fissare con chiodi: **to n. up a picture**, attaccare un quadro.
nailbrush /ˈneɪlbrʌʃ/ *n.* spazzolino da unghie.
naïve, **naive** /naɪˈiːv, *USA* nɑːˈiːv/ *a.* ingenuo; semplice.
naïveté /naiiːvˈteɪ/, **naivety** /naɪˈiːvtɪ/ *n.* [U] ingenuità; semplicità.
naked /ˈneɪkɪd/ *a.* ***1*** nudo ***2*** spoglio; nudo ***3*** puro e semplice: **the n. truth**, la pura e semplice verità; **the n. facts**, i fatti puri e semplici ***4*** scoperto; palese; messo a nudo: **in its n. absurdity**, nella sua palese assurdità ***5*** scoperto; sguarnito; non protetto: **n. bulb**, lampada scoperta (*senza paralume*) • **to see st. with the n. eye**, vedere q.c. a occhio nudo.
nakedness /ˈneɪkɪdnəs/ *n.* [U] nudità.
namby-pamby /ˈnæmbɪˈpæmbɪ/ *a.* (*fam. spreg.*) smidollato; rammollito.
name /neɪm/ *n.* ***1*** [C] *e* [U] nome: **to know sb. by n.**, conoscere q. di nome; **What's your n.?**, come ti chiami?; **My n. is Michael**, mi chiamo Michael ***2*** nome; reputazione; fama: **to make a n. for oneself**, farsi un nome; **to have a n. for st.**, essere noto (*o* famoso) per q.c. ***3*** personaggio famoso; nome: **a big n.**, un grosso nome • **n. day**, onomastico □ (*fam.*) **the n. of the game**, quello che conta; il vero scopo di un'attività □ **to call sb. names**, insultare q. □ **Christian n.** (*USA* **first n.**), nome di battesimo □ **family n.** (*o* **last n.**), cognome □ **full n.**, nome e cognome □ **He hasn't a penny to his n.**, non ha un soldo; è uno squattrinato □ **in sb.'s n.**, a nome di q. □ **in n. only**, solo di nome □ **in the n. of the law**, in nome della legge □ **to name names**, fare (i) nomi □ **to put one's n. down for st.**, mettersi in lista per q.c.
to **name** /neɪm/ *v. t.* ***1*** metter nome a; chiamare: **They named the child Alan**, chiamarono il bambino Alan; **He was named after an uncle**, gli è stato messo il nome di uno zio ***2*** fare il nome di: **to n. names**, fare (i) nomi ***3*** designare; nominare ***4*** fissare; stabilire: **N. your price**, fissa il prezzo! • **to n. but one**, per fare un nome; tanto per dirne uno □ (*di persona*) **to be named**, chiamarsi □ **... cakes, tarts, biscuits, you n. it**, torte, crostate, biscotti, c'è [c'era, abbiamo] di tutto.
to **name-drop** /ˈneɪmdrɒp/ *v. i.* (*fam.*) fare sfoggio di conoscenze altolocate (*vere o presunte*).
name-dropping /ˈneɪmdrɒpɪŋ/ *n.* (*fam.*) sfoggio di conoscenze altolocate (*vere o presunte*).
nameless /ˈneɪmləs/ *a.* ***1*** senza nome; anonimo; sconosciuto: **a n. plant**, una pianta senza nome; **a person who shall remain n.**, una persona di cui non sarà fatto il nome ***2*** innominabile; indescrivibile: **n. horrors**, orrori indescrivibili.
namely /ˈneɪmlɪ/ *avv.* vale a dire; cioè.
nameplate /ˈneɪmpleɪt/ *n.* targa, targhetta (*sulla porta*).
namesake /ˈneɪmseɪk/ *n.* (*di persona*) omonimo.
nancy /ˈnænsɪ/, **nancy-boy** /ˈnænsɪbɔɪ/ *n.* (*pop.*) frocetto; checca.
nankeen /næŋˈkiːn/ *n.* [U] (*ind. tess.*) anchina; nanchino.
nanny /ˈnænɪ/ *n.* (*fam.*) bambinaia.
nanny goat /ˈnænɪgəʊt/ *locuz. n.* capra; capretta.
nap (**1**) /næp/ *n.* sonnellino; pisolino: **to have** (*o* **to take**) **a n.**, fare un sonnellino; schiacciare un pisolino.
nap (**2**) /næp/ *n.* [U] pelo, peluria (*di tessuto*).
to **nap** /næp/ *v. i.* sonnecchiare; schiacciare un pisolino • **to catch sb. napping**, cogliere q. alla sprovvista.
napalm /ˈneɪpɑːm/ *n.* [U] (*mil.*) napalm • **n. bomb**, bomba al napalm.
to **napalm** /ˈneɪpɑːm/ *v. t.* bombardare con il napalm.
nape /neɪp/ *n.* nuca.
naphtha /ˈnæfθə/ *n.* [U] (*chim., ind.*) nafta.
naphthalene /ˈnæfθəliːn/ *n.* [U] (*chim.*) naftalina.
napkin /ˈnæpkɪn/ *n.* ***1*** (*anche* **table n.**) tovagliolo; salvietta ***2*** pannolino (*per bambini*) • **n. ring**, portatovagliolo □ (*USA*) **sanitary n.**, assorbente igienico.
Napoleonic /nəpəʊlɪˈɒnɪk/ *a.* napoleonico.
nappy /ˈnæpɪ/ *n.* (*fam. GB*) pannolino (*per bambini*).
narc /nɑːk/ *V.* **nark**.
narcissi /nɑːˈsisai/ *pl. di* **narcissus**.
narcissism /ˈnɑːsɪsɪzəm/ *n.* [U] (*psic.*) narcisismo.
narcissist /ˈnɑːsɪsɪst/ *n.* (*psic.*) narcisista.
narcissistic /nɑːsɪˈsɪstɪc/ *a.* narcisistico.
narcissus /nɑːˈsɪsəs/ *n.* (*pl.* **narcissus**, **narcissi**) (*bot.*) narciso.
narcosis /nɑːˈkəʊsɪs/ *n.* [U] (*med.*) narcosi.
narcotic /nɑːˈkɒtɪk/ *a. e n.* (*chim.*) narcotico.
nark /nɑːk/ *n.* (*pop.*) informatore della polizia; spia.
to **nark** /nɑːk/ *v. t.* (*fam. GB*) seccare; scocciare.
to **narrate** /nəˈreɪt, *USA* ˈnæreɪt, næˈreɪt/ *v. t.* (*form.*) narrare; raccontare.
narration /nəˈreɪʃn, næ-/ *n.* [U] *e* [C] narrazione; racconto.
narrative /ˈnærətɪv/ ***A*** *a. attr.* narrativo • **n. literature**, la narrativa ***B*** *n.* ***1*** narrazione; racconto ***2*** [U] narrativa.
narrator /nəˈreɪtə(r), *USA* ˈnæreɪ-, næˈreɪ-/ *n.* narratore (-trice).
narrow /ˈnærəʊ/ ***A*** *a.* ***1*** stretto; ristretto; angusto; limitato; esiguo: **n. roads**, strade strette; **n. circle of friends**, ristretto

numero d'amici; **n. views**, vedute ristrette; **n. majority**, esigua maggioranza; **n. victory**, vittoria risicata *2* accurato; preciso; meticoloso: **after a n. scrutiny**, dopo un esame meticoloso • (*GB*) **n. boat**, chiatta lunga e stretta (*per canali*) □ (*ferr.*) **n.-gauge**, a scartamento ridotto □ **n.-minded**, di vedute ristrette; di idee limitate □ **n.-mindedness**, ristrettezza di vedute □ **to have a n. escape**, salvarsi per un pelo *B* *n.* (*al pl.*) (*geogr.*) stretto.

to **narrow** /ˈnærəʊ/ *A* *v. t.* *1* stringere: **to n. one's eyes**, stringere gli occhi *2* ridurre; restringere: **to n. a gap**, ridurre un divario *B* *v. i.* stringersi; restringersi.

♦ **narrow down** *v. t.* + *avv.* limitare; ridurre; restringere: **to n. down the list of suspects**, ridurre la lista dei sospettati.

narrowly /ˈnærəʊlɪ/ *avv.* *1* di stretta misura; a mala pena; per un pelo (*fam.*) *2* attentamente; da vicino *3* meticolosamente; con pignoleria.

narwhal /ˈnɑːwəl/ *n.* (*zool.*) narvalo.

nasal /ˈneɪzl/ *A* *a.* nasale *B* *n.* suono nasale.

nascent /ˈnæsnt/ *a.* (*form.*) nascente.

nastiness /ˈnɑːstɪnəs, *USA* ˈnæs-/ *n.* *1* disgustosità; sgradevolezza *2* cattiveria.

nasturtium /nəˈstɜːʃəm, *USA* næ-/ *n.* (*bot.*) nasturzio.

nasty /ˈnɑːstɪ, *USA* ˈnæs-/ *a.* *1* disgustoso; nauseante: **n. smell**, odore disgustoso *2* antipatico; cattivo; aggressivo: **n. remarks**, parole cattive; **He turned n.**, è diventato aggressivo *3* brutto; grave; pericoloso: **n. weather**, brutto tempo; **n. corner**, curva pericolosa; **n. wound**, brutta ferita; **n. temper**, caratteraccio *4* osceno • **to have a n. mind**, pensare sempre il peggio di q. [q.c.]; finire sempre nell'osceno.

nation /ˈneɪʃn/ *n.* nazione.

national /ˈnæʃənl/ *A* *a.* nazionale: **the n. anthem**, l'inno nazionale; **n. bank**, banca nazionale • (*fin.*) **n. debt**, debito pubblico □ **N. Health Service**, Servizio di Assistenza Sanitaria; Mutua □ (*in U.S.A.*) **the N. Guard**, la Guardia Nazionale □ (*in G.B.*) **the n. grid**, la rete elettrica nazionale □ (*in G.B.*) **N. Insurance**, previdenza sociale □ **n. park**, parco nazionale □ (*GB*) **n. service**, servizio militare di leva □ (*stor.*) **N. Socialism**, nazionalsocialismo; nazismo *B* *n.* cittadino: **French nationals in India**, i cittadini francesi in India.

to **nationalise** /ˈnæʃnəlaɪz/ *e deriv.* (*GB*) *V.* **to nationalize** *e deriv.*

nationalism /ˈnæʃnəlɪzəm/ *n.* [U] nazionalismo.

nationalist /ˈnæʃnəlɪst/ *n.* nazionalista.

nationalistic /næʃnəˈlɪstɪk/ *a.* nazionalistico.

nationality /næʃəˈnælətɪ/ *n.* [U] *e* [C] nazionalità; cittadinanza.

nationalization /næʃnəlaɪˈzeɪʃn, *USA* -lɪˈz-/ *n.* [U] nazionalizzazione.

to **nationalize** /ˈnæʃnəlaɪz/ *v. t.* nazionalizzare.

nationwide /ˈneɪʃnˈwaɪd/ *A* *a.* diffuso in tutta la nazione; (a carattere) nazionale *B* *avv.* in (*o* a) tutta la nazione.

native /ˈneɪtɪv/ *A* *a.* *1* nativo; natale; natio: **one's n. country**, il paese natio; la patria; **n. language**, lingua madre *2* innato; naturale; spontaneo: **n. charm**, fascino naturale *3* indigeno; locale: **n. plants**, piante indigene; **n. industry**, industria locale • **N. American**, indiano d'America □ **n. speaker**, (parlante) madrelingua □ (*fam.*) **to go n.**, adottare lo stile di vita locale *B* *n.* *1* nativo; persona del luogo; indigeno (-a): **He's a n. of Wales**, è nativo del Galles (*o* di nascita gallese) *2* animale indigeno; pianta indigena.

nativity /nəˈtɪvətɪ/ *n.* (*form.*) natività • (*teatr.*) **N. play**, dramma natalizio.

natter /ˈnætə(r)/ *n.* (*fam. GB*) chiacchierata.

to **natter** /ˈnætə(r)/ *v. i.* (*fam.*) chiacchierare; ciarlare.

natty /ˈnætɪ/ *a.* (*fam.*) elegante; inappuntabile.

natural /ˈnætʃrəl/ *A* *a.* *1* naturale: **n. phenomena**, fenomeni naturali; **n. harbour**, porto naturale; **to speak in a n. voice**, parlare con voce naturale; **to die a n. death**, morire di morte naturale; **It's only n. that...**, è più che naturale che... *2* per natura; nato: **a n. orator**, un oratore nato *3* innato: **a n. tendency to exaggerate**, un'innata tendenza ad esagerare • **n. historian**, naturalista □ **the n. world**, il mondo della natura □ **n. parents**, veri genitori □ **n. son**, figlio naturale □ **for the term of one's n. life**, vita natural durante *B* *n.* *1* (*fam.*) persona con un dono naturale per q.c.: **She'd never acted before, but proved to be a n.**, non aveva mai recitato prima di allora, ma si rivelò un'attrice nata *2* (*mus.*) bequadro.

to **naturalise** /ˈnætʃrəlaɪz/ *e deriv.* (*GB*) *V.* **to naturalize** *e deriv.*

naturalism /ˈnætʃrəlɪzəm/ *n.* [U] naturalismo.

naturalist /ˈnætʃrəlɪst/ *n.* naturalista.

naturalistic /nætʃrəˈlɪstɪk/ *a.* naturalistico.

naturalization /nætrəlaɪˈzeɪʃn, *USA* -lɪˈz-/ *n.* [U] *1* (*leg.*) naturalizzazione; concessione [adozione] della cittadinanza *2* adozione (*di parole straniere*) *3* (*biol.*) acclimatazione.

to **naturalize** /ˈnætʃrəlaɪz/ *A* *v. t.* *1* (*leg.*) naturalizzare; concedere la cittadinanza a: **to become naturalized**, prendere la cittadinanza *2* introdurre e acclimatare (*animali esotici*); trapiantare (*piante esotiche, in un paese*) *3* adottare (*parole straniere*) *B* *v. i.* naturalizzarsi.

naturally /ˈnætʃrəlɪ/ *avv.* *1* naturalmente; spontaneamente *2* naturalmente; certamente; certo *3* per natura • **to behave n.**, comportarsi con naturalezza □ **It comes n. to me**, mi viene naturale.

nature /ˈneɪtʃə(r)/ *n.* *1* [U] natura: **the beauties of n.**, le bellezze della natura *2* [U] *e* [C] natura; carattere; indole: **human n.**, la natura umana; **to be proud by n.**, essere orgoglioso per natura; essere d'indole altera; **talk of a private n.**, conversazione di natura privata *3* genere; specie; sorta: **things of this n.**, cose di questo genere *4* [U] forza vitale • **n. reserve**, riserva naturale; parco naturale protetto □ **n. study**, scienze naturali □ **n. trail**, percorso naturalistico guidato □ (*eufem.*) **call of n.**, bisogno (fisiologico) □ **to paint from n.**, dipingere dal vero □ **good-natured**, gentile; affabile; buono □ **ill-natured**, scontroso; antipatico; di carattere difficile □ **in the n. of things**, nella natura delle cose □ **return to n.**, ritorno (*dell'uomo*) allo stato di natura □ **It's second n. to her**, le viene naturale (*o* istintivo).

naturism /ˈneɪtʃərɪzəm/ *n.* [U] naturismo; nudismo.

naturist /ˈneɪtʃərɪst/ *n.* naturista; nudista.

naturopath /ˈneɪtʃərəpæθ/ *n.* (*med.*) naturopata.

naturopathy /neɪtʃəˈrɒpəθɪ/ *n.* [U] (*med.*) naturopatia.

naught /nɔːt/ *n.* (*antiq. o lett.*) *1* niente; nulla: **to come to n.**, finire in nulla *2* (*mat.*) zero.

naughtiness /ˈnɔːtɪnəs/ *n.* [U] *1* (*specialm. di bambino o animale*) cattiveria; disobbedienza *2* salacità.

naughty /ˈnɔːtɪ/ *a.* *1* (*specialm. di bambino o animale*) cattivo; cattivello; disobbediente *2* spinto; piccante; salace.

nausea /ˈnɔːsɪə, *USA* ˈnɔːʒə/ *n.* [U] *1* (*med.*) nausea *2* nausea (*fig.*); schifo; disgusto.

to **nauseate** /ˈnɔːsɪeɪt, *USA* ˈnɔːz-/ *v. t.* *1* nauseare; mettere nausea a *2* nauseare (*fig.*); disgustare.

nauseating /ˈnɔːsɪeɪtɪŋ, *USA* ˈnɔːz-/ *a.* nauseante; nauseabondo; disgustoso: **n. food**, cibo nauseante.

nauseous /ˈnɔːsɪəs, *USA* ˈnɔːʃəs/ *a.* *1* nauseante; nauseabondo; disgustoso *2* nauseato.

nautical /ˈnɔːtɪkl/ *a.* nautico; navale; marinaresco; marino: **n. mile**, miglio marino.

nautilus /ˈnɔːtɪləs/ *n.* (*pl.* **nautiluses, nautili** /-laɪl/) (*zool.*) nautilo.

naval /ˈneɪvl/ *a.* navale; di marina: **n. battle**, battaglia navale; **n. academy**, accademia navale; **n. officer**, ufficiale di marina.

nave /neɪv/ *n.* (*archit.*) navata centrale (*o* maggiore).

navel /ˈneɪvl/ *n.* (*anat.*) ombelico.

navigability /nævɪgəˈbɪlətɪ/ *n.* [U] navigabilità.

navigable /ˈnævɪgəbl/ *a.* *1* (*di fiume, ecc.*) navigabile *2* (*di nave, ecc.*) governabile.

to **navigate** /ˈnævɪgeɪt/ *A* *v. i.* *1* navigare; governare *2* (*autom.*) fare da navigatore *B* *v. t.* *1* navigare (*fiumi, mari*) *2* governare (*una nave*); tenere in rotta (*un aereo*) • **to n. one's way through st.**, farsi strada attraverso q.c.

navigation /nævɪˈgeɪʃn/ *n.* [U] *1* (*naut., aeron.*) navigazione: **river n.**, navigazione fluviale *2* (*naut.*) scienza della navigazione; nautica • **n. lights**, fanali di via □ **n. officer**, ufficiale di rotta.

navigator /ˈnævɪgeɪtə(r)/ *n.* *1* navigatore *2* (*naut., aeron.*) ufficiale di rotta.

navvy /ˈnævɪ/ *n.* (*GB*) manovale; sterratore; terrazziere.

navy /ˈneɪvɪ/ *n.* *1* marina (militare *o* da guerra): **to join the n.**, arruolarsi in marina *2* flotta *3* (*anche* **n. blue**) blu scuro; blu marino • **n. yard**, arsenale marittimo □ **merchant n.**, marina mercantile.

nay /neɪ/ *A* *n.* (*polit.*) *1* voto contrario; no *2* chi vota contro • (*in Parlamento*) **The nays have it!**, la proposta è respinta! *B* *avv.* *1* (*antiq.*) no *2* (*lett.*) anzi; o meglio.

Nazi /ˈnɑːtsɪ/ *a. e n.* nazista.

Nazism /ˈnɑːtsɪzəm/ *n.* Ⓤ nazismo.
Neanderthal /nɪˈændətɑːl/ ***A*** *a.* ***1*** di Neandertal: **N. man**, l'uomo di Neandertal ***2*** (*fam. USA*) retrogrado; reazionario ***B*** *n.* (*fam.*) ***1*** (*USA*) retrogrado; reazionario ***2*** (*scherz.*) scimmione.
neap /niːp/ *n.* (*naut., anche* **n. tide**) minimo di marea; marea delle quadrature.
Neapolitan /nɪəˈpɒlɪtən/ *a. e n.* napoletano.
near (1) /nɪə(r)/ ***A*** *avv.* ***1*** vicino; dappresso ***2*** quasi: **n. impossible**, quasi impossibile ● **n. at hand**, a portata di mano; sottomano; vicino (*anche nel tempo*) □ **to draw n.**, avvicinarsi □ **far and n.**, vicino e lontano; da ogni parte; dappertutto □ **We came n. to losing the election**, non abbiamo perso le elezioni per un soffio; c'è mancato poco che perdessimo le elezioni □ **That's nowhere n. enough**, non basta per nulla; è tutt'altro che sufficiente ***B*** *prep.* vicino a; presso (a); nei pressi di; accanto a: **Come and sit n. me**, vieni a sederti accanto a me: **n. the lake**, vicino al (*o* nei pressi del) lago; **n. here**, qui vicino; qui accanto.
near (2) /nɪə(r)/ *a.* ***1*** vicino; prossimo: **the nearest village**, il paese più vicino; **in the n. future**, nel prossimo futuro; **n. relations**, parenti prossimi (*o* stretti); **the N. East**, il Vicino Oriente ***2*** (*di ruota di veicolo, gamba di cavallo*) di sinistra; sinistro: **n. front wheel**, ruota anteriore sinistra ***3*** (*fam.*) diretto; breve: **the nearest way to the station**, la strada più breve per la stazione ***4*** evitato per un pelo; quasi: **n. miss**, colpo per poco non andato a segno; scontro appena evitato; **a n. disaster**, un quasi disastro; **It was a n. escape** (*o* **a n. thing**), l'abbiamo [l'avete, ecc.] scampata per un pelo; **to make a n. guess**, indovinare o quasi; andarci vicino ***5*** di manica stretta; avaro; tirchio ● (*scherz.*) **one's nearest and dearest**, i propri cari.
to **near** /nɪə(r)/ ***A*** *v. t.* avvicinarsi a; accostarsi a ***B*** *v. i.* avvicinarsi.
nearby /nɪəˈbaɪ/ ***A*** *a. attr.* vicino: **the n. town**, la città vicina ***B*** *avv.* vicino; qui vicino; nelle vicinanze.
nearly /ˈnɪəlɪ/ *avv.* ***1*** quasi; press'a poco: **n. empty**, quasi vuoto; **n. a year**, quasi un anno ***2*** (*riferito a un verbo*) per poco; quasi: **I n. missed the train**, per poco non persi il treno; **He n. died**, fu lì lì per morire ● **not n.**, tutt'altro che; niente affatto.
nearness /ˈnɪənəs/ *n.* Ⓤ vicinanza; prossimità.
nearside /ˈnɪəsaɪd/ *a. attr.* di sinistra.
nearsighted /nɪəˈsaɪtɪd/ *a.* (*anche fig.*) miope.
neat /niːt/ *a.* ***1*** ordinato; preciso; lindo; curato (*nel vestire*): **n. handwriting**, calligrafia ordinata ***2*** semplice ed essenziale; indovinato: **a n. solution**, una soluzione elegante; **a n. trick**, una trovata indovinata; **a n. little car**, una bella macchinetta ***3*** (*di vino, liquore*) liscio; non diluito: **to drink one's whisky n.**, bere il whisky liscio ***4*** (*fam. USA*) ottimo; bellissimo ● **as n. as a new pin**, lustro come uno specchio; (*di persona*) tirato a lucido, impeccabile.
neatness /ˈniːtnəs/ *n.* Ⓤ ***1*** ordine; precisione; lindore; cura ***2*** abilità.
nebula /ˈnɛbjʊlə/ *n.* (*pl.* **nebulae** /-liː/, **nebulas**) (*astron.*) nebulosa.
nebulizer /ˈnɛbjʊlaɪzə(r)/ *n.* (*med.*) nebulizzatore.
nebulous /ˈnɛbjʊləs/ *a.* nebuloso; vago.
necessarily /nɛsəˈsɛrəlɪ, ˈnɛsəsrəlɪ/ *avv.* necessariamente; di necessità.
necessary /ˈnɛsəsərɪ, *USA* -serɪ/ ***A*** *a.* necessario: **It's n. for him to leave at once** (*o* **that he should leave at once**), è necessario (*o* bisogna) che egli parta subito; **a n. evil**, un male necessario; **if n.**, in caso di bisogno; se (sarà) necessario; all'occorrenza ***B*** *n.* ***1*** ciò che è necessario; (il) necessario; (*eufem.*) (i) quattrini ***2*** (*al pl.*) cose necessarie; (il) necessario.
to **necessitate** /nɪˈsɛsɪteɪt/ *v. t.* (*form.*) rendere necessario; richiedere.
necessity /nɪˈsɛsətɪ/ *n.* ***1*** Ⓤ necessità; bisogno: **There is no n. to...**, non c'è bisogno di...; non occorre...; **of** (*o* **by**) **n.**, di necessità; necessariamente ***2*** cosa necessaria: **the necessities of life**, le necessità della vita; **the bare necessities**, il minimo indispensabile ● **to bow to n.**, far buon viso a cattiva sorte □ **to make a virtue of n.**, fare di necessità virtù □ (*prov.*) **N. is the mother of invention**, il bisogno aguzza l'ingegno.
neck /nɛk/ *n.* ***1*** collo: **to break one's n.**, rompersi il collo; **the n. of a bottle** [**of a shirt**], il collo di una bottiglia [di una camicia]; **dress with a low n.**, vestito scollato ***2*** (*di violino*) manico ***3*** (*geogr.*) lingua di terra ***4*** (*ippica*) incollatura: **to win by a n.**, vincere per un'incollatura ● (*ippica e fig.*) **n. and n.**, testa a testa □ (*fam.*) **n. of the woods**, zona; regione: **in this n. of the woods**, in questi paraggi □ (*fam.*) **It's n. or nothing**, o la va o la spacca □ (*pop.*) **to get it in the n.**, prendersi una bella strigliata □ **to have a stiff n.**, avere il torcicollo □ **to risk one's n.**, rischiare la pelle □ **to save one's n.**, evitare la forca; salvare la testa; (*fig.*) cavarsela per il rotto della cuffia □ **to stick one's n. out**, esporsi; rischiare □ **to be up to one's n. in debt**, essere indebitato fino al collo.
to **neck** /nɛk/ *v. i.* (*pop.*) sbaciucchiarsi; pomiciare (*pop.*).
neckband /ˈnɛkbænd/ *n.* ***1*** collo (*di camicia, ecc.*) ***2*** collarino.
neckerchief /ˈnɛkətʃɪf/ *n.* fazzoletto da collo.
necking /ˈnɛkɪŋ/ *n.* Ⓤ (*pop.*) sbaciucchiamenti; (il) pomiciare (*pop.*).
necklace /ˈnɛkləs/ *n.* collana.
necklet /ˈnɛklət/ *n.* collana a girocollo.
neckline /ˈnɛklaɪn/ *n.* scollatura; scollo: **low** (*o* **plunging**) **n.**, scollatura profonda.
necktie /ˈnɛktaɪ/ *n.* (*specialm. USA*) cravatta.
necrology /nɛˈkrɒlədʒɪ/ *n.* necrologio (*registro*).
necromancer /ˈnɛkrəʊmænsə(r)/ *n.* negromante.
necromancy /ˈnɛkrəʊmænsɪ/ *n.* Ⓤ negromanzia.
necrophilia /nɛkrəˈfɪlɪə/, **necrophilism** /nɛˈkrɒfɪlɪzəm/ *n.* Ⓤ (*psic.*) necrofilia.
necrophiliac /nɛkrəˈfɪlɪæk/ *n.* necrofilo (**-a**).
necropolis /nɛˈkrɒpəlɪs/ *n.* necropoli.
necrosis /nɛˈkrəʊsɪs/ *n.* Ⓤ (*med.*) necrosi.
necrotic /nɛˈkrɒtɪk/ *a.* (*med.*) necrotico.
nectar /ˈnɛktə(r)/ *n.* Ⓤ nettare.
nectarine /ˈnɛktərɪn/ *n.* ***1*** (*bot.*) nocepesco ***2*** (*il frutto*) nocepesca; pesca nettarina.
née /neɪ/ (*franc.*) *a.* nata: **Mrs Mary Burns née Clark**, la signora Mary Burns, nata Clark.
need /niːd/ *n.* ***1*** Ⓤ bisogno; necessità: **There is no n. to hurry** [**for you to stay**], non c'è bisogno di affannarsi [che tu rimanga]; **to be in n. of st.**, aver bisogno di q.c.; **if n.** (*o* **needs**) **be**, in caso di bisogno; se necessario; **as n. arises**, via via che ce n'è bisogno ***2*** (*al pl.*) bisogni; esigenze: **daily needs**, esigenze quotidiane; **My needs are few**, non ho molte esigenze ***3*** Ⓤ bisogno; indigenza; povertà: **to be in n.**, essere nel bisogno.
to **need** /niːd/ ***A*** *v. t.* aver bisogno di; abbisognare di; occorrere (*costruz. impers.*): **Do you n. any help?**, hai bisogno di (*o* ti occorre) aiuto?; **I don't n. that book**, non mi occorre quel libro; **He doesn't n. to be told**, non c'è bisogno di dirglielo ***B*** *v. modale* occorrere; essere necessario; bisognare (*costruz. impers.*): **He n. not come**, non occorre che venga; **He needn't be told**, non occorre (*o* non è il caso di) dirglielo (*è meglio che non lo sappia*); **I needn't have come**, non occorreva che venissi; **N. you go?**, devi proprio andare?; **N. you ask!**, occorre chiederlo? ● **He didn't n. to be told twice**, non se lo fece dire due volte □ **I n. hardly say that...**, non occorre che io dica che...; è quasi superfluo dire che... □ **It needed doing**, bisognava farlo □ **It will n. doing**, bisognerà farlo.
needful /ˈniːdfl/ ***A*** *a.* (*antiq.*) necessario: **to do what is n.**, fare quello che è necessario ***B*** *n.* (*fam. GB*) ***1*** — **the n.**, il necessario ***2*** — **the n.**, i soldi necessari.
needle /ˈniːdl/ *n.* ***1*** ago (*anche bot.*): **n. and thread**, ago e filo; **the eye of a n.**, la cruna di un ago; **pine needles**, aghi di pino ***2*** (*anche* **knitting n.**) ferro (da calza) ***3*** puntina (*di grammofono*) ***4*** (*tecn.*) ago; lancetta ● **n.-case**, agoraio □ **It's like looking for a n. in a haystack**, è come cercare un ago in un pagliaio □ (*pop.*) **to be on the n.**, drogarsi; bucarsi (*pop.*).
to **needle** /ˈniːdl/ *v. t.* (*fam.*) pungere; punzecchiare.
needlepoint /ˈniːdlpɔɪnt/ *n.* Ⓤ arazzo ad ago.
needless /ˈniːdləs/ *a.* inutile; superfluo: **n. to say**, inutile dire che...; va da sé che...
needlewoman /ˈniːdlwʊmən/ *n.* (*pl.* **needlewomen** /-wɪmən/) cucitrice.
needlework /ˈniːdlwɜːk/ *n.* Ⓤ cucito; ricamo.
needn't /ˈniːdnt, -dn/ *contraz. di* **need not**.
needs /niːdz/ *avv.* (*antiq.*) di necessità; assolutamente: **We must n. obey**, siamo costretti a obbedire.

needy /ˈniːdɪ/ *a.* bisognoso; indigente; povero.
ne'er /neə(r)/ *avv.* (*poet.*) mai; giammai • **n.-do-well**, buono a nulla; fannullone.
nefarious /nɪˈfeərɪəs/ (*lett.*) *a.* nefando; iniquo; malvagio; scellerato.
to **negate** /nɪˈgeɪt/ *v. t.* ***1*** annullare ***2*** (*form.*) negare; non riconoscere (*l'esistenza, la verità di q.c.*).
negation /nɪˈgeɪʃn/ *n.* ***1*** U e C negazione; diniego; rifiuto ***2*** (*logica*) proposizione negativa.
negative (1) /ˈnegətɪv/ *a.* negativo.
negative (2) /ˈnegətɪv/ *n.* ***1*** negazione (*anche gramm.*); risposta negativa ***2*** (*mat.*) quantità negativa ***3*** (*fis.*) polo negativo ***4*** (*fotogr.*) negativa; negativo • **The answer is in the n.**, la risposta è no.
to **negative** /ˈnegətɪv/ *v. t.* (*fam.*) ***1*** (*spesso al passivo*) respingere; porre il veto a ***2*** negare; contraddire (*un'affermazione*) ***3*** dimostrare l'infondatezza di ***4*** neutralizzare.
neglect /nɪˈglekt/ *n.* U ***1*** negligenza; trascuratezza; noncuranza ***2*** abbandono; oblio: **in a state of n.**, in uno stato d'abbandono.
to **neglect** /nɪˈglekt/ *v. t.* ***1*** trascurare ***2*** dimenticarsi di; tralasciare.
neglectful /nɪˈglektfl/ *a.* negligente; trascurato; noncurante • **to be n. of st.**, non curarsi di q.c.
negligee, **negligée** /ˈnegliːʒeɪ, *USA* -ˈʒeɪ/ *n.* vestaglia (*da donna*); négligé (*franc.*).
negligence /ˈneglɪdʒəns/ *n.* U ***1*** negligenza; trascuratezza ***2*** noncuranza; disinvoltura • (*leg.*) **contributory n.**, concorso di colpa □ (*leg.*) **gross n.**, colpa grave.
negligent /ˈneglɪdʒənt/ *a.* ***1*** negligente; trascurato ***2*** noncurante; disinvolto • **to be n. of one's duties**, trascurare i propri doveri.
negligible /ˈneglɪdʒəbl/ *a.* trascurabile; insignificante.
negotiable /nɪˈgəʊʃəbl/ *a.* ***1*** (*comm.*) negoziabile; (*di assegno*) trasferibile; (*di prezzo*) trattabile ***2*** (*di strada*) transitabile, percorribile; (*di passo, colle*) valicabile.
to **negotiate** /nɪˈgəʊʃɪeɪt/ ***A*** *v. t.* ***1*** negoziare; trattare: **to n. a bill of exchange**, negoziare una cambiale; **to n. peace**, negoziare la pace ***2*** sormontare; superare; valicare: **to n. an obstacle**, superare un ostacolo ***B*** *v. i.* negoziare; trattare • **negotiating table**, tavolo delle trattative.
negotiation /nɪgəʊʃɪˈeɪʃn/ *n.* ***1*** U e C negoziato; trattativa: **to enter into negotiations with sb.**, intavolare negoziati (*o* entrare in trattative) con q. ***2*** U (*comm.*) negoziazione ***3*** U superamento; (il) valicare.
negotiator /nɪˈgəʊʃɪeɪtə(r)/ *n.* negoziatore (-trice).
Negress /ˈniːgrɪs/ *n.* (*offensivo*) negra.
Negro /ˈniːgrəʊ/ (*antropol. o offensivo*) ***A*** *n.* (*pl.* **Negroes**) negro ***B*** *a.* negro; dei negri.
Negroid /ˈniːgrɔɪd/ *a. e n.* (*antropol.*) negroide.
neigh /neɪ/ *n.* nitrito.
to **neigh** /neɪ/ *v. i.* nitrire.
neighbor /ˈneɪbə(r)/ *e deriv.* (*USA*) *V.* **neighbour** *e deriv.*
neighbour /ˈneɪbə(r)/ *n.* ***1*** vicino (-a): **next-door n.**, vicino della porta accanto; vicino di casa ***2*** prossimo: **Love thy n. as thyself**, ama il prossimo tuo come te stesso.
to **neighbour** /ˈneɪbə(r)/ *v. Solo come*:
♦ **neighbour on** *v. i. + prep.* confinare con; essere contiguo con.
neighbourhood /ˈneɪbəhʊd/ *n.* ***1*** quartiere; vicinato ***2*** U dintorni; paraggi; vicinanze • (*fam.*) **in the n. of**, all'incirca; qualcosa come.
neighbouring /ˈneɪbərɪŋ/ *a.* vicino; confinante; limitrofo.
neighbourliness, (*USA*) **neighborliness** /ˈneɪbəlɪnəs/ *n.* U buon vicinato; cortesia.
neighbourly /ˈneɪbəlɪ/ *a.* da buon vicino; amichevole.
neighing /neɪɪŋ/ *n.* U nitrito; nitriti.
neither /ˈnaɪðə(r), *USA* ˈniːð-/ ***A*** *a. e pron.* né l'uno né l'altro; nessuno dei due: **N. plan is viable**, nessuno dei due piani può funzionare; **n. of them**, nessuno di loro due (*o* dei due); né l'uno né l'altro ***B*** *avv. e cong.* ***1*** (*correl. di* **nor**) né: **N. you nor I**, né tu né io; **He n. knew nor cared**, non lo sapeva né gli importava ***2*** nemmeno; neanche; neppure: **If you don't go, n. shall I**, se non ci vai tu, non ci andrò neanch'io; **«I don't like it» «N. do I»**, «non mi piace» «neanche a me» • **That is n. here nor there**, non ha nessuna importanza; non c'entra niente.
nemesis /ˈneməsɪs/ *n.* U e C (*pl.* **nemeses** /-siːz/) nemesi.
neoclassical /niːəʊˈklæsɪkl/ *a.* neoclassico.
neoclassicism /niːəʊˈklæsɪsɪzəm/ *n.* U neoclassicismo.
neocolonialism /niːəʊkəˈləʊnɪəlɪzəm/ *n.* U neocolonialismo.
neolithic /niːəʊˈlɪθɪk/ *a.* neolitico.
neologism /niːˈɒlədʒɪzəm/ *n.* neologismo.
neon /ˈniːɒn/ *n.* U (*chim.*) neon • **n. signs**, insegne al neon.
Neo-Nazi /niːəʊˈnɑːtsɪ/ *a. e n.* neonazista.
neophyte /ˈniːəfaɪt/ *n.* neofita, neofito.
neoplasia /niːəʊˈpleɪzɪə/ *n.* (*med.*) neoplasia.
neoplastic /niːəʊˈplæstɪk/ *a.* (*med.*) neoplastico.
Neo-Platonism /niːəʊˈpleɪtənɪzəm/ *n.* U (*filos.*) neoplatonismo.
Neo-Platonist /niːəʊˈpleɪtənɪst/ *n.* (*filos.*) neoplatonico.
Nepalese /nepəˈliːz/, **Nepali** /neˈpɔːlɪ/ *a. e n.* nepalese.
nephew /ˈnevjuː, ˈnef-/ *n.* nipote (*m.*) (*di zii*).
nephritis /nɪˈfraɪtɪs/ *n.* U (*med.*) nefrite.
nepotism /ˈnepətɪzəm/ *n.* U nepotismo.
nerd /nɜːd/ *n.* (*pop.*) tipo goffo o squallido; imbranato; sfigato (*pop.*).
Nereid /ˈnɪərɪɪd/ *n.* (*mitol.*) nereide.
nerve /nɜːv/ *n.* ***1*** (*anat. e fig.*) nervo: **to have nerves of steel**, avere i nervi d'acciaio ***2*** U coraggio; audacia; sangue freddo: **to lose one's n.**, perdersi di coraggio ***3*** U (*fam.*) faccia tosta: **You've got a n.!**, hai una bella faccia (tosta)! ***4*** (*al pl.*) nervi; nervosismo: **fit of nerves**, attacco di nervi; **to get nerves before st.**, essere preso dal nervosismo prima di q.c. • (*anat.*) **n. cell**, cellula nervosa □ **n. centre**, (*anat.*) centro nervoso; (*fig.*) centro direttivo □ **n.-racking**, pauroso; logorante □ **Her nerves went to pieces**, è crollata; ha avuto una crisi di nervi □ **to get on sb.'s nerves**, dare ai nervi a q. □ **to live on one's nerves**, vivere in continua agitazione □ **war of nerves**, guerra dei nervi.
nerveless /ˈnɜːvləs/ *a.* ***1*** snervato; fiacco; inerte; sfibrato ***2*** pieno di sangue freddo; coraggioso.
nervous /ˈnɜːvəs/ *a.* ***1*** nervoso: **n. breakdown**, collasso nervoso; esaurimento nervoso; **n. system**, sistema nervoso; **to be a n. wreck**, avere i nervi a pezzi ***2*** agitato; pauroso; nervoso: **to be n. about (doing) st.**, essere agitato (*o* emozionato) all'idea di (fare) q.c.; **to be n. in the dark**, avere paura del buio; **to make sb. n.**, fare innervosire q.
nervy /ˈnɜːvɪ/ *a.* (*fam.*) ***1*** (*GB*) agitato; pauroso; nervoso ***2*** (*USA*) impudente; sfacciato.
nest /nest/ *n.* ***1*** nido ***2*** nido (*fig.*); covo; tana: **n. of criminals**, covo di criminali ***3*** serie di oggetti (*scatole, tavoli, ecc.*) che vanno l'uno dentro l'altro: **a n. of tables**, un tris di tavolini • **n.-egg**, (*zool.*) endice, nidiandolo; (*fig.*) gruzzolo, risparmi □ **machine-gun n.**, nido di mitragliatrici.
to **nest** /nest/ *v. i.* fare il nido; nidificare; (*di insetti*) annidarsi.
nestful /ˈnestfl/ *n.* nidiata.
nesting /ˈnestɪŋ/ *n.* — **to go n.**, andare a caccia di nidi.
to **nestle** /ˈnesl/ ***A*** *v. i.* ***1*** accoccolarsi; rannicchiarsi; stringersi ***2*** annidarsi; essere nascosto: **nestling in the grass**, annidato tra l'erba; **The house nestled among the olive--trees**, la casa era nascosta tra gli ulivi ***B*** *v. t.* ***1*** sistemare comodamente ***2*** abbracciare; tenere stretto.
nestling /ˈnestlɪŋ/ *n.* uccellino di nido; uccellino implume.
net (1) /net/ *n.* C e U rete; (*per capelli*) reticella, retina; (*tessuto*) tulle • **net-bag**, rete per far la spesa □ (*tennis*) **net ball**, net □ **to cast one's net wide**, fare ricerche a tutto campo □ **mosquito net**, zanzariera.
net (2) /net/ *a.* (*comm.*) netto: **net profit [weight]**, profitto [peso] netto • **net result**, risultato (finale).
to **net** (1) /net/ *v. t.* ***1*** prendere con la rete ***2*** (*fig.*) accalappiare; prendere nella rete ***3*** porre (*o* tendere) reti in; coprire con reti: **to net a river**, porre le reti in un fiume ***4*** (*tennis*) mandare in rete; (*calcio*) mettere in rete.
to **net** (2) /net/ *v. t.* (*comm.*) ***1*** realizzare un utile netto di ***2*** dare un utile netto di.
netball /ˈnetbɔːl/ *n.* (*sport*) netball; palla rete.
nether /ˈneðə(r)/ *a.* (*lett.*) inferiore; più basso • **the n. regions**, gli inferi.
nethermost /ˈneðəməʊst/ *a.* (*lett.*) (il) più basso; infimo.
nett, to **nett** /net/ (*GB*) *V.* **net (2)**, **to net (2)**.
netting /ˈnetɪŋ/ *n.* U rete; reticolato: **wire n.**, rete metallica.
nettle /ˈnetl/ *n.* (*bot.*) ortica • (*med.*) **n. rash**, orticaria □ **to grasp the n.**, prendere il toro per le corna.
to **nettle** /ˈnetl/ *v. t.* irritare; stizzire: **I was nettled by his tone**, il suo tono mi irritò.
network /ˈnetwɜːk/ *n.* ***1*** reticolato ***2*** (*tecn. e fig.*) rete;

computer [railway] n., rete di computer [ferroviaria]; **n. of canals**, rete (*o* sistema) di canali; **spy n.**, rete di spie; **television n.**, rete televisiva; network.

to **network** / ˈnɛtwɜːk/ *v. t.* ***1*** (*radio, TV*) diffondere (*un programma*) simultaneamente su più reti ***2*** (*elab.*) interconnettere; collegare in rete.

networking / ˈnɛtwɜːkɪŋ/ *n.* ***1*** (*elab.*) networking; interconnessione ***2*** (*org. az.*) lo stabilire una rete di contatti professionali.

neural / ˈnjʊərəl, *USA* ˈnʊərəl/ *a.* (*biol.*) neurale.

neuralgia /njʊəˈrældʒə, *USA* nʊə-/ *n.* [U] (*med.*) nevralgia.

neuritis /njʊəˈraɪtəs, *USA* nʊə-/ *n.* [U] (*med.*) nevrite; neurite.

neurological /njʊərəˈlɒdʒɪkl, *USA* nʊə-/ *a.* (*med.*) neurologico.

neurologist /njʊˈrɒlədʒɪst, *USA* nʊə-/ *n.* (*med.*) neurologo (-a).

neurology /njʊəˈrɒlədʒɪ, *USA* nʊə-/ *n.* [U] (*med.*) neurologia.

neuron / ˈnjʊərɒn, *USA* ˈnʊə-/ *n.* (*anat.*) neurone.

neuropathy /njʊəˈrɒpəθɪ, *USA* nʊə-/ *n.* [U] (*med.*) neuropatia.

neuropsychiatry /njʊərəʊsaɪˈkaɪətrɪ/ *n.* neuropsichiatria.

neurosis /njʊəˈrəʊsɪs, *USA* nʊə-/ *n.* [U] *e* [C] (*pl.* **neuroses** /-siːz/) (*psic.*) nevrosi; neurosi.

neurosurgeon /njʊərəʊˈsɜːdʒn, *USA* nʊə-/ *n.* neurochirurgo.

neurosurgery /njʊərəʊˈsɜːdʒərɪ, *USA* nʊə-/ *n.* [U] neurochirurgia.

neurotic /njʊəˈrɒtɪk, *USA* nʊə-/ *a. e n.* (*psic.*) nevrotico (-a); neurotico (-a).

neuter / ˈnjuːtə(r), *USA* ˈnuː-/ ***A*** *a.* (*biol., gramm.*) neutro ***B*** *n.* ***1*** (*gramm.*) nome [pronome, ecc.] neutro; genere neutro ***2*** (*biol.*) animale neutro; pianta neutra.

to **neuter** / ˈnjuːtə(r), *USA* ˈnuː-/ *v. t.* castrare (*un animale*).

neutral / ˈnjuːtrəl, *USA* ˈnuː-/ ***A*** *a.* ***1*** neutrale ***2*** neutro ***3*** (*chim., fis., mecc.*) neutro ***B*** *n.* ***1*** (*polit.*) potenza neutrale; persona neutrale ***2*** (*autom.*) folle: **in n.**, in folle.

to **neutralise** / ˈnjuːtrəlaɪz/ *e deriv.* (*GB*) *V.* **to neutralize** *e deriv.*

neutrality /njuːˈtrælətɪ, *USA* nuː-/ *n.* [U] neutralità.

neutralization /njuːtrəlaɪˈzeɪʃn, *USA* nuːtrəlɪˈz-/ *n.* [U] neutralizzazione.

to **neutralize** / ˈnjuːtrəlaɪz, *USA* ˈnuː-/ *v. t.* neutralizzare.

neutrino /njuːtriːnəʊ/ *n.* (*pl.* **neutrinos**) (*fis.*) neutrino.

neutron / ˈnjuːtrɒn, *USA* ˈnuː-/ *n.* (*fis.*) neutrone.

never / ˈnɛvə(r)/ *avv.* mai; non... mai: **I shall n. forget him**, non lo dimenticherò mai; **n. again**, mai più; **n. before**, mai prima d'ora [d'allora] ● **n.-ending**, interminabile □ **N. fear!**, niente paura! □ **N. mind!**, non preoccuparti! □ **n. so much as**, nemmeno; neppure □ **n.-to-be-forgotten**, indimenticabile □ (*pop. GB*) **to buy st. on the n.-n.**, comprare q.c. a rate □ **That will n. do!**, così non va! □ (*fam.*) **Well, I n.!**, guarda guarda!; questa poi!

nevermore /nɛvəˈmɔː(r)/ *avv.* (*poet.*) mai più.

nevertheless /nɛvəðəˈlɛs/ *avv. e cong.* nondimeno; ciononostante; tuttavia.

new /njuː, *USA* nuː/ *a.* ***1*** nuovo; recente; fresco: **a new car [idea]**, una macchina [un'idea] nuova; **a new life**, una nuova vita; **new moon**, luna nuova; **new potatoes**, patate novelle; **the newest fashion**, la moda più recente; l'ultima moda; **His name is new to me**, il suo nome mi è nuovo ***2*** nuovo; altro: **Give me a new sheet of paper**, dammi un altro foglio ● (*USA*) **new money** (*o* **new rich**), i nuovi ricchi □ **New Year's Day**, Capodanno; il Primo dell'anno □ **New Year's Eve**, la vigilia di Capodanno; l'ultimo dell'anno □ **New Yorker**, abitante di Nuova York; newyorkese □ **New Zealander**, neozelandese (*sost.*) □ **as good as new**, come nuovo; quasi nuovo □ **to feel like a new man**, sentirsi rinato □ **That's nothing new**, non è una novità □ **What's new?**, novità?; (*USA*) come va?

newborn / ˈnjuːbɔːn, *USA* ˈnuː-/ *a.* neonato; appena nato: **a n. baby**, un neonato, una neonata.

newcomer / ˈnjuːkʌmə(r), *USA* ˈnuː-/ *n.* nuovo venuto, nuova venuta.

newfangled / ˈnjuːfæŋgld, *USA* ˈnuː-/ *a.* (*generalm. spreg.*) ipermoderno; stravagante.

new-found / ˈnjuːfaʊnd, *USA* nuː-/ *a.* nuovo; appena trovato.

Newfoundland /njuːˈfaʊndlənd, ˈn-, -ˈlænd, *USA* nuː-/ *n.* (*zool., anche* **N. dog**) (cane) terranova.

new-laid / ˈnjuleɪdː, *USA* nuː-/ *a.* (*di uovo*) appena deposto; di giornata.

newly / ˈnjuːlɪ, *USA* ˈnuː-/ *avv.* ***1*** di recente; da poco; appena: **n. arrived**, appena arrivato ***2*** di nuovo; in modo nuovo.

newlyweds / ˈnjuːlɪwɛds, *USA* ˈnuː-/ *n. pl.* sposini novelli.

newness / ˈnjuːnəs, *USA* ˈnuː-/ *n.* [U] novità; modernità.

news /njuːz, *USA* nuːz/ *n. pl.* (*col verbo al sing.*) ***1*** notizia, notizie: **I have had no n. from him**, non ho avuto sue notizie; **News has just arrived about...**, sono appena arivate notizie su...; **Have you heard the news?**, hai sentito la notizia?; **Is there any n.?**, c'è qualche notizia?; ci sono novità?; **an interesting piece** (*o* **item, bit**) **of news**, una notizia interessante ***2*** (*radio, TV*) notiziario; giornale radio; telegiornale: **I heard it on the n.**, l'ho sentito al telegiornale ● **n. agency**, agenzia di stampa □ **n.-boy**, strillone □ (*radio, TV*) **n. bulletin**, notiziario; giornale radio; telegiornale □ **n. conference**, conferenza stampa □ (*USA*) **n. dealer**, giornalaio (-a); edicolante □ (*pop. USA*) **bad n.**, cosa o persona sgradita □ **to break the n. to sb.**, dare una cattiva notizia a q. □ **It's n. to me**, non lo sapevo □ **society n.**, cronaca mondana □ (*prov.*) **No n. is good n.**, nessuna nuova buona nuova.

newsagent / ˈnjuːzeɪdʒənt, *USA* ˈnuː-/ *n.* (*GB*) giornalaio (-a); edicolante.

newscast / ˈnjuːzkɑːst, *USA* ˈnuːzkæst/ *n.* (*USA*) ***1*** (*radio*) giornale radio ***2*** (*TV*) telegiornale.

newscaster / ˈnjuːzkɑːstə(r), *USA* ˈnuːzkæstə(r)/ *n.* (*radio, TV*) annunciatore (-trice).

newsflash / ˈnjuːzflæʃ, *USA* ˈnuː-/ *n.* (*radio, TV*) notizia flash; flash di agenzia.

newshound / ˈnjuːzhaʊnd, *USA* nuːz-/ *n.* (*fam.*) giornalista sempre a caccia di notizie.

newsletter / ˈnjuːzlɛtə(r), *USA* ˈnuː-/ *n.* notiziario, bollettino (*di una ditta, un'associazione, ecc.*).

newsman / ˈnjuːzmən, *USA* ˈnuː-/ *n.* (*pl.* **newsmen** /-mən/) reporter (*m.*).

newspaper / ˈnjuːspeɪpə(r), *USA* ˈnuːz-/ *n.* giornale; quotidiano ● **n. stand**, carrello dei giornali (*in una stazione, ecc.*); edicola mobile.

newspaperman / ˈnjuːspeɪpəmən, *USA* ˈnuːz-/ *n.* (*pl.* **newspapermen** /-mən/) giornalista (*m.*).

newsprint / ˈnjuːzprɪnt, *USA* ˈnuː-/ *n.* [U] (*tecn.*) ***1*** carta da giornale ***2*** inchiostro di giornale.

newsreader / ˈnjuːzriːdə(r), *USA* ˈnuː-/ *n.* (*radio, TV*) annunciatore (-trice); speaker.

newsreel / ˈnjuːzriːl, *USA* ˈnuː-/ *n.* (*cinem.*) cinegiornale.

newsroom / ˈnjuːzruːm, -rʊm, *USA* ˈnuː-/ *n.* redazione; sala stampa.

newssheet / ˈnjuːzʃiːt, *USA* ˈnuː-/ *n.* notiziario; bollettino.

newsstand / ˈnjuːzstænd, *USA* ˈnuː-/ *n.* carrello dei giornali (*in una stazione, ecc.*); edicola mobile.

newsvendor / ˈnjuːzvɛndə(r), *USA* ˈnuː-/ *n.* (*GB*) venditore di giornali; giornalaio.

newsworthy / ˈnjuːzwɜːðɪ, *USA* ˈnuː-/ *a.* che fa notizia; che vale la pena pubblicare.

newsy / ˈnjuːzɪ, *USA* ˈnuː-/ *a.* (*fam.*) ricco di notizie.

newt /njuːt, *USA* nuːt/ *n.* (*zool.*) tritone.

next /nɛkst/ ***A*** *a.* ***1*** vicino; attiguo; accanto (*avv.*): **in the n. room**, nella stanza vicina (*o* accanto); **They live n. door**, abitano nella casa accanto (*o* qui accanto); **my n.-door neighbour**, il mio vicino (della porta accanto) ***2*** prossimo; venturo; seguente; successivo: **n. Monday** (*o* **on Monday n.**), lunedì prossimo (*o* venturo); **n. year**, l'anno prossimo (*o* venturo); **n. time**, la prossima volta; **the week after n.**, tra due settimane; **He came back the n. morning**, tornò il mattino seguente; **We'll see in the n. few days**, vedremo nei prossimi giorni; **Nothing happened in the course of the n. two weeks**, nel corso delle due settimane seguenti non accadde nulla; **Go to the n. page**, va' alla pagina seguente (*o* dopo); **I'll take the n. train**, prenderò il prossimo treno; **He got out at the n. stop**, scese alla fermata seguente (*o* dopo) ● **one's n. of kin**, il parente più stretto □ **the n. shop but one past the bank**, il secondo negozio dopo la banca □ **this time n. year**, l'anno prossimo a quest'ora □ **Who's n.?**, a chi tocca ora? ***B*** *n.* prossimo (-a): **N., please!**, avanti il prossimo (*o* un altro)! ***C*** *avv.* poi; dopo; in seguito; la prossima volta; prossimamente: **What did he say n.?**, che cosa disse poi?; **N. came the elephants**, poi vennero gli elefanti; dietro venivano gli elefanti; **when we n. meet**, la prossima volta che ci vediamo; **when I n. saw her**, quando la vidi la volta dopo • **the n. best (thing)**, la migliore alternativa □ **What (o Whatever) n.!**, acciderba!; c'è da aspettarsi di tutto! ***D* next to** *locuz. prep.* ***1*** vicino a; accanto a; presso: **the building n. to the post office**, l'edificio vicino alla Posta ***2*** subito dopo; dopo: **the largest city n. to New York**, la città più grande dopo New York • **n. to impossible**, quasi impossibile □ **n. to none [nothing]**, quasi nessuno [niente].

nexus /ˈnɛksəs/ *n.* nesso; relazione.

nib /nɪb/ *n.* pennino.

nibble /ˈnɪbl/ *n.* ***1*** piccolo morso ***2*** bocconcino.

to **nibble** /ˈnɪbl/ ***A*** *v. t.* ***1*** mordicchiare; rosicchiare ***2*** (*di pecore*) brucare ***3*** (*di persone*) sbocconcellare; mangiucchiare ***4*** fare (*un buco*) rosicchiando ***B*** *v. i.* ***1*** mordicchiare; rosicchiare; mangiucchiare: **to n. at st.**, mordicchiare q.c. ***2*** erodere (*risparmi, ecc.*) ***3*** mostrare un certo interesse (per).

nice /naɪs/ *a.* ***1*** bello (*anche iron.*); grazioso; carino; piacevole; simpatico: **n. weather**, bel tempo; **a n. little house**, una casetta graziosa; **a very n. person**, una persona molto simpatica; **n.-looking**, bello; **How n. to see you!**, che piacere vederti!; (*iron.*) **That's a n. thing to say!**, belle cose da dirsi! ***2*** gentile: **to be very n. to sb.**, essere molto gentile con q. ***3*** (*form.*) sottile: **a n. distinction**, una sottile distinzione ***4*** (*form.*) di gusti difficili; incontentabile; esigente; minuzioso; scrupoloso ***5*** (*fam.*) — **n. and clean**, bello pulito; pulitissimo; **n. and warm**, bello caldo; **The meeting was n. and short**, la riunione per fortuna è stata breve.

nicely /ˈnaɪslɪ/ *avv.* ***1*** gradevolmente; piacevolmente ***2*** bene; proprio bene; a pennello ***3*** esattamente.

niceness /ˈnaɪsnəs/ *n.* 🅄 ***1*** gradevolezza; piacevolezza ***2*** cortesia; gentilezza ***3*** sottigliezza; finezza ***4*** esattezza; precisione; scrupolosità.

nicety /ˈnaɪsətɪ/ *n.* ***1*** 🅄 delicatezza; difficoltà ***2*** (*al pl.*) finezze; sottigliezze; minuzie: **the niceties of criticism**, le sottigliezze della critica • **to a n.**, con esattezza; alla perfezione; al millimetro.

niche /nɪtʃ, niːʃ/ *n.* (*archit. e fig.*) nicchia.

nick (1) /nɪk/ *n.* ***1*** tacca; scheggiatura; taglietto ***2*** (*pop. GB*) prigione; gattabuia (*pop.*) ***3*** (*pop. GB*) ufficio di polizia; commissariato • **in the n. of time**, appena in tempo.

nick (2) /nɪk/ *n.* 🅄 — (*pop. GB*) **in good n.**, in buone condizioni.

to **nick** /nɪk/ *v. t.* ***1*** intaccare; scalfire; scheggiare; (*estens.*) ferire leggermente ***2*** (*fam. GB*) arrestare; pizzicare; beccare (*fam.*) ***3*** (*fam. GB*) rubare; sgraffignare (*fam.*).

nickel /ˈnɪkl/ *n.* ***1*** 🅄 (*chim.*) nichel ***2*** (*USA*) moneta da cinque centesimi di dollaro • (*fam. USA*) **n.-and-dime**, da poco; da quattro soldi □ **n.-plated**, nichelato □ **n. silver**, alpacca; argentone.

to **nickel** /ˈnɪkl/, to **nickel-plate** /nɪklˈpleɪt/ *v. t.* (*ind.*) nichelare.

nick-nack /ˈnɪknæk/ *V.* **knick-knack**.

nickname /ˈnɪkneɪm/ *n.* nomignolo; soprannome.

to **nickname** /ˈnɪkneɪm/ *v. t.* soprannominare.

nicotine /ˈnɪkətiːn/ *n.* 🅄 (*chim.*) nicotina.

niece /niːs/ *n.* nipote (*f.*) (*di zii*).

niff /nɪf/ *n.* (*fam. GB*) cattivo odore; puzzo.

nifty /ˈnɪftɪ/ *a.* (*fam.*) bello; elegante; ben fatto; ingegnoso.

Nigerian /naɪˈdʒɪərɪən/ *a. e n.* nigeriano.

niggard /ˈnɪgəd/ *n.* avaro; spilorcio; tirchio.

niggardly /ˈnɪgədlɪ/ *a.* ***1*** avaro; gretto; spilorcio; taccagno; tirchio ***2*** misero; scarso.

nigger /ˈnɪgə(r)/ *n.* (*spreg.*) negro (-a).

to **niggle** /ˈnɪgl/ ***A*** *v. i.* fare il pignolo; cavillare ***B*** *v. t.* (*di pensiero, dubbio, ecc.*) irritare; tormentare.

niggling /ˈnɪglɪŋ/ *a.* ***1*** irritante; fastidioso ***2*** minuzioso; certosino.

night /naɪt/ *n.* 🄲 *e* 🅄 notte; sera: **n. and day**, giorno e notte; **all n. (long)**, tutta la notte; **at n.**, di notte; **by n.**, di notte; **late at n.**, a tarda notte; a notte inoltrata; **at 10 o'clock last n.**, ieri sera alle dieci; **the other n.**, qualche sera fa • **n. bird**, uccello notturno; (*di persona*) nottambulo □ (*fam.*) **n. owl**, tiratardi □ **n. school**, scuola serale □ **n. shift**, turno di notte □ **n. watchman**, sorvegliante notturno; guardia notturna □ **to have a n. out**, passare la sera fuori □ **in the n.-time**, di notte; nottetempo □ **to make a n. of it**, passare la notte a far baldoria □ **Can you stay the n.?**, puoi passare la notte da noi?

nightcap /ˈnaɪtkæp/ *n.* ***1*** berretto da notte ***2*** (*fam.*) bevanda o bicchierino di liquore bevuto prima di andare a letto.

nightclub /ˈnaɪtklʌb/ *n.* locale notturno; night-club; night.

nightdress /ˈnaɪtdrɛs/ *n.* camicia da notte (*da donna*).

nightfall /ˈnaɪtfɔːl/ *n.* 🅄 crepuscolo • **at n.**, al calar della notte.

nightgown /ˈnaɪtgaʊn/ *n.* (*USA*) camicia da notte (*da donna*).

nightie /ˈnaɪtɪ/ *n.* (*fam.*) camicia da notte (*da donna*).

nightingale /ˈnaɪtɪŋgeɪl, -təŋ-/ *n.* (*zool.*) usignolo.

nightjar /ˈnaɪtdʒɑː(r)/ *n.* (*zool.*) succiacapre.

nightlife /ˈnaɪtlaɪf/ *n.* vita notturna.

nightlight /ˈnaɪtlaɪt/ *n.* lumino da notte.

nightly /ˈnaɪtlɪ/ ***A*** *a.* ***1*** notturno; della notte ***2*** serale; di ogni sera ***B*** *avv.* ***1*** di notte; ogni notte ***2*** di sera; ogni sera.

nightmare /ˈnaɪtmɛə(r)/ *n.* incubo.

nightmarish /ˈnaɪtmɛərɪʃ/ *a.* da incubo; terribile.

nights /naɪts/ *avv.* (*specialm. USA*) di notte.

nightshade /ˈnaɪtʃeɪd/ *n.* 🅄 (*bot.*) morella • **deadly n.**, belladonna.

nightshirt /ˈnaɪtʃɜːt/ *n.* camicia da notte (*da uomo*).

nightstick /ˈnaɪtstɪk/ *n.* (*USA*) manganello.

nightwear /ˈnaɪtwɛə(r)/ *n.* 🅄 indumenti da notte.

nighty /ˈnaɪtɪ/ *V.* **nightie**.

nihilism /ˈnaɪɪlɪzəm, ˈnɪhɪl-/ *n.* 🅄 nichilismo.

nihilist /ˈnaɪɪlɪst, ˈnɪhɪl-/ *n.* nichilista.

nil /nɪl/ *n.* 🅄 ***1*** niente; nulla ***2*** (*sport*) zero.

nimbi /ˈnɪmbaɪ/ *pl. di* **nimbus**.

nimble /ˈnɪmbl/ *a.* agile; lesto; svelto; pronto.

nimbleness /ˈnɪmblnəs/ *n.* 🅄 agilità; lestezza; sveltezza; prontezza.

nimbus /ˈnɪmbəs/ *n.* (*pl.* **nimbi, nimbuses**) ***1*** (*meteor.*) nembo ***2*** aureola.

nincompoop /ˈnɪŋkəmpuːp, *USA* -ˈpuːp/ *n.* (*fam.*) balordo; imbecille; sempliciotto.

nine /naɪn/ *a. e n.* nove • (*fam.*) **dressed up to the nines**, in ghingheri; tutto azzimato □ **It's n. (o' clock)**, sono le nove □ **n. days' wonder**, fuoco di paglia; meteora □ **n. times out of ten**, nove volte su dieci □ **n.-to-five job**, lavoro dalle 9 alle 5; impiego fisso; lavoro d'ufficio.

ninepin /ˈnaɪnpɪn/ *n.* ***1*** birillo ***2*** (*al pl., col verbo al sing.*) (gioco dei) birilli.

nineteen /naɪnˈtiːn/ *a. e n.* diciannove • **to talk n. to the dozen**, parlare incessantemente.

nineteenth /naɪnˈtiːnθ/ *a. e n.* diciannovesimo.

ninetieth /ˈnaɪntɪəθ/ *a. e n.* novantesimo.

ninety /ˈnaɪntɪ/ *a. e n.* novanta. (*Per gli esempi d'uso, V. sotto* **forty**).

ninny /ˈnɪnɪ/ *n.* sempliciotto; sciocco.

ninth /naɪnθ/ ***A*** *a.* nono ***B*** *n.* ***1*** nono ***2*** (*mus.*) nona.

nip (1) /nɪp/ *n.* ***1*** pizzico; pizzicotto ***2*** morso ***3*** (*USA*) sapore piccante • **There's a nip in the air**, l'aria è pungente.

nip (2) /nɪp/ *n.* sorso, bicchierino (*di liquore*); gotto, cicchetto (*fam.*).

to **nip** /nɪp/ ***A*** *v. t.* ***1*** pizzicare; dare un pizzicotto a; pungere: **to nip one's finger in the door**, pizzicarsi (*o* chiudersi) un dito nella porta ***2*** morsicare ***3*** (*del gelo, del vento*) pungere ***4*** (*form.*) bloccare la crescita di • **to nip st. in the bud**, stroncare q.c. sul nascere ***B*** *v. i.* ***1*** dare pizzicotti; pungere; morsicare ***2*** (*del vento, ecc.*) essere pungente ***3*** (*fam.*) andare brevemente; fare un salto: **I'll nip down to Mary's [into town]**, faccio un salto da Mary [in città]; **to nip out**, uscire un attimo; fare un salto fuori; **to nip off**, filar via.

♦ **nip in** *v. i. + avv.* (*autom., GB*) immettersi di colpo nel traffico.

♦ **nip off** *v. t. + avv.* strappare; staccare.

nipper /ˈnɪpə(r)/ *n.* ***1*** (*fam. GB*) ragazzino; marmocchio ***2*** (*al pl.*) pinze; pinzette; tenaglie ***3*** (*zool.*) chela; pinza.

nipple /ˈnɪpl/ *n.* ***1*** (*anat.*) capezzolo ***2*** (*USA*) tettarella di gomma ***3*** (*mecc.*) raccordo filettato • (*mecc.*) **lubricating n.**, ingrassatore; oliatore.

nippy /ˈnɪpɪ/ *a.* ***1*** pungente; gelido ***2*** (*fam.*) agile; lesto.

nirvana /nɪəˈvɑːnə, nɜː-/ *n.* 🅄 *e* 🄲 (*relig.*) nirvana.

nit /nɪt/ *n.* (*zool.*) lendine; uovo di insetto parassita.

niter /ˈnaɪtə(r)/ (*USA*) *V.* **nitre**.

nitpicking /ˈnɪtpɪkɪŋ/ ***A*** *n.* 🅄 (*fam.*) pignoleria; cavillosità; (il) fare le pulci ***B*** *a.* pignolo; cavilloso.

nitrate /ˈnaɪtreɪt/ *n.* 🅄 *e* 🄲 (*chim.*) nitrato.

nitre /ˈnaɪtə(r)/ *n.* 🅄 (*chim.*) nitro; nitrato di potassio; salnitro.

nitric /ˈnaɪtrɪk/ *a.* (*chim.*) nitrico: **n. acid**, acido nitrico.
nitrogen /ˈnaɪtrədʒən/ *n.* U (*chim.*) azoto.
nitrogenous /naɪˈtrɒdʒənəs/ *a.* (*chim.*) azotato.
nitroglycerin(e) /naɪtrəʊˈglɪsəriːn, *USA* -rɪn/ *n.* U (*chim.*) nitroglicerina.
nitrous /ˈnaɪtrəs/ *a.* (*chim.*) nitroso: **n. acid**, acido nitroso • **n. oxide**, protossido di azoto; gas esilarante.
nitty-gritty /ˈnɪtɪˈgrɪtɪ/ *n.* — (*fam.*) **to get down to the n.**, arrivare al nocciolo del problema (*o* al sodo, al dunque).
nitwit /ˈnɪtwɪt/ *n.* (*fam.*) imbecille; stupido.
nix /nɪks/ (*pop. USA*) ***A*** *n.* niente; nulla ***B*** *avv.* no.
to **nix** /nɪks/ *v. t.* (*pop. USA*) respingere (*una proposta*); bocciare.
no (1) /nəʊ/ *n.* (*pl.* **noes**) ***1*** no; negazione: **I won't take no for an answer**, non voglio saperne di rifiuti ***2*** voto (*o* votante) contrario; no: **The noes have it**, vincono i no.
no (2) /nəʊ/ *a.* nessuno; niente; non: **I have no books at all**, non ho libri; **There's no coffee in the jar**, non c'è caffè nel barattolo; **no man**, nessuno; **no one**, nessuno; **He is no doctor**, non è affatto dottore; **He's no fool**, non è stupido; è tutt'altro che stupido; **No parking**, divieto di posteggio; **No smoking**, è proibito fumare; **It came as no surprise**, non è stata una sorpresa • (*fam. USA*) **no-account**, buono a nulla □ (*ass.*) **no-claims bonus**, sconto condizionato □ **no--fly zone**, zona d'interdizione dei voli □ **no-go**, inutile; vano; senza via d'uscita □ **no-go area**, zona proibita; zona alla quale la polizia non ha accesso □ **no-man's-land**, terra di nessuno □ (*pop.*) **no-no**, cosa esclusa; cosa proibita □ **no--nonsense**, pratico; (*di tono, ecc.*) spiccio □ **no way**, è escluso che... □ **No way!**, niente affatto!; neanche per sogno! □ (*fam.*) **no-win situation**, situazione in cui non si può vincere (*o* evitare di sbagliare) □ **It's no distance**, è vicinissimo; è qui a due passi □ **in no time**, in un attimo; in men che non si dica □ **There was no mistaking what he meant**, le sue parole (*o* le sue intenzioni) erano chiare.
no (3) /nəʊ/ *avv.* ***1*** no: **No, thank you**, no, grazie; «**He wasn't very polite**» «**No, he wasn't**», «non è stato molto cortese» «è vero (non lo è stato)» ***2*** (*davanti a un compar.*) non: **There were no fewer than a hundred people there**, c'erano non meno di cento persone; **It no longer works**, non funziona più; **I'm feeling no better**, non mi sento meglio ***3*** (*davanti a un agg., form.*) non: **a matter of no small importance**, una questione di non poca importanza • **or no**, o no: **Pleasant or no, it is true**, piaccia o no, è vero □ **It's no less than a scandal**, è uno scandalo bell'e buono □ **There's no such thing (as that)**, non esiste niente del genere.
nob (1) /nɒb/ *n.* (*pop.*) testa; zucca, capoccia (*fam.*).
nob (2) /nɒb/ *n.* (*fam. antiq.*) aristocratico; riccone.
to **nobble** /ˈnɒbl/ *v. t.* (*pop. GB*) ***1*** drogare (*un cavallo*) ***2*** corrompere; comprare ***3*** rovinare, guastare (*un piano, ecc.*) ***4*** agganciare (q.) (*per chiedere un favore*).
nobility /nəʊˈbɪlətɪ/ *n.* U *e* C nobiltà.
noble /ˈnəʊbl/ ***A*** *a.* ***1*** nobile: **of n. birth**, di nobili natali ***2*** generoso; nobile ***3*** grandioso; magnifico; splendido: **a n. monument**, uno splendido monumento ***B*** *n.* nobile • **n.--minded**, di animo nobile; magnanimo □ **n.-mindedness**, nobiltà d'animo; magnanimità.
nobleman /ˈnəʊblmən/ *n.* (*pl.* **noblemen** /-mən/) nobile.
noblewoman /ˈnəʊblwʊmən/ *n.* (*pl.* **noblewomen** /-wɪmən/) nobildonna.
nobody /ˈnəʊbədɪ, *USA* -ɒdɪ, -ədɪ/ ***A*** *pron. indef.* nessuno: **N. knows**, non lo sa nessuno; nessuno sa niente; **n. else**, nessun altro ***B*** *n.* persona di nessun conto; nullità.
noctambulism /nɒkˈtæmbjʊlɪzəm/ *n.* U sonnambulismo.
noctambulist /nɒkˈtæmbjʊlɪst/ *n.* sonnambulo (-a).
nocturnal /nɒkˈtɜːnl/ *a.* notturno.
nocturne /ˈnɒktɜːn/ *n.* (*arte, mus.*) notturno.
nod /nɒd/ *n.* cenno (col capo): **to give a nod**, fare un cenno col capo; accennare col capo • (*fam.*) **to give sb. the nod**, dare il permesso a q.; dare il via □ (*fam. GB*) **on the nod**, per tacito consenso.
to **nod** /nɒd/ ***A*** *v. i.* ***1*** accennare col capo; fare un cenno col capo: **to nod in agreement**, accennare di sì ***2*** accennare (*o* fare cenno) di sì ***3*** ciondolare il capo (*per il sonno*); sonnecchiare ***B*** *v. t.* — **to nod one's head**, fare un cenno col capo; **to nod one's approval**, fare un cenno di consenso.
♦ **nod off** *v. i. + avv.* appisolarsi; assopirsi.
nodal /ˈnəʊdl/ *a.* (*scient.*) nodale.
noddle /ˈnɒdl/ *n.* (*pop.*) testa; zucca (*fam.*).
node /nəʊd/ *n.* (*mat., med., bot.*) nodo.
nodule /ˈnɒdjuːl, *USA* ˈnɒdʒuːl/ *n.* (*scient.*) nodulo.
noggin /ˈnɒgɪn, *USA* ˈnɔːg-/ *n.* ***1*** (*misura per liquori*) quarto di pinta ***2*** (*pop.*) testa; zucca (*fam.*).
noise /nɔɪz/ *n.* ***1*** C *e* U rumore; clamore; chiasso; baccano; frastuono: **Don't make such a n.!**, non fate tanto chiasso!; **the n. of traffic**, il frastuono del traffico ***2*** U (*elettron.*) rumore di fondo; interferenza • **n. pollution**, inquinamento acustico □ (*fam.*) **big n.**, pezzo grosso □ **to make a n. about st.**, fare un gran chiasso per q.c. □ **to make a n. in the world**, far parlare molto di sé □ **to make encouraging noises**, esprimere il proprio incoraggiamento □ **to make all the right noises**, esprimere la dovuta solidarietà.
to **noise** /nɔɪz/ *v. Solo come*:
♦ **noise about** (*o* **abroad**, **around**) *v. t. + avv.* divulgare; diffondere: **It's being noised about that...**, corre voce che...
noiseless /ˈnɔɪzləs/ *a.* silenzioso.
noiselessly /ˈnɔɪzləslɪ/ *avv.* silenziosamente; senza far rumore.
noisiness /ˈnɔɪzɪnəs/ *n.* U rumorosità; fragore; frastuono.
noisome /ˈnɔɪsəm/ *a.* (*lett.*) disgustoso; fetido.
noisy /ˈnɔɪzɪ/ *a.* rumoroso; chiassoso.
nomad /ˈnəʊmæd/ *n.* C *e a.* nomade.
nomadic /nəʊˈmædɪk/ *a.* nomade.
nomadism /ˈnəʊmædɪzəm/ *n.* U nomadismo.
nom de plume /nɒmdəˈpluːm/ (*franc.*) *locuz. n.* (*pl.* **noms de plume**) pseudonimo, nome d'arte.
nomenclature /nəˈmenklətʃə(r), *USA* ˈnəʊmənkleɪ-/ *n.* C *e* U nomenclatura.
nominal /ˈnɒmɪnl/ *a.* (*anche gramm.*) nominale.
to **nominate** /ˈnɒmɪneɪt/ *v. t.* ***1*** proporre come candidato ***2*** nominare; designare.
nomination /nɒmɪˈneɪʃn/ *n.* U *e* C ***1*** candidatura ***2*** nomina.
nominative /ˈnɒmɪnətɪv, *USA* -neɪtɪv/ *a. e n.* (*gramm.*) nominativo.
nominee /nɒmɪˈniː/ *n.* ***1*** candidato (-a) ***2*** persona designata.
non-acceptance /nɒnəˈkseptəns/ *n.* U (*specialm. comm.*) mancata accettazione.
nonagenarian /nɒnədʒəˈneərɪən/ *a. e n.* nonagenario.
non-aggression /nɒnəˈgreʃn/ *n.* U (*polit.*) non aggressione: **n. pact**, patto di non aggressione.
non-alcoholic /nɒnælkəˈhɒlɪk/ *a.* non alcolico; analcolico.
non-aligned /nɒnəˈlaɪnd/ *a.* (*polit.*) non allineato.
non-alignment /nɒnəˈlaɪnmənt/ *n.* U (*polit.*) non allineamento; disimpegno.
non-appearance /nɒnəˈpɪərəns/ *n.* U (*leg.*) mancata comparizione; contumacia.
non-belligerent /nɒnbəˈlɪdʒərənt/ *a. e n.* (*polit.*) (nazione) non belligerante.
non-biological /nɒnbaɪəˈlɒdʒɪkl/ *a.* (*di detersivo*) ecologico.
nonce /nɒns/ *n.* — **for the n.**, per il momento; per questa volta □ **n. word**, parola coniata per l'occasione.
nonchalance /ˈnɒnʃələns, *USA* nɒnʃəˈlɑːns/ *n.* U disinvoltura; indifferenza.
nonchalant /ˈnɒnʃələnt, *USA* nɒnʃəˈlɑːnt/ *a.* disinvolto; indifferente.
non-combatant /nɒnˈkɒmbətənt/ *n.* (*mil.*) militare non combattente (*cappellano, medico, ecc.*).
non-commissioned officer /nɒnkəˈmɪʃndˈɒfɪsə(r), *USA* ˈɔːf-/ *locuz. n.* (*mil.*) sottufficiale.
non-committal /nɒnkəˈmɪtl/ *a.* non impegnativo; vago • (*di persona*) **to be n.**, non dire né sì né no; tenersi sul vago.
non-conductor /nɒnkənˈdʌktə(r)/ *n.* (*fis.*) materiale isolante.
nonconformism /nɒnkənˈfɔːmɪzəm/ *n.* U anticonformismo.
Nonconformist /nɒnkənˈfɔːmɪst/ *n.* (*relig.*) nonconformista (*dissenziente dalla Chiesa anglicana*).
nonconformist /nɒnkənˈfɔːmɪst/ *n.* anticonformista.
Nonconformity /nɒnkənˈfɔːmətɪ/ *n.* (*relig.*) nonconformismo (*dissidenza dalla Chiesa anglicana*).
non-delivery /nɒndɪˈlɪvərɪ/ *n.* U (*comm.*) mancata consegna.
nondenominational /nɒndɪnɒmɪˈneɪʃənl/ *a.* aconfessionale; laico.
nondescript /ˈnɒndɪskrɪpt, *USA* nɒndɪˈskrɪpt/ *a.* qualun-

que; indefinito; insignificante.
none /nʌn/ ***A*** *pron. indef.* ***1*** nessuno (-a): **n. of them**, nessuno di loro ***2*** niente; nulla: **N. of this concerns me**, niente di tutto ciò mi riguarda ***3*** non... ne; non: **You have money and I have n.**, tu hai denaro e io non ne ho • **n. but**, nessuno tranne; solamente; soltanto □ **n. other than**, nientemeno che; né più né meno che □ **N. of that!**, basta!; smettila!; smettetela! □ **N. of your nonsense, please!**, basta con le tue stupidaggini! □ **He would have n. of it**, non ne volle sapere □ **That's n. of your business**, non sono affari tuoi! ***B*** *avv.* ***1*** (*seguito da un compar.*) — **I am n. the wiser**, ne so quanto prima; **He'll be n. the worse for the experience**, quell'esperienza non gli farà male ***2*** — **n. too**, non troppo; certo non: **You did it n. too well**, non l'hai fatto molto bene; **I was n. too happy about it**, non ne ero certo felice.
nonentity /nɒnˈɛntətɪ/ *n.* persona da nulla; nullità; zero.
nonetheless /nʌnðəˈlɛs/ *avv.* nondimeno; tuttavia.
non-event /nɒnɪˈvɛnt/ *n.* (*fam.*) avvenimento deludente; delusione.
nonexistent /nɒnɪgˈzɪstənt/ *a.* inesistente.
non-fiction /nɒnˈfɪkʃn/ *n.* 🄤 opere non di narrativa.
non-flammable /nɒnˈflæməbl/ *a.* ininfiammabile.
non-fulfilment /nɒnfʊlˈfɪlmənt/ *n.* 🄤 (*leg.*) inadempienza.
non-interference /nɒnɪntəˈfɪərəns/, **non-intervention** /nɒnɪntəˈvɛnʃn/ *n.* 🄤 (*specialm. polit.*) non intervento; neutralità.
non-iron /nɒnˈaɪən, *USA* -ˈaɪərn/ *a.* (*di abito e sim.*) che non deve essere stirato; «lava e indossa».
non-member /nɒnˈmɛmbə(r)/ *n.* non socio: **open to non-members**, aperto al pubblico.
non-observance /nɒnəbˈzɜːvəns/ *n.* 🄤 (*leg.*) inosservanza.
nonpareil /nɒnpəˈreɪl, ˈnɒnp(ə)rəl, *USA* -əˈrɛl/ (*lett.*) ***A*** *a.* senza pari; incomparabile; unico ***B*** *n.* persona (*o* cosa) incomparabile.
non-partisan /nɒnpɑːtɪˈzæn/ *a.* (*polit.*) apartitico; indipendente.
nonpayment /nɒnˈpeɪmənt/ *n.* 🄤 (*comm.*) mancato pagamento.
to **nonplus** /nɒnˈplʌs, ˈnɒnplʌs/ *v. t.* mettere in imbarazzo; sconcertare.
non-profit /nɒnˈprɒfɪt/ (*USA*) *V.* **non-profit-making**, *def. 1.*
non-profit-making /nɒnˈprɒfɪtmeɪkɪŋ/ *a.* (*econ.*) ***1*** che non ha scopi di lucro ***2*** che non rende.
non-proliferation /nɒnprəlɪfəˈreɪʃn/ *n.* 🄤 (*polit., mil.*) non proliferazione: **n. treaty**, trattato di non proliferazione.
nonresident /nɒnˈrɛzɪdənt/ *a. e n.* non residente • (*di ristorante o bar annesso a un albergo*) **open to nonresidents**, aperto al pubblico (*a tutti, non solo agli ospiti*).
non-residential /nɒnrɛzɪˈdɛnʃl/ *a.* ***1*** (*di collegiale*) esterno ***2*** (*di assistenza*) ambulatoriale.
non-returnable /nɒnrɪˈtɜːnəbl/ *a.* (*comm.*) a perdere.
nonsense /ˈnɒnsns, *USA* -sɛns/ *n.* 🄤 ***1*** sciocchezze; assurdità; stupidaggini: **to talk n.**, dire sciocchezze; **That's just a piece of n.**, è una sciocchezza bella e buona!; **N.!**, sciocchezze!; che assurdità! ***2*** nonsenso • **to make n. of st.**, rovinare q.c.; vanificare q.c.
nonsensical /nɒnˈsɛnsɪkl/ *a.* assurdo; sciocco.
non-shrink /nɒnˈʃrɪŋk/ *a.* (*di tessuto*) irrestringibile.
non-skid /nɒnˈskɪd/ *a.* (*autom., di pneumatico*) antisdrucciolevole.
non-smoker /nɒnˈsməʊkə(r)/ *n.* ***1*** non fumatore; chi non fuma ***2*** (*ferr.*) scompartimento per non fumatori.
nonstandard /nɒnˈstændəd/ *a.* (*ling.*) grammaticalmente non corretto.
non-starter /nɒnˈstɑːtə(r)/ *n.* (*fam.*) ***1*** (*sport*) cavallo o atleta che viene ritirato prima della corsa ***2*** cosa, idea, persona che non ha alcuna probilità di successo; cosa, idea, fallita in partenza.
non-stick /nɒnˈstɪk/ *a.* (*di pentola, ecc.*) antiaderente; che non attacca.
nonstop /nɒnˈstɒp/ ***A*** *a.* ininterrotto; senza fermate; diretto: **n. flight**, volo senza scali ***B*** *avv.* senza pausa; ininterrottamente.
non-U /nɒnˈjuː/ *a.* (*antiq. GB*) inelegante; poco distinto.
non-union /nɒnˈjuːnɪən/ *a. attr.* (*di operaio, ecc.*) non iscritto a un sindacato.
nonviolence /nɒnˈvaɪələns/ *n.* nonviolenza.
nonwhite /nɒnˈwaɪt, *USA* -ˈhw-/ *a. e n.* non bianco; di colore.
noodles /ˈnuːdlz/ *n. pl.* (*cucina*) tagliatelle; taglierini.
nook /nʊk/ *n.* angolo; angolino; cantuccio • **to search every n. and cranny**, cercare dappertutto (*o* in tutti gli angoli).
noon /nuːn/, **noonday** /ˈnuːndeɪ/ *n.* 🄤 mezzogiorno: **at n.**, a mezzogiorno • **high noon**, pieno meriggio □ (*fam.*) **twelve n.**, mezzogiorno.
noose /nuːs/ *n.* cappio; laccio.
nope /nəʊp/ *avv.* (*fam.*) no.
nor /nɔː(r)/ *cong.* né; e non; neanche; nemmeno: **I have neither time nor money**, non ho né tempo né denaro; **I don't know, nor do I care**, non lo so e non me ne importa.
Nordic /ˈnɔːdɪk/ *a. e n.* nordico.
norm /nɔːm/ *n.* norma.
normal /ˈnɔːməl/ *a.* normale • **above [below] n.**, al di sopra [al di sotto] della norma □ **Traffic is back to n.**, il traffico è tornato normale (*o* alla normalità).
to **normalise** /ˈnɔːməlaɪz/ *e deriv.* (*GB*) *V.* **to normalize** *e deriv.*
normality /nɔːˈmælətɪ/ *n.* 🄤 normalità.
normalization /nɔːməlaɪˈzeɪʃn, *USA* -lɪˈz-/ *n.* 🄤 normalizzazione.
to **normalize** /ˈnɔːməlaɪz/ ***A*** *v. t.* normalizzare; rendere normale ***B*** *v. i.* normalizzarsi.
normally /ˈnɔːməlɪ/ *avv.* normalmente; di solito.
Norman /ˈnɔːmən/ *a. e n.* (*stor.*) normanno.
normative /ˈnɔːmətɪv/ *a.* normativo.
Norse /nɔːs/ ***A*** *a.* norreno ***B*** *n.* lingua norrena.
Norseman /ˈnɔːsmən/ *n.* (*pl.* **Norsemen** /-mən/) (*stor.*) norreno; vichingo.
north /nɔːθ/ ***A*** *n.* ***1*** nord; settentrione: **in [from] the n.**, a [da] nord; **(to the) n. of**, a nord di ***2*** parte settentrionale; Nord ***B*** *a.* a nord; da nord; del nord; settentrionale: **the n. side**, il lato a nord (*o* settentrionale); **n. wind**, vento del nord; **N. America**, l'America del Nord; **the N. Sea**, il Mare del Nord; **the N. Pole**, il polo nord; (*astron.*) **the N. Star**, la stella polare ***C*** *avv.* verso nord; a nord: **to go n.**, andare verso nord; **to be facing n.**, guardare verso nord.
northbound /ˈnɔːθbaʊnd/ *a.* diretto verso nord.
northeast /nɔːθˈiːst/ ***A*** *a.* ***1*** a (*o* di) nordest ***2*** (*di vento*) da nordest ***B*** *avv.* a (*o* verso) nordest.
northeaster /nɔːθˈiːstə(r)/ *n.* vento di nordest.
northeasterly /nɔːθˈiːstəlɪ/ ***A*** *a.* ***1*** da nordest ***2*** (*di vento*) verso nordest ***B*** *n.* vento di nordest.
northeastern /nɔːθˈiːstən/ *a.* di nordest; nordorientale.
northerly /ˈnɔːðəlɪ/ *a.* ***1*** verso nord: **in a n. direction**, verso nord; in direzione nord ***2*** (*di vento*) da nord.
northern /ˈnɔːðən/ *a.* settentrionale; nordico; boreale; del (*o* dal) nord; a nord: **the n. hemisphere**, l'emisfero boreale; **N. Ireland**, l'Irlanda del Nord; **the n. lights**, l'aurora boreale.
Northerner /ˈnɔːðənə(r)/ *n.* ***1*** abitante del Nord ***2*** (*USA*) abitante di uno degli Stati del Nord.
northernmost /ˈnɔːðənməʊst/ *a.* (il) più settentrionale.
northward /ˈnɔːθwəd/ ***A*** *a.* (verso) nord ***B*** *avv.* **northward(s)**, verso nord.
northwest /nɔːθˈwɛst/ ***A*** *a.* ***1*** a (*o* di) nordovest ***2*** (*di vento*) da nordovest ***B*** *avv.* a (*o* verso) nordovest.
northwester /nɔːθˈwɛstə(r)/ *n.* vento di nordovest.
northwesterly /nɔːθˈwɛstəlɪ/ ***A*** *a.* ***1*** da nordovest ***2*** verso nordovest ***B*** *n.* vento di nordovest.
northwestern /nɔːθˈwɛstən/ *a.* di nordovest; nordoccidentale.
Norwegian /nɔːˈwiːdʒən/ *n. e a.* norvegese (*anche la lingua*).
nose /nəʊz/ *n.* ***1*** (*anat.*) naso: **to blow one's n.**, soffiarsi il naso ***2*** odorato; fiuto; naso: **to have a good n.**, avere fiuto (*o* naso) ***3*** muso (*di auto, di aereo, ecc.*); prua (*di nave*) ***4*** punta (*di proiettile, ecc.*); ogiva ***5*** (*mecc.*) becco, beccuccio; sporgenza; canna, cannuccia; tubo ***6*** (*di vino*) profumo; bouquet • (*pop.*) **n. job**, plastica al naso □ (*fam.*) **to bite** (*o* **to snap**) **sb.'s n. off**, dare una rispostaccia a q.; rispondere per le rime a q. □ **to cut off one's n. to spite one's face**, darsi la zappa sui piedi □ **to follow one's n.**, andare sempre diritto □ (*fam.*) **to have** (*o* **to keep**) **one's n. to the grindstone**, lavorare sodo; sgobbare □ (*fam.*) **to keep one's n. clean**, tenersi fuori dai guai □ **to lead sb. by the n.**, menare q. per il naso □ (*fam.*) **to pay through the n.**, pagare profumatamente (*o* un occhio della testa) □ (*fam.*) **to poke one's n. into sb.'s business**, ficcare il naso negli affari di q. □ (*fam.*) **to put sb.'s n. out of joint**, far

indispettire q. (mettendolo in ombra) □ **to speak through one's n.**, parlare col naso □ **to turn up one's n. (at sb., st.)**, arricciare il naso (davanti a q., a q.c.) □ (*fam.*) **under sb.'s (very) n.**, (proprio) sotto il naso di q.
to **nose** /nəʊz/ *v. t. e i.* (far) avanzare con cautela: **to n. one's way**, farsi strada; procedere; **to n. out of a side--street**, uscire piano da una strada laterale.
♦ **nose about** *v. i. + avv.* curiosare.
♦ **nose into** *v. i. + prep.* ficcare il naso in.
♦ **nose out** *v. t. + avv.* annusare; fiutare; sentire al fiuto; (*fig.*) scoprire.
nosebag /ˈnəʊzbæg/ *n.* sacchetto per la biada; musetta.
nosebleed /ˈnəʊzbliːd/ *n.* (*med.*) emorragia nasale; epistassi; sangue dal naso (*fam.*).
nosedive /ˈnəʊzdaɪv/ *n.* ***1*** (*aeron.*) picchiata ***2*** (*di prezzi, ecc.*) crollo.
to **nose(-)dive** /ˈnəʊzdaɪv/ *v. i.* ***1*** (*aeron.*) scendere in picchiata ***2*** (*fig., di prezzi, ecc.*) crollare.
nosegay /ˈnəʊzgeɪ/ *n.* (*lett.*) mazzolino di fiori.
nosey /ˈnəʊzɪ/ *V.* **nosy**.
nosh /nɒʃ/ *n.* (*pop. GB*) ***1*** [U] cibo ***2*** spuntino ● **n.-up**, gran mangiata; abbuffata.
to **nosh** /nɒʃ/ *v. i.* (*pop. GB*) mangiare; fare uno spuntino.
nostalgia /nɒˈstældʒə/ *n.* [U] nostalgia.
nostalgic /nɒˈstældʒɪk/ *a.* nostalgico.
nostril /ˈnɒstrɪl/ *n.* (*anat.*) narice; (*di cavallo*) frogia.
nostrum /ˈnɒstrəm/ *n.* panacea; toccasana.
nosy /ˈnəʊzɪ/ *a.* (*fam.*) impiccione; curioso ● (*fam.*) **n. parker**, ficcanaso.
not /nɒt/ *avv.* ***1*** non: **I'm not coming**, non vengo; **I told him not to go**, gli dissi di non andare ***2*** no; di no: **I think [hope, etc.] not**, penso [spero, ecc.] di no; **perhaps not**, forse no; **whether you like it or not**, ti piaccia o no ● **not at all**, niente affatto; per niente □ (*pop.*) **not half**, moltissimo!; eccome! □ **not a (single) moment**, non un solo (*o* neanche un) momento □ **not to say**, per non dire.
notable /ˈnəʊtəbl/ ***A*** *a.* degno di nota; notevole; ragguardevole; importante ***B*** *n.* notabile; persona importante.
notably /ˈnəʊtəblɪ/ *avv.* ***1*** particolarmente ***2*** notevolmente.
to **notarize**, (*GB anche*) to **notarise** /ˈnəʊtəraɪz/ *v. t.* autenticare, legalizzare (*un documento*).
notary /ˈnəʊtərɪ/ *n.* (*leg.*) notaio: **n. public**, pubblico notaio.
notation /nəʊˈteɪʃn/ *n.* ***1*** [U] (*mus.*) notazione ***2*** (*mat.*) (sistema di) segni.
notch /nɒtʃ/ *n.* ***1*** tacca; incisione ***2*** (*fig.*) gradino: **a n. above the rest**, un gradino più in su degli altri.
to **notch** /nɒtʃ/ *v. t.* intaccare; fare tacche in.
♦ **notch up** *v. i. + avv.* (*fam.*) ***1*** segnare (*punti, ecc.*) ***2*** mettere a segno: **to n. up another victory**, mettere a segno un'altra vittoria.
note /nəʊt/ *n.* ***1*** nota; appunto; annotazione: **marginal notes**, note in margine; **to take notes**, prendere appunti ***2*** nota; accento; tono: **a n. of sadness**, una nota di tristezza ***3*** biglietto: **bank n.**, biglietto di banca; banconota; **five--pound n.**, biglietto da cinque sterline; **thank-you n.**, biglietto di ringraziamento ***4*** (*mus.*) nota ● **to compare notes**, scambiare le proprie impressioni (con q.) □ (*comm.*) **credit [debit] n.**, nota di accredito [di addebito] □ (*comm.*) **delivery n.**, bolletta di consegna □ **of n.**, di grande distinzione; di riguardo □ (*comm.*) **promissory n.**, pagherò cambiario □ **to take n. of st.**, fare attenzione a q.c. □ **worthy of n.**, degno di nota; ragguardevole.
to **note** /nəʊt/ *v. t.* ***1*** fare attenzione a; notare; rilevare: **Please n. that...**, favorite rilevare che... ***2*** annotare; prendere nota di.
notebook /ˈnəʊtbʊk/ *n.* taccuino.
noted /ˈnəʊtɪd/ *a.* celebre; famoso; rinomato.
notepad /ˈnəʊtpæd/ *n.* blocchetto per appunti.
notepaper /ˈnəʊtpeɪpə(r)/ *n.* [U] carta da lettere.
noteworthy /ˈnəʊtwɜːðɪ/ *a.* degno di nota; ragguardevole.
nothing (1) /ˈnʌθɪŋ/ ***A*** *pron. indef.* niente; nulla; nessuna cosa: **I have n. to say**, non ho niente da dire; **n. new**, nulla di nuovo; **n. else**, nient'altro ● **n. but**, nient'altro che □ (*fam.*) **N. doing!**, niente da fare! □ **n. if not efficient**, indiscutibilmente efficiente □ **n. much**, poco o nulla □ **to come to n.**, finire in nulla; andare in fumo □ **for n.**, per niente; gratis; senza motivo; invano □ **to have n. to do with sb.**, non avere nulla a che fare con q. □ **That has n. to do with me**, ciò non mi riguarda; non è affar mio □ **I can make n. of this note**, non ci capisco niente in questo biglietto □ **to say n. of**, per non parlare di □ **to think n. of doing st.**, non avere nessun problema a fare q.c. □ **There's n. to it!**, è semplicissimo; non ci vuol nulla! □ **There was n. for it but to pay**, non ci fu altra scelta che pagare ***B*** *n.* ***1*** nullità ***2*** (*mat.*) zero ***3*** bazzecola; inezia ● **sweet nothings**, paroline dolci; tenerezze.
nothing (2) /ˈnʌθɪŋ/ *avv.* niente affatto; per nulla; in nessun modo: **n. daunted**, per niente scoraggiato; imperterrito; **n. like**, completamente diverso da; **n. short of madness**, pura e semplice follia.
nothingness /ˈnʌθɪŋnəs/ *n.* [U] il non-essere; il nulla.
notice /ˈnəʊtɪs/ *n.* ***1*** annuncio; avviso; comunicazione: **church notices**, annunci religiosi ***2*** affisso; avviso; cartello: **to put up a n.**, affiggere un avviso; attaccare un cartello ***3*** [U] preavviso; preavviso di licenziamento: **at short [without] n.**, con breve [senza] preavviso; **to give in one's n.**, licenziarsi ***4*** [U] attenzione: **to attract n.**, attirare l'attenzione; **to bring st. to sb.'s n.**, richiamare q.c. all'attenzione di q. ***5*** (*teatr., ecc.*) critica; recensione: **to get good notices**, ricevere critiche favorevoli ● **n. board**, tabellone; bacheca □ **to give n.**, comunicare □ **to give n. to quit**, dare la disdetta (*a un inquilino*) □ **to give a servant a week's n.**, dare gli otto giorni a un domestico □ **to take n.**, osservare; rilevare; fare attenzione; badare □ **to take no (*o* not to take any) n. of**, non osservare; far finta di non vedere; chiudere un occhio su □ **till further n.**, fino a nuovo avviso.
to **notice** /ˈnəʊtɪs/ ***A*** *v. t.* osservare; notare; accorgersi di; rilevare ***B*** *v. i.* farci caso: **«He's going bald» «I didn't n.»**, «sta diventando calvo» «non ci avevo fatto caso».
noticeable /ˈnəʊtɪsəbl/ *a.* ***1*** visibile; evidente ***2*** notevole; considerevole.
notifiable /ˈnəʊtɪfaɪəbl/ *a.* (*specialm. di certe malattie*) che deve essere denunciato alle autorità.
notification /nəʊtɪfɪˈkeɪʃn/ *n.* [U] *e* [C] ***1*** notifica; comunicazione ***2*** denuncia (*di nascita, morte, ecc.*).
to **notify** /ˈnəʊtɪfaɪ/ *v. t.* ***1*** notificare a; comunicare a; avvisare; informare ***2*** dichiarare (*all'autorità*); denunciare.
notion /ˈnəʊʃn/ *n.* ***1*** idea: **I have no n. of what he has in mind**, non ho nessuna idea di che cosa abbia in mente ***2*** voglia improvvisa; ticchio: **as the n. takes him**, quando gli salta il ticchio ***3*** (*al pl.*) (*USA*) (piccoli articoli di) merceria.
notional /ˈnəʊʃənl/ *a.* speculativo; teorico.
notoriety /nəʊtəˈraɪətɪ/ *n.* [U] nomea; notorietà.
notorious /nəʊˈtɔːrɪəs/ *a.* famigerato; ben noto; tristemente noto.
notwithstanding /nɒtwɪðˈstændɪŋ, -wɪθ-/ (*form.*) ***A*** *prep.* a dispetto di; nonostante ***B*** *avv.* nondimeno; tuttavia.
nougat /ˈnuːgɑː, *USA* ˈnuːgət/ *n.* [U] torrone.
nought /nɔːt/ *n.* ***1*** [U] (*lett.*) niente; nulla: **to come to n.**, finire in un nulla di fatto ***2*** (*mat.*) zero ● **to set at n.**, sfidare; sprezzare.
noun /naʊn/ *n.* (*gramm.*) nome; sostantivo.
to **nourish** /ˈnʌrɪʃ, *USA* ˈnɜːrɪʃ/ *v. t.* ***1*** nutrire; alimentare ***2*** (*fig.*) nutrire; covare; coltivare.
nourishing /ˈnʌrɪʃɪŋ, *USA* ˈnɜːr-/ *a.* nutriente; nutritivo.
nourishment /ˈnʌrɪʃmənt, *USA* ˈnɜːr-/ *n.* [U] nutrimento; alimento.
nous /naʊs/ *n.* [U] (*fam.*) buon senso.
nouveau riche /ˈnuːvəʊˈriːʃ/ (*franc.*) *locuz. n.* (*pl.* **nouveaux riches**) nuovo ricco; arricchito.
novel (1) /ˈnɒvl/ *a.* nuovo; insolito; originale.
novel (2) /ˈnɒvl/ *n.* romanzo. ATTENZIONE: **novel** ≠ novella.
novelette /nɒvəˈlet/ *n.* (*generalm. spreg.*) romanzo rosa; romanzetto.
novelettish /nɒvəˈletɪʃ/ *a.* sdolcinato; sentimentale.
novelist /ˈnɒvəlɪst/ *n.* romanziere (-a).
novella /nəˈvelə/ (*ital.*) *n.* (*letter.*) romanzo breve; racconto lungo.
novelty /ˈnɒvəltɪ/ *n.* ***1*** [U] *e* [C] novità ***2*** (*al pl.*) oggettini di moda; minuterie; ninnoli.
November /nəˈvembə(r)/ *n.* novembre. (*Per gli esempi d'uso, V. sotto* **April**).
novena /nəˈviːnə/ *n.* (*pl.* **novenae** /-niː/, **novenas**) (*relig.*) novena.
novice /ˈnɒvɪs/ *n.* ***1*** (*eccles.*) novizio (-a) ***2*** principiante.
novitiate /nəˈvɪʃɪət/ *n.* (*eccles.*) noviziato.
novocain(e) /ˈnəʊvəʊkeɪn/ *n.* [U] (*farm.*) novocaina.
now /naʊ/ ***A*** *avv.* ***1*** ora; adesso; subito ***2*** ormai: **It's now**

10 years since..., sono ormai passati dieci anni da quando... ***3*** (*escl.*) dunque; ebbene; be'; andiamo; suvvia: **Now, let's see**, dunque, vediamo un po'; **Now, what do you mean by that?**, be', che cosa intendi dire con ciò?; **Now then** (*o* **Now, now**), **no need to call each other names**, andiamo, niente insulti! • **now and then** (*o* **(every) now and again**), di quando in quando □ **just now**, or ora; proprio ora ***B*** *cong.* (*anche* **now that**) ora che ***C*** *n.* il presente; questo momento: **Now is the time to...**, questo è il momento di...; **as of now**, a partire da questo momento • **by now**, ormai □ **a week from now**, tra una settimana □ **from now on** (*o* **onwards**), d'ora in poi □ **up to now**, finora; sinora.

nowadays /ˈnaʊədeɪz/ *avv.* al giorno d'oggi; oggigiorno.

nowhere /ˈnəʊweə(r), *USA* -hw-/ *avv.* in nessun luogo; da nessuna parte: **n. in this country**, da nessuna parte in questo paese; **He has n. to live**, non ha dove vivere; **The ring was n. to be found**, l'anello era introvabile • (*fam.*) **n. near**, neanche lontanamente: **He's n. near as clever as she is**, non è neanche lontanamente intelligente come lei □ (*fig.*) **to be n.**, aver fatto fiasco; (*in una corsa*) non piazzarsi □ **to get n.**, non approdare a nulla □ **to get sb. n.**, non servire a nulla a q.

nowise /ˈnəʊwaɪz/ *avv.* (*lett.*) in nessun modo; niente affatto; per nulla.

noxious /ˈnɒkʃəs/ *a.* nocivo; dannoso; pernicioso.

nozzle /ˈnɒzl/ *n.* becco; beccuccio; boccaglio; ugello.

nth /ɛnθ/ *a.* (*mat. e fig.*) ennesimo: **to the nth power**, all'ennesima potenza; **for the nth time**, per l'ennesima volta.

nuance /ˈnjuːɑːns, *USA* ˈnuː-/ *n.* sfumatura.

nub /nʌb/ *n.* (*fam.*) nocciolo; parte essenziale.

nubile /ˈnjuːbaɪl, *USA* ˈnuːbl/ *a.* nubile.

nuclear /ˈnjuːklɪə(r), *USA* ˈnuː-/ *a.* nucleare • **n. capability** [**facility**], potenziale [impianto] nucleare □ **n. family**, famiglia nucleare □ **n.-free**, denuclearizzato □ **n. power**, energia nucleare; potenza nucleare □ **n. reactor**, reattore nucleare □ **n. warfare**, guerra atomica □ **n. waste**, scorie radioattive.

nucleus /ˈnjuːklɪəs, *USA* ˈnuː-/ *n.* (*pl.* **nuclei** /-klɪaɪ/) nucleo.

nude /njuːd, *USA* nuːd/ ***A*** *a.* nudo ***B*** *n.* (*arte*) nudo • **in the n.**, nudo.

nudge /nʌdʒ/ *n.* colpetto di gomito.

to **nudge** /nʌdʒ/ *v. t.* ***1*** toccare col gomito (*per richiamarne l'attenzione*); dare di gomito a ***2*** spingere delicatamente.

nudism /ˈnjuːdɪzəm, *USA* ˈnuː-/ *n.* Ⓤ nudismo.

nudist /ˈnjuːdɪst, *USA* ˈnuː-/ *n.* nudista.

nudity /ˈnjuːdətɪ, *USA* ˈnuː-/ *n.* Ⓤ nudità.

nugatory /ˈnjuːgətrɪ, *USA* ˈnuːgətɔːrɪ/ *a.* (*form.*) frivolo; futile; insignificante.

nugget /ˈnʌgɪt/ *n.* pepita.

nuisance /ˈnjuːsns, *USA* ˈnuː-/ *n.* ***1*** fastidio; seccatura: **What a n.!**, che seccatura! ***2*** seccatore (-trice); rompiscatole (*fam.*): **You are being a n.**, sei seccante; stai seccando ***3*** (*leg.*) danno; turbativa • (*generalm. polit.*) **to have a n. value**, essere in grado di fare un'azione di disturbo □ **to make a n. of oneself**, rendersi insopportabile.

nuke /njuːk, *USA* nuːk/ *n.* (*fam.*) arma nucleare.

to **nuke** /njuːk, *USA* nuːk/ *v. t.* (*fam.*) ***1*** attaccare con armi atomiche ***2*** distruggere.

null /nʌl/ *a.* (*specialm. leg.*) nullo; non valido • (*leg.*) **n. and void**, nullo.

to **nullify** /ˈnʌlɪfaɪ/ *v. t.* ***1*** (*leg.*) annullare; invalidare ***2*** rendere nullo; nullificare.

nullity /ˈnʌlətɪ/ *n.* (*anche leg.*) nullità.

numb /nʌm/ *a.* ***1*** intorpidito; reso insensibile: **n. with cold**, reso insensibile dal freddo ***2*** intontito; paralizzato: **n. with fear**, paralizzato dalla paura.

to **numb** /nʌm/ *v. t.* ***1*** intorpidire; rendere insensibile ***2*** intontire; paralizzare.

number /ˈnʌmbə(r)/ *n.* ***1*** numero; cifra: **even** [**odd**] **numbers**, numeri pari [dispari]; **telephone n.**, numero telefonico ***2*** numero; quantità: **a n. of people**, un certo numero di persone; **on a n. of occasions**, in diverse occasioni; **few in n.**, pochi di numero; **a large n. of visitors**, un gran numero di visitatori; **Growing numbers of people are joining the party**, sono sempre più numerose le iscrizioni al partito ***3*** gruppo (*di persone, di cose*): **A few of our n. have been here before**, alcuni di noi (*o* del nostro gruppo) sono già stati qui ***4*** (*di rivista*) numero; fascicolo: **back n.**, numero arretrato; (*fig.*) persona (*o* cosa) antiquata ***5*** (*mus.*) pezzo; canzone ***6*** (*fam., sempre con agg.*) abito, auto, donna, ecc. (*di un dato tipo*): **She wore a neat little n.**, portava un capetto grazioso; **He's been seen with a gorgeous little blonde n.**, l'hanno visto in giro con una biondina appetitosa; **a cushy n.**, un lavoro di tutto riposo ***7*** (*gramm.*) numero • **any n. of times**, un sacco di volte □ (*fam.*) **n.-cruncher**, persona (*contabile, economista, ecc.*) che ha a che fare coi numeri; grosso calcolatore □ **n.-crunching**, (*sost.*) (il) macinare numeri; (*agg.*) calcolatore □ (*telef.*) **code n.**, prefisso □ (*fam.*) **to look after** (*o* **to take care of**) **n. one**, pensare a sé; badare al proprio interesse □ **opposite n.**, omologo; collega; controparte □ **times without n.**, innumerevoli volte.

to **number** /ˈnʌmbə(r)/ *v. t.* ***1*** numerare; dare un numero a ***2*** annoverare; contare; includere ***3*** ammontare a; essere (*di numero*) • **His days are numbered**, ha i giorni contati.

numberless /ˈnʌmbələs/ *a.* (*lett.*) innumerevole.

numberplate /ˈnʌmbəpleɪt/ *n.* (*autom., GB*) targa.

numbness /ˈnʌmnəs/ *n.* Ⓤ ***1*** intorpidimento; insensibilità ***2*** intontimento; torpore.

numbskull /ˈnʌmskʌl/ *V.* **numskull**.

numeracy /ˈnjuːmərəsɪ, *USA* ˈnuː-/ *n.* Ⓤ abilità aritmetica.

numeral /ˈnjuːmərəl, *USA* ˈnuː-/ ***A*** *a.* (*mat., gramm.*) numerale ***B*** *n.* numero; cifra: **Roman numerals**, numeri romani.

numerate /ˈnjuːmərəɪt, *USA* ˈnuː-/ *a.* che ha una preparazione aritmetica.

numerator /ˈnjuːməreɪtə(r), *USA* ˈnuː-/ *n.* (*mat.*) numeratore.

numerical /njuːˈmɛrɪkl, *USA* nuː-/ *a.* numerico.

numerics /njuːˈmɛrɪks, *USA* nuː-/ *n. pl.* (*elab.*) caratteri numerici.

numerology /njuːməˈrɒlədʒɪ, *USA* nuː-/ *n.* Ⓤ numerologia.

numerous /ˈnjuːmərəs, *USA* ˈnuː-/ *a.* numeroso.

numismatic /njuːmɪzˈmætɪk, *USA* nuː-/ *a.* numismatico.

numismatics /njuːmɪzˈmætɪks, *USA* nuː-/ *n. pl.* (*col verbo al sing.*) numismatica.

numskull /ˈnʌmskʌl/ *n.* stupido; testone.

nun /nʌn/ *n.* monaca; suora.

nuncio /ˈnʌnʃɪəʊ/ *n.* (*pl.* **nuncios**) (*eccles.*) nunzio (*apostolico, pontificio*).

nunnery /ˈnʌnərɪ/ *n.* (*antiq.*) convento.

nuptial /ˈnʌpʃl/ *a.* (*form.*) nuziale.

nuptials /ˈnʌpʃlz/ *n. pl.* (*lett.*) nozze.

nurse /nɜːs/ *n.* ***1*** infermiera, infermiere: **male n.**, infermiere; **trained n.**, infermiera diplomata ***2*** bambinaia • **Red Cross n.**, crocerossina □ **wet n.**, balia; nutrice.

to **nurse** /nɜːs/ ***A*** *v. t.* ***1*** fare da infermiere (*o* infermiera) a; curare; assistere: **to n. an elderly person**, assistere un anziano; **to n. a cold**, curarsi un raffreddore ***2*** allattare; nutrire al seno ***3*** aver cura di ***4*** covare; nutrire: **to n. a grudge**, covare rancore; **to n. a hope**, nutrire una speranza ***5*** stringere tra le braccia (*o* tra le mani); accarezzare ***B*** *v. i.* ***1*** (*di bambino*) poppare ***2*** allattare ***3*** fare l'infermiere (*o* l'infermiera).

nursemaid /ˈnɜːsmeɪd/ *n.* bambinaia.

nursery /ˈnɜːsərɪ/ *n.* ***1*** (*anche* **day n.**) (asilo) nido ***2*** (*antiq.*) stanza dei bambini ***3*** vivaio • **n. rhyme**, filastrocca □ **n. school**, asilo infantile; scuola materna □ (*sci*) **n. slope**, pista (*o* discesa) per principianti.

nurseryman /ˈnɜːsrɪmən/ *n.* (*pl.* **nurserymen** /-mən/) vivaista.

nursing /ˈnɜːsɪŋ/ *n.* Ⓤ ***1*** professione di infermiera ***2*** (*med.*) assistenza infermieristica • **n. home**, casa di cura; clinica privata □ **n. mother**, madre che allatta.

nurture /ˈnɜːtʃə(r)/ *n.* Ⓤ (*lett.*) ***1*** allevamento; educazione; cura ***2*** nutrimento.

to **nurture** /ˈnɜːtʃə(r)/ *v. t.* (*lett.*) ***1*** allevare; educare ***2*** nutrire.

nut /nʌt/ *n.* ***1*** (*bot.*) noce; nocciola: **nuts**, frutta secca ***2*** (*mecc.*) dado ***3*** (*pop.*) testa; zucca: **to be off one's nut**, essere fuori di testa ***4*** (*fam.*) pazzo (-a); svitato (-a) ***5*** (*fam.*) fanatico (-a): **He's a computer nut**, è un fanatico del computer ***6*** (*al pl.*) piccoli pezzi di carbone ***7*** (*al pl.*) (*volg. USA*) palle; marroni ***8*** *V.* **nuts** • **nut-brown**, (color) nocciola □ (*pop.*) **Nuts to you!**, va' al diavolo! □ **nuts and bolts**, (*mecc.*) bulloneria; (*fig.*) rudimenti, dettagli tecnici □ (*pop. GB*) **to do one's nut**, dare in escandescenze □ (*fig.*) **a hard nut to crack**, un problema tosto; un osso duro □

(*pop.*) **I can't do it for nuts**, non riesco a farcela in nessun modo.
nutcase / ˈnʌtkeɪs/ *n.* (*fam.*) matto; pazzo.
nutcracker / ˈnʌtkrækə(r)/ *n.* (*spesso al pl.*) schiaccianoci.
nuthouse / ˈnʌthaʊs/ *n.* (*pop.*) manicomio.
nutmeg / ˈnʌtmɛg/ *n.* C *e* U noce moscata.
nutria / ˈnjuːtrɪə, *USA* ˈnuː-/ *n.* ***1*** (*zool.*) nutria; castorino; topo d'acqua ***2*** pelliccia di nutria.
nutrient / ˈnjuːtrɪənt, *USA* ˈnuː-/ ***A*** *a.* nutriente; nutritivo ***B*** *n.* sostanza nutriente.
nutriment / ˈnjuːtrɪmənt, *USA* ˈnuː-/ *n.* U nutrimento.
nutrition /njuːˈtrɪʃn, *USA* nuː-/ *n.* U nutrizione; alimentazione.
nutritionist /njuːˈtrɪʃənɪst, *USA* nuː-/ *n.* alimentarista.
nutritious /njuːˈtrɪʃəs, *USA* nuː-/ *a.* nutritivo; nutriente.
nutritive / ˈnjuːtrɪtɪv, *USA* ˈnuː-/ *a.* (*scient. o form.*) ***1*** nutritivo; nutriente ***2*** alimentare.
nuts /nʌts/ *a.* (*pop.*) matto; pazzo • **to be n. about sb. [st.]**, andare pazzo per q. [q.c.] □ **to go nuts**, impazzire.
nutshell / ˈnʌtʃɛl/ *n.* guscio di noce • **in a n.**, in poche parole.
nutter / ˈnʌtə(r)/ *n.* (*pop. GB*) matto (-a); svitato (-a).
nutty / ˈnʌtɪ/ *a.* ***1*** che sa di noci ***2*** (*di torta, ecc.*) pieno di noci ***3*** (*pop.*) matto; pazzo • (*pop.*) **to be n. on st.**, andar matto per q.c.
to **nuzzle** / ˈnʌzl/ ***A*** *v. t.* ***1*** strofinare il muso contro ***2*** accostare, premere (*la testa contro q.c.*) ***B*** *v. i.* ***1*** (*di cane, ecc.*) annusare ***2*** (*di porco*) grufolare ***3*** rannicchiarsi; annidarsi.
nylon / ˈnaɪlɒn/ *n.* ***1*** U (*ind. tess.*) nailon ***2*** (*al pl.*) (*fam.*) calze di nailon.
nymph /nɪmf/ *n.* (*mitol., zool.*) ninfa.
nymphet /nɪmˈfɛt/ *n.* ninfetta.
nympho / ˈnɪmfəʊ/ *n. abbr. fam. di* **nymphomaniac**.
nymphomania /nɪmfəˈmeɪnɪə/ *n.* U (*psic.*) ninfomania.
nymphomaniac /nɪmfəˈmeɪnɪæk/ *a. e n.* (*psic.*) ninfomane.

o,O

O (1), **o** /əʊ/ *n.* (*pl.* **O's, o's**; **Os, os**) *1* O, o *2* zero (*specialm. compitando un numero telef.*) • (*telef.*) **o for Oliver** (*USA* **for Oboe**), o come Otranto □ **O-level**, (*in G.B., prima del 1988*) esame finale della scuola dell'obbligo, sostenuto a livello inferiore.
O (2) /əʊ/ *inter.* (*specialm. poet.*) *1* oh *2* (*al vocat.*) o.
o' /ə/ *abbr. di* **of**.
oaf /əʊf/ *n.* zotico; tanghero • **You clumsy oaf!**, deficiente!
oafish /ˈəʊfɪʃ/ *a. 1* balordo; stupido *2* zotico.
oak /əʊk/ *n.* [C] *e* [U] quercia (*albero e legno*) • **oak-apple** (*o* **oak-gall**), galla di quercia □ (*bot.*) **English oak**, rovere.
oaken /ˈəʊkən/ *a.* (*lett.*) di quercia.
oakum /ˈəʊkəm/ *n.* [U] stoppa.
oar /ɔː(r)/ *n. 1* remo *2* rematore; vogatore • **oar blade**, pala del remo □ (*naut.*) **four-oar**, barca a quattro remi □ (*fam.*) **to put one's oar in**, impicciarsi; intromettersi □ (*fig.*) **to rest on one's oars**, prendersi un po' di riposo.
oared /ɔːd/ *a* (*naut.*) munito di remi; a remi.
oarlock /ˈɔːlɒk/ *n.* (*naut., USA*) scalmo.
oarsman /ˈɔːzmən/ *n.* (*pl.* **oarsmen** /-mən/) rematore; vogatore; canottiere.
oarswoman /ˈɔːzwʊmən/ *n.* (*pl.* **oarswomen** /-wɪmən/) rematrice; vogatrice.
oasis /əʊˈeɪsɪs/ *n.* (*pl.* **oases** /-siːz/) (*anche fig.*) oasi.
oasthouse /ˈəʊsthaʊs/ *n.* essiccatoio per il luppolo.
oat /əʊt/ *n. V.* **oats**.
oatcake /ˈəʊtkeɪk/ *n.* biscotto di farina d'avena.
oaten /ˈəʊtn/ *a.* (*lett.*) di avena; di farina d'avena.
oath /əʊθ/ *n. 1* giuramento: **on** (*o* **under**) **o.**, sotto giuramento; **to take** (*o* **to swear**) **an o.**, fare un giuramento; giurare *2* imprecazione; bestemmia.
oatmeal /ˈəʊtmiːl/ ***A*** *n.* [U] *1* farina d'avena *2* (*USA*) pappa d'avena; porridge ***B*** *a.* color avena.
oats /əʊts/ *n. pl.* avena • (*fam. GB*) **to be off one's o.**, aver perso l'appetito □ (*fam.*) **to feel one's o.**, essere pieno di energia; scalpitare □ **to sow one's wild o.**, correre la cavallina.
obduracy /ˈɒbdjʊrəsɪ, *USA* -dʊə-/ *n.* [U] (*form.*) *1* durezza (*d'animo*); irremovibilità *2* ostinazione; pervicacia.
obdurate /ˈɒbdjʊrət, *USA* -dʊə-/ *a.* (*form.*) *1* duro (*d'animo*); irremovibile *2* ostinato; pervicace.
obedience /əˈbiːdɪəns/ *n.* [U] obbedienza.
obedient /əˈbiːdɪənt/ *a.* obbediente, ubbidiente.
obeisance /əʊˈbeɪsns/ *n.* (*form.*) *1* inchino *2* [U] (atto di) omaggio: **to do** (*o* **to make, to pay**) **o. to sb.**, rendere omaggio a q.
obelisk /ˈɒbəlɪsk/ *n.* obelisco.
obese /əʊˈbiːs/ *a.* obeso.
obesity /əʊˈbiːsətɪ/ *n.* [U] obesità.
to **obey** /əˈbeɪ, əʊ-/ ***A*** *v. t.* ubbidire a ***B*** *v. i.* ubbidire.
to **obfuscate** /ˈɒbfəskeɪt, *USA* ˈɒb-, ɒbˈfʌs-/ *v. t.* (*form.*) *1* rendere oscuro (*fig.*) *2* ottenebrare; confondere.
obit /ˈɒbɪt, ˈəʊbɪt/ *n. abbr. fam. di* **obituary**.
obituarist /əˈbɪtjʊərɪst, *USA* -tʃʊə-/ *n.* necrologista.
obituary /əˈbɪtʃʊərɪ, *USA* -tʃʊerɪ/ *n.* (*giorn.*) *1* articolo commemorativo (*di una persona*) *2* necrologio. ATTENZIONE: **obituary** ≠ obitorio.
object /ˈɒbdʒɪkt, -dʒekt/ *n. 1* (*anche filos.*) oggetto *2* scopo; intento; obiettivo: **with an o. in mind**, in vista di uno scopo; **with the o. of**, al fine (*o* allo scopo) di *3* oggetto; argomento; materia: **to be an o. of pity**, essere oggetto di compassione; **an o. of conversation**, materia di conversazione *4* (*gramm.*) oggetto: **direct [indirect] o.**, complemento oggetto [indiretto] • **o. lesson**, lezione pratica; dimostrazione □ **With her, money's no o.**, è una che non bada a spese.
to **object** /əbˈdʒekt/ ***A*** *v. i. 1* opporsi (a); essere contrario (a): **if you don't o.**, se non hai niente in contrario; **I o.!**, non sono d'accordo!; (*leg.*) mi oppongo! *2* non tollerare; disapprovare: **I o. to being treated like this**, non tollero di essere trattato così; **He objects to my seeing her**, disapprova che io la frequenti ***B*** *v. t.* obiettare.
objection /əbˈdʒekʃn/ *n.* [C] *e* [U] obiezione: **to raise an o.**, sollevare un'obiezione; **I have no o.**, non ho nulla in contrario • **to take o. to st.**, disapprovare q.c.
objectionable /əbˈdʒekʃənəbl/ *a. 1* criticabile; deplorevole *2* sgradevole; spiacevole; antipatico.
objective /əbˈdʒektɪv/ ***A*** *a.* obiettivo; (*anche filos., gramm.*) oggettivo ***B*** *n. 1* obiettivo *2* (*gramm.*) caso oggettivo.
objectivity /ɒbdʒekˈtɪvətɪ/ *n.* [U] obiettività; oggettività.
objector /əbˈdʒektə(r)/ *n.* obiettore; oppositore (-trice).
objet d'art /ˈɒbʒeɪˈdɑː(r)/ (*franc.*) *locuz. n.* oggetto artistico.
oblate /ˈɒbleɪt, əʊˈb-/ *a.* (*geom.*) schiacciato ai poli.
oblation /əʊˈbleɪʃn/ *n.* (*anche eccles.*) oblazione; offerta.
to **obligate** /ˈɒblɪgeɪt/ *v. t.* obbligare (*legalmente o moralmente*).
obligation /ɒblɪˈgeɪʃn/ *n.* obbligo; impegno: **with no o. to buy**, senza obbligo di acquisto; **to be under an o. to sb.**, essere (*o* sentirsi) in dovere verso q.; (*comm.*) **to meet one's obligations**, far fronte ai propri impegni.
obligatory /əˈblɪgətrɪ, *USA* -tɔːrɪ/ *a.* obbligatorio.
to **oblige** /əˈblaɪdʒ/ *v. t. 1* obbligare; costringere: **to o. sb. to do st.**, obbligare q. a fare q.c.; **to feel obliged to do st.**, sentirsi in obbligo di fare q.c. *2* fare un favore a • **I am much obliged to you**, le sono molto grato □ **I'd be obliged if you would stop passing comment**, ti sarei grato se la smettessi di fare commenti.
obliging /əˈblaɪdʒɪŋ/ *a.* gentile; cortese; servizievole.
oblique /əˈbliːk, əʊ-, ɒ-/ *a. 1* obliquo *2* indiretto *3* (*tipogr., anche* **o. stroke**) barra obliqua.
to **obliterate** /əˈblɪtəreɪt/ *v. t.* cancellare completamente.
obliteration /əblɪtəˈreɪʃn/ *n.* [U] *e* [C] cancellazione totale.
oblivion /əˈblɪvɪən/ *n.* [U] oblio: **to fall** (*o* **to sink**) **into o.**, cadere nell'oblio.
oblivious /əˈblɪvɪəs/ *a.* — **o. of** (*o* **to**), ignaro di.
oblong /ˈɒblɒŋ, *USA* -lɔːŋ/ ***A*** *a.* oblungo; rettangolare ***B*** *n.* rettangolo.
obloquy /ˈɒbləkwɪ/ *n.* [U] (*form.*) *1* ingiuria; offesa *2* infamia; onta.
obnoxious /əbˈnɒkʃəs/ *a. 1* sgradevole; odioso; antipatico *2* (*di odore*) disgustoso, pestilenziale.
oboe /ˈəʊbəʊ/ *n.* (*mus.*) oboe.
oboist /ˈəʊbəʊɪst/ *n.* (*mus.*) oboista.
obscene /əbˈsiːn, ɒ-/ *a.* osceno.
obscenity /əbˈsenətɪ, ɒ-/ *n.* [U] *e* [C] oscenità.
obscurantism /ɒbskjʊəˈræntɪzəm/ *n.* [U] oscurantismo.
obscurantist /ɒbskjʊəˈræntɪst/ *n.* oscurantista.
obscure /əbˈskjʊə(r)/ *a. 1* oscuro (*fig.*) *2* (*di sensazione, ecc.*) vago.
to **obscure** /əbˈskjʊə(r)/ *v. t. 1* oscurare; nascondere *2* offuscare (*fig.*) *3* rendere meno chiaro; confondere.
obscurity /əbˈskjʊərətɪ/ *n.* [U] oscurità (*fig.*).
obsequies /ˈɒbsɪkwɪz/ *n. pl.* esequie; cerimonie funebri.
obsequious /əbˈsiːkwɪəs/ *a.* ossequioso; servile.
obsequiousness /əbˈsiːkwɪəsnəs/ *n.* [U] ossequiosità; servilità.
observable /əbˈzɜːvəbl/ *a. 1* osservabile; visibile *2* degno di nota; notevole.
observance /əbˈzɜːvəns/ *n. 1* [U] osservanza *2* (*relig.*) cerimonia; pratica.
observant /əbˈzɜːvənt/ *a.* dotato di spirito d'osservazione; osservatore.
observation /ɒbzəˈveɪʃn/ *n. 1* [U] osservazione; controllo; attenzione: (*med.*) **under o.**, sotto osservazione; **to escape**

o., sfuggire all'attenzione; passare inosservato *2* osservazione; commento • (*ferr.*) **o. car**, carrozza belvedere □ (*mil.*) **o. post**, osservatorio □ **powers of o.**, spirito di osservazione.
observational /ɒbzə'veɪʃənl/ *a.* (*form.*) basato sull'osservazione.
observatory /əb'zɜːvətrɪ, *USA* -tɔːrɪ/ *n.* osservatorio.
to **observe** /əb'zɜːv/ *v. t. e i.* *1* notare; vedere: **He was observed to leave the building**, fu visto uscire dall'edificio *2* osservare: **to o. the sky**, osservare il cielo; **to o. sb's movements**, osservare i movimenti di q. *3* osservare; rispettare; celebrare: **to o. silence [the rules]**, osservare il silenzio [le regole]; **to o. Christmas**, celebrare il Natale.
observer /əb'zɜːvə(r)/ *n.* osservatore (-trice).
to **obsess** /əb'sɛs/ *v. t.* ossessionare: **to be obsessed by** (*o* **with**) **st.**, essere ossessionato da q.c.
obsession /əb'sɛʃn/ *n.* U *e* C ossessione; fissazione; mania: **He has an o. about punctuality**, ha la mania della (*o* è fissato con la) puntualità.
obsessive /əb'sɛsɪv/ *A* *a.* ossessivo *B* *n.* chi ha ossessioni.
obsidian /əb'sɪdɪən/ *n.* U (*geol.*) ossidiana.
obsolescence /ɒbsə'lɛsns/ *n.* U obsolescenza.
obsolescent /ɒbsə'lɛsnt/ *a.* *1* che sta cadendo in disuso *2* (*tecn.*) obsolescente.
obsolete /'ɒbsəliːt/ *a.* obsoleto; desueto; in disuso.
obstacle /'ɒbstəkl/ *n.* ostacolo; impedimento • (*sport*) **o. race**, corsa a ostacoli.
obstetric /ɒb'stɛtrɪk/ *a.* (*med.*) ostetrico.
obstetrician /ɒbstə'trɪʃn/ *n.* (*med.*) ostetrico (-a).
obstetrics /əb'stɛtrɪks/ *n. pl.* (*col verbo al sing.*) (*med.*) ostetricia.
obstinacy /'ɒbstɪnəsɪ/ *n.* U ostinazione.
obstinate /'ɒbstɪnət/ *a.* ostinato; testardo; accanito.
obstreperous /əb'strɛpərəs/ *a.* *1* chiassoso; rumoroso; tumultuoso *2* turbolento; indisciplinato.
to **obstruct** /əb'strʌkt/ *v. t.* *1* ostruire; occludere; sbarrare *2* impedire; ostacolare.
obstruction /əb'strʌkʃn/ *n.* U *e* C *1* ostruzione; occlusione; sbarramento *2* ostacolo; impedimento.
obstructionism /əb'strʌkʃənɪzəm/ *n.* U (*specialm. polit.*) ostruzionismo.
obstructionist /əb'strʌkʃənɪst/ *n.* (*specialm. polit.*) ostruzionista.
obstructive /əb'strʌktɪv/, *a.* *1* ostruttivo *2* ostruzionistico; che ostacola.
to **obtain** /əb'teɪn/ *A* *v. t.* ottenere; raggiungere *B* *v. i.* (*form.*) essere in vigore; esistere.
obtainable /əb'teɪnəbl/ *a.* *1* ottenibile *2* (*di merce*) reperibile; in vendita.
to **obtrude** /əb'truːd/ (*form.*) *A* *v. t.* *1* spingere in avanti (*o* in fuori); protendere *2* imporre: **to o. one's opinions upon others**, imporre agli altri le proprie opinioni *B* *v. i.* *1* sporgere; protendersi *2* intromettersi; imporsi.
obtrusive /əb'truːsɪv/ *a.* (*form.*) *1* importuno; invadente *2* vistoso; che dà nell'occhio.
obtuse /əb'tjuːs, *USA* -'tuːs-/ *a.* (*geom. e fig.*) ottuso.
obtuseness /əb'tjuːsnəs, *USA* -tuːs-/ *n.* U (*fig.*) ottusità.
obverse /'ɒbvɜːs/ *n.* *1* (*di medaglia, moneta*) diritto; retto *2* (*fig.*) rovescio.
to **obviate** /'ɒbvɪeɪt/ *v. t.* (*form.*) ovviare a; evitare.
obvious /'ɒbvɪəs/ *a.* ovvio; chiaro; evidente; manifesto.
ocarina /ɒkə'riːnə/ *n.* (*mus.*) ocarina.
occasion /ə'keɪʒn/ *n.* *1* occasione; circostanza: **on the o. of our last meeting**, in occasione del nostro ultimo incontro *2* U motivo; causa: **There is no o. for laughter**, non c'è motivo di ridere *3* momento opportuno; opportunità; occasione *4* avvenimento; occasione • **on o.**, all'occasione; di quando in quando □ **to rise to the o.**, essere all'altezza della situazione.
to **occasion** /ə'keɪʒn/ *v. t.* (*form.*) provocare; essere causa di.
occasional /ə'keɪʒənl/ *a.* *1* occasionale; saltuario *2* di circostanza; celebrativo.
occasionally /ə'keɪʒnəlɪ/ *avv.* di quando in quando; ogni tanto; saltuariamente.
Occident /'ɒksɪdənt/ *n.* (*form.*) Occidente.
Occidental /ɒksɪ'dɛntl/ *a. e n.* (*form.*) Occidentale.
occipital /ɒk'sɪpɪtl/ *a.* (*anat.*) occipitale.
to **occlude** /ə'kluːd/ *v. t.* *1* (*form.*) occludere; ostruire *2* (*chim.*) occludere (*gas. ecc.*).
occlusion /ə'kluːʒn/ *n.* U *e* C (*scient. o form.*) occlusione.
occlusive /ə'kluːsɪv/ *a.* (*fon.*) occlusivo.
occult /'ɒkʌlt, ə'kʌlt/ *a. e n.* occulto.
occultism /'ɒkʌltɪzəm, ə'kʌl-/ *n.* U occultismo.
occultist /'ɒkəltɪst, ə'kʌl-/ *n.* occultista.
occupancy /'ɒkjʊpənsɪ/ *n.* U *1* occupazione *2* (*di immobile*) locazione.
occupant /'ɒkjʊpənt/ *n.* *1* occupante *2* (*di immobile*) locatario *3* (*di posto, impiego*) titolare.
occupation /ɒkjʊ'peɪʃn/ *n.* *1* U occupazione; presa di possesso *2* occupazione; impiego; professione.
occupational /ɒkjʊ'peɪʃənl/ *a.* professionale: **o. disease [hazard]**, malattia [rischio] professionale; (*med.*) **o. therapy**, terapia occupazionale; ergoterapia.
occupier /'ɒkjʊpaɪə(r)/ *n.* occupante; locatario.
to **occupy** /'ɒkjʊpaɪ/ *A* *v. t.* occupare: **to o. a factory**, occupare una fabbrica; **He occupies an important position**, occupa (*o* ricopre) una posizione importante; **to be occupied in doing st.**, essere occupato a fare q.c.; **to o. one's time**, occupare (*o* impiegare) il proprio tempo *B* to **occupy oneself** *v. rifl.* tenersi occupato; passare il tempo.
to **occur** /ə'kɜː(r)/ *v. i.* *1* accadere; succedere *2* esistere; trovarsi; manifestarsi: **The problem occurs particularly in rural communities**, il problema si manifesta soprattutto nelle comunità rurali *3* venire in mente: **It occurs to me that...**, mi viene in mente che... ATTENZIONE: **to occur** ≠ occorrere.
occurrence /ə'kʌrəns, *USA* -ɜːr-/ *n.* *1* avvenimento; evento; fatto: **an everyday o.**, un fatto di tutti i giorni *2* (il) verificarsi; (l')accadere; manifestazione. ATTENZIONE: **occurrence** ≠ occorrenza.
ocean /'əʊʃn/ *n.* oceano • **o.-going**, d'altura; alturiero □ **o. lane**, rotta oceanica.
oceanic /əʊʃɪ'ænɪk/ *a.* oceanico.
oceanographic /əʊʃənəʊ'græfɪk/ *a.* oceanografico.
oceanography /əʊʃə'nɒgrəfɪ/ *n.* U oceanografia.
ocelot /'əʊsɪlɒt, *USA* 'ɒsɪlət/ *n.* (*zool.*) ocelot; gattopardo americano.
ochre, (*USA, anche*) **ocher** /'əʊkə(r)/ *n.* U *1* (*miner.*) ocra *2* color ocra.
o'clock /ə'klɒk/ *avv.* (*contraz. di* **of the clock**) — **It's three o'clock**, sono le tre.
octagon /'ɒktəgən, *USA* -gɒn/ *n.* (*geom.*) ottagono.
octagonal /ɒk'tægənl/ *a.* ottagonale.
octane /'ɒkteɪn/ *n.* U (*chim.*) ottano • **high-o. [low o.]**, ad alto [basso] numero di ottano.
octave /'ɒktɪv/ *n.* (*mus., poesia*) ottava.
octavo /ɒk'teɪvəʊ/ (*tipogr.*) *n.* (*pl.* **octavos**) (volume) in ottavo.
octet /ɒk'tɛt/ *n.* (*mus.*) ottetto.
October /ɒk'təʊbə(r)/ *n.* ottobre. (*Per gli esempi d'uso, V. sotto* **April**).
octogenarian /ɒktədʒə'nɛərɪən/ *a. e n.* ottuagenario (-a); ottantenne.
octopus /'ɒktəpəs/ *n.* (*pl.* **octopus**, **octopi** /-paɪ/) (*zool.*) polpo; piovra.
ocular /'ɒkjʊlə(r)/ *a.* oculare.
oculist /'ɒkjʊlɪst/ *n.* oculista.
odalisk, **odalisque** /'əʊdəlɪsk/ *n.* odalisca.
odd /ɒd/ *a.* *1* strano; bizzarro; eccentrico: **very odd behaviour**, un comportamento molto strano; **in some odd corner**, da qualche parte; chissà dove *2* scompagnato; spaiato: **an odd shoe**, una scarpa spaiata; **to wear odd socks**, portare calze spaiate *3* dispari *4* occasionale; saltuario; irregolare: **odd jobs**, lavori occasionali; **I may smoke the odd cigar, but I prefer a pipe**, ogni tanto fumo un sigaro, ma preferisco la pipa; **to eat at odd times**, mangiare quando capita; **to do st. at odd moments**, fare q.c. a tempo perso *5* (*con un numerale*) e rotti: **fifty odd**, cinquanta e rotti; poco più di cinquanta • **odd-job man**, (uomo) tuttofare □ **odd-looking**, dall'aria strana; strano; curioso □ **(the) odd man out**, chi è in soprannumero; chi resta spaiato; quello tagliato fuori □ **the odd one out**, l'elemento che non c'entra; l'intruso □ **odd sizes**, misure poco richieste (*di abiti, scarpe, ecc.*).
oddball /'ɒdbɔːl/ *n.* (*fam.*) tipo stravagante; eccentrico.
oddity /'ɒdətɪ/ *n.* *1* U stranezza; bizzarria; eccentricità *2* persona strana, bizzarra; originale *3* cosa strana; bizzarria.
oddly /'ɒdlɪ/ *avv.* stranamente; in modo strano • **o. enough**,

strano a dirsi.
oddments /ˈɒdmənts/ *n. pl.* ***1*** oggetti scompagnati; pezzi spaiati ***2*** (*comm.*) rimanenze; ritagli; scampoli.
odds /ɒdz/ *n. pl.* ***1*** probabilità: **The o. are...**, è molto probabile che...; **The o. are against us**, le probabilità sono a nostro sfavore; **against the o.**, malgrado tutto; inaspettatamente; **to fight against heavy odds**, lottare contro grosse difficoltà ***2*** (*nelle scommesse*) quota; quotazione (*dell'allibratore*): **to lay o. of ten to one**, dare (*un cavallo, ecc.*) a dieci contro uno • (*fam.*) **o. and ends**, oggetti vari; cianfrusaglie □ (*ippica*) **the o.-on favourite**, il favorito □ **It's o.-on that...**, è quasi certo che □ **at o. with sb.**, in contrasto con; in disaccordo con □ **long [short] odds**, scarse [forti] probabilità; (*ippica*) quota alta [bassa] □ **It makes no o.**, non importa; non fa differenza □ **to pay over the o.**, pagare troppo □ **What's the o.?**, che importa; che differenza c'è?
ode /əʊd/ *n.* (*poesia*) ode.
odious /ˈəʊdɪəs/ *a.* odioso; disgustoso.
odium /ˈəʊdɪəm/ *n.* Ⓤ (*form.*) odio.
odometer /ɒˈdɒmɪtə(r)/ *n.* (*autom., USA*) odometro; contakilometri.
odor /ˈəʊdə(r)/, **odorless** /ˈəʊdələs/ (*USA*) *V.* **odour**, **odourless.**
odorous /ˈəʊdərəs/ *a.* (*specialm. poet.*) odoroso; fragrante; profumato.
odour /ˈəʊdə(r)/ *n.* odore (*generalm. sgradevole*) • **to be in bad o.** (**with sb.**), essere caduto in disgrazia (con q.); essere malvisto (da q.).
odourless /ˈəʊdələs/ *a.* inodoro.
odyssey /ˈɒdəsɪ/ *n.* odissea.
oedipal /ˈiːdɪpl/ *a.* edipico.
Oedipus complex /ˈiːdɪpəs ˈkɒmplɛks, *USA* ˈɛdəpəs kaːm-/ *locuz. n.* complesso di Edipo (*o* edipico).
oenologist /iːˈnɒlədʒɪst/ *n.* enologo (-a).
oenology /iːˈnɒlədʒɪ/ *n.* Ⓤ enologia.
oesophagus /ɪˈsɒfəgəs/ *n.* (*pl.* **oesophagi** /-gaɪ/) (*anat.*) esofago.
oestrogen /ˈiːstrədʒən/ *n.* Ⓒ e Ⓤ (*biol.*) estrogeno.
oestrus /ˈiːstrəs/ *n.* Ⓤ e Ⓒ (*biol.*) estro (*negli animali*).
of /ɒv, əv, ə, *USA* ɒv, əv, ə/ *prep.* ***1*** (*specificazione, denominazione, materia, causa, contenuto, ecc.*) di: **the wall of the garden**, il muro del giardino; **south of the city of Dublin**, a sud della città di Dublino; **a bottle of oil**, una bottiglia d'olio; **the 5th of July**, il 5 (di) luglio; **to die of hunger**, morire di fame; **to be robbed of one's money**, essere derubato del proprio denaro; **to taste of garlic**, sapere di aglio; **fond of dancing**, appassionato del ballo ***2*** (*separazione, provenienza*) da: **to rid sb. of st.**, liberare q. da q.c.; **within a mile of the station**, a un miglio dalla stazione; **to expect st. of sb.**, aspettarsi q.c. da q. ***3*** da parte di: **It was kind of you to meet us**, è stato gentile da parte tua venirci incontro ***4*** (*USA, nel dire le ore*) — **It's ten of four**, sono le quattro meno dieci • **of an evening**, di (*o* alla) sera □ **a friend of mine**, un mio amico □ **he of all men**, lui fra tutti; proprio lui □ **to make a fool of oneself**, fare la figura dello stupido; rendersi ridicolo □ **a man of no importance**, un uomo senza importanza □ **We had a bad time of it**, ce la passammo male □ (*fam.*) **What of it?**, e allora?; bene, e con ciò?
off (**1**) /ɒf, *USA* ɔːf/ ***A*** *avv.* ***1*** via; lontano; partito; tolto: **They're off**, sono partiti; se ne sono andati; **I must be off**, devo andarmene; **to cut off**, tagliar via; **He drove off**, si allontanò in macchina; partì; **The town is two miles off**, la città è lontana due miglia; **My holidays are only two weeks off**, mancano solo due settimane alle mie vacanze; **The lid was off**, il coperchio era stato tolto; **I took off my coat**, mi tolsi il cappotto; **Take your hand off**, togli (*o* tira via) la mano; **Off with you!**, va' via!; vattene!; **Hats off!**, giù il cappello!; **The secretary is off today**, la segretaria non c'è oggi ***2*** completamente; fino in fondo; tutto: **to finish st. off**, finire q.c. completamente; **to pay off a debt**, saldare un debito; **to have** (*o* **to know**) **st. off by heart**, sapere q.c. a memoria ***3*** (*rif. al tempo*) libero; di libertà: **I'll do it in my time off**, lo farò nelle mie ore di libertà (*o* a tempo perso); **to take a day off**, prendersi un giorno di vacanza ***4*** (*con verbi di funzionamento*) in posizione di spento (*o* staccato): **The TV had been switched off**, il televisore era stato spento; **Turn off the gas**, spegni il gas ***5*** (*con un avv. indica una condizione*) — **to be badly off**, trovarsi in cattive acque; passarsela male; **well** (*o* **comfortably**) **off**, benestante; agiato; (*fam.*) fortunato; **to be better off**, essere in una posizione migliore; avere più soldi; essere messo meglio (*fam.*); **You'd be better off staying with us**, faresti meglio a stare qui da noi; **badly** (*o* **poorly**) **off for st.**, a corto di q.c.; **How are you off for socks?**, come sei messo a calze? • **off and on**, di tanto in tanto ***B*** *a. pred.* ***1*** sospeso; annullato; rimandato: **The meeting is off**, la riunione è sospesa; **The trip is off**, la gita è saltata (*o* non si fa più); **The engagement is off**, hanno rotto il fidanzamento ***2*** (*di motore*) disinnestato, spento; (*di luce, apparecchio elettrico, ecc.*) spento, staccato; (*di gas, forno, ecc.*) spento: **Is the iron off?**, è staccato il ferro? ***3*** (*di cibo*) andato a male; guasto ***4*** (*di piatto al ristorante*) finito ***5*** (*fam., di comportamento*) inaccettabile; scorretto; scortese ***6*** in errore; sbagliato: **Your calculations are way off**, i tuoi calcoli sono completamente sbagliati • (*fam.*) **to feel a bit off**, non sentirsi in forma.
off (**2**) /ɒf, *USA* ɔːf/ *prep.* ***1*** (*movimento*) da: **to fall off a ladder**, cadere da una scala; **to get off a train**, scendere da un treno; **to get off a chair**, alzarsi da una sedia; **to borrow st. off sb.**, prendere q.c. in prestito da q.; **a wind off the sea**, un vento dal mare; **A button has come off my shirt**, mi è saltato un bottone della camicia; **to take the cover off a dish**, togliere il coperchio a un piatto da portata; **He took £10 off the price**, mi ha fatto uno sconto di dieci sterline; **at five per cent off the regular price**, al cinque per cento in meno del prezzo normale ***2*** (*lontananza*) — **off work**, assente dal lavoro; **off duty**, fuori servizio; **off course**, fuori rotta; **The house was just off the main road**, la casa era poco lontana dalla via principale; **«Keep off the grass»**, «vietato calpestare l'erba» ***3*** (*naut.*) al largo di: **off the Welsh coast**, al largo della costa gallese ***4*** (*GB*) che non vuole più: **He's off smoking**, ha smesso di fumare; **I'm off computer games**, mi sono stufato dei giochi al computer • **off-balance**, sbilanciato; (*fig.*) impreparato □ (*fam.*) **off-centre**, fuori centro; scentrato □ **off-colour**, spinto, greve; (*GB*) indisposto □ **off-key**, stonato (*anche fig.*) □ (*GB*) **off-licence**, negozio che vende alcolici da asporto □ (*elab.*) **off-line**, non collegato; non in linea □ **off-peak**, (*di orario*) non di punta; (*di tariffa di gas, elettricità, ecc.*) ridotto; (*tur.*) di bassa stagione □ (*fam.*) **off-putting**, (*di cosa*) scoraggiante, sconcertante; (*di persona*) scostante, antipatico □ **off-road vehicle**, fuoristrada □ **off the cuff**, a braccio; improvvisando; su due piedi □ **off-the-cuff**, a braccio; improvvisato □ **off-the-peg** (*o* **off-the-rack**), confezionato; prêt-à-porter (*franc.*) □ **off the record**, in via ufficiosa □ **off-the-record**, ufficioso □ **off-the-shelf**, (*di merci*) acquistabile in negozio; pronto □ (*fam. USA*) **off-the-wall**, matto; sballato □ **off-white**, bianco sporco □ **to take a matter off sb.'s hands**, sollevare q. da una responsabilità □ **to dine off a leg of mutton**, pranzare con una coscia di castrato.
off (**3**) /ɒf, *USA* ɔːf/ *a. attr.* ***1*** meno importante; negativo: **off season**, bassa stagione; (*fam.*) **an off day**, una giornata no ***2*** destro; di destra: **the off wheel**, la ruota di destra • **on the off-chance that...**, nella remota eventualità che...
off (**4**) /ɒf, *USA* ɔːf/ *n.* (*fam.*) ***1*** (*sport*) partenza ***2*** inizio: **from the off**, dall'inizio; **ready for the off**, pronto a partire.
offal /ˈɒfl, *USA* ˈɔːfl/ *n.* Ⓤ frattaglie; interiora; rigaglie.
offbeat /ˈɒfˈbiːt, *USA* ˈɔːf/ *a.* (*fam.*) insolito; non convenzionale; in controtendenza.
offence /əˈfɛns/ *n.* Ⓒ e Ⓤ ***1*** offesa: **an o. against good manners**, un'offesa alla buona educazione; **to give o. to sb.**, offendere q.; **to take o. at st.**, offendersi di (*o* per q.c.); **He's quick to take o.**, s'offende facilmente; è permaloso; **I meant no o.**, non intendevo offendere ***2*** (*leg.*) contravvenzione; infrazione; reato ***3*** (*mil.*) attacco.
to **offend** /əˈfɛnd/ ***A*** *v. t.* ***1*** offendere: **He was offended at** (*o* **by**) **my words**, si offese per le mie parole ***2*** recare offesa a: **scenes which may o.** (**viewers**), scene che possono recare offesa (agli spettatori) ***B*** *v. i.* ***1*** essere un'offesa a; offendere; andare contro: **to o. against common sense**, essere un'offesa al buon senso ***2*** (*leg.*) commettere un reato • (*leg.*) **the offended party**, la parte lesa.
offender /əˈfɛndə(r)/ *n.* (*leg.*) trasgressore; reo; criminale • **first o.**, (reo) incensurato □ **persistent o.**, recidivo.
offending /əˈfɛndɪŋ/ *a.* (*scherz.*) incriminato; responsabile.
offense /əˈfɛns/ (*USA*) *V.* **offence.**
offensive /əˈfɛnsɪv/ ***A*** *a.* ***1*** offensivo ***2*** (*di cosa*) sgradevole, spiacevole; (*di persona*) sgradevole, antipatico ***B*** *n.*

(*mil., sport e fig.*) offensiva: **to take the o.**, prendere l'offensiva • (*sport*) **o. play**, gioco d'attacco □ (*sport*) **o. player**, attaccante.

offer /ˈɒfə(r), *USA* ˈɔːf-/ *n.* offerta; proposta: **an o. to help**, un'offerta di aiuto; **o. of marriage**, proposta di matrimonio; (*comm.*) **on o.**, in offerta (speciale) • (*GB, di casa, ecc.*) **under o.**, in corso di vendita.

to **offer** /ˈɒfə(r), *USA* ˈɔːf-/ ***A*** *v. t.* ***1*** offrire; presentare: **to o. one's services**, offrire i propri servigi; **to o. one's apologies**, porgere le proprie scuse; **I've been offered a job**, mi hanno offerto un lavoro ***2*** offrirsi di: **He offered to take me home**, si offrì di accompagnarmi a casa • **to o. an opinion**, esprimere un'opinione □ **to o. resistance**, fare (*o* opporre) resistenza; resistere ***B*** *v. i.* (*form.*) ***1*** offrirsi: **Thanks for offering**, grazie dell'offerta ***2*** offrirsi; presentarsi: **the first opportunity that offers**, la prima occasione che si presenta.

offering /ˈɒfərɪŋ, *USA* ˈɔːf-/ *n.* [U] *e* [C] offerta.

offertory /ˈɒfətrɪ, *USA* ˈɔːfətɔːrɪ/ *n.* (*eccles.*) ***1*** offertorio ***2*** raccolta delle offerte.

offhand /ˈɒfˈhænd, *USA* ˈɔːf/ ***A*** *agg.* ***1*** spiccio; sbrigativo; brusco ***2*** estemporaneo; improvvisato ***B*** *avv.* lì per lì; su due piedi.

office /ˈɒfɪs, *USA* ˈɔːfɪs/ *n.* ***1*** ufficio; (*comm., anche*) sede: **He's gone to the o.**, è andato in ufficio; **post o.**, ufficio postale; **ticket o.**, biglietteria; **lawyer's o.**, studio di avvocato; **our York o.**, la nostra sede di York; (*comm.*) **head o.**, sede centrale ***2*** [C] *e* [U] (*polit.*) carica; incarico: **in o.**, in carica; (*di partito*) al governo; **out of o.**, non in carica; (*di partito*) all'opposizione; **to take o.**, entrare in carica; assumere un incarico ministeriale; **to resign o.**, lasciare una carica; dimettersi ***3*** (*eccles.*) ufficio; funzione: **the o. for the dead**, l'ufficio dei defunti ***4*** (*al pl.*) (*form.*) uffici; interessamento: **to get st. through the good offices of sb.**, ottenere q.c. per l'interessamento di q. • **o. block**, palazzo di uffici □ **o. boy**, fattorino; ragazzo d'ufficio □ **o.-holder**, (alto) funzionario □ **o. hours**, orario d'ufficio □ **o. worker**, impiegato □ (*in G.B.*) **Foreign [Home] O.**, Ministero degli Esteri [dell'Interno] □ (*eccles.*) **the Holy O.**, il Sant'Uffizio.

officer /ˈɒfɪsə(r), *USA* ˈɔːf-/ *n.* ***1*** (*mil.*) ufficiale: **army officer**, ufficiale dell'esercito; **commissioned o.**, ufficiale; **non-commissioned o.**, sottufficiale; (*naut.*) **petty o.**, sottufficiale ***2*** funzionario; dirigente: **customs o.**, funzionario della dogana ***3*** agente (di polizia).

official /əˈfɪʃl/ ***A*** *a.* ufficiale ***B*** *n.* funzionario; pubblico ufficiale: **government o.**, funzionario statale.

officialdom /əˈfɪʃldəm/ *n.* [U] burocrazia.

officialese /əfɪʃəˈliːz/ *n.* [U] (*fam. spreg.*) linguaggio della burocrazia; gergo burocratico.

officiant /əˈfɪʃɪənt/ *n.* (*eccles.*) officiante, ufficiante.

to **officiate** /əˈfɪʃɪeɪt/ *v. i.* ***1*** fare le funzioni di; fare da: **to o. as best man at a wedding**, fare da testimone a un matrimonio ***2*** (*eccles.*) ufficiare • **the officiating priest**, l'officiante.

officinal /əˈfɪsɪnl, ɒfɪˈsaɪnl, *USA* ɔːf-/ *a.* (*di pianta*) officinale.

officious /əˈfɪʃəs/ *a.* inframmettente; importuno; invadente.

officiousness /əˈfɪʃəsnəs/ *n.* [U] inframmettenza; ingerenza; invadenza.

offing /ˈɒfɪŋ, *USA* ˈɔːf-/ *n.* — **in the o.**, imminente; in vista.

to **off-load** /ˈɒfləʊd, *USA* ˈɔːf-/ *v. t.* sbarazzarsi di; scaricare; sbolognare (*fam.*).

offprint /ˈɒfprɪnt, *USA* ˈɔːf-/ *n.* copia di articolo; estratto.

offset /ˈɒfset, *USA* ˈɔːf-/ *n.* (*tipogr.*) offset; fotolito • **o. process**, stampa offset.

to **offset** /ˈɒfset, *USA* ˈɔːf-/ *v. t. e i.* ***1*** compensare; controbilanciare ***2*** (*tipogr.*) stampare in offset (*o* in fotolito).

offshoot /ˈɒfʃuːt, *USA* ˈɔːf-/ *n.* ***1*** germoglio ***2*** (*fig.*) ramo; derivazione.

offshore /ˈɒfˈʃɔː(r), *USA* ˈɔːf/ ***A*** *a.* ***1*** lungo la costa; costiero ***2*** (*di vento*) di terra ***3*** (*econ.*) offshore; registrato all'estero ***B*** *avv.* ***1*** in mare aperto; in alto mare; al largo ***2*** (*econ.*) all'estero.

offside /ˈɒfˈsaɪd, *USA* ˈɔːf/ *a. e avv.* ***1*** (*sport*) fuori gioco ***2*** (*specialm. GB, rif. a veicolo, cavallo, ecc.*) di destra, destro.

offspring /ˈɒfsprɪŋ, *USA* ˈɔːf-/ *n.* (*pl. invar.*) discendente; rampollo; (*al pl., anche*) prole.

offstage /ˈɒfˈsteɪdʒ, *USA* ˈɔːf/ *a. e avv.* (*teatr.*) dietro le quinte.

oft /ɒft, *USA* ˈɔːft/ *avv.* (*poet.*) spesso.

often /ˈɒfn, ˈɒftən, *USA* ˈɔːf-/ *avv.* spesso; sovente: **I o. see them at the opera**, li vedo spesso all'opera; **How o.?**, quante volte?; ogni quanto (tempo)? • **as o. as not**, piuttosto spesso □ **every so o.**, ogni tanto □ **more o. than not**, il più delle volte □ **once too o.**, una volta di troppo.

ogee /ˈəʊdʒiː/ *n.* (*archit.*) modanatura a S.

ogive /ˈəʊdʒaɪv/ *n.* (*archit.*) ogiva.

to **ogle** /ˈəʊgl/ *v. t. e i.* guardare vogliosamente; occhieggiare: **to o. girls**, occhieggiare le ragazze.

ogre /ˈəʊgə(r)/ *n.* (*anche fig.*) orco.

ogress /ˈəʊgres/ *n.* orchessa.

oh /əʊ/ *inter.* ***1*** oh!; ah! ***2*** ehi!; senta!

ohm /əʊm/ *n.* (*elettr.*) ohm.

oho /əʊˈhəʊ/ *inter.* oh!; ah!; evviva!

oil /ɔɪl/ *n.* [C] *e* [U] ***1*** olio: **mineral [vegetable] oils**, oli minerali [vegetali]; **olive oil**, olio di oliva ***2*** petrolio: **crude o.**, (petrolio) greggio; **to strike oil**, trovare il petrolio; (*fig.*) arricchire improvvisamente ***3*** (*al pl.*) (*pittura*) colori a olio: **painted in oils**, dipinto a olio • **oil-bearing**, petrolifero □ **oil-burning**, a petrolio □ (*mecc.*) **oil feeder**, oliatore □ **oil-fired**, (funzionante) a nafta, a gasolio □ **oil mill**, frantoio □ **oil paint**, colore a olio; vernice a olio □ **oil painting**, pittura a olio; quadro a olio □ (*autom., USA*) **oil pan**, coppa dell'olio □ **oil press**, torchio per olio □ **oil rig**, piattaforma per ricerche petrolifere □ **oil slick**, macchia di petrolio greggio (sul mare) □ (*naut.*) **oil tanker**, petroliera □ **oil well**, pozzo petrolifero □ (*cucina*) **in oil**, sott'olio.

to **oil** /ɔɪl/ *v. t.* lubrificare; oliare • (*fam.*) **to oil the wheels** (*o* **the works**), agevolare (*affari, trattative, ecc.*); appianare le difficoltà □ (*pop.*) **well-oiled**, alticcio; brillo.

oilcan /ˈɔɪlkæn/ *n.* ***1*** (*mecc.*) oliatore ***2*** latta di petrolio.

oilcloth /ˈɔɪlklɒθ, *USA* -ɔːθ/ *n.* [U] tela cerata; incerata.

oilfield /ˈɔɪlfiːld/ *n.* giacimento petrolifero.

oilskin /ˈɔɪlskɪn/ *n.* ***1*** [U] tela cerata ***2*** (*al pl.*) indumenti di tela cerata.

oily /ˈɔɪlɪ/ *a.* ***1*** oleoso ***2*** unto; sporco d'olio ***3*** (*fig. spreg.*) untuoso.

oink /ɔɪŋk/ *n.* grugnito (*di maiale*).

ointment /ˈɔɪntmənt/ *n.* [C] *e* [U] unguento; pomata.

okay, **OK** /əʊˈkeɪ, əˈkeɪ/ (*fam.*) ***A*** *a.* — **It's OK by me**, per me va bene; **Are you OK?**, stai bene?; tutto OK?; **«Sorry!» «That's OK!»**, «scusa!» «figurati»; **«Did you like the film?» «Oh, it was OK»**, «ti è piaciuto il film?» «sì, non era male» ***B*** *avv.* bene; benissimo; OK ***C*** *inter.* OK!; okay!; va bene!; d'accordo ***D*** *n.* approvazione; OK.

to **okay**, to **OK** /əʊˈkeɪ/ *v. t.* (*fam.*) approvare; dare l'OK a.

old /əʊld/ *a.* (*compar.* **older**, **elder**; *superl. relat.* **oldest**, **eldest**) ***1*** vecchio; anziano; antico: **old clothes**, abiti vecchi; **old customs**, vecchie usanze; antiche tradizioni; **old English**, l'inglese antico; **We're old friends**, siamo vecchi amici; **an old man**, un uomo anziano; un vecchio; **an old woman**, una donna anziana; una vecchia; **old people**, gli anziani; i vecchi; **to get older**, invecchiare; **to grow old**, invecchiare ***2*** (*in locuz. esprimenti l'età è idiom.*) — **a two-month-old baby**, un bambino di due mesi; **How old are you?**, quanti anni hai?; **I am twenty years old**, ho vent'anni; **a four-year-old**, un bambino di quattro anni; un (cavallo di) quattro anni • **the old**, i vecchi (*collett.*) □ **old age**, la vecchiaia □ (*in G.B.*) **old age pension**, pensione sociale □ **old-age pensioner**, pensionato (-a) □ **as old as the hills**, vecchio come il mondo □ **You are old enough to know better**, sei grande, ormai; dovresti avere più giudizio □ (*GB*) **old boy**, ex alunno (*di una scuola secondaria, specialm. di una «public school», q.V.*); (*vocat., fam.*) vecchio mio, caro mio □ (*fam.*) **the old boy**, il vecchio; il caro vecchietto □ (*in G.B.*) **old-boy network**, legame di assistenza reciproca esistente fra gli ex alunni di certe scuole □ **old-fashioned**, all'antica; antiquato □ (*fam.*) **the old folk**, i vecchi □ **old hand**, persona esperta □ (*fam.*) **old hat** (*pred.*), antiquato; roba vecchia □ **old girl**, ex alunna □ (*fam.*) **the old girl**, la vecchia signora; la cara vecchietta □ (*pop.*) **the old lady**, mia moglie; mia madre □ **old maid**, vecchia zitella □ (*vocat., fam. GB*) **old man** (*o* **chap, fellow**), vecchio mio; caro mio □ (*pitt.*) **old master**, (dipinto di) grande pittore del passato (*tra il XVI e il XVIII secolo*) □ **old Nick**, il diavolo; il demonio □ **old-time**, di altri tempi □ **old-timer**, veterano; anziano □ **old-wives' tale**, vecchia credenza; vecchia superstizione □ **old-world**, vecchio stile (*pred.*) □ (*fam.*) **any old**, qualsiasi: **Any old rag will do**, va bene uno straccio qualsiasi □ (*fam.*) **He's a funny old soul**, è un tipo un po' strambo □ (*fam.*) **Good old Peter!**, caro vecchio Peter! □ (*fam.*) **Poor old Jenny!**, povera Jenny! □ (*lett.*) **in days of old**, nei tempi antichi; un tempo □ **young and old**, giovani e vecchi; tutti quanti.

olden /ˈəʊldən/ *a.* (*lett.*) antico; vecchio; all'antica.

oldster /ˈəʊldstə(r)/ *n.* (*fam. USA*) vecchio; anziano; vegliardo.

oleaginous /əʊlɪˈædʒɪnəs/ *a.* (*tecn.*) oleoso.

oleander /əʊlɪˈændə(r)/ *n.* (*bot.*) oleandro.

oleograph /ˈəʊlɪəʊɡrɑːf, *USA* -æf/ *n.* oleografia.

oleographic /əʊlɪəʊˈɡræfɪk/ *a.* oleografico.

olfactory /ɒlˈfæktərɪ/ *a.* olfattivo; olfattorio.

oligarchic(**al**) /ɒlɪˈɡɑːkɪk(l)/ *a.* oligarchico.

oligarchy /ˈɒlɪɡɑːkɪ/ *n.* Ⓤ *e* Ⓒ oligarchia.

olive /ˈɒlɪv/ ***A*** *n.* ***1*** (*bot., anche* **o. tree**) olivo, ulivo ***2*** oliva, uliva ***3*** Ⓤ verde oliva; color olivastro ***B*** *a.* verde oliva; olivastro ● (*fig.*) **o. branch**, ramoscello d'olivo □ **o.-green**, verde oliva □ **o. grove**, oliveto, uliveto □ **o. oil**, olio d'oliva.

Olympiad /əˈlɪmpɪæd/ *n.* (*stor. e sport*) olimpiade.

Olympian /əˈlɪmpɪən/ ***A*** *a.* olimpico (*anche fig.*); dell'Olimpo ***B*** *n.* ***1*** (*mitol.*) divinità dell'Olimpo ***2*** (*sport, USA*) olimpionico (-a).

Olympic /əˈlɪmpɪk/ *a.* olimpico: **O. games**, giochi olimpici.

Olympics /əˈlɪmpɪks/ *n. pl.* giochi olimpici; Olimpiadi.

ombudsman /ˈɒmbʊdzmən/ *n.* (*pl.* **ombudsmen** /-mən/) difensore civico.

ombudswoman /ˈɒmbʊdzwʊmən/ *n.* (*pl.* **ombudswomen** /-wɪmən/) difensore civico (*donna*).

omega /ˈəʊmɪɡə, -əɡə, *USA* əʊˈmɛɡ-, -ˈmeɪɡ-, -ˈmiːɡ-/ *n.* (*alfabeto greco e fig.*) omega.

omelette /ˈɒmlət/ *n.* (*cucina*) omelette; frittata: **ham o.**, omelette al prosciutto.

omen /ˈəʊmən/ *n.* auspicio; augurio; presagio.

ominous /ˈɒmɪnəs/ *a.* sinistro; minaccioso; infausto.

omission /əˈmɪʃn/ *n.* Ⓤ *e* Ⓒ omissione.

to **omit** /əˈmɪt/ *v. t.* omettere; tralasciare; trascurare: **to o. to do st.**, omettere (*o* trascurare) di fare q.c.

omnibus /ˈɒmnɪbəs/ ***A*** *n.* ***1*** volume che raccoglie più opere di uno stesso autore ***2*** (*antiq.*) omnibus ***B*** *a. attr.* che include più cose; che serve a più scopi ● **o. edition**, antologia; (*radio, TV*) replica di più puntate insieme.

omnipotence /ɒmˈnɪpətəns/ *n.* Ⓤ onnipotenza.

omnipotent /ɒmˈnɪpətənt/ *a.* onnipotente.

omnipresence /ɒmnɪˈprɛzns/ *n.* Ⓤ onnipresenza.

omnipresent /ɒmnɪˈprɛznt/ *a.* onnipresente.

omniscience /ɒmˈnɪsɪəns/ *n.* Ⓤ onniscienza.

omniscient /ɒmˈnɪsɪənt/ *a.* onnisciente.

omnivore /ˈɒmnɪvɔː(r)/ *n.* (*zool.*) animale onnivoro.

omnivorous /ɒmˈnɪvərəs/ *a.* onnivoro ● **an o. reader**, un lettore che legge di tutto; un divoratore di libri.

on (**1**) /ɒn, *USA* ɔːn/ ***A*** *avv.* ***1*** senza fermarsi; continuando: **to read on**, continuare a leggere; **He kept on singing**, continuò a cantare; **Go on!**, va' avanti!; continua!; **to look on**, stare a guardare; **and so on**, e così via ***2*** avanti: **far on into the night**, fino a notte avanzata; **It was well on in the day**, era giorno inoltrato; **He's well on in years**, è avanti con gli (*o* negli) anni; **Time is getting on**, il tempo passa; **It's getting on for ten o'clock**, si stanno facendo le dieci; manca poco alle dieci; **from that day on**, da quel giorno in poi; **later on**, in seguito ***3*** su; addosso: **to have nothing on**, non avere nulla addosso; **He came in with his hat on**, entrò col cappello in testa; **He screwed on the lid**, avvitò bene il coperchio ***4*** (*con verbi di funzionamento*) in posizione di acceso (*o* collegato); in funzione: **to switch on the light**, accendere la luce; **to turn on the tap**, aprire il rubinetto ● **on and off**, a intervalli; a intermittenza □ **on and on**, incessantemente; senza posa: **He went on and on**, non la smetteva più □ **On with the show!**, si dia inizio allo spettacolo! ***B*** *a. pred.* ***1*** (*di motore*) avviato; (*di luce, fuoco, ecc.*) acceso; (*di gas, rubinetto*) aperto; (*di meccanismo*) inserito ***2*** (*di avvenimento, spettacolo*) in programma; in corso: **Have you anything on tomorrow?**, hai impegni domani?; **There is a meeting on at the moment**, è un corso (*o* c'è) una riunione; **What's on this evening?**, che cosa danno (*al cinema, a teatro, ecc.*) questa sera?

on (**2**) /ɒn, *USA* ɔːn/ *prep.* ***1*** (*luogo: stato e moto; implica contatto*) su; sopra; in; a: **a carpet on the floor**, un tappeto sul pavimento; **to go down on one's knees**, cadere in ginocchio; **You've got paint on your chin**, hai uno sbaffo di vernice sul mento; **to get on a horse**, montare a cavallo; **to have shoes on one's feet**, avere le scarpe ai piedi; (*fam.*) **Have you a match on you?**, hai un fiammifero?; **leaning** [**hanging**] **on the wall**, appoggiato [appeso] al muro; **on** (**the**) **top of st.**, in cima a q.c.; **a house on the river**, una casa sul fiume; **on the left**, a (*o* sulla) sinistra; **on the third floor**, al terzo piano; **on foot**, a piedi; **on a journey**, in viaggio; **a tax on tobacco**, una tassa sul tabacco ***2*** (*argomento*) su; a proposito di: **a lecture on Dante**, una conferenza su Dante; **keen on baseball**, appassionato di baseball; (*fam.*) **The police have nothing on you**, la polizia non ha prove contro di te ***3*** (*tempo*) — **on Sunday**, domenica; **on Sundays**, di (*o* la) domenica; **on June 3rd**, il 3 giugno; **on that day**, quel giorno; **on the first of the month**, il primo del mese; **on seeing him**, nel vederlo; quando lo vidi; vedendolo ***4*** (*modo, mezzo*) — **played on the piano**, suonato al piano; **on holiday** [**sale**], in vacanza [vendita]; **to live on one's savings**, vivere dei propri risparmi; **The village was on fire**, il villaggio era in fiamme (*o* bruciava); **My car runs on diesel oil**, la mia macchina va a gasolio; **I saw it on TV**, l'ho visto alla tivù; **to speak on the phone**, parlare al telefono ● **on penalty of death**, pena la morte □ (*elab.*) **on-screen, on screen**, su video □ **on-the-job training**, addestramento sul posto di lavoro □ **on the spot**, sul posto; sul momento □ **on the way**, strada facendo; per strada; durante il viaggio □ **on to**, *V.* **onto** □ **to be on drugs**, drogarsi □ **Drinks are on me!**, pago io da bere!

onager /ˈɒnədʒə(r)/ *n.* (*zool.*) onagro.

onanism /ˈəʊnənɪzəm/ *n.* Ⓤ onanismo.

onanist /ˈəʊnənɪst/ *n.* onanista.

once /wʌns/ ***A*** *avv.* ***1*** una volta (sola): **I've been there o.**, ci sono stato una volta (sola); **o. a day**, una volta al giorno; **o. or twice**, una volta o due ***2*** una volta; un giorno; un tempo; in passato: **I o. heard him complain about the food**, una volta lo sentii lamentarsi del mangiare; **I knew her o.**, un tempo (*o* in passato) la conoscevo ● **o. again**, di nuovo □ **o.** (**and**) **for all**, una volta per sempre □ **o. in a while**, di quando in quando; di tanto in tanto; ogni tanto □ **o. more**, ancora una volta; di nuovo □ **o. upon a time there was...**, c'era una volta... □ (*fam.*) **to give sb.** [**st.**] **the o.-over**, dare un'occhiata a q. [q.c.] ***B*** *cong.* non appena; quando: **O. I'd finished, I left**, appena finito, sono partito ***C*** *n.* una (sola) volta: **O. is enough for me**, a me basta una volta; **Do it, just this o.**, fallo solo per questa volta ● **all at o.**, tutt'a un tratto; tutto in una volta; tutti (-e) insieme □ **at o.**, subito; immediatamente; (*lett.*) a un tempo, al tempo stesso □ **for o.**, per una volta; una volta tanto; per questa volta.

oncologist /ɒŋˈkɒlədʒɪst/ *n.* (*med.*) oncologo (-a).

oncology /ɒŋˈkɒlədʒɪ/ *n.* Ⓤ (*med.*) oncologia.

oncoming /ˈɒnkʌmɪŋ, *USA* ˈɔːn-/ *a.* che s'avvicina; prossimo.

one /wʌn, wən/ ***A*** *a.* ***1*** (*numero*) un, uno: **one million**, un milione; **a hundred and one**, centouno; **one pound eleven**, una sterlina e undici penny; **one day**, un giorno; **from one end of the street to the other**, da un capo all'altro della strada ***2*** solo; unico: **The one way to do it is...**, l'unico (*o* il solo) modo di farlo è...; **my one fear**, la mia unica paura; **his one and only friend**, il suo unico amico ***3*** primo: **lesson one**, lezione prima; prima lezione; **act one, scene two**, atto primo, scena seconda ***4*** un certo, una certa: **one Mr Jones**, un certo (signor) Jones ● **one-armed**, con un braccio solo □ (*fam.*) **one-armed bandit**, macchinetta mangiasoldi □ (*fam.*) **one-horse town**, cittadina (*o* paese) insignificante □ (*fam.*) **one-liner**, battuta □ **one-man band**, suonatore ambulante che suona più strumenti contemporaneamente; (*fam.*) attività svolta da solo □ **one-man** [**one-woman**] **show**, mostra personale; (*teatr.*) recital □ **one-night stand**, (*teatr.*) spettacolo unico; (*fam.*) avventura di una sola notte □ (*fam. GB*) **one-off**, (*agg.*) unico, eccezionale, una tantum; (*sost.*) pezzo unico, modello esclusivo □ **one or two friends**, alcuni amici □ **one-parent family**, famiglia monoparentale □ **one-piece**, monopezzo □ (*comm.*) **«one price only»**, «prezzi fissi» □ **one-sided**, unilaterale; parziale; di parte; sbilanciato; impari □ **one-time**, già; ex: **the one-time governor**, l'ex governatore □ **one-to-one**, biunivoco; faccia a faccia; (*di lezione, ecc.*) privato □ **It is all one to me**, per me è lo stesso (*o* è tutt'uno) □ **to have a one-track mind**, essere fissato (su un'unica cosa); pensare solo a quello □ **one-track railway**, ferrovia a un solo binario □ **one-upmanship**, l'arte di ottenere un vantaggio sugli altri □ **one-way street**, (strada a) senso unico □ (*USA*) **one-way ticket**, biglietto di sola andata □ **for one thing**, tanto per dirne una; tanto per cominciare ***B*** *n.* ***1*** uno; numero uno: **One is the half of two**, uno è la metà di due ***2*** l'una (*ora*): **at one o'clock**, all'una; **half past one**, l'una e mezza ***3*** (*USA*) biglietto da un dollaro ***4*** (*fam.*) pugno: **I lost my temper and hit him one**, persi la pazienza e gli mollai un pugno • (*fam.*) **one for the road**, il bicchiere della staffa □ **at one with sb.**, d'accordo con q. ***C*** *pron. indef.* ***1*** uno (-a); si: **One might think that...**, uno (*o* si) potrebbe pensare che...; **One has to eat**, si deve (*o* bisogna) pur mangiare; **It makes one wonder if...**, viene da chiedersi se... ***2*** uno; il tipo: **I'm not one to criticize**, io non sono uno che critica; **I'm not one to do that**, non sono tipo da farlo • **one after another**, l'uno dopo l'altro □ **one and all**, dal primo all'ultimo; tutti quanti □ **one and the same**, (proprio) lo stesso □ **one another**, l'un l'altro; reciprocamente □ **one by one**, a uno a uno; uno alla volta □ **one's**, il proprio: **one's parents**, i propri genitori; **to cut one's finger**, tagliarsi un dito □ **in ones and twos**, a uno o due alla volta; alla spicciolata □ **each** (*o* **every**) **one of you**, ciascuno di voi □ **for one**, per esempio; per fare un caso: **Smith, for one, will not agree**, Smith, per esempio, non sarà d'accordo □ **many a one**, molti; molta gente □ **no one**, nessuno □ (*fam.*) **number one**, se stesso: **He's always thinking of number one**, pensa sempre a se stesso □ **It's all one to me what you do**, qualunque cosa tu faccia, mi è indifferente □ (*fam. GB*) **You are a one!**, sei un bel tipo! ***D*** *pron. dimostr.* (*pl.* **ones**) quello (-a) (*o idiom.*): **Burke is the one with a beard**, Burke è quello con la barba; **I don't want the black pencil; I want the red one**, non voglio la matita nera; voglio (quel)la rossa; **I prefer the other ones**, preferisco quegli altri; **I want a better one**, ne voglio uno migliore; **this one or that one**, questo o quello; **Which one do you prefer?**, quale (*di questi, di quelli*) preferisci?; **the little ones**, i piccoli; i bambini; **His father is a doctor and he wants to be one too**, suo padre è medico e vuole fare il medico anche lui; **Do you know the one about...?**, la sai quella (*la barzelletta*) del...?

oneness /ˈwʌnnəs/ *n.* Ⓤ ***1*** unità ***2*** unicità ***3*** identità.

onerous /ˈɒnərəs, ˈəʊ-/ *a.* oneroso; gravoso.

oneself /wʌnˈsɛlf, wən-/ *pron. rifl.* sé; se stesso (-a); si: **to wash o.**, lavarsi; **to enjoy o.**, divertirsi; **to be o.**, essere se stesso; essere spontaneo; **by o.**, da sé; da solo; senza aiuto; **a room to o.**, una stanza per sé • **to talk to o.**, parlare da solo □ **to keep (o.) to o.**, tenersi in disparte; stare appartato.

ongoing /ˈɒngəʊɪŋ, *USA* ˈɔːn-/ *a.* in corso; che continua.

onion /ˈʌnɪən/ *n.* cipolla: **o. soup**, zuppa di cipolle • (*pop.*) **to know one's onions**, saperla lunga.

online /ˈɒnlaɪn/ *a. e avv.* (*elab.*) on-line; in linea; collegato.

onlooker /ˈɒnlʊkə(r), *USA* ˈɔːn-/ *n.* astante; spettatore (-trice).

only /ˈəʊnlɪ/ ***A*** *a.* solo; unico: **He was an o. son**, era figlio unico; **He's the o. man that can do it**, è il solo che possa farlo; lui solo può farlo ***B*** *avv.* solo; soltanto; solamente: **I saw o. him**, vidi solo lui; **I o. saw him**, lo vidi soltanto (*non gli parlai*); **That o. makes matters worse**, ciò non fa che peggiorare la situazione • **if o.**, se solo □ **Ladies o.**, riservato alle signore □ **my one and o. hope**, la mia unica speranza □ **It's o. too true that...**, è proprio vero che... □ **I'm o. too glad to help**, sono più che lieto di aiutare □ **I was o. just in time**, arrivai appena in tempo □ **O. think!**, immagina un po'!; figurati! ***C*** *cong.* (*fam.*) ma; purtroppo: **I'd help you with pleasure, o. I'm too busy**, ti aiuterei volentieri, ma ho troppo da fare.

onomatopoeia /ɒnəmætəˈpɪə/ *n.* Ⓤ onomatopea.

onomatopoeic /ɒnəmætəˈpiːɪk/ *a.* onomatopeico.

onrush /ˈɒnrʌʃ, *USA* ˈɔːn-/ *n.* (*generalm. al sing.*) avanzata impetuosa; ondata; assalto.

onset /ˈɒnsɛt, *USA* ˈɔːn-/ *n.* ***1*** attacco ***2*** inizio; arrivo.

onshore /ˈɒnˈʃɔː(r), *USA* ˈɔːn-/ ***A*** *avv.* ***1*** a terra ***2*** (*di vento*) verso terra ***B*** *a.* ***1*** sulla terraferma ***2*** (*di vento*) di mare.

onside /ˈɒnˈsaɪd, *USA* ˈɔːn-/ *a. e avv.* (*sport*) in gioco.

onslaught /ˈɒnslɔːt, *USA* ˈɔːn-/ *n.* assalto furioso; furibondo attacco.

onto, on to /ˈɒntʊ, -tə, *USA* ˈɔːn-/ *prep.* su; sopra: **We jumped o. the train**, saltammo sul treno; **My window looks o. the take**, la mia finestra dà sul lago • (*fam.*) **to be o. a good thing**, aver trovato qualcosa di buono; aver fatto una scoperta □ (*fam.*) **I've been o. the plumber about that pipe**, ho telefonato all'idraulico per quel tubo.

ontological /ɒntəˈlɒdʒɪkl/ *a.* (*filos.*) ontologico.

ontology /ɒnˈtɒlədʒɪ/ *n.* Ⓤ (*filos.*) ontologia.

onus /ˈəʊnəs/ *n.* (*solo sing.*) onere; responsabilità; dovere.

onward /ˈɒnwəd, *USA* ˈɔːn-/ ***A*** *a.* in avanti ***B*** **onward(s)** *avv.* in avanti; (*di tempo*) in poi.

onyx /ˈɒnɪks/ *n.* Ⓤ *e* Ⓒ (*miner.*) onice.

oodles /ˈuːdlz/ *n. pl.* (*pop.*) un mucchio (di): **o. of money**, un mucchio di quattrini; quattrini a bizzeffe.

oomph /ʊmf/ *n.* Ⓤ (*pop.*) energia; vigore; verve (*franc.*).

oops /ʊps/ *inter.* ops!, oplà! (*usato quando cade qualcosa o quando si fa un errore*).

oops-a-daisy /ˈʊpsəˈdeɪzɪ/ *inter.* (*fam.*) oplà! (*aiutando q. a salire o come commento alla caduta di q.*).

ooze /uːz/ *n.* Ⓤ fanghiglia; limo; melma.

to **ooze** /uːz/ ***A*** *v. i.* colare; fluire lentamente; filtrare; stillare; trasudare ***B*** *v. t.* ***1*** stillare ***2*** emanare (*fig.*): **to o. confidence**, emanare sicurezza da tutti i pori; (*generalm. spreg.*) **to o. charm**, essere pieno di fascino.

oozy /ˈuːzɪ/ *a.* fangoso; melmoso.

op (1) /ɒp/ *a.* (*arte*) — **op art**, arte ottica; op art; **op artist**, artista op.

op (2) /ɒp/ *n.* (*fam. GB*) operazione (chirurgica).

opacity /əˈpæsətɪ/ *n.* Ⓤ ***1*** opacità ***2*** oscurità (*fig.*).

opal /ˈəʊpl/ *n.* Ⓒ *e* Ⓤ (*miner.*) opale • **o. glass**, vetro opalino; opalina.

opalescence /əʊpəˈlɛsns/ *n.* Ⓤ opalescenza.

opalescent /əʊpəˈlɛsnt/ *a.* opalescente.

opaline /ˈəʊpəlaɪn/ *a.* opalino.

opaque /əʊˈpeɪk, ə-/ *a.* ***1*** opaco ***2*** oscuro.

open /ˈəʊpən/ ***A*** *a.* ***1*** aperto: **o. doors**, porte aperte; **in o. country**, in aperta campagna; **with o. arms**, a braccia aperte; **o. sea**, mare aperto; alto mare; **in the o. air**, all'aria aperta; **o. letter**, lettera aperta; **an o. mind**, una mente aperta ***2*** aperto al pubblico; pubblico; libero; disponibile: **o. meeting**, riunione pubblica; **o. competition**, gara pubblica (*o* aperta a tutti); **The job is still o.**, il posto è ancora disponibile (*o* vacante) ***3*** sincero; franco: **I'll be o. with you**, sarò franco con te ***4*** pronto; disposto: **o. to an offer**, disposto a prendere in considerazione un'offerta ***5*** indeciso; non risolto; in sospeso: **to leave the matter o.**, lasciare la cosa in sospeso ***6*** evidente; manifesto; noto a tutti: **o. hostility**, ostilità manifesta; **o. secret**, segreto di Pulcinella ***7*** esposto; che si presta (a); soggetto: **o. to criticism**, che si presta (*o* esposto) alle critiche; **to be o. to temptation**, andare soggetto alle tentazioni; **to lay oneself o. to attack**, esporsi agli attacchi ***8*** (*fon.*) aperto ***9*** (*tennis, ecc.*) open • **o.-air**, all'aperto □ **o.-and-shut case**, caso di facile soluzione □ **o. day**, giornata di apertura al pubblico (*di scuola, ecc.*) □ **o.-ended**, aperto; senza limiti di tempo □ **o.-handed**, generoso; che ha le mani bucate (*fam.*) □ (*chir.*) **o.-heart surgery**, intervento a cuore aperto □ **o.-hearted**, sincero; franco; leale □ (*econ.*) **o. inflation**, inflazione incontrollata □ **o.-minded**, di larghe vedute □ **o.-mouthed**, a bocca aperta □ **o.-necked shirt**, camicia col collo sbottonato □ (*archit.*) **o.-plan**, senza pareti divisorie; a pianta aperta □ **o. port**, porto franco □ **o. sandwich**, tartina □ **o. shop**, azienda che assume operai anche non iscritti ai sindacati □ **o. season**, stagione di apertura della caccia (*o* della pesca) □ (*in G.B.*) **O. University**, «Università Aperta» (*operante per corrispondenza e per televisione*) □ (*leg.*) **o. verdict**, dichiarazione di morte per cause non accertate □ **half-o.**, mezzo aperto; socchiuso □ (*leg.*) **in o. court**, a porte aperte; in pubblica udienza □ **to fly o.**, spalancarsi □ **to keep o. house**, essere molto ospitale □ **wide o.**, spalancato ***B*** *n.* ***1*** — **the o.**, l'aperta campagna; l'aria aperta ***2*** (*tennis, ecc.*) open • **into the o.**, allo scoperto □ (*fig.*) **to come out into the o.**, metter le carte in tavola.

to **open** /ˈəʊpən/ ***A*** *v. t.* aprire: **to o. a box [a shop]**, aprire una scatola [un negozio]; **to o. one's heart to sb.**, aprire il cuore a q.; **not to o. one's mouth**, non aprir bocca; **to o. a debate [an account]**, aprire un dibattito [un conto]; **to o. fire**, aprire il fuoco; **to o. wide**, spalancare; **to o. one's legs**, allargare le gambe • **to o. one's bowels**, andare di corpo ***B*** *v. i.* ***1*** aprirsi; aprire: **The door opened**, la porta si aprì; **The**

museum opens at 9, il museo apre alle nove *2* (*di fiori*) aprirsi; schiudersi; sbocciare: **The buds are opening**, i boccioli si stanno aprendo (*o* schiudendo); **The roses are beginning to o.**, le rose cominciano a sbocciare *3* cominciare; aprirsi *4* (*a scacchi, a carte, ecc.*) aprire.

♦ **open on to** *v. i. + avv. e prep.* aprirsi su; dare su: **The room opens on to a passage**, la stanza dà su un corridoio.

♦ **open out** *A v. t. + avv.* aprire; allargare; spiegare *B v. i. + avv.* aprirsi; allargarsi; dischiudersi.

♦ **open up** *A v. t. + avv.* aprire *B v. i. + avv.* *1* aprire (la porta) *2* aprirsi; schiudersi *3* (*fam.*) parlare liberamente; aprirsi *4* (*mil.*) aprire il fuoco.

opencast /ˈəʊpənkɑːst, *USA* -æst/ *a.* (*ind. min.*) a cielo aperto.

opener /ˈəʊpnə(r)/ *n.* arnese (*o* utensile) per aprire: **bottle o.**, apribottiglie; **tin o.**, apriscatole • (*fam.*) **for openers**, tanto per cominciare; come antipasto (*fig.*).

opening /ˈəʊpnɪŋ/ *A n.* *1* apertura; inaugurazione; inizio *2* apertura; foro; breccia *3* occasione; opportunità; (*comm.*) sbocco, prospettiva, posto vacante *4* (*a scacchi, a carte, ecc.*) apertura • **o.-up**, apertura *B a.* di apertura; inaugurale; iniziale; primo: **o. hours** (*o* **time**), orario di apertura; **o. speech**, discorso inaugurale; **o. words**, parole iniziali; (*teatr.*) **o. night**, prima.

openly /ˈəʊpənlɪ/ *avv.* apertamente; francamente; a viso aperto; alla luce del sole.

openness /ˈəʊpənnəs/ *n.* [U] *1* franchezza; schiettezza; sincerità *2* apertura mentale.

openwork /ˈəʊpənwɜːk/ *A n.* [U] lavoro a traforo *B a.* traforato.

opera (1) /ˈɒprə/ *n.* (*teatr.*) *1* opera: **Puccini's operas**, le opere di Puccini *2* [U] opera; lirica: **grand o.**, opera lirica; **light o.**, operetta • **o. glasses**, binocolo da teatro □ **o. house**, teatro dell'opera □ **o. season**, stagione dell'opera.

opera (2) /ˈɒpərə/ *pl. di* **opus**.

to **operate** /ˈɒpəreɪt/ *A v. i.* *1* operare; agire: **The system operates in our favour**, il sistema opera a nostro favore *2* funzionare *3* (*chir.*) operare; intervenire: **He was operated on for appendicitis**, è stato (*o* l'hanno) operato di appendicite *4* (*mil.*) fare operazioni *B v. t.* *1* produrre; provocare *2* far funzionare; azionare: **hand-operated**, azionato a mano *3* dirigere, gestire (*un'azienda*).

operatic /ɒpəˈrætɪk/ *a.* (*teatr.*) dell'opera; lirico.

operating /ˈɒpəreɪtɪŋ/ *a.* *1* di gestione: **o. costs**, costi di gestione *2* (*chir.*) operatorio: **o. theatre** (*USA* **room**), sala operatoria *3* — (*elab.*) **o. system**, sistema operativo.

operation /ɒpəˈreɪʃn/ *n.* *1* (*anche mil., mat., elab.*) operazione: **to begin operations**, iniziare le operazioni *2* (*chir.*) operazione; intervento: **appendix o.**, operazione di appendicite: **I have to have an o.**, devo farmi operare *3* [U] (*tecn.*) funzionamento; azionamento *4* [U] funzione; vigore: **to come into o.**, entrare in vigore; **in o.**, in funzione; in vigore.

operational /ɒpəˈreɪʃənl/ *a.* *1* operante; funzionante; in funzione; operante *2* (*comm.*) gestionale; di gestione; di esercizio *3* (*mil.*) relativo a operazioni; operativo • **o. research**, ricerca operativa.

operative /ˈɒpərətɪv, *USA* -reɪt-/ *A a.* *1* operativo; efficace *2* in vigore: **to become o.**, entrare in vigore • **the o. word**, la parola chiave *B n.* *1* operaio (meccanico) *2* artigiano *3* agente (segreto).

operator /ˈɒpəreɪtə(r)/ *n.* *1* operatore (-trice): **computer o.**, operatore di computer; **tour o.**, operatore turistico *2* operaio addetto (a una macchina) *3* (*telef.*) centralinista • (*fam. spreg.*) **smooth o.**, uno che ci sa fare; un marpione.

ophthalmic /ɒfˈθælmɪk/ *a.* (*med.*) oftalmico.

ophthalmologist /ɒfθælˈmɒlədʒɪst/ *n.* oftalmologo (-a).

ophthalmology /ɒfθælˈmɒlədʒɪ/ *n.* [U] (*med.*) oftalmologia.

opiate /ˈəʊpɪət, -ɪeɪt/ *n.* (*farm.*) narcotico; sedativo; sonnifero.

to **opine** /əʊˈpaɪn/ *v. i. e t.* (*form.*) opinare.

opinion /əˈpɪnɪən/ *n.* [C] *e* [U] opinione; parere (*anche legale*): **to have a high** [**a low**] **o. of sb.**, avere una buona [una cattiva] opinione di q.; **to ask for sb.'s o.**, chiedere il parere di q.; **to form an o.**, farsi un'opinione; **I am of the o. that...**, sono dell'opinione che...; **in my o.**, secondo me; a mio avviso; **What is your o. of her?**, che cosa ne pensi di lei? • **o. poll**, sondaggio di opinione □ **It's a matter of o.**, è una questione discutibile; è cosa opinabile □ **public o.**, l'opinione pubblica □ (*med.*) **to seek a second o.**, consultare un altro medico; chiedere un consulto.

opinionated /əˈpɪnɪəneɪtɪd/ *a.* dogmatico.

opium /ˈəʊpɪəm/ *n.* [U] oppio • **o. addict**, oppiomane.

opossum /əˈpɒsəm/ *n.* (*zool.*) opossum.

opponent /əˈpəʊnənt/ *n.* oppositore (-trice); avversario (-a); antagonista.

opportune /ˈɒpətjuːn, *USA* ɒpəˈtuːn/ *a.* *1* opportuno; favorevole; propizio *2* tempestivo; che viene a proposito.

opportunism /ɒpəˈtjuːnɪzəm, *USA* -ˈtuːn-/ *n.* [U] opportunismo.

opportunist /ɒpəˈtjuːnɪst, *USA* -ˈtuːn-/ *n.* opportunista.

opportunistic /ɒpətjuːˈnɪstɪk, *USA* -tuːn-/ *a.* opportunistico.

opportunity /ɒpəˈtjuːnətɪ, *USA* -ˈtuːn-/ *n.* [C] *e* [U] opportunità; occasione: **to take the o. of doing st.**, cogliere l'occasione per fare q.c.; **at the earliest o.**, alla prima occasione; appena possibile • **equal o. employer**, azienda che non fa discriminazioni (*di sesso, razza, ecc.*).

to **oppose** /əˈpəʊz/ *v. t.* *1* opporsi a; essere contrario a; contrastare; osteggiare: **to o. a scheme**, osteggiare un progetto *2* opporre; contrapporre: **to o. anger with patience**, contrapporre la pazienza all'ira.

opposed /əˈpəʊzd/ *a.* *1* contrario; ostile *2* opposto • **as o. to**, in confronto a; rispetto a; invece che; di contro a: **How do you find cooking with gas as o. to electricity?**, come trovi la cucina a gas rispetto a quella elettrica?; **to do community service as o. to a prison sentence**, lavorare nel servizio civile invece che scontare una pena detentiva.

opposing /əˈpəʊzɪŋ/ *a.* *1* contrastante; opposto: **o. points of view**, opinioni contrastanti *2* (*sport*) avversario.

opposite /ˈɒpəzɪt/ *A a.* *1* opposto; di fronte: **the o. side of the road**, il lato opposto della strada; **the o. page**, la pagina di fronte *2* opposto; contrario; altro: **the o. direction**, la direzione opposta (*o* contraria); **the o. sex**, l'altro sesso • **o. number**, omologo, collega; controparto *B n.* (l')opposto; (il) contrario: **What's the o. of stupid?**, qual è il contrario di stupido?; **Am I annoyed? Just the o.**, se sono seccato? no, anzi (*o* tutt'altro) *C avv.* dirimpetto; di fronte *D prep.* dirimpetto a; di fronte a: **the house o. (to) mine**, la casa di fronte alla mia.

opposition /ɒpəˈzɪʃn/ *n.* [U] *1* opposizione; contrasto; ostilità; resistenza: **to meet with o.**, incontrare resistenza *2* (*polit.*) opposizione: (*in G.B.*) **His** [**Her**] **Majesty's O.**, l'opposizione; il partito all'opposizione; **to be in o.**, essere all'opposizione *3* (*sport*) avversari • **in o. to public opinion**, contro l'opinione pubblica.

to **oppress** /əˈpres/ *v. t.* opprimere.

oppression /əˈpreʃn/ *n.* [U] oppressione.

oppressive /əˈpresɪv/ *a.* *1* oppressivo: **o. laws**, leggi oppressive *2* opprimente: **o. heat**, caldo opprimente.

oppressor /əˈpresə(r)/ *n.* oppressore.

opprobrious /əˈprəʊbrɪəs/ (*form.*) *a.* *1* ingiurioso; oltraggioso *2* obbrobrioso; vituperevole.

opprobrium /əˈprəʊbrɪəm/ (*form.*) *n.* [U] vituperio; infamia.

to **opt** /ɒpt/ *v. i.* optare; scegliere: **to opt for st.**, optare per (*o* scegliere) q.c.; **to opt to do st.**, scegliere di fare q.c.

♦ **opt out** (**of**) *v. i. + avv.* (*e prep.*) scegliere di non partecipare (a); rinunciare (a); chiamarsi fuori (da).

optative /ˈɒptətɪv, ˈɒpteɪtɪv/ *a. e n.* (*gramm.*) (modo) ottativo.

optic /ˈɒptɪk/ *a.* (*anat.*) ottico: **o. nerve**, nervo ottico.

optical /ˈɒptɪkl/ *a.* ottico: **o. fibre**, fibra ottica; **o. illusion**, illusione ottica.

optician /ɒpˈtɪʃn/ *n.* ottico (-a).

optics /ˈɒptɪks/ *n. pl.* (*col verbo al sing.*) (*fis.*) ottica.

optimal /ˈɒptɪməl/ *a.* ottimale.

to **optimise** /ˈɒptɪmaɪz/ (*GB*) *V.* **to optimize**.

optimism /ˈɒptɪmɪzəm/ *n.* [U] ottimismo.

optimist /ˈɒptɪmɪst/ *n.* ottimista.

optimistic /ɒptɪˈmɪstɪk/ *a.* ottimistico.

to **optimize** /ˈɒptɪmaɪz/ *v. t.* ottimizzare.

optimum /ˈɒptɪməm/ *A n.* (*specialm. biol.*) optimum; condizioni d'ambiente ideali *B a. attr.* ottimale; ideale.

option /ˈɒpʃn/ *n.* *1* (possibilità di) scelta; opzione: **I have no o.**, non ho scelta; **to keep one's options open**, non impegnarsi; rinviare la scelta; **I had no o. but to go**, non potei far altro che andare *2* (*Borsa*) contratto a premio *3* (*a scuola*) materia a scelta • **soft o.**, alternativa più facile; strada più facile.

optional /ˈɒpʃənl/ *a.* facoltativo; a scelta; opzionale; a ri-

chiesta.
opulence /ˈɒpjʊləns/ *n.* U *1* opulenza *2* abbondanza.
opulent /ˈɒpjʊlənt/ *a.* *1* opulento *2* abbondante; sovrabbondante • **o. vegetation**, vegetazione lussureggiante.
opus /ˈəʊpəs/ *n.* (*pl.* **opera**, **opuses**) (*mus., abbr.* **op.**) opera.
or /ɔː(r), ə(r)/ *cong.* *1* o; oppure: **black or white**, bianco o nero; **five or six**, cinque o sei *2* (*in correl. con una parola di valore neg.*) né: **without relatives or friends**, senza parenti né amici; **He can't read or write**, non sa né leggere né scrivere • **either... or**, (o)... o □ **or else**, altrimenti; se no □ **or so**, circa; o giù di lì.
oracle /ˈɒrəkl, *USA* ˈɔːr-/ *n.* oracolo.
oracular /əˈrækjʊlə(r)/ *a.* *1* di oracolo; oracolare; profetico *2* misterioso; oscuro.
oral /ˈɔːrəl/ *A a.* (*anche anat.*) orale *B n.* (*fam.*) (esame) orale.
orange /ˈɒrɪndʒ, *USA* ˈɔːr-/ *n.* *1* arancia *2* (*bot., anche* **o.-tree**) arancio *3* U arancione • **o. blossom**, fiore d'arancio □ **o. grove**, aranceto □ **o. peel**, scorza d'arancia.
orangeade /ɒrɪnˈdʒeɪd, *USA* ɔːr-/ *n.* U aranciata.
orangery /ˈɒrɪndʒərɪ, *USA* ˈɔːrɪndʒərɪ/ *n.* aranciera.
orang-outang /ɔːˈræŋuːˈtæŋ/, **orangutan** /ɔːˈræŋuːˈtæn/ *n.* (*zool.*) orangutan; orango.
oration /ɔːˈreɪʃn/ *n.* orazione; discorso solenne.
orator /ˈɒrətə(r), *USA* ˈɔːr-/ *n.* oratore (-trice).
oratory (1) /ˈɒrətrɪ, *USA* ˈɔːrətɔːrɪ/ *n.* U (arte) oratoria; eloquenza.
oratory (2) /ˈɒrətrɪ, *USA* ˈɔːrətɔːrɪ/ *n.* (*relig.*) oratorio.
orb /ɔːb/ *n.* orbe; globo; sfera.
orbit /ˈɔːbɪt/ *n.* C *e* U (*astron. ed estens.*) orbita: (*miss.*) **to go into o.**, entrare in orbita.
to **orbit** /ˈɔːbɪt/ (*astron., miss.*) *A v. i.* orbitare *B v. t.* *1* orbitare intorno a *2* mettere in orbita.
orbital /ˈɔːbɪtl/ *a.* (*astron., miss.*) orbitale • **o. road**, tangenziale.
orc /ɔːk/ *n.* *1* (*zool.*) orca *2* (*mitol.*) orco marino.
orca /ˈɔːkə/ *n.* (*zool.*) orca.
orchard /ˈɔːtʃəd/ *n.* frutteto • **apple o.**, meleto; pometo.
orchestra /ˈɔːkɪstrə/ *n.* *1* (*mus.*) orchestra: **o. pit**, buca dell'orchestra *2* (*teatr., USA*) platea.
orchestral /ɔːˈkestrəl/ *a.* (*mus.*) orchestrale • **o. player**, orchestrale.
to **orchestrate** /ˈɔːkɪstreɪt/ *v. t. e i.* (*mus. e fig.*) orchestrare.
orchestration /ɔːkɪˈstreɪʃn/ *n.* U *e* C (*mus. e fig.*) orchestrazione.
orchid /ˈɔːkɪd/ *n.* (*bot.*) orchidea.
to **ordain** /ɔːˈdeɪn/ *v. t.* *1* (*eccles.*) ordinare *2* (*form.*) decretare; stabilire.
ordeal /ɔːˈdiːl, ˈɔːdiːl/ *n.* *1* U (*stor.*) ordalia *2* cimento; dura prova.
order /ˈɔːdə(r)/ *n.* *1* U ordine: **alphabetical o.**, ordine alfabetico; **in o. of size**, in ordine di grandezza; **out of o.**, fuori posto; **to put st. in o.**, mettere in ordine q.c.; fare ordine in q.c.; **Everything is in o.**, tutto è in ordine (*o* a posto, in regola) *2* U ordine; disciplina; regola; ordinamento; sistema: **to maintain o.**, mantenere l'ordine (*o* la disciplina); **to call sb. to o.**, richiamare q. all'ordine; **Your question is out of o.**, la sua domanda non è regolamentare; **the established o.**, l'ordine costituito *3* U stato; condizione: **in working o.**, in efficienza; funzionante; **out of o.**, guasto; fuori servizio *4* (*al pl.*) (*eccles.*) ordini: **to take holy orders**, prendere gli ordini sacri; essere ordinato sacerdote *5* (*anche al pl.*) ordine; comando; (*leg.*) mandato: **to have [to be under] orders to do st.**, avere l'ordine di fare q.c.; **doctor's orders**, ordine del dottore; **until further orders**, fino a nuovo ordine *6* (*comm. e al ristorante*) ordinazione: **to place an o. for st.**, fare un'ordinazione di q.c.; **made to o.**, fatto su ordinazione; **o. form**, modulo di ordinazione *7* ordine (*anche bot., zool.*); classe; categoria: **of the highest o.**, di prim'ordine *8* ordine (*monastico, cavalleresco, ecc.*): **the Dominican O.**, l'Ordine domenicano; **the O. of the Garter**, l'Ordine della Giarrettiera; **the lower orders**, i ceti inferiori *9* (*mil.*) ordine; formazione *10* (*archit.*) order • (*mat.*) **equation of the first o.**, equazione di primo grado □ (*form.*) **in o. that**, affinché □ **in o. to**, allo scopo di; per □ (*form.*) **Is it in o. for me to...?**, mi è permesso...? □ **in** (*o* **of**) **the o. of sixty pounds**, dell'ordine di sessanta sterline □ **money o.**, vaglia □ **payment o.**, mandato di pagamento □ **postal o.**, vaglia postale □ (*fam.*) **tall o.** richiesta difficile; bella pretesa.
to **order** /ˈɔːdə(r)/ *A v. t.* *1* sistemare; mettere in ordine: **to o. one's affairs**, sistemare i propri affari *2* ordinare; dare ordine a (*o* che): **to o. sb. to do st.**, ordinare a q. di fare q.c. *3* (*comm.*) ordinare; commissionare: **to o. st. for sb.**, ordinare q.c. per q.; **to o. goods from a supplier [a manufacturer]**, ordinare merci a un fornitore [a un fabbricante] *4* (*al bar, ecc.*) ordinare *B v. i.* (*comm.*) ordinare; comandare.
♦ **order about** *v. t. + avv.* comandare a bacchetta; dare ordini a; fare il prepotente con: **to o. everyone about**, dare ordini a destra e a sinistra.
♦ **order out** *v. t. + avv.* mandare fuori; espellere.
orderly /ˈɔːdəlɪ/ *A a.* ordinato; in ordine; metodico; disciplinato *B n.* *1* (*mil.*) attendente; ordinanza *2* inserviente (*di ospedale*).
ordinal /ˈɔːdɪnl/ *a. e n.* (*mat.*) (numero) ordinale.
ordinance /ˈɔːdɪnəns/ *n.* ordinanza; decreto.
ordinarily /ˈɔːdənrəlɪ, *USA* -dəˈnerəlɪ/ *avv.* normalmente; di solito.
ordinary /ˈɔːdənrɪ, *USA* -ənerɪ/ *A a.* *1* ordinario; comune; normale; solito: **one's o. clothes**, gli abiti di tutti i giorni *2* ordinario; mediocre: **a very o. wine**, un vino mediocre • (*naut.*) **o. seaman**, marinaio semplice □ (*fin.*) **o. shares**, azioni ordinarie □ **in the o. way**, d'ordinario; di norma *B n.* *1* — **out of the o.**, fuori del comune *2* (*USA*) biciclo; velocipede.
ordinate /ˈɔːdnət, -neɪt/ *n.* (*mat.*) ordinata.
ordination /ɔːdɪˈneɪʃn/ *n.* U *e* C (*eccles.*) ordinazione.
ordnance /ˈɔːdnəns/ *n.* U (*mil.*) *1* artiglieria: **piece of o.**, pezzo d'artiglieria; cannone *2* materiale militare; armi e munizioni • (*in G.B.*) **the O. Survey**, l'Istituto Cartografico.
ore /ɔː(r)/ *n.* U *e* C (*miner.*) minerale (grezzo): **iron ore**, minerale ferroso.
oregano /ɒrɪˈgɑːnəʊ, *USA* ɔːˈregə-/ *n.* U (*bot. e cucina*) origano.
organ /ˈɔːgən/ *n.* (*in tutti i sensi*) organo • **o. grinder**, suonatore di organetto.
organdie /ˈɔːgəndɪ, ɔːˈgæ-/ *n.* U (*ind. tess.*) organdis; organza.
organic /ɔːˈgænɪk/ *a.* *1* organico *2* biologico; macrobiotico: **o. farming**, agricoltura biologica.
to **organise** /ˈɔːgənaɪz/ *e deriv.* (*GB*) *V.* **to organize** *e deriv.*
organism /ˈɔːgənɪzəm/ *n.* organismo.
organist /ˈɔːgənɪst/ *n.* (*mus.*) organista.
organization /ɔːgənaɪˈzeɪʃn, *USA* -nɪˈz-/ *n.* U *e* C organizzazione.
organizational /ɔːgənaɪˈzeɪʃənl, *USA* -nɪˈz-/ *a.* organizzativo.
to **organize** /ˈɔːgənaɪz/ *v. t.* organizzare.
organized /ˈɔːgənaɪzd/ *a.* organizzato: **o. crime**, criminalità organizzata • **to get o.**, organizzarsi.
organizer /ˈɔːgənaɪzə(r)/ *n.* organizzatore (-trice).
orgasm /ˈɔːgæzəm/ *n.* C *e* U (*fisiol.*) orgasmo.
orgasmic /ɔːˈgæzmɪc/ *a.* orgasmico.
orgiastic /ɔːdʒɪˈæstɪk/ *a.* orgiastico.
orgy /ˈɔːdʒɪ/ *n.* (*anche fig.*) orgia.
oriel /ˈɔːrɪəl/ *n.* (*archit., anche* **o. window**) balconcino chiuso da vetri; bovindo.
Orient /ˈɔːrɪənt/ *n.* (*arc. o lett.*) Oriente.
to **orient** /ˈɔːrɪənt/ *A v. t.* *1* orientare *2* indirizzare; finalizzare; orientare *B* to **orient oneself** *v. rifl.* (*anche fig.*) orientarsi.
Oriental /ɔːrɪˈentl/ *a. e n.* orientale.
Orientalist /ɔːrɪˈentəlɪst/ *n.* orientalista.
to **orientate** /ˈɔːrɪənteɪt/ (*GB*) *V.* **to orient.**
orientation /ɔːrɪənˈteɪʃn/ *n.* U *e* C (*anche fig.*) orientamento.
oriented /ˈɔːrɪentɪd/ *a.* *1* orientato *2* finalizzato; indirizzato; rivolto.
orienteering /ɔːrɪənˈtɪərɪŋ/ *n.* U (*sport*) gara di orientamento; orienteering.
orifice /ˈɒrɪfɪs, *USA* ˈɔːr-/ *n.* (*form.*) orifizio; apertura; bocca (*fig.*).
origin /ˈɒrɪdʒɪn, *USA* ˈɔːr-/ *n.* U *e* C *1* origine *2* (*anche al pl.*) origini; estrazione: **of humble o.** (*o* **origins**), di umili origini.
original /əˈrɪdʒənl/ *A a.* *1* originale *2* originario; iniziale; primo *B n.* *1* originale: **the o. of this document**, l'originale di questo documento *2* lingua originale; originale: **I read it in the o.**, l'ho letto in lingua originale *3* (*di persona*) origi-

nale; eccentrico (-a).

originality /ərɪdʒə'nælətɪ/ *n.* Ⓤ originalità.

originally /ə'rɪdʒənəlɪ/ *avv.* ***1*** in modo originale; con originalità ***2*** originariamente; in origine.

to **originate** /ə'rɪdʒəneɪt/ ***A*** *v. t.* ***1*** dare origine a ***2*** inventare ***B*** *v. i.* avere origine; derivare; provenire.

originator /ə'rɪdʒəneɪtə(r)/ *n.* autore (-trice); iniziatore (-trice); ideatore (-trice).

oriole /'ɔːrɪəʊl/ *n.* (*anche* **golden o.**) (*zool.*) oriolo; rigogolo.

ormolu /'ɔːməluː/ *n.* Ⓤ bronzo dorato; similoro.

ornament /'ɔːnəmənt/ *n.* ***1*** Ⓤ ornamento ***2*** soprammobile; ninnolo.

to **ornament** /'ɔːnəmɛnt/ *v. t.* (*form.*) ornare; adornare; decorare.

ornamental /ɔːnə'mɛntl/ *a.* ornamentale; decorativo.

ornamentation /ɔːnəmɛn'teɪʃn/ *n.* Ⓤ ornamentazione; decorazione.

ornate /ɔː'neɪt/ *a.* ornato; ricco; elaborato.

ornery /'ɔːnərɪ/ *a.* (*fam. USA*) irascibile; cocciuto.

ornithologist /ɔːnɪ'θɒlədʒɪst/ *n.* ornitologo (-a).

ornithology /ɔːnɪ'θɒlədʒɪ/ *n.* Ⓤ ornitologia.

orogenesis /ɒrəʊ'dʒɛnəsɪs, *USA* ɔːr-/ *n.* Ⓤ (*geol.*) orogenesi.

orphan /'ɔːfn/ *n.* orfano (-a).

to **orphan** /'ɔːfn/ *v. t.* rendere orfano • **to be orphaned**, restare orfano.

orphanage /'ɔːfənɪdʒ/ *n.* orfanotrofio.

orrery /'ɒrərɪ, *USA* 'ɔːr-/ *n.* (*astron.*) planetario meccanico.

orthodontic /ɔːθə'dɒntɪk/ *a.* (*med.*) ortodontico.

orthodontics /ɔːθə'dɒntɪks/ *n. pl.* (*col verbo al sing.*) (*med.*) ortodonzia.

orthodontist /ɔːθə'dɒntɪst/ *n.* ortodontista.

orthodox /'ɔːθədɒks/ *a.* ortodosso.

orthodoxy /'ɔːθədɒksɪ/ *n.* Ⓤ ortodossia.

orthographic /ɔːθə'græfɪk/ *a.* ***1*** (*gramm.*) ortografico ***2*** (*geogr.*) ortografico.

orthography /ɔː'θɒgrəfɪ/ *n.* Ⓤ ***1*** (*gramm.*) ortografia ***2*** (*geogr.*) proiezione ortografica.

orthop(a)edic /ɔːθə'piːdɪk/ *a.* (*med.*) ortopedico.

orthop(a)edics /ɔːθə'piːdɪks/ *n. pl.* (*col verbo al sing.*) (*med.*) ortopedia.

orthop(a)edist /ɔːθə'piːdɪst/ *n.* (*med.*) ortopedico.

oryx /'ɒrɪks, *USA* 'ɔːr-/ *n.* (*zool.*) orice.

to **oscillate** /'ɒsɪleɪt/ *v. i.* (*anche fig.*) oscillare.

oscillation /ɒsɪ'leɪʃn/ *n.* Ⓤ *e* Ⓒ (*anche fig.*) oscillazione.

oscillator /'ɒsɪleɪtə(r)/ *n.* (*fis., elettron.*) oscillatore.

oscillatory /'ɒsɪlətrɪ, ɒsɪ'leɪtrɪ, *USA* -lətɔːrɪ/ *a.* (*fis., mecc.*) oscillatorio.

oscillograph /ə'sɪləgrɑːf, *USA* -græf/ *n.* (*fis.*) oscillografo.

oscilloscope /ə'sɪləskəʊp/ *n.* (*fis.*) oscilloscopio.

osier /'əʊzɪə(r), *USA* 'əʊʒə(r)/ *n.* (*bot.*) vinco • **o.-bed**, vincheto.

osmosis /ɒz'məʊsɪs/ *n.* Ⓤ (*chim., fis.*) osmosi.

osprey /'ɒspreɪ/ *n.* (*zool.*) falco pescatore.

osseous /'ɒsɪəs/ *a.* (*med.*) osseo.

ossification /ɒsɪfɪ'keɪʃn/ *n.* Ⓤ *e* Ⓒ ossificazione.

to **ossify** /'ɒsɪfaɪ/ ***A*** *v. t.* ***1*** ossificare ***2*** (*fig.*) fossilizzare ***B*** *v. i.* ***1*** ossificarsi ***2*** (*fig.*) fossilizzarsi.

ossuary /'ɒsjʊərɪ, *USA* 'ɒʃʊɛrɪ/ *n.* ossario.

ostensible /ɒ'stɛnsəbl/ *a.* apparente; preteso: **the o. reason**, la pretesa ragione.

ostensibly /ɒ'stɛnsəblɪ/ *avv.* apparentemente; in apparenza.

ostensory /ɒ'stɛnsərɪ/ *n.* (*eccles.*) ostensorio.

ostentation /ɒstɛn'teɪʃn/ *n.* Ⓤ ostentazione.

ostentatious /ɒstɛn'teɪʃəs/ *a.* ostentato; pretenzioso; pomposo.

osteopath /'ɒstɪəpæθ/ *n.* (*med.*) chiroterapeuta; chiroterapista.

osteopathy /ɒstɪ'ɒpəθɪ/ *n.* Ⓤ (*med.*) chiroterapia.

osteoporosis /ɒstɪəʊpə'rəʊsɪs/ *n.* Ⓤ (*med.*) osteoporosi.

to **ostracise** /'ɒstrəsaɪz/ (*GB*) *V.* **to ostracize.**

ostracism /'ɒstrəsɪzəm/ *n.* Ⓤ ostracismo.

to **ostracize** /'ɒstrəsaɪz/ *v. t.* ostracizzare.

ostrich /'ɒstrɪtʃ, *USA* 'ɔːs-/ *n.* (*zool.*) struzzo.

Ostrogoth /'ɒstrəgɒθ/ *n.* (*stor.*) ostrogoto.

other /'ʌðə(r)/ ***A*** *a.* altro: **all the o. boys**, tutti gli altri ragazzi; **He had a slipper on one foot and a shoe on the o. (one)**, aveva su un piede una pantofola e sull'altro una scarpa; **There's no o. explanation**, non c'è altra spiegazione; **Are there any o. places to visit?**, ci sono altri posti da visitare?; **in o. words**, in altre parole; **the o. day**, l'altro giorno ***B*** *pron.* altro (-a): **Please tell the others**, per favore, dillo agli altri ***C*** *avv.* altro; altrimenti; diversamente: **It can't be reached o. than by boat**, lo si può raggiungere solo in barca • **each o.**, l'un l'altro □ **every o. day [month, etc.]**, un giorno [un mese, ecc.] sì e uno no; ogni due giorni [mesi, ecc.] □ **none o. than**, nientemeno che □ **somehow or o.**, chi sa come; in qualche modo □ **someone or o.**, qualcuno; uno sconosciuto □ **some o. time**, un'altra volta (*non ora*) □ **somewhere or o.**, da qualche parte.

otherness /'ʌðənəs/ *n.* diversità; (*filos.*) alterità.

otherwise /'ʌðəwaɪz/ ***A*** *avv.* ***1*** altrimenti; diversamente; in altro modo: **I couldn't do o.**, non ho potuto fare altrimenti; **to be o. engaged**, essere occupato in altre faccende; **unless o. stated**, salvo indicazione contraria; **by bus, taxi or o.**, in autobus, taxi o in qualche altro modo; **whether new or o.**, nuovo o no ***2*** a parte ciò; per il resto: **an o. perfect day**, per il resto, una giornata perfetta ***B*** *cong.* altrimenti; se no.

otherworldly /ʌðə'wɜːldlɪ/ *a.* poco interessato alle cose materiali; spirituale.

otiose /'əʊtɪəʊs, *USA* 'əʊʃɪəʊs/ *a.* (*form.*) inutile; superfluo; vano.

otitis /ə'taɪtɪs/ *n.* Ⓤ (*med.*) otite.

otter /'ɒtə(r)/ *n.* (*zool.*) lontra.

Ottoman /'ɒtəmən/ *a. e n.* (*stor.*) ottomano; turco.

ottoman /'ɒtəmən/ *n.* ottomana; divano.

ouch /aʊtʃ/ *inter.* ahi!

ought /ɔːt/ *v. modale* dovrei, dovresti, ecc.: **You o. to start at once**, dovresti partire subito; **He o. to be there by now**, dovrebbe essere arrivato, ormai; **You o. to have told me yesterday**, avresti dovuto dirmelo ieri; **It oughtn't to be allowed**, non dovrebbe essere permesso; non bisognerebbe permetterlo.

oughtn't /'ɔːtnt, -tn/ *contraz. di* **ought not**.

ounce (1) /aʊns/ *n.* oncia (*unità di peso e fig.*).

ounce (2) /aʊns/ *n.* (*zool.*) leopardo delle nevi; irbis.

our /'aʊə(r), ɑː(r)/ *a. poss.* (il) nostro; (la) nostra, (i) nostri, (le) nostre: **Our Father**, Padre Nostro; **Our Lady**, Nostra Signora; la Madonna.

ours /'aʊəz, ɑːz/ *pron. pers.* (il) nostro, (la) nostra; (i) nostri, (le) nostre: **This farm has been o. for thirty years**, questa fattoria è nostra da trent'anni; **He lent us his car, since o. was being repaired**, ci ha prestato la sua macchina, perché la nostra era dal meccanico; **a friend of o.**, un nostro amico.

ourselves /aʊə'sɛlvz, ɑː-/ ***A*** *pron. rifl.* noi stessi (-e); ci: **We hurt o.**, ci facemmo male ***B*** *pron. enfatico* noi stessi; proprio noi: **We went o.**, ci andammo noi in persona; **We have a room to o.**, abbiamo una stanza tutta per noi • **(all) by o.**, (da) soli; da noi.

to **oust** /aʊst/ *v. t.* estromettere; rimuovere; spodestare.

out (1) /aʊt/ ***A*** *avv.* ***1*** fuori; al di fuori; in fuori; all'esterno; all'aperto: **He took out a lighter**, tirò fuori un accendino; **Don't lean out**, non sporgerti (fuori)!; **Get out!**, fuori!; **Out with him!**, buttatelo fuori!; **inside and out**, dentro e fuori; **It's cold out**, fa freddo fuori; **out there**, là fuori; **to have an evening out**, passare una serata fuori; uscire ***2*** (*non in casa, in ufficio, ecc.*) fuori; uscito; assente ***3*** via; lontano: **out in India**, laggiù in India; **John is out in Australia**, John è in Australia ***4*** in sciopero ***5*** pubblicato ***6*** rivelato; svelato; noto; venuto allo scoperto: **The secret is out**, il segreto è stato scoperto ***7*** (*fam., polit.*) non più al governo: **The Republicans are out**, i repubblicani hanno perso le elezioni ***8*** (*sport, di giocatore*) fuori; eliminato ***9*** (*tennis, ecc.*) «out»; in «out» ***10*** (*leg., di giuria*) fuori; in camera di consiglio ***11*** ad alta voce; forte: **to read st. out**, leggere q.c. ad alta voce; **to speak out**, parlare; farsi sentire; dire le proprie ragioni ***12*** completamente; fino in fondo: **to argue it out**, discutere q.c. fino in fondo; andare in fondo a una questione; **to fill out a form**, riempire un modulo ***13*** fino a esaurimento; fino all'estinzione: **to put out a fire**, spegnere un incendio; **to fade out**, svanire • **to be out and about**, essere di nuovo in piedi (*dopo una malattia*) □ **to be out for st.**, essere in cerca di q.c. □ **to be out to do st.**, essere deciso a fare q.c.: **They're out to get me**, mi stanno dando la caccia □ (*fam.*) **to go all out for st.**, fare ogni sforzo (*o* tutto il possibile) per ottenere q.c. □ (*fam.*) **to go out like a**

light, addormentarsi subito □ **on the voyage out**, nel viaggio d'andata □ **The tide is out**, c'è bassa marea ***B*** *a. pred.* ***1*** (*di fiore, ecc.*) sbocciato ***2*** (*di periodo di tempo*) finito: **before the month is out**, prima della fine del mese ***3*** spento: **The fire is out**, il fuoco è spento ***4*** fuori moda; passato di moda: **Bright colours are out this summer**, i colori vivaci non sono di moda quest'estate ***5*** impossibile; inaccettabile; escluso: **Sorry, but smoking is out**, mi dispiace, ma non si può fumare ***6*** (*rif. a calcoli*) in errore: **You're completely out**, ti sbagli di grosso ***7*** (*fam.*) in passivo; in perdita; fuori ***C*** **out of** *locuz. prep.* ***1*** fuori; fuori di; fuori da; da: **Tom is out of town**, Tom è fuori città; **Don't throw things out of the window**, non gettare oggetti dalla finestra (*o* dal finestrino)!; **to drink out of a cup**, bere da una tazza; **to take st. out of a box**, prendere q.c. da una scatola; **a scene out of a play**, una scena (presa) da un dramma; **to get money out of sb.**, spillare denaro a q. ***2*** fra, tra; su: **It happens in nine cases out of ten**, capita in nove casi su dieci ***3*** per: **out of spite**, per dispetto; **out of curiosity**, per curiosità ***4*** senza: **We are out of coffee**, siamo rimasti senza caffè; **out of stock**, non disponibile ***5*** (fatto) di: **a house made out of stone**, una casa (fatta) di pietra ***6*** (*naut.*) — **five days out of Hamburg**, a cinque giorni di navigazione da Amburgo • **out of bounds**, fuori dei limiti; (*sport*) fuori campo; (*cartello*) «accesso vietato» □ **out-of-date**, antiquato; superato □ **out of doors**, all'aperto □ **out of hand**, su due piedi □ **out-of-pocket expenses**, spese vive; denaro speso di tasca propria □ **out-of-the-way**, fuori mano; (*fig.*) fuori del comune □ **out of work**, disoccupato □ **to get out of hand**, (*di situazione*) sfuggire al controllo; (*di persona, specialm. bambino*) diventare incontrollabile □ (*fig.*) **to be out of it**, esserne fuori; essere privo di sensi □ **to feel out of it**, sentirsi escluso □ (*fam.*) **to be out of one's mind**, aver perso la ragione □ (*fam.*) **to be out of sorts**, non sentirsi molto bene □ **times out of number**, infinite volte.

out (**2**) /aʊt/ *prep.* (*fam.*) fuori di: **to jump out the window**, saltare fuori della finestra.

out (**3**) /aʊt/ *a. attr.* ***1*** di andata: **the out journey**, il viaggio di andata ***2*** per l'esterno: **out-tray**, cestino della corrispondenza in uscita • **out-and-out**, vero e proprio; autentico.

to **out** /aʊt/ ***A*** *v. i.* venir fuori; essere scoperto: **Truth will out**, la verità salta sempre fuori ***B*** *v. t.* ***1*** cacciare; buttar fuori ***2*** rivelare l'omosessualità di.

outage /ˈaʊtɪdʒ/ *n.* (*USA*) interruzione di corrente.

outback /ˈaʊtbæk/ *n.* entroterra australiano.

outbade /aʊtˈbeɪd/ *pass. di* **to outbid**.

to **outbalance** /aʊtˈbæləns/ *v. t.* superare (*di peso, valore, ecc.*).

to **outbid** /aʊtˈbɪd/ (*pass. e p.p.* **outbid**) *v. t.* offrire un prezzo più alto di; offrire di più di.

outboard /ˈaʊtbɔːd/ *a.* (*naut.*) fuoribordo: **o. motor**, (motore) fuoribordo.

outbound /ˈaʊtbaʊnd/ *a.* in partenza; in uscita: **o. flight**, volo in partenza; **o. traffic**, traffico in uscita.

outbreak /ˈaʊtbreɪk/ *n.* ***1*** scoppio (*di un incendio, di una guerra, ecc.*) ***2*** insorgenza (*di malattia*); epidemia ***3*** ondata (*di crimine*).

outbuilding /ˈaʊtbɪldɪŋ/ *n.* fabbricato annesso.

outburst /ˈaʊtbɜːst/ *n.* (*anche fig.*) scoppio.

outcast /ˈaʊtkɑːst, *USA* -kæst/ *n.* reietto (-a); emarginato (-a).

to **outclass** /aʊtˈklɑːs, *USA* -ˈklæs/ *v. t.* superare di gran lunga; surclassare.

outcome /ˈaʊtkʌm/ *n.* conseguenza; esito; risultato.

outcrop /ˈaʊtkrɒp/ *n.* (*geol.*) affioramento.

outcry /ˈaʊtkraɪ/ *n.* clamore; protesta.

outdated /aʊtˈdeɪtɪd/ *a.* antiquato; sorpassato; datato.

outdid /aʊtˈdɪd/ *pass. di* **to outdo**.

to **outdistance** /aʊtˈdɪstəns/ *v. t.* (*specialm. sport*) distanziare.

to **outdo** /aʊtˈduː/ (*pass.* **outdid**, *p.p.* **outdone**) *v. t.* sorpassare; superare; fare meglio di • **not to be outdone**, per non essere da meno.

outdone /aʊtˈdʌn/ *p.p. di* **outdo**.

outdoor /ˈaʊtdɔː(r)/ *a. attr.* esterno; di fuori; all'aperto: **o. games**, giochi all'aperto; (*cinem.*) **o. shooting**, riprese esterne; **o. swimming-pool**, piscina scoperta.

outdoors /aʊtˈdɔːz/ ***A*** *avv.* fuori; fuori di casa; all'aperto ***B*** *n.* aria aperta; vita all'aria aperta.

outer /ˈaʊtə(r)/ *a.* esterno • (*astron.*) **o. space**, spazio extraatmosferico; spazio cosmico □ **the o. suburbs**, l'estrema periferia.

outermost /ˈaʊtəməʊst/ *a.* (il) più esterno; (il) più remoto.

to **outface** /aʊtˈfeɪs/ *v. t.* ***1*** far abbassare gli occhi a ***2*** affrontare (*con successo*).

outfall /ˈaʊtfɔːl/ *n.* ***1*** bocca di scarico ***2*** foce.

outfield /ˈaʊtfiːld/ *n.* (*cricket, baseball*) ***1*** parte del campo più lontana dal battitore ***2*** (*giocatori*) (gli) esterni.

outfit /ˈaʊtfɪt/ *n.* ***1*** tenuta; completo ***2*** attrezzatura; corredo; equipaggiamento ***3*** (*fam.*) ditta; piccola impresa; équipe.

to **outfit** /ˈaʊtfɪt/ *v. t.* attrezzare; equipaggiare.

outfitter /ˈaʊtfɪtə(r)/ *n.* fornitore • **«men's outfitters»**, «abbigliamento per uomo»

to **outflank** /aʊtˈflæŋk/ *v. t.* ***1*** (*mil.*) aggirare ***2*** prendere in contropiede; spiazzare.

outflow /ˈaʊtfləʊ/ *n.* efflusso; deflusso; scarico • (*fin.*) **o. of capital**, fuga dei capitali.

to **outflow** /aʊtˈfləʊ/ *v. i.* defluire.

to **outfox** /aʊtˈfɒks/ *v. t.* vincere in astuzia.

outgoing /ˈaʊtgəʊɪŋ/ *a. attr.* ***1*** uscente: **o. president**, presidente uscente ***2*** in partenza ***3*** socievole; estroverso ***4*** (*sport, di giocatore*) in uscita (*dal campo*) • **o. tide**, marea calante.

outgoings /ˈaʊtgəʊɪŋz/ *n. pl.* uscite; spese.

to **outgrow** /aʊtˈgrəʊ/ (*pass.* **outgrew** /-ˈgruː/, *p.p.* **outgrown** /-grəʊn/) *v. t.* ***1*** diventare troppo grande per (*un vestito, ecc.*): **Tommy's outgrown all his clothes**, Tommy è cresciuto e non gli va più bene niente ***2*** liberarsi di, perdere (*un'abitudine, col tempo*) ***3*** crescere troppo rispetto a (*risorse, ecc.*).

outgrowth /ˈaʊtgrəʊθ/ *n.* ***1*** crescita ***2*** escrescenza ***3*** conseguenza; risultato.

outhouse /ˈaʊthaʊs/ *n.* ***1*** (*GB*) fabbricato annesso ***2*** (*USA*) gabinetto esterno.

outing /ˈaʊtɪŋ/ *n.* gita; escursione; viaggetto.

outlaid /aʊtˈleɪd/ *pass. e p.p. di* **to outlay**.

outlandish /aʊtˈlændɪʃ/ *a.* esotico; strano; bizzarro.

to **outlast** /aʊtˈlɑːst, *USA* -læst/ *v. t.* ***1*** superare in durata; durare più a lungo di ***2*** sopravvivere a.

outlaw /ˈaʊtlɔː/ *n.* fuorilegge; bandito.

to **outlaw** /ˈaʊtlɔː/ *v. t.* ***1*** bandire ***2*** dichiarare illegale.

outlay /ˈaʊtleɪ/ *n.* Ⓤ *e* Ⓒ sborso; spesa.

to **outlay** /ˈaʊtleɪ/ *v. t.* (*pass. e p.p.* **outlaid**) (*specialm. USA*) spendere.

outlet /ˈaʊtlet/ *n.* ***1*** uscita; apertura; scarico; sbocco ***2*** (*fig.*) (valvola di) sfogo ***3*** (*elettr., USA*) attacco; presa (di corrente) ***4*** (*econ., comm.*) sbocco; punto di vendita.

outline /ˈaʊtlaɪn/ *n.* ***1*** contorno; profilo; sagoma ***2*** abbozzo; schema; linee generali; punti principali: **to describe st. in o.**, descrivere q.c. a grandi linee; **an o. of English history**, lineamenti di storia dell'Inghilterra.

to **outline** /ˈaʊtlaɪn/ *v. t.* ***1*** tracciare il contorno di ***2*** descrivere a grandi linee; delineare; abbozzare.

to **outlive** /aʊtˈlɪv/ *v. t.* sopravvivere a • **to o. one's usefulness**, non servire più a nulla.

outlook /ˈaʊtlʊk/ *n.* ***1*** vista; veduta ***2*** previsioni; prospettiva ***3*** modo di vedere; punto di vista.

outlying /ˈaʊtlaɪɪŋ/ *a.* lontano; periferico; remoto.

to **outmanoeuvre**, (*USA*) to **outmaneuver** /aʊtməˈnuːvə(r)/ *v. t.* manovrare più abilmente di; vincere con abili manovre; superare; surclassare.

outmoded /aʊtˈməʊdɪd/ *a.* antiquato; passato di moda.

to **outnumber** /aʊtˈnʌmbə(r)/ *v. t.* superare in numero: **We were outnumbered by five to one**, gli altri erano cinque volte più numerosi di noi.

to **outpace** /aʊtˈpeɪs/ *v. t.* superare; sopravanzare; surclassare.

outpatient /ˈaʊtpeɪʃnt/ *n.* (*med.*) paziente esterno • **outpatients' clinic**, ambulatorio.

to **outperform** /aʊtpəˈfɔːm/ *v. t.* (*di automobile, ecc.*) surclassare.

to **outplay** /aʊtˈpleɪ/ *v. t.* (*specialm. sport*) giocare meglio di; sconfiggere.

to **outpoint** /aʊtˈpɔɪnt/ *v. t.* (*boxe*) battere ai punti.

outpost /ˈaʊtpəʊst/ *n.* (*mil. e fig.*) avamposto.

outpouring /ˈaʊtpɔːrɪŋ/ *n.* effusione; sfogo.

output /ˈaʊtpʊt/ *n.* ***1*** (*anche ind.*) produzione ***2*** (*ind.*) lavoro utile; rendimento; resa ***3*** (*elab.*) output; uscita.

to **output** /ˈaʊtpʊt/ *v. t.* (*elab.*) fornire; emettere.

outrage /ˈaʊtreɪdʒ/ *n.* *1* atto atroce; atrocità; crimine: **bomb o.**, attentato dinamitardo; **an o. against humanity**, un crimine contro l'umanità *2* U sdegno; indignazione • **It's an o.!**, è una vergogna! ATTENZIONE: **outrage ≠** oltraggio.

to **outrage** /ˈaʊtreɪdʒ/ *v. t.* offendere; indignare; scandalizzare. ATTENZIONE: **to outrage ≠** oltraggiare.

outrageous /aʊtˈreɪdʒəs/ *a.* *1* scandaloso; vergognoso; indegno: **o. prices**, prezzi scandalosi *2* stravagante; eccentrico. ATTENZIONE: **outrageous ≠** oltraggioso.

outran /aʊtˈræn/ *pass. di* **to outrun**.

to **outrank** /aʊtˈræŋk/ *v. t.* superare in grado.

outré /ˈuːtreɪ, *USA* uːˈtreɪ/ (*franc.*) *a.* stravagante; eccentrico.

outrider /ˈaʊtraɪdə(r)/ *n.* (*anche sport*) battistrada.

outrigger /ˈaʊtrɪgə(r)/ *n.* *1* (*naut.*) buttafuori *2* (*naut.*) bilanciere; (*estens.*) fuoriscalmo, outrigger *3* (*aeron.*) intelaiatura di sostegno.

outright *A* *avv.* /aʊtˈraɪt/ *1* completamente; interamente *2* subito; sul colpo *3* chiaro e tondo *B* *a. attr.* /ˈaʊtraɪt/ netto; chiaro; deciso: **o. winner** [**refusal**], netto vincitore [rifiuto].

to **outrun** /aʊtˈrʌn/ (*pass.* **outran**, *p.p.* **outrun**) *v. t.* *1* sorpassare in velocità; superare nella corsa *2* superare; andare oltre.

outrunner /ˈaʊtrʌnə(r)/ *n.* (*anche sport*) battistrada.

to **outsell** /aʊtˈsel/ (*pass. e p.p.* **outsold**) *v. t.* (*comm.*) *1* vendere più di *2* (*di merce*) vendersi meglio di.

outset /ˈaʊtset/ *n.* inizio; principio: **at the o.**, all'inizio; **from the o.**, fin dall'inizio.

to **outshine** /aʊtˈʃaɪn/ (*pass. e p.p.* **outshone** /-ʃɒn, *USA* -ʃəʊn/) *v. t.* *1* superare in splendore *2* superare; eclissare.

outside /aʊtˈsaɪd, ˈaʊtsaɪd/ *A* *n.* *1* (l')esterno; (il) di fuori: **on the o.**, all'esterno *2* aspetto esteriore; apparenza • **at the** (**very**) **o.**, al massimo □ **to overtake on the o.**, superare a sinistra; (*in G.B.*) superare a destra *B* *a. attr.* *1* situato all'esterno; proveniente dall'esterno; esterno: **o. toilet**, gabinetto esterno; **o. help**, aiuto di esterni *2* massimo: **an o. figure of ten thousand pounds**, un massimo di diecimila sterline • (*radio, TV*) **an o. broadcast**, una trasmissione in esterni □ **an o. chance**, una remota possibilità □ (*autom.*) **o. lane**, corsia di sorpasso *C* *avv.* fuori; all'esterno; all'aperto: **Come o.!**, vieni fuori! *D* *prep.* *1* fuori (di); all'esterno di: **o. the door**, fuori della porta; **o. town**, fuori città *2* al di fuori di; al di là di: **o. office hours**, al di fuori delle ore d'ufficio; **to be o. one's experience**, esulare dalla propria esperienza *3* (*fam.*) — **o. of**, all'infuori di; eccetto.

outsider /aʊtˈsaɪdə(r)/ *n.* *1* estraneo (-a) *2* (*ippica*) cavallo dato perdente *3* (*specialm. polit.*) candidato che ha scarse probabilità di vittoria; outsider.

outsize(**d**) /ˈaʊtsaɪz(d)/ *a. attr.* *1* più grande del normale *2* (*di abiti*) per taglie forti; (*di scarpe*) fuori misura.

outskirts /ˈaʊtskɜːts/ *n. pl.* sobborghi; periferia: **on the o. of the town**, alla periferia della città.

to **outsmart** /aʊtˈsmɑːt/ *v. t.* (*fam.*) sorpassare in astuzia; essere più furbo di; mettere nel sacco.

outsold /aʊtˈsəʊld/ *pass. e p.p. di* **to outsell**.

outspoken /aʊtˈspəʊkən/ *a.* franco; esplicito; senza peli sulla lingua.

outspread /aʊtˈspred/ *a.* disteso; aperto; spiegato; steso.

outstanding /aʊtˈstændɪŋ/ *a.* *1* preminente; notevole; di rilievo *2* (*comm.*) in pendenza; arretrato; insoluto *3* (*di lavoro*) in sospeso.

outstandingly /aʊtˈstændɪŋlɪ/ *avv.* straordinariamente; eccezionalmente.

to **outstay** /aʊtˈsteɪ/ *v. t.* trattenersi più a lungo di • **to o. one's welcome**, trattenersi più del dovuto; abusare dell'ospitalità.

outstretched /aʊtˈstretʃt/ *a.* disteso; steso; allungato; teso: **with o. arms**, a braccia tese.

to **outstrip** /aʊtˈstrɪp/ *v. t.* (*anche fig.*) sorpassare; superare; distanziare.

to **outvote** /aʊtˈvəʊt/ *v. t.* avere più voti di; mettere in minoranza.

outward /ˈaʊtwəd/ *A* *a.* *1* esteriore; apparente: **to all o. appearances**, all'apparenza *2* di andata: **the o. voyage**, il viaggio di andata *B* *avv.* (*USA*) *V.* **outwards** • (*naut., aeron.*) **o. bound**, in partenza (*per l'estero*).

outwardly /ˈaʊtwədlɪ/ *avv.* esteriormente; in apparenza; apparentemente.

outwards /ˈaʊtwədz/ *avv.* verso l'esterno; in fuori.

to **outweigh** /aʊtˈweɪ/ *v. t.* superare (*in valore, in importanza*); avere maggior peso di.

to **outwit** /aʊtˈwɪt/ *v. t.* superare in astuzia; farla in barba a (*fam.*).

outwork /ˈaʊtwɜːk/ *n.* *1* (*mil.*) fortificazione esterna *2* U lavoro a domicilio.

outworker /ˈaʊtwɜːkə(r)/ *n.* lavorante a domicilio.

outworn /aʊtˈwɔːn/ *a.* (*di idea, sistema, ecc.*) logoro; sorpassato.

ova /ˈəʊvə/ *pl. di* **ovum**.

oval /ˈəʊvl/ *a. e n.* ovale.

ovarian /əʊˈveərɪən/ *a.* (*anat.*) ovarico.

ovary /ˈəʊvərɪ/ *n.* *1* (*anat.*) ovaia *2* (*bot.*) ovario.

ovation /əʊˈveɪʃn, ə-/ *n.* ovazione.

oven /ˈʌvn/ *n.* forno; stufa • **o.-ready**, pronto da infornare □ **It's like an o. in here!**, è un forno qui dentro!

ovenproof /ˈʌvnpruːf/ *a.* (*di pentola, ecc.*) da forno • **o. dish**, pirofila.

ovenware /ˈʌvnweə(r)/ *n.* U vasellame da forno; pirofile.

over (1) /ˈəʊvə(r)/ *A* *avv.* *1* dall'altra parte; (al) di là (*e in genere nel senso di passaggio*): **Can you jump o.?**, sei capace di saltare di là?; **I am going o. to America**, vado in America; **He's come o. from India**, è venuto dall'India; **to hand st. over to sb.**, consegnare q.c. a q. *2* (*indica caduta, ripiegamento, capovolgimento*) — **to fall o.**, rovesciarsi; cadere a terra; **to knock o.**, rovesciare; far cadere; **to bend st. o.**, ripiegare q.c.; **to lean o.**, sporgersi da; chinarsi su; **to turn o. the pages**, girare le pagine *3* completamente; fino in fondo; coprendo tutto: **Read it o.**, leggilo bene tutto; **I'd better talk it o. with Jane**, sarà meglio che ne discuta con Jane; **I painted it o. in yellow**, lo dipinsi di giallo *4* (*nei composti*) troppo; eccessivamente: **o.-tired**, troppo stanco; **o.-polite**, esageratamente gentile; cerimonioso *5* oltre: **people aged 60 and o.**, persone di sessant'anni e oltre *6* avanzato; rimasto: **There wasn't much o. from lunch**, non era avanzato molto del pranzo; **How much is left o.?**, quanto ne è rimasto? *7* (*USA*) di nuovo: **to do st. o.**, rifare q.c.; **to do st.** (**all**) **o. again**, (*spesso di cosa noiosa, difficile, sgradevole, ecc.*) rifare q.c. daccapo • **o. and o. again**, più volte; ripetutamente □ (*radio*) **O. and out!**, passo e chiudo! □ **o. here**, qui □ **o. there**, là; laggiù □ **I looked all o.**, ho cercato dappertutto □ **She's her mother all o.**, è tutta sua madre □ **That's John all o.**, è tipico di John *B* *a. pred.* finito; passato: **The holidays are o.**, le vacanze sono finite; **It's all o.**, è finita; **The danger is o.**, il pericolo è passato • (*fam.*) **o. and done with**, finito; fatto; chiuso.

over (2) /ˈəʊvə(r)/ *prep.* *1* sopra; su: **The lamp hung o. the table**, la lampada pendeva sopra il tavolo; **He is o. me**, è sopra di me; è un mio superiore; **with one's hat o. one's eyes**, col cappello sugli occhi; **I laid a blanket over him**, gli distesi sopra una coperta; **a bridge o. the river**, un ponte sul fiume; **to rule o. a country**, governare su un paese *2* per; su: **all o. the world**, in tutto il mondo; **There is mud all o. the floor**, c'è fango su tutto il pavimento *3* più di; oltre: **o. a hundred people**, oltre cento persone; **o. ten years ago**, più di dieci anni fa *4* durante; per; lungo: **We'll discuss it o. our dinner**, ne discuteremo durante il pranzo; **o. a period of several years**, lungo un periodo di (*o* nel corso di) alcuni anni; **I'll study o. the weekend**, studierò durante il weekend *5* (al) di là di; oltre: **o. the border**, oltre il confine; **to climb o. a wall**, scavalcare un muro (*arrampicandosi*); **We are o. the worst**, abbiamo passato il peggio; **to fall o. an obstacle**, inciampare in un ostacolo; **to help sb. o. a road**, aiutare q. ad attraversare una strada *6* riguardo a: **problems o. tax**, problemi con le tasse; **to quarrel o. money matters**, litigare per faccende di denaro *7* per mezzo di; a: **o. the radio**, alla radio; **o. the phone**, al telefono • **o. and above**, in aggiunta a; oltre a □ **o. sb.'s head**, troppo difficile per q. □ **o.-the-counter**, (*di medicinale*) da banco; (*fin., di titolo*) non trattato in una borsa ufficiale, del ristretto □ **o. the top**, eccessivo; esagerato.

overabundance /əʊvərəˈbʌndəns/ *n.* U sovrabbondanza.

overabundant /əʊvərəˈbʌndənt/ *a.* sovrabbondante.

to **overact** /əʊvərˈækt/ *v. t. e i.* (*teatr.*) recitare con troppa enfasi; caricare (*una parte*); gigioneggiare.

overactive /əʊvərˈæktɪv/ *a.* iperattivo.

overage /əʊvərˈeɪdʒ/ *a.* che ha superato una data età; troppo vecchio.

overall (1) /ˈəʊvərɔːl/ *n.* ***1*** camice ***2*** (*GB*) grembiule da lavoro ***3*** (*USA*) tuta intera (da lavoro) ***4*** *V.* **overalls**.
overall (2) /ˈəʊvərˈɔːl/ ***A*** *a.* totale; complessivo; globale: **o. cost**, costo totale • (*sport*) **o. winner**, primo assoluto ***B*** *avv.* complessivamente; nell'insieme.
overalls /ˈəʊvərɔːlz/ *n. pl.* ***1*** (*GB*) tuta intera (da lavoro) ***2*** (*USA*) calzoni da lavoro con pettorina; salopette (*franc.*).
overanxious /əʊvərˈæŋkʃəs/ *a.* troppo ansioso; trepidante.
overarm /ˈəʊvərɑːm/ *a.* ***1*** (*sport, di tiro, lancio*) soprammano; effettuato alzando il braccio sopra la spalla ***2*** (*nuoto*) alla marinara: **o. stroke**, bracciata alla marinara (*o* all'indiana).
overate /əʊvərˈeɪt/ *pass. di* **to overeat**.
to **overawe** /əʊvərˈɔː/ *v. t.* intimidire; mettere in soggezione.
to **overbalance** /əʊvəˈbæləns/ ***A*** *v. t.* sbilanciare ***B*** *v. i.* perdere l'equilibrio; sbilanciarsi.
overbearing /əʊvəˈbɛərɪŋ/ *a.* autoritario; dispotico; prepotente.
to **overbid** /əʊvəˈbɪd/ (*pass.* **overbid**, *p.p.* **overbidden** /-bɪdn/) ***A*** *v. i.* ***1*** fare un'offerta superiore al valore di q.c. ***2*** (*al bridge*) fare una dichiarazione troppo alta ***B*** *v. t.* ***1*** offrire più di ***2*** (*al bridge*) dichiarare più di (q.).
overblown /əʊvəˈbləʊn/ *a.* ***1*** (*di fiore*) spampanato ***2*** (*di complimenti, ecc.*) esagerato.
overboard /ˈəʊvəbɔːd/ *avv.* (*naut.*) fuori bordo; in mare; a mare: **to throw the cargo o.**, gettare a mare il carico; **to fall o.**, cadere in mare; **Man o.!**, uomo in mare! • **to go o.**, esagerare □ (*fam.*) **to go o. for sb.**, impazzire per q. □ **to throw a scheme o.**, abbandonare un progetto.
to **overbook** /əʊvəˈbʊk/ *v. t. e i.* accettare prenotazioni (*in un teatro, un albergo*) in eccedenza al numero dei posti disponibili.
to **overburden** /əʊvəˈbɜːdn/ *v. t.* sovraccaricare.
overcame /əʊvəˈkeɪm/ *pass. di* **to overcome**.
overcapacity /əʊvəkəˈpæsətɪ/ *n.* 🅄 (*econ.*) eccesso di capacità produttiva.
to **overcapitalize**, (*GB anche*) to **overcapitalise** /əʊvəˈkæpɪtəlaɪz/ *v. t.* (*fin.*) sovracapitalizzare (*un'azienda*).
overcast /əʊvəˈkɑːst, *USA* -ˈkæst/ *a.* (*del cielo*) coperto; annuvolato.
overcautious /əʊvəˈkɔːʃəs/ *a.* troppo cauto; guardingo all'eccesso.
to **overcharge** /əʊvəˈtʃɑːdʒ/ ***A*** *v. t.* ***1*** far pagare troppo: **to o. sb. for st.**, far pagare troppo q.c. a q. ***2*** sovraccaricare ***B*** *v. i.* fare prezzi troppo alti; far pagare troppo.
overcoat /ˈəʊvəkəʊt/ *n.* soprabito; cappotto.
to **overcome** /əʊvəˈkʌm/ (*pass.* **overcame**, *p.p.* **overcome**) *v. t.* sopraffare; superare; vincere • **to be o. by one's feelings**, essere emozionato; essere commosso.
to **overcompensate** /əʊvəˈkɒmpenseɪt, -pən-/ *v. i.* ***1*** compensare esagerando ***2*** (*psic.*) fare una supercompensazione.
overconfidence /əʊvəˈkɒnfɪdəns/ *n.* 🅄 eccessiva fiducia; eccessiva sicurezza di sé; presunzione; sicumera (*fam.*).
overconfident /əʊvəˈkɒnfɪdənt/ *a.* troppo fiducioso; troppo sicuro di sé; presuntuoso.
overcooked /əʊvəˈkʊkt/ *a.* troppo cotto; stracotto.
overcritical /əʊvəˈkrɪtɪkl/ *a.* troppo critico; ipercritico.
to **overcrop** /əʊvəˈkrɒp/ *v. t.* impoverire (*un terreno*) con una coltivazione troppo intensiva.
overcrowded /əʊvəˈkraʊdɪd/ *a.* sovraffollato.
overcrowding /əʊvəˈkraʊdɪŋ/ *n.* 🅄 sovraffollamento.
to **overdevelop** /əʊvədɪˈveləp/ *v. t.* ***1*** sviluppare eccessivamente ***2*** (*fotogr.*) sovrasviluppare.
to **overdo** /əʊvəˈduː/ (*pass.* **overdid**, *p.p.* **overdone**) *v. t.* ***1*** eccedere in; esagerare ***2*** cuocere troppo • **to o. it**, esagerare; strafare.
overdone /əʊvəˈdʌn/ ***A*** *p.p. di* **to overdo** ***B*** *a.* ***1*** esagerato ***2*** troppo cotto.
overdose /ˈəʊvədəʊs/ *n.* dose eccessiva; overdose: **to die of an o.**, morire di overdose.
to **overdose** /ˈəʊvədəʊs/ *v. i.* iniettarsi un'overdose.
overdraft /ˈəʊvədrɑːft, *USA* -dræft/ *n.* (*banca*) scoperto (di conto corrente) • **o. facility**, scoperto assistito da fido.
to **overdraw** /əʊvəˈdrɔː/ (*pass.* **overdrew**, *p.p.* **overdrawn**) (*banca*) ***A*** *v. t.* emettere assegni per una somma eccedente (*il proprio conto*) ***B*** *v. i.* trarre allo scoperto; andare in rosso (*fam.*) • **to be overdrawn**, (*di conto*) essere scoperto; (*di correntista*) essere allo scoperto, essere in rosso (*fam.*).
overdrawn /əʊvəˈdrɔːn/ *p.p. di* **to overdraw**.
to **overdress** /əʊvəˈdres/ *v. t. e i.* vestire in modo troppo elegante.
overdrew /əʊvəˈdruː/ *pass. di* **to overdraw**.
overdrive /ˈəʊvədraɪv/ *n.* (*autom.*) overdrive.
overdue /əʊvəˈdjuː, *USA* -ˈduː/ *a.* ***1*** (*comm.*) scaduto ***2*** in ritardo: **The plane is o.**, l'aereo è in ritardo; **Her baby is o.**, il suo termine di gravidanza è scaduto; **This book is o.**, il prestito di questo libro è scaduto ***3*** atteso da lungo tempo: **a decision long o.**, una decisione che doveva essere presa da tempo • **The car is o. for a service**, la macchina ha un gran bisogno di un meccanico.
to **overeat** /əʊvərˈiːt/ (*pass.* **overate**, *p.p.* **overeaten**) *v. i.* mangiare troppo; abbuffarsi.
overeaten /əʊvərˈiːtn/ *p.p. di* **to overeat**.
to **overemphasize** /ˈəʊvərˈemfəsaɪz/ *v. t.* esagerare; dare troppa enfasi a.
to **overestimate** /əʊvərˈestɪmeɪt/ *v. t.* ***1*** sopravvalutare ***2*** sovrastimare.
to **overexpose** /əʊvərɪkˈspəʊz/ *v. t.* (*fotogr.*) sovraesporre.
to **overfill** /əʊvəˈfɪl/ *v. t.* riempire troppo; far traboccare.
overflew /əʊvəˈfluː/ *pass. di* **to overfly**.
overflow /ˈəʊvəfləʊ/ *n.* ***1*** inondazione; straripamento ***2*** sovrabbondanza; eccesso ***3*** (*idraul.*) sfioratore; troppopieno ***4*** (*elab.*) eccedenza di dati.
to **overflow** /əʊvəˈfləʊ/ ***A*** *v. t.* ***1*** inondare; allagare ***2*** superare; scavalcare; dilagare oltre ***B*** *v. i.* traboccare (*anche fig.*); straripare • **The crowd overflowed into the square**, la folla si riversò nella piazza.
overflowing /əʊvəˈfləʊɪŋ/ *a.* ***1*** straripante; traboccante (*anche fig.*) ***2*** sovrabbondante.
overflown /əʊvəˈfləʊn/ *p.p. di* **to overfly**.
to **overfly** /əʊvəˈflaɪ/ (*pass.* **overflew**, *p.p.* **overflown**) *v. t.* (*aeron.*) sorvolare (*specialm. in una parata aerea*).
overgrown /əʊvəˈgrəʊn/ *a.* ***1*** coperto (*di vegetazione*): **o. with weeds**, coperto di (*o* invaso dalle) erbacce ***2*** (*spreg.*) cresciuto troppo: **to behave like an o. schoolboy**, comportarsi come un bambinone.
overhand /ˈəʊvəhænd/ *V.* **overarm**, *def. 1*.
overhang /ˈəʊvəhæŋ/ *n.* ***1*** sporgenza; aggetto ***2*** (*alpinismo*) strapiombo.
to **overhang** /əʊvəˈhæŋ/ (*pass. e p.p.* **overhung**) ***A*** *v. t.* sporgere sopra; sovrastare a; strapiombare su ***B*** *v. i.* sporgere; aggettare; sovrastare; strapiombare.
overhanging /əʊvəˈhæŋɪŋ/ *a.* sporgente; aggettante; a strapiombo.
overhaul /ˈəʊvəhɔːl/ *n.* (*anche mecc.*) revisione.
to **overhaul** /əʊvəˈhɔːl/ *v. t.* ***1*** rivedere; rinnovare ***2*** (*mecc.*) revisionare ***3*** (*specialm. naut.*) raggiungere; sorpassare.
overhead ***A*** *avv.* /əʊvəˈhed/ in alto; di sopra; in cielo; lassù ***B*** *a.* /ˈəʊvəhed/ che sta in alto; aereo; sopraelevato: **o. railway**, ferrovia sopraelevata; **o. projector**, lavagna luminosa • (*calcio*) **o. kick**, rovesciata □ (*pallacanestro*) **o. pass** [**shot**], passaggio [tiro] sopra la testa.
overheads /ˈəʊvəhedz/ *n. pl.* (*comm.*) spese generali.
to **overhear** /əʊvəˈhɪə(r)/ (*pass. e p.p.* **overheard** /-hɜːd/) *v. t.* udire per caso; sorprendere (*una conversazione*); cogliere di sfuggita.
to **overheat** /əʊvəˈhiːt/ ***A*** *v. t.* surriscaldare ***B*** *v. i.* surriscaldarsi.
overheated /əʊvəˈhiːtɪd/ *a.* ***1*** surriscaldato ***2*** acceso (*fig.*); agitato; infuriato.
overhung /əʊvəˈhʌŋ/ *pass. e p.p. di* **to overhang**.
to **overindulge** /əʊvərɪnˈdʌldʒ/ ***A*** *v. t.* viziare ***B*** *v. i.* (*fam.*) mangiare [bere, ecc.] troppo; lasciarsi andare • **to o. in ice cream**, concedersi troppi gelati; esagerare coi gelati.
overindulgence /əʊvərɪnˈdʌldʒəns/ *n.* 🅄 (il) lasciarsi andare; (l')esagerare col mangiare [col bere, ecc].
overindulgent /əʊvərɪnˈdʌldʒənt/ *a.* troppo indulgente.
overjoyed /əʊvəˈdʒɔɪd/ *a.* pieno di gioia; felicissimo.
overkill /ˈəʊvəkɪl/ *n.* 🅄 ***1*** (*mil.*) eccessivo potenziale atomico distruttivo ***2*** eccesso; esagerazione.
overladen /əʊvəˈleɪdn/ *a.* sovraccarico; stracarico.
overlaid /əʊvəˈleɪd/ *pass. e p.p. di* **to overlay**.
overland /ˈəʊvəlænd/ *a. e avv.* per via di terra.
overlap /ˈəʊvəlæp/ *n.* ***1*** 🅄 sovrapposizione ***2*** parte sovrapposta.
to **overlap** /əʊvəˈlæp/ ***A*** *v. t.* sovrapporre parzialmente; accavallare ***B*** *v. i.* ***1*** sovrapporsi parzialmente; accavallarsi ***2***

coincidere in parte; avere un'area in comune.
overlay /ˈəʊvəleɪ/ *n.* ***1*** rivestimento ***2*** sfumatura (*fig.*) ***3*** (*elab.*) overlay; sovrapposizione in memoria.
to **overlay** /əʊvəˈleɪ/ (*pass. e p.p.* **overlaid**) *v. t.* ***1*** rivestire; ricoprire: **to o. wood with ivory**, rivestire il legno di avorio ***2*** coprire; pervadere.
overleaf /əʊvəˈliːf/ *avv.* a tergo; sul retro: **See o.**, vedi a tergo.
overload /ˈəʊvələʊd/ *n.* (*anche elettr., elettron.*) sovraccarico.
to **overload** /əʊvəˈləʊd/ *v. t.* (*anche elettr., elettron.*) sovraccaricare.
overlong /əʊvəˈlɒŋ, *USA* -ɔːŋ/ *a.* eccessivamente (*o* esageratamente) lungo.
to **overlook** /əʊvəˈlʊk/ *v. t.* ***1*** dare su; guardare su: **windows overlooking a garden**, finestre che danno su un giardino; **to be overlooked**, avere i vicini che ti vedono in casa ***2*** lasciarsi sfuggire; trascurare ***3*** passare sopra a; chiudere un occhio su.
overlord /ˈəʊvəlɔːd/ *n.* (*stor.*) signore supremo; grande feudatario.
overly /ˈəʊvəlɪ/ *avv.* troppo; eccessivamente.
overmanned /əʊvəˈmænd/ *a.* che ha un'eccedenza di manodopera (*o* di personale).
overmanning /əʊvəˈmænɪŋ/ *n.* Ⓤ eccedenza di manodopera (*o* di personale).
overmuch /əʊvəˈmʌtʃ/ *avv.* eccessivamente; troppo.
overnice /əʊvəˈnaɪs/ *a.* esigente; di gusti difficili; schifiltoso.
overnight /əʊvəˈnaɪt/ ***A*** *avv.* ***1*** per la notte; durante la notte: **to stay o.**, fermarsi a dormire; pernottare ***2*** di colpo; dall'oggi al domani ***B*** *a.* ***1*** di notte: **o. journey**, viaggio di notte ***2*** improvviso; fulmineo • **o. bag**, borsa da viaggio; ventiquattr'ore.
overpaid /əʊvəˈpeɪd/ *pass. e p.p. di* **to overpay**.
overpass /ˈəʊvəpɑːs, *USA* -pæs/ *n.* (*USA*) cavalcavia.
to **overpay** /əʊvəˈpeɪ/ (*pass. e p.p.* **overpaid**) *v. t.* pagare troppo; strapagare.
to **overplay** /əʊvəˈpleɪ/ *v. t.* esagerare; enfatizzare • (*fig.*) **to o. one's hand**, promettere (*o* tentare) l'impossibile.
overpopulated /əʊvəˈpɒpjʊleɪtɪd/ *a.* sovrappopolato.
overpopulation /əʊvəpɒpjʊˈleɪʃn/ *n.* Ⓤ sovrappopolazione.
to **overpower** /əʊvəˈpaʊə(r)/ *v. t.* (*anche fig.*) sopraffare.
overpowering /əʊvəˈpaʊərɪŋ/ *a.* ***1*** (*di odore*) soffocante ***2*** (*di emozione*) irresistibile; travolgente ***3*** (*di personalità*) prepotente.
overpriced /əʊvəˈpraɪst/ *a.* troppo costoso.
overproduction /əʊvəprəˈdʌkʃn/ *n.* Ⓤ sovrapproduzione.
overran /əʊvəˈræn/ *pass. di* **to overrun**.
to **overrate** /əʊvəˈreɪt/ *v. t.* sopravvalutare.
to **overreach** /əʊvəˈriːtʃ/ *v. Solo come*:
♦ **overreach oneself** *v. rifl.* voler strafare; fare il passo più lungo della gamba.
to **overreact** /əʊvərɪˈækt/ *v. i.* reagire in modo eccessivo.
to **override** /əʊvəˈraɪd/ (*pass.* **overrode**, *p.p.* **overridden**) *v. t.* non tenere in nessun conto; calpestare.
overriding /əʊvəˈraɪdɪŋ/ *a.* prioritario; di prima importanza.
overrode /əʊvəˈrəʊd/ *pass. di* **to override**.
to **overrule** /əʊvəˈruːl/ *v. t.* ***1*** annullare; revocare ***2*** respingere: **to o. an objection**, respingere un'obiezione ***3*** prevalere su.
to **overrun** /əʊvəˈrʌn/ (*pass.* **overran**, *p.p.* **overrun**) ***A*** *v. t.* ***1*** invadere ***2*** superare; oltrepassare ***B*** *v. i.* protrarsi.
oversaw /əʊvəˈsɔː/ *pass. di* **to oversee**.
overseas /əʊvəˈsiːz/ ***A*** *avv.* all'estero; oltreoceano ***B*** *a.* estero; con (*o* per) l'estero; straniero; d'oltremare: **o. trade**, commercio estero; **o. countries**, paesi esteri; paesi d'oltremare; **o. students**, studenti stranieri.
to **oversee** /əʊvəˈsiː/ (*pass.* **oversaw**, *p.p.* **overseen**) *v. t.* sorvegliare; ispezionare; sovrintendere a.
overseen /əʊvəˈsiːn/ *p.p. di* **to oversee**.
overseer /ˈəʊvəsiːə(r)/ *n.* sorvegliante; sovrintendente; caposquadra.
to **oversell** /əʊvəˈsɛl/ (*pass. e p.p.* **oversold**) *v. t.* (*fam.*) lodare esageratamente; magnificare.
oversensitive /əʊvəˈsɛnsɪtɪv/ *a.* ipersensibile.
to **oversew** /ˈəʊvəsəʊ/ (*pass.* **oversewed**, *p.p.* **oversewn** /-səʊn/, **oversewed**) *v. t.* cucire a sopraggitto.
oversexed /əʊvəˈsɛkst/ *a.* (*spreg.*) che ha una sessualità eccessiva.
to **overshadow** /əʊvəˈʃædəʊ/ *v. t.* ***1*** gettare un'ombra su ***2*** (*fig.*) mettere in ombra; eclissare.
overshoe /ˈəʊvəʃuː/ *n.* soprascarpa; caloscia.
to **overshoot** /əʊvəˈʃuːt/ (*pass. e p.p.* **overshot** /-ʃɒt/) *v. t.* ***1*** sparare (*un colpo, ecc.*) troppo lungo (*o* troppo alto) ***2*** oltrepassare; superare: **We overshot the crossroads**, abbiamo oltrepassato l'incrocio; **The plane overshot the runway**, l'aereo uscì di pista; **to o. the budget**, sforare il preventivo.
oversight /ˈəʊvəsaɪt/ *n.* Ⓤ *e* Ⓒ svista; sbaglio.
to **oversimplify** /əʊvəˈsɪmplɪfaɪ/ *v. t.* semplificare troppo.
oversize(d) /ˈəʊvəsaɪz(d)/ *a.* ***1*** troppo grande ***2*** più grande della norma.
to **oversleep** /əʊvəˈsliːp/ (*pass. e p.p.* **overslept** /-slɛpt/) *v. i.* dormire oltre l'ora prevista; non svegliarsi in tempo.
oversold /əʊvəˈsəʊld/ *pass. e p.p. di* **to oversell**.
to **overspend** /əʊvəˈspɛnd/ (*pass. e p.p.* **overspent** /-spɛnt/) ***A*** *v. i.* spendere troppo ***B*** *v. t.* spendere più di (*una determinata somma*).
overspill /ˈəʊvəspɪl/ *n.* Ⓤ (*GB*) eccesso di popolazione (*di una città*).
overstaffed /əʊvəˈstɑːft, *USA* -stæft/ *a.* che ha un'eccedenza di personale.
to **overstate** /əʊvəˈsteɪt/ *v. t.* esagerare (*fatti, ecc.*) • **to o. one's case**, presentare le proprie ragioni con troppa enfasi.
overstatement /əʊvəˈsteɪtmənt/ *n.* Ⓤ *e* Ⓒ esagerazione; affermazione esagerata.
to **overstay** /əʊvəˈsteɪ/ *v. t.* rimanere oltre (*il previsto*) • **to o. one's welcome**, trattenersi più del dovuto; abusare dell'ospitalità.
to **overstep** /əʊvəˈstɛp/ *v. t.* (*specialm. fig.*) oltrepassare • (*fam.*) **to o. the mark**, esagerare.
to **overstretch** /əʊvəˈstrɛtʃ/ ***A*** *v. t.* spingere fino al limite, mettere a dura prova (*risorse, ecc.*) ***B*** to **overstretch oneself** *v. rifl.* voler fare troppo; esagerare.
overt /ˈəʊvɜːt, *USA* əʊˈvɜːt/ *a.* palese; chiaro; aperto; pubblico.
to **overtake** /əʊvəˈteɪk/ (*pass.* **overtook**, *p.p.* **overtaken**) *v. t.* ***1*** sorpassare; oltrepassare ***2*** cogliere di sorpresa; sorprendere.
overtaken /əʊvəˈteɪkn/ *p.p. di* **to overtake**.
to **overtax** /əʊvəˈtæks/ *v. t.* ***1*** gravare di imposte; tassare eccessivamente ***2*** abusare di: **to o. sb.'s patience**, abusare della pazienza di q.
overthrew /əʊvəˈθruː/ *pass. di* **to overthrow**.
overthrow /ˈəʊvəθrəʊ/ *n.* rovesciamento; abbattimento.
to **overthrow** /əʊvəˈθrəʊ/ (*pass.* **overthrew**, *p.p.* **overthrown**) *v. t.* rovesciare; abbattere: **to o. a government**, rovesciare un governo.
overthrown /əʊvəˈθrəʊn/ *p.p. di* **to overthrow**.
overtime /ˈəʊvətaɪm/ ***A*** *n.* Ⓤ ***1*** lavoro straordinario: **to be on o.**, fare lo straordinario ***2*** indennità di lavoro straordinario ***3*** (*sport, USA*) tempo supplementare ***B*** *avv.* oltre l'orario normale di lavoro: **to work o.**, fare lo straordinario; (*fig.*) mettercela tutta • **o. pay**, paga straordinaria; gratifica.
overtone /ˈəʊvətəʊn/ *n.* ***1*** (*acustica*) armonica superiore ***2*** (*al pl.*) sottintesi; sfumature; significati reconditi.
overtook /əʊvəˈtʊk/ *pass. di* **to overtake**.
overture /ˈəʊvətjʊə(r), -tʃʊə(r), -tʃə(r)/ *n.* ***1*** (*mus.*) ouverture (*franc.*); preludio ***2*** approccio; offerta; avance (*franc.*): **to make overtures to sb.**, fare delle avances a q.; tentare approcci verso q.
to **overturn** /əʊvəˈtɜːn/ ***A*** *v. t.* ***1*** rovesciare; capovolgere ***2*** rovesciare (*un governo*) ***3*** capovolgere (*una decisione*); (*leg.*) cassare, annullare ***B*** *v. i.* rovesciarsi; capovolgersi.
to **overvalue** /əʊvəˈvæljuː/ *v. t.* sopravvalutare.
overview /ˈəʊvəvjuː/ *n.* visione d'insieme.
overweening /əʊvəˈwiːnɪŋ/ *a.* smisurato; smodato.
overweight /əʊvəˈweɪt/ *a.* ***1*** (*di bagaglio*) che eccede il peso consentito ***2*** (*di persona*) sovrappeso.
to **overwhelm** /əʊvəˈwɛlm, *USA* -hwɛlm/ *v. t.* ***1*** sopraffare; travolgere; schiacciare ***2*** sommergere ***3*** (*spesso al passivo*) sopraffare; opprimere: **overwhelmed by grief**, sopraffatto dal dolore.
overwhelming /əʊvəˈwɛlmɪŋ, *USA* -hwɛlm-/ *a.* travolgente; schiacciante; irresistibile: **o. victory**, vittoria travolgente; **o. majority**, schiacciante maggioranza; **o. generosity**, una generosità che confonde; **an o. desire**, un desiderio travolgente.

overwork /ˈəʊvəwɜːk/ *n.* Ⓤ eccesso di lavoro; lavoro eccessivo.

to **overwork** /əʊvəˈwɜːk/ ***A*** *v. t.* ***1*** far lavorare troppo ***2*** fare un uso eccessivo di; servirsi troppo spesso di ***B*** lavorare troppo; strapazzarsi.

to **overwrite** /əʊvəˈraɪt/ *v. t.* (*pass.* **overwrote** /-rəʊt/, *p.p.* **overwritten** /-rɪtn/) (*elab.*) cancellare scrivendo sopra.

overwrought /əʊvəˈrɔːt/ *a.* nervoso; teso; sovreccitato.

ovoid /ˈəʊvɔɪd/ *a. e n.* ovoide.

to **ovulate** /ˈɒvjʊleɪt, ˈəʊ-/ *v. i.* (*biol.*) ovulare.

ovulation /ɒvjʊˈleɪʃn, əʊ-/ *n.* Ⓤ (*biol.*) ovulazione.

ovule /ˈəʊvjuːl/ *n.* (*biol.*) ovulo.

ovum /ˈəʊvəm/ *n.* (*pl.* **ova**) (*biol.*) uovo.

ow /aʊ/ *inter.* ahi!

to **owe** /əʊ/ *v. t.* dovere; essere debitore di; essere in debito di: **I owe Mr Jones ten pounds** (*o* **ten pounds to Mr Jones**), devo dieci sterline al signor Jones; **I owe him my life**, gli devo la vita; (*fam.*) **I owe you one**, ti devo un favore.

owing /ˈəʊɪŋ/ *a.* dovuto; ancora da pagare; arretrato ● **o. to**, a causa di.

owl /aʊl/ *n.* (*zool.*) ***1*** gufo ***2*** (*anche* **little owl**) civetta ● **barn owl**, barbagianni □ **eagle owl**, gufo reale □ **long-eared owl**, gufo comune □ **scops owl**, assiolo □ **tawny owl**, allocco.

owlet /ˈaʊlət/ *n.* (*zool.*) piccola civetta; piccolo gufo.

owlish /ˈaʊlɪʃ/ *a.* (*rif. a persona*) con l'aria solenne; di (*o* da) gufo.

own /əʊn/ ***A*** *a. e pron.* proprio: **to do st. with one's own hands**, fare q.c. con le proprie mani; **I saw it with my own eyes**, l'ho visto con i miei (stessi) occhi; **Each room has its own bathroom**, ogni stanza ha il suo bagno; **for reasons of my own**, per ragioni mie; **a room of my own**, una stanza tutta mia; **I have no money of my own**, non ho denaro di mio; **I've got enough worries of my own**, ho già abbastanza problemi per conto mio; **I'll look after the house as if it were my own**, baderò alla casa come se fosse mia; **my very own**, mio personale; mio e di nessun altro; tutto per me ● (*comm.*) **own brand**, marchio proprio □ (*sport*) **own goal**, autogol; autorete □ (*sport*) **own half**, metà campo propria ***B*** *n.* (il) proprio; ciò che ci appartiene ● **to come into one's own**, *V. sotto* **to come** □ (*fam.*) **to get one's own back on sb.**, rendere pan per focaccia a q. □ **to hold one's own**, tener duro; non cedere; far valere i propri diritti □ **on one's own**, da solo.

to **own** /əʊn/ *v. t.* ***1*** possedere; essere il proprietario di: **Do you own the house you live in?**, sei proprietario della casa in cui abiti? ***2*** (*form.*) ammettere; riconoscere: **I own I made a mistake**, ammetto di aver sbagliato.

♦ **own to** *v. i. + prep.* (*form.*) ammettere; riconoscere.

♦ **own up** *v. i. + avv.* (*fam.*) confessare.

owner /ˈəʊnə(r)/ *n.* ***1*** proprietario (-a) ***2*** (*estens.*) possessore; padrone (-a) ***3*** (*naut.*) armatore.

owner-driver /əʊnəˈdraɪvə(r)/ *n.* (*GB*) padroncino (*di camion*); autotrasportatore indipendente; tassista autonomo.

owner-occupier /əʊnəˈɒkjʊpaɪə(r)/ *n.* (*GB*) proprietario della casa (*o* dell'appartamento) in cui abita.

ownership /ˈəʊnəʃɪp/ *n.* Ⓤ (*leg.*) proprietà.

ox /ɒks/ *n.* (*pl.* **oxen**) ***1*** bue domestico; bove ***2*** bovino.

Oxbridge /ˈɒksbrɪdʒ/ *a. e n.* (relativo alle) università di Oxford e Cambridge (*in contrapposizione ad altre università*).

oxen /ˈɒksn/ *pl. di* **ox**.

oxidation /ɒksɪˈdeɪʃn/ *n.* Ⓤ (*chim.*) ossidazione.

oxide /ˈɒksaɪd/ *n.* Ⓒ e Ⓤ (*chim.*) ossido.

oxidization, (*GB anche*) **oxidisation** /ɒksɪdaɪˈzeɪʃn, *USA* -dɪˈz-/ *n.* Ⓤ (*chim.*) ossidazione.

to **oxidize**, (*GB anche*) to **oxidise** /ˈɒksɪdaɪz/ *v. t. e i.* ossidare, ossidarsi.

Oxonian /ɒkˈsəʊnɪən/ *a. e n.* ***1*** (studente *o* laureato) dell'università di Oxford ***2*** (nativo *o* abitante) della città di Oxford.

oxtail /ˈɒksteɪl/ *n.* (*cucina*) coda di bue.

oxy(-)acetylene /ɒksɪəˈsetɪliːn/ *n.* Ⓤ (*chim.*) ossiacetilene ● **o. blowlamp** (*o* **torch**), cannello ossiacetilenico.

oxygen /ˈɒksədʒən/ *n.* Ⓤ (*chim.*) ossigeno ● **o. mask**, maschera a ossigeno □ (*med.*) **o. tent**, tenda a ossigeno.

to **oxygenate** /ˈɒksɪdʒəneɪt, ɒkˈsɪ-/ *v. t.* ***1*** (*chim.*) ossigenare ***2*** (*med.*) somministrare ossigeno a ***3*** (*chim.*) ossidare.

oxyhydrogen /ɒksɪˈhaɪdrədʒən/ *n.* (*chim.*) ossidrico: **o. blowpipe**, cannello ossidrico; **o. flame**, fiamma ossidrica.

oyster /ˈɔɪstə(r)/ *n.* (*zool.*) ostrica ● **o.-bed**, banco di ostriche □ **o.-farm**, allevamento di ostriche □ **The world is your o.**, il mondo è tuo.

oystercatcher /ˈɔɪstəˈkætʃə(r)/ *n.* (*zool.*) beccaccia di mare.

ozone /ˈəʊzəʊn/ *n.* Ⓤ (*chim.*) ozono ● **o.-friendly**, che non danneggia la fascia dell'ozono □ **o. layer**, fascia (*o* strato) dell'ozono.

p, P

P, p /piː/ *n.* (*pl.* **P's, p's**; **Ps, ps**) P, p • (*telef.*) **p for Peter**, p come Palermo □ **to mind one's p's and q's**, comportarsi bene; badare a quel che si dice.
pa /pɑː/ *n.* (*fam.*) papà.
pace /peɪs/ *n.* **1** passo; andatura; velocità; ritmo: **at a walking [a snail's] p.**, a passo d'uomo [di lumaca]; **to go at a good p.**, andare di buon passo; **the p. of modern life**, il ritmo della vita moderna **2** passo: **to move forward a few paces**, fare qualche passo avanti **3** (*di cavallo*) ambio • **to keep p. with**, andare al passo con; (*fig.*) procedere di pari passo con, tenere dietro a □ **to put sb. through his** (*o* **her**) **paces**, mettere q. alla prova □ **to set the p.**, (*sport*) fare l'andatura; (*fig.*) fare da battistrada □ **to show one's paces**, dimostrare la propria bravura.
to **pace** /peɪs/ **A** *v. i.* **1** camminare: **to p. up and down**, camminare su e giù **2** (*di cavallo*) ambiare; andare all'ambio **B** *v. t.* **1** camminare su e giù per **2** (*sport*) fare l'andatura per **3** regolare il ritmo di.
♦ **pace off** (*o* **out**) *v. t. + avv.* misurare a passi.
pacemaker /ˈpeɪsmeɪkə(r)/ *n.* **1** (*sport e fig.*) chi fa l'andatura; battistrada **2** (*med.*) stimolatore cardiaco; pacemaker.
pacesetter /ˈpeɪssɛtə(r)/ *n.* (*USA*) *V.* **pacemaker**, *def. 1.*
pachyderm /ˈpækɪdɜːm/ *n.* (*zool.*) pachiderma.
pacific /pəˈsɪfɪk/ *a.* pacifico.
pacifier /ˈpæsɪfaɪə(r)/ *n.* **1** pacificatore; paciere **2** (*USA*) tettarella; ciuccio.
pacifism /ˈpæsɪfɪzəm/ *n.* Ⓤ pacifismo.
pacifist /ˈpæsɪfɪst/ *n.* pacifista.
to **pacify** /ˈpæsɪfaɪ/ *v. t.* pacificare; placare; sedare.
pack /pæk/ *n.* **1** pacco; fagotto **2** (*USA*) pacchetto: **p. of cigarettes**, pacchetto di sigarette **3** zaino **4** carico; soma **5** balla (*di lana, ecc.*) **6** muta (*di cani*); branco (*di lupi*) **7** (*spreg.*) masnada; branco; mucchio: **p. of idiots**, mucchio di imbecilli; **p. of lies**, mucchio (*o* sacco) di bugie **8** (*ciclismo*) gruppo **9** (*rugby*) pacchetto (*di mischia*) **10** (*med., cosmesi*) impacco • **p. animal**, bestia da soma □ (*geogr.*) **p. ice**, pack; banchisa □ (*GB*) **p. of cards**, mazzo di carte (*da gioco*) □ **p.-saddle**, basto.
to **pack** /pæk/ **A** *v. t.* **1** impaccare; imballare; impacchettare; mettere in casse; mettere in valigia: **to p. one's bags**, fare le valigie (*o* i bagagli) **2** riempire; pigiare; stipare; infilare: **to p. a trunk with clothes**, riempire un baule di vestiti **3** ammucchiare; accumulare **4** (*fam. USA*) portare su di sé: **to p. a gun**, essere armato; andare in giro armato • **to p. a jury**, scegliere una giuria favorevole **B** *v. i.* **1** fare le valigie; fare i bagagli **2** essere (facilmente) imballabile; stare (comodamente) in valigia **3** pigiarsi; stiparsi; accalcarsi • **to send sb. packing**, dare il benservito a q.; far correre q. (*fam.*).
♦ **pack in** *v. t. + avv.* (*fam.*) **1** (*GB*) mollare, piantare (*gli studi, un lavoro, ecc.*): **to pack it in**, mollare tutto; piantar lì; **P. it in!**, piantala! **2** — **to p. them in**, attirare un gran numero di spettatori.
♦ **pack off** *v. t. + avv.* (*fam.*) spedire via (q.): **to p. sb. off to bed**, spedire a letto q.; **to p. oneself off**, far fagotto; andarsene.
♦ **pack out** *v. t. + avv.* riempire (*un locale*).
♦ **pack up** **A** *v. t. + avv.* mettere in valigia; imballare **B** *v. i. + avv.* (*fam.*) **1** fare i bagagli **2** smettere di lavorare; chiudere **3** piantare tutto **4** (*di macchina, ecc.*) bloccarsi; guastarsi.
package /ˈpækɪdʒ/ *n.* **1** pacco; pacchetto **2** (*comm.*) imballaggio; confezione **3** (*econ., polit.*) pacchetto: **p. deal**, pacchetto (di proposte *o* di offerte) **4** (*elab.*) pacchetto applicativo • **p. tour**, viaggio organizzato.
to **package** /ˈpækɪdʒ/ *v. t.* **1** impacchettare **2** (*comm.*) confezionare **3** presentare bene (*un'idea, un'immagine, ecc.*); confezionare.
packaging /ˈpækɪdʒɪŋ/ *n.* Ⓤ **1** imballaggio; confezione **2** (*elab.*) assemblaggio.
packed /pækt/ *a.* **1** (*anche* **p.-out**, *GB*) affollato; stipato; strapieno **2** che ha fatto le valigie: **I'm not p. yet**, non ho ancora fatto le valigie • (*leg.*) **p. jury**, giuria favorevole (*perché scelta*) □ **p. lunch**, colazione al sacco; cestino da viaggio.
packer /ˈpækə(r)/ *n.* **1** imballatore **2** imballatrice (*macchina*).
packet /ˈpækɪt/ *n.* **1** pacchetto; sacchetto: **a p. of cigarettes [of envelopes]**, un pacchetto di sigarette [di buste] **2** bustina (*di zucchero, ecc.*) **3** (*naut., anche* **p. boat**) nave postale; postale **4** (*pop.*) grossa somma: **to cost a p.**, costare un occhio della testa; **to make a p.**, fare un mucchio di soldi **5** (*elab.*) pacchetto: **p.-switching**, commutazione di pacchetto.
to **packet** /ˈpækɪt/ *v. t.* impacchettare.
packhorse /ˈpækhɔːs/ *n.* cavallo da soma.
packing /ˈpækɪŋ/ *n.* Ⓤ **1** imballaggio **2** (*mecc.*) guarnizione • **p. case**, cassa da imballaggio □ **p. paper**, carta da imballaggio □ **to do one's p.**, fare le valigie.
pact /pækt/ *n.* patto; accordo; convenzione.
pad /pæd/ *n.* **1** cuscinetto; imbottitura: **shoulder pad**, spallina imbottita **2** blocco di fogli (*di carta da scrivere o da disegno*) **3** tampone (*per timbri*) **4** (*med.*) tampone di ovatta **5** (*zool.*) cuscinetto carnoso (*di zampa*); zampa **6** (*aeron.*) piattaforma per elicotteri; (*miss.*) piattaforma di lancio **7** (*cricket*) parastinchi **8** (*mecc., di freni*) pastiglia **9** (*pop. USA*) appartamento.
to **pad** (**1**) /pæd/ *v. t.* **1** imbottire: **padded cell**, cella con pareti imbottite **2** (*anche* **to pad out**) imbottire, gonfiare (*un articolo, un discorso, ecc.*); infarcire.
to **pad** (**2**) /pæd/ *v. i.* muoversi con passo felpato.
padding /ˈpædɪŋ/ *n.* Ⓤ **1** imbottitura **2** riempitivo (*in un discorso, libro, ecc.*).
paddle /ˈpædl/ *n.* **1** pagaia **2** pala (*di ruota a pale*) **3** spatola; paletta **4** (lo) sguazzare nell'acqua bassa • (*naut.*) **p. steamer**, battello a ruote □ **p.-wheel**, ruota a pale.
to **paddle** /ˈpædl/ **A** *v. i.* **1** vogare con la pagaia; pagaiare **2** sguazzare (*nell'acqua bassa*) **B** *v. t.* muovere (*una canoa, ecc.*) con pagaie • **to p. one's own canoe**, essere indipendente; fare da sé □ **paddling pool**, piscina per bambini.
paddock /ˈpædək/ *n.* recinto, passeggiatoio (*per cavalli*).
Paddy /ˈpædɪ/ *n.* (*fam., generalm. spreg.*) irlandese.
paddy (**1**) /ˈpædɪ/ *n.* (*anche* **p. field, rice p.**) risaia.
paddy (**2**) /ˈpædɪ/ *n.* (*fam. GB*) arrabbiatura; scatto d'ira.
paddy wagon /ˈpædɪˈwægən/ *locuz. n.* (*fam. USA*) cellulare (*della polizia*).
padlock /ˈpædlɒk/ *n.* lucchetto.
to **padlock** /ˈpædlɒk/ *v. t.* chiudere con un lucchetto.
padre /ˈpɑːdrɪ, -reɪ/ *n.* cappellano militare.
Paduan /ˈpædjʊən, *USA* -dʒʊ-/ *a. e n.* padovano.
paean /ˈpiːən/ *n.* peana.
paederast /ˈpiːdəræst/ *n.* pederasta.
paederasty /ˈpiːdəræstɪ/ *n.* Ⓤ pederastia.
paediatric /piːdɪˈætrɪk/ *a.* pediatrico.
paediatrician /piːdɪəˈtrɪʃn/ *n.* pediatra.
paediatrics /piːdɪˈætrɪks/ *n. pl.* (*col verbo al sing.*) pediatria.
paedophile /ˈpiːdəfaɪl/ *n.* pedofilo.
paedophilia /piːdəˈfɪlɪə/ *n.* Ⓤ pedofilia.
paeony /ˈpiːənɪ/ *V.* **peony**.
pagan /ˈpeɪgən/ *n. e a.* pagano.
paganism /ˈpeɪgənɪzəm/ *n.* Ⓤ paganesimo.
page (**1**) /peɪdʒ/ *n.* pagina: **on p. ten**, a pagina dieci • (*tipogr.*) **p. proofs**, bozze impaginate.
page (**2**) /peɪdʒ/ *n.* **1** (*stor.*) paggio **2** fattorino d'albergo.

to **page** (**1**) /peɪdʒ/ *v. t.* **1** numerare le pagine di (*un libro*) **2** (*anche* **to p. up**) impaginare.

to **page** (**2**) /peɪdʒ/ *v. t.* chiamare a voce alta (*o* con l'altoparlante).

pageant /ˈpædʒənt/ *n.* **1** (*teatr.*) spettacolo drammatico rievocante avvenimenti storici **2** corteo storico; parata **3** U pompa; sfarzo.

pageantry /ˈpædʒəntrɪ/ *n.* U pompa; sfarzo.

pageboy /ˈpeɪdʒbɔɪ/ *n.* **1** paggetto (*a un matrimonio*) **2** (*anche* **p. hairstyle**) pettinatura alla paggetto.

pager /ˈpeɪdʒə(r)/ *n.* (*USA*) cicalino.

to **paginate** /ˈpædʒɪneɪt/ *v. t.* **1** numerare le pagine di (*un libro*) **2** impaginare.

pagination /pædʒɪˈneɪʃn/ *n.* U *e* C **1** paginatura **2** impaginazione.

pagoda /pəˈgəʊdə/ *n.* (*archit.*) pagoda.

paid /peɪd/ *pass. e p.p. di* **to pay** • (*fam., specialm. GB*) **to put p. to st.**, metter fine a q.c.; sistemare q.c.: **That's put p. to our chances**, e con questo siamo bell'e sistemati!

paid-up /ˈpeɪdˈʌp/ *a.* **1** (*di socio, ecc.*) in regola con la quota **2** (*fin., di capitale*) interamente versato.

pail /peɪl/ *n.* secchio; secchia.

pain /peɪn/ *n.* **1** U *e* C dolore; male; sofferenza: **to have a p. in one's knee**, sentire un dolore (*o* avere male) a un ginocchio; **a stabbing p.**, un dolore lancinante; **to be in p.**, soffrire; **to cry out in p.**, gridare per il dolore; **to inflict p.**, infliggere sofferenza **2** (*al pl., anche* **labour pains**) doglie (del parto) **3** pena; castigo: **on** (*o* **under**) **p. of death**, sotto pena di morte **4** (*al pl.*) fatiche; sforzi: **That's what I got for my pains**, ecco quello che ho avuto per tutto ringraziamento • (*fam.*) **p. in the neck**, scocciatore (-trice); rompiscatole; scocciatura □ (*volg.*) **to be a p. in the ass**, rompere i coglioni; essere un rompicoglioni □ **to be at pains to**, sforzarsi di; fare di tutto per □ **to go to great pains to**, fare di tutto per □ **to take pains**, mettercela tutta.

to **pain** /peɪn/ *v. t.* (*lett. o form.*) addolorare; far soffrire.

pained /peɪnd/ *a.* (*di espressione, silenzio, ecc.*) offeso; ferito; amareggiato.

painful /ˈpeɪnfl/ *a.* **1** doloroso; che fa male: **Is it still p.?**, ti fa ancora male? **2** doloroso; penoso; gravoso: **a p. memory**, un ricordo doloroso; **a p. task**, un compito gravoso; (*fam.*) **It was p.!**, è stato penoso!

painkiller /ˈpeɪnkɪlə(r)/ *n.* analgesico; antidolorifico.

painless /ˈpeɪnləs/ *a.* indolore.

painlessly /ˈpeɪnləslɪ/ *avv.* in modo dolore.

painstaking /ˈpeɪnzteɪkɪŋ/ *a.* **1** (*di persona*) scrupoloso; coscienzioso **2** (*di lavoro*) accurato; meticoloso.

paint /peɪnt/ *n.* **1** U vernice; tinta **2** (*al pl.*) colori (*per dipingere*) **3** U (*antiq.*) belletto; rossetto • **p.-stripper**, sverniciatore.

to **paint** /peɪnt/ **A** *v. t.* **1** dipingere (*anche fig.*); verniciare; pitturare; tinteggiare: **to p. st. red**, dipingere (*o* verniciare) q.c. di rosso; **to paint one's nails**, dipingersi le (*o* darsi lo smalto alle) unghie **2** (*antiq. spreg.*) imbellettare; dipingere **3** (*anche med.*) spennellare • (*fam.*) **to p. the town red**, far baldoria □ **He is not as black as he is painted**, non è così cattivo come si dice **B** *v. i.* **1** dipingere **2** (*antiq. spreg.*) imbellettarsi; dipingersi.

paintbox /ˈpeɪntbɒks/ *n.* scatola di colori • **p. colours**, colori vivacissimi.

paintbrush /ˈpeɪntbrʌʃ/ *n.* pennello.

painter (**1**) /ˈpeɪntə(r)/ *n.* **1** pittore (-trice) **2** imbianchino **3** verniciatore • **portrait p.**, ritrattista.

painter (**2**) /ˈpeɪntə(r)/ *n.* (*naut.*) cavo di ormeggio.

painting /ˈpeɪntɪŋ/ *n.* **1** U (*arte*) pittura **2** dipinto; quadro **3** U imbiancatura; tinteggiatura; verniciatura.

paintwork /ˈpeɪntwɜːk/ *n.* U superficie verniciata; vernice.

pair /peə(r)/ *n.* **1** paio; coppia: **a p. of shoes [of scissors]**, un paio di scarpe [di forbici]; (*a carte*) **a p. of queens**, una coppia di donne; **to make a p.**, formare una coppia **2** (*di cavalli*) pariglia • **the happy p.**, gli sposini; i novelli sposi □ **in pairs**, a due a due □ **Where is the p. to this sock?**, dov'è il calzino che fa paio con questo?

to **pair** /peə(r)/ **A** *v. t.* appaiare; accoppiare; mettere a due a due **B** *v. i.* appaiarsi; accoppiarsi.

♦ **pair off** **A** *v. t. + avv.* **1** mettere in coppia; mettere insieme; appaiare; (*sport*) abbinare **2** far sposare **B** *v. i. + avv.* formare le coppie; mettersi in coppia.

♦ **pair up** **A** *v. t. + avv.* accoppiare; mettere insieme **B** *v. i. + avv.* mettersi insieme; fare coppia.

paisley /ˈpeɪzlɪ/ *n. e a.* (stoffa) a disegni cachemire.

pajamas /pəˈdʒɑːməz, *USA* -ˈdʒæ-/ *n. pl.* (*specialm. USA*) pigiama.

Pakistani /pɑːkɪˈstɑːnɪ, pækɪˈstænɪ/ *a. e n.* pachistano.

pal /pæl/ *n.* (*fam.*) amico (-a).

to **pal** /pæl/ *v. Solo come*:

♦ **pal up** (**with**) *v. i. + avv.* (*e prep.*) (*fam.*) fare amicizia (con).

palace /ˈpæləs/ *n.* palazzo: **royal p.**, palazzo reale; reggia; **bishop's p.**, palazzo vescovile; vescovado • (*polit.*) **p. revolution**, rivolta di palazzo.

paladin /ˈpælədɪn/ *n.* (*anche fig.*) paladino.

palaeography /pælɪˈɒgrəfɪ, *USA* peɪ-/ *n.* U paleografia.

palaeolithic /ˈpælɪəʊˈlɪθɪk/ *a.* paleolitico.

palaeontology /pælɪɒnˈtɒlədʒɪ, *USA* peɪ-/ *n.* U paleontologia.

Palaeozoic /pælɪəʊˈzəʊɪk, *USA* peɪ-/ *a. e n.* (*geol.*) paleozoico.

palatable /ˈpælətəbl/ *a.* **1** appetitoso **2** gradevole.

palatal /ˈpælətl/ **A** *a.* (*anat., fon.*) palatale **B** *n.* (*fon.*) suono palatale.

palate /ˈpælət/ *n.* (*anat. e fig.*) palato.

palatial /pəˈleɪʃl/ *a.* splendido; sontuoso.

palaver /pəˈlɑːvə(r), *USA* -ˈlæv-/ *n.* U (*fam.*) **1** chiacchiere; tiritera **2** can can; scene.

to **palaver** /pəˈlɑːvə(r), *USA* -ˈlæv-/ *v. i.* (*fam.*) **1** chiacchierare; cianciare **2** agitarsi; far storie; far scene.

pale (**1**) /peɪl/ *a.* (*anche fig.*) pallido: **p. blue**, azzurro pallido; celeste; **to turn p.**, impallidire • **p. ale**, birra chiara.

pale (**2**) /peɪl/ *n.* — **beyond the p.**, inaccettabile; che ha passato ogni limite.

to **pale** /peɪl/ *v. i.* (*anche fig.*) impallidire • **to p. into insignificance**, perdere importanza; apparire scialbo.

paleness /ˈpeɪlnəs/ *n.* U pallore; pallidezza.

paleo- *pref.* (*USA*) *V.* **palaeo-**.

Palestinian /pælɪˈstɪnɪən/ *a. e n.* palestinese.

palette /ˈpælət/ *n.* tavolozza • **p. knife**, spatola; mestichino.

ATTENZIONE: **palette ≠ paletta**.

palimony /ˈpælɪmənɪ, *USA* -məʊnɪ/ *n.* U (*USA*) alimenti pagati (*o* dovuti) al [alla] convivente.

palimpsest /ˈpælɪmpsɛst/ *n.* palinsesto.

palindrome /ˈpælɪndrəʊm/ *n.* palindromo.

paling /ˈpeɪlɪŋ/ *n.* **1** palo (*da steccato*) **2** (*anche al pl.*) palizzata; steccato.

palisade /pælɪˈseɪd/ *n.* palizzata; steccato.

palish /ˈpeɪlɪʃ/ *a.* **1** (*di persona*) pallidino; palliduccio **2** (*di colore*) smorto.

pall /pɔːl/ *n.* **1** drappo funebre **2** (*eccles.*) pallio **3** (*USA*) bara **4** (*fig.*) cappa; coltre.

to **pall** /pɔːl/ *v. i.* diventare noioso; venire a noia: **His jokes p. on you after a while**, dopo un po' ci si comincia a stancare delle sue battute.

Palladian /pəˈleɪdɪən/ *a.* (*archit.*) palladiano.

pallbearer /ˈpɔːlbeərə(r)/ *n.* chi regge i cordoni a un funerale; chi porta la bara.

pallet (**1**) /ˈpælət/ *n.* pagliericcio; giaciglio.

pallet (**2**) /ˈpælət/ *n.* **1** (*tecn., per merci*) pallet **2** paletta (*da vasaio, ecc.*).

palliative /ˈpælɪətɪv, *USA* -ɪeɪtɪv/ *a. e n.* palliativo.

pallid /ˈpælɪd/ *a.* **1** pallido; smorto **2** (*fig.*) debole; pallido; spento.

pallor /ˈpælə(r)/ *n.* U pallore.

pally /ˈpælɪ/ *a.* — (*fam., spesso iron.*) **to be p. with sb.**, essere grande amico di q.

palm (**1**) /pɑːm/ *n.* (*bot. e fig.*) palma • **p. grove**, palmeto □ (*eccles.*) **P. Sunday**, domenica delle Palme □ **p. oil**, olio di palma □ **date p.**, palma da datteri □ **to bear** (*o* **to carry off**) **the p.**, riportare la palma.

palm (**2**) /pɑːm/ *n.* (*anat.*) palma; palmo • **to grease sb.'s p.**, dare una bustarella a q.; ungere q. (*fam.*) □ (*fam.*) **to have an itching p.**, essere avido di denaro □ **to hold sb. in the p. of one's hand**, tenere in pugno q.

to **palm** /pɑːm/ *v. t.* nascondere (*una carta, una moneta, ecc.*) nel palmo della mano.

♦ **palm off** *v. t. + avv.* (*fam.*) rifilare: **to p. st. off on sb.** (*o* **to p. sb. off with st.**,), rifilare q.c. a q.; sbolognare q.c. a q.

palmate /ˈpælmeɪt/ *a.* (*bot., zool.*) palmato.

palmist /ˈpɑːmɪst/ *n.* chiromante.

palmistry /ˈpɑːmɪstrɪ/ *n.* U chiromanzia.

palpable /ˈpælpəbl/ *a.* **1** palpabile **2** palese; evidente; manifesto.
to **palpate** /ˈpælpeɪt/ *v. t.* (*med.*) palpare.
palpation /pælˈpeɪʃn/ *n.* U e C (*med.*) palpazione.
to **palpitate** /ˈpælpɪteɪt/ *v. i.* palpitare.
palpitation /pælpɪˈteɪʃn/ *n.* U e C (*med.*) palpitazione.
palsy /ˈpɔːlzɪ/ *n.* U (*med., antiq.*) paralisi.
paltry /ˈpɔːltrɪ/ *a.* misero; irrisorio; meschino.
pampas /ˈpæmpəs, *USA* -əz/ *n. pl.* (la) pampa; (le) pampas • (*bot.*) **p. grass**, ginerio; erba delle pampas.
to **pamper** /ˈpæmpə(r)/ *v. t.* viziare; coccolare.
pamphlet /ˈpæmflət/ *n.* opuscolo; libello.
pamphleteer /pæmflɪˈtɪə(r)/ *n.* autore di opuscoli; libellista.
pan /pæn/ *n.* **1** tegame; casseruola; teglia: **frying pan**, padella; **milk pan**, pentolino; **roasting pan**, teglia per arrosti **2** piatto (*della bilancia*) **3** (*ind. min.*) piatto (*per la separazione di minerali*) **4** (*GB*) tazza del water.
to **pan** (**1**) /pæn/ **A** *v. t.* **1** lavare (*sabbie aurifere*); separare (*l'oro dalla sabbia*) **2** (*fam.*) stroncare **B** *v. i.* lavare sabbie aurifere • **to pan for gold**, cercare oro (*nei fiumi*).
♦ **pan out** *v. i. + avv.* (*di impresa*) andare a finire, riuscire (*generalm. bene*): **I wonder how it'll pan out**, chissà come andrà a finire.
to **pan** (**2**) /pæn/ (*cinem., TV*) **A** *v. t.* ruotare (*una macchina da ripresa*) per fare una panoramica **B** *v. i.* fare una panoramica.
panacea /pænəˈsiːə/ *n.* panacea.
panache /pæˈnæʃ, *USA* pə-/ *n.* U verve; stile.
panama /ˈpænəmɑː, *USA* -ˈmɑː, -ɔː/ *n.* (*anche* **p. hat**) panama.
Panamanian /pænəˈmeɪnɪən/ *a. e n.* panamense.
pancake /ˈpæŋkeɪk/ *n.* (*cucina*) frittella; crêpe.
to **pancake** /ˈpæŋkeɪk/ *v. i.* (*aeron.*) fare un atterraggio spanciato; spanciare.
panchromatic /pænkrəˈmætɪk/ *a.* (*fotogr.*) pancromatico.
pancreas /ˈpæŋkrɪəs/ *n.* (*anat.*) pancreas.
pancreatic /pæŋkrɪˈætɪk/ *a.* (*anat.*) pancreatico.
panda /ˈpændə/ *n.* (*zool.*) **1** panda gigante **2** panda minore • (*in G.B.*) **P. car**, automobile della polizia in servizio di pattuglia □ (*GB*) **p. crossing**, attraversamento pedonale.
pandemic /pænˈdemɪk/ (*med.*) **A** *a.* pandemico **B** *n.* pandemia.
pandemonium /pændɪˈməʊnɪəm/ *n.* C e U pandemonio.
pander /ˈpændə(r)/ *n.* (*antiq.*) mezzano; ruffiano; lenone.
to **pander** /ˈpændə(r)/ *v. i.* (*antiq.*) fare da mezzano.
♦ **pander to** *v. i. + prep.* assecondare (*debolezze o vizi altrui*).
Pandora /pænˈdɔːrə/ *n.* — **P.'s box**, vaso di Pandora.
pane /peɪn/ *n.* vetro (*di finestra*).
panegyric /pænɪˈdʒɪrɪk/ *n.* panegirico.
panel /ˈpænl/ *n.* **1** pannello (*anche edil.*); riquadro; lastra **2** (*tecn., aeron.*) quadro (*dei comandi*): **instrument p.**, (*aeron.*) quadro degli strumenti di bordo; (*autom.*) cruscotto **3** gruppo di esperti; commissione: **p. of examiners**, commissione esaminatrice **4** (*radio, TV, ecc.*) gruppo di esperti; tavola rotonda **5** (*anche leg.*) lista dei giurati; giuria **6** (*sartoria*) pannello **7** (*arte*) tavola (*di trittico*) • (*autom.*) **p. beating**, raddrizzatura di lamiere □ (*radio, TV*) **p. game**, gioco a quiz con personaggi noti.
to **panel** /ˈpænl/ *v. t.* rivestire di pannelli.
panelling, (*USA*) **paneling** /ˈpænəlɪŋ/ *n.* U rivestimento a pannelli.
panellist, (*USA*) **panelist** /ˈpænəlɪst/ *n.* partecipante a una tavola rotonda; membro di una commissione.
pang /pæŋ/ *n.* fitta; spasimo: **a p. of regret**, una fitta di rimpianto; **pangs of love**, pene d'amore; **the pangs of hunger**, i morsi della fame.
pangolin /pænˈgəʊlɪn/ *n.* (*zool.*) pangolino.
panhandle /ˈpænhændl/ *n.* (*USA*) **1** manico di tegame **2** lingua di terra sporgente (*sul confine tra due o più Stati*).
to **panhandle** /ˈpænhændl/ *v. i.* (*fam. USA*) mendicare (*specialm. per la strada*).
panhandler /ˈpænhændlə(r)/ *n.* (*fam. USA*) mendicante.
panic /ˈpænɪk/ *a. e n.* C e U panico: **to get into a p.**, essere preso dal panico; **p.-stricken**, in preda al panico • (*fam.*) **to push the p. button**, avere una reazione di panico.
to **panic** /ˈpænɪk/ (*pass. e p.p.* **panicked**) **A** *v. t.* gettare il panico fra; spaventare **B** *v. i.* essere colto dal panico.
panicky /ˈpænɪkɪ/ *a.* (*fam.*) **1** preso dal panico; che ha paura; pieno di paura: **to feel p.**, avere una gran paura **2** dettato dal panico.
panicle /ˈpænɪkl/ *n.* (*bot.*) pannocchia.
pannier /ˈpænɪə(r)/ *n.* **1** paniere (*da basto*); bisaccia **2** borsa (*di moto, ecc.*) **3** gerla; corbello.
panoply /ˈpænəplɪ/ *n.* U pompa; sfarzo.
panorama /pænəˈrɑːmə, *USA* -ˈræmə/ *n.* panorama.
panoramic /pænəˈræmɪk/ *a.* panoramico.
panpipe /ˈpænpaɪp/ *n.* (*anche al pl.*) (*mus.*) siringa; flauto di Pan.
pansy /ˈpænzɪ/ *n.* **1** (*bot.*) viola del pensiero **2** (*fam. spreg.*) checca; finocchio.
pant /pænt/ *n.* respiro affannoso; fiatone (*fam.*); ansito (*lett.*).
to **pant** /pænt/ **A** *v. i.* ansare; ansimare; avere il fiatone (*fam.*) **B** *v. t.* (*anche* **to p. out**) dire ansimando.
♦ **pant for** *v. i. + prep.* anelare a.
pantaloons /pæntəˈluːnz/ *n. pl.* (*stor.*) pantaloni.
pantheism /ˈpænθɪɪzəm/ *n.* U panteismo.
pantheist /ˈpænθɪɪst/ *n.* panteista.
pantheistic /pænθɪˈɪstɪk/ *a.* panteistico.
pantheon /pænˈθiːən/ *n.* pantheon.
panther /ˈpænθə(r)/ *n.* (*zool.*) **1** pantera **2** (*USA*) puma.
panties /ˈpæntɪz/ *n. pl.* (*fam.*) mutandine (*da bambino o da donna*).
pantile /ˈpæntaɪl/ *n.* (*edil.*) tegola alla fiamminga.
panto /ˈpæntəʊ/ *n. abbr. fam. di* **pantomime**.
pantograph /ˈpæntəgrɑːf, *USA* -æf/ *n.* (*arti grafiche, ferr.*) pantografo.
pantomime /ˈpæntəmaɪm/ *n.* U e C (*teatr.*) **1** pantomima **2** (*in G.B.*) commedia natalizia per bambini.
pantry /ˈpæntrɪ/ *n.* dispensa.
pants /pænts/ *n. pl.* **1** (*specialm. USA*) calzoni; pantaloni **2** (*GB*) mutande; mutandine • (*fam.*) **to be caught with one's p. down**, farsi prendere in contropiede.
pantsuit /ˈpæntsuːt, -sjuːt/ *n.* (*moda, specialm. USA*) completo pantalone.
pantyhose /ˈpæntɪhəʊz/ *n. pl.* (*USA*) collant.
pantyliner /ˈpæntɪlaɪnə(r)/ *n.* assorbente igienico ultrasottile.
pap /pæp/ *n.* U **1** pappa; pancotto **2** (*spreg.*) stupidaggini.
papa *n.* **1** /ˈpɑːpə/ (*fam. USA*) papà **2** /pəˈpɑː/ (*antiq. GB*) papà.
papacy /ˈpeɪpəsɪ/ *n.* U e C papato.
papal /ˈpeɪpl/ *a.* papale • (*stor.*) **the P. States**, gli Stati Pontifici.
papaya /pəˈpaɪə/ *n.* (*bot.*) papaia.
paper /ˈpeɪpə(r)/ *n.* **1** U carta: **brown p.**, carta da pacchi; **writing p.**, carta da lettere; **sheet of p.**, foglio di carta; **p. bag**, sacchetto di carta **2** giornale: **It's in the papers**, è su tutti i giornali **3** (*anche* **examination p.**) (esame) scritto; prova scritta **4** relazione (*a un congresso*): **to give a p.**, fare una relazione **5** (*anche* **wallpaper**) tappezzeria; carta da parati **6** (*anche* **toilet paper**) carta igienica **7** (*al pl.*) carte; documenti; incartamento: **I found it among some old papers**, l'ho trovato tra vecchie carte; **passport papers**, documenti per ottenere il passaporto • **p. clip**, graffetta; clip □ **p. knife**, tagliacarte □ **p. mill**, cartiera □ **p. money**, cartamoneta; banconote □ **p. round**, giro di consegna di giornali a domicilio □ (*GB*) **p. shop**, edicola; giornalaio □ **p. tiger**, tigre di carta □ **p. towel**, asciugamano di carta □ **on p.**, sulla carta; in teoria □ **to put st. down on p.**, mettere q.c. per iscritto □ **to send in one's papers**, dare le dimissioni.
to **paper** /ˈpeɪpə(r)/ *v. t.* tappezzare (con carta da parati).
♦ **paper over** *v. t. + avv.* **1** ricoprire di carta **2** nascondere (*difetti, ecc.*) • **to p. over the cracks**, mascherare i difetti, i problemi; tappare i buchi.
paperback /ˈpeɪpəbæk/ **A** *a.* in brossura; economico **B** *n.* libro in brossura; tascabile; paperback.
paperboy /ˈpeɪpəbɔɪ/ *n.* **1** strillone **2** ragazzo che consegna il giornale a domicilio.
papergirl /ˈpeɪpəgɜːl/ *n.* ragazza che consegna il giornale a domicilio.
paperhanger /ˈpeɪpəhæŋə(r)/ *n.* tappezziere.
paperweight /ˈpeɪpəweɪt/ *n.* fermacarte.
paperwork /ˈpeɪpəwɜːk/ *n.* U lavoro d'ufficio (*o* lavoro amministrativo) di routine.
papery /ˈpeɪpərɪ/ *a.* simile a carta; cartaceo.
papier-mâché /pæpjeɪˈmæʃeɪ, -ˈmɑː-, *USA* peɪpəməˈʃeɪ, pɑːpjeɪm-/ (*franc.*) *n.* U cartapesta.

papist /ˈpeɪpɪst/ *n.* (*spreg.*) papista.
paprika /ˈpæprɪkə, *USA* pəˈpriːkə/ *n.* U paprica.
Pap smear /ˈpæpsmɪə(r)/, **Pap test** /ˈpæptɛst/ *locuz. n.* (*med., USA*) pap-test; striscio.
papyrus /pəˈpaɪərəs/ *n.* U *e* C (*pl.* **papyruses, papyri** /-raɪ/) papiro.
par /pɑː(r)/ *n.* U *1* (*specialm. fin.*) parità; pari: **par of exchange**, parità di cambio; **above [below] par**, sopra [sotto] la pari *2* (*golf*) par; norma • **par for the course**, normale □ (*fam.*) **not to feel quite up to par** (*o* **to feel below par**), non sentirsi del tutto in forma □ **on a par with**, alla pari con; allo stesso livello di.
para /ˈpærə/ *n.* (*fam.*) *1* (*abbr. di* **paratrooper**) parà *2* (*abbr. di* **paragraph**) paragrafo.
parable /ˈpærəbl/ *n.* parabola.
parabola /pəˈræbələ/ *n.* (*mat.*) parabola.
parabolic /pærəˈbɒlɪk/ *a.* *1* (*mat.*) parabolico *2* in forma di parabola.
parachute /ˈpærəʃuːt/ *n.* (*aeron.*) paracadute.
to **parachute** /ˈpærəʃuːt/ (*aeron.*) *A* *v. t.* lanciare col paracadute; paracadutare *B* *v. i.* lanciarsi col paracadute; paracadutarsi.
parachutist /ˈpærəʃuːtɪst/ *n.* (*aeron.*) paracadutista.
parade /pəˈreɪd/ *n.* *1* U *e* C corteo; sfilata: **fashion p.**, sfilata di moda *2* (*mil.*) parata; rivista *3* mostra; sfoggio: **to make a p. of st.**, mettere in mostra q.c.; ostentare q.c. *4* passeggiata pubblica; lungomare.
to **parade** /pəˈreɪd/ *A* *v. t.* *1* (*mil.*) schierare in parata; passare in rassegna *2* portare in corteo (*cartelli, ecc.*); far sfilare *3* camminare su e giù per (*le strade*) *4* fare sfoggio di; mettere in mostra; ostentare: **to p. st. as**, far passare q.c. per *B* *v. i.* *1* (*mil.*) sfilare in parata *2* sfilare; marciare in corteo *3* pavoneggiarsi: **to p. as**, darsi arie di.
paradigm /ˈpærədaɪm/ *n.* (*anche gramm.*) paradigma.
paradigmatic /pærədɪgˈmætɪk/ *a.* paradigmatico.
paradise /ˈpærədaɪs/ *n.* *1* paradiso *2* (*di luogo*) paradiso; (*di situazione*) sogno, meraviglia.
paradox /ˈpærədɒks/ *n.* paradosso.
paradoxical /pærəˈdɒksɪkl/ *a.* paradossale.
paraffin /ˈpærəfiːn/ *n.* (*GB, anche* **p. oil**) petrolio da illuminazione; cherosene: **p. lamp**, lume a petrolio.
paragon /ˈpærəgən, *USA* -gɒn/ *n.* modello: **p. of virtue**, modello di virtù. ATTENZIONE: **paragon** ≠ paragone.
paragraph /ˈpærəgrɑːf, *USA* -æf/ *n.* *1* paragrafo *2* (*tipogr.*) capoverso *3* (*giorn.*) trafiletto.
Paraguayan /ˈpærəgwaɪən/ *a. e n.* paraguaiano.
parakeet /ˈpærəkiːt/ *n.* (*zool.*) parrocchetto.
paralegal /pærəˈliːgl/ *a. e n.* (*USA*) assistente di avvocato.
parallax /ˈpærəlæks/ *n.* U *e* C (*astron., fis.*) parallasse.
parallel /ˈpærəlɛl/ *A* *a.* *1* (*geom.*) parallelo: **p. to** (*o* **with**) **st.**, parallelo a q.c. *2* parallelo; analogo; simile *3* (*elab.*) parallelo; in parallelo • (*ginnastica*) **p. bars**, parallele *B* *n.* *1* (*geom.*) parallela *2* (*geogr., elab.*) parallelo *3* parallelo; caso analogo *4* parallelo; paragone; confronto: **to draw a p. between**, fare un parallelo fra; **without p.**, senza paragone; senza pari *5* (*al pl.*) (*tipogr.*) sbarrette parallele • **in p. with**, parallelamente a; in parallelo con □ **on a p. with st.**, pari a (*o* sullo stesso livello di) q.c.
to **parallel** /ˈpærəlɛl/ *v. t.* *1* correre parallelo a; accompagnare *2* essere analogo a *3* eguagliare *4* (*elettr.*) mettere in parallelo.
parallelepiped /pærəlɛˈlɛpɪpɛd/ *n.* (*geom.*) parallelepipedo.
parallelism /ˈpærəlɛlɪzəm/ *n.* U parallelismo.
parallelogram /pærəˈlɛləgræm/ *n.* (*geom.*) parallelogramma.
to **paralyse** /ˈpærəlaɪz/ *v. t.* (*anche fig.*) paralizzare.
paralysis /pəˈræləsɪs/ *n.* U *e* C (*pl.* **paralyses** /-siːz/) (*med. e fig.*) paralisi.
paralytic /pærəˈlɪtɪk/ *A* *a.* *1* (*med.*) paralitico *2* (*pop. GB*) ubriaco fradicio; ciucco perso (*pop.*) *B* *n.* (*med.*) paralitico (-a).
to **paralyze** /ˈpærəlaɪz/ (*USA*) *V.* **to paralyse**.
paramedic /pærəˈmɛdɪk/ *a. e n.* paramedico.
paramedical /pærəˈmɛdɪkl/ *a.* paramedico.
parameter /pəˈræmɪtə(r)/ *n.* parametro.
paramilitary /pærəˈmɪlətrɪ, *USA* -tɛrɪ/ *a.* paramilitare.
paramount /ˈpærəmaʊnt/ *a.* sommo; supremo; capitale: **of p. importance**, di somma (*o* capitale) importanza.
paranoia /pærəˈnɔɪə/ *n.* U (*psic.*) paranoia.
paranoiac /pærəˈnɔɪæk/ *a. e n.* (*psic.*) paranoico (-a).
paranoid /ˈpærənɔɪd/ *a.* *1* (*psic.*) paranoide *2* (*fam.*) ossessionato (da q.c.); paranoico: **He's p. about burglars**, è ossessionato dall'idea dei ladri; ha la paranoia dei ladri.
paranormal /pærəˈnɔːməl/ *a.* paranormale.
parapet /ˈpærəpɪt/ *n.* *1* (*anche mil.*) parapetto *2* ringhiera.
paraphernalia /pærəfəˈneɪlɪə/ *n. pl.* *1* piccoli oggetti personali; cose; roba *2* attrezzatura; armamentario *3* (*fam. spreg.*) formalità; procedure.
paraphrase /ˈpærəfreɪz/ *n.* parafrasi.
to **paraphrase** /ˈpærəfreɪz/ *v. t.* parafrasare.
paraplegia /pærəˈpliːdʒə/ *n.* (*med.*) paraplegia.
paraplegic /pærəˈpliːdʒɪk/ *a. e n.* (*med.*) paraplegico (-a).
parapsychology /pærəsaɪˈkɒlədʒɪ/ *n.* U parapsicologia.
parasite /ˈpærəsaɪt/ *n.* (*biol. e fig.*) parassita.
parasitic /pærəˈsɪtɪk/ *a.* *1* parassitico; parassitario *2* da parassita.
parasol /ˈpærəsɒl, *USA* -sɔːl/ *n.* parasole; ombrellino.
paratrooper /ˈpærətruːpə(r)/ *n.* (*mil.*) paracadutista.
paratroops /ˈpærətruːps/ *n. pl.* (*mil.*) reparti di paracadutisti.
to **parboil** /ˈpɑːbɔɪl/ *v. t.* bollire parzialmente.
parcel /ˈpɑːsl/ *n.* *1* pacco; pacchetto *2* (*comm.*) partita (*di merce messa in vendita*) *3* (*anche* **p. of land**) lotto di terreno; appezzamento • **p. bomb**, pacchetto esplosivo □ **a p. of lies**, un sacco di bugie □ (*in G.B.*) **p. post**, servizio pacchi postali: **by p. post**, come pacco postale □ **part and p. of st.**, parte integrante di q.c.
to **parcel** /ˈpɑːsl/ *v. Solo come*:
♦ **parcel out** *v. t. + avv.* dividere in parti; spartire.
♦ **parcel up** *v. t. + avv.* impacchettare; fare un pacco di.
to **parch** /pɑːtʃ/ *A* *v. t.* *1* (*del sole*) inaridire; bruciare *2* (*della sete*) riardere; far bruciare la gola a *B* *v. i.* (*di pianta*) inaridire.
parched /pɑːtʃt/ *a.* *1* inaridito; secco *2* (*fam.*) assetato: **I'm p.**, muoio di sete.
parchment /ˈpɑːtʃmənt/ *n.* *1* C *e* U pergamena *2* U (*comm., anche* **p. paper**) carta pergamenata.
pardon /ˈpɑːdn/ *n.* U *e* C *1* (*leg.*) grazia; indulto *2* perdono: **to ask for sb.'s p.**, chiedere perdono a q. • (*GB*) **I beg your p.**, chiedo scusa; scusa!; scusi! □ **I beg your p.?** (*o* **P.?**), prego?; come ha detto? □ **I beg your p.!**, ma che cosa dice!; ma come si permette!
to **pardon** /ˈpɑːdn/ *v. t.* *1* perdonare; scusare: **to p. sb. for doing st.**, scusare q. per avere fatto q.c.; **P. me for saying so, but...**, scusa se te lo dico, ma... *2* (*leg.*) concedere la grazia a • **P. me**, chiedo scusa; scusi □ (*USA*) **P. (me)?**, prego?; come ha detto? □ **if you'll p. the expression** (*o, scherz.*, **P. my French**), con licenza parlando.
pardonable /ˈpɑːdnəbl/ *a.* perdonabile; scusabile; veniale.
to **pare** /pɛə(r)/ *v. t.* *1* tagliare (*le unghie*) *2* (*anche* **to p. away** *o* **off**) pelare, sbucciare (*frutta, ecc.*).
♦ **pare down** *v. t. + avv.* ridurre (*i costi*).
parent /ˈpɛərənt/ *n.* genitore (-trice); padre; madre • **p. company**, società madre. ATTENZIONE: **parent** ≠ parente.
parentage /ˈpɛərəntɪdʒ/ *n.* U nascita; natali • **of unknown p.**, figlio di genitori sconosciuti.
parental /pəˈrɛntl/ *a.* di genitori; paterno; materno; genitoriale.
parenthesis /pəˈrɛnθəsɪs/ *n.* (*pl.* **parentheses** /-siːz/) (*anche fig.*) parentesi: **in parentheses**, fra parentesi.
parenthetical /pærənˈθɛtɪkl/ *a.* parentetico.
parenthood /ˈpɛərənthʊd/ *n.* paternità; maternità.
parenting /ˈpɛərəntɪŋ/ *n.* (l')essere un genitore; (l')allevare dei figli.
par excellence /pɑːrˈɛksəlɑːns, *USA* pɑːrɛksəˈlɑːns/ *locuz. avv.* per eccellenza; per antonomasia.
parhelion /pɑːˈhiːlɪən/ *n.* (*pl.* **parhelia** /-lɪə/) (*astron.*) parelio.
pariah /pəˈraɪə, ˈpærɪə/ *n.* (*anche fig.*) paria.
parings /ˈpɛərɪŋz/ *n. pl.* bucce.
parish /ˈpærɪʃ/ *n.* *1* (*eccles.*) parrocchia *2* (*anche* **civil p.**) distretto rurale • **p. church**, parrocchia; chiesa parrocchiale □ **p. priest**, parroco □ (*spreg.*) **p.-pump**, di interesse locale.
parishioner /pəˈrɪʃənə(r)/ *n.* parrocchiano (-a).
Parisian /pəˈrɪzɪən/ *a. e n.* parigino.
parity /ˈpærətɪ/ *n.* U (*anche fin.*) parità.
park /pɑːk/ *n.* parco; giardini pubblici • **p. keeper**, custode

di parco □ **national p.**, parco nazionale.

to **park** /pɑːk/ *v. t. e i.* **1** (*autom.*) parcheggiare; posteggiare **2** (*fam.*) lasciare; mettere: **I've parked the kids with my mother**, ho lasciato (*o* parcheggiato) i bambini da mia madre; **P. it here!**, mettilo qui!

parking /ˈpɑːkɪŋ/ *n.* U (*autom.*) il parcheggiare; parcheggio; posteggio • **p. attendant**, custode di parcheggio; posteggiatore (-trice) □ (*USA*) **p. lot**, (area di) parcheggio; posteggio □ (*USA*) **p. light**, luce di posizione □ **p. meter**, parchimetro □ (*GB*) **p. place**, posto di parcheggio □ **p. ticket**, multa per sosta vietata □ **double p.**, posteggio in doppia fila; posteggio in seconda fila □ «**No p.**», «sosta vietata».

parkland /ˈpɑːklænd/ *n.* U parco (*specialm. intorno a una villa*).

parkway /ˈpɑːkweɪ/ *n.* (*USA*) viale; strada alberata.

parky /ˈpɑːkɪ/ *a.* (*fam. GB, dell'aria, ecc.*) freddino; freddo.

parlance /ˈpɑːləns/ *n.* U (*form.*) linguaggio; gergo.

parley /ˈpɑːlɪ/ *n.* (*mil.*) incontro (*di parlamentari*).

to **parley** /ˈpɑːlɪ/ *v. t. e i.* (*mil.*) parlamentare.

parliament /ˈpɑːləmənt/ *n.* U *e* C parlamento.

parliamentarian /pɑːləmenˈteərɪən/ *n.* abile parlamentare.

parliamentary /pɑːləˈmentrɪ, *USA* -terɪ/ *a.* parlamentare • **p. secretary**, sottosegretario.

parlour, (*USA*) **parlor** /ˈpɑːlə(r)/ *n.* **1** salotto **2** (*in combinazione*) negozio; sala: **ice cream p.**, gelateria; **beauty p.**, istituto di bellezza; **funeral p.**, impresa di pompe funebri • (*USA*) **p. car.**, carrozza (ferroviaria) di lusso; carrozza salone □ **p. games**, giochi di società □ (*antiq.*) **p. maid**, cameriera (*che serve a tavola*).

Parmesan /ˈpɑːmɪzæn, *USA* pɑːmɪˈzæn/ *a. e n.* U (formaggio) parmigiano.

parochial /pəˈrəʊkɪəl/ *a.* **1** (*eccles.*) parrocchiale **2** distrettuale; municipale **3** provinciale; limitato; ristretto.

parochialism /pəˈrəʊkɪəlɪzəm/ *n.* U campanilismo; provincialismo.

parodist /ˈpærədɪst/ *n.* parodista.

parody /ˈpærədɪ/ *n.* C *e* U parodia.

to **parody** /ˈpærədɪ/ *v. t.* parodiare.

parole /pəˈrəʊl/ *n.* U **1** parola (d'onore) **2** (*leg.*) scarcerazione condizionale: **to be out on p.**, essere scarcerato su condizione **3** (*mil.*) parola d'ordine.

to **parole** /pəˈrəʊl/ *v. t.* **1** (*leg.*) scarcerare su condizione **2** rilasciare (*un prigioniero*) sulla parola.

paroxysm /ˈpærəksɪzəm/ *n.* (*med. e fig.*) parossismo.

parquet /ˈpɑːkeɪ, *USA* pɑːˈkeɪ/ (*franc.*) *n.* U parquet.

parricide /ˈpærɪsaɪd/ *n.* **1** parricida **2** U parricidio.

parrot /ˈpærət/ *n.* (*zool. e fig.*) pappagallo • **p. fashion**, a pappagallo; pappagallescamente.

to **parrot** /ˈpærət/ *v. t.* (*spreg.*) ripetere a pappagallo; imitare pappagallescamente.

parry /ˈpærɪ/ *n.* **1** parata (*nella scherma, ecc.*) **2** risposta evasiva.

to **parry** /ˈpærɪ/ *v. t.* **1** (*nella scherma, ecc.*) parare **2** eludere (*una domanda, ecc.*).

to **parse** /pɑːz, *USA* -s/ *v. t.* fare l'analisi grammaticale di (*una parola*); fare l'analisi logica di (*una frase*).

parsimonious /pɑːsɪˈməʊnɪəs/ *a.* **1** parsimonioso **2** taccagno.

parsimony /ˈpɑːsɪmənɪ, *USA* -məʊnɪ/ *n.* U **1** parsimonia **2** taccagneria.

parsley /ˈpɑːslɪ/ *n.* U (*bot.*) prezzemolo.

parsnip /ˈpɑːsnɪp/ *n.* (*bot.*) pastinaca.

parson /ˈpɑːsn/ *n.* (*eccles.*) **1** parroco; curato **2** pastore • (*cucina, fam. GB*) **p.'s nose**, boccone del prete.

parsonage /ˈpɑːsənɪdʒ/ *n.* casa parrocchiale; canonica.

part (1) /pɑːt/ **A** *n.* **1** parte; porzione; pezzo; sezione: (*gramm.*) **parts of speech**, parti del discorso; **to form p. of st.**, fare parte di q.c.; **in p.**, in parte; parzialmente **2** (*radio, TV*) episodio; puntata **3** (*al pl.*) parti; regione: **in these parts**, da queste parti; **in foreign parts**, all'estero **4** (*teatr. e fig.*) parte; ruolo: **He plays the p. of the father**, recita la parte del padre; **to play an important p. in st.**, avere un ruolo importante in q.c.; **to take p. in st.**, prendere parte a q.c. **5** (*mus.*) parte; voce: **the bass p.**, la parte del basso; **four-p. madrigal**, madrigale a quattro voci; **p. song**, canto a più voci **6** (*tecn., anche* **spare p.**) pezzo di ricambio • **p. and parcel of st.**, parte integrante di q.c. □ **for the most p.**, per lo più □ **for my p.**, per parte mia; quanto a me □ **for the best** (*o* **better**) **p. of a year**, per quasi un anno □ **to have done one's p.**, aver fatto la propria parte □ **interesting in parts**, interessante a tratti □ (*lett.*) **a man of parts**, un uomo dai molti talenti □ **on the p. of**, da parte di □ **to take st. in good** [**bad**] **p.**, prendere bene [male] q.c. □ **to take sb.'s p.**, prendere le parti (*o* le difese) di q. □ **I want no p. of it**, non voglio entrarci; non voglio averci a che fare **B** *a. attr.* parziale; in parte: **p. payment**, pagamento parziale; acconto; **p. owner**, comproprietario • **p.-time**, a orario ridotto; part-time: **p.-time job**, lavoro a orario ridotto; lavoro part-time □ **p.-timer**, chi lavora a orario ridotto □ (*fam.*) **p. way**, a metà □ (*GB*) **p. work**, pubblicazione a dispense (*o* a fascicoli).

part (2) /pɑːt/ *avv.* in parte; parzialmente.

to **part** /pɑːt/ **A** *v. t.* dividere; separare • **to p. one's hair**, farsi la scriminatura; portare la riga □ **I parted the curtains**, scostai le tende □ **to p. company with sb.**, separarsi; prendere due strade diverse; (*fig.*) non essere d'accordo con q. **B** *v. i.* **1** dividersi; separarsi; lasciarsi **2** aprirsi; scostarsi.

♦ **part with** *v. i. + prep.* separarsi da; dare via: **to p. with one's money**, spendere il proprio denaro.

to **partake** /pɑːˈteɪk/ (*pass.* **partook**, *p.p.* **partaken**) *v. Solo come*:

♦ **partake in** *v. i. + prep.* (*form.*) partecipare a.

♦ **partake of** *v. i. + prep.* (*form.*) **1** condividere (*cibo, ecc.*) **2** mangiare; bere **3** avere una certa dose di (*una qualità*).

partaken /pɑːˈteɪkn/ *p.p. di* **to partake**.

partial /ˈpɑːʃl/ *a.* **1** parziale: **a p. success**, un successo parziale **2** parziale; non obiettivo • (*fam.*) **to be p. to st.**, avere un debole per q.c.

partiality /pɑːʃɪˈælətɪ/ *n.* **1** U parzialità **2** (un) debole: **to have a p. for st.**, avere un debole per q.c.

partially /ˈpɑːʃlɪ/ *avv.* **1** parzialmente; in parte **2** con parzialità.

participant /pɑːˈtɪsɪpənt/ *n.* partecipante.

to **participate** /pɑːˈtɪsɪpeɪt/ *v. i.* partecipare; prendere parte: **to p. in st.**, partecipare a q.c.

participation /pɑːtɪsɪˈpeɪʃn/ *n.* U *e* C partecipazione.

participatory /pɑːtɪsɪˈpeɪtrɪ, pɑːˈtɪsɪpətrɪ, *USA* pɑːˈtɪsɪpətɔːrɪ/ *a.* (*form.*) partecipativo: **p. democracy**, democrazia partecipativa.

participle /ˈpɑːtɪsɪpl/ *n.* (*gramm.*) participio.

particle /ˈpɑːtɪkl/ *n.* **1** (*fis.*) particella: **p. physics**, fisica delle particelle **2** granello; briciolo: **p. of dust**, granello di polvere; **p. of truth**, briciolo di verità **3** (*gramm.*) particella **4** (*eccles.*) particola.

particular /pəˈtɪkjʊlə(r)/ **A** *a.* **1** particolare; speciale: **for no p. reason**, per nessuna ragione speciale; **on that p. day**, proprio quel giorno **2** esigente; pignolo; difficile: **p. about one's food**, esigente in fatto di mangiare; **I'm not p.**, non ho preferenze; mi va bene tutto **3** particolareggiato; minuzioso **B** *n.* particolare: **to give full particulars**, dare ampi particolari; **to go into particulars**, addentrarsi nei particolari • **in p.**, in particolare; specialmente.

to **particularise** /pəˈtɪkjʊləraɪz/ (*GB*) *V.* **to particularize**.

particularity /pətɪkjʊˈlærətɪ/ *n.* **1** U meticolosità; scrupolosità **2** particolarità; peculiarità.

to **particularize** /pəˈtɪkjʊləraɪz/ *v. t. e i.* particolareggiare; specificare; dettagliare.

particularly /pəˈtɪkjʊləlɪ/ *avv.* particolarmente.

parting /ˈpɑːtɪŋ/ *n.* **1** U divisione; separazione **2** U *e* C separazione; distacco; addio: **p. kiss**, bacio d'addio **3** (*GB*) scriminatura; riga • **p. shot**, frecciata (*o* osservazione) finale.

partisan /pɑːtɪˈzæn, *USA* ˈpɑːtəzən/ **A** *n.* **1** (*mil., polit.*) partigiano (-a) **2** persona di parte **B** *a.* **1** (*mil., polit.*) partigiano **2** di parte: **in a p. spirit**, con (*o* per) spirito di parte.

partisanship /pɑːtɪˈzænʃɪp, *USA* ˈpɑːtəzən-/ *n.* U partigianeria.

partition /pɑːˈtɪʃn/ *n.* **1** U spartizione; divisione **2** (*edil.*) parete divisoria; tramezzo.

to **partition** /pɑːˈtɪʃn/ *v. t.* **1** dividere in parti; spartire **2** dividere in sezioni (*o* in scomparti).

♦ **partiton off** *v. t. + avv.* separare con un tramezzo.

partitive /ˈpɑːtɪtɪv/ *a. e n.* (*gramm.*) partitivo.

partly /ˈpɑːtlɪ/ *avv.* parzialmente; in parte.

partner /ˈpɑːtnə(r)/ *n.* **1** (*comm.*) socio (-a): **general p.**, socio accomandatario; **sleeping** (*USA* **silent**) **p.**, socio accomandante **2** partner; compagno (-a) (*in una partita, in una relazione*) **3** cavaliere, dama (*nel ballo*) • (*leg.*) **part-**

ners in crime, complici; correi.

to **partner** /ˈpɑːtnə(r)/ *v. t.* ***1*** ballare con ***2*** fare da compagno (-a) (*o* da partner) a; essere (*o* giocare) in coppia con.

partnership /ˈpɑːtnəʃɪp/ *n.* [U] *e* [C] ***1*** associazione ***2*** (*comm.*, *leg.*) società: **to enter into p. with sb.**, entrare in società con q.; **to form a p. with sb.**, mettersi in società con q.; **to take sb. into p.**, prendere come socio q.; **limited p.**, società in accomandita semplice; **unlimited** (*o* **general**) **p.**, società in nome collettivo.

partook /pɑːˈtʊk/ *pass. di* **to partake**.

partridge /ˈpɑːtrɪdʒ/ *n.* (*zool.*) ***1*** pernice ***2*** starna.

party /ˈpɑːtɪ/ *n.* ***1*** (*polit.*) partito: **the Conservative p.**, il partito conservatore ***2*** gruppo; comitiva: **a p. of tourists**, una comitiva di turisti ***3*** festa; ricevimento; party: **to give** (*o* **to throw**) **a p.**, dare una festa ***4*** (*leg.*) parte (in causa): **the two parties to the contract**, le parti contraenti; **the p. concerned**, la parte interessata; l'interessato; **the p. at fault**, la parte responsabile; **the injured p.**, la parte lesa; **to be p. to a crime**, essere complice di un delitto ***5*** (*fam. scherz.*) persona; individuo ***6*** squadra; gruppo: **search p.**, squadra di soccorso ***7*** (*mil.*) distaccamento (*di soldati*); squadra; plotone; reparto: **firing p.**, plotone di esecuzione; **landing p.**, reparto di fanteria da sbarco ● (*polit.*) **p. leader**, capo di partito □ **p. line**, (*polit.*) linea del partito; (*telef.*) duplex □ **p.-political**, di partito □ **p. politics**, partitismo; politica di partito □ (*pop. USA*) **p. pooper**, guastafeste □ **p. spirit**, spirito di parte; faziosità □ (*edil.*) **p. wall**, muro divisorio fra due proprietà □ **a third p.**, una terza persona; un terzo; (*leg.*) terzi: (*leg.*) **on behalf of a third p.**, per conto terzi □ (*ass.*) **third-p. insurance**, assicurazione di responsabilità civile.

paschal /ˈpæskl, ˈpɑːskl/ *a.* pasquale.

pasha /ˈpɑːʃə, ˈpæ-, pəˈʃɑː/ *n.* pascià.

pass /pɑːs, *USA* pæs/ *n.* ***1*** (*anche sport*) passaggio ***2*** (*mil.*) lasciapassare; permesso ***3*** tesserino (*di autobus, ecc.*) ***4*** (*in un esame*) promozione: **p. mark**, sufficienza ***5*** (*in G.B.*, *anche* **p. degree**) prima laurea ottenuta col minimo dei voti ***6*** (*geogr.*) passo; valico ***7*** (*scherma*) passata; stoccata ● (*fam. GB*) **It's come to a pretty** (*o* **sorry**) **p. when...**, siamo messi proprio male se... □ (*fam.*) **to make a p. at a girl**, fare delle avances a una ragazza.

to **pass** /pɑːs, *USA* pæs/ ***A*** *v. t.* ***1*** passare; passare davanti a (*o* vicino a); sorpassare; superare: **I p. your house every morning**, passo davanti a casa tua tutte le mattine; **The plane passed over the lake**, l'aereo passò sopra (*o* sorvolò) il lago; **to p. each other**, passarsi accanto; incrociarsi; **That passes my comprehension**, questo supera la mia capacità di comprensione ***2*** passare; dare; **P. me that book**, passami quel libro; (*sport*) **to p. the ball** [**the puck**], passare la palla [il disco] ***3*** passare; trascorrere: **to p. the time**, passare il tempo ***4*** approvare; promuovere; sanzionare: **to p. a law**, passare (*o* approvare) una legge ***5*** superare (*un esame*) ***6*** (far) passare: **to p. a rope through a ring**, far passare una corda attraverso un anello ***7*** emettere; dare; dire; pronunciare: **to p. judgement on sb.**, pronunciare una sentenza contro q.; (*fig.*) giudicare q.; **to p. an opinion on st.**, dare il proprio parere su q.c.; **to p. a remark**, fare un'osservazione ***B*** *v. i.* ***1*** passare: **He passed by me**, mi passò vicino; **We passed through Bath**, siamo passati da Bath; abbiamo attraversato Bath; **The pain will p.**, il dolore passerà ***2*** passare; essere approvato; essere promosso; essere accettato: **He can p. for a Spaniard**, può passare per spagnolo ***3*** passare (*in eredità*) ***4*** (*a carte*) passare ***5*** (*antiq.*) accadere: **to come to p.**, accadere.

♦ **pass along** *v. t. + avv.* far passare (q.c. a q.).

♦ **pass away** *v. i. + avv.* (*eufem.*) morire; spegnersi.

♦ **pass by** *v. i. + avv.* ***1*** passare: **A year passed by**, passò un anno ***2*** non badare a; ignorare.

♦ **pass down** *v. t. + avv.* tramandare; trasmettere.

♦ **pass off** ***A*** *v. i. + avv.* svolgersi; andare: **to p. off without incident**, svolgersi senza incidenti ***B*** *v. t. + avv.* far passare (q., q.c. per); spacciare (per): **to p. oneself off as a doctor**, farsi passare per medico.

♦ **pass on** ***A*** *v. t. + avv.* (far) passare (q.c.); far proseguire: **He passed the tip on to a friend**, passò l'informazione a un amico ***B*** *v. i. + avv.* ***1*** passare; proseguire ***2*** (*eufem.*) morire; mancare.

♦ **pass out** ***A*** *v. t. + avv.* distribuire in omaggio ***B*** *v. i. + avv.* ***1*** (*fam.*) svenire; perdere i sensi ***2*** (*mil.*) uscire dall'accademia.

♦ **pass over** ***A*** *v. t. + avv.* ***1*** non prendere in considerazione: **to be passed over for promotion**, non venire promosso ***2*** ignorare; sorvolare su ***B*** *v. i. + avv.* passare: **to p. over to the enemy**, passare al nemico.

♦ **pass round** *v. t. + avv.* far passare; far girare: **to p. the plate round**, far girare il piatto.

♦ **pass through** *v. i. + avv.* essere di passaggio.

♦ **pass up** *v. t. + avv.* lasciarsi sfuggire; perdere.

passable /ˈpɑːsəbl, *USA* ˈpæs-/ *a.* ***1*** transitabile; praticabile ***2*** passabile; discreto.

passage /ˈpæsɪdʒ/ *n.* ***1*** [U] (il) passare; passaggio: **with the p. of time**, col passare del tempo ***2*** apertura; varco; passaggio: **to force a p. through a crowd**, aprirsi a forza un varco tra la folla ***3*** viaggio (*per mare o in aereo*); traversata: **to work one's p.**, pagarsi la traversata lavorando ***4*** corridoio; passaggio ***5*** brano, passo (*di libro*); brano (*di musica*) ***6*** (*anat.*) canale; condotto; dotto ***7*** [U] approvazione (*di una legge*).

passageway /ˈpæsɪdʒweɪ/ *n.* passaggio; corridoio.

passbook /ˈpɑːsbʊk, *USA* ˈpæs-/ *n.* (*banca*) libretto di deposito.

passé /ˈpɑːseɪ, ˈpæ-, *USA* pæˈseɪ/ (*franc.*) *a.* ***1*** passato; sfiorito ***2*** superato; antiquato.

passenger /ˈpæsɪndʒə(r)/ *n.* passeggero (-a); viaggiatore (-trice) ● **p. train**, treno passeggeri.

passer-by /pɑːsəˈbaɪ, *USA* ˈpæs-/ *n.* (*pl.* **passers-by**) passante.

passing /ˈpɑːsɪŋ, *USA* ˈpæs-/ ***A*** *n.* [U] ***1*** (il) passare: passaggio ***2*** approvazione (*di una legge*) ***3*** (*eufem.*) morte; trapasso; scomparsa ● **in p.**, incidentalmente; di sfuggita ***B*** *a.* ***1*** che passa: **with every p. day**, ogni giorno che passa ***2*** passeggero; effimero; fuggevole ***3*** casuale; incidentale.

passion /ˈpæʃn/ *n.* [U] *e* [C] ***1*** passione; forte emozione: **to speak with p.**, parlare con toni appassionati; **Passions ran high**, gli animi si riscaldarono; **to fly into a p.**, andare su tutte le furie ***2*** passione (amorosa) ***3*** passione; entusiasmo: **to have a p. for cars**, avere la passione delle automobili ● (*relig.*) **the P.**, la Passione.

passionate /ˈpæʃənət/ *a.* ***1*** appassionato; veemente: **a p. speech**, un discorso appassionato ***2*** ardente: **a p. supporter of fox-hunting**, un ardente sostenitore della caccia alla volpe ***3*** passionale; impetuoso: **p. nature**, carattere passionale.

passionflower /ˈpæʃnflaʊə(r)/ *n.* (*bot.*) passiflora.

passionfruit /ˈpæʃnˈfruːt/ *n.* (*bot.*) frutto della passione.

passive /ˈpæsɪv/ ***A*** *a.* (*anche gramm.*) passivo: **p. resistance**, resistenza passiva; **p. smoking**, fumo passivo ***B*** *n.* (*gramm.*) passivo: **in the p.**, al passivo.

passiveness /ˈpæsɪvnəs/, **passivity** /pæˈsɪvətɪ/ *n.* [U] passività.

passkey /ˈpɑːskiː, *USA* ˈpæs-/ *n.* passe-partout.

Passover /ˈpɑːsəʊvə(r), *USA* ˈpæs-/ *n.* (*relig.*) pasqua ebraica.

passport /ˈpɑːspɔːt, *USA* ˈpæs-/ *n.* ***1*** passaporto: **p. control**, controllo passaporti ***2*** (*fig.*) chiave: **p. to success**, chiave del successo.

password /ˈpɑːswɜːd, *USA* ˈpæs-/ *n.* ***1*** (*specialm. mil.*) parola d'ordine ***2*** (*elab.*) chiave di identificazione; password.

past (**1**) /pɑːst, *USA* pæst/ ***A*** *a.* ***1*** passato; trascorso; finito: **in times p.**, nei tempi passati (*o* andati); **for the p. few days**, in questi ultimi giorni; **for some time p.**, da in po' di tempo; **Those days are p.**, quei tempi sono finiti ***2*** precedente; del passato; (*di persona*) ex ***3*** (*gramm.*) passato: **p. tense**, (tempo) passato; **p. participle**, participio passato; **p. perfect**, piuccheperfetto ***B*** *n.* ***1*** passato: **in the p.**, in passato ***2*** (*gramm.*) passato: **simple p.**, passato remoto ***3*** (*antiq.*) passato burrascoso: **a woman with a p.**, una donna con un passato burrascoso.

past (**2**) /pɑːst, *USA* pæst/ ***A*** *prep.* ***1*** (*nello spazio*) oltre; dopo; al di là di: **The shop is p. the cinema**, il negozio è dopo (*o* oltre) il cinema ***2*** davanti a: **He rushed p. me**, mi passò davanti di corsa ***3*** (*nel tempo*) dopo; oltre: **to be p. seventy**, avere superato i settant'anni; **It's p. midnight**, è mezzanotte passata; **half** [**a quarter**] **p. three**, le tre e mezza [e un quarto]; (*fam.*) **ten p.**, l'una [le due, ecc.] e dieci ● **The old man is p. working**, quell'uomo è troppo vecchio per lavorare □ **to be p. description**, superare ogni descrizione; essere indescrivibile □ **to be p. hope**, essere senza speranza □ **I'm p. caring**, non me ne importa più niente □ **I wouldn't put it p. her to lie**, non mi sorprenderebbe se mentisse ***B*** *avv.* oltre: **to hurry p.**, passare (oltre) in fretta; **to go p.**, passare; **to march p.**, passare marciando; sfilare; **to fly p.**, passare al volo; volare via.

paste /peɪst/ *n.* [U] ***1*** pasta; impasto: **anchovy p.**, pasta d'acciughe; **to mix flour and water to a p.**, fare un impasto di farina e acqua ***2*** colla ***3*** gemma sintetica; strass.

to **paste** /peɪst/ *v. t.* incollare.

♦ **paste up** *v. t. + avv.* attaccare; affiggere.

pasteboard /ˈpeɪstbɔːd/ *n.* [U] cartone.

pastel /ˈpæstl, *USA* pæˈstel/ *n.* ***1*** pastello (*matita e disegno*) ***2*** colore pastello • **p. portrait**, ritratto a pastello □ **p. green**, verde pastello.

pastern /ˈpæstən/ *n.* (*di cavallo*) pastorale.

paste-up /ˈpeɪstʌp/ *n.* (*tipogr.*) montaggio.

pasteurization /pɑːstʃəraɪˈzeɪʃn, *USA* pæstʃərɪ-/ *n.* [U] (*ind.*) pastorizzazione.

to **pasteurize** /ˈpɑːstʃəraɪz, *USA* ˈpæs-/ *v. t.* (*ind.*) pastorizzare.

pastille /ˈpæstəl, *USA* pæˈstiːl/ *n.* (*farm.*) pasticca; pastiglia.

pastime /ˈpɑːstaɪm, *USA* ˈpæs-/ *n.* passatempo; svago.

pastor /ˈpɑːstə(r), *USA* ˈpæs-/ *n.* (*eccles.*) pastore.

pastoral /ˈpɑːstərəl, *USA* ˈpæs-/ ***A*** *a.* ***1*** (*anche eccles.*) pastorale ***2*** tenuto a pascolo ***B*** *n.* (*eccles.*) lettera pastorale.

pastorale /pæstəˈrɑːl, pɑːs-, -æl, -lɪ/ *n.* (*mus.*) pastorale.

pastry /ˈpeɪstrɪ/ *n.* ***1*** [U] pasta (*per dolci*) ***2*** pasta; sfogliata • **p. cook**, pasticcere □ **p. case**, base per pasticcino.

pasture /ˈpɑːstʃə(r), *USA* ˈpæs-/ *n.* [U] pascolo; pastura: **to put out to p.**, mettere al pascolo; (*fig.*) sbarazzarsi di; **p. lands**, terreni da pascolo; pascoli.

to **pasture** /ˈpɑːstʃə(r), *USA* ˈpæs-/ ***A*** *v. i.* pascolare ***B*** *v. t.* pascolare; portare al pascolo.

pasty (1) /ˈpæstɪ/ *n.* (*cucina*) tortino di pasta ripieno di carne e verdura.

pasty (2) /ˈpeɪstɪ/ *a.* ***1*** pastoso; molle ***2*** (*anche* **p.-faced**) pallido; smorto.

pat (1) /pæt/ *n.* ***1*** colpetto; carezza; lieve pacca: **pat on the back**, colpetto affettuoso sulla spalla; (*fig.*) incoraggiamento, congratulazioni ***2*** panetto (*di burro*).

pat (2) /pæt/ ***A*** *avv.* a proposito; a puntino: **His answer came pat**, la sua risposta fu prontissima; **to have st.** (**off** *o* **down**) **pat**, sapere q.c. a menadito • (*fam.*) **to stand pat**, non mutare idea; restare dello stesso avviso ***B*** *a.* (*di risposta, ecc.*) (troppo) pronto.

to **pat** /pæt/ *v. t.* dare un colpetto a; accarezzare: **to pat sb. on the back**, dare un colpetto affettuoso sulla spalla a q.; (*fig.*) congratularsi con q.; **to pat a dog**, accarezzare un cane; **to pat one's hair**, aggiustarsi i capelli con colpetti della mano; **to pat st. dry**, asciugare q.c. tamponandolo.

patch /pætʃ/ *n.* ***1*** pezza; toppa ***2*** benda (*su un occhio*); cerotto ***3*** neo posticcio ***4*** appezzamento (*di terreno*): **cabbage p.**, campo di cavoli; cavolaia ***5*** chiazza; macchia: **patches of damp**, chiazze di umidità; **a p. of blue sky**, un pezzo di cielo ***6*** (*autom.*) rappezzatura, toppa (*di pneumatico*) ***7*** (*fam.*) periodo: **He's going through a bad p.**, sta attraversando un momento difficile • **p. pocket**, tasca a toppa □ **in patches**, solo a tratti; qua e là □ (*fam.*) **not to be a p. on st.**, essere niente a paragone di; non valere nemmeno la metà di.

to **patch** /pætʃ/ *v. t.* mettere una pezza a; rattoppare.

♦ **patch together** *v. t. + avv.* mettere insieme alla meglio; raffazzonare.

♦ **patch up** *v. t. + avv.* ***1*** aggiustare alla meglio; rattoppare ***2*** appianare; aggiustare: **to p. up a quarrel**, appianare un dissidio; fare la pace.

patchwork /ˈpætʃwɜːk/ *n.* [U] ***1*** patchwork; stoffa composta da riquadri cuciti insieme: **p. quilt**, (trapunta a) patchwork ***2*** (*fig.*) mosaico.

patchy /ˈpætʃɪ/ *a.* ***1*** a chiazze; chiazzato ***2*** frammentario; irregolare: **a p. knowledge of st.**, una conoscenza frammentaria di q.c. ***3*** discontinuo; diseguale.

pate /peɪt/ *n.* (*antiq. o scherz.*) testa; zucca (*fam.*): **bald p.**, testa pelata.

patella /pəˈtelə/ *n.* (*pl.* **patellae** /-liː/) (*anat.*) rotula.

patent /ˈpeɪtnt, ˈpæ-, *USA* ˈpæ-/ ***A*** *a.* ***1*** patente; evidente; manifesto; ovvio ***2*** (*comm. e fig.*) brevettato • **p. leather**, cuoio verniciato; vernice; coppale □ **p. medicine**, specialità famaceutica ***B*** *n.* ***1*** brevetto: **to take out a p. on st.**, far brevettare q.c.; **P. Office**, ufficio brevetti ***2*** (*anche fig.*) diritto di brevetto; esclusiva.

to **patent** /ˈpeɪtnt, ˈpæ-, *USA* ˈpæ-/ *v. t.* brevettare.

patently /ˈpeɪtntlɪ, ˈpæ-, *USA* ˈpæ-/ *avv.* manifestamente: **p. obvious**, più che ovvio; scontato.

paternal /pəˈtɜːnl/ *a.* paterno.

paternalism /pəˈtɜːnəlɪzəm/ *n.* [U] paternalismo.

paternalistic /pətɜːnəˈlɪstɪk/ *a.* paternalistico.

paternity /pəˈtɜːnətɪ/ *n.* [U] paternità.

path /pɑːθ, *USA* pæθ/ *n.* ***1*** sentiero; viottolo; vialetto ***2*** via; strada; cammino ***3*** percorso; corso; traiettoria (*di una palla; astron.*) ***4*** (*elab.*) percorso.

pathetic /pəˈθetɪk/ *a.* ***1*** patetico; commovente; toccante ***2*** (*fam. spreg.*) penoso; pietoso; che fa pietà.

pathfinder /ˈpɑːθfaɪndə(r), *USA* ˈpæθ-/ *n.* ***1*** esploratore ***2*** (*fig.*) pioniere ***3*** (*aeron.*) ricognitore.

pathogen /ˈpæθədʒən/ *n.* (*med.*) agente patogeno.

pathogenic /pæθəˈdʒenɪk/ *a.* (*med.*) patogeno.

pathological /pæθəˈlɒdʒɪkl/ *a.* (*med.*) patologico.

pathologist /pəˈθɒlədʒɪst/ *n.* (*med.*) patologo (-a).

pathology /pəˈθɒlədʒɪ/ *n.* [U] (*med.*) patologia.

pathos /ˈpeɪθɒs, *USA* -ɔːs, -əʊs/ *n.* [U] pathos.

pathway /ˈpɑːθweɪ, *USA* ˈpæθ-/ *n.* ***1*** sentiero ***2*** (*fig.*) strada; via.

patience /ˈpeɪʃns/ *n.* [U] ***1*** pazienza: **to lose p. with sb.**, spazientirsi con q.; **to be out of p.**, aver perso la pazienza; **to try sb.'s p.**, mettere a dura prova la pazienza di q.; **He has no p. with slow pupils**, gli alunni lenti lo fanno spazientire; **He would try the p. of a saint**, farebbe perdere la pazienza a un santo ***2*** (*a carte, GB*) solitario: **to play p.**, fare un solitario.

patient /ˈpeɪʃnt/ ***A*** *a.* paziente; tollerante: **to be p.**, aver pazienza; pazientare ***B*** *n.* paziente; malato (-a): **cancer patients**, i malati di cancro.

patina /ˈpætɪnə/ *n.* [U] patina.

patio /ˈpætɪəʊ, *USA* ˈpɑː-/ *n.* ***1*** patio ***2*** terrazza.

patois /ˈpætwɑː/ (*franc.*) *n.* (*pl.* **patois** /-twɑːz/) dialetto; patois.

patriarch /ˈpeɪtrɪɑːk, *USA* ˈpæt-/ *n.* (*anche eccles.*) patriarca.

patriarchal /peɪtrɪˈɑːkl, *USA* pæt-/ *a.* patriarcale.

patrician /pəˈtrɪʃn/ *a. e n.* patrizio.

patricide /ˈpætrɪsaɪd/ *n.* ***1*** [U] parricidio ***2*** parricida.

patrimony /ˈpætrɪmənɪ, *USA* -məʊnɪ/ *n.* patrimonio.

patriot /ˈpætrɪət, *USA* ˈpeɪ-/ *n.* patriota.

patriotic /pætrɪˈɒtɪk, *USA* peɪ-/ *a.* patriottico.

patriotism /ˈpætrɪətɪzəm, *USA* ˈpeɪ-/ *n.* [U] patriottismo.

patrol /pəˈtrəʊl/ *n.* ***1*** [U] giro di ispezione; ronda; perlustrazione; ricognizione: **air p.**, ricognizione aerea; **on p.**, in ricognizione; di ronda; di pattuglia ***2*** pattuglia; ronda • **p. car**, auto della polizia (*in servizio di pattuglia*) □ (*naut.*) **p. vessel**, vedetta; guardacoste □ (*USA*) **p. wagon**, (furgone) cellulare.

to **patrol** /pəˈtrəʊl/ ***A*** *v. i.* fare la ronda ***B*** *v. t.* ***1*** pattugliare ***2*** girare per; andare su e giù per.

patrolman /pəˈtrəʊlmən/ *n.* (*pl.* **patrolmen** /-mən/) ***1*** (*USA*) poliziotto (*di servizio in una certa zona*) ***2*** (*GB*) addetto al soccorso stradale.

patron /ˈpeɪtrən/ *n.* ***1*** patrono; benefattore; (*arte*) mecenate: **p. of the arts**, mecenate ***2*** (*comm.*) cliente abituale • **p. saint**, (santo) patrono; (santa) patrona.

patronage /ˈpætrənɪdʒ, *USA* ˈpeɪ-/ *n.* [U] ***1*** patrocinio; patronato; (*arte*) mecenatismo ***2*** (*comm.*) l'essere cliente abituale ***3*** (*comm.*) clientela ***4*** (*polit., spreg.*) potere di assegnare cariche, conferire onori, ecc.

patroness /peɪtrəˈnes, *USA* ˈpeɪtrənəs/ *n.* patronessa; benefattrice; protettrice.

to **patronise** /ˈpætrənaɪz, *USA* ˈpeɪ-, ˈpæ-/ *e deriv.* (*GB*) *V.* **to patronize** *e deriv.*

to **patronize** /ˈpætrənaɪz, *USA* ˈpeɪ-, ˈpæ-/ *v. t.* ***1*** trattare con condiscendenza ***2*** essere cliente abituale di (*un negozio*).

patronizing /ˈpætrənaɪzɪŋ, *USA* ˈpeɪ-, ˈpæ-/ *a.* condiscendente; di condiscendenza.

patronizingly /ˈpætrənaɪzɪŋlɪ, *USA* ˈpeɪ-, ˈpæ-/ *avv.* con condiscendenza.

patronymic /pætrəˈnɪmɪk/ *a. e n.* patronimico.

patsy /ˈpætsɪ/ *n.* (*fam. USA*) capro espiatorio.

patter (1) /ˈpætə(r)/ *n.* [U] ***1*** discorso da imbonitore; chiac-

chiere; tiritera *2* gergo.
patter (2) /ˈpætə(r)/ *n.* ▣ *1* picchiettio; ticchettio *2* zampettio; scalpiccio.
to **patter** /ˈpætə(r)/ *v. i.* *1* picchiettare; ticchettare *2* zampettare; scalpicciare.
pattern /ˈpætn/ *n.* *1* disegno (*a motivi ricorrenti*); motivo: **a checked p.**, un disegno a scacchi *2* modello; schema; sequenza; linee: **behavioural patterns**, modelli comportamentali; **p. of events**, sequenza di avvenimenti *3* campione; (*anche fig.*) modello *4* (*sartoria*) modello (*di carta*); cartamodello • **p. book**, campionario (*di stoffe, carta, ecc.*).
to **pattern** /ˈpætn/ *v. Solo come*:
♦ **pattern oneself on** *v. rifl. + prep.* (*form.*) modellarsi su (q.); prendere a modello.
patterned /ˈpætnd/ *a.* *1* a motivi; a disegni; fantasia: **p. wallpaper**, tappezzeria a disegni; **a dinner set p. with flowers**, un servizio di piatti con un motivo a fiori *2* modellato (su).
patterning /ˈpætnɪŋ/ *n.* ▣ (*psic.*) adesione a un modello comportamentale.
patty /ˈpætɪ/ *n.* (*cucina*) *1* piccolo pasticcio *2* tortina.
paunch /pɔːntʃ/ *n.* grossa pancia; pancione: **to get a p.**, metter su pancia.
paunchy /ˈpɔːntʃɪ/ *a.* panciuto.
pauper /ˈpɔːpə(r)/ *n.* povero; indigente.
pause /pɔːz/ *n.* *1* pausa *2* (*mus.*) pausa; (*il segno*) corona • **to give sb. p.**, indurre q. a riflettere.
to **pause** /pɔːz/ *v. i.* fare una pausa; fermarsi un momento.
to **pave** /peɪv/ *v. t.* pavimentare; (*anche fig.*) lastricare • **to pave the way for st.**, aprire (*o* spianare) la strada a q.c.
pavement /ˈpeɪvmənt/ *n.* *1* (*GB*) marciapiede *2* (*USA*) ▣ pavimentazione stradale; selciato • (*GB*) **p. artist**, chi disegna col gesso sul marciapiede □ (*GB*) **p. café**, caffè con tavolini all'aperto. ATTENZIONE: **pavement ≠ pavimento**.
pavilion /pəˈvɪlɪən/ *n.* padiglione.
paving /ˈpeɪvɪŋ/ *n.* ▣ *1* materiale da pavimentazione *2* pavimentazione (*specialm. stradale*) • **p. stone**, lastra per pavimentazione □ **crazy p.**, lastricato a mosaico irregolare.
paw /pɔː/ *n.* *1* (*zool.*) zampa *2* (*fam. scherz.*) mano; zampa (*scherz.*).
to **paw** /pɔː/ **A** *v. i. e t.* *1* toccare con la zampa *2* (*del cavallo*) scalpitare **B** *v. t.* (*fam.*) mettere le mani addosso a; palpare.
pawn (1) /pɔːn/ *n.* *1* (*scacchi*) pedone *2* (*fig.*) pedina.
pawn (2) /pɔːn/ *n.* ▣ (*leg.*) pegno: **in p.**, impegnato; **to take st. out of p.**, riscattare q.c.; **p. ticket**, polizza di pegno.
to **pawn** /pɔːn/ *v. t.* impegnare (*al Monte di pietà*).
pawnbroker /ˈpɔːnbrəʊkə(r)/ *n.* prestatore su pegno.
pawnshop /ˈpɔːnʃɒp/ *n.* agenzia di prestiti su pegno; Monte di pietà.
pawpaw /pəˈpɔː, *USA* ˈpɔːpɔː/ *n.* (*bot.*) papaia.
pay /peɪ/ *n.* ▣ paga: **pay packet** (*USA* **pay envelope**), busta paga; **pay rise** (*USA* **raise**), aumento di stipendio; aumento dei salari; **pay settlement**, accordo salariale • (*spreg.*) **to be in the pay of sb.**, essere pagato da q.; essere al servizio (*o* al soldo) di q.
to **pay** /peɪ/ (*pass. e p.p.* **paid**) **A** *v. t.* *1* pagare; saldare: **How much did you pay for it?**, quanto l'hai pagato?; **I get paid by the hour**, sono pagato (*o* mi pagano) a ore; **to pay a debt**, pagare (*o* saldare) un debito; **to pay by cheque**, pagare con assegno; **to pay cash**, pagare in contanti; (*fam.*) **to pay through the nose for st.**, pagare un occhio della testa per q.c. *2* rendere; fruttare *3* fare; dare; rendere: **to pay attention**, fare attenzione; **to pay homage**, rendere omaggio; **to pay a visit to**, fare visita a; **to pay a compliment to**, fare un complimento a **B** *v. i.* *1* pagare *2* rendere; convenire; valere la pena: **It pays to be cautious**, conviene essere prudenti • **to pay for itself**, (*di macchina, ecc.*) pagarsi da solo (*dopo un certo tempo*) □ **Crime doesn't pay**, il delitto non paga.
♦ **pay back** *v. t. + avv.* *1* restituire (*denaro*) *2* restituire danaro a *3* farla pagare a.
♦ **pay down** *v. t. + avv.* pagare in acconto.
♦ **pay for** *v. i. + prep.* pagare per; scontare: **You'll pay for this!**, me la pagherai per questo!; te la farò pagare!
♦ **pay in** *v. t. + avv.* versare in banca; depositare.
♦ **pay into** *v. t. + prep.* versare (*o* depositare) su: **The sum will be paid into your account**, la somma le sarà versata sul conto.
♦ **pay off** **A** *v. t. + avv.* *1* saldare; estinguere: **to pay off a house**, estinguere il mutuo di una casa *2* liquidare e licenziare *3* saldare i conti con **B** *v. i. + avv.* (*di piano, ecc.*) riuscire; avere successo.
♦ **pay out** **A** *v. t. + avv.* *1* pagare; sborsare; tirar fuori *2* filare, mollare (*una fune, ecc.*) **B** *v. i. + avv.* pagare; tirar fuori i soldi.
♦ **pay up** *v. i. + avv.* pagare; saldare.
payable /ˈpeɪəbl/ *a.* pagabile; esigibile: **p. to bearer**, pagabile al portatore; **to make a cheque p. to sb.**, intestare un assegno a q.
paybed /ˈpeɪbɛd/ *n.* (*GB*) posto a pagamento in un ospedale pubblico.
payday /ˈpeɪdeɪ/ *n.* giorno di paga.
pay dirt /ˈpeɪ dɜːt/ *locuz. n.* (*USA*) *1* terreno ricco di minerali *2* scoperta fruttuosa.
payee /peɪˈiː/ *n.* (*comm.*) beneficiario (-a).
paying /ˈpeɪɪŋ/ *a.* pagante • **p. guest**, ospite a pagamento; pensionante □ (*banca*) **p.-in slip**, distinta di versamento.
payload /ˈpeɪləʊd/ *n.* *1* carico pagante *2* (*miss.*) carico utile.
paymaster /ˈpeɪmɑːstə(r), *USA* -mæs-/ *n.* (*mil.*) ufficiale pagatore.
payment /ˈpeɪmənt/ *n.* ▣ *e* ▣ *1* (*comm.*) pagamento; versamento: **prompt p.**, pagamento immediato; **in p. of**, a saldo di; **monthly payments**, versamenti mensili; **p. by cheque**, pagamento mediante assegno bancario; **p. order**, ordine di pagamento (*o* di bonifico) *2* ricompensa.
pay(-)off /ˈpeɪɒf, *USA* -ɔːf/ *n.* *1* (il) momento di pagare; saldo; liquidazione *2* ricavo; vantaggio derivante *3* conclusione; risultato finale.
payola /peɪˈəʊlə/ *n.* (*fam. USA*) mazzetta; tangente.
payphone /ˈpeɪfəʊn/ *n.* telefono pubblico; telefono a moneta.
payroll /ˈpeɪrəʊl/ *n.* (*anche fig.*) libro paga.
pea /piː/ *n.* (*bot.*) pisello • **pea green**, verde pisello □ **pea soup**, passato di piselli □ (*antiq. fam. GB*) **pea-souper**, nebbia densa e gialla □ **to be as like as two peas in a pod**, somigliarsi come due gocce d'acqua.
peace /piːs/ *n.* ▣ *1* pace: **p. of mind**, pace dello spirito; tranquillità d'animo; **to be at p.**, essere in pace; **not to have a moment's p.**, non avere un momento di pace; **to make p.**, fare la pace; **to make one's p. with sb.**, fare la pace con q.; riconciliarsi con q. *2* (*leg.*) ordine pubblico: **to keep the p.**, mantenere l'ordine pubblico; **breach of the p.**, violazione dell'ordine pubblico • **p. and quiet**, pace; tranquillità □ **p.-loving**, amante della pace; pacifico □ **p. march**, marcia della pace □ **p. talks**, negoziati di pace □ **to hold one's p.**, starsene zitto; tacere.
peaceable /ˈpiːsəbl/ *a.* *1* (*di persona*) che ama la pace; pacifico; conciliante *2* (*di atmosfera, intenzioni, ecc.*) pacifico; tranquillo.
peaceably /ˈpiːsəblɪ/ *avv.* pacificamente.
peaceful /ˈpiːsfl/ *a.* pacifico; calmo; tranquillo.
peacefulness /ˈpiːsfʊlnəs/ *n.* ▣ calma; quiete; tranquillità.
peacekeeping /ˈpiːskiːpɪŋ/ *n.* il mantenimento della pace • **p. force**, forze di pace.
peacemaker /ˈpiːsmeɪkə(r)/ *n.* pacificatore (-trice); paciere.
peacetime /ˈpiːstaɪm/ *n.* ▣ tempo di pace.
peach /piːtʃ/ *n.* *1* (*bot.*) pesca *2* (*anche* **p.-tree**) pesco: **p. blossoms**, fiori di pesco *3* ▣ color pesca *4* (*pop., di cosa o persona*) (un) amore.
peachy /ˈpiːtʃɪ/ *a.* *1* come una pesca; vellutato *2* (*pop. USA*) favoloso; fantastico.
peacock /ˈpiːkɒk/ *n.* *1* (*zool.*) pavone *2* uomo vanitoso *3* (*zool., anche* **p. butterfly**) vanessa io • **p. blue**, azzurro pavone.
peahen /ˈpiːhen/ *n.* (*zool.*) pavona; pavonessa.
peak /piːk/ **A** *n.* *1* cima; picco; vetta *2* punto (*o* valore) massimo; punta; apice; vertice; (il) massimo: **at its p.**, al massimo; all'apice; **Sales were at their p. in March**, le vendite hanno toccato il punto massimo a marzo *3* visiera (*di cappello*) *4* (*naut.*) penna (*di vela*) **B** *a.* di punta; massimo: **p. hours**, ore di punta; **p. rate**, tariffa ore di punta; (*tur.*) **p. season**, alta stagione; **p. time**, fascia oraria (*o* ore) di punta; (*TV*) **p.-viewing hours**, ore di massimo ascolto; **in p. condition**, in forma perfetta.
to **peak** /piːk/ *v. i.* raggiungere il punto massimo; toccare il vertice.
peaked /piːkt/ *a.* *1* puntuto *2* (*di cappello*) con visiera.

peaky /ˈpiːkɪ/ *a.* (*fam.*) *1* pallido; palliduccio *2* indisposto.
peal /piːl/ *n.* *1* scampanio *2* scoppio (*di risa*); fragore (*di tuono*).
to **peal** /piːl/ ***A*** *v. i.* (*di campane*) scampanare; suonare a distesa ***B*** *v. t.* *1* suonare (*campane*) a distesa *2* far risuonare.
peanut /ˈpiːnʌt, -nət/ *n.* *1* (*bot.*) arachide; nocciolina americana: **p. butter**, burro di arachidi; **p. oil**, olio di semi di arachide *2* (*al pl.*) (*fam.*) una miseria; quattro soldi.
pear /pɛə(r)/ *n.* *1* pera *2* (*anche* **p.-tree**) pero • **p.-shaped**, a pera; piriforme.
pearl /pɜːl/ *n.* *1* (*anche fig.*) perla: **p. drops**, orecchini con perla a goccia; **pearls of wisdom**, perle di saggezza; **p. diver**, pescatore di perle; **p.-diving**, pesca delle perle *2* [U] madreperla: **p. buttons**, bottoni di madreperla • **p. barley**, orzo perlato □ **p. grey**, grigio perla □ **p.-oyster**, ostrica perlifera □ **to cast pearls before swine**, gettare perle ai porci.
pearly /ˈpɜːlɪ/ *a.* *1* perlaceo; perlato; color perla *2* adorno di perle • (*scherz.*) **the P. Gates**, le porte del Paradiso; (*fig.*) i denti.
peasant /ˈpɛznt/ *n.* contadino (-a).
peasantry /ˈpɛzntrɪ/ *n.* (*col verbo al sing. o al pl.*) (i) contadini; classe contadina.
peashooter /ˈpiːʃuːtə(r)/ *n.* cerbottana (*giocattolo*).
peat /piːt/ *n.* [U] torba • **p. bog**, torbiera □ (*bot.*) **p. moss**, sfagno.
peaty /ˈpiːtɪ/ *a.* *1* torboso *2* (*di acqua o whisky*) che sa di torba.
pebble /ˈpɛbl/ *n.* ciottolo; sassolino • **p. gravel**, ghiaia.
pebbledash /ˈpɛbldæʃ/ *n.* (*edil.*) intonacatura a pinocchino.
pebbly /ˈpɛblɪ/ *a.* ciottoloso; sassoso; ghiaioso.
pecan /ˈpiːkən, pɪˈkæn, *USA* pɪˈkɑːn/ *n.* (*bot.*) *1* noce americana *2* (*albero*) pecan; noce americano.
peccadillo /pɛkəˈdɪləʊ/ *n.* (*pl.* **peccadilloes, peccadillos**) peccatuccio.
peccary /ˈpɛkərɪ/ *n.* (*zool.*) pecari.
peck /pɛk/ *n.* *1* beccata; colpo di becco *2* (*fam.*) bacio frettoloso; bacetto.
to **peck** /pɛk/ ***A*** *v. i.* beccare ***B*** *v. t.* *1* beccare; colpire col becco *2* fare col becco: **to p. a hole**, fare un buco col becco *3* (*fam.*) baciare in fretta; dare un bacetto a.
♦ **peck at** *v. i. + prep.* *1* beccare *2* (*fam.*) mangiucchiare; sbocconcellare.
♦ **peck out** *v. t. + avv.* strappare col becco.
pecker /ˈpɛkə(r)/ *n.* *1* — (*fam. GB*) **to keep one's p. up**, farsi coraggio; tirarsi su *2* (*volg. USA*) pene; uccello.
pecking order /ˈpɛkɪŋ ˈɔːdə(r)/ *locuz. n.* *1* (*zool.*) ordine di beccata *2* ordine gerarchico; gerarchia.
peckish /ˈpɛkɪʃ/ *a.* (*fam.*) che ha appetito; che ha una certa fame.
pectin /ˈpɛktɪn/ *n.* [U] (*biochim.*) pectina.
pectoral /ˈpɛktərəl/ *a. e n.* (*anat.*) pettorale • (*eccles.*) **p. cross**, croce pettorale.
peculiar /pɪˈkjuːlɪə(r)/ *a.* *1* peculiare; particolare; caratteristico: **p. to**, caratteristico di *2* strano; curioso; singolare *3* (*eufem.*) eccentrico *4* lievemente indisposto: **I'm feeling a bit p.**, non mi sento molto bene.
peculiarity /pɪkjuːlɪˈærətɪ/ *n.* [U] *e* [C] *1* peculiarità; caratteristica *2* stranezza; curiosità; singolarità *3* (*eufem.*) eccentricità.
peculiarly /pɪˈkjuːlɪəlɪ/ *avv.* *1* particolarmente *2* peculiarmente; tipicamente; specificamente *3* in modo bizzarro; eccentricamente.
pecuniary /pɪˈkjuːnɪərɪ, *USA* -ɪerɪ/ *a.* (*form.*) pecuniario; finanziario.
pedagogical /pɛdəˈgɒdʒɪkl, -ˈgəʊ-/ *a.* pedagogico.
pedagogy /ˈpɛdəgɒdʒɪ, -gəʊ-/ *n.* [U] pedagogia.
pedal /ˈpɛdl/ *n.* *1* pedale: (*mus.*) **loud [soft] p.**, pedale del forte [del piano] *2* (*aeron.*) pedaliera • **p. bin**, pattumiera a pedale □ **p. boat**, pattino a pedali; pedalò ®.
to **pedal** /ˈpɛdl/ ***A*** *v. i.* pedalare ***B*** *v. t.* azionare per mezzo di pedali.
pedant /ˈpɛdnt/ *n.* pedante.
pedantic /pɪˈdæntɪk/ *a.* *1* pedantesco *2* (*di persona*) pedante.
pedantry /ˈpɛdntrɪ/ *n.* [U] *e* [C] pedanteria.
to **peddle** /ˈpɛdl/ ***A*** *v. t.* *1* vendere (*andando in giro*) *2* spacciare (*droga*) *3* (*spreg.*) mettere in giro; far circolare: **to p. gossip**, mettere in giro pettegolezzi ***B*** *v. i.* fare il venditore ambulante.
peddler /ˈpɛdlə(r)/ *n.* *1* (*USA*) *V.* **pedlar** *2* spacciatore di droga.
pederast /ˈpɛdəræst/ *V.* **paederast**.
pederasty /ˈpɛdəræstɪ/ *V.* **paederasty**.
pedestal /ˈpɛdɪstl/ *n.* piedistallo.
pedestrian /pɪˈdɛstrɪən/ ***A*** *n.* pedone ***B*** *a.* *1* pedonale: **p. crossing [island]**, passaggio [isola] pedonale *2* pedestre; prosaico.
pedestrianized /pɪˈdɛstrɪənaɪzd/ *a.* pedonalizzato.
pediatric /piːdɪˈætrɪk/ *e deriv.* (*USA*) *V.* **paediatric** *e deriv.*
pedicure /ˈpɛdɪkjʊə(r)/ *n.* *1* [U] pedicure; cura dei piedi *2* *V.* **pedicurist**.
pedicurist /ˈpɛdɪkjʊərɪst/ *n.* pedicure; callista.
pedigree /ˈpɛdɪgriː/ *n.* *1* (*di animale*) pedigree *2* [U] (*di persona*) discendenza; lignaggio • **p. dog**, cane con pedigree.
pediment /ˈpɛdɪmənt/ *n.* (*archit.*) frontone; timpano.
pedlar /ˈpɛdlə(r)/ *n.* venditore ambulante.
pedometer /pɪˈdɒmɪtə(r)/ *n.* pedometro; contapassi.
pedophile /ˈpiːdəfaɪl/ *V.* **paedophile**.
pedophilia /piːdəˈfɪlɪə/ *V.* **paedophilia**.
pee /piː/ *n.* (*volg.*) *1* [U] piscia, piscio *2* pisciata: **to go for** (*o* **to have**) **a pee**, andare a fare una pisciata (*o* a pisciare).
to **pee** /piː/ *v. i.* (*volg.*) pisciare.
peek /piːk/ *n.* sguardo furtivo; sbirciatina.
to **peek** /piːk/ *v. i.* guardare furtivamente; sbirciare.
peel /piːl/ *n.* [U] buccia; scorza.
to **peel** /piːl/ ***A*** *v. t.* sbucciare; spellare; mondare ***B*** *v. i.* sbucciarsi; spellarsi • (*fam.*) **to keep one's eyes peeled**, tenere gli occhi ben aperti.
♦ **peel away** ***A*** *v. t. + avv.* togliere, rimuovere (*una buccia, una pellicola, ecc.*) ***B*** *v. i. + avv.* *V.* **to peel off**, *B.*
♦ **peel off** ***A*** *v. t. + avv.* *1* togliere (*una buccia*), staccare (*un'etichetta*) *2* togliere (*un indumento*) ***B*** *v. i. + avv.* *1* staccarsi in strisce; venir via; scrostarsi *2* staccarsi dal gruppo *3* (*aeron.*) staccarsi (*dalla formazione*).
peeler /ˈpiːlə(r)/ *n.* coltello per sbucciare: **potato p.**, sbucciapatate.
peelings /ˈpiːlɪŋz/ *n. pl.* bucce (*specialm. di patate*).
peep (1) /piːp/ *n.* pigolio • (*fam.*) **Not another p. out of you!**, non un'altra parola! □ **We haven't heard a p. out of him**, non si è più fatto vivo.
peep (2) /piːp/ *n.* sguardo furtivo; occhiata; sbirciata: **to take a p. at st.**, dare una sbirciata a q.c.; **to get a p. at** (*o* **of**) **st.**, riuscire a intravedere q.c.
to **peep** (1) /piːp/ *v. i.* (*di uccelli e fig.*) pigolare.
to **peep** (2) /piːp/ *v. i.* *1* guardare furtivamente; sbirciare; spiare: **He peeped at his watch**, lanciò un'occhiata furtiva all'orologio; **to p. at sb.**, spiare q.; **to p. into a room**, sbirciare dentro una stanza *2* (*generalm. seguito da prep.*) far capolino; spuntare: **The sun peeped out**, il sole fece capolino; **Snowdrops peeped through the snow**, dalla neve spuntavano i bucaneve.
peephole /ˈpiːphəʊl/ *n.* spioncino.
Peeping Tom /ˈpiːpɪŋ ˈtɒm/ *locuz. n.* guardone; voyeur (*franc.*).
peep show /ˈpiːp ʃəʊ/ *locuz. n.* *1* apparecchio con un foro munito di lente attraverso il quale si vedono immagini piccanti *2* spettacolo di spogliarello.
peer /pɪə(r)/ *n.* *1* pari; coetaneo; persona di pari condizione sociale: **p.(-group) pressure**, pressione esercitata dai coetanei, dagli appartenenti alla stessa classe sociale, ecc. *2* (*in G.B., anche* **p. of the realm**) Pari; membro della Camera dei Lord.
to **peer** /pɪə(r)/ *v. i.* guardare da vicino; scrutare: **to p. at sb.**, scrutare q.
peerage /ˈpɪərɪdʒ/ *n.* (*in G.B.*) *1* dignità (*o* titolo) di Pari: **to be raised to the p.**, essere creato Pari *2* (i) Pari *3* almanacco nobiliare inglese.
peeress /ˈpɪərɛs/ *n.* (*in G.B.*) *1* Pari (*donna*) *2* moglie di un Pari.
peerless /ˈpɪələs/ *a.* (*form.*) senza pari; impareggiabile; incomparabile.
peeved /piːvd/ *a.* (*fam.*) irritato; scocciato (*fam.*).
peevish /ˈpiːvɪʃ/ *a.* irritabile; irascibile; permaloso; stizzoso.
peewit /ˈpiːwɪt/ *V.* **lapwing**.
peg /pɛg/ *n.* *1* picchetto; piolo; cavicchio *2* (*GB, anche*

clothes peg) molletta da bucato *3* attaccapanni *4* zaffo, zipolo (*per botti*) *5* (*mus., anche* **tuning peg**) bischero; pirolo • (*fam.*) **peg leg**, gamba di legno; persona con una gamba di legno □ **off the peg**, (*di abito*) confezionato; fatto □ **a square peg in a round hole**, un pesce fuor d'acqua; una persona inadatta al suo lavoro □ (*fam.*) **to take sb. down a peg or two**, far abbassare la cresta a q.

to **peg** /pɛg/ *v. t.* *1* assicurare con picchetti; fissare; incavicchiare *2* segnare con paletti; picchettare *3* (*GB*) appendere (*bucato*) con mollette *4* (*econ.*) fissare, stabilizzare (*prezzi, salari*) • (*fam. USA*) **to have sb. pegged as**, classificare q. come.

♦ **peg away** *v. i. + avv.* lavorare indefessamente.

♦ **peg down** *v. t. + avv.* vincolare a una linea d'azione.

♦ **peg out** **A** *v. t. + avv.* *1* (*GB*) stendere (*il bucato*) *2* segnare con paletti (*un terreno*); picchettare **B** *v. i. + avv.* (*pop.*) morire; crepare.

pejorative /pɪ'dʒɒrətɪv, *USA* -ɔːr-/ *a. e n.* *1* spregiativo *2* (*gramm.*) peggiorativo.

pekinese /piːkɪ'niːz/, **pekingese** /piːkɪŋ'iːz/ *n.* (cane) pechinese.

pelican /'pɛlɪkən/ *n.* (*zool.*) pellicano • **p. crossing**, passaggio pedonale con semaforo azionabile manualmente.

pellet /'pɛlət/ *n.* *1* pallina *2* pallino di piombo *3* (*farm.*) pillola; pellet.

pell-mell /pɛl'mɛl/ *avv.* (*antiq.*) *1* alla rinfusa; disordinatamente *2* precipitosamente.

pelmet /'pɛlmɪt/ *n.* (*GB*) mantovana (*di tendaggio*).

pelt (**1**) /pɛlt/ *n.* pelle non conciata (*di animale da pelliccia*).

pelt (**2**) /pɛlt/ *n.* — **at full p.**, a tutta velocità; a precipizio.

to **pelt** /pɛlt/ **A** *v. t.* colpire (*con proiettili*); bersagliare: **to p. sb. with stones**, tirare sassi contro q.: **to p. sb. with questions**, bersagliare q. di domande **B** *v. i.* *1* (*della pioggia*) battere insistentemente; scrosciare *2* (*impers.*) piovere a dirotto; diluviare *3* correre a precipizio • **pelting rain**, pioggia a dirotto; pioggia a catinelle.

pelves /'pɛlviːz/ *pl. di* **pelvis**.

pelvic /'pɛlvɪk/ *a.* (*anat.*) pelvico.

pelvis /'pɛlvɪs/ *n.* (*pl.* **pelves**, **pelvises**) (*anat.*) pelvi; bacino.

pen (**1**) /pɛn/ *n.* *1* recinto; chiuso: **sheep pen**, ovile *2* box (*per bambini*).

pen (**2**) /pɛn/ *n.* penna (*per scrivere*) • **pen-and-ink drawing**, disegno a penna □ **pen friend** (*o* **pal**), amico di penna □ **pen name**, pseudonimo □ (*fam.*) **pen pusher**, scribacchino; impiegatuccio □ **to set pen to paper**, mettersi a scrivere; prendere la penna in mano.

pen (**3**) /pɛn/ *n.* (*pop. USA*) penitenziario; galera.

to **pen** (**1**) /pɛn/ *v. t.* chiudere in un recinto.

♦ **pen in** (*o* **up**) *v. t. + avv.* *1* mettere (*bestiame*) al chiuso *2* rinchiudere.

to **pen** (**2**) /pɛn/ *v. t.* (*form.*) scrivere (*con la penna*); comporre.

penal /'piːnl/ *a.* *1* (*leg.*) penale *2* penalizzante; oneroso • (*leg.*) **p. offence**, reato passibile di sanzione penale □ (*leg.*) **p. servitude**, lavori forzati.

to **penalize**, (*GB anche*) to **penalise** /'piːnəlaɪz/ *v. t.* (*anche sport*) penalizzare.

penalty /'pɛnltɪ/ *n.* *1* (*leg.*) multa; ammenda; penale; pena: **a £50 p.**, una multa di 50 sterline; **death p.**, pena di morte *2* svantaggio; scotto da pagare *3* (*sport*) penalità *4* (*calcio, anche* **p. kick**) (calcio di) rigore: **p. area** (*o* **box**), area di rigore; **p. goal**, gol su calcio di rigore; **p. shoot-out**, (i) rigori: **to have a p. shoot-out**, andare ai rigori; **p. spot**, dischetto.

penance /'pɛnəns/ *n.* Ⓤ (*relig. e fig.*) penitenza: **to do p.**, far penitenza.

pence /pɛns/ *pl. di* **penny**.

penchant /'pɒnʃɒn, 'pɑːnʃɑːn, *USA* 'pɛntʃənt/ (*franc.*) *n.* debole; penchant.

pencil /'pɛnsl/ *n.* matita: **in p.**, a matita • **p. case**, portamatite □ **p. sharpener**, temperamatite.

to **pencil** /'pɛnsl/ *v. Solo come*:

♦ **pencil in** *v. t. + avv.* *1* aggiungere a matita *2* (*fam.*) aggiungere, includere provvisoriamente.

pendant /'pɛndənt/ *n.* *1* pendaglio; pendente; ciondolo *2* (*naut.*) fiamma.

pendent /'pɛndənt/ *a.* *1* pendente; sospeso *2* incombente.

pending /'pɛndɪŋ/ **A** *a.* *1* pendente (*leg.*); indeciso; non risolto: **p. dealings**, trattative in corso; **patent p.**, brevetto in corso di concessione *2* imminente; incombente **B** *prep.* in attesa di.

pendulous /'pɛndjʊləs, *USA* -dʒʊləs/ *a.* pendulo; sospeso.

pendulum /'pɛndjʊləm, *USA* -dʒʊ-/ *n.* (*fis. e fig.*) pendolo • **p. clock**, orologio a pendolo; pendola.

penes /'piːniːz/ *pl. di* **penis**.

to **penetrate** /'pɛnɪtreɪt/ **A** *v. t.* *1* penetrare in; perforare; trapassare *2* penetrare in; infiltrarsi in *3* pervadere; permeare *4* svelare, scoprire (*un mistero, un travestimento*) **B** *v. i.* *1* penetrare; entrare *2* (*fam.*) entrare in testa; essere capito.

penetrating /'pɛnɪtreɪtɪŋ/ *a.* *1* penetrante *2* perspicace; acuto *3* pervasivo.

penetration /pɛnɪ'treɪʃn/ *n.* Ⓤ *1* penetrazione *2* penetrazione; acume.

penguin /'pɛŋgwɪn/ *n.* pinguino.

penholder /'pɛnhəʊldə(r)/ *n.* portapenne.

penicillin /pɛnɪ'sɪlɪn/ *n.* Ⓤ (*farm.*) penicillina.

peninsula /pə'nɪnsjʊlə, *USA* -nsələ/ *n.* (*geogr.*) penisola.

peninsular /pə'nɪnsjʊlə(r), *USA* -nsələ(r)/ *a.* peninsulare.

penis /'piːnɪs/ *n.* (*pl.* **penes**, **penises**) (*anat.*) pene.

penitence /'pɛnɪtəns/ *n.* Ⓤ penitenza.

penitent /'pɛnɪtənt/ *a. e n.* penitente.

penitential /pɛnɪ'tɛnʃl/ *a.* penitenziale.

penitentiary /pɛnɪ'tɛnʃərɪ/ *n.* (*USA*) penitenziario; carcere.

penknife /'pɛnnaɪf/ *n.* (*pl.* **penknives** /-naɪvz/) temperino.

penmanship /'pɛnmənʃɪp/ *n.* Ⓤ (*form.*) calligrafia.

pennant /'pɛnənt/ *n.* *1* (*naut.*) fiamma *2* (*sport*) vessillo; stendardo.

penniless /'pɛnɪləs/ *a.* senza un soldo; spiantato; squattrinato.

penny /'pɛnɪ/ *n.* (*pl.* **pennies** *per le monete*; **pence** *per il valore*) penny (*moneta ingl. pari a un centesimo di sterlina*): **a handful of pennies**, una manciata di penny; **It only cost me a few pence**, mi è costato solo poche pence • **p.-farthing**, biciclo □ **p.-pinching** (*agg.*), avaro; spilorcio □ **p. whistle**, piffero □ (*fam.*) **a bad p.**, un poco di buono □ **A p. for your thoughts**, a che cosa stai pensando? □ (*fam.*) **to cost a pretty p.**, costare un bel po' di soldi □ (*fam.*) **in for a p., in for a pound**, quando si è in ballo, bisogna ballare; abbiamo fatto trenta, facciamo anche trentuno □ (*fam.*) **to spend a p.**, andare al gabinetto □ **Arts graduates are two a p.**, di laureati in lettere ce n'è a dozzine □ **At last the p. dropped**, finalmente capì.

penny-farthing /'pɛnɪ 'fɑːðɪŋ/ *n.* (*GB*) biciclo; velocipede.

pennyworth /'pɛnɪwəθ/ *n.* (quanto si può comprare con un) penny: **a p. of sweets**, un penny di caramelle.

pension (**1**) /'pɛnʃn/ *n.* pensione: **to retire on a p.**, andare in pensione; **old-age** [**disability**] **p.**, pensione sociale [di invalidità] • **p. fund**, fondo pensioni □ **p. plan**, piano di pensionamento.

pension (**2**) /'pɒnsɪɒn, *USA* pɒnsɪ'əʊn/ (*franc.*) *n.* (*tur.*) pensione (*non in G.B.*).

to **pension** /'pɛnʃn/ *v. Solo come*:

♦ **pension off** *v. t. + avv.* (*anche fig.*) mandare in pensione.

pensionable /'pɛnʃənəbl/ *a.* pensionabile.

pensioner /'pɛnʃənə(r)/ *n.* pensionato (-a).

pensive /'pɛnsɪv/ *a.* pensoso; meditabondo.

pentagon /'pɛntəgən, *USA* -gɒn/ *n.* (*geom.*) pentagono • (*USA*) **the P.**, il Pentagono.

pentagram /'pɛntəgræm/ *n.* pentacolo; stella a cinque punte.

ATTENZIONE: **pentagram** ≠ pentagramma.

pentameter /pɛn'tæmɪtə(r)/ *n.* (*poesia*) pentametro.

Pentateuch /'pɛntətjuːk, *USA* -tuːk/ *n.* (*relig.*) Pentateuco.

pentathlon /pɛn'tæθlən, -lɒn/ *n.* (*sport*) pentathlon.

Pentecost /'pɛntɪkɒst, *USA* -kɔːst/ *n.* (*relig.*) Pentecoste.

penthouse /'pɛnthaʊs/ *n.* attico.

pent up /'pɛnt'ʌp/, *a.* (*attr.* **pent-up**) represso; rinchiuso: **p. emotions**, emozioni represse; **to feel p.**, sentirsi in gabbia.

penultimate /pɪ'nʌltɪmət/ *a. e n.* penultimo.

penurious /pɪ'njʊərɪəs, *USA* -'nʊə-/ *a.* (*form.*) povero; indigente.

penury /'pɛnjərɪ/ *n.* Ⓤ penuria; indigenza.

peony /'piːənɪ/ *n.* (*bot.*) peonia.

people /'piːpl/ *n.* *1* (*col verbo al pl.*) gente; persone: **There were lots of p.**, c'era un sacco di gente; **Several p. stood up and left**, diverse persone si alzarono e se ne andarono;

I don't care what p. say, non m'importa di quel che dice la gente; **Many p. believe that...**, molti credono che...; **the p. in the village**, la gente del paese; gli abitanti del villaggio; **theatre p.**, la gente di teatro; **old p.**, i vecchi; gli anziani *2* popolo; nazione: **government of the p.**, il governo del popolo; **the peoples of Asia**, i popoli dell'Asia *3* (*col verbo al pl., sempre con un possessivo*) famiglia: **His p. have lived here for centuries**, la sua famiglia abita qui da secoli ● **p.'s republic**, repubblica popolare □ **the little p.**, le fate □ **You of all p. should know**, se c'è uno che dovrebbe saperlo sei tu.

to **people** /'pi:pl/ *v. t.* popolare.

pep /pɛp/ *n.* [U] (*fam.*) energia; vivacità; vitalità ● **pep pill**, eccitante (*in pillola*) □ **pep talk**, fervorino d'incitamento.

to **pep** /pɛp/ *v. Solo come*:

♦ **pep up** *v. t. + avv.* (*fam.*) *1* vivacizzare; animare; tirare su *2* insaporire (*cibo*).

pepper /'pɛpə(r)/ *n.* (*bot.*) *1* [U] pepe (*pianta e frutto*) *2* peperone ● **p.-and-salt**, (color) pepe e sale □ **p. mill**, macinapepe □ **p. pot**, pepaiola □ **red p.**, peperone rosso; peperoncino rosso.

to **pepper** /'pɛpə(r)/ *v. t.* *1* pepare *2* cospargere; disseminare; infarcire *3* riempire (*di proiettili*).

peppercorn /'pɛpəkɔ:n/ *n.* granello di pepe ● (*GB*) **p. rent**, affitto nominale.

peppermint /'pɛpəmɪnt/ *n.* *1* [U] (*bot.*) menta piperita *2* [U] essenza di menta *3* caramella di menta; mentina.

peppery /'pɛpərɪ/ *a.* *1* (*anche fig.*) pepato *2* collerico; irascibile.

pepsin /'pɛpsɪn/ *n.* [U] (*biochim.*) pepsina.

peptic /'pɛptɪk/ *a.* (*chim., anat., med.*) peptico: **p. ulcer**, ulcera peptica.

per /pɜ:(r), pə(r)/ *prep.* a; per: **per annum**, all'anno; **per capita**, a testa; pro capite; **per cent**, *V.* **per cent**, *A, B e C*; **per head**, a testa; per ciascuno; **per se**, preso a sé; **per week**, alla settimana; **per second**, al secondo; (*comm.*) **as per invoice**, come da fattura; (*fam.*) **as per usual**, come al solito.

perambulator /pə'ræmbjʊleɪtə(r)/ (*form. GB*) *n.* carrozzina per bambini.

perceivable /pə'si:vəbl/ *a.* percepibile; percettibile.

to **perceive** /pə'si:v/ *v. t.* (*form.*) percepire; accorgersi di; scorgere.

per cent, percent /pə'sɛnt/ *A a.* percentuale *B avv.* per cento: **a 10 p. discount**, uno sconto del 10 per cento *C n.* percento.

percentage /pə'sɛntɪdʒ/ *n.* *1* percentuale: **p. on sales**, percentuale sulle vendite; interessenza; **in p. terms**, in termini di percentuale *2* parte; porzione *3* (*fam.*) vantaggio.

perceptible /pə'sɛptəbl/ *a.* (*form.*) percettibile.

perception /pə'sɛpʃn/ *n.* [U] *1* percezione *2* perspicacia; intuito.

perceptive /pə'sɛptɪv/ *a.* *1* perspicace; penetrante; acuto *2* percettivo.

perceptiveness /pə'sɛptɪvnəs/ *n.* [U] *1* perspicacia; intuito *2* percettività.

perch (1) /pɜ:tʃ/ *n.* (*zool.*) pesce persico.

perch (2) /pɜ:tʃ/ *n.* *1* posatoio (*per uccelli*) *2* pertica (*unità di misura lineare*) *3* (*fam.*) posto di osservazione; posto di vedetta.

to **perch** /pɜ:tʃ/ *A v. i.* posarsi; (*anche fig.*) appollaiarsi *B v. t.* posare (*in bilico*).

perchance /pə'tʃɑ:ns, *USA* -'tʃæns/ *avv.* (*antiq.*) per avventura; per caso; forse.

to **percolate** /'pɜ:kəleɪt/ *A v. t.* colare; filtrare; far passare (*il caffè, ecc.*) *B v. i.* colare; filtrare; (*del caffè*) passare.

percolator /'pɜ:kəleɪtə(r)/ *n.* *1* filtro; colatoio *2* macchinetta da caffè; caffettiera a filtro.

percussion /pə'kʌʃn/ *n.* [U] *1* percussione *2* (*mus.*) percussioni ● **p. cap.**, capsula; detonatore □ (*mus.*) **p. instrument**, strumento a percussione.

percussionist /pə'kʌʃənɪst/ *n.* (*mus.*) percussionista.

peregrination /pɛrɪgrɪ'neɪʃn/ *n.* [U] *e* [C] (*lett. o scherz.*) peregrinazione; viaggio.

peregrine /'pɛrɪgrɪn/ *n.* (*zool., anche* **p. falcon**) falco pellegrino.

peremptory /pə'rɛm(p)tərɪ, *USA* 'pɛrəm(p)tɔ:rɪ/ *a.* *1* perentorio; imperioso *2* tassativo ● (*leg.*) **p. writ**, mandato di comparizione.

perennial /pə'rɛnɪəl/ *A a.* *1* costante; perenne *2* (*bot.*) perenne *B n.* (*bot.*) pianta perenne.

perfect /'pɜ:fɪkt/ *A a.* *1* perfetto: **a p. crime**, un delitto perfetto; **p. weather for harvesting**, tempo ideale per il raccolto; **in p. silence**, in perfetto (*o* assoluto) silenzio; **a p. stranger**, un perfetto sconosciuto *2* (*gramm.*) — **future p.**, futuro anteriore; **past p.**, trapassato prossimo; **present p.**, passato prossimo ● **a p. nuisance**, una vera seccatura □ (*mus.*) **p. pitch**, orecchio assoluto *B n.* (*gramm.*) (tempo) perfetto.

to **perfect** /pə'fɛkt/ *v. t.* perfezionare.

perfectible /pə'fɛktəbl/ *a.* perfettibile; perfezionabile.

perfection /pə'fɛkʃn/ *n.* [U] *1* perfezione: **done to p.**, fatto alla perfezione *2* perfezionamento.

perfectionist /pə'fɛkʃənɪst/ *n.* perfezionista.

perfectly /'pɜ:fɪktlɪ/ *avv.* perfettamente; completamente; assolutamente: **I'm p. aware of the situation**, mi rendo perfettamente conto della situazione; **It's p. clear that...**, è evidentissimo che...

perfidious /pə'fɪdɪəs/ *a.* (*lett.*) perfido.

perfidy /'pɜ:fɪdɪ/ *n.* [U] *e* [C] (*lett.*) perfidia.

to **perforate** /'pɜ:fəreɪt/ *A v. t.* perforare; traforare *B v. i.* penetrare.

perforation /pɜ:fə'reɪʃn/ *n.* *1* [U] *e* [C] perforazione; traforo *2* (*filatelia*) dentellatura.

perforator /'pɜ:fəreɪtə(r)/ *n.* perforatore; (macchina) perforatrice.

perforce /pə'fɔ:s/ *avv.* (*antiq. o lett.*) per forza; di necessità.

to **perform** /pə'fɔ:m/ *A v. t.* *1* eseguire; compiere; fare; adempiere; assolvere: (*chir.*) **to p. an operation**, eseguire un'operazione; operare; **to p. a miracle**, compiere un miracolo *2* (*teatr.*) rappresentare; recitare *3* (*mus.*) eseguire *B v. i.* *1* esibirsi in pubblico *2* (*di macchina*) dare una prestazione; avere un redimento.

performance /pə'fɔ:məns/ *n.* *1* [U] esecuzione; adempimento; compimento; assolvimento (*di un dovere*) *2* (*teatr.*) rappresentazione; recita; spettacolo; (*di attore*) interpretazione *3* (*mus.*) esecuzione; concerto *4* (*di macchina*) rendimento; prestazioni; performance *5* (*sport*) performance; rendimento *6* (*fam.*) impresa: **It was quite a p., getting the sofa up the stairs**, è stata una vera impresa portare il sofà al piano di sopra *7* (*spreg.*) esibizione indecorosa ● **p. pay**, retribuzione aggiuntiva per maggiore rendimento □ **p.--related**, (*di salario*) rapportato al rendimento.

performer /pə'fɔ:mə(r)/ *n.* esecutore (-trice); interprete; artista.

performing /pə'fɔ:mɪŋ/ *a.* *1* — **p. arts**, arti dello spettacolo; **p. rights**, diritti di rappresentazione *2* (*di animale*) ammaestrato.

perfume /'pɜ:fju:m, *USA* pə'fju:m/ *n.* [C] *e* [U] profumo.

to **perfume** /'pɜ:fju:m, *USA* pə'fju:m/ *v. t.* profumare.

perfunctory /pə'fʌŋ(k)tərɪ, *USA* -tɔ:rɪ/ *a.* affrettato; fatto meccanicamente; superficiale; pro forma.

perhaps /pə'hæps/ *avv.* forse: **p. not**, forse no.

pericardium /pɛrɪ'kɑ:dɪəm/ *n.* (*pl.* **pericardia** /-dɪə/) (*anat.*) pericardio.

perigee /'pɛrɪdʒi:/ *n.* (*astron.*) perigeo.

perihelion /pɛrɪ'hi:lɪən/ *n.* (*pl.* **perihelia** /-lɪə/) (*astron.*) perielio.

peril /'pɛrəl/ *n.* [U] *e* [C] (*lett.*) pericolo: **at one's p.**, a proprio rischio e pericolo.

perilous /'pɛrələs/ *a.* (*lett.*) pericoloso; rischioso.

perimeter /pə'rɪmɪtə(r)/ *n.* perimetro.

perinatal /pɛrɪ'neɪtl/ *a.* perinatale.

perineum /pɛrɪ'ni:əm/ *n.* (*pl.* **perinea** /-ni:ə/) (*anat.*) perineo.

period /'pɪərɪəd/ *n.* *1* periodo: **p. of rest**, periodo di riposo; **historical p.**, periodo storico; epoca storica *2* (*USA*) punto (fermo) *3* mestruazioni: **p. pains**, dolori mestruali *4* (*a scuola*) ora (di lezione); lezione *5* (*sport*) tempo ● **p. dress**, costume d'epoca □ **p. furniture**, mobili in stile □ **p. piece**, pezzo d'epoca; (*scherz.*) pezzo da museo □ (*fam.*) **I won't, p.!**, non voglio, punto e basta.

periodic /pɪərɪ'ɒdɪk/ *a.* periodico ● (*chim.*) **p. table**, sistema periodico degli elementi.

periodical /pɪərɪ'ɒdɪkl/ *A a.* periodico *B n.* periodico; rivista.

periodicity /pɪərɪə'dɪsətɪ/ *n.* [U] periodicità.

peripatetic /pɛrɪpə'tɛtɪk/ *a.* itinerante.

peripheral /pəˈrɪfərəl/ *a.* **1** (*scient.*) periferico **2** marginale.
periphery /pəˈrɪfərɪ/ *n.* **1** periferia; zona esterna; margini **2** perimetro; circonferenza **3** (*anat.*) periferia.
periphrasis /pəˈrɪfrəsɪs/ *n.* ⓤ *e* ⓒ (*pl.* **periphrases** /-siːz/) perifrasi.
periphrastic /perɪˈfræstɪk/ *a.* perifrastico.
periscope /ˈperɪskəʊp/ *n.* (*naut.*) periscopio.
to **perish** /ˈperɪʃ/ *v. i.* **1** perire; morire **2** (*di merce*) deperire; deteriorarsi • **P. the thought!**, facciamo gli scongiuri!
perishable /ˈperɪʃəbl/ **A** *a.* deteriorabile; deperibile **B** *n.* (*al pl.*) (*comm.*) merci deperibili.
perishing /ˈperɪʃɪŋ/ *a.* (*fam. GB*) **1** dannato; sciagurato **2** — **I'm p.!**, muoio di freddo; sto gelando; **It's really p.!**, fa un freddo cane.
peritonitis /perɪtəˈnaɪtɪs/ *n.* ⓤ (*med.*) peritonite.
periwig /ˈperɪwɪg/ *n.* parrucca.
periwinkle /ˈperɪwɪŋkl/ *n.* (*bot.*) pervinca.
to **perjure** /ˈpɜːdʒə/ *v. Solo come*:
♦ **perjure oneself** *v. rifl.* spergiurare; giurare il falso.
perjurer /ˈpɜːdʒərə(r)/ *n.* spergiuro (-a).
perjury /ˈpɜːdʒərɪ/ *n.* ⓤ *e* ⓒ **1** spergiuro **2** (*leg.*) falsa testimonianza.
perk /pɜːk/ *n.* (*abbr. di* **perquisite**) (*fam.*) compenso extra; beneficio accessorio; vantaggio.
to **perk** /pɜːk/ *v. Solo come*:
♦ **perk up** (*fam.*) **A** *v. i.* + *avv.* rianimarsi; ringalluzzirsi; tirarsi su **B** *v. t.* + *avv.* rianimare; tirare su.
perky /ˈpɜːkɪ/ *a.* (*fam.*) **1** allegro; vivace; pimpante **2** disinvolto; sicuro di sé.
perm /pɜːm/ *n.* (*fam.*) permanente.
to **perm** /pɜːm/ *v. t.* (*fam.*) — **to p. sb.'s hair**, fare la permanente a q.; **to have one's hair permed**, farsi fare la permanente.
permafrost /ˈpɜːməfrɒst, *USA* -ɔːst/ *n.* (*geol.*) permafrost.
permanence /ˈpɜːmənəns/ *n.* ⓤ permanenza; stabilità.
permanency /ˈpɜːmənənsɪ/ *n.* **1** ⓤ permanenza; stabilità **2** cosa permanente; posto fisso (*di lavoro*).
permanent /ˈpɜːmənənt/ *a.* permanente; durevole; stabile: **p. wave**, ondulazione permanente; (*leg.*) **p. disablement**, invalidità permanente; **p. job**, posto fisso; **p. staff**, personale di ruolo.
permanganate /pɜːˈmæŋgəneɪt/ *n.* ⓤ (*chim.*) permanganato.
permeability /pɜːmɪəˈbɪlətɪ/ *n.* ⓤ permeabilità.
permeable /ˈpɜːmɪəbl/ *a.* permeabile.
to **permeate** /ˈpɜːmɪeɪt/ **A** *v. t.* permeare; penetrare in; saturare **B** *v. i.* penetrare; filtrare; diffondersi.
permissible /pəˈmɪsəbl/ *a.* permissibile; ammissibile.
permission /pəˈmɪʃn/ *n.* ⓤ permesso; licenza: **to give sb. p. to do st.**, dare a q. il permesso di fare q.c.
permissive /pəˈmɪsɪv/ *a.* permissivo.
permissiveness /pəˈmɪsɪvnəs/ *n.* ⓤ permissività; permissivismo.
permit /ˈpɜːmɪt, *USA* ˈpɜː-, pəˈmɪt/ *n.* permesso; licenza: **work p.**, permesso di lavoro; **export p.**, licenza di esportazione.
to **permit** /pəˈmɪt/ *v. t. e i.* permettere; consentire: **to p. sb. to do st.**, permettere a q. di fare q.c.; **Smoking is not permitted**, non è permesso fumare; **weather permitting**, tempo permettendo.
♦ **permit of** *v. i.* + *prep.* (*form.*) ammettere: **The facts p. of no other explanation**, i fatti non ammettono altra spiegazione.
permutation /pɜːmjʊˈteɪʃn/ *n.* ⓤ *e* ⓒ **1** (*mat., chim.*) permutazione **2** (*comm.*) permuta **3** (*al totocalcio*) sistema.
pernicious /pəˈnɪʃəs/ *a.* pernicioso; dannoso; funesto.
pernickety /pəˈnɪkətɪ/ *a.* (*fam.*) meticoloso; pignolo.
peroration /perəˈreɪʃn/ *n.* (*form.*) perorazione.
peroxide /pəˈrɒksaɪd/ *n.* (*chim.*) **1** perossido **2** ⓤ (*anche* **hydrogen p.**) acqua ossigenata • **p. blonde**, bionda ossigenata.
perpendicular /pɜːpənˈdɪkjʊlə(r)/ **A** *a.* **1** (*geom.*) perpendicolare **2** verticale • (*archit.*) **P. style**, stile gotico perpendicolare **B** *n.* (*geol.*) perpendicolare.
to **perpetrate** /ˈpɜːpɪtreɪt/ *v. t.* perpetrare; commettere.
perpetrator /ˈpɜːpɪtreɪtə(r)/ *n.* (*leg.*) esecutore (-trice) (*di reato*).
perpetual /pəˈpetʃʊəl/ *a.* **1** perpetuo; eterno **2** continuo; incessante.
to **perpetuate** /pəˈpetjʊeɪt, *USA* -tʃʊ-/ *v. t.* perpetuare.
perpetuation /pəpetʃʊˈeɪʃn/ *n.* ⓤ perpetuazione.
perpetuity /pɜːpɪˈtjuːətɪ, *USA* -ˈtuː-/ *n.* **1** ⓤ perpetuità; eternità: **in p.**, in perpetuo **2** (*leg.*) vitalizio.
to **perplex** /pəˈpleks/ *v. t.* rendere perplesso; confondere.
perplexed /pəˈplekst/ *a.* perplesso; confuso.
perplexity /pəˈpleksətɪ/ *n.* ⓤ perplessità; incertezza.
perquisite /ˈpɜːkwɪzɪt/ *n.* (*form.*) **1** privilegio; prerogativa **2** compenso extra; beneficio accessorio.
to **persecute** /ˈpɜːsɪkjuːt/ *v. t.* perseguitare; molestare.
persecution /pɜːsɪˈkjuːʃn/ *n.* ⓤ *e* ⓒ persecuzione • (*psic.*) **p. complex**, mania di persecuzione.
persecutor /ˈpɜːsɪkjuːtə(r)/ *n.* persecutore (-trice).
perseverance /pɜːsɪˈvɪərəns/ *n.* ⓤ perseveranza.
to **persevere** /pɜːsɪˈvɪə(r)/ *v. i.* perseverare.
Persian /ˈpɜːʃn, *USA* -ʒn/ *a. e n.* persiano.
persimmon /pɜːˈsɪmən/ *n.* (*bot.*) cachi.
to **persist** /pəˈsɪst/ *v. i.* **1** persistere; ostinarsi: **to p. in doing st. one's own way**, ostinarsi a fare q.c. a modo proprio **2** continuare; durare; permanere.
persistence /pəˈsɪstəns/, **persistency** /pəˈsɪstənsɪ/ *n.* ⓤ **1** persistenza; perseveranza; ostinazione **2** (il) persistere; permanenza.
persistent /pəˈsɪstənt/ *a.* persistente; insistente; ostinato; continuo: **p. cough**, tosse ostinata • (*leg.*) **p. offender**, delinquente abituale.
person /ˈpɜːsn/ *n.* **1** persona: **in p.**, di persona; personalmente; **p. or persons unknown**, sconosciuti **2** corpo; figura; persona: **on** (*o* **about**) **one's p.**, su di sé; addosso **3** (*gramm.*) persona **4** (*zool.*) individuo • (*leg.*) **natural p.**, persona fisica □ **to act in one's own p.**, agire di persona (*o* personalmente, per conto proprio).
persona /pɜːˈsəʊnə/ *n.* (*form.*) persona; personaggio.
personable /ˈpɜːsənəbl/ *a.* di bell'aspetto; simpatico.
personage /ˈpɜːsənɪdʒ/ *n.* (*form.*) personaggio.
personal /ˈpɜːsənl/ *a.* **1** personale: **p. opinion**, opinione personale; **p. assistant**, assistente personale; (*gramm.*) **p. pronoun**, pronome personale **2** personale; privato: **a p. matter**, un affare privato **3** personale; della persona: **p. hygiene**, igiene personale • (*giorn.*) **p. column**, colonna degli annunci personali □ (*elab.*) **p. computer**, personal (computer) □ **p. organizer**, agenda □ (*leg.*) **p. property** (*o* **estate**), beni mobili □ **p. stereo**, walkman ®.
to **personalise** /ˈpɜːsənəlaɪz/ (*GB*) *V.* **to personalize**.
personality /pɜːsəˈnælətɪ/ *n.* **1** ⓤ personalità; temperamento **2** personalità; persona importante; personaggio • **p. cult**, culto della personalità.
to **personalize** /ˈpɜːsənəlaɪz/ *v. t.* **1** personalizzare **2** mettere su un piano personale.
personally /ˈpɜːsənəlɪ, -snlɪ/ *avv.* **1** personalmente; di persona **2** personalmente; per parte mia **3** — **to take st. p.**, prendere q.c. come una critica personale.
personification /pəsɒnɪfɪˈkeɪʃn/ *n.* ⓤ *e* ⓒ personificazione.
to **personify** /pəˈsɒnɪfaɪ/ *v. t.* personificare.
personnel /pɜːsəˈnel/ *n.* **1** personale: **p. management**, direzione del personale **2** (*anche* **p. department**) ufficio del personale.
perspective /pəˈspektɪv/ *n.* **1** ⓤ *e* ⓒ (*anche fig.*) prospettiva: **in p.**, in prospettiva; **to keep st. in p.**, mantenere q.c. nella giusta prospettiva **2** veduta; scorcio.
perspicacious /pɜːspɪˈkeɪʃəs/ *a.* perspicace; acuto; sagace.
perspicacity /pɜːspɪˈkæsətɪ/ *n.* ⓤ perspicacia; acutezza; sagacia.
perspiration /pɜːspɪˈreɪʃn/ *n.* ⓤ **1** traspirazione **2** sudore.
to **perspire** /pəˈspaɪə(r)/ *v. i.* traspirare; sudare.
to **persuade** /pəˈsweɪd/ *v. t.* persuadere; convincere: **to p. sb. that** [**of**], persuadere q. che [di]; **to p. sb. to do st.**, convincere q. a fare q.c.
persuasion /pəˈsweɪʒn/ *n.* **1** ⓤ persuasione **2** convinzione; credenza: **political p.**, convinzione politica.
persuasive /pəˈsweɪsɪv/ *a.* persuasivo; convincente.
persuasiveness /pəˈsweɪsɪvnəs/ *n.* ⓤ forza di persuasione.
pert /pɜːt/ *a.* **1** impertinente; sfacciato **2** allegro; sbarazzino.
to **pertain** /pəˈteɪn/ *v. i.* **1** riguardare; attenere **2** appartenere; spettare **3** addirsi; convenire.
pertinacious /pɜːtɪˈneɪʃəs, *USA* -tnˈeɪʃəs/ *a.* pertinace; ostinato.
pertinacity /pɜːtɪˈnæsətɪ, *USA* -tnˈæ-/ *n.* pertinacia.

pertinence /ˈpɜːtɪnəns, *USA* -tənəns/, **pertinency** /ˈpɜːtɪnənsɪ/ *n.* ⓤ pertinenza.
pertinent /ˈpɜːtɪnənt, *USA* -tənənt/ *a.* pertinente.
pertinently /ˈpɜːtɪnəntlɪ, *USA* -tənəntlɪ/ *avv.* in modo pertinente; molto a proposito.
pertness /ˈpɜːtnəs/ *n.* ⓤ impertinenza; sfacciataggine.
to **perturb** /pəˈtɜːb/ *v. t.* turbare; agitare; allarmare.
perturbation /pɜːtəˈbeɪʃn/ *n.* ⓤ *e* ⓒ perturbazione; agitazione.
perturbing /pəˈtɜːbɪŋ/ *a.* allarmante; inquietante.
perusal /pəˈruːzl/ *n.* ⓒ *e* ⓤ (*form.*) attenta lettura; esame accurato.
to **peruse** /pəˈruːz/ *v. t.* (*form.*) leggere attentamente; esaminare accuratamente; studiare.
Peruvian /pəˈruːvɪən/ *a. e n.* peruviano.
to **pervade** /pəˈveɪd/ *v. t.* pervadere; permeare.
pervasive /pəˈveɪsɪv/ *a.* penetrante; dilagante; diffuso.
perverse /pəˈvɜːs/ *a.* *1* fatto per il gusto di contraddire; da bastian contrario *2* cocciuto; testardo *3* irragionevole; contrario a ogni logica *4* perverso; iniquo. ATTENZIONE: **perverse** ≠ perverso.
perversion /pəˈvɜːʃn, *USA* -ʒn/ *n.* ⓤ *e* ⓒ *1* pervertimento; alterazione; travisamento *2* (*psic.*) perversione.
perversity /pəˈvɜːsətɪ/ *n.* ⓤ *1* spirito di contraddizione; irragionevolezza *2* cocciutaggine; testardaggine *3* perversità. ATTENZIONE: **perversity** ≠ perversità.
pervert /ˈpɜːvɜːt/ *n.* pervertito; depravato.
to **pervert** /pəˈvɜːt/ *v. t.* *1* pervertire; corrompere *2* alterare; travisare ● (*leg.*) **to p. the course of justice**, deviare il corso della giustizia.
perverted /pəˈvɜːtɪd/ *a.* *1* pervertito *2* perverso.
pesky /ˈpeskɪ/ *a.* (*fam. USA*) fastidioso; sgradevole; seccante.
pessimism /ˈpesɪmɪzəm/ *n.* ⓤ pessimismo.
pessimist /ˈpesɪmɪst/ *n.* pessimista.
pessimistic /pesɪˈmɪstɪk/ *a.* pessimistico.
pest /pest/ *n.* *1* animale (*o* insetto) nocivo *2* (*fam.*) individuo (*specialm. bambino*) pestifero; peste.
to **pester** /ˈpestə(r)/ *v. t.* importunare; tormentare; assillare.
pesticide /ˈpestɪsaɪd/ *n.* insetticida.
pestilence /ˈpestɪləns/ *n.* ⓤ *e* ⓒ pestilenza; peste bubbonica.
pestilential /pestɪˈlenʃl/ *a.* *1* pestilenziale *2* pestifero; tormentoso.
pestle /ˈpesl/ *n.* pestello.
pet (1) /pet/ ***A*** *n.* *1* animale da compagnia: **to keep a pet**, tenere in casa un animale; **pet food**, cibo per animali; **pet shop**, negozio di animali *2* (*di persona*) favorito (-a); beniamino (-a); cocco (-a) (*fam.*) *3* (*al vocat.*) tesoro ***B*** *a. attr.* *1* favorito; prediletto *2* (*di animale*) da compagnia; addomesticato ● (*fam.*) **my pet aversion**, la cosa che detesto di più □ **pet name**, vezzeggiativo; nomignolo.
pet (2) /pet/ *n.* malumore; stizza ● **to be in a pet**, essere stizzito.
to **pet** /pet/ ***A*** *v. t.* accarezzare; coccolare ***B*** *v. i.* (*fam.*) pomiciare; fare il petting.
petal /ˈpetl/ *n.* (*bot.*) petalo.
petard /pəˈtɑːd/ *n.* petardo.
to **peter** /ˈpiːtə(r)/ *v. Solo come*:
♦ **peter out** *v. i. + avv.* esaurirsi; estinguersi; cessare; spegnersi; finire.
petersham /ˈpiːtəʃəm/ *n.* ⓤ (*ind. tess.*) gros-grain.
petite /pəˈtiːt/ (*franc.*) *a.* (*di donna*) minuta e aggraziata.
petition /pəˈtɪʃn/ *n.* *1* petizione; supplica *2* (*leg.*) istanza; esposto; ricorso.
to **petition** /pəˈtɪʃn/ ***A*** *v. t.* presentare una petizione a; chiedere (con una petizione) a ***B*** *v. i.* *1* chiedere (con una petizione): **to p. for st.**, chiedere q.c. *2* (*leg.*) presentare un'istanza (*o* un ricorso): **to p. for divorce**, presentare istanza di divorzio.
petitioner /pəˈtɪʃnə(r)/ *n.* *1* chi firma una petizione *2* (*leg.*) richiedente; ricorrente.
petrel /ˈpetrəl/ *n.* — (*zool.*) **storm** (*o* **stormy**) **p.**, uccello delle tempeste.
to **petrify** /ˈpetrɪfaɪ/ ***A*** *v. t.* *1* pietrificare *2* terrorizzare ***B*** *v. i.* *1* pietrificarsi *2* essere terrorizzato.
petrochemical /petrəʊˈkemɪkl/ ***A*** *a.* petrolchimico ***B*** *n.* (*ind.*) prodotto petrolchimico.
petrodollar /ˈpetrəʊdɒlə(r)/ *n.* (*econ., fin.*) petrodollaro.
petrol /ˈpetrəl/ *n.* ⓤ (*GB*) benzina ● **p. bomb**, bomba molotov □ **p. station**, distributore (di benzina); stazione di servizio □ **p. tank**, serbatoio della benzina.
petroleum /pəˈtrəʊlɪəm/ *n.* ⓤ petrolio grezzo.
petticoat /ˈpetɪkəʊt/ *n.* sottoveste; sottogonna.
pettifogging /ˈpetɪfɒgɪŋ, *USA* -ɔːg-/ *a.* (*GB*) *1* cavilloso; sofistico *2* insignificante; futile.
pettiness /ˈpetɪnəs/ *n.* ⓤ *1* insignificanza; piccolezza *2* meschinità.
petty /ˈpetɪ/ *a.* *1* piccolo; di poca importanza; insignificante *2* gretto; meschino ● **p. bourgeoisie**, piccola borghesia □ **p. cash**, (fondo per le) piccole spese □ (*leg.*) **p. crime**, reato minore □ (*leg.*) **p. larceny**, piccolo furto □ (*naut. mil.*) **p. officer**, sottufficiale □ (*leg.*) **p. sessions**, udienze per reati minori.
petulance /ˈpetjʊləns, *USA* -tʃʊ-/ *n.* ⓤ irritabilità puerile; bizzosità; stizzosità; stizza.
petulant /ˈpetjʊlənt, *USA* -tʃʊ-/ *a.* *1* stizzoso; bizzoso; capriccioso *2* stizzito.
petunia /pəˈtjuːnɪə, *USA* -ˈtuː-/ *n.* (*bot.*) petunia.
pew /pjuː/ *n.* *1* panca di chiesa *2* (*fam.*) posto a sedere: **Take a pew!**, siediti!; accomodati!
pewit /ˈpiːwɪt/ *V.* **lapwing**.
pewter /ˈpjuːtə(r)/ *n.* ⓤ *1* peltro *2* oggetti di peltro.
phaeton /ˈfeɪtn/ *n.* (*stor.*) carrozza scoperta a quattro ruote.
phalanx /ˈfælæŋks, *USA* ˈfeɪ-/ *n.* (*pl.* **phalanges** /-dʒiːz/, **phalanxes**) (*stor., anat. e fig.*) falange.
phalli /ˈfælaɪ/ *pl. di* **phallus**.
phallic /ˈfælɪk/ *a.* fallico.
phallus /ˈfæləs/ *n.* (*pl.* **phalli**, **phalluses**) (*anat.*) fallo.
phantasmagoria /fæntæzməˈgɒrɪə, *USA* -ˈgɔːrɪə/ *n.* ⓤ fantasmagoria.
phantom /ˈfæntəm/ *n. e a.* fantasma.
Pharaoh /ˈfeərəʊ/ *n.* (*stor.*) faraone.
pharisaic /færɪˈseik/ *a.* farisaico; ipocrita.
Pharisee /ˈfærɪsiː/ *n.* *1* (*stor.*) fariseo *2* fariseo; ipocrita.
pharmaceutical /fɑːməˈsjuːtɪkl, -ˈsuː-/ *a.* farmaceutico.
pharmacist /ˈfɑːməsɪst/ *n.* farmacista.
pharmacologist /fɑːməˈkɒlədʒɪst/ *n.* farmacologo (-a).
pharmacology /fɑːməˈkɒlədʒɪ/ *n.* ⓤ farmacologia.
pharmacopaeia /fɑːməkəˈpiːə/ *n.* farmacopea.
pharmacy /ˈfɑːməsɪ/ *n.* *1* ⓤ farmacia (*scienza*) *2* farmacia (*negozio*).
pharynges /fəˈrɪndʒiːz/ *pl. di* **pharynx**.
pharyngitis /færənˈdʒaɪtɪs/ *n.* ⓤ (*med.*) faringite.
pharynx /ˈfærɪŋks/ *n.* (*pl.* **pharynges**, **pharynxes**) (*anat.*) faringe.
phase /feɪz/ *n.* fase (*anche scient.*); periodo; stadio ● (*fam.*) **He's just going through a p.**, gli passerà □ **out of p.**, (*elettr.*) fuori fase, sfasato; (*fig.*) sfasato, non sincronizzato.
to **phase** /feɪz/ *v. t.* *1* organizzare per fasi; pianificare *2* (*elettr.*) mettere in fase.
♦ **phase in** *v. t. + avv.* introdurre gradualmente.
♦ **phase out** *v. t. + avv.* eliminare gradualmente.
pheasant /ˈfeznt/ *n.* ⓒ *e* ⓤ (*zool.*) fagiano ● **hen p.**, fagiana.
phenobarbital /fiːnəʊˈbɑːbɪtəl/ (*USA*), **phenobarbitone** /fiːnəʊˈbɑːbɪtəʊn/ (*GB*) *n.* (*farm.*) acido feniletilbarbiturico; fenobarbital; Luminal ®.
phenol /ˈfiːnɒl, *USA* -əʊl, -ɔːl/ *n.* ⓤ (*chim.*) fenolo; acido fenico.
phenomena /fəˈnɒmɪnə/ *pl. di* **phenomenon**.
phenomenal /fəˈnɒmɪnl/ *a.* *1* (*scient., filos.*) fenomenico *2* fenomenale; prodigioso; straordinario.
phenomenon /fəˈnɒmɪnən, *USA* -nɒn/ *n.* (*pl.* **phenomena**) fenomeno.
pheromone /ˈferəməʊn/ *n.* (*biochim.*) feromone.
phew /fjuː/ *inter.* (*di stanchezza*) uff!; (*di sorpresa, sollievo*) fuiii!, uh!
phial /ˈfaɪəl/ *n.* fiala; boccettina.
philanderer /fɪˈlændərə(r)/ *n.* casanova; donnaiolo.
philandering /fɪˈlændərɪŋ/ *n.* *1* (l')essere un casanova (*o* un donnaiolo) *2* intensa attività amatoria; avventure amorose.
philanthropic /fɪlənˈθrɒpɪk/ *a.* filantropico.
philanthropist /fɪˈlænθrəpɪst/ *n.* filantropo (-a).
philanthropy /fɪˈlænθrəpɪ/ *n.* ⓤ filantropia.
philatelic /fɪləˈtelɪk/ *a.* filatelico.
philatelist /fɪˈlætəlɪst/ *n.* filatelico (-a); filatelista.

philately /fɪˈlætəlɪ/ *n.* ⓤ filatelia.
philharmonic /fɪləˈmɒnɪk, fɪlhɑː-/ *a.* filarmonico ● **p. society**, (società) filarmonica.
philippic /fɪˈlɪpɪk/ *n.* (*lett. o form.*) filippica; attacco.
Philippine /ˈfɪlɪpiːn/ *a. e n.* filippino.
Philistine /ˈfɪlɪstaɪn, *USA* -iːn, fɪˈlɪstɪn/ *a. e n.* (*stor.*) filisteo.
philistine /ˈfɪlɪstaɪn, *USA* -iːn, fɪˈlɪstɪn/ *a. e n.* (persona) che disprezza la cultura.
philistinism /ˈfɪlɪstɪnɪzəm, *USA* ˈfɪ-, fɪˈlɪ-/ *n.* ⓤ disprezzo per la cultura.
philological /fɪləˈlɒdʒɪkl/ *a.* filologico.
philologist /fɪˈlɒlədʒɪst/ *n.* filologo (-a).
philology /fɪˈlɒlədʒɪ/ *n.* ⓤ filologia.
philosopher /fɪˈlɒsəfə(r)/ *n.* filosofo (-a) ● **p.'s stone**, pietra filosofale.
philosophic(al) /fɪləˈsɒfɪk(l)/ *a.* filosofico ● **to be p. about st.**, prendere q.c. con filosofia.
philosophically /fɪləˈsɒfɪklɪ/ *avv.* **1** filosoficamente **2** con filosofia.
to **philosophize**, (*GB anche*) to **philosophise** /fɪˈlɒsəfaɪz/ *v. i.* filosofare.
philosophy /fɪˈlɒsəfɪ/ *n.* ⓤ *e* ⓒ filosofia.
philtre /ˈfɪltə(r)/ *n.* (*specialm. lett.*) filtro d'amore.
phlebitis /flɪˈbaɪtɪs/ *n.* ⓤ (*med.*) flebite.
phlebotomy /flɪˈbɒtəmɪ/ *n.* (*med.*) flebotomia.
phlegm /flɛm/ *n.* ⓤ **1** (*fisiol.*) muco; (*med.*) catarro **2** flemma.
phlegmatic /flɛgˈmætɪk/ *a.* flemmatico; imperturbabile.
phobia /ˈfəʊbɪə/ *n.* fobia; **to have a p. about st.**, avere la fobia di q.c.
phobic /ˈfəʊbɪk/ *a.* (*psic.*) fobico.
Phoenician /fɪˈnɪʃɪən/ *a. e n.* (*stor.*) fenicio.
phoenix /ˈfiːnɪks/ *n.* (*mitol.*) fenice.
phone /fəʊn/ *n.* (*fam.*) telefono: **to be on the p.**, essere al telefono; avere il telefono; **over the p.**, per telefono ● **p. book**, elenco (telefonico); guida (telefonica) □ **p. box** (*o* **booth, kiosk**), cabina telefonica □ **p. tap**, intercettazione telefonica.
to **phone** /fəʊn/ *v. t. e i.* (*fam.*) telefonare.
♦ **phone back** *v. t. e i.* richiamare.
♦ **phone in** *v. i.* + *avv.* telefonare (*in ufficio*; *a una trasmissione radiofonica o televisiva*).
♦ **phone up** *v. i.* + *avv.* fare una telefonata a; dare un colpo di telefono a.
phone-in /ˈfəʊnɪn/ *n.* (*radio, TV*) trasmissione con telefonate del pubblico.
phoneme /ˈfəʊniːm/ *n.* (*ling.*) fonema.
phonetic /fəˈnɛtɪk/ *a.* fonetico.
phonetician /fəʊnəˈtɪʃn/ *n.* fonetista.
phonetics /fəˈnɛtɪks/ *n. pl.* (*col verbo al sing.*) fonetica.
phoney /ˈfəʊnɪ/ (*pop.*) **A** *a.* falso; finto; fasullo **B** *n.* **1** oggetto falso **2** ciarlatano; impostore.
phonograph /ˈfəʊnəgrɑːf, *USA* -græf/ *n.* fonografo.
phonology /fəˈnɒlədʒɪ/ *n.* ⓤ (*ling.*) fonologia.
phony /ˈfəʊnɪ/ *V.* **phoney**.
phooey /ˈfuːɪ/ *inter.* **1** (*di incredulità*) bah! **2** (*di disgusto, ecc.*) puah!
phosphate /ˈfɒsfeɪt/ *n.* (*chim.*) fosfato.
phosphorescence /fɒsfəˈrɛsns/ *n.* ⓤ fosforescenza.
phosphorescent /fɒsfəˈrɛsnt/ *a.* fosforescente.
phosphoric /fɒsˈfɒrɪk, *USA* -ˈfɔːr-/ *a.* (*chim.*) fosforico.
phosphorus /ˈfɒsfərəs/ *n.* ⓤ (*chim.*) fosforo.
photo /ˈfəʊtəʊ/ *n.* (*pl.* **photos**) (*fam.*) foto: **to take a p.**, fare una foto ● (*sport*) **p. finish**, fotofinish.
to **photo** /ˈfəʊtəʊ/ *v. t.* (*fam.*) fotografare; fare una foto di.
photocopier /ˈfəʊtəkɒpɪə(r)/ *n.* fotocopiatrice.
photocopy /ˈfəʊtəkɒpɪ/ *n.* fotocopia.
to **photocopy** /ˈfəʊtəkɒpɪ/ *v. t.* fotocopiare.
photoelectric /fəʊtəʊɪˈlɛktrɪk/ *a.* (*fis.*) fotoelettrico: **p. cell**, cellula fotoelettrica.
Photofit ® /ˈfəʊtəʊfɪt/ *n.* ⓤ fotofit.
photogenic /fəʊtəˈdʒɛnɪk/ *a.* fotogenico.
photograph /ˈfəʊtəgrɑːf, *USA* -græf/ *n.* fotografia: **to take a p.**, fare una fotografia.
to **photograph** /ˈfəʊtəgrɑːf, *USA* -græf/ **A** *v. t.* fotografare **B** *v. i.* **1** fare fotografie **2** — **to p. well** [**badly**], essere [non essere] fotogenico.
photographer /fəˈtɒgrəfə(r)/ *n.* fotografo (-a).
photographic /fəʊtəˈgræfɪk/ *a.* fotografico.
photography /fəˈtɒgrəfɪ/ *n.* ⓤ fotografia (*l'arte*).
photogravure /fəʊtəgrəˈvjʊə(r)/ *n.* ⓤ *e* ⓒ fotoincisione.
photomontage /fəʊtəʊˈmɒntɑːʒ, *USA* -mɒnˈtɑːʒ/ *n.* ⓤ fotomontaggio.
photon /ˈfəʊtɒn/ *n.* (*fis.*) fotone.
photosensitive /fəʊtəˈsɛnsətɪv/ *a.* fotosensibile; fotocromatico.
photosphere /ˈfəʊtəsfɪə(r)/ *n.* (*astron.*) fotosfera.
photostat /ˈfəʊtəstæt/ *n.* copia fotostatica.
to **photostat** /ˈfəʊtəʊstæt/ *v. t.* fare una copia fotostatica di.
photosynthesis /fəʊtəˈsɪnθəsɪs/ *n.* ⓤ (*bot.*) fotosintesi.
phrasal /ˈfreɪzl/ *a.* (*ling.*) di espressione; di locuzione ● (*gramm. ingl.*) **p. verb**, verbo frasale.
phrase /freɪz/ *n.* **1** (*gramm.*) frase (non di senso compiuto); proposizione **2** (*ling.*) espressione; locuzione; modo di dire **3** (*mus.*) frase ● **p. book**, manuale di fraseologia.
to **phrase** /freɪz/ *v. t.* **1** esprimere; formulare **2** (*mus.*) fraseggiare.
phraseology /freɪzɪˈɒlədʒɪ/ *n.* ⓤ *e* ⓒ fraseologia.
phrasing /ˈfreɪzɪŋ/ *n.* ⓤ **1** scelta di parole; formulazione **2** (*mus.*) fraseggio.
phrenology /frəˈnɒlədʒɪ/ *n.* ⓤ (*med.*) frenologia.
Phrygian /ˈfrɪdʒɪən/ *a. e n.* (*stor.*) frigio.
phut /fʌt/ *avv.* — (*fam. GB*) **to go p.**, rompersi; saltare; (*di un progetto, ecc.*) andare a monte.
phylloxera /fɪlɒkˈsɪərə, fɪˈlɒksərə/ *n.* (*zool.*) fillossera.
physical /ˈfɪzɪkl/ **A** *a.* **1** fisico: **p. education** (*o* **training**), educazione fisica; ginnastica; **the p. world**, il mondo fisico; **p. geography**, geografia fisica **2** (*fam., sport*) duro; violento ● **p. examination**, visita medica □ **p. impossibility**, impossibilità materiale □ (*scherz.*) **p. jerks**, ginnastica **B** *n.* visita medica.
physician /fɪˈzɪʃn/ *n.* (*form.*) medico; dottore.
physicist /ˈfɪzɪsɪst/ *n.* fisico (-a).
physics /ˈfɪzɪks/ *n. pl.* (*col verbo al sing.*) fisica.
physiognomy /fɪzɪˈɒnəmɪ, *USA* -ˈɒgnəʊmɪ/ *n.* fisionomia.
physiological /fɪzɪəˈlɒdʒɪkl/ *a.* fisiologico.
physiologist /fɪzɪˈɒlədʒɪst/ *n.* fisiologo (-a).
physiology /fɪzɪˈɒlədʒɪ/ *n.* ⓤ fisiologia.
physiotherapist /fɪzɪəʊˈθɛrəpɪst/ *n.* (*med.*) fisioterapista.
physiotherapy /fɪzɪəʊˈθɛrəpɪ/ *n.* ⓤ (*med.*) fisioterapia.
physique /fɪˈziːk/ *n.* ⓤ *e* ⓒ fisico.
pi /paɪ/ *n.* (*geom.*) pi greco.
pianist /ˈpiːənɪst, pɪˈænɪst/ *n.* pianista.
piano /pɪˈænəʊ, pɪˈɑːnəʊ/ *n.* (*pl.* **pianos**) (*mus.*) piano; pianoforte ● **p. accordion**, fisarmonica □ **p. tuner**, accordatore di pianoforti □ **baby grand p.**, pianoforte a mezza coda □ **grand p.**, pianoforte a coda □ **upright p.**, pianoforte verticale.
pianoforte /pɪænəʊˈfɔːtɪ/ *n.* (*pl.* **pianofortes** /-tiːz/) *V.* **piano**.
picaresque /pɪkəˈrɛsk/ *a.* (*letter.*) picaresco.
picayune /pɪkəˈjuːn/ (*fam. USA*) *a.* **1** insignificante; da nulla **2** meschino.
piccolo /ˈpɪkələʊ/ *n.* (*pl.* **piccolos**) (*mus.*) ottavino.
pick (1) /pɪk/ *n.* **1** piccone **2** (*mus., USA*) plettro.
pick (2) /pɪk/ *n.* **1** scelta: **Take your p.!**, scegli pure! **2** cosa migliore; fiore: **the p. of the bunch**, il fior fiore.
to **pick** /pɪk/ *v. t.* **1** cogliere; raccogliere: **to p. flowers**, cogliere fiori **2** scegliere: **to p. the best seats**, scegliere i posti migliori **3** togliere accuratamente (*con la punta delle dita, con pinzette, ecc.*): **to p. crumbs from st.**, togliere con cura le briciole da q.c.; **to p. a bone**, spolpare un osso; **to p. one's nose**, mettersi le dita nel naso; **to p. one's teeth**, pulirsi i denti (*con uno stuzzicadenti*); **to p. sb.'s pocket**, borseggiare q. ● **to p. and choose**, scegliere con cura; essere pignolo (*o* difficile) □ **to p. sb.'s brain**, chiedere informazioni a q.; farsi dare suggerimenti da q. □ **to p. a fight** (*o* **quarrel**) (**with sb.**), attaccar briga (con q.) □ **to p. holes in st.**, trovare da ridire su q.c. □ **to p. a lock**, forzare una serratura □ (*fam.*) **to p. sb.** [**st.**] **to pieces**, criticare q. [q.c.]; fare a pezzi q. [q.c.] □ **to p. one's way**, procedere con grande cautela; guardare dove si mettono i piedi □ **to p. one's words**, scegliere le parole più adatte □ **I've got a bone to p. with you!**, noi due abbiamo un conto in sospeso!
♦ **pick at** *v. i.* + *prep.* (*fam.*) piluccare; mangiucchiare.
♦ **pick off** *v. t.* + *avv.* **1** staccare; togliere **2** abbattere a uno a uno (*con un'arma da fuoco*).
♦ **pick on** *v. i.* + *prep.* **1** scegliere (*q. per un compito sgrade-*

vole) **2** prendersela con; criticare.

♦ **pick out** *v. t. + avv.* **1** scegliere; selezionare **2** riuscire a vedere, scorgere, individuare (*fra molti*) **3** identificare (*fra molti*) **4** far risaltare; evidenziare (*con un colore diverso*) **5** (*mus.*) cercare (*un motivo*) sulla tastiera.

♦ **pick over** *v. t. + avv.* scegliere (*frutti, ecc.*) a uno a uno, tastando.

♦ **pick up** ***A*** *v. t. + avv.* **1** sollevare; raccogliere; prendere in braccio **2** rianimare; tirare su: **A cup of tea will p. me up**, una tazza di tè mi tirerà su **3** passare a prendere; ritirare: **I'll p. you up at eight**, ti passo a prendere alle otto **4** acquistare (*un accento*); imparare (*una lingua, ecc., specialm. ascoltando*); prendere (*un virus, ecc.*) **5** dare un passaggio a; far salire; caricare **6** (*fam.*) rimorchiare (*una ragazza*) **7** (*fam.*) arrestare **8** (*fam.*) comprare (*specialm. a poco prezzo*): **I picked it up at the sales**, l'ho trovato in saldo **9** (*radio*) ricevere; captare **10** trovare (*per caso*): **He was picked up five miles from the coast**, fu ritrovato a cinque miglia dalla costa **11** (*fam.*) guadagnare; portare a casa (*una somma di denaro*) **12** riprendere (*un discorso*) **13** riprendere; criticare: **He picked me up on my pronunciation**, mi ha fatto subito notare la mia pronuncia sbagliata **14** riprendere (*una maglia*) • **to p. up the bill** (*o* **the tab**), pagare (il conto) (*fig.*) □ (*autom.*) **to p. up speed**, acquistare velocità □ **to p. oneself up**, alzarsi; (*fig.*) riprendersi ***B*** *v. i. + avv.* **1** riprendere, ricominciare: **to p. up where one left off**, riprendere un discorso interrotto **2** rimettersi in salute; ristabilirsi **3** (*del tempo*) migliorare; rimettersi.

pickax (*USA*), **pickaxe** (*GB*) /ˈpɪkæks/ *n.* piccone.

picked /pɪkt/ *a.* scelto; selezionato.

picker /ˈpɪkə(r)/ *n.* **1** raccoglitore (-trice) **2** (*mecc.*) macchina raccoglitrice; cernitore; cernitrice.

picket /ˈpɪkɪt/ *n.* **1** picchetto; piolo; paletto **2** (*mil.*) picchetto **3** picchetto (*di scioperanti*) • **p. fence**, steccato □ **p. line**, cordone di scioperanti.

to **picket** /ˈpɪkɪt/ ***A*** *v. t.* **1** picchettare **2** (*mil.*) mettere di picchetto ***B*** *v. i.* **1** formare picchetti; picchettare **2** (*mil.*) essere di picchetto.

picketing /ˈpɪkɪtɪŋ/ *n.* Ⓤ picchettaggio.

pickings /ˈpɪkɪŋz/ *n. pl.* **1** avanzi; residui **2** guadagni facili (*o* illeciti); bottino.

pickle /ˈpɪkl/ *n.* **1** Ⓤ salamoia **2** (*al pl.*) giardiniera; sottaceti **3** (*fam.*) guaio; imbroglio.

to **pickle** /ˈpɪkl/ *v. t.* mettere sott'aceto; conservare in salamoia.

pickled /ˈpɪkld/ *a.* **1** in salamoia; sott'aceto **2** (*pop.*) ubriaco.

pick-me-up /ˈpɪkmiːʌp/ *n.* bevanda alcolica; cordiale; tonico.

pickpocket /ˈpɪkpɒkɪt/ *n.* borsaiolo; borseggiatore (-trice).

pick-up /ˈpɪkʌp/ *n.* **1** (*di grammofono*) pick-up; fonorivelatore **2** (*autom., anche* **p. truck**) furgone **3** (*fam.*) persona rimorchiata **4** (*mecc., USA*) accelerazione; ripresa **5** (*econ.*) ripresa.

picky /ˈpɪkɪ/ *a.* (*fam.*) esigente; difficile; pignolo.

picnic /ˈpɪknɪk/ *n.* picnic; merenda all'aperto; scampagnata: **to go on a p.**, andare a fare un picnic • **It was no p.!**, non è stato uno scherzo (*o* una passeggiata)!

to **picnic** /ˈpɪknɪk/ (*pass. e p.p.* **picnicked**) *v. i.* fare un picnic (*o* una scampagnata).

pictograph /ˈpɪktəgrɑːf, *USA* -græf/ *n.* pittogramma.

pictography /pɪkˈtɒgrəfɪ/ *n.* Ⓤ pittografia.

pictorial /pɪkˈtɔːrɪəl/ *a.* **1** illustrato; figurato **2** pittorico; fotografico.

Picts /pɪkts/ *n. pl.* (*stor.*) pitti.

picture /ˈpɪktʃə(r)/ *n.* **1** (*arte*) quadro; pittura; dipinto; ritratto: **p.-gallery**, galleria di quadri; pinacoteca **2** fotografia: **to take sb.'s p.**, fotografare q. **3** illustrazione **4** (*anche TV*) immagine **5** quadro; descrizione; ritratto: **the present economic p.**, l'attuale quadro economico; **a vivid p. of pre-war London**, una vivace descrizione della Londra anteguerra; **the overall p.**, il quadro generale **6** (*al pl.*) (*fam. GB*) cinema: **Let's go to the pictures**, andiamo al cinema **7** (*fam.*) (uno) spettacolo (*fig.*): **The garden is a p.!**, il giardino è uno spettacolo!; **Her face was a p. when she realized!**, avresti dovuto vedere la sua faccia quando ha capito! • **p. book**, libro illustrato (*specialm. per bambini*) □ **p.-card**, figura (*delle carte da gioco*) □ **p. frame**, cornice (per quadri) □ **p. postcard**, cartolina illustrata □ **p.-postcard**, da cartolina illustrata; pittoresco □ **p. window**, grande finestra panoramica □ **p. writing**, scrittura pittografica □ (*fam.*) **to be in the p.**, essere informato (*o* al corrente) □ (*fam.*) **to get the p.**, afferrare l'idea □ **to look the p. of health**, sembrare il ritratto della salute □ (*fam.*) **to put sb. in the p.**, mettere q. al corrente della situazione.

to **picture** /ˈpɪktʃə(r)/ *v. t.* **1** immaginare: **P. the scene**, immaginati la scena **2** dipingere; ritrarre; raffigurare.

picturesque /pɪktʃəˈrɛsk/ *a.* pittoresco.

piddle /ˈpɪdl/ *n.* Ⓤ (*fam.*) pipì.

to **piddle** /ˈpɪdl/ *v. i.* (*fam.*) fare (la) pipì.

piddling /ˈpɪdlɪŋ/ *a.* (*fam.*) insignificante; futile; meschino.

pidgin /ˈpɪdʒɪn/ *n.* Ⓤ (*ling.*) pidgin • **p. English**, pidgin English (*lingua franca anglo-cinese*).

pie /paɪ/ *n.* **1** torta; pasticcio: **apple pie**, torta di mele; **vegetable pie**, tortino di verdura **2** (*anche* **meat pie**) pasticcio di carne • **pie chart**, grafico a torta □ **pie dish**, teglia; tegame da forno □ (*fam. scherz.*) **pie-eyed**, sbronzo □ (*fam.*) **pie in the sky**, illusione; speranza illusoria; promessa fallace □ **to eat humble pie**, andare a Canossa; cospargersi il capo di cenere.

piebald /ˈpaɪbɔːld/ *a.* (*specialm. di cavallo*) pezzato.

piece /piːs/ *n.* **1** pezzo; frammento; parte; brano: **a p. of wood** [**of land**], un pezzo di legno [di terra] **2** elemento singolo di un tutto: **antique pieces**, pezzi (*o* oggetti) d'antiquariato; **a p. of paper**, un foglio (di carta); **a p. of material**, un taglio di stoffa; **a p. of music**, un brano musicale; **piano pieces**, pezzi per pianoforte; **a p. of furniture**, un mobile; **a p. of advice**, un consiglio; **a p. of luck**, un colpo di fortuna; **a p. of news**, una notizia; **a p. of nonsense**, una sciocchezza; **a p. of poetry**, una poesia; **a p. of work**, un lavoro; **a 24-p. set**, un servizio da 24; **a 15-p. band**, una banda di 15 elementi **3** moneta: **a 50p p.**, una moneta da 50 pence **4** (*scacchi*) pezzo **5** (*giorn.*) articolo; pezzo **6** (*mil.*) pezzo d'artiglieria **7** (*pop. USA*) arma da fuoco • (*fig.*) **p. of cake**, cosa facilissima; passeggiata □ **all in one p.**, in un pezzo solo □ **to give sb. a p. of one's mind**, dirne quattro a q. □ **to go to pieces**, andare in pezzi; (*fig.*) crollare □ **in one p.**, intatto □ (*fam.*) **nasty p. of work**, tipaccio □ **to be of a p.** (**with**), essere coerente (con); essere in carattere (con): **They are all of a p.**, sono tutti uguali □ (*fig.*) **to pick up the pieces**, rimettersi in piedi (*dopo un rovescio finanziario*); riprendersi (*da un lutto*) □ **to say one's p.**, dire la propria □ **to smash st. to pieces**, mandare q.c. in frantumi □ (*mecc.*) **to take to pieces**, smontare □ **two-p.** (**suit**), un (abito a) due pezzi.

to **piece** /piːs/ *v. Solo come*:

♦ **piece together** *v. t. + avv.* ricostruire; mettere insieme: **to p. together a story**, ricostruire una storia.

piecemeal /ˈpiːsmiːl/ ***A*** *avv.* pezzo dopo pezzo; un po' alla volta ***B*** *a.* fatto un po' alla volta; frammentario.

piecework /ˈpiːswɜːk/ *n.* lavoro a cottimo.

pieceworker /ˈpiːswɜːkə(r)/ *n.* cottimista.

pied /paɪd/ *a.* **1** pezzato **2** variegato; variopinto.

Piedmontese /piːdmənˈtiːz/ *a. e n.* piemontese.

pier /pɪə(r)/ *n.* **1** (*naut.*) frangiflutti **2** (*naut.*) banchina; molo; pontile **3** pila (*di ponte*) **4** (*edil.*) contrafforte.

pierage /ˈpɪərɪdʒ/ *n.* Ⓤ (*comm., naut.*) diritti di banchina.

to **pierce** /pɪəs/ *v. t. e i.* **1** forare; perforare; trafiggere; trapassare; penetrare (in) **2** ferire (*fig.*); straziare • **pierced ears**, orecchie col buco (per gli orecchini).

piercing /pɪəsɪŋ/ *a.* penetrante; acuto; pungente: **p. cry**, grido acuto (*o* lacerante); **p. wind**, vento pungente (*o* penetrante); **p. eyes**, occhi penetranti.

piety /ˈpaɪətɪ/ *n.* Ⓤ pietà; devozione; religiosità.

piffle /ˈpɪfl/ *n.* Ⓤ (*fam.*) inezie; sciocchezze.

piffling /ˈpɪflɪŋ/ *a.* (*fam.*) insignificante; futile.

pig /pɪg/ *n.* **1** (*zool.*) maiale; porco; suino **2** (*fam. spreg.*) maiale; egoista; stronzo (*volg.*) **3** (*pop. spreg.*) poliziotto; sbirro **4** (*metall.*) lingotto; pane: **pig lead**, piombo in pani **5** (*fam. GB*) lavoro difficile; osso duro • (*metall.*) **pig iron**, ghisa (*di prima fusione*); ghisa grezza □ **to buy a pig in a poke**, comprare alla cieca □ (*fam.*) **to make a pig of oneself**, mangiare come un maiale □ (*fam.*) **to make a pig's ear of st.**, incasinare q.c.

to **pig** /pɪg/ *v. i.* (*fam. GB, anche* **to pig out**) abbuffarsi • **to pig it**, vivere come maiali.

pigeon /ˈpɪdʒɪn/ *n.* **1** (*zool.*) piccione; colombo **2** (*fam. GB*) affare: **That's not my p.**, non è affar mio • **p.-chested**, col

petto a tacchino □ **p. house**, piccionaia; colombaia □ **p. shooting**, tiro al piccione □ **p.-toed**, coi piedi rivolti in dentro.
pigeonhole /ˈpɪdʒɪnhəʊl/ *n.* *1* casella (*per messaggi, posta, ecc.*); (*al pl., collett.*) casellario *2* casella (*fig.*); scompartimento.
to **pigeonhole** /ˈpɪdʒɪnhəʊl/ *v. t.* *1* accantonare temporaneamente *2* classificare; etichettare (*fig.*).
piggery /ˈpɪgərɪ/ *n.* *1* allevamento di suini *2* porcile.
piggish /ˈpɪgɪʃ/ *a.* *1* ghiotto *2* sudicio.
piggy /ˈpɪgɪ/ *A n.* (*fam.*) porcellino; maialino *B a.* *1* porcino *2* (*fam.*) ingordo • **p. bank**, salvadanaio.
piggyback /ˈpɪgɪbæk/ *A avv.* a cavalluccio; sulle spalle *B n.* — **to give sb. a p.**, portare q. a cavalluccio.
pigheaded /ˈpɪghɛdɪd/ *a.* caparbio; cocciuto; testardo.
pigheadedness /pɪghˈɛdɪdnəs/ *n.* Ⓤ caparbietà; cocciutaggine; testardaggione.
piglet /ˈpɪglət/ *n.* porcellino; maialino.
pigment /ˈpɪgmənt/ *n.* Ⓤ *e* Ⓒ pigmento; colore.
pigmentation /pɪgmənˈteɪʃn/ *n.* Ⓤ *e* Ⓒ pigmentazione.
pigmy /ˈpɪgmɪ/ *V.* **pygmy**.
pigpen /ˈpɪgpɛn/ *n.* (*USA*) porcile.
pigskin /ˈpɪgskɪn/ *n.* Ⓤ (pelle di) cinghiale.
pigsty /ˈpɪgstaɪ/ *n.* (*anche fig.*) porcile.
pigswill /ˈpɪgswɪl/ *n.* Ⓤ broda (per maiali).
pigtail /ˈpɪgteɪl/ *n.* *1* codino *2* treccia.
pike (1) /paɪk/ *n.* (*stor.*) picca.
pike (2) /paɪk/ *V.* **turnpike**.
piko (3) /paɪk/ *n.* (*zool.*) luccio.
pilaf(f) /pɪˈlæf, *USA* -ˈlɑːf/ *n.* (*cucina*) pilaf.
pilaster /pɪˈlæstə(r)/ *n.* (*archit.*) pilastro.
pilau /pɪˈlaʊ/ *n.* Ⓤ *V.* **pilaf(f)**.
pilchard /ˈpɪltʃəd/ *n.* sardina.
pile (1) /paɪl/ *n.* *1* palo (*di fondazione*); palafitta *2* pila (*di ponte*); pilastro • **p. driver**, battipalo □ **p. dweller**, palafitticolo □ **p. dwelling**, abitazione su palafitte.
pile (2) /paɪl/ *n.* *1* pila; cumulo; mucchio *2* (*anche al pl.*) (*fam.*) grande quantità; mucchio; sacco *3* (*fam.*) mucchio di quattrini; bel gruzzolo: **to make a** (*o* **one's**) **p.**, fare un sacco di soldi *4* grande residenza aristocratica di campagna • **funeral p.**, pira; rogo.
pile (3) /paɪl/ *n.* Ⓤ pelo (*di tappeto, velluto, ecc.*).
to **pile** (1) /paɪl/ *v. t.* munire di palafitte.
to **pile** (2) /paɪl/ *v. t.* impilare; accatastare; ammucchiare; ammonticchiare.
♦ **pile in** *A v. t. + avv.* far entrare; stipare *B v. i. + avv.* entrare in massa; accalcarsi.
♦ **pile on** *v. t. + avv.* accumulare; aggiungere • (*fam.*) **to p. on the agony**, caricare le tinte (*raccontando un fatto doloroso*) □ (*fam.*) **to p. it on**, esagerare.
♦ **pile up** *A v. t. + avv.* accumulare *B v. i. + avv.* *1* accumularsi *2* (*autom.*) tamponarsi a catena.
piles /paɪlz/ *n. pl.* (*med.*) emorroidi.
pile-up /ˈpaɪlʌp/ *n.* (*fam.*) tamponamento a catena.
to **pilfer** /ˈpɪlfə(r)/ *v. t. e i.* rubacchiare.
pilferer /ˈpɪlfərə(r)/ *n.* ladruncolo (-a).
pilgrim /ˈpɪlgrɪm/ *n.* pellegrino (-a) • (*stor.*) **the P. Fathers**, i Padri Pellegrini.
pilgrimage /ˈpɪlgrɪmɪdʒ/ *n.* pellegrinaggio: **to go on a p.**, andare in pellegrinaggio.
pill /pɪl/ *n.* *1* pillola; compressa; pasticca *2* (*fam.*) pillola (anticoncezionale): **to be on the p.**, prendere la pillola • **to sugar the p.**, indorare la pillola □ **to swallow a bitter p.**, mandar giù un boccone amaro.
pillage /ˈpɪlɪdʒ/ *n.* Ⓤ *1* saccheggio; sacco (*lett.*) *2* bottino.
to **pillage** /ˈpɪlɪdʒ/ *v. t. e i.* saccheggiare; mettere a sacco (*lett.*).
pillager /ˈpɪlɪdʒə(r)/ *n.* saccheggiatore; predatore; razziatore.
pillar /ˈpɪlə(r)/ *n.* (*anche fig.*) pilastro; colonna: **p. of smoke**, colonna di fumo; **p. of society**, pilastro della società • **p. box**, cassetta postale (*di forma cilindrica*) □ **to be tossed from p. to post**, essere mandato da Erode a Pilato.
pillbox /ˈpɪlbɒks/ *n.* *1* scatolina per pillole; portapillole *2* (*mil.*) fortino • **p. hat**, tocco; toque (*franc.*).
pillion /ˈpɪlɪən/ *n.* sellino posteriore (*di motocicletta*): **to ride p.**, viaggiare dietro.
pillory /ˈpɪlərɪ/ *n.* (*stor. e fig.*) berlina; gogna.
to **pillory** /ˈpɪlərɪ/ *v. t.* (*anche fig.*) mettere alla berlina (*o* alla gogna).
pillow /ˈpɪləʊ/ *n.* *1* guanciale; cuscino *2* (*mecc.*) cuscino di supporto.
pillowcase /ˈpɪləʊkeɪs/, **pillow slip** /ˈpɪləʊslɪp/ *n.* federa.
pilot /ˈpaɪlət/ *A n.* *1* (*aeron., naut.*) pilota *2* (*radio, TV*) programma pilota • (*meteor.*) **p. balloon**, pallone sonda □ (*naut.*) **p. boat**, pilotina □ (*zool.*) **p. fish**, pesce pilota □ **p. light** (*o* **burner**), fiamma pilota; fiamma spia □ (*aeron.*) **automatic p.**, pilota automatico *B a.* sperimentale; pilota: **p. scheme**, progetto pilota.
to **pilot** /ˈpaɪlət/ *v. t.* (*anche fig.*) pilotare.
pimento /pɪˈmɛntəʊ/ *n.* (*pl.* **pimento, pimentos**) peperoncino.
pimp /pɪmp/ *n.* protettore; magnaccia.
to **pimp** /pɪmp/ *v. i.* fare il protettore (*o* il magnaccia).
pimpernel /ˈpɪmpənɛl/ *n.* (*bot.*) anagallide; mordigallina.
pimple /ˈpɪmpl/ *n.* foruncolo; brufolo.
pimpled /ˈpɪmpld/, **pimply** /ˈpɪmplɪ/ *a.* foruncoloso; brufoloso.
pin /pɪn/ *n.* *1* spillo; spilla: **safety pin**, spillo di sicurezza (*o* da balia); **hat pin**, spillo da cappello; spillone *2* (*USA*) spilla (*gioiello*) *3* (*mecc.*) perno; spinotto *4* birillo *5* spoletta (*di granata*) *6* (*chir.*) chiodo *7* (*falegn.*) cavicchio *8* (*al pl.*) (*fam.*) gambe: **to be quick on one's pins**, essere svelto di gambe; essere arzillo • (*fam.*) **pin money**, denaro per le piccole spese (*di donna*) □ **pin-table**, biliardino □ (*fam.*) **pins and needles**, formicolio; intorpidimento □ (*USA*) **to be on pins and needles**, essere sulle spine □ **You could have heard a pin drop**, non si sentiva volare una mosca.
to **pin** /pɪn/ *v. t.* *1* attaccare con uno spillo; appuntare; affiggere *2* (*anche lotta*) immobilizzare; bloccare; inchiodare • **to pin a murder on sb.**, addossare a q. la colpa di un omicidio □ **to pin one's hopes on sb.**, appuntare le proprie speranze su q.
♦ **pin back** *v. t. + avv.* — (*fam.*) **to pin back one's ears**, essere tutto orecchie □ (*fam. USA*) **to pin sb.'s ears back**, dare una bella sgridata a q.
♦ **pin down** *v. t. + avv.* *1* *V.* **to pin** *2* costringere (*a una decisione*); vincolare; (*a una promessa*): **to pin sb. down to a date**, costringere q. a fissare una data *3* identificare.
♦ **pin up** *v. t. + avv.* *1* fissare con spilli; spillare: **to pin up a hem**, spillare un orlo *2* affiggere (*un avviso, ecc.*) *3* appuntare (*i capelli*) con forcine.
pinafore /ˈpɪnəfɔː(r)/ *n.* grembiule (*senza maniche*) • **p. dress**, scamiciato.
pinball /ˈpɪnbɔːl/ *n.* Ⓤ gioco del biliardino • **p. machine**, flipper.
pince-nez /pæns'neɪ, ˈpænsneɪ/ (*franc.*) *n.* occhiali a stringinaso; pince-nez.
pincers /ˈpɪnsəz/ *n. pl.* *1* tenaglie; pinze *2* (*zool.*) chele; pinze.
pinch /pɪntʃ/ *n.* *1* pizzicotto; pizzico *2* pizzico; presa: **p. of salt**, pizzico (*o* presa) di sale • **at** (*USA* **in**) **a p.**, in caso di bisogno □ **to feel the p.**, essere in difficoltà finanziarie; (*di azienda*) risentire della crisi □ **if it comes to the p.**, se si viene alle strette □ (*fig.*) **with a p. of salt**, cum grano salis (*lat*).
to **pinch** /pɪntʃ/ *A v. t.* *1* pizzicare; dare un pizzicotto a *2* stringere: **to p. one's fingers in a door**, chiudersi le dita nella porta *3* (*pop.*) sgraffignare; grattare *4* (*pop.*) arrestare; pizzicare *B v. i.* (*di scarpe, ecc.*) stringere • **to p. and scrape**, tirare la cinghia (*fig.*).
pinched /pɪntʃt/ *a.* *1* (*del viso*) tirato; emaciato: **p. with cold**, contratto dal freddo *2* — **p. for money**, a corto di soldi.
pincushion /ˈpɪnkʊʃn/ *n.* puntaspilli.
pine /paɪn/ *n.* (*bot., anche* **p.-tree**) pino • **p. needles**, aghi di pino □ **p. nut** (*o* **kernel**), pinolo.
to **pine** /paɪn/ *v. i.* *1* (*anche* **to p. away**) languire; deperire *2* struggersi: **to p. to do st.**, struggersi dalla voglia di fare q.c.
♦ **pine for** (*o* **after**) *v. i. + prep.* *1* struggersi dal desiderio di *2* soffrire per l'assenza di; struggersi nel ricordo di.
pineapple /ˈpaɪnæpl/ *n.* *1* ananas (*pianta e frutto*) *2* (*gergo mil.*) bomba a mano.
pinecone /ˈpaɪnkəʊn/ *n.* pigna (*di pino*).
pinewood /ˈpaɪnwʊd/ *n.* pineta; bosco di pini.
ping /pɪŋ/ *n.* suono metallico acuto; tintinnio.
to **ping** /pɪŋ/ *v. i.* *1* (*fam.*) dare un suono metallico acuto; tintinnare *2* (*USA*) *V.* **to pink** (2).
ping-pong /ˈpɪŋpɒŋ, *USA* -ɔːŋ/ *n.* Ⓤ (*sport*) tennis da tavo-

lo; ping-pong.

pinhead /ˈpɪnhed/ *n.* *1* capocchia di spillo *2* (*fam.*) stupidello (-a).

pinhole /ˈpɪnhəʊl/ *n.* foro di spillo.

pinion (1) /ˈpɪnɪən/ *n.* *1* (*zool.*) penna dell'ala; penna remigante *2* (*poet.*) ala.

pinion (2) /ˈpɪnɪən/ *n.* (*mecc.*) pignone.

to **pinion** /ˈpɪnɪən/ *v. t.* *1* tarpare le ali a (*un uccello*) *2* legare le braccia a; immobilizzzare.

pink /pɪŋk/ ***A*** *n.* *1* (*bot.*) garofano *2* Ⓤ (color) rosa *3* (*polit., spreg.*) sinistroide • **the p. of perfection**, il culmine della perfezione □ **to go p.**, arrossire □ **in the p. (of condition)**, in perfetta forma ***B*** *a.* rosa.

to **pink** (1) /pɪŋk/ *v. t.* (*anche* **to p. out**) traforare (*cuoio, ecc.*); dentellare (*stoffa*).

to **pink** (2) /pɪŋk/ *v. i.* (*mecc.*) battere in testa.

pinkie /ˈpɪŋkɪ/ *n.* (*specialm. USA*) mignolo.

pinking shears /ˈpɪŋkɪŋ ʃɪəz/ *n. pl.* forbici seghettate (*da sarta*).

pinkish /ˈpɪŋkɪʃ/ *a.* roseo.

pinko /ˈpɪŋkəʊ/ *n.* (*pl.* **pinkos, pinkoes**) (*spreg. USA*) sinistroide.

pinky /ˈpɪŋkɪ/ *V.* **pinkie**.

pinnacle /ˈpɪnəkl/ *n.* *1* (*archit.*) pinnacolo *2* vetta (*di montagna*) *3* apogeo; apice; culmine.

pinpoint /ˈpɪnpɔɪnt/ *n.* punto luminoso.

to **pinpoint** /ˈpɪnpɔɪnt/ *v. t.* *1* localizzare *2* individuare, stabilire con esattezza.

pinprick /ˈpɪnprɪk/ *n.* (*anche fig.*) puntura di spillo.

pinstripe /ˈpɪnstraɪp/ *n.* *1* righina (di stoffa gessata) *2* (*al pl.*) gessatura • **p. suit**, abito gessato.

pint /paɪnt/ *n.* *1* pinta (*misura per liquidi*) *2* (*fam. GB*) (pinta di) birra • **p.-size(d)**, (*di persona*) piccolo; piccolino.

pin-up /ˈpɪnʌp/ *n.* (*fam.*) *1* foto da appendere (*di bella ragazza, attrice, ecc.*) *2* (*anche* **p. girl**) pin-up.

pinwheel /ˈpɪnwiːl, *USA* -hwiːl/ *n.* (*USA*) piccola girandola.

pioneer /paɪəˈnɪə(r)/ ***A*** *n.* *1* pioniere *2* (*mil.*) soldato del genio; artiere ***B*** *a. attr.* pionieristico; all'avanguardia.

to **pioneer** /paɪəˈnɪə(r)/ ***A*** *v. i.* fare da pioniere ***B*** *v. t.* essere l'ideatore di; essere all'avanguardia in.

pious /ˈpaɪəs/ *a.* *1* pio; devoto; religioso *2* (*spreg.*) ipocrita • **p. hope**, pio desiderio.

pip (1) /pɪp/ *n.* acino; seme (*di mela, pera, ecc.*).

pip (2) /pɪp/ *n.* *1* seme (*di carta da gioco*); punto (*di dado, tessera di domino*) *2* (*mil.*) stelletta (*di ufficiale*).

pip (3) /pɪp/ *n.* (*elettron.*) segnale di ritorno; traccia d'impulso • (*radio*) **the pips**, il segnale orario.

to **pip** /pɪp/ *v. t.* (*fam. GB*) — **to pip sb. at the post**, battere q. sul traguardo.

pipe /paɪp/ *n.* *1* tubo; canna; condotto: **waste p.**, tubo di scarico; **water p.**, tubo dell'acqua *2* (*mus.*) canna (*d'organo*) *3* (*mus.*) piffero *4* (*naut.*) fischietto (di nostromo) *5* pipa: **to smoke a p.**, fumare la pipa; farsi una pipata *6* (*al pl.*) (*mus.*) cornamusa scozzese • □ **p. cleaner**, scovolino (per pipa) □ (*fam.*) **p. dream**, sogno irrealizzabile; progetto impossibile □ **p. rack**, portapipe □ **p. tobacco**, tabacco da pipa □ (*fam.*) **Put that in your p. and smoke it**, prendi su e porta a casa!

to **pipe** /paɪp/ ***A*** *v. t.* *1* portare per mezzo di tubazioni *2* (*cucina*) — **to p. icing on a cake**, decorare una torta con la glassa *3* (*naut.*) chiamare col fischietto • (*naut.*) **to p. sb. aboard**, salutare l'arrivo a bordo di q. (suonando il fischietto) □ **piped music**, musica di fondo; sottofondo musicale ***B*** *v. i.* parlare (*o* cantare) con voce acuta.

♦ **pipe down** *v. i. + avv.* (*fam.*) smettere di parlare; tacere.

♦ **pipe up** *v. i. + avv.* (*fam.*) mettersi a parlare; saltar su (a dire).

pipeline /ˈpaɪplaɪn/ *n.* *1* conduttura; tubazione *2* gasdotto; oleodotto; metanodotto • (*fig.*) **in the p.**, in corso; in cantiere.

piper /ˈpaɪpə(r)/ *n.* *1* suonatore di cornamusa *2* pifferaio; zampognaro.

pipette /pɪˈpet, *USA* paɪˈ-/ *n.* (*chim.*) pipetta.

piping (1) /ˈpaɪpɪŋ/ *n.* Ⓤ *1* tubazione; tubatura; rete di tubazioni *2* (*sartoria*) cordoncino *3* (*cucina*) fregio di glassa (o crema, ecc.).

piping (2) /ˈpaɪpɪŋ/ *a.* (*di voce*) acuto; stridulo • **p. hot**, (*di cibo, acqua*) bollente; bello caldo (*fam.*).

pipit /ˈpɪpɪt/ *n.* (*zool.*) pispola.

pippin /ˈpɪpɪn/ *n.* tipo di mela.

pipsqueak /ˈpɪpskwiːk/ *n.* (*fam.*) persona insignificante.

piquancy /ˈpiːkənsɪ/ *n.* Ⓤ *1* sapore piccante *2* aspetto gustoso; lato intrigante.

piquant /ˈpiːkənt/ *a.* *1* piccante *2* gustoso; intrigante.

pique /piːk/ *n.* Ⓤ ripicca; dispetto: **to go away in a fit of p.**, andarsene per ripicca.

to **pique** /piːk/ *v. t.* *1* indispettire; irritare *2* stuzzicare (*l'interesse, ecc.*).

piracy /ˈpaɪərəsɪ/ *n.* Ⓤ e Ⓒ pirateria.

piranha /pɪˈrɑːnjə, -nə/ *n.* (*zool.*) piranha.

pirate /ˈpaɪərət/ ***A*** *n.* *1* pirata *2* riproduttore abusivo (*di cassette, ecc.*) ***B*** *a.* pirata: **p. radio**, radio pirata.

to **pirate** /ˈpaɪərət/ *v. t.* riprodurre abusivamente (*cassette, ecc.*) • **pirated edition**, edizione pirata.

piratical /paɪəˈrætɪkl/ *a.* da pirata; piratesco.

pirouette /pɪrʊˈet/ *n.* piroetta.

to **pirouette** /pɪrʊˈet/ *v. i.* piroettare.

Pisces /ˈpaɪsiːz/ *n. pl.* (*astron., astrol.*) i Pesci.

piss /pɪs/ *n.* Ⓤ (*volg.*) *1* piscia; piscio *2* pisciata: **to take a p.**, fare una pisciata • (*GB*) **to take the p. out of sb.**, prendere per il culo (*o* per i fondelli) q.

to **piss** /pɪs/ *v. i. e t.* (*volg.*) pisciare.

♦ **piss about** *v. i. + avv.* (*volg.*) *1* sprecare tempo; cazzeggiare *2* fare lo scemo.

♦ **piss down** *v. i. + avv.* (*volg.*) piovere a catinelle.

♦ **piss off** ***A*** *v. i. + avv.* (*volg.*) smammare; levarsi dalle palle ***B*** *v. t. + avv.* *1* far incavolare; far incazzare *2* rompere le palle a; rompere.

pissed /pɪst/ *a.* (*volg.*) *1* (*GB*) ubriaco; sbronzo (*fam.*): **p. as a newt**, ubriaco fradicio *2* (*USA*) incavolato; scocciato; rotto.

pisstake /ˈpɪsteɪk/ *n.* (*volg. GB*) presa per il culo (*o* per i fondelli).

pistachio /pɪˈstɑːʃɪəʊ, *USA* -æʃɪəʊ/ *n.* *1* (*pl.* **pistachios**) pistacchio (*albero e frutto*) *2* Ⓤ verde pistacchio.

pistil /ˈpɪstɪl/ *n.* (*bot.*) pistillo.

pistol /ˈpɪstl/ *n.* pistola • **p. shot**, pistolettata.

piston /ˈpɪstən/ *n.* (*mecc.*) pistone; stantuffo • **p. pin**, spinotto □ **p. ring**, fascia elastica.

pit (1) /pɪt/ *n.* *1* buca; fossa *2* cava: **clay pit**, cava d'argilla *3* (*anche* **coal pit**) miniera di carbone *4* (*med.*) cicatrice, buttero (*da vaiolo*) *5* (*teatr.*) platea *6* (*teatr., anche* **orchestra pit**) buca dell'orchestra *7* (*al pl.*) box (*di circuito autom.*) *8* (*al pl.*) — (*fam. USA*) **the pits**, una schifezza • **pit bull (terrier)**, pit bull □ **pit of one's stomach**, bocca dello stomaco.

pit (2) /pɪt/ *n.* (*USA*) nocciolo (*di pesca, ciliegia, ecc.*).

to **pit** (1) /pɪt/ *v. t.* *1* butterare *2* bucherellare, corrodere.

♦ **pit against** *v. t. + prep.* opporre a; contrapporre a; mettere in gara contro • **to pit one's wits against sb.**, misurarsi (intellettualmente) con q.

to **pit** (2) /pɪt/ *v. t.* snocciolare.

pit-a-pat /pɪtəˈpæt/ ***A*** *avv.* *1* con battiti rapidi *2* picchiettando; zampettando; scalpicciando • **to go p.**, (*di cuore*) battere forte ***B*** *n.* Ⓤ *1* (*di cuore*) battito; palpitazione *2* picchiettio; scalpiccio; zampettio.

pitch (1) /pɪtʃ/ *n.* Ⓤ pece • **p.-black**, nero come la pece; immerso nel buio □ **p.-dark**, buio pesto.

pitch (2) /pɪtʃ/ *n.* Ⓒ e Ⓤ *1* (*sport*) campo *2* (*anche mus.*) tono; altezza (*di un suono*): **concert p.**, diapason da concerto; **absolute** (*o* **perfect**) **p.**, orecchio assoluto *3* livello; punto; grado: **to rise to fever p.**, diventare incontenibile *4* (*naut., aeron.*) beccheggio *5* inclinazione, pendenza (*di un tetto, ecc.*) *6* discorso da imbonitore; chiacchiera *7* posteggio (di venditore ambulante, ecc.).

to **pitch** /pɪtʃ/ ***A*** *v. t.* *1* piantare, rizzare (*una tenda*): **to p. camp**, fissare il campo; accamparsi *2* (*mus.*) intonare (*uno strumento, la voce*) *3* impostare (*a un certo livello*); adattare; adeguare *4* lanciare; gettare; buttare *5* (*baseball*) lanciare • (*fam.*) **to p. a yarn**, raccontare una storia ***B*** *v. i.* *1* cadere: **to p. forward**, cadere in avanti *2* (*naut., aeron.*) beccheggiare *3* (*di tetto, ecc.*) essere inclinato.

♦ **pitch in** *v. i. + avv.* (*fam.*) *1* lavorare insieme di buona lena; mettersi sotto *2* dare il proprio aiuto; intervenire.

♦ **pitch into** *v. i. + prep.* (*fam.*) *1* cominciare a mangiare (*con appetito*); attaccare *2* (*anche fig.*) saltare addosso a.

pitched /pɪtʃt/ *a.* *1* (*di tetto, ecc.*) in pendenza *2* — **p. battle**, battaglia campale; (*fig.*) lunga battaglia (*con q.*).

pitcher (1) /ˈpɪtʃə(r)/ *n.* **1** (*GB*) anfora **2** (*USA*) brocca; caraffa.
pitcher (2) /ˈpɪtʃə(r)/ *n.* (*baseball*) lanciatore.
pitchfork /ˈpɪtʃfɔːk/ *n.* (*agric.*) forcone.
to **pitchfork** /ˈpɪtʃfɔːk/ *v. t.* **1** sollevare (*o* smuovere) col forcone **2** catapultare (*in una situazione, generalm. di lavoro*): **He was pitchforked into the job**, si ritrovò di colpo a occupare quel posto.
piteous /ˈpɪtɪəs/ *a.* (*lett.*) pietoso.
pitfall /ˈpɪtfɔːl/ *n.* trappola (*fig.*); tranello.
pith /pɪθ/ *n.* U **1** (*bot.*) midollo (*di pianta*) **2** parte interna della scorza (*di arancia, limone*) **3** essenza; nocciolo; succo.
pithead /ˈpɪthɛd/ *n.* imboccatura di un pozzo di miniera.
pithiness /ˈpɪθɪnəs/ *n.* U (*di discorso, ecc.*) stringatezza; essenzialità; vigore.
pithy /ˈpɪθɪ/ *a.* (*di discorso, ecc*) stringato; essenziale; vigoroso.
pitiable /ˈpɪtɪəbl/ *a.* (*form.*) pietoso; miserevole.
pitiful /ˈpɪtɪfl/ *a.* **1** pietoso; miserevole; penoso **2** (*spreg.*) spregevole; miserabile.
pitiless /ˈpɪtɪləs/ *a.* spietato; crudele.
pitman /ˈpɪtmən/ *n.* (*pl.* **pitmen** /-mən/) minatore.
pittance /ˈpɪtns/ *n.* compenso irrisorio; (una) miseria (*fam.*).
pitted /ˈpɪtɪd/ *a.* (*USA*) snocciolato.
pitter-patter /ˈpɪtəpætə(r)/ *V.* **pit-a-pat.**
pity /ˈpɪtɪ/ *n.* **1** U pietà; compassione; misericordia: **to have** (*o* **to take**) **p. on sb.**, avere pietà di q.; **to feel p. for sb.**, provare compassione per q.; **out of p.**, per pietà **2** peccato: **What a p.!**, che peccato!; **more's the p.**, purtroppo ● **For p.'s sake**, per amor del cielo!
to **pity** /ˈpɪtɪ/ *v. t.* compatire; avere pietà di.
pitying /ˈpɪtɪɪŋ/ *a.* compassionevole; pietoso.
pivot /ˈpɪvət/ *n.* **1** (*anche fig.*) perno **2** (*pallacanestro*) pivot; centro (*giocatore*).
to **pivot** /ˈpɪvət/ **A** *v. t.* imperniare **B** *v. i.* girare su un perno; girare su se stesso.
◆ **pivot on** *v. i. + prep.* dipendere da.
pivotal /ˈpɪvətl/ *a.* **1** di perno; che serve da perno **2** di cardinale importanza.
pixel /pɪkst/ *n.* (*elab.*) pixel.
pixie, pixy /ˈpɪksɪ/ *n.* folletto; spiritello.
pizzazz /pɪˈzæz/ *n.* (*pop. USA*) verve (*franc.*); slancio; grinta.
placard /ˈplækɑːd, *USA* -ɑːd, -əd/ *n.* cartello; cartellone.
to **placard** /ˈplækɑːd, *USA* -ɑːd, -əd/ *v. t.* affiggere manifesti su; coprire di cartelloni.
to **placate** /pləˈkeɪt, *USA* ˈpleɪkeɪt/ *v. t.* placare; calmare; pacificare.
placatory /pləˈkeɪtrɪ, ˈplækətrɪ, *USA* ˈplækətɔːrɪ, ˈpleɪkətɔːrɪ/ *a.* conciliante.
place /pleɪs/ *n.* **1** posto: **Go back to your p.**, torna al tuo posto; **a p. at the table**, un posto a tavola; **a p. at university**, un posto all'università; **p. of work**, posto di lavoro; **to change places with sb.**, scambiarsi di posto con q. **2** luogo; posto; località: **I know of a quiet little p.**, conosco un posticino tranquillo; **places of interests**, luoghi di interesse; **p. of birth** [**of worship**], luogo di nascita [di culto] **3** luogo; punto: **This is the p. I saw him**, questo è il punto dove l'ho visto **4** segno, pagina (*di libro, ecc.*) **5** (*in una gara, un esame*) posto (*in classifica*); piazzamento: **to finish in second p.**, finire al 2° posto; piazzarsi secondo; **to take first p. in an exam**, classificarsi primo in un esame **6** posizione (sociale) **7** (*fam.*) abitazione; casa: **Come over to my p.**, vieni a casa mia; **a p. in the country**, una casa di campagna **8** (*mat.*) cifra decimale ● (*sport*) **p. bet**, scommessa sul (cavallo) piazzato □ **p. card**, segnaposto □ (*sport*) **p. kick**, calcio piazzato □ **p. name**, toponimo □ **p. setting**, posto (*a tavola*) apparecchiato; coperto □ **in the first** [**second, etc.**] **p.**, in primo [secondo, ecc.] luogo □ (*USA*) **to go places**, girare; viaggiare □ **to be going places**, fare strada □ **friends in high places**, amici potenti □ **in p.**, a posto; al posto giusto; in ordine; (*di legge, struttura amministrativa, ecc.*) in vigore, operativo □ **in p. of**, in luogo di; al posto di; invece di □ **to click into p.**, andare a posto con uno scatto □ **to keep sb. in his p.**, far stare q. al suo posto □ **to know one's p.**, saper stare al proprio posto □ **It's not my p. to criticise**, non sta a me criticare □ **out of p.**, fuori posto; (*fig.*) fuori luogo, inopportuno, sconveniente □ **to put sb. in his p.**, far stare q. al suo posto □ **to take p.**, aver luogo.
to **place** /pleɪs/ *v. t.* **1** collocare; mettere; porre: **He placed the vase in the centre of the table**, pose il vaso al centro del tavolo; **to p. sb. in command**, mettere q. al comando; **to p. one's confidence in sb.**, riporre la propria fiducia in q. **2** collocare, piazzare (*titoli, azioni*); investire (*denaro*) **3** fare: **to p. an order** [**a bet, an advertisment, a phonecall**], fare un'ordinazione [una scommessa, un'inserzione, una telefonata] **4** (*comm.*) collocare, vendere (*merci*) **5** ricordarsi di; collocare: **I can't quite p. her**, non riesco a ricordare dove l'ho già vista; non riesco a collocarla ● (*ippica*) **to be placed**, piazzarsi.
placebo /pləˈsiːbəʊ/ *n.* (*pl.* **placebos, placeboes**) (*farm.*) placebo.
placed /pleɪst/ *a.* (*ippica*) piazzato.
placement /ˈpleɪsmənt/ *n.* U *e* C collocamento ● **p. service**, servizio di collocamento.
placenta /pləˈsɛntə/ *n.* (*anat.*) placenta.
placid /ˈplæsɪd/ *a.* placido.
placidity /pləˈsɪdətɪ/ *n.* U placidità.
to **plagiarise** /ˈpleɪdʒəraɪz/ (*GB*) *V.* **to plagianize.**
plagiarism /ˈpleɪdʒərɪzəm/ *n.* U *e* C plagio.
plagiarist /ˈpleɪdʒərɪst/ *n.* plagiario (-a).
to **plagiarize** /ˈpleɪdʒəraɪz/ *v. t.* plagiare.
plague /pleɪg/ *n.* **1** U (*med.*) peste; pestilenza: **the p.**, la peste (bubbonica) **2** epidemia **3** invasione (*di insetti, ecc.*).
to **plague** /pleɪg/ *v. t.* **1** affliggere; tormentare **2** seccare; assillare; tormentare.
plaice /pleɪs/ *n.* (*zool.*) platessa; passera di mare.
plaid /plæd/ *n.* **1** sciarpa del costume tradizionale scozzese **2** U stoffa a disegni scozzesi.
plain /pleɪn/ **A** *a.* **1** chiaro; evidente: **The meaning is p.**, il senso è chiaro; **He made it p.**, ha parlato chiaro; **I hope I've made myself p.**, spero di essere stato chiaro **2** franco; schietto: **to be p. with sb.**, parlar chiaro con q. **3** semplice; disadorno; puro: **p. food**, cibo semplice; **a p. man**, un uomo semplice; **the p. facts**, i nudi fatti; **the p. truth**, la pura verità; **p. commonsense**, puro buon senso; **p. foolishness**, idiozia bella e buona **4** (*di stoffa, tessuto*) in tinta unita **5** comune; insignificante; scialbo; bruttino **6** (*lavoro a maglia*) diritto ● **as p. as a pikestaff**, chiaro come la luce del sole; lampante □ **p. chocolate**, cioccolato fondente □ **p.-clothes policeman**, poliziotto in borghese □ **It should be p. sailing from now on**, dovrebbe filare tutto liscio ora □ **in p. clothes**, (*di poliziotto*) in borghese □ **in p. English**, in parole povere; per dirla schietta □ (*fam.*) **It's as p. as the nose on your face!**, è lampante!; lo vedrebbe anche un cieco! **B** *n.* piana; pianura **C** *avv.* **1** chiaramente; con chiarezza; con semplicità: **to speak p.**, parlar chiaro; **p.-spoken**, franco; schietto **2** completamente: **p. silly**, completamente stupido; ridicolo.
plainness /ˈpleɪnnəs/ *n.* U **1** semplicità **2** (l') essere scialbo, insignificante; (l') essere bruttino.
plainsong /ˈpleɪnsɒŋ/ *n.* (*mus.*) canto fermo; canto gregoriano.
plaintiff /ˈpleɪntɪf/ *n.* (*leg.*) attore; querelante; parte civile.
plaintive /ˈpleɪntɪv/ *a.* **1** lamentoso **2** malinconico; mesto.
plait /plæt/ *n.* treccia (*di capelli, ecc.*).
to **plait** /plæt/ *v. t.* intrecciare.
plan /plæn/ *n.* **1** piano; disegno; progetto: **to go according to p.**, svolgersi secondo i piani; **to make plans**, fare progetti (*o* programmi); **working p.**, piano di lavoro **2** (*archit.*) pianta ● **seating p.**, disposizione dei posti a sedere.
to **plan** /plæn/ **A** *v. t.* **1** (*archit., ind.*) progettare **2** progettare; programmare; avere intenzione: **to p. a trip**, programmare un viaggio; **What do you p. to do now?**, e adesso che hai intenzione di fare? **3** (*econ.*) programmare; pianificare **B** *v. i.* fare piani; fare progetti.
◆ **plan on** *v. i. + prep.* intendere; contare di.
◆ **plan out** *v. t. + avv.* programmare dettagliatamente; studiare nei particolari.
plane (1) /pleɪn/ *n.* (*bot., anche* **p. tree**) platano.
plane (2) /pleɪn/ *n.* (*falegn.*) pialla.
plane (3) /pleɪn/ **A** *n.* **1** (*anche geom.*) piano **2** livello **B** *a. attr.* piano: **p. geometry**, geometria piana.
plane (4) /pleɪn/ *n.* aereo.
to **plane** (1) /pleɪn/ *v. t.* (*falegn.*) piallare.

♦ **plane down** *v. t. + avv.* spianare.
to **plane** (**2**) /pleɪn/ *v. i.* (*aeron.*) planare.
planet /ˈplænɪt/ *n.* (*astron.*) pianeta.
planetarium /plænɪˈtɛərɪəm/ *n.* planetario.
planetary /ˈplænɪtrɪ, *USA* -terɪ/ *a.* (*astron., fis., mecc.*) planetario.
plank /plæŋk/ *n.* ***1*** asse; tavola ***2*** (*polit.*) caposaldo, punto portante (*di un programma*) ● **p. bed**, tavolaccio (*di prigione*).
planking /ˈplæŋkɪŋ/ *n.* [U] *e* [C] tavolato; assito.
plankton /ˈplæŋktən/ *n.* [U] (*biol.*) plankton, plancton.
planner /ˈplænə(r)/ *n.* ***1*** (*archit., ind.*) progettista ***2*** (*econ.*) programmatore.
planning /ˈplænɪŋ/ *n.* [U] ***1*** (*arch., ind.*) progettazione ***2*** (*econ.*) programmazione; pianificazione ● **p. permission**, licenza edilizia.
plant /plɑːnt, *USA* plænt/ *n.* ***1*** (*bot.*) pianta ***2*** (*mecc.*) macchinari; impianti ***3*** (*ind.*) fabbrica; stabilimento: **chemical p.**, stabilimento chimico; **nuclear p.**, centrale nucleare ***4*** (*pop.*) infiltrato ● **p. engineering**, impiantistica □ **p. food**, concime liquido □ **p. life**, flora.
to **plant** /plɑːnt, *USA* plænt/ ***A*** *v. t.* ***1*** (*agric.*) piantare: **to p. trees**, piantare alberi; **to p. a field with wheat**, piantare un terreno a grano ***2*** piantare; conficcare ***3*** collocare, mettere (*di nascosto o per danneggiare*): **to p. guards at the doors**, mettere guardie alle porte; **to p. a bomb**, nascondere una bomba; **The drugs were planted on him**, gli hanno rifilato la droga senza che se ne accorgesse ***4*** (*fam.*) assestare, mollare (*un pugno, ecc.*); stampare (*un bacio*) ***B*** to **plant oneself** *v. rifl.* piantarsi.
♦ **plant out** *v. t. + avv.* (*agric.*) trapiantare; mettere a dimora.
plantain /ˈplæntɪn/ *n.* (*bot.*) piantaggine.
plantation /plænˈteɪʃn/ *n.* ***1*** albereto; bosco ***2*** (*agric.*) piantagione.
planter /ˈplɑːntə(r), *USA* ˈplænt-/ *n.* ***1*** piantatore; coltivatore ***2*** piantatrice (*macchina*).
plantigrade /ˈplæntɪgreɪd/ *a. e n.* (*zool.*) plantigrado.
plaque /plɑːk, *USA* plæk/ (*franc.*) *n.* ***1*** targa commemorativa ***2*** (*med.*) placca batterica; placca dentaria.
plasma /ˈplæzmə/ *n.* [U] (*biol., fis.*) plasma.
plaster /ˈplɑːstə(r), *USA* ˈplæs-/ *n.* ***1*** [U] (*edil.*) intonaco ***2*** [U] (*anche* **p. of Paris**) gesso; stucco ***3*** (*farm.*) impiastro; cataplasma ***4*** [U] (*GB*) cerotto ● **p. cast**, (*arte*) modello in gesso; (*med.*) ingessatura □ **a leg in p.**, una gamba ingessata.
to **plaster** /ˈplɑːstə(r), *USA* ˈplæs-/ *v. t.* ***1*** (*edil.*) intonacare ***2*** (*med.*) applicare un impiastro a; mettere un cerotto su ***3*** (*med.*) ingessare ***4*** ricoprire; tappezzare: **to p. the walls with posters**, tappezzare il muri di manifesti ***5*** (*fam.*) spalmare abbondantemente.
♦ **plaster down** *v. t. + avv.* impiastrare, impomatare (*i capelli*).
♦ **plaster over** *v. t. + avv.* ***1*** chiudere col gesso; stuccare ***2*** (*fig.*) coprire; nascondere.
plasterboard /ˈplɑːstəbɔːd, *USA* ˈplæst-/ *n.* [U] (*edil.*) plasterboard; pannello gessato.
plastered /ˈplɑːstəd, *USA* ˈplæst-/ *a. pred.* (*fam.*) ubriaco fradicio.
plasterer /ˈplɑːstərə(r), *USA* ˈplæst-/ *n.* (*edil.*) intonacatore; stuccatore.
plastic /ˈplæstɪk/ ***A*** *a.* ***1*** plastico: **p. arts**, arti plastiche; **p. surgery**, chirurgia plastica ***2*** di plastica: **p. bag**, sacchetto di plastica; **p. bullet**, proiettile di plastica ***3*** modellabile; plasmabile ● (*fam.*) **p. card**, carta di credito □ **p. explosive**, (esplosivo al) plastico □ (*archit.*) **p. model**, plastico □ (*fam.*) **p. money**, carte di credito □ (*med.*) **p. surgeon**, specialista in chirurgia plastica □ **p. wrap**, pellicola per alimenti ***B*** *n.* [C] *e* [U] materia plastica; plastica.
to **plastic-coat** /plæstɪkˈkəʊt/ *v. t.* rivestire di plastica; plasticare; plastificare.
plasticine ® /ˈplæstɪsiːn/ *n.* [U] plastilina.
plasticity /plæˈstɪsətɪ/ *n.* [U] plasticità.
plate /pleɪt/ *n.* ***1*** piatto ***2*** [U] argenteria; posateria; vasellame ***3*** piastra; placca; lamina; lastra (*anche fotogr.*) ***4*** [U] (*metall.*) lamiera ***5*** (*arte, tipogr.*) lastra per incisioni; cliché; lastra stereotipa ***6*** (*arte, tipogr.*) illustrazione; tavola fuori testo ***7*** targa; targhetta ***8*** (*med., anche* **dental p.**) dentiera ***9*** (*mecc.*) disco (*metallico*): (*autom.*) **clutch plates**, dischi della frizione ● (*stor.*) **p. armour**, corazza di piastre □ **p. glass**, cristallo in lastre; vetro per vetrine □ **p. rack**, scolapiatti □ (*geol.*) **p. tectonics**, tettonica a zolle □ **to hand st. to sb. on a p.**, porgere q.c. a q. su un piatto d'argento □ (*fam.*) **to have a lot on one's p.**, avere molto da fare.
to **plate** /pleɪt/ *v. t.* (*ind.*) placcare; dorare; argentare.
plateau /ˈplætəʊ, *USA* plæˈtəʊ/ *n.* (*pl.* **plateaus**, **plateaux** /-təʊ/) ***1*** (*geogr.*) altopiano; acrocoro ***2*** (*econ.*) plateau.
plateful /ˈpleɪtfʊl/ *n.* piatto; piatto colmo.
platform /ˈplætfɔːm/ *n.* ***1*** piattaforma ***2*** (*ferr.*) marciapiede; banchina: **The Dover train is leaving from p. 5**, il treno per Dover è in partenza dal binario 5 ***3*** palco; tribuna ***4*** (*polit.*) piattaforma ***5*** (*tuffi*) piattaforma ● **p. shoes**, scarpe con la zeppa; zatteroni.
plating /ˈpleɪtɪŋ/ *n.* [U] (*ind.*) placcatura.
platinum /ˈplætɪnəm/ *n.* [U] (*chim.*) platino ● (*fam.*) **p. blonde**, bionda platinata.
platitude /ˈplætɪtjuːd, *USA* -tuːd/ *n.* [C] *e* [U] insulsaggine; banalità.
platitudinous /plætɪˈtjuːdɪnəs, *USA* -ˈtuː-/ *a.* insulso; trito; banale.
platonic /pləˈtɒnɪk/ *a.* platonico.
platoon /pləˈtuːn, *USA* plæ-/ *n.* (*mil.*) plotone.
platter /ˈplætə(r)/ *n.* piatto da portata.
platypus /ˈplætɪpəs/ *n.* (*zool., anche* **duck-billed p.**) ornitorinco.
plaudit /ˈplɔːdɪt/ *n.* (*generalm. al pl.*) (*form.*) applauso; plauso; elogio.
plausibility /plɔːzəˈbɪlətɪ/ *n.* [U] plausibilità.
plausible /ˈplɔːzəbl/ *a.* [U] ***1*** plausibile ***2*** (*di persona, spreg.*) convincente.
play /pleɪ/ *n.* ***1*** [U] gioco: **to be at p.**, essere intento al gioco; giocare ***2*** [U] (*sport*) gioco: **Rain stopped p.**, la pioggia ha fermato il gioco (*o* la partita); **The ball is in [out of] p.**, la palla è in [fuori] gioco; **fair p.**, gioco leale; (*fig.*) lealtà, correttezza; **foul p.**, gioco scorretto; (*fig.*) slealtà, scorrettezza ***3*** (*teatr.*) lavoro teatrale; commedia; dramma ***4*** (*tecn.*) gioco ● **p.-acting**, rappresentazione teatrale (di drammi); (*fig.*) commedia, finzione □ **a p. on words**, un gioco di parole □ **the p. of sunlight on leaves**, il gioco della luce sulle foglie □ **as good as a p.**, molto divertente □ **to bring into p.**, mettere in gioco □ **to come into p.**, entrare in gioco; entrare in azione □ **to give free p. to one's imagination**, dare libero sfogo alla propria fantasia □ **It's your p.**, tocca a te giocare □ **to make a p. for sb.**, tentare di conquistare q.
to **play** /pleɪ/ *v. t. e i.* ***1*** giocare: **to p. cards**, giocare a carte; **to p. with dolls**, giocare con le bambole; **to p. a trick on sb.**, giocare un tiro a q.; **to p. one's cards right [badly]**, giocare bene [male] le proprie carte; **to p. with one's keys**, giocherellare con le chiavi; **to p. with fire**, giocare (*o* scherzare) col fuoco ***2*** (*sport*) giocare; giocare contro; incontrare: **to p. hockey**, giocare a hockey; **to p. for Scotland**, giocare per la Scozia; **to p. centre forward**, giocare come centravanti; **Wales is playing Ireland tomorrow**, domani il Galles gioca contro l'Irlanda ***3*** (*sport*) giocare; tirare; lanciare ***4*** suonare; (*di radio, ecc.*) essere acceso, andare: **to p. the piano [a tune, a record]**, suonare il piano [un motivo, un disco]; **to p. by ear**, suonare a orecchio; **The radio was playing full blast**, la radio andava a tutto volume ***5*** (*teatr.*) interpretare, fare la parte di; recitare: **She played Viola**, ha interpretato la parte di Viola; **to p. in «Hamlet»**, recitare nell'«Amleto»; **to p. one's part well**, fare bene la propria parte; **to p. st. for laughs**, interpretare q.c. in chiave comica ***6*** (*teatr., cinem.*) essere rappresentato: **«Stagecoach» is playing at the Ariston**, all'Ariston danno «Ombre rosse» ***7*** fingere di essere; fare: **to p. dead**, fingersi morto; **to p. the fool**, fare lo stupido ***8*** dirigere (*un getto d'acqua, ecc.*); puntare (*una luce*) ***9*** (*di fontana*) zampillare; fare giochi d'acqua ***10*** (*di luce*) giocare; creare giochi di luce ***11*** aleggiare; sfiorare: **A smile played on her lips**, un sorriso le sfiorava le labbra ● **to p.-act**, fare la commedia; fingere; essere melodrammatico (*o* teatrale) □ (*fam.*) **to p. ball**, starci □ **to p. fast and loose**, fare a tira e molla □ (*fam.*) **to p. the field**, essere attivo in campo amoroso; avere un sacco di ragazze □ **to p. for time**, cercare di guadagnare tempo □ **to p. the game**, stare alle regole del gioco; stare al gioco □ (*fam.*) **to p. games with sb.**, prendere in giro q. □ **to p. sb.'s game**, fare il gioco di q. □ **to p. hard to get**, fare il prezioso □ **to p. host to**, ospitare (*un convegno, un campionato, ecc.*) □ (*fam.*) **to p. the horses**, giocare alle

corse □ **to p. into the hands of sb.**, fare il gioco di q. □ **to p. it by ear**, agire senza un piano prestabilito; improvvisare □ (*fam.*) **to p. it cool**, agire con calma; tenere la testa a posto □ **to p. (it) safe**, giocare (*o* tenersi, andare) sul sicuro □ (*Borsa*) **to p. the market**, speculare (*o* giocare) in Borsa □ **to p. on words**, fare giochi di parole □ **to p. a part in st.**, avere una parte in q.c. □ **to p. second fiddle to sb.**, avere una parte di secondaria importanza rispetto a q. □ **to p. to the gallery**, recitare per il loggione; cercare di far colpo sul grosso pubblico □ **to p. with sb.'s feelings**, farsi gioco dei sentimenti di q.

◆ **play about** *v. i. + avv.* ***1*** divertirsi; spassarsela ***2*** giocherellare.

◆ **play along (with)** ***A*** *v. t. + avv.* (*e prep.*) tenere sulla corda (q.); illudere (q.) ***B*** *v. i. + avv.* fingersi d'accordo (con); assecondare (q., q.c.).

◆ **play at** *v. i. + prep.* ***1*** giocare a: **to p. at (being) soldiers**, giocare ai soldati ***2*** fare (q.c.) per divertirsi: **He's just playing at it**, lo fa solo per divertirsi; ci si diverte e basta ● **What are you playing at?**, che diavolo stai facendo?; che cosa credi di fare?

◆ **play back** *v. t. + avv.* riascoltare, risentire (*una registrazione*).

◆ **play down** *v. t. + avv.* minimizzare; sdrammatizzare.

◆ **play oneself in** *v. rifl. + avv.* ***1*** (*sport*) scaldarsi nei primi minuti del gioco; entrare in partita (*a poco a poco*) ***2*** (*fig.*) farci la mano; rodarsi.

◆ **play off** ***A*** *v. i. + avv.* (*sport*) disputare lo spareggio (*o* la bella) ***B*** *v. t. + avv.* — **to p. A off against B**, mettere A e B l'uno contro l'altro (*soprattutto a proprio vantaggio*).

◆ **play on** *v. i. + prep.* far leva su; giocare su; sfruttare: **to p. on sb.'s feelings**, far leva sui sentimenti di q.; **to p. on sb.'s fears**, giocare sulle paure di q.

◆ **play out** *v. t. + avv.* ***1*** (*sport*) giocare fino in fondo (*una partita*) ***2*** (*al passivo*) svolgersi; avere luogo ***3*** sfogare (nel gioco).

◆ **play up** *v. i. + avv.* ***1*** mettere in risalto; sottolineare ***2*** esagerare; gonfiare ***3*** (*fam., di bambino, macchina*) fare i capricci; (*di parte del corpo*) cominciare a dolere, farsi sentire: **My back is playing up again**, la mia schiena ricomincia a farsi sentire.

◆ **play up to** *v. i. + avv. e prep.* (*fam.*) sviolinare; lisciare.

playback /ˈpleɪbæk/ *n.* U (*mus., radio, TV*) riascolto; ripetizione; playback.

playbill /ˈpleɪbɪl/ *n.* (*teatr.*) manifesto; locandina.

playboy /ˈpleɪbɔɪ/ *n.* playboy.

played-out /ˈpleɪdˈaʊt/ *a.* ***1*** esausto; sfinito ***2*** finito; esaurito; logoro; superato.

player /ˈpleɪə(r)/ *n.* ***1*** (*anche sport*) giocatore (-trice) ***2*** (*teatr.*) attore (-trice) ***3*** (*mus.*) suonatore (-trice); esecutore (-trice).

player piano /ˈpleɪə(r) ˈpjænəʊ/ *locuz. n.* (*mus.*) pianola.

playful /ˈpleɪfl/ *a.* ***1*** allegro; giocoso; festoso; vivace ***2*** scherzoso.

playgoer /ˈpleɪgəʊə(r)/ *n.* appassionato (-a) del teatro di prosa.

playground /ˈpleɪgraʊnd/ *n.* ***1*** parco giochi ***2*** (*a scuola*) cortile per la ricreazione.

playgroup /ˈpleɪgruːp/ *n.* asilo infantile.

playhouse /ˈpleɪhaʊs/ *n.* ***1*** teatro ***2*** casa-giocattolo.

playing card /ˈpleɪɪŋ kɑːd/ *locuz. n.* carta da gioco.

playing field /ˈpleɪɪŋ fiːld/ *locuz. n.* campo da gioco.

playing season /ˈpleɪɪŋ ˈsiːzən/ *locuz. n.* stagione sportiva.

playmate /ˈpleɪmeɪt/ *n.* compagno (-a) di gioco.

play-off /ˈpleɪɒf/ *n.* (*sport*) (partita di) spareggio.

playpen /ˈpleɪpen/ *n.* recinto (*per bambini piccoli*); box.

playroom /ˈpleɪruːm, -rʊm/ *n.* stanza dei giochi.

playschool /ˈpleɪskuːl/ *n.* (*GB*) asilo infantile.

plaything /ˈpleɪθɪŋ/ *n.* (*anche fig.*) giocattolo.

playtime /ˈpleɪtaɪm/ *n.* U (ora della) ricreazione.

playwright /ˈpleɪraɪt/ *n.* drammaturgo; commediografo.

plea /pliː/ *n.* ***1*** richiesta; appello; supplica ***2*** (*leg.*) eccezione; difesa ***3*** (*leg.*) dichiarazione dell'imputato: **p. of not guilty**, dichiarazione di innocenza; **p. of guilty**, ammissione di colpevolezza; **to enter a p. of guilty [not guilty]**, dichiararsi colpevole [innocente] ● (*leg.*) **p. bargain**, accordo per ottenere una riduzione della pena □ (*leg.*) **p. bargaining**, patteggiamento della pena.

to **plead** /pliːd/ (*p.p.* **pleaded**, *USA e scozz. anche* **pled**) ***A*** *v. i.* ***1*** appellarsi a; supplicare: **to p. with sb.**, supplicare q.; **to p. for more time**, chiedere altro tempo ***2*** (*leg., di avvocato*) patrocinare una causa; perorare ***3*** (*leg., di imputato*) rispondere a un'accusa; dichiararsi: **to p. not guilty**, dichiararsi innocente ***B*** *v. t.* ***1*** (*leg.*) perorare; difendere: **to p. a case in court**, difendere una causa in tribunale ***2*** difendere: **to p. sb.'s case**, difendere q.; perorare la causa di q. ***3*** addurre a giustificazione; (*leg.*) invocare: **to p. insanity**, invocare l'infermità mentale.

pleading /ˈpliːdɪŋ/ ***A*** *n.* (*leg.*) ***1*** U e C perorazione di una causa; arringa ***2*** (*al pl.*) comparse; difese scritte delle parti ***B*** *a.* implorante; supplichevole.

pleasant /ˈpleznt/ *a.* piacevole; gradevole; amabile; ameno.

pleasantry /ˈplezntrɪ/ *n.* (*form.*) ***1*** (*generalm. al pl.*) complimento ***2*** facezia; motto di spirito; scherzo garbato.

please /pliːz/ *inter.* per favore; per piacere; per cortesia; prego; grazie: **P., come in**, entri, prego; **Can I stay, p.?**, posso restare?; **Yes, p.**, (*accettando q.c.*) (sì,) grazie; **P. don't**, non farlo, ti prego!; no, per favore!; **Could you p. have a look at this?**, potresti (*o* ti dispiace) dare un'occhiata a questo?

to **please** /pliːz/ ***A*** *v. i.* ***1*** far piacere a q.; accontentare: **eager to p.**, ansioso di accontentare; zelante ***2*** volere; desiderare; piacere, garbare (*costruz. impers.*): **Take as many as you p.**, prendine quanti ne vuoi; **I shall do as I p.**, farò quel che mi piace (*o* quel che mi pare); **as you p.**, come vuoi; **if you p.**, per favore; se non ti secca; prego; (*iron.*) pensa un po', figurati; **P. God...**, Dio voglia che... ***B*** *v. t.* far piacere a; accontentare; soddisfare: **Do it just to p. me**, fallo per farmi piacere; **There's no pleasing him**, non si riesce ad accontentarlo; non è mai contento ***C*** to **please oneself** *v. rifl.* fare ciò che accomoda (*o* che garba); fare a modo proprio: **P. yourself!**, fa' come ti pare.

pleased /pliːzd/ *a.* soddisfatto; contento; lieto; compiaciuto: **to be p. with st.**, essere soddisfatto di q.c.; **I was p. to hear about your decision**, sono contento della tua decisione; **P. to meet you!**, piacere!; lietissimo!; **We are p. to inform you that...**, siamo lieti di informarla che... ● (*spesso spreg.*) **p. with oneself**, soddisfatto di sé; compiaciuto □ **as p. as Punch**, contento come una pasqua.

pleasing /ˈpliːzɪŋ/ *a.* piacevole; gradevole; soddisfacente.

pleasurable /ˈpleʒərəbl/ *a.* (*form.*) piacevole; gradevole.

pleasure /ˈpleʒə(r)/ *n.* U e C piacere; gioia: **It's a p. to see you**, è un piacere vederti; **a life given up to p.**, una vita dedicata ai piaceri; **the pleasures of retirement**, le gioie della pensione; **to take p. in doing st.**, provar piacere (*o* divertirsi) a fare q.c.; **with p.**, con piacere; volentieri; **May I have the p. of this dance?**, mi concede l'onore di questo ballo? ● **p. boat**, battello da diporto □ **p.-loving**, amante dei piaceri □ (*leg., in G.B.*) **during Her [His] Majesty's p.**, (*di condanna a pena detentiva*) a tempo illimitato □ **My p.!**, prego!; si figuri!; figurati! □ (*form.*) **We await your p.**, siamo a vostra disposizione.

pleat /pliːt/ *n.* (*sartoria*) piega.

to **pleat** /pliːt/ *v. t.* pieghettare; fare le pieghe a; plissettare ● **pleated skirt**, gonna a pieghe; gonna plissettata.

plebeian /plɪˈbiːən/ *a. e n.* plebeo.

plebiscite /ˈplebɪsɪt, *USA* -saɪt/ *n.* plebiscito.

plebs /pleb/ *n. pl.* (*pop.*) popolo; popolino; volgo.

plectrum /ˈplektrəm/ *n.* (*mus.*) plettro.

pled /pled/ *part. pass. di* **to plead**.

pledge /pledʒ/ *n.* ***1*** promessa solenne; impegno ***2*** pegno: **a p. of friendship**, un pegno d'amicizia ***3*** (*leg.*) pegno; garanzia ● (*antiq.*) **to take the p.**, promettere di non bere più □ **under p. of secrecy**, sotto vincolo di segretezza.

to **pledge** /pledʒ/ *v. t.* ***1*** promettere solennemente; impegnarsi a: **to p. a large sum to st.**, promettere una grossa somma a favore di q.c.; **The town council has pledged to rebuild the theatre**, il Comune ha promesso che il teatro sarà ricostruito ***2*** far promettere a: **to p. sb. to st.**, far promettere q.c. a q.; **I am pledged to secrecy**, ho promesso di mantenere il segreto ***3*** impegnare; dare in pegno.

plenary /ˈpliːnərɪ, ˈplen-/ *a.* ***1*** plenario: **p. session**, seduta plenaria ***2*** assoluto; illimitato; pieno: **p. powers**, pieni poteri.

plenipotentiary /plenɪpəˈtenʃərɪ, *USA* -ʃɪerɪ/ *a e n.* (*polit.*) plenipotenziario.

plenitude /ˈplenɪtjuːd, *USA* -tuːd/ *n.* U (*form.*) ***1*** pienezza ***2*** abbondanza; profusione.

plentiful /ˈplentɪfl/ *a.* abbondante; copioso.

plenty /ˈplɛntɪ/ ***A*** *n.* abbondanza: **in p.**, in abbondanza; **There's p. of time**, c'è tempo in abbondanza; abbiamo un sacco di tempo; **p. of shops**, molti negozi; una quantità di negozi; **p. more**, ancora molto; molti altri ***B*** *avv.* (*fam.*) molto.
plenum /ˈpliːnəm/ *n.* (*polit.*) assemblea plenaria.
pleonasm /ˈpliːənæzəm/ *n.* (*ling.*) pleonasmo.
pleonastic /plɪəˈnæstɪk/ *a.* pleonastico.
plethora /ˈplɛθərə/ *n.* pletora.
pleurisy /ˈplʊərəsɪ/ *n.* U (*med.*) pleurite.
Plexiglas ® /ˈplɛksɪɡlɑːs, *USA* -æs/ *n.* plexiglas.
plexus /ˈplɛksəs/ *n.* (*anat.*) plesso.
pliability /plaɪəˈbɪlətɪ/ *n.* U ***1*** pieghevolezza; flessibilità ***2*** arrendevolezza; docilità.
pliable /ˈplaɪəbl/, **pliant** /ˈplaɪənt/ *a.* ***1*** pieghevole; flessibile ***2*** arrendevole; docile.
pliers /ˈplaɪəz/ *n. pl.* pinze; pinzette.
plight /plaɪt/ *n.* situazione difficile; condizioni gravi: **hopeless p.**, situazione disperata; **to be in a sad** (*o* **sorry**) **p.**, essere in uno stato pietoso.
Plimsoll /ˈplɪmsl/ *n.* — (*naut.*) **P. line** (*o* **mark**), linea di galleggiamento a pieno carico; marca.
plimsolls /ˈplɪmsəlz/ *n. pl.* (*GB*) scarpe da tennis.
plinth /plɪnθ/ *n.* ***1*** (*archit.*) plinto ***2*** base, piedistallo (*di statua*).
to **plod** /plɒd/ *v. i.* avanzare a fatica; arrancare.
♦ **plod away** (*o* **on**) *v. i. + avv.* lavorare sodo; sgobbare.
plodder /ˈplɒdə(r)/ *n.* sgobbone (-a).
plonk (1) /plɒŋk/ *n.* (*fam. GB*) vino da poco prezzo; vino ordinario.
plonk (2) /plɒŋk/ ***A*** *n.* tonfo ***B*** *avv.* (*fam.*) con un tonfo: **It landed p. on the floor**, cascò (*o* finì) per terra.
to **plonk** /plɒŋk/ (*fam.*) ***A*** *v. t.* lasciar cadere pesantemente; mollare: **Just p. it anywhere**, mollalo dove vuoi ***B*** to **plonk oneself** *v. rifl.* lasciarsi cadere pesantemente; crollare: **He plonked himself down on the chair**, si lasciò cadere di peso sulla sedia.
plop /plɒp/ *n.* lieve tonfo (*in un liquido*); pluf; plop.
to **plop** /plɒp/ *v. i.* cadere (*in un liquido*).
plot /plɒt/ *n.* ***1*** appezzamento; lotto: **vegetable p.**, orticello; **building p.**, lotto fabbricabile ***2*** complotto; congiura ***3*** trama, intreccio (*di romanzo, ecc.*).
to **plot** /plɒt/ ***A*** *v. t.* ***1*** tracciare; segnare (*su una mappa*): (*naut.*) **to p. a course**, tracciare una rotta ***2*** fare il grafico di ***3*** (*topogr.*) fare il rilevamento di ***4*** progettare; ordire: **to p. a murder**, progettare un omicidio ***B*** *v. i.* congiurare; cospirare; tramare.
plotter /ˈplɒtə(r)/ *n.* ***1*** cospiratore (-trice); congiurato (-a) ***2*** (*elab.*) plotter; tracciatore di grafici, ecc.
plough /plaʊ/ *n.* ***1*** aratro ***2*** — (*astron.*) **the P.**, il Gran Carro.
to **plough** /plaʊ/ *v. t. e i.* (*agric.*) arare • **to p. a lonely furrow**, lavorare da solo, senza alcun aiuto.
♦ **plough back** *v. t. + avv.* (*fin.*) reinvestire.
♦ **plough in** *v. i. + avv.* (*agric.*) sotterrare arando; sovesciare.
♦ **plough into** ***A*** *v. i. + prep.* (*di veicolo*) investire; piombare su; falciare ***B*** *v. t. + prep.* (*fin.*) investire in: **to p. capital into a business**, investire capitali in un'impresa.
♦ **plough on** *v. i. + avv.* tirare avanti.
♦ **plough through** *v. i. + prep.* ***1*** aprirsi un varco: **to p. through the waves**, solcare le onde; **The bus ploughed through the hedge**, l'autobus sfondò la siepe ***2*** procedere con fatica: **to p. through a book**, leggere un libro con grande fatica.
♦ **plough up** *v. t. + avv.* (*agric.*) dissodare.
ploughman /ˈplaʊmən/ *n.* (*pl.* **ploughmen** /-mən/) aratore • **p.'s lunch**, pasto semplice a base di pane, formaggio e verdure crude (*generalm. in un pub*).
ploughshare /ˈplaʊʃɛə(r)/ *n.* vomere.
plover /ˈplʌvə(r), *USA* ˈpləʊ-/ *n.* (*zool.*) piviere; corriere.
plow /plaʊ/ *e deriv.* (*USA*) *V.* **plough** *e deriv.*
ploy /plɔɪ/ *n.* manovra; stratagemma.
pluck /plʌk/ *n.* U (*fam.*) coraggio; fegato.
to **pluck** /plʌk/ *v. t.* ***1*** strappare: **to p. one's eyebrows**, depilarsi le sopracciglia; **to p. a goose**, spennare un'oca ***2*** pizzicare (*le corde di una chitarra, ecc.*) ***3*** (*lett.*) cogliere (*fiori*): **to p. a rose**, cogliere una rosa.
♦ **pluck at** *v. i. + prep.* tirare: **to p. at sb.'s sleeve**, tirare q. per la manica.
♦ **pluck up** *v. t. + avv.* — **to p. up courage**, farsi coraggio; armarsi di coraggio.
plucky /ˈplʌkɪ/ *a.* (*fam.*) coraggioso; di fegato.
plug /plʌɡ/ *n.* ***1*** tappo (*di lavandino, ecc.*) ***2*** (*elettr.*) spina: **to pull out a p.**, togliere una spina ***3*** (*USA*) presa d'acqua; idrante ***4*** (*autom., anche* **spark(ing) p.**) candela ***5*** (*fam.*) réclame; pubblicità: **He gave my book quite a p. on his show**, ha fatto una bella réclame al mio libro nel suo programma • **to pull the p.**, tirare l'acqua, lo sciacquone □ (*fam.*) **to pull the p. on st.**, ritirare il proprio appoggio a q.c.; metter fine di colpo a q.c.
to **plug** /plʌɡ/ *v. t.* ***1*** (*anche* **to p. up**) tappare; otturare; tamponare ***2*** (*fam.*) fare la réclame a; fare pubblicità a.
♦ **plug away** (**at**) *v. i. + avv.* (*e prep.*) (*fam.*) sgobbare (su); sfacchinare (su).
♦ **plug in** *v. t. + avv.* (*elettr.*) inserire la spina di; attaccare.
♦ **plug into** ***A*** *v. t. + prep.* (*elettr.*) attaccare a; collegare a ***B*** *v. i. + prep.* (*elab.*) collegarsi a.
plughole /ˈplʌɡhəʊl/ *n.* buco di scarico; buca del lavandino • (*fam.*) **to go down the p.**, andare sprecato; andare in malora.
plug-in /ˈplʌɡɪn/ *a.* ***1*** (*elettr.*) a innesto ***2*** (*fam.*) (che funziona) a corrente.
plum /plʌm/ *n.* ***1*** (*bot.*) susina; prugna ***2*** (*bot., anche* **p.-tree**) susino; prugno ***3*** cosa eccellente; ottimo impiego • **p. pudding**, budino natalizio.
plumage /ˈpluːmɪdʒ/ *n.* U (*zool.*) piumaggio; penne; piume.
plumb /plʌm/ ***A*** *n.* ***1*** piombo; piombino ***2*** (*anche* **p. line**) filo a piombo ***3*** (*naut.*) scandaglio • **out of p.**, fuori piombo ***B*** *a.* ***1*** a piombo; perpendicolare ***2*** (*fam. USA*) assoluto; bell'e buono ***C*** *avv.* ***1*** a piombo; a perpendicolo ***2*** (*fam.*) esattamente; precisamente: **p. in the middle**, esattamente nel centro ***3*** (*fam. USA*) completamente: **p. stupid**, deficiente; **p. crazy**, matto da legare.
to **plumb** /plʌm/ *v. t.* ***1*** (*naut. e fig.*) scandagliare; sondare ***2*** installare tubazioni in ***3*** mettere a piombo • **to p. the depths of**, toccare il fondo di.
♦ **plumb in** *v. t. + avv.* collegare con l'impianto idraulico.
plumbago /plʌmˈbeɪɡəʊ/ *n.* U ***1*** (*miner.*) piombaggine; grafite ***2*** (*bot.*) piombaggine.
plumber /ˈplʌmə(r)/ *n.* idraulico • (*USA*) **p.'s friend**, sturalavandini.
plumbing /ˈplʌmɪŋ/ *n.* U ***1*** impianto idraulico; tubature ***2*** mestiere dell'idraulico.
plume /pluːm/ *n.* ***1*** penna; piuma ***2*** (*anche fig.*) pennacchio.
plumed /pluːmd/ *a.* piumato.
to **plummet** /ˈplʌmɪt/ *v. i.* precipitare; cadere a picco.
plummy /ˈplʌmɪ/ *a.* ***1*** (*fam.*) desiderabile; buono; bello: **a p. part in a film**, un bel ruolo in un film ***2*** (*fam. GB, di accento, voce*) caldo e pastoso (*ritenuto tipico delle classi superiori*); aristocratico.
plump /plʌmp/ *a.* grassoccio; grassottello; paffuto.
to **plump** /plʌmp/ *v. Solo come*:
♦ **plump down** (*fam.*) ***A*** *v. t. + avv.* lasciar cadere di peso; mollare ***B*** *v. i. + avv.* lasciarsi cadere (di peso).
♦ **plump for** *v. i. + prep.* (*fam. GB*) scegliere; decidersi per.
♦ **plump up** *v. t. + avv.* sprimacciare.
plumpness /ˈplʌmpnəs/ *n.* U rotondità; paffutezza.
plunder /ˈplʌndə(r)/ *n.* U ***1*** saccheggio ***2*** bottino; preda.
to **plunder** /ˈplʌndə(r)/ *v. t. e i.* depredare; saccheggiare.
plunderer /ˈplʌndərə(r)/ *n.* saccheggiatore; predatore; predone.
plunge /plʌndʒ/ *n.* ***1*** tuffo ***2*** (*fam.*) nuotata ***3*** (*sport, USA*) piscina per tuffi • **to take the p.**, decidersi; saltare il fosso.
to **plunge** /plʌndʒ/ ***A*** *v. t.* ***1*** immergere; tuffare: **to p. one's head into the water**, tuffare la testa nell'acqua ***2*** immergere; conficcare: **He plunged the blade into her side**, le immerse la lama nel fianco ***3*** far piombare; precipitare; gettare: **The room was plunged into darkness**, la stanza piombò nel buio; **to p. a country into war**, (far) precipitare un paese nella guerra; **to p. sb. into despair**, gettare q. nello sconforto ***B*** *v. i.* ***1*** tuffarsi ***2*** gettarsi; lanciarsi; precipitarsi: **to p. to one's death**, sfracellarsi ***3*** (*di prezzi, ecc.*) crollare ***4*** (*di nave*) beccheggiare • **to p. into debt**, ingolfarsi nei debiti.
plunger /ˈplʌndʒə(r)/ *n.* ***1*** (*mecc.*) pistone; stantuffo ***2*** sturalavandini.
plunging /ˈplʌndʒɪŋ/ *a.* — **p. neckline**, scollatura profonda.
to **plunk** /plʌŋk/ (*fam. USA*) ***A*** *v. t.* ***1*** buttar giù; gettar giù;

far cadere di schianto ***2*** pizzicare (*le corde di una chitarra, ecc.*) ***B*** *v. i.* (*anche* **to p. down**) cadere di schianto.
pluperfect /pluː'pɜːfɪkt/ *a. e n.* (*gramm.*) piuccheperfetto.
plural /'plʊərəl/ *a. e n.* (*gramm.*) plurale.
pluralism /'plʊərəlɪzəm/ *n.* Ⓤ pluralismo.
pluralist /'plʊərəlɪst/ *n.* pluralista.
pluralistic /plʊərə'lɪstɪc/ *a.* pluralistico.
plurality /plʊə'rælətɪ/ *n.* ***1*** Ⓤ pluralità; molteplicità ***2*** (*polit., USA*) maggioranza relativa.
plus /plʌs/ ***A*** *a.* ***1*** (*mat., fis.*) positivo ***2*** aggiuntivo; extra: **a p. factor**, un vantaggio ***3*** — **She earns $90,000 p.**, guadagna oltre 90.000 dollari; **women of 30 p.**, le donne con più di trent'anni ***B*** *n.* ***1*** (*mat., anche* **p. sign**) (segno) più ***2*** vantaggio ***C*** *prep.* ***1*** (*mat.*) più ***2*** (*fam.*) e in più ***D*** *cong.* (*fam.*) e inoltre.
plus fours /plʌs'fɔːz/ *locuz. n.* calzoni alla zuava.
plush (1) /plʌʃ/ *n.* Ⓤ (*ind. tess.*) felpa.
plush (2) /plʌʃ/, **plushy** /'plʌʃɪ/ *a.* (*fam.*) lussuoso; di lusso.
plutocracy /pluː'tɒkrəsɪ/ *n.* Ⓤ *e* Ⓒ plutocrazia.
plutocrat /'pluːtəkræt/ *n.* plutocrate.
plutonium /pluː'təʊnɪəm/ *n.* Ⓤ (*chim.*) plutonio.
pluvial /'pluːvɪəl/ *a.* ***1*** pluviale ***2*** alluvionale.
ply /plaɪ/ *n.* ***1*** capo (*di lana, ecc.*); trefolo (*di corda*): **three-ply wool**, lana a tre capi ***2*** strato: **four-ply wood**, legno (compensato) a quattro strati.
to **ply** /plaɪ/ ***A*** *v. i.* ***1*** (*specialm. naut.*) fare servizio regolare; fare la spola ***2*** (*di taxi e sim.*) girare, stazionare (*in attesa di clienti*): **to ply for hire**, essere in attesa di clienti; essere libero ***B*** *v. t.* ***1*** (*antiq.*) adoperare; maneggiare; lavorare con: **to p. one's needle**, lavorare d'ago ***2*** (*antiq.*) esercitare: **to p. a trade**, esercitare un mestiere ***3*** offrire a (*di continuo*): **to p. sb. with drinks**, offrire di continuo da bere a q.; **to ply sb. with questions**, incalzare q. di domande.
plywood /'plaɪwʊd/ *n.* Ⓤ (legno) compensato.
pneumatic /njʊ'mætɪk, *USA* nʊ-/ *a.* pneumatico: **p. drill**, martello penumatico.
pneumonia /njʊ'məʊnɪə, *USA* nʊ-/ *n.* Ⓤ (*med.*) polmonite.
to **poach** (1) /pəʊtʃ/ *v. t.* (*cucina*) ***1*** affogare (*uova*); cuocere in camicia ***2*** cuocere in bianco (*pesce*).
to **poach** (2) /pəʊtʃ/ ***A*** *v. t.* ***1*** cacciare (*o* pescare) di frodo ***2*** rubare (*idee, ecc.*); copiare; soffiare (*fam.*) ***B*** *v. i.* cacciare (*o* pescare) di frodo; fare il bracconiere • (*fig.*) **to p. on another's preserves**, invadere il campo altrui.
poacher /'pəʊtʃə(r)/ *n.* bracconiere; cacciatore (*o* pescatore) di frodo.
poaching /'pəʊtʃɪŋ/ *n.* Ⓤ (*leg.*) caccia (*o* pesca) di frodo.
PO box /'piːəʊ'bɒks/ *locuz. n.* casella postale.
pocked /'pɒkt/ *V.* **pockmarked**.
pocket /'pɒkɪt/ ***A*** *n.* ***1*** tasca; taschino: **He was standing there with his hands in his pockets**, se ne stava con le mani in tasca; **to turn out one's pockets**, svuotare le tasche ***2*** cavità; sacca: (*mil.*) **pockets of resistance**, sacche di resistenza ***3*** (*biliardo*) buca • **p.-size(d)**, tascabile □ **to have sb. in one's p.**, tenere q. in pugno □ (*fam.*) **to live in each other's pockets**, stare sempre appiccicati □ **not to be in anyone's p.**, non portare la livrea di nessuno □ (*fam.*) **to line one's p.**, arricchirsi (*generalm. in modo poco onesto*); fare soldi □ **to pay out of one's own p.**, pagare di tasca propria □ **to be out of p.**, averci rimesso □ **to suit every p.**, per tutte le tasche ***B*** *a. attr.* ***1*** tascabile: **p. edition**, edizione tascabile; **p. flashlight**, lampadina tascabile ***2*** da tasca: **p. handkerchief**, fazzoletto da tasca • **p. money**, paghetta; denaro per le piccole spese.
to **pocket** /'pɒkɪt/ *v. t.* ***1*** intascare; mettersi in tasca (*anche eufem.*) ***2*** (*biliardo*) mandare in buca.
pocketbook /'pɒkɪtbʊk/ *n.* ***1*** taccuino; agenda ***2*** (*USA*) portafoglio ***3*** (*antiq. USA*) borsetta.
pocketful /'pɒkɪtfʊl/ *n.* tascata.
pocketknife /'pɒkɪtnaɪf/ *n.* temperino.
pockmark /'pɒkmɑːk/ *n.* (*med.*) buttero.
pockmarked /'pɒkmɑːkt/ *a.* ***1*** (*med.*) butterato ***2*** bucherellato.
pod /pɒd/ *n.* ***1*** (*bot.*) baccello ***2*** (*aeron.*) serbatoio sganciabile ***3*** (*miss.*) scomparto distaccabile.
to **pod** /pɒd/ ***A*** *v. i.* (*di pianta*) mettere i baccelli ***B*** *v. t.* sgusciare (*piselli, ecc.*).
podgy /'pɒdʒɪ/ *a.* (*fam.*) tracagnotto; grassotto.
podia /'pəʊdɪə/ *pl. di* **podium**.
podiatrist /pə'daɪətrɪst/ *n.* (*USA*) callista; pedicure.
podium /'pəʊdɪəm/ *n.* (*pl.* **podia**, **podiums**) podio.
poem /'pəʊɪm/ *n.* poesia (*componimento poetico*).
poet /'pəʊɪt/ *n.* poeta; poetessa • (*in G.B.*) **p. laureate**, poeta ufficiale della Corte.
poetic /pəʊ'etɪk/ *a.* poetico • **p. justice**, giustizia ideale □ **p. licence**, licenza poetica.
poetical /pəʊ'etɪkl/ *a.* poetico; in versi: **p. works**, opere poetiche.
poetics /pəʊ'etɪks/ *n. pl.* (*col verbo al sing.*) poetica.
poetry /'pəʊɪtrɪ/ *n.* Ⓤ poesia: **Romantic p.**, la poesia romantica; **to write p.**, scrivere poesie.
po-faced /'pəʊfeɪst/ *a.* (*fam. GB*) dall'aria solenne; serioso.
pogo stick /'pəʊgəʊstɪk/ *locuz. n.* trampolo con molla; canguro.
poignancy /'pɔɪnɪənsɪ/ *n.* Ⓤ (l')essere commovente, toccante, struggente; commozione; intensità.
poignant /'pɔɪnɪənt/ *a.* commovente; toccante; intenso; struggente: **p. moment**, momento commovente: **p. regret**, rammarico intenso.
poinsettia /pɔɪn'setɪə/ *n.* (*bot.*) poinsettia; stella di Natale.
point /pɔɪnt/ *n.* ***1*** (*geom.*) punto ***2*** (*mat., anche* **decimal p.**) punto che separa l'intero dai decimali (*corrispondente alla virgola italiana*): **three p. four**, tre virgola quattro ***3*** punto (*dello spazio o del tempo*): **p. of contact**, punto di contatto; **freezing p.**, punto di congelamento; (*geogr.*) **cardinal p.**, punto cardinale; **at the p. of death**, in punto di morte; **from that p. on**, da quel punto in avanti; da quel momento in poi; **to be on the p. of doing st.**, esser sul punto di fare q.c.; stare per fare q.c.; **It had got to the p. where we weren't even speaking**, eravamo arrivati al punto che non ci rivolgevamo neanche più la parola; **At that p., I decided to leave**, a quel punto, decisi di partire ***4*** (*sport, ecc.*) punto: **to lose by a p.**, perdere per un punto; **to score a p.**, segnare un punto; **to lose [to win] on points**, perdere [vincere] ai punti ***5*** grado (*del termometro*) ***6*** punta; puntina: **platinum p.**, puntina platinata; **to dance on points**, ballare sulle punte ***7*** idea; tesi; punto di vista; questione: **to make one's p.**, spiegare la propria posizione; **I see your p.**, capisco il tuo punto di vista; **I take your p., but...**, sì, d'accordo, ma...; **We disagree on several points**, non siamo d'accordo su diversi punti; **You're missing the whole the p.**, non hai capito; **The main p. is that...**, l'essenziale è che...; **You've got a p. there**, non hai tutti i torti; **I got my money back, but that's not the p.**, ho riavuto i miei soldi, ma non è questo il punto; **That's the whole p.!**, sta tutta lì la questione!; precisamente!; appunto! ***8*** Ⓤ scopo; senso; utilità: **What's the p.?**, a che serve?; è inutile; **There's no p. in arguing**, non serve a niente discutere ***9*** (*elettr., GB, anche* **power p.**) presa (di corrente) ***10*** (*geogr.*) punta; promontorio ***11*** (*al pl.*) (*ferr., GB*) scamblo • **p.-blank**, *V.* **point-blank**, *A e B* □ **p. by p.**, punto per punto □ **p.-by-p.**, particolareggiato □ **p. duty**, (*di vigile*) servizio di controllo del traffico: **to be on p. duty**, dirigere il traffico □ **p. of conscience**, questione di coscienza □ **p. of order**, questione di procedura; mozione d'ordine □ **p. of view**, punto di vista □ (*tipogr.*) **p. size**, corpo □ (*equitazione*) **p.-to-p.**, corsa a ostacoli su tracciato fisso □ **at the p. of a gun**, sotto la minaccia di una pistola (*o* di un fucile) □ **beside the p.**, fuori proposito; non pertinente □ **to come to the p.**, venire al sodo (*o* al dunque, al fatto) □ **to get off the p.**, divagare □ (*anche fig.*) **to give points to sb.**, dare dei punti a q. □ **high p.**, momento culminante □ **in p. of fact**, effettivamente; a dire la verità □ **to keep to the p.**, rimanere in argomento; non divagare □ **to make a p. of st.**, farsi un dovere di fare q.c. □ **off the p.**, non pertinente □ **not to put too fine a p. on it**, per dire le cose come stanno; in parole povere □ **strong p.**, forte: **Latin is not my strong p.**, il latino non è il mio forte □ **to the p.**, pertinente; a proposito □ **He is frank to the p. of rudeness**, la sua sincerità rasenta la villania □ **up to a p.**, fino a un certo punto.
to **point** /pɔɪnt/ ***A*** *v. t.* ***1*** indicare; mostrare: **to p. the way**, indicare la strada ***2*** puntare: **to p. a telescope**, puntare un telescopio; **to p. a gun at sb.**, puntare un fucile contro q.; **to p. a finger at st.**, puntare un dito su q.c.; additare q.c.; **to p. a finger at sb.**, additare q.; **to p. the finger at sb.**, accusare q.; puntare il dito contro q. ***3*** rivolgere; indirizzare: **to p. sb. in the right direction**, mettere q. sulla buona strada ***4*** rifinire (*un muro*) con malta ***B*** *v. i.* ***1*** indicare: **He**

pointed to the men in the field, indicò gli uomini nel campo; **It's rude to p. at people**, non sta bene indicare la gente col dito *2* essere rivolto (*o* orientato) verso: **to p. east**, essere rivolto verso est *3* (*di cane*) puntare.

♦ **point out** *v. t. + avv.* *1* additare; indicare *2* far notare; indicare.

♦ **point to** *v. i. + prep.* far ritenere; indicare; lasciare prevedere: **All the evidence pointed to Kevin as the thief**, tutte le prove indicavano che il ladro era Kevin; **Everything points to another United victory**, tutto lascia prevedere un'altra vittoria per il Manchester United.

♦ **point up** *v. t. + avv.* mettere in evidenza; sottolineare.

point-blank /pɔɪnt'blæŋk/ *A a.* *1* a bruciapelo: **p. question**, domanda a bruciapelo; **to shoot at p. range**, sparare a bruciapelo; (*mil.*) sparare (con l'alzo) a zero *2* netto; reciso; secco: **a p. refusal**, un netto rifiuto *B avv.* *1* a bruciapelo *2* nettamente; seccamente; chiaro e tondo.

pointed /'pɔɪntɪd/ *a.* *1* appuntito; aguzzo; a punta *2* significativo: **She looked at me in a p. manner**, mi guardò in modo significativo *3* marcato; studiato *4* pungente; tagliente ● (*archit.*) **p. arch**, arco a sesto acuto.

pointedly /'pɔɪntɪdlɪ/ *avv.* *1* in modo significativo *2* marcatamente; studiatamente.

pointer /'pɔɪntə(r)/ *n.* *1* indice (*di bilancia o contatore*); lancetta (*di orologio*) *2* bacchetta (*per indicare*) *3* cane da punta; pointer *4* puntatore, alzo (*di arma da fuoco*) *5* (*fam.*) consiglio; suggerimento; dritta (*fam.*).

pointillism /'pɔɪntɪlɪzəm, 'pwæntiːlɪzəm/ *n.* Ⓤ (*pitt.*) divisionismo.

pointillist /'pwæntɪlɪst/ *n.* (*pitt.*) divisionista.

pointless /'pɔɪntləs/ *a.* *1* senza scopo; inutile *2* senza senso; gratuito.

pointlessness /'pɔɪntləsnəs/ *n.* inutilità; insensatezza; gratuità.

pointsman /'pɔɪntsmən/ *n.* (*pl.* **pointsmen** /-mən/) (*ferr., GB*) deviatore; scambista.

poise /pɔɪz/ *n.* Ⓤ *1* padronanza di sé; calma; compostezza *2* portamento (*del capo, ecc.*).

to **poise** /pɔɪz/ *v. t.* *1* mettere in equilibrio *2* tenere in equilibrio; bilanciare.

poised /pɔɪzd/ *a.* *1* in sospeso: **p. between life and death**, sospeso tra la vita e la morte *2* pronto; in attesa *3* sospeso; librato *4* in equilibrio *5* padrone di sé; calmo.

poison /'pɔɪzn/ *n.* Ⓤ *e* Ⓒ (*anche fig.*) veleno ● **p. gas**, gas tossico □ (*bot.*) **p. ivy**, edera del Canada □ **p.-pen letter**, lettera anonima calunniosa □ (*scherz.*) **What's your p.?**, che cosa bevi?

to **poison** /'pɔɪzn/ *v. t.* (*anche fig.*) avvelenare.

poisoner /'pɔɪzənə(r)/ *n.* avvelenatore (-trice).

poisoning /'pɔɪzənɪŋ/ *n.* Ⓤ avvelenamento ● **food p.**, intossicazione alimentare.

poisonous /'pɔɪzənəs/ *a.* (*anche fig.*) velenoso.

poke /pəʊk/ *n.* colpo (di punta); ditata; gomitata.

to **poke** /pəʊk/ *v. t.* *1* spingere (*con un dito, un gomito, un bastone, ecc.*): **to p. sb. in the ribs**, dare una gomitata a q. *2* conficcare; ficcare: **to p. one's finger in sb.'s eye**, ficcare il dito in un occhio a q.; **to p. one's nose into other people's affairs**, ficcare il naso negli affari altrui; **He opened the door and poked his head in**, aprì la porta e mise dentro la testa *3* attizzare (*il fuoco*) ● **to p. and pry**, essere un ficcanaso □ **to p. fun at sb.**, prendere in giro q. □ **to p. a hole in st.**, fare un buco in q.c. (*con un arnese appuntito*).

♦ **poke about** *v. i. + avv.* frugare; rovistare: **to p. about for st.**, frugare in cerca di q.c.

♦ **poke at** *v. i. + prep.* dare una spinta, una gomitata, una ditata a.

♦ **poke out** *A v. t. + avv.* *1* sporgere: **to p. one's head out**, sporgere il capo *2* cavare; strappare: **to poke out sb.'s eye**, cavare un occhio a q. *B v. i. + avv.* sporgere.

♦ **poke through** *v. t. e i. + avv.* sporgere.

poker (1) /'pəʊkə(r)/ *n.* attizzatoio.

poker (2) /'pəʊkə(r)/ *n.* Ⓤ poker ● **p.-faced**, impassibile.

pokerwork /'pəʊkəwɜːk/ *n.* pirografia.

poky /'pəʊkɪ/ *a.* piccolo; angusto.

polar /'pəʊlə(r)/ *a.* (*geogr., astron., fis.*) polare ● (*zool.*) **p. bear**, orso bianco; orso polare.

to **polarise** /'pəʊləraɪz/ *e deriv.* (*GB*) *V.* **to polarize** *e deriv.*

polarity /pə'lærətɪ/ *n.* Ⓤ (*fis. e fig.*) polarità.

polarization /pəʊləraɪ'zeɪʃn, *USA* -rɪ'z-/ *n.* Ⓤ *e* Ⓒ (*fis.*) polarizzazione.

to **polarize** /'pəʊləraɪz/ (*fis. e fig.*) *A v. t.* polarizzare *B v. i.* polarizzarsi.

pole (1) /pəʊl/ *n.* *1* palo; paletto; pertica *2* (*sport*) asta: **p. vault**, salto con l'asta ● (*automobilismo*) **p. position**, pole position □ **greasy p.**, albero della cuccagna □ (*pop. GB*) **to go up the p.**, dare i numeri.

pole (2) /pəʊl/ *n.* (*geogr., astron., fis.*) polo: **North P.**, polo nord; **positive** [**negative**] **p.**, polo positivo [negativo] ● **P. Star**, stella polare □ **poles apart**, agli antipodi.

Pole /pəʊl/ *n.* polacco.

poleaxe /'pəʊlæks/ *n.* *1* (*stor.*) ascia di guerra *2* ascia da beccaio.

to **poleaxe** /'pəʊlæks/ *v. t.* abbattere con un colpo.

polecat /'pəʊlkæt/ *n.* (*zool.*) *1* puzzola *2* (*USA*) moffetta.

polemic /pə'lemɪk/ *n.* *1* tirata; invettiva *2 V.* **polemics**.

polemical /pə'lemɪkl/ *a.* polemico.

polemicist /pə'lemɪsɪst/ *n.* polemista.

polemics /pə'lemɪks/ *n. pl.* (*col verbo al sing.*) polemica (*arte*).

to **pole-vault** /'pəʊlvɔːlt/ *v. i.* (*sport*) fare il salto con l'asta.

police /pə'liːs/ *n.* (*col verbo al pl. o al sing.*) polizia: **The p. are on his tracks**, la polizia è sulle sue tracce ● (*GB*) **p. constable**, agente di polizia; poliziotto □ (*leg.*) **p. court**, corte di giustizia di primo grado □ **p. dog**, cane poliziotto □ **p. force**, corpo di polizia □ **p. officer**, agente di polizia □ (*leg.*) **p. record**, precedenti penali: **to have a p. record**, avere precedenti penali; avere la fedina penale sporca □ **p. state**, Stato di polizia □ **p. station**, ufficio (*o* posto) di polizia □ **p. van**, (furgone) cellulare.

to **police** /pə'liːs/ *v. t.* presidiare; proteggere; sorvegliare.

policeman /pə'liːsmən/ *n.* (*pl.* **policemen** /-mən/) agente di polizia; poliziotto.

policewoman /pə'liːswʊmən/ *n.* (*pl.* **policewomen** /-wɪmən/) agente di polizia; donna poliziotto.

policy (1) /'pɒləsɪ/ *n.* politica; linea di condotta: **foreign p.**, politica estera; **the government's p. on drug abuse**, la politica del governo sul problema della droga.

policy (2) /'pɒləsɪ/ *n.* (*ass.*) polizza ● **p. holder**, titolare di polizza; assicurato.

polio /'pəʊlɪəʊ/, **poliomyelitis** /pəʊlɪəʊmaɪə'laɪtɪs/ *n.* Ⓤ (*med.*) poliomielite.

polish /'pɒlɪʃ/ *n.* Ⓤ *1* lucentezza; lucido *2* lucidatura; lucidata *3* lucido; vernice; cera: **floor p.**, cera per pavimenti; **shoe p.**, lucido per scarpe *4* raffinatezza; eleganza.

to **polish** /'pɒlɪʃ/ *v. t.* *1* lucidare; verniciare *2* levigare *3* raffinare; perfezionare.

♦ **polish off** *v. t. + avv.* (*fam.*) *1* mangiare; far fuori *2* sbrigare; finire.

♦ **polish up** *v. t. + avv.* *1* lucidare *2* migliorare; rinfrescare: **I must p. up my French**, devo rinfrescare un po' il mio francese.

Polish /'pəʊlɪʃ/ *A a.* polacco *B n.* polacco (*lingua*).

polished /'pɒlɪʃt/ *a.* *1* levigato *2* lucido *3* raffinato; elegante *4* (*di lavoro*) perfetto; impeccabile.

polisher /'pɒlɪʃə(r)/ *n.* lucidatrice (*macchina*).

polite /pə'laɪt/ *a.* *1* cortese; educato *2* raffinato; elegante: **p. society**, la buona società.

politeness /pə'laɪtnəs/ *n.* Ⓤ cortesia; educazione.

politic /'pɒlətɪk/ *a.* (*form.*) opportuno; prudente ● **the body p.**, lo Stato.

political /pə'lɪtɪkl/ *a.* *1* politico *2* che si occupa di politica; politicizzato ● **p. asylum**, asilo politico □ **p. prisoner**, prigioniero politico □ **p. science**, scienze politiche.

politically /pə'lɪtɪklɪ/ *avv.* politicamente: **p. correct**, politicamente corretto.

politician /pɒlɪ'tɪʃn/ *n.* *1* uomo politico; donna politica *2* (*fig.*) politico.

to **politicise** /pə'lɪtɪsaɪz/ *V.* **to politicize**.

politicization /pəlɪtɪsaɪ'zeɪʃn, *USA* -sɪ'z-/ *n.* Ⓤ politicizzazione.

to **politicize** /pə'lɪtɪsaɪz/ *v. t.* politicizzare.

politicking /'pɒlətɪkɪŋ/ *n.* Ⓤ (*spreg.*) attivismo politico con fini personali.

politico /pə'lɪtɪkəʊ/ *n.* (*pl.* **politicos**) (*spreg.*) politicante.

politics /'pɒlətɪks/ *n. pl.* *1* (*col verbo al sing.*) politica: **to go into p.**, darsi alla politica; **to talk p.**, parlare di politica *2* idee politiche; tendenze politiche: **What are his p.?**, di che idee politiche è? *3* scienze politiche.

polity /ˈpɒlətɪ/ *n.* **1** ⓤ (*form.*) governo; ordinamenti e leggi civili **2** Stato; polis.
polka /ˈpɒlkə, *USA* ˈpəʊlkə/ *n.* (*mus., danza*) polca, polka ● **p. dots**, pallini; pois (*franc.*) □ **p.-dot**, a pallini.
poll /pəʊl/ *n.* **1** (*polit.*) elezione; votazione: **to be defeated at the polls**, essere sconfitti alle elezioni **2** (*polit.*) scrutinio dei voti; voti (*dati o scrutinati*) **3** inchiesta (*d'opinione*); sondaggio ● **p. tax**, testatico □ □ **to go to the polls**, andare a votare; andare alle urne □ **a heavy** [**low**] **p.**, un'alta [una bassa] percentuale di votanti.
to **poll** /pəʊl/ *v. t.* **1** (*polit.*) scrutinare i voti di (*un collegio, ecc.*) **2** (*polit.*) ottenere (*un certo numero di voti*) **3** intervistare; sondare.
pollen /ˈpɒlən/ *n.* ⓤ (*bot.*) polline.
to **pollinate** /ˈpɒləneɪt/ *v. t.* (*bot.*) impollinare.
pollination /pɒləˈneɪʃn/ *n.* ⓤ (*bot.*) impollinazione.
polling /ˈpəʊlɪŋ/ *n.* ⓤ (*polit.*) **1** votazione; (l') andare a votare **2** numero dei votanti; affluenza alle urne ● **p. day**, giorno delle elezioni □ **p. booth**, cabina elettorale □ **p. station** (*o* **place**), seggio elettorale.
pollutant /pəˈluːtənt/ *n.* sostanza inquinante.
to **pollute** /pəˈluːt/ *v. t.* **1** inquinare **2** (*fig.*) inquinare; corrompere.
pollution /pəˈluːʃn/ *n.* ⓤ **1** inquinamento **2** (*fig.*) inquinamento; corruzione.
polo /ˈpəʊləʊ/ *n.* ⓤ (*sport*) polo ● **p. neck**, collo dolcevita □ **p.-necked**, (col collo) dolcevita □ (*sport*) **p. player**, polista □ **p. shirt**, (maglietta) polo.
polonaise /pɒləˈneɪz/ *n.* polacca (*danza o mus.*).
poly /ˈpɒlɪ/ *n.* (*GB*) *abbr. fam. di* **polytechnic**.
polyandry /ˈpɒlɪændrɪ, pɒlɪˈæ-/ *n.* ⓤ poliandria.
polychromatic /pɒlɪkrəʊˈmætɪk/ *a.* policromatico.
polychrome /ˈpɒlɪkrəʊm/ *a.* policromo.
polychromy /ˈpɒlɪkrəʊmɪ/ *n.* ⓤ policromia.
polyester /ˈpɒlɪestə(r), pɒlɪˈɛ-/ *n.* ⓤ (*chim.*) poliestere.
polyethylene /pɒlɪˈɛθəliːn/ *n.* ⓤ (*chim.*) polietilene.
polygamist /pəˈlɪgəmɪst/ *n.* poligamo.
polygamous /pəˈlɪgəməs/ *a.* poligamo.
polygamy /pəˈlɪgəmɪ/ *n.* ⓤ poligamia.
polyglot /ˈpɒlɪglɒt/ *a. e n.* poliglotta.
polygon /ˈpɒlɪgən, *USA* -ɒn/ *n.* (*geom.*) poligono.
polygraph /ˈpɒlɪgrɑːf, *USA* -græf/ *n.* macchina della verità.
polyhedral /pɒlɪˈhedrəl/ *a.* (*geom.*) poliedrico.
polyhedron /pɒlɪˈhiːdrən, *USA* -ɒn/ *n.* (*pl.* **polyhedrons**, **polyhedra** /-drə/) (*geom.*) poliedro.
polymath /ˈpɒlɪmæθ/ *n.* (*form.*) persona dalla cultura enciclopedica.
polymer /ˈpɒlɪmə(r)/ *n.* (*chim.*) polimero.
polymerization /pɒlɪməraɪˈzeɪʃn, *USA* -rɪˈz-/ *n.* ⓤ (*chim.*) polimerizzazione.
polymorphic /pɒlɪˈmɔːfɪk/ *V.* **polymorphous**.
polymorphism /pɒlɪˈmɔːfɪzəm/ *n.* ⓤ polimorfismo.
polymorphous /pɒlɪˈmɔːfəs/ *a.* polimorfo.
Polynesian /pɒlɪˈniːʒn/ *a. e n.* polinesiano.
polyp /ˈpɒlɪp/ *n.* (*zool., med.*) polipo.
polyphonic /pɒlɪˈfɒnɪk/ *a.* (*mus.*) polifonico.
polyphony /pəˈlɪfənɪ/ *n.* ⓤ (*mus.*) polifonia.
polypropylene /pɒlɪˈprəʊpɪliːn/ *n.* (*chim.*) polipropilene.
polystyrene /pɒlɪˈstaɪriːn/ *n.* ⓤ (*chim.*) polistirolo.
polysyllabic /pɒlɪsɪˈlæbɪk/ *a.* polisillabo.
polysyllable /ˈpɒlɪsɪləbl/ *n.* polisillabo.
polytechnic /pɒlɪˈtɛknɪk/ *n.* (*in G.B.*) politecnico.
polytheism /ˈpɒlɪθiːɪzəm/ *n.* ⓤ politeismo.
polythene /ˈpɒlɪθiːn/ *n.* ⓤ (*chim.*) politene ● **p. bag**, sacchetto di plastica.
polytonal /pɒlɪˈtəʊnl/ *a.* (*mus.*) politonale.
polyunsaturated /pɒlɪʌnˈsætʃəreɪtɪd/ *a.* (*chim.*) polinsaturo.
polyurethane /pɒlɪˈjʊərəθeɪn/ *n.* ⓤ (*chim.*) poliuretano ● **p. foam**, poliuretano espanso □ **p. resin**, resina poliuretanica.
polyvinyl /pɒlɪˈvaɪnɪl/ *n.* ⓤ (*chim.*) polivinile.
pom /pɒm/ *n.* (*spreg. Austr.*) inglese.
pomade /pəˈmɑːd/ *n.* ⓤ *e* ⓒ pomata (*per capelli*).
pomander /pəˈmændə(r)/ *n.* sfera contenente sostanze aromatiche (*per profumare l'ambiente*).
pomegranate /ˈpɒmɪgrænɪt/ *n.* (*bot.*) **1** melagrana **2** (*anche* **p.-tree**) melograno.
pommel /ˈpʌməl/ *n.* pomo (*della spada, della sella, ecc.*) ● (*ginnastica*) **p. horse**, cavallo con maniglie.
pommie /ˈpɒmɪ/ *a. e n.* (*spreg. Austr.*) inglese.
pomp /pɒmp/ *n.* ⓤ pompa; fasto; sfarzo ● **p. and circumstance**, grande pompa.
pompom /ˈpɒmpɒm/ *n.* pompon; nappa.
pomposity /pɒmˈpɒsətɪ/ *n.* ⓤ pomposità; ampollosità; boria.
pompous /ˈpɒmpəs/ *a.* pomposo; ampolloso; tronfio.
ponce /pɒns/ *n.* (*pop. GB*) **1** protettore; magnaccia **2** tipo effeminato; checca.
to **ponce** /pɒns/ *v. Solo come*:
♦ **ponce about** (*o* **around**) *v. i. + avv.* (*pop. GB*) **1** fare la checca **2** bighellonare; oziare.
poncho /ˈpɒntʃəʊ/ *n.* (*pl.* **ponchos**) poncho; poncio.
pond /pɒnd/ *n.* stagno; laghetto (*spesso artificiale*).
to **ponder** /ˈpɒndə(r)/ **A** *v. t.* ponderare; considerare; valutare **B** *v. i.* meditare; riflettere.
ponderous /ˈpɒndərəs/ *a.* **1** pesante; ponderoso; massiccio **2** (*di stile*) pesante; greve.
pong /pɒŋ, *USA* pɔːŋ/ *n.* (*fam. GB*) puzzo; puzza.
to **pong** /pɒŋ, *USA* pɔːŋ/ *v. i.* (*fam. GB*) puzzare.
pontiff /ˈpɒntɪf/ *n.* (*eccles.*) pontefice.
pontifical /pɒnˈtɪfɪkl/ *a.* (*eccles.*) pontificale; pontificio.
pontificate /pɒnˈtɪfɪkət/ *n.* pontificato.
to **pontificate** /pɒnˈtɪfɪkeɪt/ *v. i.* (*anche fig.*) pontificare.
pontoon (1) /pɒnˈtuːn/ *n.* (*naut.*) pontone; chiatta ● **p. bridge**, ponte di barche.
pontoon (2) /pɒnˈtuːn/ *n.* ⓤ ventuno (*gioco di carte*).
pony /ˈpəʊnɪ/ *n.* (*zool.*) pony; cavallino ● **p. trekking**, escursione a cavallo; trekking a cavallo.
ponytail /ˈpəʊnɪteɪl/ *n.* coda di cavallo (*pettinatura*).
poo /puː/ *n.* (*fam.*) popò; pupù.
to **poo** /puː/ *v. i.* fare la popò (*o* la pupù).
poodle /ˈpuːdl/ *n.* (cane) barbone; barboncino.
poof /pʊf, puːf/, **poofter** /ˈpʊftə(r), ˈpuːf-/ *n.* (*pop. GB e Austr.*) finocchio; frocio.
pooh /puː/ *inter.* poh!; bah!; oibò!
to **pooh-pooh** /puːˈpuː/ *v. t.* deridere; disdegnare.
pool (1) /puːl/ *n.* **1** piccolo stagno **2** pozza **3** (*anche* **swimming p.**) piscina **4** fossa profonda nell'alveo di un fiume; tonfano ● **p. of light**, cerchio di luce.
pool (2) /puːl/ *n.* **1** (*a carte*) ammontare delle poste; banco; piatto **2** (*fin.*) pool; consorzio; sindacato **3** (*fin.*) fondo monetario comune **4** riserva (*di persone, manodopera, ecc.*); pool **5** parco (*di auto*) **6** (*USA*) biliardo **7** (*al pl.*) (*anche* **football pools**) totocalcio: **to win on the pools**, vincere al totocalcio.
to **pool** /puːl/ *v. t.* mettere in comune; mettere insieme; riunire; (*fin.*) consorziare.
poolroom /ˈpuːlruːm, -rʊm/ *n.* sala da biliardo.
poop (1) /puːp/ *n.* (*naut.*) **1** poppa **2** (*anche* **p. deck**) casseretto.
poop (2) /puːp/ *n.* (*USA*) **1** (*fam.*) popò; pupù **2** (*pop.*) informazione; dritta.
pooped (**out**) /ˈpuːpt(aʊt)/ *a. pred.* (*fam. USA*) stanco morto; distrutto (*fam.*).
poop-scoop /ˈpuːpskuːp/, **pooper-scooper** /ˈpuːpəskuːpə(r)/ *n.* paletta per raccogliere gli escrementi dei cani.
poor /pʊə(r), pɔː(r)/ *a.* **1** povero: **p. relation**, parente povero (*anche fig.*); **the p. old man**, il povero vecchio **2** povero; scarso; magro: **a p. consolation**, una misera (*o* magra) consolazione; **p. crop**, raccolto scarso; **p. year**, annata magra; **to cut a p. figure**, fare una magra figura **3** cattivo; scadente: **p. health**, cattiva salute; **p. eyesight**, vista debole; **p. quality**, qualità scadente; **p. loser**, cattivo perdente ● **the p.**, i poveri □ (*eccles.*) **p. box**, cassetta delle elemosine □ **P. man!**, poverino!; poveretto! □ **as p. as a church mouse**, povero in canna □ **You p. thing!**, poverino (-a)!
poorhouse /ˈpʊəhaʊs/ *n.* (*stor.*) ricovero di mendicità; ospizio.
poorly /ˈpʊəlɪ, ˈpɔː-/ **A** *avv.* poveramente; male; scarsamente: **p. dressed**, vestito poveramente; **p. paid**, pagato male **B** *a. pred.* (*fam., specialm. GB*) in cattiva salute; indisposto: **to feel** (*o* **to be**) **p.**, non sentirsi bene ● **to be p. off**, essere a corto di soldi; star male a quattrini □ **p. off for st.**, a corto di q.c.
poorness /ˈpʊənəs, ˈpɔː-/ *n.* ⓤ **1** povertà **2** scarsità; insufficienza **3** cattiva qualità; debolezza.
pop (1) /pɒp/ **A** *n.* **1** piccolo scoppio; botto **2** ⓤ (*fam.*) bibita effervescente; gassosa (*fam.*) **B** *inter.* pum! ● **to go pop**,

fare pum; scoppiare.
pop (2) /pɒp/ ***A*** *a.* (*abbr. di* **popular**) pop: **pop music [artist]**, musica [artista] pop ***B*** *n.* Ⓤ ***1*** musica pop ***2*** arte pop.
pop (3) /pɒp/ *n.* (*fam., specialm. USA*) ***1*** papà ***2*** vecchietto; nonnetto.
to **pop** /pɒp/ ***A*** *v. i.* ***1*** fare uno scoppio; scoppiettare ***2*** scoppiare; (*di tappo*) saltare ***3*** (*di orecchie*) stapparsi ***4*** (*seguito da prep. o avv.*) (*fam.*) muoversi velocemente; fare un salto; filare: **to pop down to the supermarket**, fare un salto al supermercato; **Pop in for a cup of tea**, vieni dentro un attimo a prendere un tè; **I'm popping out to get the paper**, esco un attimo a comprare il giornale; **Pop along to bed now!**, forza, fila a letto!; **The rabbit popped out of the burrow and scuttled away**, il coniglio sbucò dalla tana e sfrecciò via ***B*** *v. t.* ***1*** far scoppiare (*un sacchetto, un palloncino*) ***2*** far fuoco con (*una pistola, ecc.*) ***3*** (*fam.*) mettere in fretta; infilare; cacciare: **He popped the chocolate into his mouth**, si infilò in bocca il cioccolatino; **I'll just pop on the coffee**, metto su il caffè; **He popped his head out**, sporse (*o* mise fuori) la testa ***4*** (*di occhi*) spalancarsi (*per la sorpresa*) ***5*** (*fam. USA*) prendere (*pillole*) ***6*** (*pop.*) dare in pegno; impegnare ● (*scherz.*) **to pop one's clogs**, morire; tirare le cuoia □ (*fam.*) **to pop the question**, fare una proposta di matrimonio.
♦ **pop off** *v. i. + avv.* ***1*** (*di bottone*) saltare ***2*** (*pop.*) morire.
♦ **pop out** *v. i. + avv.* (*fam.*) ***1*** saltar fuori; sporgersi ***2*** (*degli occhi*) schizzare (dalla testa).
♦ **pop up** *v. i. + avv.* (*fam.*) ***1*** balzar fuori; saltar su ***2*** comparire; capitare; saltar fuori: **Difficulties kept popping up**, saltavano fuori sempre nuove difficoltà.
popcorn /ˈpɒpkɔːn/ *n.* Ⓤ popcorn.
pope /pəʊp/ *n.* ***1*** (*nella Chiesa cattolica*) papa ***2*** (*nella Chiesa ortodossa*) pope.
popery /ˈpəʊpərɪ/ *n.* Ⓤ (*spreg.*) papismo.
pop-eyed /ˈpɒpaɪd/ *a.* (*fam.*) ***1*** dagli occhi sporgenti ***2*** con gli occhi spalancati (*per lo stupore*).
popgun /ˈpɒpgʌn/ *n.* pistola (giocattolo) ad aria compressa.
popish /ˈpəʊpɪʃ/ *a.* (*spreg.*) di (*o* da) papista; papistico.
poplar /ˈpɒplə(r)/ *n.* (*bot.*) pioppo.
poplin /ˈpɒplɪn/ *n.* Ⓤ (*ind. tess.*) popeline.
poppa /ˈpɒpə/ *n.* (*fam. USA*) papà.
popper /ˈpɒpə(r)/ *n.* (*GB*) (bottone) automatico.
poppet /ˈpɒpɪt/ *n.* (*fam.*) tesoro; amore.
poppy /ˈpɒpɪ/ *n.* (*bot.*) papavero ● (*fam., in G.B.*) **P. Day**, *V.* **Remembrance Day**, *sotto* **remembrance**.
poppycock /ˈpɒpɪkɒk/ *n.* Ⓤ (*fam.*) scemenze; idiozie.
Popsicle ® /ˈpɒpsɪkl/ *n.* (*USA*) ghiacciolo.
populace /ˈpɒpjʊləs/ *n.* (*form.*) popolo; popolino.
popular /ˈpɒpjʊlə(r)/ *a.* ***1*** di successo; affermato; in voga; di moda: **p. song**, canzone di successo; **a p. sea resort**, una stazione balneare molto frequentata; **a p. product**, un prodotto molto richiesto ***2*** amato; benvoluto; popolare: **p. with children**, amato dai bambini; **to make oneself p.**, farsi benvolere ***3*** comune; diffuso; generale: **p. beliefs**, credenze comuni; **a p. name**, un nome diffuso; **p. opinion**, l'opinione generale; **by p. demand**, a generale richiesta ***4*** popolare: **the p. press.**, la stampa popolare; **p. science**, scienza divulgativa; **p. sovereignty**, sovranità popolare; (*polit.*) **p. front**, fronte popolare.
to **popularise** /ˈpɒpjʊləraɪz/ *e deriv.* (*GB*) *V.* **to popolarize** *e deriv.*
popularity /pɒpjʊˈlærətɪ/ *n.* Ⓤ popolarità.
popularization /pɒpjʊləraɪˈzeɪʃn, *USA* -rɪˈz-/ *n.* Ⓤ ***1*** diffusione; popolarizzazione ***2*** divulgazione; volgarizzazione.
to **popularize** /ˈpɒpjʊləraɪz/ *v. t.* ***1*** diffondere; rendere popolare ***2*** rendere accessibile; divulgare; volgarizzare.
popularly /ˈpɒpjʊləlɪ/ *avv.* comunemente; generalmente.
to **populate** /ˈpɒpjʊleɪt/ *v. t.* popolare.
population /pɒpjʊˈleɪʃn/ *n.* Ⓒ *e* Ⓤ popolazione ● **p. explosion**, esplosione demografica; boom delle nascite.
populism /ˈpɒpjʊlɪzəm/ *n.* Ⓤ (*polit.*) populismo.
populist /ˈpɒpjʊlɪst/ *n.* (*polit.*) populista.
populous /ˈpɒpjʊləs/ *a.* popoloso; densamente popolato.
pop-up /ˈpɒpʌp/ *a.* che si alza; che salta su: **p. toaster**, tostapane automatico; **p. book**, libro con illustrazioni tridimensionali; libro pop-up.
porcelain /ˈpɔːsəlɪn/ *n.* Ⓤ ***1*** porcellana ***2*** oggetti di porcellana; porcellane ● **p. clay**, caolino.
porch /pɔːtʃ/ *n.* (*archit.*) ***1*** portico ***2*** (*USA*) veranda.
porcupine /ˈpɔːkjʊpaɪn/ *n.* (*zool.*) porcospino.
pore /pɔː(r)/ *n.* (*anat.*) poro.
to **pore** /pɔː(r)/ *v. Solo come*:
♦ **pore over** *v. i. + prep.* leggere attentamente (q.c.); studiare (q.c.).
pork /pɔːk/ *n.* Ⓤ carne di maiale; carne suina ● **p. chop**, braciola di maiale □ **p. pie**, pasticcio di carne di maiale.
porn /pɔːn/, **porno** /ˈpɔːnəʊ/ (*abbr. fam. di* **pornography**, **pornographic**) ***A*** *n.* Ⓤ pornografia ***B*** *a.* porno: **p. film**, film porno; **p. shop**, pornoshop; **p. video**, pornocassetta.
pornographer /pɔːˈnɒgrəfə(r)/ *n.* pornografo (-a).
pornographic /pɔːnəˈgræfɪk/ *a.* pornografico.
pornography /pɔːˈnɒgrəfɪ/ *n.* Ⓤ pornografia.
porous /ˈpɔːrəs/ *a.* poroso.
porpoise /ˈpɔːpəs/ *n.* (*zool.*) focena.
porridge /ˈpɒrɪdʒ, *USA* ˈpɔːr-/ *n.* Ⓤ pappa di farina d'avena; porridge.
port (1) /pɔːt/ *n.* Ⓒ *e* Ⓤ porto ● **p. authority**, capitaneria di porto □ **p. charges**, spese portuali □ **p. of call**, (porto di) scalo; (*fig.*) destinazione □ **p. of entry**, porto di entrata (*di merci o passeggeri*) □ **free p.**, porto franco.
port (2) /pɔːt/ (*naut., aeron.*) ***A*** *n.* Ⓤ fianco sinistro; sinistra ***B*** *a.* a (*o* di) sinistra: **on the p. side**, a sinistra.
port (3) /pɔːt/ *n.* Ⓤ porto (*vino*).
port (4) /pɔːt/ *n.* ***1*** (*naut.*) portello ***2*** (*elab.*) porta.
portable /ˈpɔːtəbl/ *a.* portatile.
portage /ˈpɔːtɪdʒ/ *n.* Ⓤ ***1*** trasporto ***2*** (*comm.*) porto; spese di trasporto.
portal /ˈpɔːtl/ *n.* (*archit.*) portale.
portcullis /pɔːtˈkʌlɪs/ *n.* saracinesca (*di castello, ecc.*).
to **portend** /pɔːˈtend/ *v. t.* (*form.*) preannunciare; presagire.
portent /ˈpɔːtent/ *n.* ***1*** presagio ***2*** portento; prodigio.
portentous /pɔːˈtentəs/ *a.* ***1*** portentoso ***2*** minaccioso ***3*** importante; grave; solenne ***4*** pomposo.
porter (1) /ˈpɔːtə(r)/ *n.* portabagagli; facchino.
porter (2) /ˈpɔːtə(r)/ *n.* ***1*** (*GB*) portinaio, portiere (*di scuola, d'albergo, ecc.*) ***2*** (*ferr., USA*) addetto a un vagone letto ● **p.'s lodge**, portineria; guardiola.
porter (3) /ˈpɔːtə(r)/ *n.* Ⓤ birra scura e amara.
porterage /ˈpɔːtərɪdʒ/ *n.* Ⓤ (spese di) facchinaggio.
porterhouse /ˈpɔːtəhaʊs/ *n.* (*anche* **p. steak**) bistecca di manzo scelto.
portfolio /pɔːtˈfəʊlɪəʊ/ *n.* (*pl.* **portfolios**) ***1*** cartella (*per disegni, documenti*) ***2*** (*fin., polit.*) portafoglio: **minister without p.**, ministro senza portafoglio ***3*** (*di artista, modella, ecc.*) portfolio.
porthole /ˈpɔːthəʊl/ *n.* (*naut.*) portello; oblò.
portico /ˈpɔːtɪkəʊ/ *n.* (*pl.* **porticoes**, **porticos**) (*archit.*) portico; colonnato.
portion /ˈpɔːʃn/ *n.* porzione; parte.
to **portion** /ˈpɔːʃn/ *v. Solo come*:
♦ **portion out** *v. t. + avv.* distribuire; spartire.
portly /ˈpɔːtlɪ/ *a.* corpulento; grasso.
portmanteau /pɔːtˈmæntəʊ/ *n.* (*pl.* **portmanteaus**, **portmanteaux** /-təʊz/) baule armadio ● **p. word**, parola macedonia.
portrait /ˈpɔːtrɪt, -treɪt/ *n.* ***1*** ritratto ***2*** descrizione; ritratto ● **p. painter**, ritrattista.
portraitist /ˈpɔːtrɪtɪst, -treɪtɪst/ *n.* ritrattista.
portraiture /ˈpɔːtrɪtʃə(r), -treɪtʃə(r), *USA* -treɪtʃʊə(r)/ *n.* Ⓤ ritrattistica.
to **portray** /pɔːˈtreɪ/ *v. t.* ***1*** ritrarre ***2*** descrivere; ritrarre; (*teatr.*) interpretare.
portrayal /pɔːˈtreɪəl/ *n.* ***1*** Ⓤ (il) ritrarre ***2*** descrizione; ritratto; (*teatr.*) interpretazione.
Portuguese /pɔːtʃʊˈgiːz/ *a. e n.* (*pl. invar.*) portoghese (*anche la lingua*) ● (*zool.*) **P. man-of-war**, fisalia; caravella portoghese.
pose /pəʊz/ *n.* posa; atteggiamento.
to **pose** /pəʊz/ ***A*** *v. i.* ***1*** posare; mettersi (*o* stare) in posa ***2*** atteggiarsi; posare: **to p. as a great scholar**, posare a grande erudito ***3*** fingersi: **to p. as a policeman**, fingersi (*o* farsi passare per) poliziotto ***B*** *v. t.* ***1*** porre (*una domanda*); proporre (*un quesito*) ***2*** presentare; porre; creare: **to p. a problem**, presentare un problema.
poser /ˈpəʊzə(r)/ *n.* ***1*** domanda imbarazzante; quesito difficile ***2*** *V.* **poseur**.

poseur /pəʊ'zɜː(r)/ (*franc.*) *n.* chi posa (*dandosi importanza*); posatore (-trice).
posh /pɒʃ/ *a.* (*pop. GB*) ***1*** elegante; lussuoso ***2*** dell'alta società: **p. accent**, accento da snob.
position /pə'zɪʃn/ *n.* ***1*** posizione; posto: **geographic p.**, posizione geografica; **in a strategic p.**, in posizione strategica; **to take up one's p.**, prendere posizione; **to hold st. in p.**, tenere fermo q.c.; **to be in [out of] p.**, essere in [fuori] posizione (*o* a [fuori] posto) ***2*** posizione (*del corpo*): **in a sitting p.**, in posizione seduta; seduto ***3*** posizione; situazione; condizione: **to be in an awkward p.**, trovarsi in una posizione delicata; **Fortunately I am in a p. to help him**, fortunatamente sono in condizione di poterlo aiutare (*o* ho la possibilità di aiutarlo); **What would you do in my p.?**, che cosa faresti al mio posto? ***4*** posizione sociale; rango: **a person in my p.**, una persona nella mia posizione; **a man in high p.**, un uomo altolocato ***5*** posto (di lavoro); posizione ***6*** (*sport*) posizione; posto (in classifica); piazzamento: **to finish a race in third p.**, finire una corsa in terza posizione ***7*** (*sport*) posizione (*in campo*); ruolo: **to play out of p.**, giocare fuori ruolo ***8*** punto di vista; posizione: **I have made my p. clear**, ho parlato chiaro.
to **position** /pə'zɪʃn/ *v. t.* ***1*** mettere in posizione; collocare; sistemare ***2*** (*sport*) piazzare, posizionare (*giocatori*).
positive /'pɒzətɪv/ ***A*** *a.* ***1*** (*elettr., fis., mat., med., gramm., ecc.*) positivo ***2*** sicuro; certo: **I'm p. I put my glasses here**, sono sicuro di avere lasciato qui i miei occhiali ***3*** positivo; favorevole: **to have a p. effect**, avere un effetto positivo ***4*** costruttivo; ottimistico; positivo: **p. criticism**, critica costruttiva ***5*** concreto; effettivo; esplicito: **p. proof**, prove concrete ***6*** (*fam.*) vero; autentico: **a p. nuisance**, una vera seccatura ● **p. discrimination**, (il) favorire gli appartenenti a categorie discriminate ***B*** *n.* ***1*** qualità positiva ***2*** (*fotogr.*) positiva ***3*** (*gramm.*) grado positivo.
positively /'pɒzətɪvlɪ/ *avv.* ***1*** positivamente; in modo costruttivo ***2*** certamente; sicuramente ***3*** concretamente; praticamente ***4*** (*fam.*) decisamente; veramente.
positivism /'pɒzɪtɪvɪzəm/ *n.* U (*filos.*) positivismo.
positivist /'pɒzɪtɪvɪst/ *n.* (*filos.*) positivista.
posse /'pɒsɪ/ *n.* ***1*** squadra di volontari armati ***2*** (*estens.*) gruppo; squadra; drappello.
to **possess** /pə'zɛs/ *v. t.* ***1*** (*form.*) possedere ***2*** (*di idea, ecc.*) impadronirsi di; ossessionare ● (*fam.*) **What possessed you (to do such a thing)?**, cosa ti ha preso (che hai fatto una cosa simile)?
possessed /pə'zɛst/ *a.* indemoniato; invasato: **like a man p.**, come un invasato.
possession /pə'zɛʃn/ *n.* ***1*** U possesso: **to come into p. of**, entrare in possesso di; **to take p. of**, prendere possesso di ***2*** (*sport*) possesso della palla: **to have p.**, essere in possesso della palla; **to lose p.**, perdere la palla; farsi rubare la palla ***3*** (*specialm. al pl.*) bene; proprietà; (*polit.*) possedimento: **personal possessions**, beni personali ***4*** (l')essere invasato; possessione.
possessive /pə'zɛsɪv/ ***A*** *a.* ***1*** (*gramm.*) possessivo ***2*** (*di persona, atteggiamento, ecc.*) possessivo; soffocante ***B*** *n.* (*gramm.*) possessivo.
possessor /pə'zɛsə(r)/ *n.* (*form.*) possessore; proprietario (-a).
possibility /pɒsə'bɪlətɪ/ *n.* ***1*** U possibilità: **There is no p. of his winning**, non c'è nessuna possibilità di vittoria per lui ***2*** eventualità; possibilità ***3*** (*al pl.*) possibilità (*di successo, miglioramento, ecc.*); potenziale.
possible /'pɒsəbl/ ***A*** *a.* possibile: **a p. solution**, una soluzione possibile; **the worst p. choice**, la peggior scelta possibile; **as large as p.**, il più grande possibile; **as soon as p.**, appena possibile; al più presto; quanto prima; **if p.**, se possibile; possibilmente; **It is p. that he didn't know about the contract**, è possibile (*o* può darsi) che lui non sapesse del contratto ***B*** *n.* ***1*** (il) possibile ***2*** candidato possibile.
possibly /'pɒsəblɪ/ *avv.* ***1*** — **I did all that I p. could**, ho fatto tutto il possibile; **I cannot p. tell you**, non posso proprio dirtelo; **How can you p. know?**, come fai a saperlo?; **Can you p. wait till tomorrow?** potresti aspettare fino a domani? ***2*** forse; può darsi: **«Will you be there?» «I don't know, p.»**, «tu ci sarai?» «non so, forse». ATTENZIONE: **possibly** ≠ possibilmente.
possum /'pɒsəm/ *n.* (*zool., fam.*) opossum ● (*fam.*) **to play p.**, fingersi addormentato; fare lo gnorri.

post (**1**) /pəʊst/ *n.* ***1*** palo; montante; puntello ***2*** (*calcio, ippica*) palo: **The ball hit the p.**, la palla colpì il palo; (*ippica*) **starting [finishing] p.**, palo di partenza [di arrivo].
post (**2**) /pəʊst/ *n.* ***1*** (*mil.*) posto (*di sentinella, ecc.*) ***2*** posto; carica; posizione ***3*** (*anche* **trading p.**) stazione commerciale.
post (**3**) /pəʊst/ *n.* U (*GB*) posta: **Has the p. come yet?**, è arrivata la posta?; **Is there any p. for me?**, c'è posta per me?; **It came in the midday p.**, è arrivato con la posta di mezzogiorno; **to send st. by p.**, spedire q.c. per posta; **to take a letter to the p.**, andare a spedire una lettera; **by return of p.**, a giro di posta ● **p.-free**, che non richiede affrancatura; senza affrancare □ **p. office**, ufficio postale □ **p. office box** (*generalm. abbr. in* **P.O. box**), casella postale.
to **post** (**1**) /pəʊst/ *v. t.* (*anche* **to p. up**) ***1*** affiggere; attaccare (*un manifesto, ecc.*) ***2*** rendere noto, annunciare (*a mezzo di manifesto*); affiggere all'albo.
to **post** (**2**) /pəʊst/ *v. t.* (*mil.*) ***1*** piazzare, mettere (*soldati in un posto*) ***2*** (*mil., bur.*) assegnare; destinare.
to **post** (**3**) /pəʊst/ *v. t.* (*GB*) ***1*** spedire (per posta) ***2*** impostare; imbucare ● (*fam.*) **to keep sb. posted**, tenere informato q.; tenere q. al corrente.
postage /'pəʊstɪdʒ/ *n.* U tariffa postale; affrancatura ● **p. and packing**, spese di spedizione □ **p. meter**, affrancatrice □ **p. stamp**, francobollo □ **additional p.**, soprattassa postale.
postal /'pəʊstl/ *a.* postale: **p. rates**, tariffe postali; **p. order**, vaglia postale; **p. vote**, voto per posta.
postbag /'pəʊs(t)bæg/ *n.* sacco postale.
postbox /'pəʊs(t)bɒks/ *n.* buca delle lettere; cassetta delle lettere.
postcard /'pəʊs(t)kɑːd/ *n.* cartolina.
postcode /'pəʊs(t)kəʊd/ *n.* (*GB*) codice (di avviamento) postale.
to **postdate** /pəʊs(t)'deɪt/ *v. t.* ***1*** postdatare ***2*** attribuire (*un avvenimento*) a una data più tarda.
postdoctoral /pəst'dɒktərəl/ *a.* (*fam. USA*) successivo all'ottenimento del dottorato di ricerca.
poster /'pəʊstə(r)/ *n.* ***1*** manifesto; affisso ***2*** poster.
poste restante /pəʊst'rɛstɑːnt, *USA* -rɛ'stɑːnt/ (*franc.*) *locuz. n.* (*GB*) fermo posta.
posterior /pɒ'stɪərɪə(r), *USA* pəʊ-/ ***A*** *a.* posteriore ***B*** *n.* posteriore; deretano.
posterity /pɒ'stɛrətɪ/ *n.* U posterità; (i) posteri.
postgraduate /pəʊs(t)'grædʒʊət/ ***A*** *a.* dopo la laurea; di perfezionamento; di specializzazione: **p. school**, scuola di perfezionamento ***B*** *n.* laureato (-a) che segue un corso di perfezionamento.
posthaste /pəʊst'heɪst/ *avv.* (*form.*) in gran fretta.
posthumous /'pɒstjʊməs, *USA* 'pɒstʃʊməs/ *a.* postumo.
posthumously /'pɒstjʊməslɪ, *USA* 'pɒstʃʊməslɪ/ *avv.* dopo la morte.
postillion /pə'stɪlɪən/ *n.* postiglione.
post-impressionism /pəʊstɪm'prɛʃənɪzəm/ *n.* (*pitt.*) postimpressionismo.
post-industrial /pəʊstɪn'dʌstrɪəl/ *a.* postindustriale.
posting /'pəʊstɪŋ/ *n.* (*specialm. mil.*) assegnazione; destinazione (*a una sede*).
postman /'pəʊs(t)mən/ *n.* (*pl.* **postmen** /-mən/) (*GB*) postino; portalettere.
postmark /'pəʊs(t)mɑːk/ *n.* bollo postale; timbro postale.
to **postmark** /'pəʊs(t)mɑːk/ *v. t.* timbrare (*una lettera*).
postmaster /'pəʊs(t)mɑːstə(r), *USA* -mæs-/ *n.* direttore di ufficio postale ● (*in G.B., fino al 1969*) **P. General**, Ministro delle Poste.
postmortem /pəʊs(t)'mɔːtəm/ ***A*** *n.* ***1*** (*anche* **p. examination**) autopsia ***2*** riesame di un avvenimento ***B*** *a.* (che avviene) dopo il decesso.
postnatal /pəʊs(t)'neɪtl/ *a.* (*med.*) dopo la nascita; neonatale: **p. care**, assistenza neonatale.
postpaid /pəʊst'peɪd/ ***A*** *a.* che non richiede affrancatura ***B*** *avv.* senza affrancare.
to **postpone** /pə'spəʊn, pəʊs(t)'pəʊn/ *v. t.* posticipare; differire; rinviare.
postponement /pə'spəʊnmənt, pəʊs(t)'p-/ *n.* U *e* C differimento; rinvio.
postprandial /pəʊs(t)'prændɪəl/ *a.* (*scherz.*) dopo il pranzo.
postscript /'pəʊsskrɪpt/ *n.* poscritto.
postulant /'pɒstjʊlənt, *USA* -tʃʊ-/ *n.* (*specialm. eccles.*) po-

stulante.

postulate /ˈpɒstjʊlət, *USA* -tʃʊ-/ *n.* postulato.

to **postulate** /ˈpɒstjʊleɪt, *USA* -tʃʊ-/ *v. t. e i.* postulare.

posture /ˈpɒstʃə(r)/ *n.* [C] e [U] ***1*** (*fisiol.*) postura ***2*** posizione; posa ***3*** posizione; atteggiamento.

to **posture** /ˈpɒstʃə(r)/ *v. i.* (*spreg.*) posare; mettersi in posa; atteggiarsi.

postwar /pəʊs(t)ˈwɔː(r)/ *a. attr.* postbellico; del dopoguerra.

posy /ˈpəʊzɪ/ *n.* mazzetto di fiori; mazzolino.

pot /pɒt/ *n.* ***1*** pentola; marmitta; pignatta ***2*** vasetto; barattolo: **pot of jam**, vasetto di marmellata; **pot of paint**, barattolo di vernice ***3*** recipiente di ceramica; vaso (da fiori) ***4*** (*fam.*) teiera; caffettiera ***5*** (*al pl.*) (*fam., anche* **pots of money**) un sacco di soldi; un mucchio di quattrini ***6*** (*fam.*) posta, piatto (*a carte*) ***7*** [U] (*pop.*) marijuana; erba (*pop.*) • **pots and pans**, pentole; batteria da cucina □ **pot-bellied**, panciuto □ **pot belly**, grossa pancia; pancione □ **pot plant**, pianta in vaso □ **pot roast**, brasato □ (*pop.*) **to go to pot**, andare in malora □ **to keep the pot boiling**, guadagnare tanto da vivere; tirare avanti □ **It's the pot calling the kettle black**, da che pulpito viene la predica! □ (*fam.*) **to take pot luck**, mangiare quello che c'è in casa (*fam.*: quel che passa il convento); scegliere a caso; tentare la sorte.

to **pot** /pɒt/ *v. t.* ***1*** (*cucina*) conservare in vaso ***2*** mettere in vaso, invasare (*una pianta*) ***3*** (*anche* **to pot at**) sparare a (*selvaggina*) ***4*** (*biliardo, GB*) mandare in buca.

potash /ˈpɒtæʃ/ *n.* [U] (*chim.*) potassa.

potassium /pəˈtæsɪəm/ *n.* [U] (*chim.*) potassio.

potato /pəˈteɪtəʊ, *USA* pəˈt-, pətˈ-/ *n.* (*pl.* **potatoes**) patata: **roast potatoes**, patate arrosto; **mashed potatoes**, purè di patate • **p. chips**, (*GB*) patate fritte; (*USA*) patatine croccanti □ (*GB*) **p. crisps**, patatine croccanti □ **p. flour**, fecola di patate □ **p. peeler**, pelapatate; sbucciapatate □ (*fig.*) **hot p.**, patata bollente.

potboiler /ˈpɒtbɔɪlə(r)/ *n.* (*fam.*) opera letteraria, musicale o d'arte prodotta in fretta e a scopo di lucro; opera commerciale; feuilleton (*franc.*); polpettone.

potbound /ˈpɒtbaʊnd/ *a.* (*di pianta*) costretto in un vaso troppo piccolo.

potency /ˈpəʊtnsɪ/ *n.* [U] potenza; efficacia.

potent /ˈpəʊtnt/ *a.* potente; efficace.

potentate /ˈpəʊtnteɪt/ *n.* potentato; monarca.

potential /pəˈtenʃl/ *a. e n.* potenziale: **sales p.**, potenziale di vendite; (*elettr.*) **p. drop**, caduta di potenziale; **to show p.**, essere promettente.

potentiality /pətenʃɪˈælətɪ/ *n.* [U] potenzialità.

potherb /ˈpɒthɜːb/ *n.* (*USA*) erba aromatica.

potholder /ˈpɒthəʊldə(r)/ *n.* presina.

pothole /ˈpɒthəʊl/ *n.* ***1*** (*geol.*) marmitta ***2*** buca (*in una strada*).

potholer /ˈpɒthəʊlə(r)/ *n.* (*GB*) speleologo (-a) dilettante.

potholing /ˈpɒthəʊlɪŋ/ *n.* [U] speleologia (*per diletto*).

potion /ˈpəʊʃn/ *n.* pozione.

potsherd /ˈpɒtʃɜːd/ *n.* (*archeol.*) frammento di vaso.

potshot /ˈpɒt-ʃɒt/ *n.* tiro a casaccio: **to take a p. at st.**, sparare a q.c. senza quasi prendere la mira.

potted /ˈpɒtɪd/ *a.* ***1*** (*di pianta*) in vaso ***2*** (*di carne o pesce*) in pasta (*dentro un vaso*) ***3*** (*di libro, anche spreg.*) condensato.

potter /ˈpɒtə(r)/ *n.* vasaio • **p.'s wheel**, ruota (*o* tornio) da vasaio.

to **potter** /ˈpɒtə(r)/ *v. i.* ***1*** lavorare senza fretta; fare qualche lavoretto; lavoricchiare ***2*** andare senza fretta.

pottery /ˈpɒtərɪ/ *n.* ***1*** [U] l'arte del vasaio; ceramica ***2*** [U] ceramiche; terraglie: **a piece of p.**, una ceramica ***3*** [U] ceramica; terraglia: **a p. dish**, un piatto di ceramica ***4*** fabbrica di ceramiche (*o* di stoviglie).

potting shed /ˈpɒtɪŋ ʃed/ *locuz. n.* ripostiglio degli attrezzi (da giardinaggio).

potty (1) /ˈpɒtɪ/ *a.* (*fam. GB*) matto • **to be p. about sb.** [**st.**], andare pazzo per q. [q.c.].

potty (2) /ˈpɒtɪ/ *n.* (*infant.*) vasino.

pouch /paʊtʃ/ *n.* ***1*** borsa; sacchetto: **tobacco p.**, borsa da tabacco ***2*** (*zool.*) marsupio.

pouf(**fe**) /puːf/ (*franc.*) *n.* pouf; puf.

poulterer /ˈpəʊltərə(r)/ *n.* pollivendolo (-a).

poultice /ˈpəʊltɪs/ *n.* (*med.*) cataplasma; impiastro.

poultry /ˈpəʊltrɪ/ *n.* pollame • **p. farm.**, allevamento di polli □ **p. farmer**, pollicoltore (-trice) □ **p. farming**, pollicoltura.

pounce /paʊns/ *n.* balzo (*di animale da preda, ecc.*).

to **pounce** /paʊns/ *v. i.* balzare: **to p. on the prey**, balzare (*o* piombare) sulla preda; **to p. on an offer**, accettare al volo un'offerta; **to p. on a mistake**, cogliere subito un errore; **He pounced on me for that little slip**, mi è saltato addosso per quella piccola svista.

pound (1) /paʊnd/ *n.* ***1*** libbra ***2*** (*anche* **p. sterling**) (lira) sterlina: **a five-p. note**, un biglietto da cinque sterline ***3*** lira egiziana • **to demand one's p. of flesh**, esigere il pagamento di un debito fino all'ultimo centesimo.

pound (2) /paʊnd/ *n.* ***1*** recinto per animali randagi; canile pubblico ***2*** deposito auto (*rimosse per ostruzione al traffico*).

to **pound** /paʊnd/ ***A*** *v. t.* ***1*** colpire; pestare; martellare di colpi: **to p. the piano**, pestare i tasti del pianoforte; **He started pounding the table**, si mise a dare pugni sul tavolo ***2*** pestare (*in un mortaio, ecc.*): **to p. st. into a paste**, ridurre q.c. in pasta ***B*** *v. i.* ***1*** battere; martellare: **My heart was pounding**, mi batteva forte il cuore ***2*** correre pesantemente.

to **pour** /pɔː(r)/ ***A*** *v. t.* ***1*** versare: **P. yourself another cup of tea**, versati un'altra tazza di tè; **I poured away the dregs**, gettai via la feccia; **The factory poured black smoke into the air**, la fabbrica riversava nell'aria colonne di fumo nero ***2*** riversare; far affluire: **to p. money into st.**, investire grosse somme in q.c.; **to p. troops into an area**, far affluire truppe in una zona ***3*** (*metall.*) colare • **to p. oil on troubled waters**, gettare acqua sul fuoco; calmare le acque ***B*** *v. i.* ***1*** riversarsi; sgorgare; fluire copioso; affluire: **Blood poured from the wound**, il sangue usciva a fiotti dalla ferita; **Tourists poured into the town**, i turisti affluirono in massa nella città; **Refugees are pouring out of the country**, i profughi fuggono in massa dal paese ***2*** (*impers., anche* **to p. down**) piovere a dirotto.

♦ **pour out** *v. t. + avv.* ***1*** versare: **Can I p. you out a whisky?**, ti verso un whisky?; prendi un whisky? ***2*** raccontare (*sfogandosi*): **to p. out one's troubles to sb.**, sfogarsi con q.

pout /paʊt/ *n.* ***1*** broncio ***2*** (lo) sporgere le labbra (*in modo provocante*).

to **pout** /paʊt/ ***A*** *v. i.* ***1*** mettere il broncio ***2*** sporgere le labbra (*in modo provocante*) ***B*** *v. t.* sporgere (*le labbra*).

poverty /ˈpɒvətɪ/ *n.* [U] povertà; miseria • **p. line**, soglia di povertà □ **p.-stricken**, poverissimo.

powder /ˈpaʊdə(r)/ *n.* ***1*** [U] (materia ridotta in) polvere: **baking p.**, lievito in polvere ***2*** (*farm.*) polverina ***3*** [U] polvere da sparo ***4*** [U] (*anche* **face p.**) cipria • **p. keg**, barilotto di polvere da sparo; (*fig.*) polveriera □ **p. magazine**, (*mil.*) polveriera; (*naut.*) santabarbara □ **p. puff**, piumino della cipria.

to **powder** /ˈpaʊdə(r)/ *v. t.* ***1*** spolverizzare ***2*** incipriare: **to p. one's nose**, incipriarsi il naso; (*eufem.*) andare al bagno ***3*** cospargere di talco ***4*** ridurre in polvere; polverizzare.

powdered /ˈpaʊdəd/ *n.* ***1*** incipriato ***2*** in polvere: **p. milk**, latte in polvere.

powdery /ˈpaʊdərɪ/ *a.* simile a polvere; (*di neve*) farinoso.

power /ˈpaʊə(r)/ *n.* ***1*** [U] e [C] potere; capacità; facoltà: **I'll do everything in my p.**, farò tutto quello che è in mio potere; **buying p.**, potere d'acquisto; **the p. of speech**, la facoltà della parola ***2*** [U] potere; autorità: **to have sb. in one's p.**, avere q. in proprio potere; **the powers of the Prime Minister**, i poteri del Primo Ministro; **the party in p.**, il partito al potere; **p. struggle**, lotta di potere ***3*** [U] potenza; forza; energia: **nuclear p.**, energia nucleare ***4*** (*polit.*) potenza: **the world powers**, le grandi potenze ***5*** (*mat.*) potenza: 3 **to the p. of 4**, 3 alla quarta ***6*** [U] (*mecc.*) forza motrice ***7*** [U] (*elettr.*) corrente; energia: **p. cut**, interruzione della corrente; **p. station** (*USA* **p. plant**), centrale elettrica; (*GB*) **p. point**, presa di corrente • **p. broker**, uomo influente; uomo di potere □ **p.-driven**, a motore □ (*leg.*) **p. of attorney**, procura □ **p. politics**, la politica della forza □ **p. saw**, sega a motore □ (*autom.*) **p.**(**-assisted**) **steering**, servosterzo □ (*fam., spesso scherz.*) **the powers that be**, l'autorità costituita; quelli che comandano □ (*fam.*) **to do sb. a p. of good**, fare un sacco di bene a q.

to **power** /ˈpaʊə(r)/ *v. t.* fornire di forza motrice; azionare alimentare.

powerboat /ˈpaʊəbəʊt/ *n.* motobarca.

powered /ˈpaʊəd/ *a.* ***1*** azionato da motore; a motore ***2*** azionato; alimentato.

powerful /ˈpaʊəfl/ *a.* potente; forte; energico.

powerhouse /ˈpaʊəhaʊs/ *n.* *1* centrale elettrica *2* (*fam.*) persona dinamica; vulcano *3* (*di luogo*) fucina, miniera (*di idee, ecc.*).

powerless /ˈpaʊələs/ *a.* senza potere; impotente.

pow-wow /ˈpaʊwaʊ/ *n.* (*fam.*) riunione; discussione.

pox /pɒks/ *n.* (*med., fam.*) sifilide.

practicability /præktɪkəˈbɪlətɪ/ *n.* Ⓤ praticabilità; fattibilità.

practicable /ˈpræktɪkəbl/ *a.* *1* praticabile; fattibile; attuabile *2* (*di strada*) transitabile.

practical /ˈpræktɪkl/ *A* *a.* *1* pratico: **p. experience**, esperienza pratica; **p. clothes**, abiti pratici *2* praticabile; fattibile; attuabile • **p. joke**, burla; tiro □ **p. science**, scienze applicate □ **for all p. purposes**, in pratica; in effetti *B* *n.* lezione pratica; prova pratica.

practicality /præktɪˈkælətɪ/ *n.* *1* Ⓤ praticità *2* aspetto pratico.

practically /ˈpræktɪklɪ/ *avv.* *1* praticamente; in modo pratico *2* di fatto; in realtà *3* quasi; pressoché.

practice /ˈpræktɪs/ *n.* *1* Ⓤ pratica: **to put st. into p.**, mettere in pratica q.c. *2* abitudine; consuetudine; norma: **to make a p. of doing st.**, prendere l'abitudine di fare q.c.; **It's common p.**, è cosa normale; **religious practices**, pratiche religiose *3* Ⓤ attività professionale (*di dottore, avvocato*); professione: **to be in p.**, esercitare (la professione); **to retire from p.**, lasciare la professione; **to set up in private p.**, aprire uno studio privato *4* clientela (*di dottore, avvocato*): **Dr Brown has a large p.**, il dottor Brown ha molti pazienti *5* Ⓤ esercizio; (*sport*) allenamento. **to be out of p.**, essere fuori esercizio (*o* allenamento); **p. game**, partita di allenamento; **piano p.**, esercizi al pianoforte.

to **practise**, (*USA*) to **practice** /ˈpræktɪs/ *A* *v. t.* *1* esercitare: **to p. medicine**, esercitare la medicina *2* mettere in pratica; praticare; seguire: **to p. what one preaches**, mettere in pratica ciò che si predica; **to p. one's religion**, essere praticante; **to p. economy**, essere economo; **to p. patience**, cercare di essere paziente *3* esercitarsi a; allenarsi a: **to p. the piano**, esercitarsi al piano; **to p. one's backhand**, allenarsi nel rovescio; **to p. one's French**, fare esercizio di francese *B* *v. i.* *1* far pratica; esercitarsi; (*anche sport*) allenarsi *2* (*di un professionista*) esercitare.

practised, (*USA*) **practiced** /ˈpræktɪst/ *a.* *1* esperto; provetto *2* (*spreg.*) artificiale; automatico.

practising, (*USA*) **practicing** /ˈpræktɪsɪŋ/ *a.* *1* che esercita la professione *2* (*relig.*) praticante.

practitioner /prækˈtɪʃənə(r)/ *n.* professionista • **general p.**, medico generico.

pragmatic /prægˈmætɪk/ *a.* *1* pragmatico *2* (*filos., anche* **pragmatical**) pragmatistico.

pragmatism /ˈprægmətɪzəm/ *n.* Ⓤ *1* senso pratico; realismo *2* (*filos.*) pragmatismo.

pragmatist /ˈprægmətɪst/ *n.* *1* persona pratica *2* (*filos.*) pragmatista.

prairie /ˈpreərɪ/ *n.* prateria • (*zool.*) **p. dog**, cane delle praterie □ (*USA*) **p. oyster**, uovo all'ostrica.

praise /preɪz/ *n.* Ⓤ lode; elogio • **beyond p.**, superiore a ogni elogio □ **to be loud in one's p.**, approvare a gran voce □ **to sing sb.'s praises**, tessere le lodi di q. □ **P. be!**, sia ringraziato il cielo! □ **P. be to God!**, lode al Signore!

to **praise** /preɪz/ *v. t.* *1* lodare; elogiare *2* (*form.*) glorificare; rendere lode a • **to p. sb.** [**st.**] **to the skies**, portare q. [q.c.] alle stelle; osannare q. [q.c.].

praiseworthiness /ˈpreɪzˈwɜːðɪnəs/ *n.* Ⓤ lodevolezza.

praiseworthy /ˈpreɪzwɜːðɪ/ *a.* lodevole; degno di lode.

praline /ˈprɑːliːn/ *n.* pralina.

pram /præm/ *n.* (*abbr. fam. di* **perambulator**) (*GB*) carrozzina per bambini.

to **prance** /prɑːns, *USA* præns/ *v. i.* *1* (*del cavallo*) impennarsi *2* (*anche* **to p. about**) camminare impettito; pavoneggiarsi *3* (*fam.*) saltellare.

prank /præŋk/ *n.* birichinata; marachella; monelleria; scherzo: **to play a p. on sb.**, fare uno scherzo a q.

prankster /ˈpræŋkstə(r)/ *n.* (*fam.*) burlone; mattacchione.

prat /præt/ *n.* (*pop. GB*) buono a nulla; scemo; tonto.

to **prate** /preɪt/ *v. i.* (*antiq.*) chiacchierare; parlare a vanvera.

prattle /ˈprætl/ *n.* Ⓤ chiacchiere; ciarle; chiacchiericcio.

to **prattle** /ˈprætl/ *v. i.* chiacchierare; ciarlare.

prawn /prɔːn/ *n.* (*zool.*) gamberetto • (*cucina*) **p. cocktail**, cocktail di gamberetti.

to **pray** /preɪ/ *A* *v. i.* pregare: **to p. for peace**, pregare per la pace; **to p. to God.**, pregare Iddio; (*fam.*) **Let's pray it doesn't rain**, speriamo che non piova *B* *v. t.* (*antiq.*) pregare; supplicare • (*antiq. o form.*) **p.**, per favore; la prego; di grazia: **P. continue**, continui, la prego.

prayer /ˈpreə(r)/ *n.* preghiera: **to say one's prayers**, dire le preghiere • **p. rug** (*o* **mat**), tappeto di preghiera □ **p. book**, libro di preghiere.

to **preach** /priːtʃ/ *A* *v. i.* *1* predicare *2* fare la predica *B* *v. t.* *1* fare (*una predica*) *2* predicare: **to p. the Gospel**, predicare il Vangelo.

preacher /ˈpriːtʃə(r)/ *n.* *1* predicatore (-trice) *2* (*eccles.*) pastore.

preamble /prɪˈæmbl, *USA* ˈpriː-/ *n.* preambolo.

to **prearrange** /priːəˈreɪndʒ/ *v. t.* predisporre.

prebend /ˈprebənd/ *n.* (*eccles.*) prebenda.

precarious /prɪˈkeərɪəs/ *a.* precario; incerto.

precariousness /prɪˈkeərɪəsnəs/ *n.* Ⓤ precarietà; incertezza.

precast /priːˈkɑːst, *USA* -ˈkæst/ *a.* (*ind. costr.*) prefabbricato.

precaution /prɪˈkɔːʃn/ *n.* Ⓤ *e* Ⓒ precauzione.

precautionary /prɪˈkɔːʃənrɪ, *USA* -nerɪ/ *a.* precauzionale.

to **precede** /prɪˈsiːd/ *v. t.* (*form.*) *1* precedere *2* far precedere.

precedence /ˈpresɪdəns/ *n.* Ⓤ precedenza; priorità: **to take p.** (**over**), avere la precedenza (su); essere più importante (di).

precedent /ˈpresɪdənt/ *n.* Ⓤ *e* Ⓒ (*anche leg.*) precedente (giudiziario): **without p.**, senza precedenti; **to set a p.**, creare un precedente.

preceding /prɪˈsiːdɪŋ/ *a.* precedente.

precept /ˈpriːsept/ *n.* Ⓒ *e* Ⓤ (*form.*) precetto; massima.

precinct /ˈpriːsɪŋkt/ *n.* *1* area delimitata di una città: **shopping p.**, zona commerciale; **pedestrian p.**, isola pedonale *2* (*USA*) distretto (amministrativo): **police p.**, distretto di polizia *3* (*al pl.*) recinto (*di cattedrale*) • **within the precincts of King's College**, entro le mura del King's College.

precious /ˈpreʃəs/ *A* *a.* *1* prezioso: **p. stones**, pietre preziose; **My time is p.**, il mio tempo è prezioso *2* (*fam. spreg.*) ricercato; prezioso *3* (*iron.*) amato; prezioso *B* *avv.* (*fam.*) molto; assai: **p. little** [**few**], assai poco [pochi]; pochissimo [pochissimi].

precipice /ˈpresɪpɪs/ *n.* precipizio.

precipitate (1) /prɪˈsɪpɪteɪt/ *n.* (*chim.*) precipitato.

precipitate (2) /prɪˈsɪpɪtət/ *a.* (*form.*) precipitoso; avventato.

to **precipitate** /prɪˈsɪpɪteɪt/ *A* *v. t.* *1* far precipitare *2* accelerare; far precipitare *3* (*chim.*) precipitare *B* *v. i.* (*chim.*) precipitare.

precipitation /prɪsɪpɪˈteɪʃn/ *n.* (*anche meteor., chim.*) precipitazione.

precipitous /prɪˈsɪpɪtəs/ *a.* *1* erto; ripido; scosceso *2* precipitoso; avventato.

précis /ˈpreɪsiː, *USA* preɪˈsiː/ (*franc.*) *n.* (*pl.* **précis** /-siːz/) sunto; riassunto; compendio.

precise /prɪˈsaɪs/ *a.* *1* preciso; esatto *2* preciso; accurato; meticoloso.

precisely /prɪˈsaɪslɪ/ *avv.* *1* precisamente; con precisione; con esattezza *2* proprio: **P.** (**so**)**!**, proprio così!; appunto!

precision /prɪˈsɪʒn/ *n.* Ⓤ precisione; accuratezza; esattezza • **p. instruments**, strumenti di precisione.

to **preclude** /prɪˈkluːd/ *v. t.* precludere; impedire: **to p. sb. from doing st.**, impedire a q. di fare q.c.

preclusion /prɪˈkluːʒn/ *n.* Ⓤ preclusione; impedimento.

precocious /prɪˈkəʊʃəs/ *a.* precoce.

precociousness /prɪˈkəʊʃəsnəs/, **precocity** /prɪˈkɒsətɪ/ *n.* Ⓤ precocità.

precognition /priːkɒgˈnɪʃn/ *n.* Ⓤ *e* Ⓒ precognizione.

preconceived /priːkənˈsiːvd/ *a.* preconcetto: **p. idea**, idea preconcetta; preconcetto.

preconception /priːkənˈsepʃn/ *n.* preconcetto; pregiudizio.

precondition /priːkənˈdɪʃn/ *n.* requisito indispensabile.

precooked /priːˈkʊkt/ *a.* precotto.

precursor /priːˈkɜːsə(r)/ *n.* *1* precursore *2* predecessore.

to **predate** /priːˈdeɪt/ *v. t.* precedere (*nel tempo*); essere precedente a.

predator /ˈpredətə(r)/ *n.* predatore.

predatory /ˈprɛdətrɪ, *USA* -tɔːrɪ/ *a.* ***1*** (*di animale*) predatore; rapace ***2*** rapace; avido.
to **predecease** /priːdɪˈsiːs/ *v. t.* (*leg.*) premorire a.
predecessor /ˈpriːdɪsɛsə(r), *USA* ˈprɛdə-/ *n.* ***1*** predecessore ***2*** antenato.
predestination /priːdɛstɪˈneɪʃn/ *n.* U (*teol.*) predestinazione.
to **predestine** /priːˈdɛstɪn/ *v. t.* predestinare.
to **predetermine** /priːdɪˈtɜːmɪn/ *v. t.* predeterminare.
predicament /prɪˈdɪkəmənt/ *n.* situazione difficile; situazione imbarazzante.
predicate /ˈprɛdɪkət/ *n.* (*gramm., filos.*) predicato.
to **predicate** /ˈprɛdɪkeɪt/ *v. t.* ***1*** affermare; asserire ***2*** basare; fondare.
predicative /prɪˈdɪkətɪv, *USA* ˈprɛdɪkeɪtɪv/ *a.* (*gramm.*) predicativo.
to **predict** /prɪˈdɪkt/ *v. t.* predire.
predictable /prɪˈdɪktəbl/ *a.* prevedibile.
predictably /prɪˈdɪktəblɪ/ *avv.* come era da prevedere; come previsto.
prediction /prɪˈdɪkʃn/ *n.* U *e* C predizione.
predigested /priːdaɪˈdʒɛstɪd/ *a.* ***1*** predigerito ***2*** (*fig.*) semplificato.
predilection /priːdɪˈlɛkʃn, *USA* prɛdə-/ *n.* predilezione.
to **predispose** /priːdɪˈspəʊz/ *v. t.* predisporre.
predisposition /priːdɪspəˈzɪʃn/ *n.* predisposizione; inclinazione.
predominance /prɪˈdɒmɪnəns/ *n.* U predominio; preponderanza.
predominant /prɪˈdɒmɪnənt/ *a.* predominante; prevalente.
to **predominate** /prɪˈdɒmɪneɪt/ *v. i.* predominare; prevalere.
pre-eminence /priːˈɛmɪnəns/ *n.* U preminenza.
pre-eminent /priːˈɛmɪnənt/ *a.* preminente.
to **preempt** /priːˈɛmpt/ *v. t.* ***1*** (*leg.*) comprare valendosi del diritto di prelazione ***2*** impadronirsi di ***3*** prevenire; anticipare; frustrare; rendere inutile.
preemption /priːˈɛmpʃn/ *n.* U (*leg.*) ***1*** (acquisto compiuto valendosi del) diritto di prelazione ***2*** azione preventiva; attacco preventivo.
preemptive /priːˈɛmptɪv/ *a.* preventivo: **p. strike**, attacco preventivo; **to make a p. move**, giocare di anticipo.
to **preen** /priːn/ ***A*** *v. t.* (*di uccello*) lisciarsi (*le penne*) col becco ***B*** *v. i. e* to **preen oneself** *v. rifl.* ***1*** (*di uccello*) lisciarsi le penne ***2*** (*di persona*) agghindarsi; azzimarsi ***3*** pavoneggiarsi; fare la ruota.
to **pre-establish** /priːɪˈstæblɪʃ/ *v. t.* prestabilire.
to **pre-exist** /priːɪgˈzɪst/ *v. i.* preesistere.
pre-existence /priːɪgˈzɪstəns/ *n.* U preesistenza.
pre-existent /priːɪgˈzɪstənt/ *a.* preesistente.
prefab /ˈpriːfæb, *USA* priːˈfæb/ *n.* (*abbr. fam. di* **prefabricated house**) casa prefabbricata; prefabbricato.
to **prefabricate** /priːˈfæbrɪkeɪt/ *v. t.* (*edil.*) prefabbricare.
prefabrication /priːfæbrɪˈkeɪʃn/ *n.* U (*edil.*) prefabbricazione.
preface /ˈprɛfəs/ *n.* prefazione; introduzione.
to **preface** /ˈprɛfəs/ *v. t.* ***1*** fare da prefazione a (*un libro*); fare da introduzione a (*un discorso*); essere premesso a ***2*** (*form.*) far precedere; premettere a: **He prefaced his explanation with a warning**, cominciò la sua spiegazione con un ammonimento.
prefect /ˈpriːfɛkt/ *n.* ***1*** (*stor. romana, amm.*) prefetto ***2*** (*in G.B., in certe scuole*) studente anziano che si occupa della disciplina.
prefecture /ˈpriːfɛktʃə(r), -tʃʊə(r)/ *n.* (*stor., amm.*) prefettura.
to **prefer** /prɪˈfɜː(r)/ *v. t.* ***1*** preferire: **I p. wine to beer**, preferisco il vino alla birra; **Would you p. me to stay?**, preferisci che io resti? ***2*** (*leg.*) avanzare; presentare: **to p. a charge against sb.**, presentare un'accusa (*o* sporgere querela) contro q.
preferable /ˈprɛfrəbl/ *a.* preferibile.
preference /ˈprɛfrəns/ *n.* C *e* U preferenza: **in p. to**, a preferenza di; **to have a p. for**, preferire; **to give p. to**, dare la preferenza a; **to show p. to sb.**, fare delle preferenze a favore di q.; mostrarsi parziale verso q. • (*fin., GB*) **p. shares**, azioni privilegiate.
preferential /prɛfəˈrɛnʃl/ *a.* preferenziale: **p. treatment**, trattamento privilegiato (*o* di favore).
preferment /prɪˈfɜːmənt/ *n.* U *e* C promozione; avanzamento (*specialm. nella chiesa*).
preferred /prɪˈfɜːd/ *a.* — (*fin., USA*) **p. stock**, azioni privilegiate.
to **prefigure** /priːˈfɪgə(r), *USA* -gjə(r)/ *v. t.* prefigurare.
prefix /ˈpriːfɪks/ *n.* ***1*** (*gramm.*) prefisso ***2*** titolo (*premesso a un nome*).
to **prefix** /ˈpriːfɪks/ *v. t.* ***1*** premettere; far precedere ***2*** (*gramm.*) mettere come prefisso.
pregnancy /ˈprɛgnənsɪ/ *n.* U gravidanza • (*med.*) **p. test**, analisi di gravidanza.
pregnant /ˈprɛgnənt/ *a.* ***1*** (*di donna*) incinta; (*di bestia*) gravida, pregna: **p. with her third child**, incinta del terzo figlio; **four months p.**, incinta di quattro mesi ***2*** carico (*fig.*): **p. with meaning**, carico di significato; pregnante; **p. with threats**, carico di minaccia ***3*** significativo; carico di significato; pregnante: **p. pause**, pausa carica di significato (*o* pregnante).
to **preheat** /priːˈhiːt/ *v. t.* preriscaldare.
prehensile /priːˈhɛnsaɪl, *USA* -sl/ *a.* (*zool.*) prensile.
prehistoric /priːhɪˈstɒrɪkl, *USA* -ɔːr-/ *a.* preistorico.
prehistory /priːˈhɪstrɪ/ *n.* U preistoria.
to **prejudge** /priːˈdʒʌdʒ/ *v. t.* dare un giudizio avventato su.
prejudice /ˈprɛdʒʊdɪs/ *n.* U *e* C ***1*** pregiudizio; pregiudizi: **to have a p. against st.**, avere pregiudizi contro q.c.; **racial p.**, pregiudizi razziali ***2*** (*anche leg.*) danno; pregiudizio: **to the p. of**, con danno di; **without p. to our right to...**, senza pregiudicare (*o* senza che ciò pregiudichi) i nostri diritti a...
to **prejudice** /ˈprɛdʒʊdɪs/ *v. t.* ***1*** disporre; influenzare: **to p. sb. in favour of** [**against**], disporre bene [male] q. nei confronti di ***2*** pregiudicare; compromettere.
prejudiced /ˈprɛdʒʊdɪst/ *a.* che ha pregiudizi; prevenuto: **racially p.**, che ha pregiudizi razziali; **p. against**, prevenuto contro; maldisposto verso; **p. in favour of**, bendisposto verso.
prejudicial /prɛdʒʊˈdɪʃl/ *a.* pregiudizievole; dannoso.
prelate /ˈprɛlət/ *n.* (*eccles.*) prelato.
preliminary /prɪˈlɪmɪnərɪ, *USA* -nɛrɪ/ ***A*** *a.* preliminare ***B*** *n.* (*al pl.*) preliminari.
prelude /ˈprɛljuːd, *USA* ˈpreɪluːd, ˈpriː-/ *n.* preludio.
premarital /priːˈmærɪtl/ *a.* prematrimoniale.
premature /ˈprɛmətjʊə(r), *USA* priːməˈtʊə(r)/ *a.* prematuro.
premedication /priːmɛdɪˈkeɪʃən/ *n.* (*chir.*) preanestesia.
to **premeditate** /priːˈmɛdɪteɪt/ *v. t.* premeditare.
premeditation /priːmɛdɪˈteɪʃn/ *n.* U premeditazione.
premenstrual /priːˈmɛnstrʊəl/ *a.* premestruale • (*med.*) **p. tension** (*o* **syndrome**), sindrome premestruale.
premier /ˈprɛmɪə(r), *USA* prɪˈmɪə(r), ˈpriːmɪə(r)/ ***A*** *a.* primo; principale • (*calcio, GB*) **P. league**, Serie A ***B*** *n.* (*polit.*) Primo Ministro; premier.
première /ˈprɛmɪɛə(r), *USA* prɪˈmɪə(r)/ (*franc.*) *n.* (*teatr., cinem.*) prima.
to **première** /ˈprɛmɪɛə(r), *USA* prɪˈmɪə(r)/ ***A*** *v. t.* (*teatr., cinem.*) rappresentare, proiettare per la prima volta ***B*** *v. i.* essere dato in prima rappresentazione [visione].
premiership /ˈprɛmɪəʃɪp, *USA* prɪˈmɪə-, ˈpriːmɪə-/ *n.* (*polit.*) carica di Primo Ministro.
premise /ˈprɛmɪs/ *n.* (*anche filos.*) premessa.
premises /ˈprɛmɪsɪz/ *n. pl.* locale; locali; edificio; sede: **to move to new p.**, traslocare in una sede nuova (*o* in nuovi uffici); **business p.**, locale ad uso commerciale; **on the p.**, sul luogo.
premium /ˈpriːmɪəm/ ***A*** *n.* ***1*** maggiorazione; sovrapprezzo ***2*** (*ass.*) premio ***3*** U (*USA*) (benzina) super • (*in G.B.*) **p. bonds**, titoli di Stato a premio □ (*comm.*) **p. stamps**, buoni omaggio □ **at a p.**, (*fin.*) sopra la pari; (*fig.*) molto ricercato, prezioso, che scarseggia □ **to put a p. on st.**, dare molta importanza a q.c.; incoraggiare q.c.; favorire q.c. ***B*** *a.* ***1*** (*specialm. comm.*) di prima qualità ***2*** (*USA, di benzina*) super.
premonition /priːməˈnɪʃn, prɛ-/ *n.* presentimento.
premonitory /prɪˈmɒnɪtrɪ, *USA* -tɔːrɪ/ *a.* premonitorio; premonitore.
prenatal /priːˈneɪtl/ *a.* (*med.*) prenatale.
preoccupation /priːɒkjʊˈpeɪʃn/ *n.* U *e* C pensiero che assorbe; preoccupazione.
preoccupied /priːˈɒkjʊpaɪd/ *a.* ***1*** assorto; distratto ***2*** preso: **p. with work**, preso dal lavoro. ATTENZIONE: **preoccupied** ≠ preoccupato.

to **preoccupy** /priːˈɒkjʊpaɪ/ *v. t.* (*di pensiero*) dominare (*la mente*); occupare tutta l'attenzione di; assorbire. ATTENZIONE: **to preoccupy** ≠ preoccupare.
to **preordain** /priːɔːˈdeɪn/ *v. t.* preordinare; prestabilire.
prep /prɛp/ (*fam. GB*) **A** *n.* compiti a casa **B** *a.* — **p. school**, V. **preparatory school**, *sotto* **preparatory**.
to **prepack** /priːˈpæk/, to **prepackage** /priːˈpækɪdʒ/ *v. t.* (*ind.*) preconfezionare.
prepaid /priːˈpeɪd/ **A** *pass. e p.p. di* **to prepay** **B** *a.* **1** pagato in anticipo **2** (*di busta*) che non richiede affrancatura.
preparation /prɛpəˈreɪʃn/ *n.* **1** U preparazione **2** preparativo **3** (*farm., cosmesi, ecc.*) preparato.
preparatory /prɪˈpærətrɪ, *USA* -tɔːrɪ/ *a.* preparatorio; preliminare • **p. school**, scuola privata preparatoria (*che prepara alla «public school» in G.B., al «college» in U.S.A.*).
to **prepare** /prɪˈpɛə(r)/ **A** *v. t.* preparare; allestire **B** *v. i.* prepararsi: **to p. for an examination**, prepararsi a un esame **C** to **prepare oneself** *v. rifl.* prepararsi.
prepared /prɪˈpɛəd/ *a.* **1** preparato (in anticipo); pronto **2** preparato; pronto; disposto: **I'm p. to go**, sono pronto (*o* disposto) ad andare **3** che si aspetta (q.c.): **We weren't p. for such conditions**, non ci aspettavamo simili condizioni.
preparedness /prɪˈpɛərɪdnəs/ *n.* U (l')essere preparato; (stato di) preparazione.
to **prepay** /priːˈpeɪ/ (*pass. e p.p.* **prepaid**) *v. t.* pagare in anticipo.
prepayment /priːˈpeɪmənt/ *n.* U pagamento anticipato.
preponderance /prɪˈpɒndərəns/ *n.* U preponderanza; prevalenza.
preponderant /prɪˈpɒndərənt/ *a.* preponderante; prevalente.
preponderantly /prɪˈpɒndərəntlɪ/ *avv.* prevalentemente; in prevalenza.
preposition /prɛpəˈzɪʃn/ *n.* (*gramm.*) preposizione.
prepositional /prɛpəˈzɪʃənəl/ *a.* (*gramm.*) prepositivo: **p. phrase**, locuzione prepositiva.
prepossessing /priːpəˈzɛsɪŋ/ *a.* (*form.*) attraente.
preposterous /prɪˈpɒstərəs/ *a.* **1** assurdo; irragionevole **2** esagerato; ridicolo.
preppy /ˈprɛpɪ/ (*fam. USA*) **A** *n.* **1** studente di una «preparatory school» **2** (*spreg.*) ragazzo (-a) perbene; ragazzo (-a) perfettino, elegantino **B** *a.* da «preppy»; per «preppies».
Pre-Raphaelite /priːˈræfəlaɪt/ *n. e a.* (*arte, letter.*) preraffaellita.
to **prerecord** /priːrɪˈkɔːd/ *v. t.* (*radio, TV*) registrare in anticipo.
prerecorded /ˈpriːrɪˈkɔːdɪd/ *a.* (*radio, TV*) registrato; trasmesso in differita.
prerequisite /priːˈrɛkwɪzɪt/ **A** *a.* essenziale; indispensabile **B** *n.* requisito indispensabile.
prerogative /prɪˈrɒgətɪv/ *n.* prerogativa; privilegio.
presage /ˈprɛsɪdʒ/ *n.* (*lett.*) presagio.
to **presage** /ˈprɛsɪdʒ/ *v. t.* (*form. o lett.*) presagire.
Presbyterian /prɛzbɪˈtɪərɪən/ *a. e n.* (*relig.*) presbiteriano.
Presbyterianism /ˈprɛzbɪˈtɪərɪənɪzəm/ *n.* U (*relig.*) presbiterianismo.
presbytery /ˈprɛzbɪtrɪ, *USA* -tɛrɪ/ *n.* **1** (*eccles., archit.*) presbiterio **2** (*Chiesa presbiteriana*) presbiterio (*organo e giurisdizione*) **3** (*Chiesa cattolica*) presbiterio; canonica.
preschool /priːˈskuːl/ **A** *a. attr.* prescolare; prescolastico **B** *n.* (*USA*) asilo infantile.
prescience /ˈprɛsɪəns/ *n.* U (*form. o lett.*) prescienza; preveggenza.
prescient /ˈprɛsɪənt/ *a.* (*form. o lett.*) presciente; preveggente.
to **prescribe** /prɪˈskraɪb/ *v. t. e i.* **1** prescrivere; fissare; stabilire **2** (*med.*) prescrivere; ordinare.
prescribed /prɪˈskraɪbd/ *a.* prescritto; stabilito • (*a scuola*) **p. books**, testi in programma.
prescription /prɪˈskrɪpʃn/ *n.* U *e* C **1** (*med. e fig.*) ricetta: **available on p.**, ottenibile dietro presentazione di ricetta medica **2** (*med.*) medicina; preparato • **p. charge**, ticket.
prescriptive /prɪˈskrɪptɪv/ *a.* prescrittivo.
presence /ˈprɛzns/ *n.* U *e* C presenza: **in the p. of**, alla presenza di; davanti a; **p. of mind**, presenza di spirito; **to make one's p. felt**, far sentire la propria presenza; **She felt a strange p. in the room**, fu conscia di una strana presenza nella stanza • **Your p. is requested**, la S. V. è invitata a intervenire.
present (**1**) /ˈprɛznt/ **A** *a.* **1** presente: **to be p. at a meeting**, essere presente (*form.* presenziare) a una riunione; **those p.**, i presenti **2** attuale; corrente: **in the p. circumstances**, nelle attuali circostanze; **the p. government**, il governo attuale; **in the p. case**, in questo caso **3** (*gramm.*) presente • **p. company excepted**, esclusi i presenti □ **p.-day**, contemporaneo; di oggi; attuale □ (*gramm.*) **p. perfect**, passato prossimo **B** *n.* (*anche gramm.*) presente • **at p.**, al presente; ora □ **for the p.**, per il momento; per ora.
present (**2**) /ˈprɛznt/ *n.* regalo; presente (*form.*): **to give sb. a p.**, fare un regalo a q.; **to make sb. a p. of st.**, regalare q.c. a q.
to **present** /prɪˈzɛnt/ **A** *v. t.* **1** presentare; consegnare; porgere: **to p. the prizes**, consegnare i premi; **to p. one's apologies**, presentare le proprie scuse; **to p. a report**, consegnare una relazione **2** offrire in dono: **to p. st. to sb.** (*o* **sb. with st.**), offrire q.c. in dono a q.; **The Pope presented the President with an illuminated missal**, il Papa offrì in dono al Presidente un messale miniato **3** presentare; offrire: **to p. a problem**, presentare un problema **4** (*form.*) presentare (q.): **to be presented at Court**, essere presentato a corte **5** (*radio, TV*) presentare **6** (*teatr.*) rappresentare; presentare; dare **7** (*mil.*) presentare (*le armi*): **P. arms!**, presentat'arm! **B** to **present oneself** *v. rifl.* presentarsi; (*di idea*) venire in mente: **if the opportunity presents itself**, se se ne presenta l'occasione.
presentable /prɪˈzɛntəbl/ *a.* presentabile; decoroso.
presentation /prɛzənˈteɪʃn/ *n.* U *e* C **1** presentazione **2** consegna (*di premio*) **3** relazione **4** (*teatr.*) rappresentazione • **p. copy**, copia omaggio.
presenter /prɪˈzɛntə(r)/ *n.* (*radio, TV*) presentatore (-trice).
presentiment /prɪˈzɛntɪmənt/ *n.* presentimento.
presently /ˈprɛzəntlɪ/ *avv.* **1** fra poco; a momenti **2** (*specialm. USA*) attualmente; ora.
preservation /prɛzəˈveɪʃn/ *n.* U preservazione; conservazione • **p. order**, ordinanza di conservazione (*di edificio, monumento*); dichiarazione di «monumento nazionale».
preservative /prɪˈzɜːvətɪv/ *a. e n.* conservante. ATTENZIONE: **preservative** ≠ preservativo.
preserve /prɪˈzɜːv/ *n.* **1** (*cucina*) conserva; marmellata **2** riserva di caccia; riserva di pesca **3** campo d'interesse riservato; diritto (*o* compito) esclusivo.
to **preserve** /prɪˈzɜːv/ *v. t.* **1** conservare; mantenere; difendere: **to p. a custom**, mantenere una tradizione; **to p. the environment**, difendere l'ambiente **2** proteggere; salvare: **God p. us!**, Dio ci protegga!; (*iron.*) Dio ne scampi! **3** (*cucina*) mettere in conserva.
preserved /prɪˈzɜːvd/ *a.* conservato; in conserva; in scatola.
to **preset** /priːˈsɛt/ *v. t.* **1** programmare (*il videoregistratore, ecc.*) **2** (*elab.*) prefissare; inizializzare.
preshrunk /priːˈʃrʌŋk/ *a.* (*di tessuto*) sanforizzato; irrestringibile.
to **preside** /prɪˈzaɪd/ *v. i.* presiedere: **to p. over** (*o* **at**) **st.**, presiedere a q.c.
presidency /ˈprɛzɪdənsɪ/ *n.* U *e* C presidenza.
president /ˈprɛzɪdənt/ *n.* **1** (*polit.*) presidente: **P. Truman**, il presidente Truman **2** presidente (*di associazione, ecc.*) **3** (*USA*) direttore generale (*di società, banca*); amministratore delegato **4** rettore (*di un college*) • **p.-elect**, presidente eletto (*che non ha ancora assunto le funzioni*).
presidential /prɛzɪˈdɛnʃl/ *a.* presidenziale.
press /prɛs/ *n.* **1** U stampa: **freedom of the p.**, libertà di stampa; **the p.**, la stampa; i giornali; **to get a good p.**, essere accolto bene dalla stampa; ricevere buona stampa; **It's in the p.**, è sui giornali **2** tipografia; stamperia: **to go to p.**, (*di libro*) andare in stampa; (*di giornale*) andare in macchina; **to send to** (**the**) **p.**, dare alle stampe; **in the p.**, (*di libro*) in corso di stampa **3** pressione; stretta: **Give the button another p.**, premi ancora il pulsante **4** (*mecc.*) pressa; torchio: **cider p.**, pressa per il sidro; **printing p.**, torchio tipografico **5** (*fam.*) stirata; colpo di ferro; passata • **p. agency**, agenzia di stampa □ **p. agent**, agente pubblicitario; press agent □ **p. baron**, barone della stampa □ (*sport*) **p. box**, tribuna della stampa □ **p. conference**, conferenza stampa □ **p. corps**, giornalisti accreditati □ **p. cutting** (*o* **p.**

clipping), ritaglio di giornale □ **p. gallery**, tribuna della stampa (*in Parlamento*) □ **p. officer**, addetto stampa; portavoce □ **p. photographer**, fotoreporter □ **p. release**, comunicato stampa □ (*GB*) **p. stud**, (bottone) automatico.

to **press** (**1**) /prɛs/ ***A*** *v. t.* ***1*** premere; schiacciare; stringere: **to p. a button**, premere un pulsante; **His nose was pressed on the pane**, aveva il naso schiacciato contro il vetro; **He pressed my arm affectionately**, mi strinse affettuosamente il braccio; **She pressed the child to her breast**, si strinse al seno il bambino ***2*** pigiare; spremere: **to p. grapes**, pigiare l'uva; **to p. olives**, spremere le olive ***3*** incalzare; sollecitare: **to p. sb. to do st.**, sollecitare q. perché faccia q.c.; **to p. the enemy**, incalzare il nemico ***4*** insistere: **They are pressing me to stay** [**for a decision**], insistono perché mi fermi [perché prenda una decisione]; **to p. a gift on sb.**, far accettare un dono a q.; **to p. a point**, insistere su un punto; **to p. for reforms**, premere perché vengano fatte riforme ***5*** stirare • (*leg.*) **to p. charges**, sporgere denuncia □ **to p. one's claim**, far valere i propri diritti □ (*fam.*) **to p. the flesh**, (*di politico, ecc.*) stringere mani; fare un bagno di folla □ **to p. home an advantage**, sfruttare al massimo un vantaggio ***B*** *v. i.* ***1*** affollarsi; accalcarsi; premere ***2*** incalzare: **Time presses**, il tempo incalza.

♦ **press ahead** *v. i. + avv.* proseguire; andare avanti.

♦ **press down** *v. t. + avv.* comprimere, calcare (*terriccio, ecc.*); schiacciare (*un pedale, ecc.*).

♦ **press on** *v. i. + avv.* proseguire; andare avanti.

to **press** (**2**) /prɛs/ *v. t.* ***1*** (*naut., stor.*) arruolare forzatamente ***2*** — **to p. st. into service**, far uso di q.c. (*eccezionalmente, in mancanza di meglio*).

pressed /prɛst/ *a.* ***1*** pressato ***2*** (*solo pred.*) — **to be p. for time**, avere poco tempo; **to be p. for money**, essere a corto di quattrini.

pressgang /ˈprɛsgæŋ/ *n.* (*naut., stor.*) squadra incaricata di eseguire arruolamenti forzati.

to **pressgang** /ˈprɛsgæŋ/ *v. t.* — **to p. sb. into doing st.**, costringere a viva forza q. a fare q.c.

pressing /ˈprɛsɪŋ/ ***A*** *a.* ***1*** urgente; pressante; incalzante: **p. engagement** [**need**], appuntamento [bisogno] urgente ***2*** insistente; pressante ***B*** *n.* ***1*** spremitura (*di olive, ecc.*) ***2*** stiratura ***3*** disco (fonografico).

pressmark /ˈprɛsmɑːk/ *n.* collocazione (*di libro*); segnatura.

press-up /ˈprɛsʌp/ *n.* (*GB*) flessione sulle braccia.

pressure /ˈprɛʃə(r)/ *n.* Ⓤ *e* Ⓒ pressione: **high atmospheric p.**, alta pressione; **blood p.**, pressione del sangue; **to work under p.**, lavorare sotto pressione; **I'm under p. from head office to make redundancies**, la sede centrale fa pressioni perché licenzi del personale; **to bring p. to bear on sb.**, esercitare pressioni su q.; **financial pressures**, difficoltà finanziarie; **the p. of work**, il carico di lavoro • **p. cooker**, pentola a pressione □ **p. group**, gruppo di pressione □ (*med.*) **p. point**, punto di compressione (*per arrestare un'emorragia*).

to **pressure** /ˈprɛʃə(r)/ (*USA*) *V.* **to pressurize**, *def. 2.*

to **pressurize**, (*GB anche*) to **pressurise** /ˈprɛʃəraɪz/ *v. t.* ***1*** (*aeron.*) pressurizzare ***2*** far pressione su: **to p. sb. into doing st.**, far pressione su q. perché faccia q.c.

prestidigitation /prɛstɪdɪdʒɪˈteɪʃn/ *n.* Ⓤ prestidigitazione.

prestige /prɛˈstiːʒ, -dʒ, ˈprɛstɪdʒ/ *n.* Ⓤ prestigio.

prestigious /prɛˈstɪdʒəs/ *a.* prestigioso.

prestressed /priːˈstrɛst/ *a.* — (*ind. costr.*) **p. concrete**, calcestruzzo precompresso.

presumably /prɪˈzjuːməblɪ, -ˈzuːm/ *avv.* presumibilmente.

to **presume** /prɪˈzjuːm, -ˈzuːm/ ***A*** *v. t.* ***1*** presumere; supporre: **«Is he coming back?» «I p. so.»**, «tornerà?» «presumo di sì»; **missing, presumed dead**, scomparso, presunto morto ***2*** (*form.*) presupporre: **A crime presumes the existence of a guilty party**, un delitto presuppone un colpevole ***3*** osare; pretendere: **Are you presuming to teach me my job?**, pretendi forse di insegnarmi il mestiere? ***B*** *v. i.* prendersi delle libertà.

♦ **presume on** (*o* **upon**) *v. i. + prep.* (cercare di) approfittare di: **to p. upon sb.'s good nature**, approfittarsi della bontà di q.

presuming /prɪˈzjuːmɪŋ, -ˈzuː-/ *a.* presuntuoso; arrogante.

presumption /prɪˈzʌmpʃn/ *n.* ***1*** Ⓤ presunzione; arroganza ***2*** supposizione; congettura ***3*** (*leg.*) presunzione.

presumptive /prɪˈzʌmptɪv/ *a.* presuntivo; presunto: **heir p.**, erede presuntivo.

presumptuous /prɪˈzʌmptʃʊəs/ *a.* presuntuoso; arrogante.

to **presuppose** /priːsəˈpəʊz/ *v. t.* presupporre.

presupposition /priːsʌpəˈzɪʃn/ *n.* Ⓤ *e* Ⓒ presupposizione; presupposto.

pre-tax /priːˈtæks/ *a.* (*fisc.*) al lordo delle imposte.

pretence /prɪˈtɛns/ *n.* ***1*** Ⓤ finzione: **That's all p.**, è tutta una finzione ***2*** pretesto; scusa: **under the p. of helping**, con il pretesto di aiutare ***3*** Ⓒ *e* Ⓤ pretesa: **a man with no p. to education**, un uomo senza pretese culturali • (*leg.*) **false pretences**, frode; inganno; truffa □ **to make a p. of**, far finta (*o* fingere) di.

to **pretend** /prɪˈtɛnd/ ***A*** *v. t.* ***1*** fingere; far finta: **to p. ignorance**, fingere ignoranza; fingere di non sapere; **to p. blindness**, fingersi cieco; **to p. not to know sb.**, far finta di non conoscere q.; **Let's p. we are Indians!**, facciamo finta di essere degli indiani ***2*** pretendere; avere la pretesa: **I don't p. to understand everything**, non ho la pretesa di capire tutto ***B*** *v. i.* fingere; fare finta.

♦ **pretend to** *v. i. + prep.* ***1*** pretendere a: **to p. to the throne**, pretendere al trono ***2*** pretendere di avere (*una qualità*).

pretended /prɪˈtɛndɪd/ *a.* finto; falso.

pretender /prɪˈtɛndə(r)/ *n.* pretendente.

pretense *n.* /prɪˈtɛns/ (*USA*) *V.* **pretence**.

pretension /prɪˈtɛnʃn/ *n.* ***1*** pretesa ***2*** Ⓤ pretenziosità.

pretentious /prɪˈtɛnʃəs/ *a.* pretenzioso.

preternatural /priːtəˈnætʃərəl/ *a.* sovrumano; soprannaturale.

pretext /ˈpriːtɛkst/ *n.* pretesto: **to offer a p.**, fornire un pretesto; **under** (*o* **on**) **the p. of**, col pretesto di.

to **prettify** /ˈprɪtɪfaɪ/ *v. t.* (*per lo più spreg.*) abbellire; agghindare.

prettily /ˈprɪtəlɪ/ *avv.* graziosamente; in modo grazioso; piacevolmente; in modo attraente.

prettiness /ˈprɪtɪnəs/ *n.* Ⓤ grazia; leggiadria.

pretty /ˈprɪtɪ/ ***A*** *a.* grazioso; carino; (*anche iron.*) bello: **a p. little cottage**, una graziosa villetta; **A p. mess you've made of it!**, hai combinato un bel pasticcio!; **to cost a p. penny**, costare un bel po' di soldi ***B*** *avv.* (*fam.*) abbastanza; discretamente; piuttosto: **p. good**, abbastanza buono; discreto; **p. late**, piuttosto tardi • **p.-p.**, (*spreg.*) affettato; lezioso □ **p. much** (*o* **p. well**), quasi; pressoché; più o meno: **p. much the same**, più o meno lo stesso; pressoché la stessa cosa; **p. well every month**, pressoché ogni mese □ (*fam.*) **to be sitting p.**, essere tra due guanciali; passarsela bene.

to **prevail** /prɪˈveɪl/ *v. i.* ***1*** prevalere; avere la meglio: **to p. over sb.**, avere la meglio su q. ***2*** prevalere; predominare; essere predominante; essere assai diffuso.

♦ **prevail on** *v. i. + prep.* convincere; indurre: **to p. on sb. to do st.**, convincere q. a fare q.c.

prevailing /prɪˈveɪlɪŋ/ *a.* ***1*** prevalente; dominante: **p. winds**, venti dominanti ***2*** assai diffuso; comune.

prevalence /ˈprɛvələns/ *n.* Ⓤ larga diffusione; prevalenza.

prevalent /ˈprɛvələnt/ *a.* assai diffuso; comune.

to **prevaricate** /prɪˈværɪkeɪt/ *v. i.* tergiversare. ATTENZIONE: **to prevaricate** ≠ prevaricare.

prevarication /prɪværɪˈkeɪʃn/ *n.* Ⓤ *e* Ⓒ tergiversazione. ATTENZIONE: **prevarication** ≠ prevaricazione.

prevaricator /prɪˈværɪkeɪtə(r)/ *n.* tergiversatore; cavillatore. ATTENZIONE: **prevaricator** ≠ prevaricatore.

to **prevent** /prɪˈvɛnt/ *v. t.* evitare; impedire; ostacolare: **to p. an accident**, evitare un incidente; **to p. sb. from doing st.**, impedire a q. di fare q.c.

preventative /prɪˈvɛntətɪv/ *V.* **preventive**.

prevention /prɪˈvɛnʃn/ *n.* Ⓤ prevenzione.

preventive /prɪˈvɛntɪv/ *a.* preventivo: **p. detention**, carcere preventivo; **p. medicine**, medicina preventiva.

preview /ˈpriːvjuː/ *n.* ***1*** (*cinem.*) anteprima ***2*** (*arte*) vernissage (*franc.*); vernice ***3*** anticipazione • **to give sb. a p. of st.**, dare a q. un'idea (*o* un assaggio) di q.c.

previous /ˈpriːvɪəs/ *a.* precedente; anteriore • (*leg.*) **p. offender**, pregiudicato □ **p. to**, prima di.

previously /ˈpriːvɪəslɪ/ *avv.* precedentemente; in precedenza.

prewar /priːˈwɔː(r)/ *a.* dell'anteguerra; anteguerra: **p. Italy**, l'Italia dell'anteguerra.

prey /preɪ/ *n.* Ⓤ ***1*** preda: **to be an easy p. for sb.**, essere facile preda di q.; **to fall p. to st.**, cadere in preda a q.c. ***2***

rapina • **bird of p.**, uccello rapace.
to **prey** /preɪ/ *v. Solo come*:
♦ **prey on** (*o* **upon**) *v. i.* + *prep.* *1* (*di animale*) cacciare *2* tormentare; ossessionare; rodere: **to p. on sb.'s mind**, rodere l'animo a q.; ossessionare q. *3* (*di persona*) estorcere soldi da.
price /praɪs/ *n.* *1* prezzo: **top** [**bottom**] **p.**, prezzo massimo [minimo]; **to rise** [**to fall**] **in p.**, salire [scendere] di prezzo; **to put a p. on st.**, dare un prezzo a q.c.; **What is the p. of this vase?**, quanto costa (*o* che prezzo ha) questo vaso?; **at any p.**, a qualunque prezzo (*o* costo) *2* U valore: **a jewel of great p.**, un gioiello di grande valore *3* ricompensa; taglia: **to put a p. on sb.'s head**, mettere una taglia su q. *4* (*ippica*) quotazione • **p. freeze**, congelamento (*o* blocco) dei prezzi □ **p. list**, listino dei prezzi □ **p. tag**, cartellino del prezzo □ **at a p.**, a un prezzo molto elevato; (*fig.*) a caro prezzo □ **below cost p.**, sotto costo □ **cost p.**, prezzo di costo.
to **price** /praɪs/ *v. t.* fissare il prezzo di; segnare il prezzo su: **to be priced very high**, avere un prezzo alto • **to p. oneself out of the market**, escludersi dal mercato praticando prezzi troppo alti; non essere competitivo.
priceless /ˈpraɪsləs/ *a.* *1* senza prezzo; inestimabile *2* (*fam.*) spassoso; impagabile.
pricey /ˈpraɪsɪ/ *a.* (*fam.*) costoso; caro; salato.
prick /prɪk/ *n.* *1* puntura *2* buco; forellino *3* rimorso; morso: **pricks of conscience**, rimorsi di coscienza *4* (*volg.*) uccello; cazzo *5* (*volg.*) testa di cazzo; coglione.
to **prick** /prɪk/ *A* *v. t.* *1* pungere; bucare *2* pizzicare (*sulla lingua, in gola*) *3* rimordere; pungere *B* *v. i.* *1* pungere *2* pizzicare; prudere.
♦ **prick out** *v. t.* + *avv.* trapiantare (*piantine*).
♦ **prick up** *v. t.* + *avv.* (*anche fig.*) drizzare (*le orecchie*).
prickle /ˈprɪkl/ *n.* *1* spina; aculeo *2* pizzicore; prurito.
to **prickle** /ˈprɪkl/ *v. t. e i.* pungere; pizzicare.
prickly /ˈprɪklɪ/ *a.* *1* spinoso; coperto di aculei *2* che punge; che pizzica; ispido *3* permaloso; suscettibile *4* spinoso; difficile • (*bot.*) **p. pear**, fico d'India.
pricy /ˈpraɪsɪ/ *V.* **pricey**.
pride /praɪd/ *n.* *1* U orgoglio; fierezza: **to hurt sb.'s p.**, ferire q. nell'orgoglio; **to take p. in st.**, andare orgoglioso di (*o* essere fiero di) q.c.; **to be sb.'s p. and joy**, essere l'orgoglio di q. *2* alterigia; orgoglio; superbia *3* vanto: **the p. of the town**, il vanto della città *4* branco (*di leoni*) • **to take p. of place**, (*di cosa*) occupare il posto d'onore.
to **pride oneself** /ˈpraɪdwʌnˈsɛlf/ *v. rifl.* essere orgoglioso (di); vantarsi (di): **He prides himself on his skill as a cook**, è orgoglioso delle sue doti culinarie.
prie-dieu /ˈpriːˈdjɜː/ (*franc.*) *n.* (*pl.* **prie-dieux**) inginocchiatoio.
priest /priːst/ *n.* prete; sacerdote • **parish p.**, parroco.
priestess /priːˈstɛs, ˈpriːstɪs/ *n.* sacerdotessa.
priesthood /ˈpriːsthʊd/ *n.* *1* U sacerdozio *2* clero; (i) preti • **to enter the p.**, farsi prete.
priestly /ˈpriːstlɪ/ *a.* sacerdotale.
prig /prɪg/ *n.* moralista; perbenista.
priggish /ˈprɪgɪʃ/ *a.* moralistico; perbenistico.
prim /prɪm/ *a.* (*spreg.*) preciso; perbene; compìto; formale; facile a scandalizzarsi • (*spreg.*) **p. and proper**, perbenino.
primacy /ˈpraɪməsɪ/ *n.* U *1* primato; supremazia *2* (*eccles.*) primazia.
primaeval /praɪˈmiːvl/ *V.* **primeval**.
prima facie /praɪməˈfeɪʃiː/ (*lat.*) *A* *locuz. avv.* a prima vista *B* *locuz. a.* (*leg.*) convincente; fondato.
primal /ˈpraɪməl/ *a.* *1* originale; primitivo *2* primario; principale.
primarily /ˈpraɪmrəlɪ, *USA* praɪˈmɛrəlɪ/ *avv.* primariamente; principalmente; soprattutto.
primary /ˈpraɪmərɪ, *USA* -mɛrɪ/ *A* *a.* *1* primario; principale; fondamentale: **of p. importance**, di primaria importanza; **p. colour**, colore fondamentale; (*geol.*) **p. rocks**, rocce primarie; **p. school**, scuola elementare (*o* primaria); (*fon.*) **p. accent**, accento principale *2* primitivo; primo; originario *B* *n.* (*al pl.*) (*polit., USA*) primarie.
primate (1) /ˈpraɪmət/ *n.* (*eccles.*) primate; arcivescovo.
primate (2) /ˈpraɪmeɪt/ *n.* (*zool.*) primate.
prime /praɪm/ *A* *a.* *1* primo; primario; principale; fondamentale: **p. cause**, causa prima; **of p. importance**, di primaria importanza; **p. minister**, primo ministro *2* ottimo; eccellente: **a p. example**, un ottimo esempio; **p. beef**, manzo di prima scelta *3* (*mat.*) primo • (*geogr.*) **p. meridian**, meridiano zero □ **p. mover**, (*filos.*) primo motore; (*tecn.*) fonte prima di energia; (*fig.*) movente, causa □ (*banca*) **p. rate**, prime rate □ (*radio, TV*) **p. time**, fascia oraria di massimo ascolto; prime time *B* *n.* *1* fiore; rigoglio: **in the p. of life**, nel fiore degli anni; **in one's p.**, nel fiore degli anni; nel pieno rigoglio delle forze *2* (*mat.*) numero primo.
to **prime** /praɪm/ *v. t.* *1* caricare (*un'arma con polvere da sparo*); innescare *2* dare una mano di fondo a; (*pitt.*) dare l'imprimitura a *3* istruire in anticipo; preparare; imbeccare (*fam.*) *4* (*mecc.*) iniettare benzina in (*un motore*) • (*fam.*) **to p. the pump**, rimettere in moto (*o* in sesto) l'economia (*o un'azienda, ecc.*).
primer (1) /ˈpraɪmə(r), *USA* ˈprɪmə(r)/ *n.* *1* primo libro di lettura *2* manuale elementare.
primer (2) /ˈpraɪmə(r)/ *n.* *1* U *e* C mano di fondo; (*pitt.*) imprimitura *2* innesco; fulminante (*di cartuccia*).
primeval /praɪˈmiːvl/ *a.* primordiale; primitivo; antichissimo.
primitive /ˈprɪmɪtɪv/ *A* *a.* primitivo: **p. man**, l'uomo primitivo; **p. tools**, attrezzi primitivi; **p. living conditions**, condizioni di vita primitive *B* *n.* (*arte*) *1* primitivo *2* naïf.
primness /ˈprɪmnəs/ *n.* U *1* (*spreg.*) (l')essere perbene; compitezza; serietà eccessiva; pudore eccessivo *2* estremo ordine.
primogeniture /praɪməʊˈdʒɛnɪtʃə(r)/ *n.* U primogenitura.
primordial /praɪˈmɔːdɪəl/ *a.* primordiale.
to **primp** /prɪmp/ *A* *v. t.* agghindare *B* *v. i.* agghindarsi; farsi bello.
primrose /ˈprɪmrəʊz/ *n.* (*bot.*) primavera odorosa; primula • **the p. path**, la via del piacere.
primula /ˈprɪmjʊlə/ *n.* (*bot.*) primula.
primus ® /ˈpraɪməs/ *n.* (*anche* **p. stove**) fornello a petrolio.
prince /prɪns/ *n.* principe: **P. Albert**, il principe Alberto; **P. Charming**, il Principe azzurro; **p. consort**, principe consorte; **p. of the blood**, principe del sangue; **p. regent**, principe reggente.
princedom /ˈprɪnsdəm/ *n.* principato.
princely /ˈprɪnslɪ/ *a.* principesco.
princess /prɪnˈsɛs, *USA* ˈprɪnsɛs, -ɪs/ *n.* principessa: **P. Anne**, la principessa Anna.
principal /ˈprɪnsəpl/ *A* *a.* principale *B* *n.* *1* preside *2* (*teatr.*) primo attore; protagonista *3* (*mus.*) primo strumentista *4* (*comm.*) superiore; mandante *5* (*fin.*) capitale.
principality /prɪnsəˈpælətɪ/ *n.* principato.
principally /ˈprɪnsəplɪ/ *avv.* principalmente; soprattutto; in gran parte.
principle /ˈprɪnsəpl/ *n.* principio: **moral principles**, principi morali; **a man of p.** [**of no p.**], un uomo di saldi principi [senza principi]; **a matter of p**, una questione di principio; (*biochim.*) **active p.**, principio attivo; **Pascal's p.**, il principio di Pascal; **the principles of music**, gli elementi della musica • **in principle**, in linea di principio □ **on p.**, per principio.
principled /ˈprɪnsəpld/ *a.* di principio.
to **prink** /prɪŋk/ *V.* **to primp**.
print /prɪnt/ *n.* *1* impronta; orma *2* (*fam.*) impronta (digitale): **He left his prints on the gun**, lasciò le sue impronte sul fucile *3* U stampa; caratteri tipografici: **in large** [**small**] **p.**, a caratteri grandi [piccoli] *4* (*arte*) stampa: **old prints**, vecchie stampe; **p. shop**, negozio di stampe *5* (*fotogr.*) stampa; copia *6* U *e* C (*ind. tess.*) (tessuto) stampato • **in p.**, (*di libro*) stampato; in circolazione □ **out of p.**, (*di libro*) esaurito □ **the small p.**, le clausole aggiuntive (*di contratto, polizza, ecc., scritte in piccolo*).
to **print** /prɪnt/ *A* *v. t.* *1* stampare *2* (*anche fig.*) imprimere *3* scrivere in stampatello *B* *v. i.* *1* stampare *2* riuscire (*bene, male*) alla stampa • **The book is printing**, il libro è in corso di stampa.
♦ **print out** *v. t.* + *avv.* (*elab.*) stampare.
printable /ˈprɪntəbl/ *a.* *1* pubblicabile *2* (*fig.*) ripetibile.
printed /ˈprɪntɪd/ *a.* stampato: (*elettron.*) **p. circuit**, circuito stampato • **p. matter**, stampe; stampati □ **the p. word**, giornali, riviste e libri; tutto ciò che è stampato.
printer /ˈprɪntə(r)/ *n.* *1* tipografo; stampatore: **at the p.'s**, dal tipografo; in tipografia *2* (*cinem., fotogr.*) stampatrice (*macchina*) *3* (*elab.*) stampante • **p.'s error**, errore di stampa; refuso □ **p.'s ink**, inchiostro da stampa (*o* tipografico).
printing /ˈprɪntɪŋ/ *n.* *1* U stampa *2* tiratura *3* U stampatello

• **p. error**, errore di stampa; refuso □ **p. ink**, inchiostro da stampa (*o* tipografico) □ **p. paper**, carta da stampa □ **p. press**, macchina tipografica; pressa da stampa □ **p. works**, stabilimento tipografico; stamperia.
printout /ˈprɪntaʊt/ *n.* C e U (*elab.*) tabulato.
prior (1) /ˈpraɪə(r)/ ***A*** *a.* precedente; anteriore ***B*** **prior to** *locuz. prep.* (*form.*) prima di.
prior (2) /ˈpraɪə(r)/ *n.* (*eccles.*) priore.
prioress /praɪəˈrɛs/ *n.* (*eccles.*) priora.
to **prioritize**, (*GB anche*) to **prioritise** /praɪˈɒrɪtaɪz, *USA* -ˈɔːr-/ *v. t.* ***1*** elencare (*o* mettere) in ordine di priorità ***2*** dare la priorità a.
priority /praɪˈɒrətɪ, *USA* -ˈɔːr-/ *n.* ***1*** U priorità; (*anche autom.*) precedenza: **to have** (*o* **to take**) **p. over**, avere la precedenza su ***2*** cosa importante: **to get one's priorities right**, dare la precedenza alle cose più importanti; **top p.**, cosa urgentissima (*o* che ha la precedenza assoluta).
priory /ˈpraɪərɪ/ *n.* (*eccles.*) convento; monastero.
to **prise** /praɪz/ (*GB*) *V.* **to prize** (2).
prism /ˈprɪzəm/ *n.* (*geom., fis.*) prisma.
prismatic /prɪzˈmætɪk/ *a.* prismatico.
prison /ˈprɪzn/ *n.* C e U prigione; carcere: **to go to p.**, andare in prigione • **p. camp**, campo di prigionia.
prisoner /ˈprɪznə(r)/ *n.* prigioniero (-a); carcerato (-a): **to take sb. p.**, far prigioniero q.; **p. of war**, prigioniero di guerra • (*leg.*) **p. at the bar**, accusato; imputato □ **p. of conscience**, detenuto politico.
prissy /ˈprɪsɪ/ *a.* (*fam.*) perbenino; affettato.
pristine /ˈprɪstiːn, ˈprɪstaɪn/ *a.* ***1*** originario ***2*** puro; immacolato; intatto.
privacy /ˈprɪvəsɪ, ˈpraɪ-, *USA* ˈpraɪ-/ *n.* U ***1*** vita privata; intimità; privacy; **in the p. of**, nell'intimità di; **to invade sb.'s p.**, violare la privacy di q. ***2*** segretezza; riserbo.
private /ˈpraɪvət/ ***A*** *a.* ***1*** personale: **p. letters**, lettere personali; **p. secretary**, segretario personale; **Don't tell anyone - it's p.**, non dirlo a nessuno, sono cose personali ***2*** privato (*non pubblico, non statale*): **p. house**, casa privata; **p. visit**, visita privata; **p. hospital**, ospedale privato; (*econ.*) **the p. sector**, il settore privato ***3*** confidenziale; segreto: **p. information**, informazioni confidenziali ***4*** (*di persona*) riservato: **He's a very p. person**, è molto riservato • **p. citizen** privato (cittadino) □ **p. income**, rendita (personale) □ **p. law**, diritto privato □ (*eufem.*) **p. parts**, parti intime □ **p. soldier**, soldato semplice □ **p. view**, vernissage (*franc.*) □ (*leg.*) **p. wrong**, illecito civile □ **to have p. means**, vivere di rendita ***B*** *n.* ***1*** (*mil.*) soldato semplice ***2*** (*al pl.*) genitali ***3*** — **in p.**, in privato; a quattr'occhi.
privateer /praɪvəˈtɪə(r)/ *n.* (*naut., stor.*) ***1*** nave corsara ***2*** corsaro.
privately /ˈpraɪvətlɪ/ *avv.* ***1*** privatamente; in privato ***2*** personalmente; dentro di sé ***3*** in modo non ufficiale; a titolo privato.
privation /praɪˈveɪʃn/ *n.* U e C privazione; stento.
privatization, (*GB anche*) **privatisation** /praɪvətaɪˈzeɪʃn, *USA* -tɪˈz-/ *n.* U (*econ.*) privatizzazione.
to **privatize**, (*GB anche*) to **privatise** /ˈpraɪvətaɪz/ *v. t.* (*econ.*) privatizzare.
privilege /ˈprɪvəlɪdʒ/ *n.* C e U ***1*** privilegio; prerogativa ***2*** (*leg.*) immunità; esonero ***3*** (*polit.*) prerogativa parlamentare • **It's been a p. to meet you**, è stato un onore conoscerla.
to **privilege** /ˈprɪvəlɪdʒ/ *v. t.* privilegiare; accordare un privilegio a.
privileged /ˈprɪvəlɪdʒd/ *a.* ***1*** onorato: **We are p. to...**, abbiamo l'onore di... ***2*** privilegiato.
privy /ˈprɪvɪ/ ***A*** *a.* ***1*** (*pred.*) al corrente; a conoscenza: **to be p. to a decision**, essere al corrente di una decisione ***2*** (*antiq.*) privato; segreto • (*in G.B.*) **P. Council**, Consiglio della Corona □ (*in G.B.*) **P. Purse**, appannaggio reale ***B*** *n.* (*antiq.*) gabinetto (*specialm. esterno*).
prize /praɪz/ ***A*** *n.* ***1*** premio: **to win first p.**, vincere il primo premio; **to present the prizes**, consegnare i premi ***2*** cosa preziosa; tesoro; dono • **p. day**, giorno della premiazione (*in una scuola*) □ **p.-giving**, premiazione (scolastica) ***B*** *a. attr.* ***1*** premiato: **p. cattle**, bestiame premiato ***2*** di premio; a premi: **p. money**, soldi del premio; vincita; monte premi ***3*** meritevole di premio: **p. orchids**, orchidee da concorso; (*iron.*) **p. idiot**, perfetto idiota; cretino patentato.
to **prize** (1) /praɪz/ *v. t.* valutare; stimare; aver caro.
to **prize** (2) /praɪz/ *v. t.* usare una leva su (*per aprire, spostare, ecc.*): **to p. st. open**, aprire q.c. facendo leva.
♦ **prize out** *v. t.* + *avv.* far uscire facendo leva • **to p. information out of sb.**, tirar fuori, estorcere informazioni a q.
prized /praɪzd/ *a.* prezioso; caro: **my most p. possession**, la cosa più preziosa che ho.
prizefight /ˈpraɪzfaɪt/ *n.* (*sport*) incontro di pugilato (*tra professionisti*).
prizefighter /ˈpraɪzfaɪtə(r)/ *n.* (*sport*) pugile professionista.
pro (1) /prəʊ/ *n.* — **the pros and cons**, i pro e i contro.
pro (2) /prəʊ/ *n.* (*pl.* **pros**) (*abbr. fam. di* **professional**) professionista (*specialm. sport*) • (*specialm. golf*) **pro-am competition**, gara per professionisti e dilettanti.
probability /prɒbəˈbɪlətɪ/ *n.* U e C probabilità • **in all p.**, con tutta probabilità; quasi certamente.
probable /ˈprɒbəbl/ ***A*** *a.* probabile ***B*** *n.* (*fam., di persona*) scelta probabile (*per un posto, una squadra, ecc.*).
probate /ˈprəʊbeɪt/ *n.* (*leg.*) ***1*** U omologazione (*di un testamento*) ***2*** copia autenticata (*di testamento*).
to **probate** /ˈprəʊbeɪt/ *v. t.* (*leg., USA*) omologare (*un testamento*).
probation /prəˈbeɪʃn, *USA* prəʊ-/ *n.* U ***1*** (periodo di) prova (*in un lavoro*): **to be on p.**, essere in prova ***2*** (*leg.*) (periodo di) libertà vigilata: **on p.**, in libertà vigilata; **p. officer**, ufficiale giudiziario che sorveglia persone in libertà vigilata.
probationer /prəˈbeɪʃənə(r), *USA* prəʊ-/ *n.* ***1*** persona in prova; tirocinante ***2*** allievo (-a) infermiere (-a) ***3*** (*eccles.*) novizio (-a) ***4*** (*leg.*) persona in libertà vigilata.
probe /prəʊb/ *n.* ***1*** (*med.*) sonda; specillo ***2*** (*aeron., miss., radio*) sonda ***3*** indagine; investigazione.
to **probe** /prəʊb/ *v. t.* ***1*** (*med.*) sondare ***2*** sondare; esplorare; tastare ***3*** indagare; investigare.
probity /ˈprəʊbətɪ/ *n.* U (*form.*) probità; integrità.
problem /ˈprɒbləm/ *n.* problema • **p. child**, bambino difficile □ (*fam.*) **(That's) no p.!**, non c'è problema! □ **He has a drinking p.**, beve □ **Did you have any p. in finding us?**, hai avuto difficoltà a trovarci?
problematic(**al**) /prɒbləˈmætɪk(l)/ *a.* problematico; dubbio.
proboscis /prəˈbɒsɪs, -skɪs, -ˈbəʊ-/ *n.* (*pl.* **proboscides** /-diːz/, **proboscises**) (*zool.*) proboscide.
procedural /prəˈsiːdʒərəl/ *a.* (*leg., elab.*) procedurale.
procedure /prəˈsiːdʒə(r)/ *n.* U e C ***1*** modo di procedere; procedura; prassi; iter ***2*** (*leg., elab.*) procedura.
to **proceed** /prəˈsiːd, prəʊ-/ *v. i.* ***1*** procedere; continuare: **to p. according to plan**, procedere secondo i piani; **Let's p. to the next item**, passiamo al punto seguente ***2*** cominciare, mettersi (*a fare q.c.*): **... after which he proceeded to take off his clothes**, ... dopodiché cominciò a spogliarsi ***3*** (*form.*) (*di veicolo*) procedere, marciare; (*di persona*) recarsi ***4*** (*form.*) provenire; derivare.
proceedings /prəˈsiːdɪŋz/ *n. pl.* ***1*** (serie di) avvenimenti: **He watched the p. in disbelief**, guardò incredulo quello che stava accadendo ***2*** (*leg.*) procedimento; azione giudiziaria: **to take legal p. against sb.**, intentare un'azione giudiziaria contro q. ***3*** seduta; riunione; assemblea ***4*** atti; rendiconti.
proceeds /ˈprəʊsiːdz/ *n. pl.* incassi; proventi; ricavato.
process /ˈprəʊsɛs, *USA* ˈprɒsɛs/ *n.* ***1*** processo: **a chemical p.**, un processo chimico; **the learning p.**, il processo di apprendimento; **the manufacturing p.**, il processo di lavorazione ***2*** operazione; procedimento: **Unloading the car was a long p.**, scaricare i bagagli dall'auto fu un'operazione lunga ***3*** metodo; sistema; procedimento; trattamento ***4*** (*leg.*) azione (*o* procedimento) legale ***5*** (*leg.*) mandato di comparizione • **by a p. of elimination**, per eliminazione □ **in the p.**, in tal modo; così facendo □ **in (the) p. of completion**, in fase di completamento □ **in (the) p. of construction**, in costruzione □ **in the p. of time**, con l'andar del tempo □ **We are in the p. of moving house**, stiamo cambiando casa.
to **process** (1) /ˈprəʊsɛs, *USA* ˈprɒsɛs/ *v. t.* ***1*** (*ind.*) sottoporre a un processo; lavorare; trattare; trasformare ***2*** (*leg.*) procedere contro; citare in giudizio ***3*** (*elab.*) elaborare (*dati*) ***4*** (*fotogr.*) sviluppare ***5*** esaminare; sbrigare: **Your application is being processed**, la sua domanda è all'esame. ATTENZIONE: **to process** ≠ processare.
to **process** (2) /prəˈsɛs/ *v. i.* (*fam.*) sfilare in corteo; andare in processione; procedere.
processing /ˈprəʊsɛsɪŋ, *USA* ˈprɒ-/ *n.* U ***1*** (*ind.*) lavorazio-

ne; trattamento *2* (*elab.*) elaborazione: **word p.**, elaborazione di testi; videoscrittura; word processing *3* (*fotogr.*) sviluppo.

procession /prəˈsɛʃn/ *n.* Ⓒ *e* Ⓤ (*anche relig.*) corteo; processione: **to march in p.**, sfilare in corteo; **to walk in p.**, andare in processione; **funeral p.**, corteo funebre.

processor /ˈprəʊsɛsə(r), *USA* ˈprɒ-/ *n.* *1* (*elab.*) elaboratore; processore; unità di elaborazione *2* (*ind.*) chi lavora, tratta o conserva (*cibi o sostanze*) • **food p.**, tritatutto □ (*elab.*) **word p.**, elaboratore di testi; word processor.

to **proclaim** /prəˈkleɪm, *USA* prəʊ-/ *v. t.* *1* proclamare; dichiarare; annunciare: **to p. peace**, proclamare la pace; **to p. sb. a traitor**, proclamare q. traditore *2* rivelare: **His accent proclaimed his origins**, il suo accento rivelava la sua origine.

proclamation /prɒkləˈmeɪʃn/ *n.* Ⓤ *e* Ⓒ *1* proclamazione; dichiarazione *2* proclama; bando.

proclivity /prəˈklɪvətɪ/ *n.* (*form.*) inclinazione; propensione.

to **procrastinate** /prəʊˈkræstɪneɪt/ *v. i.* temporeggiare.

procrastination /prəʊkræstɪˈneɪʃn/ *n.* Ⓤ temporeggiamento.

to **procreate** /ˈprəʊkrɪeɪt/ *v. t.* procreare; generare.

procreation /prəʊkrɪˈeɪʃn/ *n.* Ⓤ procreazione.

procreator /ˈprəʊkrɪeɪtə(r)/ *n.* procreatore.

procuration /prɒkjʊˈreɪʃn/ *n.* Ⓤ *e* Ⓒ (*leg.*) *1* procura *2* lenocinio.

to **procure** /prəˈkjʊə(r)/ *A* *v. t.* procurare, procurarsi; ottenere *B* *v. i.* fare il lenone; fare il mezzano (*o* la mezzana).

procurement /prəˈkjʊəmənt/ *n.* Ⓤ approvvigionamento; riperimento.

procurer /prəˈkjʊərə(r)/ *n.* lenone; mezzano.

procuress /prəˈkjʊərɪs/ *n.* mezzana.

prod /prɒd/ *n.* *1* pungolo *2* colpetto *3* incitamento; sollecito; pungolo.

to **prod** /prɒd/ *v. t.* *1* pungolare *2* dare un colpetto a *3* incitare; spronare; pungolare.

prodigal /ˈprɒdɪgl/ *A* *a.* prodigo: **the p. son**, il figliol prodigo; **to be p. of praise**, essere prodigo di elogi *B* *n.* prodigo; scialacquatore.

prodigality /prɒdɪˈgælətɪ/ *n.* Ⓤ prodigalità.

prodigious /prəˈdɪdʒəs/ *a.* *1* prodigioso; portentoso *2* enorme.

prodigy /ˈprɒdɪdʒɪ/ *n.* prodigio: **a p. of learning**, un prodigio di cultura; **child p.**, bambino prodigio.

produce /ˈprɒdjuːs, *USA* -duːs/ *n.* Ⓤ prodotto, prodotti (*specialm. della terra*): **agricultural p.**, prodotti agricoli.

to **produce** /prəˈdjuːs, *USA* -ˈduːs/ *A* *v. t.* *1* produrre: **Bile is produced by the liver**, la bile è prodotta dal fegato; **to p. cars**, produrre automobili; **to p. a meal**, preparare un pranzo *2* esibire; mostrare; presentare; produrre; tirare fuori: **to p. one's ticket**, mostrare (*form.* esibire) il biglietto; **to p. evidence**, produrre prove; **I must p. £5,000 by Monday**, devo tirar fuori 5.000 sterline entro lunedì *3* causare; produrre; dare; creare: **to p. a sensation**, creare (*o* fare) scalpore; **to p. an effect**, avere un effetto *4* (*teatr.*) mettere in scena; (*cinem.*) produrre *5* (di animale) dare alla luce; (*scherz., di donna*) mettere al mondo *B* *v. i.* essere produttivo; produrre; rendere.

producer /prəˈdjuːsə(r), *USA* -ˈduː-/ *n.* (*econ., teatr, cinem.*) produttore (-trice).

product /ˈprɒdʌkt, -əkt/ *n.* *1* (*econ., mat.*) prodotto *2* prodotto; risultato; frutto.

production /prəˈdʌkʃn/ *n.* *1* Ⓤ produzione: **oil p.**, la produzione di petrolio; **mass p.**, produzione in serie; **literary p.**, produzione letteraria *2* presentazione, esibizione (*di documenti, ecc.*); produzione (*di testimoni*) *3* Ⓤ (*teatr.*) messa in scena; (*cinem.*) produzione *4* (*teatr.*) realizzazione teatrale; lavoro; spettacolo; (*cinem.*) produzione, film • (*ind.*) **p. line**, catena di montaggio □ (*ind., cinem.*) **p. manager**, direttore di produzione.

productive /prəˈdʌktɪv/ *a.* produttivo (*anche econ.*); che rende; fecondo; fertile; fruttifero • (*econ., ind.*) **p. cycle**, ciclo produttivo □ **to be p. of st.**, essere causa di q.c.; cagionare q.c.

productivity /prɒdʌkˈtɪvətɪ/ *n.* Ⓤ produttività; rendimento.

profanation /prɒfəˈneɪʃn/ *n.* Ⓤ *e* Ⓒ profanazione.

profane /prəˈfeɪn, *USA* prəʊˈfeɪn/ *a.* *1* profano: **p. art**, arte profana *2* empio; blasfemo; irriverente: **p. language**, imprecazioni; bestemmie.

to **profane** /prəˈfeɪn, *USA* prəʊˈfeɪn/ *v. t.* profanare (*anche fig.*); violare.

profanity /prəˈfænətɪ, *USA* prəʊ-/ *n.* *1* Ⓤ profanità *2* Ⓤ empietà; irreligiosità; irriverenza *3* imprecazione; bestemmia.

to **profess** /prəˈfɛs/ *A* *v. t. e i.* *1* professare; dichiarare; esprimere: **to p. one's enthusiasm for st.**, esprimere il proprio entusiasmo per q.c.; **to p. one's faith**, far professione di fede *2* pretendere: **I don't p. to be a scholar**, non pretendo di essere uno studioso *B* to **profess oneself** *v. rifl.* professarsi; dichiararsi: **He professed himself pleased with the result**, si dichiarò soddisfatto del risultato.

professed /prəˈfɛst/ *a.* *1* dichiarato; professo: **a p. atheist**, un ateo dichiarato *2* finto; falso: **p. indifference**, finta indifferenza.

professedly /prəˈfɛsɪdlɪ/ *avv.* dichiaratamente; apertamente.

profession /prəˈfɛʃn/ *n.* *1* professione: **by p.**, di professione *2* ambiente (professionale): **the medical p.**, l'ambiente medico; i medici *3* (*al pl.*) libere professioni *4* professione; dichiarazione: **p. of faith**, professione di fede *5* (*eccles.*) professione (dei voti solenni).

professional /prəˈfɛʃənl/ *A* *a.* *1* professionale: **p. skill**, abilità professionale; **p. career**, carriera professionale *2* professionista; di professione: **p. footballer**, calciatore professionista; **p. painter**, pittore di professione; (*sport*) **to turn p.**, passare al professionismo *3* professionistico; da professionista; professionale: **p. sport**, lo sport professionistico; **He did a p. job**, ha fatto un lavoro da professionista • (*sport*) **p. foul**, fallo intenzionale □ **p. person**, professionista □ **to take p. advice**, consultare un esperto *B* *n.* (*anche sport*) professionista: **independent p.**, libero professionista.

professionalism /prəˈfɛʃənəlɪzəm/ *n.* Ⓤ *1* professionalità *2* (*sport*) professionismo.

professionally /prəˈfɛʃənlɪ/ *avv.* *1* professionalmente; di professione; per professione: **to play p.**, fare il musicista per professione *2* per motivi professionali (*o* di lavoro) *3* in modo professionale.

professor /prəˈfɛsə(r)/ *n.* professore (universitario).

professorial /prɒfɪˈsɔːrɪəl/ *a.* professorale.

professorship /prəˈfɛsəʃɪp/ *n.* cattedra universitaria.

to **proffer** /ˈprɒfə(r)/ *v. t.* (*form.*) offrire.

proficiency /prəˈfɪʃnsɪ/ *n.* Ⓤ abilità; capacità; competenza.

proficient /prəˈfɪʃnt/ *a.* abile; competente; esperto.

profile /ˈprəʊfaɪl/ *n.* *1* Ⓤ *e* Ⓒ profilo; contorno: **drawn in p.**, disegnato di profilo *2* profilo (biografico) *3* evidenza; rilievo: **to have a high p.**, essere in vista; **to keep a low p.**, non mettersi in evidenza *4* (*archit.*) sezione; profilo.

profit /ˈprɒfɪt/ *n.* Ⓤ *e* Ⓒ *1* profitto; guadagno; utile; lucro: **to do st. for p.**, fare q.c. per lucro; **to make a p.**, ricavare un utile; guadagnare; **to sell st. at a p.**, guadagnare nella vendita di q.c. *2* profitto; frutto; vantaggio: **to turn st. to p.**, mettere q.c. a profitto • **p. margin**, margine di profitto □ **p. sharing**, compartecipazione agli utili.

to **profit** /ˈprɒfɪt/ *A* *v. t.* (*antiq.*) giovare a; servire a: **It profited him nothing**, non gli servì a nulla *B* *v. i.* ricavare un profitto.

♦ **profit by** (*o* **from**) *v. i.* + *prep.* trarre profitto da.

profitability /prɒfɪtəˈbɪlətɪ/ *n.* Ⓤ (*econ.*) redditività.

profitable /ˈprɒfɪtəbl/ *a.* *1* (*econ.*) rimunerativo; redditizio *2* proficuo; vantaggioso; utile.

profiteer /prɒfɪˈtɪə(r)/ *n.* profittatore (-trice); affarista; speculatore (-trice).

to **profiteer** /prɒfɪˈtɪə(r)/ *v. i.* essere un profittatore.

profiteering /prɒfɪˈtɪərɪŋ/ *n.* affarismo.

profligacy /ˈprɒflɪgəsɪ/ *n.* Ⓤ *1* dissipazione; dissolutezza *2* prodigalità.

profligate /ˈprɒflɪgət/ *A* *a.* *1* dissipato; dissoluto *2* sfrenato; scriteriato *B* *n.* *1* dissoluto *2* scialacquatore.

profound /prəˈfaʊnd/ *a.* profondo (*fig.*): **p. silence**, silenzio profondo; **p. thoughts**, pensieri profondi.

profundity /prəˈfʌndətɪ/ *n.* Ⓤ *e* Ⓒ profondità (*fig.*).

profuse /prəˈfjuːs/ *a.* *1* profuso; abbondante; copioso *2* prodigo • **to be p. in one's apologies**, profondersi in scuse.

profusion /prəˈfjuːʒn/ *n.* Ⓤ profusione; abbondanza: **in p.**, a profusione.

progenitor /prəˈdʒɛnɪtə(r)/ *n.* *1* progenitore *2* (*fig.*) antenato; precursore.

progeny /ˈprɒdʒənɪ/ *n.* progenie; prole.

progesterone /prəˈdʒɛstərəʊn/ *n.* Ⓤ (*biol.*) progesterone.

prognosis /prɒgˈnəʊsɪs/ *n.* (*pl.* **prognoses** /-siːz/) *1* (*med.*)

prognosi *2* pronostico; previsione.
to **prognosticate** /prɒg'nɒstɪkeɪt/ *v. t.* pronosticare; predire.
prognostication /prɒgnɒstɪ'keɪʃn/ *n.* *1* Ⓤ pronostico; predizione *2* presagio; segno premonitore.
program /'prəʊgræm, *USA* -grəm/ *n.* *1* (*USA*) *V.* **programme** *2* (*elab.*) programma.
to **program** /'prəʊgræm, *USA* -grəm/ *v. t.* *1* (*USA*) *V.* **to programme** *2* (*elab.*) programmare.
programmable /prə'græməbl, *USA* 'prəʊgræm-/ *a.* (*anche elab.*) programmabile.
programme /'prəʊgræm, *USA* -grəm/ *n.* programma: **TV p.**, programma televisivo; **political p.**, programma politico; **the delicates p.**, il programma dei delicati (*in una lavabiancheria*); (*fam.*) **What is the p. for today?**, che programma abbiamo oggi?
to **programme** /'prəʊgræm, *USA* -grəm/ *v. t.* (*econ., tecn.*) programmare.
programmer /'prəʊgræmə(r), *USA* -grəm-/ *n.* (*elab.*) programmatore (-trice).
programming /'prəʊgræmɪŋ, *USA* -grəm-/ *n.* Ⓤ programmazione.
progress /'prəʊgrɛs, *USA* 'prɒgrɛs/ *n.* *1* Ⓤ progresso, progressi: **to make p.**, fare progressi; progredire; migliorare; **to make little p.**, fare scarsi progressi; procedere a rilento *2* Ⓤ avanzata; cammino: **to make slow p.**, avanzare lentamente; procedere adagio *3* corso; andamento: **in p.**, in corso • **p. report**, relazione sullo stato dei lavori.
to **progress** /prə'grɛs/ *v. t.* *1* progredire; procedere; avanzare: **to p. to something new**, passare a qualcosa di nuovo *2* fare progressi.
progression /prə'grɛʃn/ *n.* *1* Ⓤ (il) procedere; avanzamento *2* (*mat., mus.*) progressione.
progressive /prə'grɛsɪv/ *A* *a.* *1* progressivo: **p. decline**, decadenza progressiva; (*fisc.*) **p. tax**, imposta progressiva *2* progressista: **p. ideas**, idee progressiste *3* (*gramm.*) progressivo *B* *n.* progressista.
to **prohibit** /prə'hɪbɪt, *USA* prəʊ-/ *v. t.* (*form.*) *1* proibire; vietare *2* proibire; impedire: **to p. sb. from doing st.**, proibire a q. di fare q.c. • (*autom.*) **All vehicles prohibited**, divieto d'accesso a tutti i veicoli.
prohibition /prəʊhɪ'bɪʃn, prəʊɪ-/ *n.* Ⓤ *e* Ⓒ *1* proibizione; divieto *2* (*stor.*) proibizionismo.
prohibitionist /prəʊhɪ'bɪʃənɪst, prəʊɪ-/ *n.* (*stor.*) proibizionista.
prohibitive /prə'hɪbətɪv/ *a.* proibitivo.
project /'prɒdʒɛkt/ *n.* *1* progetto; piano; progetto di studio (*o* di lavoro) *2* (*a scuola*) ricerca.
to **project** /prə'dʒɛkt/ *A* *v. t.* *1* (*anche geom., cinem.*) proiettare *2* progettare; programmare *3* rivolgere (*il pensiero, la mente, a q.c.*) *4* (*pubblicità, polit.*) presentare; dare un'immagine di *5* trasferire (*pensieri o sentimenti su q.*) *B* *v. i.* sporgere; aggettare.
projectile /prə'dʒɛktaɪl, *USA* -tl/ *n.* (*form.*) proiettile.
projection /prə'dʒɛkʃn/ *n.* Ⓤ *e* Ⓒ *1* (*geom., geogr., cinem., ecc.*) proiezione *2* progettazione *3* sporgenza • (*cinem.*) **p. room**, cabina di proiezione.
projectionist /prə'dʒɛkʃənɪst/ *n.* (*cinem., TV*) proiezionista; operatore.
projector /prə'dʒɛktə(r)/ *n.* (*cinem., ecc.*) proiettore • **overhead p.**, lavagna luminosa □ **slide p.**, proiettore per diapositive.
prolapse /'prəʊlæps/ *n.* (*med.*) prolasso.
to **prolapse** /'prəʊlæps/ *v. i.* (*med.*) prolassare.
proletarian /prəʊlɪ'tɛərɪən/ *a. e n.* proletario (-a).
proletariat /prəʊlɪ'tɛərɪət/ *n.* proletariato.
pro-life /prəʊ'laɪf/ *a.* per il diritto alla vita; antiabortista.
to **proliferate** /prə'lɪfəreɪt, prəʊ-/ *v. i.* proliferare (*anche biol.*); moltiplicarsi.
proliferation /prəlɪfə'reɪʃn, prəʊ-/ *n.* Ⓤ *e* Ⓒ proliferazione (*anche biol.*); moltiplicazione.
prolific /prə'lɪfɪk/ *a.* (*anche fig.*) prolifico.
prolix /'prəʊlɪks, *USA* prəʊ'lɪks/ *a.* prolisso.
prolixity /prəʊ'lɪksətɪ/ *n.* Ⓤ prolissità.
prologue /'prəʊlɒg, *USA* -lɔːg/ *n.* prologo.
to **prolong** /prə'lɒŋ, *USA* -'lɔːŋ/ *v. t.* prolungare.
prolongation /prəʊlɒŋ'geɪʃn, *USA* -lɔːŋ-/ *n.* Ⓤ *e* Ⓒ prolungamento.
prom /prɒm/ *n.* (*fam.*) *1* *V.* **promenade concert**, *sotto* **promenade** *2* (*USA*) ballo studentesco.
promenade /prɒmə'nɑːd, *USA* -'neɪd/ *n.* *1* passeggiata; cavalcata *2* lungomare; passeggiata • **p. concert**, concerto popolare (*con parte del pubblico in piedi*) □ (*naut.*) **p. deck**, ponte di passeggiata.
to **promenade** /prɒmə'nɑːd, *USA* -'neɪd/ *v. i.* passeggiare.
prominence /'prɒmɪnəns/ *n.* *1* prominenza; sporgenza; rilievo *2* Ⓤ importanza; evidenza; rilievo: **to give p. to st.**, mettere in evidenza q.c.; **to come into p.**, emergere; venire alla ribalta.
prominent /'prɒmɪnənt/ *a.* *1* prominente; sporgente: **p. chin**, mento sporgente *2* importante; di rilievo; di primo piano; in vista.
promiscuity /prɒmɪ'skjuːətɪ/ *n.* Ⓤ *1* promiscuità; mescolanza *2* promiscuità sessuale.
promiscuous /prə'mɪskjʊəs/ *a.* *1* promiscuo; confuso; disordinato *2* indiscriminato *3* sessualmente sregolato.
promise /'prɒmɪs/ *n.* promessa: **to make a p.**, fare una promessa; **to break [to keep] a p.**, mancare a [mantenere] una promessa • **to show p.**, promettere bene; essere promettente □ **a writer of p.**, uno scrittore promettente.
to **promise** /'prɒmɪs/ *v. t. e i.* *1* promettere: **to p. to do st.**, promettere di fare q.c.; **I promised him I would come back**, gli promisi che sarei tornato; **to p. oneself**, promettere a se stesso; **It promises to be fine**, oggi promette d'essere una bella giornata *2* (*fam.*) assicurare: **It really happened, I p.**, ti assicuro che è successo davvero.
promising /'prɒmɪsɪŋ/ *a.* promettente; che promette bene.
promissory /'prɒmɪsərɪ, prə'mɪs-, *USA* 'prɒmɪsɔːrɪ/ *a.* — (*comm., leg.*) **p. note**, pagherò.
promontory /'prɒməntrɪ, *USA* -tɔːrɪ/ *n.* promontorio.
to **promote** /prə'məʊt/ *v. t.* *1* promuovere *2* (*comm.*) lanciare.
promoter /prə'məʊtə(r)/ *n.* *1* promotore (-trice); organizzatore (-trice) *2* (*anche* **company p.**) fondatore di società commerciale.
promotion /prə'məʊʃn/ *n.* Ⓤ *e* Ⓒ *1* promozione; avanzamento *2* (*comm.*) promozione; campagna promozionale: **sales p.**, promozione delle vendite *3* (*comm.*) prodotto reclamizzato.
promotional /prə'məʊʃənl/ *a.* *1* di promozione; d'avanzamento *2* (*comm.*) promozionale: **p. campaign**, campagna promozionale.
prompt /prɒm(p)t/ *A* *a.* *1* puntuale *2* pronto; tempestivo; sollecito; immediato: **p. payment**, pagamento sollecito; **p. medical treatment**, cure mediche immediate *B* *avv.* in punto; puntualmente: **At two o'clock p.**, alle due in punto *C* *n.* *1* (*comm.*) termine di pagamento *2* (*teatr.*) suggerimento; imbeccata *3* (*elab.*) prompt • (*teatr.*) **p. box**, buca del suggeritore.
to **prompt** /prɒm(p)t/ *v. t.* *1* indurre; stimolare; spingere *2* (*a teatro, a scuola*) suggerire; dare l'imbeccata.
prompter /'prɒm(p)tə(r)/ *n.* (*teatr.*) suggeritore (-trice).
prompting /'prɒm(p)tɪŋ/ *n.* Ⓤ *e* Ⓒ suggerimento; sollecitazione: **the promptings of conscience**, i suggerimenti della coscienza • **No p.!**, non suggerire!
promptly /'prɒm(p)tlɪ/ *avv.* *1* subito *2* puntualmente.
promptness /'prɒm(p)tnəs/ *n.* Ⓤ prontezza; sollecitudine.
to **promulgate** /'prɒməlgeɪt, *USA* prəʊ'mʌl-/ *v. t.* *1* promulgare *2* diffondere; propagare: **to p. a new theory**, propagare una nuova teoria.
promulgation /prɒməl'geɪʃn/ *n.* Ⓤ promulgazione.
promulgator /'prɒməlgeɪtə(r)/ *n.* promulgatore (-trice).
prone /prəʊn/ *a.* *1* prono; bocconi: **p. on the ground**, prono a terra; **to fall p.**, cadere bocconi *2* incline; propenso: **p. to anger**, incline all'ira.
proneness /'prəʊnnəs/ *n.* inclinazione; propensione.
prong /prɒŋ, *USA* prɔːŋ/ *n.* *1* rebbio *2* (*zool.*) ramo (*delle corna di cervo, ecc.*).
pronominal /prəʊ'nɒmɪnl/ *a.* (*gramm.*) pronominale.
pronoun /'prəʊnaʊn/ *n.* (*gramm.*) pronome.
to **pronounce** /prə'naʊns/ *A* *v. t.* *1* pronunciare *2* dichiarare: **to p. sb. dead**, dichiarare q. morto • (*leg.*) **to p. sentence**, pronunciare la sentenza *B* *v. i.* emettere un giudizio; pronunciarsi: **to p. on st.**, emettere un giudizio su q.c.; pronunciarsi su q.c.; (*leg.*) **to p. for [against] sb.**, emettere una sentenza favorevole [sfavorevole] a q.
pronounceable /prə'naʊnsəbl/ *a.* pronunciabile.
pronounced /prə'naʊnst/ *a.* pronunciato; marcato; spiccato: **p. tendency**, spiccata tendenza; **to have p. ideas on st.**,

avere idee molto precise su q.c.
pronouncement /prəˈnaʊnsmənt/ *n.* dichiarazione.
pronto /ˈprɒntəʊ/ *avv.* (*fam.*) subito; immediatamente.
pronunciation /prənʌnsɪˈeɪʃn/ *n.* U e C pronuncia.
proof /pruːf/ ***A*** *n.* ***1*** U e C prova; dimostrazione: **There is no p. of what he says**, non ci sono prove di quello che afferma; **in p. of**, come prova di; **to put sb. to the p.**, mettere q. alla prova ***2*** (*mat.*) dimostrazione ***3*** (*tipogr.*) bozza (di stampa) ***4*** U gradazione alcolica (*di un liquore*) • □ (*prov.*) **The p. of the pudding is in the eating**, quello che conta sono i fatti; non c'è che provare ***B*** *a.* ***1*** — **p. against**, a prova di; resistente a; **bomb-p.**, a prova di bomba ***2*** (*pred.*) (*di alcolico*) che ha un certo numero di gradi.
to **proof** /pruːf/ *v. t.* (*ind.*) impermeabilizzare.
to **proofread** /ˈpruːfriːd/ ***A*** *v. i.* correggere bozze ***B*** *v. t.* correggere le bozze di.
proofreader /ˈpruːfriːdə(r)/ *n.* correttore (-trice) di bozze.
proofreading /ˈpruːfriːdɪŋ/ *n.* U correzione di bozze.
prop (1) /prɒp/ *n.* (*anche fig.*) sostegno; puntello.
prop (2) /prɒp/ *n.* (*teatr.*) arredo scenico.
to **prop** /prɒp/ *v. t.* tenere (*in una posizione*); appoggiare: **to p. a door open with a pile of books**, tenere aperta una porta con una pila di libri; **to p. a bicycle against a post**, appoggiare una bicicletta a un palo.
♦ **prop up** *v. t. + avv.* (*anche fig.*) sostenere; puntellare; sorreggere: **to p. up sb.'s head**, tenere sollevata la testa a q.; **to p. up declining industries**, tenere in piedi industrie in declino.
propaganda /prɒpəˈgændə/ *n.* U propaganda.
to **propagandise** /prɒpəˈgændaɪz/ (*GB*) *V.* **to propagandize**.
propagandism /prɒpəˈgændɪzəm/ *n.* U arte (*o* esercizio) della propaganda; metodi propagandistici.
propagandist /prɒpəˈgændɪst/ *n.* propagandista.
propagandistic /prɒpəgænˈdɪstɪk/ *a.* propagandistico.
to **propagandize** /prɒpəˈgændaɪz/ (*generalm. spreg.*) *v. i. e t.* fare propaganda (presso).
to **propagate** /ˈprɒpəgeɪt/ ***A*** *v. t.* ***1*** (*biol.*) propagare; riprodurre ***2*** propagare; diffondere; spargere ***B*** *v. i.* (*biol.*) propagarsi; riprodursi.
propagation /prɒpəˈgeɪʃn/ *n.* U ***1*** (*biol.*) propagazione; riproduzione ***2*** diffusione.
propagator /ˈprɒpəgeɪtə(r)/ *n.* propagatore (-trice).
propane /ˈprəʊpeɪn/ *n.* U (*chim.*) propano.
to **propel** /prəˈpel/ *v. t.* muovere; spingere; (*mecc.*) azionare.
propellant, **propellent** /prəˈpelənt/ ***A*** *a.* (*mecc., fis.*) propulsore; motore: **p. force**, forza motrice ***B*** *n.* propellente.
propeller /prəˈpelə(r)/ *n.* ***1*** (*mecc.*) propulsore ***2*** (*naut., aeron.*) elica • **p. shaft**, (*aeron., naut.*) albero portaelica; (*autom.*) albero di trasmissione.
propelling /prəˈpelɪŋ/ *a.* — **p. pencil**, portamina.
propensity /prəˈpensətɪ/ *n.* inclinazione; tendenza.
proper /ˈprɒpə(r)/ *a.* ***1*** appropriato; adatto; giusto; opportuno: **p. medical attention**, trattamento medico appropriato; **at the p. time**, al momento opportuno ***2*** come si deve; vero: **You should get a p. job**, dovresti trovarti un lavoro come si deve; **I want a p. cat, not a toy**, voglio un gatto vero, non un giocattolo ***3*** decoroso; rispettabile; perbene ***4*** (*posposto al sost.*) propriamente detto; vero e proprio: **outside the city p.**, fuori della città vera e propria ***5*** (*form.*) pertinente: **books p. to this subject**, testi pertinenti a questo argomento ***6*** (*gramm., mat.*) proprio ***7*** (*fam. spreg.*) vero; totale; completo: **I felt a p. idiot**, mi sono sentito un vero idiota; **a p. scoundrel**, una vera e propria canaglia.
properly /ˈprɒpəlɪ/ *avv.* ***1*** bene; correttamente; giustamente: **I can't do it p.**, non riesco a farlo bene; **Your door isn't p. shut**, la tua portiera non è chiusa bene; **He's not eating p.**, non mangia come dovrebbe ***2*** decorosamente; come si deve: **Sit p.!**, siedi come si deve! • **p. speaking**, a dire il vero; per l'esattezza.
propertied /ˈprɒpətɪd/ *a.* possidente; che possiede terreni.
property /ˈprɒpətɪ/ *n.* ***1*** U (*leg.*) proprietà: **private p.**, proprietà privata ***2*** U beni; oggetti: **Those things are my p.**, quelle cose sono di mia proprietà; **personal p.**, beni (*o* oggetti) personali; (*leg.*) beni mobili; **stolen p.**, oggetti rubati; refurtiva; **lost p.**, oggetti smarriti ***3*** U (*form. o leg., anche* **real p.**) proprietà immobiliare; beni immobili ***4*** proprietà; caratteristica: **the chemical properties of copper**, le proprietà chimiche del rame ***5*** (*al pl.*) (*teatr.*) materiale scenico • (*teatr.*) **p. man**, attrezzista; trovarobe □ (*fisc.*) **p. tax**, imposta sul patrimonio; imposta fondiaria □ **to become common p.**, (*di segreto, ecc.*) diventare di dominio pubblico □ **a man of p.**, un possidente.
prophecy /ˈprɒfəsɪ/ *n.* U e C profezia.
to **prophesy** /ˈprɒfəsaɪ/ *v. t. e i.* profetizzare.
prophet /ˈprɒfɪt/ *n.* ***1*** profeta ***2*** apostolo; fautore • **p. of doom**, cassandra; uccello del malaugurio.
prophetess /ˈprɒfɪtɪs, prɒfɪˈtes/ *n.* profetessa.
prophetic /prəˈfetɪk/ *a.* profetico.
prophylactic /prɒfɪˈlæktɪk/ ***A*** *a.* (*med.*) profilattico ***B*** *n.* ***1*** (*med.*) profilattico ***2*** profilattico; preservativo.
prophylaxis /prɒfɪˈlæksɪs/ *n.* U e C (*pl.* **prophylaxes** /-ksiːz/) (*med.*) profilassi.
propinquity /prəˈpɪŋkwətɪ/ *n.* U (*form.*) ***1*** vicinanza ***2*** affinità.
to **propitiate** /prəˈpɪʃɪeɪt/ *v. t.* ***1*** propiziare, propiziarsi ***2*** placare; rabbonire.
propitiation /prəpɪʃɪˈeɪʃn/ *n.* U ***1*** propiziazione ***2*** (il) placare; pacificazione.
propitiatory /prəˈpɪʃɪətrɪ, *USA* -ʃɪətɔːrɪ/ *a.* propiziatorio.
propitious /prəˈpɪʃəs/ *a.* propizio; favorevole.
propman /ˈprɒpmən/ *n.* (*teatr.*) attrezzista; trovarobe.
proponent /prəˈpəʊnənt/ *n.* fautore (-trice).
proportion /prəˈpɔːʃn/ *n.* ***1*** U e C (*anche mat.*) proporzione: **in p. to**, in proporzione con; proporzionato a; **out of (all) p.**, (del tutto) sproporzionato; (*fig.*) **sense of p.**, senso delle proporzioni ***2*** parte; percentuale ***3*** (*al pl.*) dimensioni.
to **proportion** /prəˈpɔːʃn/ *v. t.* ***1*** proporzionare; commisurare ***2*** rendere proporzionato.
proportional /prəˈpɔːʃənl/ *a.* ***1*** proporzionale: (*polit.*) **p. representation**, rappresentazione proporzionale ***2*** proporzionato (a); in proporzione (a); commisurato (a).
proportionate /prəˈpɔːʃənət/ *a.* proporzionato.
proposal /prəˈpəʊzl/ *n.* ***1*** U e C proposta ***2*** proposta di matrimonio.
to **propose** /prəˈpəʊz/ ***A*** *v. t.* ***1*** proporre: **to p. a plan**, proporre un progetto; **I p. we leave early**, propongo di partire presto; **to p. a toast** (*o* **sb.'s health**), proporre un brindisi (*o* di brindare a q.) ***2*** proporsi; aver intenzione di: **I p. to leave early**, ho intenzione di partire presto • (*polit.*) **to p. a motion**, presentare una mozione ***B*** *v. i.* dichiararsi (a); fare una proposta di matrimonio; chiedere la mano (di): **He proposed to my sister**, si dichiarò a mia sorella.
proposer /prəˈpəʊzə(r)/ *n.* chi propone; proponente.
proposition /prɒpəˈzɪʃn/ *n.* ***1*** affermazione; asserzione ***2*** proposta: **to put a p. to sb.**, fare una proposta a q. ***3*** (*fam.*) cosa; faccenda: **It's not an easy p.**, è una faccenda non facile ***4*** (*fam.*) proposta indecente ***5*** (*mat.*) problema; teorema.
to **proposition** /prɒpəˈzɪʃn/ *v. t.* (*fam.*) fare una proposta (*specialm. indecente*) a.
to **propound** /prəˈpaʊnd/ *v. t.* (*form.*) proporre, presentare (*una teoria, un problema*).
proprietary /prəˈpraɪətrɪ, *USA* -terɪ/ *a.* ***1*** di proprietà riservata: **p. rights**, diritti di proprietà riservata; brevetti ***2*** (*di un prodotto*) brevettato; patentato: **p. medicines**, specialità medicinali ***3*** da padrone: **with a p. air**, con aria da padrone • (*comm.*) **p. articles**, articoli in esclusiva □ (*leg.*) **p. name**, marchio di fabbrica; denominazione controllata.
proprietor /prəˈpraɪətə(r)/ *n.* proprietario; titolare.
proprietress /prəˈpraɪətrɪs/ *n.* proprietaria; titolare.
propriety /prəˈpraɪətɪ/ *n.* ***1*** U correttezza; decoro: **a breach of p.**, un'offesa al decoro; una sconvenienza ***2*** U giustezza; opportunità ***3*** (*al pl.*) convenienze sociali.
propulsion /prəˈpʌlʃn/ *n.* U (*mecc.*) propulsione: (*aeron.*) **jet p.**, propulsione a reazione.
propulsive /prəˈpʌlsɪv/ *a.* (*mecc.*) propulsivo; di propulsione.
propylene /ˈprəʊpɪliːn, ˈprɒp-/ *n.* U (*chim.*) propilene.
pro rata /prəʊ ˈrɑːtə/ (*lat.*) *locuz. a. e avv.* proporzionale; in proporzione; pro rata.
prosaic /prəˈzeɪɪk/ *a.* prosaico; banale.
proscenium /prəˈsiːnɪəm/ *n.* (*teatr.*) proscenio.
to **proscribe** /prəˈskraɪb, *USA* prəʊ-/ *v. t.* ***1*** vietare; mettere al bando ***2*** (*stor.*) proscrivere.
proscription /prəˈskrɪpʃn, *USA* prəʊ-/ *n.* U e C ***1*** proibizione; divieto ***2*** (*stor.*) proscrizione.

prose /prəʊz/ *n.* **1** ⓤ prosa **2** (*GB*) (esercizio di) traduzione; versione ● **p. writings**, opere in prosa □ **p. writer**, prosatore.

to **prosecute** /ˈprɒsɪkjuːt/ ***A*** *v. t.* **1** (*leg.*) perseguire (a termini di legge); dare corso all'azione penale contro; portare in tribunale **2** (*form.*) proseguire; portare avanti: **to p. an inquiry**, portare avanti un'inchiesta ● (*leg.*) **to p. the charge**, sostenere l'accusa □ **to p. one's claims**, rivendicare i propri diritti ***B*** *v. i.* (*leg.*) **1** dare corso all'azione penale **2** sostenere l'accusa.

prosecution /prɒsɪˈkjuːʃn/ *n.* **1** (*leg.*) procedimento giudiziario; processo penale **2** — (*leg.*) **the p.**, l'accusa: **witness for the p.**, testimone d'accusa **3** ⓤ esercizio; esecuzione: **in the p. of one's duties**, nell'esercizio delle proprie funzioni.

prosecutor /ˈprɒsɪkjuːtə(r)/ *n.* (*leg.*) promotore dell'azione penale; accusatore ● **public p.**, pubblico ministero.

to **proselytize**, (*GB anche*) to **proselytise** /ˈprɒsəlɪtaɪz/ ***A*** *v. t.* convertire ***B*** *v. i.* fare proseliti.

prosody /ˈprɒsədɪ/ *n.* ⓤ prosodia; metrica.

prospect /ˈprɒspɛkt/ *n.* **1** veduta; vista; panorama **2** (*al pl.*) prospettive; avvenire; prospettive: **a job without prospects**, un lavoro senza prospettive; **to have brilliant prospects**, avere davanti a sé un avvenire brillante **3** ⓤ prospettiva; eventualità; possibilità; probabilità: **I see no p. of success**, non vedo possibilità alcuna di riuscita; **She doesn't like the p. of having to leave**, non le va la prospettiva di dover partire **4** probabile cliente (*o* candidato, ecc.) ● **to have st. in p.**, avere q.c. in vista.

to **prospect** /prəˈspɛkt, *USA* ˈprɒspɛkt/ ***A*** *v. i.* (*ind. min.*) fare assaggi; fare ricerche minerarie ● **to p. for gold**, cercare oro ***B*** *v. t.* **1** fare ricerche minerarie in (*una regione, ecc.*) **2** gestire (*una miniera*) in via sperimentale.

prospective /prəˈspɛktɪv, *USA* prɒ-/ *a.* **1** eventuale; potenziale; sperato: **p. customer**, potenziale cliente **2** futuro: **his p. wife**, la sua futura sposa.

prospector /prəˈspɛktə(r), *USA* ˈprɒspɛk-/ *n.* (*ind. min.*) cercatore.

prospectus /prəˈspɛktəs, *USA* prɒ-/ *n.* prospetto informativo; programma.

to **prosper** /ˈprɒspə(r)/ *v. i.* **1** prosperare; fiorire **2** aver successo.

prosperity /prɒˈspɛrətɪ/ *n.* ⓤ prosperità; benessere; successo.

prosperous /ˈprɒspərəs/ *a.* prospero; fiorente; di successo.

prostate /ˈprɒsteɪt/ *n.* (*anat., anche* **p. gland**) prostata.

prosthesis /ˈprɒsθəsɪs, -ˈθiːsɪs/ *n.* ⓤ *e* ⓒ (*pl.* **prostheses** /-siːz/) (*med.*) protesi.

prostitute /ˈprɒstɪtjuːt, *USA* -tuːt/ *n.* prostituta ● **male p.**, prostituto.

to **prostitute** /ˈprɒstɪtjuːt, *USA* -tuːt/ ***A*** *v. t.* prostituire ***B*** to **prostitute oneself** *v. rifl.* prostituirsi.

prostitution /prɒstɪˈtjuːʃn, *USA* -ˈtuː-/ *n.* ⓤ prostituzione.

prostrate /ˈprɒstreɪt/ *a.* **1** prostrato; prosternato **2** prostrato.

to **prostrate** /prɒˈstreɪt, *USA* ˈprɒstreɪt/ ***A*** *v. t.* prostrare; debilitare; abbattere; accasciare ***B*** to **prostrate oneself** *v. rifl.* prostrarsi; prosternarsi.

prostrated /prɒˈstreɪtɪd/ *a. pred.* prostrato; sopraffatto.

prostrating /prɒˈstreɪtɪŋ/ *a.* logorante; debilitante.

prostration /prɒˈstreɪʃn/ *n.* ⓤ *e* ⓒ prostrazione.

prosy /ˈprəʊzɪ/ *a.* monotono; tedioso.

protagonist /prəˈtægənɪst/ *n.* protagonista.

protean /ˈprəʊtɪən, -ˈtiːən/ *a.* (*lett.*) proteiforme; versatile; mutevole.

to **protect** /prəˈtɛkt/ *v. t.* proteggere; difendere; salvaguardare: **to p. domestic industries**, proteggere le industrie nazionali; **to p. sb. from danger**, difendere q. da un pericolo; **to p. one's interests**, salvaguardare (*o* tutelare) i propri interessi.

protection /prəˈtɛkʃn/ *n.* **1** ⓤ *e* ⓒ protezione; difesa; guardia: **under the p. of sb.**, sotto la protezione di q.; **p. against the cold**, protezione contro il freddo **2** ⓤ (*econ.*) protezionismo **3** ⓤ (*anche* **p. money**) tangente pagata alla malavita; pizzo (*fam.*) ● **p. racket**, racket dei protettori.

protectionism /prəˈtɛkʃənɪzəm/ *n.* ⓤ (*econ.*) protezionismo.

protectionist /prəˈtɛkʃənɪst/ (*econ.*) ***A*** *n.* protezionista ***B*** *a. attr.* protezionistico.

protective /prəˈtɛktɪv/ *a.* **1** protettivo; di protezione: **p. mask**, maschera di protezione; **p. attitude**, atteggiamento protettivo **2** (*econ.*) protezionistico ● (*biol.*) **p. colouring**, mimetismo □ (*leg.*) **p. custody**, detenzione a scopo di protezione.

protector /prəˈtɛktə(r)/ *n.* **1** protettore; difensore **2** (dispositivo di) protezione.

protectorate /prəˈtɛktərət/ *n.* (*polit.*) protettorato.

protégé /ˈprəʊtəʒeɪ, ˈprɒ-, *USA* prəʊtəˈʒeɪ/ (*franc.*) *n.* protetto; pupillo.

protégée /ˈprəʊtəʒeɪ, ˈprɒ-, *USA* prəʊtəˈʒeɪ/ (*franc.*) *n.* protetta; pupilla.

protein /ˈprəʊtiːn/ *n.* (*chim., biol.*) proteina.

protest /ˈprəʊtɛst/ *n.* ⓒ *e* ⓤ **1** protesta: **to make** (*o* **to lodge**) **a p.**, fare (*o* presentare) una protesta; **p. march**, marcia di protesta; **in p. against st.**, per (*o* come) protesta (*o* per protestare) contro q.c. **2** (*leg., comm.*) protesto; protesto cambiario ● **under p.**, protestando; (*leg.*) sotto riserva □ **without p.**, senza protestare.

to **protest** /prəˈtɛst/ *v. t. e i.* (*anche comm.*) protestare: **to p. one's innocence**, protestare la propria innocenza.

Protestant /ˈprɒtɪstənt/ *a. e n.* (*relig.*) protestante.

Protestantism /ˈprɒtɪstəntɪzəm/ *n.* ⓤ (*relig.*) protestantesimo.

protestation /prɒtɪˈsteɪʃn/ *n.* **1** ⓤ protesta **2** affermazione solenne.

protester /prəˈtɛstə(r)/ *n.* **1** contestatore (-trice); dimostrante **2** (*leg., comm.*) creditore che fa eseguire il protesto.

protocol /ˈprəʊtəkɒl, *USA* -kɔːl, -kəʊl/ *n.* ⓒ *e* ⓤ protocollo.

proton /ˈprəʊtɒn/ *n.* (*fis.*) protone.

protoplasm /ˈprəʊtəplæzəm/ *n.* ⓤ (*biol.*) protoplasma.

prototype /ˈprəʊtətaɪp/ *n.* prototipo.

to **protract** /prəˈtrækt, prəʊ-/ *v. t.* **1** protrarre; prolungare; tirare per le lunghe **2** (*disegno*) riprodurre in scala; rapportare.

protractor /prəˈtræktə(r), *USA* prəʊ-/ *n.* (*geom.*) goniometro.

to **protrude** /prəˈtruːd, *USA* prəʊ-/ *v. i.* sporgere (in fuori) ● **protruding teeth**, denti sporgenti.

protrusion /prəˈtruːʒn, *USA* prəʊ-/ *n.* ⓤ *e* ⓒ sporgenza.

protuberance /prəˈtjuːbərəns, *USA* prəʊˈtuː-/ *n.* ⓤ *e* ⓒ protuberanza; prominenza.

protuberant /prəˈtjuːbərənt, *USA* prəʊˈtuː-/ *a.* protuberante; prominente.

proud /praʊd/ *a.* **1** orgoglioso; fiero: **something to be p. of**, qualcosa di cui essere orgoglioso (*o* di cui vantarsi) **2** superbo; altezzoso; orgoglioso **3** magnifico; splendido; prezioso **4** (*tecn, specialm. GB*) sporgente ● (*fam.*) **to do sb. p.**, trattare q. con tutti gli onori.

provable /ˈpruːvəbl/ *a.* provabile; dimostrabile.

to **prove** /pruːv/ ***A*** *v. t.* **1** provare; dimostrare: **to p. sb.'s innocence**, dimostrare l'innocenza di q.; **The exception proves the rule**, l'eccezione conferma la regola **2** (*leg.*) dimostrare l'autenticità di: **to p. a will**, dimostrare l'autenticità di un testamento ***B*** *v. i.* **1** dimostrarsi; rivelarsi; risultare: **The rumours proved false**, le voci risultarono infondate; **to p. useful**, dimostrarsi utile **2** (*cucina*) lievitare ***C*** to **prove oneself** *v. rifl.* dimostrarsi; rivelarsi: **to p. (oneself) to be a coward**, dimostrarsi vile.

proven /ˈpruːvn/ *a.* provato; dimostrato: **a person of p. honesty**, una persona di provata onestà ● (*leg., scozz.*) **a «not p.» verdict**, un verdetto di assoluzione per insufficienza di prove.

provenance /ˈprɒvənəns/ *n.* ⓤ provenienza; origine.

Provençal /prɒvɒnˈsɑːl, *USA* prəʊ-/ *a. e n.* provenzale.

proverb /ˈprɒvɜːb/ *n.* proverbio.

proverbial /prəˈvɜːbɪəl/ *a.* proverbiale.

to **provide** /prəˈvaɪd/ *v. t.* **1** provvedere; procurare; fornire: **to p. sb. with st.**, fornire q.c. a q.; **I am provided with all I need**, sono provvisto di tutto il necessario; **to p. an opportunity to do st.**, fornire (*o* offrire) l'occasione di fare q.c.; **We are expected to p. our own household linen**, dobbiamo provvedere noi alla biancheria da casa **2** (*di legge, ecc.*) stipulare; stabilire.

♦ **provide against** *v. i. + prep.* **1** prendere provvedimenti in vista di; premunirsi contro **2** (*di legge, ecc.*) vietare.

♦ **provide for** *v. i. + prep.* **1** provvedere a **2** tener conto di (*un evento futuro*) **3** (*di legge, ecc.*) contemplare; prevedere.

♦ **provide oneself with** *v. rifl. + prep.* provvedersi di; munirsi di.

provided /prəˈvaɪdɪd/ *cong.* (*anche* **p. that**) a patto che;

purché; a condizione che: **They may stay, p. they keep quiet**, possono rimanere, a patto che stiano buoni e zitti.
providence /'prɒvɪdəns/ *n.* [U] provvidenza.
provident /'prɒvɪdənt/ *a.* ***1*** provvido; previdente ***2*** parsimonioso; economo • **p. fund**, fondo di previdenza □ **p. society**, società di mutuo soccorso.
providential /prɒvɪ'denʃl/ *a.* provvidenziale.
provider /prə'vaɪdə(r)/ *n.* ***1*** chi provvede (*ai bisogni di una famiglia*) ***2*** fornitore: (*elab.*) **Internet p.**, fornitore di accesso a Internet.
providing /prə'vaɪdɪŋ/ *V.* **provided**.
province /'prɒvɪns/ *n.* ***1*** provincia ***2*** [U] area di competenza; campo: **This is outside my p.**, non rientra nel mio campo; non è cosa di mia competenza.
provincial /prə'vɪnʃl/ ***A*** *a.* provinciale (*anche spreg.*); di provincia ***B*** *n.* (*anche spreg.*) provinciale.
provincialism /prə'vɪnʃəlɪzəm/ *n.* [C] *e* [U] provincialismo.
proving /'pruːvɪŋ/ *n.* — **p. ground**, (*tecn.*) terreno (*o* percorso) di prova; (*fig.*) banco di prova.
provision /prə'vɪʒn/ *n.* ***1*** [U] *e* [C] fornitura ***2*** (*leg.*) clausola; disposizione ***3*** (*al pl.*) provviste; scorte; vettovaglie; viveri • **to make p. against**, premunirsi contro □ **to make p. for**, provvedere a; pensare a.
to **provision** /prə'vɪʒn/ *v. t.* approvvigionare.
provisional /prə'vɪʒənl/ *a.* provvisorio • (*autom.*, *GB*) **p. licence**, patente provvisoria (*equivalente al «foglio rosa»*).
proviso /prə'vaɪzəʊ/ *n.* (*pl.* **provisos**, **provisoes**) condizione; (*leg.*) clausola condizionale: **with the p. that**, a condizione che; a patto che.
provisory /prə'vaɪzərɪ/ *a.* ***1*** (*leg.*) condizionale ***2*** provvisorio.
provocation /prɒvə'keɪʃn/ *n.* [U] *e* [C] provocazione: **to act under p.**, reagire a una provocazione.
provocative /prə'vɒkətɪv/ *a.* ***1*** provocatorio ***2*** provocante: **to look p.**, avere un aspetto provocante ***3*** stimolante: **p. criticism**, critiche stimolanti.
to **provoke** /prə'vəʊk/ *v. t.* ***1*** provocare; irritare; stuzzicare ***2*** provocare; suscitare: **to p. laughter**, provocare il riso • **to p. sb. into doing st.**, spingere q. a fare q.c.; far fare q.c. a q.
provoking /prə'vəʊkɪŋ/ *a.* seccante; irritante; esasperante.
provost /'prɒvəst, -ɒst, *USA* 'prəʊvəʊst/ *n.* ***1*** (*in G.B.*) rettore (di un collegio universitario) ***2*** (*in Scozia*) sindaco ***3*** (*eccles.*, *in G.B.*) prevosto; preposto • (*mil.*) **p. marshal**, capo della polizia militare.
prow /praʊ/ *n.* (*naut.*, *aeron.*) prora; prua.
prowess /'praʊɪs/ *n.* [U] ***1*** prodezza; valore ***2*** abilità; bravura.
prowl /praʊl/ *n.* — **on the p.**, in cerca di preda.
to **prowl** /praʊl/ ***A*** *v. i.* ***1*** vagare in cerca di preda ***2*** muoversi furtivamente ***B*** *v. t.* aggirarsi in (*un luogo*) in cerca di q.c. • (*fam. USA*) **p. car**, automobile della polizia (*in servizio di pattuglia*).
prowler /'praʊlə(r)/ *n.* tipo sospetto (*che si aggira in un posto*).
proximity /prɒk'sɪmətɪ/ *n.* [U] prossimità; vicinanza.
proxy /'prɒksɪ/ *n.* (*leg.*) ***1*** [U] *e* [C] procura: **to vote by p.**, votare per procura ***2*** procuratore.
prude /pruːd/ *n.* persona eccessivamente modesta e pudica; chi affetta pudore; puritano (-a).
prudence /'pruːdns/ *n.* [U] prudenza.
prudent /'pruːdnt/ *a.* prudente.
prudential /pruː'denʃl/ *a.* prudenziale.
prudery /'pruːdərɪ/ *n.* [U] pudore esagerato; pruderie (*franc.*).
prudish /'pruːdɪʃ/ *a.* pudibondo; puritano.
prune /pruːn/ *n.* prugna secca.
to **prune** /pruːn/ *v. t.* ***1*** potare ***2*** (*fig.*) sfrondare.
pruning /'pruːnɪŋ/ *n.* [U] potatura • **p. hook**, roncola □ **p. shears** (*o* **p. scissors**), forbici da giardino.
prurience /'prʊərɪəns/ *n.* [U] lascivia; libidine.
prurient /'prʊərɪənt/ *a.* libidinoso; lubrico; pruriginoso.
Prussian /'prʌʃn/ *a. e n.* prussiano • **P. blue**, blu di Prussia.
prussic /'prʌsɪk/ *a.* — (*chim.*) **p. acid**, acido prussico.
to **pry** (**1**) /praɪ/ *v. i.* curiosare; ficcare il naso (*fam.*): **I don't wish to pry, but...**, non per essere curioso, ma...; **to pry about**, ficcare il naso dappertutto; **to pry into sb.'s affairs**, ficcare il naso negli affari di q.
to **pry** (**2**) /praɪ/ (*USA*) *V.* **to prize** (**2**).
prying /'praɪɪŋ/ *a.* curioso; indiscreto.
psalm /sɑːm/ *n.* salmo.
psalmist /'sɑːmɪst/ *n.* salmista.
psalmody /'sɑːmədɪ/ *n.* [U] salmodia.
psalter /'sɔːltə(r)/ *n.* (*eccles.*) salterio.
psaltery /'sɔːltərɪ/ *n.* (*mus.*) salterio.
pseud /sjuːd, suːd/ *n.* (*fam. GB*) pseudointellettuale; intellettualoide.
pseudo /'sjuːdəʊ, 'suː-/ *a.* (*fam.*) falso; finto.
pseudonym /'sjuːdənɪm, 'suː-/ *n.* pseudonimo.
pshaw /pʃɔː/ *inter.* puah!; uff!
psittacosis /sɪtə'kəʊsɪs/ *n.* [U] (*vet.*, *med.*) psittacosi.
psoriasis /sə'raɪəsɪs/ *n.* [U] (*med.*) psoriasi.
to **psych** /saɪk/ *v. Solo come*:
♦ **psych out** *v. t. + avv.* (*pop. USA*) ***1*** innervosire; spaventare ***2*** capire; indovinare: **I psyched him out at once**, ho capito subito che tipo era.
♦ **psych up** ***A*** *v. t. + avv.* (*pop. USA*) preparare psicologicamente (*prima di una gara, ecc.*) • **to get psyched up**, prepararsi; concentrarsi ***B*** to **psych oneself up** *v. rifl. + avv.* prepararsi psicologicamente.
psyche /'saɪkɪ/ *n.* psiche.
psychedelic /saɪkɪ'delɪk/ *a.* psichedelico.
psychiatric /saɪkɪ'ætrɪk/ *a.* psichiatrico.
psychiatrist /saɪ'kaɪətrɪst, *USA* sɪ-/ *n.* psichiatra.
psychiatry /saɪ'kaɪətrɪ, *USA* sɪ-/ *n.* [U] psichiatria.
psychic /'saɪkɪk/ ***A*** *a.* ***1*** psichico ***2*** paranormale; telepatico; medianico • (*fam.*) **You must be p.!**, sei un indovino!; hai il dono della telepatia! ***B*** *n.* medium.
psychical /'saɪkɪkl/ *V.* **psychic**, *A, def.* *2*.
psycho /'saɪkəʊ/ *n.* (*pl.* **psychos**) (*fam.*) psicopatico.
to **psychoanalyse** /saɪkəʊ'ænəlaɪz/ *v. t.* psic(o)analizzare.
psychoanalysis /saɪkəʊə'næləsɪs/ *n.* [U] psic(o)analisi.
psychoanalyst /saɪkəʊ'ænəlɪst/ *n.* psic(o)analista.
psychoanalytic /saɪkəʊænə'lɪtɪk/ *a.* psic(o)analitico.
psychological /saɪkə'lɒdʒɪkl/ *a.* psicologico.
psychologist /saɪ'kɒlədʒɪst/ *n.* psicologo (-a) • **educational p.**, psicopedagogista.
psychology /saɪ'kɒlədʒɪ/ *n.* [U] psicologia • **educational p.**, psicopedagogia.
psychopath /'saɪkəʊpæθ/ *n.* (*med.*) psicopatico (-a).
psychopathic /saɪkəʊ'pæθɪk/ *a.* psicopatico.
psychosis /saɪ'kəʊsɪs/ *n.* (*pl.* **psychoses** /-siːz/) (*med.*) psicosi.
psychosomatic /saɪkəʊsə'mætɪk/ *a.* psicosomatico.
psychotherapist /saɪkəʊ'θerəpɪst/ *n.* psicoterapeuta.
psychotherapy /saɪkəʊ'θerəpɪ/ *n.* [U] psicoterapia.
psychotic /saɪ'kɒtɪk/ *a. e n.* (*med.*) psicotico (-a).
ptarmigan /'tɑːmɪgən/ *n.* (*zool.*) pernice bianca.
pterodactyl /terə'dæktɪl/ *n.* (*paleont.*) pterodattilo.
Ptolemaic /tɒlə'meɪɪk/ *a.* (*stor.*, *astron.*) tolemaico.
pub /pʌb/ *n.* (*abbr. di* **public house**) pub • (*pop.*) **to go on a pub-crawl**, fare il giro dei pub.
puberty /'pjuːbətɪ/ *n.* [U] pubertà.
pubes /'pjuːbiːz/ *n.* (*pl. invar.*) (*anat.*) pube.
pubescence /pjuː'besns/ *n.* [U] (*bot.*) pubescenza.
pubescent /pjuː'besnt/ *a.* (*bot.*) pubescente.
pubic /'pjuːbɪk/ *a.* (*anat.*) pubico.
pubis /'pjuːbɪs/ *n.* (*pl.* **pubes** /-biːz/) (*anat.*) pube; osso pelvico.
public /'pʌblɪk/ ***A*** *a.* pubblico: **p. spending**, spesa pubblica; **p. transport**, mezzi pubblici: **p. opinion**, opinione pubblica • (*fin.*) **p. company**, società di capitali ad azionariato diffuso □ (*GB*) **p. convenience**, gabinetti pubblici □ (*leg.*) **p. defender**, difensore d'ufficio □ **p. holiday**, festa nazionale □ (*form.*) **p. house**, pub □ (*USA*) **p. housing**, alloggi popolari □ **p. nuisance**, (*leg.*) turbativa dell'ordine pubblico; (*fam.*) seccatore, rompiscatole (*fam.*) □ **p. relations**, pubbliche relazioni □ **p. school**, (*in G.B.*) scuola privata (*residenziale, a livello secondario*), collegio privato; (*in U.S.A.*) scuola pubblica □ **p. servant**, funzionario statale (*specialm. eletto*) □ **p. speaking**, il parlare in pubblico □ **p. spending**, la spesa pubblica □ **p.-spirited**, animato da senso civico □ (*fin.*) **to go p.**, (*di società anonima privata*) trasformarsi in una «public company» (*q.V.*) □ **in the p. eye**, in vista □ **to make st. p.**, rendere noto q.c.; rendere di pubblico dominio q.c. ***B*** *n.* (*col verbo al sing. o al pl.*) pubblico: **open to the p.**, aperto al pubblico; **the general p.**, il gran (*o* il vasto) pubblico; **the reading p.**, il pubblico dei lettori; i lettori.
publican /'pʌblɪkən/ *n.* ***1*** (*in G.B.*) proprietario (*o* gestore)

di un pub *2* (*stor.*) pubblicano.
publication /pʌblɪ'keɪʃn/ *n.* U e C pubblicazione.
to **publicise** /'pʌblɪsaɪz/ (*GB*) *V.* **to publicize.**
publicist /'pʌblɪsɪst/ *n.* pubblicitario.
publicity /pʌb'lɪsətɪ/ *n.* U pubblicità • **p. agent**, agente pubblicitario.
to **publicize** /'pʌblɪsaɪz/ *v. t.* *1* pubblicizzare; fare pubblicità a *2* rendere noto.
to **publish** /'pʌblɪʃ/ *v. t.* pubblicare.
publishable /'pʌblɪʃəbl/ *a.* pubblicabile.
publisher /'pʌblɪʃə(r)/ *n.* *1* editore *2* casa editrice.
publishing /'pʌblɪʃɪŋ/ *n.* U editoria • **p. house** (*o* **firm**), casa editrice.
puce /pjuːs/ *n.* U color pulce.
puck /pʌk/ *n.* (*hockey su ghiaccio*) disco.
pucker /'pʌkə(r)/ *n.* grinza; crespa; piega; ruga.
to **pucker** /'pʌkə(r)/ (*anche* **to p. up**) *A* *v. t.* corrugare; increspare; raggrinzire: **to p. one's brows**, corrugare la fronte; aggrottare le ciglia *B* *v. i.* corrugarsi; incresparsi; raggrinzirsi: **His mouth puckered**, increspò le labbra.
puckish /'pʌkɪʃ/ *a.* (*lett.*) da folletto; birichino; maliziosetto.
pudding /'pʊdɪŋ/ *n.* C e U (*cucina*) *1* pudding; budino; sformato *2* (*GB*) pasticcio (*o* sformato) di carne *3* (*fam. GB*) dolce; dessert • **p. basin**, terrina □ **p.-face**, faccia di luna piena □ (*geol.*) **p. stone**, puddinga; conglomerato □ (*cucina*) **black p.**, sanguinaccio.
puddle /'pʌdl/ *n.* pozzanghera; pozza.
to **puddle** /'pʌdl/ *v. t.* impastare (*argilla, sabbia e acqua*).
pudenda /pjuː'dendə/ (*lat.*) *n. pl.* (*antiq.*) pudende.
pudgy /'pʌdʒɪ/ *a.* tozzo; tracagnotto.
puerile /'pjʊəraɪl, *USA* -rəl/ *a.* puerile.
puerperal /pjuː'ɜːpərəl/ *a.* puerperale.
Puerto Rican /pwɜːtəʊ'riːkən/ *a. e n.* portoricano.
puff /pʌf/ *n.* *1* soffio, folata (*di vento*); sbuffo (*di fumo*) *2* soffio; soffiata: **She blew out all the candles with a single p.**, spense tutte le candeline con un soffio solo *3* boccata, tirata, tiro (*di sigaretta, ecc.*) *4* U (*fam.*) fiato: **out of** (*o* **short of**) **p.**, senza fiato; sfiatato; spompato (*fam.*) *5* (*cucina*) bignè *6* (*moda*) sbuffo; sboffo: **p. sleeve**, manica a sbuffo *7* (*fam.*) soffietto pubblicitario • (*cucina*) **p. pastry**, pasta sfoglia □ **powder p.**, piumino per la cipria.
to **puff** /pʌf/ *A* *v. i.* *1* sbuffare; ansimare: **to p. and blow**, sbuffare come un mantice *2* (*del fumo*) uscire a sbuffi *3* tirare boccate (*da una sigaretta, ecc.*) *4* (*di treno*) procedere sbuffando: **The train puffed into the station**, il treno entrò sbuffando in stazione *B* *v. t.* *1* emettere (*fumo, ecc.*) a sbuffi; sbuffare *2* gonfiare; distendere *3* (*fam.*) decantare; magnificare; scrivere un soffietto per (*un libro, ecc.*) *4* fumare (*una sigaretta, ecc.*).
♦ **puff out** *v. t. + avv.* *1* gonfiare (*il petto, ecc.*) *2* spegnere con un soffio (*una candela, ecc.*).
♦ **puff up** *v. t. e i. + avv.* (far) gonfiare.
puffball /'pʌfbɔːl/ *n.* (*bot.*) vescia.
puffed /pʌft/ *a.* *1* (*di manica, ecc.*) a sbuffo *2* (*di cereale*) soffiato: **p. wheat**, frumento soffiato *3* (*fam.*) senza fiato; sfiatato; spompato (*fam.*) • **p. up**, gonfio □ **p. up** (**with one's own importance**), pieno di boria.
puffin /'pʌfɪn/ *n.* (*zool.*) pulcinella di mare.
puffiness /'pʌfɪnəs/ *n.* U gonfiore; enfiagione.
puffy /'pʌfɪ/ *a.* *1* (*di parte del corpo*) gonfio: **p. eyes**, occhi gonfi *2* (*di nuvola*) soffice; fioccoso.
pug /pʌg/ *n.* (*zool., anche* **pug dog**) carlino • **pug nose**, naso rincagnato.
pugnacious /pʌg'neɪʃəs/ *a.* pugnace; battagliero; combattivo.
pugnacity /pʌg'næsətɪ/ *n.* U combattività; bellicosità.
puissance /'pjuːɪsns/ *n.* U (*equitazione*) (categoria di) potenza.
puke /pjuːk/ *n.* U (*pop.*) vomito.
to **puke** /pjuːk/ *v. i. e t.* (*pop.*) vomitare.
pukka /'pʌkə/ *a.* (*antiq. o scherz., GB*) *1* eccellente *2* genuino; autentico *3* molto formale.
pull /pʊl/ *n.* *1* tirata; strappo; strattone: **to give a p. at st.**, dare uno strattone a q.c. *2* U (*fis., astron.*) forza di attrazione *3* salita faticosa; tirata *4* (*antiq.*) tirata (*di pipa, ecc.*) *5* (*naut.*) remata; vogata *6* (*specialm. nei composti*) cordone; maniglia *7* C e U (*fam.*) influenza; peso: **to have a great deal of p.** (**with sb.**), avere molta influenza (presso q.) *8* U capacità di attirare il pubblico.
to **pull** /pʊl/ *A* *v. t.* *1* tirare: **a cart pulled by two oxen**, un carro tirato da due buoi; **P. the table nearer to you**, tira la tavola più vicino a te; **to p. sb.'s hair**, tirare i capelli a q.; **to p. the trigger**, tirare (*o* premere) il grilletto; **to p. a door open**, aprire una porta tirando; **P. in your stomach**, tira in dentro la pancia!; **to p. up one's trousers**, tirarsi su i pantaloni *2* estrarre; togliere; **to p. a cork**, togliere un tappo; **to p. a gun on sb.**, tirare fuori una pistola e puntarla su q. *3* (*anche* **to p. in**) attrarre; attirare (*pubblico, clienti, ammiratori*) *4* (*pop. USA*) fare; combinare: **to p. a job**, fare un colpo • **to p. a face**, fare una smorfia □ **to p. a sad face**, fare la faccia triste □ **to p. a fast one** (**on sb.**), giocare un brutto tiro (a q.) □ **to p. sb.'s leg**, prendere in giro q. □ **to p. a muscle**, farsi uno strappo muscolare; stirarsi un muscolo □ (*fam. GB*) **to p. a pint**, spillare birra da un barile □ **to p. to pieces**, fare a pezzi; spezzare; (*fig.*) stroncare □ **to p. one's punches**, (*boxe*) non affondare; (*fig.*) trattenersi, non infierire □ **to p. rank** (**on sb.**), far pesare il proprio grado (*o* la propria autorità) (su q.) □ (*fam.*) **to p. the rug** (**out**) **from under sb.'s feet**, lasciare q. indifeso; far mancare il terreno sotto i piedi a q. □ (*fam. GB*) **to p. one's socks up**, darsi una regolata; mettersi al lavoro □ **to p. strings**, usare la propria influenza; muovere qualche pedina □ **to p. one's weight**, fare la propria parte □ **to p. the wool over sb.'s eyes**, gettare fumo negli occhi a q. *B* *v. i.* *1* tirare; dare strappi (a): **to p. at a rope**, tirare una corda *2* (*di cavallo*) tirare il morso; mordere il freno *3* (*sport*) remare; vogare • (*antiq.*) **to p. at a pipe**, fumare la pipa.
♦ **pull about** *v. t. + avv.* maltrattare; malmenare.
♦ **pull ahead** *v. i. + avv.* (*anche fig.*) passare in testa; passare avanti; superare.
♦ **pull alongside** *v. i. + avv.* (*di veicolo*) accostarsi (a).
♦ **pull apart** *A* *v. t. + avv.* *1* smontare *2* (*anche fig.*) fare a pezzi; demolire *B* *v. i. + avv.* smontarsi.
♦ **pull away** *v. i. + avv.* (*di veicolo*) allontanarsi; scostarsi.
♦ **pull back** *A* *v. i. + avv.* *1* (*anche fig.*) tirarsi indietro *2* (*mil.*) ripiegare *B* *v. t. + avv.* *1* tirare indietro *2* (*mil.*) ritirare; far ripiegare.
♦ **pull down** *v. t. + avv.* *1* tirare giù; abbattere; demolire *2* (*fam.*) indebolire; buttare giù.
♦ **pull in** *A* *v. t. + avv.* *1* frenare (*un cavallo*) *2* *V.* **to pull**, *A*, *def.* *3* *3* (*fam.*) guadagnare; portare a casa *4* (*fam.*) fermare; portare in questura *B* *v. i. + avv.* (*di treno*) entrare in stazione; (*di autobus, ecc*) accostarsi al marciapiede, accostare; (*di conducente*) fermarsi.
♦ **pull off** *v. t. + avv.* *1* togliersi (*di dosso*); levarsi *2* (*fam.*) portare a termine; riuscire a fare.
♦ **pull on** *v. t. + avv.* mettersi (*o* infilarsi) (*guanti, calze, ecc.*).
♦ **pull out** *A* *v. t. + avv.* *1* tirare fuori; estrarre; togliere; **to have a tooth pulled out**, farsi togliere un dente *2* (*mil.*) ritirare *B* *v. i. + avv.* *1* (*di veicolo*) partire; spostarsi verso l'esterno *2* ritirarsi (*anche mil.*); tirarsi fuori.
♦ **pull over** *v. i. + avv.* (*di veicolo*) accostare.
♦ **pull round** *v. i. + avv.* *1* riaversi *2* ristabilirsi; guarire.
♦ **pull through** *A* *v. t. + avv.* guarire; far ristabilire *B* *v. i. + avv.* *1* farcela; riuscirci *2* ristabilirsi; guarire.
♦ **pull together** *A* *v. i. + avv.* collaborare; cooperare *B* to **pull oneself together** *v. rifl. + avv.* ricomporsi; riprendere il controllo di sé.
♦ **pull up** *A* *v. t. + avv.* *1* sradicare; strappare *2* avvicinare; accostare *3* fermare; far arrestare; bloccare *4* richiamare all'ordine; rimproverare *B* *v. i. + avv.* *1* (*di veicolo*) arrestarsi; fermarsi *2* (*aeron.*) cabrare.
pullet /'pʊlət/ *n.* pollastra; pollastrella.
pulley /'pʊlɪ/ *n.* (*mecc.*) puleggia; carrucola.
pull-in /'pʊlɪn/ *n.* (*fam. GB*) autogrill.
Pullman ® /'pʊlmən/ *n.* (*ferr.*) carrozza pullman; carrozza di lusso.
pull-on /'pʊlɒn/ *a.* che si infila dalla testa.
pull-out /'pʊlaʊt/ *A* *n.* *1* (*mil.*) evacuazione *2* inserto staccabile (*di rivista, ecc.*) *B* *a.* (*di inserto*) staccabile.
pullover /'pʊləʊvə(r)/ *n.* pullover; maglione.
pull-up /'pʊlʌp/ *n.* *1* (*ginnastica*) sollevamento sulle braccia (*alla sbarra*) *2* (*specialm. GB*) autogrill *3* (*aeron.*) cabrata.
pulmonary /'pʌlmənərɪ, 'pʊl-, *USA* -nerɪ/ *a.* polmonare.
pulp /pʌlp/ *n.* U *1* polpa *2* (*ind.*) pasta (*di legno, ecc., per fare la carta*) • **p. fiction**, romanzacci □ **p. magazine**, rivista scandalistica □ **to reduce to** (**a**) **p.**, spappolare.

to **pulp** /pʌlp/ ***A*** *v. t.* ridurre in polpa ***B*** *v. i.* ridursi in polpa; diventare polposo.
pulpit /ˈpʊlpɪt/ *n.* (*eccles.*) pulpito.
pulsar /ˈpʌlsɑː(r)/ *n.* (*astron.*) pulsar.
to **pulsate** /pʌlˈseɪt, *USA* ˈpʌlseɪt/ *v. i.* pulsare; palpitare; vibrare.
pulsation /pʌlˈseɪʃn/ *n.* C e U pulsazione; vibrazione.
pulse (**1**) /pʌls/ *n.* ***1*** (*fisiol.*) polso: **to take** (*o* **to feel**) **sb.'s p.**, tastare (*o* sentire) il polso a q.; **p. rate**, frequenza del polso ***2*** (*fis.*) impulso ***3*** (*mus.*) ritmo • **to feel the p. of st.**, tastare il polso a q.c. □ **to keep one's finger on the p.**, tenersi al corrente.
pulse (**2**) /pʌls/ *n.* U legumi; leguminose.
to **pulse** /pʌls/ *v. i.* pulsare; battere; vibrare.
pulverization, (*GB anche*) **pulverisation** /pʌlvəraɪˈzeɪʃn, *USA* -rɪˈz-/ *n.* U polverizzazione.
to **pulverize**, (*GB anche*) to **pulverise** /ˈpʌlvəraɪz/ *v. t.* (*anche fig.*) polverizzare.
puma /ˈpjuːmə, *USA* ˈpuː-/ *n.* (*zool.*) puma; coguaro.
pumice /ˈpʌmɪs/ *n.* U (*anche* **p. stone**) (pietra) pomice.
to **pummel** /ˈpʌməl/ *v. t.* dare pugni a.
pump (**1**) /pʌmp/ *n.* ***1*** (*mecc.*) pompa: **bicycle p.**, pompa da bicicletta; **foot p.**, pompa a pedale ***2*** (*anche* **petrol p.**) distributore di benzina • **p. room**, sala (*di stabilimento termale*) in cui si bevono le acque.
pump (**2**) /pʌmp/ *n.* ***1*** scarpa piatta scollata; ballerina ***2*** (*USA*) scarpa scollata (con tacco).
to **pump** /pʌmp/ ***A*** *v. t.* ***1*** pompare: **to p. petrol into a tank**, pompare benzina in un serbatoio; **to p. oil from a well**, estrarre petrolio da un pozzo; **to p. dry**, prosciugare ***2*** (*anche* **to p. up**) gonfiare (*un pneumatico*) ***3*** alzare e abbassare ritmicamente: **to p. a handle**, azionare una manovella; **to p. sb's hand**, stringere vigorosamente la mano a q. ***4*** carpire (*informazioni*) a ***5*** immettere; riversare: **to p. money into a firm**, immettere soldi in una ditta ***B*** *v. i.* ***1*** azionare una pompa; pompare ***2*** (*di macchina*) pulsare; (*di cuore*) battere ***3*** (*di liquido*) uscire a fiotti.
♦ **pump out** *v. t. + avv.* svuotare pompando: (*med.*) **to p. out sb.'s stomach**, fare la lavanda gastrica a q.
pumpkin /ˈpʌmpkɪn/ *n.* (*bot.*) zucca.
pun /pʌn/ *n.* gioco di parole.
to **pun** /pʌn/ *v. i.* fare giochi di parole.
punch (**1**) /pʌntʃ/ *n.* ***1*** pinza per forare ***2*** (*mecc.*) punzone; punzonatrice • (*elab.*) **p. card**, scheda perforata.
punch (**2**) /pʌntʃ/ *n.* ***1*** pugno ***2*** U (*fam.*) forza; vigore; mordente • **p.-drunk**, (*di pugile*) stordito (*dai pugni*), suonato; (*fig.*) stordito, confuso • **p. line**, battuta finale (di una barzelletta).
punch (**3**) /pʌntʃ/ *n.* U ponce: **p. bowl**, grande coppa da ponce; **rum p.**, ponce al rum.
to **punch** (**1**) /pʌntʃ/ *v. t.* punzonare; forare, perforare: **to p. a ticket**, forare un biglietto; **to p. a hole**, fare un buco (*punzonando*).
♦ **punch in** *v. i. + avv.* (*USA*) timbrare il cartellino (all'entrata).
♦ **punch out** *v. i. + avv.* (*USA*) timbrare il cartellino (all'uscita).
to **punch** (**2**) /pʌntʃ/ *v. t.* colpire col pugno; dare un pugno (*o* pugni) a.
punchbag /ˈpʌntʃbæg/, **punchball** /ˈpʌntʃbɔːl/, **punching bag** /ˈpʌntʃɪŋ bæg/ (*USA*) *n.* (*boxe*) punching ball.
punch-up /ˈpʌntʃʌp/ *n.* (*fam. GB*) rissa; scazzottata.
punchy /ˈpʌntʃɪ/ *a.* (*fam.*) vigoroso; incisivo.
punctilious /pʌŋkˈtɪlɪəs/ *a.* (*form.*) scrupoloso; formalistico; cerimonioso.
punctual /ˈpʌŋktʃʊəl/ *a.* puntuale.
punctuality /pʌŋktʃʊˈælətɪ/ *n.* U puntualità.
to **punctuate** /ˈpʌŋktʃʊeɪt/ *v. t.* ***1*** mettere la punteggiatura a ***2*** interrompere (a intervalli); scandire.
punctuation /pʌŋktʃʊˈeɪʃn/ *n.* U e C punteggiatura • **p. marks**, segni d'interpunzione.
puncture /ˈpʌŋktʃə(r)/ *n.* foratura (*di gomma*) • (*autom.*) **to have a p.**, forare. ATTENZIONE: **puncture** ≠ **puntura**.
to **puncture** /ˈpʌŋktʃə(r)/ ***A*** *v. t.* forare; bucare • **to p. sb.'s pride**, smontare, sgonfiare q. ***B*** *v. i.* (*di gomma*) forarsi; bucarsi.
pundit /ˈpʌndɪt/ *n.* (*anche iron.*) esperto.
pungency /ˈpʌndʒənsɪ/ *n.* U ***1*** sapore acre; sapore piccante ***2*** odore acre ***3*** (*di parole*) asprezza; mordacità.
pungent /ˈpʌndʒənt/ *a.* ***1*** (*di sapore*) acre; piccante ***2*** (*di odore*) acre ***3*** (*di parole*) pungente; aspro; mordace.
to **punish** /ˈpʌnɪʃ/ *v. t.* ***1*** punire ***2*** (*fam., sport*) dare una batosta a ***3*** (*fam.*) mettere a dura prova, strapazzare (*un motore, ecc.*).
punishable /ˈpʌnɪʃəbl/ *a.* punibile.
punishing /ˈpʌnɪʃɪŋ/ (*fam.*) ***A*** *a.* ***1*** massacrante; sfiancante ***2*** (*di colpo*) forte ***B*** *n.* colpi; maltrattamento: **He's taken quite a p.**, l'hanno conciato ben bene.
punishment /ˈpʌnɪʃmənt/ *n.* U e C ***1*** punizione; castigo ***2*** (*leg.*) pena ***3*** (*fam.*) colpi; maltrattamento: **to take a lot of p.**, venire strapazzato; essere messo a dura prova.
punitive /ˈpjuːnətɪv/ *a.* punitivo.
punk /pʌŋk/ (*pop.*) *n.* ***1*** punk ***2*** (*USA*) teppista; punk • **p. rock**, musica punk.
punnet /ˈpʌnɪt/ *n.* (*GB*) cestello, cestino (*per frutta o verdura*): **a p. of strawberries**, un cestino di fragole.
punster /ˈpʌnstə(r)/ *n.* persona che ama fare giochi di parole; freddurista.
punt (**1**) /pʌnt/ *n.* barchino • **p. pole**, pertica.
punt (**2**) /pʌnt/ *n.* (*sport*) calcio al volo (*lasciando cadere la palla dalle mani*).
to **punt** (**1**) /pʌnt/ ***A*** *v. t.* ***1*** spingere (*un barchino*) con una pertica ***2*** trasportare su un barchino ***B*** *v. i.* andare in barchino.
to **punt** (**2**) /pʌnt/ *v. t. e i.* (*sport, specialm. di portiere*) calciare (il pallone) al volo.
punter /ˈpʌntə(r)/ *n.* (*GB*) ***1*** scommettitore (*alle corse*) ***2*** (*fam.*) cliente; utente.
puny /ˈpjuːnɪ/ *a.* (*spreg.*) ***1*** gracile; debole ***2*** misero.
pup /pʌp/ *n.* cucciolo (*di cane, lupo, foca, ecc.*).
to **pup** /pʌp/ *v. i.* (*specialm. di cagna*) figliare.
pupa /ˈpjuːpə/ *n.* (*pl.* **pupae** /-piː/, **pupas**) (*zool.*) pupa; crisalide.
pupil (**1**) /ˈpjuːpɪl/ *n.* ***1*** alunno (-a); allievo (-a); scolaro (-a) ***2*** (*leg.*) pupillo (-a).
pupil (**2**) /ˈpjuːpɪl/ *n.* (*anat.*) pupilla.
puppet /ˈpʌpɪt/ *n.* burattino; fantoccio; marionetta • (*spreg.*) **p. government**, governo fantoccio □ **p. show** (*o* **p. play**), teatro delle marionette.
puppeteer /pʌpɪˈtɪə(r)/ *n.* burattinaio (-a).
puppy /ˈpʌpɪ/ *n.* ***1*** cucciolo; cagnolino ***2*** ragazzino; sbarbatello • **p. fat**, pinguedine infantile □ **p. love**, infatuazione giovanile; cotta adolescenziale.
pup tent /ˈpʌp tent/ *locuz. n.* tenda canadese.
purchase /ˈpɜːtʃəs/ *n.* ***1*** U e C acquisto ***2*** presa; appiglio; punto di appoggio: **to gain a p. with one's foot**, trovare un appiglio per il piede ***3*** (*mecc.*) paranco; leva.
to **purchase** /ˈpɜːtʃəs/ *v. t.* acquistare; comperare • (*econ.*) **purchasing power**, potere d'acquisto.
purchaser /ˈpɜːtʃəsə(r)/ *n.* acquirente; compratore (-trice).
pure /pjʊə(r)/ *a.* puro: **p. mathematics**, matematica pura; **p. wool**, pura lana vergine; **p. nonsense**, una sciocchezza pura e semplice • **as p. as the driven snow**, innocente come un bambino.
purebred /ˈpjʊəˈbred/ *n.* (*di animale*) di razza pura.
purée /ˈpjʊəreɪ, *USA* pjʊəˈreɪ, -ˈriː/ (*franc.*) *n.* U e C (*cucina*) purè; passato.
to **purée** /ˈpjʊəreɪ, *USA* pjʊəˈreɪ, -ˈriː/ (*franc.*) *v. t.* (*cucina*) ridurre in purè; passare.
purgative /ˈpɜːgətɪv/ ***A*** *a.* purgativo; purgante ***B*** *n.* purgante.
purgatory /ˈpɜːgətrɪ, *USA* -tɔːrɪ/ *n.* U (*teol. e fig.*) purgatorio.
purge /pɜːdʒ/ *n.* ***1*** (*polit.*) purga; epurazione ***2*** (*farm.*) purga; purgante.
to **purge** /pɜːdʒ/ *v. t.* ***1*** purgare; purificare; liberare ***2*** (*polit.*) epurare ***3*** (*leg.*) fare ammenda per ***4*** (*med.*) purgare.
purification /pjʊərɪfɪˈkeɪʃn/ *n.* U purificazione.
to **purify** /ˈpjʊərɪfaɪ/ *v. t.* purificare; depurare.
purist /ˈpjʊərɪst/ *n.* purista.
Puritan, **puritan** /ˈpjʊərɪtən/ *n. e a.* (*relig. e fig.*) puritano (-a).
puritanical /pjʊərɪˈtænɪkl/ *a.* puritano.
Puritanism, **puritanism** /ˈpjʊərɪtənɪzəm/ *n.* U (*relig. e fig.*) puritanesimo.
purity /ˈpjʊərətɪ/ *n.* U purezza; purità.
purl /pɜːl/ *n.* (*lavoro a maglia*) (punto) rovescio.
to **purl** /pɜːl/ *v. i. e t.* (*lavoro a maglia*) lavorare a (punto) rovescio: **Knit one, p. two**, lavorare (*o* fare) un diritto e

due rovesci.

purlieus /ˈpɜːljuːz, *USA* - luːz/ *n. pl.* (*form.*) dintorni.

to **purloin** /pɜːˈlɔɪn, ˈpɜː-/ *v. t.* (*form.*) rubare; trafugare.

purple /ˈpɜːpl/ ***A*** *n.* ***1*** viola ***2*** ◻ porpora (*regale, ecc.*): **to be raised to the p.**, essere innalzato alla porpora ***B*** *a.* viola; violetto • **p. passage**, brano di stile enfatico □ **to go p. with anger**, diventare paonazzo dall'ira.

purport /ˈpɜːpət/ *n.* ◻ (*form.*) senso; significato.

to **purport** /pəˈpɔːt/ *v. t.* (*form.*) dare a intendere; pretendere; voler passare (per).

purportedly /pəˈpɔːtɪdlɪ/ *avv.* (*form.*) a quel che si dice.

purpose /ˈpɜːpəs/ *n.* ***1*** proposito; fine; scopo; intenzione: **This stick will answer my p.**, questo bastocino servirà allo scopo (*o* andrà benissimo); **for tax p.**, a fini fiscali ***2*** ◻ decisione; fermezza; risolutezza • (*edil.*) **p.-built**, costruito appositamente □ **for all practical purposes**, in pratica □ **on p.**, di proposito; apposta □ **to little p.**, con scarsi risultati □ **to no p.**, senza alcun risultato □ **to some p.**, con qualche (buon) risultato; non invano □ **to the p.**, a proposito.

purposeful /ˈpɜːpəsfl/ *a.* deciso; risoluto.

purposeless /ˈpɜːpəsləs/ *a.* (*di attività, ecc.*) inutile.

purposely /ˈpɜːpəslɪ/ *avv.* di proposito; apposta; intenzionalmente.

purr /pɜː(r)/, **purring** /ˈpɜːrɪŋ/ *n.* ***1*** (*del gatto*) fusa; (il) fare le fusa ***2*** (*della voce*) tono soddisfatto ***3*** ronzio (*di motore*).

to **purr** /pɜː(r)/ *v. i.* ***1*** (*del gatto*) fare le fusa ***2*** (*di persona*) parlare con tono soddisfatto ***3*** (*di motore*) ronzare (sommessamente).

purse /pɜːs/ *n.* ***1*** (*GB*) portamonete; borsellino ***2*** (*USA*) borsetta ***3*** (*sport*) premio; (*boxe*) borsa: **to put up a p.**, mettere in palio una borsa • (*USA*) **p. snatcher**, scippatore □ **This car is beyond my p.**, è una macchina che non mi posso permettere □ (*USA*) **change p.**, portamonete; borsellino □ **to hold the p. strings**, tenere i cordoni della borsa □ **the public p.**, l'erario.

to **purse** /pɜːs/ *v. t.* (*anche* **to p. up**) increspare: **to p. one's lips**, increspare le labbra; fare il bocchino.

purser /ˈpɜːsə(r)/ *n.* (*naut.*) commissario di bordo.

to **pursue** /pəˈsjuː, -ˈsuː-/ *v. t. e i.* ***1*** inseguire ***2*** portare avanti; svolgere; proseguire: **to p. an activity**, svolgere un'attività; **to p. one's studies**, proseguire gli studi; **I will p. the matter further**, indagherò più a fondo.

pursuer /pəˈsjuːə(r), -ˈsuː-/ *n.* inseguitore (-trice).

pursuit /pəˈsjuːt, -ˈsuː-/ *n.* ***1*** ◻ inseguimento; ricerca: **to be in hot p. of sb.**, essere alle calcagna di q.; **the p. of perfection**, la ricerca della perfezione ***2*** attuazione; messa in atto; svolgimento ***3*** attività (*specialm. del tempo libero*); svago ***4*** (*ciclismo*) inseguimento: **p. race**, corsa a inseguimento.

to **purvey** /pəˈveɪ/ *v. t.* (*form.*) fornire; approvvigionare.

purveyor /pəˈveɪə(r)/ *n.* (*form.*) fornitore; approvvigionatore.

purview /ˈpɜːvjuː/ *n.* ◻ (*form. o lett.*) ambito; sfera; campo (d'azione): **to lie within the p. of st.**, rientrare nell'ambito di q.c.

pus /pʌs/ *n.* ◻ (*med.*) pus.

push /pʊʃ/ *n.* ***1*** spinta; urto ***2*** sforzo; spinta ***3*** ◻ iniziativa; energia; grinta ***4*** (*mil.*) offensiva • (*fam. GB*) **at a p.**, in caso di necessità; se proprio è necessario □ (*pop.*) **to get the p.**, essere messo fuori; essere piantato □ (*pop.*) **to give sb. the p.**, mettere fuori q.; piantare q. □ **when it comes to the p.**, quando si arriva al dunque.

to **push** /pʊʃ/ ***A*** *v. t.* ***1*** spingere: **I was pushed against the wall**, fui spinto contro il muro; **to p. a door open [shut]**, aprire [chiudere] una porta (*spingendola*); **to p. a envelope under the door**, infilare una busta sotto la porta ***2*** pigiare; premere; schiacciare: **to p. a button**, premere un bottone ***3*** (*comm.*) spingere; promuovere ***4*** fare pressione su; spingere: **His parents were pushing him to study law**, i suoi insistevano perché studiasse legge ***5*** (*pop.*) spacciare (*droga*) • **to p. one's luck**, sfidare la fortuna □ **to p. one's way**, farsi largo a spinte; farsi strada a forza □ **to be pushed for time [for money]**, essere a corto di tempo [di denaro] □ (*fam.*) **to be pushing fifty**, essere vicino ai cinquanta; andare per i cinquanta ***B*** *v. i.* ***1*** spingere; premere ***2*** farsi strada a forza: **to p. past sb.**, superare q. con una spinta ***C*** to **push oneself** *v. rifl.* ***1*** sforzarsi: **to p. oneself hard**, lavorare troppo; strafare ***2*** mettersi in mostra.

♦ **push ahead** *v. i. + avv.* avanzare (*o* continuare) con determinazione.

♦ **push along** *v. i. + avv.* (*fam.*) andarsene.

♦ **push around** *v. t. + avv.* (*fam.*) fare il prepotente con; dare ordini a.

♦ **push aside** *v. t. + avv.* ***1*** accantonare ***2*** scartare (q.).

♦ **push back** *v. t. + avv.* spingere indietro; respingere.

♦ **push in** *v. i. + avv.* ***1*** entrare a spintoni ***2*** passare davanti (*in una coda*) ***3*** intromettersi.

♦ **push off** *v. i. + avv.* ***1*** (*naut.*) prendere il largo ***2*** (*fam.*) andarsene.

♦ **push on** *v. i. + avv.* *V.* **to push ahead**.

♦ **push through** *v. t. + avv.* fare approvare (*una legge, ecc.*).

♦ **push up** *v. t. + avv.* ***1*** sollevare ***2*** far salire (*i prezzi*).

pushbike /ˈpʊʃbaɪk/ *n.* bicicletta.

push-button /ˈpʊʃˈbʌtn/ *a.* a pulsante: (*telef.*) **p. dialling**, selezione a pulsanti.

pushcart /ˈpʊʃkɑːt/ *n.* ***1*** carretto a mano ***2*** (*USA*) carrello (*di supermercato*).

pushchair /ˈpʊʃtʃeə(r)/ *n.* (*GB*) passeggino.

pusher /ˈpʊʃə(r)/ *n.* ***1*** (*fam.*) spacciatore (-trice) di droga ***2*** arrivista.

pushing /ˈpʊʃɪŋ/ *a.* *V.* **pushy**.

pushover /ˈpʊʃəʊvə(r)/ *n.* (*fam.*) ***1*** cosa da nulla; gioco da ragazzi; passeggiata ***2*** persona che si lascia menare per il naso.

push-start /ˈpʊʃstɑːt/ *n.* (*fam.*) spinta data a un automobile per metterla in moto.

to **push-start** /ˈpʊʃstɑːt/ *v. t.* (*fam.*) mettere in moto (*un'automobile*) spingendola.

push-up /ˈpʊʃʌp/ *n.* (*USA*) flessione sulle braccia.

pushy /ˈpʊʃɪ/ *a.* ***1*** intraprendente; arrivista ***2*** invadente.

pusillanimous /pjuːsɪˈlænɪməs/ *a.* pusillanime; vile.

puss /pʊs/ *n.* (*fam.*) micio; micino.

pussy /ˈpʊsɪ/ *n.* ***1*** (*anche* **p.-cat**) micio; micino ***2*** (*pop. volg.*) passera; fica • (*bot.*) **p. willow**, salice (*specialm. americano*).

to **pussyfoot** /ˈpʊsɪfʊt/ *v. Solo come*:

♦ **pussyfoot about** (*o* **around**) *v. i. + avv.* (*fam. spreg.*) essere troppo prudente; tergiversare; non volersi compromettere.

pustule /ˈpʌstjuːl, *USA* -tʃuːl/ *n.* (*med.*) pustola.

put (**1**) /pʊt/ *n.* (*Borsa*) opzione di vendita • (*Borsa*) **put and call (option)**, opzione doppia (*per acquisto o vendita, a scelta*).

put (**2**) /pʊt/ *a. pred.* (*fam.*) fermo; immobile: **to stay put**, restare fermo.

to **put** /pʊt/ (*pass. e p.p.* **put**) ***A*** *v. t.* ***1*** mettere; porre; posare: **Where can I put my umbrella?**, dove posso mettere l'ombrello?; **I put the book on the desk**, posai il libro sulla scrivania; **Put it down gently!**, mettilo giù adagio!; **to put sb. to bed**, mettere a letto q.; **to put st. to one's ear**, avvicinarsi q.c. all'orecchio; **Put yourself in my place**, mettiti nei miei panni; **to put one's trust in sb.**, riporre la propria fiducia in q.; **to put an idea in sb.'s head**, mettere un'idea in testa a q.; **to put a lot of time into st.**, dedicare molto tempo a q.c.; **to put sb. in a bad mood**, mettere q. di cattivo umore; **to put a tax on st.**, mettere (*o* imporre) una tassa su q.c.; **to put one's money into land**, investire il proprio denaro in terreni; **to put an end to st.**, mettere (*o* porre) fine a q.c. ***2*** mettere; infilare; cacciare: **to put one's hands in(to) one's pockets**, mettersi (*o* infilarsi) le mani in tasca; **She put a knife into him**, gli cacciò in corpo un coltello ***3*** porre; proporre; sottoporre; fare: **to put one's case to sb.**, sottoporre il proprio caso a q.; **to put a question to sb.**, fare una domanda a q.; **I put it to you that...**, io sostengo che... ***4*** esporre; esprimere; dire: **to put st. into words**, esprimere q.c.; trovare le parole per q.c.; **to have a strange way of putting things**, avere uno strano modo di presentare le cose; **how shall I put it?**, come posso dire?; **It was, as he put it, a gruelling slog**, è stata, per usare le sue parole, una scarpinata massacrante; **to put st. into German**, tradurre q.c. in tedesco; **to put it mildly**, per usare un eufemismo ***5*** calcolare; valutare; stimare: **They put the crowd at over twenty thousand**, si calcola che siano presenti più di ventimila persone ***6*** attribuire; ascrivere; dare: **to put the blame on sb.**, dare la colpa a q. ***7*** (*nelle corse*) puntare; scommettere • (*fam.*) **to put sb. onto st.**, indicare q.c. a q.; far conoscere q.c. a q. □ **to put one's mind to st.**, applicarsi a q.c. □ **to put paid to**, *V. sotto* **paid** □ **to put sb. to shame**, far vergognare q. □ (*sport*) **to put the shot**, lanciare il peso

B *v. i.* (*naut.*) dirigersi; far rotta (per): **to put to shore**, dirigersi verso la riva; **to put to sea**, salpare; prendere il largo.
♦ **put about** ***A*** *v. t. + avv.* diffondere, mettere in giro (*notizie, ecc.*) ***B*** *v. t. e i. + avv.* (*naut.*) (far) virare di bordo.
♦ **put across** *v. t. + avv.* ***1*** (*fam.*) comunicare; far capire ***2*** — (*pop.*) **to put one across sb.**, darla a bere a q.
♦ **put aside** *v. t. + avv.* mettere da parte; accantonare.
♦ **put away** *v. t. + avv.* ***1*** mettere via ***2*** mettere da parte ***3*** (*fam.*) far fuori (*cibo*) ***4*** (*eufem.*) mandare in prigione; mettere dentro (*fam.*) ***5*** (*eufem.*) rinchiudere (*in manicomio*).
♦ **put back** ***A*** *v. t. + avv.* ***1*** rimettere a posto ***2*** mettere indietro (*un orologio*) ***3*** ritardare; ostacolare ***B*** *v. i. + avv.* (*naut.*) tornare indietro; tornare in porto.
♦ **put by** *v. t. + avv.* mettere da parte; accantonare.
♦ **put down** *v. t. + avv.* ***1*** mettere giù; posare ***2*** far scendere (*un passeggero*) ***3*** (*eufem.*) sopprimere (*un animale*) ***4*** reprimere (*una rivolta*) ***5*** mettere per iscritto; segnare: **Put it down to my account**, me lo segni sul conto; **Put me down for twenty pounds**, segnami per venti sterline (*in una colletta, ecc.*); **to put one's name down for a competition**, iscriversi a una gara ***6*** dare come anticipo ***7*** umiliare; mortificare ***8*** attribuire: **I put it down to sheer ignorance on his part**, lo attribuisco a pura e semplice ignoranza da parte sua ***9*** considerare, ritenere (*generalm. erroneamente*): **to put sb. down for a fool**, considerare q. uno sciocco.
♦ **put forward** ***A*** *v. t. + avv.* ***1*** suggerire; proporre; avanzare ***2*** anticipare (*una data, ecc.*) ***3*** mettere avanti (*un orologio*) ***B*** to **put oneself forward** *v. rifl. + avv.* ***1*** mettersi in evidenza; farsi avanti ***2*** presentare la propria candidatura.
♦ **put in** ***A*** *v. t. + avv.* ***1*** inserire; introdurre ***2*** (*fam.*) dedicare (*tempo, energia*); metterci; fare: **We've put in quite a bit of work today**, abbiamo fatto un bel po' di lavoro oggi ***3*** presentare; sottoporre: **to put in a claim for damages**, presentare una richiesta di risarcimento per danni ***B*** *v. i. + avv.* (*naut.*) entrare in porto.
♦ **put in for** *v. i. + avv. + prep.* fare domanda per; fare richiesta di: **to put in for a grant**, fare domanda per avere un sussidio.
♦ **put off** ***A*** *v. t. + avv.* ***1*** spegnere (*luce, ecc.*) ***2*** rimandare; rinviare ***3*** mandar via con un pretesto; liberarsi di ***4*** far passare a (q.) la voglia di (q.c.); disgustare ***5*** distrarre; sconcertare ***B*** *v. t. + prep.* ***1*** far passare a (q.) la voglia di; scoraggiare (q.) dal fare: **to put sb. off his food**, far passare a q. la voglia di mangiare; togliere l'appetito a q. ***2*** distrarre (q.) da.
♦ **put on** *v. t. + avv.* ***1*** mettersi: **to put on one's glasses**, mettersi gli occhiali ***2*** assumere (*un'espressione*): **to put on airs**, darsi delle arie ***3*** accendere (*luce, ecc.*) ***4*** mettere su (*peso*) ***5*** mettere avanti (*un orologio*) ***6*** (*teatr.*) mettere in scena; allestire; dare ***7*** prendere in giro. **You're putting me on!**, ma va'! • **to put it on**, fare finta.
♦ **put out** ***A*** *v. t. + avv.* ***1*** mettere fuori; mettere: **to put out to pasture**, mettere al pascolo; (*fig.*) sbarazzarsi di; **to put out the washing**, stendere il bucato ***2*** allungare; porgere ***3*** annunciare; emettere (*un comunicato, ecc.*); pubblicare ***4*** spegnere (*una luce, un incendio*) ***5*** irritare; sconcertare; turbare ***6*** scomodare; disturbare ***7*** (*med.*) slogare ***8*** (*sport*) eliminare • (*comm.*) **to put a job out to tender**, indire una gara d'appalto per un lavoro ***B*** *v. i.* (*naut.*) salpare ***C*** to **put oneself out** *v. rifl. + avv.* scomodarsi; disturbarsi.
♦ **put over** *v. t. + avv.* comunicare (*un'idea, ecc.*).
♦ **put through** *v. t. + avv.* (*telef.*) ***1*** mettere in comunicazione; dare la linea a; passare: **Could you put me through to the manager?**, può passarmi il direttore? ***2*** fare (*una telefonata*).
♦ **put together** *v. t. + avv.* (*mecc.*) montare.
♦ **put up** ***A*** *v. t. + avv.* ***1*** alzare; sollevare: **Put up your hand if you know the answer**, alza la mano se sai la risposta; **He put up the collar of his coat**, si rialzò il bavero del cappotto ***2*** costruire; montare (*una tenda*) ***3*** affiggere (*in bacheca, ecc.*); attaccare ***4*** aumentare (*un prezzo*) ***5*** opporre: **to put up little resistance**, opporre poca resistenza; **to put up a fight**, lottare ***6*** offrire; fornire; tirare fuori: **to put up for sale** [**for auction**], mettere in vendita [all'asta]; **to put up the money for st.**, fornire il denaro per q.c. ***7*** alloggiare; ospitare: **I put him up for a week**, l'ho ospitato per una settimana; **I'll put you up for tonight, but you must leave tomorrow**, per questa notte puoi dormire qui, ma domani devi andartene ***8*** proporre come candidato ***B*** *v. i. + avv.* alloggiare; pernottare; fermarsi (a dormire).
♦ **put upon** *v. i. + prep.* — **to be put upon**, subire prepotenze.
♦ **put up to** *v. t. + avv. + prep.* istigare a; spingere a.
♦ **put up with** *v. i. + avv. e prep.* sopportare; tollerare; rassegnarsi a.

putative /ˈpjuːtətɪv/ *a.* putativo.
put-down /ˈpʊtdaʊn/ *n.* (*fam.*) critica umiliante; frase che mette a posto.
put-on /ˈpʊtɒn, *USA* -ɔːn/ ***A*** *a.* (*fam.*) affettato; lezioso ***B*** *n.* (*USA*) presa in giro.
put-out /ˈpʊtɒʊt/ *n.* (*sport*) eliminazione.
putrefaction /pjuːtrɪˈfækʃn/ *n.* Ⓤ ***1*** putrefazione ***2*** putredine.
to **putrefy** /ˈpjuːtrɪfaɪ/ *v. i.* ***1*** putrefarsi; imputridire ***2*** (*fig.*) corrompersi.
putrescent /pjuːˈtresnt/ *a.* putrescente.
putrid /ˈpjuːtrɪd/ *a.* ***1*** putrido; putrefatto ***2*** (*fam.*) schifoso.
putt /pʌt/ *n.* (*golf*) colpo leggero; putt.
to **putt** /pʌt/ *v. t. e i.* (*golf*) colpire leggermente (*la palla*) per mandarla in buca; eseguire un putt.
putter /ˈpʌtə(r)/ *n.* (*golf*) ***1*** putter ***2*** giocatore che esegue un putt.
to **putter** /ˈpʌtə(r)/ (*USA*) *V.* **to potter**.
putting green /ˈpʌtɪŋgriːn/ *locuz. n.* (*golf*) zona del campo vicina alla buca; piazzuola di arrivo; green.
putty /ˈpʌtɪ/ *n.* Ⓤ mastice; stucco • **to be like p. in sb.'s hands**, essere come creta nelle mani di q.
to **putty** /ˈpʌtɪ/ *v. t.* stuccare.
put-up /ˈpʊtʌp/ *a.* (*fam.*) concertato; combinato: **a p. job**, una montatura; una macchinazione.
put-upon /ˈpʊtəpɒn, *USA* -ɔːn, -ʌn/ *a.* (*fam., di persona*) sfruttato.
puzzle /ˈpʌzl/ *n.* ***1*** indovinello; rompicapo: **crossword p.**, parole crociate; **jigsaw p.**, puzzle ***2*** mistero; enigma: **It's a bit of a p.**, è un bel mistero!
to **puzzle** /ˈpʌzl/ *v. t.* lasciare perplesso; sconcertare: **What puzzles me is...**, quello che non riesco a capire è...
♦ **puzzle out** *v. t. + avv.* risolvere; decifrare; indovinare.
♦ **puzzle over** *v. i. + prep.* cercare di capire (*o* di risolvere): **to p. over a cryptic message**, cercare di decifrare un messaggio oscuro; **I've been puzzling over these accounts for two hours**, sono due ore che cerco di far tornare questi conti.
puzzlement /ˈpʌzlmənt/ *n.* Ⓤ confusione; perplessità.
puzzling /ˈpʌzlɪŋ/ *a.* sconcertante; che lascia perplessi; misterioso.
pygmy /ˈpɪgmɪ/ *n. e a.* (*anche fig.*) pigmeo.
pyjamas /pəˈdʒɑːməz, *USA* -ˈdʒæ-/ *n. pl.* (*GB*) pigiama.
pylon /ˈpaɪlən, -lɒn/ *n.* ***1*** (*elettr.*) pilone; traliccio ***2*** (*aeron.*) pilone.
pyorrhoea /paɪəˈriːə/ *n.* Ⓤ (*med.*) piorrea.
pyramid /ˈpɪrəmɪd/ *n.* piramide.
pyre /ˈpaɪə(r)/ *n.* pira; rogo.
pyrites /paɪˈraɪtiːz/ *n.* Ⓤ (*miner.*) bisolfuro: **iron p.**, bisolfuro di ferro; pirite.
pyromania /paɪrəʊˈmeɪnɪə/ *n.* Ⓤ (*psic.*) piromania.
pyromaniac /paɪrəʊˈmeɪnɪæk/ *n.* (*psic.*) piromane.
pyrotechnic /paɪrəʊˈteknɪk/ *a.* pirotecnico: **p. display**, spettacolo pirotecnico.
pyrotechnics /paɪrəˈteknɪks/ *n. pl.* ***1*** (*col verbo al sing.*) pirotecnica ***2*** fuochi d'artificio ***3*** (*fig.*) esibizione pirotecnica; virtuosismi.
Pyrrhic /ˈpɪrɪk/ *a.* — **P. victory**, vittoria di Pirro.
python /ˈpaɪθn, *USA* -ɒn/ *n.* (*zool.*) pitone.
pyx /pɪks/ *n.* (*eccles.*) pisside.

q, Q

Q, q /kjuː/ *n.* (*pl.* **Q's, q's**; **Qs, qs**) Q, q • (*telef.*) **q for Queen**, q come Quarto.
qua /kweɪ, -ɑː, *USA* -ɑː/ (*lat.*) *cong.* come; in quanto.
quack (**1**) /kwæk/ *n.* qua qua (*verso dell'anatra*).
quack (**2**) /kwæk/ *n.* ***1*** mediconzolo; ciarlatano ***2*** (*scherz., specialm. GB*) medico.
to **quack** /kwæk/ *v. i.* fare «qua qua»; schiamazzare.
quackery /ˈkwækərɪ/ *n.* [U] ciarlataneria; empirismo.
quad /kwɒd/ *n.* (*fam.*) ***1*** cortile quadrangolare interno (*di scuola o college*) ***2*** *abbr. fam. di* **quadruplet**.
quadrangle /ˈkwɒdræŋgl/ *n.* ***1*** (*geom.*) quadrangolo; quadrilatero ***2*** cortile quadrangolare interno (*di scuola o college*).
quadrangular /kwɒˈdræŋgjʊlə(r)/ *a.* quadrangolare.
quadrant /ˈkwɒdrənt/ *n.* (*geom., mecc., naut., astron.*) quadrante.
quadraphonic /kwɒdrəˈfɒnɪk/ *a.* (*tecn.*) quadrifonico.
quadratic /kwɒˈdrætɪk/ (*mat.*) *a.* quadratico; di secondo grado.
quadrilateral /kwɒdrɪˈlætərəl/ *a. e n.* (*geom.*) quadrilatero.
quadrille /kwɒˈdrɪl/ *n.* (*mus., danza*) quadriglia.
quadrillion /kwɒˈdrɪlɪən/ *n.* ***1*** (*GB*) quarta potenza di un milione (*1 seguito da 24 zeri*) ***2*** (*USA*) quadrilione (*1 seguito da 15 zeri*).
quadripartite /kwɒdrɪˈpɑːtaɪt/ *a.* quadripartito.
quadriplegia /kwɒdrɪˈpliːdʒə/ *n.* [U] (*med.*) quadriplegia.
quadriplegic /kwɒdrɪˈpliːdʒɪk/ *a. e n.* (*med.*) quadriplegico (-a).
quadroon /kwɒˈdruːn/ *n.* persona con un quarto di sangue negro; quarterone.
quadruped /ˈkwɒdrʊpɛd/ *n. e a.* (*zool.*) quadrupede.
quadruple /ˈkwɒdrʊpl, kwɒˈdruːpl, -ˈdrʌpl/ ***A*** *a.* quadruplo; quadruplice ***B*** *n.* quadruplo.
to **quadruple** /ˈkwɒdrʊpl, kwɒˈdruːpl, *USA* -ˈdruːpl, -ˈdrʌpl/ ***A*** *v. t.* quadruplicare ***B*** *v. i.* quadruplicarsi.
quadruplet /ˈkwɒdrʊplət, kwɒˈdruːp-, *USA* -ˈdruːp-, -ˈdrʌp-/ *n.* gemello di parto quadrigemino; (*al pl., collett.*) quattro gemelli.
quadruplicate /kwɒˈdruːplɪkət/ *a.* ***1*** quadruplo; quadruplicato ***2*** (*di documento*) in quattro copie ***3*** (*mat.*) alla quarta potenza • **in q.**, in quattro esemplari; in quattro copie.
to **quadruplicate** /kwɒˈdruːplɪkeɪt/ *v. t.* ***1*** quadruplicare ***2*** fare quattro copie di (*un documento*).
to **quaff** /kwɒf, -ɑːf, *USA* kwɔːf, -æf/ *v. t. e i.* (*lett.*) bere a gran sorsi; tracannare.
quagmire /ˈkwɒgmaɪə(r), ˈkwæ-, *USA* ˈkwæ-/ *n.* palude; pantano.
quail /kweɪl/ *n.* (*zool.*) quaglia.
to **quail** /kweɪl/ *v. i.* sgomentarsi; perdersi d'animo; tremare.
quaint /kweɪnt/ *a.* ***1*** pittoresco; caratteristico (d'altri tempi) ***2*** curioso; bizzarro; originale; eccentrico.
quake /kweɪk/ *n.* (*fam.*) terremoto.
to **quake** /kweɪk/ *v. i.* tremare (*di paura*): **to q. in one's boots**, essere terrorizzato.
Quaker /ˈkweɪkə(r)/ *n.* (*relig.*) quacchero (-a).
qualification /kwɒlɪfɪˈkeɪʃn/ *n.* ***1*** titolo (di studio); qualifica (professionale) ***2*** requisito; titolo ***3*** [U] *e* [C] riserva; restrizione ***4*** precisazione; specificazione ***5*** [U] (*sport*) qualificazione.
qualified /ˈkwɒlɪfaɪd/ *a.* ***1*** in possesso dei titoli necessari; qualificato; abilitato ***2*** che ha i requisiti necessari; competente ***3*** condizionato; con riserva: **q. approval**, approvazione con riserva.
qualifier /ˈkwɒlɪfaɪə(r)/ *n.* ***1*** (*gramm.*) aggettivo (*o* avverbio) qualificativo ***2*** (*sport*) chi si è qualificato.
to **qualify** /ˈkwɒlɪfaɪ/ ***A*** *v. t.* ***1*** abilitare: **to q. sb. to teach English** (*o* **for teaching English**), abilitare q. all'insegnamento dell'inglese ***2*** rendere idoneo; dare i titoli necessari; autorizzare: **Two weeks on the Costa Brava doesn't q. you as an expert on Spain**, due settimane sulla Costa Brava non ti autorizzano a pontificare sulla Spagna ***3*** (*sport*) qualificare ***4*** modificare; precisare; restringere; limitare ***5*** (*gramm.*) qualificare ***B*** *v. i.* ***1*** abilitarsi; diplomarsi; laurearsi: **to q. as a nurse**, diplomarsi infermiera; **to q. for the bar**, prepararsi per la professione forense ***2*** avere i requisiti necessari; avere diritto (a q.c.): **to q. for a grant**, avere diritto a un sussidio ***3*** potersi definire: **A sandwich and a coffee hardly q. as a meal**, un sandwich e un caffè non possono certo dirsi un pasto ***4*** (*sport*) qualificarsi.
qualifying /ˈkwɒlɪfaɪɪŋ/ *a.* ***1*** di ammissione ***2*** di abilitazione ***3*** (*sport*) eliminatorio; di qualificazione ***4*** (*gramm.*) qualificativo.
qualitative /ˈkwɒlɪtətɪv, *USA* -teɪt-/ *a.* qualitativo.
quality /ˈkwɒlətɪ/ *n.* [U] *e* [C] ***1*** qualità: **of high** [**low**] **q.**, di ottima [di bassa] qualità; **poor-q. goods**, merce scadente ***2*** qualità; caratteristica • (*comm.*) **q. control**, controllo della qualità □ (*in G.B.*) **q. paper**, quotidiano di informazione □ (*USA*) **q. time**, tempo dedicato esclusivamente alla famiglia.
qualm /kwɑːm, *USA* kwɔːm/ *n.* scrupolo; esitazione.
quandary /ˈkwɒndərɪ/ *n.* dilemma: **I was in a q.**, ero in un dilemma; non sapevo che partito prendere.
quango /ˈkwæŋgəʊ/ *n.* (*abbr. di* **quasi-autonomous non-governmental organization**, *spesso spreg.*) ente di nomina governativa ma con poteri autonomi.
quanta /ˈkwɒntə/ *pl. di* **quantum**.
quantifiable /kwɒntɪˈfaɪəbl/ *a.* quantificabile.
quantifier /ˈkwɒntɪfaɪə(r)/ *n.* (*gramm.*) quantificatore.
to **quantify** /ˈkwɒntɪfaɪ/ *v. t.* quantificare.
quantitative /ˈkwɒntɪtətɪv, *USA* -teɪt-/ *a.* quantitativo.
quantity /ˈkwɒntətɪ/ *n.* ***1*** [U] quantità: **to prefer q. to quality**, preferire la quantità alla qualità ***2*** quantità; numero; quantitativo: **The police found a q. of arms in the flat**, la polizia trovò un quantitativo di armi nell'appartamento • (*mat. e fig.*) **unknown q.**, incognita.
quantum /ˈkwɒntəm/ *n.* (*pl.* **quanta**) (*fis.*) quanto: **q. theory**, teoria dei quanti (*o* quantistica); **q. number**, numero quantico; **q. chemistry**, chimica quantistica • (*fig.*) **q. leap**, enorme balzo in avanti.
quarantine /ˈkwɒrəntiːn, *USA* ˈkwɔːr-/ *n.* [U] (*med., naut.*) quarantena.
to **quarantine** /ˈkwɒrəntiːn, *USA* ˈkwɔːr-/ *v. t.* (*med., naut. e fig.*) mettere in quarantena.
quark /kwɑːk, kwɔːk/ *n.* (*fis. nucl.*) quark.
quarrel /ˈkwɒrəl, *USA* ˈkwɔː-/ *n.* lite; litigio; disputa • **I have no q. with him**, non ho motivi di contrasto con lui □ **to pick a q. with sb.**, attaccare lite (*o* briga) con q.
to **quarrel** /ˈkwɒrəl, *USA* ˈkwɔː-/ *v. i.* litigare; disputare: **to q. over money matters**, litigare su questioni di soldi.
♦ **quarrel with** *v. i. + prep.* avere a ridire su (q.c.); essere in disaccordo su (q.c.).
quarrelling, (*USA*) **quarreling** /ˈkwɒrəlɪŋ, *USA* ˈkwɔː-/ *n.* litigi.
quarrelsome /ˈkwɒrəlsəm, *USA* ˈkwɔː-/ *a.* litigioso; attaccabrighe.
quarry (**1**) /ˈkwɒrɪ, *USA* ˈkwɔː-/ *n.* cava.
quarry (**2**) /ˈkwɒrɪ, *USA* ˈkwɔː-/ *n.* preda.
to **quarry** /ˈkwɒrɪ, *USA* ˈkwɔː-/ *v. t.* cavare (*marmo, ecc.*).
quarryman /ˈkwɒrɪmən, *USA* ˈkwɔː-/ *n.* (*pl.* **quarrymen** /-mən/) cavatore; cavapietre.
quart /kwɔːt/ *n.* quarto di gallone (*misura per liquidi*).
quarter /ˈkwɔːtə(r)/ *n.* ***1*** (*mat., astron., arald., ecc.*) quarto: **a q. of a mile** [**of an hour**], un quarto di miglio [d'ora]; **a q. of beef**, un quarto di bue; **It's a q. to** [**past**] **four**, sono le quattro meno [e] un quarto ***2*** trimestre (*in G.B. per i*

pagamenti, ecc.; *in U.S.A. anche scolastico*) **3** (*USA*) quarto di dollaro; venticinque cents **4** quadrante (della bussola); punto cardinale **5** direzione; località; parte; ambiente: **from all quarters**, da tutte le direzioni (*o* parti); **There was no help to be looked for from that q.**, da quella parte non c'era da aspettarsi alcun aiuto; **in some political quarters**, in alcuni ambienti politici **6** quartiere; zona: **the student q.**, il quartiere degli studenti **7** (*al pl.*) alloggio **8** (*al pl.*) (*mil.*) quartieri; alloggiamento **9** (*al pl.*) (*naut., mil.*) posti di combattimento **10** [U] (*form.*) tregua; quartiere: **to give no q.**, non dare quartiere **11** «quarter»; quarto di «hundredweight» (*misura di peso*) **12** (*naut.*) anca; giardinetto • **q.-bound**, (*di libro*) rilegato in pelle solo sul dorso □ (*in G.B.*) **q. day**, giorno di scadenza dei pagamenti trimestrali □ (*USA*) **q. hour**, quarto d'ora □ (*leg.*) **q. sessions**, sessioni trimestrali; udienze trimestrali □ (*mus., USA*) **q. note**, semiminima □ (*mus.*) **q. tone**, quarto di tono; mezzo semitono □ **at close quarters**, a distanza ravvicinata; da vicino.

to **quarter** /ˈkwɔːtə(r)/ ***A*** *v. t.* **1** dividere in quattro (parti) **2** (*mil.*) alloggiare; acquartierare **3** (*stor.*) squartare **4** (*di cani da caccia*) battere (*un terreno*) in ogni direzione ***B*** *v. i.* alloggiare; essere alloggiato.

quarterback /ˈkwɔːtɜːbæk/ *n.* (*football amer.*) giocatore che dirige il gioco offensivo; quarterback.

quarterdeck /ˈkwɔːtədɛk/ *n.* (*naut.*) cassero di poppa; casseretto.

quarterfinal /kwɔːtəˈfaɪnl/ *n.* (*sport*) incontro dei quarti di finale; (*al pl.*) quarti di finale.

quarterly /ˈkwɔːtəlɪ/ ***A*** *a.* trimestrale: **q. payments**, pagamenti trimestrali ***B*** *avv.* trimestralmente ***C*** *n.* pubblicazione trimestrale.

quartermaster /ˈkwɔːtəmɑːstə(r), *USA* -mæs-/ *n.* **1** (*mil.*) commissario; furiere; quartiermastro (*stor.*) **2** (*naut.*) secondo capo timoniere; quartiermastro (*stor.*).

quartet /kwɔːˈtɛt/ *n.* (*mus.*) quartetto.

quarto /ˈkwɔːtəʊ/ *a. e n.* (*pl.* **quartos**) (*tipogr.*) (volume) in quarto.

quartz /kwɔːts/ *n.* [U] (*miner.*) quarzo • **q. watch**, orologio al quarzo.

quartzite /ˈkwɔːtsaɪt/ *n.* [U] *e* [C] (*miner.*) quarzite.

quasar /ˈkweɪzɑː(r), -s-/ *n.* (*astron.*) quasar.

to **quash** /kwɒʃ, *USA* kwɔːʃ/ *v. t.* **1** (*leg.*) annullare; cassare **2** reprimere, soffocare (*una ribellione, ecc.*).

quasi /ˈkwɑːzɪ, ˈkweɪzaɪ/ *pref.* semi-; quasi: **q.-scientific**, semiscientifico; **q.-religious**, quasi religioso.

quatercentenary /kwætəsɛnˈtiːnərɪ, *USA* -ˈsɛntənɛrɪ/ *n.* quarto centenario.

quatrain /ˈkwɒtreɪn/ *n.* (*poesia*) quartina.

quaver /ˈkweɪvə(r)/ *n.* **1** (*nel canto*) trillo **2** tremolio (*della voce*) **3** (*mus., GB*) croma.

to **quaver** /ˈkweɪvə(r)/ ***A*** *v. i.* tremolare; tremare ***B*** *v. t.* dire (*o* cantare) con voce tremula.

quavery /ˈkweɪvərɪ/ *a.* (*di voce*) tremolante; tremulo.

quay /kiː/ *n.* (*naut.*) banchina; molo.

queasy /ˈkwiːzɪ/ *a.* **1** nauseato: **to feel q.**, avere la nausea; **to have a q. stomach**, avere lo stomaco delicato **2** a disagio; poco tranquillo.

queen /kwiːn/ *n.* **1** regina: **the Q. of England**, la regina d'Inghilterra; **Q. Victoria**, la regina Vittoria; **q. mother**, regina madre **2** (*a carte*) donna; regina: **q. of clubs**, donna di fiori **3** (*a scacchi*) regina **4** (*pop.*) checca • **Q.-Anne furniture**, mobili stile regina Anna □ **q. bee**, ape regina □ **beauty q.**, reginetta di bellezza □ (*leg.*) **to turn Q.'s evidence**, (*di criminale*) collaborare con la giustizia.

to **queen** /kwiːn/ ***A*** *v. t.* (*a scacchi*) fare regina (*un pedone*); (*a dama*) fare dama (*una pedina*) ***B*** *v. i.* **1** (*a scacchi*) andare a regina **2** (*a dama*) andare a dama • (*fam.*) **to q. it**, farla da regina; spadroneggiare.

queenly /ˈkwiːnlɪ/ *a.* da regina; degno di una regina; regale.

queer /kwɪə(r)/ ***A*** *a.* **1** strano; curioso; singolare **2** strano; poco chiaro; sospetto **3** indisposto; che ha la nausea: **to feel (a bit) q.**, sentirsi poco bene **4** matto; balordo **5** (*fam. spreg.*) omosessuale • (*fam.*) **q. in the head**, matto; tocco □ (*antiq. pop.*) **to find oneself in Q. Street**, essere in difficoltà finanziarie ***B*** *n.* (*fam. spreg.*) finocchio; checca; frocio • **q. bashing**, violenze contro gli omosessuali.

to **queer** /kwɪə(r)/ *v. t.* — **to q. sb.'s pitch**, sventare i piani di q.; rompere le uova nel paniere a q.

queerness /ˈkwɪənəs/ *n.* [U] stranezza; singolarità.

to **quell** /kwɛl/ *v. t.* **1** reprimere; domare **2** calmare; acquetare.

to **quench** /kwɛntʃ/ *v. t.* **1** — **to q. one's thirst**, dissetarsi; placare la sete **2** (*lett.*) spegnere (*fiamme, ecc.*).

querulous /ˈkwɛrʊləs/ *a.* querulo; lamentoso.

query /ˈkwɪərɪ/ *n.* **1** domanda; quesito; interrogativo: **to raise a q.**, porre una domanda **2** punto interrogativo.

to **query** /ˈkwɪərɪ/ *v. t.* **1** sollevare un dubbio su; mettere in discussione; contestare **2** chiedere.

quest /kwɛst/ *n.* [C] *e* [U] ricerca: **in q. of**, alla ricerca di; in cerca di.

to **quest** /kwɛst/ *v. Solo come*:

♦ **quest for** *v. i. + prep.* (*lett.*) andare in cerca di.

question /ˈkwɛstʃən/ *n.* **1** domanda: **to ask a lot of questions**, fare una quantità (*o* un sacco) di domande; **to put a q. to sb.**, fare una domanda a q. **2** [C] *e* [U] questione; problema: **the single currency q.**, la questione della moneta unica; **It's not a q. of money**, non è questione di soldi; **It's a q. of finding the right person**, il problema è trovare la persona giusta; **It's only a q. of**, si tratta solo di; **That is not the q.**, non si tratta di questo; non è questo il problema **3** interrogativo; dubbio: **There's no q. about it**, non ci sono dubbi; **to raise questions about st.**, sollevare interrogativi su q.c. • **q. master**, conduttore di un gioco a quiz □ **q. mark**, punto interrogativo □ **q. tag**, breve domanda in coda alla frase principale (*per es. «isn't it?», «non è vero?»*) □ (*polit.*) **q. time**, (*in parlamento*) fase dedicata alle interrogazioni □ **to beg the q.**, dare per dimostrato qualcosa che è da dimostrare □ **beside the q.**, non pertinente; fuori tema □ **beyond q.**, senza dubbio; sicuramente □ **the matter in q.**, l'argomento in questione □ **open to q.**, discutibile; contestabile □ **out of the q.**, fuori discussione; impossibile.

to **question** /ˈkwɛstʃən/ *v. t.* **1** interrogare **2** mettere in dubbio; dubitare di (q.c.). ATTENZIONE: **to question** ≠ questionare.

questionable /ˈkwɛstʃənəbl/ *a.* discutibile.

questioning /ˈkwɛstʃənɪŋ/ *a.* interrogativo: **a q. look**, uno sguardo interrogativo.

questionnaire /kwɛstʃəˈnɛə(r)/ (*franc.*) *n.* questionario.

queue /kjuː/ *n.* **1** (*specialm. GB*) coda; fila: **to stand in a q.**, fare la coda (*o* la fila); essere in coda; **to form a q.**, mettersi in coda; **to jump the q.**, non rispettare la coda; passare davanti agli altri **2** (*elab.*) coda (*di attesa*).

to **queue** /kjuː/ *v. i.* (*specialm. GB, anche* **to q. up**) fare la coda (*o* la fila); essere in coda.

to **queue-jump** /ˈkjuːdʒʌmp/ *v. i.* (*GB*) non rispettare la coda; passare davanti agli altri.

quibble /ˈkwɪbl/ *n.* **1** cavillo; sofisma **2** piccola critica.

to **quibble** /ˈkwɪbl/ *v. i.* **1** cavillare, sottilizzare **2** trovare da ridire.

quibbler /ˈkwɪblə(r)/ *n.* cavillatore (-trice); sofista.

quibbling /ˈkwɪblɪŋ/ *a.* cavilloso; sofistico.

quick /kwɪk/ ***A*** *a.* **1** rapido; veloce; svelto; celere: **in q. succession**, in rapida successione; **a q. drink**, un bicchierino veloce; **She's a q. worker**, è svelta sul lavoro; lavora in fretta; **q. to take offence**, pronto a offendersi; permaloso; **Be q. about it!**, fa' presto!; spicciati! **2** pronto; vivace; sveglio: **q. answer**, risposta pronta; **q. mind**, intelligenza pronta (*o* vivace) • (*teatr.*) **q.-change artist**, trasformista □ **q.-lunch counter**, tavola calda □ **q.-tempered**, impulsivo; irascibile □ (*equitazione*) **q. trot**, trotto serrato □ **q.-witted**, svelto; sveglio ***B*** *avv.* (*fam.*) rapidamente; velocemente; in fretta ***C*** *n.* — **the q.**, il vivo; la carne viva: **to bite one's nails to the q.**, mordersi le unghie fino alla carne viva (*o* a sangue); **to cut sb. to the q.**, toccare q. sul vivo.

to **quicken** /ˈkwɪkən/ ***A*** *v. t.* **1** affrettare; accelerare **2** (*antiq.*) animare; accendere; stimolare ***B*** *v. i.* **1** farsi più rapido **2** (*antiq.*) animarsi; ravvivarsi.

quickfire /ˈkwɪkfaɪə(r)/ *a.* (*di domande, ecc.*) rapido; a raffica.

to **quick-freeze** /ˈkwɪkfriːz/ (*pass.* **quick-froze** /-frəʊz/, *p.p.* **quick-frozen** /-frəʊzn/) *v. t.* surgelare • **quick-frozen foods**, (alimenti) surgelati.

quickie /ˈkwɪkɪ/ *n.* (*fam.*) **1** cosa fatta in fretta **2** bicchierino **3** sveltina (*pop.*) • **q. divorce**, divorzio istantaneo.

quicklime /ˈkwɪklaɪm/ *n.* [U] (*edil.*) calce viva.

quickness /ˈkwɪknəs/ *n.* [U] **1** rapidità; velocità **2** prontezza; acutezza.

quicksand /ˈkwɪksænd/ *n.* sabbie mobili.
quicksilver /ˈkwɪksɪlvə(r)/ *n.* Ⓤ (*chim.*) mercurio; argento vivo.
quickstep /ˈkwɪkstɛp/ *n.* (*danza*) quickstep.
quid (1) /kwɪd/ *n.* cicca (di tabacco da masticare).
quid (2) /kwɪd/ *n.* (*pl. invar.*) (*pop. GB*) sterlina.
quid pro quo /ˈkwɪdprəʊˈkwəʊ/ (*lat.*) *locuz. n.* (*pl.* **quid pro quos**) cambio; contraccambio; contropartita.
quiescence /kwaɪˈɛsns, kwɪˈɛsns/ *n.* Ⓤ *1* quiescenza; inattività; inerzia *2* (*med.*) latenza.
quiescent /kwaɪˈɛsnt, kwɪˈɛsnt/ *a.* *1* quiescente; inattivo; inerte *2* (*med.*) latente *3* (*elettron.*) a riposo.
quiet (1) /ˈkwaɪət/ *a.* *1* silenzioso; taciturno; poco rumoroso: **a q. street**, una strada silenziosa; **a q. engine**, un motore silenzioso; **a q. laugh**, una risatina sommessa; **Be q.!**, sta' zitto!; non far rumore!; **Keep them q.!**, falli tacere! *2* calmo; tranquillo: **q. manners**, modo di fare discreto *3* sobrio; semplice: **q. elegance**, eleganza sobria; **a q. wedding**, un matrimonio semplice; **q. colours**, colori non chiassosi *4* privato; confidenziale; segreto: **I had a q. word with him**, gli ho fatto un discorsetto in privato; **to keep st. q.**, tener segreto q.c.
quiet (2) /ˈkwaɪət/ *n.* Ⓤ quiete; calma; tranquillità; pace; riposo; silenzio • **on the q.**, in segreto; alla chetichella.
to **quiet** /ˈkwaɪət/ (*USA*) *V.* **to quieten**.
to **quieten** /ˈkwaɪətn/ (*anche* **to q. down**) *A* *v. t.* calmare; acquietare *B* *v. i.* calmarsi; acquietarsi; placarsi.
quietism /ˈkwaɪətɪzəm/ *n.* Ⓤ *1* (*relig.*) quietismo *2* (*polit., spreg.*) immobilismo.
quietist /ˈkwaɪətɪst/ *n.* *1* (*relig.*) quietista *2* (*polit., spreg.*) immobilista.
quietness /ˈkwaɪətnəs/, **quietude** /ˈkwaɪətjuːd, *USA* -tuːd/ *n.* Ⓤ quiete; calma; tranquillità; silenzio.
quietus /kwaɪˈiːtəs/ *n.* Ⓤ (*lett.*) *1* morte *2* fine.
quiff /kwɪf/ *n.* ciuffo alla brava.
quill /kwɪl/ *n.* *1* penna (dell'ala o della coda) *2* (*anche* **q. pen**) penna d'oca *3* (*di porcospino*) aculeo.
quilt /kwɪlt/ *n.* coperta imbottita; trapunta • **continental q.**, piumone ®; piumino.
to **quilt** /kwɪlt/ *v. t.* trapuntare.
quilted /ˈkwɪltɪd/ *a.* trapuntato.
quilting /ˈkwɪltɪŋ/ *n.* Ⓤ *1* (l') imbottire e trapuntare *2* stoffa per trapunte.
quin /kwɪn/ *n.* (*GB*) *abbr. fam. di* **quintuplet**.
quince /kwɪns/ *n.* *1* mela cotogna *2* cotogno • **q. jelly**, cotognata.
quinine /ˈkwɪniːn, *USA* ˈkwaɪnaɪn/ *n.* Ⓤ (*farm.*) chinino.
quinquennial /kwɪnˈkwɛnɪəl/ *a.* quinquennale.
quint /kwɪnt/ *n.* (*USA*) *abbr. fam. di* **quintuplet**.
quintessence /kwɪnˈtɛsns/ *n.* quintessenza.
quintet /kwɪnˈtɛt/ *n.* (*mus.*) quintetto.
quintuplet /ˈkwɪntjʊplət, -ˈtjuː-, *USA* -ˈtʌplət/ *n.* gemello di parto quintuplo; (*al pl., collett.*) cinque gemelli.
quip /kwɪp/ *n.* battuta di spirito; frizzo.
to **quip** /kwɪp/ *v. i.* fare battute di spirito.
quire /ˈkwaɪə(r)/ *n.* *1* mazzetta di 24 fogli di carta *2* (*legatoria*) quaderno • **in quires**, non rilegato.
quirk /kwɜːk/ *n.* *1* stranezza; bizzarria: **q. of fate**, capriccio della sorte *2* (*del carattere*) stravaganza; mania; ticchio.
quirkiness /ˈkwɜːkɪnəs/ *n.* stranezza; bizzarria; stravaganza; eccentricità.
quirky /ˈkwɜːkɪ/ *a.* *1* strano; bizzarro *2* (*di persona*) stravagante; eccentrico.
quisling /ˈkwɪzlɪŋ/ *n.* (*polit.*) collaborazionista.
to **quit** /kwɪt/ (*pass. e p.p.* **quitted** *o, specialm. USA,* **quit**) *A* *v. t.* *1* abbandonare; lasciare *2* (*fam.*) smettere; piantare: **to q. smoking**, smettere di fumare; **Q. crying!**, piantala di piangere!; **to q. one's job**, dare le dimissioni *B* *v. i.* *1* andarsene *2* dare le dimissioni *3* smettere; mollare; darsi per vinto • **to give notice to q.**, dare la disdetta (*a un inquilino*).
quite /kwaɪt/ *avv.* *1* completamente; perfettamente; proprio: **I q. understand**, capisco perfettamente; **«Are you ready?» «Not q.»**, «sei pronto?» «non del tutto»; **not q. new**, non proprio nuovo; **Q. so**, proprio così *2* abbastanza; piuttosto: **He's q. good-looking**, è piuttosto un bell'uomo; **It took q. a long time**, ci volle un bel po' di tempo; **q. a few people**, un discreto numero di persone; **I q. like the idea**, l'idea non mi dispiace *3* molto: **She's q. lovely**, è bellissima • **Q.!**, proprio!; già!; appunto! □ **She's q. a woman!**, che donna! □ **Q. right!**, giustissimo; hai fatto bene □ **Australian wines are q. something**, i vini australiani sono notevoli.
quits /kwɪts/ *a. pred.* pari; pari e patta: **to be q. (with sb.)**, essere pari (con q.) • **Let's call it q.**, e con questo siamo pari; chiudiamola qui; facciamo punto.
quittance /ˈkwɪtəns/ *n.* Ⓒ *e* Ⓤ (*leg., comm.*) quietanza; ricevuta.
quitter /ˈkwɪtə(r)/ *n.* (*fam.*) rinunciatario (-a).
quiver (1) /ˈkwɪvə(r)/ *n.* faretra; turcasso.
quiver (2) /ˈkwɪvə(r)/ *n.* tremito; brivido.
to **quiver** /ˈkwɪvə(r)/ *v. i.* tremare; fremere; rabbrividire.
qui vive /ˈkiːˈviːv/ (*franc.*) *locuz. n.* — **to be on the q.**, stare all'erta.
quixotic /kwɪkˈsɒtɪk/ *a.* donchisciottesco.
quiz /kwɪz/ *n.* (*pl.* **quizzes**) *1* (*gioco*) quiz *2* esame a quiz.
to **quiz** /kwɪz/ *v. t.* interrogare.
quizmaster /ˈkwɪzmɑːstə(r), *USA* -mæs-/ *n.* (*radio, TV*) conduttore di un gioco a quiz.
quizzical /ˈkwɪzɪkl/ *a.* (*di sorriso, sguardo*) interrogativo; canzonatorio.
quoin /kɔɪn/ *n.* (*archit., edil.*) concio d'angolo.
quoit /kɔɪt, *USA* kwɔɪt/ *n.* *1* anello (*per il gioco del lancio degli anelli*) *2* (*al pl.*) gioco del lancio degli anelli.
quorum /ˈkwɔːrəm/ *n.* (*leg.*) quorum; numero legale.
quota /ˈkwəʊtə/ *n.* *1* quota; parte *2* (*econ.*) contingente.
quotation /kwəʊˈteɪʃn/ *n.* *1* citazione *2* (*comm., fin.*) quotazione; prezzo corrente *3* (*comm.*) preventivo • **q. marks**, virgolette (*di citazione*).
quote /kwəʊt/ *n.* (*fam.*) *1* citazione *2* (*comm.*) preventivo *3* (*al pl.*) virgolette: **in quotes**, tra virgolette.
to **quote** /kwəʊt/ *v. t.* *1* citare: **He was quoted as saying that...**, secondo quanto riferito, ha detto che...; **Don't q. me on this**, non dire che l'ho detto io *2* (*comm., fin.*) quotare *3* (*comm.*) fare un preventivo di • **Q... unquote**, aperte le virgolette... chiuse le virgolette.
quotient /ˈkwəʊʃnt/ *n.* (*mat.*) quoziente.
qwerty /ˈkwɜːtɪ, ˈkwɛətɪ/ *a.* (*di tastiera, anche elab.*) qwerty; del tipo standard anglosassone.

r, R

R, r /ɑː(r)/ *n.* (*pl.* **Rs, rs; R's, r's**) R, r • (*telef.*) **r for Robert** (*USA* **for Roger**), r come Roma □ **the three R's** (**Reading, wRiting, aRithmetic**), leggere, scrivere e far di conto.
rabbi /ˈræbaɪ/ *n.* rabbino.
rabbinic(al) /rəˈbɪnɪk(l)/ *a.* rabbinico.
rabbit /ˈræbɪt/ *n.* ***1*** (*zool.*) coniglio ***2*** (*fam.*) schiappa • **r. hole**, tana di coniglio □ **r. hutch**, conigliera □ **r. punch**, colpo alla nuca □ **r. warren**, garenna; (*fig., di palazzo, quartiere, ecc.*) labirinto.
to **rabbit** /ˈræbɪt/ *v. i.* (*fam. GB, anche* **to r. on**) chiacchierare senza sosta; blaterare.
rabble /ˈræbl/ *n.* ***1*** folla tumultuante ***2*** — (*spreg.*) **the r.**, la marmaglia; la plebaglia • **r.-rouser**, agitatore (-trice); arruffapopolo; demagogo.
rabid /ˈræbɪd, *USA* ˈreɪ-/ *a.* ***1*** (*di cane*) rabbioso; idrofobo ***2*** fanatico; **r. anti-Semite**, antisemita fanatico.
rabies /ˈreɪbiːz/ *n.* Ⓤ (*med.*) rabbia; idrofobia.
raccoon /rəˈkuːn, *USA* ræ-/ *n.* (*zool.*) procione; orsetto lavatore.
race (1) /reɪs/ *n.* ***1*** (*specialm. sport*) corsa; gara: **to run a r.**, fare una corsa; **horse r.**, corsa ippica; **boat r.**, gara di canottaggio; regata; **the races**, le corse (di cavalli) ***2*** corrente veloce (*specialm. di marea*) ***3*** canale di condotta; gora (*di mulino*) • **r. card**, programma delle corse □ **r. meeting**, concorso ippico □ (*sport*) **r.-walking**, la marcia.
race (2) /reɪs/ *n.* Ⓒ *e* Ⓤ razza; stirpe; discendenza; gruppo etnico: **the human r.**, la razza umana; **a r. of heroes**, una stirpe di eroi; **r. riots**, scontri razziali; **r. relations**, relazioni interrazziali.
to **race** /reɪs/ ***A*** *v. i.* ***1*** (*sport*) correre; gareggiare ***2*** correre; andare a tutta velocità: **We had to r. to get there on time**, abbiamo dovuto correre per arrivare in tempo ***3*** (*di motore*) girare a vuoto; imballarsi ***B*** *v. t.* ***1*** gareggiare (*in corsa*) con: **I'll r. you to the end of the road**, vediamo chi arriva primo in fondo alla strada ***2*** far correre (*un cavallo, un'automobile*) ***3*** portare (q.) di corsa: **to r. sb. to hospital**, portare q. di corsa all'ospedale; ricoverare q. d'urgenza.
racecourse /ˈreɪskɔːs/ *n.* (*sport*) ippodromo, (*USA, anche*) pista.
racehorse /ˈreɪshɔːs/ *n.* cavallo da corsa.
racer /ˈreɪsə(r)/ *n.* (*sport*) ***1*** automobile da corsa; bicicletta da corsa; imbarcazione da regata ***2*** cavallo da corsa.
racetrack /ˈreɪstræk/ *n.* (*sport*) pista; ippodromo.
racial /ˈreɪʃl/ *a.* razziale: **r. discrimination**, discriminazione razziale; **r. equality**, uguaglianza delle razze.
racialism /ˈreɪʃəlɪzəm/ *n.* Ⓤ razzismo.
racialist /ˈreɪʃəlɪst/ *n. e a.* razzista.
racing /ˈreɪsɪŋ/ (*sport*) ***A*** *n.* Ⓤ corsa; corse (dei cavalli) ***B*** *a. attr.* da corsa; da competizione: **r. car**, automobile da corsa; **r. colours**, colori di scuderia; **r. stables**, scuderia di cavalli da corsa • **horse r.**, ippica.
racism /ˈreɪsɪzəm/ *n.* Ⓤ razzismo.
racist /ˈreɪsɪst/ *n. e a.* razzista.
rack (1) /ræk/ *n.* ***1*** rastrelliera; appenditoio ***2*** (*anche* **luggage r.**) reticella portabagagli; (*anche* **roof r.**) portapacchi (*sul tetto di un veicolo*) ***3*** (*stor.*) ruota (*per la tortura*) ***4*** (*mecc.*) cremagliera • **magazine r.**, portariviste □ **on the r.**, sulle spine; alla tortura (*fig.*) □ **pipe r.**, portapipe □ **plate r.**, scolapiatti.
rack (2) /ræk/ *n.* Ⓤ — **to go to r. and ruin**, andare in rovina; andare in malora.
to **rack** /ræk/ *v. t.* torturare; tormentare: **He was racked with pain [by doubts]**, era tormentato dal dolore [dai dubbi] • **to r. one's brains**, scervellarsi.
racket (1) /ˈrækɪt/ *n.* ***1*** baccano; fracasso; frastuono: **to kick up a r.**, fare un gran baccano ***2*** attività illegale; racket: **the narcotics r.**, il racket della droga ***3*** (*pop. scherz.*) lavoro; occupazione.
racket (2) /ˈrækɪt/ *n.* (*sport*) racchetta (*da tennis, da neve, ecc.*).
racketeer /rækəˈtɪə(r)/ *n.* chi fa parte di un racket; gangster; malavitoso.
racketeering /rækəˈtɪərɪŋ/ *n.* Ⓤ attività illegali per estorcere denaro; truffe; ricatti.
raconteur /rækɒnˈtɜː(r)/ (*franc.*) *n.* brillante conversatore.
racoon /rəˈkuːn/ *V.* **raccoon**.
racquet /ˈrækɪt/ *V.* **racket (2)**.
racy /ˈreɪsɪ/ *a.* ***1*** brioso; frizzante; vivace ***2*** salace; spinto.
radar /ˈreɪdɑː(r)/ *n.* Ⓤ radar • **r. beacon**, radarfaro □ **r. operator**, radarista □ (*autom.*) **r. trap**, Autovelox ®.
radial /ˈreɪdɪəl/ ***A*** *a.* (*geom., mecc., anat.*) radiale ***B*** *n.* (*anche* **r. tyre**) (pneumatico) radiale.
radiance /ˈreɪdɪəns/ *n.* Ⓤ radiosità; fulgore; splendore.
radiant /ˈreɪdɪənt/ ***A*** *a.* ***1*** (*fis.*) radiante: **r. heat**, calore radiante ***2*** sfolgorante; fulgido ***3*** raggiante: **r. smile**, sorriso raggiante ***B*** *n.* (*fis., astron.*) punto radiante.
to **radiate** /ˈreɪdɪeɪt/ ***A*** *v. t.* (*anche fig.*) irradiare • **to r. joy**, essere raggiante ***B*** *v. i.* (*anche fig.*) irradiarsi.
radiation /reɪdɪˈeɪʃn/ *n.* Ⓤ *e* Ⓒ ***1*** irradiazione ***2*** radiazione (*nucleare*): **r. sickness**, malattia da radiazioni.
radiator /ˈreɪdɪeɪtə(r)/ *n.* radiatore • (*autom.*) **r. cap**, tappo del radiatore.
radical /ˈrædɪkl/ ***A*** *n.* ***1*** (*chim., mat., polit.*) radicale ***2*** (*gramm., anche* **r. word**) radice; radicale ***3*** (*mat., anche* **r. sign**) segno di radice ***B*** *a.* radicale.
radicalism /ˈrædɪkəlɪzəm/ *n.* Ⓤ (*polit.*) radicalismo.
radii /ˈreɪdɪaɪ/ *pl. di* **radius**.
radio /ˈreɪdɪəʊ/ *n.* (*pl.* **radios**) ***1*** Ⓤ radio; radiofonia; radiotelegrafia: **to send a message by r.**, trasmettere un messaggio per radio; **to hear st. on the r.**, sentire q.c. alla radio ***2*** (*anche* **r. set**) radio; apparecchio radio • **r. alarm**, radiosveglia □ (*aeron., naut.*) **r. beacon**, radiofaro □ **r.-controlled**, radiocomandato; radioguidato □ **r. engineer**, radiotecnico □ **r. engineering**, radiotecnica □ **r. frequency**, radiofrequenza □ **r. link**, collegamento radiofonico; ponte radio □ (*aeron., naut.*) **r. operator**, radiotelegrafista; marconista □ **r. receiver**, radioricevitore □ **r. transmitter**, radiotrasmettitore □ **r. wave**, radioonda.
to **radio** /ˈreɪdɪəʊ/ ***A*** *v. t.* ***1*** radiotrasmettere (*un messaggio*) ***2*** chiamare via radio ***B*** *v. i.* trasmettere per radio; comunicare via radio.
radioactive /reɪdɪəʊˈæktɪv/ *a.* (*chim., fis.*) radioattivo: **r. waste**, scorie radioattive.
radioactivity /reɪdɪəʊækˈtɪvətɪ/ *n.* Ⓤ (*chim., fis.*) radioattività.
radiocarbon /reɪdɪəʊˈkɑːbən/ *n.* Ⓤ (*scient.*) radiocarbonio: **r. dating**, datazione con il carbonio 14.
radiographer /reɪdɪˈɒgrəfə(r)/ *n.* (*med.*) radiologo (-a) (*tecnico*).
radiography /reɪdɪˈɒgrəfɪ/ *n.* Ⓤ (*med.*) radiografia (*il procedimento*).
radiologist /reɪdɪˈɒlədʒɪst/ *n.* (*med.*) radiologo (-a) (*medico*).
radiology /reɪdɪˈɒlədʒɪ/ *n.* Ⓤ (*med.*) radiologia.
radiosonde /ˈreɪdɪəʊsɒnd/ *n.* (*meteorol., astron.*) radiosonda.
radiotelephone /reɪdɪəʊˈtelɪfəʊn/ *n.* radiotelefono.
radiotelescope /ˈreɪdɪəʊˈtelɪskəʊp/ *n.* (*astron.*) radiotelescopio.
radiotherapist /reɪdɪəʊˈθerəpɪst/ *n.* (*med.*) radioterapista.
radiotherapy /reɪdɪəʊˈθerəpɪ/ *n.* Ⓤ (*med.*) radioterapia.
radish /ˈrædɪʃ/ *n.* (*bot.*) ***1*** ravanello ***2*** rafano.
radium /ˈreɪdɪəm/ *n.* Ⓤ (*chim.*) radio • (*med.*) **r. therapy**, radioterapia.

radius /ˈreɪdɪəs/ *n.* (*pl.* **radii**) *1* (*geom. e fig.*) raggio: **within a r. of ten miles**, entro un raggio di dieci miglia *2* (*anat.*) radio.
radon /ˈreɪdɒn/ *n.* U (*chim.*) radon.
raffia /ˈræfɪə/ *n.* U (*bot.*) rafia, raffia.
raffish /ˈræfɪʃ/ *a.* dissipato; scioperato; malandrino.
raffle /ˈræfl/ *n.* riffa; lotteria.
to **raffle** /ˈræfl/ *v. t.* mettere in palio in una riffa.
raft (1) /rɑːft, *USA* ræft/ *n.* *1* zattera (*di tronchi d'albero*) *2* (*anche* **life r.**) zattera di salvataggio; battello di gomma.
raft (2) /rɑːft, *USA* ræft/ *n.* (*fam. USA*) mucchio; sacco: **a r. of mail**, un sacco di posta.
to **raft** /rɑːft, *USA* ræft/ *A* *v. t.* trasportare su una zattera *B* *v. i.* scendere un fiume su una zattera (*o* su un gommone).
rafter /ˈrɑːftə(r), *USA* ˈræftə(r)/ *n.* (*edil.*) travicello (*di tetto*).
rag /ræg/ *n.* *1* straccio; cencio *2* (*al pl.*) (*spreg.*) vestiti vecchi; stracci: **dressed in rags**, vestito di stracci; cencioso *3* (*spreg.*) giornalaccio ● (*antiq.*) **rag-and-bone man**, straccivendolo □ **rag doll**, bambola di pezza □ (*fam.*) **rag trade**, industria dell'abbigliamento □ **to feel like a wet rag**, sentirsi uno straccio □ **from rags to riches**, dalla povertà alla ricchezza.
ragamuffin /ˈrægəmʌfɪn/ *n.* monello; scugnizzo.
ragbag /ˈrægbæg/ *n.* *1* (*fam.*) miscuglio; guazzabuglio; accozzaglia *2* (*spreg.*) straccione.
rage /reɪdʒ/ *n.* C *e* U *1* collera; furia; furore: **to be in a r. with sb.**, essere in collera con q.; **to fly into a r.**, montare in collera; andare su tutte le furie *2* (*fam.*) moda: **to be all the r.**, essere di gran moda; far furore; furoreggiare.
to **rage** /reɪdʒ/ *v. i.* *1* essere in collera *2* infuriare; imperversare ● **to r. against sb.**, inveire contro q.
ragged /ˈrægɪd/ *a.* *1* logoro; sbrindellato; stracciato *2* cencioso; vestito di stracci *3* frastagliato; irregolare; disordinato *4* (*di barba*) irsuto; ispido *5* (*di lavoro, ecc.*) imperfetto; malfatto.
raggedly /ˈrægɪdlɪ/ *avv.* *1* — **r. dressed**, vestito di stracci *2* disordinatamente; in modo irregolare.
raging /ˈreɪdʒɪŋ/ *a.* furioso; furibondo; violento: **r. thirst**, sete furiosa; **r. fire**, violento incendio.
raglan /ˈræglən/ (*sartoria*) *A* *n.* raglan *B* *a. attr.* alla raglan.
ragman /ˈrægmən/ *n.* (*pl.* **ragmen** /-mən/) straccivendolo.
ragout /ræˈguː, ˈræguː, *USA* ræˈguː/ *n.* C *e* U (*cucina*) ragù.
ragtag /ˈrægtæg/ *A* *n.* — **r. and bobtail**, marmaglia; canaglia *B* *a.* raccogliticcio; straccione.
ragtime /ˈrægtaɪm/ *n.* U (*mus.*) ragtime.
raid /reɪd/ *n.* *1* incursione; irruzione; razzia; scorreria: **air r.**, incursione aerea; **police r.**, irruzione della polizia *2* rapina: **r. on a bank**, rapina a una banca *3* (*fin.*) scalata.
to **raid** /reɪd/ *A* *v. t.* *1* fare un'incursione in (*o* su); fare irruzione in *2* razziare; saccheggiare *3* assaltare, rapinare (*una banca, ecc.*) *4* (*fin.*) dare la scalata a *B* *v. i.* fare incursioni (*o* scorrerie).
raider /ˈreɪdə(r)/ *n.* *1* razziatore; predone *2* rapinatore (-trice) *3* (*aeron.*) aeroplano da incursione *4* (*fin.*) chi dà la scalata (*a una società*); scalatore.
rail /reɪl/ *n.* *1* sbarra; barra; asta *2* (*anche* **hand r.**) corrimano *3* (*ferr.*) rotaia *4* U ferrovia: **by r.**, per ferrovia; in treno; su rotaia ● **to be back on the rails**, essere di nuovo in carreggiata (*fig.*) □ **to go off the rails**, (*di treno, tram*) uscire dalle rotaie, deragliare; (*fig.*) uscire di carreggiata, dare i numeri □ **towel r.**, portasciugamano.
to **rail** /reɪl/ *v. i.* inveire; protestare: **to r. at** (*o* **against**) **sb.**, inveire contro q.
railcar /ˈreɪlkɑː(r)/ *n.* (*ferr.*) automotrice.
railing /ˈreɪlɪŋ/ *n.* (*generalm. al pl.*) ringhiera; inferriata; cancellata.
raillery /ˈreɪlərɪ/ *n.* U *e* C bonaria presa in giro.
railroad /ˈreɪlrəʊd/ *n.* (*USA*) *1* binario *2* ferrovia (*per gli esempi d'uso, V.* **railway**).
to **railroad** /ˈreɪlrəʊd/ *v. t.* (*USA*) trasportare per ferrovia.
♦ **railroad into** *v. t. + prep.* costringere a (fare q.c.).
♦ **railroad through** *v. t. + avv.* (*fam.*) far approvare in fretta.
railway /ˈreɪlweɪ/ *n.* (*GB*) *1* ferrovia *2* (*anche al pl.*) ferrovie; compagnia ferroviaria ● **r. engine**, locomotiva □ **r. line**, linea ferroviaria; binari □ **r. station**, stazione ferroviaria.
railwayman /ˈreɪlweɪmən/ *n.* (*pl.* **railwaymen** /-mən/) (*GB*) ferroviere.
rain /reɪn/ *n.* U *e* C (*anche fig.*) pioggia: **to go out in the r.**, uscire sotto la pioggia; **It looks like r.**, sembra che voglia piovere; **the rains**, le grandi piogge ● **r. forest**, foresta pluviale □ **come r. or shine**, piova o faccia bello; (*fig.*) qualunque cosa accada □ (*fam. USA*) **I'll take a r. check**, accetto per un'altra volta.
to **rain** /reɪn/ *A* *v. i.* *1* piovere: **It's raining**, piove *2* (*anche* **to r. down**) piovere; cadere; scendere; scorrere: **Tears rained down her cheeks**, le lacrime le scorrevano sulle guance ● (*fam.*) **to r. cats and dogs**, piovere a dirotto (*o* a catinelle) □ (*prov.*) **It never rains but it pours**, le disgrazie non vengono mai sole *B* *v. t.* (*anche* **to r. down**) riversare; far piovere; dare a piene mani; colmare di: **to r. praises on sb.**, colmare q. di elogi.
♦ **rain off** *v. t. + avv.* (*generalm. al passivo*) sospendere (*una partita, ecc.*) per la pioggia.
rainbow /ˈreɪnbəʊ/ *n.* arcobaleno.
raincoat /ˈreɪnkəʊt/ *n.* impermeabile.
raindrop /ˈreɪndrɒp/ *n.* goccia di pioggia.
rainfall /ˈreɪnfɔːl/ *n.* U piovosità; precipitazioni: **average r.**, piovosità media.
rainproof /ˈreɪnpruːf/ *a.* impermeabile; a tenuta d'acqua.
rainstorm /ˈreɪnstɔːm/ *n.* temporale.
rainwater /ˈreɪnwɔːtə(r), *USA* -wɒt-/ *n.* acqua piovana.
rainwear /ˈreɪnweə(r)/ *n.* U indumenti impermeabili.
rainy /ˈreɪnɪ/ *a.* piovoso; umido: **r. weather**, tempo piovoso; **r. season**, stagione delle piogge (*ai tropici*) ● **to save up for a r. day**, risparmiare per i tempi difficili.
raise /reɪz/ *n.* (*USA*) aumento: **salary r.**, aumento di stipendio.
to **raise** /reɪz/ *v. t.* *1* alzare; rialzare; sollevare; levare: **to r. an arm**, alzare un braccio; **to r. a weight**, sollevare un peso; **to r. one's glass to sb.**, (levare il bicchiere per) brindare a q.; **to r. a cheer**, levare un'acclamazione; **to r. one's eyebrows**, inarcare le sopracciglia; (*fig.*) essere sorpreso (*o* sconcertato), mostrare disapprovazione; **to r. one's hat** (**to sb.**), togliersi il cappello (per salutare q.) *2* costruire; erigere: **to r. a monument**, erigere un monumento *3* aumentare; alzare; accrescere; alimentare: **to r. prices**, aumentare i prezzi; **to r. one's voice**, alzare la voce; **to r. sb.'s hopes**, alimentare le speranze di q. *4* (*agric.*) allevare; coltivare: **to r. cattle**, allevare bestiame; **to r. wheat**, coltivare grano *5* allevare; tirar su (*fam.*): **to r. a large family**, tirar su una famiglia numerosa *6* sollevare; suscitare; muovere: **to r. an issue**, sollevare una questione; **to r. an objection**, muovere un'obiezione; **to r. a laugh**, suscitare ilarità *7* raccogliere; procurarsi: **to r. an army**, raccogliere un esercito; **to r. taxes**, imporre tasse; **to r. a loan**, ottenere un prestito *8* (*fam., radio, ecc.*) contattare ● (*fam.*) **to r. hell** (*o* **Cain, the devil**), fare il diavolo a quattro; scatenare un putiferio; fare un finimondo □ (*naut.*) **to r. land**, avvistare terra □ **to r. an embargo** [**a siege**], togliere un embargo [un assedio] □ **to r. from the dead**, risuscitare □ (*mat.*) **to r. to the third power**, elevare alla terza potenza □ (*mil.*) **to r. to the rank of**, promuovere al grado di.
raisin /ˈreɪzn/ *n.* (*generalm. al pl.*) uva passa; uvetta.
rajah /ˈrɑːdʒə/ *n.* ragià.
rake (1) /reɪk/ *n.* rastrello.
rake (2) /reɪk/ *n.* inclinazione; angolo d'inclinazione.
rake (3) /reɪk/ *n.* (*antiq.*) libertino; dissoluto.
to **rake** /reɪk/ *A* *v. t.* *1* rastrellare *2* spianare col rastrello *3* attizzare (*il fuoco*) *4* (*mil.*) colpire d'infilata; spazzare *5* percorrere con lo sguardo; spazzare (*con fari, ecc.*) *B* *v. i.* *1* rastrellare *2* frugare; rovistare.
♦ **rake about** (*o* **around**) *v. i. + avv.* frugare; rovistare: **to r. about among old papers**, frugare tra vecchie carte.
♦ **rake in** *v. t. + avv.* (*fam.*) guadagnare: **They're raking it in**, fanno soldi a palate.
♦ **rake off** *v. t. + avv.* (*fam.*) intascare (*una percentuale, una tangente*).
♦ **rake out** *v. t. + avv.* *1* pulire (*un camino*) *2* (*fam.*) scovare.
♦ **rake up** *v. t. + avv.* *1* riunire col rastrello *2* (*fam.*) mettere insieme; raggranellare *3* (*fam.*) rivangare: **to r. up an old grudge**, rivangare un vecchio rancore.
raked /reɪkt/ *a.* inclinato.
rake-off /ˈreɪkɒf, *USA* -ɔːf/ *n.* (*fam.*) percentuale; fetta; tangente.
raking /ˈreɪkɪŋ/ *a.* inclinato.
rakish (1) /ˈreɪkɪʃ/ *a.* (*antiq.*) dissoluto; licenzioso.
rakish (2) /ˈreɪkɪʃ/ *a.* *1* (*di imbarcazione*) slanciato *2* ardi-

to; disinvolto; sbarazzino: **at a r. angle**, (*di cappello*) portato alla sbarazzina; sulle ventitré.

rally /ˈrælɪ/ *n.* ***1*** (*anche polit.*) riunione; raduno; manifestazione ***2*** (*autom.*) rally ***3*** (*tennis, ecc.*) lungo scambio di colpi ***4*** recupero di forze; ripresa ***5*** (*fin.*) ripresa (*del mercato*); rialzo (*dei titoli*) • (*autom.*) **c. driver**, rallista.

to **rally** (**1**) /ˈrælɪ/ ***A*** *v. t.* ***1*** chiamare a raccolta; raccogliere; radunare ***2*** rianimare; incoraggiare; fare appello a ***B*** *v. i.* ***1*** radunarsi; raccogliersi ***2*** rianimarsi; riprendersi ***3*** (*fin.*) essere in ripresa; (*di titoli*) essere in rialzo.

♦ **rally round** *v. i. + avv.* (*o prep.*) (*di più persone*) venire in aiuto (di); stringersi intorno (a).

to **rally** (**2**) /ˈrælɪ/ *v. t.* canzonare; prendere in giro bonariamente.

rallying /ˈrælɪɪŋ/ *a.* — **r. cry**, grido di guerra; slogan; **r. point**, punto di raduno.

ram /ræm/ *n.* ***1*** (*zool.*) ariete; montone ***2*** (*mil., stor., anche* **battering r.**) ariete ***3*** (*mecc.*) mazzapicchio; maglio ***4*** (*mecc.*) pistone.

to **ram** /ræm/ *v. t.* ***1*** cozzare; andare a sbattere contro; speronare ***2*** calcare; pigiare; piantare: **to ram one's hat down on one's head**, calcarsi il cappello in testa; **to ram clothes into a bag**, pigiare (*o* cacciare) vestiti in una borsa • **to ram st. home to sb.**, costringere q. a capire q.c. □ **to ram st. down sb.'s throat**, costringere q. ad accettare q.c. (*idea, progetto, ecc.*)

ramble /ˈræmbl/ *n.* ***1*** passeggiata; escursione ***2*** divagazione.

to **ramble** /ˈræmbl/ *v. i.* ***1*** vagabondare; andare a zonzo; fare gite (*a piedi in campagna*) ***2*** divagare ***3*** vaneggiare ***4*** (*di piante*) crescere in ogni direzione.

rambler /ˈræmblə(r)/ *n.* ***1*** chi va a zonzo; gitante ***2*** (*sport*) escursionista (*a piedi*) ***3*** (*bot.*) rosa rampicante.

rambling /ˈræmblɪŋ/ ***A*** *a.* ***1*** girovago ***2*** (*di scritto, discorso*) confuso; incoerente; sconnesso ***3*** (*di pianta*) rampicante ***4*** (*di edificio*) costruito in modo disordinato; vasto e irregolare ***B*** *n.* (*sport*) escursionismo (*a piedi*).

ramification /ræmɪfɪˈkeɪʃn/ *n.* ramificazione; diramazione.

to **ramify** /ˈræmɪfaɪ/ ***A*** *v. t.* far ramificare; suddividere ***B*** *v. i.* ramificarsi; diramarsi.

ramp /ræmp/ *n.* ***1*** rampa ***2*** (*aeron.*) scaletta d'imbarco ***3*** (*USA*) rampa di accesso (*di autostrada*) ***4*** (*autom., GB*) cunetta (*per costringere a rallentare*).

rampage /ˈræmpeɪdʒ/ *n.* [U] — **to go on the r.**, scatenarsi; darsi ad atti di teppismo.

to **rampage** /ræmˈpeɪdʒ/ *v. i.* scatenarsi; imperversare; infuriare.

rampant /ˈræmpənt/ *a.* ***1*** (*arald., archit.*) rampante: **lion r.**, leone rampante ***2*** imperversante; dilagante: **Crime is r.**, la criminalità dilaga ***3*** aggressivo; violento ***4*** (*di vegetazione*) lussureggiante; rigoglioso.

rampart /ˈræmpɑːt/ *n.* bastione; baluardo.

ramrod /ˈræmrɒd/ *n.* bacchetta, scovolo (*per arma da fuoco*).

ramshackle /ˈræmʃækl/ *a.* ***1*** sgangherato; traballante ***2*** (*di edificio*) malandato; che cade a pezzi.

ran /ræn/ *pass. di* **to run**.

ranch /rɑːntʃ, *USA* ræntʃ/ *n.* ranch.

rancher /ˈrɑːntʃə(r), *USA* ˈræn-/ *n.* ***1*** chi possiede (*o* lavora in) un ranch ***2*** allevatore (*di bestiame*).

rancid /ˈrænsɪd/ *a.* rancido.

rancorous /ˈræŋkərəs/ *a.* pieno di rancore; acrimonioso.

rancour /ˈræŋkə(r)/ *n.* [U] rancore; acredine.

random /ˈrændəm/ *a.* (fatto, scelto) a caso; casuale; aleatorio: **r. choice**, scelta (fatta) a caso; **r. shots**, colpi sparati a caso; (*elab.*) **r. access**, accesso casuale; accesso random; (*mat.*) **r. function**, funzione aleatoria • **at r.**, a casaccio; alla cieca; alla rinfusa.

to **randomize**, (*GB anche*) to **randomise** /ˈrændəmaɪz/ *v. t.* (*stat.*) randomizzare.

randomly /ˈrændəmlɪ/ *avv.* a casaccio; alla rinfusa; alla cieca.

randomness /ˈrændəmnəs/ *n.* [U] casualità; aleatorietà.

randy /ˈrændɪ/ *a.* (*pop.*) libidinoso; arrapato (*pop.*).

rang /ræŋ/ *pass. di* **to ring**.

range /reɪndʒ/ *n.* [C] *e* [U] ***1*** serie; linea; assortimento; gamma: **a vast r. of goods**, una vasta gamma di prodotti; **a new r. of cosmetics**, una nuova linea di cosmetici; **price r.**, gamma di prezzi ***2*** ambito; sfera; raggio d'azione: **r. of vision**, campo visivo; **a limited r. of interests**, una sfera di interessi limitata; **the whole r. of English literature**, l'intero ambito della letteratura inglese; **long-r. forecast**, previsioni a lungo termine ***3*** (*di arma da fuoco, missile*) portata; gittata: **within** [**out of**] (**firing**) **r.**, a [fuori] portata di tiro; **to find the r.**, correggere il tiro ***4*** (*aeron., naut.*) autonomia ***5*** (*meteor.*) escursione: **r. of temperature**, escursione termica ***6*** (*mus.*) estensione (*della voce*); registro ***7*** catena (*di montagne*) ***8*** (*in U.S.A.*) pascolo aperto ***9*** (*bot., zool.*) habitat; ambiente naturale ***10*** (*USA*) cucina economica; fornelli ***11*** poligono (*di tiro*) ***12*** (*miss.*) poligono sperimentale • **r. finder**, radiotelemetro □ **at close r.**, a distanza ravvicinata; da vicino □ **out of r.**, fuori portata; fuori del raggio d'azione □ **to come within r.**, arrivare a tiro; arrivare a portata di voce.

to **range** /reɪndʒ/ ***A*** *v. t.* ***1*** disporre; allineare; schierare ***2*** percorrere; vagare per; attraversare ***3*** classificare ***B*** *v. i.* ***1*** variare; oscillare; andare (da... a): **temperatures ranging between 10 °C and 20 °C** (*o* **from 10 °C to 20 °C**), temperature oscillanti tra i 10 e i 20 (*o* che vanno dai 10 ai 20) gradi centigradi ***2*** spaziare; toccare: **The conversation ranged over many topics**, la conversazione spaziò su molti argomenti ***3*** vagare; vagabondare: **to r. over the hills**, vagabondare per le colline ***4*** (*bot., zool.*) essere diffuso; avere il proprio habitat ***C*** to **range oneself** *v. rifl.* disporsi; schierarsi: **He ranged himself with the left wing of the party**, si schierò con l'ala sinistra del partito.

rangefinder /ˈreɪndʒˈfaɪndə(r)/ *n.* telemetro.

ranger /ˈreɪndʒə(r)/ *n.* ***1*** guardiano di parco nazionale; guardia forestale ***2*** (*USA*) poliziotto a cavallo ***3*** (*mil., USA*) soldato di un reparto di truppe d'assalto ***4*** (*scoutismo*) ranger.

rangy /ˈreɪndʒɪ/ *a.* slanciato; atletico.

rank (**1**) /ræŋk/ *n.* ***1*** [C] *e* [U] fila; riga; schiera: **the front r.**, la prima fila; **to break r.** (*o* **ranks**), rompere le righe; **the ranks of the unemployed**, le schiere dei disoccupati ***2*** [C] *e* [U] ceto; classe sociale; rango: **people of all ranks**, gente di ogni ceto; **of the first r.**, di rango; di valore ***3*** (*mil.*) grado: **the r. of major**, il grado di maggiore; **above sb. in r.**, superiore a q. di grado ***4*** (*al pl.*) (*mil.*) truppa • **the r. and file**, (*mil.*) la truppa; (*polit.*) la base (*di un partito*) □ **to close ranks**, serrare i ranghi; fare quadrato (*anche fig.*) □ **to pull r.**, far pesare il proprio grado (*o* la propria autorità) □ (*mil. e fig.*) **to rise from the ranks**, venire dalla gavetta □ **taxi r.**, posteggio di taxi.

rank (**2**) /ræŋk/ *a.* ***1*** maleodorante; rancido; stantio ***2*** (*spreg.*) bello e buono; vero e proprio: **r. insubordination**, insubordinazione bella e buona ***3*** (*di vegetazione*) lussureggiante; rigoglioso ***4*** (*di terreno*) ricoperto (*di erbacce*); infestato: **land r. with thistles**, terra infestata da cardi ***5*** volgare; offensivo • **r. outsider**, concorrente con scarsissime possibilità di vincere.

to **rank** /ræŋk/ ***A*** *v. t.* ***1*** (*generalm. al passivo*) mettere in riga; schierare ***2*** (*generalm. al passivo*) classificare; considerare: **He is ranked among the best poets of his generation**, è considerato tra i migliori poeti della sua generazione ***3*** (*mil., USA*) essere superiore di grado a ***B*** *v. i.* ***1*** collocarsi; classificarsi: **He ranks third in the country**, è il terzo nel paese; **to r. above**, venire prima di (*per importanza*); (*mil.*) essere superiore di grado a; **to r. next to**, venire subito dopo; **to r. with**, essere alla pari con; (*mil.*) avere lo stesso grado di ***2*** essere considerato; passare (per): **to r. among the best**, essere (considerato) tra i migliori.

ranking /ˈræŋkɪŋ/ ***A*** *a.* (*mil., USA*) di grado più elevato ***B*** *n.* (*sport*) classifica.

to **rankle** /ˈræŋkl/ *v. i.* bruciare (*fig.*): **His words still r. with her**, le sue parole le bruciano ancora; **It rankles that he was promoted before I was**, non mi va giù che lui sia stato promosso prima di me.

to **ransack** /ˈrænsæk, *USA* rænˈsæk/ *v. t.* ***1*** rovistare; mettere a soqquadro (*cercando*) ***2*** svaligiare; saccheggiare.

ransom /ˈrænsəm/ *n.* [U] *e* [C] (*anche leg.*) (prezzo del) riscatto: **to hold sb. to r.**, tenere in ostaggio q. (per ottenere un riscatto); (*fig.*) tenere q. alla propria mercé, ricattare q. • **a king's r.**, una grossa somma.

to **ransom** /ˈrænsəm/ *v. t.* riscattare (*un prigioniero, ecc.*).

to **rant** /rænt/ *v. i.* declamare in tono esaltato; concionare; tuonare.

ranting /ˈræntɪŋ/ *n.* [U] declamazione esaltata; concione.

rap (**1**) /ræp/ *n.* ***1*** colpo (secco e leggero); colpetto: **a rap on the door**, un breve colpo alla porta ***2*** (*pop. USA*) condanna ***3*** (musica) rap • **a rap over the knuckles**, una bacchettata sulle dita; (*fig.*) una bacchettata, una tirata d'orecchio, una strigliata □ (*pop.*) **to take the rap (for st.)**, prendersi la colpa (di q.c.).

rap (**2**) /ræp/ *n.* — (*fam.*) **I don't care a rap**, non me ne importa nulla (*o* un fico secco).

to **rap** /ræp/ ***A*** *v. t.* ***1*** colpire; battere; picchiare ***2*** (*fam.*) bacchettare • (*fig.*) **to rap sb. over the knuckles**, dare una bacchettata (*o* una tirata d'orecchio, una strigliata) a q. ***B*** *v. i.* bussare; picchiare: **to rap at the door**, picchiare alla porta; bussare; **to rap on the table**, picchiare sul tavolo.

♦ **rap out** *v. t. + avv.* dire seccamente: **to rap out an order**, dare un ordine secco.

rapacious /rə'peɪʃəs/ *a.* rapace; avido.

rapacity /rə'pæsətɪ/ *n.* Ⓤ rapacità; avidità.

rape (**1**) /reɪp/ *n.* Ⓤ *e* Ⓒ stupro; violenza carnale.

rape (**2**) /reɪp/ *n.* Ⓤ (*bot.*) ravizzone; colza.

to **rape** /reɪp/ *v. t.* stuprare; violentare. ATTENZIONE: **to rape** ≠ rapire.

rapid /'ræpɪd/ ***A*** *a.* ***1*** rapido; celere; veloce ***2*** (*del polso*) frequente • (*mil.*) **r.-fire gun**, cannone a tiro rapido □ **r.--fire questions**, un fuoco di fila di domande ***B*** *n.* (*al pl.*) rapide (*di fiume*).

rapidity /rə'pɪdətɪ/ *n.* Ⓤ rapidità; celerità; velocità.

rapier /'reɪpɪə(r)/ *n.* spada; spadino; stocco • **r. thrust**, stoccata.

rapist /'reɪpɪst/ *n.* stupratore.

rappel /ræ'pel, *USA* rə-/ *n.* (*alpinismo, USA*) discesa a corda doppia.

to **rappel** /ræ'pel, *USA* rə-/ *v. i.* (*alpinismo, USA*) scendere a corda doppia.

rapport /ræ'pɔː(r)/ *n.* Ⓤ intesa; rapporto amichevole.

rapprochement /ræ'prɒʃmɒn, ræ'prəʊʃ-, *USA* ræprəʊʃ-'mɒn/ (*franc.*) *n.* (*specialm. polit.*) riavvicinamento; riconciliazione.

rapt /ræpt/ *a.* rapito (in estasi); assorto; estatico.

raptor /'ræptə(r)/ *n.* (*zool.*) (uccello) rapace.

raptorial /ræp'tɔːrɪəl/ *a.* (*zool., specialm. di uccello*) rapace; predatore.

rapture /'ræptʃə(r)/ *n.* Ⓤ (*anche al pl.*) rapimento estatico; estasi: **to go into [to be in] raptures**, andare [essere] in estasi; **to gaze in r. at st.**, guardare rapito (*o* estatico) q.c.

rapturous /'ræptʃərəs/ *a.* rapito; estasiato; entusiastico.

rare (**1**) /reə(r)/ *a.* ***1*** raro ***2*** (*dell'aria*) rarefatto ***3*** (*fam.*) straordinario : **We had a r. old time**, ci siamo divertiti da pazzi • (*chim.*) **r. earths**, terre rare.

rare (**2**) /reə(r)/ *a.* (*cucina, di carne*) al sangue; poco cotto.

rarefaction /reərɪ'fækʃn/ *n.* Ⓤ rarefazione.

rarefied /'reərɪfaɪd/ *a.* ***1*** rarefatto ***2*** (*fig.*) rarefatto; elevato.

raring /'reərɪŋ/ *a.* (*fam.*) impaziente; ansioso.

rarity /'reərətɪ/ *n.* ***1*** Ⓤ rarità ***2*** cosa rara; rarità.

rascal /'rɑːskl, *USA* 'ræskl/ *n.* ***1*** mascalzone; farabutto; furfante ***2*** (*scherz., di bambino*) birbante; bricconcello.

rascally /'rɑːskəlɪ, *USA* 'ræ-/ *a.* birbone; furfantesco.

rash (**1**) /ræʃ/ *n.* (*med.*) eritema; sfogo (*fam.*): **to come out in a r.**, ricoprirsi di macchioline rosse; avere uno sfogo; **heat r.**, eritema da calore.

rash (**2**) /ræʃ/ *a.* avventato; impetuoso; precipitoso.

rasher /'ræʃə(r)/ *n.* (*GB*) fetta (*di bacon o di prosciutto*).

rashness /'ræʃnəs/ *n.* Ⓤ avventatezza; impetuosità; precipitazione.

rasp /rɑːsp, *USA* ræsp/ *n.* ***1*** raspa; raschietto ***2*** suono aspro, stridente.

to **rasp** /rɑːsp, *USA* ræsp/ ***A*** *v. t.* raspare; raschiare ***B*** *v. i.* ***1*** raschiare; essere ruvido ***2*** emettere un suono aspro; stridere.

raspberry /'rɑːzbrɪ, -s-, *USA* 'ræzberɪ/ *n.* ***1*** lampone (*pianta e frutto*) ***2*** (*pop.*) pernacchia: **to blow a r. at sb.**, fare una pernacchia a q.; **to give sb. [st.] the r.**, spernacchiare q. [q.c.].

rasping /rɑːspɪŋ, *USA* ræspɪŋ/ *a.* aspro; stridente.

Rasta /'ræstə/, **Rastafarian** /ræstə'feərɪən/ *n.* (*relig.*) rasta; rastafariano.

rat /ræt/ *n.* ***1*** (*zool.*) ratto ***2*** (*fam.*) traditore; carogna • (*pop.*) **Rats!**, accidenti! □ **the rat race**, la corsa al successo □ **rat poison**, veleno per topi □ **brown rat**, topo di fogna □ **to look like a drowned rat**, sembrare un pulcino bagnato.

to **rat** /ræt/ *v. i.* (*specialm.* **to go ratting**) andare a caccia di topi.

♦ **rat on** *v. i. + prep.* (*fam.*) ***1*** fare una spiata contro; tradire ***2*** venir meno a (*un impegno*); rompere (*una promessa*).

ratable /'reɪtəbl/ *V.* **rateable.**

rat-a-tat /rætə'tæt/ *V.* **rat-tat.**

ratbag /'rætbæg/ *n.* (*pop. GB*) individuo spregevole; schifoso; stronzo (*pop.*).

ratchet /'rætʃɪt/ *n.* (*mecc.*) ***1*** dente d'arresto; nottolino d'arresto ***2*** (*anche* **r. wheel**) ruota dentata d'arresto.

rate /reɪt/ *n.* ***1*** indice; aliquota; tasso; percentuale: **birth r.**, tasso (*o* indice) di natalità; **flat r.**, aliquota costante; **r. of growth**, tasso di crescita; **success r.**, percentuale di successi ***2*** (*fin.*) tasso: **interest r.**, tasso di interesse; **r. of exchange**, tasso di cambio; corso del cambio; **bank r.**, tasso ufficiale di sconto ***3*** velocità; ritmo; andamento: **at a** (*o* **the**) **r. of 60 miles an hour**, a una (*o* alla) velocità di 60 miglia all'ora; **at a steady r.**, a velocita regolare; a un ritmo costante; (*med.*) **pulse r.**, frequenza del polso ***4*** costo; prezzo; tariffa: **the going r.**, il prezzo corrente; **special rates for children**, tariffe speciali per i bambini ***5*** (*generalm. al pl.*) imposta • **at any r.**, a ogni modo; comunque □ **at this r.**, di questo passo; con questo ritmo; così □ **first-r.**, di prim'ordine □ **second-r.**, mediocre; scadente. ATTENZIONE: **rate** ≠ rata.

to **rate** /reɪt/ ***A*** *v. t.* ***1*** valutare; stimare: **His fortune is rated at over a hundred million dollars**, la sua fortuna viene valutata a più di cento milioni di dollari ***2*** considerare; giudicare: **She's rated a pretty good athlete**, è considerata una buona atleta ***3*** annoverare: **to r. sb. [st.] among**, annoverare q. [q.c.] tra ***4*** (*fisc.*) valutare; tassare ***5*** meritare: **to r. a mention**, meritare di essere menzionato ***6*** (*fam.*) apprezzare: **I don't r. him**, non mi piace ***B*** *v. i.* ***1*** essere classificato; essere considerato: **It rates as one of the best restaurants in town**, è considerato uno dei migliori ristoranti della città ***2*** (*fam.*) contare: **Without money, you don't r.**, se non hai soldi, non sei nessuno.

rateable /'reɪtəbl/ *a.* (*fisc.*) tassabile; imponibile.

ratepayer /'reɪtpeɪə(r)/ *n.* (*GB*) contribuente.

rather /'rɑːðə(r), *USA* 'ræ-/ ***A*** *avv.* ***1*** piuttosto; alquanto; un po': **I'm r. tired**, sono piuttosto stanco; **r. expensive**, piuttosto caro; **r. too expensive**, un po' troppo caro; **r. like a grouse**, abbastanza (*o* piuttosto) simile a una pernice; **I r. liked it**, mi è piaciuto abbastanza ***2*** — **I would r. stay**, preferirei restare; **Would you r. have tea?**, preferisci del tè?; **I would r. not**, preferirei di no • **r. than**, piuttosto che; più che; invece di: **I'd r. stay behind than drive with him**, preferisco restare piuttosto che andare in macchina con lui; **He looked disappointed r. than angry**, più che arrabbiato sembrava deluso; **I used margerine r. than butter**, ho usato la margarina invece del burro □ **or r.**, o meglio; anzi ***B*** *inter.* (*fam. GB*) sicuro!; eccome!

ratification /rætɪfɪ'keɪʃn/ *n.* Ⓤ *e* Ⓒ ratificazione; ratifica.

to **ratify** /'rætɪfaɪ/ *v. t.* ratificare; sanzionare.

rating /'reɪtɪŋ/ *n.* ***1*** Ⓤ valutazione; classificazione; indice ***2*** Ⓤ (*fisc.*) imponibile ***3*** (*naut.*) classificazione (*di nave*) ***4*** (*naut.*) marinaio; sottufficiale ***5*** (*al pl.*) (*radio, TV*) indice di ascolto (*o* di gradimento).

ratio /'reɪʃɪəʊ, *USA* -ʃəʊ/ *n.* (*pl.* **ratios**) ***1*** (*mat., mecc.*) rapporto; proporzione: **in the r. of three to two**, in proporzione di tre a due ***2*** (*fis., chim.*) titolo.

ratiocination /ræʃɪɒsɪ'neɪʃn, rætɪ-, *USA* -tɪəʊsən'eɪ-/ *n.* Ⓤ *e* Ⓒ raziocinio; ragionamento.

ration /'ræʃn, *USA* 'reɪʃn/ *n.* ***1*** razione ***2*** (*al pl.*) razioni; viveri • **r. book**, tessera annonaria □ **to put sb. on rations**, mettere a razione q.

to **ration** /'ræʃn, *USA* 'reɪʃn/ *v. t.* razionare.

♦ **ration out** *v. t. + avv.* distribuire in razioni.

rational /'ræʃənl/ *a.* razionale; ragionevole • (*mat.*) **r. numbers**, numeri razionali □ **r. powers**, capacità intellettive; raziocinio.

rationale /ræʃə'nɑːl, *USA* -'næl/ *n.* base logica; fondamento logico; giustificazione logica.

rationalism /'ræʃnəlɪzəm/ *n.* Ⓤ razionalismo.

rationalist /'ræʃnəlɪst/ *n.* razionalista.

rationality /ræʃə'nælətɪ/ *n.* Ⓤ *e* Ⓒ razionalità.

rationalization /ræʃnəlaɪ'zeɪʃn, *USA* -lɪ'z-/ *n.* Ⓤ *e* Ⓒ ***1*** razionalizzazione; organizzazione razionale ***2*** (tentativo di) spiegazione razionale.

to **rationalize** /ˈræʃnəlaɪz/ *v. t.* ***1*** razionalizzare; rendere razionale; organizzare razionalmente ***2*** (cercare di) dare una spiegazione razionale a ***3*** (*mat.*) razionalizzare.
rationing /ˈræʃnɪŋ/ *n.* U razionamento.
rattan /ræˈtæn/ *n.* ***1*** (*bot.*) canna d'India; malacca ***2*** U rattan (*materiale*) ***3*** bastone di malacca.
rat-tat /ˈrætˈtæt/ *n.* toc-toc; colpi (*alla porta*).
rattle /ˈrætl/ *n.* ***1*** U rumore secco e ripetuto; acciottolio; tamburellio; tintinnio; crepitio: **a r. of bottles**, un rumore di bottiglie sbatacchiate ***2*** sonaglio (*per bambino o di serpente*) ***3*** (*mus.*) raganella ***4*** rantolo: **death r.**, rantolo dell'agonia.
to **rattle** /ˈrætl/ ***A*** *v. i.* ***1*** sbattere; sbatacchiare; sferragliare; far rumore (*perché scosso*) ***2*** procedere con fracasso; sferragliare ***B*** *v. t.* ***1*** sbatacchiare; scuotere; far tintinnare ***2*** (*fam.*) innervosire; mandare nel pallone; scombussolare.
♦ **rattle off** *v. t. + avv.* recitare rapidamente; snocciolare.
♦ **rattle on** *v. i. + avv.* ciarlare; cicalare.
rattlesnake /ˈrætlsneɪk/ *n.* (*zool.*) serpente a sonagli.
rattletrap /ˈrætltræp/ *n.* (*fam.*) macinino; carretta.
rattling /ˈrætlɪŋ/ *avv.* (*fam. antiq.*) molto: **r. good**, eccellente: ottimo.
ratty /ˈrætɪ/ *a.* (*fam.*) ***1*** (*GB*) arrabbiato; incavolato: **to get r.**, incavolarsi ***2*** (*USA*) malandato; frusto.
raucous /ˈrɔːkəs/ *a.* rauco; sguaiato.
raunchy /ˈrɔːntʃɪ/ *a.* (*pop.*) eccitante; arrapante (*pop.*)
to **ravage** /ˈrævɪdʒ/ *v. t. e i.* devastare.
ravages /ˈrævɪdʒɪz/ *n. pl.* danni; devastazioni • **the r. of time**, le offese del tempo.
rave /reɪv/ ***A*** *a.* entusiastico: **r. review**, recensione entusiastica ***B*** *n.* (*in G.B.*) party scatenato (*generalm. in un capannone o sim.*); rave.
to **rave** /reɪv/ *v. i.* delirare; farneticare; vaneggiare.
♦ **rave about** *v. i. + prep.* (*fam.*) non fare che parlare di; andare in estasi per.
♦ **rave at** (*o* **against**) *v. i. + prep.* inveire contro.
raven /ˈreɪvn/ ***A*** *n.* (*zool.*) corvo imperiale ***B*** *a.* (*lett.*) corvino: **r.-haired**, dai capelli corvini.
ravening /ˈrævənɪŋ/ *a.* famelico; vorace.
ravenous /ˈrævənəs/ *a.* famelico; vorace.
rave-up /ˈreɪvʌp/ *n.* (*fam., specialm. GB*) festa scatenata.
ravine /rəˈviːn/ *n.* burrone; gola; forra.
raving /ˈreɪvɪŋ/ *a.* ***1*** delirante; farneticante: **r. mad**, pazzo furioso; matto da legare ***2*** (*fam.*) eccezionale; straordinario: **a r. beauty**, una donna splendida.
ravings /ˈreɪvɪŋz/ *n. pl.* delirio; vaneggiamenti.
to **ravish** /ˈrævɪʃ/ *v. t.* ***1*** affascinare; incantare ***2*** (*lett.*) stuprare; violentare.
ravishing /ˈrævɪʃɪŋ/ *a.* (*di donna*) affascinante; incantevole.
raw /rɔː/ ***A*** *a.* ***1*** crudo: **raw fish**, pesce crudo ***2*** naturale, non raffinato; greggio: **raw sugar**, zucchero non raffinato; **raw silk**, seta greggia; **raw materials**, materie prime; **raw spirit**, alcol puro ***3*** inesperto ***4*** escoriato; screpolato; sanguinante ***5*** (*del tempo, ecc.*) freddo; rigido • **raw-boned**, ossuto; scarno □ (*fam.*) **a raw deal**, un trattamento ingiusto □ **raw grief**, dolore ancora vivo □ **raw passions**, passioni primitive □ **raw recruit**, (*mil.*) recluta inesperta; (*fig.*) novellino ***B*** *n.* — **the raw**, il vivo; il punto scoperto, dolente: **to touch sb. on the raw**, toccare q. sul vivo • **in the raw**, allo stato grezzo (*o* naturale); (*fam.*) nudo.
rawhide /ˈrɔːhaɪd/ *n.* U cuoio greggio.
ray (1) /reɪ/ *n.* ***1*** raggio: **the sun's rays**, i raggi del sole ***2*** barlume; filo: **ray of hope**, barlume di speranza.
ray (2) /reɪ/ *n.* (*zool.*) razza.
rayon /ˈreɪɒn/ *n.* U (*ind. tess.*) rayon; seta artificiale.
to **raze** /reɪz/ *v. t.* distruggere; radere al suolo.
razor /ˈreɪzə(r)/ *n.* rasoio: **safety r.**, rasoio di sicurezza • (*zool.*) **r.-bill**, gazza marina □ **r. blade**, lametta (da barba) □ **r.-sharp**, affilato come un rasoio; tagliente □ **on a r.** (*o* **r.'s**) **edge**, sul filo del rasoio.
razzamatazz /ˈræzəmətæz/ *n.* V. **razzmatazz**.
razzle /ræzl/ *n.* (*fam., specialm. GB*) baldoria: **to be on the r.**, fare baldoria; **to go on the r.**, (andare a) fare baldoria.
razzle-dazzle /ræzlˈdæzl/ *n.* ***1*** V. **razzle** ***2*** V. **razzmatazz**, *def. 1*.
razzmatazz /ræzməˈtæz/ *n.* U ***1*** atmosfera chiassosa e colorata; lustrini e paillettes (*fig.*) ***2*** can can; montatura.
re (1) /reɪ/ *n.* (*mus.*) re (nel solfeggio).
re (2) /riː/ *prep.* (*leg., comm.*) in relazione a; con riferimento a.
're /ə(r)/ *contraz. fam. di* **are** in **they're**, **we're**, *ecc.*
to **reabsorb** /riːəbˈsɔːb/ *v. t.* riassorbire.
reabsorption /riːəbˈsɔːpʃn/ *n.* U riassorbimento.
reach /riːtʃ/ *n.* ***1*** U portata di mano; portata: **out of r. of children**, fuori della portata dei bambini; **within easy r.**, a portata di mano; **within easy r. by car**, facilmente raggiungibile in macchina; **within the r. of every purse**, alla portata di tutte le borse; **That's beyond** (*o* **out of**) **my r.**, ciò supera le mie possibilità ***2*** tratto (*di fiume tra due anse*): **the upper reaches of a river**, l'alto corso di un fiume ***3*** (*boxe*) allungo ***4*** (*al pl.*) livelli (*di una professione*) • **to have a long r.**, avere le braccia lunghe □ **the outer** (*o* **the farthest**) **reaches**, le regioni estreme.
to **reach** /riːtʃ/ ***A*** *v. t.* ***1*** arrivare a; raggiungere: **Your letter reached me yesterday**, la tua lettera mi è arrivata ieri; **to r. the age of eighty**, arrivare a (*o* raggiungere gli) ottant'anni; **to r. an agreement**, raggiungere un accordo; **I can't r. it**, non ci arrivo (*a prenderlo, a toccarlo*) ***2*** (*fam.*) (prendere e) passare; allungare: **Can you r. me that book?**, mi puoi passare quel libro?; **to r. down a suitcase**, tirare giù una valigia ***3*** mettersi in contatto con: **You can r. me at this number**, mi trovi a questo numero ***B*** *v. i.* ***1*** stendersi; estendersi; arrivare: **My property reaches as far as the wood**, il mio terreno arriva fino al bosco; **as far as the eye can r.**, fin dove si stende lo sguardo ***2*** sporgersi; allungarsi; allungare la mano: **He reached across the table**, si sporse sul tavolo; **She reached for the book**, allungò la mano per prendere il libro • **to r. for the stars**, mirare in alto.
♦ **reach out** ***A*** *v. i. + avv.* allungare la mano ***B*** *v. t. + avv.* allungare; stendere: **to r. out one's hand for st.**, allungare la mano per prendere q.c.
reach-me-down /ˈriːtʃmɪˈdaʊn/ *n.* vestito smesso (*passato ad altra persona*).
to **react** /riːˈækt/ *v. i.* reagire (*anche chim.*): **to r. to a drug**, reagire a una medicina; **to r. against st.**, reagire (*o* ribellarsi) a q.c.
reaction /rɪˈækʃn/ *n.* C *e* U reazione.
reactionary /rɪˈækʃənrɪ, *USA* -ənerɪ/ *a. e n.* (*polit.*) reazionario (-a).
to **reactivate** /rɪˈæktɪveɪt/ ***A*** *v. t.* riattivare ***B*** *v. i.* riattivarsi.
reactive /rɪˈæktɪv/ *a.* (*chim.*) reattivo.
reactivity /riːækˈtɪvətɪ/ *n.* U (*chim.*) reattività.
reactor /rɪˈæktə(r)/ *n.* (*fis. nucl.*) reattore.
read /red/ *pass. e p.p. di* **to read** • **to take st. as r.**, approvare q.c. senza leggerlo; (*fig.*) dare q.c. per scontato.
to **read** /riːd/ (*pass. e p.p.* **read**) ***A*** *v. t.* ***1*** leggere: **to r. French**, leggere il francese; **to r. sb.'s hand**, leggere la mano a q. ***2*** interpretare; leggere: **How do you r. his reaction?**, come interpreti la sua reazione? ***3*** studiare (*all'università*): **to r. law**, studiare legge ***4*** (*di strumento, ecc.*) segnare ***5*** (*di testo scritto*) dire: **The notice reads: «No Entry»**, il cartello dice: «Vietato l'ingresso» ***6*** (*tel.*) ricevere: **Do you r. me?** mi ricevete? • **to r. between the lines**, leggere fra le righe □ **I can r. him like a book**, leggo dentro di lui come in un libro stampato □ **to r. too much into sb.'s words**, dare un senso che non c'è alle parole di q. ***B*** *v. i.* ***1*** leggere: **to r. aloud**, leggere ad alta voce; **to r. to oneself**, leggere in silenzio; **I read about it in the paper**, l'ho letto sul giornale; l'ho saputo dal giornale; **He likes to be read to**, gli piace che gli si legga ***2*** suonare, sembrare (*alla lettura*): **His answer reads like a threat**, la sua risposta suona come una minaccia; **It reads rather stiffly**, lo stile è un po' rigido ***3*** (*di libro, autore, ecc.*) leggersi: **It reads well**, è interessante; si legge bene.
♦ **read back** *v. t. + avv.* rileggere (ad alta voce).
♦ **read for** *v. i. + prep.* studiare, prepararsi per: **to r. for an exam**, prepararsi per un esame.
♦ **read off** *v. t. + avv.* leggere ad alta voce (*un elenco, dei dati, ecc.*).
♦ **read out** *v. t. + avv.* leggere ad alta voce.
♦ **read over** *v. t. + avv.* rileggere (attentamente).
♦ **read through** *v. t. + avv.* leggere da cima a fondo.
♦ **read up on** *v. i. + avv. e prep.* documentarsi su.
readable /ˈriːdəbl/ *a.* ***1*** di lettura piacevole (*o* interessante); che si legge volentieri ***2*** leggibile.
to **readdress** /riːəˈdres/ *v. t.* cambiare l'indirizzo su (*una lettera, ecc.*); rispedire (*a un nuovo indirizzo*).
reader /ˈriːdə(r)/ *n.* ***1*** lettore (-trice) ***2*** consulente editoria-

le; lettore di casa editrice *3* (*tipogr.*) correttore (-trice) di bozze *4* (*nelle università ingl.*) reader (*professore non cattedratico*) *5* libro di lettura *6* antologia *7* (*elab.*) lettore.

readership /ˈriːdəʃɪp/ *n.* *1* (numero di) lettori *2* posto di «reader», *q.V.*, *def. 4.*

readily /ˈrɛdəlɪ/ *avv.* *1* volentieri; prontamente *2* facilmente; senza difficoltà.

readiness /ˈrɛdɪnəs/ *n.* U *1* (l') essere pronto: **to keep st. in r.**, tenere pronto q.c. *2* voglia: **r. to learn**, voglia di imparare *3* prontezza; velocità.

reading /ˈriːdɪŋ/ *n.* *1* U *e* C lettura; il leggere: **R. is my favourite pastime**, la lettura è il mio passatempo preferito; **to learn r. and writing**, imparare a leggere e a scrivere *2* interpretazione: **What's your r. of the situation?** come interpreti la situazione? *3* lezione (*di manoscritto, ecc.*) *4* valore indicato (*su uno strumento di misura*); lettura *5* U (materia di) lettura: **to make suitable r. for children**, essere una lettura adatta per dei bambini *6* lettura pubblica • **r. desk**, leggio □ **r. glasses**, occhiali per leggere □ **r. lamp**, lampada da tavolo □ **r. matter**, qualcosa da leggere □ **the r. public**, il pubblico dei lettori □ **r. room**, sala di lettura □ **I have a r. knowledge of German**, sono in grado di leggere il tedesco (*ma non di parlarlo*).

to **readjust** /riːəˈdʒʌst/ *A* *v. t.* *1* (*tecn.*) regolare di nuovo *2* (*econ.*) ritoccare *B* *v. i.* riadattarsi.

readjustment /riːəˈdʒʌstmənt/ *n.* U *e* C *1* (*tecn.*) regolazione *2* riadattamento *3* (*econ.*) ritocco.

read-only memory /ˈriːdəʊnlɪˈmɛmrɪ/ *locuz. n.* (*elab., abbr.* **ROM**) memoria a sola lettura.

ready /ˈrɛdɪ/ *A* *a.* pronto: **Dinner is r.**, il pranzo è pronto; **r. to risk one's life**, pronto a rischiare la vita; **r. reply**, risposta pronta; **to be r. with an excuse**, avere una scusa pronta; **to get r.**, prepararsi; **to make r.**, prepararsi; preparare: **We made everything r.**, preparammo ogni cosa; **I was r. to give up the job**, ero lì lì per dare le dimissioni • (*comm.*) **r. cash**, pronta cassa □ **r. money**, contanti; denaro contante: **to pay r. money**, pagare in contanti □ (*edil.*) **r.-mix** ®, calcestruzzo pronto per la gettata □ **r. to hand**, a portata di mano □ **r.-to-wear**, (*di abito*) confezionato; prêt-à-porter (*franc.*) □ (*sport*) **R., steady, go!**, pronti? via! *B* *avv.* già: **r. cooked**, già cotto; **r.-made**, già pronto; bell'e fatto; (*di abito*) confezionato; (*di idea*) poco originale, preconfezionato *C* *n.* — **at the r.**, (*di fucile*) pronto a far fuoco.

to **ready** /ˈrɛdɪ/ *v. t.* preparare; approntare.

to **reaffirm** /riːəˈfɜːm/ *v. t.* riaffermare; riconfermare.

to **reafforest** /riːæˈfɒrɪst, *USA* -ˈfɔː-/ *v. t.* (*GB*) rimboschire; rimboscare.

reafforestation /riːəfɒrɪˈsteɪʃn, *USA* -fɔː-/ *n.* U (*GB*) rimboschimento.

reagent /riːˈeɪdʒənt/ *n.* (*chim.*) reagente.

real /rɪəl, riːl/ *A* *a.* *1* vero; autentico: **His r. name's Joe**, il suo vero nome è Joe; **a r. friend**, un vero amico *2* reale: **in r. life**, nella realtà; (*mat.*) **r. numbers**, numeri reali; **in r. time**, in tempo reale • **r. estate**, beni immobili; (*USA*) immobili, case □ (*USA*) **r. estate agent**, agente immobiliare □ (*fam.*) **the r. thing**, cosa autentica; cosa fatta sul serio □ **in r. earnest**, proprio sul serio □ (*fam. USA*) **for r.**, sul serio, davvero; vero, genuino *B* *avv.* (*fam. USA*) veramente: **to have a r. good time**, divertirsi un mondo.

to **realign** /riːəˈlaɪn/ *A* *v. t.* riallineare *B* *v. i.* riallinearsi.

realignment /riːəˈlaɪnmənt/ *n.* U riallineamento.

realism /ˈrɪəlɪzəm, ˈriːl-/ *n.* U realismo.

realist /ˈrɪəlɪst, ˈriːl-/ *n.* realista.

realistic /rɪəˈlɪstɪk, riːl-/ *a.* realistico.

reality /rɪˈælətɪ/ *n.* U *e* C realtà.

realizable /ˈrɪəlaɪzəbl, ˈriːl-/ *a.* realizzabile.

realization /rɪəlaɪˈzeɪʃn, riːl-, *USA* -lɪˈz-/ *n.* U *1* comprensione; consapevolezza; percezione; riconoscimento *2* realizzazione; compimento *3* (*fin.*) realizzazione; realizzo.

to **realize** /ˈrɪəlaɪz, ˈriːl-/ *v. t.* *1* rendersi conto di; accorgersi; capire *2* realizzare; attuare *3* (*fin.*) realizzare *4* (*comm.*) realizzare (*un prezzo*); dare (*un profitto*).

to **reallocate** /riːˈæləkeɪt/ *v. t.* ridistribuire; riassegnare; cambiare la destinazione di.

really /ˈrɪəlɪ, ˈriːlɪ/ *avv.* *1* veramente; davvero; proprio: **a r. hot day**, una giornata veramente calda; **It was r. kind of her**, è stato proprio gentile da parte sua; **Do you r. have to go?**, devi proprio andare?; **«He's joined the Navy» «R.?»**, «si è arruolato in marina» «davvero?» *2* in realtà; veramente: **I r. ought not to tell you**, veramente non dovrei dirtelo.

realm /rɛlm/ *n.* regno.

realtor /ˈrɪəltə(r), ˈriːl-/ *n.* (*USA*) agente immobiliare.

realty /ˈrɪəltɪ, ˈriːl-/ *n.* U (*leg., USA*) beni immobili; proprietà immobiliare.

ream /riːm/ *n.* risma.

to **ream** /riːm/ *v. t.* (*mecc.*) alesare.

reamer /ˈriːmə(r)/ *n.* (*mecc.*) alesatore.

to **reanimate** /riːˈænɪmeɪt/ *v. t.* rianimare; ravvivare.

to **reap** /riːp/ *v. t. e i.* *1* mietere *2* (*fig.*) raccogliere; cogliere.

reaper /ˈriːpə(r)/ *n.* *1* mietitore (-trice) *2* (*mecc.*) mietitrice.

to **reappear** /riːəˈpɪə(r)/ *v. i.* riapparire; ricomparire.

reappearance /riːəˈpɪərəns/ *n.* U riapparizione; ricomparsa.

reappointment /riːəˈpɔɪntmənt/ *n.* rielezione.

reappraisal /riːəˈpreɪzl/ *n.* U *e* C riesame; riconsiderazione; nuova valutazione.

to **reappraise** /riːəˈpreɪz/ *v. t.* riesaminare; riconsiderare.

rear /rɪə(r)/ *A* *n.* *1* parte posteriore; retro; didietro: **at the r. of the house**, sul retro della casa; dietro la casa; **to sit at the r. of the bus**, sedere in fondo all'autobus *2* (*mil.*) retroguardia; retrovie *3* (*fam.*) sedere; didietro *B* *a. attr.* posteriore: **r. entrance**, entrata posteriore • (*naut.*) **r. admiral**, contrammiraglio □ **r. view**, veduta della parte posteriore □ (*autom.*) **r.-view mirror**, specchietto retrovisore □ **to bring up the r.**, venire per ultimo; essere l'ultimo.

to **rear** /rɪə(r)/ *A* *v. t.* *1* alzare; drizzare; sollevare *2* allevare *3* coltivare • **The threat of new taxes has reared its ugly head**, si profilano all'orizzonte nuove tasse *B* *v. i.* *1* (*di cavallo, anche* **to r. up**) impennarsi *2* (*di edificio, montagna*) sorgere; innalzarsi.

rearguard /ˈrɪəgɑːd/ *n.* (*mil. e fig.*) retroguardia • **r. action**, azione dilatoria.

to **rearm** /riːˈɑːm/ *A* *v. t.* riarmare *B* *v. i.* riarmarsi.

rearmament /riːˈɑːməmənt/ *n.* U riarmo.

rearmost /ˈrɪəməʊst/ *a.* (il) più indietro; (l')ultimo.

to **rearrange** /riːəˈreɪndʒ/ *v. t.* riordinare; risistemare; ridisporre.

rearrangement /riːəˈreɪndʒmənt/ *n.* C *e* U riordinamento; ridisposizione; riassetto (*anche econ.*).

reason /ˈriːzn/ *n.* *1* C *e* U ragione; motivo: **to have every r. to do st.**, avere tutte le ragioni per fare q.c.; **The r. (why) I didn't come is that...**, non sono venuto perché...; il motivo per cui non sono venuto è che...; **the r. for st.**, la ragione di q.c.; **to give reasons for st.**, dare spiegazioni di q.c.; **I see no r. to wait any further**, non vedo motivo di aspettare oltre; **We have r. to believe that...**, abbiamo motivo di credere che...; **for reasons of safety**, per motivi di sicurezza *2* U ragione; intelletto: **to lose one's r.**, perdere la ragione; **to listen to** (*o* **to see**) **r.**, ascoltare (la voce della ragione); intendere ragione • **all the more r. to**, ragione di più per □ **beyond all r.**, irragionevole □ **by r. of**, a causa di □ **for no r.**, senza motivo □ **It stands to r. that...**, è logico che... □ **with r.**, a ragione □ **within r.**, entro limiti ragionevoli.

to **reason** /ˈriːzn/ *A* *v. i.* ragionare *B* *v. t.* *1* concludere: **We reasoned that he must have changed his mind**, concludemmo che doveva aver cambiato idea *2* — **to r. sb. into doing st.**, convincere q. a fare q.c.

♦ **reason out** *v. t. + avv.* *1* trovare una soluzione a *2* concludere.

♦ **reason with** *v. i. + prep.* cercare di far ragionare.

reasonable /ˈriːznəbl/ *a.* *1* ragionevole; sensato *2* accettabile; ragionevole; conveniente.

reasonably /ˈriːznəblɪ/ *avv.* *1* ragionevolmente: **We can r. expect that...**, possiamo ragionevolmente prevedere che...; **r. priced**, a un prezzo ragionevole *2* abbastanza: **r. new**, abbastanza nuovo.

reasoned /ˈriːznd/ *a.* ragionato; meditato.

reasoning /ˈriːznɪŋ/ *n.* U *e* C ragionamento.

to **reassemble** /riːəˈsɛmbl/ *A* *v. t.* *1* riunire di nuovo *2* (*mecc.*) rimontare; riassemblare *B* *v. i.* riunirsi di nuovo.

to **reassert** /riːəˈsɜːt/ *v. t.* riaffermare.

to **reassess** /riːəˈsɛs/ *v. t.* *1* rivedere; riesaminare; riconsiderare; modificare *2* (*fisc.*) riaccertare (*l'imponibile*).

reassessment /riːəˈsɛsmənt/ *n.* U *e* C *1* revisione; nuova valutazione; modifica *2* (*fisc.*) nuovo accertamento.

reassurance /riːəˈʃʊərəns/ *n.* C *e* U rassicurazione.

to **reassure** /riːəˈʃʊə(r)/ *v. t.* rassicurare.

reassuring /riːəˈʃʊərɪŋ/ *a.* rassicurante.

reassuringly /riːə'ʃʊərɪŋlɪ/ *avv.* in modo rassicurante; con voce rassicurante.

rebate /'riːbeɪt/ *n.* (*fisc.*) rimborso.

rebel /'rɛbl/ *n.* ribelle; rivoltoso (-a).

to **rebel** /rɪ'bɛl/ *v. i.* ribellarsi; rivoltarsi; insorgere.

rebellion /rɪ'bɛlɪən/ *n.* 🅄 e 🄲 ribellione; rivolta; insurrezione ● **to rise in r.**, ribellarsi; insorgere.

rebellious /rɪ'bɛlɪəs/ *a.* ribelle.

rebirth /riː'bɜːθ/ *n.* rinascita.

to **reboot** /riː'buːt/ *v. t.* (*elab.*) riavviare il computer; fare il reboot di.

reborn /riː'bɔːn/ *a.* rinato.

rebound /'riːbaʊnd/ *n.* rimbalzo; rimpallo ● **on the r.**, di rimbalzo; (*fig.*) per reazione (*a una delusione*).

to **rebound** /rɪ'baʊnd/ *v. i.* rimbalzare.

♦ **rebound on** (*o* **upon**) *v. i. + prep.* ricadere su; tornare a danno di.

rebuff /rɪ'bʌf/ *n.* ripulsa; secco rifiuto.

to **rebuff** /rɪ'bʌf/ *v. t.* rifiutare seccamente; respingere.

to **rebuild** /riː'bɪld/ (*pass. e p.p.* **rebuilt** /riː'bɪlt/) *v. t.* ricostruire.

rebuke /rɪ'bjuːk/ *n.* rimprovero.

to **rebuke** /rɪ'bjuːk/ *v. t.* rimproverare.

rebus /'riːbəs/ *n.* rebus.

to **rebut** /rɪ'bʌt/ *v. t.* confutare.

rebuttal /rɪ'bʌtl/ *n.* confutazione.

recalcitrant /rɪ'kælsɪtrənt/ *a.* ricalcitrante.

recall /rɪ'kɔːl, 'riːkɔːl/ *n.* *1* 🅄 richiamo (*di funzionario, dipendente*) *2* (*ind., comm.*) ritiro dal commercio *3* 🅄 capacità di ricordare; memoria *4* 🅄 revoca; annullamento ● **beyond** (*o* **past**) **r.**, (*agg.*) irrevocabile; (*avv.*) irrevocabilmente.

to **recall** /rɪ'kɔːl/ *v. t.* *1* richiamare (*un ambasciatore, ecc.*) *2* ricordare; ricordarsi di: **I can't r. where I met her**, non ricordo dove l'ho conosciuta *3* richiamare (alla mente); ricordare: **His style recalls Manet's**, il suo stile richiama quello di Manet *4* (*ind., comm.*) ritirare dal commercio *5* revocare; annullare.

to **recant** /rɪ'kænt/ *v. t. e i.* *1* ritrattare *2* (*relig.*) abiurare.

recantation /riːkæn'teɪʃn/ *n.* 🅄 e 🄲 *1* ritrattazione *2* (*relig.*) abiura.

recap (1) /'riːkæp/ *n.* (*autom., USA*) pneumatico ricostruito.

recap (2) /'riːkæp/ *n.* 🅄 e 🄲 (*fam.*) ricapitolazione; riepilogo.

to **recap** (1) /'riːkæp/ *v. t.* (*autom., USA*) ricostruire (*un pneumatico*).

to **recap** (2) /'riːkæp/ *v. t. e i.* (*fam.*) ricapitolare; riepilogare: **to r. (on) st.**, ricapitolare q.c.

to **recapitulate** /riːkə'pɪtʃʊleɪt/ *v. t. e i.* ricapitolare.

recapitulation /riːkəpɪtʃʊ'leɪʃn/ *n.* 🅄 e 🄲 ricapitolazione; riepilogo.

to **recapture** /riː'kæptʃə(r)/ *v. t.* *1* ricatturare; riconquistare; riprendere *2* ritrovare (*un'emozione, ecc.*); ricreare (*un'atmosfera*).

to **recast** /riː'kɑːst, *USA* -'kæst/ *v. t.* *1* rifondere (*una statua*) *2* rifare; riscrivere *3* (*teatr.*) ridistribuire le parti di; assegnare una nuova parte a.

to **recede** /rɪ'siːd/ *v. i.* *1* ritirarsi; allontanarsi; perdersi (*nella lontananza*) *2* diminuire: **Hopes that he is still alive are receding**, le speranze che sia ancora vivo si stanno affievolendo ● **receding chin**, mento sfuggente □ **My hair is beginning to r.**, comincio a stempiarmi.

receipt /rɪ'siːt/ *n.* *1* 🅄 ricezione; ricevimento; ricevuta: **(up)on r. of the goods**, al ricevimento della merce; **to acknowledge r.**, accusare ricevuta *2* ricevuta; quietanza: **to make out a r.**, rilasciare una ricevuta *3* (*al pl.*) introiti; entrate ● (*comm.*) **r. book**, registro delle ricevute; bollettario □ **r. stamp**, marca da bollo □ (*comm.*) **We are in r. of your letter**, abbiamo ricevuto la Vostra lettera.

to **receipt** /rɪ'siːt/ *v. t.* (*comm.*) quietanzare.

to **receive** /rɪ'siːv/ **A** *v. t.* *1* ricevere: **to r. medical attention**, ricevere cure mediche; **His remarks were not well received**, i suoi commenti non furono accolti bene; (*tel.*) **Are you receiving me?**, mi ricevete? *2* riportare, subire (*ferite, lesioni*) *3* (*leg.*) ricettare **B** *v. i.* ricevere: **Dr Curtis only receives on appointment**, il dott. Curtis riceve solo dietro appuntamento.

received /rɪ'siːvd/ *a.* generalmente accettato: **the r. version**, la versione generalmente accettata.

receiver /rɪ'siːvə(r)/ *n.* *1* ricevente; destinatario (-a) *2* ricevitore; esattore *3* (*leg.*) ricettatore (-trice) *4* (*leg., anche* **official r.**) custode giudiziario; curatore ad interim *5* (*leg., USA*) amministratore giudiziale; liquidatore *6* (*telef.*) ricevitore; cornetta *7* (*radio*) apparecchio radioricevente; ricevitore *8* (*sport*) ricevitore.

receivership /rɪ'siːvəʃɪp/ *n.* (*leg.*) *1* custodia giudiziaria *2* (*USA*) amministrazione controllata.

receiving /rɪ'siːvɪŋ/ **A** *a.* ricevente; che riceve **B** *n.* 🅄 (*leg.*) ricettazione ● (*radio*) **r. set**, apparecchio radioricevente □ ● (*fam.*) **to be on the r. end of st.**, essere fatto oggetto di q.c. (*di sgradevole*).

recent /'riːsnt/ *a.* recente.

recently /'riːsntlɪ/ *avv.* di recente; recentemente.

receptacle /rɪ'sɛptəkl/ *n.* contenitore.

reception /rɪ'sɛpʃn/ *n.* *1* 🅄 e 🄲 ricevimento; ricezione *2* accoglienza *3* ricevimento; trattenimento *4* 🅄 (*anche* **r. desk**: *in un albergo*) reception; (*in ospedale, ecc.*) accettazione *5* 🅄 (*radio, TV*) ricezione ● **r. room**, sala di ricevimento; sala d'attesa; soggiorno, salotto (*in casa privata*).

receptionist /rɪ'sɛpʃənɪst/ *n.* receptionist (*di albergo*); addetto alla ricezione (*di ospedale*); assistente di studio (*di dentista, ecc.*).

receptive /rɪ'sɛptɪv/ *a.* *1* ricettivo *2* aperto (*a un suggerimento*).

recess /rɪ'sɛs, *USA* 'riːsɛs/ *n.* *1* vacanza (*specialm. parlamentare*) *2* (*a scuola, USA*) ricreazione; intervallo *3* (*leg.*) breve sospensione (*di udienza*) *4* rientranza; nicchia *5* (*lett.*) recesso.

to **recess** /rɪ'sɛs, *USA* 'riːsɛs/ **A** *v. t.* (*edil.*) *1* fare una nicchia in *2* incassare **B** *v. i.* (*USA*) interrompere l'attività [i lavori, la seduta]; fare un intervallo; andare in vacanza (*del Congresso*).

recession /rɪ'sɛʃn/ *n.* (*econ.*) recessione.

recessive /rɪ'sɛsɪv/ *a.* (*biol.*) recessivo.

to **recharge** /riː'tʃɑːdʒ/ *v. t.* (*elettr.*) ricaricare.

rechargeable /riː'tʃɑːdʒəbl/ *a.* (*elettr.*) ricaricabile.

recherché /rə'ʃɛəʃeɪ/ (*franc.*) *a.* ricercato.

recidivism /rɪ'sɪdɪvɪzəm/ *n.* 🅄 (*leg.*) recidiva; recidività.

recidivist /rɪ'sɪdɪvɪst/ *n.* (*leg.*) recidivo (-a).

recipe /'rɛsəpɪ/ *n.* ricetta (*di cucina e fig.*).

recipient /rɪ'sɪpɪənt/ (*form.*) *n.* chi riceve; ricevente; beneficiario (-a). ATTENZIONE: **recipient** ≠ recipiente.

reciprocal /rɪ'sɪprəkl/ *a.* reciproco: (*gramm.*) **r. pronouns**, pronomi reciproci; **r. trade agreement**, accordo commerciale di reciprocità.

to **reciprocate** /rɪ'sɪprəkeɪt/ **A** *v. t. e i.* (*form.*) contraccambiare; ricambiare **B** *v. i.* (*mecc.*) muoversi con moto alterno.

reciprocating /rɪ'sɪprəkeɪtɪŋ/ *a.* (*mecc.*) alternativo.

reciprocation /rɪsɪprə'keɪʃn/ *n.* 🅄 contraccambio; scambio.

reciprocity /rɛsɪ'prɒsətɪ/ *n.* 🅄 reciprocità.

recital /rɪ'saɪtl/ *n.* *1* (*mus., teatr.*) recital *2* resoconto; racconto.

recitation /rɛsɪ'teɪʃn/ *n.* *1* resoconto; racconto *2* 🅄 e 🅄 (*teatr.*) recitazione; recita *3* (*a scuola, USA*) ripetizione della lezione.

recitative /rɛsɪtə'tiːv/ *n.* 🅄 e 🄲 (*mus.*) recitativo.

to **recite** /rɪ'saɪt/ *v. t. e i.* *1* recitare (a memoria) *2* enumerare; fare l'elenco di *3* (*a scuola, USA*) dire, ripetere (*la lezione*).

reckless /'rɛkləs/ *a.* *1* avventato; incauto; sconsiderato; spericolato *2* — **r. of**, incurante di.

recklessness /'rɛkləsnəs/ *n.* 🅄 avventatezza; imprudenza; sconsideratezza; incoscienza.

to **reckon** /'rɛkən/ *v. t. e i.* *1* calcolare; contare; stimare: **The total figure is reckoned to be around $50,000**, la cifra complessiva viene calcolata intorno ai 50.000 dollari; **How much do you r. we need?**, quanto credi che ce ne servirà? *2* (*spesso al passivo*) considerare; giudicare: **He's reckoned the best actor of his generation**, è considerato il miglior attore della sua generazione *3* (*fam.*) credere; pensare: **I r. so**, credo di sì; **I r. he's only bluffing**, secondo me, sta bluffando.

♦ **reckon in** *v. t. + avv.* (*fam.*) includere; contare.

♦ **reckon on** *v. i. + prep.* contare su; fare affidamento su.

♦ **reckon up** *v. t. + avv.* addizionare; calcolare.

♦ **reckon with** *v. i. + prep.* *1* fare i conti con: **He'll have me to r. with, if anything goes wrong**, dovrà fare i conti con me, se va storto qualcosa *2* (*spesso al passivo*) tenere conto di.

♦ **reckon without** *v. i. + prep.* non tenere conto di.
reckoning /ˈrɛkənɪŋ/ *n.* ***1*** Ⓤ calcolo, calcoli; computo: **to be out in one's r.**, sbagliare i propri calcoli ***2*** (*antiq.*) conto (*da pagare*) ***3*** Ⓤ (*aeron., naut.*) determinazione della posizione ● **the day of r.**, il giorno della resa dei conti.
reclaim /rɪˈkleɪm/ *n.* — **past** (*o* **beyond**) **r.**, irrecuperabile; irredimibile; incorreggibile.
to **reclaim** /rɪˈkleɪm/ *v. t.* ***1*** reclamare; chiedere la restituzione di ***2*** (*agric.*) bonificare; prosciugare ***3*** (*ind.*) recuperare; rigenerare ***4*** recuperare (*alla società, ecc.*); redimere.
reclamation /rɛkləˈmeɪʃn/ *n.* Ⓤ ***1*** (*agric.*) bonifica ***2*** (*ind.*) recupero; rigenerazione ***3*** recupero (*alla società, ecc.*); redenzione.
to **recline** /rɪˈklaɪn/ ***A*** *v. i.* adagiarsi; appoggiarsi ***B*** *v. t.* adagiare; reclinare; appoggiare.
recluse /rɪˈkluːs, *USA* ˈrɛkluːs/ *n.* chi vive in solitudine; eremita.
recognition /rɛkəgˈnɪʃn/ *n.* Ⓤ riconoscimento: **in r. of his services**, in riconoscimento dei suoi servigi ● **to avoid r.**, evitare di essere riconosciuto □ **changed beyond** (*o* **out of all**) **r.**, (diventato) irriconoscibile.
recognizable /rɛkəgˈnaɪzəbl, ˈrɛkəgnaɪzəbl/ *a.* riconoscibile.
recognizance /rɪˈkɒgnɪzns/ *n.* (*leg.*) ***1*** impegno formale ***2*** cauzione ● **to be released on one's own r.**, essere rimesso in libertà dietro formale promessa di ripresentarsi.
to **recognize** /ˈrɛkəgnaɪz/ *v. t.* riconoscere (*in tutti i sensi*).
recoil /ˈriːkɔɪl/ *n.* Ⓤ ***1*** rinculo (*di arma da fuoco*) ***2*** (il) ritrarsi.
to **recoil** /rɪˈkɔɪl/ *v. i.* ***1*** indietreggiare; ritrarsi ***2*** (*di arma da fuoco*) rinculare ***3*** rifuggire; tirarsi indietro: **to r. from**, rifuggire da; tirarsi indietro davanti a.
♦ **recoil on** (*o* **upon**) *v. i. + prep.* ritorcersi contro.
to **recollect** /rɛkəˈlɛkt/ *v. t. e i.* ricordare; ricordarsi di; rammentarsi di: **as far as I r.**, se ben ricordo.
recollection /rɛkəˈlɛkʃn/ *n.* Ⓤ *e* Ⓒ ricordo ● **to have no r. of st.**, non ricordarsi di q.c. □ **to the best of my r.**, per quel che ricordo io.
to **recommence** /riːkəˈmɛns/ *v. t. e i.* (*form.*) ricominciare.
to **recommend** /rɛkəˈmɛnd/ *v. t.* ***1*** consigliare; suggerire; segnalare; raccomandare: **Can you r. me a book?**, puoi consigliarmi un libro?; **The doctor recommended rest**, il dottore ha consigliato il riposo; **I recommended him for the job**, l'ho segnalato (*o* raccomandato) per quel posto ***2*** rendere consigliabile; rendere bene accetto: **The hotel had little to r. it, except its position**, l'albergo eccelleva unicamente per la sua posizione.
recommendation /rɛkəmɛnˈdeɪʃn/ *n.* ***1*** Ⓤ *e* Ⓒ consiglio; suggerimento; raccomandazione: **to act on sb.'s r.**, agire su consiglio (*o* dietro suggerimento) di q.; **letter of r.**, lettera di raccomandazione ***2*** lettera di referenze.
recommended /rɛkəˈmɛndɪd/ *a.* consigliato; raccomandato: (*comm.*) **r. price**, prezzo (di vendita) consigliato.
recompense /ˈrɛkəmpɛns/ *n.* Ⓒ *e* Ⓤ ***1*** compenso; ricompensa ***2*** risarcimento; riparazione.
to **recompense** /ˈrɛkəmpɛns/ *v. t.* ***1*** ricompensare ***2*** risarcire; riparare.
to **reconcile** /ˈrɛkənsaɪl/ *v. t.* ***1*** conciliare, mettere d'accordo (*idee, principi, ecc.*) ***2*** riconciliare ● **to r. oneself to** (*o* **to become reconciled to**), rassegnarsi a □ **to be reconciled with**, riconciliarsi con.
reconciliation /rɛkənsɪlɪˈeɪʃn/ *n.* Ⓤ *e* Ⓒ ***1*** conciliazione (*di teorie, principi, ecc.*) ***2*** riconciliazione.
recondite /ˈrɛkəndaɪt/ *a.* recondito; oscuro; astruso.
to **recondition** /riːkənˈdɪʃn/ *v. t.* ***1*** riparare; rimettere in efficienza ***2*** (*autom.*) revisionare (*un motore*).
reconnaissance /rɪˈkɒnɪsns, *USA* -zns/ *n.* ***1*** Ⓤ *e* Ⓒ (*mil.*) ricognizione ***2*** accertamento; esame preliminare ● (*aeron.*) **r. aircraft**, ricognitore.
to **reconnoitre**, (*USA*) to **reconnoiter** /rɛkəˈnɔɪtə(r), *USA* riːk-/ (*mil.*) ***A*** *v. t.* fare una ricognizione di ***B*** *v. i.* fare una ricognizione; andare in ricognizione.
to **reconquer** /riːˈkɒŋkə(r)/ *v. t.* riconquistare.
to **reconsider** /riːkənˈsɪdə(r)/ ***A*** *v. t.* riconsiderare; riprendere in esame ***B*** *v. i.* ripensarci; riflettere ancora.
reconsideration /riːkənsɪdəˈreɪʃn/ *n.* Ⓤ riconsiderazione; ripresa in esame.
to **reconstitute** /riːˈkɒnstɪtjuːt, *USA* -tuːt/ *v. t.* ricostituire.
to **reconstruct** /riːkənˈstrʌkt/ *v. t.* (*anche fig.*) ricostruire.
reconstruction /riːkənˈstrʌkʃn/ *n.* Ⓤ *e* Ⓒ (*anche fig.*) ricostruzione.
record /ˈrɛkɔːd, *USA* ˈrɛkəd/ ***A*** *n.* ***1*** documento; documentazione; registrazione; verbale; (*al pl., anche*) archivi: **historical records**, documenti storici; **I want to put my opposition on r.**, voglio che la mia opposizione sia messa a verbale; **public records**, archivi; **There is no r. of it**, non è stato registrato; non ce n'è traccia; **a matter of r.**, un fatto documentato ***2*** stato di servizio; risultati ottenuti; precedenti: **to have a good r. of service**, avere un buono stato di servizio; **this school's r. of success**, la percentuale di promossi di questa scuola; **to have a criminal r.**, avere precedenti penali; avere la fedina penale sporca ***3*** disco (fonografico) ***4*** (*sport*) primato; record: **to break a r.**, battere un primato ***5*** testimonianza; vestigio: **records of past civilizations**, testimonianze di civiltà passate ***B*** *a.* di (*o* da) primato; record: **at r. speed**, a velocità di primato; **r. score**, punteggio record ● (*sport*) **r.-breaker**, primatista □ **r.-breaking** (*agg.*), da primato; da record □ **r. company**, casa discografica □ (*sport*) **r. holder**, primatista; detentore di primato □ **r. library**, discoteca □ **r. player**, giradischi □ (*sport*) **r. time**, tempo di primato □ **for the r.**, per la cronaca □ **He is on r. as having declared that...**, ha dichiarato pubblicamente che... □ **It is on r. that...**, risulta che...; è noto che... □ **the highest temperatures on r.**, le temperature più alte mai registrate □ **to set the r. straight**, mettere le cose in chiaro □ **to speak off the r.**, parlare ufficiosamente.
to **record** /rɪˈkɔːd/ *v. t.* ***1*** registrare; prendere nota di; mettere a verbale; (*leg.*) mettere agli atti: **to r. a verdict of accidental death**, mettere agli atti un verdetto di morte accidentale ***2*** tramandare (*per iscritto*) ***3*** registrare (*musica, ecc.*) ***4*** (*di strumento*) registrare.
recorded /rɪˈkɔːdɪd/ *a.* registrato ● (*in G.B.*) **r. delivery**, servizio di raccomandata.
recorder /rɪˈkɔːdə(r)/ *n.* ***1*** (*anche* **tape r.**) registratore ***2*** (*mus.*) flauto diritto (*o* dolce *o* a becco) ***3*** (*leg.*) magistrato.
recording /rɪˈkɔːdɪŋ/ *n.* registrazione.
re-count /ˈriːkaʊnt/ *n.* nuovo conteggio (*specialm. di voti*).
to **recount** /rɪˈkaʊnt/ *v. t.* raccontare.
to **re-count** /riːˈkaʊnt/ *v. t.* ricontare; rifare il conteggio.
to **recoup** /rɪˈkuːp/ *v. t.* ***1*** recuperare; rifarsi di; farsi risarcire; farsi rimborsare: **to r. a loss**, farsi risarcire una perdita; rifarsi di una perdita; **to r. expenses**, farsi rimborsare le spese ***2*** risarcire: **to r. sb. for st.**, risarcire q. di q.c.
recourse /rɪˈkɔːs/ *n.* Ⓤ ricorso: **to have r. to**, fare ricorso a; ricorrere a ● **to have r. to the law**, adire le vie legali.
to **recover** /rɪˈkʌvə(r)/ ***A*** *v. t.* recuperare; riottenere; riacquistare; riprendere: **to r. stolen goods**, recuperare oggetti rubati; **to r. lost time**, recuperare il tempo perduto; **to r. one's sight**, riacquistare la vista; **to r. consciousness**, riprendere i sensi (*o* conoscenza); (*leg.*) **to r. damages**, ottenere il risarcimento dei danni ***B*** *v. i.* ***1*** riaversi; riprendersi ***2*** guarire; ristabilirsi ***3*** (*leg.*) ottenere un risarcimento. ATTENZIONE: **to recover** ≠ ricoverare.
to **re-cover** /riːˈkʌvə(r)/ *v. t.* ricoprire; rifoderare.
recovery /rɪˈkʌvərɪ/ *n.* Ⓤ ***1*** recupero; riacquisto; ritrovamento ***2*** guarigione: **to make a quick r.**, guarire velocemente ***3*** (*fin., econ.*) ripresa; miglioramento.
to **recreate** /riːkrɪˈeɪt/ *v. t.* ricreare; riprodurre.
recreation /rɛkrɪˈeɪʃn/ *n.* Ⓤ *e* Ⓒ ***1*** divertimento; svago ***2*** riproduzione; ricostruzione ● **r. ground**, campo da gioco.
recreational /rɛkrɪˈeɪʃənl/ *a.* ricreativo ● (*USA*) **r. vehicle**, camper.
to **recriminate** /rɪˈkrɪmɪneɪt/ *v. i.* recriminare.
recrimination /rɪkrɪmɪˈneɪʃn/ *n.* Ⓒ *e* Ⓤ recriminazione.
recrudescence /riːkruːˈdɛsns/ *n.* Ⓤ recrudescenza.
recruit /rɪˈkruːt/ *n.* ***1*** (*mil.*) recluta ***2*** nuovo socio; nuovo assunto ● **raw r.**, (*mil.*) nuovo arruolato; nuova recluta; (*fig.*) novellino.
to **recruit** /rɪˈkruːt/ ***A*** *v. t.* ***1*** (*mil.*) arruolare; reclutare ***2*** assumere; reclutare ***3*** trovare (*un nuovo socio, un nuovo adepto*) ***B*** *v. i.* (*mil.*) reclutare uomini.
recruitment /rɪˈkruːtmənt/ *n.* Ⓤ *e* Ⓒ ***1*** (*mil.*) arruolamento; reclutamento ***2*** assunzione; reclutamento.
recta /ˈrɛktə/ *pl. di* **rectum**.
rectal /ˈrɛktəl/ *a.* (*anat., med.*) rettale; del retto.
rectangle /ˈrɛktæŋgl/ *n.* (*geom.*) rettangolo.
rectangular /rɛkˈtæŋgjʊlə(r)/ *a.* (*geom.*) rettangolare.
rectification /rɛktɪfɪˈkeɪʃn/ *n.* Ⓤ *e* Ⓒ rettificazione; correzio-

ne; rettifica.

rectifier /ˈrɛktɪfaɪə(r)/ *n.* (*elettr., radio*) raddrizzatore.

to **rectify** /ˈrɛktɪfaɪ/ *v. t.* **1** rettificare; correggere **2** (*elettr., radio*) raddrizzare.

rectilineal /rɛktɪˈlɪnɪəl/, **rectilinear** /rɛktɪˈlɪnɪə(r)/ *a.* (*geom.*) rettilineo.

rectitude /ˈrɛktɪtjuːd, *USA* -tuːd/ *n.* Ⓤ rettitudine; probità.

recto /ˈrɛktəʊ/ *n.* (*pl.* **rectos**) (*tipogr.*) recto.

rector /ˈrɛktə(r)/ *n.* **1** (*Chiesa anglicana, Chiesa episcopale*) parroco **2** (*in Scozia*) rettore (*di università, eletto dagli studenti, con funzioni rappresentative*) **3** rettore (*di college, di università straniere*).

rectory /ˈrɛktərɪ/ *n.* (*eccles.*) presbiterio; canonica.

rectum /ˈrɛktəm/ *n.* (*pl.* **recta, rectums**) (*anat.*) (intestino) retto.

recumbent /rɪˈkʌmbənt/ *a.* (*form.*) disteso; supino.

to **recuperate** /rɪˈkjuːpəreɪt, -kuː-/ **A** *v. t.* recuperare **B** *v. i.* ristabilirsi; rimettersi in salute.

recuperation /rɪkjuːpəˈreɪʃn, -kuː-/ *n.* Ⓤ (*anche comm.*) recupero.

recuperative /rɪˈkjuːpərətɪv, -kuː-/ *a.* **1** ritemprante; ristoratore **2** (*mecc.*) a recupero.

to **recur** /rɪˈkɜː(r)/ *v. i.* **1** ripresentarsi; ripetersi ritornare; ricorrere **2** (*mat.*) essere periodico.

recurrence /rɪˈkʌrəns, *USA* -ˈkɜː-/ *n.* Ⓤ *e* Ⓒ ricorrenza; ricomparsa; ritorno periodico.

recurrent /rɪˈkʌrənt, *USA* -ˈkɜː-/ *a.* ricorrente; periodico.

recurring /rɪˈkɜːrɪŋ/ *a.* **1** ricorrente; periodico **2** (*mat.*) periodico: **r. decimal**, numero decimale periodico.

recyclable /riːˈsaɪkləbl/ *a.* riciclabile.

recyclables /riːˈsaɪkləblz/ *n. pl.* materiale riciclabile.

to **recycle** /riːˈsaɪkl/ *v. t.* riciclare.

recycling /riːˈsaɪklɪŋ/ *n.* Ⓤ riciclaggio.

red /rɛd/ **A** *a.* rosso: **red hair**, capelli rossi; **red wine**, vino rosso • **red alert**, allarme rosso □ **red-blooded**, energico; virile □ (*in G.B.*) **red-brick university**, università istituita alla fine dell'Ottocento □ (*calcio*) **red card**, cartellino rosso □ **red carpet treatment**, accoglienza con tutti gli onori □ **the Red Cross**, la Croce Rossa □ (*zool.*) **red deer**, cervo europeo □ **red-faced**, rosso in viso; (*fig.*) imbarazzato □ **red herring**, falsa pista □ **red-hot**, arroventato; rovente; (*fig.*) fanatico, recentissimo, all'ultima moda □ (*fam. USA*) **red-eye**, volo passeggeri notturno □ **Red Indian**, indiano d'America; pellerossa □ **red-letter day**, giorno memorabile □ **red light**, luce rossa (*segnale di pericolo*); (semaforo) rosso □ **red-light district**, distretto a luci rosse □ **red pepper**, peperone rosso; peperoncino rosso □ **the Red Sea**, il Mar Rosso □ **red tape**, burocrazia; lungaggini burocratiche □ (*fam.*) **as red as a beetroot**, rosso come un gambero (*o* un peperone) □ **to be caught red-handed**, essere colto in flagrante; essere sorpreso con le mani nel sacco □ **to see red**, vedere rosso **B** *n.* Ⓤ *e* Ⓒ rosso; color rosso: **dressed in red**, vestito di rosso • (*fam., fin.*) **in the red**, in rosso; in passivo.

Red /rɛd/ *a. e n.* (*spreg., polit.*) rosso; comunista; socialista.

redcoat /ˈrɛdkəʊt/ *n.* (*stor.*) soldato inglese; giubba rossa.

redcurrant /rɛdˈkʌrənt, *USA* -ˈkɜːrə-/ *n.* (*bot.*) ribes rosso.

to **redden** /ˈrɛdn/ **A** *v. t.* arrossare **B** *v. i.* arrossire.

reddish /ˈrɛdɪʃ/ *a.* rossiccio; rossastro.

to **redecorate** /riːˈdɛkəreɪt/ *v. t. e i.* rimbiancare; ritinteggiare.

to **redeem** /rɪˈdiːm/ **A** *v. t.* **1** (*fin., leg.*) riscattare; disimpegnare; estinguere (*un debito*) **2** (*relig.*) redimere; salvare **3** riscattare, compensare (*un difetto, ecc.*) **4** adempiere, mantenere (*una promessa*) **5** cambiare (*un buono, ottenendo in cambio merce*) **6** (*fin.*) convertire in contanti (*obbligazioni, ecc.*) **B** to **redeem oneself** *v. rifl.* riscattarsi.

Redeemer /rɪˈdiːmə(r)/ *n.* Redentore.

redeeming /rɪˈdiːmɪŋ/ *a.* — **r. feature**, unico elemento positivo; aspetto positivo che salva.

to **redefine** /riːdɪˈfaɪn/ *v. t.* ridefinire.

redemption /rɪˈdɛmpʃn/ *n.* Ⓤ **1** (*leg., fin.*) liberazione (*da un impegno*); ammortamento (*di un'ipoteca*) **2** (*relig.*) redenzione **3** (*fin.*) rimborso (*di obbligazioni, ecc.*) • **to be past** (*o* **beyond**) **r.**, essere incorreggibile.

to **redeploy** /riːdɪˈplɔɪ/ *v. t.* **1** ridistribuire; reimpiegare **2** (*mil.*) ridislocare; trasferire.

redeployment /riːdɪˈplɔɪmənt/ *n.* Ⓤ **1** ridistribuzione; reimpiego **2** (*mil.*) nuovo dislocamento.

to **redevelop** /riːdɪˈvɛləp/ *v. t.* (*edil., urbanistica*) ricostruire.

redevelopment /riːdɪˈvɛləpmənt/ *n.* Ⓒ *e* Ⓤ (*edil., urbanistica*) ricostruzione.

redhead /ˈrɛdhɛd/ *n.* (*fam.*) persona dai capelli rossi.

redid /riːˈdɪd/ *pass. di* **to redo**.

to **redirect** /riːdɪˈrɛkt, -daɪ-/ *v. t.* riindirizzare; rispedire (*una lettera*) a un nuovo indirizzo.

to **rediscover** /riːdɪˈskʌvə(r)/ *v. t.* riscoprire; ritrovare.

to **redistribute** /riːdɪˈstrɪbjuːt/ *v. t.* ridistribuire.

redneck /ˈrɛdnɛk/ *n.* (*spreg. USA*) **1** abitante delle zone rurali del Sud **2** (*estens.*) reazionario; razzista.

redness /ˈrɛdnəs/ *n.* Ⓤ rossore.

to **redo** /riːˈduː/ (*pass.* **redid**, *p.p.* **redone**) *v. t.* rifare; fare di nuovo.

redolent /ˈrɛdələnt/ *a.* **1** profumato di; olezzante di; fragrante di **2** (*fig.*) carico di; che sa di.

redone /riːˈdʌn/ *p.p. di* **to redo**.

to **redouble** /riːˈdʌbl/ **A** *v. t.* raddoppiare; intensificare **B** intensificarsi.

redoubt /rɪˈdaʊt/ *n.* (*mil.*) ridotta.

redoubtable /rɪˈdaʊtəbl/ *a.* formidabile; temibile; terribile.

to **redound** /rɪˈdaʊnd/ *v. Solo come:*

◆ **redound on** *v. i. + prep.* ricadere su; ritorcersi su.

◆ **redound to** *v. i. + prep.* tornare a: **to r. to sb.'s honour**, tornare a onore di q.

redress /rɪˈdrɛs, ˈriːdrɛs/ *n.* Ⓤ riparazione (*di torto, ecc.*); risarcimento.

to **redress** /rɪˈdrɛs/ *v. t.* **1** riparare; fare ammenda di; risarcire: **to r. a wrong**, riparare un torto **2** — **to r. the balance**, ristabilire l'equilibrio.

redskin /ˈrɛdskɪn/ *n.* (*offensivo*) pellerossa; indiano d'America.

to **reduce** /rɪˈdjuːs, *USA* -ˈduːs/ **A** *v. t.* **1** ridurre; diminuire: **to r. speed** [**prices**], ridurre la velocità [i prezzi]; **to r. sb.'s rent**, diminuire l'affitto a q.; **to r. st. to dust**, ridurre q.c. in polvere; **to be reduced to begging**, essere ridotto a chiedere l'elemosina **2** (*cucina*) far ridurre **3** (*chim., metall., med.*) ridurre • (*mil.*) **to r. to the ranks**, degradare (*un ufficiale*) a soldato semplice □ **to r. sb. to silence** [**to tears**], far tacere [piangere] q. □ **to r. one's weight**, dimagrire **B** *v. i.* (*fam.*) dimagrire (*con una dieta*).

reduced /rɪˈdjuːst, *USA* -ˈduːst/ *a.* ridotto • **at r. prices**, a prezzi ribassati □ **in r. circumstances**, in ristrettezze.

reducer /rɪˈdjuːsə(r), *USA* -ˈduː-/ *n.* **1** (*mecc.*) riduttore; dispositivo di riduzione **2** (*mecc.*) giunto di riduzione **3** (*chim.*) agente riducente.

reducible /rɪˈdjuːsəbl, *USA* -ˈduː-/ *a.* riducibile.

reduction /rɪˈdʌkʃn/ *n.* **1** Ⓤ *e* Ⓒ riduzione; ribasso; diminuzione **2** riduzione; sconto **3** riproduzione in scala minore (*di cartina, fotografia, ecc.*).

redundancy /rɪˈdʌndənsɪ/ *n.* Ⓤ *e* Ⓒ **1** ridondanza; sovrabbondanza **2** (*econ.*) licenziamento (*per esubero di personale*) • (*econ.*) **r. payment**, indennità di licenziamento.

redundant /rɪˈdʌndənt/ *a.* **1** superfluo; ridondante **2** (*econ.*) licenziato (*per esubero di personale*): **to be made r.**, venire licenziato.

to **reduplicate** /rɪˈdjuːplɪkeɪt, *USA* -ˈduː-/ *v. t.* (*form.*) raddoppiare; ripetere.

redwood /ˈrɛdwʊd/ *n.* (*bot.*) sequoia.

to **re-echo** /riːˈɛkəʊ/ *v. t. e i.* riecheggiare.

reed /riːd/ *n.* **1** (*bot.*) canna di palude **2** (*mus.*) ancia **3** (*mus., anche* **r. instrument**) strumento a fiato munito di ancia • (*zool.*) **r. bunting**, migliarino di palude □ (*zool.*) **r. warbler**, cannaiola.

to **re(-)educate** /riːˈɛdʒʊkeɪt/ *v. t.* rieducare.

re(-)education /riːɛdʒʊˈkeɪʃn/ *n.* Ⓤ rieducazione.

reedy /ˈriːdɪ/ *a.* **1** pieno di canne **2** (*della voce*) sottile; acuto.

reef (**1**) /riːf/ *n.* (*naut.*) terzarolo • **r. knot**, nodo piano.

reef (**2**) /riːf/ *n.* scogliera; banco di scogli a fior d'acqua.

to **reef** /riːf/ *v. t.* (*naut.*) terzarolare.

reefer /ˈriːfə(r)/ *n.* **1** (*anche* **r. jacket**, *GB*) giubbotto corto a doppio petto (*da marinaio*) **2** (*pop.*) spinello.

reek /riːk/ *n.* odore acre; puzzo.

to **reek** /riːk/ *v. i.* puzzare: (*anche fig.*) **to r. of st.**, puzzare di q.c.

reel (**1**) /riːl/ *n.* (*GB*) **1** (*ind. tess.*) aspo; bobina **2** rocchetto (*di filo*) **3** (*fotogr.*) rotolo; (*cinem.*) bobina, rotolo **4** bobina (*di registratore*) **5** mulinello (*di canna da pesca*).

reel (**2**) /riːl/ *n.* (*mus.*) reel.
to **reel** (**1**) /riːl/ *v. t.* ***1*** (*ind. tess.*) annaspare ***2*** avvolgere.
♦ **reel in** *v. t. + avv.* (*pesca*) tirare su (con il mulinello).
♦ **reel off** *v. t. + avv.* ***1*** dipanare (*filo*) ***2*** snocciolare (*versi, ecc.*).
to **reel** (**2**) /riːl/ *v. i.* ***1*** barcollare; vacillare ***2*** essere sconvolto; essere sotto shock ***3*** girare; turbinare: **The room was reeling before my eyes**, la stanza mi turbinava davanti agli occhi; **My mind was reeling**, non capivo più niente.
to **re-elect** /riːɪ'lɛkt/ *v. t.* rieleggere.
re-election /riːɪ'lɛkʃn/ *n.* rielezione.
to **re-enact** /riːɪ'nækt/ *v. t.* ***1*** ricostruire (*un episodio, un delitto, ecc.*) ***2*** (*teatr.*) recitare di nuovo; ripetere.
re-enactment /riːɪ'næktmənt/ *n.* ricostruzione (*di un episodio, un delitto, ecc.*).
re-entry /riː'ɛntrɪ/ *n.* ▣ *e* ▣ rientro.
to **re-examine** /riːɪg'zæmɪn/ *v. t.* ***1*** riesaminare ***2*** (*leg.*) sottoporre (*un testimone*) a nuovo interrogatorio (*dopo il controinterrogatorio*).
ref /rɛf/ *n. abbr. fam. di* **referee**, *def 2.*
refectory /rɪ'fɛktrɪ, 'rɛfəktrɪ, *USA* 'rɛfəktɔːrɪ/ *n.* refettorio.
to **refer** /rɪ'fɜː(r)/ ***A*** *v. t. + prep.* ***1*** mandare; dire (a q.) di rivolgersi: **to r. a patient to a specialist**, mandare un paziente da uno specialista; **I was referred to Administration**, mi è stato detto di rivolgermi agli uffici amministrativi; **He referred me to the May issue of «Forum»**, mi suggerì di consultare il numero di maggio di «Forum» ***2*** deferire; rimettere; sottoporre: **The proposal was referred to the committee**, la proposta fu deferita alla commissione ***B*** *v. i.* ***1*** riferirsi (a); fare riferimento (a): **What was he referring to when he said...?**, a che cosa si riferiva quando ha detto...?; **I'd like to r. to something I said earlier on**, vorrei ricollegarmi a quanto ho detto prima; **He never referred to it again**, non vi alluse mai più; non ne riparlò mai più; **He referred to her as «my guide»**, lui la chiamava «la mia guida»; (*comm.*) **referring to**, in riferimento a; facendo seguito a ***2*** riguardare; riferirsi (a): **The ban does not r. to children under 12**, il divieto non riguarda i bambini sotto i 12 anni ***3*** consultare: **to r. to a map** [**a dictionary**], consultare una cartina [un dizionario].
referee /rɛfə'riː/ *n.* ***1*** (*leg.*) arbitro ***2*** (*sport*) arbitro; giudice (di gara) ***3*** (*GB*) *V.* **reference**, *def. 4.*
to **referee** /rɛfə'riː/ *v. t. e i.* arbitrare; fare da arbitro.
reference /'rɛfərəns/ *n.* ***1*** ▣ *e* ▣ riferimento; menzione; allusione; relazione: **historical references**, riferimenti storici; **a passing r.**, una breve menzione; una veloce allusione; **to make r. to**, menzionare; fare il nome di; **in** (*o* **with**) **r. to**, in (*o* con) riferimento a; riguardo a ***2*** (*anche* **r. mark**) (segno di) rimando; rinvio ***3*** consultazione: **r. books** (*o* **works of r.**), opere di consultazione ***4*** referenza; persona che dà referenze: **banker's r.**, referenze bancarie; **Can I give your name as a r.?**, posso fare il suo nome come referenza? ***5*** ▣ (*leg.*) deferimento (*di una controversia*) a un arbitro.
referendum /rɛfə'rɛndəm/ *n.* (*pl.* **referenda** /-də/, **referendums**) (*polit.*) referendum: **to call for** [**to hold**] **a r.**, indire [tenere] un referendum.
referral /rɪ'fɜːrəl/ *n.* deferimento; rinvio.
refill /'riːfɪl/ *n.* ricambio; ricarica.
to **refill** /riː'fɪl/ *v. t.* riempire di nuovo.
to **refine** /rɪ'faɪn/ *v. t.* ***1*** (*ind.*) raffinare ***2*** raffinare; affinare.
♦ **refine on** (*o* **upon**) *v. i. + prep.* ***1*** perfezionare ***2*** sottilizzare su.
refined /rɪ'faɪnd/ *a.* ***1*** (*ind.*) raffinato ***2*** raffinato; fine; ricercato.
refinement /rɪ'faɪnmənt/ *n.* ***1*** ▣ (*ind.*) raffinatura; raffinazione ***2*** ▣ *e* ▣ raffinatezza; finezza; ricercatezza; sottigliezza.
refiner /rɪ'faɪnə(r)/ *n.* raffinatore (*persona o strumento*).
refinery /rɪ'faɪnərɪ/ *n.* raffineria.
refit /'riːfɪt/ *n.* (*naut.*) raddobbo.
to **refit** /riː'fɪt/ (*naut.*) ***A*** *v. t.* raddobbare ***B*** *v. i.* essere raddobbato.
to **reflate** /riː'fleɪt/ *v. t.* (*econ.*) reflazionare.
reflation /riː'fleɪʃn/ *n.* ▣ (*econ.*) reflazione.
to **reflect** /rɪ'flɛkt/ ***A*** *v. t.* ***1*** (*anche fis.*) riflettere ***2*** rispecchiare; riflettere; essere un riflesso di: **His article reflects the Government's views**, il suo articolo riflette il punto di vista del governo; **The recent events r. a state of uneasiness in the country**, i recenti episodi sono un riflesso del disagio che pervade il paese • **to r. credit upon sb.**, fare onore a q. □ **to r. discredit upon sb.**, gettare discredito su q. ***B*** *v. i.* ***1*** riflettersi; essere riflesso ***2*** riflettere; meditare.
♦ **reflect on** *v. i. + prep.* ripercuotersi (*spesso negativamente*): **His behaviour reflects on the good name of the firm**, il suo comportamento getta un'ombra sul buon nome della ditta; **to r. favourably on**, fare onore a; dimostrare la bontà di.
reflecting /rɪ'flɛktɪŋ/ *a.* riflettente • **r. microscope** [**telescope**], microscopio [telescopio] a riflessione.
reflection /rɪ'flɛkʃn/ *n.* ***1*** ▣ (*anche fis.*) riflessione ***2*** riflesso; immagine riflessa ***3*** ▣ *e* ▣ riflessione; meditazione; considerazione: **lost in r.**, assorto in meditazione; **philosophical reflections**, riflessioni filosofiche; **on r.**, riflettendoci; ripensandoci ***4*** riflesso; conseguenza; rispecchiamento: **Drug addiction is a r. of an unstable society**, la droga è il riflesso di una società instabile; **This poll is an accurate r. of public opinion**, questo sondaggio riflette da vicino l'opinione pubblica ***5*** biasimo; critica; insinuazione: **I didn't mean it as a r. on his honesty**, non intendevo fare insinuazioni sulla sua onestà.
reflective /rɪ'flɛktɪv/ *a.* ***1*** pensoso; riflessivo ***2*** riflettente; lucido ***3*** (*fis.*) riflettente.
reflector /rɪ'flɛktə(r)/ *n.* ***1*** (*elettr., autom.*) riflettore ***2*** catarifrangente (*di bicicletta*).
reflex /'riːflɛks/ *n.* (*fis., fisiol.*) riflesso: **to have quick reflexes**, avere i riflessi pronti • **r. action**, azione riflessa; reazione automatica □ (*fotogr.*) **r. camera**, reflex.
reflexion /rɪ'flɛkʃn/ *V.* **reflection**.
reflexive /rɪ'flɛksɪv/ (*gramm.*) *a. e n.* (pronome, verbo) riflessivo.
reflexology /riːflɛk'sɒlədʒɪ/ *n.* ▣ (*med.*) riflessoterapia.
to **refloat** /riː'fləʊt/ ***A*** *v. t.* (*naut. e fig.*) rimettere a galla ***B*** *v. i.* galleggiare di nuovo.
reflux /'riːflʌks/ *n.* ▣ *e* ▣ riflusso.
to **reforest** /riː'fɒrɪst, *USA* -'fɔː-/ *v. t.* (*USA*) rimboschire.
reforestation /riːfɒrə'steɪʃn, *USA* -fɔː-/ *n.* ▣ (*USA*) rimboschimento.
reform /rɪ'fɔːm/ *n.* ▣ *e* ▣ riforma • (*USA*) **r. school**, scuola correzionale; casa di rieducazione.
to **reform** /rɪ'fɔːm/ ***A*** *v. t.* riformare; correggere; emendare ***B*** *v. i. e* to **reform oneself** *v. rifl.* correggersi; emendarsi.
to **re-form** /riː'fɔːm/ ***A*** *v. t.* riformare; ricostituire ***B*** riformarsi; ricostituirsi.
reformation /rɛfə'meɪʃn/ *n.* ▣ *e* ▣ ***1*** riforma ***2*** emendamento; miglioramento • (*stor., relig.*) **the R.**, la Riforma.
reformatory /rɪ'fɔːmətrɪ, *USA* -tɔːrɪ/ ***A*** *n.* (*USA*) riformatorio; casa di correzione ***B*** *a.* riformativo; riformatore.
reformer /rɪ'fɔːmə(r)/ *n.* riformatore (-trice).
reformist /rɪ'fɔːmɪst/ (*polit.*) ***A*** *n.* riformista ***B*** *a.* riformistico.
to **refract** /rɪ'frækt/ *v. t.* (*fis.*) rifrangere.
refracting /rɪ'fræktɪŋ/ *a.* — **r. telescope**, telescopio a rifrazione.
refraction /rɪ'frækʃn/ *n.* ▣ (*fis.*) rifrazione.
refractive /rɪ'fræktɪv/ *a.* (*fis.*) ***1*** rifrangente ***2*** di rifrazione.
refractory /rɪ'fræktərɪ/ *a.* ***1*** (*fis., med.*) refrattario ***2*** indocile; disubbidiente.
refrain /rɪ'freɪn/ *n.* ***1*** (*mus. e fig.*) ritornello ***2*** (*poesia*) ripresa.
to **refrain** /rɪ'freɪn/ *v. i.* trattenersi; astenersi: **to r. from smoking**, astenersi dal fumare.
to **refresh** /rɪ'frɛʃ/ *v. t.* rinfrescare; ristorare • **to r. one's memory**, rinfrescarsi la memoria.
refresher course /rɪ'frɛʃə(r) kɔːs/ *locuz. n.* corso di aggiornamento.
refreshing /rɪ'frɛʃɪŋ/ *a.* ***1*** rinfrescante; ristoratore: **r. sleep**, sonno ristoratore ***2*** gradevole; piacevole.
refreshment /rɪ'frɛʃmənt/ *n.* ***1*** ▣ ristoro; riposo; sollievo ***2*** ▣ cibo: **to take some r.**, rifocillarsi; mangiare qualcosa ***3*** (*al pl.*) buffet; rinfreschi • (*ferr.*) **r. room**, buffet; posto di ristoro.
refrigerant /rɪ'frɪdʒərənt/ *a. e n.* refrigerante.
to **refrigerate** /rɪ'frɪdʒəreɪt/ *v. t.* refrigerare; raffreddare.
refrigeration /rɪfrɪdʒə'reɪʃn/ *n.* ▣ refrigerazione.
refrigerator /rɪ'frɪdʒəreɪtə(r)/ *n.* frigorifero • (*ferr.*) **r. car**, vagone frigorifero.
to **refuel** /'rɪ'fjʊəl/ ***A*** *v. t* rifornire di carburante ***B*** *v. i.* fare

rifornimento (*o* rifornirsi) di carburante.
refuelling /riːˈfjuəlɪŋ/ *n.* Ⓤ rifornimento (*di carburante*).
refuge /ˈrɛfjuːdʒ/ *n.* Ⓒ *e* Ⓤ rifugio; ricovero: **to take r.**, trovare rifugio; rifugiarsi.
refugee /rɛfjʊˈdʒiː, *USA* ˈrɛfjʊdʒiː/ *n.* rifugiato (-a); profugo (-a): **r. camp**, campo di profughi.
refund /ˈriːfʌnd/ *n.* Ⓒ *e* Ⓤ rimborso.
to **refund** /riːˈfʌnd/ *v. t.* rimborsare; restituire (*i soldi*).
to **refurbish** /riːˈfɜːbɪʃ/ *v. t.* rimettere a nuovo (*un edificio, un locale*).
refusal /rɪˈfjuːzl/ *n.* Ⓤ *e* Ⓒ rifiuto; diniego: **to meet with a r.**, ricevere un rifiuto; essere rifiutato • (*leg., comm.*) **first r.**, diritto di opzione.
refuse /ˈrɛfjuːs/ *n.* Ⓤ rifiuti • **r. collector**, netturbino □ **r. disposal**, smaltimento dei rifiuti □ **r. dump**, discarica (di rifiuti).
to **refuse** /rɪˈfjuːz/ ***A*** *v. t.* ***1*** rifiutare; respingere: **to r. an offer**, respingere un'offerta ***2*** negare: **I was refused entry**, mi fu negato l'ingresso; mi fu proibito di entrare ***3*** rifiutarsi: **He refuses to listen**, si rifiuta di ascoltare ***B*** *v. i.* rifiutare; rifiutarsi.
refutation /rɛfjuːˈteɪʃn/ *n.* Ⓤ *e* Ⓒ confutazione.
to **refute** /rɪˈfjuːt/ *v. t.* confutare.
to **regain** /rɪˈgeɪn/ *v. t.* riguadagnare; riprendere: **to r. consciousness**, riprendere conoscenza; **to r. one's strength**, riprendere (*o* riacquistare) le forze; **to r. one's composure**, ricomporsi; tornare calmo.
regal /ˈriːgl/ *a.* regio; regale; reale.
to **regale** /rɪˈgeɪl/ *v. t.* intrattenere; deliziare: **He regaled us with the story of his divorce**, ci ha intrattenuto con la storia del suo divorzio • **to r. oneself with a cigar**, fumarsi beatamente un sigaro.
regalia /rɪˈgeɪlɪə/ *n. pl.* ***1*** insegne regie ***2*** insegne; decorazioni; abiti da cerimonia.
regard /rɪˈgɑːd/ *n.* ***1*** Ⓤ stima; rispetto: **to hold sb. in high r.**, avere molta stima di q. ***2*** Ⓤ riguardo; attenzione; considerazione: **to have no r. for people's feelings**, non avere riguardo per i sentimenti degli altri; **without r. to**, senza tener conto di; senza curarsi di ***3*** Ⓤ proposito; riguardo: **in this r.**, a questo proposito (*o* riguardo); **in** (*o* **with**) **r. to**, riguardo a; quanto a ***4*** (*al pl.*) saluti: **Regards to your mother**, salutami tua madre; **kind regards**, cordiali saluti.
to **regard** /rɪˈgɑːd/ *v. t.* ***1*** considerare; ritenere: **to r. sb. as a hero**, considerare q. un eroe; **to r. st. as harmful**, considerare (*o* ritenere) q.c. dannoso ***2*** guardare (a); vedere: **to r. sb. with admiration**, guardare a q. con ammirazione; provare ammirazione per q.; **to r. st. with suspicion**, vedere q.c. con sospetto ***3*** riguardare; concernere: **This does not r. me at all**, questo non mi riguarda affatto; **information regarding the murder**, informazioni riguardanti l'omicidio; **regarding** (*o* **as regards**), per quanto riguarda; riguardo a ***4*** (*generalm. in frasi neg. o interr.*) prestare attenzione a; prendere in considerazione ***5*** (*form.*) guardare; osservare; contemplare.
regardless /rɪˈgɑːdləs/ *avv.* nonostante tutto; ugualmente; lo stesso: **The car was too expensive, but they bought it r.**, la macchina costava troppo, ma la comprarono ugualmente • **r. of**, senza badare a; indipendentemente da; a dispetto di: **We help everyone, r. of colour or creed**, noi aiutiamo tutti senza badare al colore o alla religione.
regatta /rɪˈgætə/ *n.* (*sport*) (serie di) regate.
Regency /ˈriːdʒənsɪ/ ***A*** *n.* (*stor. ingl.*) Reggenza (*gli anni 1811-1820*) ***B*** *a. attr.* in stile Reggenza.
regency /ˈriːdʒənsɪ/ *n.* (*polit.*) reggenza.
to **regenerate** /rɪˈdʒɛnəreɪt/ ***A*** *v. t.* rigenerare ***B*** *v. i.* rigenerarsi; rinascere.
regeneration /rɪdʒɛnəˈreɪʃn/ *n.* Ⓤ rigenerazione; rinascita.
regenerative /rɪˈdʒɛnərətɪv/ *a.* (*form.*) rigenerativo; rigeneratore.
regent /ˈriːdʒənt/ *a. e n.* (*polit.*) reggente: **the Prince R.**, il Principe Reggente.
reggae /ˈrɛgeɪ/ *n.* Ⓤ (*mus.*) reggae.
regicide /ˈrɛdʒɪsaɪd/ *n.* ***1*** regicida ***2*** Ⓤ regicidio.
régime, **regime** /reɪˈʒiːm/ *n.* ***1*** (*polit.*) regime ***2*** *V.* **regimen**.
regimen /ˈrɛdʒɪmɛn/ *n.* (*med.*) regime; dieta.
regiment /ˈrɛdʒɪmənt/ *n.* (*mil. e fig.*) reggimento.
to **regiment** /ˈrɛdʒɪmɛnt/ *v. t.* (*mil. e fig.*) irreggimentare.
regimental /rɛdʒɪˈmɛntl/ *a.* (*mil.*) reggimentale; di reggimento.
regimentals /rɛdʒɪˈmɛntlz/ *n. pl.* (*mil.*) uniforme (di reggimento).
regimentation /rɛdʒɪmɛnˈteɪʃn/ *n.* Ⓤ irregimentazione.
region /ˈriːdʒən/ *n.* regione (*in tutti i sensi*) • (*GB*) **in the regions**, in provincia □ **in the r. of**, intorno a; circa: **in the r. of £ 300**, intorno alle trecento sterline.
regional /ˈriːdʒənl/ *a.* regionale.
regionalism /ˈriːdʒənəlɪzəm/ *n.* Ⓤ regionalismo.
regionalist /ˈriːdʒənəlɪst/ ***A*** *n.* regionalista ***B*** *a. attr.* regionalistico.
register /ˈrɛdʒɪstə(r)/ *n.* (*rag., mus., ling., mecc.*) registro • **r. office**, anagrafe □ **cash r.**, registratore di cassa □ **electoral r.**, lista elettorale.
to **register** /ˈrɛdʒɪstə(r)/ ***A*** *v. t.* ***1*** (*leg.*) registrare (*un atto*); depositare (*un brevetto, un marchio*); immatricolare (*un veicolo*) ***2*** (*di strumento*) indicare; segnare: **The thermometer registered 21°**, il termometro indicava 21° ***3*** esprimere; mostrare: **Her face registered disbelief**, sul suo viso si leggeva l'incredulità ***4*** assicurare (*una lettera*); spedire assicurato (*bagaglio*) ***5*** dichiarare ufficialmente; notificare ***B*** *v. i.* ***1*** firmare il registro ***2*** iscriversi: **to r. for a course** [**as unemployed**], iscriversi a un corso [nelle liste dei disoccupati] ***3*** essere notato; rimanere impresso: **She told me her name, but it didn't r.**, mi disse il suo nome, ma l'ho dimenticato.
registered /ˈrɛdʒɪstəd/ *a.* ***1*** (*leg.*) registrato; depositato; immatricolato: **r. trademark**, marchio di fabbrica depositato ***2*** (*di lettera, pacco*) assicurato • (*fin.*) **r. bonds**, titoli nominativi □ **r. nurse**, infermiera diplomata □ **r. post** (*USA* **mail**), (servizio di) posta assicurata □ (*leg.*) **r. office**, sede legale (*di società*).
registrar /rɛdʒɪˈstrɑː(r), ˈrɛdʒ-/ *n.* ***1*** ufficiale di stato civile ***2*** segretario amministrativo (*di università*) ***3*** (*in G.B.*) medico ospedaliero.
registration /rɛdʒɪˈstreɪʃn/ *n.* Ⓤ *e* Ⓒ ***1*** registrazione; (*anche autom.*) immatricolazione ***2*** iscrizione ***3*** (*autom., USA*) libretto di circolazione • (*autom., GB*) **r. document**, libretto di circolazione □ (*autom., GB*) **r. number**, numero di targa □ (*autom., Austr.*) **r. plate**, targa.
registry /ˈrɛdʒɪstrɪ/ *n.* ***1*** archivio ***2*** Ⓤ registrazione • **r. office**, ufficio di stato civile; anagrafe □ **to be married at a r. office**, sposarsi civilmente □ **land r.**, (ufficio del) catasto.
to **regress** /ˈriːgrɛs/ *v. i.* regredire.
regression /rɪˈgrɛʃn/ *n.* Ⓤ *e* Ⓒ regressione; regresso.
regressive /rɪˈgrɛsɪv/ *a.* regressivo.
regret /rɪˈgrɛt/ *n.* ***1*** Ⓤ rammarico; rincrescimento; dispiacere: **much to my r.**, con mio grande rincrescimento ***2*** rimpianto: **to have no regrets**, non avere rimpianti.
to **regret** /rɪˈgrɛt/ *v. t.* ***1*** rammaricarsi di; essere dispiaciuto di; pentirsi di: **I r. that I won't be able to...**, mi dispiace (*o* mi rincresce) di non poter...; **You won't r. it**, non te ne pentirai ***2*** rimpiangere • **We r. to inform you that...**, siamo spiacenti di informarla che... □ **It is not a very good hotel, I r. to say**, l'albergo non è buono, purtroppo.
regretful /rɪˈgrɛtfl/ *a.* ***1*** dolente; dispiaciuto ***2*** pieno di rimpianto.
regretfully /rɪˈgrɛtfəlɪ/ *avv.* ***1*** con rimpianto ***2*** purtroppo.
regrettable /rɪˈgrɛtəbl/ *a.* deplorevole; increscioso; spiacevole.
regrettably /rɪˈgrɛtəblɪ/ *avv.* ***1*** (*form.*) in modo deplorevole; spiacevolmente ***2*** purtroppo.
regular /ˈrɛgjʊlə(r)/ ***A*** *a.* ***1*** regolare: **r. pulse**, polso regolare; **r. visits**, visite regolari; **at r. intervals**, a intervalli regolari; **r. features**, lineamenti regolari; (*mil.*) **r. army**, esercito regolare; (*gramm.*) **r. verbs**, verbi regolari; (*eccles.*) **r. clergy**, clero regolare ***2*** fisso: **r. customer** [**job**], cliente [posto] fisso; **r. income**, reddito fisso ***3*** (*specialm. USA*) normale; medio: **r. size**, formato normale ***4*** (*fam.*) vero e proprio; perfetto; bell'e buono: **a r. pain in the neck**, un vero e proprio rompiscatole ***5*** (*med., fam.*) che va di corpo regolarmente; che ha le mestruazioni regolari ***6*** (*fam. USA*) a posto; come si deve: **a r. guy**, uno come si deve • **as r. as clockwork**, regolare (*o* preciso, puntuale) come un orologio □ **to keep r. hours**, fare una vita regolata □ **on a r. basis**, regolarmente ***B*** *n.* ***1*** soldato dell'esercito regolare ***2*** (*fam.*) cliente abituale ***3*** (*eccles.*) religioso di un ordine monastico.
regularity /rɛgjʊˈlærətɪ/ *n.* Ⓤ regolarità.
to **regularize** /ˈrɛgjʊləraɪz/ *v. t.* regolarizzare.

regularly /ˈrɛgjʊləlɪ/ *avv.* abitualmente; regolarmente; con regolarità • **r. shaped**, (di forma) regolare.

to **regulate** /ˈrɛgjʊleɪt/ *v. t.* regolare.

regulation /rɛgjʊˈleɪʃn/ ***A*** *n.* ***1*** [U] ordinamento; regolamentazione: **the r. of affairs**, la regolamentazione degli affari ***2*** (*generalm. al pl.*) regolamento; regola: **according to regulations**, secondo il regolamento; **current regulations**, le vigenti disposizioni ***3*** (*tecn.*) regolazione ***B*** *a. attr.* regolamentare; prescritto: **r. uniform**, divisa regolamentare; **r. dress**, abito prescritto.

regulator /ˈrɛgjʊleɪtə(r)/ *n.* (*tecn.*) regolatore.

regulatory /ˈrɛgjʊlətrɪ, rɛgjʊˈleɪtrɪ, *USA* -lətɔːrɪ/ *a.* regolatore; che regola.

to **regurgitate** /rɪˈgɜːdʒɪteɪt/ ***A*** *v. i.* rigurgitare ***B*** *v. t.* ***1*** rigurgitare ***2*** (*spreg.*) ripetere pedissequamente.

regurgitation /rɪgɜːdʒɪˈteɪʃn/ *n.* [U] ***1*** rigurgito ***2*** (*spreg.*) ripetizione pedissequa.

rehab /ˈriːhæb/, to **rehab** *n. e v. abbr. fam. di* **rehabilitation**, **to rehabilitate**.

to **rehabilitate** /riːhəˈbɪləteɪt/ *v. t.* ***1*** recuperare, reinserire (*ex detenuti, drogati, ecc.*) ***2*** (*med.*) riabilitare: rieducare ***3*** risanare (*un quartiere*); ristrutturare (*case, appartamenti*) ***4*** riabilitare; reintegrare.

rehabilitation /riːhəbɪləˈteɪʃn/ *n.* [U] ***1*** recupero, reinserimento (*di ex detenuti, drogati, ecc.*): **r. centre**, centro di recupero ***2*** (*med.*) riabilitazione; rieducazione ***3*** (*edil.*) risanamento; ristrutturazione ***4*** riabilitazione; reintegrazione.

rehash /ˈriːhæʃ/ *n.* (*fam. spreg.*) rimaneggiamento; rifrittura.

to **rehash** /riːˈhæʃ/ *v. t.* (*fam. spreg.*) rimaneggiare; riciclare; rifriggere.

rehearsal /rɪˈhɜːsl/ *n.* [U] *e* [C] ***1*** (*teatr., mus.*) prova: **dress r.**, prova generale ***2*** (*form.*) narrazione; enumerazione.

to **rehearse** /rɪˈhɜːs/ *v. t. e i.* ***1*** (*teatr., mus.*) provare; fare le prove ***2*** ripetere per esteso; enumerare.

to **rehouse** /riːˈhaʊz/ *v. t.* provvedere di un alloggio nuovo.

reign /reɪn/ *n.* (*anche fig.*) regno.

to **reign** /reɪn/ *v. i.* (*anche fig.*) regnare.

reigning /ˈreɪnɪŋ/ *a.* ***1*** regnante ***2*** (*sport*) in carica: **r. champion**, campione in carica.

to **reimburse** /riːɪmˈbɜːs/ *v. t.* rimborsare; rifondere; risarcire.

reimbursement /riːɪmˈbɜːsmənt/ *n.* [C] *e* [U] rimborso; risarcimento.

rein /reɪn/ *n.* redine; briglia: **to draw r.**, tirare le redini; **the reins of government**, le redini del governo; **to hold the reins**, tenere le redini; (*fig.*) avere in mano le redini • **to give free r. to st.**, dare piena libertà a q.c. □ **to give free r. to one's imagination**, sbrigliare la fantasia □ **to keep a tight r. on sb.**, tenere sotto controllo q.

to **rein** /reɪn/ *v. t.* guidare (*un cavallo*) con le redini.

♦ **rein back** *v. t. + avv.* ***1*** fermare, trattenere (*un cavallo*) tirando le redini ***2*** mettere un freno a.

♦ **rein in** *v. t. + avv.* ***1*** mettere al passo (*un cavallo*) ***2*** tenere a freno; tenere sotto controllo.

to **reincarnate** /riːɪnˈkɑːneɪt/ *v. t.* (*relig.*) reincarnare • **to be reincarnated**, reincarnarsi.

reincarnation /riːɪnkɑːˈneɪʃn/ *n.* [U] *e* [C] (*relig.*) reincarnazione.

reindeer /ˈreɪndɪə(r)/ *n.* (*pl. invar.*) (*zool.*) renna.

to **reinforce** /riːɪnˈfɔːs/ *v. t.* ***1*** rinforzare; rafforzare ***2*** (*ind. costr.*) armare: **reinforced concrete**, cemento armato.

reinforcement /riːɪnˈfɔːsmənt/ *n.* ***1*** [U] rinforzamento; rinforzo ***2*** [U] (*ind. costr.*) armatura ***3*** (*al pl.*) (*mil.*) rinforzi.

to **reinstate** /riːɪnˈsteɪt/ *v. t.* reintegrare.

reinstatement /riːɪnˈsteɪtmənt/ *n.* [U] reintegrazione.

to **reinsure** /riːɪnˈʃʊə(r)/ *v. t.* (*ass.*) riassicurare.

to **reinvest** /riːɪnˈvɛst/ *v. t.* (*fin.*) reinvestire; reimpiegare.

reissue /riːˈɪʃuː/ *n.* ***1*** nuova emissione (*di azioni, francobolli*) ***2*** nuova edizione; ristampa.

to **reissue** /riːˈɪʃuː/ *v. t.* ***1*** emettere di nuovo (*azioni, francobolli*) ***2*** ripubblicare; ristampare.

to **reiterate** /riːˈɪtəreɪt/ *v. t.* (*form.*) reiterare; ripetere.

reject /ˈriːdʒɛkt/ *n.* scarto; oggetto di scarto.

to **reject** /rɪˈdʒɛkt/ *v. t.* ***1*** respingere; rifiutare: **to r. a suggestion**, respingere un suggerimento ***2*** (*mil.*) riformare ***3*** scartare.

rejection /rɪˈdʒɛkʃn/ *n.* ***1*** [U] rifiuto ***2*** rifiuto; scarto ***3*** [U] (*med.*) rigetto.

to **rejig** /riːˈdʒɪg/ *v. t.* ristrutturare; riorganizzare.

to **rejoice** /rɪˈdʒɔɪs/ *v. i.* rallegrarsi; gioire: **to r. at sb.'s success**, gioire del successo di q.

♦ **rejoice in** *v. i. + prep.* godere di.

rejoicing /rɪˈdʒɔɪsɪŋ/ *n.* ***1*** [U] gioia; giubilo ***2*** (*al pl.*) festeggiamenti; feste.

to **rejoin** /rɪˈdʒɔɪn/ *v. t.* ***1*** ricongiungere; riattaccare ***2*** ricongiungersi con; raggiungere, tornare al (*reggimento, alla base, ecc.*).

rejoinder /rɪˈdʒɔɪndə(r)/ *n.* (*form.*) replica; risposta.

to **rejuvenate** /rɪˈdʒuːvɪneɪt/ *v. t.* ***1*** rimettere in forze; rinvigorire; ridare il vigore giovanile a ***2*** rinnovare; rivitalizzare, svecchiare.

rejuvenation /rɪdʒuːvɪˈneɪʃn/ *n.* [U] ***1*** nuovo vigore ***2*** rinnovamento; rivitalizzazione; svecchiamento.

to **rekindle** /riːˈkɪndl/ (*anche fig.*) ***A*** *v. t.* riaccendere ***B*** *v. i.* riaccendersi.

relaid /riːˈleɪd/ *pass. e p.p. di* **to relay (2)**.

relapse /ˈrɪlæps/ *n.* (*anche med.*) ricaduta.

to **relapse** /rɪˈlæps/ *v. i.* ***1*** (*med.*) avere una ricaduta ***2*** ricadere: **to r. into error**, ricadere nell'errore.

to **relate** /rɪˈleɪt/ *v. t.* ***1*** riferire; raccontare ***2*** mettere in relazione; collegare.

♦ **relate to** *v. i. + prep.* ***1*** riferirsi a; riguardare ***2*** essere in relazione con ***3*** andare d'accordo con; essere in sintonia con.

related /rɪˈleɪtɪd/ *a.* ***1*** collegato; connesso ***2*** imparentato: **We are r.**, siamo parenti.

relating /rɪˈleɪtɪŋ/ *a.* — **r. to**, relativo a; concernente; riguardante.

relation /rɪˈleɪʃn/ *n.* ***1*** parente, congiunto: **close [distant] r.**, parente stretto [lontano]; **poor r.**, parente povero (*anche fig.*); **Is he any r. to you?**, è tuo parente? ***2*** (*generalm. al pl.*) relazione; rapporto: **public relations**, relazioni pubbliche; **diplomatic relations**, relazioni diplomatiche; **business relations**, rapporti d'affari; **sexual relations**, rapporti sessuali ***3*** *V.* **relationship**, *def.* 2 ***4*** [U] *e* [C] relazione; narrazione; racconto • **in** (*o* **with**) **r. to**, con riferimento a.

relationship /rɪˈleɪʃnʃɪp/ *n.* ***1*** rapporto (*tra persone*) ***2*** [U] *e* [C] relazione; connessione; rapporto; nesso: **to bear no r. to**, non avere nulla a che vedere con ***3*** [U] parentela.

relative /ˈrɛlətɪv/ ***A*** *a.* ***1*** relativo: (*gramm.*) **r. pronoun**, pronome relativo; **r. calm**, calma relativa; (*meteor.*) **r. humidity**, umidità relativa ***2*** in relazione (con); relativo (a); connesso (con); **the facts r. to the matter**, i fatti connessi con la faccenda; **Supply is r. to demand**, l'offerta è in relazione con la domanda ***3*** rispettivo: **the r. advantages of nuclear and solar energy**, i rispettivi vantaggi dell'energia nucleare e di quella solare ***B*** *n.* parente; congiunto (-a).

relatively /ˈrɛlətɪvlɪ/ *avv.* relativamente.

relativism /ˈrɛlətɪvɪzəm/ *n.* [U] (*filos.*) relativismo.

relativity /rɛləˈtɪvətɪ/ *n.* [U] (*anche filos., mat., fis.*) relatività.

to **relax** /rɪˈlæks/ ***A*** *v. t.* ***1*** rilassare (*i muscoli, la disciplina*); allentare (*la presa*) ***2*** diminuire (*l'attenzione*); ridurre (*la tensione*) ***B*** *v. i.* ***1*** rilassarsi ***2*** allentarsi; attenuarsi; ridursi.

relaxation /riːlækˈseɪʃn/ *n.* ***1*** [U] rilasciamento; rilassamento; rilassatezza ***2*** [U] allentamento; attenuazione; distensione ***3*** [U] *e* [C] svago; distrazione; relax.

relaxing /rɪˈlæksɪŋ/ *a.* rilassante; riposante; distensivo.

relay /ˈriːleɪ/ *n.* ***1*** squadra di ricambio: **to work in relays**, lavorare a squadre (che si danno il cambio); darsi il cambio ***2*** (*sport, anche* **r. race**) (corsa a) staffetta ***3*** (*elettr.*) relè ***4*** (*radio, TV*) ripetitore; (*estens.*) programma ritrasmesso • (*atletica*) **r. runner**, staffettista □ (*radio*) **r. station**, stazione ripetitrice □ (*nuoto*) **r. swimmer**, staffettista.

to **relay** (1) /rɪˈleɪ/ *v. t.* ***1*** dare il cambio a (*cavalli, lavoratori, ecc.*) ***2*** (*radio*) ritrasmettere ***3*** (*elettr.*) comandare (*un circuito, ecc.*) a mezzo di relè ***4*** riferire; comunicare.

to **relay** (2) /riːˈleɪ/ (*pass. e p.p.* **relaid**) *v. t.* ***1*** posare di nuovo (*un cavo, un binario*) ***2*** rifare (*un pavimento*).

release /rɪˈliːs/ *n.* [U] *e* [C] ***1*** liberazione, rilascio (*di un prigioniero*) ***2*** (*aeron., mil.*) sganciamento (*di bombe*) ***3*** liberazione (*da un obbligo, da un tormento*) ***4*** emissione (*di gas*) ***5*** (*cinem.*) distribuzione (*di un film*) ***6*** pubblicazione (*di una notizia*) ***7*** novità (*film, disco*) ***8*** (*mecc.*) rilascio; scatto; dispositivo di sgancio • (*GB*) **day r.**, permesso di studio (*concesso a un lavoratore*) □ **press r.**, comunicato stampa.

to **release** /rɪˈliːs/ *v. t.* ***1*** liberare; rilasciare; rimettere in libertà ***2*** allentare (*la presa*); lasciar andare ***3*** (*aeron., mil.*)

sganciare (*bombe*) ***4*** emettere, sprigionare (*gas*) ***5*** sciogliere (*da una promessa*) ***6*** distribuire (*un film*); far uscire (*un disco*) ***7*** dare alle stampe, rendere pubblica (*una notizia*) ***8*** (*mecc.*) sbloccare; sganciare; disinserire: (*autom.*) **to r. the clutch**, staccare la frizione; (*autom.*) **to r. the handbrake**, togliere il freno a mano ***9*** (*fotogr.*) far scattare.
to **relegate** /ˈrɛlɪgeɪt/ *v. t.* ***1*** relegare ***2*** (*sport*) retrocedere.
relegation /rɛlɪˈgeɪʃn/ *n.* [U] ***1*** relegazione ***2*** (*sport*) retrocessione.
to **relent** /rɪˈlɛnt/ *v. i.* ***1*** cedere; addolcirsi; venire a più miti consigli ***2*** (*di vento, temporale, ecc.*) calmarsi; placarsi.
relentless /rɪˈlɛntləs/ *a.* implacabile; inflessibile; inesorabile.
to **relet** /riːˈlɛt/ (*pass. e p.p.* **relet**) *v. t.* subaffittare.
relevance /ˈrɛləvəns/, **relevancy** /ˈrɛlɪvənsɪ/ *n.* [U] ***1*** attinenza; pertinenza ***2*** attualità; importanza.
relevant /ˈrɛləvənt/ *a.* ***1*** attinente; pertinente ***2*** attuale; valido; importante.
reliability /rɪlaɪəˈbɪlətɪ/ *n.* [U] ***1*** (*di informazione, ecc.*) attendibilità; credibilità; affidabilità ***2*** (*di persona*) fidatezza; serietà ***3*** (*di strumento*) precisione; esattezza: **r. test**, prova di esattezza ***4*** resistenza; saldezza; solidità ● (*autom.*) **r. trials**, prove di collaudo.
reliable /rɪˈlaɪəbl/ *a.* ***1*** (*di informazione, ecc.*) attendibile; degno di fiducia; affidabile ***2*** (*di persona*) fidato; che dà affidamento ***3*** (*di strumento*) preciso ***4*** resistente; solido.
reliance /rɪˈlaɪəns/ *n.* [U] ***1*** fiducia: **to place r. on** (*o* **upon**) **sb.**, avere fiducia in q. ***2*** dipendenza: **our r. on oil products**, la nostra dipendenza dai derivati del petrolio.
reliant /rɪˈlaɪənt/ *a.* dipendente: **to be r. on st.**, dipendere da q.c.
relic /ˈrɛlɪk/ *n.* ***1*** vestigio; resto ***2*** cimelio ***3*** (*relig.*) reliquia.
relief (1) /rɪˈliːf/ *n.* ***1*** [U] sollievo: **to bring r.**, dare sollievo; **That's a r.!**, che sollievo!; meno male! ***2*** aiuti; soccorsi ***3*** [U] (*mil.*) liberazione (*di città assediata*) ***4*** [U] (*fin.*) sgravio: **tax r.**, sgravio fiscale ***5*** [U] (*USA*) assistenza sociale; sussidio di disoccupazione ***6*** (*anche mil.*) cambio; persona (*o* squadra) che dà il cambio ***7*** [U] diversivo; variante: **by way of r.**, a mo' di diversivo; per cambiare un po'; **comic r.**, parentesi comica; intermezzo comico ***8*** [U] rimedio (a un male); riparazione (*di un torto*) ● (*GB*) **r. road**, strada di alleggerimento del traffico; strada alternativa □ (*ferr.*) **r. train**, treno straordinario.
relief (2) /rɪˈliːf/ *n.* [U] ***1*** (*arte, geogr.*) rilievo: **high r.**, altorilievo; **low r.**, bassorilievo; **r. map**, carta in rilievo ***2*** evidenza; risalto ● **r. model**, plastico □ **to stand out in r.**, risaltare; essere in contrasto.
to **relieve** /rɪˈliːv/ ***A*** *v. t.* ***1*** alleviare (*un dolore, una preoccupazione*) ***2*** dare sollievo a, sollevare; alleggerire; esonerare: **to r. sb. of**, sollevare q. da (*una preoccupazione*); alleggerire q. di (*una responsabilità*); esonerare q. da (*un dovere*) ***3*** sfogare (*un sentimento*): **to r. one's anger**, sfogare la propria ira; **to r. one's feelings**, sfogarsi ***4*** variare; interrompere: **to r. the monotony**, rompere la monotonia; **to r. the tedium**, ingannare la noia ***5*** (*mil.*) liberare (*una città assediata, ecc.*) ***6*** (*anche mil.*) dare il cambio a; rilevare: **to r. a sentry**, rilevare una sentinella ***B*** **to relieve oneself** *v. rifl.* ***1*** orinare ***2*** andare di corpo.
relieved /rɪˈliːvd/ *a.* sollevato: **I was r. to hear the operation went well**, è stato un sollievo sapere che l'operazione era andata bene.
religion /rɪˈlɪdʒən/ *n.* [U] *e* [C] religione.
religiose /rɪˈlɪdʒɪəʊs/ *a.* (*spreg.*) bigotto; bacchettone.
religiosity /rɪlɪdʒɪˈɒsətɪ/ *n.* [U] (*form.*) ***1*** religiosità ***2*** (*spreg.*) bigotteria.
religious /rɪˈlɪdʒəs/ ***A*** *a.* ***1*** religioso ***2*** coscienzioso; scrupoloso ***B*** *n.* (*pl. invar.*) religioso (-a).
religiously /rɪˈlɪdʒəslɪ/ *avv.* ***1*** religiosamente ***2*** coscienziosamente; scrupolosamente.
to **reline** /riːˈlaɪn/ *v. t.* ***1*** rifare la fodera a; rifoderare ***2*** (*autom.*) sostituire le pastiglie dei (*freni*).
to **relinquish** /rɪˈlɪŋkwɪʃ/ *v. t.* (*form.*) rinunciare a; abbandonare; lasciare.
reliquary /ˈrɛlɪkwərɪ, *USA* -kwɛrɪ/ *n.* reliquiario.
relish /ˈrɛlɪʃ/ *n.* [U] *e* [C] ***1*** gusto; piacere: **with r.**, di gusto; con piacere ***2*** condimento; salsa.
to **relish** /ˈrɛlɪʃ/ *v. t.* apprezzare; gradire; trovare di proprio gusto: **I don't r. the prospect of their visit**, non mi alletta la prospettiva della loro visita.
to **relive** /riːˈlɪv/ *v. t.* rivivere (*nel ricordo*).
to **reload** /riːˈləʊd/ *v. t.* ricaricare (*un fucile, ecc.*).
to **relocate** /riːləʊˈkeɪt, *USA* riːˈləʊkeɪt/ ***A*** *v. t.* ***1*** trasferire ***2*** (*elab.*) rilocare ***B*** *v. i.* trasferirsi.
relocation /riːləʊˈkeɪʃn/ *n.* [U] ***1*** trasferimento ***2*** (*elab.*) rilocazione.
reluctance /rɪˈlʌktns/ *n.* [U] riluttanza.
reluctant /rɪˈlʌktnt/ *a.* ***1*** riluttante; restio: **I am r. to accept**, sono riluttante ad accettare ***2*** dato a malincuore; dato di malavoglia: **r. consent**, consenso dato di malavoglia.
reluctantly /rɪˈlʌktntlɪ/ *avv.* a malincuore; di malavoglia.
to **rely** /rɪˈlaɪ/ *v. Solo come*:
♦ **rely on** (*o* **upon**) *v. i. + prep.* ***1*** contare su; fare affidamento (*o* assegnamento) su: **You can r. on him**, puoi contare su di lui; **We can't r. on the weather**, non possiamo fare assegnamento sul bel tempo; **Can we r. on John keeping quiet about it?**, possiamo essere sicuri che John terrà la bocca chiusa? ***2*** dipendere da.
remade /riːˈmeɪd/ *pass. e p.p. di* **to remake**.
to **remain** /rɪˈmeɪn/ *v. i.* rimanere; restare; stare: **to r. at home**, rimanere a casa; **to r. silent**, restare in silenzio; **It only remains for me to thank you all for coming**, non mi resta che ringraziare tutti di essere venuti ● **It remains to be seen whether...**, resta da vedere se... □ **The fact remains that...**, resta il fatto che... □ (*nelle lettere commerciali*) **I** [**We**] **r. Yours faithfully**, distinti saluti.
remainder /rɪˈmeɪndə(r)/ *n.* ***1*** resto (*anche mat.*); avanzi ***2*** (*rif. a persone*) i rimanenti, le rimanenti; gli altri, le altre ***3*** (*comm.*) remainder.
to **remainder** /rɪˈmeɪndə(r)/ *v. t.* (*comm.*) svendere (*libri di rimanenza*).
remains /rɪˈmeɪnz/ *n. pl.* ***1*** resti; residuo ***2*** avanzi ***3*** rovine; ruderi; resti ***4*** spoglie mortali.
remake /ˈriːmeɪk/ *n.* (*cinem.*) rifacimento; remake.
to **remake** /riːˈmeɪk/ (*pass. e p.p.* **remade**) *v. t.* rifare; fare di nuovo.
remand /rɪˈmɑːnd, *USA* rɪˈmænd/ *n.* [U] *e* [C] (*leg., GB*) rinvio a giudizio ● **r. home**, carcere minorile per detenuti in attesa di giudizio □ **on r.**, in custodia cautelare.
to **remand** /rɪˈmɑːnd, *USA* rɪˈmænd/ *v. t.* (*leg., GB*) rinviare a giudizio ● **to r. sb. in custody**, ordinare la custodia cautelare di q.
remark /rɪˈmɑːk/ *n.* [U] *e* [C] ***1*** osservazione; commento: **to pass remarks about st.**, fare commenti su q.c. ***2*** attenzione; nota: **His behaviour didn't escape r.**, il suo comportamento non passò inosservato; **worthy of r.**, degno di nota.
to **remark** /rɪˈmɑːk/ *v. t. e i.* osservare; notare; rilevare.
♦ **remark on** (*o* **upon**) *v. i. + prep.* fare commenti su; commentare.
remarkable /rɪˈmɑːkəbl/ *a.* notevole, straordinario.
remarriage /rɪːˈmærɪdʒ/ *n.* [U] *e* [C] nuovo matrimonio; nuove nozze.
to **remarry** /riːˈmærɪ/ ***A*** *v. t.* risposare ***B*** *v. i.* risposarsi.
remedial /rɪˈmiːdɪəl/ *a.* ***1*** che porta rimedio: **to take r. action**, cercare di rimediare; correre ai ripari ***2*** di recupero: **r. courses**, corsi di recupero; **r. teacher**, insegnante di un corso di recupero ***3*** (*med.*) correttivo.
remedy /ˈrɛmədɪ/ *n.* [U] *e* [C] rimedio; cura ● **beyond** (*o* **past**) **r.**, senza rimedio; irrimediabile; irreparabile.
to **remedy** /ˈrɛmədɪ/ *v. t.* rimediare a; porre riparo a; riparare.
to **remember** /rɪˈmɛmbə(r)/ *v. t. e i.* ricordare; ricordarsi di; rammentare; rammentarsi di: **I can't r. his name**, non ricordo il suo nome; **Do you r. Ted?**, ti ricordi di Ted?; **I don't r. ever meeting him**, non ricordo di averlo mai incontrato; **Do r. to phone me**, ricordati di telefonarmi, mi raccomando; **If I r. rightly**, se ben ricordo; se ben mi rammento ● **Please r. me to your mother**, saluta tua madre da parte mia.
remembrance /rɪˈmɛmbrəns/ *n.* ***1*** [U] *e* [C] (*form.*) ricordo; memoria: **in r. of**, in ricordo di; in memoria di ***2*** (oggetto) ricordo; piccolo dono ● **R. Day** (*o* **R. Sunday**), il giorno della commemorazione dei caduti in guerra (*in G.B., la domenica più vicina all'11 novembre*).
to **remind** /rɪˈmaɪnd/ *v. t.* ricordare a; rammentare: **R. me to phone mother**, ricordami che devo telefonare alla mamma; **He reminds me a bit of his grandfather**, mi ricorda un po' suo nonno; **That reminds me!**, a proposito!
reminder /rɪˈmaɪndə(r)/ *n.* ***1*** promemoria; memento ***2***

(*comm.*) sollecito.

to **reminisce** /rɛmɪˈnɪs/ *v. i.* abbandonarsi ai ricordi; parlare di (*cose passate*).

reminiscence /rɛmɪˈnɪsns/ *n.* [U] *e* [C] reminiscenza; ricordo.

reminiscent /rɛmɪˈnɪsnt/ *a.* — **r. of**, che rammenta; che richiama alla mente; **r. smile**, sorriso di chi ricorda.

remiss /rɪˈmɪs/ *a.* (*form.*) negligente; trascurato: **It was r. of me**, è stata una negligenza da parte mia.

remission /rɪˈmɪʃn/ *n.* ***1*** [U] (*relig., med.*) remissione ***2*** [U] *e* [C] (*leg., GB*) condono (*di pena*); remissione (*di debito*) • (*di malattia*) **to go into r.**, far registrare un miglioramento.

remit /ˈriːmɪt/ *n.* (*form., GB*) incarico: **This is not within my r.**, questo, non fa parte dei miei incarichi.

to **remit** /rɪˈmɪt/ *v. t.* ***1*** rimettere (*un peccato*) ***2*** (*leg.*) condonare (*una pena*); rimettere (*un debito*) ***3*** inviare, rimettere (*denaro*) ***4*** rimettere (*un problema, una decisione a q.*) ***5*** (*leg.*) rinviare (*una causa a un altro tribunale*).

remittance /rɪˈmɪtns/ *n.* [U] *e* [C] (*comm.*) rimessa; invio.

remnant /ˈrɛmnənt/ *n.* ***1*** resto; avanzo; residuo; rimasuglio ***2*** scampolo.

to **remodel** /riːˈmɒdl/ *v. t.* rimodellare; riplasmare.

remonstrance /rɪˈmɒnstrəns/ *n.* [U] *e* [C] (*form.*) rimostranza; protesta.

to **remonstrate** /ˈrɛmənstreɪt/ *v. i.* (*form.*) fare rimostranze; protestare: **to r. with sb.**, fare rimostranze a q.

remonstration /rɛmənˈstreɪʃn/ *n.* [U] *e* [C] (*form.*) rimostranza; protesta.

remorse /rɪˈmɔːs/ *n.* [U] rimorso: **without r.**, senza rimorso; senza pietà; spietatamente.

remorseful /rɪˈmɔːsfl/ *a.* pieno di rimorsi; contrito; pentito.

remorseless /rɪˈmɔːsləs/ *a.* ***1*** sordo ai rimorsi ***2*** spietato; inesorabile.

remote /rɪˈməʊt/ *a.* ***1*** remoto; lontano; distante: **in a r. village**, in un remoto villaggio; **in the r. past**, nel lontano passato; **r. cousins**, lontani cugini ***2*** remoto; vago: **a r. possibility**, una vaga (*o* remota) possibilità; **I haven't the remotest idea**, non ne ho la più pallida idea ***3*** (*di persona, comportamento*) distaccato; distante • **r. control**, (*elettron.*) comando a distanza; (*TV*) telecomando; (*miss.*) teleguida.

remotely /rɪˈməʊtlɪ/ *avv.* ***1*** lontanamente; alla lontana: **r. situated**, in una posizione isolata; **to be r. related**, essere parenti alla lontana ***2*** vagamente: **I'm not r. interested**, non mi interessa neppure vagamente ***3*** di lontano; a distanza: **r. controlled**, controllato a distanza; telecomandato; (*miss.*) teleguidato.

remoteness /rɪˈməʊtnəs/ *n.* [U] ***1*** distanza; lontananza ***2*** (*di persona*) distacco; distanza.

remould /riːˈməʊld/ *n.* (*GB*) pneumatico ricostruito.

to **remould** /riːˈməʊld/ *v. t.* ***1*** rimodellare; riplasmare ***2*** ricostruire (*un pneumatico*).

to **remount** /riːˈmaʊnt/ ***A*** *v. t.* ***1*** rimontare a (*cavallo*); risalire in (*bicicletta*); risalire su (*una scala, ecc.*) ***2*** (*fotogr.*) rimontare ***B*** *v. i.* rimontare in sella; risalire in bicicletta.

removable /rɪˈmuːvəbl/ *a.* staccabile; asportabile.

removal /rɪˈmuːvl/ *n.* ***1*** [U] rimozione; eliminazione; (*chir.*) asportazione ***2*** [U] (*di persona*) rimozione; destituzione; allontanamento ***3*** [U] *e* [C] trasloco; sgombero: **r. company [van]**, agenzia di [camion per] traslochi.

remove /rɪˈmuːv/ *n.* ***1*** distanza; intervallo ***2*** grado (*di parentela*) • **at only one r. from**, poco lontano da; poco diverso da; assai prossimo a □ **to experience st. at one r.**, sperimentare indirettamente q.c.

to **remove** /rɪˈmuːv/ ***A*** *v. t.* ***1*** togliere; rimuovere; eliminare; (*chir.*) asportare: **to r. grease stains**, togliere (*o* eliminare) le macchie di grasso; **to r. make-up**, togliersi il trucco; struccarsi; **to r. a tumour**, asportare un tumore; **to r. fears**, allontanare le paure; **to r. a boy from school**, ritirare un ragazzo dalla scuola ***2*** rimuovere; sollevare; allontanare: **to r. a magistrate from office**, rimuovere un magistrato dalla carica; **to r. from office**, sollevare da un incarico ***B*** *v. i.* (*form.*) trasferirsi; spostarsi; traslocare.

removed /rɪˈmuːvd/ *a.* ***1*** lontano: **far r. from**, ben lontano da ***2*** — **first cousin once [twice] r.**, figlio [nipote] di cugino.

remover /rɪˈmuːvə(r)/ *n.* smacchiatore; solvente: **paint r.**, solvente; **stain r.**, smacchiatore; **hair r.**, depilatore.

to **remunerate** /rɪˈmjuːnəreɪt/ *v. t.* (*form.*) rimunerare; ricompensare.

remuneration /rɪmjuːnəˈreɪʃn/ *n.* [U] (*form.*) rimunerazione; ricompensa.

remunerative /rɪˈmjuːnərətɪv, *USA* -nəreɪtɪv/ *a.* (*form.*) rimunerativo.

renaissance /rəˈneɪsəns, *USA* rɛnəˈsɑːns/ ***A*** *n.* (*arte, letter.*) rinascimento; rinascita: **the R.**, il Rinascimento ***B*** *a. attr.* del Rinascimento; rinascimentale.

renal /ˈriːnl/ *a.* (*anat.*) renale.

to **rend** /rɛnd/ (*pass. e p.p.* **rent**) ***A*** (*lett.*) *v. t.* lacerare; squarciare; fendere: **to r. one's garments**, lacerarsi le vesti; **to r. the silence**, squarciare il silenzio ***B*** *v. i.* lacerarsi; squarciarsi; fendersi.

to **render** /ˈrɛndə(r)/ *v. t.* (*form.*) ***1*** rendere: **to r. st. useless**, rendere inutile q.c. ***2*** rendere; dare: **to r. thanks to God**, rendere grazie a Dio; **to r. good for evil**, rendere il bene per il male; ricambiare il male col bene; **to r. a service**, rendere un servizio; fare un favore; **to r. aid**, prestare aiuto; **to r. an account of st.**, rendere conto di q.c. ***3*** tradurre: **How would you r. it in French?**, come lo tradurresti in francese? ***4*** (*mus.*) eseguire, interpretare; (*teatr.*) interpretare ***5*** (*edil.*) rinzaffare ***6*** (*anche* **to r. down**) fondere (*grasso*) • (*leg.*) **to r. a verdict**, emettere un verdetto.

rendering /ˈrɛndərɪŋ/ *n.* ***1*** traduzione; versione ***2*** (*mus., teatr.*) esecuzione; interpretazione ***3*** (*edil.*) rinzaffo.

rendezvous /ˈrɒndɪvuː/ (*franc.*) *n.* (*pl.* **rendezvous** /-vuːz/) ***1*** appuntamento ***2*** punto di incontro; (luogo di) ritrovo ***3*** (*miss.*) appuntamento nello spazio; rendez-vous.

to **rendezvous** /ˈrɒndɪvuː/ (*franc.*) *v. i.* ***1*** incontrarsi ***2*** (*miss.*) incontrarsi (nello spazio); effettuare un rendez-vous.

rendition /rɛnˈdɪʃn/ *n.* (*form.*) ***1*** (*mus., teatr.*) esecuzione; interpretazione ***2*** traduzione; versione.

renegade /ˈrɛnɪgeɪd/ *n.* ***1*** rinnegato (-a); traditore (-trice) ***2*** (*relig.*) apostata.

to **renege** /rɪˈniːg, *USA* -nɪg/ *v. i.* (*a carte*) non rispondere; rifiutare.

♦ **renege on** *v. i. + prep.* (*form.*) venir meno a, sottrarsi a (*un impegno*); non mantenere (*una promessa*).

to **renew** /rɪˈnjuː, *USA* -ˈnuː/ *v. t.* ***1*** rinnovare: **to r. a contract**, rinnovare un contratto; **to r. one's wardrobe**, rinnovare il guardaroba ***2*** riprendere; rinnovare: **to r. a friendship**, riprendere (*o* rinnovare) un'amicizia; **to r. an attack**, rinnovare un attacco; **to r. negotiations**, riprendere i negoziati.

renewable /rɪˈnjuːəbl, *USA* -ˈnuːəbl/ *a.* rinnovabile.

renewal /rɪˈnjuːəl, *USA* -ˈnuːəl/ *n.* [U] *e* [C] ***1*** rinnovamento ***2*** rinnovo: **r. of a licence**, rinnovo di una licenza; **My passport is coming up for r.**, sta per scadermi il passaporto ***3*** ripresa; ripristino: **the r. of talks**, la ripresa dei negoziati.

renewed /rɪˈnjuːd, *USA* -ˈnuːd/ *a.* rinnovato: **with r. vigour**, con rinnovata energia • **There has been r. fighting in the area**, c'è stata una ripresa dei combattimenti nella regione.

rennet (**1**) /ˈrɛnɪt/ *n.* [U] caglio.

rennet (**2**) /ˈrɛnɪt/ *n.* (*bot.*) mela renetta.

to **renounce** /rɪˈnaʊns/ *v. t.* ***1*** rinunciare a: **to r. a right**, rinunciare a un diritto ***2*** ripudiare; rinnegare; sconfessare; (*relig.*) abiurare.

to **renovate** /ˈrɛnəveɪt/ *v. t.* rinnovare; ristrutturare.

renovation /rɛnəˈveɪʃn/ *n.* [U] *e* [C] rinnovamento; ristrutturazione.

renown /rɪˈnaʊn/ *n.* [U] rinomanza; fama; celebrità.

renowned /rɪˈnaʊnd/ *a.* rinomato; famoso; celebre.

rent (**1**) /rɛnt/ *n.* lacerazione; squarcio; strappo.

rent (**2**) /rɛnt/ *n.* [U] *e* [C] ***1*** (canone di) affitto ***2*** nolo (*di macchinario*) • **r. control**, blocco degli affitti • (*fam. GB*) **r. boy**, prostituto; marchetta □ **r.-free**, esente da affitto; senza pagare l'affitto.

rent (**3**) /rɛnt/ *pass. e p.p. di* **to rend**.

to **rent** /rɛnt/ ***A*** *v. t.* ***1*** prendere in affitto; avere in affitto ***2*** prendere a noleggio; noleggiare ***3*** (*anche* **to r. out**) dare in affitto; affittare ***4*** dare a noleggio; noleggiare ***B*** *v. i.* essere affittato; affittarsi: **This flat rents at £ 150 per week**, questo appartamento si affitta a 150 sterline la settimana.

rental /ˈrɛntl/ *n.* ***1*** (canone di) affitto ***2*** (prezzo del) noleggio ***3*** (*USA*) immobile offerto in locazione; oggetto offerto a noleggio: **My car is a r.**, la mia macchina è presa a noleggio ***4*** valore locativo.

renunciation /rɪnʌnsɪˈeɪʃn/ *n.* ***1*** [U] *e* [C] rinuncia ***2*** [U] rinnegamento; ripudio; sconfessione; (*relig.*) abiura.

to **reopen** /riː'əʊpən/ ***A*** *v. t.* ***1*** riaprire ***2*** ricominciare; riprendere ***B*** *v. i.* riaprirsi; riaprire.

reorganization /riːɔːgənaɪ'zeɪʃn, *USA* -nɪ'z-/ *n.* [U] riorganizzazione.

to **reorganize** /riː'ɔːgənaɪz/ ***A*** *v. t.* riorganizzare ***B*** *v. i.* riorganizzarsi.

rep (1) /rɛp/ *n.* [U] (*ind. tess.*) reps.

rep (2) /rɛp/ *n.* (*abbr. fam. di* **repertory**) teatro (*o* compagnia) di repertorio.

rep (3) /rɛp/ *n.* (*abbr. fam. di* **sales representative**) rappresentante (di commercio).

repaid /riː'peɪd/ *pass. e p.p. di* **to repay**.

repair /rɪ'pɛə(r)/ *n.* ***1*** [U] riparazione; restauro; (*naut.*) raddobbo: **under r.**, in riparazione; **beyond r.**, non riparabile; irreparabile ***2*** [U] condizioni; stato: **in good** (*o* **in a good state of**) **r.**, in buono stato ***3*** punto riparato; riparazione.

to **repair** /rɪ'pɛə(r)/ ***A*** *v. t.* ***1*** riparare; aggiustare: **to r. a watch**, riparare un orologio ***2*** (*form.*) rimediare a; risarcire: **to r. a wrong**, riparare un torto; **to r. a loss**, risarcire una perdita ***3*** restaurare (*un edificio*) ***B*** *v. i.* andare; recarsi: **We repaired to a café**, andammo in un caffé.

♦ **repair to** *v. i. + prep.* (*form.*) riparare; recarsi.

repairer /rɪ'pɛərə(r)/ *n.* riparatore (-trice).

repairman /rɪ'pɛəmən/ *n.* (*pl.* **repairmen**) riparatore; tecnico.

reparation /rɛpə'reɪʃn/ *n.* ***1*** [U] riparazione; risarcimento ***2*** (*al pl.*) riparazioni di guerra ● **to make r. for st.**, riparare a q.c.; fare ammenda di q.c.

repartee /rɛpɑː'tiː/ *n.* ***1*** (l')avere la risposta pronta; abilità nel fare a botta e risposta ***2*** [U] conversazione serrata, spiritosa; botta e risposta.

to **repatriate** /riː'pætrɪeɪt, *USA* -'peɪt-/ *v. t.* rimpatriare.

repatriation /riːpætrɪ'eɪʃn, *USA* -peɪt-/ *n.* [U] rimpatrio.

to **repay** /rɪ'peɪ/ (*pass. e p.p.* **repaid**) *v. t. e i.* ***1*** restituire; pagare: **to r. a loan**, restituire un prestito; **to r. a visit**, restituire una visita ***2*** rimborsare; ripagare: **to r. a creditor**, rimborsare un creditore: **How can I r. her?**, come posso ripagarla?

repayable /rɪ'peɪəbl/ *a.* rimborsabile; restituibile.

repayment /rɪ'peɪmənt/ *n.* [U] *e* [C] restituzione; rimborso; ricompensa.

repeal /rɪ'piːl/ *n.* [U] *e* [C] (*leg.*) abrogazione; annullamento; revoca.

to **repeal** /rɪ'piːl/ *v. t.* (*leg.*) abrogare; annullare; revocare.

repeat /rɪ'piːt/ *n.* ***1*** ripetizione; rinnovo ***2*** (*radio, TV*) replica ● (*comm.*) **r. order**, ordinazione ripetuta □ (*teatr.*) **r. performance**, replica.

to **repeat** /rɪ'piːt/ ***A*** *v. t.* ***1*** ripetere; rifare: **to r. a year**, (*a scuola*) ripetere un anno; **to r. an experiment**, ripetere (*o* rifare) un esperimento ***2*** (andare a) raccontare; riferire, ridire: **Don't r. what I told you**, non riferire a nessuno quello che ti ho detto ***B*** *v. i.* ***1*** ripetersi ***2*** (*del cibo*) venire su (*fam.*) ***C*** to **repeat oneself** *v. rifl.* ripetersi.

repeater /rɪ'piːtə(r)/ *n.* ***1*** orologio a ripetizione ***2*** fucile (*o* pistola) a ripetizione ***3*** (*mat.*) numero periodico ***4*** (*telef., radio, TV*) ripetitore; amplificatore.

repeating /rɪ'piːtɪŋ/ *a.* — (*mat.*) **r. decimal**, numero decimale periodico □ **r. rifle**, fucile a ripetizione □ **r. watch** [**clock**], orologio a ripetizione.

to **repel** /rɪ'pɛl/ *v. t.* ***1*** respingere ***2*** disgustare; ripugnare a: **to be repelled by st.**, provare disgusto (*o* ripugnanza) per q.c.

repellent /rɪ'pɛlənt/ ***A*** *a.* ripugnante; repellente ***B*** *n.* [C] *e* [U] sostanza repellente; insettifugo.

to **repent** /rɪ'pɛnt/ *v. t. e i.* pentirsi (di): **to r.** (**having done**) **st.**, pentirsi di (aver fatto) q.c.

repentance /rɪ'pɛntəns/ *n.* [U] pentimento; contrizione.

repentant /rɪ'pɛntənt/ *a.* pentito; penitente; contrito.

repercussion /riːpə'kʌʃn/ *n.* [U] *e* [C] (*spesso al pl.*) ripercussione.

repertoire /'rɛpətwɑː(r)/ *n.* (*mus., teatr.*) repertorio.

repertory /'rɛpətrɪ, *USA* -tɔːrɪ/ *n.* (*teatr.*) ***1*** [U] teatro di repertorio (*attività*): **to work in r.**, fare del teatro di repertorio ***2*** repertorio ● **r. company**, compagnia di repertorio □ **r. theatre**, teatro di repertorio.

repetition /rɛpɪ'tɪʃn/ *n.* ***1*** [U] ripetizione; replica ***2*** ripetizione.

repetitious /rɛpɪ'tɪʃəs/ *a.* pieno di ripetizioni.

repetitive /rɪ'pɛtɪtɪv/ *a.* ***1*** ripetitivo: **a r. job**, un lavoro ripetitivo ***2*** ripetuto: (*med.*) **r. strain injury** (*abbr.* **RSI**), lesione da sforzo ripetuto.

to **rephrase** /riː'freɪz/ *v. t.* riformulare; formulare in altri termini.

to **repine** /rɪ'paɪn/ *v. i.* (*form. o lett.*) affliggersi; dolersi; lagnarsi: **to r. at** (*o* **against**) **st.**, dolersi di q.c.

to **replace** /rɪ'pleɪs/ *v. t.* ***1*** ricollocare; rimettere a posto; riporre ***2*** sostituire; rimpiazzare ***3*** subentrare a; succedere a.

replacement /rɪ'pleɪsmənt/ *n.* ***1*** [U] sostituzione ***2*** sostituto ***3*** (*ind., mecc.*) pezzo di ricambio.

to **replant** /riː'plɑːnt, *USA* -'plænt/ *v. t.* ***1*** ripiantare (*alberi, ecc.*) ***2*** mettere nuove piante in ***3*** trapiantare.

replay /'riːpleɪ/ *n.* ***1*** (*sport*) ripetizione (*o* ripresa) di una partita; partita ripetuta ***2*** (*TV, anche* **action r.**) replay.

to **replay** /riː'pleɪ/ *v. t.* ***1*** (*sport*) giocare di nuovo, rigiocare, ripetere (*una partita*) ***2*** (*TV*) trasmettere il replay di.

to **replenish** /rɪ'plɛnɪʃ/ *v. t.* riempire; rifornire: **to r. a glass**, riempire un bicchiere; **to r. one's cellar**, rifornire la cantina.

replete /rɪ'pliːt/ *a.* ***1*** pieno; (ben) fornito ***2*** sazio; satollo: **to be r. with food**, essere sazio di cibo.

replica /'rɛplɪkə/ *n.* ***1*** (*arte*) replica; riproduzione ***2*** copia; facsimile.

to **replicate** /'rɛplɪkeɪt/ ***A*** *v. t.* (*tecn.*) replicare, ripetere (*un esperimento, ecc.*) ***B*** *v. i.* (*biol.*) replicarsi; riprodursi.

reply /rɪ'plaɪ/ *n.* risposta: **in r. to**, in risposta a; **He said in r. that...**, rispose che...; (*telef.*) **There's no r.**, non risponde nessuno ● **r.-paid telegram**, telegramma con risposta pagata.

to **reply** /rɪ'plaɪ/ *v. t. e i.* rispondere.

to **repopulate** /riː'pɒpjʊleɪt/ *v. t.* ripopolare.

report /rɪ'pɔːt/ *n.* ***1*** resoconto; descrizione; (*giorn., radio, TV*) servizio, reportage ***2*** relazione; rapporto; bollettino: **to draw up a r.**, stendere una relazione; **annual r.**, relazione annuale; **progress r. on st.**, relazione sull'andamento di q.c.; **weather r.**, bollettino meteorologico ***3*** [U] *e* [C] voce: **R. has it that...**, corre voce che...; **idle reports**, notizie infondate; voci ***4*** detonazione; sparo: **the r. of a gun**, un colpo di fucile; uno sparo ● (*GB*) **school r.** (*USA* **r. card**), pagella (scolastica).

to **report** /rɪ'pɔːt/ ***A*** *v. t.* ***1*** riferire: **I reported what I had seen**, riferii quello che avevo visto; **They were reported to have left on Monday**, secondo quanto venne riferito, erano partiti lunedì; **to r. progress**, riferire sull'andamento dei lavori ***2*** denunciare: **to r. an accident**, denunciare un incidente ***3*** (*giorn., TV*) fare la cronaca di; fare un servizio su ● **to r. sick**, darsi malato □ **to be reported missing**, essere dato per disperso □ **It is reported that...**, si dice che...; corre voce che... ***B*** *v. i.* ***1*** fare una relazione (*o* un rapporto) ***2*** (*giorn., TV*) fare un servizio (su q.c.) ***3*** presentarsi: **to r. for duty** [**to the police**], presentarsi al lavoro [alla polizia].

♦ **report back** *v. i. + avv.* fare rapporto; tornare a riferire.

reportage /rɛpɔː'tɑːʒ/ *n.* servizio giornalistico; reportage.

reported /rɪ'pɔːtɪd/ *a.* — (*gramm.*) **r. speech**, discorso indiretto.

reportedly /rɪ'pɔːtɪdlɪ/ *avv.* a quel che si dice.

reporter /rɪ'pɔːtə(r)/ *n.* (*giorn.*) cronista; reporter.

reporting /rɪ'pɔːtɪŋ/ *n.* [U] cronaca; giornalismo.

repose /rɪ'pəʊz/ *n.* [U] ***1*** riposo; pace; tranquillità ***2*** compostezza; calma.

to **repose** /rɪ'pəʊz/ ***A*** *v. i.* (*form.*) ***1*** poggiare; posare ***2*** essere basato; fondarsi ***3*** (*di defunto*) riposare; giacere ***B*** *v. t.* (*form.*) riporre (*fiducia, ecc.*).

repository /rɪ'pɒzətrɪ, *USA* -tɔːrɪ/ *n.* ***1*** deposito; magazzino ***2*** depositario (*di segreti*); miniera (*di informazioni*) ***3*** (*form.*) confidente.

to **repossess** /riːpə'zɛs/ *v. t.* rientrare in possesso di; riprendersi (*per inadempienza del compratore*).

repossession /riːpə'zɛʃn/ *n.* [U] (*leg.*) ripresa di possesso (*per inadempienza del compratore*) ● **r. order**, sentenza di restituzione (*di un immobile*) al proprietario.

reprehensible /rɛprɪ'hɛnsəbl/ *a.* biasimevole; riprovevole.

to **represent** /rɛprɪ'zɛnt/ *v. t.* ***1*** rappresentare ***2*** (*form.*) fare presente: **He represented the difficulties to me**, mi fece presente le difficoltà ● **to r. oneself as an expert**, presentarsi come esperto.

representation /rɛprɪzɛn'teɪʃn/ *n.* ***1*** [U] *e* [C] rappresentazione; raffigurazione ***2*** [U] (*polit.*) rappresentanza ***3*** (*al pl.*) rimostranze; proteste: **to make representations to sb.**, fare rimostranze a q.

representational /rɛprɪzɛn'teɪʃnl/ *a.* (*arte*) figurativo.

representative /rɛprɪ'zɛntətɪv/ ***A*** *a.* ***1*** rappresentativo; tipico ***2*** (*polit.*) basato sulla rappresentanza ***B*** *n.* ***1*** (*comm., anche* **sales r.**) rappresentante ***2*** (*anche polit.*) rappresentante; delegato.

to **repress** /rɪ'prɛs/ *v. t.* ***1*** reprimere; frenare; trattenere: **to r. one's feelings**, reprimere i propri sentimenti ***2*** (*psic.*) rimuovere.

repressed /rɪ'prɛst/ *a.* ***1*** represso ***2*** (*psic.*) rimosso.

repression /rɪ'prɛʃn/ *n.* [U] ***1*** repressione ***2*** (*psic.*) rimozione.

repressive /rɪ'prɛsɪv/ *a.* repressivo.

reprieve /rɪ'priːv/ *n.* ***1*** (*leg.*) sospensione dell'esecuzione di una sentenza capitale ***2*** (*fig.*) dilazione; tregua.

to **reprieve** /rɪ'priːv/ *v. t.* ***1*** (*leg.*) concedere a (*un condannato a morte*) la sospensione dell'esecuzione della sentenza ***2*** (*fig.*) dare tregua a; dare sollievo a.

reprimand /'rɛprɪmɑːnd, *USA* -mænd/ *n.* [C] *e* [U] rimprovero; ammonimento.

to **reprimand** /'rɛprɪmɑːnd, *USA* -mænd/ *v. t.* rimproverare; ammonire.

reprint /'riːprɪnt/ *n.* ristampa.

to **reprint** /riː'prɪnt/ *v. t.* ristampare.

reprisal /rɪ'praɪzl/ *n.* [U] (*anche al pl.*) rappresaglia: **to take reprisals**, compiere rappresaglie.

reproach /rɪ'prəʊtʃ/ *n.* ***1*** [U] *e* [C] rimprovero: **look of r.**, sguardo di rimprovero ***2*** (*form.*) vergogna; disonore: **to bring r. upon sb.**, arrecare disonore a q. • **above** (*o* **beyond**) **r.**, ineccepibile.

to **reproach** /rɪ'prəʊtʃ/ *v. t.* rimproverare: **to r. sb. with st.**, rimproverare q. di q.c.; **You have nothing to r. yourself with**, non hai nulla di cui rimproverarti.

reproachful /rɪ'prəʊtʃfl/ *a.* di rimprovero.

reproachfully /rɪ'prəʊtʃfəlɪ/ *avv.* in tono di rimprovero; con aria di rimprovero.

reprobate /'rɛprəbeɪt/ *a. e n.* (*form.*) dissoluto.

to **reproduce** /riːprə'djuːs, *USA* -'duːs/ ***A*** *v. t.* riprodurre ***B*** *v. i.* riprodursi.

reproduction /riːprə'dʌkʃn/ *n.* [U] *e* [C] riproduzione.

reproductive /riːprə'dʌktɪv/ *a.* riproduttivo; riproduttore.

reproof /rɪ'pruːf/ *n.* [U] *e* [C] (*form.*) rimprovero; biasimo.

to **reproof** /riː'pruːf/ *v. t.* (*ind.*) impermeabilizzare di nuovo.

to **reprove** /rɪ'pruːv/ *v. t.* (*form.*) rimproverare; biasimare.

reproving /rɪ'pruːvɪŋ/ *a.* di rimprovero.

reprovingly /rɪ'pruːvɪŋlɪ/ *avv.* in tono di rimprovero; con aria di rimprovero.

reptile /'rɛptaɪl, *USA* -tl/ *n.* rettile.

reptilian /rɛp'tɪlɪən/ *a.* ***1*** di rettile; simile a un rettile ***2*** insidioso; malfido; repellente.

republic /rɪ'pʌblɪk/ *n.* repubblica.

republican /rɪ'pʌblɪkən/ *a. e n.* repubblicano • (*USA*) **the R. Party**, il partito repubblicano.

republicanism /rɪ'pʌblɪkənɪzəm/ *n.* [U] repubblicanesimo.

to **repudiate** /rɪ'pjuːdɪeɪt/ *v. t.* ***1*** respingere (*un'accusa, un'offerta*); dissociarsi da (*una dichiarazione*); sconfessare (*una decisione*) ***2*** rifiutare di riconoscere (*un debito*) ***3*** ripudiare (*la moglie*).

repudiation /rɪpjuːdɪ'eɪʃn/ *n.* [U] ***1*** ripudio; sconfessione ***2*** rifiuto ***3*** rifiuto di riconoscere (*un debito, ecc.*).

repugnance /rɪ'pʌgnəns/ *n.* [U] ripugnanza; avversione.

repugnant /rɪ'pʌgnənt/ *a.* ripugnante.

repulse /rɪ'pʌls/ *n.* ***1*** ripulsa; rifiuto ***2*** sconfitta.

to **repulse** /rɪ'pʌls/ *v. t.* ***1*** respingere; rifiutare ***2*** respingere (*un attacco*); ricacciare indietro (*il nemico*).

repulsion /rɪ'pʌlʃn/ *n.* [U] ***1*** ripugnanza; repulsione; ribrezzo ***2*** (*fis.*) repulsione.

repulsive /rɪ'pʌlsɪv/ *a.* ***1*** ripugnante; repellente; disgustoso ***2*** (*fis.*) repulsivo.

reputable /'rɛpjʊtəbl/ *a.* rispettabile; serio.

reputation /rɛpjʊ'teɪʃn/ *n.* [U] reputazione; fama; nome: **to have a good r.**, godere buona reputazione; **to have the r. of being a miser**, aver fama di essere avaro; **to live up to one's r.**, essere all'altezza (*o* non smentire) la propria fama.

repute /rɪ'pjuːt/ *n.* [U] (*form.*) ***1*** reputazione; fama: **ill r.**, dubbia fama; **to know sb. by r.**, conoscere q. di fama ***2*** buona reputazione; nome: **of (some) repute**, (piuttosto) rinomato; che ha un certo nome.

to **repute** /rɪ'pjuːt/ *v. t.* (*generalm. al passivo*) reputare; considerare: **She is reputed to be very wealthy**, si ritiene (*o* si dice) che sia molto ricca.

reputed /rɪ'pjuːtɪd/ *a.* supposto; presunto; putativo: (*leg.*) **r. father**, padre putativo.

reputedly /rɪ'pjuːtɪdlɪ/ *avv.* a quel che si suppone; a quel che si dice.

request /rɪ'kwɛst/ *n.* ***1*** [U] *e* [C] richiesta; domanda: **to make a r. for st.**, fare richiesta di q.c.; **at the r. of**, su (*o* dietro) richiesta di; **by r.**, a richiesta; su invito ***2*** (*radio, TV*) disco (*o* canzone, *ecc.*) a richiesta • **r. stop**, fermata a richiesta; fermata facoltativa.

to **request** /rɪ'kwɛst/ *v. t.* ***1*** chiedere; richiedere; sollecitare: **to r. st. of sb.**, chiedere q.c. a q. ***2*** invitare; pregare: **You are kindly r. not to smoke**, si prega cortesemente di non fumare • **to r. sb.'s presence**, invitare q. (*a un ricevimento, ecc.*).

requiem /'rɛkwɪəm, -ɪɛm/ *n.* (*eccles., mus.*) messa di requiem.

to **require** /rɪ'kwaɪə(r)/ *v. t.* richiedere; esigere; prescrivere: **This job requires a lot of patience**, questo lavoro richiede molta pazienza; **The importance of the vote requires that all members be present**, l'importanza del voto esige che siano presenti tutti i membri; **Regulations r. workers to wear safety helmets**, il regolamento prescrive che gli operai indossino il casco protettivo; **Candidates are required to provide their own writing material**, i candidati devono essere forniti del necessario per scrivere.

required /rɪ'kwaɪəd/ *a.* richiesto; prescritto: **r. reading**, lettura obbligata; testo prescritto.

requirement /rɪ'kwaɪəmənt/ *n.* ***1*** esigenza; bisogno; necessità ***2*** requisito.

requisite /'rɛkwɪzɪt/ ***A*** *a.* necessario: **the r. qualifications**, i titoli necessari ***B*** *n.* ***1*** requisito ***2*** (*al pl.*) (*comm.*) articoli; occorrente: **sports requisites**, articoli sportivi.

requisition /rɛkwɪ'zɪʃn/ *n.* [U] *e* [C] (*specialm. mil.*) requisizione.

to **requisition** /rɛkwɪ'zɪʃn/ *v. t.* ***1*** requisire ***2*** costringere a consegnare; imporre una requisizione a.

requital /rɪ'kwaɪtl/ *n.* [U] (*form.*) ***1*** cambio; contraccambio; ricambio ***2*** compenso ***3*** rappresaglia; vendetta • **to make full r.**, ricambiare a usura.

to **requite** /rɪ'kwaɪt/ *v. t.* (*form.*) ***1*** contraccambiare; ricambiare ***2*** ricompensare ***3*** vendicarsi di; punire.

reran /riː'ræn/ *pass. di* **to rerun**.

to **reroute** /riː'ruːt/ *v. t.* deviare, dirottare (*specialm. traffico*).

rerun /'riːrʌn/ *n.* (*cinem., TV*) replica.

to **rerun** /riː'rʌn/ *v. t.* (*pass.* **reran**, *p.p.* **rerun**) ***1*** (*cinem.*) ridare (*un film*); (*TV*) ritrasmettere ***2*** (*sport*) rifare (*una gara*).

to **reschedule** /riː'ʃɛdjuːl, *USA* -'skɛdʒʊl/ *v. t.* ***1*** (*org. az.*) riprogrammare (*orari, appuntamenti*); ripianificare ***2*** (*fin.*) rinegoziare le condizioni di (*prestiti rinnovati*); riscadenzare (*un mutuo*).

to **rescind** /rɪ'sɪnd/ *v. t.* (*leg.*) rescindere; annullare; abrogare.

rescue /'rɛskjuː/ *n.* [U] *e* [C] soccorso; salvataggio; liberazione: **r. party**, squadra di soccorso; **r. services**, la protezione civile; **to come to sb.'s r.**, venire in soccorso di q.

to **rescue** /'rɛskjuː/ *v. t.* salvare; soccorrere; liberare.

rescuer /'rɛskjuːə(r)/ *n.* salvatore (-trice); soccorritore (-trice); liberatore (-trice).

research /rɪ'sɜːtʃ, 'riːsɜːtʃ/ *n.* [U] *e* [C] ricerca; ricerche; indagine: **to do r.**, fare ricerca; **a piece of r.**, una ricerca (scientifica); **r. student**, studente che fa ricerca; **r. work**, lavoro di ricerca; ricerche.

to **research** /rɪ'sɜːtʃ, 'riːsɜːtʃ/ *v. i.* fare ricerca (*o* ricerche): **to r. into st.**, fare ricerche su q.c. • **a well-researched book**, un libro ben documentato.

researcher /rɪ'sɜːtʃə(r), 'riːsɜːtʃə(r)/ *n.* ricercatore (-trice).

to **resell** /riː'sɛl/ (*pass. e p.p.* **resold**) *v. t.* rivendere.

resemblance /rɪ'zɛmbləns/ *n.* [U] *e* [C] somiglianza; rassomiglianza.

to **resemble** /rɪ'zɛmbl/ *v. t.* assomigliare a • **to r. each other**, assomigliarsi.

to **resent** /rɪ'zɛnt/ *v. t.* risentirsi per; indignarsi per: **He resented my offer to help**, si è risentito per la mia offerta di aiuto; **I r. having to pay for something I have a right**

to, trovo ingiusto dover pagare per qualcosa a cui ho diritto.
resentful /rɪˈzɛntfl/ *a.* *1* risentito; indignato *2* che si risente facilmente; permaloso.
resentment /rɪˈzɛntmənt/ *n.* [U] risentimento; malanimo.
reservation /rɛzəˈveɪʃn/ *n.* *1* [U] *e* [C] riserva: **to accept st. without r.**, accettare q.c. senza riserve; **to have reservations about**, avere qualche riserva su *2* prenotazione *3* (*USA*) riserva (*di indiani*) *4* (*USA*) riserva naturale • (*autom., GB*) **central r.**, banchina spartitraffico.
reserve /rɪˈzɜːv/ *n.* *1* [C] *e* [U] riserva; scorta: **reserves of food**, scorte di viveri; **reserves of energy**, riserve di energia; (*fin.*) **r. fund**, fondo di riserva; **to have in r.**, avere in serbo; **to keep in r.**, tenere di riserva *2* riserva; limitazione: **to accept st. without r.**, accettare q.c. senza riserve *3* riserva (naturale): **game r.**, riserva di caccia; **wildlife r.**, riserva naturale *4* [U] riserbo; riservatezza *5* — (*mil.*) **the reserve(s)**, la riserva; le riserve *6* (*sport*) riserva; sostituto *7* (*anche* **r. price**) prezzo minimo (*a un'asta*).
to **reserve** /rɪˈzɜːv/ *v. t.* *1* conservare; tenere in serbo; mettere da parte *2* prenotare *3* riservare, riservarsi: **to r. the right to do st.**, riservarsi il diritto di fare q.c.; **to r. judgment**, riservarsi di dare un giudizio.
reserved /rɪˈzɜːvd/ *a.* *1* riservato; poco comunicativo *2* prenotato; riservato.
reservist /rɪˈzɜːvɪst/ *n.* (*mil.*) riservista.
reservoir /ˈrɛzəvwɑː(r)/ *n.* *1* serbatoio; cisterna *2* bacino idrico; lago artificiale *3* (*fig.*) miniera; riserva; fondo.
to **reset** /riːˈsɛt/ (*pass. e p.p.* **reset**) *v. t.* *1* regolare (*un orologio, ecc.*); riazzerare (*uno strumento*) *2* (*med.*) rimettere a posto (*un arto*) *3* (*elab.*) ripristinare.
to **resettle** /riːˈsɛtl/ *A* *v. t.* trasferire (*profughi, ecc.*) *B* *v. i.* trasferirsi; stabilirsi.
resettlement /riːˈsɛtlmənt/ *n.* [U] *1* nuova colonizzazione *2* insediamento.
reshuffle /riːˈʃʌfl, ˈriːʃ-/ *n.* *1* rimescolata (*di carte*) *2* (*polit.*) rimpasto: **Cabinet r.**, rimpasto ministeriale.
to **reshuffle** /riːˈʃʌfl/ *v. t.* *1* rimescolare, mescolare di nuovo (*carte*) *2* (*polit.*) fare un rimpasto di.
to **reside** /rɪˈzaɪd/ *v. i.* *1* (*form.*) risiedere *2* risiedere (in); appartenere (a): **The ultimate authority resides in the President**, il potere decisionale finale appartiene al presidente.
residence /ˈrɛzɪdns/ *n.* (*form.*) *1* [U] residenza; soggiorno: **to take up r.**, stabilirsi; **r. permit**, permesso di soggiorno *2* residenza; abitazione • **in r.**, (*di funzionario*) in sede; (*di studente*) residente all'università □ **writer in r.**, scrittore che tiene un corso presso un'università.
residency /ˈrɛzɪdnsɪ/ *n.* (*stor.*) residenza (*di governatore*).
resident /ˈrɛzɪdnt/ *A* *a.* *1* residente; che risiede: **He is r. in Paris**, abita (*o* risiede) a Parigi *2* interno: **r. physician**, medico interno *3* (*zool.*) stanziale *B* *n.* *1* residente *2* medico interno.
residential /rɛzɪˈdɛnʃl/ *a.* *1* (*di quartiere, ecc.*) residenziale *2* con residenza; di residenza: **r. course**, corso con soggiorno; corso con internato; **r. college**, pensionato universitario; **r. care**, assistenza a domicilio (*per malati, anziani, ecc.*); **r. home**, istituto; casa di riposo; **You must have r. qualifications**, devi avere la residenza.
residual /rɪˈzɪdjʊəl, *USA* -dʒʊ-/ *a.* residuo.
residue /ˈrɛzɪdjuː, *USA* -duː/ *n.* *1* residuo; resto *2* (*leg.*) parte residua.
to **resign** /rɪˈzaɪn/ *A* *v. t.* lasciare; dimettersi da: **to r. one's office**, lasciare l'incarico; dare le dimissioni *B* *v. i.* dimettersi; dare le dimissioni: **to r. as a chairman**, dimettersi da presidente; **to r. from a job**, dimettersi da un posto; dare le dimissioni *C* to **resign oneself** *v. rifl.* rassegnarsi; accettare.
resignation /rɛzɪgˈneɪʃn/ *n.* *1* [U] *e* [C] dimissioni: **to give** (*o* **to send in**) **one's r.**, dare le dimissioni *2* [U] rassegnazione.
resigned /rɪˈzaɪnd/ *a.* rassegnato.
resilience /rɪˈzɪlɪəns/, **resiliency** /rɪˈzɪlɪənsɪ/ *n.* [U] *1* elasticità; (*fis.*) resilienza *2* capacità di recupero (*o* di ripresa).
resilient /rɪˈzɪlɪənt/ *a.* *1* elastico; (*fis.*) resiliente *2* che ha capacità di recupero (*o* di ripresa).
resin /ˈrɛzɪn, *USA* ˈrɛzn/ *n.* [U] *e* [C] resina.
resinated /ˈrɛzɪneɪtɪd, *USA* -zən-/ *a.* resinato.
resinous /ˈrɛzɪnəs, *USA* ˈrɛzənəs/ *a.* resinoso.
to **resist** /rɪˈzɪst/ *A* *v. t.* *1* resistere a: **to r. temptation** [**infections, the weather**], resistere alla tentazione [alle infezioni, alle intemperie]; **He couldn't r. telling me**, non ha resistito alla tentazione di dirmelo; **I can't. r. chocolate**, non so resistere al cioccolato *2* opporsi a: **to r. change**, opporsi ai cambiamenti • **to r. arrest**, fare resistenza all'arresto *B* *v. i.* resistere; fare resistenza; opporsi: **I can r. no longer**, non resisto più.
resistance /rɪˈzɪstəns/ *n.* [U] resistenza (*in tutti i sensi*) • (*stor.*) **the R.**, la Resistenza (*specialm. quella francese*).
resistant /rɪˈzɪstənt/ *a.* resistente • **heat-r.**, resistente al calore.
resistor /rɪˈzɪstə(r)/ *n.* (*elettr.*) resistore; resistenza.
resit /ˈriːsɪt/ *n.* (*GB*) esame da ripetere; esame ripetuto.
to **resit** /riːˈsɪt/ *v. t.* (*GB*) ridare, ripetere (*un esame*).
resold /riːˈsəʊld/ *pass. e p.p. di* **to resell**.
resolute /ˈrɛzəluːt/ *a.* risoluto; deciso; fermo; sicuro.
resoluteness /ˈrɛzəluːtnəs/ *n.* [U] risolutezza; decisione; fermezza.
resolution /rɛzəˈluːʃn/ *n.* *1* risoluzione; proposito: **to make good resolutions**, fare buoni propositi *2* deliberazione **to pass a r.**, approvare una deliberazione *3* [U] risolutezza; fermezza *4* soluzione *5* (*chim.*) scomposizione *6* (*ottica, elettron.*) risoluzione; definizione (*di immagine*).
resolvable /rɪˈsɒlvəbl, *USA* -ɒl-, -ɔːl-/ *a.* *1* risolvibile; risolubile *2* (*chim.*) scomponibile *3* (*ottica*) scomponibile; risolubile.
resolve /rɪˈzɒlv, *USA* -ɒlv, -ɔːlv/ *n.* *1* risoluzione; decisione; proposito *2* [U] risolutezza; determinazione.
to **resolve** /rɪˈzɒlv, *USA* -ɒlv, -ɔːlv/ *A* *v. t.* *1* risolvere: **to r. doubts** [**difficulties**], risolvere dubbi [difficoltà] *2* risolvere; decidere; (*form.*) deliberare: **He resolved not to go**, decise di non andare *3* (*chim.*) scomporre *B* *v. i.* risolversi; decidersi.
♦ **resolve into** *A* *v. t. + prep.* *1* separare in *2* (*chim., fis.*) scindere in; scomporre in *B* *v. i. + prep.* *1* risolversi in *2* scindersi in.
♦ **resolve on** *v. i. + prep.* decidere (q.c., di fare q.c.): **to r. on a course of action**, decidere una linea di azione.
resolved /rɪˈzɒlvd, *USA* -ɒl-, -ɔːl-/ *a.* risoluto; deciso.
resonance /ˈrɛzənəns/ *n.* [U] *1* sonorità *2* (*fis., elettr., mecc.*) risonanza.
resonant /ˈrɛzənənt/ *a.* *1* sonoro; squillante *2* (*fis., elettr., mecc.*) risonante • **to be r. with st.**, risuonare di q.c.
to **resonate** /ˈrɛzəneɪt/ *v. i.* *1* risuonare; echeggiare *2* (*fis.*) risuonare; entrare in risonanza.
resonator /ˈrɛzəneɪtə(r)/ *n.* (*fis.*) risonatore.
resort /rɪˈzɔːt/ *n.* *1* [U] ricorso; (il) ricorrere: **without r. to force**, senza far ricorso alla forza *2* risorsa; espediente; ripiego: **as a last r.**, come ultimo espediente *3* luogo di vacanza; luogo di soggiorno; località; stazione: **seaside** [**winter, health**] **r.**, stazione balneare [invernale, climatica].
to **resort** /rɪˈzɔːt/ *v. i.* *1* ricorrere, fare ricorso: **to r. to force**, ricorrere alla forza *2* ridursi; darsi: **to r. to stealing**, ridursi a rubare; **to r. to drink**, darsi al bere.
to **resound** /rɪˈzaʊnd/ *v. i.* risuonare; echeggiare: **to r. with laughter**, risuonare di risate.
resounding /rɪˈzaʊndɪŋ/ *a.* *1* risonante; sonoro *2* clamoroso: **a r. success**, un successo clamoroso.
resource /rɪˈsɔːs, -ˈzɔːs, *USA* ˈriːsɔːs/ *n.* *1* risorsa: **natural resources**, risorse naturali; **resources of patience**, risorse di pazienza; **to be at the end of one's resources**, aver esaurito tutte le proprie risorse *2* [U] risorse: **a man of great r.**, un uomo pieno di risorse *3* (*al pl.*) (*fin.*) mezzi • **to leave sb. to his own resources**, lasciare che q. si arrangi da solo; abbandonare q. a se stesso.
to **resource** /rɪˈsɔːs, -ˈzɔːs/ *v. t.* *1* sovvenzionare *2* attrezzare; equipaggiare.
resourceful /rɪˈsɔːsfl, -ˈzɔː-, *USA* ˈriːsɔː-/ *a.* pieno di risorse; ingegnoso.
respect /rɪˈspɛkt/ *n.* *1* [U] rispetto: **to be held in great r. by everybody**, essere rispettato da tutti *2* [U] rispetto; riguardo; considerazione: **out of r. for sb.'s wishes**, per rispetto (*o* per un riguardo) ai desideri di q.; **to have r. for the feelings of others**, avere riguardo per i sentimenti altrui *3* aspetto; verso: **in many respects**, sotto molti aspetti; per molti versi *4* (*al pl.*) rispetti; ossequi; omaggi: **to pay one's respects to sb.**, presentare i propri rispetti a q. • **in r. of**, riguardo a; in quanto a □ **With due r., I think you are wrong**, mi permetto di non essere d'accordo □ **with r. to**, per quanto riguarda; riguardo a □ **without r. to**, indipendentemente da.

to **respect** /rɪˈspɛkt/ *v. t.* rispettare.
respectability /rɪspɛktəˈbɪlətɪ/ *n.* U rispettabilità.
respectable /rɪˈspɛktəbl/ *a.* ***1*** rispettabile; decoroso; decente ***2*** considerevole; ragguardevole; discreto.
respecter /rɪˈspɛktə(r)/ *n.* — **to be no r. of persons**, non guardare in faccia nessuno; **to be no r. of property**, non rispettare la proprietà altrui.
respectful /rɪˈspɛktfl/ *a.* rispettoso; deferente.
respective /rɪˈspɛktɪv/ *a.* rispettivo; relativo.
respiration /rɛspɪˈreɪʃn/ *n.* U respirazione; respiro.
respirator /ˈrɛspɪreɪtə(r)/ *n.* ***1*** (*med.*) respiratore ***2*** (*mil.*) maschera antigas.
respiratory /rɪˈspɪrətrɪ, -paɪ-, *USA* ˈrɛspɪrətɔːrɪ, rɪˈspaɪ-/ *a.* respiratorio.
respite /ˈrɛspaɪt, -ɪt, *USA* -ɪt, -aɪt/ *n.* ***1*** pausa; tregua; requie: **without a moment's r.**, senza un attimo di tregua; senza mai smettere ***2*** breve dilazione; pausa per tirare il fiato (*fam.*): **We have a few days' r. before the payment falls due**, abbiamo qualche giorno di respiro prima della data del pagamento.
resplendence /rɪˈsplɛndəns/ *n.* U splendore; fulgore.
resplendent /rɪˈsplɛndənt/ *a.* risplendente; splendido; fulgido.
to **respond** /rɪˈspɒnd/ *v. i.* ***1*** rispondere: **to r. negatively [positively] to a question**, rispondere di no [di sì] a una domanda; **to r. with a smile**, rispondere con un sorriso ***2*** reagire; rispondere: (*med.*) **to r. to treatment**, reagire (*o* rispondere) alle cure.
respondent /rɪˈspɒndənt/ *n.* (*leg.*) convenuto (-a) (*specialm. in una causa di divorzio*).
response /rɪˈspɒns/ *n.* ***1*** C *e* U risposta ***2*** reazione ***3*** (*eccles.*) responsorio.
responsibility /rɪspɒnsəˈbɪlətɪ/ *n.* U *e* C responsabilità: **to take full r. for st.**, assumersi la piena responsabilità di q.c.; **to have r. for st.**, avere la responsabilità di q.c.; essere responsabile di q.c.; **on one's own r.**, sotto la propria responsabilità • **to claim r. for a terrorist attack**, rivendicare un attentato.
responsible /rɪˈspɒnsəbl/ *a.* ***1*** responsabile: **r. for st.**, responsabile di q.c.; **to hold sb. personally r.**, ritenere q. responsabile ***2*** che ha il senso della responsabilità; fidato: **a r. little boy**, un bambino che ha il senso della responsabilità; **r. person**, persona fidata ***3*** di responsabilità: **r. position**, posizione di responsabilità.
responsive /rɪˈspɒnsɪv/ *a.* ***1*** che reagisce bene; che risponde: (*med.*) **r. to treatment**, che risponde alle cure ***2*** sensibile; pronto a simpatizzare; sollecito a rispondere ***3*** di risposta: **r. gesture**, gesto di risposta.
rest (1) /rɛst/ *n.* ***1*** C *e* U riposo; pausa; sosta: **day of r.**, giorno di riposo; **to have** (*o* **to take**) **a rest**, fare una pausa; riposarsi; **r. cure**, cura del riposo ***2*** appoggio; sostegno; (*mecc.*) supporto ***3*** (*mus.*) pausa • **r. home**, casa di riposo □ (*USA*) **r. room**, toilette (*di albergo, ecc.*) □ **at r.**, fermo; (*fig.*) morto, che riposa in pace □ **to come to r.**, arrestarsi □ (*fam.*) **Give it a r.!**, falla finita!; piantala! □ **to have a good night's r.**, farsi una bella dormita □ **to set sb.'s mind at r.**, tranquillizzare q.; rassicurare q.
rest (2) /rɛst/ *n.* resto; rimanente; (*col verbo al pl.*) (i) rimanenti, (gli) altri: **the r. of them [of us, of you]**, gli altri; le altre; **as for the r.**, quanto al resto.
to **rest** /rɛst/ ***A*** *v. i.* ***1*** riposare (*anche fig.*); riposarsi: **to r. in peace**, riposare in pace ***2*** avere pace: **We won't r. till we find them**, non ci fermeremo finché non li avremo trovati ***3*** appoggiarsi; poggiare; essere appoggiato: **The platform rests on wooden stilts**, la pedana poggia su pali di legno; **A ladder was resting against the tree**, contro l'albero era appoggiata una scala ***4*** basarsi; fondarsi: **Your argument rests on a false premise**, il tuo argomento si fonda su una premessa errata ***5*** stare: **R. assured that...**, sta' sicuro che...; **It now rests on him to decide**, ora sta a lui decidere ***6*** (*agric.*) essere a riposo (*o* a maggese) ***7*** (*leg., di presentazione delle prove*) essere terminato • **to r. on one's laurels**, dormire sugli allori □ **to r. on one's oars**, smettere di remare; (*fig.*) prendersi un po' di riposo □ **The matter cannot r. here**, la cosa non può finire qui □ **to let the matter r.**, lasciare le cose come stanno; lasciar perdere ***B*** *v. t.* ***1*** far riposare; riposare ***2*** appoggiare; posare ***3*** riporre; basare; fondare ***4*** (*agric.*) lasciare a riposo (*o* a maggese) • (*leg.*) **to r. one's case**, aver terminato (di presentare le prove).
♦ **rest with** *v. i.* + *prep.* essere affidato a; spettare a: **It rests with you to see to it**, spetta a te provvedere.
to **restart** /riːˈstɑːt/ *v. t.* ***1*** ricominciare ***2*** (*mecc.*) rimettere in moto; riavviare.
to **restate** /riːˈsteɪt/ *v. t.* ***1*** riesporre; ripetere; riaffermare ***2*** riformulare.
restatement /riːˈsteɪtmənt/ *n.* U *e* C ***1*** riaffermazione ***2*** riformulazione.
restaurant /ˈrɛstrɒnt, *USA* -tərənt/ *n.* ristorante • (*ferr.*) **r. car**, vagone ristorante.
restaurateur /rɛstərəˈtɜː(r)/ (*franc.*) *n.* proprietario di ristorante.
restful /ˈrɛstfl/ *a.* calmo; tranquillo; riposante.
resting place /ˈrɛstɪŋ pleɪs/ *locuz. n.* ***1*** luogo di riposo ***2*** tomba; ultima dimora.
restitution /rɛstɪˈtjuːʃn, *USA* -ˈtuː-/ *n.* U restituzione.
restive /ˈrɛstɪv/ *a.* agitato; irrequieto; nervoso.
restless /ˈrɛstləs/ *a.* ***1*** agitato: **a r. night**, una notte agitata (*o* insonne) ***2*** irrequieto; smanioso; nervoso: **a r. audience**, un pubblico irrequieto; **to get r.**, innervosirsi; spazientirsi.
restlessness /ˈrɛstləsnəs/ *n.* U ***1*** agitazione ***2*** irrequietezza; smania; nervosismo.
to **restock** /riːˈstɒk/ *v. t.* rifornire.
restoration /rɛstəˈreɪʃn/ *n.* U *e* C ***1*** ristabilimento, ripristino ***2*** restaurazione ***3*** (lavori di) restauro ***4*** ricostruzione (*di un fossile, ecc.*) • (*stor.*) **the R.**, la Restaurazione.
restorative /rɪˈstɔːrətɪv/ ***A*** *a.* ristorativo; ristoratore ***B*** *n.* (*farm.*) ricostituente.
to **restore** /rɪˈstɔː(r)/ *v. t.* ***1*** ristabilire; ripristinare: **to r. order**, ristabilire l'ordine ***2*** rimettere (*sul trono, ecc.*); reintegrare: **to r. sb. to his rights**, reintegrare q. nei suoi diritti ***3*** restaurare (*la monarchia, un edificio*) ***4*** restituire ***5*** ristorare; risanare: **to feel restored**, sentirsi ristorato ***6*** ricostruire (*un testo*) • **to r. to health**, risanare.
restorer /rɪˈstɔːrə(r)/ *n.* ***1*** (*arte*) restauratore (-trice) ***2*** ripristinatore; rigeneratore: **hair r.**, lozione rigeneratrice dei capelli.
to **restrain** /rɪˈstreɪn/ ***A*** *a. v. t.* frenare; trattenere; tenere a freno; contenere: **to r. one's irritation**, frenare la propria irritazione; **to r. sb. from doing st.**, trattenere q. dal fare q.c.; impedire a q. di fare q.c.; **to r. inflation**, contenere l'inflazione ***B*** to **restrain oneself** *v. rifl.* trattenersi; dominarsi.
restrained /rɪˈstreɪnd/ *a.* ***1*** controllato; misurato; riservato ***2*** sobrio.
restraint /rɪˈstreɪnt/ *n.* ***1*** U *e* C restrizione; freno; limitazione: **without r.**, senza restrizioni ***2*** U moderazione; autocontrollo; ritegno ***3*** costrizione fisica • (*econ.*) **r. of trade**, limitazione della concorrenza □ **to keep one's emotions under r.**, dominare le proprie emozioni □ **to be put under r.**, essere privato della libertà; (*specialm.*) essere rinchiuso in manicomio.
to **restrict** /rɪˈstrɪkt/ *v. t.* restringere; limitare.
restricted /rɪˈstrɪktɪd/ *a.* ***1*** limitato ***2*** soggetto a restrizioni ***3*** (*di documento, ecc.*) riservato • **r. area**, (*autom.*) zona con restrizioni del traffico; (*mil.*) zona militare □ **to feel r.**, sentirsi soffocare; sentirsi in gabbia.
restriction /rɪˈstrɪkʃn/ *n.* U *e* C restrizione; limitazione.
restrictive /rɪˈstrɪktɪv/ *a.* restrittivo; limitativo • (*econ.*) **r. practice**, pratica restrittiva della concorrenza.
to **restructure** /riːˈstrʌktʃə(r)/ *v. t.* ristrutturare.
result /rɪˈzʌlt/ *n.* C *e* U ***1*** risultato (*anche mat.*); esito; conseguenza: **without r.**, senza alcun risultato; infruttuoso; **to get results**, dare risultati; **as a r.**, di conseguenza; **as a r. of**, in seguito a; a causa di ***2*** (*fam., sport*) vittoria; partita vinta.
to **result** /rɪˈzʌlt/ *v. Solo come*:
♦ **result from** *v. i.* + *prep.* essere il risultato (*o* la conseguenza) di; essere causato da.
♦ **result in** *v. i.* + *prep.* avere come risultato; risolversi in: **to r. in tragedy**, finire in tragedia.
resultant /rɪˈzʌltnt/ *a.* risultante.
to **resume** /rɪˈzjuːm, *USA* -ˈzuːm/ ***A*** *v. t.* riprendere: **to r. work [the conversation]**, riprendere il lavoro [la conversazione]; **to r. one's seat**, rimettersi a sedere ***B*** *v. i.* riprendere; ricominciare.
résumé /ˈrɛzjuːmeɪ, *USA* rɛzʊˈmeɪ, ˈrɛ-/ (*franc.*) *n.* ***1*** riassunto ***2*** (*USA*) curriculum vitae.
resumption /rɪˈzʌmpʃn/ *n.* U ripresa.

to **resurface** /riːˈsɜːfəs/ *A* v. t. riasfaltare *B* v. i. *1* (*naut., di sottomarino*) riemergere; riaffiorare *2* (*fig.*) ricomparire; tornare a galla.
resurgence /rɪˈsɜːdʒəns/ n. U ricomparsa; ripresa.
resurgent /rɪˈsɜːdʒənt/ a. rinascente; in ripresa.
to **resurrect** /rɛzəˈrɛkt/ *A* v. t. *1* riesumare; ripescare *2* (*fig.*) risuscitare *B* v. i. risuscitare.
resurrection /rɛzəˈrɛkʃn/ n. U *1* risurrezione *2* (*fig.*) ripresa; ricomparsa; riesumazione ● (*relig.*) **the R.**, la Risurrezione (*di Cristo*); la risurrezione dei morti.
to **resuscitate** /rɪˈsʌsɪteɪt/ v. t. (*med.*) rianimare.
resuscitation /rɪsʌsɪˈteɪʃn/ n. U (*med.*) rianimazione.
retail /ˈriːteɪl/ (*comm.*) *A* n. U vendita al minuto (*o* al dettaglio) ● **r. outlet**, punto di vendita al dettaglio □ **r. prices**, prezzi al minuto □ (*in G.B.*) **r. price index**, indice dei prezzi al consumo □ **r. trade**, commercio al dettaglio *B* avv. al minuto; al dettaglio: **to sell r.**, vendere al minuto.
to **retail** (1) /ˈriːteɪl/ *A* v. t. vendere al minuto (*o* al dettaglio) *B* v. i. (*di merce*) vendersi (al minuto).
to **retail** (2) /riːˈteɪl/ v. t. riferire (*maldicenze, ecc.*).
retailer /ˈriːteɪlə(r)/ n. (*comm.*) commerciante al minuto; dettagliante.
to **retain** /rɪˈteɪn/ v. t. *1* conservare; mantenere *2* trattenere (*acque*) *3* (*edil.*) contenere; trattenere *4* ritenere; tenere (*a mente, ecc.*) *5* riservarsi, impegnare (*specialm. un avvocato, pagando un anticipo sull'onorario*).
retainer /rɪˈteɪnə(r)/ n. *1* (*stor.*) servitore *2* (*leg.*) onorario versato in anticipo (*a un avvocato*).
retaining /rɪˈteɪnɪŋ/ a. — (*edil.*) **r. wall**, muro di sostegno; muro di contenimento.
retake /ˈriːteɪk/ n. *1* (*cinem.*) nuova ripresa *2* nuova registrazione.
to **retake** /riːˈteɪk/ (*pass.* **retook**, *p.p.* **retaken** /riːˈteɪkn/) v. t. *1* riprendere; riconquistare *2* (*cinem.*) girare di nuovo (*una scena*) *3* registrare di nuovo *4* (*sport*) ripetere (*un tiro, ecc.*).
to **retaliate** /rɪˈtælɪeɪt/ v. i. *1* rendere la pariglia; vendicarsi; rivalersi *2* fare rappresaglie.
retaliation /rɪtælɪˈeɪʃn/ n. U ritorsione; rappresaglia; rivalsa.
retaliatory /rɪˈtælɪətrɪ, USA -ɪətɔːrɪ/ a. di ritorsione; di rappresaglia.
to **retard** /rɪˈtɑːd/ v. t. ritardare; rallentare.
retardation /riːtɑːˈdeɪʃn/ n. U e C ritardo; rallentamento.
retarded /rɪˈtɑːdɪd/ a. (*psic.*) ritardato.
to **retch** /rɛtʃ/ v. i. avere conati di vomito.
to **retell** /riːˈtɛl/ (*pass. e p.p.* **retold**), v. t. raccontare di nuovo; rinarrare.
retention /rɪˈtɛnʃn/ n. U *1* (*med.*) ritenzione *2* (*form.*) mantenimento, conservazione.
retentive /rɪˈtɛntɪv/ a. ritentivo.
to **rethink** /riːˈθɪŋk/ (*pass. e p.p.* **rethought** /riːˈθɔːt/) v. t. ripensare; rivedere.
reticence /ˈrɛtɪsns/ n. U reticenza.
reticent /ˈrɛtɪsnt/ a. reticente; riservato.
reticulated /rɪˈtɪkjuleɪtɪd/ a. reticolato.
retina /ˈrɛtɪnə, USA -ənə/ n. (*pl.* **retinas, retinae** /-niː/) (*anat.*) retina.
retinue /ˈrɛtɪnjuː, USA -tənuː/ n. seguito; scorta.
to **retire** /rɪˈtaɪə(r)/ *A* v. i. *1* (*anche mil.*) ritirarsi *2* andare in pensione; ritirarsi: **to r. from politics**, ritirarsi dalla politica ● **to r. into oneself**, chiudersi in sé *B* v. t. *1* ritirare: **to r. st. from circulation**, ritirare q.c. dalla circolazione *2* mettere a riposo; mandare in pensione.
retired /rɪˈtaɪəd/ a. in pensione; (*mil.*) a riposo ● (*mil.*) **the r. list**, la lista degli ufficiali a riposo.
retiree /rɪˈtaɪəriː/ n. (*USA*) pensionato (-a).
retirement /rɪˈtaɪəmənt/ n. U e C *1* andata in pensione; collocamento a riposo; pensionamento *2* (l')essere in pensione; vita di pensionato ● **r. age**, età del pensionamento (*o* della pensione) □ **r. home**, casa di riposo □ **r. pension**, pensione di vecchiaia □ **early r.**, prepensionamento.
retiring /rɪˈtaɪərɪŋ/ a. *1* riservato; schivo *2* che va in pensione; uscente *3* (*di esercito*) in ritirata.
retold /riːˈtəʊld/ pass. e p.p. di **to retell**.
retook /riːˈtʊk/ pass. di **to retake**.
retort (1) /rɪˈtɔːt/ n. secca replica; rimbeccata.
retort (2) /rɪˈtɔːt/ n. (*chim.*) storta.
to **retort** /rɪˈtɔːt/ v. i. replicare; ribattere.
retouch /ˈriːtʌtʃ/ n. (*arte, fotogr.*) ritocco.
to **retouch** /riːˈtʌtʃ/ v. t. (*arte, fotogr.*) ritoccare.
to **retrace** /rɪˈtreɪs/ v. t. *1* ripercorrere *2* ricostruire: **to r. sb.'s movements**, ricostruire i movimenti di q. ● (*anche fig.*) **to r. one's steps**, tornare sui propri passi.
to **retract** /rɪˈtrækt/ *A* v. t. *1* ritrattare *2* ritrarre; tirare in dentro; ritirare; far rientrare: **The cat retracted its claws**, il gatto tirò in dentro le unghie; (*aeron.*) **to r. the undercarriage**, far rientrare (*o* ritirare) il carrello *B* v. i. *1* ritrarsi *2* rientrare.
retractable /rɪˈtræktəbl/ a. (*mecc.*) retrattile.
retractile /rɪˈtræktaɪl, USA -tl/ a. (*zool.*) retrattile.
retraction /rɪˈtrækʃn/ n. U e C ritrattazione.
to **retrain** /riːˈtreɪn/ *A* v. t. *1* riqualificare *2* rieducare (*un muscolo*) *B* v. i. riqualificarsi.
retraining /riːˈtreɪnɪŋ/ n. U riqualificazione.
retread /ˈriːtrɛd/ n. (*autom.*) gomma rigenerata; pneumatico ricostruito.
to **retread** /riːˈtrɛd/ v. t. (*ind.*) ricostruire, rigenerare (*una gomma, un pneumatico*).
retreat /rɪˈtriːt/ n. *1* U (*mil.*) ritirata *2* rifugio; luogo appartato *3* C e U ritiro (spirituale): **to go into r.**, andare in ritiro ● (*mil.*) **to be in full r.**, essere in rotta □ **to beat a r.**, battere in ritirata.
to **retreat** /rɪˈtriːt/ v. i. *1* ritirarsi; indietreggiare; (*mil.*) ripiegare *2* fare marcia indietro (*fig.*).
to **retrench** /rɪˈtrɛntʃ/ v. i. ridurre le spese.
retrenchment /rɪˈtrɛntʃmənt/ n. U e C riduzione delle spese.
retrial /riːˈtraɪəl/ n. (*leg.*) nuovo processo.
retribution /rɛtrɪˈbjuːʃn/ n. U castigo.
retributive /rɪˈtrɪbjʊtɪv/ a. (*form.*) punitivo.
retrieval /rɪˈtriːvl/ n. U *1* recupero (*di beni, ecc.*) *2* (*elab.*) reperimento; recupero ● **beyond** (*o* **past**) **r.**, irrecuperabile; irrimediabile.
to **retrieve** /rɪˈtriːv/ *A* v. t. *1* recuperare; ritrovare *2* rimediare a; riparare: **to r. a situation**, rimediare a una situazione *3* (*di cane da caccia*) riportare *4* (*elab.*) reperire; recuperare *B* v. i. (*di cane da caccia*) riportare la selvaggina.
retriever /rɪˈtriːvə(r)/ n. cane da riporto.
retro /ˈrɛtrəʊ/ a. rétro (*franc.*).
retroactive /rɛtrəʊˈæktɪv/ a. retroattivo.
retrograde /ˈrɛtrəʊgreɪd/ a. retrogrado ● **r. step**, passo all'indietro (*fig.*).
to **retrogress** /rɛtrəʊˈgrɛs/ v. i. regredire.
retrogressive /rɛtrəʊˈgrɛsɪv/ a. regressivo; retrogrado.
retro-rocket /ˈrɛtrəʊrɒkɪt/ n. (*miss.*) retrorazzo.
retrospect /ˈrɛtrəʊspɛkt/ n. — **in r.**, ripensandosi; retrospettivamente; a posteriori.
retrospection /rɛtrəʊˈspɛkʃn/ n. U e C sguardo (*o* esame) retrospettivo.
retrospective /rɛtrəʊˈspɛktɪv/ *A* a. *1* retrospettivo *2* (*leg.*) retroattivo *B* n. (mostra) retrospettiva.
retroussé /rəˈtruːseɪ, USA rɛtrʊˈseɪ/ (*franc.*) a. (*di naso*) (volto) all'insù.
return /rɪˈtɜːn/ n. U e C *1* ritorno: **on my r.**, al mio ritorno; **r. flight**, volo di ritorno *2* restituzione: **r. of a loan**, restituzione di un prestito *3* (*comm.*) profitto; guadagno *4* rendiconto; dichiarazione: **tax r.**, dichiarazione dei redditi *5* (*al pl.*) (*polit., stat.*) risultati: **election returns**, risultati elettorali *6* (*GB, anche* **r. ticket**) biglietto di andata e ritorno: **first-class r. to London**, biglietto di andata e ritorno in prima classe per Londra; **day r.**, biglietto di andata e ritorno in giornata *7* (*tennis, cricket*) ribattuta; rinvio; rimando *8* (*al pl.*) rese (*di libri invenduti*) ● (*di macchina per scrivere*) **r. key**, tasto di ritorno □ (*sport*) **r. match**, partita di ritorno □ (*mecc.*) **r. spring**, molla di richiamo □ **r. visit**, visita di ricambio □ **by r. of post**, a stretto giro di posta □ **in r. (for)**, in cambio (di); in compenso (di) □ **Many happy returns (of the day)!**, tanti auguri (di buon conpleanno)!; cento di questi giorni!
to **return** /rɪˈtɜːn/ *A* v. i. ritornare; tornare *B* v. t. *1* restituire; riportare; rimandare; rispedire; rinviare: **«R. to sender»**, «rispedire al mittente» *2* ricambiare; restituire: **to r. a visit [a compliment]**, ricambiare una visita [un complimento] *3* rimettere: **to r. st. to its place**, rimettere q.c. al suo posto; riporre q.c. *4* (*leg.*) emettere (*un verdetto*); dichiarare (q.): **to r. a verdict of «Not Guilty»**, emettere un verdetto di innocenza; **to be returned guilty**, essere dichiarato colpevole *5* (*polit.*) eleggere: **to r. a member to Parliament**, eleggere un deputato in Parlamento *6* (*sport*) restituire, ripassare (*la palla*); (*tennis*) rimandare, rinviare, ribattere *7*

(*fin.*) dare (*un utile*); rendere (*un interesse*) ***8*** (*fisc.*) dichiarare; denunciare: **to r. one's income as**, denunciare un reddito di.
returnable /rɪˈtɜːnəbl/ *a.* ***1*** restituibile; da restituire ***2*** (*comm.*) a rendere: **r. bottle**, vuoto a rendere.
returning officer /rɪˈtɜːnɪŋ ˈɒfɪsə(r)/ *locuz. n.* (*in G.B., polit.*) presidente di seggio elettorale.
reunification /riːˈjuːnɪfɪˈkeɪʃn/ *n.* [U] riunificazione.
to **reunify** /riːˈjuːnɪfaɪ/ *v. t.* riunificare.
reunion /riːˈjuːnɪən/ *n.* [C] *e* [U] ***1*** riunione ***2*** (il) ritrovarsi; ricongiungimento.
to **reunite** /riːjuːˈnaɪt/ ***A*** *v. t.* riunire ***B*** *v. i.* riunirsi.
to **reupholster** /riːʌpˈhəʊlstə(r)/ *v. t.* rifare la fodera e l'imbottitura a (*un divano, ecc.*).
to **re-use** /riːˈjuːz/ *v. t.* riusare; riciclare.
rev /rɛv/ *n.* (*fam.*) giro (*di motore*) • **rev counter**, contagiri.
to **rev** /rɛv/ (*fam., anche* **to rev up**) ***A*** *v. t.* ***1*** mandare su di giri (*il motore*) ***2*** aumentare (*la produzione*) ***B*** *v. i.* (*del motore*) andare su di giri.
revaluation /riːvæljuːˈeɪʃn/ *n.* [U] *e* [C] rivalutazione.
to **revalue** /riːˈvæljuː/ *v. t.* rivalutare.
to **revamp** /riːˈvæmp/ *v. t.* (*fam.*) ***1*** riorganizzare; rimodernare ***2*** modernizzare; rendere più attuale.
to **reveal** /rɪˈviːl/ *v. t.* rivelare; svelare.
revealing /rɪˈviːlɪŋ/ *a.* ***1*** rivelatore; sintomatico; significativo ***2*** (*di abito, ecc.*) aderente; scollato; trasparente.
reveille /rɪˈvælɪ, *USA* ˈrɛvəlɪ/ *n.* (*mil.*) sveglia.
to **revel** /ˈrɛvl/ *v. i.* (*antiq.*) festeggiare; far baldoria.
♦ **revel in** *v. i. + prep.* godere di; provare gusto a: **to r. in media attention**, godere dell'attenzione dei media; **to r. in doing st.**, provare gusto a fare q.c.
revelation /rɛvəˈleɪʃn/ *n.* [U] *e* [C] rivelazione • (*relig.*) **the Revelations**, l'Apocalisse.
reveller /ˈrɛvələ(r)/ *n.* chi fa baldoria; festaiolo (-a).
revelry /ˈrɛvlrɪ/ *n.* [U] (*anche al pl.*) baldoria.
revenge /rɪˈvɛndʒ/ *n.* [U] ***1*** vendetta: **to take r. on sb.**, far vendetta su q. ***2*** (*sport*) rivincita: **to give sb. his r.**, dare la rivincita a q. • **to have one's r.**, prendersi la rivincita; vendicarsi.
to **revenge** /rɪˈvɛndʒ/ *v. t.* vendicare; vendicarsi di: **to r. sb.**, vendicare q.; **to r. an injustice**, vendicarsi di un'ingiustizia • **to be revenged on sb.**, vendicarsi di q.
♦ **revenge oneself on** *v. rifl. + prep.* vendicarsi su.
revengeful /rɪˈvɛndʒfl/ *a.* vendicativo.
revenue /ˈrɛvənjuː, *USA* -ənuː/ *n.* [U] (*anche al pl.*) (*fin.*) entrata; reddito • **inland r.**, gettito fiscale □ (*in G.B.*) **the (Inland) R.**, il Fisco □ (*in U.S.A.*) **the Internal R. Service** (*abbr.* **IRS**), il Fisco.
to **reverberate** /rɪˈvɜːbəreɪt/ ***A*** *v. t.* riverberare ***B*** *v. i.* ***1*** riverberarsi ***2*** (*anche fig.*) riecheggiare; risuonare.
reverberation /rɪvɜːbəˈreɪʃn/ *n.* ***1*** [U] riverberazione; riverbero ***2*** eco ***3*** (*al pl.*) (*fig.*) eco; risonanza.
to **revere** /rɪˈvɪə(r)/ *v. t.* riverire; onorare; venerare.
reverence /ˈrɛvərəns/ *n.* [U] riverenza; gran rispetto; venerazione: **to hold sb. in r.**, avere un gran rispetto per q.
reverend /ˈrɛvərənd/ *a.* reverendo.
reverent /ˈrɛvərənt/ *a.* riverente, reverente.
reverential /rɛvəˈrɛnʃl/ *a.* reverenziale; riverente.
reverie /ˈrɛvərɪ/ *n.* [C] *e* [U] (*form.*) fantasticheria; sogno a occhi aperti: **to be lost in r.**, essere assorto in fantasticherie; fantasticare.
revers /rɪˈvɪə(r)/ (*franc.*) *n.* (*pl.* **revers** /-ɪəz/) (*sartoria*) risvolto.
reversal /rɪˈvɜːsl/ *n.* [C] *e* [U] ***1*** inversione; rovesciamento; capovolgimento: **the r. of a trend**, l'inversione di una tendenza; **r. of roles**, rovesciamento delle parti ***2*** rovescio di fortuna ***3*** (*leg.*) revoca; annullamento.
reverse /rɪˈvɜːs/ ***A*** *a.* inverso; contrario; opposto; invertito: **in r. order**, in ordine inverso; **the r. side**, il lato opposto; (*mecc.*) **r. rotation**, rotazione invertita • (*telef., GB*) **r. charge call**, chiamata a carico del destinatario ***B*** *n.* ***1*** [U] *e* [C] rovescio; contrario; opposto: **Quite the r.!**, tutto l'opposto!; **the r. of the medal**, il rovescio della medaglia ***2*** [U] (*mecc., autom., anche* **r. gear**) marcia indietro; retromarcia: **to put a car into r.**, mettere (*o* ingranare) la retromarcia ***3*** rovescio (di fortuna); sconfitta ***4*** lato opposto; rovescio.
to **reverse** /rɪˈvɜːs/ ***A*** *v. t.* ***1*** invertire; rovesciare; capovolgere: **to r. the order**, invertire l'ordine ***2*** (*leg.*) cassare • (*autom.*) **to r. one's car**, fare marcia indietro □ (*telef., GB*) **to r. (the) charges**, fare una telefonata a carico del destinatario ***B*** *v. i.* ***1*** girare in senso inverso ***2*** (*autom.*) fare marcia indietro.
reversible /rɪˈvɜːsəbl/ *a.* ***1*** (*di stoffa*) double-face ***2*** (*leg.*) revocabile ***3*** (*chim., fis., leg.*) reversibile.
reversing lights /rɪˈvɜːsɪŋ laɪts/ *locuz. n. pl.* (*autom.*) luci della retromarcia.
reversion /rɪˈvɜːʃn, *USA* -ʒn/ *n.* [U] ***1*** ritorno (*a uno stato precedente*); ricaduta ***2*** (*leg.*) reversione ***3*** (*biol.*) atavismo; regressione.
to **revert** /rɪˈvɜːt/ *v. i.* ***1*** ritornare; tornare: **to r. to doing st.**, riprendere a fare q.c.; **to r. to type**, tornare a essere quello di sempre; **to r. to a previous topic**, ritornare su un argomento già toccato ***2*** (*leg.*) spettare per reversione ***3*** (*biol.*) regredire.
review /rɪˈvjuː/ *n.* ***1*** [U] *e* [C] revisione; esame; rassegna: **to come under r.**, essere preso in esame; **to pass one's life in r.**, dare uno sguardo retrospettivo alla propria vita ***2*** recensione; critica ***3*** (*mil.*) rivista; parata: **to pass soldiers in r.**, passare in rivista soldati ***4*** (*teatr.*) *V.* **revue**.
to **review** /rɪˈvjuː/ *v. t.* ***1*** esaminare; rivedere; fare una revisione di: **to r. security arrangements**, rivedere le misure di sicurezza ***2*** (*mil.*) passare in rivista; passare in rassegna ***3*** recensire; fare la recensione di: **to be favourably reviewed**, avere recensioni favorevoli ***4*** (*USA*) ripassare (*q.c. per un esame*) ***5*** (*leg.*) riesaminare; sottoporre a revisione.
reviewer /rɪˈvjuːə(r)/ *n.* recensore; critico.
to **revile** /rɪˈvaɪl/ *v. t.* ingiuriare; insultare.
revise /rɪˈvaɪz/ *n.* (*tipogr.*) bozza corretta; seconda bozza.
to **revise** /rɪˈvaɪz/ *v. t.* ***1*** rivedere; modificare; correggere: **to r. one's opinions**, rivedere le proprie opinioni; **to r. tariffs**, ritoccare le tariffe; **to r. a manuscript**, rivedere un manoscritto ***2*** (*GB*) ripassare (*q.c. per un esame*).
revised /rɪˈvaɪzd/ *a.* riveduto; emendato; corretto: **r. edition**, edizione riveduta.
revision /rɪˈvɪʒn/ *n.* ***1*** [U] *e* [C] revisione ***2*** [U] (*GB*) ripasso (*per un esame*).
revisionism /rɪˈvɪʒənɪzəm/ *n.* [U] (*polit.*) revisionismo.
revisionist /rɪˈvɪʒənɪst/ (*polit.*) ***A*** *n.* revisionista ***B*** *a.* revisionistico.
to **revitalize** /riːˈvaɪtəlaɪz/ *v. t.* rivitalizzare; dare nuova vita a.
revival /rɪˈvaɪvl/ *n.* [U] *e* [C] ***1*** ripresa; rinascita; ritorno in auge: **a r. of interest in folk music**, un ritorno dell'interesse per la musica folk; **the r. of an old custom**, la ripresa di una vecchia usanza; **economic r.**, rinascita economica ***2*** (*teatr.*) ripresa; revival; rilancio ***3*** (*anche* **r. meeting**) riunione revivalistica.
to **revive** /rɪˈvaɪv/ ***A*** *v. i.* ***1*** rianimarsi; riprendersi; rinvenire ***2*** riaccendersi; riprendere; rinascere ***B*** *v. t.* ***1*** rianimare; far riavere ***2*** far rivivere; riportare in auge ***3*** riaccendere; far rinascere; riportare alla mente ***4*** (*teatr.*) riportare sulle scene; riprendere.
revocation /rɛvəˈkeɪʃn/ *n.* [U] *e* [C] revoca; abrogazione.
to **revoke** /rɪˈvəʊk/ ***A*** *v. t.* revocare; abrogare ***B*** *v. i.* (*a carte*) non rispondere a colore.
revolt /rɪˈvəʊlt/ *n.* [C] *e* [U] rivolta; ribellione; insurrezione.
to **revolt** /rɪˈvəʊlt/ ***A*** *v. i.* ***1*** rivoltarsi; ribellarsi; insorgere ***2*** provare ripugnanza (*o* disgusto); ribellarsi ***B*** *v. t.* disgustare; nauseare.
revolting /rɪˈvəʊltɪŋ/ *a.* rivoltante; ripugnante; disgustoso.
revolution /rɛvəˈluːʃn/ *n.* ***1*** [U] *e* [C] (*polit., astron.*) rivoluzione ***2*** rotazione; giro (*di motore*).
revolutionary /rɛvəˈluːʃənərɪ, *USA* -nerɪ/ *a. e n.* rivoluzionario (-a).
to **revolutionize** /rɛvəˈluːʃənaɪz/ *v. t.* rivoluzionare.
to **revolve** /rɪˈvɒlv/ ***A*** *v. i.* (*mecc., astron. e fig.*) girare; ruotare ***B*** *v. t.* far girare; far ruotare.
revolver /rɪˈvɒlvə(r)/ *n.* rivoltella.
revolving /rɪˈvɒlvɪŋ/ *a.* ***1*** ruotante; roteante ***2*** girevole: **r. door**, porta girevole • (*comm.*) **r. credit**, credito rotativo.
revue /rɪˈvjuː/ (*franc.*) *n.* (*teatr.*) rivista.
revulsion /rɪˈvʌlʃn/ *n.* [U] ripulsione; disgusto.
reward /rɪˈwɔːd/ *n.* [U] *e* [C] ***1*** ricompensa; premio ***2*** (*leg.*) taglia.
to **reward** /rɪˈwɔːd/ *v. t.* ricompensare; premiare.
rewarding /rɪˈwɔːdɪŋ/ *a.* gratificante; che dà soddisfazioni; di soddisfazione.

to **rewind** /riːˈwaɪnd/ *v. t.* (*pass. e p.p.* **rewound**) *1* riavvolgere (*una videocassetta, ecc.*); far tornare indietro *2* ricaricare (*un orologio*).
to **rewire** /riːˈwaɪə(r)/ *v. t.* rifare l'impianto elettrico di.
to **reword** /riːˈwɜːd/ *v. t.* *1* riformulare *2* modificare (*uno scritto, un discorso*).
to **rework** /riːˈwɜːk/ *v. t.* *1* rielaborare *2* modificare; rimaneggiare.
rewound /riːˈwaʊnd/ *pass. e p.p. di* **to rewind**.
rewrite /riːˈraɪt/ *n.* nuova versione; riscrittura.
to **rewrite** /riːˈraɪt/ (*pass.* **rewrote** /riːˈrəʊt/, *p.p.* **rewritten** /riːˈrɪtn/) *v. t.* riscrivere; rimaneggiare.
rhapsodic /ræpˈsɒdɪk/ *a.* *1* rapsodico *2* (*fam.*) entusiastico.
to **rhapsodize** /ˈræpsədaɪz/ *v. i.* (*fam.*) parlare (*o* scrivere) in modo entusiastico (*di q.c.*); esaltare q.c.
rhapsody /ˈræpsədɪ/ *n.* (*mus.*) rapsodia • **to go into rhapsodies over st.**, parlare in modo entusiastico di q.c.; esaltare q.c.
Rhenish /ˈriːnɪʃ/ *a.* del Reno; renano.
rheostat /ˈriːəstæt/ *n.* (*elettr.*) reostato.
rhesus /ˈriːsəs/ *n.* (*zool.*, *anche* **r. monkey**) reso.
Rhesus factor /ˈriːsəs ˈfæktə(r)/ *locuz. n.* (*biol.*) fattore Rh.
rhetoric /ˈrɛtərɪk/ *n.* Ⓤ retorica.
rhetorical /rɪˈtɒrɪkl, *USA* -ˈtɔːr-/ *a.* retorico.
rhetorician /rɛtəˈrɪʃn/ *n.* retore.
rheum /ruːm/ *n.* (*med.*) catarro; muro • **eye r.**, cispa.
rheumatic /ruːˈmætɪk/ (*med.*) *A a.* *1* reumatico: **r. fever**, febbre reumatica *2* affetto da reumatismo *3* sofferente di reumatismi *B n.* (*al pl.*) (*fam.*) reumatismi.
rheumaticky /ruːˈmætɪkɪ/ *a.* (*fam.*) pieno di reumatismi.
rheumatism /ˈruːmətɪzəm/ *n.* Ⓤ (*med.*) reumatismi.
rheumatoid /ˈruːmətɔɪd/ *a.* (*med.*) reumatoide.
rheumy /ˈruːmɪ/ *a.* catarroso; cisposo: **r. eyes**, occhi cisposi.
rhinestone /ˈraɪnstəʊn/ *n.* Ⓒ e Ⓤ strass.
rhino /ˈraɪnəʊ/ *n.* (*pl.* **rhinos**) *abbr. fam. di* **rhinoceros**.
rhinoceros /raɪˈnɒsərəs/ *n.* (*pl.* **rhinoceros**, **rhinoceroses**) (*zool.*) rinoceronte.
rhinoplasty /ˈraɪnəplæstɪ/ *n.* Ⓤ (*med.*) rinoplastica.
rhizome /ˈraɪzəʊm/ *n.* (*bot.*) rizoma.
Rhodesian /rəʊˈdiːzɪən/ *a. e n.* rodesiano.
rhododendron /rəʊdəˈdɛndrən/ *n.* (*bot.*) rododendro.
rhombus /ˈrɒmbəs/ *n.* (*geom.*) rombo.
rhubarb /ˈruːbɑːb/ *n.* Ⓤ (*bot.*) rabarbaro.
rhyme /raɪm/ *n.* *1* Ⓤ e Ⓒ rima *2* poesiola • **without r. or reason**, senza senso; senza capo né coda.
to **rhyme** /raɪm/ *A v. i.* rimare; fare rima *B v. t.* far rimare.
rhyming /ˈraɪmɪŋ/ *a. e n.* — **r. couplet**, distico a rima baciata □ **r. dictionary**, rimario □ **r. slang**, gergo cockney in cui alcune parole vengono sostituite da altre che rimano con esse.
rhythm /ˈrɪðəm/ *n.* Ⓤ e Ⓒ ritmo • **r. method**, metodo Ogino-Knaus.
rhythmic(al) /ˈrɪðmɪk(l)/ *a.* ritmico.
rib /rɪb/ *n.* *1* (*anat.*) costola *2* (*cucina*) costoletta *3* costa (*di stoffa, di lavoro a maglia*) *4* (*archit.*) costolone; nervatura *5* (*bot., zool.*) nervatura *6* stecca (*di ombrello*) *7* (*naut.*) ordinata *8* (*aeron.*) centina (*di ala*) • (*anat.*) **rib cage**, gabbia toracica.
to **rib** /rɪb/ *v. t.* *1* (*lavoro a maglia*) lavorare a coste *2* (*fam. GB*) prendere in giro; sfottere (*fam.*).
ribald /ˈrɪbld/ *a.* (*form.*) osceno; scurrile.
ribaldry /ˈrɪbldrɪ/ *n.* Ⓤ (*form.*) oscenità; scurrilità.
ribbed /rɪbd/ *a.* *1* (*di stoffa, maglione, ecc.*) a coste *2* (*archit.*) con nervature; cordonato • (*autom.*) **r. tyre**, pneumatico rigato.
ribbing /ˈrɪbɪŋ/ *n.* Ⓤ *1* coste (*di stoffa, lavoro a maglia*) *2* (*archit.*) nervatura; costolatura.
ribbon /ˈrɪbən/ *n.* *1* Ⓒ e Ⓤ nastro: **typewriter r.**, nastro per macchina per scrivere *2* (*mil.*) nastrino *3* (*fig.*) lembo; striscia: **a r. of blue sky**, un lembo di sereno *4* (*al pl.*) brandelli: **to hang in ribbons**, essere a brandelli; **to tear to ribbons**, ridurre a brandelli.
rice /raɪs/ *n.* Ⓤ (*bot.*) riso • **r. field**, risaia □ **r. paper**, carta di riso □ **r. pudding**, budino di riso.
rich /rɪtʃ/ *a.* *1* ricco: **r. people**, i ricchi; **a region r. in natural resources**, una regione ricca di risorse naturali *2* ricco; prezioso; sontuoso *3* (*di cibo*) con molti grassi *4* (*di terreno*) fertile *5* (*di vegetazione*) rigoglioso *6* (*di colore*) brillante; vivo *7* (*di suono*) pieno; profondo *8* (*di odore*) intenso; fragrante *9* (*di vino*) robusto; corposo *10* (*di raccolto*) abbondante • (*collett.*) **the r.**, i ricchi □ **to grow** (*o* **to get**) **r.**, arricchire, arricchirsi □ (*iron.*) **That's r.!**, questa sì che è buona!
riches /ˈrɪtʃɪz/ *n. pl.* ricchezza; ricchezze.
richly /ˈrɪtʃlɪ/ *avv.* *1* riccamente; sontuosamente *2* pienamente; ampiamente, abbondantemente.
richness /ˈrɪtʃnəs/ *n.* Ⓤ *1* ricchezza *2* opulenza; sfarzosità *3* alto contenuto di grassi *4* fertilità (*di terreno*) *5* vivacità, intensità (*di colore*) *6* pienezza, profondità (*di suono*) *7* corposità (*di vino*).
rick /rɪk/ *n.* mucchio (*di fieno, paglia, ecc.*).
to **rick** /rɪk/ *v. t.* slogare (*il collo*); stirare un muscolo (*della schiena*).
rickets /ˈrɪkɪts/ *n.* (*col verbo al sing. o al pl.*) (*med.*) rachitismo.
rickety /ˈrɪkətɪ/ *a.* *1* (*med.*) rachitico *2* traballante; sgangherato.
rickshaw /ˈrɪkʃɔː/ *n.* risciò.
ricochet /ˈrɪkəʃeɪ, -ʃɛt, *USA* rɪkəˈʃeɪ/ *n.* *1* rimbalzo (*di proiettile*) *2* colpo di rimbalzo.
to **ricochet** /ˈrɪkəʃeɪ, -ʃɛt, *USA* rɪkəˈʃeɪ/ *v. i.* rimbalzare.
to **rid** /rɪd/ (*pass.* **ridded** *e* **rid**, *p.p.* **rid**) *A v. t.* liberare; sbarazzare: **to rid a place of st.**, liberare un luogo da q.c. • **to be rid of sb.** [**st.**], essersi sbarazzato di q. [q.c.] □ **to get rid of sb.** [**st.**], sbarazzarsi di q. [q.c.] *B* **to rid oneself** *v. rifl.* liberarsi; sbarazzarsi: **to rid oneself of debt**, liberarsi dai dobiti.
riddance /ˈrɪdns/ *n.* — (*fam.*) **Good r.!** che liberazione!; era ora!
ridden /ˈrɪdn/ *A p.p. di* **to ride** *B a.* dominato; oppresso; tormentato: **guilt-r.**, tormentato dal senso di colpa.
riddle (1) /ˈrɪdl/ *n.* *1* indovinello; enigma: **to speak in riddles**, parlare per enigmi *2* mistero.
riddle (2) /ˈrɪdl/ *n.* crivello; setaccio; vaglio.
to **riddle** /ˈrɪdl/ *v. t.* *1* setacciare; vagliare *2* crivellare: **to r. with bullets**, crivellare di proiettili.
riddled /ˈrɪdld/ *a. pred.* pieno: **r. with holes**, tutto bucherellato; **r. with mistakes**, pieno zeppo di errori; **r. with corruption**, marcio di corruzione.
ride /raɪd/ *n.* *1* cavalcata; corsa (*o* passeggiata, viaggio) a cavallo *2* corsa, giro, viaggio (*in bicicletta o motocicletta; in auto, come passeggero*) *3* corsa, tragitto (*su un mezzo pubblico*) *4* vialetto, sentiero per cavalli (*specialm. attraverso un bosco*) • **to give sb. a r. to**, dare a q. un passaggio fino a □ (*fam.*) **to go along for the r.**, andare solo per vedere □ **to go for a r.**, andare a fare una cavalcata (*o* una gita in bicicletta, una corsa in moto, un giro in auto, ecc.) □ (*fam.*) **We are in for a bumpy r.**, ci sarà poco da divertirsi! □ (*fam.*) **to be taken for a r.**, essere imbrogliato; essere fatto fesso (*pop.*).
to **ride** /raɪd/ (*pass.* **rode**, *p.p.* **ridden**) *A v. i.* *1* cavalcare; andare a cavallo: **to r. side-saddle**, cavalcare all'amazzone *2* andare, spostarsi (*a cavallo, in bicicletta*); andare, viaggiare (*su un veicolo guidato da altri*): **I r. to work on a bicycle**, vado al lavoro in bicicletta; **He rode off down the path**, si allontanò (*a cavallo*) lungo il sentiero; **to r. across a plain**, attraversare (*a cavallo*) una pianura; cavalcare per una pianura; **He rode around in a Rolls Royce**, girava in Rolls Royce con autista *3* essere portato (*sulle spalle di q.*): **to r. on sb.'s shoulders**, farsi portare a cavalluccio da q. *4* (*sport*) correre (*in bici, in moto*) • (*naut.*) **to r. at anchor**, essere all'ancora (*o* alla fonda) □ **to r. at full gallop**, andare di gran galoppo □ **to r. for a fall**, cavalcare a rompicollo; (*fig.*) andare incontro a grossi guai □ **to be riding high**, essere sulla cresta dell'onda □ **to r. roughshod over sb.**, calpestare q. (*fig.*); mettere sotto i piedi q. □ **to r. to hounds**, cacciare la volpe (*a cavallo*) □ **to let st. r.**, lasciare che q.c vada per il suo verso *B v. t.* *1* montare (*un cavallo*); cavalcare (*un asino, un cammello, ecc.*) *2* andare in (*bicicletta*) *3* percorrere, attraversare (*una regione a cavallo*) • **to r. a horse to death**, sfiancare un cavallo.
♦ **ride down** *v. t.* + *avv.* *1* raggiungere (q. a cavallo) e fermarlo *2* calpestare, travolgere (q.) col cavallo *3* sfiancare (*un cavallo*).
♦ **ride on** *v. i.* + *prep.* (*fam.*) dipendere da: **Our future was riding on this project**, il nostro futuro dipendeva da questa impresa.

♦ **ride out** *v. t. + avv.* ***1*** (*di nave*) affrontare e superare (*una tempesta*) ***2*** affrontare e superare (*una difficoltà*); uscire indenne da.

♦ **ride up** *v. i. + avv.* ***1*** arrivare a cavallo ***2*** (*di vestito, gonna*) salire.

rider /ˈraɪdə(r)/ *n.* ***1*** uomo [donna] a cavallo; cavaliere (*m.*); amazzone (*f.*) ***2*** (*ippica*) fantino ***3*** ciclista; motociclista ***4*** (*leg.*) postilla; clausola addizionale; codicillo.

ridge /rɪdʒ/ *n.* ***1*** cresta, crinale (*di colline, montagne*) ***2*** colmo (*di tetto*) ***3*** catena (*di monti*); giogaia; dorsale ***4*** (*meteor.*) promontorio ***5*** (*agric.*) porca ***6*** riga in rilievo • **r. tent**, tenda canadese.

to **ridge** /rɪdʒ/ ***A*** *v. t.* ***1*** (*agric.*) rincalzare (*il terreno*) ***2*** increspare ***B*** *v. i.* incresparsi.

ridgepole /ˈrɪdʒpəʊl/ *n.* traversa (*di una tenda*).

ridicule /ˈrɪdɪkjuːl/ *n.* Ⓤ ridicolo; scherno: **to hold sb. [st.] up to r.**, mettere in ridicolo q. [q.c.].

to **ridicule** /ˈrɪdɪkjuːl/ *v. t.* mettere in ridicolo; schernire; canzonare.

ridiculous /rɪˈdɪkjʊləs/ *a.* ridicolo; assurdo.

riding /ˈraɪdɪŋ/ *n.* Ⓤ equitazione • **r. boots**, stivali da equitazione □ **r. breeches**, calzoni da cavallerizzo □ **r. habit**, costume da amazzone □ **r. horse**, cavallo da sella □ **r. master**, maestro di equitazione □ **r. school**, scuola di equitazione □ **r. track**, galoppatoio □ **r. whip**, frustino.

rife /raɪf/ *a. pred.* ***1*** diffuso: **Rumours are r. about the merger**, abbondano le voci sulla fusione ***2*** pieno: **r. with disease**, infestato di malattie; **r. with corruption**, invaso dalla corruzione.

to **riffle** /ˈrɪfl/ *v. Solo come*:

♦ **riffle through** *v. i. + prep.* sfogliare velocemente; scartabellare.

riff-raff /ˈrɪfræf/ *n.* Ⓤ canaglia; marmaglia; plebaglia.

rifle /ˈraɪfl/ *n.* fucile; carabina • **r. range**, poligono (di tiro) □ **r. shot**, colpo di fucile; fucilata.

to **rifle** /ˈraɪfl/ ***A*** *v. t.* svuotare (*per rubare*); ripulire ***B*** *v. i.* frugare: **to r. through sb.'s drawers**, frugare nei cassetti di q.

rifleman /ˈraɪflmən/ *n.* (*pl.* **riflemen** /-mən/) (*mil.*) fuciliere.

rifling /ˈraɪflɪŋ/ *n.* Ⓤ (*di arma da fuoco*) rigatura.

rift /rɪft/ *n.* ***1*** fenditura; fessura; spaccatura; squarcio ***2*** contrasto; incrinatura; spaccatura • (*geol.*) **r. valley**, fossa tettonica.

rig /rɪg/ *n.* Ⓒ *e* Ⓤ ***1*** (*naut.*) attrezzatura ***2*** (*anche ind.*) equipaggiamento; impianto: **oil rig**, impianto di trivellazione (*per petrolio*) ***3*** (*fam.*) abbigliamento; tenuta ***4*** (*fam. USA*) autotreno.

to **rig** (**1**) /rɪg/ *v. t.* (*naut.*) attrezzare.

♦ **rig out** *v. t. + avv.* (*fam.*) ***1*** vestire (*in modo particolare*): **to be rigged out as a sailor**, essere vestito da marinaio ***2*** equipaggiare, attrezzare (q.).

♦ **rig up** *v. t. + avv.* costruire in fretta; improvvisare; allestire; impiantare.

to **rig** (**2**) /rɪg/ *v. t.* ***1*** manipolare ***2*** truccare: **to rig an election**, truccare le elezioni ***3*** (*fin., comm.*) manovrare.

rigging /ˈrɪgɪŋ/ *n.* Ⓤ (*naut.*) attrezzatura; manovre.

right (**1**) /raɪt/ *a.* ***1*** destro; (*anche polit.*) di destra: **the r. bank of the river**, la sponda destra del fiume; **one's r. hand**, la (mano) destra; **at** (*o* **on**) **one's r. hand**, a destra; **on the r. side**, sul lato destro; a destra; (*polit.*) **r. wing**, destra; **r.-wing views**, vedute di destra ***2*** giusto; esatto: **r. answer**, risposta esatta; **to give the r. answer**, rispondere bene; **at the r. moment**, al momento giusto; **Do you have the r. time?**, hai l'ora esatta?; **I thought it r. to tell him**, ho creduto fosse giusto dirglielo; **You did the r. thing**, hai fatto bene ***3*** che ha ragione: **You're r.**, hai ragione; **You were r. to refuse**, hai fatto bene a rifiutare; **Time will prove me r.**, il tempo mi darà ragione ***4*** che è a posto; che va bene: **to put** (*o* **to set**) **r.**, rimettere a posto; aggiustare; sistemare; (*fam.*) **Am I r. for Oxford Circus?**, vado bene per Oxford Circus? ***5*** (*geom.*) retto: **r. angle**, angolo retto ***6*** (*fam.*) vero; autentico: **a r. mess**, un vero caos; un macello (*pop.*); **to look a r. idiot**, fare la figura del perfetto idiota • (*geom.*) **r.-angled triangle**, triangolo rettangolo □ **r.-hand**, di destra; destro; a destra; (*mecc.*) destrorso: **r.-hand side**, lato destro □ (*autom.*) **r.-hand-drive**, con la guida a destra □ **r.-handed**, (*di persona*) che usa la mano destra, destrimano; (*di colpo*) dato con la destra; (*mecc.*) destrorso, in senso orario □ **r.-hander**, persona che usa la mano destra, destrimano; (*boxe*) destro □ **r.-hand man**, braccio destro (*fig.*) □ **r.-minded**, retto; ragionevole □ **r. side**, diritto (*di una stoffa, ecc.*) □ **R. you are!** (*o, fam.*, **R. oh!**), va bene!; d'accordo! □ (*polit.*) **r.-winger**, appartenente alla destra □ **all r.**, che va bene; a posto; che sta bene (*di salute*): **Is it all r. for me to stay?**, va bene se resto?; posso restare?; **Do you feel all r.?**, ti senti bene? □ **All r.!**, benissimo! □ **All's r. with the world**, va tutto bene □ **as r. as rain**, benissimo; in perfetta forma □ **to get st. r.**, riuscire a fare q.c.; □ **Let me get this r....**, fammi capire... □ **to be in one's r. mind** (*o* **r. senses**), essere sano di mente □ **That's r.!**, esatto!; proprio così!

right (**2**) /raɪt/ *n.* ***1*** Ⓤ lato destro; (la) destra; (*mil.*) fianco destro: **to keep to the r.**, tenere la destra; tenersi a destra; **on your r.**, alla vostra destra; **to the r. of**, a destra di ***2*** — (*polit.*) **the R.**, la Destra ***3*** Ⓤ (il) giusto; (il) bene; (la) ragione: **to know the difference between r. and wrong**, saper distinguere il bene dal male; **r. and wrong**, la ragione e il torto; **to be in the r.**, essere nel giusto; aver ragione ***4*** Ⓤ *e* Ⓒ diritto: **to have a [no] r. to do st.**, avere [non avere] il diritto di fare q.c.; **the r. to work**, il diritto al lavoro; **r. of access**, diritto di passaggio; **civil rights**, diritti civili; **film rights**, diritti cinematografici; **r. of way**, diritto di accesso; (*autom.*) precedenza • **r.-to-lifer**, antiabortista □ **by rights**, di (*o* per) diritto; secondo giustizia: **by r. of birth**, per diritto di nascita □ **in one's own r.**, di diritto; per conto proprio: **to own st. in one's own r.**, possedere qualcosa per conto proprio; **His sister is a successful painter in her own r.**, sua sorella è a sua volta una pittrice di successo □ **to put** (*o* **to set**) **st. to rights**, rimettere a posto q.c. □ **to be within one's rights**, essere nel proprio diritto; avere pieno diritto.

right (**3**) /raɪt/ *avv.* ***1*** a destra: **to turn r.**, voltare a destra ***2*** bene; correttamente; giustamente; nel modo giusto: **It serves you r.**, ben ti sta!; **If I remember r.**, se ben ricordo; **r. or wrong**, bene o male; a ragione o a torto; **R., what next?**, bene, che cosa viene adesso? ***3*** esattamente; proprio; subito; sempre: **r. in the middle**, esattamente nel centro; **r. here**, proprio qui; **r. behind me**, subito dietro di me; **Do it r. now**, fallo subito; **Go r. on until you see the station**, va' sempre dritto finché non vedi la stazione ***4*** completamente: **to turn r. round**, girarsi completamente; **to go r. back to the beginning**, ritornare daccapo • **r. and left** (*o* **r., left and centre**), da tutte le parti □ **r. away**, subito □ (*USA*) **r. off**, subito □ **r. on** (*o* **r. along**), senza interruzione.

to **right** /raɪt/ ***A*** *v. t.* ***1*** raddrizzare ***2*** correggere; riparare: **to r. a wrong**, riparare un torto ***B*** to **right oneself** *v. rifl.* ***1*** raddrizzarsi ***2*** correggersi da sé; aggiustarsi; risolversi.

righteous /ˈraɪtʃəs/ *a.* ***1*** (*lett.*) retto; giusto; virtuoso ***2*** giusto; giustificato: **r. indignation**, indignazione giustificata.

righteousness /ˈraɪtʃəsnəs/ *n.* rettitudine; giustizia; virtù.

rightful /ˈraɪtfl/ *a.* ***1*** giusto; equo; onesto ***2*** legittimo: **r. heir**, erede legittimo.

rightfully /ˈraɪtflɪ/ *avv.* legittimamente; di diritto.

rightist /ˈraɪtɪst/ (*polit.*) ***A*** *n.* persona di destra ***B*** *a.* di destra.

rightly /ˈraɪtlɪ/ *avv.* ***1*** esattamente; correttamente; bene ***2*** giustamente; a buon diritto; a ragione: **r. or wrongly**, a torto o a ragione ***3*** (*fam.*) con esattezza; con precisione: **I can't r. say whether...**, non so dire con esattezza se...

rigid /ˈrɪdʒɪd/ *a.* (*anche fig.*) rigido.

rigidity /rɪˈdʒɪdətɪ/ *n.* Ⓤ ***1*** rigidità ***2*** (*fig.*) rigidità; rigidezza.

rigmarole /ˈrɪgmərəʊl/ *n.* ***1*** discorso senza capo né coda; tiritera ***2*** procedura complicata; trafila.

rigor (**1**) /ˈrɪgə(r), ˈraɪgɔː(r)/ (*lat.*) *n.* Ⓤ (*med.*) rigidità: **r. mortis**, rigidità cadaverica.

rigor (**2**) /ˈrɪgə(r)/ (*USA*) *V.* **rigour**.

rigorous /ˈrɪgərəs/ *a.* ***1*** rigoroso; accurato ***2*** rigido; severo.

rigour /ˈrɪgə(r)/ *n.* Ⓤ rigore (*in tutti i sensi*).

rig-out /ˈrɪgaʊt/ *n.* (*fam. GB*) abbigliamento; tenuta.

to **rile** /raɪl/ *v. t.* (*fam.*) irritare; dare ai nervi; far incavolare (*fam.*).

rim /rɪm/ *n.* ***1*** orlo; bordo ***2*** (*mecc., autom.*) cerchio; cerchione ***3*** montatura (*di occhiali*).

to **rim** /rɪm/ *v. t.* orlare; bordare • **red-rimmed eyes**, occhi cerchiati di rosso □ **gold-rimmed spectacles**, occhiali dalla montatura d'oro.

rind /raɪnd/ *n.* Ⓤ *e* Ⓒ ***1*** scorza; buccia ***2*** crosta (*del formaggio*) ***3*** cotenna (*del bacon*).

ring (**1**) /rɪŋ/ *n.* ***1*** anello; cerchio; circolo: **gold r.**, anello d'oro; **wedding r.**, fede; anello nuziale; **r. of smoke**, anello di fumo; **the rings of Saturn**, gli anelli di Saturno; **rings in the water**, cerchi nell'acqua; **to stand in a r.**, formare un cerchio ***2*** (*specialm. GB*) fornello: **gas r.**, fornello a gas ***3*** (*boxe*) ring; quadrato ***4*** arena, pista (*di circo*) ***5*** cricca; banda; rete (*di spie*) ***6*** alone (*di una macchia, della luna, ecc.*) ***7*** (*mecc.*) ghiera; anello ***8*** (*zool.*) collare, collarino (*di uccelli*) ***9*** recinto per cavalli (*o* bovini) (*in esposizione o in vendita*) ***10*** (*al pl.*) (*ginnastica*) anelli ● **r. binder**, quaderno ad anelli □ (*zool.*) **r.-dove**, tortora dal collare orientale □ **r. finger**, (dito) anulare □ **r. pull**, linguetta (di lattina con apertura a strappo) □ **r. road**, (strada di) circonvallazione; raccordo anulare □ **to run rings round sb.**, dare dei punti a q.; surclassare q.

ring (2) /rɪŋ/ *n.* ***1*** squillo; scampanellata; scampanio ***2*** eco; risonanza ***3*** accento; timbro; tono: **to have a familiar r.**, suonare familiare; **It has the r. of truth about it**, è plausibile; ha l'aria di essere vero ***4*** (*fam. GB*) telefonata; colpo di telefono: **Give me a r.**, fammi una telefonata; dammi un colpo di telefono.

to **ring** (1) /rɪŋ/ *v. t.* ***1*** accerchiare; circondare ***2*** circolettare ***3*** mettere un anello al piede di (*un uccello*).

to **ring** (2) /rɪŋ/ (*pass.* **rang**, *p.p.* **rung**) ***A*** *v. i.* ***1*** (*di campana, campanello*) suonare; squillare: **The bells are ringing**, suonano le campane; **The doorbell rang**, squillò il campanello (della porta); ci fu una scampanellata ***2*** chiamare (*suonando il campanello*): **to r. for the maid**, chiamare la cameriera; **to r. for dinner**, suonare per il pranzo ***3*** (*GB*) telefonare: **Did Mary r.?**; ha telefonato Mary? ***4*** risuonare; echeggiare: **The house rang with laughter**, la casa risuonava di risa ***5*** (*degli orecchi*) ronzare; fischiare ● (*fig.*) **to r. hollow**, suonare insincero □ **to r. true [false]**, suonare vero [falso] ***B*** *v. t.* ***1*** suonare (*campane, campanelli, ecc.*) ***2*** *V.* **to r. up**, *A, def. 1* ● (*fam. USA*) **to r. the bell**, avere successo □ **The name rings a bell**, è un nome che mi suona familiare (*o* che mi dice qualcosa) □ **to r. the changes (on st.)**, variare (q.c.).

♦ **ring back** *v. t. e i. + avv.* (*GB*) ritelefonare a; richiamare.

♦ **ring down** *v. t. + avv.* (*teatr.*) calare (*il sipario*).

♦ **ring in** *v. i. + avv.* (*GB*) telefonare (*in ufficio, a un programma radiotelevisivo*).

♦ **ring off** *v. i. + avv.* (*GB*) abbassare il ricevitore (*del telefono*); riattaccare.

♦ **ring out** *v. i. + avv.* risuonare; riecheggiare.

♦ **ring round** *v. i. + avv.* (*GB*) telefonare in giro; fare un giro di telefonate.

♦ **ring up** ***A*** *v. t. + avv.* ***1*** (*GB*) telefonare a; chiamare; dare un colpo di telefono a ***2*** registrare, battere (*su un registratore di cassa*) ***3*** (*teatr.*) alzare (*il sipario*) ***B*** *v. i. + avv.* (*GB*) telefonare.

ringer /ˈrɪŋə(r)/ *n.* ***1*** campanaro ***2*** (*fam. USA*) sosia; copia esatta.

ringing /ˈrɪŋɪŋ/ ***A*** *n.* [U] ***1*** scampanio; scampanellata; squillo (*di telefono*) ***2*** ronzio, fischio (*agli orecchi*) ***B*** *a.* sonoro; squillante ● (*telef.*) **r. tone**, segnale di linea libera.

ringleader /ˈrɪŋliːdə(r)/ *n.* capo; caporione (-a).

ringlet /ˈrɪŋlət/ *n.* ricciolo.

ringmaster /ˈrɪŋmɑːstə(r), *USA* -mæs-/ *n.* direttore di circo.

ringside /ˈrɪŋsaɪd/ *n.* (*boxe*) bordo ring ● **r. seat**, posto di bordo ring; (*anche fig.*) posto in prima fila.

ringworm /ˈrɪŋwɜːm/ *n.* [U] (*med.*) tricofizia; tigna.

rink /rɪŋk/ *n.* (*sport*) pista di pattinaggio.

rinse /rɪns/ *n.* ***1*** risciacquata; risciacquo ***2*** cachet (*per capelli*).

to **rinse** /rɪns/ *v. t.* (*anche* **to r. out**) ***1*** sciacquare; risciacquare ***2*** togliere sciacquando.

riot /ˈraɪət/ *n.* ***1*** sommossa; disordini; tumulto ***2*** profusione: **a r. of colour**, un'orgia di colori ***3*** (*fam., di persona, film, occasione, ecc.*) spasso: **She's a r.**, è uno spasso; ti fa morire dal ridere ● (*fam., generalm. scherz.*) **to read sb. the r. act**, fare una ramanzina a q. □ **to run r.**, *V. sotto* **to run**, *A* ● **r. police**, reparti di polizia antisommossa □ **r. shield**, scudo di plastica (*per polizia*).

to **riot** /ˈraɪət/ *v. i.* tumultuare.

rioter /ˈraɪətə(r)/ *n.* rivoltoso; tumultuante.

riotous /ˈraɪətəs/ *a.* ***1*** sedizioso; turbolento: (*leg.*) **r. assembly**, associazione sediziosa ***2*** sfrenato; scatenato.

rip /rɪp/ *n.* lacerazione; strappo; squarcio.

to **rip** /rɪp/ ***A*** *v. t.* lacerare; strappare: **to rip open**, strappare (*per aprire*); squarciare ***B*** *v. i.* ***1*** strapparsi; lacerarsi; squarciarsi ***2*** (*fam.*) andare a grande velocità; filar via: **Let her rip!**, lasciala correre!; lanciala! ● **to let things rip**, lasciare che le cose vadano a modo loro; lasciar perdere.

♦ **rip apart** *v. t. + avv.* ***1*** fare a pezzi ***2*** mettere sottosopra; buttare all'aria.

♦ **rip into** *v. i. + prep.* (*fam.*) dirne di tutti i colori a.

♦ **rip off** *v. t. + avv.* ***1*** strappare via; tagliare di netto; troncare ***2*** (*pop.*) pelare; salassare ***3*** (*pop.*) rubare; fregare.

♦ **rip up** *v. t. + avv.* fare a pezzi; strappare in mille pezzi.

ripe /raɪp/ *a.* ***1*** (*di frutto, raccolto, ecc.*) maturo ***2*** (*di formaggio*) stagionato ● **The time is r. (to, for)**, è arrivato il momento (di, per) □ **at the r. old age of eighty**, alla bella età di ottant'anni.

to **ripen** /ˈraɪpən/ ***A*** *v. t.* ***1*** far maturare ***2*** far stagionare ***B*** *v. i.* ***1*** maturare, maturarsi ***2*** stagionarsi.

ripeness /ˈraɪpnəs/ *n.* [U] maturità.

rip-off /ˈrɪpɒf/ *n.* (*pop.*) ***1*** salasso; furto ***2*** fregatura; bidone.

riposte /rɪˈpəʊst/ *n.* ***1*** (*scherma*) risposta ***2*** replica; risposta pronta; risposta per le rime.

to **riposte** /rɪˈpəʊst/ *v. i.* ***1*** (*scherma*) eseguire una risposta ***2*** replicare; rispondere per le rime.

ripple /ˈrɪpl/ *n.* ***1*** piccola onda; increspatura ***2*** mormorio (*di acqua, di voci*); lieve suono: **a r. of laughter**, risatine ***3*** fremito.

to **ripple** /ˈrɪpl/ ***A*** *v. i.* ***1*** incresparsi ***2*** (*del grano, ecc.*) ondeggiare (*al vento*) ***3*** (*di suono, risate, ecc.*) propagarsi; correre ***B*** *v. t.* ***1*** increspare; ondulare ***2*** rigare.

rip-roaring /ˈrɪprɔːrɪŋ/ *a.* ***1*** scatenato; sfrenato ***2*** travolgente.

riptide /ˈrɪptaɪd/ *n.* corrente di risucchio.

rise /raɪz/ *n.* ***1*** aumento; crescita; rialzo: **r. in prices**, rialzo dei prezzi; **Prices are on the r.**, i prezzi sono in aumento ***2*** ascesa: **r. to power**, ascesa al potere ***3*** (*GB*) aumento (di paga, stipendio) ***4*** salita; pendio; altura; rialzo del terreno ● **to give r. to**, dare origine a; far nascere; causare □ (*fam.*) **to take a r. out of sb.**, stuzzicare q.

to **rise** /raɪz/ (*pass.* **rose**, *p.p.* **risen**) *v. i.* ***1*** alzarsi; levarsi; ergersi; sorgere: **to r. to one's feet**, alzarsi in piedi; **The wind rose suddenly**, improvvisamente si levò il vento; **A mountain rose on our right**, un monte si ergeva alla nostra destra; **My spirits rose**, mi si sollevò il morale; **The sun was rising**, si stava levando il sole ***2*** salire; aumentare; crescere; (*di fiume*) gonfiare: **The barometer is rising steadily**, il barometro continua a salire; **to r. to power**, salire al potere, **Prices are rising**, i prezzi aumentano; **Costs rose by 10% over the estimate**, i costi crebbero del 10% rispetto al preventivo ***3*** (*del pane, ecc.*) lievitare ***4*** (*anche* **to r. up**) insorgere; sollevarsi ***5*** (*di Parlamento, tribunale, ecc.*) sospendere la seduta ***6*** derivare; nascere: **It all rose from a misunderstanding**, nacque tutto da un malinteso ***7*** (*di fiume*) nascere ● **to r. above st.**, essere (*o* mostrarsi) superiore a q.c.; superare q.c. □ **to r. again**, risorgere □ **to r. from the dead**, risuscitare □ **to r. from the ranks**, venire dalla gavetta □ (*fig.*) **to r. to the bait**, abboccare (all'amo); cascarci; reagire (*a una provocazione*) □ **to r. to the occasion**, essere all'altezza della situazione □ **to r. to the surface**, venire a galla; salire alla superficie □ **to r. to the top**, far carriera.

risen /ˈrɪzn/ ***A*** *p. p. di* **to rise** ***B*** *a.* sorto; risorto.

riser /ˈraɪzə(r)/ *n.* ***1*** chi si alza (*a una certa ora*): **early r.**, persona mattiniera; **late r.**, persona che si alza tardi; dormiglione ***2*** (*di gradino*) alzata.

risible /ˈrɪzəbl/ *a.* (*form.*) risibile; ridicolo; comico.

rising /ˈraɪzɪŋ/ ***A*** *a.* ***1*** (*del sole, ecc.*) sorgente; nascente ***2*** crescente; in aumento: **r. prices**, prezzi in aumento ***3*** in salita: **r. ground**, terreno in salita ***4*** promettente; emergente: **a r. young man**, un giovane promettente; **r. star**, astro nascente (*fig.*) ***B*** *n.* insurrezione; rivolta ● (*edil.*) **r. damp**, umidità dal basso □ **the r. generation**, la nuova generazione ***C*** *prep.* vicino a: **to be r. forty**, essere vicino ai quarant'anni.

risk /rɪsk/ *n.* [C] *e* [U] rischio; pericolo: **to take (*o* to run) a r.**, correre un rischio; rischiare; **There was a r. that...**, c'era il rischio (*o* c'era pericolo) che...; **calculated r.**, rischio calcolato; **security r.**, rischio per la sicurezza ● **to be at r.**, essere a rischio □ **at the r. of one's life**, a rischio della vita □ **at one's own r.**, a proprio rischio e pericolo □ (*comm.*) **at owner's r.**, a rischio (e pericolo) del committente □ **to put st. at r.**, mettere a repentaglio q.c.; mettere in pericolo q.c.;

rischiare q.c.
to **risk** /rɪsk/ *v. t.* rischiare; arrischiare; mettere in pericolo (*o* a repentaglio): **to r. losing one's job**, rischiare di perdere il posto; **to r. one's health**, mettere in pericolo la propria salute; **to r. one's neck**, rischiare la pelle; **I'll r. it**, io rischio!; io ci provo!
risky /ˈrɪskɪ/ *a.* rischioso; arrischiato; pericoloso.
risqué /ˈrɪskeɪ, *USA* rɪˈskeɪ/ (*franc.*) *a.* audace; scabroso; spinto.
rissole /ˈrɪsəʊl/ *n.* (*cucina*) polpetta; crocchetta.
rite /raɪt/ *n.* rito; cerimonia • **r. of passage**, rito di passaggio □ **the last rites**, l'estrema unzione.
ritual /ˈrɪtʃʊəl/ ***A*** *a.* rituale ***B*** *n.* 🄤 *e* 🄒 rituale; rito.
ritualistic /rɪtʃʊəˈlɪstɪk/ *a.* rituale; di rito.
ritzy /ˈrɪtzɪ/ *a.* (*fam.*) elegante; lussuoso; sciccoso.
rival /ˈraɪvl/ *n. e a.* rivale; antagonista.
to **rival** /ˈraɪvl/ *v. t.* rivaleggiare con; competere con; emulare.
rivalry /ˈraɪvlrɪ/ *n.* 🄒 *e* 🄤 ***1*** rivalità; antagonismo ***2*** concorrenza.
river /ˈrɪvə(r)/ *n.* fiume • **r. bank**, argine (*di fiume*) □ **r. basin**, bacino fluviale □ **r. fishing**, pesca fluviale □ **r.-head**, sorgente □ **down r.**, a valle □ **up r.**, a monte.
riverbed /ˈrɪvəbɛd/ *n.* letto di fiume; alveo.
riverside /ˈrɪvəsaɪd/ ***A*** *n.* sponda, riva (*di fiume*): **by the r.**, in riva al fiume ***B*** *a. attr.* lungo il fiume; sul fiume.
rivet /ˈrɪvɪt/ *n.* chiodo (*da ribadire*); rivetto; ribattino • (*mecc.*) **r. gun**, rivettatrice; ribaditrice.
to **rivet** /ˈrɪvɪt/ *v. t.* ***1*** (*mecc.*) fissare con rivetti; rivettare ***2*** (*fig.*) fissare; concentrare; inchiodare: **to r. one's eyes on st.**, fissare lo sguardo su q.c.; **to r. one's attention on st.**, concentrare la propria attenzione su q.c.; **to stand riveted to the spot**, restare inchiodato sul posto ***3*** attirare (*l'attenzione di q.*).
riveting /ˈrɪvɪtɪŋ/ *a.* appassionante; avvincente.
rivulet /ˈrɪvjʊlət/ *n.* (*lett.*) ruscelletto; rivoletto.
roach /rəʊtʃ/ *n.* (*zool.*) ***1*** (*pl. invar.*) leucisco rosso ***2*** (*fam. USA*) scarafaggio; blatta.
road /rəʊd/ *n.* ***1*** strada; via (*anche fig.*): **main r.**, strada principale: **dirt r.**, strada non asfaltata; **the Oxford r.**, la strada per Oxford; **the r. to success**, la via del successo; **to be on the right r.**, essere sulla strada giusta; **It's just across the r.**, è proprio qui di fronte; **It takes two hours by r.**, ci vogliono due ore in macchina ***2*** (*al pl.*) (*naut.*) rada • **r. accident**, incidente stradale □ **r. haulage**, trasporto su strada; autotrasporti □ **r. haulier**, autotrasportatore □ **r. hog**, pirata della strada □ (*fam. USA*) **r. kill**, animale ucciso sulla strada □ **r. manager**, organizzatore dei trasporti per un complesso rock □ **r. map**, carta stradale □ **r. markings**, segnaletica stradale (orizzontale) □ **r. mender**, cantoniere; stradino □ **r. metal**, pietrisco □ (*sport*) **r. race**, corsa su strada □ **r. roller**, compressore stradale □ **r. safety**, sicurezza sulle strade □ (*autom.*) **r. tax**, tassa di circolazione □ (*autom.*) **r. test**, prova su strada □ **on the r.**, in viaggio (*specialm. per lavoro*); (*teatr.*) in tournée □ **one for the r.**, un ultimo bicchierino prima di partire; il bicchiere della staffa.
roadblock /ˈrəʊdblɒk/ *n.* blocco stradale.
roadhouse /ˈrəʊdhaʊs/ *n.* ristorante lungo la strada; autogrill.
roadman /ˈrəʊdmən/ *n.* (*pl.* **roadmen** /-mən/) cantoniere; stradino.
roadshow /ˈrəʊdʃəʊ/ *n.* spettacolo itinerante.
roadside /ˈrəʊdsaɪd/ *n.* margine (*o* ciglio) della strada.
roadsign /ˈrəʊdsaɪn/ *n.* cartello indicatore.
roadster /ˈrəʊdstə(r)/ *n.* (*autom., antiq.*) spider.
roadway /ˈrəʊdweɪ/ *n.* carreggiata.
roadwork /ˈrəʊdwɜːk/ *n.* (*sport*) footing.
roadworks /ˈrəʊdwɜːks/ *n. pl.* (*GB*) lavori stradali.
roadworthy /ˈrəʊdwɜːðɪ/ *a.* (*di veicolo*) efficiente; in buone condizioni.
to **roam** /rəʊm/ ***A*** *v. i.* vagare; vagabondare; errare ***B*** *v. t.* vagare per; percorrere.
roan /rəʊn/ *a. e n.* roano.
roar /rɔː(r)/ *n.* ***1*** ruggito ***2*** mugghio; muggito; rombo; rimbombo; fragore; scroscio; urlo.
to **roar** /rɔː(r)/ ***A*** *v. i.* ***1*** ruggire ***2*** mugghiare, muggire; rombare; rimbombare; tuonare; scrosciare; urlare: **to r. with laughter**, ridere fragorosamente; sbellicarsi dalle risa; **to r. with pain**, urlare dal dolore; **The guns roared**, tuonarono i cannoni; **to r. past**, passare rombando ***3*** ridere fragorosamente ***B*** *v. t.* (*anche* **to r. out**) urlare: **to r. out an order**, urlare un ordine.
roaring /ˈrɔːrɪŋ/ ***A*** *a.* ***1*** ruggente; scrosciante; mugghiante: **a r. fire**, un gran fuoco ***2*** (*fam.*) fortissimo; gradissimo: **to do a r. trade**, fare affari d'oro; **r. temperature**, febbre altissima; **a r. success**, un successo strepitoso • (*meteor.*) **the R. Forties**, la zona tempestosa dell'Atlantico compresa tra il 40° e il 50° parallelo di latitudine sud (*o* nord) □ **the R. Twenties**, i ruggenti anni venti ***B*** *avv.* — **r. drunk**, ubriaco fradicio.
roast /rəʊst/ ***A*** *n.* ***1*** arrosto ***2*** 🄤 tostatura, torrefazione (*di caffè*) ***B*** *a.* arrosto: **r. beef**, manzo arrosto; **r. potatoes**, patate arrosto (*o* al forno).
to **roast** /rəʊst/ ***A*** *v. t.* ***1*** arrostire ***2*** tostare, torrefare (*caffè*) ***3*** (*fam.*) criticare; stroncare ***B*** *v. i.* ***1*** arrostirsi ***2*** (*fam.*) morire dal caldo; bollire.
roasting /ˈrəʊstɪŋ/ *n.* (*fam.*) lavata di testa; ramanzina.
to **rob** /rɒb/ *v. t.* ***1*** rubare; derubare; rapinare; svaligiare: **to rob sb. of st.**, derubare q. di q.c.; rubare q.c. a q.; **I've been robbed**, mi hanno derubato; **to rob a bank**, rapinare una banca ***2*** privare; spogliare: **to rob sb. of his rights**, privare (*o* spogliare) q. dei suoi diritti.
robber /ˈrɒbə(r)/ *n.* ladro; rapinatore.
robbery /ˈrɒbərɪ/ *n.* 🄒 *e* 🄤 furto; rapina: **r. with violence**, rapina aggravata; **armed r.**, rapina a mano armata • **highway r.**, brigantaggio □ (*fam.*) **This is daylight r.**, è un vero furto; è pura rapina.
robe /rəʊb/ *n.* ***1*** (*anche al pl.*) vesti cerimoniali; toga (*di magistrato, ecc.*): **royal robes**, abiti regali ***2*** (*di sacerdote*) tunica; abito talare ***3*** (*USA*) veste da camera ***4*** accappatoio.
to **robe** /rəʊb/ *v. t.* (*lett.*) vestire.
robin /ˈrɒbɪn/ *n.* (*zool.*) ***1*** (*anche* **r. redbreast,**) pettirosso ***2*** (*anche* **American r.**) tordo americano.
robot /ˈrəʊbɒt/ *n.* robot.
robotic /rəʊˈbɒtɪk/ *a.* di (*o* da) robot.
robotics /rəʊˈbɒtɪks/ *n. pl.* (*col verbo al sing.*) robotica.
robust /rəʊˈbʌst/ *a.* ***1*** robusto ***2*** energico; veemente: **r. criticism**, critiche energiche.
robustness /rəʊˈbʌstnəs/ *n.* 🄤 robustezza.
rock (1) /rɒk/ *n.* ***1*** 🄤 *e* 🄒 roccia: **a house built upon r.**, una casa costruita sulla roccia; **as solid as a r.**, saldo come la roccia; **igneous rocks**, rocce eruttive ***2*** masso; macigno: **«Falling rocks»**, «caduta massi» ***3*** scoglio ***4*** (*USA*) sasso; pietra ***5*** 🄤 (bastoncino di) zucchero candito ***6*** (*pop., generalm. al pl.*) diamante • (*geogr.*) **the R.**, (la Rocca di) Gibilterra □ **r.-bed**, fondo roccioso □ **r. bottom**, il fondo: (*anche fig.*) **to reach r. bottom**, toccare il fondo □ (*comm.*) **r.-bottom prices**, prezzi ridottissimi □ (*sport*) **r. climber**, rocciatore □ **r. climbing**, (alpinismo su) roccia: **to do r.-climbing**, fare roccia □ **r. crystal**, cristallo di rocca □ **r.-hard**, durissimo □ **r. plants**, piante rupestri (*o* rupicole) □ **r. salt**, salgemma; sale naturale □ (*fam.*) **on the rocks**, sull'orlo del fallimento; (*di whisky, ecc.*) con ghiaccio.
rock (2) /rɒk/ ***A*** *n.* ***1*** dondolio; oscillazione ***2*** 🄤 (*anche* **r. and roll, r.'n'roll**) rock; rock and roll ***B*** *a. attr.* (*mus.*) rock: **r. singer**, cantante rock.
to **rock** /rɒk/ ***A*** *v. t.* ***1*** cullare; dondolare ***2*** scuotere; far tremare; far traballare; far dondolare ***3*** suonare, ballare il rock and roll • **to r. a baby asleep**, far addormentare un bambino cullandolo; ninnare un bambino □ (*fig.*) **to r. the boat**, agitare le acque; fare maretta ***B*** *v. i.* ***1*** dondolare; oscillare ***2*** tremare; vacillare; traballare.
rocker /ˈrɒkə(r)/ *n.* ***1*** asse ricurva (*di sedia o cavallo a dondolo*) ***2*** (*USA*) sedia a dondolo • (*pop.*) **to be off one's r.**, essere matto da legare.
rockery /ˈrɒkərɪ/ *n.* giardino roccioso.
rocket (1) /ˈrɒkɪt/ *n.* ***1*** razzo; missile ***2*** (*fam. GB*) lavata di testa; ramanzina • (*mil.*) **r. launcher**, lanciarazzi.
rocket (2) /ˈrɒkɪt/ *n.* (*bot.*) rucola; ruchetta.
to **rocket** /ˈrɒkɪt/ ***A*** *v. i.* ***1*** salire come un razzo; passare come un razzo ***2*** (*dei prezzi*) salire alle stelle ***B*** *v. t.* bombardare con razzi.
rocketry /ˈrɒkɪtrɪ/ *n.* 🄤 missilistica.
rocking /ˈrɒkɪŋ/ *a.* dondolante; oscillante • **r. chair** [**horse**], sedia [cavallo] a dondolo.
rocky (1) /ˈrɒkɪ/ *a.* ***1*** roccioso; sassoso ***2*** duro come la

roccia.
rocky (**2**) /ˈrɒkɪ/ *a.* instabile; malfermo; traballante.
rococo /rəˈkəʊkəʊ/ *a. e n.* (*arte, archit.*) rococò.
rod /rɒd/ *n.* ***1*** verga; bacchetta ***2*** (*mecc.*) asta; sbarra ***3*** (*sport, anche* **fishing rod**) canna da pesca ***4*** (*mecc. anche* **connecting rod**) biella • **to make a rod for one's own back**, scavarsi la fossa con le proprie mani.
rode /rəʊd/ *pass. di* **to ride**.
rodent /ˈrəʊdnt/ *a. e n.* (*zool.*) roditore.
rodeo /rəʊˈdeɪəʊ, *USA* ˈrəʊdɪəʊ/ *n.* (*pl.* **rodeos**) rodeo.
rodomontade /rɒdəmɒnˈtɑːd, -teɪd/ *n.* U (*form.*) rodomontata; spacconata.
roe /rəʊ/ *n.* U (*anche* **hard roe**) uova di pesce • **soft roe**, latte di pesce.
roebuck /ˈrəʊbʌk/ *n.* (*zool.*) capriolo (*maschio*).
roe deer /ˈrəʊ dɪə(r)/ *locuz. n.* (*zool.*) capriolo.
roger /ˈrɒdʒə(r)/ *inter.* (*radio*) ricevuto!
rogue /rəʊg/ *n.* ***1*** briccone; canaglia; furfante; mascalzone ***2*** (*scherz.*) birba; bricconcello • (*zool.*) **r. elephant**, elefante solitario □ **rogues' gallery**, schedario fotografico dei criminali; (*fig.*) foto di brutti ceffi.
roguery /ˈrəʊgərɪ/ *n.* U *e* C furfanteria; mascalzonata.
roguish /ˈrəʊgɪʃ/ *a.* ***1*** bricconesco; furfantesco ***2*** birichino; malizioso.
roisterer /ˈrɔɪstərə(r)/ *n.* schiamazzatore.
roisterous /ˈrɔɪstərəs/ *a.* chiassoso; rumoroso.
role, **rôle** /rəʊl/ *n.* ***1*** (*teatr.*) ruolo; parte: **the leading r.**, la parte del protagonista ***2*** ruolo; parte; funzione: **to play a leading r.**, avere una parte importante; **the r. of education**, il ruolo della scuola ***3*** (*sport*) ruolo • **r. model**, modello di comportamento □ **r. play** (*o* **playing**), il recitare un ruolo; role play.
roll /rəʊl/ *n.* ***1*** rotolo: **r. of film** [**of paper**], rotolo di pellicola [di carta]; **rolls of fat**, rotoli di grasso; **r. of cloth**, rotolo (*o* pezza) di stoffa ***2*** elenco; lista; albo; (*leg.*) ruolo: **r. of honour**, lista d'onore; **to strike sb. off the rolls**, radiare q. dall'albo (professionale) ***3*** panino ***4*** (*tecn.*) rullo; cilindro ***5*** rullo (*di tamburo*) ***6*** (*naut., aeron.*) rollio; rollata ***7*** rombo (*di tuono, cannone*) ***8*** andatura dondolante; dondolio • **the Rolls**, (*un tempo*) l'Archivio di Stato; (*ora*) l'Albo degli avvocati □ **r. of butter**, panetto (cilindrico) di burro □ **r.-neck**, collo rovesciato □ **r. call**, appello □ **to call the r.**, fare l'appello.
to **roll** /rəʊl/ ***A*** *v. i.* ***1*** rotolare; rotolarsi: **to r. down a hill**, rotolare per una china; **to r. on the ground**, rotolarsi per terra; **to r. off a table**, rotolare giù da un tavolo; **The cart rolled into the yard**, il carro entrò rotolando nel cortile; **Tears rolled down her cheeks**, le lacrime le scendevano lungo le guance ***2*** arrotolarsi; avvolgersi: **to r. into a ball**, appallottolarsi ***3*** (*di occhi*) roteare ***4*** (*naut.*) rollare ***5*** camminare dondolandosi ***6*** (*di macchinario, cinepresa, ecc.*) mettersi in moto; girare ***7*** (*di tamburo*) rullare ***8*** (*del tuono*) rombare ***9*** (*del terreno*) essere ondulato • (*fam.*) **to r. in the aisles**, sbellicarsi dal ridere □ (*fam. USA*) **to r. out of bed**, alzarsi ***B*** *v. t.* ***1*** far rotolare; lanciare (*dadi*) ***2*** far ruotare; roteare: **to r. one's eyes**, roteare gli occhi ***3*** arrotolare; avvolgere: **to r. a cigarette** [**an umbrella**], arrotolare una sigaretta [un ombrello]; **to r. st. into a ball**, fare un gomitolo di q.c. ***4*** far rullare (*i tamburi*) ***5*** cilindrare, rullare (*una strada, ecc.*); (*anche* **to r. flat**) spianare con rulli ***6*** (*cucina*) spianare col matterello ***7*** (*metall.*) laminare: **rolled gold**, oro laminato • **to r. one's own**, farsi le sigarette con le cartine □ **to r. one's r's**, arrotare la erre □ (*fam.*) **to be rolling (in money)**, essere ricco sfondato.
♦ **roll about** *v. i. + avv.* (*fam.*) sbellicarsi dalle risa.
♦ **roll back** ***A*** *v. t. + avv.* ***1*** tirare indietro (*arrotolando*); arrotolare ***2*** respingere (*il nemico*) ***B*** *v. i. + avv.* ***1*** (*di serranda, ecc.*) rientrare a rullo; avvolgersi ***2*** (*di onde*) ritirarsi ***3*** (*del tempo*) scorrere all'indietro ***4*** (*mil.*) ripiegare.
♦ **roll by** *v. i. + avv.* (*di veicolo, di tempo*) passare.
♦ **roll in** *v. i. + avv.* (*fam.*) arrivare in gran numero; affluire.
♦ **roll on** ***A*** *v. t. + avv.* infilare (*calze, ecc.*) srotolando ***B*** *v. i. + avv.* (*generalm. all'imperativo*) venire; arrivare: **R. on, summer!**, vieni presto, estate!
♦ **roll out** *v. t. + avv.* ***1*** spianare col matterello ***2*** srotolare • **to r. out the red carpet for sb.**, accogliere q. con tutti gli onori.
♦ **roll over** ***A*** *v. t. + avv.* rivoltare; rovesciare ***B*** *v. i. + avv.* rivoltarsi; rigirarsi; rovesciarsi.
♦ **roll up** ***A*** *v. t. + avv.* ***1*** arrotolare ***2*** avvolgere ***3*** rimboccare: (*anche fig.*) **to r. up one's sleeves**, rimboccarsi le maniche ***B*** *v. i. + avv.* ***1*** arrotolarsi; appallottolarsi ***2*** (*fam., di macchina*) arrivare; venire: **R. up!**, fatevi avanti!; venite!
roller /ˈrəʊlə(r)/ *n.* ***1*** rullo; cilindro: **garden r.**, rullo per giardino ***2*** (*metall.*) laminatoio ***3*** (rullo) compressore ***4*** bigodino ***5*** (*naut.*) onda lunga; cavallone; maroso • **r. blind**, avvolgibile □ **r. coaster**, montagne russe; ottovolante □ **r. towel**, bandinella; asciugamano a rullo.
roller-skate /ˈrəʊləskeɪt/ *n.* pattino a rotelle; schettino.
to **roller-skate** /ˈrəʊləskeɪt/ *v. i.* pattinare; schettinare.
roller-skating /ˈrəʊləskeɪtɪŋ/ *n.* (*sport*) pattinaggio a rotelle; schettinaggio.
rollicking /ˈrɒlɪkɪŋ/ *a.* (*fam. GB*) allegro • **to have a r. time**, far baldoria; divertirsi un mondo.
rolling /ˈrəʊlɪŋ/ *a.* ***1*** rotolante ***2*** rotante; girevole; roteante ***3*** dondolante; oscillante: **r. gait**, passo dondolante ***4*** (*di onde, di mare*) agitato; tumultuoso ***5*** a spirali; a volute ***6*** ondulato: **r. land**, terreno ondulato; **r. hills**, dolci colline □ (*mecc.*) **r. mill**, laminatoio □ **r. pin**, matterello □ **r. press**, calandra □ (*ferr.*) **r. stock**, materiale rotabile □ **r. stone**, vagabondo; giramondo.
roll-on /ˈrəʊlɒn, *USA* -ɔːn/ *n.* (*fam.*) guaina; panciera.
roll-top /ˈrəʊltɒp/ *a.* (*di scrivania*) con serranda avvolgibile.
roly-poly /ˈrəʊlɪˈpəʊlɪ/ *a.* (*scherz.*) grassottello; tombolotto.
Roman /ˈrəʊmən/ ***A*** *a. e n.* romano • **R. alphabet**, alfabeto latino □ **R. Catholic**, cattolico □ **R. nose**, naso aquilino □ **R. numerals**, numeri romani □ (*tipogr.*) **R. type**, carattere tondo ***B*** *n.* ***1*** romano (-a) ***2*** (*tipogr.*) tondo.
Romance /rəʊˈmæns, ˈrəʊmæns/ *a.* romanzo; neolatino.
romance /rəʊˈmæns, ˈrəʊmæns/ *n.* ***1*** U fascino; romanticismo; alone romantico ***2*** storia d'amore ***3*** romanzo rosa ***4*** romanzo cavalleresco ***5*** U *e* C narrativa avventuroso-fantastica; romanzo avventuroso-fantastico ***6*** (*mus.*) romanza.
ATTENZIONE: **romance** ≠ romanzo.
to **romance** /rəʊˈmæns, ˈrəʊmæns/ *v. i.* ***1*** favoleggiare ***2*** fare il romantico (con q.).
Romanesque /rəʊməˈnesk/ *a. e n* (*arte*) (stile) romanico.
Romanian /rəʊˈmeɪnɪən/ *a. e n.* rumeno (*anche la lingua*).
Romans(c)h /rəʊˈmænʃ/ *a. e n.* (*ling.*) romancio.
romantic /rəʊˈmæntɪk/ ***A*** *a.* ***1*** (*arte, letter., mus.*) romantico ***2*** romantico; sentimentale ***3*** romanzesco; avventuroso ***B*** *n.* ***1*** romantico (-a) ***2*** scrittore (*o* musicista, *ecc.*) romantico.
romanticism /rəʊˈmæntɪsɪzəm/ *n.* U (*arte, letter., mus.*) romanticismo.
to **romanticize** /rəʊˈmæntɪsaɪz/ ***A*** *v. i.* costruire fantasie romantiche ***B*** *v. t.* romanzare.
Romany /ˈrɒmənɪ/ ***A*** *n.* ***1*** zingaro ***2*** U lingua zingaresca ***B*** *a.* zingaresco.
Romish /ˈrəʊmɪʃ/ *a.* (*spreg.*) cattolico; papista.
romp /rɒmp/ *n.* ***1*** gioco chiassoso ***2*** (*di ragazza*) maschiaccio.
to **romp** /rɒmp/ *v. i.* giocare chiassosamente; fare chiasso • (*specialm. di cavallo*) **to r. home**, vincere facilmente □ **to r. through an exam**, superare facilmente un esame.
rompers /ˈrɒmpəz/ *n. pl.*, **romper suit** /ˈrɒmpə(r) suːt/ *locuz. n.* tutina; pagliaccetto.
roof /ruːf, rʊf/ *n.* ***1*** tetto ***2*** imperiale (*di autobus*) • **r. garden**, giardino pensile □ **r. of the mouth**, palato □ (*autom.*) **r. rack**, portabagagli sul tetto □ **r. tile**, tegola □ (*fam.*) **to go through the r.**, (*di prezzi*) salire alle stelle; (*di persona*) andare su tutte le furie □ (*fam.*) **to hit the r.**, andare su tutte le furie □ (*fam. USA*) **to raise the r.**, piantare un casino.
to **roof** /ruːf, rʊf/ *v. t.* mettere il tetto a.
♦ **roof in** (*o* **over**) *v. t. + avv.* coprire con un tetto; chiudere (*luogo aperto*).
roofing /ˈruːfɪŋ, ˈrʊf-/ *n.* U (*edil., anche* **r. material**) materiale di copertura.
rook (**1**) /rʊk/ *n.* (*zool.*) corvo.
rook (**2**) /rʊk/ *n.* (*scacchi*) torre.
to **rook** /rʊk/ *v. t.* (*fam.*) ***1*** truffare barando; spennare (*fam.*) ***2*** far pagare prezzi esorbitanti a; pelare (*fam.*).
rookery /ˈrʊkərɪ/ *n.* ***1*** (gruppo di alberi con) nidi di corvi ***2*** colonia di foche (*o* di pinguini) ***3*** (*USA*) casamento popolare.
rookie /ˈrʊkɪ/ *n.* (*gergo mil.*) recluta; marmittone; burba.
room /ruːm, rʊm/ *n.* ***1*** stanza; camera; sala: **He's in the next r.**, è nella stanza accanto; **Joan's in her r.**, Joan è in

camera sua; **single** [**double**] **r.**, camera singola [matrimoniale]; (*mecc.*) **engine r.**, sala macchine ***2*** U spazio; posto: **to make r. for**, far posto (*o* spazio) a (*o* per); **to take up r.**, occupare spazio; **Make r.!**, fate largo! ***3*** U occasione; possibilità: **There's r. for improvement**, si potrebbe fare meglio; **r. for doubt**, possibilità di dubbio ***4*** (*al pl.*) camere ammobiliate; alloggio • **r. for manoeuvre**, spazio di manovra (*fig.*) □ **r. service**, (*in albergo*) servizio in camera □ **r. temperature**, temperatura ambiente □ **standing r. only**, (*a teatro, in autobus, ecc.*) solo posti in piedi.

to **room** /ruːm, rʊm/ *v. i.* (*USA*) alloggiare; stare.

roomer /ˈruːmə(r), ˈrʊm-/ *n.* (*USA*) affittuario; pigionante; pensionante.

roominess /ˈruːmɪnəs, ˈrʊm-/ *n.* U spaziosità.

rooming house /ˈruːmɪŋhaʊs/ *locuz. n.* (*USA*) pensione.

roommate /ˈruːmmeɪt, ˈrʊm-/ *n.* compagno (-a) di stanza.

roomy /ˈruːmɪ, ˈrʊmɪ/ *a.* ampio; spazioso.

roost /ruːst/ *n.* (*di uccelli*) posatoio.

to **roost** /ruːst/ *v. i.* (*di uccelli*) appollaiarsi.

rooster /ˈruːstə(r)/ *n.* (*specialm. USA*) gallo.

root /ruːt/ *n.* ***1*** (*bot., anat., fig.*) radice: **to put down roots**, mettere le radici; (*fig.*) mettere radici; **to take r.**, mettere radice; attecchire; (*fig.*) prendere piede; **to pull up by the roots**, sradicare; estirpare (*anche fig.*); **the r. of a problem**, la radice di un problema ***2*** (*mat., gramm.*) radice ***3*** (*mus.*) nota fondamentale • **r. and branch**, (*agg.*) completo, radicale; (*avv.*) completamente, radicalmente □ **r. crop** (*o* **vegetable**), radice commestibile □ **r. bound**, (*di pianta*) costretto in un vaso troppo piccolo □ **r. cause**, radice; causa prima □ (*mat.*) **r. sign**, segno di radice; radicale.

to **root** (1) /ruːt/ ***A*** *v. t.* ***1*** far attecchire ***2*** fissare; inchiodare (*fig.*) ***B*** *v. i.* ***1*** (*bot.*) attecchire; mettere radici ***2*** (*fig.*) radicarsi; mettere radici.

♦ **root out** *v. t.* + *avv.* (*anche fig.*) sradicare; estirpare.

to **root** (2) /ruːt/ ***A*** *v. t.* (*anche* **to r. up**) (*del maiale*) scavare col grugno ***B*** *v. i.* grufolare.

♦ **root about** *v. i.* + *avv.* frugare; rovistare.

♦ **root for** *v. i.* + *prep.* (*pop., specialm. USA*) fare il tifo per; tifare per.

rooted /ˈruːtɪd/ *a.* ***1*** che ha le radici (in); fondato (su) ***2*** radicato; saldo; profondo ***3*** — **r. to the spot**, inchiodato sul posto.

rootless /ˈruːtləs/ *a.* (*di persona*) che non ha radici; sradicato.

rootstalk /ˈruːtstɔːk/, **rootstock** /ˈruːtstɒk/ *n.* (*bot.*) rizoma.

rope /rəʊp/ *n.* C *e* U corda; fune; canapo; (*naut.*) cavo, cima • **r. climbing**, arrampicata alla fune □ **r. ladder**, scala di corda □ **r. maker**, cordaio; funaio □ (*alpinismo*) **a r. of climbers**, una cordata (di alpinisti) □ **r. of pearls**, collana di perle □ (*fam.*) **to give sb. some r.**, dare corda a q.; lasciar fare q.: **Give him enough r. and he'll hang himself**, lascialo fare e finirà per rovinarsi da solo □ **to know the ropes**, essere pratico del mestiere □ (*di alpinisti*) **to be on the r.**, essere in cordata □ **to be on the ropes**, (*boxe*) essere alle corde; (*fig. fam.*) essere con le spalle al muro □ **to show sb. the ropes**, insegnare a q. i rudimenti del mestiere.

to **rope** /rəʊp/ *v. t.* ***1*** legare con corde; assicurare con funi ***2*** (*alpinismo*) legare in cordata ***3*** prendere al laccio (*un cavallo, ecc.*).

♦ **rope in** *v. t.* + *avv.* ***1*** racchiudere con funi ***2*** (*fam.*) coinvolgere; tirare dentro.

♦ **rope off** *v. t.* + *avv.* isolare con funi.

♦ **rope up** *v. i.* + *avv.* (*alpinismo*) mettersi in cordata; legarsi.

roped /rəʊpt/ *a.* — (*alpinismo*) **r. party**, cordata.

ropey, **ropy** /ˈrəʊpɪ/ *a.* ***1*** filamentoso; viscoso ***2*** (*fam. GB*) scadente; scalcinato • **to feel r.**, sentirsi poco bene.

rosary /ˈrəʊzərɪ/ *n.* rosario.

rose (1) /rəʊz/ ***A*** *n.* ***1*** (*bot.*) rosa ***2*** U color rosa ***3*** (*gioielleria, ecc.*) rosetta ***4*** rosa, cipolla (*di annaffiatoio*) ***5*** bulbo (*di doccia*) • **r. bed**, aiuola di rose; rosaio; roseto □ **r. bush**, pianta di rose □ **r.-coloured**, color rosa: **to look at the world through r.-coloured spectacles**, vedere tutto rosa □ **r. garden**, rosaio; roseto □ **r. hip**, falso frutto della rosa □ **r.-water**, acqua di rose □ (*archit.*) **r. window**, rosone □ **It's not all roses**, non è tutto rose e fiori □ **to come up roses**, riuscire nel modo migliore □ **to have roses in one's cheeks**, avere un bel colorito roseo □ (*stor.*) **the Wars of the Roses**, la Guerra delle due Rose ***B*** *a. attr.* rosa: **r. quartz**, quarzo rosa.

rose (2) /rəʊz/ *pass. di* **to rise**.

rosebud /ˈrəʊzbʌd/ *n.* (*bot.*) bocciolo di rosa.

rosemary /ˈrəʊzmərɪ, *USA* -merɪ/ *n.* C *e* U (*bot.*) rosmarino.

roseola /rəʊˈziːələ/ *n.* U (*med.*) rosolia.

rosette /rəʊˈzet, rə-/ *n.* ***1*** rosetta; nastrino; coccarda ***2*** (*archit.*) rosone.

rosewood /ˈrəʊzwʊd/ *n.* U (legno di) palissandro.

Rosicrucian /rəʊzɪˈkruːʃn/ *n.* Rosacroce; Rosacrociano.

rosin /ˈrɒzɪn, *USA* ˈrɒzn/ *n.* U colofonia; pece greca.

to **rosin** /ˈrɒzɪn/ *v. t.* strofinare con la colofonia.

roster /ˈrɒstə(r)/ *n.* ruolino dei turni di servizio.

rostrum /ˈrɒstrəm/ *n.* (*pl.* **rostra** /-trə/, **rostrums**) podio; tribuna.

rosy /ˈrəʊzɪ/ *a.* roseo (*anche fig.*); rosato: **r. cheeks**, gote rosee; **r. future**, futuro roseo.

rot /rɒt/ *n.* U ***1*** decomposizione; putrefazione ***2*** marciume; putredine; putridume ***3*** decadimento; degenerazione; disfacimento; sfascio: **The rot set in when...**, la situazione ha cominciato a degenerare quando...; **to stop the rot**, porre rimedio alla situazione; arrestare lo sfascio ***4*** (*fam.*) sciocchezze.

to **rot** /rɒt/ ***A*** *v. i.* decomporsi; imputridire; marcire (*anche fig.*) ***B*** *v. t.* (*anche fig.*) far marcire.

rota /ˈrəʊtə/ *n.* ruolino dei turni di servizio • **on a r. basis**, con un sistema di turni; a turno.

rotary /ˈrəʊtərɪ/ ***A*** *a.* ***1*** ruotante; girevole ***2*** rotatorio ***3*** a rotazione ***B*** *n.* ***1*** motore rotante ***2*** macchina a rotazione.

to **rotate** /rəʊˈteɪt, *USA* ˈrəʊteɪt/ ***A*** *v. i.* ***1*** ruotare ***2*** succedersi regolarmente; avvicendarsi ***B*** *v. t.* (*agric.*) avvicendare, fare la rotazione di (*colture, raccolti*).

rotation /rəʊˈteɪʃn/ *n.* U *e* C ***1*** (*mecc., astron.*) (movimento di) rotazione ***2*** (*mecc.*) giro; rotazione ***3*** avvicendamento; successione ***4*** (*agric.*) rotazione • **in r.**, a rotazione; a turno.

rotatory /rəʊˈteɪtrɪ, *USA* ˈrəʊtətɔːrɪ/ *a.* (*mecc., fis.*) rotatorio; rotativo.

rote /rəʊt/ *n.* — **by r.**, a memoria; **r.-learning**, l'imparare a memoria.

rotisserie /rəʊˈtiːsərɪ/ *n.* ***1*** rosticceria ***2*** (*cucina*) girarrosto.

rotogravure /rəʊtəgrəˈvjʊə(r)/ *n.* U *e* C (*tipogr.*) rotocalco.

rotor /ˈrəʊtə(r)/ *n.* ***1*** (*mecc.*) ruota; girante ***2*** (*elettr., aeron.*) rotore.

rotten /ˈrɒtn/ *a.* ***1*** marcio; andato a male; guasto ***2*** corrotto; marcio: **r. to the core**, marcio fino al midollo ***3*** (*fam.*) cattivo; schifoso: **r. luck**, scalogna; **r. trick.**, tiro mancino; **r. weather**, tempo schifoso • (*fam.*) **I feel r.**, sto da cani; mi sento un verme.

rotter /ˈrɒtə(r)/ *n.* (*fam. GB*) cialtrone; mascalzone.

rotund /rəʊˈtʌnd/ *a.* (*lett.*) pingue; rotondo.

rotunda /rəʊˈtʌndə/ *n.* (*archit.*) rotonda.

rotundity /rəʊˈtʌndətɪ/ *n.* U (*lett.*) pinguedine; rotondità.

rouble /ˈruːbl/ *n.* rublo.

rouge /ruːʒ/ *n.* U belletto.

to **rouge** /ruːʒ/ *v. t.* imbellettare.

rough /rʌf/ ***A*** *a.* ***1*** (*di strada, terreno, ecc.*) accidentato; (*del mare*) agitato ***2*** (*di stoffa, carta, pelle*) ruvido; (*di pelo di animale*) irsuto ***3*** (*del tempo*) burrascoso; ventoso ***4*** aspro; brusco; rude; rozzo; brutto; aggressivo; violento: **r. manners**, maniere rudi; **to have a r. time**, passare un brutto periodo; passarsela male; **r. play**, gioco violento; **r. work**, lavoro pesante, faticoso; **to be r. with sb.**, trattare duramente (*o* maltrattare) q. ***5*** approssimativo; sommario: **r. copy**, brutta copia; **r. translation**, traduzione approssimativa; **r. draft**, abbozzo; minuta; **r. justice**, giustizia sommaria ***6*** rauco ***B*** *n.* ***1*** U stato grezzo; stato naturale: (*anche fig.*) **in the r.**, allo stato grezzo ***2*** U (*golf*) erba alta ***3*** (*antiq.*) giovinastro; scavezzacollo; teppista ***C*** *avv.* (*fam.*) — **to play r.**, fare il gioco duro (*o* pesante); **to sleep r.**, dormire all'addiaccio • **r.-and-ready**, approssimativo; spicciativo □ **r.-and-tumble**, baruffa; rissa □ (*edil.*) **r. coat**, prima mano di intonaco; rinzaffo □ (*fam.*) **r. customer**, tipaccio; osso duro □ **r. diamond**, persona rozza ma piena di buone qualità □ **r.-hewn**, sgrossato; appena abbozzato □ (*fam.*) **r.-house**, rissa; putiferio □ **r. luck**, sfortuna □ **r. play**, (*sport*) gioco duro (*o* pesante); (*fig.*) scherzi villani □ **r.-spoken**, volgare; sboccato; villano □ **to ride r.-shod over sb.**, mettere sotto i piedi q. □ **to take the r. with the smooth**, prendere la vita così com'è.

to **rough** /rʌf/ *v. t.* — **to r. it**, vivere senza comodità.
♦ **rough in** *v. t. + avv.* schizzare; abbozzare.
♦ **rough up** *v. t. + avv.* ***1*** maltrattare; malmenare ***2*** (*sport*) fare un gioco pesante contro (*un avversario*).
♦ **rough out** *v. t. + avv.* delineare; abbozzare.
roughage /ˈrʌfɪdʒ/ *n.* Ⓤ crusca di cereali.
roughcast /ˈrʌfkɑːst, *USA* -kæst/ *n.* (*edil.*) intonaco rustico.
to **roughen** /ˈrʌfn/ ***A*** *v. t.* ***1*** rendere ruvido; irruvidire ***2*** rendere rozzo ***B*** *v. i.* ***1*** irruvidirsi ***2*** diventare rozzo ***3*** (*del mare*) agitarsi; ingrossarsi.
roughly /ˈrʌflɪ/ *avv.* ***1*** rudemente; aspramente; bruscamente ***2*** approssimativamente; pressappoco; all'incirca • **r. speaking**, grosso modo; all'incirca.
roughneck /ˈrʌfnɛk/ *n.* (*fam.*) tipaccio; duro.
roughness /ˈrʌfnəs/ *n.* Ⓤ ***1*** ruvidità; ruvidezza ***2*** modi bruschi; asprezza; durezza; rozzezza ***3*** violenza (*del mare*); inclemenza (*del tempo*); asperità (*del terreno*) ***4*** stato grezzo; stato naturale ***5*** aggressività; violenza.
roulade /ruːˈlɑːd/ *n.* ***1*** (*mus.*) gorgheggio; trillo ***2*** (*cucina*) rotolo; rollè.
roulette /ruːˈlɛt/ *n.* Ⓤ roulette.
Roumanian /ruːˈmeɪnɪən/ *a. e n.* rumeno (*anche la lingua*).
round (1) /raʊnd/ *a.* ***1*** rotondo; tondo; circolare ***2*** tondeggiante; arrotondato ***3*** (*di cifra*) esatto; tondo: **a r. dozen**, una dozzina esatta; **in r. figures**, in cifra tonda ***4*** chiaro e tondo; bell'e buono; esplicito; schietto: **in (good) r. terms**, in termini espliciti ***5*** (*della voce, di suono*) pieno; sonoro • (*archit.*) **r. arch**, arco a tutto sesto □ **r. faced**, con la faccia tonda □ **r.-necked**, (a) girocollo □ **r. robin**, petizione; (*sport*) torneo a eliminazione diretta (*o* all'italiana) □ **r.-eyed**, con gli occhi sbarrati □ **r.-shouldered**, con le spalle curve □ **the R. Table**, la Tavola Rotonda □ **r.-table conference**, tavola rotonda (*convegno*) □ **r. trip**, viaggio di andata e ritorno □ (*USA*) **r.-trip ticket**, biglietto di andata e ritorno.
round (2) /raʊnd/ *n.* ***1*** cerchio; tondo: **to dance in a r.**, danzare in cerchio ***2*** serie; ciclo: **a r. of talks**, una serie di incontri ***3*** giro (*di consegne, di ispezione, ecc.*); ronda: **postman's r.**, giro del postino; **r. of visits**, giro di visite; **a r. of drinks**, un giro di bevute; **The doctor's on his rounds**, il dottore è in giro per visite; (*di notizia, pettegolezzo, ecc.*) **to be going the rounds**, fare il giro; circolare ***4*** (*sport*) turno; (*calcio*) girone; (*golf*) percorso, giro; (*boxe*) round, ripresa ***5*** colpo; sparo: **blank r.**, sparo a salve ***6*** (*macelleria*) girello ***7*** (*a carte*) giro; mano ***8*** (*mus.*) canone • **a r. of applause**, un applauso □ **r. of bread**, fetta di pane □ **the daily r.**, le occupazioni quotidiane □ (*scult. e fig.*) **in the r.**, a tutto tondo □ **theatre in the r.**, teatro con palcoscenico centrale.
round (3) /raʊnd/ *avv.* ***1*** in tondo; in cerchio: **r. and r.**, in tondo; **to go r. and r.**, girare senza fermarsi ***2*** in giro; attorno; intorno: **to have a look r.**, dare un'occhiata in giro; **to show sb. r.**, accompagnare q. in giro; **right r.**, tutt'intorno • **r. about**, circa; all'incirca: **r. about two o'clock**, verso le due □ **all the year r.**, (per) tutto l'anno □ **to ask sb. r.**, invitare q. a casa □ **Come r. and see me**, vieni a trovarmi! □ **for a mile r.**, nel raggio di un miglio □ **to go r. a museum**, visitare un museo □ **to hand st. r.**, distribuire (*o* offrire, far girare) q.c. □ **taking it all r.**, nell'insieme; tutto considerato □ **to win sb. r.**, far mutare parere a q.; convincere q. □ **the wrong way r.**, (girato) al contrario.
round (4) /raʊnd/ *prep.* ***1*** intorno a; tutt'intorno a: **I put a blanket r. her**, l'avvolsi in una coperta, **a wall r. a town**, un muro che circonda una città; **to travel r. the world**, viaggiare intorno al mondo; fare il giro del mondo; **r. the corner**, girato l'angolo; dietro l'angolo ***2*** nelle vicinanze di: **r. here**, qui vicino; **r. midnight**, verso mezzanotte; **somewhere r. £ 100**, qualcosa come cento sterline • **r. the clock**, ventiquattr'ore su ventiquattro; giorno e notte □ (*fam.*) **r. the bend**, matto; pazzo.
to **round** /raʊnd/ *v. t.* ***1*** girare (intorno a): **to r. the corner**, girare l'angolo ***2*** (*naut.*) doppiare.
♦ **round down** *v. t. + avv.* arrotondare (per difetto).
♦ **round off** *v. t. + avv.* ***1*** smussare: **to r. off the corners**, smussare gli angoli ***2*** completare; coronare; finire: **to r. off a career**, coronare una carriera.
♦ **round on** *v. i. + prep.* (*fam.*) aggredire; attaccare.
♦ **round out** ***A*** *v. t. + avv.* ***1*** arrotondare ***2*** completare; coronare; finire ***B*** *v. i. + avv.* arrotondarsi; ingrassare.
♦ **round up** *v. t. + avv.* ***1*** arrotondare (per eccesso) ***2*** radunare; riunire ***3*** (*della polizia*) fare una retata di.
roundabout /ˈraʊndəbaʊt/ ***A*** *a.* indiretto; obliquo; traverso: **to say st. in a r. way**, dire q.c. indirettamente; **to go by a r. route**, seguire vie traverse ***B*** *n.* ***1*** giostra ***2*** (*autom., GB*) isola rotatoria; rondò.
rounded /ˈraʊndɪd/ *a.* arrotondato.
roundish /ˈraʊndɪʃ/ *a.* tondeggiante.
roundly /ˈraʊndlɪ/ *avv.* ***1*** completamente ***2*** vigorosamente; energicamente; severamente.
roundness /ˈraʊndnəs/ *n.* Ⓤ ***1*** rotondità; sfericità ***2*** (*di voce*) pienezza; sonorità ***3*** (*di stile*) scorrevolezza.
roundsman /ˈraʊndzmən/ *n.* (*pl.* **roundsmen** /-mən/) (*comm.*) fattorino di negozio.
roundup /ˈraʊndʌp/ *n.* ***1*** raduno (*del bestiame*) ***2*** retata (*della polizia*) ***3*** (*TV*) sommario delle notizie.
to **rouse** /raʊz/ ***A*** *v. t.* ***1*** svegliare ***2*** scuotere; spronare: **to r. sb. to action**, spronare q. ad agire ***3*** suscitare; risvegliare: **to r. interest**, suscitare interesse ***4*** provocare ***B*** to **rouse oneself** *v. rifl.* ridiventare attivo; scuotersi.
rousing /ˈraʊzɪŋ/ *a.* entusiasmante; trascinante.
roustabout /ˈraʊstəbaʊt/ *n.* (*USA*) scaricatore di porto.
rout /raʊt/ *n.* Ⓤ e Ⓒ rotta; disfatta.
to **rout** (1) /raʊt/ *v. t.* mettere in rotta; sbaragliare.
to **rout** (2) /raʊt/ *v. Solo come*:
♦ **rout about** *v. i. + avv.* frugare; rovistare.
♦ **rout out** *v. t. + avv.* snidare; stanare; far sloggiare.
route /ruːt, raʊt/ *n.* itinerario; percorso; (*naut., aeron.*) rotta: **bus r.**, percorso di un autobus; **en r.** (*franc.*), lungo il percorso; in viaggio • **r. map**, carta stradale.
to **route** /ruːt, raʊt/ *v. t.* ***1*** avviare, instradare (*merci, truppe, ecc.*) ***2*** deviare.
routine /ruːˈtiːn/ ***A*** *n.* Ⓒ e Ⓤ ***1*** procedura solita; ordinaria amministrazione: **a matter of r.**, un affare di ordinaria amministrazione ***2*** routine; prassi: **daily r.**, routine quotidiana; solito trantran ***3*** (*teatr.*) numero ***B*** *a. attr.* ***1*** di routine; ordinario; periodico: **r. maintenance**, manutenzione ordinaria ***2*** solito; monotono.
routinely /ruːˈtiːnlɪ/ *avv.* di routine; abitualmente.
to **rove** /rəʊv/ (*lett.*) ***A*** *v. i.* ***1*** vagare ***2*** (*dello sguardo, degli affetti*) vagare; posarsi qua e là ***B*** *v. t.* vagare per (*boschi, strade, ecc.*).
rover /ˈrəʊvə(r)/ *n.* ***1*** girovago (-a); vagabondo (-a) ***2*** (*scoutismo*) rover.
roving /ˈrəʊvɪŋ/ *a.* ***1*** errante; vagante; nomade ***2*** itinerante • **He has a r. eye**, gli piace adocchiare le donne.
row (1) /rəʊ/ *n.* ***1*** fila: **row of houses**, fila di case; **in a row**, in fila; **four times in a row**, quattro volte di fila ***2*** filare (*di piante*).
row (2) /rəʊ/ *n.* vogata; gita in barca (a remi).
row (3) /raʊ/ *n.* (*fam.*) ***1*** Ⓤ baccano; chiasso; strepito ***2*** lite: **to have a row with sb.**, litigare con q. ***3*** pubblica disputa • **to kick up** (*o* **to make**) **a row**, fare il diavolo a quattro; fare un cancan.
to **row** (1) /rəʊ/ ***A*** *v. i.* remare; vogare ***B*** *v. t.* ***1*** spingere coi remi: **He rowed the boat to the centre of the lake**, portò la barca fino al centro del lago ***2*** trasportare in barca (a remi): **We were rowed across the river**, fummo traghettati al di là del fiume.
to **row** (2) /raʊ/ *v. i.* (*fam.*) litigare.
rowan /ˈrəʊən, ˈraʊ-/ *n.* (*bot.*) ***1*** (*anche* **r.-tree**) sorbo selvatico ***2*** (*anche* **r.-berry**) sorba selvatica.
rowboat /rəʊ/ *n.* (*USA*) barca a remi.
rowdy /ˈraʊdɪ/ ***A*** *a.* chiassoso; litigioso; turbolento ***B*** *n.* (*pop.*) attaccabrighe; scalmanato; teppista.
rowdyism /ˈraʊdɪɪzəm/ *n.* Ⓤ condotta turbolenta; teppismo.
rower /ˈrəʊə(r)/ *n.* rematore; vogatore; (*sport*) canottiere.
rowing /ˈrəʊɪŋ/ *n.* Ⓤ (*sport*) canottaggio • (*GB*) **r. boat**, imbarcazione a remi □ **r. club**, circolo dei canottieri □ **r. machine**, vogatore (*attrezzo*)..
rowlock /ˈrɒlək/ *n.* (*naut., GB*) scalmo; scalmiera.
royal /ˈrɔɪəl/ *a.* ***1*** reale; regale; regio: **the r. family**, la famiglia reale; **His R. Highness**, Sua Altezza Reale; **the R. Navy**, la Regia Marina ***2*** maestoso; splendido • **r. blue**, blu reale □ **r. charter**, carta istitutiva (*di associazione, ecc.*) concessa dal sovrano □ (*poker*) **r. flush**, scala reale all'asso □ **r. jelly**, pappa reale □ **a right r. welcome**, un'accoglienza con tutti gli onori.
royalist /ˈrɔɪəlɪst/ *n.* (*polit.*) realista; monarchico.

royalty /ˈrɔɪəltɪ/ *n.* ***1*** U regalità ***2*** (*col verbo al pl.*) (i) reali; (la) famiglia reale ***3*** (*al pl.*) diritti di brevetto; diritti d'autore.
rub /rʌb/ *n.* ***1*** fregata; strofinata: **to give st. a good rub**, dare una bella strofinata a q.c. ***2*** frizione; massaggio ***3*** (*antiq.*) difficoltà; intoppo: **There's the rub!**, qui sta l'intoppo!
to **rub** /rʌb/ ***A*** *v. i.* fregare; sfregare; strofinarsi ***B*** *v. t.* ***1*** fregare; sfregare; strofinare; stropicciare: **to rub one's hands (together)**, stropicciarsi le mani; **to rub st. dry**, asciugare q.c. strofinando ***2*** fare frizioni a; massaggiare • **to rub sb. the wrong way**, prendere q. per il verso sbagliato □ **to rub shoulders with sb.**, frequentare q. (*di ambiente diverso dal proprio*).
♦ **rub along** *v. i. + avv.* (*fam.*) ***1*** tirare avanti; campare alla meglio ***2*** andare d'accordo (con q.).
♦ **rub down** *v. t. + avv.* ***1*** levigare (*o* pulire) strofinando ***2*** strigliare (*un cavallo*).
♦ **rub in** *v. t. + avv.* ***1*** far penetrare (*fregando*); frizionare con ***2*** imprimere nella mente; far entrare in testa • (*fam.*) **to rub it in**, insistere (*rinfacciando un errore a q.*); continuare a ricordare q.c. a q.; farla lunga (*fam.*).
♦ **rub off** *v. i. + avv.* venir via sfregando.
♦ **rub off onto** *v. i. + avv. e prep.* ***1*** (*di vernice, ecc.*) macchiare (*per sfregamento*) ***2*** (*di idee, qualità*) passare a; restare attaccato a.
♦ **rub out** *v. t. + avv.* cancellare (*con la gomma*).
♦ **rub up** *v. t. + avv.* levigare; pulire; lucidare.
rubber (1) /ˈrʌbə(r)/ *n.* ***1*** U gomma; caucciù ***2*** (*GB*) gomma per cancellare ***3*** (*pop.*) preservativo ***4*** (*al pl.*) (*USA*) soprascarpe di gomma; galosce • **r. band**, elastico □ **r. boat**, canotto pneumatico; gommone □ **r. stamp**, timbro di gomma.
rubber (2) /ˈrʌbə(r)/ *n.* (*bridge*) rubber.
rubberized /ˈrʌbəraɪzd/ *a.* gommato; rivestito di gomma.
rubberneck /ˈrʌbənɛk/ *n.* (*fam. spreg. USA*) ***1*** curioso ***2*** turista.
to **rubberneck** /ˈrʌbənɛk/ *v. i.* (*fam. spreg. USA*) allungare il collo per vedere.
to **rubber-stamp** /ˈrʌbəˈstæmp/ *v. t.* ***1*** timbrare ***2*** approvare (*un progetto, ecc.*) a occhi chiusi.
rubbery /ˈrʌbərɪ/ *a.* gommoso.
rubbing /ˈrʌbɪŋ/ *n.* — (*USA*) **r. alcohol**, alcol denaturato.
rubbish /ˈrʌbɪʃ/ *n.* U ***1*** (*specialm. GB*) spazzatura; immondizia ***2*** cosa senza valore; robaccia; porcheria: **This book is pure r.**, questo libro non vale niente; **There's only r. on TV today**, oggi alla TV danno solo scemenze ***3*** sciocchezza, sciocchezze; scemenze: **to talk a load of r.**, dire solo scemenze • (*GB*) **r. bin**, pattumiera; bidone della spazzatura.
to **rubbish** /ˈrʌbɪʃ/ *v. t.* (*fam. specialm. GB*) denigrare; stroncare.
rubbishy /ˈrʌbɪʃɪ/ *a.* (*GB*) che non vale niente; scadente; pieno di sciocchezze.
rubble /ˈrʌbl/ *n.* U ***1*** macerie; calcinacci ***2*** breccia; pietrisco.
rub(-)down /ˈrʌbdaʊn/ *n.* ***1*** strofinata ***2*** massaggio.
rubella /ruːˈbɛlə/ *n.* U (*med.*) rosolia.
rubicund /ˈruːbɪkənd/ *a.* (*form. o scherz.*) rubicondo.
ruby /ˈruːbɪ/ *n.* ***1*** (*miner.*) rubino ***2*** U color rubino.
ruck /rʌk/ *n.* ***1*** routine quotidiana ***2*** (*rugby*) mischia • **to get out of the r.**, emergere dalla massa.
to **ruck** /rʌk/ *v. Solo come*:
♦ **ruck up** *v. i. + avv.* spiegazzarsi.
rucksack /ˈrʌksæk/ *n.* sacco da montagna; zaino.
ruckus /ˈrʌkəs/ *n.* (*fam. USA*) finimondo; cagnara.
ructions /ˈrʌkʃnz/ *n. pl.* (*fam. GB*) finimondo; putiferio: **There'll be r. if...**, succederà il finimondo se...
rudder /ˈrʌdə(r)/ *n.* (*naut., aeron.*) timone.
rudderless /ˈrʌdələs/ *a.* ***1*** senza timone ***2*** (*fig.*) alla deriva.
ruddy /ˈrʌdɪ/ ***A*** *a.* ***1*** rosso; rubizzo; rubicondo: **r. cheeks**, guance rubiconde ***2*** (*pop. GB*) dannato; maledetto ***B*** *avv.* (*GB*) maledettamente; molto.
rude /ruːd/ *a.* ***1*** villano; maleducato; grossolano: **to be r. to sb.**, essere villano con q.; **It's r. to...**, è da villani...; **r. word**, parolaccia ***2*** (*di barzelletta, ecc.*) volgare; indecente ***3*** improvviso; brusco: **a r. awakening**, un brusco risveglio; (*fig.*) un crudele disinganno. ATTENZIONE: **rude** ≠ rude.
rudeness /ˈruːdnəs/ *n.* U ***1*** villania; maleducazione ***2*** volgarità; indecenza.
rudimentary /ruːdɪˈmɛntrɪ, -tərɪ/ *a.* ***1*** (*anche biol.*) rudimentale ***2*** elementare.
rudiments /ˈruːdɪmənts/ *n. pl.* (primi) rudimenti: **the rudiments of art**, i primi rudimenti dell'arte.
rue /ruː/ *n.* U (*bot.*) ruta.
to **rue** /ruː/ *v. t.* (*antiq. o scherz.*) pentirsi di; rimpiangere: **She will rue the day she met him**, rimpiangerà il giorno in cui l'ha conosciuto.
rueful /ˈruːfl/ *a.* contrito; dolente; mesto.
ruff /rʌf/ *n.* ***1*** gorgiera ***2*** (*zool.*) collare (*di piume o di pelo*).
ruffian /ˈrʌfɪən/ *n.* (*antiq.*) briccone; canaglia; furfante. ATTENZIONE: **ruffian** ≠ ruffiano.
ruffle /ˈrʌfl/ *n.* gala (*di vestito*).
to **ruffle** /ˈrʌfl/ *v. t.* ***1*** increspare ***2*** arruffare; scompigliare: **to r. sb.'s hair**, scompigliare i capelli a q. ***3*** agitare; innervosire; irritare • (*fam.*) **to r. sb.'s feathers**, far arrabbiare q.
rug /rʌg/ *n.* ***1*** tappeto ***2*** tappetino; scendiletto ***3*** coperta (da viaggio); plaid.
rugby /ˈrʌgbɪ/ *n.* U (*sport, anche* **r. football**) rugby • **R. League**, rugby a 13 □ **r. player**, rugbista □ **R. Union**, rugby a 15.
rugged /ˈrʌgɪd/ *a.* ***1*** accidentato; aspro; frastagliato: **r. ground**, terreno accidentato; **r. coastline**, costa frastagliata; **r. landscape**, paesaggio aspro ***2*** rude; marcato; maschio: **r. features**, lineamenti marcati; **r. good looks**, maschia bellezza; **r. individualism**, individualismo rude ***3*** robusto.
rugger /ˈrʌgə(r)/ *n.* U (*sport., fam.*) rugby.
ruin /ˈruːɪn/ *n.* ***1*** U rovina; crollo: **in a state of r.**, in rovina; **to fall into r.**, cadere in rovina; **in ruins**, in rovina; distrutto ***2*** rovina; rudere.
to **ruin** /ˈruːɪn/ *v. t.* rovinare; mandare in rovina; distruggere: **to r. sb.'s hopes**, distruggere le speranze di q.; **to r. one's career**, rovinarsi la carriera.
ruination /ruːɪˈneɪʃn/ *n.* U rovina.
ruined /ˈruːɪnd/ *a.* ***1*** rovinato ***2*** in rovina: **r. castle**, castello in rovina.
ruinous /ˈruːɪnəs/ *a.* rovinoso; disastroso: **r. expense**, spesa rovinosa.
rule /ruːl/ *n.* ***1*** regola; norma; regolamento: **grammar rules**, regole di grammatica; **against the rules**, contro le regole; contro il regolamento; **to break the rules**, infrangere le regole; **rules and regulations**, norme e regolamenti ***2*** U dominio; governo; regno; signoria: **under foreign r.**, sotto il dominio straniero ***3*** riga (*da disegno*); regolo: **slide r.**, regolo calcolatore • **the r. of law**, il principio di legalità □ **r. of thumb**, regola empirica; regola pratica □ **r.-of-thumb**, empirico; approssimativo □ **as a r.**, di norma; generalmente; di solito □ **to bend** (*o* **to stretch**) **the rules**, fare uno strappo alla regola □ **ground rules**, regole di base □ **to make it a r. to do st.**, farsi una regola di fare q.c. □ **set of rules**, regolamento □ **to work to r.**, fare uno sciopero bianco.
to **rule** /ruːl/ *v. t. e i.* ***1*** governare; reggere (*una nazione*); regnare su; dominare: **to r. (over) an empire**, regnare su un impero; **to r. the waves**, dominare i mari; **Ambition rules his life**, la sua vita è dominata dall'ambizione ***2*** guidare; regolare; moderare ***3*** (*leg.*) decidere; dichiarare; decretare; riconoscere: **to r. against [in favour of] sb.**, decidere a sfavore [a favore] di q.; **The judge ruled that the claim was just**, il giudice dichiarò che la pretesa era legittima ***4*** rigare; tracciare righe su ***5*** tracciare (*una riga*) col regolo • **to r. the roost**, dettar legge; fare il gallo del pollaio □ **to r. with a rod of iron** (*o* **with a heavy hand**), governare col pugno di ferro; (*fig.*) avere il pugno di ferro con q.
♦ **rule out** *v. t. + avv.* escludere; dichiarare inammissibile.
rulebook /ˈruːlbʊk/ *n.* ***1*** regolamento ***2*** regole • (*fam.*) **to do it** (*o* **go**) **by the r.**, attenersi alle regole.
ruled /ˈruːld/ *a.* rigato; vergato; a righe.
ruler /ˈruːlə(r)/ *n.* ***1*** governante; sovrano ***2*** riga (*da disegno*); righello.
ruling /ˈruːlɪŋ/ ***A*** *a.* ***1*** dominante; che comanda: **r. passion**, passione dominante; **the r. party**, il partito al potere; **the r. class**, la classe dirigente ***2*** (*comm.*) corrente: **r. prices**, prezzi correnti • **r.-pen**, tiralinee ***B*** *n.* (*leg.*) decisione.
rum (1) /rʌm/ *n.* U rum.
rum (2) /rʌm/ *a.* (*fam. GB*) bizzarro; strano.
Rumanian /ruːˈmeɪnɪən/ *V.* **Roumanian**.
rumble /ˈrʌmbl/ *n.* rimbombo; rombo; brontolio.
to **rumble** /ˈrʌmbl/ ***A*** *v. i.* ***1*** rimbombare; rumoreggiare; brontolare: **My stomach's rumbling**, mi brontola lo stoma-

co *2* passare con fracasso: **Carts rumbled down the street**, i carri scendevano per la strada con fracasso di ruote *B* *v. t.* (*pop. GB*) scoprire (*specialm. q.c. di disonesto*).

rumbling /ˈrʌmblɪŋ/ *A* *a.* rimbombante; rumoreggiante; (*di stomaco*) che brontola *B* *n.* *1* rimbombo; brontolio *2* (*al pl.*) dicerie; voci.

rumbustious /rʌmˈbʌstɪəs/ *a.* (*fam.*) allegro e chiassoso.

ruminant /ˈruːmɪnənt/ (*zool.*) *A* *n.* ruminante *B* *a.* dei ruminanti.

to **ruminate** /ˈruːmɪneɪt/ *v. i.* *1* (*zool.*) ruminare *2* (*fig.*) ruminare; meditare: **to r. on** (*o* **over, about**) **st.**, meditare su q.c.

rummage /ˈrʌmɪdʒ/ *n.* *1* ricerca (*fatta frugando*): **I had a good r. in all the drawers**, rovistai in tutti i cassetti *2* Ⓤ (*specialm. USA*) roba usata • (*USA*) **r. sale**, vendita di beneficenza.

to **rummage** /ˈrʌmɪdʒ/ *v. t. e i.* frugare; rovistare.

rummy /ˈrʌmɪ/ *n.* Ⓤ ramino.

rumour, (*USA*) **rumor** /ˈruːmə(r)/ *n.* Ⓤ e Ⓒ diceria; voce (*o* notizia) incontrollata: **R. has it that...**, corre voce che... ATTENZIONE: **rumour** ≠ rumore.

rumoured, (*USA*) **rumored** /ˈruːməd/ *a.* oggetto di dicerie; di cui si chiacchiera: **He is r. to have run away**, si dice che sia fuggito.

rumourmonger /ˈruːməˈmʌŋgə(r), *USA* -mɒn-/ *n.* chi sparge dicerie.

rump /rʌmp/ *n.* *1* (*di cavallo, ecc.*) posteriore; culatta *2* (*di uccello*) codrione *3* (*scherz.*) deretano *4* (*macelleria*) scamone: **r. steak**, bistecca di scamone *5* (*specialm. polit.*) parte rimanente; piccolo gruppo superstite (di un partito).

to **rumple** /ˈrʌmpld/ *v. t.* *1* sgualcire; spiegazzare *2* arruffare, scompigliare (*i capelli*).

rumpus /ˈrʌmpəs/ *n.* (*fam.*) chiasso; pandemonio; casino: **to kick up a r.**, fare casino; piantare un casino • (*USA*) **r. room**, tavernetta.

run /rʌn/ *n.* *1* corsa (*anche sport e mecc.*): **to go for a run**, andare a correre; fare una corsa; **to break into a run**, mettersi a correre; **at a run**, di corsa *2* giro in macchina *3* percorso; tragitto: **the Le Havre-to-Portsmouth run**, il servizio (di traghetti) tra Le Havre e Portsmouth *4* giro: **The postman has finished his run**, il postino ha terminato il suo giro *5* (*sci, bob*) pista *6* periodo; serie; seguito: **run of bad luck**, periodo di sfortuna; serie di sfortune; **run of luck**, serie di successi; serie fortunata; **The play had a long run**, la commedia tenne il cartellone a lungo *7* recinto (*per animali*) *8* forte richiesta; corsa: **a run on the Swiss franc**, una corsa al franco svizzero *9* (*fam.*) libero accesso; libero uso: **We had the run of his house**, disponevamo di casa sua come se fosse stata la nostra; **He gave me the run of his library**, mi ha dato libero accesso alla sua biblioteca *10* classe; categoria; qualità: **He's different from the general run of students**, è diverso dallo studente medio *11* (*USA*) smagliatura *12* (*cricket, baseball*) corsa del battitore; punto *13* (*tipogr.*) tiratura *14* (*a carte*) scala *15* (*mus.*) volata *16* (*al pl.*) (*fam.*) diarrea; sciolta • (*fam.*) **dry run**, prova; verifica finale □ **to give sb. a run for his money**, dare del filo da torcere a q. (*in una competizione*) □ **to have had a good run for one's money**, poter dire di essere soddisfatto, non potersi lamentare (*perché si è avuta una lunga vita, perché si è stati a lungo al potere, ecc.*) □ (*fam.*) **to have a run in with sb.**, avere uno scontro con q. □ **in the long run**, alla lunga; a lungo andare □ **in the short run**, sulle prime; a prima vista □ **to make a run for it**, darsela a gambe □ **on the run**, in fuga.

to **run** /rʌn/ (*pass.* **ran**, *p.p.* **run**) *A* *v. i.* *1* correre; scappare; accorrere: **to run to help sb.**, correre ad aiutare q.; **to run into** [**out of**] **a room**, entrare in [uscire da] una stanza di corsa; **to run across the road**, attraversare di corsa la strada; **to run for the bus**, fare una corsa per prendere l'autobus; **He came running**, arrivò di corsa; **Run down to the grocer's**, fa' una corsa dal droghiere; **The road runs along the lake**, la strada corre lungo il lago *2* scorrere; scendere: **Tears ran down her cheeks**, le lacrime le scorrevano per le guance; **to run into the sea**, sfociare nel mare; **to leave the tap running**, lasciare aperto il rubinetto; lasciar scorrere l'acqua *3* (*di mezzo di trasporto*) fare servizio; passare: **The buses run every five minutes**, gli autobus passano ogni cinque minuti *4* (*sport*) arrivare (*primo, secondo, ecc.*): **My horse ran second**, il mio cavallo arrivò secondo *5* (*di macchina, motore*) funzionare; andare: **to run on diesel**, funzionare (*o* andare) a diesel; **to leave the engine running**, lasciare acceso il motore *6* (*di situazione, evento*) andare; funzionare; filare: **Things ran smoothly**, tutto andò (*o* filò) liscio *7* sciogliersi; liquefarsi *8* (*di calza*) smagliarsi; sfilarsi *9* (*di colori*) sbavare *10* colare; gocciolare: **My nose is running**, mi cola il naso; **to be running with sweat**, grondare sudore *11* (*USA*) concorrere; presentarsi candidato: **to run for President**, essere candidato alla presidenza; **to run for office**, candidarsi *12* (*di contratto di affitto, ecc.*) essere in vigore; essere valido *13* durare *14* (*teatr.*) tenere il cartellone *15* (*di testo*) dire; recitare: **The proverb runs like this**, il proverbio dice così *16* (*naut.*) navigare; veleggiare; fare rotta • **to run dry**, esaurirsi; prosciugarsi; seccarsi □ **to run for it** (*o* **for one's life**), scappare; darsela a gambe □ **to run foul of**, (*naut.*) entrare in collisione con; (*fig.*) scontrarsi con □ **to run high**, (*di emozioni, ecc.*) scaldarsi; inasprirsi □ **to run in the family**, essere un tratto di famiglia □ **to run low**, esaurirsi; venir meno □ **to run riot**, scatenarsi, abbandonarsi a eccessi; (*di piante*) crescere con eccessivo rigoglio □ **to run short of**, rimanere a corto di; restare senza □ **to run to fat**, appesantirsi; ingrassare □ **to run to seed**, (*di pianta*) andare in semenza; (*di terreno*) inselvatichirsi; (*di persona*) lasciarsi andare □ **to run with the hare and hunt with the hounds**, tenere il piede in due staffe; fare il doppio gioco *B* *v. t.* *1* correre; percorrere (*una distanza*): **to run a race**, correre (*o* fare) una gara *2* dirigere; gestire; governare; mandare avanti: **to run a business**, dirigere un'azienda; **to run a shop**, gestire un negozio; **He runs everything**, manda avanti tutto lui; è lui che comanda *3* far funzionare; far andare; usare: **to run an engine**, far funzionare un motore; **to run extra trains**, mettere treni straordinari; **to run a car**, avere l'automobile; **a cheap car to run**, una macchina che consuma poco *4* far scorrere: **to run a bath**, far scorrere l'acqua nella vasca da bagno; preparare l'acqua per il bagno *5* portare (*in auto*); dare un passaggio a: **I'll run you to the station**, ti porto alla stazione in macchina *6* (*giorn.*) pubblicare *7* far correre (*un cavallo, ecc.*); (*sport*) iscrivere a una corsa *8* contrabbandare: **to run arms**, contrabbandare armi *9* presentare come candidato; candidare *10* (*elab.*) eseguire (*un programma*) • **to run a car into a wall**, andare a sbattere con una macchina contro un muro □ **to run its course**, fare il proprio corso □ **to run an errand**, fare una commissione (per q.) □ **to run one's fingers** [**a comb**] **through one's hair**, passarsi le dita [il pettine] fra i capelli □ **to run one's eye over st.**, scorrere q.c con gli occhi; dare una scorsa a q.c. □ **to run risks**, correre rischi □ (*fam.*) **to run the show**, essere il padrone; comandare □ **to run a temperature**, avere la febbre □ **to run sb. to earth**, scovare, rintracciare q.

♦ **run about** *v. i. + avv.* *1* correre qua e là *2* (*di bambini*) scorrazzare.

♦ **run across** *v. i. + prep.* *1* attraversare di corsa *2* imbattersi in.

♦ **run after** *v. i. + prep.* correre dietro a; inseguire.

♦ **run aground** *v. i. + avv.* (*naut.*) andare in secca; arenarsi.

♦ **run along** *v. i. + avv.* (*fam.*) andare via; andarsene.

♦ **run away** *v. i. + avv.* *1* correre (*o* scappare) via *2* scappare: **to run away from home**, scappare di casa.

♦ **run away from** *v. i. + avv. e prep.* (*sport*) staccare (*gli avversari*).

♦ **run away with** *v. i. + avv. e prep.* *1* vincere facilmente *2* prendere il sopravvento su; prendere la mano a: **to let one's enthusiasm run away with one**, lasciarsi prendere dall'entusiasmo *3* portare via (*tempo, soldi*) • **to run away with the idea that...**, mettersi in testa che...

♦ **run down** *A* *v. i. + avv.* *1* scendere di corsa *2* (*di batteria, orologio*) scaricarsi; esaurirsi *3* (*di azienda, produzione*) rallentare; diminuire *B* *v. t. + avv.* *1* rintracciare *2* investire; mettere sotto (*fam.*) *3* rallentare l'attività di (*un'azienda, ecc.*); ridimensionare *4* denigrare; parlar male di: **He's always running me down**, non fa che parlare male di me • **to be run down**, essere esaurito.

♦ **run in** *A* *v. i. + avv.* entrare di corsa *B* *v. t. + avv.* *1* (*autom.*) fare il rodaggio di; rodare *2* (*fam.*) arrestare.

♦ **run into** *v. i. + prep.* *1* entrare di corsa in *2* (*anche fig.*) incontrare per caso, imbattersi in: **to run into difficulties**, incontrare difficoltà; **to run into trouble**, mettersi nei guai; **to run into debt**, fare debiti *3* (*autom.*) scontrarsi con; andare a sbattere contro ***4*** arrivare a; ammontare a: **His debts run into thousands**, i suoi debiti ammontano a migliaia di sterline [dollari].

♦ **run off** ***A*** *v. i. + avv.* ***1*** correre (*o* scappare) via ***2*** (*di acqua, ecc.*) defluire; scorrer via; scaricarsi ***3*** (*fam.*) non avere effetto su: **Insults just run off her**, se ne infischia degli insulti ***B*** *v. t. + avv.* ***1*** stampare; copiare; duplicare ***2*** scrivere; buttar giù: **He ran off the article in a couple of days**, buttò giù il pezzo in un paio di giorni.

♦ **run on** *v. i. + avv.* ***1*** protrarsi; andare avanti ***2*** parlare in continuazione.

♦ **run out** *v. i. + avv.* ***1*** uscire di corsa ***2*** esaurirsi; finire: **Time is running out**, resta ormai poco tempo ***3*** (*sport, di portiere*) uscire; fare un'uscita.

♦ **run out of** *v. i. + avv. e prep.* ***1*** uscire di corsa da ***2*** restare senza; finire: **We've run out of coffee**, non c'è più caffè.

♦ **run over** ***A*** *v. i. + avv.* traboccare ***B*** *v. t. + avv.* ***1*** ripassare; rivedere ***2*** investire; mettere sotto (*fam.*).

♦ **run past** *v. i. + prep.* sorpassare; superare; passare di corsa davanti a.

♦ **run through** *v. i. + prep.* ***1*** scorrere (*un testo, un elenco*) ***2*** ripassare; ripetere; ricapitolare ***3*** (*teatr.*) provare ***4*** scialacquare; sperperare ***5*** pervadere ***6*** trafiggere, trapassare (*con un pugnale, ecc.*).

♦ **run to** *v. i. + prep.* ***1*** arrivare a; ammontare a ***2*** (*di denaro*) essere sufficiente a; bastare per: **Our money won't run to a car**, non abbiamo abbastanza soldi per una macchina ***3*** (*fam.*) permettersi: **We might just run to a weekend in Paris**, forse potremmo permetterci un weekend a Parigi.

♦ **run up** ***A*** *v. i. + avv.* salire di corsa ***B*** *v. t. + avv.* ***1*** alzare, issare (*una bandiera, ecc.*) ***2*** cucire in fretta (*un vestito, ecc.*) ***3*** accumulare (*debiti, conti*).

♦ **run up against** *v. i. + avv. e prep.* incontrare, imbattersi in (*difficoltà, ecc.*).

♦ **run with** *v. i. + prep.* essere inondato di; grondare: **to run with blood**, grondare sangue.

runabout /ˈrʌnəbaʊt/ *n.* (*autom., fam.*) piccola utilitaria.

runaway /ˈrʌnəweɪ/ ***A*** *a.* ***1*** fuggito; scappato di casa; in fuga ***2*** (*di macchina*) sfuggito al controllo, impazzito; (*di cavallo*) imbizzarrito ***3*** travolgente; sfrenato: **r. inflation**, inflazione galoppante; **r. victory**, vittoria travolgente ***B*** *n.* ***1*** fuggiasco; disertore; evaso ***2*** cavallo in fuga.

rundown /ˈrʌnˈdaʊn/ ***A*** *a.* ***1*** scarico ***2*** in rovina; fatiscente ***3*** esaurito; stanco ***B*** *n.* ***1*** rallentamento, riduzione (*della produzione*) ***2*** rapporto dettagliato.

rune /ruːn/ *n.* ***1*** (*ling.*) runa ***2*** simbolo magico.

rung (1) /rʌŋ/ *n.* ***1*** piolo (*di scala, di sedia, ecc.*) ***2*** raggio (*di ruota*).

rung (2) /rʌŋ/ *p.p. di* **to ring**.

runic /ˈruːnɪk/ *a.* (*ling.*) runico.

run-in /ˈrʌnɪn/ *n.* (*fam.*) scontro.

runner /ˈrʌnə(r)/ *n.* ***1*** (*sport*) corridore: **long-distance r.**, podista; fondista ***2*** fattorino; messaggero ***3*** (*mil.*) staffetta ***4*** contrabbandiere: **gun r.**, contrabbandiere di armi ***5*** pattino (*di slitta, di aliante*); lama (*di pattino*) ***6*** passatoia; guida ***7*** (*mecc.*) scanalatura; guida ***8*** (*bot.*) stolone • **r. bean**, fagiolino □ (*sport*) **r.-up**, secondo classificato.

running (1) /ˈrʌnɪŋ/ ***A*** *a.* ***1*** in corsa ***2*** corrente; che scorre: **r. water**, acqua corrente; **r. tap**, rubinetto aperto ***3*** in funzione: **r. engine**, motore acceso ***4*** (*di ferita, ecc.*) purulento; che spurga • **r. battle**, continua lotta; lite continua □ **r. board**, predellino (*di veicolo*) □ **r. commentary**, radiocronaca; telecronaca □ **r. costs**, costi di gestione (*o* di esercizio) □ (*tipogr.*) **r. head**, testatina; titolo corrente □ (*sport*) **r. jump**, salto con rincorsa □ **r. knot**, nodo scorsoio □ **r. shoes**, scarpe da corsa; scarpe da ginnastica □ **in good r. order**, (*di automobile*) in buone condizioni ***B*** *avv.* di seguito; di fila; **eight days r.**, otto giorni di seguito (*o* consecutivi); **for the fifth time r.**, per la quinta volta consecutiva.

running (2) /ˈrʌnɪŋ/ *n.* Ⓤ ***1*** corsa; (*sport*) podismo ***2*** (*mecc.*) marcia ***3*** corso; flusso; scorrimento ***4*** rincorsa ***5*** direzione, gestione (*di un'azienda, ecc.*) • (*autom.*) **r.-in**, rodaggio □ (*sport*) **r. track**, pista □ **to make the r.**, fare l'andatura (*anche fig.*) □ **to be out of the r.**, non aver probabilità di vittoria.

runny /ˈrʌnɪ/ *a.* ***1*** semiliquido ***2*** (*del naso*) che cola; gocciolante.

run-off /ˈrʌnɒf/ *n.* ***1*** (*sport*) spareggio ***2*** (*polit.*) ballottaggio.

run-of-the-mill /ˈrʌnəvðəˈmɪl/ *a.* ordinario; comune.

runt /rʌnt/ *n.* ***1*** animale poco sviluppato ***2*** (*spreg.*) nanerottolo.

run-through /ˈrʌnθruː/ *n.* ***1*** ripasso; revisione ***2*** (*teatr.*) prova.

run-up /ˈrʌnʌp/ *n.* ***1*** (*sport*) rincorsa ***2*** periodo che precede (*un evento*): (*polit.*) **r. to the election**, periodo preelettorale ***3*** (*comm.*) balzo, impennata (*dei prezzi*).

runway /ˈrʌnweɪ/ *n.* ***1*** (*aeron.*) pista ***2*** (*sport*) corsia per la rincorsa.

rupee /ruːˈpiː, ˈruːpɪ/ *n.* rupia (*moneta*).

rupture /ˈrʌptʃə(r)/ *n.* ***1*** Ⓤ *e* Ⓒ rottura ***2*** (*med.*) ernia.

to **rupture** /ˈrʌptʃə(r)/ ***A*** *v. t.* ***1*** rompere ***2*** (*med.*) provocare la rottura di (*una vena, ecc.*) ***B*** *v. i.* rompersi ***C*** to **rupture oneself** *v. rifl.* (*med.*) farsi venire un'ernia.

rural /ˈrʊərəl/ *a.* rurale; agreste; campagnolo; campestre.

ruse /ruːz/ *n.* stratagemma; astuzia; trucco.

rush (1) /rʌʃ/ *n.* (*bot.*) giunco.

rush (2) /rʌʃ/ ***A*** *n.* ***1*** Ⓤ fretta; furia; premura: **in a r.**, in gran fretta; in fretta e furia ***2*** Ⓤ *e* Ⓒ corsa impetuosa: **There was a r. for the doors**, tutti si precipitarono verso le uscite ***3*** affollamento; ressa: **the Christmas r.**, la ressa natalizia ***4*** grande richiesta; corsa: **There is a r. on his latest CD**, il suo ultimo compact va a ruba; **gold r.**, corsa all'oro ***5*** (*al pl.*) (*cinem.*) prima stampa • **(the) r. hour**, l'ora di punta (*del traffico*) □ (*med.*) **r. of blood to the head**, ondata di sangue alla testa; congestione cerebrale ***B*** *a. attr.* urgente: (*comm.*) **r. order**, ordinazione urgente.

to **rush** /rʌʃ/ ***A*** *v. i.* ***1*** accorrere; precipitarsi: **to r. to the scene of the accident**, accorrere sul luogo dell'incidente ***2*** affrettarsi: **There's no need to r.**, non c'è fretta; **to r. into a decision**, decidere affrettatamente; **Don't r. into marriage**, non abbiate fretta di sposarvi; **to r. through a meal**, mangiare in fretta ***3*** passare a gran velocità; scorrere: **Cars rushed past him**, le macchine gli sfrecciavano davanti; **Water rushed into the hold**, l'acqua si riversò nella stiva ***B*** *v. t.* ***1*** portare d'urgenza; mandare d'urgenza: **to r. sb. to hospital**, portare q. d'urgenza in ospedale ***2*** fare in fretta; affrettare: **to r. one's lunch**, fare colazione in fretta e furia; (*polit., in G.B.*) **to r. a bill through Parliament**, fare approvare in fretta una legge ***3*** fare (*o* mettere) fretta a ***4*** prendere d'assalto; dare l'assalto a; conquistare • **to be rushed off one's feet**, non avere un minuto libero; essere presissimo.

♦ **rush out** *v. t. + avv.* ***1*** pubblicare in fretta ***2*** immettere in fretta sul mercato.

♦ **rush through** *v. t. + avv.* fare (q.c.) in fretta: **to r. through a job**, fare un lavoro in fretta; **to r. through a law**, far approvare in fretta una legge.

rusk /rʌsk/ *n.* fetta biscottata.

russet /ˈrʌsɪt/ *n. e a.* color rossiccio; color ruggine.

Russian /ˈrʌʃn/ *a. e n.* russo (*anche la lingua*).

rust /rʌst/ *n.* Ⓤ ***1*** (*anche bot.*) ruggine ***2*** color ruggine • **r.-resistant**, antiruggine.

to **rust** /rʌst/ ***A*** *v. i.* arrugginire, arrugginirsi ***B*** *v. t.* fare arrugginire.

rustic /ˈrʌstɪk/ ***A*** *a.* rustico; agreste; campagnolo ***B*** *n.* (*antiq., spesso spreg.*) campagnolo; contadino.

rustle /ˈrʌsl/ *n.* fruscio; (lo) stormire.

to **rustle** /ˈrʌsl/ ***A*** *v. i.* ***1*** frusciare; stormire ***2*** passare frusciando ***B*** *v. t.* ***1*** far frusciare; far stormire ***2*** (*USA*) rubare (*bestiame*).

♦ **rustle up** *v. t. + avv.* (*fam. USA*) preparare alla meglio; mettere insieme; rimediare.

rustler /ˈrʌslə(r)/ *n.* (*USA*) ladro di bestiame.

rustling /ˈrʌslɪŋ/ ***A*** *a.* frusciante; che stormisce ***B*** *n.* (*USA*) furto di bestiame; abigeato.

rustproof /ˈrʌstpruːf/ *a.* inossidabile.

rusty /ˈrʌstɪ/ *a.* ***1*** (*anche fig.*) arrugginito: **My Italian's a bit r.**, il mio italiano è un po' arrugginito; **to become** (*o* **to get**) **r.**, arrugginire, arrugginirsi ***2*** color ruggine.

rut (1) /rʌt/ *n.* solco; carreggiata • **to get into a rut**, fossilizzarsi; essere preso nel solito tran tran.

rut (2) /rʌt/ *n.* Ⓤ (*biol.*) fregola; calore.

to **rut** (1) /rʌt/ *v. t.* solcare; formare solchi in.

to **rut** (2) /rʌt/ *v. i.* (*biol.*) essere in fregola; essere in calore.

ruthless /ˈruːθləs/ *a.* ***1*** spietato; crudele ***2*** inesorabile.

rutted /ˈrʌtɪd/ *a.* pieno di solchi.

rye /raɪ/ *n.* Ⓤ ***1*** (*bot.*) segale ***2*** (*anche* **rye whisky**) whisky di segale.

s, S

S, s /ɛs/ *n.* (*pl.* **S's, s's**; **Ss, ss**) S, s • (*telef.*) **s for Sugar**, s come Salerno.
's /z/ *desinenza del caso poss.* — **the girl's father**, il padre della ragazza; **the children's toys**, i giocattoli dei bambini; **one's relatives**, i propri parenti.
Sabbath /ˈsæbəθ/ *n.* (*relig.*) giorno di riposo; sabato (*relig. ebraica*); domenica (*relig. cristiana*): **to keep [to break] the S.**, osservare [non osservare] le feste comandate.
sabbatical /səˈbætɪkl/ ***A*** *a.* sabbatico ***B*** *n.* congedo sabbatico; licenza sabbatica.
sable (1) /ˈseɪbl/ *n.* ***1*** (*zool.*) zibellino ***2*** Ⓤ pelliccia di zibellino • **s. brush**, pennello di martora.
sable (2) /ˈseɪbl/ *a. e n.* (*arald.*) nero.
sabotage /ˈsæbətɑːʒ/ *n.* Ⓤ sabotaggio.
to **sabotage** /ˈsæbətɑːʒ/ *v. t.* sabotare.
saboteur /sæbəˈtɜː(r)/ *n.* sabotatore.
sabre /ˈseɪbə(r)/ *n.* sciabola • (*fig.*) **s. rattling**, minacce di guerra.
sac /sæk/ *n.* (*anat.*) sacco.
saccharin /ˈsækərɪn/ *n.* Ⓤ (*chim.*) saccarina.
saccharine /ˈsækəriːn, -aɪn/ *a.* ***1*** (*chim.*) saccarino; zuccherino ***2*** zuccheroso; sdolcinato; melato.
saccharose /ˈsækərəʊs, -z/ *n.* Ⓤ (*chim.*) saccarosio.
sachet /ˈsæʃeɪ, *USA* sæˈʃeɪ/ *n.* ***1*** bustina (*di zucchero, shampoo, ecc.*) ***2*** sacchetto profumato.
sack (1) /sæk/ *n.* sacco • **s. race**, corsa nei sacchi □ (*fam. GB*) **to get the s.**, essere licenziato □ (*fam. GB*) **to give sb. the s.**, licenziare q.
sack (2) /sæk/ *n.* saccheggio; sacco: **to put a city to the s.**, mettere a sacco una città.
to **sack** (1) /sæk/ *v. t.* (*fam. GB*) licenziare.
to **sack** (2) /sæk/ *v. t.* saccheggiare; mettere a sacco.
sackcloth /ˈsækklɒθ, *USA* -ɔːθ/ *n.* Ⓤ tela da sacchi • **in s. and ashes**, vestito di sacco e col capo cosparso di cenere; (*fig.*) con aria contrita.
sackful /ˈsækfʊl/ *n.* sacco: **s. of flour**, sacco di farina.
sacking (1) /ˈsækɪŋ/ *n.* Ⓤ ***1*** tela da sacchi ***2*** (*fam. GB*) licenziamento.
sacking (2) /ˈsækɪŋ/ *n.* saccheggio.
sacra /ˈseɪkrə, ˈsæ-/ *pl. di* **sacrum**.
sacrament /ˈsækrəmənt/ *n.* (*relig.*) sacramento • **the S.**, l'Eucaristia.
sacramental /sækrəˈmentl/ *a.* (*relig.*) sacramentale; dei sacramenti; dell'Eucaristia: **s. wine**, il vino dell'Eucaristia.
sacred /ˈseɪkrɪd/ *a.* ***1*** sacro: **s. music**, musica sacra ***2*** solenne: **s. promise**, promessa solenne ***3*** consacrato; dedicato: **s. to the memory of**, dedicato alla memoria di.
sacrifice /ˈsækrɪfaɪs/ *n.* Ⓤ *e* Ⓒ sacrificio: **to make sacrifices**, fare sacrifici.
to **sacrifice** /ˈsækrɪfaɪs/ *v. t. e i.* sacrificare.
sacrificial /sækrɪˈfɪʃl/ *a.* sacrificale.
sacrilege /ˈsækrəlɪdʒ/ *n.* Ⓤ *e* Ⓒ sacrilegio.
sacrilegious /sækrəˈlɪdʒəs/ *a.* sacrilego.
sacristan /ˈsækrɪstən/ *n.* (*eccles.*) sacrista; sagrestano.
sacristy /ˈsækrɪstɪ/ *n.* (*eccles.*) sagrestia, sacrestia.
sacrosanct /ˈsækrəʊsæŋkt/ *a.* sacrosanto.
sacrum /ˈseɪkrəm, ˈsæ-/ *n.* (*pl.* **sacra**) (*anat.*) osso sacro.
sad /sæd/ *a.* ***1*** triste; malinconico; mesto; afflitto: **to make sb. sad**, rattristare q. ***2*** deplorevole; inaccettabile: **a sad state of affairs**, una situazione deplorevole • (*fam.*) **to be sadder but wiser**, avere imparato a proprie spese □ **sad to say**, purtroppo.
to **sadden** /ˈsædn/ ***A*** *v. t.* rattristare ***B*** *v. i.* rattristarsi.
saddle /ˈsædl/ *n.* ***1*** sella; sellino ***2*** (*geogr.*) sella ***3*** (*cucina*) sella • **s. cloth**, gualdrappa □ **s. horse**, cavallo da sella □ (*fig.*) **in the s.**, al comando.
to **saddle** /ˈsædl/ *v. t.* ***1*** sellare (*un cavallo*) ***2*** accollare a; appioppare a: **to s. sb. with a responsibility**, accollare una responsabilità a q.; **I got saddled with the boss's wife**, mi sono dovuta sorbire la moglie del direttore.
saddlebag /ˈsædlbæg/ *n.* ***1*** bisaccia (*da sella*) ***2*** borsa (*per bicicletta o motocicletta*).
saddler /ˈsædlə(r)/ *n.* sellaio.
saddlery /ˈsædlərɪ/ *n.* ***1*** Ⓤ selleria; finimenti ***2*** selleria (*negozio*).
sadism /ˈseɪdɪzəm/ *n.* Ⓤ sadismo.
sadist /ˈseɪdɪst/ *n.* sadico (-a).
sadistic /səˈdɪstɪk/ *a.* sadico.
sadly /ˈsædlɪ/ *avv.* ***1*** tristemente; mestamente ***2*** purtroppo: **S., they couldn't come**, purtroppo non sono potuti venire ***3*** completamente: **to be s. mistaken**, sbagliarsi di grosso.
sadness /ˈsædnəs/ *n.* Ⓤ tristezza; malinconia; mestizia.
sadomasochism /seɪdəʊˈmæsəkɪzəm/ *n.* Ⓤ (*psic.*) sadomasochismo.
safari /səˈfɑːrɪ/ *n.* Ⓒ *e* Ⓤ safari • **s. park**, zoosafari.
safe (1) /seɪf/ *a.* ***1*** sicuro; salvo; fuori pericolo; al sicuro; in salvo ***2*** cauto; prudente: **s. driver**, guidatore prudente ***3*** (*pred.*) intatto; incolume: **I saw her home s.**, l'ho accompagnata a casa senza incidenti ***4*** (*fin.*) sicuro: **a s. investment**, un investimento sicuro • **s. and sound**, sano e salvo □ **s.-conduct**, salvacondotto □ **s.-deposit box**, cassetta di sicurezza □ **to be on the s. side**, per maggior sicurezza □ **It is s. to say that...**, si può dire con sicurezza che...
safe (2) /seɪf/ *n.* cassaforte.
safebreaker /ˈseɪfbreɪkə(r)/ *n.* scassinatore di casseforti.
safeguard /ˈseɪfgɑːd/ *n.* salvaguardia.
to **safeguard** /ˈseɪfgɑːd/ *v. t.* tutelare; salvaguardare.
safekeeping /seɪfˈkiːpɪŋ/ *n.* Ⓤ custodia: **The keys were left in my s.**, le chiavi furono date in custodia a me.
safely /ˈseɪflɪ/ *avv.* ***1*** al sicuro; sano e salvo; senza correre rischi ***2*** con sicurezza; tranquillamente: **We can s. say that...**, possiamo tranquillamente affermare che...
safety /ˈseɪftɪ/ *n.* Ⓤ sicurezza; salvezza: **s. at the workplace**, sicurezza sul lavoro; **to seek s. in flight**, cercare scampo nella fuga • **s. belt**, cintura di sicurezza □ **s. catch**, (*mecc.*) arresto di sicurezza; (*di arma*) sicura □ **s. glass**, cristallo di sicurezza □ (*USA*) **s. island**, salvagente (*per i pedoni*) □ (*ind. min.*) **s. lamp**, lampada di sicurezza □ **s. lock**, chiusura di sicurezza □ **s. match**, fiammifero svedese □ **s. measure**, misura di sicurezza □ **s. net**, rete di protezione □ **s. pin**, spilla di sicurezza (*o* da balia) □ **s. valve**, valvola di sicurezza □ **to play for s.**, non voler correre rischi □ **road s.**, sicurezza stradale □ (*prov.*) **There is s. in numbers**, l'unione fa la forza.
saffron /ˈsæfrən/ ***A*** *n.* Ⓤ zafferano ***B*** *a.* color zafferano.
sag /sæg/ *n.* ***1*** abbassamento; incurvatura; cedimento ***2*** (*econ.*) diminuzione, flessione (*dei prezzi*).
to **sag** /sæg/ *v. i.* ***1*** abbassarsi; incurvarsi; cedere (*specialm. nel mezzo*) ***2*** afflosciarsi; pendere ***3*** (*econ., fin.*) calare; diminuire.
saga /ˈsɑːgə/ *n.* ***1*** saga ***2*** storia lunga e noiosa.
sagacious /səˈgeɪʃəs/ *a.* (*lett.*) sagace; accorto; scaltro.
sagacity /səˈgæsətɪ/ *n.* Ⓤ (*lett.*) sagacia; accortezza; scaltrezza.
sage (1) /seɪdʒ/ *n.* Ⓤ (*bot.*) salvia.
sage (2) /seɪdʒ/ *a. e n.* saggio.
saggy /ˈsægɪ/ *a.* cascante; pendulo.
Sagittarius /sædʒɪˈteərɪəs/ *n.* (*astron., astrol.*) Sagittario.
said /sed/ ***A*** *pass. e p.p. di* **to say** ***B*** *a. attr.* predetto; suddetto.
sail /seɪl/ *n.* ***1*** (*naut.*) vela: **to set s.**, far vela; salpare; **in full s.**, a vele spiegate; **main s.**, vela di maestra; **mizzen s.**, (vela di) mezzana ***2*** pala, ala (*di mulino a vento*) ***3*** gita in barca a vela.
to **sail** /seɪl/ ***A*** *v. i.* ***1*** veleggiare; navigare: **to s. along the**

coast, navigare lungo la costa; **to s. up a river**, risalire un fiume (*navigando*) ***2*** (*sport*) andare in barca a vela; fare della vela: **to s. round the world**, fare il giro del mondo in barca a vela; **to go sailing**, andare in barca a vela ***3*** salpare; far vela (per) ***4*** incedere; scivolare; muoversi con leggerezza ● **to s. through an exam**, superare un esame con facilità ● **to s. against the wind**, (*naut.*) navigare controvento; (*fig.*) andare contro corrente □ **to s. close to the wind**, (*naut.*) stringere il vento, andare di bolina; (*fig.*) rasentare l'illegalità □ (*fam.*) **to s. into sb.**, attaccare (*o* inveire contro) q. □ **to s. round a cape**, doppiare un capo □ **to s. under false colours**, (*naut.*) navigare sotto falsa bandiera; (*fig.*) spacciarsi per quello che non si è ***B*** *v. t.* ***1*** navigare; solcare; attraversare ***2*** governare (*una nave, ecc.*).

sailboard /ˈseɪlbɔːd/ *n.* tavola da windsurf.

sailboat /ˈseɪlbəʊt/ *n.* (*USA*) barca a vela.

sailcloth /ˈseɪlklɒθ, *USA* -ɔːθ/ *n.* [U] tela da vele; tela olona.

sailing /ˈseɪlɪŋ/ *n.* (*naut.*) ***1*** [U] navigazione ***2*** (*sport*) l'andare in barca a vela; la vela ***3*** partenza (*di nave*) ● (*GB*) **s. boat**, barca a vela □ **s. boat race**, regata velica □ **s. ship**, nave a vela; veliero □ **From now on it's all plain s.**, d'ora in poi sarà tutto facile.

sailor /ˈseɪlə(r)/ *n.* marinaio ● **s. hat [suit]**, cappello [vestito] alla marinara □ **to be a bad [a good] s.**, soffrire [non soffrire] il mal di mare.

saint /seɪnt/ *n.* (*abbr. in* **St**) santo (-a): **St Andrew**, Sant'Andrea; **S. Paul**, San Paolo ● **St Bernard**, (cane) sanbernardo □ **one's s.'s day**, onomastico □ **All Saints' Day**, Ognissanti.

saintliness /ˈseɪntlɪnəs/ *n.* [U] santità.

saintly /ˈseɪntlɪ/ *a.* da santo; santo; pio.

sake /seɪk/ *n.* ***1*** — **for God's** (*o* **goodness', Pete's**) **s.**, per amor di Dio; **for my s.**, per amor mio; per me; per il mio bene; **for pity's s.**, per pietà; **for old times' s.**, in ricordo dei tempi passati; **for conscience' s.**, per scrupolo di coscienza; **for the s. of peace**, per il quieto vivere; per amor di pace; **art for art's s.**, l'arte per l'arte ***2*** — **to do st. for the s. of doing it**, fare q.c. per il gusto di farlo; **for argument's s.**, in via puramente teorica; tanto per fare un esempio.

salaam /səˈlɑːm/ *n.* salamelecco.

to **salaam** /səˈlɑːm/ *v. i.* fare salamelecchi.

salable /ˈseɪləbl/ *V.* **saleable**.

salacious /səˈleɪʃəs/ *a.* (*form.*) salace; lascivo; osceno.

salad /ˈsæləd/ *n.* [U] *e* [C] insalata: **green s.**, insalata verde; **potato s.**, insalata di patate; **Russian s.**, insalata russa; **fruit s.**, macedonia (di frutta) ● **s. bowl**, insalatiera □ **s. dressing**, condimento per l'insalata.

salamander /ˈsæləmændə(r)/ *n.* (*zool.*) salamandra.

salami /səˈlɑːmɪ/ *n.* [U] salame.

salaried /ˈsælərɪd/ *a.* stipendiato.

salary /ˈsælərɪ/ *n.* stipendio. ATTENZIONE: **salary ≠ salario**.

sale /seɪl/ *n.* [U] *e* [C] ***1*** vendita; smercio ***2*** liquidazione; svendita; saldi ● **s. price**, prezzo di liquidazione □ **sales campaign**, campagna di vendita □ **sales department**, reparto vendite □ **sales figures**, fatturato □ (*fam.*) **sales pitch** (*o* **talk**), chiacchiera di venditore; discorso da imbonitore □ **auction s.**, vendita all'asta □ **cash s.**, vendita per contanti □ **clearance s.**, liquidazione □ **for s.**, in vendita □ **on s.**, in vendita □ **to put a house up for s.**, mettere in vendita una casa.

saleable /ˈseɪləbl/ *a.* (*comm.*) vendibile; smerciabile.

saleroom /ˈseɪlruːm, -rʊm/ *n.* sala di vendite all'asta.

salesclerk /ˈseɪlzklɑːk, *USA* -klɜːk/ *n.* (*USA*) commesso (-a).

salesgirl /ˈseɪlzgɜːl/, **saleslady** /ˈseɪlzleɪdɪ/ *n.* commessa (*di negozio*).

salesman /ˈseɪlzmən/ *n.* (*pl.* **salesmen** /-mən/) ***1*** commesso (*di negozio*) ***2*** rappresentante di commercio; propagandista.

salesmanship /ˈseɪlzmənʃɪp/ *n.* [U] arte del vendere.

salesperson /ˈseɪlzpɜːsn/ *n.* ***1*** commesso (-a) (*di negozio*) ***2*** rappresentante di commercio; propagandista.

salesroom /ˈseɪlzruːm, -rʊm/ *n.* sala di vendite all'asta.

saleswoman /ˈseɪlzwʊmən/ *n.* (*pl.* **saleswomen** /-wɪmən/) ***1*** commessa (*di negozio*) ***2*** rappresentante di commercio; propagandista.

salient /ˈseɪlɪənt/ ***A*** *a.* saliente ***B*** *n.* (*mil.*) saliente.

saline /ˈseɪlaɪn/ *a.* (*chim.*) salino.

salinity /səˈlɪnətɪ/ *n.* [U] (*chim.*) salinità.

saliva /səˈlaɪvə/ *n.* [U] (*fisiol.*) saliva.

salivary /ˈsælɪvrɪ, səˈlaɪvərɪ, *USA* ˈsælɪverɪ/ *a.* (*fisiol.*) salivale; salivare.

to **salivate** /ˈsælɪveɪt/ *v. i.* salivare.

sallow /ˈsæləʊ/ *a.* (*di carnagione*) giallastro.

sally /ˈsælɪ/ *n.* ***1*** (*mil. e fig.*) sortita ***2*** frecciata; battuta.

to **sally** /ˈsælɪ/ *v. Solo come*:

♦ **sally forth** (*o* **out**) *v. i. + avv.* uscire impetuosamente; lanciarsi.

salmon /ˈsæmən/ ***A*** *n.* (*pl.* **salmon, salmons**) (*zool.*) salmone ***B*** *a.* (color) salmone: **s. pink**, rosa salmone ● **s. trout**, trota salmonata.

salmonella /sælməˈnelə/ *n.* (*med.*) salmonella.

salon /ˈsælɒn, *USA* səˈlɒn/ *n.* ***1*** — **hairdressing s.**, negozio (*o* salone) di parrucchiere; **beauty s.**, istituto di bellezza ***2*** salotto letterario.

saloon /səˈluːn/ *n.* ***1*** sala, salone (*su una nave passeggeri*) ***2*** (*autom., GB, anche* **s. car**) berlina ***3*** (*USA*) saloon ● (*GB*) **s. bar**, sala interna (*di un pub*).

salt /sɔːlt/ ***A*** *n.* [U] *e* [C] sale: **common s.**, sale da cucina; (*farm.*) **Epsom salts**, sale inglese; **smelling salts**, sali (da fiuto); **s.-free**, senza sale ● **the s. of the earth**, una brava persona; brava gente □ **No man worth his s. would put up with it**, nessun uomo degno di questo nome sarebbe disposto a tollerarlo □ (*fam.*) **old s.**, vecchio marinaio; lupo di mare □ (*miner.*) **rock s.**, salgemma □ **to take st. with a grain of s.**, intendere q.c. con un grano di sale □ **white s.**, sale raffinato ***B*** *a. attr.* salato; salmastro: **s. lake**, lago salato; **s. marsh**, stagno salmastro ● **s. mine**, miniera di salgemma □ (*USA*) **s. shaker**, saliera.

to **salt** /sɔːlt/ *v. t.* ***1*** salare; conservare sotto sale; mettere in salamoia: **to s. (down) cod**, salare il merluzzo ***2*** cospargere di sale (*le strade*).

♦ **salt away** *v. t. + avv.* (*fam.*) mettere da parte; mettere via.

saltcellar /ˈsɔːltselə(r)/ *n.* (*GB*) saliera.

saltiness /ˈsɔːltɪnəs/ *n.* [U] salsedine.

saltpan /ˈsɔːltpæn/ *n.* salina.

saltpetre /sɔːltˈpiːtə(r)/ *n.* [U] (*chim.*) salnitro.

saltwater /ˈsɔːltwɔːtə(r), *USA* -wɒ-/ *n.* acqua salata; acqua di mare ● **s. fish**, pesce di mare.

salty /ˈsɔːltɪ/ *a.* ***1*** salato; salino; salso ***2*** (*antiq.*) salace.

salubrious /səˈluːbrɪəs/ *a.* salubre; sano.

salutary /ˈsæljʊtrɪ, *USA* -terɪ/ *a.* salutare.

salutation /sæljʊˈteɪʃn/ *n.* (*form.*) ***1*** [U] *e* [C] saluto ***2*** (*nelle lettere*) formula iniziale.

salute /səˈluːt, -ˈljuːt/ *n.* ***1*** saluto militare ***2*** salva (*di cannone*) ***3*** (*form.*) saluto ● (*mil.*) **to take the s.**, stare sull'attenti (*ricevendo il saluto di truppe che sfilano*).

to **salute** /səˈluːt, -ˈljuːt/ ***A*** *v. t.* ***1*** (*mil. o form.*) salutare ***2*** (*form.*) rendere onore a ***B*** *v. i.* (*mil.*) fare il saluto.

salvage /ˈsælvɪdʒ/ *n.* [U] ***1*** (*naut.*) salvataggio; recupero ***2*** (*comm., naut.*) materiale recuperato ***3*** (*anche* **s. money**) compenso pagato per il recupero marittimo ***4*** (*ind.*) materiale di recupero.

to **salvage** /ˈsælvɪdʒ/ *v. t.* ***1*** (*naut., ind.*) recuperare ***2*** (*fig.*) salvare.

salvation /sælˈveɪʃn/ *n.* [U] salvezza ● **S. Army**, Esercito della Salvezza.

Salvationist /sælˈveɪʃnɪst/ *n.* membro dell'Esercito della Salvezza.

salve /sɑːv, sælv, *USA* sæv/ *n.* [U] *e* [C] pomata; unguento: **lip s.**, burro di cacao.

to **salve** /sɑːv, sælv, *USA* sæv/ *v. t.* — **to s. one's conscience**, mettersi la coscienza in pace.

salver /ˈsælvə(r)/ *n.* vassoio.

salvo /ˈsælvəʊ/ *n.* (*pl.* **salvos, salvoes**) ***1*** (*mil.*) salva (*di artiglieria*) ***2*** scroscio (*di applausi*); bordata (*di fischi*).

Samaritan /səˈmærɪtən/ *a. e n.* samaritano.

same /seɪm/ ***A*** *a.* ***1*** stesso; medesimo: **the s. answer as before**, la stessa risposta di prima; **on the s. day**, nello stesso giorno; **the s. old story**, la solita storia ***2*** stesso; uguale: **We were wearing the s. hat**, portavamo un cappello uguale; **to get the s. pay**, ricevere la stessa paga (*o* una paga uguale) ● **at the s. time**, insieme; contemporaneamente; però; tuttavia □ **to come to the s. thing**, essere sostanzialmente la stessa cosa □ **much the s.**, pressoché uguale □ **the very s.** (*o* **one and the s.**), proprio lo stesso ***B*** *pron.* (lo) stesso; (la) stessa cosa: **I'd do the s. any day**, rifarei la stessa cosa in qualunque momento; **I'll do the s. for you**,

farò altrettanto per te; **He hasn't been the s. since**, da allora è un uomo diverso; **to stay the s.**, rimanere sempre uguale; non cambiare; **I don't feel the s. as he does**, io non la penso come lui • (*fam.*) **S. here!**, anch'io! □ **The s. to you!**, altrettanto! □ **all** (*o* **just**) **the s.**, lo stesso; ugualmente: **I know it's fine, but I'll take an umbrella just the s.**, lo so che è bello, ma prendo l'ombrello lo stesso □ **It is all the s. to me**, per me fa lo stesso; mi è del tutto indifferente ***C*** *avv.* — **the s.**, allo stesso modo.
sameness /ˈseɪmnəs/ *n.* 🅄 ***1*** identità; identicità ***2*** uniformità; monotonia.
samey /ˈseɪmɪ/ *a.* (*fam. GB*) tutto uguale; noioso.
Samoan /səˈməʊən/ *a. e n.* samoano; (abitante) delle isole Samoa.
sample /ˈsɑːmpl, *USA* ˈsæm-/ *n.* ***1*** campione (*anche comm.*): (*med.*) **blood s.**, campione di sangue; **to take a blood s.**, fare un prelievo di sangue; **free s.**, campione omaggio ***2*** (*metall.*) saggio ***3*** (*fig.*) esempio; esemplare; saggio ***4*** (*med., fam.*) campione di orina • **s. collection**, campionario □ **s. copy**, copia di saggio □ (*comm.*) **as per s.**, come da campione □ (*comm.*) **not up to s.**, di qualità inferiore al campione.
to **sample** /ˈsɑːmpl, *USA* ˈsæm-/ *v. t.* ***1*** assaggiare; degustare ***2*** (*fig.*) provare; assaggiare.
sampler /ˈsɑːmplə(r), *USA* ˈsæm-/ *n.* saggio di ricamo; imparaticcio.
sampling /ˈsɑːmplɪŋ/ *n.* 🅄 *e* 🄲 ***1*** (*comm., stat.*) campionamento ***2*** assaggio; (*di vini, ecc.*) degustazione.
sanatorium /sænəˈtɔːrɪəm/ *n.* (*med.*) sanatorio, casa di salute.
sancta /ˈsæŋktə/ *pl. di* **sanctum**.
sanctification /sæŋktɪfɪˈkeɪʃn/ *n.* 🅄 santificazione.
to **sanctify** /ˈsæŋktɪfaɪ/ *v. t.* santificare; consacrare.
sanctimonious /sæŋktɪˈməʊnɪəs/ *a.* santocchio; ipocrita.
sanction /ˈsæŋkʃn/ *n.* 🅄 *e* 🄲 sanzione.
to **sanction** /ˈsæŋkʃn/ *v. t.* sanzionare.
sanctity /ˈsæŋktətɪ/ *n.* 🅄 santità.
sanctuary /ˈsæŋktʃʊərɪ, *USA* -tʃʊerɪ/ *n.* ***1*** (*in una chiesa*) zona dell'altare ***2*** asilo; rifugio: (*stor.*) **to claim s.**, invocare il diritto d'asilo; **to seek s.**, cercare rifugio; rifugiarsi ***3*** riserva (*di animali*).
sanctum /ˈsæŋktəm/ *n.* (*pl.* **sancta**, **sanctums**) ***1*** luogo sacro ***2*** (*anche* **inner s.**, *fam.*) stanza privata; sancta sanctorum.
sand /sænd/ *n.* 🅄 ***1*** sabbia ***2*** (*al pl.*) distesa di sabbia; spiaggia • (*zool.*) **s. fly**, pappataci □ **the sands of time**, lo scorrere del tempo.
to **sand** /sænd/ *v. t.* ***1*** (*anche* **to s. down**) smerigliare; levigare ***2*** cospargere di sabbia.
sandal /ˈsændl/ *n.* sandalo (*calzatura*).
sandalwood /ˈsændlwʊd/ *n.* 🅄 (legno di) sandalo.
sandbag /ˈsændbæg/ *n.* sacchetto di sabbia.
to **sandbag** /ˈsændbæg/ *v. t.* ***1*** proteggere con sacchetti di sabbia ***2*** colpire con un sacchetto di sabbia ***3*** (*fam. USA*) costringere; obbligare: **We were sandbagged into doing it**, ci hanno costretti a farlo.
sandbank /ˈsændbæŋk/ *n.* banco di sabbia; secca.
sandbar /ˈsændbɑː(r)/ *n.* barra di sabbia; secca.
to **sandblast** /ˈsændblɑːst, *USA* -æst/ *v. t.* (*ind.*) sabbiare.
sandbox /ˈsændbɒks/ *n.* (*USA*) buca della sabbia (*per giocare*).
sandcastle /ˈsændkɑːsl, *USA* -kæ-/ *n.* castello di sabbia.
sander /ˈsændə(r)/ *n.* (*mecc.*) levigatrice; smerigliatrice.
sandglass /ˈsændglɑːs, *USA* -æs/ *n.* clessidra.
sandpaper /ˈsændpeɪpə(r)/ *n.* 🅄 carta vetrata.
to **sandpaper** /ˈsændpeɪpə(r)/ *v. t.* cartavetrare; scartavetrare.
sandpiper /ˈsændpaɪpə(r)/ *n.* (*zool.*) piro-piro.
sandpit /ˈsændpɪt/ *n.* ***1*** cava di sabbia ***2*** (*GB*) buca della sabbia (*per giocare*).
sandshoe /ˈsændʃuː/ *n.* (*GB*) scarpa di tela.
sandstone /ˈsændstəʊn/ *n.* 🅄 arenaria.
sandstorm /ˈsændstɔːm/ *n.* tempesta di sabbia.
sandwich /ˈsænwɪdʒ, *USA* -dwɪtʃ/ *n.* sandwich; tramezzino • **s. bar**, snack bar; paninoteca □ **s. board**, cartellone pubblicitario (*portato da un uomo sandwich*) □ **s. man**, uomo sandwich □ **s. course**, corso universitario che comprende periodi di tirocinio □ **s. loaf**, pane a cassetta (affettato).
to **sandwich** /ˈsænwɪdʒ, *USA* -dwɪtʃ/ *v. t.* infilare (*fra due persone o cose*).
sandy /ˈsændɪ/ *a.* ***1*** sabbioso ***2*** color sabbia; (*di capelli*) biondo rossiccio.
sane /seɪn/ *a.* ***1*** sano di mente ***2*** equilibrato; assennato; ragionevole; sensato.
sang /sæŋ/ *pass. di* **to sing**.
sang-froid /sɒŋˈfrwɑː, sɑːŋ-, sæŋ-/ (*franc.*) *n.* 🅄 sangue freddo.
sanguinary /ˈsæŋgwɪnərɪ, *USA* -nerɪ/ *a.* sanguinoso; cruento.
sanguine /ˈsæŋgwɪn/ *a.* ottimistico; fiducioso.
sanitarian /sænɪˈteərɪən/ *n.* (*USA*) igienista.
sanitarium /sænɪˈteərɪəm/ *n.* (*USA*) *V.* **sanatorium**.
sanitary /ˈsænɪtrɪ, *USA* -terɪ/ *a.* sanitario; igienico: **s. fittings**, impianti igienici; **s. towel** (*USA* **napkin**), assorbente igienico.
sanitation /sænɪˈteɪʃn/ *n.* 🅄 ***1*** igiene ***2*** impianti igienici; fognature.
to **sanitize**, (*GB anche*) to **sanitise** /ˈsænɪtaɪz/ *v. t.* ***1*** sanitizzare ***2*** (*spreg.*) rendere innocuo (*espurgando le parti offensive*).
sanity /ˈsænətɪ/ *n.* 🅄 ***1*** sanità di mente ***2*** ragionevolezza; buonsenso.
sank /sæŋk/ *pass. di* **to sink**.
Sanskrit /ˈsænskrɪt/ *n. e a.* sanscrito.
sap (1) /sæp/ *n.* 🅄 (*bot.*) linfa.
sap (2) /sæp/ *n.* (*fam. USA*) sempliciotto; stupido.
to **sap** /sæp/ *v. t.* indebolire; fiaccare.
sapling /ˈsæplɪŋ/ *n.* (*bot.*) alberello.
sapper /ˈsæpə(r)/ *n.* (*mil.*) geniere.
Sapphic /ˈsæfɪk/ *a.* saffico; di Saffo.
sapphire /ˈsæfaɪə(r)/ ***A*** *n.* (*miner.*) zaffiro ***B*** *a. attr.* ***1*** (color) blu zaffiro ***2*** di zaffiro.
sappy /ˈsæpɪ/ *a.* ***1*** ricco di linfa ***2*** (*fam. USA*) sciocco.
sapwood /ˈsæpwʊd/ *n.* 🅄 (*bot.*) alburno.
saraband /ˈsærəbænd/ *n.* (*mus.*) sarabanda.
Saracen /ˈsærəsn/ *n. e a.* (*stor.*) saraceno.
sarcasm /ˈsɑːkæzəm/ *n.* 🅄 sarcasmo.
sarcastic /sɑːˈkæstɪk/ *a.* sarcastico.
sarcoma /sɑːˈkəʊmə/ *n.* (*pl.* **sarcomata** /-mətə/, **sarcomas**) (*med.*) sarcoma.
sarcophagus /sɑːˈkɒfəgəs/ *n.* (*pl.* **sarcophagi** /-gaɪ/, **sarcophaguses**) sarcofago.
sardine /sɑːˈdiːn/ *n.* (*zool.*) sardina.
Sardinian /sɑːˈdɪnɪən/ *a. e n.* sardo.
sardonic /sɑːˈdɒnɪk/ *a.* sardonico.
sargasso /sɑːˈgæsəʊ/ *n.* (*pl.* **sargassos**) (*bot.*) sargasso.
sarge /sɑːdʒ/ *n.* (*mil., fam.*) sergente.
sarsaparilla /sɑːsəpəˈrɪlə/ *n.* 🅄 (*bot.*) salsapariglia.
sartorial /sɑːˈtɔːrɪəl/ *a.* di sarto; di sartoria; sartoriale • **s. elegance**, eleganza nel vestire.
sash (1) /sæʃ/ *n.* fusciacca; fascia.
sash (2) /sæʃ/ *n.* telaio scorrevole (*di finestra*) • **s. window**, finestra a ghigliottina.
to **sashay** /ˈsæʃeɪ/ *v. i.* (*fam. USA*) camminare scioltamente; andarsene; venirsene.
sassafras /ˈsæsəfræs/ *n.* (*bot.*) sassofrasso.
Sassenach /ˈsæsənæk/ *n.* (*spreg. scozz.*) inglese.
sassy /ˈsæsɪ/ *a.* (*fam. USA*) sfacciato.
sat /sæt/ *pass. e p.p. di* **to sit**.
satanic /səˈtænɪk/ *a.* satanico.
satchel /ˈsætʃəl/ *n.* cartella (*di scolaro*).
to **sate** /seɪt/ *v. t.* (*form.*) saziare; appagare.
sateen /sæˈtiːn/ *n.* 🅄 (*ind. tess.*) raso di cotone; rasatello.
satellite /ˈsætəlaɪt/ *n.* (*astron., miss., polit.*) satellite • (*TV*) **s. dish**, antenna parabolica □ **s. town**, città satellite □ **s. television**, televisione via satellite □ **by s.**, via satellite.
to **satiate** /ˈseɪʃɪeɪt/ *v. t.* (*form.*) saziare; satollare.
satiated /ˈseɪʃɪeɪtɪd/ *a.* (*form.*) sazio; satollo.
satiety /səˈtaɪətɪ/ *n.* 🅄 sazietà.
satin /ˈsætɪn, *USA* -tn/ *n.* 🅄 (*ind. tess.*) raso; satin • **s. paper**, carta satinata □ **s. stitch**, punto raso □ **with a s. finish**, satinato.
satiny /ˈsætɪnɪ, *USA* -tnɪ/ *a.* ***1*** satinato; liscio ***2*** lucido; lustro.
satire /ˈsætaɪə(r)/ *n.* 🄲 *e* 🅄 satira.
satiric(al) /səˈtɪrɪk(l)/ *a.* satirico.
to **satirise** /ˈsætəraɪz/ (*GB*) *V.* **to satirize**.
satirist /ˈsætərɪst/ *n.* scrittore satirico.

to **satirize** /ˈsætəraɪz/ *v. t.* satireggiare.
satisfaction /sætɪsˈfækʃn/ *n.* [U] soddisfazione: **much to our s.**, con nostra grande soddisfazione; **to demand [to give, to obtain] s.**, chiedere [dare, avere] soddisfazione • **to make s.**, riparare; risarcire □ **I can prove it to your s.**, posso dimostrartelo in un modo che ti convincerà.
satisfactory /sætɪsˈfæktərɪ/ *a.* soddisfacente; convincente; esauriente.
to **satisfy** /ˈsætɪsfaɪ/ **A** *v. t.* **1** soddisfare; soddisfare a: **to s. an urgent need**, soddisfare (a) un bisogno urgente; **to s. sb.'s desires**, soddisfare i desideri di q.; **to s. one's creditors**, soddisfare i creditori **2** (*spesso al passivo*) convincere; persuadere: **I'm satisfied he meant no harm**, sono convinto che non aveva cattive intenzioni • **to s. the examiners**, superare un esame (con la sufficienza) □ **to s. the requirements**, rispondere ai requisiti **B** *v. i.* dare soddisfazione; essere soddisfacente **C** to **satisfy oneself** *v. rifl.* convincersi; persuadersi.
satisfying /ˈsætɪsfaɪɪŋ/ *a.* **1** soddisfacente; convincente **2** (*di pasto*) che sazia; sostanzioso.
to **saturate** /ˈsætʃəreɪt/ *v. t.* saturare (*anche chim.*); inzuppare; impregnare: **to s. the market**, saturare il mercato.
saturated /ˈsætʃəreɪtɪd/ *a.* inzuppato; saturo: (*chim.*) **s. fat**, grassi saturi.
saturation /sætʃəˈreɪʃn/ *n.* [U] (*anche chim.*) saturazione • **to reach s. point**, raggiungere il punto di saturazione.
Saturday /ˈsætədeɪ, -dɪ/ *n.* sabato. (*Per gli esempi d'uso, V. sotto* **Tuesday**).
saturnine /ˈsætənaɪn/ *a.* malinconico; tetro; cupo.
saturnism /ˈsætənɪzəm/ *n.* [U] (*med.*) saturnismo.
satyr /ˈsætə(r), *USA* ˈseɪ-/ *n.* (*anche fig.*) satiro.
sauce /sɔːs/ *n.* **1** [C] *e* [U] salsa: **tomato s.**, salsa di pomodoro **2** [U] (*fam.*) impertinenza: **None of your s.!**, basta con le tue impertinenze!; **What a s.!**, che faccia tosta! • **s. boat**, salsiera □ **What's s. for the goose is s. for the gander**, quello che vale per l'uno vale anche per l'altro.
to **sauce** /sɔːs/ *v. t.* (*fam.*) fare l'impertinente con.
saucepan /ˈsɔːspən, *USA* -æn/ *n.* casseruola.
saucer /ˈsɔːsə(r)/ *n.* piattino • **flying s.**, disco volante.
saucy /ˈsɔːsɪ/ *a.* (*fam.*) **1** impertinente; sfacciato **2** provocante; spinto.
Saudi /ˈsaʊdɪ/ *a. e n.* saudita.
sauerkraut /ˈsaʊəkraʊt/ *n.* [U] (*cucina*) crauti; cavolo all'agro.
sauna /ˈsɔːnə, ˈsaʊnə/ *n.* sauna.
saunter /ˈsɔːntə(r)/ *n.* passeggiatina; quattro passi (*fam.*).
to **saunter** /ˈsɔːntə(r)/ *v. i.* camminare lentamente e con disinvoltura; passeggiare.
sausage /ˈsɒsɪdʒ, *USA* ˈsɔːs-/ *n.* **1** [U] salsiccia **2** (*al pl.*) salsicce; salumi • (*fam.*) **s. dog**, bassotto □ **s. factory**, salumificio □ (*GB*) **s. roll**, involtino di sfoglia con ripieno di salsiccia □ **Bologna s.**, mortadella.
sauté /ˈsəʊteɪ, *USA* səʊˈteɪ/ (*franc.*) *a.* (*cucina*) al salto; sauté.
to **sauté** /ˈsəʊteɪ, *USA* səʊˈteɪ/ (*franc.*) *v. t.* (*cucina*) saltare (in padella); soffriggere.
savage /ˈsævɪdʒ/ **A** *a.* **1** selvaggio; barbaro; atroce **2** (*fam.*) violento; furibondo **B** *n.* selvaggio.
to **savage** /ˈsævɪdʒ/ *v. t.* **1** (*di animale*) sbranare **2** attaccare violentemente; fare a pezzi.
savagery /ˈsævɪdʒrɪ/ *n.* **1** [U] stato selvaggio **2** [U] ferocia **3** atto feroce; crudeltà.
savanna(h) /səˈvænə/ *n.* (*geogr.*) savana.
savant /ˈsævənt, *USA* sæˈvɑːnt/ (*franc.*) *n.* (*lett.*) sapiente; dotto; erudito.
save (1) /seɪv/ *n.* (*calcio, ecc.*) parata.
save (2) /seɪv/ *prep.* (*form., anche* **s. for**) eccetto; salvo; fuorché; tranne: **all s. one**, tutti tranne uno; **all s. him**, tutti eccetto lui.
to **save** /seɪv/ **A** *v. t.* **1** salvare: **to s. sb. from drowning**, salvare q. che sta per affogare; **to s. sb.'s life**, salvare la vita a q. **2** serbare; tenere in serbo; mettere da parte: **I've saved you some dessert**, ti ho tenuto da parte un po' di dolce; **to s. st. for last**, tenere q.c. per ultimo **3** risparmiare: **to s. money [time, petrol]**, risparmiare denaro [tempo, benzina]; **to s. one's strength**, rsparmiare le forze; **That will s. you a lot of trouble**, ciò ti risparmierà un sacco di guai; **It'll s. me from going back**, mi risparmierà di dover tornare indietro **4** (*calcio, ecc.*) parare • **to s. the day**, salvare la situazione □ **I can't cook to s. my life**, sono completamente negato per la cucina **B** *v. i.* **1** risparmiare; mettere da parte soldi; fare economia: **We're saving (up) to buy a flat**, stiamo mettendo da parte i soldi per comprare un appartamento **2** (*calcio, ecc.*) parare; fare una parata.
saver /ˈseɪvə(r)/ *n.* **1** risparmiatore (-trice) **2** (*nei composti*) cosa che fa risparmiare (*tempo, denaro, ecc.*); risparmio.
saving (1) /ˈseɪvɪŋ/ *a.* **1** che fa risparmiare: **labour-s.**, che fa risparmiare lavoro **2** che redime; che salva: **s. grace**, (unica) qualità che salva; unica buona qualità.
saving (2) /ˈseɪvɪŋ/ *n.* **1** [U] economia **2** (*al pl.*) risparmi: **one's life savings**, i risparmi di tutta una vita • **savings account**, conto di deposito fruttifero □ **savings bank**, cassa di risparmio.
saving (3) /ˈseɪvɪŋ/ *prep.* eccetto; tranne; salvo.
saviour, (*USA*) **savior** /ˈseɪvɪə(r)/ *n.* salvatore; liberatore.
savor, to **savor** /ˈseɪvə(r)/ (*USA*) *V.* **savour, to savour**.
savory /ˈseɪvərɪ/ *n.* [U] **1** (*bot.*) santoreggia **2** (*USA*) *V.* **savoury**.
savour /ˈseɪvə(r)/ *n.* [C] *e* [U] sapore; gusto.
to **savour** /ˈseɪvə(r)/ **A** *v. t.* (*anche fig.*) assaporare; gustare **B** *v. i.* — **to s. of**, sapere di.
savoury /ˈseɪvərɪ/ **A** *a.* **1** saporito; gustoso **2** — **not s.**, *V.* **unsavoury** **3** (*GB*) non dolce; salato **B** *n.* **1** piatto salato **2** (*al pl.*) salatini; crostini.
savoy /səˈvɔɪ/ *n.* (*bot.*) cavolo verza.
savvy /ˈsævɪ/ *n.* [U] (*pop.*) comprendonio; sale in zucca (*fam.*).
saw (1) /sɔː/ *n.* sega.
saw (2) /sɔː/ *n.* detto; proverbio; massima.
saw (3) /sɔː/ *pass. di* **to see**.
to **saw** /sɔː/ (*p.p.* **sawn** *o* **sawed**) *v. t. e i.* segare.
♦ **saw away (at)** *v. i.* + *avv.* (+ *prep.*) suonare con energia (*uno strumento ad arco*).
♦ **saw off** *v. t.* + *avv.* tagliare via; segare.
♦ **saw up** *v. t.* fare a pezzi con la sega; segare.
sawbones /ˈsɔːbəʊnz/ *n.* (*pl. invar.*) (*pop. scherz.*) chirurgo.
sawdust /ˈsɔːdʌst/ *n.* [U] segatura.
sawed-off shotgun /ˈsɔːdɒf ˈʃɒtgʌn/ *locuz. n.* (*USA*) fucile a canne mozze.
sawhorse /ˈsɔːhɔːs/ *n.* cavalletto (*per segare la legna*).
sawmill /ˈsɔːmɪl/ *n.* segheria.
sawn /sɔːn/ *p.p. di* **to saw** • (*GB*) **s.-off shotgun**, fucile a canne mozze.
sax /sæks/ *n.* (*mus., fam.*) sassofono; sax.
saxifrage /ˈsæksɪfreɪdʒ/ *n.* [U] (*bot.*) sassifraga.
Saxon /ˈsæksn/ *a. e n.* sassone (*anche la lingua*) • **S. blue**, blu di Sassonia.
saxophone /ˈsæksəfəʊn/ *n.* (*mus.*) sassofono.
saxophonist /sækˈsɒfənɪst/ *n.* (*mus.*) sassofonista.
say /seɪ/ *n.* — **to have a say (in the matter)**, avere voce in capitolo; **to have one's say**, dire la propria; dare il proprio parere.
to **say** /seɪ/ (*pass. e p.p.* **said**) *v. t. e i.* dire: **I said I didn't know**, ho detto che non sapevo; **He said that his name was Brown**, disse di chiamarsi Brown; **The paper says that...**, il giornale dice che...; sul giornale c'è scritto che...; **It says here that...**, qui c'è scritto che...; **to say one's prayers**, dire le preghiere; **to say goodbye**, dire arrivederci; salutare; **to say goodnight**, dare la buonanotte; **Say what you like, but...**, di' quel che ti pare, ma...; **Say after me**, ripeti dopo di me; **Who can say?**, chi può dirlo? • **to say a lot about st.**, dirla lunga su q.c. □ **to say Mass**, dire messa □ **Say no more!**, non dire altro!; abbiamo capito! □ **to say nothing of**, per non dire di; senza parlare di; senza contare □ **to say to oneself**, dire fra sé; pensare □ **to say the word**, dare l'ordine; dare il via □ **I say!**, senti; di' un po'; ehi! □ **He can't say boo to a goose**, non mette paura a nessuno □ **It goes without saying that...**, va da sé che...; è ovvio che... □ **having said that**, detto questo; tuttavia □ **(let's) say**, diciamo: **You can learn English, say, in three years**, puoi imparare l'inglese, diciamo, in tre anni □ **no sooner said than done**, detto fatto □ **not to say**, per non dire: **It would be foolish, not to say ridiculous, to refuse**, sarebbe stupido, per non dire ridicolo, rifiutare □ **I should say not!**, vorrei vedere! □ **I should say so!**, direi! □ **that is to say**, vale a dire; cioè □ **There is no saying how he will react**, non si

può sapere come la prenderà □ **What have you got to say for yourself?**, che cos'hai da dire per giustificarti? □ **What would you say to...**, che ne diresti di...? □ **when all is said and done**, alla fin fine □ **You can say that again!**, puoi ben dirlo!; altro che! □ **You don't say!**, davvero?; dici sul serio?

saying /ˈseɪɪŋ/ *n.* detto; proverbio: **as the s. is** (*o* **goes**), come dice il proverio; come si suol dire.

say-so /ˈseɪsəʊ/ *n.* — **on sb.'s s.**, solo perché l'ha detto q.; col permesso di q.

scab /skæb/ *n.* ***1*** (*med.*) crosta (*di ferita*) ***2*** [U] (*bot.*) scabbia; rogna ***3*** (*pop.*) crumiro.

scabbard /ˈskæbəd/ *n.* (*mil.*) fodero (*di spada, pugnale*).

scabby /ˈskæbɪ/ *a.* coperto di croste.

scabies /ˈskeɪbiːz/ *n.* [U] (*med.*) scabbia.

scabious /ˈskeɪbɪəs, *USA* ˈskæb-/ *n.* [U] (*bot.*) scabiosa.

scads /skædz/ *n. pl.* (*fam. USA*) — **s. of**, un sacco di.

scaffold /ˈskæfəʊld, *USA* -fld/ *n.* ***1*** (*edil.*) ponteggio; impalcatura ***2*** patibolo.

to **scaffold** /ˈskæfəʊld, *USA* -fld-/ *v. t.* erigere un'impalcatura intorno a.

scaffolding /ˈskæfəʊldɪŋ, *USA* -fld-/ *n.* (*edil.*) ***1*** [U] *e* [C] ponteggio; impalcatura; armatura ***2*** [U] materiale da impalcature.

scalar /ˈskeɪlə(r)/ *a. e n.* (*mat.*) scalare.

scald /skɔːld/ *n.* scottatura, ustione (*con liquidi*).

to **scald** /skɔːld/ *v. t.* ***1*** scottare, ustionare (*con liquidi*) ***2*** (*cucina*) sbollentare. ATTENZIONE: **to scald** ≠ scaldare.

scalding /ˈskɔːldɪŋ/ *a.* (*anche* **s. hot**) bollente ● **s. tears**, lacrime cocenti.

scale (1) /skeɪl/ *n.* ***1*** piatto della bilancia ***2*** (*al pl.*) (*anche* **pair** *o* **set of scales**) bilancia: **bathroom scales**, bilancia pesapersone.

scale (2) /skeɪl/ *n.* ***1*** scaglia; squama ***2*** (*di metallo*) scoria; scaglia ***3*** [U] incrostazione (*di caldaia, ecc.*) ***4*** [U] tartaro (*dei denti*) ● **The scales fell from my eyes**, di colpo capii.

scale (3) /skeɪl/ *n.* ***1*** scala graduata (*di strumento*) ***2*** scala (*di carta geografica*): **a map on a s. of 1 cm to 10 km**, una cartina in scala di 1 a 100.000; **to draw st. to s.**, disegnare q.c. in scala; **s. model**, modello in scala; **small-s. map**, cartina in scala ridotta ***3*** (*mus.*) scala ● **on a large s.**, su larga scala; in grande □ (*econ.*) **pay s.**, scala salariale □ **the social s.**, la scala sociale.

to **scale** (1) /skeɪl/ ***A*** *v. t.* ***1*** togliere le scaglie a; squamare ***2*** disincrostare ***B*** *v. i.* sfaldarsi.

to **scale** (2) /skeɪl/ *v. t.* ***1*** scalare: **to s. a wall**, scalare un muro ***2*** disegnare in scala; rappresentare su scala ***3*** (*mecc., fis.*) graduare.

♦ **scale down** *v. t. + avv.* ridurre progressivamente.

♦ **scale up** *v. t. + avv.* aumentare progressivamente.

scalene /ˈskeɪliːn/ (*geom.*) ***A*** *a.* scaleno ***B*** *n.* triangolo scaleno.

scallion /ˈskæljən/ *n.* (*bot., USA*) cipollotto; scalogno.

scallop /ˈskɒləp, *USA* -æl-, -ɔːl-/ *n.* ***1*** (*zool.*) pettine; capasanta ***2*** (*anche* **s.-shell**) conchiglia di pettine ***3*** (*sartoria*) smerlo.

to **scallop** /ˈskɒləp, *USA* -æl-, -ɔːl-/ *v. t.* ***1*** (*sartoria*) smerlare ***2*** (*cucina*) cuocere al forno con salsa cremosa.

scallywag /ˈskælɪwæg/ *n.* (*scherz.*) scapestrato; briccone.

scalp /skælp/ *n.* ***1*** (*anat.*) cuoio capelluto ***2*** scalpo ● **to be out for sb.'s s.**, volere la testa di q.

to **scalp** /skælp/ *v. t.* ***1*** scotennare ***2*** — (*fam. USA*) **to s. tickets**, fare il bagarino.

scalpel /ˈskælpl/ *n.* (*med.*) bisturi.

scalper /ˈskælpə(r)/ *n.* (*fam. USA*) bagarino.

scaly /ˈskeɪlɪ/ *a.* ***1*** scaglioso; squamoso ***2*** coperto di incrostazioni ● (*zool.*) **s. anteater**, pangolino.

scam /skæm/ *n.* (*pop. USA*) truffa; imbroglio.

scamp /skæmp/ *n.* (*scherz.*) bricconcello.

to **scamper** /ˈskæmpə(r)/ *v. i.* ***1*** correre via; sgattaiolare ***2*** (*anche* **to s. about**) scorrazzare; sgambettare.

scan /skæn/ *n.* (*med.*) ecografia.

to **scan** /skæn/ ***A*** *v. t.* ***1*** scrutare; esaminare ***2*** scorrere (*un giornale, ecc., in cerca di q.c.*) ***3*** scandire (*versi*) ***4*** (*TV, elab.*) analizzare; fare una scansione di; fare lo scanning di; scandire ***5*** (*del radar*) esplorare; scandagliare ***6*** (*med.*) esplorare (*con un apparecchio a scansione*); fare un'ecografia a ***B*** *v. i.* (*di verso*) essere regolare; avere la scansione giusta.

scandal /ˈskændl/ *n.* ***1*** [C] *e* [U] scandalo: **to give rise to s.**, fare scandalo; sollevare uno scandalo ***2*** [U] pettegolezzi; maldicenza: **to talk s.**, fare della maldicenza ***3*** [U] (*leg.*) diffamazione.

to **scandalize**, (*GB anche*) to **scandalise** /ˈskændəlaɪz/ *v. t.* scandalizzare.

scandalmonger /ˈskændlmʌŋgə(r), *USA* -mɒ-/ *n.* seminatore (-trice) di scandali; malalingua.

scandalmongering /ˈskændlmʌŋgərɪŋ, *USA* -mɒ-/ *n.* [U] maldicenza.

scandalous /ˈskændələs/ *a.* ***1*** scandaloso ***2*** diffamatorio.

Scandinavian /skændɪˈneɪvɪən/ *n. e a.* scandinavo.

scanner /ˈskænə(r)/ *n.* ***1*** (*radar, TV, med.*) analizzatore di immagini; scanner ***2*** (*elab.*) decodificatore; scanner; analizzatore ● **bar code s.**, lettore di codice a barre.

scansion /ˈskænʃn/ *n.* [U] (*poesia*) scansione.

scant /skænt/ *a.* scarso; insufficiente: **s. use of st.**, scarso uso di q.c.; **to pay s. attention to st.**, prestare scarsa (*o* poca) attenzione a q.c.

scantily /ˈskæntɪlɪ/ *avv.* succintamente: **s. clad** (*o* **dressed**), vestito succintamente; seminudo.

scanty /ˈskæntɪ/ *a.* ***1*** scarso; magro: **s. meal**, magro pasto; **s. evidence**, prove insufficienti ***2*** (*di vestito*) succinto; ridotto.

scapegoat /ˈskeɪpgəʊt/ *n.* capro espiatorio.

scapegrace /ˈskeɪpgreɪs/ *n.* (*antiq.*) scapestrato; scavezzacollo.

scapula /ˈskæpjʊlə/ (*lat.*) *n.* (*pl.* **scapulae** /-liː/, **scapulas**) (*anat.*) scapola.

scar /skɑː(r)/ *n.* ***1*** (*med.*) cicatrice ***2*** (*fig.*) cicatrice; segno ● (*med.*) **s. tissue**, tessuto cicatriziale.

to **scar** /skɑː(r)/ ***A*** *v. t.* ***1*** lasciare la cicatrice su; sfregiare; deturpare ***2*** (*fig.*) segnare ***B*** *v. i.* (*med.*) cicatrizzarsi.

scarab /ˈskærəb/ *n.* (*zool.*) scarabeo sacro.

scarce /skɛəs/ ***A*** *a.* scarso; insufficiente; che scarseggia; raro: **s. commodity**, prodotto che scarseggia ● (*fam.*) **to make oneself s.**, tagliare la corda; squagliarsela ***B*** *avv.* a mala pena; a stento.

scarcely /ˈskɛəslɪ/ *avv.* ***1*** appena; a mala pena; a stento; sì e no; quasi non: **S. had they arrived, when...**, erano appena arrivati, quando...; **You could s. tell the difference**, si vedeva a stento (*o* quasi non si vedeva) la differenza; **s. ever**, quasi mai; **s. anybody**, quasi nessuno ***2*** certo non: **I could s. tell her the truth, could I?**, non potevo certo dirle la verità, ti pare? ATTENZIONE: **scarcely** ≠ scarsamente.

scarcity /ˈskɛəsətɪ/ *n.* [U] *e* [C] ***1*** scarsezza; scarsità; carenza ***2*** rarità.

scare /skɛə(r)/ ***A*** *n.* ***1*** spavento; paura: **to give sb. a s.**, far prendere uno spavento a q.; fare paura a q. ***2*** reazione di panico: **to cause a s.**, causare il panico ***3*** allarme (*per la sospetta presenza di una bomba, ecc.*) ***B*** *a.* allarmistico: **s. story**, notizia (*o* voce) allarmistica.

to **scare** /skɛə(r)/ *v. t.* spaventare; mettere paura: **to s. sb. to death**, spaventare q. a morte.

♦ **scare away** (*o* **off**) *v. t. + avv.* ***1*** mettere in fuga ***2*** scoraggiare; allontanare.

scarecrow /ˈskɛəkrəʊ/ *n.* (*anche fig.*) spaventapasseri.

scared /skɛəd/ *a.* spaventato; impaurito; che ha paura (di): **I was s. he might see me**, avevo paura che mi vedesse; (*fam.*) **to be s. stiff** (*o* **out of one's wits**), essere spaventato a morte; avere una fifa blu (*fam.*).

scaredy cat /ˈskɛədɪkæt/ *locuz. n.* (*fam. USA*) fifone (-a).

scaremonger /ˈskɛəmʌŋgə(r), *USA* -mɒ-/ *n.* allarmista.

scaremongering /ˈskɛəmʌŋgərɪŋ, *USA* -mɒ-/ *n.* allarmismo.

scarf /skɑːf/ *n.* (*pl.* **scarfs**, **scarves**) ***1*** sciarpa ***2*** (*mil.*) fascia ***3*** foulard.

scarifier /ˈskɛərɪfaɪə(r)/ *n.* (*ind. costr., med., agric.*) scarificatore.

to **scarify** /ˈskɛərɪfaɪ/ *v. t.* ***1*** (*med., agric.*) scarificare ***2*** (*lett.*) criticare severamente.

scarlet /ˈskɑːlət/ *n. e a.* scarlatto ● (*med.*) **s. fever**, scarlattina.

scarp /skɑːp/ *n.* scarpata.

to **scarper** /ˈskɑːpə(r)/ *v. i.* (*pop. GB*) scappare; darsela a gambe.

scarred /skɑːd/ *a.* sfregiato; butterato.

scarves /skɑːvz/ *pl. di* **scarf**.

scary /ˈskɛərɪ/ *a.* (*fam.*) che fa paura; pauroso.

scathing /ˈskeɪðɪŋ/ *a.* aspro; feroce; bruciante: **s. criticism**, critiche feroci; stroncatura.

scatological /skætə'lɒdʒɪkl/ *a.* scatologico.
scatology /skæ'tɒlədʒɪ/ *n.* Ⓤ scatologia.
to **scatter** /'skætə(r)/ ***A*** *v. t.* ***1*** spargere; sparpagliare; disseminare; diffondere: **to s. gravel on a road**, spargere ghiaia su una strada; **to s. light**, diffondere luce ***2*** disperdere; mettere in fuga: **to s. a crowd**, disperdere una folla ***B*** *v. i.* disperdersi; sparpagliarsi.
scatterbrain /'skætəbreɪn/ *n.* persona sventata.
scatterbrained /'skætəbreɪnd/ *a.* sventato.
scattered /'skætəd/ *a.* ***1*** sparso; disseminato ***2*** sporadico; sparso: **s. showers**, piogge sparse.
scattering /'skætərɪŋ/ *n.* gruppetto; manciata.
scatty /'skætɪ/ *a.* (*fam. GB*) svitato; un po' tocco.
to **scavenge** /'skævɪndʒ/ ***A*** *v. t.* ***1*** (*di animale*) cibarsi di (*carogne o rifiuti*) ***2*** recuperare (*tra i rifiuti, ecc.*) ***B*** *v. i.* rovistare tra i rifiuti.
scavenger /'skævɪndʒə(r)/ *n.* ***1*** (*zool.*) animale saprofago ***2*** persona che fruga tra i rifiuti.
scenario /sə'nɑːrɪəʊ, -'nɛə-, *USA* -'næ-/ (*ital.*) *n.* (*pl.* **scenarios**) ***1*** (*teatr., cinem.*) sceneggiatura ***2*** (*fig.*) scenario.
scene /siːn/ *n.* ***1*** scena; luogo: **s. of the crime**, scena (*o* luogo) del delitto; **Waterloo was the s. of a famous battle**, Waterloo fu teatro di una famosa battaglia ***2*** (*teatr., cinem.*) scena: **Othello, Act 1, S. 2**, Otello, atto I, scena II ***3*** spettacolo; vista; veduta ***4*** scenata; scena: **to make a s.**, fare una scenata ***5*** ambiente; mondo: **the drug s.**, l'ambiente della droga; **the political s.**, la situazione politica; il mondo della politica ***6*** (*pop. USA*) cosa preferita; (il proprio) genere: **Jazz is not my s.**, non vado matto per il jazz • (*teatr.*) **s. painter**, scenografo □ (*teatr.*) **s. shifter**, macchinista □ **behind the scenes**, dietro le quinte □ **to have a change of s.**, cambiare aria □ **to come on the s.**, entrare in scena; comparire □ **on the s.**, sul luogo (*di un avvenimento*); sul posto □ **to set the s.**, creare l'atmosfera; creare le premesse.
scenery /'siːnərɪ/ *n.* Ⓤ ***1*** (*teatr.*) scenario ***2*** paesaggio; panorama.
scenic /'siːnɪk/ *a.* ***1*** (*teatr.*) scenico ***2*** naturale; del panorama; panoramico: **s. beauty**, bellezza naturale; bellezza del panorama; **s. route**, strada panoramica • **s. railway**, ferrovia in miniatura (*in un luna park*).
scent /sɛnt/ *n.* ***1*** Ⓤ *e* Ⓒ profumo; fragranza ***2*** Ⓤ (*GB*) profumo; essenza: **bottle of s.**, boccetta di profumo ***3*** (*caccia e fig.*) pista; traccia: **to pick up the s.**, seguire la traccia; **The s. has gone cold**, è una traccia vecchia • **to throw sb. off the s.**, mettere q. su una falsa pista; sviare q.
to **scent** /sɛnt/ *v. t.* ***1*** (*di animali*) fiutare ***2*** (*fig.*) aver sentore di; subodorare ***3*** profumare.
♦ **scent out** *v. t. + avv.* scoprire (*selvaggina, ecc.,*) col fiuto.
scented /'sɛntɪd/ *a.* profumato; odoroso.
scepter /'sɛptə(r)/ (*USA*) *V.* **sceptre**.
sceptic /'skɛptɪk/ *n.* (*anche filos.*) scettico.
sceptical /'skɛptɪkl/ *a.* (*anche filos.*) scettico.
scepticism /'skɛptɪsɪzəm/ *n.* Ⓤ (*anche filos.*) scetticismo.
sceptre /'sɛptə(r)/ *n.* scettro.
schedule /'ʃɛdjuːl, *USA* 'skɛdʒəl/ *n.* ***1*** elenco (*di cose da fare*); tabella di marcia ***2*** (*specialm. USA*) orario (*dei treni, ecc.*) ***3*** (*ind.*) programma; piano • (**according**) **to s.**, secondo il previsto □ **behind** [**ahead of**] **s.**, in ritardo [in anticipo] sul previsto.
to **schedule** /'ʃɛdjuːl, *USA* 'skɛdʒəl/ *v. t.* ***1*** fissare; mettere in programma; programmare ***2*** inserire in un orario • (*aeron.*) **scheduled flight**, volo di linea.
schema /'skiːmə/ *n.* (*pl.* **schemata** /-mətə/) schema; diagramma.
schematic /skɪ'mætɪk, skiː-/ *a.* schematico.
to **schematize**, (*GB anche*) to **schematise** /'skiːmətaɪz/ *v. t.* schematizzare.
scheme /skiːm/ *n.* ***1*** progetto; programma: **pension s.**, programma pensionistico; **crazy s.**, progetto folle ***2*** sistema; combinazione: **colour s.**, combinazione di colori ***3*** piano; macchinazione; trama.
to **scheme** /skiːm/ *v. i.* ***1*** fare progetti ***2*** tramare; complottare.
schemer /'skiːmə(r)/ *n.* cospiratore (-trice); intrigante.
scheming /'skiːmɪŋ/ ***A*** *a.* intrigante ***B*** *n.* Ⓤ intrighi; trame.
schism /'skɪzəm, 'sɪz-/ *n.* Ⓤ *e* Ⓒ (*relig.*) scisma.
schismatic /skɪz'mætɪk, sɪz-/ *a. e n.* (*relig.*) scismatico.
schist /ʃɪst/ *n.* Ⓤ *e* Ⓒ (*geol.*) scisto.
schizoid /'skɪtsɔɪd, -dz-/ *a. e n.* (*psic.*) schizoide.
schizophrenia /skɪtsəʊ'friːnɪə, -ɛn-/ *n.* Ⓤ (*psic.*) schizofrenia.
schizophrenic /skɪtsəʊ'frɛnɪk/ *a. e n.* (*psic.*) schizofrenico.
schlock /ʃlɒk/ *n.* Ⓤ (*fam. USA*) robaccia.
schmaltz /ʃmɔːlts, -æl-, *USA* -ɔːl-, -ɑːl-/ *n.* Ⓤ (*fam.*) sentimentalismo; sdolcinatezza.
schmaltzy /'ʃmɔːltsɪ, -æl-, *USA* -ɔːl-, -ɑːl-/ *a.* (*fam.*) sentimentale; sdolcinato.
schmuck /ʃmʌk/ *n.* (*fam. USA*) ***1*** idiota; fesso ***2*** bastardo; stronzo (*volg.*).
scholar /'skɒlə(r)/ *n.* ***1*** studioso (-a); dotto (-a); erudito (-a) ***2*** borsista; vincitore di una borsa di studio • (*fam.*) **I'm not much of a s.**, non ho fatto grandi studi. ATTENZIONE: **scholar** ≠ scolaro.
scholarly /'skɒləlɪ/ *a.* dotto; erudito.
scholarship /'skɒləʃɪp/ *n.* ***1*** Ⓤ erudizione; cultura; sapere ***2*** borsa di studio.
scholastic /skə'læstɪk/ *a.* (*anche filos.*) scolastico.
scholasticism /skə'læstɪsɪzəm/ *n.* Ⓤ (*filos.*) scolastica.
school (**1**) /skuːl/ *n.* ***1*** Ⓒ *e* Ⓤ scuola: **to go to s.**, andare a scuola; frequentare la scuola; **to leave s.**, lasciare la scuola; finire gli studi; **There will be no s. tomorrow**, domani non c'è scuola; **driving s.**, scuola guida; **s. of thought**, scuola di pensiero; **the Flemish s. of painting**, la scuola fiamminga (di pittura) ***2*** (*specialm. USA*) facoltà (universitaria): **law** [**medical**] **s.**, facoltà di giurisprudenza [di medicina] • **s. age**, età scolare □ **s. book**, testo scolastico □ **s. bus**, scuolabus □ **s. friend**, compagno (-a) di scuola □ **s. leaver**, diplomando (-a); neodiplomato (-a) □ **s.-leaving age**, età dell'adempimento dell'obbligo scolastico □ (*fam.*) **the s. of hard knocks**, la dura scuola dell'esperienza □ **s. report**, scheda di valutazione scolastica; pagella □ **s. year**, anno scolastico □ **of the old s.**, di vecchio stampo.
school (**2**) /skuːl/ *n.* banco, frotta (*di pesci*).
to **school** /skuːl/ *v. t.* ***1*** istruire; ammaestrare ***2*** dominare; tenere a freno: **to s. one's feelings**, dominare i propri sentimenti • **to be schooled by adversity**, formarsi alla scuola dell'avversità.
schoolboy /'skuːlbɔɪ/ *n.* scolaro; ragazzino • **s. slang**, gergo dei ragazzini.
schooldays /'skuːldeɪz/ *n. pl.* anni di scuola.
schoolgirl /'skuːlgɜːl/ *n.* scolara; ragazzina.
schoolhouse /'skuːlhaʊs/ *n.* (*USA*) scuola (*edificio*).
schooling /'skuːlɪŋ/ *n.* Ⓤ istruzione; educazione scolastica.
schoolmaster /'skuːlmɑːstə(r), *USA* -æs-/ *n.* (*antiq. GB*) insegnante; professore.
schoolmate /'skuːlmeɪt/ *n.* compagno (-a) di scuola.
schoolmistress /'skuːlmɪstrɪs/ *n.* (*antiq. GB*) insegnante; professoressa.
schoolroom /'skuːlruːm, -rʊm/ *n.* aula; classe.
schoolteacher /'skuːltiːtʃə(r)/ *n.* insegnante.
schoolwork /'skuːlwɜːk/ *n.* Ⓤ studio; compiti.
schooner /'skuːnə(r)/ *n.* ***1*** (*naut.*) goletta ***2*** (*GB*) bicchiere da sherry ***3*** (*USA*) boccale da birra.
sciatic /saɪ'ætɪk/ *a.* (*anat.*) sciatico: **s. nerve**, nervo sciatico.
sciatica /saɪ'ætɪkə/ *n.* Ⓤ (*med.*) sciatica.
science /'saɪəns/ *n.* ***1*** Ⓤ *e* Ⓒ scienza ***2*** Ⓤ (*sport*) tecnica; abilità • **s. fiction**, fantascienza □ **man of s.**, scienziato □ **natural s.**, le scienze naturali □ **social sciences**, le scienze sociali.
scientific /saɪən'tɪfɪk/ *a.* scientifico.
scientifically /saɪən'tɪfɪklɪ/ *avv.* scientificamente.
scientist /'saɪəntɪst/ *n.* scienziato (-a).
sci-fi /'saɪfaɪ/ *n.* Ⓤ (*fam.*) fantascienza.
scimitar /'sɪmɪtə(r)/ *n.* scimitarra.
scintilla /sɪn'tɪlə/ *n.* barlume; briciolo.
to **scintillate** /'sɪntɪleɪt/ *v. i.* ***1*** scintillare ***2*** (*fig.*) scintillare; brillare.
scintillating /'sɪntɪleɪtɪŋ/ *a.* (*specialm. di conversazione*) brillante; scintillante.
sciolism /'saɪəlɪzəm/ *n.* nozionismo.
sciolist /'saɪelɪstɪk/ *a.* nozionistico.
scion /'saɪən/ *n.* rampollo, discendente (*di famiglia nobile*).
scission /'sɪʒn, 'sɪʃn/ *n.* Ⓤ *e* Ⓒ scissione.
scissors /'sɪzəz/ *n. pl.* ***1*** forbici: **pair of s.**, paio di forbici ***2*** (*atletica*) salto a forbici • (*fam.*) **s.-and-paste job**, lavoro di forbici e colla □ (*nuoto*) **s. kick**, sforbiciata.
sclerosis /sklə'rəʊsɪs/ *n.* (*pl.* **scleroses** /-siːz/) (*med.*) scle-

rosi.
sclerotic /sklə'rɒtɪk/ ***A*** *a.* (*med.*) sclerotico ***B*** *n.* (*anat.*) sclerotica.
to **scoff** (**1**) /skɒf, *USA* skɔːf/ *v. i.* farsi beffe; schernire: **to s. at sb.**, farsi beffe di q.
to **scoff** (**2**) /skɒf, *USA* skɔːf/ *v. t.* (*fam. GB*) ingozzarsi di; divorare; far fuori.
scoffer /'skɒfə(r), *USA* 'skɔːf-/ *n.* derisore; schernitore (-trice).
scoffing /'skɒfɪŋ, *USA* 'skɔːf-/ ***A*** *a.* beffardo; derisorio ***B*** *n.* U derisione; dileggio; scherno.
scold /skəʊld/ *n.* bisbetica; brontolona.
to **scold** /skəʊld/ *v. t.* sgridare; rimbrottare.
scolding /'skəʊldɪŋ/ *n.* sgridata; rimbrotto.
scoliosis /skɒlɪ'əʊsɪs, *USA* skəʊl-/ *n.* (*pl.* **scolioses** /-siːz/) (*med.*) scoliosi.
sconce /skɒns/ *n.* candelabro a muro; applique (*franc.*).
scone /skɒn, -əʊn, *USA* skəʊn, -ɒn/ *n.* (*cucina*) scone; pastina da tè.
scoop /skuːp/ *n.* ***1*** cucchiaio dosatore; paletta (*per zucchero, farina, ecc.*) ***2*** cucchiatata; mestolata; palettata; pallina (*di gelato*) ***3*** (*mecc.*) cucchiaia ***4*** (*giorn.*) scoop; notizia in esclusiva.
to **scoop** /skuːp/ *v. t.* ***1*** prendere, togliere (*con un cucchiaio, un mestolo, ecc.*) ***2*** raccogliere; sollevare ***3*** (*giorn.*) battere (*un altro giornale*) ***4*** (*fam. USA*) battere (*un concorrente*).
♦ **scoop out** *v. t. + avv.* prendere (*con un cucchiaio, una paletta*).
♦ **scoop up** *v. t. + avv.* tirar su; raccogliere in fretta.
to **scoot** /skuːt/ *v. i.* (*fam.*) filar via; darsela a gambe.
scooter /'skuːtə(r)/ *n.* ***1*** monopattino ***2*** motoretta.
scope /skəʊp/ *n.* U ***1*** ambito; campo d'azione; portata: **to broaden the s. of an enquiry**, allargare il campo di un'inchiesta; **within the s. of**, entro i limiti di ***2*** capacità; possibilità; opportunità: **s. for improvement**, possibilità di miglioramento. ATTENZIONE: **scope** ≠ scopo.
scorch /skɔːtʃ/ *n.* bruciatura superficiale; strinatura.
to **scorch** /skɔːtʃ/ ***A*** *v. t.* ***1*** bruciacchiare; strinare; abbrustolire; scottare ***2*** (*del sole*) inaridire ***B*** *v. i.* ***1*** bruciarsi; bruciacchiarsi; scottarsi ***2*** (*fam. GB*) andare a tutta velocità; andare sparato.
scorched /skɔːtʃt/ *a.* bruciato; inaridito • (*mil.*) **s. earth policy**, tattica della terra bruciata.
scorcher /'skɔːtʃə(r)/ *n.* (*fam.*) giornata torrida.
scorching /'skɔːtʃɪŋ/ *a.* scottante; cocente • **s. heat**, caldo infernale.
score /skɔː(r)/ *n.* ***1*** punteggio; punti: **to keep the s.**, segnare i punti ***2*** conto; debito: **to settle an old s.**, saldare un vecchio conto ***3*** (*mus.*) partitura; spartito ***4*** (*teatr., TV*) musica; (*cinem.*) colonna sonora, musica ***5*** gruppo di venti; ventina ***6*** argomento; riguardo: **Don't worry on that s.**, non preoccuparti per questo ***7*** frego; segno; riga; graffio, incisione ***8*** (*pop.*) botta di fortuna ***9*** (*pop.*) acquisto di droga • **scores of people**, un sacco di gente □ (*fam.*) **to know the s.**, conoscere la situazione; sapere come stanno le cose.
to **score** /skɔː(r)/ ***A*** *v. t.* ***1*** segnare, fare (*punti*); (*calcio*) segnare (*una rete*) ***2*** ottenere; riportare: **to s. an advantage**, ottenere un vantaggio ***3*** (*mus.*) orchestrare ***4*** segnare; solcare; intaccare; graffiare; rigare ***B*** *v. i.* ***1*** (*sport*) segnare; fare punti ***2*** avere successo; far centro ***3*** (*sport*) segnare il punteggio; fare il segnapunti ***4*** (*pop.*) farsi una ragazza; concludere ***5*** (*pop.*) procurarsi droga.
♦ **score off** *v. i. + prep.* (*fam.*) avere la meglio su (*in una discussione, ecc.*).
♦ **score out** *v. t. + avv.* cancellare; tirare un frego su.
scoreboard /'skɔːbɔːd/ *n.* tabellone (segnapunti).
scorecard /'skɔːkɑːd/ *n.* (*sport*) cartoncino segnapunti.
scorekeeper /'skɔːkiːpə(r)/ *n.* (*sport*) segnapunti.
scoreless /'skɔːlɛs/ *a.* (*sport*) zero a zero.
scoreline /'skɔːlaɪn/ *n.* (*sport, specialm. calcio, rugby*) risultato.
scorer /'skɔːrə(r)/ *n.* (*sport*) ***1*** segnapunti ***2*** marcatore; cannoniere; chi segna; chi ha segnato.
scoring /'skɔːrɪŋ/ *n.* U ***1*** (*sport*) (il) segnare ***2*** punteggio; punti ***3*** (*mus.*) orchestrazione ***4*** (*mecc.*) rigatura.
scorn /skɔːn/ *n.* U disprezzo; disdegno; scherno • **to pour s. on sb.** [**st.**], schernire q. [q.c.].
to **scorn** /skɔːn/ *v. t.* sdegnare; disdegnare.
scornful /'skɔːnfl/ *a.* sdegnoso; sprezzante.
Scorpio /'skɔːpɪəʊ/ *n.* (*astron., astrol.*) Scorpione.
scorpion /'skɔːpɪən/ *n.* (*zool.*) scorpione.
Scot /skɒt/ *n.* scozzese: **the Scots**, gli Scozzesi.
scot /skɒt/ *n.* — **to go** (*o* **to get off**) **s.-free**, cavarsela senza danno; farla franca.
Scotch /skɒtʃ/ ***A*** *a.* scozzese (*solo di prodotti, cibi, ecc., specialm. whisky*) ***B*** *n.* U e C whisky scozzese • (*USA*) **S. tape** ®, nastro adesivo; scotch.
to **scotch** /skɒtʃ/ *v. t.* stroncare sul nascere; mettere a tacere.
Scots /skɒts/ ***A*** *a.* scozzese ***B*** *n.* U dialetto scozzese.
Scotsman /'skɒtsmən/ *n.* (*pl.* **Scotsmen** /-mən/) scozzese (*m.*).
Scotswoman /'skɒtswʊmən/ *n.* (*pl.* **Scotswomen** /-wɪmən/) scozzese (*f.*).
Scottish /'skɒtɪʃ/ *a.* scozzese.
scoundrel /'skaʊndrəl/ *n.* (*form.*) canaglia; furfante; mascalzone.
to **scour** (**1**) /'skaʊə(r)/ *v. t.* pulire sfregando; strofinare • (*ind.*) **to s. wool**, sgrassare la lana.
to **scour** (**2**) /'skaʊə(r)/ *v. t.* perlustrare; setacciare; battere palmo a palmo: **to s. the woods for sb.**, perlustrare i boschi alla caccia di q.
scourer /'skaʊərə(r)/ *n.* paglietta (*per lucidare pentole, ecc.*).
scourge /skɜːdʒ/ *n.* flagello (*anche fig.*); sferza; frusta.
to **scourge** /skɜːdʒ/ *v. t.* ***1*** flagellare; sferzare; frustare ***2*** opprimere; tormentare.
scout /skaʊt/ *n.* ***1*** (*mil.*) esploratore ***2*** (*aeron.*) ricognitore ***3*** (*anche* **boy s.**) giovane esploratore ***4*** (*anche* **talent s.**) scopritore di talenti.
to **scout** /skaʊt/ ***A*** *v. t.* esplorare; perlustrare ***B*** *v. i.* (*mil.*) esplorare; andare in ricognizione • **to s. about** (*o* **around**) **for sb.** [**st.**], andare in cerca di q. [q.c.].
scowl /skaʊl/ *n.* cipiglio; sguardo corrucciato (*o* torvo).
to **scowl** /skaʊl/ *v. i.* aggrottare le ciglia; accigliarsi; imbronciarsi • **to s. at sb.**, guardare torvo q.
scowling /'skaʊlɪŋ/ *a.* accigliato; imbronciato; minaccioso; torvo.
to **scrabble** /'skræbl/ *v. i.* ***1*** grattare; raspare ***2*** (*generalm.* **to s. about**) tastare attorno; cercare a tentoni.
scraggly /'skræglɪ/ *a.* (*fam. USA*) incolto; ispido.
scraggy /'skrægɪ/ *a.* ***1*** magro; ossuto ***2*** ruvido; scabro.
to **scram** /skræm/ *v. i.* (*pop.*) sloggiare; battersela: **S.!**, sparisci!; sloggia!; **Let's s.!**, squagliamocela!
scramble /'skræmbl/ *n.* ***1*** arrampicata ***2*** mischia; parapiglia; tafferuglio ***3*** (*sport*) gara di motocross.
to **scramble** /'skræmbl/ ***A*** *v. i.* ***1*** arrampicarsi; inerpicarsi ***2*** accapigliarsi; azzuffarsi: **to s. for st.**, accapigliarsi per prendere q.c. ***3*** (*aeron. mil.*) decollare rapidamente ***B*** *v. t.* ***1*** (*cucina*) strapazzare (*uova*) ***2*** (*radio, telef.*) rendere indecifrabile; rimescolare.
scrambled /'skræmbld/ *a.* — **s. eggs**, uova strapazzate.
scrambler /'skræmblə(r), -bəl-/ *n.* (*radio, telef.*) dispositivo per codificare messaggi; rimescolatore.
scrap (**1**) /skræp/ *n.* ***1*** pezzetto; frammento; brano: **s. of paper**, pezzo di carta; **scraps of news**, notizie frammentarie; **not a s. of truth**, neanche un briciolo di verità ***2*** U rottami: **to sell a car for s.**, vendere una macchina come rottame; **s. iron**, rottami di ferro; **s. metal**, rottami; ferraglia ***3*** (*al pl.*) avanzi (*di cibo*); rimasugli ***4*** (*al pl.*) ritagli (*di giornale*) • **s. merchant**, rottamaio □ **s. paper**, carta riutilizzabile; carta per appunti □ **to throw sb.** [**st.**] **on the s. heap**, mettere q. [q.c.] nel dimenticatoio; disfarsi di q. [q.c.].
scrap (**2**) /skræp/ *n.* (*fam.*) baruffa; zuffa.
to **scrap** (**1**) /skræp/ *v. t.* ***1*** gettare via; scartare ***2*** demolire; smantellare; rottamare.
to **scrap** (**2**) /skræp/ *v. i.* (*fam.*) azzuffarsi.
scrapbook /'skræpbʊk/ *n.* album di ritagli di giornale, fotografie, ecc.
scrape /skreɪp/ *n.* ***1*** raschiatura ***2*** stridio; stridore ***3*** graffio; scorticatura ***4*** pasticcio; guaio: **to get into a s.**, cacciarsi in un guaio; **to get out of a s.**, trarsi d'impaccio.
to **scrape** /skreɪp/ ***A*** *v. t.* ***1*** raschiare; grattare; scrostare: **to s. the bottom of the barrel**, raschiare il fondo del barile (*fig.*) ***2*** sfregare; strisciare; graffiare ***3*** scorticare, sbucciare, spellare (*il gomito, ecc.*) ***4*** (*mecc.*) raschiettare • **to s.** (**on**) **the fiddle**, grattare il violino □ **to s. a living**, sbarcare il lunario ***B*** *v. i.* ***1*** scricchiolare; stridere ***2*** fare economia.

♦ **scrape along** (*o* **by**) *v. i.* + *avv.* tirare avanti; vivacchiare.
♦ **scrape in** *v. i.* + *avv.* essere ammesso per il rotto della cuffia (*all'università, ecc.*).
♦ **scrape off** (*o* **out**) *v. t.* + *avv. o prep.* raschiar via; scrostare: **to s. paint off a wall**, raschiar via la vernice da una parete.
♦ **scrape through** ***A*** *v. i.* + *avv.* farcela a malapena; cavarsela per il rotto della cuffia ***B*** *v. i.* + *prep.* superare (*un esame*) per il rotto della cuffia.
♦ **scrape together** (*o* **up**) *v. t.* + *avv.* mettere insieme a fatica; racimolare; raggranellare.
scraper /ˈskreɪpə(r)/ *n.* ***1*** (*mecc.*) raschietto; raschino ***2*** raschino; puliscipiedi.
scrapings /ˈskreɪpɪŋz/ *n. pl.* raschiatura; ritagli.
scrapper /ˈskræpə(r)/ *n.* ***1*** attaccabrighe ***2*** pugile combattivo.
scrappy /ˈskræpɪ/ *a.* ***1*** sconnesso; senza capo né coda ***2*** improvvisato; arrangiato.
scrapyard /ˈskræpjɑːd/ *n.* cantiere di demolizione.
scratch (**1**) /skrætʃ/ *n.* ***1*** graffio; scalfittura ***2*** grattata ***3*** suono stridulo; scricchiolio ***4*** scarabocchio • **a s. of the pen**, un tratto di penna □ (*sport*) **s. race**, corsa a pari condizioni per tutti i concorrenti □ **to start from s.**, cominciare da zero □ **up to s.**, di buon livello; di qualità accettabile; all'altezza.
scratch (**2**) /skrætʃ/ *a.* eterogeneo; improvvisato.
to **scratch** /skrætʃ/ ***A*** *v. t.* ***1*** grattare; sfregare; strofinare: **to s. one's head**, grattarsi la testa ***2*** graffiare ***3*** (*sport*) ritirare (*da una corsa*) ***4*** cancellare; abbandonare; ritirare: **We scratched that idea**, abbandonammo quell'idea • **to s. the surface of a problem**, scalfire appena un problema □ **You s. my back and I'll s. yours**, una mano lava l'altra ***B*** *v. i.* ***1*** graffiare; raspare ***2*** grattarsi ***3*** scricchiolare; stridere ***4*** (*sport*) ritirarsi ***5*** razzolare.
♦ **scratch about** *v. i.* + *avv.* razzolare.
♦ **scratch out** *v. t.* + *avv.* cancellare.
scratch-pad /ˈskrætʃpæd/ *n.* (*USA*) blocchetto per appunti.
scratchy /ˈskrætʃɪ/ *a.* ***1*** (*di scritto*) scarabocchiato; illeggibile ***2*** (*di disco*) graffiato; che gratta; pieno di fruscii ***3*** (*di stoffa, ecc.*) ruvido; che gratta.
scrawl /skrɔːl/ *n.* ***1*** scarabocchio ***2*** scrittura illeggibile.
to **scrawl** /skrɔːl/ *v. t. e i.* scarabocchiare.
scrawly /ˈskrɔːlɪ/ *a.* pieno di scarabocchi; (*di scrittura*) illeggibile.
scrawny /ˈskrɔːnɪ/ *a.* (*fam.*) scarno; pelle e ossa.
scream /skriːm/ *n.* ***1*** grido; urlo ***2*** (*di cose*) fischio; stridore; urlo ***3*** (*fam.*) persona (*o* cosa) spassosa: **Tom's a real s.**, Tom è uno vero spasso (*o* è una vera sagoma).
to **scream** /skriːm/ *v. i. e t.* ***1*** gridare; urlare: **I screamed out to him not to move**, gli urlai di non muoversi; **to s. for help**, gridare aiuto ***2*** (*di cose*) fischiare; stridere • **to s. with laughter**, sbellicarsi dalle risa.
screaming /ˈskriːmɪŋ/ *a.* ***1*** urlante ***2*** (*di cosa*) che fischia; che stride ***3*** (*di titolo di giornale*) sensazionale.
screamingly /ˈskriːmɪŋlɪ/ *avv.* — **s. funny**, spassosissimo; da morire dal ridere.
scree /skriː/ *n.* [U] breccia; pietrisco.
screech /skriːtʃ/ *n.* ***1*** grido acuto; strillo ***2*** stridore; stridio.
to **screech** /skriːtʃ/ ***A*** *v. i.* ***1*** strillare ***2*** stridere: **to s. to a halt**, (*di automobile*) arrestarsi con uno stridio di gomme ***B*** *v. t.* strillare.
screech owl /ˈskriːtʃ aʊl/ *locuz. n.* (*zool.*) barbagianni.
screed /skriːd/ *n.* (*fam.*) pappardella; tirata.
screen /skriːn/ *n.* ***1*** paravento ***2*** (*anche* **fire s.**) parafuoco ***3*** riparo; schermo; barriera ***4*** divisorio; tramezzo ***5*** balaustra (*fra la navata e il coro*) ***6*** (*cinem., TV*) schermo: (*fam.*) **big** [**small**] **s.**, grande [piccolo] schermo ***7*** (*fotogr., tipogr.*) retino ***8*** (*anche* **s. door**) telaio (*di porta, finestra*) con reticella; zanzariera • (*cinem., TV*) **s. test**, provino □ (*mil. e fig.*) **smoke s.**, cortina fumogena.
to **screen** /skriːn/ *v. t.* ***1*** difendere; proteggere; nascondere; riparare; schermare (*anche elettr., fotogr., mecc., ecc.*) ***2*** coprire (*fig.*); proteggere; sottrarre al biasimo ***3*** (*cinem.*) proiettare; dare ***4*** (*TV*) trasmettere; mandare in onda ***5*** setacciare; vagliare; passare al vaglio; fare una cernita ***6*** (*biol., med.*) fare lo screening di.
♦ **screen off** *v. t.* + *avv.* separare (*con un paravento, un tramezzo, ecc.*).
♦ **screen out** *v. t.* + *avv.* ***1*** riparare da; impedire di entrare a ***2*** scartare (*a un vaglio*).
screening /ˈskriːnɪŋ/ *n.* ***1*** (*cinem.*) proiezione ***2*** (*TV*) trasmissione; messa in onda ***3*** (*biol., med.*) screening.
screenplay /ˈskriːnpleɪ/ *n.* (*cinem., TV*) sceneggiatura.
screenwriter /ˈskriːnraɪtə(r)/ *n.* (*cinem., TV*) sceneggiatore (-trice).
screw /skruː/ *n.* ***1*** vite ***2*** (*aeron., naut.*) elica ***3*** avvitata; giro (*di vite*) ***4*** (*pop.*) secondino ***5*** (*volg.*) scopata; chiavata • (*aeron., naut.*) **s. propeller**, propulsore a elica □ **s. top**, tappo a vite □ (*fam.*) **to have a s. loose**, mancare di una rotella; essere svitato □ (*fam.*) **to put the screws on sb.**, far pressione su q.; mettere sotto pressione q.
to **screw** /skruː/ ***A*** *v. t.* ***1*** (*anche* **to s. up, to s. down**) avvitare; fissare con viti; chiudere (*avvitando*): **to s. the lid on st.**, avvitare il coperchio su q.c.; **to s. down the lid of a coffin**, fissare con viti il coperchio di una bara ***2*** (*anche* **to s. up**) accartocciare; appallottare ***3*** (*pop.*) estorcere; strappare: **to s. money out of sb.**, estorcere denaro a q. ***4*** (*volg.*) scopare; chiavare ***5*** (*pop.*) fregare; bidonare • **to have one's head screwed on right**, avere la testa sulle spalle □ (*volg.*) **S. you!**, vaffanculo! ***B*** *v. i.* (*anche* **to s. on**) avvitarsi.
♦ **screw off** *v. i.* + *avv.* svitarsi.
♦ **screw up** *v. t.* + *avv.* ***1*** accartocciare; appallottare ***2*** strizzare (*gli occhi*) ***3*** (*pop.*) sconvolgere; traumatizzare ***4*** (*pop.*) incasinare; mandare a puttane • **to s. up one's courage**, farsi coraggio □ **to s. up one's face**, fare una smorfia.
screwball /ˈskruːbɔːl/ *n.* matto (-a); svitato (-a); pazzoide • (*cinem.*) **s. comedy**, commedia demenziale.
screwdriver /ˈskruːdraɪvə(r)/ *n.* cacciavite.
screwed-up /ˈskruːdˈʌp/ *a.* (*fam.*) che ha dei problemi; incasinato; sconvolto.
screwy /ˈskruːɪ/ *a.* (*fam.*) tocco; svitato.
scribble /ˈskrɪbl/ *n.* [U] *e* [C] ***1*** scarabocchio; sgorbio ***2*** scrittura illeggibile; scarabocchi.
to **scribble** /ˈskrɪbl/ *v. t. e i.* ***1*** scribacchiare ***2*** scarabocchiare; scrivere in modo illeggibile.
scribbler /ˈskrɪblə(r)/ *n.* (*spreg. o scherz.*) scribacchino; imbrattacarte.
scribbling /ˈskrɪblɪŋ/ *n.* (lo) scribacchiare • **s. pad**, bloc notes.
scribe /skraɪb/ *n.* scriba; scrivano; amanuense.
scrimmage /ˈskrɪmɪdʒ/ *n.* ***1*** (*fam.*) parapiglia; tafferuglio; zuffa ***2*** (*football americano*) mischia.
to **scrimmage** /ˈskrɪmɪdʒ/ *v. i.* ***1*** azzuffarsi ***2*** (*football americano*) partecipare a una mischia.
to **scrimp** /skrɪmp/ *V.* **to skimp**.
script /skrɪpt/ *n.* ***1*** [U] scrittura (a mano); corsivo ***2*** [C] *e* [U] sistema di scrittura; alfabeto; caratteri ***3*** (*radio, TV*) copione ***4*** (*cinem.*) sceneggiatura.
to **script** /skrɪpt/ *v. t.* ***1*** (*cinem.*) scrivere la sceneggiatura d ***2*** (*radio, TV*) preparare il copione di.
scripted /ˈskrɪptɪd/ *a.* (*di discorso, programma radiotelevisivo*) preparato.
scriptural /ˈskrɪptʃərəl/ *a.* scritturale; biblico.
Scripture /ˈskrɪptʃə(r)/ *n.* (*anche* **Holy S., the Scriptures**) la Sacra Scrittura; la Bibbia.
scripture /ˈskrɪptʃə(r)/ *n.* testo sacro.
scriptwriter /ˈskrɪptraɪtə(r)/ *n.* sceneggiatore (-trice); soggettista.
scrofula /ˈskrɒfjʊlə, *USA* -ɔːf-/ *n.* [U] (*med.*) scrofola.
scrofulous /ˈskrɒfjʊləsf-/ *a.* (*med.*) scrofoloso.
scroll /skrəʊl/ *n.* ***1*** rotolo di pergamena; (*stor.*) pergamena papiro ***2*** (*archit.*) voluta ***3*** (*arald.*) cartiglio ***4*** riccio, chiocciola (*di violino*).
to **scroll** /skrəʊl/ *v. t.* (*elab.*) far scorrere sul video.
scrolling /ˈskrəʊlɪŋ/ *n.* [U] (*elab.*) scorrimento sul video.
scrotum /ˈskrəʊtəm/ *n.* (*pl.* **scrota** /-tə/, **scrotums**) (*anat.*) scroto.
to **scrounge** /skraʊndʒ/ *v. t. e i.* (*fam.*) scroccare: **to s. a meal off sb.**, scroccare un pasto a q.; **to s. off sb.**, vivere alle spalle di q.
scrounger /ˈskraʊndʒə(r)/ *n.* (*fam.*) scroccone (-a); parassita.
scrub (**1**) /skrʌb/ *n.* [U] boscaglia; macchia.
scrub (**2**) /skrʌb/ *n.* strofinata; pulita.
to **scrub** /skrʌb/ *v. t.* ***1*** lavare (fregando); pulire (strofinando); strofinare ***2*** (*fam.*) annullare, abbandonare, cancellare (*un piano, un'idea, ecc.*).
♦ **scrub down** *v. t.* + *avv.* strofinare; lavare con una spazzola.
♦ **scrub out** *v. t.* + *avv.* togliere strofinando.

♦ **scrub up** *v. i. + avv.* (*chir.*) lavarsi le mani e le braccia (*prima di un intervento*).
scrubbing /ˈskrʌbɪŋ/ *n.* (lo) strofinare; strofinata; fregata • **s. brush**, spazzola dura; spazzolone.
scrubby /ˈskrʌbɪ/ *a.* ***1*** (*di pianta, arbusto*) stentato; striminzito ***2*** (*fam.*) meschino ***3*** (*di terreno*) coperto di arbusti; a macchia ***4*** irsuto; ispido.
scrubland /ˈskrʌblænd/ *n.* boscaglia; macchia.
scruff /skrʌf/ *n.* — **s. of the neck**, collottola.
scruffy /ˈskrʌfɪ/ *a.* (*fam.*) sciatto; trasandato.
scrum /skrʌm/ *n.* ***1*** (*rugby*) mischia ***2*** (*fam.*) calca; ressa.
scrummage /ˈskrʌmɪdʒ/ *n. V.* **scrum**, *def. 1.*
scrumptious /ˈskrʌmpʃəs/ *a.* (*fam.*) delizioso; che fa venire l'acquolina.
scrumpy /ˈskrʌmpɪ/ *n.* U (*GB*) sidro forte e secco.
to **scrunch** /skrʌntʃ/ *v. t.* (*fam.*) ***1*** far scricchiolare (*schiacciando*) ***2*** sgranocchiare.
♦ **scrunch up** *v. t. + avv.* accartocciare; appallottolare.
scruple /ˈskruːpl/ *n.* U *e* C scrupolo: **to have scruples about doing st.**, farsi scrupolo di fare q.c.
to **scruple** /ˈskruːpl/ *v. i.* (*generalm. al neg.*) avere scrupoli; farsi scrupolo; esitare: **She wouldn't s. to lie**, non esiterebbe a mentire.
scrupulous /ˈskruːpjʊləs/ *a.* scrupoloso.
scrupulousness /ˈskruːpjʊləsnəs/ *n.* U scrupolosità.
scrutineer /skruːtɪˈnɪə(r)/ *n.* (*polit., GB*) scrutatore (-trice).
to **scrutinize**, (*GB anche*) to **scrutinise** /ˈskruːtɪnaɪz/ *v. t.* scrutare; esaminare; osservare attentamente.
scrutiny /ˈskruːtɪnɪ/ *n.* ***1*** U *e* C esame accurato ***2*** (*polit.*) scrutinio (elettorale).
scuba /ˈskuːbə, ˈskjuː-/ *n.* (*sport*) autorespiratore • **s. diver**, subacqueo; sub (*fam.*) □ **s. diving**, immersioni subacquee.
to **scud** /skʌd/ *v. i.* (*lett.*) correre.
scuff /skʌf/ *n.* (*anche* **s.-mark**) frego; segno; strisciata.
to **scuff** /skʌf/ ***A*** *v. i.* camminare strascicando i piedi ***B*** *v. t.* ***1*** strascicare (*i piedi*) ***2*** lasciare (*o* fare) segni su (*un pavimento, ecc.*).
scuffle /ˈskʌfl/ *n.* baruffa; mischia; tafferuglio; zuffa.
to **scuffle** /ˈskʌfl/ *v. i.* azzuffarsi; accapigliarsi.
scull /skʌl/ *n.* (*naut.*) ***1*** remo a palella ***2*** remo da bratto ***3*** (*canottaggio*) scull; barca di coppia.
to **scull** /skʌl/ *v. i.* (*naut.*) vogare (a bratto).
scullery /ˈskʌlərɪ/ *n.* retrocucina • **s. maid**, sguattera.
to **sculpt** /skʌlpt/ *V.* **to sculpture**.
sculptor /ˈskʌlptə(r)/ *n.* scultore.
sculptress /ˈskʌlptrɪs/ *n.* scultrice.
sculptural /ˈskʌlptʃərəl/ *a.* scultorio.
sculpture /ˈskʌlptʃə(r)/ *n.* U *e* C scultura.
to **sculpture** /ˈskʌlptʃə(r)/ ***A*** *v. t.* scolpire ***B*** *v. i.* fare lo scultore.
scum /skʌm/ *n.* U ***1*** pellicola (*o* schiuma) di impurità (*su un liquido*) ***2*** (*metall.*) scoria ***3*** (*spreg.*) gentaglia; feccia • **s. of the earth**, gentaglia; feccia; individuo spregevole.
scupper /ˈskʌpə(r)/ *n.* (*naut.*) ombrinale.
to **scupper** /ˈskʌpə(r)/ *v. t.* (*GB*) ***1*** (*naut.*) autoaffondare ***2*** far naufragare, affossare (*un progetto, ecc.*).
scurf /skɜːf/ *n.* U forfora.
scurfy /ˈskɜːfɪ/ *a.* forforoso.
scurrility /skəˈrɪlətɪ/ *n.* U scurrilità; trivialità.
scurrilous /ˈskʌrɪləs, *USA* ˈskɜːrɪ-/ *a.* scurrile; triviale; volgare.
scurry /ˈskʌrɪ, *USA* ˈskɜːrɪ/ *n.* rumore di passi affrettati; trambusto.
to **scurry** /ˈskʌrɪ, *USA* ˈskɜːrɪ/ *v. i.* affrettarsi; correre velocemente; scappare.
scurvy /ˈskɜːvɪ/ *n.* U (*med.*) scorbuto.
scuttle /ˈskʌtl/ *n.* recipiente per il carbone.
to **scuttle** (**1**) /ˈskʌtl/ *v. t.* (*naut.*) autoaffondare.
to **scuttle** (**2**) /ˈskʌtl/ *v. i.* correre via; scappare.
scythe /saɪð/ *n.* (*agric.*) falce.
to **scythe** /saɪð/ *v. t. e i.* (*agric.*) falciare.
sea /siː/ ***A*** *n.* ***1*** C *e* U mare: **Mediterranean Sea**, Mare Mediterraneo; **sea of faces**, mare di facce; **heavy** (*o* **rough**) **sea**, mare grosso (*o* agitato); **the high seas**, l'alto mare; il mare aperto; **at sea**, in mare; **by the sea**, in riva al mare; sulla costa; **by sea**, per mare; via mare; **on the sea**, sul mare; in mare; **to be pushed out to sea**, essere sospinto verso il largo; **to go to sea**, diventare marinaio; imbarcarsi; **to put** (**out**) **to sea**, salpare; prendere il mare ***2*** mare grosso ***3*** colpo di mare; maroso • (*fig.*) **at sea**, imbarazzato; perplesso; in alto mare □ **choppy sea**, mare corto; maretta ***B*** *a. attr.* marino; di mare; marittimo; navale: **sea air**, aria di mare; aria marina; **sea bathing**, bagni di mare; **sea breeze**, brezza di mare; **sea lane**, rotta marittima; (*polit.*) **sea power**, potenza navale; **sea water**, acqua di mare; acqua salata; **above**[**below**] **sea level**, sopra [sotto] il livello del mare • (*zool.*) **sea anemone**, anemone di mare; attinia □ (*zool.*) **sea bass**, spigola; branzino □ **sea change**, trasformazione radicale; metamorfosi □ (*zool.*) **sea cucumber**, oloturia □ (*scherz.*) **sea dog**, lupo di mare □ **sea green**, verde mare; verdazzurro □ **sea legs**, piede marino: **to find one's sea legs**, abituarsi al rollio della nave □ (*zool.*) **sea lion**, otaria □ (*zool.*) **sea urchin**, riccio di mare.
seabed /ˈsiːbed/ *n.* fondo marino.
seabird /ˈsiːbɜːd/ *n.* uccello marino.
seaboard /ˈsiːbɔːd/ *n.* U costa; litorale.
seaborne /ˈsiːbɔːn/ *a.* marittimo; via mare: **s. trade**, commercio marittimo; **s. attack**, attacco dal mare.
seafarer /ˈsiːfeərə(r)/ *n.* (*lett.*) navigante; navigatore.
seafaring /ˈsiːfeərɪŋ/ *a.* che naviga; marinaresco; marinaro: **s. man**, marinaio; navigatore; **s. people**, popolo di navigatori; **s. nation**, nazione marinaresca.
seafood /ˈsiːfuːd/ *n.* U (*cucina*) frutti di mare.
seafront /ˈsiːfrʌnt/ *n.* marina; lungomare.
seagoing /ˈsiːgəʊɪŋ/ *a.* (*naut.*) di alto mare; di altura.
seagull /ˈsiːgʌl/ *n.* (*zool.*) gabbiano.
seahorse /ˈsiːhɔːs/ *n.* (*zool.*) cavalluccio marino; ippocampo.
seal (**1**) /siːl/ *n.* (*zool.*) foca.
seal (**2**) /siːl/ *n.* ***1*** sigillo: **to set one's s. to st.**, mettere il proprio sigillo a q.c.; (*fig.*) approvare q.c. ***2*** chiusura ermetica ***3*** (*fig.*) suggello: **to set the s. on st.**, suggellare q.c.; concludere q.c. ***4*** (*mecc.*) guarnizione; giunto a tenuta • **s. of approval**, approvazione; imprimatur □ (*leg.*) **given under my hand and s.**, da me sottoscritto e sigillato.
to **seal** /siːl/ *v. t.* ***1*** sigillare ***2*** chiudere; incollare: **to s. an envelope**, chiudere una busta ***3*** chiudere ermeticamente ***4*** decidere; suggellare; concludere: **to s. sb.'s fate**, decidere la sorte di q.; **to s. an agreement**, suggellare un accordo; **to s. a bargain**, concludere un affare • **My lips are sealed**, non posso parlare; non parlerò.
♦ **seal off** *v. t. + avv.* isolare (*una zona*).
♦ **seal up** *v. t. + avv. V.* **to seal**, *def. 1, 2 e 3.*
sealer (**1**) /ˈsiːlə(r)/ *n.* ***1*** cacciatore di foche ***2*** nave per la caccia alle foche.
sealer (**2**) /ˈsiːlə(r)/ *n.* ***1*** sigillante ***2*** strato isolante; mano di fondo.
sealing (**1**) /ˈsiːlɪŋ/ *n.* U caccia alla foca.
sealing (**2**) /ˈsiːlɪŋ/ *n.* U sigillatura; sigilli • **s. wax**, ceralacca.
sealskin /ˈsiːlskɪn/ *n.* U pelle di foca.
seam /siːm/ *n.* ***1*** cucitura; costura ***2*** giunzione; commessura; (*metall.*) saldatura; (*naut.*) comento ***3*** (*ind. min.*) filone; strato • **to be bursting at the seams**, essere strapieno □ **to come apart at the seams**, scucirsi; (*fig.*) cadere a pezzi.
seaman /ˈsiːmən/ *n.* (*pl.* **seamen** /-mən/) marinaio.
seamanship /ˈsiːmənʃɪp/ *n.* U (*naut.*) arte navigatoria.
seamless /ˈsiːmləs/ *a.* senza cuciture; senza commessure.
seamstress /ˈsiːmstrəs, -ɪs/ *n.* cucitrice.
seamy /ˈsiːmɪ/ *a.* squallido; sordido.
séance /ˈseɪɑːns, -ɒns/ (*franc.*) *n.* seduta spiritica.
seaplane /ˈsiːpleɪn/ *n.* (*aeron.*) idrovolante.
seaport /ˈsiːpɔːt/ *n.* porto di mare.
to **sear** /sɪə(r)/ *v. t.* ***1*** disseccare; far appassire; far avvizzire ***2*** bruciare ***3*** (*cucina*) scottare ***4*** (*fig.*) imprimere, marchiare a fuoco.
search /sɜːtʃ/ *n.* U *e* C ***1*** ricerca: **a s. for sb.**, la ricerca di q.; **in s. of**, alla ricerca di; in cerca di; **s. party**, squadra di soccorso; **s. and rescue operation**, operazioni di ricerca e soccorso ***2*** perquisizione: (*leg.*) **s. warrant**, mandato di perquisizione.
to **search** /sɜːtʃ/ ***A*** *v. t.* ***1*** cercare in; frugare in; perlustrare; setacciare; perquisire: **I searched the whole house**, ho cercato (*o* frugato) in tutta la casa; **to s. the countryside**, perlustrare la campagna; **He was searched for weapons**, lo perquisirono alla ricerca di armi ***2*** passare in rassegna; esa-

minare; scrutare; sondare: **to s. a text for misprints**, esaminare un testo alla ricerca di refusi; **to s. one's conscience**, sondare la propria coscienza; **I searched his face**, lo scrutai in viso • (*fam.*) **S. me!**, non ne ho idea!; boh! ***B*** *v. i.* (*anche* **to s. for**) cercare; essere in cerca di; fare ricerche.
♦ **search out** *v. t. + avv.* scovare; rintracciare.
♦ **search through** *v. i. + prep.* frugare in: **to s. through one's pocket**, frugarsi in tasca.
searcher /ˈsɜːtʃə(r)/ *n.* persona che cerca.
searching /ˈsɜːtʃɪŋ/ *a.* ***1*** penetrante; scrutatore ***2*** minuzioso.
searchlight /ˈsɜːtʃlaɪt/ *n.* (*specialm. mil.*) proiettore; riflettore.
searing /ˈsɪərɪŋ/ *a.* ***1*** bruciante; rovente ***2*** (*fig.*) eccitante; conturbante; torrido • **s. pain**, dolore lancinante.
seascape /ˈsiːskeɪp/ *n.* (*pitt.*) marina.
seashell /ˈsiːʃɛl/ *n.* conchiglia.
seashore /ˈsiːʃɔː(r)/ *n.* spiaggia; lido.
seasick /ˈsiːsɪk/ *a.* che soffre il mal di mare • **to be s.**, avere il mal di mare.
seasickness /ˈsiːsɪknəs/ *n.* U mal di mare.
seaside /ˈsiːsaɪd/ ***A*** *n.* riva del mare: **to go to the s.**, andare al mare; **beside the s.**, in riva al mare ***B*** *a. attr.* di mare; marino; balneare: **s. town**, città di mare; **s. resort**, centro (*o* stazione) balneare.
season /ˈsiːzn/ *n.* stagione; periodo (di tempo): **the four seasons**, le quattro stagioni; **the rainy s.**, la stagione delle piogge; **the harvest s.**, la stagione (*o* il periodo) del raccolto • **s. ticket**, abbonamento (*ferroviario o teatrale*); tessera □ **s.-ticket holder**, abbonato □ **close s.**, periodo di chiusura della caccia □ **in s.**, (*di frutta, ecc.*) di stagione; (*tur.*) in alta stagione; (*di animale*) in calore; (*di cacciagione*) che si può cacciare □ **off s.**, in bassa stagione □ **open s.**, stagione della caccia (della pesca, ecc.) □ **out of s.**, fuori stagione; (*tur.*) in bassa stagione.
to **season** /ˈsiːzn/ *v. t.* ***1*** stagionare; maturare ***2*** condire.
seasonable /ˈsiːznəbl, -zən-/ *a.* ***1*** di stagione ***2*** tempestivo; opportuno.
seasonal /ˈsiːzənl/ *a.* stagionale; di stagione; periodico.
seasoned /ˈsiːznd/ *a.* ***1*** stagionato ***2*** (*di cibo*) piccante ***3*** allenato; esperto: **s. traveller**, viaggiatore esperto; uno abituato a viaggiare.
seasoning /ˈsiːznɪŋ, -zən-/ *n.* U *e* C condimento.
seat /siːt/ *n.* ***1*** sedile; posto (*a sedere*): **to book a s.**, prenotare un posto (*a teatro, ecc.*); **to keep one's s.**, rimanere al proprio posto; rimanere seduto; **to take a s.**, prendere posto; sedersi; **to take one's s.**, sedersi; occupare il proprio posto (*a teatro, ecc.*); **Take your seats**, sedetevi; accomodatevi ***2*** sella ***3*** fondo (*dei calzoni*) ***4*** sedere; didietro ***5*** (*polit.*) seggio ***6*** poltrona (*di dirigente, ecc.*) ***7*** sede; centro: **s. of government**, sede del governo; **s. of learning**, sede di studi; centro di sapere ***8*** (*mecc., ecc.*) sede; alloggiamento: **the valve seats**, le sedi delle valvole • (*aeron., autom.*) **s. belt**, cintura di sicurezza □ **country s.**, residenza di campagna; villa □ **driving s.**, (*autom.*) posto di guida; (*fig.*) posto di comando, timone □ (*fig.*) **to take a back s.**, occupare una posizione di secondo rango.
to **seat** /siːt/ ***A*** *v. t.* ***1*** far sedere ***2*** (*di teatro, tavolo, ecc.*) contenere; avere posto per: **to s. 300**, avere 300 posti; **This table can s. 12 people**, questo è un tavolo per dodici ***3*** (*mecc.*) collocare in sede; installare ***B*** to **seat oneself** *v. rifl.* sedersi; mettersi a sedere; accomodarsi.
seated /ˈsiːtɪd/ *a.* seduto: **to be s.**, essere seduto; sedere; **Please be s.**, si accomodi, prego; **to remain s.**, restare seduto; restare al proprio posto • **a deep-s. disease**, un male profondamente radicato.
seater /ˈsiːtə(r)/ *n.* (*solo nei composti*) che ha posto per: **two-s.**, automobile a due posti; **a three-s. sofa**, un divano per tre.
seating /ˈsiːtɪŋ/ *n.* U posti a sedere: **s. plan**, disposizione dei posti; **s. capacity**, posti a sedere.
seawall /ˈsiːwɔːl, ˈsiːˈwɔːl/ *n.* diga marittima; diga foranea.
seaward /ˈsiːwəd/ ***A*** *a.* diretto (*o* rivolto, situato) verso il mare ***B*** *avv. V.* **seawards**.
seawards /ˈsiːwədz/ *avv.* verso il mare.
seaway /ˈsiːweɪ/ *n.* (*naut.*) ***1*** rotta oceanica ***2*** canale navigabile; via fluviale.
seaweed /ˈsiːwiːd/ *n.* U (*bot.*) alga marina; alghe marine.
seaworthiness /ˈsiːwɜːðɪnəs/ *n.* U (*naut.*) capacità di tenere il mare; navigabilità (*di una nave*).
seaworthy /ˈsiːwɜːðɪ/ *a.* (*naut.*) atto a tenere il mare.
sebaceous /səˈbeɪʃəs/ *a.* sebaceo.
sebum /ˈsiːbəm/ *n.* (*fisiol.*) sebo.
sec /sɛk/ *n.* (*fam.*) secondo; momentino; attimo.
secant /ˈsiːkənt/ *a. e n.* (*geom.*) secante.
secateurs /ˈsɛkətəz, *USA* sɛkəˈtɜːz/ *n. pl.* forbici da giardino.
to **secede** /sɪˈsiːd/ *v. i.* staccarsi: **to s. from a party**, staccarsi da un partito.
secession /sɪˈsɛʃn/ *n.* U *e* C secessione.
secessionist /sɪˈsɛʃənɪst/ *n.* secessionista.
to **seclude** /sɪˈkluːd/ *v. t.* — (*form.*) **to s. oneself**, isolarsi; fare vita ritirata.
secluded /sɪˈkluːdɪd/ *a.* isolato; appartato; solitario.
seclusion /sɪˈkluːʒn/ *n.* U isolamento; solitudine; ritiro • **to live in s.**, fare vita ritirata.
second /ˈsɛkənd/ ***A*** *a.* ***1*** secondo: **the s. month of the year**, il secondo mese dell'anno; **s.-year student**, studente del secondo anno; **s.-degree**, di secondo grado; **George the S.**, Giorgio II; **to be s. to none**, non essere secondo a nessuno; **in the s. place**, in secondo luogo; **every s. year**, ogni due anni; **s. largest**, secondo (*per grandezza*) ***2*** altro; nuovo: **a s. pair of shoes**, un altro paio di scarpe ***B*** *n.* ***1*** secondo (arrivato) ***2*** padrino (*in un duello*) ***3*** (*boxe*) secondo ***4*** (minuto) secondo; istante; attimo: **s. hand**, lancetta dei secondi; **It'll only take a s.**, ci vuole solo un attimo ***5*** (*mus.*) intervallo di seconda ***6*** (*al pl.*) merci di seconda qualità ***7*** (*al pl.*) (*fam.*) altra porzione (*di cibo*): **to have seconds**, fare il bis ***8*** (*in G.B.*) laurea con votazione media ***C*** *avv.* ***1*** per secondo: **to come in s.**, arrivare (per) secondo ***2*** in secondo luogo • **s.-best**, secondo (*per qualità*); di ripiego: **my s.-best coat**, il mio cappotto meno bello; **as a s. best**, come seconda scelta; come ripiego; **to come off s.-best**, avere la peggio □ (*polit.*) **s. chamber**, camera alta □ **s. class**, seconda classe: **to travel s.-class**, viaggiare in seconda (classe); **s.-class passenger [ticket]**, viaggiatore [biglietto] di seconda classe □ **s.-class citizen**, cittadino di serie B □ **s. cousin**, cugino di secondo grado □ **s.-degree**, di secondo grado □ **s. floor**, (*GB*) secondo piano; (*USA*) primo piano □ **s.-hand**, di seconda mano; usato: **s.-hand books**, libri usati; **s.-hand information**, informazioni di seconda mano; **at s.-hand**, di seconda mano; per sentito dire □ **s.-in-command**, (*mil.*) comandante in seconda; (*naut.*) secondo □ **s. nature**, seconda natura: **It's s. nature to me**, è una cosa naturale per me; mi viene naturale □ **s.-rate**, di qualità inferiore □ **s. sight**, prescienza □ **s. teeth**, denti permanenti □ **s. thought(s)**, ripensamento: **I began to have s. thoughts**, cominciai ad avere dei ripensamenti; non mi sentivo più così sicuro; **on s. thought(s)**, ripensandoci □ **s. wind**, rinnovato vigore.
to **second** (1) /ˈsɛkənd/ *v. t.* appoggiare, sostenere (*una mozione, ecc.*).
to **second** (2) /sɪˈkɒnd/ *v. t.* (*mil., org. az.*) assegnare; distaccare.
secondary /ˈsɛkəndrɪ, *USA* -derɪ/ *a.* secondario: **s. school**, scuola secondaria; scuola media; **s. colour**, colore secondario.
to **second-guess** /ˈsɛkəndˈgɛs/ *v. t.* (*fam. USA*) ***1*** giudicare col senno di poi ***2*** predire; indovinare; anticipare.
secondly /ˈsɛkəndlɪ/ *avv.* in secondo luogo.
secondment /sɪˈkɒndmənt/ *n.* U (*mil., org. az.*) assegnazione; distaccamento.
secrecy /ˈsiːkrəsɪ/ *n.* U ***1*** segretezza: **to rely on sb.'s s.**, contare sulla segretezza di q.; **to have been sworn to s.**, aver giurato di mantenere il segreto ***2*** segreto: **shrouded in s.**, avvolto nel segreto.
secret /ˈsiːkrət/ ***A*** *a.* ***1*** segreto; nascosto: **to keep st. s.**, tenere segreto (*o* nascosto) q.c.; **s. agent [service]**, agente [servizio] segreto; **s. admirer**, ammiratore segreto; **s. drinker**, persona che beve di nascosto ***2*** (*di persona*) riservato ***B*** *n.* C *e* U segreto: **to keep a s.**, mantenere un segreto; **His name must remain a s.**, il suo nome deve restare segreto; **It's no s.**, non è un segreto; non è un mistero; **to make no s. of st.**, non fare mistero di q.c.; **in s.**, in segreto; di nascosto; in confidenza • **to be in the s.**, essere parte di un segreto □ **to have no secrets from sb.**, non avere segreti per q. □ **to let sb. into a s.**, confidare un segreto a q. □ **open s.**, segreto di Pulcinella.
secretaire /sɛkrəˈtɛə(r)/ (*franc.*) *n.* secrétaire; scrittoio.
secretarial /sɛkrəˈtɛərɪəl/ *a.* di (*o* da) segretario; di segre-

teria.
secretariat /sɛkrəˈtɛərɪət/ *n.* segretariato; segreteria.
secretary /ˈsɛkrətrɪ, *USA* -tɛrɪ/ *n.* segretario (-a) • **s.-general**, segretario generale □ **s.'s office**, segreteria □ **S. of State**, (*in G.B.*) Ministro; (*in U.S.A.*) Ministro degli Esteri □ (*in G.B.*) **S. of State for Education**, Ministro della Pubblica Istruzione □ (*in G.B.*) **Home S.**, Ministro degli Interni.
secretaryship /ˈsɛkrətrɪʃɪp, *USA* -tɛrɪ-/ *n.* segretariato.
to **secrete** /sɪˈkriːt/ *v. t.* *1* celare; nascondere; occultare *2* (*biol.*) secernere.
secretion /sɪˈkriːʃn/ *n.* U e C *1* occultamento *2* (*biol.*) secrezione.
secretive /ˈsiːkrətɪv/ *a.* segreto; riservato.
secretory /sɪˈkriːtərɪ/ *a.* (*biol.*) secretorio; secretivo.
sect /sɛkt/ *n.* setta.
sectarian /sɛkˈtɛərɪən/ *a. e n.* settario; fazioso; partigiano.
sectarianism /sɛkˈtɛərɪənɪzəm/ *n.* U settarismo; faziosità.
section /ˈsɛkʃn/ *n.* *1* sezione; parte; settore; scomparto; tratto: **a bookcase in three sections**, una libreria in tre scomparti; (*aeron.*) **the tail s.**, il settore di coda; **the last s. of the journey**, l'ultimo tratto del viaggio *2* (*geom.*) sezione *3* (*mil.*) sezione; unità tattica *4* (*di società*) settore; fascia; strato *5* quartiere; distretto; zona *6* (*archit.*) sezione: **vertical s.**, sezione verticale; spaccato *7* (*chir.*) incisione *8* (*org. az.*) reparto; sezione; dipartimento *9* (*ferr.*) tronco *10* (*tipogr.*) paragrafo *11* (*leg.*) articolo (*di legge*) *12* (*giorn.*) pagina, pagine: **the sports p.**, le pagine sportive • (*tipogr.*) **s. mark**, segno di paragrafo (§) □ **s. plane**, piano di sezione; sezione orizzontale □ **in sections**, sezionato; (*di macchinario*) smontato.
to **section** /ˈsɛkʃn/ *v. t.* sezionare; dividere in sezioni.
sectional /ˈsɛkʃənl/ *a.* *1* (*di mobili*) componibile *2* settoriale: **s. interests**, interessi settoriali *3* in sezione: **s. view**, veduta in sezione.
sectionalism /ˈsɛkʃənəlɪzəm/ *n.* U settorialismo.
sector /ˈsɛktə(r)/ *n.* *1* settore *2* (*geom.*) settore (circolare).
secular /ˈsɛkjʊlə(r)/ *a.* *1* secolare: **s. clergy**, clero secolare; **s. power**, il potere secolare *2* laico; profano: **s. education**, istruzione laica; **s. music**, musica profana.
secularism /ˈsɛkjʊlərɪzəm/ *n.* U laicismo.
secure /sɪˈkjʊə(r), -ˈkjɔː-/ *a.* *1* sicuro; certo; assicurato; garantito: **to feel s. about** (*o* **as to**) **one's future**, sentirsi sicuro dell'avvenire; **a s. job**, un lavoro sicuro *2* sicuro; saldo *3* assicurato; ben fermato: **to make s.**, assicurare; fissare; chiudere bene.
to **secure** /sɪˈkjʊə(r), -ˈkjɔː-/ *v. t.* *1* serrare; chiudere bene: **to s. all the doors**, serrare tutte le porte *2* legare; assicurare *3* proteggere; mettere al sicuro *4* assicurare; (*anche leg.*) garantire *5* assicurarsi; procurarsi; ottenere.
security /sɪˈkjʊərətɪ, -ˈkjɔː-/ *n.* U e C *1* sicurezza; certezza *2* sicurezza: **s. measures**, misure di sicurezza; **s. risk**, minaccia per la sicurezza *3* — **S.**, servizio di sicurezza *4* protezione; difesa *5* (*leg.*) garanzia; cauzione *6* (*al pl.*) (*fin.*) obbligazioni; titoli; valori • **s. guard**, guardia giurata □ **s. officer**, addetto alla sicurezza □ **s. service**, servizio di sicurezza □ **social s.**, previdenza sociale □ (*leg.*) **to stand s. for sb.**, rendersi garante per q.
sedan /sɪˈdæn/ *n.* *1* (*anche* **s. chair**) portantina *2* (*autom.*, *USA*) berlina.
sedate /sɪˈdeɪt/ *a.* composto; contegnoso; calmo; posato.
to **sedate** /sɪˈdeɪt/ *v. t.* (*med.*) dare un sedativo a.
sedation /sɪˈdeɪʃn/ *n.* U (*med.*) somministrazione di sedativi • **under s.**, sotto l'effetto di sedativi.
sedative /ˈsɛdətɪv/ *a. e n.* sedativo; calmante.
sedentary /ˈsɛdntrɪ, *USA* -tɛrɪ/ *a.* *1* sedentario *2* (*zool.*) stanziale.
sedge /sɛdʒ/ *n.* U (*bot.*) carice; falasco.
sediment /ˈsɛdɪmənt/ *n.* U sedimento; deposito.
sedimentary /sɛdɪˈmɛntrɪ, *USA* -tɛrɪ/ *a.* (*geol.*) sedimentario.
sedimentation /sɛdɪmɛnˈteɪʃn/ *n.* U sedimentazione.
sedition /sɪˈdɪʃn/ *n.* U sedizione.
seditious /sɪˈdɪʃəs/ *a.* sedizioso.
to **seduce** /sɪˈdjuːs, *USA* -ˈduːs/ *v. t.* sedurre; allettare.
seducer /sɪˈdjuːsə(r), *USA* -ˈduːs-/ *n.* seduttore (-trice).
seduction /sɪˈdʌkʃn/ *n.* U e C seduzione; allettamento.
seductive /sɪˈdʌktɪv/ *a.* seducente; allettante.
see /siː/ *n.* sede vescovile (*o* arcivescovile); vescovado; arcivescovado • **the Holy See** (*o* **the See of Rome**), la Santa Sede.
to **see** /siː/ (*pass.* **saw**, *p.p.* **seen**) ***A*** *v. t.* *1* vedere: **I saw him leave**, lo vidi partire; **I have often seen it done**, l'ho visto fare più volte; **Can you see that bird sitting on the roof?**, lo vedi quell'uccello sul tetto?; **He was seen to enter the building**, fu visto entrare nell'edificio; **to have seen better days**, aver visto giorni migliori *2* capire: **to see a joke**, capire una battuta; **I see what you mean**, capisco quel che vuoi dire; **He couldn't see why I was so worried**, non riusciva a capire perché io fossi tanto preoccupata *3* andare a trovare: **I'm off to see Mum**, vado a trovare la mamma *4* giudicare; ritenere; vedere: **Do whatever you see fit**, fai come giudichi meglio; **How do you see his chances of being elected?**, come vedi le sue prospettive di rielezione?; **I can't see that it really matters**, non vedo che importanza abbia *5* ricevere: **He's not seeing anyone today**, oggi non riceve nessuno *6* accompagnare: **to see sb. to the station**, accompagnare q. alla stazione *7* consultare; vedere; farsi visitare da: **I'll see my lawyer**, consulterò il mio avvocato; **You ought to see a doctor**, dovresti farti vedere da un medico *8* immaginare; vedere: **Can you see Jack marrying Sheila?**, te lo vedi Jack che sposa Sheila?; **Somehow, I can't see her as an actress**, non so perché, ma non me la vedo proprio a fare l'attrice • (*fam.*) **to see the back of sb.**, sbarazzarsi di q. □ **to see the last of st.**, mettere la parola fine a q.c. □ **to see red**, vedere rosso; infuriarsi □ (*fig.*) **to see the light**, aprire gli occhi; capire □ (*fam.*) **to see the light of day**, vedere la luce (*fig.*) □ **to see the sights**, fare il giro turistico di una città □ **to see things**, soffrire di allucinazioni; avere le traveggole □ **to see one's way** (**clear**) **to doing st.**, trovare il modo di fare q.c.; essere disposto a fare q.c. □ **seeing that**, visto che; considerato che □ **as I see it**, per come la vedo io □ (*fam.*) **I'll be seeing you**, ci vediamo □ **not to see the wood for the trees**, perdersi nei particolari; perdere di vista l'essenziale ***B*** *v. i.* *1* vedere; vederci: **He can't see**, non ci vede; **Can you see from here?**, ci vedi da qui? *2* vedere; capire: **I don't see why I should help her**, non vedo perché dovrei aiutarla *3* provvedere; vedere: **See that it is done by tomorrow**, vedi che sia pronto per domani • (*fam.*) **See?**, (hai) capito?; (è) chiaro?; visto? □ **See if I care!**, sai che me ne importa? □ **to see eye to eye with sb.**, vederla allo stesso modo di q. □ **Seeing is believing**, vedere per credere □ **as far as I can see**, per quanto posso vedere □ **as you can see**, come vedi □ **I see**, vedo; capisco; già □ **Let me see**, fammi vedere; (*esitando prima di rispondere*) vediamo un po', lasciami pensare □ **Wait and see**, chi vivrà vedrà; stiamo a vedere □ (*parentetico*) **You see**, vedi; capisci; ecco; be'.
♦ **see about** *v. i.* + *prep.* *1* occuparsi di: **I'll see about it**, ci penserò io *2* pensare a: **I'll have to see about that**, dovrò pensarci su; **We'll see about that!**, vedremo!
♦ **see into** *v. i.* + *prep.* esaminare; investigare.
♦ **see off** *v. t.* + *avv.* *1* salutare (q. che parte) *2* scacciare; respingere.
♦ **see out** *v. t.* + *avv.* *1* accompagnare alla porta *2* resistere per la durata di: **to see the year out**, durare fino alla fine dell'anno • **I'll see myself out**, non occorre che tu mi accompagni.
♦ **see over** (*o* **round**) *v. i.* + *prep.* visitare; ispezionare.
♦ **see through** ***A*** *v. i.* + *prep.* *1* leggere nell'animo di; vedere di che pasta sia veramente (q.) *2* non lasciarsi ingannare da (q.c.): **to see through sb.'s self-confidence**, non lasciarsi ingannare dalla sicurezza di q. ***B*** *v. t.* + *avv.* portare a termine: **to see the struggle through**, non abbandonare la lotta; tener duro ***C*** *v. t. prep.* aiutare a superare: **to see sb. through a difficulty**, aiutare q. a superare una difficoltà; **My pay is just enough to see us through the month**, la mia paga mi basta appena per arrivare alla fine del mese.
♦ **see to** *v. i.* + *prep.* pensare a; occuparsi di; badare a: **I'll see to it**, ci penso io; me ne occupo io.
seed /siːd/ *n.* U e C *1* seme (*anche fig.*); semenza; semente: **poppy seeds**, semi di papavero; **to sow the seeds of discord**, gettare il seme della discordia; **Adam's s.**, il seme (*o* la progenie) d'Adamo *2* (*tennis*) testa di serie • **s. cake**, torta che contiene semi aromatici □ (*bot.*) **s. leaf**, cotiledone □ **s. pearl**, perlina; perla minuta □ **to go** (*o* **to run**) **to s.**, (*di pianta*) andare in semenza; (*di terreno*) inselvatichirsi; (*di persona*) lasciarsi andare.
to **seed** /siːd/ ***A*** *v. t.* *1* seminare *2* togliere i semi a; sgranare

3 (*tennis*) designare (q.) testa di serie: **He was seeded fourth**, è stato designato quarta testa di serie ***B*** *v. i.* (*di pianta*) produrre il seme; andare in semenza.
seedbed /ˈsiːdbɛd/ *n.* semenzaio.
seeded /ˈsiːdɪd/ *a.* — (*tennis.*) **s. player**, testa di serie.
seeder /ˈsiːdə(r)/ *n.* ***1*** seminatore (-trice) ***2*** (*agric.*) seminatrice (*macchina*) ***3*** sgranatrice (*macchina*).
seedless /ˈsiːdləs/ *a.* senza semi.
seedling /ˈsiːdlɪŋ/ *n.* giovane pianta; pianticella.
seedy /ˈsiːdɪ/ *a.* ***1*** (*di luogo*) squallido ***2*** (*di persona*) trasandato; sciatto ***3*** (*fam.*) indisposto; depresso; giù di morale: **to feel s.**, stare poco bene; essere giù.
to **seek** /siːk/ (*pass. e p.p.* **sought**) *v. t. e i.* ***1*** (*form.*) cercare: **to s. shelter**, cercare rifugio; **to s. safety in flight**, cercare salvezza nella fuga; **to s. one's fortune**, cercare fortuna ***2*** chiedere: **to s. sb.'s aid** [**advice**], chiedere aiuto [consiglio] a q. ***3*** (*lett. o form.*) tentare; cercare; sforzarsi: **I sought to persuade him**, cercai di persuaderlo ***4*** tendere a: **Liquids s. their own level**, i liquidi tendono a livellarsi; **The compass needle always seeks the north**, l'ago della bussola si rivolge sempre al nord.
♦ **seek after** (*o* **for**) *v. i. + prep.* (*form.*) ricercare; andare alla ricerca di: **to s. after the truth**, ricercare la verità.
♦ **seek out** *v. t. + avv.* trovare (*dopo molte ricerche*).
to **seem** /siːm/ *v. i.* sembrare; parere: **He seems** (**to be**) **glad to see us**, sembra contento di vederci; **It seems to me that...**, mi sembra che...; **He seems to have forgotten all about it**, si direbbe che se ne sia dimenticato; **I don't s. to be able to concentrate**, non riesco proprio a concentrarmi; **It would s. that...**, a quanto pare...; **So it seems**, così pare.
seeming /ˈsiːmɪŋ/ *a.* (*form.*) apparente.
seemingly /ˈsiːmɪŋlɪ/ *avv.* ***1*** a quanto pare ***2*** apparentemente.
seemly /ˈsiːmlɪ/ *a.* (*antiq. o lett.*) conveniente; decoroso.
seen /siːn/ *p.p. di* **to see**.
to **seep** /siːp/ *v. i.* colare; gocciolare; filtrare: **to s. in**, infiltrarsi; **to s. away**, colare via; (*fig.*) venir meno, svanire.
seepage /ˈsiːpɪdʒ/ *n.* Ⓤ gocciolamento; infiltrazione; trasudamento.
seer /ˈsiːə(r), sɪə(r)/ *n.* veggente; profeta.
seersucker /ˈsɪəsʌkə(r)/ *n.* Ⓤ tela indiana a strisce alterne crespe e lisce.
seesaw /ˈsiːsɔː/ *n.* altalena (*a bilico*) ● **s. motion**, moto alternativo.
to **seesaw** /ˈsiːsɔː/ *v. i.* ***1*** oscillare; andare su e giù; altalenare ***2*** (*mecc.*) muoversi con moto alternativo.
to **seethe** /siːð/ *v. i.* ***1*** (*di liquido*) ribollire ***2*** essere in fermento ***3*** (*anche* **to s. with anger**) schiumare di rabbia.
see-through /ˈsiːθruː/ *a.* (*di indumento, ecc.*) trasparente.
segment /ˈsɛgmənt/ *n.* ***1*** (*geom.*) segmento; segmento circolare ***2*** parte; fetta; sezione ***3*** spicchio (*di frutto*).
to **segment** /sɛgˈmɛnt, *USA* ˈsɛgmɛnt/ ***A*** *v. t.* segmentare ***B*** *v. i.* segmentarsi.
segmentation /sɛgmɛnˈteɪʃn, -mən-/ *n.* Ⓤ segmentazione.
to **segregate** /ˈsɛgrəgeɪt/ *v. t.* separare; segregare.
segregated /ˈsɛgrəgeɪtɪd/ *a.* ***1*** riservato a una sola razza ***2*** che pratica la segregazione razziale.
segregation /sɛgrəˈgeɪʃn/ *n.* Ⓤ ***1*** segregazione razziale ***2*** segregazione; isolamento.
segregationist /sɛgrəˈgeɪʃənɪst/ *n.* segregazionista.
seismic /ˈsaɪzmɪk/ *a.* (*geol.*) sismico.
seismograph /ˈsaɪzməgrɑːf, *USA* -græf/ *n.* sismografo.
seismologist /saɪzˈmɒlədʒɪst/ *n.* sismologo (-a).
seismology /saɪzˈmɒlədʒɪ/ *n.* Ⓤ sismologia.
to **seize** /siːz/ *v. t.* ***1*** afferrare; prendere; cogliere: **He seized my hand**, mi afferrò la mano; **to s. sb. by the neck**, prendere q. per il collo; **I was seized by a fit of sneezing**, fui preso da un attacco di starnuti; **to s. an opportunity**, cogliere un'occasione ***2*** impadronirsi di; conquistare: **to s. power**, conquistare il potere ***3*** (*leg.*) confiscare; sequestrare.
♦ **seize on** *v. i. + prep.* afferrare, cogliere al volo: **to s. on an opportunity**, cogliere al volo un'occasione; **to s. on an excuse**, appigliarsi a una scusa.
♦ **seize up** *v. i. + avv.* (*mecc.*) grippare; bloccarsi.
seizure /ˈsiːʒə(r)/ *n.* Ⓤ *e* Ⓒ ***1*** cattura ***2*** (*leg.*) confisca; sequestro ***3*** (*med.*) attacco; colpo; crisi ***4*** (*mecc.*) grippaggio.
seldom /ˈsɛldəm/ *avv.* raramente; di rado.
select /səˈlɛkt/ *a.* ***1*** scelto; selezionato ***2*** esclusivo ● (*polit.*) **s. committee**, commissione (ristretta) di inchiesta.
to **select** /səˈlɛkt/ *v. t.* scegliere; selezionare (*anche sport*).
selection /səˈlɛkʃn/ *n.* ***1*** Ⓤ *e* Ⓒ scelta; selezione ***2*** scelta; assortimento ***3*** scelta di brani; brani scelti.
selective /səˈlɛktɪv/ *a.* (*anche scient.*) selettivo.
selectivity /səlɛkˈtɪvətɪ/ *n.* Ⓤ (*anche scient.*) selettività.
selector /səˈlɛktə(r)/ *n.* ***1*** (*elettr., elab., radio, TV*) selettore ***2*** (*tecn.*) preselettore ***3*** (*autom.*) comando per la selezione (*delle marce*) ***4*** (*sport*) selezionatore.
self /sɛlf/ *n.* (*pl.* **selves**) ***1*** Ⓤ (il) sé; (l')io; **consciousness of s.**, coscienza di sé; **our inner selves**, il nostro io ***2*** se stesso: **He put his whole s. into the job**, mise tutto se stesso in quel lavoro; (*comm., su un assegno*) **pay to s.**, pagate a me medesimo ***3*** (la) propria natura: **He revealed his true s.**, ha rivelato la sua vera natura; **one's better s.**, la parte migliore di sé; **He was back to his old s. again**, era tornato a essere quello di prima; **to feel one's old s. again**, sentirsi di nuovo bene; **She wasn't her usual s.**, si comportava in modo insolito; era diversa dal solito ***4*** Ⓤ interesse personale; egoismo; egocentrismo ● **s.-absorbed**, egocentrico; egoista □ (*antiq.*) **s.-abuse**, masturbazione □ **s.-acting**, automatico □ **s.-addressed envelope**, busta recante il proprio nome e indirizzo □ **s.-adhesive**, autoadesivo (*agg.*) □ **s.-adjusting**, autoregolante □ **s.-appointed**, autonominatosi □ **s.-assertive**, che si fa valere □ **s.-assurance**, sicurezza (di sé); fiducia nelle proprie capacità □ **s.-assured**, sicuro di sé □ **s.-catering**, con cucina □ **s.-centred**, egocentrico □ **s.-coloured**, in tinta unita □ **s.-complacent**, pieno di sé; vanitoso □ **s.-composed**, calmo; padrone di sé □ **s.-conceit**, presunzione □ **s.-confessed**, confesso; dichiarato □ **s.-confident**, sicuro di sé □ **s.-congratulation**, autocompiacimento □ **s.-conscious**, timido, impacciato, imbarazzato, a disagio; autoconsapevole; (*spreg.*) studiato, voluto; (*filos.*) cosciente di sé, autocosciente □ **s.-consciousness**, timidezza, impaccio, imbarazzo, disagio; autoconsapevolezza; (*spreg.*) studiatezza, mancanza di spontaneità; (*filos.*) autocoscienza □ **s.-contained**, autonomo, indipendente; riservato, chiuso □ **s.-contradictory**, contraddittorio □ **s.-control**, autocontrollo; padronanza di sé □ **s.-controlled**, padrone di sé; imperturbabile □ **s.-criticism**, autocritica □ **s.-defeating**, controproducente □ **s.-defence**, difesa personale; autodifesa; (*leg.*) legittima difesa: **in s.-defence**, per legittima difesa □ **s.-denial**, abnegazione; sacrificio □ **s.-destructive**, autodistruttivo □ (*polit.*) **s.-determination**, autodeterminazione □ **s.-discipline**, autodisciplina □ **s.-drive car**, auto da noleggio senza autista □ **a s.-educated man**, un autodidatta □ **s.-effacing**, modesto; schivo □ **s.-employed**, che lavora in proprio; autonomo □ **s.-esteem**, amor proprio; vanità □ **s.-evident**, ovvio; assiomatico □ **s.-explanatory**, che si spiega da sé; ovvio □ (*arte, pedagogia*) **s.-expression**, libera espressione della propria personalità □ **s.-financing**, autofinanziato □ (*polit.*) **s.-governing**, che si autogoverna □ **s.-government**, autogoverno □ **s.-help**, il contare sulle proprie forze □ **s.-help groups**, gruppi di solidarietà □ **s.-ignition**, (*mecc.*) autoaccensione; (*fis., chim.*) accensione spontanea □ **s.-importance**, sussiego; boria; presunzione □ **s.-important**, pieno di sé; borioso; tronfio □ **s.-imposed**, autoimposto □ **s.-indulgence**, indulgenza verso se stesso □ **s.-indulgent**, indulgente con se stesso □ **s.-interest**, interesse personale □ **s.-knowledge**, conoscenza di sé □ **s.-locking**, (*di porta*) che si chiude da sé □ **s.-made**, fatto da sé: **s.-made man**, uomo che si è fatto da sé □ **s.-opinionated** caparbio, testardo; borioso, presuntuoso □ **s.-pity**, autocommiserazione □ **s.-portrait**, autoritratto □ **s.-possessed**, calmo; composto; padrone di sé □ **s.-possession**, calma compostezza; padronanza di sé; sangue freddo □ **s.-preservation**, istinto di conservazione □ (*mecc.*) **s.-propelled**, a propulsione autonoma; semovente □ **s.-reliance**, fiducia in sé □ **s.-reliant**, che ha fiducia in sé □ **s.-respect**, rispetto di sé; amor proprio; dignità □ **s.-respecting**, che ha rispetto di sé; con un po' di amor proprio: **No s.-respecting paper would publish such sleaze**, nessun giornale che si rispetti pubblicherebbe sudicerie simili □ **s.-righteous**, moralistico farisaico; ipocrita □ (*polit.*) **s.-rule**, autogoverno □ **s.-sacrifice**, sacrificio di sé; abnegazione; altruismo □ **s.-satisfied** compiaciuto di sé; vanesio □ **s.-seeking**, egoista (*agg.*); calcolatore (*agg.*) □ **s.-service**, self-service (*agg.*) □ **s.-service restaurant**, self-service □ (*mecc.*) **s.-starter**, avviatore automatico □ **s.-styled**, sedicente □ **s.-sufficiency**, autosuffi-

cienza □ **s.-sufficient**, bastante a sé; autosufficiente □ **s.-supporting**, (economicamente) indipendente □ **a s.-taught man**, un autodidatta □ **s.-will**, caparbietà; ostinazione □ **s.-willed**, caparbio; ostinato.
to **self-destruct** /ˈsɛlfdɪˈstrʌkt, -dɪs-/ *v. i.* autodistruggersi.
selfish /ˈsɛlfɪʃ/ *a.* egoista; egoistico; interessato.
selfishness /ˈsɛlfɪʃnəs/ *n.* Ⓤ egoismo.
selfless /ˈsɛlfləs/ *a.* altruista; altruistico; disinteressato.
selflessness /ˈsɛlfləsnəs/ *n.* Ⓤ altruismo; disinteresse.
selfsame /ˈsɛlfseɪm/ *a.* proprio lo stesso; identico.
sell /sɛl/ *n.* *1* (*fam. GB*) inganno; imbroglio *2* — **soft** [**hard**] **s.**, tecnica di vendita persuasiva [aggressiva].
to **sell** /sɛl/ (*pass. e p.p.* **sold**) *A v. t.* *1* vendere: **to s. st. at a good price**, vendere q.c. a buon prezzo; **to s. one's honour**, vendere l'onore; vendersi; **to s. one's life dearly**, vender cara la vita; **I was sold a faulty toaster**, mi hanno venduto un tostapane difettoso *2* far vendere: **Scandal sells newspapers**, gli scandali fanno vendere i giornali *3* (*fam.*) far accettare; piazzare: **to s. one's ideas to sb.**, far accettare le proprie idee a q. *4* (*sport*) cedere (*un giocatore*) ● **to s. cash on delivery**, vendere contro assegno □ **to s. for cash**, vendere a contanti □ (*fam.*) **to sell sb. a pup**, tirare il bidone a q. □ (*fam.*) **to be sold on st.**, essere entusiasta di q.c. *B v. i.* essere in vendita; vendersi; trovare smercio: **These goods s. well**, questi articoli hanno facile smercio; **to s. like hot cakes**, andare a ruba *C* to **sell oneself** *v. rifl.* vendersi.
♦ **sell off** *v. t. + avv.* liquidare; svendere.
♦ **sell out** *A v. i. + avv.* *1* esaurire: **We have sold out of malt whisky**, abbiamo esaurito il whisky di malto *2* esaurirsi; andare esaurito *3* cedere le proprie azioni *4* (*fam.*) svendersi *B v. t. + avv.* *1* (*al passivo*) esaurirsi *2* (*fam.*) tradire.
♦ **sell up** *v. i. + avv.* liquidare tutto.
sell-by date /ˈsɛlbaɪ ˈdeɪt/ *locuz. n.* data di scadenza (*di prodotti alimentari*).
seller /ˈsɛlə(r)/ *n.* venditore (-trice); negoziante ● (*econ.*) **s.'s market**, mercato al rialzo.
selling /ˈsɛlɪŋ/ *n.* — **s. point**, punto di forza (*di un prodotto*) □ **s. price**, prezzo di vendita.
Sellotape ® /ˈsɛləteɪp/ *n.* (*GB*) nastro adesivo; scotch.
sell-out /ˈsɛlaʊt/ *n.* *1* spettacolo (*o* incontro, partita) che ha fatto segnare il tutto esaurito *2* (*fam.*) tradimento.
seltzer /ˈsɛltsə(r)/ *n.* Ⓤ (*anche* **S. water**) acqua di seltz.
selvage, selvedge /ˈsɛlvɪdʒ/ *n.* cimosa; vivagno.
selves /sɛlvz/ *pl. di* **self**.
semantic /səˈmæntɪk/ *a.* (*ling.*) semantico.
semantics /səˈmæntɪks/ *n. pl.* (*col verbo al sing.*) (*ling.*) semantica.
semaphore /ˈsɛməfɔː(r)/ *n.* *1* Ⓤ (*mil.*) sistema di segnalazione a mano per mezzo di due bandierine *2* (*ferr.*) semaforo.
semblance /ˈsɛmbləns/ *n.* apparenza; parvenza: **to restore a s. of order**, riportare una parvenza di ordine.
semen /ˈsiːmən/ *n.* Ⓤ (*fisiol.*) sperma; seme.
semester /səˈmɛstə(r)/ *n.* semestre accademico.
semi /ˈsɛmɪ/ *n. abbr. fam. di* **semidetached**; **semifinal**; **semitrailer**.
semi-automatic /sɛmɪɔːtəˈmætɪk/ *a.* semiautomatico.
semibreve /ˈsɛmɪbriːv/ *n.* (*mus., GB*) semibreve.
semicircle /ˈsɛmɪsɜːkl/ *n.* (*geom.*) semicerchio.
semicircular /sɛmɪˈsɜːkjʊlə(r)/ *a.* (*geom.*) semicircolare.
semicolon /sɛmɪˈkəʊlən/ *n.* punto e virgola.
semiconductor /sɛmɪkənˈdʌktə(r)/ *n.* (*fis., elettr.*) semiconduttore.
semiconscious /sɛmɪˈkɒnʃəs/ *a.* non del tutto cosciente.
semidetached /sɛmɪdɪˈtætʃt/ *a. e n.* (*GB*) (villetta) bifamiliare.
semifinal /sɛmɪˈfaɪnl/ *n.* (*sport*) semifinale.
semifinalist /sɛmɪˈfaɪnəlɪst/ *n.* (*sport*) semifinalista.
seminal /ˈsɛmɪnl/ *a.* *1* (*fisiol.*) seminale: **s. fluid**, sperma; seme *2* che è alla base di futuri sviluppi; fondamentale.
seminar /ˈsɛmɪnɑː(r)/ *n.* seminario (*di università*).
seminarist /ˈsɛmɪnərɪst/ *n.* (*eccles.*) seminarista.
seminary /ˈsɛmɪnərɪ, *USA* -nɛrɪ/ *n.* (*eccles.*) seminario.
semiology /sɛmɪˈɒlədʒɪ, *USA* siː-/ *n.* Ⓤ (*med., ling.*) semiologia.
semiotics /sɛmɪˈɒtɪks, *USA* siː-/ *n. pl.* (*col verbo al sing.*) (*ling.*) semiotica.
semiprecious /sɛmɪˈprɛʃəs/ *a.* (*di pietra*) semiprezioso; duro.
semiquaver /ˈsɛmɪkweɪvə(r)/ *n.* (*mus., GB*) semicroma.
semi-skimmed /ˈsɛmɪˈskɪmd/ *a.* (*di latte*) parzialmente scremato.
Semitic /səˈmɪtɪk/ *a.* semitico.
semitone /ˈsɛmɪtəʊn/ *n.* (*mus.*) semitono.
semitrailer /sɛmɪˈtreɪlə(r)/ *n.* (*autom.*) *1* (*USA*) autoarticolato *2* semirimorchio.
semivowel /ˈsɛmɪvaʊəl/ *n.* (*fon.*) semivocale.
semolina /sɛməˈliːnə/ *n.* Ⓤ semolino.
senate /ˈsɛnət/ *n.* *1* senato *2* senato accademico ● **S. House**, palazzo del senato.
senator /ˈsɛnətə(r)/ *n.* senatore.
senatorial /sɛnəˈtɔːrɪəl/ *a.* *1* (*stor.*) senatorio *2* (*polit.*) senatoriale.
to **send** /sɛnd/ (*pass. e p.p.* **sent**) *v. t.* *1* mandare; inviare; spedire; trasmettere: **He was sent home**, è stato mandato a casa; **to s. goods by rail**, spedire merce per ferrovia; **to s. a message**, trasmettere un messaggio *2* (*pop. antiq.*) mandare in visibilio; far impazzire ● **to s. sb. about his business**, mandare q. fuori dai piedi □ **to s. st. flying**, far volare q.c. □ **to s. sb. mad**, far impazzire q. □ **to s. sb. to sleep**, far addormentare q. □ **to s. word** (*o* **to say**) **that...**, mandare a dire che...
♦ **send after** *v. i. + prep.* mandare a cercare (q.).
♦ **send away** *v. t. + avv.* mandare via: **They sent him away to Australia**, l'hanno spedito in Australia.
♦ **send away for** *v. i. + avv. e prep.* ordinare, richiedere per posta; farsi spedire.
♦ **send back** *v. t. + avv.* rimandare indietro.
♦ **send down** *v. t. + avv.* *1* far calare; far scendere *2* (*GB*) espellere dall'università *3* (*fam. GB*) mandare in galera; mettere dentro.
♦ **send for** *v. i. + prep.* *1* mandare a chiamare; far venire; mandare a prendere: **to s. for a doctor**, mandare a chiamare un medico *2* ordinare, richiedere per posta; far venire: **We had to s. to Italy for spare parts**, abbiamo dovuto ordinare i pezzi di ricambio in Italia.
♦ **send in** *v. t. + avv.* *1* mandare; inviare: **to s. in an application**, mandare una domanda; **to s. in a request**, inviare una richiesta *2* (*sport*) far entrare; mandare in campo.
♦ **send off** *v. t. + avv.* *1* inviare, spedire (*lettere, merci*) *2* (*sport, GB*) espellere.
♦ **send on** *v. t. + avv.* *1* spedire (*bagagli*) in anticipo *2* inoltrare, far proseguire (*una lettera*).
♦ **send out** *v. t. + avv.* *1* mandare fuori *2* emettere (*calore, fumo, ecc.*); mandare (*un suono*) *3* inviare; diramare; far circolare.
♦ **send up** *v. t. + avv.* *1* mandare su; far salire *2* lanciare (*un razzo, ecc.*) *3* (*fam. GB*) imitare; fare il verso a *4* (*fam. USA*) mandare in galera; mettere dentro.
sender /ˈsɛndə(r)/ *n.* mittente.
send-off /ˈsɛndɒf, *USA* -ɔːf/ *n.* (*fam.*) saluto a chi parte.
send-up /ˈsɛndʌp/ *n.* (*fam. GB*) imitazione; parodia.
Senegalese /sɛnɪgəˈliːz/ *a. e n.* senegalese.
senescence /sɪˈnɛsns/ *n.* Ⓤ senescenza.
senescent /sɪˈnɛsnt/ *a.* senescente.
seneschal /ˈsɛnɪʃl/ *n.* (*stor.*) siniscalco.
senile /ˈsiːnaɪl, *USA* ˈsɛnl/ *a.* senile; rimbambito (*fam.*): **He's getting s.**, dà segni di demenza senile; è un po' rimbambito ● **s. decay**, decrepitezza; senilità.
senility /səˈnɪlətɪ/ *n.* Ⓤ senilità.
senior /ˈsiːnɪə(r)/ *A a.* *1* più vecchio; più anziano: **the s. students**, gli studenti più anziani *2* superiore (*di grado, per anzianità, ecc.*): **s. officer**, ufficiale superiore; **s. partner**, socio anziano; **s. position**, posizione elevata; **She's s. to me**, ha più anzianità di me ● **s. citizen**, anziano; pensionato □ **s. common room**, sala professori (*in una scuola, ecc.*); (*estens.*) professori, docenti □ **T. Jones S.**, T. Jones senior (*o* padre) *B n.* *1* persona più vecchia: **to be two years sb.'s s.**, essere di due anni più vecchio di q. *2* (*USA*) studente dell'ultimo anno.
seniority /siːnɪˈɒrətɪ, *USA* -ˈɔːr-/ *n.* Ⓤ anzianità di servizio; (*mil.*) anzianità di grado.
senna /ˈsɛnə/ *n.* Ⓤ (*bot.*) sena, senna.
sensation /sɛnˈseɪʃn/ *n.* Ⓒ e Ⓤ *1* sensazione; impressione: **a s. of cold**, una sensazione di freddo *2* sensibilità: **to have no s. in one's right arm**, non avere sensibilità nel braccio destro *3* sensazione; scalpore: **to create a s.**, fare sensazione; destare scalpore.

sensational /sɛn'seɪʃənl/ *a.* ***1*** sensazionale; spettacoloso che fa colpo ***2*** (*spreg.*) sensazionalitico; a forti tinte.

sensationalism /sɛn'seɪʃnəlɪzəm/ *n.* ⓤ ***1*** sensazionalismo ***2*** (*filos.*) sensismo.

sense /sɛns/ *n.* ***1*** (*fisiol.*) senso ***2*** senso; sensazione: **a s. of shame**, un senso di vergogna; **to have a s. of direction**, avere il senso dell'orientamento; **to have (a) good business s.**, avere il senso degli affari; **a s. of unease**, una sensazione di disagio ***3*** ⓤ senso; buonsenso: **What's the s. of talking like that?**, che senso c'è a parlare così?; **He had the (good) s. to call a doctor**, ha avuto il buonsenso di chiamare un dottore ***4*** senso; significato: **This sentence doesn't make s.**, questa frase non ha senso; **I can't make any s. of it**, non ci capisco niente; **in the broadest s. of the word**, nel senso più lato del termine ***5*** (*al pl.*) facoltà mentali: **to be in one's right senses**, essere in pieno possesso delle proprie facoltà mentali; **Have you taken leave of your senses?**, ti ha dato di volta il cervello? ***6*** ⓤ opinione generale; orientamento ● **s. of humour**, (senso dell')umorismo □ **to bring sb. to his senses**, far tornare in sé q.; far rinsavire q. □ **to come to one's senses**, tornare in sé; rinsavire □ **common s.**, buonsenso; senso comune □ **in a s.**, in un certo senso □ **to make sb. see s.**, far ragionare q.

to **sense** /sɛns/ *v. t.* ***1*** accorgersi di; percepire; intuire ***2*** (*di apparecchio*) rilevare.

senseless /'sɛnsləs/ *a.* ***1*** inanimato; privo di sensi; senza conoscenza ***2*** insensato; assurdo.

senselessness /'sɛnsləsnəs/ *n.* insensatezza; assurdità.

sensibility /sɛnsə'bɪlətɪ/ *n.* ***1*** ⓤ sensibilità ***2*** (*al pl.*) suscettibilità.

sensible /'sɛnsəbl/ *a.* ***1*** assennato; ragionevole; sensato ***2*** (*di indumento*) comodo; pratico ***3*** (*form.*) rilevante; sensibile: **a s. rise in the temperature**, un sensibile aumento di temperatura.

to **sensitise** /'sɛnsətaɪz/ (*GB*) V. **to sensitize**.

sensitive /'sɛnsətɪv/ *a.* ***1*** sensibile: **to be s. to beauty**, essere sensibile alla bellezza; **to be s. to cold**, patire il freddo ***2*** (*di pelle, strumento*) delicato; sensibile ***3*** suscettibile: **He's very s. about his baldness**, ha il complesso della calvizie ● (*bot.*) **s. plant**, sensitiva.

sensitiveness /'sɛnsətɪvnəs/, **sensitivity** /sɛnsə'tɪvətɪ/ *n.* ⓤ ***1*** sensibilità ***2*** suscettibilità.

to **sensitize** /'sɛnsətaɪz/ *v. t.* (*fotogr., med.*) sensibilizzare.

sensor /'sɛnsə(r)/ *n.* (*tecn.*) sensore.

sensory /'sɛnsərɪ/ *a.* sensoriale; sensorio.

sensual /'sɛnʃʊəl/ *a.* sensuale; carnale; voluttuoso.

sensualist /'sɛnʃʊəlɪst/ *n.* persona sensuale.

sensuality /sɛnʃʊ'ælətɪ/ *n.* ⓤ sensualità.

sensuous /'sɛnʃʊəs/ *a.* piacevole ai sensi; sensuoso; voluttuoso.

sent /sɛnt/ *pass. e p.p. di* **to send**.

sentence /'sɛntəns/ *n.* ***1*** (*leg.*) condanna: **a seven-year (prison) s.**, una condanna a sette anni di prigione; **to pass (*o* to pronounce) s. on sb.**, condannare q. ***2*** (*leg.*) sentenza ***3*** (*gramm.*) frase; proposizione ● **life s.**, ergastolo □ **under s. of death**, condannato a morte.

to **sentence** /'sɛntəns/ *v. t.* (*leg.*) condannare: **to s. sb. to six years (in prison)**, condannare q. a sei anni (di prigione).

sententious /sɛn'tɛnʃəs/ *a.* sentenzioso.

sentient /'sɛnʃnt/ *a.* senziente; sensibile.

sentiment /'sɛntɪmənt/ *n.* ***1*** ⓒ *e* ⓤ sentimento ***2*** (*al pl.*) opinione; parere ***3*** ⓤ (*spreg.*) sentimentalismo ***4*** frase di augurio.

sentimental /sɛntɪ'mɛntl/ *a.* (*anche spreg.*) sentimentale.

to **sentimentalise** /sɛntɪ'mɛntəlaɪz/ (*GB*) V. **to sentimentalize**.

sentimentalism /sɛntɪ'mɛntəlɪzəm/ *n.* ⓤ sentimentalismo.

sentimentalist /sɛntɪ'mɛntəlɪst/ *n.* sentimentalista.

sentimentality /sɛntɪmɛn'tælətɪ/ *n.* ⓤ sentimentalità.

to **sentimentalize** /sɛntɪ'mɛntəlaɪz/ ***A*** *v. i.* fare il sentimentale ***B*** *v. t.* ***1*** rendere sentimentale ***2*** fare del sentimentalismo su.

sentinel /'sɛntɪnl/ *n.* (*lett.*) sentinella.

sentry /'sɛntrɪ/ *n.* (*mil.*) sentinella ● **s. box**, garitta □ **to be on s. duty**, essere di sentinella; montare la guardia.

sepal /'sɛpl/ *n.* (*bot.*) sepalo.

separable /'sɛpərəbl, -prə-/ *a.* (*form.*) separabile.

separate /'sɛprət/ ***A*** *a.* separato; diviso; distinto; diverso: **s. beds**, letti separati; **on three s. occasions**, in quattro diverse occasioni; **four s. meanings**, quattro significati distinti; **the s. volumes**, i singoli volumi; **They went their s. ways**, andarono ciascuno per la sua strada; **under s. cover**, in plico a parte ***B*** *n.* (*al pl.*) (abiti) coordinati.

to **separate** /'sɛpəreɪt/ ***A*** *v. t.* ***1*** separare; dividere: **They were separated by war**, furono separati dalla guerra ***2*** distinguere; tenere distinto: **You should s. the two cases**, devi tenere distinti i due casi ● **to s. milk**, scremare il latte ***B*** *v. i.* separarsi; dividersi: **to s. from one's wife**, separarsi dalla moglie; **We separated outside the cinema**, ci separammo (*o* ci lasciammo) davanti al cinema.

separation /sɛpə'reɪʃn/ *n.* ⓤ *e* ⓒ (*anche leg.*) separazione.

separatism /'sɛpərətɪzəm, -prə-/ *n.* ⓤ separatismo.

separatist /'sɛpərətɪst, -prə-/ *n.* separatista.

separator /'sɛpəreɪtə(r)/ *n.* ***1*** separatore ***2*** (*anche* **cream s.**) scrematrice.

sepia /'siːpɪə/ *n.* ⓤ (color) seppia.

sepsis /'sɛpsɪs/ *n.* ⓤ *e* ⓒ (*pl.* **sepses** /-siːz/) (*med.*) sepsi; infezione.

September /sɛp'tɛmbə(r)/ *n.* settembre.

septet /sɛp'tɛt/ *n.* (*mus.*) settimino.

septic /'sɛptɪk/ *a.* (*med.*) settico ● (*edil.*) **s. tank**, fossa settica.

septicaemia /sɛptɪ'siːmɪə/ *n.* ⓤ (*med.*) setticemia.

septuagenarian /sɛptʃʊədʒə'nɛərɪən/ *a. e n.* settuagenario (-a).

sepulchral /sə'pʌlkrəl/ *a.* (*anche fig.*) sepolcrale.

sepulchre /'sɛplkə(r)/ *n.* sepolcro; tomba ● (*fig.*) **whited s.**, sepolcro imbiancato.

sequel /'siːkwəl/ *n.* ***1*** seguito, continuazione (*di libro, film, ecc.*) ***2*** conseguenza; strascico.

sequela /sɪ'kwiːlə/ *n.* (*pl.* **sequelae** /-liː/) (*med.*) postumo.

sequence /'siːkwəns/ *n.* ***1*** ⓤ *e* ⓒ successione; ordine; sequela: **the s. of events**, la successione degli avvenimenti; l'ordine dei fatti; **in s.**, in ordine; di seguito; **s. of calamities**, sequela di disgrazie ***2*** (*mus., eccles., cinem., carte*) sequenza ***3*** (*mat.*) successione ● (*gramm.*) **s. of tenses**, consecutio temporum (*lat.*); concordanza dei tempi.

sequential /sɪ'kwɛnʃl/ *a.* ***1*** in sequenza; in successione ***2*** conseguente; derivante ***3*** (*elettron., stat., elab.*) sequenziale.

to **sequester** /sɪ'kwɛstə(r)/ *v. t.* (*leg.*) sequestrare; confiscare.

sequestered /sɪ'kwɛstəd/ *a.* isolato; appartato.

to **sequestrate** /sɪ'kwɛstreɪt, 'siːkwə-/ *v. t.* (*leg.*) sequestrare; confiscare.

sequestration /'siːkwə'streɪʃn, sɛ-/ *n.* ⓤ *e* ⓒ (*leg.*) sequestro; confisca.

sequin /'siːkwɪn/ *n.* lustrino; paillette (*franc.*).

sequin(n)ed /'siːkwɪnd/ *a.* ornato di paillettes.

sequoia /sɪ'kwɔɪə/ *n.* (*bot.*) sequoia.

sera /'sɪərə/ *pl. di* **serum**.

seraglio /sə'rɑːlɪəʊ/ *n.* (*pl.* **seraglios**) serraglio; harem.

seraph /'sɛrəf/ *n.* (*pl.* **seraphim** /-fɪm/, **seraphs**) serafino.

seraphic /sə'ræfɪk/ *a.* serafico.

Serb /sɜːb/, **Serbian** /'sɜːbɪən/ *a. e n.* serbo.

Serbo-Croat /sɜːbəʊ'krəʊæt/, **Serbo-Croatian** /sɜːbəʊkrəʊ'eɪʃn/ *a. e n.* (*ling.*) serbocroato.

serenade /sɛrə'neɪd/ *n.* serenata.

to **serenade** /sɛrə'neɪd/ ***A*** *v. t.* cantare (*o* fare) una serenata a ***B*** *v. i.* cantare (*o* fare) serenate.

serendipity /sɛrən'dɪpətɪ/ *n.* ⓤ (*lett. o scherz.*) serendipità.

serene /sə'riːn/ *a.* sereno; tranquillo ● **His [Her] S. Highness**, Sua Altezza Serenissima.

serenity /sə'rɛnətɪ/ *n.* ⓤ serenità.

serf /sɜːf/ *n.* (*stor.*) servo della gleba.

serfdom /'sɜːfdəm/ *n.* ⓤ (*stor.*) servitù della gleba.

serge /sɜːdʒ/ *n.* ⓤ (*ind. tess.*) saia.

sergeant /'sɑːdʒənt/ *n.* (*mil., polizia*) sergente ● **s. major**, sergente maggiore.

serial /'sɪərɪəl/ ***A*** *a.* ***1*** di serie; in serie; progressivo: **s. number**, numero di serie (*di banconote, ecc.*); **in s. order**, in ordine progressivo ***2*** (*di racconto, ecc.*) a puntate ***3*** (*elab., mus., stat.*) seriale ● **s. killer**, pluriomicida; serial killer ***B*** *n.* ***1*** racconto (*o* romanzo) a puntate ***2*** (*radio*) racconto (*o* radiocommedia) a puntate; serial ***3*** (*TV*) teleromanzo a puntate; serial.

to **serialize**, (*GB anche*) to **serialise** /'sɪərɪəlaɪz/ *v. t.* ***1*** pubblicare (*un racconto, ecc.*) a puntate ***2*** (*radio, TV*) trasmettere a puntate.

serially /ˈsɪərɪəlɪ/ *avv.* ***1*** in serie ***2*** a puntate.

sericulture /ˈsɛrɪkʌltʃə(r)/ *n.* [U] sericoltura; bachicoltura.

series /ˈsɪəriːz/ *n.* (*pl. invar.*) ***1*** serie ***2*** collana (*di libri*) ***3*** (*radio, TV*) serie di trasmissioni ● **in s.**, in serie.

serif /ˈsɛrɪf/ *n.* (*tipogr.*) grazia.

serious /ˈsɪərɪəs/ *a.* ***1*** serio: **s. music**, musica seria; **Are you s. when you say you want to resign?**, parli sul serio quando dici che vuoi dare le dimissioni? ***2*** serio; grave: **s. damage**, seri (*o* gravi) danni; **s. offence**, reato grave ***3*** (*pop.*) considerevole: **to do some s. drinking**, darci sotto con l'alcol ● **to give s. attention to st.**, considerare attentamente q.c. □ (*fam.*) **You can't be s.!**, non dirai sul serio!; vuoi scherzare?

seriously /ˈsɪərɪəslɪ/ *avv.* ***1*** seriamente; sul serio: **to take st. s.**, prendere q.c. sul serio ***2*** gravemente; seriamente: **s. ill**, gravemente malato ***3*** (*pop.*) molto: **s. rich**, ricco sfondato ● **No, s...**, scherzi a parte...

seriousness /ˈsɪərɪəsnəs/ *n.* [U] serietà; gravità ● **in all s.**, in tutta serietà.

serjeant-at-arms /ˈsɑːdʒəntətˈɑːmz/ *n.* (*pl.* **serjeants-at--arms**) (*in G.B.*) questore di assemblea legislativa.

sermon /ˈsɜːmən/ *n.* predica; sermone.

to **sermonize**, (*GB anche*) to **sermonise** /ˈsɜːmənaɪz/ ***A*** *v. i.* sermoneggiare; moraleggiare ***B*** *v. t.* fare la predica a.

serpent /ˈsɜːpənt/ *n.* (*lett.*) serpente; serpe.

serpentine (1) /ˈsɜːpəntaɪn, *USA* -tiːn/ ***A*** *a.* ***1*** serpentino; di (*o* da) serpe ***2*** serpeggiante; sinuoso ***3*** infido; maligno; perfido ***B*** *n.* (*anche equitazione, sci*) serpentina.

serpentine (2) /ˈsɜːpəntaɪn, *USA* -tiːn/ *n.* [U] (*miner.*) serpentino.

serrated /səˈreɪtɪd, *USA* ˈsereɪ-/ *a.* dentellato; seghettato. ATTENZIONE: **serrated** ≠ serrato.

serration /səˈreɪʃn/ *n.* ***1*** [U] dentellatura; seghettatura ***2*** (*al pl.*) (*mecc.*) denti.

serried /ˈserɪd/ *a.* (*lett.*) serrato; fitto: **s. ranks**, schiere serrate.

serum /ˈsɪərəm/ *n.* (*pl.* **sera, serums**) (*fisiol., med.*) siero.

serval /ˈsɜːvl/ *n.* (*zool.*) servalo; gattopardo (africano).

servant /ˈsɜːvnt/ *n.* ***1*** (*anche fig.*) servitore; servo ***2*** (*anche* **domestic s.**) domestico (-a) ● **civil s.**, pubblico dipendente □ **public s.**, funzionario statale (*specialm. eletto*).

serve /sɜːv/ *n.* (*sport*) servizio (*tennis*): **to break s.**, strappare il servizio.

to **serve** /sɜːv/ ***A*** *v. t.* ***1*** servire: **to s. a customer**, servire un cliente; **Dinner is served**, il pranzo è servito; **Are you being served?**, la stanno servendo?; **to s. one's purpose**, servire allo scopo ***2*** servire; rifornire; alimentare: **The hospital serves the whole community**, l'ospedale serve tutta la comunità; **This reservoir serves the whole town**, questo bacino rifornisce tutta la città ***3*** fare; prestare (*servizio, ecc.*); (*polit.*) restare in carica per; scontare (*una condanna*); **to s. one's apprenticeship**, fare il tirocinio; **to s. two terms (of office)**, restare in carica per due mandati; **to s. five years**, scontare (una condanna a) cinque anni; fare cinque anni di carcere; **to s. one's time**, scontare fino in fondo la propria condanna ***4*** (*leg.*) notificare; presentare: **to s. a summons on sb.**, intimare a q. un mandato di comparizione; citare q. in giudizio ***5*** (*sport*) servire; battere ***6*** (*di bestiame*) montare; coprire ● **His experience served him well**, la sua esperienza gli è tornata utile □ **if my memory serves me (right)**, se la memoria non m'inganna; se ben ricordo □ (*fam.*) **(It) serves him right!**, ben gli sta! ***B*** *v. i.* ***1*** servire; prestare servizio: **to s. behind the counter** (*o* **in a shop**), lavorare come commesso (-a); **to s. in the army**, prestare servizio nell'esercito; **to s. as an excuse**, servire da scusa; **It only served to worry her even more**, è servito solo ad agitarla ancor di più ***2*** (*form.*) bastare: **It's a bit small, but it'll have to s.**, è un po' piccolo, ma dovrà bastare ***3*** (*sport*) servire; battere; eseguire il servizio.

♦ **serve on** *v. i. + prep.* fare parte di (*un comitato, una giuria, ecc.*).

♦ **serve out** *v. t. + avv.* ***1*** distribuire (*razioni*); servire (*cibi*) ***2*** (*polit.*) arrivare alla fine (*del mandato*) ***3*** scontare (*una condanna*).

♦ **serve up** *v. t. + avv.* ***1*** servire (*un pranzo*) ***2*** (*fig.*) somministrare; propinare.

server /ˈsɜːvə(r)/ *n.* ***1*** (*eccles.*) chierichetto ***2*** (*sport*) chi ha il servizio (*o* la battuta) ***3*** posata di servizio ***4*** vassoio; piatto da portata.

service /ˈsɜːvɪs/ *n.* ***1*** [U] *e* [C] servizio: **to go into s.**, andare a servizio; **in the s. of one's country**, al servizio del paese; **to need the services of a lawyer**, aver bisogno (delle prestazioni) di un avvocato; **to be of s. to sb.**, essere utile a q.; **a good bus s.**, un buon servizio di autobus; (*GB*) **to do national s.**, fare il servizio militare; **the Secret S.**, il Servizio Segreto ***2*** favore: **to do sb. a s.**, fare un favore a q. ***3*** (*al pl.*) — **the (armed) services**, le Forze Armate ***4*** (*relig.*) funzione; rito: **the burial s.**, il rito funebre ***5*** [U] *e* [C] (*comm., ind.*) servizio; assistenza; manutenzione: **s. station**, stazione di servizio; **to put one's car in for a s.**, far revisionare la macchina ***6*** (*al pl.*) area di servizio (*in autostrada*) ***7*** [U] *e* [C] (*sport*) servizio; battuta: (*tennis*) **s. line**, linea di battuta ***8*** (*cucina*) servizio: **dinner [tea] s.**, servizio da tavola [da tè] ***9*** [U] *e* [C] (*leg.*) citazione; notificazione ***10*** [U] (*zootecnia*) monta ● (*autom.*) **s. area**, area di servizio □ **s. charge**, (*al ristorante*) (percentuale per il) servizio □ **s. entrance**, entrata di servizio □ (*GB*) **s. flat**, appartamento in un residence □ (*econ.*) **the s. industries**, il terziario □ **s. road**, controviale □ (*mil., GB*) **active s.**, combattimento; azione □ **the Civil S.**, la pubblica amministrazione; la burocrazia statale □ **On His [Her] Majesty's S.**, al servizio di Sua Maestà □ (*form.*) **I am at your s.**, sono a vostra disposizione.

to **service** /ˈsɜːvɪs/ *v. t.* ***1*** provvedere alla manutenzione di; riparare; revisionare: **to have one's car serviced**, far revisionare la macchina ***2*** prestare assistenza a ***3*** (*fin.*) pagare gli interessi su (*un debito*) ***4*** (*zootecnia*) montare.

serviceable /ˈsɜːvɪsəbl/ *a.* ***1*** utile; pratico; funzionale ***2*** (*di stoffa, ecc.*) resistente.

serviceman /ˈsɜːvɪsmən/ *n.* (*pl.* **servicemen** /-mən/) membro delle Forze Armate; militare.

service tree /ˈsɜːvɪs triː/ *n.* (*bot.*) sorbo.

serviette /sɜːvɪˈɛt/ *n.* (*GB*) tovagliolo.

servile /ˈsɜːvaɪl, *USA* -vl/ *a.* servile.

servility /sɜːˈvɪlətɪ/ *n.* [U] servilismo.

serving /ˈsɜːvɪŋ/ ***A*** *n.* porzione ***B*** *a.* ***1*** (*di posata*) per servire ***2*** (*mil.*) in servizio.

servitude /ˈsɜːvɪtjuːd, *USA* -tuːd/ *n.* [U] (*form.*) servitù; schiavitù ● **penal s.**, lavori forzati.

servo /ˈsɜːvəʊ/ *n. abbr. di* **servomechanism**; **servomotor**.

servo-control /ˈsɜːvəʊkəntrəʊl/ *n.* (*mecc.*) servocomando.

servomechanism /ˈsɜːvəʊmɛkənɪzəm/ *n.* (*mecc.*) servomeccanismo.

servomotor /ˈsɜːvəʊməʊtə(r)/ *n.* (*mecc.*) servomotore.

sesame /ˈsɛsəmɪ/ *n.* [U] (*bot.*) sesamo: **s. oil**, olio di sesamo.

sessile /ˈsɛsaɪl, *USA* -sl/ *a.* (*bot., zool.*) sessile.

session /ˈsɛʃn/ *n.* ***1*** sessione; seduta (*di parlamento, assemblea*): **to be in s.**, essere in seduta ***2*** (*leg.*) udienza: **The court is now in s.**, l'udienza è aperta ***3*** riunione; seduta: **recording s.**, seduta di registrazione ***4*** (*GB*) anno accademico; (*USA*) trimestre ● □ (*leg.*) **in closed s.**, a porte chiuse □ (*leg.*) **petty sessions**, udienze per reati minori.

sessional /ˈsɛʃənl/ *a.* di sessione; di seduta.

sestet /sɛˈstɛt/ *n.* (*mus.*) sestetto.

set (1) /sɛt/ *n.* ***1*** serie; complesso; insieme: **a strange set of circumstances**, una strana serie di circostanze; **a new set of questions**, una nuova serie di questioni ***2*** assortimento; set; serie; servizio: **set of saucepans**, batteria da cucina; **set of knives**, un set di coltelli; **tea set**, servizio da tè; **set of stamps**, serie di francobolli; **set of rules**, regolamento; **a boxed set of Hardy's novels**, i romanzi di Hardy in cofanetto; **a chess set**, una scacchiera con i pezzi; **set of tyres**, treno di gomme; **writing set**, necessaire per scrivere ***3*** gruppo (*di persone*); cerchia; ambiente; mondo: **the political set**, gli ambienti politici; **the smart set**, il bel mondo; **a wild set**, una combriccola di scalmanati ***4*** (*radio, TV*) apparecchio: **radio set**, apparecchio radio; **television set**, televisore ***5*** portamento; positura: **the set of sb.'s shoulders**, la positura delle spalle di q. ***6*** (*teatr.*) scena ***7*** (*cinem.*) set ***8*** messa in piega ***9*** (*mus.*) sequenza di brani (*in un concerto*) ***10*** (*mat.*) insieme: **set theory**, teoria degli insiemi ***11*** (*tennis, ecc.*) set; partita ● **set of pearls**, vezzo di perle □ **set of teeth**, dentatura, bocca di denti; dentiera □ **to make a dead set at sb.**, prendere di mira q. (*per criticarlo, per conquistarlo*).

set (2) /sɛt/ ***A*** *pass. e p.p. di* **to set** ***B*** *a.* ***1*** posto; collocato: **The village was set on a hill**, il paese era posto su una collina *2* fisso; fermo: **set rules**, regole fisse; **a set smile**, un sorriso fisso (*o* studiato) *3* fissato; stabilito; prestabilito: **set books**, libri in programma (*per un esame*); letture obbligatorie; **at a set time**, a un'ora stabilita; **set lunch**, colazione a prezzo fisso; menù turistico • **set fair**, (*del tempo*) messo al bello □ **set in one's ways**, abitudinario □ **set phrase**, frase fatta; luogo comune □ **set piece**, (*mus., teatr., letter.*) pezzo di bravura, brano classico; (*sport*) azione pianificata; (*anche* **set shot**) tiro da fermo □ **to be dead set against st.**, essere contrarissimo a q.c. □ **to be dead set on st.**, essere decisissimo a fare q.c.

to **set** /sɛt/ (*pass. e p.p.* **set**) ***A*** *v. t.* ***1*** mettere; porre; disporre; collocare: **to set a wheel on the axle**, collocare una ruota sull'asse; **to set a price on sb.'s head**, mettere una taglia sul capo di q.; **to set one's mind at ease**, mettersi l'animo in pace; **She set a plate of potatoes in front of me**, mi mise davanti un piatto di patate; **to set a pole in the ground**, conficcare un palo in terra; **to set an animal free**, mettere in libertà un animale; **to set in motion**, mettere in moto ***2*** preparare; sistemare: **to set a trap**, preparare una trappola; **to set the table**, apparecchiare (la tavola) ***3*** (*mecc.*) regolare; registrare; mettere a punto: **to set the alarm**, mettere la sveglia ***4*** assegnare; dare; proporre: **to set sb. a task**, assegnare un compito a q.; **to set sb. a problem**, porre un problema a q.; **to set sb. an exam**, far fare un esame a q. ***5*** fissare; stabilire: **to set the date for st.**, fissare la data di q.c.; **to set a precedent**, creare un precedente; (*sport*) **to set a record**, stabilire un record ***6*** ambientare (*un romanzo, un film, ecc.*) ***7*** indurire; solidificare; rassodare ***8*** incastonare, montare (*gioielli, pietre preziose*) ***9*** (*tipogr.*) comporre ***10*** (*mus.*) adattare ***11*** (*med.*) mettere a posto (*un osso*) ***12*** (*naut.*) issare (*le vele*) ***13*** mettere in piega (*i capelli*) • **to set sb. against sb.**, mettere q. contro q. □ **to set st. against st.**, contrapporre q.c. a q.c.; paragonare q.c. con q.c. □ (*mecc.*) **to set going**, mettere in moto; avviare □ **to set a dog on a sb.**, aizzare un cane contro q. □ **to set on fire**, dare alle fiamme; incendiare □ **to set sb. on his feet**, rimettere in piedi q.; (*fig.*) rimettere in sesto q. □ **to set one's hopes on**, riporre le proprie speranze in □ **to set pen to paper**, metter mano alla penna; cominciare a scrivere □ (*canottaggio*) **to set the stroke**, battere il tempo della voga □ **to set to music**, mettere in musica □ **to set the pace**, fare l'andatura □ **to set one's teeth**, stringere i denti (*anche fig.*) □ **to set sb.'s teeth on edge**, allegare i denti a q.; (*fig.*) far venire i brividi ***B*** *v. i.* ***1*** tramontare: **The sun has set**, il sole è tramontato ***2*** indurirsi; solidificarsi; rassodarsi; rapprendersi ***3*** (*di cane da caccia*) puntare ***4*** (*di pianta*) attecchire ***5*** (*di un colore*) fissarsi ***6*** (*med., di osso rotto*) saldarsi.

♦ **set about** *v. i. + prep.* ***1*** mettersi a; accingersi a; cominciare a (fare): **How do I set about it?**, da che parte comincio? ***2*** (*fam.*) attaccare; assalire.

♦ **set apart** *v. t. + avv.* distinguere; differenziare.

♦ **set aside** *v. t. + avv.* ***1*** mettere da parte; mettere in serbo ***2*** accantonare; lasciare da parte ***3*** (*leg.*) annullare; invalidare.

♦ **set back** *v. t. + avv.* ***1*** mettere indietro (*un orologio*) ***2*** ritardare; rallentare: **The rains set the building work back by two weeks**, la pioggia ritardò i lavori di due settimane ***3*** (*fam.*) costare a: **The dress set me back a fortune**, il vestito mi è costato un occhio della testa.

♦ **set down** *v. t. + avv.* ***1*** posare; deporre ***2*** (*GB*) far scendere, lasciare (*un passeggero*) ***3*** (*antiq.*) mettere per iscritto; fissare; stabilire.

♦ **set forth** (*antiq. o form.*) ***A*** *v. i. + avv.* partire ***B*** *v. t. + avv.* spiegare; esporre.

♦ **set in** *v. i. + avv.* (*di brutto tempo, malattia, ecc.*) incominciare.

♦ **set off** ***A*** *v. i. + avv.* partire; mettersi in cammino: **to set off on a journey**, mettersi in viaggio ***B*** *v. t. + avv.* ***1*** far esplodere; sparare ***2*** dare il via a; far partire; scatenare ***3*** far risaltare; mettere in risalto.

♦ **set on** *v. i. + prep.* (*antiq.*) aggredire; assalire.

♦ **set out** ***A*** *v. i. + avv.* ***1*** partire; avviarsi ***2*** proporsi di ***B*** *v. t. + avv.* ***1*** sistemare; disporre; schierare ***2*** mettere in mostra; esporre ***3*** esporre; presentare; illustrare.

♦ **set to** *v. i. + avv.* (*antiq.*) ***1*** mettersi all'opera ***2*** cominciare a mangiare.

♦ **set up** ***A*** *v. t. + avv.* ***1*** erigere; innalzare ***2*** costituire; fondare; aprire; mettere su; installare: **to set up a committee**, istituire una commissione; **to set up a school**, aprire una scuola; **to set up house**, mettere su casa; **to set up camp**, accamparsi; **to set up a machine**, montare e installare una macchina ***3*** avviare: **to set sb. up in business**, avviare q. negli affari ***4*** (*fam.*) rimettere in salute; rimettere in sesto; sistemare: **A little chicken soup will set you up again**, un po' di brodo di pollo ti sistemerà, vedrai ***5*** dare inizio a; causare; provocare ***6*** (*tipogr.*) comporre ***7*** (*pop. GB*) fabbricare prove false contro; incastrare • **to set oneself up**, *V.* **to set up**, *B* □ **to set oneself up as an expert**, spacciarsi per esperto ***B*** *v. i. + avv.* iniziare un'attività commerciale (*o* una professione): **to set up in business**, mettersi in affari; **to set up as a lawyer**, aprire uno studio legale.

set-back /ˈsɛtbæk/ *n.* ***1*** contrattempo; battuta d'arresto ***2*** (*di malattia*) ricaduta.

setoff /ˈsɛtɒf, *USA* -ɔf/ *n.* ***1*** compenso; contropartita ***2*** (*rag., fin.*) compensazione.

setsquare /ˈsɛtskwɛə(r)/ *n.* (*GB*) squadra da disegno.

settee /sɛˈtiː/ *n.* divano; sofà.

setter /ˈsɛtə(r)/ *n.* (*cane*) setter.

setting /ˈsɛtɪŋ/ *n.* [C] *e* [U] ***1*** posizione; sistemazione ***2*** ambientazione (*anche di romanzo, film, ecc.*); sfondo; cornice ***3*** (il) tramontare; tramonto ***4*** (*tecn.*) installazione; messa in opera; posa ***5*** montatura (*di gioiello*) ***6*** (*teatr.*) messa in scena; scenario ***7*** (il) mettere in musica (*una poesia, ecc.*) ***8*** (*mecc.*) messa a punto; registrazione; taratura; (*di controlli*) posizione ***9*** (*ind. costr.*) presa (*di calce, di cemento*) ***10*** (*chim.*) coagulazione ***11*** (*tipogr.*) composizione.

settle /ˈsɛtl/ *n.* cassapanca (*con schienale alto*).

to **settle** /ˈsɛtl/ ***A*** *v. t.* ***1*** sistemare; accomodare ***2*** decidere; stabilire; fissare: **That's settled then**, allora è deciso ***3*** risolvere; definire; comporre regolare; pagare: **to s. an account** [**a debt**], saldare un conto [un debito]; **to s. a quarrel**, comporre una lite ***4*** colonizzare ***5*** acquietare; calmare ***6*** (*leg.*) assegnare; intestare: **to s. an annuity on sb.**, assegnare un vitalizio a q. ***7*** (*fam.*) sistemare; mettere a posto: **I'll s. him, once and for all!**, lo sistemo io, una volta per tutte! • (*pop.*) **to s. sb.'s hash**, sistemare q. a dovere; aggiustare q. □ (*fam.*) **That settles it!**, basta, ho deciso!; questo è troppo!; questione chiusa! □ **That settles it, then**, allora, siamo d'accordo ***B*** *v. i.* ***1*** sistemarsi; stabilirsi ***2*** posarsi; scendere; calare ***3*** acquietarsi; calmarsi ***4*** (*del terreno*) avvallarsi; (*di edificio*) abbassarsi, assestarsi ***5*** piantarsi; sprofondare; affondare ***6*** (*del tempo*) stabilizzarsi ***7*** (*di sedimento, polvere*) depositarsi; posarsi ***8*** (*di liquido*) decantare; sedimentare ***9*** (*comm.*) pagare; saldare un conto; giungere a un accomodamento: (*leg.*) **to s. out of court**, giungere a un accordo amichevole ***C*** to **settle oneself** *v. rifl.* calamarsi; ritornare alla normalità.

♦ **settle down** *v. i. + avv.* ***1*** accomodarsi; sistemarsi ***2*** sistemarsi; stabilirsi; andare a stare: **to s. down in the country**, andare a stare in campagna ***3*** mettersi tranquillo; mettere la testa a posto: **to marry and s. down**, sposarsi e fare una vita tranquilla; metter su casa ***4*** mettersi: **to s. down to work**, mettersi al lavoro ***5*** calmarsi; ritornare alla normalità.

♦ **settle for** *v. i. + prep.* accontentarsi di.

♦ **settle in** *v. i. + avv.* ***1*** sistemarsi (*dopo un trasloco*) ***2*** ambientarsi.

♦ **settle on** *v. i. + prep.* decidersi per; scegliere: **I settled on a maroon carpet**, mi decisi per una moquette bordò; **to s. on doing st.**, decidere di fare q.c.

♦ **settle up** *v. i. + avv.* saldare un conto.

settled /ˈsɛtld/ *a.* ***1*** tranquillo; stabile; regolare: **s. life**, vita tranquilla; **s. habits**, abitudini regolari; abitudini radicate ***2*** (*del tempo*) messo al bello; stabilmente bello ***3*** (*comm.*) pagato: **s. in full**, pagato a saldo; saldato.

settlement /ˈsɛtlmənt/ *n.* ***1*** [U] *e* [C] composizione, accomodamento (*di una disputa, ecc.*); (*leg.*) accordo, compromesso, transazione ***2*** [U] (*comm.*) pagamento; saldo: **full s.**, pagamento a saldo; **in full s. of your account**, a saldo del vostro avere ***3*** [U] colonizzazione; insediamento ***4*** colonia; insediamento ***5*** nuovo centro urbano; città satellite ***6*** [U] (*edil.*) assestamento; cedimento per subsidenza ***7*** (*leg.*) assegnazione (*di rendita*); costituzione (*di un bene*); rendita; vitalizio.

settler /ˈsɛtlə(r), -təl-/ *n.* colono; colonizzatore (-trice).

set-to /ˈsɛttuː/ *n.* (*fam.*) baruffa; zuffa.

set-up /ˈsɛtʌp/ *n.* ***1*** situazione ***2*** impianto, progettazione (*di* *un'impresa*); organizzazione (*di un'azienda*): **s. costs**, costi di impianto *3* (*fam.*) imbroglio; montatura; (*sport*) incontro truccato.

seven /'sɛvn/ *a. e n.* sette • **the s.-year itch**, la crisi del settimo anno (*di matrimonio*) □ **in sevens**, a gruppi di sette.

seventeen /sɛvn'tiːn/ *a. e n.* diciassette.

seventeenth /sɛvn'tiːnθ/ *a. e n.* diciassettesimo.

seventh /'sɛvnθ/ *a. e n.* settimo.

seventieth /'sɛvntɪəθ/ *a. e n.* settantesimo.

seventy /'sɛvntɪ/ *a. e n.* settanta. (*Per gli esempi d'uso, V. sotto* **forty**).

to **sever** /'sɛvə(r)/ **A** *v. t.* *1* tagliare (di netto): **to s. an arm**, tagliare un braccio *2* recidere; mozzare; troncare: **to s. diplomatic relationships**, troncare i rapporti diplomatici **B** *v. i.* spezzarsi; rompersi.

several /'sɛvrəl/ **A** *pron.* parecchi (-ie); alcuni (-e) **B** *a.* *1* parecchi; diversi; alcuni: **for s. days in a row**, per parecchi giorni di seguito; **I have s. friends in Spain**, ho diversi amici in Spagna *2* (*form.*) separati; distinti: **an indictment on three s. charges**, un'incriminazione per tre distinti capi d'accusa *3* (*leg.*) divisibile; individuale: **s. liability**, responsabilità divisibile • (*leg.*) **joint and s.**, solidale.

severally /'sɛvrəlɪ/ *avv.* (*form.*) separatamente; individualmente.

severance /'sɛvərəns/ *n.* U e C *1* separazione *2* rottura (*di rapporti*) • (*econ.*) **s. pay**, indennità di licenziamento.

severe /sɪ'vɪə(r)/ *a.* *1* severo; rigoroso; austero: **to be too s. on sb.**, essere troppo severo con q.; **s. beauty**, bellezza severa *2* grave; serio; duro; forte; violento: **s. wounds**, ferite gravi; **a s. cold**, un forte raffreddore; **s. shortage of water**, grave scarsità d'acqua; **s. winter**, inverno rigido; **s. pains**, dolori acuti (*o* violenti).

severity /sɪ'vɛrətɪ/ *n.* U *1* severità; rigore; austerità *2* gravità; serietà; durezza; rigidezza; acutezza.

to **sew** /səʊ/ (*pass.* **sewed**, *p.p.* **sewn**, **sewed**) *v. t. e i.* cucire.

♦ **sew on** *v. t. + avv.* attaccare (*un bottone, ecc.*); cucire (*una tasca, ecc.*).

♦ **sew up** *v. t. + avv.* rammendare; ricucire • (*fam.*) **to have a contract [an election] (all) sewn up**, avere in tasca un contratto [un'elezione].

sewage /'suːɪdʒ, 'sj-/ *n.* U acque di scolo; acque luride • **s. system**, (sistema di) fognatura □ **s. works**, depuratore (*di acque luride*).

sewer /'suːə(r), 'sj-/ *n.* fogna; cloaca • **s. rat**, topo di fogna.

sewerage /'suːərɪdʒ, 'sj-/ *n.* U fognatura.

sewing /'səʊɪŋ/ *n.* U *1* (il) cucire; cucito *2* lavoro di cucito: • **s. machine**, macchina per cucire.

sewn /səʊn/ *p.p. di* **to sew**.

sex /sɛks/ *n.* *1* U e C (*biol.*) sesso *2* U rapporti sessuali: **to have sex**, avere rapporti (sessuali) • **sex appeal**, carica di sensualità; sex appeal □ **sex act**, atto sessuale □ **sex maniac**, maniaco sessuale □ **sex object**, oggetto sessuale □ **sex offender**, persona colpevole di reati sessuali □ (*anat.*) **sex organs**, organi sessuali □ **sex shop**, sex shop □ **the fair sex**, il gentil sesso.

to **sex** /sɛks/ *v. t.* (*zool.*) sessare; stabilire il sesso di.

sexagenarian /sɛksədʒə'nɛərɪən/ *a e n.* sessagenario (-a).

sexism /'sɛksɪzəm/ *n.* U discriminazione sessuale; pregiudizi sessuali.

sexist /'sɛksɪst/ *a. e n.* sessista.

sexless /'sɛksləs/ *a.* *1* (*biol.*) asessuato; neutro *2* privo di attrattiva sessuale.

sexology /sɛk'sɒlədʒɪ/ *n.* U sessuologia.

sextant /'sɛkstənt/ *n.* (*naut., aeron.*) sestante.

sextet /sɛk'stɛt/ *n.* (*mus.*) sestetto.

sexton /'sɛkstən/ *n.* sagrestano.

sextuplet /'sɛkstjʊplət, *USA* -'tʌp-/ *n.* gemello di parto sestuplo; (*al pl., collett.*) sei gemelli.

sexual /'sɛkʃʊəl/ *a.* sessuale: **s. intercourse**, rapporti sessuali; (*eufem.*) amplesso; **s. harassment**, molestie sessuali.

sexuality /sɛkʃʊ'ælətɪ/ *n.* U sessualità.

sexually /'sɛkʃʊəlɪ/ *avv.* sessualmente; per via sessuale • **s. transmitted disease**, malattia trasmessa per via sessuale.

sexy /'sɛksɪ/ *a.* (*fam.*) provocante; erotico; sexy.

shabbiness /'ʃæbɪnəs/ *n.* U *1* trasandatezza; squallore; cattivo stato *2* grettezza; meschinità.

shabby /'ʃæbɪ/ *a.* *1* malandato; malconcio; misero; squallido *2* trasandato; male in arnese *3* gretto; meschino.

shack /ʃæk/ *n.* capanna; baracca; bicocca; tugurio.

to **shack** /ʃæk/ *v. Solo come*:

♦ **shack up** (**with**) *v. i. + avv.* (*e prep.*) (*pop.*) convivere (con); stare insieme (con).

shackle /'ʃækl/ *n.* *1* (*mecc.*) anello di trazione *2* (*al pl.*) ceppi; ferri *3* (*al pl.*) pastoie; impedimenti.

to **shackle** /'ʃækl/ *v. t.* *1* mettere in ceppi; incatenare *2* inceppare; impedire; ostacolare.

shad /ʃæd/ *n.* (*pl.* **shad**, **shads**) (*zool.*) alosa.

shade /ʃeɪd/ *n.* *1* U ombra: **in the s.**, all'ombra; **to put sb. in the s.**, mettere in ombra q.; eclissare q.; (*pitt.*) **light and s.**, luci e ombre *2* sfumatura (*anche fig.*); gradazione; tonalità: **materials in all shades of blue**, stoffe in tutte le tonalità di blu; **shades of meaning**, sfumature di significato *3* (*lett.*) ombra; fantasma; spettro *4* visiera *5* paralume *6* (*al pl.*) (*lett.*) oscurità; ombre *7* (*al pl.*) (*pop. USA*) occhiali da sole *8* (*al pl.*) (*USA*) tendina avvolgibile • **a s.**, un po'; un tantino: **to feel a s. better**, stare un tantino meglio.

to **shade** /ʃeɪd/ **A** *v. t.* *1* riparare; schermare; far ombra a: **to s. one's eyes**, ripararsi gli occhi *2* offuscare; oscurare **B** *v. i.* sfumare: **green shading into blue**, verde che sfuma nell'azzurro.

♦ **shade in** *v. t. + avv.* (*pitt.*) ombreggiare; sfumare.

shaded /'ʃeɪdɪd/ *a.* *1* ombreggiato; ombroso *2* (*pitt.*) ombreggiato; sfumato.

shading /'ʃeɪdɪŋ/ *n.* U (*pitt.*) ombreggiatura; sfumatura.

shadow /'ʃædəʊ/ *n.* U e C (*anche fig.*) ombra: **to be afraid of one's own s.**, aver paura della propria ombra; **in the s. (of)**, all'ombra (di); **to cast a s.**, proiettare un'ombra; **There is not a s. of doubt**, non c'è ombra di dubbio • (*In G.B., polit.*) **s. cabinet**, gabinetto ombra; governo ombra □ (*in G.B., polit.*) **s. home secretary**, ministro degli interni del governo ombra □ **to be a s. of one's former self**, essere l'ombra di se stesso □ **to have shadows round the eyes**, avere gli occhi cerchiati (*o* le occhiaie) □ **to be worn to a s.**, essere ridotto a un'ombra.

to **shadow** /'ʃædəʊ/ *v. t.* *1* ombreggiare *2* pedinare; seguire.

shadow-boxing /'ʃædəʊbɒksɪŋ/ *n.* (*boxe*) allenamento con l'ombra.

shadowy /'ʃædəʊɪ/ *a.* *1* ombroso; ombreggiato *2* vago; indistinto.

shady /'ʃeɪdɪ/ *a.* *1* ombroso; ombreggiato; in ombra *2* equivoco; losco; di dubbia fama: **s. deal**, affare sospetto.

shaft /ʃɑːft, *USA* ʃæft/ *n.* *1* asta (*di lancia, freccia*) *2* manico (*di ascia, mazza, ecc.*) *3* (*archit.*) fusto (*di colonna*) *4* (*mecc.*) albero; asse *5* stanga (*di carro*) *6* (*ind. min.*) pozzo *7* ciminiera; fumaiolo • **s. of light**, raggio di luce □ (*edil.*) **lift s.**, pozzo dell'ascensore.

to **shaft** /ʃɑːft, *USA* ʃæft/ *v. t.* (*pop. USA*) fregare.

shag /ʃæg/ *n.* U tabacco grossolano; trinciato.

to **shag** /ʃæg/ *v. t. e i.* (*volg. GB*) scopare, chiavare.

shaggy /'ʃægɪ/ *a.* *1* irsuto; dal pelo arruffato *2* ispido; ruvido • **s.-dog story**, storiella interminabile e con finale assurdo.

shagreen /ʃə'griːn, *USA* ʃæ-/ *n.* U zigrino.

shah /ʃɑː/ *n.* scià.

shake /ʃeɪk/ *n.* *1* scossa; scrollata; urto; scossone; sbattuta: **a s. of the head**, una scrollata del capo; un cenno di diniego *2* stretta (*di mano*) *3* (*fam.*) scossa di terremoto *4* (*fam.*) attimo; momento: **I'll be back in half a s.** (*o* **in two shakes**), torno in un attimo; vado e torno *5* (*al pl.*) — **the shakes**, febbre con brividi; tremito convulso *6* (*mus.*) trillo *7* shake (*ballo*) • **all of a s.**, tremolante; barcollante □ **milk s.**, frappé (*franc.*) □ (*fam.*) **to be no great shakes at st.**, non cavarsela troppo bene in q.c.

to **shake** /ʃeɪk/ (*pass.* **shook**, *p.p.* **shaken**) **A** *v. t.* *1* scuotere; agitare; scrollare; sbattere: **to s. one's head**, scuotere (*o* scrollare) il capo; **S. before use**, agitare prima dell'uso; **to s. a blanket**, sbattere una coperta; **She shook the crumbs off her skirt**, si scosse via dalla gonna le briciole; **to s. sb. out of his indifference**, scuotere q. dalla sua indifferenza *2* impressionare; scuotere; commuovere *3* indebolire; scuotere: **to s. sb.'s confidence**, scuotere la fiducia di q. • **to s. one's fist at sb.**, minacciare col pugno q. □ **to s. hands**, darsi (*o* stringersi) la mano □ **to s. hands with sb.**, dare (*o* stringere) la mano a q. □ (*fam.*) **to s. a leg**, far quattro salti, ballare; affrettarsi, sbrigarsi **B** *v. i.* tremare; barcollare; traballare; vibrare: **His voice was shaking**, gli tremava la voce; **to be shaking with cold**, tremare dal freddo • **to be shaking in one's shoes**, essere mezzo morto dalla paura □ **Let's s.**

on it!, qua la mano! ***C*** to **shake oneself** *v. rifl.* scuotersi: **to s. oneself free**, liberarsi con uno strappo.
♦ **shake down** ***A*** *v. t. + avv.* ***1*** far cadere scuotendo ***2*** (*fam. USA*) mungere; spillare denaro a ***3*** (*fam. USA*) perquisire ***B*** *v. i. + avv.* ***1*** (*fam.*) sistemarsi per la notte; dormire ***2*** (*antiq. fam. GB*) ambientarsi; inserirsi (*in un ambiente*).
♦ **shake off** *v. t. + avv.* ***1*** scuotersi di dosso ***2*** liberarsi di; sbarazzarsi di ***3*** seminare (*un inseguitore*) ***4*** (*sport*) scartare.
♦ **shake out** *v. t. + avv.* ***1*** pulire scuotendo; scuotere ***2*** svuotare scuotendo ***3*** (*naut.*) sciogliere, mollare (*una vela*).
♦ **shake up** *v. t. + avv.* ***1*** agitare; scuotere: **to s. up a bottle of medicine**, agitare una bottiglietta di medicina ***2*** scuotere (*fig.*); scombussolare; sconvolgere ***3*** sprimacciare ***4*** (*fam.*) ristrutturare, riorganizzare (*un'azienda, ecc.*).
shakedown /ˈʃeɪkdaʊn/ *n.* ***1*** (*tecn., naut., aeron.*) collaudo finale; prova di affidabilità ***2*** letto improvvisato; giaciglio ***3*** (*fam. USA*) perquisizione ***4*** (*fam. USA*) ricatto; estorsione.
shaken /ˈʃeɪkən/ *p.p. di* **to shake**.
shaker /ˈʃeɪkə(r)/ *n.* ***1*** shaker ***2*** (*anche* **salt. s.**) spargisale.
Shakespearean, **Shakespearian** /ʃeɪkˈspɪərɪən/ *a.* shakespeariano; scespiriano.
shake-up /ˈʃeɪkʌp/ *n.* ***1*** riorganizzazione, ristrutturazione (*di un'azienda*) ***2*** (*polit.*) rimpasto.
shaking /ˈʃeɪkɪŋ/ ***A*** *a.* tremante; tremulo; vacillante ***B*** *n.* ***1*** scuotimento; scrollata; scossone; sbattuta ***2*** tremito.
shaky /ˈʃeɪkɪ/ *a.* ***1*** malfermo; traballante; tremolante; tremulo; vacillante ***2*** incerto; debole: **s. argument**, argomentazione debole; **My German is a bit s.**, il mio tedesco è un po' approssimativo.
shale /ʃeɪl/ *n.* [U] (*geol.*) scisto argilloso.
shall /ʃæl, ʃəl, ʃl/ *v. modale* ***1*** (*1ª pers. sing. e pl., ausiliare per il futuro e nelle domande*) — **We s. be in Sweden next month**, saremo in Svezia il mese prossimo; **S. we be back in time?**, saremo di ritorno in tempo?; **S. I open the window?**, apro la finestra?; **What s. we do now?**, e adesso che cosa facciamo?; **I'll drive, s. I?**, guido io, va bene? ***2*** (*2ª e 3ª pers. sing. e pl., ausiliare per il futuro con valore di promessa, ordine; form.*) — **It s. be done**, sarà fatto; **If you are a clever boy, you s. have a prize**, se sarai bravo, avrai un premio; **The traitor s. be hanged**, il traditore sarà impiccato.
shallot /ʃəˈlɒt/ *n.* (*bot.*) scalogno.
shallow /ˈʃæləʊ/ ***A*** *a.* ***1*** poco profondo; basso ***2*** poco fondo; piano ***3*** superficiale; frivolo; futile ***B*** *n.* (*al pl.*) secche.
shalt /ʃælt, ʃəlt/ *2ª pers. sing. pres. arc. o poet. di* **shall**, *def. 2.*
sham /ʃæm/ ***A*** *n.* ***1*** [U] *e* [C] impostura; finzione; simulazione ***2*** impostore; simulatore ***B*** *a.* finto; fittizio; fasullo; simulato.
to **sham** /ʃæm/ ***A*** *v. t.* fingere; simulare ***B*** *v. i.* fingere; far finta; fingere di essere: **to s. dead**, fingere di essere (*o* fingersi) morto.
shaman /ˈʃæmən, *USA* ˈʃɑː-/ *n.* sciamano.
shamble /ˈʃæmbl/ *n.* andatura strascicata.
to **shamble** /ˈʃæmbl/ *v. i.* strascicare i piedi.
shambles /ˈʃæmblz/ *n. pl.* (*col verbo al sing.*) (*fam.*) caos; macello; casino (*fam.*): **in a complete s.**, nel caos più totale.
shambolic /ʃæmˈbɒlɪk/ *a.* (*fam. GB*) caotico; incasinato (*fam.*).
shame /ʃeɪm/ *n.* ***1*** [U] vergogna: **He feels no s. at all for what he did**, non si vergogna minimamente di quello che ha fatto ***2*** (*fam.*) peccato; sfortuna: **What a s. you can't come**, che peccato che non puoi venire ● **to bring s. upon one's family**, disonorare la propria famiglia □ **a crying s.**, una vera vergogna □ **out of a sense of s.**, per pudore □ **to put sb. to s.**, far sfigurare q. □ **For s.!** (*o* **S. on you!**), vergogna!
to **shame** /ʃeɪm/ *v. t.* ***1*** svergognare; far arrossire (*di vergogna*) ***2*** disonorare ● **to s. sb. into doing st.**, far vergognare q. al punto da spingerlo a fare q.c.
shamefaced /ʃeɪmˈfeɪst/ *a.* vergognoso; confuso; imbarazzato.
shameful /ˈʃeɪmfl/ *a.* vergognoso.
shameless /ˈʃeɪmləs/ *a.* spudorato; impudente; sfrontato.
shamelessness /ˈʃeɪmləsnəs/ *n.* [U] spudoratezza; impudenza; sfrontatezza.
shammy /ˈʃæmɪ/ ***A*** *n.* [U] (*anche* **s. leather**) pelle di camoscio (*o* di daino) (*per pulire o lucidare*) ***B*** *a.* scamosciato.
shampoo /ʃæmˈpuː/ *n.* (*pl.* **shampoos**) shampoo; sciampo.
to **shampoo** /ʃæmˈpuː/ *v. t.* lavare con uno shampoo.
shamrock /ˈʃæmrɒk/ *n.* [U] (*bot.*) trifoglio.
shandy /ˈʃændɪ/ *n.* (*GB*) birra con aggiunta di gazzosa o ginger.
to **shanghai** /ʃæŋˈhaɪ/ *v. t.* ***1*** (*stor.*) imbarcare (q.) come marinaio (dopo averlo ubriacato o tramortito) ***2*** — **to s. sb. into doing st.**, costringere q. (con l'inganno) a fare q.c. (*di sgradito o rischioso*).
shank /ʃæŋk/ *n.* ***1*** (*anat.*) stinco; gamba ***2*** (*bot.*) gambo; stelo ***3*** (*mecc.*) gambo; codolo ***4*** (*archit.*) fusto (*di colonna*) ***5*** (*naut.*) fuso (*di ancora*) ● (*fam. GB*) **to go on shanks's pony**, andare a piedi; andare sul caval di San Francesco (*fam.*).
shan't /ʃɑːnt, *USA* ʃænt/ *contraz. di* **shall not**.
shantung /ʃænˈtʌŋ/ *n.* [U] (*ind. tess.*) shantung.
shanty (1) /ˈʃæntɪ/ *n.* casupola; capanna; baracca; tugurio.
shanty (2) /ˈʃæntɪ/ *n.* canzone marinaresca.
shantytown /ˈʃæntɪtaʊn/ *n.* quartiere di baracche; bidonville (*franc.*).
shape /ʃeɪp/ *n.* ***1*** [C] *e* [U] forma: **spherical in s.**, di forma sferica; **What s. is it?**, di che forma è?; **A s. emerged from behind the bushes**, una forma indistinta spuntò da dietro i cespugli; **in the s. of a star**, a forma di stella; **Help arrived in the s. of a cheque from Peter**, l'aiuto arrivò sotto forma di assegno, mandato da Peter ***2*** aspetto; struttura ***3*** [U] (*fam.*) condizioni; stato (di salute): **to be in bad s.**, essere in cattive condizioni ***4*** [U] (*sport*) forma (fisica): **to be in s.**, essere in forma ● **to get** (*o* **to put**) **into s.**, mettere a posto; riordinare □ **to get out of s.**, perdere la forma; sformarsi □ **in all shapes and sizes**, di ogni forma e dimensione □ **in any s. or form.** di qualunque genere □ **to knock** (*o* **to lick, to whip**) **into s.**, rendere efficiente; dirozzare; rifinire □ **to lose one's s.**, sformarsi □ **to take s.**, prendere forma; (*di progetto, ecc.*) concretarsi, prendere corpo.
to **shape** /ʃeɪp/ *v. t.* ***1*** formare; foggiare; modellare; plasmare ***2*** determinare; formare.
♦ **shape up** *v. i. + avv.* ***1*** dare prova di sé; procedere ***2*** (*fam.*) mettersi al lavoro sul serio; darsi una regolata ***3*** (*USA*) essere imminente; configurarsi; preannunciarsi.
shaped /ʃeɪpt/ *a.* ***1*** a forma (di): **s. like an egg**, a forma di uovo; **pear-s.**, a forma di pera ***2*** (*di vestito*) attillato.
shapeless /ˈʃeɪpləs/ *a.* informe; senza forma.
shapely /ˈʃeɪplɪ/ *a.* ben fatto; proporzionato.
shard /ʃɑːd/ *n.* frammento (*di vaso, ecc.*); coccio.
share /ʃɛə(r)/ *n.* ***1*** parte; porzione; quota; partecipazione: **to pay one's s.**, pagare la propria quota; **to do one's s. of work**, fare la propria parte di lavoro; **a s. of the market**, una quota del mercato; **to have a s. in the profits**, partecipare agli utili; **to have a 50% s. in a venture**, essere socio al 50% in un'impresa ***2*** (*fin.*) azione; titolo azionario: **ordinary [preference] shares**, azioni ordinarie [privilegiate] ● (*fin.*) **s. capital**, capitale azionario □ (*fin.*) **s. certificate**, certificato azionario □ (*Borsa*) **s. list**, listino valori; listino di Borsa □ (*fin.*) **s. prices**, corsi azionari □ **I've had more than my fair s. of trouble**, ho avuto guai più che a sufficienza □ **to go shares (in st.)**, dividere le spese (di q.c.).
to **share** /ʃɛə(r)/ *v. t.* ***1*** dividere (*equamente*); distribuire (*in parti uguali*); ripartire; spartire: **to s. expenses**, dividere le spese; **to s. (out) two thousand dollars between four persons**, ripartire duemila dollari fra quattro persone ***2*** usare in comune; dividere: **If there aren't enough books, you'll have to s.**, se i libri non bastano per tutti, dovrete usarne uno in due; **to s. a bedroom**, dividere una stanza con q. ***3*** avere in comune; condividere: **They s. a love of fishing**, hanno in comune la passione per la pesca; **He shares my fears**, ha le mie stesse paure; **We all s. (in) the responsibility for what happened**, siamo tutti ugualmente responsabili per quello che è successo ***4*** dire; raccontare; rendere partecipe di ● **to s. and s. alike**, partecipare; condividere in ugual misura.
shareholder /ˈʃɛəhəʊldə(r)/ *n.* (*fin.*) azionista.
share-out /ˈʃɛəraʊt/ *n.* distribuzione; divisione; spartizione.
shark /ʃɑːk/ *n.* ***1*** (*zool.*) pescecane; squalo ***2*** (*fam.*) speculatore senza scrupoli; pirata: **loan s.**, usuraio; strozzino.
sharkskin /ˈʃɑːkskɪn/ *n.* [U] zigrino.
sharp (1) /ʃɑːp/ ***A*** *a.* ***1*** affilato; tagliente: **s. knife**, coltello affilato ***2*** acuto; acuminato; appuntito: **s. pencil**, matita appuntita; **s. nose**, naso a punta; naso affilato; **s. bend**, curva a gomito; **s. features**, lineamenti angolosi ***3*** netto; preciso; nitido; marcato; secco:. **s. contrast**, contrasto netto; **s. picture**, immagine nitida; **s. blow**, colpo deciso (*o* secco)

4 brusco; improvviso: **s. fall in prices**, brusco calo dei prezzi; **s. turn**, svolta improvvisa *5* (*di dolore*) acuto *6* (*di sapore*) pungente, aspro; (*di rumore*) secco *7* (*di vento, ecc.*) tagliente; pungente; penetrante *8* attento; acuto; sveglio; perspicace: **s. eyes**, occhi attenti; **s. intelligence**, viva intelligenza; **s.-witted**, sveglio; intelligente *9* aspro; brusco; tagliente; mordace: **s. words**, parole brusche; **s. temper**, carattere irascibile; **s. tongue**, lingua tagliente *10* (*mus.*) diesis: **C s.**, do diesis • **s.-edged**, affilato; tagliente □ **s.-eyed**, dalla vista acuta; oculato; previdente □ **s.-pointed**, appuntito; aguzzo □ **s. practice**, pratiche poco oneste □ **as s. as a needle**, acuto; perspicace □ **to keep a s. look-out**, stare con gli occhi aperti; stare all'erta *B* avv. *1* bruscamente; all'improvviso: **Turn s. left**, gira tutto a sinistra *2* puntualmente; in punto: **at ten (o'clock) s.**, alle dieci in punto • (*fam.*) **to look s.**, stare con gli occhi aperti; sbrigarsi; spicciarsi.

sharp (2) /ʃɑ:p/ n. *1* (*mus.*) diesis *2* (*fam.*) imbroglione; truffatore; baro.

to **sharpen** /ˈʃɑ:pən/ *A* v. t. *1* affilare: **to s. a knife**, affilare un coltello *2* fare la punta a; temperare: **to s. a pencil**, temperare una matita *3* accentuare; acuire; aguzzare, stuzzicare (*l'appetito, l'ingegno*); inasprire (*una pena*) *4* mettere a fuoco (*un'immagine*); mettere in risalto *5* (*mus.*) diesizzare; alzare di un semitono *B* v. i. *1* aguzzarsi; affilarsi *2* accentuarsi; acuirsi; inasprirsi.

sharpener /ˈʃɑ:pənə(r)/ n. (*mecc.*) affilatrice • **blade s.**, affilalame □ **knife s.**, affilacoltelli □ **pencil s.**, temperamatite.

sharpish /ˈʃɑ:pɪʃ/ avv. (*fam.*) subito.

sharpness /ˈʃɑ:pnəs/ n. Ⓤ *1* acutezza; acume; affilatezza; sottigliezza, perspicacia *2* bruschezza *3* chiarezza; nettezza; nitidezza *4* acredine; asprezza; mordacità; sarcasticità *5* astuzia; malizia; disonestà.

sharpshooter /ˈʃɑ:pʃu:tə(r)/ n. tiratore scelto.

shat /ʃæt/ pass. e p.p. di **to shit**.

to **shatter** /ˈʃætə(r)/ *A* v. t. *1* fracassare; fare a pezzi; frantumare; spaccare *2* distruggere, rovinare (*speranze, ecc.*) *3* sconvolgere *B* v. i. andare in pezzi; frantumarsi; spaccarsi.

shattered /ˈʃætəd/ a. *1* distrutto: **s. hopes**, speranze distrutte; **s. nerves**, nervi a pezzi *2* stanco morto; a pezzi *3* sconvolto.

shattering /ˈʃætərɪŋ/ a. *1* disastroso; rovinoso *2* sconvolgente; traumatico: **s. news**, notizie sconvolgenti; **s. blow**, colpo tremendo *3* logorante; sfibrante.

shatterproof /ˈʃætəpru:f/ a. infrangibile.

shave /ʃeɪv/ n. rasatura • **to have a s.**, farsi la barba □ (*fam.*) **to have a close s.**, scamparla bella; cavarsela per un pelo.

to **shave** /ʃeɪv/ *A* v. t. *1* radere; sbarbare; fare la barba a: **to s. one's chin**, radersi il mento; farsi la barba sul mento; **to s. one's legs**, radersi le gambe; **to s. one's beard off**, tagliarsi la barba *2* piallare; lisciare (*col raschietto*) *3* sfiorare; rasentare *4* (*fig.*) togliere: **to s. a few pounds off the total price**, togliere qualche sterlina dal totale; abbassare il costo totale di qualche sterlina *B* v. i. *1* radersi; sbarbarsi; farsi la barba *2* (*di rasoio, ecc.*) radere; tagliare.

shaven /ˈʃeɪvn/ a. rasato; sbarbato: **well-s.**, ben rasato; **s. head**, cranio rasato; resta rapata a zero.

shaver /ˈʃeɪvə(r)/ n. rasoio (elettrico).

shaving /ˈʃeɪvɪŋ/ n. *1* Ⓤ rasatura; sbarbatura *2* (*generalm. al pl.*) truciolo • **s.-brush** [**cream, foam**], pennello [crema, schiuma] da barba.

shawl /ʃɔ:l/ n. scialle.

she /ʃɪ, ʃi:/ *A* pron. pers. 3ª pers. sing. f. lei; essa (*form.*): **He came, and she stayed behind**, lui venne e lei rimase; **She has left**, è andata via; **Where is she?**, dov'è (lei)?; **It's she**, è lei; **There she is**, eccola *B* n. *1* femmina; donna; bambina: **It's a she**, è una femmina *2* (*come pref.*) femmina: **she-bear**, orsa; **she-devil**, diavolessa; **she-wolf**, lupa.

sheaf /ʃi:f/ n. (*pl.* **sheaves**) *1* covone *2* fascio; fastello.

to **shear** /ʃɪə(r)/ (*pass.* **sheared**, *p.p.* **shorn**, **sheared**) *A* v. t. *1* tosare *2* (*ind. tess.*) cimare *3* (*mecc.*) tagliare; tranciare *4* spogliare (*fig.*): **He was shorn of all power**, fu spogliato di ogni potere *B* v. i. (*anche* **to s. off**) recidersi; spezzarsi.

shearing /ˈʃɪərɪŋ/ n. Ⓤ tosatura.

shears /ʃɪəz/ n. pl. cesoie.

shearwater /ˈʃɪəwɔ:tə(r)/ n. (*zool.*) berta.

sheath /ʃi:θ/ n. *1* fodero (*di spada*) *2* (*bot.*) guaina *3* (*zool.*) guaina; elitra *4* rivestimento; guaina *5* (*fam. GB*) preservativo • **s. knife**, coltello a lama fissa (*con fodero*).

to **sheathe** /ʃi:ð/ v. t. *1* rinfoderare; ringuainare: **to s. one's sword**, rinfoderare la spada *2* foderare; rivestire; inguainare.

sheathing /ˈʃi:θɪŋ/ n. rivestimento; guaina.

sheaves /ʃi:vz/ pl. di **sheaf**.

shebang /ʃɪˈbæŋ/ n. — (*fam. USA*) **the whole s.**, tutto quanto; tutta la faccenda; tutta la baracca.

shed /ʃɛd/ n. *1* capannone; tettoia *2* (*aeron.*) aviorimessa; hangar.

to **shed** /ʃɛd/ (*pass. e p.p.* **shed**) v. t. *1* spargere; versare: **to s. blood**, spargere sangue; **to s. tears**, versare lacrime *2* diffondere; emanare: **to s. light**, diffondere luce; (*fig.*) **to s. light on st.**, gettare luce su q.c. *3* perdere; lasciar cadere: **The tree has s. its leaves**, l'albero ha perso le foglie; **to s. hair**, perdere il pelo *4* eliminare; togliere; liberarsi di.

she'd /ʃi:d, ʃɪd/ contraz. di **she had**; **she would**.

sheen /ʃi:n/ n. lucentezza; splendore.

sheep /ʃi:p/ n. (*pl. invar.*) pecora: **a flock of s.**, un gregge di pecore; (*fig.*) **to count s.**, contare le pecore; (*fig.*) **lost s.**, pecorella smarrita • (*fig.*) **s. and goats**, le pecore bianche e le pecore nere; i buoni e i cattivi □ **s. farmer**, allevatore di pecore □ **s. farming**, allevamento di pecore; pastorizia □ **to make s.'s eyes at sb.**, fare gli occhi dolci (*o* l'occhio di triglia) a q.

sheepdip /ˈʃi:pdɪp/ n. Ⓒ e Ⓤ liquido antiparassitario per pecore.

sheepdog /ˈʃi:pdɒg, *USA* -ɔ:g/ n. cane da pastore.

sheepfold /ˈʃi:pfəʊld/ n. ovile.

sheepish /ˈʃi:pɪʃ/ a. impacciato; imbarazzato.

sheepshearer /ˈʃi:pʃɪərə(r)/ n. tosatore.

sheepskin /ˈʃi:pskɪn/ n. Ⓒ e Ⓤ pelle di pecora; pelle di montone.

sheer /ʃɪə(r)/ *A* a. *1* puro; solo; vero: **by s. luck**, per pura fortuna; **It was s. folly**, fu una vera follia; **s. nonsense**, una sciocchezza bella e buona; **s. impossibility**, impossibilità assoluta; **Think of the s. cost of it!**, pensa solo al costo! *2* a picco: **s. cliffs**, rocce a picco; **s. drop**, strapiombo *3* (*di tessuto*) sottile; trasparente: **s. stockings**, calze velate *B* avv. a picco: **cliffs falling s. to the beach**, rocce a picco sulla spiaggia.

to **sheer** /ʃɪə(r)/ v. i. *1* (*naut.*) cambiare rotta; virare *2* deviare; scartare.

♦ **sheer away from** v. i. + avv. + prep. evitare (*un argomento, ecc.*); girare al largo da.

sheet /ʃi:t/ n. *1* lenzuolo *2* foglio (*di carta, ecc.*) *3* (*fam.*) giornale *4* lastra: **s. of ice**, lastra di ghiaccio *5* (*metall.*) lamiera *6* (*naut.*) scotta *7* specchio d'acqua *8* (*geol.*) strato sottile • **s. anchor**, (*naut.*) ancora di speranza; (*fig.*) ancora di salvezza □ **s. glass**, lastra di vetro; cristallo in lastra □ **s. lightning**, lampoggio diffuso □ **s. metal**, lamiera sottile, lamierino □ **s. music**, spartito (a fogli sciolti) □ **s. of flame**, cortina di fiamme □ **s. rubber**, gomma in fogli □ **The rain was coming down in sheets**, pioveva a dirotto.

sheeting /ˈʃi:tɪŋ/ n. Ⓤ *1* tela per lenzuola *2* (*ind.*) materiale in fogli *3* (*metall.*) copertura con lamiera; blindatura.

sheik(h) /ʃeɪk, *USA* ʃi:k/ n. sceicco.

sheila /ˈʃi:lə/ n. (*fam. Austr.*) ragazza; donna.

shelf /ʃɛlf/ n. (*pl.* **shelves**) *1* ripiano; mensola; scaffale *2* ripiano, sporgenza (*di roccia*) *3* banco di sabbia • **s. life**, durata (*di prodotto*) □ (*geol.*) **continental s.**, piattaforma continentale □ **off the s.**, (*di merci*) acquistabile in negozio; pronto □ (*fig.*) **on the s.**, messo in disparte; (*fam., di donna*) che non ha trovato marito.

shell /ʃɛl/ n. *1* guscio; involucro; conchiglia; corazza (*di animale*) *2* (*di edificio, nave, ecc.*) struttura; ossatura; scheletro *3* aspetto esteriore; parvenza: **He's reduced to a s. of a man**, è ridotto a una parvenza d'uomo *4* (*di torta*) crosta *5* (*mil.*) proiettile (*di cannone*); granata • **to come out of** [**to go into**] **one's s.**, uscire dal [chiudersi nel] proprio guscio (*fig.*).

to **shell** /ʃɛl/ v. t. *1* sgusciare; sgranare; aprire (*ostriche, ecc.*) *2* (*mil.*) bombardare; cannoneggiare.

♦ **shell out** v. t. + avv. sborsare; tirare fuori.

she'll /ʃi:l, ʃɪl/ contraz. di **she will**; **she shall**.

shellac /ʃəˈlæk, ˈʃɛlæk/ n. Ⓤ gommalacca.

to **shellac** /ʃəˈlæk, ˈʃɛlæk/ v. t. verniciare con gommalacca.

shellfire /ˈʃɛlfaɪə(r)/ n. Ⓤ (*mil.*) bombardamento.

shellfish /ˈʃɛlfɪʃ/ n. *1* (*pl. invar.*) (*zool.*) mollusco; crostaceo *2* ◻ (*cucina*) frutti di mare.

shellshock /ˈʃelʃɒk/ *n.* ◻ (*med.*) psicosi traumatica (da bombardamento).

shellshocked /ˈʃelʃɒkd/ *a.* *1* traumatizzato (da un bombardamento) *2* (*fam.*) stravolto; sotto shock.

shelter /ˈʃeltə(r)/ *n.* *1* ◻ ricovero; rifugio; riparo; asilo; protezione: **to find s.**, trovare rifugio; trovare asilo; **to give s.**, riparare; dare asilo; proteggere; **to run for s.**, correre a ripararsi; **to take s.**, rifugiarsi; ripararsi *2* ricovero; riparo; rifugio: **air-raid s.**, rifugio antiaereo; **bus s.**, pensilina; **a s. for the homeless**, un alloggio per i senzatetto.

to **shelter** /ˈʃeltə(r)/ *A* *v. t.* *1* riparare; proteggere *2* dare asilo a; ricoverare *B* *v. i.* ricoverarsi; rifugiarsi; ripararsi.

sheltered /ˈʃeltəd/ *a.* *1* riparato; protetto *2* troppo protetto: **s. life**, vita troppo protetta ● **s. accommodation**, sistemazione in case protette.

to **shelve** (**1**) /ʃelv/ *v. t.* *1* sistemare su scaffali *2* accantonare; rimandare.

to **shelve** (**2**) /ʃelv/ *v. i.* essere in declivio; digradare.

shelves /ʃelvz/ *pl. di* **shelf**.

shelving /ˈʃelvɪŋ/ *n.* ◻ scaffali; scaffalatura.

shenanigans /ʃɪˈnænɪgənz/ *n. pl.* (*fam.*) *1* imbrogli; trucchetti *2* buffonate.

shepherd /ˈʃepəd/ *n.* (*anche fig.*) pastore ● **s.'s pie**, pasticcio di carne trita ricoperto di purè.

to **shepherd** /ˈʃepəd/ *v. t.* guidare, accompagnare, scortare (*un gruppo di persone*).

shepherdess /ʃepəˈdes, ˈʃepədɪs/ *n.* pastora; pastorella.

sherbet /ˈʃɜːbət/ *n.* ◻ *e* ◻ *1* (*specialm. USA*) sorbetto *2* (*GB*) polverina effervescente (*da mangiare o da sciogliere in acqua*).

sherd /ʃɜːd/ *n. V.* **shard**.

sheriff /ˈʃerɪf/ *n.* sceriffo.

sherry /ˈʃerɪ/ *n.* ◻ sherry.

she's /ʃiːz, ʃɪz/ *contraz. di* **she is**; **she has**.

shibboleth /ˈʃɪbəleθ/ *n.* vecchia dottrina; teoria screditata.

shield /ʃiːld/ *n.* *1* (*mil., zool.*) scudo *2* protezione; riparo; difesa *3* (*ind., mecc.*) schermo di protezione *4* (*arald.*) scudo *5* (*sport*) scudetto *6* (*fis. nucl.*) schermo.

to **shield** /ʃiːld/ *v. t.* *1* difendere; proteggere; riparare; far scudo a *2* (*radio, TV*) schermare.

shift /ʃɪft/ *n.* *1* cambiamento; spostamento *2* turno (*di lavoro*): **to work in shifts**, fare i turni; **s. work**, lavoro in turni; **s. worker**, turnista *3* squadra (di turno) *4* espediente; stratagemma *5* (*antiq.*) sottoveste *6* vestito sciolto (*da donna*) *7* (*autom., USA, anche* **s. stick**) (leva del) cambio ● **s. key**, tasto delle maiuscole □ (*antiq.*) **to make s.**, ingegnarsi; arrangiarsi.

to **shift** /ʃɪft/ *A* *v. t.* *1* spostare: **We couldn't s. the chest of drawers**, non riuscimmo a spostare il cassettone *2* (*autom., USA*) cambiare: **to s. gear**, cambiare (marcia) *3* (*fam.*) togliere (*una macchia*) *4* (*pop.*) piazzare (*merce*) ● **to s. the blame on to sb. else**, riversare la colpa su q. altro □ **to s. the responsibility**, fare a scaricabarile (*fam.*). *B* *v. i.* *1* spostarsi; muoversi; trasferirsi *2* (*del vento*) girare *3* (*autom., USA*) cambiare: **to s. into third gear**, innestare (*o* mettere) la terza ● (*antiq.*) **to s. for oneself**, arrangiarsi da solo; cavarsela da solo.

♦ **shift down** *v. i. + avv.* (*autom., USA*) scalare una marcia.

♦ **shift up** *v. i. + avv.* (*autom., USA*) innestare una marcia più alta.

shifting /ˈʃɪftɪŋ/ *a.* mobile; mutevole.

shiftless /ˈʃɪftləs/ *a.* svogliato; indolente.

shifty /ˈʃɪftɪ/ *a.* equivoco; sfuggente; losco: **s. eyes**, occhi sfuggenti.

shilling /ˈʃɪlɪŋ/ *n.* scellino (*in G.B., fino al 1971*).

to **shilly-shally** /ˈʃɪlɪʃælɪ/ *v. t.* (*fam.*) tentennare; non decidersi.

shimmer /ˈʃɪmə(r)/ *n.* ◻ luccichio; scintillio; bagliore.

to **shimmer** /ˈʃɪmə(r)/ *v. i.* luccicare; scintillare.

shin /ʃɪn/ *n.* (*anat.*) stinco ● (*sport*) **s.-guard** (*o* **s.-pad**), parastinchi.

to **shin** /ʃɪn/ *v. Solo come*:

♦ **shin down** *v. i. + prep.* calarsi da; scivolare giù lungo.

♦ **shin up** *v. i. + prep.* arrampicarsi su: **to s. up a tree**, arrampicarsi su un albero.

shinbone /ˈʃɪnbəʊn/ *n.* (*anat.*) tibia.

shindig /ˈʃɪndɪg/, **shindy** /ˈʃɪndɪ/ *n.* (*fam.*) *1* baccano; chiasso; schiamazzo; festa chiassosa *2* baruffa ● **to kick up a s.**, fare un gran baccano.

shine /ʃaɪn/ *n.* *1* ◻ lucentezza; lucido; splendore *2* (*fam.*) lucidata; lustrata ● (*fam.*) **to take a s. to sb.**, prendere q. in simpatia.

to **shine** /ʃaɪn/ (*pass. e p.p.* **shone**) *A* *v. i.* brillare; splendere; risplendere: **The sun is shining bright**, il sole splende; **A light shone in the room**, nella stanza brillava una luce; **eyes shining with joy**, occhi che brillano di gioia; **He shines at Latin**, brilla in latino *B* *v. t.* *1* far luce con: **to s. a torch in sb.'s face**, fare luce con una pila sulla faccia di q. *2* (*pass. e p.p.* **shined**) lucidare; lustrare: **to s. shoes**, lucidare le scarpe.

shiner /ˈʃaɪnə(r)/ *n.* (*fam.*) occhio nero; occhio pesto.

shingle (**1**) /ˈʃɪŋgl/ *n.* ◻ ciottoli (*di spiaggia*).

shingle (**2**) /ˈʃɪngl/ *n.* (*archit.*) assicella; scandola.

to **shingle** /ˈʃɪŋgl/ *v. t.* ricoprire (*un tetto*) di assicelle.

shingles /ˈʃɪŋglz/ *n. pl.* (*col verbo al sing.*) (*med.*) herpes zoster; fuoco di Sant'Antonio.

shingly /ˈʃɪŋglɪ/ *a.* (*di spiaggia*) ciottoloso.

shining /ˈʃaɪnɪŋ/ *a.* *1* brillante; lucente; splendente *2* fulgido; luminoso: **s. example**, fulgido esempio.

Shinto /ˈʃɪntəʊ/, **Shintoism** /ˈʃɪntəʊɪzəm/ *n.* ◻ (*relig.*) scintoismo.

shiny /ˈʃaɪnɪ/ *a.* lucido.

ship /ʃɪp/ *n.* *1* nave; bastimento; vascello; piroscafo: **sailing s.**, nave a vela; veliero; **merchant s.**, nave mercantile; **by s.**, per nave; via mare *2* (*miss.*) astronave ● **s.'s articles**, contratto di imbarco; clausole di ingaggio □ **s. broker**, agente marittimo □ **s. canal**, canale navigabile □ **s.'s chandler**, fornitore navale □ **s.'s company**, equipaggio □ **s.'s papers**, documenti di bordo □ **to take s.**, imbarcarsi □ **training s.**, nave scuola □ **when my s. comes home**, quando farò fortuna.

to **ship** /ʃɪp/ *A* *v. t.* *1* spedire, inviare, trasportare (*via mare e, per estens., con qualsiasi mezzo*) *2* (*naut.*) imbarcare: **to s. stores** [**water**], imbarcare provviste [acqua] ● **to s. oars**, disarmare i remi *B* *v. i.* imbarcarsi (*specialm. come marinaio*).

♦ **ship off** *v. t. + avv.* mandare via; spedire: **They shipped him off to Australia**, l'hanno spedito in Australia.

shipboard /ˈʃɪpbɔːd/ *n.* (*naut.*) — **on s.**, a bordo.

shipbuilder /ˈʃɪpbɪldə(r)/ *n.* costruttore navale.

shipbuilding /ˈʃɪpbɪldɪŋ/ *n.* ◻ costruzioni navali.

shipload /ˈʃɪpləʊd/ *n.* (*naut.*) carico.

shipmaster /ˈʃɪpmɑːstə(r), *USA* -æs-/ *n.* (*naut.*) capitano (*di mercantile*).

shipmate /ˈʃɪpmeɪt/ *n.* (*naut.*) compagno di bordo.

shipment /ˈʃɪpmənt/ *n.* (*comm.*) *1* ◻ spedizione *2* carico; invio: **a s. of bananas**, un carico di banane.

shipowner /ˈʃɪpəʊnə(r)/ *n.* (*naut.*) armatore.

shipper /ˈʃɪpə(r)/ *n.* (*comm.*) spedizioniere marittimo.

shipping /ˈʃɪpɪŋ/ *n.* ◻ *1* (*comm.*) spedizione marittima *2* (*naut.*) naviglio; imbarcazioni: **closed to s.**, chiuso alla navigazione *3* (*naut.*) marina mercantile ● **s. agent**, spedizioniere marittimo □ **s. company**, società di navigazione □ **s. lane**, rotta marittima □ **s. office**, agenzia di navigazione □ **s. trade**, commercio marittimo.

shipshape /ˈʃɪpʃeɪp/ *a. pred. e avv.* ben assettato; in perfetto ordine.

shipwreck /ˈʃɪprek/ *n.* ◻ *e* ◻ naufragio.

to **shipwreck** /ˈʃɪprek/ *v. t.* far naufragare ● **to be shipwrecked**, fare naufragio.

shipwright /ˈʃɪpraɪt/ *n.* (*naut.*) carpentiere navale; maestro d'ascia.

shipyard /ˈʃɪpjɑːd/ *n.* (*naut.*) cantiere navale; arsenale.

shire /ˈʃaɪə(r)/ *n.* (*in G.B.*) contea (*divisione amministrativa*) ● (*in G.B.*) **the Shires** (*o* **the s. counties**), le contee dell'Inghilterra centrale □ **s. horse**, grosso cavallo da tiro inglese.

to **shirk** /ʃɜːk/ *A* *v. t.* evitare; scansare; sottrarsi a: **to s. duty**, sottrarsi a un dovere *B* *v. i.* sottrarsi ai propri doveri; tirarsi indietro.

shirker /ˈʃɜːkə(r)/ *n.* scansafatiche; lavativo.

shirt /ʃɜːt/ *n.* *1* camicia (*da uomo*) *2* camicetta (*da donna di foggia maschile*) ● (*pop.*) **to keep one's s. on**, mantenere la calma □ (*pop.*) **to put one's s. on st.**, giocarsi la camicia su q.c.

shirtfront /ˈʃɜːtfrʌnt/ *n.* sparato (di camicia).

shirtsleeves /ˈʃɜːtsliːvz/ *n. pl.* maniche di camicia: **in one's**

s., in maniche di camicia.
shirttail /ˈʃɜːttеɪl/ *n.* lembo della camicia.
shirtwaister /ˈʃɜːtweɪstə(r)/ *n.* (*moda*) chemisier (*franc.*).
shirty /ˈʃɜːtɪ/ *a.* (*fam.*) irritato: **There's no need to get s.!**, non c'è bisogno di scaldarsi tanto!
shit /ʃɪt/ ***A*** *n.* Ⓤ (*volg.*) ***1*** merda ***2*** porcata; schifezza ***3*** stronzate; cazzate ***4*** (*di persona*) pezzo di merda; stronzo ● **The s. hit the fan**, è scoppiato un casino d'inferno □ **to beat the s. out of sb.**, pestare q. a sangue □ **to be in the s.**, essere nella merda □ **I don't give a s.**, me ne fotto □ **to scare the s. out of sb.**, terrorizzare q. ***B*** *inter.* (*volg.*) merda!
to **shit** /ʃɪt/ (*pass. e p.p.* **shit, shitted** o **shat**) *v. i.* (*volg.*) cacare, cagare ● **to s. oneself**, farsela addosso (*anche fig.*).
shitty /ˈʃɪtɪ/ *a.* (*volg.*) di merda; merdoso.
shiver (1) /ˈʃɪvə(r)/ *n.* brivido: **to have the shivers**, avere i brividi; **to give sb. the shivers** (*o* **to send the shivers down sb.'s spine**), far venire i brividi a q.
shiver (2) /ˈʃɪvə(r)/ *n.* (*specialm. lett.*) frammento; scheggia.
to **shiver** /ˈʃɪvə(r)/ *v. i.* rabbrividire; tremare: **to s. with cold**, tremare dal freddo.
shivery /ˈʃɪvərɪ/ *a.* ***1*** che ha i brividi ***2*** che dà i brividi; agghiacciante; spaventoso.
shoal (1) /ʃəʊl/ *n.* banco, frotta (*di pesci*).
shoal (2) /ʃəʊl/ *n.* (*naut.*) bassofondo; secca.
to **shoal** (1) /ʃəʊl/ *v. i.* (*dei pesci*) formare banchi; nuotare a frotte.
to **shoal** (2) /ʃəʊl/ *v. i.* (*dell'acqua*) diminuire di profondità.
shock (1) /ʃɒk/ *n.* ***1*** scossa; colpo; urto; forza; spostamento d'aria (*di esplosione*): **s. wave**, onda d'urto ***2*** forte emozione; shock; colpo: **Her death was a great s. to him**, la sua morte è stata un brutto colpo per lui; **I got a bit of a s.**, sono rimasto un po' scioccato; **to come as a s. (to sb.)**, essere uno shock (per q.); lasciare scioccato (q.) ***3*** Ⓤ (*med.*) shock: **to be in a state of s.**, essere sotto shock ***4*** (*elettr.*) scossa; scarica ● (*mecc.*) **s. absorber**, ammortizzatore □ **s. resistant**, resistente agli urti □ (*mil. e fig.*) **s. tactics**, tattica d'urto □ (*mil.*) **s. troops**, truppe d'assalto □ (*med.*) **s. treatment** (*o* **s. therapy**), shockterapia; elettroshock.
shock (2) /ʃɒk/ *n.* (*generalm.* **s. of hair**) massa di capelli; zazzera.
to **shock** /ʃɒk/ *v. t.* ***1*** sconvolgere; traumatizzare; scioccare; scuotere ***2*** indignare; scandalizzare.
shocked /ʃɒkt/ *a.* scioccato; scosso; attonito: **a s. silence**, un silenzio attonito.
shocker /ˈʃɒkə(r)/ *n.* (*fam.*) ***1*** persona (*o* cosa) disgustosa ***2*** racconto (*o* romanzo) scandalistico.
shocking /ˈʃɒkɪŋ/ *a.* ***1*** che scandalizza; indecente; vergognoso ***2*** sconvolgente; scioccante; agghiacciante; spaventoso ***3*** (*fam.*) tremendo; pessimo; orribile ● **s. pink**, rosa shocking.
shockproof /ˈʃɒkpruːf/ *a.* antiurto; a prova di urto.
shod /ʃɒd/ (*lett.*) ***A*** *pass. e p.p. di* **to shoe** ***B*** *a.* ***1*** (*di cavallo*) ferrato ***2*** (*di persona*) calzato; provvisto di scarpe.
shoddy /ˈʃɒdɪ/ *a.* ***1*** scadente ***2*** meschino; vile.
shoe /ʃuː/ *n.* ***1*** scarpa; calzatura ***2*** ferro di cavallo ***3*** (*mecc.*) ceppo; ganascia ● **s.-polish**, lucido da scarpe □ **to be in sb.'s shoes**, essere nei panni di q. □ **to fill** (*o* **to step into**) **sb.'s shoes**, subentrare a q.
to **shoe** /ʃuː/ (*pass. e p.p.* **shod**) *v. t.* ferrare (*un cavallo*).
shoehorn /ˈʃuːhɔːn/ *n.* corno (*da scarpe*); calzatoio.
shoelace /ˈʃuːleɪs/ *n.* stringa, laccio (*per scarpe*).
shoemaker /ˈʃuːmeɪkə(r)/ *n.* calzolaio.
shoeshine /ˈʃuːʃaɪn/ *n.* lustrascarpe.
shoestring /ˈʃuːstrɪŋ/ *n.* (*USA*) stringa; laccio (*per scarpe*) ● (*fam.*) **on a s.**, con pochi soldi: **to live on a s.**, vivere di poco.
shoetree /ˈʃuːtriː/ *n.* forma per scarpe.
shone /ʃɒn, *USA* ʃəʊn/ *pass. e p.p. di* **to shine**.
shoo /ʃuː/ *inter.* sciò!; via!
to **shoo** /ʃuː/ ***A*** *v. i.* fare sciò ***B*** *v. t.* (*anche* **to s. away**) scacciare (facendo sciò).
shook /ʃʊk/ *pass. di* **to shake**.
shoot /ʃuːt/ *n.* ***1*** (*bot.*) germoglio; pollone ***2*** partita di caccia ***3*** battuta; riserva di caccia ***4*** (*USA*) scivolo.
to **shoot** /ʃuːt/ (*pass. e p.p.* **shot**) ***A*** *v. t.* ***1*** sparare con: **to s. a rifle**, sparare col fucile ***2*** tirare; sparare: **to s. an arrow**, tirare una freccia; **to s. live bullets**, sparare proiettili veri ***3*** sparare a, andare a caccia di (*animali*) ***4*** sparare a; colpire; uccidere: **He shot her in the back**, le sparò alla schiena; **He was shot in the arm**, fu colpito al braccio; **They say the president has been shot**, dicono che hanno sparato al presidente; **to s. sb. dead**, uccidere q. ***5*** fucilare ***6*** (*fig.*) gettare; lanciare; sparare: **to s. a glance at sb.**, lanciare uno sguardo a q.; **to s. questions at sb.**, sparare domande a q. ***7*** (*cinem.*) girare (*un film, una scena*); riprendere ***8*** (*sport*) tirare (in porta) ***9*** (*pop.*) farsi di (*droga*) ● (*fam. USA*) **to s. the breeze** (*o* **the bull**), chiacchierare □ **to s. dice**, giocare a dadi; tirare i dadi □ (*sport*) **to s. a goal** [**a basket**], segnare un gol [un canestro] □ (*fig.*) **to s. oneself in the foot**, darsi la zappa sui piedi □ (*fam.*) **to s. the lights**, bruciare un semaforo; passare col rosso □ (*fam. GB*) **to s. a line**, vantarsi □ (*di imbarcazione*) **to s. the rapids**, scendere una rapida ***B*** *v. i.* ***1*** sparare; tirare: **to s. at st.**, sparare a (*o* contro) q.c. ***2*** andare a caccia ***3*** precipitarsi; sfrecciare: **to s. out**, precipitarsi fuori; **to s. past st.**, sfrecciare davanti a q.c.; **to s. off**, partire in fretta; sfrecciar via ***4*** dare un dolore lancinante ***5*** (*di pianta*) buttare, germogliare; (*di germogli*) spuntare ***6*** (*cinem.*) girare; fare le riprese ***7*** (*sport, anche* **to s. at goal**) tirare in porta.
♦ **shoot back** *v. i. + avv.* (*mil., ecc.*) rispondere al fuoco.
♦ **shoot down** *v. t. + avv.* ***1*** abbattere (*un aereo*) ***2*** uccidere (*sparando*) ***3*** (*fam.*) bocciare; respingere.
♦ **shoot off** ***A*** *v. t. + avv.* distruggere sparando; far saltar via con un colpo (di fucile, ecc.) ***B*** *v. i. + avv. V. sotto* **to shoot**, *B, def. 3*.
♦ **shoot up** ***A*** *v. i. + avv.* ***1*** (*di persona*) crescere in fretta; allungarsi ***2*** (*di prezzi, ecc.*) salire di colpo ***3*** (*pop.*) bucarsi ***B*** *v. t. + avv.* crivellare di colpi.
shooter /ˈʃuːtə(r)/ *n.* (*pop. specialm. GB*) pistola; revolver.
shooting /ˈʃuːtɪŋ/ ***A*** *n.* ***1*** Ⓤ caccia ***2*** spari; sparatoria ***3*** uccisione; ferimento; attentato ***4*** (*cinem.*) riprese ● **s. gallery**, tiro a segno (*di luna park*) □ **s. range**, tiro a segno; poligono □ (*fam.*) **the whole s. match**, tutta quanta la faccenda ***B*** *a.* ***1*** — **s. pain**, dolore lancinante ***2*** — (*astron.*) **s. star**, stella cadente.
shoot-out /ˈʃuːtaʊt/ *n.* (*fam.*) scontro a fuoco; sparatoria.
shop /ʃɒp/ *n.* ***1*** Ⓒ e Ⓤ negozio: **to set up s.**, aprire un negozio; **to shut up s.**, chiudere; (*fig.*) chiudere bottega ***2*** (*ind.*) officina; reparto ● (*GB*) **s. assistant**, commesso, commessa (*di negozio*) □ (*ind.*) **the s. floor**, gli operai; le maestranze □ (*ind.*) **to work on the s. floor**, lavorare come operaio □ **s. front**, facciata di negozio □ **s. girl**, commessa □ **s. window**, vetrina □ (*pop.*) **all over the s.**, dappertutto; sottosopra □ **butcher's s.**, macelleria □ **chemist's s.**, farmacia □ **to talk s.**, parlare di lavoro □ **wine s.**, negozio di vini; enoteca.
to **shop** /ʃɒp/ *v. i.* fare compere; fare acquisti.
♦ **shop around** *v. i. + avv.* confrontare i prezzi.
shopkeeper /ˈʃɒpkiːpə(r)/ *n.* negoziante; bottegaio (-a).
to **shoplift** /ˈʃɒplɪft/ *v. i.* taccheggiare.
shoplifter /ˈʃɒplɪftə(r)/ *n.* taccheggiatore (-trice).
shoplifting /ˈʃɒplɪftɪŋ/ *n.* Ⓤ taccheggiamento.
shopper /ˈʃɒpə(r)/ *n.* acquirente; compratore (-trice).
shopping /ˈʃɒpɪŋ/ *n.* Ⓤ spesa; acquisti; compere: **to do the s.**, fare la spesa ● **s. bag**, borsa della spesa □ **s. centre** (*USA* **s. mall**), centro commerciale □ **s. list**, lista della spesa □ **to go s.**, fare compere; fare shopping.
shopsoiled /ˈʃɒpsɔɪld/ *a.* (*di articolo*) sciupato (*perché in negozio o in vetrina da troppo tempo*).
shopwalker /ˈʃɒpwɔːkə(r)/ *n.* capo reparto (*di grande magazzino*).
shore (1) /ʃɔː(r)/ *n.* spiaggia; riva; sponda (*anche di lago*) ● (*naut.*) **s. leave**, franchigia □ **to go on s.**, sbarcare □ (*naut.*) **to hug the s.**, tenersi sottocosta; costeggiare □ **on s.**, a terra.
shore (2) /ʃɔː(r)/ *n.* (*ind. costr.*) puntello.
to **shore** /ʃɔː(r)/ *v. Solo come*:
♦ **shore up** *v. t. + avv.* puntellare.
shoreline /ˈʃɔːlaɪn/ *n.* costa; litorale.
shorn /ʃɔːn/ *p.p. di* **to shear**.
short (1) /ʃɔːt/ *a.* ***1*** corto; breve: **s. skirt**, gonna corta; (*radio*) **s. waves**, onde corte; **s. journey**, viaggio breve; **a s. time ago**, poco tempo fa ***2*** piccolo (*di statura*); basso ***3*** scarso; insufficiente: **s. weight**, peso scarso ***4*** brusco; rude; secco: **He was a bit s. with me**, è stato un po' brusco con me ● (*fam.*) **s. and sweet**, breve; conciso □ **s. cut**, scorcia-

toia □ (*cinem.*) **s. film**, cortometraggio □ **s. for**, diminutivo di: **Sam, s. for Samuel**, Sam, diminutivo di Samuel □ **s.-haired**, dai capelli corti; (*di animale*) dal pelo corto □ **s.-handed**, a corto di mano d'opera □ **s.-haul**, su breve distanza □ **s. list**, rosa di candidati □ **s.-lived**, passeggero; transitorio □ (*cucina*) **s. pastry**, pasta frolla □ **s.-range**, a breve distanza; (*di arma da fuoco*) a corta gittata □ (*fin.*) **s. sale**, vendita (*di titoli*) allo scoperto □ **s.-sighted**, miope (*anche fig.*) □ **s.-staffed**, a corto di personale □ **s.-tempered**, collerico; irascibile; stizzoso □ **s.-term**, a breve scadenza □ **s.-winded**, dal fiato corto; sfiatato; bolso □ **at s. notice**, senza preavviso □ **I am ten dollars s.**, mi mancano dieci dollari □ **to be s. of st.**, essere a corto di q.c.; avere scarsità di q.c.: **I'm s. of time**, ho poco tempo □ **to be s. of breath**, avere il fiato corto; avere l'affanno; ansimare □ **to get shorter**, accorciarsi □ **Time is getting s.**, il tempo stringe □ **to give s. weight**, rubare sul peso □ **to be in s. supply**, scarseggiare □ (*fam.*) **to make s. work of st.**, liquidare [sbrigare, divorare, ecc.] q.c. in quattro e quattr'otto □ **in s.**, per farla breve.

short (2) /ʃɔːt/ *avv.* bruscamente; di botto; improvvisamente; tutt'a un tratto: **to stop s.** (*o* **to pull up s.**), fermarsi di botto ● **s. of**, all'infuori di; tranne: **S. of going on strike, I don't see how we can get what we want**, non vedo come possiamo ottenere quello che vogliamo, senza scendere in sciopero; **Nothing s. of a miracle can save them**, solo un miracolo può salvarli; **It's nothing s. of disgraceful!**, è una vera vergogna □ **to cut a long story s.**, per farla breve; per tagliar corto □ **to fall s. of**, non raggiungere; rimanere al di sotto di; venir meno a; deludere □ **to run s.**, venir meno; scarseggiare; esaurirsi □ **to run s. of st.**, restare a corto di q.c.; rimanere senza q.c. □ (*fam. eufem.*) **to be taken s.**, avere un bisogno urgente.

short (3) /ʃɔːt/ *n.* ***1*** (*cinem., TV*) cortometraggio; corto ***2*** (*al pl.*) shorts; calzoncini ***3*** (*elettr., fam.*) corto circuito ***4*** (*fam. GB*) bicchierino (*di superalcolico*) ● **for s.**, per amore di brevità □ **in s.**, in breve; in poche parole.

to **short** /ʃɔːt/ (*fam.*) *V.* **to short-circuit**.

shortage /ˈʃɔːtɪdʒ/ *n.* Ⓤ *e* Ⓒ scarsità; carenza.

shortbread /ˈʃɔːtbrɛd/, **shortcake** /ˈʃɔːtkeɪk/ *n.* Ⓤ biscotto di pasta frolla; frollino.

to **short-change** /ˈʃɔːttʃeɪndʒ/ *v. t.* ***1*** imbrogliare sul resto ***2*** truffare; fregare (*pop.*).

to **short-circuit** /ʃɔːtˈsɜːkɪt/ (*elettr.*) ***A*** *v. i.* andare in cortocircuito ***B*** *v. t.* mandare in cortocircuito.

shortcoming /ˈʃɔːtkʌmɪŋ/ *n.* (*generalm. al pl.*) difetto; manchevolezza.

to **shorten** /ˈʃɔːtn/ ***A*** *v. t.* accorciare; abbreviare ***B*** *v. i.* accorciarsi; abbreviarsi.

shortening /ˈʃɔːtnɪŋ, -tən-/ *n.* Ⓤ grasso (*usato in pasticceria*).

shortfall /ˈʃɔːtfɔːl/ *n.* (*comm., rag.*) ammanco; deficit.

shorthand /ˈʃɔːthænd/ ***A*** *n.* Ⓤ stenografia ● **to take down in s.**, stenografare ***B*** *a. attr.* stenografato; stenografico ● **s. typist**, stenodattilografo (-a).

to **short-list** /ˈʃɔːtlɪst/ *v. t.* includere nella rosa dei candidati.

shortly /ˈʃɔːtlɪ/ *avv.* ***1*** presto; tra breve; tra poco ***2*** bruscamente; seccamente ● **s. after** [**before**], poco dopo [prima].

shortness /ˈʃɔːtnəs/ *n.* Ⓤ ***1*** brevità; cortezza ***2*** bassa statura; piccolezza ***3*** mancanza; scarsità; deficienza: **s. of breath**, mancanza di fiato; respiro affannoso.

shot (1) /ʃɒt/ *n.* ***1*** colpo (*di arma da fuoco*); sparo: **to fire a s.**, sparare un colpo; **I heard a s.**, ho sentito uno sparo; **blank s.**, colpo a salve ***2*** (*sport*) tiro ***3*** tiratore: **a good s.**, un bravo tiratore ***4*** (*stor.*) proiettile (*non esplosivo*); palla (*di cannone*) ***5*** Ⓤ pallini da caccia ***6*** (*fam.*) congettura; tentativo: **I'd like to have a s. at it**, vorrei fare un tentativo; vorrei provarci ***7*** osservazione sarcastica; stoccata; frecciata ***8*** (*sport*) peso (*da lanciare*): **to put the s.**, fare il lancio del peso; **s. put**, lancio del peso; **s. putter**, lanciatore del peso; pesista; **s. putting**, lancio del peso (*specialità*) ***9*** foto ***10*** (*cinem.*) inquadratura; ripresa ***11*** (*pop.*) iniezione ***12*** (*fam., specialm. USA*) bicchierino; cicchetto ● **a s. across sb.'s bow**, un avvertimento a q. □ (*fam.*) **a s. in the arm**, una boccata di ossigeno (*fig.*) □ (*fam.*) **a s. in the dark**, un'ipotesi azzardata □ **big s.**, pezzo grosso □ **gun s.**, fucilata; cannonata □ (*fam.*) **He was off like a s.**, è partito come un fulmine □ (*fam.*) **I'd accept like a s.**, accetterei di corsa □ **a long s.**, (*cinem.*) un campo lungo; (*fam.*) un tentativo disperato □ (*fam.*) **not by a long s.**, niente affatto □ (*cinem.*) **tracking s.**, carrellata.

shot (2) /ʃɒt/ ***A*** *pass. e p.p. di* **to shoot** ***B*** *a.* ***1*** striato ***2*** (*di tessuto*) cangiante ● **s. through with**, pervaso di; intriso di.

shotgun /ˈʃɒtgʌn/ *n.* fucile da caccia ● **s. wedding**, matrimonio riparatore.

should /ʃʊd, ʃəd/ *v. modale* ***1*** dovrei, dovresti, ecc.; (*nel discorso indiretto*) dovevo, doveva, ecc.: **You shouldn't behave like that**, non dovresti comportarti così; **I s. have bought it**, avrei dovuto comprarlo; **If it happens again, you s. call the police**, se succede ancora, faresti bene a chiamare la polizia; **It s. be ready by tomorrow**, dovrebbe essere pronto domani ***2*** (*in frasi ipotetiche*) dovessi, dovesse, ecc.: **S. you change your mind, this is my telephone number**, se dovessi cambiare idea, questo è il mio numero di telefono ***3*** (*ausiliare per la formazione del cong.*) — **It's strange that you s. say that**, è strano che tu dica ciò; **They hid so that we shouldn't see them**, si nascosero in modo che noi non li vedessimo; **in case it s. rain**, nel caso che piovesse ***4*** (*ausiliare per la formazione del condiz. pres. e pass.*: *form. o antiq.*) — **I s. be very suprised if he came back**, sarei molto sorpreso se ritornasse; **I s. have thought he would be more careful**, credevo che sarebbe stato più attento ● **I s. think so!**, lo credo bene! □ **How s. I know?**, come faccio a saperlo? □ **Who s. be there waiting for me but Kate?**, chi c'era ad aspettarmi se non Kate?

shoulder /ˈʃəʊldə(r)/ *n.* spalla: **to dislocate one's s.**, slogarsi una spalla; **s. to s.**, spalla a spalla; **s. of lamb**, spalla di agnello; (*fam.*) **a s. to cry on**, una spalla su cui piangere ● **s. bag**, (borsa a) tracolla □ **s. belt**, bandoliera □ (*anat.*) **s.-blade**, scapola □ **s. pad**, spallina imbottita □ **s. strap**, spallina, bretella (*di vestito*); tracolla (*di borsa*) □ **to give sb. the cold s.**, trattare q. con freddezza; ignorare q. □ **to put one's s. to the wheel**, mettersi al lavoro di buona lena □ **to shift the responsibility to other shoulders**, gettare la responsabilità sulle spalle di un altro □ **straight from the s.**, senza mezzi termini.

to **shoulder** /ˈʃəʊldə(r)/ *v. t. e i.* ***1*** mettersi in spalla ***2*** accollarsi; addossarsi; sobbarcarsi a: **to s. the costs**, accollarsi le spese ***3*** spingere; farsi largo a spallate: **to s. one's way through a crowd**, farsi largo a spallate tra la folla ● (*mil.*) **S. arms!**, spall'arm!

shouldn't /ˈʃʊdnt, -dn/ *contraz. di* **should not.**

shout /ʃaʊt/ *n.* ***1*** grido; urlo ***2*** (*fam.*) turno (per offrire da bere): **It's my s.**, offro io.

to **shout** /ʃaʊt/ *v. i. e t.* gridare; urlare: **to s. to sb.**, gridare a q.; chiamare q. a gran voce; **to s. for joy**, esultare; **to s. for help**, gridare aiuto.

♦ **shout down** *v. t. + avv.* soffocare con grida le parole di.

shouting /ˈʃaʊtɪŋ/ *n.* Ⓤ grida; clamore.

shove /ʃʌv/ *n.* spinta; spintone.

to **shove** /ʃʌv/ ***A*** *v. t.* ***1*** spingere ***2*** (*fam.*) mettere; ficcare; cacciare: **Just s. it on the shelf**, mettilo lì sulla mensola; **He shoved the letter into his pocket**, si cacciò in tasca la lettera ***B*** *v. i.* spingere; dare spinte.

♦ **shove around** *v. t. + avv.* (*fam.*) ***1*** dare spinte a ***2*** comandare a bacchetta; tiranneggiare.

♦ **shove off** *v. i. + avv.* ***1*** scostarsi dalla riva ***2*** (*fam.*) andarsene; **S. off!**, vattene!; fila via!

♦ **shove over** *v. i. + avv.* (*fam.*) farsi in là.

♦ **shove past** *v. i. + avv.* farsi largo a spintoni.

shovel /ˈʃʌvl/ *n.* ***1*** badile; pala ***2*** paletta ***3*** (*mecc.*) cucchiaia.

to **shovel** /ˈʃʌvl/ *v. t.* spalare ● **to s. a path through the snow**, aprire col badile un sentiero fra la neve □ **to s. food into one's mouth**, mangiare a due palmenti.

shovelful /ˈʃʌvlfʊl/ *n.* palata; badilata.

show /ʃəʊ/ *n.* ***1*** mostra; esposizione; fiera: **flower s.**, mostra di fiori; **fashion s.**, sfilata di moda; **motor s.**, salone dell'automobile; **one-man s.**, mostra personale ***2*** dimostrazione: **s. of strength**, dimostrazione di forza ***3*** Ⓤ apparenza; messa in scena: **His affability was all s.**, la sua affabilità era tutta una messa in scena; **to make a s. of doing st.**, far finta di fare q.c. ***4*** Ⓤ ostentazione; sfoggio ***5*** (*teatr.*) rappresentazione; spettacolo; rivista ***6*** (*radio, TV*) spettacolo; show ***7*** (*fam.*) faccenda; impresa; organizzazione ● **s. business**, industria dello spettacolo; mondo dello spettacolo □ (*sport*) **s. jumping**, concorso ippico (*a ostacoli, a siepi*) □ (*fam.*) **s.-off**, esibizionista □ **s. of hands**, alzata di mano (*nelle vo-*

tazioni) □ (*polit.*) **s. trial**, processo dimostrativo □ (*fam. GB*) **Good s.!**, bravo!; ben fatto! □ **to make a fine s.**, fare un bell'effetto; far figura □ **to be on s.**, essere esposto; (*di merce*) essere in vetrina □ **to put up a poor s.**, dare una misera prova di sé; essere deludente □ **to run the s.**, comandare □ **to steal the s.**, avere addosso gli occhi di tutti; essere al centro dell'attenzione □ **travelling s.**, circo; carro di Tespi.

to **show** /ʃəʊ/ (*pass.* **showed**, *p.p.* **shown**) ***A*** *v. t.* ***1*** mostrare; far vedere: **to s. one's ticket**, mostrare il biglietto; **S. me**, fammi vedere; **I'll s. you the way**, ti faccio strada ***2*** mettere in mostra; esporre ***3*** dimostrare: **to s. affection**, dimostrare affetto; **He's showing his age**, dimostra la sua età; **It shows some interest on her part**, dimostra un certo interesse da parte sua; **It goes to s. that...**, ciò dimostra chiaramente che... ***4*** indicare; segnare: **The gauge shows we're out of petrol**, la spia indica che siamo rimasti senza benzina; (*comm.*) **to s. a profit**, registrare un utile ***5*** dare (*al cinema, in TV*) ***6*** accompagnare; guidare: **to s. sb. to the door**, accompagnare q. alla porta; **to s. sb. round a house**, far visitare a q. una casa; **to s. sb. in [out, up]**, far entrare [uscire, salire] q. • **to s. one's face**, (osare) farsi vedere; ripresentarsi □ **to s. one's hand**, mettere le carte in tavola; scoprire il proprio gioco □ **to s. mercy to sb.**, avere pietà di q. ***B*** *v. i.* ***1*** vedersi; essere visibile ***2*** (*fam. USA*) apparire; mostrarsi; farsi vedere ***3*** (*cinem.*) — **to be showing**, essere in programmazione: **What's showing at the Odeon?**, che cosa danno all'Odeon? ***C*** to **show oneself** *v. rifl.* ***1*** mostrarsi in pubblico; farsi vedere ***2*** dimostrarsi; dare prova di essere.

♦ **show off** ***A*** *v. t. + avv.* ***1*** mettere in mostra; ostentare ***2*** mettere in risalto; valorizzare ***B*** *v. i. + avv.* mettersi in mostra; pavoneggiarsi.

♦ **show round** *v. t. + avv.* far fare un giro (di visita) a; accompagnare in giro.

♦ **show up** ***A*** *v. i. + avv.* ***1*** risaltare; spiccare ***2*** (*fam.*) farsi vedere; comparire ***B*** *v. t. + avv.* ***1*** mettere a nudo; smascherare ***2*** (*fam.*) far fare una figuraccia a.

showbiz /ˈʃəʊbɪz/ *n.* (*abbr. fam. di* **show business**) industria dello spettacolo; mondo dello spettacolo.

showcase /ˈʃəʊkeɪs/ *n.* bacheca; vetrina.

showdown /ˈʃəʊdaʊn/ *n.* confronto; prova di forza: **to force a s.**, costringere l'avversario a mettere le carte in tavola.

shower /ˈʃaʊə(r)/ *n.* ***1*** acquazzone; rovescio ***2*** pioggia (*fig.*); nugolo; scarica; valanga: **a s. of presents**, una pioggia di regali; **a s. of bullets**, una scarica di pallottole ***3*** doccia: **to have a s.**, fare la doccia ***4*** (*USA*) festa (*in onore di una futura sposa o madre*) con consegna di doni ***5*** (*fam. GB*) gentaglia; branco di fannulloni ***6*** (*fis. nucl.*) sciame • **s. cap**, cuffia da doccia □ **s. cubicle**, box della doccia □ **a s. of dust**, un polverone □ **a s. of hail**, una grandinata.

to **shower** /ˈʃaʊə(r)/ ***A*** *v. i.* ***1*** piovere a rovesci; diluviare ***2*** fare la doccia ***B*** *v. t.* inondare; riempire; coprire: **The pipe burst, showering us with water**, il tubo scoppiò inondandoci d'acqua; **to s. gifts on sb.**, riempire q. di doni; **He was showered with honours**, fu colmato di onori; **to be showered with invitations**, ricevere una valanga di inviti.

showerproof /ˈʃaʊəpruːf/ *a.* impermeabile.

showery /ˈʃaʊərɪ/ *a.* (*del tempo*) piovoso; temporalesco.

showgirl /ˈʃəʊgɜːl/ *n.* ballerina di rivista; show girl.

showing /ˈʃəʊɪŋ/ *n.* ***1*** Ⓤ e Ⓒ esposizione ***2*** (*cinem.*) proiezione; spettacolo ***3*** prestazione; prova: **to make a good s.**, dare una buona prova di sé; fare una bella figura • **s. off**, esibizionismo.

showman /ˈʃəʊmən/ *n.* (*pl.* **showmen** /-mən/) ***1*** impresario ***2*** chi sa intrattenere il pubblico; showman.

showmanship /ˈʃəʊmənʃɪp/ *n.* Ⓤ ***1*** abilità di impresario teatrale ***2*** capacità propagandistica; (il) saper vendere la propria merce.

shown /ʃəʊn/ *p.p. di* **to show**.

showpiece /ˈʃəʊpiːs/ *n.* pezzo forte.

showplace /ˈʃəʊpleɪs/ *n.* luogo di interesse turistico; attrattiva turistica.

showroom /ˈʃəʊruːm, -rʊm/ *n.* sala di esposizione; show-room.

showstopper /ˈʃəʊstɒpə(r)/ *n.* (*teatr.*) numero che strappa gli applausi.

showy /ˈʃəʊɪ/ *a.* appariscente; vistoso; pacchiano.

shrank /ʃræŋk/ *pass. di* **to shrink**.

shrapnel /ˈʃræpnl/ *n.* Ⓤ (*mil.*) shrapnel.

shred /ʃred/ *n.* brandello; briciolo; pezzetto: **in shreds**, a brandelli; **There isn't a s. of evidence**, non c'è un briciolo (*o* uno straccio) di prova; **to tear to shreds**, fare a brandelli; (*fig.*) stroncare, fare a pezzi, demolire.

to **shred** /ʃred/ *v. t.* ***1*** fare a brandelli; strappare ***2*** (*cucina*) tagliuzzare; sminuzzare ***3*** distruggere (*documenti*).

shredder /ˈʃredə(r)/ *n.* ***1*** (*ind.*) trinciatrice ***2*** (*cucina*) tritaverdure; sminuzzatrice ***3*** macchina distruggi-documenti.

shrew /ʃruː/ *n.* ***1*** (donna) bisbetica ***2*** (*zool.*) toporagno.

shrewd /ʃruːd/ *a.* accorto; perspicace; scaltro.

shrewdness /ˈʃruːdnəs/ *n.* Ⓤ accortezza; perspicacia; scaltrezza.

shrewish /ˈʃruːɪʃ/ *a.* bisbetico; brontolone; petulante.

shriek /ʃriːk/ *n.* ***1*** strillo; urlo ***2*** (*di treno*) fischio.

to **shriek** /ʃriːk/ *v. i. e t.* strillare; urlare.

shrift /ʃrɪft/ *n.* Ⓤ — **to get short s.**, essere trattato in modo spiccio; essere liquidato in fretta.

shrike /ʃraɪk/ *n.* (*zool.*) averla.

shrill /ʃrɪl/ *a.* acuto; lacerante; stridulo.

shrimp /ʃrɪmp/ *n.* ***1*** (*zool.*) gamberetto ***2*** (*spreg. o scherz.*) omarino; omiciattolo; scricciolo.

shrine /ʃraɪn/ *n.* ***1*** santuario ***2*** reliquiario; teca ***3*** tempio (*fig.*).

shrink /ʃrɪŋk/ *n.* (*pop. USA*) strizzacervelli.

to **shrink** /ʃrɪŋk/ (*pass.* **shrank**, *p.p.* **shrunk**) ***A*** *v. i.* ***1*** restringersi; accorciarsi; rimpicciolire; ritirarsi: **This cloth doesn't s.**, questa stoffa non si restringe ***2*** ridursi; diminuire; calare: **The number of subscribers has shrunk**, il numero degli abbonati è calato • **to s. into oneself**, chiudersi in sé □ **to s. into a corner**, rannicchiarsi in un angolo ***B*** *v. t.* ***1*** far restringere ***2*** (*ind. tess.*) rendere irrestringibile.

♦ **shrink back** *v. i. + avv.* indietreggiare; ritrarsi.

♦ **shrink from** *v. i. + prep.* indietreggiare davanti a; rifuggire da: **to s. from any kind of show**, rifuggire da ogni ostentazione.

shrinkage /ˈʃrɪŋkɪdʒ/ *n.* Ⓤ ***1*** contrazione; restringimento ***2*** (*comm.*) contrazione (*delle vendite*) ***3*** (*comm.*) calo.

shrink-wrap /ˈʃrɪŋkræp/ *n.* (*comm.*) cellophane, cellofan (*per confezioni*).

to **shrink-wrap** /ˈʃrɪŋkræp/ *v. t.* (*comm.*) cellofanare.

to **shrivel** /ˈʃrɪvl/ (*anche* **to s. up**) ***A*** *v. i.* contrarsi; raggrinzirsi; accartocciarsi; avvizzire ***B*** *v. t.* ***1*** raggrinzire; accartocciare ***2*** disseccare; inaridire.

shroud /ʃraʊd/ *n.* ***1*** sudario; lenzuolo funebre ***2*** velo, manto (*fig.*) ***3*** (*naut.*) sartia.

to **shroud** /ʃraʊd/ *v. t.* avvolgere; coprire; celare; nascondere: **shrouded in mystery**, avvolto nel mistero.

Shrove Tuesday /ˈʃrəʊvˈtjuːzdeɪ, -dɪ, *USA* ˈtuː-/ *locuz. n.* martedì grasso.

shrub /ʃrʌb/ *n.* arbusto; cespuglio.

shrubbery /ˈʃrʌbərɪ/ *n.* boschetto; piantagione di arbusti.

shrug /ʃrʌg/ *n.* alzata di spalle: **to give a s.**, alzare le spalle.

to **shrug** /ʃrʌg/ *v. i. e t.* — **to s. (one's shoulders)**, alzare le spalle; stringersi nelle spalle; fare spallucce.

♦ **shrug off** *v. t. + avv.* ***1*** scrollarsi di dosso ***2*** non dare peso a; ignorare; prendere sottogamba.

shrunk /ʃrʌŋk/ *p.p. di* **to shrink**.

shrunken /ˈʃrʌŋkən/ *a.* rattrappito; rinsecchito.

shuck /ʃʌk/ *n.* (*USA*) ***1*** guscio; baccello; buccia ***2*** conchiglia (*di ostrica*).

to **shuck** /ʃʌk/ *v. t.* (*USA*) sgusciare; sbucciare.

shucks /ʃʌks/ *inter.* (*fam. USA*) uffa!; puah!

shudder /ˈʃʌdə(r)/ *n.* brivido; fremito.

to **shudder** /ˈʃʌdə(r)/ *v. i.* rabbrividire; fremere.

shuffle /ˈʃʌfl/ *n.* ***1*** andatura strascicata ***2*** (*ballo*) passo strisciato ***3*** mescolata (*di carte da gioco*) ***4*** rimescolamento; rimpasto.

to **shuffle** /ˈʃʌfl/ ***A*** *v. i.* ***1*** (*anche* **to s. along**) camminare strascicando i piedi; strascinarsi ***2*** ballare con lo striscio ***B*** *v. t.* ***1*** strascicare (*i piedi*) ***2*** mescolare (*le carte da gioco*) ***3*** spostare; cambiare di posto; mischiare.

♦ **shuffle off** *v. t. + avv.* sbarazzarsi di; liberarsi di: **to s. off responsibility on (to) other people**, scaricare la responsabilità addosso ad altri.

'shun /ʃʌn/ *inter.* (*mil.*) attenti!

to **shun** /ʃʌn/ *v. t.* evitare; fuggire; scansare; schivare.

shunt /ʃʌnt/ *n.* Ⓤ e Ⓒ ***1*** (*ferr., GB*) deviazione; smistamento; instradamento ***2*** (*ferr.*) scambio ***3*** (*elettr.*) derivazione; derivatore; shunt.

to **shunt** /ʃʌnt/ ***A*** *v. t.* ***1*** (*ferr., GB*) deviare; smistare; instradare ***2*** (*elettr., radio*) shuntare; collegare in derivazione ***3*** (*fam.*) spostare; trasferire ***B*** *v. i.* fare la spola.
shunter /ˈʃʌntə(r)/ *n.* (*ferr., GB*) ***1*** deviatore; manovratore di scambi ***2*** locomotiva da manovra.
shush /ʃʊʃ/ *inter.* st!; sst!; zitto!.
to **shush** /ʃʊʃ/ *v. t. e i.* zittire (*facendo «sst»*).
shut /ʃʌt/ *a.* chiuso.
to **shut** /ʃʌt/ (*pass. e p.p.* **shut**) ***A*** *v. t.* chiudere: **to s. one's eyes**, chiudere gli occhi; **to s. one's finger in the door**, chiudersi un dito nella porta ● **to s. the door on an offer**, rifiutare un'offerta □ **to s. one's eyes to st.**, non voler vedere q.c. ***B*** *v. i.* ***1*** chiudersi: **This door won't s.**, questa porta non si chiude ***2*** chiudere: **Shops s. at 5pm**, i negozi chiudono alle 17.
♦ **shut away** *v. t. + avv.* ***1*** rinchiudere (*in manicomio, ecc.*) ***2*** mettere al sicuro ● **to s. oneself away**, chiudersi; ritirarsi.
♦ **shut down** *v. i. e t. + avv.* (*di fabbrica, ecc.*) chiudere.
♦ **shut in** *v. t. + avv.* ***1*** rinchiudere ***2*** circondare; racchiudere.
♦ **shut off** *v. t. + avv.* ***1*** chiudere (*il gas, l'acqua, ecc.*); spegnere (*la luce*); staccare (*la corrente*) ***2*** escludere: **to be s. off from society**, essere escluso dalla società.
♦ **shut out** *v. t. + avv.* ***1*** chiudere fuori; escludere; vietare l'accesso a ***2*** impedire la vista di.
♦ **shut up** ***A*** *v. t. + avv.* ***1*** rinchiudere (*in prigione, in manicomio*) ***2*** chiudere: **to s. up one's house**, chiudere casa; sprangare porte e finestre ***3*** (*fam.*) far tacere; chiudere la bocca a ***B*** *v. i. + avv.* ***1*** chiudere (*casa, un negozio*) ***2*** (*fam.*) tacere: **S. up!**, chiudi la bocca!; sta' zitto!; piantala!
shutdown /ˈʃʌtdaʊn/ *n.* chiusura (*di una fabbrica*); sospensione dell'attività; arresto (*di un impianto*).
shut-eye /ˈʃʌtaɪ/ *n.* (*fam.*) sonnellino; pisolino.
shutter /ˈʃʌtə(r)/ *n.* ***1*** imposta; persiana ***2*** (*naut.*) portello ***3*** (*fotogr.*) otturatore ● **to put up the shutters**, chiudere bottega □ **rolling s.**, saracinesca; serranda avvolgibile.
to **shutter** /ˈʃʌtə(r)/ *v. t.* ***1*** munire di imposte (*o* persiane) ***2*** chiudere le imposte di; abbassare la saracinesca di.
shuttle /ˈʃʌtl/ *n.* ***1*** (*ind. tess.*) navetta; spola ***2*** (*aeron.*) navetta ***3*** (*miss., anche* **space s.**) shuttle; navetta (*o* navicella) spaziale ● (*ferr.*) **s. service**, servizio locale (*fra due stazioni*).
to **shuttle** /ˈʃʌtl/ ***A*** *v. i.* fare la spola; andare avanti e indietro ***B*** *v. t.* ***1*** far fare la spola a ***2*** trasportare avanti e indietro.
shuttlecock /ˈʃʌtlkɒk/ *n.* volano (*per badminton*).
shy /ʃaɪ/ *a.* ***1*** timido; schivo: **to be shy of sb.**, essere timido con q. ***2*** diffidente; guardingo ***3*** (*fam. USA*) mancante: **We are ten votes shy**, ci mancano dieci voti; **I'm ten dollars shy of what I need**, mi mancano dieci dollari per arrivare alla somma che mi serve ● **to be shy of doing st.**, esitare (*o* essere riluttante) a far q.c. □ **to fight shy of**, evitare; schivare.
to **shy** /ʃaɪ/ *v. i.* (*di cavallo*) adombrarsi; fare uno scarto.
♦ **shy away from** *v. i. + avv. e prep.* tenersi lontano da; rifuggire.
shyness /ˈʃaɪnəs/ *n.* Ⓤ ***1*** timidezza; vergogna ***2*** diffidenza; cautela.
shyster /ˈʃaɪstə(r)/ *n.* (*pop. USA*) avvocato (*o* politico) privo di scrupoli.
Siamese /saɪəˈmiːz/ *a. e n.* (*pl. invar.*) siamese ● **S. cat**, gatto siamese □ **S. twins**, fratelli siamesi.
Siberian /saɪˈbɪərɪən/ *a. e n.* siberiano.
sibilant /ˈsɪbɪlənt/ *a. e n.* (*fon.*) sibilante.
sibling /ˈsɪblɪŋ/ *n.* (*form.*) fratello; sorella ● **s. rivalry**, rivalità fra fratelli.
sibyl /ˈsɪbl, -bɪl/ *n.* sibilla.
sibylline /ˈsɪbəlaɪn, -liːn, sɪˈbɪlaɪn/ *a.* sibillino.
to **sic** /sɪk/ *v. t.* (*USA*) ***1*** incitare (*un cane*) ad attaccare; aizzare: **He sicked his dogs on me**, mi aizzò contro i cani ***2*** — (*a un cane*) **Sic him!**, prendilo!; attacca!
siccative /ˈsɪkətɪv/ *a. e n.* (*ind.*) (sostanza) essiccante.
Sicilian /sɪˈsɪlɪən/ *a. e n.* siciliano.
sick (1) /sɪk/ *a.* ***1*** ammalato; malato: **a s. man**, un uomo malato; un malato; **He's a very s. man**, è molto malato; (*USA*) **to be s.**, non sentirsi bene ***2*** (*pred.*) che ha la nausea: **I feel s.**, ho la nausea; mi viene da vomitare; (*GB*) **to be s.**, vomitare ***3*** (*pred., fam.*) stufo: **to be s. (and tired) of sb. [st.]**, averne fin sopra i capelli di q. [q.c.]; **to be s. to death of st.**, essere stufo marcio di q.c.; **I'm s. of the sight of him!**, non ne posso più di lui! ***4*** morboso; macabro; malato: **s. joke**, barzelletta macabra; **s. mind**, mente malata ● (*collett.*) **the s.**, i malati; gli infermi □ **s. at heart**, amareggiato; deluso □ **s. building syndrome**, malessere dovuto al lavoro in locali dotati di aria condizionata □ (*fam.*) **to be s. for st.**, sentire nostalgia per q.c.; desiderare ardentemente q.c. □ (*USA*) **s. to one's stomach**, che ha la nausea □ **s. leave**, congedo per motivi di salute; (*mil.*) licenza di convalescenza □ **s. nurse**, infermiera □ **s. pay**, indennità di malattia □ **s. with fear**, terrorizzato □ **to fall s.**, ammalarsi □ (*mil.*) **to go** (*o* **to report**) **s.**, marcare visita □ **to make sb. s.**, far venire la nausea a q.; far vomitare q.; (*fig.*) dare sui nervi a q. □ (*fam.*) **off s.**, (*di chi lavora*) malato; in malattia □ **worried s.**, preoccupatissimo.
sick (2) /sɪk/ *n.* Ⓤ (*fam., GB*) vomito.
to **sick** /sɪk/ *v. Solo come*:
♦ **sick up** *v. t. + avv.* (*fam., GB*) vomitare.
sickbay /ˈsɪkbeɪ/ *n.* (*naut.*) infermeria.
sickbed /ˈsɪkbed/ *n.* letto di ammalato.
to **sicken** /ˈsɪkən/ ***A*** *v. i.* ammalarsi: **He's sickening for something**, sta covando q.c. ***B*** *v. t.* nauseare; disgustare.
sickening /ˈsɪkənɪŋ, -kn-/ *a.* ***1*** nauseabondo; nauseante ***2*** disgustoso; ripugnante.
sickle /ˈsɪkl/ *n.* (*agric.*) falcetto ● (*med.*) **s.-cell anaemia**, anemia falcemica.
sickly /ˈsɪklɪ/ *a.* ***1*** malaticcio; delicato ***2*** pallido; malsano ***3*** (*di odore*) nauseabondo; nauseante ***4*** sdolcinato; svenevole.
sickness /ˈsɪknəs/ *n.* ***1*** Ⓒ e Ⓤ malattia; malanno ***2*** Ⓤ nausea ● **s. benefit**, indennità di malattia.
sickroom /ˈsɪkruːm, -rʊm/ *n.* camera di malato.
side /saɪd/ ***A*** *n.* ***1*** lato; fianco (*anche anat.*); parte; faccia: **the three sides of a triangle**, i tre lati di un triangolo; **the s. of a mountain**, il fianco di un monte; **a pain in one's s.**, un dolore al fianco; **on the other s. of the street**, sull'altro lato della strada; **a cousin on one's mother's s.**, un cugino per parte di madre; **the other s. of the moon**, l'altra faccia della luna; **the right [reverse] s.**, il diritto [il rovescio]; **to move to one s.**, farsi da parte; scostarsi; **s. by s.**, fianco a fianco; uno accanto all'altro; **on one s.**, da una parte; in disparte; **on this s.**, da questa parte ***2*** aspetto; lato; punto di vista: **to look at a problem from all sides**, esaminare un problema da tutti i lati; **Let's hear your s. of the story**, sentiamo la tua versione (*o* la tua campana) ***3*** parte; partito: **I'm on your s.**, io sto dalla tua parte; **Whose s. are you on?**, da che parte (*o* con chi) stai?; **to join the winning s.**, schierarsi dalla parte del vincitore; **to change sides**, cambiare partito; **to take sides**, prendere posizione; schierarsi ***4*** quartiere (*di città*) ***5*** (*sport*) squadra: **the other s.**, la squadra avversaria ***6*** margine; orlo; sponda; riva: **by the roadside**, sul margine della strada ***7*** mezzena (*di animale macellato*) ● **s. on**, di fianco; di lato □ **s.-splitting**, che fa sbellicare dalle risa □ **by sb.'s s.**, al fianco di q.; accanto a q. □ **from s. to s.**, da un capo all'altro; da un'estremità all'altra □ (*fam.*) **to get on the right [wrong] s. of sb.**, accattivarsi [inimicarsi] q. □ **to look on the bright s. (of things)**, essere ottimista □ (*sport*) **off-s.**, (posizione di) fuori gioco □ (*comm.*) **on the credit s.**, a credito □ (*comm.*) **on the debit s.**, a debito □ **to make a little money on the s.**, guadagnare un po' di soldi extra □ **many-sided**, dai molti lati; dai molti aspetti □ **on the ... s.**, piuttosto; un po': **He's on the fat s.**, è piuttosto grasso □ **to be on the right [wrong] s. of forty**, essere sotto [avere passato] la quarantina ***B*** *a. attr.* ***1*** laterale: **s. door**, porta laterale; **s. street**, via laterale; traversa ***2*** collaterale; aggiuntivo; secondario: **s. effect**, effetto collaterale; **s. issue**, questione marginale ● **s. arms**, armi bianche □ (*cucina*) **s. dish**, contorno.
to **side** /saɪd/ *v. Solo come*:
♦ **side with** *v. i. + prep.* prendere le parti di; parteggiare per; schierarsi con.
♦ **side against** *v. i. + prep.* schierarsi contro.
sideboard /ˈsaɪdbɔːd/ *n.* credenza; buffè.
sideboards /ˈsaɪdbɔːdz/ (*GB*), **sideburns** /ˈsaɪdbɜːnz/ *n. pl.* basette; basettoni; fedine.
sidecar /ˈsaɪdkɑː(r)/ *n.* motocarrozzino; sidecar.
sidekick /ˈsaɪdkɪk/ *n.* (*fam.*) assistente; aiuto.
sidelight /ˈsaɪdlaɪt/ *n.* ***1*** (*autom.*) luce di posizione ***2*** (*naut., aeron.*) fanale di via ***3*** informazione aggiuntiva: **to throw an interesting s. on a question**, gettare una nuova luce interessante su una questione.

sideline /ˈsaɪdlaɪn/ *n.* ***1*** attività collaterale ***2*** (*al pl.*) (*sport*) linee laterali; bordi del campo • **s. throw-in**, rimessa dalla linea laterale □ **to be on the sidelines**, stare in panchina (*anche fig.*).

sidelong /ˈsaɪdlɒŋ, *USA* -ɔːŋ/ ***A*** *a.* — **to give sb. a s. glance**, dare a q. un'occhiata furtiva; guardare q. con la coda dell'occhio ***B*** *avv.* di sghembo; di traverso.

sidereal /saɪˈdɪərɪəl/ *a.* (*astron.*) sidereo; siderale.

sidesaddle /ˈsaɪdsædl/ ***A*** *n.* sella all'amazzone ***B*** *avv.* — **to ride s.**, cavalcare all'amazzone.

sideshow /ˈsaɪdʃəʊ/ *n.* ***1*** spettacolo secondario (*di circo*); attrazione (*di luna park*) ***2*** avvenimento di minore importanza.

sideslip /ˈsaɪdslɪp/ *n.* ***1*** (*autom.*) sbandata ***2*** (*autom., aeron., sci*) derapata; dérapage (*franc.*).

to **sideslip** /ˈsaɪdslɪp/ *v. i.* ***1*** (*autom.*) sbandare ***2*** (*autom., aeron., sci*) derapare.

to **side-step** /ˈsaɪdstɛp/ ***A*** *v. i. e t.* (*boxe*) fare un passo di lato (a) ***B*** *v. t.* eludere; evitare.

sidestroke /ˈsaɪdstrəʊk/ *n.* nuotata alla marinara.

sideswipe /ˈsaɪdswaɪp/ *n.* (*fam.*) frecciata; stoccata: **to take a s. at sb.**, lanciare una frecciata contro q.

sidetrack /ˈsaɪdtræk/ *n.* (*ferr.*) binario di raccordo.

to **side-track** /ˈsaɪdtræk/ *v. t.* ***1*** (*ferr.*) smistare, instradare (*un treno*) su un binario di raccordo ***2*** distrarre: **I got side--tracked by a some beautiful pictures**, mi sono distratto a guardare delle belle illustrazioni ***3*** depistare.

sidewalk /ˈsaɪdwɔːk/ *n.* (*USA*) marciapiede.

sideward /ˈsaɪdwəd/ *a.* laterale; obliquo.

sidewards /ˈsaɪdwədz/ *avv.* lateralmente; obliquamente.

sideways /ˈsaɪdweɪz/ ***A*** *avv.* ***1*** da un lato: **to step s.**, spostarsi da un lato ***2*** di lato; di traverso; di sghembo ***B*** *a. attr.* laterale; obliquo; di lato.

sidewinder /ˈsaɪdwaɪndə(r)/ *n.* (*zool.*) crotalo ceraste.

siding /ˈsaɪdɪŋ/ *n.* (*ferr.*) binario di raccordo.

to **sidle** /ˈsaɪdl/ *v. i.* muoversi furtivamente: **to s. out of a room**, uscire furtivamente da una stanza; **to s. up to sb.**, avvicinarsi furtivamente a q.

siege /siːdʒ/ *n.* Ⓒ e Ⓤ assedio: **to lay s. to**, assediare; cingere d'assedio; **to raise the s.**, togliere l'assedio.

sienna /sɪˈɛnə/ *n.* Ⓤ (*pitt.*) terra di Siena.

Sien(n)ese /sɪɛˈniːz/ *a. e n.* (*pl. invar.*) senese.

siesta /sɪˈɛstə/ *n.* siesta: **to take a s.**, fare la siesta.

sieve /sɪv/ *n.* setaccio; crivello; vaglio • **a memory like a s.**, una memoria come un colabrodo.

to **sieve** /sɪv/ *v. t.* setacciare; passare al setaccio.

to **sift** /sɪft/ *v. t.* ***1*** setacciare; passare al setaccio ***2*** vagliare; esaminare ***3*** distinguere; separare.

♦ **sift out** *v. t. + avv.* ***1*** separare ***2*** selezionare.

♦ **sift through** *v. i. + prep.* esaminare accuratamente; vagliare.

sifter /ˈsɪftə(r)/ *n.* ***1*** buratto; vaglio ***2*** spolverizzatore.

sigh /saɪ/ *n.* sospiro: **to give** (*o* **to heave**) **a s. of relief**, tirare un sospiro di sollievo.

to **sigh** /saɪ/ *v. i.* ***1*** sospirare ***2*** (*del vento*) sibilare.

♦ **sigh for** *v. i. + prep.* (*lett.*) sospirare; rimpiangere; desiderare ardentemente.

sight /saɪt/ *n.* ***1*** Ⓤ vista: **to have good s.**, avere la vista buona; vederci bene; (*med.*) **s. test**, esame della vista ***2*** vista; veduta; spettacolo: **a wonderful s.**, una magnifica veduta; **a sad s.**, un triste spettacolo; **a s. worth seeing**, uno spettacolo da non perdere; **It's not a pretty s.**, non è un bello spettacolo; (*fam.*) **What a s. you are!**, come ti sei conciato!; (*fam.*) **to look a s.**, essere conciato ***3*** (*al pl.*) luoghi di interesse turistico; cose notevoli; attrattive: **to see the sights of London**, fare un giro turistico di Londra ***4*** (*seguito da un compar.*) (*fam.*) molto: **It cost a s. more than he'll admit**, gli è costato molto più di quanto non ammetta ***5*** (*tecn.*) mirino • **a s. for sore eyes**, un piacere a vedersi: **You're a s. for sore eyes!**, che piacere vederti! □ **s. unseen**, a scatola chiusa □ **at** (*o* **on**) **s.**, a vista; a prima vista: **a draft payable at s.**, una tratta pagabile a vista □ **at first s.**, a prima vista: **love at first s.**, amore a prima vista □ **to know sb. by s.**, conoscere q. di vista □ **to catch s. of st.**, intravedere q.c.; scorgere q.c. □ **to come into s.**, apparire; spuntare □ **I hate the s. of him**, non lo posso vedere; lo detesto □ **to be in s.**, essere visibile; (*fig.*) essere imminente, essere in vista □ **in sb.'s s.**, agli occhi di q. □ **to lose s. of sb.**, perdere di vista q. □ **to shoot on s.**, sparare a vista □ **to be out of s.**, non essere (più) visibile □ **to keep out of s.**, tenersi in disparte; tenersi nascosto; non farsi vedere □ **Don't let it out of your s.**, non perderlo di vista □ **to set one's sights on st.**, avere di mira q.c.; mirare a q.c. □ **within s. of**, in vista di; (*fig.*) prossimo a □ (*prov.*) **out of s., out of mind**, lontan dagli occhi, lontan dal cuore.

to **sight** /saɪt/ *v. t.* ***1*** avvistare; scorgere: **to s. land**, avvistare terra ***2*** (*astron.*) traguardare ***3*** aggiustare la mira di; prendere la mira con; mirare a.

sighted /ˈsaɪtɪd/ *a.* vedente.

sighting /ˈsaɪtɪŋ/ *n.* avvistamento.

sightless /ˈsaɪtləs/ *a.* non vedente.

to **sight-read** /ˈsaɪtriːd/ (*pass. e p.p.* **sight-read** /ˈsaɪtrɛd/) *v. t.* (*mus.*) suonare [cantare] a prima vista.

sightseeing /ˈsaɪtsiːɪŋ/ *n.* Ⓤ giro turistico • **to go s.**, fare un giro turistico; visitare una città [una regione].

sightseer /ˈsaɪtsiːə(r)/ *n.* turista.

sigma /ˈsɪgmə/ *n.* (*alfabeto greco*) sigma.

sign /saɪn/ *n.* ***1*** segno; cenno: **s. of the cross**, segno della croce; **s. of approval**, cenno di approvazione ***2*** segno; indizio; presagio: **a s. of the times**, un segno dei tempi; **to show signs of improvement**, dare segni di miglioramento; **s. of spring**, presagio di primavera; **All the signs are that...**, tutto fa prevedere che... ***3*** segno; simbolo: **the minus s.**, il segno meno; **s. of the zodiac**, segno dello zodiaco; **mathematical** [**phonetic**] **s.**, simbolo matematico [fonetico] ***4*** segno; impronta; traccia: **There was no s. of struggle**, non c'era segno (*o* traccia) di lotta; **no s. of life**, nessun segno di vita; **There's no s. of Joan and Mike yet**, Joan e Mike non si vedono ancora ***5*** segnale, indicatore; cartello: **lighted s.**, segnale luminoso; **road s.**, segnale stradale; indicatore stradale; cartello indicatore; **traffic signs**, segnaletica stradale ***6*** insegna: **inn s.**, insegna di locanda: **at the s. of the White Hart**, all'insegna del Cervo Bianco • **s. and countersign**, parola d'ordine (*domanda e risposta*) □ **s. language**, linguaggio dei segni.

to **sign** /saɪn/ ***A*** *v. t.* ***1*** firmare: **to s. a contract** [**a cheque**], firmare un contratto [un assegno]; **to s. one's name**, mettere la (propria) firma ***2*** segnare; contrassegnare ***3*** ingaggiare (*un cantante, un calciatore, ecc.*) • (*fam.*) **to s. on the dotted line**, mettere la firma (*a un contratto, ecc.*); accettare senza discutere; accettare a occhi chiusi ***B*** *v. i.* ***1*** firmare ***2*** usare la lingua dei segni ***C*** to **sign oneself** *v. rifl.* ***1*** (*relig.*) segnarsi; farsi il segno della croce ***2*** firmarsi.

♦ **sign away** *v. t. + avv.* (*leg.*) cedere; vendere; trasferire (*per iscritto*).

♦ **sign for** *v. i. + prep.* ***1*** firmare in segno di ricevuta di ***2*** (*sport*) firmare un contratto con (*una società*).

♦ **sign in** *v. i. + avv.* firmare il registro all'arrivo (*in un albergo, ecc.*).

♦ **sign off** *v. i. + avv.* ***1*** chiudere (*una lettera firmandola*) ***2*** (*radio, TV*) chiudere una trasmissione.

♦ **sign on** ***A*** *v. i. + avv.* ***1*** firmare un contratto di lavoro ***2*** (*mil.*) arruolarsi ***3*** iscriversi (*a un corso, ecc.*) ***4*** (*in G.B.*) iscriversi all'ufficio di collocamento ***B*** *v. t. + avv.* assumere; ingaggiare.

♦ **sign out** *v. i. + avv.* lasciare (*un albergo, ecc.*).

♦ **sign up** ***A*** *v. i. + avv.* ***1*** (*mil.*) arruolarsi ***2*** iscriversi ***B*** *v. t. + avv.* ***1*** ingaggiare ***2*** (*mil.*) arruolare.

signal (1) /ˈsɪgnəl/ *n.* segnale: **danger s.**, segnale di pericolo; (*radio, TV*) **time s.**, segnale orario; **to give the s. for**, dare il segnale di • (*mil., naut.*) **s. book**, codice dei segnali □ (*ferr.*) **s. box**, cabina di manovra □ **traffic s.**, semaforo.

signal (2) /ˈsɪgnəl/ *a.* (*form.*) notevole; cospicuo; evidente.

to **signal** /ˈsɪgnəl/ ***A*** *v. t.* ***1*** fare segnali (*o* segnalazioni) a; fare segno a ***2*** trasmettere mediante segnali; segnalare ***3*** essere il segno di; segnare; indicare ***B*** *v. i.* ***1*** fare segnali ***2*** fare segnalazioni; segnalare.

to **signalize**, (*GB anche*) to **signalise** /ˈsɪgnəlaɪz/ *v. t.* (*form.*) distinguere.

signaller /ˈsɪgnələ(r)/ *n.* (*mil., naut.*) segnalatore.

signalman /ˈsɪgnlmən/ *n.* (*pl.* **signalmen** /-mən/) (*ferr., mil.*) segnalatore.

signatory /ˈsɪgnətrɪ, *USA* -tɔːrɪ/ *a. e n.* firmatario.

signature /ˈsɪgnətʃə(r)/ *n.* ***1*** firma: **to put one's s. to st.**, apporre la (propria) firma a q.c. ***2*** (*radio, TV, anche* **s. tune**) sigla musicale ***3*** (*mus.*) — **key s.**, segnatura in chiave; **time s.**, indicazione del tempo.

signboard /ˈsaɪnbɔːd/ *n.* insegna (*di negozio, ecc.*).

signet /ˈsɪgnət/ *n.* sigillo • **s. ring**, anello con sigillo.

significance /sɪɡˈnɪfɪkəns/ *n.* U **1** significato: **to take on a new s.**, assumere un nuovo significato; **a glance of deep s.**, un'occhiata assai significativa **2** importanza; rilievo: **a matter of great s.**, una cosa di grande importanza.
significant /sɪɡˈnɪfɪkənt/ *a.* **1** significativo; eloquente **2** importante; notevole.
to **signify** /ˈsɪɡnɪfaɪ/ (*form.*) **A** *v. i.* **1** significare; voler dire; indicare **2** avere importanza; importare: **It doesn't s.**, non importa **B** *v. t.* manifestare: **to s. one's agreement**, manifestare il proprio assenso.
signing /ˈsaɪnɪŋ/ *n.* **1** (atto della) firma **2** (*anche sport*) ingaggio • **s. away**, cessione; vendita □ **s.-on**, ingaggio □ (*sport*) **s.-on fee**, premio di ingaggio □ **s.-up**, ingaggio; (*mil.*) arruolamento.
signpost /ˈsaɪnpəʊst/ *n.* palo indicatore; indicatore stradale.
to **signpost** /ˈsaɪnpəʊst/ *v. t.* fornire di segnaletica verticale; segnalare: **The road to the ferry is well signposted**, la strada per il ferry è ben segnalata.
signposting /ˈsaɪnpəʊstɪŋ/ *n.* segnaletica verticale.
silage /ˈsaɪlɪdʒ/ *n.* U (*agric.*) foraggio conservato in un silo.
silence /ˈsaɪləns/ *n.* U *e* C silenzio: **in s.**, in silenzio; **There was dead s. after the announcement**, l'annuncio fu seguito dal più completo silenzio; **a one-minute s.**, un minuto di silenzio; **to pass over st. in s.**, passare q.c. sotto silenzio; **to reduce sb. to s.**, far tacere q.; ridurre q. al silenzio.
to **silence** /ˈsaɪləns/ *v. t.* **1** far tacere; zittire **2** ridurre al silenzio.
silencer /ˈsaɪlənsə(r)/ *n.* **1** silenziatore **2** (*autom., GB*) marmitta.
silent /ˈsaɪlənt/ **A** *a.* silenzioso; zitto; tacito; muto: **The house was s.**, la casa era silenziosa; **to be** (*o* **to keep**) **s.**, tacere; far silenzio; **to be s. about st.**, non parlare di q.c.; **to remain s.**, restare zitto; tacere; **s. prayer**, muta preghiera • **s. film**, film muto □ **s. majority**, maggioranza silenziosa □ (*fin.*) **s. partner**, socio accomandante □ **as s. as the grave**, muto come una tomba **B** *n.* (*fam.*) film muto.
silhouette /sɪluːˈɛt/ *n.* C *e* U silhouette; profilo; sagoma: **in s.**, di profilo; in controluce.
silhouetted /sɪluːˈɛtɪd/ *a.* profilato; stagliato: **s. against the sky**, stagliato contro il cielo.
silica /ˈsɪlɪkə/ *n.* U (*miner.*) silice.
silicon /ˈsɪlɪkən, -ɒn/ *n.* U (*chim.*) silicio: **s. chip**, chip (al silicio).
silicone /ˈsɪlɪkəʊn/ *n.* (*chim., ind.*) silicone.
silicosis /sɪlɪˈkəʊsɪs/ *n.* U (*med.*) silicosi.
silk /sɪlk/ **A** *n.* **1** U seta: **raw s.**, seta greggia; **shot s.**, seta cangiante **2** (*leg., in G.B.*) avvocato patrocinante nominato «King's [Queen's] Counsel» (*q.V. sotto* **counsel**) (*che indossa una toga di seta*) • (*leg., in G.B.*) **to take s.**, diventare «King's [Queen's] Counsel» (*q.V. sotto* **counsel**) **B** *a. attr.* di seta; della seta: **s. blouse**, camicetta di seta; **s. industry**, industria della seta • **s. goods**, seterie □ **s. mill**, setificio □ **s.-screen printing**, serigrafia.
silken /ˈsɪlkən/ *a.* **1** (*lett.*) di seta; serico **2** di seta (*fig.*); setoso; morbido.
silkworm /ˈsɪlkwɜːm/ *n.* (*zool.*) baco da seta; filugello.
silky /ˈsɪlkɪ/ *a.* **1** simile a seta; serico; lucente **2** (*di voce*) mellifluo.
sill /sɪl/ *n.* davanzale.
silliness /ˈsɪlɪnəs/ *n.* U stupidità.
silly /ˈsɪlɪ/ **A** *a.* **1** sciocco; stupido; scemo: **s. remark**, osservazione sciocca; **Don't be s.!**, non fare lo stupido!; non dire scemenze!; **to do something s.**, fare una sciocchezza **2** futile; frivolo • (*giorn., GB*) **the s. season**, la stagione morta (*agosto e settembre, mesi in cui il parlamento è in vacanza e i giornali sono pieni di notizie frivole*) □ (*fam.*) **to bore sb. s.**, annoiare a morte q. □ (*fam.*) **to knock sb. s.**, stordire q. □ (*fam.*) **to laugh oneself s.**, sbellicarsi dal ridere **B** *n.* (*fam.*) sciocco (-a); sciocchino (-a) • (*fam. o scherz.*) **s.-billy**, sciocco; sciocchino.
silo /ˈsaɪləʊ/ *n.* (*pl.* **silos**) (*agric.*) silo.
silt /sɪlt/ *n.* U (*geol.*) limo.
to **silt** /sɪlt/ *v. Solo come*:
♦ **silt up** **A** *v. t. + avv.* insabbiare; ostruire **B** *v. i. + avv.* insabbiarsi; ostruirsi.
silver /ˈsɪlvə(r)/ **A** *n.* U **1** (*chim.*) argento **2** argenteria **3** monete d'argento • **to sell off the family s.**, vendere i gioielli di famiglia (*fig.*) **B** *a. attr.* d'argento; argenteo: **Is your ring s.?**, è d'argento il tuo anello?; **s.-haired**, dai capelli d'argento • (*bot.*) **s. birch**, betulla bianca □ (*zool.*) **s. fox**, volpe argentata □ **s. lining**, lato positivo; motivo di speranza □ **the s. screen**, il cinema □ **s. paper**, stagnola □ **s. plate**, argenteria □ **s.-tongued**, eloquente □ **s. wedding**, nozze d'argento.
to **silver** /ˈsɪlvə(r)/ *v. t.* argentare.
to **silver-plate** /ˈsɪlvəpleɪt/ *v. t.* argentare; placcare d'argento.
silverside /ˈsɪlvəsaɪd/ *n.* U (*macelleria*) girello di manzo.
silversmith /ˈsɪlvəsmɪθ/ *n.* argentiere.
silverware /ˈsɪlvəwɛə(r)/ *n.* U argenteria.
silvery /ˈsɪlvərɪ/ *a.* **1** argenteo **2** argentino.
simian /ˈsɪmɪən/ (*zool.*) **A** *a.* scimmiesco **B** *n.* scimmia.
similar /ˈsɪmələ(r)/ *a.* **1** simile **2** affine; analogo.
similarity /sɪməˈlærətɪ/ *n.* U *e* C **1** somiglianza **2** affinità; analogia.
similarly /ˈsɪmələlɪ/ *avv.* **1** allo stesso modo **2** in modo analogo.
simile /ˈsɪməlɪ/ *n.* C *e* U similitudine.
simmer /ˈsɪmə(r)/ *n.* lenta ebollizione • **to bring to a s.**, portare quasi a bollore □ **to keep at a** (*o* **on the**) **s.**, far sobbollire.
to **simmer** /ˈsɪmə(r)/ **A** *v. i.* **1** sobbollire; cuocere a fuoco lento **2** (*fig.*) ribollire; fremere: **to s. with anger**, ribollire di rabbia **B** *v. t.* cuocere a fuoco lento.
♦ **simmer down** *v. i. + avv.* (*fam.*) calmarsi.
simper /ˈsɪmpə(r)/ *n.* sorriso affettato (*o* melenso).
to **simper** /ˈsɪmpə(r)/ *v. i.* sorridere affettatamente (*o* in modo melenso).
simple /ˈsɪmpl/ *a.* **1** semplice: **s. tastes**, gusti semplici; **a s. problem**, un problema semplice; (*mat.*) **s. fraction**, frazione semplice; (*mecc.*) **s. machines**, macchine semplici; **for the s. reason that**, per il semplice motivo che **2** ingenuo; sprovveduto **3** (*eufem., anche* **s.-minded**) non molto sveglio • (*med.*) **s. fracture**, frattura semplice □ (*fin.*) **s. interest**, interesse semplice □ **in s. terms**, in parole povere □ **to make s.**, semplificare.
simpleton /ˈsɪmpltən/ *n.* (*antiq.*) sempliciotto.
simplicity /sɪmˈplɪsətɪ/ *n.* U semplicità • **to be s. itself**, essere la cosa più semplice del mondo.
simplification /sɪmplɪfɪˈkeɪʃn/ *n.* U *e* C semplificazione.
to **simplify** /ˈsɪmplɪfaɪ/ *v. t.* semplificare.
simplistic /sɪmˈplɪstɪk/ *a.* semplicistico.
simply /ˈsɪmplɪ/ *avv.* **1** semplicemente; in modo semplice **2** unicamente; solo **3** proprio; **I s. don't know**, non so proprio **4** (*fam.*) assolutamente: **I s. must buy it!**, devo assolutamente comprarlo.
to **simulate** /ˈsɪmjʊleɪt/ *v. t.* **1** simulare; fingere **2** imitare; (*tecn.*) simulare.
simulated /ˈsɪmjʊleɪtɪd/ *a.* simulato; finto: **s. attack**, attacco simulato; **s. leather**, finto cuoio.
simulation /sɪmjʊˈleɪʃn/ *n.* U *e* C (*anche tecn.*) simulazione.
simulator /ˈsɪmjʊleɪtə(r)/ *n.* simulatore.
to **simulcast** /ˈsɪməlkɑːst, *USA* ˈsaɪmlkæst/ *v. t.* (*radio, TV, USA*) trasmettere contemporaneamente (*alla radio e alla televisione*).
simultaneity /sɪmltəˈniːətɪ, *USA* saɪm-/ *n.* U simultaneità.
simultaneous /sɪmlˈteɪnɪəs, *USA* saɪm-/ *a.* simultaneo.
simultaneously /sɪmlˈteɪnɪəslɪ, *USA* saɪm-/ *avv.* simultaneamente; contemporaneamente.
sin /sɪn/ *n.* C *e* U **1** peccato: **It's a sin**, è peccato **2** (*fam.*) offesa; vergogna; scandalo: **It's a sin to waste so much water**, è uno scandalo tutto questo spreco di acqua • (*iron.*) **for my sins**, purtroppo □ (*pop.*) **like sin**, a tutta forza; (*di pioggia*) a dirotto □ (*antiq. o scherz.*) **to live in sin**, vivere more uxorio.
to **sin** /sɪn/ *v. i.* peccare.
since /sɪns/ **A** *avv.* **1** da allora; dopo: **I haven't seen her s.**, da allora non l'ho più vista; **ever s.**, da allora; da allora in poi **2** (*antiq. o form.*) fa; or sono: **many years s.**, molti anni fa; **long s.**, da tempo; da un pezzo: **I've long s. forgotten what happened**, ho dimenticato da un pezzo quello che è successo **B** *prep.* da: **I've been working s. six o'clock**, è dalle sei che lavoro; **I've known him s. our schooldays**, lo conosco fin da quando andavamo a scuola; (*iron.*) **S. when have you been a vegetarian?**, da quando in qua sei vegetariano? **C** *cong.* **1** da quando: **s. leaving Boston**, da quando sono partito da Boston; **s. I saw you last**, dall'ultima volta che ti ho visto **2** poiché; dal momento che; dato che; visto

che: **S. no one has complained, I take it it was all right**, dal momento che nessuno si è lamentato, immagino che andasse bene; **All right, s. you prefer it**, d'accordo, visto che preferisci così.

sincere /sɪn'sɪə(r)/ *a.* sincero; franco; schietto.

sincerely /sɪn'sɪəlɪ/ *avv.* sinceramente; francamente ● (*nelle lettere*) **Yours s.**, cordiali saluti.

sincerity /sɪn'serətɪ/ *n.* Ⓤ sincerità; franchezza; schiettezza.

sine /saɪn/ *n.* (*mat.*) seno.

sinecure /'sɪnɪkjʊə(r), 'saɪ-/ *n.* sinecura.

sinew /'sɪnjuː/ *n.* **1** (*anat.*) tendine **2** (*anche al pl.*) (*fig.*) nerbo; forza.

sinewy /'sɪnjuːɪ/ *a.* **1** muscoloso; vigoroso **2** (*di carne*) fibroso.

sinful /'sɪnfl/ *a.* **1** peccaminoso **2** vergognoso.

to **sing** /sɪŋ/ (*pass.* **sang**, *p.p.* **sung**) *v. t. e i.* **1** cantare: **to s. a song**, cantare una canzone; **to s. sb.'s praises**, cantare le lodi di q. **2** ronzare; fischiare; sibilare: **My ears are singing**, mi ronzano le orecchie.

♦ **sing along (with)** *v. i. + avv.* (*e prep.*) cantare insieme (con).

♦ **sing out** *v. i. + avv.* **1** cantare ad alta voce **2** gridare.

singe /sɪndʒ/ *n.* bruciacchiatura; strinatura.

to **singe** /sɪndʒ/ (*part. pres.* **singeing**) **A** *v. t.* bruciacchiare; strinare **B** *v. i.* bruciacchiarsi; strinarsi.

singer /'sɪŋə(r)/ *n.* cantante; cantore.

Singhalese /sɪŋə'liːz, -ŋhə-/ *V.* **Sinhalese**.

singing /'sɪŋɪŋ/ *n.* **1** Ⓤ canto: **to teach s.**, insegnare canto; **s. teacher**, insegnante di canto **2** ronzio: **to have a s. in one's ears**, sentire un ronzio nelle orecchie.

single /'sɪŋgl/ **A** *a.* **1** solo; unico, individuale: **my s. purpose**, il mio unico obiettivo; **s. parent**, genitore solo; **I haven't got a s. moment to myself**, non ho neanche un minuto di tempo per me; **He remembered every s. word**, ricordava tutte le parole dalla prima all'ultima; **not a s. one**, non uno; nemmeno uno **2** semplice: **s. flower**, fiore semplice **3** celibe; nubile; «single» ● **s.-cell organism**, organismo monocellulare □ **s. bed**, letto a una piazza □ **s.-breasted jacket**, giacca monopetto □ (*cucina*) **s. cream**, panna liquida □ **s.-decker (bus)**, autobus a un piano □ **s. file**, in fila indiana □ **s.-handed(ly)**, da solo; senza aiuto □ **the s. life**, la vita da scapolo; la vita da nubile; il celibato □ **s.-minded**, determinato; deciso; risoluto □ **s.-mindedness**, determinazione; risolutezza □ **s. room**, camera a un letto; camera singola □ (*autom., aeron.*) **s.-seater**, monoposto □ **s.-sex school**, scuola solo maschile (*o* solo femminile) □ **s. spacing**, interlinea uno □ **s. state**, celibato; (l')essere nubile □ (*GB*) **s. ticket**, biglietto di sola andata □ (*ferr.*) **s.-track**, a binario unico **B** *n.* **1** (*GB*) biglietto di sola andata **2** (*fam.*) (camera) singola **3** disco a 45 giri **4** (*USA*) banconota da un dollaro **5** (*al pl.*) persone non sposate; «single»: **singles bar**, bar per single **6** *V.* **singles**.

to **single** /'sɪŋgl/ *v. Solo come*:

♦ **single out** *v. t. + avv.* scegliere; selezionare.

singles /'sɪŋglz/ *n.* (*pl. invar.*) (*tennis*) singolo.

singlet /'sɪŋglət/ *n.* (*GB*) canottiera; maglietta.

singleton /'sɪŋgltən/ *n.* (*a carte*) singleton.

singly /'sɪŋglɪ/ *avv.* **1** individualmente; a uno a uno **2** da solo.

singsong /'sɪŋsɒŋ, *USA* -ɔːŋ/ **A** *n.* **1** cantilena **2** (*fam.*) coro (improvvisato); cantata **B** *a. attr.* cantilenante.

singular /'sɪŋgjʊlə(r)/ **A** *a.* **1** (*gramm.*) singolare **2** notevole; considerevole **3** (*form.*) strano; insolito; singolare **B** *n.* (*gramm.*) singolare: **in the s.**, al singolare.

singularity /sɪŋgjʊ'lærətɪ/ *n.* Ⓤ e Ⓒ (*form. e astron.*) singolarità.

singularly /'sɪŋgjʊləlɪ/ *avv.* **1** notevolmente; particolarmente **2** (*form.*) eccezionalmente; singolarmente.

Sinhalese /sɪnhə'liːz/ *a. e n.* (*pl. invar.*) singalese; (abitante, lingua) di Ceylon (*Sri Lanka*).

sinister /'sɪnɪstə(r)/ *a.* sinistro; minaccioso; funesto.

sink /sɪŋk/ *n.* **1** acquaio; lavello **2** (*antiq.*) sentina; ricettacolo: **s. of iniquity**, sentina di vizi.

to **sink** /sɪŋk/ (*pass.* **sank**, *p.p.* **sunk**) **A** *v. i.* **1** andare a fondo; (*di nave*) affondare, colare a picco: **to s. to the bottom**, andare a fondo; colare a picco **2** affondare; sprofondare: **to s. into the fresh snow**, affondare nella neve fresca; **to s. into an armchair**, sprofondare (*o* lasciarsi cadere) in una poltrona **3** (*del sole*) calare; tramontare **4** abbassarsi; scendere: **The lake has sunk four inches**, il lago si è abbassato di quattro pollici; **His voice sank to a whisper**, la sua voce si abbassò fino a un sussurro; **to s. to doing st.**, abbassarsi a fare q.c. **5** cadere; crollare: **to s. to one's knees**, cadere in ginocchio; **to s. into a deep sleep**, cadere in un sonno profondo; **to s. into oblivion**, cadere nell'oblio **6** (*di terreno, soffitto*) cedere **7** (*di prezzi, ecc.*) calare; scendere; crollare **8** — (*di malato*) **to be sinking**, peggiorare; essere agli estremi ● **to s. out of sight**, scomparire alla vista □ **to s. without trace**, scomparire senza lasciar traccia □ **to leave sb. to s. or swim**, lasciare che q. si arrangi da solo □ **My heart sank**, mi sentii mancare **B** *v. t.* **1** affondare, colare a picco (*una nave*) **2** abbassare; ribassare; ridurre; far calare **3** affondare: **to s. a spade into the ground**, affondare una vanga nel terreno; **to s. one's teeth into st.**, affondare i denti in q.c. **4** scavare (*un pozzo*); interrare (*un tubo, ecc.*); piantare (*un palo, ecc.*) **5** far naufragare, mandare a fondo (*un piano, ecc.*); rovinare (q.): **If I don't find the money, I'm sunk**, se non trovo i soldi, sono rovinato **6** (*fam.*) accantonare, dimenticare (*liti, ecc.*) **7** (*fin.*) investire (*denaro*) **8** (*fin.*) ammortare, ammortizzare (*un debito*) **9** (*golf*) mandare in buca **10** (*fam. GB*) bere.

♦ **sink in** *v. i. + avv.* **1** sprofondare; cedere **2** incavarsi; infossarsi **3** (*di liquido*) penetrare **4** essere compreso: **The news took a while to s. in**, ci volle un po' perché mi rendessi [si rendesse, ecc.] ben conto del senso della notizia.

sinker /'sɪŋkə(r)/ *n.* peso, piombo (*di scandaglio o lenza*).

sinkhole /'sɪŋkhəʊl/ *n.* **1** (*speleologia*) pozzo carsico; dolina **2** pozzo di scarico; pozzo nero.

sinking /sɪŋkɪŋ/ *a. e n.* — (*fam.*) **s. feeling**, senso di vuoto allo stomaco; stretta allo stomaco □ (*comm.*) **s. fund**, fondo di ammortamento.

sinless /'sɪnləs/ *a.* senza peccato; innocente; puro.

sinner /'sɪnə(r)/ *n.* peccatore (-trice).

Sinologist /saɪ'nɒlədʒɪst/ *n.* sinologo (-a).

Sinology /saɪ'nɒlədʒɪ, sɪ-/ *n.* Ⓤ sinologia.

sinuous /'sɪnjʊəs/ *a.* sinuoso; serpeggiante; tortuoso.

sinus /'saɪnəs/ *n.* (*anat.*) seno; cavità ● (*med.*) **s. trouble**, sinusite.

sinusitis /saɪnə'saɪtɪs/ *n.* Ⓤ (*med.*) sinusite.

sip /sɪp/ *n.* (piccolo) sorso.

to **sip** /sɪp/ *v. t. e i.* sorseggiare; centellinare.

siphon /'saɪfn/ *n.* sifone.

to **siphon** /'saɪfn/ *v. t.* travasare per mezzo di un sifone.

♦ **siphon out** *v. t. + avv.* travasare per mezzo di un sifone.

♦ **siphon off** *v. t. + avv.* **1** *V.* **to siphon out** **2** deviare, dirottare (*denaro, traffico*).

sir /sɜː(r), sə(r)/ *n.* **1** (*vocat.*) signore: **Yes, sir**, sì, signore; (*nelle lettere*) **Dear Sir**, Egregio Signore; **No, sir!**, nossignore! **2** (*titolo di baronetto*) Sir.

sire /'saɪə(r)/ *n.* **1** (*vocat.*) sire **2** (*zool.*) padre.

to **sire** /'saɪə(r)/ *v. t.* (*specialm. di stallone*) generare.

siren /'saɪərən/ *n.* (*mitol., tecn., zool.*) sirena.

sirloin /'sɜːlɔɪn/ *n.* Ⓒ e Ⓤ (*cucina*) controfiletto.

sirocco /sɪ'rɒkəʊ/ *n.* (*pl.* **siroccos**) (*meteor.*) scirocco.

sis /sɪs/ *n.* (*fam.*) sorella; sorellina.

sisal /'saɪsl/ *n.* Ⓤ (*bot.*) sisal.

siskin /'sɪskɪn/ *n.* (*zool.*) lucherino.

sissy /'sɪsɪ/ *n.* (*fam. spreg.*) donnicciola; femminuccia.

sister /'sɪstə(r)/ *n.* **1** sorella **2** suora; sorella **3** infermiera ● **s.-in-law**, cognata □ **s. ships**, navi gemelle.

sisterhood /'sɪstəhʊd/ *n.* **1** Ⓤ (l') essere sorelle; sorellanza **2** associazione femminile **3** comunità di suore.

sisterly /'sɪstəlɪ/ *a.* di (*o* da) sorella; sororale (*lett.*); fraterno.

to **sit** /sɪt/ (*pass. e p.p.* **sat**) **A** *v. i.* **1** sedere; essere (*o* stare) seduto: **I was sitting on a chair**, ero seduto su una sedia; **to sit at table**, sedere a tavola; **Don't just sit there doing nothing!**, non startene lì con le mani in mano! **2** sedersi **3** poggiare; essere posato: **«Where's the letter?» «It's sitting on your desk»**, «dov'è la lettera?» «è sulla tua scrivania» **4** (*di uccelli*) essere appollaiato **5** posare: **to sit for a painter**, posare per un pittore **6** far parte (*di un'assemblea*): **to sit in Parliament**, avere un seggio in Parlamento; **to sit on a committee**, far parte di un comitato **7** essere in seduta; tenere udienza **8** (*di vestito*) stare; cadere: **This jacket sits well on you**, questa giacca ti sta (o cade) bene **9** adattarsi; addirsi: **His new office sits well on him**, la sua nuova carica gli si addice **10** (*di uccelli, specialm. gallinacei*) covare ● (*fam.*) **to be sitting pretty**, essere fra due guanciali; passarsela bene □ **to sit in judgment**, sedere a giudizio □ **to sit on a report** [**on a story, etc.**], tenere nel cassetto una relazione [un articolo, ecc.] □ **to sit on one's hands**, restare inattivo; non intervenire □ **This food sits heavy on the stomach**, questo cibo è indigesto □ (*autom., fam.*) **to sit on sb.'s tail**, stare incollato a q. □ **to sit tight**, stare fermo; non muoversi; tener duro ***B*** *v. t.* ***1*** far sedere; mettere a sedere ***2*** stare in sella a; cavalcare ***3*** (*specialm. GB*) sostenere, fare (*un esame*).

♦ **sit back** *v. i. + avv.* ***1*** mettersi comodo ***2*** rimanere inattivo; non fare niente.

♦ **sit by** *v. i. + avv.* rimanere inattivo; non fare niente.

♦ **sit down** ***A*** *v. i. + avv.* sedersi; accomodarsi ***B*** *v. t. + avv.* mettere a sedere.

♦ **sit for** *v. i. + prep.* ***1*** (*polit.*) rappresentare in Parlamento (*una circoscrizione elettorale*) ***2*** (*specialm. GB*) sostenere (*un esame*).

♦ **sit in on** *v. i. + avv. e prep.* assistere a (*una seduta, ecc.*).

♦ **sit out** *v. t. + avv.* ***1*** non prendere parte a (*un ballo*) ***2*** rimanere fino alla fine di (*uno spettacolo, ecc.*).

♦ **sit up** ***A*** *v. i. + avv.* ***1*** raddrizzare la schiena: **Sit up straight!**, sta' (su) dritto! ***2*** tirarsi su a sedere (*da sdraiato*) ***3*** rimanere alzato ***4*** (*fam.*) drizzare le orecchie ***B*** *v. t. + avv.* mettere a sedere (*una persona sdraiata*).

sitcom /ˈsɪtkɒm/ *n. contraz. fam. di* **situation comedy** (*q.V. sotto* **situation**).

sit-down /ˈsɪtdaʊn/ *a.* — **s. strike**, sciopero con occupazione del posto di lavoro; **s. meal**, pranzo a tavola.

site /saɪt/ *n.* sito; luogo: **the s. of a battle**, il teatro di una battaglia; **archaeological s.**, sito archeologico; **construction s.**, cantiere edile.

to **site** /saɪt/ *v. t.* situare; ubicare.

sit-in /ˈsɪtɪn/ *n.* sit-in.

sitter /ˈsɪtə(r)/ *n.* ***1*** chi siede; chi sta seduto ***2*** (*arte*) modello (-a) ***3*** baby-sitter.

sitting /ˈsɪtɪŋ/ ***A*** *n.* ***1*** seduta; tornata; udienza ***2*** (*arte*) posa; seduta ● **s. room**, salotto; soggiorno ***B*** *a.* seduto ● **s. duck** (*o* **target**), bersaglio facile □ **s. hen**, gallina che cova; chioccia □ **s. tenant**, attuale inquilino.

to **situate** /ˈsɪtʃʊeɪt/ *v. t.* (*form.*) situare; ubicare.

situation /sɪtʃʊˈeɪʃn/ *n.* ***1*** posizione; ubicazione; sito ***2*** situazione: **the political s.**, la situazione politica ***3*** posto (*di lavoro*); impiego: **to apply for a s.**, fare una domanda di impiego; **to find a s.**, trovar lavoro ● (*radio, TV*) **s. comedy**, situation comedy (*sceneggiato comico con personaggi che affrontano problemi di vita quotidiana*) □ **«Situations vacant»**, «offerte di lavoro».

sit-up /ˈsɪtʌp/ *n.* (*ginnastica*) flessione in avanti (*da supino*).

sitz bath /ˈsɪtsbɑːθ, *USA* -æθ/ *locuz. n.* semicupio.

six /sɪks/ *a. e n.* sei ● **six-footer**, persona alta oltre sei piedi □ **six-pack**, confezione di sei lattine (*o* sei bottiglie) (*di birra*) □ (*USA*) **six-shooter**, rivoltella a sei colpi □ (*fam.*) **at sixes and sevens**, in pieno caos □ (*fig.*) **It is six of one and half a dozen of the other**, è praticamente la stessa cosa; se non è zuppa è pan bagnato.

sixfold /ˈsɪksfəʊld/ ***A*** *a.* ***1*** sestuplo ***2*** sestuplice ***B*** *avv.* sei volte (tanto).

sixpence /ˈsɪkspəns, *USA* -pɛns/ *n.* (*in G.B., fino al 1971*) (valore di) sei pence; mezzo scellino.

sixpenny /ˈsɪkspənɪ, *USA* -pɛnɪ/ *a.* da sei pence.

sixteen /sɪkˈstiːn/ *a. e n.* sedici.

sixteenmo /sɪkˈstiːnməʊ/ *n.* (*pl.* **sixteenmos**) (*tipogr.*) formato in sedicesimo.

sixteenth /sɪkˈstiːnθ/ *a. e n.* sedicesimo ● (*mus., USA*) **s. note**, semicroma.

sixth /sɪksθ/ *a. e n.* sesto ● (*in G.B.*) **s. form**, ultima classe della scuola superiore □ (*in G.B.*) **s.-former**, studente di **sixth form** □ **s. sense**, sesto senso.

sixtieth /ˈsɪkstɪəθ/ *a. e n.* sessantesimo.

sixty /ˈsɪkstɪ/ *a. e n.* sessanta. (*Per gli esempi d'uso, V. sotto* **forty**).

sizable /ˈsaɪzəbl/ *V.* **sizeable**.

size (1) /saɪz/ *n.* ***1*** Ⓤ *e* Ⓒ dimensioni; grandezza: **the s. of a room**, le dimensioni di una stanza; **What s. is your flat?**, quanto è grande il tuo appartamento?; **It's the s. of an apple**, è grande come una mela ***2*** taglia; numero (*di scarpe, ecc.*); misura; formato; confezione: **He's about your s.**, ha più o meno la tua taglia; **What s. are you?**, che taglia porti?; **hat** [**collar**] **s.**, misura di cappello [di collo] ● (*fam.*) **to cut sb. down to s.**, ridimensionare q. □ (*fam.*) **That's about the s. of it**, le cose stanno più o meno così.

size (2) /saɪz/ *n.* Ⓤ (*ind.*) colla; appretto.

to **size** (1) /saɪz/ *v. t.* ***1*** raggruppare secondo la misura ***2*** (*mecc.*) ridurre a misura; ridimensionare.

♦ **size up** *v. t. + avv.* valutare.

to **size** (2) /saɪz/ *v. t.* (*ind.*) incollare; apprettare.

sizeable /ˈsaɪzəbl/ *a.* di considerevoli dimensioni; piuttosto grande.

sizzle /ˈsɪzl/ *n.* sfrigolio.

to **sizzle** /ˈsɪzl/ *v. i.* sfrigolare.

sizzler /ˈsɪzələ(r), -zl-/ *n.* (*fam.*) giornata torrida.

sizzling /ˈsɪzəlɪŋ, -zl-/ *a.* ***1*** sfrigolante ***2*** (*fam.*) caldissimo; bollente.

skate (1) /skeɪt/ *n.* (*zool.*) razza.

skate (2) /skeɪt/ *n.* (*sport*) pattino.

to **skate** /skeɪt/ *v. i.* (*sport*) pattinare ● (*fig.*) **to s. on thin ice**, camminare sul filo del rasoio □ **to s. through an exam**, passare un esame senza difficoltà.

skateboard /ˈskeɪtbɔːd/ *n.* skateboard.

to **skateboard** /ˈskeɪtbɔːd/ *v. i.* andare sullo skateboard.

skater /ˈskeɪtə(r)/ *n.* (*sport*) pattinatore (-trice).

skating /ˈskeɪtɪŋ/ *n.* Ⓤ (*sport*) pattinaggio ● **s. rink**, pista di pattinaggio.

to **skedaddle** /skɪˈdædl/ *v. i.* (*fam.*) svignarsela; darsela a gambe.

skeet /skiːt/ *n.* Ⓤ (*sport, anche* **s. shooting**) tiro al piattello.

skein /skeɪn/ *n.* ***1*** matassa ***2*** stormo di anatre selvatiche.

skeletal /ˈskɛlətl/ *a.* scheletrico.

skeleton /ˈskɛlətn/ ***A*** *n.* ***1*** (*anat.*) scheletro ***2*** ossatura; intelaiatura ***3*** schema; traccia ● **the s. in the cupboard** (*USA* **in the closet**), lo scheletro nell'armadio □ (*GB*) **s. key**, chiave universale; passe-partout (*franc.*) ***B*** *a.* ridotto al minimo: **s. crew**, equipaggio ridotto al minimo.

skeptic /ˈskɛptɪk/ *e deriv.* (*USA*) *V.* **sceptic** *e deriv.*

sketch /skɛtʃ/ *n.* ***1*** schizzo; bozzetto ***2*** abbozzo; schema ***3*** (*radio, TV*) scenetta; sketch.

to **sketch** /skɛtʃ/ ***A*** *v. t.* schizzare; abbozzare ***B*** *v. i.* fare schizzi.

♦ **sketch in** *v. t. + avv.* aggiungere; inserire.

♦ **sketch out** *v. t. + avv.* ***1*** abbozzare ***2*** descrivere a grandi linee.

sketchbook /ˈskɛtʃbʊk/ *n.* album per schizzi.

sketchiness /ˈskɛtʃɪnəs/ *n.* Ⓤ approssimazione; incompletezza; vaghezza.

sketchpad /ˈskɛtʃpæd/ *n.* blocco da disegno.

sketchy /ˈskɛtʃɪ/ *a.* ***1*** solo abbozzato ***2*** approssimativo; incompleto; vago.

skew /skjuː/ *a.* obliquo; sghembo; sbilenco; storto.

to **skew** /skjuː/ *v. t.* ***1*** mettere di traverso ***2*** far deviare ***3*** distorcere.

skewbald /ˈskjuːbɔːld/ *a. e n.* (cavallo) pezzato.

skewer /ˈskjuːə(r)/ *n.* spiedo; spiedino.

to **skewer** /ˈskjuːə(r)/ *v. t.* infilzare su uno spiedo (*o* spiedino).

skew-whiff /skjuˈwɪf/ *a.* (*fam. GB*) storto; messo di sghimbescio.

ski /skiː/ *n.* (*sport*) sci (*l'attrezzo*) ● **ski boots**, scarponi da sci □ **s. instructor**, maestro di sci □ **s. jump**, trampolino (*gara e struttura*) □ **ski jumping**, salto con gli sci □ **ski lift** (*o* **tow**), sciovia □ **ski pole**, racchetta da sci □ **ski run**, pista (da sci).

to **ski** /skiː/ *v. i.* (*sport*) sciare ● **to go skiing**, andare a sciare.

skid /skɪd/ *n.* ***1*** slittamento; sbandata: **to go into a s.**, slittare; sbandare ***2*** freno a scarpa; martinicca ***3*** (*aeron.*) pattino ● (*autom.*) **s. chain**, catena da neve □ (*fam.*) **s. lid**, casco da motociclista □ (*fam. USA*) **s. row**, bassifondi: **to be on s. row**, essere ridotto in miseria □ (*fam.*) **on the skids**, che sta andando a rotoli □ (*pop.*) **to put the skids on** (*o* **under**) **sb.**, mettere fretta a q.; ostacolare q.

to **skid** /skɪd/ *v. i.* scivolare; slittare; (*di veicolo anche*) sbandare.

skier /ˈskiːə(r)/ *n.* (*sport*) sciatore (-trice).

skiff /skɪf/ *n.* (*naut.*) schifo; skiff.

skiing /ˈskiːɪŋ/ *n.* Ⓤ sci (*lo sport*).

skilful /ˈskɪlfl/ *a.* abile; esperto.

skill /skɪl/ *n.* Ⓤ *e* Ⓒ ***1*** abilità; bravura; perizia ***2*** tecnica; mestiere.

skilled /skɪld/ *a.* **1** *V.* **skilful** **2** qualificato; specializzato: **s. labour**, manodopera specializzata.

skillet /ˈskɪlɪt/ *n.* (*USA*) padella.

skillful /ˈskɪlfl/ (*USA*) *V.* **skilful**.

to **skim** /skɪm/ **A** *v. t.* **1** schiumare; scremare; spannare (*il latte*) **2** sfiorare; rasentare **3** leggere rapidamente; scorrere **B** *v. i.* **1** passare rasente **2** coprirsi di un velo (*di schiuma, ecc.*).

♦ **skim along A** *v. i. + prep.* sfiorare; rasentare **B** *v. i. + avv.* passare rasente.

♦ **skim off** *v. t. + avv.* **1** togliere (*la panna*) dal latte **2** prendersi il meglio di.

♦ **skim over** *v. i. + prep.* sfiorare.

♦ **skim through** *v. i. + prep.* leggere rapidamente.

skimmed milk /skɪmd ˈmɪlk/ *locuz. n.* latte scremato.

skimmer /ˈskɪmə(r)/ *n.* scrematrice; spannatoia.

skim milk /skɪm ˈmɪlk/ *locuz. n.* latte scremato.

to **skimp** /skɪmp/ **A** *v. t.* lesinare; fare economia di **B** *v. i.* fare economie; essere tirchio.

skimpy /ˈskɪmpɪ/ *a.* **1** insufficiente; scarso **2** (*di abito*) striminzito.

skin /skɪn/ *n.* **1** ◻ pelle; cute (*scient.*): **to be just s. and bone(s)**, essere tutto pelle e ossa; **to save one's s.**, salvare la pelle **2** pelle (*di animale*): **rabbit skins**, pelli di coniglio **3** otre (*di pelle*) **4** ◻ *e* ◻ buccia; scorza: **banana s.**, buccia di banana **5** ◻ pellicola (*del latte bollito*) **6** (*aeron.*) rivestimento ● **s.-deep**, a fior di pelle; superficiale; epidermico □ (*med.*) **s. disease**, malattia cutanea □ (*pop.*) **s. flick**, film porno □ (*med.*) **s. graft**, innesto epidermico □ (*med.*) **s. test**, prova di reazione cutanea □ **s.-tight**, attillatissimo □ **to escape by the s. of one's teeth**, uscirne per il rotto della cuffia; salvarsi per miracolo □ **to get under sb.'s s.**, irritare q.; affascinare q. □ **to have a thick s.**, non prendersela; non essere suscettibile □ **to have a thin s.**, essere suscettibile □ (*fam.*) **It's no s. off my nose**, non mi fa né caldo né freddo; la cosa non mi tocca □ (*anat.*) **inner s.**, derma □ (*anat.*) **outer s.**, epidermide.

to **skin** /skɪn/ *v. t.* **1** scorticare; scuoiare **2** sbucciare; pelare **3** (*pop.*) spennare; pelare ● (*fam.*) **to s. sb. alive**, mangiarsi vivo q. □ (*fam.*) **to keep one's eyes skinned**, tener gli occhi aperti; stare all'erta.

to **skin-dive** /ˈskɪndaɪv/ *v. i.* (*sport*) immergersi in apnea; fare pesca subacquea.

skin-diver /ˈskɪndaɪvə(r)/ *n.* sommozzatore (*in apnea*); (pescatore) subacqueo; sub.

skin-diving /ˈskɪndaɪvɪŋ/ *n.* immersione (*in apnea*); pesca subacquea.

skinflint /ˈskɪnflɪnt/ *n.* spilorcio (-a); taccagno (-a).

skinful /ˈskɪnfʊl/ *n.* — (*fam. GB*) **to have had a s.**, aver fatto il pieno (*di birra, ecc.*).

skinhead /ˈskɪnhɛd/ *n.* testa rasata; skinhead.

skinner /ˈskɪnə(r)/ *n.* conciapelli; pellaio.

skinny /ˈskɪnɪ/ *a.* (*spesso spreg.*) magro; scarno; macilento.

skint /skɪnt/ *a.* (*fam. GB*) al verde; in bolletta.

skip (1) /skɪp/ *n.* **1** salto; saltello **2** omissione.

skip (2) /skɪp/ *n.* (*GB*) cassonetto (per la spazzatura).

to **skip** /skɪp/ **A** *v. i.* **1** saltare; saltellare **2** (*GB*) saltare alla corda **3** saltare; passare: **Let's s. to the third item for a moment**, passiamo per un attimo al terzo punto; **to s. over st.**, saltare q.c.; tralasciare q.c. **4** (*fam.*) fare un salto (*o* un viaggetto) **B** *v. t.* saltare; omettere; tralasciare: **to s. lunch**, saltare il pranzo ● (*fam.*) **to s. the country**, scappare all'estero.

♦ **skip off** *v. i. + avv.* svignarsela; tagliare la corda.

skipper /ˈskɪpə(r)/ *n.* **1** (*naut., fam.*) comandante; capitano **2** (*sport, fam.*) capitano (*di una squadra*).

to **skipper** /ˈskɪpə(r)/ *v. t.* (*fam.*) comandare, essere al comando di (*una nave, una squadra*).

skipping rope /ˈskɪpɪŋ rəʊp/ *locuz. n.* corda per saltare.

skirmish /ˈskɜːmɪʃ/ *n.* **1** (*mil.*) scaramuccia **2** (*fig.*) schermaglia.

to **skirmish** /ˈskɜːmɪʃ/ *v. i.* fare scaramucce.

skirt /skɜːt/ *n.* **1** gonna **2** falda (*di vestito*).

to **skirt** /skɜːt/ *v. t. e i.* costeggiare; rasentare ● **to s. around a subject**, sfiorare un argomento.

skirting board /ˈskɜːtɪŋ bɔːd/ *locuz. n.* (*edil., GB*) zoccolo; battiscopa.

skit /skɪt/ *n.* scenetta; sketch; parodia: **a s. on st.**, una parodia di q.c.

to **skitter** /ˈskɪtə(r)/ *v. i.* (*di animaletto*) correr via veloce; svolazzare.

skittish /ˈskɪtɪʃ/ *a.* **1** (*di cavallo*) ombroso; (*di gatto*) nervoso **2** frivolo; civettuolo; volubile.

skittle /ˈskɪtl/ *n.* **1** birillo **2** (*al pl. col verbo al sing.*) gioco dei birilli.

to **skive** /skaɪv/ *v. i.* (*pop. GB*) fare il lavativo; fare lo scansafatiche.

♦ **skive off** *v. i. + avv.* filarsela; sfangarla.

skiver /ˈskaɪvə(r)/ *n.* (*pop. GB*) lavativo; scansafatiche.

skivvies /ˈskɪvɪz/ *n. pl.* (*USA*) maglietta e mutande.

skivvy /ˈskɪvɪ/ *n.* (*fam.*) sguattera; serva.

skulduggery /skʌlˈdʌgərɪ/ *n.* ◻ imbrogli; manovre poco pulite.

to **skulk** /skʌlk/ *v. i.* **1** acquattarsi **2** aggirarsi furtivamente.

♦ **skulk off** *v. i. + avv.* svignarsela.

skull /skʌl/ *n.* **1** (*anat.*) cranio **2** teschio: **s. and crossbones**, teschio e tibie incrociate **3** (*estens.*) testa: **thick s.**, testa dura; zucca; **to have a thick s.**, essere uno zuccone.

skullcap /ˈskʌlkæp/ *n.* papalina; zucchetto.

skullduggery /skʌlˈdʌgərɪ/ *V.* **skulduggery**.

skunk /skʌŋk/ *n.* **1** (*zool.*) moffetta **2** (*fam.*) canaglia; farabutto.

sky /skaɪ/ *n.* cielo: **night [starry] sky**, cielo notturno [stellato]; **clear blue skies**, cielo azzurro; **under warmer skies**, in un clima più caldo; **under the open sky**, all'aperto ● **The sky's the limit**, non ci sono limiti □ **sky-blue**, azzurro □ (*anche fig.*) **sky-high**, alle stelle, altissimo □ **out of a clear blue sky**, come un fulmine a ciel sereno □ **to praise sb. [st.] to the skies**, portare q. [q.c.] alle stelle.

to **skydive** /ˈskaɪdaɪv/ *v. i.* fare del paracadutismo acrobatico.

skydiver /ˈskaɪdaɪvə(r)/ *n.* paracadutista acrobatico.

skydiving /ˈskaɪdaɪvɪŋ/ *n.* ◻ paracadutismo acrobatico.

to **skyjack** /ˈskaɪdʒæk/ *v. t.* dirottare (*un aereo*).

skyjacker /ˈskaɪdʒækə(r)/ *n.* dirottatore (-trice) (*di aereo*); pirata dell'aria.

skyjacking /ˈskaɪdʒækɪŋ/ *n.* ◻ *e* ◻ dirottamento (*di un aereo*).

skylark /ˈskaɪlɑːk/ *n.* (*zool.*) allodola.

to **skylark** /ˈskaɪlɑːk/ *v. i.* (*fam. antiq.*) fare chiasso; far cagnara.

skylight /ˈskaɪlaɪt/ *n.* lucernario.

skyline /ˈskaɪlaɪn/ *n.* orizzonte; profilo: **the New York s.**, il profilo di New York.

skyrocket /ˈskaɪrɒkɪt/ *n.* razzo (*fuoco artificiale*).

to **skyrocket** /ˈskaɪrɒkɪt/ *v. i.* (*di prezzi, ecc*) salire alle stelle; schizzare in alto.

skyscraper /ˈskaɪskreɪpə(r)/ *n.* grattacielo.

skyward /ˈskaɪwəd/ **A** *a.* volto (*o* diretto) verso il cielo **B** *avv.* verso il cielo.

skywards /ˈskaɪwədz/ *avv.* verso il cielo.

skywriting /ˈskaɪraɪtɪŋ/ *n.* ◻ pubblicità aerea.

slab /slæb/ *n.* **1** lastra; lastrone; piastra **2** (*edil.*) soletta.

slack (1) /slæk/ *a.* **1** lento; allentato; (*naut.*) lasco: **s. rope**, fune allentata **2** rilassato; allentato: **s. discipline**, disciplina rilassata **3** negligente; trascurato (*nel dovere*); pigro **4** fiacco; stagnante; morto: **s. period**, periodo di ristagno; **the s. season**, la stagione morta; **Trade** (*o* **business**) **is s.**, gli affari ristagnano.

slack (2) /slæk/ *n.* **1** ◻ (*naut.*) imbando **2** (*econ., fin.*) periodo di ristagno **3** ◻ (*ind. min.*) polvere di carbone.

slack (3) /slæk/ *V.* **slacks**.

to **slack** /slæk/ *v. i.* (*fam.*) battere la fiacca; poltrire.

♦ **slack off** (*o* **p**) *v. i. + avv.* rallentare; diminuire il ritmo di lavoro (*o* di studio); mollare.

to **slacken** /ˈslækən/ **A** *v. t.* **1** diminuire; ridurre: **to s. speed**, ridurre la velocità; rallentare **2** allentare **3** (*naut.*) allascare; mollare **B** *v. i.* **1** diminuire; calare; ridursi **2** rilassarsi; rallentare il ritmo; impigrire **3** (*di corda, ecc.*) allentarsi.

slacker /ˈslækə(r)/ *n.* scansafatiche; fannullone; poltrone.

slackness /ˈslæknəs/ *n.* ◻ **1** lentezza (*di fune*) **2** fiacchezza; indolenza; rilassatezza **3** ristagno negli affari.

slacks /slæks/ *n. pl.* (*fam., specialm. USA*) pantaloni sportivi.

slag /slæg/ *n.* ◻ **1** (*metall.*) scoria **2** (*pop. GB*) sgualdrina.

to **slag** /slæg/ *v. Solo come*:

♦ **slag off** *v. t. + avv.* (*pop. GB*) sparlare di; dare addosso a.

slagheap /ˈslæghiːp/ *n.* cumulo di scorie.

slain /sleɪn/ *p.p. di* **to slay**.

to **slake** /sleɪk/ *v. t.* spegnere; estinguere: **to s. one's thirst**, spegnere (*o* estinguere) la sete; **to s. lime**, spegnere la calce.

slalom /ˈslɑːləm/ *n.* [U] *e* [C] (*sport*) slalom; discesa obbligata ● **s. racer**, slalomista.

slam /slæm/ *n.* ***1*** sbattuta; sbatacchiamento ***2*** forte colpo ***3*** (*bridge, ecc.*) slam; cappotto.

to **slam** /slæm/ ***A*** *v. t.* ***1*** sbattere; sbatacchiare: **to s. the door in sb.'s face**, sbattere la porta in faccia a q. ***2*** gettare con forza; sbattere; scaraventare: **He slammed the book down on the table**, sbatté il libro sul tavolo ***B*** *v. i.* (*di porta, ecc.*) chiudersi fragorosamente; sbattere ● (*autom.*) **to s. on the brakes**, frenare di colpo.

slammer /ˈslæmə(r)/ *n.* (*pop.*) galera; gattabuia.

slander /ˈslɑːndə(r), *USA* ˈslæ-/ *n.* ***1*** [U] *e* [C] calunnia; maldicenza ***2*** [U] (*leg.*) diffamazione (*verbale*).

to **slander** /ˈslɑːndə(r), *USA* ˈslæ-/ *v. t.* (*anche leg.*) calunniare; diffamare.

slanderer /ˈslɑːndərə(r), *USA* ˈslæ-/ *n.* calunniatore (-trice); diffamatore (-trice).

slanderous /ˈslɑːndərəs, *USA* ˈslæ-/ *a.* ***1*** calunnioso; diffamatorio ***2*** maldicente.

slang /slæŋ/ *n.* [U] gergo; slang.

slanging match /ˈslæŋɪŋ mætʃ/ *locuz. n.* scambio di insulti.

slangy /ˈslæŋɪ/ *a.* di gergo; gergale; slang.

slant /slɑːnt, *USA* slænt/ *n.* ***1*** inclinazione; declivio ***2*** punto di vista; angolazione ● **on the s.**, obliquamente; di traverso □ (*anche spreg.*) **s.-eyed**, dagli occhi a mandorla.

to **slant** /slɑːnt, *USA* slænt/ ***A*** *v. i.* inclinarsi; pendere; essere in pendenza ***B*** *v. t.* ***1*** inclinare; far pendere; rendere obliquo ***2*** presentare (*notizie*) in modo tendenzioso.

slanting /ˈslɑːntɪŋ, *USA* -æn-/ *a.* inclinato; obliquo; in pendenza.

slantwise /ˈslɑːntwaɪz, *USA* -æn-/ *avv.* obliquamente; a sghembo; di traverso.

slap (**1**) /slæp/ *n.* ***1*** schiaffo; ceffone ***2*** pacca: **s. on the back**, pacca sulla spalla ● **s. in the face**, smacco; schiaffo morale □ **s. on the wrist**, ramanzina; bacchettata.

slap (**2**) /slæp/ *avv.* (*fam., anche* **s.-bang**) dritto; in pieno: **The car drove s. into a lamppost**, la macchina ha centrato in pieno un palo; **s.-bang in the middle of the town**, in pieno centro.

to **slap** /slæp/ ***A*** *v. t.* ***1*** colpire: **to s. sb.'s face**, dare uno schiaffo a q.; **to s. sb. on the back**, dare una pacca sulla spalla a q. ***2*** mettere (*in fretta o con energia*); sbattere: **He slapped the folder down on the desk**, sbatté la cartella sulla scrivania; **to s. some paint on a door**, dare una passata di vernice a una porta ***B*** *v. i.* — **to s. against st.**, (*di onde*) sciabordare contro q.c.

slapdash /ˈslæpdæʃ/ *a.* (*di lavoro*) abborracciato; frettoloso; malfatto.

slaphappy /ˈslæphæpɪ/ *a.* (*fam.*) ***1*** euforico; allegramente irresponsabile ***2*** rintronato; suonato.

slapstick /ˈslæpstɪk/ *n.* [U] comicità grossolana.

slap-up /ˈslæpʌp/ *a.* (*fam., di pasto*) eccellente; magnifico; coi fiocchi.

slash /slæʃ/ *n.* ***1*** fendente; colpo ***2*** frustata; sferzata ***3*** taglio; squarcio; sfregio ***4*** (*moda*) spacco ***5*** (*tipogr., anche* **s. mark**) barra obliqua.

to **slash** /slæʃ/ *v. t.* ***1*** tagliare; squarciare; sfregiare: **to s. a tyre**, squarciare un pneumatico; **to s. one's wrists**, tagliarsi le vene (dei polsi) ***2*** frustare; fustigare; sferzare ***3*** ridurre drasticamente, tagliare (*prezzi, tasse*).

♦ **slash at** *v. i. pron.* menar fendenti a; dare frustate a.

slat /slæt/ *n.* assicella; stecca.

slate /sleɪt/ ***A*** *n.* ***1*** [U] (*miner.*) ardesia; lavagna ***2*** tegola di ardesia ***3*** lavagna portatile; lavagnetta ● **to put st. on the s.**, segnare q.c. sul conto □ **to wipe one's s. clean**, rifarsi una verginità; cominciare una nuova vita □ **Let's wipe the s. clean**, mettiamoci una pietra sopra ***B*** *a. attr.* ***1*** di ardesia ***2*** (*anche* **s.-coloured**) color ardesia ● **s. grey**, grigio ardesia.

to **slate** (**1**) /sleɪt/ *v. t.* ***1*** coprire (*un tetto*) di tegole di ardesia ***2*** (*USA*) proporre per una carica ***3*** (*USA*) mettere in programma (*uno spettacolo, ecc.*).

to **slate** (**2**) /sleɪt/ *v. t.* (*fam. GB*) attaccare; stroncare.

slating (**1**) /ˈsleɪtɪŋ/ *n.* [U] ***1*** copertura di tegole di ardesia ***2*** lastre di ardesia.

slating (**2**) /ˈsleɪtɪŋ/ *n.* (*fam. GB*) stroncatura.

slatted /ˈslætɪd/ *a.* a stecche.

slattern /ˈslætn/ *n.* (*antiq.*) sciattona.

slatternly /ˈslætnlɪ/ *a.* (*antiq.*) sciatto; trasandato.

slaughter /ˈslɔːtə(r)/ *n.* ***1*** [U] macellazione ***2*** [U] *e* [C] carneficina; massacro; strage.

to **slaughter** /ˈslɔːtə(r)/ *v. t.* ***1*** macellare ***2*** massacrare; fare strage di.

slaughterhouse /ˈslɔːtəhaʊs/ *n.* mattatoio; macello.

Slav /slɑːv, *USA* slæv/ *n. e a.* slavo.

slave /sleɪv/ *n.* (*anche fig.*) schiavo (-a): **to be a s. to drink**, essere schiavo dell'alcol ● **s. driver**, negriero (-a) (*anche fig.*) □ **s. ship**, nave negriera □ **s. trade**, tratta degli schiavi □ **s. trader**, mercante di schiavi; negriero.

to **slave** /sleɪv/ *v. i.* lavorare come uno schiavo; sfacchinare.

slaver (**1**) /ˈsleɪvə(r)/ *n.* ***1*** mercante di schiavi ***2*** nave negriera.

slaver (**2**) /ˈslævə(r)/ *n.* [U] bava; saliva.

to **slaver** /ˈslævə(r)/ *v. i. e t.* sbavare.

slavery /ˈsleɪvərɪ/ *n.* [U] ***1*** (*anche fig.*) schiavitù ***2*** schiavismo ● **to be sold into s.**, esser venduto come schiavo.

Slavic /ˈslɑːvɪk, ˈslæ-/, *a.* slavo.

slavish /ˈsleɪvɪʃ/ *a.* ***1*** servile; abietto ***2*** pedissequo.

Slavonic /sləˈvɒnɪk/ *a. e n.* slavo.

slaw /slɔː/ *n.* [U] (*cucina, USA*) insalata di cavolo con maionese.

to **slay** /sleɪ/ (*pass.* **slew**, *p.p.* **slain**) *v. t.* (*lett.*) uccidere.

slayer /ˈsleɪə(r)/ *n.* (*lett.*) uccisore.

sleaze /sliːz/ *n.* ***1*** [U] (*fam.*) immoralità; corruzione; fango ***2*** individuo sordido.

sleazy /ˈsliːzɪ/ *a.* (*fam.*) sporco; squallido; sordido.

sled, to **sled** /slɛd/ (*USA*) *V.* **sledge**, *def. 1*, **to sledge**.

sledge /slɛdʒ/ *n.* (*GB*) ***1*** slitta ***2*** (*agric.*) treggia; traino.

to **sledge** /slɛdʒ/ *v. i.* andare in slitta.

sledgehammer /ˈslɛdʒhæmə(r)/ *n.* mazza; maglio.

sleek /sliːk/ *a.* ***1*** (*di capelli, pelo*) liscio; lucido; lustro ***2*** azzimato ***3*** (di linea) elegante.

to **sleek** /sliːk/ *v. t.* lisciare.

sleep /sliːp/ *n.* ***1*** [U] sonno: **to talk in one's s.**, parlare nel sonno ***2*** dormita ● **to get to s.**, prender sonno □ **to go to s.**, addormentarsi (*anche di braccio, piede, ecc.*) □ **to put to sleep**, far dormire (*o* addormentare); (*eufem.*) sopprimere (*un animale*) □ **to send to s.**, far dormire.

to **sleep** /sliːp/ (*pass. e p.p.* **slept**) ***A*** *i.* (*anche fig.*) dormire; **to s. late**, dormire fino a tardi; **to s. round the clock**, dormire ventiquattro ore filate; **to s. like a log**, dormire come un ghiro ● **to s. on it**, dormici su ***B*** *v. t.* ***1*** dormire: **to s. the sleep of the just**, dormire il sonno del giusto ***2*** (*fam.*) dare da dormire a; potere ospitare ● **to s. the night**, pernottare.

♦ **sleep around** *v. i. + avv.* (*fam. spreg.*) andare a letto con tutti.

♦ **sleep in** *v. i. + avv.* dormire fino a tardi.

♦ **sleep off** *v. t. + avv.* smaltire (*una sbornia, ecc.*) dormendo.

♦ **sleep over at** *v. i. + avv.* passare la notte da.

♦ **sleep together** *v. i. + avv.* (*fam.*) andare a letto insieme; fare l'amore.

sleeper /ˈsliːpə(r)/ *n.* ***1*** persona che dorme; dormiente: **to be a bad** [**good**] **s.**, dormire male [bene] (*abitualmente*) ***2*** (*ferr.*) vagone letto ***3*** (*ferr.*) traversina (*di binario*) ***4*** (*edil.*) dormiente.

sleepily /ˈsliːpɪlɪ/ *avv.* con aria assonnata.

sleeping /ˈsliːpɪŋ/ ***A*** *n.* (il) dormire; sonno ● **s. bag**, sacco a pelo □ (*ferr.*) **s. car**, vagone letto □ (*farm.*) **s. pill**, sonnifero (*in pillola*); pillola per dormire □ (*med.*) **s. sickness**, malattia del sonno ***B*** *a.* dormiente; addormentato ● (*comm. GB*) **s. partner**, socio accomodante □ (*fam. GB*) **s. policeman**, dosso artificiale (*per obbligare a rallentare*) □ (*prov.*) **Let s. dogs lie**, non svegliare il can che dorme.

sleepless /ˈsliːpləs/ *a.* ***1*** insonne ***2*** (*di notte*) insonne; in bianco.

sleeplessness /ˈsliːpləsnəs/ *n.* [U] insonnia.

to **sleepwalk** /ˈsliːpwɔːk/ *v. i.* essere sonnambulo; camminare nel sonno.

sleepwalker /ˈsliːpwɔːkə(r)/ *n.* sonnambulo (-a).

sleepwalking /ˈsliːpwɔːkɪŋ/ *n.* [U] sonnambulismo.

sleepy /ˈsliːpɪ/ *a.* ***1*** sonnolento; assonnato ***2*** (*fig.*) addormentato; sonnolento ● **to feel s.**, avere sonno.

sleepyhead /ˈsliːpɪhɛd/ *n.* (*fam.*) dormiglione (-a).

sleet /sliːt/ *n.* [U] nevischio.

to **sleet** /sliːt/ *v. i.* (*impers.*) nevischiare.
sleeve /sliːv/ *n.* ***1*** manica: **to roll up one's sleeves**, rimboccarsi (*o* tirarsi su) le maniche (*anche fig.*) ***2*** (*mecc.*) manicotto ***3*** copertina (*di disco*) • **to have something up one's s.**, avere un asso nella manica.
sleeveless /ˈsliːvləs/ *a.* senza maniche.
sleigh /sleɪ/ *n.* slitta (*specialm. tirata da cavalli*).
sleight /slaɪt/ *n.* — **s. of hand**, destrezza di mano; gioco di prestigio; (*fig.*) trucco.
slender /ˈslɛndə(r)/ *a.* ***1*** esile; snello; sottile ***2*** esiguo; scarso.
slenderness /ˈslɛndənəs/ *n.* Ⓤ ***1*** esilità; snellezza; sottigliezza ***2*** esiguità; scarsezza.
slept /slɛpt/ *pass. e p.p. di* **to sleep.**
sleuth /sluːθ/ *n.* (*fam.*) investigatore; detective; segugio.
slew /sluː/ *pass. di* **to slay.**
to **slew** /sluː/ ***A*** *v. t.* girare; mettere di traverso ***B*** *v. i.* girarsi; mettersi di traverso.
slice /slaɪs/ *n.* ***1*** (*anche fig.*) fetta ***2*** (*cucina*) paletta ***3*** (*sport*) colpo tagliato; slice • **a s. of life**, una «tranche de vie» (*franc.*) □ **a s. of the cake**, una fetta della torta (*fig.*).
to **slice** /slaɪs/ ***A*** *v. t.* ***1*** (*anche* **to s. up**) affettare; tagliare a fette ***2*** tagliare ***3*** (*sport*) tagliare, dare effetto a (*una palla*) ***B*** *v. i.* ***1*** tagliare ***2*** (*sport*) tagliare la palla.
slicer /ˈslaɪsə(r)/ *n.* affettatrice.
slick /slɪk/ ***A*** *a.* ***1*** (*di spettacolo*) da professionista; raffinato; brillante ***2*** suadente; abile ***3*** (*di pneumatico*) liscio; (*di strada*) scivoloso, sdrucciolevole ***4*** (*specialm. USA*) eccellente; ottimo ***B*** *n.* (*anche* **oil s.**) chiazza di petrolio
to **slick** /slɪk/ *v. t.* lisciare.
♦ **slick up** *v. t. + avv.* (*fam. USA*) agghindare.
slicker /ˈslɪkə(r)/ *n.* (*USA*) impermeabile (*specialm. di tela cerata*).
slid /slɪd/ *pass. e p.p. di* **to slide.**
slide /slaɪd/ *n.* ***1*** scivolata; scivolone; (*autom.*) sbandata ***2*** scivolo ***3*** (*fotogr.*) diapositiva ***4*** vetrino (*per microscopio*) ***5*** frana; slavina; valanga ***6*** (*mecc.*) guida (di scorrimento) ***7*** caduta, crollo (*di prezzi*); slittamento (*di valuta*) ***8*** (*mus.*) note scivolate ***9*** (*mus., di trombone*) pompa a tiro; coulisse (*fam.*) ***10*** (*GB*) forcina; molletta • (*fotogr.*) **s. projector**, proiettore per diapositive.
to **slide** /slaɪd/ (*pass. e p.p.* **slid**) ***A*** *v. i.* ***1*** scivolare: **to s. on the ice**, scivolare sul ghiaccio; **She slid out of the room**, scivolò fuori della stanza ***2*** (*mecc.*) scorrere ***3*** (*econ., polit.*) slittare • **to s. over a subject**, sorvolare su un argomento □ **to let things s.**, lasciar correre; lasciare che le cose vadano per il loro verso (*specialm. in peggio*) ***B*** *v. t.* far scivolare; far scorrere; tirare.
slide fastener /ˈslaɪd ˈfɑːsnə(r)/ *locuz. n.* (*USA*) chiusura lampo.
slide rule /ˈslaɪd ruːl/ *locuz. n.* regolo calcolatore.
sliding /ˈslaɪdɪŋ/ *a.* scorrevole; mobile: **s. door**, porta scorrevole • **s. bar**, catenaccio □ (*mecc.*) **s. block**, pattino □ (*econ.*) **s. scale**, scala mobile (*dei salari, ecc.*).
slight (1) /slaɪt/ *a.* ***1*** esile; smilzo; sottile ***2*** lieve; leggero; scarso; tenue; piccolo: **a s. pain [cold]**, un lieve dolore [raffreddore]; **a s. improvement**, un piccolo miglioramento; **to pay s. attention**, prestare scarsa attenzione • **I haven't the slightest idea**, non ne ho la più pallida idea □ **Not in the slightest!**, niente affatto; nemmeno per sogno!
slight (2) /slaɪt/ *n.* mancanza di rispetto; affronto.
to **slight** /slaɪt/ *v. t.* mancare di rispetto a; snobbare.
slightly /ˈslaɪtlɪ/ *avv.* ***1*** leggermente; un po' ***2*** — **s. built**, (di corporatura) esile.
slim /slɪm/ *a.* ***1*** esile; magro; smilzo; snello; sottile ***2*** scarso; tenue; magro: **a s. chance**, una tenue possibilità.
to **slim** /slɪm/ ***A*** *v. i.* ***1*** dimagrire ***2*** seguire una dieta dimagrante ***B*** *v. t.* far dimagrire.
slime /slaɪm/ *n.* Ⓤ ***1*** limo; fanghiglia; melma ***2*** bava; mucillagine.
sliminess /ˈslaɪmɪnəs/ *n.* Ⓤ ***1*** viscosità; melmosità ***2*** untuosità; servilità.
slimmer /ˈslɪmə(r)/ *n.* persona a dieta.
slimming /ˈslɪmɪŋ/ *a.* ***1*** dimagrante ***2*** (*di cibo*) ipocalorico; per diete.
slimy /ˈslaɪmɪ/ *a.* ***1*** limaccioso; fangoso; melmoso ***2*** viscido; untuoso; servile ***3*** disgustoso; ripugnante.
sling /slɪŋ/ *n.* ***1*** fionda ***2*** (*med.*) fascia al collo: **to wear one's arm in a s.**, portare un braccio al collo ***3*** imbracatura ***4*** cinghia (*del fucile*).
to **sling** /slɪŋ/ (*pass. e p.p.* **slung**) *v. t.* ***1*** lanciare (*o* scagliare) con la fionda ***2*** lanciare; scagliare ***3*** sospendere; appendere ***4*** imbracare • **to s. st. over one's shoulder**, mettersi q.c. ad armacollo.
to **slink** /slɪŋk/ (*pass. e p.p.* **slunk**) *v. i.* camminare furtivamente; strisciare; sgattaiolare.
♦ **slink away** (*o* **off**, **out**) *v. i. + avv.* filar via; svignarsela.
slinky /ˈslɪŋkɪ/ *a.* (*di abito*) aderente.
slip (1) /slɪp/ *n.* ***1*** scivolata; scivolone ***2*** errore; sbaglio; svista; lapsus: **a s. in spelling**, un errore di ortografia; **s. of the pen**, lapsus calami; **s. of the tongue**, lapsus (linguae); **Freudian s.**, lapsus freudiano ***3*** sottoveste ***4*** federa ***5*** (*aeron.*) scivolo (*per idroplani*); (*naut.*) scalo di alaggio ***6*** (*al pl.*) (*teatr.*) quinte • **to give sb. the s.**, sfuggire a q.; svignarsela.
slip (2) /slɪp/ *n.* ***1*** talloncino; scontrino; ricevuta ***2*** (*bot.*) pollone (*per innesto*); marza ***3*** stecca (*di legno*) • **s. of paper**, pezzetto (*di carta*); foglietto □ **s. of a girl**, ragazzina minuta; cosino (*fam.*).
slip (3) /slɪp/ *n.* (*ceramica*) argilla semiliquida.
to **slip** /slɪp/ ***A*** *v. i.* ***1*** scivolare; sgusciare (via); sfuggire: **It slipped out of my hand**, mi scivolò di mano; **to slip into a dressing gown**, infilarsi una vestaglia; **to s. away without being seen**, svignarsela inosservato; andarsene alla chetichella; **to s. into a room**, entrare silenziosamente in una stanza; **The years slipped by**, gli anni scivolarono via; **to let s. a cutting remark**, lasciarsi sfuggire un'osservazione pungonto ***2*** (*fam.*) perdere colpi (*fig.*); scadere ***3*** (*mecc.*) slittare • (*lavoro a maglia*) **to s. a stitch**, non lavorare una maglia ***B*** *v. t.* ***1*** far scivolare; far scorrere; infilare; sfilare: **to s. a coin to sb.**, far scivolare in mano a q. una moneta; **He slipped his arm into mine**, infilò il braccio sotto il mio; **to s. on [off] a coat**, infilarsi [sfilarsi] un cappotto; **It simply slipped my mind**, mi è proprio passato di mente ***2*** sciogliere; liberare: **to s. the dogs**, sciogliere i cani ***3*** sciogliersi da: **to slip one's moorings**, disormeggiarsi.
♦ **slip up** *v. i. + avv.* sbagliare; fare un passo falso.
slipcase /ˈslɪpkeɪs/ *m.* custodia (*di libro*).
slipcover /ˈslɪpkʌvə(r)/ *n.* (*USA*) ***1*** fodera (staccabile) ***2*** sovraccoperta (*di libro*).
slipknot /ˈslɪpnɒt/ *n.* nodo scorsoio.
slip-on /ˈslɪpɒn, *USA* -ɔːn/ ***A*** *a.* (*di indumento*) che si infila facilmente, senza bottoni; (*di scarpe*) senza lacci ***B*** *n.* ***1*** indumento che si infila (*senza bottoni*) ***2*** scarpa senza lacci; mocassino.
slipover /ˈslɪpəʊvə(r)/ *n.* pullover senza maniche.
slippage /ˈslɪpɪdʒ/ *n.* Ⓤ *e* Ⓒ riduzione; calo.
slipped disc /ˈslɪptˈdɪsk/ *locuz. n.* (*med.*) ernia del disco.
slipper /ˈslɪpə(r)/ *n.* pantofola (chiusa); pianella.
slippery /ˈslɪpərɪ/ *a.* ***1*** sdrucciolevole; viscido ***2*** ingannevole; infido.
slip ramp /ˈslɪp ræmp/ (*USA*), **slip road** /ˈslɪp rəʊd/ (*GB*) *n. locuz.* rampa di accesso (*di autostrada*).
slipshod /ˈslɪpʃɒd/ *a.* sciatto; inaccurato; malfatto.
slipstream /ˈslɪpstriːm/ *n.* ***1*** (*sport, autom.*) scia ***2*** (*aeron.*) flusso (*o* scia) dell'elica.
slip-up /ˈslɪpʌp/ *n.* errore; svista.
slipway /ˈslɪpweɪ/ *n.* ***1*** (*naut.*) scalo di alaggio ***2*** (*aeron.*) scivolo (*per idroplani*).
slit /slɪt/ *n.* ***1*** taglio ***2*** fenditura; fessura ***3*** (*moda*) spacco.
to **slit** /slɪt/ (*pass. e p.p.* **slit**) *v. t.* tagliare; fendere.
to **slither** /ˈslɪðə(r)/ *v. i.* scivolare; sdrucciolare.
slithery /ˈslɪðərɪ/ *a.* sdrucciolevole.
sliver /ˈslɪvə(r)/ *n.* scheggia.
slob /slɒb/ *n.* (*pop.*) sciattone; zoticone.
slobber /ˈslɒbə(r)/ *n.* Ⓤ ***1*** bava; sbavatura; saliva ***2*** sentimentalismo.
to **slobber** /ˈslɒbə(r)/ *v. i.* ***1*** sbavare ***2*** fare il sentimentale.
slobbery /ˈslɒbərɪ/ *a.* ***1*** bavoso ***2*** sentimentale; svenevole.
sloe /sləʊ/ *n.* (*bot.*) ***1*** prugnola; susina di macchia ***2*** prugnolo; susino di macchia • **s.-eyed**, dagli occhi scuri; dagli occhi a mandorla.
slog /slɒg, *USA* -ɔːg/ *n.* ***1*** faticata; sgobbata ***2*** scarpinata.
to **slog** /slɒg, *USA* -ɔːg/ *v. i. e t.* ***1*** (*anche* **to s. away**) faticare; sgobbare ***2*** scarpinare ***3*** colpire con forza.
slogan /ˈsləʊgən/ *n.* slogan.
sloop /sluːp/ *n.* (*naut.*) ***1*** sloop ***2*** (*mil.*) corvetta.
slop /slɒp/ *n.* (*anche al pl.*) ***1*** risciacquatura di piatti ***2*** bro-

daglia.

to **slop** /slɒp/ **A** v. i. (*di liquido*) traboccare; versarsi **B** v. t. far traboccare; versare; rovesciare.

♦ **slop about** v. i. + avv. sguazzare.

slope /sləʊp/ n. U e C **1** pendenza; inclinazione **2** pendio; declivio; pendice; scarpata: **the slopes of a mountain**, le pendici (*o* le falde) di un monte ● **downward s.**, discesa □ **upward s.**, salita □ **on a s.**, in pendenza □ **ski s.**, campo di sci.

to **slope** /sləʊp/ v. i. **1** essere inclinato; pendere **2** (*anche* **to s. down**) digradare.

♦ **slope off** v. i. + avv. (*fam. GB*) svignarsela.

sloping /ˈsləʊpɪŋ/ a. inclinato; in pendenza.

sloppy /ˈslɒpɪ/ a. **1** sciatto; trasandato; trascurato **2** sentimentale; svenevole; sdolcinato ● (*fam.*) **s. joe**, maglione a sacco.

to **slosh** /slɒʃ/ v. t. **1** agitare, rimescolare (*un liquido*) **2** (*pop.*) picchiare; pestare.

♦ **slosh about** **A** v. t. + avv. V. **to slosh**, *def. 1* **B** v. i. + avv. **1** sciabordare **2** sguazzare; diguazzare.

♦ **slosh on** v. t. + avv. (*fam.*) applicare alla bell'e meglio (*vernice, ecc.*).

sloshed /slɒʃt/ a. (*pop.*) ubriaco; sbronzo.

slot /slɒt/ n. **1** fessura **2** (*mecc.*) scanalatura **3** (*radio, TV*) spazio ● **s. machine**, distributore automatico; macchina mangiasoldi.

to **slot** /slɒt/ v. t. **1** infilare; inserire **2** fare un'apertura in; aprire una fessura in **3** (*mecc.*) scanalare; stozzare.

♦ **slot in** **A** v. t. + avv. inserire; programmare; mettere in agenda; trovare un buco per (*fam.*) **B** v. i. + avv. inserirsi; collocarsi.

sloth /sləʊθ/ n. **1** U accidia; indolenza; infingardaggine **2** (*zool.*) bradipo.

slothful /ˈsləʊθfl/ a. accidioso; indolente; infingardo.

slouch /slaʊtʃ/ n. **1** andatura dinoccolata **2** postura ingobbita (*di chi siede*) **3** pelandrone; schiappa ● **s. hat**, cappello floscio □ (*fam.*) **to be no s. at (doing) st.**, cavarsela bene a fare q.c.

to **slouch** /slaʊtʃ/ v. i. sedere in modo scomposto; camminare con andatura dinoccolata; ciondolare.

♦ **slouch about** v. i. + avv. oziare; ciondolare (per casa, ecc.); gironzolare.

slough /slaʊ, *USA* slaʊ, sluː/ n. pantano; palude.

to **slough** /slʌf/ v. *Solo come*:

♦ **slough off** v. t. + avv. **1** (*di serpente*) mutare (*la pelle*) **2** (*lett. o form.*) spogliarsi di; abbandonare; smettere (*un'abitudine, ecc.*).

Slovak /ˈsləʊvæk/ a. e n. slovacco (*anche la lingua*).

Slovene /ˈsləʊviːn, sləˈv-/, **Slovenian** /sləˈviːnɪən/ a. e n. sloveno (*anche la lingua*).

slovenliness /ˈslʌvənlɪnəs/ n. U sciatteria; sudiceria; trasandatezza.

slovenly /ˈslʌvnlɪ/ a. sciatto; sudicio; trasandato.

slow /sləʊ/ **A** a. **1** lento **2** in ritardo; indietro: **My watch is two minutes s.**, il mio orologio è indietro di due minuti **3** tardo; indolente **4** tardo di mente; ottuso **5** monotono; noioso **6** (*del terreno, ecc.*) pesante; poco scorrevole **7** (*econ.*) fiacco ● (*autom.*) **s. lane**, corsia per veicoli lenti □ (*cinem.*) **s.-motion scene**, scena al rallentatore □ (*fam.*) **s. off the mark**, lento nel reagire; (*anche* **s. on the uptake**) lento di comprendonio □ (*ferr.*) **s. train**, treno accelerato □ **to cook in a s. oven**, cuocere in forno a bassa temperatura **B** avv. (*fam.*) lentamente; piano; adagio ● **s.-acting**, ad azione lenta □ **s.-moving**, lento □ **s.-witted**, tardo; ottuso □ **Go s.!**, rallentare! (*cartello stradale*) □ (*TV*) **in s. motion**, alla moviola.

to **slow** /sləʊ/ (*generalm.* **to s. down, to s. up**) **A** v. i. rallentare; ridurre la velocità **B** v. t. **1** ridurre la velocità di (*un veicolo, ecc.*) **2** rallentare; frenare.

slowcoach /ˈsləʊkəʊtʃ/ n. (*fam.*) **1** posapiano; pigrone; lumaca **2** testone; zuccone.

slow-down /ˈsləʊdaʊn/ n. **1** rallentamento (*specialm. dell'attività, del ritmo di lavoro*) **2** (*USA*) sciopero bianco.

slowness /ˈsləʊnəs/ n. U **1** lentezza; indolenza **2** ottusità **3** (*dell'orologio*) ritardo.

slowpoke /ˈsləʊpəʊk/ (*USA*) V. **slowcoach**.

sludge /slʌdʒ/ n. U **1** fango; fanghiglia; limo **2** acque di scolo; detriti di fogna **3** morchia; feccia dell'olio.

sludgy /ˈslʌdʒɪ/ a. **1** fangoso; limaccioso **2** pieno (*o* imbrattato) di morchia.

slug /slʌg/ n. **1** (*zool.*) lumacone (*senza guscio*) **2** pallottola (*di fucile, ecc.*) **3** (*ind. min.*) pepita **4** (*fam.*) sorso (*di whisky, ecc.*).

to **slug** /slʌg/ v. t. (*specialm. USA*) colpire forte.

sluggard /ˈslʌgəd/ n. (*lett.*) fannullone; dormiglione; pigrone.

sluggish /ˈslʌgɪʃ/ a. indolente; pigro; lento; fiacco.

sluice /sluːs/ n. **1** chiusa **2** (*anche* **s. gate, s. valve**) paratoia; saracinesca **3** (*ind. min.*) canale di lavaggio.

to **sluice** /sluːs/ v. t. **1** inondare (*aprendo le chiuse*); allagare **2** lavare; risciacquare.

slum /slʌm/ n. **1** (*anche al pl.*) quartiere povero e squallido; bassifondi **2** casupola; catapecchia; tugurio ● **s. clearance**, risanamento edilizio.

slumber /ˈslʌmbə(r)/ n. (*anche al pl.*) (*lett.*) sonno.

to **slumber** /ˈslʌmbə(r)/ v. i. (*lett.*) dormire beatamente.

slummy /ˈslʌmɪ/ a. dei quartieri poveri; squallido; misero.

slump /slʌmp/ n. **1** (*comm.*) caduta dei prezzi; ribasso improvviso; crollo **2** (*econ.*) recessione; congiuntura bassa.

to **slump** /slʌmp/ v. i. **1** (*comm., dei prezzi*) ribassare all'improvviso; crollare **2** (*econ., dei traffici*) calare; ridursi **3** abbandonarsi; lasciarsi cadere: **to s. into a chair**, lasciarsi cadere su una sedia **4** cadere pesantemente; **to s. to the floor**, accasciarsi a terra.

slung /slʌŋ/ pass. e p.p. di **to sling**.

slunk /slʌŋk/ pass. e p.p. di **to slink**.

slur /slɜː(r)/ n. **1** macchia; onta **2** pronuncia indistinta **3** (*mus.*) legatura ● **to cast a s. on sb.**, denigrare q.

to **slur** /slɜː(r)/ v. t. **1** pronunciare in modo indistinto; farfugliare; biascicare **2** (*mus.*) legare.

to **slurp** /slɜːp/ **A** v. i. e t. tracannare; bere rumorosamente **B** v. i. (*di liquido*) sciabordare.

slurry /ˈslʌrɪ, *USA* ˈslɜːrɪ/ n. U molma; impasto liquido (*di letame, cemento, calcina, ecc.*).

slush /slʌʃ/ n. U **1** fanghiglia mista a neve; neve sciolta **2** sentimentalismo; romanticume ● (*fin.*) **s. fund**, fondi neri.

slushy /ˈslʌʃɪ/ a. **1** fangoso; melmoso **2** sentimentale.

slut /slʌt/ n. **1** sciattona **2** sgualdrina.

sluttish /ˈslʌtɪʃ/ a. **1** sciatto; sporco; sudicio **2** immorale; da sgualdrina.

sly /slaɪ/ a. **1** astuto; furbo; scaltro **2** sornione ● **sly dog**, furbacchione □ **on the sly**, alla chetichella; di soppiatto.

slyboots /ˈslaɪbuːts/ n. (*scherz.*) furbacchione.

slyness /ˈslaɪnəs/ n. U **1** astuzia; furberia; scaltrezza **2** sornioneria.

smack (**1**) /smæk/ n. **1** colpo secco; schiocco **2** (*anche* **s. on the lips**) bacio con lo schiocco; bacione **3** pacca; schiaffo; scapaccione; scappellotto **4** (*fam.*) tentativo: **I'll have a s. at it**, ci voglio provare ● **s. in the eye**, smacco.

smack (**2**) /smæk/ n. (*naut.*) peschereccio.

smack (**3**) /smæk/ n. (*pop.*) eroina.

smack (**4**) /smæk/ avv. (*fam.*) dritto; in pieno: **s. in the middle of st.**, nel bel mezzo di q.c.

to **smack** (**1**) /smæk/ v. i. — **to s. of st.**, sapere di, puzzare di (*fig.*).

to **smack** (**2**) /smæk/ **A** v. t. **1** schiaffeggiare; sculacciare **2** far schioccare (*le labbra*) **B** v. i. schioccare.

smacker /ˈsmækə(r)/ n. (*pop.*) **1** bacio con lo schiocco **2** (*GB*) sterlina **3** (*USA*) dollaro.

small (**1**) /smɔːl/ a. **1** piccolo: **a s. woman**, una donna piccola; **a s. business**, una piccola azienda; **a s. animal**, un piccolo animale; un animaletto; **a s. boy**, un bambino; **s. town**, cittadina di provincia; **s. farmer**, piccolo agricoltore **2** poco; scarso; magro: **It is s. consolation to know that...**, è una magra consolazione sapere che... **3** minuscolo: **written with a s. b**, scritto con la b minuscola **4** insignificante **5** gretto; meschino: **s. mind**, mente gretta ● **s. ads**, piccola pubblicità □ **s. arms**, armi leggere □ (*fam.*) **s. beer** (*pred.*), senza importanza; insignificante □ (*tipogr.*) **s. capitals**, maiuscoletto □ **s. change**, spiccioli □ (*naut.*) **s. craft**, naviglio leggero; barche □ (*fig.*) **s. fry**, gente di poco conto; bambini □ **the s. hours**, le ore piccole □ (*anat.*) **s. intestine**, intestino tenue □ **s.-minded**, meschino; gretto □ (*fam. USA*) **s. potatoes** (*pred.*), insignificante □ **s. print**, clausole scritte in piccolo □ **s. scale**, scala ridotta □ **s.-scale**, su scala ridotta; piccolo □ **s. talk**, conversazione leggera □ **s.-time**, da poco: **s.-time criminal**, delinquente di mezza tacca □ **S. wonder if...**, c'è poco da meravigliarsi se... □ **to be in business in a**

s. way, essere un piccolo commerciante □ **to live in a s. way**, far vita semplice; vivere modestamente.
small (**2**) /smɔːl/ *n.* ***1*** — **the s. of one's back**, il fondo schiena; le reni ***2*** (*al pl.*) (*fam.*) biancheria intima.
smallholder /ˈsmɔːlhəʊldə(r)/ *n.* piccolo proprietario.
smallish /ˈsmɔːlɪʃ/ *a.* piuttosto piccolo.
smallpox /ˈsmɔːlpɒks/ *n.* Ⓤ (*med.*) vaiolo.
smarm /smɑːm/ *n.* Ⓤ servilismo.
smarmy /ˈsmɑːmɪ/ *a.* (*fam.*) untuoso; servile; strisciante.
smart (**1**) /smɑːt/ *n.* Ⓤ ***1*** dolore bruciante ***2*** bruciore: **the s. of a defeat**, il bruciore di una sconfitta.
smart (**2**) /smɑːt/ *a.* ***1*** bravo; intelligente; sveglio; in gamba ***2*** (*specialm. GB*) elegante; alla moda ***3*** impertinente ***4*** (*GB*) energico: **at a s. pace**, di buon passo ● (*fam.*) **s. alec**(**k**) (*volg.* **s. arse**, *GB*; **s. ass**, *USA*), sapientone; furbacchione; drittone □ **s. bomb**, bomba intelligente □ (*banca*) **s. card**, carta intelligente □ **the s. set**, il bel mondo; la buona società □ **to make oneself s.**, farsi bello; mettersi in ghingheri.
to **smart** /smɑːt/ *v. i.* (*anche fig.*) bruciare: **His eyes were smarting**, gli bruciavano gli occhi; **I am still smarting over his criticism**, le sue critiche mi bruciano ancora; **to be smarting from a disappointment**, soffrire per una delusione.
to **smarten** /ˈsmɑːtn/ *v. Solo come*:
♦ **smarten up** ***A*** *v. t. + avv.* abbellire; ravvivare ***B*** *v. i. + avv.* farsi bello; mettersi in ghingheri.
smarting /ˈsmɑːtɪŋ/ *a.* acuto; vivo; cocente; pungente.
smash /smæʃ/ *n.* ***1*** fracasso (*di cose che si rompono*) ***2*** crollo (*specialm. finanziario*); tracollo ***3*** pugno ***4*** (*tennis*) smash; schiacciata ***5*** (*anche* **s.-up**) grave scontro (automobilistico) ***6*** (*anche* **s. hit**) successone ● **s.-and-grab raid**, spaccata (*di negozio*) □ **to go s. into st.**, andare a sbattere in pieno contro q.c.
to **smash** /smæʃ/ ***A*** *v. t.* ***1*** (*anche* **to s. up**) fracassare: **to s. to smithereens**, mandare in mille pezzi; **to s. up one's car**, fracassare la macchina; **to s. a record**, polverizzare un record ***2*** (*fam.*) picchiare; pestare: **to s. one's fist down on the table**, pestare un pugno sul tavolo ***3*** stroncare, reprimere (*una ribellione, ecc.*) ***4*** (*tennis*) schiacciare ***B*** *v. i.* fracassarsi; andare in pezzi: **to s. into st.**, andare a sbattere contro q.c.; **to s. through st.**, sfondare q.c.
♦ **smash down** *v. t. + avv.* abbattere; buttar giù; sfondare.
♦ **smash in** *v. t. + avv.* sfondare ● (*fam.*) **to s. sb.'s face in**, spaccare la faccia a q.
smashed /smæʃt/ *a.* (*pop.*) ubriaco fradicio; ciucco perso.
smasher /ˈsmæʃə(r)/ *n.* (*fam.*) ***1*** tipo fantastico; (*di donna*) schianto ***2*** cosa fantastica; cannonata; bomba.
smashing /ˈsmæʃɪŋ/ *a.* (*fam. GB*) formidabile; favoloso; fantastico.
smattering /ˈsmætərɪŋ/ *n.* infarinatura: **a s. of French**, un'infarinatura di francese.
smear /smɪə(r)/ *n.* ***1*** macchia (*di vernice e sim.*); sbaffo; sbavatura ***2*** calunnia; diffamazione: **s. campaign**, campagna diffamatoria ***3*** (*med.*) striscio (*il campione prelevato*): **s. test**, pap test; striscio.
to **smear** /smɪə(r)/ ***A*** *v. t.* ***1*** macchiare (*di vernice e sim.*); imbrattare; sbavare: **The print was smeared**, i caratteri erano sbavati ***2*** spalmare ***3*** calunniare; diffamare ***B*** *v. i.* macchiarsi; imbrattarsi.
smell /smɛl/ *n.* ***1*** Ⓤ odorato; olfatto ***2*** Ⓒ *e* Ⓤ odore; profumo: **s. of cooking**, odore di cucina; **What a nice s.!**, che buon odore!; che profumino! ***3*** cattivo odore; fetore; puzzo ***4*** annusata; fiutata: **Have a s. of this!**, odora un po' questo!
to **smell** /smɛl/ (*pass. e p.p.* **smelt**) ***A*** *v. t.* ***1*** odorare; sentire odore di: **I can s. gas**, sento odore di gas ***2*** annusare; fiutare ***3*** fiutare (*fig.*); subodorare ● **to s. a rat**, fiutare un imbroglio: **I smell a rat!**, sento puzzo di imbroglio; qui gatta ci cova! ***B*** *v. i.* ***1*** odorare; mandare odore: **to s. nice**, avere un buon profumo; **to s. musty**, odorare di muffa; **to s. nasty**, mandare cattivo odore: puzzare; **to s. of garlic**, odorare d'aglio ***2*** puzzare: **His breath smells**, gli puzza l'alito; **to s. to high heaven**, mandare un puzzo tremendo ***3*** avere l'odorato.
♦ **smell out** *v. i. + avv.* scoprire, scovare (*col fiuto*).
♦ **smell up** *v. t. + avv.* (*USA*) riempire di puzzo; appestare.
smelling /ˈsmɛlɪŋ/ *n.* — **s. bottle**, boccetta dei sali; **s. salts**, sali (*da fiuto*).
smelly /ˈsmɛlɪ/ *a.* (*fam.*) puzzolente; maleodorante.
smelt (**1**) /smɛlt/ *n.* (*zool.*) sperlano.
smelt (**2**) /smɛlt/ *pass. e p.p. di* **to smell**.
to **smelt** /smɛlt/ *v. t.* (*metall.*) fondere.
smelter /ˈsmɛltə(r)/ *n.* fonderia.
smelting /ˈsmɛltɪŋ/ *n.* Ⓤ (*metall.*) fusione ● **s. furnace**, forno fusorio □ **s. works**, fonderia.
smile /smaɪl/ *n.* sorriso: **to wear a s. on one's face**, essere sorridente; **to be all smiles**, essere tutto sorridente.
to **smile** /smaɪl/ *v. i. e t.* sorridere: **She smiled at me**, mi sorrise; **to s. at a joke**, sorridere di una battuta ● **to s. an ironical smile**, fare un sorrisetto ironico □ **to s. one's welcome**, sorridere in segno di benvenuto.
♦ **smile on** *v. i. + prep.* arridere a.
smiling /ˈsmaɪlɪŋ/ *a.* sorridente; ridente.
to **smirch** /smɜːtʃ/ *v. t.* macchiare, insozzare (*fig.*).
smirk /smɜːk/ *n.* sorrisetto compiaciuto.
to **smirk** /smɜːk/ *v. i.* fare un sorrisetto compiaciuto.
to **smite** /smaɪt/ (*pass.* **smote**, *p.p.* **smitten**) *v. t. e i.* ***1*** (*lett.*) colpire; percuotere ***2*** (*Bibbia e lett.*) punire ***3*** (*Bibbia e lett.*) sconfiggere; sbaragliare ***4*** (*al passivo*) essere colpito; essere conquistato: **to be smitten down with flu**, essere colpito dall'influenza; **to be smitten with sb.'s charms**, essere conquistato dal fascino di q.
smith /smɪθ/ *n.* fabbro; (*specialm.*) fabbro ferraio.
smithereens /smɪðəˈriːnz/ *n. pl.* — (*fam.*) **in**(**to**) **s.**, in briciole; in frantumi: **to smash to s.**, mandare in briciole; polverizzare.
smithy /ˈsmɪθɪ, -ðɪ/ *n.* fucina; officina di fabbro.
smitten /ˈsmɪtn/ *p.p. di* **to smite**.
smock /smɒk/ *n.* camiciotto; blusa; grembiule (chiuso).
smocking /ˈsmɒkɪŋ/ *n.* Ⓤ (*ricamo*) nido d'ape; punto smock.
smog /smɒg, *USA* smɔːg/ *n.* Ⓤ smog.
smoke /sməʊk/ *n.* ***1*** Ⓤ fumo ***2*** fumata; fumatina; pipata: **to have a s.**, farsi una fumatina; fumare una sigaretta ***3*** (*fam.*) sigaretta; sigaro ***4*** (*pop., specialm. USA*) città, metropoli (*di contro alla campagna*) ● **s. bomb**, bomba fumogena □ **s. detector**, rilevatore di fumo □ **s.-dried**, affumicato (*di alimento*) □ (*mil. e fig.*) **s. screen**, cortina di fumo; cortina fumogena □ **s. signal**, segnale di fumo □ **to go up in s.**, andare in fumo □ (*prov.*) **There's no s. without fire** (*o* **Where there's s. there's fire**), non c'è fumo senza arrosto.
to **smoke** /sməʊk/ ***A*** *v. i.* ***1*** fumare: **Do you mind if I s.?**, ti dà fastidio se fumo?; **to s. like a chimney**, fumare come un turco ***2*** fare fumo; emettere fumo ***B*** *v. t.* ***1*** fumare: **to s. a pipe**, fumare la pipa ***2*** affumicare: **to s. fish**, affumicare il pesce ***3*** tingere col fumo.
♦ **smoke out** *v. t. + avv.* stanare col fumo.
smoked /sməʊkt/ *a.* ***1*** affumicato ***2*** (*di vetro*) fumé; affumicato.
smokeless /ˈsməʊkləs/ *a.* — **s. fuels**, combustibili che non fanno fumo; combustibili ecologici □ (*GB*) **s. zone**, zona in cui sono proibiti i combustibile che fanno fumo.
smoker /ˈsməʊkə(r)/ *n.* ***1*** fumatore (-trice) ***2*** (*ferr.*) carrozza (*o* scompartimento) per fumatori.
smokestack /ˈsməʊkstæk/ *n.* fumaiolo; ciminiera.
smoking /ˈsməʊkɪŋ/ ***A*** *n.* Ⓤ (il) fumo; (il) fumare: **passive s.**, fumo passivo; **No s.** (**allowed**), vietato fumare ● (*ferr.*) **s. carriage** [**compartment, room**], carrozza [scompartimento, sala] per fumatori ***B*** *a.* che fuma; che fa fumo; fumante: **a s. fireplace**, un caminetto che fa fumo.
smoky /ˈsməʊkɪ/ *a.* ***1*** fumoso; che fa fumo; pieno di fumo ***2*** sporco di fumo ***3*** del colore del fumo ***4*** che sa di fumo.
smooch /smuːtʃ/ *n.* (*pop.*) pomiciata.
to **smooch** /smuːtʃ/ *v. i.* (*pop.*) pomiciare.
smooth (**1**) /smuːð/ *a.* ***1*** liscio; levigato: **s. skin**, pelle liscia; **s. surface**, superficie levigata; **s. sea**, mare calmo ***2*** (*di impasto, ecc.*) omogeneo; ben amalgamato ***3*** senza complicazioni; tranquillo; scorrevole: **s. flight**, volo tranquillo ***4*** mellifluo; insinuante: **to have a s. tongue**, parlare in modo mellifluo ***5*** disinvolto: **s. manner**, modo di fare disinvolto ***6*** (*di vino*) amabile ● **s.-bore** (**gun**), fucile a canna liscia □ **s.-running**, che funziona bene; che fila liscio □ **s.-spoken** (*o* **s.-talking, s.-tongued**), dalla parlantina facile; mellifluo.
smooth (**2**) /smuːð/ *n.* lisciata; lisciatina.
to **smooth** /smuːð/ *v. t.* ***1*** lisciare: **to s.** (**down**) **one's hair**, lisciarsi i capelli; **to s. the wrinkles out of st.**, lisciare q.c. per togliere le pieghe ***2*** appianare; spianare: **to s. the way for sb.**, spianare la strada a q. ***3*** spalmare: **to s. cream over**

one's face, spalmarsi la faccia di crema.
♦ **smooth away** *v. t. + avv.* appianare; spianare: **to smooth away differences**, appianare le divergenze.
♦ **smooth out** *v. t. + avv.* *1* lisciare (*pieghe*); distendere (*rughe*) *2* appianare (*difficoltà, ecc.*).
♦ **smooth over** *V.* **to smooth away**.
smoothie, **smoothy** /ˈsmuːðɪ/ *n.* (*fam. spreg.*) persona melliflua; persona insinuante.
smoothly /smuːðlɪ/ *avv.* *1* scorrevolmente; senza intoppi; senza scosse: **to run s.**, funzionare bene; filare liscio *2* mellifluamente; con voce insinuante.
smote /sməʊt/ *pass. di* **to smite**.
to **smother** /ˈsmʌðə(r)/ *v. t.* *1* soffocare; asfissiare *2* spegnere (*un fuoco con cenere, sabbia, ecc.*) *3* reprimere; mettere a tacere; soffocare: **to s. a scandal**, mettere a tacere uno scandalo; **to s. a yawn**, soffocare uno sbadiglio *4* coprire; ricoprire; colmare: **to s. sb. with kisses**, coprire q. di baci; **strawberries smothered in cream**, fragole ricoperte di panna (*o* affogate nella panna).
to **smoulder** /ˈsməʊldə(r)/ *v. i.* *1* bruciare senza fiamma *2* (*di sentimento*) covare (sotto la cenere) *3* (*di persona*) ardere; fremere: **to s. with rage**, fremere di rabbia.
smouldering /ˈsməʊldərɪŋ/ *a.* *1* (*di fuoco*) senza fiamma *2* (*di sentimento*) che cova; represso: **s. passion**, passione repressa.
smudge /smʌdʒ/ *n.* *1* sbavatura; sbaffo; macchia (*anche fig.*) *2* (*USA*) falò con fumo soffocante (*per tener lontani gli insetti o per proteggere le piante dal gelo*).
to **smudge** /smʌdʒ/ *A v. t.* *1* imbrattare; sbavare; macchiare (*anche fig.*) *2* impiastrare; spalmare *3* (*USA*) affumicare (*piante, ecc.*) contro gli insetti (*o* contro il gelo) *B v. i.* spandersi; sbavare.
smudgy /ˈsmʌdʒɪ/ *a.* imbrattato; sbavato; macchiato; sporco.
smug /smʌg/ *a.* compiaciuto; soddisfatto di sé.
to **smuggle** /ˈsmʌgl/ *A v. t.* *1* contrabbandare; esportare (*o* importare) di contrabbando *2* introdurre (*o* far uscire) di nascosto: **to s. a message to sb.**, far arrivare di nascosto un messaggio a q.; **to s. sb. out of a country**, far uscire q. di nascosto da un paese *B v. i.* fare il contrabbando; fare il contrabbandiere • **smuggled goods**, merce di contrabbando.
smuggler /ˈsmʌglə(r)/ *n.* *1* contrabbandiere (-a) *2* nave contrabbandiera.
smuggling /ˈsmʌglɪŋ, -gəl-/ *n.* Ⓤ contrabbando.
smut /smʌt/ *n.* *1* granello di fuliggine *2* Ⓤ oscenità; sconcezze; pubblicazioni oscene *3* Ⓤ (*agric.*) carbone; golpe.
smutty /ˈsmʌtɪ/ *a.* *1* fuligginoso; sporco di nero *2* osceno; sconcio *3* (*di cereale*) colpito dal carbone.
snack /snæk/ *n.* spuntino; boccone: **to have a s.**, fare uno spuntino • **s. bar**, snack bar; tavola calda.
to **snack** /snæk/ *v. i.* fare uno spuntino.
snaffle /ˈsnæfl/ *n.* (*anche* **s. bit**) filetto (*per cavallo*).
to **snaffle** /ˈsnæfl/ *v. t.* (*pop. GB*) arraffare; grattare; fregare.
snafu /snæˈfuː/ (*pop. USA*) *n.* caos; casino.
snag /snæg/ *n.* *1* spuntone; sporgenza *2* ostacolo puntuto (*radice, tronco, ecc.*) sommerso *3* intoppo; inciampo *4* filo tirato (*in una calza, ecc.*).
to **snag** /snæg/ *A v. t.* *1* impigliare (*in una sporgenza*) *2* tirare un filo di (*un golf, una calza, ecc.*) *3* (*specialm. USA*) impedire; ostacolare *B v. i.* *1* impigliarsi *2* (*di calza, ecc.*) smagliarsi.
snaggy /ˈsnægɪ/ *a.* *1* pieno di spuntoni *2* che è di intoppo (*o* di intralcio).
snail /sneɪl/ *n.* *1* (*zool.*) lumaca; chiocciola *2* (*fig.*) lumaca; lumacone • **at a s.'s pace**, a passo di lumaca.
snake /sneɪk/ *n.* *1* (*zool.*) serpente; serpe; biscia *2* (*fig.*) serpe *3* (*econ.*) serpente monetario • **snakes and ladders**, il gioco dell'oca □ **s.-bite**, morso di serpente □ **s. charmer**, incantatore di serpenti □ **s. in the grass**, un tranello (*o* un nemico) in agguato □ **to cherish a s. in one's bosom**, allevarsi una serpe in seno.
to **snake** /sneɪk/ *v. i.* serpeggiare; snodarsi.
snaky /ˈsneɪkɪ/ *a.* serpentino; sinuoso; tortuoso.
snap /snæp/ *A n.* *1* colpo secco; schiocco: **a s. of one's fingers**, uno schiocco delle dita; **S. went an oar**, tutt'a un tratto un remo si spezzò di netto *2* tentativo di mordere (*o* di azzannare) *3* fermaglio; fibbia *4* Ⓤ (*fam.*) energia; brio; vivacità *5* Ⓤ (*a carte*) rubamazzo *6* (*fam.*) istantanea; foto • **cold s.**, ondata di freddo □ **ginger s.**, croccantino allo zenzero *B a. attr.* *1* (*di congegno, fermaglio*) a scatto; automatico: (*USA*) **s. fastener**, (bottone) automatico; **s. lock**, serratura a scatto *2* improvviso; repentino: **s. decision**, decisione presa sul momento; **s. election**, elezioni a sorpresa.
to **snap** /snæp/ *A v. t.* *1* spezzare (*con uno schiocco*) *2* schioccare, far schioccare (*le dita*) *3* (*fam.*) scattare una foto a; fotografare • **to s. one's fingers at sb.**, infischiarsene di q. □ **to s. st. shut**, chiudere q.c. con uno scatto *B v. i.* *1* tentare di azzannare *2* spezzarsi (*con uno schiocco*) *3* sbottare; scattare: **«Do shut up» he snapped**, «Sta' un po' zitto» scattò *4* (*di nervi*) saltare; spezzarsi *5* scattare; non vederci più; perdere la testa • **to s. shut**, chiudersi di scatto □ **to s. back into place**, tornare a posto con uno scatto □ (*fam. USA*) **S. to it!**, scattare!
♦ **snap at** *v. i. + prep.* *1* tentare di azzannare *2* parlare con tono brusco a *3* accettare con entusiasmo; afferrare al volo: **I snapped at the chance of leaving**, afferrai al volo l'occasione di partire.
♦ **snap off** *v. t. + avv.* staccare; spezzare • (*fam.*) **to s. sb.'s head off**, fare un'urlata a q.; mangiarsi vivo q.
♦ **snap out** *v. t. + avv.* dire seccamente: **to s. out a warning**, gridare un avvertimento; **to s. out an order**, dare seccamente un ordine.
♦ **snap out of** *v. i. + avv. e prep.* scuotersi da (*torpore, depressione, ecc.*): **S. out of it!**, su con la vita!; smettila di compiangerti!
♦ **snap up** *v. t. + avv.* non lasciarsi scappare; afferrare al volo.
snapdragon /ˈsnæpdrægən/ *n.* (*bot.*) bocca di leone; antirrino.
snappish /ˈsnæpɪʃ/ *a.* *1* (*di cane, ecc.*) mordace *2* aspro; brusco; secco *3* bisbetico; irritabile.
snappy /ˈsnæpɪ/ *a.* *1 V.* **snappish** *2* (*fam.*) energico; brioso; vivace *3* (*fam.*) elegante • (*pop.*) **Make it s.!**, spicciati!
snapshot /ˈsnæpʃɒt/ *n.* istantanea; foto.
snare /snɛə(r)/ *n.* (*anche fig.*) laccio; trappola.
to **snare** /snɛə(r)/ *v. t.* (*anche fig.*) prendere in trappola; intrappolare.
snarl (**1**) /snɑːl/ *n.* ringhio.
snarl (**2**) /snɑːl/ *n.* groviglio; nodo.
to **snarl** (**1**) /snɑːl/ *v. t.* (*di cane e fig.*) ringhiare.
to **snarl** (**2**) /snɑːl/ (*anche* **to s. up**) *A v. t.* intralciare; ingarbugliare; intasare (*il traffico*) *B v. i. + avv.* (*di traffico*) intasarsi.
snarl-up /ˈsnɑːlʌp/ *n.* (*del traffico*) intasamento; ingorgo.
snatch /snætʃ/ *n.* *1* atto del ghermire; tentativo di afferrare: **to make a s. at st.**, cercare di afferrare q.c. *2* (*generalm. al pl.*) breve periodo; intervallo: **I slept in snatches**, dormii a sprazzi *3* frammento; brano: **snatches of conversation**, frammenti di conversazione *4* (*pop.*) scippo *5* (*pop. GB*) rapimento *6* (*pop.*) arresto *7* (*sport*) strappo (*nel sollevamento pesi*).
to **snatch** /snætʃ/ *v. t.* afferrare; agguantare; strappare via: **to s. the opportunity**, afferrare l'occasione; **He snatched the knife out of the girl's hand**, strappò di mano alla ragazza il coltello; **to s. a victory**, strappare una vittoria; **to s. an hour's sleep**, riuscire a dormire un'ora; **to s. a glance at st.**, dare un'occhiata furtiva a q.c.; **Her bag has been snatched**, è stata scippata.
♦ **snatch at** *v. i. + prep.* *1* tentare di afferrare; cercare di strappare *2* accettare con entusiasmo; afferrare al volo.
♦ **snatch up** *v. t. + avv.* afferrare; agguantare.
snazzy /ˈsnæzɪ/ *a.* (*fam.*) sciccoso; all'ultima moda.
sneak /sniːk/ *n.* (*pop.*) spia; spione • **s. thief**, ladruncolo.
to **sneak** /sniːk/ (*pass. e p.p. USA* **snuck**) *A v. i.* *1* muoversi furtivamente: **to s. out** [**in**], uscire [entrare] di soppiatto; **to s. away** (*o* **off**), andarsene di nascosto; svignarsela; **to s. up on sb.**, arrivare silenziosamente alle spalle di q. *2* (*pop.*) fare la spia: **to s. on sb.**, fare la spia contro q. *B v. t.* *1* portare di nascosto; contrabbandare: **to s. a letter out of prison**, far uscire di nascosto una lettera di prigione *2* (*fam.*) rubare *3* fare (q.c.) furtivamente: **to s. a glance at at.**, sbirciare q.c.
sneakers /ˈsniːkə(r)z/ *n. pl.* (*fam. USA*) scarpe da tennis.
sneaking /ˈsniːkɪŋ/ *a.* *1* celato; nascosto; segreto: **I don't like her, but I've a s. admiration for her tenacity**, non mi piace, ma devo confessare che ammiro la sua tenacia *2* vago; incerto: **I have a s. suspicion that...**, ho il vago sospetto che...; mi sa che...

sneak preview /sniːk 'priːvjuː/ *locuz. n.* (*cinem.*) anteprima non ufficiale.
sneaky /'sniːkɪ/ *a.* infido; meschino; sleale; subdolo.
sneer /snɪə(r)/ *n.* *1* ghigno; sogghigno *2* parola derisoria; sarcasmo.
to **sneer** /snɪə(r)/ *v. i.* ghignare; sogghignare.
♦ **sneer at** *v. i. + prep.* schernire; farsi beffe di.
sneering /'snɪərɪŋ/ *a.* beffardo; derisorio; di scherno.
sneeze /sniːz/ *n.* starnuto, sternuto.
to **sneeze** /sniːz/ *v. i.* starnutire; fare uno starnuto • (*fam.*) **not to be sneezed at**, non disprezzabile; non da buttar via.
sneezing /'sniːzɪŋ/ *n.* Ⓤ (lo) starnutire; starnuti: **a fit of s.**, un attacco di starnuti.
snick /snɪk/ *n.* tacca; incisione; piccolo taglio.
to **snick** /snɪk/ *v. t.* intaccare; incidere; fare un piccolo taglio in.
snicker /'snɪkə(r)/ *n.* (*specialm. USA*) risatina.
to **snicker** /'snɪkə(r)/ *v. i.* *1* nitrire *2* (*specialm. USA*) ridacchiare; ridere sotto i baffi.
snide /snaɪd/ *a.* maligno.
sniff /snɪf/ *n.* *1* annusata; fiutata: **Have a s. at this**, odora (*o* senti) un po' questo *2* sbuffo dal naso: **He gave a s. of contempt**, arricciò il naso con disprezzo.
to **sniff** /snɪf/ *v. i. e t.* *1* annusare; fiutare *2* tirare su col naso *3* (*pop.*) sniffare (*droga*); tirare.
♦ **sniff at** *v. i. + prep.* *1* annusare; fiutare *2* disprezzare; arricciare il naso davanti a: **It's not to be sniffed at**, non è da disprezzare.
♦ **sniff out** *v. t. + avv* (*fam.*) scovare.
sniffer /'snɪfə(r)/ *n.* — **s. dog**, cane antidroga.
sniffle /'snɪfl/ *n.* *1* (il) tirare su col naso *2* (*generalm. al pl.*) (*infant.*) raffreddore col naso chiuso o che cola.
to **sniffle** /'snɪfl/ *v. i.* tirare su col naso.
sniffy /'snɪfɪ/ *a.* (*fam.*) *1* sprezzante *2* che ha la puzza sotto il naso.
snifter /'snɪftə(r)/ *n.* *1* (*fam.*) bicchierino; cicchetto *2* (*USA*) bicchiere da cognac.
snigger /'snɪgə(r)/ *n.* risolino; risatina.
to **snigger** /'snɪgə(r)/ *v. i.* ridacchiare; ridere sotto i baffi.
snip /snɪp/ *n.* *1* forbiciata *2* ritaglio; scampolo *3* (*fam.*) affare; occasione *4* *V.* **snips**.
to **snip** /snɪp/ *v. t. e i.* tagliare con le forbici; tagliuzzare.
♦ **snip off** *v. t. + avv.* tagliare via.
snipe /snaɪp/ *n.* (*pl. invar.*) (*zool.*) beccaccino.
to **snipe** /snaɪp/ *v. i.* sparare da un nascondiglio.
♦ **snipe at** *v. i. + prep.* *1* sparare a q. da un nascondiglio *2* lanciare frecciate a q.
sniper /'snaɪpə(r)/ *n.* cecchino.
snippet /'snɪpɪt/ *n.* frammento; pezzetto; ritaglio: **snippets of information**, informazioni frammentarie.
snips /snɪps/ *n. pl.* (*GB*) cesoie; forbici da lattoniere.
snitch /snɪtʃ/ *n.* (*pop.*) spia; delatore.
to **snivel** /'snɪvl/ *v. i.* *1* avere il moccio al naso *2* frignare; piagnucolare.
sniveller, (*USA*) **sniveler** /'snɪvələ(r), -vl-/ *n.* *1* moccioso (-a) *2* frignone (-a); piagnucolone (-a).
snivelling, (*USA*) **sniveling** /'snɪvəlɪŋ, -vl-/ *a.* piagnucoloso.
snob /snɒb/ *n.* snob • **intellectual s.**, intellettualoide.
snobbery /'snɒbərɪ/ *n.* Ⓤ snobismo.
snobbish /'snɒbɪʃ/ *a.* snob.
snobbishness /'snɒbɪʃnəs/ *n.* Ⓤ snobismo.
snobby /snɒbɪ/ *a.* (*fam.*) snob.
to **snog** /snɒg/ *v. i.* (*fam. GB*) pomiciare.
snook /snuːk/ *n.* — **to cock a s. at sb.**, fare marameo a q.; (*fig.*) prendere in giro q.
snooker /snuːkə(r)/ *n.* (gioco del) biliardo (*con 21 palle colorate e una bianca*).
to **snooker** /snuːkə(r)/ *v. t.* *1* (*biliardo*) ostacolare (*l'avversario*) coprendo la palla *2* (*fam.*) mettere in difficoltà: **We're properly snookered**, siamo in un bel casino.
to **snoop** /snuːp/ *v. i.* (*fam.*) curiosare; ficcare il naso nei fatti altrui; spiare: **to s. on sb.**, spiare q.
snooper /'snuːpə(r)/ *n.* (*fam.*) ficcanaso; spione (-a).
snooty /'snuːtɪ/ *a.* (*fam.*) altezzoso; borioso.
snooze /snuːz/ *n.* (*fam.*) dormitina; pisolino; sonnellino.
to **snooze** /snuːz/ *v. i.* (*fam.*) sonnecchiare; schiacciare un pisolino.
snore /snɔː(r)/ *n.* (il) russare.
to **snore** /snɔː(r)/ *v. i.* russare.
snorkel /'snɔːkl/ *n.* *1* (*naut.*) presa d'aria per sommergibili *2* respiratore (*per subacqueo*).
snort /snɔːt/ *n.* sbuffata; sbuffo.
to **snort** /snɔːt/ *A* *v. i.* sbuffare *B* *v. t.* (*pop.*) sniffare (*droga*).
snorter /'snɔːtə(r)/ *n.* (*fam.*) *1* cosa eccezionale; fatto straordinario *2* grossa difficoltà; rompicapo.
snot /snɒt/ *n.* Ⓤ (*fam.*) moccio.
snotty /'snɒtɪ/ *a.* *1* (*fam.*) moccioso; moccicoso *2* *V.* **snotty-nosed**.
snotty-nosed /'snɒtɪnəʊzd/ *a.* (*pop.*) borioso; altezzoso.
snout /snaʊt/ *n.* *1* (*di animale*) muso; grugno; grifo *2* beccuccio; cannello.
snow /snəʊ/ *n.* *1* Ⓤ neve *2* nevicata *3* Ⓤ (*pop.*) cocaina; eroina; neve (*pop.*) • **s.-blind**, accecato dal riflesso della neve □ **s.-capped**, incappucciato di neve; nevoso □ **s. gun**, cannone sparaneve □ (*zool.*) **s. leopard**, leopardo delle nevi; irbis □ (*autom.*) **s. tyre** (*USA* **tire**), pneumatico da neve □ **s.-white**, bianco come la neve; niveo.
to **snow** /snəʊ/ *v. i.* (*impers.*) nevicare: **It is snowing**, nevica; sta nevicando • **to be snowed in** (*o* **up**), essere bloccato (*o* sommerso) dalla neve □ **to be snowed under**, essere sommerso (*da inviti, lavoro, ecc.*).
snowball /'snəʊbɔːl/ *n.* *1* palla di neve *2* (*bot., anche* **s.-tree**) palla di neve; pallone di maggio.
to **snowball** /'snəʊbɔːl/ *v. i.* ingigantire; crescere a valanga.
snowboard /'snəʊbɔːd/ *n.* snowboard; monosci (*l'attrezzo*).
snowbound /'snəʊbaʊnd/ *a.* bloccato dalla neve.
snowdrift /'snəʊdrɪft/ *n.* cumulo di neve (*formato dal vento*).
snowdrop /'snəʊdrɒp/ *n.* (*bot.*) bucaneve.
snowfall /'snəʊfɔːl/ *n.* nevicata.
snowfield /'snəʊfiːld/ *n.* nevaio.
snowflake /'snəʊfleɪk/ *n.* fiocco di neve.
snowline /'snəʊlaɪn/ *n.* (*geogr.*) linea delle nevi perenni.
snowman /'snəʊmæn/ *n.* (*pl.* **snowmen** /-mən/) fantoccio di neve.
snowmobile /'snəʊməbiːl/ *n.* gatto delle nevi; motoslitta.
snowplough, (*USA*) **snowplow** /'snəʊplaʊ/ *n.* spazzaneve (*anche sci*); spartineve.
snowsed /'snəʊʃed/ *n.* paravalanghe.
snowshoe /'snəʊʃuː/ *n.* racchetta da neve.
snowstorm /'snəʊstɔːm/ *n.* tempesta di neve; tormenta.
snowy /'snəʊɪ/ *a.* *1* nevoso; coperto di neve *2* niveo; candido; immacolato • **It'll be s. in the north**, ci saranno nevicate nel nord.
snub (1) /snʌb/ *n.* affronto; offesa; umiliazione.
snub (2) /snʌb/ *a.* (*di naso*) corto e all'insù.
to **snub** /snʌb/ *v. t.* trattare con malagrazia; ignorare; non rispondere al saluto di.
snuck /snʌk/ (*USA*) *pass. e p.p. di* **to sneak**.
snuff /snʌf/ *n.* Ⓤ tabacco da fiuto • **s.-coloured**, color tabacco □ (*pop.*) **to be up to s.**, aver buon fiuto; non essere ingenuo.
to **snuff** /snʌf/ *v. t.* *1* smoccolare (*una candela*) *2* spegnere (*una candela*) • (*pop.*) **to s. it.**, crepare; tirare le cuoia.
♦ **snuff out** *v. t. + avv.* *1* spegnere (*una candela*) *2* (*fig.*) soffocare (*una rivolta, una speranza*); porre fine a (*una vita*).
snuffbox /'snʌfbɒks/ *n.* tabacchiera.
snuffers /'snʌfə(r)z/ *n. pl.* (*anche* **pair of s.**) smoccolatoio.
to **snuffle** /'snʌfl/ *v. i.* *1* tirare su col naso *2* (*di animale*) annusare rumorosamente.
snug /snʌg/ *a.* *1* comodo; accogliente; confortevole; intimo; raccolto *2* (*di abito*) aderente; attillato • **a s. income**, una discreta rendita □ (*fam.*) **to be as s. as a bug in a rug**, stare da papa.
snuggery /'snʌgərɪ/ *n.* stanzetta accogliente; cantuccio appartato.
to **snuggle** /'snʌgl/ *A* *v. i.* accoccolarsi; rannicchiarsi *B* *v. t.* stringere a sé; tenere stretto a sé; coccolare.
♦ **snuggle up** *v. i. + avv.* rannicchiarsi: **to s. up to sb.**, rannicchiarsi contro q.; stringersi a q.
so (1) /səʊ, *per la cong. non accentata anche* sə, sə/ *A* *avv.* *1* così; in questo modo; in modo tale: **«Is it true?» «So they say»**, «è vero?» «così dicono»; **The trap is so made that...**, la trappola è fatta in modo tale da... *2* così; tanto: **He was so late that...**, era così in ritardo che...; **He's not so daft as I thought**, non è così sciocco come pensavo; **It is not so**

cold today as yesterday, oggi non fa freddo come ieri; **I'm so glad to see you**, che gioia rivederti! *3* anche; pure: **«I'm fed up»** **«So am I»**, «sono stufo» «anch'io»; **I'm Scottish and so is he**, io sono scozzese e lui pure *4* — **so much** [**many**], tanto [tanti, tante]: **Why did you laugh so (much)?**, perché ridevi tanto?; **I didn't expect it to be worth so much**, non mi aspettavo che valesse tanto; **I've got so much to do**, devo fare tante di quelle cose!; **There were so many people!**, c'era tanta di quella gente! *B cong.* *1* perciò; e così: **It was late, so I went home**, era tardi, perciò andai a casa *2* e così; allora: **So you come from Kansas**, e così tu vieni dal Kansas; **So that's what you were hiding!**, era dunque questo che nascondevi!; (*fam.*) **So that's that**, insomma, è andata così *3* — **so that**, perché; per; affinché: **I wish he would leave so that we could be alone**, vorrei che se ne andasse per poter restare soli *4* — **so as**, così da; in modo da: **Put it so as not to offend him**, metti la cosa in modo (tale) da non offenderlo • (*fam.*) **so-and-so**, tizio: **The stupid so-and-so!**, quel cretino! □ **so--called**, cosiddetto □ **so far**, finora; fin qui □ (*fam.*) **So long!**, arrivederci!; ciao! □ **so long as**, purché; a patto che □ **He earns so much an hour**, guadagna un tanto all'ora □ **So much for his promises!**, vatti a fidare delle sue promesse! □ **so much so that...**, a tal punto che... □ **so much the better** [**the worse**], tanto meglio [peggio] □ (*fam.*) **so-so**, così così; mediocre; passabile; passabilmente □ **so to say** (*o* **so to speak**), per così dire □ (*fam.*) **So what?**, e con ciò?; e allora? □ **and so forth**, e via dicendo; e così via □ **and so on**, e così via; eccetera □ (*fam.*) **ever so**, tanto; così: **ever so kind**, tanto gentile; **ever so many**, così tanti □ **every so often**, ogni tanto □ **How so?**, ma come? □ **if so**, se è così; se sì □ **Just so!** (*o* **Quite so!**), proprio così! □ **Mr So-and--So**, il Signor Tal dei tali □ **not so much as**, neanche; nemmeno; neppure: **He didn't so much as send me a card**, non mi ha neanche scritto una cartolina □ **not so much... as**, non tanto... quanto □ **or so**, circa; a un dipresso; giù di lì: **a dozen or so**, una dozzina o giù di lì □ **Do you really think so?**, lo credi davvero? □ **I told you so**, te l'avevo detto! □ **I think** [**suppose, hope, etc.**] **so**, credo [suppongo, spero] di sì □ **«It was hot yesterday»** **«So it was»**, «ha fatto caldo ieri» «eccome!» □ **Why so?**, e perché mai? □ **You don't say so!**, ma no!; non mi dire!

so (2) /səʊ/ *V.* **soh.**

soak /səʊk/ *n.* *1* lungo bagno *2* (*ind.*) bagno *3* (*pop.*) ubriacone; spugna.

to **soak** /səʊk/ *A v. t.* *1* inzuppare; mettere a mollo; lasciare a bagno: **to s. bread in milk**, inzuppare il pane nel latte; **to s. the washing**, mettere a mollo il bucato; **to s. the beans overnight**, lasciare i fagioli a bagno nell'acqua per una notte *2* (*fis.*) saturare *3* (*pop.*) salassare; mungere; pelare *B v. i.* *1* imbeversi; impregnarsi; inzupparsi *2* (*fam.*) stare a mollo (*nella vasca da bagno*); farsi un lungo bagno *3* (*fis.*) saturarsi *4* filtrare: **to s. through st.**, filtrare attraverso q.c.; **to s. into st.**, infiltrarsi in q.c.; penetrare in q.c.

♦ **soak up** *v. t. + avv.* *1* assorbire *2* raccogliere (*un liquido con un panno, ecc.*); asciugare • **to s. up the sun**, crogiolarsi al sole □ **to s. up information**, bere informazioni.

soaked /səʊkt/ *a.* zuppo; fradicio: **s. to the skin** (*o* **s. through**), zuppo fino al midollo; bagnato fradicio.

soaking /ˈsəʊkɪŋ/ *A a.* (*fam., anche* **s. wet**) zuppo; bagnato fradicio *B n.* bagnata; inzuppata.

soap /səʊp/ *n.* *1* Ⓤ sapone: **cake of s.**, pezzo di sapone; saponetta *2* (*radio, TV, anche* **s. opera**) telenovela; soap opera • **s. bubble**, bolla di sapone □ **s. dish**, portasapone □ **s. powder**, detersivo in polvere □ **shaving s.**, sapone da barba □ **soft s.**, sapone liquido; (*fig.*) adulazione, saponata.

to **soap** /səʊp/ *v. t.* *1* insaponare *2* (*fig.*) adulare; lusingare.

soapbox /ˈsəʊpbɒks/ *n.* cassa per il sapone • **s. orator**, oratore da strada □ (*fam.*) **to get on one's s.**, sostenere con passione un punto di vista.

soapflakes /ˈsəʊpfleɪks/ *n. pl.* sapone in scaglie.

soapstone /ˈsəʊpstəʊn/ *n.* Ⓤ (*miner.*) steatite.

soapsuds /ˈsəʊpsʌdz/ *n. pl.* saponata.

soapy /ˈsəʊpɪ/ *a.* *1* insaponato *2* saponaceo; saponoso.

to **soar** /sɔː(r)/ *v. i.* *1* alzarsi a volo; librarsi in volo: **to s. into the sky**, salire nel cielo *2* planare; (*aeron.*) veleggiare *3* (*di prezzi, ecc.*) salire vertiginosamente; andare alle stelle *4* (*di edificio, montagna*) elevarsi; ergersi; innalzarsi.

soaring /ˈsɔːrɪŋ/ *a.* altissimo; eccelso; elevato • **s. ambition**, ambizione sfrenata □ **s. prices**, prezzi alle stelle.

sob /sɒb/ *n.* singhiozzo; singulto • (*fam.*) **sob story**, storia patetica (*o* strappalacrime) □ (*fam.*) **sob stuff**, sentimentalismo; storia lacrimosa.

to **sob** /sɒb/ *v. i.* *1* singhiozzare *2* (*lett., del vento, ecc.*) lamentarsi; gemere.

♦ **sob out** *v. t. + avv.* dire (*o* raccontare) tra i singhiozzi • **to sob one's heart out**, piangere a dirotto.

sober /ˈsəʊbə(r)/ *a.* *1* sobrio; lucido *2* sobrio; discreto: **s. colours**, tinte sobrie *3* serio; equilibrato; assennato.

to **sober** /ˈsəʊbə(r)/ (*anche* **to s. down**) *A v. t.* calmare; moderare; far rinsavire *B v. i.* calmarsi; metter giudizio; rinsavire.

♦ **sober up** *A v. t. + avv.* far passare la sbornia a *B v. i. + avv.* smaltire la sbornia.

soberness /ˈsəʊbənəs/, **sobriety** /səˈbraɪətɪ/ *n.* Ⓤ *1* sobrietà; moderazione; temperanza *2* serietà; equilibrio; assennatezza.

sobriquet /ˈsəʊbrɪkeɪ/ *n.* nomignolo; soprannome.

soccer /ˈsɒkə(r)/ *n.* Ⓤ (*sport*) calcio; football.

sociability /səʊʃəˈbɪlətɪ/ *n.* Ⓤ *1* socievolezza *2* affabilità; cordialità.

sociable /ˈsəʊʃəbl/ *a.* *1* socievole *2* affabile; cordiale.

social /ˈsəʊʃl/ *A a.* *1* sociale: **s. problems**, problemi sociali *2* socievole *3* (*zool., bot.*) gregario • **s. climber**, arrampicatore (-trice) sociale; arrivista □ **s. club**, circolo □ (*polit.*) **s. democracy**, socialdemocrazia □ (*polit.*) **S. Democrat**, socialdemocratico □ **s. drinker**, persona che beve alcol solo in compagnia □ **s. life**, vita sociale □ **one's s. equals**, gente della propria condizione sociale □ **s. evening**, serata; trattenimento □ **s. science**, scienze sociali □ **s. security**, previdenza sociale □ **s. services**, servizi sociali □ **s. studies**, scienze sociali □ **s. work**, assistenza sociale □ **s. worker**, assistente sociale *B n.* raduno sociale, trattenimento.

to **socialise** /ˈsəʊʃəlaɪz/ *e deriv.* (*GB*) *V.* **to socialize** *e deriv.*

socialism /ˈsəʊʃəlɪzəm/ *n.* Ⓤ (*polit.*) socialismo.

socialist /ˈsəʊʃəlɪst/ *n. e a.* (*polit.*) socialista.

socialite /ˈsəʊʃəlaɪt/ *n.* (*fam.*) *1* persona che conduce vita mondana *2* (*USA*) personaggio noto dell'alta società.

socialization /səʊʃəlaɪˈzeɪʃn, *USA* -lɪˈz-/ *n.* Ⓤ *1* socializzazione *2* reinserimento nella società, recupero (*di ex detenuti, ecc.*).

to **socialize** /ˈsəʊʃəlaɪz/ *v. t.* socializzare.

society /səˈsaɪətɪ/ *n.* *1* Ⓤ società: **civilized s.**, la società civile; **a danger to s.**, un pericolo per la società *2* associazione; società; club; circolo *3* Ⓤ compagnia: **to avoid s.**, fuggire la compagnia (dei propri simili) *4* Ⓤ (*anche* **high s.**) l'alta società; il bel mondo • **s. gossip**, pettegolezzi del bel mondo □ **a s. man** [**woman**], un uomo [una donna] di mondo □ **S. of Jesus**, Compagnia di Gesù □ **in polite s.**, nella buona società.

sociolinguistics /səʊsɪəʊlɪŋˈgwɪstɪks/ *n. pl.* (*col verbo al sing.*) sociolinguistica.

sociological /səʊsɪəʊˈlɒdʒɪkl/ *a.* sociologico.

sociologist /səʊsɪˈɒlədʒɪst/ *n.* sociologo (-a).

sociology /səʊsɪˈɒlədʒɪ/ *n.* Ⓤ sociologia.

sock (1) /sɒk/ *n.* *1* calza; calzino: **ankle s.**, calzino corto; **knee-length s.**, calza al ginocchio; **odd socks**, calze spaiate *2* (*aeron.*) manica a vento *3* (*di cavallo*) balzana • (*fam.*) **to pull one's socks up**, mettersi al lavoro; darsi una regolata □ (*fam.*) **Put a s. in it**, taci!; piantala!

sock (2) /sɒk/ *n.* (*fam.*) pugno; cazzotto.

to **sock** /sɒk/ *v. t.* (*fam.*) mollare un pugno (*o* un cazzotto) a • (*USA*) **to s. it to sb.**, fargliela vedere a q.

socket /ˈsɒkɪt/ *n.* *1* incavo; incastro: **the hip s.**, l'incavo dell'anca *2* orbita (*dell'occhio*) *3* (*elettr.*) presa di corrente *4* alveolo (*dei denti*) *5* bocciolo (*di candeliere*) *6* (*elettr.*) portalampada.

Socratic /səˈkrætɪk/ *a. e n.* (*filos.*) socratico.

sod (1) /sɒd/ *n.* zolla erbosa.

sod (2) /sɒd/ *n.* (*volg. GB*) *1* stronzo; bastardo; rompicazzo *2* scocciatura; rottura • **Poor s.!**, povero bastardo!

to **sod** /sɒd/ *v. t.* (*volg.*) — **Sod you!**, vaffanculo!; **Sod it!**, cazzo!

♦ **sod off** *v. i. + avv.* (*volg.*) andare affanculo; levarsi dalle palle.

soda /ˈsəʊdə/ *n.* Ⓤ *1* (*chim.*) soda *2* (*anche* **s. water**) (acqua di) seltz; soda: **whisky and s.**, whisky e soda • (*USA*)

s. fountain, banco di bevande non alcoliche, gelati, ecc. □ **s. siphon**, sifone del selz □ **baking s.**, bicarbonato di sodio □ **washing s.**, soda (per lavare); carbonato di sodio.

sodality /səʊ'dæləti/ *n.* sodalizio; confraternita.

sodden /'sɒdn/ *a.* bagnato fradicio; zuppo.

sodding /'sɒdɪŋ/ *a.* (*volg. GB*) di merda; del cazzo.

sodium /'səʊdɪəm/ *n.* U (*chim.*) sodio.

sodomite /'sɒdəmaɪt/ *n.* sodomita.

sodomy /'sɒdəmɪ/ *n.* U sodomia.

sofa /'səʊfə/ *n.* sofà; divano; canapè • (*GB*) **s. bed**, divano letto.

soft /sɒft, *USA* sɔːft/ ***A*** *a.* ***1*** molle; soffice; cedevole: **s. cheese**, formaggio molle; **s. ground**, terreno molle (*o* cedevole); (*anat.*) **s. palate**, palato molle; **s. hat**, cappello floscio ***2*** morbido: **s. skin**, pelle morbida ***3*** tenero; delicato; leggero; tenue; dolce; mite: **s. colours**, tinte tenui; **s. breeze**, dolce brezza; venticello; **s. rain**, pioggerella; **s. words**, parole dolci; **a s. tap**, un colpo leggero; un colpetto; **s.-hearted**, dal cuore tenero; compassionevole ***4*** (*di suono*) sommesso; lieve; basso; leggero ***5*** (*di luce*) smorzato; soffuso ***6*** fiacco; floscio; molle: **to get s.**, rammollire; rammollirsi ***7*** (*pred.*) debole; indulgente: **He's too s. with the children**, è troppo indulgente con i bambini ***8*** (*pop., anche* **s. in the head**) sciocco; stupido ***9*** (*fam.*) facile; comodo: **s. job**, lavoro facile; compito agevole; **s. option**, soluzione più comoda ***10*** (*di acqua, metallo*) dolce ***11*** (*fon.*) dolce • (*elab.*) **s. copy**, copia soft □ **s.-core film**, film erotico □ **s. drinks**, bevande non alcoliche □ **s. drugs**, droghe leggere □ **s. fruit**, frutti di bosco □ **s. furnishings**, articoli di tappezzeria □ **s. goods**, tessili □ (*miss.*) **s. landing**, atterraggio morbido □ **s. lens**, lente a contatto morbida □ **s. option**, soluzione più facile; cosa più facile a farsi □ (*mus.*) **s. pedal**, sordina (*di pianoforte*) □ **s. porn**, pornografia soft-core □ **s. sell**, tecnica di vendita (*o* di pubblicità) che usa la persuasione □ **s. soap**, sapone liquido; (*fig.*) adulazione, saponata □ **s.-spoken**, dalla voce pacata □ (*fam.*) **a s. spot**, un debole: **to have a s. spot for sb.**, avere un debole per q. □ **s. stone**, pietra tenera □ (*fam.*) **a s. touch**, uno a cui è facile scroccare soldi; uno che si lascia sfruttare □ (*autom., cartello*) «**s. verge**», «banchina non transitabile» □ **s. wine**, vino pastoso ***B*** *avv.* adagio; piano; sommessamente • **s.-boiled egg**, uovo alla coque.

softball /'sɒftbɔːl, *USA* 'sɔːf-/ *n.* U (*sport*) softball.

to **soften** /'sɒfn, *USA* 'sɔːfn/ ***A*** *v. t.* ***1*** (*anche fig.*) ammorbidire ***2*** attenuare; attutire; addolcire; intenerire: **to s. the blow**, attutire il colpo (*fig.*) ***3*** infiacchire; rammollire ***4*** (*metall.*) stemperare ***B*** *v. i.* ***1*** (*anche fig.*) ammorbidirsi ***2*** attenuarsi; attutirsi; addolcirsi; intenerirsi ***3*** infiacchirsi; rammollirsi.

♦ **soften up** *v. t. + avv.* ***1*** (*anche fig.*) ammorbidire ***2*** indebolire: **to s. up the enemy's defences**, indebolire le difese del nemico.

softener /'sɒfənə(r), -fn-, *USA* 'sɔːf-/ *n.* addolcitore dell'acqua.

softening /'sɒfənɪŋ, -fn-, *USA* 'sɔːf-/ *n.* U rammollimento; ammorbidimento; addolcimento: (*med.*) **s. of the brain**, rammollimento cerebrale.

softie /'sɒftɪ, *USA* 'sɔːftɪ/ *n. V.* **softy**.

softly /'sɒftlɪ, *USA* 'sɔːftlɪ/ *avv.* gentilmente; adagio; piano.

softly-softly /sɒftlɪ'sɒftlɪ/ *a.* cauto; paziente: **to adopt a s. approach**, procedere con cautela.

softness /'sɒftnəs, *USA* 'sɔːft-/ *n.* U ***1*** mollezza; morbidezza; tenerezza ***2*** mitezza; dolcezza; delicatezza.

to **soft-pedal** /'sɒft'pedl, *USA* 'sɔːft/ *v. t.* ***1*** (*mus.*) suonare in sordina; mettere la sordina a (*uno strumento*) ***2*** (*fig.*) smorzare; minimizzare.

to **soft-soap** /'sɒft'səʊp, *USA* 'sɔːft/ *v. t.* (*fam.*) adulare; dare del sapone.

software /'sɒftweə(r), *USA* 'sɔːft-/ *n.* U (*elab.*) software.

softwood /'sɒftwʊd, *USA* 'sɔːft-/ *n.* legno dolce.

softy /'sɒftɪ, *USA* 'sɔːftɪ/ *n.* (*fam.*) ***1*** persona senza carattere; debole ***2*** (persona dal) cuore tenero; sentimentale.

soggy /'sɒgɪ, *USA* 'sɔːgɪ/ *a.* ***1*** bagnato; fradicio ***2*** (*di pane*) molle e umido.

soh /səʊ/ *n.* (*mus.*) sol (*nel solfeggio*).

soil /sɔɪl/ *n.* U suolo; terreno; terra.

to **soil** /sɔɪl/ (*form.*) ***A*** *v. t.* sporcare; insudiciare; imbrattare ***B*** *v. i.* sporcarsi; insudiciarsi; imbrattarsi.

soiled /'sɔɪld/ *a.* sporco; insudiciato: **s. linen**, biancheria sporca; (*comm.*) **s. goods**, merci sciupate.

soirée /'swɑːreɪ, *USA* swɑː'reɪ/ (*franc.*) *n.* serata; trattenimento.

sojourn /'sɒdʒən, *USA* 'səʊdʒɜːn/ *n.* (*lett.*) soggiorno; dimora.

to **sojourn** /'sɒdʒən, *USA* 'səʊdʒɜːn/ *v. i.* (*lett.*) soggiornare; dimorare.

sol /sɒl/ *V.* **soh**.

solace /'sɒləs/ *n.* U e C (*lett.*) conforto; consolazione.

to **solace** /'sɒləs/ *v. t.* (*lett.*) confortare; consolare.

solar /'səʊlə(r)/ *a.* solare: **s. cell**, cellula solare; **s. panel**, pannello solare; (*anat.*) **s. plexus**, plesso solare; bocca dello stomaco; **s. system**, sistema solare.

solarium /sə'leərɪəm/ *n.* (*pl.* **solaria** /-rɪə/, **solariums**) solario.

sold /səʊld/ *pass. e p.p. di* **to sell**.

solder /'səʊldə(r), 'sɒl-, *USA* 'sɒd-/ *n.* U (*metall.*) lega per saldatura.

to **solder** /'səʊldə(r), 'sɒl-, *USA* 'sɒd-/ *v. t.* (*metall.*) saldare.

soldier /'səʊldʒə(r)/ *n.* ***1*** soldato; militare: **common** (*o* **private**) **s.**, soldato semplice; **the Unknown S.**, il Milite Ignoto ***2*** (*zool., anche* **s.-ant**) formica soldato • **fellow s.**, commilitone □ **old s.**, veterano □ **toy s.**, soldatino □ **woman s.**, soldatessa.

to **soldier** /'səʊldʒə(r)/ *v. i.* fare il soldato.

♦ **soldier on** *v. i. + avv.* (*fam.*) tener duro; tirare avanti.

soldierly /'səʊldʒəlɪ/ *a.* ***1*** soldatesco; marziale ***2*** coraggioso; valoroso.

sole (1) /səʊl/ *n.* ***1*** (*anat.*) pianta (*del piede*) ***2*** suola ***3*** base; fondo; soletta.

sole (2) /səʊl/ *n.* (*zool.*) sogliola.

sole (3) /səʊl/ *a.* solo; singolo; unico; esclusivo: **s. heir**, unico erede; erede universale; (*comm.*) **s. agent**, rappresentante esclusivo; **s. survivor**, unico sopravvissuto.

to **sole** /səʊl/ *v. t.* risuolare.

solecism /'sɒlɪsɪzəm/ *n.* ***1*** solecismo ***2*** scorrettezza; sconvenienza.

solely /'səʊlɪ/ *avv.* solamente; soltanto; unicamente; esclusivamente.

solemn /'sɒləm/ *a.* solenne.

to **solemnise** /'sɒləmnaɪz/ (*GB*) *V.* **to solemnize**.

solemnity /sə'lemnətɪ/ *n.* U e C solennità.

to **solemnize** /'sɒləmnaɪz/ *v. t.* ***1*** solennizzare; celebrare solennemente ***2*** celebrare.

sol-fa /sɒl'fɑː, *USA* səʊl-/ *n.* U (*mus.*) solfeggio.

to **solicit** /sə'lɪsɪt/ ***A*** *v. t.* ***1*** sollecitare; chiedere: **to s. favours**, sollecitare favori ***2*** (*leg.*) adescare ***3*** (*USA*) vendere a domicilio ***B*** *v. i.* (*di prostituta*) offrirsi.

solicitation /səlɪsɪ'teɪʃn/ *n.* U e C ***1*** sollecitazione; richiesta insistente ***2*** (*leg.*) adescamento.

solicitor /sə'lɪsɪtə(r)/ *n.* ***1*** (*leg., in G.B.*) procuratore legale; avvocato ***2*** (*USA*) venditore a domicilio; propagandista • **s. general**, (*in G.B.*) vice dell'Attorney General (*q.V. sotto* **attorney**); (*in U.S.A.*) rappresentante legale del governo federale davanti alla Corte Suprema.

solicitous /sə'lɪsɪtəs/ *a.* (*form.*) ***1*** sollecito; premuroso ***2*** ansioso; preoccupato • **to be s. about st.**, preoccuparsi di q.c.

solicitude /sə'lɪsɪtjuːd, *USA* -tuːd/ *n.* U (*form.*) ***1*** sollecitudine ***2*** ansia; preoccupazione.

solid /'sɒlɪd/ ***A*** *a.* ***1*** (*fis., geom.*) solido: **s. figure**, figura solida; solido; **to become s.**, solidificarsi ***2*** solido; pieno; massiccio: **s. tyre** (*USA* **tire**), gomma piena; **made of s. oak**, fatto di quercia massiccia; **s. gold**, oro massiccio ***3*** solido; saldo; fermo; forte; ben fondato: **s. foundations**, fondamenta salde; **a man of s. character**, un uomo dal carattere forte; **a s. business**, una ditta solida; **s. reasoning**, ragionamento ben fondato ***4*** unanime; unito: **s. vote**, voto unanime; **to be s. against st.**, essere tutti contrari a q.c. ***5*** (*fam.*) ininterrotto; di fila; di seguito: **two s. hours**, due ore di fila • **to be s. for sb.** [**st.**], votare all'unanimità per q. [q.c.] □ **s. sense**, buon senso □ **s.-state physics**, fisica dello stato solido □ **to be on s. ground**, essere sulla terraferma; (*fig.*) avere argomenti concreti, muoversi su terreno sicuro ***B*** *n.* ***1*** (*geom.*) solido ***2*** (*fis.*) sostanza solida ***3*** (*al pl.*) alimenti solidi.

solidarity /sɒlɪ'dærətɪ/ *n.* U solidarietà.

to **solidify** /sə'lɪdɪfaɪ/ ***A*** *v. t.* solidificare ***B*** *v. i.* solidificarsi.

solidity /sə'lɪdətɪ/, **solidness** /'sɒlɪdnəs/ *n.* U solidità.

to **soliloquize**, (*GB anche*) to **soliloquise** /sə'lɪləkwaɪz/ *v. i.* fare un soliloquio.
soliloquy /sə'lɪləkwɪ/ *n.* soliloquio; monologo.
solipsism /'sɒlɪpsɪzəm/ *n.* 🅄 (*filos.*) solipsismo.
solitaire /sɒlɪ'tɛə(r), *USA* 'sɒl-/ *n.* solitario (*gemma; gioco di carte*).
solitary /'sɒlətrɪ, *USA* -terɪ/ *a.* **1** solitario; isolato; appartato **2** solo; singolo; unico • (*leg.*) **s. confinement**, segregazione cellulare.
solitude /'sɒlətjuːd, *USA* -tuːd/ *n.* 🅄 solitudine.
solo /'səʊləʊ/ (*ital.*) **A** *n.* (*pl.* **solos**) **1** (*mus.*) assolo **2** (*aeron.*) volo compiuto da solo **B** *a.* **1** (*mus.*) solista; per solista: **s. passage for the oboe**, brano per oboe solista; **s. pianist**, solista di pianoforte; **s. voice**, voce solista **2** fatto da solo; (*aeron., naut.*) in solitario: **s. flight**, volo in solitario; **s. climb**, scalata solitaria **C** *avv.* **1** (*mus.*) senza accompagnamento **2** da solo; (*aeron., naut.*) in solitario.
soloist /'səʊləʊɪst/ *n.* (*mus.*) solista.
solstice /'sɒlstɪs/ *n.* (*astron.*) solstizio.
solubility /sɒljʊ'bɪlətɪ/ *n.* 🅄 solubilità.
soluble /'sɒljʊbl/ *a.* **1** (*chim.*) solubile **2** risolvibile; solubile.
solution /sə'luːʃn/ *n.* 🄲 e 🅄 (*anche chim.*) soluzione.
solvable /'sɒlvəbl, *USA* 'sɒl-, 'sɔːl-/ *a.* solubile; risolvibile.
to **solve** /sɒlv, *USA* sɒlv, sɔːlv/ *v. t.* risolvere.
solvency /'sɒlvənsɪ, *USA* 'sɒl-, 'sɔːl-/ *n.* 🅄 (*leg., comm.*) solvibilità.
solvent /'sɒlvənt, *USA* 'sɒl-, 'sɔːl-/ **A** *a.* (*leg., comm.*) solvibile **B** *n.* (*chim.*) solvente • **s. abuse**, inalazione di vapori di solventi e colle (*per drogarsi*).
Somali /sə'mɑːlɪ, səʊ-/ *n.* somalo.
sombre, (*USA*) **somber** /'sɒmbə(r)/ *a.* cupo; fosco; scuro; tetro.
some /sʌm, səm/ **A** *a.* **1** qualche; del, dello, dei, degli; della, delle; un po' di; alcuni (-e); certi (-e): **s. boys**, qualche ragazzo, alcuni ragazzi; **S. people like raw meat**, a certa gente (*o* ad alcuni) piace la carne cruda; **Would you like s. tea?**, vuoi del tè?; **I have s. money**, ho un po' di soldi; **I'd like s. more**, ne vorrei dell'altro [degli altri]; ne vorrei ancora; **s. time**, per un po'; un po' di tempo; **after s. time**, dopo un po' **2** uno (-a); un certo, una certa; un (-a) qualche: **s. day**, un giorno o l'altro; uno di questi giorni; **s. other time**, un'altra volta; **in s. book (or other)**, in un (qualche) libro; **at s. distance**, a una certa distanza; **s. sort of basket**, una specie di cesto **3** (*fam., enfatico*) grande; impressionante: **It was s. party!**, è stata una gran festa!; **That's s. black eye!**, caspita, che occhio nero!; **It took s. courage**, c'è voluto un bel coraggio **4** (*iron.*) bello: **S. consolation!**, bella consolazione; **S. help, that was!**, bell'aiuto! **B** *pron.* **1** alcuni (-e); certi (-e); gli uni... gli altri; chi... chi: **S. want to come, s. don't**, alcuni vogliono venire, altri no; c'è chi vuol venire, e chi non vuole **2** un po': **Have s.**, prendine un po' **C** *avv.* **1** circa; press'a poco; all'incirca: **s. twenty years ago**, circa vent'anni fa **2** (*fam. USA*) piuttosto; un po': **«Feeling better?» «S., I guess.»** «ti senti meglio?» «be', un po', sì» **3** (*fam. USA*) molto; un bel po': **We had to run s. to catch up with him**, abbiamo dovuto galoppare per raggiungerlo.
somebody /'sʌmbədɪ, 'sʌmbɒdɪ/ *pron. e n.* qualcuno (*Per gli esempi d'uso, V. sotto* **someone**) • **He thinks he's s., but he's nobody**, crede di essere qualcuno, ma è una nullità.
someday /'sʌmdeɪ/ *avv.* un giorno; un giorno o l'altro.
somehow /'sʌmhaʊ/ *avv.* **1** (*anche* **s. or other**) in qualche modo; in un modo o nell'altro: **I managed it s.**, ce l'ho fatta in qualche modo; non so come ma ce l'ho fatta; **I must get it done s.**, devo finirlo in un modo o nell'altro **2** per un qualche motivo: **S. I don't think he's going to make it**, non so perché, ma ho la sensazione che non ce la farà.
someone /'sʌmwʌn/ *pron.* qualcuno: **S. left his hat behind**, qualcuno ha dimenticato il cappello; **There's s. asking for you**, c'è qualcuno che ti cerca; **s. else**, qualcun'altro; **s. or other**, qualcuno; **We need s. younger for this job**, abbiamo bisogno di una persona più giovane per questo lavoro; **You'd better ask Anne or Mary or s.**, chiedilo a qualcuno: ad Anne, a Mary...
someplace /'sʌmpleɪs/ *avv.* (*USA*) da qualche parte.
somersault /'sʌməsɔːlt, -ɒlt/ *n.* capriola; salto mortale: **to turn a s.**, fare una capriola.
to **somersault** /'sʌməsɔːlt, -ɒlt/ *v. i.* fare una capriola; fare un salto mortale.
something /'sʌmθɪŋ/ *pron.* qualche cosa; qualcosa: **s. useful**, qualche cosa di utile; **I have s. to tell you**, ho qualcosa da dirti; **Is s. the matter?**, c'è qualcosa che non va?; **s. else**, qualcos'altro; qualche altra cosa • **s. like**, circa, press'a poco; qualcosa come: **s. like ten thousand**, circa diecimila □ **That was s. like a dinner!**, è stato un signor pranzo! □ **He's s. in the City**, lavora nella City □ **He thinks he's really s.**, si crede chissà che cosa □ **s. or other**, qualcosa; non so che □ **She's a lawyer or s.**, è avvocato o qualcosa del genere □ **It's s. to do with...**, ha a che fare con... □ **I am s. of a mechanic**, mi intendo un po' di meccanica □ **It's s. of a mystery**, è un po' un mistero □ **It's quite s.**, è notevole □ **I think you may have s. there**, credo che tu abbia ragione; forse la tua è una buona idea.
sometime /'sʌmtaɪm/ **A** *avv.* **1** una volta o l'altra **2** (*seguito da compl. di tempo*) — **s. in the fifties**, negli anni cinquanta; **The wedding will be s. in July**, il matrimonio si farà in luglio **B** *a. attr.* ex: **the s. sheriff**, l'ex sceriffo.
sometimes /'sʌmtaɪmz/ *avv.* qualche volta; di quando in quando; ogni tanto.
someway /'sʌmweɪ/ (*USA*) *V.* **somehow**.
somewhat /'sʌmwɒt, *USA* -hw-, -ʌt, -ət/ *avv.* alquanto; piuttosto; un po' • **s. of a**, un po'; piuttosto: **The party was s. of a failure**, la festa è stata un mezzo fiasco; **s. of a liar**, un po' bugiardo.
somewhere /'sʌmwɛə(r), *USA* -hw-/ *avv.* in qualche luogo; in qualche posto; da qualche parte: **I'm sure I saw it s.**, sono sicuro di averlo visto da qualche parte; **They met s. in Greece**, si sono conosciuti in Grecia; **s. else**, in qualche altro posto; da qualche altra parte • **s. about ten o'clock**, verso le dieci □ **s. between 30 and 40 people**, tra le 30 e le 40 persone.
somnambulism /sɒm'næmbjʊlɪzəm/ *n.* 🅄 sonnambulismo.
somnambulist /sɒm'næmbjʊlɪst/ *n.* sonnambulo (-a).
somnolence /'sɒmnələns/ *n.* 🅄 sonnolenza.
somnolent /'sɒmnələnt/ *a.* (*form.*) **1** sonnolento **2** soporifero.
son /sʌn/ *n.* **1** figlio (maschio) **2** (*al vocat., fam.*) ragazzo; figliolo • **s.-in-law**, genero □ (*volg.*) **son of a bitch**, figlio di puttana □ **He is his father's son**, è proprio figlio di suo padre; è tutto suo padre.
sonar /'səʊnɑː(r)/ *n.* (*naut.*) ecogoniometro.
song /sɒŋ, *USA* sɔːŋ/ *n.* 🄲 e 🅄 canzone; canto: **love s.**, canzone d'amore; **war s.**, canto di guerra; **the s. of birds**, il canto degli uccelli • (*Bibbia*) **S. of Songs**, Cantico dei Cantici □ **to burst into s.**, mettersi a cantare □ **to buy st. for a s.**, comprare q.c. per quattro soldi □ **to make a s. and dance about st.**, fare un dramma di q.c. □ (*GB*) **to be on s.**, essere in forma.
songbird /'sɒŋbɜːd, *USA* 'sɔːŋ-/ *n.* uccello canoro.
songbook /'sɒŋbʊk, *USA* 'sɔːŋ-/ *n.* canzoniere.
songster /'sɒŋstə(r), *USA* 'sɔːŋ-/ *n.* **1** cantante **2** uccello canoro.
songwriter /'sɒŋraɪtə(r), *USA* 'sɔːŋ-/ *n.* compositore (-trice) di canzoni.
sonic /'sɒnɪk/ *a.* **1** (*fis.*) del suono; sonico **2** (*aeron.*) sonico: **s. bang** (*o* **boom**), bang sonico.
sonnet /'sɒnɪt/ *n.* (*letter.*) sonetto.
sonny /'sʌnɪ/ *n.* (*al vocat., fam.*) figliolo; ragazzo mio.
sonority /sə'nɒrətɪ, *USA* -'nɔːr-/ *n.* 🅄 sonorità.
sonorous /'sɒnərəs, sə'nɔːrəs/ *a.* sonoro.
soon /suːn/ *avv.* **1** fra breve; fra poco; presto; in breve: **It'll s. be over**, sarà finito fra breve; finirà presto; **How s.?**, fra quanto tempo?; **See you s.!**, a presto!; **They s. found out the truth**, scoprirono presto la verità **2** presto: **He arrived too s.**, arrivò troppo presto; **two hours too s.**, con due ore di anticipo; **sooner than I expected**, prima di quanto mi aspettassi; **at the soonest**, al più presto • **s. after**, subito dopo; poco dopo □ **sooner**, di preferenza: **I'd sooner stay here**, preferirei restare qui □ **the sooner the better**, quanto prima, tanto meglio □ **sooner or later**, presto o tardi; prima o poi □ **(just) as s.**, di preferenza: **I'd as s. not talk about it**, preferirei non parlarne □ **as s. as**, (non) appena □ **He'd sell his own grandmother as s. as not**, si venderebbe anche la nonna □ **as s. as possible**, appena possibile □ **No sooner had he arrived than he started back home**, era appena arrivato che ripartì per tornare a casa □ **No sooner said than done**, detto fatto.
soot /sʊt/ *n.* 🅄 fuliggine; nerofumo.

to **soothe** /suːð/ *v. t.* **1** calmare; rabbonire **2** calmare; alleviare.
soothing /ˈsuːðɪŋ/ *a.* **1** rassicurante; confortante **2** calmante.
soothsayer /ˈsuːθseɪə(r)/ *n.* indovino.
sooty /ˈsʊtɪ/ *a.* fuligginoso.
sop /sɒp/ *n.* concessione; contentino.
to **sop** /sɒp/ *v. Solo come*:
♦ **sop up** *v. t. + avv.* raccogliere (*un liquido con un panno, ecc.*); asciugare.
sophism /ˈsɒfɪzəm/ *n.* sofisma.
sophist /ˈsɒfɪst/ *n.* sofista.
sophisticate /səˈfɪstɪkeɪt/ *n.* persona sofisticata.
sophisticated /səˈfɪstɪkeɪtɪd/ *a.* **1** raffinato; sofisticato **2** sofisticato; complesso; elaborato.
sophistication /səfɪstɪˈkeɪʃn/ *n.* [U] *e* [C] **1** raffinatezza; sofisticazione **2** elaborazione; complessità **3** sottigliezza.
sophistry /ˈsɒfɪstrɪ/ *n.* **1** [U] sofisticheria **2** sofisma.
sophomore /ˈsɒfəmɔː(r)/ *n.* (*USA*) studente universitario del secondo anno.
soporific /sɒpəˈrɪfɪk/ **A** *a.* soporifero **B** *n.* (*farm.*) narcotico.
sopping /ˈsɒpɪŋ/ *a.* (*anche* **s. wet**) bagnato fradicio; zuppo.
soppy /ˈsɒpɪ/ *a.* **1** bagnato fradicio; zuppo **2** (*fam.*) sentimentale; lacrimoso.
soprano /səˈprɑːnəʊ, *USA* -æn-/ (*ital.*) *n.* (*pl.* **sopranos**) (*mus.*) soprano ● **s. sax**, sax soprano □ **s. voice**, voce da soprano □ **to sing s.**, cantare da soprano.
sorb /sɔːb/ *n.* (*bot.*) sorbo.
sorbet /ˈsɔːbeɪ, -bət, *USA* -bət, sɔːˈbeɪ/ *n.* sorbetto.
sorcerer /ˈsɔːsərə(r)/ *n.* mago; stregone.
sorceress /ˈsɔːsərɪs/ *n.* maga; fattucchiera.
sorcery /ˈsɔːsərɪ/ *n.* [U] magia; stregoneria.
sordid /ˈsɔːdɪd/ *a.* **1** sordido; squallido **2** gretto; meschino.
sordidness /ˈsɔːdɪdnəs/ *n.* [U] **1** sordidezza; squallore **2** grettezza; meschinità.
sore /sɔː(r)/ **A** *a.* **1** dolente; che fa male: **My arms are s.**, mi fanno male le braccia; ho male alle braccia; **to have s. feet**, avere mal di piedi; **to have a s. finger**, avere male a un dito; **to have a s. throat**, avere mal di gola; **to be s. all over**, essere tutto indolenzito **2** (*fam. USA*) arrabbiato; irritato: **to feel s. about st.**, essere irritato per q.c.; **to get s. with sb.**, arrabbiarsi (*o* prendersela) con q. ● **s. point**, punto dolente (*o* delicato) (*fig.*) □ **s. at heart**, angosciato; desolato □ **to be in s. need of help**, avere estremo bisogno d'aiuto **B** *n.* (*med.*) piaga; ferita; male ● (*med.*) **cold s.**, herpes semplice (*sulle labbra*).
sorely /ˈsɔːlɪ/ *avv.* fortemente: **Help was s. needed**, c'era urgente bisogno d'aiuto; **to feel s. tempted to do st.**, avere la forte tentazione di fare q.c.; **s. tried**, messo a dura prova; **He is s. missed**, si sente molto la sua mancanza.
soreness /ˈsɔːnəs/ *n.* [U] indolenzimento; dolore; male.
sorghum /ˈsɔːgəm/ *n.* [U] (*bot.*) sorgo; saggina.
sorority /səˈrɒrətɪ, *USA* -ˈrɔːr-/ *n.* **1** comunità di donne **2** (*USA*) associazione di studentesse universitarie.
sorrel (1) /ˈsɒrəl, *USA* ˈsɔːr-/ *n.* [U] (*bot.*) acetosa.
sorrel (2) /ˈsɒrəl, *USA* ˈsɔːr-/ **A** *a.* rosso-castagno; (*di cavallo*) sauro **B** *n.* sauro.
sorrow /ˈsɒrəʊ, *USA* ˈsɔːr-/ *n.* [C] *e* [U] **1** dolore; pena; dispiacere; **joys and sorrows**, gioie e dolori; **a secret s.**, una pena segreta **2** rammarico; rincrescimento: **to express one's s.**, esprimere il proprio rammarico.
to **sorrow** /ˈsɒrəʊ, *USA* ˈsɔːr-/ *v. i.* (*lett.*) addolorarsi; affliggersi; rattristarsi.
sorrowful /ˈsɒrəʊfl, *USA* ˈsɔːr-/ *a.* **1** addolorato; afflitto **2** doloroso; penoso.
sorry /ˈsɒrɪ, *USA* ˈsɔːrɪ/ *a.* **1** (*pred.*) addolorato; afflitto; dispiaciuto: **to be** (*o* **to feel**) sorry, essere dispiaciuto; rammaricarsi; dispiacere, rincrescere (*costruz. impers.*); **I'm s. we didn't meet**, mi dispiace che non ci siamo incontrati; **I'm s. for you**, mi rincresce per te; **Don't feel s. for me**, non rattristarti per me; **I'm so s. to hear**, mi dispiace tanto; **I feel s. for whoever has to work with him!**, poveretto chi deve lavorare con lui! **2** rammaricato; pentito: **I'm s. I shouted at you**, ti chiedo scusa di aver (*o* scusa se ho) alzato la voce; **I'm s. I'm late**, chiedo scusa del ritardo; **You will be s. for this some day**, te ne pentirai un giorno **3** (*attr.*) meschino; misero; pietoso: **s. excuse**, misera scusa; **to cut a s. figure**, fare una magra figura; **in a s. state**, ridotto male ● **S.!**, scusa!; scusate!; scusi! □ **S.?**, come (hai detto)?; prego? □ **S., but I can't help you**, mi spiace (*o* spiacente), ma non posso aiutarti □ **He's done a very bad job, I'm s. to say**, ha fatto un lavoro scadente, purtroppo □ (*fam.*) **to feel s. for oneself**, compiangersi; piangersi addosso.
sort /sɔːt/ *n.* **1** tipo; genere; specie; sorta: **different sorts of cheese**, diversi tipi di formaggio; **I can't stand that s. of person**, non sopporto quel genere di persone; **It's a s. of violin**, è una specie di violino; **a new s. of bicycle**, un nuovo tipo di bicicletta; **people of every s.**, gente di ogni sorta **2** (*fam.*) individuo; persona: **He's a good s.**, è un brav'uomo; è una gran brava persona ● (*fam.*) **s. of**, un po'; quasi; in un certo modo: **s. of tired**, un po' stanco; **s. of green**, verdastro; verdiccio; **I s. of expected it**, in un certo modo me l'aspettavo; **«Are you frightened?» «S. of.»**, «hai paura?» «un po' sì» □ **a painter of sorts**, un pittore, per così dire □ **nothing of the s.**, niente del genere; niente di simile □ **out of sorts**, giù (di tono); non in forma; imbronciato □ **She's some s. of accountant**, fa la contabile o simile □ **What s. of an answer is that?**, che razza di risposta è questa? □ **You know the s. of thing I mean**, sai che cosa intendo.
to **sort** /sɔːt/ *v. t.* **1** mettere in ordine; riordinare **2** suddividere; classificare; smistare (*posta*); cernere (*frutta, ecc.*) **3** *V.* **to sort out**, *def. 3*.
♦ **sort out** *v. t. + avv.* **1** scegliere: **I must s. out the books to give away**, devo scegliere i libri da dare via **2** classificare: **to s. out stamps**, classificare francobolli **3** (*fam.*) risolvere; aggiustare; mettere a posto; sistemare: **to s. out a problem**, risolvere un problema; **to s. out a quarrel**, aggiustare una lite **4** (*pop.*) aggiustare, sistemare, conciare (q.) ● **to s. oneself out**, organizzarsi.
sortie /ˈsɔːtɪ/ *n.* **1** (*mil.*) sortita **2** (*aeron.*) volo (*o* missione) di un solo apparecchio **3** gita; viaggio.
sot /sɒt/ *n.* (*lett.*) ubriacone; beone.
soufflé /ˈsuːfleɪ, *USA* suːˈf-/ (*franc.*) *n.* (*cucina*) soufflé; sformato.
sought /sɔːt/ *pass. e p.p. di* **to seek**.
sought-after /ˈsɔːtˈɑːftə(r), *USA* -ˈæf-/ *a.* richiesto; ricercato.
soul /səʊl/ *n.* **1** anima (*anche fig.*): **with all one's s.**, con tutta l'anima; **the souls of the departed**, le anime dei defunti; **There wasn't a (living) s.**, non c'era un'anima (viva) **2** (*fam.*) persona; creatura: **She's a good s.**, è una cara persona; è una brava donna; **He's a funny old s.**, è un tipo strambo; (*fam.*) **Poor little s.!**, poverina!; poverino! **3** [U] anima; calore; umanità ● (*pop. USA*) **s. brother** [**sister**], fratello nero [sorella nera] □ **s.-destroying**, alienante; avvilente □ **s. mate**, anima gemella □ **s. music**, musica «soul» □ **the s. of discretion**, la discrezione in persona □ **s.-searching**, esame di coscienza □ **s.-stirring**, esaltante □ (*relig.*) **All Souls' Day**, il giorno dei Morti □ (*antiq.*) **Upon my s.!**, in fede mia!; per bacco!
soulful /ˈsəʊlfl/ *a.* **1** appassionato **2** (*spreg.*) sentimentale.
soulless /ˈsəʊlləs/ *a.* **1** senz'anima; senza cuore **2** privo di ispirazione; prosaico; monotono.
sound (1) /saʊnd/ **A** *a.* **1** sano; in buone condizioni: **s. mind**, mente sana; **s. fruit**, frutta sana; **a s. ship**, una nave in buone condizioni; **safe and s.**, sano e salvo **2** buono; valido; sano; efficace; solido; affidabile: **s. advice**, un buon consiglio; buoni consigli; **a s. policy**, una sana politica; **a s. business**, una ditta solida **3** accurato; completo **4** (*del sonno*) profondo **5** severo; forte: **to give sb. a s. thrashing**, darle a q. di santa ragione (*fam.*) ● **as s. as a bell**, sano come un pesce □ **s. sleeper**, uno che dorme sodo **B** *avv.* — **to be s. asleep**, dormire profondamente.
sound (2) /saʊnd/ *n.* **1** [U] *e* [C] suono; rumore: **vowel s.**, suono vocalico; **a s. of bells**, un suono di campane; **What was that s.?**, che cos'è stato quel rumore?; **the s. of distant guns**, un rombo lontano di artiglieria **2** [U] (*cinem.*) sonoro; (*radio, TV*) audio ● (*radio*) **s. archives**, fonoteca □ (*aeron.*) **s. barrier**, barriera del suono □ **s. effect**, effetto sonoro □ **s. engineer**, tecnico del suono □ (*cinem., TV*) **s. technician**, fonico □ (*fis.*) **s. wave**, onda sonora □ **from the s. of it**, da quello che ho sentito; da quanto mi dici □ **I don't like the s. of it**, la cosa non mi piace (*o* mi suona male).
sound (3) /saʊnd/ *n.* (*geogr.*) braccio di mare; stretto.
to **sound** (1) /saʊnd/ **A** *v. i.* **1** suonare; risuonare; squillare **2** sembrare (*al suono*): **You s. worried**, mi sembri preoccupato; hai un tono di voce proccupato; **It sounds like a**

good idea, sembra una buon'idea; **It sounds as if...**, si direbbe che... ***B*** *v. t.* ***1*** suonare: **to s. a trumpet** [**the alarm**], suonare la tromba [l'allarme]; (*autom.*) **to s. the horn**, suonare il clacson ***2*** (*med.*) auscultare ***3*** (*fon.*) pronunciare • **to s. a note of alarm**, suonare il campanello d'allarme (*fig.*).
♦ **sound off** *v. i.* + *avv.* (*fam.*) fare una tirata di protesta; concionare.
to **sound** (**2**) /saʊnd/ *v. t.* ***1*** sondare ***2*** (*naut.*) scandagliare ***3*** (*med.*) esaminare con la sonda.
♦ **sound out** *v. t.* + *avv.* sondare (*fig.*); tastare il terreno: **to s. out sb.'s views**, sondare le opinioni di q.; **Try and s. him out on this**, cerca di sapere come la pensa su questa faccenda.
soundbite /ˈsaʊndbaɪt/ *n.* (*radio, TV*) frase citabile, frase a effetto (*specialm. detta da un personaggio politico*).
sounding /ˈsaʊndɪŋ/ *n.* ***1*** (*naut.*) scandaglio (*l'azione*): **to take soundings**, fare scandagli; **s. line**, scandaglio (*lo strumento*) ***2*** (*al pl.*) (*naut.*) fondali ***3*** (*al pl.*) sondaggio (di opinione).
sounding board /ˈsaʊndɪŋ bɔːd/ *locuz. n.* (*fig.*) cassa di risonanza.
soundless /ˈsaʊndləs/ *a.* senza suono; muto; silenzioso.
soundly /ˈsaʊndlɪ/ *avv.* ***1*** efficacemente; bene: **s. argued**, ben argomentato ***2*** profondamente: **to sleep s.**, dormire profondamente ***3*** gravemente; severamente: **s. beaten**, severamente sconfitti.
soundness /ˈsaʊndnəs/ *n.* Ⓤ ***1*** sanità; vigore: **s. of body and mind**, sanità di corpo e di mente ***2*** completezza; accuratezza ***3*** efficacia; validità ***4*** integrità ***5*** (*comm.*) solidità.
soundproof /ˈsaʊndpruːf/ *a.* isolato acusticamente; insonorizzato.
to **sound-proof** /ˈsaʊndpruːf/ *v. t.* isolare acusticamente; insonorizzare.
soundtrack /ˈsaʊndtræk/ *n.* (*cinem.*) colonna sonora.
soup /suːp/ *n.* Ⓤ minestra; brodo: **vegetable s.**, minestra di verdura; **chicken s.**, brodo di pollo; **thick s.**, passato • **s. kitchen**, mensa gratuita per i poveri □ **s. spoon**, cucchiaio da minestra □ (*fam.*) **in the s.**, nei guai; nei casini (*fam.*).
to **soup** /suːp/ *v. Solo come*:
♦ **soup up** *v. t.* + *avv.* ***1*** (*autom.*) truccare ***2*** (*elab.*) potenziare ***3*** (*fam.*) esagerare; gonfiare.
soupçon /ˈsuːpsɒn, *USA* -ˈsəʊn/ (*franc.*) *n.* pizzico; tantino.
soupy /ˈsuːpɪ/ *a.* simile a zuppa; denso.
sour /ˈsaʊə(r)/ *a.* ***1*** acido; agro; acre; aspro; acerbo: **s. milk**, latte acido; **s. smell**, odore acre; **s. cream**, panna acida; **s. apples**, mele acerbe ***2*** inacidito (*fig.*); bisbetico; stizzoso: **s. temper**, carattere bisbetico; **s. look**, occhiata bieca • (*fam.*) **s. grapes**, invidia □ **to make s.**, inacidire; (*fig.*) inacerbire, inasprire □ **to smell s.**, avere un odore acre; saper d'acido □ **to taste s.**, saper d'acido (*al gusto*) □ **to turn** (*o* **to go**) **s.**, inacidire; (*fig.*) guastarsi, finire male.
to **sour** /ˈsaʊə(r)/ ***A*** *v. t.* ***1*** inacidire; far andare a male ***2*** (*fig.*) inacerbire; inasprire ***B*** *v. i.* ***1*** inacidirsi ***2*** (*fig.*) inacerbirsi; inasprirsi.
source /sɔːs/ *n.* (*anche fig.*) sorgente; fonte.
to **source** /sɔːs/ *v. t.* (*tecn.*) rintracciare la fonte di.
sourness /ˈsaʊənəs/ *n.* Ⓤ ***1*** acidità ***2*** acidità (*fig.*); acredine; asprezza.
sourpuss /ˈsaʊəpʊs/ *n.* (*fam.*) musone (-a); bontolone (-a).
to **souse** /saʊs/ *v. t.* ***1*** (*cucina*) marinare; fare in carpione ***2*** bagnare; immergere.
soused /saʊst/ *a.* ***1*** in salamoia ***2*** (*pop.*) ubriaco; sbronzo (*fam.*).
soutane /suːˈtɑːn, -æn/ *n.* (*eccles.*) sottana, tonaca (*di prete cattolico*).
south /saʊθ/ ***A*** *n.* ***1*** sud; mezzogiorno: **in the s.**, a sud; **Malta is to the s. of Italy**, Malta si trova a sud dell'Italia ***2*** parte meridionale; sud: **in the s. of the country**, nel sud del paese ***B*** *a.* (a) sud; da sud; del sud; del mezzogiorno; meridionale: **the s. side**, il lato sud; **S. America**, l'America del Sud; il Sudamerica; **the S. Pole**, il polo sud; **s. wind**, vento del sud ***C*** *avv.* al sud; verso (il) sud: **to go s.**, andare al (*o* verso) sud; **to face s.**, essere rivolto a sud.
southbound /ˈsaʊθbaʊnd/ *a.* diretto verso sud.
southeast /saʊθˈiːst/ ***A*** *n.* sudest ***B*** *a. attr.* a (*o* da, di) sudest; sudorientale: **S. Asia**, l'Asia sudorientale ***C*** *avv.* a (*o* verso) sudest.
southeaster /saʊθˈiːstə(r)/ *n.* vento da sudest; (*in Italia*) scirocco.
southeasterly /saʊθˈiːstəlɪ/ ***A*** *a.* ***1*** verso sudest ***2*** (*di vento*) da sudest ***B*** *n.* vento da sudest.
southeastern /saʊθˈiːstən/ *a.* di sudest; sudorientale.
southerly /ˈsʌðəlɪ/ *avv.* ***1*** verso sud: **in a s. direction**, verso sud; in direzione sud ***2*** (*di vento*) da sud.
southern /ˈsʌðn/ *a.* del sud; a sud; meridionale; australe: **S. Italy**, l'Italia del sud (*o* meridionale); **the s. hemisphere**, l'emisfero australe.
Southerner /ˈsʌðənə(r)/ *n.* ***1*** abitante del Sud ***2*** (*USA*) abitante di uno degli Stati del Sud.
southernmost /ˈsʌðnməʊst/ *a.* (il) più meridionale.
southpaw /ˈsaʊθpɔː/ *a. e n.* (*fam., specialm. boxe*) mancino.
southward /ˈsaʊθwəd/ ***A*** *a.* (verso) sud ***B*** **southward(s)** *avv.* verso sud.
southwest /saʊθˈwɛst/ ***A*** *n.* sudovest ***B*** *a. attr.* a (*o* da, di) sudovest; sudoccidentale ***C*** *avv.* a (*o* verso) sudovest.
southwester /saʊθˈwɛstə(r)/ *n.* vento da sudovest; (*in Italia*) libeccio.
southwesterly /saʊθˈwɛstəlɪ/ ***A*** *a.* ***1*** verso sudovest ***2*** (*di vento*) da sudovest ***B*** *n.* vento da sudovest.
southwestern /saʊθˈwɛstən/ *a.* di sudovest; sudoccidentale.
souvenir /ˈsuːvənɪə(r), *USA* suːvəˈn-/ *n.* (oggetto) ricordo; souvenir.
sou'wester /saʊˈwɛstə(r)/ *n.* (*naut.*) ***1*** vento da sudovest ***2*** sudovest (*cappello*).
sovereign /ˈsɒvrɪn/ ***A*** *a.* sovrano; supremo; sommo: **s. state**, Stato sovrano; **s. power**, potere supremo; sovranità ***B*** *n.* ***1*** sovrano (-a); re, regina ***2*** (*numism.*) sovrana.
sovereignty /ˈsɒvrəntɪ/ *n.* Ⓤ ***1*** sovranità ***2*** potere supremo.
soviet /ˈsəʊvɪət, ˈsɒ-/ (*polit.*) ***A*** *n.* soviet ***B*** *a. attr.* sovietico.
sow /saʊ/ *n.* (*zool.*) scrofa.
to **sow** /səʊ/ (*pass.* **sowed**, *p.p.* **sown**, **sowed**) *v. t. e i.* (*anche fig.*) seminare: **to sow a field with wheat**, seminare un campo a grano; **to sow the seeds of hatred**, seminare odio; gettare il seme dell'odio.
sower /ˈsəʊə(r)/ *n.* (*agric.*) ***1*** seminatore (-trice) ***2*** seminatrice (*macchina*).
sowing /ˈsəʊɪŋ/ *n.* Ⓤ semina; seminagione.
sown /sɛʊn/ *p.p. di* **to sow**.
soy /sɔɪ/, **soya** /ˈsɔɪə/ *n.* (*bot.*) soia • (*cucina*) **s. sauce**, salsa di soia □ **s. bean**, *V.* **soybean**.
soybean /ˈsɔɪbiːn/ *n.* (*bot.*) soia; seme di soia.
sozzled /ˈsɒzld/ *a.* (*pop.*) ubriaco fradicio.
spa /spɑː/ *n.* ***1*** stazione termale; terme ***2*** (*anche* **health spa**, *USA*) palestra (*con piscina, ecc.*).
space /speɪs/ *n.* ***1*** Ⓤ spazio: **outer s.**, spazio; spazi siderali; **air s.**, spazio aereo; **to stare into s.**, guardare nel vuoto ***2*** Ⓤ *e* Ⓒ spazio; posto: **to clear a s. for st.**, fare spazio a q.c.; **to leave a s. for st.**, lasciare (uno) spazio per q.c; **blank s.**, spazio in bianco; **parking s.**, posto per parcheggiare ***3*** spazio, intervallo, lasso, arco (*di tempo*): **in the s. of a month**, nello spazio di un mese; **in the s. of three generations**, nell'arco di tre generazioni ***4*** (*tipogr.*) spazio; battuta; spaziatura; interlinea • **s. age**, era spaziale □ (*fam.*) **s.-age**, ultramoderno □ **s. bar**, sbarra spaziatrice (*di macchina da scrivere*) □ (*miss.*) **s. capsule**, capsula spaziale □ (*miss.*) **s. flight**, volo spaziale □ (*miss.*) **s. probe**, sonda spaziale □ **s. travel**, viaggi interplanetari.
to **space** /speɪs/ *v. t.* ***1*** (*tipogr.*) spazieggiare; spaziare ***2*** (*anche* **to s. out**) distanziare; disporre a intervalli.
spacecraft /ˈspeɪskrɑːft, *USA* -æft/ *n.* (*pl. invar.*) veicolo spaziale.
spaced /speɪst/ *a. pred.* ***1*** spaziato; distanziato ***2*** (*di pagamento*) frazionato • (*pop.*) **s. out**, drogato; fatto (*pop.*).
spaceman /ˈspeɪsmən/ *n.* (*pl.* **spacemen** /-mən/) astronauta (*m.*).
spacer /ˈspeɪsə(r)/ *n.* ***1*** (*tipogr.*) spaziatore ***2*** (*mecc.*) distanziatore.
spaceship /ˈspeɪsʃɪp/ *n.* astronave.
spacesuit /ˈspeɪssnɪt/ *n.* tuta spaziale.
spacewalk /ˈspeɪswɔːk/ *n.* (*miss.*) passeggiata spaziale.
spacewoman /ˈspeɪswʊmən/ *n.* (*pl.* **spacewomen** /-wɪmən/) astronauta (*f.*).
spacial /ˈspeɪʃl/ *a.* spaziale.
spacing /ˈspeɪsɪŋ/ *n.* Ⓤ ***1*** (*tipogr.*) spaziatura: **double s.**, spaziatura doppia ***2*** distanza; intervallo.

spacious /ˈspeɪʃəs/ *a.* spazioso; ampio; vasto.
spaciousness /ˈspeɪʃəsnəs/ *n.* ▣ spaziosità; ampiezza.
spade /speɪd/ *n.* *1* (*agric.*) vanga *2* paletta (*giocattolo*) *3* (*a carte*) picche; carta di picche *4* (*pop. spreg. USA*) negro • **to call a s. a s.**, dir pane al pane (e vino al vino).
spadework /ˈspeɪdwɜːk/ *n.* ▣ lavoro preliminare (*generalm. faticoso*).
spaghetti /spəˈgetɪ/ (*ital.*) *n.* ▣ spaghetti • (*cinem.*) **s. western**, western all'italiana.
span (1) /spæn/ *n.* *1* spanna; palmo *2* luce, campata (*di arco, ponte, ecc.*) *3* periodo, arco, spazio (*di tempo*): **over a s. of ten years**, nell'arco di dieci anni; **the whole s. of Roman history**, l'intero periodo della storia romana *4* distanza (*fra due estremità*); lunghezza; larghezza • **attention s.**, capacità di concentrazione.
span (2) /spæn/ *pass. di* **to spin**.
to **span** /spæn/ *v. t.* *1* (*di ponte*) attraversare; stendersi attraverso *2* gettare un ponte su *3* abbracciare (*fig.*): **to s. two centuries**, abbracciare due secoli.
spangle /ˈspæŋgl/ *n.* lustrino; paillette (*franc.*).
spangled /spæŋgld/ *a.* coperto di lustrini.
Spaniard /ˈspænjəd/ *n.* spagnolo (*uomo*).
spaniel /ˈspænjəl/ *n.* (*zool.*) spaniel.
Spanish /ˈspænɪʃ/ ***A*** *a.* spagnolo • **S. America**, America Latina ***B*** *n.* *1* spagnolo (*la lingua*) *2* — (*collett.*) **the S.**, gli spagnoli.
spank /spæŋk/ *n.* sculacciata; sculaccione.
to **spank** /spæŋk/ *v. t.* sculacciare.
♦ **spank along** *v. i. + avv.* (*specialm. di barca a vela*) filare.
spanking (1) /ˈspæŋkɪŋ/ *n.* sculacciata; dose di sculacciate.
spanking (2) /ˈspæŋkɪŋ/ ***A*** *a.* rapido; svelto: **to go at a s. pace**, camminare a passo svelto; (*di cavallo*) trottare serrato; **s. breeze**, vento forte ***B*** *avv.* molto; completamente: **s. clean**, pulitissimo; **s. new**, nuovo di zecca.
spanner /ˈspænə(r)/ *n.* (*mecc., GB*) chiave: **adjustable s.**, chiave inglese • **to put** (*o* **to throw**) **a s. in the works**, mettere il bastone fra le ruote a q.
spar /spɑː(r)/ *n.* *1* (*naut.*) albero; pennone; asta *2* (*aeron.*) longherone.
to **spar** /spɑː(r)/ *v. i.* *1* (*sport*) allenarsi nel pugilato *2* discutere; dibattere.
spare /speə(r)/ ***A*** *a.* *1* di ricambio; di scorta; (*naut.*) di rispetto: **s. part**, pezzo di ricambio; **s. wheel**, ruota di scorta *2* d'avanzo; in più; libero; disponibile: **a s. bed**, un letto in più; **s. time**, tempo libero; **in one's s. moments**, nei ritagli di tempo *3* asciutto; magro *4* (*di dialogo, stile, ecc.*) economico; essenziale ***B*** *n.* (*mecc.*) pezzo di ricambio; ricambio • **s. room**, camera degli ospiti □ **s. tyre** (*USA* **tire**), (*autom.*) gomma di scorta; (*fam. scherz.*) rotolo di grasso in vita □ (*fam. GB*) **to go s.**, agitarsi; infuriarsi; dare i numeri.
to **spare** /speə(r)/ *v. t. e i.* *1* risparmiare: **to s. sb.'s life**, risparmiare la vita a q.; **not to s. oneself**, non risparmiarsi; mettercela tutta; **S. me the details**, risparmiami i particolari *2* economizzare su: **No expense was spared**, non badarono a spese *3* fare a meno di: **I cannot s. him just now**, non posso fare a meno di lui in questo momento; **Can you s. the car for an hour?**, posso prendere la macchina per un'ora? *4* aver riguardo per: **to s. sb.'s feelings**, avere riguardo per i sentimenti di q. *5* dare; offrire: **Can you s. me a cigarette?**, hai una sigaretta da darmi?; **Can you s. me a few minutes?**, puoi dedicarmi qualche minuto? • **to s. a thought for st.**, pensare a q.c. □ **S. my blushes!**, non farmi arrossire! □ **I have no time to s.**, non ho tempo □ **I've got enough and to s.**, ne ho in abbondanza (*o* a iosa) □ **We have only ten minutes to s.**, abbiamo solo dieci minuti (*prima di q.c.*).
sparerib /ˈspeərɪb/ *n.* (*cucina*) costina di maiale.
sparing /ˈspeərɪŋ/ *a.* parco; moderato; frugale.
spark /spɑːk/ *n.* *1* scintilla (*anche fig.*): **electric s.**, scintilla elettrica; **the s. that set off the revolution**, la scintilla che fece scoppiare la rivoluzione *2* barlume; briciolo; traccia: **s. of intelligence**, barlume di intelligenza • (*autom., USA*) **s. plug**, candela □ (*fam. iron.*) **bright s.**, intelligentone; genio.
to **spark** /spɑːk/ ***A*** *v. i.* scintillare; mandare scintille ***B*** *v. t.* (*anche* **to s. off**) scatenare; far esplodere: **to s. a riot**, far esplodere un tumulto.
sparking /ˈspɑːkɪŋ/ *n.* ▣ (*fis.*) scintillamento • (*autom.*) **s. plug**, candela.
sparkle /ˈspɑːkl/ *n.* ▣ *e* ▣ *1* scintillio; sfavillio; luccichio; brillio *2* scintilla; favilla *3* effervescenza (*del vino*) *4* brio; vivacità.
to **sparkle** /ˈspɑːkl/ *v. i.* *1* scintillare; sfavillare; luccicare; brillare *2* (*di vino*) essere frizzante; spumeggiare *3* (*di persona*) essere brioso; sprizzare vivacità; spumeggiare.
sparkler /ˈspɑːklə(r)/ *n.* bengala; stella filante.
sparkling /ˈspɑːklɪŋ, -kəl-/ *a.* *1* scintillante; sfavillante; raggiante; splendente *2* (*di bevanda*) frizzante: **s. wine**, (vino) spumante *3* brioso; vivace; spumeggiante.
sparring partner /ˈspɑːrɪŋ ˈpɑːtnə(r)/ *locuz. n.* *1* (*boxe*) sparring partner; allenatore *2* avversario abituale (*in una discussione*).
sparrow /ˈspærəʊ/ *n.* (*zool.*) passero • **hedge s.**, passera scopaiola □ **young s.**, passerotto.
sparrowhawk /ˈspærəʊhɔːk/ *n.* (*zool.*) sparviero, sparviere.
sparse /spɑːs/ *a.* rado; scarso. ATTENZIONE: **sparse** ≠ sparso.
Spartan /ˈspɑːtən/ *a. e n.* spartano.
spasm /ˈspæzəm/ *n.* *1* (*med.*) spasmo: **to go into a s.**, avere uno spasmo *2* accesso; attacco: **s. of coughing**, accesso di tosse.
spasmodic /spæzˈmɒdɪk/ *a.* *1* (*med.*) spasmodico *2* irregolare; intermittente.
spastic /ˈspæstɪk/ *a. e n.* (*med.*) spastico.
spat (1) /spæt/ *n.* (*generalm. al pl.*) ghetta.
spat (2) /spæt/ *n.* (*fam. USA*) bisticcio; battibecco.
spat (3) /spæt/ *pass. e p.p. di* **to spit**.
spate /speɪt/ *n.* grande quantità; serie; ondata: **a s. of strikes**, un'ondata di scioperi • **a river in full s.**, un fiume in piena.
spatial /ˈspeɪʃl/ *a.* spaziale.
spatter /ˈspætə(r)/ *n.* *1* schizzo; spruzzo *2* macchiolina • **a s. of rain**, una spruzzata di pioggia.
to **spatter** /ˈspætə(r)/ ***A*** *v. t.* schizzare; spruzzare; inzaccherare ***B*** *v. i.* (*di liquido che bolle*) schizzare.
spatula /ˈspætjʊlə, *USA* -tʃʊ-/ *n.* spatola.
spawn /spɔːn/ *n.* ▣ *1* (*zool.*) uova (*di pesci, di molluschi, ecc.*) *2* (*bot.*) micelio *3* (*spreg.*) progenie; stirpe.
to **spawn** /spɔːn/ ***A*** *v. t.* *1* (*zool., di pesci, molluschi, ecc.*) deporre (*le uova*) *2* (*spreg.*) generare ***B*** *v. i.* (*zool., di pesci, ecc.*) deporre uova.
to **spay** /speɪ/ *v. t.* sterilizzare (*una femmina di animale*).
to **speak** /spiːk/ (*pass.* **spoke**, *p.p.* **spoken**) *v. i. e t.* *1* parlare: **to s. to sb. about** (*o* **of**) **st.**, parlare a q. di q.c.; (*al telef.*) **Hello, who's speaking?**, pronto, chi parla?; **We're not speaking** (**to each other**), non ci parliamo *2* dire; esprimere; pronunciare: **to s. the truth**, dire la verità; **to s. one's mind**, dire quel che si pensa; parlar chiaro • **S. of the devil**, lupus in fabula (*lat.*) □ **to s. out of turn**, parlare a sproposito □ **to s. to the point**, restare in argomento □ **to s. volumes**, (*di azione, ecc.*) essere eloquente □ **Speaking of money...**, a proposito di soldi... □ **English** (**is**) **spoken** (**here**), qui si parla inglese □ **legally speaking**, dal punto di vista legale □ **nothing to s. of**, niente di cui valga la pena parlare; nulla di importante □ **roughly speaking**, all'incirca; press'a poco □ **so to s.**, per così dire □ **strictly speaking**, a rigore; in senso stretto.
♦ **speak for** *v. i. + prep.* parlare a nome di: **to s. for oneself**, parlare a nome proprio (*o* per sé) • **The figures s. for themselves**, le cifre parlano da sole.
♦ **speak out** *v. i. + avv.* parlare chiaro.
♦ **speak out against** *v. i. + avv. e prep.* dichiararsi pubblicamente contro; pronunciarsi contro.
♦ **speak to** *v. i. + prep.* *1* rimproverare; dirne quattro a *2* pronunciarsi su: **to s. to a motion**, pronunciarsi su una mozione.
♦ **speak up** *v. i. + avv.* *1* alzare la voce; parlare più forte *2* prendere posizione (su q.c.).
speakeasy /ˈspiːkiːzɪ/ *n.* (*pop. USA*) spaccio clandestino di alcolici (*all'epoca del Proibizionismo*).
speaker /ˈspiːkə(r)/ *n.* *1* oratore; parlatore *2* (*ling.*) parlante *3* — (*polit.*) **the S.**, (*in G.B.*) il Presidente della Camera dei Comuni; (*in U.S.A.*) il Presidente della Camera dei Rappresentanti *4* altoparlante.
speaking /ˈspiːkɪŋ/ *a.* parlante • (*telef.*) **s. clock**, ora esatta □ **s. tube**, portavoce (a tubo) □ **We are not on s. terms**, non ci parliamo più.
spear /ˈspɪə(r)/ *n.* *1* lancia; asta *2* (*anche* **fishing s.**) ar-

pione; fiocina • **s. gun**, fucile subacqueo.
to **spear** /ˈspɪə(r)/ *v. t.* *1* colpire con la lancia; trafiggere *2* arpionare (*un pesce*).
spearhead /ˈspɪəhɛd/ *n.* *1* punta della lancia *2* (*mil.*) reparto d'assalto *3* (*fig.*) gruppo d'assalto; punta avanzata.
to **spearhead** /ˈspɪəhɛd/ *v. t.* essere alla testa di; condurre; capeggiare: **to s. an attack**, condurre un attacco; **to s. a protest campaign**, capeggiare una campagna di protesta.
spearmint /ˈspɪəmɪnt/ *n.* U (*bot.*) menta verde.
spec /spɛk/ *n.* *1* *abbr. fam. di* **specification** *2* (*al pl.*) *abbr. fam. di* **spectacles** *3* (*abbr. fam. di* **speculation**) — (*GB*) **on s.**, sperando di ottenere (q.c.): **to buy st. on s.**, comprare q.c. sperando di guadagnarci; **We didn't have tickets, we just went on s.**, non avevamo biglietti e ci siamo andati confidando nella fortuna.
special /ˈspɛʃl/ *A* *a.* speciale; particolare: **a s. case**, un caso speciale; **What's so s. about it?**, che cos'ha di tanto speciale?; (*cinem.*) **s. effects**, effetti speciali; **s. train**, treno straordinario • (*in G.B.*) **S. Branch**, Servizi Speciali □ **s.-delivery letter**, (lettera) espresso □ (*in G.B.*) **s. school**, scuola per handicappati o psicolabili □ **as a s. favour**, in via del tutto eccezionale *B* *n.* *1* edizione straordinaria *2* treno speciale *3* piatto del giorno *4* (*GB*) poliziotto ausiliare *5* (*TV*) special *6* (*comm., USA*) (articolo in) offerta speciale.
to **specialise** /ˈspɛʃəlaɪz/ *e deriv.* (*GB*) *V.* **to specialize** *e deriv.*
specialism /ˈspɛʃəlɪzəm/ *n.* U specializzazione.
specialist /ˈspɛʃəlɪst/ *n.* specialista: **eye s.**, oculista; **heart s.**, cardiologo.
speciality /spɛʃɪˈælətɪ/ *n.* *1* specialità *2* studio speciale; oggetto di specializzazione.
specialization /spɛʃəlaɪˈzeɪʃn, *USA* -lɪˈz-/ *n.* U *e* C specializzazione.
to **specialize** /ˈspɛʃəlaɪz/ *v. i.* *1* specializzarsi *2* (*biol.*) adattarsi; differenziarsi.
specialized /ˈspɛʃəlaɪzd/ *a.* specializzato; specialistico.
specially /ˈspɛʃəlɪ/ *avv.* *1* specialmente; in specie *2* appositamente.
specialty /ˈspɛʃltɪ/ *n.* *1* (*USA*) *V.* **speciality** *2* (*leg.*) contratto in atto pubblico.
specie /ˈspiːʃiː/ *n.* U (*fin.*) moneta metallica.
species /ˈspiːʃiːz/ *n.* (*pl. invar.*) *1* (*bot., zool.*) specie: **endangered s.**, specie in via di estinzione *2* tipo; genere.
specific /spəˈsɪfɪk/ *A* *a.* *1* specifico; preciso; esatto: (*mecc.*) **s. weight**, peso specifico; **s. orders**, ordini precisi; **for no s. reason**, senza un preciso motivo *2* caratteristico; peculiare; particolare: **a style s. to that school of painters**, uno stile peculiare di quella scuola di pittura *B* *n.* (*farm.*) (rimedio) specifico.
specification /spɛsɪfɪˈkeɪʃn/ *n.* *1* U specificazione; descrizione particolareggiata *2* (*al pl.*) (*ind., edil.*) specifiche; capitolato *3* (*al pl.*) (*tecn.*) caratteristiche; dati tecnici.
specificity /spəˈfɪsətɪ/ *n.* U specificità.
to **specify** /ˈspɛsɪfaɪ/ *v. t.* *1* specificare; indicare esattamente *2* (*edil.*) indicare (*o* includere) nel capitolato *3* fissare; stabilire (*come condizione*).
specimen /ˈspɛsɪmən/ *n.* *1* esemplare; campione; modello; saggio: **specimens of insects**, esemplari di insetti; **a s. of blood**, un campione di sangue *2* (*fam.*) individuo *3* (*scient.*) provino *4* (*med., fam.*) campione di urina • **s. copy**, copia (di libro) in saggio □ (*tipogr.*) **s. page**, pagina di prova.
specious /ˈspiːʃəs/ *a.* specioso.
speck /spɛk/ *n.* *1* macchiolina; puntino *2* corpuscolo; granello *3* (*fig.*) briciolo.
to **speck** /spɛk/ *v. t.* macchiettare; segnare con puntini.
speckle /ˈspɛkl/ *n.* chiazza; macchietta; macchiolina; puntino.
to **speckle** /ˈspɛkl/ *v. t.* chiazzare; macchiettare; picchiettare.
spectacle /ˈspɛktəkl/ *n.* *1* spettacolo; vista; scena *2* (*al pl.*) occhiali • **to make a s. of oneself**, dare spettacolo.
spectacled /ˈspɛktəkld/ *a.* che porta gli occhiali; occhialuto.
spectacular /spɛkˈtækjʊlə(r)/ *A* *a.* spettacoloso; straordinario *B* *n.* rappresentazione spettacolare; show; spettacolo.
spectator /spɛkˈteɪtə(r), *USA* ˈspɛkteɪ-/ *n.* spettatore (-trice); astante • **s. sport**, sport con grande seguito di pubblico.
specter /ˈspɛktə(r)/ *n.* (*USA*) *V.* **spectre**.
spectra /ˈspɛktrə/ *pl. di* **spectrum**.
spectral /ˈspɛktrəl/ *a.* *1* spettrale *2* (*fis.*) dello spettro; spettrale.
spectre /ˈspɛktə(r)/ *n.* spettro (*anche fig.*); fantasma.
spectrograph /ˈspɛktrəgrɑːf, *USA* -æf/ *n.* (*fis.*) spettrografo.
spectrography /spɛkˈtrɒgrəfɪ/ *n.* U (*fis.*) spettrografia.
spectrometer /spɛkˈtrɒmɪtə(r)/ *n.* (*fis.*) spettrometro.
spectrometry /spɛkˈtrɒmətrɪ/ *n.* U (*fis.*) spettrometria.
spectroscope /ˈspɛktrəskəʊp/ *n.* (*fis.*) spettroscopio.
spectroscopy /spɛkˈtrɒskəpɪ/ *n.* U (*fis.*) spettroscopia.
spectrum /ˈspɛktrəm/ *n.* (*pl.* **spectra**) *1* (*fis.*) spettro *2* gamma; arco.
specula /ˈspɛkjʊlə/ *pl. di* **speculum**.
specular /ˈspɛkjʊlə(r)/ *a.* speculare.
to **speculate** /ˈspɛkjʊleɪt/ *v. i.* *1* (*fin.*) speculare; fare speculazioni: **to s. in stocks**, speculare in titoli *2* speculare; meditare: **to s. on** (*o* **about**) **st.**, speculare su q.c. *3* fare ipotesi; congetturare; ipotizzare: **to s. that..**, ipotizzare che...
speculation /spɛkjʊˈleɪʃn/ *n.* U *e* C *1* (*fin.*) speculazione *2* speculazione; meditazione *3* congettura; ipotesi; supposizione.
speculative /ˈspɛkjʊlətɪv, -leɪtɪv/ *a.* *1* (*fin.*) speculativo *2* speculativo; indagatore: **a s. look**, uno sguardo indagatore *3* congetturale • **s. philosophy**, filosofia teoretica.
speculator /ˈspɛkjʊleɪtə(r)/ *n.* speculatore (-trice) (*specialm. fin.*).
speculum /ˈspɛkjʊləm/ *n.* (*pl.* **specula**, **speculums**) *1* (*med.*) specolo *2* (*astron.*) specchio (*per telescopio*) *3* (*zool.*) ocello.
sped /spɛd/ *pass. e p.p. di* **to speed**.
speech /spiːtʃ/ *n.* *1* U parola; (il) parlare: **the power of s.**, l'uso della parola; **free s.**, libertà di parola; **to be slow of s.**, essere lento nel parlare; **s. impediment**, difetto di pronuncia *2* U modo di parlare; parlata *3* discorso; orazione: **to make** (*o* **to deliver**) **a s.**, fare un discorso; fare un'orazione *4* U (*gramm.*) discorso: **parts of s.**, parti del discorso; **direct** [**indirect**] **s.**, discorso diretto [indiretto] • (*nelle scuole inglesi*) **s. day**, giorno della distribuzione dei diplomi e dei premi □ **s. organ**, organo della fonazione □ (*med.*) **s. therapist**, logopedista □ (*med.*) **s. therapy**, logoterapia □ **s. training**, corso di dizione □ **figure of s.**, figura retorica.
to **speechify** /ˈspiːtʃɪfaɪ/ *v. i.* (*fam. spreg.*) concionare; sproloquiare.
speechless /ˈspiːtʃləs/ *a.* senza parola; ammutolito; muto: **to be struck s.**, restare senza parole; ammutolire.
speed /spiːd/ *n.* U *e* C *1* velocità; celerità; rapidità: **s. limit**, limite di velocità; **at full s.**, a tutta velocità; **to pick up** (*o* **to gather**) **s.**, acquistare (*o* prendere) velocità *2* (*fotogr.*) velocità (*di otturatore*); sensibilità (*di pellicola*) *3* (*mecc.*) marcia: **five-s. gearbox**, cambio a cinque marce *4* (*pop.*) amfetamina • (*autom., USA*) **s. bump**, dosso artificiale (*per obbligare a rallentare*) □ (*pop. USA*) **s. cop**, agente della polizia stradale □ (*motociclismo*) **s. track**, pista □ (*autom.*) **s. trap**, tratto di strada sul quale la polizia controlla la velocità dei veicoli □ **at top s.**, a rotta di collo; di gran carriera.
to **speed** /spiːd/ (*pass. e p.p.* **sped**, *nelle forme trans.* **speeded**) *A* *v. i.* *1* andare a tutta velocità (*in automobile, ecc.*); affrettarsi; affrettare il passo: **We sped down the lane**, ci affrettammo giù per il sentiero; **The years sped by**, gli anni passarono veloci; **The car sped off** *2* (*autom.*) andare a velocità eccessiva; oltrepassare il limite di velocità *B* *v. t.* *1* far andare in fretta; portare in fretta *2* accelerare; sveltire.
♦ **speed up** *A* *v. i. + avv.* andare più veloce; accelerare *B* *v. t. + avv.* accelerare; sveltire.
speedboat /ˈspiːdbəʊt/ *n.* (*naut.*) motoscafo veloce da competizione.
speeder /ˈspiːdə(r)/ *n.* (*mecc.*) regolatore della velocità.
speeding /ˈspiːdɪŋ/ *n.* U (*autom.*) eccesso di velocità.
speedometer /spɪˈdɒmɪtə(r), spiːˈdɒ-/ *n.* (*autom., mecc.*) tachimetro; contachilometri.
speedway /ˈspiːdweɪ/ *n.* *1* (*sport*) (corse su) circuito di terra battuta (*per moto o auto*) *2* (*USA*) strada a scorrimento veloce; autostrada.
speedy /ˈspiːdɪ/ *a.* *1* veloce; rapido *2* pronto; sollecito: **s. recovery**, pronta guarigione.
speleologist /spiːlɪˈɒlədʒɪst/ *n.* speleologo (-a).
speleology /spiːlɪˈɒlədʒɪ/ *n.* U speleologia.
spell (1) /spɛl/ *n.* *1* incantesimo; formula magica: **to be**

under a s., essere prigioniero di un incantesimo; **to cast a s. on sb.**, fare un incantesimo a q. *2* fascino: **to be under sb.'s s.**, subire il fascino di q.

spell (2) /spɛl/ *n.* *1* periodo: **a long s. of fine weather**, un lungo periodo di bel tempo; **a cold s.**, un'ondata di freddo; **I did a s. in Hong Kong**, ho lavorato per qualche tempo a Hong Kong *2* attacco: **dizzy s.**, attacco di vertigini.

to **spell** (1) /spɛl/ (*pass. e p.p.* **spelt**, **spelled**) ***A*** *v. t.* *1* — **How do you s. your name?**, come si scrive il tuo nome?; **Could you s. it for me, please?**, me lo può dettare lettera per lettera?; **D-O-G spells «dog»**, le lettere D-O-G danno la parola «dog» *2* significare; avere come risultato: **The new measures s. disaster for us**, le nuove misure sono disastrose per noi (*o* significano la nostra rovina) ***B*** *v. i.* scrivere correttamente (*senza errori ortografici*): **to be able to s.**, sapere l'ortografia; **She can't s.**, fa un sacco di errori di ortografia.

♦ **spell out** *v. t. + avv.* *1* dire lettera per lettera; compitare *2* dire chiaramente; spiegare per filo e per segno *3* (*USA*) scrivere per esteso.

to **spell** (2) /spɛl/ *v. t.* (*USA*) dare il cambio a.

spellbinder /ˈspɛlbaɪndə(r)/ *n.* (*fam.*) oratore [cantante, ecc.] che affascina l'uditorio.

spellbinding /ˈspɛlbaɪndɪŋ/ *a.* affascinante.

spellbound /ˈspɛlbaʊnd/ *a.* affascinato; incantato.

speller /ˈspɛlə(r)/ *n.* *1* chi compita *2* sillabario • **I'm a bad s.**, faccio un sacco di errori di ortografia.

spelling /ˈspɛlɪŋ/ *n.* *1* Ⓤ compitazione *2* Ⓒ e Ⓤ grafia; ortografia: **s. mistake**, errore di ortografia; **another s. of the same word**, una variante ortografica • **s. bee**, gara di ortografia □ (*USA*) **s. book**, sillabario; abbecedario.

spelt /spɛlt/ *pass. e p.p. di* **to spell** (1).

to **spend** /spɛnd/ (*pass. e p.p.* **spent**) ***A*** *v. t.* *1* spendere *2* passare; trascorrere: **I spent an hour with them**, ho passato un'ora con loro *3* consumare; impiegare: **to s. one's energy**, consumare le proprie energie ***B*** *v. i.* spendere (soldi) • (*eufem. GB*) **to s. a penny**, andare al gabinetto □ **to s. money like water**, spendere e spandere; sperperare □ (*lett.*) **to s. itself**, (*di tempesta, ecc.*) esaurirsi; placarsi.

spender /ˈspɛndə(r)/ *n.* chi spende • **big s.**, chi spende somme forti.

spending /ˈspɛndɪŋ/ *n.* Ⓤ spesa; spese: **government s.**, la spesa pubblica • **s. money**, denaro per le piccole spese □ **s. power**, potere d'acquisto.

spendthrift /ˈspɛndθrɪft/ *n.* spendaccione (-a); scialacquatore (-trice).

spent /spɛnt/ ***A*** *pass. e p.p. di* **to spend** ***B*** *a.* *1* esausto; stremato *2* esaurito; consumato *3* (*di proiettile*) esploso.

sperm /spɜːm/ *n.* Ⓤ (*biol.*) sperma.

spermaceti /spɜːməˈsɛtɪ, *USA* -ˈsiːtɪ/ *n.* Ⓤ (*chim.*) spermaceti; bianco di balena.

spermatozoon /spɜːmətəˈzəʊɒn, *USA* -mætəˈzəʊən/ *n.* (*pl.* **spermatozoa** /-zəʊə/) (*biol.*) spermatozoo.

sperm whale /ˈspɜːmweɪl/ *locuz. n.* (*zool.*) capodoglio.

to **spew** /spjuː/ ***A*** *v. t.* emettere; vomitare; eruttare ***B*** *v. i.* scaturire; riversarsi; sgorgare.

sphere /sfɪə(r)/ *n.* *1* (*geom.*) sfera; globo *2* sfera; ambiente; mondo; campo: (*polit.*) **s. of influence**, sfera d'influenza; **one's s. of activity**, il proprio campo di attività *3* (*poet.*) sfera celeste; astro.

spherical /ˈsfɛrɪkl, ˈsfɪər-/ *a.* (*geom.*) sferico.

sphincter /ˈsfɪŋktə(r)/ *n.* (*anat.*) sfintere.

sphinx /sfɪŋks/ *n.* sfinge.

spice /spaɪs/ *n.* *1* Ⓤ e Ⓒ spezie; aroma; droga *2* Ⓤ (*fig.*) aroma; gusto; sapore.

to **spice** /spaɪs/ *v. t.* *1* condire con spezie *2* (*fig.*) rendere gustoso; dar sapore.

spiced /spaɪst/ *a.* speziato.

spick-and-span /ˈspɪkənˈspæn/ *a.* (*di stanza, ecc.*) lindo; splendente.

spicy /ˈspaɪsɪ/ *a.* *1* pepato; aromatizzato; piccante *2* (*fig.*) piccante; salace; spinto.

spider /ˈspaɪdə(r)/ *n.* ragno • **s.'s web**, ragnatela.

spiderweb /ˈspaɪdəwɛb/ *n.* (*USA*) ragnatela.

spiderwort /ˈspaɪdəwɜːt/ *n.* Ⓤ (*bot.*) miseria.

spidery /ˈspaɪdərɪ/ *a.* filiforme: **s. handwriting**, scrittura filiforme.

spiel /spiːl, ʃp-/ *n.* Ⓒ e Ⓤ (*pop. USA*) *1* discorso da imbonitore; chiacchiera *2* (*estens.*) discorso; storia.

spiffy /ˈspɪfɪ/ *a.* (*pop. USA*) azzimato; elegante.

spigot /ˈspɪgət/ *n.* *1* tappo; zaffo; zipolo *2* (*USA*) rubinetto.

spike /spaɪk/ *n.* *1* punta; lancia; spuntone; chiodo *2* chiodo (*di scarpe, specialm. sportive*) *3* (*bot.*) spiga • (*USA*) **s. heels**, tacchi a spillo.

to **spike** /spaɪk/ *v. t.* *1* armare di punte; munire di chiodi; chiodare; ferrare *2* infilare; infilzare *3* correggere di nascosto (*una bevanda*) *4* mettere a tacere, sopprimere (*una diceria, ecc.*) *5* (*giorn.*) bocciare (*un articolo*) • (*fam. GB*) **to s. sb.'s guns**, frustrare i piani di q.

spiked /spaɪkt/ *a.* chiodato: **s. shoes**, scarpette chiodate.

spiky /ˈspaɪkɪ/ *a.* *1* armato di punte; munito di chiodi; chiodato *2* coperto di spine; spinoso *3* (*fig.*) spigoloso; intrattabile.

spill /spɪl/ *n.* *1* spargimento (*di liquido*); fuoruscita; perdita *2* sostanza fuoruscita; chiazza: **oil s.**, chiazza di petrolio *3* (*fam.*) caduta (*da cavallo, dalla bicicletta*).

to **spill** /spɪl/ (*pass. e p.p.* **spilt**, **spilled**) ***A*** *v. t.* rovesciare; versare: **to s. coffee**, rovesciare del caffè; **to s. blood**, versare sangue • (*fam.*) **to s. the beans**, svelare un segreto; raccontare tutto ***B*** *v. i.* versarsi; rovesciarsi.

♦ **spill over** *v. i. + avv.* *1* traboccare *2* (*di folla, anche* **to s. out**) riversarsi.

spillage /ˈspɪlɪdʒ/ *n.* perdita, fuoruscita (*di liquido*).

spillikins /ˈspɪlɪkɪnz/ *n. pl.* (gioco dello) sciangai.

spillway /ˈspɪlweɪ/ *n.* canale di scarico (*di una chiusa*).

spilt /spɪlt/ *pass. e p.p. di* **to spill**.

spin /spɪn/ *n.* *1* Ⓤ moto vorticoso; rotazione; giro *2* (*aeron.*) vite; avvitamento *3* gita, giretto (*in automobile, in barca, ecc.*): **to go for a s.**, andare a fare un giretto *4* (*sport*) effetto (*dato a una palla*) *5* (*fam.*) angolatura; interpretazione (*data a un fatto, ecc.*): (*polit., giorn.*) **to put a s. on a story**, dare un'angolatura a una storia *6* (*autom.*) avvitamento; testa-coda • **s. cycle**, centrifuga (*di lavabiancheria*) □ (*polit.*) **s. doctor**, pierre incaricato di presentare sotto una luce favorevole provvedimenti impopolari; (*estens.*) consigliere, curatore di immagine □ (*fam. GB*) **to be in a flat s.**, essere agitatissimo; non capire più niente dall'agitazione □ (*fam. GB*) **to go into a flat s.**, farsi prendere dal panico; andare nel pallone.

to **spin** /spɪn/ (*pass.* **spun** *o* **span**, *p.p.* **spun**) ***A*** *v. t.* *1* filare: **to s. wool**, filare la lana *2* far girare; far roteare: **to s. a top**, far girare una trottola *3* (*sport*) colpire (*una palla*) d'effetto ***B*** *v. i.* *1* filare; (*del ragno*) fare la tela *2* girare vorticosamente; roteare: **My head's spinning**, mi gira la testa • **to s. a cocoon**, (*del filugello*) fare il bozzolo □ **to s. a coin**, gettare in aria una moneta (*per fare a testa o croce*) □ **to s. a yarn**, fare un lungo racconto; raccontare una frottola □ **to send sb. spinning**, mandare q. a gambe all'aria.

♦ **spin along** *v. i. + avv.* (*fam.*) andare a tutta birra; filare; correre.

♦ **spin off** *v. t. + avv.* *1* dare origine a *2* (*comm., USA*) scorporare (*una società*).

♦ **spin out** *v. t. + avv.* prolungare (*un'esperienza piacevole*); tirare per le lunghe (*un discorso, ecc.*); far durare (*soldi, ecc.*).

♦ **spin round** ***A*** *v. i. + avv.* *1* girare vorticosamente; girare su se stesso; roteare *2* girarsi velocemente *3* (*di veicolo*) fare un testa-coda ***B*** *v. t. + avv.* girare; roteare.

spina bifida /ˈspaɪnəˈbɪfɪdə/ *locuz. n.* (*med.*) spina bifida.

spinach /ˈspɪnɪdʒ, *USA* -tʃ/ *n.* Ⓤ (*bot.*) spinacio; spinaci.

spinal /ˈspaɪnl/ *a.* (*anat.*) spinale; dorsale; vertebrale: **s. column**, colonna vertebrale; **s. cord**, midollo spinale; **s. injury**, lesione alla colonna vertebrale.

spindle /ˈspɪndl/ *n.* *1* fuso *2* (*mecc.*) asse; mandrino • **s.-shanks**, persona dalle gambe lunghe e sottili; spilungone.

spindly /ˈspɪndlɪ/ *a.* affusolato; lungo e sottile.

spindrift /ˈspɪndrɪft/ *n.* Ⓤ spruzzi delle onde; spruzzaglia.

to **spin-dry** /ˈspɪnˈdraɪ/ *v. t.* asciugare con la centrifuga.

spine /spaɪn/ *n.* *1* (*anat.*) spina dorsale; colonna vertebrale *2* (*bot.*) spina; (*zool.*) aculeo *3* (*di libro*) dorso • **s.-chilling**, agghiacciante; terrificante.

spineless /ˈspaɪnləs/ *a.* *1* (*zool.*) invertebrato *2* (*bot.*) senza spine; (*zool.*) senza aculei *3* (*spreg.*) smidollato; senza spina dorsale.

spinet /spɪˈnɛt, *USA* ˈspɪnɪt/ *n.* (*mus.*) spinetta.

spinnaker /ˈspɪnəkə(r)/ *n.* (*naut.*) spinnaker.

spinner /ˈspɪnə(r)/ *n.* *1* filatore (-trice) *2* filatoio *3* (*pesca*) cucchiaino *4* (*mecc.*) tavola rotante.

spinning /ˈspɪnɪŋ/ ***A*** *n.* [U] filatura • (*stor.*) **s. jenny**, filatoio multiplo □ **s. machine**, filatoio meccanico □ **s. mill**, filanda □ **s. wheel**, filatoio a mano ***B*** *a.* ruotante; girevole • **s. top**, trottola.

spin-off /ˈspɪnɒf, *USA* -ɔːf/ *n.* ***1*** applicazione allargata ***2*** prodotto secondario; derivato ***3*** (*TV*) programma ispirato a un altro programma.

spinster /ˈspɪnstə(r)/ *n.* ***1*** zitella ***2*** (*leg.*) nubile.

spiny /ˈspaɪnɪ/ *a.* spinoso • (*zool.*) **s. anteater**, echidna istrice.

spiracle /ˈspaɪərəkl/ *n.* (*zool.*) orifizio per la respirazione; sfiatatoio (*dei cetacei*); stimma (*degli insetti*).

spiral /ˈspaɪərəl/ ***A*** *a.* spirale; a spirale ***B*** *n.* (*geom. e fig.*) spirale • **s. staircase**, scala a chiocciola.

to **spiral** /ˈspaɪərəl/ *v. i.* salire [scendere] a spirale.

spiralling, (*USA*) **spiraling** /ˈspaɪərəlɪŋ/ *a.* in vertiginosa ascesa.

spire /ˈspaɪə(r)/ *n.* guglia; cuspide; pinnacolo.

spirit /ˈspɪrɪt/ *n.* ***1*** [U] spirito; anima: **to break sb.'s s.**, spezzare lo spirito di q.; **to be present in s.**, essere presente in spirito; **a noble s.**, un'anima nobile ***2*** spirito: **evil s.**, spirito maligno ***3*** [U] coraggio; forza d'animo; vigore; brio: **to show s.**, mostrare forza d'animo ***4*** [U] spirito; essenza; significato: **the s. of the law**, lo spirito della legge ***5*** spirito; atteggiamento: **public s.**, spirito civico; **team s.**, spirito di squadra; **in a s. of reconciliation**, con spirito di riconciliazione; **to get into the s. of st.**, entrare nello spirito di q.c. ***6*** (*al pl.*) stato d'animo; umore: **in good** (*o* **high**) **spirits**, di buonumore; **in poor** (*o* **low**) **spirits** (*o* **out of spirits**), abbattuto; accasciato; depresso; **My spirits rose**, mi sono tirato un po' su di morale ***7*** [U] spirito; alcol ***8*** (*al pl.*) liquori • **s. lamp**, lampada a spirito □ **s. level**, livella a bolla d'aria □ **s. stove**, fornello a spirito □ **animal spirits**, carica vitale; vitalità □ **to keep up one's spirits**, non perdersi d'animo □ **to raise sb.'s spirits**, confortare (*o* incoraggiare) q. □ **to recover one's spirits**, rianimarsi; riprendere coraggio □ **to take st. in the wrong s.**, prendere q.c. in mala parte.

to **spirit** /ˈspɪrɪt/ *v. Solo come*:

♦ **spirit away** (*o* **off**) *v. t. + avv.* far sparire come per incanto.

spirited /ˈspɪrɪtɪd/ *a.* ***1*** animato; brioso, vivace ***2*** focoso; acceso; energico.

spiritless /ˈspɪrɪtləs/ *a.* ***1*** abbattuto; accasciato; avvilito ***2*** debole; fiacco ***3*** pusillanime; vile.

spiritual /ˈspɪrɪtʃʊəl/ ***A*** *a.* spirituale: **s. life**, vita spirituale ***B*** *n.* spiritual.

spiritualism /ˈspɪrɪtʃʊəlɪzəm/ *n.* [U] spiritismo.

spiritualist /ˈspɪrɪtʃʊəlɪst/ *n.* spiritista.

spirituality /spɪrɪtʃʊˈælətɪ/ *n.* [U] spiritualità.

spit (1) /spɪt/ *n.* [U] sputo • **s. and polish**, mania della pulizia (*specialm. nell'esercito, ecc.*) □ (*fam.*) **He is the very** (*o* **the dead**) **s. of his father**, è suo padre nato e sputato.

spit (2) /spɪt/ *n.* ***1*** spiedo; schidione ***2*** (*geogr.*) lingua di terra.

to **spit** (1) /spɪt/ (*pass. e p.p.* **spat**) ***A*** *v. t.* sputare: **to s. blood**, sputare sangue ***B*** *v. i.* ***1*** sputare ***2*** (*del gatto*) soffiare minacciosamente ***3*** (*di olio in padella*) sfrigolare ***4*** (*del fuoco, di una candela*) scoppiettare; mandare faville ***5*** (*fam.*) piovigginare.

♦ **spit out** *v. t. + avv.* sputare; sputar fuori • (*pop.*) **S. it out!**, sputa fuori!; di' quel che hai da dire!

to **spit** (2) /spɪt/ *v. t.* schidionare; infilzare sullo spiedo.

spite /spaɪt/ *n.* ***1*** [U] dispetto; ripicca: **to do st. from** (*o* **out of**) **s.**, fare q.c. per dispetto ***2*** rancore; ruggine: **to have a s. against sb.**, serbare rancore verso q. • **in s. of**, a dispetto di; nonostante.

to **spite** /spaɪt/ *v. t.* fare dispetto a.

spiteful /ˈspaɪtfl/ *a.* dispettoso; astioso; malevolo; maligno.

spitefulness /ˈspaɪtflnəs/ *n.* [U] astiosità; malignità; cattiveria.

spitfire /ˈspɪtfaɪə(r)/ *n.* persona irascibile; caratterino.

spitting /ˈspɪtɪŋ/ *a.* — • **She's the s. image of her mother**, è sua madre sputata □ **within s. distance of**, a uno sputo da; a due passi da.

spittle /ˈspɪtl/ *n.* [U] sputo; saliva.

spittoon /spɪˈtuːn/ *n.* sputacchiera.

spiv /spɪv/ *n.* (*pop. GB*) trafficone; intrallazzatore; imbroglione.

splash /splæʃ/ *n.* ***1*** schizzo; spruzzo ***2*** macchia; chiazza ***3*** tonfo (*in acqua*) ***4*** (*fam.*) spruzzo d'acqua di selz ***5*** (*fam.*) colpo; grande effetto: **to make a s.**, far parlare di sé; avere successo • (*USA*) **s. guard**, parafango.

to **splash** /splæʃ/ ***A*** *v. t.* ***1*** schizzare; spruzzare: **to s. one's face with water**, spruzzarsi acqua sulla faccia; **to s. st. with mud**, schizzare fango su q.c. ***2*** (*fam.*) dare (*una notizia*) con grande rilievo; sparare; sbattere: **Her name was splashed on the front page**, il suo nome era sparato in prima pagina ***B*** *v. i.* ***1*** spruzzare; schizzare ***2*** diguazzare; sguazzare; sciaguattare • **to s. into the water**, gettarsi (*o* cadere) in acqua con un tonfo.

♦ **splash about** *v. i. + avv.* sguazzare; sciaguattare.

♦ **splash down** *v. i. + avv.* (*miss.*) ammarare.

♦ **splash out** *v. i. + avv.* (*fam. GB*) fare spese folli.

splashdown /ˈsplæʃdaʊn/ *n.* (*miss.*) ammaraggio.

splashy /ˈsplæʃɪ/ *a.* (*fam. USA*) sgargiante; vistoso.

splat /splæt/ *n.* (*fam.*) spiaccichio.

to **splat** /splæt/ *v. i.* (*fam.*) spiaccicarsi.

to **splatter** /ˈsplætə(r)/ ***A*** *v. t.* spruzzare; schizzare; inzaccherare ***B*** *v. i.* spruzzare; schizzare.

splatter movie /ˈsplætə(r) ˈmuːvɪ/ *locuz. n.* (*USA*) film truculento.

splay /spleɪ/ ***A*** *n.* (*archit.*) strombatura; strombo ***B*** *a.* largo e piatto; aperto verso l'esterno: **s. feet**, piedi piatti e volti all'infuori.

to **splay** /spleɪ/ (*archit.*) ***A*** *v. t.* strombare ***B*** *v. i.* essere strombato.

♦ **splay out** ***A*** *v. t. + avv.* divaricare; allargare ***B*** *v. t. + avv.* divaricarsi; allargarsi.

spleen /spliːn/ *n.* ***1*** (*anat.*) milza ***2*** [U] malumore; stizza; bile: **to vent one's s.**, sfogare il proprio malumore; sfogarsi.

splendid /ˈsplɛndɪd/ *a.* ***1*** splendido; magnifico; sontuoso; stupendo ***2*** (*fam.*) eccellente; ottimo.

splendour, (*USA*) **splendor** /ˈsplɛndə(r)/ *n.* ***1*** [U] splendore; fulgore; magnificenza ***2*** (*al pl.*) splendori (*di un luogo*); sontuosità.

splenetic /splɪˈnɛtɪk/ (*lett.*) *a.* irritabile; collerico.

splice /splaɪs/ *n.* ***1*** (*naut.*) impiombatura ***2*** giunto a ganasce ***3*** giuntura (*di nastro magnetico, pellicola, ecc.*).

to **splice** /splaɪs/ *v. t.* ***1*** (*naut.*) impiombare ***2*** congiungere; fare un giunto a ganasce in ***3*** giuntare (*un nastro magnetico, una pellicola, ecc.*).

splint /splɪnt/ *n.* ***1*** (*anche med.*) assicella; stecca: **to put an arm in a s.**, steccare un braccio ***2*** (*vet.*) soprosso.

to **splint** /splɪnt/ *v. t.* (*med.*) steccare; immobilizzare con stecche.

splinter /ˈsplɪntə(r)/ *n.* scheggia; frammento • (*polit.*) **s. group**, ala scissionista (*di un partito*).

to **splinter** /ˈsplɪntə(r)/ ***A*** *v. t.* scheggiare; frantumare; fare a pezzi ***B*** *v. i.* scheggiarsi; frantumarsi; andare in pezzi.

split /splɪt/ ***A*** *n.* ***1*** fessura; crepa; spacco ***2*** (*fam.*) divisione; scissione; spaccatura ***3*** spartizione ***4*** (*fam.*) bottiglia piccola (*di acqua di selz o minerale*) ***5*** (*al pl.*) (*ginnastica*) spaccata: **to do the splits**, fare la spaccata ***B*** *a.* ***1*** spaccato; strappato ***2*** diviso; separato: **s. screen**, schermo diviso • **s. ends**, doppie punte (*dei capelli*) □ (*edil.*) **s.-level**, a due livelli sfalsati; su quote diverse □ **s. personality**, personalità dissociata □ **in a s. second**, in una frazione di secondo.

to **split** /splɪt/ (*pass. e p.p.* **split**) ***A*** *v. t.* ***1*** spaccare: **to s. open a coconut**, spaccare in due una noce di cocco; **to be s. right down the middle**, essere spaccato in due ***2*** dividere; scindere: **to s. the atom**, scindere l'atomo ***3*** dividere; spartirsi: **to s. the cost**, dividere le spese • **to s. the difference**, accordarsi su una somma a metà strada tra quella chiesta e quella offerta; (*fig.*) incontrarsi a metà strada, fare un compromesso □ **to s. hairs**, cavillare; guardare per il sottile □ **to s. one's sides** (**laughing**), sbellicarsi dalle risa ***B*** *v. i.* ***1*** spaccarsi ***2*** dividersi; scindersi ***3*** (*pop. USA*) andarsene.

♦ **split off** ***A*** *v. t. + avv.* staccare; spezzare ***B*** *v. i. + avv.* staccarsi; spezzarsi.

♦ **split on** *v. i. + prep.* (*pop. GB*) fare la spia contro; denunciare.

♦ **split up** ***A*** *v. t. + avv.* ***1*** spaccare; spezzare ***2*** dividere; separare ***B*** *v. i. + avv.* ***1*** spaccarsi; spezzarsi ***2*** separarsi; lasciarsi; rompere: **Jack and Laura have s. up**, Jack e Laura si sono lasciati.

splitting /ˈsplɪtɪŋ/ *a.* — **s. headache**, feroce mal di testa.

split-up /ˈsplɪtʌp/ *n.* separazione (*di coppia*); rottura (*di partito, amicizia*).

splodge /splɒdʒ/ *V.* **splotch**.

to **splosh** /splɒʃ/ *v. Solo come*:

♦ **splosh about** *v. i. + avv.* (*fam.*) sguazzare (*nell'acqua*).

splotch /splɒtʃ/ *n.* (*fam.*) chiazza; macchia.

splurge /splɜːdʒ/ *n.* (*fam.*) spese folli: **to go on a s.**, fare spese folli; **to have a s. on st.**, spendere un sacco di soldi per q.c.

to **splurge** /splɜːdʒ/ *v. i.* (*fam.*) spendere un sacco di soldi.

splutter /ˈsplʌtə(r)/ *n.* [U] ***1*** (lo) sputacchiare; spruzzi ***2*** farfuglio ***3*** scoppiettio.

to **splutter** /ˈsplʌtə(r)/ *v. i. e t.* ***1*** sputacchiare; spruzzare ***2*** farfugliare ***3*** scoppiettare.

to **spoil** /spɔɪl/ (*pass. e p.p.* **spoilt**, **spoiled**) ***A*** *v. t.* ***1*** guastare; rovinare; sciupare ***2*** viziare (*un bambino*) ***3*** annullare, invalidare (*una scheda*) ***B*** *v. i.* (*di cibi, frutta, ecc.*) guastarsi; andare a male; sciuparsi ● **to be spoilt for choice**, avere l'imbarazzo della scelta □ **to be spoiling for a fight**, avere una gran voglia di menar le mani □ **to s. the fun**, fare il guastafeste.

spoiler /ˈspɔɪlə(r)/ *n.* ***1*** chi guasta, sciupa, ecc. ***2*** (*aeron.*) disruttore; spoiler ***3*** (*autom.*) alettone; spoiler.

spoils /spɔɪlz/ *n. pl.* ***1*** spoglie; bottino; preda ***2*** (*fig.*) guadagno; profitto ● (*polit., USA*) **the s. system**, il sistema di distribuire cariche ai seguaci del partito vincente.

spoilsport /ˈspɔɪlspɔːt/ *n.* guastafeste.

spoilt /spɔɪlt/ *pass. e p.p. di* **to spoil**.

spoke (**1**) /spəʊk/ *n.* raggio (*di ruota*) ● **to put a s. in sb.'s wheel**, mettere il bastone fra le ruote a q.

spoke (**2**) /spəʊk/ *pass. di* **to speak**.

spoken /ˈspəʊkən/ *p.p. di* **to speak** ● **s. for**, prenotato; preso.

spokesman /ˈspəʊksmən/ *n.* (*pl.* **spokesmen** /-mən/) portavoce (*m.*).

spokesperson /ˈspəʊkspɜːsn/ *n.* portavoce.

spokeswoman /ˈspəʊkswʊmən/ *n.* (*pl.* **spokeswomen** /-wɪmən/) portavoce (*f.*).

spoliation /spəʊlɪˈeɪʃn/ *n.* [U] (*form.*) distruzione (*specialm. dell'ambiente*).

sponge /spʌndʒ/ *n.* ***1*** spugna ***2*** (*fam.*) scroccone (-a); sbafatore (-trice) ***3*** [U] *e* [C] (*GB*) *V.* **s. cake** ***4*** beone ● (*GB*) **s. bag**, nécessaire da toeletta □ **s. bath**, spugnatura □ (*cucina*) **s. cake**, pan di Spagna □ **s. cloth**, (tessuto di) spugna □ (*boxe e fig.*) **to throw in the s.**, gettare la spugna.

to **sponge** /spʌndʒ/ ***A*** *v. t.* ***1*** passare la spugna su (*per asciugare, inumidire, pulire*) ***2*** scroccare; sbafare (*fam.*) ***B*** *v. i.* (*fam.*) vivere a scrocco: **to s. on** (*o* **off**) **sb.**, vivere alle spalle di q.

sponger /ˈspʌndʒə(r)/ *n.* ***1*** pescatore di spugne ***2*** (*fam.*) scroccone (-a).

sponginess /ˈspʌndʒɪnəs/ *n.* [U] spugnosità.

spongy /ˈspʌndʒɪ/ *a.* spugnoso; poroso; morbido; soffice.

sponsor /ˈspɒnsə(r)/ *n.* ***1*** garante; mallevadore ***2*** (*eccles.*) padrino, madrina ***3*** (*comm.*) sponsor; finanziatore ***4*** (*polit.*) presentatore di un disegno di legge ***5*** chi appoggia (*un'iniziativa di beneficenza, una raccolta di fondi, ecc*).

to **sponsor** /ˈspɒnsə(r)/ *v. t.* ***1*** garantire per; far da mallevadore a ***2*** appoggiare; sostenere ***3*** (*eccles.*) fare da padrino [madrina] ***4*** (*comm.*) sponsorizzare; finanziare ***5*** (*polit.*) presentare un disegno di legge ***6*** appoggiare (*un'iniziativa di beneficenza, una raccolta di fondi, ecc.*).

sponsorship /ˈspɒnsəʃɪp/ *n.* [U] ***1*** garanzia; malleveria ***2*** (*eccles.*) ufficio di padrino [di madrina] ***3*** patrocinio; appoggio ***4*** (*comm.*) sponsorizzazione ***5*** appoggio (*a un'iniziativa di beneficenza*).

spontaneity /spɒntəˈneɪətɪ, *USA* -ˈniːə-/ *n.* [U] spontaneità.

spontaneous /spɒnˈteɪnɪəs/ *a.* spontaneo.

spoof /spuːf/ *n.* [U] *e* [C] (*fam.*) ***1*** presa in giro; parodia ***2*** imbroglio; inganno; truffa.

to **spoof** /spuːf/ *v. t.* (*fam.*) ***1*** prendere in giro; parodiare ***2*** imbrogliare; ingannare; truffare.

spook /spuːk/ *n.* ***1*** (*fam.*) fantasma; spettro ***2*** (*pop. USA*) agente segreto.

to **spook** /spuːk/ *v. t.* (*fam.*) spaventare.

spooky /ˈspuːkɪ/ *a.* (*fam.*) sinistro; che mette i brividi.

spool /spuːl/ *n.* rocchetto; bobina.

to **spool** /spuːl/ *v. t.* ***1*** avvolgere ***2*** (*ind. tess.*) incannare.

spoon /spuːn/ *n.* ***1*** cucchiaio: **soup s.**, cucchiaio da minestra ***2*** cucchiaiata ***3*** (*golf*) legno n° 3.

to **spoon** /spuːn/ *v. t.* ***1*** (*anche* **to s. up**) raccogliere col cucchiaio ***2*** (*anche* **to s. out**) versare [servire] col cucchiaio.

to **spoon-feed** /ˈspuːnfiːd/ (*pass. e p.p.* **spoon-fed** /-fɛd/) *v. t.* ***1*** imboccare ***2*** (*fam.*) far trovare la pappa fatta a (*studenti, ecc.*) ***3*** propinare (*nozioni, teorie, ecc.*).

spoonful /ˈspuːnfʊl/ *n.* cucchiaiata.

spoor /spʊər, spɔː(r)/ *n.* (*caccia*) traccia.

sporadic /spəˈrædɪk/ *a.* sporadico.

spore /spɔː(r)/ *n.* (*bot., zool.*) spora ● (*bot.*) **s. case**, sporangio.

sporran /ˈspɒrən, *USA* ˈspɔː-/ *n.* borsa ricoperta di pelo (*del costume nazionale scozzese*).

sport /spɔːt/ *n.* ***1*** [U] *e* [C] sport: **He's very fond of s.**, è un amante dello sport; è uno sportivo; **to excel at s.**, eccellere negli sport; **winter sports**, sport invernali ***2*** (*al pl.*) (*GB*) gare sportive ***3*** [U] gioco; divertimento; passatempo: **in s.**, per scherzo; **to make s. of sb.**, farsi gioco di q. ***4*** (*fam.*) persona buona (*o* generosa): **Come on, be a s.!**, andiamo, sii buono!; dài, fammi questo favore ***5*** persona che sta agli scherzi; persona che sa perdere; persona sportiva: **He is a good s.**, è un vero sportivo! ***6*** animale (*o* pianta) anomala.

to **sport** /spɔːt/ ***A*** *v. i.* ***1*** (*lett.*) divertirsi; giocare ***2*** (*biol.*) subire una mutazione ***B*** *v. t.* (*fam.*) mettere in mostra; sfoggiare.

sporting /ˈspɔːtɪŋ/ *a.* ***1*** sportivo: **s. daily**, giornale sportivo ***2*** leale; sportivo ● **s. chance**, ragionevole possibilità di successo □ **s. dog**, cane da caccia □ **s. gun**, fucile da caccia.

sportive /ˈspɔːtɪv/ *a.* (*lett.*) allegro; giocoso; faceto.

sports /ˈspɔːts/ *a. attr.* sportivo: **s. car**, automobile sportiva; **s. centre**, centro sportivo; (*giorn.*) **s. editor**, redattore sportivo; **s. jacket**, giacca sportiva, **s. writer**, giornalista sportivo.

sportsman /ˈspɔːtsmən/ *n.* (*pl.* **sportsmen** /-mən/) sportivo.

sportsmanlike /ˈspɔːtsmənlaɪk/ *a.* (da) sportivo.

sportsmanship /ˈspɔːtsmənʃɪp/ *n.* [U] ***1*** sportività; spirito sportivo ***2*** bravura in uno sport.

sportswear /ˈspɔːtsweə(r)/ *n.* [U] abbigliamento sportivo.

sportswoman /ˈspɔːtswʊmən/ *n.* (*pl.* **sportswomen** /-wɪmən/) sportiva.

sporty /ˈspɔːtɪ/ *a.* (*fam.*) ***1*** sportivo: **He's not the s. type**, non è un tipo sportivo ***2*** (*di abito*) sportivo ma elegante.

spot /spɒt/ *n.* ***1*** posto; luogo; punto: **a s. in the shade**, un posto all'ombra; **He was on the s. when it happened**, era sul posto quando è successo; **the very s.**, il punto esatto ***2*** macchiolina; puntino; pallino; pois: **There's a s. on your collar**, hai una macchiolina sul colletto; **to have spots before one's eyes**, vedere dei puntini ***3*** foruncoletto; brufolo; neo ***4*** (*fig.*) macchia; neo ***5*** (*fam.*) (un) po'; (un) goccio: **a s. of rain**, qualche goccia di pioggia; **Just a s., thank you**, solo un goccio, grazie; **a s. of bother**, noie; fastidi ***6*** (*radio, TV*) spazio; spazio pubblicitario; spot ***7*** (*fam.*) situazione difficile; pasticci; guai: **to be in a s.**, essere nei guai; **to put sb. on the s.**, mettere q. alla strette ● (*comm.*) **s. cash**, pagamento in contanti □ **s. check**, controllo casuale □ (*calcio*) **s. kick**, tiro dal dischetto; calcio di rigore □ (*fam. GB*) **s.-on**, esatto; centrato; esattamente □ (*comm.*) **s. price**, pagamento in contanti □ **s. remover**, smacchiatore □ **bright s.**, punto positivo □ (*fam.*) **to hit the s.**, (*di bevanda, ecc.*) essere quello che ci vuole □ (*fam.*) **to knock spots off sb.**, dare dei punti a q. □ (*fig.*) **on the s.**, immediatamente; lì per lì; su due piedi; sul colpo: **to decide on the s.**, decidere lì per lì; **to be killed on the s.**, restare ucciso sul colpo □ **sb.'s weak s.**, il punto debole di q.

to **spot** /spɒt/ ***A*** *v. t.* ***1*** (*fam.*) riconoscere; distinguere; notare; scorgere ***2*** macchiare: **spotted with ink**, macchiato di inchiostro ***3*** picchiettare; punteggiare ***4*** (*mil.*) individuare (*il bersaglio*) ***5*** piazzare (*guardie, poliziotti, ecc.*) ***B*** *v. i.* ***1*** chiazzarsi; macchiarsi ***2*** (*fam. GB, alla forma progress.*) piovigginare.

spotless /ˈspɒtləs/ *a.* senza macchia; immacolato.

spotlessly /ˈspɒtləslɪ/ *avv.* — **s. clean**, pulitissimo; immacolato.

spotlight /ˈspɒtlaɪt/ *n.* ***1*** (*teatr., TV*) luce di proscenio; riflettore orientabile ***2*** faro; riflettore; faretto ***3*** attenzione pubblica: **to be in the s.**, essere al centro dell'attenzione; essere alla ribalta; **to come under the s.**, essere messo in primo piano.

to **spotlight** /ˈspɒtlaɪt/ *v. t.* ***1*** (*teatr., TV*) illuminare con un riflettore ***2*** mettere al centro dell'attenzione; portare alla ribalta.

spotted /ˈspɒtɪd/ *a.* maculato; picchiettato; punteggiato; a pallini.

spotter /ˈspɒtə(r)/ *n.* **1** ricercatore per hobby (*di treni, ecc.*) **2** (*aeron., anche* **s. plane**) ricognitore.

spotty /ˈspɒtɪ/ *a.* **1** (*fam.*) foruncoloso; brufoloso **2** (*USA*) irregolare; discontinuo.

spouse /spaʊz, *USA* spaʊs/ *n.* (*form.*) consorte; sposo (-a).

spout /spaʊt/ *n.* **1** becco; beccuccio; cannella **2** (*edil.*) tubo di scarico; grondaia **3** getto (*d'acqua, di vapore*); zampillo • (*fam. GB*) **up the s.**, sbagliato; sballato (*fam.*).

to **spout** /spaʊt/ **A** *v. i.* **1** scaturire; sgorgare; zampillare **2** (*fam.*) declamare; concionare **B** *v. t.* **1** emettere; far sgorgare; eruttare **2** (*fam.*) declamare.

sprain /spreɪn/ *n.* (*med.*) distorsione; storta (*fam.*).

to **sprain** /spreɪn/ *v. t.* (*med.*) slogarsi: **to s. one's wrist**, slogarsi il polso.

sprang /spræŋ/ *pass. di* **to spring**.

sprawl /sprɔːl/ *n.* massa disordinata (*di case, ecc.*); sviluppo disordinato: **urban s.**, espansione urbanistica incontrollata.

to **sprawl** /sprɔːl/ *v. i.* **1** sedersi in modo scomposto; stravaccarsi (*fam.*) **2** estendersi disordinatamente: **New suburbs sprawled across the hills**, nuovi quartieri avevano invaso le colline • **to send sb. sprawling**, mandar q. a gambe all'aria.

spray (1) /spreɪ/ *n.* rametto; ramoscello.

spray (2) /spreɪ/ *n.* **1** ⓤ spruzzo, spruzzi; spruzzaglia; spruzzata **2** ⓒ *e* ⓤ liquido da spruzzare; spray: **insect s.**, insetticida vaporizzabile; spray contro gli insetti **3** bomboletta; spruzzatore; vaporizzatore; spray • **s. can**, bomboletta a spruzzo □ **s. gun**, pistola (per verniciatura) a spruzzo □ (*ind.*) **s.-painting**, verniciatura a spruzzo.

to **spray** /spreɪ/ *v. t. e i.* **1** spruzzare; irrorare; vaporizzare **2** (*ind.*) verniciare a spruzzo.

sprayer /ˈspreɪə(r)/ *n.* **1** spruzzatore; vaporizzatore **2** (*agric.*) irroratore; irroratrice **3** (*ind.*) pistola a spruzzo.

spread /sprɛd/ *n.* **1** diffusione; espansione; propagazione; trasmissione **2** ampiezza; estensione; larghezza; (*di uccello, aereo*) apertura di ala **3** distribuzione; gamma; ventaglio **4** copriletto **5** pasta (*da spalmare*): **anchovy s.**, pasta di acciughe **6** (*fam.*) banchetto; festino **7** (*giorn.*) articolo [pubblicità, ecc.] su una o due pagine; paginone; pagina doppia **8** (*USA*) grande fattoria; grosso ranch • (*scherz.*) **middle-age s.**, pancetta.

to **spread** /sprɛd/ (*pass. e p.p.* **spread**) **A** *v. t.* **1** (*anche* **to s. out**) stendere; spiegare; allargare: **to s. a cloth on the table**, stendere una tovaglia sulla tavola; **to s. a map**, spiegare (*o* aprire) una cartina; **The bird s. its wings**, l'uccello spiegò le ali; **to s. one's arms**, allargare le braccia **2** spargere; diffondere; disseminare; propagare; trasmettere: **to s. alarm**, difondere l'allarme; **to s. rumours**, spargere voci; **to s. a disease**, diffondere una malattia **3** spalmare; cospargere: **to s. butter on a slice of bread**, spalmare burro su una fetta di pane **4** (*anche* **to s. out**) distribuire; scaglionare: **to s. the payments over a year**, distribuire i pagamenti entro il periodo di un anno • (*fam.*) **to s. oneself too thinly**, cercare di fare troppe cose; mettere troppa carne al fuoco **B** *v. i.* **1** (*anche* **to s. out**) stendersi; aprirsi: spiegarsi **2** estendersi: **The town has s. in recent years**, la città si è estesa negli ultimi anni **3** spargersi; diffondersi; spargersi; propagarsi; sparpagliarsi: **to s. like wildfire**, diffondersi a macchia d'olio; **The fire s. to a row of houses**, l'incendio si propagò a una fila di case.

♦ **spread out** **A** *v. t. + avv.* **1** *V.* **to spread**, *A, def. 1, 4* **2** distanziare; sparpagliare **B** *v. i. + avv.* **1** *V.* **to spread**, *B, def. 1* **2** disporsi; sparpagliarsi.

spread eagle /sprɛdˈiːgl/ *locuz. n.* (*arald.*) aquila con le ali spiegate.

spread-eagled /sprɛdˈiːgld/ *a. e avv.* a braccia e gambe aperte.

spreadsheet /ˈsprɛdʃiːt/ *n.* (*elab.*) foglio di calcolo elettronico; spreadsheet.

spree /spriː/ *n.* baldoria; pazza gioia: **to go on a s.**, far baldoria; **a shopping s.**, spese folli.

sprig /sprɪg/ *n.* ramoscello; rametto; germoglio.

sprightly /ˈspraɪtlɪ/ *a.* allegro; brioso; vivace.

spring /sprɪŋ/ *n.* **1** primavera (*Per gli esempi d'uso, V. sotto* **summer**) **2** balzo; scatto **3** sorgente; fonte: **hot springs**, sorgenti termali **4** (*mecc. e fig.*) molla **5** ⓤ elasticità; molleggio **6** piglio elastico, scattante: **to have a s. in one's step**, camminare con passo elastico • **s. binder**, raccoglitore a molla □ **s.-blade knife**, coltello a serramanico □ **s. chicken**, pollastro; pollo novello □ (*scherz.*) **no s. chicken**, non più un giovincello [una ragazzina] □ **s.-cleaning**, le pulizie di Pasqua; le pulizie di fino □ (*cucina*) **s. lamb**, abbacchio □ **s. mattress**, materasso a molle □ (*bot., GB*) **s. onion**, cipollina □ (*cucina*) **s. roll**, involtino primavera □ **s. tide**, marea sizigiale □ **s. water**, acqua sorgiva.

to **spring** /sprɪŋ/ (*pass.* **sprang**, *p.p.* **sprung**) **A** *v. i.* **1** saltare; balzare; scattare: **to s. to one's feet**, balzare in piedi; **to s. out of bed**, saltare giù dal letto; **to s. to attention**, scattare sull'attenti; **to s. open** [**shut**], aprirsi [chiudersi] di scatto **2** (*anche* **to s. up**) sorgere; alzarsi; spuntare; crescere: **New suburbs have sprung up**, sono sorti nuovi quartieri; **Tears sprung to his eyes**, gli salirono le lacrime agli occhi **3** derivare; avere origine **4** (*di acqua*) scaturire; sgorgare; zampillare **B** *v. t.* **1** far alzare, far levare (*selvaggina*) **2** azionare (*con una molla*); far scattare: **to s. a trap**, far scattare una trappola **3** (*pop.*) far evadere (*dal carcere*) • **to s. a surprise on sb.**, fare una sorpresa a q. □ **to s. the news of st. on sb.**, annunciare di sorpresa q.c. a q. □ **The ship sprang a leak**, si aprì una falla nella nave.

springboard /ˈsprɪŋbɔːd/ *n.* **1** (*tuffi e fig.*) trampolino **2** (*ginnastica*) pedana (elastica).

springbok /ˈsprɪŋbɒk/ *n.* (*zool.*) antilope saltante.

to **spring-clean** /ˈsprɪŋˈkliːn/ *v. i. e t.* fare le pulizie di Pasqua; pulire a fondo (*una stanza, la casa*).

springiness /ˈsprɪŋɪnəs/ *n.* ⓤ elasticità.

springlike /ˈsprɪŋlaɪk/ *a.* primaverile.

springtime /ˈsprɪŋtaɪm/ *n.* ⓤ primavera; stagione primaverile.

springy /ˈsprɪŋɪ/ *a.* elastico; molleggiato.

sprinkle /ˈsprɪŋkl/ *n.* spruzzatina.

to **sprinkle** /ˈsprɪŋkl/ *v. t.* **1** spruzzare; annaffiare **2** cospargere; spolverizzare.

sprinkler /ˈsprɪŋklə(r), -kəl-/ *n.* **1** spruzzatore **2** irrigatore (*per giardino*) **3** innaffiatrice (*automezzo*) **4** (*eccles.*) aspersorio.

sprinkling /ˈsprɪŋklɪŋ/ *n.* **1** spruzzo; spruzzatina **2** (*fig.*) infarinatura **3** (*fig.*) piccolo numero; piccola quantità; (un) po'.

sprint /sprɪnt/ *n.* (*sport*) volata; scatto; allungo.

to **sprint** /sprɪnt/ *v. i.* **1** (*sport*) scattare; fare una volata **2** fare una corsa (*per raggiungere q.c.*).

sprinter /ˈsprɪntə(r)/ *n.* (*sport*) velocista; scattista.

sprite /spraɪt/ *n.* folletto; spiritello.

sprocket /ˈsprɒkɪt/ *n.* **1** (*mecc.*) dente (*di ingranaggio*) **2** (*anche* **s. wheel**) ruota dentata; rocchetto.

sprout /spraʊt/ *n.* **1** germoglio; rampollo **2** cavoletto di Bruxelles.

to **sprout** /spraʊt/ **A** *v. i.* **1** germogliare; germinare; rampollare **2** (*fig.*) spuntare **B** *v. t.* far crescere: **to s. a beard**, farsi crescere la barba.

spruce (1) /spruːs/ *n.* (*bot.*) abete.

spruce (2) /spruːs/ *a.* elegante; azzimato.

to **spruce** /spruːs/ *v. Solo come:*

♦ **spruce up** *v. t. + avv.* mettere in ordine (*una stanza, ecc.*) • **to s. oneself up**, farsi bello.

sprung /sprʌŋ/ *p.p. di* **to spring**.

spry /spraɪ/ *a.* attivo; energico; vivace.

spud /spʌd/ *n.* (*fam.*) patata.

spun /spʌn/ *pass. e p.p. di* **to spin**.

spunk /spʌŋk/ *n.* ⓤ (*fam.*) coraggio; fegato.

spunky /ˈspʌŋkɪ/ *a.* (*fam.*) coraggioso; di fegato.

spur /spɜː(r)/ *n.* **1** (*anche geol., zool.*) sperone **2** sprone; incitamento • **on the s. of the moment**, su due piedi; lì per lì; d'impulso □ **to win one's spurs**, affermarsi; acquistare fama.

to **spur** /spɜː(r)/ **A** *v. t.* (*anche* **to s. on**) **1** spronare **2** spronare (*fig.*); incitare **B** *v. i.* spronare il cavallo.

spurious /ˈspjʊərɪəs/ *a.* spurio; apocrifo; falso.

to **spurn** /spɜːn/ *v. t.* (*form. o lett.*) rigettare; respingere; sdegnare.

spurred /spɜːd/ *a.* **1** fornito di speroni **2** (*zool.*) speronato.

spurt /spɜːt/ *n.* **1** getto; zampillo; spruzzo **2** sprazzo; scatto; breve sforzo: **a s. of anger**, una fiammata d'ira; **to put on a s.**, fare uno scatto; mettersi al lavoro d'impegno **3** (*sport*) scatto; volata; allungo.

to **spurt** /spɜːt/ ***A*** *v. i.* ***1*** sprizzare; zampillare ***2*** fare uno sforzo breve ma intenso; fare uno scatto ***3*** (*sport*) scattare; fare una volata ***B*** *v. t.* sprizzare; far zampillare.
sputa /ˈspjuːtə/ *pl. di* **sputum**.
sputter /ˈspʌtə(r)/ *n.* ***1*** schizzo; spruzzo (*specialm. di saliva*) ***2*** borbottio; farfugliamento ***3*** crepitio; scoppiettio; sfrigolio.
to **sputter** /ˈspʌtə(r)/ *v. i. e t.* ***1*** schizzare; spruzzare; sputacchiare ***2*** biascicare; farfugliare ***3*** crepitare; scoppiettare; sfrigolare.
sputum /ˈspjuːtəm/ *n.* (*pl.* **sputa**) (*med.*) sputo; espettorato.
spy /spaɪ/ *n.* ***1*** spia; agente segreto ***2*** spia; delatore; informatore.
to **spy** /spaɪ/ ***A*** *v. i.* spiare; fare la spia: **to spy on sb.'s movements**, spiare le mosse di q. ***B*** *v. t.* scorgere.
♦ **spy out** *v. t. + avv.* esplorare; investigare; scoprire.
spyglass /ˈspaɪglɑːs, *USA* -æs/ *n.* cannocchiale.
spyhole /ˈspaɪhəʊl/ *n.* spioncino.
squabble /ˈskwɒbl/ *n.* alterco; battibecco; litigio.
to **squabble** /ˈskwɒbl/ *v. i.* litigare; bisticciare.
squad /skwɒd/ *n.* squadra; drappello (*di soldati*); gruppo (*di operai*) • (*specialm. USA*) **s. car**, auto della polizia □ **flying s.**, squadra volante (*della polizia*).
squadron /ˈskwɒdrən/ *n.* ***1*** (*mil.*) squadrone (*di cavalleria*) ***2*** (*naut.*) squadra; flottiglia ***3*** (*aeron.*) squadriglia: **s. leader**, comandante di squadriglia (*equivale a un maggiore di aviazione*).
squalid /ˈskwɒlɪd, *USA* -wɔː-/ *a.* sordido; squallido; miserabile.
squall /skwɔːl/ *n.* ***1*** raffica, groppo (*di vento*); piovasco ***2*** baruffa; lite.
to **squall** /skwɔːl/ *v. t. e i.* gridare; sbraitare; strillare.
squalor /ˈskwɒlə(r), *USA* -wɔː-/ *n.* 🅤 sordidezza; squallore; miseria; degrado.
to **squander** /ˈskwɒndə(r)/ *v. t.* dissipare; sperperare; scialacquare.
squanderer /ˈskwɒndərə(r)/ *n.* sperperatore (-trice); scialacquatore (-trice).
square (1) /skwɛə(r)/ *n.* ***1*** (*anche mat., geom.*) quadrato: **a s. of cloth**, un quadrato di stoffa ***2*** riquadro; quadro ***3*** piazza (*a quattro lati*) ***4*** squadra (*da disegno*) ***5*** (*mil.*) quadrato ***6*** (*in certi giochi*) casella; (*negli scacchi*) scacco ***7*** (*pop. antiq.*) persona sorpassata; persona all'antica • (*fam.*) **to be back to s. one**, ritrovarsi daccapo □ (*antiq.*) **on the s.**, lealmente; in modo onesto □ **out of s.**, fuori di squadra.
square (2) /skwɛə(r)/ *a.* ***1*** (*anche geom., mat.*) quadrato; quadro: **s. bracket**, parentesi quadra; **s. metre**, metro quadrato; **s. root**, radice quadrata; **s.-shouldered**, dalle spalle quadrate; **The room is six metres s.**, la stanza è sei metri per sei ***2*** (*pred.*) ad angolo retto; perpendicolare ***3*** (*pred.*) allineato: **to make st. s. with**, allineare q.c. con ***4*** (*fam.*) giusto; equo; leale; onesto: **a s. deal**, un trattamento equo ***5*** (*pred.*) (*fam.*) pari: **to be (all) s.**, essere pari; (*sport*) essere in parità; **to get s. with sb.**, fare i conti con q.; chiudere la partita con q. ***6*** a posto; in ordine: **to get things s.**, mettere a posto le cose ***7*** (*pop. antiq.*) sorpassato; all'antica • **s.-built**, tarchiato; tozzo □ **s. knot**, nodo piano □ **s. meal**, pasto abbondante □ (*naut.*) **s.-rigged**, a vele quadre □ (*di scarpa*) **s.-toed**, dalla punta quadrata.
square (3) /skwɛə(r)/ *avv.* ***1*** ad angolo retto; a squadra ***2*** dritto: **to look sb. s. in the eye**, guardare q. dritto negli occhi • **to play fair and s.**, agire lealmente.
to **square** /skwɛə(r)/ ***A*** *v. t.* ***1*** squadrare (*legname, pietre*) ***2*** far quadrare (*cifre*); regolare (*conti*) ***3*** (*mat.*) elevare al quadrato: **3 squared is 9**, 3 elevato al quadrato fa 9 ***4*** (*fam.*) corrompere (*con denaro, mance, ecc.*); ungere ***5*** (*sport*) pareggiare: **to s. the match**, finire la partita in parità • (*mat.*) **to s. the circle**, fare la quadratura del cerchio □ **to s. one's shoulders**, tirare indietro le spalle ***B*** *v. i.* collimare; quadrare; andare d'accordo.
♦ **square off** *v. t. + avv.* ***1*** rendere quadrato; squadrare ***2*** dividere in quadri; quadrettare.
♦ **square up** *v. i. + avv.* ***1*** (*mecc., falegn.*) squadrare ***2*** (*comm.*) saldare.
♦ **square up to** *v. i. + avv. e prep.* affrontare; far fronte a; fronteggiare.
squarely /ˈskwɛəlɪ/ *avv.* ***1*** ad angolo retto ***2*** lealmente; onestamente ***3*** dritto; in pieno.
squash (1) /skwɒʃ, *USA* -wɔːʃ/ *n.* ***1*** poltiglia ***2*** calca; ressa; pigia pigia ***3*** 🅤 spremuta: **orange s.**, spremuta di arancia.
squash (2) /skwɒʃ, *USA* -wɔːʃ/ *n.* (*pl. invar.*) (*bot.*) zucca.
squash (3) /skwɒʃ, *USA* -wɔːʃ/ *n.* (*sport*) squash.
to **squash** /skwɒʃ, *USA* -wɔːʃ/ ***A*** *v. t.* ***1*** schiacciare ***2*** pigiare ***3*** spremere (*frutta, ecc.*) ***4*** domare, soffocare (*una ribellione*) ***5*** (*fam.*) mettere a tacere; zittire ***B*** *v. i.* ***1*** schiacciarsi ***2*** accalcarsi; pigiarsi.
squashy /ˈskwɒʃɪ, *USA* -wɔːʃɪ/ *a.* ***1*** molle; molliccio ***2*** acquitrinoso.
squat /skwɒt/ *a.* ***1*** (*pred.*) accosciato; accoccolato; accovacciato ***2*** tozzo; tarchiato.
to **squat** /skwɒt/ *v. i.* ***1*** (*anche* **to s. down**) accosciarsi; accoccolarsi; accovacciarsi ***2*** (*di animale*) accucciarsi ***3*** occupare abusivamente suolo pubblico o case altrui.
squatter /ˈskwɒtə(r)/ *n.* ***1*** occupante abusivo di suolo pubblico o di case altrui ***2*** (*in Austr., stor.*) primo occupante di suolo pubblico (*con diritto d'acquisto a basso prezzo*); (*estens.*) ricco allevatore di bestiame.
squaw /skwɔː/ *n.* donna pellerossa sposata; squaw.
squawk /skwɔːk/ *n.* ***1*** strido rauco (*specialm. di uccello*) ***2*** protesta rumorosa.
to **squawk** /skwɔːk/ *v. i.* ***1*** (*di uccello, ecc.*) fare un verso roco; emettere strida rauche ***2*** (*fam.*) lamentarsi ad alta voce; alzare lamenti.
squeak /skwiːk/ *n.* ***1*** squittio; stridio ***2*** cigolio; scricchiolio ***3*** gridolino; strillo • (*fam.*) **to have a narrow s.**, scamparla per un pelo.
to **squeak** /skwiːk/ *v. i.* ***1*** squittire; stridere ***2*** cigolare; scricchiolare ***3*** strillare; emettere un gridolino.
♦ **squeak through** *v. i. + avv.* (*fam.*) ***1*** infilarsi; sgusciare ***2*** passare per il rotto della cuffia.
squeaky /ˈskwiːkɪ/ *a.* ***1*** stridulo ***2*** cigolante; scricchiolante • (*fam.*) **s. clean**, pulitissimo; (*fig., specialm. polit.*) immacolato.
squeal /skwiːl/ *n.* strillo acuto; strido; squittio.
to **squeal** /skwiːl/ ***A*** *v. i.* ***1*** strillare; guaire; squittire ***2*** (*fam.*) lagnarsi; lamentarsi ***3*** (*fam.*) fare la spia; fare una soffiata ***B*** *v. t.* gridare con voce stridula.
squealer /ˈskwiːlə(r)/ *n.* (*fam.*) spia; delatore.
squeamish /ˈskwiːmɪʃ/ *a.* impressionabile; delicato di stomaco.
squeegee /ˈskwiːdʒiː, skwiːˈdʒiː/ *n.* (spazzola) tergivetro.
to **squeegee** /ˈskwiːdʒiː, skwiːˈdʒiː/ *v. t.* pulire col tergivetro.
squeeze /skwiːz/ *n.* ***1*** compressione; pressione; stretta; strizzata: **I felt a s. on the arm**, sentii una stretta al braccio; **a s. of lemon**, qualche goccia di limone ***2*** (*anche* **s. of the hand**) stretta di mano ***3*** (*anche* **tight s.**) calca; ressa; pigia pigia: **It was a s. with six of us in the car**, in sei nella macchina eravamo pigiati come sardine ***4*** 🅤 (*fam.*) costrizione; pressione: **to put the s. on sb.**, fare pressione su q. ***5*** (*econ.*) restrizione; stretta: **credit s.**, stretta creditizia.
to **squeeze** /skwiːz/ ***A*** *v. t.* ***1*** spremere; strizzare; stringere; schiacciare: **to s. a lemon**, spremere un limone; **He squeezed my arm**, mi strinse il braccio; **to be squeezed to death in the crowd**, morire schiacciato dalla folla; **to s. money out of sb.**, spremere denaro da q. ***2*** far passare a forza; infilare: **I squeezed my hand through the bars**, infilai la mano tra le sbarre; **to s. one's way through a crowd**, farsi avanti a spinte fra la folla ***3*** pigiare; comprimere: **Can you s. a few more things into the suitcase?**, riesci a far entrare un paio di altre cose in valigia? ***4*** mettere in difficoltà finanziarie; mettere alle strette; tartassare; spremere ***5*** ridurre all'osso (*un bilancio, ecc.*) ***B*** *v. i.* farsi largo a forza; cacciarsi; infilarsi.
♦ **squeeze out** *v. t. + avv.* strizzare; spremere: **to s. out a sponge**, strizzare una spugna.
squeezer /ˈskwiːzə(r)/ *n.* spremitoio; spremilimoni; spremifrutta.
squelch /skwɛltʃ/ *n.* rumore di fango calpestato; cic ciac.
to **squelch** /skwɛltʃ/ ***A*** *v. t.* ***1*** schiacciare ***2*** far tacere; ridurre al silenzio ***B*** *v. i.* ***1*** fare il rumore del fango calpestato; fare cic ciac ***2*** diguazzare nel fango.
squib /skwɪb/ *n.* piccolo razzo; petardo • (*fam.*) **damp s.**, fiasco; delusione.
squid /skwɪd/ *n.* (*zool.*) calamaro.
squidgy /ˈskwɪdʒɪ/ *a.* (*pop.*) molle e umidiccio.

squiggle /ˈskwɪgl/ *n.* ***1*** ghirigoro; svolazzo ***2*** scarabocchio.
squiggly /ˈskwɪglɪ/ *a.* a svolazzi; scarabocchiato.
squint /skwɪnt/ *n.* ***1*** (*med.*) strabismo: **to have a s.**, essere affetto da strabismo; essere strabico ***2*** (*fam.*) rapida occhiata; sguardo furtivo ● **s.-eyed**, strabico.
to **squint** /skwɪnt/ *v. i.* ***1*** essere strabico ***2*** strizzare gli occhi.
♦ **squint at** *v. i. + prep.* ***1*** guardare di traverso ***2*** guardare strizzando gli occhi.
squire /ˈskwaɪə(r)/ *n.* ***1*** gentiluomo di campagna; signorotto ***2*** (*stor.*) scudiero.
squirm /skwɜːm/ *n.* contorcimento.
to **squirm** /skwɜːm/ *v. i.* ***1*** contorcersi; torcersi; dimenarsi ***2*** vergognarsi; essere pieno di imbarazzo.
squirrel /ˈskwɪrəl, *USA* ˈskwɜː-/ *n.* (*zool.*) scoiattolo.
squirt /skwɜːt/ *n.* ***1*** schizzo; zampillo ***2*** (*fam.*) tipetto borioso ● (*USA*) **s. gun**, schizzetto; pistola ad acqua.
to **squirt** /skwɜːt/ ***A*** *v. t.* ***1*** schizzare; spruzzare ***2*** iniettare (*con uno schizzetto*) ***B*** *v. i.* schizzare; zampillare.
stab /stæb/ *n.* ***1*** pugnalata; coltellata: **s. in the back**, pugnalata alla schiena (*anche fig.*); **to make a s. at sb.**, allungare una coltellata a q. ***2*** fitta: **s. of pain**, fitta di dolore; stilettata; **s. of remorse**, fitta di rimorso ***3*** (*fam.*) tentativo: **to have a s. at st.**, provare a fare q.c.
to **stab** /stæb/ ***A*** *v. t.* ***1*** pugnalare; accoltellare: **to s. sb. in the back**, pugnalare q. alle spalle (*anche fig.*); **to s. sb. to death**, uccidere a coltellate (*o* a pugnalate, a forbiciate, ecc.) ***2*** puntare; spingere: **to s. one's finger at st.**, puntare il dito su q.c. ***B*** *v. i.* ***1*** menare colpi (*o* un colpo) di pugnale: **to s. at sb.**, menar colpi di pugnale contro q. ***2*** (*di un dolore*) dare fitte.
stabbing /ˈstæbɪŋ/ ***A*** *n.* accoltellamento ***B*** *a.* acuto; lancinante.
to **stabilise** /ˈsteɪbəlaɪz/ *e deriv.* (*GB*) *V.* **to stabilize** *e deriv.*
stability /stəˈbɪlətɪ/ *n.* Ⓤ stabilità.
stabilization /steɪbəlaɪˈzeɪʃnˈz-/ *n.* Ⓤ stabilizzazione; consolidamento.
to **stabilize** /ˈsteɪbəlaɪz/ ***A*** *v. t.* stabilizzare; rendere stabile; consolidare ***B*** *v. i.* stabilizzarsi.
stabilizer /ˈsteɪbəlaɪzə(r)/ *n.* stabilizzatore.
stable (1) /ˈsteɪbl/ *a.* ***1*** stabile; saldo; fisso; solido ***2*** stabile; solido: **s. government**, governo stabile; **s. economy**, economia solida; **s. relationship**, rapporto solido ***3*** (*di malato*) stazionario ***4*** posato; equilibrato ● (*fis.*) **s. equilibrium**, equilibrio stabile.
stable (2) /ˈsteɪbl/ *n.* ***1*** stalla (*per cavalli*); scuderia (*di cavalli da corsa*) ***2*** (*automobilismo, boxe*) scuderia ● **s. boy**, mozzo di stalla.
to **stable** /ˈsteɪbl/ *v. t.* mettere nella stalla; tenere nella scuderia.
stableman /ˈsteɪblmən/ *n.* (*USA*) stalliere.
stabling /ˈsteɪblɪŋ, -bəl-/ *n.* Ⓤ stallaggio.
stack /stæk/ *n.* ***1*** bica (*di grano, ecc.*) ***2*** pagliaio ***3*** catasta (*di legna*) ***4*** pila; cumulo; mucchio ***5*** camino; ciminiera; fumaiolo ***6*** (*generalm. al pl.*) scaffalatura (*di biblioteca*) ***7*** (*elab.*) pila ***8*** (*aeron.*) scaglionamento a quote diverse (*di aeroplani in attesa di atterrare*) ● (*fam.*) **to make stacks of money**, fare soldi a palate.
to **stack** /stæk/ *v. t.* ***1*** accatastare; ammucchiare; ammassare ***2*** (*aeron.*) assegnare diverse altezze di attesa a (*aerei in attesa di atterrare*).
stadium /ˈsteɪdɪəm/ *n.* (*pl.* **stadia** /-dɪə/, **stadiums**) (*sport*) stadio.
staff (1) /stɑːf, *USA* stæf/ *n.* (*pl.* **staves, staffs**) ***1*** asta (*di bandiera, ecc.*) ***2*** bastone ***3*** (*eccles.*) bastone pastorale ***4*** (*mus.*) pentagramma.
staff (2) /stɑːf, *USA* stæf/ *n.* (*col verbo al sing. o al pl.*) personale; dipendenti: **to be on the permanent s.**, far parte del personale; essere in organico; **a s. of ten**, dieci dipendenti; **teaching s.**, personale insegnante; (*di una scuola*) corpo insegnante, docenti; (*giorn.*) **editorial s.**, redazione; redattori ● (*mil.*) **s. officer**, ufficiale di stato maggiore □ **s. meeting**, riunione del personale; (*a scuola*) riunione dei professori, riunione dei docenti □ **diplomatic s.**, corpo diplomatico □ (*mil.*) **General S.**, Stato Maggiore.
to **staff** /stɑːf, *USA* stæf/ *v. t.* provvedere di personale.
staffing /ˈstɑːfɪŋ, *USA* ˈstæf-/ *n.* Ⓤ organico; personale.
stag /stæg/ *n.* (*zool.*) cervo maschio ● (*zool.*) **s.-beetle**, cervo volante □ (*fam.*) **s. party**, riunione di soli uomini; festa di addio al celibato.

stage /steɪdʒ/ *n.* ***1*** piattaforma; impalcatura ***2*** (*teatr.*) palcoscenico; scena; (*estens.*) teatro, scene: **to be on s.**, essere in scena; **adapted for the s.**, adattato per il teatro; **to go on the s.**, calcare le scene ***3*** stadio; stato; fase; periodo: **in the early stages of development**, nei primi stadi di sviluppo; **at this s. of the talks**, a questo punto dei colloqui; **The project is in its early stages**, il progetto è alla fase iniziale ***4*** tappa (*anche ciclismo*); sosta: **by easy stages**, a piccole tappe; (*fig.*) per gradi ***5*** (*miss.*) stadio ***6*** (*stor.*) diligenza; corriera ● (*teatr.*) **s. door**, uscita degli artisti □ (*teatr.*) **s. directions**, didascalie (*in un testo drammatico*) □ **s. fright**, paura del pubblico; trac □ (*teatr.*) **s. manager**, direttore di scena; direttore artistico □ **s. name**, nome d'arte □ (*ciclismo*) **s. race**, corsa a tappe □ **s.-struck**, innamorato del teatro e della professione di attore □ **s. whisper**, (*teatr.*) «a parte»; (*estens.*) parole sussurrate in modo udibile □ (*naut.*) **landing s.**, pontile da sbarco □ **to set the s. for st.**, preparare il terreno per q.c.
to **stage** /steɪdʒ/ *v. t.* ***1*** (*teatr.*) mettere in scena; rappresentare ***2*** organizzare; inscenare: **to s. a strike**, organizzare uno sciopero; **to s. a protest**, inscenare una protesta.
stagecoach /ˈsteɪdʒkəʊtʃ/ *n.* diligenza; corriera.
stagecraft /ˈsteɪdʒkrɑːft, *USA* -æft/ *n.* Ⓤ arte scenica; tecnica teatrale.
stagehand /ˈsteɪdʒhænd/ *n.* (*teatr.*) macchinista.
to **stage-manage** /ˈsteɪdʒmænɪdʒ/ *v. t.* (*fam.*) organizzare; inscenare.
stager /ˈsteɪdʒə(r)/ *n.* — **old s.**, uno vecchio del mestiere; vecchia volpe.
stagflation /stægˈfleɪʃn/ *n.* Ⓤ (*econ.*) stagflazione.
stagger /ˈstægə(r)/ *n.* ***1*** barcollamento; vacillamento ***2*** (*al pl.*) (*med.*) vertigini.
to **stagger** /ˈstægə(r)/ ***A*** *v. i.* barcollare; traballare; vacillare ***B*** *v. t.* ***1*** sbalordire; sbalordire; sciocare ***2*** scaglionare ● **to s. the imagination**, essere incredibile; avere dello stupefacente.
staggering /ˈstægərɪŋ/ *a.* sbalorditivo; stupefacente.
staginess /ˈsteɪdʒɪnəs/ *n.* Ⓤ teatralità; (*spreg.*) artificiosità.
staging /ˈsteɪdʒɪŋ/ *n.* ***1*** Ⓤ (*edil.*) impalcatura ***2*** Ⓤ *e* Ⓒ (*teatr.*) messa in scena.
stagnancy /ˈstægnənsɪ/ *n.* Ⓤ stagnamento; ristagno; stasi.
stagnant /ˈstægnənt/ *a.* stagnante; fermo.
to **stagnate** /stægˈneɪt, *USA* ˈstægneɪt/ *v. i.* ***1*** (*anche di economia, ecc.*) ristagnare ***2*** (*di persona*) essere inattivo; vegetare.
stagnation /stægˈneɪʃn/ *n.* Ⓤ ***1*** ristagno ***2*** (*di economia, ecc.*) ristagno; inattività; stasi.
stagy /ˈsteɪdʒɪ/ *a.* teatrale; istrionico; artefatto.
staid /steɪd/ *a.* (*spreg.*) serio; compassato; noioso.
staidness /ˈsteɪdnəs/ *n.* Ⓤ (*spreg.*) serietà; compassatezza; noiosità.
stain /steɪn/ *n.* ***1*** macchia ***2*** Ⓤ *e* Ⓒ (*tecn.*) colorante; mordente ● **s. remover**, smacchiatore.
to **stain** /steɪn/ ***A*** *v. t.* ***1*** macchiare ***2*** colorare; tingere ***3*** stampare a colori (*stoffa*) ***4*** (*tecn.*) trattare (*legno*) con un mordente ***B*** *v. i.* macchiarsi.
stained /steɪnd/ *a.* macchiato ● **s. glass**, vetro colorato □ **s.-glass window**, vetrata istoriata.
stainless /ˈsteɪnləs/ *a.* ***1*** inossidabile: **s. steel**, acciaio inossidabile ***2*** (*lett.*) senza macchia; candido; immacolato.
stair /steə(r)/ *n.* ***1*** gradino; scalino ***2*** (*al pl.*) scala; scalinata; gradinata: **flight of stairs**, rampa di scale; scalinata ● **s. carpet**, passatoia □ **s. rod**, asta metallica per fissare una passatoia.
staircase /ˈsteəkeɪs/ *n.* scala; scalone ● **spiral s.**, scala a chiocciola.
stairway /ˈsteəweɪ/ *V.* **staircase**.
stairwell /ˈsteəwel/ *n.* tromba delle scale.
stake /steɪk/ *n.* ***1*** palo; paletto; piolo; picchetto ***2*** (*stor.*) rogo: **burnt at the s.**, bruciato sul rogo ***3*** posta; puntata; scommessa ***4*** (*al pl.*) premio (*di scommessa*); (*estens.*) vantaggi, rischi: **to play for high stakes**, fare puntate alte; (*fig.*) rischiare forte ***5*** (*al pl.*) corsa ippica ***6*** (*al pl.*) corsa; gara; competizione ● **at s.**, in gioco; a rischio □ **to have a s. in st.**, (*comm.*) avere una partecipazione in q.c.; (*fig.*) avere interesse in q.c. □ (*fam. USA*) **to pull up stakes**, andarsene; far fagotto; piantare tutto.
to **stake** /steɪk/ *v. t.* ***1*** fissare (*o* sostenere) con pali ***2*** *V.* **to stake out**, *def. 1* ***3*** puntare; scommettere; rischiare ● **to s. a claim to st.**, rivendicare il proprio diritto a q.c.

♦ **stake out** *v. t. + avv.* ***1*** delimitare con picchetti ***2*** (*fam. USA, della polizia*) tenere sotto sorveglianza (*una casa, ecc.*); controllare.

stakeholder /ˈsteɪkhəʊldə(r)/ *n.* ***1*** chi tiene la posta (*in una scommessa*) ***2*** chi possiede una quota di partecipazione azionaria ***3*** (*leg.*) fiduciario (*nella vendita di immobili*).

stakeout /ˈsteɪkaʊt/ *n.* (*fam. USA*) sorveglianza (*da parte della polizia*).

stalactite /ˈstæləktaɪt, *USA* stəˈlæk-/ *n.* (*geol.*) stalattite.

stalagmite /ˈstæləgmaɪt, *USA* stəˈlæg-/ *n.* (*geol.*) stalagmite.

stale /steɪl/ *a.* ***1*** (*di pane*) stantio; raffermo ***2*** (*di aria*) viziato; che sa di chiuso ***3*** vecchio; vieto; trito: **s. news**, notizie vecchie; **s. joke**, battuta vecchia ***4*** (*di atleta, ecc.*) in superallenamento ***5*** (*leg.*) scaduto; in prescrizione.

to **stale** /steɪl/ *v. i.* diventare stantio (*o* vieto, trito).

stalemate /ˈsteɪlmeɪt/ *n.* 🄲 *e* 🅄 ***1*** (*scacchi*) stallo ***2*** punto morto; situazione di stallo.

to **stalemate** /ˈsteɪlmeɪt/ *v. t.* ***1*** (*scacchi*) mettere in stallo ***2*** portare a un punto morto.

staleness /ˈsteɪlnəs/ *n.* 🅄 ***1*** (l') essere stantio ***2*** insipidezza; banalità.

stalk /stɔːk/ *n.* ***1*** (*bot.*) gambo; stelo; peduncolo ***2*** gambo (*di bicchiere a calice*).

to **stalk** /stɔːk/ ***A*** *v. i.* ***1*** camminare impettito; camminare a lunghi passi: **He stalked out of the meeting**, uscì indignato dalla riunione ***2*** (*lett.*) muoversi silenziosamente ***B*** *v. t.* ***1*** seguire di soppiatto (*selvaggina, nemici*) ***2*** percorrere a gran passi ***3*** seguire ossessivamente (q.).

stalker /ˈstɔːkə(r)/ *n.* ***1*** cacciatore all'inseguimento ***2*** chi segue q. ossessivamente.

stalking horse /ˈstɔːkɪŋ hɔːs/ *locuz. n.* ***1*** pretesto; paravento ***2*** (*polit.*) candidato di comodo; candidato civetta.

stall /stɔːl/ *n.* ***1*** posta (*di stalla*) ***2*** bancarella; chiosco ***3*** stallo, scanno (*di chiesa*) ***4*** (*al pl.*) (*teatr., GB*) platea: **a seat in the stalls**, una poltrona di platea ***5*** (*aeron.*) stallo ***6*** ditale (*per proteggere un dito malato*).

to **stall** (1) /stɔːl/ ***A*** *v. t.* ***1*** (*autom.*) causare l'arresto del motore di: **I stalled the car**, mi si spense il motore ***2*** (*aeron.*) stallare ***B*** *v. i.* ***1*** (*mecc., di motore*) arrestarsi; fermarsi: **My car keeps stalling**, mi si spegne il motore di continuo ***2*** (*aeron.*) stallare.

to **stall** (2) /stɔːl/ (*fam.*) ***A*** *v. i.* cercare di guadagnar tempo; temporeggiare ***B*** *v. t.* ***1*** ostacolare; tirare per le lunghe ***2*** tenere a bada (*con sotterfugi, ecc.*).

stallholder /ˈstɔːlhəʊldə(r)/ *n.* bancarellista.

stallion /ˈstæljən/ *n.* stallone.

stalwart /ˈstɔːlwət/ ***A*** *a.* ***1*** forte; gagliardo; nerboruto; vigoroso ***2*** animoso; deciso; risoluto ***B*** *n.* (*specialm. polit.*) sostenitore di sicura fede.

stamen /ˈsteɪmən/ *n.* (*bot.*) stame.

stamina /ˈstæmɪnə/ *n.* 🅄 capacità di resistenza; tenacia; (*sport*) tenuta.

stammer /ˈstæmə(r)/ *n.* balbuzie.

to **stammer** /ˈstæmə(r)/ *v. t. e i.* balbettare.

stammerer /ˈstæmərə(r)/ *n.* balbuziente.

stamp /stæmp/ *n.* ***1*** (*anche* **postage s.**) francobollo ***2*** (*anche* **revenue s.**) marca da bollo ***3*** timbro; stampigliatore ***4*** bollo; timbro; stampigliatura ***5*** marchio; segno; impronta: **the s. of genius**, l'impronta del genio; **to leave one's s. on st.**, lasciare il proprio segno su q.c.; **to bear the s. of truth**, avere tutto l'aspetto della verità ***6*** (*comm., anche* **trading s.**) bollino; punto ***7*** pestata; forte colpo di piede ***8*** (*form.*) stampo (*fig.*): **a man of his s.**, un uomo del suo stampo ● **s. album**, album per francobolli □ **s. collecting**, filatelia □ **s. collector**, collezionista di francobolli; filatelico □ **s. duty**, tassa di bollo □ **s. machine**, distributore automatico di francobolli □ **s. paper**, carta bollata □ (*comm.*) **trading s.**, bollino.

to **stamp** /stæmp/ ***A*** *v. t.* ***1*** pestare (*il piede*); battere i piedi su: **to s. the ground**, pestare il terreno coi piedi; (*di cavallo*) scalpitare ***2*** timbrare; stampigliare ***3*** caratterizzare; contraddistinguere; (*spreg.*) marchiare, bollare ***4*** (*mecc.*) stampare; punzonare ***5*** affrancare (*una lettera, ecc.*) ***B*** *v. i.* battere i piedi; scalpitare.

♦ **stamp out** *v. t. + avv.* eliminare; reprimere.

stamped /stæmpt/ *a.* affrancato: **s. addressed envelope**, busta affrancata per la risposta.

stampede /stæmˈpiːd/ *n.* fuga precipitosa (*specialm. di animali spaventati*); fuggi fuggi.

to **stampede** /stæmˈpiːd/ ***A*** *v. i.* darsi a fuga precipitosa ***B*** *v. t.* mettere in fuga precipitosa ● **to s. sb. into doing st.**, far precipitare q. a fare q.c.

stamper /ˈstæmpə(r)/ *n.* ***1*** bollatore; timbratore ***2*** (*ind.*) stampatore ***3*** (*ind.*) matrice ***4*** macchina per bollare.

stamping ground /ˈstæmpɪŋ graʊnd/ *locuz. n.* (*fam.*) ***1*** luogo di ritrovo ***2*** luogo frequentato abitualmente.

stance /stɑːns, stæns/ *n.* ***1*** (*golf, cricket*) posizione (*assunta dal giocatore*) ***2*** atteggiamento; presa di posizione.

to **stanch** /stɑːntʃ, *USA* stæntʃ/ *V.* **to staunch**.

stanchion /ˈstænʃn, *USA* ˈstæn-/ *n.* ***1*** appoggio; puntello; sostegno ***2*** (*ind. costr.*) montante ***3*** (*naut.*) candeliere.

stand /stænd/ *n.* ***1*** arresto; fermata; pausa; sosta: **to come to a s.**, fare una sosta; fermarsi ***2*** posto; posizione: **to take one's s. at the rear**, prendere posto in coda ***3*** presa di posizione: **to take a s. on st.**, prendere posizione su q.c. ***4*** resistenza; decisa opposizione ***5*** posteggio (*per taxi*) ***6*** palco; tribuna ***7*** (*comm.*) banco di esposizione; stand ***8*** (*mecc.*) cavalletto; sostegno; supporto ***9*** chiosco; edicola; bancarella: **ice cream s.**, chiosco del gelataio ***10*** (*USA, anche* **witness s.**) banco dei testimoni ***11*** (*generalm. in parole composte*) porta-: **umbrella s.**, portaombrelli; **music s.**, leggio (*per musica*).

to **stand** /stænd/ (*pass. e p.p.* **stood**) ***A*** *v. i.* ***1*** stare in piedi; reggersi in piedi: **I had to s. for three hours**, sono dovuto stare in piedi per tre ore; **I could barely s.**, quasi non mi reggevo in piedi ***2*** essere in piedi; essere fermo (in piedi); stare; essere: **She was standing by my desk**, era in piedi accanto alla mia scrivania; **Don't s. there doing nothing**, non star lì a far niente!; **He stood there watching us**, era fermo e ci guardava; **We stood chatting for a bit**, siamo rimasti a chiacchierare per un po'; **The castle still stands**, il castello è ancora in piedi; **S. still!**, (sta') fermo!; (state) fermi! ***3*** esserci; trovarsi: **Three vases stood on the shelf**, sulla mensola c'erano tre vasi; **His villa stands on a hill**, la sua villa si trova su una collina; **Nothing stands between him and the chairmanship**, nulla lo separa ormai dalla presidenza ***4*** alzarsi (in piedi) **We stood when he came in**, ci alzammo in piedi quando lui entrò ***5*** (*form.*) essere valido: **My offer still stands**, la mia offerta è ancora valida ***6*** rimanere; restare: **to s. empty**, (*di casa, ecc.*) rimanere vuoto ***7*** avere una certa posizione (*o* opinione): **How do you s. on the issue of...?**, qual è la tua posizione a proposito di...? ***8*** (*cucina*) riposare: **Leave the mixture to s.**, lasciate riposare il composto ***9*** (*di liquido*) ristagnare; posare; depositarsi ***10*** essere alto: **He stands one metre ninety in his socks**, è alto un metro novanta a piedi nudi ***11*** (*polit., GB*) candidarsi; presentarsi candidato: **to s. in an election**, candidarsi a un'elezione ● **to s. accused**, essere accusato □ **to s. corrected**, riconoscere il proprio errore □ **to s. firm**, tenere duro □ **to s. in awe of sb.**, avere soggezione di q. □ **to s. in need of help**, aver bisogno d'aiuto □ (*GB*) **to s. in a queue**, fare la coda □ **to s. in the way of st.**, impedire di raggiungere q.c. □ **to s. on ceremony**, fare complimenti □ **to s. on sb.'s foot**, pestare un piede a q. □ **to s. to lose**, correre il rischio di perdere □ **to s. to win**, avere la possibilità di vincere □ (*mil.*) **S. at ease!**, riposo! □ **It stands to reason**, è logico □ **to know where one stands with sb.**, sapere come comportarsi con q. ***B*** *v. t.* ***1*** mettere (*in piedi*); collocare; appoggiare: **to s. a plant in the shade**, mettere una pianta all'ombra; **to s. a ladder against the wall**, appoggiare una scala al muro ***2*** sopportare; soffrire; resistere a; tollerare: **I can't s. to see this waste**, non sopporto di vedere questo spreco; **I can't s. her**, non la posso soffrire; **to s. no nonsense**, non tollerare sciocchezze; **to s. the pain**, resistere al dolore; (*mil.*) **to s. fire**, resistere sotto il fuoco ***3*** sostenere; subire: **to s. trial**, subire un processo; essere processato ***4*** (*fam.*) offrire: **I'll s. you a meal**, ti offro un pranzo ● **to s. a chance**, avere possibilità di successo □ **to s. one's ground**, tener duro; non volersi arrendere.

♦ **stand back** *v. i. + avv.* stare indietro; indietreggiare: **S. back!**, (state) indietro!

♦ **stand by** ***A*** *v. i. + avv.* ***1*** starsene a guardare ***2*** tenersi pronto ***B*** *v. i. + prep.* ***1*** essere dalla parte di ***2*** mantenere (*una promessa, ecc.*).

♦ **stand down** *v. i. + avv.* ***1*** ritirarsi; farsi da parte; dimettersi ***2*** (*mil.*) smontare (*di guardia*) ***3*** (*leg.*) lasciare il banco dei testimoni.

♦ **stand for** *v. i. + prep.* ***1*** significare: **What does EMU s. for?**, che cosa significa la sigla EMU? *2* rappresentare: **He stands for everything I most admire**, lui rappresenta tutto quello che io ammiro di più *3* (*polit., GB*) candidarsi a: **to s. for Parliament**, candidarsi al parlamento *4* (*fam., generalm. al negativo*) tollerare: **I won't s. for any tantrums**, non tollererò scenate!

♦ **stand in for** *v. i. + avv. + prep.* fare le veci di.

♦ **stand off** *v. i. + avv.* stare in disparte.

♦ **stand out** *v. i. + avv.* *1* risaltare; spiccare; distinguersi *2* tener duro; resistere.

♦ **stand out against** *v. i. + avv. e prep.* opporsi a.

♦ **stand over** *A v. i. + prep.* stare addosso a *B v. i. + avv.* essere rinviato; rimanere ancora.

♦ **stand to** *v. i. + avv.* (*mil.*) prepararsi a un attacco.

♦ **stand up** *A v. i. + avv.* *1* alzarsi (in piedi): **S. up, please**, alzatevi, prego!; per favore, in piedi! *2* tenersi ritto *B v. t. + avv.* (*fam.*) non presentarsi all'appuntamento con: **He stood me up**, non si è fatto vedere; mi ha tirato il bidone (*pop.*).

♦ **stand up for** *v. i. + avv. e prep.* prendere le parti di.

♦ **stand up to** *v. i. + avv. e prep.* fronteggiare; far fronte a; tener testa a.

standard /ˈstændəd/ *A n.* *1* Ⓒ e Ⓤ livello; qualità; tenore; standard: **work of (a) low s.**, lavoro di qualità scadente; **a high s. of living**, un alto tenore di vita *2* criterio; norma; metro di giudizio: **safety standards**, norme di sicurezza *3* (*al pl.*) valori morali; scala di valori *4* campione; modello; misura; tipo: **standards of weight and measure**, pesi e misure tipo *5* stendardo; vessillo; insegna *6* (*mecc.*) sostegno; supporto; montante *7* tubo verticale (*dell'acqua o del gas*) *8* (*di canzone, libro, ecc.*) classico ● (*anche fig.*) **s.-bearer**, portabandiera □ **s. lamp**, lampada a stelo □ **below s.**, insufficiente □ **lamp s.**, palo della luce □ **up to s.**, accettabile *B a.* normale; corrente; standard; di serie: **s. practice**, procedura normale; **s. English**, l'inglese corrente e corretto; **s. model**, (*di automobile, ecc.*) modello di serie; modello standard; **s. sizes**, taglie normali ● (*comm., ind.*) **s. sample**, campione unificato □ **s. time**, ora ufficiale; ora del fuso (*secondo il meridiano di Greenwich*).

standardization, (*GB anche*) **standardisation** /stændədaɪˈzeɪʃn, *USA* -dɪˈz-/ *n.* Ⓤ standardizzazione; unificazione.

to **standardize**, (*GB anche*) to **standardise** /ˈstændədaɪz/ *v. t.* standardizzare; unificare.

standby /ˈstændbaɪ/ *n.* riserva; sostituto; surrogato ● **on s.**, pronto a intervenire; (*aeron.*) in lista di attesa.

standee /stænˈdiː/ *n.* (*USA*) *1* spettatore in piedi *2* viaggiatore in piedi.

stand-in /ˈstændɪn/ *n.* *1* sostituto *2* (*cinem., teatr.*) controfigura.

standing /ˈstændɪŋ/ *A n.* Ⓤ *1* posizione; condizione; grado; reputazione: **a person of high s.**, una persona di condizione elevata *2* durata: **a record of long s.**, un primato di lunga durata *B a.* *1* in piedi; dritto; verticale *2* fisso; permanente; stabile: **s. committee [invitation]**, commissione [invito] permanente *3* (*mecc.*) inoperoso; inattivo; fermo ● **s. corn**, grano in erba □ **s. joke**, tema fisso di battute: **John's lateness has become a s. joke**, i ritardi di John sono ormai diventati una barzelletta □ (*sport*) **s. jump**, salto senza rincorsa □ (*fin., GB*) **s. order**, ordine permanente □ **s. ovation**, applauso del pubblico in piedi □ **s. room**, posti in piedi (*in un autobus, ecc.*).

standoff /ˈstændɒf, *USA* -ɔːf/ *n.* (*fam.*) situazione di stallo.

standoffish /ˈstændˈɒfɪʃ, *USA* -ˈɔːf-/ *a.* riservato; freddo; scostante.

standoffishness /ˌstændˈɔfɪʃnəs/ *n.* Ⓤ riserbo; freddezza; distacco.

standpoint /ˈstændpɔɪnt/ *n.* punto di vista.

standstill /ˈstændstɪl/ *n.* *1* arresto; fermata; sosta *2* battuta d'arresto; ristagno; punto morto: **Trade is at a s.**, il commercio è in ristagno ● **to bring to a s.**, fermare □ **to come to a s.**, arrestarsi; fermarsi; giungere a un punto morto.

stand-up /ˈstændʌp/ *a.* *1* (*di colletto*) alto; rigido *2* in piedi: **s. meal**, pasto in piedi ● **s. comedian**, cabarettista.

stank /stæŋk/ *pass. di* **to stink**.

stanza /ˈstænzə/ *n.* (*poesia*) strofa; stanza.

staphylococcus /stæfɪləˈkɒkəs/ *n.* (*pl.* **staphylococci** /-kaɪ/) (*biol.*) stafilococco.

staple (1) /ˈsteɪpl/ *n.* *1* punto metallico; graffetta *2* (*mecc.*) grappa; gancio; forcella.

staple (2) /ˈsteɪpl/ *A n.* *1* prodotto principale (*di un luogo*) *2* alimento base *3* argomento principale (*di conversazione, ecc.*) *B a.* principale; più importante ● **s. commodities**, merci di prima necessità.

to **staple** /ˈsteɪpl/ *v. t.* *1* cucire con punti metallici *2* assicurare con una grappa (*o* un gancio, una forcella).

stapler /ˈsteɪplə(r), -pəl-/ *n.* cucitrice (*a punti metallici*).

stapling machine /ˈsteɪplɪŋ məˈʃiːn/ *locuz. n.* (*legatoria*) cucitrice meccanica.

star /stɑː(r)/ *n.* *1* (*astron.*) stella; astro *2* celebrità; stella; astro; (*cinem.*) divo (-a); (*sport*) campione, asso, fuoriclasse *3* (*tipogr.*) stella; stelletta; asterisco: **three-s. hotel**, albergo a tre stelle ● **the Stars and Stripes** (*o* **the S.-Spangled Banner**), la bandiera americana (*degli U.S.A.*) □ **s. sign**, segno zodiacale □ **s.-studded**, trapunto di stelle; (*teatr, cinem.*) pieno di attori famosi □ (*teatr.*) **s. turn**, numero di attrazione □ **His s. has set**, la sua stella è tramontata □ **to see stars**, vedere le stelle (*fig.*) □ **to thank one's lucky stars**, ringraziare il cielo.

to **star** /stɑː(r)/ *A v. t.* *1* segnare con asterisco *2* (*di film, ecc.*) avere come interprete (*o* interpreti): **«Stagecoach», starring John Wayne...**, «Ombre rosse», con John Wayne... *B v. i.* (*cinem., teatr., TV*) essere fra gli interpreti principali.

starboard /ˈstɑːbəd, -ɔːd/ (*naut.*) *A n.* Ⓤ dritta *B a.* di dritta.

starch /stɑːtʃ/ *n.* Ⓤ (*chim.*) amido.

to **starch** /stɑːtʃ/ *v. t.* inamidare.

starchy /ˈstɑːtʃɪ/ *a.* *1* (*chim.*) amidaceo; ricco di amido *2* inamidato *3* (*fig.*) rigido; sostenuto.

stardom /ˈstɑːdəm/ *n.* Ⓤ (*teatr., cinem.*) celebrità.

stardust /ˈstɑːdʌst/ *n.* Ⓤ *1* polvere cosmica *2* (*fig.*) polvere di stelle; atmosfera di sogno.

stare /steə(r)/ *n.* *1* lunga occhiata *2* sguardo fisso.

to **stare** /steə(r)/ *A v. i.* *1* guardare fisso: **to s. at sb.**, guardare fisso q.; fissare q.; **to s. into space**, guardare nel vuoto *2* sbarrare gli occhi: **to make sb. s.**, far sbarrare gli occhi a q.; sbalordire q. *B v. t.* fissare; squadrare: **to s. sb. up and down**, squadrare q. dall'alto in basso; **to s. sb. in the face**, guardare fisso q.; (*di cosa*) saltare agli occhi, essere chiaro come il sole.

♦ **stare down** (*o* **out**) *v. t. + avv.* far abbassare lo sguardo a q.

starfish /ˈstɑːfɪʃ/ *n.* (*zool.*) stella di mare.

stargazer /ˈstɑːgeɪzə(r)/ *n.* (*scherz.*) *1* astronomo *2* astrologo.

stark /stɑːk/ *A a.* *1* aspro; desolato; spoglio: **a s. landscape**, un paesaggio aspro *2* severo; austero; crudo: **the s. truth**, la cruda verità *3* assoluto; totale: **s. nonsense**, stupidaggini belle e buone; **s. terror**, puro terrore *B avv.* completamente: **s. naked**, nudo come un verme; **s. staring mad**, matto da legare.

starkers /ˈstɑːkəz/ *a. pred.* (*fam. GB*) nudo come un verme.

starless /ˈstɑːləs/ *a.* senza stelle.

starlet /ˈstɑːlət/ *n.* (*cinem.*) stellina; attricetta.

starlight /ˈstɑːlaɪt/ *n.* Ⓤ luce delle stelle; chiarore stellare.

starling /ˈstɑːlɪŋ/ *n.* (*zool.*) storno.

starlit /ˈstɑːlɪt/ *a.* illuminato dalle stelle; stellato.

starry /ˈstɑːrɪ/ *a.* *1* stellato; pieno di stelle *2* luminoso come una stella; brillante; fulgente ● **s.-eyed**, ingenuo; idealista; idealistico.

start /stɑːt/ *n.* *1* principio; inizio: **at the s.**, all'inizio; in principio; **from s. to finish**, dall'inizio alla fine *2* partenza; segnale di partenza: **the s. of a race**, la partenza di una corsa; **to make an early s.**, partire di buon'ora *3* vantaggio: **a two-hour s. on sb.**, un vantaggio di due ore su q.; **to have a good s. in life**, partire avvantaggiato nella corsa della vita *4* sobbalzo; sussulto; scatto: **to give a s.**, sussultare; trasalire *5* (*mecc.*) avviamento ● **to get off to a bad [good] s.**, partire male [bene] □ (*fam.*) **for a s.**, tanto per cominciare □ (*fam.*) **to make a s. on st.**, cominciare q.c.

to **start** /stɑːt/ *A v. i.* *1* cominciare: **The show starts at 8**, lo spettacolo comincia (*o* ha inizio) alle otto; **We s. tomorrow**, cominciamo domani; **It started to rain**, cominciò a piovere; **to s. crying** (*o* **to cry**), cominciare (*o* mettersi) a piangere; **You started it!**, hai cominciato tu! *2* (*anche* **to s. off, to s. out**) partire; avviarsi; mettersi in viaggio *3* (*di un motore*) avviarsi; mettersi in moto; partire: **The car won't s.**, la macchina non parte *4* (*lett.*) sobbalzare; sussultare; trasalire ● **to s. all over again**, ricominciare da capo □ (*fam.*) **to s. with**, all'inizio; tanto per cominciare *B v. t.* *1* cominciare;

iniziare; intraprendere *2* avviare; impiantare: **to s. a shop**, avviare (*o* aprire) un negozio; **to s. a newspaper**, fondare un giornale; **to s. a family**, fare il primo figlio *3* (*mecc.*) mettere in moto; far partire *4* levare, scovare (*selvaggina*) *5* (*sport*) dare la partenza a *6* sollevare (*una questione*); introdurre (*un argomento*) • (*fam.*) **to s. something**, dare il via a qualcosa di importante.

♦ **start in on** *v. i. + avv. e prep.* (*fam.*) cominciare (a fare) q.c.

♦ **start off** **A** *v. i. + avv.* *1 V.* **to start**, *A, def. 2* *2* cominciare: **to s. off by doing st.**, cominciare col fare q.c.; **We s. off with prawn cocktail**, cominciamo con un cocktail di gamberetti **B** *v. t. + avv.* *1* far cominciare; avviare; dare l'avvio a *2* dare il via a.

♦ **start on** *v. i. + prep.* cominciare; imbarcarsi in: **to s. on a journey**, cominciare un viaggio; mettersi in viaggio; **to s. on a new enterprise**, imbarcarsi in una nuova impresa.

♦ **start out** *v. i. + avv.* *1 V.* **to start**, *A, def. 2* *2* cominciare: **to s. out to do st.**, cominciare con l'idea di fare q.c.

♦ **start over** *v. t. e i. + prep.* ricominciare.

♦ **start up** **A** *v. i. + avv.* *1* cominciare; avere inizio *2* balzare in piedi *3* (*di motore*) mettersi in moto; avviarsi **B** *v. t. + avv.* *1* mettere in moto, avviare (*un motore*) *2* avviare (*un'impresa, una conversazione*).

starter /ˈstɑːtə(r)/ *n.* *1* chi comincia; iniziatore (-trice) *2* (*sport*) concorrente alla partenza; partente *3* (*sport*) starter; mossiere *4* (*autom.*) motorino di avviamento; starter *5* (*fam. GB*) antipasto; primo piatto • (*fam.*) **for starters**, per cominciare; come inizio □ (*sport e fig.*) **to be under s.'s orders**, essere al via; essere al nastro di partenza.

starting /ˈstɑːtɪŋ/ **A** *n.* *1* inizio; avvio; partenza *2* (*mecc.*) avviamento; messa in moto *3* (*econ.*) avviamento **B** *a.* iniziale; d'inizio; di partenza: **s. salary**, stipendio iniziale; (*sport*) **s. line [block]**, linea [blocco] di partenza; **s. gate**, (*ippica*) barriera mobile; (*sci*) cancelletto di partenza; **s. point**, punto di partenza; inizio.

to **startle** /ˈstɑːtl/ *v. t.* *1* far sussultare; far trasalire; spaventare *2* sorprendere; sconcertare.

startling /ˈstɑːtlɪŋ, -təl-/ *a.* sorprendente; sconcertante.

start-up /ˈstɑːtʌp/ *a.* (*comm.*) iniziale; di avviamento: **s. costs**, costi di avviamento.

starvation /stɑːˈveɪʃn/ *n.* 🄤 inedia; fame • **s. diet**, dieta rigorosa □ **s. wages**, stipendio da fame.

to **starve** /stɑːv/ **A** *v. i.* *1* morire di fame *2* soffrire la fame; essere affamato *3* (*solo alla forma progress.*) (*fam. GB*) avere una fame da lupi; morire di fame (*fig.*) **B** *v. t.* *1* far morire di fame *2* affamare • **to be starved of st.**, soffrire per mancanza di: **to be starved of affection**, avere un gran bisogno di affetto.

starved /stɑːvd/ *a.* (*fam. USA*) che ha una fame da lupi; che muore di fame.

starving /ˈstɑːvɪŋ/ *a.* affamato.

stases /ˈsteɪsiːz, ˈstæ-/ *pl. di* **stasis**.

stash /stæʃ/ *n.* (*fam.*) scorta nascosta.

to **stash** /stæʃ/ *v. t.* (*fam., anche* **to s. away**) nascondere.

stasis /ˈsteɪsɪs, ˈstæsɪs/ *n.* (*pl.* **stases**) stasi.

state /steɪt/ **A** *n.* *1* stato; condizione; disposizione: **the s. of our finances**, lo stato delle nostre finanze; (*fis.*) **solid s.**, stato solido; **in a s. of emergency**, in stato di emergenza; **s. of mind**, disposizione d'animo; **to be in no s. to do st.**, non essere in condizioni (*o* in grado) di fare q.c.; **to be in a bad s.**, essere in cattivo stato; andare male; **in a good s. of repair**, in buono stato di conservazione; **Look at the s. you're in!**, guarda in che stato sei!; guarda come ti sei ridotto! *2* 🄒 *e* 🄤 Stato: **matters of s.**, affari di Stato; **Church and S.**, la Chiesa e lo Stato; **the United States of America**, gli Stati Uniti d'America *3* 🄤 pompa; parata; gala: **in s.**, in pompa magna *4* ceto; rango; classe sociale • (*fam.*) **the States**, gli Stati Uniti □ **s. of affairs**, stato di cose; situazione; **in the present s. of affairs**, nelle circostanze attuali □ (*fam.*) **to be in a s.**, essere agitatissimo □ (*fam.*) **to get into a s.**, innervosirsi; agitarsi □ **to lie in s.**, essere esposto solennemente nella camera ardente **B** *a. attr.* *1* di (*o* dello) Stato; statale; pubblico: **s. papers**, documenti di Stato; (*GB*) **s. school**, scuola statale (*o* pubblica); **s. education**, istruzione statale (*o* pubblica); **s.-controlled**, a controllo statale; parastatale *2* ufficiale; solenne: **s. occasion**, occasione ufficiale; **s. apartments**, appartamenti di rappresentanza • (*GB*) **s. benefits**, assistenza sociale □ (*USA*) **S. Department**, Dipartimento di Stato (*ministero degli esteri*) □ **s.-of-the-art**, all'avangardia; più avanzato: **s.-of-the-art technology**, la tecnologia più avanzata □ **s.-owned**, statale; di Stato; pubblico □ **s. prisoner**, prigioniero politico □ (*USA*) **s. trooper**, agente di polizia.

to **state** /steɪt/ *v. t.* *1* dichiarare; affermare; esprimere; esporre: **to s. one's opinion**, esprimere la propria opinione; **to s. one's case**, esporre i fatti *2* formulare; specificare; determinare; fissare; stabilire: **to s. terms and conditions**, stabilire le condizioni.

statecraft /ˈsteɪtkrɑːft, *USA* -æft/ *n.* 🄤 arte di governo; abilità politica.

stated /ˈsteɪtɪd/ *a.* *1* dichiarato: **s. age**, età dichiarata; (*fin.*) **s. capital**, capitale dichiarato *2* stabilito; fissato; fisso: **on the s. date**, alla data stabilita.

statehood /ˈsteɪthʊd/ *n.* 🄤 (*polit.*) condizione di Stato; indipendenza.

stateless /ˈsteɪtləs/ *a.* senza nazionalità; apolide: **s. person**, apolide.

stately /ˈsteɪtlɪ/ *a.* *1* formale; solenne *2* maestoso; imponente • (*in G.B.*) **s. home**, dimora signorile (*o* palazzo) di interesse storico e artistico.

statement /ˈsteɪtmənt/ *n.* *1* dichiarazione; affermazione; asserzione *2* 🄤 esposizione *3* (*specialm. comm.*) rendiconto; rapporto *4* (*leg.*) deposizione (*fatta alla polizia*) *5* (*comm., anche* **s. of account**) estratto conto • **s. of expenses**, conto spese; nota spese □ **bank s.**, estratto conto (bancario) □ **to make a s.**, rilasciare una dichiarazione; (*leg.*) fare una deposizione □ **official s.**, comunicato ufficiale □ (*leg.*) **sworn s.**, dichiarazione giurata.

stateroom /ˈsteɪtruːm, -rʊm/ *n.* *1* salone per cerimonie *2* (*naut.*) cabina di lusso *3* (*ferr., USA*) scompartimento riservato.

statesman /ˈsteɪtsmən/ *n.* (*pl.* **statesmen** /-mən/) uomo di Stato; statista.

statesmanship /ˈsteɪtsmənʃɪp/ *n.* 🄤 arte di governare; saggezza politica.

stateswoman /ˈsteɪtswʊmən/ *n.* (*pl.* **stateswomen** /-wɪmən/) statista (*f.*).

static /ˈstætɪk/ **A** *a.* *1* (*anche fis.*) statico *2* stazionario; stabile **B** *n.* 🄤 *1* (*anche* **s. electricity**) elettricità statica *2* (*radio, TV*) scariche statiche.

statics /ˈstætɪks/ *n. pl.* (*col verbo al sing.*) (*fis.*) statica.

station /ˈsteɪʃn/ *n.* *1* stazione; scalo: **railway** (*USA* **train**) **s.**, stazione ferroviaria; **bus s.**, stazione degli autobus; **tube** (*USA* **subway**) **s.**, stazione della metropolitana; **goods s.**, scalo merci *2* stazione; base; centrale; posto: **weather s.**, stazione meteorologica; **naval s.**, base navale; **police s.**, posto di polizia *3* (*radio, TV*) stazione: **radio s.**, stazione trasmittente *4* posto; posizione: (*mil.*) **action stations**, posti di combattimento *5* (*antiq.*) condizione; ceto *6* (*Austr.*) allevamento; fattoria • (*eccles.*) **the stations of the cross**, le stazioni della Via Crucis □ (*autom., USA*) **s. wagon**, familiare; station-wagon □ **fire s.**, caserma dei pompieri □ **first-aid s.**, posto di pronto soccorso □ (*polit.*) **polling s.**, seggio elettorale □ (*autom.*) **service s.**, stazione di servizio.

to **station** /ˈsteɪʃn/ **A** *v. t.* collocare; appostare; disporre • (*mil.*) **to be stationed (at, in)**, essere di guarnigione (a, in) **B** to **station oneself** *v. rifl.* collocarsi; appostarsi.

stationary /ˈsteɪʃənrɪ, *USA* -nerɪ/ *a.* *1* stazionario; fermo; fisso: **a s. train**, un treno fermo; **s. target**, bersaglio fisso *2* (*mil.*) di stanza: **s. troops**, truppe di stanza.

stationer /ˈsteɪʃnə(r)/ *n.* cartolaio (-a) • **s.'s (shop)**, cartoleria.

stationery /ˈsteɪʃnərɪ, *USA* -nerɪ/ *n.* 🄤 articoli di cancelleria.

stationmaster /ˈsteɪʃnmɑːstə(r), *USA* -æst-/ *n.* (*ferr.*) capostazione.

statistical /stəˈtɪstɪkl/ *a.* statistico.

statistician /stætɪˈstɪʃn/ *n.* studioso di statistica; statistico.

statistics /stəˈtɪstɪks/ *n. pl.* *1* (*col verbo al sing.*) statistica (*scienza*) *2* statistiche; dati statistici.

statuary /ˈstætʃʊərɪ, *USA* -ʊerɪ/ **A** *a.* statuario **B** *n.* 🄤 *1* (arte) statuaria *2* statue; collezione di statue.

statue /ˈstætʃuː/ *n.* statua.

statuesque /stætʃʊˈesk/ *a.* scultorio; di statua; statuario: **s. beauty**, bellezza statuaria.

statuette /stætʃʊˈet/ *n.* statuetta; figurina.

stature /ˈstætʃə(r)/ *n.* 🄤 *e* 🄒 (*anche fig.*) statura.

status /ˈsteɪtəs, ˈstæ-/ *n.* 🄤 *1* grado; posizione *2* condizione sociale; ceto *3* stato; situazione; punto: **What's the s. of**

the talks?, a che punto sono le trattative? *4* prestigio; status *5* (*leg.*) stato (giuridico): **marital s.**, stato civile *6* (*Banca*) solvibilità: • **s. quo**, status quo □ **s. symbol**, status symbol; simbolo di successo.

statute /ˈstætʃuːt, -tjuːt/ *n.* (*leg.*) legge (*del parlamento*); statuto • (*leg., USA*) **s.-barred**, caduto in prescrizione □ **s. book**, raccolta di leggi; codice □ **s. law**, corpus delle leggi parlamentari □ (*leg., USA*) **s. of limitations**, legge sulla prescrizione: **to be barred by the s. of limitations**, cadere in prescrizione.

statutory /ˈstætʃʊtrɪ, *USA* -tɔːrɪ/ *a.* (*leg.*) *1* statutario; prescritto dalla legge; legale: **s. right**, diritto per legge *2* punibile a norma di legge • (*USA*) **s. rape**, corruzione di minorenne.

staunch /stɔːntʃ, *USA* stɑːntʃ/ *a.* fedele; fidato; leale.

to **staunch** /stɔːntʃ, *USA* stɑːntʃ/ *v. t.* *1* arrestare il flusso di (*un liquido*); stagnare *2* tamponare (*una ferita*).

stave /steɪv/ *n.* *1* (*di botte*) doga *2* (*mus.*) pentagramma.

to **stave** /steɪv/ *v. Solo come*:

♦ **stave in** (*pass. e p.p.* **stove** *o* **staved**) *v. t. + avv.* sfondare; schiacciare.

♦ **stave off** *v. t. + avv.* evitare; scansare.

staves /steɪvz/ *pl. di* **staff** (**1**).

stay (**1**) /steɪ/ *n.* *1* soggiorno; permanenza: **s. in hospital**, degenza in ospedale *2* (*leg.*) sospensione: **s. of execution**, sospensione dell'esecuzione della condanna *3* (*lett.*) freno; ostacolo; remora • (*med.*) **long-s. patient**, lungodegente.

stay (**2**) /steɪ/ *n.* *1* (*naut.*) strallo, straglio *2* (*al pl.*) busto; corsetto.

to **stay** (**1**) /steɪ/ *A v. i.* *1* restare; rimanere; tenersi; fermarsi; trattenersi: **to s. at home**, restare a casa; **to s. late**, rimanere fino a tardi; **Can you s. for dinner?**, ti fermi a cena? **to s. young**, restare giovane *2* alloggiare; stare; **to s. at** (*o* **in**) **a hotel**, alloggiare in albergo; **to s. with friends**, stare da (*o* essere ospite di) amici • (*fam.*) **to s. put**, restare dove si è; non muoversi □ **to be here to s.** (*o* **to have come to s.**), essersi ormai affermato; essere una realtà *B v. t.* *1* sostenere; reggere: **to s. the course**, reggere fino alla fine *2* (*specialm. leg.*) differire; rinviare; sospendere: **to s. an execution**, sospendere un'esecuzione *3* calmare; placare.

♦ **stay away** *v. i. + avv.* *1* stare lontano *2* non andare *3* stare via (*per un certo periodo di tempo*).

♦ **stay behind** *v. i. + avv.* *1* restare indietro *2* restare a casa; fermarsi; non andare.

♦ **stay in** *v. i. + avv.* restare in casa; non uscire.

♦ **stay on** *v. i. + avv.* *1* (*di cappello, coperchio, ecc.*) restare a posto; non cadere *2* (*di luce*) restare acceso *3* rimanere in carica *4* rimanere in ufficio.

♦ **stay out** *v. i. + avv.* *1* rimanere fuori casa; non rientrare *2* essere in sciopero *3* tenersi fuori: **to s. out of trouble**, tenersi fuori dai guai.

♦ **stay over** *v. i. + avv.* fermarsi.

♦ **stay up** *v. i. + avv.* rimanere alzato.

to **stay** (**2**) /steɪ/ *v. t.* *1* rinforzare; puntellare *2* (*naut.*) rinforzare (*un albero, ecc.*) con stralli.

stay-at-home /ˈsteɪəthəʊm/ *A a.* casalingo *B n.* tipo casalingo.

stayer /ˈsteɪə(r)/ *n.* *1* (*ippica*) stayer *2* (*fig.*) persona che ha resistenza; persona che tiene duro.

staying /ˈsteɪɪŋ/ *a.* — **s. power**, (capacità di) resistenza; (*sport*) tenuta.

staysail /ˈsteɪseɪl/ *n.* (*naut.*) vela di strallo.

stead /stɛd/ *n.* [U] — **in my s.**, al mio posto; in mia vece □ **to stand sb. in good s.**, tornare utile a q.

steadfast /ˈstɛdfɑːst, -fəst, *USA* -fæst/ *a.* costante; fermo; deciso; risoluto; tenace.

steadfastness /ˈstɛdfɑːstnəs, *USA* -fæst-/ *n.* [U] costanza; fermezza; decisione; risolutezza; tenacia.

steadily /ˈstɛdɪlɪ/ *avv.* *1* con fermezza *2* gradualmente e in modo regolare: **to improve s.**, essere in continuo miglioramento; **to get s. worse**, continuare a peggiorare *3* con costanza; assiduamente: **to work s.**, lavorare assiduamente *4* intensamente; fissamente: **to look s. at st.**, guardare fissamente q.c.

steadiness /ˈstɛdɪnəs/ *n.* [U] *1* fermezza; saldezza; solidità; stabilità *2* costanza; regolarità; uniformità *3* serietà; sobrietà; industriosità *4* fissità (*dello sguardo*).

steady /ˈstɛdɪ/ *A a.* *1* fermo; fisso; saldo; solido; stabile: **to have a s. hand**, avere la mano ferma; **s. nerves**, nervi saldi *2* regolare; stabile; costante; continuo; uniforme: **s. job**, lavoro stabile; **s. wind**, vento costante; **s. prices**, prezzi stabili; **s. boyfriend**, ragazzo fisso *3* serio; posato • (*astron.*) **s. state theory**, teoria dello stato stazionario *B inter.* *1* calma!; attenzione!; piano! *2* (*naut., anche* **S. as she goes!**) avanti così!; via così! *3* (*mil.*) fissi! *C avv.* — (*fam.*) **to be going s.**, fare coppia fissa.

to **steady** /ˈstɛdɪ/ *A v. t.* *1* stabilizzare; consolidare *2* tenere fermo; fermare *3* calmare: **to s. one's nerves**, calmare i nervi; calmarsi *B v. i.* consolidarsi; stabilizzarsi *C* to **steady oneself** *v. rifl.* ritrovare l'equilibrio; riprendersi.

steak /steɪk/ *n.* [C] *e* [U] *1* fetta di carne; bistecca: **beef s.**, bistecca (di manzo) *2* fetta (*o* trancia) di pesce *3* [U] (*GB*) (carne per) spezzatino.

steakhouse /ˈsteɪkhaʊs/ *n.* ristorante specializzato in bistecche.

to **steal** /stiːl/ (*pass.* **stole**, *p.p.* **stolen**) *A v. t.* rubare: **My bag has been stolen**, mi hanno rubato la borsetta; **to s. an idea from sb.**, rubare un'idea a q. • **to s. a look at sb.**, dare un'occhiata furtiva a q. *B v. i.* *1* rubare; commettere un furto; essere un ladro *2* (*con avv.*) muoversi furtivamente: **to s. away**, andarsene alla chetichella; svignarsela quatto quatto; **to s. in** [**out**], entrare [uscire] alla chetichella.

stealing /ˈstiːlɪŋ/ *n.* [U] furto; (il) rubare.

stealth /stɛlθ/ *n.* — **by s.**, furtivamente; di nascosto; di soppiatto.

stealthy /ˈstɛlθɪ/ *a.* furtivo; nascosto; segreto.

steam /stiːm/ *n.* [U] *1* vapore (acqueo): **to be driven by s.**, andare a vapore *2* appannamento del vapore: **S. had formed on the window panes**, i vetri della finestra erano appannati • **s. bath**, bagno di vapore □ **s. engine**, macchina a vapore; locomotiva □ **s. iron**, ferro (da stiro) a vapore □ **s. power**, forza (motrice del) vapore □ (*naut.*) **Full s. ahead!**, avanti a tutto vapore! □ **to get up s.**, aumentare la pressione (del vapore) □ (*fam.*) **to let off s.**, sfogarsi □ **to run out of s.**, perdere l'entusiasmo; scoraggiarsi □ **under one's own s.**, con le proprie forze; da solo.

to **steam** /stiːm/ *A v. t.* *1* (*ind.*) trattare col vapore; vaporizzare *2* cuocere al vapore • **to s. a letter open**, aprire una lettera col vapore *B v. i.* *1* esalare vapore; fumare; fumigare *2* produrre vapore *3* andare a vapore: **The ship steamed into the harbour**, il piroscafo entrò in porto.

♦ **steam up** *v. i. + avv.* appannarsi.

steamboat /ˈstiːmbəʊt/ *n.* (*naut.*) battello a vapore.

steamed /stiːmd/ *a.* cotto al vapore.

steamed up /ˈstiːmdˈʌp/ *a.* *1* appannato *2* arrabbiato: **to get s.**, arrabbiarsi; scaldarsi.

steamer /ˈstiːmə(r)/ *n.* *1* (*naut.*) piroscafo; nave a vapore *2* pentola per cottura a vapore *3* (*ind.*) generatore di vapore.

steaming /ˈstiːmɪŋ/ *a.* fumante.

to **steamroll** /ˈstiːmrəʊl/ (*USA*) *V.* **to steamroller**.

steamroller /ˈstiːmrəʊlə(r)/ *n.* *1* compressore (*o* rullo) stradale *2* (*fig.*) forza travolgente; rullo compressore.

to **steamroller** /ˈstiːmrəʊlə(r)/ *v. t.* (*fam.*) schiacciare; travolgere.

steamship /ˈstiːmʃɪp/ *n.* (*naut.*) piroscafo; nave a vapore.

steamy /ˈstiːmɪ/ *a.* *1* coperto di vapore; pieno di vapore *2* fumigante; umido *3* (*fam., di romanzo, ecc.*) erotico.

steel /stiːl/ *n.* [U] acciaio: **s. industry**, industria siderurgica; industria dell'acciaio; **nerves of s.**, nervi di acciaio • **s. blue**, blu acciaio □ **s.-plated**, rivestito di acciaio; corazzato □ **s. wool**, lana d'acciaio; paglietta (*fam.*) □ (*fig.*) **cold s.**, arma bianca; spada; pugnale.

to **steel** /stiːl/ *v. t.* *1* rivestire di acciaio; corazzare *2* (*fig.*) temprare; indurire.

steelwork /ˈstiːlwɜːk/ *n.* [U] (*edil.*) struttura di acciaio.

steelworker /ˈstiːlwɜːkə(r)/ *n.* (operaio) siderurgico.

steelworks /ˈstiːlwɜːks/ *n.* (*pl. invar.*) acciaieria.

steely /ˈstiːlɪ/ *a.* *1* color dell'acciaio *2* (*fig.*) di acciaio.

steelyard /ˈstiːljɑːd/ *n.* stadera.

steep (**1**) /stiːp/ *a.* *1* ripido; scosceso *2* forte; notevole: **a s. rise in prices**, un forte aumento dei prezzi *3* (*fam.*) eccessivo; esagerato; esorbitante: **s. demands**, pretese eccessive; **Seventy pounds is a bit s.!**, settanta sterline mi pare un po' esagerato.

steep (**2**) /stiːp/ *n.* [U] bagno; ammollo.

to **steep** /stiːp/ *A v. t.* *1* bagnare; immergere; mettere a bagno *2* (*anche fig.*) imbevere; impregnare; saturare: **steeped**

in history, ricco di storia *3* (*ind.*) macerare *B* *v. i.* essere in ammollo.

to **steepen** /ˈstiːpn/ *A* *v. i.* farsi più ripido *B* *v. t.* rendere più ripido.

steeple /ˈstiːpl/ *n.* campanile (con guglia).

steeplechase /ˈstiːpltʃeɪs/ *n.* *1* (*ippica*) steeplechase; corsa siepi *2* (*atletica*) corsa podistica a ostacoli; corsa siepi.

steeplejack /ˈstiːpldʒæk/ *n.* chi ripara (*o* pulisce) campanili (*o* ciminiere, *ecc.*).

steepness /ˈstiːpnəs/ *n.* Ⓤ ripidezza; ripidità.

steer /stɪə(r)/ *n.* (*zool.*) giovenco; manzo.

to **steer** /stɪə(r)/ *A* *v. t.* *1* (*naut.*) governare; pilotare *2* (*autom.*) guidare; manovrare; dirigere *3* guidare; dirigere; accompagnare; rivolgere: **He steered the conversation round to gardening**, guidò la conversazione verso il giardinaggio; **to s. sb. to his place**, accompagnare q. al suo posto; **to s. a bill through Parliament**, riuscire a far approvare una legge • **to s. a middle course**, tenere una via di mezzo □ **to s. one's course**, volgere il cammino; dirigersi *B* *v. i.* *1* governare una nave; stare al timone *2* (*di nave, ecc.*) governarsi; rispondere al timone *3* (*di automobile, ecc.*) guidarsi; rispondere allo sterzo *4* dirigersi; incamminarsi • **to s. clear of sb. [st.]**, tenersi alla larga da q. [q.c.].

steerage /ˈstɪərɪdʒ/ *n.* (*naut.*) *1* effetto (*o* governo) del timone *2* ponte di terza classe; quartieri di poppa • **s. passengers**, passeggeri di terza classe.

steering /ˈstɪərɪŋ/ *n.* Ⓤ *1* (*naut.*) governo (*della nave*) *2* (*autom.*) guida; sterzo • **s. committee**, comitato direttivo □ (*autom.*) **s. column**, piantone dello sterzo □ (*autom.*) **s. gear**, sterzo; □ **s. wheel**, (*autom.*) volante, sterzo; (*naut.*) ruota del timone □ (*autom.*) **power(-assisted) s.**, servosterzo.

stellar /ˈstɛlə(r)/ *a.* *1* (*astron.*) stellare *2* a stella; stellato.

stellate /ˈstɛlət/ *a.* (*scient.*) stellato; radiale; radiato.

stem /stɛm/ *n.* *1* (*bot.*) gambo, stelo, picciolo; ceppo, fusto, tronco *2* gambo, stelo (*di bicchiere*) *3* cannuccia (*di pipa*) *4* (*form.*) ceppo; stirpe; ramo (*di famiglia*) *5* (*gramm.*) tema *6* (*naut.*) prua; prora *7* (*mus.*) gamba, asta (*di nota*) • **s. stitch**, punto erba.

to **stem** (**1**) /stɛm/ *v. i.* — **to s. from**, derivare da; essere causato da; provenire da.

to **stem** (**2**) /stɛm/ *v. t.* *1* arginare (*un fiume*) *2* arrestare; fermare; arginare.

stench /stɛntʃ/ *n.* puzzo; fetore; tanfo.

stencil /ˈstɛnsl/ *n.* *1* stampino *2* disegno stampinato *3* matrice (*per ciclostile*).

to **stencil** /ˈstɛnsl/ *v. t.* *1* stampinare *2* ciclostilare.

stenographer /stəˈnɒgrəfə(r), stɛ-/ *n.* (*USA*) stenografo (-a).

stenography /stəˈnɒgrəfɪ, stɛ-/ *n.* Ⓤ stenografia.

stenotypist /ˈstɛnətaɪpɪst/ *n.* stenotipista.

stentorian /stɛnˈtɔːrɪən/ *a.* (*form. o lett.*) stentoreo.

step /stɛp/ *n.* *1* passo; (rumore di) passi; andatura: **to take a s.**, fare un passo; **a few steps away**, a due passi di distanza; **to retrace one's steps**, ritornare sui propri passi; **to hear steps**, sentire un rumore di passi (*o* dei passi) *2* misura; provvedimento; passo: **to take steps**, prendere provvedimenti *3* gradino; scalino; piolo (*di scala a pioli*) *4* (*di veicolo*) montatoio; predellino *5* (*al pl.*) scala a libretto *6* soglia • **s. by s.**, passo a passo; per gradi □ **to break s.**, cambiare (*o* perdere) il passo (*marciando*) □ (*mus., USA*) **half s.**, semitono □ **in s.**, al passo (*marciando*); (*fig.*) in armonia, in accordo; (*elettr.*) in fase □ **to keep s. with sb.**, andare di pari passo con q. □ **to be one s. ahead of sb.**, essere un passo avanti a q. □ **to be out of s.**, aver perso il passo □ **to take legal steps**, adire le vie legali; procedere legalmente □ **Watch your s.!**, sta' attento!; bada a quel che fai!

to **step** /stɛp/ *v. i.* fare un passo; camminare; andare; venire: **to s. back [forward]**, fare un passo indietro [avanti]; **to s. around st.**, evitare q.c.; **S. this way**, vieni da questa parte!; per di qua!

♦ **step across** *v. i. + prep. o avv.* attraversare.

♦ **step aside** *v. i. + avv.* (*anche fig.*) farsi da parte.

♦ **step down** *A* *v. i. + avv.* *1* discendere *2* dimettersi *3* arrendersi, cedere (*in una discussione*) *B* *v. t. + avv.* ridurre; diminuire.

♦ **step in** *v. i. + avv.* *1* entrare *2* intromettersi.

♦ **step off** *v. i. + prep.* scendere da.

♦ **step on** *v. i. + prep.* *1* calpestare *2* pestare • (*fam.*) **to s. on it**, (*autom.*) schiacciare l'acceleratore; (*fig.*) sbrigarsi.

♦ **step out** *v. i. + avv.* *1* uscire *2* (*antiq.*) allungare il passo • **to s. out of line**, sgarrare; (*polit.*) abbandonare la linea del partito.

♦ **step up** *A* *v. i. + avv.* farsi avanti *B* *v. t. + avv.* aumentare.

stepbrother /ˈstɛpbrʌðə(r)/ *n.* fratellastro.

stepchild /ˈstɛptʃaɪld/ *n.* (*pl.* **stepchildren** /-tʃɪldrən/) figliastro (-a).

stepdaughter /ˈstɛpdɔːtə(r)/ *n.* figliastra.

stepfather /ˈstɛpfɑːðə(r)/ *n.* patrigno.

stepladder /ˈstɛplædə(r)/ *n.* scala a libretto.

stepmother /ˈstɛpmʌðə(r)/ *n.* matrigna.

stepparent /ˈstɛppɛərənt/ *n.* patrigno; matrigna.

steppe /stɛp/ *n.* (*geogr.*) steppa.

stepping-stone /ˈstɛpɪŋstəʊn/ *n.* *1* pietra di guado *2* (*fig.*) gradino; passo.

stepsister /ˈstɛpsɪstə(r)/ *n.* sorellastra.

stepson /ˈstɛpsʌn/ *n.* figliastro.

stereo /ˈstɛrɪəʊ, ˈstɪə-/ *A* *a.* (*fam.*) *1* stereofonico; stereo *2* stereoscopico • (*USA*) **s. system**, impianto stereo *B* *n.* (impianto) stereo • **personal s.**, stereo portatile; walkman ®.

stereophonic /stɛrɪəˈfɒnɪk, stɪə-/ *a.* stereofonico.

stereoscope /ˈstɛrɪəskəʊp, stɪə-/ *n.* (*fis.*) stereoscopio.

stereoscopic /stɛrɪəˈskɒpɪk, stɪə-/ *a.* (*fis.*) stereoscopico.

stereotype /ˈstɛrɪətaɪp, ˈstɪə-/ *n.* stereotipo.

to **stereotype** /ˈstɛrɪətaɪp, ˈstɪə-/ *v. t.* *1* (*tipogr.*) stereotipare *2* (*fig.*) etichettare; considerare in modo stereotipato.

stereotyped /ˈstɛrɪətaɪpt, ˈstɪə-/ *a.* (*tipogr. e fig.*) stereotipato; stereotipo.

sterile /ˈstɛraɪl, *USA* -rəl/ *a.* sterile.

to **sterilise** /ˈstɛrəlaɪz/ *e deriv.* (*GB*) *V.* **to sterilize** *e deriv.*

sterility /stəˈrɪlətɪ/ *n.* Ⓤ sterilità.

sterilization /stɛrəlaɪˈzeɪʃn, *USA* -lɪˈz-/ *n.* Ⓤ (*med., ind.*) sterilizzazione.

to **sterilize** /ˈstɛrəlaɪz/ *v. t.* (*med., ind.*) sterilizzare.

sterilizer /ˈstɛrəlaɪzə(r)/ *n.* (*med., ind.*) sterilizzatore.

sterling /ˈstɜːlɪŋ/ *A* *a.* *1* (*di metalli, specialm. di argento*) di buona lega; puro *2* (*fig.*) eccellente; genuino: **s. qualities**, qualità eccellenti *B* *n.* Ⓤ (*fin.*) (lira) sterlina: **the value of s.**, il valore della sterlina; **the s. area**, l'area della sterlina; **pound s.**, lira sterlina.

stern (**1**) /stɜːn/ *a.* severo; duro; rigido; aspro.

stern (**2**) /stɜːn/ *n.* (*naut., aeron.*) poppa.

sterna /ˈstɜːnə/ *pl. di* **sternum**.

sternness /ˈstɜːnnəs/ *n.* Ⓤ severità; durezza; rigidità; asprezza.

sternum /ˈstɜːnəm/ *n.* (*pl.* **sternums**; **sterna**) (*anat.*) sterno.

steroid /ˈstɪərɔɪd, ˈstɛ-/ (*chim.*) *A* *n.* steroide *B* *a.* steroideo.

stet /stɛt/ (*lat.*) *voce vb.* (*tipogr.*) vive.

stethoscope /ˈstɛθəskəʊp/ *n.* (*med.*) stetoscopio.

stethoscopy /stɛˈθɒskəpɪ/ *n.* Ⓤ (*med.*) stetoscopia.

stetson /ˈstɛtsn/ *n.* ® cappello da cowboy; stetson.

stevedore /ˈstiːvədɔː(r)/ *n.* (*naut.*) stivatore.

stew /stjuː, *USA* stuː/ *n.* Ⓒ *e* Ⓤ (*cucina*) stufato • (*fam.*) **to be in a s.**, essere agitatissimo; essere nel pallone; essere nei pasticci □ (*fam.*) **to get into a s.**, agitarsi; andare nel pallone; cacciarsi nei pasticci.

to **stew** /stjuː, *USA* stuː/ *v. t. e i.* *1* (*cucina*) stufare; cuocere in umido *2* (*fam.*) morire dal caldo; bollire • **to let sb. s. in his own juice**, lasciar cuocere q. nel suo brodo.

steward /stjʊəd, *USA* stʊəd/ *n.* *1* amministratore; fattore agricolo *2* dispensiere; economo *3* (*naut.*) cambusiere *4* (*aeron.*) assistente di volo; steward *5* cerimoniere *6* (*sport*) membro del servizio d'ordine.

stewardess /stjʊəˈdɛs, *USA* ˈstʊədɪs/ *n.* *1* economa; dispensiera *2* (*naut.*) cameriera di bordo *3* (*aeron.*) hostess; assistente di volo.

stewed /stjuːd, *USA* stuːd/ *a.* *1* (*cucina*) stufato; in umido *2* (*di frutta*) cotto *3* (*di tè*) rimasto lungo in infusione *4* (*pop.*) ubriaco; sbronzo (*fam.*).

stick /stɪk/ *n.* *1* stecco; rametto *2* bastone; bastoncino; bacchetta: **to walk with a s.**, camminare col bastone; **walking s.**, bastone da passeggio *3* pezzo (*di gesso*); gambo (*di sedano*); stecca (*di cioccolato*); candelotto (*di dinamite*); (*cosmesi*) stick *4* (*sport*) bastone; mazza; (*sci*) bastoncino, racchetta: **hockey s.**, mazza da hockey *5* (*fam. antiq., GB*) tipo; individuo: **funny old s.**, vecchio strambo *6* (*al pl.*) —

(*fam. USA*) **the sticks**, zone rurali; campagna ● **s. figure**, pupazzetto disegnato □ (*fam.*) **s.-in-the-mud**, retrogrado; passatista □ (*autom., USA*) **s. shift**, cambio a mano □ (*fam. GB*) **to get s.**, prendersi una strigliata; beccarsi un cicchetto □ **to get hold of the wrong end of the s.**, prendere un abbaglio; prendere lucciole per lanterne □ (*fam. GB*) **to give sb. s.**, dare una ripassata a q.; criticare severamente q. □ (*fam. GB*) **to take (a lot of) s.**, essere il bersaglio di critiche □ (*fam.*) **a few sticks of furniture**, quattro mobili.

to **stick** /stɪk/ (*pass. e p.p.* **stuck**) ***A*** *v. t.* ***1*** conficcare; ficcare; infilare; piantare; cacciare; infilzare: **to s. a needle into one's finger**, conficcarsi un ago in un dito ***2*** affiggere, attaccare (*con una puntina*); appiccicare, incollare: **to s. a note to a noticeboard**, affiggere un avviso a un tabellone; **to s. a picture on the wall**, attaccare un quadro al muro; **S. no bills!**, vietata l'affissione!; **to s. a stamp on a letter**, attaccare un francobollo a una lettera ***3*** (*fam.*) mettere: **to s. a pencil behind one's ear**, mettersi una matita dietro l'orecchio; **S. the suitcase down here**, metti qua la valigia ***4*** (*fam.*) sopportare: **I can't s. his wife**, non sopporto sua moglie ***5*** (*pop. GB*) tenersi (*q.c. di sgradito*): **You can s. your job!**, tientelo pure, il tuo lavoro! ● **to s. a pig**, ammazzare un maiale (*trafiggendolo alla gola*) ***B*** *v. i.* ***1*** conficcarsi; infilzarsi; piantarsi; restare conficcato: **The pin stuck in my finger**, lo spillo mi si conficcò in un dito ***2*** attaccarsi; aderire; appiccicarsi; restare attaccato: **These stamps have stuck (together)**, questi francobolli si sono attaccati; **The nickname stuck**, il soprannome gli [le, ecc.] rimase appiccicato ***3*** (*fam.*) restare; rimanere: **S. close to me!**, stammi attaccato!; tienti vicino!; **to s. together**, restare uniti ***4*** (*mecc.*) incepparsi; bloccarsi ***5*** (*fam.*) rimanere impresso: **It's the kind of name that sticks in your mind**, è il genere di nome che ti rimane impresso ***6*** (*pop., specialm. di accusa*) reggere ● (*fig.*) **to s. in sb.'s throat**, non andare giù; essere difficile da mandar giù □ **to s. through thick and thin**, resistere nella buona e nella cattiva sorte; tener duro.

♦ **stick around** *v. i. + avv.* (*fam.*) non allontanarsi; rimanere.

♦ **stick at** *v. i. + prep.* ***1*** perseverare in ***2*** — **to s. at nothing**, non indietreggiare davanti a nulla; essere capace di tutto.

♦ **stick by** *v. i. + prep.* (*fam.*) ***1*** rimanere al fianco di ***2*** tener fede a; restare attaccato a (*un'idea, ecc.*).

♦ **stick out** ***A*** *v. t. + avv.* ***1*** allungare (*un piede, ecc.*); tirare fuori (*la lingua, ecc.*) ***2*** gonfiare (*il petto*) ● (*fam.*) **to s. it out**, tener duro □ (*fam.*) **to s. one's neck out**, rischiare ***B*** *v. i. + avv.* ***1*** sporgere ***2*** risaltare; spiccare: (*fam.*) **to s. out a mile**, essere lampante, ovvio ***3*** (*fam.*) sopportare; tener duro.

♦ **stick out for** *v. i. + avv. e prep.* battersi per (*ottenere q.c.*).

♦ **stick to** *v. i. + prep.* ***1*** attenersi a: **to s. to the facts**, stare ai fatti; **to s. to the point**, restare in argomento; non divagare ***2*** restar fedele a; tener fede a, mantenere.

♦ **stick up** ***A*** *v. i. + avv.* drizzarsi; alzarsi; sporgere: **The stump was sticking up in the water**, il ceppo sporgeva sopra il filo dell'acqua ***B*** *v. t. + avv.* ***1*** attaccare; affiggere ***2*** alzare: **S. 'em up!**, mani in alto! ***3*** (*fam.*) assaltare; rapinare.

♦ **stick up for** *v. i. + avv. e prep.* prendere le difese di; sostenere (*i propri diritti, ecc.*).

♦ **stick with** *v. i. + prep.* rimanere fedele a, non abbandonare (*un amico, un metodo, ecc.*) ● **to s. with it**, continuare a fare q.c.

sticker /ˈstɪkə(r)/ *n.* ***1*** (*fam.*) persona tenace ***2*** etichetta autoadesiva; adesivo.

sticking /ˈstɪkɪŋ/ *n. e a.* — **s. plaster**, cerotto □ **s. point.**, punto morto; impasse (*franc.*).

stickler /ˈstɪklə(r)/ *n.* individuo pedante; pignolo ● **to be a s. for discipline**, tenere molto alla disciplina.

stick-on /ˈstɪkɒn, *USA* -ɔːn/ (*fam.*) *a. attr.* adesivo; gommato; da incollare.

stickpin /ˈstɪkpɪn/ *n.* (*USA*) spilla da cravatta.

stick-up /ˈstɪkʌp/ *n.* (*fam.*) rapina a mano armata.

sticky /ˈstɪkɪ/ *a.* ***1*** attaccaticcio; appiccicaticcio; appiccicoso; colloso; viscoso ***2*** gommato; adesivo: **s. tape**, nastro adesivo ***3*** (*fam., del tempo*) umido e caldo: **s. heat**, caldo umido ***4*** (*fam., di situazione, ecc.*) difficile; brutto ● **s. customer**, cliente esigente; (*fig.*) bastian contrario □ (*fam.*) **to come to (*o* to meet) a s. end**, fare una brutta fine □ (*fig.*) **to have s. fingers**, avere le mani lunghe.

stiff (1) /stɪf/ *a.* ***1*** rigido; duro: **s. cardboard**, cartone rigido; **s. collar**, colletto duro ***2*** irrigidito; indolenzito: **My legs have gone s.**, ho le gambe indolenzite ***3*** severo; duro; rigoroso: **s. sentence**, dura condanna; **s. punishment,**, punizione severa ***4*** freddo; formale ***5*** (*specialm. cucina*) compatto; denso; spesso; sodo: **a s. paste**, una pasta densa: **to beat egg whites until s.**, montare chiare d'uovo a neve ferma ***6*** forte: **a s. drink**, una bevanda alcolica forte; **a s. whisky**, un whisky liscio; **a s. dose of medicine**, una forte dose di medicina; **s. breeze**, vento piuttosto forte; **s. resistance**, forte resistenza ***7*** difficile; arduo: **s. climb**, ardua scalata; **s. exam**, esame difficile ***8*** (*fam., di prezzo*) salato ***9*** (*pred.*) (*pop.*) pieno zeppo: **London's s. with tourists in summer**, d'estate, Londra è zeppa di turisti ● **s.-necked**, ostinato; cocciuto; testardo □ **as s. as a poker**, rigido come un manico di scopa; impalato □ **as s. as a ramrod**, dritto come un fuso; rigido; impettito □ (*fam.*) **to bore sb. s.**, annoiare q. a morte □ (*fam.*) **to scare sb. s.**, far morire q. di spavento.

stiff (2) /stɪf/ *n.* (*pop.*) cadavere.

to **stiffen** /ˈstɪfn/ ***A*** *v. t.* ***1*** irrigidire; indurire ***2*** rassodare; consolidare; rinforzare ***B*** *v. i.* ***1*** irrigidirsi; indurirsi ***2*** rassodarsi; consolidarsi; rinforzarsi.

stiffener /ˈstɪfnə(r), -fən-/ *n.* (*pop.*) stimolante; tonico.

stiffness /ˈstɪfnəs/ *n.* 🅄 ***1*** rigidezza; durezza ***2*** indolenzimento ***3*** severità; rigore ***4*** freddezza; formalità ***5*** compattezza; densità; sodezza ***6*** difficoltà.

to **stifle** /ˈstaɪfl/ *v. t. e i.* (*anche fig.*) soffocare: **to s. a rebellion**, soffocare una rivolta; **to s. a yawn [one's sobs]**, soffocare uno sbadiglio [i singhiozzi]; **to s. to death**, morire soffocato; **I'm stifling!**, qui si soffoca!

stifling /ˈstaɪflɪŋ, -fəl-/ *a.* soffocante; afoso.

stigma /ˈstɪgmə/ *n.* ***1*** (*bot., zool.*) stigma ***2*** stigma; marchio d'infamia.

stigmata /ˈstɪgmətə/ *n. pl.* (*relig.*) stigmate, stimmate.

to **stigmatize**, (*GB anche*) to **stigmatise** /ˈstɪgmətaɪz/ *v. t.* stigmatizzare; bollare.

stile /staɪl/ *n.* ***1*** cavalcasiepe; gradini (*o* scaletta) per superare uno steccato ***2*** tornello.

stiletto /stɪˈletəʊ/ *n.* (*pl.* **stilettos**, **stilettoes**) ***1*** stiletto; pugnale ***2*** punteruolo ***3*** (*al pl.*) (*fam. GB*) scarpe con tacco a spillo ● (*GB*) **s. heels**, tacchi a spillo □ **s. thrust**, stilettata.

still (1) /stɪl/ ***A*** *a.* ***1*** fermo; immobile: **Keep (*o* stand) s.!**, sta' fermo!; sta' quieto! ***2*** calmo; quieto; cheto; tranquillo: **s. waters**, acque chete ***3*** (*di bibita*) non gassato ● (*arte*) **s. life**, natura morta ***B*** *n.* ***1*** (*cinem.*) fotogramma ***2*** (*poet.*) quiete; silenzio: **in the s. of the night**, nel silenzio della notte.

still (2) /stɪl/ *avv.* ***1*** ancora; tuttora: **He is s. in bed**, è ancora a letto ***2*** (*con un compar.*) ancora; persino: **s. colder**, ancora più freddo; **S. worse was to come**, il peggio doveva ancora venire; **s. less [more]**, ancor meno [più] ***3*** tuttavia; eppure; pure; nondimeno.

still (3) /stɪl/ *n.* ***1*** (*chim., ind.*) alambicco; storta; distillatore ***2*** (*ind.*) distilleria.

to **still** /stɪl/ *v. t.* (*form. o lett.*) calmare; acquietare; placare.

stillbirth /ˈstɪlbɜːθ/ *n.* nascita di un bambino morto.

stillborn /stɪl/ *a.* ***1*** nato morto ***2*** (*fig.*) fallito; mancato; abortito.

stillness /ˈstɪlnəs/ *n.* 🅄 calma; quiete; silenzio.

stilt /stɪlt/ *n.* ***1*** trampolo ***2*** (*zool.*) cavaliere d'Italia.

stilted /ˈstɪltɪd/ *a.* formale; artificioso; poco spontaneo.

stimulant /ˈstɪmjʊlənt/ *a. e n.* (*anche farm.*) stimolante.

to **stimulate** /ˈstɪmjʊleɪt/ *v. t.* stimolare; incitare; incentivare.

stimulating /ˈstɪmjʊleɪtɪŋ/ *a.* stimolante.

stimulation /stɪmjʊˈleɪʃn/ *n.* 🅄 *e* 🄲 stimolazione; stimolo.

stimulus /ˈstɪmjʊləs/ *n.* (*pl.* **stimuli** /-laɪ/) stimolo (*anche scient.*); pungolo.

sting /stɪŋ/ *n.* ***1*** (*zool.*) pungiglione ***2*** (*bot.*) pelo urticante ***3*** puntura (*di insetto*) ***4*** 🅄 bruciore ***5*** 🄲 *e* 🅄 (*fig.*) morso; pungolo: **the stings of conscience**, il pungolo della coscienza ***6*** (*pop.*) montatura (*per incastrare un criminale*) ● (*fig.*) **to have a s. in one's tail**, (*di situazione, discorso, ecc.*) concludersi con una sorpresa sgradita; essere avvelenato □ **to take the s. out of st.**, togliere un po' di asprezza [di amaro, ecc.] a q.c.

to **sting** /stɪŋ/ (*pass. e p.p.* **stung**) ***A*** *v. t.* ***1*** (*di ape, ecc.*) pungere ***2*** (*di fumo, ecc.*) irritare, far bruciare (*gli occhi, ecc.*) ***3*** ferire; pungere sul vivo; offendere ***4*** pungolare; stimolare; spingere ***5*** (*pop.*) far pagare esageratamente; pelare: **I was stung for $200**, mi è toccato sborsare 200 dollari

B *v. i.* ***1*** pungere; avere il pungiglione ***2*** dare fitte di dolore; dolere ***3*** (*anche fig.*) bruciare.

stinger /ˈstɪŋə(r)/ *n.* ***1*** (*zool.*) insetto provvisto di pungiglione ***2*** (*bot.*) pianta urticante ***3*** (*zool.*) pungiglione ***4*** (*fam.*) colpo doloroso; forte percossa ***5*** (*fam.*) osservazione pungente; risposta pepata.

stinginess /ˈstɪndʒɪnəs/ *n.* U spilorceria; taccagneria; tirchieria.

stinging /ˈstɪŋɪŋ/ *a.* ***1*** che punge; urticante ***2*** (*fig.*) pungente; mordace ***3*** doloroso; bruciante ● (*bot.*) **s. nettle**, ortica.

stingray /ˈstɪŋreɪ/ *n.* (*zool.*) dasiatide.

stingy /ˈstɪndʒɪ/ *a.* ***1*** spilorcio; taccagno; tirchio ***2*** scarso; insufficiente.

stink /stɪŋk/ *n.* ***1*** fetore; puzzo; tanfo ***2*** (*pop.*) putiferio; cagnara: **to cause a s.**, provocare un putiferio; piantare una grana ● **s.-bomb**, bombetta puzzolente.

to **stink** /stɪŋk/ (*pass.* **stank** *o* **stunk**; *p.p.* **stunk**) *v. i.* ***1*** (*anche fig.*) puzzare: **The whole thing stinks**, è una faccenda che puzza ***2*** (*fam.*) essere uno schifo; fare schifo: **His latest film stinks**, il suo ultimo film è uno schifo.

♦ **stink up** *v. t. + avv.* riempire di puzzo; appestare.

stinker /ˈstɪŋkə(r)/ *n.* (*fam. GB*) ***1*** cosa difficile; cosa rognosa; rogna ***2*** letteraccia ***3*** carogna; fetente.

stinking /ˈstɪŋkɪŋ/ *a.* ***1*** puzzolente; fetente; fetido ***2*** (*fam.*) schifoso; lurido ● **s. rich**, ricco sfondato.

stinkpot /ˈstɪŋkpɒt/ *n.* (*pop.*) fetente; carogna.

stint /stɪnt/ *n.* ***1*** periodo di lavoro: **He did a three-year s. as a social worker**, ha lavorato per tre anni come assistente sociale; **to do one's st.**, fare la propria parte ***2*** — **without s.**, senza limiti; generosamente.

to **stint** /stɪnt/ ***A*** *v. t.* risparmiare; lesinare; essere avaro di: **Don't s. the cream**, non lesinare la panna ***B*** to **stint oneself** *v. rifl.* essere frugale; privarsi ***C*** *v. i.* ***1*** essere frugale ***2*** lesinare: **to s. on st.**, lesinare q.c.

stipend /ˈstaɪpɛnd/ *n.* (*eccles.*) congrua.

stipendiary /staɪˈpɛndɪərɪ, *USA* -ɪerɪ/ *a.* stipendiato; retribuito.

to **stipple** /ˈstɪpl/ *v. t.* (*arte*) disegnare (*o* dipingere) a puntini.

to **stipulate** /ˈstɪpjʊleɪt/ *v. t.* esigere come condizione essenziale; pattuire.

♦ **stipulate for** *v. i. + prep.* (*form.*) insistere su (q.c. di pattuito). ATTENZIONE: **to stipulate ≠ stipulare.**

stipulation /stɪpjʊˈleɪʃn/ *n.* condizione (*o* clausola) essenziale.

stir (1) /stɜː(r)/ *n.* ***1*** rimescolata; rimestata ***2*** eccitazione; subbuglio; agitazione; confusione; scalpore: **There was a great s. in the town**, la città era tutta in subbuglio; **a s. of excitement**, una grande eccitazione; **to create a s.**, fare scalpore (*o* sensazione).

stir (2) /stɜː(r)/ *n.* U (*pop.*) carcere; galera.

to **stir** /stɜː(r)/ ***A*** *v. t.* ***1*** mescolare; rimescolare; rimestare ***2*** agitare; increspare; muovere; scuotere ***3*** incitare; eccitare; appassionare: **to s. sb. to action**, incitare q. ad agire; **to s. sb.'s curiosity**, risvegliare la curiosità di q.; incuriosire q. ● **to s. sb.'s blood**, eccitare (*o* entusiasmare) q. □ **not to s. a finger**, non muovere un dito (*per aiutare q.*) ***B*** *v. i.* ***1*** agitarsi; muoversi ***2*** animarsi; risvegliarsi ***3*** essere in piedi; essere già alzato.

♦ **stir in** *v. t. + avv.* aggiungere mescolando.

♦ **stir up** *v. t. + avv.* ***1*** muovere; agitare ***2*** provocare; fomentare.

stir-fry /ˈstɜːfraɪ, ˈstɜːˈf-/ *n.* (*cucina*) cibo saltato in olio bollente.

to **stir-fry** /ˈstɜːfraɪ, ˈstɜːˈf-/ *v. t.* (*cucina*) saltare in olio bollente.

stirring /ˈstɜːrɪŋ/ *a.* ***1*** entusiasmante; elettrizzante ***2*** commovente.

stirrup /ˈstɪrəp, *USA* ˈstɜː-/ *n.* staffa ● (*GB*) **s. cup**, bicchiere della staffa □ **s. pump**, piccolo estintore portatile.

stitch /stɪtʃ/ *n.* ***1*** punto (*di cucito, ricamo, ecc.*) ***2*** maglia (*di lavoro a maglia*) ***3*** fitta di dolore al fianco ***4*** (*chir.*) punto ● (*fam.*) **to have not a s. on**, essere completamente nudo □ (*fam.*) **We were in stitches**, eravamo piegati in due dal ridere.

to **stitch** /stɪtʃ/ *v. t. e i.* ***1*** cucire; dare punti a ***2*** (*chir.*) suturare; cucire.

♦ **stitch up** *v. t. + avv.* ***1*** cucire (*un orlo, un bottone, ecc.*) ***2*** (*chir.*) suturare; cucire ***3*** concludere in modo soddisfacente (*un affare, ecc.*) ***4*** (*pop.*) incriminare con prove false; incastrare.

stoat /stəʊt/ *n.* (*zool.*) ermellino.

stock /stɒk/ ***A*** *n.* ***1*** provvista; scorta; riserva: **stocks of food**, provviste di cibo; **a s. of anecdotes**, una riserva di aneddoti; **to lay in a s. of**, fare provvista (*o* scorta) di ***2*** C (*comm.*) stock; partita ***3*** U (*comm.*) merci in magazzino; scorte; giacenze: **in s.**, in magazzino; disponibile; **out of s.**, esaurito; **old s.**, fondi di magazzino; **to take s.**, fare l'inventario ***4*** U (*fin.*) capitale azionario; quota sociale; partecipazione azionaria ***5*** (*fin.*) azione; titolo: **stocks and shares**, valori di borsa; titoli; **capital** [**preferred**] **s.**, azione ordinaria [privilegiata]; **government stocks**, titoli di Stato ***6*** credito; popolarità: **His s. has never been higher**, non è mai stato così popolare come adesso ***7*** U (*cucina*) brodo (*nella preparazione di minestre, ecc.*) ***8*** U bestiame; scorte vive: **fat s.**, bestiame da macello ***9*** (*agric.*) pianta che ha subito un innesto; pianta da cui si prelevano gli innesti ***10*** U (*form.*) famiglia; schiatta; stirpe; origine: **of Scottish s.**, di famiglia scozzese; **of peasant s.**, di origine contadina ***11*** calcio (*di fucile, ecc.*) ***12*** ceppo (*dell'aratro; dell'ancora*) ***13*** (*bot.*) violacciocca ***14*** (*naut.*) taccata ***15*** (*al pl.*) (*stor.*) ceppi; gogna: **to be put in the stocks**, essere messo alla gogna ● **s. book**, libro giacenze di magazzino □ (*teatr.*) **s. company**, compagnia di repertorio □ (*fin.*) **s. company** (*o* **joint-s. company**), società per azioni □ **s. cube**, dado per brodo □ **S. Exchange**, Borsa Valori □ **s.-in-trade**, (*comm.*) merce in magazzino; strumenti di lavoro; (*fig.*) ferri del mestiere □ **s. market**, mercato azionario (*comm.*) □ **s.-still**, fermo; immobile □ **film s.**, pellicola vergine □ **on the stocks**, (*naut.*) in cantiere; (*fig.*) in lavorazione, in corso □ (*ferr.*) **rolling s.**, materiale rotabile □ **to take s. of the situation**, fare il punto della situazione ***B*** *a.* ***1*** solito; comune; banale; scontato: **s. character**, personaggio convenzionale; **s. excuse**, scusa banale; **s. phrase**, frase fatta; **s. reply**, risposta scontata ***2*** (*comm.*) standard; di formato (*o* misura) normale; di tipo corrente: **s. sizes**, misure standard.

to **stock** /stɒk/ *v. t.* ***1*** rifornire; fornire: **to s. a shop with goods**, rifornire un negozio di merci; **a well-stocked library**, una biblioteca ben fornita ***2*** (*comm.*) tenere; avere: **We don't s. this product**, non teniamo questo prodotto ***3*** provvedere di bestiame (*una fattoria*).

♦ **stock up** *v. i. + avv.* fare provviste: **to s. up on** (*o* **with**) **st.**, fare provviste di q.c.

stockade /stɒˈkeɪd/ *n.* staccionata; palizzata; steccato.

stockbreeder /ˈstɒkbriːdə(r)/ *n.* allevatore (-trice) di bestiame.

stockbreeding /ˈstɒkbriːdɪŋ/ *n.* U allevamento di bestiame.

stockbroker /ˈstɒkbrəʊkə(r)/ *n.* agente di cambio; operatore di borsa.

stockcar /ˈstɒkkɑː(r)/ *n.* ***1*** (*ferr., USA*) carro bestiame ***2*** (*autom.*) stock car.

stockfish /ˈstɒkfɪʃ/ *n.* stoccafisso; baccalà.

stockholder /ˈstɒkhəʊldə(r)/ *n.* (*fin., USA*) azionista.

stockinette /stɒkɪˈnɛt/ *n.* U ***1*** tessuto elastico (*per bende*) ***2*** (*USA*) maglia rasata.

stocking /ˈstɒkɪŋ/ *n.* ***1*** calza (*da donna*): **nylon stockings**, calze di nailon ***2*** calza (lunga) ***3*** (*di cavallo*) balzana.

stockinged /ˈstɒkɪŋd/ *a.* con le calze ● **in one's s. feet**, senza scarpe.

stockist /ˈstɒkɪst/ *n.* (*comm.*) grossista; fornitore.

stockjobber /ˈstɒkdʒɒbə(r)/ *n.* (*Borsa*) ***1*** (*GB, fino al 1986*) intermediario di Borsa; stockjobber ***2*** (*spreg. USA*) agente di Borsa poco serio.

stockman /ˈstɒkmən/ *n.* (*pl.* **stockmen** /-mən/) ***1*** allevatore di bestiame ***2*** mandriano.

stockpile /ˈstɒkpaɪl/ *n.* riserva (*specialm. di materie prime*).

to **stockpile** /ˈstɒkpaɪl/ *v. t.* accumulare riserve di (*merci, materie prime*).

stockpot /ˈstɒkpɒt/ *n.* grossa pentola per il brodo.

stockroom /ˈstɒkrʊm, -ruːm/ *n.* magazzino.

stocktaking /ˈstɒkteɪkɪŋ/ *n.* U ***1*** (*comm.*) (operazioni di) inventario ***2*** (*fig.*) valutazione (*di una situazione*); bilancio.

stocky /ˈstɒkɪ/ *a.* tarchiato; tozzo; robusto.

stockyard /ˈstɒkjɑːd/ *n.* recinto per il bestiame.

stodge /stɒdʒ/ *n.* U (*fam.*) ***1*** cibo pesante ***2*** testo noioso; mattone.

stodgy /ˈstɒdʒɪ/ *a.* ***1*** (*di cibo*) pesante; indigesto ***2*** (*di li-*

bro, persona) noioso; pesante.
stoic /ˈstəʊɪk/ *n. e a.* stoico.
stoical /ˈstəʊɪkl/ *a.* stoico.
stoicism /ˈstəʊɪsɪzəm/ *n.* [U] stoicismo.
to **stoke** /stəʊk/ *v. t.* alimentare (*il fuoco, una caldaia, ecc.*); caricare (*un forno*).
♦ **stoke up** *v. i. + avv.* *1* mettere legna sul fuoco; caricare la caldaia *2* riempirsi lo stomaco; rimpinzarsi.
stokehole /ˈstəʊkhəʊl/ *n.* *1* (*naut.*) locale delle caldaie *2* (*ind.*) bocca del forno.
stoker /ˈstəʊkə(r)/ *n.* fuochista • **mechanical s.**, alimentatore automatico.
stole (1) /stəʊl/ *n.* stola.
stole (2) /stəʊl/ *pass. di* **to steal**.
stolen /ˈstəʊlən/ *p.p. di* **to steal**.
stolid /ˈstɒlɪd/ *a.* flemmatico; imperturbabile. ATTENZIONE: **stolid** ≠ stolido.
stolidity /stəˈlɪdətɪ, stɒ-/ *n.* [U] flemma; imperturbabilità.
stomach /ˈstʌmək/ *n.* *1* (*anat.*) stomaco *2* (*fam.*) pancia; ventre *3* [U] coraggio; fegato: **to have no s. for fighting**, non avere il fegato di battersi • **s.-ache**, mal di stomaco; mal di pancia □ (*med.*) **s. pump**, sonda per lavanda gastrica □ **s. trouble**, disturbi gastrici □ **on an empty s.**, a stomaco vuoto; a digiuno □ **to turn sb.'s s.**, dare il voltastomaco a q.; stomacare q.
to **stomach** /ˈstʌmək/ *v. t.* *1* riuscire a mangiare; digerire; tollerare (*un cibo*) *2* (*fig.*) digerire; ingoiare: **to s. an affront**, ingoiare un insulto; mandar giù un'offesa.
stomatitis /stəʊməˈtaɪtɪs/ *n.* [U] (*med.*) stomatite.
to **stomp** /stɒmp, *USA* -ɒ-, -ɔː-/ *v. i.* camminare a passi pesanti.
♦ **stomp on** *v. i. + prep.* calpestare; pestare.
stone /stəʊn/ *n.* *1* [U] *e* [C] pietra; sasso: **to have a heart of s.**, avere il cuore di pietra; **within a s.'s throw**, a un tiro di sasso; a breve distanza *2* (*anche* **precious s.**) pietra preziosa; gemma *3* nocciolo (*di frutto*) *4* seme (*di uva*); vinacciolo *5* [U] *e* [C] (*med.*) calcolo *6* pietra tombale *7* (*pl. invar.*) stone (*misura di peso ingl.*) • **the S. Age**, l'età della pietra □ **s.-cold**, freddo come il marmo □ **s.-cold sober**, perfettamente lucido (*non ubriaco*) □ **s.-dead**, morto stecchito □ **s.-deaf**, sordo spaccato; sordo come una campana □ (*GB*) **s. fruit**, frutto con nocciolo □ (*di farina*) **s.-ground**, macinato a pietra □ (*ind. costr.*) **broken s.**, pietrisco □ (*ind. costr.*) **crushed s.**, breccia □ **to leave no s. unturned**, non lasciare nulla di intentato □ (*anche fig.*) **to turn to s.**, pietrificare; pietrificarsi.
to **stone** /stəʊn/ *v. t.* *1* lapidare *2* togliere il nocciolo da; snocciolare.
stonecutter /ˈstəʊnˈkʌtə(r)/ *n.* scalpellino; tagliapietre.
stoned /stəʊnd/ *a. pred.* *1* V. **stoneless** *2* (*pop.*) ubriaco fradicio *3* (*pop.*) fatto di droga; sballato.
stoneless /ˈstəʊnləs/ *a.* (*di frutto, GB*) senza nocciolo; snocciolato.
stonemason /ˈstəʊnmeɪsn/ *n.* scalpellino; tagliapietre.
to **stonewall** /ˈstəʊnwɔːl/ *v. i.* (*polit.*) fare dell'ostruzionismo.
stoneware /ˈstəʊnweə(r)/ *n.* [U] (*ind.*) (articoli di) gres.
stonework /ˈstəʊnwɜːk/ *n.* [U] *1* lavorazione della pietra *2* arte lapidaria *3* muratura.
stony /ˈstəʊnɪ/ *a.* *1* pietroso; sassoso *2* (*fig.*) di pietra; duro; insensibile; gelido: **s. face**, viso impassibile; **s. silence**, silenzio gelido; **s. heart**, cuore di pietra; **s.-hearted**, dal cuore di pietra; insensibile; spietato • (*pop.*) **s. broke**, al verde; in bolletta.
stood /stʊd, stuːd/ *pass. e p.p. di* **to stand**.
stooge /stuːdʒ/ *n.* *1* (*teatr.*) spalla *2* (*fam.*) tirapiedi; scagnozzo.
to **stooge** /stuːdʒ/ *v. i.* *1* (*teatr.*) fare da spalla *2* (*fam.*) fare lo scagnozzo (*o* il tirapiedi).
stool /stuːl/ *n.* *1* sgabello *2* [U] (*fisiol.*) feci.
stool-pigeon /ˈstuːlˈpɪdʒɪn/ *n.* (*pop.*) spia, esca (*della polizia*).
stoop (1) /stuːp/ *n.* spalle curve • **to develop a s.**, ingobbirsi □ **to walk with a s.**, camminare curvo.
stoop (2) /stuːp/ *n.* (*USA*) piccola veranda; portico.
to **stoop** /stuːp/ *v. i.* *1* chinarsi; curvarsi; piegarsi *2* (*fig.*) abbassarsi: **I'd never s. to such a thing**, non mi abbasserei mai a tanto; **to s. to cheating**, abbassarsi a barare *3* essere ingobbito; essere curvo *4* (*di falco e fig.*) gettarsi (*sulla preda*); piombare.
stop /stɒp/ *n.* *1* arresto; fermata; interruzione; sosta *2* (*di autobus*) fermata *3* (*aeron.*) scalo *4* (*anche* **full s.**) punto (fermo) *5* (*mus.*) registro (*di organo*) *6* (*fotogr.*) apertura; diaframma *7* (*fon.*) occlusiva *8* (*sport*) arresto; stop • (*econ.*) **s.-go policy**, politica alterna di freni e stimoli □ (*mus.*) **s. key**, tasto di registro □ (*giorn.*) **s. press**, recentissime; notizie dell'ultima ora □ **s. sign**, segnale di stop □ **to bring to a s.**, arrestare; fermare □ **to pull out all the stops**, fare l'impossibile; fare di tutto □ **to put a s. to st.**, mettere fine a q.c.
to **stop** /stɒp/ *A* *v. t.* *1* arrestare; fermare; far fermare: **to s. production**, arrestare la produzione; **to s. the bleeding**, arrestare l'emorragia; **Nothing shall s. me**, nulla mi fermerà *2* cessare; smettere; sospendere; far cessare; mettere fine a: **to s. talking**, smettere di parlare; **to s. payment**, sospendere i pagamenti; **S. that noise!**, smettetela con quel rumore!; silenzio! *3* impedire a: **to s. sb. (from) doing st.**, impedire a q. di fare q.c. *4* chiudere; ostruire; sbarrare; otturare; turare; tappare: **to s. a gap**, tappare un buco; **to s. a leak**, turare una falla *5* (*med.*) stagnare (*una ferita*) *6* (*sport*) parare (*un colpo, un tiro*); arrestare, bloccare, stoppare (*la palla*) *7* (*mus.*) toccare la corda (*o* chiudere il foro) di (*uno strumento*) *8* (*banca*) fermare (*un assegno*) *9* intercettare (*una lettera, un messaggio*) • (*fam.*) **to s. a bullet**, beccarsi una pallottola; restarci *B* *v. i.* *1* arrestarsi; fermarsi: **We stopped to talk**, ci fermammo a parlare; **to s. short** (*o* **to s. dead**), arrestarsi di botto *2* interrompersi *3* (*fam.*) restare; rimanere; fermarsi *4* chiudersi; otturarsi; intasarsi • **to s. at nothing**, non fermarsi davanti a niente □ **to know where to s.**, avere il senso della misura.
♦ **stop by** *v. i. + avv.* (*fam., specialm. USA*) fare una visita; fare un salto.
♦ **stop in** *v. i. + avv.* *1* (*GB*) restare in casa *2* fare una visita; fare un salto.
♦ **stop off** *v. i. + avv.* fare una sosta (*in un viaggio*); fermarsi.
♦ **stop out** *v. i. + avv.* (*GB*) restare fuori (casa).
♦ **stop over** *v. i. + avv.* (*aeron.*) fare scalo.
♦ **stop up** *A* *v. t. + avv.* turare; tappare; otturare *B* *v. i. + avv.* (*generalm.* **to s. up late**) restare alzato (fino a tardi).
stopcock /ˈstɒpkɒk/ *n.* (*mecc.*) rubinetto d'arresto.
stopgap /ˈstɒpgæp/ *n.* *1* ripiego; soluzione provvisoria *2* sostituto temporaneo; tappabuchi.
stoplight /ˈstɒplaɪt/ *n.* (*USA*) semaforo.
stopover /ˈstɒpəʊvə(r)/ *n.* breve sosta; (*aeron.*) scalo • **s. ticket**, biglietto che consente soste intermedie.
stoppage /ˈstɒpɪdʒ/ *n.* *1* interruzione; ostruzione; intasatura *2* trattenuta, ritenuta (*sulla paga*) *3* interruzione del lavoro.
stopper /ˈstɒpə(r)/ *n.* tappo; turacciolo.
to **stopper** /ˈstɒpə(r)/ *v. t.* tappare; tamponare; turare.
stopping /ˈstɒpɪŋ/ *a.* — (*autom.*) **s. distance**, distanza di arresto □ **s. place**, posto per fermarsi □ **s. train**, treno locale.
stopwatch /ˈstɒpwɒtʃ, *USA* -wɔːtʃ/ *n.* cronometro (*a scatto*).
storage /ˈstɔːrɪdʒ/ *n.* [U] *1* (*comm.*) magazzinaggio *2* prezzo del magazzinaggio *3* (*elettr.*) carica (*di una batteria*) • **s. battery**, accumulatore □ **s. heater**, calorifero ad accumulo di calore □ **s. space**, spazio per riporre le proprie cose □ **s. tank**, cisterna; serbatoio □ **in cold s.**, nelle celle frigorifere □ **to put goods in s.**, mettere merci in magazzino.
store /stɔː(r)/ *n.* *1* provvista; scorta; riserva: **to lay in stores**, fare provviste; **a s. of jokes**, una riserva di barzellette *2* deposito; magazzino *3* (*USA*) negozio *4* (*al pl.*) depositi di magazzino; rifornimenti: **military stores**, rifornimenti militari *5* (*al pl.*) grandi magazzini • **in s.**, di riserva; in serbo: **We don't know what the future has in s. for us**, non sappiamo che cosa ci riserba il futuro □ **department s.**, grande magazzino □ **to set s. by st.**, dare peso a q.c.; attribuire importanza a q.c. □ **to set no great s. by st.**, tenere in scarsa considerazione q.c.
to **store** /stɔː(r)/ *v. t.* *1* mettere in magazzino; mettere in deposito *2* V. **to store up**, *def. 1* *3* (*elab.*) memorizzare; immagazzinare.
♦ **store up** *v. t. + avv.* *1* fare provvista (*o* scorta) di; accantonare; mettere da parte *2* accumulare *3* (*fig.*) fare tesoro di.
storefront /ˈstɔːfrʌnt/ *n.* (*USA*) facciata di negozio.
storehouse /ˈstɔːhaʊs/ *n.* *1* magazzino; deposito *2* (*fig.*)

miniera; pozzo.

storekeeper /ˈstɔːkiːpə(r)/ *n.* (*specialm. USA*) negoziante.

storeroom /ˈstɔːruːm, -rʊm/ *n.* ripostiglio; deposito.

storey /ˈstɔːrɪ/ *n.* piano (*di edificio*): **a four-s. building**, un palazzo di quattro piani ● (*scherz.*) **He is a bit weak in the upper s.**, è un po' tocco.

stork /stɔːk/ *n.* (*zool.*) cicogna.

storm /stɔːm/ *n.* ***1*** temporale; tempesta; bufera: **s. at sea**, burrasca; fortunale; **wind s.**, tempesta di vento ***2*** (*fig.*) uragano; torrente: **s. of protest**, uragano di proteste ● **s. belt**, zona dei cicloni □ **s. centre**, centro della perturbazione; (*fig.*) focolaio dei disordini □ **s.-door**, controporta □ **s. cloud**, nube temporalesca; (*fig.*) nube minacciosa □ **s. in a teacup**, tempesta in un bicchier d'acqua □ **s. lantern**, lampada antivento □ (*zool.*) **s. petrel**, uccello delle tempeste □ **s.-proof**, a prova di tempesta □ (*naut.*) **s. sail**, vela di fortuna □ **s.--tossed**, sballottato dalla burrasca □ (*mil.*) **s. trooper**, soldato dei reparti d'assalto □ (*mil.*) **s. troops**, truppe d'assalto □ **s. window**, controfinestra esterna □ **to take by s.**, (*mil.*) prendere d'assalto; (*fig.*) conquistare di colpo.

to **storm** /stɔːm/ ***A*** *v. t.* (*mil.*) prendere d'assalto ***B*** *v. i.* infuriare; imperversare.

♦ **storm into** *v. i. + prep.* irrompere in.

♦ **storm out** *v. i. + avv.* precipitarsi fuori (*da una stanza, ecc.*).

stormbound /ˈstɔːmbaʊnd/ *a.* bloccato dalla tempesta.

storming /ˈstɔːmɪŋ/ *n.* (*mil.*) assalto: **s. party**, reparto d'assalto.

stormy /ˈstɔːmɪ/ *a.* (*anche fig.*) tempestoso; burrascoso ● (*zool.*) **s. petrel**, uccello delle tempeste.

story (1) /ˈstɔːrɪ/ *n.* ***1*** storia; racconto; aneddoto: **the s. of my life**, la storia della mia vita; **to write stories**, scrivere racconti ***2*** racconto; versione dei fatti: **according to his s.**, secondo la sua versione dei fatti ***3*** intreccio; trama ***4*** voce; diceria: **The s. goes that...**, si racconta che... ***5*** (*fam.*) bugia; fandonia ***6*** (*giorn.*) servizio; articolo ● **s. line**, trama (*di film, libro, ecc.*) □ **to cut a long s. short**, per farla breve □ **the same old s.**, la solita storia □ (*letter.*) **short s.**, racconto □ **That is (quite) another s.**, questa è un'altra storia.

story (2) /ˈstɔːrɪ/ (*USA*) *V.* **storey**.

storybook /ˈstɔːrɪbʊk/ *n.* libro di racconti per bambini.

storyteller /ˈstɔːrɪtelə(r)/ *n.* ***1*** narratore (-trice) ***2*** (*fam.*) contastorie.

stoup /stuːp/ *n.* (*eccles.*) acquasantiera.

stout /staʊt/ ***A*** *a.* ***1*** corpulento: **to grow s.**, ingrassare ***2*** forte; robusto; solido; resistente ***3*** coraggioso; valoroso ● **s.-hearted**, coraggioso; intrepido ***B*** *n.* [U] birra scura.

stove (1) /stəʊv/ *n.* ***1*** stufa ***2*** (*USA*) piano di cottura; fornelli ***3*** (*ind.*) essiccatoio.

stove (2) /stəʊv/ *pass. e p.p. di* **to stave**.

stovepipe /ˈstəʊvpaɪp/ *n.* ***1*** tubo da stufa ***2*** (*fam.*) cappello a cilindro.

to **stow** /stəʊ/ *v. t.* ***1*** riporre; stipare ***2*** (*naut.*) stivare ● (*pop.*) **S. it!**, sta' zitto!; piantala!

♦ **stow away** ***A*** *v. t. + avv.* metter via; riporre ***B*** *v. i. + avv.* (*naut.*) imbarcarsi clandestinamente.

stowaway /ˈstəʊəweɪ/ *n.* (*naut.*) passeggero clandestino.

strabismus /strəˈbɪzməs/ *n.* [U] (*med.*) strabismo.

to **straddle** /ˈstrædl/ *v. t.* ***1*** mettersi (*o* stare) a cavalcioni di: **to s. a chair**, sedere a cavalcioni di una sedia ***2*** essere a cavallo di: **to s. two centuries**, essere a cavallo di due secoli; **The town straddles the border**, la città è tagliata in due dal confine.

to **strafe** /strɑːf, streɪf/ *v. t.* (*mil.*) mitragliare a bassa quota.

to **straggle** /ˈstrægl/ *v. i.* disperdersi; sbandarsi; sparpagliarsi.

straggler /ˈstræglə(r)/ *n.* disperso; sbandato.

straggling /ˈstræglɪŋ/, **straggly** /ˈstræglɪ/ *a.* sparpagliato; sparso; irregolare: **s. houses**, case sparpagliate; **s. beard**, barba rada.

straight /streɪt/ ***A*** *a.* ***1*** diritto; dritto: **s. legs**, gambe diritte; **a s. line**, una linea retta; **s. hair**, capelli dritti (*o* lisci); **to put a picture s.**, raddrizzare un quadro ***2*** giusto; onesto; franco; leale; schietto: **s. dealings**, affari onesti; **s. answer**, risposta franca: **Be s. with me**, sii sincero con me ***3*** (*pred.*) ordinato; in ordine; a posto ***4*** semplice; chiaro: **a s. choice**, una scelta tra due alternative ***5*** consecutivo; di seguito: **four s. wins**, quattro vittorie consecutive ***6*** (*fam., di alcolico, ecc.*) liscio ***7*** convenzionale; tradizionale: **s. theatre**, il teatro tradizionale ***8*** (*pop.*) eterosessuale ***9*** (*pop.*) che non si droga ● (*geom.*) **s. angle**, angolo piatto □ (*polit.*) **s. fight**, competizione diretta (*fra due candidati*) □ (*poker*) **s. flush**, scala reale □ (*boxe*) **s. left [right]**, diretto sinistro [destro] □ **to keep one's face s.**, restare serio □ **Let's get things s.**, mettiamo in chiaro le cose □ **to put** (*o* **to set**) **sb. s.**, dire a q. come stanno le cose □ **to put** (*o* **to set**) **the record s.**, dire le cose come stanno; chiarire le cose ***B*** *n.* ***1*** rettifilo ***2*** (*sport*) dirittura: **finishing s.**, dirittura di arrivo ● (*fam., generalm. scherz.*) **the s. and narrow**, la retta via □ **out of the s.**, storto; fuori squadra ***C*** *avv.* ***1*** diritto; in linea retta; direttamente: **to go** (*o* **to keep**) **s. on**, continuare sempre diritto; tirare dritto; **to drink s. from the bottle**, bere direttamente dalla bottiglia; **I went s. to the fridge**, andai difilato al frigorifero ***2*** dritto; ritto; in posizione eretta: **Stand s.!**, sta' dritto ***3*** (*fam.*) francamente; esplicitamente; chiaro e tondo: **to give it to sb. s.**, dire a q. come stanno le cose ● **s. away** (*o* **off, out**), subito; lì per lì; su due piedi □ **s.-faced**, impassibile □ **s.-laced**, *V.* **straitlaced** □ **to come s. to the point**, venire subito al dunque; entrare subito in argomento □ **to give it to sb. s. from the shoulder**, essere molto franco con q. □ (*anche fig.*) **to see s.**, vederci bene.

straightaway /ˈstreɪtəweɪ/ *avv.* immediatamente; subito.

to **straighten** /ˈstreɪtn/ ***A*** *v. t.* ***1*** raddrizzare ***2*** aggiustare; accomodare ***B*** *v. i.* ***1*** raddrizzarsi ***2*** accomodarsi; aggiustarsi.

♦ **straighten out** *v. t. + avv.* ***1*** (*mecc.*) spianare ***2*** sistemare; mettere a posto; aggiustare: **to s. out a misunderstanding**, sistemare un malinteso ***3*** (*pop.*) raddrizzare (q.).

♦ **straighten up** ***A*** *v. i. + avv.* raddrizzarsi ***B*** *v. t. + avv.* mettere a posto.

straightforward /streɪtˈfɔːwəd/ *a.* ***1*** onesto; franco; schietto ***2*** semplice; chiaro; facile.

strain (1) /streɪn/ *n.* ***1*** [C] e [U] sforzo; tensione: **The chain broke under the s.**, la catena si spezzò per la tensione; **a great s. on one's resources**, uno sforzo finanziario eccessivo ***2*** [U] (*med.*) tensione nervosa; stress; logorio: **to be under a lot of s.**, essere sotto pressione; essere teso; **the s. of modern life**, il logorio della vita moderna ***3*** (*med.*) strappo muscolare ***4*** (*edil.*) deformazione; sollecitazione ● **to put a s. on st.**, mettere a dura prova q.c.; gravare su q.c.

strain (2) /streɪn/ *n.* ***1*** [C] e [U] discendenza; stirpe ***2*** (*bot.*) varietà; (*zool.*) razza ***3*** (*biol.*) specie ***4*** (*mus.*) motivo; aria; note ***5*** vena; ramo: **a s. of madness**, un ramo di pazzia ***6*** tono: **in the same s.**, sullo stesso tono.

to **strain** /streɪn/ ***A*** *v. t.* ***1*** sottoporre a tensione; sforzare; mettere a dura prova; tendere: **to s. one's eyes**, sforzare la vista; affaticarsi gli occhi; **to s. one's ears**, tendere l'orecchio; **My patience has been severely strained**, la mia pazienza è stata messa a dura prova; **Don't s. yourself**, non sforzarti; non affaticarti; (*med.*) **to s. a muscle**, farsi uno strappo muscolare ***2*** forzare; distorcere; svisare: **to s. the sense of a sentence**, forzare il senso di una frase; **to s. the truth**, distorcere la verità; svisare i fatti ***3*** filtrare; scolare; passare: **to s. tea**, filtrare il tè; **to s. the spinach**, scolare gli spinaci ● **to s. every nerve**, fare ogni sforzo; tendere (con) tutte le forze □ **to s. a point in sb.'s favour**, fare uno strappo (alla regola) in favore di q. ***B*** *v. i.* ***1*** sforzarsi; affaticarsi: **to s. after effect**, sforzarsi di fare colpo; **to s. against st.**, far forza contro q.c; spingere q.c. ***2*** tirare; dare strattoni: **to s. at the leash**, tirare il guinzaglio; (*fig.*) mordere il freno ***3*** (*di liquido*) filtrare; colare.

strained /streɪnd/ *a.* ***1*** teso: **s. relations**, rapporti tesi ***2*** forzato; stiracchiato: **s. smile**, sorriso forzato ***3*** teso; tirato; stanco ***4*** scolato; passato.

strainer /ˈstreɪnə(r)/ *n.* ***1*** (*cucina*) colino; passino ***2*** (*tecn.*) filtro; depuratore.

strait /streɪt/ *n.* ***1*** (*anche al pl.*) (*geogr.*) stretto; canale ***2*** (*al pl.*) difficoltà; strettezze: **in financial straits**, in difficoltà finanziarie; **in dire straits**, in grosse difficoltà.

straitened /ˈstreɪtnd/ *a.* — **in s. circumstances**, in ristrettezze.

straitjacket /ˈstreɪtdʒækɪt/ *n.* camicia di forza.

straitlaced /streɪtˈleɪst/ *a.* rigido; puritano.

strand (1) /strænd/ *n.* (*lett.*) sponda; spiaggia; lido.

strand (2) /strænd/ *n.* ***1*** filo ***2*** ciocca (*di capelli*).

stranded /ˈstrændɪd/ *a.* ***1*** (*naut.*) arenato ***2*** appiedato; bloccato.

strange /streɪndʒ/ *a.* ***1*** strano; bizzarro; singolare ***2*** sconosciuto; ignoto: **a s. face**, una faccia sconosciuta; **I woke up**

in a s. bed, mi svegliai in un letto che non era il mio; **to drive a s. car**, guidare una macchina che non si conosce *3* non abituato; non pratico: **s. to the job**, non pratico del lavoro • **s. to say**, strano a dirsi □ **to feel s.**, sentirsi sperduto; non sentirsi bene.

strangely /ˈstreɪndʒlɪ/ *avv.* stranamente • **s. enough**, strano a dirsi.

strangeness /ˈstreɪndʒnəs/ *n.* ⊡ *1* stranezza; bizzarria; singolarità *2* estraneità.

stranger /ˈstreɪndʒə(r)/ *n.* *1* estraneo (-a); sconosciuto (-a) *2* forestiero (-a) • **to be no s. to st.**, non essere nuovo a q.c. □ **I am a s. here**, non sono di qui; non conosco il posto.

to **strangle** /ˈstræŋgl/ *v. t.* *1* strangolare; strozzare *2* (*fig.*) strangolare; soffocare.

stranglehold /ˈstræŋglhəʊld/ *n.* *1* stretta alla gola *2* (*fig.*) stretta opprimente; stretta mortale: **to put a s. on st.**, strangolare q.c.

strangler /ˈstræŋglə(r), -gəl-/ *n.* strangolatore (-trice).

strangling /ˈstræŋglɪŋ, -gəl-/ *n.* ⊡ strangolamento.

to **strangulate** /ˈstræŋgjʊleɪt/ *v. t.* (*med.*) strozzare • **strangulated hernia**, ernia strozzata.

strangulation /stræŋgjʊˈleɪʃn/ *n.* ⊡ *1* strangolamento *2* (*med.*) strozzatura; strozzamento.

strap /stræp/ *n.* *1* cinghia; cinturino; striscia; correggia: **watch s.**, cinturino di orologio *2* maniglia a pendaglio (*su autobus, ecc.*) *3* (*anche* **shoulder s.**) spallina, bretella (*di vestito*); tracolla (*di borsa*) • **to give sb. the s.**, punire q. con la cinghia; dare cinghiate a q.

to **strap** /stræp/ *v. t.* *1* legare con una cinghia *2* battere con la cinghia; frustare *3* (*med., anche* **to s. up**) fasciare; bendare.

♦ **strap in** *v. t. + avv.* mettere la cintura di sicurezza a: **Make sure you are strapped in**, assicurati di aver allacciato la cintura di sicurezza.

straphanging /ˈstræphæŋɪŋ/ *n.* il viaggiare in piedi in un mezzo pubblico (*reggendosi alle maniglie a pendaglio*); (*estens.*) pendolarismo.

strapless /ˈstræpləs/ *a.* (*di vestito*) senza spalline.

strapped /stræpt/ *a.* (*fam., anche* **s. for cash**) a corto di soldi; in bolletta.

strapping /ˈstræpɪŋ/ *a.* (*fam.*) robusto; ben piantato: **a s. girl**, una ragazzona.

strata /ˈstrɑːtə/ *pl. di* **stratum**.

stratagem /ˈstrætədʒəm/ *n.* ⊡ *e* ⊡ stratagemma.

strategic /strəˈtiːdʒɪk/ *a.* strategico.

strategist /ˈstrætədʒɪst/ *n.* (*mil.*) stratego, stratega.

strategy /ˈstrætədʒɪ/ *n.* ⊡ strategia.

stratification /strætɪfɪˈkeɪʃn/ *n.* ⊡ stratificazione.

stratocumulus /strætəʊˈkjuːmjʊləs/ *n.* (*pl.* **stratocumuli** /-laɪ/) (*meteor.*) stratocumulo.

stratosphere /ˈstrætəsfɪə(r)/ *n.* stratosfera.

stratospheric /strætəʊˈsferɪk/ *a.* stratosferico.

stratum /ˈstrɑːtəm, ˈstreɪ-, *USA* ˈstreɪ, ˈstræ-/ *n.* (*pl.* **strata**) *1* (*geol.*) strato; falda *2* strato sociale; ceto.

straw /strɔː/ *A n.* *1* ⊡ paglia *2* pagliuzza; fuscello; festuca *3* cannuccia (*per bibite*) *4* (*anche* **s. hat**) cappello di paglia; paglietta *B a. attr.* *1* di paglia *2* (*anche* **s.-coloured**) color paglia; paglierino • **s.-bottomed chair**, sedia impagliata □ **a s. in the wind**, un segno premonitore □ **s. mattress**, paglericcio □ **s. poll** (*o* **vote**), sondaggio preelettorale non ufficiale □ **the s. that breaks the camel's back**, la goccia che fa traboccare il vaso □ **I don't care a s.**, non me ne importa nulla □ **That's the last s.!**, questo è il colmo! □ **man of s.**, uomo di paglia □ **It isn't worth a s.**, non vale nulla.

strawberry /ˈstrɔːbrɪ, *USA* -berɪ/ *n.* (*bot.*) fragola • **s. bed**, fragoleto □ **s. mark**, voglia di fragola.

stray /streɪ/ *A a. attr.* *1* smarrito; randagio; vagante: **s. cat**, gatto randagio; **s. bullet**, proiettile vagante *2* sporadico; casuale; fortuito: **a few s. instances**, qualche caso sporadico *B n.* *1* animale randagio *2* bambino abbandonato *3* cosa fuori posto.

to **stray** /streɪ/ *v. i.* *1* allontanarsi; staccarsi dal gruppo: **to s. from the point**, divagare; uscire fuori tema; **to s. into French territory**, sconfinare in Francia *2* (*del pensiero*) divagare, distrarsi; (*degli occhi*) vagare.

streak /striːk/ *n.* *1* riga; stria; striscia; venatura *2* (*nei capelli*) ciocca; (*fatta ad arte*) mèche (*franc.*): **a s. of white hair**, una ciocca di capelli bianchi *3* vena; traccia: **a s. of humour**, una vena di umorismo *4* (*fam.*) momento; periodo: **a lucky s.**, un periodo di fortuna • **like a s. of lightning**, come un lampo; in un baleno.

to **streak** /striːk/ *A v. t.* striare; rigare; screziare; venare (*marmo, ecc.*) *B v. i.* *1* (*fam.*) andare come un lampo *2* correre nudo in pubblico (*come forma di protesta*).

streaker /ˈstriːkə(r)/ *n.* chi corre nudo in pubblico (*come forma di protesta*).

streaky /ˈstriːkɪ/ *a.* striato; screziato; venato • **s. bacon**, pancetta a strati di magro e di grasso; rigatino.

stream /striːm/ *n.* *1* corso d'acqua; ruscello; torrente *2* corrente: **s. of hot air**, corrente d'aria calda *3* torrente; fiotto; fiume; profluvio; marea: **a s. of lava**, un torrente di lava; **a s. of cars**, un fiume di macchine; **a s. of people**, una marea di gente; **a s. of abuse**, un torrente di insulti *4* corso; serie; successione: **the s. of events**, il corso degli eventi *5* (*GB*) gruppo di studenti (*dello stesso livello*) • (*letter.*) **s. of consciousness**, monologo interiore □ (*fig.*) **to swim against the s.**, andare contro corrente □ (*ind.*) **on s.**, in produzione.

to **stream** /striːm/ *A v. i.* scorrere; fluire; (*di sangue*) grondare; (*di lacrime*) scendere; (*di naso*) colare; (*di folla*) riversarsi; (*di bandiere, ecc.*) fluttuare, ondeggiare • **to be streaming with the cold**, avere un forte raffreddore (*col naso che cola*) *B v. t.* *1* versare; grondare: **to s. blood**, grondar sangue *2* spiegare (*una bandiera*) *3* (*GB*) suddividere (*studenti*) in gruppi di diverso livello di abilità.

♦ **stream in** *v. i. + avv.* (*di gente*) entrare a fiotti.

♦ **stream out** *v. i. + avv.* *1* scaturire; sgorgare; uscire a fiotti *2* (*di gente*) sciamare.

streamer /ˈstriːmə(r)/ *n.* *1* bandiera lunga e stretta; pennone; (*naut.*) fiamma, pennello *2* stella filante *3* (*giorn.*) titolo a tutta pagina; titolone.

streaming /ˈstriːmɪŋ/ *A a.* grondante; bagnato: **eyes s. with tears**, occhi inondati di lacrime; **s. cold**, forte raffreddore (*col naso che cola*) *B n.* ⊡ (*GB*) suddivisione (*di studenti*) secondo il livello di abilità.

to **streamline** /ˈstriːmlaɪn/ *v. t.* *1* dare forma aerodinamica a (*un'automobile, ecc.*) *2* sveltire; ottimizzare.

streamlined /ˈstriːmlaɪnd/ *a.* *1* aerodinamico; affusolato: **a s. car**, un'automobile aerodinamica *2* sveltito; efficiente.

street /striːt/ *n.* strada (*di città*); via: **back s.**, strada secondaria; **main s.**, via principale; **one-way s.**, (strada a) senso unico • **s. cleaner**, spazzino □ (*pop.*) **s. credibility** (*o* **s. cred**), successo, status (*presso i giovani*); presa sui giovani □ **s. door**, porta di strada; portone □ **s. furniture**, arredo urbano □ **s. lamp**, lampione □ **s. map**, pianta della città □ **s. sweeper**, spazzino; (*macchina*) spazzatrice □ **s. trader**, ambulante □ **streets ahead of**, di gran lunga superiore a □ (*GB*) **high s.**, via principale □ (*fam.*) **not in the same s. as**, non dello stesso livello di □ **the man in the s.**, l'uomo comune; il cittadino qualunque □ (*fam.*) **It's right up my s.**, è il mio genere; è quello che fa per me □ (*fig.*) **to walk the streets**, essere senza tetto; (*eufem.*) battere il marciapiede.

streetcar /kɑː(r)/ *n.* (*USA*) tram.

streetwalker /ˈstriːtwɔːk/ *n.* prostituta; passeggiatrice.

streetwise /ˈstriːtwaɪz/ *a.* (*fam.*) smaliziato; scafato.

strength /streŋθ/ *n.* ⊡ *1* forza; forze: **s. of body [of mind]**, forza fisica [d'animo]; **to get one's s. back**, rimettersi in forze; **My s. failed me**, mi mancarono le forze *2* (*chim.*) concentrazione, titolo (*di una soluzione*) *3* intensità (*della luce, del suono*) *4* (*mil., polizia*) effettivo; organico: (*mil.*) **below [up to] s.**, con gli effettivi ridotti [al completo] • **to arrive in s.**, arrivare in gran forza (*o* in gran numero) □ **to go from s. to s.**, andare di bene in meglio □ **on the s. of**, in base a: **on the s. of sb.'s advice**, in base ai (*o* fidando nei) consigli di q.

to **strengthen** /ˈstreŋθn/ *A v. t.* fortificare; rinforzare; irrobustire; rafforzare; consolidare *B v. i.* *1* rinforzarsi; irrobustirsi; rafforzarsi; consolidarsi *2* (*di vento*) rinforzare; aumentare.

strengthening /ˈstreŋθnɪŋ/ *n.* rinforzo; rafforzamento; potenziamento.

strenuous /ˈstrenjʊəs/ *a.* *1* arduo; faticoso *2* strenuo; accanito *3* energico; vigoroso; attivo.

streptococcus /streptəˈkɒkəs/ *n.* (*pl.* **streptococci** /-kaɪ/) (*biol.*) streptococco.

streptomycin /streptəˈmaɪsɪn, *USA* -sn/ *n.* ⊡ (*farm.*) streptomicina.

stress /stres/ *n.* *1* ⊡ (*fis., mecc.*) sforzo; tensione; sollecitazione *2* ⊡ (*psic.*) tensione; stress *3* ⊡ accento; enfasi;

importanza: **to lay s. on st.**, porre l'accento su q.c.; mettere in risalto q.c.; sottolineare q.c. ***4*** (*mus., fon.*) accento • **s. mark**, (segno di) accento □ **stresses and strains**, tensioni; stress; fatiche □ **under s.**, sotto pressione; stressato; (*fis., mecc.*) sotto tensione.

to **stress** /strɛs/ *v. t.* ***1*** accentuare; sottolineare; mettere in rilievo ***2*** (*fon.*) accentare ***3*** sottoporre a tensione (*o* a stress).

stressful /ˈstrɛsfl/ *a.* stressante; faticoso.

stretch /strɛtʃ/ *n.* ***1*** stirata; stiracchiata: **to have a good s.**, darsi una stiracchiata ***2*** tratto; estensione; distesa: **s. of road**, tratto di strada; **s. of sand**, distesa di sabbia ***3*** Ⓤ elasticità: **a material with plenty of s.**, una stoffa molto elastica ***4*** periodo ininterrotto; tirata ***5*** (*sport*) dirittura; rettilineo ***6*** (*pop.*) anni di galera: **He's done a six-year s.**, si è fatto sei anni di galera; è stato dentro sei anni • **s. fabric**, stoffa elasticizzata □ (*fam.*) **s. limo**, macchinone americano □ **s. marks**, smagliature (*sulla pelle*) □ (*fam.*) **at a s.**, di fila; di seguito □ **at full s.**, lavorando al massimo; mettendocela tutta; sotto pressione □ **by no s. of the imagination**, neanche con uno sforzo di immaginazione; in nessun nodo □ (*sport*) **finishing s.**, dirittura finale; rettilineo d'arrivo.

to **stretch** /strɛtʃ/ ***A*** *v. t.* ***1*** stendere; allungare; allargare; stirare; tendere: **to s. one's neck**, allungare il collo; **to s. a rope**, tendere una corda; **Don't s. the sleeves of your jumper**, non tirare le maniche del golf ***2*** forzare; sforzare; fare uno strappo a; stiracchiare: **to s. the truth**, forzare la verità; svisare i fatti; **to s. the rules**, fare uno strappo alle regole; **to s. a point**, fare uno strappo; fare un'eccezione • **to s. one's credit**, abusare del credito di cui si gode □ **to s. one's legs**, sgranchirsi le gambe □ **I'm not stretched enough by my work**, il mio lavoro non mi impegna abbastanza ***B*** *v. i.* ***1*** estendersi; stendersi; spaziare: **The lake stretched to the horizon**, il lago si estendeva fino all'orizzonte; **My finances don't s. to a new computer**, non mi posso permettere un computer nuovo ***2*** allargarsi, allungarsi (*sotto tensione*) ***3*** essere elastico ***4*** protrarsi; continuare; durare: **The talks stretched into the night**, i negoziati si protrassero fino a notte; **This job will s. beyond Easter**, questo lavoro continuerà fin oltre Pasqua ***5*** (*anche* **to s. oneself**) stirarsi; stiracchiarsi.

♦ **stretch on** *v. i. + avv.* protrarsi.

♦ **stretch out** ***A*** *v. t. + avv.* ***1*** tendere; allungare: **to s. out one's hand**, allungare la mano ***2*** far durare; far bastare ***B*** *v. i. + avv.* ***1*** sdraiarsi ***2*** estendersi ***3*** stiracchiarsi.

stretcher /ˈstrɛtʃə(r)/ *n.* ***1*** barella; lettiga ***2*** (*mecc.*) dispositivo per allargare; forma • **s.-bearer**, barelliere; (*mil.*) portaferiti.

stretchy /ˈstrɛtʃɪ/ *a.* ***1*** elastico ***2*** deformabile.

to **strew** /struː/ (*pass.* **strewed**; *p.p.* **strewn** /-struːn/, **strewed**) (*specialm. lett.*) *v. t.* ***1*** spargere; sparpagliare; disseminare ***2*** cospargere; ricoprire: **streets strewn with flowers**, strade ricoperte di fiori.

striated /straɪˈeɪtɪd, *USA* ˈst-/ *a.* (*scient.*) striato.

striation /straɪˈeɪʃn/ *n.* Ⓤ e Ⓒ (*scient.*) striatura.

stricken /ˈstrɪkən/ ***A*** *p.p. di* **to strike** ***B*** *a.* colpito: **aid for the s. villages**, soccorsi per i villaggi colpiti; **s. by polio**, colpito dalla poliomielite; **s. with doubt**, colto da dubbi; **panic-s.**, in preda al panico.

strict /strɪkt/ *a.* ***1*** severo; rigoroso; rigido ***2*** stretto; esatto; preciso: **in the s. sense of the word**, in senso stretto • **in s. confidence**, in gran segreto.

strictly /ˈstrɪktlɪ/ *avv.* ***1*** severamente; rigorosamente ***2*** rigorosamente; con gran precisione • **s. confidential**, strettamente confidenziale □ **s. between ourselves**, detto fra noi □ **s. speaking**, a rigor di termini.

strictness /ˈstrɪktnəs/ *n.* Ⓤ ***1*** severità; rigore; rigidezza ***2*** rigore; precisione.

stricture /ˈstrɪktʃə(r)/ *n.* ***1*** (*med.*) restringimento; strozzatura ***2*** (*spesso al pl.*) critica ***3*** restrizione.

stridden /ˈstrɪdn/ *p.p. di* **to stride**.

stride /straɪd/ *n.* ***1*** passo lungo; falcata ***2*** progresso; avanzamento • **to get into one's s.**, trovare il ritmo giusto (*di lavoro, ecc.*) □ **to make great strides**, procedere a grandi passi; (*fig.*) fare notevoli progressi □ **to take st. in one's s.**, affrontare q.c. con facilità; accettare q.c. senza tanti problemi.

to **stride** /straɪd/ (*pass.* **strode**, *p.p.* **stridden**) ***A*** *v. i.* camminare a grandi passi: **to s. into st.**, entrare a grandi passi in q.c.; **to s. across st.**, attraversare a grandi passi q.c. ***B*** *v. t.* percorrere a grandi passi.

stridency /ˈstraɪdnsɪ/ *n.* Ⓤ (l')essere stridente (*o* stridulo).

strident /ˈstraɪdnt/ *a.* ***1*** stridente; stridulo ***2*** vociferante.

strife /straɪf/ *n.* Ⓤ conflitto; lotta; discordia; conflittualità: **family s.**, liti in famiglia; **political s.**, lotta politica; **civil s.**, discordia civile.

strike /straɪk/ *n.* ***1*** sciopero: **general s.**, sciopero generale; **s. pay**, sussidio (*pagato dai sindacati*) durante uno sciopero; **to be [to go] on s.**, essere [scendere] in sciopero; scioperare ***2*** (*mil.*) attacco (*specialm. aereo*) ***3*** (*ind. min.*) scoperta di un giacimento; (*estens., fam.*) buon colpo, colpo di fortuna • (*mil.*) **s. force**, forza d'urto.

to **strike** /straɪk/ (*pass. e p.p.* **struck** *o* **stricken**) ***A*** *v. t.* ***1*** battere; colpire; picchiare; percuotere: **to s. sb. on the mouth**, colpire q. sulla bocca; **to be struck by lightning [by a bullet]**, essere colpito da un fulmine [da un proiettile]; **to s. the table with one's fist**, battere un pugno sul tavolo ***2*** assestare; sferrare: **I struck him a blow on the chin**, gli sferrai un pugno sul mento ***3*** picchiare; sbattere; urtare contro: **I struck my head against the cupboard**, picchiai la testa contro la credenza; **to s. a rock**, urtare contro uno scoglio ***4*** suonare (*le ore*): **The clock had just struck four**, l'orologio aveva appena suonato le quattro ***5*** arrivare a; raggiungere: **to s. a deal**, arrivare a un accordo; **to s. a balance**, trovare il giusto mezzo; raggiungere un compromesso ***6*** imbattersi in; scoprire; trovare: **to s. a problem**, imbattersi in un problema; **We finally struck a path**, alla fine trovammo un sentiero; (*ind. min.*) **to s. gold [oil]**, trovare l'oro [il petrolio] ***7*** (*di impressione*) colpire; (*di pensiero*) venire in mente a: **What struck me most was...**, quello che più mi colpì fu...; **It strikes me as odd that...**, trovo strano che...; **The thought struck me that...**, mi venne in mente che...; **How does it s. you?**, che te ne pare?; che ne pensi? ***8*** assumere; prendere: **to s. an attitude**, assumere un atteggiamento; posare; **to s. a pose**, mettersi in posa ***9*** far risuonare (*fig.*): **to s. a note of caution**, far risuonare una nota di avvertimento; **to s. a false note**, far risuonare una nota stonata; **to s. the right note**, toccare la corda giusta ***10*** incutere: **to s. fear into sb.**, incutere paura in q. ***11*** accendere sfregando: **to s. a match**, accendere un fiammifero ***12*** coniare; (*fin.*) battere ***13*** ammainare; abbassare; levare: **to s. one's flag**, ammainare la bandiera; **to s. the tents**, levare le tende • **to s. a blow for freedom**, battersi per la libertà □ **to s. a chord**, sembrare familiare; ricordare q.c. (a q.) □ (*fam.*) **to s. it rich**, fare fortuna; trovare l'America □ **to s. sb. off the list**, radiare q. dall'albo □ (*bot.*) **to s. root**, attecchire □ **to be struck blind**, diventare cieco □ **to be struck dumb**, ammutolire; restare senza parola ***B*** *v. i.* ***1*** colpire; attaccare; aggredire: **The ball struck against the wall**, la palla colpì il muro; **Disaster struck suddenly**, il disastro si abbatté all'improvviso; **The enemy struck at dawn**, il nemico attaccò all'alba ***2*** battere le ore; suonare ***3*** scioperare ***4*** (*di pianta*) attecchire; mettere radici • **to s. home**, andare a segno; colpire nel segno □ **to s. while the iron's hot**, battere il ferro finché è caldo.

♦ **strike at** *v. i. + prep.* ***1*** tentare di colpire ***2*** minacciare; aggredire.

♦ **strike back** *v. i. + avv.* restituire un colpo; rispondere a un attacco; replicare (*a una critica*).

♦ **strike down** *v. t. + avv.* ***1*** abbattere; atterrare ***2*** (*di malattia*) colpire ***3*** uccidere; stroncare.

♦ **strike off** *v. t. + avv.* ***1*** recidere; mozzare ***2*** cancellare; depennare ***3*** radiare.

♦ **strike out** ***A*** *v. t. + avv.* cancellare; eliminare ***B*** *v. i. + avv.* ***1*** tirare colpi ***2*** cominciare un'attività: **to s. out on one's own**, mettersi in proprio ***3*** partire; dirigersi: **to s. out across the fields**, prendere per i campi.

♦ **strike through** *v. t. + avv.* tirare un frego su; cancellare (*una parola, ecc.*).

♦ **strike up** ***A*** *v. i. + avv.* (*di banda*) attaccare ***B*** *v. t. + avv.* ***1*** iniziare; fare: **to s. up an acquaintance with sb.**, fare la conoscenza di q.; **to s. up a conversation**, attaccare discorso ***2*** cominciare a suonare; attaccare.

strikebound /ˈstraɪkbaʊnd/ *a.* (*di stabilimento, ecc.*) fermo per sciopero.

strikebreaker /ˈstraɪkbreɪkə(r)/ *n.* crumiro (-a).

striker /ˈstraɪkə(r)/ *n.* ***1*** scioperante ***2*** (*calcio*) attaccante; punta ***3*** percussore (*di arma*) ***4*** battaglio, batacchio (*di* *campana*).

striking /ˈstraɪkɪŋ/ *a.* ***1*** (*di cosa*) singolare; che colpisce ***2*** (*di persona*) che fa colpo; bello ***3*** — **within s. distance**, a un passo; a un tiro di schioppo.

string /strɪŋ/ *n.* ***1*** 🄤 cordoncino; spago: **a ball of s.**, un gomitolo di spago ***2*** legaccio; stringa ***3*** fila; filza; serie; sfilza: **a s. of cars**, una fila di macchine; **a s. of lies**; una sfilza di bugie ***4*** (*mus.*) corda ***5*** (*al pl.*) (*mus.*) strumenti a corda; archi: **s. orchestra**, orchestra d'archi; **s. quartet**, quartetto d'archi ***6*** filo, fibra (*di legumi*) ***7*** (*ling., elab.*) stringa ***8*** (*ippica*) cavalli di una scuderia ● **s. bag**, borsa a rete □ **s. beans**, fagiolini □ (*GB*) **s. vest**, canottiera a rete □ **to have sb. on a s.**, tenere q. in pugno □ **to have several strings to one's bow**, avere molte frecce al proprio arco □ **no strings attached**, senza obblighi □ **to play second s.**, avere una parte in sottordine □ **to pull strings**, manovrare nascostamente; sfruttare le proprie conoscenze.

to **string** /strɪŋ/ (*pass. e p.p.* **strung**) *v. t.* ***1*** mettere le corde a; fornire di corda; incordare: **to s. a violin**, incordare un violino ***2*** infilare; infilzare: **to s. beads**, infilzare perline ***3*** togliere il filo a (*fagiolini verdi, ecc.*) ***4*** tendere; appendere: **to s. a rope across st.**, tendere una corda attraverso q.c.; **to s. cables**, posare cavi ● **He can't s. a sentence together**, non sa mettere insieme due parole.

♦ **string along** ***A*** *v. i. + avv.* aggregarsi ***B*** *v. t. + avv.* menare per il naso.

♦ **string out** *v. t. + avv.* ***1*** disporre in fila: **Cars were strung out along the side of the road**, c'era una fila di macchine posteggiate sul lato della strada ***2*** (*al passivo*) (*pop.*) essere fatto (*di droga*).

♦ **string up** *v. t. + avv.* ***1*** appendere; attaccare ***2*** (*fam.*) impiccare.

stringed /strɪŋd/ *a.* (*mus.*) a corda.

stringency /ˈstrɪndʒənsɪ/ *n.* 🄤 ***1*** severità; rigore ***2*** impellenza ***3*** (*fin.*) penuria; scarsità.

stringent /ˈstrɪndʒənt/ *a.* ***1*** severo; rigido; rigoroso ***2*** impellente ***3*** (*fin., di mercato, ecc.*) difficile, sostenuto (*per scarsità di denaro*).

stringy /ˈstrɪŋɪ/ *a.* ***1*** fibroso ***2*** filamentoso: **s. hair**, capelli lunghi e radi ***3*** che fa le fila; viscoso.

strip /strɪp/ *n.* ***1*** striscia: **s. of land [of paper]**, striscia di terra [di carta] ***2*** assicella; listello ***3*** (*fam.*) spogliarello ***4*** (*GB*) (*calcio, ecc.*) maglia ***5*** (*aeron.*) pista di atterraggio ***6*** (*USA*) strada (*generalm.* di periferia) con negozi, ristoranti, ecc. ● **s. artist**, spogliarellista □ **s. lighting**, illuminazione al neon □ **comic strips**, fumetti □ (*fam.*) **to tear sb. off a s.** (*o* **to tear a s. off sb.**), dare una lavata di capo a q.

to **strip** /strɪp/ ***A*** *v. t.* ***1*** strappare; togliere: **to s. off one's clothes**, togliersi i vestiti di dosso; spogliarsi; **to s. the wallpaper off a wall**, strappare la tappezzaria da una parete ***2*** spogliare; privare: **to s. sb. to the skin**, denudare q.; **to s. sb. of his property**, spogliare q. di ogni suo avere; (*mil.*) **to s. sb. of his rank**, degradare q. ***3*** (*mecc.*) smontare; smantellare ***4*** svuotare (*una casa*) ***5*** sfrondare, scortecciare (*un albero*) ***6*** disfare (*un letto*) ***7*** sverniciare (*un mobile, ecc.*) ***8*** (*mecc.*) spanare (*una vite*) ***B*** *v. i.* ***1*** spogliarsi; denudarsi ***2*** fare lo spogliarello ***3*** (*mecc., di una vite*) spanarsi.

♦ **strip away** *v. t. + avv.* togliere; strappare; grattare via.

♦ **strip down** ***A*** *v. i. + avv.* spogliarsi ***B*** *v. t. + avv.* smontare (*un motore, ecc.*).

♦ **strip off** ***A*** *v. i. + avv.* ***1*** spogliarsi ***2*** fare lo spogliarello ***B*** *v. t. + avv.* sbucciare.

stripe /straɪp/ *n.* ***1*** striscia; riga; lista; banda: **red with black stripes**, rosso a strisce nere ***2*** (*mil.*) gallone: **to get one's stripes**, guadagnarsi i galloni.

to **stripe** /straɪp/ *v. t.* listare; rigare; striare.

striped /straɪpt/ *a.* rigato; a strisce.

stripling /ˈstrɪplɪŋ/ *n.* (*specialm. lett.*) adolescente; ragazzo.

strip mine /ˈstrɪp maɪm/ *locuz. n.* miniera a cielo aperto.

strip mining /ˈstrɪp ˈmaɪnɪŋ/ *locuz. n.* (*ind. min.*) coltivazione a cielo aperto.

stripper /ˈstrɪpə(r)/ *n.* (*fam.*) spogliarellista.

strip-search /ˈstrɪpsɜːtʃ/ *n.* perquisizione a fondo (*facendo spogliare la persona*).

to **strip-search** /ˈstrɪpsɜːtʃ/ *v. t.* perquisire a fondo (*q. facendolo spogliare*).

striptease /ˈstrɪptiːz/ *n.* spogliarello.

stripteaser /ˈstrɪptiːzə(r)/ *n.* spogliarellista.

stripy /ˈstraɪpɪ/ *a.* a strisce; a righe; rigato.

to **strive** /straɪv/ (*pass.* **strove**, *p.p.* **striven**) *v. i.* (*form.*) lottare; sforzarsi: **to s. after** (*o* **for**) **st.**, lottare per ottenere q.c.; **to s. to do st.**, sforzarsi di fare q.c.

striven /ˈstrɪvn/ *p.p. di* **to strive**.

strobe /strəʊb/ *n.* (*anche* **s. light**) luce stroboscopica.

strode /strəʊd/ *pass. di* **to stride**.

stroke (1) /strəʊk/ *n.* ***1*** colpo: **sword s.**, colpo di spada; **a s. of the whip**, un colpo di frusta; una frustata ***2*** rintocco (*di orologio*) ***3*** tratto (*di penna*); asta (*di scrittura*); battuta (*dattilografica*); pennellata ***4*** (*mecc.*) corsa (*dello stantuffo*); tempo (*del motore*): **four-s. engine**, motore a quattro tempi ***5*** (*canottaggio*) vogata; battuta (*di remo*); (*estens.*) capovoga: **to keep s.**, vogare in cadenza; tenere il tempo ***6*** (*tennis*) battuta ***7*** (*nuoto*) bracciata; stile ***8*** (*med.*) colpo apoplettico; ictus ***9*** (*tipogr., GB*) barra ● **a s. of genius**, un'idea geniale; un lampo di genio □ **a s. of lightning**, un fulmine □ **s. of luck**, colpo di fortuna □ **at a s.**, d'un tratto □ (*fam.*) **not to do a s. of work**, non fare un bel niente □ **on the s. of six**, alle sei in punto.

stroke (2) /strəʊk/ *n.* carezza; lisciata; lisciatina.

to **stroke** /strəʊk/ *v. t.* lisciare; accarezzare.

stroll /strəʊl/ *n.* giretto; passeggiata: **to go for a s.** (*o* **to take a s.**), andare a fare un giretto (*o* due passi).

to **stroll** /strəʊl/ *v. i.* passeggiare; andare a zonzo; girellare.

stroller /ˈstrəʊlə(r)/ *n.* ***1*** chi passeggia ***2*** passeggino.

strolling /ˈstrəʊlɪŋ/ *a.* (*teatr.*) itinerante; girovago.

strong /strɒŋ, *USA* strɔːŋ/ *a.* forte; energico; resistente; solido; valido; deciso: **a s. man**, un uomo forte; **s. tea**, tè forte (*o* carico); **s. smell**, odore forte (*o* intenso); **s. measures**, provvedimenti energici; **an army 100,000 s.**, un esercito (forte) di centomila uomini; **a s. possibility**, una forte probabilità; **s. argument**, argomentazione valida; **s. beliefs**, salde credenze; **s. reasons**, fondati motivi; **s. feelings**, opinioni ben definite; **s. nerves**, nervi saldi; **s. opinions**, convinzioni decise; **his s. point**, il suo forte; **to be in a s. position**; essere in una posizione di forza ● **s. breath**, alito cattivo □ **s. cheese**, formaggio salato; formaggio piccante □ **s. drinks**, alcolici □ **s. language**, parole grosse; ingiurie; imprecazioni □ **s.-minded**, deciso; risoluto □ **s. room**, camera blindata □ (*gramm.*) **s. verbs**, verbi forti □ **s.-willed**, deciso; risoluto; tenace □ **as s. as an ox**, forte come un toro □ (*fam.*) **to be coming it rather s.**, esagerare; passare il segno □ **to be still going s.**, tirare ancora; funzionare ancora bene; essere ancora in gamba □ **to smell s.**, mandare un forte odore; puzzare.

strongarm /ˈstrɒŋɑːm, *USA* strɔːŋ-/ *n.* — (*fam.*) **s. methods**, metodi energici; la maniera forte □ **s. tactics**, il pugno di ferro.

strongbox /ˈstrɒŋbɒks, *USA* ˈstrɔːŋ-/ *n.* forziere; cassaforte.

stronghold /ˈstrɒŋhəʊld, *USA* ˈstrɔːŋ-/ *n.* fortezza; roccaforte (*anche fig.*).

strongly /ˈstrɒŋlɪ, *USA* ˈstrɔːŋlɪ/ *avv.* ***1*** fortemente; forte energicamente; vigorosamente ***2*** vivamente; caldamente calorosamente.

strop /strɒp/ *n.* coramella (*per rasoio*).

to **strop** /strɒp/ *v. t.* affilare (*un rasoio*) sulla coramella.

stroppy /strɒpɪ/ *a.* (*fam. GB*) indisponente; riottoso; bastian contrario.

strove /strəʊv/ *pass. di* **to strive**.

struck /strʌk/ *pass. e p.p. di* **to strike**.

structural /ˈstrʌktʃərəl/ *a.* strutturale ● (*metall.*) **s. steel**, acciaio per costruzioni.

structuralism /ˈstrʌktʃərəlɪzəm/ *n.* 🄤 strutturalismo.

structuralist /ˈstrʌktʃərəlɪst/ ***A*** *n.* strutturalista ***B*** *a.* strutturalistico; strutturalista.

structure /ˈstrʌktʃə(r)/ *n.* ***1*** 🄤 struttura; conformazione (*edil.*) edificio; costruzione.

to **structure** /ˈstrʌktʃə(r)/ *v. t.* strutturare.

struggle /ˈstrʌgl/ *n.* ***1*** lotta: **armed s.**, lotta armata; **s. fo[r] survival**, lotta per la sopravvivenza ***2*** sforzo.

to **struggle** /ˈstrʌgl/ *v. i.* ***1*** lottare; combattere: **to s. with a[n] illness**, lottare contro una malattia; **to s. for st.**, lottare pe[r] conquistare q.c. ***2*** dibattersi; divincolarsi: **to s. out of st**[.] liberarsi (*o* uscire) divincolandosi da q.c ***3*** sforzarsi; far[e] ogni sforzo.

♦ **struggle on** *v. i. + avv.* tirare avanti.

to **strum** /strʌm/ *v. i. e t.* strimpellare.

strung /strʌŋ/ *pass. e p.p. di* **to string**.
strung-out /ˈstrʌŋˈaʊt/ *a.* (*fam.*) che si droga; drogato.
strung-up /ˈstrʌŋˈʌp/ *a.* (*fam.*) molto nervoso; molto teso.
strut (1) /strʌt/ *n.* andatura impettita; incedere tronfio.
strut (2) /strʌt/ *n.* (*ind. costr.*) puntone.
to **strut** (1) /strʌt/ *v. i.* camminare impettito; incedere tronfio; pavoneggiarsi.
to **strut** (2) /strʌt/ *v. t.* puntellare; rinforzare con puntoni.
strychnine /ˈstrɪkniːn, *USA* -aɪn, -ɪːn/ *n.* ⓤ (*chim.*) stricnina.
stub /stʌb/ *n.* **1** mozzicone (*di matita, sigaretta, ecc.*) **2** matrice, madre (*di assegno*) **3** talloncino (*di biglietto*).
to **stub** /stʌb/ *v. t.* farsi male a (*un piede urtando contro q.c.*).
♦ **stub out** *v. t. + avv.* spegnere, schiacciare (*una sigaretta, ecc.*).
stubble /ˈstʌbl/ *n.* ⓤ **1** (*agric.*) stoppia **2** barba ispida.
stubbly /ˈstʌblɪ/ *a.* **1** coperto di stoppie **2** (*di barba*) corto e ispido.
stubborn /ˈstʌbən/ *a.* **1** caparbio; ostinato; testardo **2** inflessibile; tenace **3** refrattario; resistente: **s. stain**, macchia resistente.
stubbornness /ˈstʌbənnəs/ *n.* ⓤ **1** caparbietà; ostinatezza; testardaggine **2** inflessibilità; tenacia **3** (l') essere refrattario; (l')essere resistente.
stubby /ˈstʌbɪ/ *a.* tozzo; tarchiato.
stucco /ˈstʌkəʊ/ *n.* ⓤ *e* ⓒ (*pl.* **stuccos, stuccoes**) stucco.
to **stucco** /ˈstʌkəʊ/ *v. t.* stuccare; decorare a stucco.
stuck /stʌk/ **A** *pass. e p.p. di* **to stick B** *a.* **1** bloccato; inceppato; incastrato: **to get s.**, incepparsi; restare bloccato **2** (*fam.*) bloccato; in difficoltà ● (*fam.*) **s.-up**, pieno di sé; borioso; presuntuoso □ (*fam.*) **to be s. on sb.**, avere un'infatuazione per q. □ (*fam.*) **to be s. with**, doversi tenere (q.c.); avere sul gobbo (q.c., q.); doversi sorbire (q.) □ **to get s. into st.**, essere tutto preso da q.c.
stud (1) /stʌd/ *n.* **1** bottoncino (*da colletto*) **2** chiodo da tappezziere; borchia **3** (*mecc.*) perno **4** (*di scarpa*) tacchetto; bullone ● **press s.**, (bottone) automatico.
stud (2) /stʌd/ *n.* **1** ⓤ cavalli da allevamento (*o* da corsa) **2** (*anche* **s. farm**) scuderia di allevamento; stazione di monta **3** (*anche* **s. horse**) cavallo da monta; stallone **4** (*pop., di uomo*) stallone; fusto ● **to put a horse out to s.**, destinare un cavallo alla riproduzione.
studbook /ˈstʌdbʊk/ *n.* registro dei purosangue.
studded /ˈstʌdɪd/ *a.* **1** guarnito (*di borchie, ecc.*) **2** costellato; punteggiato; trapunto: **a sea s. with islands**, un mare punteggiato di isole ● **s. shoes**, scarpe coi tacchetti.
student /ˈstjuːdnt, *USA* ˈstuː-/ *n.* **1** studente (-essa): **medical s.**, studente di medicina **2** studioso: **a s. of bird life**, uno studioso della vita degli uccelli.
studied /ˈstʌdɪd/ *a.* studiato; calcolato; meditato; ricercato.
studio /ˈstjuːdɪəʊ, *USA* ˈstuː-/ *n.* (*pl.* **studios**) **1** studio (*di artista, fotografo, ecc.*) **2** (*cinem.*) teatro di posa; studio (cinematografico) **3** (*radio*) auditorio **4** (*TV*) studio (televisivo) ● (*radio, TV*) **s. audience**, pubblico in sala □ **s. couch**, divano letto □ **s. flat** (*USA* **s. apartment**), monolocale.
studious /ˈstjuːdɪəs, *USA* ˈstuː-/ *a.* **1** studioso **2** attento; diligente; premuroso; sollecito: **with s. care**, con diligente cura.
study /ˈstʌdɪ/ *n.* **1** ⓤ *e* ⓒ studio: **language studies**, studi linguistici; **s. leave**, congedo per studio **2** esame; indagine; ricerca: **after careful s.**, dopo un esame accurato; **a s. of working conditions**, un'indagine sulle condizioni di lavoro **3** (stanza da) studio **4** (*pitt., scult.*) bozzetto; schizzo **5** (*mus.*) studio ● (*fam.*) **in a brown s.**, assorto nei propri pensieri.
to **study** /ˈstʌdɪ/ *v. t. e i.* studiare: **to s. to be a doctor**, studiare medicina.
stuff /stʌf/ *n.* **1** ⓤ *e* ⓒ sostanza; roba: **There is some sticky s. on the table**, c'è della roba appiccicosa sul tavolo; **This is poisonous s.**, questa è roba velenosa **2** roba (personale); cose: **He leaves his s. lying about all over the place**, lascia le sue cose in giro per tutta la casa **3** cose (*dette, scritte, viste, ecc.*): **I know he's a good writer, I just don't like his s.**, lo so che è un bravo scrittore, ma quello che scrive non mi piace **4** (*fam.*) scemenze: **How can you like such s.?**, come fanno a piacerti scemenze simili?; **Don't give me that s.!**, non dire fesserie!; va' a raccontarla altrove **5** ⓤ stoffa (*fig.*): **That boy has good s. in him**, in quel ragazzo c'è stoffa; **I thought he was made of sterner s.**, credevo che avesse più forza di carattere **6** (*lett.*) essenza; qualità fondamentale; anima: **Disappointments are the very s. of life**, la vita è fatta di delusioni ● **S. and nonsense!**, sciocchezze! □ (*fam.*) **to do one's s.**, fare il proprio dovere; fare la propria parte □ (*fam. scherz.*) **the hard s.**, i superalcolici □ (*fam.*) **to know one's s.**, sapere il fatto proprio □ (*fam.*) **That's the s.!**, così si fa! □ (*fam.*) **That's the s. to give them!**, così vanno trattati!
to **stuff** /stʌf/ **A** *v. t.* **1** riempire; imbottire; turare: **to s. a bag with straw**, riempire di paglia un sacco; **to s. one's head with useless information**, riempirsi la testa di fatti inutili **2** impagliare; imbalsamare **3** (*cucina*) farcire **4** rimpinzare: **to s. a child with sweets**, rimpinzare un bambino di caramelle **5** cacciare; ficcare: **He stuffed the hankie into his pocket**, si cacciò il fazzoletto in tasca **6** (*volg.*) chiavare; fottere ● (*polit., fam.*) **to s. the ballot box**, fare brogli elettorali □ **to s. a goose**, ingrassare un'oca □ (*pop.*) **S. him!**, che vada al diavolo! □ (*pop.*) **Get stuffed!**, va' al diavolo!; vaffanculo! **B** *v. i. e* to **stuff oneself** *v. rifl.* rimpinzarsi; ingozzarsi.
♦ **stuff up** *v. t. + avv.* tappare; turare: **My nose is all stuffed up**, ho il naso tappato (*o* chiuso).
stuffed /stʌft/ *a.* **1** imbottito **2** impagliato **3** (*cucina*) ripieno; farcito ● (*fam.*) **s. shirt**, pallone gonfiato.
stuffiness /ˈstʌfɪnəs/ *n.* ⓤ **1** mancanza d'aria fresca; odor di chiuso **2** (*fam.*) mentalità arretrata.
stuffing /ˈstʌfɪŋ/ *n.* ⓤ **1** imbottitura **2** (*cucina*) ripieno **3** impagliatura ● (*fam.*) **to knock the s. out of sb.**, (*di malattia, brutta notizia, ecc.*) mettere q. a terra.
stuffy /ˈstʌfɪ/ *a.* **1** senz'aria; che sa di rinchiuso **2** (*di naso*) intasato **3** (*fam.*) antiquato; arretrato.
to **stultify** /ˈstʌltɪfaɪ/ (*form.*) *v. t.* istupidire; rincretinire.
stumble /ˈstʌmbl/ *n.* (*anche fig.*) passo falso.
to **stumble** /ˈstʌmbl/ *v. i.* **1** inciampare; incespicare: **to s. over a stone**, inciampare in un sasso; **to s. over one's words**, incespicare su una parola **2** fare un passo falso; sbagliare.
♦ **stumble across** *v. i. + prep.* trovare per caso.
♦ **stumble along** *v. i. + avv.* procedere incespicando.
♦ **stumble at** *v. i. + prep.* esitare di fronte a.
♦ **stumble on** *V.* **to stumble across**.
♦ **stumble over** *V.* **to stumble at**.
stumbling block /ˈstʌmblɪŋ blɒk/ *n.* intoppo; inciampo; ostacolo; scoglio.
stump /stʌmp/ *n.* **1** ceppo (*di albero*); troncone **2** moncone; moncherino **3** mozzicone; radice (*di dente*) **4** (*polit.*) piattaforma per comizi: **to be on the s.**, tenere un comizio **5** (*cricket*) paletto, piolo (*della porta*) ● (*fam.*) **to stir one's stumps**, spicciarsi; darsi una mossa.
to **stump** /stʌmp/ **A** *v. t.* **1** (*fam.*) mettere in difficoltà (*con una domanda*): **You've got me stumped there!**, domanda difficile! **2** (*polit., USA*) tenere comizi in (*una regione*) **B** *v. i.* **1** camminare con passo pesante **2** (*polit., USA*) tenere comizi.
♦ **stump up** *v. t. + avv.* (*fam.*) sborsare.
stumpy /ˈstʌmpɪ/ *a.* corto; tozzo; tarchiato: **s. tail**, coda corta; mozzicone di coda.
to **stun** /stʌn/ *v. t.* **1** stordire; intontire **2** sbalordire; lasciare stupefatto.
stung /stʌŋ/ *pass. e p.p. di* **to sting**.
stunk /stʌŋk/ *pass. e p.p. di* **to stink**.
stunner /ˈstʌnə(r)/ *n.* (*fam.*) persona (*o* cosa) meravigliosa: **She's a s.!**, è uno schianto!
stunning /ˈstʌnɪŋ/ *a.* **1** che stordisce; che intontisce **2** stupefacente; sbalorditivo **3** stupendo.
stunt /stʌnt/ *n.* (*fam.*) **1** bravata; esibizione **2** montatura pubblicitaria **3** (*aeron.*) acrobazia ● (*aeron.*) **s. flying**, volo acrobatico □ (*cinem.*) **s. man**, controfigura; cascatore □ (*cinem.*) **s. woman**, controfigura; cascatrice.
to **stunt** /stʌnt/ *v. t.* rendere stentato; arrestare lo sviluppo di.
stunted /ˈstʌntɪd/ *a.* stentato; striminzito; nano; rachitico.
stupefaction /stjuːpɪˈfækʃn, *USA* stuː-/ (*form.*) *n.* ⓤ **1** stordimento; torpore **2** stupefazione; sbalordimento.
to **stupefy** /ˈstjuːpɪfaɪ, *USA* ˈstuː-/ *v. t.* **1** istupidire; intontire; stordire; intorpidire **2** stupefare; sbalordire.
stupefying /ˈstjuːpɪfaɪɪŋ, *USA* ˈstuː-/ *a.* stupefacente.
stupendous /stjuːˈpendəs, *USA* stuː-/ *a.* **1** stupefacente; sorprendente; enorme **2** stupendo; mirabile.
stupid /ˈstjuːpɪd, *USA* ˈstuː-/ **A** *a.* **1** stupido **2** intontito **3** noioso; barboso **B** *n.* (*fam.*) stupido (-a) ● **s. thing**, stupidaggine □ **It was s. of you to accept**, hai fatto una stupidaggine (*o* sei stato stupido) ad accettare.

stupidity /stjuː'pɪdətɪ, *USA* stuː-/ *n.* U stupidità.
stupor /'stjuːpə(r), *USA* 'stuː-/ *n.* U *e* C intontimento; stordimento; torpore.
sturdiness /'stɜːdɪnəs/ *n.* U robustezza; solidità.
sturdy /'stɜːdɪ/ *a.* *1* robusto; forte; solido *2* saldo; risoluto.
sturgeon /'stɜːdʒən/ *n.* (*zool.*) storione.
stutter /'stʌtə(r)/ *n.* balbuzie.
to **stutter** /'stʌtə(r)/ *v. i. e t.* balbettare; essere balbuziente • **to s. out**, balbettare; dire balbettando.
stutterer /'stʌtərə(r)/ *n.* balbuziente.
sty (1) /staɪ/ *n.* (*anche fig.*) porcile.
sty (2), **stye** /staɪ/ *n.* (*med.*) orzaiolo.
style /staɪl/ *n.* *1* C *e* U stile; maniera: **in the s. of Cézanne**, alla maniera di Cézanne; **French-s.**, alla francese *2* C *e* U (*arte, letter.*) stile *3* U stile; classe: **to lack s.**, non avere stile; **in s.**, in grande stile; come si deve *4* genere; tipo; linea; modello; taglio: **That s. of hat doesn't suit her**, quel tipo di cappello non le sta bene *5* moda: **the latest s.** (*o* **styles**), l'ultima moda *6* (*form. o antiq.*) titolo; appellativo *7* (*comm.*) ragione sociale *8* (*bot.*) stilo *9* (*stor.*) stile, stilo.
to **style** /staɪl/ *v. t.* *1* (*ind.*) disegnare; modellare *2* tagliare, acconciare (*capelli*) *3* (*form. o antiq.*) dare un titolo a; designare • **to s. oneself Count**, farsi chiamare conte.
styling /'staɪlɪŋ/ *n.* U *1* styling; progettazione *2* stile; linea *3* taglio (*di capelli*) • **s. mousse**, fissatore (*per capelli*).
to **stylise** /'staɪlaɪz/ (*GB*) *V.* **to stylize**.
stylish /'staɪlɪʃ/ *a.* elegante; alla moda.
stylishness /'staɪlɪʃnəs/ *n.* U eleganza; stile.
stylist /'staɪlɪst/ *n.* stilista • **hair s.**, parrucchiere.
stylistic /staɪ'lɪstɪk/ *a.* stilistico.
stylistics /staɪ'lɪstɪks/ *n.* (*col verbo al sing.*) stilistica.
to **stylize** /'staɪlaɪz/ *v. t.* stilizzare.
stylus /'staɪləs/ *n.* *1* stilo; bulino *2* puntina (*di giradischi*) *3* punta di incisione (*per dischi*) *4* (*bot.*) stilo.
to **stymie** /'staɪmɪ/ *v. t.* (*fam.*) ostacolare; bloccare.
styptic /'stɪptɪk/ *a. e n.* (*farm.*) emostatico: **s. pencil**, matita emostatica.
styrofoam ® /'staɪərəfəʊm/ *n.* U (*USA*) polistirolo.
suable /'suːəbl, 'sj-/ *a.* (*leg.*) perseguibile; processabile.
suave /swɑːv/ *a.* mellifluo; insinuante.
suaveness /'swɑːvnəs/ *n.* U modi melliflui; modi insinuanti.
sub (1) /sʌb/ *n.* (*fam.*) *1* (*naut.*) sottomarino *2* sostituto; vice; (*sport*) riserva, sostituto *3* (*GB*) anticipo (*sulla paga*) *4* (*GB*) abbonamento; prenotazione *5* redattore.
sub (2) /sʌb/ (*lat.*) *prep.* — (*leg.*) **sub judice**, in corso di giudizio; sub judice □ **sub rosa**, segretamente; in confidenza □ (*GB*) **sub-post office**, ufficio postale sussidiario.
to **sub** /sʌb/ *v. i.* — **to sub for**, sostituire; fare le veci di.
subaltern /'sʌbltən, *USA* sə'bɔːlt-/ *n.* (*mil.*) ufficiale subalterno.
subaqua /sʌb'ækwə/ *a.* subacqueo.
subarctic /sʌb'ɑːktɪk/ *a.* (*geogr.*) subartico.
subatomic /sʌbə'tɒmɪk/ *a.* subatomico.
subclass /'sʌbklɑːs, *USA* -æs/ *n.* (*scient.*) sottoclasse.
subcommittee /'sʌbkəmɪtɪ/ *n.* sottocomitato; sottocommissione.
subconscious /sʌb'kɒnʃəs/ *a. e n.* (*psic.*) subcosciente; subconscio.
subcontinent /sʌb'kɒntɪnənt/ *n.* subcontinente.
subcontract /sʌb'kɒntrækt, 'sʌbkɒ-/ *n.* (*leg.*) subappalto.
to **subcontract** /sʌbkən'trækt, *USA* sʌb'kɒnt-/ *v. t. e i.* (*leg.*) subappaltare.
subcontractor /sʌbkən'træktə(r), *USA* sʌb'kɒnt-/ *n.* (*leg.*) subappaltatore.
subculture /'sʌbkʌltʃə(r)/ *n.* sottocultura.
subcutaneous /sʌbkjuː'teɪnɪəs/ *a.* (*anat., med.*) sottocutaneo.
to **subdivide** /sʌbdɪ'vaɪd/ *A* *v. t.* suddividere *B* *v. i.* suddividersi.
subdivision /sʌbdɪ'vɪʒn/ *n.* U *e* C suddivisione.
subdominant /sʌb'dɒmɪnənt/ *n.* (*mus.*) sottodominante.
to **subdue** /səb'djuː, *USA* -'duː/ *v. t.* *1* soggiogare; sottomettere: **to s. nature**, assoggettare le forze della natura *2* frenare; tenere a freno; reprimere *3* attenuare; mitigare.
subdued /səb'djuːd, *USA* -'duː/ *a.* *1* sommesso *2* soffuso; smorzato *3* insolitamente tranquillo; buono buono.
to **subedit** /sʌb'edɪt/ *v. t.* revisionare.
subeditor /sʌb'edɪtə(r)/ *n.* redattore; revisore.
subgroup /'sʌbgruːp/ *n.* (*chim., mat.*) sottogruppo.
subheading /'sʌbhedɪŋ/ *n.* (*giorn., tipogr.*) sottotitolo.
subhuman /sʌb'hjuːmən/ *a.* *1* disumano *2* subumano.
subject (1) /'sʌbdʒekt, -ɪkt/ *a.* *1* soggetto; sottomesso: **s. nations**, nazioni soggette; **s. to the law**, soggetto alla legge *2* soggetto; prono: **to be s. to headaches**, andare soggetto a emicranie *3* subordinato: **s. to sb.'s approval**, subordinato all'approvazione di q. *4* suscettibile: **s. to alteration**, suscettibile di cambiamenti • **S. to your consent, I propose to...**, fatto salvo il tuo consenso, io propongo di... □ (*comm.*) **s. to availability** (*o* **s. to goods being unsold**), salvo venduto.
subject (2) /'sʌbdʒekt, -ɪkt/ *n.* *1* argomento: **to drop the s.**, lasciar cadere l'argomento; parlare d'altro; **to change the s.**, cambiare argomento; **to stick to the s.**, attenersi all'argomento *2* materia (*di studio*) *3* oggetto: **to be the s. of an enquiry**, essere oggetto di un'inchiesta *4* suddito; cittadino: **British s.**, cittadino britannico *5* causa; motivo; occasione: **a s. for complaint**, motivo di protesta *6* (*gramm., med.*) soggetto *7* (*di esperimento*) oggetto • **s. catalogue**, catalogo per argomenti □ **s. matter**, argomento; contenuto □ **On the s. of retirement...**, a proposito di pensionamento...
to **subject** /səb'dʒekt/ *A* *v. t.* *1* assoggettare; sottomettere *2* sottoporre; esporre: **to be subjected to severe criticism**, essere fatto oggetto di severe critiche *B* to **subject oneself** *v. rifl.* esporsi.
subjection /səb'dʒekʃn/ *n.* U soggezione; assoggettamento • **to bring into s.**, assoggettare; soggiogare.
subjective /səb'dʒektɪv/ *a.* *1* soggettivo; personale; individuale *2* (*gramm.*) soggettivo *3* immaginario.
subjectivism /səb'dʒektɪvɪzəm/ *n.* U (*filos.*) soggettivismo.
subjectivity /sʌbdʒek'tɪvətɪ/ *n.* U soggettività.
to **subjugate** /'sʌbdʒəgeɪt/ *v. t.* soggiogare.
subjugation /sʌbdʒə'geɪʃn/ *n.* U soggiogamento.
subjunctive /səb'dʒʌŋktɪv/ *a. e n.* (*gramm.*) congiuntivo.
sublease /'sʌbliːs/ *n.* subaffitto; sublocazione.
to **sublease** /sʌb'liːs/ *v. t.* subaffittare; sublocare.
sublessee /sʌble'siː/ *n.* subaffittuario; sublocatario.
to **sublet** /sʌb'let/ (*pass. e p.p.* **sublet**) *v. t.* subaffittare; sublocare.
sublieutenant /sʌblef'tenənt, -lə'te-, *USA* -luː-/ *n.* (*naut. mil.*) sottotenente di vascello.
sublimate /'sʌblɪmət, -meɪt/ *a. e n.* (*chim.*) sublimato.
to **sublimate** /'sʌblɪmeɪt/ *v. t.* sublimare.
sublimation /sʌblɪ'meɪʃn/ *n.* U sublimazione.
sublime /sə'blaɪm/ *a.* *1* sublime *2* supremo; sovrano: **s. ignorance**, suprema ignoranza; **with a s. disregard for**, con sovrano disprezzo per.
subliminal /sʌb'lɪmɪnl/ *a.* (*psic.*) subliminale.
sub-machine gun /sʌbmə'ʃiːngʌn/ *locuz. n.* (*mil.*) fucile mitragliatore; mitra.
submarine /sʌbmə'riːn, *USA* 'sʌb-/ *A* *a.* sottomarino; subacqueo *B* *n.* (*naut., mil.*) sottomarino; sommergibile.
submariner /sʌb'mærɪnə(r), *USA* 'sʌb-/ *n.* (*naut., mil.*) sommergibilista.
to **submerge** /səb'mɜːdʒ/ *A* *v. t.* *1* sommergere; immergere *2* (*fig.*) cancellare; reprimere *3* (*fig.*) sommergere; inondare *B* *v. i.* (*di sottomarino*) immergersi.
submersion /səb'mɜːʃn, *USA* -ʒn/ *n.* U *e* C immersione.
submission /səb'mɪʃn/ *n.* *1* U sottomissione; resa: **complete s.**, resa incondizionata *2* U presentazione (*di una domanda, un rapporto, un articolo, ecc.*) *3* proposta; domanda; richiesta; articolo (*inviato a una rivista*) *4* (*form.*) opinione; tesi *5* U deferenza; rispetto.
submissive /səb'mɪsɪv/ *a.* sottomesso; remissivo; docile; deferente.
submissiveness /səb'mɪsɪvnɒs/ *n.* U sottomissione; remissività; docilità; deferenza.
to **submit** /səb'mɪt/ *A* *v. t.* *1* presentare; sottoporre: **to s. an application**, presentare una domanda; **to s. a tender for the contract**, fare un'offerta per un appalto; **to s. st. to sb.'s inspection**, sottoporre q.c. all'esame di q. *2* (*form.*) asserire; sostenere: **I s. that you knew of the existence of the will**, io sostengo che lei sapeva dell'esistenza del testamento *3* (*leg.*) rimettere; demandare *B* *v. i.* *1* sottomettersi; arrendersi *2* rimettersi (*alla decisione, al giudizio altrui*).
subnormal /sʌb'nɔːml/ *a.* subnormale.
suborder /'sʌbɔːdə(r)/ *n.* (*zool., bot.*) sottordine.
subordinate /sə'bɔːdɪnət/ *A* *a.* subordinato; soggetto; dipendente: (*gramm.*) **s. clause**, proposizione subordinata; **to be s. to sb.**, essere soggetto a q.; dipendere da q. *B* *n.* subordinato (-a); dipendente.
to **subordinate** /sə'bɔːdɪneɪt/ *v. t.* *1* subordinare *2* assog-

gettare.

subordination /səbɔːdɪˈneɪʃn/ *n.* U subordinazione; dipendenza.

to **suborn** /səˈbɔːn/ *v. t.* (*form.*) subornare.

subplot /ˈsʌbplɒt/ *n.* (*letter., teatr.*) intreccio secondario.

subpoena /səˈpiːnə, səb-/ *n.* (*leg.*) citazione in giudizio.

to **subpoena** /səˈpiːnə, səb-/ *v. t.* (*leg.*) citare (*come testimone, ecc.*) in giudizio.

to **subscribe** /səbˈskraɪb/ **A** *v. i.* **1** essere abbonato; abbonarsi **2** aderire; sottoscrivere; condividere: **to s. to an opinion**, aderire a (*o* condividere) un'opinione **3** sostenere: **to s. to a charity**, sostenere un ente benefico **4** (*fin.*) sottoscrivere: **to s. for shares**, sottoscrivere azioni **B** *v. t.* **1** devolvere (*denaro*) **2** sottoscrivere; firmare.

subscriber /səbˈskraɪbə(r)/ *n.* **1** abbonato (-a) **2** sostenitore (-trice) (*di un ente benefico*) **3** (*fin.*) sottoscrittore (-trice).

subscript /ˈsəbskrɪpt/ (*mat., tipogr.*) **A** *a.* sottoscritto **B** *n.* deponente; pedice.

subscription /səbˈskrɪpʃn/ *n.* U *e* C **1** abbonamento (*a un giornale, al teatro, ecc.*): **to take out a s. to**, fare un abbonamento a; abbonarsi a **2** (*fin.*) sottoscrizione.

subsection /ˈsʌbsɛkʃn/ *n.* sottosezione.

subsequent /ˈsʌbsɪkwənt/ *a.* susseguente; successivo; ulteriore.

subservience /səbˈsɜːvɪəns/ *n.* U **1** ossequiosità; servilismo **2** subordinazione; dipendenza.

subservient /səbˈsɜːvɪənt/ *a.* **1** ossequioso; servile **2** subordinato; dipendente.

subset /ˈsʌbsɛt/ *n.* (*mat.*) sottoinsieme.

to **subside** /səbˈsaɪd/ *v. i.* **1** (*del terreno, di un edificio*) abbassarsi; sprofondare; cedere **2** (*di piena*) abbassarsi; calare; decrescere **3** calare; diminuire; scendere; calmarsi; placarsi: **The wind subsided**, il vento calò; **His anger subsided**, la sua ira si placò **4** (*form.*) lasciarsi cadere; sprofondarsi: **to s. into an armchair**, lasciarsi cadere su una poltrona.

subsidence /səbˈsaɪdns, ˈsʌbsɪd-/ *n.* U *e* C **1** abbassamento; cedimento; avvallamento; sprofondamento **2** diminuzione; cessazione **3** (il) calmarsi; (il) placarsi.

subsidiarity /səbsɪdɪˈærɪtɪ/ *n.* U (*polit.*) autonomia decisionale.

subsidiary /səbˈsɪdɪərɪ, *USA* -dɪɛrɪ/ **A** *a.* sussidiario; ausiliario; accessorio; supplementare **B** *n.* **1** aiuto; assistente **2** (*comm.*) società consociata.

to **subsidize**, (*GB anche*) to **subsidise** /ˈsʌbsɪdaɪz/ *v. t.* sussidiare; sovvenzionare.

subsidy /ˈsʌbsɪdɪ/ *n.* sussidio; sovvenzione.

to **subsist** /səbˈsɪst/ *v. i.* vivere; tenersi in vita: **to s. on charity**, vivere di elemosina.

subsistence /səbˈsɪstəns/ *n.* U **1** esistenza **2** mezzi di sussistenza • (*stat.*) **s. level**, minimo vitale.

subsoil /ˈsʌbsɔɪl/ *n.* U sottosuolo.

subsonic /sʌbˈsɒnɪk/ *a.* (*aeron.*) subsonico.

subspecies /ˈsʌbspiːʃiːz/ *n.* (*pl. invar.*) (*zool., bot.*) sottospecie.

substance /ˈsʌbstəns/ *n.* **1** U *e* C sostanza; materia **2** sostanza; contenuto; essenza **3** U consistenza; solidità; corpo; nerbo • (*form.*) **s. abuse**, abuso di sostanze tossiche □ **in s.**, in sostanza; sostanzialmente □ **a man of s.**, un uomo agiato □ **without s.**, (*di accuse, dicerie, ecc.*) privo di fondamento.

substandard /sʌbˈstændəd/ *a.* **1** al di sotto della norma **2** (*comm., di merce*) di qualità inferiore; scadente.

substantial /səbˈstænʃl/ *a.* **1** sostanziale; essenziale: **a s. difference**, una differenza sostanziale; **the s. point**, il punto essenziale **2** solido **3** sostanzioso **4** considerevole; notevole.

to **substantiate** /səbˈstænʃɪeɪt/ *v. t.* provare; dare fondamento a; convalidare: **to s. a claim**, provare la validità di un diritto.

substantive /ˈsʌbstəntɪv, səbˈstæn-/ **A** *a.* **1** effettivo; concreto; reale: **s. discussions**, discussioni concrete; (*mil.*) **s. rank**, grado effettivo **2** indipendente; autonomo **B** *n.* (*gramm.*) sostantivo.

substation /ˈsʌbsteɪʃn/ *n.* (*elettr.*) sottostazione; stazione di trasformazione.

substitute /ˈsʌbstɪtjuːt, *USA* -tuːt/ *n.* **1** sostituto; supplente **2** surrogato **3** (*sport*) sostituto; rimpiazzo; riserva.

to **substitute** /ˈsʌbstɪtjuːt, *USA* -tuːt/ *v. t. e i.* sostituire: **to s. cotton with wool** (*o* **wool for cotton**), sostituire il cotone con la lana (*o* la lana al cotone); **to s. for sb.**, sostituire q.

substitution /sʌbstɪˈtjuːʃn, *USA* -ˈtuː-/ *n.* U *e* C sostituzione; rimpiazzo.

substitutional /sʌbstɪˈtjuːʃənl, *USA* -ˈtuː-/ *a.* sostitutivo.

substratum /sʌbˈstrɑːtəm, *USA* ˈsʌbstreɪtəm/ *n.* (*pl.* **substrata** /-tə/) substrato; sostrato.

to **subsume** /səbˈsuːm, -ˈsj-/ *v. t.* includere (*in una categoria, ecc.*).

subtenancy /sʌbˈtɛnənsɪ/ *n.* U subaffitto.

subtenant /sʌbˈtɛnənt/ *n.* subaffittuario.

subterfuge /ˈsʌbtəfjuːdʒ/ *n.* sotterfugio; stratagemma.

subterranean /sʌbtəˈreɪnɪən/, **subterraneous** /sʌbtəˈreɪnɪəs/ *a.* sotterraneo.

subtext /ˈsʌbtɛkst/ *n.* (*letter., teatr.*) senso nascosto (di un testo).

subtitle /ˈsʌbtaɪtl/ *n.* **1** sottotitolo **2** (*cinem.*) sottotitolo; didascalia.

subtle /ˈsʌtl/ *a.* **1** sottile; lieve **2** sottile; astuto **3** sottile; perspicace.

subtlety /ˈsʌtltɪ/ *n.* U *e* C sottigliezza; finezza.

to **subtract** /səbˈtrækt/ (*specialm. mat.*) **A** *v. t.* sottrarre **B** *v. i.* fare una sottrazione.

subtraction /səbˈtrækʃn/ *n.* U *e* C (*specialm. mat.*) sottrazione.

subtropical /sʌbˈtrɒpɪkl/ *a.* (*geogr.*) subtropicale.

suburb /ˈsʌbɜːb/ *n.* **1** quartiere periferico **2** (*al pl.*) periferia: **inner suburbs**, semiperiferia.

suburban /səˈbɜːbən/ *a.* **1** suburbano; della periferia; in periferia **2** (*spreg.*) piccolo borghese.

suburbanite /səˈbɜːbənaɪt/ *n.* (*spesso spreg.*) abitante della periferia residenziale.

suburbia /səˈbɜːbɪə/ *n.* U **1** (la) periferia residenziale **2** (*estens., spreg.*) mentalità borghese.

subvention /səbˈvɛnʃn/ *n.* (*form.*) sovvenzione; sussidio.

subversion /səbˈvɜːʃn, *USA* -ʒn/ *n.* U sovversione; sovvertimento; eversione.

subversive /səbˈvɜːsɪv/ *a. e n.* sovversivo (-a).

to **subvert** /səbˈvɜːt/ *v. t.* sovvertire; rovesciare.

subway /ˈsʌbweɪ/ *n.* **1** (*GB*) sottopassaggio **2** (*USA*) metropolitana.

to **succeed** /səkˈsiːd/ **A** *v. i.* **1** riuscire; avere successo: **to s. in (passing) an examination**, riuscire a superare un esame **2** subentrare: **to s. to a title**, ereditare un titolo; **to s. to the throne**, salire al trono **B** *v. t.* succedere a; subentrare a: **Queen Elizabeth succeeded Mary**, la regina Elisabetta succedette a Maria; **to s. sb. as**, subentrare a q. come.

succeeding /səkˈsiːdɪŋ/ *a.* successivo; seguente; susseguente.

success /səkˈsɛs/ *n.* U *e* C successo • **s. story**, successo □ **to be a s.**, avere successo □ **to make a s. of st.**, portare al successo q.c.

successful /səkˈsɛsfl/ *a.* coronato da successo; di successo; riuscito; fortunato; vittorioso • **to be s.**, avere successo; riuscire.

succession /səkˈsɛʃn/ *n.* **1** U successione (*anche leg.*): **the s. to the throne**, la successione al trono **2** serie; sequela: **a s. of defeats**, una serie di sconfitte **3** U (*leg.*) diritto di successione • (*leg.*) **s. duty**, imposta di successione □ **five times in s.**, cinque volte di seguito.

successive /səkˈsɛsɪv/ *a.* successivo; consecutivo.

successor /səkˈsɛsə(r)/ *n.* successore.

succinct /səkˈsɪŋkt/ *a.* succinto; breve; conciso.

succinctness /səkˈsɪŋktnəs/ *n.* U brevità; concisione.

to **succour** /ˈsʌkə(r)/ *v. t.* (*form. o lett.*) soccorrere; assistere; aiutare.

succulent /ˈsʌkjʊlənt/ **A** *a.* succulento; succoso **B** *n.* (*bot., anche* **s. plant**) pianta grassa.

to **succumb** /səˈkʌm/ *v. i.* **1** soccombere; cedere: **to s. to temptation**, cedere alla tentazione **2** morire.

such /sʌtʃ, sətʃ/ **A** *a.* **1** tale; siffatto; simile: **s. a man**, un tale uomo; un uomo simile; **in s. a way as**, in modo tale da; **His illness was not s. as to cause anxiety**, la sua malattia non era tale da preoccupare **2** così; tanto: **Don't be in s. a hurry**, non aver tanta fretta!; **at s. a difficult time**, in un momento così difficile; **s. a lovely garden**, un giardino così bello; **It was the first time I'd bought s. expensive clothes**, era la prima volta che compravo vestiti tanto cari **B** *pron.* tale (-i); questo (-i) • **as s.**, come tale; di per sé; propriamente detto: **The village as s. is rather uninteresting**, il villaggio di per sé non è molto interessante; **It isn't a contract as s., more an agreement between friends**, non è un contratto propriamente detto, quanto piuttosto un accordo tra amici ***C*** *avv.* così; talmente; tanto: **s. filthy language**, un linguaggio così osceno ● **s. and s.**, tale: **on s. and s. a day, at s. and s. a time**, il giorno tale, all'ora tale □ **s. as**, come; per esempio: **flowers s. as roses or lilies**, i fiori come le rose o i gigli; **people s. as you**, la gente come te □ **s. as it is [they are]**, per quel che vale [che valgono] □ **s. being the case**, stando così le cose □ **and s.**, e simili; e così via □ **No s. book exists**, non esiste un libro con questo titolo □ **There is no s. thing as fairies**, le fate non esistono.

suchlike /ˈsʌtʃlaɪk/ (*fam.*) ***A*** *a.* simile; del genere ***B*** *pron.* persone simili; cose del genere.

suck /sʌk/ *n.* succhiata; succhiatina; poppata: **to take a s. at st.**, dare una succhiatina a q.c.

to **suck** /sʌk/ ***A*** *v. t.* ***1*** succhiare: **to s. one's thumb**, succhiarsi il pollice ***2*** aspirare; inspirare: **to s. air into one's lungs**, inspirare aria nei polmoni ● **to s. dry**, succhiare sino in fondo; (*fig.*) esaurire □ **to s. an egg**, bere un uovo ***B*** *v. i.* ***1*** succhiare: **to s. at a sweet**, succhiare una caramella ***2*** poppare ***3*** (*mecc., di pompa*) aspirare aria ***4*** (*pop. USA*) fare schifo.

♦ **suck down** *v. t. + avv.* risucchiare; tirare sotto.

♦ **suck in** *v. t. + avv.* ***1*** inspirare ***2*** attirare ***3*** tirare in dentro (*le guance*).

♦ **suck into** *v. t. + prep.* coinvolgere in.

♦ **suck under** *v. t. + avv.* risucchiare; tirare sotto.

♦ **suck up** *v. t. + avv.* aspirare.

♦ **suck up to** *v. i. + avv. e prep.* (*fam.*) lisciare; fare il leccapiedi a; arruffianarsi (*pop.*).

sucker /ˈsʌkə(r)/ *n.* ***1*** (*zool.*) succhiatoio, proboscide (*di insetto*) ***2*** (*zool., mecc.*) ventosa ***3*** (*bot.*) succhione; pollone ***4*** (*mecc.*) pistone (*di pompa*) ***5*** (*pop., specialm. USA*) babbeo; gonzo ***6*** (*USA*) lecca lecca ● (*pop.*) **to be a s. for st.**, non resistere davanti a q.c.

sucking /ˈsʌkɪŋ/ *a.* di latte: **s. pig**, porcellino di latte; lattonzolo.

to **suckle** /ˈsʌkl/ *v. t.* allattare.

suckling /ˈsʌklɪŋ/ ***A*** *n.* animale non svezzato; lattonzolo ***B*** *a. V.* **sucking**.

suction /ˈsʌkʃn/ *n.* Ⓤ ***1*** (*scient.*) suzione; succhiamento ***2*** (*mecc.*) aspirazione ● (*mecc.*) **s. pump**, pompa aspirante.

Sudanese /suːdəˈniːz/ *a. e n.* (*pl. invar.*) sudanese.

sudden /ˈsʌdn/ *a.* improvviso; repentino; subitaneo ● (*sport*) **s. death**, continuazione a oltranza di una partita (*con vittoria di chi segna per primo*) □ **all of a s.**, improvvisamente; a un tratto; di colpo.

suddenness /ˈsʌdnnəs/ *n.* Ⓤ repentinità; subitaneità.

suds /sʌdz/ *n. pl.* ***1*** schiuma di sapone ***2*** saponata.

to **sue** /suː, sjuː/ ***A*** *v. t.* (*leg.*) citare; intentare causa a; **to sue sb. for damages [for libel]**, citare q. per danni [per diffamazione] ***B*** *v. i.* ***1*** (*leg.*) intentare causa: **to sue for divorce**, intentare causa di divorzio ***2*** invocare; sollecitare: **to sue for peace**, sollecitare la pace.

suede, suède /sweɪd/ ***A*** *n.* Ⓤ pelle scamosciata ***B*** *a.* di pelle scamosciata; scamosciato.

suet /ˈsuːɪt, ˈsʊɪt, ˈsj-/ *n.* Ⓤ grasso di rognone (*di bue o di pecora*).

to **suffer** /ˈsʌfə(r)/ ***A*** *v. t.* ***1*** soffrire; patire; subire: **to s. heavy losses**, subire gravi perdite; **to s. injuries**, riportare ferite; **to s. the consequences**, subire le conseguenze ***2*** sopportare; tollerare: **to s. fools gladly**, sopportare pazientemente le persone moleste ***B*** *v. i.* ***1*** essere punito; pagare il fio: **You will s. for it**, verrai punito; la pagherai ***2*** soffrire: **to s. from headaches**, soffrire di mal di testa ***3*** risentire le conseguenze; soffrire: **He lost his job, and his marriage suffered**, perse il lavoro e il suo matrimonio ne risentì.

sufferance /ˈsʌfərəns/ *n.* Ⓤ — **You're here on s.**, la tua presenza è solo tollerata.

sufferer /ˈsʌfərə(r)/ *n.* ***1*** sofferente ***2*** vittima ● **fellow-s.**, compagno di sventura.

suffering /ˈsʌfərɪŋ/ ***A*** *n.* Ⓤ *e* Ⓒ sofferenza ***B*** *a.* sofferente.

to **suffice** /səˈfaɪs/ *v. i. e t.* (*form.*) bastare; essere sufficiente ● **S. it to say that...**, basti dire che...

sufficiency /səˈfɪʃnsɪ/ *n.* (*form.*) ***1*** Ⓤ sufficienza; bastevolezza ***2*** quantità sufficiente.

sufficient /səˈfɪʃnt/ *a.* sufficiente; bastevole; bastante.

sufficiently /səˈfɪʃntlɪ/ *avv.* sufficientemente; abbastanza.

suffix /ˈsʌfɪks/ *n.* (*gramm.*) suffisso.

to **suffocate** /ˈsʌfəkeɪt/ ***A*** *v. i.* ***1*** soffocare; asfissiare ***2*** (*fig.*) soffocare; sentirsi soffocare ***B*** *v. t.* soffocare; asfissiare.

suffocation /sʌfəˈkeɪʃn/ *n.* Ⓤ soffocamento; soffocazione; asfissia: **to die from s.**, morire per asfissia.

suffrage /ˈsʌfrɪdʒ/ *n.* (*polit.*) suffragio; diritto di voto.

suffragette /sʌfrəˈdʒɛt, -rɪ-/ *n.* (*polit.*) suffragetta.

to **suffuse** /səˈfjuːz/ *v. t.* soffondere; tingere.

sugar /ˈʃʊgə(r)/ *n.* Ⓤ ***1*** zucchero ***2*** (*al vocat., USA*) tesoso; amore ● (*bot.*) **s. beet**, barbabietola da zucchero □ **s. bowl**, zuccheriera □ **s. candy**, zucchero candito □ **s.-coated**, rivestito di zucchero □ (*pop.*) **s. daddy**, vecchio danaroso che mantiene un'amante giovane □ **s.-free**, senza zucchero □ **brown s.**, zucchero greggio □ **caster** (*o* **castor**) **s.**, zucchero semolato □ **cube s.**, zucchero in cubetti □ **icing s.**, zucchero a velo □ **lump s.**, zucchero in zollette.

to **sugar** /ˈʃʊgə(r)/ *v. t.* inzuccherare ● **to s. the pill**, indorare la pillola.

sugarcane /ˈʃʊgəkeɪn/ *n.* (*bot.*) canna da zucchero.

sugared /ˈʃʊgəd/ *a.* ricoperto di zucchero; candito ● **s. almonds**, confetti.

sugary /ˈʃʊgərɪ/ *a.* ***1*** zuccherino ***2*** zuccheroso; sdolcinato; melato; mellifluo.

to **suggest** /səˈdʒɛst, *USA* səgˈdʒ-/ *v. t.* ***1*** suggerire; proporre; (*spreg.*) insinuare: **to s. doing st.**, suggerire di fare q.c.; **I suggested we should wait for Jack to arrive**, proposi di aspettare l'arrivo di Jack; **What are you trying to s.?**, che cosa stai cercando di insinuare? ***2*** indicare; essere segno di ***3*** suggerire; richiamare alla mente.

suggestibility /sədʒɛstəˈbɪlətɪ, *USA* səgˈdʒ-/ *n.* Ⓤ suggestionabilità.

suggestible /səˈdʒɛstəbl, *USA* səgˈdʒ-/ *a.* suggestionabile.

suggestion /səˈdʒɛstʃn, *USA* səgˈdʒ-/ *n.* ***1*** suggerimento; consiglio; proposta: **to make a s.**, dare un suggerimento; fare una proposta; **at sb.'s s.**, dietro suggerimento di q. ***2*** indizio; traccia ***3*** Ⓤ (*psic.*) suggestione.

suggestive /səˈdʒɛstɪv, *USA* səgˈdʒ-/ *a.* ***1*** allusivo; carico di sottintesi; sconveniente ***2*** — **s. of st.**, che ricorda q.c; che evoca q.c. ATTENZIONE: **suggestive** ≠ suggestivo.

suicidal /suːɪˈsaɪdl, sj-/ *a.* (*anche fig.*) suicida ● **s. attempt**, tentativo di suicidio; tentato suicidio.

suicide /ˈsuːɪsaɪd, ˈsj-/ *n.* ***1*** Ⓤ (*anche fig.*) suicidio ***2*** suicida ● **to commit s.**, suicidarsi; uccidersi.

suit /suːt, sjuːt/ *n.* ***1*** (*anche* **s. of clothes**) abito completo (*da uomo*) ***2*** abito da donna; tailleur; completo: **two-piece s.**, due pezzi ***3*** tuta: **space s.**, tuta spaziale ***4*** (*leg.*) azione legale; causa; processo: **to bring a s. against sb.**, far causa a q. ***5*** (*antiq.*) petizione; supplica ***6*** (*a carte*) seme ***7*** (*lett.*) corteggiamento; domanda di matrimonio ● (*stor.*) **s. of armour**, armatura □ **diving s.**, scafandro per palombaro □ **to follow s.**, (*a carte*) rispondere a colore; (*fig.*) seguire l'esempio di q., fare altrettanto □ (*fam.*) **one's strong** (*o* **strongest**) **s.**, il proprio (punto) forte.

to **suit** /suːt, sjuːt/ ***A*** *v. t.* ***1*** addirsi a; andare bene per; essere adatto per; fare al caso di; fare comodo a: **Would Monday s. you?**, ti va bene lunedì?; **This kind of life doesn't s. me**, questo genere di vita non fa per me; **The six o'clock bus will s. us very well**, l'autobus delle sei fa proprio al nostro caso; **Yellow doesn't s. me**, il giallo non mi sta bene; **She can be kind when it suits her**, sa essere gentile quando le fa comodo ***2*** adattare; adeguare ● **to s. sb. down to the ground**, fare proprio al caso di q.; andare benissimo a q. □ (*fam. GB*) **to s. sb.'s book**, far comodo a q. ***B*** *v. i.* addirsi; andar bene; convenire ***C*** **to suit oneself** *v. rifl.* fare il proprio comodo; fare come si vuole: **S. yourself** (fa') come ti pare.

suitability /suːtəˈbɪlətɪ, sj-/ *n.* Ⓤ idoneità; adeguatezza; convenienza.

suitable /ˈsuːtəbl, ˈsj-/ *a.* adatto; conveniente; adeguato: **s. clothes for a dinner party**, vestiti adatti a un invito a cena **s. for children**, adatto ai bambini.

suitcase /ˈsuːtkeɪs, ˈsj-/ *n.* valigia.

suite /swiːt/ *n.* ***1*** mobili (*per una stanza*): **a dining-room s.** (mobili per) una sala da pranzo; **three-piece s.**, un divano e due poltrone ***2*** (*anche* **s. of rooms**) appartamento ***3*** seguito; corteo ***4*** (*mus.*) suite ***5*** (*elab.*) pacchetto.

suited /ˈsuːtɪd, ˈsj-/ *a.* ***1*** adatto; conveniente: **You are not s. to teaching** (*o* **to be a teacher**), non sei adatto a fare l'insegnante; **They are s. to each other**, sono fatti l'uno per l'altra ***2*** bene assortiti; adatti l'uno per l'altro.

suiting /ˈsuːtɪŋ, ˈsjuːtɪŋ/ *n.* Ⓤ stoffa per abiti da uomo.

suitor /ˈsuːtə(r), ˈsj-/ *n.* ***1*** corteggiatore; pretendente ***2*** (*leg.*) attore; parte in giudizio.
sulfur /ˈsʌlfə(r)/ *e deriv.* (*USA*) *V.* **sulphur** *e deriv.*
to **sulk** /sʌlk/ *v. i.* avere il muso; tenere il broncio.
sulkiness /ˈsʌlkɪnəs/ *n.* 🆄 musoneria; broncio.
sulks /sʌlks/ *n. pl.* — **to have a fit of the s.**, essere immusonito; avere il muso; tenere il broncio.
sulky /ˈsʌlkɪ/ *a.* ***1*** imbronciato; immusonito ***2*** scontroso.
sullen /ˈsʌlən/ *a.* ***1*** arcigno; astioso; scontroso ***2*** accigliato; imbronciato ***3*** cupo; fosco; tetro.
to **sully** /ˈsʌlɪ/ *v. t.* (*lett., anche fig.*) macchiare.
sulpha drug /ˈsʌlfə/ *locuz. n.* (*farm.*) sulfamidico.
sulphate /ˈsʌlfeɪt/ *n.* 🅲 *e* 🆄 (*chim.*) solfato.
sulphide /ˈsʌlfaɪd/ *n.* 🅲 *e* 🆄 (*chim.*) solfuro.
sulphite /ˈsʌlfaɪt/ *n.* 🅲 *e* 🆄 (*chim.*) solfito.
sulphonamide /sʌlˈfɒnəmaɪd/ *n.* (*farm.*) sulfamidico.
sulphur /ˈsʌlfə(r)/ *n.* 🆄 (*chim.*) zolfo • **s. bath**, bagno di zolfo □ **s. dioxide**, anidride solforosa; diossido di zolfo □ **s. mine** (*o* **s. pit**), miniera di zolfo □ **s. spring**, sorgente sulfurea.
sulphuric /sʌlˈfjʊərɪk/ *a.* (*chim.*) solforico: **s. acid**, acido solforico.
sulphurous /ˈsʌlfərəs/ *a.* (*chim.*) solforoso.
sultan /ˈsʌltən/ *n.* sultano.
sultana /sʌlˈtɑːnə, *USA* -ˈtænə/ *n.* ***1*** sultana ***2*** (uva) sultanina.
sultanate /ˈsʌltəneɪt/ *n.* sultanato.
sultriness /ˈsʌltrɪnəs/ *n.* 🆄 afa; caldo soffocante.
sultry /ˈsʌltrɪ/ *a.* ***1*** afoso; caldo e umido; soffocante: **s. weather**, tempo afoso ***2*** sensuale.
sum /sʌm/ *n.* ***1*** somma (*di denaro*); importo; ammontare: **a considerable sum**, una bella somma ***2*** somma; addizione; calcolo; (*anche* **sum total**) totale: **the sum of 7 and 5 is 12**, 7 e 5 sommati danno 12; **He did a rapid sum in his head**, fece un veloce calcolo a mente ***3*** (*al pl.*) (*fam.*) calcolo; aritmetica: **to be good at sums**, essere bravo nel calcolo ***4*** complesso; somma; totale; sostanza: **the sum of our experience**, il complesso delle nostre esperienze • **to do one's sums**, fare un po' di conti □ (*form.*) **in sum**, in breve; insomma.
to **sum** /sʌm/ *v. Solo come*:
♦ **sum up** *v. t. e i. + avv.* ***1*** ricapitolare; riassumere: **to sum up...**, per riassumere...; ricapitolando... ***2*** valutare; capire: **I summed him up immediately**, capii subito che tipo era.
Sumerian /suːˈmɪərɪən, sj-/ ***A*** *a.* sumerico ***B*** *n.* sumero.
to **summarize**, (*GB anche*) to **summarise** /ˈsʌməraɪz/ *v. t.* riassumere; riepilogare.
summary /ˈsʌmərɪ/ ***A*** *a.* sommario; per sommi capi; sbrigativo: **s. account**, relazione sommaria; **s. justice**, giustizia sommaria ***B*** *n.* riassunto; sommario; riepilogo.
summation /səˈmeɪʃn/ *n.* 🆄 *e* 🅲 ***1*** (*mat.*) sommatoria ***2*** sommario; riepilogo ***3*** (*leg.*) arringa finale.
summer /ˈsʌmə(r)/ ***A*** *n.* estate: **in (the) s.**, in estate; d'estate; **last [next] s.**, l'estate scorsa [prossima]; **in high s.**, in piena estate • **Indian s.**, estate di san Martino ***B*** *a. attr.* d'estate; estivo: **s. solstice**, solstizio d'estate; **the s. season**, la stagione estiva; **s. holidays**, vacanze estive; **s. course**, corso estivo; **s. time**, ora legale; ora estiva.
summerhouse /ˈsʌməhaʊs/ *n.* ***1*** casa di campagna (*per l'estate*) ***2*** padiglione (*in un giardino*).
summertime /ˈsʌmətaɪm/ *n.* 🆄 estate; stagione estiva.
summery /ˈsʌmərɪ/ *a.* estivo.
summing-up /ˈsʌmɪŋˈʌp/ *n.* (*leg.*) ricapitolazione del processo (*fatta dal giudice*).
summit /ˈsʌmɪt/ *n.* ***1*** vetta; cima ***2*** apice; colmo; massimo ***3*** (*polit.*) vertice; summit: **s. meeting**, incontro al vertice.
to **summon** /ˈsʌmən/ *v. t.* ***1*** convocare: **to s. Parliament**, convocare il Parlamento ***2*** *V.* **to s. up** ***3*** (*leg.*) citare in giudizio: **to s. a witness**, citare un testimone; **to be summoned before a court**, essere chiamato a comparire in giudizio.
♦ **summon up** *v. t. + avv.* ***1*** fare appello a; raccogliere: **to s. up one's strength**, raccogliere le forze; **to s. up one's courage**, farsi coraggio; farsi animo ***2*** richiamare alla mente.
summons /ˈsʌmənz/ *n.* (*pl.* **summonses**) (*leg.*) mandato di comparizione: **to serve a s.**, notificare un mandato di comparizione; **to answer a s.**, comparire in giudizio.
to **summons** /ˈsʌmənz/ *v. t.* (*leg.*) citare in giudizio.
sump /sʌmp/ *n.* ***1*** (*edil.*) pozzo nero; fossa biologica ***2*** (*ind. min.*) bacino di pompaggio ***3*** (*mecc., GB*) coppa dell'olio.
sumptuous /ˈsʌm(p)tʃʊəs/ *a.* sontuoso; fastoso.
sumptuousness /ˈsʌm(p)tʃʊəsnəs/ *n.* 🆄 sontuosità; fasto.
sun /sʌn/ *n.* sole: **The sun is rising**, sorge il sole; **the midnight sun**, il sole di mezzanotte; **to sit in the sun**, sedere al sole; **to rise with the sun**, levarsi col sole; alzarsi di buon'ora • **sun-baked**, cotto (*o* bruciato) dal sole □ **sun cream**, crema solare □ **s.-dried**, (*di frutta, ecc.*) seccato al sole □ **sun-god**, dio del sole □ **sun lounge** (*USA* **sun parlor**) stanza a vetrate (*esposta a sole*) □ **sun-tanned**, abbronzato □ (*USA*) **sun-up**, alba □ (*autom.*) **sun visor**, aletta parasole □ **sun-worship**, culto del sole □ **It's the last place under the sun I'd want to visit**, è l'ultimo posto al mondo che vorrei visitare.
to **sun** /sʌn/ *v. t.* — **to sun oneself**, prendere il sole.
to **sunbathe** /ˈsʌnbeɪð/ *v. i.* prendere il sole; stare sdraiato al sole.
sunbeam /ˈsʌnbiːm/ *n.* raggio di sole.
sunbed /ˈsʌnbɛd/ *n.* lettino solare.
sunburn /ˈsʌnbɜːn/ *n.* 🅲 *e* 🆄 scottatura da sole; eritema solare.
sunburned, **sunburnt** /ˈsʌnbɜːnt/ *a.* ***1*** arso dal sole; scottato dal sole ***2*** abbronzato.
sundae /ˈsʌndeɪ, *USA* -diː/ *n.* gelato con pezzetti di frutta, sciroppo, ecc.
Sunday /ˈsʌndeɪ, -dɪ/ *n.* domenica (*Per gli esempi d'uso, V. sotto* **Tuesday**) • **one's S. clothes** (*fam.* **one's S. best**), l'abito della festa; il vestito buono (*fam.*) □ (*spreg.*) **S. driver**, automobilista della domenica □ **S. paper**, giornale della domenica □ **S. school**, scuola (domenicale) di catechismo □ **Easter S.**, domenica di Pasqua □ **Palm S.**, domenica delle Palme.
sundeck /ˈsʌndɛk/ *n.* ***1*** (*naut.*) ponte sole ***2*** (*edil.*) solario.
sundial /ˈsʌndaɪl/ *n.* meridiana; orologio solare.
sundown /ˈsʌndaʊn/ *n.* 🆄 (*USA*) tramonto.
sundrenched /ˈsʌndrɛntʃt/ *a.* assolato.
sundries /ˈsʌndrɪz/ *n. pl.* ***1*** (*comm.*) articoli vari ***2*** (*fin.*) spese diverse; creditori diversi.
sundry /ˈsʌndrɪ/ *a.* diversi; vari • **all and s.**, tutti quanti.
sunflower /ˈsʌnflaʊə(r)/ *n.* (*bot.*) girasole.
sung /sʌŋ/ *p.p. di* **to sing**.
sunglasses /ˈsʌŋglɑːsɪz, *USA* -æs-/ *n. pl.* occhiali da sole.
sunhat /ˈsʌnhæt/ *n.* cappello da sole.
sunk /sʌŋk/ ***A*** *p.p. di* **to sink** ***B*** *a. pred.* (*fam.*) spacciato; rovinato.
sunken /ˈsʌŋkən/ *a.* ***1*** affondato; sommerso ***2*** incavato; infossato ***3*** (*edil.*) incassato.
sunlamp /ˈsʌnlæmp/ *n.* lampada a raggi ultravioletti.
sunless /ˈsʌnləs/ *a.* senza sole; cupo; tetro.
sunlight /ˈsʌnlaɪt/ *n.* 🆄 luce del sole; sole: **This room doesn't get much s.**, questa stanza non riceve molto sole; **bathed in s.**, inondato di sole.
sunlit /ˈsʌnlɪt/ *a.* soleggiato; illuminato dal sole.
sunlounger /ˈsʌnlaʊndʒə(r)/ *n.* sdraio con cuscini.
sunny /ˈsʌnɪ/ *a.* ***1*** soleggiato; assolato: **s. room**, stanza soleggiata; **s. day**, giornata (piena) di sole ***2*** allegro; radioso; solare • (*fam. USA*) **s. side up**, (*di uovo*) all'occhio di bue □ **the s. side of life**, il lato buono delle cose.
sunrise /ˈsʌnraɪz/ *n.* levar del sole.
sunroof /ˈsʌnruːf/ *n.* (*autom.*) tetto apribile.
sunscreen /ˈsʌnskriːn/ *n.* filtro solare; crema solare protettiva.
sunset /ˈsʌnsɛt/ *n.* tramonto.
sunshade /ˈsʌnʃeɪd/ *n.* ***1*** parasole ***2*** tenda da sole.
sunshine /ˈsʌnʃaɪn/ *n.* 🆄 luce del sole; sole; bel tempo: **to walk in the s.**, passeggiare al sole; **pale s.**, sole pallido.
sunspot /ˈsʌnspɒt/ *n.* macchia solare.
sunstroke /ˈsʌnstrəʊk/ *n.* 🆄 (*med.*) colpo di sole; insolazione.
suntan /ˈsʌntæn/ *n.* abbronzatura; tintarella • **s. cream**, crema abbronzante.
suntrap /ˈsʌntræp/ *n.* posto soleggiato.
super /ˈsuːpə(r), ˈsj-/ ***A*** *n. abbr. fam. di* **superintendent** ***B*** *a.* ***1*** (*fam.*) eccellente; favoloso (*fam.*) ***2*** (*comm.*) sopraffino.
superabundance /suːpərəˈbʌndəns, sj-/ *n.* 🆄 sovrabbondanza.
superabundant /suːpərəˈbʌndənt, sj-/ *a.* sovrabbondante.
superannuated /suːpəˈrænjʊeɪtɪd, sj-/ *a.* ***1*** pensionato; collocato a riposo ***2*** antiquato; obsoleto.
superannuation /suːpərænjʊˈeɪʃn, sj-/ *n.* ***1*** 🆄 collocamento

a riposo; pensionamento *2* pensione • **s. fund**, fondo pensioni □ **s. payment**, contributo pensionistico.
superb /suː'pɜːb, sj-/ *a.* superbo; eccellente; magnifico.
to **supercharge** / 'suːpətʃɑːdʒ, 'sj-/ *v. t.* (*mecc.*) sovralimentare.
supercharger / 'suːpətʃɑːdʒə(r), 'sj-/ *n.* (*mecc.*) compressore.
supercilious /suːpə'sɪlɪəs, sj-/ *a.* sprezzante; sdegnoso; altezzoso.
superciliousness /suːpə'sɪlɪəsnəs, sj-/ *n.* sdegnosità; alterigia.
superconductivity /suːpəkɒndʌk'tɪvətɪ, sj-/ *n.* [U] (*fis.*) superconduttività.
superconductor /suːpəkən'dʌktə(r), sj-/ *n.* (*fis.*) superconduttore.
superego / 'suːpərɛgəʊ, 'sj-, *USA* -iːgəʊ/ *n.* (*psic.*) super-io.
superficial /suːpə'fɪʃl, sj-/ *a.* *1* superficiale *2* (*di misura*) di superficie.
superficiality /suːpəfɪʃɪ'ælətɪ, sj-/ *n.* [U] superficialità.
superfine /suːpə'faɪn, sj-, 'suːpəf-, 'sj-/ *a.* (*di merce*) sopraffino; finissimo.
superfluity /suːpə'fluːətɪ, sj-/ *n.* [U] *e* [C] superfluità.
superfluous /suː'pɜːfluəs, sj-/ *a.* superfluo; in eccesso.
supergrass / 'suːpəgrɑːs, 'sj-, *USA* -æs/ *n.* (*fam. GB*) collaboratore di giustizia; pentito.
superhighway / 'suːpəhaɪweɪ, 'sj-/ *n.* (*USA*) superstrada.
superhuman /suːpə'hjuːmən, sj-/ *a.* sovrumano.
to **superimpose** /suːpərɪm'pəʊz, sj-/ *v. t.* sovrapporre; sovrimporre.
to **superintend** /suːpərɪn'tɛnd, sj-/ *v. t. e i.* dirigere; soprintendere (a); sorvegliare; controllare.
superintendence /suːprɪn'tɛndəns, sj-/ *n.* [U] sovrintendenza.
superintendent /suːpərɪn'tɛndənt, sj-/ *n.* *1* sovrintendente; supervisore *2* (*in G.B.*) commissario (*di polizia*) *3* (*USA*) custode (*di casa di abitazione*).
superior /suː'pɪərɪə(r), sj-, sʊ-/ **A** *a.* *1* superiore: **s. officers**, ufficiali superiori *2* di qualità superiore; eccellente; ottimo *3* altezzoso; sprezzante • **s. air**, aria di superiorità **B** *n.* *1* superiore *2* (*eccles.*) superiore (*di convento*): **Father S.**, padre superiore; **Mother S.**, (madre) superiora.
superiority /suːpɪərɪ'ɒrətɪ, sj-, *USA* -'ɔːr-/ *n.* [U] superiorità • (*psic.*) **s. complex**, complesso di superiorità.
superlative /suː'pɜːlətɪv, sj-/ **A** *a.* superlativo; eccellente; sommo: (*gramm.*) **s. degree**, grado superlativo **B** *n.* (*gramm.*) superlativo • **to speak in superlatives**, fare uso esagerato di superlativi; esagerare.
superman / 'suːpəmæn, 'sj-/ *n.* (*pl.* **supermen** /-mən/) superuomo.
supermarket / 'suːpəmɑːkɪt, 'sj-/ *n.* supermercato.
supernatural /suːpə'nætʃrəl, sj-/ *a. e n.* soprannaturale.
supernova /suːpə'nəʊvə, sj-/ *n.* (*astron.*) supernova.
supernumerary /suːpə'njuːmrərɪ, sj-, *USA* -'nuːmərɛrɪ/ **A** *a.* soprannumerario; in eccesso; superfluo **B** *n.* *1* impiegato soprannumerario *2* cosa superflua.
superphosphate /suːpə'fɒsfeɪt, sj-/ *n.* [C] *e* [U] (*chim.*) perfosfato.
superpower / 'suːpəpaʊə(r), 'sj-/ *n.* (*polit.*) superpotenza.
to **supersaturate** /suːpə'sætʃəreɪt, sj-/ *v. t.* (*fis., chim.*) soprassaturare.
superscript / 'suːpəskrɪpt, 'sj-/ (*mat., tipogr.*) **A** *a.* soprascritto **B** *n.* esponente; apice.
to **supersede** /suːpə'siːd, sj-/ *v. t.* soppiantare; prendere il posto di; sostituire.
supersonic /suːpə'sɒnɪk, sj-/ *a.* (*fis. e aeron.*) supersonico.
superstition /suːpə'stɪʃn, sj-/ *n.* [C] *e* [U] superstizione.
superstitious /suːpə'stɪʃəs, sj-/ *a.* superstizioso.
superstore / 'suːpəstɔː(r)/ *n.* (*GB*) ipermercato.
superstructure / 'suːpəstrʌktʃə(r), 'sj-/ *n.* sovrastruttura.
supertanker / 'suːpətæŋkə(r), 'sj-/ *n.* (*naut.*) superpetroliera.
supertax / 'suːpətæks, 'sj-/ *n.* [C] *e* [U] imposta addizionale.
to **supervene** /suːpə'viːn, sj-/ *v. i.* sopravvenire; sopraggiungere.
to **supervise** / 'suːpəvaɪz, 'sj-/ *v. t.* soprintendere a; dirigere; sorvegliare.
supervision /suːpə'vɪʒn, sj-/ *n.* [U] sovrintendenza; direzione; sorveglianza.
supervisor / 'suːpəvaɪzə(r), 'sj-/ *n.* sovrintendente; supervisore; direttore (-trice); sorvegliante.
supervisory / 'suːpəvaɪzərɪ, 'sj-, *USA* suːpə'vaɪzərɪ/ *a.* direttivo; di sorveglianza.
superwoman / 'suːpəwʊmən, 'sj-/ (*pl.* **superwomen** /-wɪmən/) *n.* superdonna.
supine /sʊ'paɪn, 'suːpaɪn, 'sj-/ *a.* *1* supino; sdraiato *2* (*fig.*) supino; inerte.
supper / 'sʌpə(r)/ *n.* [C] *e* [U] cena • **to have s.**, cenare.
suppertime / 'sʌpətaɪm/ *n.* [U] ora di cena.
to **supplant** /sə'plɑːnt, *USA* -ænt/ *v. t.* (*form.*) soppiantare; prendere il posto di.
supple / 'sʌpl/ *a.* *1* flessibile *2* agile.
supplement / 'sʌplɪmənt/ *n.* *1* supplemento; integrazione *2* supplemento, inserto (*di giornale*) *3* volume di aggiornamento (*di enciclopedia, ecc.*).
to **supplement** / 'sʌplɪmənt/ *v. t.* completare; integrare; arrotondare.
supplementary /sʌplɪ'mɛntrɪ, *USA* -tɛrɪ/ *a.* supplementare (*anche geom.*); addizionale; integrativo; suppletivo • (*in G.B., antiq.*) **s. benefit**, assegno integrativo (*ai salari più bassi*).
suppleness / 'sʌplnəs/ *n.* [U] *1* flessibilità *2* agilità.
supplicant / 'sʌplɪkənt/ *n.* (*form.*) supplicante; supplice.
supplication /sʌplɪ'keɪʃn/ *n.* [C] *e* [U] (*form.*) supplica.
supplier /sə'plaɪə(r)/ *n.* (*comm.*) fornitore; approvvigionatore.
supply /sə'plaɪ/ *n.* *1* [U] fornitura; erogazione; rifornimento; approvvigionamento: **electricity s.**, erogazione dell'energia elettrica; **s. sources**, fonti di approvvigionamento *2* provvista; scorta; riserva: **a good s. of coffee**, una buona provvista di caffè *3* [U] (*econ.*) offerta: **the law of s. and demand**, la legge della domanda e dell'offerta *4* (*polit.*) stanziamento; sovvenzione *5* (*al pl.*) provviste; viveri; forniture; materiale; (*mil.*) rifornimenti: **office supplies**, forniture per ufficio; **school supplies**, materiale di cancelleria per la scuola *6* sostituto; supplente • (*mil.*) **s. route**, linea di rifornimento □ (*econ.*) **s.-side economics**, economia dell'offerta □ **s. teacher**, (insegnante) supplente □ **to be in short s.**, scarseggiare.
to **supply** /sə'plaɪ/ *v. t.* *1* fornire; rifornire: **to s. sb. with st.** (*o* **to s. st. to sb.**), fornire q.c. a q. *2* soddisfare; colmare: **to s. a need**, soddisfare un bisogno; **to s. a deficiency**, colmare una deficienza • **to be well supplied with st.**, essere ben provvisto di q.c.
support /sə'pɔːt/ *n.* *1* [U] sostegno *2* sostegno; puntello; supporto *3* [U] appoggio; sostegno; solidarietà: **moral s.**, appoggio morale; **to give s. to sb.**, appoggiare q.; **The scheme got a lot of s.**, l'iniziativa trovò molti sostenitori; **to speak in s. of**, parlare a favore di; prendere le difese di *4* [U] sostentamento; mantenimento: **to have no means of s.**, non avere mezzi di sostentamento.
to **support** /sə'pɔːt/ **A** *v. t.* *1* sostenere; reggere; sorreggere *2* appoggiare; difendere; sostenere: **to s. a party**, appoggiare un partito *3* (*sport*) tenere per; fare il tifo per *4* mantenere: **to have a large family to s.**, avere una famiglia numerosa da mantenere *5* (*fin.*) sovvenzionare *6* confermare; convalidare; suffragare: **to s. a statement with evidence**, suffragare un'affermazione con prove *7* (*form.*) sopportare; tollerare **B** to **support oneself** *v. rifl.* guadagnarsi la vita; mantenersi. ATTENZIONE: **to support ≠ sopportare.**
supporter /sə'pɔːtə(r)/ *n.* *1* sostenitore (-trice); aderente; fautore (-trice) *2* sovvenzionatore (-trice); donatore (-trice) *3* (*sport*) tifoso (-a) (*fam.*).
supporting /sə'pɔːtɪŋ/ *a.* — (*cinem.*) **s. actor**, attore non protagonista □ (*edil.*) **s. wall**, muro di sostegno □ (*mil.*) **s. troops**, truppe di rincalzo.
supportive /sə'pɔːtɪv/ *a.* di appoggio; di sostegno; di aiuto.
to **suppose** /sə'pəʊz/ *v. t.* *1* supporre; immaginare; credere: **You'll be there, I s.**, immagino che tu ci sarai; **I don't s. he'll agree to it**, immagino che non sarà d'accordo; **I s. so**, credo di sì; mi pare; (*mat.*) **S. A equals B**, supponiamo che A sia uguale a B *2* presupporre • **S. he should come back**, metti caso che lui ritorni □ **S. we go for a walk**, e se andassimo a fare una passeggiata? □ **to be supposed to**, dovere; essere tenuto a; avere come scopo di: **I'm supposed to be there at 9**, devo essere là alle 9; **He is not supposed to know**, lui non deve sapere niente; **This medicine is supposed to lower the blood pressure**, questa medicina dovrebbe servire ad abbassare la pressione; **His new film is supposed to be very funny**, il suo nuovo film è molto divertente, a quanto si dice.

supposed /sə'pəʊzd/ *a.* supposto; ipotetico.
supposedly /sə'pəʊzɪdlɪ/ *avv.* apparentemente; stando alle apparenze.
supposing (**that**) /sə'pəʊzɪŋ(ðæt, -ðət)/ *cong.* supposto che; nel caso che; ammesso che.
supposition /sʌpə'zɪʃn/ *n.* U e C supposizione; ipotesi.
suppository /sə'pɒzɪtrɪ, *USA* -tɔːrɪ/ *n.* (*farm.*) supposta.
to **suppress** /sə'prɛs/ *v. t.* *1* sopprimere; mettere a tacere; soffocare; occultare: **to s. a newspaper**, sopprimere un giornale; (*leg.*) **to s. evidence**, occultare le prove *2* reprimere; domare; soffocare; trattenere: **to s. a revolt**, soffocare una rivolta; **to s. one's feelings**, soffocare i propri sentimenti; **to s. a yawn**, trattenere uno sbadiglio.
suppression /sə'prɛʃn/ *n.* U e C *1* soppressione; (il) mettere a tacere; occultamento *2* repressione.
to **suppurate** /'sʌpjʊreɪt/ *v. i.* (*med.*) suppurare.
suppuration /sʌpjʊ'reɪʃn/ *n.* U (*med.*) suppurazione.
supranational /suːprə'næʃənl, sj-/ *a.* sopranazionale.
supremacist /suː'prɛməsɪst, sj-/ *n.* (*polit.*) sostenitore della supremazia (di q. o q.c.)
supremacy /suː'prɛməsɪ, sj-/ *n.* U supremazia; primato.
supreme /suː'priːm, sj-/ *a.* supremo; massimo; sommo.
surcharge /'sɜːtʃɑːdʒ/ *n.* *1* (*comm.*) sovrapprezzo; supplemento *2* (*fisc.*) soprattassa.
to **surcharge** /'sɜːtʃɑːdʒ/ *v. t.* *1* far pagare di più; maggiorare il prezzo di *2* (*fisc.*) applicare una soprattassa a.
surd /sɜːd/ *n.* *1* (*mat.*) numero irrazionale *2* (*fon.*) consonante sorda.
sure /ʃʊə(r)/ *A a.* *1* sicuro; certo; convinto: **I am s. he will come**, sono sicuro che verrà; **to be s. of st.**, essere sicuro di q.c.; **It's a s. sign that...**, è segno infallibile che...; **He is s. to come**, verrà di sicuro; **Be s. to come**, non mancare (di venire)!; **to make s.**, accertarsi; assicurarsi; **to make s. of a fact**, appurare un fatto *2* sicuro; fermo; fidato: **a s. footing**, un appoggio sicuro; **with a s. step**, con passo fermo • **s.--footed**, che ha il piede fermo; (*fig.*) sicuro di sé, che non fa passi falsi □ **s. of oneself**, sicuro di sé □ (*fam. USA*) **S. thing** (*o* **Sure**)!, certo!; come no! □ **to be s.**, è vero (ma); effettivamente □ **just to make s.**, tanto per sicurezza *B avv.* (*fam. USA*) certo; sicuro • (*fam.*) **s. enough**, come era prevedibile; difatti □ **for s.**, di sicuro; certamente.
surefire /'ʃʊəfaɪə(r)/ *a. attr.* (*fam.*) *1* immancabile *2* infallibile.
surely /'ʃʊəlɪ/ *avv.* *1* certamente; di sicuro; senza dubbio *2* fermamente; saldamente • **S. you remember his house?**, te la ricordi la sua casa, no?; non puoi aver dimenticato la sua casa! □ **S. not!**, non è possibile!
sureness /'ʃʊənəs/ *n.* U sicurezza; certezza.
surety /'ʃʊərətɪ/ *n.* C e U (*leg.*) *1* cauzione; garanzia; malleveria *2* garante; mallevadore: **to stand s. for sb.**, farsi garante per q.
surf /sɜːf/ *n.* U *1* frangenti *2* spuma dei frangenti.
to **surf** /sɜːf/ *v. i.* (*sport*) praticare il surf • (*elab.*) **to s. the Internet**, navigare in Internet.
surface /'sɜːfɪs/ *A n.* *1* (*geom.*) superficie; faccia *2* apparenza; superficie *3* piano stradale *B a. attr.* superficiale; esteriore; apparente • (*chim.*) **s.-active**, tensioattivo □ **s. mail**, posta normale (*non aerea*) □ (*miss.*) **s.-to-air**, terra--aria □ (*miss.*) **s.-to-s.**, terra-terra □ **s. water**, acqua di scolo □ **below the s.**, sotto la superficie □ **on the s.**, in superficie; (*fig.*) in apparenza □ (*naut., di sommergibile*) **to break s.**, affiorare; emergere □ **to rise to the s.**, venire a galla; emergere.
to **surface** /'sɜːfɪs/ *A v. t.* *1* (*falegn., mecc.*) levigare la superficie di *2* fare il manto a (*una strada*) *B v. i.* *1* (*naut.*) affiorare; emergere *2* (*fig.*) venire a galla *3* (*scherz.*) alzarsi dal letto; comparire.
surfboard /'sɜːfbɔːd/ *n.* (*sport*) tavola da surf.
surfeit /'sɜːfɪt/ *n.* (*form.*) eccesso; sovrabbondanza.
surfer /'sɜːfə(r)/ *n.* (*sport*) surfista.
surfing /'sɜːfɪŋ/ *n.* U (*sport*) surfing; surf.
surge /sɜːdʒ/ *n.* *1* flutto; maroso; ondata *2* impeto; slancio; ondata *3* (*elettr.*) colpo di corrente; sovracorrente transitoria.
to **surge** /sɜːdʒ/ *v. i.* *1* (*delle onde*) sollevarsi; gonfiarsi *2* crescere; salire; sollevarsi *3* muoversi in massa; fluire; irrompere *4* (*di corrente elettr.*) aumentare improvvisamente di intensità.
surgeon /'sɜːdʒən/ *n.* *1* chirurgo *2* (*naut., mil.*) ufficiale medico • **dental s.**, dentista.
surgery /'sɜːdʒərɪ/ *n.* *1* U chirurgia *2* U intervento: **to require s.**, richiedere un intervento; **to undergo heart s.**, subire un intervento cardiaco; essere operato al cuore *3* (*GB*) gabinetto medico; ambulatorio *4* U (*GB*) periodo di visite ambulatoriali; ricevimento: **s. hours**, orario di ricevimento.
surgical /'sɜːdʒɪkl/ *a.* chirurgico • **s. boot**, scarpa ortopedica □ (*GB*) **s. spirit**, alcol denaturato □ (*aeron. mil.*) **s. strike**, incursione aerea mirata.
surly /'sɜːlɪ/ *a.* scontroso; scorbutico; arcigno.
surmise /sə'maɪz, 'sɜːm-/ *n.* (*form.*) congettura; ipotesi; supposizione.
to **surmise** /sə'maɪz/ *v. t. e i.* (*form.*) congetturare; supporre.
to **surmount** /sə'maʊnt/ *v. t.* *1* sormontare: **The steeple was surmounted by a spire**, il campanile era sormontato da una guglia *2* superare; vincere.
surmountable /sə'maʊntəbl/ *a.* superabile; sormontabile.
surname /'sɜːneɪm/ *n.* cognome.
to **surpass** /sə'pɑːs, *USA* -pæs/ *v. t.* (*form.*) sorpassare; superare: **The result surpassed his wildest hopes**, il risultato superò le sue più audaci speranze.
surpassing /sə'pɑːsɪŋ, *USA* -'pæs-/ *a.* (*lett.*) eccellente; superlativo; senza pari.
surplice /'sɜːplɪs/ *n.* (*eccles.*) cotta.
surplus /'sɜːpləs/ *A a.* *1* in eccesso; d'avanzo; in più: (*comm.*) **s. stock**, rimanenze *2* (*econ.*) in eccedenza; eccedentario: **s. labour**, manodopera eccedentaria; eccedenza di manodopera *B n.* *1* eccedenza; sovrappiù *2* (*econ., fin.*) surplus; eccedenza; residuo attivo • **trade s.**, saldo attivo della bilancia commerciale.
surprise /sə'praɪz/ *n.* U e C *1* sorpresa: **to give sb. a s.**, fare una sorpresa a q.; **to come as a s.**, essere una sorpresa; arrivare inaspettato; **to take sb. by s.**, cogliere q. di sorpresa (*o* alla sprovvista) *2* sorpresa; stupore; meraviglia: **to my great s.**, con mia grande sorpresa; **to cause great s.**, provocare grande stupore.
to **surprise** /sə'praɪz/ *v. t.* *1* sorprendere; cogliere di sorpresa *2* sorprendere; meravigliare; stupire • **to be surprised**, sorprendersi; stupirsi; meravigliarsi: **I am surprised at you**, mi meraviglio di te!; **I wouldn't be surprised if...**, non mi meraviglierei se...
surprising /sə'praɪzɪŋ/ *a.* sorprendente; stupefacente.
surreal /sə'rɪəl/ *a.* surreale.
surrealism /sə'rɪəlɪzəm/ *n.* U (*letter., arte*) surrealismo.
surrealist /sə'rɪəlɪst/ *n.* (*letter., arte*) surrealista.
surrealistic /sərɪə'lɪstɪk/ *a.* surrealistico.
surrender /sə'rɛndə(r)/ *n.* C e U *1* resa; capitolazione: **unconditional s.**, resa incondizionata *2* (*leg.*) cessione; abbandono *3* (*ass.*) riscatto (*di una polizza*).
to **surrender** /sə'rɛndə(r)/ *A v. t.* *1* cedere; consegnare; abbandonare; rinunciare a: **to s. all hope**, abbandonare ogni speranza; **to s. one's liberty**, rinunciare alla libertà *2* (*ass.*) riscattare (*una polizza*) *B v. i.* e to **surrender oneself** *v. rifl.* arrendersi.
surreptitious /sʌrəp'tɪʃəs, *USA* sɜːrə-/ *a.* furtivo; clandestino.
surrogacy /'sʌrəgəsɪ, *USA* sɜːr-/ *n.* U *1* (l')essere un sostituto; (il) fare le veci *2* il diventare madre in affitto.
surrogate /'sʌrəgeɪt, *USA* 'sɜːrə-/ *A n.* sostituto; surrogato *B a.* sostituto • **s. mother**, madre in affitto.
surround /sə'raʊnd/ *n.* *1* bordo, bordura (*di caminetto, ecc.*) *2* (*anche al pl.*) striscia di pavimento visibile tra un tappeto e la parete.
to **surround** /sə'raʊnd/ *v. t.* circondare; cingere.
surrounding /sə'raʊndɪŋ/ *a.* circostante; circonvicino.
surroundings /sə'raʊndɪŋz/ *n. pl.* *1* dintorni *2* ambiente.
surtax /'sɜːtæks/ *n.* C e U (*fisc.*) soprattassa; imposta addizionale.
to **surtax** /'sɜːtæks/ *v. t.* gravare con soprattassa.
surveillance /sɜː'veɪləns/ *n.* U sorveglianza; vigilanza.
survey /'sɜːveɪ/ *n.* *1* indagine; sondaggio *2* rassegna; panorama *3* perizia (*di una casa, ecc.*) *4* (*topogr.*) rilevamento topografico.
to **survey** /sə'veɪ/ *v. t.* *1* (*form.*) osservare *2* esaminare; passare in rassegna; ispezionare *3* fare la perizia di (*una casa, ecc.*) *4* (*topogr.*) rilevare *5* fare un sondaggio tra.
surveying /sə'veɪɪŋ/ *n.* U agrimensura; misurazione topografica.
surveyor /sə'veɪə(r)/ *n.* *1* geometra; agrimensore; topografo *2* ispettore; controllore *3* (*ass.*) perito *4* (*USA*) doganiere

5 — (*edil.*) **quantity s.**, tecnico che fa il computo metrico ed estimativo; preventivista.
survival /sə'vaɪvl/ *n.* *1* ⓤ sopravvivenza *2* residuo; vestigio; reliquia • **s. kit**, corredo di sopravvivenza □ **s. of the fittest**, sopravvivenza del più adatto.
to **survive** /sə'vaɪv/ ***A*** *v. i.* sopravvivere ***B*** *v. t.* *1* sopravvivere a *2* scampare a.
survivor /sə'vaɪvə(r)/ *n.* sopravvissuto (-a); superstite.
susceptibility /səsɛptə'bɪlətɪ/ *n.* ⓤ *1* (*anche al pl.*) suscettibilità *2* sensibilità *3* (*med.*) predisposizione (*a una malattia*).
susceptible /sə'sɛptəbl/ *a.* *1* suscettibile: **s. of improvement**, suscettibile di miglioramento *2* sensibile: **s. to flattery**, sensibile all'adulazione *3* (*med.*) predisposto; soggetto: **to be s. to influenza**, andare soggetto all'influenza.
suspect /'sʌspɛkt/ ***A*** *n.* persona sospetta; sospetto ***B*** *a. pred.* sospetto.
to **suspect** /sə'spɛkt/ *v. t.* *1* sospettare: **I s. him of lying**, sospetto che menta *2* sospettare; subodorare: **to s. a trap**, subodorare una trappola *3* diffidare di: **I s. his motives**, non mi fido di lui *4* immaginare: **I s. they missed the train**, mi sa che hanno perso il treno; **I s. you're right**, mi sa che hai ragione.
to **suspend** /sə'spɛnd/ *v. t.* *1* sospendere; attaccare; appendere *2* differire; sospendere; tenere in sospeso: **to s. payment** [**judgement**], sospendere i pagamenti [il giudizio] *3* sospendere, allontanare (*dal lavoro, ecc.*).
suspended /sə'spɛndɪd/ *a.* sospeso • (*med.*) **s. animation**, stato comatoso □ (*edil.*) **s. ceiling**, controsoffitto □ (*leg.*) **s. sentence**, (condanna) condizionale.
suspender /sə'spɛndə(r)/ *n.* *1* (*GB*) giarrettiera *2* (*al pl.*) (*USA*) bretelle • (*GB*) **s. belt**, reggicalze.
suspense /sə'spɛns/ *n.* ⓤ *1* apprensione; ansia; stato di incertezza: **to keep sb. in s.**, tenere q. in sospeso; tenere q. sulle spine; **to wait in s.**, aspettare ansiosamente *2* (*letter., cinem.*) suspense.
suspension /sə'spɛnʃn/ *n.* ⓤ (*anche chim., mecc.*) sospensione: (*comm.*) **s. of payment**, sospensione dei pagamenti • **s. bridge**, ponte sospeso.
suspicion /sə'spɪʃn/ *n.* *1* ⓒ e ⓤ sospetto: **above s.**, al di sopra di ogni sospetto; **to have suspicions**, nutrire sospetti; **under s.**, sospettato; **to arrest sb. on s. of murder**, arrestare q. per sospetto omicidio *2* traccia; pizzico; idea; nonnulla: **a s. of garlic**, un'idea d'aglio; **a s. of a smile**, un accenno di sorriso • **I have a s. he is right**, mi sa che ha ragione □ (*leg.*) **imprisonment on s.**, detenzione cautelare.
suspicious /sə'spɪʃəs/ *a.* *1* sospettoso; diffidente: **to become s.**, insospettirsi; **to be s. about st.**, avere dei sospetti su q.c.; **to make s.**, insospettire *2* sospetto: **under s. circumstances**, in circostanze sospette; **to look s.**, avere l'aria sospetta; **s.-looking character**, tipo sospetto.
suspiciously /sə'spɪʃəslɪ/ *avv.* *1* con sospetto; sospettosamente *2* in modo sospetto • **to look s. like**, avere tutta l'aria di essere.
suspiciousness /sə'spɪʃəsnəs/ *n.* ⓤ *1* sospettosità; diffidenza *2* natura sospetta.
to **suss** /sʌs/ *v. t.* (*pop. GB*) capire: **I sussed he was lying**, ho capito che mentiva.
♦ **suss out** *v. t. + avv.* scoprire.
to **sustain** /sə'steɪn/ *v. t.* *1* sostenere; sostentare: **A good breakfast will s. you through the day**, una buona colazione ti dà energia per tutto il giorno *2* sorreggere; confortare; dare forza *3* (*leg.*) accogliere: **to s. an objection**, accogliere un'obiezione *4* tener vivo; sostenere: **to s. interest**, tener vivo l'interesse; **to s. economic growth**, sostenere l'espansione economica *5* sopportare; subire: **to s. a heavy loss**, subire una grave perdita *6* (*form.*) sostenere, reggere (*un peso*) *7* (*mus.*) tenere (*una nota*).
sustainable /sə'steɪnəbl/ *a.* sostenibile.
sustenance /'sʌstɪnəns/ *n.* ⓤ sostentamento; nutrimento.
suture /'suːtʃə(r)/ *n.* (*anat., chir.*) sutura.
to **suture** /'suːtʃə(r)/ *n.* (*chir.*) suturare.
svelte /svɛlt/ (*franc.*) *a.* svelto; snello; slanciato.
swab /swɒb/ *n.* *1* (*med.*) tampone (*per prelievi*); (*estens.*) prelievo *2* strofinaccio *3* (*naut.*) redazza *4* (*mil.*) scovolo.
to **swab** /swɒb/ *v. t.* *1* (*med.*) medicare [prelevare] con un tampone *2* pulire (*pavimenti, ecc.*) con lo strofinaccio *3* (*naut.*, anche **to s. down**) redazzare.
swaddling clothes /'swɔdlɪŋ kləʊðz/ *locuz. n. pl.* fasce (*per neonato*).
swag /swæg/ *n.* ⓤ *1* (*pop.*) bottino; refurtiva *2* (*Austr.*) fagotto (*di vagabondo*).
swagger /'swægə(r)/ *n.* andatura burbanzosa; andatura spavalda.
to **swagger** /'swægə(r)/ *v. i.* camminare con aria burbanzosa (*o* spavalda).
swaggerer /'swægərə(r)/ *n.* smargiasso; spaccone.
swagman /'swægmæn/ *n.* (*Austr.*) vagabondo.
swallow (1) /'swɒləʊ/ *n.* *1* deglutizione *2* boccone; sorso.
swallow (2) /'swɒləʊ/ *n.* (*zool.*) rondine • (*GB*) **s. dive**, tuffo ad angelo □ **s.-tailed**, a coda di rondine.
to **swallow** /'swɒləʊ/ ***A*** *v. t.* *1* inghiottire; ingoiare; trangugiare *2* (*fam.*) credere; bere (*fam.*) • (*anche fig.*) **to s. the bait**, abboccare □ **to s. one's pride**, mettere da parte l'orgoglio ***B*** *v. i.* inghiottire; deglutire.
♦ **swallow down** *v. t. + avv.* trangugiare; mandar giù.
♦ **swallow up** *v. t. + avv.* (*anche fig.*) inghiottire: **to be swallowed up by the crowd**, essere inghiottito dalla folla.
swam /swæm/ *pass. di* **to swim**.
swamp /swɒmp, *USA* swɔːmp/ ***A*** *n.* ⓒ e ⓤ palude; pantano; acquitrino ***B*** *a. attr.* palustre.
to **swamp** /swɒmp, *USA* swɔː-/ *v. t.* (*generalm. al passivo*) *1* allagare; inondare *2* (*fig.*) sommergere; inondare; travolgere: **to be swamped with letters**, essere sommerso dalla corrispondenza.
swampy /'swɒmpɪ, *USA* 'swɔː-/ *a.* paludoso; pantanoso.
swan /swɒn/ *n.* (*zool.*) cigno • (*USA*) **s. dive**, tuffo ad angelo □ **s. song**, canto del cigno.
to **swan** /swɒn/ *v. Solo come*:
♦ **swan about** (*o* **around**) *v. i. + avv.* (*fam.*) andarsene in giro.
♦ **swan off** *v. i. + avv.* andarsene come se niente fosse.
swank /swæŋk/ *n.* *1* ⓤ (*fam.*) vanagloria; ostentazione *2* *V.* **swanker**.
to **swank** /swæŋk/ *v. i.* (*fam.*) darsi delle arie; fare lo spaccone.
swanker /'swæŋkə(r)/ *n.* (*fam.*) borioso; spaccone.
swanky /'swæŋkɪ/ *a.* (*fam. antiq.*) *1* borioso; pieno di arie *2* alla moda; in grande stile.
swansdown /'swɒnzdaʊn/ *n.* ⓤ piume di cigno.
swap /swɒp, *USA* swɔːp/ *n.* *1* (*fam.*) cambio; scambio; baratto *2* oggetto barattato (*o* scambiato).
to **swap** /swɒp, *USA* swɔːp/ (*fam.*) ***A*** *v. t.* scambiare; barattare: **to s. st. for st.**, scambiare q.c. con q.c.; **to s. seats**, scambiarsi di posto ***B*** *v. i.* fare cambio.
swarm /swɔːm/ *n.* *1* sciame (*di api, ecc.*) *2* sciame (*fig.*); folla; frotta.
to **swarm** /swɔːm/ *v. i.* *1* (*delle api*) sciamare *2* sciamare (*fig.*); affollarsi *3* brulicare; formicolare: **The place was swarming with soldiers**, il luogo formicolava di soldati.
swarthy /'swɔːðɪ/ *a.* scuro di carnagione.
to **swash** /swɒʃ, *USA* swɔːʃ/ *v. i. e t.* sciabordare; sciaguattare.
swashbuckler /'swɒʃbʌklə(r), *USA* 'swɔːʃ-/ *n.* avventuriero spericolato; spadaccino; bravaccio.
swashbuckling /'swɒʃbʌklɪŋ, *USA* 'swɔːʃ-/ *a.* spericolato; spaccone • **s. film**, film di cappa e spada.
swastika /'swɒstɪkə/ *n.* svastica.
swat /swɒt/ *n.* *1* colpo secco *2* acchiappamosche.
to **swat** /swɒt/ *v. t.* schiacciare (*mosche*).
swatch /swɒtʃ/ *n.* (*comm.*) campione (*di stoffa*).
swath /swɒθ, swɔːθ/, **swathe** /sweɪð, *USA* sweɪð, swɒθ/ *n.* (*agric.*) *1* falciata *2* striscia di campo falciato *3* striscia; zona; area • (*fig.*) **to cut a s. through st.**, aprire un varco in q.c.; lasciarsi dietro una scia di devastazione.
to **swathe** /sweɪð, *USA* sweɪð, swɒθ/ *v. t.* avvolgere; fasciare.
swatter /'swɒtə(r)/ *n.* acchiappamosche.
sway /sweɪ/ *n.* ⓤ *1* oscillazione; ondeggiamento; fluttuazione *2* (*lett.*) dominio; potere; governo: **to hold s. over sb.**, dominare su q.
to **sway** /sweɪ/ ***A*** *v. i.* *1* ondeggiare; oscillare; dondolare; fluttuare *2* titubare; vacillare ***B*** *v. t.* *1* far oscillare; far ondeggiare: **to s. one's hips**, ancheggiare *2* influenzare *3* far recedere da un proposito; smuovere.
to **swear** /swɛə(r)/ (*pass.* **swore**, *p.p.* **sworn**) ***A*** *v. i.* *1* giurare; prestare giuramento *2* bestemmiare; imprecare; dire parolacce: **to s. like a trooper**, bestemmiare come un turco ***B*** *v. t.* *1* giurare: **to s. allegiance**, giurare fedeltà; **to s. to tell the truth**, giurare di dire la verità *2* far giurare: **to s. sb. to secrecy**, far giurare a q. di mantenere un segreto • **to s.**

black is white, negare l'evidenza □ **to s. falsely**, spergiurare; giurare il falso □ **I s. I left it here**, giurerei di averlo lasciato qui.

♦ **swear by** *v. i. + prep.* **1** giurare su **2** (*fam.*) avere cieca fiducia in.

♦ **swear in** *v. t. + avv.* **1** insediare (*un presidente, ecc*) facendogli prestare giuramento **2** (*leg.*) far prestare giuramento a.

♦ **swear off** *v. i. + prep.* giurare di smettere; rinunciare solennemente a.

♦ **swear to** *v. i. + prep.* giurare: **I can't s. to it, but...**, non posso giurarlo, ma...

swearing-in /ˈswɛərɪŋˈɪn/ *n.* giuramento (*prima di assumere una carica*).

swearword /ˈswɛəwɜːd/ *n.* bestemmia; imprecazione; parolaccia.

sweat /swɛt/ *n.* **1** Ⓤ sudore: **to be wet** (*o* **dripping, running**) **with s.**, essere bagnato (*o* grondante) di sudore **2** sudata: **a good s.**, una bella sudata; **to break out in a s.**, cominciare a sudare profusamente **3** (*fam.*) sudata; sfacchinata **4** (*fam.*) stato di ansia; agitazione: **to get in a s. about st.**, agitarsi per q.c. **5** Ⓤ (goccioline di) umidità ● (*anat.*) **s. glands**, ghiandole sudoripare □ (*USA*) **s. pants**, pantaloni di felpa □ **s. suit**, tuta (sportiva) □ **to be in a cold s.**, sudar freddo □ (*pop., specialm. USA*) **No s.!**, non c'è problema!

to **sweat** /swɛt/ **A** *v. i.* **1** sudare **2** faticare; sudare; sgobbare **3** (*fam.*) essere agitatissimo; avere la tremarella **4** farsi sfruttare; lavorare per una micora paga **B** *v. t.* **1** sudare: **to s. blood**, sudar sangue **2** (*cucina*) far appassire (*cipolle, ecc.*) **3** (*med.*) far sudare **4** sfruttare (*operai, ecc.*).

♦ **sweat out** *v. t. + avv.* far passare (*un raffreddore, ecc.*) sudando ● (*fam.*) **to s. it out**, resistere; tener duro □ (*fam.*) **to s. one's guts out**, sudar sangue; sudare sette camicie.

sweatband /ˈswɛtbænd/ *n.* (*sport*) fascia elastica per trattenere il sudore.

sweated /ˈswɛtɪd/ *a.* — **s. labour**, manodopera sfruttata.

sweater /ˈswɛtə(r)/ *n.* maglione.

sweating /ˈswɛtɪŋ/ *n.* (il) sudare; traspirazione.

sweatshirt /ˈswɛtʃɜːt/ *n.* felpa.

sweatshop /ˈswɛtʃɒp/ *n.* (*fam.*) azienda che sfrutta i dipendenti.

sweaty /ˈswɛtɪ/ *a.* **1** sudato **2** (*di lavoro*) che fa sudare.

Swede /swiːd/ *n.* svedese.

swede /swiːd/ *n.* (*bot.*) navone.

Swedish /ˈswiːdɪʃ/ **A** *a.* svedese **B** *n.* svedese (*la lingua*) ● **the S.**, gli svedesi.

sweep /swiːp/ *n.* **1** (*anche* **s.-up, s.-out**) spazzata **2** largo gesto del braccio **3** sciabolata; fendente **4** distesa; tratto **5** ampia curva **6** ricerca (*su una vasta area*); (*mil.*) rastrellamento **7** (*mil.*) operazione su vasta scala **8** (*fam.*) spazzacamino **9** (*fam.*) *V.* **sweepstake** **10** (*aeron.*) angolo di freccia (*delle ali*) ● **at one s.**, con un sol colpo □ **clean s.**, vittoria completa; grande successo □ **to make a clean s.** (**of**), far piazza pulita (di); fare un repulisti (*fam.*).

to **sweep** /swiːp/ (*pass. e p.p.* **swept**) **A** *v. t.* **1** spazzare; scopare: **to s. the floor**, spazzare il pavimento; **The deck was swept by the waves**, il ponte era spazzato dalle onde; **Her skirt swept the floor**, la sua gonna strisciava sul pavimento **2** trasportare; rimuovere; spazzar via; eliminare: **She was swept along by the crowd**, fu trasportata dalla folla; **He swept the papers off the table**, spinse via le carte dalla tavola; **Her protests were swept aside**, le sue proteste furono messe da parte; **to s. aside the enemy's defences**, travolgere le difese del nemico **3** percorrere velocemente; dilagare in; diffondersi in: **The new craze swept the country**, la nuova moda dilagò nel paese **4** scorrere con lo sguardo; spaziare su; scrutare; perlustrare: **to s. the horizon**, scrutare l'orizzonte; **to s. the countryside in search of sb.**, perlustrare la campagna in cerca di q. **5** (*naut.*) dragare ● **to s. one's audience along with one**, trascinare l'uditorio □ **to s. the board**, (*al gioco*) vincere tutte le poste; (*fig.*) avere un grande successo □ (*fig.*) **to be swept off one's feet**, essere conquistato (*dall'entusiasmo, da una persona*) □ **to s. st. under the carpet**, accantonare q.c.; mettere a tacere q.c. **B** *v. i.* **1** spazzare; scopare **2** incedere: **to s. in** [**out**], entrare [uscire] con portamento maestoso **3** muoversi rapidamente: **to s. past**, passare accanto rapidamente; **An epidemic swept through the country**, nel paese dilagò un'epidemia; **to s. to power**, vincere trionfalmente le elezioni **4** stendersi; estendersi: **The plain sweeps away to the sea**, la pianura si estende fino al mare **5** (*dello sguardo, ecc.*) passare; correre: **His eyes swept over the scene**, i suoi occhi percorsero la scena.

sweeper /ˈswiːpə(r)/ *n.* **1** spazzino; netturbino **2** spazzatrice **3** (*naut.*) dragamine **4** (*calcio*) libero.

sweeping /ˈswiːpɪŋ/ *a.* **1** ampio; vasto: **a s. gesture of the arm**, un ampio gesto del braccio **2** vasto; assoluto; radicale: **s. changes**, cambiamenti radicali **3** indiscriminato; generico: **s. statement**, generalizzazione.

sweepings /ˈswiːpɪŋz/ *n. pl.* spazzatura.

sweepstake /ˈswiːpsteɪk/ *n.* (*spesso al pl.*) lotteria abbinata a una corsa di cavalli.

sweet (**1**) /swiːt/ *a.* **1** dolce; zuccherato: **s. wine**, vino dolce; **to taste s.**, sapere di dolce **2** fragrante; profumato: **to smell s.**, avere un buon profumo **3** gentile; caro; amabile; dolce; soave; grazioso; delizioso: **It was s. of you**, è stato molto caro da parte tua; **She's a s. girl**, è una ragazza deliziosa; **s. music**, musica dolce; **They have this s. little cottage in the country**, hanno una villetta in campagna graziosissima ● (*cucina*) **s.-and-sour**, (in) agrodolce □ (*cucina*) **s. corn**, granturco dolce □ **s. nothings**, paroline dolci □ (*bot.*) **s. pea**, pisello odoroso □ (*bot.*) **s. potato**, patata dolce; batata □ **s.-scented**, profumato; odoroso □ **s. talk**, sviolinata □ (*bot.*) **s. william**, garofano a mazzetti (*o* dei poeti) □ (*fam., specialm. USA*) **to be s. on sb.**, essere innamorato di q. □ **to have a s. tooth**, essere ghiotto di cose dolci.

sweet (**2**) /swiːt/ *n.* **1** caramella **2** dolce; dessert **3** (*spesso al pl.*) cose dolci, dolciumi.

sweetbread /ˈswiːtbrɛd/ *n.* (*cucina*) animella.

to **sweeten** /ˈswiːtn/ **A** *v. t.* **1** addolcire; dolcificare **2** addolcire; mitigare **3** ingraziarsi **4** (*fam.*) rendere più allettante (*un'offerta, un affare*) **B** *v. i.* addolcirsi.

sweetener /ˈswiːtnə(r), -tən-/ *n.* **1** dolcificante **2** (*fam.*) contentino; zuccherino.

sweetening /ˈswiːtnɪŋ, -tən-/ *n.* Ⓤ e Ⓒ **1** addolcimento; dolcificazione **2** dolcificante (*sostanza*) **3** depurazione (*dell'acqua, ecc.*).

sweetheart /ˈswiːthɑːt/ *n.* (*antiq.*) innamorato (-a).

sweetie /ˈswiːtɪ/ *n.* (*fam.*) **1** persona deliziosa; tesoro: **Be a s., and get me a coffee**, sii un tesoro, portami un caffè; **Tom? He's an absolute s.!**, Tom? E' un amore di ragazzo! **2** (*infant. o scozz.*) caramella; dolce.

sweetish /ˈswiːtɪʃ/ *a.* dolciastro.

sweetmeat /ˈswiːtmiːt/ *n.* (*antiq.*) **1** dolce; torta **2** frutta candita.

sweetness /ˈswiːtnəs/ *n.* Ⓤ **1** dolcezza; sapore dolce **2** amabilità; gentilezza **3** soavità ● **to be all s. and light**, essere tutto gentile; essere uno zuccherino.

to **sweet-talk** /ˈswiːttɔːk/ *v. t.* sviolinare; lisciare.

swell (**1**) /swɛl/ *n.* **1** rotondità; rigonfio **2** moto ondoso; (*naut.*) mare lungo **3** (*mus.*) crescendo **4** (*fam.*) riccone **5** (*fam.*) elegantone.

swell (**2**) /swɛl/ *a.* (*USA*) **1** (*fam.*) elegante; alla moda **2** (*fam. USA*) ottimo; eccellente.

to **swell** /swɛl/ (*pass.* **swelled**, *p.p.* **swollen, swelled**) **A** *v. i.* **1** gonfiarsi; dilatarsi: **The sails swelled out**, le vele si gonfiarono; **My heart swelled with pride**, il cuore mi si gonfiò d'orgoglio **2** aumentare; crescere; ingrossare **B** *v. t.* **1** gonfiare; dilatare; tumefare **2** ingrossare; far crescere: **The rains had swollen the rivers**, le piogge avevano ingrossato i fiumi; **to s. the ranks of the jobless**, ingrossare le file dei disoccupati.

♦ **swell out** (*o* **up**) *v. i. + avv.* gonfiarsi.

swelling /ˈswɛlɪŋ/ **A** *n.* gonfiore; rigonfiamento; tumefazione **B** *a.* gonfio; rigonfio.

to **swelter** /ˈswɛltə(r)/ *v. i.* essere oppresso dal caldo; soffocare.

sweltering /ˈswɛltərɪŋ/ *a.* (*del tempo*) soffocante.

swept /swɛpt/ *pass. e p.p. di* **to sweep**.

swerve /swɜːv/ *n.* deviazione; scarto; sterzata.

to **swerve** /swɜːv/ *v. i.* **1** deviare bruscamente; fare uno scarto; sterzare **2** (*fig.*) deviare; allontanarsi; tralignare.

swift (**1**) /swɪft/ *a.* (*specialm. lett.*) **1** celere; rapido; veloce: **with a s. glance**, con una rapida occhiata **2** agile; svelto **3** pronto; immediato; repentino: **s. to anger**, pronto all'ira.

swift (**2**) /swɪft/ *n.* (*zool.*) rondone.

swiftness /ˈswɪftnəs/ *n.* Ⓤ **1** celerità; rapidità **2** sveltezza.

swig /swɪg/ *n.* (*fam.*) gran sorso; sorsata.

to **swig** /swɪg/ (*fam.*) **A** *v. i.* bere a gran sorsi **B** *v. t.* tracannare.

swill /swɪl/ *n.* *1* Ⓤ broda per maiali *2* Ⓤ (*spreg.*) broda; brodaglia.

to **swill** /swɪl/ *v. t.* *1* lavare; risciacquare *2* (*fam.*) tracannare.

swim /swɪm/ *n.* nuotata: **to go for a s.**, andare a fare una nuotata • (*fam.*) **to be in the s.**, essere nel giro; essere al corrente □ **My head was in a s.**, mi girava la testa.

to **swim** /swɪm/ (*pass.* **swam**, *p.p.* **swum**) *A* *v. i.* *1* nuotare (*anche fig.*): **to go swimming**, andare a nuotare; andare a fare il bagno; **to s. across a river**, attraversare a nuoto un fiume; **to s. ashore**, arrivare a riva a nuoto; **The meatballs were swimming in grease**, le polpette nuotavano (*o* galleggiavano) nell'unto *2* essere inondato: **The floor's swimming in water**; il pavimento è inondato d'acqua *3* roteare; ruotare; girare: **The room was swimming round me**, la stanza mi ruotava davanti agli occhi; **My head was swimming**, mi girava la testa • **to s. with [against] the tide**, andare con la corrente [controcorrente] (*fig.*) *B* *v. t.* *1* percorrere a nuoto *2* attraversare a nuoto • **to s. a race**, fare una gara di nuoto.

swimmer /ˈswɪmə(r)/ *n.* nuotatore (-trice).

swimming /ˈswɪmɪŋ/ *n.* Ⓤ nuoto • **s. bath**, piscina (*coperta*) □ **s. cap**, cuffia □ **s. costume**, costume da bagno (*da donna*) □ **s. pool**, piscina □ **s. trunks**, costume da bagno (*da uomo*); slip.

swimmingly /ˈswɪmɪŋlɪ/ *avv.* (*fam.*) benissimo; a meraviglia; a gonfie vele.

swimsuit /ˈswɪmsuːt, -sjuːt/ *n.* costume da bagno (*da donna*).

swindle /ˈswɪndl/ *n.* imbroglio; raggiro; truffa.

to **swindle** /ˈswɪndl/ *A* *v. t.* imbrogliare; raggirare; truffare • **to s. st. out of sb.**, estorcere q.c. a q. con un raggiro *B* *v. i.* essere un truffatore.

swindler /ˈswɪndlə(r)/ *n.* imbroglione (-a); truffatore (-trice).

swine /swaɪn/ *n.* (*pl. invar.*) porco; maiale.

swineherd /ˈswaɪnhɜːd/ *n.* guardiano di porci; porcaro.

swing /swɪŋ/ *n.* *1* Ⓤ e Ⓒ oscillazione; fluttuazione *2* spostamento (*dell'opinione pubblica*): **a s. of ten per cent to [against] Labour**, uno spostamento del dieci per cento a favore [a danno] dei laburisti *3* movimento rotatorio del braccio; (*sport*) battuta; (*boxe*) swing, sventola: **to take a s. at**, mollare una sventola a *4* andatura spedita; buon passo *5* altalena *6* ritmo sostenuto; swing *7* (*anche* **s. music**) swing (*varietà di jazz*) • **to get into the s. of things**, entrare nello spirito di q.c. □ **in full s.**, in piena attività; in pieno svolgimento □ (*fam.*) **What you lose on the swings you gain on the roundabouts**, ciò che perdi da una parte lo guadagni dall'altra.

to **swing** /swɪŋ/ (*pass. e p.p.* **swung**) *A* *v. i.* *1* oscillare; dondolare; altalenare; penzolare *2* girare (*su cardini, ecc.*); ruotare; (*mil.*) fare una conversione; (*di strada*) curvare; (*autom.*) svoltare bruscamente: **The door swung shut** (*o* **to**), la porta si chiuse; **The car swung into the square**, l'auto svoltò bruscamente nella piazza; **to s. at anchor**, girare sull'ancora; (*polit.*) **to s. to the right**, spostarsi a destra *3* camminare di buon passo *4* (*fam., di musica*) avere un ritmo sostenuto; avere swing *5* (*fam., di festa*) andare benissimo; essere un gran successo *6* (*pop.*) avere una vita sessuale attiva e varia; darsi da fare (*fam.*) *7* (*pop.*) morire impiccato *B* *v. t.* *1* far oscillare; dondolare *2* brandire; maneggiare; roteare *3* gettare (*con un movimento di rotazione*); sollevare: **to s. a sack onto one's back**, gettarsi un sacco in spalla; **He swung the suitcase onto the table**, sollevò la valigia e la posò sul tavolo *4* sferrare (*un colpo*) *5* (*fam.*) sistemare; riuscire a concludere: **to s. a deal**, riuscire a concludere un affare; **I think I can s. it so that...**, credo di poter sistemare la faccenda in modo che... *6* (*mil.*) far fare una conversione a.

♦ **swing round** *v. i.* + *avv.* girare su se stesso; voltarsi di scatto.

swing bridge /swɪŋ ˈbrɪdʒ/ *locuz. n.* ponte girevole.

swing door /swɪŋ ˈdɔː(r)/ *n.* porta a vento.

swingeing /ˈswɪndʒɪŋ/ *a.* (*GB*) *1* severo; drastico: **s. cuts in spending**, drastici tagli alle spese *2* (*fam.*) stragrande; enorme: **s. majority**, maggioranza schiacciante.

swinger /ˈswɪŋə(r)/ *n.* (*fam.*) *1* festaiolo *2* persona che ha molte avventure sessuali; uno che si dà da fare (*fam.*).

swinging /ˈswɪŋɪŋ/ *a.* *1* oscillante; fluttuante *2* girevole *3* rapido; spedito; veloce; (*di ritmo*) sostenuto: **s. gait**, andatura spedita *4* (*mus.*) cadenzato; ritmico *5* (*fam.*) vivace; animato; moderno; brillante; festaiolo.

swing-wing /swɪŋˈwɪŋ/ *a.* (*aeron.*) con ala a geometria variabile.

swipe /swaɪp/ *n.* *1* forte colpo; sventola *2* attacco verbale • **to take a s. at sb.**, sferrare un colpo a q.; attaccare q.

to **swipe** /swaɪp/ *v. t.* *1* cercare di colpire; mollare un colpo a *2* (*fam.*) rubare; grattare; fregare.

♦ **swipe at** *v. i.* + *prep.* cercare di colpire.

swirl /swɜːl/ *n.* *1* turbine; vortice; mulinello *2* voluta: **swirls of smoke**, volute di fumo.

to **swirl** /swɜːl/ *A* *v. i.* *1* turbinare; girare vorticosamente; mulinare; far mulinello *2* (*della testa*) girare *B* *v. t.* far turbinare; trasportare con moto vorticoso.

swish (**1**) /swɪʃ/ *n.* *1* sibilo (*di frusta, ecc.*); fruscio (*di stoffa, ecc.*) *2* colpo (*di coda, ecc.*).

swish (**2**) /swɪʃ/ *a.* (*fam.*) elegante; alla moda.

to **swish** /swɪʃ/ *A* *v. t.* *1* far frusciare; far fischiare (*nell'aria*) *2* agitare, scuotere (*una coda, ecc.*) *B* *v. i.* *1* fischiare (*nell'aria*) *2* frusciare.

Swiss /swɪs/ *a. e n.* svizzero: **the S.**, gli svizzeri.

switch /swɪtʃ/ *n.* *1* (*elettr., radio*) interruttore; chiavetta; commutatore *2* cambiamento (*improvviso o inaspettato*); scambio *3* (*ferr., USA*) scambio *4* bacchetta; verga.

to **switch** /swɪtʃ/ *A* *v. t.* *1* cambiare; spostare: **to s. one's allegiance**, cambiare schieramento; **S. the TV to Channel 4**, metti sul Quarto Canale *2* (*fam.*) scambiare: **to s. places**, scambiarsi i posti *3* (*ferr., USA*) smistare (*un treno*) *4* agitare (*la coda*) *5* sferzare *B* *v. i.* *1* spostarsi; passare (*ad altra cosa*); cambiare: **The conversation switched to music**, la conversazione si spostò sulla musica; (*radio, TV*) **to s. to another station [channel]**, cambiare programma [canale]; **The lights switched to red**, il semaforo diventò rosso *2* (*ferr., USA*) cambiare binario; essere deviato.

♦ **switch back** *v. i.* + *avv.* ritornare.

♦ **switch off** *A* *v. t.* (*elettr.*) disinserire, interrompere (*un circuito*); spegnere (*la luce, la radio, ecc.*) • (*di dispositivo, ecc.*) **to s. itself off**, spegnersi da solo *B* *v. i.* + *avv.* (*fam.*) smettere di ascoltare.

♦ **switch on** *v. t.* + *avv.* (*elettr.*) inserire (*la corrente*); accendere (*la luce, la radio, ecc.*) • (*di dispositivo, ecc.*) **to s. itself on**, accendersi da solo.

♦ **switch over** *v. i.* + *avv.* *1* (*elettr.*) commutare *2* (*radio*) cambiare stazione; (*TV*) cambiare canale *3* passare (*a un altro partito, ecc.*).

switchback /ˈswɪtʃbæk/ *A* *n.* *1* (*GB*) montagne russe *2* (*GB*) strada tutta dossi *3* (*USA*) strada a tornanti *B* *a. attr.* (*USA, di strada*) a tornanti.

switchblade /ˈswɪtʃbleɪd/ *n.* (*USA*) coltello a serramanico.

switchboard /ˈswɪtʃbɔːd/ *n.* *1* (*elettr.*) quadro di comando *2* (*telef.*) centralino: **s. operator**, centralinista.

switchgear /ˈswɪtʃgɪə(r)/ *n.* Ⓤ (*elettr.*) apparecchiatura di manovra; interruttori; quadro.

switchman /ˈswɪtʃmən/ *n.* (*pl.* **switchmen** /-mən/) (*ferr., USA*) deviatore.

switchover /ˈswɪtʃəʊvə(r)/ *n.* passaggio; conversione.

swivel /ˈswɪvl/ *n.* (*mecc.*) perno • **s. chair**, sedia girevole.

to **swivel** /ˈswɪvl/ (*mecc.*) *A* *v. i.* *1* girare; imperniarsi *2* (*di perno*) ruotare *3* (*anche* **to s. round**) girarsi *B* *v. t.* far ruotare (*su un perno*).

swizz /swɪz/ *n.* (*pop. GB*) delusione; bidone; fregatura.

swizzle /ˈswɪzl/ *n.* — **s. stick**, bastoncino per mescolare cocktail.

swollen /ˈswəʊlən/ *A* *p.p. di* **to swell** *B* *a.* gonfio • (*pop.*) **s.-headed**, borioso; pieno di sé □ **to get a s. head**, montarsi la testa.

swoon /swuːn/ *n.* (*lett. o scherz.*) svenimento; deliquio.

to **swoon** /swuːn/ *v. i.* (*lett. o scherz.*) svenire; venir meno.

swoop /swuːp/ *n.* *1* attacco (*di rapace*); picchiata; balzo *2* incursione • **at one (fell) s.**, in un sol colpo.

to **swoop** /swuːp/ *v. i.* *1* (*di rapace*) piombare; avventarsi; slanciarsi *2* attaccare di sorpresa; piombare.

swop, to **swop** /swɒp/ *V.* **swap, to swap**.

sword /sɔːd/ *n.* spada: **to draw one's s.**, sguainare la spada • **s. belt**, cinturone □ **s. cut**, fendente; ferita di spada □ **s. dance**, danza delle spade □ **to cross swords with sb.**, incrociare la spada con q.; (*fig.*) avere un duello verbale con q., scontrarsi con q. □ **to put sb. to the s.**, passare a fil di spada q.

swordfish /ˈsɔːdfɪʃ/ *n.* (*zool.*) pesce spada.
swordplay /ˈsɔːdpleɪ/ *n.* U **1** tecnica di spadaccino (*o* di schermidore) **2** (*fig.*) schermaglia (*verbale*).
swordsman /ˈsɔːdzmən/ *n.* (*pl.* **swordsmen** /-mən/) spadaccino; schermitore.
swordsmanship /ˈsɔːdzmənʃɪp/ *n.* U abilità nella scherma; abilità di spadaccino.
swordstick /ˈsɔːdstɪk/ *n.* bastone animato.
swore /swɔː(r)/ *pass. di* **to swear**.
sworn /swɔːn/ ***A*** *p.p. di* **to swear** ***B*** *a.* giurato: **s. enemies**, nemici giurati.
swot /swɒt/ *n.* (*fam. GB*) **1** sgobbata **2** sgobbone (-a); secchione (-a).
to **swot** /swɒt/ *v. i. e t.* (*fam. GB*) sgobbare (sui libri).
♦ **swot up** *v. t. + avv.* sgobbare su; ripassare a fondo.
swotter /ˈswɒtə(r)/ *n. V.* **swot**, *def. 2*.
swum /swʌm/ *p.p. di* **to swim**.
swung /swʌŋ/ *pass. e p.p. di* **to swing**.
Sybarite /ˈsɪbəraɪt/ *n.* (*stor. e fig.*) sibarita.
sybaritic /sɪbəˈrɪtɪk/ *a.* sibaritico.
sycamore /ˈsɪkəmɔː(r)/ *n.* (*bot.*) **1** (*in Oriente*) sicomoro **2** (*in Europa*) acero fico **3** (*in U.S.A.*) platano.
sycophant /ˈsɪkəfænt/ *n.* (*form.*) adulatore; parassita.
sycophantic /sɪkəˈfæntɪk/ *a.* (*form.*) adulatorio; servile.
syllabi /ˈsɪləbaɪ/ *pl. di* **syllabus**.
syllabic /sɪˈlæbɪk/ *a.* **1** sillabico **2** diviso in sillabe.
syllable /ˈsɪləbl/ *n.* sillaba.
syllabus /ˈsɪləbəs/ *n.* (*pl.* **syllabi**, **syllabuses**) programma (*di un corso di studi*).
syllogism /ˈsɪlədʒɪzəm/ *n.* **1** (*filos.*) sillogismo **2** (*estens.*) ragionamento sottile; sofisma.
syllogistic /sɪləˈdʒɪstɪk/ *a.* (*filos.*) sillogistico.
sylph /sɪlf/ *n.* (*mitol. e fig.*) silfide.
sylphlike /ˈsɪlflaɪk/ *a.* da silfide; snello.
symbiosis /sɪmbaɪˈəʊsɪs, sɪmbɪ-/ *n.* U e C (*pl.* **symbioses** /-siːz/) (*biol.*) simbiosi.
symbiotic /sɪmbɪˈɒtɪk/ *a.* (*biol. e fig.*) simbiotico.
symbol /ˈsɪmbl/ *n.* simbolo: **s. of peace**, simbolo di pace; **the s. for nitrogen**, il simbolo dell'azoto.
symbolic /sɪmˈbɒlɪk/ *a.* simbolico.
to **symbolise** /ˈsɪmbəlaɪz/ (*GB*) *V.* **to symbolize**.
symbolism /ˈsɪmbəlɪzəm/ *n.* U (*letter., arte, ecc.*) simbolismo.
symbolist /ˈsɪmbəlɪst/ *n.* (*letter., arte*) simbolista.
to **symbolize** /ˈsɪmbəlaɪz/ *v. t.* simboleggiare.
symmetric(al) /sɪˈmetrɪk(l)/ *a.* simmetrico.
symmetry /ˈsɪmətrɪ/ *n.* U simmetria.
sympathetic /sɪmpəˈθetɪk/ *a.* **1** comprensivo; affettuoso; compassionevole **2** congeniale; gradevole **3** solidale; favorevole; ben disposto: **s. to sb.'s cause**, solidale con la causa di q.; **s. to a proposal**, favorevole a una proposta; **s. strike**, sciopero di solidarietà **4** (*anat.*) simpatico: **s. nerve**, nervo simpatico; **s. nervous system**, sistema nervoso simpatico; gran simpatico ● **s. magic**, magia simpatica. ATTENZIONE: **sympathetic** ≠ simpatico.
sympathetically /sɪmpəˈθetɪklɪ/ *avv.* **1** con grande comprensione; compassionevolmente **2** favorevolmente.
to **sympathize**, (*GB anche*) to **sympathise** /ˈsɪmpəθaɪz/ *v. i.* condividere i sentimenti altrui; mostrare comprensione. ATTENZIONE: **to sympathize** ≠ simpatizzare.
♦ **sympathize with** *v. i. + prep.* **1** partecipare al dolore di; essere vicino a; capire; provare compassione per **2** condividere; approvare; vedere di buon occhio.
sympathizer /ˈsɪmpəθaɪzə(r)/ *n.* (*specialm. polit.*) sostenitore (-trice); fautore (-trice); simpatizzante.
sympathy /ˈsɪmpəθɪ/ *n.* U **1** comprensione; partecipazione; compassione: **You won't get any s. from me!**, non venire a lamentarti con me **2** condoglianze: **a letter of s.**, una lettera di condoglianze **3** affinità (*di idee, di sentimenti*); simpatia: **to be in s. with st.**, essere d'accordo con q.c.; vedere di buon occhio q.c.; **My sympathies lie with his wife**, io sto dalla parte di sua moglie **4** (*specialm. polit.*) solidarietà: **s. strike**, sciopero di solidarietà; **to come out in s.**, scioperare per solidarietà. ATTENZIONE: **sympathy** ≠ simpatia.
symphonic /sɪmˈfɒnɪk/ *a.* sinfonico.
symphony /ˈsɪmfənɪ/ *n.* (*mus.*) sinfonia ● **s. orchestra**, orchestra sinfonica.
symposium /sɪmˈpəʊzɪəm/ *n.* (*pl.* **symposia** /-zɪə/, **symposiums**) convegno; simposio.
symptom /ˈsɪmptəm/ *n.* (*med. e fig.*) sintomo.
symptomatic /sɪmptəˈmætɪk/ *a.* (*med. e fig.*) sintomatico.
symptomatology /sɪmptəməˈtɒlədʒɪ/ *n.* U (*med.*) sintomatologia.
synagogue /ˈsɪnəgɒg, *USA* -ɔːg/ *n.* sinagoga.
synapse /ˈsaɪnæps, *USA* ˈsɪn-, sɪˈn/ *n.* (*fisiol.*) sinapsi.
sync(h) /sɪŋk/ *n.* U e C (*fam.*) sincronia: **out of s.**, non in sincronia; (*fig.*) sfasato, sballato; **in s. with the music**, a tempo con la musica.
to **sync(h)** /sɪŋk/ (*fam.*) ***A*** *v. t.* sincronizzare ***B*** *v. i.* essere sincrono.
synchromesh /ˈsɪŋkrəʊmeʃ/ *n.* U (*autom.*) cambio sincronizzato.
to **synchronise** /ˈsɪŋkrənaɪz/ *e deriv.* (*GB*) *V.* **to synchronize** *e deriv.*
synchronism /ˈsɪŋkrənɪzəm/ *n.* U sincronismo.
synchronization /sɪŋkrənaɪˈzeɪʃn, *USA* -nɪˈz-/ *n.* U e C sincronizzazione.
to **synchronize** /ˈsɪŋkrənaɪz/ ***A*** *v. t.* sincronizzare ***B*** *v. i.* essere sincrono ● (*sport*) **synchronized swimming**, nuoto sincronizzato.
synchronizer /ˈsɪŋkrənaɪzə(r)/ *n.* (*cinem., aeron., elab.*) sincronizzatore.
synchronous /ˈsɪŋkrənəs/ *a.* sincrono; simultaneo.
to **syncopate** /ˈsɪŋkəpeɪt/ *v. t.* (*gramm., mus.*) sincopare.
syncopation /sɪŋkəˈpeɪʃn/ *n.* U e C (*gramm., mus.*) sincope.
syncope /ˈsɪŋkəpɪ/ *n.* U (*med.*) sincope.
syncretism /ˈsɪŋkrətɪzəm/ *n.* U (*filos., relig.*) sincretismo.
syndicalism /ˈsɪndɪkəlɪzəm/ *n.* U (*polit.*) sindacalismo rivoluzionario.
syndicate /ˈsɪndɪkət/ *n.* **1** (*fin.*) sindacato **2** (*econ., fin.*) gruppo monopolistico; cartello **3** (*giorn.*) agenzia di stampa **4** (*giorn.*) catena di giornali **5** sindacato del crimine.
to **syndicate** /ˈsɪndɪkeɪt/ *v. t.* **1** (*fin.*) associare in sindacato **2** (*giorn.*) vendere (*articoli, notizie*) tramite un'agenzia di stampa.
syndrome /ˈsɪndrəʊm/ *n.* (*med.*) sindrome.
synod /ˈsɪnəd/ *n.* (*eccles.*) sinodo.
synonym /ˈsɪnənɪm/ *n.* sinonimo.
synonymous /sɪˈnɒnɪməs/ *a.* sinonimo.
synopsis /sɪˈnɒpsɪs/ *n.* (*pl.* **synopses** /-siːz/) sinossi; sommario; compendio.
syntactic /sɪnˈtæktɪk/ *a.* sintattico.
syntax /ˈsɪntæks/ *n.* U sintassi.
synthesis /ˈsɪnθəsɪs/ *n.* C e U (*pl.* **syntheses** /-siːz/) sintesi.
to **synthesize**, (*GB anche*) to **synthesise** /ˈsɪnθəsaɪz/ *v. t.* sintetizzare.
synthesizer, (*GB anche*) **synthesiser** /ˈsɪnθəsaɪzə(r)/ *n.* (*acustica, elettron., mus.*) sintetizzatore.
synthetic /sɪnˈθetɪk/ *a.* sintetico.
syphilis /ˈsɪfɪlɪs/ *n.* U (*med.*) sifilide.
syphilitic /sɪfɪˈlɪtɪk/ *a. e n.* (*med.*) sifilitico.
syphon, to **syphon** /ˈsaɪfn/ *V.* **siphon, to siphon**.
Syrian /ˈsɪrɪən/ *a. e n.* siriano.
syringe /sɪˈrɪndʒ/ *n.* siringa.
to **syringe** /sɪˈrɪndʒ/ *v. t.* (*med.*) pulire con una siringa.
syrup /ˈsɪrəp, *USA* ˈsɜːrəp/ *n.* U sciroppo.
syrupy /ˈsɪrəpɪ, *USA* ˈsɜː-/ *a.* (*anche fig.*) sciropposo.
system /ˈsɪstəm/ *n.* **1** sistema; ordinamento: **philosophic s.**, sistema filosofico; **s. of government**, sistema di governo; **decimal s.**, sistema decimale; **social s.**, ordinamento sociale **2** (*geogr., ferr., telef.*) rete: **railway s.**, rete ferroviaria; **postal s.**, rete postale **3** sistema; apparato; impianto: **nervous s.**, sistema nervoso; **digestive s.**, apparato digerente; **heating s.**, impianto di riscaldamento; **water s.**, impianto idrico **4** organismo: **bad for the s.**, dannoso per l'organismo **5** (*elab.*) sistema **6** (*polit.*) — **the s.**, il sistema ● (*elab., org. az.*) **systems analysis**, analisi dei sistemi □ (*elab., org. az.*) **systems analyst**, sistemista □ (*elab.*) **systems design**, progettazione di sistemi □ (*fam.*) **to get it out of one's s.**, sfogarsi.
systematic /sɪstəˈmætɪk/ *a.* sistematico; metodico; regolare.
systematization, (*GB anche*) **systematisation** /sɪstəmətaɪˈzeɪʃn, *USA* -tɪˈz-/ *n.* U sistematizzazione.
to **systematize**, (*GB anche*) to **systematise** /ˈsɪstəmətaɪz/ *v. t.* sistematizzare.
systemic /sɪˈstemɪk/ *a.* (*fisiol., ling.*) sistemico.
systole /ˈsɪstəlɪ/ *n.* U (*fisiol.*) sistole.

t, T

T, t /tiː/ *n.* (*pl.* **T's, t's**; **Ts, ts**) T, t • **T-bar**, profilato a T □ **T-bar lift** (*o* **tow**), sciovia ad ancora □ **T-bone steak**, bistecca con l'osso □ (*telef.*) **t for Tommy** (*USA* **for Tare**), t come Torino □ **T-shirt**, maglietta a girocollo; T-shirt □ **T--square**, squadra a T □ **to a t**, alla perfezione: **It fits me to a t**, mi va a pennello; **It suits me to a t**, mi va benissimo.
ta /tɑː/ *inter.* (*fam.*) grazie.
tab /tæb/ *n.* ***1*** striscetta; linguetta; tirante ***2*** cartellino; cavalierino (*di schedario*) ***3*** (*fam. USA*) conto: **to pick up the tab**, pagare il conto; (*fig.*) pagare, tirar fuori i soldi • (*fam.*) **to keep tabs** (*o* **a tab**) **on sb.**, sorvegliare q.; tener d'occhio q.
tabby /ˈtæbɪ/ *n.* ***1*** (*anche* **t. cat**) gatto soriano; gatto tigrato ***2*** (*anche* **t. cat**) gatta ***3*** (*spreg.*) vecchia zitella; pettegola.
tabernacle /ˈtæbənækl/ *n.* (*eccles., archit.*) tabernacolo.
table /ˈteɪbl/ *n.* ***1*** tavolo; tavola; tavolino: **dining t.**, tavolo da pranzo; **coffee t.**, tavolino da salotto; **negotiating t.**, tavolo dei negoziati; **the Round T.**, la Tavola Rotonda; **to be at t.**, essere a tavola; **to lay the t.**, apparecchiare (la tavola) ***2*** tavolata ***3*** asse; tavola ***4*** lastra; lastrone ***5*** tabella; prospetto; elenco: **t. of weights and measures**, tabella dei pesi e delle misure; **t. of contents**, indice (*di libro*) ***6*** (*mat.*) tabellina: **the six times t.**, la tabellina del sei ***7*** (*sport*) classifica ***8*** (*geogr.*) tavolato; altopiano • **t. flap** (*o* **t. leaf**), ribalta, prolunga (*di tavola*) □ **t. knife**, coltello da tavola □ **t. linen**, biancheria da tavola □ **t. manners**, maniere a tavola □ **t. napkin**, tovagliolo □ **t. spoon**, cucchiaio da tavola □ **t. tennis**, tennis da tavolo; ping-pong □ **t. wine**, vino da pasto □ **cold t.**, tavola fredda □ (*antiq. o form.*) **to keep a good t.**, mangiar bene; dar da mangiare bene □ (*fig.*) **to be on the t.**, essere da discutere; (*USA*) essere rinviato a tempo indeterminato □ **to sell st. under the t.**, vendere q.c. sottobanco □ **to turn the tables on sb.**, rovesciare la situazione (a danno di q.).
to **table** /ˈteɪbl/ *v. t.* ***1*** (*GB*) mettere in tavola (*una proposta, ecc.*) ***2*** (*USA*) rinviare a tempo indeterminato; aggiornare.
tableau /ˈtæbləʊ, *USA* tæˈbləʊ/ (*franc.*) *n.* (*pl.* **tableaux** /-bləʊz/) (*anche* **t. vivant**) quadro plastico; tableau.
tablecloth /ˈteɪblklɒθ, *USA* -ɔːθ/ *n.* tovaglia.
table d'hôte /ˈtɑːblˈdəʊt, *USA* ˈtæ-/ (*franc.*) *n.* pasto a prezzo fisso.
tableland /ˈteɪbllænd/ *n.* (*geogr.*) tavolato; altopiano.
tablemat /ˈteɪblmæt/ *n.* sottopiatto; tovaglietta all'americana.
tablespoon /ˈteɪblspuːn/ *n.* cucchiaio da tavola (*o* da portata).
tablespoonful /ˈteɪblspuːnfʊl/ *n.* cucchiaio da tavola (*come misura*); cucchiaiata.
tablet /ˈtæblət/ *n.* ***1*** (*med.*) compressa; pastiglia ***2*** piccola saponetta ***3*** targa; lapide ***4*** (*stor.*) tavoletta (*per scrivere*) ***5*** blocchetto per scrivere.
tableware /ˈteɪblwɛə(r)/ *n.* Ⓤ stoviglie; piatti e posate.
tabloid /ˈtæblɔɪd/ ***A*** *n.* giornale di formato tabloid; giornale popolare ***B*** *a. attr.* ***1*** (*di giornale*) di formato tabloid ***2*** (*giorn., TV*) popolare; scandalistico.
taboo /təˈbuː/ *n.* (*pl.* **taboos**) *e a.* tabù.
tabular /ˈtæbjʊlə(r)/ *a.* ***1*** tabellare; calcolato in base a tabelle ***2*** classificato in tavole; disposto in tabelle.
to **tabulate** /ˈtæbjʊleɪt/ *v. t.* disporre in tavole sinottiche; ordinare in tabelle; catalogare; classificare.
tabulator /ˈtæbjʊleɪtə(r)/ *n.* (*mecc.*) tabulatore.
tachograph /ˈtækəgrɑːf, *USA* -æf/ *n.* tachigrafo (*per T.I.R.*).
tachometer /tæˈkɒmɪtə(r)/ *n.* (*mecc., autom.*) contagiri; tachimetro.
tachycardia /tækɪˈkɑːdɪə/ *n.* Ⓤ (*med.*) tachicardia.
tacit /ˈtæsɪt/ *a.* tacito; implicito; sottinteso.
taciturn /ˈtæsɪtɜːn/ *a.* taciturno; di poche parole.
tack /tæk/ *n.* ***1*** bulletta ***2*** (*USA*) puntina da disegno ***3*** punto lungo (*per imbastitura*) ***4*** (*naut.*) bordo: **to be on the starboard** [**port**] **t.**, avere le mure a dritta [a sinistra]; **to change t.**, virare di bordo ***5*** linea di condotta; direzione; via: **to start off on a different t.**, cambiare direzione; **to try a different t.**, affrontare q.c. in altro modo; provare con un'altra tattica ***6*** Ⓤ bardatura; finimenti: **t. room**, selleria • (*fam.*) **to get down to brass tacks**, venire al sodo (*o* al dunque).
to **tack** /tæk/ ***A*** *v. t.* ***1*** fissare con bullette; imbullettare ***2*** (*USA*) fissare con puntine da disegno; attaccare ***3*** imbastire; attaccare con punti lunghi ***B*** *v. i.* (*naut.*) virare di bordo in prua; bordeggiare.
♦ **tack on** *v. t. + avv.* (*fam.*) aggiungere; allegare.
tackiness /ˈtækɪnəs/ *n.* Ⓤ ***1*** appiccicosità ***2*** (*fam. USA*) cattivo gusto; pacchianeria.
tacking /ˈtækɪŋ/ *n.* Ⓤ imbastitura; punti lunghi.
tackle /ˈtækl/ *n.* ***1*** paranco ***2*** Ⓤ attrezzatura; arnesi; attrezzi: **fishing t.**, attrezzatura da pesca ***3*** (*rugby, ecc.*) placcaggio; (*calcio, ecc.*) entrata, contrasto, intervento.
to **tackle** /ˈtækl/ *v. t. e i.* ***1*** afferrare; abbrancare ***2*** (*rugby, ecc.*) placcare; (*calcio, ecc.*) contrastare, entrare su, intervenire su ***3*** affrontare; venire alle prese con (*una difficoltà, un problema, ecc.*); intraprendere (*un lavoro, ecc.*).
tackling /ˈtæklɪŋ/ *n.* Ⓤ ***1*** attrezzatura; attrezzi ***2*** (*rugby, ecc.*) placcaggio; (*calcio, ecc.*) carica, contrasto.
tacky /ˈtækɪ/ *a.* ***1*** colloso; appiccicaticcio; appiccicoso ***2*** (*fam. USA*) di cattivo gusto; pacchiano ***3*** (*fam. USA*) scadente.
tact /tækt/ *n.* Ⓤ tatto; delicatezza; discrezione.
tactful /ˈtæktfl/ *a.* pieno di tatto; discreto.
tactfulness /ˈtæktfʊlnəs/ *n.* Ⓤ tatto; discrezione.
tactic /ˈtæktɪk/ *n.* ***1*** (*anche* **tactics**, *pl.*) tattica: **delaying t.**, tattica dilatoria; **surprise t.**, tattica della sorpresa ***2*** (*al pl.*) tattica (*arte*).
tactical /ˈtæktɪkl/ *a.* tattico.
tactician /tækˈtɪʃn/ *n.* (*mil.*) tattico.
tactile /ˈtæktaɪl, *USA* -tl/ *a.* tattile.
tactless /ˈtæktləs/ *a.* privo di tatto; indiscreto; importuno.
tad /tæd/ *n.* (*fam.*) (un) pochino; (un) tantino; (un')idea: **I was a tad annoyed**, ero un tantino seccato.
tadpole /ˈtædpəʊl/ *n.* (*zool.*) girino.
taffeta /ˈtæfɪtə/ *n.* Ⓤ (*ind. tess.*) taffetà.
Taffy /ˈtæfɪ/ *n.* (*fam.*) gallese; abitante del Galles.
taffy /ˈtæfɪ/ (*USA*) *V.* **toffee**.
tag (1) /tæg/ *n.* ***1*** cartellino; etichetta mobile: **price tag**, cartellino del prezzo; segnaprezzo ***2*** aghetto, puntale (*di laccio da scarpe*) ***3*** piastrina; targhetta (*per animali selvatici*); medaglietta (*per cani, ecc.*); (*mil.*) piastrina di riconoscimento ***4*** nomignolo ***5*** detto, citazione (*specialm. in una lingua straniera*) ***6*** *V.* **question tag**, *sotto* **question** ***7*** (*fam. USA*) targa (*di auto*).
tag (2) /tæg/ *n.* Ⓤ (il) giocare ad acchiapparsi; chiapparello.
to **tag** /tæg/ *v. t.* ***1*** contrassegnare con un cartellino; mettere l'etichetta a (*valigie, bauli, ecc.*) ***2*** (*fig.*) etichettare.
♦ **tag along** *v. i. + avv.* (*fam.*) accodarsi; andare dietro.
♦ **tag on** *v. t. + avv.* aggiungere (*parole o frasi a uno scritto*).
Tahitian /təˈhiːʃn/ *a. e n.* tahitiano.
tail /teɪl/ *n.* ***1*** coda (*di animale, treno, aereo, cometa, processione*) ***2*** falda (*di abito*) ***3*** codazzo; seguito ***4*** (*al pl.*) frac ***5*** (*fam.*) pedinatore (-trice) ***6*** (*fam.*) didietro; sedere • (*fam.*) **t. end**, parte finale; coda (*di corteo*); chiusa (*di discorso*) □ (*autom., USA*) **t. pipe**, tubo di scarico □ (*aeron.*) **t. unit**, impennaggio □ (*fam.*) **to have one's t. between one's legs**, avere la coda fra le gambe □ (*fam.*) **to have one's t. up**, essere pimpante; essere gasato □ **Heads or tails?**, testa o croce? □ **pony t.**, (pettinatura a) coda di

cavallo □ **I can't make head (n)or t. of it**, non riesco a venirne a capo □ **to be right on sb.'s t.**, stare alle calcagna di q.; (*autom.*) stare attaccato (*o* incollato) a q. □ **to turn t.**, darsela a gambe.

to **tail** /teɪl/ *v. t.* (*fam.*) pedinare; stare alle calcagna di.

♦ **tail back** *v. i. + avv.* (*di traffico, ecc.*) formare una coda; incolonnarsi; essere incolonnato.

♦ **tail off** *v. i. + avv.* calare; diminuire a poco a poco.

tailback /ˈteɪlbæk/ *n.* (*autom.*) lunga coda; incolonnamento.

tailboard /ˈteɪlbɔːd/ *n.* ribalta, sponda posteriore (*di carro, autocarro*).

tailcoat /ˈteɪlkəʊt/ *n.* frac.

to **tailgate** /ˈteɪlgeɪt/ *v. t.* (*fam. USA*) stare incollato a (*un altro veicolo*); tallonare.

taillight /ˈteɪllaɪt/ *n.* (*autom.*) fanale di coda.

tailor /ˈteɪlə(r)/ *n.* sarto (da uomo) ● **t.'s dummy**, manichino □ **t.-made**, confezionato su misura; (*fig.*) fatto su misura, fatto apposta □ **t.'s shop**, sartoria.

to **tailor** /ˈteɪlə(r)/ *v. t.* ***1*** confezionare (*un abito*) su misura ***2*** (*fig.*) fare su misura; adattare ● **well-tailored suit**, abito elegante, di buon taglio.

tailpiece /ˈteɪlpiːs/ *n.* aggiunta finale; coda; finalino.

tailplane /ˈteɪlpleɪn/ *n.* (*aeron.*) stabilizzatore orizzontale.

tailspin /ˈteɪlspɪn/ *n.* (*aeron.*) avvitamento; vite: **to go into a t.**, entrare in vite; avvitarsi.

tailwind /ˈteɪlwɪnd/ *n.* ***1*** (*naut.*) vento di poppa ***2*** (*aeron.*) vento in coda.

taint /teɪnt/ *n.* Ⓒ e Ⓤ macchia (*fig.*); ombra; traccia: **a reputation without t.**, una reputazione senza macchia; **a t. of madness**, un ramo di pazzia.

to **taint** /teɪnt/ *v. t.* ***1*** contaminare; infettare; corrompere; macchiare (*fig.*) ***2*** guastare (*cibo*).

tainted /ˈteɪntɪd/ *a.* ***1*** corrotto; infetto; macchiato (*fig.*) ***2*** (*di cibo*) guasto.

take /teɪk/ *n.* ***1*** (*cinem., TV*) ripresa ***2*** (*fam.*) incasso; introito ***3*** (*fam. USA*) modo di vedere; prospettiva ● (*pop.*) **on the t.**, che accetta bustarelle (*o* tangenti); corrotto.

to **take** /teɪk/ (*pass.* **took**, *p.p.* **taken**) ***A*** *v. t.* ***1*** prendere; pigliare; afferrare: **to t. sb.'s hand**; prendere la mano a q.; **to t. sb.'s arm**, prendere sottobraccio q.; appoggiarsi al braccio di q.; **to t. sb. by the hair**, afferrare q. per i capelli; **to t. the bus**, prendere l'autobus; **to t. a holiday**, prendersi una vacanza; **to t. notes**, prendere appunti; **to t. food**, mangiare; **to t. fright**, prendere paura ***2*** accettare; ricevere: **to t. sb.'s advice**, accettare i consigli di q.; **How did she t. it?**, come l'ha presa? ***3*** conquistare ***4*** occupare (*un posto*) ***5*** capire; afferrare: **Do you t. my meaning?**, capisci quel che voglio dire? ***6*** prendere; giudicare; considerare; immaginare: **I took him to be an honest man**, lo presi per una persona onesta; **Who do you t. me for?**, per chi mi hai preso?; **I t. it you'll be there?**, ci sarai anche tu, immagino; **to t. it as read that...**, dare per scontato che... ***7*** prendere con sé; portare; accompagnare: **to t. sb. for a walk**, portare q. a fare una passeggiata; **to t. a child to school**, accompagnare un bambino a scuola; **T. me home**, portami a casa ***8*** togliere: **T. your feet off the table!**, togli i piedi dal tavolo; **They can't t. it away from you**, non possono togliertelo (*o* portartelo via); **He took $10 off the price**, mi ha fatto uno sconto di 10 dollari ***9*** fare; dare: **to t. breakfast [a walk, a photo]**, fare colazione [una passeggiata, una foto]; **to t. a course**, frequentare (*o* fare) un corso; **to t. an exam**, sostenere (*o* dare) un esame; **to t. a swing at sb.**, sferrare un colpo a q. ***10*** subire (*critiche*); resistere a: **I can't t. it any more**, non ce la faccio più; non ne posso più ***11*** (*spesso impers.*) occorrere; volerci; impiegare; metterci: **It takes time**, ci vuole del tempo; **It took four men to lift it**, ci vollero quattro uomini per sollevarlo; **He took three days to finish it**, ci mise tre giorni per finirlo; **It takes a lot of doing**, non è poi così facile; **It took a lot of doing**, ci volle del bello e del buono; (*fam.*) **to have what it takes**, avere i requisiti giusti; avere i numeri ***12*** (*cinem., TV*) riprendere; girare (*una scena*) ***13*** (*gramm.*) reggere ***14*** (*di recipiente*) contenere, tenere; (*di locale, mezzo di trasporto*) avere posti per ● **to t. all the fun out of st.**, guastare la festa; sciupar tutto □ **to t. sb. by surprise**, cogliere q. di sorpresa □ **to t. st. badly**, offendersi per q.c.; aversene a male □ **to t. chances**, correre rischi; rischiare □ **to t. first place**, piazzarsi al primo posto □ **to t. God's name in vain**, nominare il nome di Dio invano □ **to t. in hand**, far rigare dritto (q.); intraprendere (q.c.) □ **to t. sb. into one's confidence**, confidarsi con q. □ **to t. st. into one's head**, mettersi in testa q.c. □ **T. it from me**, credimi; mi puoi credere □ **T. it or leave it**, prendere o lasciare □ **to t. legal [medical] advice**, consultare un avvocato [un medico] □ **to t. sb.'s life**, uccidere q. □ **T. your seats!**, ai vostri posti!; a posto! □ (*fam.*) **to t. things as they come**, prendere le cose come vengono □ **to t. things (*o* it) easy**, prendersela comoda □ **to t. one's time**, fare con calma; prendersela comoda □ **to t. st. to heart**, prendersi a cuore q.c. □ **to be taken ill**, ammalarsi; sentirsi male □ (*prov.*) **It takes all sorts (to make a world)**, il mondo è bello perché è vario ***B*** *v. i.* ***1*** (*anche mecc.*) prendere; far presa; attaccare ***2*** aver successo; attecchire ***3*** agire; funzionare; avere effetto.

♦ **take aback** *v. t. + avv.* cogliere alla sprovvista; sorprendere.

♦ **take after** *v. i. + prep.* prendere da (*un parente*); somigliare a.

♦ **take against** *v. i. + prep.* prendere in antipatia.

♦ **take apart** *v. t. + avv.* ***1*** smontare ***2*** (*anche fig.*) fare a pezzi.

♦ **take away** *v. t. + avv.* portar via; togliere.

♦ **take back** *v. t. + avv.* ***1*** riprendere; prendere indietro ***2*** portare indietro; riportare ***3*** ritirare, ritrattare (*un'accusa, ecc.*) ***4*** far ricordare (*tempi passati*): **It took me back to my childhood**, mi tornò in mente la mia infanzia; **These old photos really t. me back**, quanti ricordi in queste vecchie foto!

♦ **take down** *v. t. + avv.* ***1*** prendere (*o* tirare) giù ***2*** accompagnare da basso ***3*** prendere nota di; trascrivere ***4*** smontare ***5*** demolire ***6*** allungare (*una gonna, un orlo, ecc.*) ● **to t. sb. down a peg or two**, far abbassare la cresta a q.

♦ **take in** *v. t. + avv.* ***1*** portare dentro; accompagnare dentro ***2*** ospitare; alloggiare; prendere in casa: **to t. in lodgers**, prendere pigionanti ***3*** prendere a domicilio (*lavoro*): **to t. in washing**, fare la lavandaia a domicilio ***4*** capire; rendersi conto di; afferrare ***5*** stringere (*un vestito*) ***6*** imbrogliare; abbindolare ***7*** includere; comprendere: **We took in a play**, siamo anche andati a teatro.

♦ **take off** ***A*** *v. t. + avv.* ***1*** togliere, eliminare, sopprimere (*un treno, ecc.*); ritirare (*un film, una commedia*) ***2*** togliersi di dosso ***3*** amputare ***4*** prendere come vacanza: **to t. a week off**, prendersi una settimana di vacanza; **I took a day off**, mi presi un giorno di libertà ***5*** perdere (*peso*) ***6*** condurre; portare: **We took him off to the station**, lo portammo alla stazione ***7*** fare l'imitazione di; imitare ***B*** *v. i.* ***1*** (*aeron.*) decollare ***2*** (*fam.*) andarsene ***C*** to t. **oneself off** *v. rifl. + avv.* andarsene; svignarsela; togliersi dai piedi.

♦ **take on** ***A*** *v. t. + avv.* ***1*** prendere; assumere: **His face took on a puzzled expression**, il suo viso assunse un'espressione perplessa ***2*** accettare, prendere (*un lavoro*); assumere (*un impiegato, ecc.*); assumersi (*una responsabilità, ecc.*) ***3*** affrontare; sfidare; attaccar briga con ***B*** *v. i. + avv.* ***1*** (*di una moda*) prendere piede; far presa ***2*** (*fam. antiq.*) prendersela; agitarsi.

♦ **take out** *v. t. + avv.* ***1*** tirar fuori ***2*** portar fuori: **I'll t. you out to dinner**, ti porto fuori a cena ***3*** stipulare; fare: **to t. out insurance**, sottoscrivere una polizza di assicurazione; **to t. out a subscription**, abbonarsi ***4*** neutralizzare (*un avversario*) ***5*** (*pop., specialm. USA*) far fuori (q.) ● (*fam.*) **to t. it out of sb.**, spossare q. □ **to t. it out on sb.**, sfogare la propria rabbia su q.; rifarsi su q.

♦ **take over** ***A*** *v. t. + avv.* ***1*** prendere possesso di; impadronirsi di; fare proprio ***2*** (*fin.*) rilevare, incorporare (*una società*) ***3*** prendere, assumere (*il comando, la responsabilità, ecc.*); prendere su di sé ***B*** *v. i. + avv.* ***1*** subentrare; prendere il comando: **to t. over from sb.**, subentrare a q. ***2*** (*mil.*) montare di guardia.

♦ **take round** *v. t. + avv.* ***1*** accompagnare in giro ***2*** far circolare, far passare in giro (*una bottiglia, un vassoio, ecc.*).

♦ **take to** *v. i. + prep.* ***1*** mettersi a; cominciare a: **to take to drink (*o* drinking)**, darsi al bere ***2*** prendere in simpatia; approvare (q.c.): **I can't t. to him**, non riesco a farmelo piacere; **He took to the plan immediately**, fu subito d'accordo col progetto ***3*** andare a; rifugiarsi in: **to t. to one's bed**, mettersi a letto; **to t. to the hills**, rifugiarsi sulle colline.

♦ **take up** *v. t. + avv.* ***1*** sollevare ***2*** prendere in mano: **to t. up arms**, prendere le armi ***3*** accogliere (*un suggerimento*); accettare (*un'offerta*); raccogliere (*una sfida*) ***4*** affrontare (*una questione*); discutere di: **I'll t. up the matter with my tax consultant**, consulterò il mio fiscalista su questa faccenda *5* occupare (*spazio*); prendere, richiedere (*tempo*) *6* raccogliere, prendere a bordo (*passeggeri*) *7* accorciare (*un vestito*) *8* cominciare a occuparsi di; darsi a: **to t. up weaving**, darsi alla tessitura; **to t. up tennis**, cominciare a giocare a tennis *9* accettare (*un posto di lavoro*); entrare in carica come *10* (*fin., comm.*) accettare, pagare (*una cambiale, un assegno*) *11* riprendere, continuare (*un racconto*) • **to t. sb. up on st.**, prendere q. in parola per q.c.; rimbeccare q. su q.c.

♦ **take up with** *v. i. + avv. e prep.* *1* mettersi a frequentare (q.) *2* — **to be taken up with st.**, essere tutto preso da q.c.

♦ **take upon** *v. t. + prep.* — **to t. (it) upon oneself to do st.**, prendersi la responsabilità di fare q.c.; impegnarsi a fare q.c.

takeaway /ˈteɪkəweɪ/ (*GB*) ***A*** *a.* (*di cibo, ecc.*) da portar via; da asporto ***B*** *n.* *1* rosticceria *2* piatto pronto da asporto.

take-home /ˈteɪkhəʊm/ *a.* — **t. pay**, stipendio netto.

take-in /ˈteɪkɪn/ *n.* (*fam.*) imbroglio; truffa.

taken /ˈteɪkən/ *p.p. di* **to take**.

take-off /ˈteɪkɒf, *USA* -ɔːf/ *n.* *1* (*aeron.*) decollo *2* partenza (*di un razzo*) *3* (*sport*) stacco (*di saltatore*) *4* (*fam.*) imitazione.

takeout /ˈteɪkaʊt/ (*USA*) ***A*** *a.* da portar via; da asporto ***B*** *n.* piatto pronto da asporto.

takeover /ˈteɪkəʊvə(r)/ *n.* (*fin.*) rilevamento, acquisizione di controllo (*di un'azienda*): **t. bid**, offerta pubblica di acquisto.

taker /ˈteɪkə(r)/ *n.* *1* chi accoglie, chi accetta (*una proposta, ecc.*) *2* acquirente *3* chi prende q.c.: **drug t.**, drogato (-a).

takeup /ˈteɪkʌp/ *n.* *1* (*mecc.*) tenditore *2* (*cinem.*) avvolgitore *3* (*fin.*) sottoscrizione (*di azioni*) • **t. reel**, bobina di avvolgimento.

taking /ˈteɪkɪŋ/ *a.* attraente; affascinante.

takings /ˈteɪkɪŋz/ *n. pl.* incasso; incassi; profitti.

talc /tælk/ *n.* Ⓤ *1* (*miner.*) talco *2* (*fam.*) borotalco ®.

talcum /ˈtælkəm/ *n.* — **t. powder**, borotalco ®.

tale /teɪl/ *n.* *1* storia; racconto: **fairy t.**, racconto di fate; fiaba; **tales of adventure**, racconti d'avventure *2* resoconto; storia *3* diceria; maldicenza • **t.-bearer**, malalingua □ **old wives' tales**, superstizioni; fandonie □ **to tell tales**, raccontare storie; mettere in giro voci □ **It tells its own t.**, (la cosa) si spiega da sé.

talent /ˈtælənt/ *n.* Ⓒ *e* Ⓤ *1* talento; attitudine; disposizione naturale: **to have a t. for drawing**, avere attitudine per il disegno *2* (*col verbo al sing. o al pl.*) talento; talenti: **There's a lack of musical t.**, i talenti musicali scarseggiano *3* (*pop. GB*) bella gente; belle ragazze; bei ragazzi *4* (*stor.*) talento (*moneta, unità di peso*) • **t. scout**, scopritore di talenti.

talented /ˈtæləntɪd/ *a.* di talento.

talisman /ˈtælɪzmən, -sm-/ *n.* talismano.

talk /tɔːk/ *n.* *1* conversazione; colloquio; chiacchierata: **I'll have a t. with him**, gli parlerò io *2* conferenza (informale) *3* Ⓤ parlata; linguaggio: **baby t.**, linguaggio infantile *4* Ⓤ chiacchiere vuote; vane parole: **He's all t.**, è pieno di chiacchiere; parla e parla, e non conclude nulla *5* Ⓤ diceria; voce; pettegolezzo: **There's t. of him getting married**, corrono voci su un suo possibile matrimonio; **to be the t. of the town**, essere sulla bocca di tutti *6* (*al pl.*) colloqui; trattativa: **peace talks**, trattative di pace • (*TV, radio*) **t. show**, talk show □ **small t.**, conversazione leggera.

to **talk** /tɔːk/ ***A*** *v. i.* *1* parlare; discorrere; chiacchierare: **I was talking to a friend**, parlavo con un amico; **to t. about st.**, parlare di q.c. *2* fare pettegolezzi; chiacchierare *3* (*fam.*) parlare; confessare; vuotare il sacco • (*fam.*) **T. about...!**, e poi si dice...!; altro che...! □ (*fam.*) **to t. big**, vantarsi □ **to t. nineteen to the dozen**, parlare ininterrottamente □ **to t. oneself hoarse**, diventare rauco a forza di parlare; sfiatarsi; spolmonarsi □ **T. of the devil!**, lupus in fabula (*lat.*) □ **Talking of holidays...**, a proposito di vacanze... □ **to t. round a subject**, girare intorno a un argomento □ **to t. through one's hat** (*o* **through one's neck**), parlare a vanvera; dire sciocchezze □ **It's all right for you to t.!**, fai presto a dire tu! □ (*fam.*) **Now you're talking!**, adesso sì che dici bene!; adesso ci siamo! □ (*fam.*) **Look who's talking!** (*o* **You can t.!**), senti chi parla! ***B*** *v. t.* *1* parlare: **to t. French**, parlare francese *2* parlare di; discutere di: **to t. business**, parlare d'affari; **to t. shop**, parlare di lavoro; **to t. politics**, discutere di politica *3* dire: **to t. sense [nonsense]**, dire cose sensate [sciocchezze] • **to t. one's way out of a tight spot**, cavarsi da un impiccio grazie alla propria parlantina □ (*fam. USA*) **to t. turkey**, parlare sul serio.

♦ **talk back** *v. i. + avv.* (*USA*) ribattere; rispondere con impertinenza; rimbeccare.

♦ **talk down** *v. t. + avv.* *1* sminuire l'importanza di; denigrare *2* ridurre al silenzio (*in una discussione*) *3* (*aeron.*) portare a terra (*un pilota*) dandogli istruzioni via radio.

♦ **talk down to** *v. i. + avv. e prep.* parlare con condiscendenza a.

♦ **talk into** *v. t. + prep.* convincere a: **to t. sb. into doing st.**, convincere q. a fare q.c.

♦ **talk out of** *v. t. + avv. e prep.* dissuadere da: **to t. sb. out of doing st.**, dissuadere q. dal fare q.c.

♦ **talk over** *v. t. + avv.* discutere; parlare di.

♦ **talk round** *v. t. + avv.* convincere; portare dalla propria parte.

♦ **talk up** ***A*** *v. i. + avv.* parlare più forte ***B*** *v. t. + avv.* (*fam.*) elogiare; incoraggiare; caldeggiare; promuovere.

talkative /ˈtɔːkətɪv/ *a.* ciarliero; loquace.

talkativeness /ˈtɔːkətɪvnəs/ *n.* Ⓤ loquacità; parlantina (*fam.*).

talked-of /tɔːktˈɒv/ *a.* di cui si parla.

talker /ˈtɔːkə(r)/ *n.* *1* parlatore (-trice); conversatore (-trice) *2* chiacchierone (-a).

talkie /ˈtɔːkɪ/ *n.* (*fam. antiq.*) film sonoro • **the talkies**, il (cinema) sonoro.

talking /ˈtɔːkɪŋ/ *a.* parlante: **t. parrot**, pappagallo parlante • **t. book**, audiolibro (*per i non vedenti*) □ (*fam. TV*) **t. head**, mezzobusto; esperto (*in un dibattito*) □ **t. point**, argomento da discutere (*o* di conversazione).

talking-to /ˈtɔːkɪŋtuː/ *n.* (*fam.*) rimprovero; ramanzina.

tall /tɔːl/ *a.* *1* alto: **six feet t.**, alto sei piedi *2* (*fam.*) esagerato; inverosimile: **t. story**, racconto inverosimile; panzana; **t. order**, pretesa assurda; compito arduo • **t. ship**, veliero (*a vele quadre*).

tallboy /ˈtɔːlbɔɪ/ *n.* (*GB*) cassettone alto.

tallow /ˈtæləʊ/ ***A*** *n.* Ⓤ sego ***B*** *a. attr.* di sego.

tally /ˈtælɪ/ *n.* *1* conto; conteggio: **to keep a t. of**, tenere il conto di *2* (*sport*) punteggio.

to **tally** /ˈtælɪ/ ***A*** *v. t.* (*anche* **to t. up**) calcolare; conteggiare ***B*** *v. i.* concordare; corrispondere.

talon /ˈtælən/ *n.* artiglio (*di rapace*). ATTENZIONE: **talon** ≠ tallone.

tamable /ˈteɪməbl/ *V.* **tameable**.

tamarind /ˈtæmərɪnd/ *n.* (*bot.*) tamarindo.

tamarisk /ˈtæmərɪsk/ *n.* (*bot.*) tamerice; tamarisco.

tambour /ˈtæmbʊə(r)/ *n.* *1* (*mus., archit.*) tamburo *2* telaio da ricamo; tamburello.

tambourine /tæmbəˈriːn/ *n.* (*mus.*) tamburello.

tame /teɪm/ *a.* *1* domestico; addomesticato: **t. animals**, animali domestici *2* blando; insipido; insulso; noioso.

to **tame** /teɪm/ *v. t.* *1* addomesticare; domare: **to t. horses**, domare cavalli *2* domare; sottomettere.

tameable /ˈteɪməbl/ *a.* addomesticabile; domabile.

tameness /ˈteɪmnəs/ *n.* Ⓤ *1* docilità; mansuetudine *2* insipidità; insulsaggine.

tamer /ˈteɪmə(r)/ *n.* domatore (-trice): **lion t.**, domatore di leoni.

tammy /ˈtæmɪ/ *V.* **tam-o'-shanter**.

tam-o'-shanter /tæməˈʃæntə(r)/ *n.* berretto scozzese con pompon.

to **tamper** /ˈtæmpə(r)/ *v. Solo come*:

♦ **tamper with** *v. i. + prep.* manomettere.

tampon /ˈtæmpɒn/ *n.* (*med.*) tampone; stuello.

to **tampon** /ˈtæmpɒn/ *v. t.* (*med.*) tamponare, stuellare (*una ferita*).

tan /tæn/ ***A*** *n.* Ⓤ *1* marrone chiaro *2* abbronzatura; tintarella (*fam.*): **to get a tan**, abbronzarsi; prendere la tintarella ***B*** *a. attr.* marrone chiaro.

to **tan** /tæn/ ***A*** *v. t.* *1* (*ind.*) conciare (*pelli*) *2* abbronzare *3* (*fam.*) suonarle a: **to tan the hide off sb.**, suonarle a q. ***B*** *v. i.* *1* (*di pelli*) subire la concia *2* abbronzarsi; prendere la tintarella (*fam.*).

tandem /ˈtændəm/ *n.* tandem • (*fig.*) **in t.**, in tandem; in collaborazione; in concomitanza.

tang /tæŋ/ *n.* *1* sapore piccante; odore pungente *2* codolo.

tangency /ˈtændʒənsɪ/ *n.* Ⓤ (*geom.*) tangenza.

tangent /ˈtændʒənt/ *a. e n.* (*geom.*) tangente • **to go** (*o* **to fly**) **off at a t.**, partire per la tangente; divagare; (*di conversazione*) prendere un'altra direzione.
tangential /tænˈdʒenʃl/ *a.* (*geom.*) tangenziale.
tangerine /tændʒəˈriːn, *USA* ˈt-/ *n.* **1** (*bot.*) mandarino **2** Ⓤ color mandarino.
tangible /ˈtændʒəbl/ *a.* **1** tangibile **2** concreto; sostanziale; manifesto.
tangle /ˈtæŋgl/ *n.* groviglio; intrico; viluppo.
to **tangle** /ˈtæŋgl/ ***A*** *v. t.* aggrovigliare; arruffare; ingarbugliare ***B*** *v. i.* aggrovigliarsi; arruffarsi; ingarbugliarsi.
♦ **tangle with** *v. i. + prep.* (*fam.*) scontrarsi con; litigare con.
tangled /ˈtæŋgld/, **tangly** /ˈtæŋglɪ/ *a.* aggrovigliato; arruffato; ingarbugliato.
tango /ˈtæŋgəʊ/ *n.* (*pl.* **tangos**) tango.
to **tango** /ˈtæŋgəʊ/ *v. i.* ballare il tango.
tangy /ˈtæŋɪ/ *a.* **1** (*di odore*) penetrante **2** (*di sapore*) aspro.
tank /tæŋk/ *n.* **1** serbatoio; cisterna; vasca: **petrol t.**, serbatoio della benzina; **fish t.**, acquario **2** (*mil.*) carro armato • **t. top**, (*GB*) golf senza maniche; (*USA*) canottiera □ (*ferr.*) **t. wagon**, carro cisterna.
tankard /ˈtæŋkəd/ *n.* boccale (*col coperchio*).
tanked up /tæŋktˈʌp/ *a.* (*pop.*) ubriaco; sbronzo.
tanker /ˈtæŋkə(r)/ *n.* **1** (*naut.*) nave cisterna; petroliera **2** autocisterna; autobotte **3** (*aeron.*) aerocisterna.
tanned /tænd/ *a.* abbronzato.
tanner /ˈtænə(r)/ *n.* conciatore; conciapelli
tannery /ˈtænərɪ/ *n.* (*ind.*) conceria.
tannic /ˈtænɪk/ *a.* (*chim.*) tannico: **t. acid**, acido tannico.
tannin /ˈtænɪn/ *n.* Ⓤ (*chim.*) tannino.
tanning /ˈtænɪŋ/ *n.* Ⓤ (*ind.*) concia (*il processo*).
Tannoy ® /ˈtænɔɪ/ *n.* altoparlante: **over the T.**, all'altoparlante.
tansy /ˈtænzɪ/ *n.* Ⓤ (*bot.*) tanaceto.
to **tantalise** /ˈtæntəlaɪz/ *e deriv.* (*GB*) *V.* **to tantalize** *e deriv.*
to **tantalize** /ˈtæntəlaɪz/ *v. t.* stuzzicare; allettare.
tantalizing /ˈtæntəlaɪzɪŋ/ *a.* stuzzicante; allettante.
tantalizingly /ˈtæntəlaɪzɪŋlɪ/ *avv.* — **t. close to victory**, a un passo dalla vittoria.
tantamount /ˈtæntəmaʊnt/ *a. pred.* — **to be t. to**, equivalere a.
tantrum /ˈtæntrəm/ *n.* capriccio; bizza: **to have** (*o* **to throw**) **a t.**, fare i capricci; fare una scenata.
Taoism /ˈtaʊɪzəm/ *n.* Ⓤ (*relig.*) taoismo.
Taoist /ˈtaʊɪst/ *n. e a.* (*relig.*) taoista.
tap (**1**) /tæp/ *n.* **1** rubinetto: **to turn the tap on** [**off**], aprire [chiudere] il rubinetto **2** zaffo; zipolo; spina; tappo **3** intercettazione telefonica • **on tap**, (*di vino, birra*) alla spina; (*fig. fam.*) pronto, a disposizione.
tap (**2**) /tæp/ *n.* **1** colpo leggero; colpetto; picchio: **a tap on the window**, un colpetto alla finestra **2** (*al pl., col verbo al sing.*) (*mil.*) silenzio • **tap dance**, tip tap □ **tap dancer**, ballerino di tip tap.
to **tap** (**1**) /tæp/ *v. t.* **1** (*econ.*) sfruttare; utilizzare **2** — **to tap sb.'s telephone**, mettere sotto controllo il telefono di q.; intercettare le telefonate di q. **3** spillare (*una botte, birra, ecc.*) **4** incidere (*una pianta per ricavarne la linfa*) 5 (*fam. GB*) spillare: **to tap sb. for money**, spillare denaro a q.
to **tap** (**2**) /tæp/ *v. t. e i.* battere; picchiare; bussare; picchiettare; dare un colpetto (a): **to tap at** (*o* **on**) **the door**, bussare alla porta; **I tapped him on the shoulder**, gli diedi un colpetto sulla spalla.
♦ **tap out** *v. t. + avv.* **1** trasmettere (*un messaggio*) in alfabeto Morse **2** svuotare battendo: **to tap out one's pipe**, svuotare la pipa con ripetuti colpetti.
tape /teɪp/ *n.* Ⓒ *e* Ⓤ **1** nastro; fettuccia: **insulating t.**, nastro isolante; **adhesive** (*o* **sticky**) **t.**, nastro adesivo **2** nastro (magnetico) **3** cassetta; videocassetta **4** (*sport, anche* **finishing t.**) nastro del traguardo • **t. deck**, piastra (di registrazione); deck □ **t. library**, nastroteca □ **t. measure**, metro a nastro □ **t. recorder**, registratore a nastro; magnetofono □ **t. recording**, registrazione (su nastro) □ **red t.**, burocrazia; lungaggini burocratiche.
to **tape** /teɪp/ *v. t.* **1** legare con un nastro **2** (*elettr.*) fasciare con nastro isolante **3** registrare su nastro magnetico • (*fam.*) **I've got him taped**, ho capito il tipo.
♦ **tape up** *v. i. + avv.* (*USA*) incerottare.
taper /ˈteɪpə(r)/ *n.* **1** candela sottile **2** accenditoio **3** (*archit., mecc., aeron.*) rastremazione.
to **taper** /ˈteɪpə(r)/ ***A*** *v. t.* affusolare; assottigliare all'estremità; (*mecc., archit.*) rastremare ***B*** *v. i.* (*anche* **to t. off**) **1** affusolarsi; assottigliarsi (*all'estremità*); rastremarsi **2** diminuire; ridursi.
to **tape-record** /ˈteɪprɪˈkɔːd, -ɪk-/ *v. t.* registrare (su nastro).
tapering /ˈteɪpərɪŋ/ *a.* affusolato; rastremato.
tapestry /ˈtæpəstrɪ/ *n.* Ⓒ *e* Ⓤ arazzo.
tapeworm /ˈteɪpwɜːm/ *n.* (*zool.*) tenia; verme solitario.
tapioca /tæpɪˈəʊkə/ *n.* Ⓤ tapioca.
tapir /ˈteɪpə(r)/ *n.* (*zool.*) tapiro.
tappet /ˈtæpɪt/ *n.* (*mecc.*) punteria (*del motore*).
taproot /ˈtæpruːt, *USA* -uːt, -ʊt/ *n.* (*bot.*) fittone; radice principale.
tar /tɑː(r)/ *n.* Ⓤ catrame.
to **tar** /tɑː(r)/ *v. t.* incatramare; catramare • **to tar and feather sb.**, impeciare e ricoprire di piume q. (*per punizione*) □ (*spreg.*) **tarred with the same brush**, della stessa razza.
tarantula /təˈræntjʊlə, *USA* -tʃʊlə/ *n.* (*zool.*) tarantola.
tardiness /ˈtɑːdɪnəs/ *n.* Ⓤ (*form. o lett.*) **1** lentezza **2** ritardo; indugio.
tardy /ˈtɑːdɪ/ *a.* (*form. o lett.*) **1** tardo; lento; pigro **2** in ritardo; tardivo.
tare (**1**) /teə(r)/ *n.* (*bot.*) **1** veccia **2** zizzania.
tare (**2**) /teə(r)/ *n.* Ⓤ (*comm.*) tara.
target /ˈtɑːgɪt/ *n.* **1** bersaglio: **to miss the t.**, sbagliare il bersaglio; **t. practice**, tiro al bersaglio **2** (*mil.*) obiettivo **3** obiettivo; scopo; (*market.*) target: **to set oneself a t.**, porsi un obiettivo **4** oggetto: **to be a t. for scorn**, essere oggetto di scherno • **t. group for**, gruppo a cui è destinato (*un prodotto, ecc.*) □ (*glottodidattica*) **t. language**, lingua di arrivo □ **to be** (**bang**) **on t.**, essere (perfettamente) nei tempi; aver rispettato le scadenze.
to **target** /ˈtɑːgɪt/ *v. t.* **1** (*mil.*) puntare contro **2** destinare; indirizzare: **These funds should be targeted on local housing projects**, questi fondi dovrebbero essere destinati all'edilizia locale **3** (*market.*) rivolgersi a; avere come target.
tariff /ˈtærɪf/ *n.* **1** tariffa doganale; dazio **2** (*comm., specialm. GB*) tariffa; **hotel tariffs**, tariffe alberghiere.
to **tariff** /ˈtærɪf/ *v. t.* (*comm.*) tariffare; sottoporre a tariffa.
tarmac /ˈtɑːmæk/ *n.* **1** Ⓤ macadam al catrame **2** (*aeron.*) pista.
tarmacadam /tɑːməˈkædəm/ *V.* **tarmac**, *def. 1.*
tarn /tɑːn/ *n.* (*geogr.*) laghetto montano.
tarnish /ˈtɑːnɪʃ/ *n.* Ⓤ opacità; offuscamento; appannatura.
to **tarnish** /ˈtɑːnɪʃ/ ***A*** *v. t.* **1** annerire; appannare; offuscare; ossidare **2** macchiare (*fig.*): **a tarnished reputation**, una reputazione macchiata ***B*** *v. i.* **1** annerire; appannarsi; offuscarsi; ossidarsi **2** macchiarsi (*fig.*).
tarot /ˈtærəʊ/ *n.* **1** (*anche* **t. card**) tarocco **2** (*al pl.*) (gioco dei) tarocchi.
tarpaulin /tɑːˈpɔːlɪn/ *n.* Ⓒ *e* Ⓤ telone (impermeabile); incerata.
tarragon /ˈtærəgən, -ɒn/ *n.* Ⓤ (*bot.*) estragone; dragoncello • **t. vinegar**, aceto aromatizzato (*con estragone*).
tarry /ˈtɑːrɪ/ *a.* **1** catramoso **2** catramato; incatramato.
to **tarry** /ˈtærɪ/ *v. i.* (*lett.*) **1** restare; trattenersi; sostare **2** indugiare.
tarsus /ˈtɑːsəs/ *n.* (*pl.* **tarsi** /-saɪ/) (*anat.*) tarso.
tart (**1**) /tɑːt/ *n.* **1** crostata; crostatina: **apple t.**, torta di mele **2** (*fam. spreg.*) puttana; sgualdrina.
tart (**2**) /tɑːt/ *a.* **1** acido; agro **2** (*fig.*) aspro; pungente.
to **tart** /tɑːt/ *v. Solo come*:
♦ **tart up** (*fam. GB, generalm. spreg.*) ***A*** *v. t.* **1** agghindare; vestire (*o* truccare) in modo pacchiano **2** ristrutturare; rimettere a nuovo ***B*** *v. i.* (*anche* **to t. oneself up**) **1** mettersi in ghingheri **2** vestirsi (*o* truccarsi) in modo pacchiano.
tartan /ˈtɑːtn/ *n.* Ⓤ *e* Ⓒ **1** disegno scozzese a quadri (*riferito a un clan particolare*) **2** tessuto di lana scozzese a quadri; tartan: **t. skirt**, gonna scozzese.
Tartar /ˈtɑːtə(r)/ *n.* **1** (*stor.*) tartaro **2** persona irascibile **3** persona esigente; castigamatti • (*cucina*) **T. sauce**, salsa tartara.
tartar /ˈtɑːtə(r)/ *n.* Ⓤ (*chim.*) tartaro • **cream of t.**, cremortartaro.
tartare /ˈtɑːtə(r)/ *a.* (*cucina*) — **t. sauce**, salsa tartara; **steak t.** (*o* **t. steak**), bistecca alla tartara.
tartaric /tɑːˈtærɪk/ *a.* (*chim.*) tartarico: **t. acid**, acido tarta-

rico.
tartlet /ˈtɑːtlət/ *n.* tortina; pasticcino.
tartness /ˈtɑːtnəs/ *n.* U **1** acidità; agro **2** asprezza; mordacità.
task /tɑːsk, *USA* tæsk/ *n.* compito; incarico; mansione; dovere ● (*mil.*) **t. force**, task force; unità operativa; (*in G.B.*) squadra speciale (*della polizia*) □ **to take sb. to t.**, richiamare (all'ordine) q.; rimproverare q.
taskmaster /ˈtɑːskmɑːstə(r), *USA* ˈtæskmæs-/ *n.* sorvegliante (*o* datore di lavoro, insegnante, ecc.) severo; cerbero.
Tasmanian /tæzˈmeɪnɪən/ *a. e n.* (abitante) della Tasmania; tasmaniano.
tassel /ˈtæsl/ *n.* fiocco; nappa.
taste /teɪst/ *n.* **1** U gusto: **sweet to the t.**, dolce al gusto **2** U *e* C gusto; sapore: **It has no t.**, non ha sapore; è insapore; **a funny t.**, un sapore strano **3** U gusto; buon gusto: **in good [bad] t.**, di buon [cattivo] gusto **4** gusto; predilezione: **Is it to your t.?**, è di tuo gusto?; **She has a t. for floral patterns**, le piacciono (*o* predilige) le fantasie floreali **5** assaggio: **to have a t. of st.**, assaggiare q.c. ● (*anat.*) **t. bud**, papilla gustativa □ (*cucina*) **to t.**, a piacere □ **an acquired t.**, un gusto acquisito □ (*anche fig.*) **to leave a bad t. in the mouth**, lasciare la bocca amara. ATTENZIONE: **taste ≠ tasto**.
to **taste** /teɪst/ **A** *v. t.* **1** (*anche fig.*) assaggiare; provare; assaporare **2** sentire il sapore di; sentire **3** mangiare **B** *v. i.* (*anche fig.*) sapere di; avere (*buon, cattivo, ecc.*) sapore: **to t. good**, avere un buon sapore; **to t. bitter**, sapere d'amaro; **to t. of**, sapere di. ATTENZIONE: **to taste ≠ tastare**.
tasteful /ˈteɪstfl/ *a.* di buon gusto; raffinato.
tasteless /ˈteɪstləs/ *a.* **1** insaporo; insipido; scipito **2** privo di gusto; di cattivo gusto.
taster /ˈteɪstə(r)/ *n.* **1** assaggiatore (-trice); degustatore (-trice) **2** assaggio.
tasty /ˈteɪstɪ/ *a.* **1** gustoso; saporito **2** (*di notizia, ecc.*) appetitoso; succoso **3** (*fam.*) attraente; appetibile.
tat (**1**) /tæt/ *n.* U (*fam.*) ciarpame; cianfrusaglie.
tat (**2**) /tæt/ *n.* — **tit for tat**, *V. sotto* **tit** (**3**).
ta-ta /təˈtɑː/ *inter.* (*fam.*) ciao.
Tatar /ˈtɑːtə(r)/ *n. V.* **Tartar**.
tatter /ˈtætə(r)/ *V.* **tatters**.
tattered /ˈtætəd/ *a.* lacero; a brandelli; sbrindellato.
tatters /ˈtætəz/ *n. pl.* brandelli; stracci: **dressed in t.**, vestito di stracci; **in t.**, a brandelli; sbrindellato ● **His reputation is in t.**, la sua reputazione è rovinata.
tatting /ˈtætɪŋ/ *n.* U chiacchierino (*merletto*).
tattle /ˈtætl/ *n.* U chiacchiere; ciarle; ciance.
to **tattle** /ˈtætl/ **A** *v. i.* chiacchierare; ciarlare; spettegolare **B** *v. t.* dire (*parole*) a vanvera.
tattler /ˈtætlə(r)/ *n.* chiacchierone (-a); pettegolo (-a).
tattoo (**1**) /tæˈtuː, tə-/ *n.* (*pl.* **tattoos**) **1** (*mil., stor.*) ritirata: **to beat the t.**, suonare la ritirata **2** carosello militare **3** rullio di tamburi ● **to beat a t. on the table with one's fingers**, tamburellare sul tavolo con le dita.
tattoo (**2**) /tæˈtuː, tə-/ *n.* (*pl.* **tattoos**) tatuaggio.
to **tattoo** (**1**) /tæˈtuː, tə-/ *v. i.* tamburellare con le dita.
to **tattoo** (**2**) /tæˈtuː, tə-/ *v. t.* tatuare.
tattooed /tæˈtuːd, tə-/ *a.* tatuato.
tattooist /tæˈtuːɪst, tə-/ *n.* chi fa tatuaggi.
tatty /ˈtætɪ/ *a.* (*fam. GB*) malridotto; malandato.
taught /tɔːt/ *pass. e p.p. di* **to teach**.
taunt /tɔːnt, *USA* tɒnt/ *n.* commento sarcastico; scherno.
to **taunt** /tɔːnt, *USA* tɒnt/ *v. t.* deridere; schernire.
taut /tɔːt/ *a.* **1** teso; rigido: **t. muscles**, muscoli tesi; **to pull a rope t.**, tendere una corda **2** (*di viso, ecc.*) teso **3** (*di stile, ecc.*) essenziale; senza sbavature.
to **tauten** /ˈtɔːtn/ **A** *v. t.* tendere; irrigidire **B** *v. i.* tendersi; irrigidirsi.
tautness /ˈtɔːtnəs/ *n.* U tensione; rigidità.
tautological /tɔːtəˈlɒdʒɪkl/ *a.* tautologico.
tautology /tɔːˈtɒlədʒɪ/ *n.* U *e* C tautologia.
tavern /ˈtævən/ *n.* **1** taverna; osteria **2** locanda.
tawdry /ˈtɔːdrɪ/ *a.* vistoso; sgargiante; pacchiano; dozzinale.
tawny /ˈtɔːnɪ/ *a.* bruno fulvo ● (*zool.*) **t. owl**, allocco.
tax /tæks/ *n.* **1** C *e* U imposta; tassa; tributo: **to pay one's taxes**, pagare le tasse; **income tax**, imposta sul reddito; **local taxes**, tributi locali **2** peso; sforzo; onere: **to be a tax on sb.'s strength**, affaticare molto q. ● **tax avoidance**, elusione fiscale □ **tax deduction**, detrazione d'imposta □ **tax-deductible**, detraibile □ (*in G.B.*) **tax disc**, bollo di circolazione □ (*fam.*) **tax dodger**, evasore fiscale □ **tax evasion**, evasione (*o* frode) fiscale □ **tax-exempt** (*o* **tax-free**), esente da imposte □ **tax exile**, espatriato per motivi fiscali □ **tax haven**, paradiso fiscale □ **tax relief**, sgravio fiscale □ **tax return**, dichiarazione dei redditi □ **tax year**, anno fiscale □ **before [after] tax**, al lordo [al netto] delle imposte.
to **tax** /tæks/ *v. t.* **1** tassare; imporre tributi su **2** affaticare; sforzare; mettere a dura prova: **to tax sb.'s patience**, mettere a dura prova la pazienza di q. **3** accusare; tacciare: **to be taxed with negligence [with having neglected one's work]**, essere tacciato di negligenza [di aver trascurato il lavoro].
taxable /ˈtæksəbl/ *a.* imponibile; soggetto a imposta; tassabile ● (*fisc.*) **t. capacity**, capacità contributiva.
taxation /tækˈseɪʃn/ *n.* U **1** tassazione: **direct [indirect] t.**, tassazione diretta [indiretta]; **t. at source**, tassazione alla fonte **2** imposte ● **t. consultant**, fiscalista.
taxi /ˈtæksɪ/ *n.* taxi; tassì ● **t. driver**, tassista □ **t. rank**, posteggio dei taxi.
to **taxi** /ˈtæksɪ/ *v. i.* (*aeron.*) rullare.
taxicab /ˈtæksɪkæb/ *n.* taxi; tassì.
taxidermist /ˈtæksɪdɜːmɪst/ *n.* tassidermista.
taxidermy /ˈtæksɪdɜːmɪ/ *n.* U tassidermia.
taximeter /ˈtæksɪmiːtə(r)/ *n.* tassametro.
taxing /ˈtæksɪŋ/ *a.* pesante; oneroso.
taxiway /ˈtæksɪweɪ/ *n.* (*aeron.*) pista di rullaggio.
taxonomy /tækˈsɒnəmɪ/ *n.* U tassonomia.
taxpayer /ˈtækspeɪə(r)/ *n.* contribuente.
te /tiː/ *n.* (*mus.*) si (*nel solfeggio*).
tea /tiː/ *n.* **1** U tè: **a cup of tea**, una tazza di tè; **to have tea**, prendere il tè; **tea with lemon**, tè al limone **2** C *e* U (*fam., in G.B.*) cena **3** (*anche* **afternoon tea**) tè **4** U infuso: **camomile tea**, infuso di camomilla ● **tea break**, sosta per il tè □ **tea chest**, cassa da tè □ **tea cloth**, tovaglia da tè □ **tea cosy**, copriteiera □ **tea party**, tè (*trattenimento*) □ (*bot.*) **tea rose**, rosa tea □ **tea service** (*o* **tea set**), servizio da tè □ **tea shop**, sala da tè □ **tea strainer**, colino per il tè □ **tea-time**, l'ora del tè □ (*GB*) **tea towel**, strofinaccio (da cucina) □ **tea trolley** (*USA* **tea wagon**), carrello da tè □ **high tea**, pasto serale (*in luogo della cena*) □ (*GB*) **Russian tea**, tè al limone.
teabag /ˈtiːbæg/ *n.* bustina di tè.
teacake /ˈtiːkeɪk/ *n.* pasticcino per il tè.
to **teach** /tiːtʃ/ (*pass. e p.p.* **taught**) **A** *v. t.* insegnare: **to t. sb. st.**, insegnare q.c. a q.: **to t. sb. (how) to swim**, insegnare a q. a nuotare; **I'll teach him to meddle in my affairs**, glielo insegno io a impicciarsi nei fatti miei **B** *v. i.* insegnare; fare l'insegnante ● **to t. one's grandmother to suck eggs**, dare consigli a chi ha più esperienza □ **That will t. you a lesson**, ciò ti servirà di lezione □ **That will t. him**, così impara; ben gli sta.
teacher /ˈtiːtʃə(r)/ *n.* insegnante; professore (-essa); maestro (-a): **chemistry t.**, professore di chimica ● **t. training college**, istituto superiore per l'abilitazione all'insegnamento.
teaching /ˈtiːtʃɪŋ/ *n.* U *e* C insegnamento: **to go into t.**, darsi all'insegnamento; insegnare ● **t. aids**, sussidi didattici □ **t. hospital**, clinica universitaria □ **t. practice**, tirocinio come insegnante □ **t. staff**, corpo docente.
teacup /ˈtiːkʌp/ *n.* tazza da tè.
teacupful /ˈtiːkʌpfʊl/ *n.* (quanto sta in una) tazza da tè.
teahouse /ˈtiːhaʊs/ *n.* casa da tè (*in Cina o in Giappone*).
teak /tiːk/ *n.* U tek (*albero e legno*).
teal /tiːl/ *n.* (*zool.*) alzavola.
team /tiːm/ *n.* **1** squadra (*di operai, giocatori, ecc.*); gruppo (*di lavoro*) **2** (*di animali*) attacco; tiro; pariglia (*di cavalli*) ● **t. game**, gioco a squadre □ **t.-mate**, compagno di squadra □ **t. spirit**, spirito di corpo; spirito di collaborazione.
to **team** /tiːm/ *v. Solo come*:
♦ **team up** (**with**) *v. i. + avv.* (*e prep.*) collaborare (con); lavorare insieme (con).
teamster /ˈtiːmstə(r)/ *n.* (*USA*) camionista.
teamwork /ˈtiːmwɜːk/ *n.* U collaborazione; affiatamento; lavoro di gruppo (*o* di squadra, d'équipe).
teapot /ˈtiːpɒt/ *n.* teiera.
tear (**1**) /tɛə(r)/ *n.* strappo; lacerazione.
tear (**2**) /tɪə(r)/ *n.* lacrima: **to shed tears**, versar lacrime; **to**

burst into tears, scoppiare in lacrime; **to be in tears**, essere in lacrime; piangere; **There were tears in her eyes**, aveva le lacrime agli occhi • (*anat.*) **t. duct**, dotto lacrimale □ **t. gas**, gas lacrimogeno.

to **tear** /tɛə(r)/ (*pass.* **tore**, *p.p.* **torn**) ***A*** *v. t.* ***1*** strappare; stracciare; lacerare: **to t. st. in two**, strappare in due q.c.; **to t. a letter into little pieces**, fare a pezzi una lettera; **I've torn my sleeve**, mi sono fatto uno strappo alla manica; **I tore my skirt on a nail**, un chiodo mi ha strappato la gonna; (*anche fig.*) **to t. one's hair**, strapparsi i capelli; **to t. a envelope open**, aprire una busta strappandola; **He was torn from his family**, fu strappato alla famiglia ***2*** (*solo al passivo*) dividere; dilaniare: **to be torn between loyalty and ambition**, essere diviso tra fedeltà e ambizione; **a country torn by civil war**, un paese dilaniato dalla guerra civile • **to t. a hole in st.**, fare un buco in q.c. □ (*fam.*) **to t. sb. off a strip** (*o* **to t. a strip off sb.**), dare una lavata di capo a q. □ **to t. st. to pieces**, dilaniare; straziare; (*fig.*) stroncare, demolire □ (*fam. GB*) **That's torn it!**, bel guaio! ***B*** *v. i.* ***1*** strapparsi; stracciarsi; lacerarsi ***2*** (*fam.*) andare a tutta velocità; correre velocemente; precipitarsi: (*di auto*) **to t. along**, sfrecciare; **to t. down the stairs**, scendere a precipizio le scale; precipitarsi giù per le scale • **to t. loose**, liberarsi con uno strattone.

♦ **tear at** *v. i. + prep.* cercare di strappare; dare uno strappo a.

♦ **tear apart** *v. t. + avv.* ***1*** fare a pezzi; (*anche fig.*) dilaniare, lacerare ***2*** buttare all'aria (*una stanza, ecc.*) ***3*** criticare ferocemente; stroncare; demolire.

♦ **tear away** *v. t. + avv.* strappar via; staccare.

♦ **tear down** *v. t. + avv.* ***1*** strappare, staccare (*un manifesto, ecc.*) ***2*** demolire (*un edificio, ecc.*).

♦ **tear into** *v. i. + prep.* (*fam.*) ***1*** buttarsi su (*cibo*) ***2*** attaccare (verbalmente); aggredire ***3*** criticare ferocemente; stroncare; demolire.

♦ **tear off** ***A*** *v. t. + avv.* strappare ***B*** *v. i. + avv.* andarsene a gambe levate.

♦ **tear out** *v. t. + avv.* strappare; staccare: **to t. out a cheque [a page]**, staccare un assegno [una pagina].

♦ **tear up** *v. t. + avv.* ***1*** stracciare ***2*** sradicare, svellere (*una pianta*).

tearaway /ˈtɛərəweɪ/ *n.* (*fam.*) ragazzaccio; giovinastro; giovane teppista.

teardrop /ˈtɪədrɒp/ *n.* lacrima.

tearful /ˈtɪəfl/ *a.* ***1*** lacrimoso; in lacrime ***2*** lacrimevole.

tearing /ˈtɛərɪŋ/ *a.* — (*fam.*) **to be in a t. hurry**, avere una fretta terribile.

tearjerker /ˈtɪədʒɜːkə(r)/ *n.* (*fam.*) film (*o* romanzo, ecc.) strappalacrime.

tearoom /ˈtiːruːm, -rʊm/ *n.* sala da tè.

tease /tiːz/ *n.* (*fam.*) ***1*** chi prende in giro; chi stuzzica; canzonatore (-trice) ***2*** chi eccita q. sessualmente (lasciandolo a bocca asciutta).

to **tease** /tiːz/ *v. t.* ***1*** prendere in giro; canzonare ***2*** stuzzicare; molestare ***3*** (*ind. tess.*) cardare; pettinare ***4*** cotonare (*i capelli*).

♦ **tease out** *v. t. + avv.* sbrogliare.

teasel /ˈtiːzl/ *n.* (*bot.*) cardo.

teaser /ˈtiːzə(r)/ *n.* ***1*** *V.* **tease** ***2*** (*fam.*) rompicapo.

teaspoon /ˈtiːspuːn/ *n.* cucchiaino (da tè).

teaspoonful /ˈtiːspuːnfʊl/ *n.* cucchiaino (da tè) (*come misura*).

teat /tiːt/ *n.* ***1*** (*anat.*) capezzolo ***2*** (*GB*) tettarella.

teazel, teazle /ˈtiːzl/ *V.* **teasel**.

tech /tɛk/ *n.* (*fam.*) ***1*** *abbr. di* **technical college**, *q.V. sotto* **technical** ***2*** *V.* **high tech**, *sotto* **high**.

technical /ˈtɛknɪkl/ *a.* tecnico: **t. college**, istituto tecnico; **t. term**, termine tecnico; **t. expert**, esperto; tecnico; (*boxe*) **t. knockout**, KO tecnico.

technicality /tɛknɪˈkælətɪ/ *n.* ***1*** aspetto tecnico ***2*** dettaglio tecnico.

technician /tɛkˈnɪʃn/ *n.* tecnico; perito.

Technicolor ® /ˈtɛknɪkʌlə(r)/ *n.* (*cinem.*) technicolor.

technique /tɛkˈniːk/ *n.* U *e* C tecnica.

technocracy /tɛkˈnɒkrəsɪ/ *n.* C *e* U tecnocrazia.

technocrat /ˈtɛknəkræt/ *n.* tecnocrate.

technological /tɛknəˈlɒdʒɪkl/ *a.* tecnologico.

technologist /tɛkˈnɒlədʒɪst/ *n.* tecnologo (-a).

technology /tɛkˈnɒlədʒɪ/ *n.* U tecnologia.

tectonic /tɛkˈtɒnɪk/ *a.* ***1*** (*geol.*) tettonico ***2*** (*archit.*) architettonico; strutturale.

tectonics /tɛkˈtɒnɪks/ *n. pl.* (*col verbo al sing.*) ***1*** (*geol.*) tettonica ***2*** scienza delle costruzioni.

teddy bear /ˈtɛdɪbɛə(r)/ *locuz. n.* orsacchiotto di pezza.

teddy boy /ˈtɛdɪbɔɪ/ *locuz. n.* (*in G.B.*) teddy boy.

tedious /ˈtiːdɪəs/ *a.* tedioso; noioso.

tedium /ˈtiːdɪəm/ *n.* U tediosità; noia; tedio.

tee /tiː/ *n.* (*golf*) tee • **tee shirt**, T shirt.

to **tee** /tiː/ *v. t. e i.* (*golf*) collocare (*la palla*) sul tee.

♦ **tee off** *v. i. + avv.* (*golf*) dare il colpo iniziale; cominciare la partita.

♦ **tee up** *v. i. + avv.* (*golf*) collocare la palla sul tee.

to **teem** /tiːm/ *v. i.* (*anche* **to t. down**) piovere a dirotto; diluviare.

♦ **teem with** *v. i. + prep.* ***1*** pullulare di; brulicare di; formicolare di: **The lake teemed with fish**, il lago pullulava di pesci; **streets teeming with policemen**, strade brulicanti di poliziotti ***2*** — **to t. with rain**, *V.* **to teem**.

teeming /ˈtiːmɪŋ/ *a.* ***1*** brulicante; formicolante; pullulante ***2*** fecondo; fertile: **the t. earth**, la feconda terra ***3*** (*di pioggia*) scrosciante.

teenage /ˈtiːneɪdʒ/ *a. attr.* di (*o* da) adolescente; per adolescenti; giovanile; adolescenziale.

teenager /ˈtiːneɪdʒə(r)/ *n.* adolescente (*fra i 13 e i 19 anni*).

teens /tiːnz/ *n. pl.* età fra i 13 e i 19 anni; adolescenza • **to be in one's t.**, essere un adolescente □ **to be in one's late t.**, essere sui 17-19 anni.

teeny /ˈtiːnɪ/ (*fam.*) *V.* **tiny**.

teepee /ˈtiːpiː/ *V.* **tepee**.

to **teeter** /ˈtiːtə(r)/ *v. i.* ***1*** camminare con passo malfermo ***2*** (*anche fig.*) vacillare; traballare; pencolare.

teeth /tiːθ/ *pl. di* **tooth**.

to **teethe** /tiːð/ *v. i.* (*di bambino*) mettere i denti.

teething /ˈtiːðɪŋ/ *n.* U dentizione • **t. ring**, dentaruolo □ **t. troubles**, (*med.*) disturbi nella dentizione; (*fig.*) difficoltà (*o* problemi) iniziali.

teetotal /tiːˈtəʊtl, *USA* ˈtiːtəʊtl/ *a.* ***1*** astemio (*per principio*) ***2*** antialcolico; contrario all'alcol.

teetotaller /tiːˈtəʊtələ(r), *USA* ˈtiːt-/ *n.* astemio (-a) (*per principio*).

te-hee /tiːˈhiː/ *n.* risatina.

to **te-hee** /tiːˈhiː/ *v. i.* ridacchiare.

telecast /ˈtɛlɪkɑːst, *USA* -kæst/ *n.* trasmissione televisiva; teletrasmissione.

to **telecast** /ˈtɛlɪkɑːst, *USA* -kæst/ (*pass. e p.p.* **telecast**) *v. t.* trasmettere per televisione; teletrasmettere.

telecommunications /tɛlɪkəmjuːnɪˈkeɪʃnz/ *n. pl.* telecomunicazioni.

telegenic /tɛlɪˈdʒɛnɪk/ *a.* telegenico.

telegram /ˈtɛlɪgræm/ *n.* telegramma: **by t.**, per telegramma.

telegraph /ˈtɛlɪgrɑːf, *USA* -græf/ *n.* U *e* C telegrafo: **by t.**, per telegrafo • **t. operator**, telegrafista.

to **telegraph** /ˈtɛlɪgrɑːf, *USA* -græf/ *v. t. e i.* telegrafare; trasmettere per telegrafo; telegrafare a; mandare un telegramma a.

telegraphese /tɛlɪgrəˈfiːz/ *n.* U stile telegrafico.

telegraphic /tɛlɪˈgræfɪk/ *a.* (*anche fig.*) telegrafico.

telegraphist /təˈlɛgrəfɪst/ *n.* telegrafista.

telegraphy /təˈlɛgrəfɪ/ *n.* U telegrafia • **wireless t.**, telegrafia senza fili; radiotelegrafia.

telekinesis /tɛlɪkaɪˈniːsɪs, -kɪˈn-/ *n.* U (*parapsicologia*) telecinesi.

telemarketing /ˈtɛlɪmɑːkɪtɪŋ/ *n.* U ***1*** telemarketing ***2*** vendite fatte per telefono.

telemeter /ˈtɛlɪmiːtə(r), təˈlɛmɪtə(r)/ *n.* (*tecn.*) telemetro.

telemetry /təˈlɛmətrɪ/ *n.* U (*tecn.*) telemetria.

teleological /tɛlɪəʊˈlɒdʒɪkl/ *a.* (*filos.*) teleologico.

teleology /tɛlɪˈɒlədʒɪ/ *n.* U (*filos.*) teleologia.

telepathic /tɛlɪˈpæθɪk/ *a.* telepatico • **You must be t.!**, hai il dono della telepatia!

telepathy /təˈlɛpəθɪ/ *n.* U telepatia.

telephone /ˈtɛlɪfəʊn/ *n.* U *e* C telefono: **to answer the t.**, rispondere al telefono; **You are wanted on the t.**, ti vogliono (*form.* è desiderato) al telefono; **I spoke to him by** (*o* **over the**) **t.**, gli ho parlato al telefono; **He's on the t.**, è al telefono; (*GB, anche*) è sull'elenco telefonico • **t. box** (*o* **kiosk**, *USA* **booth**), cabina telefonica □ **t. call**, telefonata □ **t. directory** (*o* **book**), elenco telefonico □ **t. exchange**, centralino (telefonico) □ **t. meter**, contascatti □ **t. number**, numero di telefono; numero telefonico □ **t. operator**, telefonista; centralinista □ **t. tapping**, intercettazioni telefoniche.

to **telephone** /ˈtelɪfəʊn/ *v. i. e t.* telefonare (a).

telephonic /telɪˈfɒnɪk/ *a.* telefonico.

telephonist /təˈlefənɪst/ *n.* telefonista.

telephony /təˈlefənɪ/ *n.* [U] telefonia.

telephoto lens /ˈtelɪfəʊtəʊ ˈlenz/ *locuz. n.* (*fotogr.*) teleobiettivo.

teleprinter /ˈtelɪprɪntə(r)/ *n.* telescrivente.

telesales /ˈtelɪseɪlz/ *n. pl.* vendite fatte per telefono.

telescope /ˈtelɪskəʊp/ *n.* **1** (*astron.*) telescopio **2** (*naut.*) cannocchiale da marina (*allungabile*).

to **telescope** /ˈtelɪskəʊp/ ***A*** *v. t.* **1** far rientrare (*a mo' di cannocchiale*) **2** compendiare; comprimere; ridurre ***B*** *v. i.* **1** chiudersi a cannocchiale; rientrare **2** (*di veicolo, in uno scontro*) accartocciarsi; incastrarsi (*in un altro veicolo*): **to t. together**, incastrarsi l'uno nell'altro.

telescopic /telɪˈskɒpɪk/ *a.* **1** telescopico **2** che rientra in se stesso; telescopico; a cannocchiale: **t. aerial**, antenna telescopica • (*fotogr.*) **t. lens**, teleobiettivo □ **t. sight**, cannocchiale di mira.

teletext /ˈtelɪtekst/ *n.* (*TV*) teletext; (*in Italia*) televideo.

teletypewriter /telɪˈtaɪpraɪtə(r)/ *n.* (*USA*) telescrivente.

to **televise** /ˈtelɪvaɪz/ *v. t. e i.* teletrasmettere.

television /ˈtelɪvɪʒn, telɪˈv-/ *n.* **1** [U] televisione: **What's on t. tonight?**, cosa c'è (*o* cosa danno) alla televisione stasera?; **to watch t.**, guardare la televisione; **to be in t.**, lavorare alla televisione **2** (*anche* **t. set**) televisore; televisione • **t. camera**, telecamera.

telex /ˈteleks/ *n.* [U] *e* [C] telex: **by t.**, per telex.

to **telex** /ˈteleks/ ***A*** *v. t.* trasmettere per telex ***B*** *v. i.* mandare un telex.

to **tell** /tel/ (*pass. e p.p.* **told**) ***A*** *v. t.* **1** raccontare; raccontare a; dire; narrare; rivelare: **T. me what happened**, dimmi (*o* raccontami) che cosa è successo; **to t. sb. about** (*o* **of**) **st.**, raccontare a q. di q.c.; **I am told that...**, mi si dice che...; **to t. a story**, narrare una storia; **to t. the facts**, esporre i fatti; **to t. the truth**, dire la verità **2** dire a; ordinare a; informare: **Why didn't you t. me?**, perché non me l'hai detto?; **He told me he would come**, mi ha detto che sarebbe venuto; **Do as you are told**, fa' come ti si dice; **I told you so!**, te l'avevo detto io! **3** indicare: **A red arrow will t. you where to turn**, una freccia rossa ti indicherà dove svoltare **4** riconoscere; distinguere; giudicare; dire; sapere: **I can't t. him from his brother**, non lo distinguo da suo fratello; **Only an expert could t. them apart**, solo un esperto saprebbe distinguerli; **You can t. she's worried**, lo si vede che è preoccupata; **How do you t. which lever to pull?**, come fai a sapere quale leva devi tirare?; **There's no telling** (*o* **You never can t.**), non si sa mai • (*pop.*) **to t. it like it is**, non aver peli sulla lingua □ **to t. the future**, predire il futuro □ **to t. the time**, dire l'ora; leggere le ore □ (*fam.*) **to t. the world**, dire ai quattro venti □ (*fam.*) **T. me another!**, ma va!; raccontala giusta! □ **T. you what!**, ho un'idea! □ **all told**, nel complesso; nell'insieme; in tutto □ (*fam.*) **You're telling me!**, lo dici a me?; a chi lo dici! ***B*** *v. i.* **1** parlare; raccontare: **to t. of bygone days**, parlare del tempo andato **2** farsi sentire: **The years are beginning to t.**, gli anni cominciano a farsi sentire; **The strain was beginning to t. on him**, cominciava a risentire dello stress.

◆ **tell against** *v. i. + prep.* essere a sfavore di; ritorcersi contro.

◆ **tell off** *v. t. + avv.* (*fam.*) sgridare; fare una ramanzina a.

◆ **tell on** *v. i. + prep.* **1** *V.* **to tell**, *B*, *def.* 2 **2** (*fam.*) fare la spia contro.

teller /ˈtelə(r)/ *n.* **1** narratore (-trice); raccontatore (-trice) **2** (*alle elezioni, ecc.*) scrutatore (-trice) **3** (*in banca, USA*) impiegato (-a) di sportello; cassiere (-a).

telling /ˈtelɪŋ/ *a.* efficace; energico; espressivo; significativo; vivace.

telling-off /telɪŋˈɒf, *USA* -ɔːf/ *n.* (*fam.*) sgridata; ramanzina.

telltale /ˈtelteɪl/ ***A*** *n.* **1** spione (-a) **2** pettegolo (-a) ***B*** *a. attr.* rivelatore; significativo.

telluric /teˈlʊərɪk, -ˈljʊə-/ *a.* tellurico.

telly /ˈtelɪ/ *n.* (*GB, abbr. fam. di* **television**) televisione; tele; tivù.

temerity /təˈmerətɪ/ *n.* [U] temerità; temerarietà.

temp /temp/ *n.* (*abbr. fam. di* **temporary**) impiegato straordinario; segretaria temporanea.

to **temp** /temp/ *v. i.* (*abbr. fam. di* **temporary**) lavorare come impiegato straordinario.

temper /ˈtempə(r)/ *n.* **1** temperamento; indole; carattere: **to have an even [a fiery] t.**, avere un carattere tranquillo [focoso]; **to have a quick t.**, scaldarsi per un nonnulla; pigliar fuoco come un fiammifero **2** umore: **to be in a good [bad] t.**, essere di buon umore [di malumore]; **to lose one's t.**, andare in collera; perdere le staffe; **to keep one's temper**, stare calmo; **when tempers have cooled down**, quando gli animi si saranno calmati **3** collera; ira: **a fit of t.**, un accesso d'ira; **to be in a t.**, avere i nervi; **to fly into a t.**, arrabbiarsi; andare su tutte le furie **4** (*fam.*) carattere irascibile; caratterino (*fam.*): **She has quite a t.**, si arrabbia facilmente; ha un caratterino **5** [U] tempera, tempra: **steel of the finest t.**, acciaio della miglior tempra.

to **temper** /ˈtempə(r)/ ***A*** *v. t.* **1** (*metall.*) temprare **2** temperare; moderare ***B*** *v. i.* (*metall.*) temprarsi.

tempera /ˈtempərə/ *n.* [U] (*arte*) tempera.

temperament /ˈtemprəmənt/ *n.* **1** [C] *e* [U] temperamento; carattere; indole: **an artistic t.**, un temperamento artistico; **to have entirely different temperaments**, essere di carattere diametralmente opposto **2** [U] emotività; eccitabilità; carattere capriccioso.

temperamental /temprəˈmentl/ *a.* **1** congenito; connaturato; innato **2** (*di persona*) di umore variabile; capriccioso; (*di cosa*) inaffidabile, che fa i capricci.

temperamentally /temprəˈmentəlɪ/ *avv.* per natura; per temperamento.

temperance /ˈtempərəns/ *n.* [U] **1** temperanza; moderazione; sobrietà **2** astinenza dall'alcol.

temperate /ˈtempərət/ *a.* **1** (*di clima*) temperato **2** moderato; sobrio; temperato **3** astemio.

temperature /ˈtemprətʃə(r), *USA* -tʃʊə(r)/ *n.* **1** [U] temperatura: **high [low] t.**, temperatura alta [bassa] **2** (*med.*) febbre: **to have got** (*o* **to be running**) **a t.**, avere la febbre; essere febbricitante; **to take sb.'s t.**, misurare la febbre a q.

tempered /ˈtempəd/ *a.* **1** (*metall.*) temprato **2** moderato; mitigato; temperato **3** (*nei composti*) che ha un carattere: **bad-t. [good-t.]**, che ha un brutto [un buon] carattere.

tempest /ˈtempɪst/ *n.* tempesta; bufera.

tempestuous /temˈpestʃʊəs/ *a.* tempestoso; burrascoso.

template /ˈtempleɪt/ *n.* (*mecc.*) sagoma; calibro sagomato.

temple (1) /ˈtempl/ *n.* tempio.

temple (2) /ˈtempl/ *n.* **1** (*anat.*) tempia: **t. bone**, osso temporale **2** (*USA*) stanghetta (*di occhiali*).

tempo /ˈtempəʊ/ (*ital.*) *n.* (*pl.* **tempi**, **tempos**) **1** (*mus.*) tempo **2** ritmo.

temporal (1) /ˈtempərəl/ *a.* **1** temporale; terreno; mondano **2** (*gramm.*) temporale.

temporal (2) /ˈtempərəl/ *a.* (*anat.*) temporale.

temporariness /ˈtempərərɪnəs/ *n.* [U] temporaneità.

temporary /ˈtemprərɪ, *USA* -pərerɪ/ ***A*** *a.* **1** temporaneo; passeggero; transitorio **2** temporaneo; provvisorio; avventizio: **t. job**, lavoro temporaneo; **t. secretary**, segretaria temporanea (*o* straordinaria); **t. teacher**, supplente; **t. post**, (*a scuola*) supplenza ***B*** *n.* avventizio; supplente.

to **temporize** /ˈtempəraɪz/ *v. i.* temporeggiare; guadagnare tempo.

to **tempt** /tempt/ *v. t.* tentare; indurre: **Can I t. you with another slice of cake?**, posso tentarti con un'altra fetta di torta?; **I'm tempted to stay**, sono tentato di accettare; **to t. sb. to do st.**, indurre q. a fare q.c. • **to t. Providence**, sfidare la provvidenza.

temptation /tempˈteɪʃn/ *n.* [U] *e* [C] tentazione: **to resist t.**, resistere alla tentazione.

tempter /ˈtemptə(r)/ *n.* tentatore (-trice).

tempting /ˈtemptɪŋ/ *a.* allettante; attraente; seducente.

temptress /ˈtemptrɪs/ *n.* (*lett. o scherz.*) seduttrice.

ten /ten/ *a. e n.* dieci • **to be ten a penny**, essere comunissimo; essercene a bizzeffe di □ **ten times as easy**, dieci volte più facile □ **ten times better**, dieci volte migliore □ **Ten to one...**, scommetto che...; vogliamo scommettere che...

tenable /ˈtenəbl/ *a.* **1** (*di posizione, argomento, ecc.*) difendibile; sostenibile **2** (*di ufficio, carica, ecc.*) detenibile.

tenacious /tɪˈneɪʃəs/ *a.* tenace.

tenacity /tɪˈnæsətɪ/ *n.* [U] tenacia.

tenancy /ˈtenənsɪ/ *n.* **1** [U] locazione; affitto: **life t.**, locazione a vita; usufrutto **2** durata della locazione (*o* dell'affitto): **to**

have a two-year t., avere un contratto di affitto per due anni.
tenant / 'tɛnənt/ *n.* affittuario; locatario; inquilino • **t. farmer**, fittavolo; affittuario. ATTENZIONE: **tenant** ≠ tenente.
tenantless / 'tɛnəntləs/ *a.* (*di casa, ecc.*) sfitto; vuoto.
tenantry / 'tɛnəntrɪ/ *n.* (*col verbo al sing. o al pl.*) (*stor.*) (i) fittavoli.
tench /tɛntʃ/ *n.* (*zool.*) tinca.
to **tend** (1) /tɛnd/ *v. t.* badare a; prendersi cura di; custodire.
to **tend** (2) /tɛnd/ *v. i.* tendere; inclinare: **to t. to exaggerate**, tendere a esagerare (*o* all'esagerazione); **Prices are tending upwards**, i prezzi tendono a salire; **It tends to be colder here than in London**, di solito fa più freddo qui che a Londra; **a red tending towards orange**, un rosso che tende all'arancione.
tendency / 'tɛndənsɪ/ *n.* tendenza; inclinazione.
tendentious /tɛn'dɛnʃəs/ *a.* tendenzioso.
tendentiousness /tɛn'dɛnʃəsnəs/ *n.* 🅄 tendenziosità.
tender (1) / 'tɛndə(r)/ *n.* *1* (*ferr.*) tender; carro di scorta *2* (*naut.*) nave appoggio; nave ausiliaria.
tender (2) / 'tɛndə(r)/ *n.* *1* (*leg.*) offerta di appalto: **to submit a t.**, fare un'offerta di appalto; partecipare a una gara di appalto; **to call for tenders**, indire una gara di appalto; **to win a t.**, vincere una gara di appalto *2* 🅄 (*fin.*) valuta: **legal t.**, valuta legale; **to be legal t.**, (*di moneta*) avere corso legale.
tender (3) / 'tɛndə(r)/ *a.* *1* tenero; morbido *2* delicato; sensibile; dolente: **t. plant**, pianta delicata; **My foot is still t.**, il piede mi duole ancora *3* tenero; affettuoso; amorevole: **t. look**, sguardo amorevole; **t.-hearted**, dal cuore tenero; sensibile; **t. loving care**, assistenza premurosa • **at the t. age of ...**, alla tenera età di... □ **of t. years**, in ancor tenera età.
to **tender** / 'tɛndə(r)/ **A** *v. t.* *1* offrire *2* presentare: **to t. one's resignation**, presentare le dimissioni **B** *v. i.* fare un'offerta di appalto; partecipare a una gara di appalto.
tenderfoot / 'tɛndəfʊt/ *n.* (*pl.* **tenderfoots**, **tenderfeet** /-fiːt/) (*fam. USA*) nuovo venuto; novellino; pivello.
to **tenderize** / 'tɛndəraɪz/ *v. t.* rendere tenero (*carne, ecc.*).
tenderloin / 'tɛndəlɔɪn/ *n.* 🅄 (*cucina*) filetto di manzo (*o* di maiale).
tenderness / 'tɛndənəs/ *n.* 🅄 *1* tenerezza; affettuosità; amorevolezza *2* delicatezza; debolezza; fragilità.
tendon / 'tɛndən/ *n.* (*anat.*) tendine.
tendril / 'tɛndrəl/ *n.* (*bot.*) viticcio.
tenement / 'tɛnəmənt/ *n.* casa popolare.
tenet / 'tɛnɪt/ *n.* dogma; principio.
tenfold / 'tɛnfəʊld/ **A** *a.* decuplo **B** *avv.* dieci volte (tanto).
tenner / 'tɛnə(r)/ *n.* (*fam.*) *1* (*GB*) biglietto da dieci sterline *2* (*USA*) biglietto da dieci dollari.
tennis / 'tɛnɪs/ *n.* 🅄 (*sport*) tennis • **t. ball**, palla da tennis □ **t. court**, campo di tennis □ (*med.*) **t. elbow**, gomito del tennista; epicondilalgia □ **t. player**, giocatore di tennis; tennista □ (*USA*) **t. shoes**, scarpe da tennis □ **t. tournament**, torneo tennistico.
tenon / 'tɛnən/ *n.* (*falegn.*) tenone; maschio dell'incastro.
tenor / 'tɛnə(r)/ *n.* *1* tenore; andamento: **the t. of one's life**, il proprio tenore di vita; **the t. of his speech**, il tenore del suo discorso *2* (*mus.*) tenore; voce tenorile • (*mus.*) **t. part**, parte del tenore □ (*mus.*) **t. saxophone**, sassofono tenore.
tenpin / 'tɛnpɪn/ *n.* *1* birillo *2* (*al pl., col verbo al sing.*) (*USA*) (gioco dei) birilli • (*GB*) **t. bowling**, (gioco dei) birilli.
tense (1) /tɛns/ *a.* *1* teso; contratto *2* teso; nervoso: **t. atmosphere**, atmosfera tesa (*o* di tensione).
tense (2) /tɛns/ *n.* (*gramm.*) tempo: **past t.**, (tempo) passato.
to **tense** /tɛns/ **A** *v. t.* tendere (*i muscoli, ecc.*) **B** *v. i.* diventare teso.
tensed up / 'tɛnst'ʌp/ *a.* teso; nervoso.
tensile / 'tɛnsaɪl, *USA* -sl/ *a.* *1* elastico; duttile *2* di tensione; relativo alla tensione (*o* alla trazione): **t. force**, forza di tensione; (*mecc.*) **t. strength**, resistenza alla trazione.
tension / 'tɛnʃn/ *n.* 🅄 *e* 🄲 tensione (*in tutti i sensi*).
tensor / 'tɛnsə(r)/ *n.* *1* (*anat.*) muscolo tensore *2* (*mat.*) tensore.
tent /tɛnt/ *n.* tenda • **t. city**, tendopoli □ **t. peg**, picchetto da tenda □ **t. stitch**, mezzo punto □ (*med.*) **oxygen t.**, tenda a ossigeno.
tentacle / 'tɛntəkl/ *n.* tentacolo.
tentative / 'tɛntətɪv/ *a.* *1* provvisorio; sperimentale: **t. agreement**, accordo provvisorio *2* esitante; incerto: **t. smile**, sorriso incerto.
tenterhooks / 'tɛntəhʊks/ *n. pl.* — **to be on t.**, stare sulle spine; essere sui carboni ardenti.
tenth /tɛnθ/ *a. e n.* decimo.
tenuous / 'tɛnjʊəs/ *a.* tenue; esile; sottile.
tenure / 'tɛnjə(r), 'tɛnjʊə(r)/ *n.* 🅄 *e* 🄲 *1* occupazione; possesso: (*stor.*) **feudal t.**, possesso feudale *2* diritto di possesso *3* durata (*di un possesso*) *4* permanenza (*in carica*); incarico *5* (*università*) ruolo: **to have t.**, essere ordinario; **to be given t.**, entrare in ruolo.
tepee / 'tiːpiː/ *n.* tenda conica dei pellirosse.
tepid / 'tɛpɪd/ *a.* (*anche fig.*) tiepido.
tercentenary /tɜːsen'tiːnərɪ, -'ten-, *USA* tɜː'sentənerɪ/, **tercentennial** /tɜːsen'tenɪəl/ **A** *n.* terzo centenario **B** *a. attr.* del terzo centenario.
tercet / 'tɜːsɪt/ *n.* (*poesia*) terzina.
term /tɜːm/ *n.* *1* durata; periodo (*di tempo*): **the t. of a policy**, la durata di una polizza (di assicurazione); **t. of imprisonment**, periodo di carcerazione; **t. of office**, periodo di permanenza in carica *2* (*GB*) trimestre scolastico (*o* accademico); sessione; (*USA*) semestre accademico: **spring** (*o* **Easter**) **t.**, secondo trimestre *3* (*leg.*) sessione *4* (*comm.*) termine; scadenza: **t. day**, giorno di scadenza *5* (*med.*) termine della gravidanza *6* (*polit.*) permanenza in carica; mandato; incarico *7* condanna: **to serve a t.**, scontare una condanna *8* termine; parola, vocabolo: **scientific terms**, termini scientifici; **to speak of sb. in glowing terms**, parlare di q. nei termini più lusinghieri; **in no uncertain terms**, chiaro e tondo; senza mezzi termini *9* (*al pl.*) condizioni; clausole: **terms of surrender** [**of employment**], condizioni di resa [di impiego]; **on the usual terms**, alle solite condizioni *10* (*al pl.*) prezzi; tariffa, tariffe: **moderate terms**, prezzi moderati; **inclusive terms**, (prezzo) tutto compreso *11* (*al pl.*) rapporti: **to be on good terms with sb.**, essere in buoni rapporti con q. • **end-of-t. exams**, esami trimestrali □ **to come to terms with st.**, accettare q.c. (*di sgradevole*) □ **in terms of**, dal punto di vista di; in termini di □ **in the long** [**short**] **t.**, a lungo [breve] termine □ (*comm.*) **local terms**, condizioni della piazza □ **to make terms**, accordarsi □ **on equal terms**, alla pari □ **I'm not on speaking terms with him**, (io e lui) non ci parliamo.
to **term** /tɜːm/ *v. t.* (*form.*) chiamare; definire.
termagant / 'tɜːməgənt/ *n.* (*lett.*) megera; virago.
terminal / 'tɜːmɪnl/ **A** *a.* *1* terminale; finale; estremo *2* (*di malattia, di malato*) terminale • (*ferr.*) **t. station**, stazione di testa **B** *n.* *1* (*elettr.*) terminale; morsetto *2* stazione; terminal: **air t.**, aerostazione *3* (*elab.*) terminale.
terminally / 'tɜːmɪnəlɪ/ *avv.* — (*med.*) **t. ill**, malato terminale.
to **terminate** / 'tɜːmɪneɪt/ *v. t. e i.* (*form.*) terminare • **to t. sb.'s contract**, rescindere il contratto di q.
termination /tɜːmɪ'neɪʃn/ *n.* *1* 🅄 *e* 🄲 conclusione; termine: **to bring to a t.**, portare a conclusione (*o* a termine) *2* (*gramm.*) terminazione; desinenza *3* (*GB*) interruzione della gravidanza • **t. of a contract**, rescissione di un contratto.
termini / 'tɜːmɪnaɪ/ *pl. di* **terminus**.
terminological /tɜːmɪnə'lɒdʒɪkl/ *a.* terminologico.
terminology /tɜːmɪ'nɒlədʒɪ/ *n.* 🄲 *e* 🅄 terminologia.
terminus / 'tɜːmɪnəs/ *n.* (*pl.* **termini**, **terminuses**) capolinea; (*ferr.*) stazione di testa.
termite / 'tɜːmaɪt/ *n.* (*zool.*) termite.
tern /tɜːn/ *n.* (*zool.*) sterna • **arctic t.**, sterna codalunga □ **common t.**, rondine di mare □ **little t.**, fraticello.
ternary / 'tɜːnərɪ/ *a.* *1* (*mat., chim.*) ternario *2* triplice.
terrace / 'tɛrəs/ *n.* *1* fila di case a schiera *2* (*sport*) gradinata *3* (*GB*) terrazza; terrazzo *4* (*USA*) veranda *5* (*agric.*) terrazza.
terraced / 'tɛrəst/ *a.* *1* a schiera: **t. house**, casa a schiera; villetta a schiera *2* (*di terreno*) a terrazze; terrazzato.
terracotta /tɛrə'kɒtə/ **A** *n.* *1* 🅄 terracotta *2* (figurina di) terracotta *3* color terracotta **B** *a. attr.* *1* di terracotta *2* color terracotta.
terra firma / 'tɛrə 'fɜːmə/ *locuz. n.* (*generalm. scherz.*) terraferma.
terrain /tə'reɪn, 'tereɪn/ *n.* 🅄 *e* 🄲 terreno.
terrapin / 'tɛrəpɪn/ *n.* (*zool.*) tartaruga d'acqua dolce.
terrazzo /tɛ'rætsəʊ, *USA* tə'ræzəʊ/ (*ital.*) *n.* 🅄 (*edil.*) pavimento alla veneziana; terrazzo • **t. paving**, pavimentazione

alla veneziana.
terrestrial /tə'restrɪəl/ *a.* terrestre.
terrible /'terəbl/ *a.* ***1*** terribile; tremendo ***2*** (*fam.*) orrendo; orribile; pessimo: **t. weather**, tempo orribile; **The food was t.**, si mangiava malissimo • **to feel t.**, stare malissimo; essere molto dispiaciuto.
terribly /'terəblɪ/ *avv.* ***1*** terribilmente; tremendamente ***2*** malissimo ***3*** (*fam. GB*) molto, moltissimo: **She's t. nice**, è simpaticissima.
terrier /'terɪə(r)/ *n.* (*zool.*) terrier.
terrific /tə'rɪfɪk/ *a.* (*fam.*) ***1*** eccezionale; straordinario; formidabile; fantastico ***2*** terrificante; impressionante; tremendo.
to **terrify** /'terɪfaɪ/ *v. t.* terrorizzare; atterrire.
terrifying /'terɪfaɪŋ/ *a.* spaventoso; terrificante.
territorial /terə'tɔ:rɪəl/ ***A*** *a.* territoriale: **t. waters**, acque territoriali • (*in G.B.*) **the T. Army**, la milizia territoriale ***B*** *n.* — (*in G.B.*) **T.**, soldato della milizia territoriale.
territoriality /terətɔ:rɪ'ælətɪ/ *n.* [U] territorialità.
territory /'terətrɪ, *USA* -tɔ:rɪ/ *n.* [C] *e* [U] ***1*** territorio ***2*** (*polit.*) colonia ***3*** (*comm.*) zona; area.
terror /'terə(r)/ *n.* ***1*** [U] *e* [C] terrore ***2*** (*fam., di bambino*) demonietto; peste • **t.-stricken**, terrorizzato; atterrito.
to **terrorise** /'terəraɪz/ *e deriv.* (*GB*) *V.* **to terrorize** *e deriv.*
terrorism /'terərɪzəm/ *n.* [U] terrorismo.
terrorist /'terərɪst/ *n. e a.* terrorista.
terrorization /terəraɪ'zeɪʃn, *USA* -rɪ'z-/ *n.* [U] terrorizzazione.
to **terrorize** /'terəraɪz/ *v. t.* terrorizzare; atterrire.
terry /'terɪ/ *n.*, **terry cloth** /'terɪklɒθ, *USA* -klɔ:θ/ *locuz. n.* tessuto a spugna.
terse /tɜ:s/ *a.* (*di stile, ecc.*) conciso; succinto; laconico.
tertian /'tɜ:ʃn/ *a. e n.* (*med.*) (febbre) terzana.
tertiary /'tɜ:ʃərɪ, *USA* -ʃɪerɪ/ *a.* terziario • **t. education**, istruzione post-secondaria □ (*econ.*) **t. sector**, (settore) terziario.
Terylene ® /'terəli:n/ *n.* terilene.
tessellated /'tesəleɪtɪd/ *a.* (*archit.*) decorato con mosaico a scacchiera; tassellato • **t. pavement**, pavimentazione a mosaico.
tessera /'tesərə/ *n.* (*pl.* **tesserae** /-ri:/) (*arte*) tessera musiva.
test /test/ *n.* ***1*** prova; saggio; esame; esperimento; collaudo; test: **It was a real t. of my patience**, ha messo a dura prova la mia pazienza; **to put to the t.**, mettere alla prova; saggiare; **to stand the t. of time**, reggere alla prova del tempo; (*autom.*) **driving t.**, esame di guida; **nuclear t.**, test nucleare ***2*** (*a scuola*) esame; compito in classe: **oral t.**, esame orale; interrogazione ***3*** (*chim., med.*) analisi: **blood t.**, analisi del sangue ***4*** (*psic.*) test ***5*** (*cinem., anche* **film t.**) provino • **t. ban**, messa al bando di esperimenti nucleari □ **t. card**, *V.* **t. pattern** □ (*leg.*) **t. case**, caso giuridico che crea un precedente □ (*autom.*) **t. drive**, prova su strada □ (*autom.*) **t. driver**, collaudatore □ (*aeron.*) **t. flight**, volo di collaudo □ (*cricket, rugby*) **t. match**, incontro internazionale □ **t. paper**, testo di prova d'esame (scritto); (*chim.*) carta reattiva □ (*TV*) **t. pattern**, monoscopio □ (*aeron.*) **t. pilot**, pilota collaudatore □ (*autom.*) **t. track**, pista di prova □ (*chim.*) **t. tube**, provetta □ **t.-tube baby**, bambino in provetta.
to **test** /test/ *v. t.* ***1*** provare; saggiare; verificare; esaminare; mettere alla prova; sperimentare; collaudare ***2*** (*chim.*) analizzare.
testament /'testəmənt/ *n.* ***1*** — (*leg.*) **last will and t.**, ultime volontà; testamento ***2*** (*relig.*) testamento: **the Old [the New] T.**, l'Antico [il Nuovo] Testamento.
testamentary /testə'mentrɪ, *USA* 'testəmənterɪ/ *a.* (*leg.*) testamentario.
testate /'testət/ *a.* (*leg., di persona*) che ha fatto testamento.
testator /te'steɪtə(r), *USA* 'testeɪtə(r)/ *n.* (*leg.*) testatore.
testatrix /te'steɪtrɪks/ *n.* (*pl.* **testatrices** /-si:z/) (*leg.*) testatrice.
tester (1) /'testə(r)/ *n.* ***1*** saggiatore ***2*** collaudatore ***3*** (*psic.*) testista ***4*** (*elettr.*) apparecchio di misura universale; tester.
tester (2) /'testə(r)/ *n.* baldacchino (*specialm. di letto*).
testicle /'testɪkl/ *n.* (*anat.*) testicolo.
to **testify** /'testɪfaɪ/ *v. t. e i.* ***1*** (*leg.*) testimoniare; deporre: **to t. against [on behalf of] sb.**, deporre contro [a favore di] q. ***2*** attestare; dimostrare; dichiarare; esprimere: **to t. to st.**, attestare q.c.; essere la prova di q.c.
testimonial /testɪ'məʊnɪəl/ *n.* ***1*** attestato di buona condotta; certificato di servizio; benservito ***2*** testimonianza di gratitudine e stima (*medaglia per servizi resi, ecc.*); tributo ***3*** (*comm.*) dichiarazione a favore di un prodotto.
testimony /'testɪmənɪ, *USA* -məʊnɪ/ *n.* [U] ***1*** (*leg.*) deposizione; testimonianza: **to give false t.**, deporre il falso ***2*** testimonianza; prova; attestazione: **to bear t. to st.**, attestare q.c.
testiness /'testɪnəs/ *n.* [U] irascibilità; irritabilità; permalosità.
testing /'testɪŋ/ *a.* difficile; impegnativo.
testosterone /te'stɒstərəʊn/ *n.* [U] (*biochim.*) testosterone.
testudo /te'stju:dəʊ, *USA* -tu:-/ *n.* (*pl.* **testudos, testudines** /-dɪni:z/) (*mil., stor.*) testuggine.
testy /'testɪ/ *a.* irascibile; irritabile; permaloso; stizzoso.
tetanus /'tetənəs/ *n.* [U] (*med.*) tetano.
tetchy /'tetʃɪ/ *a.* irascibile; permaloso; stizzoso.
tête-à-tête /'teɪtə'teɪt, -tɑ:'t-/ (*franc.*) ***A*** *avv.* (*form.*) faccia a faccia; in privato; a quattr'occhi; tête-à-tête ***B*** *a.* confidenziale; privato ***C*** *n.* colloquio a quattr'occhi; tête-à-tête.
tether /'teðə(r)/ *n.* pastoia; cavezza • **to be at the end of one's t.**, non poterne più; essere stremato; aver dato fondo alle proprie risorse.
to **tether** /'teðə(r)/ *v. t.* impastoiare; legare.
tetrahedron /tetrə'hi:drən, -'hed-/ *n.* (*pl.* **tetrahedrons, tetrahedra** /-drə/) (*geom.*) tetraedro.
tetrameter /te'træmɪtə(r)/ *n.* (*poesia*) tetrametro.
Teutonic /tju:'tɒnɪk, *USA* tu:-/ *a.* teutonico.
Texan /'teksn/ *a. e n.* texano.
text /tekst/ *n.* ***1*** [U] *e* [C] testo: **t. and pictures**, testo e illustrazioni; **original t.**, testo originale ***2*** passo biblico ***3*** *V.* **textbook**.
textbook /'tekstbʊk/ ***A*** *n.* libro di testo; manuale ***B*** *a.* da manuale.
textile /'tekstaɪl, *USA* -tl/ ***A*** *a.* tessile: **t. factory**, stabilimento tessile ***B*** *n.* ***1*** tessile ***2*** (*al pl.*) prodotti tessili; tessuti.
textual /'tekstʃʊəl/ *a.* testuale; del testo.
texture /'tekstʃə(r)/ *n.* [C] *e* [U] ***1*** consistenza (*specialm. al tatto*); grana; trama (*di tessuto*); struttura: **creamy t.**, consistenza cremosa; **rough t.**, ruvidezza al tatto ***2*** (*geol.*) tessitura.
Thai /taɪ/ *a. e n.* thailandese.
thalamus /'θæləməs/ *n.* (*pl.* **thalami** /-maɪ/) (*anat., bot.*) talamo.
thalidomide ® /θə'lɪdəmaɪd/ *n.* [U] (*farm.*) talidomide.
than /ðæn, ðən/ *cong. e prep.* ***1*** (*comparazione di maggioranza e di minoranza*) di; che; che non; di quello che; di quanto (non): **I am older t. he (is)**, sono più vecchio di lui; (*fam.*) **older t. me**, più vecchio di me; **You know her better t. I (do)**, tu la conosci meglio di me (*o* di quanto non la conosca io); **better t. I thought**, meglio di quanto (non) pensassi; **more t. 50**, più di 50; **more courage t. commonsense**, più coraggio che buonsenso; **less money t. before**, meno soldi di prima; **worse t. ever**, peggio che mai ***2*** (*correlativo di* **no sooner, hardly, scarcely**) quando; che: **I'd no sooner (*o* no sooner did I) put the phone down than it rang again**, avevo appena riattaccato quando (*o* che) il telefono suonò di nuovo • (*USA*) **different t.**, diverso da □ **no other t.**, nient'altro che; non... che □ **nothing else t.**, nient'altro che □ **none other t.**, nientemeno che □ **otherwise t.**, in modo diverso da; diversamente da □ **rather (*o* sooner) t.**, piuttosto che; anziché: **I'd rather stay here t. go away**, preferirei restare qui anziché andarmene.
to **thank** /θæŋk/ *v. t.* ringraziare: **to t. sb. for st.**, ringraziare q. di q.c. • **T. God!**, grazie a Dio! □ **T. you (very much)**, grazie (mille)! □ **No, t. you**, no, grazie! □ **I'll t. you for not smoking in here!**, ti sarei grato se non fumassi qui dentro! □ (*iron.*) **You have only yourself to t.**, te lo sei voluto tu!
thankful /'θæŋkfl/ *a.* ***1*** grato; riconoscente ***2*** contento; sollevato.
thankfully /'θæŋkflɪ/ *avv.* ***1*** con sollievo ***2*** (*fam.*) fortunatamente; grazie a Dio.
thankfulness /'θæŋkflnəs/ *n.* [U] gratitudine; riconoscenza.
thankless /'θæŋkləs/ *a.* ingrato: **t. task**, compito ingrato.
thanks /θæŋks/ *n. pl.* grazie; ringraziamento, ringraziamenti: **I don't expect any t.**, non mi aspetto nessun ringraziamento • **t. to**, grazie a □ **T. very much**, grazie mille!; grazie tante! □ **No, t.**, no, grazie! □ **no t. to**, non certo per merito

di: **I managed, but no t. to you**, ci riuscii, ma non certo per merito tuo.

thanksgiving /ˈθæŋksgɪvɪŋ/ *n.* Ⓤ e Ⓒ ***1*** rendimento di grazie ***2*** (*USA, anche* **T. Day**) giorno del Ringraziamento (*festa celebrata il 4° giovedì di novembre*).

thankyou /ˈθæŋkjuː/ ***A*** *n.* ringraziamento; grazie ***B*** *a.* di ringraziamento: **t. letter**, lettera di ringraziamento (*quarto giovedì di novembre*).

that (1) /ðæt/ ***A*** *a. dimostr.* (*pl.* **those**) quello: **t. man**, quell'uomo; **t. one**, quello (-a); **those people**, quella gente ***B*** *pron. dimostr.* ***1*** (*pl.* **those**) quello (-a): **That's my car**, quella è la mia macchina; **Where did you get those?**, dove li hai presi quelli?; **those who**, quelli (-e) che; coloro i quali (le quali); **those of you**, quelli di voi ***2*** ciò; quello; questo: **T. doesn't surprise me**, ciò (*o* la cosa) non mi sorprende; **What's t.?**, che cos'è quello?; **T.'s what he said**, questo è quello che ha detto; **T.'s strange!**, che strano!; **T.'s true**, è vero; **Has it come to t.?**, siamo giunti a questo? ***3*** (*idiom.*) — **Is t. you, John?**, sei tu, John?; **T.'s very like him**, è proprio da lui; (cosa vuoi), lui è fatto così; **T.'s how I got it**, ecco come l'ho avuto • (*fam.*) **T.'s a dear!**, (che) bravo (-a)!; da bravo (-a)! □ (*fam.*) **T.'s a good boy!**, bravo!; su, da bravo! □ **t. is**, cioè; vale a dire; ossia □ **T.'s right!**, ecco!; appunto! □ **T.'s it!**, esatto!; giusto!; proprio così! □ (**So**) **t.'s t.!**, ecco fatto!; ecco tutto! □ **after t.**, dopo; poi □ **and after t.**, dopodiché □ **and all t.**, eccetera eccetera; e così di seguito; e via dicendo □ **at t.**, a quel punto; per giunta; magari: **We left it at t.**, lasciammo la faccenda a quel punto; **She had a lot of friends, and not very respectable ones, at that**, aveva molti amici, gente non troppo per bene, se proprio devo dirlo; **He suggested I change my job, and maybe I will, at that**, mi ha suggerito di cambiare lavoro, e potrei anche farlo □ **for all t.**, con tutto ciò; ciò nonostante; nondimeno □ **like t.**, così; in questo (*o* quel) modo □ **What of t.?**, e con ciò?; che importa?

that (2) /ðæt, ðət/ *pron. relat.* ***1*** che; il quale, la quale; i quali, le quali: **the dog t. bit me**, il cane che mi morse; **the films (t.) we saw**, i film che abbiamo visto ***2*** in cui; che (*fam.*): **the year (t.) John was born**, l'anno che nacque John.

that (3) /ðæt, ðət/ *cong.* ***1*** che: **He promised (t.) he would go**, promise che ci sarebbe andato; **He was so tired (t.) he couldn't sleep**, era così stanco che non riusciva a dormire ***2*** (*antiq. o form.*) perché; affinché: **They died t. we might live**, morirono affinché noi vivessimo ***3*** se (*ottativo*): **Oh! t. I knew the truth!**, se almeno sapessi la verità! • **but t.**, se non fosse (per il fatto) che □ **in t.**, dacché; poiché □ **so t.**, affinché; cosicché.

that (4) /ðæt/ *avv.* (*fam.*) così; tanto: **I can't see t. far**, non ci vedo così lontano • (*fam.*) **t. much**, tanto □ (*fam.*) **all t.**, così; tanto: **The book wasn't all t. interesting**, il libro non era poi così interessante; **I'm not all t. hungry**, non ho molta fame.

thatch /θætʃ/ *n.* ***1*** Ⓤ copertura di paglia, cannucce, stoppie (*per tetti*) ***2*** (*scherz.*) zazzera.

to **thatch** /θætʃ/ *v. t.* coprire (*un tetto*) di paglia, stoppie, cannucce, ecc.

thatched /ˈθætʃt/ *a.* dal tetto di paglia.

thatcher /ˈθætʃə(r)/ *n.* artigiano specializzato nella copertura di tetti con paglia, cannucce, stoppie, ecc.

thaumaturgy /ˈθɔːmətɜːdʒɪ/ *n.* Ⓤ taumaturgia.

thaw /θɔː/ *n.* (*anche fig.*) disgelo.

to **thaw** /θɔː/ ***A*** *v. t.* ***1*** sgelare; scongelare ***2*** fondere; sciogliere ***B*** *v. i.* ***1*** sgelarsi; scongelarsi ***2*** fondersi; sciogliersi ***3*** (*fig.*) sciogliersi; distendersi.

the (1) /ðiː/ (*enfat.*); /ðə/ (*prima di un suono consonantico*); /ðɪ/ (*prima di un suono vocalico*) *art. determ.* il, lo; la; i, gli; le: **the sun**, il sole; **the moon**, la luna; **The dog is man's companion**, il cane è l'amico dell'uomo; **the girls of this school**, le ragazze di questa scuola; **the Thames**, il Tamigi; **the Alps**, le Alpi; **the dead**, i defunti; **the Smiths**, gli Smith; **the English**, gli inglesi; **the beautiful**, il bello; **Do you mean the James Stewart?**, intendi dire proprio James Stewart? (*cioè quello famoso*); **We'll go to Spain in the spring**, andremo in Spagna questa primavera; **at the time**, a quel tempo; allora.

the (2) /ðə, ðɪ/ *avv.* (*per lo più ripetuto, come correl. di se stesso, davanti ai compar.*) quanto... tanto: **The sooner the better**, quanto prima tanto meglio; **The more he has the more he wants**, più ha più vuole; **The fewer the better**, meno si è, meglio è.

theatre, (*USA*) **theater** /ˈθɪətə(r), ˈθiːə-/ *n.* Ⓒ e Ⓤ teatro: **to go to the t.**, andare a teatro; **the English t.**, il teatro inglese • **t. in the round**, (spettacoli in un) teatro con palcoscenico al centro □ **t. of war**, teatro di guerra □ **lecture t.**, aula ad anfiteatro; auditorium □ **operating t.**, sala operatoria.

theatregoer /ˈθɪətəgəʊə(r), ˈθiːə-/ *n.* frequentatore (-trice) di teatri.

theatrical /θɪˈætrɪkl/ *a.* ***1*** teatrale; drammatico: **t. company**, compagnia drammatica ***2*** (*spreg.*) teatrale; melodrammatico.

theatricals /θɪˈætrɪklz/ *n. pl.* rappresentazioni teatrali; recite.

Theban /ˈθiːbən/ *a. e n.* (*stor.*) tebano.

thee /ðiː/ *pron. pers. 2ª pers. sing.* (*compl.*) (*arc. o poet.*) te; ti.

theft /θɛft/ *n.* Ⓤ e Ⓒ furto; ladrocinio; ruberia.

their /ðɛə(r), ðə(r)/ *a. poss.* ***1*** il loro, la loro; i loro, le loro ***2*** proprio; suo: **Everyone should bring t. own books**, ognuno deve portare i propri libri; **Someone left t. umbrella behind**, qualcuno ha dimenticato l'ombrello.

theirs /ðɛəz/ *pron. poss.* il loro, la loro; i loro, le loro: **This car is not t.**, quest'automobile non è la loro.

theism /ˈθiːɪzəm/ *n.* Ⓤ (*filos.*) teismo.

theistic /θiːˈɪstɪk/ *a.* (*filos.*) teistico.

them /ðɛm, ðəm/ *pron. pers. 3ª pers. pl.* ***1*** (*compl. oggetto*) li, le; loro: **I saw t.**, li [le] vidi; **Show t. to me**, fammeli [fammele] vedere ***2*** (*compl. indir.*) loro; gli; a [per, ecc.] loro; a [per, ecc.] essi (-e); **I gave t. the money**, ho dato loro i soldi; gli ho dato i soldi; **It's for t.**, è per loro • **both of t.**, entrambi □ **either of t.**, o l'uno o l'altro □ **neither of t.**, né l'uno né l'altro; nessuno dei due □ **It was very kind of t.**, è stato molto gentile da parte loro.

thematic /θɪˈmætɪk/ *a.* (*gramm., mus.*) tematico.

theme /θiːm/ *n.* ***1*** tema; argomento; soggetto ***2*** (*gramm., mus.*) tema • **t. park**, parco a tema □ **t. song** (*o* **tune**), motivo (*o* tema) conduttore (*di film, ecc.*).

themselves /ðəmˈsɛlvz/ ***A*** *pron. rifl.* se stessi (-e); si: **They hurt t.**, si fecero male ***B*** *pron. enfat.* essi stessi, esse stesse; essi (-e) in persona; sé: **They went t.**, vi andarono di persona; **They kept all the money for t.**, tennero tutto il denaro per sé • **by t.**, da sé; (da) soli (-e); senz'aiuto □ **in t.**, in sé □ **They had the whole house to t.**, avevano l'intera casa a loro disposizione.

then /ðɛn, ðən/ ***A*** *avv.* ***1*** allora; a quel tempo: **I was young t.**, ero giovane allora; **before t.**, prima d'allora ***2*** poi; dopo: **I had breakfast and t. went out**, feci colazione e poi uscii ***3*** inoltre; poi: **T. there's his brother**, inoltre (*o* poi) c'è suo fratello • **t. again**, *V. sotto* **again** □ **He's late, but t. he always is**, è in ritardo, come al solito, del resto □ **by t.**, per allora; ormai □ (**every**) **now and t.**, di quando in quando; di tanto in tanto; ogni tanto □ **from t. on**, da allora in poi □ **now t.**, dunque; ebbene; (*esclam.*) andiamo!, suvvia! □ **since t.**, da allora (in poi) □ **t. and there**, lì per lì; là per là: subito; su due piedi □ **till t.** (*o* **up to t.**), fino allora □ **well t.**, allora; ebbene; be' □ **What t.?**, e allora? ***B*** *cong.* e allora; dunque; quindi: **T. why did you do it?**, e allora perché l'hai fatto? ***C*** *a. attr.* di allora: **the t. secretary**, il segretario di allora.

thence /ðɛns/ *avv.* (*antiq.*) di là; di lì; da quel luogo.

thenceforth /ðɛnsˈfɔːθ/ *avv.* (*form.*) da allora; da allora in poi.

theocracy /θiːˈɒkrəsɪ/ *n.* Ⓒ e Ⓤ (*polit.*) teocrazia.

theocratic /θiːəˈkrætɪk/ *a.* (*polit.*) teocratico.

theodolite /θiːˈɒdəlaɪt/ *n.* (*topogr.*) teodolite.

theologian /θiːəˈləʊdʒɪən/ *n.* teologo (-a).

theological /θiːəˈlɒdʒɪkl/ *a.* teologico • **t. virtues**, virtù teologali.

theology /θiːˈɒlədʒɪ/ *n.* Ⓤ teologia.

theorem /ˈθɪərəm, *USA* ˈθiːə-/ *n.* (*mat.*) teorema.

theoretical /θɪəˈrɛtɪkl/ *a.* ***1*** (*filos.*) teoretico ***2*** teorico.

theoretically /θɪəˈrɛtɪklɪ/ *avv.* ***1*** teoricamente ***2*** in teoria; in linea teorica; teoricamente.

theoretician /θɪərəˈtɪʃn/ *n.* teorico (-a).

to **theorise** /ˈθɪəraɪz/ (*GB*) *V.* **to theorize**.

theorist /ˈθɪərɪst, *USA* ˈθiːə-/ *n.* teorico; dottrinario.

to **theorize** /ˈθɪəraɪz, *USA* ˈθiːə-/ *v. i.* formulare teorie; teorizzare.

theory /ˈθɪərɪ, *USA* ˈθiːərɪ/ *n.* Ⓒ e Ⓤ teoria: **the t. of evolution**, la teoria dell'evoluzione; **musical t.**, teoria musicale; **in t.**, in teoria; teoricamente.

theosophical /θiːə'sɒfɪkl/ *a.* (*filos.*) teosofico.
theosophist /θiː'ɒsəfɪst/ *n.* (*filos.*) teosofo.
theosophy /θiː'ɒsəfɪ/ *n.* U (*filos.*) teosofia.
therapeutic /θɛrə'pjuːtɪk/ *a.* (*med.*) terapeutico.
therapeutics /θɛrə'pjuːtɪks/ *n. pl.* (*col verbo al sing.*) (*med.*) terapeutica.
therapist /'θɛrəpɪst/ *n.* (*med.*) terapista • (*USA*) **physical t.**, fisioterapista.
therapy /'θɛrəpɪ/ *n.* U e C (*med.*) terapia.
there /ðɛə(r), ðə(r)/ ***A*** *avv.* ***1*** là, lì; ci, vi: **Put it t.**, mettilo là; **I shall be t.**, ci sarò; (*fam.*) **See that car t.?**, la vedi quella macchina là?; **down t.**, laggiù; **here and t.**, qua e là; **over t.**, là; laggiù; **up t.**, lassù ***2*** ecco; ecco là; ecco che: **T. he is!**, eccolo!; **T. goes Mary!**, ecco là Mary!; **T. goes the train**, ecco partito il treno! ***3*** in questo; su ciò: **You're right, t.**, in questo hai ragione ***4*** ci: **T. is no time**, non c'è tempo; **Are t. any questions?**, ci sono domande?; **T. was a clap of thunder**, ci fu uno scoppio di tuono; **T. might be something left**, potrebbe esserci rimasto qualcosa; **T. are six of us**, siamo in sei; **T. seems to be no change**, non sembra esserci alcun cambiamento ***5*** (*idiom., consente l'inversione fra soggetto e verbo*) — **T. comes a time in a man's life when...**, viene il momento nella vita di un uomo, in cui...; **T. remains just one thing to be said**, resta da dire una sola cosa ***B*** *pron.* quel luogo; quel punto: **by t.**, di là; lì vicino; **from here to t.**, da qui fino a lì; **in t.**, là dentro; lì dentro ***C*** *inter.* ***1*** là!; finalmente; ecco: **T., that's done!**, là!, ecco fatto!; **T.! what did I tell you?**, ecco, che cosa t'avevo detto? ***2*** su; andiamo; via: **T., t.! don't cry**, su, su, non piangere! • **t. and back**, andata e ritorno □ **t. and then**, lì per lì; là per là: subito; su due piedi □ **T. you are!**, ecco!; ecco fatto! □ (*fam.*) **T.'s a dear!**, (che) bravo (-a)!; da bravo (-a)! □ (*fam.*) **T.'s a good boy!**, bravo!; su, da bravo! □ (*fam.*) **T. you go!**, cosa vuoi, è la vita! □ **T. you go again!**, ci risiamo!; siamo alle solite! □ **T. you have it**, ecco come stanno le cose □ (*fam.*) **He is not all t.**, non è tutto giusto.
thereabout(s) /'ðɛərəbaʊts/ *avv.* ***1*** lì vicino; nei dintorni; nelle vicinanze ***2*** all'incirca; press'a poco; a un dipresso.
thereafter /ðɛər'ɑːftə(r), *USA* -æf-/ *avv.* (*lett.*) da allora in poi; in seguito.
thereby /ðɛə'baɪ, 'ðɛə-/ *avv.* (*form.*) in tal modo; con ciò.
there'd /ðɛəd, ðɛd, ðəd/ *contraz. di* **there had, there would**.
therefore /'ðɛəfɔː(r)/ *avv.* (*form.*) perciò; dunque; quindi.
therein /ðɛər'ɪn/ *avv.* ***1*** (*antiq.*) (là) dentro; ivi; in ciò; ci; vi ***2*** riguardo a ciò; al riguardo; in merito • (*leg.*) **t. enclosed**, ivi allegato.
thereinafter /ðɛərɪn'ɑːftə(r), *USA* -æf-/ *avv.* (*antiq. o leg.*) più oltre; in seguito.
there'll /ðɛəl/ *contraz. di* **there will, there shall**.
thereof /ðɛər'ɒv, *USA* -ʌv/ *avv.* (*antiq. o leg.*) di ciò; di questo; al riguardo.
there's /ðɛəz, ðɛz, ðəz/ *contraz. di* **there is**.
thereto /ðɛə'tuː/, **thereunto** /ðɛər'ʌntuː/ *avv.* (*antiq. o leg.*) a ciò.
thereupon /ðɛərə'pɒn, *USA* -ɔːn/ *avv.* (*lett. o leg.*) ***1*** al che; e allora ***2*** indi; quindi ***3*** su di ciò; al riguardo; in merito.
therewith /ðɛə'wɪð/ *avv.* (*lett. o leg.*) ***1*** con ciò; con questo ***2*** in aggiunta; inoltre ***3*** al che; e allora.
therm /θɜːm/ *n.* (*fis.*) therm.
thermal /'θɜːml/ ***A*** *a.* ***1*** termale ***2*** (*fis.*) termico • **t. baths**, terme □ **t. power station**, centrale termica ***B*** *n.* (*aeron.*) corrente ascendente d'aria calda.
thermionic /θɜːmaɪ'ɒnɪk/ *a.* (*elettron.*) termoionico.
thermionics /θɜːmaɪ'ɒnɪks/ *n. pl.* (*col verbo al sing.*) (*elettron.*) termoionica.
thermodynamic /θɜːməʊdaɪ'næmɪk/ *a.* (*fis.*) termodinamico.
thermodynamics /θɜːməʊdaɪ'næmɪks/ *n. pl.* (*col verbo al sing.*) termodinamica.
thermoelectric /θɜːməʊɪ'lɛktrɪk/ *a.* (*fis.*) termoelettrico.
thermoelectricity /θɜːməʊɛlɪk'trɪsətɪ/ *n.* U (*fis.*) termoelettricità.
thermometer /θə'mɒmɪtə(r)/ *n.* termometro.
thermonuclear /θɜːməʊ'njuːklɪə(r), *USA* -'nuː-/ *a.* (*fis. nucl.*) termonucleare.
thermoplastic /θɜːməʊ'plæstɪk/ *a.* (*ind.*) termoplastico.
thermos ® /'θɜːməs/ *n.* (*generalm.* **t. flask**) termos.
thermosetting /θɜːməʊ'sɛtɪŋ/ *a.* (*ind. plastica*) termoindurente.
thermostat /'θɜːməstæt/ *n.* termostato.
thermostatic /θɜːməʊ'stætɪk/ *a.* (*fis.*) termostatico.
thermostatics /θɜːməʊ'stætɪks/ *n. pl.* (*col verbo al sing.*) (*fis.*) termostatica.
thesaurus /θɪ'sɔːrəs/ *n.* (*pl.* **thesauri** /-raɪ/, **thesauruses**) dizionario dei sinonimi.
these /ðiːz/ *pl. di* **this** (**1**).
thesis /'θiːsɪs/ *n.* (*pl.* **theses** /-siːz/) tesi.
Thespian /'θɛspɪən/ *a.* teatrale; drammatico.
they /ðeɪ/ ***A*** *pron. pers. 3ª pers. pl.* essi (-e); loro (*fam.*): **T. didn't reply to our letter**, (essi) non risposero alla nostra lettera ***B*** *pron. impers.* la gente; si: **T. say he won't come back**, si dice (*o* dicono) che non tornerà.
they'd /ðeɪd/ *contraz. di* **they had, they would**.
they'll /ðeɪl/ *contraz. di* **they will, they shall**.
they're /ðɛə(r), ðeɪə(r), ðə(r)/ *contraz. di* **they are**.
they've /ðeɪv/ *contraz. di* **they have**.
thick /θɪk/ ***A*** *a.* ***1*** spesso; grosso: **t. cloth**, stoffa spessa; **a t. slice of bread**, una grossa fetta di pane ***2*** denso; fitto; folto: **t. hair**, capelli folti; **t. fog**, nebbia fitta ***3*** (*di liquido*) denso; spesso ***4*** (*di voce*) fioco; rauco ***5*** (*fam.*) ottuso; duro di comprendonio ***6*** (*di accento*) forte; spiccato • **t.-headed**, duro di comprendonio; ottuso; stupido □ **t. on the ground**, abbondante; numerosi (-e) □ **t.-skinned**, insensibile □ **t. with**, pieno di: **The air was t. with dust**, l'aria era piena di polvere □ (*fam.*) **to be as t. as thieves** (*o* **very t. with each other**), essere amici per la pelle; essere amiconi; essere culo e camicia (*pop.*) □ (*pop.*) **to give sb. a t. ear**, mollare un ceffone a q.; fare una faccia così a q. □ **to grow thicker**, infittirsi □ (*fam. GB*) **It's a bit t.**, è un po' troppo!; si esagera! ***B*** *n.* U (il) grosso; (il) folto; (il) mezzo: **in the t. of the fight**, nel folto della mischia; **in the t. of the rush hour**, in piena ora di punta, **to be in the t. of it**, esserci dentro in pieno • **through t. and thin**, attraverso ogni ostacolo; nella buona e nella cattiva sorte ***C*** *avv.* densamente; fittamente; fitto fitto • **t. and fast**, uno dietro l'altro; senza sosta.
to **thicken** /'θɪkən/ ***A*** *v. t.* addensare; ispessire; infittire; infoltire; rassodare ***B*** *v. i.* ***1*** addensarsi; ispessirsi; infittirsi; infoltirsi; rassodarsi ***2*** (*della voce*) diventare roca • **The plot thickens**, il mistero si infittisce.
thickening /'θɪkənɪŋ/ *n.* U ***1*** addensamento; ispessimento; rassodamento ***2*** sostanza per condensare; preparato per rassodare.
thicket /'θɪkɪt/ *n.* boschetto; folto d'alberi.
thickhead /'θɪkhɛd/ *n.* testa dura; stupido; zuccone.
thickly /'θɪklɪ/ *avv.* ***1*** densamente; fittamente ***2*** con voce velata (*o* incerta).
thickness /'θɪknəs/ *n.* ***1*** U spessore; grossezza ***2*** U densità; foltezza ***3*** strato.
thickset /'θɪk'sɛt/ *a.* tarchiato; tozzo.
thief /θiːf/ *n.* (*pl.* **thieves**) ladro (-a).
to **thieve** /θiːv/ *v. i.* rubare; fare il ladro.
thievery /'θiːvərɪ/, **thieving** /'θiːvɪŋ/ *n.* U ladrocinio; furto.
thieves /θiːvz/ *pl. di* **thief**.
thievish /'θiːvɪʃ/ *a.* (*lett.*) ladro; ladresco.
thigh /θaɪ/ *n.* (*anat.*) coscia • **t. bone**, femore.
thimble /'θɪmbl/ *n.* ditale.
thin /θɪn/ ***A*** *a.* ***1*** sottile; fine; leggero: **t. layer**, strato sottile; **t. material**, tessuto fine; **t. clothes**, abiti leggeri; **t. string**, spago sottile ***2*** esile; magro; smilzo; sparuto ***3*** rado; scarso: **t. hair**, capelli radi; **t. audience**, scarso pubblico; **t. air**, aria rarefatta ***4*** poco denso; diluito; acquoso; brodoso: **t. soup**, minestra brodosa; **t. paint**, vernice diluita ***5*** poco convincente; debole; magro: **t. excuse**, magra scusa ***6*** fievole; tenue: **in a t. voice**, con voce fievole • **the t. end of the wedge**, decisione che si teme preluda a grossi cambiamenti in peggio; primo passo □ **to be t. on the ground**, scarseggiare □ (*fam.*) **t. on top**, un po' pelato □ **t.-skinned**, sensibile; suscettibile □ **t. soil**, terreno povero □ **to grow t.**, dimagrire □ (*fam.*) **to have a t. time**, passarsela male □ **to wear t.**, (*anche fig.*) logorarsi; consumarsi; mostrare la corda ***B*** *avv.* a fette sottili; sottile: **to cut st. t.**, tagliare q.c. a fette sottili.
to **thin** /θɪn/ ***A*** *v. t.* ***1*** assottigliare; smagrire ***2*** far diminuire; ridurre ***3*** diradare; sfoltire ***4*** sfrondare; potare ***5*** diluire (*vernici, ecc.*) ***B*** *v. i.* ***1*** assottigliarsi; affinarsi; dimagrire ***2*** calare; diminuire; ridursi ***3*** diradarsi; sfoltirsi.
thine /ðaɪn/ *pron. poss.* (*arc. o poet.*) (il) tuo, (la) tua; (i)

tuoi, (le) tue.

thing /θɪŋ/ *n.* ***1*** cosa: **the first t. I saw**, la prima cosa che vidi; **all my things**, tutte le mie cose; tutta la mia roba; **priceless things**, oggetti di valore inestimabile; **Things are getting better**, le cose migliorano; va meglio ***2*** (*fam.*) creatura: **Poor t.!**, poverino (-a)!; povera creatura!; povera bestia!; **There wasn't a living t.**, non c'era anima viva ***3*** (*al pl.*) (*fam.*) cose; roba; vestiti; arnesi; attrezzi: **Take your things away!**, portati via la tua roba!; **the breakfast things**, i piatti della colazione; **fishing things**, attrezzi da pesca; **to put one's things on**, vestirsi; prepararsi per uscire ***4*** (*fam.*) interesse; proprio genere: **Opera's not my t.**, l'opera non è il mio genere • **the t.** (*o* **just the t., the very t.**), la cosa da farsi; quel che ci vuole: **A long holiday is the very t. for him**, una lunga vacanza è proprio quel che ci vuole per lui □ **The t. is, can we afford it?**, il punto è: possiamo permettercelo? □ **and things**, eccetera □ **It was a close t.**, c'è mancato poco □ **It isn't the done t.**, non sta bene; non si fa □ **first t. in the morning**, per prima cosa domani □ **for one t.**, tanto per cominciare; per dirne una □ **It's a good t. you came**, è un bene che tu sia venuto; meno male che sei venuto □ (*fam.*) **to have a t. about st.**, avere un'idiosincrasia per q.c.; avere il terrore di q.c.; avere un debole per q.c. □ (*fam.*) **to know a t. or two**, saperla lunga □ **the latest t. in furs**, l'ultima moda in fatto di pellicce □ **to look quite the t.**, avere un bell'aspetto: **He doesn't look quite the t.**, non ha l'aria di star bene □ **to make a big t. of st.**, fare un dramma di q.c. □ **to make a good t. of st.**, trarre partito da q.c. □ **not a t.**, niente; proprio nulla: **I didn't understand a t.**, non ho capito niente; **I haven't a t. to wear**, non ho niente da mettermi □ **not to feel quite the t.**, non sentirsi bene □ **He bought me a stuffed owl of all things**, mi ha comprato un gufo impagliato, pensa un po' □ **It's just one of those things**, son cose che capitano □ **That's quite another t.**, è un altro paio di maniche □ **There is no such t. as perfect happiness**, la felicità perfetta non esiste □ **You did the right t.**, hai fatto bene □ **to see things**, avere le allucinazioni □ **taking one t. with another**, tutto sommato; visto il pro e il contro □ **to try to be all things to all men**, cercare di accontentare tutti.

thingamabob /ˈθɪŋəməbɒb/, **thingamajig** /ˈθɪŋəmədʒɪg/ *n.* (*fam.*) coso; aggeggio; affare.

thingummy /ˈθɪŋəmɪ/ *n.* (*fam.*) ***1*** coso; affare; aggeggio ***2*** tizio; coso.

thingy /ˈθɪŋɪ/ *n.* (*fam. GB*) *V.* **thingummy**.

think /θɪŋk/ *n.* (*fam.*) pensiero; pensata: **I'll have a t. about it**, ci penserò • **More money? He's got another t. coming!**, ancora soldi? sta' fresco!

to **think** /θɪŋk/ (*pass. e p.p.* **thought**) ***A*** *v. t.* ***1*** pensare; credere; ritenere; considerare; parere, sembrare (*impers.*): **Do you t. it will rain?**, pensi (*o* credi) che pioverà?; **I didn't t. him capable of such a thing**, non lo ritenevo capace di una cosa simile; **I t. it's a shame not to help them**, mi sembra poco bello non aiutarli ***2*** immaginare; capire: **I can't t. why he did it**, non riesco a immaginare (*o* non capisco) perché l'abbia fatto ***B*** *v. i.* ***1*** pensare; riflettere; ragionare: **Let me t.**, fammici pensare; **to make sb. t.**, dare da pensare a q. ***2*** pensare; credere: **I t. so**, credo di sì ***3*** pensare; figurarsi: **Just t.! Tomorrow we'll be home**, pensa un po'! Domani siamo di nuovo a casa • **to t. again**, rifletterci; pensarci su □ **to t. ahead**, guardare avanti □ **to t. aloud**, pensare ad alta voce □ (*fam.*) **to t. big**, avere grandi progetti □ **to t. to oneself**, pensare fra sé (e sé); dirsi □ **to t. straight**, essere lucido □ **to t. twice**, pensarci su due volte; rifletterci su □ **I thought as much!**, lo dicevo io!; lo sapevo! □ **Who do you t. you are?**, chi ti credi di essere? □ **What do you t. you are doing?**, ma che fai?; che idee sono queste? □ **Who would have thought that...**, chi l'avrebbe mai detto che...

♦ **think about** *v. i. + prep.* ***1*** *V.* **to think of**, *def. 1 e 2* ***2*** riflettere su: **I'll have to t. about it**, devo rifletterci su; **I thought hard about it**, ci pensai su a lungo.

♦ **think back** *v. i. + avv.* riandare con la mente; ripensare.

♦ **think of** *v. i. + prep.* ***1*** pensare a: **He was thinking of his children**, pensava ai suoi figli; **He's thought of everything**, ha pensato a tutto lui; **I'll be thinking of you**, ti penserò; **T. of the costs!**, pensa alla spesa! ***2*** avere un'opinione di; pensare di: **What do you t. of him as a chairman?**, che ne pensi di lui come presidente? ***3*** pensare di; avere in mente di: **We are thinking of selling the house**, stiamo pensando di vendere la casa; **I shouldn't t. of doing such a thing**, non me lo sogno neanche di fare una cosa simile ***4*** ricordare: **I can't t. of the title just now**, in questo momento non ricordo il titolo • **to t. better of**, cambiare parere su; ripensarci □ **to t. highly [little] of**, avere un'alta [una scarsa] opinione di □ **He thinks nothing of swimming across the lake**, per lui attraversare il lago a nuoto è cosa da nulla □ **I didn't t. much of it**, non mi ha convinto; non mi è piaciuto granché.

♦ **think out** *v. t. + avv.* ***1*** considerare a fondo; ponderare ***2*** elaborare (*un piano, ecc.*); studiare.

♦ **think over** *v. t. + avv.* riflettere su; meditare su.

♦ **think through** *V.* **to think out**.

♦ **think up** *v. t. + avv.* escogitare; inventare.

thinker /ˈθɪŋkə(r)/ *n.* pensatore (-trice) • **free t.**, libero pensatore.

thinking /ˈθɪŋkɪŋ/ ***A*** *a.* ***1*** pensante; dotato di raziocinio ***2*** ragionevole • (*fam.*) **to put one's t. cap on**, riflettere; pensarci su ***B*** *n.* Ⓤ pensiero; riflessione: **to do some t.**, riflettere; **to my way of t.**, a mio parere; per come la vedo io.

think tank /ˈθɪŋktæŋk/ *locuz. n.* (*specialm. polit.*) commissione di esperti.

thinly /ˈθɪnlɪ/ *avv.* ***1*** sottilmente: **t. cut**, tagliato sottile; **t. spread**, spalmato in uno strato sottile ***2*** in modo rado: **t. planted**, piantato a larghi intervalli; **t. populated**, poco popolato ***3*** appena: **t. disguised**, appena velato.

thinner /ˈθɪnə(r)/ *n.* (*ind., pitt.*) solvente; diluente.

thinness /ˈθɪnnəs/ *n.* Ⓤ ***1*** sottigliezza; finezza; leggerezza ***2*** esilità; magrezza ***3*** radezza; fluidità; scarsità ***4*** debolezza; inconsistenza ***5*** fievolezza; tenuità.

third /θɜːd/ ***A*** *a. num. ord.* terzo • **t. degree [party]**, *V. sotto* **degree**, **party** □ **t.-rate**, di scarso valore; scadente □ **the T. World**, il terzo mondo □ **t.-world**, del terzo mondo ***B*** *n.* ***1*** (*mat.*) terzo: **one t.**, un terzo ***2*** (*mus., autom.*) terza ***3*** (*in G.B.*) laurea con votazione di sufficienza.

thirdly /ˈθɜːdlɪ/ *avv.* in terzo luogo.

thirst /θɜːst/ *n.* Ⓤ *e* Ⓒ sete: **to die of t.**, morire di sete; **a t. for power**, sete di potere.

to **thirst** /θɜːst/ *v. Solo come:*

♦ **thirst for** (*o* **after**) *v. i. + prep.* essere assetato di; avere sete di.

thirstily /ˈθɜːstɪlɪ/ *avv.* avidamente.

thirsty /ˈθɜːstɪ/ *a.* ***1*** assetato; che ha sete: **I'm t.**, ho sete; **to make sb. t.**, far venire sete a q. ***2*** (*fig.*) assetato; avido; bramoso ***3*** (*del terreno*) arido; riarso ***4*** (*fam., di lavoro*) che fa venir sete.

thirteen /θɜːˈtiːn/ *a. e n.* tredici • **t.-year-old**, tredicenne.

thirteenth /θɜːˈtiːnθ/ *a. e n.* tredicesimo.

thirtieth /ˈθɜːtɪəθ/ *a. e n.* trentesimo.

thirty /ˈθɜːtɪ/ *a. e n.* trenta (*Per gli esempi d'uso, V. sotto* **forty**) • (*mus., USA*) **t.-second note**, biscroma.

thirtysomething /ˈθɜːtɪˈsʌmθɪŋ/ *n.* (*fam.*) ***1*** età tra i trenta e i quaranta ***2*** trentenne.

this (1) /ðɪs, *USA* ðɪs, ðəs/ ***A*** *a. dimostr.* (*pl.* **these**) ***1*** questo (-a): **t. house**, questa casa; **t. one**, questo (-a); **t. morning**, questa mattina; stamattina; **t. Tuesday**, questo martedì; **one of these days**, uno di questi giorni ***2*** (*fam.*) un, una; (*al pl.*) dei, delle: **There was t. funny-looking man on the train**, c'era un tipo strambo sul treno; **We saw these terrific paintings**, abbiamo visto dei quadri fantastici • **t. day week [month]**, oggi a otto [a un mese] □ **t. minute**, subito □ **t. way**, da questa parte, di qua; in questo modo, così □ **by t. time**, ormai; a quest'ora □ **just t. once**, per questa volta (soltanto) ***B*** *pron. dimostr.* ***1*** (*pl.* **these**) questo (-a): **T. is my wife**, questa è mia moglie; **I'll take t.**, prenderò questo ***2*** questo; ciò: **What's t.?**, che cos'è questo?; **T. is what you must say**, questo è quello che devi dire; **like t.**, in questo modo; così; **T. won't do**, così non va! ***3*** questo posto; qui: **T. is where we met**, è qui che ci siamo incontrati • **t., that and the other**, questo e quello □ (*telef.*) **Hullo! T. is Mick Byrne speaking**, pronto, sono Mick Byrne □ **before t.**, prima d'ora □ **to talk of t. and that**, discorrere del più e del meno □ **What's all t.?**, che sta succedendo qui? □ **What's all t. I hear about...?**, che cos'è questa storia di...?

this (2) /ðɪs/ *avv.* (*fam.*) così; tanto: **It was t. big**, era grosso così; **t. early**, così presto • **t. far**, fin qui; fino a questo punto.

thistle /ˈθɪsl/ *n.* (*bot.*) cardo.

thistledown /ˈθɪsldaʊn/ *n.* pappo del cardo.
thither /ˈðɪðə(r), *USA* ˈθɪð-/ *avv.* (*antiq.*) là; laggiù: **hither and t.**, qua e là.
tho' /ðəʊ/ *V.* **though**.
Thomism /ˈtəʊmɪzəm/ *n.* U (*filos.*) tomismo.
Thomist /ˈtəʊmɪst/ *n.* (*filos.*) tomista.
thong /θɒŋ, *USA* θɔːŋ/ *n.* ***1*** cinghia; correggia; striscia di cuoio ***2*** staffile ***3*** (*al pl.*) (*USA, Austr.*) samurai; (ciabattine) infradito.
thoracic /θɔːˈræsɪk/ *a.* (*anat.*) toracico.
thorax /ˈθɔːræks/ *n.* (*pl.* **thoraces** /-siːz/, **thoraxes**) (*anat.*) torace.
thorn /θɔːn/ *n.* ***1*** (*bot.*) spina ***2*** C e U (*bot.*) spino; pianta spinosa ***3*** (*zool.*) aculeo; spina • **t.-bush**, rovo □ **a t. in one's side** (*o* **flesh**), una spina nel fianco; un cruccio continuo.
thorny /ˈθɔːnɪ/ *a.* (*anche fig.*) spinoso.
thorough /ˈθʌrə, *USA* ˈθɜːrəʊ, -rə/ *a.* ***1*** completo; profondo; radicale: **t. change**, mutamento radicale ***2*** accurato; minuzioso; scrupoloso; approfondito: **t. search**, ricerca minuziosa; **t. investigation**, inchiesta approfondita; **He's very t.**, è molto scrupoloso ***3*** autentico; vero; bell'e buono: **a t. scoundrel**, un'autentica canaglia.
thoroughbred /ˈθʌrəbrɛd, *USA* ˈθɜːrə(ʊ)-/ *a.* e *n.* (*specialm. di cavallo*) purosangue.
thoroughfare /ˈθʌrəfɛə(r), *USA* ˈθɜːrə(ʊ)-/ *n.* strada di transito; via principale • **«No t.»**, «divieto di transito».
thoroughgoing /ˈθʌrəgəʊɪŋ, *USA* ˈθɜːrə(ʊ)-/ *V.* **thorough**.
thoroughly /ˈθʌrəlɪ, *USA* ˈθɜːrəlɪ/ *avv.* completamente; esaurientemente.
those /ðəʊz/ *pl. di* **that** (1).
thou /ðaʊ/ *pron. pers. 2ª pers. sing.* (*arc. o poet.*) tu.
though /ðəʊ/ ***A*** *cong.* sebbene; benché; per quanto: **T. it was late, I went on studying**, sebbene fosse tardi, continuai a studiare; **strange t. it may appear**, per quanto possa sembrare strano; **even t.**, anche se • **as t.**, come se: **He acts as t. he were mad**, si comporta come se fosse impazzito; **It looks as t. he meant business**, pare che faccia sul serio ***B*** *avv.* tuttavia; però: **She didn't write; she phoned, t.**, non ha scritto, però ha telefonato.
thought (1) /θɔːt/ *n.* ***1*** U (il) pensare; pensiero: **deep in t.**, assorto nei propri pensieri; **school of t.**, scuola di pensiero ***2*** U riflessione: **to need careful t.**, richiedere un'attenta riflessione; **after much t.**, dopo averci pensato a lungo; **I'll give it some t.**, ci rifletterò su ***3*** pensiero; idea; opinione: **to read sb.'s thoughts**, leggere nei pensieri di q.c.; **The very t. appalled me**, il solo pensiero mi atterriva; **a happy t.**, un'idea felice; **I've just had a t.**, mi è venuta un'idea; **That's a t.**, buona idea!; **It's the t. that counts**, è il pensiero che conta ***4*** riguardo; attenzione; premura: **with no t. for his own safety**, senza pensare alla propria incolumità ***5*** intenzione: **to have no t. of doing st.**, non avere nessuna intenzione (*o* idea) di fare q.c.; non pensare di fare q.c. ***6*** (*antiq.*) (un) po'; (un) tantino: **a t. careless**, un tantino sventato • **t.-provoking**, che dà da pensare; stimolante □ **t. reader**, persona telepatica □ **t. transference**, trasmissione del pensiero; telepatia □ **second t.**, *V. sotto* **second** □ **Don't give it a moment's t.**, non preoccuparti!; non pensarci!
thought (2) /θɔːt/ *pass. e p.p. di* **to think** • **well t.-out**, ben studiato; ben escogitato.
thoughtful /ˈθɔːtfl/ *a.* ***1*** pensieroso; pensoso ***2*** attento; premuroso; gentile: **It was t. of you to come**, è stato gentile da parte tua venire ***3*** serio; profondo.
thoughtless /ˈθɔːtləs/ *a.* ***1*** avventato; irriflessivo; sconsiderato ***2*** irriguardoso; scortese; egoistico: **t. of others**, che non si cura degli altri.
thousand /ˈθaʊznd/ ***A*** *a. e n.* mille: **one [five, ten] t.**, mille [cinquemila, diecimila]; **a t. soldiers**, mille soldati; **one in a t.**, uno su mille ***B*** *n.* migliaio: **by the t.**, a migliaia; **thousands of**, migliaia di; **a few thousand people**, alcune migliaia di persone; **about a t.**, un migliaio • **(a) t. and one**, innumerevoli.
thousandfold /ˈθaʊzndfəʊld/ *a., avv. e n.* mille volte (tanto).
thousandth /ˈθaʊzndθ/ *a. e n.* millesimo • **for the t. time**, per la centesima (*o* l'ennesima) volta.
thraldom /ˈθrɔːldəm/ *n.* U (*lett.*) schiavitù; servaggio.
thrall /θrɔːl/ *n.* U (*fig.*) schiavitù: **in t. to st.**, schiavo di q.c.
thralldom /ˈθrɔːldəm/ (*USA*) *V.* **thraldom**.
to **thrash** /θræʃ/ *v. t.* ***1*** battere; colpire; bastonare; frustare ***2*** (*fam., sport*) battere duramente; stracciare.
♦ **thrash about** *v. i. + avv.* agitarsi; dibattersi.
♦ **thrash out** *v. t. + avv.* discutere a fondo; sviscerare; mettere a punto (*dopo lunga discussione*).
thrashing /ˈθræʃɪŋ/ *n.* ***1*** bastonatura; frustate ***2*** (*sport, fam.*) dura sconfitta; batosta.
thread /θrɛd/ *n.* C e U ***1*** filo: **cotton [gold] t.**, filo di cotone [d'oro]; **t. of light**, filo di luce; **the t. of an argument**, il filo di un discorso ***2*** (*mecc.*) filetto, filettatura (*di vite*) • **t.-mark**, filigrana (*dei biglietti di banca*) □ (*fig.*) **to gather up the threads**, raccogliere le fila del discorso □ **to hang by a t.**, essere appeso a un filo (*anche fig.*).
to **thread** /θrɛd/ ***A*** *v. t.* ***1*** infilare; infilzare: **to t. a needle [beads]**, infilare un ago [perline] ***2*** caricare (*una pellicola*) ***3*** (*mecc.*) filettare (*una vite, ecc.*) • **to t. one's way through the crowd**, farsi largo tra la folla ***B*** *v. i.* (*di sciroppo bollente*) fare il filo.
threadbare /ˈθrɛdbɛə(r)/ *a.* ***1*** consunto; consumato; logoro; frusto; liso ***2*** trito; vieto; stantio; fritto e rifritto.
threadlike /ˈθrɛdlaɪk/ *a.* filiforme; esile; sottile.
thready /ˈθrɛdɪ/ *a.* ***1*** filamentoso; fibroso ***2*** esile; flebile.
threat /θrɛt/ *n.* minaccia.
to **threaten** /ˈθrɛtn/ *v. t. e i.* minacciare: **to t. to kill sb.**, minacciare di uccidere q.; **It threatens to snow**, minaccia di nevicare.
threatening /ˈθrɛtnɪŋ, -tən-/ *a.* minaccioso.
three /θriː/ *a. e n.* tre: **t. books**, tre libri; **the t. of diamonds**, il tre di quadri • **t.-act play**, commedia in tre atti □ (*polit.*) **t.-cornered fight**, competizione a tre □ **t.-cornered hat**, cappello a tre punte; tricorno □ (*fotogr.*) **t.-colour process**, tricromia □ **three-D** (*o* **3-D**), *V.* **t.-dimensional** □ (*ippica*) **t.-day event**, completo □ **t.-decker**, nave a tre ponti □ **t.-dimensional**, tridimensionale □ **t.-legged table**, tavolino a tre gambe □ (*elettr.*) **t.-phase**, trifase □ **t.-piece suit**, tre pezzi (*giacca, pantaloni e gilet*) □ **a t.-piece suite**, un divano e due poltrone □ (*elettr.*) **t.-pin plug**, spina tripolare □ **t.-ply**, (*di compensato*) a tre strati; (*di lana*) a tre capi □ (*autom.*) **t.-point turn**, inversione di marcia in tre tempi □ **t.-quarter**, (a) tre quarti □ **t.-quarters**, tre quarti; per tre quarti: **t.-quarters full**, pieno per tre quarti □ **t.-ring circus**, circo a tre piste □ (*mecc.*) **t.-speed gear**, cambio a tre velocità □ **t.-wheeler**, macchina a tre ruote; triciclo.
threefold /ˈθriːfəʊld/ ***A*** *a.* triplice; triplo ***B*** *avv.* tre volte (tanto).
threepence /ˈθrɛpəns, ˈθrʌp-/ *n.* U (*in G.B.*) ***1*** (valore di) tre pence ***2*** moneta da tre pence.
threepenny /ˈθrɛpənɪ, ˈθrʌp-/ *a.* che costa tre pence; da tre pence • (*in G.B., un tempo*) **t. bit**, moneta da tre pence.
threesome /ˈθriːsəm/ *n.* ***1*** terzetto ***2*** (*specialm. golf*) partita a tre.
threnody /ˈθrɛnədɪ/ *n.* (*lett.*) trenodia.
to **thresh** /θrɛʃ/ *v. t. e i.* (*agric.*) battere (*il grano, ecc.*); trebbiare.
thresher /ˈθrɛʃə(r)/ *n.* (*agric.*) ***1*** trebbiatore ***2*** trebbiatrice; trebbia.
threshing /ˈθrɛʃɪŋ/ *n.* U (*agric.*) trebbiatura • **t. floor**, aia □ **t. machine**, trebbiatrice; trebbia.
threshold /ˈθrɛʃəʊld, -həʊld/ *n.* (*anche fig.*) soglia: **to cross the t.**, varcare la soglia; **on the t. of**, sulla soglia di; **t. of pain**, soglia del dolore.
threw /θruː/ *pass. di* **to throw**.
thrice /θraɪs/ *avv.* (*antiq.*) tre volte.
thrift /θrɪft/ *n.* U economia; frugalità; parsimonia.
thriftless /ˈθrɪftləs/ *a.* prodigo; scialacquatore; spendereccio.
thrifty /ˈθrɪftɪ/ *a.* economo; frugale; parsimonioso; risparmiatore.
thrill /θrɪl/ *n.* ***1*** brivido; fremito ***2*** esperienza emozionante; emozione.
to **thrill** /θrɪl/ ***A*** *v. t.* emozionare; elettrizzare; entusiasmare ***B*** *v. i.* fremere; trepidare: **to t. with delight**, fremere di gioia.
thriller /ˈθrɪlə(r)/ *n.* thriller.
thrilling /ˈθrɪlɪŋ/ *a.* emozionante; entusiasmante; elettrizzante.
to **thrive** /θraɪv/ (*pass.* **thrived** *o* **throve**, *p.p.* **thrived** *o* **thriven**) *v. i.* ***1*** crescere rigoglioso; crescere robusto ***2*** prosperare; fiorire.
♦ **thrive on** *v. i. + prep.* dare il meglio di sé in: **He thrives on**

pressure, dà il meglio di sé quando è sotto pressione.
thriven /θrɪvn/ *p.p. di* **to thrive**.
thriving /ˈθraɪvɪŋ/ *a.* prospero; prosperoso; fiorente; florido.
throat /θrəʊt/ *n.* gola: **to clear one's t.**, schiarirsi la gola; **to seize sb. by the t.**, afferrare q. per la gola; **sore t.**, mal di gola • **to be at each other's throats**, litigare; accapigliarsi □ **to thrust st. down sb.'s t.**, imporre q.c. a q. con la forza □ **to stick in sb.'s t.**, (*anche fig.*) restare in gola a q.
throaty /ˈθrəʊtɪ/ *a.* *1* (*della voce*) gutturale; roco *2* (*di persona*) rauco.
throb /θrɒb/ *n.* palpitazione; battito; pulsazione; vibrazione.
to **throb** /θrɒb/ *v. i.* palpitare; battere; pulsare; vibrare.
throbbing /ˈθrɒbɪŋ/ *a.* palpitante; pulsante; fremente.
throes /θrəʊz/ *n. pl.* (*lett.*) dolori; spasimi • **death t.**, spasimi della morte; agonia □ **in the t. of**, alle prese con.
thrombosis /θrɒmˈbəʊsɪs/ *n.* U *e* C (*pl.* **thromboses** /-siːz/) (*med.*) trombosi.
throne /θrəʊn/ *n.* *1* trono: **to come to** (*o* **to ascend**) **the t.**, salire al trono *2* (*eccles.*) soglio; cattedra.
throng /θrɒŋ, *USA* θrɔːŋ/ *n.* folla; calca; ressa.
to **throng** /θrɒŋ, *USA* θrɔːŋ/ *A* *v. t.* affollare *B* *v. i.* affollarsi; accalcarsi; far ressa.
throttle /ˈθrɒtl/ *n.* (*mecc.*) valvola a farfalla • **to close [to open] the t.**, togliere [dare] gas.
to **throttle** /ˈθrɒtl/ *v. t.* strozzare; strangolare; soffocare (*anche fig.*).
♦ **throttle down** *v. t. + avv.* *1* (*mecc.*) togliere il gas; ridurre (*i giri di un motore*) *2* rallentare (*l'attività, lo sviluppo, ecc.*).
through (1) /θruː/ *prep.* *1* (*moto*) attraverso; per: **to go t. the fields**, passare attraverso (*o* per) i campi; **The news spread t. the town**, la notizia si sparse per la città; **to drive t. France**, attraversare la Francia (in macchina); **to come in t. the window**, entrare dalla finestra *2* (*tempo*) per; durante: **all t. the year**, per tutto l'anno: **He slept t. the whole lecture**, dormì durante tutta la conferenza *3* (*mezzo*) per mezzo di; mediante: **to speak t. an interpreter**, parlare per mezzo di un interprete; **He got the job t. his sister**, ha avuto il posto grazie a sua sorella *4* (*causa*) a causa di; per colpa di; per: **t. no fault of mine**, non per colpa mia • (*USA*) **Monday t. Friday**, da lunedì a venerdì incluso □ **to get t. an exam**, passare un esame □ **to go t. a difficult period**, attraversare un periodo difficile □ **to go t. one's papers**, passare in rassegna le proprie carte; frugare tra le proprie carte.
through (2) /θruː/ *avv.* *1* da parte a parte; da cima a fondo; dal principio alla fine: **to pierce st. t.**, perforare q.c. da parte a parte; **to read a book t.**, leggere un libro da cima a fondo; **I'm wet t.**, sono bagnato fradicio; **right t.**, fino in fondo *2* direttamente: **to go t. to London**, andare direttamente a Londra *3* (*telef.*) in comunicazione; in linea: **I couldn't get t.**, non sono riuscito ad avere la linea; **Put me t. to the manager**, mi passi il direttore • **t. and t.**, completamente □ **all the way t.**, dall'inizio alla fine □ **to get t.**, passare □ (*fam.*) **to get t. with st.**, portare a termine q.c.
through (3) /θruː/ *a.* *1* (*attr.*) diretto: **t. train**, treno diretto *2* (*pred.*) — **to be t.**, aver finito; (*fam.*) **to be t. with**, aver finito con; aver chiuso con: **I'm t. with you**, con te ho chiuso; **You're t.!**, sei spacciato! • **«No t. road»**, «strada senza uscita».
throughout /θruːˈaʊt/ *A* *prep.* in tutto; per tutto; durante tutto: **t. the world**, in tutto il mondo; **t. the region**, in (*o* per) tutta la regione; **t. May**, per (*o* durante) tutto maggio *B* *avv.* *1* da cima a fondo; dappertutto *2* dal principio alla fine *3* completamente.
throughput /ˈθruːpʊt/ *n.* (*elab.*) capacità di trattamento; prestazioni.
throve /θrəʊv/ *pass. di* **to thrive**.
throw /θrəʊ/ *n.* *1* lancio; tiro *2* (*mecc.*) gomito; manovella *3* (*mil.*) gittata *4* (*atletica*) lancio (di un *attrezzo*) *5* (*lotta*) schienata; atterramento *6* (*USA*) copridivano; copriletto.
to **throw** /θrəʊ/ (*pass.* **threw**, *p.p.* **thrown**) *v. t. e i.* *1* gettare; tirare; lanciare; buttare: **to t. one's arms round sb.**, gettare le braccia al collo di q.; **T. me the ball**, gettami (*o* buttami, tirami) la palla; **to t. stones at the birds**, tirare sassi agli uccelli; **to t. sb. a glance**, gettare un'occhiata a q. *2* disarcionare; gettare a terra *3* (*fam.*) sconcertare *4* (*atletica*) lanciare (*un attrezzo*) *5* (*sport, fam.*) perdere apposta (*un incontro*) *6* (*ind. ceramica*) formare al tornio • (*fam.*) **to t. cold water on st.**, gettare acqua fredda su q.c.; scoraggiare q.c. □ (*fam.*) **to t. a fit**, fare una scenata □ **to t. in one's hand**, (*poker*) gettare le carte; (*fig.*) arrendersi, darsi per vinto □ **to t. st. in sb.'s teeth**, rinfacciare q.c. a q. □ **to t. light on st.**, fare luce su q.c. □ **to t. sb. off balance**, far perdere l'equilibrio a q. □ **to t. oneself into a job**, buttarsi a capofitto in un lavoro □ **to t. oneself (up)on sb.'s mercy**, rimettersi alla clemenza di q. □ **to t. open**, spalancare; aprire al pubblico (*un palazzo, ecc., normalmente chiuso*); (*sport*) aprire (*una gara*) □ (*fam.*) **to t. a party**, dare una festa □ **to t. a punch**, tirare un pugno □ **to t. a shadow**, proiettare un'ombra □ **to t. a shoe**, (*di cavallo*) perdere un ferro.
♦ **throw about** *v. t. + avv.* *1* gettare qua e là *2* (*fam.*) scialacquare, sperperare (*denaro*).
♦ **throw away** *v. t. + avv.* *1* gettare via; buttare via *2* sprecare; sciupare; sperperare.
♦ **throw back** *v. t. + avv.* *1* ributtare; rilanciare *2* buttare indietro: **to t. back one's hair**, buttare indietro i capelli; **to t. back one's shoulders**, raddrizzare le spalle • **to be thrown back on one's own resources**, dover contare sulle proprie forze; doversela cavare da solo.
♦ **throw down** *v. t. + avv.* gettare a terra • (*fam.*) **to t. down one's tools**, incrociare le braccia; scioperare.
♦ **throw in** *v. t. + avv.* *1* intercalare (*un'osservazione, ecc.*) *2* (*fam.*) aggiungere; dare per soprammercato *3* (*sport*) rimettere in gioco (*la palla*) dal fallo laterale.
♦ **throw off** *v. t. + avv.* *1* togliersi (*o* levarsi) di dosso *2* disfarsi di; liberarsi di; seminare (*un inseguitore*) *3* (*fam.*) scrivere in fretta; buttar giù.
♦ **throw out** *v. t. + avv.* *1* buttar fuori; cacciare; espellere *2* respingere, bocciare (*una proposta, ecc.*) *3* buttare là (*un accenno, un suggerimento*) *4* gonfiare (*il petto*) *5* confondere; far sbagliare.
♦ **throw over** *v. t. + avv.* (*fam.*) piantare (q.).
♦ **throw together** *v. t. + avv.* *1* mettere insieme alla svelta; imbastire; (*spreg.*) raffazzonare *2* far incontrare.
♦ **throw up** *A* *v. t. + avv.* *1* lanciare in aria *2* alzare; sollevare; tirare su *3* lasciare (*un lavoro*); dare le dimissioni da *4* buttar via (*un'occasione*) *5* mettere in evidenza *B* *v. i. + avv.* (*fam.*) vomitare; tirar su.
throwaway /ˈθrəʊəweɪ/ *a.* *1* (*di osservazione, ecc.*) lasciato cadere; detto con finta noncuranza; buttato là *2* che si getta via; a perdere: **t. containers**, contenitori a perdere.
throwback /ˈθrəʊbæk/ *n.* *1* (*biol.*) regresso filogenetico *2* (*biol.*) individuo regredito *3* (*fig.*) ritorno (al passato).
thrower /ˈθrəʊə(r)/ *n.* (*atletica*) lanciatore.
throw-in /ˈθrəʊɪn/ *n.* (*calcio*) rimessa laterale.
thrown /θrəʊn/ *A* *p.p. di* **to throw** *B* *a.* — (*ind. tess.*) **t. silk**, organzino.
thru /θruː/ (*USA*) *V.* **through** (1), (2) e (3).
thrush (1) /θrʌʃ/ *n.* (*zool.*) tordo • **mistle t.**, tordela □ **song t.**, tordo bottaccio.
thrush (2) /θrʌʃ/ *n.* U (*med.*) mughetto.
thrust /θrʌst/ *n.* *1* spinta; spintone *2* (*mecc., archit.*) spinta *3* colpo (*di pugnale, spada, ecc.*); (*scherma*) stoccata *4* frecciata; stoccata *5* (*mil.*) attacco; offensiva; incursione *6* senso, forza (*di un'argomentazione*) • **home t.**, colpo che va a segno; botta in pieno.
to **thrust** /θrʌst/ (*pass. e p.p.* **thrust**) *A* *v. t.* *1* conficcare; infilare; piantare *2* spingere; ficcare; cacciare • **to t. st. aside**, spingere da parte q.c. □ **to t. home an attack**, spingere a fondo un attacco □ **to t. one's way**, farsi largo a spinte; aprirsi un varco a viva forza □ **to t. st. on sb.**, imporre q.c. a q. □ **to t. oneself on sb.**, imporre la propria presenza a q. *B* *v. i.* dare una stoccata; menare un colpo (*di pugnale, ecc.*).
♦ **thrust back** *v. t. + avv.* respingere; ricacciare.
♦ **thrust forward** *v. i. + avv.*, **thrust oneself forward** *v. rifl. + avv.* spingersi avanti; farsi largo a gomitate; mettersi in evidenza.
♦ **thrust past** *v. i. + prep.* passare dando uno spintone a.
♦ **thrust up** *v. i. + avv.* (*di pianta*) spuntare.
thud /θʌd/ *n.* rumore sordo; tonfo.
to **thud** /θʌd/ *v. i.* cadere [colpire q.c.] con un rumore sordo.
thug /θʌg/ *n.* criminale; delinquente.
thuggery /ˈθʌgərɪ/ *n.* U criminalità; delinquenza.
thuggish /ˈθʌgɪʃ/ *a.* delinquenziale.
thuja /ˈθuːdʒə, -jə, ˈθjuː-/ *n.* (*bot.*) tuia.
thumb /θʌm/ *n.* pollice (*di una mano o di un guanto*) • **t. index**, indice a rubrica □ **t. mark**, impronta del pollice; ditata

□ **t. print**, impronta digitale del pollice □ **to be all thumbs**, essere maldestro □ **to be under sb.'s t.**, essere succube di q.; essere alla mercé di q. □ **to give the thumbs up [down]**, approvare [bocciare]; fare segno che si è d'accordo [che si è contro] □ **It looks like it's thumbs up for the new stadium**, a quanto pare il nuovo stadio ha avuto il via libera.

to **thumb** /θʌm/ *v. t.* **1** voltare (*le pagine di un libro*) **2** sporcare; lasciare ditate su ● (*fam.*) **to t. a lift**, fare l'autostop □ **to t. one's nose at sb.**, fare marameo a q.; (*fig.*) farsi beffe di.

♦ **thumb through** *v. i. + prep.* sfogliare (*un libro, ecc.*).

thumbnail /ˈθʌmneɪl/ *n.* unghia del pollice ● **t. sketch**, schizzo; (*fig.*) descrizione molto concisa.

thumbscrew /ˈθʌmskruː/ *n.* (*mecc.*) vite a testa zigrinata; vite a galletto.

thumbtack /ˈθʌmtæk/ *n.* (*USA*) puntina da disegno.

thump /θʌmp/ *n.* **1** botta; colpo; pugno **2** rumore sordo; tonfo.

to **thump** /θʌmp/ **A** *v. t.* **1** picchiare; colpire; dare pugni a **2** strimpellare (*il pianoforte*) **B** *v. i.* **1** battere; picchiare: **My heart was thumping**, mi batteva forte il cuore; **to t. on the door**, picchiare alla porta **2** fare un rumore sordo; cadere con un tonfo.

♦ **thump out** *v. t. + avv.* strimpellare (*al pianoforte*).

thumping /ˈθʌmpɪŋ/ (*fam.*) **A** *a.* forte; grosso: **a t. headache**, un feroce mal di testa; **t. majority**, maggioranza schiacciante **B** *avv.* molto: **a t. great boulder**, un macigno enorme.

thunder /ˈθʌndə(r)/ *n.* Ⓤ **1** tuono **2** rombo; fragore; rimbombo; strepito; scroscio ● **a crash** (*o* **a peal**) **of t.**, un tuono □ **to steal sb.'s t.**, battere sul tempo q. (*appropriandosi di un'idea, ecc.*).

to **thunder** /ˈθʌndə(r)/ **A** *v. i.* **1** tuonare **2** rimbombare; rombare; rumoreggiare: **to t. past**, passare rombando; **His voice thundered in my ears**, la sua voce mi rimbombava all'orecchio **B** *v. t.* tuonare; ruggire.

thunderbolt /ˈθʌndəbəʊlt/ *n.* **1** fulmine; saetta **2** (*fig.*) fulmine a ciel sereno.

thunderclap /ˈθʌndəklæp/ *n.* (scoppio di) tuono.

thundercloud /ˈθʌndəklaʊd/ *n.* nuvola temporalesca; nuvolone.

thundering /ˈθʌndərɪŋ/ *a.* **1** tonante **2** (*fam.*) terribile; tremendo **3** (*fam.*) enorme.

thunderous /ˈθʌndərəs/ *a.* fragoroso; rombante: **t. applause**, applausi fragorosi (*o* scroscianti).

thunderstorm /ˈθʌndəstɔːm/ *n.* temporale.

thunderstruck /ˈθʌndəstrʌk/ *a.* attonito; stupefatto.

thundery /ˈθʌndərɪ/ *a.* (*del tempo*) minaccioso; temporalesco.

thurible /ˈθjʊərəbl, *USA* ˈθʊə-/ *n.* (*eccles.*) turibolo; incensiere.

Thursday /ˈθɜːzdeɪ, -dɪ/ *n.* giovedì. (*Per gli esempi d'uso, V. sotto* **Tuesday**).

thus /ðʌs/ *avv.* (*form.*) **1** in tal modo **2** perciò; quindi; di conseguenza ● **t. far**, fin qui; finora.

to **thwack** /θwæk/ *V.* **to whack**.

thwart /θwɔːt/ *n.* (*naut.*) banco (*di imbarcazione a remi*).

to **thwart** /θwɔːt/ *v. t.* **1** contrastare; ostacolare **2** frustrare.

thy /ðaɪ/ *a. poss.* (*arc. o poet.*) tuo, tua; tuoi, tue.

thyme /taɪm, θ-/ *n.* Ⓤ (*bot.*) timo.

thyroid /ˈθaɪrɔɪd/ (*anat.*) **A** *n.* tiroide **B** *a.* tiroideo.

thyself /ðaɪˈself/ (*arc. o poet.*) **A** *pron. rifl.* te stesso (-a); ti **B** *pron. enfatico* tu stesso (-a).

tiara /tɪˈɑːrə, *USA* -ærə/ *n.* **1** diadema **2** (*eccles.*) tiara; triregno.

Tibetan /tɪˈbetn/ *a. e n.* tibetano.

tibia /ˈtɪbɪə/ *n.* (*pl.* **tibiae** /-bɪiː/, **tibias**) (*anat.*) tibia.

tic /tɪk/ *n.* (*med.*) tic.

tick (**1**) /tɪk/ *n.* **1** tic; tic tac; ticchettio; scatto (*di contatore*) **2** (*fam.*) attimo; istante: **I'll be back in a t.**, torno fra un attimo **3** (*GB*) segno di controllo; spunta ● **t.-tock**, tic toc; (*infant.*) orologio.

tick (**2**) /tɪk/ *n.* (*zool.*) acaro; zecca.

tick (**3**) /tɪk/ *n.* Ⓤ (*fam. GB*) credito: **to buy st. on t.**, comprare q.c. a credito.

to **tick** /tɪk/ **A** *v. i.* fare tic tac; ticchettare ● (*fam.*) **to work out what makes sb. t.**, riuscire a capire che cos'ha in testa q. (*o* com'è fatto q.) **B** *v. t.* segnare a margine; spuntare.

♦ **tick away** *v. i. + avv.* (*del tempo, dei minuti, ecc.*) passare; scorrere.

♦ **tick off** *v. t. + avv.* **1** segnare a margine; spuntare **2** (*fam.*) fare una ramanzina a.

♦ **tick over** *v. i. + avv.* **1** (*mecc., di motore*) andare al minimo **2** (*di lavoro, azienda*) segnare il passo; (*di persona*) tirare avanti.

ticker /ˈtɪkə(r)/ *n.* **1** telescrivente **2** (*fam.*) orologio **3** (*pop. scherz.*) cuore.

tickertape /ˈtɪkəteɪp/ *n.* Ⓤ nastro di telescrivente; (*anche usato come*) stella filante.

ticket /ˈtɪkɪt/ *n.* **1** biglietto; tessera: **train [theatre] t.**, biglietto ferroviario [per il teatro]; **return** (*USA* **round trip**) **t.**, biglietto di andata e ritorno; **single** (*USA* **one-way**) **t.**, biglietto di sola andata; **Entrance by t. only**, sono ammesse solo le persone munite di biglietto; **season t.**, tessera di abbonamento **2** cartellino (*del prezzo*); etichetta **3** scontrino; tagliando **4** (*autom., fam.*) multa **5** (*USA*) lista di candidati (*di un partito*) ● (*ferr.*) **t. collector**, bigliettaio □ **t. inspector**, controllore □ **t. office**, biglietteria □ **t. tout**, bagarino □ (*ferr.*) **platform t.**, biglietto di ingresso □ (*fam.*) **That's the t.**, ecco quello che ci vuole!

ticking (**1**) /ˈtɪkɪŋ/ *n.* ticchettio.

ticking (**2**) /ˈtɪkɪŋ/ *n.* stoffa per materassi; traliccio.

ticking-off /ˈtɪkɪŋˈɒf, *USA* ˈɔːf/ *n.* (*fam.*) sgridata; ramanzina.

tickle /ˈtɪkl/ *n.* solletico; prurito; pizzicore.

to **tickle** /ˈtɪkl/ **A** *v. t.* **1** fare il solletico a; solleticare **2** prendere (*pesci*) con le mani **3** divertire: **I was tickled by the idea**, l'idea mi divertì ● **to t. sb.'s fancy**, solleticare la fantasia di q. □ **to t. sb.'s palate**, stuzzicare il palato a q. □ (*fam.*) **to be tickled to death** (*o* **tickled pink**), essere al settimo cielo; andare in sollucchero **B** *v. i.* **1** fare il solletico; pizzicare **2** prudere: **My foot tickles**, mi prude un piede.

ticklish /ˈtɪklɪʃ/ *a.* **1** che soffre il solletico **2** permaloso; suscettibile **3** difficile; delicato; scabroso.

tidal /ˈtaɪdl/ *a.* (*geogr., naut.*) di marea ● **t. wave**, ondata di maremoto; (*fig.*) ondata (*di indignazione, di proteste, ecc.*).

tidbit /ˈtɪdbɪt/ (*USA*) *V.* **titbit**.

tiddler /ˈtɪdlə(r)/ *n.* **1** pesciolino **2** (*fam.*) bambinetto; marmocchio.

tiddl(e)y /ˈtɪdlɪ/ *a.* (*fam.*) **1** piccolo; insignificante **2** brillo; alticcio.

tiddlywinks /ˈtɪdlɪwɪŋks/ *n. pl.* gioco delle pulci.

tide /taɪd/ *n.* **1** Ⓒ e Ⓤ (*geogr., naut.*) marea: **at high [low] t.**, con l'alta [con la bassa] marea **2** ondata (*di proteste, ecc.*); corrente; tendenza; corso degli eventi: **a rising t. of indignation**, una marea montante di indignazione; **to swim with the t.**, seguire la corrente; **to turn the t.**, mutare il corso degli eventi.

to **tide** /taɪd/ *v. Solo come*:

♦ **tide over** **A** *v. t. + prep.* aiutare (q.) a superare (q.c.): **I gave him some money to t. him over the next few days**, gli ho dato un po' di soldi perché possa tirare avanti per i prossimi giorni **B** *v. t. + avv.* aiutare (q.) a tirare avanti: **Here's something to t. you over**, ecco qualcosa per aiutarti a tirare avanti.

tidemark /ˈtaɪdmɑːk/ *n.* linea di alta marea.

tidewater /ˈtaɪdwɔːtə(r), *USA* -wɒt-/ *n.* Ⓤ acqua di marea.

tidiness /ˈtaɪdɪnəs/ *n.* Ⓤ ordine; accuratezza.

tidings /ˈtaɪdɪŋz/ *n. pl.* (*lett.*) notizie.

tidy /ˈtaɪdɪ/ *a.* **1** ordinato; accurato; in ordine; curato; lindo **2** (*fam.*) considerevole; ragguardevole: **a t. sum**, una somma considerevole; una bella somma.

to **tidy** /ˈtaɪdɪ/ *v. t.* mettere in ordine; rassettare; riordinare ● **to t. one's hair**, ravviarsi i capelli.

♦ **tidy away** *v. t. + avv.* mettere via; riporre.

♦ **tidy out** *v. t. + avv.* sgombrare (*un armadio, un locale, ecc.*).

♦ **tidy up** **A** *v. t. + avv.* mettere in ordine; rassettare; riordinare ● **to t. oneself up**, aggiustarsi; sistemarsi **B** *v. i. + avv.* fare ordine; mettere in ordine la casa [la stanza, ecc.].

tie /taɪ/ *n.* **1** legaccio; laccio **2** cravatta **3** legame; vincolo: **family ties**, legami familiari; **the ties of blood**, i vincoli del sangue **4** legame; impaccio: **Pets can be a terrible tie**, gli animali domestici ti legano **5** (*sport*) pareggio; parità **6** (*sport*) partita eliminatoria: (*GB*) **cup tie**, partita di coppa **7** (*polit.*) parità di voti **8** (*mus.*) legatura **9** (*USA*) traversina ● **tie clip**, fermacravatta □ **tie pin**, spilla per cravatta.

to **tie** /taɪ/ **A** *v. t.* **1** legare; allacciare; annodare; unire: **to tie**

sb.'s hands, legare le mani a q. (*anche fig.*); **to tie one's shoe laces**, allacciarsi le scarpe; **to tie a knot in st.**, fare un nodo a q.c. *2* impegnare; vincolare *3* (*mus.*) legare • (*fam.*) **to tie the knot**, sposarsi □ (*pop. USA*) **to tie one on**, sbronzarsi □ (*fam.*) **to tie sb.** (**up**) **in knots**, confondere q.; mandare nel pallone q. (*fam.*) *B* *v. i.* *1* legarsi; annodarsi; allacciarsi *2* avere lo stesso punteggio; finire alla pari *3* (*sport*) pareggiare • **to tie for first place with sb.**, essere primo ex aequo con q. □ **to tie for third place**, finire terzi alla pari

♦ **tie back** *v. t. + avv.* raccogliere (*i capelli*).

♦ **tie down** *v. t. + avv.* impegnare; vincolare: **to tie sb. down to a date**, costringere q. a fissare una data; **I don't want to be tied down to a contract**, non voglio essere legato a un contratto.

♦ **tie in** *v. i. + avv.* combaciare; collimare.

♦ **tie up** *v. t. + avv.* *1* legare (*un pacco, ecc.*) *2* collegare; mettere in relazione *3* (*fam.*) impegnare; occupare; bloccare *4* (*fin.*) immobilizzare, impegnare (*fondi, proprietà*); vincolare (*un patrimonio, ecc.*).

tiebreak /ˈtaɪbreɪk/ *n.* (*tennis*) tiebreak.

tiebreaker /ˈtaɪbreɪkə(r)/ *n.* *1* *V.* **tiebreak** *2* spareggio.

tied /taɪd/ *a.* *1* legato; allacciato; annodato *2* impegnato; vincolato *3* (*sport*) pari; in pareggio • (*agric.*) **t. cottage**, casa colonica concessa in affitto a un dipendente (*per tutta la durata del rapporto di lavoro*) □ (*GB*) **t. house**, pub vincolato (per contratto) a vendere una sola marca di birra □ **t. up**, preso; occupato.

tie in /ˈtaɪɪn/ *n.* *1* logamo; nesso *2* prodotto (*disco, giocattolo, ecc.*) legato a un film (*o* un programma) di successo.

tie-on /ˈtaɪɒn/ *a.* (*fam.*) che si attacca con lo spago; da legare.

tier /tɪə(r)/ *n.* *1* fila; ordine (*di palchi, ecc.*); gradino (*di gradinata*); ripiano (*di torta*) *2* (*rif. a organizzazione, governo, ecc.*) gradino; livello.

to **tier** /tɪə(r)/ *v. t.* sistemare a gradini, a ripiani; disporre in file sovrapposte.

tierce /tɪəs/ *n.* *1* (*scherma*) terza *2* (*mus.*) terza.

tie-up /ˈtaɪʌp/ *n.* *1* rapporto; connessione; nesso *2* (*USA*) battuta d'arresto *3* (*USA*) blocco del traffico.

tiff /tɪf/ *n.* bisticcio; litigio; baruffa.

tiger /ˈtaɪgə(r)/ *n.* (*zool.*) tigre • (*bot.*) **t. lily**, giglio tigrino cinese □ (*fam.*) **to ride the t.**, cavalcare la tigre.

tight /taɪt/ *A* *a.* *1* serrato; stretto; chiuso; bloccato: **a t. knot**, un nodo stretto; **a t. lid**, un coperchio ben chiuso; **t. fists**, pugni serrati *2* stretto: **t. shoes**, scarpe strette; **It was a t. squeeze**, eravamo pigiati come sardine; **t. turn**, curva stretta *3* teso; tirato: **a t. rope**, una corda tesa; **a t. face**, un viso tirato *4* (*fam., di denaro*) scarso *5* (*di gruppo*) unito; affiatato *6* rigido; stretto: **t. security**, norme di sicurezza molto rigide; **under t. control**, sotto stretto controllo *7* (*fam., anche* **t.-fisted**) avaro; tirchio *8* fitto; pieno; denso: **t. schedule**, programa fitto di impegni; **t. weave**, trama fitta *9* (*fam.*) sbronzo: **to get t.**, sbronzarsi *10* (*sport*) serrato; combattuto • **t.-lipped**, severo; arcigno □ (*econ.*) **t. market**, mercato con scarso movimento di denaro □ **t. smile**, sorriso forzato □ (*fam.*) **to be a t. fit**, (*di vestito, ecc*) essere un po' stretto □ **in a t. corner**, in difficoltà; alle strette *B* *avv.* stretto; strettamente; ermeticamente: **to hold st. t.**, tenere stretto q.c.; **to screw a nut t.**, avvitare a fondo un dado; **The doors were shut t.**, le porte erano ben chiuse • **t.-fitting**, attillato; aderente □ (*fam.*) **Sleep t.!**, dormi bene!

to **tighten** /ˈtaɪtn/ (*anche* **to t. up**) *A* *v. t.* *1* serrare; stringere; avvitare a fondo *2* tendere; tirare: **to t. one's belt**, stringere la cintura; (*fig.*) tirare la cinghia *3* inasprire; intensificare; rendere più efficiente *B* *v. i.* *1* serrarsi; stringersi *2* tendersi • **to t. up on st.**, inasprire q.c.; intensificare q.c.

tightly /ˈtaɪtlɪ/ *avv.* strettamente; rigidamente.

tightness /ˈtaɪtnəs/ *n.* Ⓤ tensione; rigidità.

tightrope /ˈtaɪtrəʊp/ *n.* fune (*di funambolo*) • **t. walker** (*o* **t. dancer**), funambolo (-a).

tights /taɪts/ *n. pl.* (*GB*) collant; calzamaglia.

tigress /ˈtaɪgrɪs/ *n.* (*zool.*) tigre (*femmina*).

tike /taɪk/ *V.* **tyke**.

tile /taɪl/ *n.* *1* tegola *2* mattonella; piastrella *3* tessera (*di domino, ecc.*) • (*fam.*) **to have a t. loose**, essere un po' tocco □ (*fam.*) **a night on the tiles**, una notte di bagordi.

to **tile** /taɪl/ *v. t.* *1* coprire con tegole *2* coprire con mattonelle (*o* piastrelle); piastrellare.

till (**1**) /tɪl, təl, tl/ *A* *prep.* fino a; sino a: **t. tomorrow**, fino a domani; **t. then**, fino a quel momento • **T. tomorrow, then**, (arrivederci) a domani! □ **from morning t. night**, da mattina a sera *B* *cong.* fino a che (non); finché (non); fino a quando: **I'll wait t. you come back**, aspetterò finché non torni; aspetterò il tuo ritorno.

till (**2**) /tɪl/ *n.* cassa (*di negozio*); cassetto dei soldi.

to **till** /tɪl/ *v. t.* coltivare; dissodare; lavorare.

tiller /ˈtɪlə(r)/ *n.* (*naut.*) barra (*del timone*).

tilt /tɪlt/ *n.* *1* inclinazione; pendenza *2* (*stor.*) giostra; torneo • **at a t.**, inclinato; (*di cappello*) sulle ventitré □ (**at**) **full t.**, a rotta di collo; di gran carriera □ **to take** (*o* **to have**) **a t. at sb.** [**st.**], attaccare q. [q.c.]; prendere di mira q. [q.c.].

to **tilt** /tɪlt/ *A* *v. i.* *1* pendere; inclinarsi; piegarsi *2* (*stor.*) giostrare; torneare • **to t. at windmills**, combattere contro i mulini a vento *B* *v. t.* inclinare; far pendere.

tilting /ˈtɪltɪŋ/ *a.* inclinabile; ribaltabile • **t. seat**, strapuntino □ **t. stand**, cavalletto girevole.

timbale /ˈtɪmbl, tæmˈbɑːl/ (*franc.*) *n.* (*cucina*) timballo; sformato.

timber /ˈtɪmbə(r)/ *n.* *1* Ⓤ (*GB*) legname (*specialm. da costruzione*) *2* Ⓤ alberi da legname *3* (*falegn.*) tavolone; grossa trave *4* (*naut.*) costola • (*dove si abbattono alberi*) **T.!**, cade! □ **t. yard**, deposito di legname.

timbered /ˈtɪmbəd/ *a.* *1* (*edil.*) rivestito di legno *2* coperto d'alberi; alberato.

timberline /ˈtɪmbəlaɪn/ *n.* (*geogr.*) limite della vegetazione arborea.

timbre /ˈtɪmbə(r), ˈtæmbrə/ (*franc.*) *n.* Ⓒ *e* Ⓤ timbro (*di voce, di suono*).

timbrel /ˈtɪmbrəl/ *n.* (*mus.*) tamburello.

time /taɪm/ *n.* *1* Ⓤ tempo: **T. goes by**, il tempo passa; **I haven't got much t.**, non ho molto tempo; **period of t.**, periodo di tempo; **to waste t.**, sprecare il tempo; **It's only a matter of t.**, è solo una questione di tempo; **T.'s up**, il tempo è scaduto *2* (periodo di) tempo: **a short** [**long**] **t. ago**, poco [molto] tempo fa; **for a short** [**long**] **t.**, per breve [molto] tempo; **all this time**, tutto questo tempo *3* Ⓤ ora; momento; **What t. is it?** (*o* **What's the t.?**), che ora è?; che ore sono?; **At what t.?**, a che ora?; **It's t. to go**, è ora di andare; **tea-t.**, l'ora del tè; **Now is the t. to act**, questo è il momento di agire; **It's t. for us to leave** (*o* **It's t. we left**), è ora che ce ne andiamo; **By the t. I got there, it was all over**, quando sono arrivato (*o* ora del mio arrivo) era tutto finito *4* (*spesso al pl.*) tempo; periodo; epoca: **in Cromwell's t.**, al tempo (*o* ai tempi) di Cromwell; **in Elizabethan times**, all'epoca di Elisabetta I *5* volta: **this** [**the next**] **t.**, questa [la prossima] volta; **three** [**four, etc.**] **times**, tre [quattro, ecc.] volte; **times without number**, innumerevoli volte; **two at a t.**, due alla volta; (*mat.*) **5 times** 5, 5 per 5 *6* Ⓤ *e* Ⓒ orario: **the times of the trains to Oxford**, gli orari dei treni per Oxford *7* Ⓤ (*mus.*) tempo; ritmo: **to beat t.**, battere il tempo *8* (*fam.*) tempo passato in galera: **to do t.**, scontare una pena *9* tempo di lavoro: **to work full** [**part**] **t.**, lavorare a tempo pieno [a mezzo tempo]; **to get paid double t.**, ricevere paga doppia • **t. and t. again** (*o* **t. after t.**), spesso; molte volte; di frequente □ (*org. az.*) **t.-and-motion study**, analisi dei tempi e dei movimenti □ (*mil.*) **t. bomb**, bomba a orologeria □ (*USA*) **t. card**, *V.* **t. sheet** □ (*ind.*) **t. clock**, orologio marcatempo □ **t.-consuming**, che richiede molto tempo □ (*fotogr.*) **t. exposure**, tempo di posa □ **T., gentlemen, please!**, (*in un pub*) si chiude! □ **t.-honoured**, venerabile, venerando (*per l'età*) □ **t. lag**, intervallo di tempo; scarto temporale □ **t. limit**, limite di tempo; termine (ultimo) □ **t. off**, tempo libero: **to take some t. off**, prendersi un breve congedo □ (*sport*) **time-out**, sospensione □ **t.-saving**, che fa risparmiare tempo □ (*ind., GB*) **t. sheet**, cartellino di presenza □ (*radio, TV*) **t. signal**, segnale orario □ **t. switch**, interruttore a tempo □ **T. will tell**, col tempo si vedrà; aspetta e vedrai □ **t.-work**, lavoro retribuito a ore □ (*geogr.*) **t. zone**, fuso orario □ **about t.** (**too**)!, era ora! □ **to be ahead of** (*o* **to be born before**) **one's t.**, precorrere i tempi; essere un precursore □ **at times**, a volte; talvolta; talora □ **at no t.**, in nessuna circostanza; mai □ **at one t.**, una volta; un tempo □ **at the present t.**, al presente; ora; adesso □ **at the same t.**, nello stesso tempo, contemporaneamente, insieme, a un tempo; nondimeno, tuttavia □ **behind t.**, in ritardo □ **behind the times**, rimasto indietro; antiquato □ (*USA*) **daylight-saving t.**, *V.* **summer t.** □ (*fam.*) **big t.**, le vette del successo [del potere, ecc.]: **to hit the big t.**, raggiungere il successo; sfondare □ **for the t. being**, per il momento; intanto □ **from t. immemorial** (*o* **from t. out of mind**), dal tempo dei tempi; da tempo immemorabile □ **from t. to t.**, di quando in quando; ogni tanto □ **from that t. on**, da allora in poi □ (*sport*) **full t.**, tempo scaduto □ **Greenwich Mean T.**, ora di Greenwich □ (*fam.*) **half the t.**, molto spesso □ **to have a bad t.**, passarsela male □ **to have a good t.** (*o* **the t. of one's life**), divertirsi un mondo; spassarsela □ (*fam.*) **to have a lot of t. for sb.**, avere molto rispetto per q. □ (*fam.*) **to have no t. for**, non poter soffrire; non aver tempo da perdere con □ **high t.**, *V. sotto* **high** □ **in t.**, a tempo; in tempo, in tempo utile; col tempo, con l'andar del tempo □ **in the course of t.**, con l'andar del tempo; con il passare degli anni □ **in three days'** [**a month's**] **t.**, fra tre giorni [un mese] □ **in no t.**, in un attimo; in un batter d'occhio □ **in my own t.**, nel mio tempo libero □ **in my own good t.**, quando ne avrò voglia; quando mi pare e piace □ **in times to come**, per l'avvenire; in futuro □ **to keep good** [**bad**] **t.**, (*di orologio*) segnare l'ora esatta [non andare bene] □ **to make t.**, recuperare il tempo; (*di treno*) recuperare (il ritardo) □ **many times** (*o* **many a t.**), spesso; più di una volta □ **to be near one's t.**, (*di donna*) essere prossima al parto □ (**Old**) **Father T.**, il Tempo (*personificato*) □ **on t.**, puntualmente; puntuale □ **once upon a t.**, una volta; al tempo dei tempi □ (*fam.*) **to pass the t. of day with sb.**, scambiare qualche parola con q.; fare due chiacchiere con q. □ **to serve one's t.**, (*di condannato*) scontare la pena; (*di apprendista*) prestare servizio □ (*ind.*) **short t.**, orario ridotto: **to be on short t.**, lavorare a orario ridotto □ **summer t.**, ora legale estiva □ **to tell the t.**, dire l'ora; leggere l'orologio □ **this t. next week**, oggi a otto □ **till the end of t.**, in eterno □ **Take your t. over it**, prenditela calma.

to **time** /taɪm/ *v. t.* ***1*** scegliere il momento per; cogliere il momento opportuno per; progettare: **He timed his trip to coincide with the exhibition**, scelse le date del suo viaggio in modo che coincidessero con la mostra; **to t. st. well** [**badly**], scegliere (*o* calcolare) il momento giusto [sbagliato] per q.c.; **He timed the heating to come on at 5**, regolò il riscaldamento in modo che si accendesse alle 5 ***2*** sincronizzare ***3*** cronometrare ***4*** (*mecc.*) mettere in fase (*un motore*).

timekeeper /ˈtaɪmkiːpə(r)/ *n.* ***1*** (*ind.*) controllore delle ore di lavoro ***2*** (*sport*) cronometrista ***3*** (*antiq.*) orologio ● **good** [**bad**] **t.**, orologio che va bene [che ritarda].

timekeeping /ˈtaɪmkiːpɪŋ/ *n.* [U] ***1*** (*ind.*) rilevamento dei tempi ***2*** (*sport*) cronometraggio.

timeless /ˈtaɪmləs/ *a.* senza tempo; eterno.

timely /ˈtaɪmlɪ/ *a.* opportuno; tempestivo; a proposito.

timepiece /ˈtaɪmpiːs/ *n.* orologio; cronometro.

timer /ˈtaɪmə(r)/ *n.* ***1*** (*sport*) cronometrista ***2*** (*sport*) cronometro ***3*** contaminuti; (*elettron.*) timer, temporizzatore.

timeserver /ˈtaɪmsɜːvə(r)/ *n.* opportunista; conformista.

timeserving /ˈtaɪmsɜːvɪŋ/ ***A*** *a.* opportunistico ***B*** *n.* opportunismo; conformismo.

timeshare /ˈtaɪmʃeə(r)/ *n.* (*fin.*) quota in multiproprietà.

timesharing /ˈtaɪmʃeərɪŋ/ *n.* [U] ***1*** (*elab.*) partizione del tempo; lavoro in multiprogrammazione ***2*** (*fin.*) multiproprietà.

timetable /ˈtaɪmteɪbl/ *n.* ***1*** orario ***2*** programma; tabella di marcia.

timeworn /ˈtaɪmwɔːn/ *a.* consunto; logoro; vecchio.

timid /ˈtɪmɪd/ *a.* timido; timoroso; esitante; pauroso.

timidity /tɪˈmɪdətɪ/ *n.* [U] timidezza.

timing /ˈtaɪmɪŋ/ *n.* [U] ***1*** scelta del momento di attuazione; collocazione nel tempo ***2*** tempestività; tempismo ***3*** sincronizzazione ***4*** (*mecc.*) messa in fase (*di un motore*) ***5*** misurazione dei tempi; (*sport*) cronometragggio.

timorous /ˈtɪmərəs/ *a.* timoroso; pauroso; timido.

timpani /ˈtɪmpənɪ/ *n. pl.* (*mus.*) timpani.

timpanist /ˈtɪmpənɪst/ *n.* (*mus.*) timpanista.

tin /tɪn/ *n.* ***1*** [U] (*chim.*) stagno ***2*** (*GB*) barattolo, scatola (*di latta*); lattina: **tin of paint**, barattolo di vernice; **tin of sardines**, scatola di sardine; **biscuit tin**, scatola per biscotti ***3*** (*cucina*) teglia ● **tin god**, persona che si crede un padreterno □ (*fam.*) **tin hat**, elmetto □ **tin opener**, apriscatole □ **tin soldier**, soldatino di stagno □ **to have a tin ear**, non distinguere le note; non avere orecchio; essere stonato.

to **tin** /tɪn/ *v. t.* mettere in scatola; inscatolare.

tincture /ˈtɪŋktʃə(r)/ *n.* [U] (*farm.*) tintura: **t. of iodine**, tintura di iodio.

tinder /ˈtɪndə(r)/ *n.* [U] esca (*per fuoco*).

tinderbox /ˈtɪndəbɒks/ *n.* ***1*** scatola contenente l'esca e l'acciarino ***2*** polveriera (*fig.*).

tine /taɪn/ *n.* ***1*** dente; rebbio ***2*** ramificazione (*di corna di cervo*).

tinea /ˈtɪnɪə/ *n.* [U] (*med.*) tigna.

tinfoil /ˈtɪnfɔɪl/ *n.* [U] stagnola.

ting /tɪŋ/ *n.* tintinnio ● **t.-a-ling**, drin-drin; din-din □ **to go t.**, fare «ting»; tintinnare; fare drin-drin.

to **ting** /tɪŋ/ ***A*** *v. i.* tintinnare ***B*** *v. t.* far tintinnare.

tinge /tɪndʒ/ *n.* ***1*** sfumatura; tocco ***2*** traccia; punta; sfumatura: **a t. of envy**, una punta di invidia.

to **tinge** /tɪndʒ/ *v. t.* ***1*** tingere; sfumare: **clouds tinged with red**, nubi sfumate di rosso ***2*** colorare (*fig.*); dare una punta: **to be tinged with sadness**, avere una punta di tristezza.

tingle /ˈtɪŋgl/ *n.* ***1*** pizzicore; formicolio; bruciore ***2*** fremito; brivido.

to **tingle** /ˈtɪŋgl/ *v. i.* ***1*** formicolare; pizzicare; pungere ***2*** fremere: **to t. with excitement**, fremere dall'eccitazione.

tinker /ˈtɪŋkə(r)/ *n.* ***1*** stagnino ambulante ***2*** vagabondo ***3*** (*fam. GB*) birichino; monello ● (*fam.*) **I don't care** (*o* **give**) **a t.'s damn**, non me ne importa un fico secco (*o* un accidente).

to **tinker** /ˈtɪŋkə(r)/ *v. Solo come*:

♦ **tinker about** *v. i. + avv.* lavoricchiare; pasticciate; armeggiare.

♦ **tinker with** *v. i. + prep.* armeggiare intorno a; cercare di riparare.

tinkle /ˈtɪŋkl/ *n.* ***1*** tintinnio ***2*** (*fam. GB*) colpo di telefono.

to **tinkle** /ˈtɪŋkl/ ***A*** *v. i.* ***1*** tintinnare ***2*** (*fam.*) fare pipì ***B*** *v. t.* far tintinnare.

tinned /tɪnd/ *a.* in scatola; in lattina ● **t. goods**, scatolame.

tinnitus /tɪˈnaɪtəs/ *n.* [U] (*med.*) tinnito auricolare.

tinny /ˈtɪnɪ/ *a.* ***1*** di stagno; ricco di stagno ***2*** (*di suono*) metallico ***3*** dal suono metallico.

tinplate /ˈtɪnpleɪt, ˈtɪnˈp-/ *n.* [U] lamiera stagnata; latta.

to **tin-plate** /ˈtɪnpleɪt, ˈtɪnˈp-/ *v. t.* stagnare.

tinpot /ˈtɪnpɒt, ˈtɪnˈp-/ *a. attr.* (*fam.*) da due soldi.

tinsel /ˈtɪnsl/ ***A*** *n.* [U] ***1*** fili d'argento (*per decorazioni natalizie*) ***2*** orpelli; vistosità; ciarpame ***B*** *a. attr.* di orpello; artificiale; falso; vistoso.

tinsmith /ˈtɪnsmɪθ/ *n.* lattoniere; stagnino.

tint /tɪnt/ *n.* ***1*** (*lett.*) tinta; sfumatura ***2*** tinta, colore (*per capelli*).

to **tint** /tɪnt/ *v. t.* ***1*** tingere; sfumare ***2*** farsi la tinta (*ai capelli*).

tinted /ˈtɪntɪd/ *a.* tinto; colorato; fumé; azzurrato: **t. hair**, capelli tinti; **t. lenses**, lenti colorate; (*autom.*) **t. windscreen**, parabrezza azzurrato.

tiny /ˈtaɪnɪ/ *a.* piccolo; piccino; minuscolo ● **a t. bit**, un pochino.

tip (**1**) /tɪp/ *n.* ***1*** punta, cima; estremità ***2*** ghiera; puntale ***3*** bocchino, filtro (*di sigaretta*) ● **the tip of the iceberg**, la punta dell'iceberg □ **from tip to toe**, da cima a fondo □ **to have st. on the tip of one's tongue**, avere q.c. sulla punta della lingua.

tip (**2**) /tɪp/ *n.* (*GB*) ***1*** (*anche* **refuse tip**) discarica (*di immondizia*); immondezzaio ***2*** (*fam., di luogo, ecc.*) immondezzaio; porcile; cesso (*pop.*).

tip (**3**) /tɪp/ *n.* ***1*** mancia ***2*** consiglio; suggerimento ***3*** informazione (*o* notizia) riservata; dritta (*fam.*).

to **tip** (**1**) /tɪp/ *v. t.* ***1*** fornire di punta (*o* di puntale) ***2*** coprire sulla punta: **tipped with poison**, con la punta avvelenata.

to **tip** (**2**) /tɪp/ ***A*** *v. t.* ***1*** inclinare; piegare ***2*** rovesciare; versare; scaricare ***3*** rovesciare; capovolgere ***4*** sollevare appena (*il cappello, in segno di saluto*) ● **to tip the scales**, dare il tracollo alla bilancia; (*fig., anche* **to tip the balance**), far pendere la bilancia, essere decisivo □ (*fam.*) **to tip the scales at**, pesare (*un dato peso*) ***B*** *v. i.* inclinarsi; piegarsi.

♦ **tip out** *v. t. + avv.* ***1*** rovesciare (*un liquido*) ***2*** buttar fuori (q.) (*da una barca, un'amaca, ecc.*).

♦ **tip over** (*o* **up**) ***A*** *v. t. + avv.* rovesciare ***B*** *v. i. + avv.* rovesciarsi.

to **tip** (**3**) /tɪp/ *v. t.* ***1*** dare la mancia a ***2*** pronosticare; dare: **He is tipped as the next chairman**, fanno il suo nome come prossimo presidente; (*sport*) **to tip the winner**, dare il nome del cavallo vincente.

♦ **tip off** *v. t. + avv.* dare un'informazione riservata a; dare una dritta a, fare una soffiata a (*fam.*).

tip-off /ˈtɪpɒf, *USA* -ɔːf/ *n.* (*fam.*) informazione riservata; avvertimento; dritta, soffiata (*fam.*).

tipper /ˈtɪpə(r)/ *n.* ***1*** (*autom., anche* **t. lorry**) autocarro a cassone ribaltabile ***2*** (*ferr.*) carrello ribaltabile; vagonetto a bilico.

Tippex ® /ˈtɪpɛks/ *n.* (*GB*) correttore (liquido).

tipple /ˈtɪpl/ *n.* (*fam.*) bevanda alcolica; liquore.

to **tipple** /ˈtɪpl/ *v. i.* (*fam.*) bere troppo; alzare il gomito.

tippler /ˈtɪplə(r)/ *n.* (*fam.*) forte bevitore; beone.

tipster /ˈtɪpstə(r)/ *n.* (*ippica*) persona che vende informazioni sulle corse.

tipsy /ˈtɪpsɪ/ *a.* (*fam.*) brillo; alticcio.

tiptoe /ˈtɪptəʊ/ *n.* — **on t.**, in punta di piedi.

to **tiptoe** /ˈtɪptəʊ/ *v. i.* camminare in punta di piedi.

tiptop /ˈtɪptɒp/ *a.* (*fam.*) eccellente; ottimo; di prim'ordine: **in t. condition**, in ottime condizioni.

tirade /taɪˈreɪd, *USA* ˈtaɪr-/ *n.* tirata; filippica; invettiva; concione.

tire /ˈtaɪə(r)/ (*USA*) *V.* **tyre**.

to **tire** /ˈtaɪə(r)/ ***A*** *v. t.* stancare ***B*** *v. i.* stancarsi.

♦ **tire out** *v. t. + avv.* spossare; sfinire.

tired /ˈtaɪəd/ *a.* ***1*** stanco: **to be t. of**, essere stanco (*o* stufo) di ***2*** vecchio; trito • **t. out**, esausto; sfinito; stanco morto.

tiredness /ˈtaɪədnəs/ *n.* Ⓤ stanchezza.

tireless /ˈtaɪələs/ *a.* instancabile.

tiresome /ˈtaɪəsəm/ *a.* noioso; fastidioso; seccante.

tiring /ˈtaɪərɪŋ/ *a.* faticoso; affaticante.

tiro /ˈtaɪərəʊ/ *n.* (*pl.* **tiros**) principiante; novellino.

'tis /tɪz, təz/ *contraz. lett. di* **it is**.

tissue /ˈtɪʃuː/ *n.* Ⓒ *e* Ⓤ ***1*** (*biol.*) tessuto ***2*** (*anche* **t. paper**) carta velina ***3*** fazzolettino di carta • **a t. of lies**, un ordito di menzogne.

tit (**1**) /tɪt/ *n.* (*zool.*) cincia • **blue tit**, cinciarella □ **coal tit**, cincia mora □ **great tit**, cinciallegra □ **long-tailed tit**, codilungo.

tit (**2**) /tɪt/ *n.* (*fam.*) ***1*** capezzolo ***2*** tetta; poppa ***3*** (*GB*) cretino; fesso.

tit (**3**) /tɪt/ *n.* — **tit for tat**, ripicca • **to give tit for tat**, rendere pan per focaccia.

Titan /ˈtaɪtn/ ***A*** *n.* (*mitol. e fig.*) Titano ***B*** *a. attr.* titanico.

titanic /taɪˈtænɪk/ *a.* titanico; gigantesco; enorme.

titanism /ˈtaɪtənɪzəm/ *n.* Ⓤ titanismo.

titanium /tɪˈteɪnɪəm/ *n.* Ⓤ (*chim.*) titanio.

titbit /ˈtɪtbɪt/ *n.* ***1*** bocconcino; ghiottoneria; leccornia ***2*** notizia ghiotta.

titchy /ˈtɪtʃɪ/ *a.* (*fam. GB, spesso spreg.*) minuscolo.

tithe /taɪð/ *n.* (*eccles., stor.*) decima.

to **titillate** /ˈtɪtɪleɪt/ *v. t.* titillare; solleticare; vellicare.

titillation /tɪtɪˈleɪʃn/ *n.* Ⓤ titillamento; solleticamento.

to **titivate** /ˈtɪtɪveɪt/ (*fam.*) ***A*** *v. t.* azzimare; agghindare ***B*** *v. i. e* to **titivate oneself** *v. rifl.* agghindarsi; farsi bello.

title /ˈtaɪtl/ *n.* ***1*** titolo: **best-selling titles**, titoli di successo; best seller; (*sport*) **to hold the t.**, detenere il titolo ***2*** Ⓒ *e* Ⓤ (*leg.*) diritto: **to have t. to st.**, avere diritto a q.c. • (*leg.*) **t. deed**, atto di proprietà □ **t. page**, frontespizio □ (*teatr., cinem.*) **t. role**, parte principale □ (*sport*) **t. fight**, incontro per il titolo.

to **title** /ˈtaɪtl/ *v. t.* intitolare.

titled /ˈtaɪtld/ *a.* titolato; nobile.

titleholder /ˈtaɪtlhəʊldə(r)/ *n.* ***1*** titolare ***2*** (*sport*) campione (-essa) in carica.

titmouse /ˈtɪtmaʊs/ *n.* (*pl.* **titmice** /-maɪs/) *V.* **tit** (**1**).

titration /taɪˈtreɪʃn/ *n.* Ⓤ (*chim.*) titolazione.

titter /ˈtɪtə(r)/ *n.* risatina nervosa; risolino sciocco.

to **titter** /ˈtɪtə(r)/ *v. i.* ridacchiare; ridere scioccamente.

tittle-tattle /ˈtɪtltætl/ *n.* Ⓤ chiacchiere; pettegolezzi.

to **tittle-tattle** /ˈtɪtltætl/ *v. i.* chiacchierare; spettegolare.

titular /ˈtɪtʃʊlə(r)/ *a.* nominale • (*comm.*) **t. head**, titolare (*di una ditta*).

tizzy /ˈtɪzɪ/ *n.* (*fam.*) eccitazione; nervosismo • **to be in a t.**, essere nervoso (*o* agitato).

to (**1**) /tuː, tʊ, tə/ *prep.* ***1*** (*termine, vantaggio, destinazione*) a; per; con; verso: **Give the book to him, not to her**, da' il libro a lui, non a lei!; **It belongs to me**, appartiene a me; **to be kind to sb.**, essere gentile con q.; **That's not to my liking**, ciò non è di mio gradimento; **This is the key to that door**, questa è la chiave per quella porta; **What's that to you?**, a te che importa?; **words set to music**, parole messe in musica; **to sing to one's guitar**, cantare accompagnandosi con la chitarra ***2*** (*moto a luogo, direzione*) a; in; per; verso: **to go to school**, andare a scuola; **to go to church** [**to town, to Italy**], andare in chiesa [in città, in Italia]; **the road to Rome**, la strada per Roma; **to turn to the left**, voltare a sinistra; **to the south**, verso sud ***3*** (*posizione*) a; contro: **with one's back to the wall**, con le spalle al muro; **cheek to cheek**, guancia a (*o* contro) guancia; **to the south of**, a sud di ***4*** (*tempo*) a; fino a; sino a: **from beginning to end**, dal principio alla fine; **from four to six** (**o'clock**), dalle quattro alle sei; **to stay to the end**, rimanere fino alla fine; **to this day**, fino a oggi; a tutt'oggi; **It's ten to four**, sono le quattro meno dieci; **It's twenty-two minutes to ten**, mancano ventidue minuti alle dieci; sono le nove e trentotto ***5*** (*confronto, relazione, preferenza, ecc.*) a; per; in confronto a; a paragone di: **inferior** [**superior**] **to**, inferiore [superiore] a; **He was a good friend to me**, è stato un buon amico per me; **a danger to one's health**, un pericolo per la salute; (*mat.*) **A is to B as C is to D**, A sta a B come C sta a D; **This is nothing to what I saw**, questo è nulla in confronto con quello che ho visto; **four goals to two**, quattro reti a due; **thirty miles to the gallon**, trenta miglia al gallone • **to my great surprise**, con mio grande stupore □ **to my knowledge**, che io sappia □ **to a** (*o* **to the last**) **man**, fino all'ultimo uomo □ **That's all there is to it**, questo è tutto!

to (**2**) /tuː; tʊ, tə/ *particella preposta all'inf. dei verbi* ***1*** — **to know what to do**, sapere che cosa fare; **I want to go**, voglio andare ***2*** di; da; per; a: **I told them to wait**, dissi loro di aspettare; **I have lots of things to do**, ho un sacco di cose da fare; **a good reason to stay**, un buon motivo per rimanere; **She does it to annoy me**, lo fa per irritarmi; **To tell the truth, I don't know**, a dire la verità, non lo so; **to begin with**, per cominciare ***3*** (*in sostituzione di un inf. sottinteso*) — **I had no time to**, me ne mancò il tempo; **Would you like to?**, ti piacerebbe? • **I don't know how to do it**, non so farlo □ **I want him to be present**, voglio che ci sia anche lui □ **It's too late for him to come**, è troppo tardi perché possa venire □ **She lived to be 100**, è vissuta fino a cent'anni.

to (**3**) /tuː/ *avv.* in posizione accostata: **to push the door to**, accostare l'uscio; **to leave the door to**, lasciare la porta accostata.

toad /təʊd/ *n.* (*zool.*) rospo.

toadstool /ˈtəʊdstuːl/ *n.* ***1*** (*bot.*) fungo a ombrello ***2*** fungo velenoso.

toady /ˈtəʊdɪ/ *n.* adulatore (-trice); leccapiedi.

to **toady** /ˈtəʊdɪ/ *v. t. e i.* adulare servilmente; leccare i piedi a.

to and fro /tʊ ənd ˈfrəʊ/ *locuz. avv. e a.* avanti e indietro; su e giù.

to-and-fro /tʊənˈfrəʊ/ *n.* andirivieni; viavai.

toast /təʊst/ *n.* ***1*** Ⓤ pane tostato; pane abbrustolito: **a piece** (*o* **slice**) **of t.**, una fetta di pane tostato ***2*** brindisi: **to propose a t. to sb.**, proporre un brindisi a q.; **to drink a t. to sb.**, brindare a q.; bere alla salute di q. ***3*** persona in onore della quale si brinda • **He is the t. of London**, è festeggiato in tutta Londra.

to **toast** /təʊst/ ***A*** *v. t.* ***1*** tostare; abbrustolire ***2*** riscaldare; scaldare: **to t. one's feet before the fire**, scaldarsi i piedi davanti al fuoco ***3*** fare un brindisi a; bere alla salute di ***B*** *v. i.* fare un brindisi; brindare.

toaster /ˈtəʊstə(r)/ *n.* tostapane.

toastmaster /ˈtəʊstmɑːstə(r), *USA* -æs-/ *n.* chi propone un brindisi.

tobacco /təˈbækəʊ/ *n.* Ⓤ *e* Ⓒ (*bot.*) tabacco: **pipe t.**, tabacco da pipa • **t. grower**, coltivatore di tabacco □ **t.-growing**, coltivazione del tabacco; tabacchicoltura.

tobacconist /təˈbækənɪst/ *n.* tabaccaio (-a) • **t.'s** (**shop**), tabaccheria.

toboggan /təˈbɒgən/ *n.* (*sport*) toboga; slitta canadese.

to **toboggan** /təˈbɒgən/ *v. i.* (*sport*) andare in toboga.

toby jug /ˈtəʊbɪ dʒʌg/ *locuz. n.* boccale da birra (*raffigurante un vecchio col tricorno*).

tocsin /ˈtɒksɪn/ *n.* ***1*** campana a martello ***2*** segnale di allarme • **to ring the t.**, (*di campana*) suonare a martello.

tod /tɒd/ *n.* — (*fam. GB*) **on one's tod**, da solo.

today /təˈdeɪ/ *avv. e n.* ***1*** oggi: **T. is Friday**, oggi è venerdì; **t.'s newspaper**, il giornale di oggi; **t. week**, oggi a otto ***2*** oggigiorno; oggi.

to **toddle** /ˈtɒdl/ *v. i.* ***1*** camminare a passi incerti; sgambettare ***2*** (*fam.*) andare (*a piedi*): **He toddled off**, se ne andò tranquillamente.
toddler /ˈtɒdlə(r)/ *n.* bambino (-a) ai primi passi.
toddy /ˈtɒdɪ/ *n.* Ⓒ *e* Ⓤ ponce; grog.
to-do /təˈduː/ *n.* (*fam.*) trambusto; storie.
toe /təʊ/ *n.* ***1*** dito del piede ***2*** punta (*di scarpa, calza*) ***3*** parte anteriore dello zoccolo (*di cavallo*) • **toe-cap**, mascherina (*di scarpa*) □ (*autom.*) **toe-in**, convergenza □ **big toe**, alluce □ **from top to toe**, da capo a piedi; da cima a fondo □ **little toe**, mignolo (*del piede*) □ **on one's toes**, all'erta; sveglio □ **to step on sb.'s toes**, pestare i piedi a q. (*anche fig.*) □ (*pop.*) **to turn up one's toes**, tirare le cuoia; morire.
to **toe** /təʊ/ *v. t.* — (*fam.*) **to toe the line**, obbedire; rigare dritto.
toehold /ˈtəʊhəʊld/ *n.* (*alpinismo, fig.*) (piccolo) punto d'appoggio (*per il piede*).
toenail /ˈtəʊneɪl/ *n.* unghia del piede.
toff /tɒf, *USA* tɔːf/ *n.* (*fam.*) ***1*** persona distinta ***2*** elegantone.
toffee, toffy /ˈtɒfɪ, *USA* ˈtɔːfɪ/ *n.* Ⓤ *e* Ⓒ caramella mou • **t. apple**, mela caramellata (*su uno stecco*) □ (*fam. GB*) **t.-nosed**, che ha la puzza sotto il naso □ **almond t.**, croccante.
to **tog** /tɒg, *USA* tɔːg/ *v. Solo come*:
♦ **tog up** (*o* **out**) *v. t. + avv.* (*fam.*) mettere in ghingheri; agghindare.
toga /ˈtəʊgə/ *n.* (*stor.*) toga.
together /təˈgeðə(r)/ ***A*** *avv.* ***1*** insieme; assieme ***2*** insieme; simultaneamente ***3*** (*antiq.*) continuamente; di seguito: **for weeks t.**, per settimane di seguito • **t. with**, insieme con □ **to gather t.**, raccogliere; radunare □ (*pop.*) **to get it t.**, avere tutto sotto controllo □ **to live t.**, convivere ***B*** *a.* (*pop.*) sicuro di sé; deciso.
togetherness /təˈgeðənəs/ *n.* Ⓤ (*fam.*) spirito di solidarietà; simpatia.
toggle /ˈtɒgl/ *n.* ***1*** olivetta (*per alamaro*) ***2*** (*naut.*) caviglia • **t. switch**, (*elettr.*) interruttore a levetta; (*elab.*) tasto bistabile.
togs /tɒgz/ *n. pl.* (*fam.*) vestiti; tenuta: **tennis t.**, tenuta da tennis.
toil /tɔɪl/ *n.* Ⓤ duro lavoro; fatica.
to **toil** /tɔɪl/ *v. i.* (*form. o lett.*) ***1*** faticare; lavorare duramente: **to t. at st.**, lavorare duramente a q.c. ***2*** muoversi faticosamente; arrancare.
toilet /ˈtɔɪlət/ *n.* ***1*** gabinetto; bagno ***2*** tazza del gabinetto; water ***3*** Ⓤ (*antiq.*) toeletta; toletta • **t. bag**, necessaire da toilette □ **t. paper**, carta igienica □ **t. roll**, rotolo di carta igienica □ **t. training**, addestramento di un bambino nell'uso del gabinetto.
toiletries /ˈtɔɪlətrɪz/ *n. pl.* articoli da toletta.
toing-and-froing /ˈtuːɪŋənˈfrəʊɪŋ/ *n.* (*fam.*) andirivieni.
token /ˈtəʊkən/ ***A*** *n.* ***1*** segno: **A white flag was put up as a t. of surrender**, fu alzata la bandiera bianca in segno di resa ***2*** pegno; ricordo ***3*** contrassegno; contromarca; gettone ***4*** buono acquisto • **by the same t.**, analogamente; per la stessa ragione ***B*** *a. attr.* simbolico; dimostrativo; puramente formale; per la forma: **t. payment**, pagamento simbolico; **t. gesture**, gesto per la forma.
tokenism /ˈtəʊkənɪzəm/ *n.* Ⓤ (*specialm. polit.*) il fare concessioni puramente formali (*per apparire imparziali*).
told /təʊld/ *pass. e p.p. di* **to tell**.
tolerable /ˈtɒlərəbl/ *a.* ***1*** tollerabile ***2*** passabile; discreto.
tolerably /ˈtɒlərəblɪ/ *avv.* ***1*** in modo tollerabile ***2*** discretamente; abbastanza: **t. well**, abbastanza bene.
tolerance /ˈtɒlərəns/ *n.* Ⓤ (*anche med., tecn.*) tolleranza.
tolerant /ˈtɒlərənt/ *a.* tollerante.
to **tolerate** /ˈtɒləreɪt/ *v. t.* tollerare; sopportare.
toleration /tɒləˈreɪʃn/ *n.* Ⓤ tolleranza.
toll (1) /təʊl/ *n.* ***1*** pedaggio: **t. bridge**, ponte a pedaggio ***2*** costo (*di vite umane*); vittime: **death t.**, numero dei morti (*in un incidente, ecc.*); numero delle vittime • (*USA*) **t.-call**, telefonata interurbana □ **t.-free**, esente da pedaggio; (*USA, di telefonata*) gratuito, senza addebito: **t.-free number**, numero verde □ **to take its t.** (**on**), farsi sentire (su); arrecare danni (a).
toll (2) /təʊl/ *n.* rintocco lento.
to **toll** /təʊl/ *v. t. e i.* suonare a rintocchi; rintoccare.
tollbooth /ˈtəʊlbuːθ/ *n.* ***1*** (*in G.B.*) casello di pagamento del pedaggio ***2*** (*in U.S.A.*) casello di autostrada.
tollgate /ˈtəʊlgeɪt/ *n.* barriera di pedaggio.
Tom /tɒm/ *n.* — **Tom, Dick, and Harry**, Tizio, Caio e Sempronio.
tom /tɒm/ *m.* gatto maschio.
tomahawk /ˈtɒməhɔːk/ *n.* ascia di guerra (*dei pellirosse*).
tomato /təˈmɑːtəʊ, *USA* təˈmeɪtəʊ/ *n.* (*pl.* **tomatoes**) pomodoro: **t. juice** [**sauce**], succo [salsa] di pomodoro; **t. salad**, insalata di pomodori.
tomb /tuːm/ *n.* tomba.
tomboy /ˈtɒmbɔɪ/ *n.* (*di ragazza*) maschiaccio.
tombstone /ˈtuːmstəʊn/ *n.* pietra tombale.
tomcat /ˈtɒmkæt/ *n.* gatto (*maschio*).
tome /təʊm/ *n.* (*lett.*) tomo; volume.
tomfoolery /ˈtɒmˈfuːlərɪ/ *n.* ***1*** Ⓤ buffonate; sciocchezze ***2*** scherzo stupido.
tommy gun /ˈtɒmɪgʌn/ *locuz. n.* (*fam.*) fucile mitragliatore; mitra.
tomorrow /təˈmɒrəʊ, *USA* təˈmɔːrəʊ/ *avv. e n.* domani: **t. morning**, domani mattina; domattina; **t. week**, domani a otto; **tomorrow's world**, il mondo di domani; **the day after t.**, dopodomani; domani l'altro.
tom-tom /ˈtɒmtɒm/ *n.* tam-tam.
ton /tʌn/ *n.* ***1*** tonnellata (**long ton**, *GB, pari a kg 1.016 circa*; **short ton**, *USA, pari a kg 907 circa*) ***2*** (*naut., anche* **register ton**) tonnellata di stazza ***3*** (*pop.*) (velocità di) cento miglia all'ora • (*fam.*) **tons of money**, un sacco di quattrini □ (*fam.*) **to come down on sb. like a ton of bricks**, fare un'urlata a q.; mangiarsi vivo q.
tonal /ˈtəʊnl/ *a.* tonale; di tono; di tonalità.
tonality /təˈnælətɪ/ *n.* (*mus., pitt.*) tonalità.
tone /təʊn/ *n.* ***1*** (*di suono, voce*) tono; timbro: **to speak in angry tones**, parlare in tono adirato ***2*** tono, tenore (*di una lettera, un rapporto, ecc.*) ***3*** tono; carattere; stile: **to set the t. of st.**, dare il tono a q.c.; **to lower the t. of the neighbourhood**, abbassare il tono del quartiere ***4*** (*di colore*) tono; tonalità: **two tones of green**, due tonalità di verde ***5*** Ⓤ (*fisiol.*) tono: **muscular t.**, tono muscolare ***6*** (*mus.*) tono ***7*** (*telef.*) suono; segnale; bip • **t.-deaf**, stonato; che non ha orecchio.
to **tone** /təʊn/ *v. Solo come*:
♦ **tone down** *v. t. + avv.* attenuare; sfumare; smorzare; mitigare.
♦ **tone in** *v. i. + avv.* (*di colori*) intonarsi; accordarsi: **The curtains t. in with the carpet**, le tende si intonano con la moquette.
♦ **tone up** *v. t. + avv.* tonificare (*i muscoli*).
tongs /tɒŋz, *USA* tɔːŋz/ *n. pl.* ***1*** molle; mollette: **sugar t.**, mollette per lo zucchero ***2*** pinze; tenaglie.
tongue /tʌŋ/ *n.* ***1*** lingua: **to put one's t. out**, metter fuori la lingua; **to have a furred t.**, avere la lingua patinosa; **t. of land** [**fire**], lingua di terra [di fuoco]; (*cucina*) **ox t.**, lingua di bue; **one's mother t.**, la lingua materna ***2*** linguetta (*di scarpa*); (*mecc.*) aletta; puntale (*di fibbia*); battaglio, batacchio (*di campana*) • **t.-in-cheek**, (*agg.*) non detto sul serio, ironico, scherzoso; (*avv.*) ironicamente, scherzosamente □ **t.-tied**, ammutolito; muto □ **t.-twister**, scioglilingua □ **He has found his t.**, gli si è sciolta la lingua □ **I can't get my t. round this word**, non riesco a pronunciare questa parola □ **to have a loose t.**, parlare troppo; rivelare segreti □ **to hold one's t.**, tacere □ **to keep a civil t. in one's head**, badare a come si parla □ **to say st. with one's t. in one's cheek**, non parlare sul serio.
tonic /ˈtɒnɪk/ ***A*** *a.* ***1*** (*mus., fon.*) tonico ***2*** tonificante; corroborante • **t. water**, acqua tonica ***B*** *n.* ***1*** (*farm.*) tonico; ricostituente ***2*** (*mus.*) tonica.
tonight /təˈnaɪt/ *avv. e n.* ***1*** questa sera, stasera: **t.'s concert**, il concerto di stasera ***2*** questa notte, stanotte.
tonnage /ˈtʌnɪdʒ/ *n.* Ⓤ (*naut.*) ***1*** tonnellaggio; stazza ***2*** navi mercantili (*di una nazione o di un porto*).
tonne /tən/ *n.* tonnellata metrica.
tonsil /ˈtɒnsl/ *n.* (*anat.*) tonsilla.
tonsillitis /tɒnsəˈlaɪtɪs/ *n.* Ⓤ (*med.*) tonsillite.
tonsure /ˈtɒnʃə(r)/ *n.* (*eccles.*) tonsura; chierica.
to **tonsure** /ˈtɒnʃə(r)/ *v. t.* (*eccles.*) tonsurare.
too /tuː/ *avv.* ***1*** anche; pure: inoltre; per giunta: **I went there, too**, ci andai anch'io; **He can cook, and iron too**, sa far da mangiare, e sa anche stirare ***2*** troppo: **It's too hot to work**, fa troppo caldo per lavorare; **too quickly**, troppo in fretta;

too many, troppi (-e); **It's too much**; è troppo; **too much money**, troppi soldi ***3*** molto; troppo: **He won't be too pleased**, non sarà molto contento; **I don't feel too well**, non mi sento troppo bene • (*fam.*) **too clever by half**, che vuol fare il furbo □ **two too many**, due di troppo (*o* in più) □ **It's snowing again, and in May, too!**, sta nevicando, e dire che siamo in maggio!

took /tʊk/ *pass. di* **to take.**

tool /tuːl/ *n.* ***1*** arnese; attrezzo; strumento; utensile: **a set of tools**, un set di attrezzi; **the tools of one's trade**, gli strumenti (*o* i ferri) del mestiere ***2*** (*mecc., anche* **machine t.**) macchina utensile ***3*** (*spreg.*) strumento; fantoccio; burattino • **t. box**, cassetta degli attrezzi □ **t. kit**, (borsa degli) attrezzi □ (*ind.*) **t. maker**, attrezzista; fabbricante di utensili □ **to down tools**, smettere di lavorare; incrociare le braccia.

to **tool** /tuːl/ *v. t.* ***1*** lavorare (*con un attrezzo*) ***2*** (*fam.*) andare (*in auto, ecc.*): **We were tooling along the motorway**, percorrevamo l'autostrada; **to t. around**, girare in macchina.

♦ **tool up** *v. i. + avv.* attrezzare (*una fabbrica*).

toolshed /ˈtuːlʃɛd/ *n.* capanno degli attrezzi (*da giardinaggio, ecc.*).

toot /tuːt/ *n.* suono di clacson; fischio di sirena; nota di tromba.

to **toot** /tuːt/ ***A*** *v. t.* suonare (*il clacson, la tromba, ecc.*) ***B*** *v. i.* ***1*** suonare; (*autom.*) suonare il clacson ***2*** (*del clacson, ecc.*) suonare.

tooth /tuːθ/ *n* (*pl.* **teeth**) ***1*** (*anat., mecc., ecc.*) dente; (*al pl. anche*) dentatura: **baby teeth** denti di latte; **false teeth**, denti falsi; **set of false teeth**, dentiera; **to have a t. filled**, farsi otturare un dente; **to have a t. out**, farsi estrarre un dente ***2*** (*al pl.*) forza; potere; strumenti • **armed to the teeth**, armato fino ai denti □ **to cast st. in sb.'s teeth**, gettare q.c. in faccia a q.; rinfacciare q.c. a q. □ **to cut one's teeth**, mettere i denti □ **to fight t. and nail**, battersi (*o* lottare) con le unghie e coi denti □ (*fam.*) **to get one's teeth into st.**, impegnarsi a fondo; mettersi sotto; darci dentro □ **to have a sweet t.**, essere ghiotto di dolciumi □ **in the teeth of**, a dispetto di; malgrado □ (*fam.*) **long in the t.**, vecchiotto □ **to set one's teeth**, stringere i denti (*anche fig.*) □ **to set sb.'s teeth on edge**, (*di cibo*) legare i denti; (*di suono, ecc.*) far venire i brividi.

toothache /ˈtuːθeɪk/ *n.* Ⓤ mal di denti.

toothbrush /ˈtuːθbrʌʃ/ *n.* spazzolino (da denti).

toothcomb /ˈtuːθkʌm/ *n.* pettine fitto; pettinina.

toothless /ˈtuːθləs/ *a.* senza denti; sdentato.

toothpaste /ˈtuːθpeɪst/ *n.* dentifricio (*in pasta*).

toothpick /ˈtuːθpɪk/ *n.* stuzzicadenti.

toothsome /ˈtuːθsəm/ *a.* (*form. o scherz.*) gustoso; appetitoso; saporito.

to **tootle** /ˈtuːtl/ (*fam.*) ***A*** *v. i.* andare (*a piedi, in auto, ecc.*) senza fretta ***B*** *v. t. e i.* suonare (piano) (*il flauto, ecc.*).

toots /tʊts/ *V.* **tootsie**, *def.* 2.

tootsie, tootsy /ˈtʊtsɪ/ *n.* ***1*** (*infant., anche* **t.-wootsie, t.-wootsy**) piede; piedino ***2*** (*al vocat.*) (*fam. USA*) tesoro; cocca.

top (1) /tɒp/ ***A*** *n.* ***1*** cima; testa; parte alta; alto; disopra: **from top to bottom**, da cima a fondo; completamente; **from top to toe**, dalla testa ai piedi; **the t. of a mountain**, la cima (*o* la vetta) di un monte; **the tenth line from the top**, la decima riga dall'alto; **at the top of**, in cima a; in testa a: **at the top of the list**, in cima all'elenco; **at the top of the table**, a capotavola ***2*** colmo (*di tetto*) ***3*** piano (*di tavolo*) ***4*** tappo (*di bottiglia, tubetto*); cappuccio (*di penna*); coperchio (*di scatola*) ***5*** capote, tetto (*di automobile*); imperiale (*di autobus*) ***6*** tomaia ***7*** (*moda*) blusa; top ***8*** (*naut.*) coffa ***9*** (*al pl.*) — (*fam.*) **the tops**, il meglio (che ci sia); il migliore in assoluto • **at the top of one's voice**, a squarciagola □ **at the top of one's form**, in ottima forma □ **big top**, tenda del circo □ (*fam.*) **to blow one's top**, perdere le staffe □ **to get to the top**, arrivare in cima; (*fig.*) far carriera, avere successo, diventare famoso □ **off the top of one's head**, su due piedi; senza pensarci □ **on top**, su; in cima: **a pastry with a cherry on top**, una pasta con su una ciliegina □ **to come out on top**, risultare vincitore □ **on top of**, in cima a; sopra a; addosso a: **to fall on top of st.**, cadere addosso a q.c.; (*fam.*) **Work is getting on top of me**, non riesco a tener dietro al lavoro □ **on top of that**, per giunta; come se non bastasse □ (*fam.*) **on top of the world**, al settimo cielo □ (*fam.*) **over the top**, eccessivo; esagerato □ **He's the top of his class**, è il primo della classe ***B*** *a. attr.* ***1*** in alto; primo; ultimo: (*autom.*) **top gear**, marcia più alta; **top drawer**, primo cassetto; cassetto in alto; **top floor**, ultimo piano ***2*** principale; massimo; (il) migliore; ottimo: **top prices**, prezzi massimi; **top marks**, ottimi voti; **to come top in an exam**, risultare il migliore in un esame • (*fam.*) **top brass**, alti papaveri □ **top boot**, stivale all'inglese □ (*fam.*) **top dog**, chi comanda; capo □ **top-drawer**, di ceto sociale elevato □ **top executive**, alto dirigente □ (*fam.*) **top-flight**, di prima qualità; di prima grandezza □ **top hat**, cappello a cilindro; tuba □ **top-heavy**, sbilanciato (*per eccesso di peso nella parte superiore*) □ **top-level**, ad alto livello □ (*fam.*) **top-notch**, eccellente; di prima qualità □ **top priority**, precedenza assoluta □ **top-ranking**, di alto livello □ **top-secret**, segretissimo; top-secret □ **t.-security**, di massima sicurezza □ **at top speed**, a tutta velocità; di gran carriera.

top (2) /tɒp/ *n.* trottola.

to **top** /tɒp/ *v. t.* ***1*** coprire; sormontare: **The column was topped by a statue**, in cima alla torre c'era una statua ***2*** superare: **Sales have topped the £2m mark**, le vendite hanno superato i due milioni di sterline ***3*** essere in testa a (*una classifica, ecc.*) ***4*** (*pop. USA*) ammazzare; far fuori • (*cucina*) **to top and tail**, spuntare (*fagiolini, ecc.*) □ **to top it all**, per colmo di misura; come se non bastasse □ (*teatr.*) **to top the bill**, avere il posto d'onore nel cartellone.

♦ **top off** *v. t. + avv.* completare; concludere.

♦ **top up** *v. t. + avv.* ***1*** riempire (*un recipiente non del tutto vuoto*); rabboccare: **to top up the petrol tank**, fare il pieno di benzina ***2*** riempire il bicchiere a ***3*** integrare (*una retribuzione, ecc.*).

topaz /ˈtəʊpæz/ *n.* Ⓤ *e* Ⓒ (*miner.*) topazio.

topcoat /ˈtɒpkəʊt/ *n.* ***1*** soprabito ***2*** ultima mano (*di vernice, ecc.*).

topdressing /tɒpˈdrɛsɪŋ/ *n.* Ⓤ (*agric.*) concimazione in superficie.

topee /ˈtəʊpɪ, *USA* təʊˈpiː/ *n.* casco coloniale.

topgallant /tɒpˈgælənt/ (*naut.*) *a.* di velaccio.

topiary /ˈtəʊpɪərɪ, *USA* -ɪɛrɪ/ *n.* arte topiaria.

topic /ˈtɒpɪk/ *n.* argomento; soggetto. ATTENZIONE: **topic** ≠ topica.

topical /ˈtɒpɪkl/ *a.* ***1*** di attualità ***2*** (*med.*) topico; locale.

topicality /tɒpɪˈkælətɪ/ *n.* ***1*** Ⓤ attualità ***2*** (*generalm. al pl.*) argomento di attualità.

topknot /ˈtɒpnɒt/ *n.* ciuffo (*di capelli, di penne*) sulla testa.

topless /ˈtɒpləs/ ***A*** *a.* ***1*** senza cima ***2*** (*di abito, ecc.*) che lascia scoperto il seno ***B*** *avv.* col seno scoperto.

topmast /ˈtɒpmɑːst, *USA* -æst/ *n.* (*naut.*) albero di gabbia.

topmost /ˈtɒpməʊst/ *a.* (il) più alto; (il) più elevato.

topographer /təˈpɒgrəfə(r)/ *n.* topografo (-a).

topographical /tɒpəˈgræfɪkl/ *a.* topografico.

topography /təˈpɒgrəfɪ/ *n.* Ⓤ topografia.

toponym /ˈtɒpənɪm/ *n.* toponimo.

toponymy /təˈpɒnəmɪ/ *n.* Ⓤ toponomastica; toponimia.

topping (1) /ˈtɒpɪŋ/ *n.* (*cucina*) guarnizione (*di pietanza, dolce*).

topping (2) /ˈtɒpɪŋ/ *a.* (*fam. antiq. GB*) eccellente; ottimo; di prim'ordine.

topping out /ˈtɒpɪŋ ˈaʊt/ *locuz. n.* (*edil., specialm. GB*) inaugurazione di un nuovo edificio.

to **topple** /ˈtɒpl/ ***A*** *v. i.* (*anche* **to t. over, to t. down**) rovesciarsi; ruzzolare; capitombolare ***B*** *v. t.* rovesciare; far ruzzolare; (*polit.*) far cadere (*il governo*).

topsail /ˈtɒpseɪl, -sl/ *n.* (*naut.*) vela di gabbia.

topside /ˈtɒpsaɪd/ *n.* Ⓤ ***1*** (*cucina*) controgirello ***2*** (*spesso al pl.*) (*naut.*) opera morta.

topsoil /ˈtɒpsɔɪl/ *n.* Ⓤ soprassuolo; terriccio.

topsy-turvy /ˈtɒpsɪˈtɜːvɪ/ *avv. e a.* sottosopra; a soqquadro: **to turn st. t.**, mettere q.c. sottosopra.

top-up /ˈtɒpʌp/ *n.* (il) riempire di nuovo (*un bicchiere*): **Would you like a t.?**, te ne verso ancora? • **t. loan**, prestito aggiuntivo.

torch /tɔːtʃ/ *n.* ***1*** torcia; fiaccola: **the t. of liberty**, la fiaccola della libertà ***2*** (*GB*) torcia elettrica; lampadina: **electric t.**, lampadina tascabile • **to carry a t. for sb.**, essere innamorato di q. (*senza essere corrisposto*).

torchbearer /ˈtɔːtʃbɛərə(r)/ *n.* ***1*** tedoforo ***2*** guida; leader.

torchlight /ˈtɔːtʃlaɪt/ *n.* lume di torcia; luce delle fiaccole • **t. procession**, fiaccolata.

tore /tɔː(r)/ *pass. di* **to tear**.
toreador /ˈtɒrɪədɔː(r), *USA* ˈtɔːr-/ (*spagn.*) *n.* toreador; torero.
torment /ˈtɔːmɛnt/ *n.* C *e* U tormento; tortura; pena; strazio; supplizio • **to be in t.**, soffrire le pene dell'inferno.
to **torment** /tɔːˈmɛnt/ *v. t.* tormentare; molestare.
tormentor /tɔːˈmɛntə(r)/ *n.* tormentatore.
torn /tɔːn/ *p.p. di* **to tear**.
tornado /tɔːˈneɪdəʊ/ *n.* (*pl.* **tornadoes, tornados**) tornado.
torpedo /tɔːˈpiːdəʊ/ *n.* (*pl.* **torpedoes**) (*naut. mil.*) siluro • **t. boat**, torpediniera; silurante □ **t. tube**, lanciasiluri.
to **torpedo** /tɔːˈpiːdəʊ/ *v. t.* ***1*** (*naut., aeron.*) silurare ***2*** silurare, far naufragare (*un progetto, ecc.*).
torpid /ˈtɔːpɪd/ *a.* ***1*** torpido; pigro; apatico ***2*** (*di animale*) in letargo.
torpor /ˈtɔːpə(r)/ *n.* U *e* C ***1*** torpore ***2*** apatia; inerzia.
torque /tɔːk/ *n.* ***1*** U (*fis.*) momento torcente; (*mecc.*) coppia ***2*** (*stor.*) torque; collare ornamentale.
torrent /ˈtɒrənt, *USA* ˈtɔː-/ *n.* torrente • **The rain fell in torrents**, pioveva a torrenti.
torrential /təˈrɛnʃl/ *a.* torrenziale.
torrid /ˈtɒrɪd, *USA* ˈtɔː-/ *a.* ***1*** torrido: **the T. Zone**, la zona torrida ***2*** pieno di passione.
torsion /ˈtɔːʃn/ *n.* U torsione (*anche mecc.*).
torso /ˈtɔːsəʊ/ (*ital.*) *n.* (*pl.* **torsos, torsi**) ***1*** (*anat.*) tronco ***2*** (*arte*) torso.
tort /tɔːt/ *n.* (*leg.*) illecito civile; atto illecito.
tortoise /ˈtɔːtəs/ *n.* (*zool.*) testuggine; tartaruga (*di terra*).
tortoiseshell /ˈtɔːtəsʃɛl/ *n.* U (guscio di) tartaruga: **t. comb**, pettine di tartaruga.
tortuous /ˈtɔːtʃʊəs/ *a.* ***1*** tortuoso ***2*** (*fig.*) tortuoso; contorto.
torture /ˈtɔːtʃə(r)/ *n.* C *e* U ***1*** tortura: **instruments of t.**, strumenti di tortura ***2*** tormento; tortura; supplizio.
to **torture** /ˈtɔːtʃə(r)/ *v. t.* ***1*** torturare ***2*** tormentare; torturare.
torturer /ˈtɔːtʃərə(r)/ *n.* tormentatore; aguzzino.
Tory /ˈtɔːrɪ/ *n.* ***1*** (*stor.*) tory ***2*** (*polit., in G.B.*) conservatore.
Toryism /ˈtɔːrɪzəm/ *n.* U conservatorismo.
tosh /tɒʃ/ *n.* U (*fam.*) stupidaggini; fesserie.
toss /tɒs, *USA* tɔːs/ *n.* ***1*** scossa; scrollata: **a t. of the head**, una scrollata di capo ***2*** lancio di una moneta • (*fam.*) **I don't give a t. what he says**, non m'importa (*pop.* me ne frego) di quello che dice □ **to lose [to win] the t.**, perdere [vincere] a testa o croce; (*sport*) perdere [vincere] il sorteggio □ **to take a t.**, essere disarcionato dal cavallo.
to **toss** /tɒs, *USA* tɔːs/ ***A*** *v. t.* ***1*** gettare; buttare: **to t. a dog a bone**, gettare un osso a un cane; **to t. st. away**, buttare via q.c. ***2*** agitare; scuotere; scrollare; sballottare: **to t. one's head**, gettare indietro la testa; **The wind tossed the branches**, il vento scuoteva i rami ***3*** lanciare in aria: **to t. a coin**, lanciare in aria una moneta; **to t. a pancake**, voltare una frittella ***4*** (*cucina*) far saltare (in padella) ***5*** disarcionare ***6*** sfidare a testa o croce: **I'll t. you for it**, giochiamocelo a testa o croce ***B*** *v. i.* ***1*** (*anche* **to t. about**) agitarsi; dimenarsi; dibattersi: **to t. and turn**, rigirarsi nel letto ***2*** essere agitato; essere sballottato; ballonzolare ***3*** gettare in aria una moneta; fare a testa o croce: **Let's t. for it**, giochiamocelo a testa o croce.
♦ **toss off** *v. t. + avv.* ***1*** bere tutto d'un fiato; buttar giù ***2*** scrivere in fretta; buttar giù.
♦ **toss up** *v. t. + avv.* gettare in aria: **to t. up a coin**, lanciare una moneta; fare a testa o croce.
toss-up /ˈtɒsʌp/ *n.* ***1*** lancio della moneta; testa o croce ***2*** probabilità pari: **It's a t. which of them will get the job**, hanno entrambi le stesse probabilità di ottenere il posto.
tot /tɒt/ *n.* (*fam.*) ***1*** bimbo (-a); bimbetto (-a); piccino (-a) ***2*** sorso di liquore; goccetto.
to **tot** /tɒt/ *v. Solo come*:
♦ **tot up** *v. t.* (*fam.*) addizionare; sommare.
total /ˈtəʊtl/ ***A*** *a.* ***1*** totale; assoluto; completo: **t. eclipse**, eclissi totale; **in t. silence**, in assoluto silenzio; **a t. success**, un completo successo ***2*** complessivo; globale: **t. amount**, ammontare complessivo; **t. sales**, fatturato globale ***B*** *n.* totale.
to **total** /ˈtəʊtl/ *v. t.* ***1*** addizionare; sommare ***2*** ammontare a ***3*** (*pop. USA*) sfasciare, distruggere (*un'automobile*).
totalitarian /təʊtælɪˈtɛərɪən/ *a.* (*polit.*) totalitario.
totalitarianism /təʊtælɪˈtɛərɪənɪzəm/ *n.* U (*polit.*) totalitarismo.
totality /təʊˈtælətɪ/ *n.* U totalità.
totalizator, (*GB anche*) **totalisator** /ˈtəʊtəlaɪzeɪtə(r), *USA* -lɪz-/, **totalizer**, (*GB anche*) **totaliser** /ˈtəʊtəlaɪzə(r)/ *n.* (*sport*) totalizzatore.
tote /təʊt/ *n.* (*anche* **t. board**) (*sport, fam.*) totalizzatore.
to **tote** /təʊt/ *v. t.* (*fam.*) portare; trasportare • **t. bag**, grossa borsa quadrata; borsa della spesa.
totem /ˈtəʊtəm/ *n.* totem.
to **totter** /ˈtɒtə(r)/ *v. i.* ***1*** traballare; vacillare; barcollare ***2*** camminare con passo malfermo: **to t. away [in, out]**, andarsene [entrare, uscire] barcollando.
tottering /ˈtɒtərɪŋ/, **tottery** /ˈtɒtərɪ/ *a.* traballante; vacillante; barcollante; malfermo.
toucan /ˈtuːkən, -æn/ *n.* (*zool.*) tucano.
touch /tʌtʃ/ *n.* ***1*** U tatto: **the sense of t.**, il senso del tatto; **soft to the t.**, soffice al tatto ***2*** tocco; colpetto: **at the slightest t.**, al più lieve tocco ***3*** tocco; impronta; nota: **The room lacks the personal t.**, manca nella stanza un tocco (*o* una nota) personale ***4*** tocco; dettaglio: **to add a few finishing touches**, dare gli ultimi ritocchi ***5*** abilità speciale; mano: **to lose one's t.**, perdere la mano ***6*** U contatto; comunicazione: **to get in t. with sb.**, mettersi in contatto con q.; **to lose t. with sb.**, perdere i contatti con q.; **I'll be in t.**, mi farò vivo; **to keep in t. with**, mantanere i contatti con (q.); tenersi al corrente di (q.c.) ***7*** (un) po'; (un) tantino; pizzico; nota; sfumatura: **a t. of salt**, un pizzico di sale; **a t. of irony**, una nota di ironia ***8*** (*med.*) leggero attacco: **a t. of flu**, un leggero attacco di influenza ***9*** (*calcio*) fasce laterali: **to kick the ball into t.**, calciare la palla in fallo laterale.
to **touch** /tʌtʃ/ ***A*** *v. t.* ***1*** toccare: **to t. sb. on the shoulder**, toccare q. sulla spalla; **I hadn't touched food for three days**, non toccavo cibo da tre giorni; **You can't t. the capital for five years**, non puoi toccare il capitale per cinque anni; **The thermometer touched 40°**, il termometro ha toccato i 40 gradi; **The matter touches you directly**, la faccenda ti tocca (*o* ti riguarda) da vicino ***2*** *V.* **to touch on** ***3*** commuovere; intenerire ***4*** (*in frase neg.*) prendere in considerazione: **I wouldn't t. his offer, if I were you**, se fossi in te, lascerei perdere la sua offerta ***5*** (*in frase neg.*) eguagliare: **Nobody can t. him for purity of style**, nessuno lo eguaglia per purezza di stile ***6*** (*pop.*) chiedere (*denaro*) in prestito a; scroccare (*fam.*): **to t. sb. for a pound**, scroccare una sterlina a q. • (*di nave*) **to t. (at) a port**, toccare un porto; fare scalo in un porto □ **to t. bottom**, toccare il fondo □ **T. wood!**, tocchiamo ferro! ***B*** *v. i.* toccarsi.
♦ **touch down** *v. i. + avv.* ***1*** (*di aereo*) atterrare ***2*** (*rugby*) andare a meta.
♦ **touch off** *v. t. + avv.* ***1*** far esplodere ***2*** scatenare; provocare.
♦ **touch on** *v. i. + prep.* trattare superficialmente (*un argomento*).
♦ **touch up** *v. t. + avv.* ritoccare.
touch-and-go /ˈtʌtʃənˈgəʊ/ *a.* incerto; rischioso • **It was t. with the patient**, le condizioni del malato erano precarie □ **It was t. whether we got there on time**, c'era il rischio che non saremmo arrivati in tempo.
touchdown /ˈtʌtʃdaʊn/ *n.* ***1*** (*di aereo*) atterraggio ***2*** (*rugby*) (l')andare a meta.
touched /tʌtʃt/ *a.* ***1*** toccato; commosso ***2*** (*fam.*) tocco • **clouds t. with pink**, nubi tinte di rosa.
touchiness /ˈtʌtʃɪnəs/ *n.* U permalosità; suscettibilità.
touching /ˈtʌtʃɪŋ/ *a.* commovente; patetico.
touchlines /ˈtʌtʃlaɪns/ *n. pl.* (*calcio, rugby*) linee laterali.
touchstone /ˈtʌtʃstəʊn/ *n.* U (*anche fig.*) pietra di paragone.
to **touch-type** /ˈtʌtʃtaɪp/ *v. i.* scrivere a macchina senza guardare i tasti.
touchy /ˈtʌtʃɪ/ *a.* ***1*** permaloso; suscettibile ***2*** precario; pericoloso; rischioso.
tough /tʌf/ ***A*** *a.* ***1*** robusto; tenace; resistente: **t. opposition**, opposizione tenace; **t. material**, stoffa resistente ***2*** duro; coriaceo: **t. meat**, carne dura (*o* tigliosa) ***3*** difficile; arduo ***4*** rigido; duro; inflessibile: **t. measures**, disposizioni rigide ***5*** violento; brutale • (*pop. iron.*) **T. (luck!)**, peggio per te! □ **t. customer**, osso duro □ **to get t. with sb.**, fare la voce grossa con q.; usare le maniere forti con q. ***B*** *n.* (*fam.*) duro; tipo violento.
to **toughen** /ˈtʌfn/ ***A*** *v. t.* indurire ***B*** *v. i.* indurirsi.
toughness /ˈtʌfnəs/ *n.* U ***1*** robustezza; tenacia; resistenza

2 durezza *3* difficoltà *4* rigidezza; inflessibilità.
toupee /ˈtuːpeɪ, *USA* tuːˈpeɪ/ *n.* toupet; parrucchino.
tour /tʊə(r)/ *n.* *1* giro; viaggio: **cycling t.**, giro in bicicletta; **to go on a t. of France**, fare il giro della Francia *2* (*teatr.*) tournée (*franc.*) • **t. of duty**, turno (*di servizio, di lavoro*) □ **t. operator**, operatore turistico □ **conducted t.**, visita guidata □ **on t.**, in viaggio; (*teatr.*) in tournée.
to **tour** /tʊə(r)/ *v. i. e t.* *1* fare un viaggio (in); fare un giro (in); visitare (*un paese*): **to t. round Europe**, fare un giro in Europa; visitare l'Europa *2* (*teatr.*) andare in tournée (in).
touring /ˈtʊərɪŋ/ *a.* turistico; da turismo: **t. car**, automobile da turismo; **t. holiday**, giro turistico.
tourism /ˈtʊərɪzəm/ *n.* Ⓤ turismo.
tourist /ˈtʊərɪst/ *A n.* turista *B a. attr.* turistico; di turismo: **t. agency**, agenzia turistica; ufficio viaggi; **t. industry**, industria del turismo.
touristy /ˈtʊərɪstɪ/ *a.* (*fam. spreg.*) *1* pieno di turisti *2* troppo turistico.
tourmaline /ˈtʊəməliːn/ *n.* Ⓤ (*miner.*) tormalina.
tournament /ˈtɔːnəmənt, *USA* ˈtɜː-/ *n.* (*stor., sport*) torneo.
tourniquet /ˈtʊənɪkeɪ, ˈtɔː-, *USA* ˈtɜːnɪkət, ˈtʊə-/ *n.* (*med.*) laccio emostatico.
to **tousle** /ˈtaʊzl/ *v. t.* arruffare; scompigliare.
tout /taʊt/ *n.* *1* (*comm.*) propagandista; piazzista *2* (*GB*) (*anche* **ticket t.**) bagarino.
to **tout** /taʊt/ *v. i.* *1* andare in cerca di clienti; fare il propagandista: **to t. for business**, procacciare clienti; **to t. for orders**, sollecitare ordinazioni *2* pubblicizzare, reclamizzare.
tow (1) /təʊ/ *n.* Ⓒ *e* Ⓤ (*naut., autom.*) rimorchio: **to take a ship in tow**, prendere una nave a rimorchio; **to be on tow**, essere rimorchiato • (*naut.*) **tow net**, rete a strascico.
tow (2) /təʊ/ *n.* Ⓤ (*ind. tess.*) stoppa; capecchio.
to **tow** /təʊ/ *v. t.* (*naut., autom.*) rimorchiare; trainare.
towards, (*USA*) **toward** /təˈwɔːd(z), tɔːd(z)/ *prep.* *1* verso; in direzione di; alla volta di: **t. the North Pole**, verso il polo nord *2* verso; nei riguardi di; nei confronti di: **your attitude t. me**, il tuo atteggiamento verso di me (*o* nei miei confronti) *3* verso; poco prima di: **t. midday**, verso mezzogiorno *4* per; in previsione di: **to save money t. one's old age**, risparmiare per la vecchiaia.
towboat /ˈtəʊbəʊt/ *n.* (*naut.*) rimorchiatore.
towel /ˈtaʊəl/ *n.* asciugamano • **t. rack**, porta-asciugamano □ **sanitary t.**, assorbente igienico □ (*boxe e fig.*) **to throw in the t.**, gettare la spugna.
to **towel** /ˈtaʊəl/ *v. t.* fregare (*o* asciugare) con un asciugamano.
towelling, (*USA*) **toweling** /ˈtaʊəlɪŋ/ *n.* Ⓤ tela per asciugamani.
tower /ˈtaʊə(r)/ *n.* torre • **t. block**, edificio a molti piani □ **t. of strength**, persona di grande appoggio; sostegno □ (*naut.*) **conning t.**, torretta di comando (*di sommergibile*) □ (*tecn.*) **cooling t.**, torre di raffreddamento.
to **tower** /ˈtaʊə(r)/ *v. Solo come*:
♦ **tower above** (*o* **over**) *v. i. + prep.* *1* torreggiare sopra *2* dominare; sovrastare.
towered /ˈtaʊəd/ *a.* turrito; cinto (*o* munito) di torri.
towering /ˈtaʊərɪŋ/ *a.* torreggiante; imponente; altissimo • **in a t. rage**, in preda al furore □ **He is one the t. figures of our century**, è una delle più grandi figure del nostro secolo.
towhead /ˈtəʊhed/ *n.* (*spesso spreg.*) persona dai capelli color stoppa.
towline /ˈtəʊlaɪn/ *V.* **towrope**.
town /taʊn/ *n.* Ⓒ *e* Ⓤ *1* città; cittadina: **country t.**, città di provincia; cittadina; **The whole t. is talking about it**, tutta la città ne parla *2* centro (*di città*): **to go into t.**, andare in centro *3* (*in G.B.*) città più grande o importante della regione: **to go up to t.**, andare a Londra (*o* a Edimburgo, a Glasgow, ecc.) • (*GB*) **t. centre**, centro (di città) □ (*GB*) **t. clerk**, segretario comunale □ (*GB*) **t. council**, consiglio comunale □ (*GB*) **t. councillor**, consigliere comunale □ (*GB*) **t. hall**, municipio □ **t. house**, residenza di città (*di chi abita in campagna*); (*USA*) villetta a schiera □ **t. planner**, urbanista □ **t. planning**, urbanistica □ (*GB*) **county t.**, capoluogo di contea □ (*fig. fam.*) **to go to t.**, fare le cose in grande; buttarsi a pesce su q.c. □ **a night on the t.**, una notte di bagordi.
townsfolk /ˈtaʊnzfəʊk/ *n. pl.* *1* cittadinanza; (i) cittadini *2* la gente di città.
township /ˈtaʊnʃɪp/ *n.* *1* (*in U.S.A., Canada*) cittadina; distretto amministrativo *2* (*in Sudafrica*) township; cittadina abitata da gente di colore.
townsman /ˈtaʊnzmən/ *n.* (*pl.* **townsmen** /-mən/) *1* cittadino *2* (*anche* **fellow t.**) concittadino.
townspeople /ˈtaʊnzpiːpl/ *V.* **townsfolk**.
townswoman /ˈtaʊnzwʊmən/ *n.* (*pl.* **townswomen** /-wɪmən/) *1* cittadina *2* (*anche* **fellow t.**) concittadina.
towrope /ˈtəʊrəʊp/ *n.* (*naut.*) cavo da rimorchio; (*autom.*) fune da rimorchio.
towtruck /ˈtəʊtrʌk/ *n.* (*USA*) carro attrezzi.
tox(a)emia /tɒkˈsiːmɪə/ *n.* (*med.*) tossiemia.
toxic /ˈtɒksɪk/ *a.* (*med.*) tossico; velenoso • **t. waste**, rifiuti tossici.
toxicity /tɒkˈsɪsətɪ/ *n.* Ⓤ (*med.*) tossicità.
toxicologist /tɒksɪˈkɒlədʒɪst/ *n.* (*med.*) tossicologo (-a).
toxicology /tɒksɪˈkɒlədʒɪ/ *n.* Ⓤ (*med.*) tossicologia.
toxin /ˈtɒksɪn/ *n.* (*biol.*) tossina.
toy /tɔɪ/ *n.* giocattolo • (*pop.*) **toy boy**, amante di donna più vecchia □ **toy dog**, cagnolino nano □ **toy soldier**, soldatino di piombo.
to **toy** /tɔɪ/ *v. Solo come*:
♦ **toy with** *v. i. + prep.* giocherellare con; trastullarsi con • **to toy with an idea**, accarezzare un'idea.
toyshop /ˈtɔɪʃɒp/ *n.* negozio di giocattoli.
trace (1) /treɪs/ *n.* *1* traccia; segno: **to disappear without (a) t.**, scomparire senza lasciare traccia; **traces of poison**, tracce di veleno *2* (un) pochino; (un) briciolo: **not to show a t. of fear**, non mostrare un briciolo di paura *3* (*elab.*) traccia • (*chim.*) **t. element**, elemento in tracce.
trace (2) /treɪs/ *n.* tirella • **to kick over the traces**, ribellarsi.
to **trace** /treɪs/ *v. t.* *1* rintracciare; trovare; scoprire: **to t. the origin of st.**, scoprire l'origine di q.c.; **I haven't been able to t. your letter**, non sono riuscito a trovare la tua lettera *2* tracciare; ricalcare (*un disegno, ecc.*) *3* descrivere (*uno sviluppo*).
♦ **trace back to** *v. t. + avv. e prep.* far risalire a; ricondurre a; stabilire la provenienza (di q.c.) da: **to t. one's origins back to the 14th century**, far risalire le proprie origini al XIV secolo.
♦ **trace out** *v. t. + avv.* *1* tracciare; abbozzare *2* descrivere, delineare (*un progetto, ecc.*).
traceable /ˈtreɪsəbl/ *a.* *1* tracciabile; ricalcabile *2* rintracciabile.
tracer /ˈtreɪsə(r)/ *n.* *1* arnese per tracciare disegni *2* ricalcatore *3* (*chim., fis.*) tracciante *4* (*mil., anche* **t. bullet**), proiettile tracciante.
tracery /ˈtreɪsərɪ/ *n.* Ⓤ *e* Ⓒ *1* (*archit.*) (decorazione a) intaglio; traforo *2* disegno delicato; ricamo (*fig.*).
trachea /trəˈkiːə, *USA* ˈtreɪkɪə/ *n.* (*pl.* **tracheae** /-kiːiː/, **tracheas**) (*anat.*) trachea.
tracheitis /trækɪˈaɪtɪs, *USA* treɪk-/ *n.* Ⓤ (*med.*) tracheite.
tracheotomy /trækɪˈɒtəmɪ, *USA* treɪ-/ *n.* Ⓤ (*chir.*) tracheotomia.
trachoma /trəˈkəʊmə/ *n.* Ⓤ (*med.*) tracoma.
tracing /ˈtreɪsɪŋ/ *n.* Ⓤ *e* Ⓒ ricalco; ricalcatura; lucido • **t. paper**, carta da ricalco; carta per lucidi.
track /træk/ *n.* *1* traccia; orma; impronta; solco: **animal tracks in the snow**, orme di animali sulla neve; **tyre tracks**, tracce (*o* solchi) di pneumatici; **to be on sb.'s track**, essere sulle tracce di q.; **to cover one's tracks**, far perdere le proprie tracce *2* sentiero; pista: **mountain t.**, sentiero di montagna; **cycle t.**, pista ciclabile *3* (*anche al pl.*) binario; rotaie *4* (*sport*) pista; circuito *5* percorso; rotta; strada; traiettoria *6* pista (*di nastro magnetico e elab.*) *7* (*mus.*) brano, pezzo, canzone (*di disco*) *8* cingolo (*di carro armato, trattore, ecc.*) • (*sport*) **t. and field events**, (gare di) atletica leggera □ (*sport*) **t. events**, gare su pista □ (*fig.*) **t. record**, precedenti; curriculum □ **t. shoes**, scarpette da corsa (*con chiodi*) □ **to keep t. of**, star dietro a; seguire; non perdere di vista; tenersi in contatto con; essere al corrente di □ **to lose t. of**, perdere le tracce di □ **to lose t. of time**, perdere la nozione del tempo □ (*fam.*) **to make tracks**, andarsene in fretta; scappare: **We'd better make tracks for home**, è ora di tornare a casa □ **off the beaten t.**, fuori mano □ **off the t.**, fuori pista; (*fig.*) fuori strada, fuori argomento □ **to be on the right [wrong] t.**, essere sulla pista buona [sbagliata] □ **to stop in one's tracks**, fermarsi di botto □ (*USA*) **the**

wrong side of the tracks, i quartieri poveri.

to **track** /træk/ ***A*** *v. t.* ***1*** seguire le tracce di ***2*** (*aeron., miss.*) seguire la rotta di; rilevare la traiettoria di ***3*** (*USA*) lasciare una scia di ***4*** (*cinem., TV*) seguire con la macchina da presa ***B*** *v. i.* ***1*** (*di veicolo, ecc.*) seguire un percorso ***2*** (*cinem., TV*) fare una carrellata; carrellare.

♦ **track down** *v. t. + avv.* rintracciare; trovare; scovare.

tracked /trækt/ *a.* cingolato.

tracker /ˈtrækə(r)/ *n.* (*nella caccia grossa*) battitore • **t. dog**, segugio; cane poliziotto.

tracking /ˈtrækɪŋ/ *n.* Ⓤ ***1*** inseguimento ***2*** (*aeron., miss.*) inseguimento; rilevamento • (*miss.*) **t. station**, stazione di controllo.

trackless /ˈtrækləs/ *a.* ***1*** senza sentieri; impervio ***2*** (*di veicolo*) non cingolato.

tracksuit /ˈtræksuːt/ *n.* tuta sportiva; tuta da ginnastica.

tract (**1**) /trækt/ *n.* ***1*** distesa; zona; regione ***2*** (*anat.*) apparato; tratto: **the digestive t.**, l'apparato digerente.

tract (**2**) /trækt/ *n.* opuscolo (*specialm. relig.*); trattatello.

tractable /ˈtræktəbl/ *a.* ***1*** trattabile; docile ***2*** (*tecn.*) trattabile; malleabile.

traction /ˈtrækʃn/ *n.* Ⓤ ***1*** trazione: **steam t.**, trazione a vapore; (*med.*) **a leg in t.**, una gamba in trazione ***2*** aderenza (*di una ruota al terreno*) • **t. engine**, trattrice stradale □ (*mecc.*) **t. wheel**, ruota motrice.

tractor /ˈtræktə(r)/ *n.* (*agric.*) trattore.

trad /træd/ ***A*** *a.* (*abbr. fam. di* **traditional**) tradizionale ***B*** *n.* (*abbr. fam. di* **traditional jazz**) jazz tradizionale.

trade /treɪd/ *n.* ***1*** Ⓤ commercio; scambio; traffico, traffici: **to be in t.**, essere nel commercio; fare il commerciante; **to do t. with sb.**, fare affari con q.c.; essere in rapporti commerciali con q.; **home [foreign] t.**, commercio interno [estero]; **retail t.**, commercio al minuto; **free t.**, libero scambio; (*econ.*) liberismo ***2*** industria; settore: **the building t.**, l'industria delle costruzioni; il settore edilizio; **the book t.**, l'editoria ***3*** Ⓒ *e* Ⓤ mestiere; lavoro; occupazione: **He is a plumber by t.**, (di mestiere) fa l'idraulico ***4*** affari: **They are doing a roaring t.**, fanno affari d'oro ***5*** — **the t.**, gli operatori del settore ***6*** clientela; clienti ***7*** (*al pl.*) — (*geogr.*) **the trades**, gli alisei • **t. agreement**, accordo commerciale □ **t. discount**, sconto commerciale □ **t. fair**, fiera campionaria □ (*econ.*) **t. gap**, disavanzo della bilancia commerciale □ **t. name**, nome commerciale; nome depositato □ **t. price**, prezzo al rivenditore □ **t. secret**, segreto del mestiere □ (*GB*) **t.** (*o* **trades**) **union**, sindacato □ (*GB*) **t. unionism**, sindacalismo □ (*GB*) **t. unionist**, sindacalista □ (*geogr.*) **t. wind**, aliseo.

to **trade** /treɪd/ ***A*** *v. i.* commerciare; fare affari: **to t. in furs**, commerciare in pellicce; **to t. with sb.**, fare affari con q.; essere in rapporti commerciali con q. ***B*** *v. t.* scambiare; barattare: **to t. furs for weapons**, barattare pellicce con armi; **to t. insults**, scambiarsi insulti; insolentirsi; **I'll t. you two CDs for a videogame**, ti offro due compact in cambio di un videogioco.

♦ **trade in** *v. t. + avv.* dare in pagamento parziale; dare in permuta; dare dentro (*fam.*).

♦ **trade off** *v. t. + avv.* ***1*** controbilanciare ***2*** offrire in cambio (*generalm. a proprio vantaggio*): **to t. off st. against** (*o* **for**) **st.**, offrire q.c. in cambio di q.c.

♦ **trade on** *v. i. + prep.* approfittare di (q.c.); speculare su: **to t. on sb.'s good nature**, approfittare della bontà di q.

♦ **trade up** *v. i. + avv.* vendere q.c. (*specialm. un'auto, una casa*) per comprarne una più costosa: **I've traded up to a Mercedes**, ho venduto la mia macchina e mi sono comprato una Mercedes.

trade-in /ˈtreɪdɪn/ *n.* oggetto usato (*generalm. un'auto*) dato in permuta.

trademark /ˈtreɪdmɑːk/ *n.* marchio di fabbrica.

trade-off /ˈtreɪdɒf, *USA* -ɔf/ *n.* concessione reciproca; scambio; compromesso.

trader /ˈtreɪdə(r)/ *n.* commerciante.

tradesman /ˈtreɪdzmən/ *n.* (*pl.* **tradesmen** /-mən/) ***1*** commerciante; negoziante; esercente ***2*** (*USA*) artigiano • **t.'s entrance**, ingresso per i fornitori.

tradespeople /ˈtreɪdzpiːpl/ *n. pl.* commercianti; negozianti.

trading /ˈtreɪdɪŋ/ ***A*** *n.* Ⓤ commercio; compravendita; traffici; scambi ***B*** *a. attr.* commerciale; mercantile • **t. estate**, zona industriale □ **t. post**, stazione commerciale □ **t. stamp**, bollino premio □ (*fin., rag.*) **t. year**, anno di esercizio; anno commerciale.

tradition /trəˈdɪʃn/ *n.* Ⓤ *e* Ⓒ tradizione.

traditional /trəˈdɪʃənl/ *a.* tradizionale.

traditionalism /trəˈdɪʃənəlɪzəm/ *n.* Ⓤ tradizionalismo.

traditionalist /trəˈdɪʃənəlɪst/ *n.* tradizionalista.

to **traduce** /trəˈdjuːs, *USA* -ˈduːs/ *v. t.* calunniare; diffamare.

traffic /ˈtræfɪk/ *n.* Ⓤ ***1*** traffico: **There's a lot of t. on that road**, in quella strada c'è molto traffico; **heavy t.**, traffico intenso; automezzi pesanti; **air t.**, traffico aereo ***2*** traffico (illegale): **the t. in drugs**, il traffico della droga • **t. calming**, (l'uso di) dispositivi per rallentare il traffico □ (*USA*) **t. circle**, isola rotatoria; rondò □ **t. island**, spartitraffico □ **t. jam**, ingorgo stradale □ **t. lights**, semaforo (stradale) □ **t. offence**, infrazione al codice stradale □ **t. policeman**, vigile urbano □ **t. sign**, cartello stradale □ (*in G.B.*) **t. warden**, vigile urbano (*addetto al controllo del parcheggio stradale*).

to **traffic** /ˈtræfɪk/ (*pass. e p.p.* **trafficked**, *p. pres.* **trafficking**) *v. i.* trafficare; fare traffici illegali: **to t. in drugs**, trafficare in stupefacenti.

trafficker /ˈtræfɪkə(r)/ *n.* trafficante.

tragedian /trəˈdʒiːdɪən/ *n.* ***1*** tragediografo ***2*** attore drammatico.

tragedienne /trədʒiːdɪˈɛn/ *n.* attrice drammatica.

tragedy /ˈtrædʒədɪ/ *n.* Ⓒ *e* Ⓤ tragedia.

tragic /ˈtrædʒɪk/ *a.* tragico.

tragicomedy /trædʒɪˈkɒmədɪ/ *n.* Ⓒ *e* Ⓤ tragicommedia.

tragicomic(al) /trædʒɪˈkɒmɪk(l)/ *a.* tragicomico.

trail /treɪl/ *n.* ***1*** traccia; scia; pista: **t. of blood**, traccia di sangue; **t. of smoke**, scia di fumo; **a lion's t.**, la traccia di un leone; **to be on sb.'s t.**, essere sulle tracce di q.; inseguire q.; **to leave a t. of destruction**, lasciare solo distruzione dietro di sé ***2*** sentiero; pista.

to **trail** /treɪl/ ***A*** *v. t.* ***1*** trascinare; tirarsi dietro: **to t. a toy car behind one**, tirarsi dietro un'automobilina; **to t. one's hand in the water**, lasciar penzolare la mano nell'acqua (*da una barca, ecc.*) ***2*** inseguire; seguire le tracce (*o* le orme) di: **to t. an animal to its lair**, seguire le orme di un animale fino alla tana ***3*** seguire in classifica; essere più indietro di ***B*** *v. i.* ***1*** strisciare; essere strascicato: **Her shawl was trailing on the ground**, il suo scialle strisciava per terra ***2*** pendere; penzolare ***3*** trascinarsi; procedere a stento ***4*** rimanere indietro; (*sport*) essere in svantaggio.

♦ **trail away** *v. i. + avv.* ***1*** andarsene alla spicciolata; disperdersi ***2*** (*di voce*) affievolirsi; svanire.

♦ **trail behind** *v. i. + avv.* (*o prep.*) rimanere indietro (a); seguire a distanza.

♦ **trail off** *V.* **to trail away**.

♦ **trail over** *v. i. + prep.* (*di piante rampicanti*) arrampicarsi su; estendersi su; invadere.

trailblazer /ˈtreɪlbleɪzə(r)/ *n.* battistrada; pioniere.

trailer /ˈtreɪlə(r)/ *n.* ***1*** (*autom.*) rimorchio ***2*** (*USA*) roulotte; rimorchio-abitazione (*per campeggi*) ***3*** (*cinem.*) trailer; prossimamente • (*USA*) **t. park** (*o* **court**), camping per roulottes.

train /treɪn/ *n.* ***1*** (*ferr.*) treno: **passenger [goods] t.**, treno viaggiatori [merci]; **the 4.30 t.**, il treno delle quattro e mezza; **to change trains**, cambiare (treno); **to go by t.**, andare col (*o* in) treno; **to travel by t.**, viaggiare in treno ***2*** fila; convoglio; colonna ***3*** strascico (*di vestito*) ***4*** fila; serie; sequela; successione: **an unfortunate t. of events**, una serie di contrattempi; **one's t. of thought**, il filo dei propri pensieri ***5*** seguito; corteo: **the king's t.**, il seguito del re ***6*** (*mecc.*) sistema di ingranaggi • **t. service**, servizio di treni; collegamento ferroviario □ **t. set**, trenino (*giocattolo, con binari, ecc.*) □ (*GB*) **t. spotter**, chi osserva i treni per hobby □ **in t.**, in corso □ **in the t. of st.**, come conseguenza di q.c. □ **slow t.**, (treno) accelerato.

to **train** /treɪn/ ***A*** *v. t.* ***1*** addestrare; allenare (*anche sport*); esercitare; educare; formare; ammaestrare: **to t. doctors**, formare medici; **to t. soldiers**, addestrare truppe; **to t. a dog**, ammaestrare un cane ***2*** (*bot., agric.*) far crescere: **to t. roses against a wall**, far crescere rose contro un muro ***3*** puntare (*un'arma, un binocolo, ecc.*); rivolgere; dirigere ***B*** *v. i.* ***1*** addestrarsi; allenarsi (*anche sport*) ***2*** studiare; fare pratica; fare tirocinio: **to t. as a singer**, studiare canto; **to t. as a teacher**, fare tirocinio come insegnante; **to t. as a lawyer**, fare pratica legale.

trainbearer /ˈtreɪnbɛərə(r)/ *n.* paggio (*che regge lo strascico*); paggetto (*di matrimonio*).

trainee /treɪ'niː/ *n.* *1* apprendista; tirocinante; praticante *2* (*mil.*) recluta *3* (*sport*) atleta in allenamento.
trainer /'treɪnə(r)/ *n.* *1* istruttore; (*sport*) allenatore *2* ammaestratore; domatore *3* (*al pl.*) (*GB*) scarpe da ginnastica.
training /'treɪnɪŋ/ *n.* U *1* (*sport*) addestramento; allenamento *2* ammaestramento *3* formazione; pratica; tirocinio ● **t. college**, scuola di addestramento; istituto di formazione: **teacher t. college**, istituto superiore per l'abilitazione all'insegnamento □ **t. course**, corso di formazione professionale □ (*naut.*) **t. ship**, nave scuola □ (*GB*) **t. shoes**, scarpe da ginnastica □ (*sport*) **in t.**, in allenamento; bene allenato; in forma □ (*sport*) **out of t.**, fuori allenamento; fuori forma.
to **traipse** /treɪps/ *v. i.* camminare a lungo; scarpinare (*fam.*).
trait /treɪ, *USA* treɪt/ *n.* *1* tratto del volto; lineamento *2* caratteristica; aspetto saliente; peculiarità.
traitor /'treɪtə(r)/ *n.* traditore (-trice).
traitorous /'treɪtərəs/ *a.* traditore; infido; sleale.
trajectory /trə'dʒɛktərɪ/ *n.* traiettoria.
tram /træm/ *n.* *1* (*GB*) tram *2* (*ind. min.*) carrello; vagoncino ● **t. driver**, tranviere (*conducente*) □ **t. service**, servizio tranviario.
tramcar /'træmkɑː(r)/ *n.* (*GB*) tram.
tramline /'træmlaɪn/ *n.* *1* (*GB*) linea tranviaria *2* (*GB*) (*al pl.*) rotaie del tram *3* (*fam., tennis*) linee laterali (*o* corridoio) del doppio.
to **trammel** /'træml/ *v. t.* (*form. o lett.*) intralciare; impastoiare; ostacolare.
trammels /'træmlz/ *n. pl.* (*form. o lett.*) pastoie; intralci; impedimenti.
tramp /træmp/ *n.* *1* vagabondo; barbone *2* camminata; lunga passeggiata *3* (*naut., anche* **t. steamer**) nave da carico; carretta *4* passo cadenzato *5* (*specialm. USA*) sgualdrina.
to **tramp** /træmp/ *A* *v. i.* camminare (con passo pesante) ● **to t. on sb.'s toes**, pestare i piedi a q. *B* *v. t.* percorrere a piedi.
trample /'træmpl/ *n.* calpestio; scalpitio.
to **trample** /'træmpl/ *A* *v. i.* camminare con passo pesante *B* *v. t.* calpestare; pestare: **Don't t. the flowers**, non calpestare i fiori; **to be trampled to death by the crowd**, morire calpestato dalla folla.
♦ **trample on** *v. i. + prep.* (*anche fig.*) calpestare: **to t. on sb.'s feelings**, calpestare i sentimenti di q.
trampoline /'træmpəlɪn, -liːn/ *n.* pedana elastica (*per ginnasti*); tappeto elastico (*per acrobati*).
tramway /'træmweɪ/ *n.* (*GB*) *1* binari del tram *2* tranvia; linea tranviaria.
trance /trɑːns, *USA* træns/ *n.* trance; (*med.*) catalessi: **to be in [to fall into] a t.**, essere [cadere] in trance.
tranquil /'træŋkwɪl, -əl/ *a.* tranquillo; quieto; calmo.
to **tranquilize** /'træŋkwəlaɪz/ *e deriv.* (*USA*), to **tranquillise** /'træŋkwəlaɪz/ *e deriv.* (*GB*) *V.* **to tranquillize** *e deriv.*
tranquillity /træŋ'kwɪlətɪ/ *n.* U tranquillità; quiete; calma.
to **tranquillize** /'træŋkwəlaɪz/ *v. t.* tranquillizzare; calmare.
tranquillizer /'træŋkwəlaɪzə(r)/ *n.* (*farm.*) tranquillante; calmante: **to be on tranquillizers**, prendere tranquillanti.
to **transact** /træn'zækt/ *v. t.* (*comm.*) trattare; sbrigare.
transaction /træn'zækʃn/ *n.* *1* U (*comm.*) disbrigo; trattazione *2* (*banca*) operazione; (*comm.*) trattativa *3* (*leg.*) transazione *4* (*al pl.*) atti (*di società filosofica, scientifica, ecc.*).
transalpine /trænz'ælpaɪn/ *a.* transalpino.
transatlantic /trænzət'læntɪk/ *a.* transatlantico.
transceiver /træn'siːvə(r)/ *n.* (*radio*) ricetrasmittente.
to **transcend** /træn'sɛnd/ *v. t.* (*form. o lett.*) trascendere.
transcendence /træn'sɛndəns/, **transcendency** /træn'sɛndənsɪ/ *n.* U trascendenza.
transcendent /træn'sɛndənt/ *a.* *1* trascendente *2* (*estens.*) straordinario; eccelso.
transcendental /trænsɛn'dɛntl/ *a.* *1* trascendentale *2* (*mat.*) trascendente.
transcendentalism /trænsɛn'dɛntəlɪzəm/ *n.* U (*filos.*) trascendentalismo.
transcontinental /trænskɒntɪ'nɛntl/ *a.* transcontinentale.
to **transcribe** /træn'skraɪb/ *v. t.* *1* (*anche mus.*) trascrivere *2* (*tecn.*) riversare (*una registrazione*).
transcript /'trænskrɪpt/ *n.* trascrizione; copia.
transcription /træn'skrɪpʃn/ *n.* U *e* C trascrizione.
transept /'trænsɛpt/ *n.* (*archit.*) transetto.
transfer /'trænsfɜː(r)/ *n.* *1* U *e* C trasferimento; passaggio; trasbordo: **to ask for a t. to another office [team]**, chiedere il trasferimento a un altro ufficio [a un'altra squadra]; (*aeron.*) **t. passenger**, passeggero in transito *2* (*banca, fin.*) rimessa; bonifico *3* (*leg.*) cessione; trapasso *4* (*rag.*) storno *5* persona o cosa trasferita *6* (*USA, anche* **t. ticket**) biglietto cumulativo (*di treno, tram, ecc.*) *7* decalcomania.
to **transfer** /træns'fɜː(r), 'trænsfɜː(r)/ *A* *v. t.* *1* trasferire *2* (*leg.*) cedere *3* (*rag.*) stornare *4* (*tecn.*) riversare (*una registrazione*) *5* decalcare *B* *v. i.* *1* trasferirsi; passare; trasbordare *2* (*sport*) cambiare squadra; essere trasferito.
transferable /træns'fɜːrəbl/ *a.* trasferibile; cedibile.
transference /'trænsfərəns, *USA* træns'fɜːrəns/ *n.* U *1* trasferimento *2* (*psic.*) transfert.
transfiguration /trænsfɪgə'reɪʃn, *USA* -gjə'r-/ *n.* U *e* C trasfigurazione.
to **transfigure** /træns'fɪgə(r), *USA* -gjə(r)/ *v. t.* trasfigurare.
to **transfix** /træns'fɪks/ *v. t.* *1* trafiggere; trapassare *2* pietrificare; paralizzare.
to **transform** /træns'fɔːm/ *v. t.* trasformare ● **to t. beyond recognition**, rendere irriconoscibile.
transformation /trænsfə'meɪʃn/ *n.* U *e* C trasformazione; mutamento; metamorfosi.
transformer /træns'fɔːmə(r)/ *n.* (*elettr.*) trasformatore.
transfusion /træns'fjuːʒn/ *n.* U *e* C (*med.*) trasfusione.
to **transgress** /trænz'grɛs/ *A* *v. t.* *1* trasgredire; infrangere; violare *2* oltrepassare; superare: **to t. the bounds of decency**, oltrepassare i limiti della decenza *B* *v. i.* errare; peccare.
transgression /trænz'grɛʃn/ *n.* U *e* C trasgressione; infrazione; violazione.
transgressor /trænz'grɛsə(r)/ *n.* trasgressore; trasgreditrice.
transience /'trænzɪəns/, **transiency** /'trænzɪənsɪ/ *n.* U transitorietà.
transient /'trænzɪənt, *USA* 'trænʃnt/ *a.* transitorio; passeggero.
transistor /træn'zɪstə(r), -n's-/ *n.* *1* (*elettron.*) transistor *2* (*fam.*) radio a transistor; radiolina (*fam.*).
to **transistorize** /træn'zɪstəraɪz, -n's-/ *v. t.* transistorizzare.
transit /'trænsɪt, -zɪt, 'trɑːn-/ *n.* U *1* transito; passaggio: **goods in t.**, merci in transito; **luggage lost in t.**, bagaglio smarrito durante il trasferimento *2* (*astron.*) passaggio ● **t. camp**, campo di raccolta (*di rifugiati*) □ (*comm.*) **t. duty**, dazio su merci in transito □ (*aeron.*) **t. lounge**, sala transiti.
transition /træn'zɪʃn, -n's-/ *n.* U *e* C transizione.
transitional /træn'zɪʃənl, -n's-/ *a.* di transizione.
transitive /'trænsətɪv, 'trænz-/ (*gramm.*) *A* *a.* transitivo *B* *n.* verbo transitivo.
transitoriness /'trænsɪtrɪnəs, 'trænz-, *USA* -tɔːrɪ-/ *n.* U transitorietà.
transitory /'trænsɪtrɪ, 'trænz-, *USA* -tɔːrɪ/ *a.* transitorio.
translatable /træns'leɪtəbl, trænz-/ *a.* traducibile.
to **translate** /træns'leɪt, trænz-/ *A* *v. t.* *1* tradurre: **to t. Virgil into English**, tradurre Virgilio in inglese *2* interpretare, intendere (*un'azione, ecc.*) ● **to t. ideas into action**, mettere in atto delle idee *B* *v. i.* tradursi (*anche fig.*); essere traducibile.
translation /træns'leɪʃn, trænz-/ *n.* U *e* C *1* traduzione *2* (*mat., geom.*) traslazione.
translator /træns'leɪtə(r), trænz-/ *n.* traduttore (-trice); interprete.
to **transliterate** /træns'lɪtəreɪt, trænz-/ *v. t.* traslitterare.
translucence /trænz'luːsns/, **translucency** /trænz'luːsnsɪ/ *n.* U *1* traslucidità *2* luminosità.
translucent /trænz'luːsnt/ *a.* *1* traslucido *2* luminoso.
to **transmigrate** /trænzmaɪ'greɪt/ *v. i.* trasmigrare.
transmigration /trænzmaɪ'greɪʃn/ *n.* U trasmigrazione.
transmissible /trænz'mɪsəbl/ *a.* trasmissibile.
transmission /trænz'mɪʃn/ *n.* U *e* C *1* (*med., radio, TV*) trasmissione *2* (*autom.*) trasmissione; cambio.
to **transmit** /trænz'mɪt/ *v. t.* *1* (*med., radio, TV*) trasmettere *2* (*fis.*) trasmettere; condurre.
transmitter /trænz'mɪtə(r)/ *n.* (*radio, TV*) trasmettitore.
transmitting /trænz'mɪtɪŋ/ *a.* trasmittente.
to **transmogrify** /trænz'mɒgrɪfaɪ/ *v. t.* (*spesso scherz.*) trasformare d'incanto.

to **transmute** /trænz'mjuːt/ *v. t.* (*form. o tecn.*) tramutare; trasformare; mutare; convertire.
transoceanic /trænsəʊʃɪ'ænɪk, trænz-/ *a.* transoceanico.
transom /'trænsəm/ *n.* **1** (*archit.*) traversa **2** (*archit., anche* **t. window**, *USA*) lunetta a ventaglio **3** (*naut.*) quadro di poppa.
transparence /træn'spærəns, -pɛə-/ *n.* Ⓤ trasparenza.
transparency /træn'spærənsɪ, -pɛə-/ *n.* **1** Ⓤ trasparenza **2** Ⓤ evidenza; chiarezza; limpidità **3** (*fotogr.*) diapositiva.
transparent /træn'spærənt, -pɛə-/ *a.* **1** trasparente **2** evidente; chiaro; palese.
transpiration /trænspə'reɪʃn/ *n.* Ⓤ traspirazione.
to **transpire** /træn'spaɪə(r)/ **A** *v. i.* **1** traspirare **2** trapelare: **It transpired that...**, trapelò la notizia che...; si venne a sapere che... **3** accadere; succedere **B** *v. t.* trasudare; emanare.
transplant /træn'splɑːnt, *USA* -'plænt/ *n.* **1** (*chir.*) trapianto: **heart t.**, trapianto cardiaco (*o* di cuore) **2** organo trapiantato **3** (*agric.*) pianta trapiantata • **t. surgery**, chirurgia dei trapianti.
to **transplant** /træn'splɑːnt, *USA* -'plænt/ *v. t.* **1** (*agric., chir.*) trapiantare **2** trapiantare; trasferire.
transponder /træn'spɒndə(r)/ *n.* (*radar*) radarfaro; transponder.
transport /træn'spɔːt/ *n.* **1** Ⓤ (il) trasportare; trasporto **2** Ⓤ trasporti; mezzi di trasporto: (*in G.B.*) **Department of T.**, Ministero dei trasporti; **public t.**, mezzi pubblici **3** Ⓤ (*fam.*) mezzo di trasporto: **Do you have t.?**, ha la macchina? **4** (*naut.*) nave trasporto; (*aeron.*) aeroplano da trasporto: **troop t.**, nave trasporto truppe **5** impeto: **in a t. of rage**, in un impeto d'ira; **to go into transports of joy**, esultare **6** (*stor.*) deportato • (*GB*) **t. café**, trattoria per camionisti □ **t. charges**, spese di trasporto.
to **transport** /træn'spɔːt/ *v. t.* **1** trasportare **2** (*stor.*) deportare.
transportation /trænspɔː'teɪʃn/ *n.* Ⓤ **1** (*USA*) *V.* **transport**, *def. 1* **2** (*stor.*) deportazione.
transporter /træn'spɔːtə(r)/ *n.* autotreno; (*per automobili*) cicogna; bisarca.
to **transpose** /træn'spəʊz/ *v. t.* **1** (*gramm., mat.*) trasporre; spostare **2** (*mus.*) trasporre; trasportare.
transposition /trænspə'zɪʃn/ *n.* Ⓤ *e* Ⓒ **1** (*gramm., mat.*) trasposizione; spostamento **2** (*mus.*) trasposizione; trasporto.
transsexual /trænz'sɛkʃʊəl/ *a. e n.* transessuale.
transubstantiation /trænsəbstænʃɪ'eɪʃn/ *n.* Ⓤ (*teol.*) transustanziazione.
transversal /trænz'vɜːsl/ *a. e n.* (*geom.*) trasversale.
transverse /'trænzvɜːs/ *a.* obliquo; trasversale.
transvestism /trænz'vɛstɪzəm/ *n.* Ⓤ travestitismo.
transvestite /trænz'vɛstaɪt/ *n.* travestito.
trap /træp/ *n.* **1** trappola; (*fig., anche*) inganno, insidia, tranello: **rat t.**, trappola per topi; **to fall into a t.**, cadere in una trappola; (*fig.*) cadere in trappola; **to set a t.**, preparare una trappola; (*fig.*) tendere una trappola **2** (*di fogna, ecc.*) sifone; chiusino; pozzetto intercettatore **3** (*sport*) lanciapiattello (*macchina*) **4** carrozzella; calesse **5** (*pop.*) bocca; boccaccia: **to keep one's t. shut**, tenere la bocca chiusa; tacere; **Shut your t.!**, chiudi quella boccaccia!
to **trap** /træp/ **A** *v. t.* **1** prendere in trappola; intrappolare; accalappiare **2** bloccare: **Leaves trapped the water in the gutter**, le foglie bloccavano l'acqua nella grondaia **3** indurre con l'inganno: **He was trapped into giving his consent**, gli fu strappato il consenso con l'inganno **4** mettere trappole (*o* tendere lacci) in (*un bosco, ecc.*) **B** *v. i.* intrappolare animali; fare il cacciatore di pelli.
trapdoor /'træpdɔː(r)/ *n.* botola; trabocchetto.
trapeze /trə'piːz/ *n.* trapezio (*per ginnastica o di circo*).
trapezium /trə'piːzɪəm/ *n.* (*pl.* **trapezia** /-zɪə/, **trapeziums**) (*geom.*) **1** (*GB*) trapezio **2** (*USA*) trapezoide.
trapezoid /'træpɪzɔɪd/ *n.* (*geom.*) **1** (*GB*) trapezoide **2** (*USA*) trapezio.
trapper /'træpə(r)/ *n.* cacciatore di pelli.
trappings /'træpɪŋz/ *n. pl.* **1** (*di cavallo*) bardatura **2** ornamenti; guarnizioni **3** (*spreg.*) segni esteriori.
Trappist /'træpɪst/ *n.* (*relig.*) trappista.
trapshooting /'træpʃuːtɪŋ/ *n.* Ⓤ (*sport*) tiro al piattello.
trash /træʃ/ *n.* Ⓤ **1** (*USA*) immondizie; rifiuti; spazzatura **2** stupidaggini; fesserie: **to talk t.**, dire delle stupidaggini **3** robaccia; ciarpame **4** porcheria; schifezza: **His novels are just t.**, i suoi romanzi sono schifezze **5** (*USA*) pezzente; feccia.
to **trash** /træʃ/ *v. t.* (*USA*) **1** gettare via; buttare **2** (*pop.*) distruggere; sfasciare **3** (*pop.*) criticare; stroncare; fare a pezzi.
trashcan /'træʃkæn/ *n.* (*USA*) bidone dell'immondizia; pattumiera.
trashy /'træʃɪ/ *a.* (*fam.*) scadente; da due soldi.
trauma /'trɔːmə, *USA* 'traʊ-/ *n.* (*pl.* **traumata** /-mətə/, **traumas**) (*med., psic.*) trauma.
traumatic /trɔː'mætɪk, *USA* traʊ-/ *a.* **1** (*med.*) traumatico **2** (*psic.*) traumatico; traumatizzante.
to **traumatize**, (*GB anche*) to **traumatise** /'trɔːmətaɪz, *USA* 'traʊ-/ *v. t.* (*med., psic.*) traumatizzare.
travail /'trævеɪl, *USA* trə'veɪl/ *n.* Ⓤ (*antiq.*) **1** fatica **2** (*fisiol.*) travaglio.
travel /'trævl/ *n.* **1** Ⓤ (il) viaggiare; (i) viaggi; (gli) spostamenti: **T. was slow in ancient times**, nei tempi antichi i viaggi erano lenti (*o* si viaggiava lentamente); **Strikes have disrupted t.**, gli scioperi hanno reso difficoltosi gli spostamenti **2** (*al pl.*) viaggi • **t. agency**, agenzia di viaggi □ **t.-sick**, che soffre di mal d'auto, di mal d'aereo, ecc. □ **t.-sickness**, mal d'auto, d'aereo, ecc.
to **travel** /'trævl/ **A** *v. i.* **1** viaggiare: **to t. light**, viaggiare leggero; **They are travelling in Spain**, sono in viaggio in Spagna **2** (*comm.*) fare il commesso viaggiatore; fare il rappresentante: **to t. in carpets**, fare il rappresentante di tappeti **3** andare; viaggiare: **to t. at seventy miles an hour**, viaggiare a (*o* fare) settanta miglia all'ora **4** muoversi; diffondersi; circolare: **The earth travels round the sun**, la terra si muove intorno al sole; **Bad news travels fast**, le brutte notizie si diffondono in fretta **5** (*fam., di auto*) correre; filare; camminare (*fam.*) **6** (*mecc.*) scorrere **7** (*di animali selvatici*) spostarsi (*in cerca di pascolo*) **B** *v. t.* viaggiare per; percorrere: **to t. Italy from end to end**, percorrere l'Italia in lungo e in largo; **to t. many miles**, percorrere molte miglia.
♦ **travel back** *v. i. + avv.* **1** tornare indietro; fare il viaggio di ritorno **2** riandare (*con la memoria*).
travelator /'trævəleɪtə(r)/ *V.* **travolator**.
travelled, (*USA*) **traveled** /'trævld/ *a.* — **much.-t.** (*o* **widely-t.**) **person**, persona che ha viaggiato molto; **well-t. road**, strada di gran traffico.
traveller, (*USA*) **traveler** /'trævələ(r), -vl-/ *n.* **1** viaggiatore (-trice) **2** (*anche* **commercial t.**) viaggiatore (di commercio); commesso viaggiatore • **t.'s cheque**, traveller's cheque; assegno turistico □ **fellow t.**, compagno (-a) di viaggio.
travelling, (*USA*) **traveling** /'trævəlɪŋ, -vl-/ **A** *n.* Ⓤ (il) viaggiare; viaggi: **Have you done much t.?**, hai viaggiato molto? **B** *a. attr.* **1** di viaggio; da viaggio: **t. expenses**, spese di viaggio; **t. bag**, borsa da viaggio **2** itinerante: **t. exhibition** [**theatre company**], mostra [compagnia teatrale] itinerante.
travelogue, (*USA*) **travelog** /'trævəlɒg, *USA* -ɔːg/ *n.* conferenza su un viaggio (*o* una spedizione) corredata da proiezioni; documentario turistico.
traverse /trə'vɜːs/ *n.* (*alpinismo*) traversata.
to **traverse** /trə'vɜːs/ **A** *v. t.* **1** (*lett.*) attraversare **2** percorrere (*uno spazio ampio*) **3** (*mil.*) brandeggiare (*un cannone*) **B** *v. i.* (*alpinismo*) fare una traversata.
travertine /'trævətɪn, -tiːn/ *n.* Ⓤ (*miner.*) travertino.
travesty /'trævəstɪ/ *n.* (*spreg.*) parodia; imitazione: **The trial was a t. of justice**, il processo fu una farsa.
travolator /'trævəleɪtə(r)/ *n.* (*GB*) tappeto mobile; tapis roulant (*franc.*).
trawl /trɔːl/ *n.* **1** (*naut., anche* **t. net**) rete a strascico; sciabica **2** (*naut., anche* **t. line**, *USA*) palamito **3** (*GB*) ricerca a tappeto; setacciamento.
to **trawl** /trɔːl/ **A** *v. i.* (*naut.*) **1** pescare con la rete a strascico; sciabicare: **to t. for herring**, pescare aringhe **2** (*USA*) pescare alla traina **B** *v. t.* **1** (*naut.*) pescare con la rete a strascico in **2** perlustrare; setacciare.
trawler /'trɔːlə(r)/ *n.* (*naut.*) motopeschereccio per la pesca a strascico.
trawlerman /'trɔːləmən/ *n.* (*naut.*) chi pesca con rete a strascico.
tray /treɪ/ *n.* **1** vassoio: **tea t.**, vassoio per il tè **2** (*anche* **baking t.**) teglia per biscotti **3** (*fotogr.*) bacinella **4** vaschetta portacorrispondenza: **in-t.** [**out-t.**], vaschetta della cor-

rispondenza in arrivo [in partenza].

treacherous /ˈtretʃərəs/ *a.* *1* traditore; sleale *2* infido; ingannevole *3* pericoloso.

treachery /ˈtretʃərɪ/ *n.* *1* [U] slealtà; tradimento: **an act of t.**, un tradimento *2* (*generalm. al pl.*) tradimento.

treacle /ˈtriːkl/ *n.* [U] melassa.

treacly /ˈtriːklɪ/ *a.* *1* simile a melassa *2* sciropposo; appiccicoso *3* (*spreg.*) sdolcinato; sciropposo.

tread /tred/ *n.* *1* andatura; passo, passi: **with a heavy t.**, a passi pesanti *2* pedata (*di scalino*); gradino *3* (*autom.*) battistrada *4* cerchione (*di ruota di carro*).

to **tread** /tred/ (*pass.* **trod**, *p.p.* **trodden**) *A* *v. i.* *1* posare il piede su; calpestare; pestare: **to t. on sb.'s toes**, pestare i piedi a q. (*anche fig.*) *2* camminare; procedere: **to t. carefully**, procedere con cautela *3* (*del piede*) posarsi • **to t. in sb.'s footsteps**, seguire le orme di q. (*anche fig.*) □ **to t. on air**, toccare il cielo con un dito □ **to t. on sb.'s heels**, stare alle calcagna di q. *B* *v. t.* *1* calpestare; pestare; pigiare: **to t. st. into the ground**, pigiare col piede su qualcosa; **to t. grapes**, pigiare l'uva *2* (*lett.*) percorrere; seguire: **to t. a dangerous path**, seguire una strada pericolosa (*fig.*) *3* tracciare (*pestando*) • (*teatr.*) **to t. the boards**, calcare le scene □ **to t. water**, tenersi a galla verticalmente (*agitando le gambe*).

treadle /ˈtredl/ *n.* (*mecc.*) pedale (*di macchina da cucire, ecc.*).

treadmill /ˈtredmɪl/ *n.* *1* (*stor.*) mulino azionato (*dall'uomo o da una bestia*) mediante una grande ruota a gradini *2* lavoro monotono; tran tran.

treason /ˈtriːzn/ *n.* [U] tradimento (*contro lo Stato*): **high t.**, alto tradimento.

treasonable /ˈtriːznəbl, -zən-/ *a.* sedizioso; proditorio.

treasure /ˈtreʒə(r)/ *n.* *1* tesoro: **art treasures**, tesori d'arte *2* (*di persona*) perla (rara) • **t. house**, tesoreria □ **t. hunt**, caccia al tesoro □ **t. trove**, tesoro scoperto per caso; (*leg.*) tesoro trovato.

to **treasure** /ˈtreʒə(r)/ *v. t.* avere molto caro; custodire gelosamente; far tesoro di.

treasurer /ˈtreʒərə(r)/ *n.* tesoriere (-a).

treasury /ˈtreʒərɪ/ *n.* *1* tesoreria *2* — **the T.**, il Tesoro; l'Erario • **T. bill**, buono del Tesoro.

treat /triːt/ *n.* *1* divertimento speciale; regalo; sorpresa gradita: **I took the family to the circus as a t.**, come regalo portai tutta la famiglia al circo; **This is a real t.!**, che bellezza! *2* pranzo (*o bibita, ecc.*) offerto: **This is my t.**, offro io • (*pop.*) **a t.**, a meraviglia: **to work a t.**, funzionare a meraviglia.

to **treat** /triːt/ *A* *v. t.* *1* trattare: **to t. sb. badly**, trattar male q. *2* considerare; prendere: **to t. st. as confidential**, considerare q.c. come informazione riservata; **to t. st. as a joke**, prendere alla leggera q.c. *3* trattare; svolgere: **to t. a subject**, trattare un argomento *4* (*med.*) curare; sottoporre a terapia; medicare: **to t. a disease**, curare una malattia; **to t. sb. with cortisone**, sottoporre q. a terapia cortisonica; **to t. a wound**, medicare una ferita; **He's being treated for a stomach ulcer**, è in cura per un'ulcera gastrica *5* (*tecn.*) trattare; sottoporre a trattamento *6* offrire a: **He treated me to a lavish meal**, mi offrì un magnifico pranzo; **to t. oneself to st.**, regalarsi q.c.; concedersi q.c. *B* *v. i.* trattare; negoziare: **to t. with the enemy for peace**, negoziare la pace col nemico.

treatise /ˈtriːtɪs, -ɪz/ *n.* trattato; saggio.

treatment /ˈtriːtmənt/ *n.* [C] *e* [U] *1* (*anche chim., fis., metall.*) trattamento *2* (*med.*) terapia; cura: **a new t. for cancer**, una nuova cura del cancro; **to receive t.**, essere curato; **to undergo t.**, essere sottoposto a terapia *3* (*arte, mus.*) esecuzione *4* (*cinem., TV*) scaletta.

treaty /ˈtriːtɪ/ *n.* *1* (*polit.*) trattato *2* [U] accordo; trattativa: **by private t.**, mediante trattative private.

treble /ˈtrebl/ *A* *a.* *1* triplo; triplice *2* (*mus., di voce, parte*) di soprano: **t. voice**, voce di soprano; **t. clef**, chiave di violino *B* *n.* (*mus.*) *1* parte di soprano *2* soprano *3* voce bianca *C* *avv.* tre volte (tanto); il triplo di : **I'll get t. my present salary**, mi daranno il triplo di quello che guadagno adesso.

to **treble** /ˈtrebl/ *A* *v. t.* triplicare *B* *v. i.* triplicarsi.

tree /triː/ *n.* *1* albero *2* arbusto: **rose t.**, arbusto di rose; rosaio *3* forma per scarpe • (*bot.*) **t. fern**, felce arborea □ **t.-lined**, fiancheggiato da alberi; alberato □ (*fig.*) **at the top of the t.**, all'apice della carriera □ **family t.**, albero genealogico □ (*pop.*) **to be out of one's t.**, essere completamente pazzo.

treeless /ˈtriːləs/ *a.* senz'alberi; brullo.

treeline /ˈtriːlaɪn/ *n.* (*geogr.*) limite della vegetazione arborea.

treetop /ˈtriːtɒp/ *n.* cima di albero.

trefoil /ˈtrefɔɪl/ *n.* *1* (*bot.*) trifoglio *2* (*archit.*) (decorazione a) trifoglio.

trek /trek/ *n.* *1* viaggio lungo e faticoso *2* lunga escursione a piedi.

to **trek** /trek/ *v. i.* *1* fare un viaggio lungo e faticoso *2* fare lunghe escursioni a piedi; fare del trekking.

trekking /ˈtrekɪŋ/ *n.* (*sport*) trekking.

trellis /ˈtrelɪs/ *n.* [C] *e* [U] graticcio; traliccio.

tremble /ˈtrembl/ *n.* tremito; tremore • (*fam.*) **to be all of a t.**, tremare tutto; tremare come una foglia.

to **tremble** /ˈtrembl/ *v. i.* tremare; fremere; trepidare: **I t. to think of what might happen**, tremo all'idea di quello che potrebbe succedere, **to t. with rage**, fremere d'ira; **to t. for sb.'s safety**, trepidare per la salvezza di q.

tremendous /trəˈmendəs/ *a.* *1* enorme; straordinario; incredibile: **at a t. speed**, a una velocità incredibile; **t. success**, successo strepitoso *2* (*fam.*) favoloso; fantastico.

tremor /ˈtremə(r)/ *n.* *1* (*anche* **earth t.**) (piccola) scossa di terremoto *2* tremito; brivido; fremito: **There was a t. in her voice**, la sua voce tremava.

tremulous /ˈtremjʊləs/ *a.* *1* tremulo; tremante; tremolante *2* timido; timoroso.

trench /trentʃ/ *n.* *1* fossa; fosso *2* (*mil.*) trincea • **t. coat**, trench; impermeabile (*di foggia militare*) □ **t. warfare**, guerra di trincea.

trenchant /ˈtrentʃənt/ *a.* tagliente; incisivo.

trend /trend/ *n.* *1* tendenza; direzione; orientamento; andamento: **The t. is towards greater centralisation**, si tende a una maggiore centralizzazione *2* moda: **to set the t.**, dettare la moda.

trendsetter /ˈtrendsetə(r)/ *n.* (*fam.*) chi lancia una moda; chi detta la moda.

trendy /ˈtrendɪ/ (*fam.*) *A* *a.* (*anche spreg.*) alla moda *B* *n.* (*spreg. o scherz.*) persona alla moda.

to **trepan** /trɪˈpæn/ *v. t.* *1* (*chir.*) trapanare (*il cranio*) *2* (*ind. min.*) trivellare *3* (*mecc.*) tagliare con sega cilindrica.

trephine /trɪˈfiːn, *USA* -ˈfaɪn/ *n.* (*chir.*) trapano.

trepidation /trepɪˈdeɪʃn/ *n.* [U] trepidazione.

trespass /ˈtrespəs/ *n.* [U] *e* [C] *1* (*leg.*) violazione di proprietà; intrusione *2* (*leg.*) abuso; usurpazione; violazione *3* (*lett.*) peccato; colpa.

to **trespass** /ˈtrespəs/ *v. i.* *1* oltrepassare un confine; introdursi abusivamente: **to t. on a private beach**, introdursi abusivamente in una spiaggia privata *2* (*arc. o biblico*) trasgredire; peccare • **«No trespassing»**, «proprietà privata» (*cartello*).

♦ **trespass on** (*o* **upon**) *v. i.* + *prep.* (*form.*) *1* abusare di: **to t. on sb.'s time**, abusare del tempo di q. *2* usurpare; violare: **to t. upon sb.'s rights**, violare i diritti di q.

trespasser /ˈtrespəsə(r)/ *n.* chi entra abusivamente in una proprietà altrui; intruso • **«Trespassers will be prosecuted»**, «i trasgressori saranno puniti a termini di legge».

tresses /ˈtresɪz/ *n.* (*lett.*) capelli lunghi (*di donna*).

trestle /ˈtresl/ *n.* cavalletto; trespolo.

triad /ˈtraɪæd/ *n.* *1* triade *2* (*anche* **Triad**) triade cinese • **the Triads**, la mafia cinese.

trial /ˈtraɪəl/ *n.* *1* [U] *e* [C] prova; collaudo; sperimentazione; tentativo: **a t. of strength**, una prova di forza; **to be on t.**, (*mecc.*) essere al collaudo; (*di impiegato*) essere in prova; **to proceed by t. and error**, andare per tentativi *2* tribolo; tribolazione; croce: **Life is full of trials**, la vita è seminata di triboli; **to be a (sore) t. to sb.**, essere una (vera) croce per q. *3* [U] *e* [C] (*leg.*) processo: **to be on t.** (*o* **to stand t.**) **for theft**, subire un processo (*o* essere processato) per furto; **to go on t.**, essere processato; **to be awaiting t.**, essere in attesa di giudizio; **to bring sb. to t.**, portare q. in giudizio • **t. balloon**, pallone sonda; (*fig.*) informazione fatta circolare per saggiare l'opinione pubblica, ballon d'essai (*franc.*) □ **t. separation**, separazione di prova (*tra marito e moglie*) □ **t. run**, giro (*o* volo, ecc.) di prova; (*fam.*) periodo di prova.

triangle /ˈtraɪæŋgl/ *n.* *1* (*geom., mus.*) triangolo *2* (*USA*) squadra (da disegno).

triangular /traɪ'æŋgjʊlə(r)/ *a.* **1** (*geom., sport*) triangolare **2** triplice; tripartito: **a t. treaty**, un patto tripartito.
to **triangulate** /traɪ'æŋgjʊleɪt/ *v. t.* (*topogr.*) triangolare, fare la triangolazione di.
triangulation /traɪæŋgjʊ'leɪʃn/ *n.* [U] (*topogr.*) triangolazione.
triathlon /traɪ'æθlən, -ɒn/ *n.* (*sport*) triathlon.
tribal /'traɪbl/ *a.* tribale; di tribù.
tribalism /'traɪbəlɪzəm/ *n.* [U] **1** (*antropol.*) struttura tribale **2** (*spreg.*) tribalismo.
tribe /traɪb/ *n.* (*anche zool., bot.*) tribù.
tribesman /'traɪbzmən/ *n.* (*pl.* **tribesmen** /-mən/) membro di una tribù.
tribeswoman /'traɪbzwʊmən/ *n.* (*pl.* **tribeswomen** /-wɪmən/) (donna) appartenente a una tribù.
tribulation /trɪbjʊ'leɪʃn/ *n.* [C] *e* [U] tribolazione.
tribunal /traɪ'bju:nl/ *n.* tribunale.
tribune /'trɪbju:n, *USA* trɪ'bju:n/ *n.* (*stor.*) tribuno.
tributary /'trɪbjʊtrɪ, *USA* -terɪ/ **A** *a.* tributario **B** *n.* (*geogr.*) affluente.
tribute /'trɪbju:t, *USA* -jət/ *n.* [U] *e* [C] (*anche fig.*) tributo; omaggio: **to pay t. to sb.**, pagare un tributo a q.; (*fig.*) rendere omaggio a q.
trice /traɪs/ *n.* — **in a t.**, in un batter d'occhio.
tricentenary /traɪsen'ti:nərɪ, -'ten-, *USA* traɪ'sentənerɪ/ *a. e n.* (del) terzo centenario.
triceps /'traɪseps/ *n.* (*pl.* **tricepses, triceps**) (*anat.*) (muscolo) tricipite.
trichology /trɪ'kɒlədʒɪ/ *n.* [U] (*med.*) tricologia.
trichoma /trɪ'kəʊmə/ *n.* [U] (*med.*) tricoma.
trick /trɪk/ *n.* **1** gioco di destrezza; trucco: **magic t.**, gioco di prestigio **2** imbroglio; raggiro; trucco: **to suspect a t.**, subodorare un qualche imbroglio **3** trucco; segreto: **There's a t. to opening this drawer**, c'è un trucco per aprire questo cassetto; **the tricks of the trade**, i trucchi (*o* i segreti) del mestiere **4** scherzo; tiro: **to play a t. on sb.**, fare uno scherzo a q.; giocare un tiro a q.; **a dirty t.**, un tiro birbone; uno scherzo di cattivo gusto; uno scherzo da prete (*fam.*) **5** vezzo; vizio: **He has a t. of scratching his nose when he's nervous**, ha il vezzo di grattarsi il naso quando non è a suo agio **6** (*a carte*) mano; presa • **a t. of the light**, un effetto ottico □ **t. question**, domanda trabocchetto □ (*fam.*) **to do the t.**, funzionare; servire allo scopo □ **every t. in the book**, tutti gli espedienti possibili □ **to know a t. or two**, saperla lunga □ **not to miss a t.**, non lasciarsene scappare una.
to **trick** /trɪk/ *v. t. e i.* imbrogliare; giocare un tiro a; raggirare • **to t. sb. into doing st.**, riuscire a far fare q.c. a q. con un raggiro.
♦ **trick out** (*o* **up**) *v. t. + avv.* (*fam.*) decorare; agghindare; coprire di fronzoli.
trickery /'trɪkərɪ/ *n.* [U] frode; inganno.
trickle /'trɪkl/ *n.* **1** gocciolio **2** rivolo; filo; **a t. of blood**, un filo di sangue; **Tourists are now reduced to a t.**, il flusso dei turisti è ormai ridotto al minimo.
to **trickle** /'trɪkl/ **A** *v. i.* gocciolare; colare; stillare • **to t. down**, (*di denaro, ecc.*) raggiungere (*chi sta in fondo a un sistema gerarchico*) □ **to t. in**, entrare alla spicciolata □ **to t. out**, uscire alla spicciolata; (*di notizie*) trapelare **B** *v. t.* far colare; far gocciolare.
trickster /'trɪkstə(r)/ *n.* imbroglione.
tricky /'trɪkɪ/ *a.* **1** infido; scaltro **2** complicato; difficile; delicato.
tricolour, (*USA*) **tricolor** /'trɪkələ(r), *USA* 'traɪkʌ-/ *n.* tricolore (*specialm. la bandiera francese*).
tricoloured, (*USA*) **tricolored** /'trɪkələd, *USA* 'traɪkʌ-/ *a.* tricolore.
tricycle /'traɪsɪkl/ *n.* triciclo.
trident /'traɪdnt/ *n.* tridente.
Tridentine /traɪ'dentaɪn/ *a.* **1** trentino; di Trento **2** (*stor.*) tridentino.
tried /traɪd/ *a.* provato; sperimentato; fidato; sicuro.
triennial /traɪ'enɪəl/ *a.* triennale.
trier /'traɪə(r)/ *n.* chi non si dà per vinto; persona perseverante.
trifle /'traɪfl/ **A** *n.* **1** bazzecola; bagatella; inezia; sciocchezza **2** [C] *e* [U] (*cucina*) zuppa inglese **B** *avv.* — **a t.**, un po'; piuttosto: **a t. small**, un po' troppo piccolo.
to **trifle** /'traɪfl/ *v. Solo come*:
♦ **trifle with** *v. i. + prep.* **1** gingillarsi con; baloccarsi con **2** scherzare con; prendere alla leggera: **He is not a man to be trifled with**, con lui c'è poco da scherzare.
trifler /'traɪflə(r)/ *n.* persona frivola; perdigiorno; sfaccendato.
trifling /'traɪflɪŋ/ *a.* da nulla; insignificante; futile.
trigger /'trɪgə(r)/ *n.* **1** grilletto (*di arma da fuoco*): **to pull the t.**, premere il grilletto **2** (*mecc.*) levetta di scatto; scatto • (*fam.*) **t.-happy**, dal grilletto facile; (*fig.*) avventato □ (*fam.*) **to be quick on the t.**, essere svelto a sparare.
to **trigger** /'trɪgə(r)/ *v. t.* provocare; dare il via a; scatenare.
trigonometric /trɪgənə'metrɪk/ *a.* trigonometrico.
trigonometry /trɪgə'nɒmətrɪ/ *n.* [U] trigonometria.
trike /traɪk/ *n.* (*fam.*) triciclo.
trilateral /traɪ'lætərəl/ *a.* trilaterale; tripartito.
trilby /'trɪlbɪ/ *n.* (*anche* **t. hat**) cappello floscio, di feltro.
trilingual /traɪ'lɪŋgwəl/ *a.* trilingue.
trill /trɪl/ *n.* (*mus., di uccello*) trillo.
to **trill** /trɪl/ *v. i.* **1** trillare **2** (*mus.*) eseguire un trillo; trillare.
trillion /'trɪljən/ *a. e n.* trilione; mille miliardi (*un 1 seguito da 12 zeri*).
trilobite /'traɪləbaɪt/ *n.* (*paleont.*) trilobite.
trilogy /'trɪlədʒɪ/ *n.* trilogia.
trim /trɪm/ **A** *n.* **1** [U] ordine; condizione; forma: **in good t.**, in perfetto ordine; in forma **2** taglio (*di barba, capelli, erba*) **3** (*naut.*) assetto (*della nave*); orientamento (*delle vele*) **4** (*aeron.*) assetto **5** (*autom.*) finiture; interni **B** *a.* **1** curato; ordinato; lindo **2** snello; svelto.
to **trim** /trɪm/ *v. t.* **1** aggiustare; assettare; rassettare **2** regolare tagliando; spuntare; cimare: **to have one's hair trimmed**, farsi spuntare i capelli; **to t. a hedge**, cimare una siepe **3** guarnire; decorare; ornare: **to t. a hat with fur**, guarnire di pelliccia un cappello **4** tagliare, ridurre (*le spese*) **5** (*naut.*) assestare (*il carico*); orientare (*le vele*) **6** (*aeron.*) regolare l'assetto di • (*fig.*) **to t. one's sails**, ridurre le spese.
♦ **trim off** *v. t. + avv.* tagliare via.
trimaran /traɪmə'ræn, 'traɪmər-/ *n.* (*naut.*) trimarano.
trimester /traɪ'mestə(r)/ *n.* **1** trimestre **2** (*fisiol.*) primi tre mesi di gravidanza.
trimming /'trɪmɪŋ/ *n.* **1** [U] *e* [C] guarnizione; passamaneria **2** (*al pl.*) ritagli **3** (*al pl.*) (*fam., cucina*) contorno: **roast duck and all the trimmings**, anatra arrosto con contorno.
trinity /'trɪnətɪ/ *n.* **1** triade **2** — (*teol.*) **the T.**, la Trinità.
trinket /'trɪŋkɪt/ *n.* ciondolo; gingillo; ninnolo.
trio /'tri:əʊ/ *n.* (*pl.* **trios**) **1** (*mus.*) trio **2** triade; terzetto; trio.
triode /'traɪəʊd/ *n.* (*elettron.*) triodo.
trip /trɪp/ *n.* **1** gita; escursione; breve viaggio: **boat t.**, gita in barca; **to go on a t.**, fare una gita; **I'll have to make another t. to the grocer's**, mi tocca tornare di nuovo dal droghiere **2** passo falso; (l')inciampare **3** (*pop.*) trip, viaggio (*sotto l'azione di una droga*) • **day t.**, gita di un giorno □ **field t.**, escursione per ricerche sul campo.
to **trip** /trɪp/ **A** *v. i.* **1** incespicare; inciampare; mettere un piede in fallo: **to t. over a stone**, inciampare in un sasso **2** (*antiq.*) camminare con passo leggero; danzare agilmente **3** (*pop.*) fare un viaggio (*o* un trip) (*sotto l'azione di una droga*) **B** *v. t.* far scattare; azionare.
♦ **trip up** **A** *v. i. + avv.* **1** incespicare; inciampare **2** sbagliare **B** *v. t. + avv.* **1** far cadere; far inciampare; fare lo sgambetto a **2** far cadere in contraddizione.
tripartite /traɪ'pɑ:taɪt/ *a.* tripartito.
tripe /traɪp/ *n.* [U] **1** (*cucina*) trippa **2** (*fam.*) stupidaggini; fesserie.
triple /'trɪpl/ *a.* triplo; triplice: (*sport*) **t. jump**, salto triplo • (*eccles.*) **t. crown**, triregno.
to **triple** /'trɪpl/ **A** *v. t.* triplicare **B** *v. i.* triplicarsi.
triplet /'trɪplət/ *n.* **1** gemello di parto trigemino; (*al pl., collett.*) tre gemelli **2** (*poesia*) terzina.
Triplex ® /'trɪpleks/ *n.* (*ind.*) vetro infrangibile (*a tre strati*).
triplex /'trɪpleks/ *a.* (*di appartamento, USA*) su tre piani.
triplicate /'trɪplɪkət/ **A** *a.* triplice; triplicato • **t. copies of a document**, tre copie di un documento; un documento in triplice copia **B** *n.* [U] — **in t.**, in triplice copia.
to **triplicate** /'trɪplɪkeɪt/ *v. t.* triplicare.
tripod /'traɪpɒd/ *n.* treppiede.
tripper /'trɪpə(r)/ *n.* gitante; vacanziere.
triptych /'trɪptɪk/ *n.* (*arte*) trittico.
tripwire /'trɪpwaɪə(r)/ *n.* filo teso che, se scontrato, fa scattare un allarme (*o* esplodere una bomba, ecc.).

trireme /ˈtraɪriːm/ *n.* (*naut., stor.*) trireme.
to **trisect** /traɪˈsɛkt/ *v. t.* (*geom.*) trisecare.
trisyllabic /traɪsɪˈlæbɪk/ *a.* trisillabo; trisillabico.
trisyllable /traɪˈsɪləbl/ *n.* trisillabo.
trite /traɪt/ *a.* trito; stantio; banale.
to **triumph** /ˈtraɪʌmf/ *v. i.* trionfare: **to t. over st.**, trionfare su q.c.
triumphal /traɪˈʌmfl/ *a.* trionfale.
triumphalism /traɪˈʌmfəlɪzəm/ *n.* 🅄 (*specialm. polit.*) trionfalismo.
triumphant /traɪˈʌmfnt/ *a.* ***1*** trionfante; vittorioso ***2*** trionfale.
triumvir /traɪˈʌmvə(r), trɪ-, ˈtraɪə-/ *n.* (*pl.* **triumviri, triumvirs**) (*stor.*) triumviro.
triumvirate /traɪˈʌmvərət, trɪ-/ *n.* (*stor.*) triumvirato.
trivet /ˈtrɪvɪt/ *n.* poggiapentole.
trivia /ˈtrɪvɪə/ *n. pl.* banalità.
trivial /ˈtrɪvɪəl/ *a.* futile; insignificante: **t. matters**, cose da nulla; cose futili. ATTENZIONE: **trivial** ≠ triviale.
triviality /trɪvɪˈælətɪ/ *n.* 🅄 *e* 🄲 banalità. ATTENZIONE: **triviality** ≠ trivialità.
to **trivialize** /ˈtrɪvɪəlaɪz/ *v. t.* rendere insignificante; banalizzare.
trochee /ˈtrəʊkiː, -kɪ/ *n.* (*poesia*) trocheo.
trod /trɒd/ *pass. di* **to tread**.
trodden /ˈtrɒdn/ *p.p. di* **to tread**.
troglodyte /ˈtrɒglədaɪt/ *n.* troglodita.
Trojan /ˈtrəʊdʒən/ *a. e n.* (*stor.*) troiano • **T. horse**, cavallo di Troia □ **the T. War**, la guerra di Troia □ **to work like a T.**, lavorare come un negro; sgobbare.
troll /trəʊl/ *n.* (*mitol. nordica*) troll.
trolley /ˈtrɒlɪ/ *n.* ***1*** (*GB*) carrello: **shopping [supermarket] t.**, carrello della spesa [di supermercato] ***2*** (*GB*) carrello portavivande ***3*** (*ferr.*) carrello di servizio ***4*** (*mecc.*) carrello sospeso ***5*** (*di tram, filobus*) asta di presa (*di corrente*) ***6*** (*USA*) tram ***7*** filobus • (*fam.*) **off one's t.**, fuori di testa.
trolleybus /ˈtrɒlɪbʌs/ *n.* filobus.
trollop /ˈtrɒləp/ *n.* ***1*** sciattona ***2*** sgualdrina.
trombone /trɒmˈbəʊn, *USA* ˈtr-/ *n.* (*mus.*) trombone.
trombonist /trɒmˈbəʊnɪst/ *n.* (*mus.*) trombonista.
troop /truːp/ *n.* ***1*** schiera; frotta; truppa ***2*** (*mil.*) squadrone di cavalleria ***3*** (*scoutismo*) drappello ***4*** (*al pl.*) militari; soldati; truppe • (*mil.*) **t. carrier**, autoveicolo (*o* aeroplano, nave) per il trasporto di truppe □ **t. train**, tradotta.
to **troop** /truːp/ *v. t.* — (*mil.*) **to t. the colour**, sfilare in parata.
♦ **troop in [off, out]** *v. i. + avv.* entrare [andarsene, uscire] in gruppo.
trooper /ˈtruːpə(r)/ *n.* ***1*** soldato di cavalleria; cavalleggero ***2*** (*USA*) poliziotto a cavallo • **to swear like a t.**, bestemmiare come un turco.
troopship /ˈtruːpʃɪp/ *n.* (*naut. mil.*) nave per il trasporto di truppe.
trope /trəʊp/ *n.* (*retor.*) tropo; traslato.
trophy /ˈtrəʊfɪ/ *n.* trofeo.
tropic /ˈtrɒpɪk/ (*geogr.*) *n.* tropico: **the T. of Cancer**, il Tropico del Cancro.
tropical /ˈtrɒpɪkl/ *a.* ***1*** (*geogr.*) tropicale ***2*** tropicale; torrido.
tropism /ˈtrəʊpɪzəm/ *n.* (*biol.*) tropismo.
troposphere /ˈtrɒpəsfɪə(r), *USA* ˈtrəʊ-/ *n.* (*meteor.*) troposfera.
trot /trɒt/ *n.* ***1*** trotto ***2*** andatura veloce (*dell'uomo*) ***3*** trottata ***4*** (*al pl.*) (*fam.*) — **the trots**, la diarrea • **to go at a gentle** (*o* **slow**) **t.**, trotterellare □ (*fam.*) **to be on the t.**, essere sempre in movimento; trottare □ (*fam.*) **three days on the t.**, tre giorni di seguito.
to **trot** /trɒt/ ***A*** *v. i.* ***1*** trottare; andare al trotto ***2*** camminare a passo svelto; affrettarsi ***B*** *v. t.* far trottare; mettere al trotto • (*sport*) **trotting race**, corsa al trotto □ (*sport*) **t. track**, trottatoio.
♦ **trot out** *v. t. + avv.* (*fam.*) tirare fuori; tirare in ballo.
trotter /ˈtrɒtə(r)/ *n.* ***1*** trottatore (*cavallo*) ***2*** (*cucina*) piedino (*di porco*).
troubadour /ˈtruːbədɔː(r), -dʊə(r)/ *n.* (*stor. letter.*) trovatore.
trouble /ˈtrʌbl/ *n.* ***1*** 🅄 guaio, guai; pasticcio, pasticci: **to be in t.**, essere nei guai; **to get into t.**, mettersi nei guai; (*fam.*) **to be asking for t.**, andare in cerca di guai; **The t. with you is you're lazy**, il guaio con te è che sei pigro ***2*** 🅄 *e* 🄲 problema; difficoltà; preoccupazione: **to tell sb. one's troubles**, raccontare i propri problemi a q.; **to run into t.**, incappare in difficoltà ***3*** 🅄 *e* 🄲 agitazione; disordini ***4*** 🅄 *e* 🄲 disturbo; fastidio; seccatura: **It will be no t.**, non sarà di nessun fastidio; **to take the t. to do st.**, prendersi il fastidio (*o* darsi la pena) di fare q.c.; **It isn't worth the t.**, non ne vale il disturbo (*o* la pena); **I don't want to put you to any t.**, non voglio darti del disturbo ***5*** 🅄 (*med.*) disturbo, disturbi: **heart [liver] t.**, disturbi di cuore [di fegato] ***6*** 🅄 (*mecc.*) guasto: **engine t.**, un guasto al motore • **t.-free**, senza problemi; senza inconvenienti □ (*polit.*) **t. spot**, punto caldo □ **to get a girl into t.**, mettere nei guai una ragazza □ **to go to all the t. to do st.**, prendersi la briga di fare q.c. □ **to make t.**, combinare guai; essere molesto □ **What's the t.?**, che cosa c'è che non va?
to **trouble** /ˈtrʌbl/ ***A*** *v. t.* ***1*** turbare; preoccupare: **What's troubling you?**, che cos'è che ti preoccupa? ***2*** tormentare: **to be troubled with a bad cough**, essere tormentato da una brutta tosse ***3*** disturbare; infastidire: **(I am) sorry to t. you**, mi dispiace di doverla disturbare • **May I t. you to shut the door?**, le dispiace chiudere la porta? □ **May I t. you for the salt?**, le dispiace passarmi il sale? ***B*** *v. i.* disturbarsi; incomodarsi: **Don't t. to drive me to the station**, non disturbarti ad accompagnarmi alla stazione.
troubled /ˈtrʌbld/ *a.* ***1*** agitato; turbato; inquieto: **t. sleep**, sonno agitato; **t. waters**, acque agitate ***2*** travagliato; difficile: **t. times**, tempi difficili.
troublemaker /ˈtrʌblmeɪkə(r)/ *n.* ***1*** agitatore; sobillatore ***2*** piantagrane (*fam.*).
troubleshooter /ˈtrʌblʃuːtə(r)/ *n.* ***1*** mediatore (*in vertenze sindacali, ecc.*) ***2*** (*ind.*) specialista nella ricerca di guasti.
troublesome /ˈtrʌblsəm/ *a.* fastidioso; molesto; importuno.
trough /trɒf, *USA* trɔːf/ *n.* ***1*** trogolo (*per maiali*) ***2*** (*anche* **drinking t.**) abbeveratoio ***3*** ventre (*di onda*) ***4*** (*meteor.*) saccatura ***5*** (*econ.*) punto più basso (*di un ciclo economico*).
to **trounce** /traʊns/ *v. t.* sconfiggere sonoramente; suonarle a, stracciare (*fam.*).
troupe /truːp/ *n.* (*teatr.*) compagnia; troupe.
trouper /ˈtruːpə(r)/ *n.* (*teatr.*) attore (-trice) (*di una compagnia*).
trousers /ˈtraʊzəz/ *n. pl.* calzoni; pantaloni: **a pair of t.**, un paio di calzoni • **trouser suit**, tailleur pantalone □ **to wear the t.**, portare i pantaloni (*fig.*).
trousseau /ˈtruːsəʊ, *USA* truːˈsəʊ/ (*franc.*) *n.* (*pl.* **trousseaux** /-səʊz/, **trousseaus**) corredo da sposa.
trout /traʊt/ *n.* (*pl.* **trout, trouts**) (*zool.*) trota: **to fish for t.**, pescare trote; **t. fishing**, pesca della trota.
trowel /ˈtraʊəl/ *n.* ***1*** cazzuola ***2*** paletta da giardiniere • **to lay it on with a t.**, esagerare spudoratamente.
troy /trɔɪ/ *n.* 🅄 troy (*sistema di peso per metalli preziosi*).
truancy /ˈtruːənsɪ/ *n.* 🅄 (il) marinare la scuola.
truant /ˈtruːənt/ *n.* scolaro che marina la scuola • **to play t.**, marinare la scuola.
truce /truːs/ *n.* 🄲 *e* 🅄 tregua.
truck (1) /trʌk/ *n.* ***1*** (*ferr., GB*) carro merci aperto ***2*** (*USA*) camion; autocarro ***3*** carrello; carrello portabagagli (*di facchino*): **forklift t.**, carrello elevatore • (*USA*) **t. driver**, camionista □ (*USA*) **t. stop**, trattoria per camionisti.
truck (2) /trʌk/ *n.* 🅄 (*USA, anche* **garden t.**) prodotti ortofrutticoli • (*USA*) **t. farm**, fattoria che coltiva prodotti ortofrutticoli □ **to have no t. with sb.**, non voler avere niente a che fare con q.
to **truck** /trʌk/ *v. t.* (*USA*) trasportare su autocarro.
trucker /ˈtrʌkə(r)/ *n.* (*USA*) camionista.
truckle /ˈtrʌkl/ *n.* — (*GB*) **t. bed**, lettino su rotelle; branda.
truckload /ˈtrʌkləʊd/ *n.* carico (*di un camion*).
truculence /ˈtrʌkjʊləns/ *n.* 🅄 aggressività; prepotenza.
truculent /ˈtrʌkjʊlənt/ *a.* aggressivo; prepotente.
trudge /trʌdʒ/ *n.* lunga camminata faticosa.
to **trudge** /trʌdʒ/ ***A*** *v. i.* camminare faticosamente; trascinarsi ***B*** *v. t.* percorrere faticosamente.
true /truː/ ***A*** *a.* ***1*** vero: **t. story**, storia vera; **a t. friend**, un vero amico; **the t. heirs**, gli eredi legittimi; **His words ring t.**, le sue parole suonano sincere; **It's only too t.**, purtroppo è vero! ***2*** fedele: **to be t. to one's word**, tener fede alla parola data ***3*** accurato; esatto; preciso; conforme: **a t. copy**, una copia conforme (all'originale) ***4*** (*della voce, di strumento*) intonato ***B*** *avv.* ***1*** (*antiq.*) in modo veritiero; sin-

ceramente *2* in modo preciso; esattamente *C* n. — (*mecc.*) **out of t.**, fuori centro; fuori posto • **t.-blue**, fedele; leale □ **t.-born** (*o* **t.-bred**), autentico; genuino □ **t.-life**, di vita vissuta; autentico □ **t. north**, nord geografico □ **t. to life**, realistico □ **t. to type**, tipico; in carattere □ **to be t. to oneself**, non tradire se stesso; essere coerente □ **to come t.**, avverarsi □ **to hold t. for**, valere per; essere valido per □ **to prove t.**, avverarsi; verificarsi; realizzarsi.

truelove /'tru:lʌv/ n. (*lett.*) innamorato (-a).

truffle /'trʌfl/ n. *1* (*bot.*) tartufo *2* tartufo (*di cioccolato*).

truffled /'trʌfld/ a. (*cucina*) tartufato.

truism /'tru:ɪzəm/ n. truismo; verità lapalissiana.

truly /'tru:lɪ/ avv. *1* veramente; realmente; davvero *2* veracemente; in modo veritiero *3* sinceramente *4* accuratamente • (*nelle lettere*) **Yours t., Adam Smith**, distinti saluti, Adam Smith.

trump /trʌmp/ n. (*a carte*) briscola; atout: **Clubs are trumps**, la briscola è picche • **t. card**, (carta di) briscola; atout; (*fig.*) asso nella manica, (asso di) briscola □ (*fam.*) **to turn up trumps**, farcela contro ogni previsione.

to **trump** /trʌmp/ v. t. (*a carte*) prendere con una briscola (*o* un atout): **to t. an ace**, prendere un asso con una briscola.

trumped-up /'trʌmptʌp/ a. — **t. charge**, accusa fabbricata (*o* falsa).

trumpet /'trʌmpɪt/ n. *1* (*mus.*) tromba *2* barrito (*di elefante*) • **t. call**, segnale di tromba; (*fig.*) appello, allarme □ **to blow one's own t.**, tessere le proprie lodi; battersi la grancassa □ **ear t.**, cornetto acustico.

to **trumpet** /'trʌmpɪt/ *A* v. i. (*dell'elefante*) barrire *B* v. t. proclamare ai quattro venti; strombazzare.

trumpeter /'trʌmpɪtə(r)/ n. *1* suonatore di tromba *2* (*mil.*) trombettiere.

truncated /trʌŋ'keɪtɪd, *USA* 'trʌŋ-/ a. tronco (*anche geom.*); tagliato.

truncheon /'trʌntʃən/ n. manganello; sfollagente.

trundle /'trʌndl/ n. — (*USA*) **t. bed**, lettino con rotelle; branda.

to **trundle** /'trʌndl/ v. t. e i. rotolare; far rotolare; spingere.

trunk /trʌŋk/ n. *1* tronco, fusto (*di albero*) *2* fusto (*di colonna*) *3* (*anat.*) tronco; torso *4* baule *5* proboscide (*di elefante*) *6* (*al pl., anche* **swimming trunks**) calzoncini da bagno *7* (*autom., USA*) bagagliaio • (*telef. antiq., GB*) **t. call**, chiamata interurbana □ (*ferr., GB*) **t. line**, linea principale □ (*GB*) **t. road** (*o* **route**), strada principale.

truss /trʌs/ n. *1* (*med.*) cinto erniario *2* (*ind. costr.*) travatura reticolare *3* (*edil.*) capriata (*del tetto*).

to **truss** /trʌs/ v. t. *1* legare strettamente *2* reggere, sostenere (*un tetto, un ponte, ecc.*) mediante travatura reticolare *3* (*cucina*) legare (*un pollo, un tacchino, ecc., prima di cuocerlo*).

trust /trʌst/ n. *1* Ⓤ fiducia: **to place** (*o* **to put**) **one's t. in sb.**, riporre la propria fiducia in q.; avere fiducia in q.; **to be in a position of t.**, occupare un posto di fiducia *2* (*leg.*) amministrazione fiduciaria; custodia *3* (*econ.*) trust; consorzio monopolistico; cartello • (*econ.*) **t. fund**, fondo fiduciario □ **to leave st. in t. to sb.**, lasciare in eredità q.c. a q.; affidare q.c. a q. □ **to sell on t.**, vendere a credito □ **to take st. on t.**, accettare q.c. sulla fiducia (*o* sulla parola).

to **trust** /trʌst/ *A* v. t. *1* aver fiducia in; fidarsi di; fare assegnamento su; far credito a: **to t. sb. implicitly**, avere cieca fiducia in q.; **I don't t. him**, non mi fido di lui; **He is not a man to be trusted**, non si può fare alcun assegnamento su di lui; **Would you t. your children to go abroad by themselves?**, ti fideresti di lasciar andare all'estero i tuoi figli da soli? *2* affidare: **to t. one's affairs to sb.** (*o* **to t. sb. with one's affairs**), affidare i propri affari a q.; **to t. sb. with a secret**, confidare un segreto a q. *B* v. i. *1* confidare; nutrire fiducia; sperare: **to t. in God**, confidare in Dio; **Everything went well, I t.**, è andato tutto bene, spero *2* affidarsi; fidarsi: **Don't t. to chance**, non affidarti al caso; **to t. too much to one's memory**, fidarsi troppo della memoria.

trustee /trʌ'sti:/ n. *1* (*leg.*) amministratore fiduciario *2* (*leg., anche* **t. in bankruptcy**) curatore fallimentare *3* amministratore; membro di un consiglio d'amministrazione.

trusteeship /trʌ'sti:ʃɪp/ n. Ⓤ (*leg.*) amministrazione fiduciaria; curatela.

trustful /'trʌstfl/, **trusting** /'trʌstɪŋ/ a. fiducioso; confidente.

trustworthiness /'trʌstwɜ:ðɪnəs/ n. Ⓤ fidatezza; fedeltà; attendibilità.

trustworthy /'trʌstwɜ:ðɪ/ a. fidato; fedele; degno di fiducia; attendibile.

trusty /'trʌstɪ/ a. (*antiq. o scherz.*) fido; fidato; fedele.

truth /tru:θ/ n. *1* Ⓤ e Ⓒ verità: **to tell** (*o* **to speak**) **the t.**, dire la verità; **Is there any t. in what I hear?**, c'è qualcosa di vero in quello che ho sentito dire? *2* Ⓤ veridicità • (*GB*) **t. drug** (*USA* **t.-serum**), siero della verità □ **The t. of the matter is that...**, la verità è che... □ **T. will out**, la verità viene sempre a galla □ (*lett.*) **in t.**, invero; infatti □ **to tell the t.** (*o* **t. to tell**), a dire il vero.

truthful /'tru:θfl/ a. veritiero; veridico; sincero.

try /traɪ/ n. *1* (*fam.*) prova; tentativo: **Let me have a try at it!**, fammi provare!; **Have a try!**, prova!; **to give st. a try**, provare a fare q.c.; **It's worth a try**, vale la pena tentare *2* (*rugby*) meta.

to **try** /traɪ/ v. t. *1* cercare; tentare; provare: **I tried to open the door**, cercai di aprire la porta; **Try to behave** (*fam.* **try and behave**) **better**, cerca di comportarti meglio; **It's no use trying**, è inutile tentare; **I tried hard not to laugh**, mi sforzai di non ridere; **OK, I'll try**, d'accordo, ci provo *2* verificare; provare; saggiare; assaggiare; collaudare: **I tried the handle**, provai a girare la maniglia; **Try pushing it**, prova a spingerlo; **Try these plums**, assaggia (*o* prova) queste susine *3* mettere alla prova: **to be sorely tried**, essere messo a dura prova *4* (*leg.*) processare; giudicare: **to be tried for murder**, essere processato per omicidio; **to try a case**, giudicare una causa • **to try one's best**, fare del proprio meglio; mettercela tutta □ **to try one's hand at st.**, cimentarsi con q.c. □ **to try one's strength**, misurare le proprie forze; cimentarsi □ **It's enough to try the patience of a saint**, farebbe perdere la pazienza a un santo.

♦ **try for** v. i. + prep. cercare di ottenere; concorrere a: **to try for a scholarship**, concorrere a una borsa di studio.

♦ **try on** v. t. + avv. provare (*un abito, ecc.*) • (*fam.*) **It's no use your trying it on with me**, è inutile che ci provi con me; guarda che con me non attacca.

♦ **try out** v. t. + avv. collaudare; mettere alla prova.

trying /'traɪɪŋ/ a. faticoso; duro; pesante; fastidioso; noioso.

try-on /'traɪɒn/ n. *1* prova (*di un abito*) *2* (*fam.*) imbroglio; storia, balla (*fam.*).

try-out /'traɪaʊt/ n. esperimento; prova; (*tecn.*) verifica, collaudo.

tsar /zɑ:(r), ts-/ n. (*stor.*) zar.

tsarina /zɑ:'ri:nə, ts-/ n. (*stor.*) zarina.

tsetse-fly /'tsetsɪflaɪ/ n. (*zool.*) mosca tse-tse.

tub /tʌb/ n. *1* tinozza; mastello: **washing tub**, tinozza per il bucato *2* tino *3* (*fam.*) vasca da bagno *4* cestello (*di lavatrice*) *5* vaschetta (*per alimenti*); vaschetta, coppetta (*per gelato*) *6* (*scherz.*) vecchia barca; bagnarola *7* (*pop. USA*) ciccione; grassone • (*fam. spreg.*) **tub-thumper**, comiziante; tribuno; oratore da strapazzo.

tuba /'tju:bə, *USA* 'tu:-/ n. (*mus.*) tuba.

tubby /'tʌbɪ/ a. tozzo e grasso.

tube /tju:b, *USA* tu:b/ n. *1* tubo; tubetto *2* tubetto (*di dentifricio, ecc.*) *3* (*anat.*) canale; tuba: **bronchial t.**, canale bronchiale; **Fallopian tubes**, tube uterine; salpingi *4* (*fam. GB*) metropolitana (londinese); metrò *5* (*anche* **inner t.**) camera d'aria (*di pneumatico*) *6* (*chim.*) fiala; provetta *7* (*med.*) cannula; sonda *8* (*elettron.*) tubo; valvola *9* (*fam. USA*) televisione; tele • (*fam.*) **to go down the tubes**, andare in malora.

tubeless /'tju:bləs, *USA* 'tu:b-/ a. (*di pneumatico*) senza camera d'aria.

tuber /'tju:bə(r), *USA* 'tu:-/ n. (*bot.*) tubero.

tubercular /tju:'bɜ:kjʊlə(r), *USA* tu:-/ a. (*med.*) tubercolare.

tuberculosis /tju:bɜ:kjʊ'ləʊsɪs, *USA* tu:-/ n. Ⓤ (*med.*) tubercolosi.

tuberculous /tju:'bɜ:kjʊləs, *USA* tu:-/ a. (*med.*) tubercoloso.

tubing /'tju:bɪŋ, *USA* 'tu:-/ n. Ⓤ *1* tubazione, tubazioni *2* tubo.

tubular /'tju:bjʊlə(r), *USA* 'tu:-/ a. *1* tubolare; tubiforme *2* a tubi; tubolato.

tuck /tʌk/ n. *1* (*sartoria*) piega; pince (*franc.*) *2* Ⓤ (*fam. antiq. GB*) merendine; dolci; dolciumi • (*fam.*) **t. shop**, spaccio di merendine e dolciumi (*specialm. in una scuola*).

to **tuck** /tʌk/ ***A*** *v. t.* infilare; mettere: **to t. one's shirt into one's trousers**, infilarsi la camicia nei pantaloni; **to t. a book under one's arm**, infilarsi un libro sotto il braccio ***B*** *v. i.* infilarsi: **The case tucks under the bed quite easily**, la valigia si infila facilmente sotto il letto.

♦ **tuck away** ***A*** *v. t. + avv.* riporre; nascondere: **Our house is tucked away behind the cathedral**, la nostra casa è nascosta dietro la cattedrale ***B*** *v. i. + avv. V.* **to tuck**, ***B***.

♦ **tuck in** ***A*** *v. t. + avv.* infilare dentro; rincalzare; rimboccare: **to t. sb. in**, rimboccare le coperte a q.; **to t. one's shirt in**, infilarsi la camicia dentro i calzoni; **to t. in the sheets**, rincalzare (*o* rimboccare) le lenzuola ***B*** *v. i. + avv. (fam.)* mangiare di buon appetito; darci sotto: **T. in!**, coraggio, dateci sotto!

♦ **tuck into** *v. i. + prep. (fam.)* fare una scorpacciata di.

♦ **tuck up** *v. t. + avv. (GB)* rimboccare le coperte a.

tucker /ˈtʌkə(r)/ *n. (fam. Austr.)* cibo; roba da mangiare.

to **tucker** /ˈtʌkə(r)/ *v. t. (fam. USA)* stancare; sfinire ● **tuckered out**, sfinito; stanco morto.

tuck-in /ˈtʌkɪn/ *n. (fam. GB)* scorpacciata; abbuffata.

Tuesday /ˈtjuːzdeɪ, -dɪ, *USA* ˈtuː-/ *n.* martedì: **He's coming on T.**, arriva martedì; **It happened on T. [on a T.]**, è successo martedì [di martedì]; **on Tuesdays**, al martedì; tutti i martedì; **on T. evening**, martedì sera: **last [next] T.**, martedì scorso [prossimo]; **Christmas is on a T. this year**, quest'anno Natale cade di martedì.

tuft /tʌft/ *n.* ***1*** ciuffo (*di penne, d'erba, ecc.*) ***2*** ciocca (*di capelli*) ***3*** (*ind. tess.*) fiocco.

to **tuft** /tʌft/ *v. t.* ornare di ciuffi; infiocchettare; impennacchiare ● (*zool.*) **tufted duck**, moretta.

tug /tʌg/ *n.* ***1*** tirata; strattone; strappo: **to give a tug at st.**, dare uno strattone a q.c. ***2*** (*naut.*) rimorchiatore ● (*fam.*) **tug-of-love**, contesa fra genitori per l'affidamento dei figli □ **tug-of-war**, tiro alla fune.

to **tug** /tʌg/ ***A*** *v. t.* ***1*** dare uno strattone a; tirare ***2*** (*naut.*) rimorchiare ***B*** *v. i.* dare uno strattone; tirare.

tugboat /ˈtʌgbəʊt/ *n.* (*naut.*) rimorchiatore.

tuition /tjuːˈɪʃn, *USA* tuː-/ *n.* 🆄 ***1*** istruzione; insegnamento; lezioni: **private t.**, lezioni private; **t. fees**, retta; tasse scolastiche ***2*** (*USA*) retta; tasse scolastiche.

tulip /ˈtjuːlɪp, *USA* ˈtuː-/ *n.* (*bot.*) tulipano.

tulle /tjuːl, *USA* tuːl/ *n.* 🆄 (*ind. tess.*) tulle.

tumble /ˈtʌmbl/ *n.* ***1*** caduta; capitombolo; ruzzolone: **to have a nasty t.**, fare una brutta caduta ***2*** capriola; salto mortale ***3*** disordine; scompiglio: **Things were all in a t.**, c'era un grande scompiglio.

to **tumble** /ˈtʌmbl/ ***A*** *v. i.* ***1*** cadere; fare un capitombolo; ruzzolare: **to t. down the stairs**, ruzzolare dalle scale ***2*** gettarsi; buttarsi; precipitarsi: **to t. out of bed**, buttarsi giù dal letto; **We tumbled into the car**, ci ammucchiammo nella macchina ***3*** fare acrobazie; fare salti mortali ***4*** (*Borsa, fin.*) precipitare; crollare: **Prices have tumbled**, i prezzi sono crollati ***5*** (*fam.*) capire; afferrare: **I finally tumbled to what he was getting at**, finalmente capii quello che voleva dire ***B*** *v. t.* ***1*** far cadere; far ruzzolare; gettare a gambe all'aria; rovesciare ***2*** arruffare; scompigliare; mettere sottosopra.

♦ **tumble down** *v. i. + avv.* andare in rovina; crollare.

tumbledown /ˈtʌmbldaʊn/ *a.* cadente; diroccato; in rovina.

tumble-drier /ˈtʌmblˈdraɪə(r)/ *V.* **tumble-dryer**.

to **tumble-dry** /ˈtʌmblˈdraɪ/ *v. t. e i.* (far) asciugare in un'asciugabiancheria.

tumble-dryer /ˈtʌmblˈdraɪə(r)/ *n.* asciugabiancheria.

tumbler /ˈtʌmblə(r)/ *n.* ***1*** acrobata; saltimbanco ***2*** bicchiere tondo (senza stelo) ***3*** cilindro (*di serratura*).

tumbleweed /ˈtʌmblwiːd/ *n.* 🆄 (*bot.*) erba mobile.

tumbrel, tumbril /ˈtʌmbrəl/ *n.* (*stor.*) carretta (*su cui erano trasportati i condannati a morte durante la Rivoluzione francese*).

tumescence /tjuːˈmɛsns, *USA* tuː-/ *n.* 🆄 tumescenza; enfiagione.

tumescent /tjuːˈmɛsnt, *USA* tuː-/ *a.* tumescente; tumefatto.

tumid /ˈtjuːmɪd, *USA* ˈtuː-/ *a.* tumido; gonfio.

tummy /ˈtʌmɪ/ *n.* (*fam.*) pancia; stomaco: **t. ache**, mal di stomaco; mal di pancia.

tumour, (*USA*) **tumor** /ˈtjuːmə(r), *USA* ˈtuː-/ *n.* (*med.*) tumore.

tumult /ˈtjuːmʌlt, *USA* ˈtuː-/ *n.* 🆄 e 🅒 (*form.*) tumulto.

tumultuous /tjʊˈmʌltjʊəs, *USA* tʊ-/ *a.* tumultuoso.

tumulus /ˈtjuːmjʊləs, *USA* ˈtuː-/ *n.* (*pl.* **tumuli** /-laɪ/, **tumuluses**) tumulo.

tuna /ˈtjuːnə, *USA* ˈtuː-/ *n.* (*pl.* **tuna, tunas**) (*zool.*) tonno.

tundra /ˈtʌndrə/ *n.* 🆄 (*geogr.*) tundra.

tune /tjuːn, *USA* tuːn/ *n.* ***1*** (*mus.*) aria; motivo; melodia ***2*** 🆄 (*mus.*) tono; accordo: **in t.**, intonato; **out of t.**, stonato; scordato; **to sing in [out of] t.**, cantare in tono [fuori tono]; essere intonato [stonare] ***3*** armonia; accordo; sintonia: **to be in [out of] t. with st.**, andare d'accordo [essere in disaccordo] con q.c.; essere [non essere] in sintonia con q.c. ● **to call the t.**, dettar legge □ **to change one's t.**, cambiar tono □ **to the t. of ten thousand pounds**, per la bellezza di diecimila sterline.

to **tune** /tjuːn, *USA* tuːn/ *v. t.* ***1*** (*mus.*) accordare ***2*** (*radio, TV*) sintonizzare ***3*** (*mecc.*) mettere a punto (*un motore*).

♦ **tune in** *v. i. + avv.* (*radio*) sintonizzarsi: **to t. into the BBC**, sintonizzarsi sulla BBC.

♦ **tune out** *v. i. + avv.* (*USA*) smettere di ascoltare; non prestare più attenzione.

♦ **tune up** *v. i. + avv.* (*mus.*) accordare gli strumenti.

tuned /tjuːnd, *USA* tuːnd/ *a. pred.* sintonizzato; in ascolto: **to stay t.**, restare in ascolto ● **t. in to st.**, al corrente di; sensibile a.

tuneful /ˈtjuːnfl, *USA* ˈtuː-/ *a.* armonioso; melodioso.

tuneless /ˈtjuːnləs, *USA* ˈtuː-/ *a.* (*mus.*) disarmonico; discordante; stonato.

tuner /ˈtjuːnə(r), *USA* ˈtuː-/ *n.* ***1*** (*mus.*) accordatore ***2*** (*radio, TV*) sintonizzatore.

tune-up /ˈtjuːnʌp, *USA* ˈtuːnʌp/ *n.* (*mecc.*) messa a punto (*di motore*).

tungsten /ˈtʌŋstən/ *n.* 🆄 (*chim.*) tungsteno.

tunic /ˈtjuːnɪk, *USA* ˈtuː-/ *n.* ***1*** (*stor.*) tunica ***2*** (*moda*) casacca; tunichetta ***3*** giacca (*militare o di poliziotto*).

tuning /ˈtjuːnɪŋ, *USA* ˈtuː-/ *n.* 🆄 ***1*** (*mus.*) accordatura ***2*** (*radio, TV*) sintonia; sintonizzazione ***3*** (*mecc.*) messa a punto (*di motore*) ● (*radio*) **t. dial**, scala parlante □ (*mus.*) **t. fork**, diapason □ (*mus.*) **t. peg**, bischero; pirolo.

Tunisian /tjuːˈnɪzɪən, *USA* tuː-/ *a. e n.* tunisino.

tunnel /ˈtʌnl/ *n.* ***1*** galleria; traforo; tunnel ***2*** tana sotterranea; cunicolo ● **t. vision**, (*med.*) visione tubulare; (*fig. spreg.*) visione ristretta, miopia.

to **tunnel** /ˈtʌnl/ *v. i.* scavare una galleria (*o* un tunnel): **to t. under the sea**, scavare un tunnel sottomarino.

tunny /ˈtʌnɪ/ *n.* (*pl.* **tunny, tunnies**) (*zool.*) tonno.

tuppence /ˈtʌpəns/, **tuppenny** /ˈtʌpnɪ/ (*fam. GB*) *V.* **twopence, twopenny**.

turban /ˈtɜːbən/ *n.* turbante.

turbid /ˈtɜːbɪd/ *a.* ***1*** (*di liquido, di situazione*) torbido ***2*** (*di fumo, nuvola*) denso; scuro ***3*** confuso; agitato.

turbine /ˈtɜːbaɪn/ *n.* (*mecc.*) turbina.

turbo /ˈtɜːbəʊ/ *n.* (*mecc., fam.*) turbo.

to **turbo-charge** /ˈtɜːbəʊtʃɑːdʒ/ *v. t.* (*mecc.*) sovralimentare con turbocompressione.

turbocharged /ˈtɜːbəʊtʃɑːdʒd/ *a.* (*mecc., di motore*) turbocompresso.

turbocharger /ˈtɜːbəʊtʃɑːdʒə(r)/ *n.* (*autom., mecc.*) turbocompressore.

turbojet /ˈtɜːbəʊdʒɛt/ *n.* (*aeron.*) turboreattore; turbogetto ● (*mecc.*) **t. engine**, motore a turbogetto.

turboprop /ˈtɜːbəʊprɒp/ *n.* ***1*** (*mecc.*) motore a turboelica ***2*** (*aeron.*) (aereo a) turboelica.

turbot /ˈtɜːbət/ *n.* (*zool.*) rombo gigante.

turbulence /ˈtɜːbjʊləns/ *n.* 🆄 turbolenza.

turbulent /ˈtɜːbjʊlənt/ *a.* turbolento; tumultuoso.

turd /tɜːd/ *n.* (*volg.*) stronzo.

tureen /təˈriːn/ *n.* (*anche* **soup t.**) zuppiera.

turf /tɜːf/ *n.* (*pl.* **turfs, turves**) ***1*** 🆄 tappeto erboso ***2*** (*USA*) zolla erbosa; piota ***3*** 🆄 (*geol.*) torba ***4*** — (*sport*) **the t.**, l'ippodromo; l'ippica; le corse di cavalli ● (*GB*) **t. accountant**, allibratore; bookmaker.

to **turf** /tɜːf/ *v. t.* coprire di zolle erbose.

♦ **turf out** *v. t. + avv.* (*fam.*) buttar fuori.

turgid /ˈtɜːdʒɪd/ *a.* ***1*** turgido; gonfio ***2*** ampolloso; pomposo.

turgidity /tɜːˈdʒɪdətɪ/ *n.* 🆄 ***1*** turgidezza ***2*** ampollosità; pomposità.

Turk /tɜːk/ *n.* turco.

turkey /ˈtɜːkɪ/ *n.* 🅒 e 🆄 ***1*** (*zool., anche* **t. cock**) tacchino ***2*** (*fam. USA*) fiasco; bidone; schifezza ● **t. hen**, tacchina □ (*pop.*) **cold t.**, crisi di astinenza (*di drogato*); interruzione improvvisa (*dell'assunzione di droga*) □ (*pop.*) **to go cold**

t., smettere di colpo di drogarsi.

Turkish /ˈtɜːkɪʃ/ **A** *a.* turco **B** *n.* turco (*la lingua*) • **T. bath**, bagno turco □ **T. coffee**, caffè turco (*o* alla turca) □ **T. delight**, lokum.

turmeric /ˈtɜːmərɪk/ *n.* U (*bot.*) curcuma.

turmoil /ˈtɜːmɔɪl/ *n.* C e U tumulto; agitazione; scompiglio.

turn /tɜːn/ *n.* **1** giro: **a t. of the handle**, un giro di manovella; **to give st. a t.**, far girare q.c. **2** curva; svolta; ansa (*di fiume*): **t. to the right**, svolta a destra; **to do a left t.**, svoltare a sinistra **3** cambiamento; svolta; piega: **to take a t. for the worse**, prendere una brutta piega; peggiorare; volgere al peggio; **to take a new t.**, prendere una nuova piega; **There was an unexpected t. of events**, gli eventi presero una piega inattesa **4** turno; volta: **Wait your t.**, aspetta il tuo turno!; **My t. will come**, verrà il mio turno; verrà la volta buona anche per me!; **by turns**, a turno; **in t.**, a turno; uno dopo l'altro; a sua [mia, ecc.] volta; **It's your t.**, è il tuo turno; tocca a te; **Whose t. is it?**, a chi tocca?; **to take turns** (*o* **to take it in t.**), fare a turno; alternarsi; **to take a t. at the wheel**, fare un turno al volante **5** servizio; tiro: **to do sb. a good t.**, rendere un servizio a q.; **to do sb. a bad t.**, giocare un brutto tiro a q. **6** (*teatr.*) numero; attrattiva **7** (*fam.*) brutto colpo; shock; attacco; crisi: **The news gave me quite a t.**, quella notizia fu per me un brutto colpo; **She had one of her turns again today**, oggi ha avuto di nuovo uno dei suoi attacchi **8** scopo: **to serve one's t.**, rispondere al proprio scopo **9** (*naut., aeron.*) virata • **t. and t. about**, a turno; a rotazione □ **the t. of the century**, il volgere del secolo □ **t. of mind**, carattere; temperamento: **to have a serious [gloomy, etc.] t. of mind**, essere serio [triste, ecc.] di carattere □ **t. of phrase**, modo di esprimersi □ (*naut.*) **the t. of the tide**, il cambiamento di marea □ **at every t.**, continuamente; a ogni piè sospinto □ (*di cibo*) **done to a t.**, cotto a puntino □ **on the t.**, sull'orlo di un cambiamento; sul punto di cambiare: **The tide is on the t.**, la marea sta per cambiare; **The milk is on the t.**, il latte sta diventando acido □ **to speak out of t.**, parlare a sproposito.

to **turn** /tɜːn/ **A** *v. t.* **1** girare (*una chiave, una manovella, ecc.*); far ruotare: **T. the lamp towards me**, gira la lampada verso di me; **to t. a screw**, avvitare una vite; **He didn't t. his head**, non girò il capo; non si girò **2** voltare, girare (*una pagina, una frittella*); rivoltare (*la terra*); far rivoltare (*lo stomaco*); rovesciare, rivoltare (*un colletto, un vestito*) **3** volgere; rivolgere; dirigere: **to t. one's eyes**, volgere lo sguardo; **to t. one's attention to st.**, rivolgere l'attenzione a q.c. **4** girare; svoltare; passare; compiere: **to t. the corner**, girare (*o* svoltare) l'angolo; **It has just turned seven**, sono appena le sette; **He has just turned twenty**, ha appena compiuto vent'anni **5** distogliere; sviare; far deviare: **to t. sb. from st.**, distogliere q. da q.c. **6** far diventare; trasformare; mutare: **to t. the leaves red**, far diventar rosse le foglie; **We turned the bedroom into a study**, abbiamo trasformato la camera da letto in uno studio; **The prince was turned into a toad**, il principe fu trasformato (*o* mutato) in un rospo **7** (*falegn., mecc.*) tornire **8** inacidire, far andare a male (*latte, ecc.*) • **to t. sb. against sb.**, metter q. contro q. □ **to t. one's back on sb.**, voltare le spalle a q. (*fig.*) □ **to t. a blind eye to st.**, chiudere un occhio su q.c. □ **to t. the other cheek**, porgere l'altra guancia □ **to t. a deaf ear**, fare orecchi da mercante □ **not to t. a hair**, non battere ciglio □ **to t. one's hand to st.**, darsi a q.c. □ **to t. sb.'s head**, montare la testa a q. □ **to t. sb.'s stomach**, rivoltare lo stomaco (*o* dare il voltastomaco) a q. □ **to t. the tables on sb.**, rovesciare la situazione (a danno di q.) □ **to t. turtle**, (*di nave, ecc.*) capovolgersi; scuffiare **B** *v. i.* **1** girare; ruotare: **The earth turns round the sun**, la terra gira intorno al sole **2** voltare; svoltare: **to t. left**, svoltare a sinistra; **I turned onto the motorway**, imboccai l'autostrada **3** dirigersi; volgersi; rivolgersi: **to t. homewards**, dirigersi verso casa; **I turned to look at her**, mi voltai a guardarla; **to t. to crime [to drink]**, darsi al crimine [al bere]; **He turned to his neighbour**, si rivolse (*o* rivolse la parola) al vicino **4** diventare; farsi; trasformarsi; mutarsi: **It has turned cold**, si è fatto freddo; **She turned pale**, diventò pallida; impallidì; **The water had turned into ice**, l'acqua si era trasformata in ghiaccio; **The game turned into tragedy**, il gioco si mutò in tragedia; **to t. sour**, inacidire; **an actor turned writer**, un attore diventato scrittore; **to t. informer**, fare la spia; tradire **5** (*della marea*) cambiare **6** (*naut.*) accostare **7** (*aeron., nuoto*) virare **8** (*del latte*) inacidire • **to t. in one's grave**, rivoltarsi nella tomba □ (*mil.*) **About t.!**, dietro front! □ (*mil.*) **Left [right] t.!**, fronte a sinistr [a destr]! □ **My stomach turns at the sight of blood**, mi si rivolta lo stomaco alla vista del sangue.

♦ **turn against** *v. i. + prep.* mettersi contro; diventare ostile a; rivoltarsi contro.

♦ **turn around** *V.* **to turn round.**

♦ **turn aside** *v. t. e i. + avv.* (far) deviare.

♦ **turn away** **A** *v. i. + avv.* voltarsi dall'altra parte; voltare le spalle **B** *v. t. + avv.* mettere alla porta; mandar via.

♦ **turn back** **A** *v. i. + avv.* tornare indietro **B** *v. t. + avv.* **1** ripiegare all'indietro **2** rimandare indietro • **to t. back the clock**, rimettere indietro l'orologio (*fig.*).

♦ **turn down** *v. t. + avv.* **1** piegare (*una pagina, ecc.*); rovesciare (*il bavero della giacca, ecc.*) **2** abbassare (*una luce, il gas, ecc.*); abbassare il volume di **3** respingere; rifiutare • **to t. down a bed**, preparare un letto per la notte.

♦ **turn in** **A** *v. i. + avv.* **1** essere rivolto in dentro **2** svoltare l'angolo; entrare (*in una strada, ecc.*) **3** (*fam.*) andare a letto • **to t. oneself in**, costituirsi **B** *v. t. + avv.* **1** voltare in dentro **2** consegnare **3** consegnare alla polizia • **to t. in good profits**, registrare buoni profitti.

♦ **turn inside out** *v. t. e loc. avv.* **1** rivoltare (*un indumento*) **2** (*fam.*) rovistare in; buttare all'aria **3** demolire (*una teoria, ecc.*).

♦ **turn off** **A** *v. t. + avv.* **1** chiudere (*un rubinetto*); spegnere (*la luce, la radio, ecc.*) **2** (*fam.*) disgustare; fare schifo a **B** *v. i. + avv.* **1** svoltare; uscire (*da una strada*) **2** (*fam.*) smettere di ascoltare (*o* di badare a) q.c.

♦ **turn on** **A** *v. t. + avv.* **1** aprire (*il gas*); far scorrere (*l'acqua*); accendere (*la luce, la radio, ecc.*) **2** (*pop.*) entusiasmare; eccitare **3** (*fam.*) fare ricorso a; sfoderare **B** *v. i. + prep.* **1** rivoltarsi contro; attaccare **2** dipendere da.

♦ **turn out** **A** *v. t. + avv.* **1** scacciare; mettere alla porta **2** vuotare: **to t. out one's pockets**, vuotare le tasche **3** spegnere (*la luce, ecc.*) **4** (*ind.*) produrre **B** *v. i. + avv.* **1** venire; presentarsi **2** riuscire; risultare: **Everything turned out very well**, riuscì tutto benissimo; **It turned out fine**, il tempo si mise al bello **3** rivelarsi; venire scoperto: **He turned out to be the victim's brother**, si scoprì che era il fratello della vittima.

♦ **turn over** **A** *v. t. + avv.* **1** girare; voltare **2** rivoltare; rovesciare; ribaltare; capovolgere **3** cedere; trasferire **4** (*econ.*) avere un giro d'affari di **5** consegnare; consegnare alla polizia **6** meditare su; riflettere su: **to t. a matter over (and over) in one's mind**, meditare a lungo su una faccenda **7** convertire (*un'industria, una fabbrica*) • **to t. over a new leaf**, cambiar vita; voltar pagina **B** *v. i. + avv.* **1** girarsi; voltarsi **2** rovesciarsi; capovolgersi **3** (*di motore*) girare al minimo.

♦ **turn round** **A** *v. t. + avv.* **1** voltare; girare: **to t. a car round**, girare la macchina; fare un'inversione **2** (*econ.*) rimettere in sesto **B** *v. i. + avv.* **1** girarsi; voltarsi **2** (*naut.*) invertire la rotta **3** (*econ.*) riprendersi.

♦ **turn up** **A** *v. t. + avv.* **1** voltare in su **2** rimboccare **3** alzare (*il gas, la luce, ecc.*); alzare il volume di (*una radio, ecc.*) **4** accorciare (*un abito*) **5** trovare; scoprire **6** (*fam.*) far vomitare, dare il voltastomaco (*o* la nausea) a • **to t. one's nose up at st.**, arricciare il naso davanti a q.c. **B** *v. i. + avv.* **1** presentarsi; arrivare; farsi vedere **2** capitare; offrirsi; saltar fuori.

♦ **turn upon** *V.* **to turn on,** *B.*

♦ **turn upside down** **A** *v. t. + loc. avv.* capovolgere; rovesciare **B** *v. i. + loc. avv.* capovolgersi; rovesciarsi.

turnabout /ˈtɜːnəbaʊt/ *n.* voltafaccia.

turnaround /ˈtɜːnəraʊnd/ *V.* **turnround.**

turncoat /ˈtɜːnkəʊt/ *n.* voltagabbana; opportunista.

turned /tɜːnd/ *a.* (*specialm. nei composti*) tornito: **a well-t. phrase**, una frase ben tornita.

turner /ˈtɜːnə(r)/ *n.* (*ind.*) tornitore.

turning /ˈtɜːnɪŋ/ *n.* **1** svolta: **Take the first t. to the left**, prendi la prima a sinistra **2** U (*mecc.*) tornitura • (*autom.*) **t. circle**, diametro minimo di sterzata □ **t. point**, svolta decisiva; momento critico.

turnip /ˈtɜːnɪp/ *n.* (*bot.*) rapa.

turnkey /ˈtɜːnkiː/ **A** *n.* (*stor.*) carceriere; secondino **B** *a.* chiavi in mano.

turn-off /ˈtɜːnɒf, *USA* -ɔːf/ *n.* **1** svolta; uscita (*di autostrada*) **2** (*fam.*) cosa (*o* persona) che delude, che fa perdere

l'interesse, che smonta.
turn-on /ˈtɜːnɒn, *USA* -ɔːn/ *n.* (*fam.*) ***1*** cosa (*o* persona) che suscita interesse ***2*** cosa (*o* persona) che eccita sessualmente.
turn-out /ˈtɜːnaʊt/ *n.* ***1*** numero dei presenti; affluenza; partecipazione; (*polit.*) affluenza alle urne ***2*** (*fam.*) abbigliamento; tenuta ***3*** (*ind.*) produzione ***4*** (*USA*) piazzuola (*per veicoli in manovra*).
turnover /ˈtɜːnəʊvə(r)/ *n.* ***1*** (*comm.*) volume delle vendite; fatturato ***2*** (*fin., econ.*) giro (*o* volume) d'affari; turnover ***3*** (*comm.*) smercio ***4*** (*org. az.*) ricambio, avvicendamento (*del personale*); turnover ***5*** (*cucina*) tortina, sfogliatella (*ripiena di frutta o marmellata*).
turnpike /ˈtɜːnpaɪk/ *n.* (*USA*) autostrada a pedaggio.
turnround /ˈtɜːnraʊnd/ *n.* ***1*** svolta; miglioramento ***2*** (*econ., fin.*) inversione di tendenza; recupero ***3*** cambiamento repentino di opinione; voltafaccia ***4*** (*naut., aeron.*) (tempo richiesto dalle) operazionI di carico e scarico.
turnstile /ˈtɜːnstaɪl/ *n.* cancelletto ruotante.
turntable /ˈtɜːnteɪbl/ *n.* ***1*** piatto (*di giradischi*) ***2*** (*ferr.*) piattaforma girevole.
turn-up /ˈtɜːnʌp/ *n.* ***1*** (*GB*) risvolto (*dei pantaloni*) ***2*** (*fam., GB, anche* **t. for the book**) imprevisto; colpo di scena.
turpentine /ˈtɜːpəntaɪn/ *n.* Ⓤ ***1*** trementina (*resina*) ***2*** (*anche* **oil of t.**) essenza di trementina; acquaragia.
turpitude /ˈtɜːpɪtjuːd, *USA* -tuːd/ *n.* Ⓤ (*form.*) turpitudine.
turps /tɜːps/ (*fam.*) *V.* **turpentine**, *def.* 2.
turquoise /ˈtɜːkwɔɪz, *USA* -kɔɪz/ ***A*** *n.* Ⓒ e Ⓤ (*miner. e colore*) turchese ***B*** *a.* (color) turchese.
turret /ˈtʌrət, *USA* ˈtɜːrət/ *n.* (*archit., mil., naut., aeron.*) torretta.
turreted /ˈtʌrətɪd, *USA* ˈtɜːr-/ *a.* (*archit.*) turrito.
turtle /ˈtɜːtl/ *n.* (*zool.*) tartaruga (*di mare*) • **to turn t.**, *V. sotto* **to turn**.
turtledove /ˈtɜːtldʌv/ *n.* (*zool.*) tortora.
turtleneck /ˈtɜːtlnek/ *n.* (*moda*) ***1*** collo alto e aderente ***2*** maglione a collo alto; (maglione a) dolcevita.
turves /tɜːvz/ *pl. di* **turf**.
Tuscan /ˈtʌskən/ *a. e n.* toscano.
tush /tʌʃ/ *inter.* (*antiq.*) bah!; puah!
tusk /tʌsk/ *n.* (*zool.*) zanna (*di elefante, ecc.*).
tussle /ˈtʌsl/ *n.* baruffa; rissa; zuffa; mischia.
to **tussle** /ˈtʌsl/ *v. i.* azzuffarsi; lottare; rissare.
tussock /ˈtʌsək/ *n.* ciuffo d'erba; cespuglio.
tut /tʌt/ *inter.* ts! (*in segno di impazienza, disapprovazione, ecc.*).
tutelage /ˈtjuːtɪlɪdʒ, *USA* ˈtuː-/ *n.* Ⓤ (*leg.*) tutela.
tutelary /ˈtjuːtɪləri, *USA* ˈtuːtɪleri/ *a.* (*leg.*) tutelare; tutorio.
tutor /ˈtjuːtə(r), *USA* ˈtuː-/ *n.* ***1*** istitutore; precettore ***2*** insegnante privato ***3*** (*università, in G.B.*) «tutor»; docente (*incaricato di assistere un gruppo ristretto di studenti*) ***4*** (*università, in U.S.A.*) «tutor»; assistente incaricato.
to **tutor** /ˈtjuːtə(r), *USA* ˈtuː-/ *v. t.* ***1*** istruire ***2*** dare lezioni private a ***3*** (*università, in G.B.*) essere il «tutor» (*q.V.*) di.
tutorial /tjuːˈtɔːrɪəl, *USA* tuː-/ ***A*** *a.* di istitutore; di precettore; di «tutor» (*q.V.*); didattico ***B*** *n.* (*università, in G.B.*) periodo di studio sotto la guida di un «tutor» (*q.V.*); esercitazione; seminario.
tutti-frutti /ˈtuːtɪˈfruːtɪ, ˈtʊ-/ *n.* Ⓤ specie di cassata gelata.
to **tut-tut** /tʌtˈtʌt/ *v. i.* schioccare la lingua (*in segno di impazienza, disapprovazione, ecc.*).
tutu /ˈtuːtuː/ *n.* tutù.
tu-whit tu-whoo /tʊˈwɪttʊˈwuː, *USA* -hw-/ *locuz. n.* grido (della civetta).
tuxedo /tʌkˈsiːdəʊ/ *n.* (*pl.* **tuxedos**) (*USA*) smoking.
TV /tiːˈviː/ *n.* Ⓤ *e* Ⓒ tivù; televisione: **What's on TV tonight?**, che cosa c'è (*o* danno) alla televisione stasera? • **TV aerial**, antenna televisiva □ **TV set**, televisore.
twaddle /ˈtwɒdl/ *n.* Ⓤ chiacchiere; sciocchezze; stupidaggini.
twang /twæŋ/ *n.* ***1*** suono metallico; vibrazione ***2*** timbro nasale; voce nasale.
to **twang** /twæŋ/ ***A*** *v. i.* ***1*** dare un suono metallico; vibrare ***2*** parlare con timbro nasale; avere una pronuncia nasale ***B*** *v. t.* ***1*** pizzicare le corde di (*uno strumento musicale*); strimpellare ***2*** pronunciare con timbro nasale.
'twas /twɒz, twəz/ *contraz. di* **it was**.
tweak /twiːk/ *n.* pizzicotto; tirata (*di naso, di orecchio*).
to **tweak** /twiːk/ *v. t.* pizzicare; tirare (*il naso, l'orecchio*).
twee /twiː/ *a.* (*fam. GB*) lezioso; affettato.
tweed /twiːd/ *n.* ***1*** Ⓤ (*ind. tess.*) tweed ***2*** (*al pl.*) abito di tweed.
tweedy /ˈtwiːdɪ/ *a.* ***1*** di (*o* simile a) tweed ***2*** (*GB, spesso spreg.*) vestito come un signore di campagna.
tweet /twiːt/ *n.* cinguettio; cip cip.
to **tweet** /twiːt/ *v. i.* cinguettare; fare cip cip.
tweeter /ˈtwiːtə(r)/ *n.* (*tecn.*) tweeter.
tweezers /ˈtwiːzəz/ *n. pl.* pinzette.
twelfth /twelfθ/ *a. e n.* dodicesimo • **T. night**, la notte dell'Epifania.
twelve /twelv/ *a. e n.* dodici • **t. o'clock at night**, mezzanotte □ **t.-year-old**, dodicenne.
twentieth /ˈtwentɪəθ/ *a. e n.* ventesimo.
twenty /ˈtwentɪ/ *a. e n.* venti (*Per gli esempi d'uso, V. sotto* **forty**) • **t.-t. vision**, dieci decimi di vista.
twerp /twɜːp/ *n.* (*pop.*) fesso.
twice /twaɪs/ *avv.* due volte: **t. as strong**, due volte più forte; **t. as much**, due volte tanto; **to think t. about doing st.**, pensarci su due volte prima di fare q.c.; **T. five is ten**, cinque per due fa dieci.
to **twiddle** /ˈtwɪdl/ *v. t.* far girare • **to t. one's thumbs**, girare i pollici (*anche fig.*).
♦ **twiddle with** *v. i. + prep.* giocherellare con; rigirare fra le dita.
twig /twɪg/ *n.* ramoscello; rametto.
to **twig** /twɪg/ *v. t. e i.* (*fam.*) capire.
twilight /ˈtwaɪlaɪt/ ***A*** *n.* Ⓤ ***1*** crepuscolo ***2*** luce del crepuscolo; luce incerta ***3*** (*fig.*) crepuscolo; tramonto ***B*** *a. attr.* crepuscolare • **t. zone**, (*astron.*) zona crepuscolare; (*fig.*) zona grigia.
twill /twɪl/ *n.* Ⓤ (*ind. tess.*) saia; tessuto diagonale.
'twill /twɪl/ *contraz. di* **it will**.
twin /twɪn/ ***A*** *a.* gemello: **t. brothers**, fratelli gemelli; **t. beds**, letti gemelli • **t.-bedded room**, camera a due letti □ (*aeron.*) **t.-jet**, bireattore □ **t. set**, completo in lana a due pezzi; twin set □ **t. towns**, città gemellate ***B*** *n.* gemello (-a).
to **twin** /twɪn/ ***A*** *v. i.* ***1*** accoppiarsi ***2*** (*di città*) gemellarsi ***B*** *v. t.* ***1*** accoppiare ***2*** gemellare (*città*).
twine /twaɪn/ *n.* cordicella; funicella; spago.
to **twine** /twaɪn/ ***A*** *v. t.* ***1*** attorcigliare; avvolgere; torcere ***2*** intrecciare; intessere ***B*** *v. i.* attorcigliarsi; avvilupparsi.
twinge /twɪndʒ/ *n.* dolore lancinante; fitta acuta • **t. of conscience**, rimorso.
twinkle /ˈtwɪŋkl/ *n.* Ⓤ scintillio; luccichio • (*fam.*) **to be a t. in one's father's eye**, essere ancora nel mondo della luna □ **with a t. (in one's eye)**, con sguardo divertito; ammiccando.
to **twinkle** /ˈtwɪŋkl/ *v. i.* ***1*** scintillare; luccicare ***2*** (*di occhi*) brillare (*di divertimento, piacere*); ammiccare.
twinkling /ˈtwɪŋklɪŋ, -kəl-/ ***A*** *a.* scintillante; luccicante ***B*** *n.* attimo; istante • **in the t. of an eye** (*o* **in a t.**), in un batter d'occhio.
twinning /twɪnaŋ/ *n.* gemellaggio (*tra città*).
twirl /twɜːl/ *n.* ***1*** piroetta; mulinello ***2*** ghirigoro.
to **twirl** /twɜːl/ ***A*** *v. t.* ***1*** far girare; roteare; mulinare ***2*** arricciare, torcere (*i baffi*) ***B*** *v. i.* piroettare; roteare.
twist /twɪst/ *n.* ***1*** torsione; contorsione ***2*** piega (*in una fune*) ***3*** tornante; curva; ansa (*di fiume*): **a road full of twists and turns**, una strada tutta curve ***4*** piega; sviluppo imprevisto (*in una trama*): **to give st. a humorous t.**, dare a q.c. una piega umoristica ***5*** Ⓒ *e* Ⓤ filo ritorto; cordoncino ***6*** treccia (*di pane*) ***7*** Ⓤ (*ind. tess.*) torcitura ***8*** (*med.*) distorsione; storta ***9*** (*biliardo, USA*) effetto ***10*** twist (*ballo*) • **t. of fate**, capriccio del destino □ **t. of lemon**, scorzetta di limone (*in un drink*) □ **t. of paper**, cartoccio □ **t. of smoke**, spirale (*o* voluta) di fumo □ **t. of tobacco**, treccia di tabacco □ (*fam. GB*) **round the t.**, matto; che dà i numeri.
to **twist** /twɪst/ ***A*** *v. t.* ***1*** torcere; contorcere; storcere; contrarre ***2*** intrecciare; attorcigliare; avvolgere; arrotolare: **to t. the strands of a rope**, intrecciare i trefoli di una fune; **to t. a ribbon round st.**, avvolgere un nastro intorno a q.c.; **to t. one's hair into a bun**, raccogliere i capelli in uno chignon ***3*** slogare; storcere: **to t. one's wrist**, slogarsi il polso ***4*** girare; ruotare; rigirare: **to t. a handle**, girare una maniglia; **to t. a ring round one's finger**, rigirare un anello intorno al dito ***5*** distorcere; travisare: **He twists everything I say**, travisa tutto quello che dico ***6*** (*mecc.*) sottoporre a torsione • **to t. sb.'s arm**, torcere il braccio a q.; (*fig.*) fare pressione su q. □ **to t. sb. round one's (little) finger**, rigirare q. come

si vuole **B** *v. i.* **1** contorcersi; storcersi; deformarsi; contrarsi **2** attorcigliarsi; avvolgersi **3** (*anche* **to t. and turn**) snodarsi; serpeggiare **4** roteare; ruotare **5** ballare il twist.
♦ **twist off** *v. t. + avv.* **1** spezzare (torcendo) **2** togliere (girando); svitare.
twisted /ˈtwɪstɪd/ *a.* **1** contorto; contratto; storto: **a face t. in pain**, un viso contratto dal dolore **2** ritorto: **t. thread**, filo ritorto **3** a spirale **4** (*di persona, di mente*) perverso ● (*telef.*) **t. pair**, doppino.
twister /ˈtwɪstə(r)/ *n.* **1** (*fam.*) imbroglione **2** (*USA*) tromba d'aria; tornado.
twist-tie /ˈtwɪst-taɪ/ *n.* laccetto metallico.
twisty /ˈtwɪstɪ/ *a.* serpeggiante; tortuoso.
twit /twɪt/ *n.* (*fam.*) scemo (-a); fesso (-a).
twitch /twɪtʃ/ *n.* **1** contrazione; tic **2** tiratina; strappo **3** fitta.
to **twitch** /twɪtʃ/ **A** *v. i.* **1** contrarsi; avere uno spasmo **2** avere un tic **3** essere irrequieto **B** *v. t.* **1** tirare; strappare: **to t. sb.'s sleeve**, tirare q. per la manica **2** drizzare (*le orecchie, la coda*).
twitchy /ˈtwɪtʃɪ/ *a.* (*fam.*) nervoso; agitato; sulle spine.
twitter /ˈtwɪtə(r)/ *n.* **1** cinguettio **2** (*fam.*) agitazione; eccitazione; ansia: **to be in a t.**, essere tutto agitato; essere tutto eccitato.
to **twitter** /ˈtwɪtə(r)/ *v. i.* cinguettare.
'twixt /twɪkst/ *contraz. antiq. di* **betwixt**.
two /tuː/ *a. e n.* due: **one or two books**, un libro o due; qualche libro ● (*pop. USA*) **two-bit**, da quattro soldi □ **two by two**, a due a due □ **two-dimensional**, bidimensionale □ **two-edged**, a doppio taglio (*anche fig.*) □ **two-faced**, doppio; insincero □ **two-handed**, a due mani □ **two-handed game**, partita a due □ **two-handed saw**, sega a due mani □ **two-headed**, bicipite; a due teste □ **two-legged**, bipede □ (*polit.*) **two-party system**, bipartitismo □ **two piece**, tailleur □ **two-piece suit**, completo □ (*elettr.*) **two-pin plug**, presa bipolare □ **two-ply**, (*di filo, fune*) a due capi; (*di fazzoletto di carta*) a doppio spessore, doppio □ **two-seater**, (*autom.*) vettura a due posti; (*aeron.*) biposto □ **two-sided question**, problema che ha due aspetti □ **two-step**, passo doppio (*musica e ballo*) □ **two-way**, (*di strada*) a doppio senso; (*di radio*) ricetrasmittente; (*elettr.*) bipolare; (*elab.*) a due vie, bidirezionale □ **Two can play at that game**, posso fare altrettanto! □ **That makes two of us**, anch'io!; siamo in due! □ (*USA*) **He had to put in his two cents' worth**, ha dovuto dire la sua! □ **to put two and two together**, trarre le conseguenze logiche; fare due più due; tirare le somme □ **to walk in twos**, camminare a due a due (*o* per due).
twofold /ˈtuːfəʊld/ *a.* **1** duplice **2** doppio.
twopence /ˈtʌpəns, ˈtuːpɛns/ *n.* (valore di) due pence.
twopenny /ˈtʌpnɪ, ˈtuːpɛnɪ/ *a.* **1** da due pence **2** da quattro soldi; di nessun valore; dozzinale.
twosome /ˈtuːsəm/ *n.* coppia.
to **two-time** /ˈtuːtaɪm/ *v. t.* (*fam.*) tradire; mettere le corna a.
'twould /twʊd, twəd/ *contraz. poet. di* **it would**.
tycoon /taɪˈkuːn/ *n.* capitano di industria; magnate.
tyke /taɪk/ *n.* monello; birbante.
tympanum /ˈtɪmpənəm/ *n.* (*pl.* **tympana** /-nə/, **tympanums**) (*anat., archit.*) timpano.
type /taɪp/ *n.* **1** tipo; esemplare; modello **2** tipo; genere; specie: **men of this t.**, uomini di questo genere; **a new t. of screwdriver**, un nuovo tipo di cacciavite; **a chalet-t. house**, una casa tipo chalet **3** (*fam.*) tipo; individuo: **He's an odd t.**, è un tipo un po' strano; **She's not my t.**, non è il mio tipo **4** Ⓤ e Ⓒ (*tipogr.*) carattere, caratteri: **printed in large t.**, stampato in caratteri grandi ● (*tipogr.*) **t. size**, corpo □ **to conform to t.**, essere tipico di □ (*biol.*) **to deviate from t.**, essere atipico □ (*tipogr.*) **to set up in t.**, comporre.
to **type** /taɪp/ **A** *v. t.* battere (a macchina); dattilografare **B** *v. i.* battere a macchina; dattilografare.
♦ **type in** *v. t. + avv.* inserire, aggiungere (*in un dattiloscritto*).
♦ **type out**, to **type up** *v. t. + avv.* battere (a macchina).
to **typecast** /ˈtaɪpkɑːst, *USA* -æst/ (*pass. e p.p.* **typecast**) *v. t.* dare a un ruolo caratteristico (*un attore*): **She's always t. as the dumb blonde**, fa sempre la parte dell'oca bionda.
typeface /ˈtaɪpfeɪs/ *n.* (*tipogr.*) **1** occhio **2** carattere.
typescript /ˈtaɪpskrɪpt/ *n.* dattiloscritto.
typesetter /ˈtaɪpsɛtə(r)/ *n.* (*tipogr.*) **1** compositore **2** compositrice (*macchina*).
typesetting /ˈtaɪpsɛtɪŋ/ *n.* (*tipogr.*) composizione.
to **typewrite** /ˈtaɪpraɪt/ (*pass.* **typewrote**, *p.p.* **typewritten**) *v. t. e i.* scrivere a macchina; dattilografare.
typewriter /ˈtaɪpraɪtə(r)/ *n.* macchina per scrivere.
typewriting /ˈtaɪpraɪtɪŋ/ *n.* Ⓤ dattilografia.
typewritten /ˈtaɪprɪtn/ **A** *p.p. di* **to typewrite** **B** *a.* dattiloscritto; battuto a macchina.
typewrote /ˈtaɪprəʊt/ *pass. di* **to typewrite**.
typhoid /ˈtaɪfɔɪd/ (*med.*) **A** *a.* tifoideo **B** *n.* Ⓤ febbre tifoide.
typhoidal /taɪˈfɔɪdl/ *a.* (*med.*) tifoideo; della febbre tifoide.
typhoon /taɪˈfuːn/ *n.* tifone.
typhus /ˈtaɪfəs/ *n.* Ⓤ (*med.*) tifo.
typical /ˈtɪpɪkl/ *a.* tipico; caratteristico.
typically /ˈtɪpɪklɪ/ *avv.* **1** tipicamente **2** come al solito **3** generalmente.
to **typify** /ˈtɪpɪfaɪ/ *v. t.* **1** caratterizzare; essere tipico di **2** rappresentare; simboleggiare.
typing /ˈtaɪpɪŋ/ *n.* Ⓤ lo scrivere a macchina; dattilografia ● **t. mistake**, errore di battitura □ **t. pool**, stanza delle dattilografe.
typist /ˈtaɪpɪst/ *n.* dattilografo (-a).
typo /ˈtaɪpəʊ/ *n.* (*pl.* **typos**) (*fam.*) errore di stampa; refuso.
typographer /taɪˈpɒgrəfə(r)/ *n.* tipografo.
typographical /taɪpəˈgræfɪkl/ *a.* tipografico.
typography /taɪˈpɒgrəfɪ/ *n.* Ⓤ tipografia.
typology /taɪˈpɒlədʒɪ/ *n.* Ⓤ tipologia.
tyrannical /tɪˈrænɪkl/ *a.* tirannico.
to **tyrannize**, (*GB anche*) to **tyrannise** /ˈtɪrənaɪz/ *v. t.* tiranneggiare.
tyrannosaurus /tɪrænəˈsɔːrəs/ *n.* (*paleont.*) tirannosauro.
tyrannous /ˈtɪrənəs/ *a.* (*form.*) tirannico.
tyranny /ˈtɪrənɪ/ *n.* Ⓤ tirannia; tirannide.
tyrant /ˈtaɪərənt/ *n.* tiranno.
tyre /ˈtaɪə(r)/ *n.* **1** pneumatico; gomma; copertone **2** cerchione (*di ruota di carro*) ● **t. chains**, catene da neve □ **to get a flat t.**, bucare una gomma; forare.
tyro /ˈtaɪərəʊ/ *V.* **tiro**.
Tyrolean /tɪrəˈliːən/ *a. e n.* tirolese.
Tyrrhenian /tɪˈriːnɪən/ *a. e n.* (*geogr.*) tirreno; tirrenico.
tzar /tsɑː(r), ˈz-/, **tzarina** /tsɑːˈriːnə, z-/ *V.* **tsar, tsarina**.
tzetze-fly /ˈtsɛtsɪflaɪ/ *n.* (*zool.*) mosca tse-tse.

u, U

U, u /juː/ *n.* (*pl.* **U's, u's**; **Us, us**) U, u • (*naut. mil.*) **U-boat**, sottomarino tedesco; U-boot □ (*telef.*) **u for uncle**, u come Udine □ (*autom.*) **U-turn**, inversione a U; (*fam.*) svolta radicale, dietrofront.
ubiquitous /juː'bɪkwɪtəs/ *a.* onnipresente; che ha il dono dell'ubiquità.
ubiquity /juː'bɪkwətɪ/ *n.* 🅄 ubiquità; onnipresenza.
udder /'ʌdə(r)/ *n.* mammella, poppa (*di femmina di animale*).
UFO /'juːfəʊ, juːef'əʊ/ *n.* (*pl.* **UFO's, UFOs**) (*acronimo di* **unidentified flying object**) ufo; disco volante.
ufologist /juː'fɒlədʒɪst/ *n.* ufologo (-a).
ufology /juː'fɒlədʒɪ/ *n.* 🅄 ufologia.
ugh /ʌx, ʊx, ʌg/ *inter.* (*di disgusto*) uh!; puh!; puah!
ugliness /'ʌglɪnəs/ *n.* 🅄 bruttezza.
ugly /'ʌglɪ/ *a.* ***1*** brutto (*da vedere*): **an u. building**, un brutto edificio; **an u. wound**, una brutta ferita ***2*** brutto; sgradevole; minaccioso: **Things might get u.**, le cose potrebbero mettersi male; **an u. atmosphere**, un'atmosfera piena di minaccia • (*fam.*) **an u. customer**, un tipaccio □ **u. duckling**, brutto anatroccolo □ **as u. as sin**, brutto come il peccato.
Ukrainian /juː'kreɪnɪən, *USA* -eɪ-, -aɪ-/ *a. e n.* ucraino.
ukulele /juːkə'leɪlɪ, *USA* juː-, uː-/ *n.* (*mus.*) ukulele.
ulcer /'ʌlsə(r)/ *n.* (*med.*) ulcera.
to **ulcerate** /'ʌlsəreɪt/ (*med.*) ***A*** *v. t.* ulcerare ***B*** *v. i.* ulcerarsi.
ulceration /ʌlsə'reɪʃn/ *n.* 🅄 (*med.*) ulcerazione.
ulcerous /'ʌlsərəs/ *a.* (*med.*) ulceroso.
ullage /'ʌlɪdʒ/ *n.* 🅄 (*comm.*) calo; colaggio; quantità mancante (*in barili, botti, ecc.*).
ulna /'ʌlnə/ *n.* (*pl.* **ulnae** /-niː/, **ulnas**) (*anat.*) ulna.
ulterior /ʌl'tɪərɪə(r)/ *a.* segreto; nascosto: **u. motive**, secondo fine. ATTENZIONE: **ulterior** ≠ ulteriore.
ultimate /'ʌltɪmət/ *a.* ***1*** finale; definitivo; ultimo ***2*** basilare; fondamentale; primo: **the u. cause**, la causa prima ***3*** massimo; estremo.
ultimately /'ʌltɪmətlɪ/ *avv.* in definitiva; in ultima analisi. ATTENZIONE: **ultimately** ≠ ultimamente.
ultimatum /ʌltɪ'meɪtəm/ *n.* (*pl.* **ultimata** /-tə/, **ultimatums**) ultimatum.
ultra /'ʌltrə/ *n.* estremista; oltranzista; ultrà.
ultrahigh /ʌltrə'haɪ/ *a.* (*radio, TV*) ultra-alto.
ultramarine /ʌltrəmə'riːn/ ***A*** *a.* (color) oltremare ***B*** *n.* azzurro oltremarino.
ultrasonic /ʌltrə'sɒnɪk/ *a.* ***1*** (*fis.*) ultrasonico; supersonico ***2*** a ultrasuoni.
ultrasound /'ʌltrəsaʊnd/ *n.* ultrasuono • **u. scanning** (*o* **scan**), ecografia.
ultraviolet /ʌltrə'vaɪələt/ *a.* ***1*** (*fis.*) ultravioletto ***2*** a raggi ultravioletti.
umber /'ʌmbə(r)/ (*pitt.*) ***A*** *n.* 🅄 terra d'ombra ***B*** *a.* color terra d'ombra.
umbilical /ʌm'bɪlɪkl, ʌmbɪ'laɪkl/ *a.* (*anat.*) ombelicale: **u. cord**, cordone ombelicale.
umbra /'ʌmbrə/ *n.* (*pl.* **umbrae** /-briː/, **umbras**) (*astron.*) cono d'ombra (*in un'eclissi*).
umbrage /'ʌmbrɪdʒ/ *n.* 🅄 — **to take u. (at)**, adombrarsi (per).
umbrella /ʌm'brelə/ *n.* ***1*** ombrello ***2*** (*aeron. mil.*) ombrello aereo ***3*** protezione • **u. organization**, organizzazione che raccoglie sotto di sé altre organizzazioni □ **u. stand**, portaombrelli.
Umbrian /'ʌmbrɪən/ *a. e n.* umbro.
umpire /'ʌmpaɪə(r)/ *n.* (*leg., sport*) arbitro.
to **umpire** /'ʌmpaɪə(r)/ *v. t. e i.* (*leg., sport*) arbitrare; fare da arbitro.
umpteen /ʌmp'tiːn/ *a.* (*fam.*) un'infinità di; un sacco di.
umpteenth /ʌmp'tiːnθ/ *a.* (*fam.*) ennesimo.

'un /ən/ *pron.* (*fam. per* **one**) — **He's just a young 'un**, è ancora un ragazzino; **He's a bad 'un**, è un tipaccio; **That's a good 'un!**, questa è buona!
unabashed /ʌnə'bæʃt/ *a.* imperturbato; imperterrito.
unabated /ʌnə'beɪtɪd/ *a.* non diminuito; non mitigato: **to continue u.**, continuare senza tregua.
unable /ʌn'eɪbl/ *a.* incapace; inabile: **Unfortunately I'm u. to come**, purtroppo non posso (*o* non mi è possibile) venire; **He's u. to see the difference**, è incapace di (*o* non riesce a) vedere la differenza.
unabridged /ʌnə'brɪdʒd/ *a.* integrale; completo: **u. edition**, edizione integrale.
unaccented /ʌnæk'sentɪd, ʌn'æksε-/ *a.* (*fon.*) non accentato; atono.
unacceptable /ʌnək'septəbl/ *a.* inaccettabile.
unaccompanied /ʌnə'kʌmpənɪd/ *a.* ***1*** non accompagnato; solo; da solo ***2*** (*mus.*) senza accompagnamento.
unaccountable /ʌnə'kaʊntəbl/ *a.* ***1*** inesplicabile; inspiegabile ***2*** non responsabile.
unaccounted for /ʌnə'kaʊntɪdfɔː(r)/ *a.* ***1*** inspiegato ***2*** mancante; mancante all'appello.
unaccustomed /ʌnə'kʌstəmd/ *a.* ***1*** non abituato; non avvezzo ***2*** inconsueto; insolito; inusitato.
unacknowledged /ʌnək'nɒlɪdʒd/ *a.* ***1*** non riconosciuto ***2*** non ammesso; inconfessato ***3*** (*di lettera, ecc.*) senza risposta; inevaso (*bur.*).
unadopted /ʌnə'dɒptɪd/ *a.* ***1*** non adottato ***2*** (*di strada, viale, ecc., GB*) privato (*la cui manutenzione spetta a chi vi abita*).
unadorned /ʌnə'dɔːnd/ *a.* disadorno; privo di ornamenti.
unadulterated /ʌnə'dʌltəreɪtɪd/ *a.* ***1*** non sofisticato; puro ***2*** totale; bell'e buono: **u. nonsense**, sciocchezze belle e buone.
unadvised /ʌnəd'vaɪzd/ *a.* (*form.*) inconsulto; avventato; sconsiderato.
unaffected /ʌnə'fektɪd/ *a.* ***1*** non colpito: **We were u. by the strike**, non abbiamo risentito dello sciopero; **He went on speaking, totally u.**, continuò a parlare come se niente fosse ***2*** naturale; semplice; spontaneo.
unafraid /ʌnə'freɪd/ *a.* impavido; intrepido.
unaided /ʌn'eɪdɪd/ *a.* senza aiuto; da solo.
unalienable /ʌn'eɪlɪənəbl/ *a.* (*leg.*) inalienabile.
unalloyed /ʌnə'lɔɪd/ *a.* ***1*** (*di metallo, ecc.*) puro ***2*** schietto.
unalterable /ʌn'ɔːltərəbl/ *a.* inalterabile; immutabile.
unaltered /ʌn'ɔːltəd/ *a.* inalterato; immutato; costante.
unambiguous /ʌnæm'bɪgjʊəs/ *a.* inequivocabile; esplicito.
un-American /ʌnə'merɪkən/ *a.* ***1*** non americano ***2*** (*polit.*) antiamericano.
unanimity /juːnə'nɪmətɪ/ *n.* 🅄 unanimità.
unanimous /juː'nænɪməs/ *a.* unanime; concorde.
unanimously /juː'nænɪməslɪ/ *avv.* unanimemente; all'unanimità.
unannounced /ʌnə'naʊnst/ *a.* non annunciato; senza preavviso; imprevisto; improvviso.
unanswerable /ʌn'ɑːnsərəbl, *USA* ʌn'æn-/ *a.* ***1*** (*di domanda*) a cui non c'è risposta; senza risposta ***2*** incontestabile; innegabile; irrefutabile.
unanswered /ʌn'ɑːnsəd, *USA* ʌn'æn-/ *a.* senza risposta; inevaso (*bur.*): **to go u.**, restare senza risposta.
unappealing /ʌnə'piːlɪŋ/ *a.* poco attraente; poco invitante; poco allettante.
unappetizing /ʌn'æpɪtaɪzɪŋ/ *a.* poco appetitoso; poco allettante.
unappreciative /ʌnə'priːʃətɪv, *USA* -ʃɪeɪtɪv/ *a.* ***1*** che non sa apprezzare ***2*** poco grato.
unapproachable /ʌnə'prəʊtʃəbl/ *a.* inaccessibile; inaccostabile; inavvicinabile.

unarguable /ʌn'ɑːgjʊəbl/ *a.* incontestabile; indiscutibile.
to **unarm** /ʌn'ɑːm/ *v. t.* disarmare.
unarmed /ʌn'ɑːmd/ *a.* disarmato; inerme • **u. combat**, lotta senz'armi.
unashamed /ʌnə'ʃeɪmd/ *a.* senza vergogna; spudorato.
unasked /ʌn'ɑːskt, -st, *USA* -'æs-/ *a.* *1* non richiesto; spontaneo *2* senza invito • **to do st. u.**, fare q.c. di propria iniziativa.
unassisted /ʌnə'sɪstɪd/ *n.* non assistito; senza aiuto; fatto da solo.
unassuming /ʌnə'suːmɪŋ, -'sjuː-/ *a.* senza pretese; modesto; alla buona.
unattached /ʌnə'tætʃt/ *a.* *1* non sposato; libero *2* indipendente.
unattainable /ʌnə'teɪnəbl/ *a.* irraggiungibile; inaccessibile.
unattended /ʌnə'tɛndɪd/ *a.* *1* incustodito; senza sorveglianza *2* solo; senza scorta.
unattractive /ʌnə'træktɪv/ *a.* poco attraente; privo di attrattiva.
unauthorized /ʌn'ɔːθəraɪzd/ *a.* non autorizzato; arbitrario; abusivo.
unavailable /ʌnə'veɪləbl/ *a.* *1* non disponibile *2* (*comm.*) non in vendita; esaurito.
unavailing /ʌnə'veɪlɪŋ/ *a.* inefficace; inutile; vano.
unavoidable /ʌnə'vɔɪdəbl/ *a.* inevitabile.
unaware /ʌnə'wɛə(r)/ *a. pred.* inconsapevole; ignaro: **to be u. of st.**, essere ignaro di q.c.; ignorare q.c.
unawares /ʌnə'wɛəz/ *avv.* *1* inavvertitamente; involontariamente; senza volerlo *2* di sorpresa; alla sprovvista: **to take sb. u.**, cogliere q. alla sprovvista.
to **unbalance** /ʌn'bæləns/ *v. t.* *1* sbilanciare; squilibrare; alterare l'equilibrio di *2* (*psic.*) alterare l'equilibrio mentale di.
unbalanced /ʌn'bælənst/ *a.* (*anche psic.*) non equilibrato; squilibrato.
unbearable /ʌn'bɛərəbl/ *a.* insopportabile; intollerabile.
unbeatable /ʌn'biːtəbl/ *a.* imbattibile; insuperabile.
unbeaten /ʌn'biːtn/ *a.* non battuto; insuperato.
unbecoming /ʌnbɪ'kʌmɪŋ/, **unbefitting** /ʌnbɪ'fɪtɪŋ/ *a.* *1* sconveniente; indecoroso; disdicevole *2* inadatto; che non sta bene.
unbeknownst /ʌnbɪ'nəʊnst/ *a. e avv.* — **u. to**, all'insaputa di.
unbelievable /ʌnbɪ'liːvəbl/ *a.* incredibile.
unbeliever /ʌnbɪ'liːvə(r)/ *n.* incredulo (-a); miscredente.
unbend /ʌn'bɛnd/ (*pass. e p.p.* **unbent**) *A* *v. t.* *1* raddrizzare; distendere *2* (*naut.*) sciogliere (*una vela*); slegare (*una cima, ecc.*) *B* *v. i.* *1* raddrizzarsi; distendersi *2* farsi meno severo (*o* intransigente).
unbending /ʌn'bɛndɪŋ/ *a.* inflessibile; intransigente.
unbent /'ʌnbɛnt/ *pass. e p.p. di* **unbend**.
unbia(s)sed /ʌn'baɪəst/ *a.* imparziale; obiettivo.
unbidden /ʌn'bɪdn/ *a.* (*lett.*) *1* non richiesto; spontaneo *2* non invitato.
to **unbind** /ʌn'baɪnd/ (*pass. e p.p.* **unbound**) *v. t.* slegare; sciogliere.
unblemished /ʌn'blɛmɪʃt/ *a.* senza macchia; puro.
unblinking /ʌn'blɪŋkɪŋ/ *a.* impassibile.
to **unblock** /ʌn'blɒk/ *v. t.* sbloccare.
unblushing /ʌn'blʌʃɪŋ/ *a.* sfacciato; spudorato; svergognato.
to **unbolt** /ʌn'bəʊlt/ *v. t. e i.* *1* levare il catenaccio (a); aprire *2* (*mecc.*) sbullonare.
unborn /ʌn'bɔːn/ *a.* *1* non ancora nato *2* inesistente; di là da venire; futuro.
unbound /ʌn'baʊnd/ *A* *pass. e p.p. di* **to unbind** *B* *a.* *1* slegato; sciolto; libero *2* (*di libro*) non rilegato.
unbounded /ʌn'baʊndɪd/ *a.* *1* sconfinato; illimitato; infinito; smisurato *2* incontenibile; sfrenato.
unbowed /ʌn'baʊd/ *a.* *1* non curvo; non piegato *2* non domo; indomito.
unbreakable /ʌn'breɪkəbl/ *a.* infrangibile.
unbreathable /ʌn'briːðəbl/ *a.* irrespirabile.
unbridled /ʌn'braɪdld/ *a.* sbrigliato; sfrenato.
unbroken /ʌn'brəʊkən/ *a.* *1* non rotto; intatto *2* ininterrotto; continuo *3* (*di cavallo*) non domato *4* (*di primato*) insuperato.
to **unbuckle** /ʌn'bʌkl/ *v. t.* sfibbiare.
to **unburden** /ʌn'bɜːdn/ *A* *v. t.* alleggerire; sgravare; scaricare *B* to **unburden oneself** *v. rifl.* confidarsi; sfogarsi: **to u. oneself to sb.**, confidarsi con q.
unbusinesslike /ʌn'bɪznɪslaɪk/ *a.* *1* poco professionale; non conforme agli usi commerciali *2* inefficace; poco pratico.
to **unbutton** /ʌn'bʌtn/ *v. t.* sbottonare.
unbuttoned /ʌn'bʌtnd/ *a.* *1* sbottonato *2* rilassato; a proprio agio.
uncalled-for /ʌn'kɔːldfɔː(r)/ *a.* fuori luogo; gratuito.
uncanny /ʌn'kænɪ/ *a.* strano; misterioso; inquietante.
uncared-for /ʌn'kɛədfɔː(r)/ *a.* negletto; trascurato.
uncaring /ʌn'kɛərɪŋ/ *a.* insensibile; indifferente.
unceasing /ʌn'siːsɪŋ/ *a.* (*form.*) incessante; continuo.
unceremonious /ʌnsɛrə'məʊnɪəs/ *a.* *1* senza cerimonie; alla buona *2* poco cerimonioso; sbrigativo; spicciativo.
uncertain /ʌn'sɜːtn/ *a.* *1* incerto; malsicuro; dubbio *2* indeciso; incerto; dubbioso: **I am u. whether to go or not**, sono indeciso se andare o no *3* (*del tempo*) incerto; mutevole *4* imprecisato: **a lady of u. age**, una signora di età imprecisata.
uncertainty /ʌn'sɜːtntɪ/ *n.* Ⓤ *e* Ⓒ incertezza; dubbio.
to **unchain** /ʌn'tʃeɪn/ *v. t.* sciogliere dalle catene; liberare.
unchallenged /ʌn'tʃælɪndʒd/ *a.* incontestato • **to go u.**, (*di un'accusa, ecc.*) non venire contestato.
unchanged /ʌn'tʃeɪndʒd/ *a.* immutato; invariato.
unchanging /ʌn'tʃeɪndʒɪŋ/ *a.* immutabile; invariabile; costante.
uncharacteristic /ʌnkærəktə'rɪstɪk/ *a.* non caratteristico; atipico.
uncharitable /ʌn'tʃærɪtəbl/ *a.* poco gentile; poco generoso; duro.
uncharted /ʌn'tʃɑːtɪd/ *a.* *1* non segnato sulle carte *2* inesplorato.
unchecked /ʌn'tʃɛkt/ *a.* *1* incontrollato; senza freno *2* non verificato; non controllato.
unchristian /ʌn'krɪstʃən/ *a.* poco cristiano; non caritatevole.
uncivil /ʌn'sɪvl/ *a.* maleducato; scortese; sgarbato.
uncivilized /ʌn'sɪvəlaɪzd/ *a.* incivile; barbaro; selvaggio.
unclaimed /ʌn'kleɪmd/ *a.* non reclamato; non ritirato.
unclassified /ʌn'klæsɪfaɪd/ *a.* *1* non classificato *2* (*di informazioni*) non riservato.
uncle /'ʌŋkl/ *n.* zio.
unclean /ʌn'kliːn/ *a.* *1* sporco; sudicio *2* immondo; impuro.
unclear /ʌn'klɪə(r)/ *a.* *1* poco chiaro *2* indistinto *3* incerto: **to be u. about** (*o* **as to**) **what to do**, essere incerto sul da farsi.
to **unclog** /ʌn'klɒg, *USA* -ɔːg/ *v. t.* sturare; stasare.
unclouded /ʌn'klaʊdɪd/ *a.* senza nuvole; sereno.
uncluttered /ʌn'klʌtəd/ *a.* sgombro.
to **uncoil** /ʌn'kɔɪl/ *A* *v. t.* svolgere; snodare *B* *v. i.* svolgersi; snodarsi.
uncombed /ʌn'kəʊmd/ *a.* *1* spettinato *2* (*di lana*) non pettinato.
uncomfortable /ʌn'kʌmfətəbl, -mft-/ *a.* *1* scomodo *2* a disagio: **to make sb. u.**, mettere a disagio q. *3* sgradevole; spiacevole • **to make things u. for sb.**, rendere la vita difficile a q.; dare delle noie a q.
uncommitted /ʌnkə'mɪtɪd/ *a.* non vincolato; non impegnato; libero; indipendente.
uncommon /ʌn'kɒmən/ *a.* non comune; raro; fuori del comune; singolare.
uncommonly /ʌn'kɒmənlɪ/ *avv.* (*form.*) molto; particolarmente: **That's u. kind of you**, lei è davvero molto gentile.
uncommunicative /ʌnkə'mjuːnɪkətɪv, *USA* -eɪtɪv/ *a.* chiuso; riservato; silenzioso; taciturno.
uncomplaining /ʌnkəm'pleɪnɪŋ/ *a.* che non si lamenta; paziente.
uncompleted /ʌnkəm'pliːtɪd/ *a.* *1* non finito *2* (*di modulo*) non riempito.
uncomplicated /ʌn'kɒmplɪkeɪtɪd/ *a.* semplice.
uncomplimentary /ʌnkɒmplɪ'mɛntrɪ/ *a.* poco complimentoso; poco lusinghiero.
uncompromising /ʌn'kɒmprəmaɪzɪŋ/ *a.* intransigente; inflessibile; irriducibile.
unconcealed /ʌnkən'siːld/ *a.* non celato; visibile.
unconcern /ʌnkən'sɜːn/ *n.* *1* indifferenza; noncuranza *2* tranquillità; serenità.
unconcerned /ʌnkən'sɜːnd/ *a.* *1* indifferente; noncurante *2* senza preoccupazioni; sereno • **to be u. with**, non occu-

parsi di; non curarsi di.
unconditional /ʌnkən'dɪʃənl/ *a.* incondizionato; senza riserve; pieno: **u. surrender**, resa incondizionata; **u. support**, pieno appoggio.
unconditioned /ʌnkən'dɪʃnd/ *a.* (*filos., scient.*) incondizionato; spontaneo.
unconfirmed /ʌnkən'fɜːmd/ *a.* non confermato.
uncongenial /ʌnkən'dʒiːnɪəl/ *a.* non congeniale; poco simpatico.
unconnected /ʌnkə'nɛktɪd/ *a.* ***1*** senza rapporto; senza connessione; separato ***2*** sconnesso; slegato ***3*** non imparentato.
unconquerable /ʌn'kɒŋkərəbl/ *a.* indomabile; invincibile.
unconquered /ʌn'kɒŋkəd/ *a.* indomito; invitto.
unconscionable /ʌn'kɒnʃnəbl/ *a.* (*form.*) irragionevole; eccessivo; esorbitante.
unconscious /ʌn'kɒnʃəs/ ***A*** *a.* ***1*** privo di sensi; svenuto ***2*** inconsapevole; ignaro ***3*** inconscio • **to become u.**, perdere conoscenza; svenire ***B*** *n.* — (*psic.*) **the u.**, l'inconscio.
unconsciousness /ʌn'kɒnʃəsnəs/ *n.* Ⓤ ***1*** inconsapevolezza; ignoranza ***2*** stato d'incoscienza.
unconstitutional /ʌnkɒnstɪ'tjuːʃənl, *USA* -'tuː-/ *a.* (*leg.*) incostituzionale.
unconstrained /ʌnkən'streɪnd/ *a.* ***1*** non costretto; libero ***2*** disinvolto; naturale; spontaneo • **u. freedom**, assoluta libertà.
uncontainable /ʌnkən'teɪnd/ *a.* incontenibile; irrefrenabile.
uncontaminated /ʌnkən'tæmɪneɪtɪd/ *a.* incontaminato.
uncontested /ʌnkən'tɛstɪd/ *a.* incontestato; incontrastato.
uncontrollable /ʌnkən'trəʊləbl/ *a.* ***1*** incontrollabile ***2*** irrefrenabile.
uncontrolled /ʌnkən'trəʊld/ *a.* ***1*** incontrollato; senza controllo ***2*** sfrenato; senza freno.
unconventional /ʌnkən'vɛnʃənl/ *a.* non convenzionale; anticonformista.
unconvinced /ʌnkən'vɪnst/ *a.* non convinto; non persuaso.
unconvincing /ʌnkən'vɪnsɪŋ/ *a.* poco convincente.
uncooked /ʌn'kʊkt/ *a.* non cucinato; crudo.
uncooperative /ʌnkəʊ'ɒprətɪv, *USA* -pəreɪtɪv/ *a.* che non vuole collaborare.
uncoordinated /ʌnkəʊ'ɔːdɪneɪtɪd/ *a.* scoordinato; goffo.
to **uncork** /ʌn'kɔːk/ *v. t.* stappare; sturare.
uncorroborated /ʌnkə'rɒbəreɪtɪd/ *a.* non convalidato; non comprovato; senza riscontri.
uncountable /ʌn'kaʊntəbl/ ***A*** *a.* ***1*** innumerevole; incalcolabile ***2*** non numerabile ***B*** *n.* (*gramm. ingl.*) sostantivo non numerabile.
to **uncouple** /ʌn'kʌpl/ *v. t.* (*ferr., mecc.*) staccare; sganciare.
uncouth /ʌn'kuːθ/ *a.* rozzo; maleducato.
uncouthness /ʌn'kuːθnəs/ *n.* Ⓤ rozzezza; maleducazione.
to **uncover** /ʌn'kʌvə(r)/ *v. t.* ***1*** scoprire; mettere a nudo; svelare ***2*** scoperchiare.
uncritical /ʌn'krɪtɪkl/ *a.* ***1*** privo di senso critico ***2*** acritico.
uncrossed /ʌn'krɒst, *USA* -ɔːst/ *a.* (*comm., di assegno*) non sbarrato.
unction /'ʌŋkʃn/ *n.* Ⓤ ***1*** (*relig.*) unzione: **Extreme U.**, Estrema Unzione ***2*** unzione; ipocrisia; mellifluità.
unctuous /'ʌŋktʃʊəs/ *a.* untuoso (*fig.*); mellifluo.
unctuousness /'ʌnktʃʊəsnəs/ *n.* untuosità (*fig.*); mellifluità.
uncultivated /ʌn'kʌltɪveɪtɪd/ *a.* (*di terreno e fig.*) incolto.
uncultured /ʌn'kʌltʃəd/ *a.* senza cultura; incolto.
uncut /ʌn'kʌt/ *a.* ***1*** (*specialm. di diamante*) non tagliato; intero ***2*** (*di libro*) intonso ***3*** (*di film, di romanzo*) in edizione integrale.
undamaged /ʌn'dæmɪdʒd/ *a.* in buono stato; indenne; intatto.
undaunted /ʌn'dɔːntɪd/ *a.* intrepido; imperterrito.
undecided /ʌndɪ'saɪdɪd/ *a.* ***1*** indeciso; incerto; irresoluto ***2*** non deciso; in sospeso; irrisolto.
undefeated /ʌndɪ'fiːtɪd/ *a.* imbattuto.
undefiled /ʌndɪ'faɪld/ *a.* (*specialm. lett.*) incorrotto; puro.
undefined /ʌndɪ'faɪnd/ *a.* indefinito; indeterminato.
undelivered /ʌndɪ'lɪvəd/ *a.* non consegnato; non recapitato.
undemanding /ʌndɪ'mɑːndɪŋ, *USA* -'mænd-/ *a.* ***1*** poco esigente ***2*** (*di compito*) poco impegnativo.
undemocratic /ʌndɛmə'krætɪk/ *a.* antidemocratico.
undemonstrative /ʌndɪ'mɒnstrətɪv, *USA* 'dɛmənstreɪtɪv/ *a.* non espansivo.
undeniable /ʌndɪ'naɪəbl/ *a.* innegabile; indiscutibile.
under /'ʌndə(r)/ ***A*** *prep.* ***1*** (*posizione, direzione, condizione*) sotto; sotto a: **u. the table**, sotto il tavolo; **u. water**, sott'acqua; **u. control**, sotto controllo; **u. anaesthetic**, sotto anestesia; **u. pain of death**, sotto pena di morte; **u. the reign of**, sotto il regno di; **He has three people working u. him**, tre persone lavorano sotto di lui ***2*** in; in corso di; in via di: **u. repair**, in riparazione; **u. discussion**, in discussione ***3*** meno di; sotto; al di sotto di: **It cannot be done for u. fifty pounds**, non lo si può fare per meno di cinquanta sterline; **to walk ten miles in u. two hours**, fare dieci miglia a piedi in meno di due ore; **children u. five years of age**, i bambini sotto i (*o* al di sotto dei) cinque anni ***4*** con; in; secondo: **u. these conditions**, in queste condizioni; **u. the terms of the contract**, secondo i termini del contratto; **u. the Official Secrets Act**, in base alla legge sul segreto di Stato • **u. one's breath**, sottovoce □ **u.-the-counter**, sottobanco □ (*fam.*) **u. the influence**, ubriaco □ **u. lock and key**, sottochiave, chiuso a chiave □ (*comm.*) **u. separate cover**, in plico a parte □ **u. way**, in atto; in corso; (*di veicolo*) in moto □ **to be u. no illusion**, non farsi illusioni □ **to be u. the impression that...**, avere l'impressione che... □ **to be u. an obligation to sb.**, essere in obbligo verso q. ***B*** *avv.* sotto; disotto • **to go u.**, fallire, soccombere; (*naut.*) colare a picco, affondare □ **children of ten and u.**, i bambini dai dieci anni in giù.
to **underachieve** /ʌndərə'tʃiːv/ *v. i.* ***1*** (*nel lavoro*) non rendere ***2*** (*a scuola*) non fare bene come si potrebbe.
underachiever /ʌndərə'tʃiːvə(r)/ *n.* ***1*** lavoratore che non rende ***2*** studente che potrebbe fare di più.
to **underact** /ʌndər'ækt/ *v. i. e t.* (*teatr.*) recitare sotto il rigo.
underage /ʌndər'eɪdʒ/ *a.* minorenne.
underarm /'ʌndərɑːm/ ***A*** *a.* ***1*** delle ascelle; per le ascelle; ascellare ***2*** (*sport*) dal basso (verso l'alto) ***B*** *avv.* (*sport*) dal basso (verso l'alto).
underbelly /'ʌndəbelɪ/ *n.* ***1*** (*zool.*) parte soffice del ventre ***2*** (*fig.*) ventre molle.
to **underbid** /ʌndə'bɪd/ (*pass. e p.p.* **underbid**) ***A*** *v. t.* (*comm.*) fare un'offerta inferiore a quella di ***B*** *v. i.* fare un'offerta troppo bassa.
underbrush /'ʌndəbrʌʃ/ *n.* (*USA*) sottobosco; boscaglia; arbusti.
undercarriage /'ʌndəkærɪdʒ/ *n.* ***1*** (*autom.*) telaio ***2*** (*aeron.*) carrello (di atterraggio).
to **undercharge** /ʌndə'tʃɑːdʒ/ *v. t.* far pagare meno del dovuto a.
underclass /ʌndə'klɑːs, *USA* -'klæs/ *n.* sottoproletariato.
underclothes /'ʌndəkləʊðz, -əʊz/ *n. pl.* biancheria intima.
underclothing /'ʌndəkləʊðɪŋ/ *n.* Ⓤ *V.* **underclothes**.
undercoat /'ʌndəkəʊt/ *n.* mano di fondo (*di vernice, pittura*).
undercover /ʌndə'kʌvə(r), 'ʌndəkʌvə(r)/ *a.* segreto; nascosto • **u. agent**, poliziotto travestito; infiltrato.
undercurrent /'ʌndəkʌrənt, *USA* -kɜː-/ *n.* ***1*** (*geogr.*) corrente sottomarina; sottocorrente ***2*** tendenza nascosta; vena nascosta.
undercut /ʌndə'kʌt, 'ʌndək-/ *n.* ***1*** Ⓤ (*macelleria*) filetto ***2*** (*sport*) taglio (*della palla*) dal di sotto; (*boxe*) undercut.
to **undercut** /ʌndə'kʌt/ (*pass. e p.p.* **undercut**) *v. t.* ***1*** (*comm.*) vendere a un prezzo inferiore a quello di ***2*** (*sport*) tagliare (*la palla*) dal di sotto.
underdeveloped /ʌndədɪ'vɛləpt/ *a.* (*econ.*) sottosviluppato.
underdog /'ʌndədɒg, *USA* -dɔːg/ *n.* (*fam.*) il più debole; chi ha la peggio.
underdone /ʌndə'dʌn/ *a.* (*di carne, ecc.*) poco cotto; al sangue.
underdressed /ʌndə'drɛst/ *a.* vestito in modo non adeguato.
underemployed /ʌndərɪm'plɔɪd/ *a.* sottoccupato.
underemployment /ʌndərɪm'plɔɪmənt/ *n.* Ⓤ (*econ.*) sottoccupazione.
underestimate /ʌndər'ɛstɪmət/ *n.* ***1*** valutazione inadeguata ***2*** (*comm.*) preventivo troppo basso.
to **underestimate** /ʌndər'ɛstɪmeɪt/ *v. t.* ***1*** sottovalutare ***2*** (*comm.*) fare un preventivo troppo basso per (*un lavoro*).
to **underexpose** /ʌndərɪk'spəʊz/ *v. t.* (*fotogr.*) sottoesporre.

underfed /ʌndə'fed/ *a.* denutrito.
underfelt /'ʌndəfelt/ *V.* **underlay**.
under-financed /ʌndə'faɪnænst/ *a.* sottofinanziato.
underfoot /ʌndə'fʊt/ *avv.* ***1*** sotto i piedi ***2*** fra i piedi.
to **underfund** /ʌndə'fʌnd/ *v. t.* non dare fondi sufficienti a; sovvenzionare inadeguatamente.
undergarment /'ʌndəgɑːmənt/ *n.* sottoveste; indumento intimo.
to **undergo** /ʌndə'gəʊ/ (*pass.* **underwent**, *p.p.* **undergone**) *v. t.* subire; soffrire; passare attraverso: **to u. a radical change**, subire un mutamento radicale; **to u. an operation**, subire un intervento; essere operato; **to u. training**, essere sottoposto ad addestramento.
undergone /ʌndə'gɒn/ *p.p. di* **undergo**.
undergraduate /ʌndə'grædʒʊət/ *n.* studente universitario; studentessa universitaria.
underground ***A*** *avv.* /'ʌndə'graʊnd/ ***1*** sottoterra; nel sottosuolo ***2*** segretamente; di nascosto; nella clandestinità • **to go u.**, entrare in clandestinità ***B*** *a. attr.* /'ʌndəgraʊnd/ ***1*** sotterraneo: **u. passage**, passaggio sotterraneo; cunicolo ***2*** segreto; clandestino ***3*** (*arte, letter.*) underground ***C*** *n.* /'ʌndəgraʊnd/ ***1*** Ⓒ e Ⓤ (*GB*) metropolitana ***2*** (*polit.*) movimento clandestino; resistenza ***3*** (*arte, letter.*) underground.
undergrowth /'ʌndəgrəʊθ/ *n.* Ⓤ sottobosco; boscaglia; arbusti.
underhand /'ʌndəhænd/ ***A*** *a.* ***1*** poco onesto; poco pulito; subdolo ***2*** (*sport*) dal basso (verso l'alto); sottomano ***B*** *avv.* (*sport*) dal basso (verso l'alto); sottomano.
underhanded /'ʌndəhændɪd/ *V.* **underhand**, *A, def. 1.*
underlain /ʌndə'leɪn/ *p.p. di* **to underlie**.
underlay (1) /ʌndə'leɪ/ *pass. di* **to underlie**.
underlay (2) /'ʌndəleɪ/ *n.* ***1*** feltro (*o* strato di gomma) posto sotto la moquette ***2*** sottotappeto.
to **underlie** /ʌndə'laɪ/ (*pass.* **underlay**, *p.p.* **underlain**) *v. t.* essere alla base di; essere al fondo di.
to **underline** /ʌndə'laɪn/ *v. t.* ***1*** sottolineare ***2*** mettere in evidenza (*o* in risalto); sottolineare.
underling /'ʌndəlɪŋ/ *n.* subalterno; (*spreg.*) tirapiedi.
underlip /'ʌndəlɪp/ *n.* (*anat.*) labbro inferiore.
underlying /'ʌndəlaɪɪŋ/ *a.* ***1*** sottostante ***2*** di fondo: **u. cause**, causa di fondo; **an u. feeling of unease**, un disagio strisciante.
undermanned /ʌndə'mænd/ *a.* (*naut., aeron.*) con equipaggio insufficiente; (*di azienda, ecc.*) a corto di personale (*o* di manodopera).
undermentioned /ʌndə'menʃnd/ *a.* (*form.*) sottomenzionato.
to **undermine** /ʌndə'maɪn/ *v. t.* (*anche fig.*) minare.
underneath /ʌndə'niːθ/ ***A*** *avv.* sotto; al di sotto ***B*** *prep.* sotto; sotto a ***C*** *n.* (il) disotto.
undernourished /ʌndə'nʌrɪʃt, *USA* -ɜːr-/ *a.* denutrito.
underpaid /ʌndə'peɪd/ ***A*** *pass. e p.p. di* **to underpay** ***B*** *a.* mal pagato; mal retribuito; sottopagato.
underpants /'ʌndəpænts/ *n. pl.* mutande da uomo.
underpass /'ʌndəpɑːs, *USA* -pæs/ *n.* (*USA*) sottopassaggio.
to **underpay** /ʌndə'peɪ/ (*pass. e p.p.* **underpaid**) *v. t.* pagare poco; sottopagare.
to **underpin** /ʌndə'pɪn/ *v. t.* ***1*** (*ind. costr.*) puntellare ***2*** corroborare; sostenere.
to **underplay** /ʌndə'pleɪ/ *v. t.* ***1*** smorzare; sdrammatizzare; minimizzare ***2*** (*teatr.*) recitare sotto il rigo.
underpopulated /ʌndə'pɒpjʊleɪtɪd/ *a.* sottopopolato; scarsamente popolato.
underprivileged /ʌndə'prɪvəlɪdʒd/ *a.* bisognoso; svantaggiato • **the u.**, i diseredati.
underproduction /ʌndəprə'dʌkʃn/ *n.* Ⓤ (*econ.*) produzione insufficiente; sottoproduzione.
to **underrate** /ʌndə'reɪt/ *v. t.* sottovalutare.
to **underscore** /ʌndə'skɔː(r)/ *V.* **to underline**.
undersea /'ʌndəsiː/ *a. attr.* sottomarino.
undersecretary /ʌndə'sekrətrɪ, *USA* -terɪ/ *n.* (*polit.*) sottosegretario.
to **undersell** /ʌndə'sel/ (*pass. e p.p.* **undersold**) *v. t.* (*comm.*) ***1*** vendere sottocosto; svendere ***2*** vendere a un prezzo inferiore a quello di.
undersexed /ʌndə'sekst/ *a.* che ha scarsi stimoli sessuali.
undershirt /'ʌndəʃɜːt/ *n.* (*USA*) canottiera; maglietta.
underside /'ʌndəsaɪd/ *n.* parte inferiore; disotto.
to **undersign** /ʌndə'saɪn/ *v. t.* sottoscrivere; firmare in calce.
undersigned /ʌndə'saɪnd/ *a.* sottoscritto; firmato • **the u.**, il sottoscritto □ **I, the u.**, io sottoscritto □ **we, the u.**, i sottoscritti.
undersized /ʌndə'saɪzd/ *a.* ***1*** di misura (*o* statura) inferiore al normale ***2*** mingherlino; piccolo; stentato.
underskirt /'ʌndəskɜːt/ *n.* sottogonna.
undersoil /'ʌndəsɔɪl/ *n.* Ⓤ sottosuolo.
undersold /ʌndə'səʊld/ *pass. e p.p. di* **to undersell**.
understaffed /ʌndə'stɑːft, *USA* -æft/ *a.* che non ha personale sufficiente; a corto di personale.
to **understand** /ʌndə'stænd/ (*pass. e p.p.* **understood**) *v. t. e i.* ***1*** capire; comprendere: **to u. English**, capire l'inglese; **I don't u. him**, non lo capisco; **I can't u. twelve-tone music**, non capisco la musica dodecafonica; **to make oneself understood**, farsi capire ***2*** essere a conoscenza: **I u. he is about to leave the firm**, mi risulta che sta per lasciare la ditta ***3*** interpretare; intendere; arguire: **How am I to u. his silence?**, come devo interpretare il suo silenzio?; **Am I to u. you refuse to cooperate?**, devo concludere che non intendi cooperare? **It is understood that...**, resta inteso che..; **I understood that the matter was settled**, mi era parso di capire che la faccenda fosse stata sistemata ***4*** sottintendere: **The verb may be understood**, si può sottintendere il verbo • **to u. each other** (*o* **one another**), capirsi; andare d'accordo □ **He is understood to be living in France**, pare che viva (*o* a quanto risulta vivrebbe) in Francia □ **Is that understood?**, è chiaro? □ **to give sb. to u.**, lasciar intendere a q.
understandable /ʌndə'stændəbl/ *a.* comprensibile.
understanding (1) /ʌndə'stændɪŋ/ *n.* ***1*** Ⓤ intelligenza; intelletto ***2*** Ⓤ e Ⓒ comprensione; conoscenza: **I have little u. of economics**, capisco molto poco di economia; **according to my u. of the clause**, secondo la mia interpretazione della clausola ***3*** accordo; intesa: **to reach** (*o* **to come to**) **an u.**, raggiungere un accordo • **on the u. that**, con l'intesa che □ **on this u.**, a questa condizione; a questi patti.
understanding (2) /ʌndə'stændɪŋ/ *a.* comprensivo; indulgente.
to **understate** /ʌndə'steɪt/ *v. t.* attenuare; minimizzare.
understatement /ʌndə'steɪtmənt, 'ʌn-/ *n.* Ⓒ e Ⓤ affermazione attenuata; affermazione troppo modesta (*o* inadeguata); understatement.
understood /ʌndə'stʊd/ ***A*** *pass. e p.p. di* **to understand** ***B*** *a.* (*anche gramm.*) sottinteso.
understudy /'ʌndəstʌdɪ/ *n.* (*teatr.*) sostituto (-a).
to **understudy** /'ʌndəstʌdɪ/ *v. t.* (*teatr.*) ***1*** studiare (*una parte*) come sostituto ***2*** sostituire.
to **undertake** /ʌndə'teɪk/ (*pass.* **undertook**, *p.p.* **undertaken**) ***A*** *v. t.* ***1*** intraprendere; assumere: **to u. a journey**, intraprendere un viaggio; **to u. a responsibility**, assumersi una responsabilità ***2*** assumersi l'impegno (di); impegnarsi (a): **I can't u. to do that**, non posso impegnarmi a fare ciò • (*leg.*) **to u. legal proceedings against sb.**, procedere per vie legali contro q. ***B*** *v. i.* assicurare; garantire.
undertaken /ʌndə'teɪkn/ *p.p. di* **to undertake**.
undertaker /'ʌndəteɪkə(r)/ *n.* (*GB*) impresario di pompe funebri.
undertaking /ʌndə'teɪkɪŋ *nelle def. 1 e 2*, 'ʌndəteɪkɪŋ *nella def. 3*/ *n.* ***1*** impresa ***2*** impegno; promessa ***3*** Ⓤ pompe funebri.
underthings /'ʌndəθɪŋz/ *n. pl.* (*fam.*) biancheria intima (*da donna*).
undertone /'ʌndətəʊn/ *n.* ***1*** tono sommesso: **in an u.**, con tono sommesso; a bassa voce ***2*** sottofondo; vena; sfumatura.
undertook /ʌndə'tʊk/ *pass. di* **to undertake**.
undertow /'ʌndətəʊ/ *n.* (*naut.*) corrente di risacca; risucchio.
to **undervalue** /ʌndə'væljuː/ *v. t.* sottovalutare; svalutare; deprezzare.
underwater /ʌndə'wɔːtə(r), *USA* -'wɒt-/ ***A*** *a.* sott'acqua; subacqueo: **u. TV camera**, telecamera subacquea; **u. mask**, maschera da sub ***B*** *avv.* sott'acqua.
underwear /'ʌndəweə(r)/ *n.* Ⓤ biancheria intima.
underweight /'ʌndəweɪt/ *a.* ***1*** sotto il peso giusto ***2*** (*di persona*) sottopeso.
underwent /ʌndə'went/ *pass. di* **to undergo**.
underworld /'ʌndəwɜːld/ *n.* ***1*** inferi ***2*** malavita.

to **underwrite** /ʌndəˈraɪt/ (*pass.* **underwrote**, *p.p.* **underwritten**) ***A*** *v. t.* ***1*** (*fin.*) sottoscrivere; finanziare ***2*** (*ass.*) assicurare ***B*** *v. i.* fare l'assicuratore.
underwriter /ˈʌndəraɪtə(r)/ *n.* ***1*** (*fin.*) sottoscrittore; finanziatore ***2*** (*ass.*) assicuratore.
underwritten /ʌndəˈrɪtn/ *p.p. di* **to underwrite**.
underwrote /ʌndəˈrəʊt/ *pass. di* **to underwrite**.
undeserved /ʌndɪˈzɜːvd/ *a.* immeritato; ingiusto.
undeserving /ʌndɪˈzɜːvɪŋ/ *a.* immeritevole; indegno.
undesirable /ʌndɪˈzaɪərəbl/ ***A*** *a.* indesiderato; sgradito ***B*** *n.* persona indesiderabile.
undetected /ʌndɪˈtɛktɪd/ *a.* non individuato; inosservato.
undeterred /ʌndɪˈtɜːd/ *a.* imperterrito; imperturbato.
undeveloped /ʌndɪˈvɛləpt/ *a.* non sviluppato; (*di terreno*) non edificato.
undid /ʌnˈdɪd/ *pass. di* **to undo**.
undies /ˈʌndɪz/ *n. pl.* (*fam.*) biancheria intima (*da donna*).
undigested /ʌndaɪˈdʒɛstɪd, ʌndɪ-/ *a.* ***1*** non digerito ***2*** (*fig.*) non assimilato.
undignified /ʌnˈdɪgnɪfaɪd/ *a.* non dignitoso; poco decoroso; senza dignità.
undiluted /ʌndaɪˈluːtɪd, -ˈljuː-/ *a.* non diluito; puro; schietto.
undiplomatic /ʌndɪpləˈmætɪk/ *a.* privo di diplomazia; privo di tatto.
undischarged /ʌndɪsˈtʃɑːdʒd/ *a.* ***1*** (*fin., di debito*) non saldato; non liquidato ***2*** (*fin., di debitore, di fallito*) non riabilitato ***3*** (*di lavoro, compito*) incompiuto; non svolto.
undisciplined /ʌnˈdɪsəplɪnd/ *a.* indisciplinato.
undisclosed /ʌndɪsˈkləʊzd/ *a.* non svelato; nascosto; segreto.
undiscriminating /ʌndɪˈskrɪmɪneɪtɪŋ/ *a.* che non discrimina; che non distingue.
undisguised /ʌndɪsˈgaɪzd/ *a.* aperto (*fig.*); evidente; chiaro; manifesto.
undisputed /ʌndɪˈspjuːtɪd/ *a.* incontrastato; incontestato; indiscusso.
undistinguished /ʌndɪˈstɪŋgwɪʃt/ *a.* senza distinzione; comune.
undisturbed /ʌndɪˈstɜːbd/ *a.* imperturbato; calmo; tranquillo.
undivided /ʌndɪˈvaɪdɪd/ *a.* ***1*** indiviso ***2*** totale; completo.
to **undo** /ʌnˈduː/ (*pass.* **undid**, *p.p.* **undone**) *v. t.* ***1*** disfare; sciogliere; slacciare; slegare; sbottonare: **to u. a knot**, sciogliere un nodo; **to u. a parcel**, aprire un pacco ***2*** distruggere; mandare in rovina ***3*** sconvolgere; scioccare.
undoing /ʌnˈduːɪŋ/ *n.* 🅄 rovina; sfacelo.
undone /ʌnˈdʌn/ ***A*** *p.p. di* **to undo** ***B*** *a.* ***1*** incompiuto; non fatto ***2*** slacciato; slegato; sciolto • **to come u.**, sciogliersi; slacciarsi; slegarsi □ **to leave nothing u.**, non lasciar nulla di intentato □ **to leave st. u.**, tralasciare di fare q.c.
undoubted /ʌnˈdaʊtɪd/ *a.* indubbio; sicuro; certo.
undreamed-of /ʌnˈdriːmdɒv, *USA* -ʌv/, **undreamt-of** /ʌnˈdrɛmtɒv, *USA* -ʌv/ *a.* mai sognato; impensato.
undress /ʌnˈdrɛs/ *n.* 🅄 ***1*** — **in a state of u.**, svestito; nudo ***2*** (*mil.*) bassa uniforme; bassa tenuta.
to **undress** /ʌnˈdrɛs/ ***A*** *v. t.* spogliare; svestire ***B*** *v. i.* spogliarsi; svestirsi.
undressed /ʌnˈdrɛst/ *a.* ***1*** svestito ***2*** (*di pelle, cuoio, ecc.*) non conciato; greggio; grezzo ***3*** (*di ferita, ecc.*) non medicato • **to get u.**, svestirsi; spogliarsi.
undrinkable /ʌnˈdrɪŋkəbl/ *a.* imbevibile.
undue /ʌnˈdjuː, *USA* -ˈduː/ *a.* eccessivo; smoderato.
undulating /ˈʌndjʊleɪtɪŋ, *USA* -dʒʊ-/ *a.* ***1*** ondeggiante ***2*** ondulato.
undulation /ʌndjʊˈleɪʃn, *USA* -dʒʊ-/ *n.* ***1*** 🅄 ondulazione; ondeggiamento ***2*** (*fis.*) movimento ondulatorio ***3*** linea ondulata.
unduly /ʌnˈdjuːlɪ, *USA* -ˈduːlɪ/ *avv.* (*form.*) eccessivamente.
undying /ʌnˈdaɪɪŋ/ *a.* imperituro; eterno.
unearned /ʌnˈɜːnd/ *a.* ***1*** non guadagnato ***2*** immeritato • (*econ.*) **u. income**, reddito non da lavoro □ (*econ.*) **u. increment**, plusvalenza (*di beni immobili*) □ (*econ.*) **u. revenue**, reddito da capitale.
to **unearth** /ʌnˈɜːθ/ *v. t.* ***1*** dissotterrare ***2*** stanare (*una volpe, ecc.*) ***3*** portare alla luce; scoprire.
unearthly /ʌnˈɜːθlɪ/ *a.* ***1*** non terreno; soprannaturale ***2*** spettrale; misterioso ***3*** (*fam.*) assurdo; impossibile: **at an u. hour**, a un'ora impossibile.
unease /ʌnˈiːz/ *n.* 🅄 disagio; ansia; preoccupazione; tensione.
uneasiness /ʌnˈiːzɪnəs/ *n.* 🅄 ansia; inquietudine; turbamento.
uneasy /ʌnˈiːzɪ/ *a.* ansioso; inquieto; turbato.
uneatable /ʌnˈiːtəbl/ *a.* immangiabile.
uneconomic(al) /ʌniːkəˈnɒmɪk(l), ʌnɛk-/ *a.* ***1*** non economico; dispendioso ***2*** (*econ.*) antieconomico; improduttivo; (*di prezzo*) non remunerativo.
unedifying /ʌnˈɛdɪfaɪɪŋ/ *a.* non edificante; poco edificante.
uneducated /ʌnˈɛdʒʊkeɪtɪd/ *a.* senza istruzione; incolto.
unemotional /ʌnɪˈməʊʃənl/ *a.* impassibile; freddo.
unemployable /ʌnɪmˈplɔɪəbl/ *a. e n.* (persona) inabile al lavoro.
unemployed /ʌnɪmˈplɔɪd/ *a.* ***1*** (*econ.*) disoccupato ***2*** inutilizzato: **u. capital**, capitali inutilizzati • (*econ.*) **the u.**, i disoccupati.
unemployment /ʌnɪmˈplɔɪmənt/ *n.* 🅄 (*econ.*) disoccupazione • **u. benefit**, sussidio di disoccupazione.
unencumbered /ʌnɪnˈkʌmbəd/ *a.* ***1*** non ingombro; libero ***2*** (*leg.*) non gravato da ipoteche.
unending /ʌnˈɛndɪŋ/ *a.* senza fine; interminabile; eterno.
unenterprising /ʌnˈɛntəpraɪzɪŋ/ *a.* non intraprendente; senza iniziativa.
unenviable /ʌnˈɛnvɪəbl/ *a.* non (*o* poco) invidiabile.
unequal /ʌnˈiːkwəl/ *a.* ***1*** disuguale; ineguale; irregolare ***2*** impari ***3*** incapace; inadatto; non all'altezza: **to be u. to the task**, non essere all'altezza del compito.
unequalled /ʌnˈiːkwəld/ *a.* senza pari; incomparabile.
unequivocal /ʌnɪˈkwɪvəkl/ *a.* inequivocabile; chiaro; esplicito.
unerring /ʌnˈɜːrɪŋ/ *a.* infallibile; accurato; sicuro.
unescorted /ʌnɪˈskɔːtɪd/ *a.* non accompagnato; senza scorta; (da) solo.
unethical /ʌnˈɛθɪkl/ *a.* ***1*** immorale ***2*** contrario all'etica professionale.
uneven /ʌnˈiːvn/ *a.* ***1*** disuguale; ineguale; irregolare; discontinuo: **u. breathing**, respiro irregolare ***2*** non alla pari; sbilanciato ***3*** (*mat.*) dispari.
uneventful /ʌnɪˈvɛntfl/ *a.* tranquillo; calmo; monotono.
unexceptionable /ʌnɪkˈsɛpʃənəbl/ *a.* ineccepibile; irreprensibile.
unexceptional /ʌnɪkˈsɛpʃənl/ *a.* non eccezionale; comune; ordinario.
unexciting /ʌnɪkˈsaɪtɪŋ/ *a.* non entusiasmante; noioso.
unexpected /ʌnɪkˈspɛktɪd/ *a.* inaspettato; inatteso; imprevisto.
unexplored /ʌnɪkˈsplɔːd/ *a.* inesplorato.
unexpressed /ʌnɪkˈsprɛst/ *a.* non espresso; inespresso.
unexpurgated /ʌnˈɛkspəgeɪtɪd/ *a.* non espurgato; integrale.
unfailing /ʌnˈfeɪlɪŋ/ *a.* ***1*** immancabile ***2*** inesauribile.
unfair /ʌnˈfɛə(r)/ *a.* ***1*** ingiusto; iniquo; scorretto; sleale: (*leg., comm.*) **u. competition**, concorrenza sleale; **u. dismissal**, licenziamento senza giusta causa ***2*** (*sport*) irregolare.
unfairness /ʌnˈfɛənəs/ *n.* 🅄 ***1*** ingiustizia; iniquità; scorrettezza; slealtà ***2*** (*sport*) irregolarità.
unfaithful /ʌnˈfeɪθfl/ *a.* infedele.
unfaithfulness /ʌnˈfeɪθfʊlnəs/ *n.* 🅄 infedeltà.
unfaltering /ʌnˈfɔːltərɪŋ/ *a.* deciso; fermo; costante; risoluto.
unfamiliar /ʌnfəˈmɪlɪə(r)/ *a.* ***1*** poco familiare; estraneo; sconosciuto ***2*** (*pred.*) poco pratico; inesperto: **to be u. with st.**, essere inesperto di q.c.
unfashionable /ʌnˈfæʃnəbl/ *a.* fuori moda; non alla moda.
to **unfasten** /ʌnˈfɑːsn, *USA* -æsn/ *v. t.* slegare; sciogliere; slacciare.
unfathomable /ʌnˈfæðəməbl/ *a.* impenetrabile; imperscrutabile.
unfavourable /ʌnˈfeɪvərəbl/ *a.* ***1*** sfavorevole; non propizio; svantaggioso ***2*** contrario; negativo: **in an u. light**, in cattiva luce; **u. reviews**, recensioni negative.
unfeeling /ʌnˈfiːlɪŋ/ *a.* insensibile; crudele; duro.
unfettered /ʌnˈfɛtəd/ *a.* (*form. o lett.*) senza impedimenti; non intralciato; libero; spedito: **u. by regulations**, non intralciato da regolamenti.
unfinished /ʌnˈfɪnɪʃt/ *a.* ***1*** non finito; incompiuto; incompleto ***2*** (*ind.*) semilavorato.
unfit /ʌnˈfɪt/ *a.* ***1*** inadatto; non in grado (di); non idoneo;

inabile: **u. for service**, inabile al servizio *2* in cattive condizioni fisiche; malandato • (*sport, di campo*) **u. to play on**, inagibile; impraticabile.

unflagging /ʌnˈflæɡɪŋ/ *a.* indefesso; infaticabile; instancabile.

unflappable /ʌnˈflæpəbl/ *a.* (*fam.*) calmo; che non si scompone; imperturbabile.

unflattering /ʌnˈflætərɪŋ/ *a.* poco lusinghiero; che non dona.

unflinching /ʌnˈflɪntʃɪŋ/ *a.* risoluto; fermo • **u. courage**, coraggio indomito.

to **unfold** /ʌnˈfəʊld/ **A** *v. t.* *1* spiegare; stendere; distendere *2* esporre *3* rivelare; scoprire **B** *v. i.* *1* spiegarsi; stendersi *2* svolgersi.

unforeseen /ʌnfɔːˈsiːn/ *a.* imprevisto; inaspettato; inatteso.

unforgettable /ʌnfəˈɡɛtəbl/ *a.* indimenticabile.

unforgivable /ʌnfəˈɡɪvəbl/ *a.* imperdonabile.

unforgiving /ʌnfəˈɡɪvɪŋ/ *a.* implacabile; inesorabile.

unformatted /ʌnˈfɔːmætɪd/ *a.* (*elab.*) non formattato.

unfortunate /ʌnˈfɔːtʃənət/ **A** *a.* *1* sfortunato; sventurato; disgraziato; infelice *2* spiacevole; increscioso *3* inopportuno; infelice **B** *n.* sventurato (-a).

unfortunately /ʌnˈfɔːtʃənətlɪ/ *avv.* sfortunatamente; purtroppo; malauguratamente.

unfounded /ʌnˈfaʊndɪd/ *a.* infondato; senza fondamento; ingiustificato.

to **unfreeze** /ʌnˈfriːz/ (*pass.* **unfroze**, *p.p.* **unfrozen**) **A** *v. t.* *1* sgelare *2* (*fin.*) scongelare; liberalizzare; sbloccare; smobilizzare **B** *v. i.* sgelarsi.

unfrequented /ʌnfrɪˈkwɛntɪd/ *a.* poco frequentato; solitario.

unfriendliness /ʌnˈfrɛndlɪnəs/ *n.* ⓤ freddezza; ostilità; scortesia.

unfriendly /ʌnˈfrɛndlɪ/ *a.* scostante; freddo; ostile; scortese.

to **unfrock** /ʌnˈfrɒk/ *v. t.* sospendere (*un prete*) dalle sue funzioni; sospendere a divinis.

unfroze /ʌnˈfrəʊz/ *pass. di* **to unfreeze**.

unfrozen /ʌnˈfrəʊzn/ *p.p. di* **to unfreeze**.

unfulfilled /ʌnfʊlˈfɪld/ *a.* *1* inadempiuto; mancato; incompiuto *2* insoddisfatto; non realizzato; non avveratosi.

unfunded /ʌnˈfʌndɪd/ *a.* (*fin.*) non consolidato; fluttuante: **u. debt**, debito (pubblico) fluttuante.

to **unfurl** /ʌnˈfɜːl/ **A** *v. t.* spiegare: **to u. the sails**, spiegare le vele **B** *v. i.* (*di bandiera, vela*) spiegarsi.

unfurnished /ʌnˈfɜːnɪʃt/ *a.* non ammobiliato; senza mobili.

ungainly /ʌnˈɡeɪnlɪ/ *a.* goffo; sgraziato.

ungenerous /ʌnˈdʒɛnərəs/ *a.* ingeneroso; meschino.

ungentlemanly /ʌnˈdʒɛntlmənlɪ/ *a.* *1* sgarbato; scortese *2* indegno di un gentiluomo; non raffinato.

un-get-at-able /ʌnɡɛtˈætəbl/ *a.* (*fam.*) inaccessibile; irraggiungibile.

ungodly /ʌnˈɡɒdlɪ/ *a.* *1* (*lett.*) empio *2* (*fam.*) assurdo; impossibile: **an u. hour**, un'ora impossibile.

ungovernable /ʌnˈɡʌvənəbl/ *a.* indisciplinato; indocile; ribelle.

ungracious /ʌnˈɡreɪʃəs/ *a.* scortese; sgarbato; incivile.

ungrammatical /ʌnɡrəˈmætɪkl/ *a.* sgrammaticato; scorretto.

ungrateful /ʌnˈɡreɪtfl/ *a.* ingrato.

ungratefulness /ʌnˈɡreɪtfʊlnəs/ *n.* ⓤ ingratitudine.

ungrudging /ʌnˈɡrʌdʒɪŋ/ *a.* dato volentieri; generoso.

unguarded /ʌnˈɡɑːdɪd/ *a.* *1* indifeso; incustodito *2* avventato; incauto; imprudente.

unhampered /ʌnˈhæmpəd/ *a.* non impedito; non ostacolato; libero.

to **unhand** /ʌnˈhænd/ *v. t.* (*antiq. o scherz.*) togliere le mani di dosso a; lasciar andare.

unhappily /ʌnˈhæpɪlɪ/ *avv.* *1* tristemente; infelicemente *2* sfortunatamente; purtroppo.

unhappiness /ʌnˈhæpɪnəs/ *n.* ⓤ infelicità.

unhappy /ʌnˈhæpɪ/ *a.* *1* infelice *2* sfortunato; disgraziato *3* inopportuno; poco felice; infelice *4* scontento; insoddisfatto: **u. about** (*o* **at, with**) **st.**, scontento di q.c.

unharmed /ʌnˈhɑːmd/ *a.* incolume; illeso; sano e salvo.

unhealthy /ʌnˈhɛlθɪ/ *a.* *1* poco sano; malaticcio *2* insalubre; malsano *3* morboso.

unheard /ʌnˈhɜːd/ *a.* inascoltato: **to go u.**, restare inascoltato • **u.-of**, inaudito; incredibile; senza precedenti.

unheeded /ʌnˈhiːdɪd/ *a.* inascoltato; ignorato.

unhelpful /ʌnˈhɛlpfl/ *a.* *1* (*di persona*) poco disponibile *2* inutile; di nessun aiuto.

unhesitating /ʌnˈhɛzɪteɪtɪŋ/ *a.* deciso; fermo; pronto; risoluto.

unhesitatingly /ʌnˈhɛzɪteɪtɪŋlɪ/ *avv.* senza esitazione; senza esitare.

unhindered /ʌnˈhɪndəd/ *a.* non impedito; non ostacolato.

to **unhinge** /ʌnˈhɪndʒ/ *v. t.* *1* scardinare *2* sconvolgere; far impazzire.

unholy /ʌnˈhəʊlɪ/ *a.* *1* empio; profano; sacrilego *2* (*fam.*) tremendo; indecente; pazzesco.

to **unhook** /ʌnˈhʊk/ *v. t.* sganciare; slacciare (*un vestito*); staccare (*da un chiodo*).

unhoped-for /ʌnˈhəʊptfɔː(r)/ *a.* insperato; inaspettato.

to **unhorse** /ʌnˈhɔːs/ *v. t.* (*lett.*) disarcionare.

unhurried /ʌnˈhʌrɪd, *USA* -ɜːrɪd/ *a.* senza fretta; calmo; comodo.

unhurt /ʌnˈhɜːt/ *a.* incolume; illeso; sano e salvo.

unhygienic /ʌnhaɪˈdʒiːnɪk/ *a.* antigienico.

unicellular /juːnɪˈsɛljʊlə(r)/ *a.* (*biol.*) unicellulare • **u. animal**, protozoo.

unicorn /ˈjuːnɪkɔːn/ *n.* (*mitol.*) unicorno; liocorno.

unidentifiable /ʌnaɪˈdɛntɪfaɪəbl/ *a.* non identificabile.

unidentified /ʌnaɪˈdɛntɪfaɪd/ *a.* non identificato.

unification /juːnɪfɪˈkeɪʃn/ *n.* ⓤ *e* ⓒ unificazione.

unified /ˈjuːnɪfaɪd/ *a.* unificato.

uniform (1) /ˈjuːnɪfɔːm/ *a.* uniforme; invariabile; costante.

uniform (2) /ˈjuːnɪfɔːm/ *n.* ⓒ *e* ⓤ uniforme; divisa: **in u.**, in divisa; **in full u.**, in alta uniforme.

uniformed /ˈjuːnɪfɔːmd/ *a.* in uniforme; in divisa.

uniformity /juːnɪˈfɔːmətɪ/ *n.* ⓤ uniformità.

to **unify** /ˈjuːnɪfaɪ/ *v. t.* *1* unire; unificare *2* rendere uniforme.

unilateral /juːnɪˈlætərəl/ *a.* (*anche leg.*) unilaterale.

unilateralism /juːnɪˈlætərəlɪzəm/ *n.* ⓤ unilateralità.

unimaginable /ʌnɪˈmædʒɪnəbl/ *a.* inimmaginabile; inconcepibile.

unimaginative /ʌnɪˈmædʒɪnətɪv, *USA* -eɪtɪv/ *a.* senza fantasia; dotato di scarsa fantasia.

unimpaired /ʌnɪmˈpɛəd/ *a.* non danneggiato; indenne; intatto.

unimpeachable /ʌnɪmˈpiːtʃəbl/ *a.* (*form.*) *1* incensurabile; irreprensibile *2* incontestabile; inoppugnabile.

unimpeded /ʌnɪmˈpiːdɪd/ *a.* senza ostacoli.

unimportant /ʌnɪmˈpɔːtnt/ *a.* senza importanza; insignificante; trascurabile; senza valore.

unimpressed /ʌnɪmˈprɛst/ *a.* *1* non colpito; indifferente *2* non convinto.

unimpressive /ʌnɪmˈprɛsɪv/ *a.* *1* che non fa colpo; che lascia indifferente *2* che non convince; modesto.

uninhabitable /ʌnɪnˈhæbɪtəbl/ *a.* inabitabile.

uninhabited /ʌnɪnˈhæbɪtɪd/ *a.* inabitato; disabitato.

uninhibited /ʌnɪnˈhɪbɪtɪd/ *a.* *1* disinibito; senza inibizioni *2* sfrenato.

uninitiated /ʌnɪˈnɪʃɪeɪtɪd/ *n.* non iniziato; profano.

uninjured /ʌnˈɪndʒəd/ *a.* incolume; illeso; indenne.

uninspired /ʌnɪnˈspaɪəd/ *a.* piatto; prosaico; banale.

uninspiring /ʌnɪnˈspaɪərɪŋ/ *a.* poco stimolante; banale.

uninsured /ʌnɪnˈʃʊəd, -ˈʃɔːd/ *a.* (*ass.*) non assicurato.

unintelligible /ʌnɪnˈtɛlɪdʒəbl/ *a.* inintelligibile; incomprensibile.

unintentional /ʌnɪnˈtɛnʃənl/ *a.* non intenzionale; involontario; non voluto.

uninterested /ʌnˈɪntrəstɪd, *USA* -rɛs-/ *a.* non interessato; indifferente.

uninteresting /ʌnˈɪntrəstɪŋ, *USA* -rɛs-/ *a.* non interessante; privo di interesse.

uninterrupted /ʌnɪntəˈrʌptɪd/ *a.* ininterrotto; continuo.

uninvited /ʌnɪnˈvaɪtɪd/ *a.* non invitato; senza invito.

uninviting /ʌnɪnˈvaɪtɪŋ/ *a.* non invitante; non attraente; (*di cibo*) poco appetitoso, poco invitante.

union /ˈjuːnɪən/ *n.* *1* ⓤ unione; unificazione *2* (*anche* **trade(s) u.**) sindacato *3* (*polit.*) unione: **the Soviet U.**, l'Unione Sovietica *4* **— the Union**, gli Stati Uniti; (*stor.*) gli Stati del Nord (*durante la guerra di secessione*) *5* associazione; circolo *6* ⓤ armonia; concordia; accordo: **to live together in perfect u.**, vivere insieme d'amore e d'accordo *7* (*lett. o antiq.*) matrimonio; unione *8* (*mecc.*) giunto; raccordo • **u. card**, tessera del sindacato □ **the U. Jack**, la

bandiera britannica □ **u. militant**, attivista sindacale.
unionism /ˈjuːnɪənɪzəm/ *n.* [U] **1** (*anche* **trade u.**) sindacalismo **2** (*in G.B.*) unionismo (*movimento favorevole al mantenimento dell'unione fra la Gran Bretagna e l'Irlanda del Nord*).
unionist /ˈjuːnɪənɪst/ *n.* **1** sindacalista **2** (*in G.B.*) unionista (*sostenitore dell'unione fra la Gran Bretagna e l'Irlanda del Nord*).
to **unionize** /ˈjuːnɪənaɪz/ *v. t.* organizzare in un sindacato; sindacalizzare.
unique /juːˈniːk/ *a.* **1** unico; solo **2** (*fam.*) eccezionale.
uniqueness /juːˈniːknəs/ *n.* [U] unicità.
unisex /ˈjuːnɪsɛks/ *a. e n.* unisex.
unisexual /juːnɪˈsɛkʃʊəl/ *a.* (*biol.*) unisessuale.
unison /ˈjuːnɪsn/ (*mus.*) *n.* [U] **1** (*mus.*) unisono: **to sing in u.**, cantare all'unisono **2** unisono (*fig.*); accordo.
unit /ˈjuːnɪt/ *n.* **1** (*mat., fin., farm., ecc.*) unità: **u. of length**, unità di lunghezza; **monetary u.**, unità monetaria **2** (*mil.*) unità; reparto **3** (*med.*) reparto: **intensive care** (*o* **intensive therapy**) **u.**, reparto rianimazione **4** gruppo; équipe; unità **5** lezione; unità: **teaching u.**, unità didattica **6** (*econ.*) unità produttiva; azienda **7** elemento (componibile); modulo: **kitchen u.**, elemento (*o* modulo) per cucina • (*econ., comm.*) **u. price**, prezzo unitario □ (*fin.*) **u. trust**, fondo comune di investimento.
Unitarian /juːnɪˈtɛərɪən/ *n. e a.* (*relig.*) unitario; unitariano.
Unitarianism /juːnɪˈtɛərɪənɪzəm/ *n.* [U] (*relig.*) unitarismo; unitarianismo.
to **unite** /juːˈnaɪt/ **A** *v. t.* **1** unire **2** unificare **B** *v. i.* **1** unirsi **2** (*econ.*) fondersi.
united /juːˈnaɪtɪd/ *a.* unito • **the U. Kingdom**, il Regno Unito □ **the U. States**, gli Stati Uniti.
unity /ˈjuːnətɪ/ *n.* **1** [U] *e* [C] unità: **national u.**, l'unità nazionale **2** [U] armonia; concordia; accordo: **to live together in u.**, vivere insieme in buona armonia **3** [U] (*mat.*) (l') unità; (il) numero uno.
universal /juːnɪˈvɜːsl/ *a.* **1** universale **2** generale: **u. agreement**, accordo generale • (*mecc.*) **u. joint**, giunto universale (*o* cardanico).
universality /juːnɪvɜːˈsælətɪ/ *n.* [U] universalità.
universe /ˈjuːnɪvɜːs/ *n.* universo.
university /juːnɪˈvɜːsətɪ/ **A** *n.* università: **to go to u.**, andare all'università **B** *a. attr.* universitario: **u. student**, studente universitario; **u. degree**, laurea.
unjust /ʌnˈdʒʌst/ *a.* ingiusto; iniquo.
unjustifiable /ʌnˈdʒʌstɪfaɪəbl/ *a.* ingiustificabile.
unjustified /ʌnˈdʒʌstɪfaɪd/ *a.* ingiustificato.
unkempt /ʌnˈkɛmpt/ *a.* **1** trasandato; disordinato **2** (*di capelli*) scarmigliato, arruffato; (*di barba*) incolto.
unkind /ʌnˈkaɪnd/ *a.* **1** poco gentile; cattivo **2** crudele: **to be u. to animals**, essere crudele con gli animali.
unkindly /ʌnˈkaɪndlɪ/ *avv.* poco gentilmente; duramente; con cattiveria • **Don't take it u.**, non avertene a male.
unkindness /ʌnˈkaɪndnəs/ *n.* [U] durezza; cattiveria; crudeltà.
unknowable /ʌnˈnəʊəbl/ *a.* inconoscibile.
unknowing /ʌnˈnəʊɪŋ/ *a.* inconsapevole; ignaro.
unknowingly /ʌnˈnəʊɪŋlɪ/ *avv.* inconsapevolmente.
unknown /ʌnˈnəʊn/ **A** *a.* ignoto; sconosciuto • (*mat. e fig.*) **u. quantity**, incognita □ **the U. Soldier**, il Milite Ignoto **B** *n.* **1** sconosciuto (-a) **2** (l')ignoto.
unladylike /ʌnˈleɪdɪlaɪk/ *a.* indegno di una signora; poco decoroso.
unlawful /ʌnˈlɔːfl/ *a.* illegale; illecito; illegittimo.
unleaded /ʌnˈlɛdɪd/ *a.* (*di benzina*) senza piombo; verde.
to **unlearn** /ʌnˈlɜːn/ *v. t.* disimparare; dimenticare.
to **unleash** /ʌnˈliːʃ/ *v. t.* **1** sguinzagliare, slegare (*un cane, ecc.*) **2** scatenare; liberare.
unleavened /ʌnˈlɛvnd/ *a.* senza lievito; non lievitato; azzimo.
unless /ənˈlɛs/ *cong.* se non; a meno che; salvo che: **U. you give back the money, I'm going to the police**, se non mi restituisci i soldi, vado alla polizia • **u. otherwise stated**, salvo indicazione contraria □ **u. I'm mistaken**, se non mi sbaglio.
unlicensed /ʌnˈlaɪsnst/ *a.* **1** senza licenza **2** (*di locale*) non autorizzato alla vendita di alcolici.
unlike /ʌnˈlaɪk/ **A** *prep.* **1** diverso da; dissimile da: **He is quite u. his father**, è del tutto diverso da suo padre **2** non tipico di; non da: **It's u. him to be late**, non è da lui arrivare in ritardo **3** a differenza di; diversamente da **B** *a.* (*antiq. o lett.*) diversi (-e): **They're very u.**, sono completamente diversi.
unlikelihood /ʌnˈlaɪklɪhʊd/, **unlikeliness** /ʌnˈlaɪklɪnəs/ *n.* [U] improbabilità; inverosimiglianza.
unlikely /ʌnˈlaɪklɪ/ *a.* **1** improbabile; poco probabile: **They are u. to come**, è poco probabile che vengano; **in the u. event of a war**, se dovesse scoppiare una guerra, cosa peraltro assai improbabile **2** inverosimile.
unlimited /ʌnˈlɪmɪtɪd/ *a.* illimitato: **u. credit**, credito illimitato • (*fin.*) **u. partnership**, società a responsabilità illimitata.
unlined /ʌnˈlaɪnd/ *a.* **1** non foderato; sfoderato **2** (*di carta*) senza righe.
unlisted /ʌnˈlɪstɪd/ *a.* **1** (*Borsa*) non quotato **2** (*USA*) non sull'elenco telefonico.
to **unload** /ʌnˈləʊd/ *v. t.* **1** scaricare (*un carico, una nave, ecc.*) **2** scaricare, togliere i proiettili da (*un'arma*); togliere il rullino da (*una macchina fotografica*) **3** sgravare; sollevare **4** (*fin., comm.*) disfarsi di; vendere.
to **unlock** /ʌnˈlɒk/ *v. t.* **1** aprire (*con una chiave*) **2** rivelare, svelare (*un segreto, ecc.*) **3** (*mecc.*) sbloccare.
unlooked-for /ʌnˈlʊktfɔː(r)/ *a.* inatteso; impensato; imprevisto.
to **unloosen** /ʌnˈluːsn/ *v. t.* allentare; sciogliere.
unlovable /ʌnˈlʌvəbl/ *a.* antipatico; sgradevole.
unlovely /ʌnˈlʌvlɪ/ *a.* poco attraente; sgraziato; brutto.
unlucky /ʌnˈlʌkɪ/ *a.* **1** sfortunato; disgraziato; sventurato **2** malaugurato; nefasto; infelice.
unmade /ʌnˈmeɪd/ *a.* (*di letto*) disfatto; statto.
unmanageable /ʌnˈmænɪdʒəbl/ *a.* difficile da trattare; ingovernabile; ribelle.
unmanly /ʌnˈmænlɪ/ *a.* poco virile; non da uomo.
unmanned /ʌnˈmænd/ *a.* (*miss.*) senza equipaggio.
unmannerly /ʌnˈmænəlɪ/ *a.* grossolano; rozzo; scortese.
unmarked /ʌnˈmɑːkt/ *a.* non segnato; non contrassegnato • **u. police car**, auto civetta.
unmarketable /ʌnˈmɑːkɪtəbl/ *a.* (*comm.*) non commerciabile; invendibile.
unmarried /ʌnˈmærɪd/ *a.* non sposato; (*di uomo*) celibe; (*di donna*) nubile • **u. mother**, ragazza madre.
to **unmask** /ʌnˈmɑːsk, *USA* -æsk/ *v. t.* smascherare.
unmatched /ʌnˈmætʃt/ *a.* ineguagliato; senza pari.
unmentionable /ʌnˈmɛnʃənəbl/ *a.* innominabile.
unmerciful /ʌnˈmɜːsɪfl/ *a.* senza pietà; crudele; spietato.
unmindful /ʌnˈmaɪndfl/ *a.* (*form.*) incurante.
unmistakable /ʌnmɪˈsteɪkəbl/ *a.* inconfondibile; indubbio.
unmitigated /ʌnˈmɪtɪgeɪtɪd/ *a.* assoluto; totale: **an u. disaster**, un totale disastro.
unmolested /ʌnməˈlɛstɪd/ *a.* non molestato; indisturbato.
unmoved /ʌnˈmuːvd/ *a.* freddo; indifferente; impassibile.
unmusical /ʌnˈmjuːzɪkl/ *a.* **1** discordante; stonato **2** poco amante della musica.
unnamed /ʌnˈneɪmd/ *a.* innominato; anonimo.
unnatural /ʌnˈnætʃrəl/ *a.* **1** anormale; contro natura **2** snaturato; inumano; crudele.
unnaturally /ʌnˈnætʃrəlɪ/ *avv.* **1** in modo non naturale **2** stranamente; insolitamente • **not u.**, comprensibilmente.
unnecessary /ʌnˈnɛsəsrɪ, *USA* -serɪ/ *a.* non necessario; inutile; superfluo.
unneighbourly /ʌnˈneɪbəlɪ/ *a.* poco amichevole; scortese.
to **unnerve** /ʌnˈnɜːv/ *v. t.* turbare; sgomentare; spaventare.
unnerving /ʌnˈnɜːvɪŋ/ *a.* sgomentante; inquietante.
unnoticed /ʌnˈnəʊtɪst/ *a.* inosservato: **to pass u.**, passare inosservato.
unnumbered /ʌnˈnʌmbəd/ *a.* senza numero; non numerato.
unobjectionable /ʌnəbˈdʒɛkʃənəbl/ *a.* ineccepibile; irreprensibile.
unobservant /ʌnəbˈzɜːvənt/ *a.* che non ha spirito di osservazione; che è poco osservatore.
unobstructed /ʌnəbˈstrʌktɪd/ *a.* non ostruito; sgombro; libero.
unobtainable /ʌnəbˈteɪnəbl/ *a.* non ottenibile; irraggiungibile.
unobtrusive /ʌnəbˈtruːsɪv/ *a.* che non dà nell'occhio; discreto.
unoccupied /ʌnˈɒkjʊpaɪd/ *a.* **1** libero; senza impegni **2** (*di posto*) libero; non occupato **3** (*di casa, ecc.*) senza inquilini;

vuoto.

unofficial /ʌnə'fɪʃl/ *a.* non ufficiale; ufficioso ● **u. strike**, sciopero non dichiarato; sciopero selvaggio.

unopened /ʌn'əʊpənd/ *a.* non aperto; chiuso; ancora fasciato.

unopposed /ʌnə'pəʊzd/ *a.* incontrastato; incontestato; senza trovare resistenza.

unoriginal /ʌnə'rɪdʒənl/ *a.* privo di originalità; poco originale.

unorthodox /ʌn'ɔːθədɒks/ *a.* non ortodosso; eterodosso; anticonformista.

unorthodoxy /ʌn'ɔːθədɒksɪ/ *n.* [U] eterodossia; anticonformismo.

unostentatious /ʌnɒstɛn'teɪʃəs/ *a.* senza ostentazione; tranquillo; modesto.

to **unpack** /ʌn'pæk/ ***A*** *v. t.* ***1*** disfare (*le valige*) ***2*** togliere da un baule (*o* da una valigia) ***3*** (*fam.*) analizzare; sviscerare ***B*** *v. i.* disfare le valigie.

unpaid /ʌn'peɪd/ *a.* ***1*** non pagato; non retribuito; non remunerato ***2*** non saldato; insoluto ● (*comm.*) **carriage u.**, porto assegnato.

unpalatable /ʌn'pælətəbl/ *a.* ***1*** immangiabile ***2*** sgradevole.

unparalleled /ʌn'pærəlɛld/ *a.* ineguagliato; senza precedenti.

unpardonable /ʌn'pɑːdənəbl/ *a.* imperdonabile.

unparliamentary /ʌnpɑːlə'mɛntərɪ/ *a.* (*di linguaggio, comportamento*) che infrange l'etichetta parlamentare; non consono alla sede parlamentare.

unpaved /ʌn'peɪvd/ *a.* non lastricato; senza selciato.

unperturbed /ʌnpə'tɜːbd/ *a.* imperturbato; calmo; sereno.

to **unpick** /ʌn'pɪk/ *v. t.* scucire; disfare (*una cucitura*).

to **unpin** /ʌn'pɪn/ *v. t.* ***1*** staccare (*togliendo gli spilli*) ***2*** togliere le forcine a (*capelli*).

unplaced /ʌn'pleɪst/ *a.* (*ippica*) non piazzato.

unplanned /ʌn'plænd/ *a.* non programmato; fuori programma.

unplayable /ʌn'pleɪəbl/ *a.* ***1*** (*mus.*) non eseguibile ***2*** (*sport, di palla*) non giocabile, non più in gioco; (*di campo*) impraticabile; inagibile.

unpleasant /ʌn'plɛznt/ *a.* sgradevole; antipatico; villano.

unpleasantness /ʌn'plɛzntnəs/ *n.* ***1*** [U] sgradevolezza; antipatia ***2*** (*eufem.*) disaccordo; contrasto.

to **unplug** /ʌn'plʌg/ *v. t.* (*elettr.*) togliere la spina a; staccare.

unplumbed /ʌn'plʌmd/ *a.* insondato; inesplorato.

unpolluted /ʌnpə'luːtɪd, -'ljuː-/ *a.* non inquinato; incontaminato.

unpopular /ʌn'pɒpjʊlə(r)/ *a.* impopolare: **u. with sb.**, impopolare presso q.; malvisto da q.; **to make oneself u.**, rendersi impopolare; rendersi antipatico.

unpopularity /ʌnpɒpjʊ'lærətɪ/ *n.* [U] impopolarità.

unpractised /ʌn'præktɪst/ *a.* poco pratico; inesperto.

unprecedented /ʌn'prɛsɪdɛntɪd/ *a.* senza precedenti; inaudito.

unpredictable /ʌnprɪ'dɪktəbl/ *a.* imprevedibile.

unprejudiced /ʌn'prɛdʒʊdɪst/ *a.* senza pregiudizi; imparziale; obiettivo.

unpremeditated /ʌnpriː'mɛdɪteɪtɪd/ *a.* non premeditato; involontario; spontaneo.

unprepared /ʌnprɪ'pɛəd/ *a.* impreparato; improvvisato.

unprepossessing /ʌnpriːpə'zɛsɪŋ/ *a.* poco interessante.

unprincipled /ʌn'prɪnsəpld/ *a.* senza principi; senza scrupoli.

unprintable /ʌn'prɪntəbl/ *a.* ***1*** impubblicabile ***2*** (*di parola, ecc.*) irripetibile.

unproductive /ʌnprə'dʌktɪv/ *a.* improduttivo; sterile.

unprofessional /ʌnprə'fɛʃənl/ *a.* ***1*** poco professionistico ***2*** professionalmente scorretto: **u. conduct**, scorrettezza professionale.

unprofitable /ʌn'prɒfɪtəbl/ *a.* infruttuoso; inutile; senza profitto.

unpromising /ʌn'prɒmɪsɪŋ/ *a.* poco promettente.

unprompted /ʌn'prɒmptɪd/ *a.* non suggerito; spontaneo.

unpronounceable /ʌnprə'naʊnsəbl/ *a.* impronunciabile.

unprotected /ʌnprə'tɛktɪd/ *a.* indifeso; esposto; senza protezione ● **u. sex**, rapporto sessuale senza preservativo.

unprovoked /ʌnprə'vəʊkt/ *a.* non provocato; ingiustificato.

unpublished /ʌn'pʌblɪʃt/ *a.* inedito.

unpunished /ʌn'pʌnɪʃt/ *a.* impunito.

unputdownable /ʌnpʊt'daʊnəbl/ *a.* (*fam., di libro*) che si legge tutto di un fiato; appassionante.

unqualified /ʌn'kwɒlɪfaɪd/ *a.* ***1*** privo dei requisiti necessari; senza titoli; non competente ***2*** assoluto; incondizionato; pieno; senza riserve; categorico: **u. success**, pieno successo; **u. denial**, rifiuto categorico.

unquestionable /ʌn'kwɛstʃənəbl/ *a.* incontestabile; indiscutibile.

unquestioned /ʌn'kwɛstʃənd/ *a.* incontestato; indiscusso.

unquestioning /ʌn'kwɛstʃənɪŋ/ *a.* assoluto; incondizionato: **u. obedience**, obbedienza assoluta.

unquiet /ʌn'kwaɪət/ *a.* (*lett.*) inquieto; agitato; turbato.

to **unquote** /ʌn'kwəʊt/ *v. i.* chiudere le virgolette ● **Quote..., u.**, aperte le virgolette... chiuse le virgolette.

to **unravel** /ʌn'rævl/ ***A*** *v. t.* ***1*** districare; sbrogliare; disfare (*un nodo, un lavoro a maglia*) ***2*** svelare (*un mistero*) ***B*** *v. i.* ***1*** (*di maglia, stoffa, ecc.*) disfarsi; sfilacciarsi ***2*** (*di mistero, ecc.*) chiarirsi ***3*** (*di organizzazione, matrimonio, ecc.*) disintegrarsi; sfasciarsi.

unreadable /ʌn'riːdəbl/ *a.* illeggibile; noioso.

unreal /ʌn'rɪəl, ʌn'riːl/ *a.* irreale; illusorio.

unrealistic /ʌnrɪə'lɪstɪk/ *a.* non realistico.

unreality /ʌnrɪ'ælətɪ/ *n.* [U] irrealtà.

unreasonable /ʌn'riːznəbl/ *a.* ***1*** irragionevole ***2*** assurdo; esagerato; eccessivo.

unreasoning /ʌn'riːzənɪŋ/ *a.* irragionevole.

unrecognizable /ʌn'rɛkəgnaɪzəbl/ *a.* irriconoscibile.

unrecognized /ʌn'rɛkəgnaɪzəd/ *a.* ***1*** non riconosciuto; senza essere riconosciuto ***2*** misconosciuto.

unreconstructed /ʌnriːkən'strʌktɪd/ *a.* irriducibile; impenitente; retrivo.

unrefined /ʌnrɪ'faɪnd/ *a.* non raffinato; grezzo.

unregarded /ʌnrɪ'gɑːdɪd/ *a.* negletto; trascurato.

unregenerate /ʌnrɪ'dʒɛnərət, -əreɪt/ *a.* (*form.*) impenitente.

unrehearsed /ʌnrɪ'hɜːst/ *a.* ***1*** (*teatr.*) rappresentato senza fare prove ***2*** improvvisato; spontaneo.

unrelated /ʌnrɪ'leɪtɪd/ *a.* ***1*** senza rapporto (con q.c.) ***2*** non imparentato (con q.).

unrelenting /ʌnrɪ'lɛntɪŋ/ *a.* ***1*** inesorabile; inflessibile; implacabile ***2*** incessante; ostinato.

unreliability /ʌnrɪlaɪə'bɪlətɪ/ *n.* [U] inattendibilità; inaffidabilità.

unreliable /ʌnrɪ'laɪəbl/ *a.* inattendibile; inaffidabile.

unrelieved /ʌnrɪ'liːvd/ *a.* ***1*** non mitigato ***2*** totale; assoluto.

unremarkable /ʌnrɪ'mɑːkəbl/ *a.* poco notevole; poco interessante.

unremarked /ʌnrɪ'mɑːkt/ *a.* inosservato.

unremitting /ʌnrɪ'mɪtɪŋ/ *a.* incessante; continuo; persistente.

unrepeatable /ʌnrɪ'piːtəbl/ *a.* irrepetibile.

unrepentant /ʌnrɪ'pɛntənt/ *a.* impenitente; incorreggibile.

unrepresentative /ʌnrɛprɪ'zɛntətɪv/ *a.* non rappresentativo.

unrepresented /ʌnrɛprɪ'zɛntɪd/ *a.* non rappresentato.

unrequited /ʌnrɪ'kwaɪtɪd/ *a.* (*di amore*) non corrisposto; non ricambiato.

unreserved /ʌnrɪ'zɜːvd/ *a.* ***1*** non riservato ***2*** senza riserve; incondizionato.

unresolved /ʌnrɪ'zɒlvd, *USA* -ɒl-, -ɔːl-/ *a.* irrisolto; insoluto.

unresponsive /ʌnrɪ'spɒnsɪv/ *a.* apatico; insensibile; inerte.

unrest /ʌn'rɛst/ *n.* [U] agitazione; fermento: **industrial u.**, agitazioni sindacali.

unrestrained /ʌnrɪ'streɪnd/ *a.* non represso; senza freno; sfrenato.

unrestricted /ʌnrɪ'strɪktɪd/ *a.* senza restrizioni; senza limitazioni.

unripe /ʌn'raɪp/ *a.* immaturo; acerbo.

unrivalled /ʌn'raɪvld/ *a.* ineguagliato; senza pari.

to **unroll** /ʌn'rəʊl/ ***A*** *v. t.* svolgere; srotolare ***B*** *v. i.* svolgersi; srotolarsi.

unromantic /ʌnrə'mæntɪk/ *a.* non romantico; poco romantico.

unruffled /ʌn'rʌfld/ *a.* calmo; imperturbato; che non si scompone.

unruled /ʌn'ruːld/ *a.* (*di foglio*) senza righe.

unruliness /ʌn'ruːlɪnəs/ *n.* [U] indisciplina; riottosità.

unruly /ʌn'ruːlɪ/ *a.* indisciplinato; turbolento; ribelle (*anche di capelli*).

to **unsaddle** /ʌn'sædl/ *v. t.* ***1*** dissellare ***2*** disarcionare.

unsafe /ʌn'seɪf/ *a.* *1* pericoloso; malsicuro *2* in pericolo; a rischio • **u. sex**, sesso a rischio.
unsaid /ʌn'sɛd/ *a.* non detto; taciuto.
unsalable, **unsaleable** /ʌn'seɪləbl/ *a.* invendibile.
unsalted /ʌn'sɔːltɪd/ *a.* non salato.
unsanitary /ʌn'sænɪtrɪ, *USA* -tɛrɪ/ *a.* antiigienico; malsano.
unsatisfactory /ʌnsætɪs'fæktərɪ/ *a.* insoddisfacente; insufficiente; che lascia a desiderare.
unsatisfied /ʌn'sætɪsfaɪd/ *a.* insoddisfatto; scontento: **u. with st.**, non soddisfatto di q.c.
unsatisfying /ʌn'sætɪsfaɪɪŋ/ *a.* insoddisfacente.
unsaturated /ʌn'sætʃəreɪtɪd/ *a.* (*chim.*) insaturo; non saturo.
unsavoury /ʌn'seɪvərɪ/ *a.* *1* poco raccomandabile; equivoco *2* disgustoso; nauseabondo.
unscathed /ʌn'skeɪðd/ *a.* illeso; incolume.
unscheduled /ʌn'ʃɛdjuːld, *USA* ʌn'skɛdʒʊld/ *a.* *1* fuori programma *2* (*di treno, ecc.*) straordinario.
to **unscramble** /ʌn'skræmbl/ *v. t.* *1* decodificare *2* districare; sbrogliare.
to **unscrew** /ʌn'skruː/ ***A*** *v. t.* svitare ***B*** *v. i.* svitarsi.
unscripted /ʌn'skrɪptɪd/ *a.* (*radio, TV, ecc.*) estemporaneo; senza copione.
unscrupulous /ʌn'skruːpjʊləs/ *a.* senza scrupoli.
unscrupulousness /ʌn'skruːpjʊləsnəs/ *n.* U mancanza di scrupoli.
unseasonable /ʌn'siːznəbl/ *a.* (*del tempo*) non tipico della stagione.
unseasoned /ʌn'siːznd/ *a.* *1* non stagionato *2* (*di cibo*) non condito; insipido.
to **unseat** /ʌn'siːt/ *v. t.* *1* disarcionare *2* (*polit.*) far perdere il seggio a (*un deputato*).
unseaworthy /ʌn'siːwɜːðɪ/ *a.* (*naut.*) non idoneo alla navigazione.
unsecured /ʌnsɪ'kjʊəd, -'kjɔːd/ *a.* *1* non assicurato; non serrato *2* (*fin.*) non garantito; senza garanzia.
unseeded /ʌn'siːdɪd/ *a.* (*tennis*) non classificato.
unseeing /ʌn'siːɪŋ/ *a.* (*lett.*) cieco; che non vede.
unseemly /ʌn'siːmlɪ/ *a.* (*form.*) disdicevole; indecoroso; sconveniente.
unseen /ʌn'siːn/ ***A*** *a.* non visto; inosservato ***B*** *n.* brano per traduzione estemporanea.
unselfish /ʌn'sɛlfɪʃ/ *a.* disinteressato; altruista; generoso.
unselfishness /ʌn'sɛlfɪʃnəs/ *n.* U disinteresse; altruismo; generosità.
to **unsettle** /ʌn'sɛtl/ *v. t.* scombussolare; turbare; scombinare.
unsettled /ʌn'sɛtld/ *a.* *1* scombussolato; turbato *2* (*del tempo*) instabile; mutevole *3* indeciso; incerto; non risolto.
unshak(e)able /ʌn'ʃeɪkəbl/ *a.* incrollabile; irremovibile.
unshaken /ʌn'ʃeɪkən/ *a.* per nulla scosso; risoluto.
unshaven /ʌn'ʃeɪvn/ *a.* non rasato; con la barba lunga.
to **unsheathe** /ʌn'ʃiːð/ *v. t.* sguainare, sfoderare (*la spada, ecc.*).
unshrinkable /ʌn'ʃrɪŋkəbl/ *a.* irrestringibile.
unsightly /ʌn'saɪtlɪ/ *a.* brutto; sgradevole a vedersi.
unsigned /ʌn'saɪnd/ *a.* non firmato; senza firma.
unsinkable /ʌn'sɪŋkəbl/ *a.* inaffondabile.
unskilled /ʌn'skɪld/ *a.* (*ind.*) non specializzato: **u. labour**, manodopera non specializzata.
unskimmed /ʌn'skɪmd/ *a.* (*del latte*) non scremato.
unsmiling /ʌn'smaɪlɪŋ/ *a.* serio; arcigno.
unsociable /ʌn'səʊʃəbl/ *a.* poco socievole; scontroso.
unsocial /ʌn'səʊʃl/ *a.* — **u. hours**, orario di lavoro scomodo (*in ore notturne, in giorni festivi, ecc.*).
unsold /ʌn'səʊld/ *a.* invenduto.
unsolicited /ʌnsə'lɪsɪtɪd/ *a.* non richiesto; non sollecitato.
unsolved /ʌn'sɒlvd, *USA* -'sɒl-, -'sɔːl-/ *a.* insoluto; non risolto.
unsophisticated /ʌnsə'fɪstɪkeɪtɪd/ *a.* non sofisticato; semplice.
unsound /ʌn'saʊnd/ *a.* *1* infermo; malato *2* (*di ragionamento, ecc.*) errato; che non regge *3* (*di edificio, ecc.*) malsicuro; instabile *4* poco sensato *5* (*econ., comm.*) poco solido • (*leg.*) **of u. mind**, non sano di mente; demente.
unsparing /ʌn'spɛərɪŋ/ *a.* *1* generoso; prodigo *2* crudele; spietato.
unspeakable /ʌn'spiːkəbl/ *a.* indicibile; inesprimibile; indescrivibile.
unspecified /ʌn'spɛsɪfaɪd/ *a.* non specificato.
unspoiled /ʌn'spɔɪld/, **unspoilt** /ʌn'spɔɪlt/ *a.* *1* non sciupato; non deturpato; intatto *2* non viziato.
unspoken /ʌn'spəʊkən/ *a.* non detto; inespresso; tacito.
unsporting /ʌn'spɔːtɪŋ/ (*fam.*) *V.* **unsportsmanlike**.
unsportsmanlike /ʌn'spɔːtsmənlaɪk/ *a.* *1* non (da) sportivo; antisportivo *2* ingeneroso; meschino.
unstable /ʌn'steɪbl/ *a.* *1* (*anche chim.*) instabile *2* incostante; volubile.
unstated /ʌn'steɪtɪd/ *a.* non dichiarato; sottaciuto.
unsteadiness /ʌn'stɛdɪnəs/ *n.* U *1* instabilità; (l')essere malfermo *2* incostanza; volubilità *3* irregolarità; variabilità.
unsteady /ʌn'stɛdɪ/ *a.* *1* instabile; malfermo: **with an u. hand**, con mano malferma; **u. voice**, voce malferma *2* incostante; titubante; volubile *3* irregolare; variabile.
unstinting /ʌn'stɪntɪŋ/ *a.* (*form.*) generoso; senza riserve.
to **unstitch** /ʌn'stɪtʃ/ *v. t.* scucire; disfare.
unstoppable /ʌn'stɒpəbl/ *a.* *1* inarrestabile *2* (*sport*) imparabile.
unstressed /ʌn'strɛst/ *a.* (*fon.*) atono; non accentato.
unstructured /ʌn'strʌktʃəd/ *a.* non organizzato; informale.
unstuck /ʌn'stʌk/ *a. pred.* non fissato; non attaccato • **to come u.**, staccarsi; (*fig. GB*) fallire, fare fiasco.
unstudied /ʌn'stʌdɪd/ *a.* naturale; spontaneo.
unsubstantiated /ʌnsəb'stænʃɪeɪtɪd/ *a.* non comprovato.
unsuccessful /ʌnsək'sɛsfl/ *a.* *1* non riuscito; infruttuoso; inutile; vano *2* (*di persona*) — **to be u. in (doing) st.**, non riuscire a fare q.c.; non avere successo in q.c.; fallire in q.c.
unsuccessfully /ʌnsək'sɛsflɪ/ *avv.* senza successo.
unsuitable /ʌn'suːtəbl/ *a.* *1* non adatto; inadeguato: **u. for children**, non adatto ai bambini *2* inopportuno; fuori luogo.
unsuited /ʌn'suːtɪd/ *a.* non adatto; inadatto: **u. to the occasion**, inadatto all'occasione.
unsullied /ʌn'sʌlɪd/ *a.* (*lett.*) *1* non macchiato; senza macchie *2* (*fig.*) senza macchia; immacolato.
unsung /ʌn'sʌŋ/ *a.* (*specialm. lett.*) non celebrato; non famoso; misconosciuto.
unsupported /ʌnsə'pɔːtɪd/ *a.* *1* non sostenuto; non appoggiato; senza aiuto *2* non comprovato; non confermato.
unsure /ʌn'ʃʊə(r), -'ʃɔː(r)/ *a.* incerto; insicuro.
unsurpassed /ʌnsə'pɑːst, *USA* -'pæs-/ *a.* insuperato; ineguagliato.
unsuspected /ʌnsə'spɛktɪd/ *a.* insospettato.
unsuspecting /ʌnsə'spɛktɪŋ/ *a.* non sospettoso; senza sospetti; ignaro.
unsweetened /ʌn'swiːtnd/ *a.* non addolcito; non zuccherato; amaro.
unswerving /ʌn'swɜːvɪŋ/ *a.* fermo; saldo; costante.
unsympathetic /ʌnsɪmpə'θɛtɪk/ *a.* *1* poco comprensivo; indifferente *2* antipatico.
unsystematic /ʌnsɪstə'mætɪk/ *a.* non sistematico; senza metodo.
untamed /ʌn'teɪmd/ *a.* *1* non addomesticato *2* indomito.
to **untangle** /ʌn'tæŋgl/ *v. t.* districare; sbrogliare.
untapped /ʌn'tæpt/ *a.* (*di fondi, risorse, ecc.*) non sfruttato.
untarnished /ʌn'tɑːnɪʃt/ *a.* *1* (*di metallo*) non annerito, non appannato *2* (*di reputazione*) senza macchia.
untaxed /ʌn'tækst/ *a.* esente da imposte.
untenable /ʌn'tɛnəbl/ *a.* indifendibile; insostenibile.
unthinkable /ʌn'θɪŋkəbl/ *a.* impensabile; inimmaginabile.
unthinking /ʌn'θɪŋkɪŋ/ *a.* irriflessivo; sbadato.
unthinkingly /ʌn'θɪŋkɪŋlɪ/ *avv.* senza pensare; senza riflettere.
unthought-of /ʌn'θɔːtɒv, *USA* -ʌv/ *a.* impensato; inaspettato; imprevisto.
untidiness /ʌn'taɪdɪnəs/ *n.* U disordine; trasandatezza.
untidy /ʌn'taɪdɪ/ *a.* disordinato; trasandato.
to **untie** /ʌn'taɪ/ *v. t.* slegare; slacciare; disfare; sciogliere.
until /ʌn'tɪl, ən-/ ***A*** *prep.* fino a; sino a; fino al momento di: **u. now**, fino ad ora; finora; **The show doesn't begin u. 8pm**, lo spettacolo non comincia prima delle otto ***B*** *cong.* finché non; fino a quando: **I waited u. everyone had gone**, aspettai finché non se ne andarono tutti.
untimely /ʌn'taɪmlɪ/ *a.* *1* inopportuno; intempestivo *2* prematuro.
untiring /ʌn'taɪərɪŋ/ *a.* instancabile; infaticabile.
unto /'ʌntuː, -tʊ, -tə/ (*arc. o biblico*) *V.* **to** (**1**).
untold /ʌn'təʊld/ *a.* *1* non detto; non raccontato; taciuto; inespresso *2* incalcolabile; enorme.

untouchable /ʌn'tʌtʃəbl/ ***A*** *a.* (*anche fig.*) intoccabile ***B*** *n.* (*in India*) intoccabile; paria.
untouched /ʌn'tʌtʃt/ *a.* ***1*** non toccato; intatto: **He left his lunch u.**, non ha toccato il pranzo ***2*** indifferente; insensibile.
untoward /ʌntə'wɔːd, -'tɔːd, -'twɔːd/ *a.* (*form.*) spiacevole; increscioso.
untrained /ʌn'treɪnd/ *a.* ***1*** non esercitato; non addestrato; inesperto ***2*** privo di addestramento professionale ***3*** (*sport*) non allenato.
untrammelled /ʌn'træməld/, (*USA*) **untrammeled** *a.* (*form.*) senza impacci; non ostacolato.
untranslatable /ʌntræns'leɪtəbl/ *a.* intraducibile.
untreated /ʌn'triːtɪd/ *a.* ***1*** (*med.*) non curato ***2*** (*tecn.*) non trattato: **u. sewage**, liquami non trattati.
untried /ʌn'traɪd/ *a.* ***1*** inesperto; poco esperto ***2*** non provato; intentato; non messo alla prova ***3*** (*leg.*) non processato.
untroubled /ʌn'trʌbld/ *a.* imperturbato; calmo; sereno; tranquillo.
untrue /ʌn'truː/ *a.* falso; non vero.
untrustworthy /ʌn'trʌstwɜːðɪ/ *a.* di cui non ci si può fidare; infido.
untruth /ʌn'truːθ/ *n.* Ⓤ e Ⓒ falsità; menzogna.
untruthful /ʌn'truːθfl/ *a.* falso; menzognero.
unused /ʌn'juːzd *nelle def. 1 e 2*, ʌn'juːst *nella def. 3*/ *a.* ***1*** non usato; non adoperato ***2*** mai usato; nuovo ***3*** — **unused to**, non abituato a; non avvezzo a; poco pratico di.
unusual /ʌn'juːʒl/ *a.* insolito; non comune; raro.
unutterable /ʌn'ʌtərəbl/ *a.* (*form.*) indicibile.
unvaried /ʌn'vɛərɪd/ *a.* uniforme; sempre uguale; monotono.
unvarnished /ʌn'vɑːnɪʃt/ *a.* ***1*** non verniciato ***2*** (*fig.*) non abbellito; senza fronzoli; puro e semplice: **the u. truth**, la verità pura e semplice.
unvarying /ʌn'vɛərɪŋ/ *a.* invariabile.
to **unveil** /ʌn'veɪl/ *v. t.* ***1*** scoprire (*una statua, ecc.*); inaugurare ***2*** rendere noto; rivelare.
unvoiced /ʌn'vɔɪst/ *a.* ***1*** non detto; inespresso ***2*** (*fon.*) sordo.
unwaged /ʌn'weɪdʒd/ *a.* (*eufem., specialm. GB*) disoccupato.
unwanted /ʌn'wɒntɪd, *USA* -'wɔːn-/ *a.* non desiderato; non richiesto.
unwarranted /ʌn'wɒrəntɪd, *USA* -'wɔːr-/ *a.* ingiustificato; arbitrario.
unwary /ʌn'wɛərɪ/ *a.* imprudente; avventato; incauto.
unwashed /ʌn'wɒʃt, *USA* -wɔːʃt/ *a.* non lavato; sporco; sudicio.
unwavering /ʌn'weɪvərɪŋ/ *a.* non vacillante; deciso; risoluto.
unwelcome /ʌn'wɛlkəm/ *a.* non gradito; sgradito.
unwell /ʌn'wɛl/ *a. pred.* che non sta bene; indisposto: **to feel u.**, non sentirsi bene.
unwieldy /ʌn'wiːldɪ/ *a.* ingombrante; poco maneggevole.
unwilling /ʌn'wɪlɪŋ/ *a.* non disposto; contrario; restio; riluttante • **to be u. to do st.**, non voler fare q.c.
unwillingly /ʌn'wɪlɪŋlɪ/ *avv.* malvolentieri; controvoglia.
unwillingness /ʌn'wɪlɪŋnəs/ *n.* Ⓤ ***1*** riluttanza ***2*** malavoglia; cattiva volontà.
to **unwind** /ʌn'waɪnd/ (*pass. e p.p.* **unwound**) ***A*** *v. t.* svolgere; srotolare ***B*** *v. i.* ***1*** svolgersi; srotolarsi ***2*** (*fam.*) rilassarsi.
unwise /ʌn'waɪz/ *a.* poco saggio; incauto.
unwitting /ʌn'wɪtɪŋ/ *a.* ***1*** inconsapevole ***2*** involontario; non voluto.
unwittingly /ʌn'wɪtɪŋlɪ/ *avv.* senza volere.
unwonted /ʌn'wəʊntɪd/ *a.* (*form.*) insolito.
unworkable /ʌn'wɜːkəbl/ *a.* impraticabile; inattuabile.
unworldly /ʌn'wɜːldlɪ/ *a.* ***1*** non mondano; spirituale ***2*** non sofisticato; semplice; ingenuo.
unworthiness /ʌn'wɜːðɪnəs/ *n.* Ⓤ indegnità.
unworthy /ʌn'wɜːðɪ/ *a.* indegno • **to be u. of st.**, non meritare q.c.
unwound /ʌn'waʊnd/ *pass. e p.p. di* **to unwind**.
to **unwrap** /ʌn'ræp/ *v. t.* scartare, aprire, disfare (*un pacchetto*).
unwritten /ʌn'rɪtn/ *a.* non scritto: **u. law**, legge non scritta; (*fig.*) tradizione, consuetudine.
unyielding /ʌn'jiːldɪŋ/ *a.* inflessibile; rigido.
to **unzip** /ʌn'zɪp/ ***A*** *v. t.* aprire (la chiusura lampo di) ***B*** *v. i.* aprirsi (per mezzo di una lampo).
up (1) /ʌp/ ***A*** *avv.* ***1*** (*direzione*) su; in su; in alto; di sopra: **to go up**, andare su; salire; **to pick st. up**, tirare su q.c.; raccogliere q.c.; **from the fourth floor up**, dal quarto piano in su; **Hands up!**, mani in alto! ***2*** (*direzione verso nord, verso chi parla, verso un luogo importante*): **up to London**, a Londra (*dalla provincia*); **up to Scotland**, in Scozia (*dall'Inghilterra*); **up from the country**, arrivato dalla campagna ***3*** (*posizione*) su; sopra; di sopra; verso l'alto; in su: **He's up in his room**, è su in camera; **to wear one's hair up**, portare i capelli tirati su; **a few inches further up**, qualche pollice più in su; **to lie face up**, giacere con la faccia in su ***4*** in piedi; alzato dal letto: **to stand up**, alzarsi in piedi; **I was up all night**, sono rimasto alzato tutta la notte ***5*** salito; aumentato: **Prices are up by 0.5%**, i prezzi sono saliti dello 0,5% ***6*** avanti; vicino: **up ahead**, più avanti; **He came up to me**, mi si avvicinò ***7*** in tribunale: **He was up before the judge for stealing**, è finito in tribunale con l'accusa di furto ***8*** (*indica compimento, situazione definitiva*) — **Drink up your tea**, finisci di bere il tuo tè; **to use up**, esaurire; **to wash up**, lavare i piatti; (*fam.*) **to shut up**, stare zitto; **to end up in jail**, finire in galera; **to tear up**, strappare ***9*** (*indica aumento, rafforzamento, intensificazione*) — **to speed up**, accelerare; **to turn up the volume**, alzare il volume; **to speak up**, parlare più forte; **to wind up a clock**, caricare un orologio; **to cheer sb. up**, rallegrare q.; tirare su di morale q. ***10*** (*sport*) in vantaggio: **two goals up at half-time**, in vantaggio di due gol alla fine del primo tempo ***11*** (*elab., di sistema*) che funziona ***12*** (*ippica*) in sella ***B*** *a. pred.* ***1*** finito; scaduto: **Time's up**, il tempo è scaduto; **It's all up with him**, per lui è finita; è spacciato ***2*** (*di pasto*) pronto; in tavola ***3*** che non va: **What's up with John?**, che cos'ha John?; che gli ha preso a John?; (*fam.*) **What's up?**, che succede?; che c'è? ***C*** *inter.* ***1*** su!; in piedi! ***2*** — **Up (with)!**, viva! • (*Per* **to be up** + *prep., V. anche sotto* **to be**) □ **up and about**, di nuovo in circolazione (*dopo una malattia*) □ **up against**, contro □ **up-and-coming**, promettente; sulla strada del successo □ **up and down**, su e giù; avanti e indietro □ **up for sale**, in vendita □ **up for discussion**, all'ordine del giorno □ (*fam.*) **up front**, dall'inizio; (*di pagamento*) in anticipo □ **up here**, quassù □ **up there**, lassù □ **up to**, fino a: **from one up to one hundred**, da uno a cento; **up to next week**, fino alla settimana prossima; **up to one's knees in mud**, immerso nel fango fino al ginocchio; **up to one's ears in debt**, nei debiti fino al collo □ **up-to-date**, moderno; aggiornato □ **up-to-the-minute**, modernissimo; aggiornatissimo □ **to bring up to date**, aggiornare; rammodernare □ (*fam.*) **to have had it up to here**, averne fin sopra i capelli di q. (*o* q.c.) □ **Road up**, (*cartello*) «Lavori in corso» □ **The wind is up**, si è alzato il vento.
up (2) /ʌp/ *prep.* ***1*** su; su per: **to climb up a ladder**, arrampicarsi su una scala; **to carry a trunk up the stairs**, portare un baule su per le scale ***2*** più avanti: **There's a newsagent up the road**, c'è un giornalaio più avanti (*nella strada*) ***3*** verso la sorgente (*di un fiume*): **to sail up the Thames**, risalire il Tamigi; **up (the) river**, risalendo il fiume; a monte; verso la sorgente • **up hill and down dale**, per mari e per monti □ (*volg.*) **Up yours!**, vaffanculo! □ **to walk up a street**, camminare lungo una strada □ **to walk up and down a street**, andare su e giù per una strada.
up (3) /ʌp/ *a. attr.* ***1*** in su; ascendente; in salita: **the up escalator**, la scala mobile che sale ***2*** (*ferr.*) verso la città: **the up train**, il treno diretto in città (*specialm. Londra*).
up (4) /ʌp/ *n.* — **ups and downs**, alti e bassi □ **to be on the up-and-up**, andare a gonfie vele; (*fin.*) essere in continua ascesa; (*USA*) essere onesto.
to **up** /ʌp/ ***A*** *v. t.* (*fam.*) alzare; aumentare: **to up the price**, aumentare il prezzo ***B*** *v. i.* (*seguito da* **and** + *verbo, fam.*) prendere su (e): **She upped and left**, ha preso su e se n'è andata; **He upped and slapped her face**, le mollò un ceffone.
upbeat /'ʌpbiːt/ *a.* (*fam.*) positivo; ottimistico.
to **upbraid** /ʌp'breɪd/ *v. t.* rimproverare; sgridare.
upbringing /'ʌpbrɪŋɪŋ/ *n.* Ⓤ educazione (*di un bambino*).
upcoming /ʌp'kʌmɪŋ/ *a.* imminente; prossimo.
upcountry /ʌp'kʌntrɪ/ ***A*** *a.* dell'interno; lontano dalla costa ***B*** *avv.* verso l'interno.
update /'ʌpdeɪt/ *n.* ***1*** ultimissime notizie ***2*** dati più recenti.

to **update** /ʌp'deɪt/ *v. t.* aggiornare.

to **upend** /ʌp'ɛnd/ *v. t.* ***1*** capovolgere; rovesciare ***2*** (*fam.*) scioccare ***3*** (*fam.*) stendere (*un avversario, ecc.*).

upfront /ʌp'frʌnt, 'ʌpfr-/ *a.* (*pop.*) onesto; aperto.

upgrade /'ʌpgreɪd/ *n.* salita; pendenza ● **on the u.**, in salita, in pendenza; (*fig.*) in ascesa, in miglioramento.

to **upgrade** /ʌp'greɪd/ *v. t.* ***1*** migliorare; potenziare ***2*** promuovere (*un impiegato, ecc.*) ***3*** (*elab.*) aggiornare alla versione successiva; potenziare.

upheaval /ʌp'hiːvl/ *n.* scompiglio; sconvolgimento.

upheld /ʌp'hɛld/ *pass. e p.p. di* **to uphold**.

uphill /'ʌp'hɪl/ ***A*** *a.* ***1*** in salita ***2*** arduo; difficile; faticoso ● **an u. climb**, un'arrampicata □ **an u. struggle**, un'impresa ardua ***B*** *avv.* in salita.

to **uphold** /ʌp'həʊld/ (*pass. e p.p.* **upheld**) *v. t.* ***1*** sostenere; difendere ***2*** (*leg.*) confermare.

upholder /ʌp'həʊldə(r)/ *n.* sostenitore (-trice); fautore (-trice).

to **upholster** /ʌp'həʊlstə(r)/ *v. t.* ricoprire, imbottire (*divani, ecc.*).

upholsterer /ʌp'həʊlstərə(r)/ *n.* tappezziere.

upholstery /ʌp'həʊlstərɪ/ *n.* Ⓤ ***1*** rivestimento e imbottitura ***2*** mestiere del tappezziere.

upkeep /'ʌpkiːp/ *n.* Ⓤ manutenzione.

upland /'ʌplənd/ ***A*** *n.* (*anche al pl.*) altopiano ***B*** *a. attr.* montano; montuoso.

uplift /'ʌplɪft/ *n.* Ⓤ ***1*** sollevamento ***2*** elevazione; edificazione ***3*** incoraggiamento ● **an u. bra**, un reggiseno che dà sostegno.

to **uplift** /ʌp'lɪft/ *v. t.* ***1*** sollevare; alzare ***2*** elevare; innalzare ***3*** incoraggiare; sollevare.

uplighter /ʌp'laɪtə(r)/ *n.* lampada rivolta al soffitto.

upmarket /ʌp'mɑːkɪt/ *a.* (*di prodotto*) esclusivo, di élite.

upon /ə'pɒn, *USA* ə'pɔːn, ə'pʌn/ *prep.* (*form.*) su; sopra (*V.* **on**) ● **U. my word!**, perbacco!; caspita!

upper /'ʌpə(r)/ ***A*** *a.* superiore; più elevato: **the u. lip**, il labbro superiore; **the u. classes**, i ceti più elevati; l'alta borghesia e l'aristocrazia; **an u. limit of £5,000**, un massimo di cinquemila sterline ● (*tipogr.*) **u. case**, maiuscolo; maiuscole □ **u.-class**, dell'alta borghesia; altoborghese; signorile; aristocratico □ (*fam.*) **u. crust**, alta borghesia □ **the U. House**, la Camera Alta; (*in G.B.*) la Camera dei Lord; (*in U.S.A.*) il Senato □ **u. middle class**, alta boghesia □ **the upper reaches of a river**, l'alto corso di un fiume □ **the u. storey**, il piano di sopra □ (*fam.*) **one's u. storey**, il cervello □ **the u. ten (thousand)**, l'aristocrazia; il gran mondo □ **to have [to take] the u. hand**, avere [prendere] il sopravvento su q. ***B*** *n.* ***1*** tomaia ***2*** (*pop.*) (droga) eccitante; (*specialm.*) anfetamina ***3*** — (*fam.*) **(down) on one's uppers**, in bolletta; al verde.

uppercut /'ʌpəkʌt/ *n.* (*boxe*) montante; uppercut.

uppermost /'ʌpəməʊst/ ***A*** *a.* ***1*** (il) più alto; (il) più elevato ***2*** (il) più importante; dominante; primo; supremo ***B*** *avv.* ***1*** nel posto più elevato; più in alto di tutti ***2*** per primo; per prima cosa.

uppish /'ʌpɪʃ/, **uppity** /'ʌpətɪ/ *a.* (*fam.*) supponente; presuntuoso.

upright /'ʌpraɪt/ ***A*** *a.* ***1*** diritto; ritto; eretto; perpendicolare; verticale: **to sit u.**, sedere eretto; **u. piano**, pianoforte verticale ***2*** retto; integro; onesto ***B*** *n.* ***1*** asta perpendicolare; palo verticale ***2*** (*falegn., mecc., edil.*) montante ***C*** *avv.* in piedi; verticalmente.

uprising /'ʌpraɪzɪŋ/ *n.* sollevazione; ribellione; sommossa.

upriver /'ʌp'rɪvə(r)/ *avv.* a monte; verso la sorgente.

uproar /'ʌprɔː(r)/ *n.* clamore; trambusto; tumulto.

uproarious /ʌp'rɔːrɪəs/ *a.* rumoroso; tumultuoso ● **u. laughter**, risate fragorose.

to **uproot** /ʌp'ruːt/ *v. t.* (*anche fig.*) sradicare; estirpare.

upscale /'ʌpskeɪl/ (*USA*) *V.* **upmarket**.

upset (1) /ʌp'sɛt/ *n.* ***1*** sconvolgimento; capovolgimento ***2*** risultato inatteso; sorpresa sgradita; contrarietà ● **a stomach u.**, disturbi di stomaco.

upset (2) /'ʌpsɛt/ *a.* ***1*** capovolto; rovesciato ***2*** turbato; deluso; sconvolto; offeso ● (*USA*) **u. price**, prezzo minimo (*a un'asta*).

to **upset** /ʌp'sɛt/ (*pass. e p.p.* **upset**) ***A*** *v. t.* ***1*** capovolgere; rovesciare ***2*** sconvolgere; scompigliare; mandare all'aria ***3*** turbare; far rimanere male; sconvolgere; offendere ***B*** *v. i.* capovolgersi; rovesciarsi ● **to u. the applecart**, rompere le uova nel paniere a q. □ **to u. sb.'s stomach**, guastare lo stomaco a q.

upshot /'ʌpʃɒt/ *n.* conclusione; esito; risultato finale.

upside /'ʌpsaɪd/ *n.* parte superiore; (il) disopra.

upside down /'ʌpsaɪd 'daʊn/ *locuz. avv.* ***1*** capovolto; rovesciato; alla rovescia; a testa in giù ***2*** sottosopra; a soqquadro: **to turn everything u.**, mettere tutto sottosopra.

upstage /ʌp'steɪdʒ/ *avv.* (*teatr.*) verso il fondo (*della scena*).

to **upstage** /ʌp'steɪdʒ/ *v. t.* rubare la scena a; eclissare; mettere in ombra.

upstairs /ʌp'stɛəz/ ***A*** *avv.* al piano di sopra; disopra: **They live u.**, abitano al piano di sopra; **to go u.**, andare disopra; ***B*** *a. attr.* di sopra: **the u. bathroom**, il bagno di sopra ***C*** *n.* — (*edil.*) **the u.**, il piano superiore; i piani superiori.

upstanding /ʌp'stændɪŋ/ *a.* ***1*** aitante ***2*** onesto; degno di fiducia.

upstart /'ʌpstɑːt/ ***A*** *n.* (*spreg.*) uno che è venuto dal nulla; parvenu (*franc.*) ***B*** *a.* venuto dal nulla.

upstate /'ʌpsteɪt/ ***A*** *avv.* verso il nord (di uno Stato) ***B*** *a.* (*USA*) del nord; settentrionale: **u. New York**, il nord dello Stato di New York.

upstream /ʌp'striːm/ *a. attr. e avv.* ***1*** a monte ***2*** contro corrente.

upsurge /'ʌpsɜːdʒ/ *n.* ***1*** aumento improvviso; impennata ***2*** slancio; impeto.

upswing /'ʌpswɪŋ/ *n.* ***1*** aumento; crescendo ***2*** (*econ.*) ripresa; (tendenza all')espansione.

uptake /'ʌpteɪk/ *n.* ***1*** (*fam.*) comprendonio: **to be slow on the u.**, essere duro di comprendonio ***2*** (*tecn.*) (**capacità** di) assorbimento.

uptight /ʌp'taɪt/ *a.* (*pop.*) teso; nervoso; pronto a scattare.

uptown /ʌp'taʊn/ (*USA*) *a. e avv.* nella parte settentrionale della città; nei quartieri residenziali.

upturn /'ʌptɜːn/ *n.* ***1*** curva; piega verso l'alto ***2*** (*fin.*) rialzo; tendenza al rialzo ***3*** (*econ.*) mutamento in meglio; svolta favorevole.

upturned /ʌp'tɜːnd/ *a.* ***1*** rivolto (all')insù ***2*** capovolto.

upward /'ʌpwəd/ ***A*** *a.* (diretto) verso l'alto; in salita ● **u. trend**, (*di prezzi*) tendenza al rialzo ***B*** *avv.* (*USA*) *V.* **upwards**.

upwardly /'ʌpwədlɪ/ *avv.* — **u. mobile**, in ascesa (*o* che mira a salire) nella scala sociale; rampante (*fam.*).

upwards /'ʌpwəd(z)/ *avv.* verso l'alto; in alto; in su; all'insù;: **to move u.**, spostarsi verso l'alto; salire; (*fig.*) far progressi; **face u.**, a faccia in su ● **u. of**, più di: **u. of thirty men**, più di trenta uomini □ **and u.**, e oltre.

upwind /'ʌp'wɪnd/ *a. e avv.* sopravvento; controvento.

uranium /jʊ'reɪnɪəm, jʊə'r-/ *n.* Ⓤ (*chim.*) uranio.

urban /'ɜːbən/ *a.* urbano; cittadino ● **u. guerrillas**, terroristi (*che operano in città*) □ **u. myth**, leggenda metropolitana □ **u. renewal**, risanamento edilizio □ **u. sprawl**, espansione urbanistica incontrollata.

urbane /ɜː'beɪn/ *a.* urbano; civile; cortese.

urbanity /ɜː'bænətɪ/ *n.* Ⓤ urbanità (*di modi*); cortesia.

urbanization /ɜːbənaɪ'zeɪʃn, *USA* -nɪ'z-/ *n.* Ⓤ urbanizzazione.

urchin /'ɜːtʃɪn/ *n.* ***1*** (*anche* **street u.**) monello; ragazzo di strada ***2*** (*zool., anche* **sea u.**) riccio di mare.

ureter /'jʊərɪtə(r), jʊə'riːt-/ *n.* (*anat.*) uretere.

urethra /jʊə'riːθrə/ *n.* (*anat.*) uretra.

urge /ɜːdʒ/ *n.* voglia; stimolo; pulsione; impulso.

to **urge** /ɜːdʒ/ *v. t.* ***1*** (*anche* **to u. on**) incalzare; spingere; spronare ***2*** esortare; raccomandare: **to u. sb. to do st.**, esortare q. a fare q.c. ***3*** far presente; sottolineare: **He urged on me the need for action**, insistette perché agissi ***4*** sollecitare; insistere per avere: (*comm.*) **to u. payment**, sollecitare il pagamento.

urgency /'ɜːdʒənsɪ/ *n.* Ⓤ ***1*** urgenza; premura ***2*** insistenza.

urgent /'ɜːdʒənt/ *a.* ***1*** urgente; pressante: **to be in u. need of st.**, avere urgente bisogno di q.c. ***2*** insistente.

uric /'jʊərɪk, 'jɔː-/ *a.* (*chim.*) urico: **u. acid**, acido urico.

urinal /jʊə'raɪnl, 'jʊərɪnl/ *n.* ***1*** orinale ***2*** vespasiano.

urinary /'jʊərɪnrɪ, *USA* -nerɪ/ *a.* (*fisiol.*) urinario.

to **urinate** /'jʊərɪneɪt/ *v. i.* orinare.

urination /jʊərɪ'neɪʃn/ *n.* Ⓤ minzione; orinazione.

urine /'jʊərɪn, -aɪn, 'jɔːrɪn/ *n.* Ⓤ (*fisiol.*) orina, urina.

urn /ɜːn/ *n.* ***1*** urna; vaso; (*specialm.*) urna funeraria ***2*** recipiente distributore di tè (*o* caffè).

urological /jʊərəʊ'lɒdʒɪkl/ *a.* (*med.*) urologico.
urologist /jʊə'rɒlədʒɪst/ *n.* (*med.*) urologo (-a).
urology /jʊə'rɒlədʒɪ/ *n.* [U] (*med.*) urologia.
Uruguayan /jʊərə'gwaɪən/ *a. e n.* uruguaiano.
us /ʌs, əs/ *pron. pers. 1ª pers. pl.* (*compl.*) noi; ci: **She's staying with us**, sta da noi; **He's invited us for Tuesday**, ci ha invitato per martedì.
usable /'juːzəbl/ *a.* usabile; adoperabile; servibile.
usage /'juːsɪdʒ, -zɪdʒ/ *n.* ***1*** [U] *e* [C] uso; costume; usanza; consuetudine: **common** [**current**] **u.**, uso comune [corrente] ***2*** [C] *e* [U] uso; modo di usare • **to get rough u.**, (*di macchina, ecc.*) essere trattato senza riguardo.
use /juːs/ *n.* ***1*** [C] *e* [U] uso; impiego; utilizzazione: **the use of electricity**, l'uso dell'elettricità; **a tool with several uses**, un arnese che ha più usi; **directions for use**, istruzioni per l'uso; **ready for use**, pronto all'uso; **for outdoor use only**, da usarsi solo all'aperto; **to make use of st.**, far uso di q.c.; servirsi di q.c.; **in use**, in uso; usato; adoperato; **out of use**, fuori uso; **to come into use**, entrare nell'uso; **to fall out of use**, non essere più usato; cadere in disuso ***2*** permesso di usare; (*anche leg.*) uso, godimento: **I have the use of Jim's car**, Jim mi lascia usare la sua macchina • **I have no further use for these tools**, non ho più bisogno di questi attrezzi; questo attrezzi non mi servono più □ **I have no use for moaners**, non sopporto la gente che brontola □ **to be of use**, essere utile: **Can I be of** (**any**) **use?**, posso essere utile? □ **to be** (**of**) **no use**, non servire a niente; non valere niente; essere inutile: **These instructions are** (**of**) **no use**, queste istruzioni non valgono niente; **It's no use complaining**, è inutile protestare; protestare non serve a niente □ **What's the use of...?**, a che serve [servono]...? □ **to put to good u.**, mettere a buon uso (*o* a frutto).
to **use** /juːz/ ***A*** *v. t.* ***1*** usare; adoperare; utilizzare; impiegare; far uso di; valersi di; servirsi di: **to use force**, usare la forza; **I use it as a doorstopper**, lo uso come fermaporta; **What is this used for?**, per che cosa lo si usa?; a che cosa serve?; **to use one's brains**, usare il cervello; ragionare ***2*** sfruttare; servirsi di; usare; approfittare di: **He's just been using you**, ti ha sfruttato e basta ***3*** consumare: **The car uses too much petrol**, la macchina consuma troppa benzina ***B*** *v. i.* (*al passato*) essere solito (*o* abituato); solere (*ma spesso equivale all'imperfetto indic. ital.*): **He used to study hard**, era solito studiare molto; studiava molto; **We used to see each other everyday**, ci vedevamo ogni giorno; **There used to be a theatre in this street**, una volta c'era un teatro in questa strada • (*antiq.*) **to be badly** (*o* **ill**) **used**, essere maltrattato □ **I could use a drink!**, non mi dispiacerebbe bere qualcosa □ **This room could use new curtains**, questa stanza avrebbe bisogno di tende nuove.
♦ **use up** *v. t. + avv.* esaurire; finire: **to use up all one's strength**, esaurire tutta la propria energia.
used /juːst/ ***A*** *a. attr.* usato; smesso: **u. clothing**, vestiti smessi ***B*** *a. pred.* abituato; avvezzo: **I am not u. to being called a liar**, non sono abituato a sentirmi dare del bugiardo; **Well, I'm not u. to it**, beh, non ci sono abituato; **to get** (*o* **to become**) **u. to st.**, abituarsi (*o* assuefarsi) a q.c.; fare l'abitudine a q.c.
useful /'juːsfl/ *a.* ***1*** utile; vantaggioso ***2*** (*fam.*) capace; efficiente ***3*** (*fam. GB*) soddisfacente; discreto: **They have built up a u. lead**, hanno accumulato un discreto vantaggio • **u. life**, (*di macchina*) durata; vita utile □ **to come in u.**, tornare utile □ **to serve no u. purpose**, essere inutile; essere una perdita di tempo.
usefulness /'juːsflnəs/ *n.* [U] utilità; vantaggio • **to outlive one's u.**, non servire più a nulla.
useless /'juːsləs/ *a.* ***1*** inutile; vano; inservibile ***2*** (*fam.*) incapace; inetto; che non vale niente.
uselessness /'juːsləsnəs/ *n.* [U] inutilità; vanità.
user /'juːzə(r)/ *n.* utente • **u.-friendly**, facile da usare; accessibile.
usher /'ʌʃə(r)/ *n.* ***1*** usciere ***2*** messo di tribunale ***3*** (*cinem., teatr.*) maschera (*uomo*).
to **usher** /'ʌʃə(r)/ *v. t.* accompagnare.
♦ **usher in** *v. t. + avv.* ***1*** far entrare; introdurre ***2*** portare; inaugurare; dare il via a: **His election ushered in a period of political stability**, la sua elezione inaugurò un periodo di stabilità politica.
♦ **usher out** *v. t. + avv.* accompagnare alla porta.
usherette /ʌʃə'rɛt/ *n.* (*cinem., teatr.*) maschera (*donna*).
usual /'juːʒl/ ***A*** *a.* solito; abituale; consueto: **at the u. time**, alla solita ora; **his u. kindness**, la sua abituale cortesia • **as u.**, come al solito □ **as is u. in such cases**, come avviene di solito in questi casi □ **later than u.**, più tardi del solito □ **more than u.**, più del solito □ **It's not u. for him to be late**, non è sua abitudine essere in ritardo □ **It is u. to tip the waiter**, è d'uso dare la mancia al cameriere □ **He is not his u. self today**, oggi si comporta in modo insolito; di solito non è così ***B*** *n.* — **the u.**, (*fam.*) il solito (*al bar, ecc.*).
usually /'juːʒəlɪ/ *avv.* di solito; generalmente.
usurer /'juːʒərə(r)/ *n.* usuraio (-a).
to **usurp** /juː'zɜːp/ *v. t.* usurpare.
usurpation /juːzə'peɪʃn/ *n.* [U] *e* [C] usurpazione.
usurper /juː'zɜːpə(r)/ *n.* usurpatore (-trice).
usury /'juːʒərɪ/ *n.* [U] usura.
utensil /juː'tɛnsl/ *n.* utensile; arnese.
uterine /'juːtəraɪn/ *a.* (*anat.*) uterino.
uterus /'juːtərəs/ *n.* (*pl.* **uteri** /-raɪ/, **uteruses**) (*anat.*) utero.
utilitarian /juːtɪlɪ'tɛərɪən/ ***A*** *a.* ***1*** funzionale ***2*** (*filos.*) utilitaristico ***B*** *n.* (*filos.*) utilitarista.
utilitarianism /juːtɪlɪ'tɛərɪənɪzəm/ *n.* [U] (*filos.*) utilitarismo.
utility /juː'tɪlətɪ/ *n.* ***1*** [U] utilità, vantaggio ***2*** servizio pubblico, azienda di servizio pubblico • (*autom.*) **u. car**, utilitaria □ (*USA*) **u. pole**, palo (*del telefono, ecc.*) □ **u. room**, stanza di servizio □ **u. van**, furgoncino.
utilization /juːtəlaɪ'zeɪʃn, *USA* -lɪ'z-/ *n.* [U] (*form.*) utilizzazione; utilizzo.
to **utilize** /'juːtəlaɪz/ *v. t.* (*form.*) utilizzare; impiegare; fare uso di.
utmost /'ʌtməʊst/ ***A*** *a. attr.* estremo; massimo; ultimo: **a matter of the u. urgency**, una questione della massima urgenza (*o* di estrema urgenza); **the u. ends of the earth**, gli estremi (*o* ultimi) confini della terra ***B*** *n.* (l')estremo; (il) massimo; (l')ultimo: **to the u.**, fino all'estremo; fino all'ultimo; **to do one's u.**, fare tutto il possibile; **to try one's u.**, tentare di tutto.
utopia /juː'təʊpɪə/ *n.* utopia.
utopian /juː'təʊpɪən/ ***A*** *a.* utopistico ***B*** *n.* utopista; visionario (-a).
utter /'ʌtə(r)/ *a.* ***1*** assoluto; completo; totale; perfetto: **u. darkness**, buio assoluto; **an u. stranger**, un perfetto sconosciuto ***2*** puro; bell'e buono: **It's u. nonsense**, sono pure idiozie!; **an u. rascal**, un furfante matricolato.
to **utter** /'ʌtə(r)/ *v. t.* (*form.*) ***1*** dire; proferire; pronunciare: **He didn't u. a word**, non proferì parola ***2*** emettere; mandare: **to u. a cry**, emettere un grido ***3*** (*leg.*) mettere in circolazione; spacciare.
utterance /'ʌtərəns/ *n.* (*form.*) ***1*** [U] espressione: **to give u. to one's feelings**, dar voce ai propri sentimenti ***2*** cosa detta; espressione; parola.
utterly /'ʌtəlɪ/ *avv.* completamente; totalmente.
uvula /'juːvjʊlə/ *n.* (*pl.* **uvulae** /-liː/, **uvulas**) (*anat.*) ugola.
uvular /'juːvjʊlə(r)/ *a.* ***1*** (*anat.*) uvulare; dell'ugola ***2*** (*fon.*) uvulare.
uxoricide /ʌk'sɔːrɪsaɪd/ *n.* ***1*** [U] uxoricidio ***2*** uxoricida.

v, V

V, v /viː/ *n.* (*pl.* **V's, v's; Vs, vs**) V, v • (*telef.*) **v for Victor**, v come Venezia □ (*moda*) **V neck**, scollo a V □ **V-shaped**, a forma di V □ **V-sign**, segno di vittoria (*fatto con l'indice e il medio*); gesto di disprezzo o di sfida (*come sopra, ma col dorso della mano in avanti*).

vac /væk/ *n.* (*GB*) ***1*** (*abbr. fam. di* **vacuum cleaner**) aspirapolvere ***2*** (*abbr. fam. di* **vacation**) vacanze universitarie.

vacancy /ˈveɪkənsɪ/ *n.* ***1*** stanza libera, posto (*in un albergo, ecc.*) ***2*** posto vacante: **We have three vacancies in the sales department**, ci sono tre posti vacanti nel nostro reparto vendite ***3*** Ⓤ *e* Ⓒ vuoto; spazio vuoto; lacuna ***4*** Ⓤ vacuità (mentale); ottusità • **«No vacancies»**, «completo».

vacant /ˈveɪkənt/ *a.* ***1*** vacante (*anche leg.*); libero; vuoto; sfitto: **v. post**, posto vacante; **v. seat**, posto (a sedere) libero; **v. flat**, appartamento vuoto (*o* sfitto) ***2*** vacuo; distratto; assente: **a v. air**, un'aria assente; **a v. stare**, uno sguardo vacuo • (*leg.*) **v. possession**, (*di casa o appartamento in vendita*) libero □ **«Situations V.»**, «Offerte di lavoro».

vacantly /ˈveɪkəntlɪ/ *avv.* in modo vacuo; con aria assente.

to **vacate** /vəˈkeɪt, *USA* ˈveɪkeɪt/ *v. t.* ***1*** lasciare libero; sgombrare ***2*** (*mil.*) evacuare ***3*** dimettersi da; dare le dimissioni da ***4*** (*leg.*) annullare.

vacation /vəˈkeɪʃn, *USA* veɪ-/ *n.* ***1*** (*specialm. USA*) vacanza; ferie; vacanze ***2*** (*specialm. GB*) vacanze universitarie; ferie giudiziarie ***3*** Ⓤ sgombero (*da una casa*) ***4*** dimissioni; rinuncia.

to **vacation** /vəˈkeɪʃn, *USA* veɪ-/ *v. i.* (*USA*) passare le vacanze; villeggiare.

vacationer /vəˈkeɪʃnə(r), *USA* veɪ-/, **vacationist** /vəˈkeɪʃnɪst, *USA* veɪ-/ *n.* (*USA*) chi è in vacanza; villeggiante; turista.

to **vaccinate** /ˈvæksɪneɪt/ *v. t.* (*med.*) vaccinare.

vaccination /væksɪˈneɪʃn/ *n.* Ⓤ *e* Ⓒ (*med.*) vaccinazione.

vaccine /ˈvæksiːn, *USA* vækˈsiːn/ *n.* Ⓒ *e* Ⓤ (*med.*) vaccino.

to **vacillate** /ˈvæsəleɪt/ *v. i.* esitare; oscillare; tentennare.

vacillation /væsəˈleɪʃn/ *n.* Ⓤ *e* Ⓒ esitazione; tentennamento; irresolutezza.

vacuous /ˈvækjʊəs/ *a.* ***1*** vuoto; vacuo; privo d'espressione ***2*** sciocco ***3*** privo di scopo; vano.

vacuum /ˈvækjʊəm, *USA* -juːm/ *n.* (*pl.* **vacuums, vacua** /-kjʊə/) (*fis. e fig.*) vuoto • **v. cleaner**, aspirapolvere □ **v. flask**, termos □ **v.-packed**, confezionato sottovuoto □ (*elettron., USA*) **v. tube**, valvola termoionica.

to **vacuum** /ˈvækjʊəm, *USA* -juːm/ (*fam.*) *V.* **to vacuum-clean**.

to **vacuum-clean** /ˈvækjʊəmkliːn, *USA* -juːm-/ *v. t.* pulire con l'aspirapolvere; passare l'aspirapolvere in (*o* su).

vagabond /ˈvægəbɒnd/ *n.* vagabondo; nomade; girovago.

vagary /ˈveɪgərɪ, ˈvæg-, vəˈgɛərɪ/ *n.* capriccio; stravaganza: **the vagaries of the English climate**, i capricci del clima inglese.

vagina /vəˈdʒaɪnə/ *n.* (*pl.* **vaginae** /-niː/, **vaginas**) (*anat.*) vagina.

vaginal /vəˈdʒaɪnl, *USA* ˈvædʒɪnl/ *a.* (*anat.*) vaginale.

vagrancy /ˈveɪgrənsɪ/ *n.* Ⓤ (*leg.*) vagabondaggio.

vagrant /ˈveɪgrənt/ *n.* (*leg.*) vagabondo; individuo senza fissa dimora.

vague /veɪg/ *a.* ***1*** vago; indistinto: **a v. shape in the mist**, una forma vaga nella nebbia ***2*** vago; impreciso: **v. promises**, vaghe promesse ***3*** (*di persona*) incerto; indeciso • **I haven't the vaguest idea**, non ho la più pallida idea.

vagueness /ˈveɪgnəs/ *n.* Ⓤ vaghezza; indeterminatezza; imprecisione.

vain /veɪn/ *a.* ***1*** vano; inutile; infruttuoso ***2*** vanitoso; vanaglorioso • **in v.**, invano, inutilmente; vano, inutile □ **to take the name of God in v.**, nominare il nome di Dio invano.

vainglorious /veɪnˈglɔːrɪəs/ *a.* (*lett.*) vanaglorioso.

vainglory /veɪnˈglɔːrɪ/ *n.* Ⓤ (*lett.*) vanagloria.

valance /ˈvæləns/ *n.* ***1*** balza, volant (*di letto*) ***2*** (*USA*) mantovana.

vale /veɪl/ *n.* (*specialm. poet.*) valle.

valediction /vælɪˈdɪkʃn/ *n.* (*form.*) addio; commiato; parole d'addio.

valedictory /vælɪˈdɪktərɪ/ *a.* (*form. o lett.*) di addio; di commiato.

valence /ˈveɪləns/, **valency** /ˈveɪlənsɪ/ *n.* Ⓤ *e* Ⓒ (*chim.*) valenza.

valentine /ˈvæləntaɪn/ *n.* ***1*** (*anche* **v. card**) cartoncino affettuoso (*mandato per San Valentino*) ***2*** innamorato (-a).

valerian /væˈlɪərɪən/ *n.* Ⓤ (*bot., farm.*) valeriana.

valet /ˈvælət, -leɪ, *USA* væˈleɪ/ *n.* cameriere personale • **v. parking**, parcheggio dell'auto (*del cliente*) a cura dell'albergo □ **v. service**, (*in albergo*) servizio di lavanderia; (*autom.*) lavaggio completo.

valetudinarian /vælɪtjuːdɪˈnɛərɪən, *USA* -tuː-/ (*form.*) *n.* persona che si preoccupa troppo della propria salute; malato immaginario.

valiant /ˈvælɪənt/ *a.* coraggioso; valoroso; prode.

valid /ˈvælɪd/ *a.* valido (*anche leg.*); solido; fondato.

to **validate** /ˈvælɪdeɪt/ *v. t.* (*anche leg.*) convalidare.

validation /vælɪˈdeɪʃn/ *n.* Ⓤ (*leg.*) convalidazione; convalida.

validity /vəˈlɪdətɪ/ *n.* Ⓤ validità (*anche leg.*); fondatezza.

valise /vəˈliːz, *USA* -s/ *n.* borsa da viaggio; ventiquattrore.

Valkyrie /vælˈkɪərɪ, ˈvælkərɪ/ *n.* (*mitol.*) valchiria.

valley /ˈvælɪ/ *n.* valle; vallata: **the Po V.**, la valle del Po.

valour, (*USA*) **valor** /ˈvælə(r)/ *n.* Ⓤ (*form. o lett.*) valore; coraggio.

valuable /ˈvæljʊəbl/ ***A*** *a.* prezioso; di valore ***B*** *n.* (*al pl.*) oggetti di valore; valori; preziosi.

valuation /væljʊˈeɪʃn/ *n.* ***1*** Ⓤ *e* Ⓒ valutazione; apprezzamento; (*comm.*) perizia, stima ***2*** prezzo: **to put a v. on st.**, dare un prezzo a q.c.

valuator /ˈvæljʊeɪtə(r)/ *n.* stimatore; perito.

value /ˈvæljuː/ *n.* ***1*** Ⓤ valore; importanza; utilità: **artistic [nutritional] v.**, valore artistico [nutritivo]; **of little practical v.**, di scarsa utilità pratica; **to set a high v. upon st.**, attribuire un gran valore a q.c. ***2*** Ⓒ *e* Ⓤ (*econ.*) valore: **the v. of the pound**, il valore della sterlina; **estimated v.**, valore di stima ***3*** (*scient., mus.*) valore ***4*** (*al pl.*) valori; principi (*morali, spirituali, ecc.*) • (*econ.*) **v. added**, valore aggiunto: **v.-added tax** (*abbr.* **VAT**), imposta sul valore aggiunto (*abbr.* **IVA**) □ (*fin., banca*) **v. in account**, valuta in conto □ (*econ.*) **v. in exchange**, valore di scambio □ **v. judgement**, giudizio di valore; giudizio soggettivo □ **to be good v.**, avere un buon prezzo □ **to get v. for money**, spendere bene il proprio denaro; comprare bene □ **to offer the best v.**, praticare i prezzi migliori □ **market values**, prezzi di mercato.

to **value** /ˈvæljuː/ *v. t.* ***1*** (*comm.*) valutare; stimare: **The house was valued at seventy thousand pounds**, la casa fu valutata settantamila sterline; (*comm.*) **to v. a loss**, stimare una perdita ***2*** valutare; apprezzare; stimare; tenere in gran conto.

valued /ˈvæljuːd/ *a.* ***1*** valutato ***2*** stimato; prezioso.

valueless /ˈvæljuːləs/ *a.* senza valore; privo di valore.

valuer /ˈvæljʊə(r)/ *n.* (*comm.*) stimatore; perito; valutatore.

valve /vælv/ *n.* ***1*** (*anat., mecc., radio*) valvola ***2*** (*bot., zool.*) valva • (*autom.*) **v. tappet**, punteria □ (*mecc. e fig.*) **safety v.**, valvola di sicurezza.

to **vamoose** /vəˈmuːs/ *v. i.* (*pop. USA*) andarsene; filare; tagliare la corda.

vamp (1) /væmp/ *n.* tomaia.

vamp (2) /væmp/ *n.* (*fam.*) vamp; donna fatale.

to **vamp** (**1**) /væmp/ *v. t.* mettere la tomaia a (*una scarpa*). ♦ **vamp up** *v. t. + avv.* ***1*** rinnovare; abbellire ***2*** inventare (*una scusa*).

to **vamp** (**2**) /væmp/ (*fam.*) ***A*** *v. t.* cercare di sedurre ***B*** *v. i.* atteggiarsi a vamp; fare la donna fatale.

vampire /ˈvæmpaɪə(r)/ *n.* ***1*** (*mitol.*) vampiro ***2*** (*zool., anche* **v. bat**) vampiro.

van (**1**) /væn/ *n.* ***1*** furgone ***2*** (*ferr., anche* **luggage van**) bagagliaio ***3*** (*anche* **police van**) furgone della polizia; cellulare.

van (**2**) /væn/ *n.* (*mil. e fig.*) avanguardia: **in the van**, all'avanguardia.

vanadium /vəˈneɪdɪəm/ *n.* 🅄 (*chim.*) vanadio.

Vandal /ˈvændl/ *n.* (*stor.*) vandalo.

vandal /ˈvændl/ *n.* vandalo.

vandalism /ˈvændəlɪzəm/ *n.* 🅄 vandalismo.

to **vandalize** /ˈvændəlaɪz/ *v. t.* danneggiare, distruggere (*con atti di vandalismo*).

vane /veɪn/ *n.* ***1*** (*anche* **weather vane**) banderuola; mostravento ***2*** pala (*di elica, di mulino a vento*) ***3*** (*topogr.*) mirino ***4*** (*aeron.*) rivelatore di raffica.

vanguard /ˈvæŋɡɑːd/ *n.* (*mil. e fig.*) avanguardia: **in the v.**, all'avanguardia.

vanilla /vəˈnɪlə/ *n.* ***1*** (*bot.*) vaniglia ***2*** 🅄 (*cucina*) (estratto di) vaniglia • **v. ice-cream**, gelato alla vaniglia □ **v. pod**, baccello di vaniglia.

to **vanish** /ˈvænɪʃ/ *v. i.* svanire; dileguarsi; scomparire; sparire.

vanity /ˈvænətɪ/ *n.* ***1*** 🅄 e 🄲 vanità: **the v. of glory**, la vanità della gloria; **the vanities of this world**, le vanità di questo mondo ***2*** 🅄 vanità: **male v.**, la vanità maschile • **v. bag**, borsetta per il trucco □ (*autom.*) **v. mirror**, specchietto di cortesia □ **v. unit**, mobiletto con lavandino incassato.

to **vanquish** /ˈvæŋkwɪʃ/ *v. t.* (*lett.*) sconfiggere; sgominare • **the vanquished**, i vinti.

vantage /ˈvɑːntɪdʒ, *USA* ˈvæn-/ *n.* — **v. point**, punto di osservazione; posizione strategica (*per un appostamento*); (*fig.*) punto di vista.

vapid /ˈvæpɪd/ *a.* insipido; insulso; scipito.

vapidity /væˈpɪdətɪ/ *n.* 🅄 insipidità; insulsaggine.

vapor /ˈveɪpə(r)/ (*USA*) *V.* **vapour**.

vaporization /veɪpəraɪˈzeɪʃn, *USA* -rɪˈz-/ *n.* 🅄 e 🄲 vaporizzazione; evaporazione.

to **vaporize** /ˈveɪpəraɪz/ (*fis.*) ***A*** *v. t.* vaporizzare ***B*** *v. i.* evaporare; vaporizzarsi.

vaporizer /ˈveɪpəraɪzə(r)/ *n.* vaporizzatore.

vaporous /ˈveɪpərəs/ *a.* ***1*** vaporoso ***2*** inconsistente; incorporeo ***3*** indeterminato; vago.

vapour /ˈveɪpə(r)/ *n.* ***1*** 🅄 e 🄲 vapore: **water v.**, vapore acqueo ***2*** (*al pl.*) (*antiq.*) vapori; deliquio • **v. trail**, scia (*di aereo, ecc.*).

variability /veərɪəˈbɪlətɪ/ *n.* 🅄 variabilità; incostanza.

variable /ˈveərɪəbl/ ***A*** *a.* variabile; incostante; mutevole ***B*** *n.* (*mat.*) quantità variabile.

variance /ˈveərɪəns/ *n.* ***1*** variazione: **variances in temperature**, variazioni di temperatura ***2*** 🅄 divergenza d'opinione; discrepanza; contrasto: **at v. with sb.**, in disaccordo con q.; **at v. with st.**, in contrasto (*o* in conflitto) con.

variant /ˈveərɪənt/ *n.* variante.

variation /veərɪˈeɪʃn/ *n.* ***1*** 🅄 e 🄲 (*biol., mat., mus.*) variazione ***2*** variazione; cambiamento; mutamento ***3*** variante.

varicella /værɪˈselə/ *n.* 🅄 (*med.*) varicella.

varicose /ˈværɪkəʊs/ *a.* (*med.*) varicoso: **v. veins**, vene varicose.

varied /ˈveərɪd/ *a.* vario; diverso; variato; variegato: **a v. diet**, una dieta variata.

variegated /ˈveərɪɡeɪtɪd/ *a.* ***1*** variegato; screziato ***2*** multiforme; variegato; movimentato.

variety /vəˈraɪətɪ/ *n.* ***1*** 🅄 varietà; diversità ***2*** varietà; molteplicità; gamma: **for a v. of reasons**, per tutta una serie di ragioni ***3*** varietà; tipo: **a new v. of wheat**, una nuova varietà di grano ***4*** 🅄 (*teatr.*) varietà: **v. artist**, artista di varietà; **v. show**, spettacolo di varietà.

variometer /veərɪˈɒmɪtə(r)/ *n.* (*tecn.*) variometro.

various /ˈveərɪəs/ *a.* vario; diverso: **for v. reasons**, per varie ragioni; **at v. times**, in diverse occasioni; **v. people**, diverse persone.

varnish /ˈvɑːnɪʃ/ *n.* 🄲 e 🅄 ***1*** vernice (trasparente) ***2*** vernice; lucido • **nail v.**, smalto per unghie.

to **varnish** /ˈvɑːnɪʃ/ *v. t.* verniciare.

varnishing /ˈvɑːnɪʃɪŋ/ *n.* 🅄 verniciatura.

varsity /ˈvɑːsətɪ/ ***A*** *n.* (*fam. antiq., GB*) università (*specialm. Oxford e Cambridge*) ***B*** *a. attr.* (*di squadra sportiva, USA*) dell'università; universitario.

to **vary** /ˈveərɪ/ ***A*** *v. t.* variare; cambiare; modificare ***B*** *v. i.* ***1*** variare; cambiare; modificarsi ***2*** differire: **The second edition varies very little from the first**, la seconda edizione differisce di poco dalla prima.

vascular /ˈvæskjʊlə(r)/ *a.* (*anat., bot.*) vascolare.

vase /vɑːz, *USA* veɪs, veɪz/ *n.* vaso (*artistico o da fiori*).

vasectomy /vəˈsektəmɪ/ *n.* 🄲 e 🅄 (*med.*) vasectomia.

Vaseline ® /ˈvæsəliːn/ *n.* 🅄 vaselina, vasellina.

vasoconstrictor /veɪzəʊkənˈstrɪktə(r), *USA* væsəʊ-/ *a. e n.* (*farm.*) vasocostrittore.

vasodilator /veɪzəʊdaɪˈleɪtə(r), *USA* væsəʊˈdaɪleɪtə(r)/ *a. e n.* (*farm.*) vasodilatatore.

vassal /ˈvæsl/ ***A*** *n.* (*stor.*) vassallo ***B*** *a. attr.* vassallo: **a v. state**, uno Stato vassallo.

vast /vɑːst, *USA* væst/ *a.* ***1*** vasto; esteso ***2*** enorme; ingente: **v. sums of money**, ingenti somme di denaro.

vastness /ˈvɑːstnəs, *USA* ˈvæs-/ *n.* 🅄 ***1*** vastità; immensità ***2*** enormità.

vat /væt/ *n.* ***1*** tino ***2*** (*ind.*) vasca.

vatman /ˈvætmæn/ *n.* (*fam. GB*) funzionario addetto all'IVA; (*estens.*) ufficio IVA.

vaudeville /ˈvɔːdəvɪl, ˈvəʊ-/ *n.* 🅄 e 🄲 (*USA*) spettacolo di varietà.

vault (**1**) /vɔːlt/ *n.* ***1*** (*archit.*) volta ***2*** sotterraneo (a volta); cantina ***3*** tomba; cripta: **family v.**, tomba di famiglia ***4*** (*banca*) camera blindata; caveau (*franc.*).

vault (**2**) /vɔːlt/ *n.* volteggio • (*sport*) **pole v.**, salto con l'asta.

to **vault** (**1**) /vɔːlt/ *v. t.* (*archit.*) ***1*** costruire a volta ***2*** coprire con una volta.

to **vault** (**2**) /vɔːlt/ *v. t. e i.* saltare, balzare (*con un volteggio*): **to v. over a fence**, saltare (oltre) uno steccato; **to v. into the saddle**, balzare in sella.

vaulted /ˈvɔːltɪd/ *a.* (*archit.*) ***1*** a volta ***2*** coperto da una volta.

vaulting (**1**) /ˈvɔːltɪŋ/ *n.* 🅄 (*arch.*) costruzione a volta.

vaulting (**2**) /ˈvɔːltɪŋ/ *n.* volteggio • (*ginnastica*) **v. horse**, cavallo.

vaunt /vɔːnt, *USA* vɒnt/ *n.* 🅄 e 🄲 (*lett.*) vanto; vanteria.

to **vaunt** /vɔːnt, *USA* vɒnt/ (*form.*) *v. t.* vantare: **The museum vaunts a fine Vermeer**, il museo vanta un magnifico Vermeer.

vaunted /ˈvɔːntɪd, *USA* vɒntɪd/ *a.* decantato; celebrato: **much v.**, tanto decantato.

've /v, əv/ *contraz. di* **have**.

veal /viːl/ *n.* 🅄 (carne di) vitello: **v. cutlet**, costoletta di vitello.

vector /ˈvektə(r)/ *n.* ***1*** (*mat., fis.*) vettore ***2*** (*biol.*) insetto vettore • (*astron.*) **radius v.**, raggio vettore.

to **veer** /vɪə(r)/ *v. i.* ***1*** cambiare direzione; spostarsi ***2*** (*del vento*) girare ***3*** (*naut.*) cambiare rotta; virare di bordo.

veg /vedʒ/ *n.* (*pl. invar.*) (*abbr. fam. di* **vegetables**) verdura.

vegan /ˈviːɡən/ *n.* vegetariano (-a) integrale (*che non mangia uova o latticini*); vegetaliano; vegetalista.

veganism /ˈviːɡənɪzəm/ *n.* 🅄 vegetarianismo integrale; vegetalismo.

vegetable /ˈvedʒtəbl/ ***A*** *a.* vegetale: **v. oils**, oli vegetali ***B*** *n.* ***1*** vegetale; pianta ***2*** verdura; ortaggio ***3*** persona che vegeta; persona ridotta allo stato vegetativo • **v. garden**, orto □ **v. soup**, minestra di verdure.

vegetal /ˈvedʒɪtl/ *a.* ***1*** vegetale ***2*** vegetativo.

vegetarian /vedʒəˈteərɪən/ *n. e a. attr.* vegetariano.

vegetarianism /vedʒəˈteərɪənɪzəm/ *n.* 🅄 vegetarianismo.

to **vegetate** /ˈvedʒəteɪt/ *v. t.* vegetare.

vegetation /vedʒəˈteɪʃn/ *n.* 🅄 vegetazione.

vegetative /ˈvedʒətətɪv, *USA* -eɪtɪv/ *a.* vegetativo.

vehemence /ˈviːəməns/ *n.* 🅄 veemenza; impetuosità; durezza.

vehement /ˈviːəmənt/ *a.* veemente; impetuoso; duro; violento.

vehicle /ˈviːəkl, ˈviːhɪkl/ *n.* ***1*** veicolo; vettura: **space v.**, veicolo spaziale; **motor v.**, motoveicolo; **heavy goods v.**, veicolo pesante ***2*** (*chim.*) veicolo ***3*** (*farm.*) eccipiente ***4*** veicolo; mezzo; strumento: **a v. for** (*o* **of**) **propaganda**, uno strumento di propaganda.

vehicular /vɪ'hɪkjʊlə(r), viː-/ *a.* (*form.*) dei veicoli; per i veicoli; veicolare; stradale: **v. traffic**, circolazione dei veicoli; traffico veicolare.

veil /veɪl/ *n.* ***1*** velo ***2*** (*fig.*) velo; cortina: **a v. of mist**, un velo di nebbia; **a v. of secrecy**, una cortina di segreto • **to draw a v. over st.**, stendere un velo su q.c. (*anche fig.*) □ (*eccles.*) **to take the v.**, prendere il velo; farsi monaca.

to **veil** /veɪl/ *v. t.* ***1*** velare; coprire con un velo ***2*** (*fig.*) coprire; celare.

veiled /veɪld/ *a.* (*anche fig.*) velato: **a v. threat**, una velata minaccia.

vein /veɪn/ *n.* ***1*** (*anat., geol.*) vena ***2*** (*bot.*) venatura; nervatura ***3*** (*ind. min.*) vena; filone ***4*** umore; stato d'animo: **to speak in serious v.**, parlare seriamente ***5*** tenore; tono: **other remarks in the same v.**, altre osservazioni dello stesso tenore ***6*** vena (*fig.*); venatura; traccia; sottofondo.

to **vein** /veɪn/ *v. t.* venare; coprire di venature.

veined /veɪnd/ *a.* venato.

velar /'viːlə(r)/ *a.* (*fon.*) velare.

velcro ® /'velkrəʊ/ *n.* Ⓤ velcro.

vellum /'veləm/ *n.* Ⓤ pergamena; cartapecora.

velocity /və'lɒsətɪ/ *n.* Ⓤ velocità; rapidità.

velodrome /'velədrəʊm/ *n.* velodromo.

velour(s) /və'lʊə(r)/ *n.* Ⓤ velours.

velvet /'velvɪt/ ***A*** *n.* Ⓤ velluto ***B*** *a. attr.* di velluto.

velveteen /velvə'tiːn/ *n.* Ⓤ velluto di cotone.

velvety /'velvətɪ/ *a.* vellutato.

venal /'viːnl/ *a.* venale; corruttibile.

venality /viː'nælətɪ/ *n.* Ⓤ venalità.

vendetta /ven'detə/ (*ital.*) *n.* faida. ATTENZIONE: **vendetta** ≠ vendetta.

vending /'vendɪŋ/ *a.* — **v. machine**, distributore automatico.

vendor /'vendə(r)/ *n.* ***1*** venditore (-trice) ambulante ***2*** (*leg.*) venditore (-trice).

veneer /və'nɪə(r)/ *n.* ***1*** Ⓒ e Ⓤ (*falegn.*) impiallacciatura ***2*** (*fig.*) vernice: **a v. of respectability**, una vernice di rispettabilità.

to **veneer** /və'nɪə(r)/ *v. t.* (*falegn.*) impiallacciare.

venerable /'venərəbl/ *a.* (*form.*) venerabile; venerando.

to **venerate** /'venəreɪt/ *v. t.* (*form.*) venerare; onorare.

veneration /venə'reɪʃn/ *n.* Ⓤ (*form.*) venerazione.

venereal /və'nɪərɪəl/ *a.* (*med.*) venereo: **v. disease**, malattia venerea.

Venetian /və'niːʃn/ *a. e n.* veneziano • **V. blind**, veneziana □ **V. glass**, vetro di Murano.

Venezuelan /venə'zweɪlən/ *a. e n.* venezuelano.

vengeance /'vendʒəns/ *n.* Ⓤ vendetta • (*form.*) **to take v. on sb.**, vendicarsi di q. □ (*fam.*) **with a v.**, a tutta forza; a più non posso.

vengeful /'vendʒfl/ *a.* (*lett.*) vendicativo.

venial /'viːnɪəl/ *a.* veniale.

venison /'venɪsn, -zn/ *n.* Ⓤ carne di cervo.

venom /'venəm/ *n.* Ⓤ (*anche fig.*) veleno.

venomous /'venəməs/ *a.* (*anche fig.*) velenoso.

vent /vent/ *n.* ***1*** foro; orifizio; apertura; spiraglio ***2*** canna (*del camino*) ***3*** feritoia (*di fortezza*) ***4*** spacco (*di giacca, ecc.*) • **v.-hole**, foro; spiraglio; sfiatatoio □ **to give v. to**, dare sfogo a.

to **vent** /vent/ *v. t.* dare sfogo a, sfogare (*astio, ira, ecc.*).

to **ventilate** /'ventɪleɪt/ *v. t.* ***1*** ventilare; arieggiare ***2*** discutere (*una questione, ecc.*) ***3*** (*fisiol.*) ossigenare (*il sangue*).

ventilation /ventɪ'leɪʃn/ *n.* Ⓤ ***1*** ventilazione; aerazione ***2*** discussione (*di una questione, ecc.*) ***3*** (*fisiol.*) ossigenazione (*del sangue*) • **v. shaft**, pozzo di ventilazione; condotto di ventilazione.

ventilator /'ventɪleɪtə(r)/ *n.* ventilatore.

ventral /'ventrəl/ *a.* (*anat.*) ventrale.

ventricle /'ventrɪkl/ *n.* (*anat.*) ventricolo.

ventriloquism /ven'trɪləkwɪzəm/ *n.* Ⓤ ventriloquio.

ventriloquist /ven'trɪləkwɪst/ *n.* ventriloquo (-a).

ventriloquy /ven'trɪləkwɪ/ *n.* Ⓤ ventriloquio.

venture /'ventʃə(r)/ *n.* ***1*** impresa rischiosa; speculazione ***2*** (*econ.*) iniziativa (imprenditoriale) • (*fin.*) **v. capital**, capitale di rischio □ **joint v.**, *V. sotto* **joint**.

to **venture** /'ventʃə(r)/ ***A*** *v. t.* ***1*** arrischiare; azzardare; rischiare; mettere a repentaglio: **to v. one's life**, rischiare la vita ***2*** azzardare; osare; ardire: **to v. an opinion**, azzardare un'opinione; **to v. to do st.**, azzardarsi a fare q.c. ***B*** *v. i.* avventurarsi: **to v. on a perilous journey**, avventurarsi in un viaggio pericoloso • (*prov.*) **Nothing ventured, nothing gained**, chi non risica non rosica.

venturesome /'ventʃəsəm/ *a.* (*lett.*) ***1*** avventuroso; audace ***2*** rischioso; azzardato.

venue /'venjuː/ *n.* luogo designato, sede (*di un convegno, un incontro, ecc.*).

veracity /və'ræsətɪ/ *n.* Ⓤ (*form.*) veracità; veridicità.

veranda(h) /və'rændə/ *n.* veranda.

verb /vɜːb/ *n.* (*gramm.*) verbo.

verbal /'vɜːbl/ *a.* ***1*** verbale; orale: **v. skills**, abilità nel parlare; **v. evidence**, testimonianza orale; **v. abuse**, offesa verbale; insulti; ingiurie ***2*** formale; puramente verbale: **a v. agreement**, un accordo verbale; **a v. distinction**, una distinzione formale ***3*** (*gramm.*) verbale.

to **verbalize** /'vɜːbəlaɪz/ *v. t.* ***1*** (*gramm.*) trasformare (*un nome*) in verbo ***2*** esprimere; tradurre in parole.

verbatim /vɜː'beɪtɪm/ ***A*** *avv.* parola per parola; alla lettera ***B*** *a.* ***1*** riferito parola per parola (*o* alla lettera) ***2*** tradotto alla lettera; letterale.

verbena /vɜː'biːnə/ *n.* Ⓤ e Ⓒ (*bot.*) verbena.

verbiage /'vɜːbɪɪdʒ/ *n.* Ⓤ (*form.*) verbosità; prolissità.

verbose /vɜː'bəʊs/ *a.* (*form.*) verboso; prolisso.

verbosity /vɜː'bɒsətɪ/ *n.* Ⓤ (*form.*) verbosità; prolissità.

verdant /'vɜːdnt/ *a.* (*lett.*) verdeggiante.

verdict /'vɜːdɪkt/ *n.* ***1*** (*leg.*) verdetto: **to return a v. of guilty** [**not guilty**], emettere un verdetto di condanna [di assoluzione] ***2*** opinione; parere; giudizio: **the popular v.**, l'opinione popolare.

verdigris /'vɜːdɪgrɪs, -griːs/ *n.* Ⓤ (*chim.*) verderame.

verge /vɜːdʒ/ *n.* ***1*** bordo, margine (*specialm. di strada*): **grass v.**, fascia d'erba (*lungo una strada*) ***2*** — **on the v. of**, sul punto di; alle soglie di; prossimo a: **on the v. of doing st.**, sul punto di fare q.c.; **on the v. of tears**, prossimo alle lacrime; lì lì per piangere.

to **verge** /vɜːdʒ/ *v. Solo come*:

♦ **verge on** (*o* **upon**) *v. i. + prep.* essere prossimo a; sfiorare: **to be verging on bankruptcy**, essere sull'orlo del fallimento; **to v. on the obscene**, sfiorare l'osceno.

verger /'vɜːdʒə(r)/ *n.* sagrestano.

verifiable /'verɪfaɪəbl/ *a.* verificabile; accertabile.

verification /verɪfɪ'keɪʃn/ *n.* Ⓤ e Ⓒ verifica; accertamento.

to **verify** /'verɪfaɪ/ *v. t.* ***1*** verificare; accertare ***2*** confermare; provare; suffragare con prove.

verily /'verəlɪ/ *avv.* (*lett.*) in verità; veramente.

verisimilitude /verɪsɪ'mɪlɪtjuːd, *USA* -tuːd/ *n.* Ⓤ verosimiglianza.

veritable /'verɪtəbl/ *a.* (*form.*) vero; vero e proprio; autentico.

verity /'verətɪ/ *n.* (*form. o lett.*) verità: **the eternal verities**, le verità eterne.

vermeil /'vɜːmeɪl/ *n.* Ⓤ argento dorato; vermeil.

vermicide /'vɜːmɪsaɪd/ *n.* (*farm.*) vermicida; vermifugo.

vermiculite /vɜː'mɪkjʊlaɪt/ *n.* Ⓤ (*miner.*) vermiculite.

vermifuge /'vɜːmɪfjuːdʒ/ *n.* (*farm.*) vermifugo.

vermilion /və'mɪljən/ ***A*** *n.* Ⓤ cinabro; vermiglione ***B*** *a.* vermiglio.

vermin /'vɜːmɪn/ *n.* Ⓤ (*col verbo al pl.*) ***1*** animali nocivi (*topi, ecc.*) ***2*** parassiti (*anche fig.*).

verminous /'vɜːmɪnəs/ *a.* ***1*** infestato da parassiti ***2*** disgustoso; ributtante.

vermouth /'vɜːməθ, *USA* və'muːθ/ *n.* Ⓤ vermut.

vernacular /və'nækjʊlə(r)/ ***A*** *a.* ***1*** vernacolo; dialettale ***2*** locale ***B*** *n.* vernacolo; dialetto; lingua volgare.

vernal /'vɜːnl/ *a.* (*lett. o tecn.*) primaverile; di primavera.

veronica /və'rɒnɪkə/ *n.* Ⓤ e Ⓒ (*bot.*) veronica.

verruca /və'ruːkə/ *n.* (*pl.* **verrucae** /-kiː/, **verrucas**) (*med.*) verruca.

versatile /'vɜːsətaɪl, *USA* -tl/ *a.* ***1*** versatile; (*di giocatore*) eclettico ***2*** che si presta a molti usi; multiuso.

versatility /vɜːsə'tɪlətɪ/ *n.* Ⓤ ***1*** versatilità ***2*** varietà d'uso.

verse /vɜːs/ *n.* ***1*** Ⓤ versi; poesia: **blank v.**, versi sciolti; **free v.**, versi liberi; **prose and v.**, prosa e poesia ***2*** strofa; stanza ***3*** versetto (*della Bibbia, del Corano, ecc.*).

versed /vɜːst/ *a.* versato; esperto; ferrato.

versification /vɜːsɪfɪ'keɪʃn/ *n.* Ⓤ versificazione.

versifier /'vɜːsɪfaɪə(r)/ *n.* versificatore (-trice); (*spreg.*) poetastro.

to **versify** /ˈvɜːsɪfaɪ/ *v. t. e i.* versificare; verseggiare; mettere in versi.
version /ˈvɜːʃn, *USA* -ʒn/ *n.* versione (*in tutti i sensi*).
verso /ˈvɜːsəʊ/ *n.* (*pl.* **versos**) ***1*** (*tipogr.*) verso ***2*** rovescio (*di moneta, medaglia*).
versus /ˈvɜːsəs/ (*lat.*) *prep.* ***1*** (*leg., sport, abbr.* **v.**) contro ***2*** di contro a.
vertebra /ˈvɜːtɪbrə/ *n.* (*pl.* **vertebrae** /-briː/, **vertebras**) (*anat.*) vertebra.
vertebral /ˈvɜːtɪbrəl/ *a.* (*anat.*) vertebrale.
vertebrate /ˈvɜːtɪbreɪt/ *a. e n.* (*zool.*) vertebrato.
vertex /ˈvɜːtɛks/ *n.* (*pl.* **vertices, vertexes**) ***1*** (*geom.*) vertice ***2*** (*archit.*) chiave (*di un arco*).
vertical /ˈvɜːtɪkl/ ***A*** *a.* verticale; perpendicolare ***B*** *n.* (linea) verticale • **out of the v.**, non in verticale.
verticality /vɜːtɪˈkælətɪ/ *n.* 🅄 verticalità; perpendicolarità.
vertices /ˈvɜːtɪsiːz/ *pl. di* **vertex**.
vertiginous /vɜːˈtɪdʒɪnəs/ *a.* (*form.*) vertiginoso; che dà le vertigini.
vertigo /ˈvɜːtɪɡəʊ/ *n.* 🅄 (*med.*) vertigine; capogiro.
verve /vɜːv/ *n.* 🅄 brio; verve.
very /ˈvɛrɪ/ ***A*** *a.* ***1*** esatto; proprio (*avv.*): **the v. reverse of the truth**, l'esatto contrario della verità; **the v. thing**, proprio quello che ci vuole; **at the v. back of the cupboard**, proprio in fondo all'armadio ***2*** stesso; solo: **The v. rafters shook**, le travi stesse tremarono; **The v. thought of it terrifies me**, il solo pensiero mi spaventa ***B*** *avv.* molto: **v. interesting**, molto interessante; **v. beautiful**, bellissimo; **the v. first**, il primissimo • **v. good**, (*agg.*) molto buono, ottimo; (*inter.*) benissimo!, d'accordo! □ **the v. latest news**, le ultimissime (notizie) □ **v. well**, (*avv.*) molto bene, benissimo; (*inter.*) va bene, bravo!, d'accordo! □ **The v. idea!**, questa è bella!; questa è grossa!; questa poi! □ **They are the v. best of friends**, sono ottimi amici □ **at the v. latest**, al più tardi □ **at the v. least**, come minimo □ **at the v. most**, al massimo □ **It's my v. own**, è proprio mio □ **It's the v. last thing I expected**, questa non me l'aspettavo davvero!
vespers /ˈvɛspəz/ *n. pl.* (*eccles.*) vespri.
vessel /ˈvɛsl/ *n.* ***1*** (*naut.*) vascello; bastimento; nave: **sailing v.**, bastimento a vela; veliero ***2*** (*form.*) vaso; recipiente: **drinking v.**, calice ***3*** (*anat.*) vaso: **blood v.**, vaso sanguigno.
vest /vɛst/ *n.* ***1*** (*GB*) maglia; maglietta; canottiera ***2*** (*USA*) panciotto; gilè. ATTENZIONE: **vest** ≠ veste.
to **vest** /vɛst/ ***A*** *v. t.* ***1*** conferire; assegnare: **the rights vested in sb.**, i diritti conferiti a q. ***2*** investire: **to v. sb. with st.**, investire q. di q.c.; conferire q.c. a q. ***B*** *v. i.* appartenere di diritto: **to v. in sb.**, appartenere di diritto a q.
vesta /ˈvɛstə/ *n.* cerino.
vestal /ˈvɛstl/ *a. e n.* (*stor.*) vestale.
vested /ˈvɛstɪd/ *a.* (*leg.*) acquisito; legittimo: **v. right**, diritti acquisiti; **v. interest**, (*leg.*) interesse acquisito; (*spreg.*) interesse personale, interesse particolare.
vestibule /ˈvɛstɪbjuːl/ *n.* (*archit., anat.*) vestibolo.
vestige /ˈvɛstɪdʒ/ *n.* ***1*** vestigio; orma; traccia ***2*** (*biol.*) rudimento (di organo scomparso).
vestigial /vɛˈstɪdʒɪəl/ *a.* ***1*** residuale; residuo ***2*** (*biol.*) rudimentale.
vestment /ˈvɛstmənt/ *n.* (*eccles.*) paramento liturgico.
vestry /ˈvɛstrɪ/ *n.* (*eccles.*) ***1*** sagrestia ***2*** (*nelle Chiese nonconformiste*) sala per preghiere collettive (*o* per riunioni).
vet /vɛt/ *n.* ***1*** (*abbr. fam. di* **veterinary surgeon**) veterinario (-a) ***2*** (*USA*) (*abbr. fam. di* **veteran**) reduce; ex combattente; veterano.
to **vet** /vɛt/ *v. t.* (*fam.*) sottoporre a controllo; passare al vaglio.
vetch /vɛtʃ/ *n.* (*bot.*) veccia.
veteran /ˈvɛtərən/ ***A*** *n.* ***1*** (*anche fig.*) veterano ***2*** (*USA*) veterano; ex combattente; reduce ***B*** *a. attr.* ***1*** veterano; esperto ***2*** d'epoca: **v. car**, auto d'epoca.
veterinarian /vɛtərɪˈnɛərɪən/ *n.* (*USA*) veterinario (-a).
veterinary /ˈvɛtrənrɪ, *USA* ˈvɛt(ə)rənɛrɪ/ ***A*** *a.* ***1*** veterinario: **v. surgeon**, (medico) veterinario ***2*** per veterinari ***B*** *n.* veterinario (-a).
veto /ˈviːtəʊ/ *n.* ***1*** (*pl.* **vetoes**) veto: **to put a v. on st.**, mettere il veto a q.c. ***2*** 🅄 diritto di veto.
to **veto** /ˈviːtəʊ/ *v. t.* mettere il veto a.
to **vex** /vɛks/ *v. t.* irritare; contrariare; infastidire; seccare.
vexation /vɛkˈseɪʃn/ *n.* ***1*** 🅄 irritazione; malumore ***2*** contrarietà; fastidio; seccatura.
vexed /vɛkst/ *a.* irritato; contrariato; infastidito; seccato • **v. question**, questione molto dibattuta.
vexing /ˈvɛksɪŋ/ *a.* fastidioso; irritante; molesto.
via /ˈvaɪə, ˈviːə/ (*lat.*) *prep.* ***1*** via; passando per: **to go to London via Paris**, andare a Londra via Parigi ***2*** attraverso; per mezzo di; tramite.
viability /vaɪəˈbɪlətɪ/ *n.* 🅄 ***1*** attuabilità; fattibilità ***2*** (*fin.*) solvibilità ***3*** (*biol.*) vitalità.
viable /ˈvaɪəbl/ *a.* ***1*** fattibile; attuabile; possibile ***2*** (*fin.*) solvibile ***3*** (*biol.*) vitale.
viaduct /ˈvaɪədʌkt/ *n.* viadotto.
vial /ˈvaɪəl/ *n.* boccetta (*per medicina, profumo, ecc.*).
viaticum /vaɪˈætɪkəm/ *n.* (*pl.* **viatica** /-kə/, **viaticums**) (*relig.*) viatico.
vibes (1) /vaɪbz/ *n. pl.* (*fam.*) atmosfera; impressione: **This place gives me bad v.**, c'è qualcosa che non mi piace in questo posto.
vibes (2) /vaɪbz/ *n.* (*pl. invar*) (*mus., fam.*) vibrafono.
vibrancy /ˈvaɪbrənsɪ/ *n.* 🅄 vitalità; energia; entusiasmo.
vibrant /ˈvaɪbrənt/ *a.* ***1*** vibrante; vivace; pieno di vita; energico ***2*** (*di colore*) vibrante; vivace ***3*** (*di voce*) sonoro.
vibraphone /ˈvaɪbrəfəʊn/ *n.* (*mus.*) vibrafono.
vibraphonist /ˈvaɪbrəfəʊnɪst/ *n.* vibrafonista.
to **vibrate** /vaɪˈbreɪt, *USA* ˈvaɪbreɪt/ ***A*** *v. i.* ***1*** vibrare; oscillare ***2*** risuonare ***B*** *v. t.* far vibrare; far oscillare.
vibration /vaɪˈbreɪʃn/ *n.* 🅄 *e* 🄲 vibrazione; oscillazione.
vibrator /vaɪˈbreɪtə(r)/ *n.* vibratore (*strumento*).
vibratory /vaɪˈbreɪtrɪ, ˈvaɪbrə-, *USA* ˈvaɪbrətɔːrɪ/ *a.* vibratorio.
viburnum /vaɪˈbɜːnəm/ *n.* (*bot.*) viburno.
vicar /ˈvɪkə(r)/ *n.* ***1*** (*Chiesa anglicana*) parroco ***2*** (*Chiesa cattolica*) vicario.
vicarage /ˈvɪkərɪdʒ/ *n.* (*Chiesa anglicana*) canonica.
vicarious /vɪˈkɛərɪəs, *USA* vaɪ-/ *a.* ***1*** indiretto; di seconda mano ***2*** vissuto con la fantasia ***3*** (*form., di punizione, ecc.*) subito al posto di un altro ***4*** (*med.*) vicariante.
vicariously /vɪˈkɛərɪəslɪ, *USA* vaɪ-/ *avv.* ***1*** indirettamente ***2*** con la fantasia ***3*** al posto di un altro; in sostituzione.
vice (1) /vaɪs/ *n.* 🅄 *e* 🄲 vizio • (*polizia*) **v. squad**, squadra del buon costume.
vice (2) /vaɪs/ *n.* morsa; morsetto • **a v.-like grip**, una stretta d'acciaio.
vice-chancellor /ˈvaɪsˈtʃɑːnsələ(r), *USA* -æn-/ *n.* (*università*) ***1*** (*in G.B.*) direttore amministrativo ***2*** (*in U.S.A.*) vicerettore.
vice-consul /ˈvaɪsˈkɒnsl/ *n.* viceconsole.
vice-president /ˈvaɪsˈprɛzɪdənt/ *n.* vicepresidente.
vicereine /ˈvaɪsˈreɪn/ *n.* viceregina.
viceroy /ˈvaɪsrɔɪ/ *n.* viceré.
vice versa /ˈvaɪsɪˈvɜːsə/ (*lat.*) *locuz. avv.* viceversa.
vicinity /vɪˈsɪnətɪ/ *n.* 🅄 ***1*** (*form.*) vicinanza; prossimità ***2*** vicinanze; vicinato: **There is no hotel in the v.**, non c'è nessun albergo nelle vicinanze.
vicious /ˈvɪʃəs/ *a.* ***1*** crudele; brutale; fatto con cattiveria; cattivo: **v. blow**, colpo brutale; **v. dog**, cane cattivo; **v. remark**, osservazione crudele (*o* velenosa) ***2*** tremendo; terribile: **v. headache**, mal di testa tremendo • **v. circle**, circolo vizioso. ATTENZIONE: **vicious** ≠ vizioso.
viciousness /ˈvɪʃəsnəs/ *n.* 🅄 crudeltà; brutalità; cattiveria.
vicissitude /vɪˈsɪsɪtjuːd, *USA* -tuːd/ *n.* (*form.*) vicissitudine; vicenda; traversia.
victim /ˈvɪktɪm/ *n.* vittima: **to fall v. of**, essere vittima di.
victimization /vɪktɪmaɪˈzeɪʃn, *USA* -mɪˈz-/ *n.* 🅄 vittimizzazione.
to **victimize** /ˈvɪktɪmaɪz/ *v. t.* vittimizzare.
victor /ˈvɪktə(r)/ *n.* (*form.*) vincitore.
Victorian /vɪkˈtɔːrɪən/ *a. e n.* (*stor., letter., ecc.*) vittoriano: **the V. age**, l'età (*o* l'epoca) vittoriana.
Victoriana /vɪktɔːrɪˈɑːnə, *USA* -ænə/ *n. pl.* oggetti d'arte dell'età vittoriana.
victorious /vɪkˈtɔːrɪəs/ *a.* vittorioso; trionfante.
victory /ˈvɪktərɪ/ *n.* 🅄 *e* 🄲 vittoria: **to gain** (*o* **to win**) **a v. over sb.**, riportare la vittoria su q.
to **victual** /ˈvɪtl/ (*antiq.*) ***A*** *v. t.* approvvigionare; vettovagliare; rifornire di viveri ***B*** *v. i.* approvvigionarsi; rifornirsi di viveri.
victuals /ˈvɪtlz/ *n. pl.* (*antiq.*) viveri; vettovaglie.
vicuna, vicuña /vɪˈkjuːnə, -ˈkuːnjə/ *n.* vigogna (*animale e*

tessuto).
video /ˈvɪdɪəʊ/ ***A*** *a.* video ***B*** *n.* (*pl.* **videos**) ***1*** videocassetta; video ***2*** videoregistrazione ***3*** videoregistratore ***4*** (*USA*) televisione • **v. camera**, videocamera □ **v. cassette**, videocassetta □ **v. conference**, videoconferenza □ **v. game**, videogioco □ (*fam.*) **v. nasty**, film violento e porno su videocassetta □ **v. (cassette) recorder**, videoregistratore □ **v. recording**, videoregistrazione.
to **video** /ˈvɪdɪəʊ/ *v. t.* (*fam.*) registrare (su videocassetta).
videophone /ˈvɪdɪəʊfəʊn/, **videotelephone** /ˈvɪdɪəʊˈtɛlɪfəʊn/ *n.* videotelefono.
videotape /ˈvɪdɪəʊteɪp/ *n.* videonastro.
to **videotape** /ˈvɪdɪəʊteɪp/ *v. t.* registrare su videocassetta.
to **vie** /vaɪ/ *v. i.* gareggiare; competere; rivaleggiare.
Viennese /viːəˈniːz/ *a. e n.* (*pl. invar.*) viennese.
Vietnamese /vɪɛtnəˈmiːz/ *a. e n.* (*pl. invar.*) vietnamita.
view /vjuː/ *n.* ***1*** Ⓤ vista: **to come into v.**, apparire; offrirsi alla vista; **hidden from v.**, nascosto alla vista; **in full v.**, in piena (*o* bella) vista; **within v. of**, in vista di ***2*** vista; veduta; panorama: **a fine v. over the lake**, una bella vista sul lago; **The house has a v. of the sea**, la casa ha la vista sul mare; **mountain views**, vedute di montagna ***3*** visione: **an overall v. of the situation**, una visione d'insieme della situazione ***4*** punto di vista; opinione; parere: **in my view**, a mio parere; secondo me; **to hold extreme views**, essere un estremista (*in politica, ecc.*) • **to have st. in v.**, avere q.c. in vista; avere in mente q.c. □ **to get a better v. of st.**, vedere meglio q.c. □ **to keep st. in v.**, non perdere di vista q.c. □ **in v. of**, in vista di; considerato (che) □ **on v.**, in vista; in mostra; in esposizione □ **point of v.**, punto di vista □ **to take a dim** (*o* **poor**) **v. of st.**, non approvare q.c.; non vedere di buon occhio q.c. □ **with a view to doing st.**, con l'intenzione di fare q.c.; allo scopo di fare q.c.
to **view** /vjuː/ *v. t.* ***1*** guardare; osservare; scrutare ***2*** esaminare; ispezionare ***3*** considerare; giudicare.
viewer /ˈvjuːə(r)/ *n.* ***1*** telespettatore (-trice) ***2*** visore (*di diapositive*).
viewfinder /ˈvjuːfaɪndə(r)/ *n.* (*fotogr.*) mirino.
viewing /ˈvjuːɪŋ/ *n.* — (*TV*) **v. figures**, indice di gradimento.
viewphone /ˈvjuːfəʊn/ *n.* videotelefono.
viewpoint /ˈvjuːpɔɪnt/ *n.* punto di vista.
vigil /ˈvɪdʒɪl, -əl/ *n.* ***1*** Ⓤ e Ⓒ veglia: **to keep v.**, vegliare ***2*** (giorno di) vigilia.
vigilance /ˈvɪdʒələns/ *n.* Ⓤ vigilanza • (*USA*) **v. committee**, comitato di vigilanza (*formato da privati cittadini*).
vigilant /ˈvɪdʒələnt/ *a.* vigilante; vigile; guardingo.
vigilante /vɪdʒɪˈlæntɪ/ *n.* membro di un comitato di vigilanza; vigilante.
vignette /vɪnˈjɛt/ *n.* ***1*** (*tipogr.*) fregio ***2*** breve descrizione; bozzetto; quadretto; profilo.
vigor /ˈvɪgə(r)/ (*USA*) *V.* **vigour**.
vigorous /ˈvɪgərəs/ *a.* vigoroso; energico; forte.
vigour /ˈvɪgə(r)/ *n.* Ⓤ vigore; energia; forza.
Viking /ˈvaɪkɪŋ/ *n. e a. attr.* (*stor.*) vichingo.
vile /vaɪl/ *a.* ***1*** abietto; abominevole; detestabile ***2*** (*fam.*) pessimo; orribile. ATTENZIONE: **vile** ≠ vile.
vilification /vɪlɪfɪˈkeɪʃn/ *n.* Ⓤ (*form.*) diffamazione; denigrazione.
to **vilify** /ˈvɪlɪfaɪ/ *v. t.* (*form.*) diffamare; denigrare.
villa /ˈvɪlə/ (*ital.*) *n.* ***1*** (*in Italia, Francia, ecc.*) villa; villetta ***2*** (*in G.B.*) casa con giardino.
village /ˈvɪlɪdʒ/ *n.* villaggio; paese • **v. green**, prato pubblico al centro del paese □ **the v. idiot**, lo scemo del villaggio.
villager /ˈvɪlɪdʒə(r)/ *n.* abitante di un villaggio; paesano (-a).
villain /ˈvɪlən/ *n.* ***1*** briccone; canaglia; farabutto; furfante; mascalzone ***2*** (*fam.*) criminale; delinquente ***3*** (*teatr., cinem.*) cattivo ***4*** (*scherz., specialm.* **little v.**) bricconcello • (*fam. scherz.*) **the v. of the piece**, il cattivo. ATTENZIONE: **villain** ≠ villano.
villainous /ˈvɪlənəs/ *a.* (*specialm. lett.*) ***1*** malvagio; scellerato; infame ***2*** (*fam.*) pessimo; orribile. ATTENZIONE: **villainous** ≠ villano.
villainy /ˈvɪlənɪ/ *n.* Ⓤ (*specialm. lett.*) infamia; malvagità; scelleratezza. ATTENZIONE: **villainy** ≠ villania.
villein /ˈvɪleɪn/ *n.* (*stor.*) servo della gleba; villano.
vim /vɪm/ *n.* Ⓤ (*antiq. fam.*) energia; forza; vigore.
vinaceous /vaɪˈneɪʃəs/ *a.* ***1*** vinoso ***2*** rosso vino.
vinaigrette /vɪnɪˈgrɛt/ *n.* Ⓤ (*cucina, anche* **v. sauce**) vinaigrette.
to **vindicate** /ˈvɪndɪkeɪt/ *v. t.* dimostrare la fondatezza di; dare ragione a: **The subsequent events vindicated him**, gli avvenimenti che seguirono gli diedero ragione.
vindication /vɪndɪˈkeɪʃn/ *n.* Ⓤ e Ⓒ dimostrazione della fondatezza (di q.c.); prova della giustezza (di q.c.); conferma.
vindictive /vɪnˈdɪktɪv/ *a.* vendicativo.
vindictiveness /vɪnˈdɪktɪvnəs/ *n.* Ⓤ carattere vendicativo; spirito di vendetta.
vine /vaɪn/ *n.* (*bot.*) ***1*** vite ***2*** pianta rampicante • **v.-grower**, viticoltore □ **v.-growing**, (*agg.*) viticolo; (*sost.*) viticoltura □ **v. shoot**, sarmento; tralcio.
vinegar /ˈvɪnɪgə(r)/ *n.* Ⓤ ***1*** aceto ***2*** acidità (*fig.*); acredine.
vinegary /ˈvɪnɪgərɪ/ *a.* ***1*** acetoso ***2*** acido (*fig.*).
vineyard /ˈvɪnjəd/ *n.* vigneto; vigna.
viniculture /ˈvɪnɪkʌltʃə(r)/ *n.* Ⓤ viticoltura.
viniculturist /vɪnɪˈkʌltʃərɪst/ *n.* viticoltore.
vinification /vɪnɪfɪˈkeɪʃn/ *n.* Ⓤ vinificazione.
vinous /ˈvaɪnəs/ *a.* ***1*** vinoso; di vino ***2*** (*scherz.*) da ubriaco; avvinazzato.
vintage /ˈvɪntɪdʒ/ ***A*** *n.* ***1*** vendemmia ***2*** annata ***B*** *a. attr.* ***1*** d'annata; d'epoca: **v. wine**, vino d'annata; vino pregiato; **v. car**, auto d'epoca ***2*** eccellente; di qualità: **a v. year for French cinema**, anno memorabile per il cinema francese; **This is v. Gershwin**, questo è Gershwin al suo meglio.
vintner /ˈvɪntnə(r)/ *n.* commerciante di vini; vinaio.
vinyl /ˈvaɪnl/ *n.* Ⓤ (*chim.*) vinile • **v. resin**, resina vinilica.
viol /ˈvaɪəl/ *n.* (*mus., stor.*) viola • **bass v.**, violoncello.
viola (**1**) /vɪˈəʊlə/ *n.* (*mus.*) viola.
viola (**2**) /ˈvaɪələ, vɪˈəʊlə/ *n.* (*bot.*) ***1*** viola ***2*** viola del pensiero.
to **violate** /ˈvaɪəleɪt/ *v. t.* violare.
violation /vaɪəˈleɪʃn/ *n.* Ⓤ e Ⓒ ***1*** violazione ***2*** infrazione.
violence /ˈvaɪələns/ *n.* Ⓤ violenza: (*form.*) **to do v. to st.**, far violenza a q.c. • **robbery with v.**, rapina a mano armata.
violent /ˈvaɪələnt/ *a.* ***1*** violento ***2*** molto forte; intenso: **a v. headache**, un fortissimo mal di testa • **v. means**, maniere forti; uso della forza.
violet /ˈvaɪələt/ ***A*** *n.* ***1*** (*bot.*) violetta; viola mammola ***2*** Ⓤ (color) viola ***B*** *a.* viola • (*fam., scherz.*) **shrinking v.**, mammoletta.
violin /vaɪəˈlɪn/ (*mus.*) ***A*** *n.* violino ***B*** *a. attr.* per violino; di violino: **v. concerto**, concerto per violino.
violinist /vaɪəˈlɪnɪst/ *n.* (*mus.*) violinista.
viper /ˈvaɪpə(r)/ *n.* (*zool. e fig.*) vipera.
virago /vɪˈrɑːgəʊ, *USA* -ˈreɪ-/ *n.* (*pl.* **viragoes**, **viragos**) donna aggressiva; virago.
viral /ˈvaɪərəl/ *a.* (*med.*) virale.
virgin /ˈvɜːdʒɪn/ ***A*** *n.* vergine: **He [she] is a v.**, è vergine • **the V. Mary**, la Vergine (Maria) ***B*** *a.* ***1*** vergine; verginale ***2*** vergine; intatto: **v. soil**, terreno vergine; **v. snow**, neve fresca; **v. wool**, pura lana vergine.
virginal /ˈvɜːdʒɪnl/ ***A*** *a.* verginale, virginale ***B*** *n.* (*anche al pl.*) (*mus.*) virginale.
Virginia creeper /vəˈdʒɪnɪə ˈkriːpə(r)/ *locuz. n.* (*bot.*) vite del Canada.
Virginian /vəˈdʒɪnɪən/ *a. e n.* virginiano; (abitante) della Virginia.
virginity /vəˈdʒɪnətɪ/ *n.* Ⓤ verginità.
virile /ˈvɪraɪl, *USA* ˈvɪrəl/ *a.* virile.
virility /vəˈrɪlətɪ/ *n.* Ⓤ virilità.
virologist /vaɪəˈrɒlədʒɪst/ *n.* virologo (-a).
virology /vaɪəˈrɒlədʒɪ/ *n.* Ⓤ virologia.
virtual /ˈvɜːtʃʊəl/ *a.* ***1*** effettivo; di fatto: **He is the v. manager of the company**, è il direttore di fatto della società; **a v. certainty**, una sostanziale certezza; **a v. impossibility**, una cosa praticamente impossibile ***2*** virtuale: **v. reality**, realtà virtuale.
virtue /ˈvɜːtʃuː/ *n.* ***1*** Ⓤ e Ⓒ virtù ***2*** merito; pregio; vantaggio: **The idea has the v. of being simple**, l'idea ha il merito di essere semplice • **by** (*o* **in**) **v. of**, in virtù di; in forza di □ **to make a v. of necessity**, fare di necessità virtù □ **of easy v.**, di facili costumi □ **a woman of v.**, una donna virtuosa.
virtuosity /vɜːtʃʊˈɒsətɪ/ *n.* Ⓤ virtuosismo.
virtuous /ˈvɜːtʃʊəs/ *a.* virtuoso.
virulence /ˈvɪrələns, -rjʊl-/ *n.* Ⓤ virulenza.
virulent /ˈvɪrələnt, -rjʊl-/ *a.* virulento.
virus /ˈvaɪərəs/ *n.* (*biol.*) virus.

visa /ˈviːzə/ *n.* visto (*di passaporto, ecc.*).
to **visa** /ˈviːzə/ *v. t.* apporre il visto a (*un passaporto*); vistare.
visage /ˈvɪzɪdʒ/ *n.* ***1*** (*lett.*) viso; volto ***2*** aspetto; sembiante.
vis-à-vis /viːzəˈviː, -zɑː-/ (*franc.*) ***A*** *avv.* vis-à-vis; faccia a faccia; di fronte ***B*** *prep.* rispetto a; in confronto a.
viscera /ˈvɪsərə/ *n. pl.* (*anat.*) visceri.
visceral /ˈvɪsərəl/ *a.* (*anat., med. e fig.*) viscerale.
viscose /ˈvɪskəʊz, -s/ *n.* [U] (*ind., chim.*) viscosa.
viscosity /vɪˈskɒsətɪ/ *n.* [U] (*fis.*) viscosità.
viscount /ˈvaɪkaʊnt/ *n.* visconte.
viscountess /ˈvaɪkaʊntɪs, -ˈtɛs/ *n.* viscontessa.
viscous /ˈvɪskəs/ *a.* viscoso.
vise /vaɪs/ (*USA*) *V.* **vice** (**2**).
visibility /vɪzəˈbɪlətɪ/ *n.* [U] visibilità.
visible /ˈvɪzəbl/ *a.* ***1*** visibile: **v. to the naked eye**, visibile a occhio nudo ***2*** evidente; palese; manifesto: **without a v. cause**, senza una ragione manifesta ***3*** (*comm.*) disponibile; (*econ.*) visibile, palese ***4*** che compare spesso in pubblico o sui media; molto in vista.
visibly /ˈvɪzəblɪ/ *avv.* visibilmente.
Visigoth /ˈvɪzɪgɒθ/ *n.* (*stor.*) visigoto.
vision /ˈvɪʒn/ *n.* ***1*** [U] vista: **to have twenty-twenty v.**, avere la vista perfetta; **field of v.**, campo visivo ***2*** [U] lungimiranza; sagacia (*specialm. politica*) ***3*** visione; immagine: **visions of power**, visioni di gloria; **The door was locked, and I had visions of spending the night on the street**, la porta era chiusa a chiave, e già mi vedevo costretta a passare la notte in strada ***4*** [U] immaginazione; potenza evocativa ***5*** visione; apparizione: **to see visions**, avere visioni ***6*** (*TV*) (il) video; (l') immagine.
visionary /ˈvɪʒənrɪ, *USA* -nɛrɪ/ ***A*** *a.* ***1*** lungimirante ***2*** idealistico; utopistico ***B*** *n.* idealista; utopista.
visit /ˈvɪzɪt/ *n.* ***1*** visita; (l')andare a trovare: **to pay sb. a v.**, far visita a q.; **to be on a v. to sb.**, essere in visita da q.; **state v.**, visita di Stato; visita ufficiale ***2*** viaggio; gita; soggiorno ***3*** (*USA*) chiacchierata; quattro chiacchiere.
to **visit** /ˈvɪzɪt/ ***A*** *v. t.* ***1*** visitare; andare a vedere; vedere; fare un viaggio in ***2*** far visita a; andare in visita da; andare [venire] a trovare ***3*** essere ospite da ***4*** ispezionare • (*lett.*) **to v. st. on sb.**, colpire q. con q.c.; infliggere q.c. a q. □ (*lett.*) **to be visited by st.**, essere colpito da q.c. ***B*** *v. i.* ***1*** essere in visita: **to be visiting in London**, essere in visita a Londra ***2*** (*USA*) chiacchierare; intrattenersi.
♦ **visit with** *v. i. + prep.* (*USA*) ***1*** essere ospite da ***2*** chiacchierare con.
visitant /ˈvɪzɪtənt/ *V.* **visitor**, *def. 4*.
visitation /vɪzɪˈteɪʃn/ *n.* ***1*** visita (*ufficiale*); ispezione: **a v. of the sick**, una visita ai malati (*da parte di un sacerdote*) ***2*** castigo del cielo; punizione divina.
visiting /ˈvɪzɪtɪŋ/ ***A*** *n.* [U] (il) fare visite; (l') essere in visita ***B*** *a.* ***1*** in visita; ospite: **v. lecturer**, professore ospite (*presso un'università*) ***2*** di (*o* da) visita: **v. card**, biglietto da visita; **v. hours**, orario delle visite (*in un ospedale*) ***3*** (*sport*) in trasferta; ospite.
visitor /ˈvɪzɪtə(r)/ *n.* ***1*** visitatore (-trice); turista ***2*** ospite; visita: **You've got a v.**, c'è una visita per te ***3*** ispettore (*di scuole, ecc.*) ***4*** (*zool.*) uccello migratore ***5*** (*al pl.*) (*sport*) la squadra ospite; gli ospiti.
visor /ˈvaɪzə(r)/ *n.* ***1*** (*stor.*) visiera (*di elmo*) ***2*** (*autom.*) aletta parasole.
vista /ˈvɪstə/ *n.* (*anche fig.*) vista; veduta; prospettiva.
visual /ˈvɪʒʊəl/ *a.* visuale; visivo: **v. image**, immagine visiva; (*ottica*) **v. angle**, angolo visuale • (*didattica*) **v. aids**, sussidi visivi □ **v. arts**, arti figurative □ (*elab.*) **v. display**, visualizzazione □ (*elab.*) **v. display unit**, unità video.
visualization /vɪʒʊəlaɪˈzeɪʃn, *USA* -lɪˈz-/ *n.* [U] *e* [C] ***1*** immagine (*o* raffigurazione) mentale ***2*** (*tecn.*) visualizzazione.
to **visualize** /ˈvɪʒʊəlaɪz/ *v. t.* immaginare; raffigurarsi.
visuals /ˈvɪʒʊəlz/ *n. pl.* (*cinem., TV, pubblicità, ecc.*) immagini.
vital /ˈvaɪtl/ *a.* ***1*** vitale: **the v. principle**, il principio vitale; **v. organ**, organo vitale ***2*** essenziale; vitale: **of v. importance**, di vitale importanza; **It's v. that...**, è essenziale che... ***3*** (*di personalità, ecc.*) vivace; pieno di vitalità • (*med.*) **v. signs**, segni di vita □ **v. statistics**, statistica demografica; (*fam.*) misure (*di una donna*).
vitalism /ˈvaɪtəlɪzəm/ *n.* [U] (*filos., biol.*) vitalismo.
vitality /vaɪˈtælətɪ/ *n.* [U] ***1*** vitalità ***2*** vivacità; brio.
vitally /ˈvaɪtəlɪ/ *avv.* estremamente: **v. important**, estremamente importante; di vitale importanza.
vitamin /ˈvɪtəmɪn, *USA* ˈvaɪt-/ *n.* (*scient.*) vitamina.
to **vitiate** /ˈvɪʃɪeɪt/ *v. t.* (*form.*) viziare; invalidare.
viticulture /ˈvɪtɪkʌltʃə(r)/ *n.* [U] viticoltura.
vitreous /ˈvɪtrɪəs/ *a.* vitreo; vetroso.
vitrification /vɪtrɪfɪˈkeɪʃn/ *n.* [U] vetrificazione.
to **vitrify** /ˈvɪtrɪfaɪ/ ***A*** *v. t.* vetrificare ***B*** *v. i.* vetrificarsi.
vitriol /ˈvɪtrɪəl/ *n.* [U] (*chim.*) vetriolo.
vitriolic /vɪtrɪˈɒlɪk/ *a.* ***1*** (*chim.*) di vetriolo ***2*** caustico (*fig.*); mordace.
to **vituperate** /vɪˈtjuːpəreɪt, *USA* vaɪˈtuː-/ *v. t.* (*form.*) vituperare; ingiuriare; insultare.
vituperation /vɪtjuːpəˈreɪʃn, *USA* vaɪtuː-/ *n.* [U] (*form.*) ingiurie; insulti.
vituperative /vɪˈtjuːpərətɪv, *USA* vaɪˈtuːpəreɪtɪv/ *a.* (*form.*) vituperativo; ingiurioso.
viva /ˈvaɪvə/ (*lat.*) *n. abbr. fam. di* **viva voce**.
to **viva** /ˈvaɪvə/ *v. t.* (*fam. GB*) esaminare oralmente (*all'università*).
vivacious /vɪˈveɪʃəs/ *a.* vivace; animato; brioso; vispo.
vivacity /vɪˈvæsətɪ/ *n.* [U] vivacità; brio.
viva voce /ˈvaɪvəˈvəʊsɪ, ˈviːvəˈvəʊtʃɪ/ *a. e n.* (*GB*) (esame) orale (*all'università*).
vivid /ˈvɪvɪd/ *a.* vivido; vivo; vivace.
vividness /ˈvɪvɪdnəs/ *n.* [U] vividezza; vivezza; vivacità.
vivisection /vɪvɪˈsɛkʃn/ *n.* [U] *e* [C] vivisezione.
vivisectionist /vɪvɪˈsɛkʃənɪst/ *n.* chi pratica la vivisezione.
vixen /ˈvɪksn/ *n.* ***1*** (*zool.*) volpe femmina ***2*** donna litigiosa; bisbetica; megera.
vizi(e)r /vɪˈzɪə(r), ˈvɪz-/ *n.* visir.
vocab /ˈvəʊkæb/ *n. abbr. fam. di* **vocabulary**.
vocabulary /vəˈkæbjʊlərɪ, *USA* -lɛrɪ/ *n.* vocabolario; lessico; glossario • **v. entry**, lemma.
vocal /ˈvəʊkl/ *a.* ***1*** vocale: (*anat.*) **v. cords**, corde vocali ***2*** (*fam.*) che si fa sentire; vociferante; rumoroso.
vocalic /vəˈkælɪk/ *a.* vocalico.
vocalist /ˈvəʊkəlɪst/ *n.* cantante (*specialm. di jazz e pop*).
to **vocalize** /ˈvəʊkəlaɪz/ *v. t.* (*fon., mus.*) vocalizzare.
vocals /ˈvəʊklz/ *n. pl.* parte vocale (*di una canzone*); canto.
vocation /vəʊˈkeɪʃn/ *n.* ***1*** [U] *e* [C] vocazione ***2*** professione; mestiere.
vocational /vəʊˈkeɪʃənl/ *a.* professionale • **v. course**, corso di orientamento professionale.
vocative /ˈvɒkətɪv/ *a. e n.* (*gramm.*) vocativo.
to **vociferate** /vəˈsɪfəreɪt/ *v. i.* (*form.*) vociferare; vociare; gridare.
vociferous /vəˈsɪfərəs/ *a.* vociferante; rumoreggiante.
vodka /ˈvɒdkə/ *n.* [U] vodka.
vogue /vəʊg/ *n.* voga; moda • **in v.**, di gran moda; molto popolare.
voice /vɔɪs/ *n.* [U] *e* [C] ***1*** voce: **to lose one's v.**, perdere la voce; **to speak in a loud v.**, parlare a voce alta; **the v. of reason**, la voce della ragione ***2*** (*gramm.*) voce • (*cinem., TV*) **v.-over**, voce fuori campo; commento □ **to give v. to st.**, dare voce a q.c.; esprimere q.c. □ **to have no v. in the matter**, non aver voce in capitolo □ **not to be in good v.**, non essere in voce □ **to shout at the top of one's v.**, urlare a squarciagola □ **with one v.**, a una voce; all'unanimità.
to **voice** /vɔɪs/ *v. t.* ***1*** dare voce a; esprimere; farsi portavoce di ***2*** (*fon.*) pronunciare (*un suono*) come sonoro.
voiced /vɔɪst/ *a.* (*fon.*) sonoro.
voiceless /ˈvɔɪsləs/ *a.* ***1*** senza voce; muto; silenzioso ***2*** (*fon.*) sordo.
void /vɔɪd/ ***A*** *a.* ***1*** (*form.*) privo: **v. of common sense**, privo di buon senso ***2*** (*leg.*) non valido; nullo ***B*** *n.* vuoto; lacuna: **to fill a v.**, colmare una lacuna • **to vanish into the v.**, svanire nel nulla.
to **void** /vɔɪd/ *v. t.* ***1*** (*leg.*) rendere nullo; invalidare ***2*** (*fisiol.*) liberare (*l'intestino*); evacuare.
voile /vɔɪl/ *n.* (*franc.*) [U] (*ind. tess.*) voile.
volatile /ˈvɒlətaɪl, *USA* -tl/ *a.* ***1*** (*chim.*) volatile ***2*** (*di carattere*) mutevole; instabile ***3*** (*di situazione*) instabile; esplosivo.
volatility /vɒləˈtɪlətɪ/ *n.* [U] ***1*** (*chim.*) volatilità ***2*** (*di carattere*) mutevolezza; instabilità ***3*** (*di situazione*) instabilità; esplosività.
to **volatilize** /vəˈlætɪlaɪz, *USA* ˈvɒlətəl-/ *v. t. e i.* (*chim.*) volatilizzare.

volcanic /vɒl'kænɪk/ *a.* (*geol. e fig.*) vulcanico.
volcano /vɒl'keɪnəʊ/ *n.* (*pl.* **volcanoes, volcanos**) (*geol.*) vulcano.
volcanologist /vɒlkə'nɒlədʒɪst/ *n.* vulcanologo (-a).
volcanology /vɒlkə'nɒlədʒɪ/ *n.* U vulcanologia.
vole /vəʊl/ *n.* (*zool.*) *1* (*anche* **water v.**) arvicola *2* (*anche* **bank v.**) erotomio.
volition /və'lɪʃn/ *n.* U (*form.*) volizione; atto di volontà: **of one's own v.**, di propria volontà.
volley /'vɒlɪ/ *n.* *1* (*rif. ad armi*) scarica; raffica; salva *2* (*fig.*) raffica; scarica; bordata; sfilza: **a v. of oaths**, una sfilza di imprecazioni *3* (*tennis*) volée (*franc.*); volata.
to **volley** /'vɒlɪ/ *A v. t.* (*tennis*) ribattere al volo (*la palla*); (*calcio*) calciare al volo *B v. i.* *1* (*mil.*) sparare una raffica *2* (*tennis*) fare una volée.
volleyball /'vɒlɪbɔːl/ *n.* (*sport*) pallavolo.
volt /vəʊlt/ *n.* (*elettr.*) volt.
voltage /'vəʊltɪdʒ/ *n.* (*elettr.*) voltaggio; tensione.
voltaic /vɒl'teɪɪk/ *a.* (*elettr.*) voltaico.
voltameter /vɒl'tæmɪtə(r)/ *n.* (*elettr.*) voltametro.
volte-face /vɒlt'fɑːs, -æs, *USA* vɔːlt'fɑːs, vəʊlt-/ (*franc.*) *n.* voltafaccia.
voltmeter /'vəʊltmiːtə(r)/ *n.* (*elettr.*) voltmetro.
volubility /vɒljʊ'bɪlətɪ/ *n.* U loquacità.
voluble /'vɒljʊbl/ *a.* loquace. ATTENZIONE: **voluble** ≠ volubile.
volume /'vɒljuːm, -jəm/ *n.* *1* U volume (*di suono*): **to turn up the v.**, alzare il volume *2* (*geom., scient.*) volume *3* volume; capacità; quantità: **v. of sales [traffic]**, volume delle vendite [del traffico]; **the v. of a container**, la capacità di un recipiente *4* volume: **a two-v. dictionary**, un dizionario in due volumi • **to speak volumes**, (*di azione, ecc.*) essere eloquente; valere più di un lungo discorso □ **to speak volumes for st.**, dimostrare abbondantemente q.c.
volumetric /vɒljʊ'metrɪk/ *a.* (*scient.*) volumetrico.
voluminous /və'luːmɪnəs, -'ljuː-/ *a.* *1* voluminoso; capiente *2* (*di indumento*) ampio; ricco *3* (*di appunti, corrispondenza, ecc.*) abbondante; copioso.
voluntarism /'vɒləntərɪzəm/ *n.* U (*filos.*) volontarismo.
voluntary /'vɒləntrɪ, *USA* -terɪ/ *A a.* *1* volontario; spontaneo; intenzionale *2* di volontari: **v. organization**, organizzazione di volontari • **v. work**, volontariato □ **v. worker**, volontario; persona attiva nel volontariato *B n.* (*mus.*) assolo d'organo.
volunteer /vɒlən'tɪə(r)/ *A n.* volontario *B a. attr.* di volontari.
to **volunteer** /vɒlən'tɪə(r)/ *A v. i.* *1* (*mil.*) arruolarsi volontario *2* offrirsi spontaneamente *B v. t.* offrire spontaneamente.
voluptuary /və'lʌptʃʊərɪ, *USA* -ʊerɪ/ (*lett., generalm. spreg.*) *n.* epicureo; libertino.
voluptuous /və'lʌptʃʊəs/ *a.* voluttuoso; sensuale.
voluptuousness /və'lʌptʃʊəsnəs/ *n.* U voluttuosità; sensualità.
vomit /'vɒmɪt/ *n.* U vomito.
to **vomit** /'vɒmɪt/ *v. t. e i.* vomitare.
voodoo /'vuːduː/ *n.* U vuduismo.
voodooism /'vuːduːɪzəm/ *n.* U vuduismo.
voracious /və'reɪʃəs/ *a.* vorace • **a v. reader**, un divoratore di libri.
voracity /və'ræsətɪ/ *n.* U voracità.
vortex /'vɔːteks/ *n.* (*pl.* **vortices** /-tɪsiːz/, **vortexes**) vortice.
vote /vəʊt/ *n.* *1* voto: **to cast one's v.**, dare il proprio voto; votare *2* voto; votazione; voti: **to put st. to the v.** (*o* **to take a v. on st.**), mettere ai voti q.c.; **to take the v.**, procedere alla votazione *3* (diritto di) voto *4* scheda di votazione • **v. of confidence [of no confidence]**, voto di fiducia [di sfiducia] □ **v. of thanks**, pubblico ringraziamento □ **v.-rigging**, broglio elettorale □ **casting v.**, voto decisivo □ **the floating v.**, i voti fluttuanti.
to **vote** /vəʊt/ *A v. i.* votare; dare il voto: **to v. for [against]**, votare per [contro] • **to v. on st.**, mettere ai voti q.c. *B v. t.* *1* votare: **to vote Liberal**, votare liberale; **V. Williams!**, votate per Williams! *2* decidere (*o* assegnare, stanziare, ecc.) mediante votazione: **to v. a sum for**, stanziare una somma di denaro per *3* (*fam.*) dichiarare unanimemente; riconoscere concordemente *4* (*fam.*) proporre; suggerire: **I v. we behave as if nothing had happened**, io propongo di far finta di niente • **to v. with one feet**, smettere di frequentare un luogo (*perché insoddisfatti*).
♦ **vote down** *v. t. + avv.* *1* bocciare, respingere (q.c.) *2* sconfiggere (q.) in una votazione.
♦ **vote in** *v. t. + avv.* eleggere.
♦ **vote out** *v. t. + avv.* — **to v. sb. out of office**, destituire q. (con una votazione); **to v. a government out of office**, non rieleggere un governo.
♦ **vote through** *v. t. + avv.* approvare.
voter /'vəʊtə(r)/ *n.* votante; elettore (-trice).
voting /'vəʊtɪŋ/ *n.* U votazione • **v. booth**, cabina elettorale □ **v. paper**, scheda elettorale.
votive /'vəʊtɪv/ *a.* votivo: **v. offering**, offerta votiva.
to **vouch** /vaʊtʃ/ *v. Solo come:*
♦ **vouch for** *v. i. + prep.* *1* garantire: **to v. for the accuracy of st.**, garantire l'accuratezza di q.c. *2* garantire per; rispondere di: **I am ready to v. for him**, sono pronto a garantire per lui.
voucher /'vaʊtʃə(r)/ *n.* *1* documento giustificativo; pezza d'appoggio *2* buono; voucher: **luncheon v.**, buono pasto.
to **vouchsafe** /vaʊtʃ'seɪf/ *v. t.* (*form. o lett.*) accordare; concedere; degnarsi di (*fare q.c.*).
vow /vaʊ/ *n.* voto; promessa solenne; giuramento: **vow of silence**, voto del silenzio; **v. of loyalty**, promessa di fedeltà: **to break [to keep] a vow**, infrangere [adempiere] un voto; (*eccles.*) **to take vows**, pronunciare i voti.
to **vow** /vaʊ/ *v. t.* *1* far voto di; giurare *2* votare; consacrare; offrire (*in voto*).
vowel /'vaʊəl/ (*fon.*) *A n.* vocale *B a. attr.* di vocale; vocalico: **v. sound**, suono vocalico.
vox pop /'vɒks'pɒp/ *locuz. n.* (*radio, TV, fam.*) interviste per strada; sondaggio di opinione.
voyage /'vɔɪɪdʒ/ *n.* viaggio (*per mare o nello spazio*).
to **voyage** /'vɔɪɪdʒ/ *v. i.* (*form. o lett.*) viaggiare (*per mare o nello spazio*).
voyager /'vɔɪɪdʒə(r)/ *n.* viaggiatore; navigatore.
voyeur /vwɑː'jɜː(r), vɔɪ'ɜː(r)/ (*franc.*) *n.* voyeur; guardone (-a).
vulcanization /vʌlkənaɪ'zeɪʃn, *USA* -nɪ'z-/ *n.* U (*ind.*) vulcanizzazione.
to **vulcanize** /'vʌlkənaɪz/ *v. t.* (*ind.*) vulcanizzare.
vulgar /'vʌlgə(r)/ *a.* *1* volgare; di cattivo gusto; grossolano *2* volgare; rozzo; triviale • (*mat.*) **v. fraction**, frazione ordinaria.
vulgarity /vʌl'gærətɪ/ *n.* U *e* C volgarità.
vulnerability /vʌlnərə'bɪlətɪ/ *n.* U vulnerabilità.
vulnerable /'vʌlnərəbl/ *a.* *1* vulnerabile *2* (*di posizione*) esposto • **v. to st.**, facilmente soggetto a.
vulture /'vʌltʃə(r)/ *n.* (*zool.*) avvoltoio.
vulva /'vʌlvə/ *n.* (*pl.* **vulvae** /-viː/, **vulvas**) (*anat.*) vulva.
vulval /'vʌlvl/, **vulvar** /'vʌlvə(r)/ *a.* (*anat.*) vulvare.
vying /'vaɪɪŋ/ *p. pr. di* **to vie**.

w, W

W, w /ˈdʌbljuː, -bəl-/ *n.* (*pl.* **W's, w's**; **Ws, ws**) W, w • (*telef.*) **w for William**, w come Washington.

wacky /ˈwækɪ/ *a.* (*fam.*) stravagante; eccentrico; pazzoide.

wad /wɒd, *USA* wɔːd/ *n.* ***1*** batuffolo; tampone ***2*** (*fam.*) pacchetto (*di banconote*); fascio (*di documenti*).

to **wad** /wɒd, *USA* wɔːd/ *v. t.* ***1*** tamponare; turare ***2*** imbottire (*coperte, indumenti, ecc.*).

wadding /ˈwɒdɪŋ, *USA* ˈwɔːd-/ *n.* 🅤 ***1*** bambagia; ovatta ***2*** materiale per imbottitura; materiale per imballaggio.

waddle /ˈwɒdl, *USA* ˈwɔːdl/ *n.* andatura dondolante; camminata a papera.

to **waddle** /ˈwɒdl, *USA* ˈwɔːdl/ *v. i.* camminare dondolandosi; camminare a papera.

to **wade** /weɪd/ ***A*** *v. i.* ***1*** passare a guado ***2*** procedere a stento (*sul fango, fra l'erba alta, ecc.*); diguazzare; sguazzare ***3*** farsi strada a stento; procedere a fatica ***B*** *v. t.* guadare.

♦ **wade in** *v. i. + avv.* (*fam.*) ***1*** intromettersi con decisione ***2*** mettersi al lavoro di buona lena.

♦ **wade into** *v. i. + prep.* (*fam.*) ***1*** mettersi di buona lena a fare (q.c.) ***2*** attaccare; aggredire.

♦ **wade through** *v. i. + prep.* (*fam.*) leggere, esaminare, ecc. (*q.c. di lungo e noioso*): **to w. through the mail**, sbrigare un mucchio di posta.

wader /ˈweɪdə(r)/ *n.* ***1*** (*zool.*) trampoliere ***2*** (*al pl.*) stivaloni impermeabili.

wadi, wady /ˈwɒdɪ/ *n.* (*geogr.*) uadi.

wading bird /ˈweɪdɪŋ bɜːd/ *locuz. n.* V. **wader**, *def. 1.*

wafer /ˈweɪfə(r)/ *n.* ***1*** wafer; cialda ***2*** (*eccles.*) ostia • **w.-thin**, sottilissimo.

waffle (1) /ˈwɒfl, *USA* ˈwɔːfl/ *n.* cialda • **w.-iron**, stampo per cialde.

waffle (2) /ˈwɒfl, *USA* ˈwɔːfl/ *n.* 🅤 (*fam.*) chiacchiere a vuoto; ciance.

to **waffle** /ˈwɒfl, *USA* ˈwɔːfl/ *v. i.* (*fam.*) ***1*** (*GB*) chiacchierare a vuoto; blaterare; cianciare ***2*** (*USA*) tentennare; cambiare parere continuamente.

waft /wɒft, *USA* wæft/ *n.* ***1*** bava di vento; soffio ***2*** effluvio; zaffata.

to **waft** /wɑːft, wɒft, wɔːft, *USA* wæft/ ***A*** *v. t.* portare (*in volo*); spandere; far volare ***B*** *v. i.* essere portato dal vento; spandersi.

wag (1) /wæg/ *n.* scuotimento; scrollata • **wag of the tail**, scodinzolata.

wag (2) /wæg/ *n.* burlone; tipo ameno.

to **wag** /wæg/ ***A*** *v. t.* agitare; dimenare; scuotere: **to wag one's tail**, agitare la coda; scodinzolare ***B*** *v. i.* agitarsi; dimenarsi • **to set tongues wagging**, far parlare la gente.

wage /weɪdʒ/ *n.* (*anche al pl.*) salario; paga: **good wages**, una buona paga • **w. claim**, rivendicazione salariale □ **w.-earner**, salariato □ **w. freeze**, blocco dei salari □ **w. packet**, busta paga □ **w. indexation**, indicizzazione dei salari □ **w. scale**, scala retributiva; tabella base dei salari □ **w. slip**, foglio paga.

to **wage** /weɪdʒ/ *v. t.* intraprendere; condurre; fare: **to w. war**, far guerra; muovere guerra.

wager /ˈweɪdʒə(r)/ *n.* ***1*** scommessa: **to lay a w.**, fare una scommessa ***2*** posta (*di una scommessa*).

to **wager** /ˈweɪdʒə(r)/ *v. t. e i.* scommettere; fare una scommessa.

waggish /ˈwægɪʃ/ *a.* ameno; faceto.

waggle /ˈwægl/ *n.* (*fam.*) scrollata.

to **waggle** /ˈwægl/ (*fam.*) ***A*** *v. t.* agitare; dimenare; scuotere ***B*** *v. i.* dondolare; tentennare; traballare.

wag(g)on /ˈwægən/ *n.* ***1*** carro: **covered w.**, carro coperto; (*USA*) carro dei pionieri ***2*** (*ferr., GB*) vagone scoperto; carro merci ***3*** (*USA*) carrello ***4*** (*USA*) furgone cellulare • (*USA*) **w. train**, carovana di carri □ (*fam.*) **to be on the w.**, aver smesso di bere □ (*fam.*) **to fall off the w.**, ricominciare a bere.

wag(g)oner /ˈwægənə(r)/ *n.* carrettiere.

wagon-lit /ˈvægɒnˈliː, *USA* ˈvɑːgəʊnˈliː/ (*franc.*) *n.* (*pl.* **wagons-lits**) (*ferr.*) vagone letto.

wagtail /ˈwægteɪl/ *n.* (*zool.*) ballerina; cutrettola.

waif /weɪf/ *n.* animale abbandonato; bambino abbandonato; trovatello • **waifs and strays**, trovatelli.

wail /weɪl/ *n.* gemito; lamento; pianto.

to **wail** /weɪl/ *v. i.* ***1*** gemere; lamentarsi ***2*** (*del vento, di una sirena*) ululare.

wailing /ˈweɪlɪŋ/ *n.* 🅤 ***1*** pianto; lamento, lamenti ***2*** ululato (*del vento, di una sirena*).

wainscot /ˈweɪnskət/ *n.* 🅤 e 🅒 (*edil.*) ***1*** rivestimento a pannelli di legno (*di parete*) ***2*** battiscopa; zoccolo di legno.

wainscot(t)ing /ˈweɪnskətɪŋ/ *n.* 🅤 (*edil.*) ***1*** rivestimento in legno (*di pareti, ecc.*) ***2*** legno per rivestimenti.

waist /weɪst/ *n.* ***1*** (*anat.*) vita; cintola ***2*** vita (*di indumento*) ***3*** parte centrale (*di una nave, ecc.*) ***4*** strozzatura (*di un violino, ecc.*) • **w.-deep** (*o* **w.-high**), che arriva alla cintola; (fino) alla cintola.

waistband /ˈweɪstbænd/ *n.* cintura; fascia.

waistcoat /ˈweɪskəʊt/ *n.* (*GB*) panciotto; gilè.

waistline /ˈweɪstlaɪn/ *n.* vita; giro di vita: **high** [**low**] **w.**, vita alta [bassa] • **to watch one's w.**, badare alla linea.

wait /weɪt/ *n.* attesa • **to lie in w.**, essere appostato; tendere un agguato.

to **wait** /weɪt/ ***A*** *v. i.* aspettare; attendere; essere in attesa: **He waited another ten minutes**, aspettò altri dieci minuti; **W. till you are called**, aspetta di essere chiamato; **to keep sb. waiting**, fare aspettare q. ***B*** *v. t.* ***1*** aspettare; attendere: **to w. one's turn**, aspettare il proprio turno ***2*** (*fam.*) ritardare (*un pasto*) • **to w. and see**, stare a vedere □ **to w. at table** (*USA* **to w. tables**), fare il cameriere □ (*USA*) **to w. in line**, fare la coda □ **I can hardly w.**, non vedo l'ora □ **I did not w. to be told twice**, non me lo feci dire due volte □ **Just you w.!**, ti faccio vedere io!; la vedrai!

♦ **wait behind** *v. i. + avv.* trattenersi; restare.

♦ **wait for** *v. i. + prep.* aspettare: **W. for me!**, aspettatemi!; **to w. for the right moment**, aspettare il momento giusto; **I waited for him to decide**, aspettai che si decidesse.

♦ **wait on** *v. i. + prep.* ***1*** servire (*q. a tavola*) ***2*** scortare; accompagnare ***3*** aspettare; essere in attesa di • **to w. on sb. hand and foot**, servire q. in tutto e per tutto.

♦ **wait in** *v. i. + avv.* non uscire; stare in casa ad aspettare.

♦ **wait up** *v. i. + avv.* stare alzato: **to w. up for sb.**, stare alzato in attesa di q.

wait-and-see /weɪtənˈsiː/ *a.* — **w. policy**, politica attendista.

waiter /ˈweɪtə(r)/ *n.* cameriere.

waiting /ˈweɪtɪŋ/ *n.* 🅤 attesa • **w. list**, lista di attesa □ **w. room**, sala d'aspetto □ (*autom.*) **No w.**, divieto di sosta □ **to play a w. game**, temporeggiare.

waitlisted /ˈweɪtlɪstɪd/ *a.* (*aeron.*) in lista di attesa.

waitress /ˈweɪtrɪs/ *n.* cameriera.

to **waive** /weɪv/ *v. t.* (*leg.*) rinunciare a (*un diritto*).

waiver /ˈweɪvə(r)/ *n.* (*leg.*) rinuncia (*a un diritto*).

wake (1) /weɪk/ *n.* (*specialm. irl.*) veglia funebre.

wake (2) /weɪk/ *n.* (*naut.*) scia • **in the w. of**, nella scia di; (*fig.*) dietro a, al seguito di, come conseguenza di □ **The hurricane left death and destruction in its w.**, l'uragano lasciò morte e distruzione dietro di sé.

to **wake** /weɪk/ (*pass.* **waked, woke**; *p.p.* **waked, woken**) (*anche* **to w. up**) ***A*** *v. i.* svegliarsi; destarsi: **to w. with a start**, svegliarsi di soprassalto • **to w. up to st.**, rendersi conto di q.c. ***B*** *v. t.* svegliare; destare (*anche fig.*).

wakeful /ˈweɪkfl/ *a.* ***1*** insonne ***2*** vigile; all'erta.
to **waken** /ˈweɪkən/ (*form.*) ***A*** *v. t.* destare; svegliare ***B*** *v. i.* destarsi; svegliarsi.
waking /ˈweɪkɪŋ/ ***A*** *a.* sveglio ***B*** *n.* risveglio • **w. dream**, sogno a occhi aperti; fantasticheria □ **w. hours**, ore di veglia.
Waldenses /wɒlˈdensiːz, *USA* wɔːl-/ *n. pl.* (*relig.*) valdesi.
Waldensian /wɒlˈdensɪən, *USA* wɔːl-/ *a. e n.* (*relig.*) valdese.
walk /wɔːk/ *n.* ***1*** camminata; passeggiata: **to go for a w.**, andare a fare una passeggiata ***2*** cammino; percorso: **an hour's w.**, un'ora di cammino ***3*** andatura; passo: **to slow down to a w.**, mettersi al passo ***4*** sentiero; viale; vialetto ***5*** modo di camminare; camminata: **to know sb. by his w.**, riconoscere q. dal modo di camminare ***6*** (*sport*) marcia ***7*** (*equitazione*) passo • **from all walks of life**, di ogni ceto e professione.
to **walk** /wɔːk/ ***A*** *v. i.* ***1*** camminare; passeggiare; andare a piedi: **to w. up and down**, camminare su e giù; **I'd rather w.**, preferisco andare a piedi; **to w. to work**, andare al lavoro a piedi; **Let's w. as far as the bridge**, arriviamo fino al ponte; **to w. five kilometres**, percorrere cinque chilometri ***2*** (*di cavallo, ecc.*) andare al passo ***3*** (*di spettro, fantasma*) apparire • **to w. in one's sleep**, essere sonnambulo □ **to w. on air**, essere al settimo cielo □ **to w. tall**, essere fiero di sé; avere fiducia in sé ***B*** *v. t.* ***1*** percorrere; calpestare; camminare su: **to w. the streets**, percorrere le strade; **to w. the tightrope**, camminare sulla corda ***2*** far camminare: **to w. the dog**, portare a spasso il cane; **to w. a horse**, far andare al passo un cavallo ***3*** accompagnare (*a piedi*). **I'll w. you to the corner**, ti accompagno fino all'angolo.
♦ **walk about** *v. i. + avv.* camminare; girare.
♦ **walk away** *v. i. + avv.* andare via; andarsene.
♦ **walk away from** *v. i. + avv. e prep.* ***1*** distanziare; lasciare indietro ***2*** uscire incolume da ***3*** abbandonare; mollare; piantare.
♦ **walk away with** *v. i. + avv. e prep.* ***1*** portarsi via; rubare; andarsene con ***2*** vincere con facilità; portarsi via.
♦ **walk back** ***A*** *v. i. + avv.* tornare a piedi; rifare la strada in senso opposto ***B*** *v. t. + avv.* riaccompagnare.
♦ **walk in** *v. i. + avv.* entrare • **to w. in on sb.**, sorprendere q. (*a fare q.c.*).
♦ **walk into** *v. i. + prep.* ***1*** entrare in ***2*** andare a sbattere contro ***3*** cadere in (*una trappola, ecc.*); mettersi in (*una situazione spiacevole*) ***4*** trovare senza sforzo (*un lavoro, ecc.*) ***5*** (*fam.*) sgridare; strapazzare.
♦ **walk off** ***A*** *V.* **to walk away** ***B*** *v. t. + prep.* — **to w. sb. off his** (*o* **her**) **feet**, stancare q. a furia di farlo camminare.
♦ **walk out** *v. i. + avv.* ***1*** uscire ***2*** (*fam.*) scioperare • **to w. out of a meeting**, abbandonare una riunione per protesta □ (*fam.*) **to w. out on one's wife and children**, piantare moglie e figli.
♦ **walk over** *v. i. + prep.* ***1*** trattare male ***2*** battere; stracciare.
♦ **walk up** *v. i. + avv.* ***1*** salire ***2*** avvicinarsi: **to w. up to sb.**, avvicinarsi a q.
walkabout /ˈwɔːkəbaʊt/ ***A*** *n.* ***1*** (*Austr.*) periodo di vagabondaggio solitario (*di un giovane aborigeno*) ***2*** (*fam. GB*) passeggiata informale tra la gente (*di persona celebre*); bagno di folla ***B*** *avv.* — **to go w.**, (*Austr.*) vagabondare nel «bush»; (*fam. GB*) fare un bagno di folla.
walker /ˈwɔːkə(r)/ *n.* ***1*** camminatore (-trice) ***2*** (*sport*) marciatore (-trice); podista ***3*** (*med.*) deambulatore.
walkie-talkie /ˈwɔːkɪˈtɔːkɪ/ *n.* (*fam.*) radiotelefono portatile; walkie-talkie.
walk-in /ˈwɔːkɪn/ *a.* — (*GB*) **w. cupboard**, sgabuzzino; stanzino □ **w. victory**, vittoria facile; passeggiata.
walking /ˈwɔːkɪŋ/ ***A*** *n.* [U] (il) camminare; passeggio • (*sport*) **w. race**, gara di marcia □ **w. shoes**, scarpe comode □ **w. stick**, bastone da passeggio □ **w. tour**, giro turistico a piedi; lunga gita □ (*fam. USA*) **to give sb. his w. papers**, licenziare q.; mandare via q. □ **It's within w. distance**, ci si arriva a piedi; è poco lontano ***B*** *a.* — (*scherz.*) **w. dictionary**, dizionario ambulante □ **the w. wounded**, i feriti in grado di camminare.
walk-on /ˈwɔːkɒn, *USA* -ɔːn/ *n.* (*teatr.*) ***1*** (*anche* **w. part**) parte da comparsa ***2*** comparsa.
walkout /ˈwɔːkaʊt/ *n.* ***1*** abbandono (*di una riunione, ecc., per protesta*) ***2*** (*fam.*) sciopero • **to stage a w.**, alllontanarsi per protesta; scendere in sciopero.
walkover /ˈwɔːkəʊvə(r)/ *n.* (*sport e fig.*) vittoria facile; passeggiata; vittoria a mani basse.
walk-up /ˈwɔːkʌp/ *a. e n.* (*USA*) (edificio, appartamento) senza ascensore.
walkway /ˈwɔːkweɪ/ *n.* passaggio (*o* accesso) pedonale.
Walkyrie /wælˈkɪərɪ, ˈwælkɪrɪ/ *n.* (*mitol.*) Valchiria.
wall /wɔːl/ *n.* ***1*** muro; parete: **boundary w.**, muro di cinta; **partition w.**, parete divisoria; **the town walls**, le mura cittadine ***2*** (*anat.*) parete ***3*** (*fig.*) muro; cortina: **a w. of silence**, un muro di silenzio; **a w. of smoke**, una cortina di fumo ***4*** (*calcio*) barriera • **w. clock**, orologio da muro □ (*med.*) **w.-eyed**, affetto da leucoma; strabico □ **w. hanging**, arazzo □ **w. light**, applique (*franc.*) □ **w. map**, carta murale □ **w.-mounted**, a muro □ **w. painting**, pittura murale □ (*calcio*) **w. pass**, uno-due □ **w. safe**, cassaforte a muro □ **w. tile**, piastrella per rivestimenti □ **w.-to-w.**, (*di moquette*) che copre tutto il pavimento; (*fam.*) che copre ogni spazio, che è dappertutto □ **w. unit**, pensile (*da cucina*) □ **Walls have ears**, i muri hanno orecchie □ **to bang one's head against a brick w.**, dare la testa nel muro □ **to drive sb. to the w.**, mettere q. con le spalle al muro □ (*fam.*) **to drive sb. up the w.**, far ammattire q.; far disperare q. □ **to go to the w.**, andare a rotoli; andare in malora □ (*pop.*) **off the w.**, pazzo; matto □ (*fam.*) **up the wall**, furibondo; fuori di sé.
to **wall** /wɔːl/ *v. t.* murare; cingere di mura; proteggere con mura.
♦ **wall in** *v. t. + avv.* ***1*** cingere di mura; circondare con un muro ***2*** rinchiudere fra mura.
♦ **wall off** *v. t. + avv.* separare con un muro; dividere con una parete.
♦ **wall up** *v. t. + avv.* ***1*** murare (*un camino, una porta, ecc.*) ***2*** murare vivo.
wallaby /ˈwɒləbɪ/ *n.* (*zool.*) piccolo canguro; wallaby.
wallah /ˈwɒlə, ˈwɑːlə/ *n.* (*anglo-ind.*) impiegato; addetto: **ticket w.**, bigliettaio.
wallchart /ˈwɔːltʃɑːt/ *n.* tabellone (*a scuola, ecc.*); cartellone.
walled /wɔːld/ *a.* ***1*** cinto da mura ***2*** fortificato.
wallet /ˈwɒlət, *USA* ˈwɔːl-/ *n.* ***1*** portafogli; portafoglio ***2*** (*USA*) portamonete.
wallflower /ˈwɔːlflaʊə(r)/ *n.* (*bot.*) violacciocca gialla • (*fam.*) **to be a w.**, fare (da) tappezzeria.
Walloon /wɒˈluːn/ *n. e a.* vallone.
wallop /ˈwɒləp/ *n.* (*fam.*) colpo violento; pugno; cazzotto; bastonata.
to **wallop** /ˈwɒləp/ *v. t.* (*fam.*) ***1*** picchiare; colpire: **to w. sb. on the head with a stick**, dare una bastonata in testa a q. ***2*** (*specialm. sport*) suonarle a; stracciare.
walloping /ˈwɒləpɪŋ/ (*fam.*) ***A*** *n.* botte; (*sport*) sconfitta, batosta • — **to give sb. a w.**, suonarle a q. ***B*** *a.* enorme.
wallow /ˈwɒləʊ/ *n.* ***1*** (lo) sguazzare nel fango ***2*** pantano.
to **wallow** /ˈwɒləʊ/ *v. i.* ***1*** diguazzare; rotolarsi: **to w. in mud**, rotolarsi nel fango ***2*** crogiolarsi: **to w. in self-pity**, crogiolarsi nell'autocommiserazione • **to be wallowing in riches**, essere ricco sfondato.
wallpaper /ˈwɔːlpeɪpə(r)/ *n.* [U] carta da parati; tappezzeria.
to **wallpaper** /ˈwɔːlpeɪpə(r)/ *v. t.* tappezzare.
wally /ˈwɒlɪ/ *n.* (*pop. GB*) scemo; cretino.
walnut /ˈwɔːlnʌt, -ət/ *n.* (*bot.*) ***1*** (*anche* **w.-tree**) noce (*albero*) ***2*** noce (*frutto*) ***3*** [U] (legno di) noce • **w. cake**, torta di noci.
walrus /ˈwɔːlrəs/ *n.* (*zool.*) tricheco • **w. moustache**, baffi spioventi.
waltz /wɔːls, wɒl-, -ts/ *n.* (*mus., danza*) valzer.
to **waltz** /wɔːls, wɒl-, -ts/ *v. i.* ***1*** ballare il valzer ***2*** (*fam.*) muoversi con disinvoltura: **to w. in** [**out**], entrare [uscire] tranquillamente; **to w. up to sb.**, avvicinarsi a q. con la massima disinvoltura; **to w. off with**, portarsi via; vincere con facilità; **to w. through an exam**, superare brillantemente un esame.
wan /wɒn/ *a.* pallido; esangue.
wand /wɒnd/ *n.* bacchetta magica.
to **wander** /ˈwɒndə(r)/ ***A*** *v. i.* ***1*** vagare; vagabondare; girare senza meta; gironzolare ***2*** (*di attenzione, pensieri*) divagare; distrarsi ***3*** (*di fiume o strada*) snodarsi; serpeggiare • **His mind began to w.**, cominciò a delirare ***B*** *v. t.* vagare per; girare senza meta per.
♦ **wander about** *v. i. + avv.* gironzolare.
♦ **wander in** *v. i. + avv.* ***1*** fare una capatina ***2*** arrivare (*ca-*

sualmente).
♦ **wander off** *v. i. + avv.* ***1*** allontanarsi (*senza una meta*) ***2*** divagare: **to w. off the point**, divagare; perdere il filo del discorso.
wanderer /ˈwɒndərə(r)/ *n.* vagabondo (-a); giramondo; girovago (-a).
wandering /ˈwɒndərɪŋ/ *a.* ***1*** errante; nomade; girovago ***2*** (*di fiume o strada*) sinuoso; serpeggiante ***3*** delirante.
wanderings /ˈwɒndərɪŋz/ *n. pl.* ***1*** vagabondaggi; peregrinazioni ***2*** vaneggiamenti.
wanderlust /ˈwɒndəlʌst/ (*ted.*) *n.* Ⓤ spirito vagabondo.
wane /weɪn/ *n.* — **on the w.**, in declino.
to **wane** /weɪn/ *v. i.* ***1*** (*di luna*) essere in fase decrescente; essere calante ***2*** declinare; diminuire; calare.
wangle /ˈwæŋgl/ *n.* (*fam.*) imbroglio; intrigo; raggiro.
to **wangle** /ˈwæŋgl/ *v. t.* (*fam.*) procurarsi (con l'astuzia); rimediare • **to w. st. out of sb.**, ottenere q.c. da q. con l'astuzia.
to **wank** /wæŋk/ *v. i.* (*volg.*) masturbarsi; farsi le seghe (*volg.*).
wanker /ˈwæŋkə(r)/ *n.* (*volg.*) ***1*** masturbatore ***2*** scemo; mezzasega; pirla.
wanna /ˈwɒnə, *USA* ˈwɔːnə, ˈwʌnə/ *voce verb.* (*fam. USA, per* **want to, want a**) — **I w. go home**, voglio tornare a casa; **D'you w. beer?**, vuoi una birra?
wannabe /ˈwɒnəbɪ/ *n.* (*fam. USA*) ***1*** fan e imitatore di una celebrità ***2*** chi cerca di essere quello che non è; velleitario.
want /wɒnt, *USA* wɔːnt/ *n.* ***1*** Ⓤ mancanza; scarsità: **w. of sense**, mancanza di buon senso ***2*** (*al pl.*) bisogni; esigenze ***3*** Ⓤ povertà; miseria; bisogno • **to be in w. of st.**, avere bisogno di q.c. □ **for w. of anything better**, in mancanza di meglio.
to **want** /wɒnt, *USA* wɔːnt/ ***A*** *v. t.* ***1*** volere; desiderare: **I w. my dinner**, voglio pranzare; **He wants to go**, vuole andarsene; **He wants me to go with him**, vuole che io vada con lui (*o* che l'accompagni); **I w. it done at once**, voglio che sia fatto subito; **You are wanted on the phone**, ti vogliono al telefono ***2*** ricercare: **He's wanted for murder**, è ricercato per omicidio ***3*** (*fam.*) dovere; **You w. to see a doctor**, dovresti farti vedere da un dottore; **You w. to be more careful**, dovresti stare più attento ***4*** (*fam.*) aver bisogno di: **The house wants painting**, la casa ha bisogno di una rinfrescata: **to w. food and shelter**, aver bisogno di cibo e alloggio ***B*** *v. i.* vivere nell'indigenza.
♦ **want for** *v. i. + prep.* mancare di; essere privo di: **to w. for nothing**, non mancare di nulla.
♦ **want in** *v. i. + avv.* (*fam.*) voler entrare.
♦ **want out** *v. i. + avv.* (*fam.*) voler uscire.
want ad /ˈwɔːnt æd/ *locuz. n.* (*USA*) annuncio pubblicitario (*offerta o richiesta di lavoro, ecc.*).
wanted /ˈwɒntɪd, *USA* ˈwɔː-/ *a.* (*leg.*) ricercato • **W.**, cercasi (*negli annunci pubblicitari*).
wanting /ˈwɒntɪŋ, *USA* ˈwɔː-/ *a.* (*form.*) ***1*** mancante; carente: **w. in**, privo di; carente di; **to be w. in courtesy**, essere scortese ***2*** carente; insufficiente; non all'altezza: **to be found w.**, rivelarsi insufficiente (*o* non all'altezza).
wanton /ˈwɒntən, *USA* ˈwɔːn-/ ***A*** *a.* ***1*** arbitrario; gratuito; immotivato: **w. destruction**, distruzione immotivata; vandalismo ***2*** (*antiq.*) scostumato; licenzioso ***B*** *n.* (*lett.*) donna scostumata; sgualdrina.
war /wɔː(r)/ *n.* Ⓤ *e* Ⓒ (*anche fig.*) guerra: **civil war**, guerra civile; **the war against disease**, la guerra contro le malattie; **to be at war with sb.**, essere in guerra con q.; **to go to war**, andare in guerra; **to declare war on a country**, dichiarare guerra a una nazione; **to wage war on sb.**, muovere guerra a q. • **war bride**, sposa di guerra □ **war crimes**, crimini di guerra □ **war cry**, grido di guerra; (*fig.*) slogan □ **war game**, (*mil.*) esercitazione tattica; (*gioco*) simulazione di uno scontro militare, war game □ **war memorial**, monumento ai caduti in guerra □ **w. paint**, pittura di guerra; (*fam.*) trucco □ **war-torn**, dilaniato dalla guerra □ **war widow**, vedova di guerra □ **class war**, lotta di classe □ (*scherz.*) **to have been in the wars**, essere malridotto □ **on a war footing**, sul piede di guerra.
to **war** /wɔː(r)/ *v. i.* (*form.*) — **to war with** (*o* **against**), guerreggiare con; far guerra a.
warble /ˈwɔːbl/ *n.* ***1*** gorgheggio; trillo ***2*** canto degli uccelli.
to **warble** /ˈwɔːbl/ *v. i. e t.* gorgheggiare; trillare.
warbler /ˈwɔːblə(r)/ *n.* (*zool.*) cannaiola; bigia; luì; forapaglie.
ward /wɔːd/ *n.* ***1*** (*leg.*) pupillo (-a:) **w. of court**, minore sotto tutela del giudice ***2*** corsia (*di ospedale*) ***3*** collegio (elettorale) ***4*** reparto (*di carcere*).
to **ward** /wɔːd/ *v. Solo come*:
♦ **ward off** *v. t. + avv.* ***1*** parare; respingere ***2*** tener lontano; allontanare.
warden /ˈwɔːdn/ *n.* ***1*** custode; guardiano ***2*** direttore (*di ospizio, ecc.*) ***3*** (*USA*) direttore di carcere.
warder /ˈwɔːdə(r)/ *n.* (*GB*) guardia carceraria; secondino.
wardress /ˈwɔːdrɪs/ *n.* (*GB*) carceriera.
wardrobe /ˈwɔːdrəub/ *n.* ***1*** guardaroba; vestiario ***2*** (*GB*) guardaroba; armadio ***3*** (*teatr.*) costumi.
wardroom /ˈwɔːdruːm, -rʊm/ *n.* (*naut. mil.*) quadrato degli ufficiali.
wardship /ˈwɔːdʃɪp/ *n.* Ⓤ (*leg.*) custodia, tutela (*di minore, ecc.*).
warehouse /ˈwɛəhaus/ *n.* (*comm.*) magazzino; deposito • **w. keeper**, magazziniere.
to **warehouse** /ˈwɛəhaus/ *v. t.* (*comm.*) immagazzinare.
warehousing /ˈwɛəhausɪŋ/ *n.* (*comm.*) magazzinaggio; immagazzinamento.
wares /wɛəz/ *n. pl.* merci; mercanzia.
warfare /ˈwɔːfɛə(r)/ *n.* Ⓤ guerra: **chemical [germ] w.**, guerra chimica [batteriologica]; **the science of w.**, l'arte della guerra.
warhead /ˈwɔːhɛd/ *n.* (*mil.*) testata.
warhorse /ˈwɔːhɔːs/ *n.* ***1*** (*stor.*) cavallo di battaglia; destriero ***2*** (*fam.*) veterano.
warily /ˈwɛərəlɪ/ *avv.* cautamente.
wariness /ˈwɛərɪnəs/ *n.* Ⓤ cautela; circospezione; diffidenza.
warlike /ˈwɔːlaɪk/ *a.* ***1*** bellicoso; guerresco ***2*** militare; bellico.
warm /wɔːm/ ***A*** *a.* ***1*** caldo: **to feel w.**, sentire caldo; avere caldo; **w. water**, acqua calda; **w. colours**, tinte calde ***2*** (*di indumenti*) che tiene caldo; pesante ***3*** caloroso; cordiale; caldo: **w. embrace**, abbraccio affettuoso; **w. welcome**, accoglienza cordiale; **w. applause**, applauso caloroso ***4*** (*di traccia, odore di selvaggina*) fresco; recente ***5*** (*pop. antiq.*) benestante; ricco ***6*** (*di discussione, ecc., USA*) animato; acceso • **w.-blooded**, a sangue caldo □ **w.-hearted**, generoso; affettuoso □ **w. work**, lavoro che fa sudare □ **to get w.**, scaldarsi; riscaldarsi □ **It keeps me w.**, mi tiene caldo □ **to keep st. w.**, tenere q.c. in caldo ***B*** *n.* ***1*** caldo: **Come into the w.!**, vieni al caldo! ***2*** (*fam.*) scaldata; riscaldata.
to **warm** /wɔːm/ ***A*** *v. t.* scaldare; riscaldare ***B*** *v. i.* V. **to warm up**, *B* ***C*** to **warm oneself** *v. rifl.* scaldarsi; riscaldarsi.
♦ **warm over** *v. t. + avv.* (*USA*) riscaldare (*cibo già cotto, ecc.*).
♦ **warm to** *v. i. + prep.* ***1*** prendere interesse a; appassionarsi a ***2*** prendere in simpatia.
♦ **warm up** ***A*** *v. t. + avv.* (*GB*) riscaldare (*cibo già cotto, ecc.*) ***B*** *v. i. + avv.* ***1*** scaldarsi; riscaldarsi ***2*** (*sport*) scaldarsi i muscoli; riscaldarsi ***3*** accalorarsi; infervorarsi; entusiasmarsi.
warming pan /ˈwɔːmɪŋ pæn/ *locuz. n.* scaldaletto; scaldino.
warmonger /ˈwɔːmʌŋgə(r), *USA* -mɒ-/ *n.* guerrafondaio (-a).
warmth /wɔːmθ/ *n.* Ⓤ ***1*** calore ***2*** cordialità; calore; calorosità.
warm-up /ˈwɔːmʌp/ *n.* (*sport*) riscaldamento.
to **warn** /wɔːn/ *v. t.* ***1*** avvertire; avvisare; mettere in guardia ***2*** ammonire ***3*** (*leg.*) diffidare • **to w. sb. off (a place)**, intimare a q. di tenersi lontano (da un luogo).
warning /ˈwɔːnɪŋ/ ***A*** *n.* ***1*** Ⓒ *e* Ⓤ avvertimento; preavviso: **without w.**, senza preavviso ***2*** ammonimento: **Let that be a w. to you**, che ti serva da ammonimento ***3*** Ⓤ (*leg.*) diffida ***4*** (*sport*) ammonimento; richiamo • **air-raid w.**, allarme aereo □ (*naut.*) **gale w.**, avviso di burrasca □ **to give w.**, avvertire; avvisare; (*leg.*) diffidare □ **to give advance w.**, avvertire in anticipo ***B*** *a.* di avvertimento; di ammonimento: **w. shot**, colpo di avvertimento.
warp /wɔːp/ *n.* ***1*** (*ind. tess.*) ordito ***2*** curvatura; deformazione.
to **warp** /wɔːp/ ***A*** *v. t.* ***1*** deformare; curvare ***2*** guastare; pervertire ***3*** (*naut.*) tonneggiare ***4*** (*ind. tess.*) ordire ***B*** *v. i.* ***1*** deformarsi; curvarsi imbarcarsi ***2*** (*della mente, del carattere*) guastarsi.
warpath /ˈwɔːpɑːθ/ *n.* — (*anche fig.*) **to be on the w.**, es-

sere sul sentiero di guerra.

warped /wɔːpt/ *a.* ***1*** deformato; curvato; imbarcato ***2*** perverso; contorto: **a w. sense of humour**, un senso dell'umorismo perverso.

warrant /ˈwɒrənt, *USA* ˈwɔː-/ *n.* ***1*** (*leg.*) mandato; ordine: **arrest [search] w.**, mandato di arresto [di perquisizione] ***2*** Ⓤ giustificazione; valido motivo ***3*** (*comm.*) fede di deposito; nota di pegno; buono ***4*** (*fin.*) warrant; certificato di diritto di opzione (*o* di sottoscrizione) • (*mil.*) **w. officer**, sottufficiale.

to **warrant** /ˈwɒrənt, *USA* ˈwɔː-/ *v. t.* ***1*** giustificare; essere motivo sufficiente per ***2*** (*form.*) garantire; assicurare ***3*** (*form.*) autorizzare ***4*** essere sicuro; scommettere: **I'll w. we won't see him again**, ci scommetto che non lo vedremo più.

warranty /ˈwɒrəntɪ, *USA* ˈwɔː-/ *n.* ***1*** autorizzazione ***2*** (*leg., comm.*) garanzia.

warren /ˈwɒrən, *USA* ˈwɔːrən/ *n.* ***1*** garenna; conigliera all'aperto ***2*** (*fig.*) labirinto; dedalo.

warrior /ˈwɒrɪə(r), *USA* ˈwɔː-/ *n.* guerriero.

warship /ˈwɔːʃɪp/ *n.* (*naut.*) nave da guerra.

wart /wɔːt/ *n.* verruca; porro; bitorzolo • **warts and all**, senza tentare di nascondere i difetti.

warthog /ˈwɔːthɒg/ *n.* (*zool.*) facocero.

wartime /ˈwɔːtaɪm/ *n.* Ⓤ tempo di guerra.

warty /ˈwɔːtɪ/ *a.* verrucoso; bitorzoluto.

wary /ˈweərɪ/ *a.* accorto; cauto; diffidente; circospetto; guardingo • **to be w. of doing st.**, esitare a fare q.c.

was /wɒz, wəz, *USA* wʌz, wɔːz, wəz/ *1ª e 3ª pers. sing. del pass. di* **to be**.

wash /wɒʃ, *USA* wɔːʃ/ *n.* ***1*** lavata ***2*** scia ***3*** sciabordio; sciacquio ***4*** (*USA*) biancheria (*da lavare o lavata*); bucato ***5*** (*pitt.*) sfumatura ad acquerello ***6*** (*med.*) medicamento liquido • **w. tub**, conca del bucato; mastello □ **car w.** autolavaggio □ (*fam.*) **in the w.**, a lavare; durante il lavaggio □ **to come out in the w.**, venire a galla (*fig.*); aggiustarsi; sistemarsi □ (*med.*) **stomach w.**, lavanda gastrica.

to **wash** /wɒʃ, *USA* wɔːʃ/ ***A*** *v. t.* ***1*** lavare: **to w. one's hands**, lavarsi le mani ***2*** (*delle onde, del mare, ecc.*) bagnare; lambire ***3*** bagnare; inumidire • **to w. one's dirty linen in public**, lavare i panni sporchi in pubblico □ **to w. overboard**, (*di onda*) trascinare in mare □ **I w. my hands of it**, me ne lavo le mani ***B*** *v. i.* ***1*** lavarsi: **to w. and change**, lavarsi e cambiarsi d'abito ***2*** lavarsi; essere lavabile: **This material doesn't w. well**, questa stoffa non si lava bene ***3*** lavare; fare il bucato; fare la lavandaia ***4*** (*delle onde, ecc.*) infrangersi ***5*** (*fam., di spiegazione, ecc.*) reggere; stare in piedi ***C*** to **wash oneself** *v. rifl.* lavarsi.

♦ **wash away** *v. t. + avv.* ***1*** lavar via, togliere (*lavando*) ***2*** (*delle onde, ecc.*) portare via; spazzare via; erodere.

♦ **wash down** *v. t. + avv.* ***1*** lavare con un getto d'acqua ***2*** inaffiare (*un pasto*): **to w. down a meal with a bottle of wine**, annaffiare un pasto con una bottiglia di vino.

♦ **wash off** ***A*** *v. t. + avv.* lavar via; pulire, togliere (*lavando*) ***B*** *v. i.* (*di macchie, ecc.*) venir via (col lavaggio).

♦ **wash out** *v. t. + avv.* risciacquare; sciacquare.

♦ **wash up** ***A*** *v. i. + avv.* ***1*** lavare i piatti ***2*** (*USA*) lavarsi; darsi una lavata ***B*** *v. t. + avv.* (*delle onde*) gettare a riva.

washable /ˈwɒʃəbl, *USA* ˈwɔː-/ *a.* lavabile.

wash-and-wear /wɒʃənˈweə(r)/ *a.* (*di tessuto, indumento, ecc.*) che non richiede stiratura dopo il lavaggio.

washbasin /ˈwɒʃbeɪsn, *USA* ˈwɔː-/ *n.* lavandino; lavabo.

washboard /ˈwɒʃbɔːd, *USA* ˈwɔː-/ *n.* asse per lavare.

washbowl /ˈwɒʃbəʊl, *USA* ˈwɔː-/ *n.* catinella.

washcloth /ˈwɒʃklɒθ, *USA* ˈwɔːʃklɔːθ/ *n.* (*USA*) guanto di spugna (*per lavarsi*).

washed /ˈwɒʃt/ *a.* lavato • (*fam.*) **w.-out**, sbiadito, scolorito, slavato; (*fig.*) stremato, sfinito □ (*fam.*) **w. up**, finito; rovinato.

washer /ˈwɒʃə(r), *USA* ˈwɔːʃə(r)/ *n.* ***1*** (*USA*) lavatrice; lavabiancheria ***2*** (*mecc.*) rondella; rosetta • **w.-dryer**, lavabiancheria con asciugatrice.

washerwoman /ˈwɒʃəwʊmən, *USA* ˈwɔː-/ *n.* (*pl.* **washerwomen** /-wɪmən/) lavandaia.

wash-house /ˈwɒʃhaʊs/ *n.* lavatoio.

washing /ˈwɒʃɪŋ, *USA* ˈwɔː-/ *n.* Ⓤ *e* Ⓒ (*GB*) bucato: **to do the w.**, fare il bucato; **dirty w.**, biancheria sporca; **to hang out the w.**, stendere il bucato • **w. board**, asse per lavare □ **w. line**, corda del bucato □ **w. machine**, lavatrice; lavabiancheria □ **w. powder**, detersivo (*in polvere*) □ **w. soda**, soda per lavare □ **w.-up**, lavatura dei piatti □ **w.-up liquid**, detersivo per piatti.

washload /ˈwɒʃləʊd/ *n.* carico di lavabiancheria.

wash-out /ˈwɒʃaʊt, *USA* ˈwɔː-/ *n.* (*pop.*) ***1*** fiasco; disastro ***2*** (*di persona*) disastro; frana.

washroom /ˈwɒʃruːm, -rʊm, *USA* ˈwɔː-/ *n.* (*eufem. USA*) toilette; bagno.

washstand /ˈwɒʃstænd, *USA* ˈwɔː-/ *n.* lavabo; lavamano.

wasn't /ˈwɒznt, *USA* ˈwʌznt, ˈwɔːz-/ *contraz. di* **was not**.

wasp /wɒsp, *USA* wɔːsp/ *n.* (*zool.*) vespa • **w.-waisted**, dal vitino di vespa □ **w.'s nest**, vespaio.

waspish /ˈwɒspɪʃ, *USA* ˈwɔː-/ *a.* ***1*** bisbetico; stizzoso ***2*** astioso; pungente.

waspishness /ˈwɒspɪʃnəs, *USA* ˈwɔː-/ *n.* Ⓤ astiosità; stizza.

wast /wɒst, wəst/ (*arc. o poet.*) *2ª pers. sing. del pass. di* **to be**.

wastage /ˈweɪstɪdʒ/ *n.* Ⓤ ***1*** spreco; sciupio; dispendio; perdita ***2*** cascami; scarti.

waste (1) /weɪst/ *a.* ***1*** (*di terreno*) desolato; abbandonato; incolto; sterile ***2*** di scarto; di rifiuto: **w. products**, prodotti di scarto; rifiuti ***3*** superfluo; sprecato; inutilizzato • **w. paper**, carta straccia □ **w.-paper basket** (*o* **bin**), cestino per la carta straccia □ **to lay w.**, devastare.

waste (2) /weɪst/ *n.* ***1*** Ⓤ spreco; sciupio; perdita: **a w. of money**, uno spreco di denaro; **a w. of time**, una perdita di tempo ***2*** Ⓤ immondizia; rifiuti; (*ind.*) scarichi, scorie: **w. disposal**, smaltimento dei rifiuti; **bodily w.**, i rifiuti del corpo; **radioactive w.**, scorie radioattive ***3*** terreno incolto; landa desolata; deserto • **w. disposal unit**, tritarifiuti □ **to go to w.**, andare sprecato; sciuparsi.

to **waste** /weɪst/ ***A*** *v. t.* ***1*** sprecare: **to w. water**, sprecare acqua; **to w. one's time**, sprecare il proprio tempo; perdere tempo; **to w. one's breath**, sprecare il fiato ***2*** (*di malattia*) far deperire; consumare ***3*** (*pop. USA*) ammazzare; far fuori ***B*** *v. i.* ***1*** andare sprecato; restare inutilizzato ***2*** *V.* **to w. away**.

♦ **waste away** *v. i. + avv.* consumarsi, deperire (*per malattia*).

wastebasket /ˈweɪstbɑːskɪt, *USA* -bæs-/ *n.* cestino (per la cartastraccia).

wastebin /ˈweɪstbɪn/ *n.* ***1*** (*specialm. USA*) bidone dell'immondizia ***2*** cestino (per la cartastraccia).

wasted /ˈweɪstɪd/ *a.* ***1*** sprecato ***2*** inutile ***3*** consunto; emaciato.

wasteful /ˈweɪstfl/ *a.* ***1*** dispendioso; rovinoso ***2*** spendaccione; sprecone.

wastefulness /ˈweɪstflnəs/ *n.* Ⓤ ***1*** sciupio; spreco ***2*** sperpero.

wasteland /ˈweɪstlænd, -lənd/ *n.* Ⓒ *e* Ⓤ ***1*** landa desolata; deserto ***2*** (*econ.*) area abbandonata.

waster /ˈweɪstə(r)/ *n.* ***1*** sciupone; sprecone ***2*** (*fam.*) fannullone; perdigiorno.

wasting /ˈweɪstɪŋ/ *a.* — **w. disease**, malattia che logora l'organismo.

wastrel /ˈweɪstrəl/ *V.* **waster**.

watch (1) /wɒtʃ, *USA* wɔːtʃ/ *n.* ***1*** Ⓤ guardia; sorveglianza: **to keep w.**, fare la guardia; **to keep a close w. on**, sorvegliare da vicino; tenere d'occhio ***2*** guardia; sentinella ***3*** (*naut.*) turno di guardia ***4*** (*naut.*) guardia ***5*** (*stor., anche* **night w.**) ronda.

watch (2) /wɒtʃ, *USA* wɔːtʃ/ *n.* orologio (*da tasca o da polso*) • **w. case [chain]**, cassa [catena] dell'orologio.

to **watch** /wɒtʃ, *USA* wɔːtʃ/ ***A*** *v. t.* ***1*** guardare; osservare: **to w. TV**, guardare la televisione; **I watched him open the safe**, osservai mentre apriva la cassaforte ***2*** badare a; sorvegliare; tenere d'occhio: **Will you w. my suitcase for a minute?**, le spiace tenermi d'occhio la valigia per un attimo? ***3*** (*fam.*) stare attento a; badare a: **to w. one's weight**, badare alla linea; **W. you don't fall**, sta' attento a non cadere; **W. your language!**, bada a come parli!; (*fam.*) **W. your step!**, attento a quel che fai! • **to w. the clock**, tenere d'occhio l'orologio □ **W. it!**, sta' attento!; bada! ***B*** *v. i.* ***1*** stare a guardare; osservare ***2*** stare in guardia; stare all'erta; vigilare.

♦ **watch for** *v. i. + prep.* aspettare; tenersi pronto in attesa di: **to w. for an opportunity**, aspettare l'occasione propizia.

♦ **watch out** *v. i. + avv.* stare attento: **W. out!**, bada!; sta' attento!

♦ **watch over** *v. i. + prep.* badare; sorvegliare.

watchband /ˈwɒtʃbænd, *USA* ˈwɔː-/ *n.* (*USA*) cinturino di orologio.

watchdog /ˈwɒtʃdɒg, *USA* ˈwɔːtʃdɔːg/ *n.* ***1*** cane da guardia ***2*** controllore; garante; comitato di controllo.
watcher /ˈwɒtʃə(r), *USA* ˈwɔː-/ *n.* osservatore (-trice).
watchful /ˈwɒtʃfl, *USA* ˈwɔː-/ *a.* attento; guardingo; vigilante; vigile.
watchfulness /ˈwɒtʃfʊlnəs, *USA* ˈwɔː-/ *n.* Ⓤ attenzione; vigilanza.
watchmaker /ˈwɒtʃmeɪkə(r), *USA* ˈwɔː-/ *n.* orologiaio.
watchmaking /ˈwɒtʃmeɪkɪŋ, *USA* ˈwɔː-/ *n.* Ⓤ orologeria.
watchman /ˈwɒtʃmən, *USA* ˈwɔː-/ *n.* (*pl.* **watchmen** /-mən/) sorvegliante; guardiano; guardia giurata.
watchstrap /ˈwɒtʃstræp, *USA* ˈwɔː-/ *n.* (*GB*) cinturino di orologio.
watchtower /ˈwɒtʃtaʊə(r)/ *n.* torre d'osservazione; torre di controllo.
watchword /ˈwɒtʃwɜːd, *USA* ˈwɔː-/ *n.* ***1*** parola d'ordine ***2*** motto; slogan.
water /ˈwɔːtə(r), *USA* ˈwɒ-/ *n.* Ⓤ ***1*** acqua: **fresh** [**salt, drinking**] **w.**, acqua dolce [salata, potabile] ***2*** (*al pl.*) acque (*anche termali*): **the waters of the lake**, le acque del lago; **territorial waters**, acque territoriali; **to take the waters**, fare la cura delle acque ***3*** (*al pl.*) (*fisiol.*) liquido amniotico; acque • **w. bird**, uccello acquatico □ **w. biscuit**, galletta □ **w. blister**, vescica acquosa (*sulla pelle*) □ **w. butt**, botte per l'acqua piovana □ **w. cannon**, idrante (*della polizia*) □ **w. chestnut**, castagna d'acqua □ (*antiq.*) **w. closet**, gabinetto; latrina □ **w.-cooled**, raffreddato ad acqua □ **w. diviner**, rabdomante □ **w. ice**, sorbetto □ (*equitazione*) **w. jump**, fossato □ (*bot.*) **w. lily**, ninfea □ **w. main**, conduttura principale (dell'acqua) □ (*agric.*) **w. meadow**, marcita □ **w. nymph**, naiade □ (*med.*) **w. on the brain**, idrocefalia □ (*med.*) **w. on the knee**, sinovite □ **w. pipe**, tubo dell'acqua; narghilè □ **w. pistol**, pistola ad acqua □ (*sport*) **w. polo**, pallanuoto □ (*sport*) **w.-polo player**, pallanuotista □ (*GB*) **w. rate**, bolletta dell'acqua □ **w.-repellent**, idrofugo; idrorepellente □ **w.-resistant**, resistente all'acqua □ **w. softener**, depuratore d'acqua □ **w.-soluble**, idrosolubile; solubile in acqua □ **w. sports**, sport acquatici □ **w. supply**, rifornimento idrico □ (*geol.*) **w. table**, livello freatico □ **w. tower**, serbatoio idrico (*a foggia di torre*) □ (*mecc.*) **w. turbine**, turbina idraulica □ **w. under the bridge**, acqua passata □ **by w.**, per via d'acqua; per mare □ **high** [**low**] **w.**, alta [bassa] marea □ **to hold w.**, (*di teoria, ecc.*) essere valido; stare in piedi □ **to be in deep w.** (*o* **waters**), trovarsi in difficoltà; essere nei guai □ **to be in** [**to get into**] **hot w.**, essere [cacciarsi] nei guai □ **to keep one's head above w.**, tenersi a galla; (*fig.*) evitare il fallimento □ **It's like w. off a duck's back**, non gli fa né caldo né freddo □ **of the first w.**, della più bell'acqua □ (*fam.*) **to pass w.**, orinare □ **to spend money like w.**, spendere e spandere; scialacquare □ **to throw cold w. on an idea**, raffreddare gli entusiasmi □ (*prov.*) **Still waters run deep**, le acque chete rovinano i ponti.
to **water** /ˈwɔːtə(r), *USA* ˈwɒ-/ ***A*** *v. t.* ***1*** innaffiare; bagnare; irrigare ***2*** *V.* **to w. down** ***3*** abbeverare; dare da bere a ***4*** (*di fiume, ecc.*) bagnare ***B*** *v. i.* ***1*** (*di animali*) abbeverarsi ***2*** (*degli occhi*) lacrimare; velarsi di lacrime ***3*** (*di locomotiva, nave, ecc.*) rifornirsi d'acqua • **to make sb.'s mouth w.**, far venire l'acquolina in bocca a q.
♦ **water down** *v. t. + avv.* annacquare; diluire.
waterbed /ˈwɔːtəbɛd, *USA* ˈwɒ-/ *n.* materasso ad acqua.
waterborne /ˈwɔːtəbɔːn, *USA* ˈwɒ-/ *a.* trasportato per via d'acqua.
watercolour, (*USA*) **watercolor** /ˈwɔːtəkʌlə(r), *USA* ˈwɒ-/ *n.* (*pitt.*) acquerello.
watercourse /ˈwɔːtəkɔːs, *USA* ˈwɒ-/ *n.* ***1*** (*geogr.*) corso d'acqua ***2*** canale.
watercress /ˈwɔːtəkrɛs, *USA* ˈwɒ-/ *n.* (*bot.*) crescione d'acqua.
watered /ˈwɔːtəd, *USA* ˈwɒ-/ *a.* — **w.-down**, (*anche fig.*) annacquato; diluito □ **w. silk**, seta marezzata.
waterfall /ˈwɔːtəfɔːl, *USA* ˈwɒ-/ *n.* cascata.
waterfowl /ˈwɔːtəfaʊl, *USA* ˈwɒ-/ *n.* (*pl. invar.*) (*zool.*) uccello acquatico.
waterfront /ˈwɔːtəfrʌnt, *USA* ˈwɒ-/ *n.* lungomare.
waterhole /ˈwɔːtəhəʊl, *USA* ˈwɒ-/ *n.* stagno di abbeveraggio.
watering /ˈwɔːtərɪŋ, *USA* ˈwɒ-/ *n.* Ⓤ ***1*** innaffiatura; irrigazione ***2*** (*anche* **w. down**) annacquamento; diluizione ***3*** abbeveramento ***4*** approvvigionamento d'acqua • **w. can**, innaffiatoio □ **w. hole**, stagno di abbeveraggio; (*fam. scherz.*) bar, pub □ **w. place**, abbeveratoio; (*GB*) stazione termale.
waterline /ˈwɔːtəlaɪn, *USA* ˈwɒ-/ *n.* (*naut.*) linea di galleggiamento; bagnasciuga.
waterlogged /ˈwɔːtəlɒgd, *USA* ˈwɒtəlɔːgd/ *a.* ***1*** (*del legno*) impregnato d'acqua; fradicio ***2*** (*del terreno*) allagato; acquitrinoso.
waterman /ˈwɔːtəmən, *USA* ˈwɒ-/ *n.* (*pl.* **watermen** /-mən/) barcaiolo; battelliere; traghettatore.
watermark /ˈwɔːtəmɑːk, *USA* ˈwɒ-/ *n.* ***1*** livello dell'acqua (*di un fiume*); livello di marea ***2*** filigrana (*della carta*) • (*fig.*) **high w.**, culmine.
watermelon /ˈwɔːtəmɛlən, *USA* ˈwɒ-/ *n.* cocomero; anguria.
watermill /ˈwɔːtəmɪl, *USA* ˈwɒ-/ *n.* mulino ad acqua.
waterpower /ˈwɔːtəpaʊə(r), *USA* ˈwɒ-/ *n.* Ⓤ forza idrica; energia idroelettrica.
waterproof /ˈwɔːtəpruːf, *USA* ˈwɒ-/ *a. e n.* impermeabile.
to **waterproof** /ˈwɔːtəpruːf, *USA* ˈwɒ-/ *v. t.* impermeabilizzare.
watershed /ˈwɔːtəʃɛd, *USA* ˈwɒ-/ *n.* (*geogr. e fig.*) spartiacque.
waterside /ˈwɔːtəsaɪd, *USA* ˈwɒ-/ *n.* riva (*di fiume, lago o mare*); litorale • **w. restaurant**, ristorante sul mare (*o* sul fiume, sul lago).
to **water-ski** /ˈwɔːtəskiː/ *v. i.* (*sport*) praticare lo sci acquatico (*o* d'acqua).
water-skiing /ˈwɔːtəskiːɪŋ/ *n.* (*sport*) sci acquatico (*o* d'acqua).
waterspout /ˈwɔːtəspaʊt/ *n.* tromba marina.
watertight /ˈwɔːtətaɪt, *USA* ˈwɒ-/ *a.* ***1*** a tenuta d'acqua; stagno ***2*** inconfutabile; che non fa una grinza.
waterway /ˈwɔːtəweɪ, *USA* ˈwɒ-/ *n.* corso d'acqua navigabile.
waterwings /ˈwɔːtəwɪŋz, *USA* ˈwɒ-/ *n. pl.* salvagente ad alette (*per imparare a nuotare*).
waterworks /ˈwɔːtəwɜːks, *USA* ˈwɒ-/ *n. pl.* (*spesso col verbo al sing.*) impianto idrico; acquedotto • (*fam., specialm. GB*) **to have trouble with one's w.**, avere disturbi alla vescica □ (*fam. iron.*) **to turn on the w.**, mettersi a piangere.
watery /ˈwɔːtərɪ, *USA* ˈwɒ-/ *a.* ***1*** acquoso; brodoso ***2*** (*fig.*) insipido; scipito ***3*** (*degli occhi*) bagnato; umido ***4*** sbiadito; slavato; pallido: **w. sun**, sole pallido.
watt /wɒt/ *n.* (*elettr.*) watt • **w.-hour**, wattora.
wattage /ˈwɒtɪdʒ/ *n.* Ⓤ wattaggio.
wattle (**1**) /ˈwɒtl/ *n.* Ⓤ e Ⓒ ***1*** canniccio; graticcio ***2*** (*Austr.*) acacia australiana • **w. and daub**, canniccio ricoperto di argilla e fango.
wattle (**2**) /ˈwɒtl/ *n.* ***1*** (*di uccello*) bargiglio ***2*** (*di pesce*) barbiglio.
wave /weɪv/ *n.* ***1*** (*anche fig.*) onda; ondata: **a mounting w. of indignation**, un'onda montante d'indignazione; **heat w.**, ondata di caldo ***2*** (*dei capelli*) onda; ondulazione ***3*** (*fis., radio*) onda: **short waves**, onde corte; **w.-band**, gamma di lunghezza d'onda; **w.-length**, lunghezza d'onda ***4*** cenno (*fatto agitando q.c.*); gesto; segno: **a w. of the hand**, un cenno della mano.
to **wave** /weɪv/ ***A*** *v. i.* ***1*** ondeggiare; fluttuare; sventolare ***2*** fare un cenno con la mano; fare un segno (*agitando q.c.*) ***3*** (*dei capelli*) essere ondulato ***B*** *v. t.* ***1*** agitare; sventolare: **to w. one's hand**, agitare la mano (*in segno di saluto, ecc.*) ***2*** far segno a: **to w. sb. to come forward**, fare segno a q. di avanzare; **to w. on**, far segno di proseguire; **to w. down**, far segno (*a un veicolo*) di fermarsi; **to w. sb. goodbye**, salutare q. agitando la mano (*o* un fazzoletto); **to w. st. goodbye**, dire addio a q.c. (*fig.*).
♦ **wave aside** *v. t. + avv.* ***1*** fare segno di scostarsi a ***2*** respingere (*fig.*); scartare (*fig.*).
to **waver** /ˈweɪvə(r)/ *v. i.* ***1*** oscillare; vacillare; guizzare ***2*** esitare; tentennare; titubare; vacillare.
wavy /ˈweɪvɪ/ *a.* ***1*** ondeggiante; fluttuante ***2*** ondulato: **w. hair**, capelli ondulati.
wax /wæks/ *n.* Ⓤ ***1*** cera: **wax polish**, cera per lucidare ***2*** cerume ***3*** ceretta depilatoria • **wax paper**, carta paraffinata.
to **wax** (**1**) /wæks/ *v. t.* ***1*** dare la cera a (*pavimenti*) ***2*** lucidare (*mobili*) a cera.
to **wax** (**2**) /wæks/ *v. i.* ***1*** (*della luna*) crescere ***2*** (*lett. o scherz.*) diventare: **to wax eloquent**, diventare eloquente.

waxcloth /ˈwæksklɒθ, *USA* -ɔːθ/ *n.* Ⓤ tela cerata.
waxed /wækst/ *a.* — **w. paper**, carta paraffinata.
waxen /ˈwæksn/ *a.* ***1*** di cera ***2*** bianco come la cera; cereo.
waxwork /ˈwækswɜːk/ *n.* ***1*** Ⓒ *e* Ⓤ statua di cera ***2*** (*al pl.*) museo delle cere.
waxy /ˈwæksɪ/ *a.* ***1*** di cera; come la cera; cereo ***2*** coperto di cera; incerato.
way (**1**) /weɪ/ *n.* ***1*** via; strada; sentiero; passaggio; percorso; cammino; viaggio: **way in** [**out**], entrata [uscita]; **the way back**, la via del ritorno; **the Appian Way**, la Via Appia; **to ask the way**, farsi indicare la strada; **to lose one's way**, smarrire la strada; perdersi; (*fam.*) **to live over the way**, abitare dall'altra parte della strada; **to find one's way home**, trovare la strada di casa; **to be on the way to town**, essere diretto in città; **We must be on our way**, dobbiamo metterci per strada; dobbiamo andare via ***2*** direzione; parte: **They have gone that way**, sono andati in quella direzione (*o* da quella parte); **Which way is the museum?**, da che parte è il museo?; **I'm going your way**, vado dalla tua stessa parte; **this way and that**, qua e là; **down Salisbury way**, dalle parti di Salisbury ***3*** (*GB*; *USA* **ways**) distanza: **The town is a long way from here** (*o* **a long way off**), la città è lontana da qui; **a little way down the road**, poco più avanti lungo la strada; (*anche fig.*) **to have come a long way**, aver fatto molta strada ***4*** modo; maniera: **in one way or another**, in un modo o nell'altro; **her way of speaking**, il suo modo di parlare; **the best way to do** (*o* **of doing**) **st.**, la maniera migliore di fare q.c. ***5*** aspetto; verso: **in a** (*o* **in one**) **way**, sotto un certo aspetto; **in many ways**, per molti versi ***6*** abitudine; usanza; modo di fare: **foreign ways**, usanze straniere; **to have a way with people**, saperci fare con la gente; (*fam.*) **She has a way with her**, sa rendersi simpatica ***7*** (*fam.*) condizione; piega; stato: **Things are in a bad way**, le cose hanno preso una brutta piega; **He's in a bad way**, è ridotto male • (*relig.*) **the Way of the Cross**, la Via Crucis □ **way of life**, modo di vivere; scelta di vita □ **by way of**, via, passando per; a titolo di, a mo' di: **to go to Rome by way of Florence**, andare a Roma passando per Firenze; **by way of an example**, a mo' di esempio; a titolo illustrativo □ **by the way**, incidentalmente; a proposito □ **He is by way of being a local celebrity**, è una specie di celebrità locale □ **to get in the way**, cacciarsi fra i piedi; intromettersi □ **to get** (*o* **to have**) **one's own way**, ottenere quel che si vuole □ **to get st. out of the way**, togliere q.c. di mezzo □ **Get out of my way!**, togliti di mezzo!; levati dai piedi! □ **to give way**, cedere; (*autom.*) dare la precedenza □ **to go a long way towards doing st.**, contribuire molto a fare q.c. □ **to go one's own way**, andare per la propria strada; fare a modo proprio □ **to go out of one's way to do st.**, farsi in quattro per fare q.c. □ **to be in a fair way to doing st.**, essere sulla strada giusta per fare q.c. □ (*fam.*) **to be in the family way**, essere incinta □ **to be** (*o* **to stand**) **in sb.'s way**, essere d'impaccio (*o* d'ostacolo, d'intralcio) a q. □ **in a small way**, modestamente; senza pretese; un poco; in piccolo □ (*fam.*) **It's always the way**, succede sempre così □ **to know one's way about a place**, essere pratico di un posto □ **to lead the way**, aprire la marcia; fare strada; (*fig.*) essere all'avanguardia □ **to make one's way home**, incamminarsi verso casa □ **to make way**, fare largo □ **to make way for st.**, lasciare posto a □ (*pop.*) **No way!**, neanche per sogno! □ **on one's way home**, andando a casa □ **out of the way**, fuori mano, lontano; (*fig.*) insolito, eccezionale □ **to pay one's way**, rendere □ **to put sb. in the way of doing st.**, dare a q. l'occasione di fare q.c. □ **to put st. out of the way**, togliere di mezzo q.c. □ **right of way**, (*leg.*) diritto di passaggio; (*autom.*) diritto di precedenza, precedenza □ (*fam.*) **to want to have it both ways**, volerla prima cotta e poi cruda; voler fare i propri comodi □ **the wrong way round**, alla rovescia; al contrario □ **There are no two ways about it**, non c'è alternativa; c'è poco da discutere.
way (**2**) /weɪ/ *avv.* (*fam.*) — **way back**, anni e anni fa; **way down there**, laggiù in fondo; **You're way out in your estimate**, sei completamente fuori nella tua valutazione; **way too small**, di gran lunga troppo piccolo.
waybill /ˈweɪbɪl/ *n.* (*comm.*) ***1*** bolla di spedizione ***2*** lista dei passeggeri.
wayfarer /ˈweɪfɛərə(r)/ *n.* (*lett.*) viandante.
to **waylay** /weɪˈleɪ, *USA* ˈweɪleɪ/ (*pass. e p.p.* **waylaid** /-leɪd/) *v. t.* ***1*** tendere un'imboscata (*o* un agguato) a ***2*** abbordare, bloccare, intercettare (q.).
way-out /weɪˈaʊt/ *a.* (*fam.*) eccentrico; stravagante.
wayside /ˈweɪsaɪd/ ***A*** *n.* bordo (*o* ciglio) della strada ***B*** *a. attr.* lungo la strada: **w. inn**, locanda lungo la strada.
wayward /ˈweɪwəd/ *a.* indocile; capriccioso; imprevedibile.
waywardness /ˈweɪwədnəs/ *n.* Ⓤ capricciosità.
we /wiː, wɪ/ *pron. pers. 1ª pers. pl.* noi: **we all**, noi tutti; tutti noi • **Here we are!**, eccoci!
weak /wiːk/ *a.* ***1*** debole; fiacco; fievole; poco resistente: **w. resistance**, debole resistenza; **w. voice**, voce fievole; **a w. rope**, una corda poco resistente; **a w. argument**, un'argomentazione debole; **w. government**, governo debole; **His French is very w.** (*o* **He is very w. in French**), è molto debole in francese ***2*** (*spesso spreg.*) allungato; diluito; leggero: **w. coffee**, caffè leggero ***3*** (*di colore*) tenue • (*fig.*) **w.-kneed**, debole di carattere □ (*gramm.*) **w. verb**, verbo debole □ **the weaker sex**, il sesso debole □ **as w. as a kitten**, debolissimo □ **to go w. at the knees**, sentirsi le gambe molli □ **to grow w.**, indebolirsi.
to **weaken** /ˈwiːkən/ ***A*** *v. t.* ***1*** indebolire; affievolire ***2*** allungare; diluire ***B*** *v. i.* ***1*** indebolirsi ***2*** calare; scemare ***3*** cedere.
weakling /ˈwiːklɪŋ/ *n.* ***1*** bambino gracile; individuo malaticcio ***2*** persona dal carattere debole; smidollato.
weakness /ˈwiːknəs/ *n.* ***1*** Ⓤ debolezza; fiacchezza; fievolezza ***2*** punto debole; debole; debolezza: **to have a w. for st.**, avere un debole per q.c.
weal /wiːl/ *n.* segno di frustata (*sulla pelle*).
wealth /wɛlθ/ *n.* ***1*** Ⓤ ricchezza; ricchezze ***2*** Ⓤ beni; sostanze, proprietà ***3*** abbondanza; dovizia; profusione.
wealthy /ˈwɛlθɪ/ *a.* ricco.
to **wean** /wiːn/ *v. t.* ***1*** svezzare; slattare ***2*** — **to w. sb. off st.**, far perdere a q. (*un'abitudine, un vizio*) ***3*** — **to be weaned on st.**, essere cresciuto sotto l'influsso di; essersi nutrito fin dall'infanzia di.
weapon /ˈwɛpən/ *n.* (*anche fig.*) arma: **nuclear weapons**, armi nucleari.
weaponry /ˈwɛpənrɪ/ *n.* Ⓤ armi; armamento.
wear /wɛə(r)/ *n.* Ⓤ ***1*** (il) portare (*vestiti, scarpe*); uso: **clothes for everyday w.**, vestiti da tutti i giorni ***2*** consumo; logoramento; usura: (*mecc.*) **w. resistance**, resistenza all'usura; **w. and tear**, logorio; deterioramento; usura ***3*** durata; resistenza (*all'uso*): **There's a lot of w. left in this coat**, questo cappotto durerà ancora molto ***4*** abbigliamento; abiti: **men's w.**, abbigliamento maschile; abiti da uomo; **baby w.**, abbigliamento per bambini; **spring** [**summer**] **w.**, abiti primaverili [da estate].
to **wear** /wɛə(r)/ (*pass.* **wore**, *p.p.* **worn**) ***A*** *v. t.* ***1*** portare; indossare; calzare; avere addosso (*al collo, al polso, ecc.*): **She wore a green coat**, portava (*o* indossava) un cappotto verde; **to w. a hat**, portare il cappello; **to w. one's hair long**, portare i capelli lunghi; **to w. a necklace**, avere al collo una collana; **to w. a musky perfume**, avere addosso un profumo muschiato; **to w. make-up**, truccarsi; **I've got nothing to w.**, non ho niente da mettermi; **She never wears black**, non veste mai di nero ***2*** avere; mostrare: **to w. a smile**, avere un sorriso sulle labbra; **to w. a grim look**, avere un aspetto truce ***3*** consumare; logorare; fare, aprire, tracciare (*con l'uso*): **to w. one's trousers at the knees**, consumare i pantaloni sui ginocchi; **to w. a hole in one's socks**, fare un buco nei calzini; **A path had been worn along the river bank**, il passaggio della gente aveva segnato un sentiero lungo il fiume ***4*** (*fam.*) accettare; credere a: «**Tell her you lost the money**» «**She'll never w. it**», «dille che hai perso i soldi» «non ci crederà mai» • **to w. one's heart upon one's sleeve**, avere il cuore sulle labbra ***B*** *v. i.* ***1*** consumarsi; logorarsi ***2*** durare; resistere all'uso • **to w. well**, (*di abito*) durare; (*di persona*) invecchiare bene.
♦ **wear away** *v. t. + avv.* consumare; levigare.
♦ **wear down** ***A*** *v. t. + avv.* ***1*** consumare; logorare ***2*** logorare; stancare; fiaccare ***B*** *v. i. + avv.* consumarsi; logorarsi.
♦ **wear off** *v. i. + avv.* ***1*** consumarsi (*per l'uso, il passare del tempo, ecc.*) ***2*** (*di dolore, effetto, ecc.*) diminuire; sparire lentamente.
♦ **wear on** *v. i. + avv.* (*del tempo, ecc.*) passare lentamente.
♦ **wear out** ***A*** *v. t. + avv.* ***1*** consumare; rendere inutilizzabile (*con l'uso*) ***2*** stancare ***B*** *v. i. + avv.* consumarsi; logorarsi ***C*** to **wear oneself out** *v. rifl. + avv.* esaurirsi; stancarsi.
wearable /ˈwɛərəbl/ *a.* portabile; che si può indossare.
weariness /ˈwɪərɪnəs/ *n.* Ⓤ stanchezza.

wearing /ˈwɛərɪŋ/ *a.* faticoso; stancante; logorante.
wearisome /ˈwɪərɪsəm/ *a.* ***1*** faticoso; pesante ***2*** tedioso; noioso.
weary /ˈwɪərɪ/ *a.* ***1*** stanco; affaticato; esausto ***2*** (*fam.*) stancante; faticoso • **to be w. of st**, essere stanco di q.c.; averne abbastanza di q.c.
to **weary** /ˈwɪərɪ/ ***A*** *v. t.* ***1*** stancare; affaticare ***2*** annoiare ***B*** *v. i.* stancarsi: **to w. of st.**, stancarsi di q.c.
weasel /ˈwiːzl/ *n.* (*zool.*) donnola • (*USA*) **w. words**, parole ambigue; belle parole (*iron.*).
to **weasel** /ˈwiːzl/ *v. i.* (*USA*) parlare in modo evasivo; svicolare.
♦ **weasel out of** *v. i. + avv. e prep.* (*fam.*) defilarsi a; sottrarsi a.
weather /ˈwɛðə(r)/ ***A*** *n.* [U] tempo (*atmosferico*): **What was the w. like?**, com'era il tempo?; **a change in the w.**, un cambiamento del tempo; **w. permitting**, se il tempo lo permette ***B*** *a. attr.* ***1*** del tempo; atmosferico; meteorologico: **w. conditions**, condizioni atmosferiche; **w. forecast**, previsioni del tempo; **w. report**, bollettino meteorologico ***2*** (*naut.*) di sopravvento • **w.-beaten**, segnato dalle intemperie □ (*USA*) **w. bureau**, ufficio meteorologico □ **w. chart** (*o* **w. map**), carta meteorologica □ **w. forecaster**, meteorologo □ **w. satellite** [**station**], satellite [osservatorio] meteorologico □ **w. strip**, guarnizione di tenuta (*per tappare le fessure nelle finestre o nelle porte*) □ **w. vane**, banderuola □ (*fam.*) **to keep a w. eye open**, stare in guardia; tenere gli occhi aperti □ **in all weathers**, con qualsiasi tempo □ **to make heavy w. of st.**, fare le cose più difficili di quello che sono □ (*fam.*) **under the w.**, indisposto; malaticcio.
to **weather** /ˈwɛðə(r)/ ***A*** *v. t.* ***1*** alterare; consumare; logorare; disgregare ***2*** esporre all'aria; stagionare ***3*** superare: **to w. a crisis**, superare una crisi ***4*** (*naut.*) navigare sopravvento a; doppiare ***B*** *v. i.* ***1*** assumere la patina del tempo ***2*** resistere alle intemperie.
weatherboard /ˈwɛðəbɔːd/ *n.* (*edil.*) asse per rivestimento esterno.
weatherbound /ˈwɛðəbaʊnd/ *a.* trattenuto dal maltempo.
weathercock /ˈwɛðəkɒk/ *n.* banderuola; segnavento.
weathering /ˈwɛðərɪŋ/ *n.* [U] azione degli agenti atmosferici; erosione.
weatherman /ˈwɛðəmæn/ *n.* (*pl.* **weathermen** /-mən/) (*radio, TV*) meteorologo.
weatherproof /ˈwɛðəpruːf/ *a.* ***1*** resistente alle intemperie ***2*** (*di indumento*) impermeabile.
weave /wiːv/ *n.* [U] ***1*** tessitura ***2*** trama.
to **weave** /wiːv/ (*pass.* **wove**, *p.p.* **woven**) ***A*** *v. t.* ***1*** tessere ***2*** intrecciare • **to w. the plot of a novel**, costruire l'intreccio di un romanzo ***B*** *v. i.* ***1*** tessere ***2*** zigzagare; insinuarsi: **to w. through the traffic**, procedere a zigzag nel traffico; **to w. one's way through a crowd**, farsi strada tra una folla ***3*** serpeggiare ***4*** (*calcio*) slalomare; dribblare.
weaver /ˈwiːvə(r)/ *n.* tessitore (-trice).
weaving /ˈwiːvɪŋ/ *n.* [U] tessitura.
web /wɛb/ *n.* ***1*** (*anche* **spider's web**) ragnatela; tela ***2*** (*fig.*) rete; trama; tessuto: **a web of relationships**, una rete di rapporti; **a web of lies**, un tessuto di menzogne ***3*** (*zool.*) membrana interdigitale (*dei palmipedi, ecc.*) ***4*** — (*elab.*) **the Web**, la Rete • **web-footed**, palmipede.
webbed /wɛbd/ *a.* (*anat.*) palmato.
webbing /ˈwɛbɪŋ/ *n.* tela da cinghie.
we'd /wiːd, wɪd/ *contraz. di* **we had**; **we should**; **we would**.
to **wed** /wɛd/ (*pass. e p.p.* **wedded, wed**) *v. t.* ***1*** (*antiq. o retor.*) sposare ***2*** combinare; unire; coniugare.
wedded /ˈwɛdɪd/ *a.* ***1*** (*form. o lett.*) sposato: **w. pair**, coppia di sposi ***2*** (*form. o lett.*) coniugale; matrimoniale: **w. bliss**, felicità coniugale ***3*** unito; legato ***4*** attaccato; affezionato: **w. to one's work**, attaccato al proprio lavoro.
wedding /ˈwɛdɪŋ/ *n.* matrimonio (*cerimonia*); nozze; sposalizio; cerimonia nuziale: **silver** [**golden, diamond**] **w.**, nozze d'argento [d'oro, di diamante] • **w. anniversary**, anniversario di matrimonio □ **w. cake**, torta nuziale □ **w. day**, giorno del matrimonio; giorno delle nozze □ **w. dress**, abito da sposa □ **w. guest**, invitato alle nozze □ **w. march**, marcia nuziale □ **w. reception**, pranzo (*o* banchetto) nuziale □ **w. ring**, anello nuziale; fede; vera.
wedge /wɛdʒ/ *n.* ***1*** cuneo; bietta; zeppa ***2*** fetta (*di torta, ecc.*) • **w.-shaped**, a forma di cuneo; cuneiforme; a forma di V □ **to drive a w. between two people**, allontanare due persone l'una dall'altra.
to **wedge** /wɛdʒ/ *v. t.* ***1*** mettere un cuneo sotto; rincalzare (*con una zeppa*): **to w. a door open**, tenere aperta una porta con un cuneo ***2*** conficcare; incastrare; infilare.
wedlock /ˈwɛdlɒk/ *n.* [U] (*antiq.*) vincolo coniugale; stato coniugale • **born out of w.**, illegittimo.
Wednesday /ˈwɛnzdeɪ, -dɪ/ *n.* mercoledì (*Per gli esempi d'uso, V. sotto* **Tuesday**) • (*relig.*) **Ash W.**, il mercoledì delle Ceneri; le Ceneri.
wee (1) /wiː/ *a.* piccolino; piccino; minuscolo • **a wee bit**, un po'; un pochino; un tantino.
wee (2) /wiː/ *n.* (*fam.*) pipì.
to **wee** /wiː/ *v. i.* (*fam.*) fare pipì.
weed /wiːd/ *n.* ***1*** erbaccia; erba selvatica ***2*** (*fam.*) tabacco; sigaro; sigaretta ***3*** (*fam.*) spilungone ***4*** (*fam.*) mollaccione; impiastro ***5*** (*pop.*) marijuana; erba.
to **weed** /wiːd/ ***A*** *v. t.* ripulire dalle erbacce ***B*** *v. i.* strappare le erbacce.
♦ **weed out** *v. t. + avv.* ***1*** estirpare; sradicare ***2*** eliminare; epurare.
weedkiller /ˈwiːdkɪlə(r)/ *n.* erbicida.
weeds /wiːdz/ *n. pl.* (*anche* **widow's w.**) gramaglie vedovili.
weedy /ˈwiːdɪ/ *a.* ***1*** coperto d'erbacce ***2*** allampanato; sparuto.
week /wiːk/ *n.* settimana: **last** [**next**] **w.**, la settimana scorsa [prossima]; **What day of the w. is it?**, che giorno della settimana è oggi?; **three weeks' holiday**, tre settimane di vacanza • **a w. on Monday**, lunedì a otto □ **w. after w.** (*o* **w. in, w. out**), una settimana dopo l'altra □ **today** [**tomorrow**] **w.**, oggi [domani] a otto.
weekday /ˈwiːkdeɪ/ *n.* giorno feriale.
weekend /ˈwiːkˈɛnd, *USA* ˈwiːkɛnd/ *n.* weekend; fine settimana • **long w.**, fine settimana lungo (*comprendente il venerdì o il lunedì*) □ **over the w.**, nel corso del week-end.
to **weekend** /ˈwiːkˈɛnd, *USA* ˈwiːkɛnd/ *v. i.* passare il fine settimana.
weekly /ˈwiːklɪ/ ***A*** *a.* settimanale: **w. magazine**, rivista settimanale ***B*** *avv.* settimanalmente; ogni settimana; una volta la settimana: **to be paid w.**, essere pagato a settimana ***C*** *n.* (rivista) settimanale.
weep /wiːp/ *n.* pianto: **to have a good w.**, farsi un bel pianto.
to **weep** /wiːp/ (*pass. e p.p.* **wept**) *v. i. e t.* ***1*** piangere: **I could have wept**, mi sarei messo a piangere; **to w. tears of joy**, piangere di gioia ***2*** trasudare; stillare.
weeping /ˈwiːpɪŋ/ (*form.*) ***A*** *n.* [U] pianto; lacrime: **a fit of weeping**, una crisi di pianto ***B*** *a.* (*di albero*) piangente.
weepy /ˈwiːpɪ/ ***A*** *a.* (*fam.*) ***1*** lacrimoso ***2*** che fa piangere; strappalacrime ***B*** *n.* film (*o* romanzo) strappalacrime.
weevil /ˈwiːvɪl/ *n.* (*zool.*) curculione; punteruolo.
wee-wee, to **wee-wee** /ˈwiːwiː/ *V.* **wee, to wee**.
weft /wɛft/ *n.* (*ind. tess.*) trama.
weigh /weɪ/ *n.* pesatura; pesata • **w.-house**, pesa pubblica □ (*sport*) **w.-in**, (*boxe*) pesatura prima dell'incontro; (*ippica*) pesatura dopo l'arrivo □ (*ippica*) **w.-out**, pesatura prima della partenza.
to **weigh** /weɪ/ ***A*** *v. t.* ***1*** pesare; soppesare ***2*** soppesare; valutare: **to w. the pros and cons**, soppesare il pro e il contro • (*naut.*) **to w. anchor**, salpare ***B*** *v. i.* ***1*** pesare; essere pesante ***2*** avere peso; contare; valere: **His evidence weighed considerably with the jury**, la sua deposizione influenzò fortemente la giuria ***C*** to **weigh oneself** *v. rifl.* pesarsi.
♦ **weigh down** *v. t. + avv.* ***1*** far abbassare; piegare ***2*** gravare; opprimere; accasciare.
♦ **weigh in** ***A*** *v. t. + avv.* ***1*** (*boxe*) pesare (*un pugile*) prima dell'incontro ***2*** (*ippica*) pesare (*un fantino*) dopo l'arrivo ***B*** *v. i. + avv.* ***1*** (*boxe*) andare al peso; pesarsi ***2*** (*ippica*) andare al peso (dopo l'arrivo); pesarsi.
♦ **weigh on** *v. i. + prep.* pesare a; essere di peso a; gravare; opprimere: **to w. (heavily) on one's conscience**, pesare sulla coscienza di q.
♦ **weigh out** ***A*** *v. t. + avv.* ***1*** pesare; misurare; distribuire (*pesando*) ***2*** (*ippica*) pesare (*un fantino*) prima della partenza ***B*** *v. i. + avv.* (*ippica*) andare al peso (prima della partenza); pesarsi.
♦ **weigh up** *v. t. + avv.* soppesare; considerare.
weighbridge /ˈweɪbrɪdʒ/ *n.* pesa a ponte; basculla.
weighin-in /ˈweɪɪŋ ɪn/ *n.* (*sport*) operazioni di peso • (*ippica*) **w. enclosure**, recinto del peso.
weight /weɪt/ *n.* ***1*** [U] *e* [C] peso: **What w. are you?**, quanto

pesi?; **to sell goods by w.**, vendere merce a peso; **It's a w. off my mind**, mi sono tolto un peso; **the w. of evidence**, il peso (schiacciante) delle prove *2* (*sport*) peso (*da sollevare*) • (*sport*) **w. lifter**, sollevatore di pesi; pesista □ (*sport*) **w.-lifting**, pesistica; sollevamento pesi □ **to carry w.**, avere peso; contare □ **to lose w.**, dimagrire □ **to pull one's w.**, fare la propria parte □ **to put on w.**, ingrassare □ **to throw one's w. about**, dare ordini a destra e a sinistra; fare il prepotente □ **to be worth one's w. in gold**, valere tanto oro quanto si pesa.

to **weight** /weɪt/ *v. t.* appesantire (*anche fig.*); rendere più pesante.

weighted /ˈweɪtɪd/ *a.* — (*stat.*) **w. average**, media ponderata □ **to be w. against [in favour] of st.**, favorire [danneggiare] q.c.

weighting /ˈweɪtɪŋ/ *n.* [U] (*specialm. GB*) indennità speciale (*per carovita*).

weightless /ˈweɪtləs/ *a.* senza peso.

weightlessness /ˈweɪtləsnəs/ *n.* [U] (stato di) assenza di gravità; assenza di peso.

weighty /ˈweɪtɪ/ *a.* *1* grave; importante *2* autorevole; influente.

weir /wɪə(r)/ *n.* *1* chiusa; diga; sbarramento *2* sbarramento di rami (*di pescaia*).

weird /wɪəd/ *a.* *1* misterioso; inquietante; inspiegabile *2* (*fam.*) bizzarro; strambo.

weirdness /ˈwɪədnəs/ *n.* [U] *1* aspetto misterioso, inquietante *2* (*fam.*) bizzarria; stranezza.

weirdo /ˈwɪədəʊ/ *n.* (*pop.*) tipo strano; persona stramba.

to **welch** /welʃ/ *V.* **to welsh**.

welcome /ˈwelkəm/ *A a.* bene accetto; gradito *B n.* benvenuto; accoglienza: **to meet with a cold w.**, trovare un'accoglienza fredda *C inter.* benvenuto!, benvenuti!: **W. home!**, bentornato!; **W. to Scotland!**, benvenuti in Scozia! • **to be w. to do st.**, essere libero di fare q.c.; poter fare q.c.: **You're w. to try**, sei libero di provarci; **You are w. to (use) my car**, usa pure la mia automobile □ **to make sb. w.**, far sentire a q. che è il benvenuto; far festa a q. □ (*USA*) **You're w.!**, prego!; non c'è di che!

to **welcome** /ˈwelkəm/ *v. t.* *1* dare il benvenuto a; accogliere cordialmente: **to w. sb. home**, dare il bentornato a q. *2* accettare di buon grado; gradire.

welcoming /ˈwelkəmɪŋ/ *a.* cordiale; accogliente.

weld /weld/ *n.* (*metall.*) saldatura; giunto saldato; punto saldato.

to **weld** /weld/ (*metall. e fig.*) *A v. t.* saldare *B v. i.* saldarsi.

welder /ˈweldə(r)/ *n.* (*metall.*) *1* saldatore *2* saldatrice (*macchina*).

welding /ˈweldɪŋ/ *n.* [U] (*metall.*) saldatura • **w. torch**, cannello per saldatura autogena □ **w. machine**, saldatrice.

welfare /ˈwelfeə(r)/ *n.* [U] *1* benessere; prosperità; bene: **the w. of the nation**, la prosperità della nazione *2* assistenza sociale *3* (*USA*) previdenza sociale: **to be on w.**, vivere di sussidi pubblici • **w. officer**, assistente sociale □ (*econ.*) **the w. state**, lo Stato sociale; lo Stato assistenziale □ **w. work**, servizio di assistenza sociale.

well (1) /wel/ *n.* *1* pozzo: **to sink a w.**, scavare un pozzo; **oil well**, pozzo petrolifero *2* (*edil.*) tromba delle scale; vano dell'ascensore *3* (*nei tribunali ingl.*) spazio riservato ai difensori • **w.-head**, sommità del pozzo; (*idrologia*) punto di risorgenza.

well (2) /wel/ *avv.* (*compar.* **better**, *superl. relat.* **best**) *1* bene: **to read [to sleep, etc.] w.**, leggere [dormire, ecc.] bene; **to treat sb. w.**, trattar bene q.; **to live w.**, vivere nell'agiatezza; passarsela bene; **to think w. of sb.**, avere una buona opinione di q.; **You did w. to come**, hai fatto bene a venire; **W. done!**, bravo [brava, bravi, brave]! *2* molto; ben: **w. over $10,000**, molto più di 10.000 dollari; **I am w. aware of the problem**, sono ben (*o* più che) cosciente del problema; **It's w. worth seeing**, vale veramente la pena andare a vederlo; **to be w. past forty**, aver passato la quarantina da un pezzo; **to be w. on in years**, essere avanti con gli anni • **w.-adjusted**, ben inserito □ **w.-advised**, saggio; prudente: **He would be w.-advised to...**, sarebbe prudente da parte sua... □ (*fam.*) **w. and truly**, del tutto; completamente □ **w.-appointed**, bene attrezzato □ **w.-balanced**, equilibrato □ **w.-behaved**, beneducato □ **w.-being**, benessere; prosperità □ **w.-born**, di buona famiglia □ **w.-bred**, beneducato; (*di cavallo*) di razza □ **w.-brought-up**, (*di bambino*) educato □ **w.-built**, ben piantato □ **w.-connected**, di buon parentado; che ha buone relazioni sociali □ **w.-done**, ben cotto □ **w.-dressed**, elegante □ **w.-earned**, meritato □ **w.-established**, affermato; consolidato □ **w.-fed**, florido □ **w.-founded**, (*di sospetto, accusa, ecc.*) fondato □ **w.-groomed**, (*di cavallo*) ben strigliato; (*di cane*) ben tenuto; (*di persona*) curato, azzimato □ **w.-grounded**, ben istruito; (ben) fondato □ (*fam.*) **w.-heeled**, ricco; facoltoso □ **w.-informed**, bene informato □ **w.-intentioned**, benintenzionato □ **w.-kept**, tenuto bene; (*di segreto*) ben custodito □ **w.-known**, noto; rinomato □ (*fam.*) **w.-lined**, (*di tasca, eufem.*) rigonfio; (*di stomaco*) pieno □ **w. loved**, beneamato; molto amato □ **w.-mannered**, educato □ **w.-meaning**, mosso da buone intenzioni; benintenzionato □ **w.-meant**, fatto (*o* detto) a fin di bene □ **w.-nigh**, quasi; pressoché □ **w.-off**, agiato; benestante; messo bene (*in quanto a q.c.*); fortunato □ (*pop.*) **w.-oiled**, sbronzo □ **w. preserved**, ben conservato; (*di persona*) che porta bene i propri anni □ **w.-proportioned**, ben proporzionato □ **w.-read**, colto □ **w.-spoken**, raffinato nel parlare □ **w.-thought-of**, stimato (*o* benvoluto) da tutti □ **w.-thought-out**, ponderato; ben progettato □ **w.-thumbed**, (*di libro*) consumato per l'uso □ **w.-timed**, tempestivo; opportuno □ **w.-to-do**, agiato; benestante □ **w.-tried**, sperimentato □ **w.-turned**, (*di frase*) ben tornito □ **w.-versed**, esperto; pratico □ **w.-wisher**, persona che fa gli auguri; affezionato sostenitore □ **w.-worn**, liso, frusto; (*fig.*) comune, trito □ **to be w. in with sb.**, essere in buoni rapporti con q. □ **You are w. out of it**, sei fortunato a esserne fuori □ **to be w. up in st.**, essere informatissimo su q.c. □ **as w.**, anche; pure: **I shall come as w.**, verrò anch'io □ **as w. as**, oltre che; in aggiunta a □ **as w. as I could**, come meglio ho potuto □ **You may w. be surprised**, puoi ben essere sorpreso □ **You may w. ask!**, bella domanda! □ **You might just as w. say... [have said...]**, tanto varrebbe [tanto valeva] che tu dicessi... □ **perfectly w.**, alla perfezione; perfettamente □ **to speak w. for sb.**, fare onore a q. □ **I couldn't very w. leave after that**, a quel punto non potevo certo andarmene.

well (3) /wel/ *A a. pred.* (*compar.* **better**, *superl. relat.* **best**) *1* bene; in buona salute: **I am feeling w. today**, oggi mi sento bene; **I am perfectly w.**, sto benissimo *2* bene; consigliabile; opportuno: **It would be w. to start early**, sarebbe bene partire di buon'ora *B a. attr.* sano; in buona salute: **He's not a w. man**, non sta bene; non è un uomo sano • **w. enough**, abbastanza bene; benino; discretamente □ **All's w.**, tutto bene! □ **All is not w.**, non va tutto bene □ **to be w. off**, essere in buone condizioni finanziarie □ **to get w. (again)**, guarire; ristabilirsi □ **to look w.**, avere una bella cera □ **It's all very w. for you to criticize, but...**, è facile per te criticare, ma... □ (*iron.*) **That's all very w. (and good)... but**, va benissimo (*o* d'accordo)... ma... □ **It is as w. to remember that...**, giova ricordare che... □ **It's just as well we didn't go**, per fortuna non ci siamo andati.

well (4) /wel/ *n.* [U] (il) bene: **to wish sb. w.**, augurare (ogni) bene a q. • **Let w. (enough) alone**, il meglio è nemico del bene.

well (5) /wel/ *inter.* be'; ebbene; dunque; allora: **W., what shall we do now?**, be', ora che facciamo?; **W., what about it?**, ebbene, che ne dici?; **W. then, as I was saying...**, dunque, come dicevo... • **W., I never!**, chi l'avrebbe mai detto?; ma no! □ **W., but what about the others?**, sì, ma gli altri? □ **W., w., w.!**, guarda guarda!; ma guarda un po'! □ **Oh w., never mind!**, va be', lascia perdere!

to **well** /wel/ *v. i.* *1* (*anche* **to w. up**) affiorare; gonfiarsi: **Tears welled (up) in her eyes**, i suoi occhi si riempirono di lacrime; **Joy welled in his heart**, il suo cuore si gonfiò di gioia *2* (*anche* **to w. out**) sgorgare: **Blood welled from (*o* out of) the wound**, il sangue sgorgava dalla ferita.

♦ **well over** *v. i. + avv.* traboccare.

we'll /wiːl, wɪl/ *contraz. di* **we shall**; **we will**.

Wellington /ˈwelɪŋtən/ *n.* (*anche* **W. boot**) stivale di gomma.

welly /ˈwelɪ/ *n.* (*fam. GB*) stivale di gomma.

Welsh /welʃ/ *A a.* gallese • (*cucina*) **W. rabbit** (*o* **W. rarebit**), toast caldo ricoperto di formaggio fuso *B n.* *1* il gallese (*lingua*) *2* — **the W.**, i Gallesi.

to **welsh** /welʃ/ *v. i.* *1* non pagare (*ciò che è dovuto*): **to w. on one's debts**, non pagare i propri debiti *2* non mantenere la parola data.

Welshman /ˈwɛlʃmən/ *n.* (*pl.* **Welshmen** /-mən/) gallese (*m.*).
Welshwoman /ˈwɛlʃwʊmən/ *n.* (*pl.* **Welshwomen** /-wɪmən/) gallese (*f.*).
welt /wɛlt/ *n.* ***1*** guardolo (*di scarpa*) ***2*** rinforzo (*di calza*) ***3*** segno di frustata.
welter /ˈwɛltə(r)/ *n.* confusione; guazzabuglio.
welterweight /ˈwɛltəweɪt/ *n.* (*boxe e lotta*) peso welter; peso medio-leggero.
wench /wɛntʃ/ *n.* (*antiq. o scherz.*) ragazza; fanciulla.
to **wend** /wɛnd/ *v. t.* — (*antiq.*) **to w. one's way**, andare; dirigersi.
Wendy House ® /ˈwɛndɪhaʊs/ *n.* (*GB*) tenda a forma di casetta (*in cui giocano i banbini*).
went /wɛnt/ *pass. di* **to go**.
wept /wɛpt/ *pass. e p.p. di* **to weep**.
were /wɜː(r), wə(r)/ ***A*** *2ª pers. sing. e 1ª, 2ª e 3ª pers. pl. del pass. di* **to be** ***B*** *congiunt. imperfetto di* **to be**.
we're /wɪə(r), wiːə(r), wɛə(r), wə(r)/ *contraz. di* **we are**.
weren't /wɜːnt, *USA* wɜːnt, ˈwɜːrənt/ *contraz. di* **were not**.
werewolf /ˈwɪəwʊlf/ *n.* lupo mannaro.
wert /wɜːt/ (*arc. o poet.*) *2ª pers. sing. del pass. di* **to be**.
Wesleyan /ˈwɛzlɪən/ *a. e n.* (*relig.*) wesleyano; metodista.
west /wɛst/ ***A*** *n.* ***1*** ovest; occidente; ponente: **Wales lies to the w. of England**, il Galles si trova a ovest dell'Inghilterra ***2*** parte occidentale; ovest: **in the w. of France**, nell'ovest della Francia ***3*** — **the W.**, l'Occidente; (*negli U.S.A.*) l'Ovest, il West ***B*** *a.* a ovest; da ovest; occidentale: **w. wind**, vento da ovest (*o* dell'ovest, di levante); **the W. Indies**, le Indie Occidentali; **the w. coast**, la costa occidentale ***C*** *avv.* verso ovest; verso occidente; a ovest; a occidente: **to fly w.**, volare verso ovest; **to go w.**, andare a ovest; (*fam. GB*) fallire, andare in malora; morire, crepare; **The terrace faces w.**, la terrazza è rivolta a occidente • **the W. End**, il West End (*quartiere elegante di Londra*) □ **W. Indian**, (abitante, nativo) delle Indie Occidentali □ **the W. Side**, il West Side (*i quartieri occidentali di New York*).
westbound /ˈwɛstbaʊnd/ *a.* diretto a ovest.
westerly /ˈwɛstəlɪ/ ***A*** *a.* ***1*** da ovest: **w. wind**, vento da ovest ***2*** verso ovest: **in a w. direction**, in direzione (*o* verso) ovest ***B*** *n.* vento da ovest.
western /ˈwɛstən/ ***A*** *a.* occidentale; di occidente; dell'ovest; a ovest: **w. civilization**, la civiltà occidentale ***B*** *n.* (film) western.
Westerner /ˈwɛstənə(r)/ *n.* ***1*** occidentale ***2*** (*USA*) abitante di uno degli Stati dell'Ovest.
to **westernize** /ˈwɛstənaɪz/ ***A*** *v. t.* occidentalizzare ***B*** *v. i.* occidentalizzarsi.
westernmost /ˈwɛstənməʊst/ *a.* (il) più occidentale; all'estremo occidente.
Westminster /ˈwɛstmɪnstə(r)/ *n.* (*polit.*) ***1*** il Parlamento britannico ***2*** la vita parlamentare britannica.
westward /ˈwɛstwəd/ ***A*** *a.* (verso) ovest ***B*** **westward(s)** /ˈwɛstwəd(z)/ *avv.* verso ovest; in direzione ovest.
wet /wɛt/ ***A*** *a.* ***1*** bagnato: **wet feet**, piedi bagnati; **wet roads**, strade bagnate ***2*** (*di tempo, ecc.*) piovoso; umido: **It's still wet**, piove ancora ***3*** non asciutto; fresco: **wet paint**, vernice fresca ***4*** (*fam. GB*) smidollato • (*fam.*) **wet behind the ears**, giovane e inesperto; novellino □ **wet blanket**, guastafeste □ **wet dream**, polluzione notturna □ **wet fish**, pesce fresco □ **wet-look**, (*di stoffa, cuoio*) lucido □ **wet nurse**, balia (*che allatta*) □ **the wet season**, la stagione delle piogge (*ai tropici*) □ **wet suit**, tuta subacquea; muta □ **wet to the skin** (*o* **wet through**), bagnato fino alle ossa; bagnato fradicio; zuppo □ **to get wet**, bagnarsi ***B*** *n.* ***1*** (**the wet**) umido; umidità ***2*** (**the wet**) tempo piovoso; pioggia: **to go out in the wet**, uscire sotto la pioggia ***3*** — **the wet**, la stagione delle piogge (*ai tropici*) ***4*** (*fam.*) smidollato ***5*** (*polit., GB*) conservatore moderato (*specialm. oppositore della politica di Mrs Thatcher*).
to **wet** /wɛt/ *v. t.* ***1*** bagnare; inumidire; inzuppare ***2*** (*eufem.*) fare la pipì in; bagnare: **to wet oneself** [**one's bed**], bagnarsi [bagnare il letto]; **to wet one's pants**, farsi la pipì addosso; farsela addosso • (*fam.*) **to wet one's whistle**, bere un goccetto; bagnarsi il becco (*fam.*).
wetback /ˈwɛtbæk/ *n.* (*fam. USA*) immigrante clandestino dal Messico.
wether /ˈwɛðə(r)/ *n.* montone castrato.
wetlands /ˈwɛtlænz/ *n. pl.* zona paludosa.
wetness /ˈwɛtnəs/ *n.* Ⓤ ***1*** umidità ***2*** (*del tempo*) piovosità.
wetting /ˈwɛtɪŋ/ *n.* bagnatura; bagnata.
we've /wiːv, wɪv/ *contraz. di* **we have**.
whack /wæk, *USA* hw-/ *n.* ***1*** forte colpo; botta; bastonata ***2*** (*fam.*) parte; porzione ***3*** (*fam.*) tentativo: **I'll have a w. at it**, ora ci provo io.
to **whack** /wæk, *USA* hw-/ *v. t.* colpire forte; picchiare; bastonare.
whacked /wækt, *USA* hw-/ *a.* (*fam., specialm. GB*) sfinito; stanco morto.
whacking /ˈwækɪŋ, *USA* ˈhw-/ ***A*** *n.* bastonatura; botte ***B*** *a.* (*fam.*) enorme; colossale.
whale /weɪl, *USA* hw-/ *n.* balena • **w. calf**, balenotto □ **w. oil**, olio di balena □ (*fam.*) **We had a w. of a time**, ci siamo divertiti da pazzi.
to **whale** /weɪl, *USA* hw-/ *v. i.* cacciare balene • **to go whaling**, andare a caccia di balene.
whalebone /ˈweɪlbəʊn, *USA* ˈhw-/ *n.* Ⓤ e Ⓒ ***1*** fanone ***2*** stecca di balena.
whaler /ˈweɪlə(r), *USA* ˈhw-/ *n.* ***1*** baleniere ***2*** (nave) baleniera.
whaling /ˈweɪlɪŋ, *USA* ˈhw-/ *n.* Ⓤ caccia alla balena • **w. master**, capitano di baleniera □ **w. ship**, (nave) baleniera.
wham /wæm, *USA* hw-/ *n.* rumore secco; forte colpo; bam.
to **wham** /wæm, *USA* hw-/ *v. t. e i.* sbattere; colpire.
whammy /ˈwæmɪ, *USA* ˈhw-/ *n.* (*pop.*) ***1*** (*USA*) malocchio ***2*** batosta ***3*** colpo (*messo a segno*).
wharf /wɔːf, *USA* hw-/ *n.* (*pl.* **wharves, wharfs**) (*naut.*) banchina; molo interno; scalo.
wharfage /ˈwɔːfɪdʒ, *USA* ˈhw-/ *n.* Ⓤ (*naut.*) diritti di banchina.
wharves /wɔːvz, *USA* hwɔːvz/ *pl. di* **wharf**.
what /wɒt, *USA* hwɒt, -ʌt/ ***A*** *pron. interr.* che cosa; che; cosa (*fam.*): **W. is that?** che cos'è?; **W. do you want?**, che (cosa) vuoi?; cosa vuoi?; **W. were you talking about?**, di che cosa parlavate?; **W. is that used for?**, a che serve (quell'aggeggio)?; **Tell me w. you think of him**, dimmi che ne pensi di lui ***B*** *a. interr.* quale, quali; che: **W. books have you read on this subject?**, quali libri hai letto sull'argomento?; **To w. purpose?**, a che scopo?; **W. time is it?**, che ore sono?; **W. good did it do?**, a che è servito? ***C*** *a. escl.* quale; che; come: **W. a fool you are!**, che stupido sei!; come sei stupido!; **W. a nuisance!**, che seccatura! ***D*** *pron. relat.* ciò che; quel(lo) che: **Tell them w. you like**, digli quel che ti pare; **It's exactly w. I was looking for**, è proprio ciò che cercavo ***E*** *a. relat.* quel po' di ... che; il (la, gli, le)... che: **Give me w. money you have**, dammi il denaro che hai (*poco o molto che sia*) ***F*** *inter.* come?; cosa?; ma come!: **W., still here?**, ma come, sei ancora qui? • **W. about a roast for lunch?**, che ne diresti di un arrosto per pranzo? □ **W. about doing...?**, che ne diresti di fare...? □ **W. about my share?**, e la mia parte? □ **«You know his son?» «Yes, w. about him?»**, «conosci suo figlio?» «sì, perché?» □ (*fam.*) **w.-d'you-call-him** [**-her**], coso (-a); quello (-a) □ (*fam.*) **w.-d'you-call-it**, il coso; l'affare □ (*pop.*) **w.-for**, punizione; castigo: **I'll give him w.-for**, gli darò io quel che si merita! □ **W. for?**, perché mai?; per che fare?; a che pro? □ **w. if**, e se; che succede se: **W. if they don't come?**, e se non vengono? □ **w.... like**, come; che tipo: **W. was the weather like?**, com'era il tempo?; **W. is he like?**, che tipo d'uomo è? □ **W. next?**, e adesso che succederà? □ **Well, w. of it?**, be', e con ciò? □ **w. with one thing and another**, tra una cosa e l'altra □ **... and w. have you**, e roba del genere □ **... and w. not**, eccetera eccetera; e altro ancora □ **to know w.'s w.**, saperla lunga □ (*fam.*) **to have w. it takes**, avere le qualità necessarie (*per q.c.*) □ **I know w.**, so io che cosa fare; sai che si fa? □ (*fam.*) **So w.?**, e allora?; e con ciò? □ **I'll tell you w.**, sai che ti dico?; sai che facciamo?
whatever /wɒtˈɛvə(r), *USA* hwɒ-, hwʌ-/ ***A*** *pron. indef.* qualunque (*o* qualsiasi) cosa: **w. happens**, qualunque cosa accada; **w. you may say**, qualunque cosa tu possa dire ***B*** *a. indef.* qualunque; qualsiasi: **It must be done, w. the cost**, deve essere fatto a qualunque prezzo ***C*** *pron. relat.* (*enfat.*) quello che; qualunque cosa: **Take w. you need**, prendi tutto quello che ti serve ***D*** *a. indef.* (*enfat., in frasi neg.*) alcuno: **There is no doubt w.**, non c'è dubbio alcuno (*o* nessunissimo dubbio) ***E*** *pron. interr.* che cosa mai; che diamine: **W. can it be?**, che mai può essere?; **W. can they want?**, che diamine vogliono? • (*fam.*) **«Shall I put it here or on the table?» «W.»**, «lo metto qui o sul tavolo?» «è lo stesso» □ **W. you say**, come preferisci □ **W. next?**, questa poi! □ **...**

or w., ... o che altro.
whatnot /ˈwɒtnɒt, *USA* ˈhwɒ-, ˈhwʌ-/ *n.* ***1*** (*fam.*) affare; coso ***2*** Ⓤ (*fam.*) cose del genere; cose simili ***3*** scaffaletto; scansia.
whatsit /ˈwɒtsɪt, *USA* ˈhwɒtsɪt, ˈhwʌ-/ *n.* (*fam.*) affare; coso.
whatsoever /wɒtsəʊˈɛvə(r), *USA* hwɒ-, hwʌ-/ (*enfat.*) *V.* **whatever**.
wheat /wiːt, *USA* hwiːt/ *n.* Ⓤ grano; frumento ● **w. germ**, *V.* **wheatgerm**.
wheatear /ˈwiːtɪə(r), *USA* ˈhw-/ *n.* (*zool.*) culbianco.
wheaten /ˈwiːtn, *USA* ˈhw-/ *a.* di grano; di frumento.
wheatgerm /ˈwiːtdʒɜːm, *USA* ˈhwiːt-/ *n.* Ⓤ germe di grano.
wheatmeal /ˈwiːtmiːl, , *USA* ˈhwiːt-/ *n.* Ⓤ farina integrale di frumento.
to **wheedle** /ˈwiːdl, *USA* ˈhw-/ *v. t.* — **to w. sb. into (doing) st.**, persuadere q. (*con moine, lusinghe*) a (fare) q.c.; **to w. st. out of sb.**, riuscire a ottenere q.c. da q. (*con moine, lusinghe*).
wheel /wiːl, *USA* hwiːl/ *n.* ***1*** ruota; rotella ***2*** (*mecc.*) ruota dentata; ingranaggio ***3*** (*anche* **steering w.**) (*autom.*) volante, sterzo; (*naut.*) ruota del timone ***4*** movimento rotatorio; cerchio; (*mil.*) conversione ***5*** (*al pl.*) (*pop.*) macchina; quattroruote (*fam.*) ● (*autom.*) **w. clamp**, ceppi bloccaruote; ganasce □ **the w. of fortune**, la ruota della fortuna □ **spinning w.**, filatoio □ (*fam.*) **There are wheels within wheels**, è un affare più complicato di quel che sembra □ **The w. has come full circle**, la fortuna è girata.
to **wheel** /wiːl, *USA* hwiːl/ ***A*** *v. t.* ***1*** far girare; roteare; far ruotare ***2*** spingere (*un veicolo a ruote*); trasportare (*su un veicolo*): **to w. a barrow**, spingere innanzi una carriola; **He was wheeled into the operating theatre**, fu portato in sala operatoria ***3*** fornire di ruote (*un veicolo*) ***B*** *v. i.* ***1*** girare; ruotare; roteare; turbinare; volteggiare ***2*** (*mil.*) fare una conversione ● (*fam.*) **to w. and deal**, darsi da fare; trafficare; intrallazzare.
♦ **wheel about** *v. i. + avv.* fare una conversione di 180°.
♦ **wheel round** *v. i. + avv.* girarsi; girare sui tacchi.
wheelbarrow /ˈwiːlbærəʊ, *USA* ˈhw-/ *n.* carriola.
wheelbase /ˈwiːlbeɪs, *USA* ˈhw-/ *n.* (*autom.*) passo; interasse.
wheelchair /ˈwiːltʃɛə(r), *USA* ˈhw-/ *n.* sedia a rotelle (*per invalidi*).
wheeled /wiːld, *USA* hw-/ *a.* (*specialm. nei composti*) a ruote; con ruote: **a three-w. car**, un'automobile a tre ruote.
wheeler-dealer /wiːlə(r)ˈdiːlə(r), *USA* hwiːl-/ *n.* (*fam.*) affarista; faccendiere; intrallazzatore; trafficone.
wheelhouse /ˈwiːlhaʊs, *USA* hwiːl-/ *n.* (*naut.*) timoniera.
wheelie /ˈwiːlɪ/ *n.* (*pop.*) impennata (*di bicicletta, motocicletta*).
wheelie bin /ˈwiːlɪ bɪn/ *locuz. n.* bidone della spazzatura su rotelle.
wheelwright /ˈwiːlraɪt, *USA* ˈhw-/ *n.* carraio; carradore.
wheeze /wiːz, *USA* hwiːz/ *n.* ***1*** respiro affannoso ***2*** (*pop.*) pensata; trucco.
to **wheeze** /wiːz, *USA* hwiːz/ ***A*** *v. i.* ***1*** ansare; ansimare ***2*** (*di un motore, ecc.*) soffiare; sibilare ***B*** *v. t.* dire ansimando.
wheezy /ˈwiːzɪ, *USA* ˈhw-/ *a.* ansante; ansimante; asmatico (*anche fig.*).
whelk /wɛlk, *USA* hw-/ *n.* (*zool.*) buccino.
whelp /wɛlp, *USA* hw-/ *n.* cucciolo.
when /wɛn, wən, *USA* hwɛn, -ən/ ***A*** *avv. e cong. interr.* quando: **W. can you come?**, quando puoi venire?; **I wonder w. that happened**, quando può essere successo? ***B*** *avv. e cong. relat.* ***1*** quando; mentre: **I'll see him w. I come back**, lo vedrò quando ritornerò; **That was just w. I was going out**, accadde proprio mentre stavo uscendo ***2*** il momento [il giorno, ecc.] in cui: **That's (the time) w. he gets angry**, quello è il momento in cui si arrabbia ***3*** anche se; mentre: **I helped him, w. I could easily have refused**, lo aiutai anche se avrei potuto benissimo rifiutare ***4*** quando; dal momento che; se: **Why write, w. you can phone?**, perché scrivere, quando puoi telefonare? ***C*** *pron.* quanto tempo; quando: **Since w. have you been smoking?**, da quanto tempo fumi?; **Since w. do you take coffee without sugar?**, da quando in qua prendi il caffè amaro?; **From w. does it date?**, a quanto tempo fa risale? ● **w. all's said and done**, alla fin fine; in fin dei conti.
whence /wɛns, *USA* hwɛns/ *avv. e cong.* (*antiq.*) ***1*** da dove; da che cosa: **Nobody knows w. he comes**, nessuno sa da dove venga ***2*** da cui ***3*** al luogo da cui.
whenever /wɛnˈɛvə(r), *USA* hw-/ *avv. e cong.* ***1*** ogni qualvolta; ogni volta che; tutte le volte che; quando: **w. you can**, ogni volta che puoi; quando puoi ***2*** in qualsiasi momento; quando: **w. you wish**, in qualsiasi momento tu voglia; quando vuoi; **w. that may be**, quando che sia ***3*** (*fam.*) quando mai: **W. did I say that?**, quando mai l'ho detto?
where /wɛə(r), *USA* hwɛə(r)/ ***A*** *avv. e cong. interr.* dove: **W. have they gone?**, dove sono andati?; **W. shall we start from?**, da dove cominciamo? ***B*** *avv. e cong. relat.* dove; nel quale; in cui; il [nel] luogo in cui: **Go w. you like**, va' dove ti pare!; **This is w. I was born**, questo è il posto dove sono nato; è qui che sono nato; **We've come to a point w....**, abbiamo raggiunto il punto in cui...; **That's w. you are wrong**, è qui che ti sbagli; **She went back to w. she came from**, tornò da dove era venuta ● **w. ever**, dove mai; dove diamine □ **W. is the harm in trying?**, che male c'è a provare? □ **W. is the sense of it?**, che senso c'è?
whereabouts ***A*** *avv. interr.* /wɛərəˈbaʊts, *USA* ˈhw-/ dove; da che parte; in che posto: **W. did I leave it?**, dove l'avrò lasciato?; **W. do you live?**, da che parte abiti? ***B*** *n.* /ˈwɛərəbaʊts, *USA* ˈhw-/ luogo in cui si trova q. [q.c.]: **The w. of the treasure remains a mystery**, il luogo in cui si trova il tesoro è tuttora un mistero.
whereas /wɛərˈæz, *USA* hw-/ *cong.* ***1*** mentre; laddove; e invece ***2*** (*leg.*) premesso che; considerato che.
whereby /wɛəˈbaɪ, *USA* hw-/ *avv.* (*form.*) ***1*** per mezzo di cui; con cui ***2*** secondo cui.
wherein /wɛərˈɪn, *USA* hw-/ *avv.* (*form. o antiq.*) in cui.
whereof /wɛərˈɒv, *USA* hwɛərˈʌv/ *avv.* (*form. o antiq.*) di cui.
whereupon /wɛərəˈpɒn, *USA* hwɛərəˈpɔːn/ ***A*** *avv.* su cui ***B*** *cong.* al che; dopo di che.
wherever /wɛərˈɛvə(r), *USA* hw-/ *avv. e cong.* ***1*** dovunque; in qualunque luogo; da qualsiasi parte: **You must find him, w. he is**, dovete trovarlo, dovunque sia ***2*** dove; nel luogo in cui ***3*** (*fam.*) dove mai; dove diamine.
wherewithal /ˈwɛəwɪðɔːl, *USA* ˈhw-, -θɔːl/ *n.* — **the w. to do st.**, i mezzi per fare q.c.
to **whet** /wɛt, *USA* hwɛt/ *v. t.* (*form. o lett.*) affilare (*un coltello*) ● **to w. sb.'s appetite**, (*anche fig.*) stuzzicare l'appetito a q.
whether /ˈwɛðə(r), *USA* ˈhw-/ *cong.* ***1*** se (*dubit.*); se ... o no: **Please ask him w. he can come**, chiedigli se può venire; **I wonder w. I should tell him**, non so se dirglielo o no; **It's doubtful w. he will accept**, non si sa se accetterà ***2*** (*correl. di* **or**) che... o; sia... sia; sia che... sia che: **W. you like it or not, you'll have to do it**, (che) ti piaccia o no, dovrai farlo; **I don't care w. you stay or go**, non m'importa che tu resti o che te ne vada ***3*** (*correl. di* **or**) (o)... o; vuoi... vuoi: **w. by accident or design**, involontariamente o di proposito.
whetstone /ˈwɛtstəʊn, *USA* ˈhw-/ *n.* pietra per affilare; cote.
whew /fjuː/ *inter.* (*di stanchezza*) uff!; (*di sorpresa, sollievo*) fuiii!, uh!
whey /weɪ, *USA* hweɪ/ *n.* Ⓤ siero (*del latte*).
which /wɪtʃ, *USA* hwɪtʃ/ ***A*** *pron. interr.* chi; quale (-i); che cosa (*fra due o fra un numero ristretto*): **W. of you can tell me...?**, chi di voi mi sa dire..?; **W. do you prefer?**, quale preferisci?; **I can't remember w.**, non ricordo quale ***B*** *a. interr.* quale (-i); che (*fra due o fra un numero ristretto*): **W. book should I buy for him?**, che libro gli compro?; **I don't know w. one you mean**, non so quale tu intenda ***C*** *pron. relat.* ***1*** il [la] quale; i [le] quali; che (*rif. a cose o a fatti*): **The other dress, w. I preferred, was cheaper**, l'altro vestito, che mi piaceva di più, era meno caro ***2*** il che; la qual cosa: **He said I'd been stupid, w. was true**, disse che mi ero comportato da stupido, il che era vero; **... after w. we all went home**, dopodiché tornammo tutti a casa ***D*** *a. relat.* quale; qual: **I was there a week, in w. time it never stopped raining**, rimasi là una settimana, durante la quale non smise mai di piovere; **in w. case**, nel qual caso ● **w. way**, in quale direzione, da che parte; in che modo; come □ **W. is w.?**, qual è l'uno e qual è l'altro? □ **I can never tell w. is w.**, non riesco mai a distinguerli.
whichever /wɪtʃˈɛvə(r), *USA* hw-/ ***A*** *pron. indef.* chiunque; qualunque; qualsiasi; qualsiasi cosa (*fra due o fra un numero ristretto*): **W. you take, make sure it works**, qualunque tu prenda, assicurati che funzioni ***B*** *a. indef.* qualunque; qualsiasi (*fra due o fra un numero ristretto*): **W. wine I**

choose, he'll be happy, qualunque vino io scelga, lui sarà soddisfatto *C pron. relat.* quello che; ciò che: **Take w. you prefer**, prendi quello che preferisci *D a. relat.* — **I'll accept w. decision they reach**, accetterò la loro decisione, quale che sia.

whiff /wɪf, *USA* hw-/ *n.* *1* soffio; sbuffo: **a w. of fresh air**, un soffio di aria fresca; una boccata d'aria fresca *2* odore; zaffata *3* traccia; ombra: **no w. of scandal**, non un'ombra di scandalo.

to **whiff** /wɪf, *USA* hw-/ *A v. t.* fiutare; sentire l'odore di *B v. i.* (*fam. GB*) puzzare.

whiffy /ˈwɪfɪ, *USA* ˈhw-/ *a.* (*fam. GB*) che puzza; maleodorante.

Whig /wɪg, *USA* hwɪg/ *n. e a.* (*stor.*) Whig, liberale (*in Inghilterra, nei secoli XVII e XVIII*).

while (1) /waɪl, *USA* hwaɪl/ *cong.* *1* mentre: **W. (I was) reading I fell asleep**, mentre leggevo mi addormentai; **The walls are yellow, w. the ceiling is white**, le pareti sono gialle, mentre il soffitto è bianco; **w. you are about it**, già che ci sei *2* finché: **Do it w. there is still time**, fallo finché c'è tempo *3* sebbene; quantunque; pur: **W. I admit his good points, I can see his bad ones**, pur riconoscendo i suoi lati buoni, non mi sfuggono quelli cattivi.

while (2) /waɪl, *USA* hwaɪl/ *n.* momento; tempo: **He waited (for) a w.**, aspettò un po'; **in a little w.**, in breve tempo; tra un po' di tempo; fra poco; **a long w. ago**, molto tempo fa; **all this w.**, tutto questo tempo • **once in a w.**, una volta ogni tanto; di quando in quando □ **I don't think it's worth your w.**, non credo che ti convenga.

to **while** /waɪl, *USA* hwaɪl/ *v. Solo come*:

♦ **while away** *v. t. + avv.* passare, far passare (*il tempo*): **to w. away the time**, far passare il tempo; ingannare il tempo.

whilst /waɪlst, *USA* hw-/ *V.* **while (1)**.

whim /wɪm, *USA* hwɪm/ *n.* capriccio; ghiribizzo: **at sb.'s w.**, secondo il capriccio di q.; come piace a q.; **to decide on a w.**, decidere d'impulso.

whimper /ˈwɪmpə(r), *USA* ˈhw-/ *n.* *1* piagnucolio *2* uggiolio.

to **whimper** /ˈwɪmpə(r), *USA* ˈhw-/ *v. i.* *1* piagnucolare; frignare *2* uggiolare.

whimsical /ˈwɪmzɪkl, *USA* ˈhw-/ *a.* capriccioso; bizzarro; eccentrico.

whimsicality /wɪmzɪˈkælətɪ, *USA* ˈhw-/ *n.* Ⓤ e Ⓒ bizzarria; eccentricità.

whimsy /ˈwɪmzɪ, *USA* ˈhw-/ *n.* *1* Ⓤ fantasia *2* Ⓒ capriccio; ghiribizzo.

whin /wɪn, *USA* hwɪn/ *n.* Ⓤ e Ⓒ (*bot.*) ginestrone.

whinchat /ˈwɪntʃæt, *USA* ˈhw-/ *n.* (*zool.*) stiaccino.

whine /waɪn, *USA* hwaɪn/ *n.* *1* uggiolio *2* lamento *3* piagnucolio; lagna.

to **whine** /waɪn, *USA* hwaɪn/ *v. i.* *1* uggiolare *2* lagnarsi; lamentarsi *3* piagnucolare; frignare.

whiner /ˈwaɪnə(r), *USA* ˈhw-/ *n.* lagnone (-a); piagnucolone (-a).

to **whinge** /wɪndʒ, *USA* hw-/ *v. i.* (*fam. GB*) *1* mugugnare; brontolare *2* piagnucolare; frignare.

whining /ˈwaɪnɪŋ, *USA* hwa-/ *n.* *1* uggiolio *2* lamentela *3* piagnucolio.

whinny /ˈwɪnɪ, *USA* ˈhw-/ *n.* nitrito.

to **whinny** /ˈwɪnɪ, *USA* ˈhw-/ *v. i.* nitrire.

whinstone /ˈwɪnstəʊn, *USA* ˈhw-/ *n.* Ⓤ e Ⓒ (*geol.*) roccia basaltica.

whip /wɪp, *USA* hwɪp/ *n.* *1* frusta; sferza; scudiscio; staffile *2* (*fam.*) cocchiere *3* (*anche* **whipper-in**) bracchiere *4* (*in G.B., polit., anche* **party w.**) deputato che sovrintende alla disciplina dei colleghi di partito *5* (*in G.B., polit.*) convocazione a una seduta parlamentare *6* (*cucina*) dolce a base di uova e panna montata • **to have the w. hand of sb.**, tenere il coltello dalla parte del manico con q. □ (*in G.B., polit.*) **three-line w.**, convocazione urgente a una seduta parlamentare con l'ordine di votare in un determinato modo.

to **whip** /wɪp, *USA* hwɪp/ *A v. t.* *1* frustare; sferzare; fustigare *2* (*fam.*) battere; suonarle a *3* (*cucina*) montare; sbattere: **to w. cream**, montare la panna *4* (*fam. GB*) sgraffignare *5* cucire a sopraggitto • **to w. st. into shape**, sistemare q.c.; mettere a posto q.c. *B v. i.* *1* muoversi rapidamente; scattare; saettare *2* sbattere (*al vento*); sventolare.

♦ **whip away** *v. t. + avv.* tirar via bruscamente; strappar via.

♦ **whip off** *v. t. + avv.* *1* strappare via *2* sfilarsi di dosso.

♦ **whip out** *v. t. + avv.* tirar fuori: **to w. out a knife**, tirar fuori un coltello.

♦ **whip round** *v. i. + avv.* girarsi bruscamente.

♦ **whip up** *v. t. + avv.* *1* (*cucina*) montare; sbattere *2* eccitare (*una folla, ecc.*) *3* suscitare, stimolare (*interesse, ecc.*) *4* (*fam.*) improvvisare; imbastire in fretta.

whipcord /ˈwɪpkɔːd, *USA* ˈhw-/ *n.* Ⓤ *1* corda per fruste *2* (*ind. tess.*) saia (a diagonali marcate).

whiplash /ˈwɪplæʃ, *USA* ˈhw-/ *n.* *1* sferzata *2* (*med., anche* **w. injury**) colpo di frusta.

whipper-snapper /ˈwɪpəsnæpə(r), *USA* ˈhw-/ (*antiq.*) *n.* giovincello presuntuoso; sbarbatello.

whippet /ˈwɪpɪt, *USA* ˈhw-/ *n.* whippet; cane da corsa.

whipping /ˈwɪpɪŋ, *USA* ˈhw-/ *n.* *1* frustata; sferzata *2* (*fam.*) sconfitta; batosta • **w. boy**, capro espiatorio □ (*cucina*) **w. cream**, panna da montare.

whippy /ˈwɪpɪ, *USA* ˈhw-/ *a.* flessibile; elastico.

whip-round /ˈwɪpraʊnd, *USA* ˈhw-/ *n.* (*fam.*) colletta: **to have a w.**, fare una colletta.

whipstitch /ˈwɪpstɪtʃ, *USA* ˈhw-/ *n.* (*cucito*) sopraggitto.

whir, to **whir** /wɜː(r), *USA* hw-/ *V.* **whirr, to whirr**.

whirl /wɜːl, *USA* hw-/ *n.* *1* mulinello; turbine; vortice *2* attività frenetica; turbinio *3* confusione; smarrimento • (*fam.*) **Give it a w.!**, provaci!; buttati!

to **whirl** /wɜːl, *USA* hw-/ *A v. i.* girare; roteare; piroettare; vorticare; turbinare: **My head is whirling**, mi gira la testa *B v. t.* far girare; far turbinare; roteare; far volteggiare.

♦ **whirl round** *v. i. + avv.* girare (*o* voltare) di scatto.

whirligig /ˈwɜːlɪgɪg, *USA* ˈhw-/ *n.* *1* trottola *2* giostra.

whirling /ˈwɜːlɪŋ, *USA* ˈhw-/ *a.* vorticoso; turbinoso.

whirlpool /ˈwɜːlpuːl, *USA* ˈhw-/ *n.* vortice; mulinello; gorgo.

whirlwind /ˈwɜːlwɪnd/ *A n.* turbine (*di vento*); tromba d'aria *B a. attr.* rapidissimo: **w. tour**, visita lampo.

whirr /wɜː(r), *USA* hw-/ *n.* ronzio.

to **whirr** /wɜː(r), *USA* hw-/ *v. i.* ronzare.

whish /wɪʃ, *USA* hwɪʃ/ *n.* fruscio; sibilo.

to **whish** /wɪʃ, *USA* hwɪʃ/ *v. i.* frusciare; sibilare.

whisk /wɪsk, *USA* hwɪsk/ *n.* *1* (*cucina*) frusta; frullino *2* movimento rapido: **a w. of the tail**, un colpo di coda *3* (*anche* **fly w.**), scacciamosche.

to **whisk** /wɪsk, *USA* hwɪsk/ *A v. t.* *1* agitare; scuotere *2* (*cucina*) sbattere (*uova*); montare (*panna*) *3* portare in tutta fretta: **She was whisked into hospital**, fu portata di corsa all'ospedale; fu ricoverata d'urgenza; **to w. st. away** (*o* **off**), portar via q.c. in tutta fretta; far sparire q.c. *B v. i. + avv.* sfrecciare; sgattaiolare; guizzare.

whisker /ˈwɪskə(r), *USA* ˈhw-/ *n.* *1* baffo (*di gatto, ecc.*) *2* (*al pl.*) basettoni; fedine • **by a w.**, per un pelo; di stretta misura.

whiskey /ˈwɪskɪ, *USA* ˈhw-/ *n.* Ⓤ e Ⓒ whisky americano o irlandese.

whisky /ˈwɪskɪ, *USA* ˈhw-/ *n.* Ⓤ e Ⓒ whisky scozzese.

whisper /ˈwɪspə(r), *USA* ˈhw-/ *n.* *1* bisbiglio; sussurro: **in a w.**, in un sussurro; a bassa voce *2* fruscio *3* voce; diceria.

to **whisper** /ˈwɪspə(r), *USA* ˈhw-/ *v. i. e t.* *1* bisbigliare; sussurrare *2* stormire *3* mormorare (*q.c. di segreto*): **It's whispered that...**, si mormora che....

whispering /ˈwɪspərɪŋ, *USA* ˈhw-/ *A a.* *1* sussurrante; che bisbiglia *2* maldicente *B n.* *1* sussurrio *2* (*specialm. al pl.*) mormorazione; maldicenza • **w. campaign**, campagna diffamatoria □ **w. gallery**, galleria acustica.

whist /wɪst, *USA* hwɪst/ *n.* Ⓤ whist (*gioco di carte*) • **w. drive**, torneo di whist.

whistle /ˈwɪsl, *USA* ˈhw-/ *n.* *1* fischio; sibilo *2* fischietto; zufolo • (*polit., USA*) **w.-stop tour**, giro con soste frequenti e brevi (*specialm. in piccoli centri*) □ (*pop.*) **to blow the w. on**, *V. sotto* **to blow**.

to **whistle** /ˈwɪsl, *USA* ˈhw-/ *v. i. e t.* *1* fischiare; fischiettare: **to w. a tune**, fischiettare un motivetto *2* chiamare con un fischio: **to w. for a taxi**, chiamare un taxi con un fischio • (*fig.*) **to w. for st.**, desiderare invano q.c.; aspettare invano q.c.: **He can w. for it!**, campa cavallo!

whistleblower /ˈwɪslˈbləʊə(r), *USA* ˈhw-/ *n.* persona che rivela pubblicamente malefatte di amministratori, politici, ecc.

whistleblowing /ˈwɪslˈbləʊɪŋ, *USA* ˈhw-/ *n.* Ⓤ rivelazione pubblica di malefatte di amministratori, politici, ecc.

whit /wɪt, *USA* hwɪt/ *n.* (*form. o antiq.*) — **not a w.**, neanche un po'; **I don't care a w.**, non me ne importa nulla.

Whit /wɪt, *USA* hwɪt/ *a.* (*relig., specialm. GB*) di Pentecoste.

white /waɪt, *USA* hwaɪt/ ***A*** *a.* bianco; pallido: **w. bread**, pane bianco; **w.-haired**, dai capelli bianchi; canuto; **a w. man**, un bianco; **to go w.**, (*di persona*) impallidire, sbiancare; (*di capelli*) diventare bianco, incanutire • **w. coffee**, caffè con latte; caffellatte □ **w. Christmas**, Natale con la neve □ **w.--collar job**, lavoro impiegatizio □ **w.-collar worker**, impiegato; colletto bianco □ (*fig.*) **w. elephant**, cosa (*generalm. edificio*) inutile, ingombrante e dispendiosa □ **w.-faced**, pallido; bianco □ **w. flag**, bandiera bianca □ **w. goods**, elettrodomestici; biancheria per la casa □ (*fig.*) **w. horses**, onde dalla cresta spumeggiante; cavalloni □ **w.-hot**, incandescente; al calor bianco □ (*in U.S.A.*) **the W. House**, la Casa Bianca □ **w. lead**, biacca di piombo □ **w. lie**, piccola bugia; bugia pietosa □ (*fis.*) **w. noise**, rumore bianco □ (*polit.*) **w. paper**, rapporto governativo; libro bianco □ (*USA*) **w. sale**, fiera del bianco □ (*cucina*) **w. sauce**, besciamella □ **w. slavery** (*o* **the w.-slave traffic**), la tratta delle bianche □ (*chim.*) **w. spirit**, acquaragia minerale □ (*su un invito*) «**w. tie**», «è gradito l'abito da sera» □ **w. wedding**, nozze in bianco □ **as w. as a sheet**, pallido come un morto; bianco come un lenzuolo □ **as w. as snow**, candido come la neve ***B*** *n.* ***1*** [U] bianco: **dressed in w.**, vestito di bianco ***2*** (uomo) bianco ***3*** bianco (*dell'occhio*); sclera ***4*** [C] *e* [U] bianco (*dell'uovo*); albume: **the whites of five eggs**, cinque bianchi d'uovo ***5*** (*al pl.*) capi bianchi (*da lavare*) ***6*** (*al pl.*) (*sport, GB*) completo bianco (*per cricket*).

whitebait /ˈwaɪtbeɪt, *USA* ˈhw-/ *n.* [U] bianchetti.

whitecap /ˈwaɪtkæp, *USA* ˈhw-/ *n.* onda con la cresta spumeggiante.

Whitehall /ˈwaɪthɔːl, *USA* ˈhw-/ *n.* ***1*** Whitehall (*strada londinese sede dei principali uffici governativi*) ***2*** (*estens.*) il governo britannico.

to **whiten** /ˈwaɪtn, *USA* ˈhw-/ ***A*** *v. t.* imbiancare; sbiancare ***B*** *v. i.* imbiancarsi; sbiancarsi.

whitener /ˈwaɪtnə(r), -tən-, *USA* ˈhw-/ *n.* sbiancante; candeggiante.

whiteness /ˈwaɪtnəs, *USA* ˈhw-/ *n.* [U] ***1*** bianchezza; candore ***2*** pallore.

whitening /ˈwaɪtnɪŋ, -tən-, *USA* ˈhw-/ *n.* [U] ***1*** imbiancatura ***2*** (*fotogr.*) sbiancamento ***3*** bianco (di Spagna); gesso in polvere (*per imbiancare*).

whiteout /ˈwaɪtaʊt, *USA* hwaɪt-/ *n.* [U] (*meteor.*) biancore diffuso con ridotta visibilità in zone innevate.

whitethroat /ˈwaɪtθrəʊt, *USA* ˈhw-/ *n.* (*zool.*) sterpazzola.

whitewash /ˈwaɪtwɒʃ, *USA* ˈhwaɪtwɔːʃ/ *n.* ***1*** [U] bianco di calce; calce da imbiancare ***2*** [U] *e* [C] copertura, mascheramento (*di difetti, errori, ecc.*).

to **whitewash** /ˈwaɪtwɒʃ, *USA* ˈhwaɪtwɔːʃ/ *v. t.* ***1*** dare il bianco a; imbiancare ***2*** coprire (*difetti, errori, ecc.*); mascherare.

whiting (1) /ˈwaɪtɪŋ, *USA* ˈhw-/ *n.* [U] bianco (di Spagna); gesso in polvere.

whiting (2) /ˈwaɪtɪŋ, *USA* ˈhw-/ *n.* (*pl.* **whiting**, **whitings**) (*zool.*) merlango.

whitish /ˈwaɪtɪʃ, *USA* ˈhw-/ *a.* biancastro; bianchiccio.

whitlow /ˈwɪtləʊ, *USA* ˈhw-/ *n.* (*med.*) patereccio.

Whitsun /ˈwɪtsn, *USA* ˈhw-/ *a.* (*relig.*) di Pentecoste.

Whitsunday /ˈwɪtˈsʌndɪ, ˈwɪtsəndeɪ, *USA* ˈhw-/ *n.* (*relig.*) domenica di Pentecoste.

Whitsuntide /ˈwɪtsəntaɪd, *USA* ˈhw-/ *n.* (*relig.*) settimana di Pentecoste.

to **whittle** /ˈwɪtl, *USA* ˈhw-/ *v. t. e i.* ***1*** tagliuzzare (*legno*) ***2*** intagliare.

whittle away *v. t. + avv.* diminuire; ridurre.

whittle down *v. t. + avv.* ridurre; tagliare.

whiz(z) /wɪz, *USA* hwɪz/ *n.* ***1*** sibilo ***2*** (*fam.*) mago; genio • (*fam.*) **w. kid**, giovane brillante che si afferma rapidamente; fenomeno.

to **whiz(z)** /wɪz, *USA* hwɪz/ *v. i.* ***1*** sibilare; fischiare ***2*** passare velocemente; sfrecciare: **Time whizzed by**, il tempo volava; **Cars were whizzing past us**, le macchine ci sfrecciavano davanti.

who /huː/ *pron. sogg.* (*compl.* **whom**, *fam.* **who**; *genitivo poss.* **whose**) ***1*** (*interr.*) chi: **Who is that girl?**, chi è quella ragazza?; **Whom** (*fam.* **Who**) **did you see?**, chi hai visto?; **Whom** (*fam.* **who**) **are these flowers for?**, per chi sono questi fiori?; **Whose book is this?**, di chi è questo libro?; «**Who is it?**» «**It's Tom**», «chi è?» «sono Tom» ***2*** (*relat.*) che; il [la] quale, i [le] quali: **That is the man who asked for you**, quello è l'uomo che ha chiesto di te; **I'll ask her husband, who has lived in Greece**, chiederò a suo marito, che ha vissuto in Grecia; **His wife, to whom I spoke only briefly...**, sua moglie, alla quale parlai solo brevemente...; **a man** (**whom**) **I cannot approve of**, un uomo che non posso approvare; **the man whose car I scratched**, l'uomo al quale ho graffiato la macchina; **That's the woman whose son won the pools**, quella è la donna il cui figlio ha vinto al totocalcio • **Who knows!**, chissà! □ **Who's Who**, il «Chi è» □ **anybody** (*o* **anyone**) **who**, chiunque □ **he who** (*o* **the man who**), colui che; chi □ **to know who's who**, sapere vita, morte e miracoli di tutti □ **she who** (*o* **the woman who**), colei che; chi □ **those who**, coloro i [le] quali; quelli (-e) che.

who'd /huːd, uːd, hʊd, ʊd/ *contraz. di* **who had**; **who would**.

whodun(n)it /huːˈdʌnɪt/ *n.* (*fam.*) libro [film] giallo.

whoever /huːˈevə(r)/ ***A*** *pron. indef. e relat. sogg.* (*compl.* **whomever**, *fam.* **whoever**; *genitivo poss.* **whosever**) chiunque; chi: **W. says it is wrong**, chiunque dica ciò ha torto: **Give it to whomever** (*fam.* **whoever**) **you like**, dallo a chi vuoi; **Whosever fault it was, I'll get the blame**, di chiunque sia la colpa, ci andrò di mezzo io ***B*** *pron. interr.* chi mai; chi diamine • **... or w.**, o chi altro.

whole /həʊl/ ***A*** *a.* ***1*** tutto; intero; completo: **the w. truth**, tutta la verità; **the whole town**, l'intera città; tutta la città; (*mat.*) **w. numbers**, numeri interi ***2*** integro; intatto; incolume ***3*** integrale: **w. meal**, farina integrale • **a w. lot of things**, una quantità di cose □ **w.-hearted**, cordiale; generoso; di tutto cuore □ **w.-heartedly**, con tutto il cuore; incondizionatamente □ **w. milk**, latte intero □ (*USA*) **w. note**, semibreve □ (*USA*) **w.-wheat bread**, pane integrale ***B*** *n.* intero; tutto; insieme; complesso: **The w. is more than the sum of its parts**, l'intero è più della somma delle sue parti; **They make a w.**, formano un tutto; **the report as a w.**, la relazione nel suo complesso • **the w. of**, tutto (-a): **the w. of my life**, tutta la mia vita; **the w. of France**, tutta la Francia □ **on the w.**, nel complesso; tutto sommato.

wholefood /ˈhəʊlfuːd/ *n.* [U] alimento integrale.

wholemeal /ˈhəʊlmiːl/ *a.* (di farina) integrale.

wholesale /ˈhəʊlseɪl/ ***A*** *n.* [U] (*comm.*) vendita all'ingrosso; commercio all'ingrosso ***B*** *a. attr.* ***1*** (*comm.*) all'ingrosso: **w. prices**, prezzi all'ingrosso; **w. dealer**, grossista ***2*** totale; in massa; indiscriminato: **w. destruction**, distruzione totale; **w. slaughter**, massacro ***C*** *avv.* ***1*** (*comm.*) all'ingrosso: **to sell w.**, vendere all'ingrosso ***2*** in massa; indiscriminatamente.

wholesaler /ˈhəʊlseɪlə(r)/ *n.* (*comm.*) grossista.

wholesome /ˈhəʊlsəm/ *a.* ***1*** salubre; salutare; sano ***2*** sano; morale.

wholesomeness /ˈhəʊlsəmnəs/ *n.* [U] ***1*** salubrità; sanità ***2*** moralità.

who'll /huːl/ *contraz. di* **who shall**; **who will**.

wholly /ˈhəʊ(l)lɪ/ *avv.* interamente; totalmente; del tutto.

whom /huːm/ *compl. di* **who**.

whomever /huːmˈevə(r)/ *compl. di* **whoever**.

whoop /huːp, wuːp, *USA* hwuːp/ *n.* urlo: **whoops of joy**, urla di gioia.

to **whoop** /huːp, wuːp, *USA* hwuːp/ *v. i. e t.* urlare.

whoopee /ˈwʊpiː, *USA* ˈhwʊ-/ *inter.* (*fam.*) evviva!; urrah! • (*fam.*) **to make w.**, (*GB*) far baldoria; (*USA*) fare all'amore.

whooping cough /ˈhuːpɪŋ kɒf, *USA* ˈhwuː-/ *locuz. n.* [U] (*med.*) pertosse; tosse canina.

whoops /wʊps/ *V.* **oops**.

whoosh /wʊʃ, *USA* hwʊʃ/ *n.* ventata; folata; fruscio sibilante.

to **whoosh** /wʊʃ, *USA* hwʊʃ/ *v. i.* — **Cars whooshed past**, le auto sfrecciavano sibilando; **She whooshed into the room**, entrò d'impeto nella stanza.

whopper /ˈwɒpə(r), *USA* ˈhw-/ *n.* (*fam.*) ***1*** cosa enorme ***2*** grossa bugia; fandonia.

whopping /ˈwɒpɪŋ, *USA* ˈhw-/ (*fam.*) ***A*** *a.* colossale; enorme ***B*** *avv.* molto: **a w. great hole**, un enorme buco.

who're /ˈhuːə(r)/ *contraz. di* **who are**.

whore /hɔː(r)/ *n.* prostituta; puttana (*volg.*).

to **whore** /hɔː(r)/ *v. i.* andare con le puttane.

whorehouse /ˈhɔːhaʊs/ *n.* (*antiq. o spreg.*) bordello; casino.

whorl /wɜːl, *USA* hw-/ *n.* voluta; spirale.

whortleberry /ˈwɜːtlbrɪ, -berɪ, *USA* ˈhwɜːrtlberɪ/ *n.* (*bot.*) mirtillo.

who's /huːz/ *contraz. di* **who is**.
whose /huːz/ *genitivo poss. di* **who**.
whosoever /huːsəʊ'ɛvə(r)/ (*enfat.*) *V.* **whoever**.
why (1) /waɪ, *USA* hwaɪ/ ***A*** *avv. e cong. interr.* perché: **Why did you go there?**, perché ci sei andato?; **Tell me why it's wrong**, dimmi perché è sbagliato; **Why not?**, perché no?; **Why so?**, perché mai? ***B*** *avv. relat.* perché; per cui: **That's why I came back**, ecco perché sono tornata; **The reason why I didn't go is...**, la ragione per cui non andai è... ***C*** *n.* (*pl.* **whys**) (il) perché: **the whys and wherefores**, i perché e i percome; i motivi e le ragioni.
why (2) /waɪ, *USA* hwaɪ/ *inter.* ma come!; ma sì!; oh bella!: **Why, it's quite easy!**, ma sì, è facilissimo!
wick /wɪk/ *n.* [C] *e* [U] stoppino; lucignolo.
wicked /'wɪkɪd/ *a.* ***1*** malvagio; cattivo; perfido ***2*** peccaminoso; perverso ***3*** iniquo ***4*** birichino; malizioso.
wickedness /'wɪkɪdnəs/ *n.* [U] malvagità; cattiveria; perfidia.
wicker /'wɪkə(r)/ *n.* [U] vimine, vimini.
wickerwork /'wɪkəwɜːk/ *n.* [U] ***1*** lavoro in vimini ***2*** oggetti di vimini.
wicket /'wɪkɪt/ *n.* ***1*** (*cricket*) wicket ***2*** (*anche* **w. gate**) cancelletto.
wide /waɪd/ ***A*** *a.* ***1*** ampio; largo; esteso; vasto; spazioso: **fifty feet w.**, largo cinquanta piedi; **a w. margin**, un ampio margine; **a w. range of interests**, vasti interessi ***2*** (*di stoffa, tessuto*) alto ***3*** spalancato: **w.-eyed**, con gli occhi spalancati • **a shot w. of the mark**, un colpo non andato a segno; un colpo a vuoto □ **an answer quite w. of the mark**, una risposta del tutto sbagliata ***B*** *avv.* ***1*** in largo; su una vasta superficie: **to search far and w.**, cercare in lungo e in largo; cercare dappertutto ***2*** completamente; del tutto: **to open a door w.**, spalancare una porta ***3*** fuori segno; a vuoto: **to shoot w. (of the mark)**, sparare a vuoto; non colpire il bersaglio • (*fotogr.*) **w.-angle lens**, obiettivo grandangolare □ **w.-awake**, perfettamente sveglio; (*fig.*) con gli occhi bene aperti, vigile □ (*pop. GB*) **w. boy**, affarista disonesto; faccendiere □ **w.-open**, spalancato □ **w.-ranging**, ad ampio raggio □ **to fall w.**, non andare a segno; fallire il bersaglio.
widely /'waɪdlɪ/ *avv.* ***1*** in lungo e in largo; estesamente ***2*** assai; molto; largamente: **to have w. differing opinions**, avere opinioni molto diverse; **to be w. read**, aver letto molto; (*di libro*) essere molto letto; **It is w. known that...**, è risaputo che...
to **widen** /'waɪdn/ ***A*** *v. t.* allargare; ampliare ***B*** *v. i.* allargarsi; ampliarsi.
♦ **widen out** *v. i. + avv.* estendersi.
widespread /'waɪdsprɛd/ *a.* molto esteso; assai diffuso.
widgeon /'wɪdʒən/ *V.* **wigeon**.
widow /'wɪdəʊ/ *n.* vedova • **grass w.**, vedova bianca.
to **widow** /'wɪdəʊ/ *v. t.* rendere vedovo (-a) • **She was widowed in the war**, perse il marito in guerra.
widowed /'wɪdəʊd/ *a.* (rimasto) vedovo; (rimasta) vedova.
widower /'wɪdəʊə(r)/ *n.* vedovo.
widowhood /'wɪdəʊhʊd/ *n.* [U] vedovanza.
width /wɪdθ, wɪtθ/ *n.* ***1*** [U] larghezza; ampiezza: **It's twenty feet in w.**, ha una larghezza di venti piedi ***2*** [U] altezza (*di stoffa*).
to **wield** /wiːld/ *v. t.* ***1*** brandire; reggere: **to w. the sceptre**, reggere lo scettro ***2*** esercitare: **to w. power**, esercitare il potere.
wife /waɪf/ *n.* (*pl.* **wives**) moglie.
wifelike /'waɪflaɪk/, **wifely** /'waɪflɪ/ *a.* che si addice a una moglie; proprio di una buona moglie.
wig /wɪg/ *n.* parrucca.
wigeon /'wɪdʒən/ *n.* (*pl.* **wigeon**, **wigeons**) (*zool.*) fischione.
wigging /'wɪgɪŋ/ *n.* (*fam.*) sgridata; lavata di capo.
wiggle /'wɪgl/ *n.* (*fam.*) dimenio; rapido movimento.
to **wiggle** /'wɪgl/ (*fam.*) ***A*** *v. t.* dimenare; muovere: **to w. one's hips**, ancheggiare; sculettare; **to w. one's toes**, muovere (*o* agitare) le dita dei piedi ***B*** *v. i.* ***1*** dimenarsi; muoversi ***2*** oscillare; tentennare.
wiggly /'wɪglɪ/ *a.* serpeggiante; sinuoso.
wigwam /'wɪgwæm, *USA* -wɑːm, -wɔːm/ *n.* wigwam (*tenda o capanna dei pellirosse*).
wilco /'wɪlkəʊ/ *inter.* (*radio*) ricevuto!
wild /waɪld/ ***A*** *a.* ***1*** selvatico; selvaggio; incolto; feroce: **w. plants**, piante selvatiche; **w. flower**, fiore di campo; **w. state**, stato selvatico; **w. tribes**, tribù selvagge; **w. beasts**, bestie feroci; **w. animals**, animali selvatici ***2*** sfrenato; sregolato; turbolento: **a w. party**, una festa scatenata; un'orgia ***3*** disordinato; scompigliato: **w. hair**, capelli scarmigliati ***4*** violento; tempestoso ***5*** fuori di sé; stravolto: **w. with anger [with joy]**, fuori di sé dall'ira [dalla gioia]; **w. applause**, applausi deliranti; **w. look**, espressione stravolta; **w. eyes**, occhi sbarrati; occhi allucinati ***6*** avventato; azzardato; imprudente; fatto a casaccio: **w. guess**, congettura azzardata; **to make a w. guess**, tirare a indovinare; **w. ideas**, idee avventate; **w. words**, parole incoerenti; parole imprudenti ***7*** — (*fam.*) **to be w. about sb. [st.]**, andare matto per q. [q.c.] • **w. card**, (*a carte*) matta; (*fig.*) persona imprevedibile; (*elab.*) carattere jolly, wild card; (*sport*) atleta ripescato □ **w.-goose chase**, ricerca di qualcosa che non esiste; ricerca inutile □ **to go w.**, andare in delirio (*o* in visibilio); impazzire dall'entusiasmo □ **to grow w.**, crescere incolto □ **to make** (*o* **to drive**) **sb. w.**, fare andare q. su tutte le furie □ **to run w.**, (*di pianta*) inselvatichire; (*di persona*) scatenarsi □ **to sow one's w. oats**, correre la cavallina ***B*** *n.* ***1*** stato naturale: **in the w.**, allo stato naturale ***2*** (*al pl.*) — **the wilds**, regione deserta; territorio selvaggio.
wildcat /'waɪldkæt/ *n.* ***1*** (*zool.*) gatto selvatico ***2*** persona aggressiva • **w. strike**, sciopero a gatto selvaggio.
wildebeest /'wɪldɪbiːst/ *n.* (*zool.*) gnu.
wilderness /'wɪldənəs/ *n.* ***1*** regione selvaggia; territorio incolto; landa desolata ***2*** (*fig. spreg.*) giungla • (*USA*) **w. area**, riserva naturale □ **in the political w.**, lontano dal potere.
wildfire /'waɪldfaɪə(r)/ *n.* [U] (*stor.*) fuoco greco • **to spread like w.**, diffondersi in un lampo; diffondersi a macchia d'olio.
wildfowl /'waɪldfaʊl/ *n.* (*al pl.*) uccelli selvatici; (*specialm.*) anatre selvatiche.
wildlife /'waɪldlaɪf/ *n.* [U] animali e piante selvatici; fauna e flora.
wildly /'waɪldɪ/ *avv.* ***1*** selvaggiamente; ferocemente; violentemente ***2*** (*fam.*) completamente: **w. wrong**, completamente sbagliato.
wildness /'waɪldnəs/ *n.* [U] ***1*** selvatichezza; stato selvaggio ***2*** sfrenatezza; sregolatezza ***3*** furore; impetuosità.
wiles /waɪlz/ *n. pl.* astuzie; inganni; stratagemmi.
wilful /'wɪlfl/ *a.* ***1*** caparbio; ostinato; testardo ***2*** (*leg.*) intenzionale; premeditato; doloso; volontario.
wilfulness /'wɪlflnəs/ *n.* [U] ***1*** caparbietà; ostinazione; testardaggine ***2*** (*leg.*) intenzionalità; premeditazione; dolosità.
wiliness /'waɪlɪnəs/ *n.* [U] astuzia; furberia; scaltrezza.
will (1) /wɪl/ *n.* ***1*** volontà; volere: **iron w.**, volontà di ferro **God's w.**, la volontà di Dio; **to have no w. of one's own**, essere privo di volontà; **of one's own free w.**, di propria spontanea volontà; **against sb.'s w.**, contro la volontà di q ***2*** (*leg.*) testamento; ultime volontà: **to make one's w.**, fare testamento • **at w.**, a volontà; a piacere □ **free w.**, libero arbitrio □ (*leg.*) **last w. and testament**, testamento; ultime volontà □ **with a w.**, di buona lena □ **with the best w. in the world**, pur con tutta la propria buona volontà.
will (2) /wɪl/ (*pass.* **would**) *v. modale* ***1*** (*ausiliare per la formazione del futuro semplice o volitivo, promissorio, minatorio, ecc.*) — **He w. come back tomorrow**, tornerà domani; **I w. speak**, parlerò!; voglio parlare; **W. it be ready tonight?**, sarà pronto stasera?; **«Will you be there?» «No I won't»**, «tu ci sarai?» «no» ***2*** (*nelle frasi interr. e neg.*) vuoi, vuole, volete, vogliono: **W. you come in?**, vuoi entrare?; entra, prego!; **Will you shut up?**, vuoi star zitto?; **W. you have some more tea?**, vuoi dell'altro tè?; **I won't have you behave like that**, non voglio che ti comporti così!; **This door won't open**, questa porta non vuole aprirsi (*o* non si apre) ***3*** (*per indicare abitudine, consuetudine, inevitabilità, pervicacia, ecc.*) — **He w. sit there hour after hour**, se ne sta lì seduto per ore e ore; **He w. have his own way**, vuole fare a modo suo; **Boys w. be boys**, i ragazzi sono ragazzi; **These things w. happen**, sono cose che succedono ***4*** (*per indicare probabilità*) — **That w. be Mary at the door**, sarà (*o* dev'essere) Mary alla porta • **Pass me the salt, w. you?** ti spiace passarmi il sale? □ (*antiq.*) **Do as you w.**, fa' come vuoi; fa' come ti pare (e piace) □ **He w. have it that my theory is wrong**, insiste nell'affermare che la mia teoria è errata.
to **will** /wɪl/ *v. t. e i.* ***1*** volere (fortemente); decretare: **God wills it**, Dio lo vuole ***2*** (*leg.*) lasciare (*per testamento*).
willie /'wɪlɪ/ *n.* (*fam. GB*) pisello; pipino.
willies /'wɪlɪz/ *n. pl.* — **to give sb. the w.**, far venire i brividi a q.; fare accapponare la pelle a q.

willing /ˈwɪlɪŋ/ *a.* ***1*** (ben) disposto; che ha voglia: **He is w. to help**, è disposto ad aiutare ***2*** volenteroso; compiacente ***3*** volontario; spontaneo • **w. or not**, volente o nolente.
willingly /ˈwɪlɪŋlɪ/ *avv.* volentieri; prontamente; di buon grado.
willingness /ˈwɪlɪŋnəs/ *n.* [U] ***1*** compiacenza; buona volontà ***2*** prontezza (*ad agire*); propensione (*a fare q.c.*).
will-o'-the-wisp /ˈwɪləðəˈwɪsp/ *n.* ***1*** fuoco fatuo ***2*** persona inafferrabile; cosa inafferrabile; chimera; illusione.
willow /ˈwɪləʊ/ *n.* salice (*albero e legno*) • **w. pattern**, disegno stilizzato cinese (*in azzurro, su porcellana bianca*) □ **weeping w.**, salice piangente.
willowy /ˈwɪləʊɪ/ *a.* sottile; esile; flessibile.
willpower /ˈwɪlpaʊə(r)/ *n.* forza di volontà.
willy /wɪlɪ/ *V.* **willie**.
willy-nilly /ˈwɪlɪˈnɪlɪ/ ***A*** *avv.* volente o nolente; per amore o per forza ***B*** *a.* esitante; incerto; irresoluto.
wilt /wɪlt/ *2ª pers. sing. arc. del pres. di* **will (2)**.
to **wilt** /wɪlt/ ***A*** *v. i.* ***1*** appassire; avvizzire ***2*** (*di persona*) perdere le forze; languire ***B*** *v. t.* far appassire; far avvizzire.
wily /ˈwaɪlɪ/ *a.* astuto; furbo; scaltro • **a w. old fox**, una vecchia volpe; un furbo di tre cotte.
wimp /wɪmp/ *n.* (*fam.*) uomo inetto; smidollato; pappamolla.
wimpish /ˈwɪmpɪʃ/ *a.* (*fam.*) inetto; smidollato; rammollito.
wimple /ˈwɪmpl/ *n.* soggolo.
win /wɪn/ *n.* (*fam.*) ***1*** vittoria; successo: (*sport*) **a win on points**, una vittoria ai punti ***2*** vincita; somma vinta.
to **win** /wɪn/ (*pass. e p.p.* **won**) ***A*** *v. i.* vincere: **to win at cards**, vincere alle carte; (*boxe, lotta*) **to win on points**, vincere ai punti • (*fam.*) **to win hands down**, vincere a mani basse □ **OK, you win**, OK, hai ragione tu ***B*** *v. t.* ***1*** vincere: **to win a battle**, vincere una battaglia; **I won two pounds from him at cards**, gli ho vinto due sterline a carte ***2*** conquistare; aggiudicarsi; guadagnare; ottenere: **to win sb.'s approval [support]**, ottenere l'approvazione [l'appoggio] di q.; **to win a point**, segnare un punto; **to win all hearts**, conquistarsi la simpatia di tutti • **to win the day**, riuscire vittorioso; avere il sopravvento.
♦ **win back** *v. t. + avv.* riconquistare; riguadagnare.
♦ **win out** *V.* **to win through**.
♦ **win over** (*o* **round**) *v. t. + avv.* convincere; persuadere: **to win sb. (over) to one's side**, convincere q. a passare dalla propria parte.
♦ **win through** *v. i. + avv.* uscire vittorioso; spuntarla.
wince /wɪns/ *n.* sussulto, trasalimento, smorfia (*di dolore, disgusto, ecc.*).
to **wince** /wɪns/ *v. i.* sussultare, trasalire, fare una smorfia (*per il dolore o il disgusto, ecc.*).
winceyette /wɪnsɪˈɛt/ *n.* [U] (*ind. tess.*) flanella di lana (*o* di lana e cotone).
winch /wɪntʃ/ *n.* (*mecc.*) ***1*** argano; verricello ***2*** manovella.
to **winch** /wɪntʃ/ *v. t.* manovrare (*o* sollevare) con un argano.
wind (1) /wɪnd/ *n.* ***1*** [C] *e* [U] vento: **a gust of w.**, una raffica di vento; **The w. is rising**, si sta alzando il vento; **to flap in the w.**, sbattere al vento; **My papers were blown to the four winds**, le mie carte furono sparse ai quattro venti ***2*** [U] fiato; respiro: **to recover** (*o* **to get**) **one's w.**, riprendere fiato ***3*** [U] (*med.*) flatulenza: **to break w.**, fare un peto; **to get w.**, avere aria nello stomaco; **to bring up w.**, (*di bambino*) fare il ruttino ***4*** [U] parole vuote; vaniloquio ***5*** (*col verbo al pl.*) (*mus.*) strumenti a fiato; fiati • **w.-borne**, portato dal vento □ **w. erosion**, erosione del vento; erosione eolica □ **w. gauge**, anemometro □ (*mus.*) **w. instrument**, strumento a fiato □ **w. power**, energia eolica □ **w. sleeve**, manica a vento □ (*aeron.*) **w. tunnel**, galleria aerodinamica □ **against the w.**, controvento □ (*naut.*) **before the w.**, col vento in poppa □ **to get w. of st.**, aver sentore di q.c.; fiutare q.c. □ (*pop.*) **to have the w. up**, aver fifa □ **There is st. in the wind**, c'è qualche cosa nell'aria □ **into the w.**, controvento □ (*naut.*) **off the w.**, col vento in poppa □ (*naut.*) **on the w.**, col vento in prua □ (*pop.*) **to put the w. up sb.**, mettere paura addosso a q. □ **to see which way the w. is blowing**, sentire che aria tira □ **sound in w. and limb**, in ottime condizioni fisiche □ **to take the w. out of sb.'s sails**, smontare q.; prendere q. in contropiede.
wind (2) /waɪnd/ *n.* ***1*** giro (*di manovella*) ***2*** giravolta; svolta.
to **wind (1)** /wɪnd/ *v. t.* far restare senza fiato; sfiatare.
to **wind (2)** /waɪnd/ (*pass. e p.p.* **wound**) ***A*** *v. i.* ***1*** snodarsi; serpeggiare: **The path winds through the forest**, il sentiero si snoda nella foresta ***2*** (*di orologio*) caricarsi ***3*** avvolgersi; attorcigliarsi ***B*** *v. t.* ***1*** girare; far girare: **to w. a handle**, girare una manovella ***2*** avvolgere; attorcigliare: **to w. wool into a ball**, aggomitolare della lana; fare un gomitolo di lana; **to w. a rope round a tree trunk**, avvolgere una corda intorno a un tronco ***3*** caricare (*un orologio*) • **to w. sb. round one's (little) finger**, far fare a q. tutto ciò che si vuole.
♦ **wind down** ***A*** *v. t. + avv.* ***1*** abbassare (*girando una manovella*): (*autom.*) **to w. down the window**, abbassare il finestrino ***2*** ridurre gradualmente: **to w. down one's business**, ridurre gradualmente il proprio giro d'affari ***B*** *v. i. + avv.* ***1*** (*di orologio, ecc.*) scaricarsi ***2*** rilassarsi ***3*** (*di attività, tensione, ecc.*) rallentare; diminuire.
♦ **wind on** *v. t. + avv.* (*fotogr.*) avvolgere (*la pellicola, dopo aver scattato una foto*).
♦ **wind up** ***A*** *v. t. + avv.* ***1*** alzare (*girando una manovella*): (*autom.*) **to w. up the window**, alzare il finestrino ***2*** avvolgere; arrotolare ***3*** caricare (*un orologio, ecc.*) ***4*** concludere; chiudere: **to w. up a meeting**, concludere una riunione; **to w. up a debate**, chiudere un dibattito ***5*** (*fin., GB*) liquidare: **to w. up one's business**, liquidare l'attività ***6*** (*rag.*) chiudere, liquidare (*un conto*) ***7*** emozionare; eccitare ***8*** (*fam. GB*) stuzzicare; sfottere ***B*** *v. i. + avv.* ***1*** concludere: **He wound up by saying...**, concluse dicendo... ***2*** andare a finire: **We wound up in Vienna**, siamo finiti a Vienna; **He wound up a millionaire**, diventò miliardario.
windbag /ˈwɪndbæg/ *n.* (*fam.*) parolaio; trombone.
windblown /ˈwɪndbləʊn/ *a.* ***1*** (*di luogo*) battuto dal vento ***2*** (*di capelli*) scompigliati dal vento.
windbreak /ˈwɪndbreɪk/ *n.* frangivento.
windbreaker ® /ˈwɪndbreɪkə(r)/ *n.* (*USA*) giacca a vento.
windcheater /ˈwɪndtʃiːtə(r)/ *n.* giacca a vento.
winded /ˈwɪndɪd/ *a.* senza fiato; sfiatato.
winder /ˈwaɪndə(r)/ *n.* chiave di carica (*di meccanismo a molla*).
windfall /ˈwɪndfɔːl/ *n.* ***1*** frutto abbattuto dal vento ***2*** guadagno inatteso.
windiness /ˈwɪndɪnəs/ *n.* [U] ***1*** ventosità ***2*** verbosità ***3*** (*med., fam.*) flatulenza.
winding /ˈwaɪndɪŋ/ *a.* ***1*** serpeggiante; tortuoso; a zigzag ***2*** (*di scala*) a chiocciola • **w. sheet**, sudario.
winding-up /ˈwaɪndɪŋˈʌp/ *n.* ***1*** (*fin.*) liquidazione (*di una società*) ***2*** conclusione; riepilogo.
windjammer /ˈwɪnddʒæmə(r)/ *n.* (*naut.*) grande veliero (*specialm. del secolo scorso*).
windlass /ˈwɪndləs/ *n.* (*mecc.*) argano; verricello.
windmill /ˈwɪndmɪl/ *n.* ***1*** mulino a vento ***2*** (*mecc.*) motore a vento; aeromotore ***3*** girandola (*giocattolo*).
window /ˈwɪndəʊ/ *n.* ***1*** finestra ***2*** (*autom., ferr.*) finestrino ***3*** vetro di finestra; vetrata: **stained-glass w.**, vetrata colorata ***4*** sportello (*di banca, ecc.*) ***5*** (*anche* **shop w.**) vetrina ***6*** finestrella (*di busta*) ***7*** (*elab.*) finestra ***8*** (*miss.*) tempo utile (*per un lancio*); finestra ***9*** periodo critico in cui è possibile far qualcosa; finestra • **w. box**, cassetta per fiori (*su un davanzale*) □ **w. cleaner**, lavavetri □ **w. dresser**, vetrinista □ **w. dressing**, allestimento di vetrine; (*fig. spreg.*) esteriorità, fumo negli occhi □ **w. envelope**, busta a finestra □ **w. seat**, posto vicino al finestrino □ (*USA*) **w. shade**, avvolgibile □ **w.-shopping**, il guardare le vetrine □ **French w.**, porta-finestra.
windowpane /ˈwɪndəʊpeɪn/ *n.* vetro (*di finestra*).
to **window-shop** /ˈwɪndəʊʃɒp/ *v. i.* guardare le vetrine.
windowsill /ˈwɪndəʊsɪl/ *n.* davanzale.
windpipe /ˈwɪndpaɪp/ *n.* (*anat.*) trachea.
windscreen /ˈwɪndskriːn/ (*GB*), **windshield** /ˈwɪndʃiːld/ (*USA*) *n.* (*autom.*) parabrezza • **w. washer**, lavacristallo □ **w. wiper**, tergicristallo.
windsock /ˈwɪndsɒk/ *n.* (*meteor.*) manica a vento.
windstorm /ˈwɪndstɔːm/ *n.* tempesta di vento.
to **windsurf** /ˈwɪndsɜːf/ *v. i.* (*sport*) praticare il windsurf.
windsurfer /ˈwɪndsɜːfə(r)/ *n.* ***1*** windsurf (*la tavola*) ***2*** windsurfista.
windsurfing /ˈwɪndsɜːfɪŋ/ *n.* [U] windsurf (*lo sport*).
windswept /ˈwɪndswɛpt/ *a.* ***1*** battuto dai venti; ventoso ***2*** scompigliato dal vento.
wind-up /waɪndˈʌp/ *n.* (*fam. GB*) presa in giro; sfottò.
windward /ˈwɪndwəd/ (*naut.*) ***A*** *a.* ***1*** (di) sopravvento: **the w. side**, il lato sopravvento ***2*** al vento; dalla parte del vento

B *avv.* sopravvento ***C*** *n.* (lato) sopravvento.
windy /ˈwɪndɪ/ *a.* ***1*** ventoso; esposto al vento; battuto dal vento ***2*** verboso; vuoto ***3*** (*med., fam.*) flatulento.
wine /waɪn/ *n.* ***1*** [U] *e* [C] vino: **table w.**, vino da pasto; **sparkling w.**, vino spumante ***2*** [U] succo fermentato (*di altri frutti*): **blackcurrant w.**, succo fermentato di ribes • **w. bar**, enoteca □ **w. cellar**, cantina □ **w. cooler**, secchiello del ghiaccio (*per tenere in fresco il vino*) □ **w. list**, carta dei vini □ **w. merchant**, commerciante di vini □ **w. press**, torchio da vino □ **w. waiter**, sommelier (*franc.*).
to **wine** /waɪn/ — **to w. and dine** ***A*** *v. t.* offrire un ottimo pranzo a ***B*** *v. i.* mangiare e bere in abbondanza.
wineglass /ˈwaɪnglɑːs, *USA* -æs/ *n.* bicchiere da vino.
winegrower /ˈwaɪngrəʊə(r)/ *n.* viticoltore.
winegrowing /ˈwaɪngrəʊɪŋ/ *n.* [U] viticoltura.
wineskin /ˈwaɪnskɪn/ *n.* otre da vino.
wing /wɪŋ/ *n.* ***1*** (*zool., aeron., archit., polit., sport*) ala ***2*** (*aeron., mil.*) stormo: **w. commander**, comandante di stormo (*corrispondente al tenente colonnello*) ***3*** (*al pl.*) (*aeron., mil.*) distintivo di pilota ***4*** (*al pl.*) (*teatr.*) quinte ***5*** (*di porta*) battente ***6*** (*autom., GB*) parafango • (*autom.*) **w. mirror**, specchietto laterale esterno □ (*mecc.*) **w. nut**, dado ad alette; galletto □ **to lend** (*o* **to add**) **wings to sb.**, mettere le ali ai piedi di q. □ **on the w.**, (*di uccello*) in volo □ **to take w.**, prendere il volo □ **to take sb. under one's w.**, prendere q. sotto la propria ala.
to **wing** /wɪŋ/ ***A*** *v. i.* volare ***B*** *v. t.* ***1*** ferire (*un uccello*) a un'ala ***2*** (*fam.*) ferire (*una persona*) a un braccio • (*pop. USA*) **to w. it**, improvvisare □ **to w. one's way across the Atlantic**, volare sull'Atlantico.
winged /wɪŋd/ *a.* alato.
winger /ˈwɪŋə(r)/ *n.* (*calcio, ecc.*) ala (*giocatore*).
wingless /ˈwɪŋləs/ *a.* senza ali.
wingspan /ˈwɪnspæn/, **wingspread** /ˈwɪŋspred/ *n.* apertura alare.
wink /wɪŋk/ *n.* ***1*** ammicco; strizzatina d'occhio ***2*** attimo; istante: **in a w.**, in un attimo • (*fam.*) **forty winks**, un sonnellino □ **not to get a w. of sleep** (*o* **not to sleep a w.**), non chiudere occhio.
to **wink** /wɪŋk/ ***A*** *v. i.* ***1*** battere le palpebre; ammiccare ***2*** strizzare l'occhio; fare l'occhiolino: **to w. at sb.**, strizzare l'occhio a q. ***3*** (*di stelle, ecc.*) ammiccare; scintillare ***4*** lampeggiare a intermittenza • **to w. at st.**, chiudere un occhio su q.c.; far finta di non vedere q.c. □ (*autom.*) **winking lights**, lampeggiatori ***B*** *v. t.* strizzare (*un occhio, gli occhi*).
winkers /ˈwɪŋkəz/ *n. pl.* (*autom., fam. GB*) lampeggiatori.
winkle /ˈwɪŋkl/ *n.* (*zool.*) chiocciola di mare.
to **winkle** /ˈwɪŋkl/ *v. Solo come*:
♦ **winkle out** *v. t. + avv.* (*fam.*) estrarre; cavar fuori.
winner /ˈwɪnə(r)/ *n.* ***1*** vincitore (-trice) ***2*** (*fam.*) persona (*o* cosa) di sicuro successo.
winning /ˈwɪnɪŋ/ ***A*** *a.* ***1*** vincente; vincitore ***2*** della vittoria; decisivo: **the w. game**, la partita decisiva; la bella ***3*** accattivante: **w. smile**, sorriso accattivante • (*sport*) **w. goal**, gol della vittoria □ (*nelle corse*) **w. post**, traguardo ***B*** *n.* (*al pl.*) vincite (*al gioco*).
to **winnow** /ˈwɪnəʊ/ *v. t.* (*agric.*) vagliare; ventilare; spulare.
wino /ˈwaɪnəʊ/ *n.* (*pop.*) barbone ubriacone; avvinazzato.
winsome /ˈwɪnsəm/ *a.* (*antiq.*) avvincente; attraente.
winter /ˈwɪntə(r)/ ***A*** *n.* [C] *e* [U] inverno (*Per gli esempi d'uso, V. sotto* **summer**) ***B*** *a. attr.* d'inverno; invernale: **w. sports**, gli sport invernali.
to **winter** /ˈwɪntə(r)/ ***A*** *v. i.* svernare; passare l'inverno ***B*** *v. t.* conservare (*piante*), nutrire (*animali*) durante l'inverno.
wintertime /ˈwɪntətaɪm/ *n.* [U] inverno; stagione invernale.
wintry /ˈwɪntrɪ/ *a.* ***1*** invernale ***2*** (*di sorriso, ecc.*) freddo; senza calore.
winy /ˈwaɪnɪ/ *a.* vinoso; simile al vino.
wipe /waɪp/ *n.* ***1*** asciugata; strofinata; pulita; passata ***2*** salviettina di carta (*per pulire*).
to **wipe** /waɪp/ *v. t.* asciugare; pulire; strofinare: **to w. the dishes**, asciugare i piatti; **to w. one's face**, pulirsi la faccia; **to w. one's nose**, pulirsi il naso; **to w. st. dry**, asciugare q.c. • (*fam.*) **to w. the floor with sb.**, mettere in ginocchio q.; schiacciare q.
♦ **wipe away** *v. t. + avv.* togliere strofinando; asciugare.
♦ **wipe down** *v. t. + avv.* pulire strofinando.
♦ **wipe off** *v. t. + avv.* ***1*** *V.* **to wipe away** ***2*** togliere; cancellare ***3*** spazzar via; annientare.
♦ **wipe out** *v. t. + avv.* ***1*** togliere; cancellare ***2*** distruggere; annientare ***3*** (*comm.*) liquidare; pagare ***4*** (*pop.*) sfinire; stremare.
♦ **wipe up** ***A*** *v. t. + avv.* asciugare (*con uno strofinaccio*) ***B*** *v. i. + avv.* (*antiq. GB*) asciugare i piatti.
wiper /ˈwaɪpə(r)/ *n.* (*fam.*) tergicristallo.
wire /ˈwaɪə(r)/ *n.* ***1*** [C] *e* [U] filo metallico; fil di ferro: **telephone wires**, i fili del telefono; **copper w.**, filo di rame ***2*** (*elettr.*) filo elettrico; cavetto ***3*** (*USA*) telegramma • **w. brush**, spazzola metallica □ **w. cutters**, tronchesine □ **w. fence**, rete metallica □ **w.-haired**, (*di cane*) dal pelo irsuto □ (*ind.*) **w. mill**, trafileria □ **w. netting**, rete metallica; reticolato □ **w.-tapping**, intercettazioni telefoniche □ **w. wool**, paglietta; lana d'acciao □ **live w.**, (*elettr.*) filo sotto tensione; (*fig.*) persona attiva, vulcano □ **to get one's wires crossed**, fraintendersi.
to **wire** /ˈwaɪə(r)/ *v. t. e i.* ***1*** assicurare con fil di ferro; collegare con filo metallico ***2*** (*elettr.*) installare fili: **to w. a house**, fare l'impianto elettrico in una casa ***3*** (*USA*) telegrafare.
♦ **wire off** *v. t. + avv.* cingere di rete metallica.
wired /ˈwaɪəd/ *a.* ***1*** rinforzato con filo metallico; armato ***2*** (*elettr.*) provvisto di impianto elettrico; collegato ***3*** (*fam. USA*) teso; coi nervi tesi.
wireless /ˈwaɪələs/ ***A*** *a.* senza fili ***B*** *n.* [U] *e* [C] (*antiq.*) radio: **on the w.**, alla radio • **w. operator**, radiotelegrafista; marconista.
to **wireless** /ˈwaɪələs/ *v. t. e i.* radiotelegrafare; comunicare per radio.
wiring /ˈwaɪərɪŋ/ *n.* [U] impianto elettrico.
wiry /ˈwaɪərɪ/ *a.* ***1*** ispido ***2*** (*di persona*) asciutto; muscoloso.
wisdom /ˈwɪzdəm/ *n.* [U] saggezza; giudizio • **w. tooth**, dente del giudizio □ **received w.**, opinione comune.
wise /waɪz/ *a.* saggio; assennato; avveduto • (*fam. USA*) **w. guy**, furbone; spiritoso □ **to be none the wiser**, non saperne più di prima □ **to be w. after the event**, giudicare col senno di poi □ (*fam. USA*) **to get w. to sb.** [**st.**], aprire gli occhi su q. [q.c.] □ (*fam. USA*) **to get w. with sb.**, fare il furbo con q. □ **the Three W. Men**, i tre Re Magi.
to **wise** /waɪz/ *v. Solo come*:
♦ **wise up** (*fam. USA*) ***A*** *v. t. + avv.* aprire gli occhi a; mettere al corrente ***B*** *v. i. + avv.* aprire gli occhi.
wiseacre /ˈwaɪzeɪkə(r)/ *n.* (*fam. USA*) sapientone; saccentone.
wisecrack /ˈwaɪzkræk/ *n.* (*fam.*) battuta di spirito; freddura.
to **wisecrack** /ˈwaɪzkræk/ *v. i.* (*fam.*) fare dello spirito.
wish /wɪʃ/ *n.* ***1*** [C] *e* [U] desiderio; richiesta: **to make a w.**, esprimere un desiderio; **to grant a w.**, accogliere una richiesta; **I have no w. to see them**, non ho nessuna voglia di vederli; non desidero vederli ***2*** augurio; voto (augurale): **Best wishes!**, auguri!; (*in una lettera*) cordiali saluti.
to **wish** /wɪʃ/ *v. t. e i.* ***1*** (*form.*) desiderare; volere: **Do you w. to leave at once?**, desideri partire subito?; **What do you w. me to do?**, che cosa vuole che faccia?; **He couldn't w. for anything better**, non potrebbe desiderare niente di meglio ***2*** augurare: **to w. sb. good luck**, augurare a q. buona fortuna ***3*** augurarsi; sperare: **I w. the news may prove true**, spero che la notizia sia vera; **it is to be wished that...**, c'è da augurarsi che... • **I w.** [**I wished**] (+ *congiunt.*), vorrei [avrei voluto]: **I w. I were a poet**, vorrei essere un poeta; **I w. I could go**, vorrei poter andare; **I w. I had known**, se solo l'avessi saputo; **How I w. she would be quiet!**, se stesse zitta una buona volta! □ **to w. sb. goodbye**, salutare q. (*alla partenza*) □ **to w. sb. good morning**, dare il buongiorno a q. □ **to w. sb. good night**, augurare la buona notte a q. □ **to w. sb. well**, augurare a q. ogni bene.
♦ **wish for** *v. i. pron.* desiderare: **You have everything you could w. for**, hai tutto quello che si può desiderare; **What more could I w. for?**, che potrei volere di più?
♦ **wish on** *v. t. + prep.* ***1*** augurare a: **I wouldn't w. this on anyone**, non lo augurerei a nessuno ***2*** rifilare a; mollare a: **They wished their kids on us for the weekend**, ci hanno rifilato i figli per il weekend.
wishbone /ˈwɪʃbəʊn/ *n.* forcella (*di pollo, ecc.*).
wishful /ˈwɪʃfl/ *a.* desideroso; bramoso • **w. thinking**, pio desiderio; illusione.
wishing well /ˈwɪʃɪŋ wel/ *locuz. n.* pozzo dei desideri.
wishy-washy /ˈwɪʃɪwɒʃɪ, *USA* -wɔːʃ-/ *a.* ***1*** acquoso; brodoso; insipido ***2*** insipido; slavato; insulso; debole.
wisp /wɪsp/ *n.* ***1*** ciuffo; ciocca ***2*** piccolo fascio; manciata • **a w. of smoke**, un filo di fumo.

wispy /ˈwɪspɪ/ *a.* *1* a ciuffetti *2* esile; sottile.
wistaria /wɪˈsteərɪə/, **wisteria** /wɪˈstɪərɪə/ *n.* U *e* C (*bot.*) glicine.
wistful /ˈwɪstfl/ *a.* malinconico e pensoso; nostalgico.
wit /wɪt/ *n.* *1* U spirito; arguzia *2* bello spirito; persona arguta *3* (*anche al pl.*) intelligenza; intelletto; ingegno: **to have quick wits**, essere d'ingegno vivace • **to be at one's wits' end**, avere esaurito tutte le proprie risorse; non sapere che fare □ **to have** (*o* **to keep**) **one's wits about one**, avere prontezza di spirito; sapere quel che si fa □ **to live by one's wits**, vivere di espedienti □ **to frighten sb. out of his [her] wits**, spaventare a morte q.
to **wit** /wɪt/ *v. t.* — (*leg.*) **to wit**, vale a dire; cioè.
witch /wɪtʃ/ *n.* *1* strega; fattucchiera; maga *2* (*spreg.*) strega; megera • **w.-hazel**, (*bot.*) amamelide; (*farm.*) estratto di amamelide □ **w.-hunt**, caccia alle streghe.
witchcraft /ˈwɪtʃkrɑːft, *USA* -æft/ *n.* U stregoneria; arti magiche.
witchdoctor /ˈwɪtʃdɒktə(r)/ *n.* stregone.
witching /ˈwɪtʃɪŋ/ *a.* — **the w. hour**, l'ora magica.
with /wɪð, *USA* wɪð, wɪθ/ *prep.* *1* (*compagnia, unione, appoggio, vicinanza*) con; insieme con; insieme a: **to live w. q.**, vivere con q.; **Mix the flour w. the milk**, mescola la farina con il latte; **I have no money w. me**, non ho denaro con me; **in love w. sb.**, innamorato di q.; **to be popular w. young people**, avere successo presso i giovani *2* (*attributo, qualità, materia*) con; da; a; di: **a man w. a long beard**, un uomo dalla barba lunga; **covered [filled] w. chocolate**, coperto [ripieno] di cioccolato *3* (*modo*) con; a: **to fight w. courage**, battersi con coraggio; **to walk w. difficulty**, camminare a fatica; **w. all one's heart**, con tutto il cuore; **a word beginning w. a vowel**, una parola che comincia per vocale *4* (*mezzo*) con; per mezzo di: **to hit sb. w. a hammer**, colpire q. con un martello *5* (*causa*) di; per; da; con: **to tremble w. fear**, tremare di paura; **bent w. age**, curvo per gli anni; **black w. soot**, nero di fuliggine; **white w. snow**, coperto di neve; **Wine improves w. age**, il vino migliora con gli anni; **in bed w. a cold**, a letto con il raffreddore *6* nonostante: **W. all his faults, I like him**, nonostante i suoi difetti, mi piace *7* (*opposizione*) con; contro: **to quarrel w. sb.**, litigare con q.; **to fight w. sb.**, lottare contro q. *8* (*separazione*) da: **to part w. sb.**, separarsi da q.; **to part w. st.**, dare via q.c. *9* (*relazione, confronto*) con; riguardo a; per; di: **Be careful w. that package**, stai attento con quel pacco; **W. him, it's always the same**, è sempre così con lui; **The trouble w. your plan is the time element**, quello che non va nel tuo piano sono i tempi; **to compare st. w. st. else**, confrontare q.c. con qualcos'altro; **The door is level w. the street**, la porta è allo stesso livello della strada *10* (*in espress. imperative*) — **Away w. him!**, portatelo via!; levatelo di mezzo!; **Off w. your clothes!**, spogliati!; **Down w. the government**, abbasso il governo! • (*fam.*) **w. it**, moderno; à la page □ **w. no hat on**, senza cappello □ **along w.**, con; insieme con □ **Are you still w. me?**, mi segui? (*in quello che dico*) □ **as is usual w. him**, com'è sua abitudine; al suo solito □ **to have it out with sb.**, fare i conti con q. □ **together w.**, insieme con; con □ **I have done w. it**, non voglio più sentirne parlare □ **What's the matter w. you?**, che cos'hai?
to **withdraw** /wɪðˈdrɔː, wɪθˈd-/ (*pass.* **withdrew**, *p.p.* **withdrawn**) **A** *v. t.* *1* ritirare: **to w. a boy from school**, ritirare un ragazzo dalla scuola; **to w. an offer**, ritirare un'offerta *2* ritrattare; ritirare: **to w. a statement**, ritrattare una dichiarazione *3* prelevare (*fondi da una banca*) **B** *v. i.* *1* ritirarsi *2* (*sport*) abbandonare • **to w. into oneself**, chiudersi in se stesso.
withdrawal /wɪðˈdrɔːəl, wɪθˈd-/ *n.* U *e* C *1* (*anche mil.*) ritiro *2* prelievo; prelevamento (*di fondi da una banca*) *3* (*med.*) sospensione (*di una cura*) *4* (*sport*) abbandono • (*med.*) **w. symptoms**, sintomi da astinenza; crisi di astinenza.
withdrawn /wɪðˈdrɔːn, wɪθˈd-/ *p.p. di* **to withdraw**.
withdrew /wɪðˈdruː, wɪθˈd-/ *pass. di* **to withdraw**.
to **wither** /ˈwɪðə(r)/ **A** *v. i.* appassire; avvizzire; inaridire **B** *v. t.* *1* far appassire; far avvizzire; inaridire *2* fulminare; raggelare: **to w. sb. with a look**, fulminare q. con un'occhiata.
withering /ˈwɪðərɪŋ/ *a.* *1* che fa appassire; che inaridisce *2* fulminante; raggelante; sprezzante.
withers /ˈwɪðəz/ *n. pl.* garrese (*di cavallo*).
to **withhold** /wɪðˈhəʊld, wɪθ-/ (*pass. e p.p.* **withheld** /-ˈheld/) *v. t.* *1* trattenere; rifiutare; negare: **to w. payment**, rifiutarsi di pagare; **to w. one's consent**, negare il proprio consenso *2* celare; nascondere: **to w. the truth from sb.**, nascondere la verità a q. *3* (*fisc.*) trattenere alla fonte.
within /wɪˈðɪn, *USA* -ð-, -θ-/ **A** *prep.* *1* all'interno di; dentro; entro: **There are differences of opinion w. the party**, ci sono divergenze d'opinione all'interno del partito; **w. the limits**, entro i limiti; **w. an hour**, entro un'ora; **w. the week**, entro la fine della settimana; **w. a few miles of London**, a poche miglia da Londra; **w. the law**, entro i limiti della legalità *2* a meno di: **w. 200 metres from the top**, a meno di 200 metri dalla vetta; **w. a year of getting married**, a meno di un anno dalle nozze *3* a portata di: **w. call** (*o* **hearing**), a portata di voce; **w. reach**, a portata (di mano); **w. sight**, in vista; visibile • (*comm.*) **delivery [payment, etc.] w. a month**, consegna [pagamento, ecc.] a un mese **B** *avv.* (*form.*) *1* all'interno: **to decorate a house w. and without**, decorare una casa all'interno e all'esterno; **Enquire w.**, per informazioni rivolgersi all'interno; **from w.**, dall'interno; dal di dentro *2* in casa: **to stay w.**, rimanere in casa *3* dentro di sé; nel cuore; nell'anima.
without /wɪˈðaʊt, *USA* -ð-, -θ-/ **A** *prep.* senza; senza di: **w. delay**, senza indugio; **w. saying a word**, senza dire una parola • **w. so much as an apology**, senza nemmeno scusarsi □ **to do** (*o* **to go**) **w. st.**, fare senza q.c.; fare a meno di q.c. □ **It goes w. saying**, è ovvio; va da sé **B** *avv.* (*antiq.*) fuori; fuori di casa; all'aperto: **seen from w.**, visto dal di fuori.
to **withstand** /wɪðˈstænd, wɪθ-/ (*pass. e p.p.* **withstood** /-ˈstʊd/) *v. t. e i.* resistere a; sostenere: **to w. a siege**, resistere a un assedio.
witless /ˈwɪtləs/ *a.* senza cervello; stupido • (*fam.*) **to scare sb. w.**, spaventare a morte q.
witness /ˈwɪtnəs/ *n.* *1* testimone; teste: **a w. to the accident**, un testimone dell'incidente; (*leg.*) **w. for the defence [for the prosecution]**, teste a discarico [a carico]; testimone a difesa [d'accusa]; (*leg.*) **hostile w.**, teste avverso *2* U *e* C testimonianza; prova • **w. box** (*USA* **stand**), banco dei testimoni □ **to bear w. to st.**, (*di persona*) testimoniare q.c.; (*di cosa*) provare q.c. □ (*leg.*) **in w. thereof**, in fede di ciò.
to **witness** /ˈwɪtnəs/ *v. t. e i.* *1* (*leg.*) testimoniare; fare da testimone; deporre come teste: **to w. against [for] sb.**, testimoniare contro [a favore di] q.; **to w. to having seen st.**, testimoniare di avere visto q.c. *2* essere presente a; assistere a; vedere: **to w. an accident**, essere presente a un incidente; **This year has witnessed great changes**, quest'anno ha visto grandi cambiamenti *3* (*leg.*) sottoscrivere (*un documento*) come testimone *4* essere prova (di); dimostrare: **The economic climate is deteriorating – w. the rising unemployment figures**, la situazione economica sta precipitando, prova ne sia la crescente disoccupazione.
witticism /ˈwɪtɪsɪzəm/ *n.* arguzia; battuta di spirito.
wittiness /ˈwɪtɪnəs/ *n.* U arguzia; spirito.
witty /ˈwɪtɪ/ *a.* spiritoso; arguto.
wives /waɪvz/ *pl. di* **wife**.
wizard /ˈwɪzəd/ **A** *n.* *1* mago *2* (*fig.*) mago; genio **B** *a.* (*pop. antiq.*) meraviglioso; straordinario.
wizardry /ˈwɪzədrɪ/ *n.* U *1* magia; stregoneria *2* grande abilità; bravura eccezionale.
wizened /ˈwɪznd/ *a.* avvizzito; appassito; raggrinzito.
wobble /ˈwɒbl/ *n.* traballamento; vacillio.
to **wobble** /ˈwɒbl/ **A** *v. i.* traballare; vacillare; tremolare; tremare **B** *v. t.* (*fam.*) far traballare; fare tremare.
wobbly /ˈwɒblɪ/ *a.* traballante; vacillante; malfermo.
woe /wəʊ/ (*lett. o scherz.*) *n.* *1* U dolore; sventura: **He always comes to me with his tales of woe**, viene sempre a raccontarmi le sue disgazie *2* (*generalm. al pl.*) disgrazia; sventura; traversia • **Woe betide...!**, guai a...!
woebegone /ˈwəʊbɪgɒn, *USA* -gɔːn/ *a.* (*specialm. lett.*) triste; abbattuto.
woeful /ˈwəʊfl/ *a.* *1* afflitto; dolente; triste *2* deplorevole; vergognoso.
wog /wɒg, *USA* wɔːg/ *n.* (*pop. spreg.*) persona di colore.
woke /wəʊk/ *pass. di* **to wake**.
woken /ˈwəʊkən/ *p.p. di* **to wake**.
wolf /wʊlf/ *n.* (*pl.* **wolves**) *1* lupo *2* individuo avido; persona rapace *3* (*fam.*) donnaiolo; sciupafemmine (*fam.*) • **w. cub**, lupacchiotto; lupetto □ **a w. in sheep's clothing**, un lupo vestito da agnello □ **w. whistle**, fischio di ammirazione (*rivolto a una donna*) □ **to cry w.**, gridare al lupo □ **to keep the w.**

from the door, tener lontana la miseria.
to **wolf** /wʊlf/ *v. t.* (*anche* **to w. down**) mangiare avidamente; divorare.
wolfish /ˈwʊlfɪʃ/ *a.* ***1*** di (*o* da) lupo; lupesco ***2*** selvaggio; avido; rapace.
wolves /wʊlvz/ *pl. di* **wolf**.
woman /ˈwʊmən/ *n.* (*pl.* **women**) ***1*** donna; signora: **an old w.**, una vecchia; una vecchietta (*fam.*); una signora anziana; **women's rights**, i diritti della donna; **a w. of the world**, una donna di mondo; **cleaning w.**, donna delle pulizie ***2*** (*spreg.*) femminuccia; donnicciola • **w. doctor**, dottoressa □ **w. friend**, amica □ **w.-hater**, misogino □ **Women's Liberation** (*o* **Women's Lib**), movimento per la liberazione della donna; movimento femminista □ **Women's-Libber**, femminista (militante) □ **a w. with a past**, una donna dal passato burrascoso □ **single w.**, donna nubile.
womanhood /ˈwʊmənhʊd/ *n.* U ***1*** femminilità ***2*** (*form.*) le donne; il sesso femminile.
womanish /ˈwʊmənɪʃ/ *a.* ***1*** femminile; da donna; donnesco ***2*** (*spreg.*) femmineo; effeminato.
to **womanize** /ˈwʊmənaɪz/ *v. i.* correre dietro le sottane; essere un donnaiolo.
womanizer /ˈwʊmənaɪzə(r)/ *n.* donnaiolo.
womankind /ˈwʊmənkaɪnd/ *n.* U le donne; il sesso femminile.
womanly /ˈwʊmənlɪ/ *a.* femminile; di (*o* da) donna; tipico di una donna.
womb /wuːm/ *n.* ***1*** (*anat.*) utero ***2*** (*fig.*) grembo; seno; ventre.
wombat /ˈwɒmbæt, -bət/ *n.* (*zool.*) vombato.
women /ˈwɪmɪn/ *pl. di* **woman**.
womenfolk /ˈwɪmɪnfəʊk/ *n. pl.* (le) donne.
won /wʌn/ *pass. e p.p. di* **to win**.
wonder /ˈwʌndə(r)/ *n.* ***1*** U meraviglia; stupore: **to be filled with w.**, essere pieno di stupore; **to gaze in w.**, contemplare con stupore ***2*** meraviglia; prodigio; portento; miracolo: **the seven wonders of the world**, le sette meraviglie del mondo; **to work wonders**, far miracoli • **w.-worker**, operatore di miracoli; taumaturgo □ **Wonders will never cease**, non si finisce mai di stupirsi! □ **a look of w.**, un'aria stupita □ **a nine days' w.**, un fuoco di paglia □ **It's a w. that...**, è sorprendente che...; è un miracolo che... □ **(It's) no w.** (*o* **Small w.**) **he feels sick**, non c'è da stupirsi se si sente male.
to **wonder** /ˈwʌndə(r)/ *v. i. e t.* ***1*** meravigliarsi; stupirsi; essere sorpreso: **I w. at her saying that**, mi meraviglio che l'abbia detto; **Can you w. at it?**, che c'è di strano? ***2*** chiedersi; voler sapere: **I wondered why he had come**, mi chiedevo perché fosse venuto; **I w. where I saw him**, dove posso averlo visto?; **I w. what the time is**, chissà che ora è; **What is he up to, I w.**, chissà che sta combinando; **I w. if I could have some more coffee?**, è possibile avere dell'altro caffè?
wonderful /ˈwʌndəfl/ *a.* splendido; stupendo; meraviglioso.
wonderland /ˈwʌndəlænd/ *n.* U *e* C paese delle meraviglie.
wonderment /ˈwʌndəmənt/ *n.* U meraviglia; stupore.
wondrous /ˈwʌndrəs/ *a.* (*poet.*) mirabile.
wonky /ˈwɒŋkɪ/ *a.* (*fam. GB*) ***1*** traballante; vacillante; malfermo ***2*** malandato; che fa i capricci.
won't /wəʊnt/ *contraz. di* **will not**.
wont /wəʊnt, *USA* wɔːnt/ (*form.*) ***A*** *a. pred.* abituato; solito: **He was w. to say that...**, era solito (*o* soleva) dire che... ***B*** *n.* abitudine; consuetudine: **as is my w.**, com'è mia abitudine.
wonted /ˈwəʊntəd, *USA* wɔː-/ (*form.*) *a. attr.* abituale; solito.
to **woo** /wuː/ *v. t.* ***1*** (*antiq.*) corteggiare; far la corte a (*una ragazza*) ***2*** blandire, fare la corte a (*l'elettorato, ecc.*).
wood /wʊd/ *n.* ***1*** U legno; legname; legna: **hard [soft] w.**, legno duro [dolce]; **w. floor**, pavimento di legno ***2*** (*anche al pl.*) bosco; foresta ***3*** (*golf*) legno • (*chim.*) **w. alcohol**, alcol metilico □ **w. carver**, intagliatore □ **w. carving**, scultura in legno □ **w. engraver**, incisore su legno □ (*mitol.*) **w. nymph**, ninfa dei boschi; driade □ (*zool.*) **w. pigeon**, colombaccio □ **w. pulp**, pasta di legno; cellulosa □ **aged in the w.**, (*di vino*) invecchiato in fusto □ **out of the w.**, fuori dei guai □ **to take to the woods**, darsi alla macchia □ **to be unable to see the w. for the trees**, perdersi nei particolari; perdere di vista l'essenziale □ (*fam.*) **Touch w.!**, tocca ferro! (*per scaramanzia*).
woodbine /ˈwʊdbaɪn/ *n.* U (*bot.*) caprifoglio.
woodblock /ˈwʊdblɒk/ *n.* ***1*** (*tipogr.*) matrice di legno ***2*** tessera di legno (*per pavimenti*).
woodchuck /ˈwʊdtʃʌk/ *n.* (*zool.*) marmotta americana.
woodcock /ˈwʊdkɒk/ *n.* (*zool.*) beccaccia.
woodcraft /ˈwʊdkrɑːft, *USA* -æft/ *n.* U conoscenza delle foreste (*o* della vita nei boschi).
woodcut /ˈwʊdkʌt/ *n.* xilografia.
woodcutter /ˈwʊdkʌtə(r)/ *n.* taglialegna; boscaiolo.
wooded /ˈwʊdɪd/ *a.* boscoso; boschivo • **thickly w.**, coperto d'alberi □ **thinly w.**, con pochi alberi.
wooden /ˈwʊdn/ *a.* ***1*** di legno; ligneo ***2*** impacciato; inespressivo; rigido • (*sport, fam.*) **to get the w. spoon**, arrivare ultimo.
woodland /ˈwʊdlənd/ ***A*** *n.* U (*anche al pl.*) terreno boscoso ***B*** *a. attr.* boschivo; di bosco; silvestre.
woodlouse /ˈwʊdlaʊs/ (*pl.* **woodlice** /-laɪs/) *n.* (*zool.*) onisco; porcellino di terra.
woodman /ˈwʊdmən/ *n.* (*pl.* **woodmen** /-mən/) ***1*** guardaboschi; guardia forestale ***2*** taglialegna.
woodpecker /ˈwʊdpɛkə(r)/ *n.* (*zool.*) picchio.
woodpile /ˈwʊdpaɪl/ *n.* catasta di legna.
woodshed /ˈwʊdʃɛd/ *n.* legnaia.
woodsman /ˈwʊdzmən/ *n.* (*pl.* **woodsmen** /-mən/) *V.* **woodman**.
woodwind /ˈwʊdwɪnd/ *n.* (*col verbo al pl.*) (*mus.*) legni.
woodwork /ˈwʊdwɜːk/ *n.* U ***1*** falegnameria; carpenteria ***2*** oggetti di legno ***3*** (*edil.*) parti in legno di una casa; infissi.
woodworm /ˈwʊdwɜːm/ *n.* (*zool.*) tarlo.
woody /ˈwʊdɪ/ *a.* ***1*** di legno; legnoso; ligneo ***2*** boscoso.
wooer /ˈwuːə(r)/ *n.* (*antiq.*) corteggiatore; pretendente.
woof (1) /ˈwuːf, *USA* wʊf/ *n.* (*ind. tess.*) trama.
woof (2) /wʊf/ *inter.* bau! (*verso del cane*).
to **woof** /wʊf/ *v. i.* abbaiare.
woofer /ˈwʊfə(r)/ *n.* (*tecn.*) woofer.
wooing /ˈwuːɪŋ/ *n.* U (*antiq.*) corteggiamento.
wool /wʊl/ ***A*** *n.* U *e* C lana: **pure new w.**, pura lana vergine; **knitting w.**, lana per lavori a maglia • **w.-gathering**, distrazione; sbadataggine: **to be w.-gathering**, avere la testa fra le nuvole; essere distratto □ **cotton w.**, bambagia; ovatta □ **to pull the w. over sb.'s eyes**, gettar fumo negli occhi a q. ***B*** *a. attr.* ***1*** di lana ***2*** della lana; laniero: **the w. industry**, l'industria laniera.
woollen, (*USA*) **woolen** /ˈwʊlən/ *a.* ***1*** di lana: **w. blanket**, coperta di lana ***2*** della lana; laniero: **w. manufacturers**, industriali lanieri.
woollens, (*USA*) **woolens** /ˈwʊlənz/ *n. pl.* indumenti di lana.
woolliness, (*USA*) **wooliness** /ˈwʊlɪnəs/ *n.* U ***1*** lanosità ***2*** confusione mentale.
woolly, (*USA*) **wooly** /ˈwʊlɪ/ ***A*** *a.* ***1*** lanoso; di lana ***2*** confuso; vago; annebbiato ***B*** *n.* (*generalm. al pl.*) (*fam.*) indumenti di lana • **w.-minded**, che ha le idee confuse; confuso; confusionario.
woozy /ˈwuːzɪ/ *a.* (*fam.*) ***1*** stordito; con la testa che gira: **I feel w.**, mi gira la testa ***2*** confuso; vago.
wop /wɒp/ *n.* (*pop. spreg.*) (oriundo) italiano.
word /wɜːd/ *n.* ***1*** parola; termine; vocabolo: **a man of few words**, un uomo di poche parole; **play upon words**, gioco di parole; **Don't say a w. about it**, non farne parola a nessuno!; **to find the words for st.**, trovare le parole per esprimere q.c.; **Tell me in your own words**, dimmelo con parole tue ***2*** U notizia; informazione; messaggio: **I have had no w. from him yet**, sono ancora senza sue notizie; **to leave w.**, lasciar detto; **to send sb. w. of st.**, far sapere q.c. a q. ***3*** (*anche al pl.*) parola; parole; discorso: **to have a w. with sb.**, scambiare due parole con q.; (*eufem.*) fare un discorsetto a q.; **to have words with sb.**, venire a parole con q.; **to say a few words**, fare un breve discorso ***4*** parola d'ordine; ordine; segnale ***5*** parola (d'onore); promessa: **He gave his w.**, diede la sua parola; **to break one's w.**, non tener fede alla parola data; **to keep one's w.**, essere di parola; mantenere le promesse ***6*** — (*relig.*) **the W.**, il Verbo, la Parola di Dio • (*gramm.*) **w.-building**, formazione delle parole □ **Words fail me**, non ho parole! □ **w. for w.**, parola per parola; alla lettera; letteralmente □ **a w. in season**, un consiglio dato al momento giusto □ **w. of honour**, parola d'onore □ (*gramm.*) **w. order**, costruzione della frase □ **w.-perfect**, che sa a memoria una parte, un testo □ (*elab.*) **w. processing**, elaborazione di testi □ (*elab.*) **w. processor** elaboratore di testi □ **A w. to the wise**, a buon intenditor.. □ **to be as good as one's w.**, essere di parola □ **bad w.**

parolaccia □ **by w. of mouth**, a voce; col passaparola □ **to eat one's words**, rimangiarsi le proprie parole □ *(fam.)* **from the w. go**, fin dall'inizio □ **to have** (*o* **to get**) **the final w.**, avere l'ultima parola □ **to get a w. in edgeways**, riuscire a infilare una parola □ **to hang on sb.'s words**, pendere dalle labbra di q. □ **in a w.**, in una parola; in breve □ **in other words**, in altri termini □ **the last w. in...**, l'ultima novità in fatto di... □ **not in so many words**, non esplicitamente □ **to put in a (good) w. for sb.**, dire (*o* mettere) una buona parola in favore di q. □ **to put st. into words**, esprimere q.c. a parole □ **to put words into sb.'s mouth**, dare l'imbeccata a q.; far dire a q. quello che non ha detto □ **to say the w.**, dare l'ordine (*di cominciare*); dare il via: **You only have to say the w.**, non hai che da dirlo □ **too good for words**, d'indicibile bontà □ **to take sb. at his [her] w.**, prendere q. in parola □ **I'll take your w. for it**, ti credo sulla parola □ **to take the words out of sb.'s mouth**, togliere le parole di bocca a q. □ **(Upon) my w.!**, perbacco! □ **to waste words on sb.**, sprecare il fiato con q.

to **word** /wɜːd/ *v. t.* esprimere; formulare; redigere; scrivere: **carefully worded**, formulato con cura.

wording /ˈwɜːdɪŋ/ *n.* ***1*** enunciazione; formulazione; scelta delle parole ***2*** dicitura.

wordless /ˈwɜːdləs/ *a.* ***1*** senza parole; muto ***2*** inespresso.

wordplay /ˈwɜːdpleɪ/ *n.* [U] gioco, giochi di parole.

wordy /ˈwɜːdɪ/ *a.* verboso; prolisso.

wore /wɔː(r)/ *pass. di* **to wear**.

work /wɜːk/ *n.* ***1*** [U] lavoro; attività; opera: **to be at w.**, essere al lavoro; **to have plenty of w. to do**, avere molto lavoro; **manual w.**, lavoro manuale; **to set sb. to w.**, mettere al lavoro q.; **to set about one's w.**, mettersi al lavoro; **to set** (*o* **to get**) **to w.**, mettersi all'opera ***2*** [U] lavoro; mestiere: **What w. do you do?**, che lavoro fai?; **to look for w.**, cercare lavoro; **to come home from w.**, rientrare dal lavoro; rientrare dall'ufficio ***3*** [C] *e* [U] opera; lavoro: **It's all my own w.**, è tutta opera mia; l'ho fatto tutto io; **to take one's w. home**, portarsi a casa il lavoro; **his life's w.**, il lavoro di tutta la sua vita; **w. of art**, opera d'arte; **youthful works**, opere (*o* lavori) giovanili; **the works of Shakespeare**, le opere di Shakespeare ***4*** (*al pl., generalm. col verbo al sing.*) fabbrica; stabilimento: **a glass works**, una vetreria ***5*** (*al pl.*) meccanismo; congegno: **There's something wrong with the works**, c'è un guasto nel meccanismo ***6*** (*al pl.*) opere, lavori (d'ingegneria); *(mil.)* fortificazioni: **public works**, lavori pubblici ***7*** (*al pl.*) — *(pop.)* **the works**, tutto quanto: **She's thrown out clothes, shoes, books, papers, the works**, ha buttato via vestiti, scarpe, libri, giornali, tutto quanto • *(ind.)* **w. cycle**, ciclo di lavorazione □ **w. permit**, permesso di lavoro □ *(ind.)* **w.-study**, studio dell'organizzazione del lavoro □ **w. surface**, piano di lavoro (*in una cucina*) □ **w.-table**, tavolino da lavoro □ **w.-to-rule**, sciopero bianco □ **all in a day's w.**, tutto regolare; roba d'ordinaria amministrazione □ **at w.**, al lavoro; in atto □ **to be at w. on st.**, lavorare a q.c.; essere occupato a fare q.c. □ **to have one's w. cut out**, avere il proprio bel daffare □ **I have done a good day's w.**, ho fatto un bel po' di lavoro, oggi □ **to get some w. done**, lavorare un po' □ **to make short w. of st.**, liquidare [sbrigare, divorare, ecc.] q.c. in quattro e quattr'otto □ **out of w.**, disoccupato □ **piece w.**, lavoro a cottimo □ **a piece of w.**, un lavoro: **What a wonderful piece of w.!**, che magnifico lavoro! □ *(fam.)* **a nasty piece of w.**, un tipaccio.

to **work** /wɜːk/ ***A*** *v. i.* ***1*** lavorare: **I've been working all day**, è tutto il giorno che lavoro; **He isn't working at present**, non sta lavorando ora; al momento è senza lavoro; **to w. to a plan**, lavorare seguendo un progetto ***2*** funzionare; operare; agire: **Does this iron w.?**, funziona, questo ferro?; **I don't think your idea will w.**, non credo che la tua idea funzionerà; **Having a degree worked against me**, l'avere una laurea mi ha svantaggiato ***3*** essere lavorabile; lavorarsi: **This clay works easily**, quest'argilla si lavora bene • **to w. loose**, allentarsi □ **to w. to rule**, fare lo sciopero bianco ***B*** *v. t.* ***1*** lavorare; manipolare; modellare: **to w. dough**, lavorare la pasta; **to w. clay into a statuette**, modellare una statuetta con l'argilla ***2*** far lavorare: **They w. us very hard**, ci fanno sgobbare ***3*** far funzionare; azionare; manovrare; comandare: **I can't w. the printer**, non so far funzionare la stampante; **How do you w. this alarm?**, come si aziona questo antifurto?; **This lever works the whole mechanism**, questa levetta comanda l'intero meccanismo ***4*** operare; fare: **to w. wonders** (*o* **miracles**), fare miracoli • **to w. one's fingers to the bone**, ammazzarsi di lavoro □ *(fam.)* **to w. it**, fare in modo; riuscire: **How did you w. it?**, come ci sei riuscito?; **I'll w. it so that you can come too**, farò in modo che anche tu possa venire □ **to w. a screw loose**, allentare una vite □ **to w. one's passage**, pagarsi la traversata (*su una nave*) lavorando □ **to w. one's way through the crowd**, farsi strada tra la folla □ **He worked his way up from the bottom**, ha cominciato dal gradino più basso □ **to w. oneself to death**, ammazzarsi di lavoro □ **to w. oneself into a temper**, infuriarsi; andare in bestia.

♦ **work in** *v. t. + avv.* ***1*** inserire; infilare: **Try to w. in a few jokes**, cerca di infilarci qualche battuta ***2*** far entrare; infilare con sforzo.

♦ **work into** *v. t. + prep.* ***1*** inserire in; introdurre in ***2*** far entrare in; infilare in.

♦ **work off** *v. t. + avv.* ***1*** eliminare (*con l'esercizio fisico*): **to w. off a few kilos**, eliminare qualche chilo con la ginnastica ***2*** sfogare: **to w. off one's anger on sb.**, sfogare la propria ira su q. ***3*** estinguere, pagare (*un debito, lavorando*).

♦ **work on** ***A*** *v. i. + avv.* continuare a lavorare ***B*** *v. i. + prep.* lavorare a: **I'm working on a new play**, sto lavorando a una nuova commedia; **The police are working on the case**, la polizia si sta occupando del caso; **We have very little to w. on**, abbiamo pochissimo su cui basarci.

♦ **work out** ***A*** *v. t. + avv.* ***1*** calcolare; risolvere; decifrare ***2*** escogitare; inventare; trovare: **to w. out a new way of cutting expenditure**, escogitare un nuovo modo di ridurre le spese ***3*** capire: **I finally worked out what the problem was**, capii finalmente qual era il problema ***4*** esaurire (*una miniera*) ***B*** *v. i. + avv.* ***1*** funzionare; andare a finire (*bene o male*); risultare: **The plan worked out badly**, il piano andò a finire male; **Everything will w. out for the best**, tutto si risolverà nel migliore dei modi ***2*** *(mat.)* tornare: **This sum won't w. out**, questa somma non torna ***3*** *(sport)* allenarsi; fare ginnastica (*in palestra*).

♦ **work out at** *v. i. + avv. e prep.* ammontare a: **It works out at ten pounds each**, ammonta (*o* fanno) dieci sterline a testa.

♦ **work over** *v. t. + avv.* *(pop.)* riempire di botte; pestare.

♦ **work up** ***A*** *v. t. + avv.* ***1*** farsi venire: **to w. up an appetite**, farsi venire l'appetito ***2*** sviluppare; costruire faticosamente: **to w. up a market for a product**, sviluppare un mercato per un prodotto ***3*** eccitare (*una folla*); suscitare (*un sentimento*): **to w. a crowd up into a frenzy**, scatenare una folla ***4*** (*generalm. al passivo*) eccitare; rendere nervoso: **He's very worked up about the exams**, è molto nervoso a causa degli esami ***B*** to **work oneself up** *v. rifl. + avv.* ***1*** agitarsi: **You're working yourself up over nothing**, ti stai agitando per un nonnulla ***2*** farsi coraggio: **to w. oneself up to face sb.**, farsi coraggio per affrontare q.

♦ **work up to** *v. i. + avv. e prep.* raggiungere, arrivare a (*un punto culminante*).

workable /ˈwɜːkəbl/ *a.* ***1*** (*di terreno*) lavorabile; coltivabile ***2*** (*di miniera, ecc.*) sfruttabile ***3*** fattibile; realizzabile.

workaday /ˈwɜːkədeɪ/ *a.* comune; ordinario; niente di speciale; prosaico.

workaholic /wɜːkəˈhɒlɪk, *USA* -ˈhɔːl-/ *n.* *(fam.)* maniaco del lavoro; stacanovista.

workbasket /ˈwɜːkbɑːskɪt, *USA* -bæs-/ *n.* cestino da lavoro.

workbench /ˈwɜːkbentʃ/ *n.* banco da lavoro.

workbook /ˈwɜːkbʊk/ *n.* libro di esercizi (*con questionari, spazi da riempire, ecc.*).

workday /ˈwɜːkdeɪ/ *n.* giorno lavorativo; giorno feriale.

worked up /ˈwɜːktˈʌp/ *a.* agitato; arrabbiato: **to get w. about st.**, agitarsi (*o* arrabbiarsi) per q.c.; fare un sacco di scene per q.c.

worker /ˈwɜːkə(r)/ *n.* lavoratore (-trice); operaio (-a): **skilled w.**, operaio qualificato • *(zool.)* **w. bee**, ape operaia.

workforce /ˈwɜːkfɔːs/ *n.* ***1*** *(econ.)* forza lavoro; popolazione attiva ***2*** personale (*di una ditta, ecc.*).

workhorse /ˈwɜːkhɔːs/ *n.* ***1*** cavallo da lavoro ***2*** (*di persona*) gran lavoratore ***3*** (*di macchina, ecc.*) mulo.

workhouse /ˈwɜːkhaʊs/ *n.* ***1*** (*in G.B., stor.*) ricovero di mendicità; ospizio (*per vecchi*) ***2*** (*in U.S.A.*) riformatorio; casa di correzione.

working /ˈwɜːkɪŋ/ ***A*** *a.* ***1*** attivo; laborioso ***2*** funzionante; in funzione ***3*** di lavoro; da lavoro; lavorativo: **w. conditions**, condizioni di lavoro; **w. lunch**, colazione di lavoro; **w. clothes**, abiti da lavoro; **w. hours**, ore lavorative; orario di lavoro; **w. week**, settimana lavorativa; **w. hypothesis**, ipotesi di lavoro • (*fin.*) **w. capital**, capitale liquido □ **the w. class** (*o* **classes**, *pl.*), la classe operaia; il proletariato □ **w.--class family**, famiglia di operai □ (*rag.*) **w. costs**, spese d'esercizio □ **w. day**, giorno lavorativo; giorno feriale □ (*eufem.*) **w. girl**, prostituta □ **a w. knowledge of st.**, una conoscenza pratica sufficiente di q.c. □ **w. mother**, madre che lavora □ **w. party**, commissione di studio; (*USA*) squadra di operai □ (*mecc.*) **in w. order**, in buono stato; funzionante ***B*** *n.* ***1*** Ⓤ lavorazione; lavoro ***2*** (*al pl.*) (*ind. min.*) scavi; pozzi; gallerie ***3*** (*al pl.*) funzionamento: **the workings of Parliament**, come funziona il Parlamento; la macchina parlamentare.

workload /ˈwɜːkləʊd/ *n.* carico di lavoro.

workman /ˈwɜːkmən/ *n.* (*pl.* **workmen**) lavoratore; operaio; salariato.

workmanlike /ˈwɜːkmənlaɪk/ *a.* ***1*** professionale ***2*** ben fatto.

workmanship /ˈwɜːkmənʃɪp/ *n.* Ⓤ ***1*** abilità tecnica ***2*** fattura; esecuzione.

workmate /ˈwɜːkmeɪt/ *n.* (*fam.*) compagno (-a) di lavoro.

workmen /ˈwɜːkmən/ *pl. di* **workman**.

workout /ˈwɜːkaʊt/ *n.* (*sport*) esercizio preatletico; allenamento; ginnastica (*in palestra*).

workpeople /ˈwɜːkpiːpl/ *n. pl.* operai.

workplace /ˈwɜːkpleɪs/ *n.* posto di lavoro: **at the w.**, sul lavoro.

workroom /ˈwɜːkruːm, -rʊm/ *n.* stanza di lavoro; laboratorio.

workshop /ˈwɜːkʃɒp/ *n.* ***1*** officina; laboratorio ***2*** gruppo di lavoro; seminario.

workshy /ˈwɜːkʃaɪ/ *a.* poco amante del lavoro; svogliato.

workstation /ˈwɜːkˈsteɪʃn/ *n.* (*elab.*) stazione di lavoro.

worktop /ˈwɜːktɒp/ *n.* piano di lavoro (*in una cucina*).

world /wɜːld/ ***A*** *n.* ***1*** mondo: **a journey round the w.**, un viaggio intorno al mondo; **the tallest building in the w.**, l'edificio più alto del mondo; **the next w.** (*o* **the w. to come**), l'altro mondo; l'al di là; **the Old W.**, il Mondo Antico; **the English-speaking w.**, i popoli di lingua inglese; **the w. of fashion**, il mondo della moda; **the business w.**, il mondo degli affari; **to bring a child into the w.**, mettere al mondo un bambino; **the animal w.**, il mondo (*o* il regno) animale ***2*** (*fam.*) (un) sacco: **to do sb. a w. of good**, fare un sacco di bene a q.; **There's a w. of difference between school and university**, c'è una differenza enorme tra la scuola e l'università • **w.-famous**, famoso in tutto il mondo; di fama mondiale □ **the w. over**, in tutto il mondo □ **w.-weary**, stanco del mondo; disincantato □ **to be worlds apart**, essere agli antipodi □ **All's well** (*o* **right**) **with the w.**, tutto va nel migliore dei modi □ **all over the w.**, in tutto il mondo □ **It's the same all over the w.**, tutto il mondo è paese □ **for all the w. like**, tale e quale; identico a □ **She sounded for all the w. as if she was drunk**, a sentirla avresti giurato che era ubriaca □ **How goes the w. with you?**, come va la vita? □ **He lives in a w. of his own**, vive in un mondo tutto suo □ **a man of the w.**, un uomo di mondo □ (*fam.*) **out of this w.**, fantastico □ **I wouldn't hurt her for the w.**, non le farei del male per nulla al mondo □ **to set the w. on fire**, avere un successo strepitoso; sfondare ***B*** *a. attr.* mondiale; del mondo: **W. Bank**, Banca Mondiale; **W. War I**, la prima guerra mondiale; **w. champion**, campione del mondo • **w.--class**, di livello internazionale □ (*calcio*) **the W. Cup**, il campionato mondiale di calcio; i mondiali di calcio □ **w. title**, titolo mondiale □ **w. title holder**, primatista mondiale □ **w. view**, visione del mondo □ **on a w. scale**, su scala mondiale.

worldliness /ˈwɜːdlɪnəs/ *n.* Ⓤ ***1*** temporalità; condizione terrena ***2*** mondanità.

worldly /ˈwɜːldlɪ/ *a.* ***1*** terreno; di questo mondo; mondano ***2*** esperto del mondo; mondano • **w.-wise**, esperto delle cose del mondo; navigato.

worldwide /ˈwɜːldwaɪd/ *a.* mondiale; universale.

worm /wɜːm/ *n.* ***1*** (*zool.*) verme; lombrico; baco ***2*** (*mecc.*) filetto (*della vite*) ***3*** (*fig.*) verme ***4*** (*al pl.*) (*med.*) elmintiasi; vermi (*fam.*) • **w.-eaten**, tarlato; (*fig.*) decrepito □ (*mecc.*) **w. gear**, ingranaggio a vite □ (*farm.*) **w. powder**, vermifugo □ (*prov.*) **Even a w. will turn**, anche la pazienza ha un limite.

to **worm** /wɜːm/ ***A*** *v. t.* liberare (*un cane, ecc.*) dai vermi ***B*** *v. i. e t.* ***1*** strisciare: **to w. (one's way) through the bushes**, avanzare strisciando fra i cespugli ***2*** insinuarsi: **to w. one's way into sb.'s affections**, insinuarsi nel cuore di q.

♦ **worm out** *v. t. + avv.* carpire; strappare: **to w. a secret out of sb.**, carpire un segreto a q.

wormwood /ˈwɜːmwʊd/ *n.* Ⓤ (*bot.*) assenzio.

wormy /ˈwɜːmɪ/ *a.* ***1*** simile a un verme ***2*** pieno di vermi; bacato ***3*** tarlato.

worn /wɔːn/ *p.p. di* **to wear**.

worn-out /ˈwɔːnˈaʊt/ *a.* ***1*** consunto; logoro ***2*** esausto; sfinito.

worried /ˈwʌrɪd, *USA* ˈwɜːr-/ *a.* preoccupato; in ansia; inquieto • **to be w. that...**, avere paura che...

worrier /ˈwʌrɪə(r), *USA* ˈwɜːr-/ *n.* persona apprensiva; ansioso (-a).

worrisome /ˈwʌrɪsəm, *USA* ˈwɜːr-/ *a.* ***1*** preoccupante; fastidioso ***2*** ansioso; inquieto.

worry /ˈwʌrɪ, *USA* ˈwɜːrɪ/ *n.* ***1*** Ⓤ ansia; inquietudine; preoccupazione ***2*** (*generalm. al pl.*) affanno; preoccupazione; fastidio • **w. beads**, rosario scacciapensieri □ **That's his w.**, lascia che ci pensi lui.

to **worry** /ˈwʌrɪ, *USA* ˈwɜːrɪ/ ***A*** *v. t.* ***1*** preoccupare; turbare; tormentare: **What is worrying you?**, che cosa ti preoccupa? ***2*** dare fastidio; infastidire; seccare: **Heights don't w. me**, le altezze non mi danno fastidio; non soffro di vertigini; **to w. sb. with foolish questions**, seccare q. con domande stupide ***3*** (*di cane*) aggredire, azzannare, dilaniare (*una pecora, ecc.*) ***4*** (*di animale*) tormentare (*una preda*) ***B*** *v. i.* preoccuparsi; prendersela; essere in ansia; tormentarsi: **to w. about st.**, preoccuparsi (*o* prendersela) per q.c.; **Don't w.!**, non preoccuparti! ***C*** to **worry oneself** *v. rifl.* preoccuparsi.

♦ **worry at** *v. i. + prep.* ***1*** (*di animale*) dare morsi a; rosicchiare ***2*** accanirsi su; scervellarsi su.

worrying /ˈwʌrɪɪŋ, *USA* ˈwɜːr-/ *a.* preoccupante; inquietante.

worse /wɜːs/ ***A*** *a.* ***1*** (*compar. di* **bad**) peggiore; peggio: **It's a w. film than the previous one**, è un film peggiore del precedente; **w. than expected**, peggiore del previsto; **I'm w. than you at cards**, gioco peggio di te a carte ***2*** (*compar. di* **ill**) più malato; peggiorato: **She's much w. today**, oggi sta molto peggio ***B*** *avv.* (*compar. di* **badly**, **ill**) ***1*** peggio: **w. than ever**, peggio che mai; **to be feeling w.**, stare peggio ***2*** più: **It hurts w. than before**, fa più male di prima ***C*** *n.* peggio: **to change for the w.**, cambiare in peggio; **a change for the w.**, un mutamento in peggio; **W. was yet to come**, il peggio doveva ancora venire • (*fam. GB*) **W. luck!**, purtroppo! □ **to be w. off**, essere in peggiori condizioni; essere più povero □ **to be the w. for wear**, essere consunto (*o* liso); essere malconcio □ **to get w.**, peggiorare □ **to get w. and w.**, andare sempre peggio; andare peggiorando □ **to make matters w.**, peggiorare le cose □ **to be none the w. for st.**, non risentire affatto di q.c. □ **So much the w.!**, tanto peggio!

to **worsen** /ˈwɜːsn/ ***A*** *v. t.* peggiorare; aggravare ***B*** *v. i.* peggiorare; aggravarsi.

worship /ˈwɜːʃɪp/ *n.* ***1*** Ⓤ adorazione; culto: **place of w.**, luogo di culto ***2*** preghiera; servizio religioso: **to join in w.**, unirsi in preghiera ***3*** (*titolo*) eccellenza; signoria: **Your W.**, Vostra Eccellenza.

to **worship** /ˈwɜːʃɪp/ ***A*** *v. t.* adorare; venerare ***B*** *v. i.* andare in chiesa: **Where do they w.?**, in quale chiesa vanno?

worshipful /ˈwɜːʃɪpfl/ *a.* (*nei titoli*) venerabile; onorevole; eccellente.

worshipper /ˈwɜːʃɪpə(r)/ *n.* adoratore (-trice) • (*eccles.*) **the worshippers**, i fedeli.

worst /wɜːst/ ***A*** *a.* (*superl. relat. di* **bad**) (il) peggiore: **That's the w. thing that could have happened**, è la cosa peggiore che potesse capitare; **the w. player on the team**, il peggior giocatore della squadra ***B*** *avv.* (*superl. relat. di* **badly**) ***1*** peggio (di tutti); nel peggiore dei modi: **He behaved w. of all**, si è comportato peggio di tutti; **the w.--dressed woman at the party**, la donna peggio vestita della festa ***2*** maggiormente; più di tutti: **to suffer w.**, soffrire più di tutti; **We are the w. hit**, siamo quelli maggiormente colpiti ***C*** *n.* (il) peggio: **to be prepared for the w.**, essere preparato al peggio; **The w. is yet to come**, il peggio deve ancora venire • **the w.-case scenario**, la peggiore delle ipotesi □ **w.-ever**, peggiore in assoluto □ **at (the) w.**, alla peggio; (per) male che vada □ **to come off w.** (*o* **to get the w. of it**), avere la peggio □ **if the w. comes to the w.**, se le cose volgono al peggio; nel peggiore dei casi.

to **worst** /wɜːst/ *v. t.* (*antiq.*) avere la meglio su.

worsted /ˈwʊstɪd/ *n.* Ⓤ (*ind. tess.*) pettinato di lana.

worth /wɜːθ/ ***A*** *a. pred.* ***1*** che vale; del valore di; valevole: **It isn't w. much**, vale poco; **His promises are w. nothing**, le sue promesse non valgono nulla; **a painting w. £20,000**, un quadro che vale (*o* del valore di) 20.000 sterline ***2*** degno; meritevole; che vale la pena: **a book w. reading**, un libro che merita d'essere letto; **It's w. a try**, vale la pena provarci ***3*** (*di persona*) che possiede, che ha (*un certo patrimonio*): **What's he w.?**, quanti soldi ha?; quanto è ricco? • **w. one's salt**, degno del suo nome; che si rispetti □ (*fam.*) **for all one is w.**, mettendocela tutta □ **for what it's w.**, per quel che vale □ **a pound's w. of apples**, mele per il valore d'una sterlina □ **It has been w. it**, ne è valsa la pena ***B*** *n.* Ⓤ valore; merito; pregio: **men of great w.**, uomini di grande merito.

worthiness /ˈwɜːðɪnəs/ *n.* Ⓤ ***1*** dignità; rispettabilità ***2*** merito; valore.

worthless /ˈwɜːθləs/ *a.* ***1*** privo di valore; inutile; che non vale niente ***2*** indegno; immeritevole.

worthlessness /ˈwɜːθləsnəs/ *n.* Ⓤ ***1*** mancanza di valore; inutilità ***2*** indegnità.

worthwhile /wɜːθˈwaɪl/ *a.* che vale la pena; conveniente; utile: **a w. effort**, uno sforzo che vale la pena di fare.

worthy /ˈwɜːðɪ/ ***A*** *a.* ***1*** degno; meritevole: **w. of praise**, degno di lode ***2*** (*antiq.*) rispettabile; degno ***B*** *n.* (*antiq. o iron.*) dignitario; maggiorente; notabile.

would /wʊd, wəd/ *v. modale* (*pass. di* **will**) ***1*** (*ausiliare per la formazione del condiz. pres. e pass.*) — **He said he w. do it at once**, disse che l'avrebbe fatto subito; **I w. do it, if I could**, lo farei (volentieri), se potessi; **W. you go, if you were asked to?**, ci andresti, se ti invitassero?; **They w. have been killed, if the bomb had gone off**, sarebbero stati uccisi, se la bomba fosse scoppiata ***2*** (*in frasi neg.*) volere; essere disposto: **He w. have none of it**, non volle saperne; non volle neanche sentirne parlare; **I found no one who w. do it**, non trovai nessuno che fosse disposto a farlo; **The window wouldn't open**, la finestra non voleva aprirsi ***3*** (*ausiliare per la formazione del cong. perifrastico*) — **I hoped he w. keep silent**, speravo che stesse zitto ***4*** (*per indicare consuetudine, inevitabilità, pervicacia*) — **He w. sit there hour after hour**, se ne stava lì seduto per ore e ore; **That's just what you w. do**, c'era da aspettarselo, da te ***5*** (*nelle frasi interrog., per esprimere richiesta cortese*) — **Would you please close the door?**, potrebbe chiudere la porta?; **Turn down the radio, w. you?**, ti spiace abbassare la radio? ***6*** — **w. rather**, *V. sotto* **rather** • **w.-be**, aspirante; che si atteggia a: **a w.-be poet**, un aspirante poeta □ **He w. be about sixty when he died**, doveva essere sulla sessantina quando morì □ **W. to God I had died**, meglio (sarebbe se) fossi morto!; fossi morto! □ **W. to heaven he had not gone!**, volesse il Cielo che non ci fosse andato!

wouldn't /ˈwʊdnt/ *contraz. di* **would not**.

would've /wʊdv/ *contraz. di* **would have**.

wound (1) /wuːnd/ *n.* ferita: **to sustain serious wounds**, essere ferito gravemente; **flesh w.**, ferita superficiale; **mortal w.**, ferita mortale; **bullet w.**, ferita di proiettile • **a w. to his pride**, una ferita al suo orgoglio □ **to open old wounds**, riaprire vecchie ferite.

wound (2) /waʊnd/ *pass. e p.p. di* **to wind** (2).

to **wound** /wuːnd/ *v. t.* (*anche fig.*) ferire.

wound-up /ˈwaʊndˈʌp/ *a.* teso; nervoso; agitato.

wove /wəʊv/ *pass. di* **to weave**.

woven /ˈwəʊvn/ *p.p. di* **to weave**.

wow /waʊ/ *inter.* wow!; uau!

to **wow** /waʊ/ *v. t. + avv.* (*pop. USA*) entusiasmare (*il pubblico, ecc.*).

wrack (1) /ræk/ *V.* **rack** (2).

wrack (2) /ræk/ *n.* Ⓤ alghe marine.

wraith /reɪθ/ *n.* fantasma; spettro.

wrangle /ˈræŋgl/ *n.* alterco; litigio; baruffa.

to **wrangle** /ˈræŋgl/ *v. i.* altercare; litigare.

wrangler /ˈræŋglə(r), -gəl-/ *n.* ***1*** attaccabrighe ***2*** (*USA*) cowboy (*specialm. guardiano di cavalli*).

wrap /ræp/ *n.* (*specialm. USA*) scialle; mantello • **to keep under wraps**, tenere nascosto (*o* segreto) □ (*USA*) **plastic w.**, pellicola per alimenti.

to **wrap** /ræp/ ***A*** *v. t.* ***1*** fare (*un pacco*); fare un pacco di; incartare; avvolgere; fasciare: **to w. st. in plastic**, avvolgere q.c. nella plastica; **to w. st. in paper**, incartare q.c.; **to w. tinfoil round a roast chicken**, avvolgere un pollo arrosto nella stagnola; **I wrapped a blanket round her legs**, le avvolsi le gambe in una coperta; **to w. one's arms round sb.**, stringere q. fra le braccia ***2*** (*fig.*) avvolgere; coprire; nascondere: **wrapped in mystery**, avvolto nel mistero ***B*** to **wrap oneself up** *v. rifl.* coprirsi bene.

♦ **wrap up** ***A*** *v. t. + avv.* ***1*** avvolgere: **to w. up st. in cotton wool**, avvolgere q.c. nella bambagia ***2*** incartare ***3*** (*fam.*) concludere • **to be wrapped up in sb.**, non avere occhi che per q. □ (*fig.*) **to be wrapped up in st.**, essere completamente preso da q.c. ***B*** *v. i. + avv.* coprirsi bene.

wraparound /ˈræpəraʊnd/ ***A*** *a.* ***1*** che circonda completamente ***2*** (*di indumento*) a vestaglia; (*di gonna*) a portafoglio ***B*** *n.* (*di libro e sim.*) fascetta (pubblicitaria).

wrapper /ˈræpə(r)/ *n.* ***1*** involucro ***2*** copertina volante (*di libro*) ***3*** fascia, fascetta (*di giornale, ecc.*).

wrapping /ˈræpɪŋ/ *n.* ***1*** (*anche al pl.*) involucro; fascia ***2*** Ⓤ materiale da imballaggio • **w. paper**, carta da pacchi.

wrath /rɒθ, *USA* ræθ/ *n.* Ⓤ (*form. o lett.*) collera; furore; ira.

wrathful /ˈrɒθfl, *USA* ˈræθ-/ *a.* (*form. o lett.*) adirato.

to **wreak** /riːk/ *v. t.* causare; compiere: **to w. havoc**, causare devastazione; **to w. vengeance upon sb.**, vendicarsi di q.

wreath /riːθ/ *n.* ***1*** ghirlanda; corona (*di fiori*); serto ***2*** anello; cerchio; voluta: **wreaths of smoke**, volute di fumo.

to **wreathe** /riːð/ *v. t.* (*lett.*) ***1*** inghirlandare ***2*** avvolgere: **Clouds wreathed the hills**, le nubi avvolgevano i monti.

♦ **wreathe round** *v. i.* ***1*** (*anche* **to wreathe oneself round,** *v. rifl.*) attorcigliarsi a; avvilupparsi intorno a ***2*** *v. i.* (*del fumo, ecc.*) salire in volute intorno a.

wreck /rɛk/ *n.* ***1*** (*naut.*) nave che ha fatto naufragio; relitto ***2*** (*naut.*) naufragio ***3*** rovina; naufragio: distruzione: **the w. of one's plans**, il naufragio dei propri progetti ***4*** (*autom.*) rottame; catorcio (*fam.*) ***5*** (*di persona*) rottame ***6*** (*USA*) incidente (*stradale, ferroviario, ecc.*) • **to be a nervous w.**, avere i nervi a pezzi.

to **wreck** /rɛk/ *v. t.* ***1*** far naufragare: **to be wrecked**, fare naufragio; naufragare ***2*** rovinare; far naufragare.

wreckage /ˈrɛkɪdʒ/ *n.* Ⓤ ***1*** (*naut.*) relitto ***2*** rottami (*di un disastro aereo, stradale, ecc.*) ***3*** rovine (*fig.*): **the w. of a marriage**, un matrimonio che si è sfasciato.

wrecker /ˈrɛkə(r)/ *n.* ***1*** (*naut.*) nave per recuperi; recuperatore di relitti ***2*** (*autom., USA*) carro attrezzi; autogrù ***3*** demolitore (*di case vecchie, ecc.*).

wren /rɛn/ *n.* (*zool.*) scricciolo.

wrench /rɛntʃ/ *n.* ***1*** strappo; strattone ***2*** strappo muscolare; distorsione; storta: **to give one's ankle a w.**, prodursi una storta alla caviglia ***3*** dolore (*per un distacco*); strazio ***4*** (*mecc.*) chiave: (*USA*) **monkey w.**, chiave inglese.

to **wrench** /rɛntʃ/ *v. t.* ***1*** strappare; dare uno strattone a: **to w. open a door**, aprire una porta con uno strattone; **to w. oneself free**, liberarsi con uno strattone ***2*** slogare; storcere: **to w. one's ankle**, slogarsi una caviglia.

to **wrest** /rɛst/ *v. t.* ***1*** strappare: **He wrenched the bottle from her hand**, lui le strappò di mano la bottiglia ***2*** (*fig.*) strappare; ricavare a fatica: **to w. a secret from sb.**, strappare un segreto a q.

wrestle /ˈrɛsl/ *n.* ***1*** (*anche sport*) lotta ***2*** (*sport*) incontro di lotta.

to **wrestle** /ˈrɛsl/ ***A*** *v. i.* ***1*** (*anche fig.*) lottare: **to w. with temptation**, lottare contro le tentazioni; **to w. with one's conscience**, lottare con la propria coscienza; **to w. with a problem**, essere alle prese con un problema ***2*** (*sport*) lottare; fare la lotta; praticare la lotta ***B*** *v. t.* ***1*** (*sport*) lottare contro; combattere contro ***2*** lottare: **to w. sb. to the ground**, riuscire ad atterrare q.; **to w. st. from sb.'s grasp**, strappare con una lotta q.c. dalle mani di q.

wrestler /ˈrɛslə(r)/ *n.* (*sport*) lottatore (-trice).

wrestling /ˈrɛslɪŋ/ *n.* Ⓤ (*sport*) lotta; (*specialm.*) lotta libera • **w. match**, incontro di lotta.

wretch /rɛtʃ/ *n.* ***1*** disgraziato (-a) ***2*** (*scherz.*) birbante; mascalzoncello.

wretched /ˈrɛtʃɪd/ *a.* ***1*** disgraziato; misero; gramo ***2*** infelice; depresso: **to feel w.**, stare malissimo; **I felt w. about it**, mi sono sentito un verme ***3*** orribile; cattivo; pessimo: **w. weather**, tempo orribile; **w. food**, pessimo cibo ***4*** (*fam.*) disgraziato; maledetto: **That w. dog!**, quel maledetto cane!; **Where's the w. paper?**, dove diavolo si è cacciato il giornale?

wretchedness /ˈrɛtʃɪdnəs/ *n.* Ⓤ ***1*** condizione disgraziata; infelicità; sfortuna ***2*** bruttezza; squallore.

to **wrick** /rɪk/ (*GB*) *V.* **to rick**.

wriggle /ˈrɪgl/ *n.* contorsione; contorcimento.

to **wriggle** /ˈrɪgl/ ***A*** *v. t.* contorcere; dimenare; agitare: **to w. one's toes**, dimenare le dita dei piedi ***B*** *v. i.* contorcersi; dimenarsi; divincolarsi; agitarsi • **to w. free**, riuscire a liberarsi (divincolandosi) □ **to w. into a coat**, infilarsi un cappotto □ **to w. one's way out**, riuscire a sgusciar fuori.

♦ **wriggle out of** *v. i. + avv. e prep.* ***1*** divincolarsi da; sgusciare da: **The eel wriggled out of my grasp**, l'anguilla mi sgusciò fra le dita ***2*** sottrarsi a: **to w. out of one's responsibilities**, sottrarsi alle proprie responsabilità.

wring /rɪŋ/ *n.* ***1*** forte stretta ***2*** strizzata.

to **wring** /rɪŋ/ (*pass. e p.p.* **wrung**) *v. t.* ***1*** torcere; strizzare: **to w. one's hands**, torcersi le mani; **to w. a hen's neck**, tirare il collo a una gallina ***2*** stringere forte: **to w. sb.'s hand**, dare una forte stretta di mano a q.; **to w. sb.'s heart**, stringere il cuore a q. • **wringing wet**, bagnato fradicio; zuppo; da torcere.

♦ **wring out** *v. t. + avv.* ***1*** torcere; strizzare: **to w. out a wet cloth**, strizzare un panno bagnato ***2*** strappare; estorcere: **to w. a promise out of sb.**, strappare una promessa a q.

wringer /ˈrɪŋə(r)/ *n.* strizzatoio.

wrinkle /ˈrɪŋkl/ *n.* ***1*** ruga ***2*** grinza; piega ***3*** (*fam.*) suggerimento utile; trucchetto.

to **wrinkle** /ˈrɪŋkl/ ***A*** *v. t.* raggrinzire; corrugare; increspare; spiegazzare: **to w. (up) one's forehead**, corrugare la fronte; **to w. one's nose**, arricciare il naso ***B*** *v. i.* raggrinzirsi; corrugarsi; incresparsi; formare grinze.

wrinkled /ˈrɪŋkld/ *a.* ***1*** grinzoso; rugoso ***2*** corrugato; increspato; arricciato.

wrinkly /ˈrɪŋklɪ/ *a.* grinzoso; rugoso.

wrist /rɪst/ *n.* (*anat.*) polso.

wristband /ˈrɪstbænd/ *n.* ***1*** polsino (*di camicia*) ***2*** cinturino (*di orologio*).

wristlet /ˈrɪstlət/ *n.* braccialetto.

wristwatch /ˈrɪstwɒtʃ, *USA* -wɔːtʃ/ *n.* orologio da polso.

writ (**1**) /rɪt/ *n.* (*leg.*) mandato; ordinanza: **to serve a w. on sb.**, notificare un mandato a q.

writ (**2**) /rɪt/ *a.* — (*form. o lett.*) **w. large**, su grande scala.

to **write** /raɪt/ (*pass.* **wrote**, *p.p.* **written**) *v. t. e i.* scrivere; (*mus.*) comporre: **to w. a letter** [**a novel**], scrivere una lettera [un romanzo]; **to w. a report**, stendere una relazione; **to w. a cheque**, fare un assegno; **He writes to me** (*USA* **writes me**) **once a month**, mi scrive una volta al mese; **How do you w. his name?**, come si scrive il suo nome?; **to w. in ink**, scrivere a penna; **to w. for a living**, fare lo scrittore di mestiere; **I'll w. (away) for the catalogue**, scriverò per farmi mandare il catalogo • **His guilt was written all over him**, gli si leggeva in faccia che era colpevole □ (*fam.*) **nothing to w. home about**, niente di speciale.

♦ **write about** *v. i. + prep.* scrivere di; descrivere.

♦ **write back** *v. i. + avv.* rispondere (*per lettera*).

♦ **write down** *v. t. + avv.* ***1*** prendere nota di; annotare; scrivere; buttar giù ***2*** classificare (*q. o q.c. in un dato modo*): **I wrote him down as a complete fool**, lo classificai come uno sciocco patentato ***3*** (*fin.*) svalutare (*azioni, titoli*) ***4*** (*market.*) ribassare (*merci*).

♦ **write in** *v. t. + avv.* ***1*** inserire (*in uno scritto*); aggiungere; scrivere ***2*** scrivere (*a un giornale, a un programma televisivo, ecc.*).

♦ **write in for** *v. i. + avv.* scrivere (*a una ditta*) per ordinare (q.c.).

♦ **write off** *v. t. + avv.* ***1*** scrivere con facilità; buttar giù ***2*** (*comm.*) cancellare, annullare (*un debito, ecc.*) ***3*** considerare fallito (*o* finito, spacciato) ***4*** escludere; considerare come escluso: **to w. sb. off as a possible candidate**, escludere q. come possibile candidato ***5*** (*fam., specialm. GB*) distruggere, sfasciare (*un'automobile*).

♦ **write out** *v. t. + avv.* ***1*** scrivere per esteso ***2*** trascrivere ***3*** compilare.

♦ **write up** *v. t. + avv.* ***1*** aggiornare; completare ***2*** recensire (*una commedia, ecc.*) ***3*** (*fin., econ.*) rivalutare.

write-in /ˈraɪtɪn/ *n.* (*USA*) voto (*dato scrivendo il nome del candidato*).

write-off /ˈraɪtɒf, *USA* -ɔːf/ *n.* ***1*** (*comm.*) cancellazione (*di un credito*); debito cancellato ***2*** (*fam., specialm. GB*) cosa da buttare (*perché a pezzi*); macchina sfasciata; rottame.

writer /ˈraɪtə(r)/ *n.* ***1*** chi scrive; scrivente: **the w. of this letter**, lo scrivente ***2*** scrittore (-trice); autore (-trice): **a good w.**, un bravo scrittore; **a w. of thrillers**, un autore di thriller ***3*** scrivano; copista • (*med.*) **w.'s cramp**, crampo dello scrivano.

write-up /ˈraɪtʌp/ *n.* ***1*** recensione; critica ***2*** (*fin., econ.*) rivalutazione.

to **writhe** /raɪð/ *v. i.* contorcersi; dibattersi • **to w. with embarrassment**, morire dall'imbarazzo.

writing /ˈraɪtɪŋ/ *n.* ***1*** 🆄 scrittura; grafia: **His w. is very clear**, la sua scrittura è molto chiara; **in my own w.**, scritto di mio pugno ***2*** 🆄 testo scritto; scritto: **There was some w. on the cover of the book**, c'erano delle parole scritte sulla copertina del libro; **a fine piece of w.**, un esempio di bello stile letterario; (*giorn.*) un bel pezzo ***3*** (*al pl.*) scritti; opere letterarie: **the writings of Milton**, le opere di Milton • **w.-case**, nécessaire per la corrispondenza □ **w. desk**, scrivania; scrittoio □ **The w. is on the wall**, la fine è vicina □ **w. paper**, carta da lettere; carta da scrivere □ **w. table**, scrivania; scrittoio □ **I haven't done much w. today**, oggi non ho scritto molto □ **in w.**, per iscritto: **to put st. in w.**, mettere q.c. per iscritto; **I'd like it in w.**, vorrei che fosse messo per iscritto □ (*comm.*) **an order in w.**, un ordine scritto.

written /ˈrɪtn/ ***A*** *p.p. di* **to write** ***B*** *a.* scritto: **the w. language**, la lingua scritta; **badly-w.**, scritto male; **He wants a w. apology**, vuole le scuse per iscritto.

wrong (**1**) /rɒŋ, *USA* rɔːŋ/ *a.* ***1*** errato; sbagliato; scorretto; inesatto: **Your answer is w.**, la tua risposta è sbagliata; **to be w.**, essere in errore; sbagliare, sbagliarsi; aver torto, far male (a): **You are w. in thinking that...**, sbagli (*o* hai torto) a credere che... ***2*** ingiusto; malfatto; riprovevole: **It was w. of you to say that**, hai fatto male a dire così; **Telling lies is w.**, non si deve mentire ***3*** inopportuno; sconveniente: **He always says the w. thing**, dice sempre cose inopportune; parla sempre a sproposito ***4*** che non funziona; che non va: **Something's wrong with the TV**, il televisore ha qualcosa che non va; **What's wrong?**, che cosa c'è che non va?; che cos'hai?; **What's w. with your hand?**, che ti sei fatto alla mano?; **What's w. with Joan?**, che cos'ha Joan che non va?; **What's w. with a bit of fun?**, che c'è di male a divertirsi un po'? • **w.-headed**, ostinato nell'errore; pervicace □ **w. side**, rovescio □ **w. side out**, (*di indumento, ecc.*) a rovescio □ **to catch sb. on the w. foot**, cogliere q.c. in contropiede □ (*fam.*) **to get hold of the w. end of the stick**, capire fischi per fiaschi □ **to get out of bed on the w. side**, alzarsi di cattivo umore □ (*telef.*) **You've got the w. number**, ha sbagliato numero □ **to prove sb. w.**, dimostrare che q. ha torto □ **That was the w. thing to do**, quella era l'ultima cosa da fare.

wrong (**2**) /rɒŋ, *USA* rɔːŋ/ *avv.* erroneamente; nel modo sbagliato; male: **to answer w.**, dare una risposta errata • **to get sb.** [**st.**] **w.**, capire male q. [q.c.]; fraintendere q. [q.c.] □ **You've got it all w.**, non hai capito niente □ **to go w.**, sbagliar strada; sbagliarsi, fare un errore; (*di piano, ecc.*) finire male, fallire; (*di meccanismo*) guastarsi, incepparsi; (*antiq.*) prendere una cattiva strada: **You can't go w.**, non puoi sbagliarti; **Something must have gone w. with the pump**, deve esserci stato un guasto alla pompa □ **to guess w.**, sbagliare; non indovinare.

wrong (**3**) /rɒŋ, *USA* rɔːŋ/ *n.* ***1*** 🆄 male; peccato; azione disonesta: **to know right from w.**, distinguere il bene dal male ***2*** torto; ingiustizia; (*leg.*) (atto) illecito: **to be in the w.**, avere torto; **to do sb. a great w.**, fare un grave torto a q. • **to put sb. in the w.**, mettere q. dalla parte del torto.

to **wrong** /rɒŋ, *USA* rɔːŋ/ *v. t.* fare torto a.

wrongdoer /ˈrɒŋduə(r), *USA* ˈrɔːŋ-/ *n.* malfattore (-trice).

wrongdoing /ˈrɒŋduːɪŋ, *USA* ˈrɔːŋ-/ *n.* 🆄 *e* 🅲 trasgressione; infrazione; (atto) illecito.

to **wrong-foot** /rɒŋˈfʊt, *USA* rɔːŋ-/ *v. t.* (*sport e fig.*) prendere in contropiede; spiazzare.

wrongful /ˈrɒŋfl, *USA* ˈrɔːŋ-/ *a.* ***1*** ingiusto; iniquo ***2*** illegale; illegittimo; illecito.

wrongly /ˈrɒŋlɪ, *USA* ˈrɔːŋ-/ *avv.* ***1*** erroneamente; male ***2*** a torto; ingiustamente.

wrote /rəʊt/ *pass. di* **to write**.

wrought /rɔːt/ *a.* (*antiq. o lett.*) lavorato; battuto: **w. iron**, ferro battuto.

wrung /rʌŋ/ *pass. e p.p. di* **to wring**.

wry /raɪ/ *a.* ironico; beffardo • **to make a wry face**, fare una smorfia (*di disappunto, disgusto, ecc.*).

wryneck /ˈraɪnɛk/ *n.* (*zool.*) torcicollo.

x, X

X, **x** /ɛks/ *n.* (*pl.* **X's, x's**; **Xs, xs**) ***1*** X, x ***2*** (*mat.*) x ● (*antiq. o fam.*) **X film**, film vietato ai minori di 18 anni □ (*telef.*) x **for X-ray**, x come Xanthia □ (*antiq. o fam., di film*) **X--rated**, vietato ai minori di 18 anni ● (*biol.*) **X cromosome**, cromosoma X □ **X marks the spot**, il punto è segnato con una croce □ **Mr** [**Mrs**] **X**, il signor [la signora] X.
xenophobe /ˈzɛnəfəʊb/ *n.* (*form.*) xenofobo (-a).
xenophobia /zɛnəˈfəʊbɪə/ *n.* Ⓤ xenofobia.
xenophobic /zɛnəˈfəʊbɪk/ *a.* xenofobico.
xerox, **Xerox** ® /ˈzɪərɒks, ˈzɛr-, *USA* ˈzɪr-, ˈziːr-/ *n.* fotocopia.
to **xerox** /ˈzɪərɒks, ˈzɛr-, *USA* ˈzɪr-, ˈziːr-/ *v. t. e i.* fotocopiare.
Xmas /ˈkrɪsməs, ˈɛksməs/ *n.* (*abbr. fam. scritta di* **Christmas**) Natale.
X-ray /ˈɛksreɪ/ *n.* Ⓒ ***1*** (*al pl.*) (*fis., med.*) raggi X ***2*** (*med.*) radiografia.
to **x-ray**, to **X-ray** /ˈɛksreɪ/ *v. t.* (*med.*) ***1*** radiografare ***2*** trattare con raggi X.
xylography /zaɪˈlɒgrəfɪ/ *n.* Ⓤ xilografia.
xylophone /ˈzaɪləfəʊn/ *n.* Ⓒ (*mus.*) xilofono.
xylophonist /zaɪˈlɒfənɪst/ *n.* Ⓒ (*mus.*) xilofonista.

y, Y

Y, y /waɪ/ ***A*** *n.* (*pl.* **Y's, y's; Ys, ys**) Y, y ***B*** *a. attr.* a forma di ipsilon; a ipsilon • (*biol.*) **Y. chromosome**, cromosoma Y □ (*telef.*) **y for yellow** (*USA* **for Yankee**), y come York.
yacht /jɒt/ *n.* (*naut.*) panfilo; yacht • **y. club**, circolo nautico.
yachting /ˈjɒtɪŋ/ *n.* 🅄 nautica da diporto • **to go y.**, andare in yacht; fare una crociera su uno yacht.
yachtsman /ˈjɒtsmən/ *n.* (*pl.* **yachtsmen** /-mən/) proprietario (*o* comandante) di panfilo.
yack, to **yack** /jæk/ *V.* **yak (2)**, **to yak**.
yahoo /jəˈhuː/ *n.* bruto; zoticone.
yak (1) /jæk/ *n.* (*zool.*) yak; bue tibetano.
yak (2) /jæk/ *n.* (*fam. spreg.*) chiacchierata; cicalata.
to **yak** /jæk/ *v. i.* (*fam. spreg.*) chiacchierare; cicalare.
yam /jæm/ *n.* (*bot.*) ***1*** igname ***2*** (*USA*) patata dolce; batata.
to **yammer** /ˈjæmə(r)/ *v. i.* (*fam. specialm. USA*) chiacchierare; ciarlare.
Yank /jæŋk/ (*fam.*) *V.* **Yankee**.
yank /jæŋk/ *n.* (*fam.*) strappo; strattone.
to **yank** /jæŋk/ *v. t. e i.* (*fam.*) strappare; dare uno strattone (a).
Yankee /ˈjæŋkɪ/ *n. e a.* ***1*** yankee; americano ***2*** (*stor.*) nordista.
yap /jæp/ *n.* (*spreg.*) ***1*** guaito ***2*** 🅄 (*fam.*) chiacchiere; ciarle.
to **yap** /jæp/ *v. i.* (*spreg.*) ***1*** guaire ***2*** (*fam.*) chiacchierare; ciarlare.
yard (1) /jɑːd/ *n.* ***1*** iarda (*misura di lunghezza*) ***2*** (*naut.*) pennone.
yard (2) /jɑːd/ *n.* ***1*** recinto; cortile ***2*** (*ferr.*) scalo ferroviario ***3*** (*naut.*) arsenale; cantiere • (*fam. GB*) **the Y.**, Scotland Yard (*sede centrale della polizia londinese*) □ (*USA*) **y. sale**, vendita di oggetti di cui ci si vuole liberare (*generalm. fatta nel giardino di casa*) □ **builder's y.**, cantiere edile.
yardage /ˈjɑːdɪdʒ/ *n.* 🅄 misurazione in iarde; superficie in iarde quadrate.
yardarm /ˈjɑːdɑːm/ *n.* (*naut.*) varea.
yardstick /ˈjɑːdstɪk/ *n.* metro (*fig.*); criterio; parametro.
yarn /jɑːn/ *n.* ***1*** 🅄 (*ind. tess.*) filo; filato ***2*** (*fam.*) storia (*generalm. avventurosa o improbabile*); racconto: **to spin a y.**, raccontare una storia; raccontare una frottola.
to **yarn** /jɑːn/ *v. i.* (*fam.*) raccontare storie.
yarrow /ˈjærəʊ/ *n.* 🅄 (*bot.*) millefoglie.
yaw /jɔː/ *n.* ***1*** (*naut.*) straorzata ***2*** (*aeron.*) imbardata.
to **yaw** /jɔː/ *v. i.* ***1*** (*naut.*) straorzare ***2*** (*aeron.*) imbardare.
yawl /jɔːl/ *n.* (*naut.*) ***1*** iole ***2*** barca a remi; scialuppa.
yawn /jɔːn/ *n.* ***1*** sbadiglio ***2*** (*fam.*) cosa noiosa; pizza; mortorio.
to **yawn** /jɔːn/ *v. i.* ***1*** sbadigliare ***2*** (*di voragine, ecc.*) aprirsi; spalancarsi.
yawning /ˈjɔːnɪŋ/ *a.* ***1*** che sbadiglia ***2*** (*di voragine, ecc.*) spalancato.
yaws /jɔːz/ *n. pl.* (*med.*) framboesia.
ye (1) /jiː/ *pron. pers.* (*poet.*) voi.
ye (2) /jiː/ *art. determ.* (*arc. o nelle insegne di negozi*) il, lo; la; i, gli; le.
yea /jeɪ/ ***A*** *avv.* (*antiq.*) ***1*** sì ***2*** anzi; addirittura ***B*** *n.* sì; voto favorevole: **yeas and nays**, voti favorevoli e voti contrari.
yeah /jɛə/ *avv.* (*fam.*) sì.
year /jɪə(r), jɜː(r)/ *n.* ***1*** anno; annata: **this [last, next] y.**, quest'anno [l'anno scorso, l'anno prossimo]; **I haven't seen him for years**, non lo vedo da anni; **a bad y.**, una brutta annata; un'annata cattiva; **school y.**, anno scolastico; **financial y.**, anno finanziario; **in the y. 1861**, nell'anno 1861; **the y. after next** (*o* **in two years' time**), fra due anni; **the y. before last** (*o* **two years ago**), due anni fa ***2*** (*al pl.*) anni; età: **to be just three years old** (*o* **three years of age**), avere appena tre anni; **a five-y. guarantee**, una garanzia di cinque anni • **y. after y.**, anno dopo anno □ **y.-long**, che dura da un anno; lungo un anno □ **y.-round**, che dura tutto l'anno □ **y. by y.** (*o* **every y.**), ogni anno □ **y. in, y. out**, un anno dopo l'altro □ **all (the) y. round**, per tutto l'anno □ **from y. to y.**, di anno in anno; col passare degli anni □ **leap y.**, anno bisestile □ **New Y.'s Day**, Capodanno □ **over the years**, con gli anni □ **to put years on [to take years off] sb.**, invecchiare [ringiovanire] q. □ (*fam.*) **since the y. dot**, da sempre.
yearbook /ˈjɪəbʊk, ˈjɜː-/ *n.* annuario.
yearling /ˈjɪəlɪŋ, ˈjɜː-/ *n.* animale (*specialm. cavallo*) di un anno.
yearly /ˈjɪəlɪ, ˈjɜː-/ ***A*** *a.* annuale • **on a y. basis**, su base annuale; annualmente; ogni anno ***B*** *avv.* annualmente; ogni anno; tutti gli anni.
to **yearn** /jɜːn/ *v. i.* agognare; anelare; bramare: **to y. to be home**, desiderare ardentemente di essere di nuovo a casa; **to y. after** (*o* **for**) **st.**, bramare q.c.
yearning /ˈjɜːnɪŋ/ ***A*** *n.* 🅄 *e* 🄲 desiderio ardente; brama ***B*** *a.* bramoso; desideroso.
yeast /jiːst/ *n.* 🅄 fermento; lievito.
yeasty /ˈjiːstɪ/ *a.* simile a lievito; che sa di lievito.
yell /jɛl/ *n.* grido; urlo.
to **yell** /jɛl/ *v. i. e t.* gridare; urlare • **to y. out an order**, urlare un ordine □ **to y. with laughter**, ridere fragorosamente.
yellow /ˈjɛləʊ/ ***A*** *a.* ***1*** giallo ***2*** (*pop.*) codardo; vile ***B*** *n.* 🅄 giallo • (*calcio*) **y. card**, cartellino giallo □ (*med.*) **y. fever**, febbre gialla □ **Y. Pages**, pagine gialle □ **to turn y.**, ingiallire.
to **yellow** /ˈjɛləʊ/ *v. t. e i.* ingiallire: **yellowed with age**, ingiallito dal tempo.
yellowish /ˈjɛləʊwɪʃ/, **yellowy** /ˈjɛləʊɪ/ *a.* giallastro; giallognolo; gialliccio.
yelp /jɛlp/ *n.* guaito; uggiolio.
to **yelp** /jɛlp/ *v. i.* guaire; uggiolare.
yen (1) /jɛn/ *n.* (*pl. invar.*) yen (*unità monetaria giapponese*).
yen (2) /jɛn/ *n.* (*fam.*) forte desiderio; gran voglia.
to **yen** /jɛn/ *v. i.* (*fam.*) — **to yen for**, avere una gran voglia di; desiderare ardentemente.
yeoman /ˈjəʊmən/ *n.* (*pl.* **yeomen** /-mən/) ***1*** (*GB, specialm. lett.*) piccolo proprietario terriero ***2*** (*naut., GB*) sottufficiale addetto alle segnalazioni; (*USA*) sottufficiale addetto al servizio amministrativo di bordo • **Y. of the Guard**, guardia del corpo reale; guardiano della Torre di Londra.
yeomanry /ˈjəʊmənrɪ/ *n.* 🅄 (*GB, specialm. lett.*) (la) classe dei piccoli proprietari terrieri.
yep /jɛp, jʌp/ *avv.* (*fam.*) sì.
yes /jɛs/ *avv. e n.* sì: **to answer [to say] yes**, rispondere [dire] di sì; **«More coffee?» «Yes, please»**, «ancora un po' di caffè?» «sì, grazie»; **«You didn't do it» «Yes, I did»**, «non l'hai fatto» «sì, invece» • **Yes indeed!**, eccome! □ **Yes, madam**, sissignora! □ (*fam.*) **yes-man**, tirapiedi; yes-man □ **Yes, sir!**, sissignore! □ **a yes vote**, un voto favorevole; un sì.
yesterday /ˈjɛstədeɪ, -dɪ/ *avv. e n.* ieri: **What day was y.?**, che giorno era ieri?; **y.'s newspaper**, il giornale di ieri • **y. afternoon [evening]**, ieri pomeriggio [sera] □ **y. morning**, ieri mattina □ **the day before y.**, ieri l'altro □ **up until y.**, fino a ieri.
yesteryear /ˈjɛstəˈjɪə(r), -ˈjɜː(r)/ *n.* (*poet.*) il tempo andato; il passato.
yet /jɛt/ ***A*** *avv.* ***1*** (*in frasi neg.*) ancora; finora: **He hasn't shown up yet**, non si è ancora fatto vedere; finora non si è fatto vedere; **It's not yet time**, non è ancora il momento; **Not yet**, non ancora ***2*** (*in frasi interr.*) già: **Has the post arrived yet?**, è già arrivata la posta? ***3*** ancora: **She may come yet**, potrebbe ancora venire; **I have yet to make up my mind**, devo ancora decidere; **There's a lot to be done yet**, c'è ancora molto da fare ***4*** a tutt'oggi; finora: **his best**

novel yet, a tutt'oggi il suo miglior romanzo ***B*** *cong.* (*anche* **and yet**) eppure; tuttavia; però: **It is strange, yet true**, è strano, ma è vero • **yet again**, di nuovo □ **yet another**, un altro: **yet another reason not to go**; un altro motivo (*o* un motivo in più) per non andare □ **as yet**, finora, sinora □ **not just yet**, non ancora □ (*antiq.*) **nor yet**, e neppure; e nemmeno; e neanche: **He did not come, nor yet write**, non venne e neanche scrisse □ **worse yet**, peggio ancora.

yeti /ˈjɛtɪ/ *n.* yeti.

yew /juː/ *n.* [C] *e* [U] (*bot.*) tasso.

Yiddish /ˈjɪdɪʃ/ *n.* [U] yiddish.

yield /jiːld/ *n.* [C] *e* [U] ***1*** prodotto; raccolto: **a good y. of wheat**, un buon raccolto di frumento ***2*** (*ind. agric.*) rendimento; resa; produzione ***3*** (*fin.*) rendita; reddito; frutto ***4*** (*fisc.*) gettito.

to **yield** /jiːld/ ***A*** *v. t.* ***1*** produrre; fruttare; dare; rendere: **to y. a good crop**; dare un buon raccolto; **to y. ten per cent**, fruttare il dieci per cento ***2*** (*form.*) cedere; lasciare; abbandonare: **to y. ground**, cedere terreno; **to y. a position to the enemy**, abbandonare una posizione al nemico • (*lett.*) **to y. up the ghost**, rendere l'anima; morire ***B*** *v. i.* ***1*** (*form.*) cedere; arrendersi ***2*** cedere (*sotto un peso, una pressione*) ***3*** (*autom., USA*) dare la precedenza; rallentare per lasciarsi sorpassare • **to y. to persuasion**, lasciarsi convincere.

yielding /ˈjiːldɪŋ/ *a.* ***1*** cedevole; flessibile ***2*** arrendevole; docile.

yippee /ˈjɪpiː/ *inter.* (*fam.*) urrà!; evviva!

yob /jɒb/, **yobbo** /ˈjɒbəʊ/ *n.* (*fam. GB*) cafone; giovinastro; teppista.

yodel /ˈjəʊdl/ *n.* (*mus.*) jodel.

to **yodel** /ˈjəʊdl/ *v. i.* (*mus.*) cantare facendo lo jodel.

yoga /ˈjəʊgə/ *n.* [U] yoga.

yoghurt /ˈjɒgət, *USA* ˈjəʊ-/ *n.* [U] yogurt.

yogi /ˈjəʊgɪ/ *n.* maestro di yoga; yog(h)in.

yoke /jəʊk/ *n.* ***1*** (*anche fig.*) giogo ***2*** (*di abito*) sprone; carré • **y. of oxen**, coppia di buoi aggiogati.

to **yoke** /jəʊk/ *v. t.* (*anche* **to y. together**) mettere il giogo a (*buoi, ecc.*); aggiogare.

yokel /ˈjəʊkl/ *n.* (*spreg. o scherz.*) campagnolo; bifolco; villano.

yolk /jəʊk/ *n.* [C] *e* [U] tuorlo; rosso d'uovo.

yonder /ˈjɒndə(r)/ (*arc.*) ***A*** *a.* quello ***B*** *avv.* là; laggiù; lassù.

yonks /jɒŋks/ *n.* (*pop. GB*) un'eternità; secoli: **I haven't seen her for y.**, non la vedo da un'eternità.

yore /jɔː(r)/ *n.* [U] — (*lett.*) (**in days**) **of y.**, in passato; anticamente.

you /juː, jʊ, jə/ ***A*** *pron. pers. 2ª pers. pl. e sing.* ***1*** voi, ve, vi; tu, te, ti; lei, loro (*forme di cortesia*): **What do you want?**, che cosa volete?; che cosa vuoi?; **Does she know you?**, ti [vi]conosce?; **It's for you**, è per voi; è per te; **You are very kind, Sir**, lei è molto gentile, signore ***2*** (*escl.*) — **You fool!**, stupido!; **You darling!**, tesoro!; caro!, cara! ***B*** *pron. impers.* — **You never can tell**, non si sa mai; **It is easier to cycle with the wind behind you**, è più facile pedalare col vento dietro di sé (*o* alle spalle) • (*fam.*) **you-know-what**, quella cosa lì; sai che cosa □ (*fam.*) **you-know-where**, nel posto che tu sai □ (*fam.*) **you-know-who**, sai chi voglio dire □ **all of you** (*o* **you all**), voi tutti; tutti voi; voialtri: **You are all welcome**, siete (tutti) i benvenuti □ **if I were you**, se fossi in te □ **the rest of you**, voi altri.

you'd /juːd, jʊd, jəd/ *contraz. di* **you had**; **you would**.

you'll /juːl, jʊl, jəl/ *contraz. di* **you will**; **you shall**.

young /jʌŋ/ ***A*** *a.* ***1*** giovane; piccolo: **y. man**, uomo giovane; giovanotto; **y. girl** [**boy**], ragazzina [ragazzino]; **y. lady**, signorina; **y. people**, i giovani; **He's too y. to go to school**, è troppo piccolo per andare a scuola ***2*** giovanile; di (*o* da) ragazzo; di (*o* da) ragazza: **to look y.**, avere un aspetto giovanile • **y. at heart**, giovane di spirito □ (*leg.*) **y. offender**, delinquente minorile □ **the y. ones**, i bambini □ **y. vegetables**, verdura fresca □ (*stor. e fig.*) **y. Turks**, giovani turchi □ **younger brother** [**sister**], fratello [sorella] minore □ **the younger generation**, la nuova generazione □ (*stor.*) **the younger Pitt** (*o* **Pitt the Younger**), Pitt il Giovane □ **in my y. days**, quando ero giovane; ai miei tempi; in gioventù □ **with y.**, (*di femmina d'animale*) gravida; pregna □ **Do you mean y. Smith or his father?**, vuoi dire Smith figlio o il padre? □ **He is a year younger than his brother**, ha un anno in meno di suo fratello □ **Ann is the youngest in the family**, Ann è la più piccola della famiglia ***B*** *n.* — (*collett.*) **the y.**, i giovani; la gioventù; (*di animale*) i piccoli, la prole.

youngish /ˈjʌŋɪʃ/ *a.* piuttosto giovane; giovanile all'aspetto.

youngster /ˈjʌŋstə(r)/ *n.* ragazzo.

your /jɔː(r), jə(r), *USA* jʊə(r), jə(r)/ ***A*** *a. poss.* vostro (-a); vostri (-e); tuo (-a); tuoi, tue; suo (-a), suoi, sue, loro (*forme di cortesia*): **y. father and mother**, tuo padre e tua madre; **How is y. daughter, Mrs Jones?**, come sta sua figlia, signora Jones? ***B*** *a. indef.* — **You cannot alter y. nature**, non si può cambiare il proprio carattere; **It's bad for y. health**, fa male alla salute • **y. own**, tuo, proprio tuo; vostro, proprio vostro.

you're /jɔː(r), jə(r), *USA* jʊə(r), jə(r)/ *contraz. di* **you are**.

yours /jɔːz, *USA* jʊəz/ *pron. poss.* (il) vostro, (la) vostra, (i) vostri, (le) vostre; (il) tuo, (la) tua, (i) tuoi, (le) tue; (il) suo, (la) sua, (i) suoi, (il, la, i, le) loro (*forme di cortesia*): **This book is y.**, questo libro è tuo; **that book of y.**, quel tuo libro; **my children and y.**, i miei bambini e i vostri; **Isn't that boy a student of y., Mr Black?**, non è un suo studente, quel ragazzo, Mr Black? • (*nelle lettere*) **Y., Mary**, tua Mary □ (*fam. scherz.*) **y. truly**, il sottoscritto.

yourself /jəˈsɛlf, jɔː-, *USA* jə-, jʊə-/ (*pl.* **yourselves** /-sɛlvz/) ***A*** *pron. rifl.* te stesso (-a), te, ti; voi stessi (-e), vi; lei stesso (-a), si (*forme di cortesia*): **You're looking very pleased with y.**, sembri molto soddisfatto di te; **Don't tire yourselves too much**, non stancatevi troppo ***B*** *pron. enfatico* tu stesso (-a); voi stessi (-e); lei stesso (-a); proprio tu [voi, lei]: **Do it y.**, fallo tu stesso!; **You told me y.**, me l'hai raccontato proprio tu • **by y.**, da te, da sé; da solo (-a); senz'aiuto; solo (-a): **Did you do it by y., Miss Brown?**, l'ha fatto da sé, Miss Brown? □ **Were you** (**all**) **by y.?**, eri solo? □ **by yourselves**, da soli (-e); senz'aiuto; soli (-e); senza compagnia □ **Please y.!**, fa' come ti pare! □ **You are not quite y. tonight**, non sei del solito umore stasera.

youth /juːθ/ *n.* ***1*** [U] gioventù; giovinezza: **in one's y.**, in gioventù ***2*** (*col verbo al sing. o al pl.*) gioventù; (i) giovani ***3*** adolescente; ragazzo • **y. hostel**, ostello della gioventù □ **y. unemployment**, la disoccupazione giovanile.

youthful /ˈjuːθfl/ *a.* ***1*** giovane ***2*** giovanile; di gioventù.

you've /juːv, jʊv, jəv/ *contraz. di* **you have**.

yowl /jaʊl/ *n.* ***1*** gnaulio ***2*** ululato.

to **yowl** /jaʊl/ *v. i.* ***1*** gnaulare ***2*** ululare.

yo-yo /ˈjəʊjəʊ/ *n.* jo-jo (*giocattolo*).

yucca /ˈjʌkə/ *n.* (*bot.*) iucca.

yuck /jʌk/, **yucky** /ˈjʌkɪ/ *V.* **yuk**, **yukky**.

Yugoslav /ˈjuːgəʊslɑːv, *USA* juːgəʊˈslɑːv, -ˈslæv/ *a. e n.* iugoslavo.

yuk /jʌk/ *inter.* (*fam.*) puah!; che schifo!

yukky /ˈjʌkɪ/ *a.* (*fam.*) schifoso; che fa schifo.

yule /juːl/ *n.* [U] (*antiq.*) Natale; feste natalizie • **y. log**, ceppo di Natale.

yuletide /ˈjuːltaɪd/ *n.* (*specialm. poet.*) periodo natalizio.

yummy /ˈjʌmɪ/ *a.* (*fam.*) delizioso; squisito.

yum yum /ˈjʌmˈjʌm/ *inter.* (*fam.*) gnam gnam.

yuppie, **yuppy** /ˈjʌpɪ/ *n.* yuppie.

z,Z

Z, z /zɛd, *USA* ziː/ ***A*** *n.* (*pl.* **Z's, z's**; **Zs, zs**) Z, z ***B*** *a. attr.* a forma di z • (*telef.*) **z for zebra**, zeta come Zara.
zany /ˈzeɪnɪ/ *a.* strambo; comico; assurdo.
to **zap** /zæp/ (*pop.*) ***A*** *v. t.* ***1*** attaccare e distruggere; far fuori ***2*** colpire; centrare: **He zapped me with his water pistol**, mi colpì con la sua pistola ad acqua ***3*** (*elab.*) cancellare ***4*** (*USA*) cuocere in un forno a microonde ***B*** *v. i.* ***1*** andare a tutta velocità ***2*** (*TV*) cambiare continuamente canale; fare zapping.
zeal /ziːl/ *n.* ▣ zelo; ardore; fervore; entusiasmo.
zealot /ˈzɛlət/ *n.* fanatico (-a).
zealotry /ˈzɛlətrɪ/ *n.* ▣ fanatismo.
zealous /ˈzɛləs/ *a.* zelante.
zebra /ˈzɛbrə, ˈziː-/ *n.* (*zool.*) zebra • **z. crossing**, zebre; passaggio pedonale.
zebu /ˈziːbuː/ *n.* (*zool.*) zebù.
zed /zɛd/ (*GB*), **zee** /ziː/ (*USA*) *n.* zeta (*la lettera*).
Zen /zɛn/ *n.* (*relig.*) zen.
zenith /ˈzɛnɪθ, *USA* ˈziː-/ *n.* ***1*** (*astron.*) zenit ***2*** apice; culmine; vertice: **to be at the z. of one's career**, essere all'apice della propria carriera.
zephyr /ˈzɛfə(r)/ *n.* (*poet.*) brezza, venticello.
zero /ˈzɪərəʊ, ˈzɪr-, *USA* ˈzɪr-, ˈziːr-/ *a. e n.* (*pl.* **zeros, zeroes**) (*mat., fis.*) zero • **z. growth**, crescita zero □ (*mil. e fig.*) **z. hour**, l'ora zero □ **above [below] z.**, sopra [sotto] zero □ **to fall to z.**, scendere a zero gradi □ **to set a counter to z.**, azzerare un contatore.
to **zero** /ˈzɪərəʊ, ˈzɪr-, *USA* ˈzɪr-, ˈziːr-/ *v. t.* azzerare (*uno strumento e sim.*).
♦ **zero in on** *v. i. + avv. e prep.* ***1*** puntare (*un'arma da fuoco*) su (*un bersaglio*) ***2*** (*fam. fig.*) concentrare l'attenzione su; puntare su; concentrarsi su.
zest /zɛst/ *n.* ▣ ***1*** aroma; gusto; sapore piccante ***2*** nota piccante: **to add (a) z. to st.**, aggiungere una nota piccante a q.c. ***3*** (*cucina*) buccia grattugiata (*di limone o arancia*) ***4*** entusiasmo; ardore: **z. for life**, gioia di vivere.
zigzag /ˈzɪgzæg/ ***A*** *n.* ***1*** (linea a) zigzag ***2*** (*anche* **z. road**) strada a zigzag ***B*** *a. attr. e avv.* a zigzag.
to **zigzag** /ˈzɪgzæg/ *v. i.* andare a zigzag; zigzagare: **to z. up [down, across, etc.]**, salire [scendere, attraversare] a zigzag.
zilch /zɪltʃ/ *n.* (*pop. USA*) zero; niente; un bel niente.
zillion /ˈzɪljən/ *n.* (*fam. USA*) fantastilione; fantastiliardo.
Zimmer (frame) ® /ˈzɪmə(r) (freɪm)/ *n.* (*GB*) deambulatore.
zinc /zɪŋk/ *n.* ▣ (*chim.*) zinco.
zing /zɪŋ/ *n.* ***1*** sibilo (*di proiettile, ecc.*) ***2*** ▣ (*fam. USA*) dinamismo; vitalità; verve.
to **zing** /zɪŋ/ *v. i.* (*fam.*) ***1*** sibilare ***2*** saettare; sfrecciare.
zinnia /ˈzɪnɪə/ *n.* (*bot.*) zinnia.
Zionism /ˈzaɪənɪzəm/ *n.* ▣ (*polit.*) sionismo.
Zionist /ˈzaɪənɪst/ (*polit.*) ***A*** *n.* sionista ***B*** *a.* sionistico.
zip /zɪp/ *n.* ***1*** ▣ (*fam.*) energia; vigore; verve ***2*** (*anche* **zip fastener**) chiusura lampo • (*USA*) **zip code**, codice (di avviamento) postale.
to **zip** /zɪp/ ***A*** *v. t.* aprire (*o* chiudere) con una chiusura lampo ***B*** *v. i.* fischiare; sibilare.
♦ **zip open** *v. t. + avv.* aprire (con una chiusura lampo).
♦ **zip shut** (*o* **up**) *v. t. + avv.* chiudere (con una chiusura lampo).
zipper /ˈzɪpə(r)/ *n.* (*USA*) chiusura lampo.
zippy /ˈzɪpɪ/ *a.* (*fam.*) attivo; dinamico; scattante; pieno di verve.
zircon /ˈzɜːkɒn/ *n.* ▣ (*miner.*) zircone.
zit /zɪt/ *n.* (*fam.*) brufolo.
zither /ˈzɪðə(r)/ *n.* (*mus.*) cetra.
zodiac /ˈzəʊdɪæk/ *n.* (*astron.*) zodiaco: **the signs of the z.**, i segni dello zodiaco.
zombie /ˈzɒmbɪ/ *n.* zombie; zombi.
zonal /ˈzəʊnl/ *a.* ***1*** zonale; di zona ***2*** diviso in zone.
zone /zəʊn/ *n.* zona; regione: **danger z.**, zona pericolosa; **the frigid [temperate, torrid] z.**, la zona glaciale [temperata, torrida] • **time z.**, fuso orario.
to **zone** /zəʊn/ *v. t.* suddividere in zone; zonizzare.
♦ **zone for** *v. t. + prep.* (*urbanistica*) destinare (*un'area*) a.
zoning /ˈzəʊnɪŋ/ *n.* ▣ suddivisione in zone; zonizzazione.
zonked /zɒŋkt/ *a. pred.* (*anche* **z. out**, *pop.*) ***1*** stanco morto ***2*** drogato; fatto (*pop.*).
zoo /zuː/ *n.* (*pl.* **zoos**) (*fam.*) zoo.
zoological /zəʊəˈlɒdʒɪkl, zʊə-/ *a.* zoologico: **z. gardens**, giardino zoologico.
zoologist /zəʊˈɒlədʒɪst, zʊ-/ *n.* zoologo (-a).
zoology /zəʊˈɒlədʒɪ, zʊ-/ *n.* ▣ zoologia.
zoom /zuːm/ *n.* ***1*** ▣ rombo; ronzio ***2*** (*fotogr., cinem., TV*) zumata • (*fotogr.*) **z. lens**, zoom.
to **zoom** /zuːm/ *v. i.* ***1*** rombare; ronzare ***2*** (*fotogr., cinem., TV*) zumare ***3*** (*fam.*) sfrecciare.
♦ **zoom in** *v. i. + avv.* (*fotogr., cinem., TV*) zumare in avanti: **to z. in on st.**, fare una zumata (*o* zumare) su q.c.; (*fig.*) focalizzarsi su q.c.
♦ **zoom out** *v. i. + avv.* (*fotogr., cinem., TV*) zumare all'indietro.
zoophyte /ˈzəʊəfaɪt, ˈzuːə-/ *n.* (*scient.*) zoofito.
zootechnician /zəʊətɛkˈnɪʃn, zʊə-/ *n.* zootecnico.
Zouave /zuːˈɑːv, ˈzuːɑːv, zwɑːv/ *n.* (*mil.*) zuavo.
zucchini /zʊˈkiːnɪ/ *n.* (*pl.* **zucchini, zucchinis**) (*USA*) zucchina; zucchino.
Zulu /ˈzuːluː/ *n.* zulu, zulù.

DIFFERENCES IN SPELLING BETWEEN BRITISH ENGLISH AND AMERICAN ENGLISH - *DIFFERENZE ORTOGRAFICHE TRA INGLESE BRITANNICO E INGLESE AMERICANO*

1. Le parole che in *GB* terminano in **-re** in *USA* terminano in **-er**

Es.:	*GB* **theatre**	*USA* **theater**	teatro
	GB **centre**	*USA* **center**	centro

2. Le parole che in *GB* terminano in **-our** in *USA* terminano in **-or**

Es.:	*GB* **colour**	*USA* **color**	colore
	GB **flavour**	*USA* **flavor**	gusto
	GB **neighbour**	*USA* **neighbor**	vicino

3. Diverse parole che in *GB* contengono il gruppo **-oul-** in *USA* hanno **-ol-**

Es.:	*GB* **mould**	*USA* **mold**	stampo
	GB **to moult**	*USA* **to molt**	fare la muta

4. Molte parole che in *GB* presentano una doppia **l** o una doppia **p** davanti a un suffisso, in *USA* hanno solo una **l** o una **p**

Es.:	*GB* **traveller**	*USA* **traveler**	viaggiatore
	GB **kidnapping**	*USA* **kidnaping**	rapimento, sequestro
	GB **refuelled**	*USA* **refueled**	rifornito di carburante
	GB **tranquillizer**	*USA* **tranquilizer**	tranquillante
	GB **woollen**	*USA* **woolen**	di lana
	GB **worshipper**	*USA* **worshiper**	adoratore

5. Per converso, diverse parole che in *GB* si scrivono con una sola **l**, in *USA* si scrivono con due

Es.:	*GB* **to fulfil**	*USA* **to fulfill**	adempiere
	GB **to instal**	*USA* **to install**	installare
	GB **instalment**	*USA* **installment**	rata
	GB **skilful**	*USA* **skillfull**	abile

6. Le parole che in *GB* terminano in **-gue** e **-mme** in *USA* terminano in **-g** e **-m**

Es.:	*GB* **catalogue**	*USA* **catalog**	catalogo
	GB **dialogue**	*USA* **dialog**	dialogo
	GB **kilogramme**	*USA* **kilogram**	kilogrammo
	GB **programme**	*USA* **program**	programma

7. I gruppi **ae** e **oe** presenti in *GB* in molti termini scientifici di origine latina e greca in *USA* sono semplificati in **e**. Analogamente **ph** è semplificato in **f**

Es.:	*GB* **anaesthetic**	*USA* **anesthetic**	anestetico
	GB **amoeba**	*USA* **ameba**	ameba
	GB **sulphur**	*USA* **sulfur**	zolfo

8. Diversi sostantivi che in *GB* terminano in **-ce** in *USA* terminano in **-se**

Es.:	*GB* **defence**	*USA* **defense**	difesa
	GB **licence**	*USA* **license**	licenza; permesso
	GB **offence**	*USA* **offense**	offesa
	GB **pretence**	*USA* **pretense**	finzione

9. Gli avverbi e le preposizioni che in *GB* terminano in **-wards** in *USA* terminano in **ward**

Es.:	*GB* **onwards**	*USA* **onward**	in avanti
	GB **towards**	*USA* **toward**	verso

10. In *GB*, accanto alla forma in **-ize** di molti verbi, esiste anche una forma in **-ise**. In *USA* esiste solo la forma in **-ize**

GB **to generalize, to generalise**	*USA* **to generalize**	generalizzare
GB **to aggrandize, to aggrandise**	*USA* **to aggrandize**	ingrandire

ma si notino i seguenti casi:

GB **to advertise**	*USA* **to advertise, to advertize**	reclamizzare
GB **to analyse**	*USA* **to analyze**	analizzare
GB **to paralyse**	*USA* **to paralyze**	paralizzare

11. Si notino inoltre le seguenti differenze:

GB	*USA*	
aeroplane	**airplane**	aeroplano
cheque	**check**	assegno
cosy	**cozy**	accogliente; confortevole
draught	**draft**	corrente d'aria; sorsata; pescaggio
draughtsman	**draftsman**	disegnatore
gaol	**jail**	carcere
grey	**gray**	grigio
kerb	**curb**	bordo del marciapiede
plough	**plow**	aratro
to practise	**to practice**	esercitare
pyjamas	**pajamas**	pigiama
sceptic	**skeptic**	scettico
storey	**story**	piano di edificio
tyre	**tire**	pneumatico
whisky	**whiskey**	whisky

A SHORT BRITISH ENGLISH / AMERICAN ENGLISH DICTIONARY
DIZIONARIETTO INGLESE BRITANNICO / INGLESE AMERICANO

BRITISH ENGLISH	**AMERICAN ENGLISH**	
articulated lorry	**semitrailer**	autoarticolato
aubergine	**eggplant**	melanzana
autumn	**autumn; fall**	autunno
barrister	**attorney**	avvocato
bill	**check**	conto (*al ristorante*)
bin	**garbage can; trash can**	pattumiera
biro	**ballpoint (pen)**	biro
biscuit	**cookie**	biscotto (*dolce*)
blinds	**shades**	tendine avvolgibili
block of flats	**apartment house (*o* building)**	casa di appartamenti
bonnet	**hood**	cofano
boot	**trunk**	bagagliaio (*di auto*)
bowler	**derby**	bombetta
braces	**suspenders**	bretelle
break	**recess**	intervallo (*a scuola*)
breakdown van	**wrecker**	carro attrezzi
built-in wardrobe; built-in cupboard	**closet**	armadio a muro
to buy on hire purchase	**to buy on the installment plan**	acquistare a rate
call box	**telephone booth**	cabina telefonica
call-up	**draft**	chiamata alle armi
car park	**parking lot**	parcheggio
car; motor car	**car; automobile**	automobile
caravan	**trailer**	roulotte
caretaker	**janitor**	portiere
casualty	**emergency room**	pronto soccorso (*di ospedale*)
central reservation	**median strip**	aiuola spartitraffico
chemist	**druggist**	farmacista
chemist's (shop)	**pharmacy; drugstore**	farmacia
chest of drawers	**dresser; bureau**	cassettone
chips	**French fries**	patatine fritte (*a bastoncino*)
cinema	***1* movies**	cinema (*genere*)
	***2* movie theater**	cinema (*locale*)
city centre	**downtown**	centro (*di città*)
cloakroom	**checkroom**	guardaroba (*di locale pubblico*)
clothes peg	**clothespin**	molletta (*per bucato*)
cotton wool	**cotton**	cotone idrofilo
courgettes	**zucchini**	zucchine
court shoes	**pumps**	scarpe scollate
crisps	**chips**	patatine croccanti
current account	**check account**	conto corrente
dinner jacket	**tuxedo**	smoking
draughts (*pl.*)	**checkers** (*pl.*)	dama (*gioco*)
drawing pin	**thumbtack**	puntina da disegno
dressing-gown	**bathrobe**	vestaglia
driving licence	**driver's licence**	patente di guida
dual carriageway	**divided highway**	strada a doppia carreggiata
dummy	**pacifier**	ciuccio
dustbin	**garbage can; trash can**	pattumiera
earth (*elettr.*)	**ground**	terra
engaged (*telef.*)	**busy**	occupato
estate agent	**real estate agent; realtor ®**	agente immobiliare
estate car	**station wagon**	familiare; station-wagon
film	**movie; film**	film
first floor	**second floor**	primo piano
flat	**apartment**	appartamento

flex	**cord**	filo (*di apparecchio elettrico*)
flyover	**overpass**	cavalcavia
football	**soccer**	calcio
form	**grade**	classe (*scolastica*)
full stop	**period**	punto (*segno di interpunzione*)
funfair	**carnival**	luna park
garden	**yard**	giardino di abitazione
gear lever (*o* stick)	**gearshift**	leva del cambio (*autom.*)
gooseflesh; goose pimples (*pl.*)	**goose bumps (*pl.*)**	pelle d'oca
gradient	**grade**	pendenza; inclinazione
green fingers (*pl.*)	**green thumb**	pollice verde
ground floor	**first floor**	pianterreno
haberdashery	**notions (*pl.*)**	merceria (*articoli*)
hairgrip	**bobby pin**	molletta per capelli
handbag	**purse**	borsetta
hoarding	**billboard**	quadro per affissioni; tabellone pubblicitario
holiday	**vacation**	vacanza
ice lolly	**popsicle ®**	ghiacciolo
icing sugar	**confectioner's sugar**	zucchero a velo
ironmonger's (shop)	**hardware store**	ferramenta (*negozio*)
jug	**pitcher**	brocca
ladder	**run**	smagliatura
lawyer	**lawyer; attorney**	avvocato
lay-by	**pull-off**	piazzuola di sosta
to let out	**to rent out**	affittare (*dare in affitto*)
level crossing	**grade crossing**	passaggio a livello
lift	**elevator**	ascensore
lorry	**truck**	autocarro; camion
luggage	**baggage**	bagaglio
mackintosh	**raincoat**	impermeabile
maize	**corn**	granturco
managing director	**president**	amministratore delegato
mileometre	**odometer**	contamiglia
mince	**hamburger (meat)**	carne trita
motorway	**expressway; freeway; superhighway**	autostrada
mudguard	**fender**	parafango (*di bicicletta*)
muesli	**granola**	muesli
nappy	**diaper**	pannolino (*per bambini*)
newsagent	**newsdealer**	giornalaio
numberplate	**license plate**	targa automobilistica
pack (of cards)	**deck (of cards)**	mazzo (di carte)
paraffin	**kerosene**	cherosene
pavement	**sidewalk**	marciapiede
pay rise	**pay raise**	aumento di stipendio
pelmet	**valance**	mantovana
petrol	**gasoline; gas**	benzina
plaster	**Band-Aid ®**	cerotto (medicato)
plimsolls	**sneakers**	scarpe da ginnastica; scarpe da tennis
popper	**snap fastener**	automatico
porter	**janitor**	portiere
post	**mail**	posta
to post	**to mail**	spedire (per posta)
postcode	**zip code**	codice di avviamento postale
postman	**mailman**	postino
power point	**socket; (electric) outlet**	presa elettrica
pram	**baby carriage; baby buggy**	carrozzina
press stud	**snap fastener**	automatico
press-up	**push-up**	flessione sulle braccia
public school	**private school**	scuola privata
purse	**change purse**	portamonete

pushchair	**stroller**	passeggino
railway	**railroad**	ferrovia
return ticket	**round trip ticket**	biglietto di andata e ritorno
reverse charge call	**collect call**	telefonata a carico del ricevente
ring	**call**	telefonata
to ring up	**to call**	telefonare
roundabout	**traffic circle**	rondò (*autom.*)
rubbish	**garbage; trash**	spazzatura; immondizia
saloon (car)	**sedan**	berlina (*autom.*)
sanitary towel	**sanitary napkin**	assorbente igienico
Sellotape ®	**Scotch tape ®**	nastro adesivo; scotch
service flats (*pl.*)	**apartment hotel**	residence
shop assistant	**salesclerk**	commesso (-a)
sideboard	**sideboard; buffet**	credenza
silencer	**muffler**	marmitta (*autom.*)
single ticket	**one-way ticket**	biglietto di sola andata
singlet	**undershirt**	canottiera; maglietta
skip	**dumpster ®**	cassonetto (per la spazzatura)
skirting board	**baseboard**	battiscopa
solicitor	**lawyer**	avvocato
spanner	**monkey wrench**	chiave inglese
stalls (*pl.*)	**orchestra**	platea
to stand (for office)	**to run (for office)**	candidarsi
to stand in a queue	**to wait in line**	fare la coda
state school	**public school**	scuola pubblica
stone	**rock**	sasso
subway	**underpass**	sottopassaggio
sump	**oil pan**	coppa dell'olio (*autom.*)
sweet corn	**corn**	granturco
sweets	**candies; candy**	dolci
takeaway *a. e n.*	**carryout** *a. e n.*	(piatto pronto) da asporto
tap	**faucet ; tap**	rubinetto
taxi	**cab**	taxi
tea towel	**dish towel**	strofinaccio (*da cucina*)
telephone kiosk (*o* box)	**telephone booth**	cabina telefonica
tights (*pl.*)	**pantyhose** (*pl.*)	collant
tin	**can**	lattina
tip	**dump**	discarica
torch	**flashlight**	torcia elettrica
tout	**scalper**	bagarino
training shoes; trainers	**sneakers**	scarpe da ginnastica; scarpe da tennis
tram; tramcar	**streetcar; trolley**	tram
tramp	**hobo**	barbone
transporter	**haulaway**	bisarca; cicogna
trolley	**cart**	carrello
trousers	**trousers; pants; slacks**	pantaloni
underground (*fam.* **tube**)	**subway**	metropolitana
undertaker	**mortician**	impresario di pompe funebri
vest	**undershirt**	canottiera; maglietta
waistcoat	**vest**	gilè
walk-in cupboard	**closet**	ripostiglio
wallet	**wallet; billfold**	portafoglio
to wash up	**to do the dishes**	lavare i piatti
windcheater	**windbreaker ®**	giacca a vento
windscreen	**windshield**	parabrezza
wing	**fender**	parafango (*di auto*)
zed	**zee**	zeta
zip (fastener)	**zipper**	chiusura lampo

A SHORT AMERICAN ENGLISH / BRITISH ENGLISH DICTIONARY
DIZIONARIETTO INGLESE AMERICANO / INGLESE BRITANNICO

AMERICAN ENGLISH	BRITISH ENGLISH	
apartment	**flat**	appartamento
apartment hotel	**service flats** (*pl.*)	residence
apartment house (*o* building)	**block of flats**	casa di appartamenti
attorney	**lawyer; solicitor; barrister**	avvocato
automobile	**car; motor car**	automobile
baby carriage; baby buggy	**pram**	carrozzina
baggage	**luggage**	bagaglio
ballpoint (pen)	**biro**	biro
Band-Aid ®	**plaster**	cerotto (medicato)
baseboard	**skirting board**	battiscopa
bathrobe	**dressing-gown**	vestaglia
billboard	**hoarding**	quadro per affissioni; tabellone pubblicitario
billfold	**wallet**	portafoglio
bobby pin	**hairgrip**	molletta per capelli
buffet	**sideboard**	credenza
bureau	**chest of drawers**	cassettone
busy (*telef.*)	**engaged**	occupato
to buy on the installment plan	**to buy on hire purchase**	acquistare a rate
cab	**taxi; cab**	taxi
can	**tin**	lattina
candies; candy	**sweets**	dolci
carnival	**funfair**	luna park
carryout *a. e n.*	**takeaway** *a. e n.*	(piatto pronto) da asporto
cart	**trolley**	carrello
change purse	**purse**	portamonete
check	**bill**	conto (*al ristorante*)
check account	**current account**	conto corrente
checkers (*pl.*)	**draughts** (*pl.*)	dama (*gioco*)
checkroom	**cloakroom**	guardaroba (*di locale pubblico*)
chips	**crisps**	patatine croccanti
closet	**built-in wardrobe; built-in cupboard**	armadio a muro
	walk-in cupboard; boxroom	ripostiglio
clothespin	**clothes peg**	molletta (*per bucato*)
collect call	**reverse charge call**	telefonata a carico del ricevente
confectioner's sugar	**icing sugar**	zucchero a velo
cookie	**biscuit**	biscotto (*dolce*)
cord	**cord; flex**	filo (*di apparecchio elettrico*)
corn	**maize; sweet corn**	granturco
cotton	**cotton wool**	cotone idrofilo
deck (of cards)	**pack (of cards)**	mazzo (di carte)
derby	**bowler**	bombetta
diaper	**nappy**	pannolino (*per bambini*)
dish towel	**tea towel**	strofinaccio (*da cucina*)
divided highway	**dual carriageway**	strada a doppia carreggiata
to do the dishes	**to wash up**	lavare i piatti
downtown	**city centre**	centro (*di città*)
draft	**call-up**	chiamata alle armi
dresser	**chest of drawers**	cassettone
drivers's licence	**driving licence**	patente di guida
druggist	**chemist**	farmacista
dump	**tip; dump**	discarica
dumpster ®	**skip**	cassonetto (per la spazzatura)
eggplant	**aubergine**	melanzana
elevator	**lift**	ascensore

emergency room	**casualty**	pronto soccorso (*di ospedale*)
expressway	**motorway**	autostrada
fall	**autumn**	autunno
faucet	**tap**	rubinetto
fender	**wing**	parafango di auto
	mudguard	parafango di bicicletta
first floor	**ground floor**	pianterreno
flashlight	**torch**	torcia elettrica
freeway	**motorway**	autostrada
French fries	**chips**	patatine fritte (*a bastoncino*)
garbage	**rubbish**	spazzatura; immondizia
garbage can	**dustbin; bin**	pattumiera
gasoline; gas	**petrol**	benzina
gearshift	**gear lever (*o* stick)**	leva del cambio (*autom.*)
goose bumps (*pl.*)	**gooseflesh; goose pimples** (*pl.*)	pelle d'oca
grade (1)	**class; form**	classe (*scolastica*)
grade (2)	**gradient**	pendenza; inclinazione
grade crossing	**level crossing**	passaggio a livello
granola	**muesli**	muesli
green thumb	**green fingers** (*pl.*)	pollice verde
ground (*elettr.*)	**earth**	terra
hamburger (meat)	**mince**	carne trita
hardware store	**ironmonger's (shop)**	ferramenta (*negozio*)
haulaway	**transporter**	bisarca; cicogna
hobo	**tramp**	barbone
hood	**bonnet**	cofano
janitor	**caretaker; porter**	portiere
kerosene	**paraffin**	cherosene
license plate	**numberplate**	targa automobilistica
mail	**post; mail**	posta
to mail	**to post**	spedire (per posta)
mailman	**postman**	postino
median strip	**central reservation**	aiuola spartitraffico
monkey wrench	**spanner**	chiave inglese
mortician	**undertaker**	impresario di pompe funebri
movie	**film**	film; cinema (*genere*)
movie theater	**cinema**	cinema (*locale*)
muffler	**silencer**	marmitta (*autom.*)
newsdealer	**newsagent**	giornalaio
notions (*pl.*)	**haberdashery**	merceria (*articoli*)
odometer	**mileometre**	contamiglia
oil pan	**sump**	coppa dell'olio (*autom.*)
one-way ticket	**single ticket**	biglietto di sola andata
orchestra	**stalls** (*pl.*)	platea
outlet	**power point; socket**	presa elettrica
overpass	**flyover**	cavalcavia
pacifier	**dummy**	ciuccio
pants	**trousers**	pantaloni
pantyhose (*pl.*)	**tights** (*pl.*)	collant
parking lot	**car park**	parcheggio
pay raise	**pay rise**	aumento di stipendio
period	**full stop**	punto (*segno di interpunzione*)
pharmacy	**chemist's (shop)**	farmacia
pitcher	**jug**	brocca
popsicle ®	**ice lolly**	ghiacciolo
president	**managing director**	amministratore delegato
private school	**private school; public school**	scuola privata
public school	**state school**	scuola pubblica
pumps	**court shoes**	scarpe scollate
purse	**handbag**	borsetta
push-up	**press-up**	flessione sulle braccia
railroad	**railway**	ferrovia

raincoat	**mackintosh**	impermeabile
real estate agent; realtor ®	**estate agent**	agente immobiliare
recess	**break**	intervallo (*a scuola*)
to rent out	**to let out**	affittare (*dare in affitto*)
rock	**stone**	sasso
round trip ticket	**return ticket**	biglietto di andata e ritorno
run	**ladder**	smagliatura
to run (for office)	**to stand (for office)**	candidarsi
salesclerk	**shop assistant**	commesso (-a)
sanitary napkin	**sanitary towel**	assorbente igienico
scalper	**tout**	bagarino
Scotch tape ®	**Sellotape ®**	nastro adesivo; scotch
second floor	**first floor**	primo piano
sedan	**saloon (car)**	berlina (*autom.*)
semitrailer	**articulated lorry**	autoarticolato
shades	**blinds**	tendine avvolgibili
sidewalk	**pavement**	marciapiede
slacks	**trousers**	pantaloni
snap fastener	**press stud; popper**	automatico
sneakers	**training shoes; trainers; plimsolls**	scarpe da ginnastica; scarpe da tennis
soccer	**football; soccer**	calcio
station wagon	**estate car**	familiare; station-wagon
streetcar	**tram; tramcar**	tram
stroller	**pushchair; stroller**	passeggino
subway	**underground; tube**	metropolitana
superhighway	**motorway**	autostrada
suspenders	**braces**	bretelle
takeout *a.* e *n.*	**takeaway** *a.* e *n.*	(piatto pronto) da asporto
telephone booth	**telephone kiosk (*o* box); call box**	cabina telefonica
thumbtack	**drawing pin**	puntina da disegno
traffic circle	**roundabout**	rondò (*autom.*)
trailer	**caravan**	roulotte
trash	**rubbish**	spazzatura; immondizia
trash can	**dustbin; bin**	pattumiera
trolley	**tram; tramcar**	tram
truck	**lorry**	autocarro; camion
tuxedo	**dinner jacket**	smoking
trunk	**boot**	bagagliaio (*di auto*)
underpass	**subway**	sottopassaggio
undershirt	**vest; singlet**	canottiera; maglietta
vacation	**holiday**	vacanza
valance	**pelmet**	mantovana
vest	**waistcoat**	gilè
to wait in line	**to stand in a queue**	fare la coda
windbreaker ®	**windcheater**	giacca a vento
windshield	**windscreen**	parabrezza
wrecker	**breakdown van**	carro attrezzi
zee	**zed**	zeta
zip (fastener)	**postcode**	codice di avviamento postale
zipper	**zip**	chiusura lampo
zucchini	**courgettes**	zucchini

FIRST NAMES - *NOMI DI PERSONA*

N.B. Non viene indicato il traducente quando ha la stessa grafia del lemma
The Italian equivalent is not given when the spelling is identical to the English

Aaron /ˈɛərən/ *m.* Aronne
Abel /ˈeɪbl/ *m.* Abele
Abraham /ˈeɪbrəhæm/ *m.* Abramo
Absalom /ˈæbsələm/ *m.* Assalonne
Achilles /əˈkɪliːz/ *m.* Achille
Ada /ˈeɪdə/ *f.*
Adalbert /ˈædəlbɜːt/ *m.* Adalberto
Adam /ˈædəm/ *m.* Adamo
Adela /ˈædɪlə/ *f.* Adele
Adelaide /ˈædəleɪd/ *f.*
Adolph /ˈædɒlf/ *m.* Adolfo
Adonais /ædəʊˈneɪɪs/ *m.*
Adonis /əˈdəʊnɪs/ *m.* Adone
Adrian /ˈeɪdrɪən/ *m.* Adriano
Aelfric /ˈælfrɪk/ *m.*
Aeneas /ɪˈniːəs, iːˈniːæs/ *m.* Enea
Aesop /ˈiːsɒp/ *m.* Esopo
Agamemnon /ægəˈmɛmnən/ *m.* Agamennone
Agatha /ˈægəθə/ *f.* Agata
Agenor /ˈædʒənə(r), ˈæg-/ *m.* Agenore
Agnes /ˈægnɪs/ *f* Agnese
Agrippa /əˈgrɪpə/ *m.*
Agrippina /ægrɪˈpiːnə/ *f.*
Ajax /eɪdʒæks/ *m.* Aiace
Aladdin /əˈlædɪn, *USA* -dn/ *m.* Aladino
Alaric /ˈælərɪk/ *m.* Alarico
Alastor /əˈlæstɔː(r)/ *m.*
Alban /ˈɔːlbən/ *m.* Albano
Albert /ˈælbət/ *m.* Alberto
Albertine /ælbəˈtaɪn/ *f.* Albertina
Alcaeus /ælˈsiːəs/ *m.* Alceo
Alcestis /ælˈsɛstɪs/ *f.* Alcesti
Alcibiades /ælsɪˈbaɪədiːz/ *m.* Alcibiade
Alcides /ælˈsaɪdiːz/ *m.* Alcide
Aldous /ˈɔːldəs/ *m.* Aldo
Alexander /ælɪgˈzɑːndə(r), *USA* -æn-/ *m.* Alessandro
Alexandra /ælɪgˈzɑːndrə, *USA* -æn-/ *f.* Alessandra
Alexis /əˈlɛksɪs/ *m.* Alessio
Alfred /ˈælfrɪd/ *m.* Alfredo
Algernon /ˈældʒənən/ *m.*
Alice /ˈælɪs/ *f.*
Alison /ˈælɪsn/ *f.*
Allan /ˈælən/ *m.*
Almayer /ælˈmeɪə(r)/ *m.*
Alphonso /ælˈfɒnzəʊ, *USA* -ns-/ *m.* Alfonso
Althea /ˈælθɪə, *USA* ælˈθiːə/ *f.* Altea
Amabel /ˈæməbɛl/ *f.*
Amadeus /æməˈdeɪəs, *USA* ɒɪ-, -ʊs/ *m.* Amedeo
Ambrose /ˈæmbrəʊz/ *m.* Ambrogio
Amelia /əˈmiːlɪə/ *f.* Amalia, Amelia
Ammon /ˈæmən/ *m.* Ammone
Amos /ˈeɪmɒs, *USA* -əs/ *m.*
Amy /ˈeɪmɪ/ *f.* Amata
Amyas /ˈeɪmɪəs/ *m.*
Anchises /æŋˈkaɪsiːz/ *m.* Anchise
Andrew /ˈændruː/ *m.* Andrea
Andromache /ænˈdrɒməkɪ/ *f.* Andromaca
Angela /ˈændʒələ/ *f.*
Angelina /ˈændʒəliːn/ *f.*
Angus /ˈæŋgəs/ *m.*
Ann /æn/ *f.* Anna
Annabel(le) /ænəˈbɛlə/ *f.* Annabella
Anne /æn/ *f.* Anna
Annette /əˈnɛt/, **Annie** /ˈænɪ/ *f.* Annetta
Anselm /ˈænsɛlm/ *m.* Anselmo
Anthony /ˈæntənɪ, -θənɪ/ *m.* Antonio
Antoinette /æntwəˈnɛt, *USA* ɑɪ-/ *f.* Antonietta
Antonia /ænˈtəʊnɪə/ *f.*
Antony /ˈæntənɪ/ *m.* Antonio
Aphra /ˈɑːfrə, ˈæ-/ *f.*
Apollo /əˈpɒləʊ/ *m.*
Aphrodite /æfrəˈdaɪtɪ/ *f* Afrodite
Arabella /ærəˈbɛlə/ *f.*
Archibald /ˈɑːtʃɪbɔːld, -bld/ *m.* Arcibaldo
Archimedes /ɑːkɪˈmiːdiːz/ *m.* Archimede
Ariadne /ærɪˈædnɪ, *USA* -ˈɑːd-/ *f.* Arianna
Ariel /ˈɛərɪəl/ *m.* Ariele
Aristides /ærɪˈstaɪdiːz/ *m.* Aristide
Aristotle /ˈærɪstɒtl/ *m.* Aristotele
Arnold /ˈɑːnld/ *m.* Arnoldo
Artemis /ˈɑːtɪmɪs/ *f.* Artemide
Arthur /ˈɑːθə(r)/ *m.* Arturo
Asa /ˈeɪsə, ˈɑː-/ *m.*
Astarte /æˈstɑːtɪ/ *f.*
Astraea /æˈstriːə/ *f.* Astrea
Astrophel /ˈæstrəfɛl/ *m.*
Athelstan /ˈæθəlstən/ *m.*
Athena /əˈθiːnə/, **Athene** /əˈθiːniː/ *f.* Atena
Atlas /ˈætləs/ *m.* Atlante
Atreus /ˈeɪtrɪəs, -r(ɪ)uːs/ *m.* Atreo
Attila /ˈætɪlə/ *m.*
Aubrey /ˈɔːbrɪ/ *m.* Alberico
Audrey /ˈɔːdrɪ/ *f.*
Augusta /ɔːˈgʌstə/ *f.*
Augustin(e) /ɔːˈgʌstɪn/ *m.* Agostino
Augustus /ɔːˈgʌstəs/ *m.* Augusto
Aurora /əˈrɔːrə, ɔː-/ *f.*
Ava /ˈɑːvə, ˈeɪ-/ *f.*
Bacchus /ˈbækəs/ *m.* Bacco
Baldwin /ˈbɔːldwɪn/ *m.* Baldovino
Balthazar /bælθəˈzɑː(r)/ *m.* Baldassarre
Banquo /ˈbæŋkwəʊ/ *m.*
Barbara /ˈbɑːbrə, -bərə/ *f.*
Barnabas /ˈbɑːnəbəs/, **Barnaby** /ˈbɑːnəbɪ/ *m.* Barnaba
Barnard /ˈbɑːnəd/ *m.* Bernardo
Bartholomew /bɑːˈθɒləmjuː/ *m.* Bartolomeo
Basil /ˈbæzl/ *m.* Basilio
Bassanio /bəˈsɑːnɪəʊ/ *m.*
Beatrice /ˈbɪətrɪs, *USA* ˈbiːə-/, **Beatrix** /ˈbɪətrɪks, *USA* ˈbiːə-/ *f.* Beatrice
Becky /ˈbɛkɪ/ *f. dim. di* **Rebecca**
Beelzebub /bɪˈɛlzɪbʌb, ˈbiːl-/ *m.* Belzebù
Belinda /bəˈlɪndə/ *f.*
Bella /ˈbɛlə/ *f. dim. di* **Isabella**
Benedict /ˈbɛnɪdɪkt/ *m.* Benedetto
Benjamin /ˈbɛndʒəmɪn/ *m.* Beniamino
Berenice /bɛrɪˈnaɪsɪ/ *f.*
Bernard /ˈbɜːnəd, bəˈnɑːd/ *m.* Bernardo
Bernardine /ˈbɜːnədiːn, -ɪn/ *f.* Bernardina
Bertha /ˈbɜːθə/ *f.* Berta
Bertram /ˈbɜːtrəm/ *m.* Bertrando
Beryl /ˈbɛrəl, -ɪl/ *f.*
Bessie /bɛsi/, **Betsy** /ˈbɛtsɪ/, **Betty** /ˈbɛtɪ/ *f. dim. di* **Elizabeth, Elisabeth**
Bill /bɪl/, **Billy** /ˈbɪlɪ/ *m. dim. di* **William**
Blaise /bleɪz/ *m.* Biagio
Blanche /blɑːntʃ, *USA* blæntʃ/ *f.* Bianca
Boadicea /bəʊədɪˈsiːə/ *f.*
Bob /bɒb/, **Bobby** /ˈbɒbɪ/ *m. dim. di* **Robert**
Boniface /ˈbɒnɪfeɪs/ *m.* Bonifacio
Boris /ˈbɒrɪs, *USA* ˈbɔː-/ *m.*
Brabantio /brəˈbæntɪəʊ, -nʃɪəʊ/ *m.*
Brenda /ˈbrɛndə/ *f.*
Brian /ˈbraɪən/ *m.*
Bridget /ˈbrɪdʒɪt/ *f.* Brigida
Bruce /bruːs/ *m.*
Brutus /ˈbruːtəs/ *m.* Bruto
Burt /bɜːt/ *m.*
Buster /ˈbʌstə(r)/ *m.*
Bysshe /bɪʃ/ *m.*
Caesar /ˈsiːzə(r)/ *m.* Cesare
Cain /keɪn/ *m.* Caino
Caius /ˈkaɪəs, ˈkeɪəs/ *m.* Caio
Caleb /ˈkeɪlɛb, *USA* -əb/ *m.*
Caliban /ˈkælɪbæn/ *m.* Calibano
Calpurnia /kælˈpɜːnɪə/ *f.*
Calvin /ˈkælvɪn/ *m.* Calvino
Camilla /kəˈmɪlə/ *f.*
Candida /ˈkændɪdə/ *f.*
Canute /kəˈnjuːt, *USA* -ˈnuːt/ *m.* Canuto
Caroline /ˈkærəlaɪn/ *f.* Carolina
Cary /ˈkeərɪ/ *m.*
Cassius /ˈkæsɪəs, *USA* -ʃəs/ *m.* Cassio
Catherine /ˈkæθərɪn/ *f.* Caterina
Cecil /ˈsɛsl, ˈsɪsl/ *m.*
Cecile /ˈsɛsɪl, ˈsɛsiːl/, **Cecily** /ˈsɪsɪlɪ, ˈsɛsɪlɪ/ *f.* Cecilia
Cedric /ˈsiːdrɪk/ *m.*
Celeste /sɪˈlɛst/ *f.*
Celestine /ˈsɛləstaɪn/ *m.* o *f.* Celestino, Celestina
Celia /ˈsiːlɪə/ *f.*
Charles /tʃɑːlz/ *m.* Carlo
Charley, Charlie /ˈtʃɑːlɪ/ *m. dim. di* **Charles**
Charlotte /ˈʃɑːlət/ *f.* Carlotta
Christabel /ˈkrɪstəbɛl/ *f.*
Christie /ˈkrɪstɪ/ *f.* dim. di **Christina**
Christina /krɪˈstiːmə/, **Christine** /ˈkrɪstiːn/ *f.* Cristina
Christopher /ˈkrɪstəfə(r)/ *m.* Cristoforo
Clare /klɛə(r)/ *m.*
Clare /klɛə(r)/ *f.* Clara, Chiara
Clarence /ˈklærəns/ *m.*
Clarissa /kləˈrɪsə/ *f.*
Claude /klɔːd/ *m.* Claudio
Claudia /ˈklɔːdɪə/ *f.*
Clemence /ˈklɛməns/ *f.* Clemenzia
Clement /ˈklɛmənt/ *m.* Clemente

Clementine /ˈklɛməntaɪn/ *f.* Clementina
Cleopatra /kliːəˈpætrə, -ˈpɑː-/ *f.*
Clifton /ˈklɪftn/ *m.*
Clio /ˈklaɪəʊ/ *f.*
Clive /klaɪv/ *m.*
Clytaemnestra /klaɪtəmˈniːstrə, *USA* -ˈnɛs-/ *f.* Clitennestra
Columbine /ˈkɒləmbaɪn/ *f.* Colombina
Conrad /ˈkɒnræd/ *m.* Corrado
Constance /ˈkɒnstəns/ *f.* Costanza
Constantine /ˈkɒnstəntaɪn/ *m.* Costantino
Cora /ˈkɔːrə/ *f.*
Cordelia /kɔːˈdiːlɪə/ *f.*
Cornelia /kɔːˈniːlɪə/ *f.*
Cornelius /kɔːˈniːlɪəs/ *m.* Cornelio
Cressida /ˈkresɪdə/ *f.*
Crispin /ˈkrɪspɪn/ *m.* Crispino
Croesus /ˈkriːsəs/ *m.* Creso
Cupid /ˈkjuːpɪd/ *m.* Cupido
Cuthbert /ˈkʌθbət/ *m.*
Cynthia /ˈsɪnθɪə/ *f.* Cinzia
Cyril /ˈsɪrəl/ *m.* Cirillo
Dagobert /ˈdɑːgə(ʊ)bɜːt/ *m.* Dagoberto
Daisy /deɪzɪ/ *f.* Margherita
Damocles /ˈdæməkliːz/ *m.* Damocle
Daniel /ˈdænjəl/ *m.* Daniele
Dante /ˈdæntɪ/ *m.*
Daphne /ˈdæfnɪ/ *f.* Dafne
Dave /deɪv/ *m. dim. di* **David**
David /ˈdeɪvɪd/ *m.* Davide
Deborah /ˈdɛbrə, -ərə/ *f.* Debora
Deirdre /ˈdɪədrɪ, -ə/ *f.*
Delia /ˈdiːlɪə/ *f.*
Delilah /dɪˈlaɪlə/ *f.* Dalila
Demetrius /dəˈmiːtrɪəs/ *m.* Demetrio
Den(n)is /ˈdɛnɪs/ *m.* Dionigi
Derek /ˈdɛrɪk, -ək/ *m.*
Derrik /ˈdɛrɪk/ *m.*
Desdemona /dɛzdɪˈməʊnə/ *f.*
Diana /daɪˈænə/ *f.*
Dick /dɪk/ *m. dim. di* **Richard**
Dido /ˈdaɪdəʊ/ *f.* Didone
Diocletian /daɪəˈkliːʃn/ *m.* Diocleziano
Diogenes /daɪˈɒdʒəniːz/ *m.* Diogene
Diomedes /daɪəˈmiːdiːz/ *m.* Diomede
Dion /ˈdaɪən/ *m.*
Dionysus /daɪəˈnaɪsəs/ *m.* Dioniso, Dionigi
Dirk /dɜːk/ *m. dim. di* **Derrick**
Dobbin /ˈdɒbɪn/ *m. dim. di* **Robert**
Dominic /ˈdɒmɪnɪk/ *m.* Domenico
Donald /ˈdɒnld/ *m.*
Donna /ˈdɒnə/ *f.*
Dora /ˈdɔːrə/ *f. dim. di* **Theodora**
Dorian /ˈdɔːrɪən/ *m.*
Dorothy /ˈdɒrəθɪ, *USA* ˈdɔːr-/ *f.* Dorotea
Douglas /ˈdʌgləs/ *m.*
Duncan /ˈdʌŋkən/ *m.* Duncano
Dylan /ˈdɪlən/ *m.*
Eddy /ˈɛdɪ/ *m. dim. di* **Edward**
Edgar /ˈɛdgə(r)/ *m.* Edgardo
Edith /ˈiːdɪθ, -əθ/ *f.* Editta
Edmond, Edmund /ˈɛdmənd/ *m.* Edmondo
Edna /ˈɛdnə/ *f.*
Edward /ˈɛdwəd/ *m.* Edoardo
Edwin /ˈɛdwɪn/ *m.*
Edwina /ɛdˈwiːnə/ *f.*
Eileen /ˈaɪliːn, *USA* aɪˈliːn, eɪ-/ *f.* Elena
Elaine /ɪˈleɪn/ *f.* Elena
Eldred /ˈɛldrɪd/ *m.*
Eleanor /ˈɛlənə(r)/ *f.* Eleonora
Electra /ɪˈlɛktrə/ *f.* Elettra
Eli /ˈiːlaɪ/ *m.*
Elias /ɪˈlaɪəs/ *m.* Elia
Elijah /ɪˈlaɪdʒə/ *m.* Elia
Elisabeth /ɪˈlɪzəbəθ/ *f.* Elisabetta
Elisha /ɪˈlaɪʃə/ *m.* Eliseo
Eliza /ɪˈlaɪzə/ *f.* Elisa
Elizabeth /ɪˈlɪzəbəθ/ *f.* Elisabetta
Ella /ˈɛlə/ *f. dim. di* **Eleanor**
Ellen /ˈɛlən, -ɪn/ *f.* Elena
Elmer /ˈɛlmə(r)/ *m.*
Eloisa /ɛləʊˈiːzə/ *f.*
Elsa /ˈɛlsə/ *f.*
Elsie /ˈɛlsɪ/ *f. dim. di* **Alice, Elizabeth, Elsa**
Elvira /ɛlˈvɪərə, -ˈvaɪə-/ *f.*
Emery /ˈɛmərɪ/ *m.* Amerigo
Emil /ɛˈmiːl, ˈɛmɪl, *USA* ɛˈ-, ˈiːml/ *m.* Emilio
Emily /ˈɛməlɪ/ *f.* Emilia
Emma /ˈɛmə/ *f.*
Emmanuel /ɪˈmænjʊəl/ *m.* Emanuele
Emmie, Emmy /ˈɛmɪ/ *f. dim. di* **Emily**
Empedocles /ɛmˈpɛdəkliːz/ *m.* Empedocle
Endymion /ɛnˈdɪmɪən/ *m.* Endimione
Enid /ˈiːnɪd/ *f.*
Ennius /ˈɛnɪəs/ *m.* Ennio
Enoch /ˈiːnɒk/ *m.*
Epictetus /ɛpɪkˈtiːtəs/ *m.* Epitteto
Epicurus /ɛpɪˈkjʊərəs/ *m.* Epicuro
Erasmus /ɪˈræzməs/ *m.* Erasmo
Eric /ˈɛrɪk/ *m.*
Erica /ˈɛrɪkə/ *f.*
Ernest /ˈɜːnɪst/ *m.* Ernesto
Eroll /ˈɛrəl/ *m.*
Eros /ˈɪərɒs, ˈɛ-, -əʊz/ *m.*
Erskine /ˈɜːskɪn/ *m.*
Erwin /ˈɜːwɪn/ *m.*
Esau /ˈiːsɔː/ *m.* Esaù
Esmeralda /ɛzməˈrældə/ *f.* Smeralda, Esmeralda
Esther /ˈɛstə(r)/ *f.* Ester
Ethel /ˈɛθl/ *f.*
Ethelbald /ˈɛθlbɔːld/ *m.*
Ethelbert /ˈɛθlbɜːt/ *m.*
Ethelred /ˈɛθlrɛd/ *m.*
Ethelwulf /ˈɛθlwʊlf/ *m.*
Euclid /ˈjuːklɪd/ *m.* Euclide
Eudora /juːˈdɔːrə/ *f.*
Eugene /ˈjuːdʒiːn/ *m.* Eugenio
Eugenia /juːˈdʒiːnɪə/ *f.*
Eulalia /juːˈleɪlɪə/ *f.*
Eunice /ˈjuːnɪs/ *f.*
Euphemia /jʊˈfiːmɪə/ *f.* Eufemia
Euphrosyne /juːˈfrɒzɪniː/ *f.* Eufrasia
Euphues /ˈjuːfjʊiːz/ *m.*
Euripides /juːˈrɪpɪdiz/ *m.* Euripide
Euterpe /juːˈtɜːpɪ/ *f.*
Eva /ˈiːvə/ *f.*
Evander /ɪˈvændə(r)/ *m.* Evandro
Evangeline /ɪˈvændʒɪliːn/ *f.* Evangelina
Eve /iːv/ *f.* Eva
Evelina /ɛvɪˈliːnə/ *f.*
Eveline /ˈiːvlɪn, ˈɛv-, -və-, -lən, -liːn/ *f.* Evelina
Evelyn /ˈiːvlɪn/ *f. o m.*
Ewan /ˈjuːən/ *m.*
Ezra /ˈɛzrə/ *m.*
Fabian /ˈfeɪbɪən/ *m.* Fabiano, Fabio
Fabiola /fæbɪˈəʊlə, fɑː-/ *f.*
Fabius /ˈfeɪbɪəs/ *m.* Fabio
Fabricius /fəˈbrɪʃ(ɪ)əs/ *m.* Fabrizio
Faith /ˈfeiθ/ *f.* Fede
Falstaff /ˈfɔːlstɑːf, ˈfɒl-, *USA* -æf/ *m.*
Fannie, Fanny /ˈfænɪ/ *f. dim. di* **Frances**
Faust /faʊst/ *m.* Fausto
Faustina /fɔːˈstiːnə/ *f.*
Fay /feɪ/ *f.*
Felicia /fɪˈlɪʃə, -sɪə, *USA* -ʃə, -ˈliː-/ *f.*
Felix /ˈfiːlɪks/ *m.* Felice
Ferdinand /ˈfɜːdɪnənd/ *m.* Ferdinando
Fergus /ˈfɜːgəs/ *m.*
Fidelia /fɪˈdiːlɪə/ *f.*
Fingal /ˈfɪŋgl/ *m.*
Finnegan /ˈfɪnɪgən/ *m.*
Fiona /fɪˈəʊnə/ *f.*
Flavia /ˈfleɪvɪə/ *f.*
Fleance /ˈfliːəns/ *m.*
Flora /ˈflɔːrə/ *f.*
Florence /ˈflɒrəns, *USA* ˈflɔː-/ *f.* Fiorenza
Floyd /flɔɪd/ *m.*
Fortinbras /ˈfɔːtɪnbræs/ *m.*
Frances /ˈfrɑːnsɪs, *USA* ˈfræn-/ *f.* Francesca
Francis /ˈfrɑːnsɪs, *USA* ˈfræn-/ *m.* Francesco
Frank /fræŋk/ *m.* Franco
Fred /frɛd/, **Freddie, Freddy** /ˈfrɛdɪ/ *m. dim. di* **Frederic(k)**
Frederica /ˈfrɛdrɪk, -dər-/ *f.* Federica
Frederic(k) /frɛdəˈriːkə, -ˈdr-/ *m.* Federico
Fulvia /ˈfʌlvɪə/ *f.*
Fulke/fʊlk/ *m.*
Gabriel /ˈgeɪbrɪəl/ *m.* Gabriele
Gabriella /gæbrɪˈɛlə, geɪ-/ *f.*
Galatea /gæləˈtiːə/ *f.*
Ganymede /ˈgænɪmiːd/ *m.* Ganimede
Gavin /ˈgævɪn/ *m.*
Gawain(e) /ˈgɑːweɪn, ˈgæ-, -wɪn, gəˈweɪn/ *m.*
Genevieve /ʒɛnvɪˈeɪv/ *f.* Genoveffa
Geoffrey /ˈdʒɛfrɪ/ *m.* Goffredo
George /dʒɔːdʒ/ *m.* Giorgio
Georgina /dʒɔːˈdʒiːnə/ *f.* Giorgina
Gerald /ˈdʒɛrəld/ *m.* Geraldo
Geraldine /ˈdʒɛrəldiːn/ *f.* Geraldina
Gerard /ˈdʒɛrɑːd, *USA* dʒəˈrɑːd/ *m.* Gerardo, Gherardo
Gertrude /ˈgɜːtruːd/ *f.* Geltrude, Gertrude
Gervase /ˈdʒɜːv(e)ɪz, -vəs/ *m.* Gervasio
Gilbert /ˈgɪlbət/ *m.* Gilberto
Gilda /ˈdʒɪldə/ *f.*
Giles /ˈdʒaɪəlz/ *m.* Egidio
Gladys /ˈglædɪs/ *f.*
Gloria /ˈglɔːrɪə/ *f.*
Gloriana /glɔːrɪˈɑːnə/ *f.*
Godfrey /ˈgɒdfrɪ/ *m.* Goffredo
Godiva /gəˈdaɪvə, gəʊ-/ *f.*
Godwin /ˈgɒdwɪn/ *m.*
Gog /gɒg, *USA* gɔːg/ *m.*
Goliath /gəˈlaɪəθ/ *m.* Golia
Gorboduc /ˈgɔːbədʌk/ *m.*
Grace /greɪs/ *f.* Grazia
Graham /ˈgreɪəm/ *m.*
Gratiano /græʃɪˈɑːnəʊ, grɑː-/ *m.* Graziano
Greg /grɛg/ *m. dim. di* **Gregory**

Gregory /ˈgrɛgərɪ/ *m.* Gregorio
Greta /ˈgriːtə/ *f.*
Griffith /ˈgrɪfɪθ/ *m.*
Griselda /grɪˈzɛldə/ *f.*
Guinevere /ˈgwɪnɪvɪə(r)/ *f.* Ginevra
Gus /gʌs/, **Gussie** /ˈgʌsɪ/ *m. dim. di* **Gustavus**
Gustavus /gʊˈstɑvəs, gʌ, gə-/ *m.* Gustavo
Guy /gaɪ/ *m.* Guido
Gwendolen, Gwendolyn /ˈgwɛndəlɪn/ *f.* Guendalina
Hadrian /ˈheɪdrɪən/ *m.* Adriano
Hal /hæl/ *m. dim. di* **Henry** o di **Harold**
Ham /hæm/ *m.* Cam.
Hamilcar /həˈmɪlkɑː, ˈhæmlkɑː/ *m.* Amilcare
Hamlet /ˈhæmlət/ *m.* Amleto
Hannibal /ˈhænəbl/ *m.* Annibale
Hardicanute /ˈhɑːdɪkənjuːt, *USA* -nuːt/ *m.*
Harold /ˈhærəld/ *m.* Aroldo
Harriet /ˈhærɪət/ *f.* Enrichetta
Harry /ˈhærɪ/ *m. dim. di* **Henry**
Hebe /ˈhiːbiː/ *f.* Ebe
Hecate /ˈhɛkətɪ/ *f.* Ecate
Hector /ˈhɛktə(r)/ *m.* Ettore
Hecuba /ˈhɛkjʊbə/ *f.* Ecuba
Helen /ˈhɛlən/, **Helena** /ˈhɛlənə/ *f.* Elena
Hengist /ˈhɛŋgɪst, -ndʒ-/ *m.*
Henrietta /hɛnrɪˈɛtə/ *f.* Enrichetta
Henry /ˈhɛnrɪ/ *m.* Enrico
Heraclitus /hɛrəˈklaɪtəs/ *m.* Eraclito
Herbert /ˈhɜːbət/ *m.* Erberto
Hercules /ˈhɜːkjʊliːz/ *m.* Ercole
Herman /ˈhɜːmən/ *m.* Ermanno, Armando
Hermes /ˈhɜːmiːz/ *m.* Ermes, Ermete
Hermione /həˈmaɪənɪ/ *f.* Ermione
Hero /ˈhɪərəʊ, ˈhɪr-, *USA* ˈhɪr-, ˈhiːr-/ *f.* Ero
Herod /ˈhɛrəd/ *m.* Erode
Herodias /hɛˈrəʊdɪæs/ *f.* Erodiade
Herodotus /hɛˈrɒdətəs/ *m.* Erodoto
Hesiod /ˈhiːsɪɒd/ *m.* Esiodo
Hilaria /hɪˈlɛərɪə/, **Hilary** /ˈhɪlərɪ/ *f.* Ilaria
Hilary /ˈhɪlərɪ/ *m.* Ilario
Hilda /ˈhɪldə/ *f.* Ilda
Hippocrates /hɪˈpɒkrətiːz/ *m.* Ippocrate
Hippolyta /hɪˈpɒlɪtə/ *f.* Ippolita
Hiram /ˈhaɪərəm/ *m.*
Hodge /hɒdʒ/ *m.*
Holofernes /hɒləˈfɜːniːz/ *m.* Oloferne
Homer /ˈhəʊmə(r)/ *m.* Omero
Honorius /həʊˈnɔːrɪəs/ *m.* Onorio
Horace /ˈhɒrəs, *USA* ˈhɔː-/ *m.* Orazio
Horsa /ˈhɔːsə/ *m.*
Howard /ˈhaʊəd/ *m.*
Hubert /ˈhjuːbɜːt/ *m.* Uberto
Huckleberry /ˈhʌklbrɪ, *USA* -bɛrɪ/ *m.*
Hudibras /ˈhjuːdɪbræs/ *m.*
Hugh /hjuː/ *m.* Ugo
Humbert /ˈhʌmbɜːt/ *m.* Umberto
Humphr(e)y /ˈhʌmfrɪ/ *m.*
Hygeia /haɪˈdʒiːə/ *f.* Igea
Hymen /ˈhaɪmən/ *m.* Imeneo
Hyperion /haɪˈpɪərɪən/ *m.* Iperione
Iago /ɪˈɑːgəʊ/ *m.*
Icarus /ˈɪkərəs, ˈaɪ-/ *m.* Icaro
Ida /ˈaɪdə/ *f.*
Ignatius /ɪgˈneɪʃəs/ *m.* Ignazio
Ike /aɪk/ *m. dim. di* **Isaac**
Imogen /ˈɪmədʒɛn, -ən/ *f.*
Ina /ˈaɪnə/ *f.*
Ingram /ˈɪŋgrəm/ *m.*
Inigo /ˈɪnɪgəʊ/ *m.*
Iphigenia /ɪfɪdʒɪˈnaɪə, aɪ-, -ˈniːə, ɪfɪ-ˈdʒiːnɪə/ *f.* Ifigenia
Irene /aɪˈriːn, -iː/ *f.*
Iris /ˈaɪərɪs/ *f.* Iride, Iris
Isaac /ˈaɪzək/ *m.* Isacco
Isabel /ˈɪzəbɛl/, **Isabella** /ɪzəˈbɛlə/ *f.* Isabella
Isaiah /aɪˈzaɪə/ *m.* Isaia
Iseult /iːˈzuːlt, ɪˈs-/ *f.* Isotta, Isolda
Ishmael /ˈɪʃmeɪl/ *m.* Ismaele
Isidor(e) /ˈɪzɪdɔː(r)/ *m.* Isidoro
Isis /ˈaɪsɪs/ *f.* Iside
Isolde /ɪˈzɒldə, *USA* ɪˈsəʊl-/ *f.* Isolda, Isotta
Israel /ˈɪzrɪəl, -eɪl/ *m.* Israele
Ivanhoe /ˈaɪvənhəʊ/ *m.*
Ivy /ˈaɪvɪ/ *f.* Edera
Jabez /ˈdʒeɪbɛz, -ɪz/ *m.*
Jack /dʒæk/, **Jacky** /ˈdʒækɪ/ *m. dim. di* **John**
Jacob /ˈdʒeɪkəb/ *m.* Giacobbe
Jacqueline /ˈdʒækliːn/ *f.* Giacomina
Jael /ˈdʒeɪəl, dʒɛl/ *f.*
James /dʒeɪmz/ *m.* Giacomo
Jan /dʒæn/ *m.* Giovanni
Jane /dʒeɪn/ *f.* Giovanna
Janet /ˈdʒænɪt/ *f. dim. di* **Jane**
Japheth /ˈdʒeɪfɪθ/ *m.* Jafet
Jarvis /ˈdʒɑːvɪs/ *m.* Gervasio
Jasmine /ˈdʒæsmɪn/ *f.* Gelsomina
Jason /ˈdʒeɪsn/ *m.* Giasone
Jasper /ˈdʒæspə(r)/ *m.* Gaspare
Jean /dʒiːn/ *f.* Giovanna
Jeff /dʒɛf/ *m. dim. di* **Jeffrey**
Jeffrey /ˈdʒɛfrɪ/ *m.* Goffredo
Jehoshaphat /dʒɪˈhɒʃəfæt, *USA* -sə-/ *m.* Giosafatte
Jemima /dʒɪˈmaɪmə/ *f.*
Jennifer /ˈdʒɛnɪfə(r)/ *f.*
Jenny /ˈdʒɛnɪ/ *f. dim. di* **Jane**
Jeremiah /dʒɛrɪˈmaɪə/ *m.* Geremia
Jeremy /ˈdʒɛrəmɪ/ *m.* Geremia
Jerome /dʒəˈrəʊm/ *m.* Girolamo, Gerolamo, Geronimo
Jerry /ˈdʒɛrɪ/ *m. dim. di* **Jeremy**
Jervis /ˈdʒɜːvɪs, ˈdʒɑː-/ *m. dim. di* **Gervase**
Jessica /ˈdʒɛsɪkə/ *f.*
Jesus /ˈdʒiːzəs/ *m.* Gesù
Jill /dʒɪl/ *f.*
Jim /dʒɪm/, **Jimmy** /ˈdʒɪmɪ/ *m. dim. di* **James**
Joan /dʒəʊn/, **Joanna** /dʒəʊˈænə/ *f.* Giovanna
Job /dʒəʊb/ *m.* Giobbe
Joe /dʒəʊ/ *m. dim. di* **Joseph**
Joel /ˈdʒəʊəl, -ɛl/ *m.*
John /dʒɒn/ *m.* Giovanni
Johnnie, Johnny /ˈdʒɒnɪ/ *m. dim. di* **John**
Jonah /ˈdʒəʊnə/ *m.* Giona
Jonathan /ˈdʒɒnəθən/ *m.* Gionata
Joseph /ˈdʒəʊzɪf/ *m.* Giuseppe
Josephine /ˈdʒəʊzɪfiːn/ *f.* Giuseppina
Joshua /ˈdʒɒʃʊə/ *m.* Giosué
Jove /dʒəʊv/ *m.* Giove
Joyce /dʒɔɪs/ *f.*
Judas /ˈdʒuːdəs/ *m.* Giuda
Judith /ˈdʒuːdɪθ/ *f.* Giuditta
Judy /ˈdʒuːdɪ/ *f. dim. di* **Judith**
Jule /ˈdʒuːl/ *m. dim. di* **Julian** *e di* **Julius**
Julia /ˈdʒuːlɪə/ *f.* Giulia
Julian /ˈdʒuːlɪən/ *m.* Giuliano
Juliana /dʒuːlɪˈɑːnə, *USA* -ænə/ *f.* Giuliana
Juliet /ˈdʒuːlɪət/ *f.* Giulietta
Julius /ˈdʒuːlɪəs/ *m.* Giulio
June /dʒuːn/ *f.*
Juno /ˈdʒuːnəʊ/ *f.* Giunone
Jupiter /ˈdʒuːpɪtə(r)/ *m.* Giove
Justin /ˈdʒʌstɪn/ *m.* Giustino
Justine /dʒʌˈstiːn/ *f.* Giustina
Justinian /dʒʌˈstɪnɪən/ *m.* Giustiniano
Karen /ˈkɛərən, ˈkɑːrən/, **Kate** /keɪt/ *f. dim. di* **Katharina**
Katharina /kæθəˈriːnə/, **Katharine** /ˈkæθərɪn/, **Katherine** /ˈkæθərɪn/, **Kathleen** /ˈkæθliːn/ *f.* Caterina
Katie /ˈkeɪtɪ/, **Kay** /keɪ/ *f. dim. di* **Katherine**
Keith /kiːθ/ *m.*
Kenneth /ˈkɛnəθ/ *m.*
Kezia /kɪˈzaɪə/ *f.*
Kim /kɪm/ *m.* o *f.*
Kirk /kɜːk/ *m.*
Kitty /ˈkɪtɪ/ *f. dim. di* **Katherine**
Laertes /leɪˈɜːtiːz/ *m.* Laerte
Lambert /ˈlæmbɜːt/ *m.* Lamberto
Lance /lɑːns, *USA* læns/ *m. dim. di* **Lancelot**
Lancelot /ˈlɑːnslət, *USA* ˈlæn-/ *m.* Lancillotto
Laocoon /leɪˈɒkəʊɒn, -ən/ *m.* Laocoonte
Larry /ˈlærɪ/ *m. dim. di* **Lawrence**
Latona /ləˈtəʊnə/ *f.* Latona, Leto
Launce /lɔːns, lɑːns/ *m.*
Laura /ˈlɔːrə/ *f.*
Laurence, Lawrence /ˈlɒrəns, *USA* ˈlɔː-/ *m.* Lorenzo
Laurie /ˈlɔːrɪ, ˈlɒ-/ *m. dim. di* **Laurence**
Lavinia /ləˈvɪnɪə/ *f.*
Lazarus /ˈlæzərəs/ *m.* Lazzaro
Leander /liːˈændə(r)/ *m.* Leandro
Lear /lɪə(r)/ *m.*
Leda /ˈliːdə/ *f.*
Lee /liː/ *m.*
Leigh /liː/ *m.*
Leila /ˈliːlə/ *f.*
Lemuel /ˈlɛmjʊəl/ *m.*
Lena /ˈliːnə/ *f. dim. di* **Helena** *e di* **Magdalene**
Leo /ˈliːəʊ/ *m.* Leone
Leonard /ˈlɛnəd/ *m.* Leonardo
Leonidas /liːˈɒnɪdæs/ *m.* Leonida
Leonora /liːəˈnɔːrə/ *f.*
Leopold /ˈliːəpəʊld/ *m.* Leopoldo
Leslie /ˈlɛzlɪ/ *f.*
Letitia /ləˈtɪʃ(ɪ)ə/ *f.* Letizia
Letty /ˈlɛtɪ/ *f. dim. di* **Letitia**
Levi /ˈliːvaɪ/ *m.*
Lewis /ˈluːɪs/ *m.* Luigi
Lilian, Lillian /ˈlɪlɪən/ *f.* Liliana
Lil(l)y /ˈlɪlɪ/ *f. dim. di* **Lilian**
Lionel /ˈlaɪənl/ *m.* Lionello, Leonello
Livia /ˈlɪvɪə/ *f.*
Lizzie /ˈlɪzɪ/ *f. dim. di* **Elizabeth**
Llewellyn /luːˈɛlɪn/ *m.*
Lorna /ˈlɔːnə/ *f.*
Lothario /ləʊˈθɛərɪəʊ, -ɑːr-/ *m.* Lotario

Lottie /ˈlɒtɪ/ *f. dim. di* **Charlotte**
Louis /ˈluːɪ, ˈlʊɪ, -s/ *m.* Luigi
Louisa /luːˈiːzə, lʊ-/, **Louise** /luːˈiːz, lʊ-/ *f.* Luisa
Lucas /ˈluːkəs, ˈlj-/ *m.* Luca
Lucia /ˈluːsɪə, -ʃə/ *f.*
Lucian /ˈluːsɪən, ˈlj-/ *m.* Luciano
Luciana /luːsɪˈɑːnə/ *f.*
Lucifer /ˈluːsɪfə(r), ˈlj-/ *m.* Lucifero
Lucius /ˈluːsɪəs/ *m.* Lucio
Lucrece /luːˈkriːs, lj-/, **Lucretia** /luːˈkriːʃə, lj-/ *f.* Lucrezia
Lucretius /luːˈkriːʃəs, lj-/ *m.* Lucrezio
Lucy /ˈluːsɪ/ *f.* Lucia
Ludwig /ˈlʊdvɪg, ˈlʊː- *USA* ˈlʌdwɪg/ *m.* Lodovico
Luke /luːk/ *m.* Luca
Luther /ˈluːθə(r), ˈlj-/ *m.* Lotario
Lycidas /ˈlɪsɪdæs/ *m.*
Lydia /ˈlɪdɪə/ *f.* Lidia
Lysander /laɪˈsændə(r)/ *m.* Lisandro
Mabel /ˈmeɪbl/ *f.*
Macbeth /məkˈbɛθ, mæ-/ *m.*
Macduff /məkˈdʌf, mæ-/ *m.*
Maddalo /ˈmædələʊ/ *m.*
Madge /mædʒ/ *f. dim. di* **Margaret**
Madoc /ˈmædək/ *m.*
Magdalen /ˈmægdəlɪn/, **Magdalene** /mægdəˈliːnɪ, ˈmægdəliːn, -lɪn/ *f.* Maddalena
Maggie /ˈmægɪ/ *f. dim. di* **Margaret**
Maida /ˈmeɪdə/ *f.*
Malachi /ˈmæləkaɪ/ *m.* Malachia
Malcolm /ˈmælkəm/ *m.*
Malvolio /mælˈvəʊlɪəʊ/ *m.*
Mammon /ˈmæmən/ *m.* Mammona
Manfred /ˈmænfrɪd/ *m.* Manfredo, Manfredi
Manuel /mæn(j)ʊˈɛl, ˈmænjʊəl, *USA* mænˈwɛl/ *m.* Manuele
Marcellus /mɑːˈsɛləs/ *m.* Marcello
Marcus /ˈmɑːkəs/ *m.* Marco
Margaret /ˈmɑːgərət/, **Margery** /ˈmɑːdʒərɪ/ *f.* Margherita
Margot /ˈmɑːgəʊ/ *f. dim. di* **Margaret**
Marguerite /mɑːgəˈriːt/ *f.* Margherita
Marian /ˈmɛərɪən/ *f.* Marianna
Marigold /ˈmærɪgəʊld/ *f.*
Marilyn /ˈmærɪlɪn/ *f.*
Marina /məˈriːnə/ *f.*
Marion /ˈmɛərɪən/ *m.* o *f.*
Marius /ˈmɛərɪəs, ˈmæ-/ *m.* Mario
Marjorie, Marjory /ˈmɑːdʒərɪ/ *f. dim. di* **Margaret**
Mark /mɑːk/ *m.* Marco
Marlene /ˈmɑːliːn/ *f.*
Marlon /ˈmɑːlən/ *m.*
Marmion /ˈmɑːmɪən/ *m.*
Mars /mɑːz/ *m.* Marte
Martha /ˈmɑːθə/ *f.* Marta
Martial /ˈmɑːʃl/ *m.* Marziale
Martin /ˈmɑːtɪn, *USA* -tn/ *m.* Martino
Mary /ˈmɛərɪ/ *f.* Maria
Mat /mæt/ *m.* o *f. dim. di* **Matthew** *e di* **Mat(h)ilda**
Mat(h)ilda /məˈtɪldə/ *f.* Matilde
Matthew /ˈmæθjuː, *USA* -θjuː, -θuː/ *m.* Matteo
Matthias /məˈθaɪəs/ *m.* Mattia
Maud(e) /mɔːd/ *f. dim. di* **Mat(h)ilda**
Maura /ˈmɔːrə/ *f.*
Maureen /mɔːˈriːn, ˈm-/ *f. dim. di* **Maura**
Maurice /ˈmɒrɪs, *USA* ˈmɔːrɪs/ *m.* Maurizio
Mavis /ˈmeɪvɪs/ *f.*
Max /mæks/ *m. dim. di* **Maximilian** *e di* **Maximus**
Maximilian /mæksɪˈmɪljən/ *m.* Massimiliano
Maximus /ˈmæksɪməs/ *m.* Massimo
May /meɪ/ *f.*
Medea /mɪˈdiːə/ *f.*
Meg /mɛg/ *f. dim. di* **Margaret**
Melchior /ˈmɛlkɪɔː(r)/ *m.* Melchiorre
Melpomene /mɛlˈpɒmɪnɪ/ *f.*
Menander /məˈnændə(r)/ *m.* Menandro
Mephistopheles /mɛfɪˈstɒfəliːz/ *m.* Mefistofele
Mercury /ˈmɜːkjʊrɪ/ *m.* Mercurio
Mercutio /mɜːˈkjuːʃɪəʊ/ *m.* Mercuzio
Merle /mɜːl/ *f.*
Merlin /ˈmɜːlɪn/ *m.* Merlino
Messalina /mɛsəˈliːnə/ *f.*
Methuselah /məˈθjuːzələ, -ˈθuː-/ *m.* Matusalemme
Michael /ˈmaɪkl/ *m.* Michele
Michelangelo /maɪkəlˈændʒələʊ/ *m.*
Micky /ˈmɪkɪ/ *m. dim. di* **Michael**
Midas /ˈmaɪdəs/ *m.* Mida
Mike /maɪk/ *m. dim. di* **Michael**
Mildred /ˈmɪldrɪd/ *f.*
Miles /maɪlz/ *m.*
Millicent /ˈmɪlɪsnt/ *f.*
Minerva /mɪˈnɜːvə/ *f.*
Minnie /ˈmɪnɪ/ *f. dim. di* **Wilhelmina** *e di* **Mary**
Miranda /mɪˈrændə/ *f.*
Miriam /ˈmɪrɪəm/ *f.*.
Mohammed /məʊˈhæmɪd/ *m.* Maometto
Moira /ˈmɔɪərə/ *f.*
Moll /mɒl, *USA* mɔːl, mɒl/, **Molly** /ˈmɒlɪ, *USA* ˈmɔː-, ˈmɒ-/ *f. dim. di* **Mary**
Monica /ˈmɒnɪkə/ *f.*
Morgan /ˈmɔːgən/ *m.* o *f.*
Morgana /mɔːˈgɑːnə/ *f.*
Morpheus /ˈmɔːfɪəs/ *m.* Morfeo
Mortimer /ˈmɔːtɪmə(r)/ *m.*
Moses /ˈməʊzɪz/ *m.* Mosè
Mowgli /ˈmaʊglɪ/ *m.*
Muriel /ˈmjʊərɪəl/ *f.*
Myrna /ˈmɜːnə/ *f.*
Myrrha /ˈmɜːrə/ *f.* Mirra
Myrtle /ˈmɜːtl/ *f.*
Nahum /ˈneɪəm, -həm, -hʌm/ *m.*
Nancy /ˈnænsɪ/ *f. forma fam. di* **Ann**
Naomi /ˈneɪəmɪ, neɪˈəʊmɪ, *USA* -aɪ/ *f.* Noemi
Napoleon /nəˈpəʊlɪən/ *m.* Napoleone
Narcissus /nɑːˈsɪsəs/ *m.* Narciso
Natalia /nəˈtɑːlɪə/, **Natalie** /ˈnætəlɪ/ *f.* Natalia
Nathaniel /nəˈθænɪəl/ *m.* Nataniele
Nausicaa /nɔːˈsɪkɪə, -eɪə/ *f.*
Nebuchadnezzar /nɛbjʊkədˈnɛzə(r)/ *m.* Nabucodonosor
Ned /nɛd/, **Neddy** /ˈnɛdɪ/ *m. dim. di* **Edward**
Nell /nɛl/, **Nellie, Nelly** /ˈnɛlɪ/ *f. dim. di* **Ellen** *e di* **Eleanor**
Neptune /ˈnɛptjuːn, *USA* -tuːn/ *m.* Nettuno
Nerissa /nɪˈrɪsə/ *f.*
Nero /ˈnɪərəʊ/ *m.* Nerone
Nestor /ˈnɛstɔː(r)/ *m.* Nestore
Nicholas /ˈnɪkələs/ *m.* Nicola, Niccolò
Nick /nɪk/ *m. dim. di* **Nicholas**
Nigel /ˈnaɪdʒl/ *m.*
Niobe /ˈnaɪəbɪ, -iː/ *f.*
Noah /ˈnəʊə/ *m.* Noè
Noel /nəʊˈɛl/ *m.* Natale
Nora(h) /ˈnɔːrə/ *f. dim. di* **Eleanor**
Norma /ˈnɔːmə/ *f.*
Norman /ˈnɔːmən/ *m.*
Oberon /ˈəʊbərn/ *m.*
Oceanus /əʊˈsiːənəs/ *m.* Oceano
Octavia /ɒkˈteɪvɪə/ *f.* Ottavia
Octavian /ɒkˈteɪvɪən/ *m.* Ottaviano
Octavius /ɒkˈteɪvɪəs/ *m.* Ottavio
Odin /ˈəʊdɪn/ *m.* Odino
Oedipus /ˈiːdɪpəs/ *m.* Edipo
Olaf /ˈəʊləf, ˈɒ-/ *m.*.
Olga /ˈɒlgə, *USA* ˈəʊ-/ *f.*
Olive /ˈɒlɪv/ *f.* Oliva, Olivia
Oliver /ˈɒlɪvə(r)/ *m.* Oliviero
Olivia /əˈlɪvɪə, ɒ-, əʊ-/ *f.*
Olympia /əʊˈlɪmpɪə/ *f.* Olimpia
Oona /ˈuːnə/ *f.*
Ophelia /əˈfiːlɪə, əʊ-, ɒ-/ *f.* Ofelia
Orestes /ɒˈrɛstiːz, *USA* ɔːˈr-/ *m.* Oreste
Oriana /ɔːrɪˈɑːnə, ɒ-/ *f.*
Orion /əˈraɪən/ *m.* Orione
Orlando /ɔːˈlændəʊ/ *m.* Orlando, Rolando
Orpheus /ˈɔːfɪəs/ *m.* Orfeo
Orsino /ɔːˈsiːnəʊ/ *m.*
Orson /ˈɔːsn/ *m.*
Oscar /ˈɒskə(r)/ *m.*
Osiris /əʊˈsaɪrɪs/ *m.* Osiride
Oswald, Oswold /ˈɒzwəld/ *m.* Osvaldo
Othello /əʊˈθɛləʊ/ *m.* Otello
Otho /ˈəʊθəʊ/, **Otto** /ˈɒtəʊ/ *m.* Ottone, Otto
Ovid /ˈɒvɪd/ *m.* Ovidio
Owen /ˈəʊɪn/ *m.*
Pallas /ˈpæləs, -læs/ *f.* Pallade
Pamela /ˈpæmələ/ *f.*
Pancras /ˈpæŋkrəs/ *m.* Pancrazio
Pandora /pænˈdɔːrə/ *f.*
Paris /ˈpærɪs/ *m.* Paride
Pat /pæt/ *m. o f. dim. di* **Patrick** *e di* **Patricia**
Patricia /pəˈtrɪʃə/ *f.* Patrizia
Patrick /ˈpætrɪk/ *m.* Patrizio
Paul /pɔːl/ *m.* Paolo
Paula /ˈpɔːlə/ *f.* Paola
Pauline /ˈpɔːliːn, *USA* pɔːˈliːn/ *f.* Paolina
Pearl /pɜːl/ *f.* Perla
Peg /pɛg/, **Peggy** /ˈpɛgɪ/ *f. dim. di* **Margaret**
Penelope /pɪˈnɛləpɪ/ *f.*
Percival /ˈpɜːsɪvl/ *m.* Parsifal
Percy /ˈpɜːsɪ/ *m.*
Perdita /ˈpɜːdɪtə, pəˈdiː-/ *f.*
Pericles /ˈpɛrɪkliːz/ *m.* Pericle
Perry /ˈpɛrɪ/ *m.*
Persephone /pɜːˈsɛfənɪ/ *f.* Persefone
Perseus /ˈpɜːsjuːs/ *m.* Perseo
Pete /piːt/ *m. dim. di* **Peter**
Peter /ˈpiːtə(r)/ *m.* Pietro
Petruchio /pɪˈtruːkɪəʊ/ *m.* Petruccio
Petula /pəˈtjuːlə, *USA* -ˈtuː-/ *f.*
Phaedra /ˈfiːdrə/ *f.* Fedra
Phaethon /ˈfeɪəθən/ *m.* Fetonte
Phidias /ˈfɪdɪæs/ *m.* Fidia
Philip /ˈfɪlɪp/ *m.* Filippo

Philomel /ˈfɪləməl/, **Philomela** /fɪləʊˈmiːlə/ *f.* Filomela
Phine(h)as /ˈfɪnɪæs/ *m.*
Phoebe /ˈfiːbɪ/ *f.* Febe
Phoebus /ˈfiːbəs/ *m.* Febo
Phryne /ˈfraɪnɪ/ *f.* Frine
Phyllis /ˈfɪlɪs/ *f.*
Pindar /ˈpɪndə(r)/ *m.* Pindaro
Pisistratus /paɪˈsɪstrətəs/ *m.* Pisistrato
Pius /ˈpaɪəs/ *m.* Pio
Plato /ˈpleɪtəʊ/ *m.* Platone
Pliny /ˈplɪnɪ/ *m.* Plinio
Plutarch /ˈpluːtɑːk/ *m.* Plutarco
Pluto /ˈpluːtəʊ/ *m.* Plutone
Pollux /ˈpɒləks/ *m.* Polluce
Polly /ˈpɒlɪ/ *f. dim. di* **Mary**
Polonius /pəˈləʊnɪəs/ *m.* Polonio
Polycarp /ˈpɒlɪkaːp/ *m.* Policarpo
Polyhymnia /pɒlɪˈhɪmnɪə/ *f.* Polimnia
Polypheme /ˈpɒlɪfiːm/, **Polyphemus** /pɒlɪˈfiːməs/ *m.* Polifemo
Pomona /pəˈməʊnə/ *f.*
Pompey /ˈpɒmpɪ/ *m.* Pompeo
Portia /ˈpɔːʃɪə/ *f.* Porzia
Potiphar /ˈpɒtɪfə(r)/ *m.* Putifarre
Priam /ˈpraɪəm/ *m.* Priamo
Priapus /praɪˈeɪpəs/ *m.* Priapo
Priscilla /prɪˈsɪlə/ *f.*
Prometheus /prəˈmiːθɪəs, -θjuːs/ *m.* Prometeo
Proserpine /prəˈsɜːpɪnə/ *f.* Proserpina
Prospero /ˈprɒspərəʊ/ *m.*
Proteus /ˈprəʊtɪəs, -tjuːs, *USA* -tuːs/ *m.* Proteo
Psyche /ˈsaɪkɪ/ *f.* Psiche
Ptolemy /ˈtɒləmɪ/ *m.* Tolomeo
Publius /ˈpʌblɪəs/ *m.* Publio
Pygmalion /pɪgˈmeɪlɪən/ *m.* Pigmalione
Pylades /ˈpɪlədiːz/ *m.* Pilade
Pyramus /ˈpɪrəməs/ *m.* Piramo
Pyrrhus /ˈpɪrəs/ *m.* Pirro
Pythagoras /paɪˈθægərəs, -æs, *USA* pɪ-/ *m.* Pitagora
Quentin /ˈkwɛntɪn, *USA* -tn/ *m.* Quintino
Quintilian /kwɪnˈtɪlɪən/ *m.* Quintiliano
Quintin /ˈkwɪntɪn/ *m.* Quintino
Quintius /ˈkwɪnʃ(ɪ)əs, -tɪəs/ *m.* Quinzio
Quixote /ˈkwɪksət/ *m.* Chisciotte
Rachel /ˈreɪtʃəl/ *f.* Rachele
Ralph /rælf, reɪf/ *m.* Rodolfo
Rameses /ˈræmɪsiːz/ *m.* Ramsete
Ramona /rəˈməʊnə/ *f.*
Randall /ˈrændl/ *m.*
Randolph /ˈrændɒlf/ *m.* Randolfo
Raphael /ˈræfeɪəl/ *m.* Raffaele, Raffaello
Rasselas /ˈræsɪləs/ *m.*
Ray /reɪ/ *m. dim. di* **Raymond**
Raymond /ˈreɪmənd/ *m.* Raimondo
Rebecca /rɪˈbɛkə/ *f.*
Regan /ˈriːgən/ *f.* Regana
Reggie /ˈrɛdʒɪ/ *m. dim. di* **Reginald**
Regina /rəˈdʒaɪnə/ *f.*
Reginald /ˈrɛdʒɪnld/ *m.* Reginaldo
Remus /ˈriːməs/ *m.* Remo
Rex /rɛks/ *m. dim. di* **Reginald**
Rhoda /ˈrəʊdə/ *f.*
Richard /ˈrɪtʃəd/ *m.* Riccardo
Rita /ˈriːtə/ *f.*
Rob /rɒb/ *m. dim. di* **Robert**
Robert /ˈrɒbət/ *m.* Roberto
Robin /ˈrɒbɪn, *USA* -bn/ *m. dim. di* **Robert**
Robinson /ˈrɒbɪnsn/ *m.*
Roderic, Roderick /ˈrɒdərɪk/ *m.* Rodrigo
Roger /ˈrɒdʒə(r)/ *m.* Ruggero
Roland /ˈrəʊlənd/ *m.* Rolando, Orlando
Romeo /ˈrəʊmɪəʊ/ *m.*
Romulus /ˈrɒmələs/ *m.* Romolo
Ronald /ˈrɒnld/ *m.* Reginaldo, Rinaldo
Ronnie /ˈrɒnɪ/ *m. dim. di* **Reginald**
Rosalie /ˈrɒzəlɪ/ *f.* Rosalia
Rosalind /ˈrɒzəlɪnd/ *f.* Rosalinda
Rosaline /ˈrɒzəlɪn, -iːn, -aɪn/ *f.*
Rosamond /ˈrɒzəmənd/ *f.* Rosmunda
Rose /rəʊz/ *f.* Rosa
Rosemary /ˈrəʊzmərɪ, *USA* -mɛrɪ/ *f.* Rosamaria
Rowena /rəʊˈiːnə/ *f.*
Roxana /rɒkˈsɑːnə, *USA* -ˈsænə/ *f.* Rossana
Roy /rɔɪ/ *m.*
Ruby /ˈruːbɪ/ *f.*
Rudolph /ˈruːdɒlf/ *m.* Rodolfo
Rudyard /ˈrʌdjəd/ *m.*
Rufus /ˈruːfəs/ *m.* Rufo
Rupert /ˈruːpət/ *m.* Roberto
Ruth /ruːθ/ *f.*
Ryan /ˈraɪən/ *m.*
Sabrina /səˈbriːnə, -aɪnə/ *f.*
Sal /sæl/, **Sally** /ˈsælɪ/ *f. dim. di* **Sarah**
Salome /səˈləʊmɪ/ *f.* Salomè
Sam /sæm/, **Sammy** /ˈsæmɪ/ *m. dim. di* **Samuel**
Sampson /ˈsæmpsn/, **Samson** /ˈsæmsn/ *m.* Sansone
Samuel /ˈsæmjʊəl/ *m.* Samuele
Sappho /ˈsæfəʊ/ *f.* Saffo
Sarah /ˈsɛərə/ *f.* Sara
Satan /ˈseɪtn/ *m.* Satana
Saturn /ˈsætən, -tɜːn, -tn/ *m.* Saturno
Saul /sɔːl/ *m.*
Savage /ˈsævɪdʒ/ *m.*
Seamas, Seamus /ˈʃeɪməs/ *m.*
Sean /ʃɔːn/ *m.* Giovanni
Sebastian /səˈbæstɪən/ *m.* Sebastiano
Sejanus /səˈdʒeɪnəs/ *m.* Seiano
Selena /sɪˈliːnə/, **Selene** /səˈliːnɪ/ *f.* Selene
Semele /ˈsɛməlɪ/ *f.*
Semiramis /səˈmɪrəmɪs/ *f.* Semiramide
Seneca /ˈsɛnɪkə/ *m.*
Serge /sɜːdʒ/ *m. dim. di* **Sergius**
Sergius /ˈsɜːdʒ(ɪ)əs/ *m.* Sergio
Sheila /ˈʃiːlə/ *f.*
Shem /ʃɛm/ *m.* Sem.
Sherlock /ˈʃɜːlɒk/ *m.*
Shirley /ˈʃɜːlɪ/ *f.*
Shylock /ˈʃaɪlɒk/ *m.*
Sibyl /ˈsɪbl, -bɪl/ *f.* Sibilla
Siegfried /ˈsiːgfriːd/ *m.* Sigfrido
Siegmund /ˈsigmənd/, **Sigismund** /ˈsɪgɪsmənd/ *m.* Sigismondo
Silas /ˈsaɪləs/ *m.*
Silenus /saɪˈliːnəs/ *m.* Sileno
Silvanus /sɪlˈveɪnəs/ *m.* Silvano
Silvester /sɪlˈvɛstə(r)/ *m.* Silvestro
Silvia /ˈsɪlvɪə/ *f.*
Sim /sɪm/ *m. dim. di* **Simeon** *e di* **Simon**
Simeon /ˈsɪmɪən/ *m.* Simeone
Simon /ˈsaɪmən/ *m.* Simone
Sisyphus /ˈsɪsɪfəs/ *m.* Sisifo
Sixtus /ˈsɪkstəs/ *m.* Sisto
Socrates /ˈsɒkrətiːz/ *m.* Socrate
Solomon /ˈsɒləmən/ *m.* Salomone
Solon /ˈsəʊlɒn/ *m.* Solone
Sophia /səˈfaɪə, səʊˈfiːə/ *f.* Sofia
Sophocles /ˈsɒfəkliːz/ *m.* Sofocle
Sophy /ˈsəʊfɪ/ *f. dim. di* **Sophia**
Spartacus /ˈspɑːtəkəs/ *m.* Spartaco
Stanislaus /ˈstænɪslaʊs, -ɔːs/ *m.* Stanislao
Stella /ˈstɛlə/ *f.*
Stephanie /ˈstɛfənɪ/ *f.* Stefania
Stephen /ˈstiːvn/ *m.* Stefano
Steve /stiːv/ *m. dim. di* **Stephen**
Sue /suː, sjuː/ *f. dim. di* **Susan**
Sulla /ˈsʌlə, ˈsʊ-/ *m.* Silla
Susan /ˈsuːzn/, **Susanna(h)** /suːˈzænə/ *f.* Susanna
Sybil /ˈsɪbɪl/ *f.* Sibilla
Sydney /ˈsɪdnɪ/ *m.* o *f.*
Sylvanus /sɪlˈveɪnəs/ *m.* Silvano
Sylvester /sɪlˈvɛstə(r)/ *m.* Silvestro
Sylvia /ˈsɪlvɪə/ *f.* Silvia
Tamerlane /ˈtæməleɪn/ *m.* Tamerlano
Tancred /ˈtæŋkrɛd, -rɪd/ *m.* Tancredi
Tantalus /ˈtæntələs/ *m.* Tantalo
Tarquin /ˈtɑːkwɪn/ *m.* Tarquinio
Ted /tɛd/, **Teddy** /ˈtɛdɪ/ *m. dim. di* **Edward** *e di* **Theodore**
Telemachus /təˈlɛməkəs/ *m.* Telemaco
Terence /ˈtɛrəns/ *m.* Terenzio
Terpsichore /tɜːpˈsɪkərɪ/ *f.* Tersicore
Terry /ˈtɛrɪ/ *f. dim. di* **Theresa**
Thaddeus /ˈθædɪəs, θæˈdiːəs/ *m.* Taddeo
Thales /ˈθeɪliːz/ *m.* Talete
Thalia /θəˈlaɪə/ *f.* Talia
Thecla /ˈθɛklə/ *f.* Tecla
Themis /ˈθɛmɪs/ *f.* Temi
Themistocles /θəˈmɪstəkliːz/ *m.* Temistocle
Theobald /ˈθiːəbɔːld/ *m.* Teobaldo, Tebaldo
Theocritus /θiːˈɒkrɪtəs/ *m.* Teocrito
Theodora /θiːəˈdɔːrə/ *f.* Teodora
Theodore /ˈθiːədɔː(r)/ *m.* Teodoro
Theodoric /θɪˈɒdərɪk/ *m.* Teodorico
Theodosia /θiːəˈdəʊsɪə, *USA* -ʃə/ *f.* Teodosia
Theodosius /θiːəˈdəʊsɪəs, *USA* -ʃəs/ *m.* Teodosio
Theophilus /θɪˈɒfələs/ *m.* Teofilo
Theresa /təˈriːzə/ *f.* Teresa
Theseus /ˈθiːsɪəs, -sjuːs/ *m.* Teseo
Thespis /ˈθɛspɪs/ *m.* Tespi
Thisbe /ˈθɪzbɪ/ *f.* Tisbe
Thomas /ˈtɒməs/ *m.* Tommaso
Thucydides /θjuːˈsɪdɪdiːz, *USA* θuː-/ *m.* Tucidide
Thyestes /θaɪˈɛstiːz/ *m.* Tieste
Tiberius /taɪˈbɪərɪəs/ *m.* Tiberio
Tim /tɪm/ *m. dim. di* **Timothy**
Timon /ˈtaɪmən/ *m.* Timone
Timothy /ˈtɪməθɪ/ *m.* Timoteo
Titania /tɪˈteɪnɪə, -ˈtɑː-, taɪ-/ *f.*
Titian /ˈtɪʃn/ *m.* Tiziano
Titus /ˈtaɪtəs/ *m.* Tito
Tobiah /təˈbaɪə/, **Tobias** /təˈbaɪəs/ *m.* Tobia
Toby /ˈtəʊbɪ/ *m. dim. di* **Tobiah** *e di* **Tobias**
Tom /tɒm/, **Tommy** /ˈtɒmɪ/ *m. dim. di* **Thomas**

Tony /ˈtəʊnɪ/ *m. o f. dim. di* **Anthony** *e di* **Antoniette**
Tracey /ˈtreɪsɪ/ *f.*
Tracy /ˈtreɪsɪ/ *m.*
Trajan /ˈtreɪdʒən/ *m.* Traiano
Tristan /ˈtrɪstən/, **Tristam** /ˈtrɪstəm/, **Tristram** /ˈtrɪstrəm/ *m.* Tristano
Triton /ˈtraɪtn/ *m.* Tritone
Troilus /ˈtrəʊɪləs/ *m.* Troilo
Tyrone /tɪˈrəʊn, ˈtaɪrəʊn/ *m.*
Ulfilas /ˈʊlfɪlæs/ *m.* Ulfila
Ulysses /jʊˈlɪsiːz, juːˈl-, ˈjuːl-/ *m.* Ulisse
Una /ˈjuːnə/ *f.*
Urania /jəˈreɪnɪə, jʊə-/ *f.*
Urban /ˈɜːbən/ *m.* Urbano
Uriah /jəˈraɪə, jʊə-/ *m.* Uria
Ursula /ˈɜːsjʊlə, -ʃə-, sə-/ *f.* Orsola
Uther /ˈjuːθə(r)/ *m.*
Valentine /ˈvæləntaɪn/ *m.* Valentino
Valeria /vəˈlɪərɪə/ *f.*
Valerius /vəˈlɪərɪəs/ *m.* Valerio
Vanessa /vəˈnɛsə/ *f.*
Vathek /ˈvæθɛk/ *m.*
Venus /ˈviːnəs/ *f.* Venere
Vera /ˈvɪərə/ *f.*
Vergil /ˈvɜːdʒɪl/ *m.* Virgilio
Veronica /vəˈrɒnɪkə/ *f.*
Vespasian /vɛˈspeɪʒn/ *m.* Vespasiano
Vesta /ˈvɛstə/ *f.*
Vester /ˈvɛstə(r)/ *m. dim. di* **Silvester**, **Sylvester**
Vic /vɪk/, **Vicky** /ˈvɪkɪ/ *f. dim. di* **Victoria**
Victor /ˈvɪktə(r)/ *m.* Vittorio
Victoria /vɪkˈtɔːrɪə/ *f.* Vittoria
Vincent /ˈvɪnsənt/ *m.* Vincenzo
Viola /ˈvaɪələ, ˈviːə-, v(a)ɪˈəʊ-/ *f.*
Violet /ˈvaɪələt/ *f.* Violetta
Virgil /ˈvɜːdʒɪl/ *m.* Virgilio
Virginia /vəˈdʒɪnɪə/ *f.*
Vivian /ˈvɪvɪən/ *m.*
Vivian, **Vivien** /ˈvɪvɪən/ *f.* Viviana
Vulcan /ˈvʌlkən/ *m.* Vulcano
Waldo /ˈwɔːldəʊ, ˈwɒ-/ *m.*
Walt /wɔːlt, wɒlt/ *m. dim. di* **Walter**
Walter /ˈwɔːltə(r)/ *m.* Walter, Gualtiero
Wanda /ˈwɒndə/ *f.*
Washington /ˈwɒʃɪŋtən, *USA* ˈwɔː-/ *m.*
Wendy /ˈwɛndɪ/ *f.*
Wilfred /ˈwɪlfrɪd/ *m.*
Wilfrid /ˈwɪlfrɪd/ *m.*
Wilhelmina /wɪlhɛlˈmiːnə, wɪlə-/ *f.* Guglielmina
Will /wɪl/ *m. dim. di* **William**
William /ˈwɪljəm/ *m.* Guglielmo
Willie, Willy /ˈwɪlɪ/ *m. o f. dim. di* **William** *e di* **Wilhelmina**
Wilma /ˈwɪlmə/ *f.* Wilma, Vilma
Wilmot /ˈwɪlmət, ɒt/ *f. dim. di* **Wilhelmina**
Winifred /ˈwɪnɪfrɪd/ *f.*
Winnie /ˈwɪnɪ/ *f. dim. di* **Winifred**
Winston /ˈwɪnstən/ *m.*
Woden /ˈwəʊdn/ *m.* Odino
Wulfstan /ˈwʊlfstən/ *m.*
Xanthippe /zænˈθɪpɪ/, **Xantippe** /(g)zænˈtɪpɪ/ *f.* Santippe
Xavier /ˈzeɪvɪə(r), ˈzæ-/ *m.* Saverio
Xenocrates /zɛˈnɒkrətiːz/ *m.* Senocrate
Xenophon /ˈzɛnəfən/ *m.* Senofonte
Xerses /ˈzɜːksiːz/ *m.* Serse
Yorick /ˈjɒrɪk, *USA* ˈjɔː-/ *m.*
Yseult /ɪˈsuːlt, -z-/ *f.* Isolda, Isotta
Zach /zæk/ *m. dim. di* **Zachariah**, **Zacharias**, **Zachary**
Zachariah /zækəˈraɪə/, **Zacharias** /zækəˈraɪəs/, **Zachary** /ˈzækərɪ/ *m.* Zaccaria
Zeno /ˈziːnəʊ/ *m.* Zenone
Zenobia /zɪˈnəʊbɪə/ *f.*
Zeus /zuːs, zjuːs, ˈziːəs/ *m.*
Zoe /ˈzəʊɪ/ *f.*

SURNAMES - *COGNOMI*

Abbot /'æbət/
A Becket /ə'bɛkɪt/
Abercrombie /'æbəkrɒmbɪ, -ʌm-/
Abergavenny /æbəgə'vɛnɪ, æbə'gɛ-/
Acheson /'ætʃɪsn/
Acton /'æktən/
Adam /'ædəm/
Adams /'ædəmz/
Addams /'ædəmz/
Addington /'ædɪŋtən/
Addison /'ædɪsn/
Adrian /'eɪdrɪən/
Agnew /'ægnjuː, *USA* -nuː/
Aiken /'eɪkən, -ɪn/
Aikin /'eɪkɪn/
Ainsworth /'eɪnzwəθ, -ɜːθ/
Akenside /'eɪkənsaɪd/
Albermarle /'ælbəmɑːl/
Alcock /'ælkɒk, 'ɔːl-, 'ɒl-/
Alcott /'ɔːlkət, 'ɒl-, 'æl-, -ɒt/
Aldington /'ɔːldɪŋtən, 'ɒl-/
Aldrich /'ɔːldrɪdʒ, 'ɒl-/
Alexander /ælɪg'zɑːndə(r), *USA* -'zæn-/
Allein(e) /'ælɪn/
Allen /'ælən/
Allenby /'ælənbɪ/
Alleyn /æ'liːn/
Allingham /'ælɪŋəm/
Allsop(p) /'ɔːlsəp, 'ɒl-/
Allworthy /'ɔːlwɜːðɪ/
Althorp /'ɔːlθɔːp, 'ɒl-/
Amery /'eɪmərɪ/
Amory /'eɪmərɪ/
Amyot /'eɪmɪət/
Anderson /'ændəsn/
Andow /'ændaʊ/
Andrade /'ændreɪd/
Andrews /'ændruːz/
Angell /'eɪndʒəl/
Anstey /'ænstɪ/
Appleby /'æplbɪ/
Appleton /'æpltn/
Aram /'ɛərəm/
Arbuthnot(t) /ɑː'bʌθnət, ə-, -ɒt/
Archer /'ɑːtʃə(r)/
Arkwright /'ɑːkraɪt/
Armitage /'ɑːmɪtɪdʒ/
Armstrong /'ɑːmstrɒŋ, *USA* -ɔːŋ/
Arne /ɑːn/
Arnold /'ɑːnld/
Arrowsmith /'ærəʊsmɪθ/
Arthur /'ɑːθə(r)/
Arundel /'ærəndl/
Ascham /'æskəm/
Ashley /'æʃlɪ/
Ashton /'æʃtn/
Ashwell /'æʃwl/
Ashworth /'æʃwəθ, -ɜːθ/
Asquith /'æskwɪθ/
Astaire /æ'stɛə(r)/
Aston /'æstn/
Astor /'æstə(r)/
Atkins /'ætkɪnz/
Atkinson /'ætkɪnsn/
Attlee /'ætlɪ/
Auchinleck /ɔːkɪn'lɛk, ɔːxɪ-/
Auden /'ɔːdn/
Austen /'ɔːstən, 'ɒ-/
Austin /'ɔːstɪn, 'ɒ-/
Avebury /'eɪvbərɪ, *USA* -berɪ/
Aylmer /'eɪlmə(r)/
Babbitt /'bæbɪt/
Babington /'bæbɪŋtən/
Bagehot /'bædʒət, -gət/
Bailey /'beɪlɪ/
Baker /'beɪkə(r)/
Bakewell /'beɪkwl/
Baldwin /'bɔːldwɪn, 'bɒ-/
Bale /beɪl/
Balfour /'bælfʊə(r)/
Ball /bɔːl/
Ballantyne /'bæləntaɪn/
Bal(l)iol /'beɪlɪəl/
Bancroft /'bænkrɒft, *USA* -ɔːft/
Banting /'bæntɪŋ/
Barbour /'bɑːbə(r)/
Barclay /'bɑːklɪ/
Baring /'bɛərɪŋ/
Barker /'bɑːkə(r)/
Barklay /'bɑːkleɪ/
Barkley /'bɑːklɪ/
Barlow /'bɑːləʊ/
Barnes /bɑːnz/
Barnfield /'bɑːnfiːld/
Barnum /'bɑːnəm/
Barrett /'bærət/
Barrie /'bærɪ/
Barrow /'bærəʊ/
Barry /'bærɪ/
Barrymore /'bærɪmɔː(r)/
Bartlett /'bɑːtlɪt/
Barton /'bɑːtn/
Bartram /'bɑːtrəm/
Basset(t) /'bæsɪt/
Bates /beɪts/
Bathurst /'bæθɜːst/
Baxter /'bækstə(r)/
Beadle /'biːdl/
Beard /bɪəd/
Beardsley /'bɪədzlɪ/
Beattie /'biːtɪ/
Beauchamp /'biːtʃəm/
Beaufort /'bəʊfət, -ɔːt, 'bjuː-/
Beaumont /'bəʊmənt, -ɒnt, bəʊ'mɒnt/
Beaverbrook /'biːvəbrʊk/
Beck /bɛk/
Becker /'bɛkə(r)/
Becket(t) /'bɛkɪt/
Beckford /'bɛkfəd/
Beddoes /'bɛdəʊz/
Beecham /'biːtʃəm/
Beecher /'biːtʃə(r)/
Beer /bɪə(r)/
Beerbohm /'bɪəbəʊm/
Beery /'bɪərɪ/
Behn /beɪn/
Bell /bɛl/
Bellamy /'bɛləmɪ/
Bellenden /'bɛləndən/
Belloc /'bɛlɒk/
Bellow /'bɛləʊ/
Bellows /'bɛləʊz/
Benét /bɛ'neɪ/
Benlowes /'bɛnləʊz/
Bennett /'bɛnɪt/
Benson /'bɛnsn/
Bentham /'bɛnθəm, -ntəm/
Bentinck /'bɛntɪŋk/
Bentley /'bɛntlɪ/
Beresford /'bɛrɪzfəd/
Berkeley /'bɑːklɪ, *USA* 'bɜːklɪ/
Berners /'bɜːnəz/
Berry /'bɛrɪ/
Besant /'bɛsənt/
Besier /'bɛzɪə(r)/
Betjeman /'bɛtʃəmən/
Betterton /'bɛtətn/
Bevan /'bɛvn/
Beveridge /'bɛvərɪdʒ/
Beverley /'bɛvəlɪ/
Bevin /'bɛvɪn/
Bickerstaff /'bɪkəstɑːf, *USA* -æf/
Biddle /'bɪdl/
Bierce /bɪəs/
Bigelow /'bɪgələʊ/
Binyon /'bɪnjən/
Birkbeck /'bɜːbɛk/
Birrell /'bɪrl/
Blackett /'blækɪt/
Blackmore /'blækmɔː(r)/
Blackmur /'blækmʊə(r)/
Blackstone /'blækstən/
Blackwell /'blækwl/
Blackwood /'blækwʊd/
Blaine /bleɪn/
Blair /blɛə(r)/
Blake /bleɪk/
Blessington /'blɛsɪŋtən/
Bloch /'blɒk/
Bloomfield /'bluːmfiːld/
Blount /blʌnt/
Blunden /'blʌndən/
Blunt /blʌnt/
Boas /'bəʊæz, -əz/
Bodley /'bɒdlɪ/
Bogan /'bəʊgən/
Bogart /'bəʊgɑːt/
Bolingbroke /'bɒlɪŋbrʊk, 'bʊ-/
Bolinger /'bəʊlɪndʒə(r)/
Bollinger /'bɒlɪndʒə(r)/
Boone /buːn/
Boots /buːts/
Born /bɔːn/
Borrow /'bɒrəʊ, *USA* 'bɔː-/
Boswell /'bɒzwl/
Bothwell /'bɒθwl, -ð-/
Bottomley /'bɒtəmlɪ/
Bottrall /'bɒtrl/
Bourne /bɜːn, bɔːn, bʊən/
Bowden /'bəʊdn, 'baʊ-/
Bowdler /'baʊdlə(r)/
Bowen /'bəʊɪn/
Bowie /'baʊɪ, 'bəʊɪ, 'buːɪ/
Bowles /bəʊlz/
Bowra /'baʊrə/
Bowring /'baʊrɪŋ/
Boyd /bɔɪd/
Boyle /bɔɪl/
Bradford /'brædfəd/
Bradlaugh /'brædlɔː/

Bradley / ˈbrædlɪ/
Bradshaw / ˈbrædʃɔː/
Bradstreet / ˈbrædstriːt/
Bragg /bræg/
Brando / ˈbrændəʊ/
Brattain / ˈbrætein, -tn/
Braun /brɔːn/
Brawne /brɔːn/
Bridges / ˈbrɪdʒɪz/
Bridg(e)water / ˈbrɪdʒwɔːtə(r), *USA* -wɒ-/
Bridgman / ˈbrɪdʒmən/
Bridie / ˈbraɪdɪ/
Briggs /brɪgz/
Brighouse / ˈbrɪghaʊs/
Bright /braɪt/
Brinsley / ˈbrɪnzlɪ/
Brittain / ˈbrɪtən/
Britten / ˈbrɪtən/
Brixton / ˈbrɪkstən/
Brome /bruːm/
Bromfield / ˈbrɒmfiːld/
Brontë / ˈbrɒntɪ, -eɪ/
Brooke /brʊk/
Brooks /brʊks/
Brougham /bruːm/
Broughton / ˈbrɔːtn/
Brown /braʊn/
Browne /braʊn/
Browning / ˈbraʊnɪŋ/
Bruce /bruːs/
Brummel / ˈbrʌml/
Bryan / ˈbraɪən/
Bryant / ˈbraɪənt/
Bryce /braɪs/
Brynner / ˈbrɪnə(r)/
Buchan / ˈbʌkən, -xən/
Buchanan /bjuːˈkænən, bə-/
Buck /bʌk/
Buckle / ˈbʌkl/
Buckley / ˈbʌklɪ/
Buell / ˈbjuːəl/
Buick / ˈbjuːɪk/
Bullock / ˈbʊlək, *USA* -ɒk/
Bullough / ˈbʊləʊ/
Bulwer / ˈbʊlwə(r)/
Bunyan / ˈbʌnjən/
Burbage / ˈbɜːbɪdʒ/
Burdett / bɜːˈdɛt/
Burgess / ˈbɜːdʒɪs, -əs/
Burgh / ˈbʌrə, bɜːg, bɜː(r), *USA* ˈbɜːrəʊ, bɜːg, bɜː(r)/
Burghley / ˈbɜːlɪ/
Burgoyne / ˈbɜːgɔɪn/
Burke /bɜːk/
Burleigh / ˈbɜːlɪ/
Burlington / ˈbɜːlɪŋtən/
Burnaby / ˈbɜːnəbɪ/
Burne-Jones / ˈbɜːnˈdʒəʊnz/
Burnet / ˈbɜːnɪt/
Burnett /bɜːˈnɛt, bə-, ˈbɜːnɪt/
Burney / ˈbɜːnɪ/
Burns /bɜːnz/
Burroughs / ˈbʌrəz, *USA* ˈbɜːrəʊz/
Burton / ˈbɜːtn/
Bury / ˈbjʊərɪ/
Bush /bʊʃ/
Bushnell / ˈbʊʃnɛl/
Butler / ˈbʌtlə(r)/
Buxton / ˈbʌkstn/
Byles /baɪlz/
Byng /bɪŋ/
Byrd /bɜːd/
Byrom / ˈbaɪərəm/
Byron / ˈbaɪərən/
Cabell / ˈkæbl/
Cable / ˈkeɪbl/
Cabot / ˈkæbət/
Cadbury / ˈkædbərɪ, *USA* -bɛrɪ/
Cade / ˈkeɪd/
Cadillac / ˈkædɪlæk/
Cagney / ˈkægnɪ/
Caine /keɪn/
Caird /kɛəd/
Calamy / ˈkæləmɪ/
Calder / ˈkɔːldə(r), ˈkɒ-/
Caldwell / ˈkɔːldwɛl, ˈkɒ-/
Calhoun /kælˈhuːn, kə-/
Callaghan / ˈkæləhən/
Calvin / ˈkælvɪn/
Camden / ˈkæmdən/
Campbell / ˈkæmbl/
Campion / ˈkæmpɪən/
Cannan / ˈkænən/
Canning / ˈkænɪŋ/
Capell / ˈkeɪpl/
Capote /kəˈpəʊt/
Capra / ˈkæprə/
Carew /kəˈruː/
Carl(e)ton / ˈkɑːltn/
Carlyle /kɑːˈlaɪl/
Carmichael /kɑːˈmaɪkl/
Carnegie / ˈkɑːnəgɪ, kɑːˈnɛ-, -ˈneɪ-, -ˈniː-/
Carpenter / ˈkɑːpəntə(r)/
Carr /kɑː(r)/
Carrel / ˈkærl/
Carroll / ˈkærl/
Carson / ˈkɑːsn/
Carter / ˈkɑːtə(r)/
Carteret / ˈkɑːtərɛt/
Cartwright / ˈkɑːtraɪt/
Cary / ˈkɛərɪ/
Cassel(l) / ˈkæsl/
Castlemain / ˈkɑːslmeɪn, *USA* ˈkæs-/
Castlereagh / ˈkɑːslreɪ, *USA* ˈkæs-/
Cather / ˈkæðə(r)/
Cavendish / ˈkævəndɪʃ/
Caxton / ˈkækstn/
Cecil / ˈsɛsl, ˈsɪsl/
Chadwick / ˈtʃædwɪk/
Chamberlain / ˈtʃeɪmbəlɪn, -ən, -eɪn/
Chamberlayne / ˈtʃeɪmbəlɪn, -ən, -eɪn/
Chambers / ˈtʃeɪmbəz/
Chancellor / ˈtʃɑːnsələ(r), *USA* -æn-/
Chandler / ˈtʃɑːndlə(r), *USA* -æn-/
Channing / ˈtʃænɪŋ/
Chaplin / ˈtʃæplɪn/
Chapman / ˈtʃæpmən/
Charrington / ˈtʃærɪŋtən/
Chase /tʃeɪs/
Chatham / ˈtʃætəm/
Chatterton / ˈtʃætətn/
Chatto / ˈtʃætəʊ/
Chaucer / ˈtʃɔːsə(r)/
Chester / ˈtʃɛstə(r)/
Chesterfield / ˈtʃɛstəfiːld/
Chesterton / ˈtʃɛstətən/
Chettle / ˈtʃɛtl/
Cheyne / ˈtʃeɪn, -ɪ/
Cheyney / ˈtʃeɪnɪ/
Chippendale / ˈtʃɪpəndeɪl/
Chivas / ˈʃɪvæs, ˈʃiːvəs/
Chivers / ˈtʃɪvəz/
Christie / ˈkrɪstɪ/
Chrysler / ˈkraɪzlə(r)/
Church /tʃɜːtʃ/
Churchill / ˈtʃɜːtʃɪl/
Chuzzlewit / ˈtʃʌzlwɪt/
Cibber / ˈsɪbə(r)/
Clanvowe / ˈklænvaʊ/
Clare /klɛə(r)/
Clarendon / ˈklærəndən/
Claridge / ˈklærɪdʒ/
Clark(e) /klɑːk/
Clay /kleɪ/
Cleland / ˈklɛlənd/
Clemens / ˈklɛmənz/
Cleveland / ˈkliːvlənd/
Clifford / ˈklɪfəd/
Clift /klɪft/
Clinton / ˈklɪntən/
Clive /klaɪv/
Clough /klʌf/
Cobbett / ˈkɒbɪt/
Cobden / ˈkɒbdən/
Cockcroft / ˈkɒkkrɒft, *USA* -ɔːft/
Codrington / ˈkɒdrɪŋtən/
Cody / ˈkəʊdɪ/
Cohen / ˈkəʊɪn/
Coke /kəʊk/
Cole /kəʊl/
Coleman / ˈkəʊlmən/
Coleridge / ˈkəʊlrɪdʒ/
Colet / ˈkɒlɪt, -ət/
Collier / ˈkɒlɪə(r)/
Collingwood / ˈkɒlɪŋwʊd/
Collins / ˈkɒlɪnz/
Colman / ˈkəʊlmən/
Colquhoun /kəˈhuːn/
Colum / ˈkɒləm/
Combe /kuːm/
Comfort / ˈkʌmfət/
Commager / ˈkɒmədʒə(r)/
Compton / ˈkɒmptən, ˈkʌm-/
Compton Burnett / ˈkɒmptənbɜːˈnɛt, -ˈbɜːnɪt/
Conan Doyle / ˈkəʊnənˈdɔɪl, ˈkɒ-/
Conant / ˈkɒnənt, ˈkəʊ-/
Condell /kənˈdɛl/
Congreve / ˈkɒŋgriːv/
Connelly / ˈkɒnəlɪ/
Connolly / ˈkɒnəlɪ/
Conrad / ˈkɒnræd/
Constable / ˈkʌnstəbl, ˈkɒn-/
Conway / ˈkɒnweɪ/
Cook /kʊk/
Cooke /kʊk/
Coolidge / ˈkuːlɪdʒ/
Cooper / ˈkuːpə(r)/
Cornell /kɔːˈnɛl/
Cornwallis /kɔːnˈwɒlɪs/
Cosgrave / ˈkɒzgreɪv/
Cotton / ˈkɒtn/
Cournand / ˈkʊənənd/
Courtenay / ˈkɔːtnɪ/
Coverdale / ˈkʌvədeɪl/
Coward / ˈkaʊəd/
Cowley / ˈkaʊlɪ/
Cowper / ˈkuːpə(r), ˈkaʊ-/
Cox /kɒks/
Coz(z)ens / ˈkʌzənz/
Crabbe /kræb/
Craig /kreɪg/
Crane /kreɪn/
Cranmer / ˈkrænmə(r)/
Crashaw / ˈkræʃɔː/
Crawford / ˈkrɔːfəd/
Creighton / ˈkraɪtn/

Cremer /ˈkriːmə(r)/
Crèvecoeur /ˈkrɛvkɜː(r)/
Crichton /ˈkraɪtn/
Crick /krɪk/
Crockett /ˈkrɒkɪt/
Crompton /ˈkrʌmptən/
Cromwell /ˈkrɒmwl/
Cronin /ˈkrəʊnɪn/
Crosby /ˈkrɒzbɪ/
Crowfoot-Hodgkin /ˈkrəʊfʊtˈhɒdʒkɪn/
Cruickshank /ˈkrʊkʃæŋk/
Crusoe /ˈkruːsəʊ/
Cudworth /ˈkʌdwəθ, -ɜːθ/
Cukor /ˈkjuːkə(r)/
Cullen /ˈkʌlən/
Cummings /ˈkʌmɪŋz/
Curtis /ˈkɜːtɪs/
Curzon /ˈkɜːzn/
Custer /ˈkʌstə(r)/
Daimler /ˈdeɪmlə(r)/
Dale /deɪl/
Dalton /ˈdɔːltn, ˈdɒ-/
Dane /deɪn/
Daniel /ˈdænjəl/
Darcy, D'Arcy /ˈdɑːsɪ/
Darnley /ˈdɑːnlɪ/
Darwin /ˈdɑːwɪn/
Davenant /ˈdævɪnənt/
Davenport /ˈdævnpɔːt/
Davidson /ˈdeɪvɪdsn/
Davies /ˈdeɪvɪs, -iːz/
Davis /ˈdeɪvɪs/
Davisson /ˈdeɪvɪsən/
Dawes /dɔːz/
Day /deɪ/
Dean /diːn/
De Bourgh, De Burgh /dəˈbɜːg/
Defoe /dəˈfəʊ/
Dekker /ˈdɛkə(r)/
Delafield /dɛləˈfiːld/
De la Mare /dɛləˈmɛə(r)/
Delany /dəˈleɪnɪ/
Dell /dɛl/
Deloney /dəˈləʊnɪ/
De Mille /dəˈmɪl/
Denham /ˈdɛnəm/
Dennie /ˈdɛnɪ/
Dennis /ˈdɛnɪs/
De Quincey /dəˈkwɪnsɪ/
Deronda /dəˈrɒndə/
de Valera /dɛvəˈlɛərə/
De Vere /dəˈvɪə(r)/
Devereux /ˈdɛvəruː/
Dewey /ˈdjuːɪ, *USA* ˈduːɪ/
Dickens /ˈdɪkɪnz/
Dickinson /ˈdɪkɪnsn/
Dietrich /ˈdiːtrɪk, ˈdɪə-, -ɪx, -ɪʃ/
Digby /ˈdɪgbɪ/
Dillon /ˈdɪlən/
Dirac /dɪˈræk/
Disney /ˈdɪznɪ/
Disraeli /dɪzˈreɪlɪ/
Dixon /ˈdɪksn/
Dmytryk /ˈdmiːtrɪk/
Dobell /dəʊˈbɛl, ˈdəʊbl/
Dobson /ˈdɒbsn/
Dodge /dɒdʒ/
Dodgson /ˈdɒdʒsn/
Doisy /ˈdɔɪzɪ/
Dombey /ˈdɒmbɪ/
Donald /ˈdɒnld/
Donaldson /ˈdɒnldsn/
Donne /dʌn, dɒn/
Dooley /ˈduːlɪ/
Doolittle /ˈduːlɪtl/
Dos Passos /dɒsˈpæsɒs, *USA* dəʊsˈpæsəʊs, dəs-, -əs/
Douglas /ˈdʌgləs/
Dowden /ˈdaʊdn/
Dowland /ˈdaʊlənd/
Dowson /ˈdaʊsn/
Doyle /dɔɪl/
Drake /dreɪk/
Drayton /ˈdreɪtn/
Dreiser /ˈdraɪzə(r)/
Drew /druː/
Drinkwater /ˈdrɪŋkwɔːtə(r), *USA* -wɒ-/
Drummond /ˈdrʌmənd/
Dryden /ˈdraɪdn/
Dubois /duːˈbwɑː, djuː-, -ˈbɔɪs, -ˈbɔɪz/
Duchesne /djuːˈʃeɪn, duː-/
Duckworth /ˈdʌkwəθ, -ɜːθ/
Duff /dʌf/
Dulles /ˈdʌlɪs/
Du Maurier /duːˈmɒrɪeɪ, djuː-, *USA* duːˈmɔː-/
Dunbar /dʌnˈbɑː(r)/
Duncan /ˈdʌŋkən/
Dunning /ˈdʌnɪŋ/
Duns /dʌnz/
Dunton /ˈdʌntn/
Dupont, Du Pont /djuːˈpɒnt, ˈdjuːpɒnt, *USA* duː-, ˈduː-/
Durrell /ˈdʌrl, *USA* ˈdɜː-, ˈdʊə-/
Dwight /dwaɪt/
Dyce /daɪs/
Dyer /daɪə(r)/
Dylan /ˈdɪlən/
Earle /ɜːl/
Eastman /ˈiːstmən/
Eaton /ˈiːtn/
Eccles /ˈɛklz/
Eddington /ˈɛdɪŋtən/
Eddy /ˈɛdɪ/
Eden /ˈiːdn/
Edgeworth /ˈɛdʒwəθ, -ɜːθ/
Edison /ˈɛdɪsn/
Edward(e)s /ˈɛdwədz/
Eggleston /ˈɛglstən/
Einstein /ˈaɪnstaɪn/
Eisenhower /ˈaɪzənhaʊə(r)/
Elgar /ˈɛlgɑ(r)/
Elgin /ˈɛlgɪn/
Eliot /ˈɛlɪət/
Elliott /ˈɛlɪət/
Ellis /ˈɛlɪs/
Elyot /ˈɛlɪət/
Emerson /ˈɛməsn/
Empson /ˈɛmpsn/
Enders /ˈɛndəz/
Erlanger /ˈɜːlændʒə(r)/
Erskine /ˈɜːskɪn/
Ervine /ˈɜːvɪn/
Etherege /ˈɛθərɪdʒ/
Evelyn /ˈiːvlɪn/
Everett /ˈɛvərɪt/
Ewald /ˈjuːəld/
Faber /ˈfeɪbə(r)/
Fagin /ˈfeɪgɪn/
Fahrenheit /ˈfærənhaɪt/
Fairbanks /ˈfɛəbæŋks/
Fairfax /ˈfɛəfæks/
Falstaff /ˈfɔːlstɑːf, ˈfɒl-, *USA* -æf/
Fanshawe /ˈfænʃɔː/
Faraday /ˈfærədeɪ/
Farquhar /ˈfɑːkwə(r)/
Farrell /ˈfærl/
Faulkes /ˈfɔːks/
Faulkner /ˈfɔːknə(r)/
Fawcett /ˈfɔːsɪt/
Fawkes /fɔːks/
Fay /feɪ/
Felton /ˈfɛltn/
Fenton /ˈfɛntən/
Ferber /ˈfɜːbə(r)/
Fergus(s)on /ˈfɜːgəsn/
Ferrar /ˈfɛrə(r)/
Ferrier /ˈfɛrɪə(r)/
Feynman /ˈfeɪnmən/
Fields /fiːlds/
Fillmore /ˈfɪlmɔː(r)/
Filmer /ˈfɪlmə(r)/
Finlay /ˈfɪnleɪ/
Fisher /ˈfɪʃə(r)/
Fitzgerald /fɪtsˈdʒɛrəld/
Fitzherbert /fɪtsˈhɜːbət/
Fitzjames /fɪtsˈdʒeɪmz/
Fitzpatrick /fɪtsˈpætrɪk/
Fitzroy /fɪtsˈrɔɪ/
Flaherty /ˈflɛətɪ/
Flanagan /ˈflænəgən/
Flaxman /ˈflæksmən/
Fleay /fleɪ/
Flecker /ˈflɛkə(r)/
Fleming /ˈflɛmɪŋ/
Fletcher /ˈflɛtʃə(r)/
Flint /flɪnt/
Florey /ˈflɒrɪ, *USA* ˈflɔː-/
Florio /ˈflɔːrɪəʊ/
Flynn /flɪn/
Fonda /ˈfɒndə/
Foote /fʊt/
Forbes /fɔːbz, ˈfɔːbɪs/
Ford /fɔːd/
Forester /ˈfɒrɪstə(r), *USA* ˈfɔː-/
Forster /ˈfɔːstə(r)/
Forsyte /ˈfɔːsaɪt/
Forsyth /fɔːˈsaɪθ, ˈfɔːs-/
Fortescue /ˈfɔːtɪskjuː/
Fosbury /ˈfɒzbərɪ, *USA* -bɛrɪ/
Fowler /ˈfaʊlə(r)/
Fowles /faʊlz/
Fox(e) /fɒks/
Foyle /fɔɪl/
Franklin /ˈfræŋklɪn/
Frazer /ˈfreɪzə(r)/
Frederich /ˈfrɛdrɪk/
Freeman /ˈfriːmən/
Freneau /ˈfrɪnəʊ/
Frere /frɪə(r)/
Frobisher /ˈfrəʊbɪʃə(r)/
Frost /frɒst, *USA* frɔːst/
Froude /fruːd/
Fry /fraɪ/
Fuller /ˈfʊlə(r)/
Fulton /ˈfʊltn/
Furnivall /ˈfɜːnɪvl/
Fyfield /ˈfaɪfiːld/
Gable /ˈgeɪbl/
Gadsby /ˈgædzbɪ/
Gage /ˈgeɪdʒ/
Gainsborough /ˈgeɪnzbrə, *USA* -bɜːrəʊ/
Gaitskell /ˈgeɪtskɪl/
Gallup /ˈgæləp/
Galsworthy /ˈgɔːlzwɜːðɪ, ˈgæl-/
Galt /gɔːlt, gɒlt/
Gandhi /ˈgændiː/

Garbo /ˈɡɑːbəʊ/
Gardiner /ˈɡɑːdnə(r)/
Gardner /ˈɡɑːdnə(r)/
Garfield /ˈɡɑːfiːld/
Garland /ˈɡɑːlənd/
Garnett /ˈɡɑːnɪt/
Garrick /ˈɡærɪk/
Garth /ɡɑːθ/
Gascoigne /ˈɡæskɔɪn/
Gascoyne /ˈɡæskɔɪn/
Gaskell /ˈɡæskl/
Gasser /ˈɡæsə(r)/
Gates /ɡeɪts/
Gatling /ˈɡætlɪŋ/
Gaultier /ˈɡɔːltɪə(r)/
Gaunt /ɡɔːnt/
Gaveston /ˈɡævɪstən/
Gay /ɡeɪ/
Geddes /ˈɡɛdɪs/
Geiger /ˈɡaɪɡə(r)/
George /dʒɔːdʒ/
Gershwin /ˈɡɜːʃwɪn/
Gibbon /ˈɡɪbən/
Gibbs /ɡɪbz/
Gibson /ˈɡɪbsn/
Gielgud /ˈɡiːlɡʊd/
Giffard /ˈdʒɪfəd, ˈɡɪ-/
Gifford /ˈdʒɪfəd, ˈɡɪ-/
Gilbert /ˈɡɪlbət/
Gilder /ˈɡɪldə(r)/
Gillette /dʒɪˈlɛt/
Gil(l)man /ˈɡɪlmən/
Gilpin /ˈɡɪlpɪn/
Gish /ɡɪʃ/
Gissing /ˈɡɪsɪŋ/
Gladstone /ˈɡlædstən/
Glanvill /ˈɡlænvɪl, -vl/
Glaser /ˈɡleɪzə(r)/
Glover /ˈɡlʌvə(r)/
Goddard /ˈɡɒdəd/
Godfrey /ˈɡɒdfrɪ/
Godwin /ˈɡɒdwɪn/
Goepert-Mayer /ˈɡɜːpətˈmaɪə(r)/
Golding /ˈɡəʊldɪŋ/
Goldsmith /ˈɡəʊldsmɪθ/
Gollancz /ˈɡɒlənts/
Gooch /ɡuːtʃ/
Goodman /ˈɡʊdmən/
Googe /ɡuːdʒ/
Gordon /ˈɡɔːdn/
Gore /ˈɡɔː(r)/
Gosse /ɡɒs, *USA* ɡɔːs/
Gosson /ˈɡɒsn/
Gough /ɡɒf, *USA* ɡɔːf/
Gower /ˈɡaʊə(r), ɡɔː(r)/
Grafton /ˈɡrɑːftn, *USA* -æf-/
Graham(e) /ˈɡreɪəm/
Grainger /ˈɡreɪndʒə(r)/
Grandison /ˈɡrændɪsn/
Grant /ɡrɑːnt, *USA* ɡrænt/
Granville /ˈɡrænvɪl, -vl/
Graves /ɡreɪvz/
Gray /ɡreɪ/
Greeley /ˈɡriːlɪ/
Green /ɡriːn/
Greene /ɡriːn/
Gregory /ˈɡrɛɡərɪ/
Gresham /ˈɡrɛʃəm/
Greville /ˈɡrɛvɪl, -vl/
Grey /ɡreɪ/
Grierson /ˈɡrɪəsn/
Griffin /ˈɡrɪfɪn/
Griffith /ˈɡrɪfɪθ/
Grocyn /ˈɡrəʊsɪn/
Grosvenor /ˈɡrəʊvnə(r)/
Guedalla /ɡwɪˈdælə/
Guggenheim /ˈɡʊɡənhaɪm/
Guildenstern /ˈɡɪldənstɜːn/
Guinness /ˈɡɪnɪs/
Guthrie /ˈɡʌθrɪ/
Gwyn(ne) /ɡwɪn/
Habington /ˈhæbɪŋtən/
Hadley /ˈhædlɪ/
Haggard /ˈhæɡəd/
Haig(h) /heɪɡ/
Hakluyt /ˈhækluːt, ˈhæklwɪt/
Haldane /ˈhɔːldeɪn, ˈhɒ-/
Hall /hɔːl/
Hallam /ˈhæləm/
Hamilton /ˈhæmltn/
Hammett /ˈhæmɪt/
Hammond /ˈhæmənd/
Hampden /ˈhæm(p)dən/
Hankin /ˈhæŋkɪn/
Hanmer /ˈhænmə(r)/
Harcourt /ˈhɑːkɔːt, -ət/
Harden /ˈhɑːdn/
Harding /ˈhɑːdɪŋ/
Hardy /ˈhɑːdɪ/
Harewood /ˈhɑːwʊd/
Hargreaves /ˈhɑːɡriːvz/
Harland /ˈhɑːlənd/
Harlow(e) /ˈhɑːləʊ/
Harmsworth /ˈhɑːmzwəθ, -ɜːθ/
Harper /ˈhɑːpə(r)/
Harrap /ˈhærəp/
Harrington /ˈhærɪŋtən/
Harris /ˈhærɪs/
Harrison /ˈhærɪsn/
Harrow /ˈhærəʊ/
Hart /hɑːt/
Harte /hɑːt/
Hartington /ˈhɑːtɪŋtən/
Hartley /ˈhɑːtlɪ/
Harvey /ˈhɑːvɪ/
Hastings /ˈheɪstɪŋz/
Hathaway /ˈhæθəweɪ/
Havelo(c)k /ˈhævlɒk/
Hawes /hɔːz/
Hawkins /ˈhɔːkɪnz/
Hawks /hɔːks/
Hawkwood /ˈhɔːkwʊd/
Haworth /ˈhɔːwəθ, -ɜːθ/
Hawthorne /ˈhɔːθɔːn/
Hay /heɪ/
Haydn /ˈhaɪdn/
Hayes /heɪz/
Haynes /heɪnz/
Hayward /ˈheɪwəd/
Hayword /ˈheɪwəd/
Hazlitt /ˈhæzlɪt/
Heal(e)y /ˈhiːlɪ/
Hearn /hɜːn/
Hearst /hɜːst/
Heath /hiːθ/
Heathcliff /ˈhiːθklɪf/
Heathfield /ˈhiːθfiːld/
Hedge /hɛdʒ/
Heinemann /ˈhaɪnəmən/
Hellman /ˈhɛlmən/
Heminge(s) /ˈhɛmɪŋ(z)/
Hemingway /ˈhɛmɪŋweɪ/
Hench /hɛntʃ/
Henderson /ˈhɛndəsn/
Henley /ˈhɛnlɪ/
Henry /ˈhɛnrɪ/
Henryson /ˈhɛnrɪsn/
Henslowe /ˈhɛnzləʊ/
Hepburn /ˈhɛbɜːn/
Herbert /ˈhɜːbət/
Herndon /ˈhɜːndən/
Herrick /ˈhɛrɪk/
Hewlett /ˈhjuːlɪt, *USA* ˈjuː-/
Heywood /ˈheɪwʊd/
Hichens /ˈhɪtʃɪnz/
Hicks /hɪks/
Higgins /ˈhɪɡɪnz/
Highmore /ˈhaɪmɔː(r)/
Hill /hɪl/
Hillary /ˈhɪlərɪ/
Hilliard /ˈhɪlɪəd, -lj-, -ɑːd/
Hillman /ˈhɪlmən/
Hillyard /ˈhɪljəd, -ɑːd/
Hilton /ˈhɪltən/
Hinshelwood /ˈhɪnʃəlwʊd/
Hitchcock /ˈhɪtʃkɒk/
Hoare /hɔː(r)/
Hobbes /hɒbz/
Hoby /ˈhəʊbɪ/
Hoccleve /ˈhɒkliːv/
Hodgkin /ˈhɒdʒkɪn/
Hodgson /ˈhɒdʒsn/
Hoe /həʊ/
Hofstadter /ˈhɒfstɑːdtə(r), *USA* ˈhɔːfstæ-, ˈhəʊ-/
Hogarth /ˈhəʊɡɑːθ/
Hogg /hɒɡ, *USA* hɔːɡ/
Holden /ˈhəʊldn/
Holinshed /ˈhɒlɪnʃɛd/
Holland /ˈhɒlənd/
Holles /ˈhɒlɪs/
Hollis /ˈhɒlɪs/
Holmes /həʊmz/
Home /həʊm, hjuːm/
Hood /hʊd/
Hooker /ˈhʊkə(r)/
Hoover /ˈhuːvə(r)/
Hopkins /ˈhɒpkɪnz/
Horne /hɔːn/
Horton /ˈhɔːtn/
Hough /hʌf/
Houghton /ˈhɔːtn/
Housman /ˈhaʊsmən/
Houston /ˈhuːstən/
Howard /ˈhaʊəd/
Howe /haʊ/
Howells /ˈhaʊəlz/
Hubbard /ˈhʌbəd/
Hudson /ˈhʌdsn/
Hughes /hjuːz/
Hull /hʌl/
Hulme /hjuːm, hʌlm/
Hume /hjuːm/
Humphrey /ˈhʌmfrɪ/
Huneker /ˈhʌnɪkə(r)/
Hunt /hʌnt/
Hunter /ˈhʌntə(r)/
Hurd /hɜːd/
Huskisson /ˈhʌskɪsn/
Huston /ˈhjuːstən/
Hutcheson /ˈhʌtʃɪsn/
Hutchinson /ˈhʌtʃɪnsn/
Hutton /ˈhʌtn/
Huxley /ˈhʌkslɪ/
Huysmans /ˈhaɪzmənz/
Hyde /haɪd/
Hyndman /ˈhaɪndmən/
Inge /ɪŋ, *USA* ɪndʒ/
Ireland /ˈaɪələnd/

Ireton / 'aɪətn/
Irving / 'ɜːvɪŋ/
Irwin / 'ɜːwɪn/
Isaacs / 'aɪzəks/
Isherwood / 'ɪʃəwʊd/
Jackson / 'dʒæksn/
Jacob / 'dʒeɪkəb, -ʌb/
Jacobs / 'dʒeɪkəbz, -ʌbz/
Jacuzzi /dʒə'kuːzɪ, dʒæ-/
James /dʒeɪmz/
Jameson / 'dʒeɪmsn/
Jansen / 'dʒænsn/
Jarrell / 'dʒærəl/
Jarvis / 'dʒɑːvɪs/
Jay /dʒeɪ/
Jefferies / 'dʒɛfrɪz/
Jeffers / 'dʒɛfəz/
Jefferson / 'dʒɛfəsn/
Jeffrey / 'dʒɛfrɪ/
Jeffreys / 'dʒɛfrɪz/
Jekyll / 'dʒɛkl, 'dʒiː-, -kɪl/
Jenkins / 'dʒenkɪnz/
Jenner / 'dʒɛnə(r)/
Jerome /dʒɛ'rəʊm/
Jewett / 'dʒuːɪt/
Johnson / 'dʒɒnsn/
Johnston / 'dʒɒnstn/
Jones /dʒəʊnz/
Jonson / 'dʒɒnsn/
Jordan / 'dʒɔːdn/
Josephson / 'dʒəʊzɪfsn/
Joule /dʒaʊl, dʒuːl/
Jowett / 'dʒaʊɪt, 'dʒəʊɪt/
Jowitt / 'dʒaʊɪt, 'dʒəʊɪt/
Joyce /dʒɔɪs/
Kaufman / 'kaʊfmən/
Kay /keɪ/
Kaye /keɪ/
Kaye-Smith / 'keɪ'smɪθ/
Kazan /kə'zɑːn, -æn/
Kazin /kə'zɪn/
Kean /kiːn/
Keaton / 'kiːtn/
Keats /kiːts/
Keble / 'kiːbl/
Kegan / 'kiːgən/
Keith /kiːθ/
Kellogg / 'kɛlɒg, *USA* -ɔːg/
Kelly / 'kɛlɪ/
Kelvin / 'kɛlvɪn/
Kemble / 'kɛmbl/
Kendall / 'kɛndl/
Kendrew / 'kɛndruː/
Kennan / 'kɛnən/
Kennedy / 'kɛnədɪ/
Kerr /kɜː(r), kɑː(r), kɛə(r)/
Key /kiː/
Keyes /kiːz/
Keynes /keɪnz/
Kidd /kɪd/
Killigrew / 'kɪlɪgruː/
Kilpatrick /kɪl'pætrɪk/
King /kɪŋ/
Kinglake / 'kɪŋleɪk/
Kingsley / 'kɪŋzlɪ/
Kinsey / 'kɪnzɪ/
Kipling / 'kɪplɪŋ/
Kirkland / 'kɜːklənd/
Kirkpatrick /kɜːk'pætrɪk/
Kissinger / 'kɪsɪndʒə(r)/
Kitchener / 'kɪtʃənə(r)/
Kittredge / 'kɪtrɪdʒ/
Kneller / 'nɛlə(r)/
Knickerbocker / 'nɪkəbɒkə(r)/
Knight /naɪt/
Knox /nɒks/
Kornberg / 'kɔːnbɜːg/
Kramer / 'kreɪmə(r)/
Krebs /krɛbz/
Kronin / 'krəʊnɪn/
Kubrick / 'kjuːbrɪk/
Kusch /kʊʃ/
Kyd /kɪd/
Ladd /læd/
Lafayette /lɑːfaɪ'ɛt, -feɪ-, *USA* læ-/
Inghilterra; /lɑːfeɪ'ɛt, *USA* læ-/ *USA*
Lamb /læm/
Lambert / 'læmbət/
Lancaster / 'læŋkəstə(r), *USA* -kæs-/
Landor / 'lændɔː(r)/
Lang /læŋ/
Langhorne / 'læŋhɔːn/
Langland / 'læŋlənd/
Langmuir / 'læŋmjʊə(r)/
Langton / 'læŋtən/
Lanier / 'lænɪə(r)/
Lansdowne / 'lænzdaʊn/
Lardner / 'lɑːdnə(r)/
Lascelles / 'læslz, lə'sɛlz/
Latimer / 'lætɪmə(r)/
Laud /lɔːd/
Laughton / 'lɔːtn/
Laurel / 'lɒrl, *USA* 'lɔː-/
Law /lɔː/
Lawrence / 'lɒrəns, *USA* 'lɔː-/
Lawson / 'lɔːsn/
Lean /liːn/
Leavis / 'liːvɪs/
Lederberg / 'leɪdəbɜːg/
Ledwidge / 'lɛdwɪdʒ/
Lee /liː/
Leech /liːtʃ/
Legge /lɛg/
Legros /lə'grəʊ/
Lehmann / 'leɪmən/
Leigh /liː/
Leighton / 'leɪtn/
Lely / 'liːlɪ/
Lemmon / 'lɛmən/
Lennon / 'lɛnən/
Len(n)ox / 'lɛnəks/
Leroy /lə'rɔɪ/
Le Roy /lə'rɔɪ/
L'Estrange /lə'streɪndʒ/
Lever / 'liːvə(r)/
Leveson / 'lɛvɪsn/
Levy / 'liːvɪ, 'lɛ-/
Lewes / 'luːɪs/
Lewis / 'luːɪs/
Libby / 'lɪbɪ/
Liddell / 'lɪdl/
Liebig / 'liːbɪg/
Lilburne / 'lɪlbɜːn/
Lillo / 'lɪləʊ/
Linacre / 'lɪnəkə(r)/
Lincoln / 'lɪŋkən/
Lindberg / 'lɪndbɜːg/
Lindsay / 'lɪndzɪ/
Linklater / 'lɪŋkleɪtə(r)/
Lipmann / 'lɪpmən/
Lipton / 'lɪptən/
Lister / 'lɪstə(r)/
Littleton / 'lɪtltn/
Livingstone / 'lɪvɪŋstən/
Lloyd /lɔɪd/
Locke /lɒk/
Lockhart / 'lɒkət, -khɑːt/
Lockridge / 'lɒkrɪdʒ/
Locksley / 'lɒkslɪ/
Lodge /lɒdʒ/
Logan / 'ləʊgən/
Logie Baird / 'ləʊgɪ'bɛəd/
Lombard / 'lɒmbəd, 'lʌm-, -ɑːd/
London / 'lʌndən/
Long /lɒŋ, *USA* lɔːŋ/
Longfellow / 'lɒŋfɛləʊ, *USA* 'lɔːŋ-/
Longman / 'lɒŋmən, *USA* 'lɔːŋ-/
Longstreet / 'lɒŋstriːt, *USA* 'lɔːŋ-/
Losey / 'ləʊzɪ/
Lough /lɒk, -x, lʌf, ləʊ/
Loughton / 'laʊtn/
Lovat / 'lʌvət/
Lovejoy / 'lʌvdʒɔɪ/
Lovelace / 'lʌvleɪs/
Lowell / 'ləʊəl/
Lowes /ləʊz/
Lubbock / 'lʌbək/
Lubitsch / 'luːbɪtʃ/
Lucas / 'luːkəs/
Lucy / 'luːsɪ/
Luhan / 'luːən, 'luːhɑːn/
Lumet / 'luːmɪt/
Lundy / 'lʌndɪ/
Lydgate / 'lɪdgət/
Lyell /laɪl/
Lyly / 'lɪlɪ/
Lynch /lɪntʃ/
Lyndsay / 'lɪndzɪ/
Lyons / 'laɪənz/
Lytton / 'lɪtn/
MacArthur /mə'kɑːθə(r)/
McCallum /mə'kæləm/
McCarthy /mə'kɑːθɪ/
Macaulay /mə'kɔːlɪ/
McCormack /mə'kɔːmək/
McCullers /mə'kʌləz/
MacDiarmid /mək'daɪəmɪd/
Macdonald /mək'dɒnəld/
MacDuff /mək'dʌf/
MacFarlane /mək'fɑːlɪn/
McIntosh / 'mækɪntɒʃ/
Mackay(e) /mə'keɪ/
McKenna /mə'kɛnə/
MacKenzie /mə'kɛnzɪ/
McKinley /mə'kɪnlɪ/
MacLaglen /mə'klæglən/
Maclaine /mə'kleɪn/
Maclean /mə'kleɪn/
MacLeish /mə'kliːʃ/
Macleod /mə'klaʊd/
Macmillan /mək'mɪlən/
Macmorran /mək'mɒrən, *USA* -'mɔː-/
MacNeice /mək'niːs/
Macpherson /mək'fɜːsn/
Macready /mə'kriːdɪ/
Madison / 'mædɪsn/
Mailer / 'meɪlə(r)/
Major / 'meɪdʒə(r)/
Malan / 'mælən, mə'lɑːn, -'læn/
Mallock / 'mælɒk/
Mal(l)ory / 'mælərɪ/
Malthus / 'mælθəs/
Mandeville / 'mændəvɪl/
Mankiewicz / 'mænkəwɪts/
Manley / 'mænlɪ/
Mann /mæn/
Manning / 'mænɪŋ/
Mannyng / 'mænɪŋ/
Mansfield / 'mænsfiːld/

Map /mæp/
March /mɑːtʃ/
Markham /ˈmɑːkəm/
Marlow(e) /ˈmɑːləʊ/
Marquand /ˈmɑːkwənd/
Marryat /ˈmærɪət/
Marshall /ˈmɑːʃəl/
Marston /ˈmɑːstn/
Martin /ˈmɑːtɪn, *USA* -tn/
Martyn /ˈmɑːtɪn, *USA* -tn/
Marvell /ˈmɑːvl/
Masefield /ˈmeɪsfiːld/
Mason /ˈmeɪsn/
Massinger /ˈmæsɪndʒə(r)/
Masters /ˈmɑːstəz, *USA* ˈmæs-/
Mather /ˈmeɪðə(r)/
Mat(t)hews /ˈmæθjuːz/
Matthiessen /ˈmæθɪsn/
Maugham /mɔːm/
Maxwell /ˈmækswel, -wl/
Maynard /ˈmeɪnəd/
Meade /miːd/
Medawar /ˈmedəwə(r)/
Medwall /ˈmedwəl/
Melville /ˈmelvɪl/
Mencken /ˈmeŋkn/
Menzies /ˈmenzɪz/
Meredith /ˈmerədɪθ/
Meres /mɪəz/
Merrill /ˈmerɪl/
Mer(r)ivale /ˈmerɪveɪl/
Merton /ˈmɜːtn/
Methuen /ˈmeθjʊɪn, məˈθjuːən/
Meyer /ˈmaɪə(r)/
Meynell /ˈmenl, meɪˈnel/
Micawber /mɪˈkɔːbə(r)/
Michelson /ˈmɪkəlsn/
Middleton /ˈmɪdltən/
Milestone /ˈmaɪlstəʊn/
Milford /ˈmɪlfəd/
Mill /mɪl/
Millais /mɪˈleɪ, ˈmɪleɪ/
Millay /ˈmɪleɪ/
Miller /ˈmɪlə(r)/
Milligan /ˈmɪlɪgən/
Mills /mɪlz/
Milne /mɪln, mɪl/
Milton /ˈmɪltən/
Minot /ˈmaɪnət/
Minto /ˈmɪntəʊ/
Mitchell /ˈmɪtʃl/
Mitchum /ˈmɪtʃəm/
Mitford /ˈmɪtfəd/
Mix /mɪks/
Mondale /ˈmɒndeɪl/
Monk /mʌŋk/
Monkhouse /ˈmʌŋkhaʊs/
Monro(e) /mənˈrəʊ/
Montagu(e) /ˈmɒntəgjuː/
Moody /ˈmuːdɪ/
Moore /mʊə(r)/
Moran /məˈræn, ˈmɔːrən, ˈmɒ-/
More /mɔː(r)/
Morgan /ˈmɔːgən/
Morley /ˈmɔːlɪ/
Morrell /ˈmʌrəl, *USA* ˈmɜː-/
Morris /ˈmɒrɪs, *USA* ˈmɔː-/
Morrison /ˈmɒrɪsn, *USA* ˈmɔː-/
Morse /mɔːs/
Mortimer /ˈmɔːtɪmə(r)/
Morton /ˈmɔːtn/
Motley /ˈmɒtlɪ/
Mott /mɒt/
Mottram /ˈmɒtrəm/
Mountbatten /maʊntˈbætn/
Muir /mjʊə(r)/
Muirhead /ˈmjʊəhed/
Muller /ˈmʌlə(r), ˈmʊ-, ˈmuː-, ˈmjuː-/
Mumford /ˈmʌmfəd/
Munday /ˈmʌndɪ/
Munro /mʌnˈrəʊ/
Murdoch /ˈmɜːdɒk, -ɒx/
Murphy /ˈmɜːfɪ/
Murray /ˈmʌrɪ, *USA* ˈmɜː-/
Murry /ˈmʌrɪ, *USA* ˈmɜː-/
Myers /ˈmaɪəz/
Napier /ˈneɪpɪə(r)/
Nash(e) /næʃ/
Nathan /ˈneɪθn/
Nelson /ˈnelsn/
Nesbitt /ˈnezbɪt/
Neville /ˈnevl, -vɪl/
Newbolt /ˈnjuːbəʊlt, *USA* ˈnuː-/
Newbury /ˈnjuːbərɪ, *USA* ˈnuːberɪ/
Newell /ˈnjuːəl, *USA* ˈnuː-/
Newly /ˈnjuːlɪ, *USA* ˈnuː-/
Newman /ˈnjuːmən, *USA* ˈnuː-/
Newton /ˈnjuːtn, *USA* ˈnuː-/
Nichols /ˈnɪklz/
Nicholson /ˈnɪklsn/
Nickleby /ˈnɪklbɪ/
Nicolls /ˈnɪklz/
Nicolson /ˈnɪklsn/
Niebuhr /ˈniːbʊə(r)/
Nightingale /ˈnaɪtɪŋgeɪl, *USA* -tn-/
Niven /ˈnɪvn/
Nixon /ˈnɪksn/
Noel-Baker /ˈnəʊəlˈbeɪkə(r)/
Norris /ˈnɒrɪs, *USA* ˈnɔː-/
Northrop /ˈnɔːθrəp/
Norton /ˈnɔːtn/
Noyes /nɔɪz/
Nye /naɪ/
Oakes /əʊks/
Oates /əʊts/
O'Brien /əʊˈbraɪən/
O'Callaghan /əʊˈkæləhən/
O'Casey /əʊˈkeɪsɪ/
Occam /ˈɒkəm/
Occleve /ˈɒkliːv/
Ochoa /ˈɒkəʊə/
Ockham /ˈɒkəm/
O'Connell /əʊˈkɒnl/
O'Connor /əʊˈkɒnə(r)/
Odets /əʊˈdets/
O'Donnell /əʊˈdɒnl/
O'Flaherty /əʊˈfleətɪ, -ˈflɑːhə-/
Ogilvie /ˈəʊglvɪ/
O'Hara /əʊˈhɑːrə, ə-, *USA* -ærə/
O'Kelly /əʊˈkelɪ/
Oldham /ˈəʊldəm/
Oliphant /ˈɒlɪfənt/
Oliver /ˈɒlɪvə(r)/
Olivier /əˈlɪvɪeɪ, -ɪə(r), ɒ-, *USA* əʊ-/
O'Neil(l) /əʊˈniːl/
Onions /ˈʌnjənz, əʊˈnaɪənz/
Orczy /ˈɔːtsɪ, -ksɪ/
Orr /ɔː(r)/
Orwell /ˈɔːwel, -wl/
Osborne /ˈɒzbɔːn, -ən/
Osgood /ˈɒzgʊd/
O'Sullivan /əʊˈsʌlɪvən/
Otis /ˈəʊtɪs/
Otway /ˈɒtweɪ/
Overbury /ˈəʊvəbrɪ, *USA* -berɪ/
Owen /ˈəʊɪn/
Owens /ˈəʊɪnz/
Packard /ˈpækəd, -ɑːd/
Page /peɪdʒ/
Paget /ˈpædʒɪt/
Pain(e) /peɪn/
Painter /ˈpeɪntə(r)/
Palance /ˈpæləns/
Paley /ˈpeɪlɪ/
Palgrave /ˈpælgreɪv/
Palmer /ˈpɑːmə(r)/
Palmerston(e) /ˈpɑːməstn/
Pankhurst /ˈpæŋkhɜːst/
Parker /ˈpɑːkə(r)/
Parkinson /ˈpɑːkɪnsn/
Parkman /ˈpɑːkmən/
Parnell /pɑːˈnel/
Parr /pɑː(r)/
Parrington /ˈpærɪŋtən/
Parsons /ˈpɑːsnz/
Paston /ˈpæstən/
Pater /ˈpeɪtə(r)/
Patericke /ˈpeɪtərɪk/
Paterson /ˈpætəsn/
Patmore /ˈpætmɔː(r)/
Patterson /ˈpætəsn/
Pauling /ˈpɔːlɪŋ/
Peabody /ˈpiːbɒdɪ, ˈpeɪ-, -bə-/
Peacock /ˈpiːkɒk/
Pearse /pɪəs/
Pearson /ˈpɪəsn/
Peck /pek/
Pecock /ˈpiːkɒk/
Peel(e) /piːl/
Pelham /ˈpeləm/
Penn /pen/
Pepys /piːps, ˈpepɪs, peps/
Percival /ˈpɜːsɪvl/
Percy /ˈpɜːsɪ/
Perkins /ˈpɜːkɪnz/
Perrers /ˈperəz/
Perry /ˈperɪ/
Pershing /ˈpɜːʃɪŋ/
Perutz /pəˈruːts/
Peters /ˈpiːtəz/
Petry /ˈpetrɪ/
Pettie /ˈpetɪ/
Phelps /felps/
Philips /ˈfɪlɪps/
Phillips /ˈfɪlɪps/
Phillpotts /ˈfɪlpɒts/
Pickering /ˈpɪkərɪŋ/
Pickford /ˈpɪkfəd/
Pickwick /ˈpɪkwɪk/
Pierce /pɪəs/
Pinero /pɪˈnɪərəʊ/
Pitman /ˈpɪtmən/
Pitt /pɪt/
Plomer /ˈpləʊmə(r), ˈpluː-/
Plunket(t) /ˈplʌŋkɪt/
Poe /pəʊ/
Poitier /ˈpwɒtɪeɪ, ˈpwɑː-/
Pole /pəʊl/
Polk /pəʊk/
Pollard /ˈpɒləd/
Pollock /ˈpɒlək/
Pomfret /ˈpɒmfrɪt, -ət, ˈpʌ-/
Ponsonby /ˈpɒnsnbɪ/
Poole /puːl/
Pope /pəʊp/
Porter /ˈpɔːtə(r)/
Pound /paʊnd/
Powell /ˈpaʊəl, ˈpəʊəl/
Powys /ˈpəʊɪs/

Praed /preɪd/
Pratt /præt/
Preminger /ˈprɛmɪŋgə(r)/
Prescott /ˈprɛskət/
Presley /ˈprɛzlɪ, -slɪ/
Preston /ˈprɛstn/
Price /praɪs/
Pride /praɪd/
Priestley /ˈpriːstlɪ/
Prince /prɪns/
Pringle /ˈprɪŋgl/
Prior /ˈpraɪə(r)/
Pritchard /ˈprɪtʃəd/
Pritchett /ˈprɪtʃɪt/
Procter /ˈprɒktə(r)/
Prowse /praʊs, -z/
Prynne /prɪn/
Pugin /ˈpjuːdʒɪn/
Pulitzer /ˈpʊlɪtsə(r), ˈpjuː-/
Pullman /ˈpʊlmən/
Purcell /ˈpɜːsl/
Pusey /ˈpjuːzɪ/
Putnam /ˈpʌtnəm/
Puttenham /ˈpʌtənəm/
Pym /pɪm/
Pynson /ˈpɪnsn/
Quarles /kwɔːlz/
Quayle /ˈkweɪl/
Queen /kwiːn/
Quiller-Couch /ˈkwɪləˈkuːtʃ/
Quinault /ˈkwɪnlt/
Quinc(e)y /ˈkwɪnsɪ/
Quinn /kwɪn/
Rabin /ˈreɪbɪn/
Radcliffe /ˈrædklɪf/
Raeburn /ˈreɪbɜːn/
Raglan /ˈræglən/
Raine /reɪn/
Raleigh /ˈrɔːlɪ, ˈrɑː-, ˈræ-/
Ramsay /ˈræmzɪ/
Ramsey /ˈræmzɪ/
Randall /ˈrændl/
Randolph /ˈrændɒlf, -dlf/
Rank /ræŋk/
Ransom(e) /ˈrænsəm/
Ratcliffe /ˈrætklɪf/
Rathbone /ˈræθbəʊn/
Rattigan /ˈrætɪgən/
Rawlings /ˈrɔːlɪŋz/
Rayleigh /ˈreɪlɪ/
Read(e) /riːd/
Reading /ˈrɛdɪŋ/
Reagan /ˈreɪgən/
Reed /riːd/
Rees(e) /riːs/
Reeve /riːv/
Reid /riːd/
Remington /ˈrɛmɪŋtən/
Reynolds /ˈrɛnldz/
Rhodes /rəʊdz/
Rhys /riːs, raɪs/
Ricardo /rɪˈkɑːdəʊ/
Rice /raɪs/
Rich /rɪtʃ/
Richards /ˈrɪtʃədz/
Richardson /ˈrɪtʃədsn/
Ridgway /ˈrɪdʒweɪ/
Ridler /ˈrɪdlə(r)/
Riggs /rɪgz/
Riley /ˈraɪlɪ/
Ripley /ˈrɪplɪ/
Robbins /ˈrɒbɪnz/
Roberts /ˈrɒbəts/
Robertson /ˈrɒbətsn/
Robins /ˈrɒbɪnz, ˈrəʊ-/
Robinson /ˈrɒbɪnsn/
Robynson /ˈrɒbɪnsn/
Rockefeller /ˈrɒkəfɛlə(r)/
Rodgers /ˈrɒdʒəz/
Roethke /ˈrɛtkə, *USA* -ɪ/
Rogers /ˈrɒdʒəz/
Romney /ˈrɒmnɪ/
Rooney /ˈruːnɪ/
Roosevelt /ˈrəʊzəvɛlt, -s-, -vlt, ˈruːs-/
Root /ruːt, rʊt/
Roper /ˈrəʊpə(r)/
Roscoe /ˈrɒskəʊ/
Rosencrantz /ˈrəʊzənkrænts/
Ross /rɒs, *USA* rɔːs/
Rossen /ˈrɒsn, *USA* ˈrɔː-/
Rossetti /rəˈzɛtɪ, -ˈsɛ-, rɒ-, *USA* rəʊ-/
Roth /rɒθ, rəʊθ, *USA* rɔːθ, rəʊθ/
Rothermere /ˈrɒðəmɪə(r)/
Rothschild /ˈrɒθ(s)tʃaɪld, *USA* ˈrɔː-/
Rourke /rɔːk/
Routledge /ˈraʊtlɪdʒ, ˈrʌ-, -ɛdʒ/
Rowe /rəʊ/
Rowlandson /ˈrəʊləndsn/
Rowley /ˈrəʊlɪ/
Rowse /raʊs/
Roy /rɔɪ/
Rush /rʌʃ/
Ruskin /ˈrʌskɪn/
Russell /ˈrʌsl/
Rutherford /ˈrʌðəfəd/
Ryan /ˈraɪən/
Rymer /ˈraɪmə(r)/
Sacheverell /səˈʃɛvərl/
Sackville /ˈsækvɪl, -vl/
Sackville-West /ˈsækvlˈwɛst, -vɪl-/
Saintsbury /ˈseɪntsbrɪ, *USA* -bɛrɪ/
Salinger /ˈsælɪŋgə(r)/
Sand /sænd/
Sandburg /ˈsændbɜːg/
Sandford /ˈsænfəd/
Sandys /sændz/
Sarg(e)ant /ˈsɑːdʒənt/
Saroyan /səˈrɔɪən/
Sassoon /səˈsuːn/
Savile /ˈsævɪl, -vl/
Sawyer /ˈsɔːjə(r), ˈsɔɪə(r)/
Sayers /ˈseɪəz/
Schwartz /ʃvɔːts, -ɑːts/
Schwartzenegger /ˈʃvɔːts(ə)nɛgə(r)/
Schwinger /ˈʃvɪŋdʒə(r)/
Scot(t) /skɒt/
Scribner /ˈskrɪbnə(r)/
Seaborg /ˈsiːbɔːg/
Sedgwick /ˈsɛdʒwɪk/
Sedley /ˈsɛdlɪ/
Selden /ˈsɛldn/
Seldes /sɛldz/
Selfridge /ˈsɛlfrɪdʒ/
Sellers /ˈsɛləz/
Seward /ˈsiːwəd/
Sewell /ˈsjuːəl, ˈsuː-, -uːl/
Seymour /ˈsiːmɔː(r)/
Shackleton /ˈʃækltən/
Shadwell /ˈʃædwl/
Shakespear(e) /ˈʃeɪkspɪə(r)/
Shandy /ˈʃændɪ/
Shanks /ʃæŋks/
Shapiro /ʃəˈpɪərəʊ/
Sharp /ʃɑːp/
Shaw /ʃɔː/
Shelley /ˈʃɛlɪ/
Sheppard /ˈʃɛpəd/
Sheridan /ˈʃɛrɪdn/
Sherman /ˈʃɜːmən/
Sherriff /ˈʃɛrɪf/
Sherrington /ˈʃɛrɪŋtən/
Sherwood /ˈʃɜːwʊd/
Shirley /ˈʃɜːlɪ/
Shockley /ˈʃɒklɪ/
Shorthouse /ˈʃɔːthaʊs/
Siddons /ˈsɪdnz/
Sidney /ˈsɪdnɪ/
Sigourney /ˈsɪgənɪ, -ˈgɔː-/
Sillitoe /ˈsɪlɪtəʊ/
Simms /sɪmz/
Simpson /ˈsɪmpsn/
Sinatra /sɪˈnɑːtrə/
Sinclair /ˈsɪŋklɛə(r), -ŋˈk-/
Singer /ˈsɪŋə(r)/
Singleton /ˈsɪŋgltn/
Sitwell /ˈsɪtwl, -wɛl/
Skeat /skiːt/
Skelton /ˈskɛltn/
Skinner /ˈskɪnə(r)/
Sloan(e) /sləʊn/
Smith /smɪθ/
Smollett /ˈsmɒlɪt/
Smyth /smɪθ, -aɪθ, -aɪð/
Smythe /smaɪð, -aɪθ/
Snow /snəʊ/
Soddy /ˈsɒdɪ/
Somerville /ˈsʌməvɪl/
Southerne /ˈsʌðən/
Southey /ˈsʌðɪ, ˈsaʊ-/
Southwell /ˈsaʊθwl, -wɛl/
Sparks /spɑːks/
Spelman /ˈspɛlmən/
Spencer /ˈspɛnsə(r)/
Spender /ˈspɛndə(r)/
Spenser /ˈspɛnsə(r)/
Spillane /spɪˈleɪn/
Spring /sprɪŋ/
Spurgeon /ˈspɜːdʒn/
Squire /ˈskwaɪə(r)/
Stanford /ˈstænfəd/
Stanhope /ˈstænəp/
Stanley /ˈstænlɪ/
Stedman /ˈstɛdmən/
Steel(e) /stiːl/
Steevens /ˈstiːvnz/
Steffens /ˈstɛfənz/
Stein /staɪn, stiːn/
Steinbeck /ˈstaɪnbɛk/
Stephen /ˈstiːvn/
Stephens /ˈstiːvnz/
Stephenson /ˈstiːvnsn/
Stern /stɜːn/
Sterne /stɜːn/
Stevens /ˈstiːvnz/
Stevenson /ˈstiːvnsn/
Stewart /ˈstjuːət, *USA* ˈstuː-/
Stickney /ˈstɪknɪ/
Stieglitz /ˈstɪglɪts/
Stokes /stəʊks/
Stoughton /ˈstɔːtn/
Stowe /stəʊ/
Strachey /ˈstreɪtʃɪ/
Stuart /ˈstjuːət, *USA* ˈstuː-/
Stubbs /stʌbz/
Studebaker /ˈstuːdəbeɪkə(r), ˈstj-/
Studley /ˈstʌdlɪ/
Sturges /ˈstɜːdʒəs/
Sturgis /ˈstɜːdʒɪs/
Suckling /ˈsʌklɪŋ/

Sullivan /ˈsʌlɪvən/
Sumner /ˈsʌmnə(r)/
Surtees /ˈsɜːtiːz/
Sutro /ˈsuːtrəʊ/
Swan /swɒn/
Swanson /ˈswɒnsn/
Swift /swɪft/
Swinbourne /ˈswɪnbɔːn/
Swinburne /ˈswɪnbɜːn/
Swinnerton /ˈswɪnətn/
Sykes /saɪks/
Sylvester /sɪlˈvɛstə(r)/
Symond /ˈsaɪmənd/
Symonds /ˈsaɪməndz/
Symons /ˈsaɪmənz/
Synge /sɪŋ/
Taft /tæft, tɑːft/
Tagore /təˈgɔː(r)/
Tanner /ˈtænə(r)/
Tate /teɪt/
Tatum /ˈteɪtəm/
Taylor /ˈteɪlə(r)/
Temple /ˈtɛmpl/
Tennings /ˈtɛnɪŋz/
Tennyson /ˈtɛnɪsn/
Thackeray /ˈθækərɪ/
Thatcher /ˈθætʃə(r)/
Theiler /ˈtaɪlə(r)/
Thomas /ˈtɒməs/
Thompson /ˈtɒm(p)sn/
Thomson /ˈtɒmsn/
Thoreau /ˈθɔːrəʊ, *USA* θəˈrəʊ/
Thornhill /ˈθɔːnhɪl, *USA* -nɪl/
Thornton /ˈθɔːntən/
Thorold /ˈθʌrəld, *USA* ˈθɜː-/
Thorp(e) /ˈθɔːp/
Thurber /ˈθɜːbə(r)/
Thynne /θɪn/
Tickell /ˈtɪkl/
Ticknor /ˈtɪknə(r)/
Tiller /ˈtɪlə(r)/
Tillotson /ˈtɪlətsn/
Timrod /ˈtɪmrəd/
Tindale /ˈtɪndl/
Tocqueville /ˈtɒkvɪl, -vl/
Todd /tɒd/
Toland /ˈtəʊlənd/
Tomlinson /ˈtɒmlɪnsn/
Tompkins /ˈtɒmkɪnz/
Tottel /ˈtɒtl/
Tourneur /ˈtɜːnə(r)/
Tovey /ˈtəʊvɪ/
Townes /taʊnz/
Townsend /ˈtaʊnzɛnd/
Townshend /ˈtaʊnzɛnd/
Toynbee /ˈtɔɪnbɪ, -iː/
Tracy /ˈtreɪsɪ/
Traherne /trəˈhɜːn/
Treece /triːs/
Trelawn(e)y /trɪˈlɔːnɪ/
Trench /trɛntʃ/
Trenchard /ˈtrɛntʃɑːd, -əd/
Trevelyan /trɪˈvɪljən, -ˈvɛ-/
Trilling /ˈtrɪlɪŋ/
Trollope /ˈtrɒləp/
Tromp /trɒmp, trʌmp, *USA* trɔːmp, trɒmp/
Truman /ˈtruːmən/
Trumbull /ˈtrʌmbəl/
Tucker /ˈtʌkə(r)/
Tuke /tjuːk, *USA* tuːk/
Tull /tʌl/
Tupper /ˈtʌpə(r)/
Turner /ˈtɜːnə(r)/
Twain /tweɪn/
Tyler /ˈtaɪlə(r)/
Tynan /ˈtaɪnən/
Tyndale /ˈtɪndl/
Udall /ˈjuːdl, -ɔːl, -æl, juːˈdæl, -ˈdɔːl, *USA* -dl, -ɔːl, -ɑːl, -ˈdɑːl, -ˈdɔːl/
Unwin /ˈʌnwɪn/
Upton /ˈʌptən/
Urey /ˈjʊərɪ/
Urquhart /ˈɜːkət/
Urry /ˈʌrɪ, *USA* ˈɜːrɪ/
Ustinov /ˈjuːstɪnɒf, ˈuː-, -v, *USA* -ɔːf/
Vanbrugh /ˈvænbrə, *USA* vænˈbruː/
Van Buren /vænˈbjʊərən/
Vandenberg /ˈvændənbɜːg/
Vanderbilt /ˈvændəbɪlt/
Van Druten /vænˈdruːtən/
Vane /veɪn/
Vansittart /vænˈsɪtət/
Vaughan /vɔːn/
Vere /vɪə(r)/
Verney /ˈvɜːnɪ/
Vickers /ˈvɪkəz/
Vidal /vɪˈdæl/
Vidor /ˈvɪdɔː(r)/
Viereck /ˈvɪərɛk, -ək/
Vigneaud /ˈvɪnjəʊ/
Villiers /ˈvɪləz/
Wainwright /ˈweɪnraɪt/
Waksman /ˈwæksmən/
Walford /ˈwɔːlfəd, ˈwɒ-/
Walker /ˈwɔːkə(r)/
Wallace /ˈwɒləs, *USA* ˈwɔː-/
Waller /ˈwɒlə(r), ˈwɔː-/
Walpole /ˈwɔːlpəʊl, ˈwɒ-/
Walsh /wɔːlʃ, wɒlʃ/
Walsingham /ˈwɔːlsɪŋəm, ˈwɒ-/
Walters /ˈwɔːltəz, ˈwɒ-/
Walton /ˈwɔːltn, ˈwɒ-/
Warbeck /ˈwɔːbɛk/
Warburton /ˈwɔːbətn/
Ward /wɔːd/
Warhol /ˈwɔːhəʊl, -hɔːl/
Warner /ˈwɔːnə(r)/
Warren /ˈwɒrən, *USA* ˈwɔː-/
Warton /ˈwɔːtn/
Washington /ˈwɒʃɪŋtən, *USA* ˈwɔː-/
Watkins /ˈwɒtkɪnz/
Watson /ˈwɒtsn/
Watson-Watt /ˈwɒtsnˈwɒt/
Watt /wɒt/
Watts /wɒts/
Waugh /wɔː/
Wavell /ˈweɪvl/
Wayne /weɪn/
Webb /wɛb/
Webster /ˈwɛbstə(r)/
Weller /ˈwɛlə(r)/
Welles /wɛlz/
Wellesley /ˈwɛlzlɪ/
Wellington /ˈwɛlɪŋtən/
Wellmann /ˈwɛlmən/
Wells /wɛlz/
Welty /ˈwɛltɪ/
Wendell /ˈwɛndl/
Wentworth /ˈwɛntwəθ, -ɜːθ/
Wesley /ˈwɛzlɪ/
West /wɛst/
Weston /ˈwɛstən/
Wharton /ˈwɔːtn, *USA* ˈhw-/
Wheeler /ˈwiːlə(r), *USA* ˈhw-/
Whetstone /ˈwɛtstəʊn, *USA* ˈhw-/
Whichcote /ˈwɪtʃkəʊt, *USA* ˈhw-/
Whipple /ˈwɪpl, *USA* ˈhw-/
Whistler /ˈwɪslə(r), *USA* ˈhw-/
Whiston /ˈwɪstən, *USA* ˈhw-/
White /waɪt, *USA* hw-/
Whitefield /ˈwaɪtfiːld, *USA* ˈhw-/
Whitehead /ˈwaɪthɛd, *USA* ˈhw-/
Whitman /ˈwɪtmən, *USA* ˈhw-/
Whitney /ˈwɪtnɪ, *USA* ˈhw-/
Whittier /ˈwɪtɪə(r), *USA* ˈhw-/
Whittington /ˈwɪtɪŋtən, *USA* ˈhw-/
Whittle /ˈwɪtl, *USA* ˈhw-/
Wicklif(fe) /ˈwɪklɪf/
Wigglesworth /ˈwɪglzwəθ, -ɜːθ/
Wigner /ˈwɪgnə(r)/
Wilberforce /ˈwɪlbəfɔːs/
Wilbur /ˈwɪlbə(r)/
Wilde /waɪld/
Wilder /ˈwaɪldə(r)/
Wilkes /wɪlks/
Wilkie /ˈwɪlkɪ/
Wilkins /ˈwɪlkɪnz/
Wilkinson /ˈwɪlkɪnsn/
Williams /ˈwɪljəmz/
Williamson /ˈwɪljəmsn/
Willis /ˈwɪlɪs/
Willoughby /ˈwɪləbɪ/
Wilmot /ˈwɪlmət/
Wilson /ˈwɪlsn/
Windsor /ˈwɪnzə(r)/
Winters /ˈwɪntəz/
Winthrop /ˈwɪnθrəp, -ɒp/
Wise /waɪz/
Wiseman /ˈwaɪzmən/
Wither /ˈwɪðə(r)/
Wit(t)aker /ˈwɪtəkə(r)/
Wodehouse /ˈwʊdhaʊs/
Wolfe /wʊlf/
Wollstonecraft /ˈwʊlstənkrɑːft, *USA* -æft/
Wolsey /ˈwʊlzɪ/
Woods /wʊdz/
Woodward /ˈwʊdwəd/
Woolf /wʊlf/
Woolner /ˈwʊlnə(r)/
Woolsey /ˈwʊlzɪ/
Woolworth /ˈwʊlwəθ, -ɜːθ/
Wordsworth /ˈwɜːdzwəθ, -ɜːθ/
Wotton /ˈwɒtn/
Wren /rɛn/
Wright /raɪt/
Wriothesley /ˈraɪəθslɪ/
Wyat(t) /ˈwaɪət/
Wycherley /ˈwɪtʃəlɪ/
Wyclif(fe) /ˈwɪklɪf/
Wyler /ˈwaɪlə(r)/
Wyndham /ˈwɪndəm/
Wythe /wɪθ/
Yates /jeɪts/
Yeat(e)s /jeɪts/
Yerby /ˈjɜːbɪ/
Yonge /jʌŋ/
Young /jʌŋ/
Zangwill /ˈzæŋwɪl, -wl/
Zinneman(n) /ˈzɪnəmən/

PLACE NAMES - *TOPONIMI*

N.B. Non viene indicato il traducente quando ha la stessa grafia del lemma
The Italian equivalent is not given when the spelling is identical to the English

Aberdeen /æbə'diːn/
Abergavenny /æbəgə'venɪ/
Aberystwyth /æbə'rɪs(t)wɪθ/
Abyssinia /æbɪ'sɪnɪə/ Abissinia
Accra /ə'krɑː/
Adelaide /'ædəleɪd/
Aden /'eɪdn/
Adrianople /eɪdrɪə'nəʊpl/ Adrianopoli
Adriatic Sea (the) /eɪdrɪ'ætɪk 'siː/ (il Mare) Adriatico
Aegean Sea (the) /iː'dʒiːən 'siː/ (il Mare) Egeo
Afghanistan /æfgænɪ'stɑːn, -æn, æf-'g-/
Africa /'æfrɪkə/
Agincourt /'ædʒɪnɔː(t)/
Agra /'ɑːgrə/
Airedale /'ɛədeɪl/
Akron /'ækrɒn/
Alabama /ælə'bæmə, -'bɑː-/
Alaska /ə'læskə/
Albania /æl'beɪnɪə/
Albany /'ɔːlbənɪ, 'ɒl-/
Alberta /æl'bɜːtə/
Albury /'ɔːlbərɪ, 'ɒl-, 'ɔːb-, *USA* -berɪ/
Alderney /'ɔːldənɪ, 'ɒl-/
Aleppo /ə'lepəʊ/
Alexandria /ælɪg'zɑːndrɪə, *USA* -æn-/ Alessandria (d'Egitto)
Algeria /æl'dʒɪərɪə/
Algiers /æl'dʒɪəz/ Algeri
Alps (the) /ælps/ (le) Alpi
Alsace /æl'sæs/ Alsazia
Altrincham /'ɔːltrɪŋəm, 'ɒl-/
Amazon (the) /'æməzən, *USA* -zɒn/ (il) Rio delle Amazzoni
America /ə'merɪkə/
Amsterdam /'æmstədæm, -'dæm/
Anatolia /ænə'təʊlɪə/
Anchorage /'æŋkərɪdʒ/
Andalusia /ændə'luːsɪə, -z-, -lʊ'siːə, *USA* -'luːʒə/
Andes (the) /'ændiːz/ (le) Ande
Andorra /æn'dɒrə, *USA* -ɔːrə/
Anglesey /'æŋglsɪ/
Angola /æŋ'gəʊlə/
Angus /'æŋgəs/
Ankara /'æŋkərə, *USA* 'ɑː-/
Annapolis /ə'næpəlɪs/
Antarctica /æn'tɑːktɪk, ænt'-, 'æn-/ Antartide
Antigua and Barbuda /æn'tiːgə əmbɑː'b(j)uːdə/ Antigua e Barbuda
Antilles (the) /æn'tɪliːz/ (le) Antille
Antrim /'æntrɪm/
Antwerp /'æntwɜːp/ Anversa
Apennines (the) /'æpənaɪnz/ (gli) Appennini
Appleby /'æplbɪ/
Arabia /ə'reɪbɪə/
Aragon /'ærəgən/ Aragona
Aran Islands (the) /'ærən 'aɪləndz/ (le) Isole Aran
Arcadia /ɑː'keɪdɪə/
Arctic /ɑː'keɪdɪk/ Artide
Argentina /ɑːdʒən'tiːnə/
Argolis /'ɑːgəlɪs/ Argolide
Argos /'ɑːgəs/ Argo
Argyll /ɑː'gaɪl/
Arizona /ærɪ'zəʊnə/
Arkansas /'ɑːkənsɔː/ (*lo stato e la città*); /'ɑːkənsɔː, ɑː'kænzəs/ (*il fiume*)
Armagh /'ɑːmɑː/
Armenia /ɑː'miːnɪə/
Arran /'ærən/
Ascension /ə'senʃn/
Ascot /'æskət, *USA* -ɒt/
Ashbourne /'æʃbɔːn/
Asia /'eɪʃə, -ʒə/
Assam /æ'sæm, 'æsæm/
Assyria /ə'sɪrɪə/ Assiria
Aston /'æstn/
Asturias (the) /æ'st(j)ʊərɪæs/ (le) Asturie
Athabasca /æθə'bæskə/
Athens /'æθɪnz/ Atene
Athlone /æθ'ləʊn/
Atlanta /ət'læntə, æ-/
Atlantic Ocean (the) /ət'læntɪk 'əʊʃn/ (l')Oceano Atlantico
Atlas /'ætləs/ Atlante
Attica /'ætɪk/
Auckland /'ɔːklənd/
Augusta /ɔː'gʌstə/
Austin /'ɔːstɪn, 'ɒ-/
Australia /ɔː'streɪlɪə, ɒ-, ə-/
Austria /'ɒstrɪə, 'ɔː-/
Avignon /'æviːnjɒn, *USA* æviːn'jəʊn/ Avignone
Avon /'eɪvn, -ɒn/
Aylesbury /'eɪlzbərɪ, *USA* -berɪ/
Ayr /ɛə(r)/
Azerbaijan /æzəbaɪ'(d)ʒɑːn, *USA* ɑː-/ Azerbaigian
Azores (the) /ə'zɔːz, *USA* 'eɪzɔːz/ (le) Azzorre
Babylon /'bæbɪlən, *USA* -lɒn/ Babilonia
Bag(h)dad /bæg'dæd, bɑːg'dɑːd, *USA* '–/ Baghdād
Bahamas (the) /bə'hɑːməz/ (le) Bahama
Bahrain /bɑː'reɪn/
Balearic Islands (the) /bælɪ'ærɪk 'aɪləndz/ (le) Baleari
Balkans (the) /'bɔːlkən/ (i) Balcani
Balmoral /bæl'mɒrl, *USA* -'mɔː-/
Baltic Sea (the) /'bɔːltɪk 'siː/ (il) Mar Baltico
Baltimore /'bɔːltɪmɔː(r)/ Baltimora
Banff /bæmf, -nf/
Bangalore /bæŋgə'lɔː(r)/
Bangkok /bæŋ'kɒk, *USA* '–/
Bangladesh /bæŋglə'deʃ, -eɪʃ, *USA* bɑː-/
Bangor /'bæŋgə(r)/ (*Galles*); /'bæŋgɔː(r)/ (*USA*)
Banks /bæŋks/
Barbados /bɑː'beɪdɒs, -əʊz, *USA* -əʊs/
Barcelona /bɑːsə'ləʊnə/ Barcellona
Basel /'bɑːzl/ Basilea
Basutoland /bə'suːtəʊlænd/
Bath /bɑːθ, *USA* bæθ/
Bathurst /'bæθɜːst, *USA* 'bæθ-/
Baton Rouge /'bætn'ruːʒ/
Bavaria /bə'vɛərɪə/ Baviera
Beaumaris /bəʊ'mærɪs, bjuː-/
Bechuanaland /betʃʊ'ɑːnəlænd/
Bedford /'bedfəd/
Bedfordshire /'bedfədʃə(r), -ʃɪə(r)/
Belfast /bel'fɑːst, *USA* 'belfæst/
Belgium /'beldʒəm/ Belgio
Belgrade /bel'greɪd/ Belgrado
Belize /be'liːz/
Benares /bɪ'nɑːrɪz/
Bengal /beŋ'gɔːl/ Bengala
Benin /be'niːn, -ɪn/
Ben Nevis /ben'nevɪs, *USA* -'niː-/
Berkeley /'bɑːklɪ/ (*G.B.*); /'bɜːklɪ/ (*USA*)
Berkshire /'bɑːkʃə(r), -ʃɪə(r)/
Berlin /bɜː'lɪn/ Berlino
Bermuda /bə'mjuːdə/
Bermudas (the) /bə'mjuːdəz/ (le) Bermuda
Bern /bɜːn/ Berna
Berwick /'berɪk/
Bethlehem /'beθlɪhem/ Betlemme
Beverly /'bevəlɪ/
Bhutan /buː'tɑːn, -æn/
Birkenhead /'bɜːkənhed/
Birmingham /'bɜːmɪŋəm, -həm, *USA* -hæm/
Biscay /'bɪskeɪ/ Biscaglia
Bismarck /'bɪzmɑːk/
Blackburn /'blækbɜːn, -ən/
Blackpool /'blækpuːl/
Black Sea (the) /'blæk'siː/ (il) Mar Nero
Blanc (Mont) /'mɔːn 'blɑːŋ/ Monte Bianco
Boeotia /bɪ'əʊʃə/ Beozia
Bogota /bəʊgə'tɑː, bɒ-/ Bogotà
Bohemia /bəʊ'hiːmɪə/ Boemia
Boise /'bɔɪzɪ, -sɪ/
Bolivia /bə'lɪvɪə/
Bolton /'bəʊltn/
Bombay /bɒm'beɪ/
Borneo /'bɔːnɪəʊ/
Bosnia /'bɒznɪə/
Bosporus (the) /'bɒspərəs/ (il) Bosforo
Boston /'bɒstn, *USA* 'bɔːs-/
Botswana /bɒt'swɑːnə/
Bournemouth /'bɔːnməθ/
Boyne /bɔɪn/
Bradford /'brædfəd/
Bratislava /brætɪs'lɑːvə, *USA* brɑː-/
Brazil /brə'zɪl/ Brasile
Brecknockshire /'breknɒkʃə(r), -ʃɪə(r)/
Brecon /'brekən/
Breconshire /'brekənʃə(r), -ʃɪə(r)/
Brentford /'brentfəd/
Bridgeport /'brɪdʒpɔːt/
Brighton /'braɪtn/
Brisbane /'brɪzbən, -eɪn/
Bristol /'brɪstl/
Britain /'brɪtn/ **1** (*anche* **Great B.**), Gran Bretagna **2** Britannia
Brittany /'brɪtənɪ/ Bretagna

Brunei /'bruːnaɪ, brʊ'naɪ/
Brussels /'brʌslz/ Bruxelles
Bucharest /bjuːkə'rest/ Bucarest
Buckinghamshire /'bʌkɪŋəmʃə(r), -ʃɪə(r)/
Buffalo /'bʌfələʊ/
Bulgaria /bʌl'geərɪə/
Burgundy /'bɜːgəndɪ/ Borgogna
Burkina Faso /bɜː'kiːnə 'fæsəʊ, *USA* 'fɑː-/
Burma /'bɜːmə/ Birmania
Burundi /bʊ'rʊndɪ/
Byelorussia /b(ɪ)eləʊ'rʌʃə/ Bielorussia
Bute /bjuːt/
Byzantium /bɪ'zæntɪəm, baɪ-, -nʃɪəm/ Bisanzio
Cadiz /kə'dɪz/ Cadice
Caernarvon /kə'nɑːvn/
Caernarvonshire /kə'nɑːvnʃə(r), -ʃɪə(r)/
Caithness /'keɪθnes/
Calabria /kə'læbrɪə/
Calcutta /kæl'kʌtə/
California /kælɪ'fɔːnɪə/
Cam (the) /kæm/
Cambodia /kæm'bəʊdɪə/ Cambogia
Cambrian Mountains (the) /'kæmbrɪən 'maʊntinz/ (i) Monti Cambrici
Cambridge /'keɪmbrɪdʒ/
Cambridgeshire /'keɪmbrɪdʒʃə(r), -ʃɪə(r)/
Camden /'kæmdən/
Cameroon /kæmə'ruːn, 'kæ-/ Camerun
Campania /kæm'pɑːnɪə/
Canada /'kænədə/
Canary /kə'neərɪ/ Gran Canaria • **the C. Islands** (*o* **the Canaries**), le Canarie
Canberra /'kænbərə, *USA* -berə/
Canterbury /'kæntəbrɪ, *USA* -berɪ/
Canton /kæn'tɒn, 'kæntɒn/
Cape of Good Hope (the) /'keɪp əv-'gʊd 'həʊp/ (il) Capo di Buona Speranza
Cape Town /'keɪptaʊn/ Città del Capo
Cape Verde /'keɪp 'vɜːd/ Capo Verde
Cardiff /'kɑːdɪf/
Cardigan /'kɑːdɪgən/
Cardiganshire /'kɑːdɪgənʃə(r), -ʃɪə(r)/
Caribbean Sea (the) /kærə'biːən, kə-'rɪbɪən 'siː/ (il) Mar dei Caraibi; (il) Mar Caribico
Carlisle /kɑː'laɪl/
Carmarthen /kə'mɑːðn, kɑː-/
Carmarthenshire /kə'mɑːðənʃə(r), -ʃɪə(r), kɑː-/
Carnarvon /kə'nɑːvn/
Carnarvonshire /kə'nɑːvn/
Carolina /kærə'laɪnə/
Caroline Island (the) /'kærəlaɪn 'aɪləndz/ (le) Isole Caroline
Carpathians (the) /kɑː'peɪθɪənz/ (i) Carpazi
Carson City /'kɑːsn'sɪtɪ/
Carthage /'kɑːθɪdʒ/ Cartagine
Caspian Sea (the) /'kæspɪən 'siː/ (il Mar) Caspio
Castile /kæ'stiːl/ Castiglia
Catalonia /kætə'ləʊnɪə/ Catalogna
Caucasus /'kɔːkəsəs/ Caucaso
Cawnpore /kɔːn'pɔː(r), *USA* 'kɔːnpɔː(r)/
Central African Republic /'sentrəl 'æfrɪkən rɪ'pʌblɪk/ Repubblica Centrafricana
Ceylon /sɪ'lɒn/
Chad /tʃæd/ Ciad
Channel, (the) English /'ɪŋglɪʃ 'tʃænəl/ (la) Manica
Charleston /'tʃɑːlstən/
Charlotte /'ʃɑːlət/
Charlottesville /'ʃɑːlətsvɪl, -vl/
Chattanooga /tʃætə'nuːgə/
Chelmsford /'tʃelmzfəd/
Chesapeake /'tʃesəpiːk/
Cheshire /'tʃeʃə(r), -ʃɪə(r)/
Chester /'tʃestə(r)/
Cheviot(s) /'tʃevɪət(s)/
Cheyenne /ʃaɪ'æn, -en/
Chicago /ʃɪ'kɑːgəʊ/
Chichester /'tʃɪtʃɪstə(r)/
Chile /'tʃɪlɪ/ Cile
Chiltern Hills /'tʃɪltən'hɪlz/
China /'tʃaɪnə/ Cina
Christchurch /'kraɪs(t)tʃɜːt/
Cincinnati /sɪnsɪ'nætɪ/
Cirencester /'saɪərənsestə(r), 'sɪsɪtə(r)/
Clackmannan /klæk'mænən/
Cleveland /'kliːvlənd/
Clifton /'klɪftn/
Clyde (the) /klaɪd/
Cochin China /'kəʊtʃɪn'tʃaɪnə/ Cocincina
Colchester /'kəʊltʃɪstə(r), *USA* -tʃes-/
Cologne /kə'ləʊn/ Colonia
Colombia /kə'lɒmbɪə, -'lʌ-/
Colombo /kə'lɒmbəʊ, -'lʌ-/
Colorado /kɒlə'rɑːdəʊ, *USA* -'ræ-/
Columbia /kə'lʌmbɪə/
Columbus /kə'lʌmbəs/
Comoro(s) /'kɒmərəʊ(z)/ Comore
Concord /'kɒnkɔːd/
Congo /'kɒŋgəʊ/
Connaught /'kɒnɔːt/
Connecticut /kə'netɪkət/
Constantinople /kɒnstæntɪ'nəʊpl, *USA* -tn'əʊ-/ Costantinopoli
Cook Islands (the) /kʊk 'aɪləndz/ (le) Isole Cook
Cook Strait /'kʊk 'streɪt/ Stretto di Cook
Copenhagen /kəʊpn'heɪgən/ Copenaghen
Coral Sea (the) /'kɒrəl 'siː, *USA* 'kɔː-/ (il) Mar dei Coralli
Cordova /'kɔːdəvə/
Corinth /'kɒrɪnθ, *USA* 'kɔː-/ Corinto
Cork /kɔːk/
Cornwall /'kɔːnwɔːl/ Cornovaglia
Corsica /'kɔːsɪkə/
Costa Rica /'kɒstə 'riːkə, *USA* 'kəʊ-/
Cotswolds /'kɒtswəʊld, -wld/
Cottian Alps (the) /'kɒtɪən 'ælps/ (le) Alpi Cozie
Coventry /'kɒvəntrɪ, 'kʌv-/
Cracow /'krækaʊ, *USA* 'krɑː-/ Cracovia
Crete /kriːt/ Creta
Crimea (the) /kraɪ'miːən/ (la) Crimea
Croatia /krəʊ'eɪʃə/ Croazia
Cromarty /'krɒmətɪ/
Croydon /'krɔɪdn/
Cuba /'kjuːbə/
Culloden /kə'lɒdn/
Cumberland /'kʌmbələnd/
Cyprus /'saɪprəs/ Cipro
Czechoslovakia /tʃekəsləʊ'vækɪə, *USA* -'vɑːkɪə/ Cecoslovacchia
Czech Republic /'tʃek rɪ'pʌblɪk/ Repubblica ceca
Dacca /'dækə/
Dacia /'deɪsɪə, -ʃə/
Dahomey /də'həʊmɪ/
Dakota /də'kəʊtə/
Dalkeith /dæl'kiːθ/
Dallas /'dæləs/
Dalmatia /dæl'meɪʃə/ Dalmazia
Damascus /də'mæskəs/ Damasco
Danube (the) /'dænjuːb/ (il) Danubio
Danzig /'dæntsɪg/ Danzica
Dardanelles (the) /dɑːdə'nelz/ (i) Dardanelli
Dar es Salaam /'dɑːressə'lɑːm/
Dartmoor /'dɑːtmʊə(r)/
Darwin /'dɑːwɪn/
Davenport /'dævnpɔːt/
Dayton /'deɪtn/
Delaware /'deləweə(r)/
Delhi /'delɪ/
Delos /'diːlɒs/ Delo
Delphi /'delfaɪ, -fɪ/ Delfi
Denbigh /'denbɪ/
Denbighshire /'denbɪʃə(r), -ʃɪə(r)/
Denmark /'denmɑːk/ Danimarca
Denver /'denvə(r)/
Derby /'dɑːbɪ, *USA* 'dɜː-/
Derbyshire /'dɑːbɪʃə(r), -ʃɪə(r), *USA* 'dɜː-/
Derwent /'dɜːwent/
Des Moines /dɪ'mɔɪn/
Detroit /dɪ'trɔɪt/
Devon /'devn/
Devonshire /'devnʃə(r), -ʃɪə(r)/
Dijon /'diːʒɒn, *USA* diː'ʒɒn/ Digione
Dingwall /'dɪŋwɔːl/
Djakarta /dʒə'kɑːtə/ Giacarta
Djibouti /dʒə'buːtɪ/ Gibuti
Dolgellau /dɒl'geθl(a)ɪ/
Dolgelley /dɒl'geθl(a)ɪ/
Dolomites (the) /'dɒləmaɪts, *USA* 'dəʊ-/ (le) Dolomiti
Dominica /dɒmə'niːkə/
Dominican Republic /dɒmə'niːkən rɪ-'pʌblɪk/ Repubblica Dominicana
Donegal /'dɒnɪgɔːl, 'dʌn-/
Dorchester /'dɔːtʃɪstə(r), *USA* -tʃes-/
Dornoch /'dɔːnɒk, -ɒx/
Dornock /'dɔːnɒk/
Dorset /'dɔːsɪt/
Dorsetshire /'dɔːsɪtʃə(r), -ʃɪə(r)/
Douglas /'dʌgləs/
Dover /'dəʊvə(r)/
Down /daʊn/
Drogheda /'drɔɪədə, 'drɔːɪ-/
Dublin /'dʌblɪn/ Dublino
Duluth /də'luːθ, dʊ-, djʊ-/
Dumbarton /dʌm'bɑːtən/
Dumfries /dʌm'friːs, -z, də-/
Dundee /dʌn'diː/
Dunedin /dʌ'niːdn, -ɪn/
Dungeness /dʌndʒ(ə)'nes/
Durban /'dɜːbən/
Durham /'dʌrəm, *USA* 'dɜː-/
Ealing /'iːlɪŋ/

Eaton /ˈiːtn/
Ecuador /ɛkwəˈdɔː(r)/
Edinburgh /ˈɛdɪnbrə, *USA* -dnbɜːrə/ Edimburgo
Edmonton /ˈɛdməntn/
Egypt /ˈiːdʒɪpt/ Egitto
Eire /ˈɛərə/ Repubblica d'Irlanda
Elba /ˈɛlbə/ Elba (*isola*)
Elbe (the) /ɛlb/ (l')Elba (*fiume*)
Elgin /ˈɛlgɪn, *USA* ˈɛldʒɪn/
Elizabeth /ɪˈlɪzəbəθ/
El Paso /ɛlˈpæsəʊ/
El Salvador /ɛlˈsælvədɔː(r)/
Ely /ˈiːlɪ/
Emilia /ɪˈmɪlɪə/
England /ˈɪŋglənd/ Inghilterra
Ephesus /ˈɛfɪsəs/ Efeso
Epirus /ɛˈpaɪrəs/ Epiro
Equatorial Guinea /ˈɛkwətɔːrɪəl ˈgɪnɪ, ˈiː-/ Guinea Equatoriale
Erie /ˈɪərɪ/
Eritrea /ɛrɪˈtriːə/
Essex /ˈɛsɪks/
Estonia /ɛˈstəʊnɪə/
Ethiopia /iːθɪˈəʊpɪə/ Etiopia
Etna /ˈɛtnə/
Etruria /ɪˈtrʊərɪə/
Euphrates (the) /juːˈtreɪtiːz/ (l')Eufrate
Eurasia /jʊəˈreɪʃə, -ʒə/
Europe /ˈjʊərəp, ˈjɔː-, *USA* ˈjʊərəp, ˈjɜː-/ Europa
Everest /ˈɛvərɪst, -əst, -ɛst/
Exeter /ˈɛksətə(r)/
Exton /ˈɛkstən/
Eyre /ɛə(r)/
Falkland Island (the) /ˈfɔːklənd ˈaɪləndz/ (le) isole Falkland
Fenwick /ˈfɛnɪk/
Fermanagh /fɜːˈmænə/
Fife /faɪf/
Fiji (the) /fiːˈdʒiː, fiːˈdʒiː/ (le) Isole Figi
Fitzroy /ˈfɪtsrɔɪ/
Finland /ˈfɪnlənd/ Finlandia
Flanders /ˈflɑːndəz, *USA* -æn-/ Fiandre
Flint /flɪnt/
Flintshire /ˈflɪntʃə(r), -ʃɪə(r)/
Florence /ˈflɒrəns, *USA* ˈflɔː-/ Firenze
Florida /ˈflɒrɪdə, *USA* ˈflɔː-/
Folkestone /ˈfəʊkstən/
Forfar /ˈfɔːfə(r)/
Formosa /fɔːˈməʊsə/
Forth /fɔːθ/
Fort Wayne /fɔːtˈweɪn/
Fort Worth /fɔːtˈwɜːθ/
France /frɑːns, *USA* fræns/ Francia
Frankfort /ˈfræŋkfət/ Francoforte
Freetown /ˈfriːtaʊn/
Fresno /ˈfrɛznəʊ/
Gabon /ˈgæbɒn, *USA* gəˈbəʊn/
Galilee /ˈgælɪliː/ Galilea
Galway /ˈgɔːlweɪ/
Gambia /ˈgæmbɪə/
Ganges (the) /ˈgændʒiːz/ (il) Gange
Gascony /ˈgæskənɪ/ Guascogna
Gateshead /ˈgeɪtshɛd/
Gatesville /ˈgeɪtsvɪl, -vl/
Gaul /gɔːl/ Gallia
Geneva /dʒəˈniːvə/ Ginevra
Genoa /ˈdʒɛnəʊə/ Genova
Georgetown /ˈdʒɔːdʒtaʊn/
Georgia /ˈdʒɔːdʒə/
Germany /ˈdʒɜːmənɪ/ Germania
Ghana /ˈgɑːnə/
Ghent /gɛnt/ Gand
Gibraltar /dʒɪˈbrɔːltə(r)/ Gibilterra
Glamorgan /gləˈmɔːgən/
Glamorganshire /gləˈmɔːgənʃə(r), -ʃɪə(r)/
Glasgow /ˈglɑːzgəʊ, -æz-, *USA* -æs-/
Glencoe /glɛnˈkəʊ/
Glenmore /glɛnˈmɔː(r)/
Gloucester /ˈglɒstə(r), -ɔːs-/
Gloucestershire /ˈglɒstəʃə(r), -ɔːs-, -ʃɪə(r)/
Gold Coast (the) /ˈgəʊldkəʊst/ (la) Costa d'Oro
Gozo /ˈgəʊzəʊ/
Graian Alps (the) /ˈgreɪən ˈælps, ˈgraɪən/ (le) Alpi Graie
Grampians (the) /ˈgræmpɪən(z)/ (i) Grampiani
Granada /grəˈnɑːdə/
Grand Rapids /ˈgrænd ˈræpɪdz/
Grasmere /ˈgrɑːsmɪə(r), *USA* -æs-/
Great Britain /ˈgreɪt ˈbrɪtn/ Gran Bretagna
Greece /griːs/ Grecia
Greenland /ˈgriːnlənd/ Groenlandia
Greenwich /ˈgrɛnɪdʒ, -ɪn-, -tʃ/
Grenada /grɪˈneɪdə/
Grimsby /ˈgrɪmzbɪ/
Guatemala /gwɑːtəˈmɑːlə, gwæ-, gwʌ-/
Guernsey /ˈgɜːnzɪ/
Guiana /gɪˈɑːnə, -ˈæ-, gaɪ-/
Guildford /ˈgɪlfəd/
Guinea /ˈgɪnɪ/
Guinea-Bissau /gaɪˈænə, -ɑːnə/
Guyana /gaɪˈænə, -ˈɑː-/
Haddington /ˈhædɪŋtən/
Hague (the) /heɪg/ L'Aia
Haiti /ˈheɪtɪ, ˈhaɪ-, hɑˈiː-/
Halifax /ˈhælɪfæks/
Hamburg /ˈhæmbɜːg/ Amburgo
Hamilton /ˈhæmltn/
Hampshire /ˈhæmpʃə(r), -ʃɪə(r)/
Hampton /ˈhæmptən/
Hanover /ˈhænəʊvə(r)/ Hannover
Harrington /ˈhærɪŋtən/
Harris /ˈhærɪs/
Harrisburg /ˈhærɪsbɜːg/
Harrow /ˈhærəʊ/
Hartford /ˈhɑːtfəd/
Harwell /ˈhɑːwl, -wɛl/
Harwich /ˈhærɪdʒ, -tʃ/
Hastings /ˈheɪstɪŋz/
Havana /həˈvænə, -ɑːnə/ L'Avana
Hawaii (the) /həˈwaɪɪ, -iː, hɑː-/ (le) Hawaii
Hebrides (the) /ˈhɛbrɪdiːz/ (le) Ebridi
Hecla /ˈhɛklə/
Helicon /ˈhɛlɪkən/ Elicona
Hellas /ˈhɛlæs/ Ellade
Hendon /ˈhɛndən/
Hereford /ˈhɛrɪfəd/
Herefordshire /ˈhɛrɪfədʃə(r), -ʃɪə(r)/
Hertford /ˈhɑːfəd/; /ˈhɜːtfəd/ (*USA*)
Hertfordshire /ˈhɑːfədʃə(r), -ʃɪə(r)/
Herzegovina /hɜːtsəgəʊˈviːnə, *USA* hɛə-/
Hesse /ˈhɛsɪ/ Assia
Highlands (the) /ˈhaɪləndz/ (le) Highlands, (la) regione montuosa della Scozia
Himalaya /hɪməˈleɪə/
Hindustan /hɪndʊˈstɑːn, *USA* -æn/ Indostan
Hobart /ˈhəʊbɑːt, -ət, ˈhʌ-/
Holland /ˈhɒlənd/ Olanda
Hollywood /ˈhɒlɪwʊd/
Honduras /hɒnˈdjʊərəs, *USA* -ˈdʊə-/
Hong Kong /ˈhɒŋˈkɒŋ, *USA* ˈhɔːŋ-ˈkɔːŋ/
Honolulu /hɒnəˈluːluː/
Houston /ˈhjuːstən/ (*USA*)
Huddersfield /ˈhʌdəzfiːld/
Hudson /ˈhʌdsn/
Hull /hʌl/
Humber /ˈhʌmbə(r)/
Hungary /ˈhʌŋgərɪ/ Ungheria
Hunter (the) /ˈhʌntə(r)/
Huntingdon /ˈhʌntɪŋdən/
Huntingdonshire /ˈhʌntɪŋdənʃə(r), -ʃɪə(r)/
Huron /ˈhjʊərən/
Hyderabad /ˈhaɪd(ə)rəbæd, -ɑːd/
Hydrabad /ˈhaɪdrəbæd, -ɑːd/
Iberia /aɪˈbɪərɪə/
Iceland /ˈaɪslənd/ Islanda
Idaho /ˈaɪdəhəʊ/
Ilford /ˈɪlfəd/
Ilfracombe /ˈɪlfrəkuːm/
Illinois /ɪləˈnɔɪ, -z/
Illyria /ɪˈlɪərɪə/ Illiria
India /ˈɪndɪə/
Indiana /ɪndɪˈænə, -ɑːnə/
Indianapolis /ɪndɪəˈnæpəlɪs/
Indies (the) /ˈɪndɪz/ le Indie • **the East I.**, le Indie Orientali; **the West I.**, le Indie Occidentali
Indo-China /ˈɪndəʊˈtʃaɪnə/ Indocina
Indonesia /ɪndəʊˈniːzɪə, -ʒə, -sɪə, -ʃə/
Indus (the) /ˈɪndəs/ (l')Indo
Inverary /ɪnvəˈrɛərɪ/
Inverness /ɪnvəˈnɛs/
Ionian Islands (the) /aɪˈəʊnɪən ˈaɪləndz/ (le) Isole Ionie
Ionian Sea (the) /aɪˈəʊnɪən ˈsiː/ (il) Mar Ionio
Iowa /ˈaɪəʊə/
Ipswich /ˈɪpswɪtʃ/
Iran /ɪˈrɑːn, -æn/
Iraq /ɪˈrɑːk, -æk/
Ireland /ˈaɪələnd/ Irlanda
Irish Sea (the) /ˈaɪərɪʃ ˈsiː/ (il) Mar d'Irlanda
Islington /ˈɪzlɪŋtən/
Israel /ˈɪzrɪəl, -eɪl/ Israele
Istanbul /ɪstæmˈbʊl, -uːl, -ɑːm-/
Italy /ˈɪtəlɪ/ Italia
Ithaca /ˈɪθəkə/ Itaca
Ivory Coast (the) /ˈaɪvərɪkəʊst/ (la) Costa d'Avorio
Jackson /ˈdʒæksn/
Jacksonville /ˈdʒæksnvɪl/
Jamaica /dʒəˈmeɪkə/ Giamaica
Jamestown /ˈdʒeɪmztaʊn/
Japan /dʒəˈpæn/ Giappone
Java /ˈdʒɑːvə/ Giava
Jefferson /ˈdʒɛfəsn/
Jefferson City /ˈdʒɛfəsn ˈsɪtɪ/
Jericho /ˈdʒɛrɪkəʊ/ Gerico
Jersey /ˈdʒɜːzɪ/
Jersey City /ˈdʒɜːzɪ ˈsɪtɪ/
Jerusalem /dʒəˈruːsələm/ Gerusalemme

Jesselton /ˈdʒɛsltən/
Johannesburg /dʒəʊˈhænɪsbɜːg/
Jordan /ˈdʒɔːdn/ *1* Giordano *2* Giordania
Jud(a)ea /dʒuːˈdɪə/ Giudea
Jugoslavia /juːgəʊˈslɑːvɪə/
Julian Alps (**the** /ˈdʒuːlɪən ˈælps/ (le) Alpi Giulie
Juneau /ˈdʒuːnəʊ, dʒʊˈnəʊ/
Jura /ˈdʒʊərə/ Giura
Kalahari (**the**) /kæləˈhɑːrɪ, *USA* kɑː-/
Kampala /kæmˈpɑːlə, *USA* kɑː-/
Kansas /ˈkænzəs, -ns-/
Kansas City /ˈkænzəs ˈsɪtɪ, -ns-/
Karachi /kəˈrɑːtʃɪ/
Kashmir /kæʃˈmɪə(r), *USA* ˈkæ-/
Katanga /kəˈtæŋgə, *USA* -ɑːŋ-/
Katrine /ˈkætrɪn/
Kazakhstan /kæzækˈstɑːn, kɑː-, -zɑː-, -æn, *USA* -ˈz-/ Kazakistan
Kendal(l) /ˈkɛndl/
Kenilworth /ˈkɛnɪlwəθ, -ɜːθ/
Kent /kɛnt/
Kentucky /kɛnˈtʌkɪ/
Kenya /ˈkɛnjə, ˈkiːn-/
Kerry /ˈkɛrɪ/
Kesteven /kɛˈstiːvn, ˈkɛstəvn/
Keswick /ˈkɛzɪk/
Kew /kjuː/
Kildare /kɪlˈdɛə(r)/
Kilimanjaro /kɪlɪmənˈdʒɑːrəʊ/ Kilimangiaro
Kilkenny /kɪlˈkɛnɪ/
Kilmarnock /kɪlˈmɑːnək, -ɒk/
Kimberley /ˈkɪmbəlɪ/
Kincardine /kɪŋˈkɑːdɪn/
Kingston /ˈkɪŋstən/
Kingston upon Hull /ˈkɪŋstənəpɒnˈhʌl, *USA* -pɔːn-, -pʌn-/
Kinross /kɪnˈrɒs, *USA* -ɔːs/
Kirg(h)izia /kɜːˈgɪzɪə/ Kirghizistan
Kirkwall /ˈkɜːkwɔːl/
Knoxville /ˈnɒksvɪl, -vl/
Korea /kəˈriːə/ Corea
Kosciusko /kɒsɪˈʌskəʊ, -ɪˈʊ-/
Kota Kinabalu /ˈkəʊtə kɪnəbəˈluː/
Kuala Lumpur /ˈkwɑːləˈlʊmpʊə(r), ˈkwɒ-, -ˈlʌm-/
Kuching /ˈkʊtʃɪŋ/
Kurdistan /kɜːdɪˈstæn, -ɑːn/
Kuwait /kʊˈweɪt, kjʊ-, kə-/
Labrador /ˈlæbrədɔː(r)/
Lagos /ˈleɪgɒs/
Lahore /ləˈhɔː(r)/
Lambeth /ˈlæmbəθ/
Lanark /ˈlænək/
Lanarkshire /ˈlænəkʃə(r), -ʃɪə(r)/
Lancashire /ˈlæŋkəʃə(r), -ʃɪə(r)/
Lancaster /ˈlæŋkəstə(r), *USA* -kæs-/
Land's End /ˈlændzˈɛnd/
Lansing /ˈlɑːnsɪŋ, *USA* ˈlæn-/ (*USA*)
Laos /laʊs, -z, ˈlɑːɒs, -əʊs, ˈleɪ-, -ɒs/
Lapland /ˈlæplænd/ Lapponia
Latvia /ˈlætvɪə/ Lettonia
Launceston /ˈlɔːnstən, ˈlɑː-/; /ˈlɔːnsəstən, ˈlɑː-/
Lausanne /ləʊˈzæn/ Losanna
Lebanon /ˈlɛbənən/ Libano
Leeds /liːdz/
Leghorn /ˈlɛghɔːn/ Livorno
Leicester /ˈlɛstə(r)/
Leicestershire /ˈlɛstəʃə(r), -ʃɪə(r)/
Leinster /ˈlɛnstə(r)/
Leipzig /laɪpsɪg/ Lipsia
Leningrad /ˈlɛnɪngræd, -ɑːd/ Leningrado
Lerwick /ˈlɜːwɪk/
Lesotho /ləˈsəʊtəʊ/
Lewes /ˈluːɪs/
Lewis /ˈluːɪs/
Lexington /ˈlɛksɪŋtən/
Leyden /ˈlaɪdn/ Leida
Leyton /ˈleɪtn/
Liberia /laɪˈbɪərɪə/
Libya /ˈlɪbɪə/ Libia
Liechtenstein /lɪktənstaɪn/
Liffey (**the**) /ˈlɪfɪ/
Liguria /lɪˈgjʊərɪə/
Lilliput /ˈlɪlɪpʌt/
Lima /ˈliːmə/
Limpopo (**the**) /lɪmˈpəʊpəʊ/
Lincoln /ˈlɪŋkən/
Lincolnshire /ˈlɪŋkənʃə(r), -ʃɪə(r)/
Lindsey /ˈlɪn(d)zɪ/
Lisbon /ˈlɪzbən/ Lisbona
Lithuania /lɪθjuːˈeɪnɪə, -θuː-/ Lituania
Little Rock /ˈlɪtlˈrɒk/
Liverpool /ˈlɪvəpuːl/
Llandudno /lænˈdɪdnəʊ, -ˈdʌd-, θlæ-/
Loch Katrine /ˈlɒxˈkætrɪn/
Loch Lomond /ˈlɒxˈləʊmənd/
Loch Ness /ˈlɒxˈnɛs/
Lombardy /ˈlɒmbədɪ/ Lombardia
Lomond /ˈləʊmənd/
London /ˈlʌndən/ Londra
Londonderry /lʌndənˈdɛrɪ, ˈlʌndəndɛrɪ/
Long Beach /ˈlɒŋbiːtʃ, *USA* ˈlɔːŋ-/
Longford /ˈlɒŋfəd, *USA* ˈlɔːŋ-/
Lorraine /ləˈreɪn/ Lorena
Los Angeles /lɒsˈændʒɪliːz, -ɪs, *USA* lɔːsˈændʒələs, lɒs-, -ngə-, -iːz/
Lothian /ˈləʊðɪən/
Lough Neagh /ˈlɒxˈneɪ/
Louisiana /lʊiːzɪˈænə, luːɪ-, -ˈɑːnə/
Louisville /ˈluːɪvɪl, -vl, ˈluːɪsvɪl/
Louth /laʊð/ (*Irlanda*); /laʊθ/ (*Lincolnshire*)
Low Countries (**the**) /ˈləʊˈkʌntrɪz/ (i) Paesi Bassi
Lowlands (**the**) /ˈləʊləndz/ (le) pianure della Scozia
Lübeck /ˈluːbɛk, ˈljuː-/ Lubecca
Lucerne /luːˈsɜːn, lj-/ Lucerna
Lucknow /ˈlʌknaʊ, lʌkˈn-/
Ludlow /ˈlʌdləʊ/
Lugano /ləˈgɑːnəʊ/
Lusaka /luːˈsɑːkə, -z-/
Luton /ˈluːtn/
Luxembourg /ˈlʌksəmbɜːg/ Lussemburgo
Lyons /ˈliːɒn, ˈlaɪənz, *USA* liːˈɒn, -ˈɔːn, -ˈəʊn, ˈlaɪənz/ Lione
Macao /məˈkaʊ/
Macedonia /mæsɪˈdəʊnɪə/
Mackenzie /məˈkɛnzɪ/
Madagascar /mædəˈgæskə(r)/
Madeira /məˈdɪərə, -ɛərə/ Madera
Madison /ˈmædɪsn/
Madras /məˈdrɑːs, -æs, *USA* ˈmædrəs/
Madrid /məˈdrɪd/
Mafeking /ˈmæfɪkɪŋ/
Maidstone /ˈmeɪdstən/
Main (**the**) /meɪn/ (il) Meno
Maine /meɪn/
Mainz /maɪnts/ Magonza
Majorka /məˈjɔːkə, -ˈdʒ-/ Maiorca
Malacca /məˈlækə/
Malaga /ˈmæləgə/
Malawi /məˈlɑːwɪ/
Malaya /məˈleɪə, *USA* -ˈleɪə, ˈmeɪ-/ Malesia
Malaysia /məˈleɪzɪə, -ʒə, -ʃə/
Maldives /ˈmɔːldɪvz, ˈmɒ-, ˈmɑː-, ˈmæ-, -aɪvz/
Mali /ˈmɑːlɪ/
Malmesbury /ˈmɑːmzb(ə)rɪ, *USA* -bɛrɪ/
Malta /ˈmɔːltə/
Malvern /ˈmɔːlvən, ˈmɔː-, ˈmɒl-/
Man /mæn/
Manchester /ˈmæntʃɪstə(r), *USA* -tʃɛs-/
Manhattan /mænˈhætn/
Manchuria /mænˈtʃʊərɪə/ Manciuria
Manila /məˈnɪlə/
Manitoba /mænɪˈtəʊbə/
Mantua /ˈmæntjʊə, *USA* -tʃʊə/ Mantova
Marathon /ˈmærəθn/ Maratona
Mariana Islands (**the**) /mærɪˈɑːnə ˈaɪləndz, *USA* -ɪˈæ-/ (le) Isole Marianne
Maritime Alps (**the**) /ˈmærɪtaɪm ˈælps/ (le) Alpi Marittime
Marlborough /ˈmɑːlbrə, ˈmɔːl-, -ərə, *USA* ˈmɑːlbɜːrəʊ/
Marquesas Islands (**the**) /mɑːˈkeɪzəz ˈaɪləndz, səs/ (le) Isole Marchesi
Marseilles /mɑːˈseɪ, -ˈseɪlz/ Marsiglia
Marshall Islands /ˈmɑːʃl ˈaɪləndz/ Isole Marshall
Marston Moor /ˈmɑːstnˈmʊə(r)/
Martinique /mɑːtəˈniːk/ Martinica
Maryland /ˈmɛərɪlənd/
Maseru /məˈsɪəruː, -ˈsɛə-, *USA* ˈmæzəruː, ˈmɑːs-/
Massachusetts /mæsəˈtʃuːsɪts/
Matterhorn (**the**) /ˈmætəhɔːn/ Monte Cervino
Mauritania /mɒrɪˈteɪnɪə, *USA* mɔː-/
Mauritius /ˈməˈrɪʃəs/ Mauritius, Maurizio
Mayo /ˈmeɪəʊ/
Mbabane /ɛmbəˈbɑːn/
Meath /miːð/
Mecca /ˈmɛkə/ (la) Mecca
Mediterranean Sea (**the**) /ˈmɛdɪtəreɪnɪən ˈsiː/ (il Mar) Mediterraneo
Medway (**the**) /ˈmɛdweɪ/
Melanesia /mɛləˈniːzɪə, -ʒə, -sɪə, -ʃə/
Melbourne /ˈmɛlbən, -ɜːn/
Melrose /ˈmɛlrəʊz/
Memphis /ˈmɛmfɪs/ Menfi
Menai Strait /ˈmɛnaɪˈstreɪt/
Merioneth /mɛrɪˈɒnəθ/
Merionethshire /mɛrɪˈɒnəθʃə(r), -ʃɪə(r)/
Mersey /ˈmɜːzɪ/
Mesopotamia /mɛsəpəˈteɪmɪə/
Messina /mɪˈsiːnə/
Mexico /ˈmɛksɪkəʊ/ *1* Messico *2* (*anche* **M. City**) Città del Messico
Miami /maɪˈæmɪ/
Michigan /ˈmɪʃɪgən/
Micronesia /maɪkrəˈniːzɪə, -ʒə, -sɪə, -ʃə/
Middlesbrough /ˈmɪdlzbrə/

Middlesex /ˈmɪdlsɛks/
Midlothian /mɪdˈləʊðɪən/
Midway /ˈmɪdweɪ/
Milan /mɪˈlæn/ Milano
Miletus /mɪˈliːtəs/ Mileto
Milwaukee /mɪlˈwɔːkɪ, -iː/
Minneapolis /mɪnɪˈæpəlɪs/
Minnesota /mɪnɪˈsəʊtə/
Minorca /məˈnɔːkə/
Mississippi /mɪsɪˈsɪpɪ/
Missouri /mɪˈzʊərɪ, -s-, -ɜːrɪ, -ə/
Mitchell /ˈmɪtʃl/
Mobile /məʊˈbiːl, ˈm-/
Moldavia /mɒlˈdeɪvɪə/
Moluccas (the) /məˈlʌkəz/ (le) Molucche
Mombasa /mɒmˈbæsə/
Monaco /ˈmɒnəkəʊ/
Monaghan /ˈmɒnəhən, -xən/
Mongolia /mɒŋˈgəʊlɪə/
Monmouth /ˈmɒnməθ, ˈmʌn-/
Monmouthshire /ˈmɒnməθʃə(r), ˈmʌn-, -ʃɪə(r)/
Montana /mɒnˈtæna, -ˈtɑː-/
Montenegro /mɒntɪˈniːgrəʊ, -ˈneɪ-, -ˈnɛ-/
Montgomery /mən(t)ˈgʌmərɪ, mɒn-, -ˈgɒ-/
Montgomeryshire /mən(t)-ˈgʌmərɪʃə(r), mɒn-, -ˈgɒ-, -ʃɪə(r)/
Montpelier /mɒntˈpiːlɪə(r)/ (*USA*)
Montreal /mɒntrɪˈɔːl, mʌn-/
Moravia /məˈreɪvɪə/
Moray /ˈmʌrɪ, *USA* ˈmɜː-/
Morocco /məˈrɒkəʊ/ Marocco
Moscow /ˈmɒskəʊ, *USA* -aʊ, -əʊ/ Mosca
Moselle (the) /məʊˈzɛl/ (la) Mosella
Mozambique /məʊzæmˈbiːk/ Mozambico
Munich /ˈmjuːnɪk/ Monaco (*di Baviera*)
Munster /ˈmʌnstə(r)/
Mysore /maɪˈsɔː(r)/
Nairn /nɛən/
Nairobi /naɪəˈrəʊbɪ/
Namibia /næˈmɪbɪə/
Nanking /nænˈkɪŋ/ Nanchino
Nantucket /nænˈtʌkɪt/
Naples /ˈneɪplz/ Napoli
Naseby /ˈneɪzbɪ/
Nashville /ˈnæʃvɪl, -vl/
Nassau /ˈnæsɔː/
Natal /nəˈtæl, -ɑːl/
Nauru /naʊˈruː, nɑː-/
Navarre /nəˈvɑː(r)/ Navarra
Nazareth /ˈnæzərɪθ/
Neagh /neɪ/
Nebraska /nɪˈbræskə/
Nelson /ˈnɛlsn/
Nepal /nɪˈpɔːl, -ɑːl, -æl/
Ness /nɛs/
Netherlands (the) /ˈnɛðələndz/ (i) Paesi Bassi, (l')Olanda
Nevada /nɪˈvɑːdə, *USA* -ˈvæ-/
Newark /ˈnjuːək, *USA* ˈnuː-/
New Bedford /njuːˈbɛdfəd, *USA* nuː-/
New Brighton /njuːˈbraɪtn, *USA* nuː-/
Newbury /ˈnjuːbərɪ, *USA* ˈnuːbɛrɪ/
New Caledonia /njuːkæləˈdəʊnɪə, *USA* nuː-/ Nuova Caledonia
Newcastle /ˈnjuːkɑːsl, *USA* ˈnuːkæsl/
New England /njuːˈɪŋglənd, *USA* nuː-/ Nuova Inghilterra
Newfoundland /ˈnjuːfənlənd, -ænd, *USA* ˈnuː-/ Terranova
New Guinea /njuːˈgɪnɪ, *USA* nuː-/ Nuova Guinea
New Hampshire /njuːˈhæmpʃə(r), -ʃɪə(r), *USA* nuː-/
Newhaven /njuːˈheɪvn, *USA* nuː-/
New Haven /njuːˈheɪvn, *USA* nuː-/
New Jersey /njuːˈdʒɜːzɪ, *USA* nuː-/
New Mexico /njuːˈmɛksɪkəʊ, *USA* nuː-/ Nuovo Messico
New Orleans /njuːˈɔːlɪənz, -ɔːˈliːnz, *USA* nuː-, -ˈɔːlənz/
Newport /ˈnjuːpɔːt, *USA* ˈnuː-/
New York /njuːˈjɔːk, *USA* nuː-/
New Zealand /njuːˈziːlənd, *USA* nuː-/ Nuova Zelanda
Niagara (the) /naɪˈægərə/ (il) Niagara
Niagara Falls (the) /naɪˈægərəˈfɔːlz/ (le) Cascate del Niagara
Nicaragua /nɪkəˈrægjʊə, *USA* -ˈrɑːgwə/
Nice /niːs/ Nizza
Nicosia /nɪkəʊˈsiːə/
Niger /ˈnaɪdʒə(r), niːˈʒɛə(r)/
Nigeria /naɪˈdʒɪərɪə/
Nile (the) /naɪl/ (il) Nilo
Norfolk /ˈnɔːfək, *USA* -ək, -ɔːk/
Normandy /ˈnɔːməndɪ/ Normandia
Northampton /nɔːˈθæm(p)tən, -θˈh-, nəˈθ-/
Northamptonshire /nɔː-ˈθæmptənʃə(r), -θˈh-, nəˈθ-, -ʃɪə(r)/
North Carolina /ˈnɔːθkærəˈlaɪnə/ Carolina del Nord
North Dakota /ˈnɔːθdəˈkəʊtə/
North Korea /ˈnɔːθ kəˈriːə/ Corea del Nord
North Sea (the) /ˈnɔːθ ˈsiː/ (il) Mare del Nord
Northumberland /nɔːˈθʌmbələnd/
Norway /ˈnɔːweɪ/ Norvegia
Norwich /ˈnɒrɪdʒ, -ɪtʃ, *USA* ˈnɔː-/ (*USA*)
Nottingham /ˈnɒtɪŋəm/
Nottinghamshire /ˈnɒtɪŋəmʃə(r), -ʃɪə(r)/
Nova Scotia /ˈnəʊvə ˈskəʊʃə/ Nuova Scozia
Nubia /ˈnjuːbɪə, *USA* ˈnuː-/
Numidia /njuːˈmɪdɪə, *USA* nuː-/
Nuremberg /ˈnjʊərəmbɜːg, ˈnjɔː-, *USA* ˈnʊə-/ Norimberga
Nyasaland /naɪˈæsəlænd, nɪ-/ Niassa
Nyas(s)a /naɪˈæsə, nɪ-/ Niassa (*lago*)
Oakland /ˈəʊklənd/
Oceania /əʊʃɪˈeɪnɪə/
Offaly /ˈɒfəlɪ, *USA* ˈɔːf-/
Ohio /əʊˈhaɪəʊ/
Okeechobee Lake /ˈəʊkiːtʃəʊbiːleɪk/
Oklahoma /əʊkləˈhəʊmə/
Oklahoma City /ˈəʊkləhəʊməˈsɪtɪ/
Oldbury /ˈəʊl(d)brɪ, *USA* -bɛrɪ/
Oldham /ˈəʊldəm/
Olympia /əʊˈlɪmpɪə/ Olimpia
Olympus /əˈlɪmpəs/ Olimpo
Omaha /ˈəʊməhɑː/
Oman /əʊˈmɑːn/
Ontario /ɒnˈtɛərɪəʊ/
Orange /ˈɒrɪndʒ, *USA* ˈɔː-/
Oregon /ˈɒrɪgən, *USA* ˈɔː-/
Orkney Islands (the) /ˈɔːknɪ ˈaɪləndz/ (le) Isole Orcadi
Oslo /ˈɒzləʊ, ˈɒs-/
Ostend /ɒˈstɛnd/ Ostenda
Otsego Lake /ɒtˈsiːgəʊ ˈleɪk/
Ottawa /ˈɒtəwə/
Ouse (the) /uːz/
Oxford /ˈɒksfəd/
Oxfordshire /ˈɒksfədʃə(r), -ʃɪə(r)/
Pacific Ocean (the) /pəˈsɪfik ˈəʊʃn/ (l')Oceano Pacifico
Padua /ˈpædjʊə, *USA* -dʒʊə/ Padova
Pakistan /pɑːkɪˈstɑːn, *USA* pækɪˈstæn/
Palestine /ˈpæləstaɪn/ Palestina
Panama /ˈpænəmɑː, *USA* -ˈmɑː, -ɔː/
Papua New Guinea /ˈpæpʊə njuːˈgɪnɪ, ˈpɑː-, -jʊə/ Papua Nuova Guinea
Paraguay /ˈpærəgwaɪ/
Paris /ˈpærɪs/ Parigi
Parnassus /pɑːˈnæsəs/ Parnaso
Pasadena /pæsəˈdiːnə/
Patagonia /pætəˈgəʊnɪə/
Paterson /ˈpætəsn/
Patras /pəˈtræs/ Patrasso
Peebles /ˈpiːblz/
Peking /ˈpiːˈkɪŋ, ˈpeɪ-/ Pechino
Pemba /ˈpɛmbə/
Pembroke /ˈpɛmbrʊk/
Pembrokeshire /ˈpɛmbrʊkʃə(r), -ʃɪə(r)/
Pennine Alps (the) /pɛnain ˈælps/ (le) Alpi Pennine
Pennines (the) /ˈpɛnaɪnz/ (i) Pennini
Pennsylvania /pɛnslˈveɪnɪə/
Penrith /ˈpɛnrɪθ/
Pensacola /pɛnsəˈkəʊlə/
Penzance /pɛnˈzæns, pə-/
Peoria /pɪˈɔːrɪə/
Persia /ˈpɜːʃə, -ʒə/
Perth /pɜːθ/
Peru /pəˈruː/ Perù
Peterborough /ˈpiːtəbrə, *USA* -bɜːrəʊ/
Philadelphia /fɪləˈdɛlfɪə/ Filadelfia
Philippi /fɪˈlɪpaɪ, ˈ–/ Filippi
Philippines (the) /ˈfɪlɪpiːnz/ (le) Filippine
Phoenix /ˈfiːnɪks/
Picardy /ˈpɪkədɪ/ Piccardia
Piedmont /ˈpiːdmənt/ Piemonte
Pierre /pɪə(r)/
Pittsburgh /ˈpɪtsbɜːg/
Plymouth /ˈplɪməθ/
Poland /ˈpəʊlənd/ Polonia
Polynesia /pɒlɪˈniːʒə/ Polinesia
Pompeii /pɒmˈpeɪiː/ Pompei
Portland /ˈpɔːtlənd/
Portobello /pɔːtəˈbɛləʊ/
Port of Spain /ˈpɔːtəvˈspeɪn/
Portsmouth /ˈpɔːtsməθ/
Portugal /ˈpɔːtʃʊgl/ Portogallo
Potomac (the) /pəˈtəʊmæk, -ək/
Prague /prɑːg/ Praga
Preston /ˈprɛstn/
Pretoria /prɪˈtɔːrɪə/
Provence /prəˈvɑːns, prɒ-, *USA* prəʊ-, ˈprɒvɛns/ Provenza
Providence /ˈprɒvɪdəns/
Prussia /ˈprʌʃə/
Puerto Rico /ˈpwɜːtəʊˈriːkəʊ/ Puerto Rico, Portorico
Punjab /pʌnˈdʒɑːb, pʊn-/
Pyrenees (the) /pɪrəˈniːz, *USA* ˈpɪ-/ (i) Pirenei
Qatar /ˈkætɑː(r), ˈkʌ-, ˈkɑː-, kəˈtɑː(r)/

Quebec /kwɪ'bɛk, kə-/
Queensland /'kwi:nzlənd/
Queenstown /'kwi:nztaʊn/
Quito /'ki:təʊ/
Radcliffe /'rædklɪf/
Radnor /'rædnə(r)/
Radnorshire /'rædnəʃə(r), -ʃɪə(r)/
Raleigh /'rɔ:lɪ, 'rɑ:-, 'ræ-/
Rangoon /ræŋ'gu:n/
Rangpur /'ræŋpʊə(r)/
Rawalpindi /rɔ:əl'pɪndɪ/
Reading /'rɛdɪŋ/
Red Sea (**the**) /'rɛd 'si:/ (il) Mar Rosso
Renfrew /'rɛnfru:/
Rhaetian Alps (**the**) /'ri:ʃən 'ælps/ (le) Alpi Retiche
Rheims /ri:mz/ Reims
Rhine (**the**) /raɪn/ (il) Reno
Rhineland /'raɪnlænd/ Renania
Rhode Island /'rəʊdaɪlənd, *USA* rəʊd-'aɪ-/
Rhodes /rəʊdz/ Rodi
Rhodesia /rəʊ'di:zɪə/
Rhondda /'rɒndə, -nðə/
Rhone (**the**) /rəʊn/ (il) Rodano
Richmond /'rɪtʃmənd/
Rio de Janeiro /'ri:əʊ dəʒə'nɪərəʊ, *USA* deɪʒə'nɛə-/
Rio Grande (**the**) /'ri:əʊ'grænd, -ɪ/
Rochester /'rɒtʃɪstə(r), *USA* -tʃɛs-/
Rocky Mountains (**the**) /'rɒkɪ 'maʊntɪnz/ (*o* **Rockies** (**the**)) /'rɒkɪz/ (le) Montagne Rocciose
Romania /rəʊ'meɪnɪə/
Rome /rəʊm/ Roma
Roscommon /rɒs'kɒmən/
Ross /rɒs, *USA* rɔ:s/
R(o)umania /ru:'meɪnɪə/ Romania
Roxburgh /'rɒksbrə, *USA* -bɜ:rəʊ/
Ruanda Urundi /rʊ'ændəʊ'rʊndɪ, *USA* -'ɑ:n-/
Russia /'rʌʃə/
Rutland /'rʌtlənd/
Rutlandshire /'rʌtləndʃə(r), -ʃɪə(r)/
Rwanda /rʊ'ændə, *USA* -'ɑ:n-/ Ruanda
Rye /raɪ/
Sacramento /sækrə'mɛntəʊ/
Sahara /sə'hɑ:rə, *USA* -ærə/
Salem /'seɪləm, -ɛm/
Salford /'sɔ:lfəd, 'sɒl-/
Salisbury /'sɔ:lzbərɪ, 'sɒl-, *USA* -berɪ/
Salonica /sə'lɒnɪkə/ Salonicco
Salt Lake City /'sɔ:ltleɪk 'sɪtɪ, 'sɒl-/
Salvador /'sælvədɔ:(r)/
Salzburg /'sæltsbɜ:g, 'sɔ:l-, 'sɒl, *USA* -lz-/ Salisburgo
Samoa Islands (**the**) /sə'məʊə 'aɪləndz/ (le) Isole Samoa
Samos /'seɪmɒs, 'sæm-, *USA* 'sæməʊs/ Samo
Samothrace /'sæməθreɪs/ Samotracia
San Antonio /sænæn'təʊnɪəʊ/
Sandhurst /'sændhɜ:st/
San Diego /sændɪ'eɪgəʊ/
Sandringham /'sændrɪŋəm/
Sanford /'sænfəd/
San Francisco /sænfrən'sɪskəʊ/
San Marino /sænmə'ri:nəʊ/
Santa Cruz /'sæntə'kru:z/
Santa Fé /'sæntə'feɪ/
Santiago /sæntɪ'ɑ:gəʊ/
São Tomé e Principe /'saʊ(n) tə'meɪ ɪ'prɪnsəp(e)ɪ/
Saragossa /særə'gɒsə/ Saragozza
Saratoga /særə'təʊgə/
Sarawak /sə'rɑ:wə(k), -wɑ:(k), -wæk/
Sardinia /sɑ:'dɪnɪə/ Sardegna
Saskatchewan /sæ'skætʃəwən, sə-, -wɒn/
Saskatoon /sæskə'tu:n/
Saudi Arabia /'saʊdɪ ə'reɪbɪə, 'sɔ:-, sɑ:'u:-/
Savannah /sə'vænə/
Savoy /sə'vɔɪ/ Savoia
Saxony /'sæksənɪ/ Sassonia
Scafell /skɔ:'fɛl/
Scandinavia /skændɪ'neɪvɪə/
Scapa Flow /'skæpə'fləʊ, 'skɑ:-/
Scarborough /'skɑ:b(ə)rə, *USA* -bɜ:rəʊ/
Scheldt (**the**) /ʃɛlt, skɛlt/ (la) Schelda
Scilly Isles /'sɪlɪ 'aɪlz/
Scotland /'skɒtlənd/ Scozia
Seattle /sɪ'ætl/
Seine (**the**) /seɪn/ (la) Senna
Selkirk /'sɛlkɜ:k/
Senegal /sɛnɪ'gɔ:l, -ɑ:l/
Serbia /'sɜ:bɪə/
Severn (**the**) /'sɛvən/
Seville /sə'vɪl/ Siviglia
Seychelles /seɪ'ʃɛl(z)/ Seychelles, Seicelle
Shaba /'ʃɑ:bə/
Shaftesbury /'ʃɑ:f(t)sb(ə)rɪ, *USA* 'ʃæf(t)sberɪ/
Shanghai /ʃæŋ'haɪ, '–/
Shannon /'ʃænən/
Sheffield /'ʃɛfi:ld/
Shetland Island (**the**) /'ʃɛtlənd 'aɪləndz/ (le) Isole Shetland
Shrewsbury /'ʃru:zbərɪ, 'ʃrəʊz-, *USA* -berɪ/
Shropshire /'ʃrɒpʃə(r), -ʃɪə(r)/
Siam /saɪ'æm, *USA* 'saɪæm/
Siberia /saɪ'bɪərɪə/
Sicily /'sɪsəlɪ/ Sicilia
Sidon /'saɪdn/ Sidone
Sien(n)a /sɪɛ'nə/ Siena
Sierra Leone /sɪ'ɛrəlɪ'əʊn, -ɪ/
Sierra Nevada /sɪ'ɛrə'nɛvɑ:də, *USA* -'væ-/
Silesia /saɪ'li:zɪə, -ʒə/ Slesia
Simplon /'sɪmplən/ Sempione
Sinai /'saɪnaɪ, -ɪaɪ, -ɪeɪ/
Singapore /sɪŋgə'pɔ:(r)/
Skye /skaɪ/
Slavonia /slə'vəʊnɪə/
Sligo /'slaɪgəʊ/
Slovakia /slə'vækɪə/ Slovacchia
Slovenia /slə'vi:nɪə/
Smyrna /'smɜ:nə/ Smirne
Snowdon /'snəʊdn/
Sofia /'səʊfɪə, 'sɒ-/
Solent (**the**) /'səʊlənt/
Solomon Islands (**the**) /'sɒləmən 'aɪləndz/ (le) Isole Salomone
Solway /'sɒlweɪ/
Somalia /sə'mɑ:lɪə, *USA* səʊ-/
Somaliland /sə'mɑ:lɪlænd, səʊ-/ Somalia Britannica
Somerset /'sʌməset, -ɪt/
Somersetshire /'sʌməsɛtʃə(r), -sɪt-, -ʃɪə(r)/
Somerville /'sʌməvɪl/
South Africa /saʊθ'æfrɪkə/ Sudafrica
Southampton /saʊ'θæm(p)tən, -θ'h-, sə'θ-, sə'ð-/
South Carolina /'saʊθkærə'laɪnə/ Carolina del Sud
South Dakota /'saʊθdə'kəʊtə/
Southend /'saʊθ'ɛnd/
South Korea /'saʊθ kə'ri:ə/ Corea del Sud
Southport /'saʊθpɔ:t/
Spain /speɪn/ Spagna
Sparta /'spɑ:tə/
Spokane /spəʊ'kæn/
Sporades (**the**) /'spɒrədi:z, spə'rɑ:-, *USA* 'spɔ:-/ (le) Sporadi
Springfield /'sprɪŋfi:ld/
Sri Lanka /sri:'læŋkə, ʃr-, *USA* -'lɑ:-/
Stafford /'stæfəd/
Staffordshire /'stæfədʃə(r), -ʃɪə(r)/
St Albans /snt'ɔ:lbənz, -'ɒl-, *USA* seɪ-/
St Andrews /snt'ændru:z, *USA* seɪ-/
St Anne /snt'æn, *USA* seɪ-/
St Christopher and Nevis /sŋ-'krɪstəfər ən'nɛvɪs, -'ni:-, *USA* seɪŋ/ St. Christopher e Nevis
St Clair /sntklɛə(r), *USA* seɪ-/
St George's /snt'dʒɔ:dʒɪz, *USA* seɪ-/
St Helena /sɛntɪ'li:nə, sən-, -'leɪ-, *USA* seɪntə'li:nə, -nthə-/ Sant'Elena
St Helens /snt'hɛlɪnz, *USA* seɪ-/
St John's /snt'dʒɒnz, *USA* seɪ-/
St Lawrence /snt'lɒrəns, *USA* seɪnt-'lɔ:-/
St Louis /snt'lu:ɪs, -u:ɪ, *USA* seɪ-/
St Lucia /sn'lu:ʃ(ɪ)ə, *USA* seɪn-/ Saint Lucia
St Paul /snt'pɔ:l, *USA* seɪ-/
St Peter /snt'pi:tə(r), *USA* seɪ-/
St Petersburg /sm'pi:təzbɜ:g, *USA* seɪm-/ San Pietroburgo
St Vincent and the Grenadines /sn-'vɪnsnt ənðə'grenədi:nz, *USA* seɪn-/ S. Vincent e Grenadine
Stirling /'stɜ:lɪŋ/
Stockholm /'stɒkhəʊm/ Stoccolma
Stockport /'stɒkpɔ:t/
Stoke on Trent /'stəʊkɒn'trɛnt, *USA* -ɔ:n-/
Stonehenge /'stəʊn'hɛndʒ, *USA* -nh-/
Strasbourg /'stræzbɜ:g, -ʊəg, *USA* 'strɑ:s-/ Strasburgo
Stratford on Avon /'strætfədɒn'eɪvn, *USA* -ɔ:n-/
Styria /'stɪrɪə/ Stiria
Sudan /su:'dɑ:n, *USA* -æn/ Sudan
Suez /'su:ɪz, 'sj-, *USA* su:'ɛz, 'su:ɛz/ ● **S. Canal**, Canale di Suez
Suffolk /'sʌfək/
Sunderland /'sʌndələnd/
Surinam /sʊərɪ'næm, *USA* -ɑ:m/ Suriname
Surrey /'sʌrɪ, *USA* 'sɜ:-/
Sussex /'sʌsɪks/
Sutherland /'sʌðələnd/
Sutton /'sʌtn/
Suva /'su:və/
Swansea /'swɒnzɪ, *USA* -sɪ, -zɪ/
Swaziland /'swɑ:zɪlænd/
Sweden /'swi:dn/ Svezia
Switzerland /'swɪtsəlænd/ Svizzera
Sybaris /'sɪbərɪs/ Sibari
Sydney /'sɪdnɪ/
Syracuse /'saɪərəkju:z/ *USA* /'sɪrəkju:s/ Siracusa

Syria /ˈsɪrɪə/ Siria
Syrtis /ˈsɜːtɪs/ Sirte
Tabor (Mount) /ˈteɪbə(r)maʊnt, -ɔː(r)maʊnt/ Monte Tabor
Tacoma /təˈkəʊmə/
Tadzhikistan /tɑːdʒiːkɪˈstɑːn, -æn, *USA* tɑːˈdʒiː-/ Tagikistan
Tagus (the) /ˈteɪgəs/ (il) Tago
Tahiti /təˈhiːʃn/
Taiwan /ˈtaɪˈwɒːn/
Tallahassee /tæləˈhæsɪ/
Tampa /ˈtæmpə/
Tanganyika /tæŋgəˈnjiːkə, -ˈniː-/ Tanganica
Tangier /tænˈdʒɪə/ Tangeri
Tanzania /tænˈzeɪnɪə, tænzəˈniːə/
Tasmania /tæzˈmeɪnɪə/
Taunton /ˈtɔːntən/
Tay (the) /teɪ/
Tees (the) /tiːz/
Tempe /ˈtɛmpɪ/
Tenerife /tɛnəˈriːf/
Tennessee /tɛnəˈsiː/
Teviot (the) /ˈtiːvɪət/
Tewkesbury /ˈtjuːksb(ə)rɪ, *USA* ˈtuːksbɛrɪ/
Texas /ˈtɛksəs/
Thailand /ˈtaɪlænd/ Thailandia
Thames (the) /tɛmz/ (il) Tamigi
Thebes /θiːbz/ Tebe
Thermopylae /θəˈmɒpəliː/ Termopili
Thessaly /ˈθɛsəlɪ/ Tessaglia
Thrace /θreɪs/ Tracia
Thule /ˈθuːl, -lɪ, ˈθjuː-/ Tule
Thuringia /θjʊəˈrɪndʒɪə, *USA* θʊə-/ Turingia
Tiber (the) /ˈtaɪbə(r)/ (il) Tevere
Tiberias /taɪˈbɪərɪəs/ Tiberiade
Tibet /tɪˈbɛt/
Tigris (the) /ˈtaɪgrɪs/ (il) Tigri
Tobago /təʊˈbeɪgəʊ/
Togo /ˈtəʊgəʊ/
Tokyo /təʊˈkeɪ/
Toledo /tɒˈleɪdəʊ, təˈliː-, *USA* tə(ʊ)-/
Tonga /ˈtɒŋgə, -ŋə/
Tongking, Tonkin /ˈtɒŋˈkɪn/ Tonchino
Toronto /təˈrɒntəʊ/
Tottenham /ˈtɒtnəm, -tənəm/
Toulon /tuːˈlɒŋ/ Tolone
Toulouse /tuːˈluːz/ Tolosa
Transjordan /trænzˈdʒɔːdn, -s-/ Transgiordania
Transylvania /trænsɪlˈveɪnɪə/ Transilvania
Trent /trɛnt/ ***1*** Trento ***2*** Trent (*fiume inglese*)
Trenton /ˈtrɛntn/
Trieste /triːˈɛst/
Trinidad /ˈtrɪnɪdæd, -ˈdæd/
Trinidad and Tobago /ˈtrɪnədæd əntə-ˈbeɪgəʊ, -ˈbɑː-/ Trinidad e Tobago
Tripoli /ˈtrɪpəlɪ/
Trossachs /ˈtrɒsæks, -əks/
Troy /trɔɪ/ Troia
Tucson /ˈtuːsɒn, tuːˈsɒn/
Tulsa /ˈtʌlsə/
Tunis /ˈtjuːnɪs, *USA* ˈtuː-/ Tunisi
Tunisia /tjuːˈnɪzɪə, *USA* tuːˈniːʒə/
Turin /tjʊəˈrɪn, ˈtjʊər-, *USA* (ˈ)tʊə-/ Torino
Turkey /ˈtɜːkɪ/ Turchia
Turkmenistan /tɜːkmɛnɪˈstɑːn, -æn, *USA* -ˈmɛ-/
Tuscany /ˈtʌskənɪ/ Toscana
Tuvalu /tʊˈvɑːluː, tuːvəˈluː/
Tweed (the) /twiːd/
Tyne (the) /taɪn/
Tyre /ˈtaɪə(r)/ Tiro
Tyrol /tɪˈrəʊl/ Tirolo
Tyrone /tɪˈrəʊn/
Tyrrhenian Sea (the) /tɪˈriːnɪən ˈsiː/ (il) Mar Tirreno
Uganda /juːˈgændə, *USA* -ˈgɑːn-/
Ukraine /juːˈkreɪn, *USA* -eɪn, -aɪn, ˈjuːkreɪn/ Ucraina
Ullswater /ˈʌlzwɔːtə(r), *USA* -wɒ-/
Ulster /ˈʌlstə(r)/
Umbria /ˈʌmbrɪə/
United Arab Emirates /jʊˈnaɪtɪd ˈærəb ˈɛmərət, *USA* əˈmɪə-/ Emirati Arabi Uniti
United Kingdom /jʊˈnaɪtɪd ˈkɪŋdəm/ Regno Unito
United States of America /jʊˈnaɪtɪd ˈsteɪts əvəˈmɛrɪkə/ Stati Uniti d'America
Ural Mountains (the) /ˈjʊərəl ˈmaʊntinz, ˈjɔː-/ (i) Monti Urali
Uruguay /jʊərəˈgwaɪ, ˈʊə-/
Utah /ˈjuːtɑː, -ɔː/
Utica /ˈjuːtɪkə/
Uttar Pradesh /ˈʊtəprəˈdɛʃ, -eɪʃ/
Uzbekistan /ʊzbɛkɪˈstɑːn, -æn, ʌz-, *USA* ʊzˈbɛ-/
Valencia /vəˈlɛnsɪə/ Valenza
Valletta /vəˈlɛtə/ La Valletta
Vancouver /vænˈkuːvə(r)/
Vanuatu /vænʊˈɑːtuː, -vɑː-, -ˈæ, ˈ–/
Vatican City /ˈvætɪkən ˈsɪtɪ/ Città del Vaticano
Venezuela /vɛnəˈzweɪlə/
Venice /ˈvɛnɪs/ Venezia
Vermont /vəˈmɒnt, vɜː-/
Versailles /vɛəˈsaɪ, vɜː-/
Vesuvius /vəˈsuːvɪəs/ Vesuvio
Victoria /vɪkˈtɔːrɪə/
Vienna /vɪˈɛnə/
Vietnam /viːɛtˈnæm, *USA* -ɑːm/
Virginia /vəˈdʒɪnɪə, -jə/
Vistula (the) /ˈvɪstjʊlə, *USA* -stʃʊ-/ (la) Vistola
Volta (the) /ˈvɒltə, *USA* ˈvəʊl-/ (il) Volta
Vosges (the) /vəʊʒ/ (i) Vosgi
Wakefield /ˈweɪkfiːld/
Wal(l)achia /wɒˈleɪkɪə/ Valacchia
Wales /weɪlz/ Galles
Wallace /ˈwɒləs, *USA* ˈwɔː-/
Waltham /ˈwɔːlθəm, ˈwɒ-, -lt-/
Wapping /ˈwɒpɪŋ/
Warsaw /ˈwɔːsɔː/ Varsavia
Warwick /ˈwɒrɪk, *USA* ˈwɔː-/
Warwickshire /ˈwɒrɪkʃə(r), -ʃɪə(r), *USA* ˈwɔː-/
Washington /ˈwɒʃɪŋtən, *USA* ˈwɔː-/
Waterbury /ˈwɔːtəbrɪ, *USA* ˈwɒtəbɛrɪ/
Waterford /ˈwɔːtəfəd, *USA* ˈwɒ-/
Waterloo /wɔːtəˈluː, *USA* wɒ-/
Waverley /ˈweɪvəlɪ/
Wellington /ˈwɛlɪŋtən/
Westmor(e)land /ˈwɛstmələnd, *USA* -mɔː-/
Westphalia /wɛstˈfeɪlɪə/ Vestfalia
West Point /ˈwɛstˈpɔɪnt/
West Virginia /ˈwɛstvəˈdʒɪnɪə, -jə/
Wexford /ˈwɛksfəd/
Whitney /ˈwɪtnɪ, *USA* ˈhw-/
Wichita /ˈwɪtʃɪtɔː, -ɑː/
Wichita Falls /ˈwɪtʃɪtɔː ˈfɔːlz, -tɑː-/
Wick /wɪk/
Wicklow /ˈwɪkləʊ/
Wight /waɪt/
Wigtown /ˈwɪgtaʊn, -tən/
Willington /ˈwɪlɪŋtən/
Wilmington /ˈwɪlmɪŋtən/
Wiltshire /ˈwɪltʃə(r), -ʃɪə(r)/
Wimbledon /ˈwɪmbldn/
Winchester /ˈwɪntʃɪstə(r)
Windermere /ˈwɪndəmɪə(r)/
Windsor /ˈwɪnzə(r)/
Winnipeg /ˈwɪnɪpɛg/
Wisconsin /wɪˈskɒnsɪn/
Woburn /ˈwəʊbɜːn, ˈwuː-, -ən/
Wolverhampton /ˈwʊlvəhæm(p)tən, -əˈh-/
Woodstock /ˈwʊdstɒk/
Woolwich /ˈwʊlɪdʒ/
Worcester /ˈwʊstə(r)/
Worcestershire /ˈwʊstəʃə(r), -ʃɪə(r)/
Worthing /ˈwɜːðɪŋ/
Wyoming /waɪˈəʊmɪŋ/
Yarmouth /ˈjɑːməθ/
Yellow Sea (the) /ˈjɛləʊ ˈsiː/ (il) Mar Giallo
Yellowstone /ˈjɛləstəʊn, -ləʊ-/
Yemen /ˈjɛmən/
York /jɔːk/
Yorkshire /ˈjɔːkʃə(r), -ʃɪə(r)/
Yorktown /ˈjɔːktaʊn/
Yosemite Falls (the) /jəʊˈsɛmətɪ ˈfɔːlz/
Youngstown /ˈjʌŋztaʊn/
Yugoslavia /juːgəʊˈslɑːvɪə/ Jugoslavia
Yukon /ˈjuːkɒn/
Zagreb /ˈzɑːgrɛb, ˈzæ-, zɑːˈg-/ Zagabria
Zaire /zɑːˈɪə(r), zaɪˈɪə(r)/
Zambia /ˈzæmbɪə/
Zanzibar /ˈzænzɪbɑː(r), -ˈbɑː(r)/
Zeeland /ˈziːlənd/ Zelanda
Zimbabwe /zɪmˈbɑːbwɪ, -ˈbæ-, -weɪ/
Zomba /ˈzɒmbə/
Zululand /ˈzuːluːlænd/
Zurich /ˈzʊərɪk, ˈzj-/ Zurigo

ENGLISH ACRONYMS - *SIGLE INGLESI*

a. *1 acre(s)*, acro(-i) *2 amateur*, (*sport, ecc.*) dilettante *3 area*, area.
A *1 ampere*, (*elettr.*) ampere (A) *2 adult*, (*di film*) per adulti *3 Ace*, asso (*nelle carte da gioco*) *4 A1, ..., A20..., arterial road*, strada principale numerata (*G.B.*).
AA *1 Anti-aircraft*, Antiaereo *2 Automobile Association*, Automobile Club *3 Alcoholics Anonymous*, Alcolisti Anonimi.
AAA *1 Amateur Athletic Association*, Associazione dell'Atletica Dilettantistica (*G.B.*) *2 American Automobile Association*, Automobile Club d'America.
AAAS *American Association for the Advancement of Science*, Associazione Americana per il Progresso delle Scienze.
AACR *American Association for Cancer Research*, Associazione Americana per la Ricerca sul Cancro.
a.a.r. *against all risks*, (*comm.*) contro tutti i rischi (*nelle polizze d'assicurazione*).
ABA *Amateur Boxing Association*, Associazione del Pugilato Dilettantistico (*G.B.*).
abbr., abbrev. *1 abbreviated*, abbreviato (abbr.) *2 abbreviation*, abbreviazione (abbr.).
ABC *American Broadcasting Company*, Compagnia Americana di Radiodiffusione.
Abp. *Archbishop*, Arcivescovo.
abr. *1 abridged* ridotto (*di un libro*) *2 abridgement*, riduzione (*di un libro*).
abs. *1 absolute*, assoluto *2 abstract*, (*leg.*) estratto.
abt. *about*, circa; all'incirca.
a.c. *alternating current*, corrente alternata (c.a.).
a/c *1 account*, (*rag.*) conto (c.to) *2* (*anche A/c, A/C*) *aircraft*, (*mil.*) aeroplano, aeroplani *3 aircraftman*, (*mil.*) aviere.
Ac *actinium*, (*chim.*) attinio (Ac).
AC *1 Alternating Current*, (*elettr.*) corrente alternata (c.a.) *2 Air Corps*, Forze Aeree (*U.S.A.*) *3 Appeal Court*, (*leg.*) Corte d'Appello *4 Army Corps*, Corpo d'Armata (C.d'A.) *5 Athletic Club*, Club Atletico *6 Air Conditioning*, aria condizionata.
acc. *1 acceptance*, (*comm.*) accettazione (*di una cambiale*) *2 accepted* (*di una cambiale*) accettata *3 according* (*to*), secondo, a seconda (di) *4 account*, (*comm.*) conto.
AD (*lat. Anno Domini*) *in the year of the Lord*, Anno Domini (A.D.); dopo Cristo (d.C.).
ADC *Aide-de-Camp*, (*mil.*) Aiutante di Campo.
Adj., Adjt. *Adjutant*, (*mil.*) Aiutante.
Adm. *1 Admiral*, Ammiraglio *2 Admiralty*, Ammiragliato.
admin. *1 administration*, amministrazione *2 administrative*, amministrativo *3 administrator*, amministratore.
ADP *Automatic Data Processing*, Elaborazione Automatica dei Dati.
adv. *1 advanced*, superiore *2 advertisement*, annuncio pubblicitario.
AEA *Atomic Energy Authority*, Ente per l'Energia Atomica (*G.B.*).
AEC *Atomic Energy Commission*, Commissione per l'Energia Atomica (*U.S.A.*).
AF *1 Admiral of the Fleet*, Ammiraglio *2 Air Force*, (*mil.*) Aeronautica *3 Audio Frequency*, audiofrequenza.
AFA *Amateur Football Association*, Associazione del Gioco del Calcio Dilettantistico (*G.B.*).
AFHQ *Air Force Headquarters*, Quartier Generale dell'Aeronautica.
AFL-CIO *American Federation of Labor and Congress of Industrial Organizations*, Federazione Americana del Lavoro e Associazione delle Organizzazioni Industriali.
Afr. *1 Africa*, Africa *2 African*, africano.
Ag *silver*, (*chim.*) argento (Ag).
AG *1 Adjutant-General*, (*mil.*) Aiutante generale *2 Agent-General*, (*comm.*) Agente Generale *3 Attorney General*, Procuratore Generale (P.G., Proc. Gen.).
Agcy. *Agency*, Agenzia.
AGM *1 Annual General Meeting*, incontro annuale generale *2 Air-to-Ground Missile*, missile aria-terra.
AI *Artificial Intelligence*, Intelligenza Artificiale (IA).
AID *Agency for International Development*, Agenzia per lo Sviluppo Internazionale.
AIDS *Acquired Immune Deficiency Syndrome*, Sindrome da immunodeficienza acquisita.
a.k.a., aka *also known as*, noto anche come; alias.
AL *American Legion*, Legione Americana (Associazione di ex combattenti e reduci).
Al *aluminium*, (*chim.*) alluminio (Al).
Ala. *Alabama*, Alabama.
Alas. *Alaska*, Alaska.
alg. *algebra*, algebra (alg.).
alt. *1 alternate*, alternato *2 alternatively*, alternativamente *3 altitude*, altitudine (alt.).
a.m. *1* (*lat. ante meridiem*) *before noon*, antimeridiano (a.m.) *2 above-mentioned*, summenzionato; suddetto.
Am *americium*, (*chim.*) americio (Am).
Am. *1 America*, America *2 American*, americano.
AM *1 Air Mail*, Posta Aerea *2 Air Marshal*, Maresciallo dell'Aria *3 Air Ministry*, Ministero dell'Aeronautica *4* (*lat. Artium Magister*) *Master of Arts*, laureato in Lettere (*con laurea di 2º grado*) *5 amplitude modulation*, (*radio*) modulazione d'ampiezza (MA).
AMA *American Medical Association*, Ordine dei Medici Americani.
AMTRAK *American Track*, Binario americano (*società ferroviaria*).
amt. *amount*, (*comm.*) ammontare; importo totale.
ANC *African National Congress*, Assemblea Nazionale Africana (*partito politico sudafricano*).
Angl. *Anglican*, anglicano.
Ang.-Sax. *Anglo-Saxon*, anglosassone.
anon. *anonymous*, anonimo.
AOB *Any Other Business*, (*comm.*) Varie ed eventuali.
AP *Associated Press*, Stampa Associata (*agenzia di stampa; U.S.A.*).
APEX *Advance-Purchase Excursion*, biglietto scontato comprato in anticipo.
APL *Automatic Programming Language*, Linguaggio per la Programmazione Automatica.
app. *1 appendix*, appendice *2 appointed*, nominato (*a una carica*) *3 apprentice*, apprendista.
approx. *1 approximate*, approssimato *2 approximately*, approssimativamente *3 approximation*, approssimazione.
APR *Annual Percentage Rate*, Tasso d'interesse percentuale annuale.
Apr. *April*, aprile (apr.).
Ar *argon*, (*chim.*) argon (Ar).
ARA *Associate of the Royal Academy*, Membro dell'Accademia Reale.
ARC *1 Agricultural Research Council*, Consiglio per le Ricerche nel Campo dell'Agricoltura (*G.B.*) *2 American Red Cross*, Croce Rossa Americana.
arch. *1 archaic*, arcaico *2 archaism*, arcaismo *3 architect*, architetto *4 architectural*, architettonico *5 architecture*, architettura.
Archbp. *Archbishop*, Arcivescovo.
Ariz. *Arizona*, Arizona.
Ark. *Arkansas*, Arkansas.
arr. *1 arrival*, arrivo *2 arrives* (*di un treno, ecc.*) arrivi; in arrivo.
As *arsenic*, (*chim.*) arsenico (As).

As. *1 Asia*, Asia *2 Asian, Asiatic*, asiatico.
A/S *1 account sales*, (*comm.*) conto vendite *2 at sight*, (*comm.*) a vista *3 alongside*, (*naut., comm.*) sottobordo, sotto paranco.
AS *1 Academy of Science*, Accademia delle Scienze *2 Anglo-Saxon*, anglosassone *3 Assistant Secretary*, Vicesegretario *4 antisubmarine*, (*mil.*) antisommergibile.
ASA *1 Amateur Swimming Association*, Associazione del Nuoto Dilettantistico (*G.B.*) *2 American Standards Association*, Associazione Americana per la Normalizzazione.
Assn., Assoc. *Association*, Associazione.
Ass., asst. *assistant*, assistente.
ass., at. *atomic*, atomico.
At *astatine*, (*chim.*) astato (At).
ATC *1 Airway Traffic Control*, Controllo Traffico Aereo *2 All-Terrain Cycle*, bici fuoristrada.
AT&T *American Telephone And Telegraph*, Compagnia americana telefoni e telegrafi.
Atl. *Atlantic*, atlantico.
atm. *1 atmosphere*, atmosfera *2 atmospheric*, atmosferico.
ATM *Automated Teller Machine*, sportello bancario automatico; Bancomat ®.
att. *attached*, allegato.
Atty.-Gen. *Attorney General*, Procuratore Generale (*in U.S.A.*) Ministro della Giustizia.
Atty. *Attorney*, Procuratore Legale.
ATV *All-Terrain Vehicle*, veicolo fuoristrada.
at. wt. *atomic weight*, peso atomico (pA).
Au *gold*, (*chim.*) oro (Au).
Aug. *August*, agosto (ago.).
Aus. *1 Austria*, Austria *2 Austrian*, austriaco.
Austral. *1 Australia*, Australia *2 Australian*, australiano.
AUT *Association of University Teachers*, Associazione dei Docenti Universitari (*G.B.*).
auth. *1 authentic*, autentico *2 author*, autore (A.) *3 authorization*, autorizzazione *4 authorized*, autorizzato.
av. *1 average*, medio; media *2 avoirdupois* (*sistema di unità di misura del peso in G.B. e U.S.A.*).
AV *Authorized Version*, Versione Autorizzata (*traduzione ufficiale della Bibbia Anglicana, 1611*).
avdp. *avoirdupois* (*sistema unità di misura del peso in G.B. e U.S.A.*).
Ave. *Avenue*, viale (V.le).
AWACS *Airborne Warning and Control System*, Sistema di Controllo e Allarme.
AWOL, awol *Absent Without Leave*, (*mil.*) assente senza permesso; (*estens.*) assente ingiustificato.

b. *1 ball*, palla (*nel cricket*) *2 book*, libro *3 born*, nato (n.) *4 billion*, miliardo.
B. *1 Baptist*, (*relig.*) Battista *2 Baron*, Barone *3 Bible*, Bibbia *4 British*, britannico.
Ba *barium*, (*chim.*) bario (Ba).
BA *1 Bachelor of Arts*, laureato in Lettere (*laurea di 1º grado*) *2 British Academy*, Accademia Britannica *3 British Association* (*for the Advancement of Science*), Associazione Britannica (per il Progresso delle Scienze).
BACR *British Association for Cancer Research*, Associazione Britannica per la Ricerca sul Cancro.
Bapt. *Baptist*, (*relig.*) Battista.
barr. *barrister*, avvocato (avv.).
Bart. *Baronet*, Baronetto.
BBC *British Broadcasting Corporation*, Ente Radiofonico Britannico.
bbl(s). *barrel(s)*, barile (-i).
BC *1 Bachelor of Chemistry*, laureato in Chimica (*laurea di 1º grado*) *2 Before Christ*, avanti Cristo (a.C.) *3 Board Control*, Comitato di Controllo *4 British Columbia*, Columbia Britannica.
BCC *British Coal Corporation*, Ente inglese del carbone.
BD *Bachelor of Divinity*, laureato in Teologia (*laurea di 1º grado*).
B/D *bank draft*, (*comm.*) tratta bancaria; assegno circolare.
Be *beryllium*, (*chim.*) berillio (Be).
BE *1 Bachelor of Education*, laureato in Pedagogia (*laurea di 1º grado*) *2 Bachelor of Engineering*, laureato in Ingegneria (*laurea di 1º grado*) *3 Board of Education*, Ministero dell'Istruzione.
B/E *1 bill of entry*, (*comm.*) bolletta d'entrata (*doganale*) *2 bill of exchange*, cambiale.
Beds. *Bedfordshire*.
bef. *before*, prima.
Belg. *1 Belgian*, belga *2 Belgium*, Belgio.
BEM *British Empire Medal*, Medaglia dell'Impero Britannico.
Berks. *Berkshire*.
bet. *between*, fra; tra.
BFI *British Film Institute*, Istituto Britannico per il Cinema.
bhp *brake horse-power*, (*mecc.*) potenza al freno.
BI *1 Board of Investigation*, Comitato Investigativo *2 British India*, India Britannica.
BIATA *British Independent Air Transport Association*, Associazione Britannica delle Compagnie Indipendenti per i Trasporti Aerei.
Bib. *1 Bible*, Bibbia *2 Biblical*, biblico.
BIF *British Industries Federation*, Federazione delle Industrie Britanniche.
biol. *1 biological*, biologico *2 biology*, biologia.
Bk *berkelium*, (*chim.*) berkelio (Bk).
B/L *bill of lading*, polizza di carico.
Bl. *Blessed*, (*relig.*) Beato.
BL *1 Bachelor of Law*, laureato in Legge (*laurea di 1º grado*) *2 British Library*, Biblioteca nazionale inglese *3 Bodleian Library*, Biblioteca bodleiana (*Oxford*).
bldg(s) *building(s)*, edificio (-i).
BM *1 Bachelor of Medicine*, laureato in Medicina (*laurea di 1º grado*) *2 British Museum*, Museo Britannico.
BMA *1 British Marine Aircraft*, Aereo (*o* Aerei) della Marina Britannica *2 British Medical Association*, Ordine dei Medici Britannici.
Bn. *1 Baron*, Barone *2 Battalion*, Battaglione.
bn *billion*, miliardo (MLD).
BNEC *British National Export Council*, Consiglio Nazionale Britannico per le Esportazioni.
BO *1 body odour*, odore corporeo *2 box office*, botteghino.
b/o *1 branch office*, filiale; succursale *2 buyer's option*, (*comm.*) opzione del compratore.
B. of A. *Bank of America*, Banca d'America.
B. of E. *Bank of England*, Banca d'Inghilterra.
B. of T. *Board of Trade*, Ministero del Commercio.
BP *British Petroleum*, Società Petrolifera Britannica.
bp *1 boiling point*, (*fis.*) punto d'ebollizione *2 bill(s) payable*, cambiale (-i) passiva (-e).
Bp. *Bishop*, Vescovo.
Br *bromine*, (*chim.*) bromo (Br).
BR *1 Bank Rate*, (*comm.*) tasso di sconto *2 Bill of Rights*, (*stor.*) Dichiarazione dei diritti (*del cittadino*) *3 British Railways*, Ferrovie Britanniche.
B/R *bill(s) receivable*, cambiale (-i) attiva (-e).
BRCS *British Red Cross Society*, Croce Rossa Britannica.
brev. *1 brevet*, brevetto (brev.) *2 breveted*, brevettato.
Brig.-Gen. *Brigadier General*, Generale di Brigata.
Brit. *1 Britain*, Gran Bretagna *2 British*, britannico.
Bros. *Brothers*, (*comm.*) Fratelli (F.lli).
BRS *British Road Services*, Servizio Nazionale Britannico dei Trasporti su Strada.
b/s *bill of sale*, (*comm.*) nota di vendita.
BS *1 Bachelor of Science*, laureato in Scienze (*laurea di 1º grado*) *2 Boy Scout*, Giovane Esploratore *3 balance sheet*, (*comm.*) bilancio *4 battleship*, nave da guerra.
B. Sc. (Econ.) *Bachelor of Science in the Faculty of Economics*, laureato in Scienze Economiche (*laurea di 1º grado*).
B. Sc. (Eng.) *Bachelor of Science in the Faculty of Engineering*, laureato in Ingegneria (*laurea di 1º grado*).
BST *British Summer Time*, Ora Legale Britannica.

Bt. *Baronet*, Baronetto.
BTC *British Transport Commission*, Commissione Britannica dei Trasporti.
BTU *British Thermal Unit*, (*fis.*) Unità Termica Britannica.
bu *bushel* (*misura di capacità*).
Bucks. *Buckinghamshire.*
bul. *bulletin*, bollettino.
BUP *British United Press*, Stampa Unita Britannica.
bur. *1 bureau*, ufficio *2 buried*, sepolto.
bus. *business*, affari.
BV (*lat. Beata Virgo*) *Blessed Virgin*, (*relig.*) la Beata Vergine.
BVM (*lat. Beata Virgo Maria*) *Blessed Virgin Mary*, (*relig.*) la Beata Vergine Maria.
BW *1 Biological Warfare*, guerra biologica *2 Black and White*, (*fot.*) bianco e nero.
BWI *British West Indies*, Indie Occidentali Britanniche.

c. *1 cathode*, (*elettr.*) catodo *2 cent*, centesimo (*di dollaro, ecc.*) *3* (*lat. circa*) *about*, circa.
C *carbon*, (*chim.*) carbonio (C).
C. *1 Canon*, (*relig.*) Canonico *2 Cape*, Capo *3 century*, secolo *4 cold* (*dell'acqua*) freddo.
Ca *calcium*, (*chim.*) calcio (Ca).
CA *1 Catholic Association*, Associazione Cattolica *2 Central America*, America Centrale *3 Chartered Accountant*, Ragioniere iscritto all'Albo *5 Court of Appeal*, Corte d'Appello (C. d'A.).
C/A *1 Capital Account*, (*rag.*) Conto Capitale *2 Current Account*, (*banca*) conto corrente (C/c, c/c, c.c.).
CAD *Computer-Aided Design*, Progettazione con l'Ausilio dell'Elaboratore.
CAI *Computer-Assisted Instruction*, Istruzione Assistita dall'Elaboratore.
cal *calorie* (*small*), (*fis.*) (piccola) caloria (cal.).
cal. *1 calendar*, calendario *2 calibre*, calibro.
Cal. *calorie* (*large*), (*fis.*) (grande) Caloria (Cal).
Cal., Calif. *California.*
CAM *Computer-Aided Manufacture*, Produzione Assistita dall'Elaboratore.
Cam., Camb. *Cambridge.*
Can. *1 Canada*, Canada *2 Canadian*, canadese *3 Canon*, (*relig.*) Canonico *4 Canal*, Canale.
Cant. *Canterbury.*
Cantab. (*lat. Cantabrigiensis*) *of Cambridge*, cantabrigiano.
cap. *1 capital*, maiuscolo (*di lettera*) *2* (*lat. caput*) *chapter*, capitolo.
caps. *1 capital letters*, lettere maiuscole *2 capsule*, capsula.
Capt. *Captain*, Capitano (Cap.).
Card. *Cardinal*, (*relig.*) Cardinale (Card.).
cat. *1 catalogue*, catalogo (cat.) *2 category*, categoria.
CAT *1 Computerized* (*o Computed*) *Axial Tomography*, (*med.*) Tomografia Assiale Computerizzata (TAC) *2 College of Advanced Technology*, Istituto Superiore di Tecnologia (*G.B.*).
Cath. *1 Cathedral*, cattedrale *2 Cathode*, (*elettr.*) catodo *3 Catholic*, cattolico.
CATV *1 Cable Television*, Televisione via Cavo *2 Community Antenna Television*, Televisione ad Antenna Centralizzata.
CBC *1 Canadian Broadcasting Corporation*, Ente Radiofonico Canadese *2 County Borough Council*, Consiglio Comunale di un «Borough» di Contea (*G.B.*).
CBD *Cash Before Delivery*, Pagamento Prima della Consegna.
CBE *Commander of the Order of the British Empire*, Comandante dell'Ordine dell'Impero Britannico.
CBI *Confederation of British Industry*, Confederazione dell'Industria Britannica (*cfr. ital. Confindustria*).
cc. *1* (*lat. capita*) *chapters*, capitoli *2 centuries*, secoli.
CC *1 Cape Colony*, Colonia del Capo *2 City Council*, Consiglio Comunale *3 County Council*, Consiglio di Contea.
CCP *1 Chief Commissioner of Police*, Capo della Polizia *2 Code of Civil Procedure*, Codice di Procedura Civile.
CCTV *Closed Circuit Television*, Televisione a Circuito Chiuso.
ccw *counterclockwise*, in senso antiorario.
cd *cash discount*, (*comm.*) sconto cassa.
Cd *cadmium*, (*chim.*) cadmio (Cd).
CD *1 Civil Defence*, Difesa Civile *2 Coast Defence*, Difesa Costiera *3 Contagious Disease*, (*med.*) malattia contagiosa *4* (*franc. Corps Diplomatique*) *Diplomatic Corps*, Corpo Diplomatico (C.D.) *5 Compact Disc.*
CD-ROM *Compact Disc Read Only Memory*, compact-disc per sola lettura.
Ce *cerium*, (*chim.*) cerio (Ce).
CE *1 Chief Engineer*, Ingegnere Capo *2 Civil Engineer*, Ingegnere Civile *3 Counter-espionage*, Controspionaggio.
cent. *1 centigrade*, centigrado *2 central*, centrale *3* (*lat. centum*) *a hundred*, cento *4 per cent.*, per cento *5 century*, secolo (sec.).
cf. (*lat. confer*) *compare*, confronta (cfr.).
Cf *californium*, (*chim.*) californio (Cf).
CF *1 Chaplain to the Forces*, Cappellano Militare *2 Corresponding Fellow*, Socio Corrispondente.
CFI, c.f.i. *cost, freight, and insurance*, (*comm.*) costo, assicurazione e nolo.
CG *1 Captain of the Guard*, (*stor., mil.*) Capitano delle Guardie *2 Coast Guard*, (*mil.*) Guardia Costiera *3 Consul-General*, Console Generale *4 Computer Graphics*, grafica computerizzata.
ch. *1 choke*, (*autom.*) valvola dell'aria *2 chapter*, capitolo (Cap.) *3 check*, scacco (*nel gioco*) *4 chief*, capo *5 child*, bambino *6 children*, bambini.
Ch. *1 Chief*, Capo *2 China*, Cina *3 Chinese*, cinese *4 Church*, Chiesa *5 Chairman*, Presidente.
Chanc. *1 Chancellor*, Cancelliere *2 Chancery*, Cancelleria; Pretura.
chap. *chapter*, capitolo (Cap.).
Chap. *Chaplain*, Cappellano.
chem. *1 chemical*, chimico (*agg.*) (chim.) *2 chemist*, chimico (*sost.*) (chim.); farmacista (farm.) *3 chemistry*, chimica (chim.).
Chin. *1 China*, Cina *2 Chinese*, cinese.
Chr. *1 Christ*, Cristo *2 Christian*, cristiano.
chron. *1 chronicle*, cronaca *2 chronological*, cronologico *3 chronologically*, cronologicamente *4 chronology*, cronologia.
c.i. *cost and insurance*, (*comm.*) costo e assicurazione.
CI *1 Channel Islands*, Isole Normanne *2 consular invoice*, (*comm.*) fattura consolare.
CIA *Central Intelligence Agency*, (*mil.*) Servizio Segreto (*U.S.A.*).
c.i.f. *cost, insurance, and freight*, (*comm.*) costo, assicurazione e nolo.
C.-in-C. *Commander in Chief*, Comandante in Capo; Comandante Supremo.
CIS *Commonwealth of Independent States*, Comunità di Stati Indipendenti.
cit. *1 citation*, citazione *2 cited*, citato (cit.) *3 citizen*, cittadino *4 citrate*, (*chim.*) citrato.
CJ *Chief Justice*, Presidente della Corte di Giustizia.
cl. *1 class*, classe *2 clause*, clausola *3 clergyman*, ecclesiastico; sacerdote *4 clerk*, impiegato.
Cl *chlorine*, (*chim.*) cloro (Cl).
class. *1 classical*, classico *2 classification*, classificazione.
clkw. *clockwise*, in senso orario.
Cm *curium*, (*chim.*) curio (Cm).
c/o *1 care of*, presso (*negli indirizzi*) *2 carried over*, (*comm.*) riportato (*nei conti*).
Co *cobalt*, (*chim.*) cobalto (Co).
Co. *1 Company*, (*comm.*) Compagnia (C.ia); Società (Soc.) *2 County*, Contea.
CO *1 Colonial Office*, Ministero delle Colonie *2 Commanding Officer*, Ufficiale Comandante *3 conscientious objector*, obiettore di coscienza.
COBOL *Common Business Oriented Language*, Linguaggio

Orientato alle Procedure Amministrative Correnti.
cod. *1 code*, (*leg.*, *elab.*) codice (cod.) *2 codex* (*manoscritto antico*) codice (cod.).
c.o.d. *cash on delivery*, (*comm.*) pagamento alla consegna; contrassegno.
coeff. *coefficient*, coefficiente.
C. of E. *1 Church of England*, Chiesa d'Inghilterra *2 Company of Engineers*, (*mil.*) Compagnia del Genio (*in Irlanda*).
Col. *1 Colonel*, Colonnello *2 Columbia*, Columbia.
coll. *1 colleague*, collega *2 collection*, collezione *3 collective*, collettivo *4 collector*, collezionista *5 college*, «college» *6 colloquial*, colloquiale; familiare.
Colo. *Colorado*, Colorado.
com. *1 comedy*, commedia *2 comic*, comico *3 commentary*, commentario *4 commerce*, commercio *5 commercial*, commerciale *6 commission*, commissione *7 committee*, comitato *8 common*, comune *9 communication*, comunicazione *10 community*, comunità.
Com. *1 Commander*, (*mil.*) Comandante *2 Commissary*, commissario *3 Committee*, Comitato *4 Commodore*, commodoro *5 Commonwealth 6 Communist*, comunista.
compar. *1 comparative*, comparativo *2 comparison*, confronto; paragone.
COMSAT *Communications Satellite Corporation*, Organizzazione per le Comunicazioni via Satellite.
con. *1 conclusion*, conclusione *2 conversation*, conversazione.
Con. *Consul*, Console.
conj. *1 conjugation*, coniugazione *2 conjunction*, congiunzione *3 conjunctive*, congiuntivo.
Conn. *Connecticut*.
Cons. *1 Conservative*, (*polit.*) Conservatore *2 Constable*, poliziotto *3 Constitution*, Costituzione *4 Consul*, Console.
const. *1 constable*, poliziotto *2 constant*, (*scient.*) costante *3 constitution*, costituzione *4 constitutional*, costituzionale.
cont., contd. *continued* (*rif. a un racconto*) continua; alla prossima puntata.
contr. *1 contracted*, contratto (*agg.*) *2 contraction*, contrazione *3 contrary*, contrario.
Co-op. *Co-operative*, cooperativa (coop.).
Corn. *1 Cornish*, abitante (*o* antica lingua) della Cornovaglia *2 Cornwall*, Cornovaglia.
corp. *1 corporal*, (*mil.*) caporale *2 corporation*, società; ente.
corr. *1 correct*, corretto *2 correspondence*, corrispondenza *3 correspondent*, corrispondente *4 corrugated* (*rif. a lamiera*) ondulato *5 corrupt*, (*filol.*) corrotto *6 corruption*, (*filol.*) corruzione.
cos *cosine*, (*mat.*) coseno (cos).
cosec *cosecant*, (*mat.*) cosecante (cosec).
cot *cotangent*, (*mat.*) cotangente (cot).
cp. *compare*, confronta (cfr.).
c.p. *carriage paid*, (*comm.*) franco di porto; porto pagato.
CP *1 Cape Province*, Provincia del Capo *2 V. c.p. 3 Code of Procedure*, Codice di Procedura *4 Communist Party*, Partito Comunista.
C/P *Charter Party*, (*comm.*, *naut.*) Contratto di Nolo.
CPS (*lat. Custos Privati Sigilli*) *Keeper of the Privy Seal*, Custode del Sigillo Privato.
CPU *Central Processing Unit*, Unità Centrale di Elaborazione (*di un sistema di elaborazione dati*).
cr. *1 created*, nominato *2 credit*, credito *3 creditor*, creditore *4 crown*, corona (*formato di carta da stampa*).
Cr *chromium*, (*chim.*) cromo (Cr).
CRO *Commonwealth Relations Office*, Ufficio per le Relazioni coi Paesi del Commonwealth (*G.B.*) *V. FCO.*
CRT *Cathode-Ray Tube*, Tubo a Raggi Catodici.
Cs *caesium*, (*chim.*) cesio (Cs).
CS *1 Chief of Staff*, Capo del Personale *1 Civil Service*, (la) Burocrazia Statale.
CSA *Confederate States of America*, (*stor.*) Stati Confederati d'America.
CSE *Certificate of Secondary Education*, Diploma di Scuola Secondaria (*di livello inferiore*; *cfr. GCE*; *G.B.*).
cu. *cubic*, cubico; cubo.
Cu *copper*, (*chim.*) rame (Cu).
CV *1 Cambridge University*, Università di Cambridge *2 Curriculum Vitae* (*lat.*), curriculum.
Cumb. *Cumberland*.
CUP *Cambridge University Press*, Edizioni dell'Università di Cambridge.
cur. *currency*, (*comm.*) valuta (val.).
CW *1 chemical warfare*, guerra chimica *2 continuous wave*, (*radio*) onda persistente.
CWS *Co-operative Wholesale Society*, Società delle Cooperative di Consumo (*G.B.*).
cwt *hundredweight*(*s*) (*in G.B.*: 112 libbre; *in U.S.A.*: 100 libbre).
cy *currency*, (*comm.*) valuta (val.).
cyl *1 cylinder*, cilindro *2 cylindrical*, cilindrico.
CZ *Canal Zone*, Zona del Canale (*di Panama*).

d. *1 date*, data *2 dated*, datato *3 daughter*, figlia *4 day*, giorno *5 dead* (*o deceased*), morto *6* (*lat. dele*) *delete*, (*tipogr.*) cancella *7* (*lat. denarius, denarii*) penny, pence *8 dollar*(*s*), dollaro (-i) *9 dose*, dose.
D. *1 Democrat*, democratico (*sost.*) *2 Democratic*, democratico (*agg.*) *3 Duchess*, Duchessa *4 Duchy*, Ducato *5 Duke*, Duca *6 Dutch*, olandese *7 Deutschland*, Germania *8 Doctor*, medico.
D/A *1 Deposit Account*, (*banca*) conto di deposito; conto vincolato *2 documents against acceptance*, (*comm.*) documenti contro accettazione *3 documents attached*, (*comm.*) documenti allegati.
Dak. *Dakota*.
Dan. *1 Danish*, danese (*agg.*); lingua danese *2 Danube*, Danubio.
dau. *daughter*, figlia.
DB *Data Base*, (*elab.*) Banca Dati.
d.c. *1 direct current*, (*elettr.*) corrente continua *2 double column*, (*stampa*) doppia colonna.
DC *1 Direct Current*, (*elettr.*) corrente continua *2 District of Columbia*, Distretto Federale della Columbia (*U.S.A.*).
dd. *delivered*, (*comm.*) consegnato.
d.d. *days after date*, (*comm.*) giorni data (*nelle cambiali*).
d/d *dated*, datato; in data.
DD (*lat. Divinitatis Doctor*) *Doctor of Divinity*, Dottore in Teologia.
dec. *1 deceased*, deceduto *2 decimal*, decimale *3 declaration*, dichiarazione *4 declension*, (*gramm.*) declinazione *5 decorative*, decorativo *6 decrease*, diminuzione.
Dec. *December*, dicembre (dic.).
decl. *declension*, (*gramm.*) declinazione.
DECT *Digital Extended Cordless Telephone*, telefono digitale senza cavo con raggio d'azione esteso.
deg. *degree*(*s*), grado (-i).
Del. *Delaware*.
Dem. *1 Democrat*, democratico (*sost.*) (*U.S.A.*) *2 Democratic*, democratico (*agg.*) (*U.S.A.*).
Den. *Denmark*, Danimarca.
dep. *1 departure*, partenza *2 deputy*, vice.
dept. *department*, dipartimento; reparto.
DFC *Distinguished Flying Cross*, (*mil.*) Croce al Valore Aeronautico.
DFM *Distinguished Flying Medal*, (*mil.*) Medaglia al Valore Aeronautico.
dft. *1 defendant*, (*leg.*) (il) convenuto *2 draft*, (*comm.*) tratta.
dict. *1 dictaphone*, dittafono *2 dictation*, dettato *3 dictionary*, dizionario.
dir. *direction*, direzione.
Dir. *Director*, Direttore (Dir.).
disct. *discount*, (*comm.*) sconto.
dist. *1 distance*, distanza *2 distant*, distante *3 distinguished*, distinto *4 district*, distretto.

DIY, diy *do-it-yourself*, fai da te; bricolage.
DJ, d.j. *disc-jockey*, presentatore di novità discografiche.
DJIA *Dow-Jones Industrial Average*, Media dei principali titoli industriali secondo Dow-Jones.
D Lit., D. Litt. *1* (*lat. Doctor Litterarum*) *Doctor of Letters*, dottore in Lettere *2* (*lat. Doctor Literaturae*) *Doctor of Literature*, dottore in Letteratura.
DNA *Deoxyribonucleic Acid*, (*biol.*) acido deossiribonucleico.
do. *1 ditto; the same*, (*comm.*) il suddetto; come sopra *2 dollar*, dollaro.
DOB *date of birth*, data di nascita.
Doc. *Doctor*, Dottore (*medico*).
doc. *document*, (*leg.*) documento.
dom. *1 domestic*, domestico *2 domicile*, domicilio.
Dom. *Dominion*, (*geogr.*, *polit.*) Dominion.
doz. *dozen*, dozzina (doz.).
DP *1 Democratic Party*, Partito Democratico *2 Displaced Person*, profugo; rifugiato politico.
D Ph, D Phil (*lat. Doctor Philosophiae*) *Doctor of Philosophy*, dottore in Filosofia.
dpo. *depot*, deposito.
dr. *1 drachm*, dracma *2 drawer*, (*comm.*) traente (*di cambiale*).
Dr. *1 Debtor*, debitore *2 Doctor*, dottore (*medico*) *3 Driver*, autista; conducente.
D Sc *Doctor of Science*, dottore in Scienze.
DSIR *Department of Scientific and Industrial Research*, Dipartimento della Ricerca Scientifica e Industriale (*G.B.*).
DTP *Desktop Publishing*, (*elab.*) tecniche per la preparazione elettronica di testi a stampa.
Dubl. *Dublin*, Dublino.
Dur., Durh. *Durham*.
Dy *dysprosium*, (*chim.*) disprosio (Dy).
DY *dockyard*, (*naut.*) cantiere; arsenale.

E. *1 Earl*, Conte *2 Earth*, (la) Terra *3 Easter*, Oriente *4 Engineer*, Ingegnere *5 Engineering*, Ingegneria *6 English*, (l')inglese *7 Excellency*, Eccellenza *8 Excellent*, Eccellente *9* di 2ª classe (*di navi mercantili, nel Registro dei Lloyd*).
E *East*, Est.
ea. *each*, ogni; (*comm.*) cadauno.
E.&O.E. *errors and omissions excepted*, (*comm.*) salvo errori e omissioni (S.E.&O.).
EB *Encyclopaedia Britannica*, Enciclopedia Britannica.
EC *1 East Central*, (*geogr.*) Centro-orientale (*anche come distretto postale, a Londra*) *2 Episcopal Church*, Chiesa Episcopale *3 Established Church*, Chiesa di Stato; religione ufficiale.
ECG *electrocardiogram*, (*med.*) elettrocardiogramma (ECG).
ECM *European Common Market*, Mercato Comune Europeo (MEC).
ECSC *European Coal and Steel Community*, Comunità Europea del Carbone e dell'Acciaio (CECA).
ed. *1 edited*, dato alle stampe (da); a cura (di) *2 edition*, edizione (ed.) *3 editor*, chi dà alle stampe (q.c.); chi cura un'edizione *4 V. educ.*
Ed. *1 Editor*, Redattore Capo *2 Edinburgh*, Edimburgo.
EDC *European Defence Community*, Comunità Europea di Difesa (CED).
Edin. *Edinburgh*, Edimburgo.
edit. *1 edited*, dato alle stampe (da); a cura (di) *2 edition*, edizione (ed.) *3 editor*, chi dà alle stampe (q.c.); chi cura un'edizione.
EDP *Electronic Data Processing*, (*elab.*) Elaborazione Elettronica dei Dati.
educ. *1 educated*, istruito; educato *2 education*, istruzione; educazione *3 educational*, che concerne l'istruzione; pedagogico; educativo.
EE *1 Electrical Engineer*, Ingegnere Elettrotecnico *2 Errors Excepted*, (*comm.*) Salvo Errori.
EEC *European Economic Community*, Comunità Economica Europea (CEE).
EEG *electroencephalogram*, (*med.*) elettroencefalogramma (EEG).
EEO *Equal Employment Opportunity*, pari opportunità di impiego.
EFL *English as a Foreign Language*, l'inglese come lingua straniera; insegnamento dell'inglese agli stranieri.
EFTA *European Free Trade Association*, Associazione Europea di Libero Scambio (EFTA).
e.g. (*lat. exempli gratia*) *for example*, per esempio (p. es.).
EHF *Extremely High Frequency*, (*radio*) frequenza estremamente elevata.
E.I. *East Indies*, (*geogr.*) Indie Orientali.
eld. *eldest*, (il) maggiore; (il) più anziano (*fra più di due*).
ELDO *European Launcher Development Organization*, Organizzazione Europea per lo Sviluppo e la Costruzione di Vettori Spaziali.
Emb. *1 Embankment*, argine (*lungo un fiume*) *2 Embassy*, Ambasciata.
EMA *European Monetary Agreement*, Accordo Monetario Europeo (AME).
emf *electromotive force*, (*elettr.*) forza elettromotrice (fem).
EMI *Electric and Music Industries*, Industrie Elettriche e Musicali.
Emp. *1 Emperor*, Imperatore *2 Empire*, Impero *3 Empress*, Imperatrice.
EMS *European Monetary System*, Sistema Monetario Europeo (SME).
encl. *enclosure*, allegato (all.).
eng. *1 engine*, macchina; motore *2 engineer*, ingegnere; macchinista *3 engineering*, ingegneria *4 engraved*, (*arte*) inciso *5 engraver*, (*arte*) incisore *6 engraving*, (*arte*) incisione.
Eng. *1 England*, Inghilterra *2 English*, inglese (ingl.).
e.o. (*lat. ex officio*) *by virtue of one's office*, d'ufficio.
Ep. *Epistle*, epistola.
EP *Extended-play*, esecuzione estesa (*nei dischi microsolco*).
Epis(c) *Episcopal*, (*relig.*) Episcopale.
epit. *1 epitaph*, epitaffio *2 epitome*, epitome.
EPU *European Payments Union*, Unione Europea dei Pagamenti.
eq. *1 equal*, uguale *2 V. equiv.*
Eq. *1 Equator*, Equatore *2 Equatorial*, equatoriale.
equiv. *equivalent*, equivalente.
Er *erbium*, (*chim.*) erbio (Er).
ER Emergency Room, Pronto soccorso (*U.S.A.*).
ERDA *Energy Research and Development Administration*, Ente per la Ricerca e lo Sviluppo Energetico (*U.S.A.*).
ERP *European Recovery Programme*, (*stor.*) Programma di Ricostruzione Europea.
Es *einsteinium*, (*chim.*) einsteinio (Es).
ESDAC *European Space Data Centre*, Centro Europeo per il Trattamento dei Dati Spaziali.
ESL *English as a Second Language*, l'inglese come seconda lingua; insegnamento dell'inglese a persone di madrelingua non inglese residenti in paesi di lingua inglese.
ESLAB *European Space Research Laboratory*, Laboratorio Europeo di Ricerche Spaziali.
esp., espec. *especially*, specialmente (spec.).
Esq(re). *Esquire*, Signor (*titolo di cortesia usato nell'indirizzo di lettere a professionisti, ecc.*).
ESRO *European Space Research Organization*, Organizzazione Europea per le Ricerche Spaziali.
ess. *essence*, essenza.
Ess. *Essex*.
ETA *Estimated Time of Arrival*, Ora prevista di arrivo.
ETB *English Tourist Board*, Ente Inglese per il Turismo.
etc. (*lat. et cetera*) *and so on*, eccetera (ecc.).
ETD *Estimated Time of Departure*, Ora prevista di partenza.
EU *European Union*, Unione Europea (UE).
Eu *europium*, (*chim.*) europio (Eu).
Eur. *1 Europe*, Europa *2 European*, europeo.

Euratom *European Atomic Energy Community*, Comunità Europea dell'Energia Atomica (CEEA).
Eurovision *European Television*, Televisione Europea (Eurovisione).
ev. *evangelical*, evangelico.
Ev. *Evangelist*, Evangelista.
EWR *Early Warning Radar*, Radar d'avvistamento a distanza.
ex. ***1*** *examined*, esaminato ***2*** *example*, esempio ***3*** *except*, eccetto ***4*** *exception*, eccezione ***5*** *exchange*, scambio ***6*** *executive*, esecutivo ***7*** *exempt*, esente ***8*** *exercise*, esercizio ***9*** *export*, esportazione.
Ex. ***1*** *Exchange*, (*fin.*) Borsa ***2*** *Exodus*, (*Bibbia*) Esodo.
exc. ***1*** *excellent*, eccellente ***2*** *except*, eccetto ***3*** *excepted*, eccettuato ***4*** *exception*, eccezione.
Exc. *Excellency*, Eccellenza, (*titolo*).

f. ***1*** *farthing* (*in passato, un quarto di penny*) ***2*** *fathom*, braccio (*misura di profondità*) ***3*** *female*, femmina ***4*** *feminine*, femminile (femm.) ***5*** *feet*, piedi (*misura di lunghezza*) ***6*** *following*, seguente (seg.) ***7*** *foot*, piede (*misura di lunghezza*).
F. ***1*** *Fahrenheit*, Fahrenheit ***2*** *farad*, (*elettr.*) farad ***3*** *Father*, (*relig.*) Padre ***4*** *Fellow*, Membro; Socio.
FA *Football Association*, (*sport*) Associazione del Gioco del Calcio (*G.B.*).
FAO *Food and Agriculture Organization*, Organizzazione per l'Alimentazione e l'Agricoltura (FAO).
faq ***1*** *fair average quality*, (*comm.*) (di) buona qualità media ***2*** *free alongside quay*, (*comm.*) franco banchina.
fas *free alongside ship*, (*comm.*) franco sotto paranco.
FB ***1*** *Fire Brigade*, Vigili del Fuoco (VF) ***2*** *Flying Boat*, (*mil.*, *naut.*) Idrovolante.
FBA *Fellow of the British Academy*, Membro dell'Accademia Britannica.
FBI ***1*** *Federal Bureau of Investigation*, Ufficio Federale Investigativo (*U.S.A.*) ***2*** *Federation of British Industries*, Federazione delle Industrie Britanniche.
FC ***1*** *Football Club*, Associazione Calcistica ***2*** *Free Church (of Scotland)*, Libera Chiesa (Scozzese).
FCO *Foreign and Commonwealth Office*, Ministero degli Esteri e del Commonwealth.
FD (*lat. Fidei Defensor*) *Defender of the Faith*, (*stor.*) Difensore della Fede.
FDA *Food and Drug Administration*, Ente per il controllo di cibi, medicamenti, ecc. (*U.S.A.*).
Fe *iron*, (*chim.*) ferro (Fe).
FE *Far East*, Estremo Oriente.
Feb. *February*, febbraio (feb.).
Fed. ***1*** *Federal*, Federale ***2*** *Federalist*, Federalista ***3*** *Federation*, Federazione.
fem. *feminine*, femminile (femm.).
FF *Fast Forward*, Avanti veloce (*in registratori e sim.*).
FI *Falkland Islands*, Isole Falkland (*spagn. Malvinas*).
fin. ***1*** *finance*, finanza ***2*** *financial*, finanziario ***3*** *finished*, finito.
Fin., Finn. ***1*** *Finland*, Finlandia ***2*** *Finnish*, finlandese.
fl. ***1*** *florin*, fiorino ***2*** *fluid*, fluido.
Flor. *Florida*.
fm ***1*** *farm*, fattoria ***2*** *fathom*, braccio (*misura di profondità*) ***3*** *form*, modulo ***4*** *from*, da.
Fm *fermium*, (*chim.*) fermio (Fm).
FM ***1*** *Field-Marshal*, Feldmaresciallo ***2*** *Frequency Modulation*, (*radio*) Modulazione di Frequenza (MF).
FNB *Federal Narcotics Bureau*, Ufficio Federale per i Narcotici (*U.S.A.*).
fo. *folio*, in folio (in-fol.).
f.o. *firm offer*, (*comm.*) offerta valida.
FO ***1*** *Flying Officer*, (*mil.*, *aeron.*) Ufficiale di Volo ***2*** *Foreign Office*, Ministero degli Esteri (*G.B.*) *V. FCO*.
f.o.b. *free on board*, (*comm.*) franco a bordo (f.o.b.).
f.o.c. *free of charge*, (*comm.*) senza spese.
fol. ***1*** *folio*, in folio (in-fol.) ***2*** *following*, seguente (seg.).
for. ***1*** *foreign*, straniero ***2*** *forestry*, scienze forestali; silvicoltura.
f.o.r. *free on rail*, (*comm.*) franco rotaie; franco ferrovia.
FORTRAN *Formula Translation*, (Linguaggio per la) Traduzione di Formule.
4 WD, fwd, *four-wheel drive*, trazione integrale.
fp *freezing point*, (*fis.*) punto di congelamento.
FP *Fire Plug*, presa per estintore; bocca da incendio.
FPA *Family Planning Association*, Associazione per la Pianificazione Familiare.
fpm *feet per minute*, piedi al minuto.
fps *feet per second*, piedi al secondo.
Fr *francium*, (*chim.*) francio (Fr).
Fr. ***1*** *Father*, (*relig.*) Padre ***2*** *France*, Francia ***3*** *French*, francese ***4*** *Friar*, Frate ***5*** *Friday*, venerdì (ven.).
Fri. *Friday*, venerdì (ven.).
FRS *Fellow of the Royal Society*, Membro della «Royal Society».
ft ***1*** *feet*, piedi (*misura di lunghezza*) ***2*** *foot*, piede (*misura di lunghezza*) ***3*** *fort*, forte; fortezza.
fur. ***1*** *furlong* (*misura di lunghezza*) ***2*** *furnished*, ammobiliato.

g ***1*** *gram*, grammo ***2*** *gallon*, gallone.
g. ***1*** *good*, buono ***2*** *guide*, guida ***3*** *guinea*, ghinea (*moneta*).
G. ***1*** *Germanic*, Germanico ***2*** *Gulf*, (*geogr.*) Golfo ***3*** *grand*, 1 000 dollari o sterline.
G3, G5, G7, G10 *Group of Three, of Five, of Seven, of Ten*, (*polit.*) Gruppo dei Tre, dei Cinque, dei Sette, dei Dieci.
Ga *gallium*, (*chim.*) gallio (Ga).
Ga. *Georgia*.
GA *General Assembly*, Assemblea Generale.
Gael. *Gaelic*, gaelico.
GATT *General Agreement on Tariffs and Trade*, Accordo Generale su Tariffe e Commercio Estero.
gaz. *gazette*, gazzetta.
G.B. *Great Britain*, Gran Bretagna.
G.B. & I *Great Britain and Ireland*, Gran Bretagna e Irlanda.
g.c.d. *greatest common divisor*, (*mat.*) massimo comun divisore (m.c.d.).
GCE *General Certificate of Education*, Diploma di Scuola Secondaria (*di livello superiore*; *cfr. CSE*; *G.B.*).
Gd *gadolinium*, (*chim.*) gadolinio (Gd).
GD ***1*** *Grand Duchess*, Granduchessa ***2*** *Grand Duchy*, Granducato ***3*** *Grand Duke*, Granduca.
Ge *germanium*, (*chim.*) germanio (Ge).
GE *General Electric*, Compagnia Generale d'Elettricità (CGE).
gen. ***1*** *general*, generale ***2*** *generally*, generalmente ***3*** *genetics*, genetica ***4*** *genitive*, genitivo ***5*** *genus*, (*scient.*) genere.
Gen. ***1*** *General*, Generale ***2*** *Genesis*, (*Bibbia*) Genesi.
gent. ***1*** *gentleman*, signore ***2*** *gentlemen*, signori.
Ger. ***1*** *German*, tedesco ***2*** *Germany*, Germania.
GHQ *General Headquarters*, Quartier Generale (QG).
GI *General* (*o Government*) *Issue*, (*mil.*) soldato semplice (*U.S.A.*).
Gib. *Gibraltar*, Gibilterra.
Glam. *Glamorgan*.
GLC *Greater London Council*, Consiglio della Contea di Londra e sobborghi (*la grande Londra*).
Glos. *Gloucestershire*.
GM *General Manager*, Direttore Generale.
GMT *Greenwich Mean Time*, Ora di Greenwich.
gn. *guinea*, ghinea (*moneta*).
GP ***1*** *Gallup Poll*, Sondaggio Gallup ***2*** *General Practitioner*, medico generico.
GPO ***1*** *General Post Office*, Posta Centrale ***2*** *Government Printing Office*, Poligrafici di Stato (*U.S.A.*).
gr. ***1*** *grain*, grano (*misura di peso*) ***2*** *grammar*, grammatica (gram., gramm.) ***3*** *grade*, grado ***4*** *gunner*, cannoniere.
Gr. ***1*** *Grecian*, greco ***2*** *Greece*, Grecia ***3*** *Greek*, greco.
Grad. *Graduate*, laureato.
GS ***1*** *General Secretary*, Segretario Generale ***2*** *General*

Staff, Stato Maggiore Generale (SMG) ***3*** *Geological Society*, Società Geologica.
Gt Br *Great Britain*, Gran Bretagna.
gu. *guinea*, ghinea (*moneta*).
guar. ***1*** *guaranteed*, garantito ***2*** *guarantor*, garante.
GWR *Great Western Railway*, Grande Ferrovia dell'Occidente.
gym. ***1*** *gymnasium*, palestra ***2*** *gymnastics*, ginnastica.

h. ***1*** *heat*, calore; caldo ***2*** *height*, altezza ***3*** *high*, alto ***4*** *horse*, cavallo ***5*** *hot*, caldo (*agg.*) ***6*** *hour*, ora (*sessanta minuti*) ***7*** *hundred*, cento ***8*** *husband*, marito ***9*** *hydrant*, idrante ***10*** *harbour*, porto.
H ***1*** *henry*, (*fis.*) henry (*unità di induttanza elettrica*; H) ***2*** *hydrogen*, (*chim.*) idrogeno (H).
ha *hectare*, ettaro (ha).
HA *Heavy Artillery*, Artiglieria Pesante.
Hants. *Hampshire.*
HBM *His* (*o Her*) *Britannic Majesty*, Sua Maestà Britannica.
HC ***1*** *Habitual Criminal*, delinquente abituale ***2*** *High Church*, Chiesa «Alta» ***3*** *High Commissioner*, Alto Commissario ***4*** *High Court*, (*leg.*) Alta Corte ***5*** *Holy Communion*, Santa Comunione ***6*** *House of Commons*, Camera dei Comuni.
h.c.f. *highest common factor*, (*mat.*) massimo comun divisore (MCD).
He *helium*, (*chim.*) elio (He).
HE ***1*** *High Explosive*, Alto Esplosivo ***2*** *His Emincence*, Sua Eminenza (S. Em.) ***3*** *His* (*o Her*) *Excellency*, Sua Eccellenza (SE).
Herts. *Hertfordshire.*
hf *half*, mezzo; metà.
Hf *hafnium*, (*chim.*) afnio (Hf).
HF *High Frequency*, (*fis.*) alta frequenza (HF).
Hg *mercury*, (*chim.*) mercurio (Hg).
HG ***1*** *His* (*o Her*) *Grace*, Sua Grazia ***2*** *High German*, (*linguistica*) Alto Tedesco ***3*** *Horse Guards*, Guardie a Cavallo.
HH ***1*** *His* (*o Her*) *Highness*, Sua Altezza ***2*** *His Holiness*, (*relig.*) Sua Santità (SS).
hhd *hogshead* (*unità di misura di capacità*; *U.S.A.*).
HI *Hawaiian Islands*, Isole Hawai.
hi-fi *high fidelity*, (*radio*) alta fedeltà (hi-fi).
HIH *His* (*o Her*) *Imperial Highness*, Sua Altezza Imperiale.
HIH *His* (*o Her*) *Imperial Majesty*, Sua Maestà Imperiale.
HIV *Human Immunodeficiency Virus*, virus dell'immunodeficienza umana.
HL *House of Lords*, Camera dei Lord.
HM *His* (*o Her*) *Majesty*, Sua Maestà (SM).
HMS *His* (*o Her*) *Majesty's Ship*, nave di Sua Maestà (*davanti ai nomi delle navi della Royal Navy*).
HMSO *His* (*o Her*) *Majesty's Stationery Office*, Istituto Poligrafico dello Stato (*G.B.*).
Ho *holmium*, (*chim.*) olmio (Ho).
HO *Head Office*, (*comm.*) Sede Centrale.
hon. ***1*** *honorary*, onorario (*agg.*) ***2*** *honourable*, onorevole.
hp, HP ***1*** *high pressure*, (*fis.*) alta pressione ***2*** *hire purchase*, (*comm.*) (sistema degli) acquisti a rate ***3*** *horse power*, (*fis.*) cavallo vapore (HP).
HP *Houses of Parliament*, (il) Parlamento; (le) Camere (*G.B.*).
hp-hr *horse power-hour*, (*fis.*) cavalli vapore-ora.
HQ *Headquarters*, (*mil.*) Quartier Generale (QG).
hr *hour*(*s*), ora (-e).
HR ***1*** *Home Rule*, Autogoverno (*storia irlandese*) ***2*** *House of Representatives*, Camera dei Deputati (*U.S.A.*).
HRT *Hormone Replacement Therapy*, (*med.*) terapia ormonale sostitutiva.
HS ***1*** *High School*, Scuola Secondaria ***2*** *Home Secretary*, Ministro dell'Interno (*G.B.*).
HST *High-Speed Train*, Treno ad alta velocità (*G.B.*).
ht. *height*, altezza (alt.).
HT ***1*** *high tension*, (*fis.*) alta tensione (AT) ***2*** *high tide*, alta marea.
Hun. ***1*** *Hungarian*, ungherese ***2*** *Hungary*, Ungheria.
hund. *hundred*, cento.
HV *High Voltage*, (*fis.*) Alta Tensione (AT).
HWM *high-water mark*, segno dell'acqua alta (*indicazione del punto raggiunto dalla più forte alta marea*).
Hz hertz, (*fis.*) hertz (Hz).

I ***1*** *iodine*, (*chim.*) iodio (I) ***2*** *Italy*, Italia.
I. ***1*** *Independent*, (*polit.*) Indipendente ***2*** *Institute*, Istituto ***3*** *Ireland*, Irlanda ***4*** *Irish*, irlandese ***5*** *Island* (*o Isle*), Isola ***6*** *Italian*, Italiano.
IATA *International Air Transport Association*, Associazione Internazionale Trasporti Aerei.
ib., ibid. (*lat. ibidem*) *in the same place*, nello stesso luogo (ibid.).
IBRD *International Bank for Reconstruction and Development*, Banca Internazionale per la Ricostruzione e lo Sviluppo (BIRS).
ICAO *International Civil Aviation Organization*, Organizzazione Internazionale per l'Aviazione Civile.
ICBM *Intercontinental Ballistic Missile*, (*mil.*) missile balistico intercontinentale.
Ice. *Iceland*, Islanda.
ICJ *International Court of Justice*, Corte internazionale di giustizia.
ICPO *cfr. INTERPOL.*
id. (*lat. idem*) *the same*, lo stesso; idem (id.).
Id. *Idaho.*
ID ***1*** *Intelligence Department*, (*mil.*) Centro Informazioni ***2*** *Internal Diameter*, (*mat.*) diametro interno.
Ida. *Idaho.*
IDP *Integrated Data Processing*, Elaborazione Integrata dei Dati.
i.e. (*lat. id est*) *that is*, cioè.
IFAT *International Federation of Alternative Trade*, Federazione Internazionale del Commercio Alternativo.
IFS *Irish Free State*, (*stor.*) Stato Libero d'Irlanda.
ILO *International Labour Organization*, Organizzazione Internazionale del Lavoro.
IMF *International Monetary Fund*, Fondo Monetario Internazionale (FMI; *U.S.A.*).
IM, i.m. *Intramuscular*, (*med.*) intramuscolare (*spec. iniezione*).
imp. ***1*** *imperial*, imperiale ***2*** *imported*, importato ***3*** *importer*, importatore.
impt. *important*, importante.
in. *inch*(*es*), pollice (-i) (*misura di lunghezza*).
In *indium*, (*chim.*) indio (In).
inc. ***1*** *included*, incluso ***2*** *including*, compreso (*prep.*) ***3*** *inclusive*, comprensivo.
Inc. *Incorporated*, (*comm.*) Legalmente costituito (*di società*; *U.S.A.*).
ind. ***1*** *index*, codice ***2*** *indicated*, indicato ***3*** *indication*, indicazione ***4*** *indirect*, indiretto ***5*** *indirectly*, indirettamente.
Ind. ***1*** *Independent*, Indipendente ***2*** *India*, India ***3*** *Indian*, indiano ***4*** *Indiana.*
inf. ***1*** *infantry*, fanteria ***2*** *infirmary*, infermeria ***3*** *information*, informazione (-i).
INS *International News Service*, Agenzia Internazionale di Stampa.
Insp. *Inspector*, Ispettore.
inst. *instant, of the present month*, corrente mese (c.m.).
instr. ***1*** *instructions*, istruzioni ***2*** *instructor*, istruttore ***3*** *instrument*, strumento.
int. ***1*** *interest*, interesse ***2*** *interim*, interim ***3*** *interior*, interiore ***4*** *internal*, interno ***5*** *international*, internazionale ***6*** *interpreter*, interprete.
INTELSAT *International Telecommunications Satellite Consortium*, Consorzio Internazionale per le Telecomunicazioni via Satellite.
inter. *intermediate*, intermedio.
INTERNET *Inter Net*(*works*), (*elab.*) Interconnessione tra reti.

INTERPOL *International Criminal Police Organization* (= *ICPO*), Organizzazione di Polizia criminale internazionale.
intro(d). *1 introduced*, introdotto *2 introduction*, introduzione *3 introductory*, introduttivo.
inv. *1 invented*, inventato *2 inventor*, inventore *3 invoice*, (*comm.*) fattura.
IoM *Isle of Man*, Isola di Man.
IOU *I owe you*, (*comm.*) Io vi sono debitore (*nella cambiale, riconoscimento scritto di un debito*).
IoW *Isle of Wight*, Isola di Wight.
IPA *International Phonetic Association*, Associazione Fonetica Internazionale.
IQ *Intelligence Quotient*, (*psic.*) Quoziente d'Intelligenza (QI).
Ir *iridium*, (*chim.*) iridio (Ir).
Ir. *1 Ireland*, Irlanda *2 Irish*, irlandese.
IRA *Irish Republican Army*, Esercito della Repubblica Irlandese (*organizzazione clandestina*).
IRBM *Intermediate Range Ballistic Missile*, Missile Balistico di Media Portata.
IRC *International Red Cross*, Croce Rossa Internazionale.
IRO *International Refugee Organization*, Organizzazione Internazionale per i Rifugiati (OIR).
ISBN *International Standard Book Number*, Codifica Standard Internazionale per i libri.
ISO *International Standards Organization*, Organizzazione Internazionale per la Standardizzazione.
It. *1 Italian*, italiano *2 Italy*, Italia.
IT *1 Inclusive Tours*, Viaggi «tutto compreso» *2 Information Technology*, informatica.
ITO *International Trade Organization*, Organizzazione Internazionale per il Commercio.
ITS *Industrial Training Service*, Servizio di Addestramento al Lavoro nell'Industria (*G.B.*).
ITU *International Telecommunications Unions*, Unione Internazionale per le Telecomunicazioni (UIT).
ITV *Independent Television*, Televisione Indipendente.
IUD *Intrauterine Device*, Dispositivo Anticoncenzionale Intrauterino; (*com.*) spirale.
IV, i.v., intravenous (*med.*), endovena (*spec. iniezione*).
IVU *International Vegetarian Union*, Unione Internazionale dei Vegetariani (*G.B.*).
IYHF *International Youth Hostels Federation*, Federazione Internazionale degli Ostelli della Gioventù (*Danimarca*).
IYRU *International Yacht Racing Union*, Unione Internazionale delle Gare di Yacht.

J *1 joule*, (*fis.*) joule (J) *2 Jack*, Fante (*nelle carte da gioco*).
J. *1 Judge*, Giudice *2 Justice*, Giudice.
Jam. *Jamaica*, Giamaica.
Jan. *January*, gennaio (genn.).
JC *1 Jesus Christ*, Gesù Cristo (G.C.) *2 Justice-Clerk*, Cancelliere (*di tribunale*) *3 Juvenile Court*, Tribunale dei Minorenni.
jn *junction*, giunto; (*ferr.*) nodo ferroviario.
jnr *junior*, junior (jr.).
JP *Justice of the Peace*, (*leg.*) Giudice di Pace.
JPL *Jet Propulsion Laboratory*, Laboratorio di ricerca sulla propulsione a getto (*U.S.A.*).
jr *junior*, junior (jr.).
Jul. *July*, luglio (lug.).
Jun. *June*, giugno (giu.).

k *knot*, (*naut.*) nodo (*misura di velocità*).
K *1 potassium*, (*chim.*) potassio (K) *2 King*, Re (*nelle carte da gioco*).
K. *1 carat*, carato (*misura di peso dei preziosi*) *2 Kent 3 Knight*, Cavaliere.
Kan., Kans. *Kansas*.
KB *1 King's Benche*, (*leg.*) Corte Suprema del «Common Law» (*G.B.*) *2 Knight of the Bath*, Cavaliere dell'Ordine del Bagno.
KBE *Knight Commander of the Order of the British Empire*, Cavaliere dell'Ordine dell'Impero Britannico.
kc *kilocycle*, (*fis.*) kilociclo (kc).
KC *1 King's College* (*a Cambridge o a Londra*) *2 King's Counsel*, (*leg.*) Patrocinante per la Corona (*alto titolo onorifico concesso ad avvocati*).
Ken. *Kentucky*.
kg *kilogramme*, kilogrammo (kg).
KG *Knight of the Order of the Garter*, Cavaliere dell'Ordine della Giarrettiera.
KKK *Ku-Klux-Klan* (*setta politica razzista in U.S.A.*).
KLH *Knight of the Legion of Honour*, Cavaliere della Legion d'Onore (*Francia*).
km *kilometre*, kilometro (km).
Knt *Knight*, Cavaliere.
ko, KO *Knock out*, (*sport*) fuori combattimento (ko, KO).
Kr *Krypton*, (*chim.*) cripto (Kr).
Kt *1 Knight*, cavaliere *2 Knot*, (*naut.*) nodo.
KT *1 Knight of the Order of the Thistle*, Cavaliere dell'Ordine del Cardo *2 Knight Templar*, Cavaliere Templare.
kV *kilovolt*, (*fis.*) kilovolt (kV).
kW *kilowatt*, (*fis.*) (kW).
kWh, kilowatt-hour, (*fis.*) kilowattora (kWh).
Ky. *Kentucky*.

l *litre*, litro (l).
l. *1 large*, grande *2 league*, lega (*misura*) *3 left*, sinistro; sinistra *4 length*, lunghezza *5 line*, linea.
L *1 learner driver*, (*autom.*) principiante *2 Large*, grande (*taglia d'abiti*).
L. *1 Lake*, Lago *2 Latin*, latino *3 Liberal*, (*polit.*) Liberale *4 London*, Londra.
La *lanthanum*, (*chim.*) lantanio (La).
La. *Louisiana*.
LA *1 Legislative Assembly*, Assemblea Legislativa *2 Library Association*, Associazione delle Biblioteche *3 Local Authority*, Autorità Locale *4 Los Angeles*.
Lab. *1 Laboratory*, Laboratorio *2 Labour Party*, Partito laburista (*G.B.*) *3 Labour*, Lavoro; Manodopera *4 Labrador*.
Lancs. *Lancashire*.
lang. *language*, lingua; linguaggio.
LASER *Light Amplification by Stimulated Emission of Radiation*, Amplificazione della Luce per mezzo di Emissione Stimolata di Radiazione.
lat *latitude*, (*geogr.*) latitudine (lat).
Lat. *Latin*, latino (lat.).
lb. *pound(s)*, libbra (-e).
l.c. *1 level crossing*, (*ferr.*) passaggio a livello *2* (*lat.* *loco citato*) *in the place cited*, luogo citato (loc. cit.) *3 lower case*, (*tipogr.*) minuscolo.
LC *1 Lord Chancellor*, Gran Cancelliere *2 Library of Congress*, Biblioteca del Congresso (*U.S.A.*).
L/C *Letter of Credit*, lettera di credito.
LCC *London County Council*, Consiglio della Contea di Londra.
LCD *Liquid-Crystal Display*, visualizzatore a cristalli liquidi.
l.c.m. *least* (*o lowest*) *common multiple*, (*mat.*) minimo comune multiplo (m.c.m.).
Ld *1 Lead*, (*tipogr.*) piombo *2 Lord*.
LD *1 Doctor of Letters*, dottore in Lettere (*U.S.A.*) *2 Low Dutch*, (*ling.*) Basso Tedesco.
Ldp *1 Ladyship*, Signoria (*f.*) *2 Lordship*, Signoria (*m.*); Eccellenza.
lea. *1 league*, lega (*misura*) *2 leather*, cuoio.
LEA *Local Education Authority*, Ente Scolastico Locale (*G.B.*).
lect. *1 lecture*, conferenza; lezione universitaria *2 lecturer*, conferenziere; docente universitario.
LED *Light Emitting Diode*, Diodo a Emissione Luminosa.
leg. *1 legal*, legale *2 legate*, (*leg.*) legato.
legis(l) *1 legislative*, legislativo *2 legislature*, legislatura.
LEM *Lunar Excursion Module*, Modulo per Escursione Lunare.
LF *Low Frequency*, (*fis.*) bassa frequenza (L.F.).

LG *Low German*, (*ling.*) Basso Tedesco.
l.h.d. *left-hand drive*, (*autom.*) guida a sinistra.
Li *lithium*, (*chim.*) litio (Li).
Lib. *1 Liberal*, Liberale *2 Librarian*, Bibliotecario *3 Library*, Biblioteca.
Lieut. *Lieutenant*, Tenente (Ten.).
Lincs. *Lincolnshire.*
lit *1 literal*, letterale *2 literally*, letteralmente *3 literary*, letterario (lett.) *4 literature*, letteratura (letter.) *5 litre(s)*, litro (-i).
LJ *Lord Justice*, (*leg.*) Giudice della Corte d'Appello.
LLB (*lat. Legum Baccalaureus*) *Bachelor of Laws*, dottore in Legge (*laurea di 1º grado*).
LLD (*lat. Legum Doctor*) *Doctor of Laws*, dottore in Legge.
LMT *Local mean time*, ora locale.
LO *Liaison Officer*, Ufficiale di Collegamento.
loc. cit. (*lat. loco citato*) *in the place cited*, luogo citato (loc. cit.).
log *logarithm*, (*mat.*) logaritmo (log).
Lon., Lond. *London*, Londra.
long *longitude*, longitudine (long).
LP *1 Labour Party*, Partito Laburista *2 Liberal Party*, Partito Liberale *3 Low Pressure*, (*fis.*) bassa pressione (BP) *4 Long-Playing*, Lunga Esecuzione (*nei dischi microsolco*).
LPG *Liquefied petroleum gas*, gas di petrolio liquefatto (GPL).
Lr *lawrencium*, (*chim.*) laurenzio (Lr.).
LR *Lloyd's Register*, (*comm., naut.*) Registro dei Lloyd (*di Londra*).
LS *Long Shot*, (*cinem.*) campo lungo.
LSE *London School of Economics*, Scuola di Economia di Londra.
LSI *Large Scale Integration*, Integrazione su Vasta Scala.
LT *1 London Transport 2 Low Tension*, (*elettr.*) bassa tensione (B.T.).
Ltd *Limited*, (*comm.*) a responsabilità limitata (*rif. a una società*).
Lu *lutetium*, (*chim.*) lutezio (Lu).
Lux. *Luxembourg*, Lussemburgo.
lv. *leave*, permesso; congedo; licenza.
LV *Low Voltage*, (*elettr.*) bassa tensione (BT).

m. *1 male*, maschio *2 manual*, manuale *3 mark*, segno; marchio *4 married*, sposato *5 masculine*, maschile *6 mass*, massa *7 member*, membro; socio *8 meridian*, meridiano *9 meridional*, meridionale *10 metre*, metro *11 mile*, miglio *12 minor*, minore *13 molar*, (dente) molare *14 month*, mese *15 moon*, luna.
m *metre*, metro.
M *1 motorway*, autostrada *2 Medium*, Medio (*taglia d'abiti*).
M. *1 Magistrate*, Magistrato *2 Majesty*, Maestà *3 Mark*, marco (*moneta tedesca*) *4 Marquess*, Marchese *5 Medical*, Medico (*agg.*) *6 Member*, Membro; Socio *7 Methodist*, (*relig.*) Metodista *8 Minesweeper*, (*mil.*) Spazzamine *9 Moderate*, Moderato *10 Monday*, lunedì *11 Mother*, Madre *12 Mountain*, Monte; Montagna.
MA *1 Master of Arts*, dottore in Lettere (*laurea di 2º grado*) *2 Middle Ages*, Medio Evo *3 Military Academy*, Accademia Militare.
M/A *my account*, (*comm.*) a mio favore; a me medesimo.
mag. *1 magazine*, rivista illustrata *2 magnetic*, magnetico *3 magnetism*, magnetismo *4 magneto*, calamita.
Maj. *Major*, (*mil.*) Maggiore (Magg.).
mar. *1 maritime*, marittimo *2 married*, sposato; coniugato.
Mar. *March*, marzo (mar.).
March. *Marchioness*, Marchesa (M.sa).
Marq. *Marquess, Marquis*, Marchese (M.se).
masc. *masculine*, maschile.
MASER *Microwave Amplification by Stimulated Emission of Radiation*, Amplificazione di microonde mediante emissione stimolata di radiazione.
MASH *Mobile Army Surgical Hospital*, Ospedale chirurgico mobile militare.
Mass. *Massachusetts.*
math. *1 mathematical*, matematico (*agg.*) *2 mathematics*, matematica.
max. *maximum*, massimo.
MB *1 Motor Boat*, (*naut.*) Motovedetta; Motoscafo *2* (*lat. Medicinae Baccalaureus*) *Bachelor of Medicine*, laureato in Medicina (*laurea di 1º grado*). *3 Megabyte*, (*elab.*) (1 000 000 di byte).
MC *1 Master of Ceremonies*, Cerimoniere; maestro di cerimonie; (*TV*) presentatore *2 Member of Congress*, Membro del Congresso (*U.S.A.*) *3 Military Cross*, Croce di Guerra.
Md *mendelevium*, (*chim.*) mendelevio (Md).
Md. *Maryland.*
MD *1 Managing Director*, Amministratore Delegato *2 Market Day*, giorno di mercato *3* (*lat. Medicinae Doctor*) *Doctor of Medicine*, dottore in Medicina *4 Mental defective*, minorato psichico.
Mddx. *Middlesex.*
Me. *Maine.*
ME *1 Mechanical Engineer*, Ingegnere Meccanico *2 Middle East*, Medio Oriente *3 Middle English*, (*linguistica*) l'Inglese medio *4 Mining Engineer*, Ingegnere Minerario *5 Most Excellent*, Eccellentissimo.
mech. *1 mechanical*, meccanico (*agg.*) (mecc.) *2 mechanics*, meccanica (mecc.) *3 mechanism*, meccanismo (mecc.).
memo *memorandum*, promemoria; dispositivo per registrare.
MEP *Member of the European Parliament*, membro del Parlamento europeo; parlamentare europeo.
Messrs. *Messieurs*, Signori (*negli indirizzi*)
met. *1 metaphor*, metafora *2 metaphorical*, metaforico *3 meteorological*, meteorologico.
metal(l). *1 metallurgical*, metallurgico *2 metallurgy*, metallurgia.
Mex. *1 Mexican*, messicano *2 Mexico*, Messico.
MF *1 Master of Forestry*, laureato in Scienze Forestali *2 Medium Frequency*, (*fis.*) media frequenza (MF).
mfd *manufactured*, fabbricato (*agg.*).
Mg *magnesium*, (*chim.*) magnesio (Mg).
MG *Machine Gun*, mitragliatrice.
Mgr. *1 Manager*, Direttore *2 Monseigneur*, Monsignore *3 Monsignor*, Monsignor (Mons.).
mi. *mile(s)*, miglio (-a).
MI *Military Intelligence*, Servizio segreto militare.
MI5 *Military Intelligence*, Servizio segreto militare, sezione cinque controspionaggio.
MI6 *Military Intelligence*, Servizio segreto militare, sezione sei spionaggio.
MIC *microphone*, microfono (*in registratori e sim.*).
Mich. *Michigan.*
min. *1 mineralogical*, mineralogico *2 mineralogy*, mineralogia *3 minimum*, minimo (min.) *4 mining*, minerario; industria mineraria *5 minute(s)*, minuto (-i).
Min. *1 Minister*, Ministro (Min.) *2 Ministry*, Ministero (Min.).
Minn. *Minnesota.*
Miss. *Mississippi.*
MIT *Massachusetts Institute of Technology*, Istituto di Tecnologia del Massachusetts.
MM *1 Mercantile Marine*, Marina Mercantile *2 Military Medal*, Medaglia al Valor Militare.
Mn *manganese*, (*chim.*) manganese (Mn.).
Mo *molybdenum*, (*chim.*) molibdeno (Mo).
Mo. *Missouri.*
MO *1 Medical Officer*, Ufficiale Medico *2 Money Order*, vaglia postale.
MOMA *Museum of Modern Art*, Museo di Arte Moderna (*New York*).
Mon. *Monday*, lunedì (lun.).
Mont. *Montana.*
MP *1 Member of Parliament*, Deputato (*G.B.*) *2 Metropolitan Police*, Polizia Metropolitana (*di Londra*) *3 Military Police*,

Polizia Militare **4** *Minister Plenipotentiary*, Ministro Plenipotenziario.
m.p.h. *miles per hour*, miglia all'ora.
Mr, Mr. *Mister*, Signore (Sig.).
MRBM *medium-range ballistic missile*, missile balistico a media gittata.
MRC *Medical Research Council*, Consiglio per le Ricerche nel Campo della Medicina (*G.B.*).
MRCA *Multi–Role Combat Aircraft*, Aereo da Combattimento a Impiego Plurimo.
MRCP *Member of the Royal College of Physicians*, Membro del Reale Collegio dei Medici.
Mrs, Mrs. *Mistress*, Signora (Sig.ra).
MS *1 Master of Science*, dottore in Scienze **2** *Master of Surgery*, dottore in Chirurgia **3** *Metric System*, Sistema Metrico Decimale **4** *Mail Steamer*, (*naut.*) Piroscafo Postale **5** *manuscript*, manoscritto (MS) **6** *multiple sclerosis*, (*med.*) sclerosi multipla.
M/S *Motor Ship*, (*naut.*) Motonave (M/N).
Ms titolo posto davanti al cognome di una donna che non ne esplicita lo stato coniugale (S.a).
M Sc *Master of Science*, dottore in Scienze (*laurea di 2º grado*).
msl *mean sea-level*, livello medio del mare.
MT *megaton*, (*fis.*) megaton (MT).
Mt *Mount, Mountain*, Monte (M.).
M/T *Ministry of Transport*, Ministero dei Trasporti.
MTB *1 Motor Torpedo Boat*, (*naut.*) Motosilurante; Motoscafo antisommergibile (MAS) **2** *Mountain Bike*, bicicletta da montagna.
MTI *Moving Target Indicator*, Radar Indicatore di Bersagli Mobili.
MTM *Methods Time Measurement*, Misura Tempi e Metodi (MTM).
MTV *Music Television*, Musica e Televisione (*U.S.A.*).
mus. *1 museum*, museo **2** *music*, musica **3** *musical*, musicale.

n. *1 name*, nome (n.) **2** *neuter*, neutro (n.) **3** *new*, nuovo **4** *noon*, meriggio **5** *note*, nota **6** *noun*, sostantivo (sost.) **7** *number*, numero.
N *1 nitrogen*, (*chim.*) azoto (N) **2** *North*, Nord.
N. *1 Nationalist*, Nazionalista **2** *Northern*, Settentrionale.
Na *sodium*, (*chim.*) sodio (Na).
NA *1 National Academy*, Accademia Nazionale **2** *North America*, Nord-America **3** *North Atlantic*, Nord-Atlantico.
NASA *National Aeronautics and Space Administration*, Ente Nazionale Aeronautico e Spaziale (*U.S.A.*).
nat. *1 national*, nazionale **2** *natural*, naturale **3** *naturalist*, naturalista.
Nat. *1 National*, Nazionale **2** *Nationalist*, Nazionalista.
NATO *North Atlantic Treaty Organization*, Organizzazione del Trattato Nord-Atlantico.
naut. *nautical*, nautico (naut.).
nav. *1 naval*, navale (nav.) **2** *navigation*, navigazione **3** *navigator*, (*naut.*) ufficiale di rotta.
Nb *niobium*, (*chim.*) niobio (Nb).
NB *1* (*lat. nota bene*) *note well*, nota bene (NB).
NBC *National Broadcasting Corporation*, Ente Radiofonico Nazionale (*U.S.A.*).
N.C. *North Carolina*, Nord Carolina.
NCO *non-commissioned officer*, (*mil.*) sottufficiale.
n.d. *no date*, senza data (s.d.).
Nd *neodymium*, (*chim.*) neodimio (Nd).
N.D. *North Dakota*, Nord Dakota.
NDP *net domestic product*, Prodotto interno netto (PIN).
Ne *neon*, (*chim.*) neon (Ne).
NE *1 Naval Engineer*, Ingegnere Navale **2** *New Edition*, Nuova Edizione **3** *New England* (*U.S.A.*) **4** *North East*, Nord-Est.
Neb(r). *Nebraska*.
NEDC *National Economic Development Council*, Consiglio Nazionale per lo Sviluppo Economico (*G.B.*).
neg. *negative*, negativo (neg.).
N.Eng. *New England* (*U.S.A.*).
Neth. *Netherlands*, (i) Paesi Bassi.
neut. *1 neuter*, neutro **2** *neutral*, neutrale.
Nev. *Nevada*.
NF *1 Newfoundland*, Terranova **2** *Norman-French*, Franco Normanno.
NG *1 National Gallery*, (*arte*) Galleria Nazionale **2** National Guard, (*mil.*) Guardia Nazionale (*U.S.A.*) **3** *New Guinea*, Nuova Guinea.
NH *Naval Hospital*, Ospedale Navale.
NHS *National Health Service*, Servizio Sanitario Nazionale (*G.B.*).
Ni *nickel*, (*chim.*) nichel (Ni).
N.J. *New Jersey*.
N.M., N. Mex. *New Mexico*, Nuovo Messico.
NMR *Nuclear Magnetic Resonance*, Risonanza Magnetica Nucleare.
No *nobelium*, (*chim.*) nobelio (No).
No. *number*, numero (n.).
NO *1 Naval Officer*, Ufficiale di Marina **2** *New Orleans*.
Northants. *Northamptonshire*.
Norw. *1 Norway*, Norvegia **2** *Norwegian*, norvegese.
nov. *1 novel*, romanzo **2** *novelist*, romanziere **3** *November*, novembre (nov.).
n.p. *1 new paragraph*, (*tipogr.*) a capo **2** *no place*, senza luogo di pubblicazione (*di un libro*) (s.l.).
Np *neptunium*, (*chim.*) nettunio (Np).
NP *Notary Public*, Pubblico Notaio.
NS *1 National Society*, Società Nazionale **2** *New Series*, Nuova Serie **3** *Nova Scotia*, Nuova Scozia **4** *Numismatic Society*, Società Numismatica.
NSPCC *National Society for the Prevention of Cruelty to Children*, Ente nazionale per la prevenzione della crudeltà verso l'infanzia.
NT *1 National Trust*, Trust Nazionale **2** *New Testament*, Nuovo Testamento (NT) **3** *National Theatre*, Teatro Nazionale (*a Londra*).
nt wt *net weight*, peso netto.
NUT *National Union of Teachers*, Unione Nazionale degli Insegnanti (*Sindacato della Scuola*; *G.B.*).
NW *1 North Wales*, Galles del Nord **2** *Northwest*, Nordovest **3** *Northwestern*, Nordoccidentale.
NY *New York*, Nuova York.
NYC *New York City*, Città di New York.
NZ *New Zealand*, Nuova Zelanda.

o. *1 old*, vecchio **2** *only*, soltanto **3** *overcast*, coperto (*rif. al cielo*) **4** *overseer*, sorvegliante; sovrintendente.
O *oxygen*, (*chim.*) ossigeno (O).
O. *1 Observer*, Osservatore **2** *Officer*, Ufficiale **3** *Ohio* **4** *Old*, Vecchio **1** *Order*, Ordine.
OAS *Organization of American States*, Organizzazione degli Stati Americani (*U.S.A.*).
OAU *Organization of African Unity*, Organizzazione per l'Unità Africana.
OBE *Officer of the Order of the British Empire*, Ufficiale dell'Ordine dell'Impero Britannico.
obs. *1 observation*, osservazione **2** *observatory*, osservatorio **3** *observer*, osservatore **4** *obsolete*, obsoleto.
Oc. *Ocean*, Oceano.
Oct. *October*, ottobre (ott.).
OD *1 On Demand*, su richiesta **2** *Overdraft*, scoperto bancario **3** *Overdose*, dose eccessive (*di droga*).
ODM *Ministry of Overseas Development*, Ministero per lo Sviluppo dei Paesi d'Oltremare (*facenti parte del Commonwealth*).
OECD *Organization for Economic Co-operation and Development*, Organizzazione per la Cooperazione e lo Sviluppo Economico (OCSE).
OEEC *Organization for European Economic Cooperation*, Organizzazione Europea per la Cooperazione Economica (OECE).

OHMS *On His* (*o Her*) *Majesty's Service*, al servizio di Sua Maestà.
Okla. *Oklahoma.*
o.n.o. *or nearest offer*, (*nelle inserzioni*) o offerta più vicina; trattabili.
Ont. *Ontario.*
op. ***1*** *opposite*, di fronte; dirimpetto ***2*** *opposed*, opposto ***3*** (*lat. opus*) *work*, opera (op.).
o.p. *out of print*, esaurito (*di un libro*).
OP ***1*** *Observation Post*, (*mil.*) Osservatorio ***2*** *Open Policy*, (*ass.*) polizza aperta.
op. cit. (*lat. opere citato*) *in the work quoted*, nell'opera citata (op. cit.).
OPEC *Organization of Petroleum Exporting Countries*, Organizzazione dei Paesi Esportatori di Petrolio.
Or. *Oregon.*
OR ***1*** *Operational Research*, ricerca operativa ***2*** *Operating Room*, Sala operatoria.
ord. ***1*** *ordained*, (*relig.*) ordinato ***2*** *order*, ordine ***3*** *ordinal*, (*mat.*) ordinale ***4*** *ordinance*, ordinanza ***5*** *ordinary*, ordinario.
org. ***1*** *organic*, organico ***2*** *organism*, organismo ***3*** *organization*, organizzazione ***4*** *organized*, organizzato.
o/s ***1*** *out of stock*, (*comm.*) esaurito ***2*** *out of service*, fuori servizio.
Os *osmium*, (*chim.*) osmio (Os.).
O.S. *Ordinary Seaman*, marinaio semplice.
OT ***1*** *Old Testament*, Antico Testamento (AT) ***2*** *overtime*, (lavoro) straordinario.
OTC *Over the counter*, sopra al banco (*di medicinale vendibile senza ricetta*).
OU *Oxford University*, Università di Oxford.
Ox(f). *Oxford.*
Oxon. ***1*** (*lat. Oxonia*) *Oxfordshire*, Contea di Oxford ***2*** (*lat. Oxoniensis*) *Oxonian*, oxoniano.
oz. *ounce*, oncia (*misura di peso*).

p. ***1*** *page*, pagina (pag.) ***2*** *park*, parco ***3*** *pint*, pinta (*misura*) ***4*** *population*, popolazione ***5*** *pressure*, pressione.
P ***1*** *Parking*, (*autom.*) Parcheggio, Posteggio (P) ***2*** *phosphorus*, (*chim.*) fosforo (P).
P. ***1*** *Pastor*, (*relig.*) Pastore ***2*** *Pope*, Papa ***3*** *Port*, Porto ***4*** *President*, Presidente ***5*** *Prince*, Principe ***6*** *Protestant*, Protestante ***7*** *Public*, Pubblico.
Pa *protactinium*, (*chim.*) protoattinio (Pa).
Pa. *Pennsylvania.*
PA ***1*** *Press Association*, Associazione della Stampa ***2*** *Publisher's Association*, Associazione degli Editori.
Pac. *Pacific*, (il) Pacifico.
Pak. *Pakistan.*
Pal. *Palestine*, Palestina.
Pan. *Panama.*
par. ***1*** *paragraph*, paragrafo (par.) ***2*** *parallel*, parallelo ***3*** *parenthesis*, parentesi ***4*** *parish*, parrocchia.
Parl. ***1*** *Parliament*, Parlamento ***2*** *Parliamentary*, Parlamentare.
part. ***1*** *particular*, particolare ***2*** *particularly*, particolarmente.
pat. ***1*** *patent*, brevetto (brev.) ***2*** *patented*, brevettato.
path., pathol. ***1*** *pathologic(al)*, patologico (patol.) ***2*** *pathology*, patologia (patol.).
Pat. Off. *Patent Office*, Ufficio Brevetti.
PAYE *pay-as-you-earn*, (*fisco*) paga quanto guadagni (sistema di) ritenuta alla fonte (*G.B.*).
payt. *payment*, (*comm.*) pagamento; versamento (vers.).
Pb *lead*, (*chim.*) piombo (Pb).
PBX *Private Branch Exchange*, Centralino Telefonico Privato.
p.c. *postcard*, cartolina postale (c.p.).
p/c, P/C ***1*** *per cent*, per cento ***2*** *petty cash*, (*comm.*) (denaro delle) piccole spese e piccole entrate ***3*** *prices current*, (*comm.*) (listino dei) prezzi correnti.
PC ***1*** *Panama Central*, Canale di Panama ***2*** *Police Constable*, Agente di Polizia (*G.B.*) ***3*** *Privy Council*, Consiglio Privato (*di un Sovrano*) ***4*** *Personal Computer* ***5*** *politically correct*, politicamente corretto.
PCP *phencyclidine hydrochloride*, fenciclidina cloridrato (*preparato veterinario usato come allucinogeno*).
pd. *paid*, pagato.
Pd *palladium*, (*chim.*) palladio (Pd).
PD ***1*** *Personnel Department*, Reparto del Personale ***2*** *Port Dues*, (*comm.*) Diritti Portuali ***3*** *potential difference*, (*fis.*) differenza di potenziale ***4*** *Police Department*, Dipartimento di Polizia (*U.S.A.*).
PDQ *pretty damn quick*, (*scherz.*) alla svelta; il più in fretta possibile.
Penn. *Pennsylvania.*
perf. ***1*** *perfect*, (*gramm.*) perfetto ***2*** *performance*, esecuzione.
per pro(c). (*lat. per procurationem*) *by proxy*, per procura (p.p.).
pers. ***1*** *person*, persona ***2*** *personal*, personale ***3*** *personally*, personalmente.
Pg. ***1*** *Portugal*, Portogallo ***2*** *Portuguese*, portoghese.
PG *Paying Guest*, Ospite Pagante.
pharm. ***1*** *pharmaceutical*, farmaceutico ***2*** *pharmacy*, farmacia.
Ph. B. (*lat. Philosophiae Baccalaureus*) *Bachelor of Philosophy*, dottore in Filosofia (*laurea di 1º grado*).
Ph. D. (*lat. Philosophiae Doctor*) *Doctor of Philosophy*, dottore in Filosofia.
philol. ***1*** *philological*, filologico ***2*** *philology*, filologia.
philos. ***1*** *philosopher*, filosofo ***2*** *philosophical*, filosofico ***3*** *philosophy*, filosofia.
phon(et). *phonetics*, fonetica.
phot(og). ***1*** *photograph*, foto; fotografia ***2*** *photographic*, fotografico ***3*** *photography*, fotografia.
phys. ***1*** *physical*, fisico (*agg.*) ***2*** *physician*, medico ***3*** *physics*, fisica ***4*** *physiological*, fisiologico ***5*** *physiology*, fisiologia.
PIN *Personal identification number*, numero di identificazione personale.
pk. ***1*** *park*, parco ***2*** *peak*, picco; vetta ***3*** *peck* (*misura di capacità*).
pl. ***1*** *place*, luogo ***2*** *plate*, piatto; (*di libro*) tavola fuori testo ***3*** *plural*, plurale (pl.).
P/L *Profit and Loss*, Profitti e Perdite.
PLO *Palestina Liberation Organization*, Organizzazione per la liberazione della Palestina (OLP).
plur. *plural*, plurale (pl.).
p.m. ***1*** (*lat. post meridiem*) *afternoon*, pomeridiano (p.m.) ***2*** (*lat. post mortem*) *post-mortem* (*examination*), autopsia.
Pm *promethium*, (*chim.*) prometeo (Pm).
PM *Prime Minister*, Primo Ministro.
P.M. ***1*** *Police Magistrate*, Pretore ***2*** *Postmaster*, Ufficiale Postale ***3*** (*lat. Post Mortem*) V. *p.m.*, 2 ***4*** *Postal Order*, vaglia postale.
PMT *premenstrual tension*, (*med.*) sindrome premestruale.
PN, P/N *promissory note*, (*comm.*) pagherò cambiario.
P.O.B., p.o.b. *Post-Office Box*, Casella postale.
P.O.D. (*anche p.o.d.*) *pay on delivery*, pagamento alla consegna; contrassegno.
poet. ***1*** *poetic, poetical*, poetico ***2*** *poetically*, poeticamente ***3*** *poetry*, poesia.
pol. ***1*** *political*, politico ***2*** *politics*, politica.
Pol. ***1*** *Poland*, Polonia ***2*** *Polish*, polacco.
polit. ***1*** *political*, politico ***2*** *politics*, politica.
pop. ***1*** *popular*, popolare (pop.) ***2*** *population*, popolazione (pop.).
Port. ***1*** *Portugal*, Portogallo ***2*** *Portuguese*, portoghese.
POS *Point of Sale*, Punto di vendita.
poss. ***1*** *possession*, possesso ***2*** *possible*, possibile.
POW *Prisoner of War*, Prigioniero di Guerra.
PP ***1*** *Parcel Post*, pacco postale (pp) ***2*** *Parish Priest*, parroco.
pr. ***1*** *pair*, paio ***2*** *price*, prezzo ***3*** *printed*, stampato ***4*** *printer*, stampatore, tipografo.
Pr *praseodymium*, (*chim.*) praseodimio (Pr).

Pr. *1 Priest*, Prete *2 Prince*, Principe *3 Printer*, Stampatore; Tipografo.
PR *1 Parachute Regiment*, Reggimento di Paracadutisti *2 Public Relations*, Relazioni Pubbliche *3 Puerto Rico*, Portorico.
prec. *preceding*, precedente.
pref. *preface*, prefazione.
prep. *1 preparation*, preparazione *2 preparatory*, preparatorio.
pres. *1 presence*, presenza *2 present*, presente.
Pres. *1 Presidency*, (*polit.*) Presidenza (Pres.) *2 President*, (*polit.*) Presidente (Pres.).
Presb. *Presbyterian*, (*relig.*) Presbiteriano.
Prof. *Professor*, Professore (Prof.).
pron. *pronunciation*, pronuncia.
prov. *1 proverb*, proverbio (prov.) *2 province*, provincia (prov.) *3 provincial*, provinciale (prov.).
prox. (*lat. proximo mense*) *next month*, prossimo venturo (p.v.).
P.S. *1 Privy Seal*, Sigillo Privato (*di un Sovrano*) *2* (*lat. post scriptum*) *postscript*, poscritto (P.S.).
psych. *1 psychologic(al)*, psicologico *2 psychologist*, psicologo *3 psychology*, psicologia.
pt *1 part*, parte *2 payment*, pagamento; versamento (vers.) *3 pint*, pinta (*misura di capacità*) *4 point*, punto.
Pt *platinum*, (*chim.*) platino (Pt).
Pt *1 Point*, (*geogr.*) Punta *2 Port*, Porto.
PT *Physical Training*, Educazione Fisica.
Pte *Private*, soldato; soldato semplice.
PTO *please turn over*, vedi retro (v.r.).
Pu *plutonium*, (*chim.*) plutonio (Pu).
pub. *1 public*, pubblico *2 publication*, pubblicazione *3 publicly*, pubblicamente *4 published*, pubblicato *5 publisher*, editore *6 publishing*, editoriale; editrice (*agg.*).
PVC *polyvinyl chloride*, cloruro di polivinile.
p.w. *per week*, a settimana.

q. *1 quart*, quarto (*misura di capacità*) *2 quarter*, quarto (*misura*) *3 quarterly*, trimestrale *4 query*, quesito *5 question*, domanda.
Q *Queen*, Regina (*nelle carte da gioco*).
Q. *1 Quebec 2 Queen*, Regina *3 Queensland*.
QB *Queen's Bench*, Regia Corte di Giustizia.
QC *1 Queen's Counsel*, (*leg.*) Patrocinante per la Corona (*alto titolo onorifico concesso ad avvocati*) *2 Queen's College*.
QED, q.e.d. (*lat. quod erat demonstrandum*) *which was to be demonstrated*, come dovevasi dimostrare (c.d.d.).
ql *quintal*, quintale (q).
qr. *quarter*, quarto (*misura*).
q.s. (*lat. quantum sufficit*) *a sufficient quantity*, quanto basta (*nelle ricette*).
QS *Quarter Sessions*, (*leg.*).
qt. *1 quantity*, quantità *2 quart*, quarto (*misura di capacità*).
q.t. *quiet* (*nella locuz. fam.*) *on the q.t.*, in segreto; alla chetichella.
q.to *quarto*, (*di un libro*) in quarto.
qu. *1 query*, quesito *2 question*, domanda.
quad. *1 quadrangle*, quadrilatero *2 quadrant*, quadrante *3 quadruple*, quadruplo.
quar(t) *quarterly*, trimestralmente.
Que. *1 Quebec 2 Queensland*.
quot. *quotation*, citazione; (*comm.*) quotazione (quot.).
qy. *query*, quesito.

r. *1 radius*, (*geom.*) raggio *2 railway*, ferrovia *3 rain*, pioggia *4 rare*, raro *5 recipe*, ricetta *6 recto*, (*bibliografia*) recto *7 residence*, residenza *8 right*, destro; (la) destra *9 river*, fiume *10 road*, strada.
R *radius*, (*geom.*) raggio (r).
R. *1 Rector*, (*relig.*) Rettore *2 Rectory*, Rettorato *3* (*lat. Regina*) *Queen*, Regina *4 Registered*, Registrato; (*alla Posta*) Assicurato (Ass.) *5 Republican*, Republicano *6 Reserve*, Riserva *7* (*lat. Rex*) *King*, Re *8 River*, Fiume *9 Roman*, Romano *10 Rupee*, Rupia.
Ra *radium*, (*chim.*) radio (Ra).
RA *1 Rear-Admiral*, Contrammiraglio *2 Royal Academician*, Accademico Reale *3 Royal Academy*, Accademia Reale *4 Royal Artillery*, Regia Artiglieria.
RAA *Royal Academy of Arts*, Accademia Reale delle Arti.
RAC *Royal Automobile Club*, Real Automobile Club (*G.B.*).
rad. *1 radicale 2 radius*, (*geom.*) raggio.
Rad. *Radical*, (*polit.*) Radicale.
RADA *Royal Academy of Dramatic Arts*, Regia Accademia di Arte Drammatica (*G.B.*).
RADAR *Radio Detecting and Ranging*, Radio-rivelatore e misuratore di distanza.
RAF *Royal Air Force*, Regia Aeronautica (*G.B.*).
RAM *Royal Academy of Music*, Regia Accademia di Musica.
Rb *rubidium*, (*chim.*) rubidio (Rb).
RC *1 Red Cross*, Croce Rossa *2 Reinforced Concrete*, cemento armato *3 Roman Catholic*, Cattolico Apostolico Romano.
RCA *Radio Corporation of America*, Ente Radiofonico Americano.
RCC *Roman Catholic Church*, Chiesa Cattolica.
rd *road*, strada; via.
Re *rhemium*, (*chim.*) renio (Re).
rec. *1 receipt*, (*comm.*) ricevuta (ric.) *2 recipe*, ricetta.
recd *received*, ricevuto.
ref. *reference*, riferimento (rif.).
Ref. Ch. *Reformed Church*, Chiesa Riformata.
refl. *1 reflection*, riflessione; riflesso *2 reflective*, riflessivo; riflettente *3 reflex*, riflesso.
reg. *1 regiment*, reggimento *2 region*, regione (reg.) *3 regional*, regionale (reg.) *4 register*, registro *5 registered*, registrato; (*alla Posta*) assicurato (ass.) *6 regular*, regolare *7 regulation*, regolazione; regolamento.
Reg. *1 Regent*, Reggente *2 registered*, registrato; (*alla Posta*) assicurato (ass.).
rel. *1 relating* (*to*), concernente; riferentesi (a) *2 relative*, relativo (rel.) *3 relatively*, relativamente *4 religion*, religione.
rem. *1 remark*, osservazione *2 remittance*, rimessa.
Rep. *1 Report*, Rapporto; Relazione *2 Reporter*, Relatore; Cronista; Reporter *3 Representative*, Rappresentante *4 Republic*, Repubblica (Rep.) *5 Republican*, Repubblicano (*U.S.A.*).
resp. *1 respective*, rispettivo *2 respectively*, rispettivamente.
ret. *retired*, in pensione.
retd. *returned*, restituito.
rev. *1 revenue*, (*econ.*) entrata; erario; fisco *2 reverse*, contrario; rovescio; (*autom.*) retromarcia *3 revised*, riveduto; corretto *4 revision*, revisione *5 revolution*, (*mecc.*) giro.
Rev. *Reverend*, (*relig.*) Reverendo (Rev.).
Rev. Ver. *Revised Version*, Versione Riveduta (*della Bibbia Anglicana*).
REW *Rewind*, dispositivo di riavvolgimento (*in registratori e sim.*).
RGS *Royal Geographical Society*, Regia Società Geografica.
Rgt *Regiment*, Reggimento.
Rh *rhodium*, (*chim.*) rodio (Rh).
RH *Royal Highness*, Altezza Reale (A.R.).
RHA *Royal Horse Artillery*, Regia Artiglieria a Cavallo.
r.h.d. *right-hand drive*, (*autom.*) guida a destra.
RI *1 Rhode Island 2 Royal Institution*, Regio Istituto.
RIBA *Royal Institute of British Architects*, Associazione Nazionale degli Architetti Britannici.
Rn *radon*, (*chim.*) radon (Rn).
RN *1 Registered Nurse*, infermiere diplomato, infermiera diplomata *2 Royal Navy*, Regia Marina.
RNA *Ribonucleic Acid*, Acido ribonucleico.
RO *Recruiting Officer*, (*mil.*) Ufficiale Arruolatore.
ROM *read-only memory*, (*elab.*) memoria a sola lettura.
Rom. *1 Roman*, Romano *2 Romance*, (*ling.*) Romanzo.
Rom. Cath. *Roman Catholic*, Cattolico Apostolico Romano.

RORO *Roll-on/Roll-off*, rotola dentro, rotola fuori (*tipo di ferry-boat*).
Roum. ***1*** *Roumania*, Romania ***1*** *Roumanian*, rumeno.
RP ***1*** *Rates of Postage*, Tariffe Postali ***2*** *Reply Paid*, risposta pagata ***3*** *Rescue Party*, squadra di soccorso.
R/P ***1*** *Reprint*, Ristampa ***2*** *Return of Post*; (*comm.*) *by R/P*, a giro di posta.
rpm *revolutions per minute*, (*mecc.*) giri al minuto (giro/min.).
rps *revolutions per second*, (*mecc.*) giri al secondo (giri/sec.).
rpt *report*, rapporto; relazione.
RPV *Remotely Piloted Vehicle*, Veicolo Pilotato a Distanza.
RR ***1*** *Railroad*, Ferrovia (*U.S.A.*) ***2*** *Right Reverend*, Molto Reverendo (M.R.).
RS *Royal Society*, Regia Società.
RSC *Royal Shakespeare Company*, Regia Compagnia Shakespeariana (*G.B.*).
RSI *repetitive strain injury*, (*med.*) lesione da sforzo ripetitivo.
RSM *Royal Society of Medicine*, Regia Società di Medicina.
RSPB *Royal Society for the Protection of Birds*, Regia Società per la Protezione degli Uccelli (*G.B.*).
RSPCA *Royal Society for the Prevention of Cruelty to Animals*, Regia Società per la Protezione degli Animali (*G.B.*).
Rt Hon. *Right Honourable*, Molto Onorevole.
Rt Rev. *Right Reverend*, (*relig.*) Reverendissimo (Rev.mo).
Ru *ruthenium*, (*chim.*) rutenio (Ru).
RUC *Royal Ulster Constabulary*, Regia Polizia dell'Ulster.
Rus. ***1*** *Russia*, Russia ***2*** *Russian*, russo.
RW *Right of Way*, (*autom.*) diritto di precedenza.
rwy, ry *railway*, ferrovia (ferr.).

s *second*, secondo (*tempo*) (sec.).
s. ***1*** *section*, sezione ***2*** *series*, serie ***3*** *shilling(s)*, scellino (-i) ***4*** *sign*, segno ***5*** *signed*, firmato ***6*** *singular*, (*gramm.*) singolare ***7*** *snow*, neve ***8*** *son*, figlio ***9*** *soprano*, (*mus.*) soprano ***10*** *substantive*, (*gramm.*) sostantivo (sost.).
S ***1*** *sulphur*, (*chim.*) zolfo (S) ***2*** *South*, Sud ***3*** *Small*, piccolo (*taglia d'abiti*).
S. ***1*** *Saint*, Santo; San (S.) ***2*** *Saturday*, sabato ***3*** *School*, Scuola ***4*** *Socialist*, Socialista ***5*** *Society*, Società ***6*** *Southern*, meridionale ***7*** *Sunday*, domenica.
s/a *subject to approval*, (*comm.*) salvo approvazione.
SA ***1*** *Salvation Army*, Esercito della Salvezza ***2*** *South Africa*, Sudafrica ***3*** *South African*, sudafricano ***4*** *South Australia*, Australia del Sud ***5*** *Saudi Arabia*, Arabia Saudita.
SAC *Strategic Air Command*, Comando Strategico Aereo (*U.S.A.*).
SAF *Strategic Air Force*, Forza Aerea Strategica (*U.S.A.*).
SALT *Strategic Arms Limitation Talks*, Trattative per la Limitazione delle Armi Strategiche.
SAM *Surface-to-Air Missile*, Missile Superficie-Aria.
san. *sanitary*, sanitario.
SAR ***1*** *Sons of the American Revolution*, Figli della Rivoluzione Americana (*U.S.A.*) ***2*** *South Africa Republic*, Repubblica del Sudafrica.
SAS *Special Air Service*, Forza aerea speciale (*G.B.*).
Sat. ***1*** *Saturday*, sabato (sab.) ***2*** *Saturn*, Saturno.
Sb *antimony*, (*chim.*) antimonio (Sb).
SB *Savings Bank*, Cassa di Risparmio.
SBS *Special Boat Service*, Forza speciale di marina (*G.B.*).
sc. ***1*** *scene*, (*teatr.*) scena ***2*** *science*, scienza.
Sc *scandium*, (*chim.*) scandio (Sc).
S.C. ***1*** *Sanitary Corps*, (*mil.*) Corpo della Sanità (*U.S.A.*) ***2*** *South Carolina*, Carolina del Sud ***3*** *Supreme Court*, (*leg.*) Corte Suprema.
sch. ***1*** *scholar*, erudito; dotto ***2*** *scholarship*, borsa di studio ***3*** *school*, scuola ***4*** *schooner*, (*naut.*) goletta.
Scot. ***1*** *Scotland*, Scozia ***2*** *Scottish*, scozzese.
SCUBA *self-contained underwater breathing apparatus*, autorespiratore subacqueo ad aria (ARA).
SD ***1*** *South Dakota*, Sud Dakota ***2*** *State Department*, Dipartimento di Stato (*U.S.A.*) ***3*** *Supply Depot*, Magazzino Rifornimenti.
Se *selenium*, (*chim.*) selenio (Se).
SE ***1*** *Southeast*, Sudest ***2*** *Southeastern*, Sudorientale ***3*** *Stock Exchange*, Borsa Valori.
SEATO *South-East Asia Treaty Organization*, Organizzazione del Trattato per l'Asia Sud-Orientale (*Tailandia*).
sec *secand*, (*mat.*) secante (sec).
sec. ***1*** *second(s)*, secondo (-i) ***2*** *secretary*, segretario (segr.) ***3*** *section*, sezione.
SEM *Scanning Electron Microscope*, microscopio elettronico a scansione.
Sen. ***1*** *Senate*, Senato ***2*** *Senator*, Senatore (Sen.) ***3*** *Senior*.
sep. *separate*, separato.
Sep(t). *September*, settembre (sett.).
serg)t). *sergeant*, sergente (serg.).
SETAF *Southern European Task American Force*, Unità Operativa Americana del Sud Europa.
SF ***1*** *Sinking Fund*, (*comm.*) fondo d'ammortamento ***2*** *science fiction*, fantascienza ***3*** *San Francisco*.
s.g. *specific gravity*, (*fis.*) peso specifico.
S.G. ***1*** *Scots Guards*, (*mil.*) Guardie Scozzesi ***2*** *Solicitor General*, (*leg.*) Vice Procuratore Generale.
Sgt. *Sergeant*, Sergente (Serg.).
sh. ***1*** *shilling(s)*, scellino (-i) ***2*** *share*, (*borsa*) azione.
SHAPE *Supreme Headquarter Allied Powers in Europe*, Supremo quartier generale delle Potenze alleate in Europa.
S.H.F. *Superhigh Frequency*, (*fis.*) frequenza superelevata.
Si *silicon*, (*chim.*) silicio (Si).
sim. ***1*** *similar*, simile ***2*** *similarly*, similmente.
sin *sine*, (*mat.*) seno (sen.)
SIS *Secret Intelligence Service*, Servizio Informazioni Sicurezza (*G.B.*).
SJ *Society of Jesus*, (*relig.*) Compagnia di Gesù (C. d. G.).
SL ***1*** *Searchlight*, riflettore ***2*** *Squadron Leader*, (*aeron. mil.*) Comandante di Squadra (*G.B.*; *corrisponde all'ital.* maggiore) ***3*** *Sub-Lieutenant*, (*naut. mil.*) Sottotenente di Vascello ***4*** *Sea level*, livello del mare.
Sm *samarium*, (*chim.*) samario (Sm).
Sn *tin*, (*chim.*) stagno (Sn).
So. ***1*** *South*, Sud (S.) ***2*** *Southern*, meridionale.
SO ***1*** *Staff Officer*, (*mil.*) Ufficiale di Stato Maggiore ***2*** *Stationery Office*, Libreria di Stato ***3*** *Symphony Orchestra*, Orchestra sinfonica.
Soc. ***1*** *Social*, Sociale ***2*** *Socialism*, Socialismo ***3*** *Socialist*, Socialista ***4*** *Society*, Società.
Sol. *Solicitor*, Avvocato.
Sol. Gen. *Solicitor General*, (*leg.*) Vice Procuratore Generale.
Som. *Somerset*.
SONAR *Sound Navigation and Ranging*, Navigazione e misurazione per mezzo del suono.
SOS (*Save Our Souls*) *distress signal*, (segnale internazionale di) richiesta di soccorso (SOS).
sp. ***1*** *species*, specie ***2*** *specimen*, campione; esemplare; saggio.
Sp. ***1*** *Spain*, Spagna ***2*** *Spanish*, spagnolo.
spec. ***1*** *special*, speciale ***2*** *specially*, specialmente ***3*** *specific*, specifico ***4*** *specifically*, specificamente ***5*** *specimen*, campione; esemplare; saggio.
sp. gr. *specific gravity*, (*fis.*) peso specifico.
sp. ht. *specific heat*, (*fis.*) calore specifico.
sp. vol. *specific volume*, (*fis.*) volume specifico.
Sq. ***1*** *Squadron*, (*mil.*) Squadrone; (*aeron.*) Squadra ***2*** *Square*, Piazza (P.za).
sq m *square metre*, metro quadrato (m^2).
sq mi *square mile*, miglio quadrato.
Sr ***1*** *strontium*, (*chim.*) stronzio (Sr) ***2*** *Senior* ***3*** *Sister*, (*relig.*) Sorella.
SRC *Science Research Council*, Consiglio Nazionale per la Ricerca Scientifica (*G.B.*).
SS. ***1*** *Saints*, (*relig.*) Santi (SS.) ***2*** (*lat. Sanctissimus*) *Most*

Holy, Santissimo (SS.).
SS *1 Secondary School*, Scuola Secondaria *2 Secretary of State*, Segretario di Stato *3 Secret Service*, Servizio Segreto.
S/S *1 Secretary of State*, Segretario di Stato *2 Steamship*, (*naut.*) piroscafo.
SSM *Surface-to-Surface Missile*, Missile Superficie-Superficie.
st. *1 stanza*, (*poesia*) stanza; strofa *2 stem*, (*ling.*) radice *3 stone* (*misura di peso*) *4 strophe*, (*poesia*) strofa.
s.t. *short ton* (*misura di peso*).
St. *1 Saint*, Santo (-a); San (S.) *2 Statute*, (*leg.*) Statuto *3 Strait*(*s*), (*geogr.*) Stretto *4 Street*, Strada; Via.
stat. *1 station*, stazione *2 stationary*, stazionario *3 statistical*, statistico *4 statistics*, statistica *5 statute*, statuto.
STD *1 Subscriber Trunk Dialling*, teleselezione *2 Sexually Transmitted Disease*, malattia trasmessa sessualmente.
std. *standard*, standard; tipo.
St. Ex. *Stock Exchange*, Borsa Valori.
stg. *sterling*, sterlina.
Stn. *station*, stazione.
STOL *Short Takeoff and Landing*, Decollo e atterraggio corti.
Sts *Saints*, Santi (SS).
sub. *1 subaltern*, subalterno *2 submarine*, (*naut.*) sottomarino *3 subscription*, sottoscrizione; abbonamento *4 substitute*, sostituto *5 suburb*, sobborgo *6 subway*, sottopassaggio.
subj. (*gramm.*) *1 subject*, soggetto (sogg.) *2 subjunctive*, congiuntivo (cong.).
suff. *1 suffix*, (*gramm.*) suffisso (suff.) *2 sufficient*, sufficiente (suff.).
Sun(**d**). *Sunday*, domenica (dom.).
sup. *superior*, superiore (sup.).
super. *1 superficial*, superficiale *2 superior*, superiore *3 supernumerary*, soprannumerario.
suppl. *1 supplement*, supplemento *2 supplementary*, supplementare.
supr. *supreme*, supremo.
surg. *1 surgeon*, chirurgo *2 surgery*, chirurgia *3 surgical*, chirurgico.
surv. *1 surveying*, sorveglianza; agrimensura; topografia *2 surveyor*, sorvegliante; agrimensore; topografo; geometra.
Sus. *Sussex*.
S.V. *Sailing Vessel*, (*naut.*) Nave a vela.
Sw. *1 Sweden*, Svezia *2 Swedish*, svedese *3 Swiss*, svizzero.
SW *1 Short Wave*, (*radio*) onda corta *2 South Wales*, Galles del Sud *3 Southwest*, Sudovest (S.O.) *4 Southwestern*, Sudoccidentale.
Swit(**z**). *Switzerland*, Svizzera.
sym. *1 symmetrical*, simmetrico *2 symmetry*, simmetria *3 symphony*, sinfonia.
symb. *1 symbol*, simbolo *2 symbolic*, simbolico.
syn. *synonym*, sinonimo.

t *ton*(*s*), tonnellata (-e) (t).
t. *1 tare*, (*comm.*) tara (t.) *2 tempo*, (*mus.*) tempo *3 tenor*, (*mus.*) tenore *4 time*, (*fis.*) tempo *5 tome*, tomo (t., tom.) *6 town*, città.
T. *1 Telephone*, Telefono *2 Temperature*, Temperatura *3 Territory*, Territorio *4 Testament*, Testamento *5 Time*, (*fis.*) Tempo *6 Tuesday*, martedì (mar., mart.) *7 Tablespoonful*, cucchiaio da tavola pieno (*nell'uso di cucina*).
Ta *tantalum*, (*chim.*) tantalio (Ta).
TA *1 Telegraphic Address*, indirizzo telegrafico *2 Territorial Army*, Esercito Territoriale.
TAB *Technical Assistance Board*, Ufficio di Assistenza Tecnica (*dell'O.N.U.*).
tan *tangent*, (*mat.*) tangente (tg).
Tb *terbium*, (*chim.*) terbio (Tb).
TB *1 Torpedo Boat*, (*naut.*) Motosilurante *2 Trial Balance*, (*rag.*) Bilancio di Prova *3 Tuberculosis*, (*med.*) tubercolosi (tbc, Tbc).
TBD *Torpedo-Boat Destroyer*, Cacciatorpediniere (Caccia).
Tc *technetium*, (*chim.*) tecnezio (Tc).
TC *Training Centre*, Centro d'Addestramento.
Te *tellurium*, (*chim.*) tellurio (Te).
techn. *1 technical*, tecnico *2 technically*, tecnicamente *3 technique*, tecnica *4 technological*, tecnologico *5 technology*, tecnologia.
tel. *1 telegram*, telegramma *2 telegraph*, telegrafo *3 telegraphist*, telegrafista *4 telephone*, telefono (tel.).
TELEX *Teleprinter Exchange*, Trasmissione per telescrivente.
Tenn. *Tennessee*.
territ. *1 territorial*, territoriale *2 territory*, territorio.
Test. *1 Testament*, testamento *2 Testator*, testatore.
Teut. *1 Teuton*, teutone *2 Teutonic*, teutonico.
Tex. *Texas*.
t.f. *tax-free*, esentasse.
T.F. *1 Task Force*, (*mil.*) Unità Tattica *2 Territorial Force*, (*mil.*) Forza Territoriale.
Th *thorium*, (*chim.*) torio (Th).
Th. *Thursday*, giovedì (giov.).
theol. *1 theological*, teologico (teol.) *2 theology*, teologia (teol.).
Thur(**s**). *Thursday*, giovedì (giov.).
Ti *titanium*, (*chim.*) titanio (Ti).
TIC *Tourist Information Centre*, Ufficio Informazioni Turistiche.
tit. *1 title*, titolo *2 titular*, titolare.
Tl *thallium*, (*chim.*) tallio (Tl).
TM *Trademark*, marchio depositato.
Tm *thulium*, (*chim.*) tulio (Tm).
t.n. *Telephone Number*, numero telefonico.
TNT *trinitrotoluene*, tritolo.
TO *1 Telegraph* (*Telephone*) *Office*, Ufficio del Telegrafo (Telefono) *2* (*anche* **t.o.**) *turn over*, volta pagina; voltare.
tr. *1 tragedy*, tragedia *2 transaction*, operazione commerciale *3 translated*, tradotto *4 translation*, traduzione (trad.) *5 translator*, traduttore (trad.) *6 transport*, trasporto *7 trustee*, fiduciario; amministratore.
trad. *1 tradition*, tradizione *2 traditional*, tradizionale.
trag. *1 tragedian*, tragediografo *2 tragedy*, tragedia *3 tragic*, tragico.
trans. *1 transferred*, (*comm.*) trasferito *2 transitory*, transitorio *3 translated*, tradotto *4 translation*, traduzione (trad.) *5 translator*, traduttore (trad.) *6 transport*, trasporto.
treas. *treasurer*, tesoriere.
Treas. *Treasury*, Tesoro.
TS *Training Ship*, (*naut.*) Nave Scuola.
TT *1 Teetotaller*, astemio *2 Telegraphic Transfer*, versamento telegrafico *3 Torpedo Tubes*, (*naut.*) tubi lanciasiluri.
TU *1 Trade Union*, sindacato *2 Trade Unionist*, sindacalista.
TUC *1 Trades Union Congress*, Congresso delle «Trade Unions» *2 Trades Union Council*, Consiglio delle «Trade Unions».
Tues. *Tuesday*, martedì (mar., mart.).
TV *television*, televisione (TV).
typ., typog. *1 typographical*, tipografico (tip., tipogr.) *2 typography*, tipografia.

u. *upper*, superiore.
U *uranium*, (*chim.*) uranio (U).
U. *1 Union*, Unione *2 Unionist*, Unionista *3 Universal*, Universale; (*di un film*) (visibile) per tutti *4 University*, Università.
UAB *Unemployment Assistance Board*, Comitato di Assistenza ai Disoccupati.
UAR *United Arab Republic*, (*stor.*) Repubblica Araba Unita (RAU).
UDC *Universal Decimal Classification*, Classificazione decimale universale.
UFO *Unidentified Flying Object*, Oggetto volante non identificato (OVNI).

UGC *University Grants Committee*, Comitato per l'assegnazione di borse di studio universitarie (*G.B.*).
UHF *ultra high frequency*, (*fis.*) frequenza ultraelevata (UHF).
UK *United Kingdom*, Regno Unito (*G.B. e Irlanda del Nord*).
UKAEA *United Kingdom Atomic Energy Authority*, Ente Nazionale Britannico per l'Energia Atomica.
UN *United Nations*, Nazioni Unite (NU).
unabr. *unabridged*, (*di un libro*) in edizione integrale.
UNCTAD *United Nations Conference on Trade and Development*, Conferenza delle Nazioni Unite sul Commercio e lo Sviluppo.
UNESCO *United Nations Educational, Scientific, and Cultural Organization*, Organizzazione delle Nazioni Unite per l'Educazione, la Scienza e la Cultura.
UNHCR *United Nations High Commission for Refugees*, Alto Commissariato delle Nazioni Unite per i rifugiati (ACNUR).
UNICEF *United Nations International Children's Emergency Fund*, Fondo Internazionale di Emergenza delle Nazioni Unite per l'Infanzia.
univ. ***1*** *universal*, universale ***2*** *universally*, universalmente.
Univ. ***1*** *Universalist*, Universalista ***2*** *University*, Università.
UNIVAC *Universal Automatic Computer*, Calcolatore universale automatico.
UNO *United Nations Organization*, Organizzazione delle Nazioni Unite (ONU).
UNRRA *United Nations Relief and Rehabilitation Administration*, (*stor.*) Amministrazione delle Nazioni Unite per la Riabilitazione e il Soccorso dei Paesi liberati.
UP ***1*** *United Press*, Stampa Associata (*agenzia di stampa*; *U.S.A.*) ***2*** *United Provinces*, Province Riunite.
UPU *Universal Postal Union*, Unione Postale Universale (UPU).
US ***1*** *Under-Secretary*, Sottosegretario ***2*** *United States*, Stati Uniti (S.U.).
U.S.A. ***1*** *United States of America*, Stati Uniti d'America ***2*** *United States Army*, Esercito degli Stati Uniti.
U.S.A.F *United States Air Force*, (*mil.*) Aeronautica degli Stati Uniti.
USIS *United States Information Service*, Centro d'Informazioni (culturali) sugli Stati Uniti.
USN *United States Navy*, Marina Militare degli Stati Uniti.
USSR *Union of Soviet Socialist Republics*, (*stor.*) Unione delle Repubbliche Socialiste Sovietiche (URSS).
usu. ***1*** *usual*, usuale; solito ***2*** *usually*, usualmente; di solito.
Ut. *Utah*.
UV *ultraviolet*, (*fis.*) ultravioletto (UV, Uv).
U/W *Underwriter*, (*comm.*) sottoscrittore; (*naut.*) assicuratore marittimo.

v. ***1*** *valve*, valvola ***2*** *velocity*, velocità ***3*** *verb*, (*gramm.*) verbo ***4*** *verse*, (*poesia*) verso; versi ***5*** *version*, versione ***6*** *versus*, (*leg.*, *sport*) contro ***7*** *very*, molto ***8*** *vision*, acuità visiva; visus (*lat.*) ***9*** *vocative*, (*gramm.*) vocativo (voc.) ***10*** *volume*, (*mat.*) volume (vol.).
V ***1*** *vanadium*, (*chim.*) vanadio (V) ***2*** *velocity*, (*fis.*) velocità ***3*** *volt*, (*fis.*) volt (V) ***4*** *volume*, (*mat.*) volume (vol.).
V. ***1*** *Vector*, (*fis.*) Vettore ***2*** *Vicar*, Curato; Vicario ***3*** *Vice*, (*nei composti*) Vice ***4*** *Victoria*, (*stor.*) Vittoria ***5*** *Victorian*, (*stor.*) vittoriano ***6*** *Victory*, Vittoria ***7*** *Virgin*, Vergine ***8*** *Viscount*, Visconte ***9*** *Voltage*, (*fis.*) voltaggio ***10*** *Volunteer*, Volontario.
Va. *Virginia* (*geogr.*).
VA ***1*** *Vicar Apostolic*, Vicario Apostolico ***2*** *Vice-Admiral*, Vice-Ammiraglio.
val. ***1*** *value*, valore ***2*** *valued*, valutato.
var. ***1*** *variant*, variante (var.) ***2*** *variation*, (*geogr.*) declinazione magnetica ***3*** *variegated*, variegato ***4*** *variety*, varietà ***5*** *various*, vario.
Vat. *Vatican*, Vaticano (Vat.).
VAT *Value-Added Tax*, (*fisc.*) Imposta sul Valore Aggiunto (IVA) (*G.B.*).
VC ***1*** *Vice-Chairman*, Vicepresidente ***2*** *Vice-Chancellor*, Vicecancelliere ***3*** *Vice-Consul*, Viceconsole ***4*** *Victoria Cross*, Croce della Regina Vittoria.
VCR *Video Cassette Recorder*, Videoregistratore a cassette.
VD *Venereal Disease*, malattia venerea.
V-Day *Victory Day*, giorno della Vittoria.
vel. *velocity*, velocità.
Ven. ***1*** *Venerable*, Venerabile (Ven.) ***2*** *Venetian*, veneziano.
vet., Vet. ***1*** *veteran*, veterano; reduce ***2*** *veterinary*, veterinario.
V.G. *Vicar General*, (*relig.*) Vicario Generale.
VHF *Very High Frequency*, (*fis.*) (ad) altissima frequenza (V.H.F.).
Vic. ***1*** *Vicar*, (*relig.*) Vicario; Curato ***2*** *Vicarage*, Vicariato ***3*** *Victoria*, Vittoria.
Vic. Ap. *Vicar Apostolic*, (*relig.*) Vicario Apostolico.
Vict. *Victoria*, Vittoria.
VIP *Very Important Person*, persona molto importante; vip.
Virg. *Virginia* (*geogr.*).
vis. *visibility*, visibilità.
Vis., Visc., Visct. ***1*** *Viscount*, Visconte ***2*** *Viscountess*, Viscontessa.
viz. (*lat.* *videlicet*) *namely*, ossia; e cioè.
VLF *Very Low Frequency*, (*fis.*) (a) bassissima frequenza.
VO *Veterinary Officer*, (*mil.*) Ufficiale Veterinario.
VOA *Voice of America*, La Voce dell'America (*alla radio*).
vol. ***1*** *volume*, volume (vol.) ***2*** *voluntary*, volontario.
Vol. *Volunteer(s)*, (*mil.*) Volontario (-i).
volc. ***1*** *volcanic*, vulcanico ***2*** *volcano*, vulcano.
VP *Vice-President*, Vicepresidente.
VR (*lat.* *Victoria Regina*) *Queen Victoria*, la Regina Vittoria.
vs. *versus*, (*leg.*, *sport*) contro.
VS *Veterinary Surgeon*, Chirurgo Veterinario.
VSO *Very Superior Old*, stravecchio superiore (*detto di cognac che abbia da 12 a 17 anni di invecchiamento*).
VSOP *Very Superior Old Pale*, stravecchio superiore paglierino (*detto di cognac che abbia da 18 a 25 anni di invecchiamento*).
VTOL *Vertical Takeoff and Landing*, decollo e atterraggio verticali.
VTR *Video Tape Recorder*, Videoregistratore a nastro.
vulg. ***1*** *vulgar*, volgare ***2*** *vulgarly*, volgarmente.
Vul(g) *Vulgate*, (*relig.*) Vulgata.

w. ***1*** *water*, acqua ***2*** *week*, settimana ***3*** *weight*, peso ***4*** *white*, bianco ***5*** *wife*, moglie ***6*** *with*, con ***7*** *work*, (*fis.*) lavoro ***8*** *wrong*, errato; sbagliato.
W ***1*** *wolfram* (*o tungsten*), (*chim.*) volframio (*o* tungsteno), (W) ***2*** *watt*, (*fis.*) watt (W) ***3*** *West*, Ovest (O).
W. ***1*** *Wales*, Galles ***2*** *Washington* ***3*** *Wednesday*, mercoledì (merc.) ***4*** *Welsh*, gallese ***5*** *Western*, Occidentale.
WAAC *Women's Army Auxiliary Corps*, (*mil.*) Corpo Ausiliario Femminile dell'Esercito (*G.B.*).
WAAF *Women's Auxiliary Air Force*, (*mil.*, *stor.*) Corpo Ausiliario Femminile dell'Aeronautica (*G.B.*).
WAC *Women's Auxiliary Corps*, (*mil.*) Corpo delle Ausiliarie dell'Esercito (*U.S.A.*).
WAPC *Women's Auxiliary Police Corps*, Corpo delle Ausiliarie di Polizia.
Wash. *Washington* (*lo Stato*).
WASP *White Anglo-Saxon Protestant*, Bianco Anglosassone Protestante (*gruppo sociale negli U.S.A.*).
WBA *World Boxing Association*, Associazione Pugilistica Mondiale.
wc ***1*** *water closet*, gabinetto (*di decenza*) (WC) ***2*** *without charge*, (*comm.*) senza spese; gratis.
WCC *World Council of Churches*, Consiglio Ecumenico delle Chiese.
WD *War Department*, Ministero della Guerra (*U.S.A.*).
WEA *Worker's Educational Association*, Associazione Culturale dei Lavoratori (*G.B.*).
Wed. *Wednesday*, mercoledì (merc.).
Westmd. *Westmoreland*.
WFTU *World Federation of Trade Unions*, Federazione

Sindacale Mondiale.
WG ***1*** *Welsh Guards*, Guardie Gallesi ***2*** *water gauge*, indicatore di livello dell'acqua.
Wh *watt-hour*, (*fis.*) wattora (Wh).
WHO *World Health Organization*, Organizzazione Mondiale della Sanità (O.M.S.).
WI ***1*** *West Indian*, (abitante) delle Indie Occidentali ***2*** *West Indies*, Indie Occidentali ***3*** *wrought iron*, (di) ferro battuto.
Wilts. *Wiltshire*.
WIPO *World Intellectual Property Organization*, Organizzazione Mondiale per la Proprietà Intellettuale.
Wis(c). *Wisconsin*.
wk ***1*** *week*, settimana ***2*** *work*, lavoro.
W.L. ***1*** (*franc.* *Wagon-lits*) *sleeping car*, (*ferr.*) carrozza letti (WL) ***2*** *War Loan*, Prestito di Guerra ***3*** *Water Line*, (*naut.*) linea di galleggiamento.
WMA *World Medical Association*, Associazione Medica Mondiale.
WMO *World Meteorological Organization*, Organizzazione Meteorologica Mondiale.
WO ***1*** *War Office*, Ministero della Guerra (*G.B.*) ***2*** *Wireless Operator*, radiotelegrafista; marconista.
Worcs. *Worcestershire*.
w.p. *weather permitting*, tempo permettendo.
WP *Word Processing*, (*elab.*) Trattamento della Parola; Elaborazione dei Testi.
WPA *With Particular Average*, Con Danno Particolare.
WRAC *Women's Royal Army Corps*, Corpo delle Ausiliarie dell'Esercito (*G.B.*).
WRAF *Women's Royal Army Force*, Corpo delle Ausiliarie dell'Aeronautica (*G.B.*).
WRNS *Women's Royal Naval Service*, Corpo delle Ausiliarie della Marina (*G.B.*).
WS *Working Storage*, (*elab.*) Memoria di lavoro.
wt ***1*** *weight*, peso ***2*** *without*, senza.
WT ***1*** *Watertight*, a tenuta d'acqua ***2*** *Wireless Telegraphy*, radiotelegrafia (RT).
Wtr. ***1*** *Waiter*, cameriere ***2*** *Winter*, inverno ***3*** *Writer*, scrittore; scrivente.
W.Va. *West Virginia*, Virginia Occidentale.
WVS *Women's Voluntary Service*, Servizio Volontario Femminile.
WWF *World Wildlife Fund*, Fondo Mondiale per la Natura.
WWW *World Wide Web*, (*elab.*) Rete Globale Ipermediale.
Wyo. *Wyoming*.

X ***1*** (*X*) *Christ*, Cristo (X) ***2*** *Cross*, Croce ***3*** *excluded*, (*di un film*) vietato ai minori.
Xe *xenon*, (*chim.*) xeno (Xe).
XL *extra large*, molto grande (*taglia d'abiti*).
Xmas *Christmas*, Natale.
Xn. *Christian*, cristiano.
Xnty. *Christianity*, la Cristianità.
XS *extra small*, molto piccolo (*taglia d'abiti*).
Xt. *Christ*, Cristo (X).

Y *yttrium*, (*chim.*) ittrio (Y).
Yb *ytterbium*, (*chim.*) itterbio (Yb).
YB *Year Book*, Annuario.
yd. *yard*(*s*), iarda (-e) (*misura di lunghezza*).
YHA *Youth Hostels Association*, Associazione degli Ostelli della Gioventù.
YMCA *Young Men's Christian Association*, Associazione Cristiana della Gioventù Maschile (*U.S.A.*).
yr ***1*** *year*, anno ***2*** *younger*, più giovane; junior ***3*** *your*, vostro (vs., Vs.).
YRA *Yacht Racing Association*, Associazione dello Sport della Vela.
yrs. ***1*** *years*, anni ***2*** *yours*, vostro (vs., Vs.).
YWCA *Young Women's Christian Association*, Associazione Cristiana della Gioventù Femminile (*U.S.A.*).

z. ***1*** *zero*, zero ***2*** *zone*, zona.
Zanz. *Zanzibar*.
Z.G. *Zoological Gardens*, Giardino Zoologico.
Zn *zinc*, (*chim.*) zinco (Zn).
zool. ***1*** *zoological*, zoologico ***2*** *zoology*, zoologia.
Zr *zirconium*, (*chim.*) zirconio (Zr).

English monetary system
Sistema monetario inglese
(*unità base:* **pound (sterling)**, *sterlina)*

Bronze coins:

(new) penny (1p), un penny
twopence (2p), due pence

Cupro-nickel coins:

fivepence (piece) (5p), cinque pence
tenpence (piece) (10p), dieci pence
twenty-pence (piece) (20p), venti pence
fifty-pence (piece) (50p, £ 0.50), cinquanta pence
one pound (£ 1), una sterlina

Banknotes:

five-pound note (£ 5), cinque sterline
ten-pound note (£ 10), dieci sterline
twenty-pound note (£ 20), venti sterline
fifty-pound note (£ 50), cinquanta sterline

Prima del 15 febbraio 1971, la sterlina era divisa in venti **shillings** (scellini) e lo scellino in dodici **pennies**. Erano in circolazione le seguenti monete:

Copper coins (*fam.:* coppers):

halfpenny (1/2d.), mezzo penny
penny (1d.), penny (*dodicesima parte dello scellino)*
threepence, threepenny bit (3d.), tre pence

Silver coins:

sixpence (6d.), sei pence (*mezzo scellino)*
shilling (1s., 1/–), scellino (*ventesima parte della sterlina)*
florin, two-shilling piece (2 s., 2/–), due scellini
half-crown (2s.6d., 2/6), mezza corona (*due scellini e sei pence)*
crown (5s., 5/–), corona (*cinque scellini)*

Nominal coins:

guinea (£1.1s., 21s.), ghinea (*ventun scellini)*

American monetary system
Sistema monetario americano
(*unità base:* **dollar**, *dollaro)*

Copper coins:

cent (1c.), un centesimo di dollaro
nickel (5c.), cinque centesimi di dollaro

Silver coins:

dime (10c.), dieci centesimi di dollaro
quarter (25c.), venticinque centesimi di dollaro, un quarto di dollaro
half dollar (50c), mezzo dollaro

Banknotes:

Si stampano banconote di $ 1, 5, 10, 20, 50, 100. Si hanno anche tagli speciali di $ 1000, 5000, 10.000

Weights and measures - Pesi e misure

Units of length - Unità di lunghezza

Name	*Symbol*	*Equivalent to*	*Nome italiano*	*Equivalente metrico*
inch	in		pollice	2,54 cm
mil		1/1000 in	millesimo di pollice	25,4 μm
hand		4 in	palmo inglese	10,16 cm
span		9 in	spanna inglese	22,86 cm
foot	ft	12 in	piede	30,48 cm
cubit		18 in	cubito inglese	45,72 cm
yard	yd	3 ft = 36 in	yarda	0,9144 m
fathom	fm	2 yd	braccio inglese	1,8288 m
rod; pole; perch	rd; po	5,5 yd = 1/320 mi	pertica inglese	5,0292 m
(Gunter's) chain	ch	22 yd = 1/80 mi	catena inglese	20,1168 m
furlong	fur	220 yd = 1/8 mi		201,168 m
(statute) mile	mi	1760 yd	miglio (terrestre)	1609,344 m
(Admiralty) nautical mile	naut mi	6080 ft	miglio marino	1853,184 m
international nautical mile	int naut mi	6076,11 ft	miglio marino internazionale	1852 m
league	lea	3 mi	lega inglese	4828,032 m

Units of area - Unità di superficie

Name	*Symbol*	*Equivalent to*	*Nome italiano*	*Equivalente metrico*
square inch	sq in		pollice quadrato	6,4516 cm^2
square foot	sq ft	144 sq in	piede quadrato	929,0304 cm^2
square yard	sq yd	9 sq ft	yarda quadrata	0,836127 m^2
rood	ro	1210 sq yd		1011,714 m^2
acre	a	4 ro	acro	4046,86 m^2
square mile	sq mi	640 a	miglio quadrato	2,59 km^2
township		36 sq mi		93,24 km^2

Units of volume - Unità di volume

Name	*Symbol*	*Equivalent to*	*Nome italiano*	*Equivalente metrico*
cubic inch	cu in		pollice cubo	16,387 cm^3
cubic foot	cu ft	1728 cu in	piede cubo	28,317 dm^3
cubic yard	cu yd	27 cu ft	yarda cuba	0,76455 m^3
cord foot		16 cu ft		0,45307 m^3
cord		128 cu ft		3,62456 m^3

Units of capacity: Imperial Standard (UK) - Unità di capacità: Imperial Standard

Name	*Symbol*	*Equivalent to*	*Nome italiano*	*Equivalente metrico*
fluid ounce	fl oz	1/160 gal	oncia fluida (*UK*)	28,413 cm^3
gill	gi	5 fl oz = 1/32 gal		142,065 cm^3
pint	pt	4 gi = 1/8 gal	pinta (*UK*)	568,261 cm^3
quart	qt	2 pt = 1/4 gal		1,13652 dm^3
gallon	gal	277,42 cu in	gallone (*UK*)	4,54609 dm^3
peck	pk	2 gal		9,09218 dm^3
bushel	bu	4 pk = 8 gal		36,369 dm^3
quarter		8 bu = 64 gal		290,950 dm^3

Units of capacity for liquid commodities (*USA*) - Unità di capacità per liquidi (*USA*)

Name	*Symbol*	*Equivalent to*	*Nome italiano*	*Equivalente metrico*
fluid ounce	fl oz	1/128 gal	oncia fluida (*USA*)	29,5736 cm^3
gill	gi	4 fl oz = 1/32 gal		118,294 cm^3
(liquid) pint	pt	4 gi = 1/8 gal		473,176 cm^3
(liquid) quart	qt	2 pt = 1/4 gal		946,353 cm^3
gallon	gal	231 cu in	gallone (*USA*)	3,78541 dm^3
barrel		31,5 gal		119,240 dm^3
oil barrel		42 gal		158,987 dm^3

Units of capacity for dry commodities (*USA*) - Misure di capacità per aridi (*USA*)

Name	*Symbol*	*Equivalent to*	*Nome italiano*	*Equivalente metrico*
(dry) pint	pt	1/64 bu		0,55061 dm^3
(dry) quart	qt	2 pt = 1/32 bu		1,10122 dm^3
bushel	bu	2150,42 cu in		35,239 dm^3
dry barrel	bbl	105 qt		115,628 dm^3

Units of weight or mass: avoirdupois system - Unità di peso o massa: sistema avoirdupois

Name	*Symbol*	*Equivalent to*	*Nome italiano*	*Equivalente metrico*
grain	gr	1/7000 lb	grano	64,79891 mg
dram	drm	1/16 oz = 1/256 lb		1,771845 g
ounce	oz	1/16 lb	oncia	28,34953 g
pound	lb		libbra	0,4535924 kg
stone	st	14 lb		6,350294 kg
quarter	qr	2 st = 28 lb		12,70059 kg
cental; short hundredweight	ctl	100 lb		45,35924 kg
long hundredweight	cwt	112 lb		50,80235 kg
short ton	s tn	20 ctl = 2000 lb		907,1848 kg
long ton	tn	20 cwt = 2240 lb		1016,047 kg

Units of weight or mass: troy and apothecaries' systems - Unità di peso o di massa: sistemi troy e apothecaries

Name	*Symbol*	*Equivalent to*	*Nome italiano*	*Equivalente metrico*
grain	gr	1/5760 lb tr	grano	64,79891 mg.
pennyweight	dwt	24 gr = 1/240 lb tr		1,55517 g
ounce	oz tr	480 gr = 1/12 lb tr	oncia troy	31,1035 g
pound	lb tr	5760 gr	libbra troy	373,242 g

Scales of temperature - Scale di temperatura

Name	*Symbol*	*Nome italiano*	*Equivalenze*
degree Fahrenheit	°F	grado Fahrenheit	T(°F) = (9/5) × T(°C) + 32
degree Celsius	°C	grado centigrado	T(°C) = (5/9) × (T(°F) − 32)

MAIN IRREGULAR VERBS IN ENGLISH
PRINCIPALI VERBI IRREGOLARI INGLESI

(La lettera (R), apposta accanto all'infinito, indica che il verbo può essere anche usato come regolare).

INFINITO	PASSATO	PARTICIPIO PASSATO
abide (R) /ə'baɪd/	**abode** /ə'bəʊd/	**abode** /ə'bəʊd/
arise /ə'raɪz/	**arose** /ə'rəʊz/	**arisen** /ə'rɪzn/
awake (R) /ə'weɪk/	**awoke** /ə'wəʊk/	**awoke** /ə'wəʊk/, **awoken** /ə'wəʊkən/
be /bi:, bɪ/	**was** /wɒz, wəz, *USA* wʌz, wɔ:z, wəz/, **were** /wɜ:(r), wə(r)/	**been** /bi:n, bɪn, *USA* bɪn, bɛn/
bear /bɛə(r)/	**bore** /bɔ:(r)/	**borne** /bɔ:n/, **born** /bɔ:n/
beat /bi:t/	**beat** /bi:t/	**beaten** /'bi:tn/, †**beat** /bi:t/
become /bɪ'kʌm/	**became** /bɪ'keɪm/	**become** /bɪ'kʌm/
befall /bɪ'fɔ:l/	**befell** /bɪ'fɛl/	**befallen** /bɪ'fɔ:lən/
beget /bɪ'gɛt/	**begot** /bɪ'gɒt/	**begotten** /bɪ'gɒtn/, **begot** /bɪ'gɒt/
begin /bɪ'gɪn/	**began** /bɪ'gæn/	**begun** /bɪ'gʌn/
behold /bɪ'həʊld/	**beheld** /bɪ'hɛld/	**beheld** /bɪ'hɛld/
bend /bɛnd/	**bent** /bɛnt/	**bent** /bɛnt/
bereave (R) /bɪ'ri:v/	**bereft** /bɪ'rɛft/	**bereft** /bɪ'rɛft/
beseech /bɪ'si:tʃ/	**besought** /bɪ'sɔ:t/	**besought** /bɪ'sɔ:t/ (*USA anche* **beseeched** /bɪ'si:tʃt/)
bet (R) /bɛt/	**bet** /bɛt/	**bet** /bɛt/
bid /bɪd/	**bid** /bɪd/, **bade** /beɪd, bæd/	**bid** /bɪd/, **bidden** /'bɪdn/
bind /baɪnd/	**bound** /baʊnd/	**bound** /baʊnd/
bite /baɪt/	**bit** /bɪt/	**bitten** /'bɪtn/, **bit** /bɪt/
bleed /bli:d/	**bled** /blɛd/	**bled** /blɛd/
blend (R) /blɛnd/	**blent** /blɛnt/	**blent** /blɛnt/
bless (R) /blɛs/	**blest** /blɛst/	**blest** /blɛst/
blow /bləʊ/	**blew** /blu:/	**blown** /bləʊn/
break /breɪk/	**broke** /brəʊk/	**broken** /'brəʊkən/
breed /bri:d/	**bred** /brɛd/	**bred** /brɛd/
bring /brɪŋ/	**brought** /brɔ:t/	**brought** /brɔ:t/
broadcast /'brɔ:dkɑ:st, *USA* -æst/	**broadcast** /'brɔ:dkɑ:st, *USA* -æst/	**broadcast** /'brɔ:dkɑ:st, *USA* -æst/
build /bɪld/	**built** /bɪlt/	**built** /bɪlt/
burn (R) /bɜ:n/	**burnt** /bɜ:nt/	**burnt** /bɜ:nt/
burst /bɜ:st/	**burst** /bɜ:st/	**burst** /bɜ:st/
buy /baɪ/	**bought** /bɔ:t/	**bought** /bɔ:t/
cast /kɑ:st, *USA* kæst/	**cast** /kɑ:st, *USA* kæst/	**cast** /kɑ:st, *USA* kæst/
catch /kætʃ/	**caught** /kɔ:t/	**caught** /kɔ:t/
chide (R) /tʃaɪd/	**chid** /tʃɪd/	**chidden** /'tʃɪdn/, **chid** /tʃɪd/
choose /tʃu:z/	**chose** /tʃəʊz/	**chosen** /'tʃəʊzn/
cleave (R) /kli:v/	**cleft** /klɛft/, **clove** /'kləʊv/	**cleft** /klɛft/, **cloven** /'kləʊvn/
cling /klɪŋ/	**clung** /klʌŋ/	**clung** /klʌŋ/
come /kʌm/	**came** /keɪm/	**come** /kʌm/
cost /kɒst, *USA* kɔ:st/	**cost** /kɒst, *USA* kɔ:st/	**cost** /kɒst, *USA* kɔ:st/
creep /kri:p/	**crept** /krɛpt/	**crept** /krɛpt/
crow (R) /krəʊ/	**crew** /kru:/	**crowed** /krəʊd/
cut /kʌt/	**cut** /kʌt/	**cut** /kʌt/
deal /di:l/	**dealt** /dɛlt/	**dealt** /dɛlt/
dig /dɪg/	**dug** /dʌg/	**dug** /dʌg/
do /du:/	**did** /dɪd/	**done** /dʌn/
draw /drɔ:/	**drew** /dru:/	**drawn** /drɔ:n/
dream (R) /dri:m/	**dreamt** /drɛmt/	**dreamt** /drɛmt/
drink /drɪŋk/	**drank** /dræŋk/	**drunk** /drʌŋk/
drive /draɪv/	**drove** /drəʊv/	**driven** /'drɪvn/
dwell (R) /dwɛl/	**dwelt** /dwɛlt/	**dwelt** /dwɛlt/
eat /i:t/	**ate** /ɛt, eɪt, *USA* eɪt/	**eaten** /'i:tn/
fall /fɔ:l/	**fell** /fɛl/	**fallen** /'fɔ:lən/
feed /fi:d/	**fed** /fɛd/	**fed** /fɛd/
feel /fi:l/	**felt** /fɛlt/	**felt** /fɛlt/
fight /faɪt/	**fought** /fɔ:t/	**fought** /fɔ:t/
find /faɪnd/	**found** /faʊnd/	**found** /faʊnd/
flee /fli:/	**fled** /flɛd/	**fled** /flɛd/
fling /flɪŋ/	**flung** /flʌŋ/	**flung** /flʌŋ/

fly /flaɪ/	**flew** /fluː/	**flown** /fləʊn/
forbear /fɔː'beə(r)/	**forbore** /fɔː'bɔː(r)/	**forborne** /fɔː'bɔːn/
forbid /fə'bɪd/	**forbade** /fə'beɪd/, **forbad** /fə'bæd/	**forbidden** /fə'bɪdn/
forecast (R) /'fɔːkɑːst, *USA* -æst/	**forecast** /'fɔːkɑːst, *USA* -æst/	**forecast** /'fɔːkɑːst, *USA* -æst/
forget /fə'get/	**forgot** /fə'gɒt/	**forgotten** /fə'gɒtn/
forgive /fə'gɪv/	**forgave** /fə'geɪv/	**forgiven** /fə'gɪvn/
forsake /fə'seɪk/	**forsook** /fə'sʊk/	**forsaken** /fə'seɪkən/
forswear /fɔː'sweə(r)/	**forswore** /fɔː'swɔː(r)/	**forsworn** /fɔː'swɔːn/
freeze /friːz/	**froze** /frəʊz/	**frozen** /'frəʊzn/
get /get/	**got** /gɒt/	**got** /gɒt/, *USA* **gotten** /'gɒtn/
gild (R) /gɪld/	**gilt** /gɪlt/	**gilt** /gɪlt/
gird (R) /gɜːd/	**girt** /gɜːt/	**girt** /gɜːt/
give /gɪv/	**gave** /geɪv/	**given** /'gɪvn/
gnaw (R) /nɔː/	**gnawed** /nɔːd/	**gnawn** /nɔːn/
go /gəʊ/	**went** /went/	**gone** /gɒn, *USA* gɔːn/
grind /graɪnd/	**ground** /graʊnd/	**ground** /graʊnd/
grow /grəʊ/	**grew** /gruː/	**grown** /grəʊn/
hang (R) /hæŋ/	**hung** /hʌŋ/	**hung** /hʌŋ/
have /hæv, həv/	**had** /hæd, həd/	**had** /hæd, həd/
hear /hɪə(r)/	**heard** /hɜːd/	**heard** /hɜːd/
heave (R) /hiːv/	**hove** /həʊv/	**hove** /həʊv/
hew (R) /hjuː/	**hewed** /hjuːd/	**hewn** /hjuːn/
hide /haɪd/	**hid** /hɪd/	**hidden** /'hɪdn/, **hid** /hɪd/
hit /hɪt/	**hit** /hɪt/	**hit** /hɪt/
hold /həʊld/	**held** /held/	**held** /held/
hurt /hɜːt/	**hurt** /hɜːt/	**hurt** /hɜːt/
keep /kiːp/	**kept** /kept/	**kept** /kept/
kneel /niːl/	**knelt** /nelt/	**knelt** /nelt/
knit (R) /nɪt/	**knit** /nɪt/	**knit** /nɪt/
know /nəʊ/	**knew** /njuː, *USA* nuː/	**known** /nəʊn/
lade /leɪd/	**laded** /'leɪdɪd/	**laden** /'leɪdn/
lay /leɪ/	**laid** /leɪd/	**laid** /leɪd/
lead /liːd/	**led** /led/	**led** /led/
lean (R) /liːn/	**leant** /lent/	**leant** /lent/
leap (R) /liːp/	**leapt** /liːpt/	**leapt** /liːpt/
learn (R) /lɜːn/	**learnt** /lɜːnt/	**learnt** /lɜːnt/
leave /liːv/	**left** /left/	**left** /left/
lend /lend/	**lent** /lent/	**lent** /lent/
let /let/	**let** /let/	**let** /let/
lie /laɪ/	**lay** /leɪ/	**lain** /leɪn/
light (R) /laɪt/	**lit** /lɪt/	**lit** /lɪt/
lose /luːz/	**lost** /lɒst, *USA* lɔːst/	**lost** /lɒst, *USA* lɔːst/
make /meɪk/	**made** /meɪd/	**made** /meɪd/
mean /miːn/	**meant** /ment/	**meant** /ment/
meet /miːt/	**met** /met/	**met** /met/
mistake /mɪ'steɪk/	**mistook** /mɪ'stʊk/	**mistaken** /mɪ'steɪkən/
misunderstand /mɪsʌndə'stænd/	**misunderstood** /mɪsʌndə'stʊd/	**misunderstood** /mɪsʌndə'stʊd/
mow (R) /məʊ/	**mowed** /məʊd/	**mown** /məʊn/
pay /peɪ/	**paid** /peɪd/	**paid** /peɪd/
put /pʊt/	**put** /pʊt/	**put** /pʊt/
quit (R) /kwɪt/	**quit** /kwɪt/	**quit** /kwɪt/
read /riːd/	**read** /red/	**read** /red/
rend /rend/	**rent** /rent/	**rent** /rent/
rid (R) /rɪd/	**rid** /rɪd/	**rid** /rɪd/
ride /raɪd/	**rode** /rəʊd/	**ridden** /'rɪdn/
ring /rɪŋ/	**rang** /ræŋ/	**rung** /rʌŋ/
rise /raɪz/	**rose** /rəʊz/	**risen** /'rɪzn/
run /rʌn/	**ran** /ræn/	**run** /rʌn/
saw (R) /sɔː/	**sawed** /sɔːd/	**sawn** /sɔːn/
say /seɪ/	**said** /sed/	**said** /sed/
see /siː/	**saw** /sɔː/	**seen** /siːn/
seek /siːk/	**sought** /sɔːt/	**sought** /sɔːt/
sell /sel/	**sold** /səʊld/	**sold** /səʊld/
send /send/	**sent** /sent/	**sent** /sent/
set /set/	**set** /set/	**set** /set/
sew (R) /səʊ/	**sewed** /səʊd/	**sewn** /səʊn/
shake /ʃeɪk/	**shook** /ʃʊk/	**shaken** /'ʃeɪkən/
shear /ʃɪə(r)/	**sheared** /ʃɪəd/	**shorn** /ʃɔːn/
shed /ʃed/	**shed** /ʃed/	**shed** /ʃed/
shine /ʃaɪn/	**shone** /ʃɒn, *USA* ʃəʊn/	**shone** /ʃɒn, *USA* ʃəʊn/
shoe /ʃuː/	**shod** /ʃɒd/	**shod** /ʃɒd/
shoot /ʃuːt/	**shot** /ʃɒt/	**shot** /ʃɒt/
show (R) /ʃəʊ/	**showed** /ʃəʊd/	**shown** /ʃəʊn/

shrink /ʃrɪŋk/	**shrank** /ʃræŋk/	**shrunk** /ʃrʌŋk/
shrive (R) /ʃraɪv/	**shrove** /ʃrəʊv/	**shriven** /ˈʃrɪvn/
shut /ʃʌt/	**shut** /ʃʌt/	**shut** /ʃʌt/
sing /sɪŋ/	**sang** /sæŋ/	**sung** /sʌŋ/
sink /sɪŋk/	**sank** /sæŋk/	**sunk** /sʌŋk/
sit /sɪt/	**sat** /sæt/	**sat** /sæt/
slay /sleɪ/	**slew** /sluː/	**slain** /sleɪn/
sleep /sliːp/	**slept** /slɛpt/	**slept** /slɛpt/
slide /slaɪd/	**slid** /slɪd/	**slid** /slɪd/
sling /slɪŋ/	**slung** /slʌŋ/	**slung** /slʌŋ/
slink /slɪŋk/	**slunk** /slʌŋk/	**slunk** /slʌŋk/
slit /slɪt/	**slit** /slɪt/	**slit** /slɪt/
smell (R) /smɛl/	**smelt** /smɛlt/	**smelt** /smɛlt/
smite /smaɪt/	**smote** /sməʊt/	**smitten** /ˈsmɪtn/
sow (R) /səʊ/	**sowed** /səʊd/	**sown** /səʊn/
speak /spiːk/	**spoke** /spəʊk/	**spoken** /ˈspəʊkən/
speed (R) /spiːd/	**sped** /spɛd/	**sped** /spɛd/
spell (R) /spɛl/	**spelt** /spɛlt/	**spelt** /spɛlt/
spend /spɛnd/	**spent** /spɛnt/	**spent** /spɛnt/
spill (R) /spɪl/	**spilt** /spɪlt/	**spilt** /spɪlt/
spin /spɪn/	**spun** /spʌn/, **span** /spæn/	**spun** /spʌn/
spit /spɪt/	**spat** /spæt/	**spat** /spæt/
split /splɪt/	**split** /splɪt/	**split** /splɪt/
spoil (R) /spɔɪl/	**spoilt** /spɔɪlt/	**spoilt** /spɔɪlt/
spread /sprɛd/	**spread** /sprɛd/	**spread** /sprɛd/
spring /sprɪŋ/	**sprang** /spræŋ/	**sprung** /sprʌŋ/
stand /stænd/	**stood** /stʊd/	**stood** /stʊd/
stave /steɪv/	**stove** /stəʊv/	**stove** /stəʊv/
steal /stiːl/	**stole** /stəʊl/	**stolen** /ˈstəʊlən/
stick /stɪk/	**stuck** /stʌk/	**stuck** /stʌk/
sting /stɪŋ/	**stung** /stʌŋ/	**stung** /stʌŋ/
stink /stɪŋk/	**stank** /stæŋk/, **stunk** /stʌŋk/	**stunk** /stʌŋk/
strew (R) /struː/	**strewed** /struːd/	**strewn** /struːn/
stride /straɪd/	**strode** /strəʊd/	**stridden** /ˈstrɪdn/
strike /straɪk/	**struck** /strʌk/	**struck** /strʌk/, **stricken** /ˈstrɪkən/
string /strɪŋ/	**strung** /strʌŋ/	**strung** /strʌŋ/
strive /straɪv/	**strove** /strəʊv/	**striven** /ˈstrɪvn/
swear /swɛə(r)/	**swore** /swɔː(r)/	**sworn** /swɔːn/
sweat (R) /swɛt/	**sweat** /swɛt/	**sweat** /swɛt/
sweep /swiːp/	**swept** /swɛpt/	**swept** /swɛpt/
swell (R) /swɛl/	**swelled** /swɛld/	**swollen** /ˈswəʊlən/
swim /swɪm/	**swam** /swæm/	**swum** /swʌm/
swing /swɪŋ/	**swung** /swʌŋ/	**swung** /swʌŋ/
take /teɪk/	**took** /tʊk/	**taken** /ˈteɪkən/
teach /tiːtʃ/	**taught** /tɔːt/	**taught** /tɔːt/
tear /tɛə(r)/	**tore** /tɔː(r)/	**torn** /tɔːn/
tell /tɛl/	**told** /təʊld/	**told** /təʊld/
think /θɪŋk/	**thought** /θɔːt/	**thought** /θɔːt/
thrive (R) /θraɪv/	**throve** /θrəʊv/	**thriven** /ˈθrɪvn/
throw /θrəʊ/	**threw** /θruː/	**thrown** /θrəʊn/
thrust /θrʌst/	**thrust** /θrʌst/	**thrust** /θrʌst/
tread /trɛd/	**trod** /trɒd/	**trodden** /ˈtrɒdn/, **trod** /trɒd/
understand /ʌndəˈstænd/	**understood** /ʌndəˈstʊd/	**understood** /ʌndəˈstʊd/
wake /weɪk/	**woke** /wəʊk/	**woken** /ˈwəʊkən/, **woke** /wəʊk/
wear /wɛə(r)/	**wore** /wɔː(r)/	**worn** /wɔːn/
weave /wiːv/	**wove** /wəʊv/	**woven** /ˈwəʊvn/
wed (R) /wɛd/	**wed** /wɛd/	**wed** /wɛd/
weep /wiːp/	**wept** /wɛpt/	**wept** /wɛpt/
wet (R) /wɛt/	**wet** /wɛt/	**wet** /wɛt/
win /wɪn/	**won** /wʌn/	**won** /wʌn/
wind /waɪnd/	**wound** /waʊnd/	**wound** /waʊnd/
wring /rɪŋ/	**wrung** /rʌŋ/	**wrung** /rʌŋ/
write /raɪt/	**wrote** /rəʊt/, †**writ** /rɪt/	**written** /ˈrɪtn/

FATTORIA
FARMSTEAD

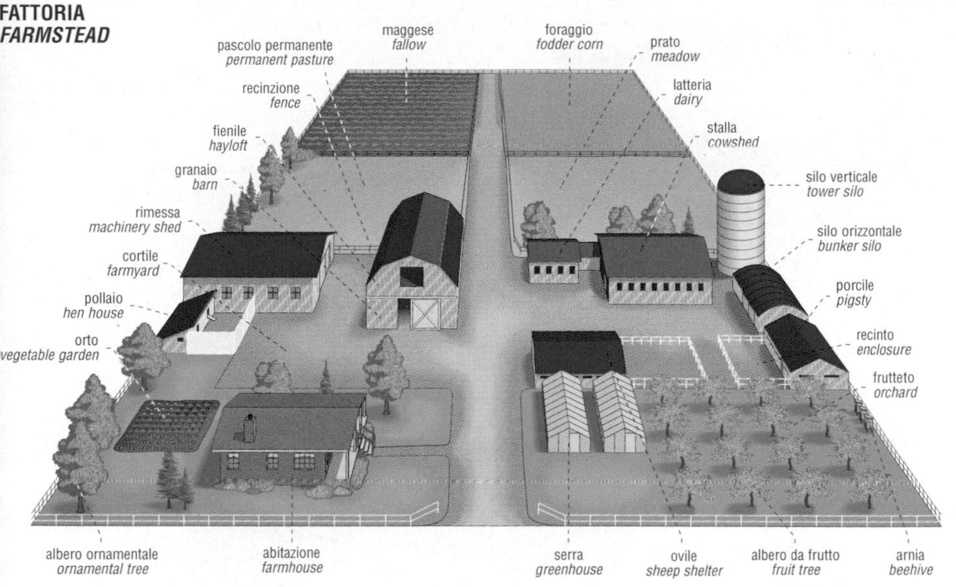

RATTORE
RACTOR

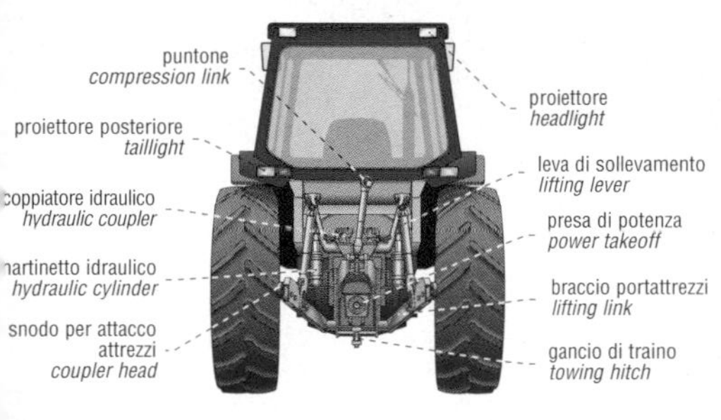

volante
steering wheel
cabina
cab
tubo di scappamento
exhaust stack
parafango
mudguard
proiettore
headlight
cerchione
rim
predellino
step
zavorra
counterweight
ruota motrice
driving wheel
ruota anteriore
front wheel
scolpitura del
battistrada
tread bar
motore
engine

RATRO A VOMERE-VERSOIO
IBBING PLOUGH

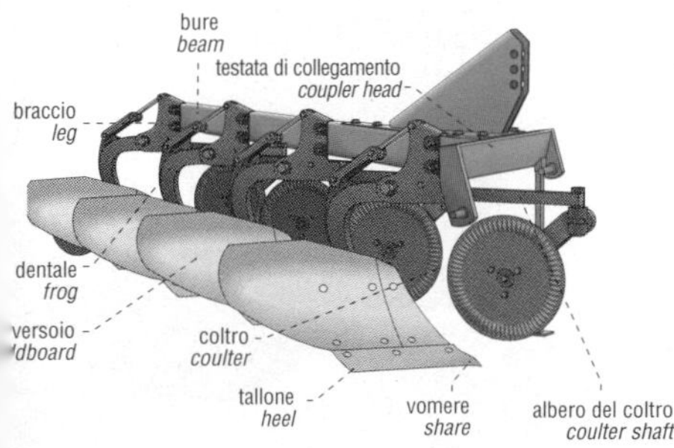

SPANDILETAME
MANURE SPREADER

attacco al
trattore
coupler head
frantumatore
beater
cassone
box
trasmissione a
catena
chain drive
albero della presa
di potenza
power-takeoff shaft
telaio
frame
tubo idraulico
flessibile
hydraulic hose
piede
d'appoggio
support leg

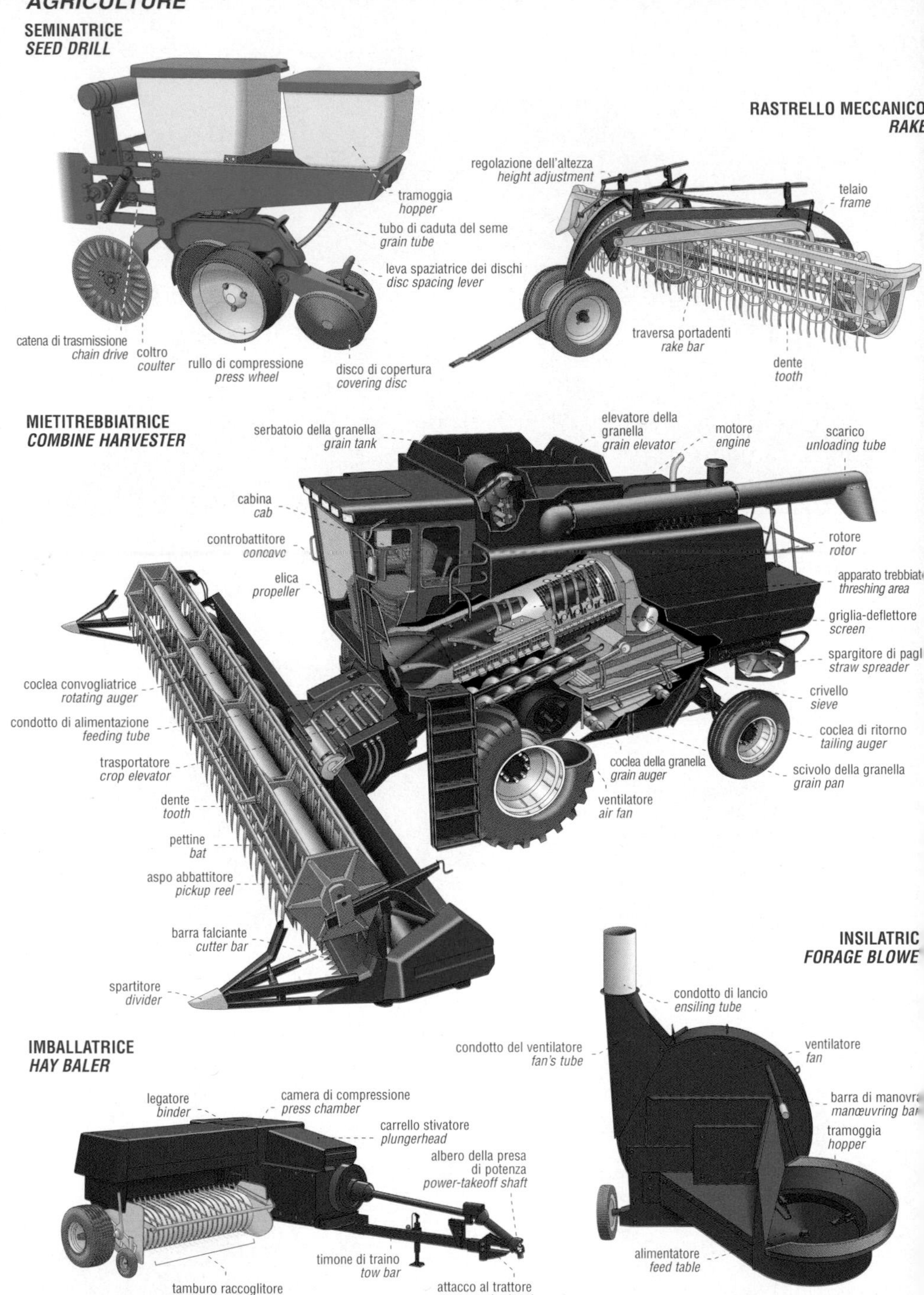
SEMINATRICE
SEED DRILL
tramoggia
hopper
tubo di caduta del seme
grain tube
leva spaziatrice dei dischi
disc spacing lever
catena di trasmissione
chain drive
coltro
coulter
rullo di compressione
press wheel
disco di copertura
covering disc
RASTRELLO MECCANICO
RAKE
regolazione dell'altezza
height adjustment
telaio
frame
traversa portadenti
rake bar
dente
tooth
MIETITREBBIATRICE
COMBINE HARVESTER
serbatoio della granella
grain tank
elevatore della granella
grain elevator
motore
engine
scarico
unloading tube
cabina
cab
controbattitore
concave
elica
propeller
rotore
rotor
apparato trebbiat
threshing area
griglia-deflettore
screen
spargitore di pagl
straw spreader
crivello
sieve
coclea di ritorno
tailing auger
coclea della granella
grain auger
scivolo della granella
grain pan
ventilatore
air fan
coclea convogliatrice
rotating auger
condotto di alimentazione
feeding tube
trasportatore
crop elevator
dente
tooth
pettine
bat
aspo abbattitore
pickup reel
barra falciante
cutter bar
spartitore
divider
INSILATRIC
FORAGE BLOWE
condotto di lancio
ensiling tube
condotto del ventilatore
fan's tube
ventilatore
fan
barra di manovr
manœuvring ba
tramoggia
hopper
alimentatore
feed table
IMBALLATRICE
HAY BALER
legatore
binder
camera di compressione
press chamber
carrello stivatore
plungerhead
albero della presa di potenza
power-takeoff shaft
timone di traino
tow bar
attacco al trattore
coupler head
tamburo raccoglitore
pickup cylinder

ANATOMIA UMANA
HUMAN ANATOMY

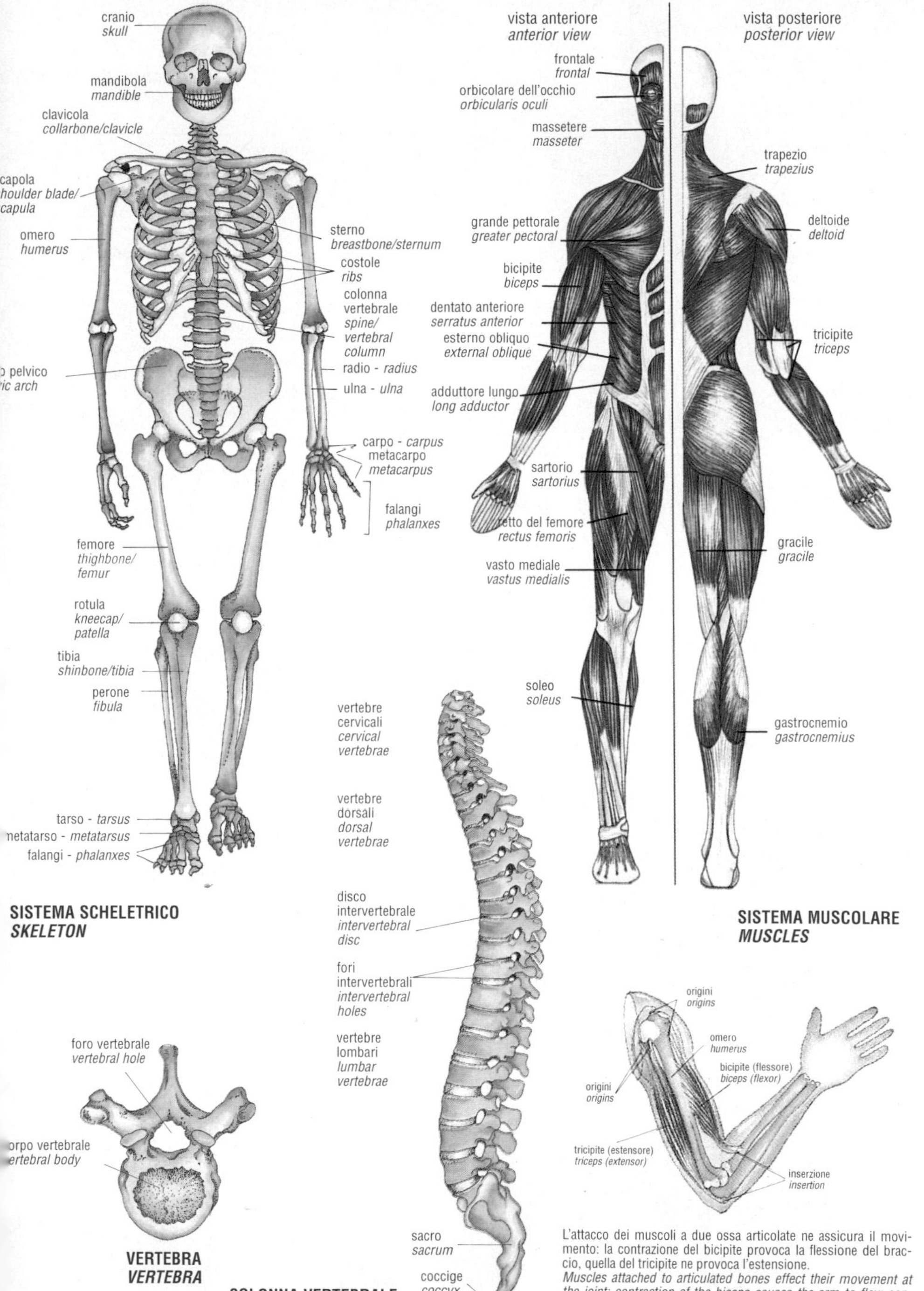

L'attacco dei muscoli a due ossa articolate ne assicura il movimento: la contrazione del bicipite provoca la flessione del braccio, quella del tricipite ne provoca l'estensione.
Muscles attached to articulated bones effect their movement at the joint: contraction of the biceps causes the arm to flex; contraction of the triceps causes it to extend.

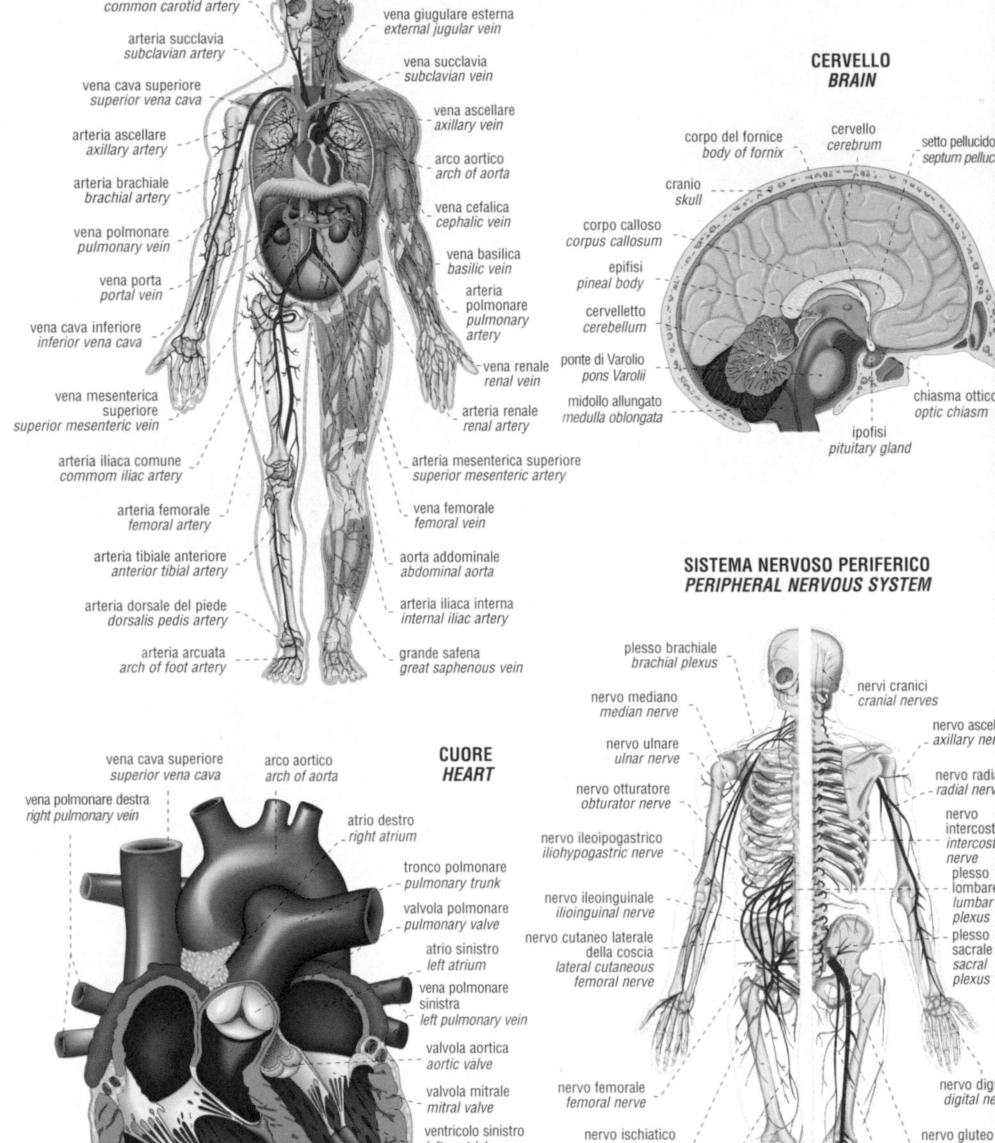

PRINCIPALI VENE E ARTERIE
PRINCIPAL VEINS AND ARTERIES
arteria carotide comune
common carotid artery
arteria succlavia
subclavian artery
vena cava superiore
superior vena cava
arteria ascellare
axillary artery
arteria brachiale
brachial artery
vena polmonare
pulmonary vein
vena porta
portal vein
vena cava inferiore
inferior vena cava
vena mesenterica superiore
superior mesenteric vein
arteria iliaca comune
commom iliac artery
arteria femorale
femoral artery
arteria tibiale anteriore
anterior tibial artery
arteria dorsale del piede
dorsalis pedis artery
arteria arcuata
arch of foot artery
vena giugulare interna
internal jugular vein
vena giugulare esterna
external jugular vein
vena succlavia
subclavian vein
vena ascellare
axillary vein
arco aortico
arch of aorta
vena cefalica
cephalic vein
vena basilica
basilic vein
arteria polmonare
pulmonary artery
vena renale
renal vein
arteria renale
renal artery
arteria mesenterica superiore
superior mesenteric artery
vena femorale
femoral vein
aorta addominale
abdominal aorta
arteria iliaca interna
internal iliac artery
grande safena
great saphenous vein
CERVELLO
BRAIN
corpo del fornice
body of fornix
cervello
cerebrum
setto pellucido
septum pellucid
cranio
skull
corpo calloso
corpus callosum
epifisi
pineal body
cervelletto
cerebellum
ponte di Varolio
pons Varolii
midollo allungato
medulla oblongata
chiasma ottico
optic chiasm
ipofisi
pituitary gland
CUORE
HEART
vena cava superiore
superior vena cava
arco aortico
arch of aorta
vena polmonare destra
right pulmonary vein
atrio destro
right atrium
tronco polmonare
pulmonary trunk
valvola polmonare
pulmonary valve
atrio sinistro
left atrium
vena polmonare sinistra
left pulmonary vein
valvola aortica
aortic valve
valvola mitrale
mitral valve
ventricolo sinistro
left ventricle
setto interventricolare
interventricular septum
muscolo papillare
papillary muscle
ventricolo destro
right ventricle
vena cava inferiore
inferior vena cava
valvola tricuspide
tricuspid valve
aorta
aorta
SISTEMA NERVOSO PERIFERICO
PERIPHERAL NERVOUS SYSTEM
plesso brachiale
brachial plexus
nervo mediano
median nerve
nervo ulnare
ulnar nerve
nervo otturatore
obturator nerve
nervo ileoipogastrico
iliohypogastric nerve
nervo ileoinguinale
ilioinguinal nerve
nervo cutaneo laterale della coscia
lateral cutaneous femoral nerve
nervo femorale
femoral nerve
nervo ischiatico
sciatic nerve
nervo safeno
saphenous nerve
nervo peroniero comune
common peroneal nerve
nervo peroniero superficiale
superficial peroneal nerve
nervo peroniero profondo
deep peroneal nerve
nervi cranici
cranial nerves
nervo ascell
axillary ner
nervo radia
radial nerve
nervo intercosta
intercosta
nerve
plesso lombare
lumbar plexus
plesso sacrale
sacral plexus
nervo digi
digital ne
nervo gluteo
gluteal nerve
nervo cutaneo posteriore della c
minor sciatic ne
nervo tibiale
tibial nerve
nervo surale
sural nerve

GHIANDOLE ENDOCRINE
ENDOCRINE GLANDS

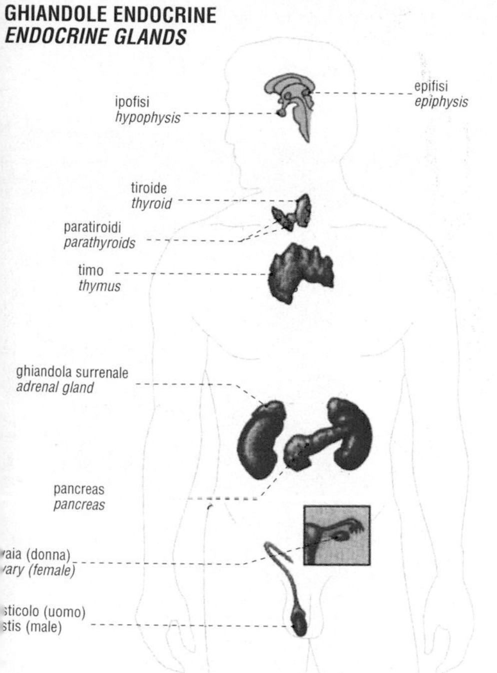

SISTEMA URINARIO
URINARY SYSTEM

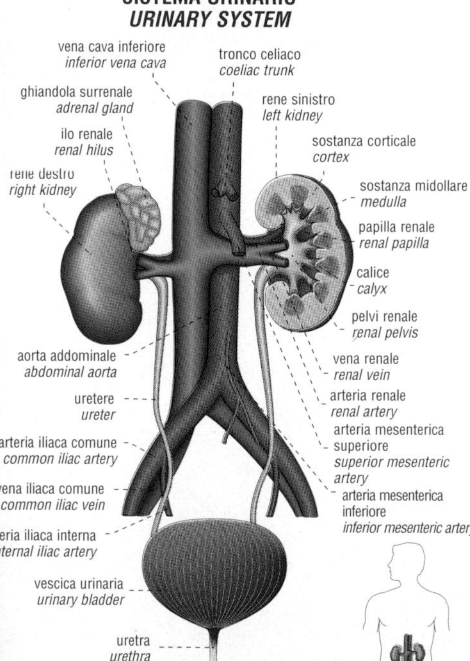

APPARATO DIGERENTE
DIGESTIVE SYSTEM

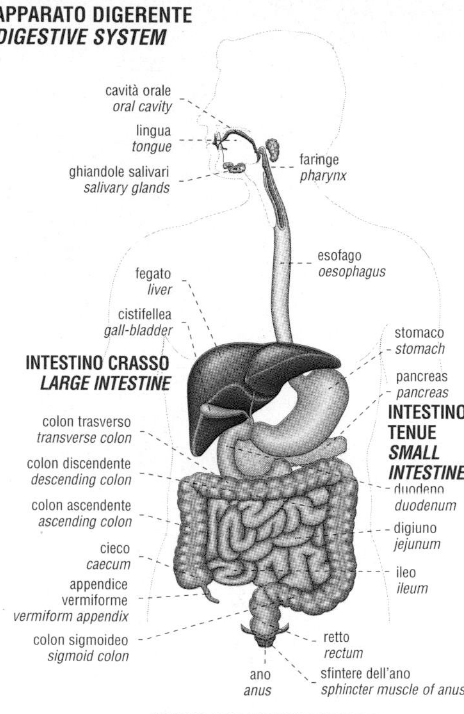

APPARATO RESPIRATORIO
RESPIRATORY SYSTEM

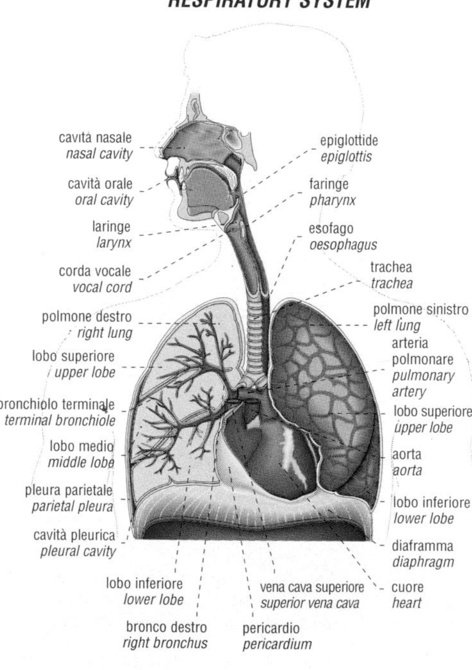

TEMPIO GRECO
GREEK TEMPLE

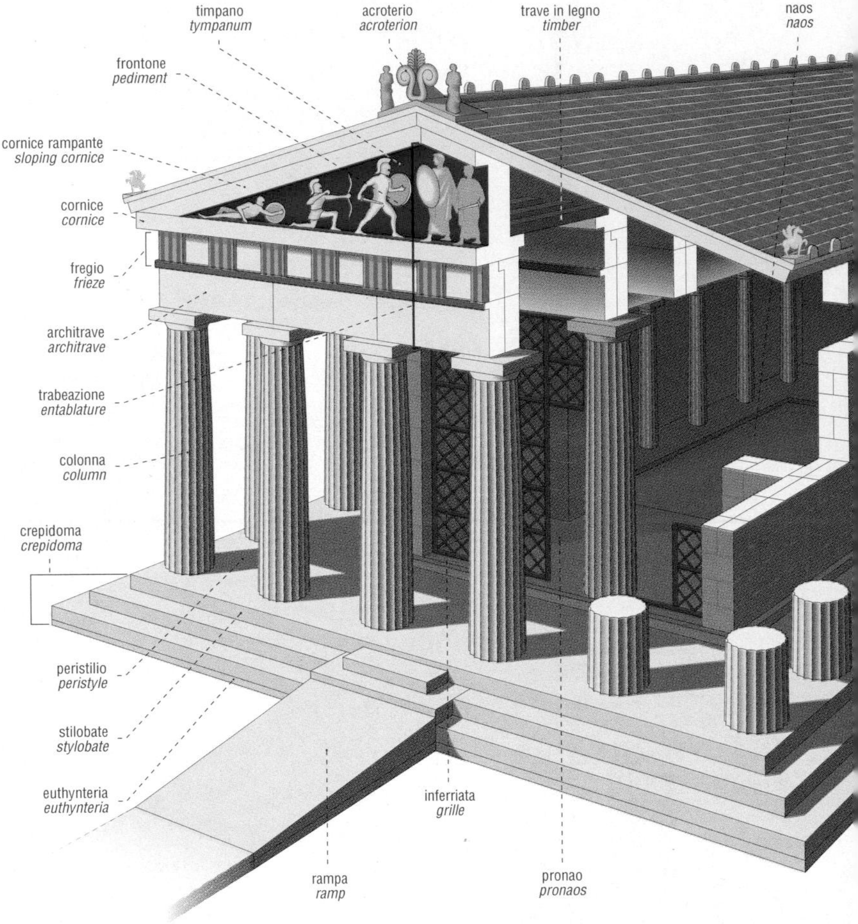

timpano *tympanum*
acroterio *acroterion*
trave in legno *timber*
naos *naos*
frontone *pediment*
cornice rampante *sloping cornice*
cornice *cornice*
fregio *frieze*
architrave *architrave*
trabeazione *entablature*
colonna *column*
crepidoma *crepidoma*
peristilio *peristyle*
stilobate *stylobate*
euthynteria *euthynteria*
rampa *ramp*
inferriata *grille*
pronao *pronaos*

Atene, fregio nord del Partenone: cavalieri (particolare) - *Athens: the Parthenon's north frieze: horsemen (detail)*

STILI ARCHITETTONICI
ARCHITECTURAL STYLES

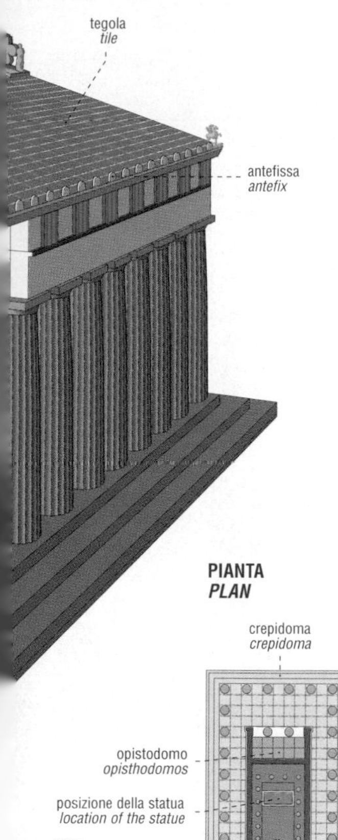

ORDINE IONICO
IONIC ORDER

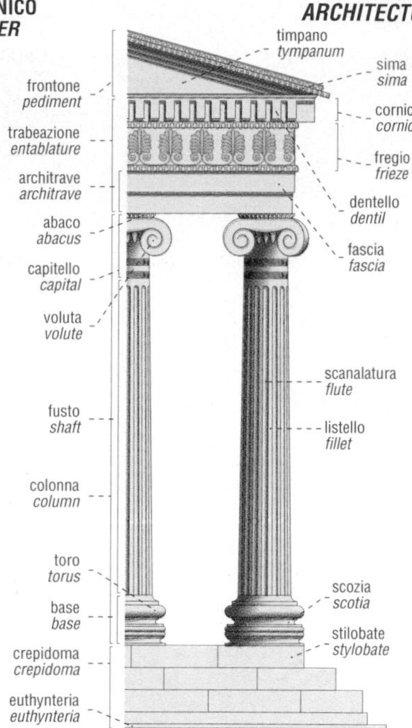

PIANTA
PLAN

crepidoma
crepidoma

opistodomo
opisthodomos

posizione della statua
location of the statue

naos
naos

pronao
pronaos

colonna
column

peristilio
peristyle

ORDINE DORICO
DORIC ORDER

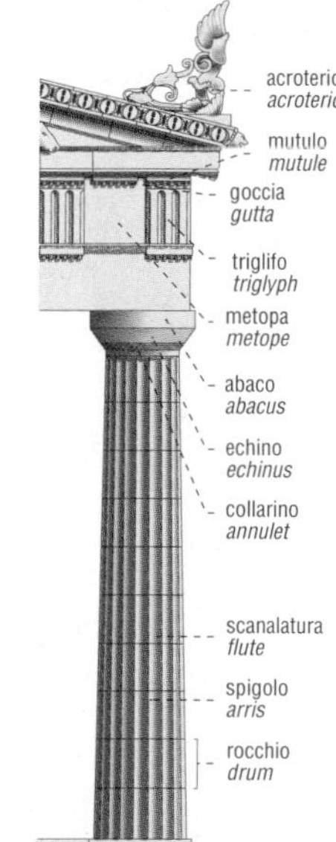

ORDINE CORINZIO
CORINTHIAN ORDER

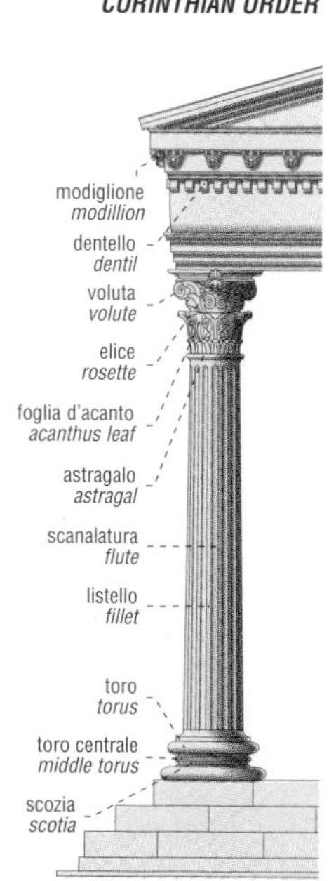

ARCHITETTURA
ARCHITECTURE

CATTEDRALE GOTICA
GOTHIC CATHEDRAL

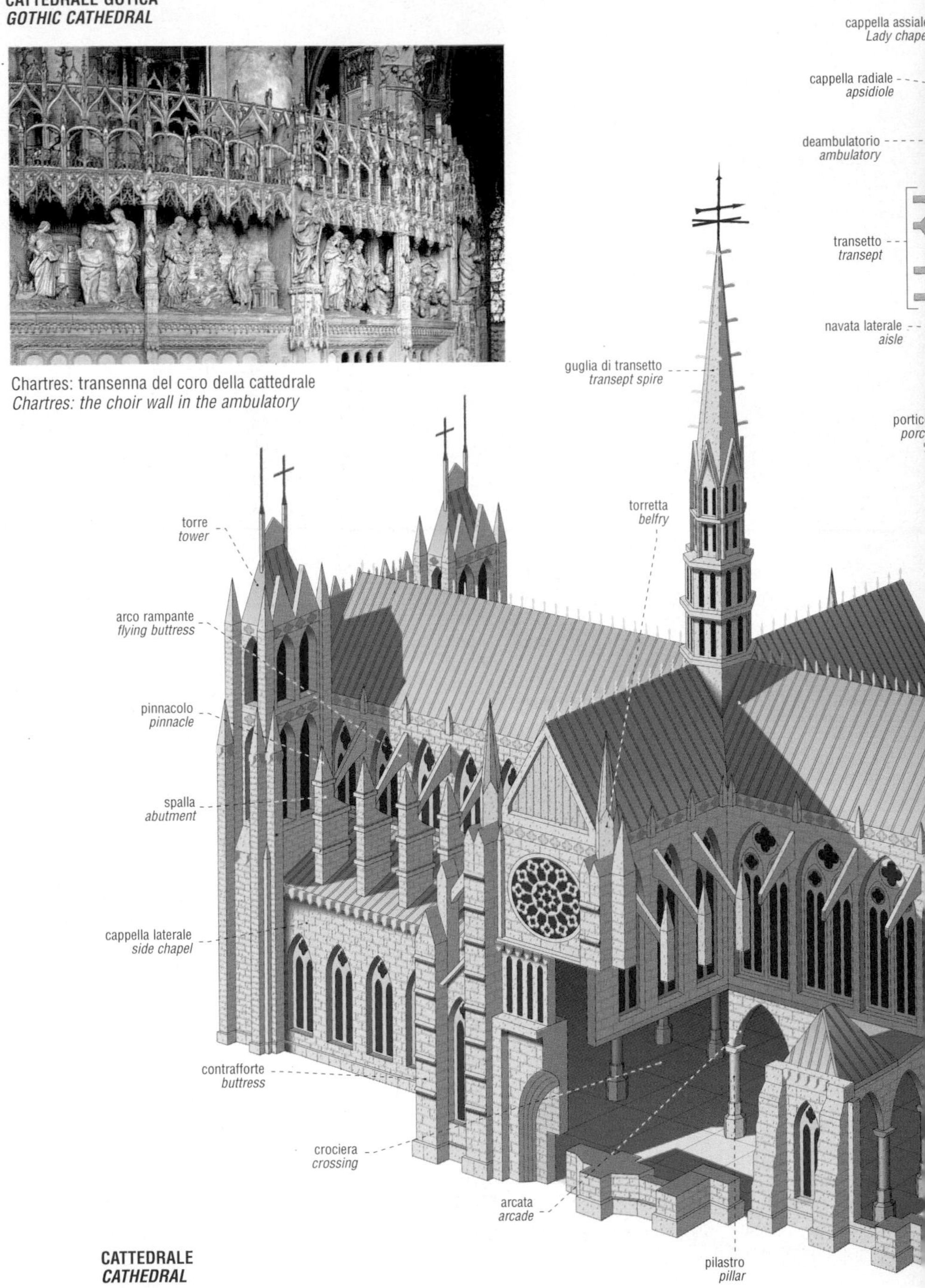

Chartres: transenna del coro della cattedrale
Chartres: the choir wall in the ambulatory

CATTEDRALE
CATHEDRAL

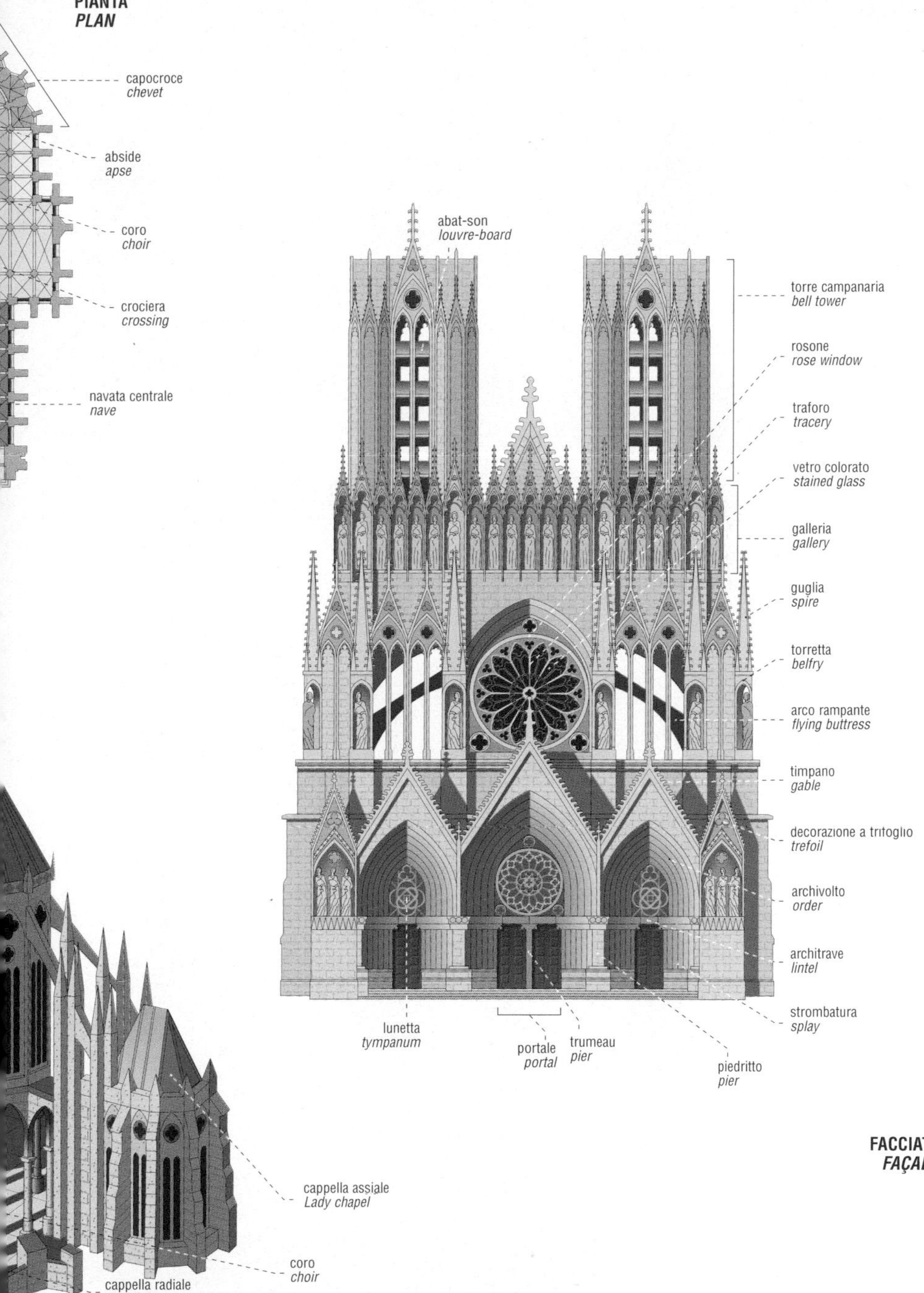
PIANTA
PLAN
capocroce
chevet
abside
apse
coro
choir
crociera
crossing
navata centrale
nave
abat-son
louvre-board
torre campanaria
bell tower
rosone
rose window
traforo
tracery
vetro colorato
stained glass
galleria
gallery
guglia
spire
torretta
belfry
arco rampante
flying buttress
timpano
gable
decorazione a trifoglio
trefoil
archivolto
order
architrave
lintel
strombatura
splay
lunetta
tympanum
portale
portal
trumeau
pier
piedritto
pier
FACCIATA
FAÇADE
cappella assiale
Lady chapel
coro
choir
cappella radiale
apsidiole

CASTELLO
CASTLE

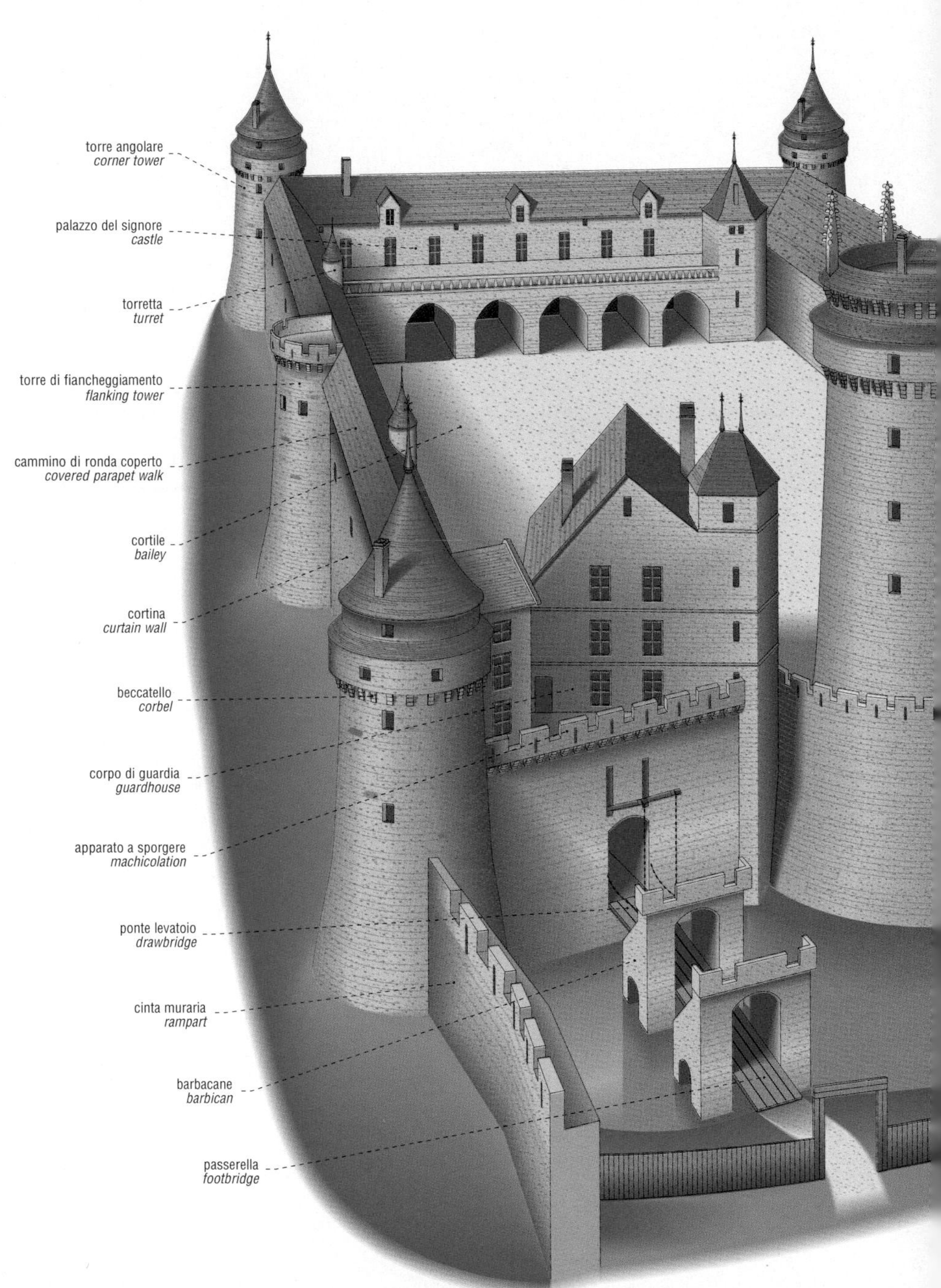

ELMETTO
ARMET

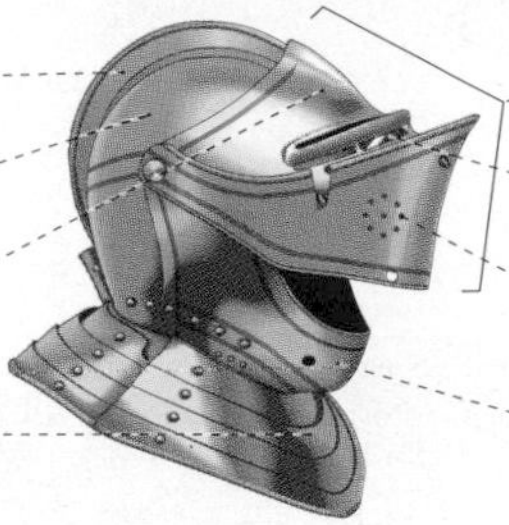

cresta *comb*

coppo *skull*

frontale *brow reinforce*

goletta *gorget*

visiera *visor*

nasale *nose*

ventaglia *ventail*

barbozza *beaver*

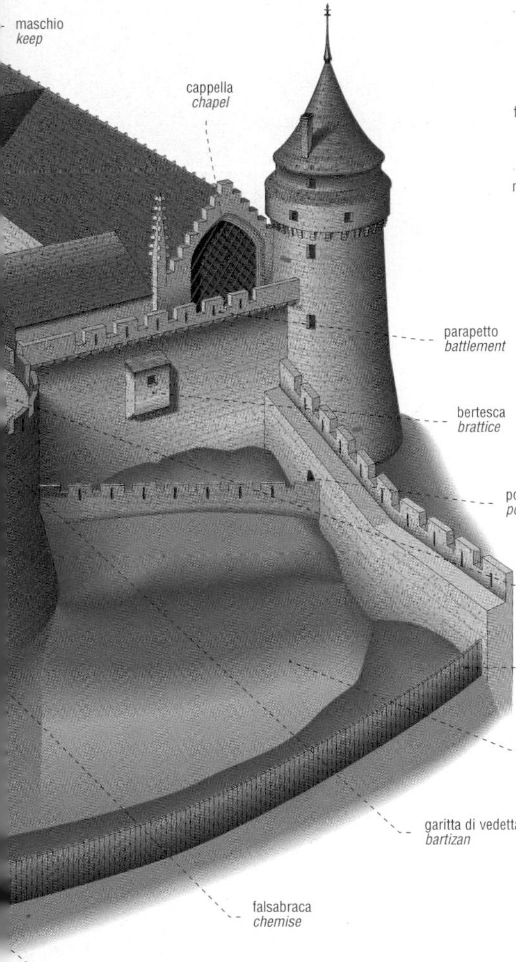

nacolo *nacle*

maschio *keep*

cappella *chapel*

parapetto *battlement*

bertesca *brattice*

postierla *postern*

cammino di ronda *parapet walk*

palizzata *stockade*

fossato *moat*

garitta di vedetta *bartizan*

falsabraca *chemise*

lizza *lists*

ARMATURA
ARMOUR

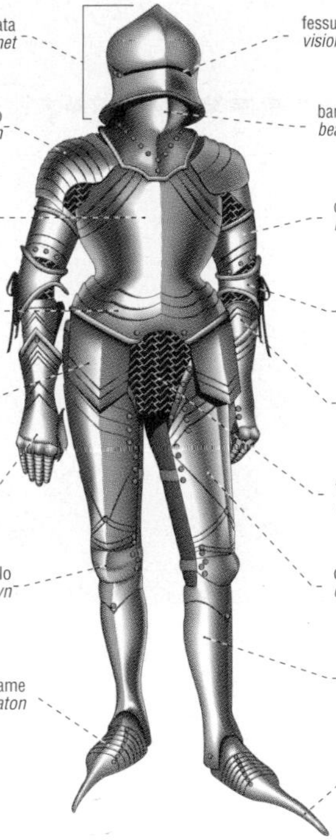

celata *armet*

fessura oculare *vision slit*

barbotto *beaver*

spallaccio *pauldron*

petto *breastplate*

cannone di braccio *rerebrace*

falda *skirt*

cubitiera *couter*

fiancale *tasset*

cannone di antibraccio *vambrace*

manopola *gauntlet*

falda di maglia *chain mail*

ginocchiello *poleyn*

cosciale *cuisse*

schiniere *greave*

scarpa a lame *sabaton*

punta articolata *poulaine*

APPARATO A SPORGERE
MACHICOLATION

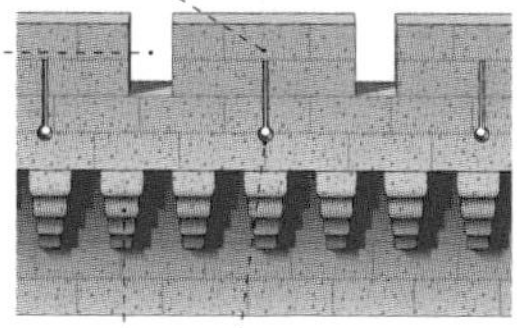

merlo *merlon*

intermerlo *crenel*

feritoia *loophole*

beccatello *corbel*

PIANETI E SATELLITI
PLANETS AND MOONS

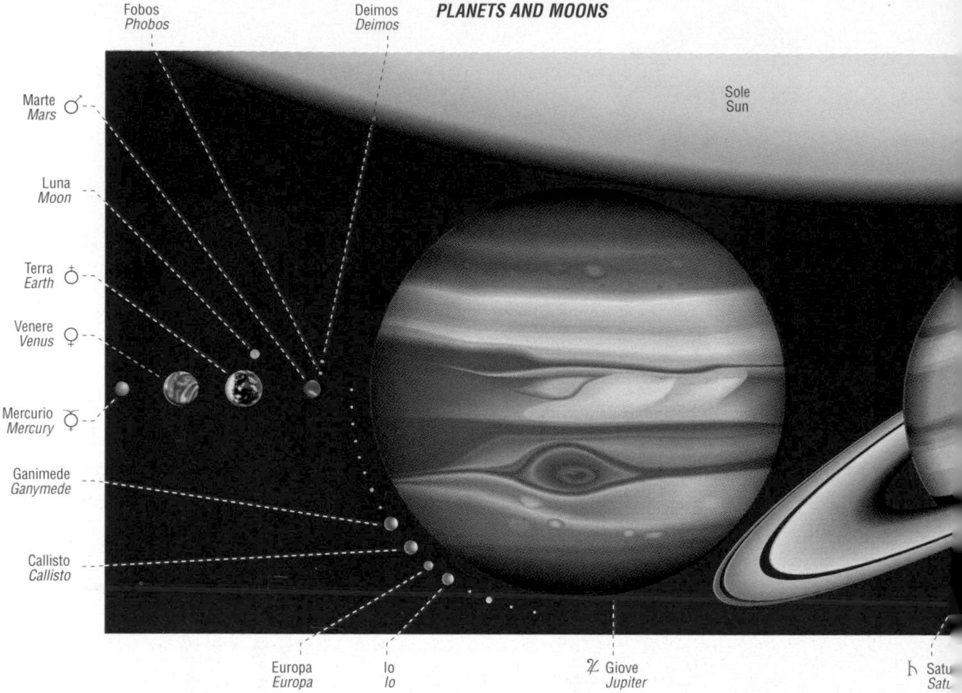

Fobos
Phobos
Deimos
Deimos
Marte ♂
Mars
Sole
Sun
Luna
Moon
Terra ♁
Earth
Venere ♀
Venus
Mercurio ☿
Mercury
Ganimede
Ganymede
Callisto
Callisto
Europa
Europa
Io
Io
♃ Giove
Jupiter
♄ Satu
Satu

	distanza media dal Sole (in milioni di kilometri) *mean distance from the Sun (in millions of kilometres)*	raggio equatoriale *equatorial radius*	massa *mass*
Mercurio - *Mercury*	57,9	2439 km	3,29
Venere - *Venus*	108,2	6052 km	4,87
Terra - *Earth*	149,6	6378 km	5,97
Marte - *Mars*	227,9	3397 km	6,4
Giove - *Jupiter*	778,3	71 400 km	1,9
Saturno - *Saturn*	1427	60 330 km	5,7
Urano - *Uranus*	2870	25 800 km	8,68
Nettuno - *Neptune*	4496,6	24 750 km	1,06
Plutone - *Pluto*	5900	circa - *ca.* 1500 km	circa - *ca.* 1,2

Per i decimali è stata usata la virgola, secondo il sistema continentale; inoltre nei numeri di 4 o più cifre è stato omesso il punto.
Decimals are separated by a comma, following the continental system; figures of 4 digits and more do not carry a point.

ORBITE DEI PIANETI
ORBITS OF THE PLANETS

fascia degli asteroidi
asteroid belt

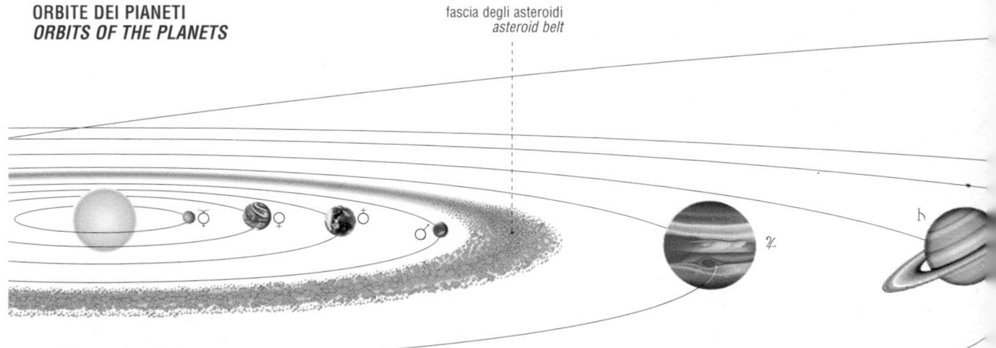

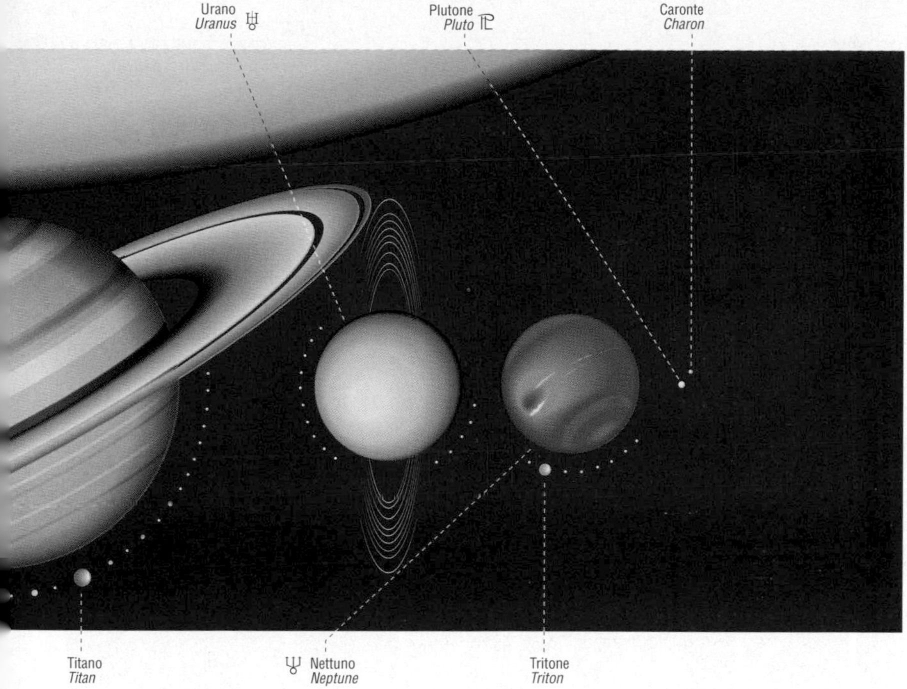

Urano *Uranus* ♅
Plutone *Pluto* ♇
Caronte *Charon*

Titano *Titan*
♆ Nettuno *Neptune*
Tritone *Triton*

·ntricità 'orbita ·tricity of · orbit	periodo di rivoluzione *revolution*	periodo di rotazione *rotation*
2056	87,969 giorni - *days*	$58^d\ 15^h\ 38^m$
)068	224,701 giorni - *days*	243 giorni - *days* R
)167	$365^d\ 6^h\ 9^m\ 9{,}5^s$	$23^h\ 56^m\ 4^s$
)934	687 giorni - *days*	$24^h\ 37^m\ 22^s$
)483	11,86 anni - *years*	$9^h\ 50^m\ 30^s$
)556	29,46 anni - *years*	$10^h\ 14^m$
)472	84,01 anni - *years*	$17^h\ 30^m$ R
)097	164,79 anni - *years*	$18^h\ 12^m$
!482	248,4 anni - *years*	$6^d\ 9^h\ 18^m$ R

d = giorni - *days*
h = ore - *hours*
m = minuti - *minutes*
s = secondi - *seconds*
R = moto retrogrado - *retrograde motion*

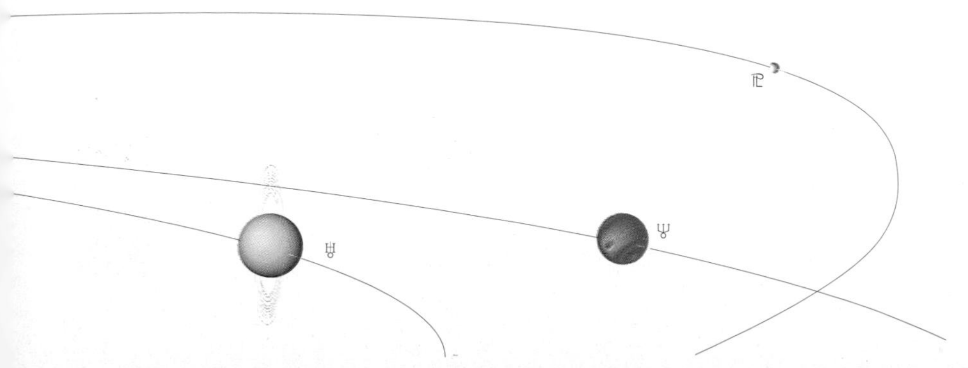

SOLE
SUN

STRUTTURA DEL SOLE
STRUCTURE OF THE SUN

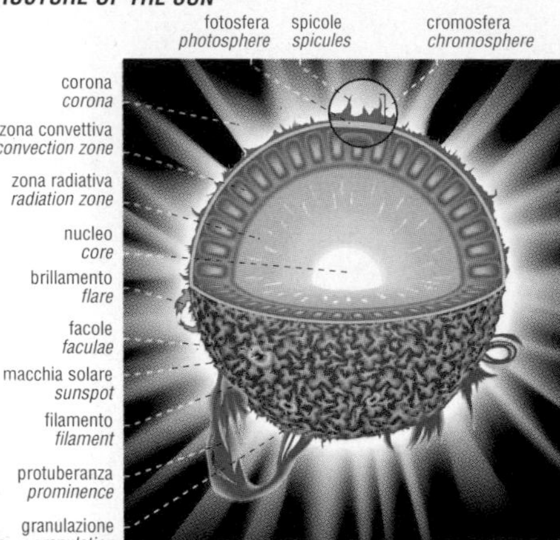

LUNA
MOON

CARATTERISTICHE DELLA LUNA
LUNAR FEATURES

FASI DELLA LUNA
PHASES OF THE MOON

Luna nuova
new moon

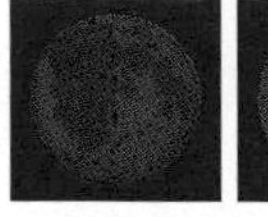

Luna crescente
new crescent

primo quarto
first quarter

Luna gibbosa crescente
waxing gibbous

Luna piena
full moon

Luna gibbosa calante
waning gibbous

ultimo quarto
last quarter

Luna calante
old crescent

ECLISSI DI SOLE
SOLAR ECLIPSE

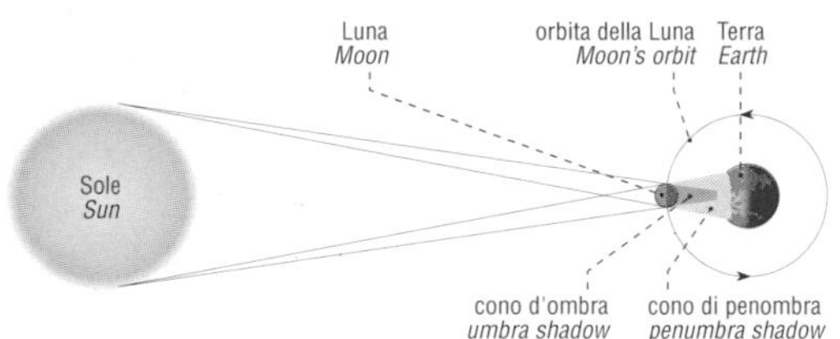

TIPI DI ECLISSI
TYPES OF ECLIPSES

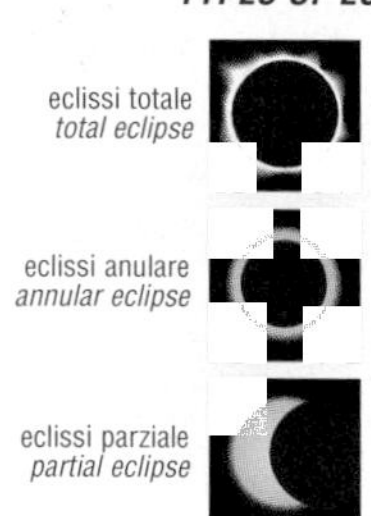

ECLISSI DI LUNA
LUNAR ECLIPSE

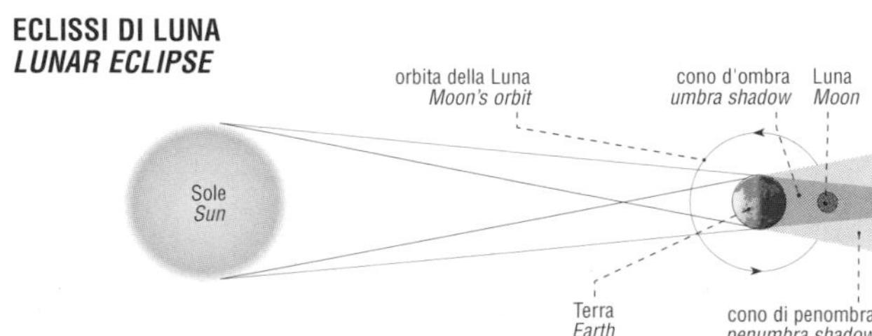

TIPI DI ECLISSI
TYPES OF ECLIPSES

eclissi parziale
partial eclipse

eclissi totale
total eclipse

STAGIONI DELL'ANNO
SEASONS OF THE YEAR

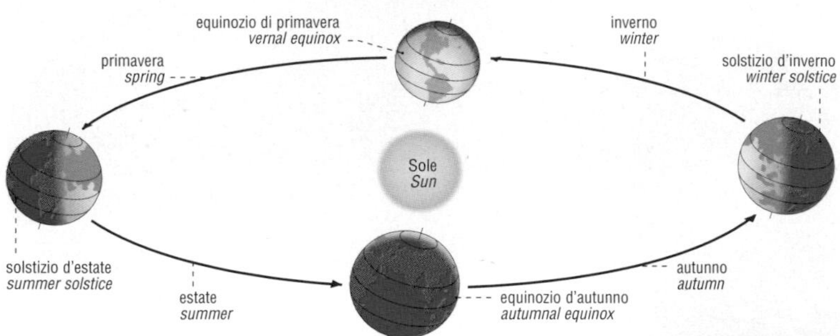

SISTEMA DI COORDINATE TERRESTRI
EARTH COORDINATE SYSTEM

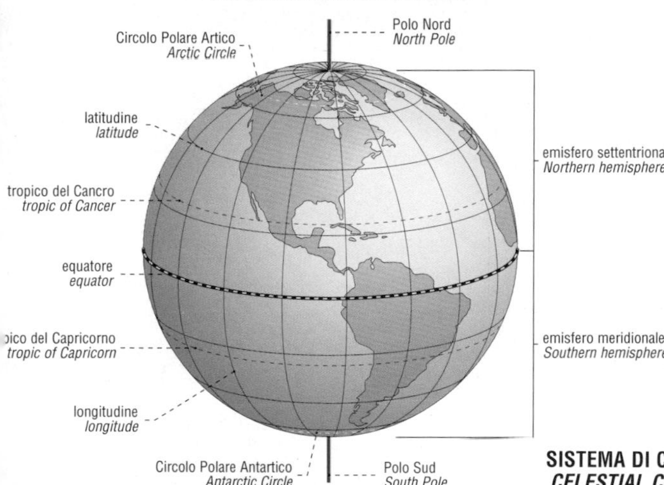

Emisfero settentrionale: Orsa maggiore
Northern hemisphere: Ursa Major

SISTEMA DI COORDINATE CELESTI
CELESTIAL COORDINATE SYSTEM

fero meridionale: Croce del Sud
hern hemisphere: the Southern Cross

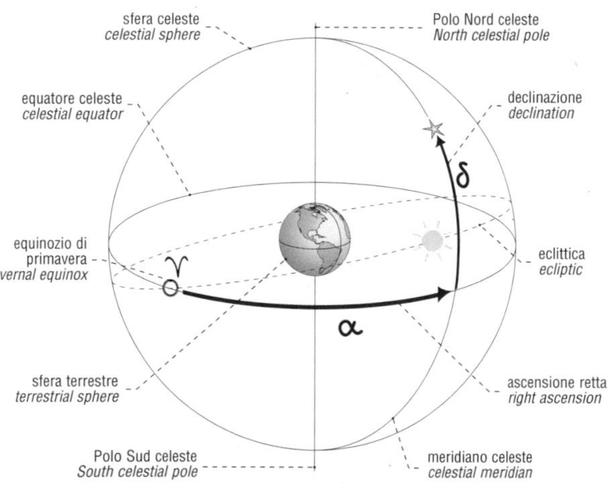

STRUTTURA DELLA TERRA
STRUCTURE OF THE EARTH

astenosfera *asthenosphere*
nucleo esterno *outer core*
crosta terrestre *Earth's crust*
mantello superiore *upper mantle*
mantello inferiore *lower mantle*
nucleo interno *inner core*
discontinuità di Mohorovičić *Mohorovicic discontinuity*
atmosfera *atmosphere*
discontinuità di Gutenberg *Gutenberg discontinuity*

TERREMOTO
EARTHQUAKE

linea isosismica *isoseismal line*
epicentro *epicentre*
crosta terrestre *Earth's crust*
profondità del fuoco *depth of focus*
fuoco *focus*
faglia *fault*
onda sismica *seismic wave*

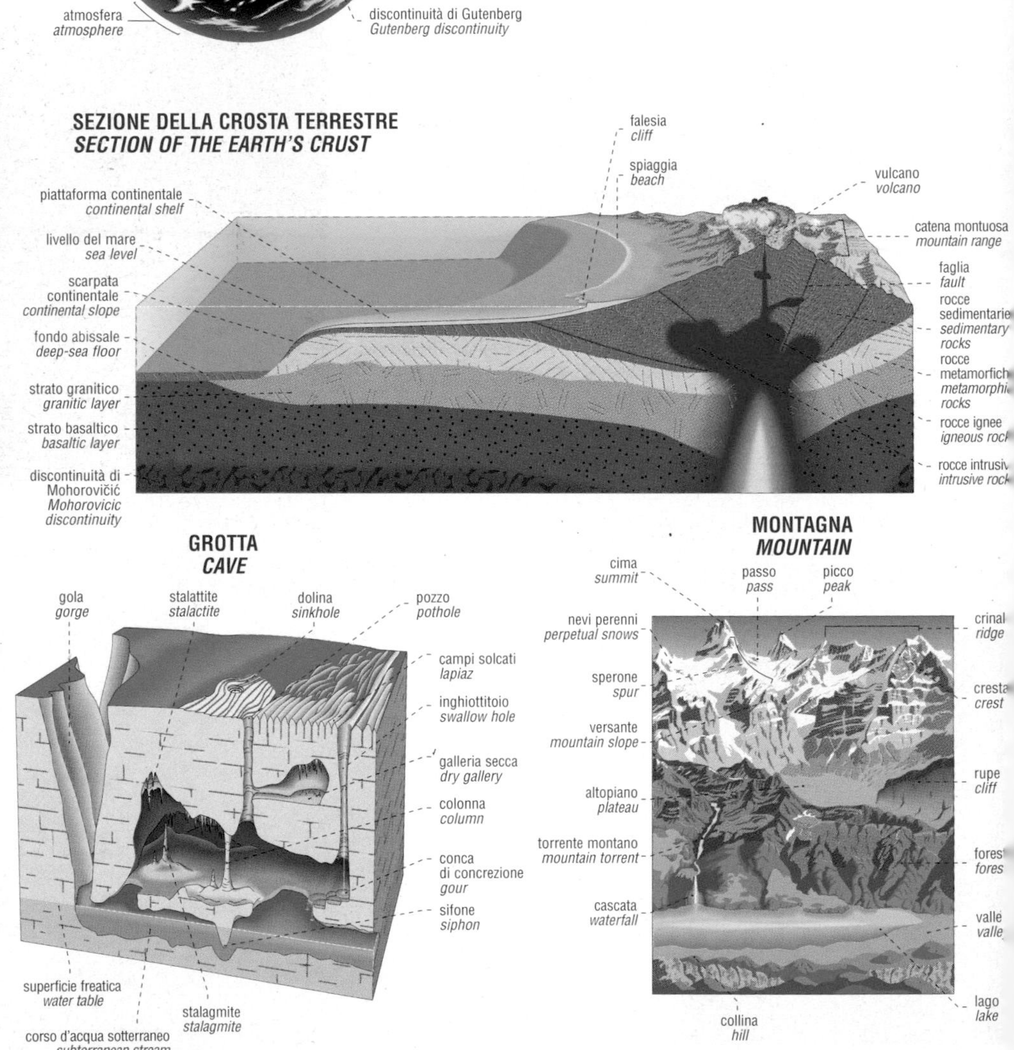

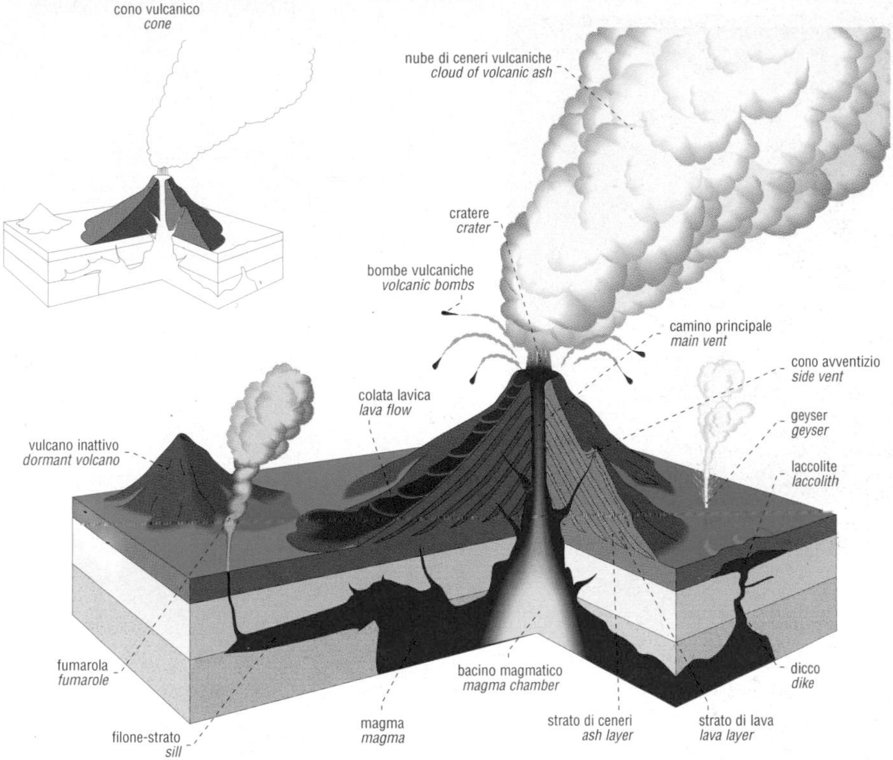

cono vulcanico
cone

nube di ceneri vulcaniche
cloud of volcanic ash

cratere
crater

bombe vulcaniche
volcanic bombs

camino principale
main vent

cono avventizio
side vent

colata lavica
lava flow

geyser
geyser

vulcano inattivo
dormant volcano

laccolite
laccolith

fumarola
fumarole

bacino magmatico
magma chamber

dicco
dike

filone-strato
sill

magma
magma

strato di ceneri
ash layer

strato di lava
lava layer

VULCANO IN ERUZIONE
VOLCANO DURING ERUPTION

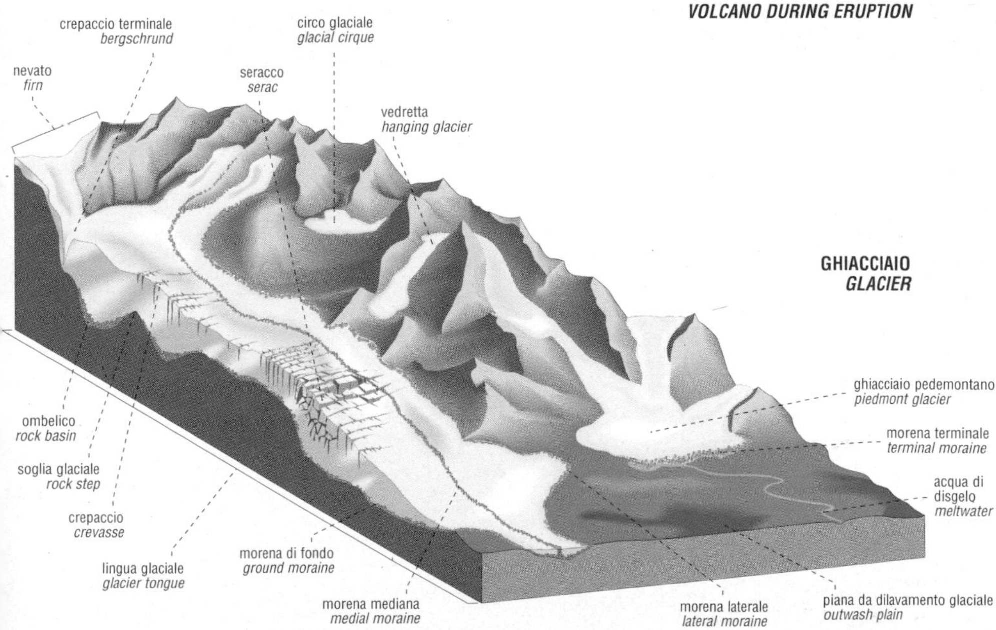

crepaccio terminale
bergschrund

circo glaciale
glacial cirque

nevato
firn

seracco
serac

vedretta
hanging glacier

GHIACCIAIO
GLACIER

ghiacciaio pedemontano
piedmont glacier

ombelico
rock basin

morena terminale
terminal moraine

soglia glaciale
rock step

acqua di disgelo
meltwater

crepaccio
crevasse

morena di fondo
ground moraine

lingua glaciale
glacier tongue

morena mediana
medial moraine

morena laterale
lateral moraine

piana da dilavamento glaciale
outwash plain

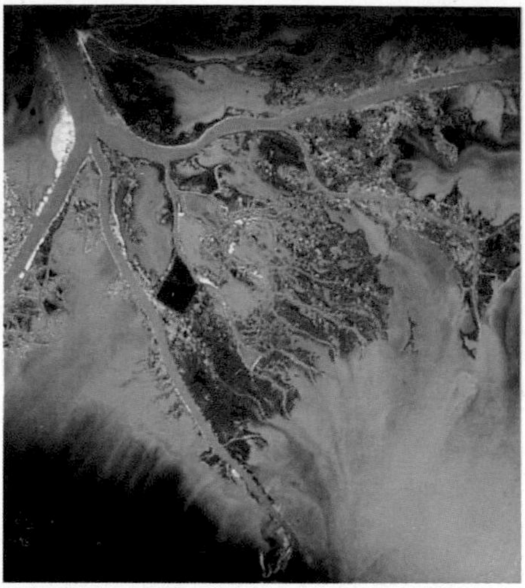

Delta del Mississippi
The Mississippi delta

CARATTERISTICHE DELLA COSTA
COMMON COASTAL FEATURES

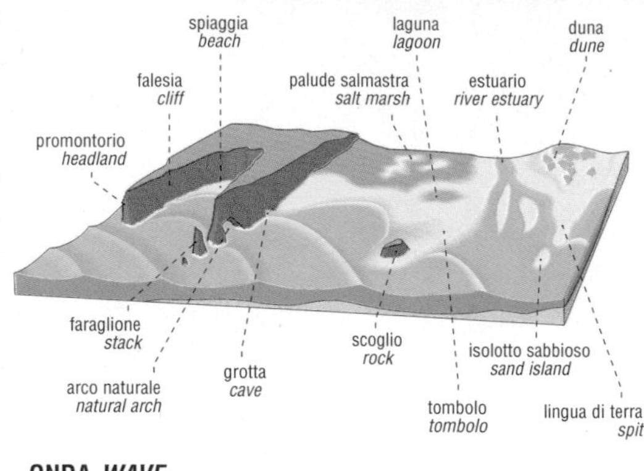

spiaggia
beach
laguna
lagoon
duna
dune
falesia
cliff
palude salmastra
salt marsh
estuario
river estuary
promontorio
headland
faraglione
stack
scoglio
rock
isolotto sabbioso
sand island
grotta
cave
arco naturale
natural arch
tombolo
tombolo
lingua di terra
spit

ONDA-*WAVE*

onda progressiva
progressive wave
cresta
crest
frangente
breaker
lunghezza dell'onda
wave length
schiuma
foam
fondo dell'onda
trough
livello di mare calmo
still water level
altezza dell'onda
wave height
costa
shore
onda di traslazione
translation wave
livello base del moto ondoso
wave base
barra di sabbia
sand bar

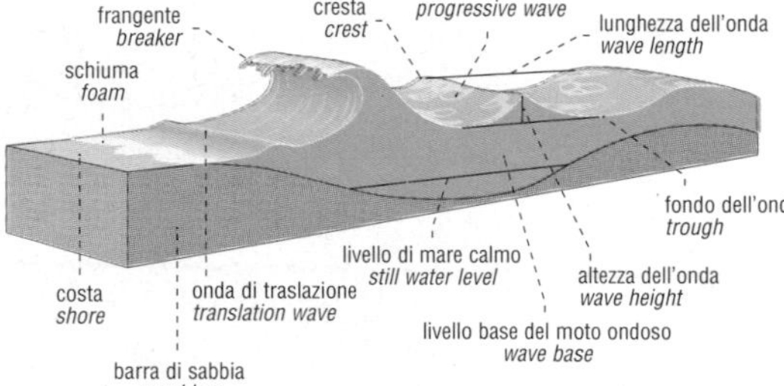

FONDO OCEANICO
OCEAN FLOOR

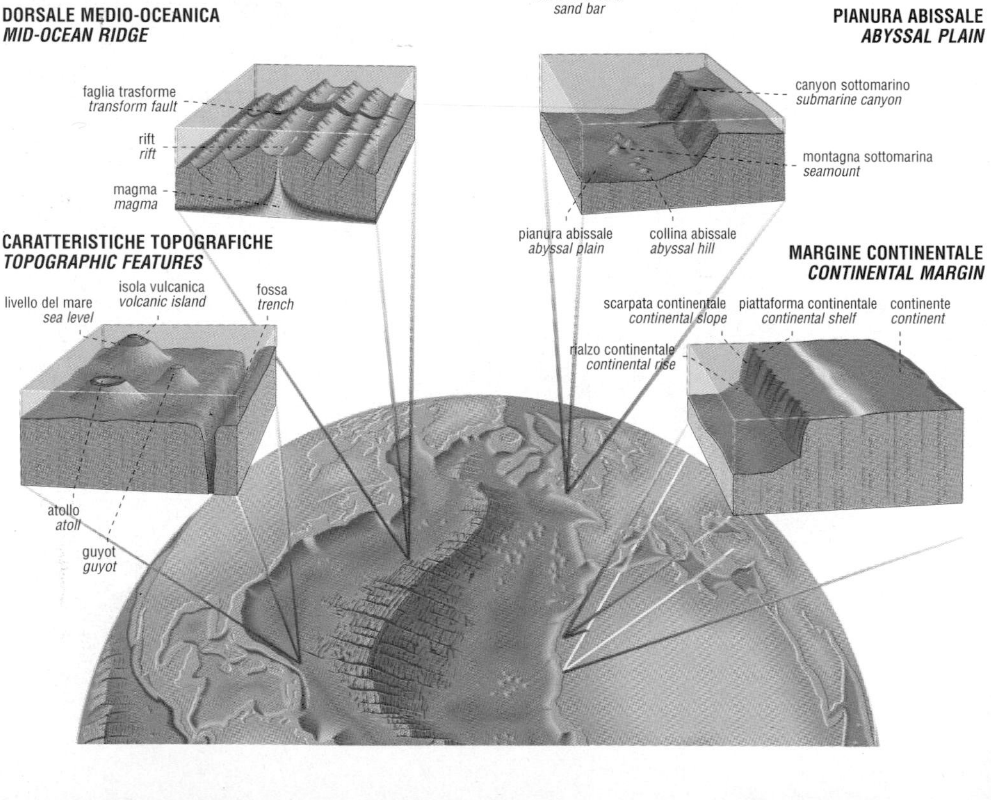

DORSALE MEDIO-OCEANICA
MID-OCEAN RIDGE
faglia trasforme
transform fault
rift
rift
magma
magma
PIANURA ABISSALE
ABYSSAL PLAIN
canyon sottomarino
submarine canyon
montagna sottomarina
seamount
pianura abissale
abyssal plain
collina abissale
abyssal hill
CARATTERISTICHE TOPOGRAFICHE
TOPOGRAPHIC FEATURES
isola vulcanica
volcanic island
fossa
trench
livello del mare
sea level
atollo
atoll
guyot
guyot
MARGINE CONTINENTALE
CONTINENTAL MARGIN
scarpata continentale
continental slope
piattaforma continentale
continental shelf
continente
continent
rialzo continentale
continental rise

NUBI E SIMBOLI METEOROLOGICI
CLOUDS AND METEOROLOGICAL SYMBOLS

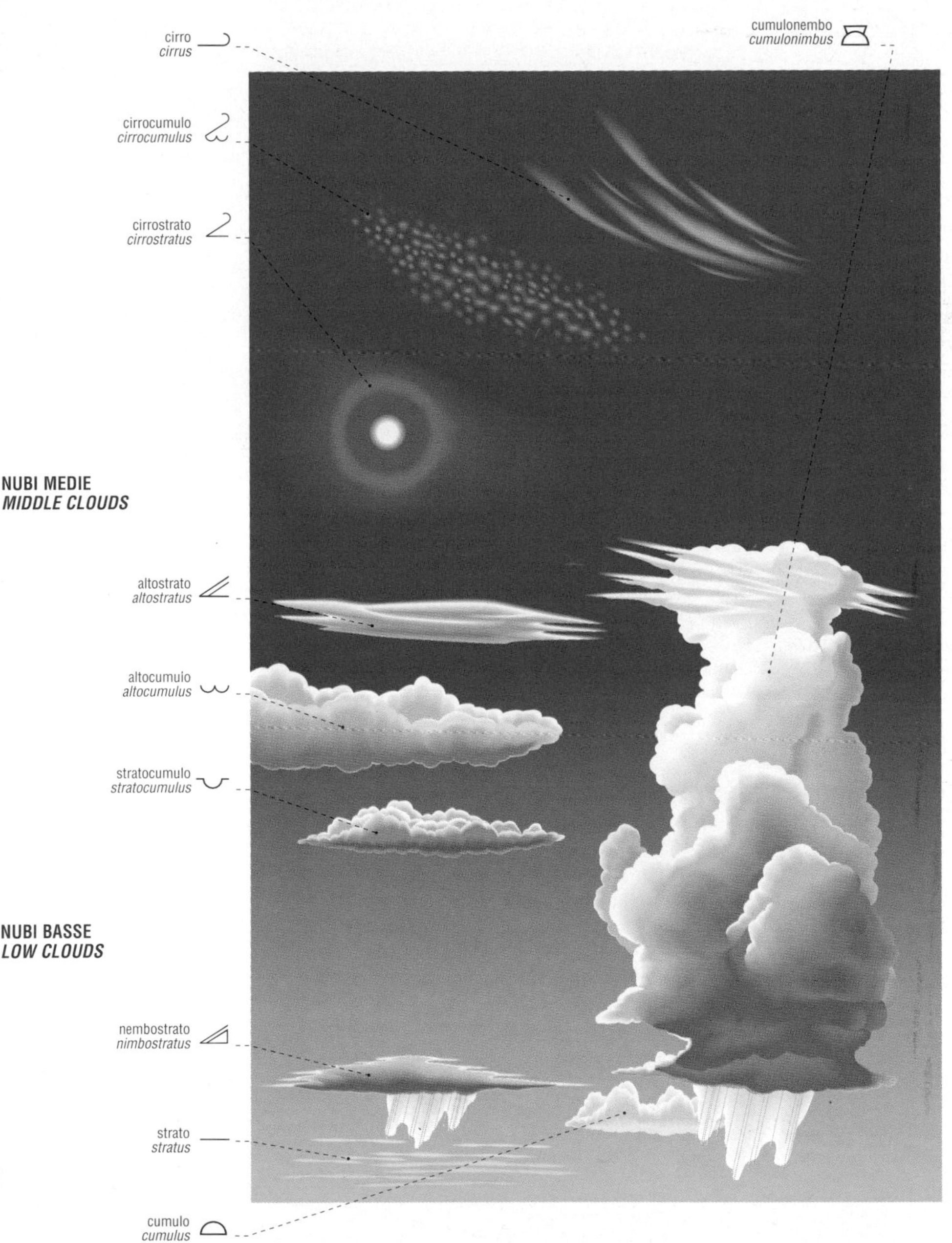

ATLETICA LEGGERA
TRACK AND FIELD ATHLETICS

STADIO
ARENA

BLOCCO DI PARTENZA
STARTING BLOCK

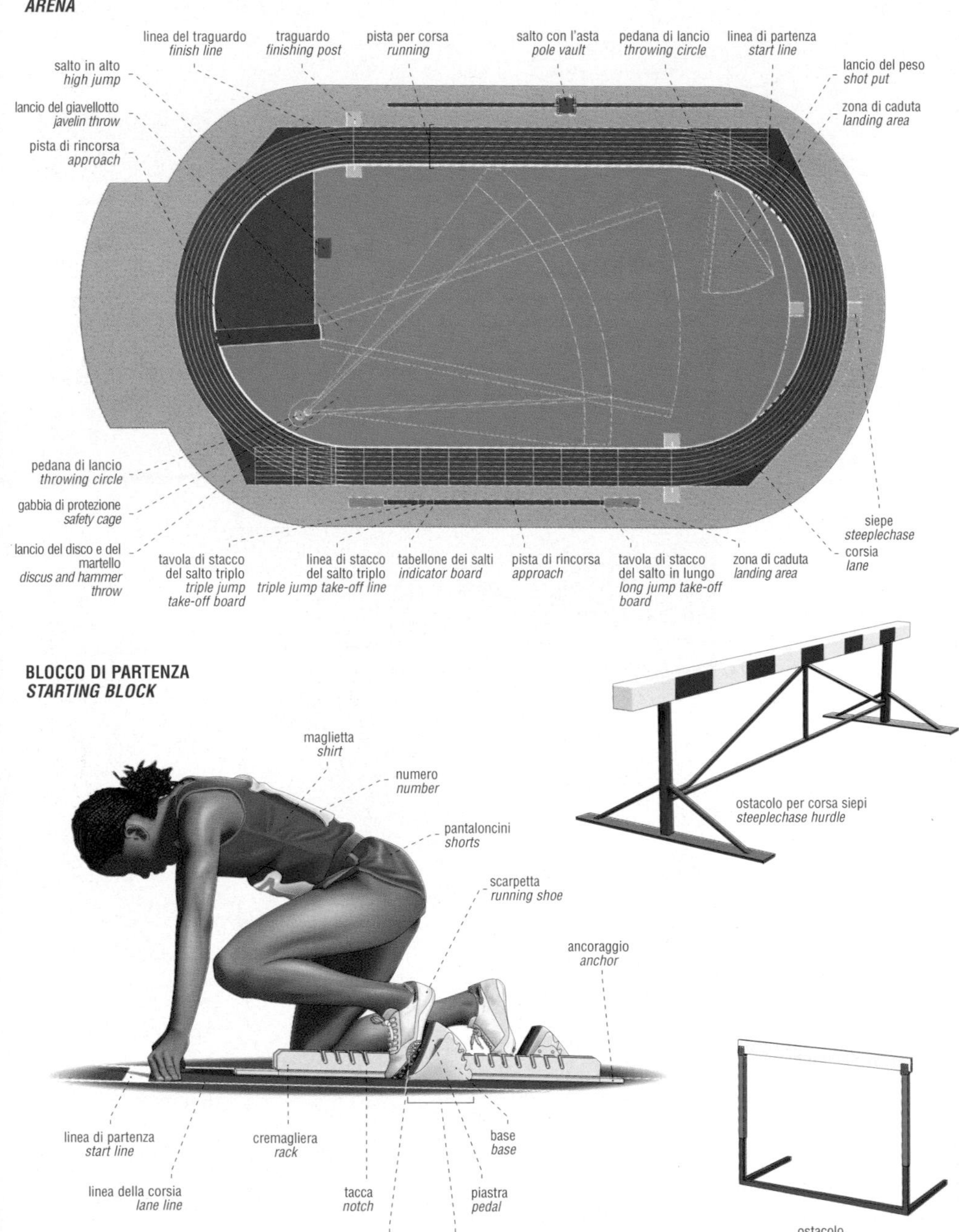

CALCIO
SOCCER

CAMPO DI GIOCO
PLAYING FIELD

dischetto del calcio di rigore
penalty spot
rete
goal
area di rigore
penalty area
area piccola
goal area
45 – 90 m
bandierina del calcio d'angolo
corner flag
linea dell'area di rigore
penalty area marking
angolo
corner arc
lunetta
penalty arc
cerchio di centrocampo
centre circle
arbitro
referee
linea di metà campo
halfway line
bandierina centrale
centre flag
90 – 120 m
ala sinistra
left wing
ala destra
right wing
linea del fallo laterale
touch line
centrocampo
centre spot
libero
sweeper
guardialinee
linesman
terzino
fullback
stopper
centre-back
centrocampista
midfield
terzino
fullback
centravanti
centre forward
centrocampista
midfield
difensore centrale
centre midfield
portiere
goalkeeper

PALLONE DA CALCIO
SOCCER BALL

218 mm

CALCIATORE
SOCCER PLAYER

maglia della squadra
team shirt
pantaloncini
shorts
parastinchi
shin guard
scarpa da calcio
soccer shoe
tacchetti intercambiabili
interchangeable studs

NUOTO
SWIMMING

PISCINA OLIMPICA
COMPETITIVE COURSE

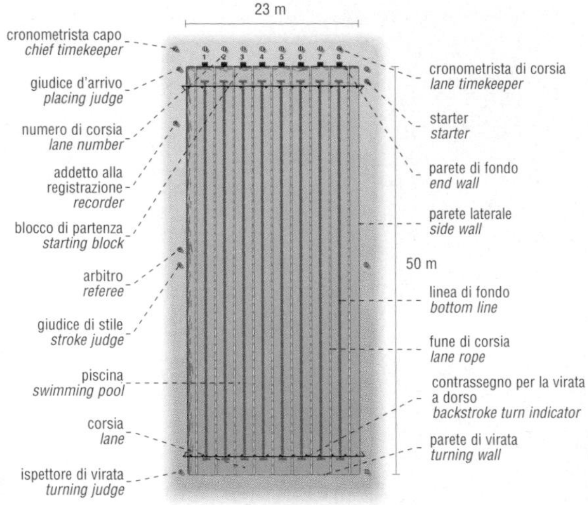

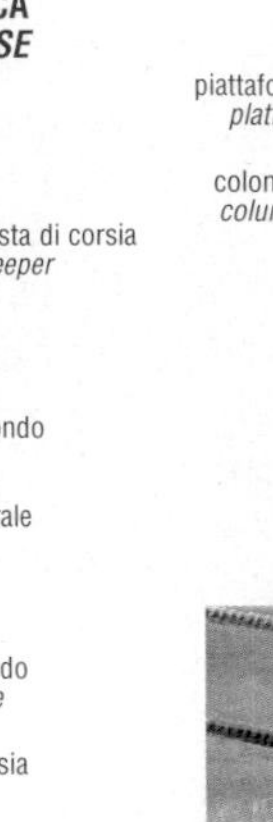

23 m

cronometrista capo
chief timekeeper

giudice d'arrivo
placing judge

numero di corsia
lane number

addetto alla registrazione
recorder

blocco di partenza
starting block

arbitro
referee

giudice di stile
stroke judge

piscina
swimming pool

corsia
lane

ispettore di virata
turning judge

cronometrista di corsia
lane timekeeper

starter
starter

parete di fondo
end wall

parete laterale
side wall

50 m

linea di fondo
bottom line

fune di corsia
lane rope

contrassegno per la virata a dorso
backstroke turn indicator

parete di virata
turning wall

BLOCCO DI PARTENZA
STARTING BLOCK

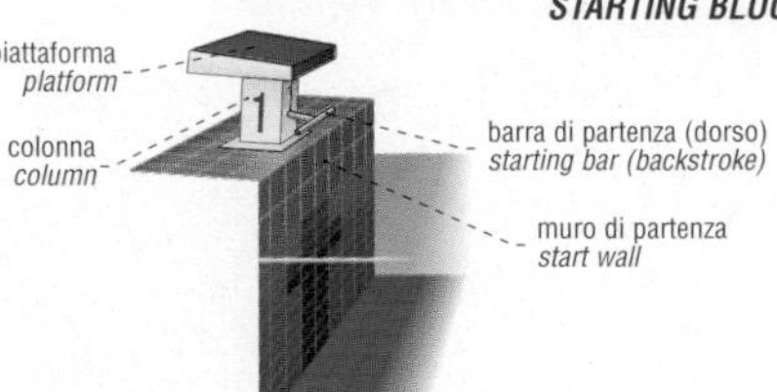

piattaforma
platform

colonna
column

barra di partenza (dorso)
starting bar (backstroke)

muro di partenza
start wall

STILI DI NUOTO
TYPES OF STROKE

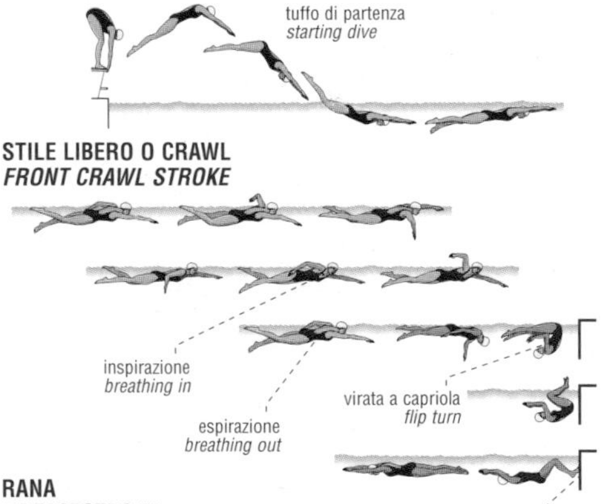

tuffo di partenza
starting dive

STILE LIBERO O CRAWL
FRONT CRAWL STROKE

inspirazione
breathing in

espirazione
breathing out

virata a capriola
flip turn

parete di virata
turning wall

RANA
BREASTSTROKE

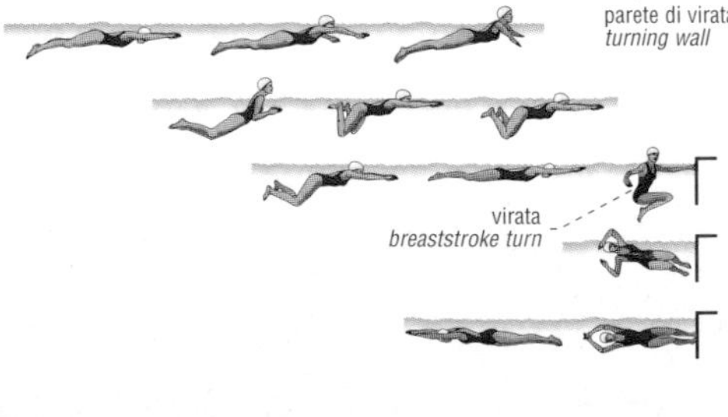

virata
breaststroke turn

DELFINO
BUTTERFLY STROKE

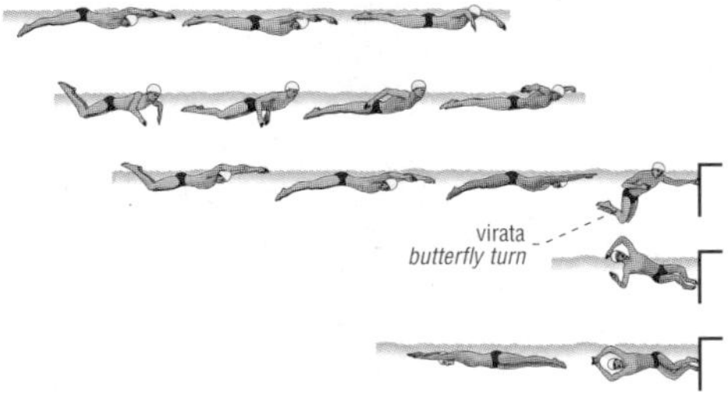

virata
butterfly turn

DORSO
BACKSTROKE

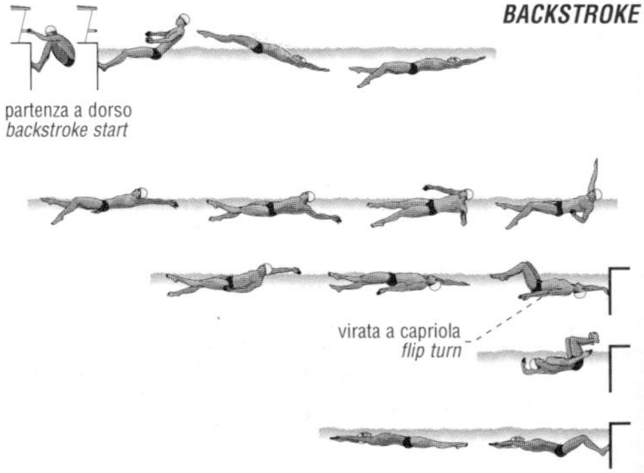

partenza a dorso
backstroke start

virata a capriola
flip turn

PALLACANESTRO
BASKETBALL

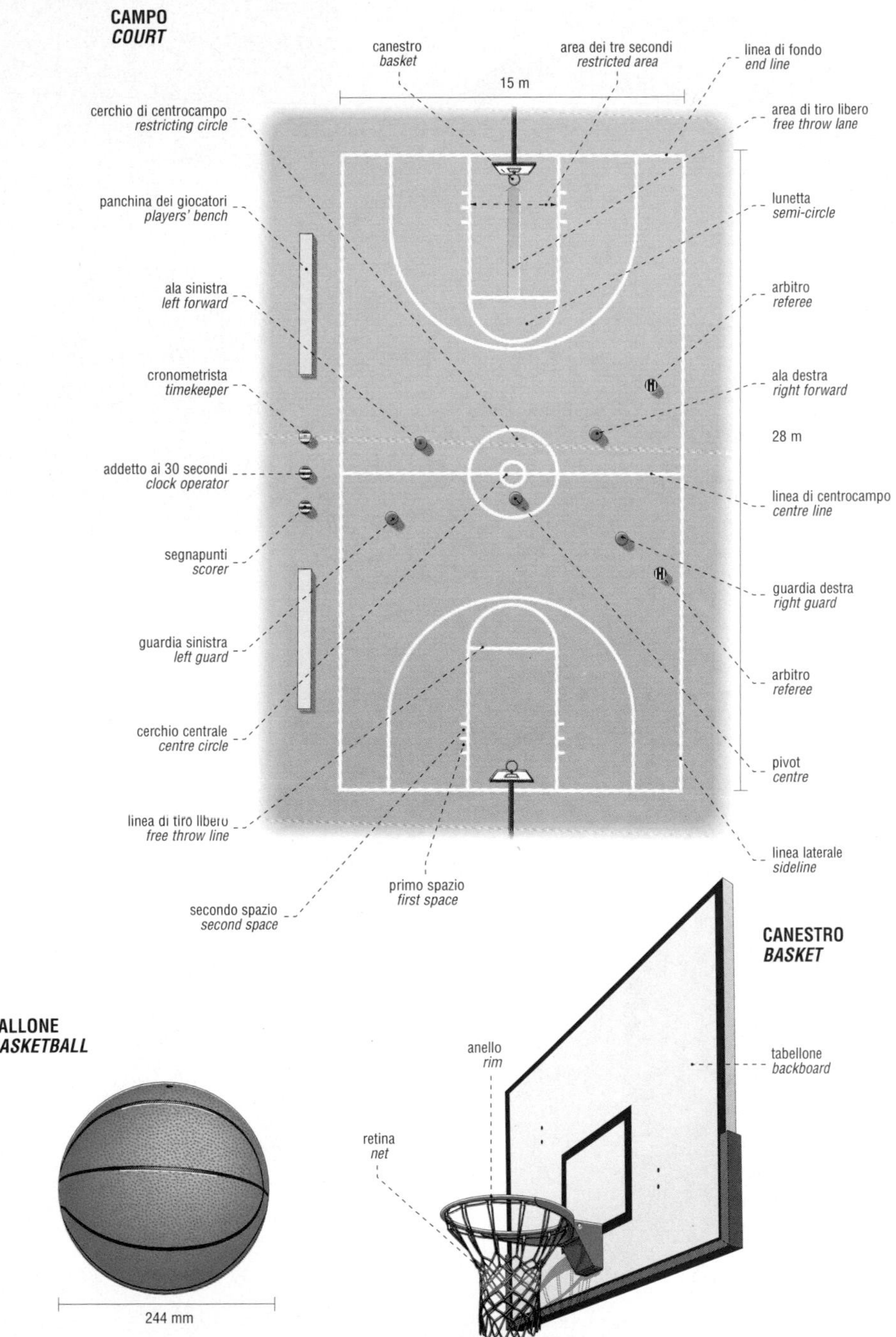

PARAPENDIO
PARAGLIDING

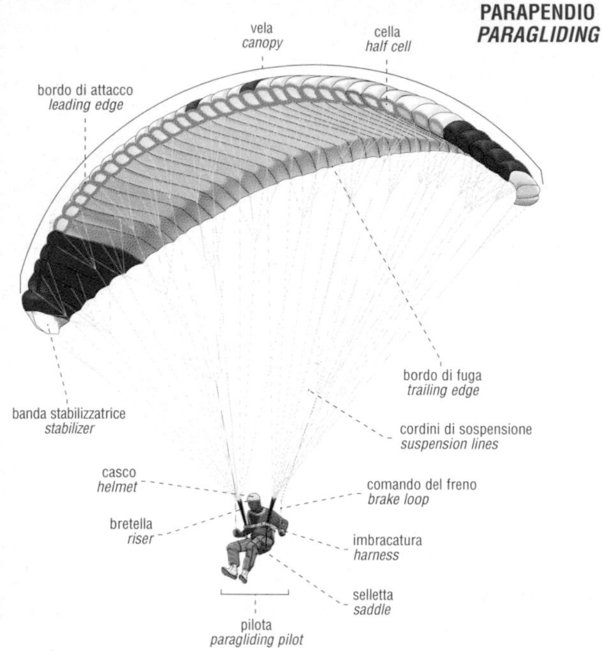

Mongolfiera
Hot-air balloon

Paracadutisti: formazione caduta libera
Skydivers in free-fall formation

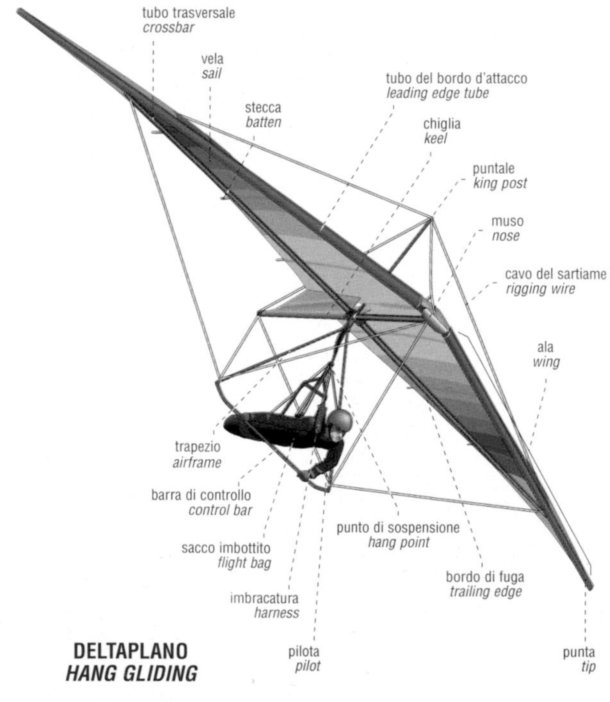

DELTAPLANO
HANG GLIDING

PATTINAGGIO
SKATING

PATTINO PER PATTINAGGIO ARTISTICO
FIGURE SKATE

Pattinaggio artistico
Figure-skating

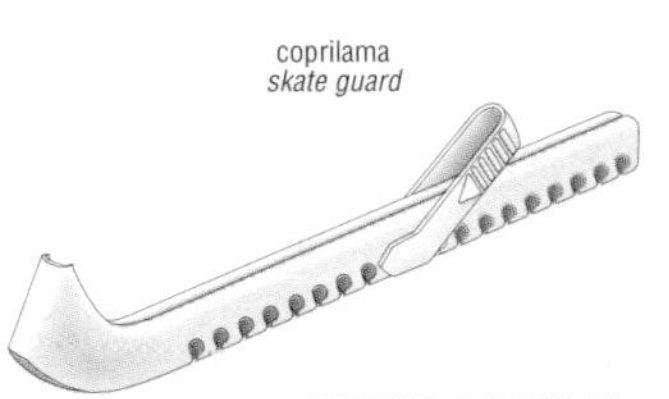

PATTINO PER VELOCITÀ
SPEED SKATE

PATTINO A ROTELLE
ROLLER SKATE

Pattinaggio a rotelle
Roller-skating

SPORT
SPORT

SCI ALPINO
ALPINE SKIING
SCIATORE
ALPINE SKIER
berretto
ski hat
occhiali
ski goggles
completo da sci
ski suit
guanto
ski glove
impugnatura
handle
cappio
wrist strap
racchetta da sci
ski pole
rotella
basket
coda
tail
scanalatura
groove
sci
ski
ski stop
ski stop
soletta
bottom
spatola
shovel
lamina
edge
talloniera di sicurezza
heel piece
scarpone
ski boot
punta
tip
puntale
toe piece
ATTACCO DI SICUREZZA
SAFETY BINDING
leva di apertura dell'attacco
manual release
placca antifrizione
anti-friction pad
base della talloniera
heel flange
vite di regolazione dell'apertura
release setting screw
vite di regolazione altezza
height adjustment screw
indicatore della regolazione
setting indicator
piastra di base
base plate
ski stop
ski stop
talloniera
heel-piece
puntale
toe-piece
indicatore della regolazione
setting indicator
SCARPONE
SKI BOOT
scarpetta interna
inner boot
bordo scarpetta
upper cuff
linguettone
tongue
appoggio del polpaccio
upper
fascia di chiusura
upper strap
gancio
buckle
gambaletto
upper shell
tirante
wire
tacca di regolazione
adjusting catch
snodo
hinge
suola
sole
scafo
lower shell
SCI DI FONDO
CROSS-COUNTRY SKIING
FONDISTA
CROSS-COUNTRY SKIER
berretto
ski hat
fascia
headband
visiera
visor
cappio
wrist strap
guanto
glove
impugnatura
pole grip
collo alto
turtle neck
tuta
ski suit
bastoncino
ski pole
talloniera
heelplate
puntale
pole tip
asta
pole shaft
calzettone
knee sock
rotella
basket
punta dello sci
ski tip
sci
cross-country ski
spatola
shovel
attacco
binding
scarpetta
touring boot
coda
tail

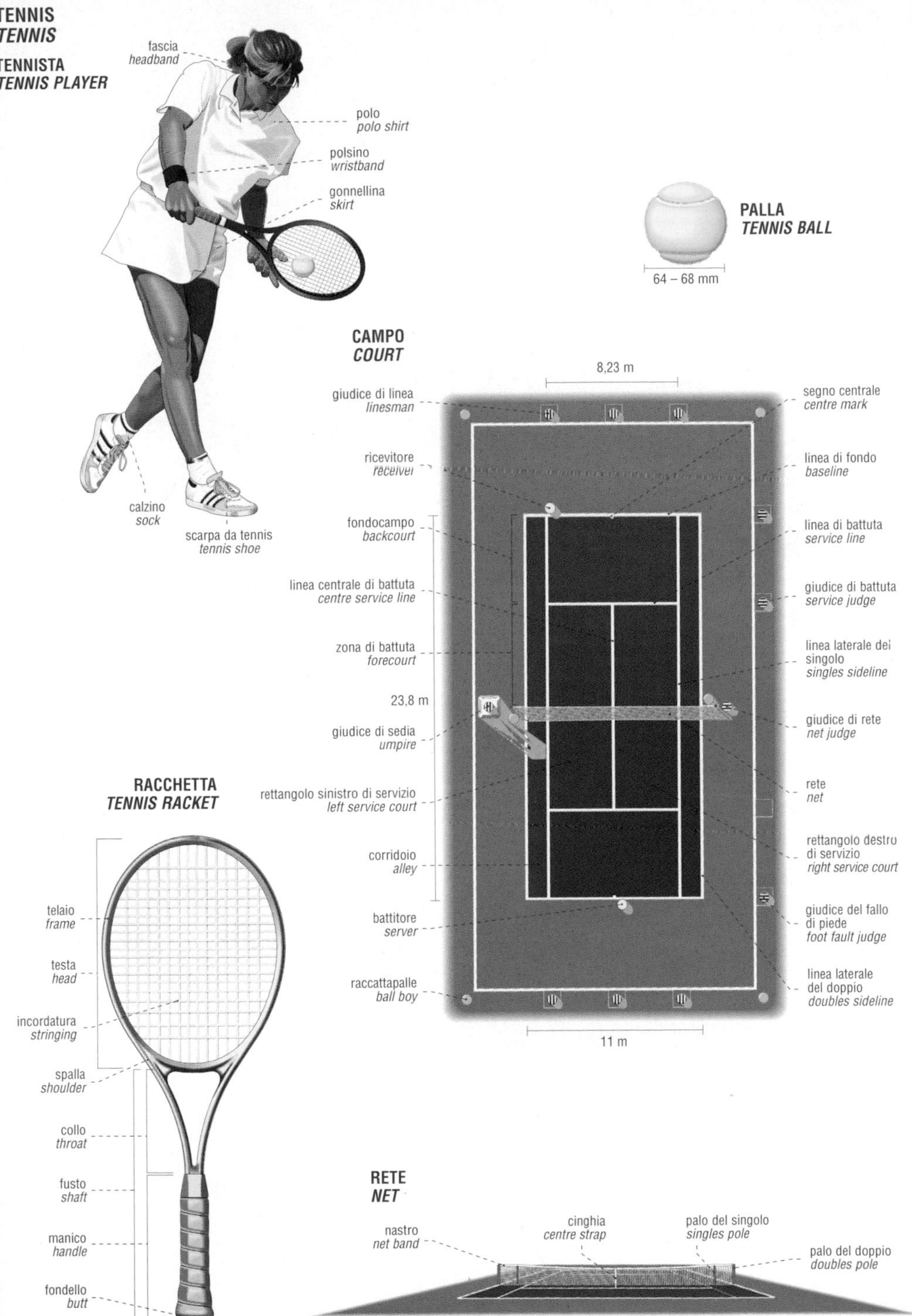
TENNIS
TENNIS
TENNISTA
TENNIS PLAYER
fascia
headband
polo
polo shirt
polsino
wristband
gonnellina
skirt
calzino
sock
scarpa da tennis
tennis shoe
PALLA
TENNIS BALL
64 – 68 mm
CAMPO
COURT
8,23 m
giudice di linea
linesman
segno centrale
centre mark
ricevitore
receiver
linea di fondo
baseline
fondocampo
backcourt
linea di battuta
service line
linea centrale di battuta
centre service line
giudice di battuta
service judge
zona di battuta
forecourt
linea laterale del singolo
singles sideline
23,8 m
giudice di sedia
umpire
giudice di rete
net judge
rete
net
rettangolo sinistro di servizio
left service court
rettangolo destro di servizio
right service court
corridoio
alley
battitore
server
giudice del fallo di piede
foot fault judge
raccattapalle
ball boy
linea laterale del doppio
doubles sideline
11 m
RACCHETTA
TENNIS RACKET
telaio
frame
testa
head
incordatura
stringing
spalla
shoulder
collo
throat
fusto
shaft
manico
handle
fondello
butt
RETE
NET
nastro
net band
cinghia
centre strap
palo del singolo
singles pole
palo del doppio
doubles pole

TENNIS DA TAVOLO
TABLE TENNIS

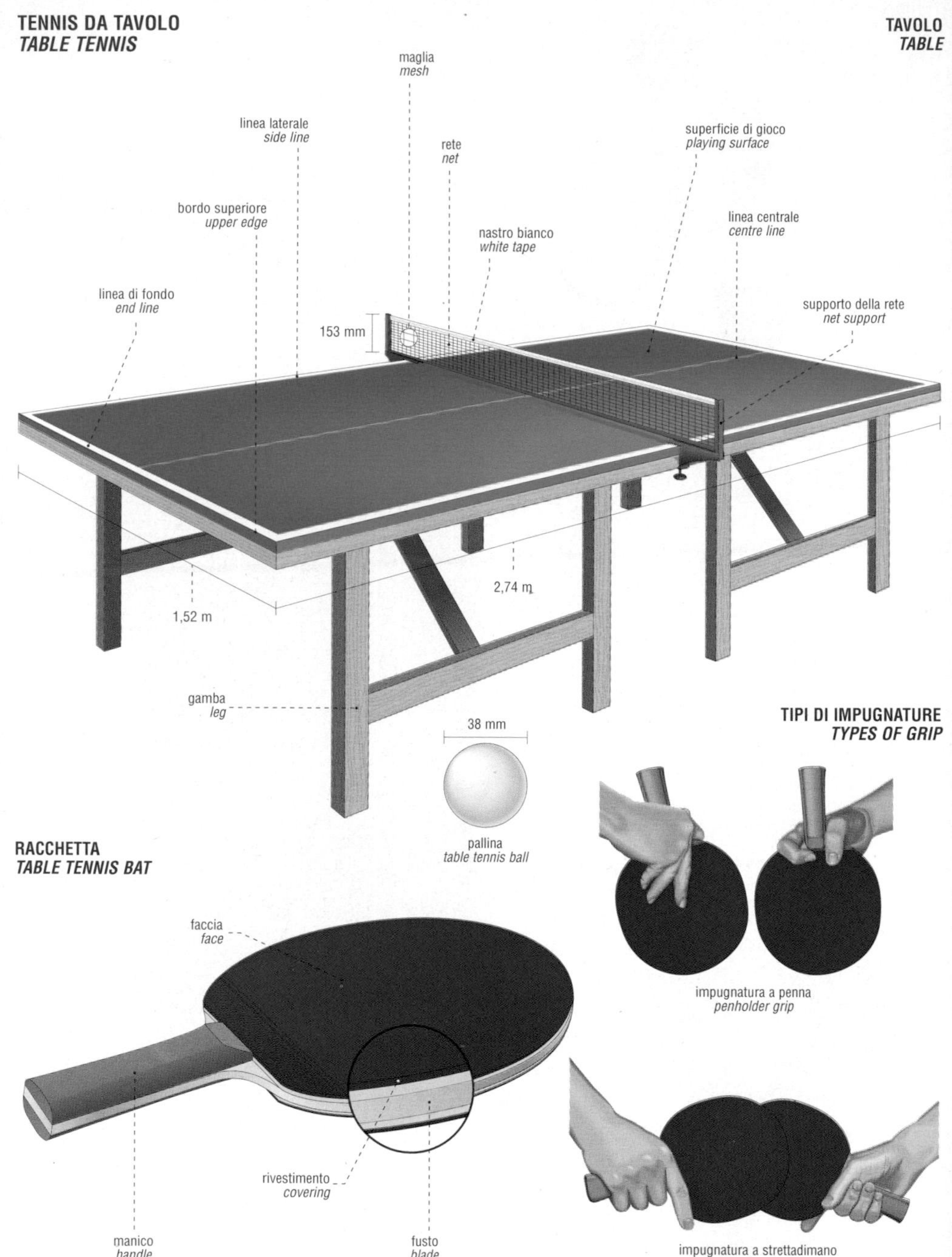

VELA
SAILING

DERIVA
SAILING BOAT

segnavento *wind indicator*
albero *mast*
tasca per la stecca *batten pocket*
strallo di prua *forestay*
stecca *batten*
fiocco *jib*
randa *mainsail*
sartia *shroud*
ferzo *sail panel*
crocetta *crosstree*
segnavento *telltale*
caricabbasso *boom vang*
boma *boom*
scotta del fiocco *jibsheet*
barra del timone *tiller*
galloccia *cleat*
scotta della randa *mainsheet*
timone *rudder*
prua *bow*
scafo *hull*
pozzetto *cockpit*
deriva *centreboard*
rotaia del carrello di scotta *traveller*

SESTANTE
SEXTANT

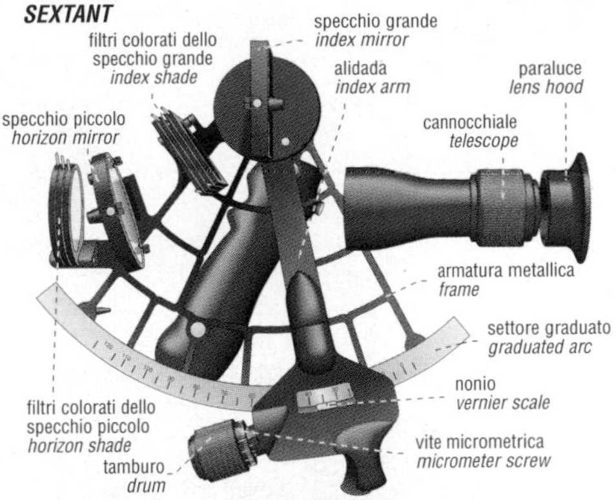

specchio grande *index mirror*
filtri colorati dello specchio grande *index shade*
alidada *index arm*
paraluce *lens hood*
specchio piccolo *horizon mirror*
cannocchiale *telescope*
armatura metallica *frame*
settore graduato *graduated arc*
nonio *vernier scale*
filtri colorati dello specchio piccolo *horizon shade*
vite micrometrica *micrometer screw*
tamburo *drum*

BUSSOLA A LIQUIDO
LIQUID COMPASS

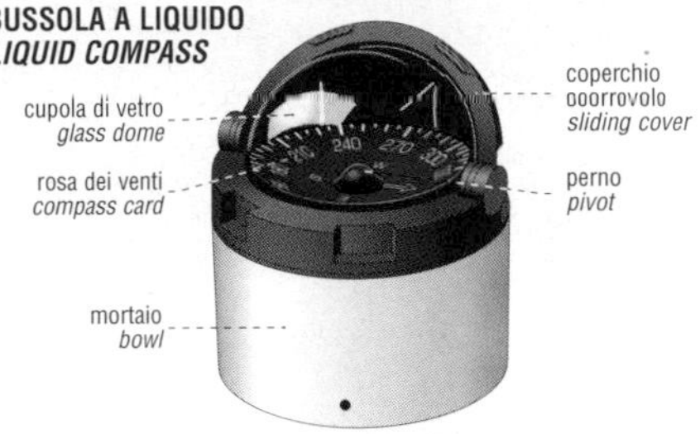

coperchio ooorrovolo *sliding cover*
cupola di vetro *glass dome*
rosa dei venti *compass card*
perno *pivot*
mortaio *bowl*

ANDATURE DELLE IMBARCAZIONI A VELA
POINTS OF SAILING

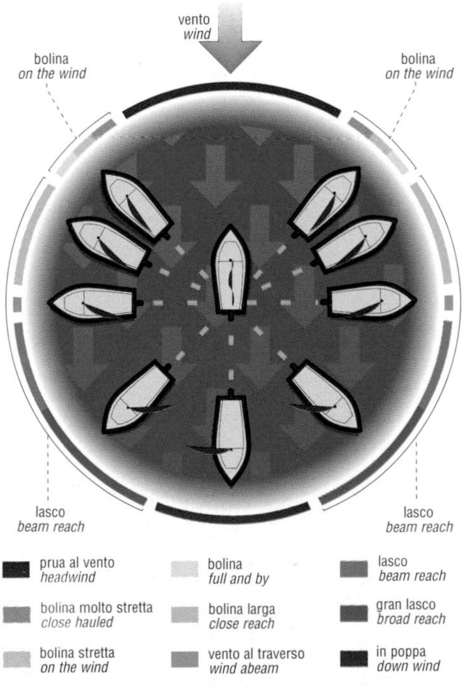

vento *wind*
bolina *on the wind*
bolina *on the wind*
lasco *beam reach*
lasco *beam reach*

prua al vento *headwind*
bolina molto stretta *close hauled*
bolina stretta *on the wind*
bolina *full and by*
bolina larga *close reach*
vento al traverso *wind abeam*
lasco *beam reach*
gran lasco *broad reach*
in poppa *down wind*

WINDSURF
SAILBOARD

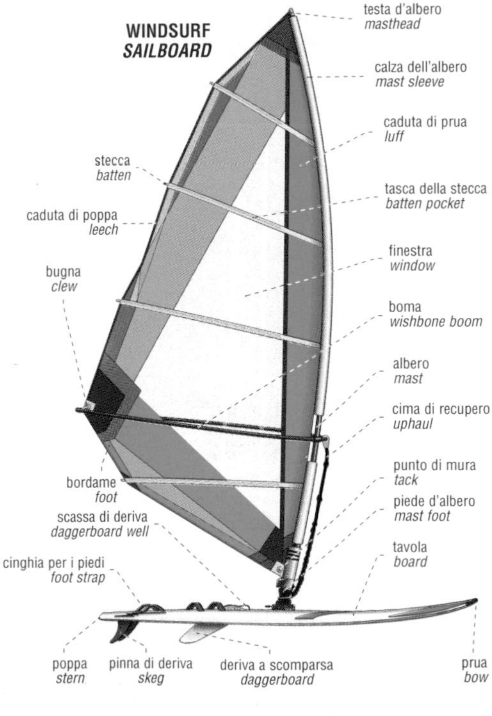

testa d'albero *masthead*
calza dell'albero *mast sleeve*
caduta di prua *luff*
stecca *batten*
tasca della stecca *batten pocket*
caduta di poppa *leech*
finestra *window*
bugna *clew*
boma *wishbone boom*
albero *mast*
cima di recupero *uphaul*
punto di mura *tack*
bordame *foot*
piede d'albero *mast foot*
scassa di deriva *daggerboard well*
tavola *board*
cinghia per i piedi *foot strap*
poppa *stern*
pinna di deriva *skeg*
deriva a scomparsa *daggerboard*
prua *bow*

AUTOVEICOLI INDUSTRIALI
TRUCKING

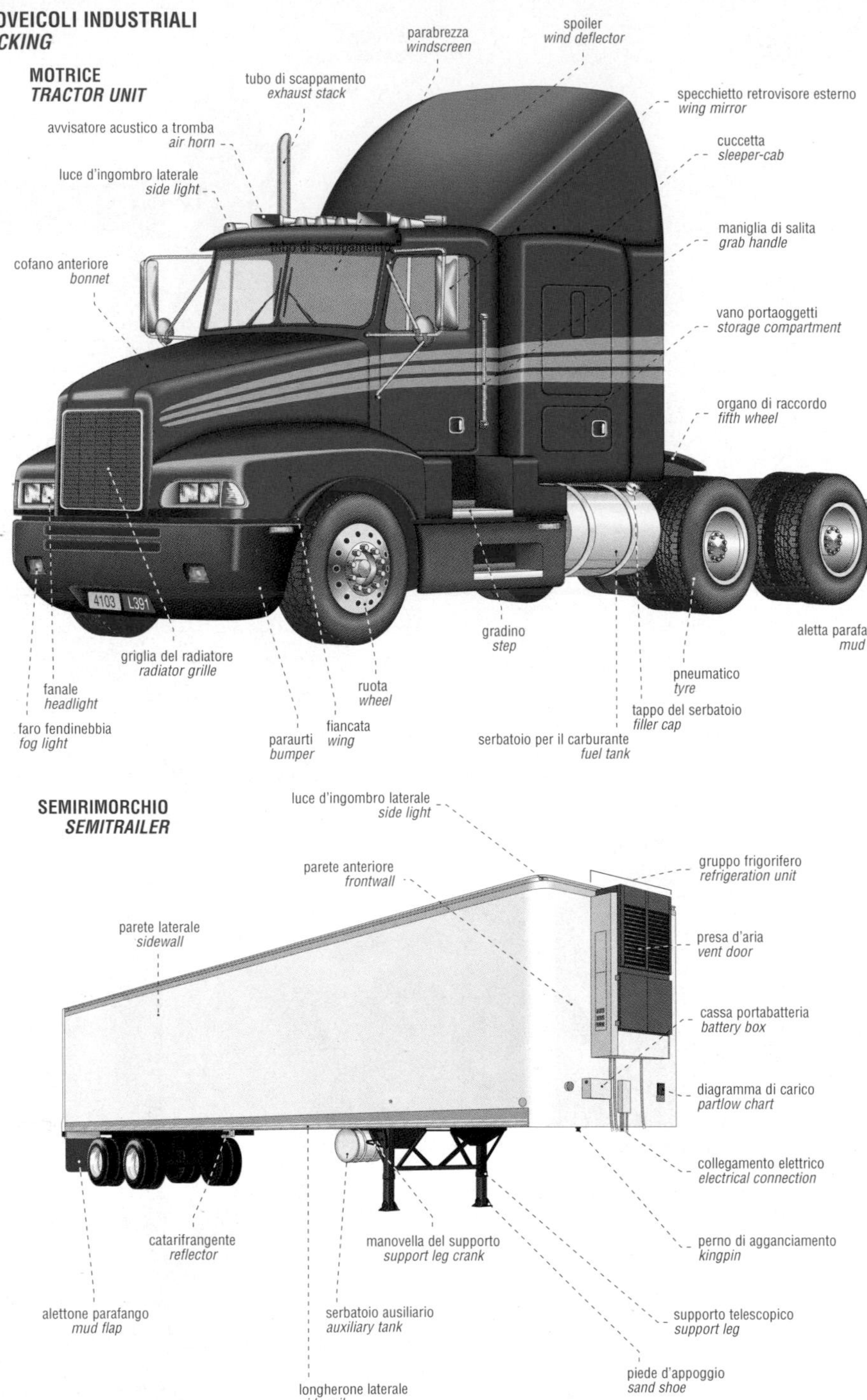

TRENO RAPIDO
HIGH-SPEED TRAIN

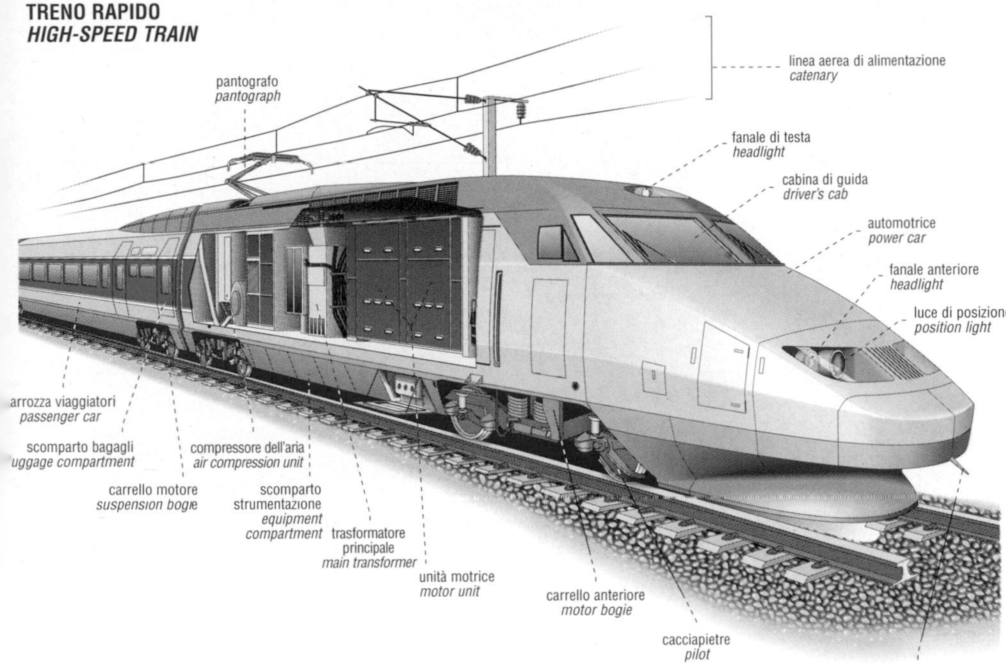

LOCOMOTIVA DIESEL-ELETTRICA
DIESEL-ELECTRIC LOCOMOTIVE

TRANSATLANTICO
CRUISELINER

salone
hall

fumaiolo
funnel

poppa
stern

sala
lounge

cassero poppiero
quarter-deck

palestra
gymnasium

piscina
swimming pool

antenna per telecomunicazioni
telecommunication antenna

antenna radio
radio antenna

ponte di passeggiata
promenade deck

area giochi
playing area

solarium
sundeck

radar
radar

ponte di comando
compass bridge

terrazza scoperta
open-air terrace

castello di prua
forecastle

sinistra
port hand

prua
bow

scialuppa di salvataggio
lifeboat

elica
propeller

sala macchine
engine room

timone
rudder

cabina
cabin

pinna stabilizzatrice
stabilizer fin

sala da ballo
ballroom

sala da pranzo
dining room

bulbo
stem bulb

cinema
cinema

alloggio del comandante
captain's quarters

cubia
anchor-windlass room

oblò
porthole

propulsore di prua
bow thruster

dritta
starboard hand

AVIOGETTO A LUNGO RAGGIO
LONG-RANGE JET

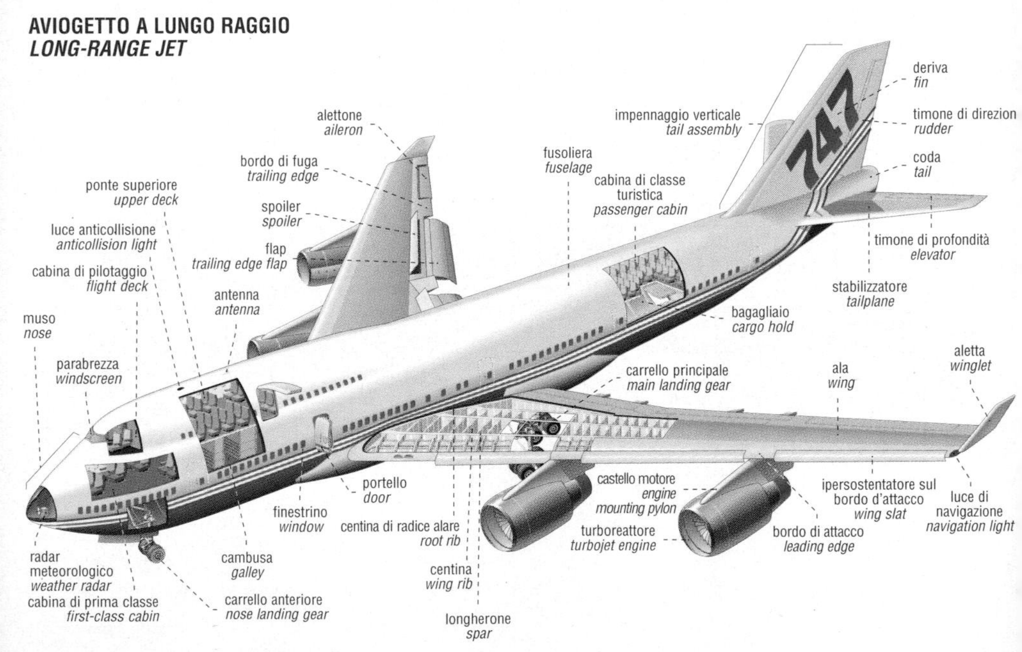

italiano • inglese

a, A

A, **a** *f.* A, a ● (*telef.*) **a come Ancona**, a for Andrew (*USA* for Able) □ **dall'a alla zeta**, from A to Z.

a *prep.* ***1*** (*stato in luogo, anche fig.*; *posizione*) at; in; on: **essere a scuola [alla stazione, a teatro]**, to be at school [at the station, at the theatre]; **a casa**, at home; **nato a Parigi [a Urbino]**, born in Paris [at Urbino]; **Abito a Roma**, I live in Rome; **atterrare a Torino**, to land at Turin; **vivere al sud**, to live in the south; **Restò a letto**, he stayed in bed; **al primo piano**, on the first floor; **alla TV**, on TV ***2*** (*moto a luogo, anche fig.*) to; (*con* to arrive) in, at: **andare alla stazione [a teatro, a scuola, a Pisa]**, to go to the station [to the theatre, to school, to Pisa]; **Sei mai stato allo zoo?**, have you ever been to the zoo?; **Va' a letto!**, go to bed!; **Va' a casa!**, go home!; **arrivare all'aeroporto [a Bari, in Italia]**, to arrive at the airport [in (*o* at) Bari, in Italy] ***3*** (*direzione*) to: **Questa strada porta a Pisa**, this road leads to Pisa; **L'Italia è a sud dell'Austria**, Italy lies (*o* is) to the south of Austria ***4*** (*compl. di termine*) to; (*contro*) at: **L'ho dato a Gino**, I gave it to Gino; **Butta la palla al papà!**, throw the ball to Daddy!; **gettare sassi agli uccelli**, to throw stones at the birds ***5*** (*tempo*) at; in; on: **a Natale**, at Christmas; **alle due**, at two; **al mattino**, in the morning; **a maggio**, in May; **al nostro arrivo**, on our arrival; **al lunedì**, on Mondays ***6*** (*distributivo*) by; at: **a uno a uno**, one by one; **a centinaia**, by the hundred; **due alla volta**, two at a time; two by two ***7*** (*prezzo*) at; for: **Lo vendo a un milione**, I'm selling it at one million lire ***8*** (*misura*) a, an; per: **3000 lire al metro**, 3,000 lire a (*o* per) metre; **100 km all'ora**, 100 km an (*o* per) hour ***9*** (*distanza*) away: **La stazione è a un kilometro**, the station is one kilometre away; **È a 50 metri dal semaforo**, it's 50 metres past the lights ***10*** (*modo, maniera*) at; in; by (*oppure corrisponde a un agg. o a un attr.*): **a caso**, at random; **all'italiana**, in (*o* after) the Italian fashion; **una giacca a righe**, a striped jacket ***11*** (*mezzo*) by; in (*oppure corrisponde a un agg. o a un attr.*): **scritto a mano**, written by hand; handwritten; **a matita**, in pencil; pencilled; **quadro a olio**, oil painting; **barca a vela**, sailing boat; **nave a vapore**, steamship ***12*** (*causa*) at: **Mi rallegrai alla buona notizia**, I rejoiced at the good news; **Risi alla battuta**, I laughed at the joke ***13*** (*vantaggio, danno, interesse*) to; for; in; at: **utile all'umanità**, useful to mankind; **a mio favore**, in my favour; **a tuo rischio**, at your peril ***14*** (*separazione*) from: **prendere q.c. a q.**, to take st. from sb. ***15*** (*davanti a un inf.*) — **Cominciai a ridere**, I began to laugh; **Venne a trovarmi**, he came to see me; **Andiamo a vedere!**, let's go and see; **stare a guardare**, to watch; to look on; **stare a sedere**, to sit; to be sitting; **a dire il vero**, to tell the truth; **Fosti tu a dirmelo**, it was you who told me.

àbaco *m.* ***1*** (*tavoletta*) abacus* ***2*** (*aritmetica*) arithmetic ***3*** (*archit.*) abacus*.

abàte *m.* abbot; (*titolo*) abbé (*franc.*).

abat-jour (*franc.*) *m.* ***1*** (*paralume*) lampshade ***2*** (*lampada*) (table) lamp.

abbacchiàre ***A*** *v. t.* ***1*** (*agric.*) to knock down ***2*** (*deprimere*) to depress; to get* down (*fam.*) ***B*** **abbacchiàrsi** *v. i. pron.* to get* depressed; to lose* heart.

abbacchiàto *a.* depressed; dispirited; down in the mouth (*fam.*).

abbàcchio *m.* (*cucina*) spring lamb.

abbacinàre *v. t.* to dazzle; to blind.

abbagliànte ***A*** *a.* dazzling (*anche fig.*); blinding ● (*autom.*) **fari abbaglianti**, *V. def. B* ***B*** *m.* (*al pl.*) (*autom.*) headlights on full (*USA* high) beam; brights (*USA*): **mettere gli abbaglianti**, to put the headlights on full beam; **togliere gli abbaglianti**, to dip (*USA* to dim) the headlights.

abbagliàre *v. t.* to dazzle (*anche fig.*); to blind.

abbàglio *m.* mistake: **prendere un a.**, to make a mistake; to get it all wrong; to get the wrong end of the stick (*fam.*).

abbaiàre *v. i.* ***1*** to bark; to yap; (*latrare*) to bay: **a. alla luna**, to bay at the moon ***2*** (*fig.*) to bark; to yell: **a. un ordine**, to bark (out) an order.

abbaino *m.* ***1*** (*edil.*) dormer window ***2*** (*soffitta*) garret.

abbandonàre ***A*** *v. t.* ***1*** (*lasciare*) to abandon; to leave*; to desert: **a. una nave che affonda**, to abandon a sinking ship; **a. la moglie e i figli**, to leave (*o* to abandon, to desert) one's wife and children; **a. un amico**, to desert a friend ***2*** (*rinunciare a, smettere*) to give* up; to drop: **a. un progetto**, to give up (*o* to drop) a plan; **a. un'abitudine**, to give up a habit; **a. ogni speranza**, to give up all hope ***3*** (*lasciar cadere*) to drop; to let* go of; (*del corpo*) to let* (st.) drop: **a. la refurtiva**, to drop the loot; **a. le braccia lungo i fianchi**, to let one's arms drop ***4*** (*sport, assol.*) to withdraw*; to default ● **a. il campo**, (*sport*) to abandon the match; (*mil. e fig.*) to abandon the field, to retreat □ (*fig.*) **a. la partita**, to throw in one's hand ***B*** **abbandonàrsi** *v. rifl.* ***1*** (*al dolore, a una passione*) to give* oneself up (to), to give* way (to); (*a un piacere*) to indulge (in): **a. alla disperazione**, to give oneself up to despair; **a. al pianto**, to give way to tears; **a. ai ricordi**, to reminisce; to wallow in nostalgia ***2*** (*affidarsi a*) to surrender (to) ***3*** (*rilassarsi*) to relax; to let* oneself go ***4*** (*lasciarsi cadere*) to drop; to slump; to flop: **a. su una poltrona**, to drop (*o* to flop) into an armchair; **Si abbandonò contro il muro**, he slumped against the wall.

abbandonàto *a.* (*lasciato*) abandoned, deserted; (*trascurato*) neglected, derelict; (*solo*) lonely ● **infanzia abbandonata**, foundlings (*pl.*).

abbandóno *m.* ***1*** (*anche leg.*) abandonment; desertion: **a. del tetto coniugale**, desertion; **a. di minore**, child abandonment ***2*** (*incuria*) neglect; dereliction; (*desolazione*) desolation: **in stato di a.**, in a state of neglect; **lasciare in a. un giardino**, to let a garden run wild; **una casa in a.**, a derelict house ***3*** (*disinibizione*) abandon ***4*** (*resa di sé*) surrender ***5*** (*rilassamento*) relaxation ***6*** (*cedimento*) weakness ***7*** (*sport*) withdrawal; default: **a. del campo**, withdrawal from the field; **vincere per a.**, to win by default ***8*** (*ass., naut.*) abandonment.

abbarbicàrsi *v. i. pron.* ***1*** (*bot.*: *mettere radici*) to take* root; (*di rampicanti*) to cling* (to) ***2*** (*fig.*: *aggrapparsi*) to cling* (to); (*radicarsi*) to take* root.

abbassalingua *m.* (*med.*) tongue depressor.

abbassaménto *m.* lowering; (*caduta*) fall, drop.

abbassàre ***A*** *v. t.* ***1*** to lower; to let* down; to lower, to bring* down: **a. un quadro**, to lower a picture; **a. la voce**, to lower (*o* to drop) one's voice; **a. i prezzi**, to bring down prices; **a. i tassi di interesse**, to lower interest rates; **a. un primato**, to break a record ***2*** (*chinare*) to lower; to bow: **a. gli occhi**, to lower one's eyes; to look down; **a. il capo**, to bow one's head ***3*** (*sbassare*) to lower: **a. il soffitto**, to lower the ceiling ***4*** (*ridurre di intensità*) to turn down: **a. il gas [la televisione]**, to turn down the gas [the TV] ***B*** **abbassàrsi** *v. rifl. e i. pron.* ***1*** (*chinarsi*) to stoop; to bend* down; (*per schivare*) to duck ***2*** (*umiliarsi*) to lower oneself; to stoop ***3*** (*di sipario*) to drop; to come* down ***4*** (*tramontare*) to go* down; to sink* ***5*** (*decrescere*) to diminish; (*di prezzi*) to go* down ***6*** (*di terreno*) to sink* ***7*** (*di acqua*) to subside; (*di vento*) to drop; (*di temperatura*) to fall*; (*di suono*) to drop; (*di luce*) to dim.

abbassàto *a.* down; depressed.

abbàsso *inter.* down with: **A. il tiranno!**, down with the tyrant!

abbastànza *avv.* ***1*** (*a sufficienza*) enough: **Non c'è a. tempo**, there isn't enough time; **a. bene**, well enough; **averne a. (di q., q.c.)**, to have had enough (of sb., st.) ***2*** (*alquanto*) rather, quite; (*discretamente*) fairly, pretty: **a. bene**, fairly

well; pretty well (*fam.*).
abbàttere ***A*** *v. t.* ***1*** (*far cadere*) to knock down; to fell; (*del vento*) to blow* down; (*una porta*) to break* down; (*un albero*) to fell, to cut* down ***2*** (*demolire*) to pull down; to knock down; (*con esplosivo e fig.*) to demolish: **a. un muro**, to knock down (*o* to demolish) a wall ***3*** (*un animale*) to kill; (*sparando*) to shoot* down; (*per malattia o vecchiaia*) to put* down, to destroy ***4*** (*un aereo*) to shoot* down ***5*** (*rovesciare*) to overthrow*; to topple: **a. una dittatura**, to overthrow a dictatorship ***6*** (*prostrare*) to prostate, to shatter; (*avvilire*) to demoralize, to dishearten ***B*** **abbàttersi** *v. i. pron.* ***1*** (*cadere*) to fall*; to crash down ***2*** (*colpire*) to hit* (st.); (*fig.*) to befall* (sb.) ***3*** (*scoraggiarsi*) to lose* heart; to be discouraged.
abbattiménto *m.* ***1*** (*demolizione*) demolition; knocking down; (*con esplosivo*) blasting ***2*** (*di albero*) felling ***3*** (*di animale*) killing; shooting down ***4*** (*prostrazione*) prostration; (*avvilimento*) demoralization ***5*** (*rovesciamento*) overthrow; toppling ***6*** (*di aereo*) shooting down ***7*** (*di prezzi*) lowering ***8*** (*fisc.*) abatement.
abbattùto *a.* (*depresso*) depressed; dejected; downcast.
abbazìa *f.* abbey.
abbaziàle *a.* abbey (*attr.*).
abbecedàrio *m.* primer; spelling book.
abbelliménto *m.* ***1*** embellishment ***2*** (*mus.*) grace note(s).
abbellire ***A*** *v. t.* to embellish; to adorn ***B*** **abbellirsi** *v. rifl.* to adorn oneself.
abbeveràre *v. t.*, **abbeveràrsi** *v. rifl.* to water.
abbeveràta *f.* watering.
abbeveratóio *m.* drinking trough.
abbiccì *m.* ***1*** alphabet; ABC ***2*** (*abbecedario*) primer; spelling book ***3*** (*fig.*) ABC; rudiments (*pl.*) • **essere all'a.**, to be a beginner; to have just started.
abbiènte ***A*** *a.* well-to-do; well-off; affluent ***B*** *m.* (*al pl.*) (the) well-to-do • **gli abbienti e i non abbienti**, the haves and the have-nots □ **i meno abbienti**, the less well-off.
abbiètto e *deriv. V.* **abiètto** e *deriv.*
abbigliaménto *m.* clothes (*pl.*); clothing Ⓤ; (*nei composti o con attr., anche*) wear Ⓤ: **a. elegante**, elegant clothes; **a. maschile** [**femminile**], men's [women's] wear; **a. sportivo**, sportswear; **capo d'a.**, item of clothing; **industria dell'a.**, clothing industry; **negozio d'a.**, clothes shop.
abbigliàre *v. t.*, **abbigliàrsi** *v. rifl.* to dress; to dress up.
abbinaménto *m.* coupling; linking; pairing off; combination.
abbinàre *v. t.* to couple; to link; to pair off; to combine.
abbinàta *V.* **accoppiata**.
abbindolàre *v. t.* to cheat; to dupe; to take* in; to fool.
abboccaménto *m.* interview; talk.
abboccàre ***A*** *v. i.* ***1*** to bite* ***2*** (*fig.*) to swallow the bait; to bite* ***3*** (*combaciare*) to join ***B*** *v. t.* (*congiungere*) to join; to connect.
abboccàto *a.* (*di vino*) sweetish; semisweet.
abbonacciàre *v. i.*, **abbonacciàrsi** *v. i. pron.* to become* calm; to calm down.
abbonaménto *m.* ***1*** (*a mezzo di trasporto*) season ticket; pass: **fare l'a. a**, to buy a season ticket (*o* a pass) for ***2*** (*teatr., cinem.*) season ticket ***3*** (*a giornale, rivista*) subscription: **fare l'a. a**, to take out a subscription to; **rinnovare l'a. a**, to renew one's subscription to ***4*** (*telef.*) subscription ***5*** (*radio, TV*) licence, license (*USA*): **canone d'a.**, licence fee; **fare l'a. alla televisione**, to take out a TV licence.
abbonàre (**1**) *v. t.* ***1*** (*defalcare*) to deduct; to take* off ***2*** (*condonare*) to remit ***3*** (*fig.*) to let* pass.
abbonàre (**2**) ***A*** *v. t.* (*a giornale, ecc.*) to take* out a subscription (for sb.) ***B*** **abbonàrsi** *v. rifl.* ***1*** (*a mezzo di trasporto*) to buy* a season ticket (*o* a pass) (for) ***2*** (*teatr., cinem.*) to buy* a season ticket (for) ***3*** (*a giornale, rivista*) to take* out a subscription (to) ***4*** (*radio, TV*) to take* out a (radio, TV) licence.
abbonàto ***A*** *a.* subscribing • **essere a. a «Time»**, to subscribe to «Time» ***B*** *m.* (*f.* **-a**) ***1*** (*a mezzo di trasporto*) season-ticket (*o* pass) holder ***2*** (*teatr., cinem.*) season-ticket holder ***3*** (*a giornale, rivista*) subscriber ***4*** (*telef.*) subscriber ***5*** (*radio, TV*) licence holder • (*telef.*) **elenco abbonati**, telephone directory.
abbondànte *a.* ***1*** (*copioso*) abundant, plentiful, rich; (*generoso*) generous, lavish; (*molto*) plenty of: **un raccolto a.**, an abundant harvest; **un pasto a.**, a generous meal; **Aggiungete a. olio**, add plenty of oil ***2*** (*ampio*) wide; ample; (*di vestito, anche*) loose: **un margine a.**, a wide margin; **La giacca è a.**, the jacket is loose ***3*** (*di pesi, misure*) well over (*locuz. prep.*); good: **un kilo a.**, well over one kilo; **tre metri abbondanti**, a good three metres.
abbondànza *f.* abundance; plenty: **a. di particolari**, plenty of details; **tempo in a.**, plenty of time; **vivere nell'a.**, to live in the lap of luxury.
abbondàre *v. i.* ***1*** (*avere in abbondanza*) to abound (in); to be rich (in) ***2*** (*essere prodigo*) to be generous (with); to lavish (st.) • **a. in cortesie**, to be overpolite □ **a. in prudenza**, to be overcautious.
abbordàbile *a.* accessible; approachable • **prezzi abbordabili**, reasonable prices.
abbordàggio *m.* ***1*** (*naut.*) boarding ***2*** (*fig.*) accosting manoeuvre; pick-up (*fam.*) • **andare all'a. di**, (*naut.*) to board; (*fig.*) to go for.
abbordàre *v. t.* ***1*** (*naut.*) to board ***2*** (*fig.: fermare*) to stop; (*fare un approccio*) to accost • **a. un argomento**, to broach a subject □ **a. una curva**, to take a bend.
abborracciàre *v. t.* to patch together; to cobble together.
abborracciàto *a.* cobbled up (*o* together); patched together; (*malfatto*) slipshod.
abbottonàre ***A*** *v. t.* to button (up); to do* up: **Abbottonati il cappotto**, button (up) your coat ***B*** **abbottonàrsi** *v. rifl.* (*fig. fam.*) to shut* up; to clam up (*pop.*) ***C*** *v. i. pron.* to have buttons; to be fastened with buttons; to do *up.
abbottonàto *a.* ***1*** buttoned (up); with buttons ***2*** (*fig. fam.*) reserved; tight-lipped; buttoned-up (*fam.*).
abbottonatùra *f.* ***1*** buttoning ***2*** (*bottoni*) (row of) buttons.
abbozzàre (**1**) *v. t.* ***1*** (*pitt.*) to sketch; (*scult.*) to do a study of ***2*** to sketch; to outline: **a. un piano**, to outline a plan • **a. un inchino**, to bow slightly □ **a. un sorriso**, to smile faintly.
abbozzàre (**2**) *v. i.* (*fam.: non reagire*) not to react; (*sopportare*) to grin and bear* it.
abbozzàto *a.* sketchy; rough: **un progetto solo a.**, a sketchy plan; **un'idea appena abbozzata**, the outline (*o* the beginning) of an idea.
abbòzzo *m.* ***1*** (*pitt.*) sketch; (*scult.*) study ***2*** sketch; outline; (first) draft: **un a. di progetto**, the outline of a plan; **un a. di romanzo**, the first draft of a novel ***3*** (*accenno*) hint.
abbracciàre ***A*** *v. t.* ***1*** to hug; to embrace (*form.*) ***2*** (*una fede, un'opinione, ecc.*) to embrace, to espouse; (*una carriera, ecc.*) to take* up ***3*** (*con lo sguardo*) to take* in at a glance ***4*** (*circondare*) to enclose; to surround ***5*** (*comprendere, contenere*) to include; to comprise ***6*** (*un periodo di tempo*) to span; to cover • (*nelle lettere*) **Ti abbraccio**, with all my love; lots of love (*fam.*) ***B*** **abbracciàrsi** *v. rifl. recipr.* to hug (each other, one another); to embrace (each other, one another) (*form.*): **Si abbracciarono e si baciarono**, they hugged and kissed.
abbràccio *m.* hug; embrace (*form.*): **un forte a.**, a big hug; **un lungo a.**, a long embrace • (*nelle lettere*) **un a. a Carla**, (all my) love to Carla.
abbrancàre ***A*** *v. t.* (*afferrare*) to seize; to grab; to grasp ***B*** **abbrancàrsi** *v. rifl.* to grab (st.); to catch* hold (of); to clutch (st.).
abbreviàre *v. t.* to shorten; to cut* short; (*una parola*) to abbreviate.
abbreviazióne *f.* abbreviation (*anche di parola*); shortening.
abbrivàre (*naut.*) ***A*** *v. t.* to increase the speed (of) ***B*** *v. i.* to gather speed; to make* headway.
abbrìvio, abbrìvo *m.* ***1*** (*naut.*) headway ***2*** (*spinta iniziale*) momentum*; start • **prendere l'a.**, (*naut.*) to gather speed, to make headway; (*fig.*) to gather speed (*o* momentum), to get going, to get* under way.
abbronzànte ***A*** *a.* tanning; suntan (*attr.*): **crema a.**, suntan cream ***B*** *m.* (*cosmetico*) suntan lotion; suntan cream.
abbronzàre ***A*** *v. t.* (*del sole*) to tan; to brown ***B*** **abbronzàrsi** *v. i. pron.* (*diventare abbronzato*) to tan, to go* brown; (*farsi l'abbronzatura*) to get* a (sun)tan, to get* brown (*o* tanned).
abbronzàto *a.* (sun)tanned; brown.
abbronzatùra *f.* (*atto*) tanning, sunbathing; (*effetto*) (sun)tan: **i pericoli dell'a.**, the dangers of sunbathing; **prendere una bella a.**, to get a good tan.
abbrunàre *v. t.* to drape in black.

abbrunàto *a.* draped in black.
abbrustolìre ***A*** *v. t.* ***1*** (*pane, ecc.*) to toast ***2*** (*caffè*) to roast ***B*** **abbrustolìrsi** *v. i. pron.* — (*scherz.*) **a. al sole**, to bake (*o* to roast) in the sun.
abbrustolìto *a.* — **pane a.**, toast □ **una fetta di pane a.**, a piece of toast.
abbrutiménto *m.* (*atto*) brutalization; (*effetto*) brutishness, degradation.
abbrutìre ***A*** *v. t.* to brutalize; to de-humanize ***B*** **abbrutìrsi** *v. i. pron.* to become* brutish; to become* de-humanized.
abbuffàrsi *v. rifl.* to stuff oneself (with); to gorge oneself (with).
abbuffata *f.* (*fam.*) big meal; blow-out (*fam.*) • **farsi un'a. di q.c.**, to pig out on st. (*pop.*).
abbuiàrsi *v. i. pron.* (*fig.*) to darken • **Si abbuiò in viso**, his face darkened.
abbuonàre *V.* **abbonare** (**1**).
abbuòno *m.* ***1*** (*comm.*) allowance; rebate; discount ***2*** (*sport: ciclismo*) time bonus; (*ippica*) handicap.
abdicàre *v. t. e i.* to abdicate (st.).
abdicazióne *f.* abdication.
aberrànte *a.* aberrant.
aberrazióne *f.* (*anche scient.*) aberration.
abetàia *f.* fir-wood.
abéte *m.* ***1*** (*bot.*) fir(-tree) ***2*** (*legno*) fir-wood; (*in assi*) deal: **un tavolo di a.**, a deal table.
abiètto *a.* base; despicable; vile.
abiezióne *f.* ***1*** (*bassezza*) baseness; vileness ***2*** (*degradazione*) degradation.
abigeàto *m.* (*leg.*) cattle-stealing; rustling (*USA*).
àbile *a.* ***1*** able; (*capace*) capable, clever, competent; (*destro*) skilful, deft: **a. uomo d'affari**, clever businessman; **a. infermiera**, capable nurse; **a. guidatore**, competent driver; **mani abili**, deft hands ***2*** (*idoneo*) fit: **a. al servizio militare**, fit for military service ***3*** (*astuto*) clever; shrewd; (*accorto*) skilful ***4*** (*fatto con abilità*) clever; skilful: **a. mossa**, clever move.
abilità *f.* ***1*** (*capacità*) ability; (*perizia*) skill, cleverness; (*destrezza*) dexterity, deftness: **a. tecnica**, technical ability; **a. manuale**, manual dexterity ***2*** (*idoneità*) fitness ***3*** (*astuzia*) cleverness, shrewdness; (*accortezza*) skill • **a. artigianale**, craftsmanship □ **a. di tiratore**, marksmanship □ **a. di venditore**, salesmanship.
abilitàre ***A*** *v. t.* ***1*** to qualify: **a. all'insegnamento**, to qualify to teach ***2*** (*elab.*) to enable ***B*** **abilitàrsi** *v. i. pron.* to qualify.
abilitazióne *f.* qualification • **diploma di a. all'insegnamento**, teaching diploma.
abissàle *a.* ***1*** (*geogr.*) abyssal ***2*** (*fig.*) abysmal; unfathomable.
abissìno *a. e m.* (*f.* **-a**) Abyssinian (*f.* Abyssinian woman*).
abìsso *m.* ***1*** (*baratro*) abyss; chasm ***2*** (*fig.: separazione totale*) gulf ***3*** (*al pl.*) (*profondità*) depths: **gli abissi del mare**, the depths of the sea ***4*** (*lett.: inferno*) hell • (*fig.*) **sull'orlo dell'a.**, on the brink of disaster □ **Tra il primo e il secondo romanzo c'è un a.**, the first novel is infinitely better [worse] than the second.
abitàbile *a.* habitable • **cucina a.**, kitchen with dining-area (*GB*); kitchen-dinette (*USA*).
abitabilità *f.* habitability; habitableness.
abitàcolo *m.* ***1*** (*naut.*) binnacle ***2*** (*aeron.*) cockpit ***3*** (*autom.*) interior; (*di camion*) driver's cabin.
abitànte *m. e f.* inhabitant.
abitàre ***A*** *v. i.* to live; (*temporaneamente*) to stay: **a. al terzo piano**, to live on the third floor; **a. da amici**, to stay with friends • **Andò ad a. a Torino**, he moved to Turin ***B*** *v. t.* to inhabit.
abitativo *a.* house (*attr.*); living (*attr.*).
abitàto ***A*** *a.* ***1*** inhabited; (*di casa*) occupied, lived in ***2*** (*popolato*) populated; settled; built up: **densamente a.**, densely populated; **regioni abitate**, inhabited areas; **zona abitata**, built-up area ***B*** *m.* built-up area (*o* areas).
abitatóre *m.* (*f.* **-trice**) inhabitant.
abitazióne *f.* ***1*** (*l'abitare*) habitation; dwelling: **inadatto all'a.**, unfit for (human) habitation ***2*** (*casa*) house; residence; home; dwelling (*form.*): **a. di lusso**, luxury house (*o* residence); **abitazioni primitive**, primitive dwellings • (*leg.*) **diritto di a.**, right of occupancy □ **il problema dell'a.**, the housing problem.
àbito *m.* ***1*** (*da uomo*) suit; (*da donna*) dress, frock, (*di taglio maschile*) suit; (*al pl.: indumenti*) clothes: **a. estivo**, summer dress; **a. intero**, dress; **abiti fatti**, ready-made (*o* off-the-peg) clothes; **abiti su misura**, clothes made to measure; **abiti smessi**, cast-offs; **abiti borghesi**, civilian clothes ***2*** (*tenuta*) dress: **in a. da sera**, in evening dress ***3*** (*al pl.*) (*abbigliamento*) clothes; wear Ⓤ (*solo nei composti o con attr.*): **abiti per bambini**, children's clothes; children's wear ***4*** (*eccles.*) habit; (*di prete, anche*) cassock: **portare** [**prendere**] **l'a.**, to wear [to take] the habit ***5*** (*abitudine, disposizione*) habit: **a. mentale**, habit of mind • **È gradito l'a. scuro**, formal dress will be worn □ (*prov.*) **L'a. non fa il monaco**, appearances are deceptive.
abituàle *a.* ***1*** (*regolare*) regular; habitual (*form.*): **cliente a.**, regular customer; **delinquente a.**, habitual criminal ***2*** (*consueto*) usual; customary.
abituàre ***A*** *v. t.* to accustom (to st., to doing st.); (*addestrare*) to train (to do st.); (*educare*) to bring* up (to do st.) ***B*** **abituàrsi**, *v. rifl.* to get* used, to get* (*o* to grow*) accustomed (to st., to doing st.).
abituàto *a.* used (to st., to doing st.); accustomed (to st., to doing st.): **Non ci sono a.**, I'm not used to it; **È a. ad alzarsi presto**, he is used to getting up early • **a. bene**, (*bene educato*) well-brought up; (*addestrato*) well-trained □ **come era a. a fare**, as he was used to doing; as was his custom.
abitudinàrio ***A*** *a.* set in one's ways (*pred.*); of fixed habits (*pred.*) ***B*** *m.* (*f.* **-a**) creature of habit.
abitùdine *f.* habit; (*usanza*) custom, usage: **prendere** [**perdere**] **un'a.**, to get into [to get out of] a habit; **Ha l'a. di non chiudere le porte**, he's got a habit of never closing doors; **Ho l'a. di fare un pisolino dopo pranzo**, I usually have a nap after lunch • **come d'a.**, as usual □ **fare l'a. a q.c.**, to get used to st. □ **per a.**, out of habit □ **per forza d'a.**, from habit.
abitùro *m.* hovel.
abiùra *f.* abjuration.
abiuràre *v. t.* to abjure.
ablatìvo *a. e m.* (*gramm.*) ablative: **a. assoluto**, ablative absolute.
abluzióne *f.* ablution.
abnegazióne *f.* (self-)abnegation; self-denial.
abnòrme *a.* abnormal.
abolìre *v. t.* to abolish; to do* away with; (*una restrizione, una tassa*) to lift; (*una legge*) to repeal, to abrogate; (*cibo, fumo, ecc.*) to eliminate, to cut* out.
abolizióne *f.* abolition; (*di restrizione, tassa*) lifting; (*di leggi*) repeal, abrogation; (*di cibo, fumo, ecc.*) elimination, cutting out.
abolizionismo *m.* abolitionism.
abolizionista *m. e f.* abolitionist.
abominàre *v. t.* to abominate; to loathe.
abominazióne *f.* abomination; loathing; abhorrence.
abominévole *a.* abominable; loathsome; disgusting.
abomìnio *m.* abomination.
aborìgeno ***A*** *a.* aboriginal; native ***B*** *m.* (*f.* **-a**) ***1*** aboriginal; native; (*degli aborigeni australiani*) Aboriginal ***2*** (*dell'Australia*) Aborigine.
aborriménto *m.* abhorrence.
aborrìre *v. t.* to abhor; to loath.
abortìre *v. i.* ***1*** to miscarry; to have a miscarriage; (*non naturalmente*) to have an abortion ***2*** (*fallire*) to fall* through; to miscarry.
abortìsta *m. e f.* (person) in favour of abortion • **medico a.**, doctor who performs abortions.
abortìvo ***A*** *a.* abortive ***B*** *m.* (*med.*) abortifacient.
abòrto *m.* ***1*** miscarriage; (*procurato*) abortion ***2*** (*spreg.*) monstrosity; abortion; (*di persona*) freak • **chi procura aborti**, abortionist.
abracadàbra *n. e inter.* abracadabra; hocus-pocus.
abrasióne *f.* ***1*** (*anche med.*) abrasion ***2*** (*cancellatura*) erasure.
abrasìvo *a. e m.* abrasive.
abrogàre *v. t.* (*leg.*) to abrogate; to repeal.
abrogatìvo *a.* abrogative: **referendum a.**, referendum to abrogate a law.
abrogazióne *f.* (*leg.*) abrogation; repeal.
abrogazionista *m. e f.* abolitionist.
àbside *f.* (*archit.*) apse.
abulìa *f.* ***1*** (*psic.*) abulia ***2*** (*apatia*) inertia; apathy.

abùlico *a.* ***1*** (*psic.*) abulic ***2*** (*apatico*) apathetic.
abuṣàre *v. i.* ***1*** (*fare uso illecito*) to abuse (st.); to misuse (st.): **a. della propria autorità**, to abuse one's authority ***2*** (*approfittare*) to take* advantage (of) ***3*** (*usare senza misura*) to use (st.) to excess; to overindulge (in); to... to much: **a. del cibo [dell'alcol]**, to eat [to drink] too much ***4*** (*violentare*) to rape (sb.) • **a. delle proprie forze**, to overtax one's strength; to overdo it (*fam.*).
abuṣàto *a.* ***1*** (*usato male*) abused; misused ***2*** (*usato troppo*) used to excess; overworked: **termine a.**, overworked term.
abuṣivaménte *avv.* illegally; (*senza autorizzazione*) without permission (*o* licence).
abuṣivìsmo *m.* unauthorized activities (*o* practices) (*pl.*) • **a. edilizio**, unauthorized building.
abuṣìvo ***A*** *a.* illegal; unlawful; (*senza autorizzazione*) unauthorized, unlicenced: **porto d'armi a.**, illegal possession of arms; **tassista a.**, unlicenced taxi driver; **costruzione abusiva**, building erected without planning permission ***B*** *m.* (*f.* **-a**) unlicenced street trader. ATTENZIONE: **abusivo** ≠ abusive.
abùṣo *m.* ***1*** (*uso cattivo*) abuse; misuse: **a. di potere**, abuse of power ***2*** (*uso eccessivo*) excessive use; overindulgence (in) • **a. di fiducia**, breach of trust □ **fare a. di farmaci**, to take too many drugs.
acàcia *f.* (*bot.*) acacia.
acànto *m.* (*bot.*) acanthus*.
àcaro *m.* (*zool.*) mite.
àcca *f. o m.* (*lettera*) (letter) H; aitch • **non capire un'a. di q.c.**, not to understand the first thing about st. □ **Non sa un'a.**, he doesn't know a thing □ **Non vale un'a.**, it's not worth a fig.
accadèmia *f.* ***1*** academy; (*scuola*) school, college: **a. militare**, military academy; **a. di belle arti**, art school ***2*** (*fig.*) empty virtuosity.
accadèmico ***A*** *a.* ***1*** (*di accademia*) academy (*attr.*) ***2*** (*universitario*) academic; university (*attr.*): **anno a.**, academic year; **corpo a.**, university teaching staff ***3*** (*fig.*) academic ***B*** *m.* (*f.* **-a**) academician.
accadére *v. i.* to happen; to occur: **È accaduto ieri**, it happened yesterday; **Che gli è accaduto?**, what's happened to him?; **Mi accadde di incontrarlo**, I happened to meet him.
accadùto *m.* event; incident • **Mi raccontò l'a.**, he told me what happened.
accalappiacàni *m.* dog-catcher.
accalappiàre *v. t.* to catch*; to ensnare • **Lei vuole accalappiarlo**, she's set her cap at him □ **Si è lasciato a.**, he fell into the trap.
accalcàrsi *v. i. pron.* to crowd; to throng.
accaldàrsi *v. i. pron.* to get* hot.
accaldàto *a.* hot.
accaloràrsi *v. i. pron.* to get* heated; to get* excited.
accampaménto *m.* camp; encampment: **piantare [levare] l'a.**, to pitch [to break] camp.
accampàre ***A*** *v. t.* ***1*** to camp ***2*** (*avanzare*) to advance; to put* forward: **a. pretese**, to advance claims; **a. ragioni**, to put forward reasons; **a. diritti su q.c.**, to lay claim to st.; **a. scuse**, to make excuses ***B*** **accampàrsi** *v. rifl.* to camp.
accaniménto *m.* ***1*** fury ***2*** (*ostinazione*) persistence; doggedness • **a. terapeutico**, use of excessive measures to keep a patient alive □ **con a.**, furiously; very hard; doggedly.
accanìrsi *v. i. pron.* ***1*** (*infierire*) to be pitiless (with); to torment (sb.); (*colpire*) to hit* (sb.) repeatedly ***2*** (*ostinarsi*) to persist (in st., doing st.); to keep* on (doing st.).
accanìto *a.* ***1*** (*implacabile*) relentless; bitter; ruthless: **odio a.**, bitter hatred; **concorrenza accanita**, ruthless competition ***2*** (*tenace*) obstinate, dogged; (*indefesso*) hard, avid; (*ostinato*) inveterate: **lavoratore a.**, hard worker; **lettore a.**, avid reader; **fumatore a.**, inveterate smoker.
accànto ***A*** *avv.* nearby; near; close by: **Lì a. c'è un cinema**, there is a cinema close by; **Chi hai a.?**, who is there with you? ***B*** *a.* next; near: **la stanza a.**, the next room; **la casa a.**, the next house; the house next door ***C*** **accànto a** *locuz. prep.* beside; near; next to; close to; by: **a. alla sedia**, beside (*o* by, next to) the chair; **la donna a. a me**, the woman next to (*o* beside) me.
accantonaménto *m.* ***1*** setting (*o* putting) aside; shelving ***2*** (*comm.*) earmarking; allocation; appropriation ***3*** (*somma*) earmarked sum; fund ***4*** (*scorta*) provision; stock.
accantonàre *v. t.* ***1*** (*mettere da parte*) to set* aside; to put* aside; to shelve ***2*** (*comm.*: *destinare*) to earmark; to allocate; to appropriate.
accaparraménto *m.* ***1*** (*specialm. di viveri*) hoarding ***2*** (*econ.*) buying up; cornering.
accaparràre *v. t.* ***1*** (*specialm. viveri*) to hoard ***2*** (*econ.*) to buy* up; to corner ***3*** (*fig.*: **accaparrarsi**) to win*; to gain; to secure; to grab: **accaparrarsi voti**, to win (*o* to gain) votes; **Si sono accaparrati i posti migliori**, they grabbed the best seats.
accapigliàrsi *v. rifl. recipr.* ***1*** (*azzuffarsi*) to fight*; to come* to blows ***2*** (*litigare*) to quarrel.
accàpo ***A*** *avv.* on a new line ***B*** *m.* new line.
accappatóio *m.* bathrobe.
accapponàre *v. i.*, **accapponàrsi** *v. i. pron.* — **far a. la pelle a q.**, to give sb. gooseflesh (*o* goose pimples, *USA* goose bumps); (*per la paura*) to make sb.'s flesh creep □ **Mi si accappona la pelle dal freddo**, the cold is giving me goose pimples.
accarezzàre *v. t.* ***1*** to caress; to stroke; to fondle; to pet ***2*** (*vagheggiare*) to entertain; to cherish.
accartocciàre ***A*** *v. t.* ***1*** (*arrotolare*) to roll up ***2*** (*appallottolare*) to screw up ***B*** **accartocciàrsi** *v. i. pron.* to curl up; (*inaridire*) to shrivel up.
accasàre ***A*** *v. t.* to marry off ***B*** **accasàrsi** *v. rifl.* to get* married.
accasciaménto *m.* prostration; collapse.
accasciàre ***A*** *v. t.* to prostrate; to crush ***B*** **accasciàrsi** *v. i. pron.* ***1*** (*crollare a terra*) to collapse; to slump ***2*** (*abbattersi*) to lose* heart.
accasciàto *a.* ***1*** collapsed; slumped ***2*** (*abbattuto*) prostrate; dejected; crushed.
accasermàre *v. t.* (*mil.*) to quarter in barracks.
accatastàre *v. t.* to stack (up); to pile up; to heap.
accattàre *v. t.* ***1*** (*elemosinare*) to beg ***2*** (*scroccare*) to scrounge; to cadge.
accattivànte *a.* engaging; winning; charming.
accattivàre *v. t.* to win*; to gain: **accattivarsi la stima di q.**, to win sb.'s respect; **accattivarsi le simpatie di q.**, to win sb. over; to endear oneself to sb.
accàtto *m.* — **d'a.**, second-hand; borrowed.
accattonàggio *m.* begging.
accattóne *m.* (*f.* **-a**) beggar.
accavallaménto *m.* ***1*** (*sovrapposizione*) overlapping, overlap; (*incrocio*) crossing ***2*** (*accumulo*) piling up; (*avvicendamento*) rapid succession ***3*** (*fam., di muscolo*) cramp; spasm ***4*** (*lavoro a maglia*) passed-over stitch.
accavallàre ***A*** *v. t.* ***1*** (*incrociare*) to cross: **a. le gambe**, to cross one's legs ***2*** (*lavoro a maglia*) to pass (*a stitch*) over ***B*** **accavallàrsi** *v. i. pron.* ***1*** (*sovrapporsi*) to overlap ***2*** (*di fili, ecc.*) to cross ***3*** (*accumularsi*) to pile up; (*affollarsi*) to crowd; (*di notizie*) to flood in; (*di parole*) to tumble out • (*fam.*) **Mi si è accavallato un muscolo del piede**, I've got cramp in my foot.
accecaménto *m.* blinding.
accecàre *v. t.* (*anche fig.*) to blind.
accèdere *v. i.* ***1*** (*raggiungere*) to reach (st.); (*entrare*) to enter (st.) ***2*** (*essere ammesso*) to be admitted (to); (*assumere una carica*) to accede (to) ***3*** (*acconsentire*) to accede (to) ***4*** (*elab.*) to gain access (to).
acceleraménto *m.* acceleration.
acceleràre ***A*** *v. t.* ***1*** to quicken; to speed* up: **a. il passo**, to quicken one's step; to hurry ***2*** (*mecc.*) to accelerate; (*autom.*) to speed* up ***B*** *v. i.* to accelerate; to speed* up; (*di motore, anche*) to pick up.
acceleràto ***A*** *a.* ***1*** quick ***2*** (*fis.*) accelerated • **corso a.**, crash course ***B*** *m.* (*treno*) slow train.
acceleratóre *m.* accelerator.
accelerazióne *f.* acceleration.
accèndere ***A*** *v. t.* ***1*** to light*; to ignite; to set* fire (to): **a. il fuoco [un fiammifero]**, to light the fire [a match]; **a. la legna**, to set fire to the wood ***2*** (*con interruttore*) to turn on; to switch on: **a. il gas**, to turn on the gas; **a. la luce [la radio]**, to switch on the light [the radio] ***3*** (*mecc.*) to ignite; to start up: **a. il motore**, to start up the engine ***4*** (*fig.*) to kindle; to spark off; to rouse: **a. una speranza**, to kindle a hope; **a. una disputa**, to spark off a debate ***5*** (*rag.*) to open; (*leg.*) to raise, to take* out: **a. un conto**, to open an

account; **a. un'ipoteca**, to raise a mortgage • **Hai da a.?**, have you got a light? ***B*** **accèndersi** *v. i. pron.* ***1*** (*prendere fuoco*) to catch* fire; to light* ***2*** (*di luce*) to light* up; to go* (*o* to come*) on ***3*** (*arrossire*) to flush; (*illuminarsi*) to light* up; (*infiammarsi*) to become* inflamed ***4*** (*nàscere*) to kindle; (*esplodere*) to flare up.

accendigàs *m.* gas lighter.

accendìno, **accendisìgaro** *m.* lighter.

accenditóre *m.* (*mecc.*) igniter.

accennàre ***A*** *v. t.* ***1*** (*indicare*) to point (to) ***2*** (*fare un accenno di*) to... slightly (*o* faintly): **a. un sorriso**, to smile faintly ***3*** (*pitt.*) to sketch ***4*** (*un motivo, su uno strumento*) to play a few notes of; (*con la voce*) to hum ***B*** *v. i.* ***1*** (*con la mano*) to point (to), to wave (towards); (*col capo*) to nod ***2*** (*alludere*) to hint (at); (*trattare brevemente*) to mention, to touch (upon) ***3*** (*dare segno di*) to show* signs (of); to look as if; (*fare atto di*) to make* as if: **Il tempo accenna a rischiararsi**, it looks as if it's going to clear up; **a. ad alzarsi**, to make as if to get up.

accénno *m.* ***1*** sign; gesture; (*col capo*) nod ***2*** (*allusione*) hint; (*menzione*) mention: **fare a. a q.c.**, to hint at st.; to mention st. ***3*** (*traccia*) hint; trace.

accensióne *f.* ***1*** (*di fuoco, ecc.*) lighting; kindling ***2*** (*elettr., mecc.*) ignition; starting ***3*** (*leg.*: *di ipoteca, ecc.*) raising.

accentàre *v. t.* to accent; (*con la voce*) to stress.

accentazióne *f.* accentuation; stress.

accènto *m.* ***1*** accent; stress: **a. tonico**, tonic accent ***2*** (*segno*) accent (mark) ***3*** (*cadenza*) accent: **avere l'a. inglese**, to have an English accent ***4*** (*tono*) tone (of voice): **con a. umile**, in a humble tone of voice ***5*** (*enfasi*) stress; emphasis: **porre l'a. su q.c.**, to emphasize st.; to lay stress on st.

accentraménto *m.* centralization; concentration.

accentràre ***A*** *v. t.* to centralize; to concentrate ***B*** **accentràrsi** *v. i. pron.* ***1*** to be concentrated ***2*** (*fig.*) to focus.

accentratóre ***A*** *a.* centralizing ***B*** *m.* (*f.* **-trice**) person who refuses to delegate.

accentuàre ***A*** *v. t.* ***1*** to stress ***2*** (*fig.*) to stress; to emphasize; to accentuate ***B*** **accentuàrsi** *v. i. pron.* to become* more marked; (*crescere*) to grow*; (*aggravarsi*) to grow* worse.

accentuàto *a.* marked; noticeable; (*forte*) strong.

accentuazióne *f.* stress; accentuation.

accerchiaménto *m.* encirclement.

accerchiàre *v. t.* to encircle; to surround.

accertàbile *a.* ***1*** ascertainable ***2*** (*fisc.*) assessable.

accertaménto *m.* ***1*** check; verification ***2*** (*fisc.*) assessment: **a. di imposta**, tax assessment ***3*** (*leg.*) investigation • **accertamenti clinici**, clinical tests.

accertàre ***A*** *v. t.* ***1*** to establish; (*verificare*) to check ***2*** (*fisc.*) to assess ***B*** **accertàrsi** *v. rifl.* to make* sure (of); to check (st.).

accéso *a.* ***1*** lighted (up); lit (up), alight (*pred.*): **candela accesa**, lighted candle; **Il sigaro è a.**, the cigar is lit ***2*** (*di luce, apparecchio*) on (*pred.*); (*di motore, anche*) running: **La radio è accesa**, the radio is on; **lasciare il motore a.**, to leave the engine on (*o* running) ***3*** (*illuminato*) bright, lit up (*pred.*), shining; (*infiammato*) burning; (*di viso*) flushed ***4*** (*animato*) heated; (*fervente*) ardent: **dibattito a.**, heated debate; **a. sostenitore**, ardent supporter ***5*** (*di colore*) bright.

accessìbile *a.* ***1*** (*raggiungibile*) accessible, reachable; (*aperto*) open ***2*** (*di persona*) approachable ***3*** (*di prezzo*) reasonable; affordable ***4*** (*comprensibile*) easily understood.

accessibilità *f.* accessibility; affordability.

accessióne *f.* accession.

accèsso *m.* ***1*** access; (*entrata*) admittance, entry: **a. libero**, free admittance; **divieto di a.**, no entry; no admittance; **di difficile a.**, difficult to reach (*o* to get into) ***2*** (*med.*) fit; attack: **a. di tosse**, fit of coughing; **a. di febbre**, attack (*o* bout) of fever ***3*** (*scoppio, impeto*) fit; access: **a. d'ira** [**di riso**], fit of anger [of laughter] ***4*** (*elab.*) access: **a. casuale** [**sequenziale**], random [sequential] access • **strada di a. a q.c.**, road leading to st. □ **viale di a.**, drive □ **Vietato l'a.**, no entry; no trespassing.

accessoriàto *a.* well-equipped: fully equipped.

accessòrio ***A*** *a.* accessory; additional; incidental ***B*** *m.* addition; (*di utensile*) attachment; (*autom.*) accessory, optional extra; (*moda*) accessory • **accessori per bagno**, bathroom fittings.

accétta *f.* hatchet • (*fig.*) **tagliato con l'a.**, rough-hewn; (*di viso*) rugged, craggy.

accettàbile *a.* acceptable; palatable.

accettàre *v. t.* ***1*** to accept (*anche comm., leg.*); (*acconsentire*) to agree (to): **a. un'eredità**, to accept an inheritance; **a. un invito**, to accept an invitation; **a. una proposta**, to agree to a proposal ***2*** (*ammettere*) to admit • **a. con riserva**, to accept conditionally; to reserve the right to refuse □ **a. una sfida**, to take up a challenge □ **Accettate assegni?**, do you take cheques?

accettazióne *f.* ***1*** (*anche comm., leg.*) acceptance ***2*** (*ufficio*) reception (desk) ***3*** (*in aeroporto*) check-in (counter).

accètto *a.* — **bene a.**, welcome.

accezióne *f.* meaning; acceptation.

acchiappafarfàlle *m. invar.* butterfly net.

acchiappamósche *m. invar.* flytrap; (*paletta*) fly swatter.

acchiappàre *v. t.* to catch*; to grab: **a. la palla**, to catch the ball; **a. un ladro**, to catch (*o, fam.*, to nab) a thief • **giocare ad acchiapparsi**, to play tag.

acchìto *m.* (*biliardo*) lead • **di primo a.**, (*subito*) straightaway; (*sulle prime*) at first.

acciaccàre *v. t.* (*schiacciare*) to crush, to squash; (*ammaccare*) to dent.

acciaccatùra *f.* ***1*** dent ***2*** (*mus.*) acciaccatura.

acciàcco *m.* infirmity; ailment; ache: **gli acciacchi della vecchiaia**, the infirmities of old age; **pieno di acciacchi**, full of aches and pains.

acciaierìa *f.* steelworks (*sing. o pl.*).

acciàio *m.* steel: **a. dolce**, mild (*o* soft) steel; **a. inossidabile**, stainless steel; **a. temperato**, hardened steel; **lamiera di a.**, sheet steel; **lana d'a.**, steel wool; **rivestito d'a.**, steel-clad • **nervi d'a.**, nerves of steel □ **occhi d'a.**, steely eyes.

acciambellàrsi *v. i. pron.* to curl up.

acciarìno *m.* ***1*** (*per pietra focaia*) steel (for a tinderbox) ***2*** (*di arma da fuoco*) flintlock ***3*** (*di ruota*) linchpin.

accidentàle *a.* ***1*** (*casuale*) accidental; fortuitous; chance (*attr.*) ***2*** (*non essenziale*) incidental • (*leg.*) **morte a.**, death by misadventure.

accidentàto *a.* ***1*** (*di terreno*) uneven; (*di strada*) uneven, bumpy (*fam.*) ***2*** (*pieno di imprevisti*) eventful.

accidènte *m.* ***1*** (*imprevisto*) chance; hazard: **per a.**, by chance ***2*** (*med., fam.*: *colpo apoplettico*) stroke; (*malanno*) bad cold: **prendersi un a.**, to catch a bad cold; **Ti prenderai un a.!**, you'll catch your death of cold! ***3*** (*ragazzo vivace*) little devil; pest • (*fig.*) **far venire un a. a q.**, to give sb. a fit □ **mandare accidenti a q.**, to curse sb. □ **Che gli venga un a.!**, damn him! □ **Mi prese un a.**, I nearly had a fit □ **non capire un a.**, not to understand a thing; not to have a clue □ **Non m'importa un a. di lei**, I don't give a damn about her □ **Spegni quell'a. di radio!**, turn off the blasted radio!

accidènti *inter.* (*escl. di irritazione*) damn!, blast!; (*di sorpresa, ammirazione*) goodness!, whew! • **A. a lui!**, the devil take him!

accìdia *f.* sloth.

accidióso *a.* slothful.

accigliàrsi *v. i. pron.* to frown; to scowl.

accigliàto *a.* frowning; scowling.

accìngersi *v. rifl.* to get* ready (to do st., for st.); to prepare (to do st.); to be about (to do st.); to set* about (st.): **a. a partire**, to get ready to leave; **a. all'opera**, to set about it.

acciottolàto *m.* cobbled paving; cobbles (*pl.*).

acciottolìo *m.* clatter.

accipìcchia *inter.* good heavens!; goodness me!

acciuffàre *v. t.* ***1*** (*afferrare*) to snatch; to grab ***2*** (*catturare*) to catch*; to nab (*fam.*).

acciùga *f.* (*zool.*) anchovy • **magro come un'a.**, as thin as a rake □ **stretti come acciughe**, packed like sardines.

acclamàre ***A*** *v. t.* ***1*** (*eleggere per acclamazione*) to acclaim; to hail ***2*** (*applaudire*) to applaud; to cheer ***B*** *v. i.* to cheer.

acclamazióne *f.* applause; acclamation; cheer: **le acclamazioni della folla**, the cheers (*o* the cheering) of the crowd; **eletto per a.**, elected by acclamation.

acclimatàre ***A*** *v. t.* (*biol.*) to acclimatize ***B*** **acclimatàrsi** *v. i. pron.* ***1*** (*biol.*) to become* acclimatized ***2*** (*fig.*) to settle down.

acclimatazióne *f.* acclimatization.

acclùdere *v. t.* to enclose; to attach • (*comm.*) **Vi accludia-**

mo..., please find enclosed...
acclùso *a.* enclosed; attached: (*comm.*) **come da acclusa fattura**, as per enclosed invoice; **il modulo qui a.**, the attached form.
accoccolàrsi *v. rifl.* to crouch; to squat.
accodàre ***A*** *v. t.* to line up ***B*** **accodàrsi** *v. i. pron.* ***1*** (*mettersi in coda*) to line up; to queue up ***2*** (*unirsi a*) to tag along (with, behind); to join (st.).
accogliènte *a.* pleasant; friendly; warm; cosy; (*comodo*) comfortable.
accoglièenza *f.* welcome; reception: **a. calorosa**, warm welcome; **a. fredda**, cool reception; **fare buona [cattiva] a. a q.c.**, to give st. a warm [cool] reception; **trovare a. presso q.**, to be welcomed by sb.
accògliere *v. t.* ***1*** (*ricevere*) to receive; (*dare il benvenuto*) to welcome, to greet: **a. gli ospiti**, to greet (*o* to meet) the guests; **a. q. con freddezza**, to give sb. a cool reception ***2*** (*accettare*) to accept; to welcome; to agree (to): **a. un invito**, to accept an invitation; **a. una proposta**, to welcome a proposal ***3*** (*dare ascolto a*) to grant; to answer: **a. una richiesta**, to grant a request; **a. una preghiera**, to answer a prayer ***4*** (*contenere*) to hold*; to accommodate; (*di teatro, ecc.*) to seat • (*leg.*) **a. un ricorso [un'istanza]**, to allow a claim.
accogliménto *m.* ***1*** *V.* **accoglienza** ***2*** (*accettazione*) acceptance; granting.
accòlita *f.* (*spreg.*) bunch.
accòlito *m.* ***1*** (*eccles.*) acolyte ***2*** (*spreg.*) hanger-on.
accollàre *v. t.* (*addossare*) to saddle; to burden: **a. un debito a q.**, to saddle sb. with a debt • **accollarsi una responsabilità**, to shoulder a responsibility □ **accollarsi i costi**, to bear the cost □ **accollarsi la colpa**, to take the blame (upon oneself).
accollàto *a.* ***1*** (*di vestito*) high-necked ***2*** (*di scarpa*) with a high instep.
accòllo *m.* taking over; assumption.
accoltellaménto *m.* stabbing; knifing.
accoltellàre *v. t.* to stab; to knife.
accoltellatóre *m.* (*f.* **-trice**) attacker (*carrying a knife*).
accomandànte *m.* (*leg.*) sleeping (*o* silent) partner.
accomandatàrio *m.* (*leg.*) general partner.
accomàndita *f.* — (*fin.*) **società in a. semplice**, limited partnership.
accomiatàre ***A*** *v. t.* to dismiss; to let* go ***B*** **accomiatàrsi** *v. rifl. e rifl. recipr.* to take* one's leave (of); to say* goodbye (to).
accomodaménto *m.* settlement; arrangement; agreement: **giungere a un a.**, to come to an arrangement.
accomodànte *a.* accommodating; compliant; easygoing.
accomodàre ***A*** *v. t.* ***1*** (*riparare*) to repair; to mend; to fix ***2*** (*disporre*) to arrange; (*raddrizzare*) to straighten; (*riordinare*) to tidy: **Accomodò i cuscini sul divano**, he arranged the cushions on the sofa; **Si accomodò la cravatta**, he straightened his tie; **accomodarsi i capelli**, to tidy one's hair ***3*** (*comporre*) to settle: **a. una lite**, to settle a quarrel • **Ti accomodo io!**, I'll fix you! ***B*** *v. i.* (*convenire*) to suit: **Fa' come più ti accomoda**, do what suits you best; do as you please ***C*** **accomodàrsi** *v. rifl. e rifl recipr.* ***1*** (*adattarsi*) to make* do (with); to settle (for) ***2*** (*sedersi*) to sit down, to take* a seat; (*entrare*) to come* in, to go* in: **Prego, si accomodi**, (*si sieda!*) do sit down, take a seat!; (*entri!*) do come in; **Si accomodi di là**, will you please go through (*o* go in)?; **Lo faccia accomodare**, show him in ***3*** (*accordarsi*) to come* to an agreement. ATTENZIONE: **accomodare ≠ to accomodate.**
accompagnaménto *m.* ***1*** accompanying ***2*** (*seguito*) suite; retinue; train ***3*** (*mus.*) accompaniment • **lettera di a.**, covering letter.
accompagnàre ***A*** *v. t.* ***1*** (*andare, venire insieme*) to go* with; to come* with; to accompany; (*a piedi*) to walk with: **Posso accompagnarti?**, can I go with you? ***2*** (*condurre in un posto*) to take*; (*in auto*) to drive*: **a. q. a casa [a scuola]**, to take sb. home [to school]; (*in auto*) to drive sb. home [to school]; **a. q. alla porta**, to show sb. out ***3*** (*scortare*) to escort ***4*** (*seguire*) to follow: **a. con lo sguardo**, to follow with one's eyes ***5*** (*unire a q.c.*) to add (st. to st.); to accompany (st. with st.); (*armonizzare*) to match ***6*** (*mus.*) to accompany • **a. una porta**, to pull a door to gently □ **a. una sposa all'altare**, to give a bride away □ **Dio ti accompagni!**, God be with you! ***B*** **accompagnàrsi** *v. i pron. e rifl.* ***1*** (*armonizzare*) to go* well with; to match ***2*** (*unirsi a*) to go* along with; (*essere il complemento di*) to complement ***3*** (*mus.*) to accompany oneself.
accompagnatóre *m.* (*f.* **-trice**) ***1*** companion; attendant; (*guida*) guide; (*cavaliere*) escort ***2*** (*turistico*) courier ***3*** (*mus.*) accompanist ***4*** (*sport*) team manager.
accomunàre *v. t.* ***1*** (*avvicinare, unire*) to join; to unite ***2*** (*mettere in comune*) to share; to pool • **Nulla li accomuna**, they have nothing in common □ **Sono accomunati dalla passione per il cinema**, they share a common passion for the cinema.
acconciàre *v. t.* to arrange: **acconciarsi i capelli**, to arrange one's hair.
acconciatóre *m.* (*f.* **-trìce**) hairdresser; hair stylist.
acconciatùra *f.* ***1*** (*l'acconciare*) hairdressing ***2*** (*pettinatura*) hairstyle; hair-do (*fam.*) ***3*** (*ornamento*) headdress.
accóncio *a.* suitable; convenient; proper.
accondiscendènte *a.* compliant; (*arrendevole*) amenable, lenient.
accondiscéndere *v. i.* to consent; to accede: **a. ai desideri di q.**, to accede to sb.'s wishes.
acconsentire *v. i.* to consent; to agree: **Acconsentii a vederlo**, I agreed to see him • (*prov.*) **Chi tace acconsente**, silence gives consent.
accontentàre ***A*** *v. t.* to please; to indulge: **difficile da a.**, hard to please; **Fallo per accontentarmi!**, do it just to please me!; **Voglio accontentarti**, I'll do as you ask; **Lo accontenta in tutto**, she indulges him in everything ***B*** **accontentàrsi** *v. i. pron.* ***1*** (*essere soddisfatto*) to be content (*o* satisfied) (with): **a. di poco**, to be easily satisfied; **Non si accontenta mai**, he is never satisfied (*o* happy) ***2*** (*accettare*) to settle (for); to be happy (with st., to do st.) ***3*** (*limitarsi*) to content oneself (with).
accónto *m.* advance; down payment: **in a.**, on account; down; up front (*fam.*); **versare un a.**, to make a down payment.
accoppàre *v. t.* (*pop.*) to do* in; to bump off.
accoppiaménto *m.* ***1*** (*il combinare*) combination ***2*** (*l'unire in coppia*) pairing off ***3*** (*mecc.*) connection; coupling ***4*** (*unione sessuale*) copulation; (*di animali*) mating • **a. fra consanguinei**, inbreeding.
accoppiàre ***A*** *v. t.* ***1*** (*combinare*) to combine ***2*** (*unire in coppia*) to pair off ***3*** (*mecc.*) to connect; to couple ***4*** (*zootecnia*) to mate ***B*** **accoppiàrsi** *v. rifl. e rifl. recipr.* ***1*** to pair off ***2*** (*di animali*) to mate.
accoppiàta *f.* (*ippica*) first and second place bet; exacta (*USA*).
accoràto *a.* sad; sorrowful; heartbroken.
accorciaménto *m.* ***1*** shortening ***2*** (*mecc.*) shrinkage.
accorciàre ***A*** *v. t.* to shorten; to make* shorter; (*tagliare*) to cut*; (*abbreviare*) to cut* short: **a. un orlo**, to shorten (*o* to take up) a hem; **a. un articolo**, to shorten (*o* to cut) an article; **a. le vacanze**, to cut one's holiday short • **a. i tempi di q.c.**, to speed st. up □ **Per questa strada l'accorciamo**, it's shorter this way ***B*** **accorciàrsi** *v. i. pron.* ***1*** to shorten; to become* shorter ***2*** (*restringersi*) to shrink* ***3*** (*di giornate*) to draw* in.
accordàre ***A*** *v. t.* ***1*** (*concedere*) to grant; to give*; to allow: **a. uno sconto**, to give a discount; **a. un permesso**, to grant a permit; to give permission; **a. un aumento**, to give a pay rise ***2*** (*armonizzare*) to match ***3*** (*mettere d'accordo*) to reconcile ***4*** (*mus.*) to tune ***5*** (*gramm.*) to make* (st.) agree ***B*** **accordàrsi** *v. rifl. recipr.* ***1*** (*raggiungere un accordo*) to agree; to come* to (*o* to reach) an agreement ***2*** (*mus.*) to tune up ***C*** **accordàrsi** *v. i. pron.* ***1*** (*concordare*) to accord (with); to fit in (with) ***2*** (*armonizzare*) to go* well (with).
accordàto *a.* (*mus.*) tuned; in tune.
accordatóre *m.* (*f.* **-trice**) (*mus.*) tuner.
accordatùra *f.* (*mus.*) tuning (up) • **perdere l'a.**, to go out of tune.
accòrdo *m.* ***1*** (*consenso*) accord; consent: **di comune a.**, (*fra due*) by mutual consent; (*fra tanti*) by common consent ***2*** (*patto*) agreement; understanding: **a. commerciale [bilaterale]**, trade [bilateral] agreement; **accordi salariali**, wage settlements; **concludere un a.**, to conclude (*o* to make, to strike) an agreement; **con l'a. che**, on the understanding that ***3*** (*mus.*) chord ***4*** (*gramm.*) agreement; concordance • **andare d'a. (con)**, to get on well (with) □

come d'a., as agreed □ **D'a.!**, very well, then!; all right!; OK! □ **D'a.?**, (is that) all right?; OK? □ **essere d'a. (con)**, to agree (with) □ **in a. con**, in accordance with □ **Mettiamoci d'a. sull'ora**, let's agree on the time □ **Mettiti d'a. con lui per la data**, arrange the date with him □ **non essere d'a.**, to disagree □ **prendere accordi**, to make arrangements □ **Restiamo d'a. così**, that's settled, then.

accòrgersi *v. i. pron.* (*notare*) to notice; (*rendersi conto*) to realize, to be [to become*] conscious (*o* aware): **Non m'ero accorto di lui**, I hadn't noticed him; **Mi accorgo di aver sbagliato**, I realize I have made a mistake; **Non se ne accorgeva**, he wasn't conscious (*o* aware) of it • **senza a.**, (*inavvertitamente*) inadvertently; (*con facilità*) with the utmost ease.

accorgiménto *m.* **1** (*accortezza*) shrewdness **2** (*espediente*) stratagem; trick.

accorpaménto *m.* unification; amalgamation.

accorpàre *v. t.* to unify; to amalgamate.

accórrere *v. i.* to run*; to rush: **a. in aiuto di q.**, to rush to sb.'s aid (*o* assistance) • **a. in folla**, to flock.

accortézza *f.* **1** (*sagacia*) shrewdness; sagacity **2** (*prudenza*) cautiousness; wariness • **Ebbe l'a. di tacere**, he had the good sense (*o* the wits) to keep silent.

accòrto *a.* **1** (*sagace*) shrewd; wise **2** (*prudente*) cautious; wary.

accosciàrsi *v. rifl.* to squat; to hunker (down).

accostaménto *m.* **1** approach **2** (*di colori, ecc.*) combination.

accostàre **A** *v. t.* **1** (*avvicinare*) to bring* (to); to draw* near (*o* close); to put* near (*o* close) (to): **a. un bicchiere alle labbra**, to bring a glass to one's lips; **a. le labbra all'orecchio di q.**, to put one's lips to sb.'s ear; **a. l'auto al marciapiede**, to pull up alongside the kerb; **Accosta una sedia**, draw up a chair **2** (*socchiudere*) to leave* ajar; to pull (st.) to **3** (*una persona*) to approach **4** (*colori*) to match **B** *v. i.* **1** (*naut.*: *cambiare rotta*) to alter course, to haul; (*avvicinarsi*) to come* alongside **2** (*autom.*) to pull over (*o* in) **C** **accostàrsi** *v. rifl.* **1** (*avvicinarsi*) to come* near (*o* up); to go* near (*o* up); to move closer (to); to draw* near **2** (*di veicolo*) to pull over (*o* in) **3** (*interessarsi*) to become* interested (in) • (*eccles.*) **a. ai Sacramenti**, to receive the Sacraments.

accostàto *a.* (*socchiuso*) slightly open; ajar, to (*pred.*).

accòsto *avv.* near: **farsi a.**, to draw near.

accovacciàrsi *v. rifl.* to crouch (down); to squat.

accozzàglia *f.* **1** (*di persone*) motley crowd; (*marmaglia*) rabble **2** (*di cose*) jumble; hotchpotch; mishmash.

accozzàre *v. t.* **1** (*cose*) to lump together; (*colori*) to mix together **2** (*persone*) to throw* together.

accreditaménto *m.* **1** (*comm.*) crediting **2** (*un diplomatico*) accreditation.

accreditànte *m. e f.* (*comm.*) crediting party.

accreditàre **A** *v. t.* **1** (*avvalorare*) to confirm; to bear* out: **a. una voce**, to confirm a rumour **2** (*comm.*) to credit: **a. una somma in conto a q.**, to credit an amount to sb.'s account **3** (*un diplomatico*) to accredit **B** **accreditàrsi** *v. rifl.* to gain credit.

accreditàto **A** *a.* **1** (*degno di fiducia*) reliable **2** (*comm.*) credited **3** (*di diplomatico, giornalista*) accredited **B** *m.* (*banca*) beneficiary (of a credit).

accrèdito *m.* (*comm.*) crediting; credit: **l'a. degli stipendi**, the crediting of salaries; **a. bancario**, bank credit; **somma in a.**, credited amount.

accréscere **A** *v. t.* to increase; to add to; to augment **B** **accréscersi** *v. i. pron.* to increase; to grow*.

accresciménto *m.* increase; (*anche biol.*) growth.

accrescitivo *a. e m.* (*gramm.*) augmentative.

accucciàrsi *v. rifl.* (*di animale*) to lie* down, to crouch; (*di persona*) to crouch (down).

accudire *v. i.* to attend to; to look after; (*un malato*) to nurse • **a. alla casa**, to do the housework.

acculturàre *v. t.*, **acculturàrsi** *v. i. pron.* to acculturate.

acculturazióne *f.* acculturation.

accumulàre **A** *v. t.* to accumulate; to build* up; to amass; (*ammucchiare*) to heap up; (*debiti, ecc.*) to run* up; (*far provvista*) to stock: **a. una fortuna**, to amass (*o* to make) a fortune; **a. provviste**, to stock food; **a. polvere**, to gather dust **B** **accumulàrsi** *v. i. pron.* **1** to accumulate; (*raccogliersi*) to gather; (*ammucchiarsi*) to pile up; **La posta si era accumulata**, mail had piled up **2** (*fin.*: *di interessi*) to accrue.

accumulatóre *m.* **1** (*elettr., elab.*) accumulator **2** (*autom.*) (storage) battery.

accumulazióne *f.* accumulation; storage.

accùmulo *m.* accumulation: **a. di capitali**, accumulation of capital.

accuratézza *f.* accuracy; care; precision.

accuràto *a.* accurate; careful: **esame a.**, close (*o* careful) examination.

accùṣa *f.* **1** accusation; charge; (*senza prove concrete*) allegation: **lanciare un'a.**, to level an accusation (*o* a charge); **ribattere un'a.**, to refute an accusation (*o* a charge); **smentire un'a.**, to deny an allegation **2** (*leg.*: *imputazione*) charge, accusation; (*atto d'a.*) indictment: **a. di furto**, theft charge; **lasciar cadere un'a.**, to drop a charge; **prosciogliere q. da un'a.**, to acquit sb. of a charge; **arrestato con l'a. di omicidio**, arrested on a charge of murder **3** (*leg., anche* **pubblica a.**) (public) prosecution; (*magistrato*) Public Prosecutor, District Attorney (*USA*): **testimone d'a.**, witness for the prosecution; **sostenere l'a.**, to prosecute • (*comm.*) **a. di ricevuta**, acknowledgment of receipt □ (*leg.*) **in stato d'a.**, committed for trial □ (*leg.*) **mettere q. in stato d'a.**, to commit sb. for trial; (*un uomo politico*) to impeach □ **sguardo d'a.**, accusing look.

accuṣàre **A** *v. t.* **1** to accuse (of st., of doing st.); to blame (for st.) **2** (*leg.*) to charge (with st.): **Fu accusato di omicidio**, he was charged with murder **3** (*comm.*) to acknowledge: **a. ricevuta di una lettera**, to acknowledge receipt of a letter **4** (*dolersi di*) to complain of: **a. un dolore di testa**, to complain of a headache; **a. stanchezza**, to feel tired • (*fig.*) **a. il colpo**, to feel the blow **B** **accuṣàrsi** *v. rifl.* to accuse oneself; to blame oneself.

accuṣativo *a. e m.* (*gramm.*) accusative.

accuṣàto *m.* (*f.* **-a**) **1** person under accusation **2** (*leg.*) defendant; accused.

accuṣatóre **A** *a.* (*anche leg.*) accusing **B** *m.* (*f.* **-trice**) **1** accuser **2** — (*leg.*) **pubblico a.**, Public Prosecutor; District Attorney (*USA*).

accuṣatòrio *a.* **1** accusing **2** (*leg.*) adversarial; accusatorial • **in tono a.**, accusingly.

acèfalo *a.* acephalous.

acerbità *f.* **1** (*di frutta, ecc.*) unripeness **2** (*immaturità*) immaturity; inexperience **3** (*asprezza, durezza*) tartness, sharpness; (*durezza*) harshness.

acèrbo *a.* **1** (*non maturo*) unripe; green **2** (*immaturo*) inexperienced, green; (*prematuro*) premature **3** (*di sapore acre*) sour; tart **4** (*aspro, duro*) harsh; (*acuto*) sharp, bitter.

àcero *m.* (*bot.*) maple.

acèrrimo *a.* very fierce; bitter: **nemico a.**, bitter enemy.

acetàto *m.* (*chim., ind. tess.*) acetate.

acètico *a.* (*chim.*) acetic: **acido a.**, acetic acid.

acetièra *f.* vinegar cruet.

acetificàre *v. t.* (*chim.*) to acetify.

acetìle *m.* (*chim.*) acetyl.

acetilène *m.* (*chim.*) acetylene.

acetilsalicìlico *a.* (*chim.*) acetylsalicylic.

acéto *m.* vinegar: **a. balsamico**, balsamic vinegar • **cipolline sotto a.**, pickled onions □ **conservare sotto a.**, to pickle.

acetóne *m.* **1** (*chim.*) acetone **2** (*per le unghie*) nail-polish remover.

acetósa *f.* (*bot.*) garden sorrel.

acetosèlla *f.* (*bot.*) wood sorrel.

achèo *a. e m.* (*f.* **-a**) (*stor.*) Achaean (*f.* Achaean woman*).

achillèa *f.* (*bot.*) yarrow.

acìclico *a.* (*fis.*) acyclic.

acidificàre *v. t.*, **acidificàrsi** *v. i. pron.* to acidify.

acidità *f.* **1** (*anche fig.*) acidity; sourness; tartness **2** (*chim.*) acidity • (*med.*) **a. di stomaco**, heartburn.

àcido **A** *a.* **1** (*anche fig.*) sour; acid; tart: **latte a.**, sour milk; **panna acida**, sour cream; **diventare a.**, to go (*o* to turn) sour; **risposta acida**, tart answer **2** (*chim.*) acid(ic): **piogge acide**, acid rain **B** *m.* **1** (*chim.*) acid **2** (*pop.*: *LSD*) acid.

acìdulo *a.* acidulous; tangy; (*anche fig.*) sour.

àcino *m.* **1** (*bot., anat.*) acinus* **2** (*di uva*) grape; (*di bacca*) berry.

àcme *f.* **1** acme; height; climax* **2** (*med.*) crisis*.

àcne *f.* (*med.*) acne.

aconfessionàle *a.* nondenominational.

acònito *m.* (*bot.*) monkshood; aconite.

àcqua *f.* ***1*** water: **a. corrente**, running water; **a. da tavola**, table water; **a. di mare**, sea water; **a. dolce**, fresh water; (*non dura*) soft water; **a. dura**, hard water; **a. minerale**, mineral water; **a. potabile** [**non potabile**], drinking [non-drinkable] water; **cadere in a.**, to fall into the water; **un filo d'a.**, a trickle of water; **sott'a.**, underwater ***2*** (*al pl.*) (*tratto d'a.*) waters: **acque territoriali**, territorial waters; **nelle acque di Napoli**, off the coast of Naples ***3*** (*pioggia*) rain: **prendere l'a.**, to get caught in the rain; **a. a catinelle**, pouring rain; downpour ***4*** (*al pl.*) (*liquido amniotico*) (the) waters • **a. alta**, deep water; (*di marea*) high tide; (*a Venezia*) water at flood level □ **a. bassa**, shallow water; (*di marea*) low tide □ (*tecn.*) **acque bianche**, storm sewage Ⓤ □ (*fig.*) **un'a. cheta**, a deep one; a sly one □ **a. di Colonia**, eau de Cologne (*franc.*) □ **a. di rose**, rosewater □ **acque di scolo** (*o* **nere**), sewage Ⓤ □ **a. di Seltz**, soda water □ **a. morta**, stagnant water □ **a. ossigenata**, hydrogen peroxide □ (*fis.*) **a. pesante**, heavy water □ **a. ragia**, turpentine □ (*fig.*) **acque tempestose**, troubled waters □ **a. tonica**, tonic water □ (*nei giochi infant.*) **A., a...**, (you're) getting cold, colder... □ **A. in bocca!**, keep it to yourself!; mum's the word! □ (*fig.*) **all'a. di rose**, milk-and-water; watered-down; lukewarm; mild: **rivoluzionario all'a. di rose**, milk-and-water revolutionary; **punizione all'a. di rose**, mild punishment □ **(all')a. e sapone**, without make-up; natural; fresh □ **per via d'a.**, (*per mare*) by sea; (*su fiume, ecc.*) by water □ (*fig.*) **avere l'a. alla gola**, to be in deep waters □ (*fig.*) **calmare le acque**, to pour oil on troubled waters □ (*fig.*) **della più bell'a.**, of the first water □ **È a. passata!**, it's all water under the bridge □ **fare a.**, (*di recipiente e naut.*) to leak; (di azienda) to be in trouble; (*eufem.*: *orinare*) to pass water, to relieve oneself □ (*fig.*) **fare a. da tutte le parti**, (*di ragionamento*) not to hold water, to be full of holes; (*di azienda*) to be going down like a sinking ship □ **far scorrere l'a.** (*nel gabinetto*), to flush the toilet □ **gettare** (*o* **versare**) **a. sul fuoco**, (*calmare*) to pour oil on troubled waters; (*scoraggiare*) to dampen sb.'s enthusiasm □ **gettare l'a. sporca col bambino dentro**, to throw the baby out with the bath-water □ **lasciar calmare le acque**, to let the dust settle □ **lasciar correre l'a. per la sua china**, to let things take their course □ **Ne è passata di a. sotto i ponti!**, there's been a lot of water under the bridge since then! □ **portare a. al mare**, to carry coals to Newcastle □ **tirare l'a. al proprio mulino**, to make capital out of st.; to use the situation for one's own ends □ (*prov.*) **L'a. cheta rovina i ponti**, still waters run deep.

àcqua-àcqua *locuz. a.* (*miss.*) ship-to-ship.

àcqua-ària *locuz. a.* (*miss.*) ship-to-air.

acquafòrte *f.* etching.

acquafortista *m. e f.* etcher.

acquàio *m.* (kitchen) sink.

acquaiòlo ***A*** *a.* aquatic; water (*attr.*) ***B*** *m.* (*portatore d'acqua*) water carrier; (*venditore d'acqua*) water seller.

acquamarina *f.* (*miner.*) aquamarine.

acquaplàno *m.* aquaplane.

acquaràgia *f.* turpentine.

acquàrio *m.* ***1*** aquarium* ***2*** — (*astron., astrol.*) **l'A.**, Aquarius: **essere dell'A.** (*o* **un A.**), to be (an) Aquarius.

acquartieràre ***A*** *v. t.* (*mil.*) to quarter ***B*** **acquartieràrsi** *v. rifl.* (*mil. e fig.*) to take* up quarters.

acquasànta *f.* holy water.

acquasantièra *f.* holy-water font; stoup.

acquàta *f.* rainstorm; downpour.

àcqua-tèrra *locuz. a.* (*miss.*) ship-to-land.

acquàtico *a.* aquatic; water (*attr.*): **animale a.**, aquatic animal; **uccello a.**, water bird; **sport acquatici**, water sports.

acquatinta *f.* aquatint.

acquattàrsi *v. rifl.* ***1*** to crouch (down) ***2*** (*nascondersi*) to hide*.

acquavite *f.* brandy.

acquazzóne *m.* heavy shower; downpour; cloudburst.

acquedótto *m.* waterworks (*pl. col verbo al sing.*); (*di tipo romano*) aqueduct.

àcqueo *a.* water (*attr.*); aqueous: **vapore a.**, water vapour.

acquerellàre *v. t.* to paint in watercolours.

acquerellista *m. e f.* watercolourist.

acquerèllo *m.* watercolour: **dipingere all'a.**, to paint in watercolours.

acquerùgiola *f.* drizzle.

acquicoltùra *f.* aquaculture; aquiculture.

acquiescènte *a.* acquiescent.

acquiescènza *f.* acquiescence.

acquietàre ***A*** *v. t.* to calm (down); (*placare*) to appease ***B*** **acquietàrsi** *v. i. pron.* to calm down; to quieten down.

acquìfero *a.* water-bearing • **falda acquifera**, water table.

acquirènte *m. e f.* (*comm.*) buyer; purchaser.

acquiṣire *v. t.* to acquire • (*leg.*) **a. agli atti**, to admit as evidence □ **a. un'abitudine**, to develop a habit.

acquiṣito *a.* acquired • (*leg.*) **diritto a.**, vested right □ **fatto a.**, unquestionable fact □ **parenti acquisiti**, relatives by marriage; in-laws.

acquisizióne *f.* ***1*** acquisition ***2*** (*fin.*) take-over.

acquistàre ***A*** *v. t.* ***1*** (*comprare*) to buy*; to purchase ***2*** (*procurarsi, guadagnare*) to gain; to acquire; to get*: **a. esperienza**, to gain experience; **a. tempo**, to gain time; **a. forza**, to gain strength; **a. velocità**, to gain (*o* to gather, to pick up) speed; (*fig.*) **a. terreno**, to gain ground ***B*** *v. i.* (*migliorare*) to improve • **a. in salute** [**in bellezza**], to become* healthier [more attractive].

acquìsto *m.* ***1*** (*l'acquistare*) purchase ***2*** (*cosa acquistata*) purchase; buy ***3*** (*fin.*) take-over; buy-out: **offerta pubblica di a.**, take-over bid • (*sport*) **campagna acquisti**, transfer market; transfer season □ **Hai fatto acquisti?**, did you do any shopping?; did you buy anything? □ (*econ.*) **potere di a.**, purchasing power; value in exchange □ **uscire per acquisti**, to go shopping □ **È un ottimo a. per la squadra**, he's an excellent addition to the team.

acquitrìno *m.* swamp; bog; marsh.

acquitrinóso *a.* swampy; boggy; marshy.

acquolina *f.* — **far venire l'a. in bocca a q.**, to make sb.'s mouth water; **Avevo l'a. in bocca**, my mouth was watering.

acquóso *a.* watery.

àcre *a.* ***1*** (*di sapore*) acid; tart; sour ***2*** (*di odore*) acrid; pungent ***3*** (*acrimonioso*) sour; bitter ***4*** (*mordace*) sharp; biting.

acrèdine *f.* ***1*** (*acidità*) acridity ***2*** (*acrimonia*) acrimony; bitterness.

acrìlico *a.* (*chim.*) acrylic.

acrimònia *f.* acrimony; bitterness.

acrimonióso *a.* acrimonious; bitter.

acrìtico *a.* uncritical; dogmatic.

àcro *m.* acre.

acròbata *m. e f.* acrobat.

acrobàtica *f.* acrobatics (*pl. col verbo al sing.*).

acrobàtico *a.* acrobatic • **volo a.**, acrobatics (*pl.*).

acrobatiṣmo *m.* acrobatics (*pl.*).

acrobazìa *f.* acrobatic feat; (*al pl., anche*) acrobatics • (*aeron.*) **acrobazie aeree**, aerobatics; stunt flying □ **fare acrobazie**, to do acrobatics; (*fig.*) to do one's utmost, to try everything, to exercise one's ingenuity □ **fare acrobazie per tirare avanti**, to struggle to make ends meet.

acrocòro *m.* (*geogr.*) plateau.

acromàtico *a.* (*fis.*) achromatic.

acrònimo *m.* acronym.

acròpoli *f.* acropolis.

acròstico *m.* acrostic.

acuìre *v. t.*, **acuìrsi** *v. i. pron.* to sharpen; to intensify; (*peggiorare*) to worsen.

acùleo *m.* ***1*** (*bot.*) thorn ***2*** (*zool., di istrice, ecc.*) quill; (*pungiglione*) aculeus*, sting.

acùme *m.* acumen; perspicacity.

acuminàre *v. t.* to sharpen.

acuminàto *a.* sharp; pointed.

acùstica *f.* ***1*** (*fis.*) acoustics (*pl. col verbo al sing.*) ***2*** (*di ambiente*) acoustics (*pl.*).

acùstico *a.* acoustic; sound (*attr.*); auditory (*attr.*); hearing (*attr.*): **nervo a.**, auditory nerve; **apparecchio a.**, hearing aid; **impianto a.**, sound equipment.

acutàngolo *a.* (*geom.*) acute-angled.

acutézza *f.* ***1*** acuteness; sharpness ***2*** (*mus.*) height ***3*** (*di vista*) sharpness; keenness ***4*** (*acume*) acumen; sharpness.

acutizzàre ***A*** *v. t.* to sharpen; to intensify; (*aggravare*) to worsen ***B*** **acutizzàrsi** *v. i. pron.* ***1*** to sharpen; to intensify; (*aggravarsi*) to worsen ***2*** (*med.*) to become* acute.

acùto ***A*** *a.* ***1*** (*appuntito*) sharp; pointed ***2*** (*intenso*) acute; sharp; strong: intense: **dolore a.**, sharp pain; **desiderio a.**, intense longing; **odore a.**, strong smell ***3*** (*perspicace*) sharp; keen **4** (*di vista*) sharp; keen **5** (*di suono*) shrill; high-pitched; (*mus.*) high: **voce acuta**, shrill voice; **note acute**, high notes **6** (*med., geom., fon.*) acute **B** *m.* (*mus.*) high note.

ad *V.* **a.**

adagiàre **A** *v. t.* to lay* down; to set* down **B** **adagiàrsi** *v. rifl.* to lie* down; (*mettersi comodo*) to lie* back • **a. nell'ozio**, to sink into idleness □ **a. nella routine**, to settle (down) into a routine □ **Non è il momento di a.!**, this is not the time to lie back and relax!

adàgio (1) **A** *avv.* **1** (*lentamente*) slowly; (*senza fretta*) unhurriedly **2** (*con cautela*) carefully; (*con delicatezza*) gently: **Fate a. con quel vaso!**, careful with that vase!; **Lo posò a.**, he set it down gently • **a. a.**, very slowly; (*a poco a poco*) little by little; (*cautamente*) gingerly **B** *m.* (*mus.*) adagio*.

adàgio (2) *m.* (*proverbio*) adage; saying.

adamantìno *a.* **1** diamond-like **2** (*fig.*) adamantine; (*di coscienza, onestà*) upright, sterling.

adamìtico *a.* Adamitic • (*scherz.*) **in costume a.**, in one's birthday suit.

adattàbile *a.* adaptable.

adattabilità *f.* adaptability; flexibility.

adattaménto *m.* adaptation; adjustment: **periodo di a.**, period of adjustment; **a. televisivo**, TV adaptation; **spirito di a.**, adaptability.

adattàre **A** *v. t.* **1** (*adeguare*) to adapt, to adjust; (*conformare*) to suit, to conform **2** (*applicare*) to fit: **a. un manico a un martello**, to fit a handle to a hammer **3** (*modificare*) to alter; (*trasformare*) to convert (into), to turn (into): **a. un cappotto**, to alter a coat; **a. un locale a studio**, to convert a room into a study **4** (*cinem., TV*) to adapt **B** **adattàrsi** *v. rifl. e i. pron.* **1** (*assuefarsi*) to adjust (to); to adapt (to); to fit (into): **a. a un ambiente**, to adjust to an environment **2** (*accettare*) to accept (st.), to put* up (with), to submit (to); (*rassegnarsi*) to resign oneself (to): **a. alla disciplina**, to submit to discipline; **Dovremo adattarci**, we'll have to put up with it (*o* to make the best of it) **3** (*armonizzarsi, addirsi*) to suit (sb., st.); to be suitable (to sb., st.); to go* with (st).

adattatóre *m.* (*elettr., tecn.*) adapter.

adàtto *a.* suitable; right; suited (*pred.*): **il momento a.**, the right time; **Non ho il vestito a.**, I haven't got a suitable dress; **un film a. ai bambini**, a film suitable for children; **una pianta adatta ai climi freddi**, a plant suited to cold climates; **Non è a. per questo lavoro**, he isn't suited to this job; **in modo a.**, suitably.

addebitàre *v. t.* **1** to debit (sb. with st.); to charge (st. to sb., st. to st.) **2** (*fig.*) to charge (sb. with st.); to blame (st. on sb.).

addébito *m.* **1** debit **2** (*fig.*) charge.

addèndo *m.* (*mat.*) addend.

addensaménto *m.* **1** (*accumulo*) accumulation **2** (*ispessimento*) thickening **3** (*affollamento*) gathering; thronging.

addensànte *m.* (*tecn.*) thickener.

addensàre **A** *v. t.* **1** (*rendere denso*) to thicken **2** (*ammassare*) to accumulate **B** **addensàrsi** *v. i. pron.* **1** (*ispessirsi, infittirsi*) to thicken **2** (*accumularsi*) to gather **3** (*affollarsi*) to gather; to crowd; to throng.

addentàre *v. t.* **1** to bite* into; to sink* one's teeth into: **a. un panino**, to bite into a roll; **Il cane gli addentò una gamba**, the dog sank its teeth into his leg **2** (*di tenaglie*) to grip.

addentellàto *m.* (*aggancio*) connection; link.

addentràrsi *v. i. pron.* to enter (st.); to go* into: **a. in un bosco**, to enter a forest; **a. in una discussione**, to enter (*o* to get involved in) a debate; **a. in particolari**, to go into detail(s).

addéntro *avv.* **1** inside; deep; deeply **2** (*informato*) well-informed (about); knowledgeable (about).

addestraménto *m.* training; (*mil.*) drill • **corso di a.**, training course □ **fare a.**, to train.

addestràre **A** *v. t.* to train; (*mil.*) to drill **B** **addestràrsi** *v. rifl.* to train; (*fare pratica*) to practise: **a. nell'uso del fucile**, to practise using a rifle; (*mil.*) to do rifle drill.

addestratóre *m.* (*f.* **-trice**) trainer.

addétto **A** *a.* (*assegnato*) assigned (to); (*responsabile*) in charge (of) • **personale a. alle pulizie**, cleaning staff **B** *m.* (*f.* **-a**) **1** (*impiegato*) clerk; (*responsabile*) person in charge: **l'a. al banco**, the clerk at the counter; **Chi è l'a. qui?**, who is in charge here? **2** (*diplomazia*) attaché • **a. agli acquisti**, buyer □ **a. alle consegne**, delivery man □ **a. alla manutenzione**, maintenance man □ **a. alla sicurezza**, security officer □ **a. stampa**, press officer □ **a. ai lavori**, authorized person; (*fig.*) expert □ **non a. ai lavori**, unauthorized person; (*fig.*) layman*, outsider. ATTENZIONE: **addetto** ≠ addict, addicted.

addì *avv.* (*arc. o bur.*) — **a. 7 maggio**, on the 7th of May; on May 7th.

addiàccio *m.* **1** (*per pecore*) sheep-pen **2** (*mil.*) bivouac • **all'a.**, in the open.

addiètro *avv.* (*prima*) before; earlier; ago: **due mesi a.**, two months before.

addìo **A** *m.* goodbye; farewell (*form.*); (*il lasciarsi*) parting: **dire a.**, to say goodbye; **il momento dell'a.**, the moment of parting • **dare l'a. a q.c.**, to leave st. □ **lettera [discorso] di a.**, farewell letter [speech] □ **serata d'a.**, farewell party; (*teatr.*) farewell performance **B** *inter.* goodbye; farewell (*form.*) • (*fam.*) **A. vacanze!**, bang goes my holiday! □ (*fig. iron.*) **dire a. a q.c.**, to kiss goodbye to st.

addirittùra *avv.* **1** (*persino*) even: **Le ha comprato a. un appartamento**, he even bought her a flat **2** (*davvero*) absolutely; positively: **È a. ridicolo**, it's positively ridiculous **3** (*direttamente*) directly; (*subito*) straight away • **A.!**, really!

addìrsi *v. i. pron.* (*essere conveniente*) to be suitable (to, for), to befit (sb., st.) (*form.*); (*andare, stare bene*) to suit (sb., st.); to become* (sb.).

additàre *v. t.* **1** to point (at, to) **2** (*fig.: mostrare*) to point out.

additivo *a. e m.* additive.

addizionàle **A** *a.* additional; further **B** *f.* (*fin.*) additional tax; surtax.

addizionàre *v. t.* to add; to add up.

addizióne *f.* **1** (*mat.*) addition; (*somma*) sum: **fare un'a.**, to do a sum **2** (*aggiunta*) addition • **Sa fare le addizioni**, he can add up □ (*mat.*) **segno di a.**, plus sign.

addobbàre **A** *v. t.* **1** (*un ambiente*) to decorate **2** (*una persona*) to dress up **B** **addobbàrsi** *v. rifl.* to dress up.

addòbbo *m.* decoration; hangings (*pl.*): **addobbi di Natale**, Christmas decorations.

addolcìre **A** *v. t.* **1** to sweeten **2** (*fig.*) to soften **3** (*calmare*) to calm (down); to soothe **4** (*chim.*) to soften **B** **addolcìrsi** *v. i. pron.* **1** to become* sweet(er) **2** (*fig.*) to soften; (*del tempo*) to become* milder; (*del carattere*) to mellow.

addoloràre **A** *v. t.* to grieve; to pain; to distress; to upset: **Mi addolora vederlo così**, it grieves (*o* pains) me to see him like this; **La sua morte ci addolorò**, we were upset by his death **B** **addoloràrsi** *v. i. pron.* to grieve (at, for, over); (*essere spiacente*) to be sorry.

addoloràto *a.* grieved; sorrowful; sad; sorry: **uno sguardo a.**, a sorrowful look; **con voce addolorata**, in a sad voice; **Ne sono molto a.**, I'm very sorry about it; **Siamo addolorati di apprendere...**, we are sorry (*o, più form.*, grieved) to hear...

addòme *m.* (*anat.*) abdomen.

addomesticàbile *a.* tameable.

addomesticàre *v. t.* (*anche fig.*) to tame.

addomesticàto *a.* **1** tamed; tame **2** (*di elezioni*) rigged; (*di cifre, ecc.*) fiddled (*fam.*).

addomesticatóre *m.* (*f.* **-trice**) tamer.

addominàle *a.* (*anat.*) abdominal.

addormentàre **A** *v. t.* **1** to put* to sleep; to send* to sleep **2** (*intorpidire*) to numb **3** (*fam.: anestetizzare*) to put* to sleep • **a. q. cantando**, to sing sb. to sleep **B** **addormentàrsi** *v. i. pron.* **1** to fall* asleep; to go* to sleep; (*in frasi neg.*) to get* to sleep: **Si addormentò subito**, he fell asleep immediately; **Non riesco ad addormentarmi**, I can't get to sleep **2** (*intorpidirsi*) to go* numb; to go* to sleep.

addormentàto *a.* **1** sleeping; asleep (*pred.*) **2** (*assonnato*) sleepy **3** (*intorpidito*) numb; asleep (*pred.*) **4** (*torpido*) slow; dull **5** (*sotto anestesia*) anesthetized; under ether • **la Bella Addormentata**, the Sleeping Beauty.

addossàre **A** *v. t.* **1** (*appoggiare*) to set* (against); (*inclinando*) to lean* (against); (*spingere contro*) to push (against) **2** (*fig.: caricare*) to saddle (sb. with st.); to burden (sb. with st.); to lay* (st. upon sb.): **a. un compito a q.**, to saddle sb. with a task; **a. una colpa a q.**, to lay the blame for st. on sb. • **addossarsi la colpa [una responsabilità]**, to shoulder the blame [a responsibility] □ **addossarsi una spesa**, to saddle oneself with an expense **B** **addossàrsi** *v. rifl.* (*appoggiarsi*) to lean* (against).

addòsso ***A*** *avv.* (*su di sé*) on: **Non aveva niente a.**, he had nothing on; **mettersi a. un cappotto**, to put on a coat • **mettere a. tristezza**, to depress; to get one down □ **sentirsi a. l'influenza**, to have flu coming on ***B*** **addòsso a** *locuz. prep.* ***1*** (*sopra*) on; on top of: **mettere le mani a. a q.**, to lay hands on sb.; **stare uno a. all'altro**, to be on top of each other ***2*** (*molto vicino*) close up against; close to • **A.!**, at him!; at them! □ **andare a. a q.**, (*urtare*) to bump into sb.; (*investire*) to run sb. down □ **dare a. a q.**, (*attaccare*) to attack sb., to go for sb.; (*criticare*) to criticize, to find fault with sb. □ **mettere gli occhi a. a q** [**q.c.**], to set one's eyes on sb. [st.] □ (*fig.*) **stare a. a q.**, to be on sb.'s back; to keep on at sb. □ **tirarsi a. q.c.**, to pull st. down on top of one; (*fig.*) to bring st. down upon oneself.

addùrre *v. t.* to put* forward; to produce; to bring*; to offer: **a. ragioni**, to put forward reasons; **a. prove**, to produce (*o* to bring) evidence; **a. un pretesto**, to offer an excuse; **a. come scusa l'ignoranza**, to plead ignorance.

adeguaménto *m.* adjustment: **a. dei salari**, wage adjustment.

adeguàre ***A*** *v. t.* to adjust; to adapt; (*allineare*) to bring* into line: **a. i salari al costo della vita**, to adjust wages to the cost of living ***B*** **adeguàrsi** *v. rifl.* to conform; to adapt: **a. alle regole**, to conform to the rules.

adeguatézza *f.* appropriateness.

adeguàto *a.* ***1*** (*adatto*) appropriate; suitable ***2*** (*proporzionato*) proportionate ***3*** (*equo*) fair ***4*** (*sufficiente*) sufficient; due: **conoscenza adeguata**, sufficient knowledge; **dopo adeguata riflessione**, after due consideration.

adémpiere ***A*** *v. t. e i.* to fulfil, to fulfill (*USA*); to carry out; to meet*: **a. (a) un dovere**, to fulfil a duty; **a. (a) un obbligo**, to meet an obligation; **a. (a) un ordine**, to carry out an order; **a. (a) una promessa**, to fulfil a promise ***B*** **adémpiersi** *v. i. pron.* to be fulfilled; to come* true.

adempiménto *m.* fulfilment, fulfillment (*USA*); execution; carrying out.

adenoidèo *a.* (*med.*) adenoidal.

adenòidi *f. pl.* (*anat.*) adenoids.

adenòma *m.* (*med.*) adenoma*.

adèpto *m.* (*lett.*) initiate; (*seguace*) follower, disciple.

aderènte ***A*** *a.* ***1*** adherent; touching ***2*** (*di abito*) close-fitting; clinging ***B*** *m. e f.* adherent; supporter.

aderènza *f.* ***1*** adhesion (*anche med.*); adherence ***2*** (*attrito*) grip ***3*** (*al pl.*) (*conoscenze, appoggi*) connections; contacts.

aderìre *v. i.* ***1*** (*attaccarsi*) to adhere; to stick*; to cling* ***2*** (*consentire*) to agree; (*accettare*) to accept (st.): **a. a una proposta**, to agree to a proposal; **a. a un invito**, to accept an invitation ***3*** (*parteggiare*) to adhere; to support (st.); (*associarsi*) to accept (st.): **a. a un movimento**, to support a movement; **a. a un partito**, to join a party.

adescaménto *m.* ***1*** (*lusinga*) enticement; allurement ***2*** (*leg.*) soliciting.

adescàre *v. t.* ***1*** to lure; to bait; to entice ***2*** (*leg.*) to solicit.

adescatóre *m.* (*f.* **-trice**) enticer; seducer.

adeșióne *f.* ***1*** adhesion ***2*** (*consenso*) agreement; acceptance; (*appoggio*) support • **dare la propria a. a un progetto**, to support (*o* to agree to) a plan □ **dare la propria a. a un partito**, to support a party.

adeșìvo ***A*** *a.* adhesive; sticky: **nastro a.**, adhesive tape; **etichetta adesiva**, sticky label ***B*** *m.* ***1*** adhesive ***2*** (*autoadesivo*) sticker.

adèsso *avv.* ***1*** now: **da a. in poi**, from now on; **per a.**, for now ***2*** (*poco fa*) just; just now: **È uscito a.**, he's just left; he left just now ***3*** (*fra poco*) any moment (now) • **a. a.**, just now.

ad hoc (*lat.*) *locuz. avv.* specially made; tailor-made.

adiacènte *a.* ***1*** (*attiguo*) adjacent; adjoining; next; (*limitrofo*) neighbouring, surrounding: **la stanza a.**, the next (*o* adjoining) room; **le strade adiacenti**, the surrounding streets ***2*** (*geom.*) adjacent.

adiacènza *f.* ***1*** (*vicinanza*) nearness; proximity ***2*** (*al pl.*) vicinity (*sing.*); neighbourhood, neighborhood (*USA*) (*sing.*); surroundings.

adibìre *v. t.* ***1*** (*usare*) to use: **a. a studio**, to use as a study ***2*** (*destinare*) to assign: **a. ad altro incarico**, to assign to a different task.

àdipe *m.* fat.

adiposità *f.* adiposity; fat.

adipóso *a.* adipose; fatty.

adiràrsi *v. i. pron.* to get* angry; to lose* one's temper.

adiràto *a.* angry.

adìre *v. t.* (*leg.*) — **a. le vie legali**, to take* legal steps (*o* action); to have recourse to the law.

àdito *m.* entrance; access; admittance • **dare a. a**, to give access to; to lead to; (*fig.*) to give grounds for, to be open to, to admit of.

adocchiàre *v. t.* ***1*** to eye ***2*** (*scorgere*) to catch* sight of; (*trovare*) to spot • **a. le ragazze**, to ogle the girls.

adolescènte ***A*** *a.* adolescent; teenage (*attr.*) ***B*** *m. e f.* teenager; adolescent; youth (*m.*) • **essere un a.**, to be a teenager; to be in one's teens (*fam.*) □ **gusti da a.**, adolescent tastes.

adolescènza *f.* adolescence; teens (*fam.*).

adolescenziàle *a.* adolescent; teenage (*attr.*).

adombràre ***A*** *v. t.* ***1*** (*offuscare*) to darken ***2*** (*velare*) to veil; to conceal ***3*** (*alludere*) to suggest ***B*** **adombràrsi** *v. i. pron.* ***1*** (*di cavallo*) to shy ***2*** (*di carattere*) to take* offence (at st.).

adóne, Adóne *m.* Adonis; beauty: **Non è un A.**, he's no beauty (*o* no oil painting).

adontàrsi *v. i. pron.* to take* offence (at st.).

adoperàre ***A*** *v. t.* to use; to employ; to make* use of; (*maneggiare*) to handle ***B*** **adoperàrsi** *v. rifl.* to do* one's best; to spare no efforts.

adoràbile *a.* adorable; charming.

adoràre *v. t.* to worship; (*fig.*) to adore.

adoràto *a.* adored; beloved; (*iron.*) precious.

adoratóre *m.* (*f.* **-trice**) ***1*** worshipper ***2*** (*scherz.*: *ammiratore*) admirer, fan; (*corteggiatore*) suitor.

adorazióne *f.* worship; (*fig.*) adoration.

adornaménto *m.* ***1*** adornment ***2*** (*ornamento*) ornament.

adornàre ***A*** *v. t.* to adorn (*anche fig.*); to decorate ***B*** **adornàrsi** *v. rifl.* to adorn oneself.

adórno *a.* ornate; adorned (with).

adottàbile *a.* (available) for adoption.

adottàre *v. t.* ***1*** (*leg.*) to adopt ***2*** (*scegliere, prendere*) to adopt; to take*; to choose*: **a. una linea politica**, to adopt a policy; **a. misure**, to take measures; **a. un libro di testo**, to adopt a textbook.

adottàto ***A*** *a.* adopted ***B*** *m.* (*f.* **-a**) (*leg.*) adoptee.

adottìvo *a.* (*leg.*) adoptive; (*adottato*) adopted: **padre a.**, adoptive father; **figlio a.**, adopted child.

adozióne *f.* (*leg. e fig.*) adoption.

adrenalìna *f.* (*biochim.*) adrenalin.

adriàtico *a.* (*geogr.*) Adriatic.

adulàre *v. t.* to flatter; (*servilmente*) to fawn (upon).

adulatóre *m.* flatterer; (*a. servile*) fawner.

adulatòrio *a.* flattering; fawning.

adulazióne *f.* flattery; (*a. servile*) fawning.

adùltera *f.* adulteress.

adulteràre *v. t.* to adulterate; to tamper (with).

adulterazióne *f.* adulteration; tampering.

adulterìno *a.* (*di figlio*) adulterine; (*di relazione*) adulterous.

adultèrio *m.* adultery.

adùltero ***A*** *a.* adulterous ***B*** *m.* adulterer.

adùlto ***A*** *a.* adult; grown-up; (*di animale, pianta*) adult, fully-grown, mature ***B*** *m.* (*f.* **-a**) adult; grown-up.

adunànza *f.* meeting; assembly: **indire un'a.**, to call a meeting; **sciogliere un'a.**, to bring a meeting to an end.

adunàre ***A*** *v. t.* ***1*** to assemble; to gather; (*chiamare a raccolta*) to rally; (*anche mil.*) to muster ***2*** (*raccogliere*) to gather; to collect; to amass ***B*** **adunàrsi** *v. i. pron.* to gather; to meet*; to assemble.

adunàta *f.* ***1*** (*mil.*) muster; (*segnale*) fall-in, assembly ***2*** (*riunione*) assembly; gathering; rally.

adùnco *a.* hooked.

adunghiàre *v. t.* to clutch.

aèdo *m.* ***1*** (*stor.*) singer ***2*** (*poeta*) poet; bard.

aeràre *v. t.* to air; to ventilate.

aeratóre *m.* (*mecc.*) aerator.

aerazióne *f.* airing; ventilation.

aèreo (**1**) *a.* ***1*** air (*attr.*); aerial; overhead: **attacco a.**, aerial attack; air raid; **linea aerea**, (*aeron.*) airline; (*elettr.*) overhead wire; **fotografia aerea**, aerial photography; **posta aerea**, air mail; **per via aerea**, by air; **spazio a.**, airspace; **traffico a.**, air traffic ***2*** (*lieve*) aerial; light.

aèreo (**2**) *m.* aircraft*; aeroplane (*GB*); airplane (*USA*);

plane: **a. a reazione**, jet (plane); **a. da caccia**, fighter (aircraft); **a. da ricognizione**, reconnaissance aircraft; **a. da trasporto**, cargo plane; freighter; **a. di linea**, passenger aircraft (on scheduled flights).

aerifórme *a.* (*fis.*) aeriform; gaseous.

aeròbica *f.* aerobics (*pl. col verbo al sing.*).

aeròbico *a.* (*biol.*) aerobic • **ginnastica aerobica**, aerobics (*pl. col verbo al sing.*).

àerobus *m.* airbus.

aerocistèrna *f.* (air) tanker.

aeroclùb *m.* flying club.

aerodinàmica *f.* (*fis.*) aerodynamics (*pl. col verbo al sing.*).

aerodinàmico *a.* **1** (*fis.*) aerodynamic **2** (*affusolato*) streamlined.

aeròdromo *m.* aerodrome (*GB*); airdrome (*USA*).

aerofàro *m.* (*aeron.*) (air) beacon.

aerofotografìa *f.* aerial photography.

aerògrafo *m.* airbrush.

aerolìnea *f.* airline.

aeromòbile *m.* aircraft*.

aeromodellìsmo *m.* model aeroplane construction.

aeromodèllo *m.* model aeroplane.

aeronàutica *f.* aeronautics (*pl. col verbo al sing.*); aviation • **a. civile**, civil aviation □ **a. militare**, air force □ **Ministero dell'A.**, Air Ministry.

aeronàutico *a.* aeronautical; aircraft (*attr.*): **industria aeronautica**, aircraft industry; aviation.

aeronavàle *a.* air-sea (*attr.*).

aeroplàno *V.* **aereo** (**2**).

aeropòrto *m.* airport.

aeroportuàle **A** *a.* airport (*attr.*) **B** *m.* e *f.* airport worker.

aerosòl *m.* **1** (*chim.*) aerosol **2** (*inalatore*) inhalator; (*erogatore*) aerosol, air spray.

aerospaziàle *a.* aerospace (*GB*); airspace (*USA*); space.

aerostàtica *f.* (*fis.*) aerostatics (*pl. col verbo al sing.*).

aerostàtico *a.* aerostatic.

aeròstato *m.* aerostat; balloon.

aerostazióne *f.* air terminal.

aerotrasportàre *v. t.* (*mil.*) to airlift • **truppe aerotrasportate**, airborne troops.

aerovìa *f.* air lane.

àfa *f.* sultriness; closeness • **C'è a.**, it's sultry.

afasìa *f.* (*med.*) aphasia.

afàsico *a.* (*med.*) aphasic.

afèlio *m.* (*astron.*) aphelion*.

afèresi *f.* (*gramm.*) aphaeresis*.

affàbile *a.* affable; amiable; friendly.

affabilità *f.* affability; amiability; friendliness.

affaccendàrsi *v. rifl.* to be busy (with st., doing st.); to bustle about.

affaccendàto *a.* busy.

affacciàre **A** *v. t.* **1** (*mettere alla finestra*) to show (at the window) **2** (*avanzare, prospettare*) to venture; to advance: **a. un dubbio**, to venture a doubt **B** **affacciàrsi** *v. rifl. e i. pron.* **1** (*mostrarsi*) to appear; (*fare capolino*) to peep out: **a. alla finestra**, to appear (*o* to show oneself) at the window; to come to the window; (*per guardare*) to look out of the window; **Il sole si affacciò tra le nuvole**, the sun peeped through the clouds **2** (*dare su*) to overlook; to give* onto **3** (*venire in mente*) to occur.

affamàre *v. t.* to starve.

affamàto *a.* **1** hungry; (*che soffre la fame*) starving **2** (*fig.*) hungry; avid; eager: **a. di notizie**, hungry for news; **a. di gloria**, eager for glory • (*collett.*) **gli affamati**, the hungry.

affannàre **A** *v. t.* **1** to leave* breathless **2** (*angustiare*) to worry; to trouble **B** **affannàrsi** *v. rifl.* **1** (*angustiarsi*) to worry (about st.) **2** (*affaticarsi*) to trouble oneself; (*darsi da fare*) to do* everything one can, to go* out of one's way (to do st.), to take* pains (to do st.): **Non affannarti per noi**, don't trouble yourself on our account; **a. a spiegare q.c.**, to take pains to explain st.

affannàto *a.* breathless; panting.

affànno *m.* **1** breathlessness **2** (*preoccupazione*) worry, trouble; (*pena*) pain • **avere l'a.**, to be short of breath □ **Mi viene subito l'a.**, I run out of breath very quickly □ **stare in a. per q.c.**, to worry about st.

affannosaménte *avv.* **1** — **respirare a.**, to breath with difficulty **2** (*fig.*) breathlessly; frantically.

affannóso *a.* **1** (*di respiro*) laboured; difficult **2** (*affrettato*) breathless; (*agitato*) feverish, frantic: **corsa affannosa**, breathless rush; **ricerca affannosa**, frantic search.

affàre *m.* **1** (*comm.*: *transazione*) (business) transaction; deal: **a. vantaggioso**, profitable transaction; **concludere un a.**, to make (*o* to strike, to clinch) a deal **2** (*al pl.*) (*attività commerciale*) business ◻: **Gli affari vanno bene [male]**, business is good [bad]; **mettersi in affari**, to go into business; **viaggiare per affari**, to travel on business **3** (*faccenda*) affair; matter; thing; business: **un a. urgente**, an urgent matter; **un brutto a.**, an ugly affair (*o* business); **un a. da nulla**, a thing of no account; **a. di cuore**, love affair; **È a. di un attimo**, it only takes a minute; it'll only take a minute; **Bada agli affari tuoi!**, mind your own business; **Non è affar tuo**, it's none of your business **4** (*caso*) affair: **l'a. Dreyfus**, the Dreyfus affair **5** (*fam.*: *aggeggio*) thing, whatsit, thingamabob; (*arnese*) gadget • **a. d'oro**, terrific bargain; (*fig.*) golden opportunity □ **a. di Stato**, affair of state; (*fig.*) matter of life and death: **farne un a. di Stato**, to make an incredible fuss about it; to make a federal case out of it (*USA*) □ **affari esteri [interni]**, foreign [home] affairs □ **A. fatto!**, it's a deal! □ **donna d'affari**, businesswoman □ **Hai fatto un vero a.**, that was a real bargain □ **essere in rapporti d'affari con q.**, to have business dealings with sb. □ **entrare in rapporti d'affari con q.**, to enter into business relations with sb. □ **fare affari**, to do business; (*avere successo*) to do good business □ **fare affari d'oro**, to do a roaring trade □ **parlare di affari**, to talk business □ **uomo d'affari**, businessman □ **Gli affari sono affari**, business is business.

affarìsmo *m.* unscrupulous business dealings (*pl.*); speculation.

affarìsta *m. e f.* sharp businessman* (*m.*); sharp businesswoman* (*f.*); unscrupulous businessman* (*m.*); unscrupulous businesswoman* (*f.*); speculator; wheeler-dealer (*fam.*).

affarìstico *a.* speculative.

affascinànte *a.* fascinating; charming.

affascinàre *v. t.* to fascinate; to charm.

affascinatóre *m.* (*f.* **-trice**) charmer; enchanter (*f.* enchantress).

affastellàre *v. t.* **1** (*legare in fastelli*) to tie up in bundles **2** (*ammucchiare*) to pile up.

affaticaménto *m.* **1** (*lo stancare*) tiring **2** (*fatica*) fatigue, exhaustion; (*sforzo*) strain.

affaticàre **A** *v. t.* to tire; to weary; (*sforzare*) to strain: **a. gli occhi**, to strain one's eyes **B** **affaticàrsi** *v. rifl.* **1** (*stancarsi*) to tire oneself; to get* tired **2** (*prodigarsi troppo*) to strain oneself; to overdo* it **3** (*fare di tutto per*) to strive*; to try hard.

affaticàto *a.* tired; overworked; (*sforzato*) strained.

affàtto *avv.* **1** completely; totally; entirely; quite **2** (*in frasi neg.*) at all; in the least: **Non sta a. bene**, he isn't at all well; **niente a.**, not at all; not in the least.

afferènte *a.* (*anat.*) afferent.

affermàre **A** *v. t.* **1** (*dichiarare*) to state, to declare; (*asserire*) to claim, to assert, (*senza addurre prove*) to allege **2** (*leg.*: *sostenere*) to assert: **a. un diritto**, to assert a right **B** **affermàrsi** *v. rifl.* (*avere successo, ecc.*) to establish oneself, to become* popular, to be successful, (*di una moda, anche*) to catch* on; (*farsi un nome*) to make* a name for oneself: **a. nella vita**, to be successful in life.

affermativaménte *avv.* affirmatively; in the affirmative • **rispondere a.**, to say yes.

affermatìvo *a.* affirmative; positive: **risposta affermativa**, positive answer • **in caso a.**, if so; should that be the case (*form.*).

affermàto *a.* well-known; well-established; successful; popular: **professionista a.**, well-known professional man; **attore a.**, popular actor; **a. sul mercato**, successful in the marketplace.

affermazióne *f.* **1** (*dichiarazione*) statement; (*asserzione*) claim, assertion, (*senza prove*) allegation **2** (*successo*) achievement, success; (*impresa*) exploit.

afferràre **A** *v. t.* **1** to seize; to grasp; to get* hold of; to catch*; to take* up: **Mi afferrò il braccio**, he seized (*o* grasped) my arm; **a. un fucile**, to take up a gun; **a. una palla**, to catch a ball; **a. un'occasione**, to seize an opportunity **2** (*capire*) to grasp, to get*; (*sentire*) to catch • **a. al**

volo, (*un'occasione, ecc.*) to seize on (st.), to snatch up (st.); (*capire subito*) to get the message ***B*** **afferràrsi** *v. rifl.* to get* hold (of); to grasp (at); to clutch (at): **a. a un ramo**, to get hold of a branch; **a. a un pretesto**, to clutch at an excuse.
affettàre (1) *v. t.* (*tagliare a fette*) to slice.
affettàre (2) *v. t.* (*ostentare*) to affect; (*simulare*) to feign.
affettàto (1) *m.* sliced ham and salami.
affettàto (2) *a.* (*artificioso*) affected; pretentious; mannered.
affettatrice *f.* slicing machine; slicer.
affettazióne *f.* affectation; pretentiousness; affected manners (*pl.*).
affettività *f.* affectivity.
affettìvo *a.* affective; emotional; (*sentimentale*) sentimental.
affètto (1) *m.* affection; fondness; love: **provare** (*o* **nutrire, avere**) **a. per q.**, to feel affection for sb.; to be very fond of sb. • (*nelle lettere*) **con a.**, yours affectionately; love (*fam.*).
affètto (2) *a.* suffering: **a. da reumatismi**, suffering from rheumatism • **È a. da psoriasi**, he suffers from psoriasis □ **gli affetti da cancro**, people with cancer; cancer patients.
affettuosità *f.* tenderness; (display of) affection.
affettuóso *a.* affectionate; fond; loving; (*gentile*) kind: **bambino a.**, affectionate child; **padre a.**, loving father; **parole affettuose**, kind words • (*nelle lettere*) **saluti affettuosi**, yours affectionately; love (*fam.*).
affezionàrsi *v. i. pron.* to grow* fond (of); to grow* attached (to).
affezionàto *a.* ***1*** affectionate (towards); fond (of); attached (to) ***2*** (*devoto*) devoted (to) • (*nelle lettere*) **Tuo a.**, yours affectionately.
affezióne *f.* ***1*** affection; attachment; love ***2*** (*med.*) affection; disease: **a. cardiaca**, heart disease.
affiancàre ***A*** *v. t.* ***1*** to place side by side ***2*** (*aiutare*) to help, to assist; (*collaborare*) to collaborate (with) ***B*** **affiancàrsi** *v. i. pron.* ***1*** (*accostarsi*) to come* up alongside; (*di auto*) to draw* up alongside ***2*** (*unirsi*) to join (sb., st.); (*collaborare*) to collaborate (with).
affiancàto *a.* side by side; abreast: **procedere affiancati**, to proceed side by side; **affiancati per tre**, three abreast.
affiataménto *m.* harmony; (good) understanding; (*spirito di squadra*) team spirit • **C'è un buon a. tra di noi**, we get on [we work, etc.] well together.
affiatàre ***A*** *v. t.* to bring* together; to (help to) harmonise ***B*** **affiatàrsi** *v. rifl. e rifl. recipr.* to get* along (with); to hit* it off (with) (*fam.*): **Ci siamo subito affiatati**, we hit it off immediately; **La squadra si è già affiatata**, the team are already working well together.
affiatàto *a.* getting along well; working well together; (*di squadra, gruppo, anche*) tried, well integrated • **Siamo molto affiatati**, we get along well; we work well together; we make a good team.
affibbiàre *v. t.* ***1*** to buckle; to fasten ***2*** (*rifilare*) to foist (st. on sb.); to saddle (sb. with st.): **a. un compito noioso a q.**, to saddle sb. with a boring task; **a. un soprannome a q.**, to give sb. a nickname.
affidàbile *a.* reliable; (*di persona, anche*) dependable, trustworthy.
affidabilità *f.* reliability; (*di persona, anche*) dependability, trustworthiness.
affidaménto *m.* ***1*** (*fiducia*) trust; confidence ***2*** (*leg.*) foster care; fosterage • **Non è un tipo che mi dia a.**, I don't really trust him; I can't say I trust him □ **fare a. su q.**, to rely upon sb.
affidàre ***A*** *v. t.* to entrust (sb. with st., st. to sb.); to leave* (sb.) in charge (of st.); to leave* (st. with sb.): **a. un documento a q.**, to entrust sb. with a document; **Mi ha affidato il figlio**, she entrusted her child to my care; she left her child with me; **Gli affidai la casa**, I left him in charge of the house • **a. l'anima a Dio**, to commit one's soul to God ***B*** **affidàrsi** *v. rifl.* to rely (upon); to trust (to): **Mi affido a te**, I'm relying upon you; **a. alla sorte**, to trust to chance • **a. a Dio**, to place one's trust in God.
affìdo *m.* (*leg.*) foster care; fosterage: **dare in a.**, to place in foster care; **prendere in a.**, to foster.
affievolìre ***A*** *v. t.* to weaken; to enfeeble ***B*** **affievolìrsi** *v. i. pron.* to grow* faint; to become* weaker; to fade: **Le speranze si affievolivano**, hope was fading; **Le voci si affievolirono**, the voices trailed off.
affìggere *v. t.* to post (up); to stick* up.
affilàre ***A*** *v. t.* ***1*** to sharpen; to whet; (*sul cuoio*) to strop; (*sulla mola*) to grind*; (*sulla pietra*) to hone ***2*** (*assottigliare*) to make* thinner ***B*** **affilàrsi** *v. i. pron.* to get* thin (*o* thinner).
affilàto *a.* ***1*** (*tagliente, anche fig.*) sharp ***2*** (*di viso, ecc.*) thin.
affilatrìce *f.* (*mecc.*) sharpener; grinder.
affiliàre ***A*** *v. t.* to affiliate ***B*** **affiliàrsi** *v. rifl.* to affiliate (with, to); to join (st.).
affiliàto *m.* associate; affiliate.
affiliazióne *f.* affiliation.
affinàre ***A*** *v. t.* ***1*** (*aguzzare*) to make* keener; to sharpen ***2*** (*perfezionare*) to refine; to improve: **a. il gusto**, to refine one's taste ***B*** **affinàrsi** *v. i. pron.* (*fig.*) to become* refined; to acquire polish.
affinché *cong.* so that; in order that.
affine ***A*** *a.* ***1*** (*simile*) similar; like; alike (*pred.*) ***2*** (*collegato*) related ***B*** *m. e f.* (*leg.*) relative-in-law.
affinità *f.* affinity.
affioraménto *m.* ***1*** surfacing ***2*** (*geol.*) outcrop • (*naut., di sottomarino*) **in a.**, awash.
affioràre *v. i.* ***1*** (*venire a galla*) to surface (*anche di sottomarino*), to rise* to the surface ***2*** (*essere appena visibile*) to emerge ***3*** (*fig.*) to emerge; to crop up.
affissióne *f.* posting; billposting • **Vietata l'a.**, post no bills; no billposting.
affisso *m.* (*avviso*) notice, bill; (*manifesto*) poster.
affittacàmere *m. e f. invar.* person who takes in lodgers; landlord (*m.*); landlady (*f.*).
affittàre *v. t.* ***1*** (*dare in affitto*) to let* (out) (*GB*); to rent (out) (*USA*); (*macchinari*) to lease out ***2*** (*prendere in affitto*) to rent; (*macchinari*) to lease ***3*** (*dare a nolo*) to hire out; to rent out (*USA*) ***4*** (*prendere a nolo*) to hire; to rent (*USA*) • **Affittasi**, to let (*GB*); for rent (*USA*).
affitto *m.* rent • **casa d'a.**, rented house □ **contratto d'a.**, lease □ **dare in a.**, *V.* **affittare**, *def. 1* □ **essere in a.**, to be a tenant; to pay a rent; to rent (st.) □ **prendere in a.**, *V.* **affittare**, *def. 2.*
affittuàrio *m.* (*f.* **-a**) tenant.
afflìggere ***A*** *v. t.* ***1*** to afflict; to trouble: **essere afflitto dai reumatismi**, to be afflicted with rheumatism ***2*** (*addolorare*) to distress ***3*** (*molestare*) to bother; to plague ***B*** **afflìggersi** *v. i. pron.* to distress oneself; to worry.
afflìtto *a.* sad; dejected.
afflizióne *f.* ***1*** (*dolore*) affliction; distress ***2*** (*tribolazione*) suffering; tribulation.
afflosciàre ***A*** *v. t.* ***1*** to make* (st.) go* limp; (*sgonfiare*) to deflate ***2*** (*indebolire*) to weaken ***B*** **afflosciàrsi** *v. i. pron.* ***1*** to go* limp; to sag; to collapse; (*di piante*) to wilt; (*sgonfiarsi*) to deflate: **Si afflosciò tra le mie braccia**, she went limp in my arms; **L'uomo si afflosciò a terra**, the man collapsed on the ground ***2*** (*fig.*) to fall* flat; to lose* momentum; to sag.
affluènte *a. e m.* tributary.
affluènza *f.* ***1*** (*econ.*) influx; inflow ***2*** (*di persone*) crowd; attendance: **una buona a. di pubblico**, a large attendance; **a. alle urne**, turnout; polling. ATTENZIONE: **affluenza ≠ affluence.**
affluìre *v. i.* ***1*** (*anche di merci, denaro, ecc.*) to flow in; to pour in ***2*** (*accorrere*) to pour; to flock • **Il sangue gli affluì al viso**, blood rushed to his cheeks.
afflùsso *m.* ***1*** flow; stream; inflow; influx: **un regolare a. di gente**, a steady flow of people; **un forte a. di turisti**, a great influx of tourists; **l'a. del traffico**, the flow of traffic; **a. di capitali**, inflow of capital ***2*** (*med.*) afflux.
affogàre ***A*** *v. t.* to drown ***B*** *v. i.* to drown; to be drowned • **a. in un bicchiere d'acqua**, to be easily thrown; to be fazed by the simplest of problems □ **a. nei debiti**, to be up to one's eyes (*o* ears) in debt □ **o bere o a.**, sink or swim ***C*** **affogàrsi** *v. rifl.* to drown oneself.
affogàto ***A*** *a.* drowned • **morire a.**, to drown; to be drowned □ (*cucina*) **uova affogate**, poached eggs ***B*** *m.* drowned person.
affollaménto *m.* ***1*** (*l'affollarsi*) crowding ***2*** (*folla*) crowd.
affollàre ***A*** *v. t.* to crowd; to pack ***B*** **affollàrsi** *v. i. pron.* ***1*** to crowd; to throng ***2*** (*riempirsi*) to fill; to become* crowded ***3*** (*di pensieri, ecc.*) to crowd; to mill around.
affollàto *a.* crowded (with); packed (with).

affondaménto *m.* sinking.
affondàre ***A*** *v. t.* ***1*** to sink* ***2*** (*far penetrare*) to sink*; to thrust*; to drive*; (*immergere*) to plunge: **a. i denti in q.c.**, to sink one's teeth into st.; **a. una mano in tasca**, to thrust a hand into one's pocket ***B*** *v. i.* ***1*** (*di nave*) to sink*; to go* down ***2*** (*sprofondare*) to sink*.
affóndo *m.* ***1*** (*scherma*) lunge ***2*** (*calcio*) run.
affossaménto *m.* ***1*** ditching ***2*** (*avvallamento*) depression; hollow ***3*** (*fig.*) shelving.
affossàre *v. t.* ***1*** to ditch ***2*** (*fig.*: *accantonare*) to shelve.
affrancaménto *m.* ***1*** (*liberazione*) release; deliverance ***2*** (*riscatto*) redemption.
affrancàre ***A*** *v. t.* ***1*** (*liberare*) to free; to set* free; to deliver ***2*** (*riscattare*) to redeem ***3*** (*una lettera, ecc.*) to stamp; to frank • (*su una busta*) **Non a.**, no stamp needed ***B*** **affrancàrsi** *v. rifl.* to free oneself.
affrancatrice *f.* franking machine; postage meter (*USA*).
affrancatùra *f.* postage • **privo di a.**, unstamped.
affrànto *a.* broken-hearted; disconsolate; shattered.
affratellàre ***A*** *v. t.* to bring* (people) together; to unite (in friendship) ***B*** **affratellàrsi** *v. rifl. recipr.* to join (in friendship); to come* together.
affrescàre *v. t.* (*pitt.*) to fresco.
affrésco *m.* (*pitt.*) fresco*.
affrettàre ***A*** *v. t.* to speed* up; to hurry up; to quicken: **a. la guarigione**, to speed up recovery; **a. il passo**, to quicken one's pace • **a. la partenza**, to bring forward the date of departure (*form.*); to leave earlier than planned □ **a. i tempi**, to speed things up □ **Non affrettiamo i tempi**, let's not rush things ***B*** **affrettàrsi** *v. rifl. e i. pron.* to hurry; to hasten; to be quick (to do st.): **a. a rispondere**, to hasten to answer; **a. a tornare**, to hasten back.
affrettataménte *avv.* hurriedly; hastily; in a hurry.
affrettàto *a.* ***1*** (*frettoloso*) hurried, hasty; (*precipitoso*) overhasty, rash: **partenza affrettata**, hasty departure; **giudizio a.**, rash judgment ***2*** (*poco curato*) rushed; careless.
affrontàre ***A*** *v. t.* ***1*** to face; to face up to; (*fronteggiare*) to confront: **a. la morte**, to face death; **a. una responsabilità**, to face up to a responsibility; **a. il nemico**, to confront the enemy ***2*** (*mettere mano a*) to tackle; to deal* with; to broach: **a. un problema**, to tackle a problem; **a. un argomento delicato**, to broach a delicate subject ***3*** (*spese*) to meet* with; to bear* ***4*** (*subire*) to undergo* ***B*** **affrontàrsi** *v. rifl. recipr.* ***1*** to confront each other ***2*** (*di eserciti*) to clash.
affrónto *m.* affront; insult • **fare un a. a q.**, to insult sb. □ **subire un a.**, to be insulted.
affumicàre *v. t.* ***1*** (*riempire di fumo*) to fill with smoke ***2*** (*annerire di fumo*) to blacken with smoke ***3*** (*cucina*) to smoke.
affumicàto *a.* ***1*** smoked; (*nero di fumo*) blackened with smoke: **vetro a.**, smoked glass ***2*** (*cucina*) smoked.
affusolàre *v. t.* to taper.
affusolàto *a.* tapering; tapered: **dita affusolate**, tapering fingers; **pantaloni affusolati**, tapered trousers.
affùsto *m.* (*mil.*) gun-carriage.
afghàno *a. e m.* (*f.* **-a**) Afghan (*f.* Afghan woman*).
àfide *m.* (*zool.*) aphid • **a. verde**, greenfly.
afonìa *f.* (*med.*) aphonia.
àfono *a.* hoarse; (*med.*) aphonic.
aforìṣma *m.* aphorism.
aforìstico *a.* aphoristic.
afosità *f.* sultriness; closeness; mugginess (*fam.*).
afóso *a.* sultry; close; muggy (*fam.*).
africàno *a. e m.* (*f.* **-a**) African (*f.* African woman*).
afrikaans *m.* Afrikaans.
afrodiṣìaco *a. e m.* aphrodisiac.
àfta *f.* ***1*** (*med.*) aphta ***2*** — (*vet.*) **a. epizootica**, foot-and--mouth disease.
àgata *f.* (*miner.*) agate.
àgave *f.* (*bot.*) agave • **a. americana**, century plant.
agènda *f.* ***1*** diary ***2*** (*ordine del giorno*) agenda.
agènte *m. e f.* ***1*** agent: (*comm.*) **a. esclusivo**, sole agent; (*comm.*) **a. di spedizioni**, shipping agent; **a. letterario**, literary agent ***2*** (*Borsa, ass.*) broker: **a. di cambio**, stockbroker; **a. di assicurazioni**, insurance broker ***3*** (*polizia e sim.*) officer; guard: **a. di polizia**, police officer; policeman; **a. di custodia**, prison guard ***4*** (*scient.*) agent: **a. chimico**, chemical agent • **a. del fisco**, tax inspector; tax assessor □ **a. immobiliare**, estate agent (*GB*); real estate agent, realtor (*USA*) □ **a. investigativo**, detective □ **a. pubblicitario**, advertising agent; (*addetto stampa*) press-agent □ **a. segreto**, secret agent.
agenzìa *f.* ***1*** agency; bureau*: **a. di viaggi**, travel agency (*o* bureau); **a. di stampa**, news agency; **a. di pubblicità**, advertising agency ***2*** (*filiale*) branch; agency.
agevolàre *v. t.* ***1*** (*facilitare*) to ease; to facilitate; to make* easier; to smooth ***2*** (*aiutare*) to help; to make things easy (for).
agevolàto *a.* (*econ.*) concessional; subsidized.
agevolazióne *f.* ***1*** facilitation; (*aiuto*) help ***2*** (*riduzione*) reduction • **a. fiscale**, tax concession □ **agevolazioni di pagamento**, easy terms (of payment).
agévole *a.* easy; (*di strada*) smooth.
agganciaménto *m.* ***1*** hooking ***2*** (*ferr.*) coupling.
agganciàre *v. t.* ***1*** to hook ***2*** (*ferr.*) to couple ***3*** (*collegare*) to link; to hitch; to yoke ***4*** (*fam.*: *una persona*) to corner, to buttonhole; (*abbordare*) to chat up (*fam.*) ***5*** (*miss.*) to dock.
aggàncio *m.* ***1*** (*ferr.*) coupler ***2*** (*collegamento*) link ***3*** (*fam.*: *conoscenza*) contact; connection.
aggéggio *m.* gadget; contraption.
aggettàre *v. i.* to jut out.
aggettivàle *a.* (*gramm.*) adjectival.
aggettivazióne *f.* use of adjectives.
aggettìvo *m.* (*gramm.*) adjective.
aggètto *m.* (*archit.*) projection; overhang.
agghiacciànte *a.* horrifying; appalling; spine-chilling; blood--curdling.
agghiacciàre ***A*** *v. t.* (*fig.*) to make one's blood run cold; to horrify ***B*** *v. i.* (*fig.*) to feel* one's blood run cold; to be horrified.
agghindàre ***A*** *v. t.* to adorn; to dress up ***B*** **agghindàrsi** *v. rifl.* to dress up; to do* oneself up (*fam.*).
àggio *m.* (*fin.*) premium: **a. dell'oro [del dollaro]**, gold [dollar] premium; **fare a.**, to be at a premium.
aggiogàre *v. t.* to yoke.
aggiornaménto *m.* ***1*** (*l'aggiornare*) bringing up to date; updating; update; (*revisione*) revision ***2*** (*rinvio*) adjournment • **corso di a.**, refresher course □ **volume di a.**, supplement.
aggiornàre ***A*** *v. t.* ***1*** to bring* up to date; to update; (*rivedere*) to revise ***2*** (*rinviare*) to adjourn ***B*** **aggiornàrsi** *v. rifl. e i. pron.* ***1*** to bring* oneself up to date; to keep* oneself up to date ***2*** (*di assemblea*) to adjourn.
aggiornàto *a.* ***1*** updated; up-to-date; (*riveduto*) revised ***2*** (*al corrente*) up-to-date; well-informed; abreast (of st.).
aggiotàggio *m.* (*Borsa*) agiotage.
aggiraménto *m.* ***1*** bypassing; avoidance ***2*** (*mil.*) outflanking.
aggiràre ***A*** *v. t.* ***1*** to go* round; to bypass ***2*** (*mil.*) to outflank ***3*** (*evitare*) to bypass; to get* round; to sidestep; to circumvent: **a. la legge**, to circumvent (*o* to get round) the law; **a. una difficoltà**, to sidestep a difficulty ***B*** **aggiràrsi** *v. i. pron.* ***1*** (*vagare*) to wander about; to roam (st.); (*gironzolare*) to hang* about ***2*** (*di cifra, prezzo*) to be around.
aggiudicàre *v. t.* ***1*** to award: **a. un premio [un appalto]**, to award a prize [a contract] ***2*** (*in un'asta*) to knock down • **aggiudicarsi la vittoria**, to win □ **aggiudicarsi il primo premio**, to win first prize □ **Aggiudicato!**, gone!
aggiudicazióne *f.* ***1*** (*di premio*) awarding ***2*** (*di appalto*) award of contract ***3*** (*in un'asta*) knocking down.
aggiùngere ***A*** *v. t.* to add ***B*** **aggiùngersi** *v. rifl. e i. pron.* ***1*** (*di cosa*) to be added (to); to come* on top (of); to add (to): **A ciò si aggiunse la pioggia**, on top of that it started to rain ***2*** (*di persona*) to join (st., sb.): **a. a un gruppo**, to join a group.
aggiùnta *f.* addition.
aggiuntìvo *a.* additional.
aggiùnto *a. e m.* assistant.
aggiustaménto *m.* ***1*** (*riparazione*) mending; repairing; fixing ***2*** (*regolazione*) adjustment ***3*** (*accordo*) settlement.
aggiustàre ***A*** *v. t.* ***1*** (*riparare*) to mend; to repair; to fix: **a. una radio**, to repair (*o* to fix) a radio; **a. scarpe**, to mend shoes ***2*** (*mettere in ordine*) to tidy, to arrange; (*raddrizzare*) to straighten: **aggiustarsi i capelli**, to tidy one's hair; **aggiustarsi la cravatta**, to straighten one's tie ***3*** (*regolare*) to adjust: **a. il tiro**, to adjust one's aim ***4*** (*comporre*) to settle: **a. una questione**, to settle a matter • **T'aggiusto io!**, I'll fix you! ***B*** **aggiustàrsi** *v. rifl. e i. pron.* ***1*** (*fam.*: *vestirsi bene*)

to dress up *2* (*adattarsi*) to make* do *3* (*fam.*: *venire a un accordo*) to come* to an agreement *4* (*andare a posto*) to come* out right; to sort itself out *5* (*del tempo*) to improve.
aggiustatùra *f.* *1* (*riparazione*) repair; mending; fixing *2* (*punto riparato*) repair; mend.
agglomeràre *v. t.*, **agglomeràrsi** *v. i. pron.* to agglomerate.
agglomeràto *a. e m.* agglomerate • **a. urbano**, urban area.
agglomerazióne *f.* agglomeration.
agglutinàre *v. t.* to agglutinate.
agglutinazióne *f.* (*biol., ling.*) agglutination.
aggomitolàre *A* *v. t.* to wind* into a ball *B* **aggomitolàrsi** *v. rifl.* to curl up; to huddle up.
aggottàre *v. t.* (*naut.*) to bail out.
aggradàre *v. i. difett.* — **se così ti aggrada**, if you like; **come ti aggrada**, as you please.
aggranchìre *A* *v. t.* to numb; to benumb *B* **aggranchìrsi** *v. i. pron.* to grow* numb.
aggranchìto *a.* numb; numbed.
aggrappàrsi *v. rifl.* (*afferrarsi*) to catch* hold (of); (*tenersi stretto, anche fig.*) to cling* (to).
aggrappàto *a.* clinging (to); clutching (st.): **Era a. alla corda**, he was clinging to the rope.
aggravaménto *m.* *1* (*aumento*) increase: **a. di pena**, increase in sentence *2* (*peggioramento*) worsening.
aggravànte *A* *a.* aggravating *B* *f.* (*leg.*) aggravating circumstance.
aggravàre *A* *v. t.* *1* (*aumentare*) to increase; to compound: **a. la pena**, to increase the sentence; **a. le difficoltà**, to compound difficulties *2* (*peggiorare*) to make* worse; to worsen *B* **aggravàrsi** *v. i. pron.* to become* worse; to worsen; (*di malato*) to get* worse.
aggravàto *a.* *1* (*peggiorato*) worse *2* (*leg.*) aggravated • (*leg.*) **lesione personale aggravata**, grievous bodily harm.
aggràvio *m.* *1* (*aumento*) increase: **a. fiscale**, tax increase *2* (*peso*) burden.
aggraziàto *a.* graceful; pretty.
aggredìre *v. t.* *1* to attack; to assault; (*per rapina, anche*) to mug *2* (*affrontare*) to tackle; to attack.
aggregàre *A* *v. t.* *1* to aggregate *2* (*associare*) to admit *B* **aggregàrsi** *v. rifl. e i. pron.* *1* (*unirsi*) to join (sb., st.) *2* (*combinarsi*) to aggregate; to combine.
aggregàto *A* *a.* *1* aggregated *2* (*bur.*) temporarily attached; seconded *3* (*econ., mat., miner.*) aggregate *B* *m.* *1* aggregate; collection *2* (*mat., miner.*) aggregate.
aggregazióne *f.* *1* aggregation; collection *2* (*ammissione*) admission.
aggressióne *f.* aggression; assault; (*per rapina, anche*) mugging: **a. a mano armata**, armed assault; **essere vittima di un'a.**, to be assaulted (*o* mugged) • (*polit.*) **patto di non a.**, non-aggression pact.
aggressività *f.* aggressiveness.
aggressìvo *a.* aggressive.
aggressóre *m.* aggressor; assailant.
aggrinzìre *v. t.*, **aggrinzìrsi** *v. i. pron.* to wrinkle.
aggrondàto *a.* frowning.
aggrottàre *v. t.* — **a. le ciglia**, to knit one's eyebrows □ **a. la fronte**, to frown.
aggrottàto *a.* *1* (*delle sopracciglia*) knit; (*della fronte*) furrowed *2* (*accigliato*) frowning.
aggrovigliaménto *m.* entanglement.
aggrovigliàre *A* *v. t.* to tangle; to entangle *B* **aggrovigliàrsi** *v. i. pron.* (*anche fig.*) to get* (en)tangled.
aggrovigliàto *a.* *1* tangled; entangled *2* (*fig.*) intricate; involved.
aggrumàre *v. i.*, **aggrumàrsi** *v. i. pron.* to clot.
agguantàre *v. t.* to seize; to grab; to catch* hold of.
agguàto *m.* (*imboscata*) ambush; (*tranello*) trap: **essere in a.**, to lie in ambush; **cadere in un a.**, to fall into an ambush; **tendere un a. a q.**, to lay an ambush for sb.; to set a trap for sb.
agguerrìre *A* *v. t.* (*temprare*) to harden; to season; to inure *B* **agguerrìrsi** *v. rifl.* *1* (*temprarsi*) to fortify oneself; to become* inured *2* (*prepararsi*) to get* ready.
agguerrìto *a.* *1* (*bene addestrato*) well-trained; (*forte*) fierce *2* (*temprato*) hardened; seasoned; inured *3* (*preparato*) experienced; well versed (in st.).
agiataménte *avv.* *1* comfortably *2* (*facilmente*) easily • **vivere a.**, to be well-off.
agiatézza *f.* *1* affluence *2* (*comodità*) comfort • **vivere nel-l'a.**, to be comfortably off; to lead a life of ease.
agiàto *a.* *1* (*benestante*) well-off; well-to-do; comfortably off *2* (*pieno di agi*) comfortable.
agìbile *a.* *1* (*di edificio*) fit (*o* ready) for use *2* (*di strada*) practicable • **edificio non a.**, unsafe building.
agibilità *f.* *1* (*di edificio*) fitness for use; (*di casa*) fitness for habitation *2* (*di strada*) practicability.
àgile *a.* agile; nimble; quick; (*destro*) deft • (*eufem.*) **a. di mano**, light-fingered □ **a. di piede**, nimble-footed □ **mente a.**, quick mind.
agilità *f.* agility, nimbleness (*anche fig.*); (*destrezza*) deftness.
àgio *m.* *1* (*comodità*) ease Ⓤ; comfort: **gli agi della vita**, the comforts of life; **sentirsi a proprio a.**, to be at one's ease; **mettersi a proprio a.**, to make oneself comfortable *2* (*comodo*) ease; leisure: **fare q.c. con a.**, to do st. at one's leisure *3* (*opportunità*) chance *4* (*mecc.*) clearance; play.
agiografìa *f.* hagiography.
agiogràfico *a.* hagiographic.
agìre *v. i.* *1* (*fare, operare*) to act *2* (*funzionare*) to work; to operate *3* (*comportarsi*) to behave: **il suo modo di a.**, the way he behaves *4* (*influire su*) to affect: **a. sui nervi**, to affect the nerves *5* (*leg.*) to take* legal steps (against).
agitàre *A* *v. t.* *1* (*scuotere*) to shake*: **a. una bottiglia**, to shake a bottle *2* (*turbare*) to upset*; to trouble *3* (*dibattere*) to discuss • **a. la mano**, to wave one's hand □ **a. la coda**, to wag one's tail *B* **agitàrsi** *v. rifl. e i. pron.* *1* (*essere irrequieto*) to get* restless; (*a letto*) to toss about, to toss and turn *2* (*preoccuparsi*) to get* worried; to get* upset *3* (*confondersi, emozionarsi*) to get* flustered; to fuss *4* (*protestare pubblicamente*) to protest; to agitate *5* (*di cosa*: *muoversi*) to stir; (*con forza*) to toss *6* (*del mare*) to get* rough.
agitàto *A* *a.* *1* (*scosso*) shaken; (*con forza*) tossed *2* (*di mare*) rough *3* (*irrequieto, nervoso*) restless *4* (*preoccupato*) worried; troubled; upset *5* (*eccitato*) flustered; worked-up *6* (*dibattuto*) discussed *B* *m.* (*med.*) violent mental patient.
agitatóre *m.* *1* (*f.* **-trice**) agitator *2* (*mecc.*) stirrer; agitator; mixer.
agitazióne *f.* *1* agitation; excitement; (*irrequietezza*) restlessness *2* (*subbuglio*) commotion; ferment *3* (*polit.*) unrest Ⓤ; trouble: **agitazioni sindacali**, industrial unrest • **essere in a.**, to be excited; to be worried; to be (all) worked-up □ **mettersi in a.**, to start worrying; to get worked up.
àglio *m.* garlic.
agnellino *m.* lamb; lambkin: **a. di Persia**, Persian lamb.
agnèllo *m.* lamb • **arrosto di a.**, roast lamb □ **pelle d'a.**, lambskin.
agnosticișmo *m.* agnosticism.
agnòstico *a. e m.* (*f.* **-a**) agnostic.
àgo *m.* *1* needle: **infilare l'ago**, to thread the needle; **ago da cucire**, sewing needle; **aghi da calza**, knitting needles; **ago per iniezioni**, hypodermic needle *2* (*mecc., di bilancia*) needle; pointer *3* (*elab.*: *di stampante*) pin *4* (*bot.*) needle: **aghi di pino**, pine-needles • **essere l'ago della bilancia**, to hold the balance □ **cercare un ago nel pagliaio**, to look for a needle in a haystack □ (*elab.*) **stampante ad aghi**, dot-matrix printer.
agognàre *v. t. e i.* to yearn (for); to long (for).
agonìa *f.* *1* death throes (*pl.*) *2* (*tormento*) agony; torture • **essere in a.**, to be dying; to be in one's death throes □ **Morì dopo lunga a.**, he died after much suffering.
agonișmo *m.* competitive spirit; competitiveness.
agonìstico *a.* competitive: **attività agonistica**, competitive sport; **spirito a.**, competitive spirit; competitiveness.
agonizzànte *A* *a.* *1* dying *2* (*fig.*) dying; moribund; in one's death throes *B* *m. e f.* dying person.
agonizzàre *v. i.* *1* to be dying *2* (*fig.*) to be dying; to be moribund; to be in one's death throes.
agopuntóre *m.* (*f.* **-trice**) (*med.*) acupuncturist.
agopuntùra *f.* (*med.*) acupuncture.
agorafobìa *f.* (*psic.*) agoraphobia.
agoràio *m.* needle-case.
agósto *m.* August. (*Per gli esempi d'uso, V. sotto* **aprile**).
agrària *f.* agriculture.
agràrio *A* *a.* agrarian; agricultural; rural: **riforma agraria**, agrarian reform; **scuola agraria**, agricultural college *B* *m.* landowner.
agrèste *a.* rural; countryside (*attr.*); rustic.

agrìcolo *a.* agricultural; farm (*attr.*): **prodotto a.**, agricultural product; **bracciante a.**, farm labourer.
agricoltóre *m.* farmer.
agricoltùra *f.* agriculture; farming.
agrifòglio *m.* (*bot.*) holly.
agrimensóre *m.* (land) surveyor.
agrimensùra *f.* (land) surveying.
agriturịsmo *m.* farm holidays (*pl.*).
agriturista *m. e f.* farm holidaymaker.
àgro (1) ***A*** *a.* (*anche fig.*) sour; tart; bitter ***B*** *m.* sourness; sour taste • **prendere l'a.**, to become sour.
àgro (2) *m.* countryside: **l'A. Romano**, the countryside around Rome; the Roman Campagna.
agroalimentàre *a.* agroindustrial.
agrobiologìa *f.* agrobiology.
agrodólce *a.* bitter-sweet (*anche fig.*); (*cucina*) sweet-and--sour • (*cucina*) **maiale in a.**, sweet-and-sour pork.
agroindustriàle *a.* agroindustrial.
agronomìa *f.* agronomy; agronomics (*pl. col verbo al sing.*).
agrònomo *m.* agronomist.
agrùme *m.* citrus fruit • **pianta di agrumi**, citrus (tree).
agruméto *m.* citrus orchard.
agùglia *f.* (*zool.*) needlefish; garfish.
aguzzàre *v. t.* to sharpen • **a. l'appetito**, to whet sb.'s appetite □ **a. l'ingegno**, to sharpen sb.'s wit □ **a. gli occhi**, to peer intently; to look hard □ (*prov.*) **Il bisogno aguzza l'ingegno**, necessity is the mother of invention.
aguzzino *m.* (*f.* **-a**) torturer; (*anche fig.*) tormentor.
agùzzo *a.* (*anche fig.*) sharp; pointed.
àhi *inter.* ouch!
ahimè *inter.* alas.
àia *f.* farmyard; barnyard; (*per la trebbiatura*) threshing--floor.
AIDS, aids *m. o f.* (*med.*) AIDS.
aiòla *V.* **aiuola**.
airóne *m.* (*zool.*) heron • **a. bianco**, egret.
aitànte *a.* vigorous; strong; well-built.
aiuòla *f.* flowerbed • (*autom.*) **a. spartitraffico**, central reservation; median strip (*USA*).
aiutànte *m. e f.* ***1*** helper; assistant ***2*** (*mil.*) adjutant • (*mil.*) **a. di campo**, aide-de-camp.
aiutàre ***A*** *v. t.* to help; to aid (*form.*); to assist: **Mi aiutò a spostare il divano**, he helped me (to) move the sofa; **a. q. a salire le scale** [**in auto**], to help sb. up the stairs [into the car]; **a. la digestione**, to aid digestion; **a. l'industria**, to help industry; **Che Dio ci aiuti!**, God help us! ***B*** **aiutàrsi** *v. rifl.* — **Si aiuta come può**, he does his best; **Dovetti aiutarmi con del fil di ferro**, I had to use a piece of wire; (*prov.*) **Aiutati che Dio ti aiuta**, God helps those who help themselves ***C*** **aiutàrsi** *v. rifl. recipr.* to help each other (*o* one another).
aiùto *m.* ***1*** help; aid (*form.*); assistance: **A.!**, help!; **chiedere a.**, to ask for help; **dare a. a q.**, to help sb.; to give assistance to sb.; **essere di a.**, (*di persona*) to be a help, to be of help; (*servire*) to be of help, to be helpful; **andare in a. di q.**, to go to sb.'s aid; **venire in a. di q.**, to come to sb.'s assistance ***2*** (*sussidio*) aid Ⓤ: **aiuti alimentari** [**finanziari**], food [financial] aid ***3*** (*assistente*) assistant: **a. regista**, assistant director; **a. cuoco**, assistant cook.
aizzàre *v. t.* to incite; to set* up; (*un animale*) to set* (*USA, anche* to sic) (*an animal*) on.
àla *f.* ***1*** wing: **battere** [**spiegare**] **le ali**, to beat [to spread] one's wings; **apertura d'ali**, wingspan; **ad ali spiegate**, with outspread wings ***2*** (*di elica*) blade ***3*** (*di edificio*) wing ***4*** (*di cappello*) brim ***5*** (*mil.*) wing; flank ***6*** (*di partito*) wing; group ***7*** (*sport*) wing; (*il giocatore, anche*) winger • **due ali di folla**, people lined on either side □ **fare ala**, to line up on either side □ **mettere le ali ai piedi di q.**, to lend wings to sb.'s feet □ **essere sotto le ali di q.**, to be under sb.'s wing □ **tarpare le ali a q.**, to clip sb.'s wings.
alabàrda *f.* halberd.
alabardière *m.* halberdier.
alabàstro *m.* alabaster.
àlacre *a.* brisk; quick; (*sollecito*) prompt, eager.
alacrità *f.* alacrity; briskness; (*sollecitudine*) promptness, eagerness.
alàggio *m.* (*naut.*) haulage.
alamàro *m.* frog.
alambìcco *m.* (*chim.*) alembic; still.
alàno *m.* (*cane*) Great Dane.
alàre (1) *m.* firedog; andiron.
alàre (2) *v. t.* (*naut.*) to haul.
alàre (3) *a.* wing (*attr.*): **apertura a.**, wingspan.
alàto *a.* ***1*** winged ***2*** (*elevato*) lofty; noble.
àlba *f.* dawn (*anche fig.*); daybreak: **all'a.**, at dawn; at daybreak; **Spuntava l'a.**, dawn was breaking; **dall'a. al tramonto**, from dawn to dusk.
albagìa *f.* arrogance; haughtiness.
albanèlla *f.* (*zool.*) harrier.
albanése *a., m. e f.* Albanian (*a. e m.*); Albanian woman* (*f.*).
àlbatro *m.* (*zool.*) albatross.
albeggiàre *v. i.* (*anche fig.*) to dawn.
alberato *a.* planted with trees; tree-lined: **viale a.**, tree-lined avenue.
alberatùra *f.* (*naut.*) masts (*pl.*).
albergàre ***A*** *v. t.* ***1*** to accommodate; (*dare rifugio*) to shelter ***2*** (*fig. lett.*) to harbour; to cherish ***B*** *v. i.* (*lett.*) to dwell*.
albergatóre *m.* (*f.* **-trice**) hotel-keeper.
alberghièro *a.* hotel (*attr.*).
albèrgo *m.* ***1*** hotel ***2*** (*lett.*: *ricovero*) shelter.
àlbero *m.* ***1*** tree: **a. di mele**, apple tree; **a. da frutto**, fruit tree; **a. di Natale**, Christmas tree; **a. genealogico**, family tree ***2*** (*bot.*) — **a. di Giuda**, Judas tree; **a. del pane**, breadfruit tree ***3*** (*naut.*) mast: **a. di maestra**, mainmast; **a. di mezzana**, mizzenmast; **a. di trinchetto**, foremast ***4*** (*mecc.*) shaft: **a. a camme**, camshaft; **a. a gomiti**, crankshaft; **a. motore**, driving shaft.
albicòcca *f.* apricot.
albicòcco *m.* (*bot.*) apricot tree.
albinịsmo *m.* (*biol.*) albinism.
albìno *a. e m.* (*f.* **-a**) albino*.
àlbo *m.* ***1*** (*registro*) register; roll: **iscritto all'a.**, on the register (*o* the roll); **radiare dall'a.**, to strike off (the roll); **a. dei medici**, medical register; **a. d'onore**, roll of honour ***2*** (*per fotografie, ecc.*) album ***3*** (*per avvisi*) notice board.
albóre *m.* (*specialm. al pl.*) (*anche fig.*) dawn; dawning • **essere agli albori**, to be in the early stages; to take one's first steps.
àlbum *m.* album.
albùme *m.* (*biol.*) albumen; (*cucina*) (egg) white.
albumìna *f.* (*chim.*) albumin.
albùrno *m.* (*bot.*) alburnum; sapwood.
àlcali *m.* (*chim.*) alkali*.
alcalìno *a.* (*chim.*) alkaline.
àlce *m.* (*zool.*) elk • **a. americano**, moose.
alchimìa *f.* alchemy.
alchimìsta *m.* alchemist.
alcióne *m.* (*lett., mitol.*) halcyon.
àlcol *m.* ***1*** (*chim.*) alcohol: **a. denaturato**, methylated spirits (*GB*); denatured alcohol (*USA*); **a. etilico**, ethyl alcohol ***2*** (*bevande alcoliche*) alcohol; spirits (*pl.*); (*il bere*) drink: **darsi all'a.**, to take to drink.
alcolicità *f.* alcohol content.
alcòlico ***A*** *a.* alcoholic: **bevanda alcolica**, alcoholic drink; liquor ***B*** *m.* alcoholic drink; (*al pl., anche*) wine and spirits.
alcolịsmo *m.* (*med.*) alcoholism.
alcolista *m. e f.* alcoholic.
alcolịzzàto *a. e m.* (*f.* **-a**) (*med.*) alcoholic.
alcoltest *n.* ***1*** (*prova*) breath test ***2*** (*strumento*) Breathaliser ® (*GB*); drunkometer (*USA*).
àlcool e *deriv.* *V.* **alcol** e *deriv.*
alcòva *f.* alcove.
alcùn, alcùna *V.* **alcuno**.
alcunché *pron. indef.* (*lett.*) ***1*** (*in frasi afferm.*) something ***2*** (*in frasi interr. e dubit.*) anything ***3*** (*in frasi neg.*) anything; (*col verbo ingl. in forma afferm.*) nothing: **Non disse a.**, he didn't say anything; he said nothing.
alcùno ***A*** *a. indef.* ***1*** (*al pl.*) (*in frasi afferm. o con valore positivo*) some; a few: **Ho alcuni libri**, I have some (*o* a few) books; **alcuni miei amici**, some friends of mine; **Alcuni libri non mi occorrono** (*ma gli altri sì*), there are some books I don't need ***2*** (*al pl.*) (*in frasi interr. e dubit.*) any; a few: **Non ha a. amico?**, hasn't he got any friends? ***3*** (*in frasi neg.*) any; (*come attr. del sogg. e col verbo ingl. in forma afferm.*) no: **Non ho a. amico**, I haven't got any friends; **Non era presente a. studente**, no student was

present; **Non c'è a. pericolo**, there is no danger; **senza alcun dubbio**, without any doubt ***B*** *pron. indef.* ***1*** (*al pl.*) (*in frasi afferm. o con valore positivo*) some; a few; (*alcune persone, anche*) some people; (*con un partitivo*) some, a few: **Alcuni dicono che è bravo**, some (*o* some people) say he is clever; **Ne ho visti solo alcuni**, I only saw some (of them); **alcuni di questi libri**, some of these books; **Dammene alcuni**, give me a few ***2*** (*in frasi interr. e dubit.*: *rif. a persone*) anyone, anybody; (*rif. a cose*) any; (*con un partitivo*) any(one) ***3*** (*in frasi neg., rif. a persone*) anyone, anybody; (*rif. a cose*) any; (*con un partitivo*) any(one); (*col verbo ingl. in forma afferm.*) no one, nobody; (*con un partitivo*) none: **Non lo dissi ad a.**, I told no one; **Quanto alle risposte, non ne ha data alcuna**, as for answers, he didn't give any (*o* he gave none).

aldèide *f.* (*chim.*) aldehyde.

aldilà *m.* afterlife; life after death: **credere nell'a.**, to believe in an afterlife.

àlea *f.* (*lett.*) risk; chance: **correre l'a.**, to run the risk; to take the chance.

aleatòrio *a.* (*incerto*) uncertain; (*casuale*) chance (*attr.*), random; (*rischioso*) risky • (*leg.*) **contratto a.**, aleatory contract.

aleggiàre *v. i.* ***1*** (*di vento*) to blow* gently; (*di profumo*) to waft ***2*** (*essere diffuso*) to be in the air; to hover (about).

aleșàggio *m.* (*mecc.*) ***1*** (*diametro*) bore ***2*** *V.* **alesatura**.

aleșàre *v. t.* (*mecc.*: *a mano*) to ream; (*con alesatrice*) to bore; (*al tornio*) to lathe-bore.

aleșatóre *m.* ***1*** (*strumento*) reamer ***2*** (*operaio*) borer.

aleșatrice *f.* (*mecc.*) boring machine.

aleșatùra *f.* (*mecc.*: *a mano*) reaming; (*con alesatrice*) boring; (*al tornio*) lathe-boring.

alessandrino ***A*** *a.* ***1*** Alexandrian ***2*** (*letter.*) Alexandrine ***B*** *m.* (*poesia*) Alexandrine.

alétta *f.* ***1*** (*tecn.*) tongue; fin; flyer ***2*** (*aeron.*) tab ***3*** (*zool.*) pinnule; paddle.

alettóne *m.* ***1*** (*aeron.*) aileron ***2*** (*autom.*) spoiler.

àlfa *f. o m.* alpha • (*fig.*) **dall'a. all'omega**, from A to Z; from beginning to end □ (*fis.*) **raggi a.**, alpha rays.

alfabeticaménte *avv.* alphabetically; in alphabetical order.

alfabètico *a.* alphabetical.

alfabetiẓẓàre *v. t.* ***1*** to teach* to read and write ***2*** (*ordinare alfabeticamente*) to alphabetize.

alfabetiẓẓazióne *f.* (diffusion of) literacy: **a. di massa**, mass literacy.

alfabèto *m.* ***1*** alphabet ***2*** (*rudimenti*) ABC • **a. Morse**, Morse code.

alfanumèrico *a.* alphanumeric.

alfière (**1**) *m.* ***1*** (*mil.*) ensign; standard bearer ***2*** (*fig.*) standard bearer.

alfière (**2**) *m.* (*scacchi*) bishop.

alfìne *avv.* (*lett.*) at last; eventually; in the end.

àlga *f.* (*bot.*) alga*; (*marina*) seaweed.

àlgebra *f.* algebra.

algèbrico *a.* algebraic.

algerìno *a. e m.* (*f.* **-a**) Algerian (*f.* Algerian woman*).

alghicìda *a.* (*chim.*) algicide.

àlgido *a.* (*lett.*) cold; icy.

algonchìno *a. e m.* Algonquin.

algorìtmo *m.* (*mat.*) algorithm.

aliànte *m.* (*aeron.*) glider.

àlias (*lat.*) *avv.* alias; a.k.a. (*abbr. di* also known as).

àlibi *m.* ***1*** (*leg.*) alibi: **senza a.**, without an alibi ***2*** (*pretesto*) excuse; pretext: **Non cercare a.!**, don't try to make excuses!

alice *f.* (*zool.*) anchovy.

alidàda *f.* (*tecn.*) alidad(e).

alienàbile *a.* (*leg.*) alienable.

alienànte ***A*** *a.* alienating ***B*** *m.* (*leg.*) alienor.

alienàre *v. t.* ***1*** (*leg.*) to alienate; to transfer ***2*** (*allontanare*) to alienate: **alienarsi gli elettori**, to alienate the electorate ***3*** (*inimicare*) to turn (sb.) against (one).

alienàto *m.* (*f.* **-a**) (*med.*) insane person.

alienazióne *f.* ***1*** (*leg.*) alienation; transfer ***2*** (*allontanamento*) alienation; estrangement ***3*** (*psic.*) alienation • **a. mentale**, insanity; mental derangement.

alienìsta *m. e f.* psychiatrist.

alièno ***A*** *a.* ***1*** (*contrario*) averse (to st., to doing st.) ***2*** (*riluttante*) unwilling ***B*** *m.* (*f.* **-a**) creature from outer space; alien.

alimentàre (**1**) ***A*** *v. t.* ***1*** to nourish; to feed* ***2*** (*fig.*) to increase; to bolster; to fuel; to foment: **a. una speranza**, to bolster sb.'s hopes; to encourage sb. to hope; **a. l'odio**, to foment (*o* to fuel) hatred ***3*** (*il fuoco*) to add fuel to ***4*** (*tecn.*: *riempire*) to feed*; (*una caldaia, ecc.*) to stoke ***5*** (*tecn.*: *dare energia*) to supply power; (*una batteria*) to charge ***B*** **alimentàrsi** *v. rifl.* to feed* (on).

alimentàre (**2**) ***A*** *a.* food (*attr.*): **industria a.**, food industry; **generi alimentari**, foodstuffs; **sostanza a.**, food; foodstuff; (*biol.*) **catena a.**, food chain; (*anat.*) **canale a.**, alimentary canal ***B*** (*pl.*) foodstuffs • **negozio di alimentari**, grocer's (shop); grocery.

alimentatóre *m.* (*fis., mecc.*) feeder; (*di caldaia*) stoker.

alimentazióne *f.* ***1*** feeding; nutrition; diet: **a. artificiale**, artificial feeding; **a. a base di carne**, meat diet; **esperto di a.**, nutrition expert; nutritionist ***2*** (*tecn.*) feeding; supply; (*di caldaia, ecc.*) stoking: **a. elettrica**, power supply • (*autom.*) **pompa di a.**, fuel pump.

aliménto *m.* ***1*** food; nourishment: **un a. sano**, a healthy food ***2*** (*al pl.*) (*leg.*) alimony 🇺; maintenance 🇧.

alìquota *f.* ***1*** (*parte*) share; (*mat.*) aliquot (part) ***2*** (*fisc.*) rate: **a. costante**, flat rate.

aliscàfo *m.* (*naut.*) hydrofoil.

aliṣèi *m. pl.* trade winds; trades.

alitàre *v. i.* ***1*** to breathe ***2*** (*di vento*) to blow* gently.

àlito *m.* breath: **a. cattivo**, bad breath; **un a. di vento**, a breath of wind.

alitòṣi *f.* (*med.*) halitosis; (*com.*) bad breath.

allacciaménto *m.* ***1*** (*collegamento*) link ***2*** (*tecn.*) connection; (*installazione*) installation ***3*** (*fis.*) connection.

allacciàre *v. t.* ***1*** (*legare*) to tie; to lace up: **a. le scarpe**, to lace up one's shoes; to tie one's shoelaces ***2*** (*chiudere*) to fasten; (*abbottonare*) to button up, to do* up; (*affibbiare*) to buckle: **a. la cintura di sicurezza**, to fasten one's seat belt ***3*** (*collegare*) to link; to connect ***4*** (*stabilire*) to establish; to form: **a. contatti**, to establish contact; **a. un'amicizia**, to strike up a friendship; **a. una relazione**, to form a relationship.

allacciatùra *f.* (*chiusura*) fastening; (*lacci*) laces (*pl.*); (*bottoni*) buttons (*pl.*); (*fibbia*) buckle.

allagaménto *m.* flooding; (*l'effetto*) flood: **pericolo di a.**, danger of flooding.

allagàre ***A*** *v. t.* to flood ***B*** **allagàrsi** *v. i. pron.* to flood; to be flooded.

allampanàto *a.* lanky; gangling.

allargaménto *m.* ***1*** widening; broadening ***2*** (*apertura*) opening ***3*** (*estensione*) extension; expansion.

allargàre ***A*** *v. t.* ***1*** to widen; to enlarge: **a. una strada**, to widen a road ***2*** (*aprire*) to open: **a. la mano**, to open one's hand; **a. le braccia**, to open one's arms ***3*** (*dilatare*) to expand ***4*** (*estendere*) to extend; to widen; to broaden: **a. le ricerche**, to extend the search ***5*** (*distanziare*) to spread* (out) ***6*** (*un abito*) to let* out ***7*** (*calcio*) to open up • **a. il cuore**, to gladden sb.'s heart □ **Mi si allargò il cuore**, I heaved a sigh of relief; my heart leapt ***B*** **allargàrsi** *v. i. pron.* ***1*** to widen: **La strada si allarga più avanti**, the road widens further on ***2*** (*ampliarsi*) to expand; to grow* ***3*** (*di persone*: *fare spazio*) to spread* out ***4*** (*trasferirsi in locali più grandi*) to move into a larger house (*di ufficio, ecc.* into larger premises).

allarmànte *a.* alarming; frightening; worrying.

allarmàre ***A*** *v. t.* to alarm; to frighten; to worry ***B*** **allarmàrsi** *v. i. pron.* to be alarmed; to be frightened; to get* worried.

allàrme *m.* alarm; warning: **dare l'a.**, to give the alarm; **falso a.**, false alarm; **a. aereo**, air-raid warning • **essere in a.**, to be worried □ **mettere in a.**, to alarm □ **segnale d'a.**, alarm □ (**segnale di**) **cessato a.**, all-clear (signal) □ **mettere in stato di a.**, to put on the alert.

allarmiṣmo *m.* alarmism; scaremongering.

allarmìsta *m. e f.* alarmist; scaremonger.

allarmìstico *a.* alarmist.

allattaménto *m.* ***1*** (*al seno*) breast-feeding; (*anche di animale*) suckling ***2*** (*periodo*) lactation • **a. artificiale**, bottle-feeding.

allattàre *v. t.* (*al seno*) to breast-feed*; (*anche di animale*) to suckle • **a. artificialmente**, to bottle-feed.

alleànza *f.* alliance: **stringere un'a. con q.**, to enter into an alliance with sb. • **fare a.**, to join forces.

alleàre **A** *v. t.* to ally; to unite **B** **alleàrsi** *v. rifl. e rifl. recipr.* **1** to ally oneself (with); to join forces (with) **2** to form an alliance; (*unirsi*) to join forces: **a. contro un nemico comune**, to join forces against a common enemy.
alleàto **A** *a.* allied **B** *m.* (*f.* **-a**) ally.
allegàre *v. t.* **1** (*accludere*) to enclose **2** (*i denti*) to set* (*sb.'s teeth*) on edge.
allegàto **A** *a.* enclosed **B** *m.* enclosure.
alleggeriménto *m.* **1** lightening **2** (*alleviamento*) easing; relieving **3** (*riduzione*) reduction.
alleggerìre **A** *v. t.* **1** to lighten; to relieve: **a. un carico**, to lighten a load; (*scherz.*) **a. q. del portafoglio**, to relieve sb. of his wallet **2** (*alleviare*) to relieve; to ease; to lessen: **alleggerirsi la coscienza**, to ease one's conscience **3** (*ridurre*) to reduce: **a. le tasse**, to reduce taxation **B** **alleggerìrsi** *v. rifl. e i. pron.* **1** (*deporre un peso*) to unburden oneself (of); to put* down (st.) **2** (*vestire più leggero*) to put* on lighter clothes **3** (*diventare più leggero*) to become* lighter.
allegorìa *f.* allegory.
allegòrico *a.* allegorical.
allegraménte *avv.* **1** cheerfully; merrily **2** (*spensieratamente*) airily.
allegrétto *m.* (*mus.*) allegretto*.
allegrìa *f.* cheerfulness; high spirits (*pl.*); gaiety; mirth • **mettere a.**, to cheer up; to put (sb.) in a good mood □ **stare in a.**, to have fun.
allégro **A** *a.* **1** cheerful; happy; merry **2** (*che dà allegria*) bright; cheerful: **colore a.**, bright colour; **musica allegra**, cheerful music **3** (*alticcio*) tipsy **4** (*sconsiderato*) thoughtless; irresponsible • **C'è poco da stare allegri!**, there is nothing much to laugh about □ (*eufem.*) **contabilità allegra**, creative accounting (*fam.*) □ (*eufem.*) **donnina allegra**, fast woman **B** *m.* (*mus.*) allegro*.
allelùia *m. e inter.* hallelujah; alleluia.
allenaménto *m.* **1** training; (*esercizio*) practice **2** (*forma fisica*) condition; shape • **fuori a.**, (*fisico*) out of training; (*fuori esercizio*) out of practice □ **tenersi in a.**, to keep in training; (*fare esercizio*) to practise.
allenàre **A** *v. t.* **1** to train; (*un atleta, una squadra*) to coach **2** (*esercitare*) to exercise **B** **allenàrsi** *v. rifl.* to train; (*in palestra, ecc.*) to work out; (*fare esercizio*) to practise: **a. nel salto**, to train for the high jump; **a. a sparare**, to practise shooting.
allenatóre *m.* (*f.* **-trice**) (*sport*) trainer; coach.
allentàre **A** *v. t.* to loosen; to release; to relax: **a. la stretta**, to loosen one's grip; **a. una vite**, to loosen a screw; **a. il freno**, to release the brake; **a. la disciplina**, to relax discipline **B** **allentàrsi** *v. i. pron.* to become* loose; to loosen; to slacken; to work loose: **La corda si è allentata**, the rope has slackened; **La vite si era allentata**, the screw had worked loose • **I nostri rapporti si sono allentati**, we've rather lost touch; we don't see each other much now.
allergène *m.* (*biol.*) allergene.
allergìa *f.* (*med. e fig.*) allergy.
allèrgico *a.* (*med. e fig.*) allergic.
allergòlogo *m.* (*f.* **-a**) (*med.*) allergologist.
all'érta, allérta **A** *avv.* — **stare a.**, to be on the look-out (*o* on the alert) **B** *inter.* look out! **C** *f. invar.* alarm; alert: **dare l'a.**, to give the alarm; **mettere in a.**, to put on the alert.
allertàre *v. t.* to alert; to put* on the alert.
allestiménto *m.* **1** preparation; setting up; (*di una mostra*) mounting **2** (*teatr.*) staging **3** (*di una vetrina*) (window) dressing **4** (*di una nave*) fitting out.
allestìre *v. t.* **1** to prepare; to organize; (*una mostra*) to mount **2** (*teatr.*) to stage **3** (*una vetrina*) to dress **4** (*una nave*) to fit out.
allettaménto *m.* allurement; attraction.
allettànte *a.* tempting; inviting; attractive.
allettàre *v. t.* to tempt; to entice; to attract • **Non mi alletta l'idea di...**, I don't relish the prospect of...
allevaménto *m.* **1** (*di bambini*) upbringing **2** (*di animali*) breeding; farming: **l'a. del bestiame**, cattle-breeding; **l'a. delle pecore**, sheep-farming; **a. industriale**, factory farming **3** (*luogo di a.*) farm: **a. di cavalli**, stud farm; **a. di pecore**, sheep farm • **pollo di a.**, battery chicken.
allevàre *v. t.* **1** (*bambini*) to bring* up; to raise **2** (*animali*) to breed*; to rear.
allevatóre *m.* (*f.* **-trice**) breeder; farmer: **a. di cavalli**, horse breeder; **a. di polli**, chicken (*o* poultry) farmer; **a. di uccelli**, bird fancier.
alleviaménto *m.* relief; alleviation.
alleviàre *v. t.* to relieve; to alleviate; (*alleggerire*) to lighten.
allibìre *v. i.* to be astounded (at); to be shocked (by); to be dismayed (at).
allibìto *a.* astounded; shocked; dismayed.
allibratóre *m.* bookmaker; bookie (*fam.*).
allietàre **A** *v. t.* to cheer; to gladden **B** **allietàrsi** *v. i. pron.* to rejoice (in, at).
allièvo *m.* (*f.* **-a**) **1** pupil; (*studente*) student **2** (*apprendista*) apprentice **3** (*mil.*) cadet **4** (*sport*) member of a youth team; junior.
alligatóre *m.* (*zool.*) alligator.
allignàre *v. i.* **1** (*di pianta*) to take* root **2** (*fig.*) to thrive*.
allineaménto *m.* **1** alignment; ranging **2** (*adeguamento*) adjustment: (*econ.*) **a. dei prezzi**, price adjustment **3** (*tipogr.*) alignment **4** (*mil.*) dressing • (*polit.*) **non a.**, nonalignment.
allineàre **A** *v. t.* **1** to range; to line up; (*anche tipogr.*) to align **2** (*mil.*) to dress **B** **allineàrsi** *v. rifl.* **1** to line up; to fall* into line **2** (*mil.*) to dress **3** (*schierarsi*) to align (with); (*adeguarsi*) to fall* into line (with).
allineàto *a.* in line; aligned; lined up • (*polit.*) **non a.**, nonaligned.
allitterazióne *f.* alliteration.
allocàre *v. t.* (*econ., fin.*) to allocate; to assign.
allocazióne *f.* (*econ., fin.*) allocation.
allòcco *m.* **1** (*zool.*) tawny owl **2** (*fig.*) fool; booby.
allocuzióne *f.* address; speech.
allòdola *f.* (*zool.*) lark; skylark.
alloggiaménto *m.* **1** accommodation **2** (*mil.*: *l'alloggiare*) quartering; (*in casa privata*) billeting **3** (*mil.*: *il luogo*) quarters (*pl.*); (*casa privata*) billet; (*accampamento*) camp **4** (*mecc.*) housing; slot.
alloggiàre **A** *v. t.* **1** to lodge; to put* up **2** (*mil.*) to quarter; (*in casa privata*) to billet **3** (*mecc.*) to house **B** *v. i.* **1** to stay **2** (*mil.*) to quarter; (*in casa privata*) to be billeted.
allòggio *m.* **1** accommodation; lodging; (*casa*) home; (*appartamento*) flat; (*stanze*) lodgings (*pl.*): **trovare a. presso q.**, to find accommodation with sb.; **vitto e a.**, board and lodging **2** (*mil.*) quarters (*pl.*); (*in casa privata*) billet • **dare a. a q.**, to provide accommodation for sb.; (*ospitare*) to put sb. up, to take sb. in □ **il problema degli alloggi**, the housing problem.
allontanaménto *m.* **1** removal **2** (*licenziamento*) dismissal **3** (*l'estraniarsi*) estrangement.
allontanàre **A** *v. t.* **1** (*spingere via*) to move away; to push away: **Allontanò il piatto**, he pushed the plate away **2** (*portare via*) to remove; to take* away; (*mandare via*) to send* away, to send* off, to dismiss **3** (*eliminare*) to remove; to avert: **a. un dubbio**, to remove a doubt; **a. un pericolo**, to avert a danger **B** **allontanàrsi** *v. i. pron.* **1** (*andarsene*) to go* away; to go* off; to leave* **2** (*tirarsi indietro*) to stand* back **3** (*deviare*) to stray; to deviate **4** (*estraniarsi*) to stop seeing (sb.).
allóra **A** *avv.* **1** (*in quel momento*) then: **A. lo colpii**, then I hit him; **proprio a.**, at that very moment; there and then **2** (*a quel tempo*) then, at that (*o* the) time; (*a quei tempi*) then, in those days: **A. si stava meglio**, things were better then (*o* in those days); **i miei amici di a.**, my friends at the time **B** *cong.* **1** (*in tal caso*) then; in that case: **Ci sarà Giulia? A. non vengo**, will Giulia be there? in that case I'm not coming **2** (*quindi*) so: **Era stanco, e a. lo lasciai restare**, he was tired, so I let him stay **3** (*dunque*) now then; right: **A., vediamo!**, right, let's see! • **a. a.**, just: **L'avevo incontrato a. a.**, I had just met him □ **a. come a.**, at that moment □ **da a. in poi**, from then on □ **E a.?**, (*che si fa?*) well, what now?; (*e poi?*) well?; (*che m'importa?*) so what? (*fam.*) □ **fino ad a.**, till then □ **fin da a.**, since then □ **l'a. direttore**, the then director.
allorché *cong.* when.
allòro *m.* **1** (*bot.*) laurel; (*cucina*) (sweet) bay: **corona d'a.**, laurel wreath **2** (*al pl.*) (*fig.*) laurels; triumphs; honours: **mietere allori**, to reap honours; **riposare** (*o* **dormire**) **sugli allori**, to rest on one's laurels • **l'a. olimpico**, an Olympic medal.
allorquàndo *cong.* (*lett.*) when.
allòtropo *m.* (*chim.*) allotrope.
àlluce *m.* big toe.

allucinànte *a.* **1** hallucinatory; hallucinating **2** (*fig.*) shocking; incredible; unreal (*fam.*).
allucinàto *a.* **1** hallucinated **2** (*fig.*) dazed; haunted: **sguardo a.**, dazed look.
allucinazióne *f.* hallucination.
allucinògeno (*chim.*) **A** *m.* hallucinogen **B** *a.* hallucinogenic.
allùdere *v. i.* to allude (to); to hint (at); (*menzionare*) to refer (to).
allùme *m.* (*chim.*) alum.
allumìnio *m.* (*chim.*) aluminium (*GB*); aluminum (*USA*) • (*cucina*) **foglio di a.**, foil.
allunàggio *m.* moon landing.
allunàre *v. i.* to land on the moon.
allungàbile *a.* extendable • **scala [tavolo] a.**, extension ladder [table].
allungaménto *m.* **1** lengthening; (*prolungamento*) extension, prolongation **2** (*il diluire*) dilution; watering down **3** (*fon.*) lengthening **4** (*mecc.*) stretch; stretching.
allungàre **A** *v. t.* **1** to lengthen; (*prolungare*) to extend, to prolong: **a. un vestito**, to lengthen (*o* to let down) a dress; **a. le vacanze**, to extend one's holidays **2** (*parti del corpo*) to stretch out; to reach out: **a. una mano per prendere q.c.**, to stretch out a hand to take st.; to reach out for st.; **a. le gambe**, to stretch out one's legs **3** (*porgere*) to hand; to pass; to give* **4** (*assestare*) to give*; to fetch: **a. una pedata a q.**, to give sb. a kick **5** (*diluire*) to dilute; to water down • **a. il collo**, to crane one's neck □ (*eufem.*) **a. le mani**, (*rubare*) to be light-fingered; (*toccare*) to be free with one's hands, not to be able to keep one's hands to oneself □ **a. le orecchie**, to strain one's ears □ (*sport*) **a. la palla**, to pass the ball forward □ **a. il passo**, to quicken one's pace □ **a. la strada**, to take the long way **B** **allungàrsi** *v. i. pron.* **1** to lengthen; to grow* longer; to stretch; (*delle giornate*) to draw* out **2** (*crescere*) to grow* taller; to shoot* up (*fam.*).
allungàto *a.* **1** lengthened **2** (*oblungo*) elongated; oblong **3** (*disteso*) extended; stretched out **4** (*diluito*) diluted; watered down.
allùngo *m.* (*calcio*) forward pass; (*atletica*) spurt; (*scherma*) extended lunge; (*boxe*) reach.
allusióne *f.* allusion; hint; (*riferimento*) reference: **a. velata**, veiled hint; **fare a. a q.c.**, to hint at st.; to mention st.
allusìvo *a.* allusive.
alluvionàle *a.* alluvial: **terreno a.**, alluvial soil.
alluvionàto **A** *a.* flooded **B** *m.* flood victim.
alluvióne *f.* (*anche fig.*) flood.
almanaccàre *v. i.* to rack one's brains (about); to puzzle (over).
almanàcco *m.* almanac.
alméno *avv.* at least • **A. ti decidessi!**, if only (*o* I wish) you would make up your mind!
àloe *m.* (*bot.*) aloe.
alògeno *m.* (*chim.*) halogen • **lampada alogena**, halogen lamp.
alóne *m.* **1** (*astron., fis.*) halo* **2** (*fig.*) halo*; aura **3** (*macchia*) ring; mark.
alopecìa *f.* (*med.*) alopecia.
alòsa *m.* (*zool.*) shad.
àlpaca *m.* (*animale e tessuto*) alpaca.
alpàcca *m.* nickel silver.
alpéggio *m.* mountain pasture; (*il periodo*) mountain grazing.
alpèstre *a.* **1** (*alpino*) alpine **2** (*montano*) mountain (*attr.*); mountainous.
alpigiàno **A** *a.* alpine; mountain (*attr.*) **B** *m.* inhabitant of the Alps; (*montanaro*) mountain dweller.
alpinìsmo *m.* mountaineering; mountain-climbing.
alpinìsta *m. e f.* mountaineer; mountain-climber.
alpino **A** *a.* alpine; mountain (*attr.*) **B** *m.* (*mil.*) «alpino»; member of the Italian alpine troops: **gli alpini**, the alpine troops.
alquànto **A** *a. indef.* **1** a fair amount of; some; quite a bit of **2** (*al pl.*) several; quite a few **B** *pron. indef.* **1** some; a fair amount; quite a lot; a good deal **2** (*al pl.*) several; some; quite a few **C** *avv.* **1** (*alquanto tempo*) for quite some time **2** (*piuttosto*) rather; somewhat: **a. stanco**, rather tired.
alsaziàno *a. e m.* Alsatian (*anche il cane*).
alt **A** *m.* halt: **dare l'alt a q.c.**, to call a halt to st.; **ordinare l'a. a q.**, to order sb. to stop **B** *inter.* halt (*anche mil.*); stop; (*un momento!*) hang on.
altaléna *f.* **1** (*sospesa a funi*) swing; (*tavola in bilico*) seesaw: **andare in a.**, to go on a swing (*o* on the seesaw) **2** (*fig.*) seesaw; ups and downs (*pl.*); (*indecisione*) wavering, dithering.
altalenàre *v. i.* **1** (*oscillare*) to seesaw **2** (*tentennare*) to waver; to dither.
altaménte *avv.* highly; greatly; very much.
altàna *f.* roof-terrace.
altàre *m.* altar: **a. maggiore**, high altar • **accompagnare la sposa all'a.**, to give away the bride □ **andare all'a.**, to get married □ (*fig.*) **mettere sugli altari**, to idolize; to extol.
altarìno *m.* — **scoprire gli altarini**, to reveal the skeleton in the cupboard (*USA* in the closet); to blow the whistle (on sb.) (*pop.*).
altèa *f.* (*bot.*) marsh mallow.
alteràre **A** *v. t.* **1** (*mutare*) to change **2** (*deformare*) to distort: **a. i lineamenti**, to distort (sb.'s) features **3** (*guastare*) to deteriorate; to affect; (*adulterare*) to adulterate **4** (*falsificare*) to falsify; to forge; to fake **5** (*travisare*) to distort; to misrepresent: **a. le parole di q.**, to distort sb.'s words; **a. i fatti**, to misrepresent the facts **6** (*turbare*) to upset* **B** **alteràrsi** *v. i. pron.* **1** (*mutare*) to change **2** (*del cibo: guastarsi*) to go* bad; (*inacidire*) to go* sour; (*di merci*) to deteriorate **3** (*arrabbiarsi*) to get* angry; to get* worked up **4** (*turbarsi*) to be upset*.
alteràto *a.* **1** (*mutato*) changed **2** (*deformato*) distorted; twisted **3** (*guasto*) gone bad; off; (*adulterato*) adulterated **4** (*falsificato*) faked; (*camuffato*) disguised **5** (*travisato*) distorted; misrepresented **6** (*arrabbiato*) angry; worked up **7** (*turbato*) upset • **mente alterata**, disturbed mind.
alterazióne *f.* **1** (*mutamento*) change **2** (*distorsione*) distortion **3** (*deterioramento*) deterioration; (*adulterazione*) adulteration **4** (*falsificazione*) falsification; counterfeiting; faking **5** (*travisamento*) distortion; misrepresentation **6** (*turbamento*) emotion; perturbation **7** (*mus.*) accidental • **in uno stato di a. psichica**, psychologically disturbed.
altercàre *v. i.* to quarrel; to altercate (*form.*).
altèrco *m.* quarrel; altercation (*form.*).
alterìgia *f.* haughtiness; arrogance.
alternànza *f.* alternation • (*polit.*) **principio dell'a.**, principle of alternate government.
alternàre **A** *v. t.* to alternate **B** **alternàrsi** *v. rifl.* **1** (*fare a turno*) to take* turns; to alternate: **a. al volante**, to take turns at the wheel **2** (*avvicendarsi*) to alternate **C** **alternàrsi** *m.* alternation; (*succedersi*) succession.
alternatìva *f.* (*scelta*) alternative; option; choice.
alternatìvo *a.* **1** alternative: **percorso a.**, alternative route; **medicina alternativa**, alternative medicine **2** (*mecc.*) reciprocating.
alternàto *a.* alternate; alternating: **righe bianche e rosse alternate**, alternate red and white stripes; (*elettr.*) **corrente alternata**, alternating current.
alternatóre *m.* (*elettr.*) alternator.
altèrno *a.* **1** alternate: **a giorni alterni**, on alternate days; every other day; (*geom.*) **angoli alterni**, alternate angles **2** (*variabile*) changeable; variable • **di umore a.**, moody.
altèro *a.* **1** (*fiero*) proud **2** (*altezzoso*) haughty; arrogant.
altézza *f.* **1** height: **a. sul livello del mare**, height above sea level: **a [da] un'a. di cinquanta metri**, at [from] a height of fifty metres; **crescere in a.**, to grow in height **2** (*statura*) height: **Qual è la tua a.?**, what height are you?; **un metro e ottanta d'a.**, six feet tall **3** (*profondità*) depth **4** (*della marea*) height **5** (*di stoffa*) width **6** (*di suono*) pitch **7** (*grandezza, nobiltà*) nobility; greatness; loftiness **8** (*titolo*) Highness: **Sua A. Reale**, His [Her] Royal Highness **9** (*geom.*) altitude **10** (*astron.*) elevation • **all'a. di**, (*di fronte a*) opposite; (*vicino a*) near; (*al livello di*) on a level with; (*naut.*) off □ (*fig.*) **essere all'a. di q.c.**, to be up to st.; to be equal to st.
altezzosità *f.* haughtiness; arrogance.
altezzóso *a.* haughty; arrogant.
altìccio *a.* tipsy; tiddly.
altimetrìa *f.* altimetry.
altìmetro *m.* altimeter.
altipiàno *V.* **altopiano**.
altisonànte *a.* resonant; (*iron.*) high-sounding, magniloquent.
altitùdine *f.* (*geogr.*) altitude; height.

àlto ***A*** *a.* ***1*** high; tall; (*spesso*) thick: **un monte a. 2000 metri**, a mountain 2000 metres high; **erba alta**, tall grass; **l'edificio più a.**, the tallest building; **uno strato a. due dita**, a layer two inches thick ***2*** (*di statura*) tall: **a. un metro e ottanta**, six feet tall ***3*** (*profondo*) deep: **L'acqua è alta un metro**, the water is one metre deep; **neve alta**, deep snow ***4*** (*largo, anche di stoffa*) wide ***5*** (*elevato*) high: (*med.*) **pressione alta**, high blood-pressure; **alta velocità**, high speed; **prezzo a.**, high price; **avere un a. concetto di q.**, to have a high opinion of sb. ***6*** (*che sta in alto, importante*) high; high-ranking; top; (*superiore*) upper: **l'alta società**, high society; **a. funzionario**, high-ranking official; **a. dirigente**, top manager; **le classi alte**, the upper classes; (*polit.*) **Camera alta**, Upper House ***7*** (*di voce, suono*: *forte*) loud; (*acuto*) high: **ad alta voce**, in a loud voice; aloud; **note alte**, high notes ***8*** (*nobile, grande*) great; lofty; noble ***9*** (*geogr.*) upper; (*settentrionale*) northern: **l'A. Egitto**, Upper Egypt; **l'Alta Italia**, Northern Italy ***10*** (*di Pasqua, Carnevale, ecc.*) late ***11*** (*stor.*) early: **l'a. Medioevo**, the early Middle Ages • **A. là!**, *V.* **altolà** □ **a. mare**, high sea; open sea □ **alta marea**, high tide □ **alta moda**, high fashion □ **alta stagione**, high (*o* peak) season □ **a notte alta**, at dead of night □ **tenere a. il proprio nome**, to uphold one's good name □ **tenersi alti** (*nel prezzo*), to ask a high price ***B*** *m.* ***1*** (*cima*) top; summit ***2*** (*la parte alta*) (the) upper part ***3*** (*cielo*) heaven • **gli alti e bassi**, the ups and downs □ **dall'a.**, from above; (*anche fig.*) from the top □ **guardare q. dall'a. in basso**, to look down one's nose at sb.; to look down on sb. □ **verso l'a.**, upwards ***C*** *avv.* ***1*** high; up: **mirare a.**, to aim high; **volare a.**, to fly high ***2*** (*ad alta voce*) aloud; loudly • (*fig.*) **arrivare in a.**, to go far □ **gente molto in a.**, important people □ **guardare in a.**, to look up □ **lassù in a.**, up there.

altocùmulo *m.* (*meteor.*) altocumulus*.

altofórno *m.* (*ind.*) blast furnace.

altolà ***A*** *inter.* halt!; stop!; (*aspetta!*) hold it! ***B*** *m.* halt • **dare l'a. a q.**, to order sb. to stop.

altolocàto *a.* high-ranking.

altoparlànte *m.* loudspeaker.

altopiàno *m.* tableland; plateau.

altorilièvo *m.* (*scult.*) high-relief.

altostràto *m.* (*meteor.*) altostratus*.

altresì *avv.* (*lett.*) likewise; also.

altrettànto ***A*** *a. indef.* as much (... as), (*al pl.*) as many (... as); (*in frasi neg., anche*) so much (... as), (*al pl.*) so many (... as): **dieci mele e altrettante pere**, ten apples and as many pears ***B*** *pron. indef.* as much (... as); the same; (*al pl.*) as many (... as); (*in frasi neg., anche*) so much (... as), (*al pl.*) so many (... as): **Non posso dire a. di te**, I can't say as much of you; **«Buon Anno!» «A. a voi!»**, «a happy New Year!» «the same to you!»; **fare a.**, to do the same; **Io mi alzai e lui fece a.**, I stood up and so did he ***C*** *avv.* ***1*** (*con agg. e avv.*) as... (as); (*in frasi neg., anche*) so... (as): **È a. alto che suo fratello**, he is as tall as his brother; **È a. ricco quanto generoso**, he is as generous as he is rich; **È buono ma non a. dolce**, it's good, but it isn't as sweet ***2*** (*con verbi*) as much (as); as hard (as); as long (as).

àltri *pron. indef. sing.* (*qualcun altro*) someone (*o* somebody) else; (*in frasi neg.*) anyone (*o* anybody) else, (*col verbo ingl. in forma afferm.*) no one (*o* nobody) else; (*un'altra persona*) another (person); (*altre persone*) other people, others (*pl.*): **Né io né a.**, neither I nor anyone else; **Non dirlo ad a.**, tell no one else; **Chi a. può essere?**, who else can it be?

altriménti *avv.* (*diversamente*) otherwise; (*in caso contrario*) or else, otherwise • **a. detto**, also called; alias; also known as (*abbr.* a.k.a., aka).

àltro ***A*** *a.* ***1*** other; (*un altro*) another; (*in più*) more; (*ulteriore*) further; (*diverso*) different; (*con agg., avv. e pron. interr. o indef.*) else: **l'a. uomo**, the other man; **l'a. libro**, the other book; **un a. uomo**, another man; **Ripetilo un'altra volta**, say it once more; say it again; **altri cinque minuti**, another five minutes; five minutes more; **Vuoi dell'a. vino?**, will you have some more wine?; **Ci occorrono altre informazioni**, we need further information; **qualcun a.**, somebody (*o* anybody) else; **nessun a.**, nobody else; **Nient'a., grazie**, nothing else, thank you; **Chi a. era presente?**, who else was present?; **Dove a. sei andato?**, where else did you go? ***2*** (*precedente*) previous, preceding, other; (*scorso*) last: **l'a. giorno**, the other day; **l'altr'anno**, last year ***3*** (*prossimo*) next: **quest'a. mese**, next month • **l'a. ieri** (*o* **ier l'a.**), the day before yesterday □ **d'altra parte**, on the other hand □ **tutt'altra cosa**, quite another thing □ **noi altri studenti**, we students □ **È un a. uomo** (*è cambiato*), he is a changed man ***B*** *pron.* ***1*** (*rif. a cosa*) other; (*un altro*) another (one); (*in più*) more: **Questo è mio, l'a. è tuo [gli altri sono tuoi]**, this is mine, the other is [the others are] yours; **Preferisco l'a.**, I prefer the other (one); **Ne voglio un a.**, I want another; **Ne voglio dell'a.** (*o* **degli altri**), I want some more ***2*** (*rif. a persona*) other (one); other man* [woman*]; another (person); (*qualcun a.*) somebody (*o* anybody) else; (*chiunque a.*) anybody else: **un a.**, another (person); (**gli**) **altri**, (the) others; other people; **Non ne troverete un a. come lui**, you won't find another like him; **Chi è l'a.,?**, who is the other man?; **Le altre risero**, the other women laughed; **Un a. avrebbe taciuto**, anybody else would have kept quiet ***C*** *m.* (*altra cosa*) something else; something different; (*qualcosa in più*) some more; (*in frasi interr., dubit. o neg.*) anything else, anything different; (*niente a.*) nothing else; (*altre cose*) other things; (*il resto*) the rest: **Parliamo d'a.**, let's talk about something else; **Vuoi a.?**, do you want anything else?; **Ce n'è dell'a.?**, is there some more?; **Non manca a.**, nothing else is missing • **A. che!** *V.* **altroché** □ **A. che vacanze, c'è da lavorare!**, holidays? we've got to work! □ **C'è ben a.**, and that's not all; there's more to come □ **Ho ben a. da fare!**, I've got more important things to do! □ **Stupido che non sei a.!**, you fool! □ **una ragione come un'altra**, as good a reason as any □ **da un giorno all'a.**, (*all'improvviso*) from one day to the next; (*qualsiasi giorno*) any day (now) □ **diventare un a.**, to change completely □ **un giorno o l'a.**, one of these days □ **né l'uno né l'a.**, neither; (*in presenza di neg.*) either □ **Non fa a. che studiare**, he does nothing but study □ **e quant'a.**, or whatever □ **se non a.**, at least □ **senz'a.**, certainly □ **tra l'a.**, among other things; (*a proposito*) by the way □ **tra una cosa e l'altra**, what with one thing and the other □ **Tutt'a.!**, not at all!; (most) certainly not! □ **tutt'a. che**, anything but; far from □ **l'un l'a.**, (*fra due*) each other; (*fra più di due*) one another □ (*prov.*) **A. è dire a. è fare**, it's easier said than done.

altroché *inter.* of course!; certainly!

altrónde *avv.* — **d'a.**, on the other hand; however.

altróve *avv.* somewhere else; elsewhere: **Era diretto a.**, he was going somewhere else; **in Italia e a.**, in Italy and elsewhere.

altrùi *a. poss.* (*di altre persone*) other people's; (*di un'altra persona*) someone else's, another person's: **la roba a.**, other people's belongings; **in casa a.**, in someone else's house; **la moglie a.**, another man's wife.

altruìsmo *m.* altruism; unselfishness.

altruìsta *m. e f.* altruist; unselfish person.

altruìstico *a.* altruistic; unselfish.

altùra *f.* ***1*** high ground; rise; eminence; (*colle*) hill ***2*** (*naut.*) — **imbarcazione d'a.**, ocean-going vessel; **pesca d'a.**, deep-sea fishing.

alùnno *m.* (*f.* **-a**) ***1*** (*allievo*) pupil ***2*** (*scolaro*) schoolboy (*f.* schoolgirl) • **ex a.**, (*di scuola*) former pupil, (*GB, anche*) old boy (*f.* girl); (*di università*) former student; (*USA, di scuola, università, ecc.*) alumnus* (*f.* alumna*).

alveàre *m.* ***1*** beehive; hive; apiary ***2*** (*fig.*: *grande caseggiato*) rabbit warren.

àlveo *m.* river-bed; channel.

alveolàre *a.* ***1*** cell-like ***2*** (*fon.*) alveolar.

alvèolo *m.* (*anat.*) alveolus*.

alzabandièra *f.* hoisting of the flag.

alzacristàllo *m.* (*autom.*) (window) winder.

alzàia *f.* (*strada*) towpath.

alzàre ***A*** *v. t.* ***1*** (*sollevare*) to lift; (*issare*) to hoist; (*levare*) to raise: **a. la testa**, to lift (*o* to raise) one's head; **a. una valigia**, to lift a suitcase; **a. la bandiera**, to hoist the flag; **a. il sipario**, to raise the curtain ***2*** (*aumentare*) to raise; to put* up: **a. i prezzi**, to put up prices; **a. la voce**, (*gridare*) to raise one's voice; (*parlare più forte*) to speak up; **a. il volume**, to raise (*o, di TV, ecc.*, to turn up) the volume ***3*** (*costruire*) to build*; (*erigere*) to erect, to raise ***4*** (*rialzare*) to heighten; to add (st. to st.): **a. una casa di un piano**, to add another storey to a house ***5*** (*selvaggina*) to flush; to raise: **a. un fagiano**, to flush a pheasant; **a. una lepre**, to raise (*o* to start) a hare • **a. le carte** (*da gioco*), to cut the cards □ **a. la mano contro q.**, (*per minaccia*) to raise one's hand against sb.; (*colpire*) to lay hands on sb. □ **a. le spalle**, to shrug (one's shoulders) □ **a. una tenda**, to pitch a tent ***B*** **alzàrsi** *v. rifl. e i. pron.* ***1*** (*a. in piedi*) to stand* up, to rise* to one's feet; (*con fatica*) to raise oneself, to heave (*o* to hoist) oneself up; (*da terra*) to get* up ***2*** (*dal letto*) to get* up ***3*** (*a. in volo*: *di uccello*) to fly* up; to take off; (*di aereo*) to take* off ***4*** (*di astri, vento, nebbia*) to rise* ***5*** (*crescere*) to grow*; (*di fiume, ecc.*) to rise*.

alzàta *f.* ***1*** (*l'alzare*) lifting up; raising ***2*** (*l'alzarsi*) rising: **l'a. del sole**, the rising of the sun; sunrise ***3*** (*aumento*) rise: **un'a. dei prezzi**, a rise in prices ***4*** (*a carte*) cut ***5*** (*argine*) embankment; levee (*USA*) ***6*** (*di mobile*) raised back ***7*** (*di scalino*) riser ***8*** (*vassoio*) cakestand; fruitstand ***9*** (*sport: pallavolo*) lob; (*sollevamento pesi*) full lift • **a. d'ingegno**, stroke of genius; brainwave (*fam.*) □ **a. di scudi**, protest; revolt □ **a. di spalle**, shrug □ **voto per a. di mano**, vote by a show of hands.

alzatàccia *f.* (*fam.*) — **fare un'a.**, to get up at an ungodly hour.

alzàto *a.* ***1*** (*sollevato*) up ***2*** (*in piedi*) standing ***3*** (*dal letto*) up: **Non è ancora a.**, he isn't up yet; **stare a. fino a tardi**, to stay up late.

alzàvola *f.* (*zool.*) teal.

àlzo *m.* (*di fucile*) sight; (*di cannone*) elevation: **con a. zero**, at zero elevation.

amàbile *a.* ***1*** amiable; pleasant ***2*** (*di vino*) sweet.

amabilità *f.* amiability; pleasantness; (*gentilezza*) kindness.

amàca *f.* hammock.

amàlgama *m.* (*chim. e fig.*) amalgam.

amalgamàre ***A*** *v. t.* ***1*** (*chim.*) to amalgamate ***2*** (*mescolare*) to blend; to mix ***3*** (*fig.*) to merge; to blend ***B*** **amalgamàrsi** *v. i. pron.* ***1*** (*chim.*) to amalgamate ***2*** (*mescolarsi*) to blend ***3*** (*fig.*) to merge; to coalesce • **la squadra non si è ancora bene amalgamata**, there's still a lack of cohesion in the team.

amalgamazióne *f.* (*chim.*) amalgamation.

amànte ***A*** *a.* fond (of); keen (on) ***B*** *m. e f.* lover; mistress (*f.*).

amanuènse *m.* amanuensis*; (*scrivano*) copyist, scribe.

amarànto ***A*** *m.* ***1*** (*bot.*) amaranthus; love-lies-bleeding ***2*** (*colore*) purplish red ***B*** *a.* purplish red.

amàre ***A*** *v. t.* ***1*** to love; (*essere innamorato di*) to be in love with: **a. i genitori**, to love one's parents; **a. la buona tavola**, to love good food; **La ama alla follia**, he's madly in love with her ***2*** (*gradire*) to love; to like: **Non ama uscire di sera**, he doesn't like to go out at night; **Come ama dire Paolo**, as Paolo is fond of saying ***B*** **amàrsi** *v. rifl. recipr.* to love each other (*o* one another).

amareggiàre ***A*** *v. t.* to make* bitter; (*addolorare*) to distress, to upset ***B*** **amareggiàrsi** *v. i. pron.* to be upset (by st.).

amareggiàto *a.* embittered; disappointed; upset.

amarèna *f.* (*bot.*) sour black cherry.

amarétto *m.* ***1*** (*biscotto*) macaroon ***2*** (*liquore*) amaretto.

amarézza *f.* ***1*** (*fig.*) sadness; disappointment ***2*** (*al pl.*) (*guai*) troubles; disappointments.

amarilli(de) *f.* (*bot.*) amaryllis; belladonna lily.

amàro ***A*** *a.* bitter (*anche fig.*); (*senza zucchero*) unsweetened, without sugar: **mandorle amare**, bitter almonds; **lacrime amare**, bitter tears; **caffè a.**, coffee without sugar ***B*** *m.* ***1*** (*sapore*) bitter taste ***2*** (*risentimento*) bitterness ***3*** (*liquore*) bitters (*pl.*) • **masticare a.**, to fume; to feel resentful.

amarógnolo *a.* bitterish.

amàto ***A*** *a.* beloved; darling ***B*** *m.* (*f.* **-a**) beloved.

amatóre *m.* (*f.* **-trice**) ***1*** lover ***2*** (*appassionato*) lover; (*intenditore*) connoisseur; (*collezionista*) collector ***3*** (*sport*) amateur • (*scherz.*) **un grande a.**, a Don Juan □ **prezzo da a.**, collector's price.

amatoriàle *a.* ***1*** collector (*attr.*) ***2*** (*sport*) amateur (*attr.*).

amàzzone *f.* ***1*** (*mitol. e fig.*) Amazon ***2*** (*cavallerizza*) horsewoman* ***3*** (*abito*) riding habit • **cavalcare all'a.**, to ride sidesaddle □ **sella da a.**, sidesaddle.

amazzònico *a.* Amazonian.

ambascerìa *f.* ***1*** (*delegazione*) diplomatic mission ***2*** (*incarico*) embassy.

ambàscia *f.* (*dolore*) anguish.

ambasciàta *f.* ***1*** embassy ***2*** (*messaggio*) message; errand.

ambasciatóre *m.* ***1*** ambassador ***2*** (*messaggero*) messenger • (*prov.*) **A. non porta pena**, don't blame the messenger.

ambasciatrice *f.* ***1*** *V.* **ambasciatore** ***2*** (*moglie di ambasciatore*) ambassadress.

ambedùe *a. e pron.* both: **a. i piedi**, both feet; **Vennero a.**, they both (*o* both of them) came.

ambidèstro *a.* (*anche fig.*) ambidextrous.

ambientàle *a.* environmental.

ambientalismo *m.* environmentalism; conservationism.

ambientalista *m. e f.* environmentalist; conservationist.

ambientaménto *m.* ***1*** acclimatization ***2*** adaptation; settling in.

ambientàre ***A*** *v. t.* ***1*** to acclimatize; to adapt ***2*** (*una storia*) to set* ***B*** **ambientàrsi** *v. rifl.* ***1*** to get* acclimatized ***2*** to settle in; to get* used (to).

ambientazióne *f.* (*anche cinem., teatr.*) setting.

ambiènte ***A*** *a.* ambient; room (*attr.*): **temperatura a.**, room temperature ***B*** *m.* ***1*** environment; surroundings (*pl.*): **a. di lavoro**, working environment; **a. familiare**, home environment ***2*** (*cerchia*) milieu; circle; set; (*mondo*) world, sphere: **ambienti finanziari**, financial circles; **l'a. del cinema**, the world of cinema ***3*** (*ecol.*) environment; habitat ***4*** (*stanza*) room • **bisogno di cambiare a.**, need for a change □ **sentirsi fuori del proprio a.**, to feel like a fish out of water □ **sentirsi nel proprio a.**, to feel at home.

ambiguità *f.* ambiguity; ambiguousness.

ambìguo *a.* ***1*** ambiguous ***2*** (*equivoco*) dubious; shady.

àmbio *m.* amble.

ambìre *v. t. e i.* to aspire (to); to long (for).

àmbito (1) *m.* ***1*** (*campo*) scope; extent; field: **l'a. di una ricerca**, the scope of a piece of research; **l'a. di una scienza**, the field of a science ***2*** (*ambiente*) circle: **l'a. familiare**, the family circle; **l'a. di lavoro**, the workplace • **nell'a. delle indagini**, in the course of investigation □ **nell'a. delle proprie competenze**, within one's competence.

ambìto (2) *a.* coveted; sought after.

ambivalènte *a.* ambivalent.

ambivalènza *f.* ambivalence.

ambizióne *f.* ambition.

ambizióso *a.* ambitious.

àmbo (1) *a. num.* both: **a. le mani**, both hands.

àmbo (2) *m.* (*lotto*) double.

ambosèssi *a.* of either sex.

àmbra ***A*** *f.* amber • **a. grigia**, ambergris ***B*** *a.* (*colore*) amber.

ambràto *a.* ***1*** amber-coloured ***2*** (*che profuma d'ambra*) amber-scented.

ambròsia *f.* ambrosia.

ambrosiàno *a.* ***1*** Ambrosian ***2*** (*milanese*) Milanese; Milan (*attr.*).

ambulànte *a.* itinerant; strolling: **suonatore a.**, strolling musician; **venditore a.**, street trader; pedlar; hawker.

ambulànza *f.* ambulance.

ambulatoriàle *a.* outpatient (*attr.*): **cura a.**, outpatient treatment.

ambulatorialménte *avv.* in an outpatient clinic; as an outpatient.

ambulatòrio *m.* (*di medico, dentista, ecc.*) surgery; (*di ospedale*) outpatients' clinic.

amèba *f.* (*zool.*) amoeba*.

àmen ***A*** *inter.* ***1*** amen ***2*** (*pazienza*) never mind; ok ***B*** *m.* amen • **in un a.**, in a moment; in a flash.

amenità *f.* ***1*** amenity; pleasantness ***2*** (*facezia*) pleasantry.

amèno *a.* ***1*** pleasant; agreeable ***2*** (*spassoso*) amusing; funny.

amènto *m.* (*bot.*) catkin.

americanàta *m.* (*spreg.*) showing-off Ⓤ.

americanismo *m.* Americanism.

americanizzàre *v. t.*, **americanizzàrsi** *v. i. pron.* to Americanize.

americàno ***A*** *a.* American: **all'americana**, American-style ***B*** *m.* ***1*** (*f.* **-a**) American (*f.* American woman*) ***2*** (*lingua*) American English ***3*** (*aperitivo*) vermouth, bitters and soda.

amerìndio *a. e m.* American Indian; Amerindian.

ametista *f.* (*miner.*) amethyst • **color a.**, amethyst (*attr.*).

amfetamìna *f.* (*chim.*) amphetamine.

amiànto *m.* (*miner.*) asbestos.

amìca *f.* **1** friend; girlfriend (*USA*); woman* friend (*V. anche gli esempi d'uso sotto* **amico**, *B, def. 1*) **2** (*amante*) lover; mistress.

amichévole *a.* friendly (*anche sport*); amicable • **in via a.**, as a friend; (*leg.*) out of court.

amicìzia *f.* **1** friendship: **stringere [rompere] un'a.**, to strike up [to break off] a friendship; **a. intima**, close friendship **2** (*amico*) friend • **fare** (*o* **stringere**) **a. con q.**, to make friends with sb.; to hit it off (*fam.*).

amìco A *a.* friendly: **parola amica**, friendly word; **nazione amica**, friendly nation **B** *m.* **1** friend; pal (*fam.*); buddy (*fam. USA*): **amici e amiche**, male and female friends; **un comune a.**, a mutual friend; **a. intimo**, close friend; **diventare amici**, to become friends; **È molto a. di mio fratello**, he and my brother are great friends **2** (*amante*) lover • **a. del cuore** (*o* **per la pelle**), bosom friend □ **a. del giaguaro**, one who sides with a friend's opponents □ **a. di famiglia**, family friend □ **a. d'infanzia**, childhood friend □ **amici influenti**, influential friends; friends in high places □ **da a.**, as a friend □ **fingersi a. di q.**, to pretend to be friends with sb. □ **tornare amici**, to be friends again.

amidàceo *a.* starchy.

àmido *m.* starch • **dare l'a. a q.c.**, to starch st.

amlètico *a.* Hamlet-like; (*irresoluto*) wavering, uncertain • **dubbio a.**, dilemma.

ammaccàre A *v. t.* (*frutta, pelle*) to bruise; (*schiacciare*) to crush; (*metallo, ecc.*) to dent **B ammaccàrsi** *v. i. pron.* to bruise; to get* bruised; to get* crushed; (*di metallo, ecc.*) to get* dented, to dent.

ammaccatùra *f.* (*di pelle, frutta*) bruise; (*di metallo, ecc.*) dent.

ammaestraménto *m.* **1** teaching **2** (*l'addestrare*) training **3** (*lezione*) lesson.

ammaestràre *v. t.* **1** (*istruire*) to teach* (sb., st.) **2** (*animali*) to train.

ammaestràto *a.* trained; performing: **cane a.**, performing dog.

ammaestratóre *m.* (*f.* **-trice**) (*di animali*) trainer.

ammainabandièra *f.* lowering of the flag.

ammainàre *v. t.* to lower; to haul down; to strike*: **a. la bandiera**, to lower the flag; (*per resa*) to strike the colours; (*naut.*) **a. una vela**, to lower a sail.

ammalàrsi *v. i. pron.* to fall* ill; to be taken ill: **In aprile mi ammalai**, I fell ill in April; **Si ammalò improvvisamente**, he was suddenly taken ill; **a. di epatite**, to be taken ill with hepatitis.

ammalàto A *a.* **1** (*di persona*) ill (*pred.*); sick (*generalm. attr.*): **È molto a.**, he is seriously ill; **un bambino a.**, a sick child; **cadere a.**, to fall ill; **darsi a.**, to report sick **2** (*di parte del corpo*) diseased **3** (*fig.*) sick (with); suffering (from): **a. di nostalgia**, homesick **B** *m.* (*f.* **-a**) **1** sick person: **gli ammalati**, the sick **2** (*paziente*) patient.

ammaliàre *v. t.* to bewitch; to fascinate; to enchant.

ammaliatóre A *a.* bewitching; charming; enchanting **B** *m.* enchanter; charmer.

ammaliatrìce *f.* enchantress; charmer.

ammànco *m.* shortage; deficit: **a. di cassa**, cash deficit.

ammanettàre *v. t.* to handcuff.

ammanicàrsi *v. i. pron.* (*fam.*) to get* well in (with); to get* to know people that count.

ammanicàto, **ammanigliàto** *a.* (*fam.*) well-connected; having friends in high places.

ammannìre *v. t.* **1** to prepare **2** (*scherz.*: *propinare*) to dish out; to inflict (st. on sb.).

ammansàre, **ammansìre A** *v. t.* **1** (*rendere mansueto*) to tame **2** (*calmare*) to calm (down); to soothe **B ammansìrsi** *v. i. pron.* **1** to become* tame **2** (*calmarsi*) to calm down.

ammantàre A *v. t.* to cover; to cloak: **La neve ammanta i colli,** snow covers the hills; **ammantato di neve**, snow-covered **B ammantàrsi** *v. rifl. e i. pron.* **1** (*fig.*: *ostentare*) to affect (st.); to parade (st.) **2** (*ricoprirsi*) to be covered (with).

ammaràggio *m.* (*aeron.*) (water) landing; (*miss.*) splashdown • (*aeron.*) **a. di fortuna**, ditching.

ammaràre *v. i.* (*aeron.*) to land (on water); (*miss.*) to splash down.

ammassàre A *v. t.* **1** to amass; to hoard; to heap up **2** (*persone*) to pack; (*mil.*) to mass **3** (*portare all'ammasso*) to stockpile **B ammassàrsi** *v. i. pron.* **1** (*accumularsi*) to accumulate; to pile up **2** (*affollarsi*) to mass; to crowd together.

ammàsso *m.* **1** mass; heap; pile: **a. di detriti**, pile of debris; **a. di rottami**, scrap heap; (*fig.*) wreck **2** (*econ.*) stockpile **3** (*scient.*) cluster.

ammattìre *v. i.* **1** to go* mad **2** (*fig.*: *scervellarsi*) to rack one's brains • **far a. q.**, to drive sb. mad (*o, fam.*, round the bend).

ammazzàre A *v. t.* to kill; (*assassinare*) to murder • **a. il tempo**, to kill time □ **a. q. di lavoro**, to work sb. to death **B ammazzàrsi** *v. rifl. e i. pron.* **1** (*suicidarsi*) to kill oneself **2** (*restare ucciso*) to get* killed • **a. di lavoro**, to overwork; to work oneself to death.

ammazzatóio *m.* slaughterhouse.

ammènda *f.* **1** amends (*pl.*): **fare a. di q.c.**, to make amends for st. **2** (*multa*) fine.

ammennìcolo *m.* **1** (*aggeggio*) gadget; (*fronzolo*) trinket **2** (*al pl.*) (*piccole aggiunte*) sundries.

ammésso A *m.* successful candidate • **gli ammessi all'orale**, those admitted to the oral examination **B amméssо che** *locuz. cong.* (even) if; provided: **Anche a. che sia innocente...**, even if he is innocent...; **a. che vengano**, provided they come • **a. e non concesso che...**, let's just say, for the sake of argument, that...

amméttere *v. t.* **1** (*lasciar entrare*) to admit; to let* in: **essere ammesso in un club**, to be admitted to a club **2** (*accettare*) to admit; to accept **3** (*riconoscere*) to admit; to acknowledge: **a. la verità**, to admit the truth; **a. di aver fatto q.c.**, to admit to having done st.; **a. la sconfitta**, to acknowledge defeat; **È un pasticcio, ammettiamolo**, it's a mess, let's face it **4** (*supporre*) to suppose; (*concedere*) to grant **5** (*permettere*) to allow, to admit; (*tollerare*) to tolerate, to bear*: **Non ammetto ritardi**, I won't tolerate delays; **Non ammetto che mi si parli così**, I will not be spoken to in that manner; **non a. scuse**, (*non scusare*) to accept no excuses; (*non essere scusabile*) to admit of no excuses.

ammezzàto *m.* mezzanine.

ammiccàre *v. i.* to blink; (*fare l'occhiolino*) to wink (at).

ammìcco *m.* wink.

amministràre A *v. t.* **1** (*dirigere*) to run*; to manage **2** (*fare buon uso di*) to ration; to organize **a. il proprio tempo**, to organize one's time; **a. le proprie forze**, to pace oneself • **a. la giustizia**, to administer the law; to dispense justice □ **a. un sacramento**, to administer a sacrament **B amministràrsi** *v. rifl.* to organize oneself (*o* one's time).

amministrativo *a.* administrative • **anno a.**, financial year □ **elezioni amministrative**, local election.

amministratóre *m.* (*f.* **-trice**) **1** administrator; manager: **a. pubblico**, public administrator; **a. di condominio**, manager of a condominium **2** (*di società*) director: **a. delegato**, managing director (*GB*); president (*USA*) • (*leg.*) **a. fiduciario**, trustee □ (*leg.*) **a. giudiziario**, receiver.

amministraziòne *f.* **1** administration; management: **a. del personale**, personnel management **2** (*governo*) government: **a. locale**, local government **3** (*gli uffici*) administration offices (*pl.*); administrative headquarters (*pl.*) • (*leg.*) **a. controllata**, receivership □ **a. della giustizia**, dispensation of justice □ (*leg.*) **a. fiduciaria**, trusteeship □ **cattiva a.**, maladministration; (*di affari*) mismanagement □ **consigliere di a.**, member of the board of directors □ **consiglio di a.**, board of directors □ **ordinaria a.**, routine (*o* ordinary) business □ **di ordinaria a.**, routine (*attr.*); run-of-the-mill (*agg.*) □ **pubblica a.**, civil service.

amminoàcido *m.* (*chim.*) amino acid.

ammiràglia *f.* (*naut.*) flagship.

ammiragliàto *m.* **1** admiralty **2** (*grado*) admiralship.

ammiràglio *m.* admiral: **a. di squadra**, vice-admiral; **grande a.**, Admiral of the Fleet (*GB*); Fleet Admiral (*USA*).

ammiràre *v. t.* to admire.

ammiràto *a.* (*pieno di ammirazione*) full of admiration; admiring.

ammiratóre *m.* **1** (*f.* **-trice**) admirer; (*di attori, ecc.*) fan **2** (*corteggiatore*) suitor.

ammiraziòne *f.* admiration.

ammirévole *a.* admirable.

ammissìbile *a.* admissible; allowable • **non a.**, unacceptable.

ammissibilità *f.* admissibility; acceptability.

ammissióne *f.* **1** admission; admittance; entrance: **l'a. a un club**, the admission to a club; **esame [tassa] di a.**, entrance

examination [fee] *2* (*riconoscimento*) admission; acknowledgement: **a. di colpa** [**di sconfitta**], admission of guilt [of defeat]; **per sua stessa a.**, on his own admission.
ammobiliàre *v. t.* to furnish.
ammobiliàto *a.* furnished.
ammodernaménto *m.* modernization.
ammodernàre *v. t.* to modernize; to bring* up to date.
ammòdo ***A*** *a.* nice; well-bred; respectable ***B*** *avv.* properly.
ammogliàre ***A*** *v. t.* to find* a wife (for); to marry off ***B*** **ammogliàrsi** *v. rifl.* to get* married (to).
ammogliàto ***A*** *a.* married ***B*** *m.* married man*.
ammollàre ***A*** *v. t.* *1* (*rendere molle*) to soften *2* (*inzuppare*) to soak ***B*** **ammollàrsi** *v. i. pron.* *1* (*diventare molle*) to become* soft *2* (*inzupparsi*) to get* soaked; to become* soggy.
ammollìre *v. t.*, **ammollirsi** *v. i. pron.* to soften.
ammòllo *m.* soaking; soak • (*nelle lavatrici*) **ciclo dell'a.**, soak (*o* pre-wash) cycle □ **lasciare in a.**, to leave to soak □ **mettere in a.**, to soak.
ammonìaca *f.* (*chim.*) ammonia.
ammoniménto *m.* *1* (*avvertimento*) warning *2* (*rimprovero*) reprimand.
ammònio *m.* (*chim.*) ammonium.
ammonìre *v. t.* *1* (*avvertire*) to warn; to caution *2* (*rimproverare*) to reprimand *3* (*leg.*) to admonish; to caution *4* (*sport*) to book.
ammonizióne *f.* *1* (*avvertimento*) warning *2* (*rimprovero*) admonition; reprimand *3* (*sport*) booking.
ammontàre (**1**) *v. i.* to amount (to); to come* (to); to total: **Il costo ammonta a diversi milioni**, the cost comes to several million lire.
ammontàre (**2**) *m.* (*somma*) amount, figure; (*totale*) total: **a. lordo** [**netto**], gross [net] amount; **per un a. di**, for the amount of; **l'a. delle spese**, the total costs.
ammonticchiàre *v. t.*, **ammonticchiàrsi** *v. i. pron.* to pile up.
ammorbàre *v. t.* *1* (*l'aria*) to pollute *2* (*fig.*) to corrupt.
ammorbidénte *m.* softener; (fabric) conditioner.
ammorbidiménto *m.* (*anche fig.*) softening; relaxation.
ammorbidìre *v. t.*, **ammorbidirsi** *v. i. pron.* to soften.
ammortaménto *m.* (*rag.*) amortization; depreciation; redemption: **piano di a.**, amortization (*o* redemption) plan; **a. del debito pubblico**, public debt redemption; **fondo di a.**, sinking fund.
ammortàre *v. t.* (*rag.*) to amortize; to redeem.
ammortizzàre *v. t.* *1* (*attutire*) to absorb; to cushion *2* *V.* **ammortare**.
ammortizzatóre *m.* (*mecc.*) shock absorber • **ammortizzatori sociali**, welfare support provisions.
ammortizzazióne *f. V.* **ammortamento**.
ammosciàre (*fam.*) ***A*** *v. t.* *1* to make* limp *2* (*fig.*) to get* down ***B*** **ammosciàrsi** *v. i. pron.* *1* to become* limp; to droop *2* (*fig.*) to mope; to be down in the mouth.
ammucchiàre ***A*** *v. t.* to pile up; to heap up ***B*** **ammucchiàrsi** *v. i. pron.* *1* to pile up *2* (*di gente*) to mass; to crowd together.
ammucchiàta *f.* *1* (*fam.*: *insieme confuso*) jumble *2* (*pop.*) sex orgy.
ammuffìre *v. i.* *1* to grow* mouldy (*o* musty) *2* (*fig.*) to moulder away; to rot; to gather dust.
ammuffìto *a.* *1* mouldy *2* (*fig.*) stale; fossilized.
ammutinaménto *m.* mutiny; rebellion.
ammutinàrsi *v. i. pron.* to mutiny; to rebel.
ammutinàto *m.* mutineer; rebel.
ammutolìre *v. i.* to fall* silent; (*per paura, sorpresa, ecc.*) to be struck dumb • **far a.**, to silence.
amnesìa *f.* amnesia.
amniocèntesi *f.* (*med.*) amniocentesis.
amniòtico *a.* (*fisiol.*) amniotic: **liquido a.**, amniotic fluid.
amnistìa *f.* (*leg.*) amnesty.
amnistiàre *v. t.* (*leg.*) to grant amnesty (to); to amnesty.
àmo *m.* *1* (fish) hook *2* (*fig.*) bait • **abboccare all'a.**, to bite; (*fig.*) to swallow the bait □ (*anche fig.*) **prendere all'a.**, to hook.
amoràle *a.* amoral.
amoralità *f.* amorality.
amóre *m.* *1* love *2* (*persona amata, anche al voc.*) love; darling: **È stato un mio grande a.**, he was a great love of mine; **Sei l'a. della mamma**, you are mummy's darling *3* (*persona o cosa bella*) darling; beauty: **Che a. di bambina!**, isn't she a little darling?; **una casa che è un a.**, a charming house; **Che a.!**, how charming!; how sweet! *4* (*avventura amorosa*) love affair; (*al pl., lett. o scherz.*) amours • **a. a prima vista**, love at first sight □ **amor proprio**, self-respect; self-esteem □ **andare d'a. e d'accordo**, to be the best of friends □ (*di animali*) **andare in a.**, to be on heat □ **d'a. e d'accordo**, in full agreement □ **fare all'a. con q.**, to make love to sb. □ **fatto con a.**, done with loving care □ **per amor vostro**, for your sake □ **per a. di brevità**, for the sake of brevity □ **Per amor di Dio!**, for Heaven's (*o* God's) sake! □ **per a. o per forza**, by hook or by crook; willy-nilly.
amoreggiàre *v. t.* to flirt.
amorétto *m.* flirtation; passing fancy.
amorévole *a.* loving; tender; fond.
amorevolézza *f.* loving-kindness; tenderness.
amòrfo *a.* *1* amorphous; shapeless *2* (*fig.*) colourless.
amorino *m.* *1* (*arte*) cupid *2* (*bambino grazioso*) little darling.
amoróso *a.* *1* loving; affectionate *2* (*d'amore*) love (*attr.*): **poesia amorosa**, love poetry.
amperàggio *m.* (*elettr.*) amperage.
ampere (*franc.*) *m.* (*elettr.*) ampere.
amperòmetro *m.* (*elettr.*) ammeter.
ampiézza *f.* *1* (*larghezza*) width, breadth; (*spaziosità*) spaciousness *2* (*fig.*) extent; breadth: **l'a. dei suoi poteri**, the extent of his power; **a. di vedute**, breadth of mind *3* (*di abito*) fullness *4* (*fis.*) amplitude *5* (*geom.*) magnitude.
àmpio *a.* *1* (*largo*) wide; broad; (*spazioso*) spacious: **fiume a.**, wide (*o* broad) river; **ampia sala**, spacious room *2* (*fig.*) wide; broad; ample; vast: **ampia gamma**, wide range; **ampi mezzi**, ample means *3* (*di abito*: *ricco*) full; (*comodo*) loose(-fitting).
amplèsso *m.* *1* (*lett.*) embrace *2* (*eufem.*) (sexual) intercourse U; intimacy.
ampliaménto *m.* *1* (*allargamento*) widening *2* (*ingrandimento*) enlargement *3* (*accrescimento*) expansion; development *4* (*edil.*) extension.
ampliàre ***A*** *v. t.* *1* (*allargare*) to widen *2* (*ingrandire*) to enlarge *3* (*accrescere*) to expand; to develop *4* (*edil.*) to extend ***B*** **ampliàrsi** *v. i. pron.* to become* larger; to increase; to expand.
amplificàre *v. t.* *1* to enlarge; to broaden *2* (*fis.*) to amplify *3* (*radio*) to boost.
amplificatóre *m.* (*radio*) amplifier; (*di segnale*) booster.
amplificazióne *f.* *1* enlargement *2* (*fis.*) amplification.
ampólla *f.* *1* (*per olio, aceto*) cruet *2* (*chim.*) flask.
ampollina *f.* (*eccles.*) ampulla*; cruet.
ampollosità *f.* pomposity; bombast.
ampollóso *a.* pompous; bombastic.
amputàre *v. t.* *1* to amputate; to cut* off *2* (*fig.*) to mutilate.
amputazióne *f.* *1* amputation *2* (*fig.*) mutilation.
amulèto *m.* amulet; charm.
anabattìsta *m. e f.* (*stor. relig.*) Anabaptist.
anabbagliànte (*autom.*) ***A*** *a.* *1* (*di faro*) dipped; dimmed (*USA*) *2* (*di retrovisore*) non-glare ***B*** *m.* (*al pl.*) dipped (*USA* dimmed) headlights: **mettere gli anabbaglianti**, to dip (*USA* to dim) the headlights.
anabolizzànte *m.* (*farm.*) anabolic steroid.
anacàrdio *m.* (*bot.*) cashew.
anacolùto *m.* (*gramm.*) anacoluthon*.
anacònda *m.* (*zool.*) anaconda.
anacorèta *m.* *1* anchorite *2* (*fig.*) hermit.
anacronismo *m.* anachronism.
anacronìstico *a.* anachronistic.
anafilàttico *a.* (*med.*) anaphylactic: **shock a.**, anaphylactic reaction.
anàgrafe *f.* *1* register of births, marriages and deaths *2* (*ufficio*) registry office • (*fisc.*) **a. tributaria**, tax register.
anagràfico *a.* — **dati anagrafici**, personal data □ **ufficio a.**, registry office.
anagràmma *m.* anagram.
anagrammàre *v. t.* to anagrammatize.
analcòlico ***A*** *a.* non-alcoholic • **bibita analcolica**, soft drink ***B*** *m.* soft drink.
anàle *a.* (*anat.*) anal.
analfabèta ***A*** *a.* *1* illitterate *2* (*fig.*) ignorant ***B*** *m. e f.* *1* illiterate *2* (*fig.*) ignoramus.
analfabetismo *m.* illiteracy.
analgèsico (*farm.*) ***A*** *a.* analgesic; pain-killing ***B*** *m.* analgesic; painkiller.

anàlisi *f.* analysis* (*anche psic.*); (*esame*) test, testing: **a. dei costi**, cost analysis; **a. del sangue**, blood test (*o* count) • (*gramm.*) **a. logica**, sentence analysis □ **a. matematica**, calculus □ (*psic.*) **essere in a.**, to be in therapy (*o* in analysis) □ **in ultima a.**, in the last analysis □ **sottoporre ad a.**, to analyse; to test.

analìsta *m. e f.* analyst • (*elab.*) **a. di sistemi**, systems analyst.

analìtico *a.* analytic(al).

analizzàre *v. t.* to analyse, to analyze (*USA*); to test.

analizzatóre *m.* ***1*** (*chim.*) analyst ***2*** (*TV*) scanner.

anallèrgico *a.* anallergic.

analogìa *f.* analogy; (*somiglianza*) similarity, point in common • **per a. con**, on the analogy of.

analògico *a.* ***1*** analogical ***2*** (*tecnol.*) analog, analogue.

anàlogo *a.* analogous; similar; parallel.

anamnèsi, anàmnesi *f.* (*med.*) case history.

ànanas *m.* (*pianta e frutto*) pineapple.

anarchìa *f.* ***1*** anarchy ***2*** (*dottrina*) anarchism.

anàrchico ***A*** *a.* anarchic(al) ***B*** *m.* (*f.* **-a**) anarchist.

anarchìsmo *m.* anarchism.

anarcòide ***A*** *a.* anarchist (*attr.*) ***B*** *m. e f.* near-anarchist; rebel.

anastàtico *a.* anastatic.

anatèma *m.* anathema.

anatomìa *f.* (*anche fig.*) anatomy.

anatòmico *a.* ***1*** anatomical; anatomy (*attr.*): **posizione anatomica**, anatomical position; **sala anatomica**, anatomy theatre ***2*** (*rif. alla forma*) anatomically-designed.

anatomìsta *m. e f.* anatomist.

anatomizzàre *v. t.* (*anche fig.*) to anatomize.

ànatra *f.* duck; (*maschio*) drake • (*cucina*) **a. all'arancio**, duck à l'orange □ **a. da richiamo**, decoy duck □ (*fig.*) **a. zoppa**, lame duck.

anatròccolo *m.* duckling • (*fig.*) **brutto a.**, ugly duckling.

ànca *f.* hip; haunch: **lussazione dell'a.**, dislocation of the hip.

ancèlla *f.* ***1*** (*lett.*) maid ***2*** (*fig.*) handmaid.

ancestràle *a.* ancestral.

ànche *cong.* too; also; as well; (*in aggiunta*) besides; (*in frasi neg.*) either; (*davanti a compar.*) even, still: **C'era a. lui**, he was there, too; **Vengo anch'io**, I'm coming too (*o* as well); **Mi occorre a. un cappotto**, I also need a coat; **Io odio i gatti, e lei a.**, I hate cats and so does she; **«So nuotare» «Anch'io»**, «I can swim» «so can I»; **Anch'io non lo conosco**, I don't know him either; **a. meglio**, even better • **a. perché**, partly because □ **a. se** (*o* **quand'a.**), even if □ **E a. se fosse?**, what if it were so? □ **a. troppo**, far too much □ **a. troppo facile**, all too easy □ **A. volendo, non potrei venire**, even if I wanted to, I wouldn't be able to come □ **Avresti potuto a. telefonare!**, you might have phoned!

ancheggiàre *v. i.* to sway one's hips.

anchilosàrsi *v. i. pron.* to grow* stiff.

anchilosàto *a.* stiff; (*med.*) ankylosed.

anchilòstoma *m.* (*zool.*) hookworm.

ància *f.* (*mus.*) reed • **strumenti ad a.**, reed instruments; reeds.

àncora (**1**) *f.* (*naut.*) anchor: **essere all'a.**, to be (*o* to lie) at anchor; **gettare** [**levare**] **l'a.**, to drop [to weigh] anchor • (*fig.*) **a. di salvezza**, sheet-anchor.

ancóra (**2**) *avv.* ***1*** still; (*in frasi neg. o rif. al futuro*) yet: **Siamo a. a casa**, we are still at home; **C'è a. tempo**, there is still time; **Non s'è visto a.**, he has not shown up yet ***2*** (*davanti a compar.*) even; still: **a. più bello**, even more beautiful; **a. meglio**, even better ***3*** (*di nuovo*) again: **Prova a.**, try again ***4*** (*con agg. o pron. di quantità*) more: **a. sei ore**, six hours more; **a. un po'**, a little more; (*pl.*) a few more ***5*** (*di più*) some more; any more: **Dammi a. del dolce**, give me some more dessert; **Ne avete a.?**, have you (got) any more? ***6*** (*più a lungo*) longer: **Aspettiamo a. un po'**, let's wait a bit longer.

ancoràggio *m.* (*naut.*) anchorage; berth.

ancoràre ***A*** *v. t.* ***1*** (*naut.*) to anchor ***2*** (*fig.*) to anchor; to secure ***3*** (*econ.*) to peg; to link ***B*** **ancoràrsi** *v. rifl.* ***1*** (*naut.*) to anchor; to cast* anchor ***2*** (*aggrapparsi*) to cling* (to).

ancorché *cong.* (*lett.*) even if; even though.

andalùso *a. e m.* (*f.* **-a**) Andalusian (*f.* Andalusian woman*).

andaménto *m.* (*corso*) course, progress; (*stato*) state; (*tendenza*) trend, tendency: **l'a. della malattia** [**dei lavori**], the progress of the disease [of the work]; **l'a. dei prezzi**, the price trend; **l'a. del mercato monetario**, the tendency of the money market • **a. scolastico**, school performance □ **con l'a. che c'è**, the way things are going □ **occuparsi dell'a. della casa**, to run the house.

andànte ***A*** *a.* ***1*** (*ordinario*) ordinary; common ***2*** (*scadente*) cheap; poor; second-rate ***B*** *m.* (*mus.*) andante.

andàre (**1**) ***A*** *v. i.* ***1*** to go*: **a. a pesca** [**a far compere**], to go fishing [shopping]; **a. a fare una passeggiata**, to go for a walk; **a. a lavorare** [**a dormire**], to go to work [to bed]; **Va' a vedere**, go and see; **a. in automobile** [**in bicicletta, in treno**], to go by car [by bicycle, by train]; **Vado a Londra in macchina** [**in aereo**], I'm driving [flying] to London; **Sai a. in bicicletta?**, can you ride a bicycle?; **Ci andò a cavallo** [**in bicicletta**], he rode [he cycled] there; **Preferisco a. a piedi**, I'd rather walk; **a. per mare** [**per terra, per via aerea**], to go by sea [by land, by air]; **Dove va questa strada?**, where does this road lead (to)?; **Il vaso va sul tavolo**, the vase goes on the table; **Tutto quel che risparmia va in libri**, all his spare money goes on books ***2*** (*visitare*) to go* to see; to call (on sb., at a place); to see*; to visit: **Oggi sono andata da Marta**, I went to see (*o* I called on) Marta today ***3*** (*essere*; *stare di salute*; *procedere, ecc.*) to be; to go*; to get* on (*costruz. pers.*): **Come va?**, how are you?; how are you getting on?; **Come vanno gli affari?**, how is business?; **Come va la scuola?**, how are you getting on at school?; **Andò meglio del previsto**, it went better than expected; **a. bene**, to go well; (*fare bene*) to do well; (*avere successo*) to be successful, to go off well; **a. male**, to go badly; (*fare male*) to do badly; (*fare fiasco*) to fail, to be a failure ***4*** (*agire, comportarsi*) to act; to behave; to be: **a. cauto**, to act cautiously; to be cautious ***5*** (*funzionare, far servizio*) to work: **L'ascensore non va**, the lift isn't working; **a. bene**, to work ***6*** (*essere venduto*) to go*; to be sold; to sell*; (*essere richiesto*) to be in (great) demand ***7*** (*essere di moda*) to be fashionable; to be (all) the fashion; to be in fashion ***8*** (*convenire, confarsi*) to suit (sb., st.), to be all right (for); (*a. bene di misura*) to fit; (*accordarsi, armonizzare*) to go* (together): **Ti va bene domani?**, does tomorrow suit you?; **Voglio un cappello che vada bene con questo vestito**, I want a hat to go with this dress ***9*** (*piacere, a. a genio*) to like, to feel* like, to fancy (*costruz. pers.*): **Non mi va il suo modo di fare**, I don't like his behaviour; **Ti va una passeggiata?**, do you feel like going for a walk?; **Ti andrebbe una pizza?**, do you fancy a pizza? ***10*** (*finire*) to end: **Credo che andrà così**, I think that's how it'll end ***11*** (*con valore rafforzativo*: *è idiom.*) — **a. a nascondersi**, to hide; **a. a finire**, to end up; **Perché glielo sei andato a dire?**, why did you tell him?; **Dove si sarà andato a cacciare?**, where has it got to? ***12*** (**andarci**: *volerci, occorrere*) to take*; to be needed; to be required: **Mi ci è andata un'ora**, it took me an hour; **Quanta stoffa ci va?**, how much material is needed? ***13*** (*con valore di ausiliare passivo*) to be; to get*: **La casa andò distrutta**, the house was destroyed; **a. perso**, to get lost ***14*** (*dover essere*) (*pres.*) must be; (*condiz. pres.*) should be, ought to be; (*imperf.*) should have been, ought to have been: **Questo conto va pagato**, this bill must be paid; **Andrebbe** [**Andava**] **fatto meglio**, it should be [should have been] done better ***15*** (*seguito da gerundio*) to be; to keep*: **Va dicendo che l'ho imbrogliato**, he's been saying I cheated him; **Va litigando con tutti**, he keeps quarrelling with everyone • (*fig.*) **a. a Canossa**, to eat humble pie □ **a. a chiamare q.**, to go for sb. □ (*fam.*) **a. a donne**, to chase women □ **a. a fondo**, to sink; (*fallire*) to be ruined; (*indagare*) to go to the bottom (of st.) □ **a. a male** (*marcire*), to go bad; to go off □ **a. a rotoli**, to go to the dogs (*fam.*) □ **a. avanti**, (*precedere*) to go ahead; (*continuare*) to go on; (*di orologio*) to gain □ **a. d'accordo** (**con**), to get on well (with) □ **a. dentro**, to go inside; (*fig. fam.*) to go to jail □ **a. di corpo**, to have a bowel movement □ **a. dietro a q.**, to follow sb.; (*fig.*) to chase □ **a. giù**, to go down; (*in discesa*) to go downhill; (*cadere*) to fall down; (*diminuire*) to go down; (*declinare*) to go downhill; (*di salute*) to get weaker, to go downhill □ **Non mi va giù quello che ha detto**, his words still rankle □ **Sua madre non mi va giù**, I can't stand her mother □ **a. in cerca di guai**, to look for trouble □ **a. in giro**, to go about (*o* around) □ **a. incontro**, (*a q.*) to meet; (*a una difficoltà, ecc.*) to run up against (st.) □ **a. indietro**, to move back; to step back □ **a. per funghi**, to go mushrooming □ **a. per i settanta**, to be getting on for seventy □ **a. per le lunghe**, to drag on □ □ **a. via**, to go away; to leave; (*scomparire*) to go (away); (*di macchia*) to come out; (*di elettricità, ecc.*) to go off □ **andarci di mezzo**, to be (*o* to get) involved; (*scapitarci*) to suffer for it; (*essere incolpato*) to get blamed; (*essere in gioco*) to be at stake □ **Andiamo!** (*suvvia!*), come on! □ **Chi va là?**, who goes there? □ **Come va che...?**, how is it that...; how come...? (*USA*) □ **È andata!**, that's it!; (*è riuscita*) it went off very well □ **Finché la va!**, as long as it works! □ **lasciar a.**, (*lasciare la presa*) to let go; (*smettere*) to give up; (*lasciar correre*) to let it pass (*o* go); (*trascurare*) to neglect; (*assestare*) to give □ **Lascia a.!** (*non pensarci*), never mind!; forget it! □ **È un..., be', lasciamo a.!**, he's a–, well, never mind! □ **lasciarsi a.**, (*non trattenersi*) to let oneself go; (*trascurarsi*) to neglect oneself □ **Ma va' là!**, go on!; come off it! □ **O la va o la spacca!**, it's now or never!; here goes! □ (*fam.*) **Se la va, la va**, let's see if it works; we've got nothing to lose □ **Se non vado errato**, if I am not mistaken □ **Va' a fidarti!**, look what comes of trusting people! □ **Va' a indovinare** (*o* **sapere**)**!**, who can tell; it's anybody's guess □ **Va' al diavolo** (*o* **in malora**)**!**, go to hell! □ **Va bene**, all right; OK □ **Va bene così** (*basta così*), that's it; that will do □ **Va da sé che...**, it goes without saying that... □ **Vacci piano!**, (take it) easy! □ **Vada come vada**, whatever happens □ **Vado e torno**, I won't be long; I'll be back in no time □ (*fam.*) **Vallo a contare a un altro!**, tell that to the marines! ***B*** **andàrsene** *v. i. pron.* ***1*** to go*; to go* away (*o* off); to leave*: **Venne alle due e se ne andò alle sette**, he came at two and left at seven; **Ora devo andarmene**, I must be going now ***2*** (*morire*) to go*; to die ***3*** (*consumarsi, spendersi*) to go*; (*passare*) to go* by: **Come se ne vanno i soldi!**, how quickly money goes! ***4*** (*scomparire*) to disappear; (*di macchia*) to come* out (*o* off).

andàre (**2**) *m.* — **un continuo a. e venire**, an incessant coming and going □ **a lungo a.**, in the long run □ **a tutto a.**, (*a tutta velocità*) at full speed; (*con energia*) for all one is worth □ **spendere a tutto a.**, to spend money like water □ **con l'a. del tempo**, with the passing of time; in time.

andàta *f.* ***1*** going; (*viaggio*) trip; (*trasferimento*) move ***2*** (*viaggio d'a.*) outward journey; (*in un posto specifico*) (the) journey there ***3*** *V.* **andatura** • **a. al potere**, coming to power □ **a. in pensione**, retirement □ **all'a.**, on one's way there □ **biglietto di a. e ritorno**, return ticket (*GB*); round trip ticket (*USA*) □ **biglietto di** (**sola**) **a.**, single ticket (*GB*); one way ticket (*USA*) □ (*sport*) **girone di a.**, first round □ **viaggio di a. e ritorno**, (*ferr., ecc.*) round trip; (*naut.*) voyage out and home □ **Tra l'a. e il ritorno ci ho messo sei ore**, it took me six hours there and back.

andàto *a.* ***1*** (*scorso*) past; last: **il mese a.**, the past month; last month ***2*** past; gone by (*pred.*): **nei tempi andati**, in times gone by ***3*** (*consunto*) worn out; (*rovinato*) ruined; (*rotto*) broken down ***4*** (*spacciato*) done for; ruined ***5*** (*di cibo*) gone bad; gone off.

andatùra *f.* ***1*** gait; walk: **a. dinoccolata** [**dondolante**], shambling [rolling] gait; **a. impettita**, strut; **a. tronfia**, swagger ***2*** (*di cavallo*) pace ***3*** (*velocità*) going; speed; (*anche sport*) pace: **a forte a.**, at great speed; **ad a. sostenuta**, at a brisk pace; at a good clip (*fam.*); **tenere una buona a.**, to make good going; (*sport*) **fare l'a.**, to set the pace ***4*** (*naut.*) point of sailing; (*velocità di navigazione*) speed • (*naut.*) **a. di bolina**, close-hauling □ (*naut.*) **a. in fil di ruota**, sailing before the wind.

andàzzo *m.* (*spreg.*) (bad) practice; bad habit: **un a. che deve cessare**, a practice that will have to stop; **prendere un brutto a.**, to get into a bad habit; **l'a. corrente**, the way things are now.

andino *a.* Andean.

andirivièni *m.* ***1*** coming and going; bustle ***2*** (*intrico*) maze; labyrinth.

àndito *m.* (*corridoio*) passage.

andrògeno (*biol.*) ***A*** *a.* androgenic ***B*** *m.* androgen.

andrògino (*biol.*) ***A*** *a.* androgynous ***B*** *m.* androgyne.

androìde *m. e f.* android.

andróne *m.* entrance-hall; lobby.

andropàuṣa *f.* (*fisiol.*) male menopause.

aneddòtica *f.* anecdotes (*pl.*).

aneddòtico *a.* anecdotal.

anèddoto *m.* anecdote.

anelànte *a.* ***1*** panting; gasping ***2*** (*fig.*) eager (for, after).

anelàre *v. i.* ***1*** to pant; to gasp ***2*** (*fig.*) to be eager, to yearn (for, after).

anèlito *m.* (*lett.*) ***1*** (*respiro*) breath ***2*** (*fig.*) longing; yearning.

anèllo *m.* ***1*** (*gioiello*) ring: **a. di fidanzamento**, engagement ring; **a. nuziale**, wedding ring ***2*** (*oggetto circolare*) ring; link: **a. portachiavi**, key-ring; **a. di fumo**, smoke ring; **a. di una catena**, link in a chain ***3*** (*fig.*) link: **l'a. mancante**, the missing link ***4*** (*chim., mat.*) ring • (*anche fig.*) **a. di congiunzione**, link □ (*astron.*) **gli anelli di Saturno**, the rings of Saturn □ (*eccles.*) **a. pastorale**, bishop's ring □ **ad a.**, ring-shaped; circular.

anemìa *f.* (*med.*) ana(e)mia • **a. mediterranea**, thalassaemia.

anèmico *a.* (*med. e fig.*) an(a)emic.

anemòmetro *m.* anemometer; wind-gauge.

anèmone *m.* (*bot.*) anemone • (*zool.*) **a. di mare**, sea anemone; actinia.

anesteṣìa *f.* (*med.*) an(a)esthesia: **a. locale** [**totale**], local [general] anaesthesia.

anesteṣìsta *m. e f.* anaesthetist (*GB*); anesthesiologist (*USA*).

anestètico *a. e m.* (*med.*) an(a)esthetic.

anestetizzàre *v. t.* (*med.*) to an(a)esthetize.

anèto *m.* (*bot.*) dill.

aneurìṣma *m.* (*med.*) aneurism.

anfìbio ***A*** *a.* ***1*** (*zool.*) amphibian; amphibious ***2*** (*di veicolo*) amphibious ***B*** *m.* (*zool., mil.*) amphibian.

anfiteàtro *m.* (*archit.*) amphitheatre, amphitheater (*USA*) • **a. anatomico**, anatomy theatre.

anfitrióne *m.* host.

ànfora *f.* amphora*.

anfràtto *m.* gorge; ravine.

angarìàre *v. t.* ***1*** (*opprimere*) to oppress ***2*** (*tormentare*) to torment; to harass; to bully.

angèlico *a.* angelic; angel (*attr.*).

àngelo *m.* ***1*** angel: **l'a. custode**, one's guardian angel ***2*** (*pattinaggio*) spread eagle • **a. mio**, my darling □ **È stato** (**buono come**) **un a.**, he was a good as gold □ **suonare come un a.**, to play divinely.

angherìa *f.* ***1*** (*sopruso*) imposition; injustice ***2*** (*al pl.*) (*vessazioni*) oppression Ⓤ; harassment Ⓤ; bullying Ⓤ.

angina *f.* (*med.*) angina.

angiografìa *f.* (*med.*) angiography.

angioìno *a. e m.* (*stor.*) Angevin.

angiolétto *m.* (*anche fig.*) (little) angel; cherub* • **buono come un a.**, as good as gold.

angiòlogo *m.* (*f.* **-a**) angiologist.

angiòma *m.* (*med.*) angioma*.

angipòrto *m.* narrow lane; back street.

anglicanéṣimo, **anglicaniṣmo** *m.* Anglicanism.

anglicàno *a. e m.* Anglican.

anglicìṣmo, **anglìṣmo** *m.* anglicism.

anglicizzàre *v. t.* to anglicize.

anglista *m. e f.* Anglicist.

anglo-americano *a. e m.* Anglo-American.

anglofilìa *f.* anglophilia.

anglòfilo *m.* anglophil(e).

anglofobìa *f.* anglophobia.

anglòfono ***A*** *a.* English-speaking ***B*** *m.* (*f.* **-a**) English native speaker.

anglonormanno *a. e m.* Anglo-Norman.

anglosàssone *a. e m.* Anglo-Saxon.

angolàre (**1**) *a.* angular; corner (*attr.*): **pietra a.**, corner-stone; (*fis.*) **velocità a.**, angular velocity.

angolàre (**2**) *v. t.* (*cinem., sport*) to angle.

angolazióne *f.* ***1*** (*cinem.*) angle shot ***2*** (*sport*) angling ***3*** (*prospettiva, taglio*) angle; slant.

angolièra *f.* corner cupboard.

àngolo *m.* ***1*** (*geom., fis.*) angle: **a. retto** [**ottuso, acuto, piatto**], right [obtuse, acute, straight] angle; **a. giro**, round angle; perigon; **a. di deviazione**, angle of deviation ***2*** (*cantone, spigolo*; *anche fig.*) corner: **a. di strada**, street corner; **girare l'a.**, to go round the corner; **dietro l'a.**, round the corner; **È qui all'a.**, it's just round the corner; **casa** [**tavolo**] **d'a.**, corner house [table] ***3*** (*calcio, boxe*) corner ***4*** (*luogo*) place, spot; (*parte, zona*) part: **un a. appartato**, a secluded spot • **a. cottura**, cooking area; kitchenette □ **ad a. retto con q.c.**, at right angles to (*o* with) st. □ **fare a.** (*di*

strada), to intersect; to turn off (into).
angolóso *a.* ***1*** angular ***2*** (*scontroso*) difficult; touchy.
àngora *f.* — **gatto d'a.**, angora cat □ **lana d'a.**, angora (wool).
angòscia *f.* ***1*** distress Ⓤ; anxiety; anguish Ⓤ ***2*** (*psic.*) anxiety.
angosciàre ***A*** *v. t.* to distress; to worry ***B*** **angosciàrsi** *v. i. pron.* to torment oneself; to be distressed (*o* upset).
angosciàto *a.* distressed; upset; anguished.
angoscióso *a.* ***1*** (*che dà angoscia*) distressing; painful ***2*** (*che è segno d'angoscia*) anguished.
angostùra *f.* angostura.
anguilla *f.* (*zool.*) eel • **a. di mare**, conger (eel) □ **sfuggente come un'a.**, as slippery as an eel.
angùria *f.* (*bot.*) watermelon.
angùstia *f.* ***1*** (*di spazio*) lack of space; narrowness ***2*** (*ansia*) worry; apprehension • **a. di mente**, narrowness of mind □ **a. di tempo**, lack of time □ **essere in angustie**, to be in financial straits □ **stare in a.**, to worry.
angustiàre ***A*** *v. t.* to afflict; to distress; to torment ***B*** **angustiàrsi** *v. i. pron.* to be distressed; to worry.
angùsto *a.* ***1*** (*stretto*) narrow; (*di locale*) cramped ***2*** (*fig.*) narrow; limited.
ànice *m.* ***1*** (*bot.*) anise ***2*** (*liquore*) anisette • **semi di a.**, aniseed.
anidrìde *f.* (*chim.*) anhydride • **a. carbonica**, carbon dioxide.
anilìna *f.* (*chim.*) aniline.
ànima *f.* ***1*** soul; (*spirito*) ghost, spirit; **a. e corpo**, body and soul; **l'immortalità dell'a.**, the immortality of the soul ***2*** (*fig.*) soul; (the) life and soul; lifeblood: **essere l'a. della festa**, to be the life and soul of the party; **La pubblicità è l'a. del commercio**, advertising is the lifeblood of business ***3*** (*persona*) soul; person; (*abitante*) inhabitant: **un'a. buona**, a kindly soul; **Non si vedeva a. viva**, there wasn't a (living) soul to be seen ***4*** (*parte centrale di q.c.*) core, centre, heart; (*nocciolo*) kernel, (*seme*) seed; (*di fucile o pistola*) bore; (*di ombrello*) shank; (*di violino*) soundpost • (*iron.*) **a. bella**, person with fine feelings □ **a. candida**, simple soul □ **l'a. dannata di q.**, sb.'s evil genius □ **a. gemella**, kindred spirit; soul mate □ (*scherz.*) **a. lunga**, beanpole □ **A. mia!**, my love!; my darling! □ **avere q.c. sull'a.**, to have st. on one's conscience □ **la buon'a. di mio zio**, my uncle, God rest his soul □ **con tutta l'a.**, with all one's heart □ **dannarsi l'a. per q.c.**, to slave away to obtain st. □ **Darei l'a. per saperlo**, I'd give anything to know □ **darsi a. e corpo a q.c.**, to give oneself body and soul to st. □ **Non dirlo ad a. viva!**, don't tell a soul!; keep it to yourself! □ **sembrare un'a. in pena**, to be restless; to be like a cat on a hot brick (*fam.*) □ **giocarsi l'a.**, to stake everything; to bet one's last penny □ **metterci l'a.**, to give one's all to st. □ **metterci più a.**, to put more spirit into st. □ **reggere l'a. con i denti**, to be on one's last legs □ **rendere l'a.**, to die; to give up the ghost; to breathe one's last □ **rodersi l'a.**, to eat one's heart out □ (*pop.*) **rompere l'a. a q.**, to pester sb.; to be a pain in the neck (*fam.*) □ (*fam.*) **Mi sta sull'a.**, he gets on my nerves; I can't stand him □ **volere un bene dell'a. a q.**, to love sb. dearly.
animàle ***A*** *a.* animal: **calore a.**, animal heat; **il regno a.**, the animal kingdom ***B*** *m.* ***1*** animal; beast: **a. domestico** [**selvatico**], tame [wild] animal; **a. da preda**, predator; beast of prey; **a. da soma**, beast of burden ***2*** (*fig.*) beast; brute • **a. da compagnia**, pet □ **diritti degli animali**, animal rights.
animalésco *a.* ***1*** animal (*attr.*) ***2*** (*spreg.*) bestial.
animalista *m. e f.* animal rights supporter.
animalità *f.* animality.
animàre ***A*** *v. t.* ***1*** to give* life to ***2*** (*avvivare*) to animate; to enliven; to liven up; (*rallegrare*) to cheer up: **a. una conversazione**, to enliven a conversation; **a. una festa**, to liven up a party; **a. una stanza**, to cheer up a room ***3*** (*stimolare*) to stimulate, to move; (*incoraggiare*) to encourage, to rouse • **È animato da buone intenzioni**, he means well ***B*** **animàrsi** *v. i. pron.* ***1*** to become* animated; to grow* lively; (*di luogo, situazione*) to become* alive, to grow* busy; (*di viso*) to light* up ***2*** (*farsi animo*) to take* heart; to take* courage; to cheer up.
animàto *a.* ***1*** (*vivente*) animate; living ***2*** (*vivace*) animated; lively; spirited: **discussione a.**, animated (*o* lively) discussion; **festa animata**, lively party ***3*** (*affaccendato*) busy: **strade animate**, busy streets • **disegni** (*o* **cartoni**) **animati**, cartoons.
animatóre ***A*** *m.* (*f.* **-trice**) ***1*** (*ispiratore*) leading force ***2*** (*organizzatore*) organizer; promoter ***3*** (*intrattenitore*) entertainer ***4*** (*cinem.*) animator (of cartoons) • **a. turistico**, entertainment officer ***B*** *a.* ***1*** (*che dà vita*) life-giving ***2*** (*che ispira*) inspiring; moving ***3*** (*che avviva*) animating; enlivening.
animazióne *f.* ***1*** (*vivacità*) animation; liveliness; (*calore*) heat, enthusiasm ***2*** (*attività*) animation; life; activity; bustle ***3*** (*cinem.*) animation.
animèlla *f.* (*cucina*) sweetbread; sweetbreads (*pl.*).
animișmo *m.* (*filos.*) animism.
animista *m. e f.* (*filos.*) animist.
ànimo *m.* ***1*** (*mente*) mind; (*cuore*) heart; (*coscienza*) conscience: **mettersi l'a. in pace**, to set one's mind at rest; (*rassegnarsi*) to resign oneself; **nel profondo dell'a.**, deep in sb.'s heart: **Ho l'a. tranquillo**, my conscience is clear ***2*** (*coraggio*) heart: **farsi a.**, to take heart; **perdersi d'a.**, to lose heart ***3*** (*indole*) nature: **un uomo d'a. gentile**, a good--natured man ***4*** (*intenzione*) intentions (*pl.*): **nascondere il proprio a.**, to hide one's intentions • **aprire il proprio a. a q.**, to open one's heart to sb. □ **avere in a. di fare q.c.**, to intend to do st. □ **non avere l'a. di fare q.c.**, not to have the heart to do st. □ **bontà d'a.**, kindness; goodness of heart □ **di buon a.**, willingly; with a good grace □ **essere di buon a.**, to be in a cheerful mood □ **forza d'a.**, willpower □ **grandezza d'a.**, generosity; nobility of mind □ **stato d'a.**, state of mind; mood; (*sentimenti*) feelings (*pl.*) □ **A.!**, come on!; cheer up!
animosità *f.* hostility; ill will; resentment.
animóso *a.* ***1*** (*coraggioso*) brave; bold; fiery ***2*** (*ostile*) hostile; resentful.
anióne *m.* (*fis.*) anion.
anișétta *f.* anisette.
ànitra *V.* **anatra**.
annacquàre *v. t.* ***1*** to water down; to dilute ***2*** (*fig.*) to water down; (*attenuare*) to tone down, to play down.
annacquàto *a.* ***1*** watered; diluted; thin ***2*** (*fig.*) watered--down, weak; (*pallido*) washed out.
annaffiàre *v. t.* ***1*** to water; (*a pioggia*) to sprinkle ***2*** (*fig., con bevanda*) to wash down.
annaffiatóio *m.* watering can.
annaffiatrice *f.* street sprinkler.
annaffiatùra *f.* watering; sprinkling.
annàli *m. pl.* annals.
annalista *m.* annalist.
annaspàre *v. i.* ***1*** to grope; (*in acqua*) to flounder ***2*** (*fig.*) to flounder; to grope: **Perse il filo e cominciò ad a.**, he lost his thread and started to flounder; **a. in cerca di una risposta**, to grope about for an answer.
annàta *f.* ***1*** year ***2*** (*di raccolto*) crop; harvest; (*di vino*) year, vintage: **a. scarsa**, poor crop; **vino di a.**, vintage wine ***3*** (*di periodico*) volume.
annebbiaménto *m.* ***1*** fogging over; misting over ***2*** (*offuscamento*) blurring; dimming ***3*** (*della mente*) clouding.
annebbiàre ***A*** *v. t.* ***1*** to cloud ***2*** (*offuscare*) to blur; to dim; to cloud: **a. la vista**, to blur sb.'s eyes; **a. la mente**, to cloud the mind ***B*** **annebbiàrsi** *v. i. pron.* ***1*** to get* foggy ***2*** (*offuscarsi*) to blur; to dim; to cloud.
annebbiàto *a.* ***1*** foggy; misty ***2*** (*offuscato*) blurred; dim; clouded.
annegaménto *m.* drowning: **morte per a.**, death by drowning.
annegàre ***A*** *v. t.* (*anche fig.*) to drown ***B*** *v. i.* to drown; to be drowned • **a. in un bicchier d'acqua**, to be easily thrown; to be fazed by the simplest of problems ***C*** **annegàrsi** *v. rifl.* to drown oneself.
annegàto ***A*** *a.* drowned ***B*** *m.* (*f.* **-a**) drowned person.
annerìre ***A*** *v. t.* to blacken ***B*** *v. i. e* **annerìrsi** *v. i. pron.* to become* black; to darken.
annessióne *f.* annexation.
annèsso ***A*** *a.* ***1*** (*che fa parte di*) part of; belonging to ***2*** (*unito*) attached; appended; (*allegato*) enclosed ***B*** *m.* (*al pl.*) (*anat.*) adnexa • **annessi e connessi**, appurtenances; accessories: **con tutti gli annessi e connessi**, with all the accessories; complete with everything.
annèttere *v. t.* ***1*** (*unire*) to attach, to append; (*accludere*)

to enclose *2* (*polit.*) to annex *3* (*attribuire*) to attach: **a. importanza a q.c.**, to attach importance to st.

annichiliménto *m.* annihilation; destruction.

annichilìre *v. t.* *1* to annihilate *2* (*fig.*) to crush; to destroy.

annidaménto *m.* nesting.

annidàre ***A*** *v. t.* (*fig.*) to harbour; to nurse ***B*** **annidàrsi** *v. rifl. e i. pron.* *1* (*di uccello*) to nest *2* (*nascondersi*) to hide* *3* (*fig.*) to lurk.

annientaménto *m.* destruction; annihilation.

annientàre *v. t.* *1* to destroy; to wipe out; to crush; to obliterate; to eliminate: **a. il nemico**, to wipe out the enemy; **a. ogni opposizione**, to crush all opposition; **a. gli ostacoli**, to eliminate obstacles *2* (*fig.*) to crush; to devastate.

anniversàrio *a. e m.* anniversary.

ànno *m.* *1* year: **l'a. corrente**, the current year; this year; **l'a. scorso [prossimo]**, last [next] year; **un a. dopo l'altro**, year after year; year in, year out; **di a. in a.**, from year to year; **Sono anni che non lo vedo**, I haven't seen him for years; it's ages since I saw him last *2* (*di età*) year: **Ha sei anni**, he is six (years old); **un ragazzo di vent'anni**, a twenty-year-old boy; a boy of twenty; **«Quanti anni hai?» «Ventuno»**, «how old are you?» «(I'm) twenty-one» • **a. accademico**, academic year □ **l'a. di grazia 1565**, the year of Our Lord 1565 □ **a. finanziario**, financial year □ **a. fiscale**, tax year □ **l'a. internazionale del bambino**, international children's year □ (*astron.*) **a. luce**, light-year □ **a. solare**, calendar year □ **gli anni Venti [Trenta]**, the twenties [the thirties] □ **gli anni verdi**, youth; (one's) salad days □ **augurare a q. buon a.**, to wish sb. a happy new year □ **Ha meno di vent'anni**, he is under twenty; he is still in his teens □ **Ha poco più di trent'anni**, he is just over thirty □ **col passare degli anni**, as the years go by (*o* went by) □ **durante tutto l'a.**, all (the) year round □ **essere avanti negli anni**, to be well on in years □ **levarsi gli anni**, to lie about one's age □ **portare bene gli anni**, not to look one's age □ **Quanti anni le dai?**, how old do you think (*o* would you say) she is? □ **studente del primo a.**, first year student; student in his first year □ (*ippica*) **un tre anni**, a three-year--old.

annodàre *v. t.* to knot; (*legare*) to tie: **a. la cravatta**, to knot one's tie; **a. i lacci delle scarpe**, to tie one's shoelaces.

annoiàre ***A*** *v. t.* *1* to bore; to tire *2* (*infastidire*) to annoy ***B*** **annoiàrsi** *v. i. pron.* to be bored; to get* bored: **a. a morte**, to be bored to death; to be fed up (*fam.*); **Mi annoio a star seduto qui**, I get bored sitting here.

annoiàto *a.* bored; tired; weary; fed up (*fam.*).

annóso *a.* *1* old; ancient *2* (*che dura da anni*) age-old.

annotàre *v. t.* *1* (*corredare di note*) to annotate *2* (*prender nota*) to note down; to make* a note of *3* (*registrare*) to enter; to record.

annotazióne *f.* *1* annotation; note *2* (*registrazione*) entry; record.

annottàre *v. i. impers.* to grow* (*o* to get*) dark.

annoveràre *v. t.* to count; to number.

annuàle ***A*** *a.* *1* (*che dura un anno*) year-long; year's; annual: **corso a.**, year-long course; **abbonamento a.**, a year's subscription *2* (*di ogni anno*) annual; yearly: **rata a.**, yearly instalment ***B*** *m.* anniversary.

annualità *f.* annuity; (*rata annuale*) yearly instalment.

annualménte *avv.* *1* annually; yearly *2* (*di anno in anno*) from year to year.

annuàrio *m.* yearbook.

annuìre *v. i.* *1* to nod (in assent) *2* (*acconsentire*) to agree.

annullaménto *m.* *1* cancellation: **a. di un ordine [di un volo]**, cancellation of an order [of a flight] *2* (*leg.*) annulment; (*di sentenza*) reversal: **a. di matrimonio**, marriage annulment • **a. postale**, cancellation.

annullàre ***A*** *v. t.* *1* to cancel: **a. una prenotazione[un volo]**, to cancel a booking[a flight]; **a. un francobollo**, to cancel a stamp *2* (*revocare*) to revoke; to overrule: **a. un decreto**, to revoke a decree; **a. un ordine**, to countermand an order *3* (*leg.*) to annul; to avoid; to quash: **a. un contratto [un matrimonio]**, to annul a contract [a marriage]; **a. un verdetto**, to quash a verdict *4* (*vanificare*) to undo*; to nullify; to ruin: **a. anni di lavoro**, to undo the work of years ***B*** **annullàrsi** *v. rifl. recipr.* (*mat.*) to cancel out.

annùllo *m.* (*postale*) cancellation.

annunciàre *v. t.* *1* to announce; (*dire*) to tell*: **a. una nascita**, to announce a birth; **a. un visitatore**, to announce a visitor; **Mi annunciò che sarebbe partito**, he told me he was going to leave *2* (*preannunciare*) to herald; (*indicare*) to forecast* • **a. un volo**, to call a flight □ **farsi a.**, to give (*o* to send in) one's name □ **Chi devo a.?**, what name shall I say? □ **Si annuncia un temporale**, a storm is brewing (up) □ **Si annuncia il bel tempo**, the weather is improving.

annunciatóre *m.* (*f.* **-trice**) (*radio, TV*) newsreader; newscaster (*USA*).

annunciazióne *f.* annunciation • **la festa dell'A.**, the Annunciation; Annunciation Day.

annùncio *m.* *1* announcement: **fare un a.**, to make an announcement; **a. di matrimonio**, wedding announcement; **a. di volo**, flight announcement *2* (*comm.*) advertisement; advert, ad (*fam.*): **a. economico**, classified advertisement; **a. pubblicitario**, advertisement; (*radio, TV, anche*) commercial *3* (*segno, indizio*) sign; presage.

annunziàre *V.* **annunciare.**

ànnuo *a.* annual; yearly: **stipendio a.**, annual salary; **abbonamento a.**, yearly subscription; **rendita annua**, annuity; **pianta annua**, annual.

annusàre *v. t.* *1* to smell*; (*con energia*) to sniff *2* (*sospettare*) to smell*; to scent.

annusàta *f.* sniff.

annuvolàre ***A*** *v. t.* (*anche fig.*) to cloud ***B*** **annuvolàrsi** *v. i. pron.* to become* cloudy; to cloud (over) • **Si annuvolò in viso**, his face darkened.

annuvolato *a.* *1* cloudy; overcast *2* (*fig.*) clouded; dark.

àno *m.* (*anat.*) anus.

anòdino *a. e m.* (*farm. e fig.*) anodyne.

ànodo *m.* (*fis.*) anode.

anòfele *m.* (*zool.*) anopheles*.

anomalìa *f.* anomaly.

anòmalo *a.* anomalous.

anonimàto *m.* anonymity • **mantenere l'a.**, to remain anonymous.

anònimo ***A*** *a.* *1* anonymous: **lettera anonima**, anonymous letter *2* (*fig.*) anonymous; nondescript • (*comm.*) **società anonima**, joint-stock company ***B*** *m.* anonymous person; (*autore*) anonymous author • **conservare l'a.**, to remain anonymous.

anoressìa *f.* (*med.*) anorexia.

anorèssico *a. e m.* (*f.* **-a**) anorexic.

anormàle ***A*** *a.* abnormal ***B*** *m. e f.* abnormal person.

anormalità *f.* abnormality.

ànsa *f.* *1* (*manico*) handle *2* (*di fiume*) meander; loop *3* (*anat.*) loop.

ansànte *a.* panting; gasping; breathless.

ansàre *v. i.* to pant; to gasp.

ànsia *f.* *1* (*anche psic.*) anxiety *2* (*forte desiderio*) eagerness; longing • **aspettare con a. q.c.**, to await st. eagerly; to long for st. □ **Ho a. di vederti**, I'm longing to see you □ **essere in a. per q.**, to be anxious about sb. □ **tenere in a.**, to keep in suspense; (*preoccupare*) to keep worried.

ansietà *f.* anxiety.

ansimànte *a.* panting.

ansimàre *v. i.* to pant.

ansiògeno *a.* anxiety-inducing.

ansiolìtico (*farm.*) ***A*** *a.* tranquillizing ***B*** *m.* tranquillizer.

ansióso ***A*** *a.* *1* anxious; apprehensive: **occhiata ansiosa**, anxious glance; **stato a.**, state of anxiety *2* (*desideroso*) eager; keen ***B*** *m.* (*f.* **-a**) anxious person.

ànta (1) *f.* shutter; (*di armadio*) door.

ànta (2) *m. pl.* (*fam.*) age from forty onwards: **entrare negli a.**, to turn forty; **aver passato gli a.**, to be on the wrong side of forty.

antagonismo *m.* antagonism (*anche anat., biol.*); rivalry.

antagonìsta ***A*** *m. e f.* antagonist (*anche anat., biol.*); opponent; rival ***B*** *a.* antagonistic; opposing; rival.

antagonìstico *a.* antagonistic.

antàrtico *a.* Antarctic: **il circolo polare a.**, the Antarctic Circle • **l'emisfero a.**, the southern hemisphere.

antecedènte ***A*** *a.* preceding; previous; prior ***B*** *m.* antecedent.

antecedènza *f.* antecedence; precedence • **in a.**, previously.

antefàtto *m.* what happened earlier; background: **Mi raccontò l'a.**, he told me what had happened earlier; **l'a. di una vicenda**, the background to a story.

anteguèrra ***A*** *a.* prewar (*attr.*) ***B*** *m.* prewar period.

ante litteram (*lat.*) *locuz. a.* ahead of one's time.
antelucàno *a.* (*lett.*) before dawn.
antenàta *f.* ancestress.
antenàto *m.* ancestor; forefather; forebear.
anténna *f.* ***1*** (*radio, TV*) aerial; antenna*: **a. parabolica**, parabolic aerial; satellite dish (*fam.*) ***2*** (*zool.*) antenna*; feeler.
antennìsta *m.* (*radio, TV*) aerial fitter.
antepórre *v. t.* to place before; to put* before; to give* preference to.
anteprìma *f.* (*cinem., teatr.*) preview • **dare un film in a.**, to show a preview of a film □ **notizia in a.**, advance news.
antèra *f.* (*bot.*) anther.
anterióre *a.* ***1*** (*che è davanti*) front; fore- (*pref.*): **ruota a.**, front wheel; **zampe anteriori**, forelegs; **la parte a.**, the front ***2*** (*rif. a tempo*) former; previous; preceding; prior.
anteriorità *f.* priority; precedence.
anteriorménte *avv.* ***1*** (*frontalmente*) in front (of) ***2*** (*precedentemente*) formerly; previously.
antesignàno *m.* (*f.* **-a**) (*precursore*) precursor; forerunner.
antiabbagliànte ***A*** *a.* anti-dazzle; anti-glare ***B*** *m.* *V.* **anabbagliante,** *B.*
antiabortìsta ***A*** *a.* antiabortion (*attr.*); pro-life (*attr.*) ***B*** *m. e f.* antiabortionist; pro-lifer.
antiaèrea *f.* (*mil.*) anti-aircraft artillery; anti-aircraft defence.
antiaèreo *a.* (*mil.*) anti-aircraft • **rifugio a.**, air-raid shelter.
antialcòlico *a* anti-alcohol • **lega antialcolica**, temperance league.
antiallèrgico *a. e m.* antiallergic.
antiappannànte ***A*** *a.* demisting ***B*** *m.* demister.
antiatòmico *a.* antinuclear • **rifugio a.**, atomic shelter.
antibattèrico (*farm.*) ***A*** *a.* antibacterial ***B*** *m.* antibacterial agent.
antibiòtico *a. e m.* (*farm.*) antibiotic.
anticàglia *f.* (*spreg.*) museum piece; junk ⓤ: **negozio di anticaglie**, junk shop.
anticaménte *avv.* in ancient (*o* former) times.
anticàmera *f.* anteroom; antechamber; (*sala di attesa*) waiting room • **fare a.**, to be kept waiting □ **far fare a. a q.**, to keep sb. waiting □ **Non mi passò per l'a. del cervello**, it didn't even cross my mind.
anticàrie *a. invar.* that stops tooth decay.
anticàrro *a.* (*mil.*) antitank.
antichità *f.* ***1*** antiquity ***2*** (*il tempo antico*) ancient times (*pl.*); (*a. classica*) antiquity ***3*** (*al pl.*) antiques; (*reperti archeologici*) relics, antiquities • **negozio di a.**, antique shop.
anticiclóne *m.* (*meteor.*) anticyclone; high.
anticiclònico *a.* (*meteor.*) anticyclonic.
anticipàre *v. t.* ***1*** (*spostare in avanti*) to bring* forward; to advance: **a. la data delle nozze**, to bring forward the date of the wedding; **a. la partenza**, to leave earlier ***2*** (*denaro*) to pay* in advance; (*prestare*) to advance ***3*** (*annunciare in anticipo*) to announce in advance; to disclose ***4*** (*prevenire*) to anticipate; to forestall; to pre-empt: **a. una mossa**, to forestall a move ***5*** (*essere in anticipo*) to be early; to come* early ***6*** (*di orologio*) to be fast • **a. i tempi**, (*affrettare q.c.*) to speed things up; (*essere precipitoso*) to rush things.
anticipataménte *avv.* in advance; beforehand.
anticipàto *a.* ***1*** ahead of time (*pred.*); earlier: **una partenza anticipata**, a departure earlier than expected; **elezioni anticipate**, early general election ***2*** (*di pagamento, ecc.*) in advance; advance (*attr.*).
anticipazióne *f.* ***1*** bringing forward; putting forward ***2*** (*notizia*) advance information ⓤ ***3*** (*previsione*) forecast; (*preannuncio*) harbinger ***4*** (*editoria*) extracts (*pl.*) from a forthcoming book ***5*** (*banca*) advance; loan.
antìcipo *m.* ***1*** (*di denaro*) advance; (*di pagamento*) deposit, down payment: **a. sullo stipendio**, advance on one's salary; **pagare un milione di a.**, to pay one million down ***2*** (*autom.*) spark advance • **con un a. di un'ora**, an hour early; an hour too soon □ **Il treno ha dieci minuti di a.**, the train is running ten minutes ahead □ **in a.**, (*in precedenza*) in advance, beforehand; (*prima del tempo*) early: **arrivare in a.**, to arrive early □ **giocare di a.**, to make a pre-emptive move; to forestall, to pre-empt (sb., st.).
anticlericàle *a., m. e f.* anticlerical.
antìco ***A*** *a.* ***1*** (*dell'antichità*) ancient: **il mondo a.**, the ancient world ***2*** (*vecchio*) old: **un'antica amicizia**, an old friendship ***3*** (*di antiquariato*) antique ***4*** (*di un tempo*) past; former; earlier: **a. splendore**, past splendour • **all'antica**, old-fashioned (*agg.*); in an old-fashioned way (*avv.*) □ **finto a.**, reproduction (*attr.*) ***B*** *m.* ***1*** (the) old: **il nuovo e l'a.**, the old and the new ***2*** (*al pl.*) (the) ancients.
anticoagulànte *a. e m.* (*farm.*) anticoagulant.
anticoncezionàle *a. e m.* contraceptive.
anticonformismo *m.* unconventionality; unorthodoxy; nonconformism.
anticonformista *m. e f.* unconventional person; nonconformist.
anticonformìstico *a.* unconventional; unorthodox; nonconformist.
anticongelànte ***A*** *a.* antifreezing ***B*** *m.* antifreeze.
anticòrpo *m.* (*biol.*) antibody.
anticostituzionàle *a.* unconstitutional.
anticrìmine *a.* anticrime.
Anticristo *m.* (*relig.*) Antichrist.
anticrittogàmico (*agric.*) ***A*** *a.* fungicidal ***B*** *m.* fungicide.
antidatàre *v. t.* to antedate.
antidemocràtico ***A*** *a.* undemocratic ***B*** *m.* anti-democrat.
antidepressìvo *a. e m.* (*farm.*) antidepressant.
antidiarròico *a. e m.* (*farm.*) antidiarrh(o)eal.
antidiluviàno *a. e m.* (*anche fig.*) antediluvian.
antidìvo *m.* (*f.* **-a**) unconventional star; (*estens.*) media-shy person.
antidolorìfico (*farm.*) ***A*** *a.* pain-killing; analgesic ***B*** *m.* painkiller.
antidoping (*sport*) ***A*** *a.* antidoping ***B*** *m.* dope test.
antìdoto *m.* (*farm.*) antidote.
antidròga *a. invar.* anti-drugs (*attr.*).
antieconòmico *a.* (*econ.*) uneconomic(al).
antiemorràgico *a. e m.* (*farm.*) antih(a)emorrhagic.
antiestètico *a.* unaesthetic.
antifascismo *m.* antifascism.
antifascìsta *a., m. e f.* antifascist.
antifebbrìle (*farm.*) ***A*** *a.* antipyretic ***B*** *m.* antipyretic drug; febrifuge.
antifecondatìvo *a. e m.* contraceptive.
antifemminismo *m.* antifeminism.
antifemminista *m. e f.* antifeminist.
antìfona *f.* (*mus., eccles.*) antiphon • **capire l'a.**, to take the hint; to get the message.
antifùrto ***A*** *a. invar.* antitheft; thief-proof ***B*** *m. invar.* antitheft device; (*per auto*) car alarm; (*per edifici*) burglar alarm.
antigàs *a. invar.* antigas • **maschera a.**, gas mask.
antigèlo ***A*** *a. invar.* antifreezing ***B*** *m. invar.* antifreeze.
antìgene *m.* (*biol.*) antigen.
antigiènico *a.* unhygienic; unsanitary.
antigràffio *a. invar.* non-scratch.
antìlope *f.* (*zool.*) antelope • **a. sudafricana**, hartebeest.
antimàfia *a. invar.* anti-mafia.
antimatèria *f.* (*fis.*) antimatter.
antimeridiàno *a.* antemeridian (*abbr.* a.m.): **le nove antimeridiane**, nine a.m.
antimilitarismo *m.* antimilitarism.
antimilitarista *m. e f.* antimilitarist.
antimonàrchico ***A*** *a.* antimonarchical ***B*** *m.* (*f.* **-a**) antimonarchist.
antimònio *m.* (*chim.*) antimony.
antimonopolìstico *a.* (*econ., fin.*) antitrust (*attr.*).
antincèndio *a. invar.* fire (*attr.*); fire-fighting; fireproof: **porta [scala] a.**, fire door [ladder]; **regolamenti a.**, fire regulations; **squadra a.**, fire-fighting squad; **parete a.**, fireproof wall.
antinébbia *a. invar.* fog (*attr.*): (*autom.*) **fari a.**, fog lamps.
antinéve *a. invar.* snow (*attr.*): **catene [pneumatici] a.**, snow chains [tyres].
antinevràlgico (*farm.*) ***A*** *a.* analgesic; pain-killing ***B*** *m.* analgesic; painkiller.
antinfluenzàle *a.* (*med.*) influenza (*attr.*); flu (*attr.*): **vaccino a.**, flu vaccine.
antinfortunìstico *a.* accident-prevention (*attr.*) • **legislazione antinfortunistica**, industrial injuries legislation.
antinomìa *f.* antinomy.
antinquinaménto *a.* antipollution.
antioràrio *a.* anticlockwise; counterclockwise.
antiossidànte *a. e m.* (*chim.*) antioxidant.
antiparassitàrio ***A*** pesticidal ***B*** *m.* pesticide.
antipastièra *f.* hors-d'oeuvre dish.

antipàsto *m.* hors d'oeuvre; starter; appetizer.
antipatìa *f.* dislike; aversion: **simpatie e antipatie**, likes and dislikes; **ispirare a.**, to arouse dislike; **provare a. per q.**, to dislike sb.; **prendere in a. q.**, to take a dislike to sb.
antipàtico *a.* **1** (*di persona*) unpleasant; disagreeable; unlovable **2** (*di cosa*) unpleasant; obnoxious; (*increscioso*) annoying • **Mi è a.**, I don't like him □ **Non essere a.!**, don't be so disagreeable!; don't be so beastly! (*fam.*) □ **rendersi a. a tutti**, to make oneself unpopular with everyone.
antipatriòttico *a.* unpatriotic.
antipièga *a. invar.* crease-resistant.
antipirètico *a. e m.* (*farm.*) antipyretic.
antìpodi *m. pl.* antipodes • (*fig.*) **essere agli a.**, to be poles apart.
antipòlio (*farm.*) **A** *a. invar.* anti-polio (*attr.*) **B** *f. invar.* polio vaccination.
antiproièttile *a. invar.* bullet-proof: **giubbotto a.**, bullet-proof vest.
antiprotóne *m.* (*fis. nucl.*) antiproton.
antiquariàto *m.* **1** (*commercio*) antique trade **2** (*oggetti di a.*) antiques (*pl.*) • **mobili di a.**, antique furniture □ **negozio di a.**, antique shop □ **pezzo di a.**, antique.
antiquàrio **A** *m.* (*f.* **-a**) antique dealer **B** *a.* antiquarian.
antiquàto *a.* antiquated; old-fashioned; obsolete: **idee antiquate**, old-fashioned ideas; **macchinario a.**, antiquated (*o* obsolete) machinery.
antirecessivo *a.* (*econ.*) antirecession (*attr.*).
antireumàtico *a. e m.* (*farm.*) antirheumatic.
antiriflèsso *a. invar.* non-reflecting.
antirollìo *a. invar.* (*naut.*) antirolling.
antirùggine **A** *a. invar.* antirust (*attr.*); rust-proof **B** *m. invar.* rust-preventer.
antirùghe *a. invar.* anti-wrinkle (*attr.*) • **crema a.**, wrinkle cream.
antiscàsso *a. invar.* antitheft.
antischiavìṣmo *m.* antislavery; abolitionism.
antiscìvolo *a. invar.* nonslip.
antiṣdrucciolévole *a.* antiskid; nonskid.
antisemìta **A** *m. e f.* anti-Semite **B** *a.* anti-Semitic.
antisemitìṣmo *m.* anti-Semitism.
antisèttico *a. e m.* (*farm.*) antiseptic.
antisfondaménto *a. invar.* reinforced; (*di vetro*) shatter-proof.
antisindacàle *a.* anti-union.
antisìṣmico *a.* earthquake-proof.
antiṣlittaménto *a. invar.* (*tecn.*) antiskid.
antiṣmòg *a. invar.* antismog.
antisociale *a.* antisocial.
antispàstico *a. e m.* (*farm.*) antispasmodic.
antisportìvo *a.* unsportsmanlike.
antistamìnico (*farm.*) **A** *a.* antihistaminic **B** *m.* antihistamine.
antistànte *a.* in front (of); opposite.
antistàtico *a.* (*fis.*) antistatic.
antistòrico *a.* antihistorical.
antitàrlo *a. invar.* anti-woodworm.
antitàrmico **A** *a.* mothproof; moth-repellent **B** *m.* moth-repellent.
antitàrtaro *a. invar.* antitartar.
antiterrorìṣmo *a. invar.* anti-terrorist: **leggi a.**, anti-terrorist laws.
antìteṣi *f.* antithesis*.
antitetànico *a.* (*farm.*) antitetanic • (**vaccinazione**) **antitetanica**, tetanus injection.
antitètico *a.* antithetical.
antitìfico *a.* (*med.*) antityphoid.
antitossìna *f.* (*biol.*) antitoxin.
antitubercolàre *a.* (*med.*) antitubercular.
antiuòmo *a. invar.* (*mil.*) antipersonnel.
antiùrto *a. invar.* shockproof.
antivaiolóso *a.* — (*fam.*) **vaccino a.**, smallpox vaccine.
antivigìlia *f.* (the) day before the eve • **l'a. di Natale**, two days before Christmas.
antivìpera *a. invar.* — **siero a.**, viper serum; antivenin.
antiviràle *a.* (*farm.*) antiviral.
antologìa *f.* anthology.
antològico *a.* anthological.
antonomàṣia *f.* (*retor.*) antonomasia • **per a.**, par excellence (*franc.*).
antracìte *f.* (*miner.*) anthracite.
àntro *m.* **1** cavern; cave; den **2** (*fig.*) hovel.
antròpico *a.* anthropic(al).
antropocèntrico *a.* anthropocentric.
antropocentrìṣmo *m.* anthropocentrism.
antropofagìa *f.* anthropophagy; cannibalism.
antropòfago **A** *a.* anthropofagous; man-eating **B** *m.* cannibal; man-eater.
antropogeografìa *f.* anthropogeography.
antropologìa *f.* anthropology: **a. culturale**, cultural anthropology; **a. criminale**, criminology.
antropològico *a.* anthropological.
antropòlogo *m.* (*f.* **-a**) anthropologist.
antropomorfìṣmo *m.* anthropomorphism.
antropomòrfo *a.* anthropomorphous; anthropoid: **scimmia antropomorfa**, (anthropoid) ape.
anulàre **A** *a.* annular: ring-shaped: (*astron.*) **eclisse a.**, annular eclipse; **raccordo a.**, ring road (*GB*); beltway (*USA*) **B** *m.* ring finger.
ànzi **A** *cong.* **1** (*al contrario*) on the contrary; not at all; quite the opposite; in fact: **«Disturbo?» «A., entra pure!»** «am I disturbing you?» «on the contrary, do come in»; **Non ho fame, anzi**, I'm not hungry, quite the opposite; **Non ho la macchina, a. non so nemmeno guidare**, I haven't got a car; in fact, I can't even drive **2** (*di più*) in fact, actually; (*o meglio*) or rather, or better still: **Sono stanco, a. stanchissimo**, I'm tired, quite exhausted, in fact; **Ti ho portato un regalo, a., due**, I've brought you a present: two presents, actually; **Abbassa la radio, a., spegnila**, turn down the radio, or better still, switch it off **B** *prep.* (*prima di*) before: **a. tempo**, before time; too soon **C** *avv.* — **poc'a.**, not long ago.
anzianità *f.* **1** (*vecchiaia*) old age **2** (*di grado*) seniority • **a. di servizio**, seniority; length of service.
anziàno **A** *a.* **1** elderly; aged; old: **un uomo a.**, an elderly man; **Era piuttosto a.**, he was rather old **2** (*di grado*) senior: **socio a.**, senior partner **B** *m.* (*f.* **-a**) **1** elderly person; (*al pl., collett.*) (the) elderly **2** (*stor.*) elder.
anziché *cong.* **1** (*piuttosto che*) rather than **2** (*invece di*) instead of.
anzidétto *a.* aforesaid; above-mentioned.
anzitèmpo *avv.* before (one's) time; prematurely.
anzitùtto *avv.* first of all.
aòrta *f.* (*anat.*) aorta.
apartheid *f.* (*polit.*) apartheid; racial segregation.
apartìtico *a.* non-party (*attr.*).
apatìa *f.* apathy; indifference; listlessness.
apàtico *a.* apathetic; indifferent; listless; lackadaisical.
àpe *f.* bee; **a. maschio**, drone: **a. operaia**, worker bee; **a. regina**, queen bee.
aperitìvo *m.* aperitif.
apèrto **A** *a.* **1** open: **un libro a.**, an open book; (*anche fig.*) **lettera aperta**, open letter; **guerra aperta**, open war; **a braccia aperte**, with open arms; **con le finestre aperte**, with the windows open; **tenere gli occhi aperti**, to keep one's eyes open **2** (*franco*) frank; candid; sincere; open **3** (*chiaro, netto*) open; clear; direct: **un'aperta minaccia**, a direct threat **4** (*esposto*) exposed; (*indifeso*) undefended, open **5** (*sgombro*) clear; unobstructed; open **6** (*non deciso*) open; unresolved; undecided: **questione aperta**, unresolved question • (*comm.*) **conto a.**, open account □ **gara aperta a tutti**, open competition □ **di mente aperta**, open-minded □ **lasciare il rubinetto a.**, to leave the tap on **B** *m.* (the) open; open air: **dormire all'a.**, to sleep in the open; **vita all'a.**, life in the open; outdoor life • **piscina all'a.**, outdoor swimming-pool □ **pranzo all'a.**, al fresco lunch □ **spettacolo all'a.**, open-air show □ **uscire all'a.**, to go outside.
apertùra *f.* **1** opening; (*inizio, anche*) beginning: (*comm.*) **l'a. di un conto**, the opening of an account; **l'a. delle trattative**, the opening of the talks; (*econ.*) **l'a. di nuovi mercati**, the opening up of new markets **2** (*inaugurazione*) opening; inauguration **3** (*varco*) opening, gap; (*fenditura*) cleft, crack; (*fessura*) chink; (*di macchina automatica*) slot; (*buco*) hole **4** (*ampiezza, larghezza*) width; span; spread: **a. alare**, wingspan **5** (*approccio*) overture; advances (*pl.*) **6** (*fotogr.*) aperture **7** (*a carte*) opening; (*le carte*) openers (*pl.*): (*poker*) **a. al buio**, blind (opening) • (*mil.*) **a. delle ostilità**, outbreak of hostilities □ (*leg.*) **l'a. di un testamento**, the reading of a will □ **a. mentale**, open-mindedness; broadmindedness □ **discorso di a.**, opening speech □ **ora-**

rio di a., opening time; (*di negozio*) business hours; (*di ufficio*) office hours; (*di museo*) visiting hours.

àpice *m.* ***1*** peak; apex ***2*** (*culmine*) height; peak; apex: **all'a. della carriera**, at the height of one's career; **quando era all'a. del successo**, in his heyday ***3*** (*geom.*) apex* ***4*** (*mat., tipogr.*) prime.

apicoltóre *m.* (*f.* **-trice**) beekeeper; apiarist.

apicoltùra *f.* beekeeping; apiculture.

aplomb (*franc.*) *m.* self-possesion; aplomb.

apnèa *f.* (*med.*) apn(o)ea • **immergersi in a.**, to dive unassisted (*o* free).

apocalisse *f.* apocalypse; (*fig., anche*) catastrophe.

apocalittico *a.* apocalyptic.

apòcrifo ***A*** *a.* apocryphal • (*relig.*) **i libri apocrifi**, the Apocripha ***B*** *m.* apocryphal work.

apodittico *a.* apod(e)ictic.

apòfisi *f.* (*anat.*) apophysis*.

apogèo *m.* ***1*** (*fis.*) apogee ***2*** (*culmine*) height; summit; apogee.

apòlide ***A*** *a.* stateless ***B*** *m. e f.* stateless person.

apolìtico *a.* non-political; apolitical.

apologìa *f.* apologia; defence.

apòlogo *m.* apologue.

apoplessìa *f.* (*med.*) apoplexy.

apoplèttico *a.* (*med.*) apoplectic.

apostaṣìa *f.* apostasy.

apòstata *m. e f.* apostate.

a posteriori (*lat.*) ***A*** *locuz. a.* a posteriori ***B*** *locuz. avv.* afterwards; in retrospect.

apostolàto *m.* apostolate.

apostòlico *a.* apostolic: **benedizione apostolica**, apostolic (*o* papal) blessing; **nunzio a.**, apostolic nuncio; **Credo a.**, Apostles' Creed; **Sede apostolica**, Apostolic See.

apòstolo *m.* apostle.

apostrofàre (1) *v. t.* (*interpellare*) to address.

apostrofàre (2) *v. t.* (*gramm.*) to apostrophize.

apòstrofe *f.* (*retor.*) apostrophe.

apòstrofo *m.* (*gramm.*) apostrophe.

apotèma *m.* (*geom.*) apothem.

apoteòṣi *f.* (*anche fig.*) apotheosis* • (*fig.*) **far l'a. di q.**, to sing sb.'s praises.

appagaménto *m.* satisfaction; fulfilment.

appagàre ***A*** *v. t.* to satisfy; to gratify; to fulfil: **a. una curiosità**, to satisfy a curiosity; **un lavoro che appaga**, a satisfying (*o* fulfilling) job ***B*** **appagàrsi** *v. rifl.* to be satisfied (with).

appaiaménto *m.* pairing; coupling.

appaiàre ***A*** *v. t.* to pair; to couple; (*armonizzando*) to match ***B*** **appaiàrsi** *v. rifl.* to pair; (*di animali*) to mate.

appallottolàre ***A*** *v. t.* to roll (*o* to screw) into a ball ***B*** **appallottolàrsi** *v. i. pron.* to roll up into a ball.

appaltàre *v. t.* (*comm.*) ***1*** (*dare in appalto*) to let* out (on contract); to award a contract (for st.): **a. a una ditta uno scavo**, to award a firm the contract for an excavation ***2*** (*prendere in appalto*) to undertake* on contract; to contract.

appaltatóre ***A*** *m.* contractor ***B*** *a.* contracting.

appàlto *m.* (*comm.*) contract: **avere l'a. di q.c.**, to have a contract for st.; **dare [prendere] in a.**, *V.* **appaltare**; **lavoro in a.**, contract work; **indire una gara di a.**, to call for tenders; to invite bids; **partecipare a una gara di a.**, to submit a tender for st.; to tender for st.; **vincere una gara di a.**, to win tender for st.; to be given a contract for st.

appannàggio *m.* ***1*** (*retribuzione annua*) annuity ***2*** (*prerogativa*) prerogative • **a. reale**, civic list.

appannaménto *m.* ***1*** misting ***2*** (*di metalli*) tarnishing ***3*** (*della vista*) blurring; dimming.

appannàre ***A*** *v. t.* ***1*** to mist ***2*** (*un metallo*) to tarnish ***3*** (*la vista*) to blur; to dim ***4*** (*fig.*: *indebolire*) to dull; to slow down: **a. i riflessi**, to slow down sb.'s reactions ***B*** **appannàrsi** *v. i. pron.* ***1*** to mist over ***2*** (*di metalli*) to tarnish ***3*** (*della vista*) to be blurred; to grow* dim ***4*** (*fig.*: *oscurarsi*) to be tarnished; (*indebolirsi*) to be dulled, to slow down.

appannàto *a.* ***1*** misted ***2*** (*di metallo*) tarnished ***3*** (*della vista*) blurred; dim ***4*** (*fig.*: *oscurato*) tarnished; (*indebolito*) dulled, slow: **splendore a.**, tarnished image; **riflesso a.**, slow reaction.

apparàto *m.* ***1*** (*apparecchiatura*) apparatus*; machinery Ⓤ; machine: **a. elettrico**, electrical apparatus; **a. burocratico**, bureaucratic machine; **a. bellico**, war machine; (*teatr.*) **a. scenico**, scenery ***2*** (*anat.*) apparatus*; system: **a. digerente**, digestive system ***3*** (*spiegamento*) display; (*pompa*) pomp Ⓤ • (*letter.*) **a. critico**, apparatus criticus.

apparecchiàre *v. t.* ***1*** (*preparare*) to prepare ***2*** (*anche* **a. la tavola**) to lay* (*o* to set*) the table.

apparecchiatùra *f.* equipment Ⓤ; apparatus*.

apparécchio *m.* ***1*** apparatus*; instrument; set; (*congegno*) device, appliance: **a. televisivo [radio]**, television [radio] set; **a. ortopedico**, orthopaedic appliance ***2*** (*aeron.*) aircraft*; aeroplane (*GB*); airplane (*USA*); plane • **a. acustico**, hearing aid □ (*fis., chim., mecc.*) **a. di prova**, tester □ **a. per i denti**, brace □ **a. telefonico**, telephone □ (*al telefono*) **restare all'a.**, to hold the line.

apparènte *a.* ***1*** (*che appare ma non è tale*) outward; ostensible; seeming: **calma a.**, outward calm; **un a. interesse**, a seeming interest ***2*** (*manifesto*) apparent; visible: (*fis.*) **moto a.**, apparent motion; **senza motivo a.**, for no apparent reason.

apparenteménte *avv.* seemingly; on the face of it.

apparènza *f.* ***1*** appearance; exterior: **giudicare dall'a.**, to judge by appearances; **salvare le apparenze**, to keep up appearances; **all'a.**, to all appearance ***2*** (*aspetto*) appearance; look • **di bella a.**, good-looking □ **È gentile solo in a.**, he only looks kind □ **un cuor d'oro sotto un'a. burbera**, a warm heart under a rough exterior □ (*prov.*) **L'a. inganna**, appearances can be deceptive.

apparìre *v. i.* ***1*** to appear; to become* visible; to come* into sight: **a. in sogno**, to appear in a dream; **Ci apparve il mare**, the sea came into sight; **Apparve sulla soglia**, he came to the door; **a. all'orizzonte**, to loom up on the horizon ***2*** (*sembrare*) to seem; (*avere l'aspetto*) to look: **Mi è apparso triste**, he looked sad ***3*** (*mettersi in mostra*) to show off.

appariscènte *a.* ***1*** (*che fa colpo*) striking; conspicuous ***2*** (*vistoso*) showy; ostentatious; flashy.

apparizióne *f.* ***1*** apparition ***2*** (*comparsa*) appearance.

appartaménto *m.* flat (*GB*); apartment (*USA*): **a. ammobiliato**, furnished flat; **casa di appartamenti**, block of flats (*GB*); apartment house (*o* building) (*USA*) • **gli appartamenti reali**, the royal apartments.

appartàrsi *v. rifl.* to withdraw*; to retire; (*isolarsi*) to keep* to oneself.

appartàto *a.* secluded; isolated; (*di persona*: *solitario*) withdrawn, retiring: **luogo a.**, secluded place; **vita appartata**, secluded life; **rimanere a.**, to keep to oneself.

appartenènte ***A*** *a.* belonging (to); part (of) ***B*** *m. e f.* member.

appartenènza *f.* (*l'appartenere*) belonging; (*l'essere membro*) membership • **il gruppo di a.**, the group one belongs to.

appartenére *v. i.* ***1*** to belong (to) ***2*** (*far parte*) to belong (to); (*essere socio*) to be a member (of); (*provenire*) to come* (from).

appassionànte *a.* exciting; fascinating; riveting; gripping.

appassionàre ***A*** *v. t.* (*entusiasmare*) to excite; to thrill; to stir ***B*** **appassionàrsi** *v. i. pron.* to develop a deep interest (*o* a passion) (for); to become* very keen (on).

appassionàto ***A*** *a.* ***1*** impassioned; passionate: **un discorso a.**, an impassioned speech; **amore a.**, passionate love ***2*** (*amante*) very fond (of); very keen (on) ***B*** *m.* (*f.* **-a**) lover; enthusiast; buff (*fam.*): **a. della musica**, lover of music; **a. dello sport**, sports enthusiast; keen sportsman; **a. del cinema**, keen cinema-goer; film buff (*fam.*).

appassìre *v. i.* ***1*** (*avvizzire*) to wither ***2*** (*fig.*) to fade; to wither.

appellàrsi *v. i. pron.* (*anche leg.*) to appeal: **Mi appello a te**, I appeal to you; **a. contro una sentenza**, to appeal against a sentence.

appellativo *m.* ***1*** (*gramm.*) appellative ***2*** (*nome*) name; (*titolo*) title.

appèllo *m.* ***1*** (*chiamata per nome*) roll-call: **fare l'a.**, to call the roll; **non rispondere all'a.**, to be absent ***2*** (*leg.*) appeal: **ricorrere in a.**, to file an appeal; to appeal against a sentence; **vincere in a.**, to win on appeal ***3*** (*invocazione*) appeal; plea; call; (*grido*) cry ***4*** (*all'università*) session of examinations • (*leg.*) **Corte di a.**, Court of Appeal □ **fare a. al buon senso**, to appeal to sb.'s common sense □ **fare a. al proprio coraggio**, to summon up one's courage □ (*leg.*) **tribunale d'a.**, appellate tribunal.

appéna ***A*** *avv.* ***1*** (*a malapena*) barely; only just: **Riesce a.**

a camminare, he can barely walk; **Ci si vede a.**, you can barely see; **Ce n'è a. per due**, there is only just enough for two *2* (*da pochissimo*) just; barely; hardly: **È a. uscito**, he's just left; he left just now; **Erano a. arrivati che dovettero ripartire**, they had barely arrived, when they had to leave *3* (*soltanto*) only; just: **Sono a. le dieci**, it is only ten ***B*** *cong.* as soon as: **(Non) a. saprò qualcosa, ti scriverò**, as soon as I know something, I'll write to you; **a. possibile**, as soon as possible.

appèndere *v. t.* to hang*: **a. un quadro al muro**, to hang a picture on the wall; **Appendi il tuo cappotto**, hang up your coat.

appendiàbiti *m.* (*gruccia*) coat hanger; (*a stelo*) hatstand; (*a gancio*) coat hook; (*a rastrelliera*) coat rack.

appendice *f.* *1* (*aggiunta*) appendage *2* (*di libro*) appendix* *3* (*anat.*) appendix* *4* (*bot., zool.*) appendix*; process.

appendicite *f.* (*med.*) appendicitis • **essere operato di a.**, to have one's appendix removed.

appendigónna *f.* skirt hanger.

appenninico *a.* Apennine (*attr.*).

appesantiménto *m.* *1* increase in weight *2* (*il caricare*) loading; burdening *3* (*pesantezza*) heaviness.

appesantìre ***A*** *v. t.* to increase the weight (of); to make* heavy (*o* heavier); (*caricare eccessivamente*) to weigh down, to overload • **a. lo stomaco**, to be difficult to digest ***B*** **appesantirsi** *v. i. pron.* *1* to become* (*o* to grow*) heavy: **Gli occhi gli si appesantirono**, his eyes grew heavy with sleep *2* (*ingrassare*) to put* on weight.

appéso *a.* (*sospeso*) hanging: **a. a un filo**, hanging by a thread.

appestàre *v. t.* *1* (*infettare*) to infect; to contaminate *2* (*ammorbare*) to stink* out.

appestàto ***A*** *a.* *1* (*colpito dalla peste*) plague-stricken *2* (*contaminato*) infected *3* (*puzzolente*) stinking ***B*** *m.* (*f.* **-a**) plague victim.

appetibile *a.* desirable; palatable.

appetito *m.* *1* appetite: **avere a.**, to be hungry; **farsi venire l'a.**, to work up an appetite; **guastare l'a.**, to spoil sb.'s appetite; **perdere l'a.**, to lose one's appetite; **stuzzicare l'a.**, to whet sb.'s appetite; **mangiare con a.**, to eat heartily *2* (*brama*) appetite; craving.

appetitóso *a.* *1* (*di cibo*) inviting; tasty; appetizing *2* (*fig.*) tempting; inviting.

appezzaménto *m.* plot of land.

appianaménto *m.* (*fig.*) settlement; smoothing out.

appianàre ***A*** *v. t.* *1* (*livellare*) to level; to flatten *2* (*rendere liscio*) to smooth *3* (*fig.*) to smooth out; to settle: **a. ogni difficoltà**, to smooth out all difficulties; **a. una lite**, to settle a quarrel ***B*** **appianàrsi** *v. i. pron.* (*fig.*) to straighten out; to sort itself out.

appiattàrsi *v. i. pron.* to hide*.

appiattiménto *m.* *1* flattening; levelling *2* (*fig.*) levelling out (*o* off): (*econ.*) **a. dei salari**, levelling out of wages.

appiattire ***A*** *v. t.* *1* to flatten *2* (*fig.*) to level out (*o* off) ***B*** **appiattirsi** *v. i. pron.* *1* to flatten oneself: **Si appiattì contro il muro**, he flattened himself against the wall *2* (*diventare piatto*) to become* flat; to flatten.

appiccàre *v. t.* — **a. il fuoco a q.c.**, to set fire to st.; to set st. on fire.

appiccicàre ***A*** *v. t.* to stick*; (*con colla*) to glue, to paste: **a. un'etichetta su una bottiglia**, to stick a label on to a bottle • (*fig.*) **a. un soprannome a q.**, to give sb. a nickname ***B*** *v. i.* *1* to stick*; **Questa colla non appiccica**, this glue won't stick *2* (*essere appiccicoso*) to be sticky; to be tacky ***C*** **appiccicàrsi** *v. rifl. e i. pron.* *1* (*attaccarsi*) to stick*; to cling* *2* (*fig.*) to cling*.

appiccicaticcio *a.* *1* sticky; (*per sudore*) clammy *2* (*di persona*) clinging.

appiccicóso *a.* *1* sticky; (*viscoso*) tacky *2* (*di persona*) clinging.

appiedàre *v. t.* (*fam.*) to leave* without transport; to force to walk.

appiedàto *a.* *1* (*non a cavallo*) unmounted *2* (*fam.: senza mezzi di trasporto*) without transport; on foot; forced to walk.

appièno *avv.* fully; completely; entirely.

appigliàrsi *v. i. pron.* *1* (*afferrare*) to seize (st.); to get* hold (of) *2* (*fig.*) to cling* (to); to seize (upon): **a. a un pretesto**, to cling to a pretext.

appiglio *m.* *1* hold; (*per le mani*) handhold; (*per i piedi*) foothold, toehold *2* (*pretesto*) pretext; excuse *3* (*occasione*) opportunity; chance.

appiómbo *m.* perpendicularity; plumb.

appioppàre *v. t.* (*fam.*) *1* (*dare*) to give*; (*un colpo, anche*) to land, to fetch: **a. un soprannome a q.**, to give sb. a nickname; **a. un pugno**, to give (*o* to land) a punch *2* (*rifilare*) to pass; to palm off (st. on sb.): **a. un assegno a vuoto**, to pass a dud cheque.

appisolàrsi *v. i. pron.* to doze off; to nod off.

applaudire *v. t. e i.* *1* to applaud; (*battere le mani*) to clap; (*acclamare*) to cheer *2* (*approvare*) to applaud; to approve (of st.).

applàuso *m.* applause Ⓤ; clapping Ⓤ; cheers (*pl.*); cheering Ⓤ: **scoppiare in un a.**, to burst into applause; **ricevere un a.**, to get a round of applause; to be cheered; **applausi scroscianti**, thunderous applause; **applausi a scena aperta**, applause in the middle of (an aria, a scene, etc.); **Un a. per i nostri amici!**, let's give our friends a big hand!

applicàbile *a.* *1* applicable *2* (*leg.*) enforceable.

applicabilità *f.* *1* applicability *2* (*leg.*) enforceability.

applicàre ***A*** *v. t.* *1* (*mettere*) to apply; (*incollare*) to stick*; (*spalmare*) to spread*: **a. un'etichetta a q.c.**, to apply (*o* to stick) a label on to st.; **a. una crema**, to apply (*o* to spread) a cream *2* (*mettere in atto*) to apply; (*leg.*) to enforce; (*imporre*) to impose: **a. una regola**, to apply a rule; **a. la legge**, to enforce the law; **a. tensione**, to apply tension; **a. una tassa**, to impose (*o* to levy) a tax *3* (*volgere*) to apply; to turn: **a. la mente a q.c.**, to apply one's mind to st. ***B*** **applicàrsi** *v. rifl.* to apply oneself.

applicàto *a.* applied: **scienze applicate**, applied sciences.

applicazióne *f.* *1* application; use; (*di legge*) enforcement *2* (*concentrazione*) application; concentration; diligence *3* (*sartoria*) appliqué.

applique (*franc.*) *f.* wall lamp.

appoggiàre ***A*** *v. t.* *1* to lean*; (*per sostenere*) to prop; (*posare*) to place, to put*, to rest: **a. una scala al muro**, to lean a ladder against the wall; **Appoggiò la bici a un albero**, he propped the bike against a tree; **a. i gomiti sul tavolo**, to lean one's elbows on the table; **a. la testa sul cuscino**, to rest one's head on the pillow *2* (*sostenere*) to support; to back; (*una mozione*) to second ***B*** *v. i.* to rest; to stand*: **Il pilone appoggia sulla roccia**, the pylon rests on rock ***C*** **appoggiàrsi** *v. rifl.* *1* to lean* (on, against): **a. al muro**, to lean against the wall; **Si appoggiava al mio braccio**, he leant on my arm *2* (*affidarsi*) to rely (on); to depend (on).

appoggiatèsta *m. invar.* (*autom.*) headrest.

appoggiatùra *f.* (*mus.*) appoggiatura.

appòggio *m.* *1* support; prop; rest; base *2* (*fig.*) support; backing; (*aiuto*) help, assistance: **dare il proprio a. a q.**, to give one's support to sb.; to back sb.; **essere di a. a q.**, to be of assistance to sb.; **a. morale**, moral support *3* (*amico influente*) influential friend; (*contatto*) contact • (*mil.*) **fuoco di a.**, support fire □ **punto di a.**, (*tecn.*) fulchrum, purchase; (*fig.*) base.

appollaiàrsi *v. rifl.* to roost; (*anche fig.*) to perch.

appórre *v. t.* to affix, to append (*form.*); to put*: **a. la data**, to put (*o* to append) the date; **a. la firma**, to sign; **a. le proprie iniziali a q.c.**, to initial st.

apportàre *v. t.* to bring*; to give*; (*causare*) to cause: **a. dolore**, to bring sorrow; **a. vantaggio**, to bring an advantage; **a. prove**, to bring evidence; **a. danno**, to cause harm; **a. modifiche**, to make changes.

appòrto *m.* (*comm., leg.*) contribution.

appositaménte *avv.* expressly; on purpose.

appòsito *a.* *1* special; (specially) provided; relevant: **un a. funzionario**, a specially appointed official; **l'a. contenitore**, the container provided; **riempire l'a. modulo**, fill in the relevant form *2* (*adatto*) suitable; proper.

apposizióne *f.* *1* (*l'apporre*) affixing *2* (*gramm.*) apposition.

appòsta ***A*** *avv.* *1* (*deliberatamente*) on purpose; deliberately: **L'hai fatto a.!**, you did it on purpose! *2* (*con uno scopo*) specially: **Ci andai a.**, I went there specially • **Lo fa a. per farti arrabbiare**, he does it just to annoy you □ **neanche a farlo a.**, by sheer coincidence ***B*** *a. invar.* special: **un arnese a.**, a special tool.

appostaménto *m.* *1* (*l'appostarsi*) lying in wait; (*in aggua-*

to) lying in ambush **2** (*agguato*) ambush **3** (*mil.*) emplacement; position **4** (*nella caccia*) hide.

appostàre A *v. t.* (*collocare*) to position **B appostàrsi** *v. rifl.* to hide*; (*in agguato*) to lay* an ambush.

apprèndere *v. t.* **1** (*imparare*) to learn* **2** (*venire a sapere*) to learn*; to hear*: **L'ho appreso da lui**, I heard it (*o* had it) from him; **a. q.c. dai giornali**, to read about st. in the papers.

apprendiménto *m.* learning.

apprendìsta *m. e f.* **1** (*leg.*) apprentice **2** (*principiante*) beginner.

apprendistàto *m.* apprenticeship: **fare a. presso q.**, to serve one's apprenticeship with sb.

apprensióne *f.* apprehension; anxiety; nervousness • **essere in a.**, to be anxious □ **mettere in a. q.**, to make sb. anxious; to alarm sb. □ **tenere in a. q.**, to have sb. worried.

apprensìvo *a.* easily worried • **È un tipo a.**, he's a (born) worrier.

appressàrsi *v. rifl.* to approach.

apprèsso A *avv.* **1** (*vicino*) near **2** (*in seguito*) after; later **B apprèsso a** *locuz. prep.* **1** (*con sé*) with one; along: **Si portò a. la moglie**, he took (*o* brought) his wife with him (*o* along) **2** (*vicino a*) close to: **Stammi a.!**, keep close to me! • **andare a. a q.**, to follow sb. □ **bagaglio a.**, accompanied luggage.

apprestàre *v. t.*, **apprestàrsi** *v. rifl.* to prepare; to get* ready.

apprettàre *v. t.* to starch; (*ind. tess.*) to size.

apprettatùra *f.* starching; (*ind. tess.*) sizing.

apprètto *m.* starch; (*ind. tess.*) size.

apprezzàbile *a.* appreciable; notable; remarkable.

apprezzaménto *m.* **1** (*stima*) appreciation **2** (*opinione*) opinion; judgment **3** (*commento*) comment; remark **4** (*econ.*) appreciation.

apprezzàre *v. t.* (*stimare*) to value; to think* a lot of; to appreciate.

apprezzàto *a.* highly regarded; higly valued: **un a. collaboratore**, a highly regarded collaborator.

appròccio *m.* approach; overtures (*pl.*); (*amoroso*) advances (*pl.*): **tentare un a.**, to make an approach; to make overtures; to make advances • **i primi approcci**, the first contacts □ (*fig.*) **essere ai primi approcci**, to be at the beginning.

approdàre *v. i.* **1** (*naut.*) to land **2** (*fig.*) to get* (to); to come* (to): **Non approdai a nulla**, I got nowhere; **Le trattative non approdarono a nulla**, the talks came to nothing.

appròdo *m.* (*naut.*) **1** landing **2** (*luogo di approdo*) landing place.

approfittàre *v. i.*, **approfittàrsi** *v. i. pron.* **1** to take* advantage (of); to avail oneself (of); (*usare*) to use; (*sfruttare a fondo*) to make* the most (of): **a. di un'occasione**, to take advantage of an opportunity; **Si sono approfittati di me**, they took advantage of me; they used me **2** (*abusare*) to impose (on): **Non voglio a. della tua cortesia**, I don't want to impose on your kindness.

approfittatóre *m.* (*f.* **-trice**) profiteer.

approfondiménto *m.* investigation; close examination; in-depth analysis (*o* study).

approfondìre *v. t.* **1** to deepen **2** (*fig.*) to investigate; to go* into (st.); to study in depth.

approfondìto *a.* thorough; close; in-depth: **esame a.**, close examination; **studio a.**, in-depth study.

approntàre *v. t.* to prepare; to make* ready.

appropriàrsi *v. i. pron.* to take* possession (of); to appropriate (st.) • **a. indebitamente**, to misappropriate (st.); (*di un titolo*) to usurp (st.); (*di denaro pubblico*) to embezzle (st.).

appropriàto *a.* fit: fitting; suitable; proper; appropriate; (*calzante*) apt: **a. all'occasione**, fit for (*o* suitable to) the occasion; **esempio a.**, apt example; **termine a.**, appropriate term.

appropriazióne *f.* appropriation • (*leg.*) **a. indebita**, embezzlement.

approssimàrsi *v. rifl. e i. pron.* **1** to approach (st.); to come* close (to): **a. alla verità**, to come close to the truth **2** (*di tempo*) to draw* near.

approssimativaménte *avv.* approximately; roughly.

approssimatìvo, **approssimàto** *a.* **1** approximate; rough: **cifra approssimata**, approximate figure; **calcolo a.**, rough calculation; rough estimate **2** (*impreciso*) imprecise; superficial; sketchy.

approssimazióne *f.* **1** (*anche mat.*) approximation: **a. per difetto** [**per eccesso**], approximation by defect [by excess] **2** (*imprecisione*) imprecision; superficiality; sketchiness • **per a.**, approximately.

appròvàre *v. t.* **1** (*stimare buono*) to approve of; (*lodare*) to praise: **Non approvo la sua condotta**, I don't approve of his behaviour **2** (*accettare*) to accept; to approve; to subscribe to; (*ufficialmente*) to endorse; (*polit.*) to pass: **a. una proposta**, to accept (*o* to subscribe to) a proposal; **a. un bilancio**, to approve (*polit.* to pass) a budget • **a. una mozione**, to carry a motion □ **a. con un cenno del capo**, to nod in agreement.

approvazióne *f.* **1** approval; agreement; (*lode*) praise; (*consenso*) assent **2** (*accettazione*) acceptance; (*ufficiale*) endorsement; (*di un bilancio*) adoption; (*di un disegno di legge*) passage.

approvvigionaménto *m.* **1** provisioning; supplying; (*di viveri*) victualling; (*d'acqua*) watering **2** (*al pl.*) (*provviste*) provisions; supplies.

approvvigionàre A *v. t.* to provision; to supply provisions to; to supply (sb. with st.): **a. un esercito**, to supply an army; **a. di cibo**, to victual **B approvvigionàrsi** *v. rifl.* to lay* in supplies; to stock (st.).

appuntaménto *m.* appointment; rendezvous; (*amoroso*) date: **prendere** [**fissare, rispettare, disdire**] **un a.**, to make [to fix, to keep, to cancel] an appointment; **mancare a un a.**, to fail to keep an appointment; not to turn up; **darsi un a.**, to agree to meet; **luogo di a.**, meeting place; **su a.**, by appointment.

appuntàre (**1**) **A** *v. t.* **1** (*attaccare con spilli*) to pin **2** (*rivolgere*) to pin; to set*; to fix: **a. le proprie speranze su q.**, to pin one's hopes on sb.; **a. gli occhi su q.c.**, to fix one's gaze on st. **B appuntàrsi** *v. i. pron.* (*rivolgersi*) to turn (on); to be directed (at).

appuntàre (**2**) *v. t.* (*annotare*) to note down; to make* a note of.

appuntàto *m.* (*mil.*) lance corporal (in the Carabinieri).

appuntino *V.* **a puntino**, *sotto* **puntino**.

appuntire *v. i.* to sharpen.

appuntito *a.* sharp; pointed.

appùnto (**1**) *m.* **1** (*nota*) note: **prendere appunti**, to take notes **2** (*rimprovero*) reproach; (*critica*) criticism • **fare un a. a q.**, to criticize sb.

appùnto (**2**) *avv.* exactly; precisely; (*proprio*) just: **È a. come ti dicevo**, it's exactly as I was telling you; **Cercavo a. te**, (you're) just the person I was looking for!; **«Ma non doveva telefonare?» «A.»**, «wasn't he supposed to phone?» «precisely»; **per l'a.**, exactly.

appuràre *v. t.* **1** (*scoprire*) to ascertain; to find* out **2** (*verificare*) to verify; to check.

apribile *a.* that can be opened; (*allungabile*) extendable • (*autom.*) **tetto a.**, sunroof; sliding roof.

apribottiglie *m.* bottle-opener.

aprile *m.* April: **di** (*o* **in**) **a.**, in April; **nato il 2 a.**, born on the 2nd of April (*o* on April 2nd, *USA* on April 2); **l'a. scorso** [**prossimo**], last [next] April; **nell'a. del 1994**, in April 1994; **all'inizio** [**alla fine**] **di a.**, in early [late] April; **una bella giornata di a.**, a fine April day • **il Primo d'a.**, April (o All) Fools' Day.

a priori A *locuz. a.* a priori **B** *locuz. avv.* beforehand.

aprioristico *a.* aprioristic; a priori.

apripista *m. invar.* **1** (*sport*) forerunner **2** (*mecc.*) bulldozer.

aprìre A *v. t.* **1** to open (*anche fig.*); (*distendere, spiegare*) to open, to unwrap; (*con una chiave*) to unlock; (*con una manopola*) to turn on: **a. una porta** [**un libro, gli occhi**], to open a door [a book, one's eyes]; **a. una porta con un calcio**, to kick a door open; **a. con violenza q.c.**, to fling st. open; (*econ.*) **a. un mercato**, to open up a market; **a. un conto**, to open an account; **a. la mano**, to open one's hand; **a. un giornale**, to open a paper; **a. il gas** [**il rubinetto**], to turn on the gas [the tap] **2** (*cominciare*) to open; to begin*: **a. una seduta**, to open a meeting **3** (*inaugurare*) to open; to start: **a. un bar** [**una scuola, una mostra**], to open a bar [a school, an exhibition] **4** (*essere in testa*) to head; to lead*: **a. il corteo**, to head the procession **5** (*a carte*) to open; to lead*: **a. con un picche**, to lead with a spade; (*poker*) **a. al buio**, to open blind • **a. una buca**, to dig a hole □ **a. la casa** (*essere ospitale*), to throw open one's house □

a. il fuoco, to open fire □ **a. gli occhi**, (*stare attento*) to watch out, to keep one's eyes open; (*capire*) to realize, to become aware (of st.) □ **a. gli occhi a q. su q.c.**, to open sb.'s eyes to st. □ **Quella lettera mi aprì gli occhi**, that letter was an eye-opener □ **a. le orecchie**, to listen carefully; to pin back one's ears (*fam.*) □ (*leg.*) **a. un testamento**, to read a will □ **a. la strada a nuovi progressi**, to pave the way for further progress □ **non a. bocca**, to keep silent (*o* quiet) □ **aprirsi la strada a fatica**, to force one's way through ***B*** *v. i.* to open: **Il museo apre alle 9**, the museum opens at 9 ***C*** **aprirsi** *v. i. pron. o rifl.* ***1*** to open: **La porta si aprì adagio**, the door opened slowly; **La finestra si apre sulla piazza**, the window opens on to the square; **a. con violenza**, to burst open ***2*** (*allargarsi*) to open out; to widen ***3*** (*fendersi*) to crack (open); to split* (open) ***4*** (*cominciare*) to open; to begin* ***5*** (*rasserenarsi*) to clear up ***6*** (*confidarsi*) to share one's thoughts (with); to confide (in).

apriscàtole *m.* tin opener; can opener (*USA*).

àquila *f.* ***1*** (*zool.*) eagle: **a. reale**, golden eagle ***2*** (*fig.*) genius: **Non è un'a.**, he's no genius • (*arald.*) **a. bicipite**, double-headed eagle □ **occhio d'a.**, eagle eye □ **sguardo d'a.**, piercing eyes.

aquilègia *f.* (*bot.*) columbine; aquilegia.

aquilìno *a.* aquiline.

aquilóne *m.* (*gioco*) kite.

aquilòtto *m.* (*zool.*) eaglet; young eagle.

àra (1) *f.* (*altare*) altar.

àra (2) *f.* (*misura*) are.

àra (3) *f.* (*zool.*) macaw.

arabescàre *v. t.* ***1*** to decorate with arabesques ***2*** (*disegnare*) to decorate with drawings.

arabésco *m.* arabesque.

aràbico *a.* Arabic; Arabian: **cifre arabiche**, Arabic numerals; **il deserto a.**, the Arabian desert.

aràbile *a.* arable.

àrabo ***A*** *a.* Arab; Arabian: **il popolo a.**, the Arab people; **paesi arabi**, Arab countries; **cavallo a.**, Arab horse; **costumi arabi**, Arabian costumes ***B*** *m.* ***1*** (*f.* **-a**) Arab (*f.* Arab woman*) ***2*** (*lingua*) Arabic • **Questo per me è a.**, it's all Greek (*o* double Dutch) to me.

aràchide *f.* (*bot.*) peanut; groundnut.

aragósta *f.* (*zool.*) lobster; crayfish*; crawfish* (*USA*) • **color a.**, lobster colour.

aràldica *f.* heraldry.

aràldico *a.* heraldic.

aràldo *m.* herald.

aramàico *a. e m.* Aramaic.

arancéto *m.* orange grove.

arància *f.* orange: **a. amara**, Seville orange; **a. sanguigna**, blood orange.

aranciàta *f.* orange drink.

aranciàto *a.* orange(-coloured).

aràncio *m.* ***1*** (*albero*) orange (tree) ***2*** (*frutto*) *V.* **arancia** ***3*** (*colore*) orange • **fiori d'a.**, orange blossoms.

arancióne *a. e m.* orange.

aràre *v. t.* to plough, to plow (*USA*).

aratóre *m.* ploughman*, plowman* (*USA*).

aràtro *m.* plough, plow (*USA*).

aratùra *f.* ***1*** (*l'arare*) ploughing, plowing (*USA*) ***2*** (*stagione*) ploughing-season, plowing-season (*USA*).

araucària *f.* (*bot.*) araucaria; monkey puzzle.

aràzzo *m.* tapestry; arras; hanging.

arbitràggio *m.* ***1*** (*sport*) refereeing; umpiring ***2*** (*Borsa*) arbitrage ***3*** (*leg.*) arbitration.

arbitràre *v. t.* ***1*** (*sport*: *calcio, pallacanestro, golf, lotta, boxe*) to referee; (*baseball, cricket, hockey, nuoto, tennis, sci*) to umpire ***2*** (*leg.*) to arbitrate; to act as arbitrator.

arbitrarietà *f.* arbitrariness.

arbitràrio *a.* arbitrary.

arbitràto *m.* (*anche leg.*) arbitration.

arbìtrio *m.* ***1*** will; (*discrezione*) discretion; (*giudizio*) judgment: **dipendere dall'a. altrui**, to be subject to sb.'s will; **agire secondo il proprio a.**, to act at one's discretion; to follow one's judgment; (*filos.*) **libero a.**, free will ***2*** (*licenza*) liberty: **prendersi l'a. di fare q.c.**, to take the liberty of doing st. ***3*** (*sopruso*) abuse • **ad a.**, arbitrarily.

àrbitro *m.* ***1*** (*sport*: *calcio, pallacanestro, golf, lotta, boxe*) referee; (*baseball, cricket, hockey, nuoto, tennis, sci*) umpire ***2*** (*leg.*) arbitrator ***3*** (*fig.*) arbiter • **essere a. di una situazione**, to hold the balance □ **fare da a.**, to act as a referee.

arbòreo *a.* arboreal.

arboscèllo *m.* sapling.

arbùsto *m.* shrub.

àrca *f.* ***1*** ark: **l'a. di Noè**, Noah's ark; **l'A. dell'Alleanza**, the Ark of the Covenant ***2*** (*sarcofago*) sarcophagus* • (*fig.*) **a. di scienza**, walking encyclopedia.

arcàdico *a.* (*geogr. e fig.*) Arcadian.

arcaicità *f.* ancientness; antiquity; archaism.

arcàico *a.* archaic.

arcaìsmo *m.* archaism.

arcàngelo *m.* archangel.

arcàno ***A*** *a.* mysterious; arcane ***B*** *m.* mystery.

arcàta *f.* ***1*** (*arco*) arch; (*passaggio*) archway; (*serie di archi*) arches (*pl.*), arcade ***2*** (*anat.*) arch: **a. sopraccigliare**, arch of the eyebrows.

archeologìa *f.* arch(a)eology.

archeològico *a.* arch(a)eological.

archeòlogo *m.* (*f.* **-a**) arch(a)eologist.

archetìpico *a.* archetypal.

archètipo *m.* archetype.

archétto *m.* (*mus.*) bow.

archibugière *m.* (*stor.*) arquebusier.

archibùgio *m.* (*stor.*) arquebus.

archidiòcesi *f.* archdiocese.

architettàre *v. t.* to plan; to engineer; (*macchinare*) to scheme, to plot • **Che cosa starà architettando?**, what is he up to, I wonder?

architétto *m.* (*f.* **-a**) architect.

architettònico *a.* architectural.

architettùra *f.* architecture.

architràve *m.* architrave; (*di porta*) lintel.

archiviàre *v. t.* ***1*** to place in the archives; (*comm.*) to file, to place on file ***2*** (*fig.*) to let* drop ***3*** (*elab.*) to store up • (*leg.*) **a. un processo**, to dismiss a case.

archìvio *m.* ***1*** archives (*pl.*); (*documenti*) records (*pl.*); (*di ufficio, ecc.*) files (*pl.*): **a. di Stato**, State Archives; **l'a. di famiglia**, the family records ***2*** (*elab.*) file • **materiale d'a.**, records (*pl.*) □ **ricerche d'a.**, archive research.

archivista *m. e f.* archivist; (*di ufficio*) filing clerk.

archivòlto *m.* (*archit.*) archivolt.

arcicontento *m.* more than happy; delighted.

arcidiàcono *m.* archdeacon.

arcidùca *m.* archduke.

arciduchéssa *f.* archduchess.

arcière *m.* archer; (*mil., stor.*) bowman*.

arcìgno *a.* (*severo*) stern, forbidding, grim; (*sdegnoso*) scornful.

arcimilionàrio *m.* (*f.* **-a**) multimillionaire.

arcióne *m.* ***1*** saddle-bow ***2*** (*sella*) saddle • **montare in a.**, to mount (a horse); to get on horseback.

arcipèlago *m.* archipelago*.

arciprète *m.* archpriest; dean.

arcivescovàdo *m.* ***1*** (*residenza*) archbishop's palace ***2*** (*dignità, ufficio*) archbishopric.

arcivescovìle *a.* archiepiscopal.

arcivéscovo *m.* archbishop.

àrco *m.* ***1*** (*archit.*) arch: **a. a tutto sesto**, round arch; **a. a sesto acuto**, pointed (*o* Gothic) arch; **a. trionfale**, triumphal arch ***2*** (*geom.*) arc: **a. di cerchio**, arc of a circle ***3*** (*arma*) bow: **tendere l'a.**, to draw the bow ***4*** (*mus.*) bow; (*al pl.*: *gli strumenti*) strings: **quartetto d'archi**, string quartet; **strumento ad a.**, stringed instrument ***5*** (*fis.*) arc: **a. voltaico**, electric arc; **lampada ad a.**, arc lamp ***6*** (*anat.*) arch ***7*** (*durata*) span; space: **l'a. della vita**, the span of sb.'s life; **a. di tempo**, space (*o* period) of time; **nell'a. di un anno**, in the space of a year; over a year • **ad a.** (*arcuato*), arched □ **piegare ad a.**, to bend into an arc.

arcobaléno *m.* rainbow.

arcolàio *m.* wool winder; swift.

arcuàre *v. t.*, **arcuàrsi** *v. i. pron.* to curve; to bend*; (*inarcare*) to arch.

arcuàto *a.* curved; bent; arched: **sopracciglia arcuate**, arched eyebrows; **schiena arcuata**, bent (*o* curved) back; **gambe arcuate**, bow legs.

ardènte *a.* ***1*** burning; blazing; (*infocato*) red-hot ***2*** (*fig.*) burning; ardent; fiery: **amore a.**, ardent love; **desiderio a.**, burning desire.

ardenteménte *avv.* passionately; ardently.
àrdere ***A*** *v. t.* ***1*** (*bruciare, anche fig.*) to burn* ***2*** (*disseccare*) to scorch; to parch ***B*** *v. i.* ***1*** to burn*; (*di fuoco, anche*) to blaze; (*essere incendiato*) to be on fire, to be ablaze ***2*** (*fig.*) to burn*; to glow; to be ablaze: **a. d'ira [di zelo]**, to burn with rage [with zeal] ***3*** (*infuriare*) to rage.
ardèṣia *f.* (*miner.*) slate • **grigio a.**, slate grey.
ardiménto *m.* daring; boldness.
ardimentóso *a.* daring; intrepid; bold.
ardìre (1) *v. i.* to dare*; to venture: **Non ardii protestare**, I didn't dare (to) complain.
ardire (2) *m.* ***1*** (*coraggio*) courage; daring; boldness ***2*** (*impudenza*) impudence; temerity.
ardito ***A*** *a.* ***1*** bold; daring; (*fig., anche*) audacious: **parole ardite**, bold words; **teoria ardita**, audacious theory ***2*** (*rischioso*) risky ***3*** (*impudente*) impertinent; bold ***B*** *m.* (*al pl.*) (*mil.*) shock troops.
ardóre *m.* ***1*** (*calore*) fierce heat ***2*** (*fig.*) ardour, ardor (*USA*); passion; fervour, fervor (*USA*).
àrduo *a.* (*difficile*) arduous; hard.
àrea *f.* ***1*** (*geom.*) area ***2*** (*spazio di terreno*) land; site; lot; ground: **a. da vendere**, land for sale; **a. fabbricabile**, building site; building lot (*USA*) ***3*** (*zona*) zone; area: **a. culturale**, cultural zone; **a. depressa**, depressed area ***4*** (*ambito*) field: **a. di interesse**, field of interest; line (*fam.*) ***5*** (*calcio*) area: **a. di gioco**, field; **a. di rigore**, penalty area • (*econ., fin.*) **l'a. del dollaro**, the dollar area □ (*meteor.*) **a. di alta [bassa] pressione**, high [low] (pressure system) □ (*autom.*) **a. di servizio**, service area □ (*polit.*) **partito di a. centrista**, centre party.
aréna *f.* ***1*** (*archit.*) arena ***2*** (*per corride*) bull-ring ***3*** (*fig.*) arena; field: **l'a. politica**, the political arena; **scendere nell'a.**, to enter the lists.
arenària *f.* (*miner.*) sandstone.
arenàrsi *v. i. pron.* ***1*** (*naut.*) to run* aground; to become* stranded (*anche di balena, ecc.*) ***2*** (*fig.*) to get* stuck; to come* to a standstill.
arenicola *m.* (*zool.*) lugworm.
arenile *m.* sandy shore.
arenóso *a.* sandy; arenaceous.
àrgano *m.* ***1*** (*naut.*) winch; (*dell'ancora*) capstan ***2*** (*mecc.*) windlass; winch: **a. a mano**, monkey winch.
argentàre *v. t.* to silver-plate; to silver.
argentàto *a.* ***1*** silver-plated ***2*** (*color argento*) silvery; silver (*attr.*).
argentatùra *f.* silver-plating; silvering.
argènteo *a.* silver (*attr.*); silvery: **capelli argentei**, silver hair; **chiarore a.**, silvery light.
argenterìa *f.* ***1*** silverware Ⓤ; silver Ⓤ ***2*** (*negozio*) silversmith's.
argentière *m.* silversmith.
argentino (1) *a.* silvery.
argentino (2) *a. e m.* (*f.* **-a**) Argentinian (*f.* Argentinian woman*).
argènto *m.* ***1*** silver: **cucchiaio d'a.**, silver spoon; **capelli d'a.**, silver hair ***2*** (*al pl.*) (*lett.*: *argenteria*) silverware Ⓤ; silver Ⓤ • (*chim.*) **a. vivo**, quicksilver □ **avere l'a. vivo addosso**, to be restless □ **nozze d'a.**, silver wedding.
argentóne *m.* nickel silver; German silver.
argilla *f.* clay: **a. espansa**, expanded clay; **a. refrattaria**, fireclay • **piedi d'a.**, feet of clay.
argillóso *a.* clayey.
arginàre *v. t.* ***1*** (*un corso d'acqua*) to embank ***2*** (*un terreno*) to dike ***3*** (*porre freno a*) to check; to hold* back; to stem: **a. la corruzione**, to check corruption; **a. la folla**, to hold back the crowd.
àrgine *m.* ***1*** bank; embankment; levee (*USA*); (*diga*) dike: **rompere gli argini**, to overflow the banks ***2*** (*ostacolo*) barrier • **fare a.**, to act as a barrier □ **porre a. a q.c.**, to check st.
àrgo *m.* (*chim.*) argon.
argomentàre ***A*** *v. t.* to deduce; to infer ***B*** *v. i.* to argue.
argomentazióne *f.* ***1*** argument; reasoning ***2*** (*prove*) arguments (*pl.*).
argoménto *m.* ***1*** (*materia, tema*) subject; subject-matter; matter; topic; point: **l'a. del libro**, the subject of the book; **a. di discussione**, matter for debate; **a. di conversazione**, topic of conversation; **trattare un a.**, to discuss a subject (*o* a topic); **cambiare a.**, to change the subject; **stare all'a.**, to keep to the point; **un romanzo di a. politico**, a political novel ***2*** (*ragione, prova*) argument ***3*** (*motivo*) motive.
argonàuta *m.* (*mitol.*) Argonaut.
arguìre *v. t.* to infer; to deduce.
argùto *a.* ***1*** witty: **persona arguta**, witty (*o* sharp-witted) person; wit; **frase arguta**, witty remark; witticism; wisecrack ***2*** (*di viso, ecc.*) humorous.
argùzia *f.* ***1*** wit ***2*** (*motto arguto*) witty remark; witticism; quip.
ària *f.* ***1*** air: **a. buona**, pure (*o* fresh) air; **a. di mare**, sea air; **in a.**, in the air ***2*** (*espressione*) expression, air; (*aspetto*) look, aspect; (*modo*) manner: **con un'a. triste**, with a sad expression on one's face; looking sad; **con a. di trionfo**, with an air of triumph; triumphantly; **con a. sbadata**, in a careless manner; carelessly; **con a. severa**, sternly; **Hai l'a. stanca**, you look tired; **Ha l'a. di essere contento**, he looks happy; **Ha l'a. di divertirsi**, he looks as if he was enjoying himself; **Ha un'a. che non mi va**, there is something about him [it, etc.] that I don't like ***3*** (*atmosfera*) atmosphere: **a. di festa**, festive atmosphere ***4*** (*mus.*) air; tune; melody; (*di opera*) aria • **a. condizionata** (*l'impianto*), air-conditioning: **dotato di a. condizionata**, air-conditioned □ **a. di famiglia**, family likeness; (*fig.*) familiar look □ **a. fritta**, verbiage; flannel (*GB*) □ **a. viziata**, stuffiness; foul air; fug (*GB*): **Nella stanza c'era a. viziata**, it was stuffy in the room □ **a mezz'a.**, in mid air □ **all'a. aperta**, in the open air; outside; outdoor (*attr.*): **vita [giochi] all'a. aperta**, outdoor life [games] □ **abbassare le arie**, to get off one's high horse □ **andare all'a.**, to come to nothing □ **una boccata d'a.**, a breath of fresh air □ **buttare all'a.**, to turn upside down □ **cambiare a.**, to have a change of air; (*scappare*) to decamp □ **cambiare l'a. (in una stanza)**, to air a room □ **campare d'a.**, to live on air □ **colpo d'a.**, chill □ **con l'a. d'intesa**, knowingly □ **dare a. a q.c.**, to air st. □ **darsi delle arie**, to give oneself airs □ **far saltare in a.**, to blow up □ **fucile ad a. compressa**, air-gun □ **in linea d'a.**, as the crow flies □ (*med.*) **mal d'a.**, airsickness □ **mandare all'a.**, to upset; to ruin; to spoil □ **per a.**, (*fig.*) up in the air; (*in disordine*) upside down □ **saltare in a.** (*esplodere*), to blow up □ **spostamento d'a.** (*di esplosione*), blast □ **Tira una brutta a.**, things are rather unpleasant round here □ **uscire a prendere un po' d'a.**, to go out for a breath of (fresh) air □ **vedere che a. tira**, to see which way the wind is blowing □ (*fam.*) **A.!**, go away!; get out!; scram! (*pop.*).
ària-ària *locuz. agg.* (*miss.*) air-to-air.
arianèṣimo *m.* (*stor. relig.*) Arianism.
ariàno (1) *a. e m.* Aryan.
ariàno (2) *a. e m.* (*stor. relig.*) Arian.
ària-tèrra *a. invar.* (*miss.*) air-to-ground.
aridità *f.* dryness; aridity (*anche fig.*).
àrido *a.* ***1*** dry; arid; (*sterile*) barren, sterile ***2*** (*insensibile*) cold; insensitive.
arieggiàre *v. t.* ***1*** (*dare aria*) to air; to ventilate; (*esporre all'aria*) to give* (st.) an airing ***2*** (*somigliare a*) to look like; to be reminiscent of.
arieggiàto *a.* airy; well-aired.
ariète *m.* ***1*** (*zool.*) ram ***2*** (*mil., stor.*) battering ram ***3*** — (*astron., astrol.*) **l'A.**, Aries; **essere dell'A.** (*o* **un A.**), to be (an) Aries.
arìnga *f.* (*zool.*) herring.
arióso *a.* airy.
arista *f.* (*cucina*) chine of pork.
aristocràtico ***A*** *a.* aristocratic ***B*** *m.* (*f.* **-a**) aristocrat.
aristocrazìa *f.* aristocracy.
aristotèlico *a. e m.* (*filos.*) Aristotelian.
aristoteliṣmo *m.* (*filos.*) Aristotelianism.
aritmètica *f.* arithmetic.
aritmètico *a.* arithmetic(al).
aritmìa *f.* (*med.*) arrhythmia.
arlecchinàta *f.* ***1*** (*teatr.*) harlequinade ***2*** (*buffoneria*) piece of buffoonery; farce.
arlecchinésco *a.* (*fig.*) clownish; farcical.
arlecchìno *m.* ***1*** harlequin ***2*** (*buffone*) clown; buffoon.
àrma *f.* ***1*** weapon (*anche fig.*); (*al pl., anche*) arms, weaponry Ⓤ: **a. difensiva [offensiva]**, defensive [offensive] weapon; **armi nucleari**, nuclear weapons; **a. da fuoco**, firearm; **deporre [presentare] le armi**, to lay down [to present] arms; **essere [levarsi] in armi**, to be up [to rise up] in arms ***2*** (*mil.*) force; corps: **l'A. (dei Carabinieri)**,

the corps of the Carabinieri **3** (*stemma*) coat of arms; arms (*pl.*) • (*fig.*) **a. a doppio taglio**, double-edged weapon □ **a. bianca**, steel weapon; cold steel; bayonet: **combattimento all'a. bianca**, bayonet fight □ **armi e bagagli**, all one's bits and pieces □ **andarsene con armi e bagagli**, to leave, bag and baggage □ **All'armi!**, to arms! □ **ad armi pari**, on equal terms □ **essere alle prime armi**, to be a novice; to be still green (at st.) □ **chiamare sotto le armi**, to call up □ **il mestiere delle armi**, soldiering □ **passare q. per le armi**, to shoot sb. □ **sala d'armi**, (*di scherma*) salle d'armes (*franc.*); (*armeria*) armoury □ **essere sotto le armi**, to be in the army; to be doing national service.

armacòllo *avv.* — **ad a.**, slung across the shoulders.

armadiétto *m.* cupboard; cabinet; (*di spogliatoio, ecc.*) locker: **a. di cucina**, kitchen cupboard; **a. dei medicinali**, drug cabinet.

armadillo *m.* (*zool.*) armadillo*.

armàdio *m.* (*guardaroba*) wardrobe; (*ripostiglio*) cupboard: **a. a muro**, built-in wardrobe, built-in cupboard (*GB*); closet (*USA*).

armaiòlo *m.* **1** (*fabbricante*) gunsmith; armourer **2** (*venditore*) gun dealer.

armamentàrio *m.* (*scherz.*) bits and pieces (*pl.*); paraphernalia (*pl.*).

armaménto *m.* **1** armament; arming 🅤: **corsa agli armamenti**, arms race **2** (*naut.*: *allestimento*) equipment; fitting out **3** (*naut.*: *equipaggio*) crew.

armàre A *v. t.* **1** to arm (*anche fig.*): **a. di fucili**, to arm with guns **2** (*naut.*: *allestire*) to equip; to fit out; (*a. ed equipaggiare*) to commission; (*fornire di uomini*) to man **3** (*un'arma da fuoco*) to load **4** (*edil.*: *sostenere*) to prop; (*con legname*) to timber **5** (*edil.*: *rinforzare*) to reinforce **B armàrsi** *v. rifl.* (*anche fig.*) to arm oneself (with) • **a. di coraggio**, to summon (up) one's courage; to be brave □ **a. di pazienza**, to be patient.

armàta *f.* **1** army: **corpo d'a.**, army corps **2** (*naut.*) fleet.

armàto A *a.* **1** (*anche fig.*) armed (with): **forze armate**, armed forces; **girare a.**, to go round armed; to carry a gun; **a. di pazienza**, armed with patience; **a. fino ai denti**, armed to the teeth **2** (*fornito*) provided (with); equipped (with); furnished (with) **3** (*naut.*) equipped; fitted; (*di uomini*) manned **4** (*edil.*) reinforced **5** (*elettr.*) armoured **B** *m.* armed man*; soldier.

armatóre *m.* shipowner • **società armatrice**, shipping company.

armatùra *f.* **1** (*mil., stor.*) (suit of) armour **2** (*telaio*) framework **3** (*edil.*) falsework; framework; (*di legno*) timbering; (*impalcatura*) scaffolding **4** (*edil.*: *di cemento armato*) reinforcing bars (*o* rods) (*pl.*) **5** (*radio*: *di condensatore*) plate **6** (*ind. tess.*) weave.

àrme *f.* (*arald.*) coat of arms.

armeggiàre *v. i.* **1** (*maneggiare*) to fumble; to mess about **2** (*affaccendarsi*) to busy oneself; to tinker **3** (*intrigare*) to scheme.

armeggióne *m.* **1** (*pasticcione*) fumbler **2** (*chi intriga*) busybody; schemer.

armèno *a. e m.* (*f.* **-a**) Armenian (*f.* Armenian woman*).

arménto *m.* herd.

armerìa *f.* armoury.

armière *m.* (*mil.*) gunner.

armistìzio *m.* armistice.

àrmo *m.* (*naut.*) (boat's) crew.

armonìa *f.* **1** (*anche fig.*) harmony **2** (*consonanza*) keeping; accordance: **in a. con le mie idee**, in keeping with my ideas; **in a. coi suoi desideri**, in accordance with his wishes.

armònica *f.* (*fis., mus.*) harmonic • (*mus.*) **a. a bocca**, mouth organ.

armònico *a.* **1** (*fis., mus.*) harmonic: **serie armonica**, harmonic series **2** (*armonioso*) harmonious • (*mus.*) **cassa armonica**, soundbox.

armonióso *a.* **1** (*di suono*) harmonious; tuneful **2** (*ben proporzionato*) well-proportioned; graceful.

armònium *m.* (*mus.*) harmonium.

armonizzàre *v. t. e i* **armonizzàrsi** *v. i. pron.* to harmonize.

arnése *m.* **1** (*attrezzo*) tool; implement; utensil; (*al pl., anche*) gear 🅤 **2** (*aggeggio*) thing; gadget; thingummy (*fam.*) • **male in a.**, shabbily dressed; down at heel □ **rimettere q. in a.**, to set sb. on his feet again □ **cattivo a.**, bad guy (o lot); nasty bit of work.

àrnia *f.* beehive.

àrnica *f.* (*bot.*) arnica.

aròma *m.* **1** aroma; fragrance **2** (*spezia*) spice; (aromatic) herb.

aromàtico *a.* aromatic.

aromatizzàre *v. t.* to aromatize; to flavour, to flavor (*USA*).

àrpa *f.* (*mus.*) harp • **a. eolia**, Aeolian harp.

arpeggiàre *v. i.* (*mus.*) **1** (*fare arpeggi*) to play arpeggios **2** (*suonare l'arpa*) to play the harp.

arpéggio *m.* (*mus.*) arpeggio*.

arpìa *f.* (*mitol. e fig.*) harpy.

arpionàre *v. t.* to harpoon.

arpióne *m.* **1** (*fiocina*) harpoon **2** (*ferr.*) spike **3** (*uncino*) hook; grapnel **4** (*cardine*) hinge.

arpìsta *m. e f.* (*mus.*) harpist.

arrabattàrsi *v. i. pron.* to do* one's best; to muddle along; to struggle.

arrabbiàrsi *v. i. pron.* to get* angry; to get* cross; to get* mad (*fam.*); to lose* one's temper; to fly* into a temper.

arrabbiàto *a.* **1** angry; cross; mad (*fam.*) **2** (*accanito*) incorrigible, inveterate; (*entusiasta*) enthusiastic: **giocatore a.**, inveterate gambler **3** (*di cane*) rabid.

arrabbiatùra *f.* fit of anger; rage • **prendersi un'a.**, to fly into a rage; to get* mad (*fam.*); to blow* up (*fam.*).

arraffàre *v. t.* **1** (*afferrare*) to seize; to grab; (*strappare via*) to snatch **2** (*rubare*) to steal; to embezzle.

arrampicàrsi *v. i. pron.* **1** to climb* (st.); to scramble up; (*su un albero, un palo, ecc.*) to shin up: **a. su una scala**, to climb a ladder; **a. su un masso**, to scramble up a rock **2** (*di piante*) to climb*; to creep* • **a. sugli specchi**, to try to prove that black is white and white black; to clutch at straws.

arrampicàta *f.* climb; climbing 🅤: **a. libera**, free climbing.

arrampicatóre *m.* (*f.* **-trice**) climber • **a. sociale**, social climber.

arrancàre *v. i.* **1** (*zoppicare*) to hobble; (*avanzare a fatica, anche fig.*) to plod, to trudge, to struggle on **2** (*vogare*) to lay* on the oars.

arrangiaménto *m.* (*anche mus.*) arrangement.

arrangiàre A *v. t.* **1** (*accomodare*) to fix; to patch up: **a. q.c. alla bell'e meglio**, to fix st. somehow; to patch st. up **2** (*improvvisare*) to improvise; to fix up; to rustle up: **a. un pasto**, to fix up a meal; **a. una cena**, to rustle up something for supper **3** (*mus.*) to arrange **B arrangiàrsi** *v. i. pron.* **1** (*cavarsela*) to manage; to make* do (with st.): **Mi arrangerò con quel che trovo**, I'll manage (*o* make do) with what I find; **a. da solo**, to manage on one's own **2** (*tirare avanti*) to get* by; to rub along **3** (*accordarsi*) to come* to an agreement. ATTENZIONE: **arrangiare** ≠ to arrange.

arrangiatóre *m.* (*f.* **-trice**) (*mus.*) arranger.

arrecàre *v. t.* **1** to bring* **2** (*causare*) to cause.

arredaménto *m.* **1** (*l'ammobiliare*) furnishing; fitting; (*di interni*) interior design (*o* decoration): **a. di negozi**, shopfitting; **rivista di a.**, interior design magazine **2** (*mobili*) furnishings (*pl.*); furniture 🅤 **3** (*teatr.*) stage decoration.

arredàre *v. t.* **1** (*ammobiliare*) to furnish **2** (*negozi, ecc.*) to fit out.

arredatóre *m.* (*f.* **-trice**) interior decorator (*o* designer); (*di negozi*) shopfitter.

arrèdo *m.* (*mobili*) furniture 🅤; furnishings (*pl.*); fittings (*pl.*) • (*eccles.*) **arredi sacri**, vestments and altar furnishings □ **a. urbano**, street furniture.

arrembàggio *m.* (*naut.*) boarding • **andare all'a. di una nave**, to board a ship □ (*fig.*) **andare** (*o* **buttarsi**) **all'a. di q.c.**, to make a rush for st.

arrèndersi *v. rifl.* to surrender; to give* oneself up; to yield; to give* in; (*rinunciare*) to give* up: **a. al nemico**, to surrender to the enemy; **non a. facilmente**, not to give in easily; **Va bene, mi arrendo: dov'è?**, All right, I give up – where is it?; **a. all'evidenza**, to yield before the facts.

arrendévole *a.* compliant; acquiescent; amenable.

arrendevolézza *f.* compliance; acquiescence.

arrestàre A *v. t.* **1** (*fermare*) to stop; to halt; (*bloccare*) to check: **a. una caduta**, to check a fall **2** (*sangue*) to staunch, to stanch **3** (*leg.*) to arrest **B arrestàrsi** *v. i. pron.* to stop; to halt • **a. di botto**, to freeze in one's tracks.

arrèsto *m.* **1** (*leg.*) arrest: **fare un a.**, to make an arrest; **mettere q. agli arresti**, to place sb. under arrest; to take sb. into custody; **in stato di a.**, in custody; under arrest **2** (*fermata*) stop; halt; (*fig.*) standstill: **segnale di a.**, stop signal; **subire un a.**, to come to a standstill *3* (*mecc.*) stop; catch: **a. di sicurezza**, safety catch; **vite d'a.**, stop screw • (*med.*) **a. cardiaco**, cardiac arrest; heart failure □ (*leg.*) **a. cautelare**, custody □ (*leg.*) **arresti domiciliari**, house arrest (*sing.*).

arretraménto *m.* pulling back; backing; (*ritiro*) withdrawal.

arretràre *A v. t.* to pull back; (*ritirare*) to withdraw* *B v. i.* to draw* back; to step back; (*ritirarsi*) to withdraw*.

arretratézza *f.* backwardness.

arretràto *A a.* *1* rear; set back: **posizione arretrata**, rear position *2* (*rif. al tempo*) back; in arrears; (*comm.*) outstanding: **numero a.**, back issue; **lavoro a.**, backlog of work; **debiti arretrati**, outstanding debts *3* (*di paese, civiltà, ecc.*) backward; underdeveloped *4* (*superato*) old-fashioned; behind the times *B m.* arrear: **arretrati di stipendio**, arrears of salary; backpay Ⓤ; **essere in a. con q.c.**, to be in arrears (*o* behind) with st.

arricchiménto *m.* *1* enrichment; (*fig., anche*) enhancement *2* (*ind. min.*) dressing *3* (*fis. nucl.*) enrichment.

arricchìre *A v. t.* *1* to make* rich; to enrich *2* (*fig.*) to enrich; to enlarge; to extend; to enhance *3* (*ind. min.*) to dress *4* (*fis. nucl*) to enrich *B v. i. e* **arricchirsi** *v. rifl. e i. pron.* *1* to get* rich; to make* money: **a. alla svelta**, to get rich quick *2* (*fig.*) to be enriched.

arricchìto *A a.* (*fis. nucl.*) enriched *B m.* (*f.* **-a**) new rich; upstart; parvenu (*franc.*) • **a. di guerra**, profiteer.

arricciàre *A v. t.* to curl; (*formando pieghe fitte*) to crimp: **arricciarsi i capelli**, to have one's hair curled (*o* crimped); **a. una stoffa**, to crimp a fabric; **L'umidità mi arriccia i capelli**, my hair curls in damp weather • **a. le labbra**, to purse one's lips □ **a. il naso**, to crinkle one's nose; (*fig.*) to turn up one's nose, to sniff (at) □ **a. il pelo**, to bristle *B* **arricciàrsi** *v. i. pron.* to curl.

arricciatùra *f.* curling; crimping.

arrìdere *v. i.* to smile (on).

arrìnga *f.* *1* harangue; address *2* (*leg.*) summing up by counsel.

arringàre *v. t.* to harangue; to address.

arrischiàre *A v. t.* *1* to risk: **a. la vita**, to risk one's life *2* (*azzardare*) to venture: **a. una parola**, to venture a word *B* **arrischiàrsi** *v. rifl.* to dare*; to venture.

arrischiàto *a.* *1* (*rischioso*) risky; hazardous *2* (*temerario*) rash; reckless.

arrivàre *v. i.* *1* to arrive (at, in); to reach (st.); to come* (to); to get* (to): **È arrivato proprio ora**, he's just arrived; **Stanno arrivando**, they're coming; **a. all'aeroporto**, to arrive at the airport; **Sono arrivato in questo paese un anno fa**, I arrived in this country a year ago; **a. a Roma**, to arrive in (*o* at) Rome; to get to Rome; to reach Rome; **a. a casa**, to arrive (*o* to get) home; **Arrivai fino al ponte**, I went (*o* got) as far as the bridge; **È arrivato un pacco per te**, a parcel has come for you; there is a parcel for you; **Ti è arrivata la mia lettera?**, did you get my letter?; **L'acqua mi arrivava alla caviglia**, the water came up to my ankles; I was ankle-deep in water; **a. a una decisione**, to arrive at (*o* to reach) a decision; **a. alla verità**, to get at the truth; **a. a ottant'anni**, to reach eighty *2* (*riuscire*) to manage; to be able; can, could (*difett.*): **Non arrivo a fare tutto**, I can't (manage to) do everything; **Arriverai a finirlo in tempo?**, will you be able to finish it in time?; **Non arrivo a capirlo**, I can't understand it; I can't make it out *3* (*avere successo*) to arrive; to get* there; to get* to the top: **Il suo scopo è a.**, he wants to get to the top *4* (*spingersi al punto di*) to go* so far as; to get* to the point of; (*essere ridotto a*) to be reduced to: **È arrivato a dire che non l'ho pagato**, he went so far as to say I didn't pay him; **a. a chiedere l'elemosina**, to be reduced to begging • **a. addosso a q.**, to be on top of sb. □ **a. alle spalle di q.**, to come up on sb. from behind □ **a. allo scopo**, to achieve one's aim □ **a. primo [secondo]**, to come in first [second] □ **Dove vuoi a.?**, what are you getting at? □ **fin dove arriva l'occhio**, as far as the eye can see □ **Non ci arrivo**, (*non riesco a raggiungerlo*) I can't reach it; (*non capisco*) I don't understand it, I don't get it □ (*prov.*) **Chi tardi arriva, male alloggia**, first come, first served.

arrivàto *A a.* (*di successo*) successful: **uno scrittore a.**, a successful author • **Ben a.!**, welcome! □ **dare il ben a. a q.**, to welcome sb. *B m.* successful man* • **nuovo a.**, newcomer; new arrival □ **l'ultimo a.**, the last to arrive; (*fig.*) a mere nobody.

arrivedérci *A inter.* goodbye; so long (*fam.*); see you soon (*fam.*) • **A. a domani**, goodbye until tomorrow; see you tomorrow (*fam.*) *B m.* goodbye.

arrivismo *m.* social climbing; careerism.

arrivista *m. e f.* social climber; careerist.

arrìvo *m.* *1* arrival; coming: **arrivi e partenze**, arrivals and departures; **l'a. dell'estate**, the coming of summer; **al mio a. a Londra**, on my arrival in London; when I arrived in (*o* got to) London; **Ci aspettava all'a.**, he was waiting for us when we arrived *2* (*di merce*) arrival; supply: **gli ultimi arrivi**, the latest arrivals; **il mancato a. della merce**, the non-arrival of the goods *3* (*sport, anche* **linea di a.**) finishing line • **Che brutto a. a casa!**, what a sad homecoming! □ **essere in a.**, to be arriving □ **volo [posta] in a.**, incoming flight [mail] □ **Il treno per Roma è in a. al binario 6**, the Rome train is now arriving at platform 6 □ (*sport*) **ordine di a.**, order of finishing.

arroccàre *A v. t.* *1* (*scacchi*) to castle *2* (*mil.*) to move (*troops*) behind the defence lines *B* **arroccàrsi** *v. i. pron.* *1* (*scacchi*) to castle *2* (*fig.*) to retreat; to fall* back: (*sport*) **a. in difesa**, to fall back in defence.

arròcco *m.* (*scacchi*) castling.

arrochìre *A v. t.* to hoarsen; to make* hoarse *B v. i. e* **arrochirsi** *v. i. pron.* to become* hoarse.

arrochìto *a.* hoarse.

arrogànte *a.* arrogant; presumptuous; (*altezzoso*) haughty.

arrogànza *f.* arrogance; presumption; (*alterigia*) haughtiness.

arrogàre *v. t.* to arrogate; to claim: **arrogarsi un diritto**, to arrogate a right; **arrogarsi un merito**, to claim a merit.

arrossaménto *m.* reddening; (*sfogo*) rash.

arrossàre *A v. t.* to redden *B v. i. e* **arrossàrsi** *v. i. pron.* to redden; to turn red.

arrossìre *v. i.* to blush; to flush; to redden • **Non farmi a.!**, spare my blushes!

arrostìre *A v. t.* to roast; (*sulla griglia*) to grill *B* **arrostìrsi** *v. i. pron.* to roast • (*fam.*) **a. al sole**, to bake (*o* to roast) in the sun.

arròsto *A a.* roast (*attr.*): **pollo a.**, roast chicken • **cuocere a.**, to roast *B m.* roast: **una fetta di a.**, a slice of roast; **a. di maiale**, roast pork.

arrotàre *v. t.* *1* to sharpen; to whet; to grind* *2* (*fam.: investire*) to run* over • **a. i denti**, to grind one's teeth □ **a. la erre**, to roll one's r's.

arrotatùra *f.* sharpening; grinding.

arrotìno *m.* knife grinder.

arrotolàre *v. t.*, **arrotolàrsi** *v. i. pron.* to roll up.

arrotondaménto *m.* *1* rounded contour *2* (*di cifra*) rounding (off); (*per eccesso*) rounding up; (*per difetto*) rounding down.

arrotondàre *A v. t.* *1* to round *2* (*una cifra*) to round off; (*per eccesso*) to round up; (*per difetto*) to round down • **a. lo stipendio**, to supplement one's salary *B* **arrotondàrsi** *v. i. pron.* *1* to become* round *2* (*ingrassare*) to put* on weight; (*di viso*) to fill out.

arrovellàre *A v. t.* — **arrovellarsi il cervello**, to rack one's brain *B* **arrovellàrsi** *v. i. pron.* (*affannarsi*) to struggle; to do* all one can.

arroventàre *A v. t.* *1* to make* red-hot *2* (*fig.*) to inflame *B v. i. e* **arroventàrsi** *v. i. pron.* (*anche fig.*) to become* red-hot.

arroventàto *a.* *1* red-hot *2* (*caldissimo*) scorching; burning *3* (*focoso*) hot; fiery.

arrovesciàre *A v. t.* *1* (*gli occhi*) to roll back *2* (*la testa*) to throw* back; to let* fall back *B* **arrovesciàrsi** *v. i. pron.* to fall* backwards; to collapse.

arruffapòpoli *m. e f.* rabble-rouser; mob orator.

arruffàre *A v. t.* *1* to ruffle; to dishevel: **a. i capelli**, to ruffle sb.'s hair; **a. le penne**, to ruffle up one's feathers; **a. il pelo**, to bristle *2* (*ingarbugliare*) to tangle *B* **arruffàrsi** *v. i. pron.* *1* (*di capelli*) to get* ruffled; (*di penne*) to ruffle up; (*di pelo*) to bristle *2* (*ingarbugliarsi*) to become* entangled.

arruffàto *a.* *1* (*di capelli*) ruffled, dishevelled; (*di penne*) ruffled; (*di pelo*) bristling *2* (*ingarbugliato*) tangled; muddled.

arruffianàre *v. t.* (*pop.*) to suck up (to) (*fam.*): **Cerca di arruffianarsi il capo**, he is sucking up to the boss.

arruffóne *m.* (*f.* **-a**) *1* muddler; bungler *2* (*imbroglione*) swindler.

arrugginìre ***A*** *v. t.* to rust ● **a. i muscoli**, to make sb.'s muscles stiff ***B*** *v. i. e* **arrugginìrsi** *v. i. pron.* ***1*** to rust; to grow* rusty ***2*** (*di muscoli*) to get stiff.
arrugginìto *a.* ***1*** rusty ***2*** (*fig.*) rusty; (*di muscoli*) stiff.
arruolaménto *m.* (*mil.*) enlistment; recruitment; (*volontario*) enlistment, joining up.
arruolàre ***A*** *v. t.* to enlist; to call* up; to draft (*USA*) ***B*** **arruolàrsi** *v. rifl.* (*mil.*) to join up; to enlist.
arsèlla *f.* (*zool.*) clam.
arsenàle *m.* ***1*** (*cantiere*) shipyard; dockyard ***2*** (*mil. e estens.*) arsenal ***3*** (*quantità di cose*) heap; mass.
arsènico *m.* (*chim.*) arsenic.
àrso *a.* ***1*** burned, burnt ***2*** (*riarso*) dry; parched.
arsùra *f.* ***1*** (*dell'atmosfera*) heat ***2*** (*siccità*) drought ***3*** (*sete*) burning thirst; dryness in the mouth.
àrte *f.* ***1*** art: **le belle arti**, the fine arts; **arti figurative** [**applicate**], figurative [applied] arts; **opera d'a.**, work of art ***2*** (*mestiere*) craft; trade ***3*** (*maestria*) ability; skill; craftsmanship; (*talento*) talent ***4*** (*artificio*) art; guile; trick ***5*** (*stor.*: *corporazione*) guild ● **a. di governo**, statesmanship □ **a. marinaresca**, seamanship □ **a. oratoria**, oratory □ **l'a. per l'a.**, art for art's sake □ **arti e mestieri**, arts and crafts □ **ad a.** (*apposta*), on purpose □ **fatto a regola d'a.**, well done; beautifully crafted □ **fatto con a.** [**senz'a.**], skilfully [clumsily] done □ **non avere né a. né parte**, to be a good-for-nothing.
artefàtto *a.* ***1*** adulterated; (*falsificato*) faked, counterfeit ***2*** (*innaturale*) artificial; affected.
artéfice *m.* ***1*** maker; craftsman* ***2*** (*autore*) author.
artemìṣia *f.* (*bot.*) artemisia.
artèria *f.* ***1*** (*anat.*) artery ***2*** (*fig.*) artery; (*strada, anche*) route, thoroughfare.
arterioscleròṣi *f.* (*med.*) arteriosclerosis.
arterioscleròtico *a.* (*med.*) arteriosclerotic.
arterióso *a.* (*anat.*) arterial.
arteṣiàno *a.* artesian: **pozzo a.**, artesian well.
àrtico *a.* (*geogr.*) arctic: **il circolo polare a.**, the Arctic Circle; **emisfero a.**, northern hemisphere; **il polo a.**, the North Pole.
articolàre (1) *a.* (*anat.*) articular.
articolàre (2) ***A*** *v. t.* ***1*** (*un arto*) to articulate ***2*** (*pronunciare bene*) to articulate; (*proferire*) to utter ***3*** (*suddividere*) to subdivide; to organize: **a. un testo in capitoli**, to organize a text into chapters ***B*** **articolàrsi** *v. i. pron.* ***1*** (*di arto*) to be articulated ***2*** (*suddividersi*) to be composed (of); to be divided (into).
articolàto (1) *a.* ***1*** (*anat.*) articulated ***2*** (*di suono*) articulate ***3*** (*mecc.*) jointed; hinged; articulated ***4*** (*strutturato*) organic; structured.
articolàto (2) *a.* (*gramm.*) combined with an article.
articolazióne *f.* ***1*** (*anat.*) articulation; joint ***2*** (*di suono*) articulation ***3*** (*mecc.*) articulated joint.
articolìsta *m. e f.* (*giorn.*) columnist.
artìcolo *m.* ***1*** (*gramm.*) article: **a. determinativo** [**indeterminativo**], definite [indefinite] article ***2*** (*comm.*) article; item; (*al pl., collett.*) goods, merchandise Ⓤ: **trattare un a.**, to deal in a type of merchandise; **un a. molto richiesto**, a very popular item; **articoli di lusso**, luxury goods ***3*** (*giorn.*) article: **a. di fondo**, editorial; leading article ***4*** (*leg.*) article; paragraph; section ● **articoli da cucina**, kitchen utensils □ **articoli di cartoleria**, stationery Ⓤ □ **a. di fede**, article of faith □ **articoli di vestiario**, clothing Ⓤ □ **articoli di lana**, woollens □ **articoli vari**, sundries.
artificiàle *a.* ***1*** artificial; man-made: **fiore a.**, artificial flower; **fibra a.**, man-made fibre ***2*** (*artefatto*) artificial; affected.
artificière *m.* ***1*** (*mil.*) artificer ***2*** (*chi disinnesca bombe*) bomb-disposal expert ***3*** (*pirotecnico*) pyrotechnist.
artifìcio *m.* ***1*** (*espediente*) artifice; device; stratagem ***2*** (*affettazione*) affectation.
artificióso *a.* ***1*** artificial; contrived ***2*** (*affettato*) affected.
artigianàle *a.* ***1*** (*di artigiano*) artisan (*attr.*); craft (*attr.*) ***2*** (*fatto da artigiano*) handcrafted; (*di produzione casalinga*) homemade ***3*** (*dilettantesco*) non-professional; amateurish. ● **mestiere a.**, craft □ **prodotti artigianali**, handicrafts.
artigianàto *m.* ***1*** (*gli artigiani*) craftsmen (*pl.*) ***2*** (*l'attività*) crafts (*pl.*); handicrafts (*pl.*).
artigiàno ***A*** *a.* artisan (*attr.*) ***B*** *m.* craftsman*; artisan.
artiglière *m.* (*mil.*) artilleryman*; gunner.
artiglierìa *f.* (*mil.*) ***1*** (*i pezzi*) artillery; ordnance: **a. da campagna** [**pesante**], field [heavy] artillery; **pezzo di a.**, piece of ordnance ***2*** (*la specialità*) artillery; gunnery.
artìglio *m.* ***1*** claw; (*di rapace*) talon ***2*** (*al pl.*) (*fig.*) clutches ● (*fig.*) **tirar fuori gli artigli**, to show one's claws.
artìsta *m. e f.* artist ● **a. di teatro**, actor (*m.*); actress (*f.*) □ **a. del varietà**, (variety) artist(e) □ **a. dello schermo**, screen actor (*f.* actress); film star.
artisticaménte *avv.* artistically.
artìstico *a.* artistic; art (*attr.*): **temperamento a.**, artistic temperament; **liceo a.**, art school.
àrto *m.* (*anat.*) limb.
artrìte *f.* (*med.*) arthritis.
artrìtico *a. e m.* (*med.*) arthritic.
artròṣi *f.* (*med.*) arthrosis*.
arturiàno *a.* (*letter.*) Arthurian: **il ciclo a.**, the Arthurian cycle.
arvìcola *f.* (*zool.*) (water) vole.
arẓigogolàre *v. i.* ***1*** (*fantasticare*) to daydream; to muse (over) ***2*** (*cavillare*) to quibble; to cavil.
arzigogolàto *a.* intricate; tortuous; far-fetched.
arẓigògolo *m.* ***1*** (*cavillo*) quibble; cavil ***2*** (*giro di parole*) circumlocution ***3*** (*espediente*) twist; contrivance.
arẓìllo *a.* sprightly; spry; hale and hearty.
aṣbùrgico *a.* Habsburg (*attr.*).
ascèlla *f.* (*anat.*) armpit.
ascendènte ***A*** *a.* ascending; rising; upward: (*mus.*) **scala a.**, ascending scale; **tendenza a.**, upward trend ***B*** *m.* ***1*** (*influenza*) influence; ascendancy ***2*** (*astron., astrol.*) ascendant ***3*** (*antenato*) ancestor.
ascendènza *f.* ancestors (*pl.*).
ascéndere *v. i.* to ascend; to rise*: **a. al trono**, to ascend the throne.
ascensionàle *a.* ascensional.
ascensióne *f.* ***1*** ascension: (*relig.*) **la festa dell'A.**, Ascension Day ***2*** (*sport*) ascent; climb.
ascensionìsta *m. e f.* (*sport*) climber.
ascensóre *m.* lift (*GB*); elevator (*USA*) ● **appartamento senza a.**, walk-up (apartment) (*USA*).
ascensorìsta *m.* lift operator; liftboy.
ascésa *f.* ascent; (*anche econ.*) rise: **l'a. dei prezzi**, the rise in prices ● **a. al trono**, accession to the throne □ **in a.**, rising; growing; (*in espansione*) expanding.
ascèṣi *f.* asceticism.
ascèsso *m.* (*med.*) abscess.
ascèta *m. e f.* ascetic.
ascètico *a.* ascetic.
ascetìṣmo *m.* asceticism.
àscia *f.* axe; (*scure*) hatchet ● (*fig.*) **seppellire l'a. di guerra**, to bury the hatchet □ (*fig.*) **tagliato con l'a.**, (*di viso*) angular; (*di lavoro*) rough and ready, cobbled together.
ascìssa *f.* (*mat.*) abscissa*; x-coordinate.
asciugabiancherìa *m. invar.* clothes dryer; tumble dryer.
asciugacapélli *m.* hairdryer.
asciugamàno *m.* towel.
asciugàre ***A*** *v. t.* to dry; to wipe: **a. i piatti**, to dry the dishes; **asciugarsi le mani**, to dry (*o* to wipe) one's hands; **asciugarsi il sudore**, to wipe away one's sweat; **a. il pavimento**, to mop the floor ***B*** *v. i. e* **asciugàrsi** *v. i. pron.* to dry; to get* dry: **stendere il bucato ad asciugare**, to hang out the washing to dry ***C*** **asciugàrsi** *v. rifl.* to dry oneself.
asciuttézza *f.* ***1*** dryness ***2*** (*di tono*) brusqueness; curtness ***3*** (*della figura*) leanness.
asciùtto ***A*** *a.* ***1*** dry: **tempo a.**, dry weather; **occhi asciutti**, dry eyes ***2*** (*brusco*) brusque; curt ***3*** (*di figura*) lean ***B*** *m.* dry place; dry ground ● **all'a.**, on dry ground; (*al riparo dalla pioggia*) out of the rain; (*senza soldi*) penniless, hard up (*fam.*).
ascoltàre *v. t.* ***1*** to listen (to): **a. musica**, to listen to music; **Ti ascolto**, I'm listening (to you) ***2*** (*esaudire*) to hear* ● **a. i consigli di q.**, to take sb.'s advice □ **a. di nascosto**, to eavesdrop (on st.) □ **a. fino in fondo**, to hear out □ **a. Messa**, to attend (o to hear) Mass.
ascoltatóre *m.* (*f.* **-trice**) ***1*** listener ***2*** (*al pl.*) (*uditorio*) audience (*col verbo al sing. o al pl.*).
ascólto *m.* listening; hearing ● **dare a. a q.**, to listen to sb.; (*dare retta*) to pay attention to sb. □ **essere** (*o* **stare**) **in a.**, to be listening □ (*radio, TV*) **indice di a.**, rating □ **mettersi in a.**, to start listening; (*radio, TV*) to tune in.
ascrìvere *v. t.* ***1*** (*annoverare*) to count ***2*** (*attribuire*) to

ascribe; to put* down (to): **a. q.c. a una coincidenza**, to put st. down to coincidence • **Gli fu ascritto a merito [a lode]**, he was given credit [he was praised] for it.
asessuàle *a.* (*biol.*) asexual.
asessuàto *a.* **1** (*biol.*) asexual **2** (*fig.*) sexless; neutral.
asèttico *a.* **1** (*med.*) aseptic **2** (*fig.*) neutral.
asfaltàre *v. t.* to asphalt.
asfaltàto *a.* asphalt (*attr.*): **strada asfaltata**, asphalt road • **strada non asfaltata**, unsurfaced road; dirt road.
asfaltatùra *f.* **1** (*l'asfaltare*) asphalting **2** (*asfalto*) asphalt.
asfàlto *m.* asphalt.
asfissìa *f.* (*med.*) asphyxia; asphyxiation.
asfissiànte *a.* **1** (*med.*) asphyxiating **2** (*opprimente*) stifling; suffocating **3** (*seccante*) boring, tiresome; (*fastidioso*) pestering.
asfissiàre ***A*** *v. t.* **1** (*med.*) to asphyxiate; (*col gas*) to gas **2** (*seccare*) to bother; (*infastidire*) to pester ***B*** *v. i.* to die from asphyxia (*o* asphyxiation); to be asphyxiated ***C*** **asfissiàrsi** *v. rifl.* to gas oneself.
asfissiàto *a.* asphyxiated • **morire a.**, to die from asphyxia (*o* asphyxiation); to be asphyxiated.
asfittico *a.* **1** (*med.*) asphyxiated **2** (*fig.*) feeble.
asfodèlo *m.* (*bot.*) asphodel.
aṣiàtico *a. e m.* Asian (*f.* Asian woman*).
àṣilo *m.* **1** (*rifugio*) refuge; shelter; (*polit.*) asylum: **cercare a.**, to seek refuge (*o* shelter); **trovare a.**, to find shelter; (*polit.*) **diritto d'a.**, right of asylum **2** (*anche* **a. infantile**) nursery school; preschool (*USA*); kindergarten (*ted.*) • **a. nido**, crèche (*franc.*).
asimmetrìa *f.* asymmetry.
asimmètrico *a.* asymmetric(al).
àsina *f.* **1** she-ass; jenny **2** *V.* **asino**, *def. 2 e 3*.
asincroniṣmo *m.* asynchronism.
asincrono *a.* asynchronous.
asindeto *m.* (*gramm.*) asyndeton*.
asinerìa *f.* **1** ignorance **2** (*osservazione stupida*) foolish remark **3** (*errore*) gross mistake.
àsino *m.* **1** (*zool.*) ass; donkey; (*maschio*) jackass **2** (*ignorante*) ignoramus; blockhead **3** (*stupido*) fool; idiot: **Pezzo d'a.**, you big fool!; you blithering idiot! • **credere che gli asini volino**, to swallow anything □ **essere come l'a. di Buridano**, to be unable to make up one's mind; to fall between two stools □ **lavare la testa all'a.**, to waste one's time □ **Qui casca l'a.**, there's the rub.
asìṣmico *a.* aseismic.
àṣma *m. o f.* (*med.*) asthma.
aṣmàtico *a.* (*med.*) asthmatic.
asociàle *a.* asocial.
àṣola *f.* buttonhole.
aspàrago *m.* (*bot.*) asparagus*.
aspèrgere *v. t.* (*lett.*) to sprinkle.
asperità *f.* **1** (*l'essere ruvido*) roughness; coarseness **2** (*sporgenza*) irregularity; protuberance **3** (*asprezza*) asperity; harshness **4** (*difficoltà*) trouble; difficulty.
aspèrrimo *a.* very bitter; very harsh; very hard.
aspersióne *f.* aspersion.
aspersòrio *m.* (*eccles.*) aspergillum*.
aspettàre *v. t.* **1** to wait (for sb., st.); to await (*form.*): **a. a lungo**, to wait a long time; **Questo può a. fino a domani**, this can wait until tomorrow; **a. un amico [l'autobus]**, to wait for a friend [for the bus]; **a. che smetta di piovere**, to wait for the rain to stop; **Che cosa aspettate?**, what are you waiting for?; **Una sorpresa lo aspettava**, a surprise awaited him; **a. un'occasione**, to wait for an opportunity **2** (*prevedere l'arrivo*) to expect: **Lo aspettiamo per le tre**, we are expecting him at three **3** (**aspettarsi**) to expect: **Mi aspettavo una risposta simile**, I expected such an answer; **Mi aspettavo che ne parlasse**, I expected him to mention it; **C'era da aspettarselo**, it was only to be expected; **Da lui non me l'aspettavo**, I didn't expect it of him; **Me l'aspettavo!**, I knew it! • **a. un figlio**, to be expecting; to be pregnant □ **a. il proprio turno**, to wait one's turn □ **a. q.c. con ansia**, to look forward to st. □ **fare a. q.**, to keep sb. waiting □ **farsi a.**, to keep people waiting; (*di cose*) to be late □ **Aspetta e vedrai!**, wait and see!; (*minaccia*) just you wait! □ **Aspetta e spera!**, that'll be the day!
aspettativa *f.* **1** expectation; anticipation; (*speranza*) hope: **corrispondere all'a.**, to come up to sb.'s expectations; **deludere le aspettative**, to fall short of sb.'s expectations; **contro ogni a.**, against all expectations **2** (*congedo temporaneo*) leave (of absence): **essere in a.**, to be on leave; **mettersi in a.**, to take extended leave; **a. per malattia**, sick leave.
aspètto *m.* **1** (*di cosa*) appearance; look **2** (*di persona*) appearance; (*del viso*) looks (*pl.*); (*sembianze*) likeness: **a. sano**, healthy looks; **avere un a. sano [triste, allegro]**, to look healthy [sad, cheerful]; **Hai un brutto a.**, you don't look well; **Che a. ha?**, what does he look like?; **di bell'a.**, good-looking **3** (*di situazione*) aspect; respect; facet: **per** (*o* **sotto**) **certi aspetti**, in some respects; **considerare q.c. sotto più aspetti**, to consider st. from various points of view **4** (*gramm.*) aspect.
aspic (*franc.*) *m. invar.* (*cucina*) meat [fish, etc.] in aspic.
àspide *m.* (*zool.*) asp.
aspirànte ***A*** *a.* **1** aspiring **2** (*mecc.*) suction (*attr.*): **pompa a.**, suction pump ***B*** *m. e f.* **1** aspirant; candidate; (*chi fa domanda*) applicant: **a. alla presidenza**, aspirant to the presidency; **a. a un posto**, candidate for a job **2** (*naut.*) midshipman* **3** (*aeron.*) air-force cadet • (*boxe*) **a. al titolo**, challenger.
aspirapólvere *m.* vacuum cleaner; hoover ® (*fam. GB*) • **passare l'a. su q.c.**, to vacuum(-clean) (*o* to hoover) st.
aspiràre ***A*** *v. t.* **1** to breathe in; to inhale **2** (*mecc.*) to suck up **3** (*fon.*) to aspirate ***B*** *v. i.* to aspire (to); to aim (at): **a. a una nomina [alla fama]**, to aspire to an appointment [to fame].
aspiratóre *m.* (*ind., mecc.*) aspirator; extractor fan; exhaust fan.
aspirazióne *f.* **1** (*inalazione*) inhalation, breathing in **2** (*desiderio*) aspiration **3** (*mecc.*) suction; intake **4** (*fon.*) aspiration.
aspirìna ® *f.* (*farm.*) aspirin.
àspo *m.* (*ind. tess.*) reel.
asportàbile *a.* removable.
asportàre *v. t* to take* away; (*anche med.*) to remove.
asportazióne *f.* (*anche med.*) removal.
aspòrto *m.* removal • **materiale da a.**, excavated earth □ **cibi da a.**, takeaway (*USA* takeout) (food).
asprézza *f.* **1** (*di sapore*) sourness; tartness **2** (*ruvidezza*) roughness; coarseness **3** (*fig.*) harshness.
asprìgno ***A*** *a.* sourish ***B*** *m.* sour taste.
àspro *a.* **1** (*di sapore*) sour; tart **2** (*di suono*) harsh; grating **3** (*fig.*) harsh; bitter; (*arduo*) hard; (*violento*) fierce: **parole aspre**, harsh words; **aspra lotta**, fierce fight.
assaggiàre *v. t.* **1** (*anche fig.*) to taste; to try **2** (*mangiare poco*) to take* a bite (of) • (*fig. iron.*) **far a. q.c. a q.**, to give sb. a taste of st.
assaggiatóre *m.* (*f.* **-trìce**) taster.
assàggio *m.* **1** (*l'assaggiare*) tasting **2** (*piccola quantità*) taste **3** (*campione*) sample **4** (*ind. min., chim.*) assay.
assài *avv.* (*molto*) very; much: **a. tardi**, very late; **a. più vecchio**, much older • **M'importa a.!**, I couldn't care less! □ (*iron.*) **Sa a., lui!**, he doesn't know a thing about it!
assàle *m.* (*mecc.*) axle.
assalìre *v. t.* **1** to attack; to assault **2** (*fig.*) to assail; to overcome*; to seize: **Fu assalito dai dubbi**, he was assailed (*o* overcome) with doubts; **Fui assalito dalla paura**, I was seized with fear.
assalitóre *m.* (*f.* **-trìce**) assailant; attacker.
assaltàre *v. t.* **1** to assault; to attack; (*dare l'assalto a*) to storm **2** (*rapinare*) to raid; to hold* up: **a. una banca**, to rob a bank.
assàlto *m.* **1** (*mil.*) assault; attack: **muovere all'a. di** (*o* **dare l'a. a**), to make an assault on; to attack; **prendere d'a.**, to take by storm; (*fig.*) to besiege **2** (*rapina*) raid; hold-up **3** (*sport*) bout; (*boxe*) round • (*fig.*) **d'a.** (*energico*), aggressive □ (*mil.*) **truppe d'a.**, storm troops.
assaporàre *v. t.* to savour; to taste.
assassinàre *v. t.* **1** to murder; (*per motivi politici*) to assassinate **2** (*fig.*) to ruin; (*musica, ecc.*) to murder.
assassinio *m.* murder; (*politico*) assassination.
assassino ***A*** *m.* (*f.* **-a**) **1** murderer; (*politico*) assassin **2** (*fig.*) criminal; butcher ***B*** *a.* **1** murderous **2** (*provocante*) seductive.
àsse (1) *f.* (*di legno*) board; plank • **a. da stiro**, ironing board □ (*sport*) **a. d'equilibrio**, balance beam.
àsse (2) *m.* **1** (*geom., geogr.*) axis* **2** (*mecc.*) axle **3** — (*stor.*) **l'A.**, the Axis.

àsse (**3**) *m.* (*leg.*) — **a. ereditario**, hereditament □ **a. patrimoniale**, estate.
assecondàre *v. t.* ***1*** (*appoggiare*) to back; to support ***2*** (*esaudire*) to comply with; to indulge ***3*** (*accontentare*) to humour.
assediànte ***A*** *m. e f.* besieger ***B*** *a.* besieging.
assediàre *v. t.* ***1*** (*mil.*) to besiege ***2*** (*importunare*) to pester; to beset* ***3*** (*circondare*) to surround; to crowd round.
assèdio *m.* (*mil.*) siege: **cingere d'a.**, to lay siege to; **levare l'a.**, to raise the siege • **sfuggire all'a. dei giornalisti**, to escape the throng of reporters.
assegnaménto *m.* reliance; trust • **far a. su**, to count (*o* to rely) on.
assegnàre *v. t.* ***1*** (*destinare*) to assign (*anche leg.*); (*fondi*) to allocate: **a. q. a un incarico**, to assign sb. to a job ***2*** (*dare*) to give*; to assign; (*porre*) to set*; (*fissare*) to fix, to set*: **a. un compito**, to assign (*o* to set) a task; (*teatr.*) **a. una parte**, to assign a role; **a. una scadenza**, to set a deadline ***3*** (*concedere*) to grant: **a. una pensione**, to award a pension ***4*** (*aggiudicare*) to award: **a. un premio**, to award a prize ***5*** (*mil.*) to detail.
assegnatàrio *m.* (*leg.*) assignee.
assegnazióne *f.* assignment; allotment; (*di fondi*) allocation; (*concessione*) grant • **a. dei premi**, awarding of prizes; (*cerimonia*) prize-giving (ceremony) □ (*teatr.*) **a. delle parti**, casting.
asségno *m.* ***1*** allowance; benefit: **assegni familiari**, family allowance; child benefit ***2*** (*a. bancario*) cheque, check (*USA*): **a. al portatore**, cheque to bearer; **a. in bianco**, blank cheque; **a. a vuoto** (*o* **scoperto**), bad (*o* dud) cheque (*fam.*); **a. circolare**, bank (*o* banker's) draft; **a. non trasferibile**, non-negotiable cheque; **a. sbarrato** [**non sbarrato**], crossed [open] cheque; **libretto degli assegni**, chequebook • **a. di studio**, grant □ **a. vitalizio**, life annuity □ (**spedizione**) **contro a.**, cash on delivery (*abbr.* C.O.D.).
assemblàggio *m.* (*ind.*) assembly.
assemblàre *v. t.* to assemble.
assemblèa *f.* ***1*** meeting: **a. degli azionisti**, shareholders' meeting ***2*** (*polit.*) assembly: **a. legislativa**, legislative assembly.
assembraménto *m.* gathering; (*folla*) crowd: **proibire gli assembramenti**, to forbid public gatherings; **fare a.**, to form a crowd; **Si formò un a.**, a crowd gathered.
assennatézza *f.* sensibleness; common sense.
assennàto *a.* sensible; judicious.
assènso *m.* assent; approval.
assentàrsi *v. i. pron.* to leave*; to absent oneself (*form.*).
assènte ***A*** *a.* ***1*** absent; (*lontano*) away: **a. da scuola**, absent from school; **a. da casa**, away from home; **a. ingiustificato**, absent without leave ***2*** (*fig.*) absent; absent-minded: **espressione a.**, absent-minded expression; **sguardo a.**, blank look ***B*** *m. e f.* someone not present; absentee (*form.*): **gli assenti e i presenti**, those absent and those present; **Eri l'unico a. ieri**, you were the only one not there yesterday.
assenteìsmo *m.* absenteeism.
assenteìsta *m. e f.* habitual absentee (from work).
assentìre *v. i.* to consent • **a. col capo**, to nod (in agreement).
assènza *f.* ***1*** absence; non-attendance: **a. ingiustificata**, absence without leave; **fare molte assenze**, to be absent several times; (*a scuola*) to miss several classes; **in mia a.**, during my absence; while I'm [I was] away ***2*** (*mancanza*) absence; lack: **a. di luce**, absence of light; **a. di gusto**, lack of taste; **a. di peso**, weightlessness • **accorgersi dell'a. di q.** [**q.c.**], to miss sb. [st.] □ **brillare per la propria a.**, to be conspicuous by one's absence.
assènzio *m.* ***1*** (*bot.*) wormwood ***2*** (*liquore*) absinth(e).
asserìre *v. t.* to declare; (*sostenere*) to claim; (*senza prove*) to allege: **Asserì di non saperne nulla**, he declared he knew nothing about it; **Asserisce di averti pagato**, he claims he paid you.
asserragliàrsi *v. rifl.* to barricade oneself.
assèrto *m.* assertion.
assertóre *m.* (*f.* **-trice**) (*fautore*) upholder; advocate; champion.
asserviménto *m.* enslavement; subjection.
asservìre ***A*** *v. t.* to enslave; to subjugate ***B*** **asservìrsi** *v. rifl.* to become* a slave; to submit.
asserzióne *f.* assertion; statement; (*senza prove*) allegation.
assessoràto *m.* ***1*** (*carica*) councillorship ***2*** (*sede*) council office.
assessóre *m.* councillor; councilman* (*USA*): **a. al traffico** [**all'igiene**], councillor responsible for traffic [for health].
assestaménto *m.* settling (*anche edil.*); adjustment: **a. del carico** [**del terreno**], settling of the load [of the ground]; **periodo di a.**, period of adjustment; settling-down period • (*geol.*) **scossa di a.**, aftershock.
assestàre ***A*** *v. t.* ***1*** (*sistemare*) to arrange; to settle ***2*** (*regolare*) to adjust ***3*** (*dare*) to deal*; to deliver: **a. un colpo**, to deal a blow ***B*** **assestàrsi** *v. rifl. e i. pron.* to settle (*anche edil.*); to settle down.
assetàto *a.* ***1*** thirsty ***2*** (*fig.*) thirsting (for) ***3*** (*di terreno*) parched; dry • **essere a. di libertà**, to thirst for freedom.
assètto *m.* ***1*** order; arrangement; lay-out: **a. urbano**, town lay-out ***2*** (*ordinamento*) structure; set-up: (*fin.*) **a. societario**, company structure; **a. politico**, political set-up ***3*** (*naut.*) trim ***4*** (*aeron.*) attitude; trim • **in a. di guerra**, in fighting trim.
assiàle *a.* (*mat., mecc.*) axial.
assicèlla *f.* small board; (*edil.*) lath, batten.
assicuràbile *a.* (*ass.*) insurable.
assicuràre ***A*** *v. t.* ***1*** (*dare per sicuro*) to assure (sb. of st.): **Gli assicurai il mio appoggio**, I assured him of my support; **Ti assicuro che è vero**, I assure (*o* I promise) you it's true ***2*** (*rendere sicuro, procurare*) to ensure; to provide: **a. i rifornimenti**, to ensure supplies ***3*** (**assicurarsi**: *ottenere*) to secure; to get*; to win*: **assicurarsi un buon posto (a sedere)**, to secure a good seat; **assicurarsi un contratto,** to win a contract ***4*** (*ass.*) to insure; (*sulla vita, anche*) to assure (*GB*); (*naut.*) to underwrite: **a. l'auto contro il furto**, to insure one's car against theft ***5*** (*una lettera*) to register ***6*** (*fissare, legare*) to secure; to fasten; to tie up ***7*** (*consegnare*) to deliver: **a. q. alla giustizia**, to deliver sb. to justice ***B*** **assicuràrsi** *v. rifl.* ***1*** (*accertarsi*) to make* sure; to assure oneself; to ensure: **a. che tutto sia a posto**, to make sure everything is all right ***2*** (*ass.*) to take* out an insurance; to insure: **a. sulla vita**, to take out life insurance; **a. contro gli incendi**, to insure against fire; to take out fire insurance ***3*** (*legarsi*) to fasten (*o* to secure) oneself.
assicuràta *f.* registered letter; registered parcel.
assicuratìvo *a.* (*ass.*) insurance (*attr.*).
assicuràto ***A*** *a.* ***1*** (*ass.*) insured ***2*** guaranteed; assured; sure ***B*** *m.* (*ass.*) insured party; policy holder.
assicuratóre ***A*** *m.* (*ass.*) insurer ***B*** *a.* insurance (*attr.*): **compagnia assicuratrice**, insurance company.
assicurazióne *f.* ***1*** assurance: **dare a. di q.c.**, to give assurance of st.; to assure (sb.) of st. ***2*** (*ass.*) insurance: **stipulare un'a.**, to take out an insurance; **a. sulla vita**, life insurance (*o*, *GB*, assurance); **a. contro l'incendio** [**le malattie, gli infortuni**], fire [health, accident] insurance; **a. di responsabilità civile** (*o* **contro terzi**), third party insurance; **a. volontaria**, private insurance; **compagnia** [**agente**] **di assicurazioni**, insurance company [agent]; **coperto da a.**, insured.
assideraménto *m.* exposure.
assideràre ***A*** *v. t.* to freeze* ***B*** *v. i. e* **assideràrsi** *v. i. pron.* ***1*** (*med.*) to suffer from exposure ***2*** (*essere infreddolito*) to freeze* (to death).
assideràto *a.* ***1*** (*med.*) suffering from exposure; (*morto a.*) dead from exposure ***2*** (*infreddolito*) frozen; numb with cold.
assiduità *f.* ***1*** assiduity; assiduousness ***2*** (*diligenza*) diligence; application ***3*** (*frequenza regolare*) regular attendance.
assìduo *a.* ***1*** (*costante*) constant; assiduous: **sforzi assidui**, constant efforts ***2*** (*diligente*) diligent ***3*** (*regolare*) regular: **visitatore a.**, regular visitor; **essere a. alle lezioni**, to attend lectures regularly.
assième *V.* **insieme**.
assiepaménto *m.* ***1*** crowding; thronging ***2*** (*folla*) crowd; throng.
assiepàre ***A*** *v. t.* to crowd; to surround ***B*** **assiepàrsi** *v. i. pron.* to crowd; to surround (st.).
assillànte *a.* (*insistente*) insistent, pestering; (*tormentoso*) tormenting, nagging; (*opprimente*) fussy: **richieste assil-**

lanti, insistent demands; **dubbio a.**, nagging doubt; **madre a.**, fussy mother.
assillàre *v. t.* (*essere insistente*) to pester; (*tormentare*) to worry, to nag, to niggle; (*essere troppo premuroso*) to fuss (over sb.).
assillo *m.* nagging thought; worry.
assimilàre *v. t.* (*anche fig.*) to assimilate; to absorb.
assimilazióne *f.* assimilation.
assiòlo *m.* (*zool.*) scops owl.
assiòma *m.* axiom.
assiomàtico *a.* axiomatic; self-evident.
assìro *a. e m.* Assyrian.
assìse *f. pl.* *1* (*stor.*) assizes *2* (*leg., anche* **Corte d'A.**), Court of Assizes.
assistentàto *m.* assistantship.
assistènte *m. e f.* assistant: **a. alla regia**, assistant director • **a. di volo**, steward (*m.*); stewardess (*f.*); cabin attendant □ **a. sociale**, social worker; welfare officer.
assistènza *f.* *1* (*presenza*) presence; attendance *2* (*aiuto*) help; assistance; aid: **a. psichiatrica**, psychiatric help; **a. legale**, legal aid *3* (*cura*) care; nursing; treatment: **a. ospedaliera**, hospital care; **a. infermieristica**, nursing; **a. postoperatoria**, aftercare *4* (*servizio sociale*) care; welfare: **a. sanitaria**, health care; **a. sociale**, welfare services (*pl.*) *5* (*tecn.*) assistance; service: **a. tecnica**, technical assistance; **a. clienti**, customer service • **prestare a. a q.**, to help sb. □ **servizio (di) a.**, (*comm., autom.*) servicing; (*su strada*) breakdown service.
assistenziàle *a.* charitable; welfare (*attr.*): **ente a.**, charitable institution; **Stato a.**, welfare state; **opere assistenziali**, charities; **attività a.**, charity work.
assistenzialismo *m.* welfarism.
assìstere *A v. i.* *1* (*trovarsi presente*) to be present (at); (*essere testimone*) to witness (st.): **a. a una cerimonia**, to be present at a ceremony; **a. a un incidente**, to witness an accident *2* (*guardare*) to watch (st.): **a. a uno spettacolo**, to watch a show *3* (*frequentare*) to attend (st.): **a. a una lezione**, to attend a lecture *B v. t.* *1* (*aiutare*) to help; to assist *2* (*accudire*) to nurse; to look after *3* (*leg.*) to defend • **Che Dio ci assista!**, God help us! □ **Se la fortuna mi assiste**, if luck is on my side.
assistito *m.* (*f.* **-a**) *1* (*di ente*) beneficiary *2* (*leg.*) client.
assito *m.* *1* (*tramezzo*) wood partition; boarding Ⓤ *2* (*pavimento*) wooden floor; floor boards (*pl.*).
àsso *m.* *1* (*delle carte*) ace *2* (*fig.*) champion; ace; genius; wizard: **un a. con le carte**, an wizard at cards; **a. del volante**, top racing-driver; driving ace; **un a. in fisica**, a genius at physics • (*fig.*) **avere un a. nella manica**, to have an ace up one's sleeve □ **piantare in a. q.**, (*andarsene*) to leave sb. standing; (*lasciare nei guai*) to leave sb. in the lurch.
associàre *A v. t.* *1* to associate; to join; (*collegare*) to connect: **a. idee**, to associate ideas *2* (*eleggere membro*) to make* (sb.) a member (of); to admit *3* (*prendere come socio*) to take* (sb.) into partnership *B* **associàrsi** *v. rifl.* *1* (*farsi socio*) to become* a member (of); to join (st.): **a. a un circolo**, to join a club *2* (*partecipare*) to share (st.) *3* (*unirsi*) to join; to join forces; to team up; to unite: **Si associa a me nel ringraziarvi**, he joins (with) me in thanking you; **a. contro q.**, to join forces against sb. *4* (*diventare socio*) to go* into partnership (with).
associatìvo *a.* associative.
associàto *A m.* (*f.* **-a**) *1* associate; member *2* (*comm.*) partner; associate *B a.* (*comm.*) in partnership.
associazióne *f.* *1* (*collegamento*) association; connection: **a. d'idee**, association of ideas *2* (*partecipazione*) participation *3* (*società*) society; association; club • **a. operaia**, trade union □ (*leg.*) **a. per delinquere**, criminal association □ **quota di a.**, membership fee.
associazionismo *m.* (*psic.*) associationism.
assodàre *v. t.* (*accertare*) to ascertain; to find* out.
assoggettaménto *m.* *1* subjection *2* (*l'assoggettarsi*) submission.
assoggettàre *A v. t.* *1* (*sottomettere*) to subdue; to subjugate *2* (*sottoporre*) to subject *B* **assoggettàrsi** *v. rifl.* to submit.
assolàto *a.* sunny.
assoldàre *v. t.* to hire; to recruit.
assólo *m.* (*mus.*) solo*.
assolutaménte *avv.* absolutely; completely; totally; utterly: **a. impossibile**, absolutely impossible; **Sono a. d'accordo con te**, I totally agree with you; **Non voglio a. vederlo**, I don't want to see him at all; I won't see him on any account; **a. no**, absolutely not; not at all.
assolutézza *f.* absoluteness.
assolutismo *m.* absolutism.
assolutìsta *m. e f.* absolutist.
assolùto *a.* *1* absolute: **maggioranza assoluta**, absolute majority; **potere a.**, absolute power; (*fis.*) **zero a.**, absolute zero *2* (*totale*) absolute; total; utter; full: **certezza assoluta**, absolute certainty; **silenzio a.**, utter silence; **fiducia assoluta**, full confidence • **il più grande in a.**, by far the greatest.
assolutòrio *a.* (*leg.*) acquitting • **sentenza assolutoria**, acquittal.
assoluzióne *f.* *1* (*leg.*) acquittal *2* (*eccles.*) absolution.
assòlvere *v. t.* *1* (*leg.*) to acquit: **a. dall'accusa di omicidio**, to acquit of (the charge of) murder *2* (*discolpare*) to exonerate; to exculpate *3* (*eccles.*) to absolve *4* (*compiere*) to perform: **a. un dovere**, to perform a duty.
assolviménto *m.* discharge; performance.
assomigliàre *V.* **somigliare**.
assommàre *A v. t.* (*riunire*) to combine; to unite *B v. i.* (*ammontare*) to amount (to); to add up (to) *C* **assommàrsi** *v. i. pron.* (*aggiungersi*) to add (to).
assonànza *f.* assonance.
assonnàto *a.* sleepy; drowsy.
assopiménto *m.* drowsiness.
assopire *A v. t.* to make* drowsy *B* **assopirsi** *v. i. pron.* to doze off.
assopito *a.* dozing.
assorbènte *A a.* *1* absorbing; absorbent *2* (*che assorbe rumore*) deadening; sound-proofing • **carta a.**, blotting paper *B m.* absorbent • **a. igienico**, sanitary towel (*USA* napkin) □ **a. interno**, tampon.
assorbiménto *m.* *1* absorption *2* (*concentrazione*) absorption; engrossment *3* (*fin.: di azienda*) takeover.
assorbìre *v. t.* *1* to absorb; (*un liquido*) to soak up: **a. calore**, to absorb heat; **La terra assorbe la pioggia**, the earth soaks up the rain *2* (*assimilare*) to assimilate *3* (*smorzare*) to deaden; to cushion *4* (*impegnare*) to take* up; to engross: **Questo lavoro assorbe tutto il mio tempo**, this job is taking up all my time; **Il suo lavoro lo assorbiva tutto**, he was completely engrossed in his work *5* (*risorse, ecc.*) to use up; to take* up; to swallow: **a. la produzione**, to use up the output; **L'affitto assorbe metà del mio stipendio**, the rent takes up half of my salary *6* (*fin.*) to take* over.
assordaménto *m.* deafening.
assordànte *a.* deafening.
assordàre *v. t.* to deafen.
assortiménto *m.* assortment; range: **ricco a.**, large range; **C'è poco a.**, the range is limited.
assortìre *v. t.* *1* (*ordinare*) to sort out *2* (*fornire*) to stock *3* (*abbinare*) to match.
assortito *a.* *1* (*misto*) assorted; mixed *2* (*abbinato*) matched: **una coppia bene assortita**, a well-matched pair • **borsetta e guanti assortiti**, matching gloves and handbag.
assòrto *a.* engrossed; absorbed: **a. in pensieri**, absorbed in one's thoughts; **a. nel lavoro**, engrossed in one's work.
assottigliàre *A v. t.* *1* to make* thin; to reduce the thickness of *2* (*aguzzare, anche fig.*) to sharpen *3* (*diminuire*) to reduce *4* (*diradare*) to thin (out) *B* **assottigliàrsi** *v. i. pron.* *1* to grow* thin; (*affusolarsi*) to taper *2* (*dimagrire*) to thin (down); to lose* weight *3* (*diminuire*) to be reduced; to diminish; to be running out *4* (*diradarsi*) to thin (out).
assuefàre *A v. t.* to accustom *B* **assuefàrsi** *v. rifl.* *1* to get* used (*o* accustomed) (to); (*a cosa sgradevole*) to get inured (to) *2* (*med.*) to develop a tolerance (to).
assuefàtto *a.* *1* used (to); accustomed (to); (*a cosa sgradevole*) inured (to) *2* (*med.*) tolerant (of); (*dipendente*) addicted (to).
assuefazióne *f.* *1* habit; tolerance; inurement *2* (*med.*) tolerance; (*dipendenza*) addiction.
assùmere *v. t.* *1* (*prendere*) to put* on; to take*; to take* on; to assume: **a. un'aria di protezione**, to assume (*o* to put on) a protective air; **a. la forma di**, to take the form of; **a. una tinta scura**, to take on a dark colouring *2* (*prendere su di sé*) to assume; to take* on: **assumersi un compito**, to

take on a task; **a. il comando**, to assume command; **assumersi la responsabilità di q.c.**, to assume responsibility for st.; **a. l'impegno di fare q.c.**, to undertake to do st. ***3*** (*una carica*) to take* up ***4*** (*prendere alle dipendenze*) to take* on; to recruit; to hire: **a. un ragioniere**, to take on an accountant; **a. nuovo personale**, to take on (*o* to recruit) new staff ***5*** (*innalzare a una dignità*) to raise ***6*** (*med.*) to take* • (*relig.*) **a. al Cielo**, to take up (*o* to assume) into Heaven □ **a. informazioni**, to make inquiries □ **assumersi il merito di q.c.**, to take credit for st.

assùnto (1) *a.* hired; employed.

assùnto (2) *m.* (*filos.*) argument; thesis*.

assunzióne *f.* ***1*** (*l'assumere, l'assumersi*) assumption: **l'a. del comando [della carica]**, the assumption of command [of office] ***2*** (*il prendere alle dipendenze*) engagement; employment; recruitment; hiring: **a. di personale**, recruitment; staffing ***3*** (*elevazione a una dignità*) ascent ***4*** (*med.*) taking; consumption ***5*** — (*relig.*) **l'A.**, the Assumption.

assurdità *f.* absurdity • **Che a.!**, what nonsense! □ **dire a.**, to talk nonsense.

assùrdo ***A*** *a.* absurd; ridiculous; ludicrous; preposterous: **idea assurda**, absurd notion; **richiesta assurda**, preposterous request; **prezzo a.**, ludicrous price ***B*** *m.* absurdity • **Supponi, per a., che...**, suppose, for the sake of argument, that... □ (*letter.*) **teatro dell'a.**, theatre of the absurd.

assùrgere *v. i.* to rise*.

àsta *f.* ***1*** (*bastone*) pole; rod; staff: **a. della bandiera**, flagstaff; flagpole; (*sport*) **salto con l'a.**, pole-vault ***2*** (*del compasso*) leg; (*degli occhiali, della bilancia*) arm ***3*** (*linea verticale*) stroke; (*di chi impara a scrivere*) pothook ***4*** (*comm.*) auction: **andare all'a.**, to be up for auction; **mettere all'a.**, to put up for auction; to auction; **vendere all'a.**, to sell at auction; **vendita all'a.**, auction sale ***5*** (*econ.*) bidding: **a. competitiva**, competitive bidding ***6*** (*naut.*) boom ***7*** (*mecc.*) rod • **bandiera a mezz'a.**, flag (flying) at half-mast.

astànte *m. e f.* onlooker; bystander.

astanterìa *f.* (*di ospedale*) reception ward.

astèmio ***A*** *a.* teetotal ***B*** *m.* (*f.* **-a**) teetotaller.

astenérsi *v. rifl.* to abstain, to refrain (from): **a. dal fumo**, to abstain from smoking; **a. dalle critiche**, to refrain from criticizing; **Io mi sono astenuto**, I abstained.

astenìa *f.* (*med.*) asthenia.

astensióne *f.* abstention.

astensionìṣmo *m.* (*polit.*) abstentionism.

astensionìsta *m. e f.* (*polit.*) abstentionist.

astenùto *m.* abstainer • **Ci furono venti astenuti**, there were twenty abstentions.

àster *m.* (*bot.*) aster; Michaelmas daisy.

asterìsco *m.* ***1*** (*tipogr.*) asterisk ***2*** (*giorn.*) item; paragraph.

asteròide *m.* (*astron.*) asteroid.

àstice *m.* (*zool.*) (European) lobster.

astigmàtico *a.* (*med.*) astigmatic.

astigmatìṣmo *m.* (*med.*) astigmatism.

astinènza *f.* ***1*** abstinence: **fare a.**, to observe abstinence ***2*** (*med.*) withdrawal: **crisi di a.**, withdrawal symptoms (*pl.*).

àstio *m.* resentment; rancour; grudge; bitterness: **nutrire a. contro q.**, to bear sb. a grudge.

astiosità *f.* resentfulness; bitterness.

astióso *a.* resentful; bitter.

astóre *m.* (*zool.*) goshawk.

astràgalo *m.* ***1*** (*bot., anat.*) astragalus* ***2*** (*archit.*) astragal.

àstrakan *m.* astrakhan.

astràle *a.* astral.

astràrre ***A*** *v. t.* to abstract; (*distogliere*) to take* off ***B*** *v. i.* to disregard (st.); to leave* (st.) aside ***C*** **astrarsi** *v. rifl.* to become* abstracted; (*divagare*) to let* one's mind wander.

astrattézza *f.* abstractness.

astrattìṣmo *m.* (*arte*) abstractionism.

astrattìsta *m. e f.* (*arte*) abstractionist.

astràtto ***A*** *a.* ***1*** abstract ***2*** (*con la mente altrove*) abstracted ***B*** *m.* abstract: **in a.**, in the abstract; in abstract terms.

astrazióne *f.* abstraction • **fare a. da q.c.**, to disregard st.; to leave st. aside.

astringènte *a. e m.* (*farm.*) astringent.

àstro *m.* ***1*** (*astron.*) star; (*pianeta*) planet ***2*** (*fig.*) star: **a. del cinema**, film star • (*fig.*) **a. nascente**, promising talent; rising star.

astrofìṣica *f.* astrophysics (*pl. col verbo al sing.*).

astrofìṣico ***A*** *a.* astrophysical ***B*** *m.* (*f.* **-a**) astrophysicist.

astrolàbio *m.* astrolabe.

astrologìa *f.* astrology.

astrològico *a.* astrologic(al).

astròlogo *m.* (*f.* **-a**) astrologer.

astronàuta *m. e f.* astronaut; spaceman* (*m.*); spacewoman* (*f.*).

astronàutica *f.* astronautics (*pl. col verbo al sing.*).

astronàve *f.* spaceship; spacecraft*.

astronomìa *f.* astronomy.

astronòmico *a.* (*anche fig.*) astronomical.

astrònomo *m.* (*f.* **-a**) astronomer.

astruṣerìa, **astruṣità** *f.* ***1*** abstruseness ***2*** (*idea astrusa*) abstruse notion.

astrùṣo *a.* abstruse.

astùccio *m.* case.

astùto *a.* astute; cunning; (*scaltro*) shrewd, wily.

astùzia *f.* ***1*** astuteness; cunning; (*scaltrezza*) shrewdness, wiliness ***2*** (*azione astuta*) trick; stratagem.

atàvico *a.* atavistic; atavic.

atavìṣmo *m.* atavism.

ateìṣmo *m.* atheism.

ateìsta *m. e f.* atheist.

ateìstico *a.* atheistic; atheist (*attr.*).

atelier (*franc.*) *m.* ***1*** (*sartoria*) (dressmaker's) workroom; atelier ***2*** (*studio di artista*) atelier; studio*.

atemporàle *a.* outside time; timeless.

atenèo *m.* ***1*** (*università*) university ***2*** (*accademia*) academy.

ateniése *a., m. e f.* Athenian (*a. e m.*); Athenian woman* (*f.*).

àteo ***A*** *a.* atheistic ***B*** *m.* (*f.* **-a**) atheist.

atèrmico *a.* athermic.

ateroscleròṣi *f.* (*med.*) atherosclerosis.

ateroscleròtico *a.* (*med.*) atherosclerotic.

atìpico *a.* atypical.

atlànte *m.* atlas.

atlàntico *a.* (*geogr.*) Atlantic.

atlèta *m. e f.* athlete.

atlètica *f.* athletics (*pl. col verbo al sing.*) • **a. leggera**, track-and-field events (*pl.*); athletics □ **a. pesante**, boxing, weightlifting and wrestling.

atlètico *a.* athletic: **gare atletiche**, athletic events; **fisico a.**, athletic build.

atletìṣmo *m.* athleticism.

atmosfèra *f.* (*anche fig.*) atmosphere.

atmosfèrico *a.* atmospheric: **pressione atmosferica**, atmospheric pressure; **condizioni atmosferiche**, weather Ⓤ; **disturbi atmosferici**, atmospherics; **inquinamento a.**, air pollution.

atòllo *m.* (*geogr.*) atoll.

atòmica *f.* atom (*o* atomic) bomb; A-bomb.

atòmico *a.* atomic; atom (*attr.*): **bomba atomica**, atom (*o* atomic) bomb; A-bomb; **energia atomica**, atomic energy; **era atomica**, atomic age; **guerra atomica**, atomic war.

atomiẓẓàre *v. t.* to atomize.

atomiẓẓatóre *m.* atomizer.

atomiẓẓazióne *f.* atomization.

àtomo *m.* atom.

atonàle *a.* (*mus.*) atonal.

atonalità *f.* (*mus.*) atonality; atonalism.

atonìa *f.* (*med., fon.*) atony.

àtono *a.* (*fon.*) atonic; unaccented.

atòssico *a.* non-toxic.

atout (*franc.*) *m.* ***1*** (*a carte*) trump ***2*** (*fig.*) trump card; (*possibilità*) chance: **giocare il proprio a.**, to play one's trump card; **avere dei buoni atouts**, to stand a good chance.

atrazìna *f.* (*chim.*) atrazine.

àtrio *m.* ***1*** entrance hall; foyer; lobby ***2*** (*anat., archeol.*) atrium*.

atróce *a.* ***1*** horrible; terrible; awful; atrocious: **dolori atroci**, terrible pains; **spettacolo a.**, horrible (*o* ghastly) sight; **delitto a.**, heinous crime; **supplizio a.**, appalling torture; **dubbio a.**, awful suspicion ***2*** (*pessimo*) atrocious; awful; ghastly: **tempo a.**, atrocious weather; **gusto a.**, ghastly taste.

atrocità *f.* ***1*** atrociousness; horror ***2*** (*cosa atroce*) atrocity.

atrofia *f.* (*med.*) atrophy.
atròfico *a.* (*med.*) atrophic.
atrofizzàre *v. t.*, **atrofizzàrsi** *v. i. pron.* to atrophy.
attaccabottóni *m. e f.* (*fam.*) chatterer; bore.
attaccabrighe *m. e f.* quarrelsome person; troublemaker.
attaccaménto *m.* attachment; devotion; affection • **a. al dovere**, devotion to duty.
attaccànte *m.* ***1*** attacker ***2*** (*sport*) forward.
attaccapànni *m.* (*a stelo*) hatstand; (*a parete*) coat rack; (*a gancio*) coat hook.
attaccàre ***A*** *v. t.* ***1*** (*congiungere, unire, fissare*) to attach; to fasten; (*legare*) to tie, to secure ***2*** (*cucire*) to sew* on: **a. una tasca**, to sew on a pocket ***3*** (*appiccicare*) to stick*; (*incollare*) to glue, to paste: **a. un'etichetta a q.c.**, to stick a label on to st.; **a. un manico rotto**, to glue on a broken handle ***4*** (*appendere*) to hang*: **a. un quadro al muro**, to hang a picture on the wall ***5*** (*apparecchi elettrici*: *collegare*) to plug in; (*fam.*: *accendere*) to switch on ***6*** (*bestie da tiro*) to hitch; (*aggiogare*) to yoke ***7*** (*contagiare*) to infect (sb. with st.); to pass on: **a. un raffreddore a q.**, to pass one's cold on to sb.; **a. il proprio entusiasmo a q.**, to infect sb. with one's enthusiasm ***8*** (*assalire*) to attack (*anche fig.*); to set* upon ***9*** (*corrodere*) to attack; to corrode ***10*** (*criticare*) to attack; to lambaste ***11*** (*fam.*: *cominciare*) to begin*; to start; to set* about; (*cominciare a cantare*) to begin* to sing, to start singing; (*cominciare a suonare*) to strike* up: **a. a parlare**, to start speaking; **a. un lavoro**, to set about a job; **a. una canzone**, to start singing a song; **La banda attaccò una marcia**, the band struck up a march • **a. battaglia**, to join battle □ **a. discorso (con q.)**, to get talking (to sb.) □ **a. il fuoco a q.c.**, to set fire to st. □ **a. lite con q.**, to pick a quarrel with sb. ***B*** *v. i.* ***1*** (*di colla, ecc.*) to stick* ***2*** (*essere appiccicoso*) to be sticky ***3*** (*avere successo*) to catch* on ***4*** (*attecchire*) to take* root ***5*** (*fam.*: *cominciare*) to begin*; to start; (*mus.*) to come* in ***6*** (*sferrare un attacco*) to attack; to launch an attack ***7*** (*al telefono*) to hang* up • **È una scusa che non attacca**, the excuse won't wash; it's a pretty feeble excuse □ **Guarda che con me non attacca!**, it's no use trying it on with me! ***C*** **attaccàrsi** *v. rifl. e i. pron.* ***1*** (*aggrapparsi*) to hang* on (to); to cling* (to): **Attaccati a me!**, hang on to me!; **a. a un pretesto**, to cling to a pretext; **Il bimbo si attaccava alla madre**, the child was clinging to its mother ***2*** (*appiccicarsi*) to stick*; (*aderire*) to cling*: **Questa etichetta non si attacca**, this label won't stick; **L'arrosto si è attaccato**, the roast has stuck to the bottom of the pan ***3*** (*essere contagioso*) to be contagious; to be catching ***4*** (*affezionarsi*) to become* attached (to) • (*fam.*) **a. al telefono**, to get on the phone ***D*** **attaccàrsi** *v. rifl. recipr.* ***1*** (*appiccicarsi*) to stick* together ***2*** (*aggredirsi*) to attack each other.
attaccatìccio ***A*** *a.* ***1*** sticky ***2*** (*fig.*) clinging ***B*** *m.* sticky mess • **sapere di a.**, to taste burnt.
attaccàto *a.* ***1*** (*legato, anche fig.*) tied ***2*** (*affezionato*) attached; fond; devoted: **È molto a. al nipote**, he's very fond of his nephew; **a. ai genitori**, devoted to one's parents ***3*** (*appiccicato*) stuck ***4*** (*di apparecchio elettrico*: *collegato*) plugged in; (*fam.*: *acceso*) on (*pred.*) • **a. al denaro**, close-fisted; stingy □ **a. al lavoro**, hard-working □ **a. alle proprie abitudini**, set in one's ways □ **essere a. alle proprie idee**, to have fixed ideas □ **essere a. alle regole**, to be a stickler for the rules.
attaccatùra *f.* (*il punto*) join; junction; (*cucitura*) seam • **a. dei capelli**, hairline □ **a. della manica**, armhole.
attacchìno *m.* bill-poster; bill-sticker.
attàcco *m.* ***1*** (*mil.*) attack; assault; strike; (*violento*) onslaught, raid: **a. a sorpresa**, surprise attack; **a. aereo**, air strike; air raid; **sferrare [respingere] un a.**, to launch [to repel] an attack ***2*** (*critica*) attack; (*violento*) onslaught ***3*** (*di malattia*) attack; fit; seizure: **a. di cuore**, heart attack; **a. di tosse**, fit of coughing; **a. febbrile**, bout of fever ***4*** (*calcio, rugby*) attack: **giocare all'a.**, to attack; **linea d'a.**, (*calcio*) forward line; (*rugby*) front row ***5*** (*inizio, avvio*) start; beginning; opening: **l'a. di una poesia**, the opening (*o* opening lines) of a poem; (*mus.*) **battuta di a.**, opening bar ***6*** (*mus.*: *entrata*) entry ***7*** (*punto di unione*) junction; join; connection; (*cucitura*) seam ***8*** (*mecc., elettr.*) connection; fitting; mount: **a. a vite [a baionetta]**, screw [bayonet] fitting; thread [bayonet] mount ***9*** (*ferr.*) coupling ***10*** (*dello sci*) binding: **attacchi di sicurezza**, safety bindings.
attagliàrsi *v. i. pron.* to suit; to fit.
attanagliàre *v. t.* ***1*** (*stringere*) to clutch; to grip ***2*** (*fig.*) to grip; to seize.
attardàrsi *v. i. pron.* to linger; to loiter; to lag behind.
attecchire *v. i.* ***1*** (*di piante*) to take* root ***2*** (*fig.*) to take* root; (*avere successo*) to catch* on (*fam.*).
atteggiaménto *m.* attitude; (*posa*) pose, air; (*comportamento*) behaviour, ways (*pl.*).
atteggiàre ***A*** *v. t.* to arrange; to compose • **a. le labbra al sorriso**, to smile □ **a. le mani a preghiera**, to join one's hands in prayer □ **a. il viso a stupore**, to look surprised; to affect surprise ***B*** **atteggiàrsi** *v. rifl.* to pose; to play: **a. a martire**, to play the martyr.
attempàto *a.* elderly; getting on in years (*pred.*).
attendaménto *m.* camp; encampment.
attendàrsi *v. i. pron.* to camp; to encamp.
attendènte *m.* (*mil.*) orderly; batman*.
attèndere ***A*** *v. t.* ***1*** (*aspettare*) to wait (for); to await (*form.*): **a. che q. faccia q.c.**, to wait for sb. to do st. ***2*** (*prevedere*; *prevedere l'arrivo*) to expect: **Non mi attendevo una cosa simile**, I wasn't expecting anything like that; **Lo attendiamo per oggi**, we expect him today • (*al telefono*) **Attenda in linea!**, hold the line, please!; please hold on! □ (*bur.*) **atteso che**, in view of the fact that; considering that □ **Venne il giorno atteso da tutti**, the day everyone was waiting for arrived at last ***B*** *v. i.* (*badare*) to attend (to).
attendìbile *a.* reliable; trustworthy.
attendibilità *f.* reliability; trustworthiness.
attendìsmo *m.* (*polit.*) wait-and-see policy; fence-sitting.
attenére ***A*** *v. i.* to be relevant (to); to concern (st.) ***B*** **attenérsi** *v. rifl.* ***1*** (*seguire*) to follow (st.): **a. ai consigli di q.**, to follow sb.'s advice ***2*** (*limitarsi*) to keep* (to); to stick* (to): **a. ai fatti**, to stick to the facts.
attentàre ***A*** *v. i.* to make* an attempt (on); to attack: **a. alla vita di q.**, to make an attempt on sb.'s life; **a. al buon nome di q.**, to attack sb.'s reputation ***B*** **attentàrsi** *v. i. pron.* to dare*; to venture.
attentàto *m.* ***1*** attack; act of terrorism; (*assassinio politico*) assassination: **a. terroristico**, act of terrorism; terrorist attack; **a. dinamitardo**, bomb attack; bomb outrage; bombing; **un a. alla vita di q.**, an attempt on sb.'s life; **Fu vittima di un a.**, he died in a terrorist attack; (*di personalità politica*) he was assassinated ***2*** (*fig.*) attack: **un a. alla democrazia**, an attack on democracy.
attentatóre *m.* (*f.* **-trice**) (*terrorista*) terrorist; bomber; (*alla vita di q.*) assassin, (*se l'attentato fallisce*) would-be assassin.
attènti *inter. e m.* (*mil.*) attention: **stare [mettersi] sull'a.**, to stand at [to come to] attention; **dare l'a.**, to order (sb.) to stand to attention • **A. a destr!**, eyes right!
attènto *a.* ***1*** attentive; alert; intent: **occhi attenti**, attentive gaze ***2*** (*accurato*) careful; close; thorough ***3*** (*premuroso*) thoughtful; solicitous • **stare a. a q.c.**, to pay attention to st.; (*ascoltare*) to listen carefully to st.; (*badare*) to mind st., to watch st., to look after st.; (*stare in guardia*) to beware of st.: **Sta' a. a non cadere**, be careful not to fall; mind you don't fall; **A. al gradino!**, mind the step!; **Devo stare a. al peso**, I must watch my weight; **Attenti al cane!**, beware of the dog! □ **A.!**, look out!; watch out!; careful!
attenuànte ***A*** *a.* extenuating (*anche leg.*); mitigating ***B*** *f.* ***1*** (*leg.*) extenuating circumstance ***2*** (*giustificazione*) extenuation; excuse: **come a.**, in extenuation; as an excuse; **non avere attenuanti**, to have no excuse.
attenuàre ***A*** *v. t.* ***1*** (*diminuire*) to lessen; to attenuate; to mitigate; (*alleviare*) to ease, to alleviate; (*una colpa, ecc.*) to extenuate; (*un colpo, ecc.*) to soften, to cushion: **a. un dolore**, to ease a pain; **a. una caduta**, to soften a fall; **a. un effetto negativo**, to mitigate a negative effect ***2*** (*luce*) to soften; (*suono*) to deaden, to muffle ***B*** **attenuàrsi** *v. i. pron.* ***1*** (*indebolirsi*) to lessen; to diminish; to ease ***2*** (*di luce*) to dim; (*di suono*) to fade.
attenuazióne *f.* ***1*** lessening; attenuation; alleviation; softening; extenuation ***2*** (*di luce*) softening, dimming; (*di suono*) fading.
attenzióne *f.* ***1*** attention: **destare l'a.**, to attract attention; **fare a. a**, to pay attention to; **richiamare l'a. su**, to draw sb.'s attention to ***2*** (*cura*) care: **maneggiare con a.**, to handle with care ***3*** (*atto gentile*) kindness; attention: **colmare q. di attenzioni**, to overwhelm sb. with kindness •

A.!, look out!; watch out!; careful!; (*nella segnaletica stradale*) caution! □ **alla cortese a. di**, for the attention of.

atterràggio *m.* (*aeron.*) landing: **a. di fortuna [forzato, guidato]**, emergency [forced, instrumental] landing.

atterràre ***A*** *v. t.* ***1*** (*stendere a terra*) to knock down; to fell; (*sport*) to bring* down, (*boxe, anche*) to floor; (*lotta*) to throw* ***2*** (*fig.*: *prostrare*) to prostrate; to crush ***B*** *v. i.* (*aeron.*) to land; to touch down.

atterrire *v. t.* to frighten; to terrify.

attésa *f.* ***1*** (*l'attendere*) waiting; (*periodo*) wait: **una lunga a.**, a long wait; **due ore d'a.**, two hours of waiting; a two-hour wait; **L'a. fu lunga**, we had a long wait ***2*** (*aspettativa*) expectation • **essere in a.**, to be waiting; (*essere incinta*) to be expecting □ (*comm.*) **Restiamo in a. di una Vostra risposta**, we look forward to hearing from you □ (*leg.*) **in a. di giudizio**, awaiting trial; on remand □ **in a. di istruzioni...**, pending instructions... □ **lista d'a.**, waiting list □ **nell'a.**, while waiting □ **sala d'a.**, waiting room.

attéso *a.* (*anche* **tanto a.**) long-awaited; longed-for.

attestàre (1) *v. t.* ***1*** (*certificare*) to attest; to certify; to testify to; to vouch for ***2*** (*essere prova di*) to bear* witness to; to document.

attestàre (2) ***A*** *v. t.* (*mil.*) to halt and reassemble ***B*** **attestàrsi** *v. rifl.* ***1*** (*mil.*) to establish a bridgehead; to occupy (a position) ***2*** (*stabilizzarsi*) to stabilize.

attestàto *m.* ***1*** (*certificato*) certificate ***2*** (*dichiarazione scritta*) reference; testimonial: **a. di buona condotta**, testimonial; **a. di servizio**, reference ***3*** (*prova*) proof; (*segno*) token.

attestazióne *f.* ***1*** (*dichiarazione*) statement; declaration: **a. di solidarietà**, declaration of solidarity ***2*** (*segno*) sign; token: **come a. della mia gratitudine**, in token of my gratitude ***3*** *V.* **attestato**.

àttico (1) *a.* Attic.

àttico (2) *m.* (*archit.*) penthouse.

attiguità *f.* contiguity; adjacency.

attiguo *a.* adjoining; next (to): **l'a. salotto**, the adjoining drawing-room; **Il suo ufficio è a. al mio**, his office is next to mine.

attillàto *a.* (*aderente*) close-fitting; tight • **attillatissimo**, skin-tight; clinging.

àttimo *m.* ***1*** moment; instant; second: **in un a.**, in a moment; in a flash; **Un a., prego**, just one moment, please; **senza un a. di respiro**, without a moment's respite; **l'a. fuggente**, the fleeting moment ***2*** (*fam.*: *un poco*) bit; fraction: **un a. più a destra**, a fraction to the right.

attinènte *a.* relating (to); relevant (to); connected (with).

attinènza *f.* relation; relevance; bearing; connection: **Non ha a. col nostro problema**, it is not relevant to (*o* it has no bearing on) our problem.

attìngere *v. t.* ***1*** (*acqua, ecc.*) to draw* ***2*** (*ricavare*) to get*; to obtain; to derive: **a. dati da un libro**, to get data from a book ***3*** (*lett.*: *raggiungere*) to reach • **a. da un conto**, to draw money from an account.

attinia *f.* (*zool.*) actinia*; sea anemone.

attinio *m.* (*chim.*) actinium.

attiràre *v. t.* ***1*** (*attrarre*) to attract; to draw*: **La calamita attira il ferro**, magnets attract iron; **a. l'attenzione**, to attract (sb.'s) attention ***2*** (*allettare*) to attract; to be tempting; to appeal to ***3*** (**attirarsi**: *conquistare*) to win*, to gain; (*tirarsi addosso*) to attract, to draw*, to incur: **a. le lodi di tutti**, to win general praise; **a. critiche**, to attract criticism; **a. l'odio di q.**, to incur sb.'s hatred.

attitudinàle *a.* aptitude (*attr.*): **esame a.**, aptitude test.

attitùdine *f.* (*disposizione naturale*) aptitude; bent: **Ha a. per le lingue**, she has an aptitude for languages; **avere molta a. per la matematica**, to have a bent for mathematics. ATTENZIONE: **attitudine ≠ attitude**.

attivàre *v. t.* ***1*** (*un congegno*) to activate, to set* off; (*un motore*) to start (up) ***2*** (*mettere in funzione*) to start up; to put* into operation; (*aprire*) to open: **a. una fabbrica**, to start up a factory; **a. una linea ferroviaria**, to put a railway line into operation; **a. un'agenzia**, to open a branch ***3*** (*stimolare*) to stimulate ***4*** (*chim.*) to activate.

attivazióne *f.* ***1*** (*chim., fis.*) activation ***2*** (*messa in funzione*) starting up; opening; activation.

attivismo *m.* ***1*** (*polit.*) activism; militancy ***2*** (*dinamicità*) energy; drive.

attivista *m. e f.* (*polit.*) activist; militant.

attività *f.* ***1*** activity: **a. manuale**, manual activity; manual work; **a. ricreative**, leisure activities ***2*** (*operosità*) activeness; industry; (*fermento*) activity ***3*** (*occupazione, lavoro*) line of business; occupation; job: **Che a. svolge?**, what does he do?; what's his line of business? ***4*** (*a. commerciale*) business Ⓤ: **cessare l'a.**, to go out of business ***5*** (*al pl.*) (*comm.*) assets ***6*** (*fis., geol.*) activity: **a. solare**, solar activity; **vulcano in a.**, active volcano; **entrare in a.**, to become active • **a. alberghiera**, hotel business □ **a. bancaria**, banking □ **a. commerciale**, trade □ (*mil.*) **a. di servizio**, active service □ **a. industriale**, industry □ **essere in a.**, (*funzionare*) to be working, to be running; (*di persona*) to be active, to be busy □ **sospendere le a.**, to cease operation; (*chiudere*) to close down.

attivo ***A*** *a.* ***1*** (*in attività*) active; (*funzionante*) working, operating, running: **popolazione attiva**, working population; **vulcano a.**, active volcano; **impianto a.**, working plant; **prendere parte attiva a q.c.**, to take active part in st. ***2*** (*dinamico, energico*) active; energetic; (*indaffarato*) busy: **vita attiva**, active life ***3*** (*gramm., chim.*) active • (*comm.*) **cambiali attive**, receivable bills □ (*comm.*) **partite attive**, assets □ (*comm.*) **saldo a.**, credit balance ***B*** *m.* ***1*** (*comm.*: *attività*) assets (*pl.*); (*di un conto*) credit side: **a. e passivo**, assets and liabilities; **all'a.**, on the credit side ***2*** (*gramm.*) active voice: **verbo all'a.**, verb in the active voice • (*comm. e fig.*) **avere q.c. al proprio a.**, to have st. to one's credit □ (*di impresa*) **essere in a.**, to be making a profit; to be in the black.

attizzàre *v. t.* ***1*** (*il fuoco*) to poke ***2*** (*fig.*) to inflame; to stir up.

attizzatóio *m.* poker.

àtto (1) *m.* ***1*** act; action; deed: **a. di carità**, act of charity; **a. brutale**, brutal act (*o* action); **a. di coraggio**, act of courage; brave deed; **rendere conto dei propri atti**, to answer for one's actions ***2*** (*atteggiamento*) attitude; (*gesto*) gesture: **in a. di preghiera**, in an attitude of prayer ***3*** (*certificato*) certificate; (*documento*) document: **a. di nascita**, birth certificate ***4*** (*leg.*) act; (*strumento*) deed; (*contratto*) contract: **a. lecito**, lawful act; **a. pubblico [privato]**, public [private] act; **a. giuridico**, legal transaction; **a. notarile**, notarial deed; **redigere un a.**, to draw up a deed; **a. di compravendita**, contract of purchase ***5*** (*al pl.*) (*leg.*) deeds; proceedings; (*accordi*) agreements; (*registrazioni*) records: **atti processuali**, trial records ***6*** (*al pl.*) (*di associazione, congresso, ecc.*) proceedings, minutes; (*transazioni*) transactions ***7*** (*teatr.*) act: **a. primo, scena terza**, act one, scene three • (*leg.*) **a. d'accusa**, indictment □ **a. di citazione**, summons □ (*relig.*) **a. di fede**, act of faith □ (*Bibbia*) **gli Atti degli Apostoli**, the Acts of the Apostles □ (*polit.*) **Atti del Parlamento**, Official Records of Parliamentary Proceedings □ **all'a. di**, on: **all'a. della consegna**, on delivery; **all'a. della firma del contratto**, on signing the contract; **all'a. del pagamento**, on payment □ **all'a. pratico**, in practice □ **dare a. di q.c.**, to acknowledge st.; to admit st. □ **colto nell'a. di fare q.c.**, caught (in the act of) doing st. □ **Fece a. di alzarsi**, he made as if to get up □ **fare a. di presenza**, to put in an appearance □ **in a.**, taking place; under way; in progress: **Sono in a. indagini sul suo conto**, investigations are under way concerning him; he is currently under investigation □ **mettere agli atti**, (*a verbale*) to record, to enter in the minutes; (*archiviare*) to file, to place in the archives □ **mettere in a.**, to implement; to carry out; to execute □ **prendere a. di q.c.**, to take note of st.

àtto (2) *a.* ***1*** (*capace*) able; fit ***2*** (*adatto*) fit (for); suited (to); suitable (for).

attònito *a.* amazed; astonished; dumbfounded.

attòrcere *v. t.*, **attòrcersi** *v. i. pron.* to twist; (*in spire*) to coil.

attorcigliàre ***A*** *v. t.* to twist; to wind* ***B*** **attorcigliàrsi** *v. i. pron.* to twist; to wind*; (*di serpente*) to coil.

attóre *m.* ***1*** actor: **a. comico**, comic actor; comedian; **a. di cinema**, film (*USA* movie) actor; **a. di prosa**, theatre actor ***2*** (*leg.*) plaintiff • **a. di varietà**, (variety) artiste □ **attor giovane**, juvenile □ **primo a.**, leading man; lead □ **il mestiere dell'a.**, acting □ **Non fare l'a.!**, stop (*o* cut the) play-acting!

attorniàre ***A*** *v. t.* to surround: to gather round ***B*** **attorniàrsi** *v. rifl.* to surround oneself (with).

attórno ***A*** *avv.* round; around; about: **guardarsi a.**, to look round; **Non c'era nessuno a.**, there was nobody about (*o*

around) ***B*** **attórno a** *locuz. prep.* round; around: **a. al tavolo**, round the table.
attraccàre *v. t. e i.* (*naut.*) to berth; to dock; to come* alongside (st.).
attràcco *m.* (*naut.*) ***1*** (*manovra*) berthing; docking ***2*** (*punto di a.*) berth; mooring.
attraènte *a.* ***1*** attractive ***2*** (*fig.*) attractive, charming; (*invitante*) inviting, tempting.
attràrre *v. t.* ***1*** to attract; to draw* ***2*** (*fig.*) to attract; (*allettare*) to be tempting, to appeal to: **L'idea mi attraeva**, the idea was tempting (*o* appealed to me).
attrattiva *f.* attraction; appeal; (*fascino*) charm Ⓤ, glamour Ⓤ: **le attrattive di Londra**, London's attractions • **esercitare un'a. su q.**, to appeal to sb.
attraversamènto *m.* crossing: **a. pedonale**, pedestrian crossing.
attraversàre *v. t.* to cross; (*passare attraverso*) to go* through: **a. una strada**, to cross a road; **Il ponte attraversa il fiume**, the bridge crosses (*o* spans) the river; **Un sospetto mi attraversò la mente**, a suspicion crossed my mind; **a. una città [un bosco]**, to go through a town [a wood]; **a. di corsa [a nuoto]**, to run [to swim] across; **a. la strada a q.**, to cross sb.'s path; **Sto attraversando un momento difficile**, I'm going through a difficult time.
attravèrso *prep.* ***1*** through; (*di traverso*) across: **guardare a. una lente**, to look through a lens; **C'è un tronco a. la strada**, there is a tree fallen across the road ***2*** (*di tempo*) over: **a. i secoli**, over the centuries ***3*** (*per mezzo di*) through.
attraziòne *f.* attraction: (*fis.*) **a. magnetica**, magnetic attraction; **a. sessuale**, sexual attraction; sex appeal; **esercitare una forte a. su q.**, to have a strong attraction for sb.; **provare a. per q.c.**, to be attracted by st.
attrezzàre ***A*** *v. t.* ***1*** (*equipaggiare*) to equip; to fit out ***2*** (*rifornire di*) to supply (with st.) ***3*** (*naut.*) to rig ***B*** **attrezzàrsi** *v. rifl.* to equip oneself.
attrezzatùra *f.* ***1*** (*l'attrezzare*) equipping; fitting out ***2*** (*attrezzi*) equipment; gear; outfit; (*strumenti*) tool kit: **a. da campeggio**, camping equipment; **a. dentistica**, dental equipment ***3*** (*impianti*) facilities (*pl.*): **a. turistica**, tourist facilities; **attrezzature sportive**, sports facilities ***4*** (*naut.*) rigging.
attrezzìsta *m.* ***1*** (*teatr.*) property man*; propman* ***2*** (*ginnasta*) gymnast (using apparatus).
attrezzìstica *f.* (*sport*) gymnastics (using apparatus).
attrézzo *m.* tool; implement; utensil • (*teatr.*) **attrezzi di scena**, properties; props □ **attrezzi ginnici**, gymnastic apparatus (*sing.*) □ **gli attrezzi del mestiere**, the tools of the trade.
attribuìre *v. t.* ***1*** (*dare*) to attach; to give*; (*assegnare*) to award: **a. importanza a q.c.**, to attach importance to st.; **a. un premio**, to award a prize ***2*** (*ascrivere*) to attribute; to ascribe; to put* down: **Attribuii il suo errore a distrazione**, I attributed his mistake (*o* I put his mistake down) to carelessness; **a. un quadro**, to attribute a painting ***3*** (*imputare*) to impute; to blame (sb. for st.): **a. mire nascoste a q.**, to impute hidden motives to sb.; **a. una colpa a q.**, to lay the blame for st. on sb.; to blame sb. for st. • **attribuirsi il merito di q.c.**, to take credit for st. □ **attribuirsi un privilegio**, to arrogate a privilege.
attributìvo *a.* (*gramm.*) attributive.
attribùto *m.* ***1*** attribute; (*caratteristica*) characteristic, feature ***2*** (*gramm.*) attribute.
attribuziòne *f.* ***1*** attribution: **di a. incerta**, of uncertain attribution ***2*** (*assegnazione*) awarding ***3*** (*al pl.*) (*facoltà, poteri*) powers; functions; competence Ⓤ.
attrìce *f.* ***1*** actress: **a. comica**, comic actress; comedienne; **a. di cinema**, film (*USA* movie) actress ***2*** (*leg.*) plaintiff • **a. di varietà**, (variety) artiste; showgirl □ **prima a.**, leading lady; lead □ **Non fare l'a.!**, stop (*o* cut the) play-acting!
attricétta *f.* starlet; showgirl.
attrìto *m.* ***1*** (*mecc.*) friction ***2*** (*fig.*) friction; dissension.
attuàbile *a.* feasible; practicable.
attuabilità *f.* feasibility; practicability.
attuàle *a.* ***1*** (*presente*) present; current; existing: **l'a. governo**, the present government; **le attuali circostanze**, the present circumstances; **lo stato a. delle nostre finanze**, the current state of our finances ***2*** (*tuttora valido*) topical; relevant; (*alla moda*) fashionable: **un tema a.**, a topical subject; **un libro ancora a.**, a still relevant book.
ATTENZIONE: **attuale** ≠ actual.
attualità *f.* ***1*** (*interesse*) interest; topicality; relevance; modernity: **un tema di grande a.**, a topic of great interest; a highly topical subject; **l'a. di un classico**, the relevance of a classic to the modern world; **tornare di a.**, to become topical again; (*tornare di moda*) to come back into fashion ***2*** (*al pl.*) (*fatti recenti*) current events; current affairs; news (*pl. col verbo al sing.*): **a. sportive**, sports news; **programma di a.**, current affairs programme ***3*** (*cinem.*) newsreel.
ATTENZIONE: **attualità** ≠ actuality.
attualizzàre *v. t.* to make* topical; to make* relevant; to bring* up to date.
attualménte *avv.* currently; at present; now; at the moment.
ATTENZIONE: **attualmente** ≠ actually.
attuàre ***A*** *v. t.* to carry out; to implement; to bring* about: **a. un progetto**, to carry out a plan; **a. una riforma**, to bring about a reform ***B*** **attuàrsi** *v. i. pron.* to be realized; to be carried out; (*avverarsi*) to come* true.
attuaziòne *f.* realization; carrying out; implementation.
attutìre ***A*** *v. t.* ***1*** (*alleviare*) to ease; to reduce; to lessen ***2*** (*smorzare: un colpo, ecc.*) to soften, to cushion; (*un suono*) to dampen, to muffle: **a. una caduta**, to cushion (*o* to break) a fall ***B*** **attutirsi** *v. i. pron.* ***1*** to calm down; to lessen; to ease ***2*** (*di suono*) to become* muffled; to fade.
audàce *a.* ***1*** (*coraggioso*) bold, daring; (*temerario*) rash; (*rischioso*) risky ***2*** (*originale*) bold; daring ***3*** (*sfrontato*) audacious; brash; cheeky (*fam.*) ***4*** (*provocante*) daring, provocative; (*spinto*) risqué (*franc.*): **barzelletta a.**, risqué joke; **scollatura a.**, plunging neckline.
audàcia *f.* ***1*** boldness; daring; (*temerarietà*) rashness ***2*** (*sfrontatezza*) audacity; impudence; cheek.
àudio ***A*** *m.* (*TV*) sound ***B*** *a. invar.* audio; sound.
audiocassétta *f.* audio cassette.
audiofrequènza *f.* (*radio, TV*) audio frequency.
audioléṣo *a. e m.* (*f.* **-a**) (*med.*) (person) with impaired hearing.
audiologìa *f.* (*med.*) audiology.
audiometrìa *f.* (*med.*) audiometry.
audioviṣivo ***A*** *a.* audiovisual: **sussidi audiovisivi**, audiovisual aids ***B*** *m.* (*al pl.*) audiovisual aids.
auditìvo *a.* auditory; hearing: **canale a.**, auditory canal.
auditòrio *m.*, **auditòrium** *m. invar.* ***1*** concert hall; auditorium* ***2*** (*radio, TV*) studio*.
audiziòne *f.* ***1*** (*teatr.*) audition: **sostenere un'a. [sottoporre a un'a.]**, to audition ***2*** (*leg.*) hearing.
àuge *f.* — **essere in a.**, to enjoy great favour; to be very popular □ **tornare in a.**, to regain favour; to come back into fashion.
auguràbile *a.* desirable; to be hoped for • **È a. che...**, it is to be hoped that...
auguràle *a.* ***1*** (*di augurio*) — **espressioni augurali**, good wishes; **messaggio a.**, message of good wishes ***2*** (*stor.*) augural.
auguràre *v. t.* to wish: **a. buon viaggio a q.**, to wish sb. a pleasant journey; **a. la buonanotte**, to say goodnight; **a. ogni bene a q.**, to wish sb. well • **Mi auguro che sia finito**, I hope it's over □ **Non lo augurerei a nessuno**, I wouldn't wish it on anyone.
àugure *m.* (*stor.*) augur.
augùrio *m.* ***1*** wish; (*al pl., nelle ricorrenze*) wishes, greetings: **auguri di Natale [di compleanno]**, Christmas [birthday] greetings; **fare gli auguri di Natale**, to wish (sb.) a merry Christmas; **Tanti auguri di buon compleanno!**, best wishes for your birthday!; many happy returns!; **Auguri!**, best wishes!; (*buona fortuna*) good luck!; (*guarisci presto*) get well soon!; **biglietto di auguri**, greetings card ***2*** (*presagio*) omen: **essere di buon [cattivo] a.**, to be of good [bad] omen; to augur well [ill].
augùsto *a.* august.
àula *f.* hall; room: **a. scolastica**, classroom; schoolroom; **a. universitaria**, lecture hall (*o* theatre); **a. magna**, great hall; assembly hall; **a. di tribunale**, courtroom; (*leg.*) **a. bunker**, protected courtroom.
àulico *a.* ***1*** (*di corte*) courtly ***2*** (*solenne*) lofty; elevated; (*pomposo*) high-sounding.
aumentàre ***A*** *v. t.* to increase; to raise; to put* up; (*incrementare*) to boost, to step up: **a. la velocità**, to increase the (*o* one's) speed; **a. gli stipendi**, to raise salaries; **a. i prez-**

zi, to increase (*o* to put up, *USA* to hike) prices; **a. le tasse**, to increase taxes; **a. la produzione**, to step up (*o* to boost) production ***B*** *v. i.* to increase; to rise*; to go* up; to grow*: **I costi sono aumentati**, costs have gone up; **Il rumore aumentò**, the noise grew; **Le difficoltà aumentano**, difficulties are multiplying; **a. di prezzo**, to increase (*o* to rise, to go up) in price; **a. di peso**, to become heavier; (*ingrassare*) to put on weight.

auménto *m.* increase; rise; (*crescita*) growth: **a. di peso** [**di valore, di capitale**], increase in weight [in value, in capital]; **a. di stipendio**, rise (*USA* raise) in salary; **a. dei prezzi**, rise in prices; price rise; **a. di temperatura**, rise in temperature; **l'a. del costo della vita**, the rise in the cost of living; **essere in a.**, to be on the increase; to be going up; to be growing.

au pair (*franc.*) *locuz. a. e avv.* au pair: **ragazza a.**, au pair (girl).

àura *f.* ***1*** (*poet.*) breeze ***2*** (*fig.*) air; atmosphere; aura.

àureo *a.* ***1*** (*d'oro*) gold (*attr.*): **riserva aurea**, gold reserve ***2*** (*simile all'oro*) golden ***3*** (*prezioso*) precious; (*eccellente*) excellent ***4*** (*scient.*) golden: **sezione aurea**, golden section; **numero a.**, golden number.

aurèola *f.* ***1*** halo*; aureole ***2*** (*fig.*) halo; radiance; aura.

àurica *a. f.* — (*naut.*) **vela a.**, fore-and-aft sail.

aurìcola *f.* (*anat.*) auricle.

auricolàre ***A*** *a.* auricular; ear (*attr.*): (*eccles.*) **confessione a.**, auricular confession; (*anat.*) **padiglione a.**, auricle; **testimone a.**, ear-witness ***B*** *m.* earphone.

aurìfero *a.* auriferous; gold-bearing • **terreno a.**, goldfield.

aurìga *m.* charioteer.

auròra *f.* ***1*** sunrise; daybreak ***2*** (*meteor.*) aurora*: **a. boreale** [**australe**], aurora borealis [australis]; northern [southern] lights (*pl.*).

auscultàre *v. t.* (*med.*) to auscultate.

auscultazióne *f.* (*med.*) auscultation.

ausiliàre ***A*** *a.* auxiliary (*anche gramm.*) ***B*** *m. e f.* (*aiutante*) assistant; auxiliary ***C*** *m.* (*gramm.*) auxiliary (verb).

ausiliària *f.* ***1*** auxiliary ***2*** (*mil.*) member of the Women's Army Auxiliary Corps.

ausiliàrio ***A*** *a.* auxiliary; reserve (*attr.*): **motore a.**, auxiliary engine; **truppe ausiliarie**, reserve troops ***B*** *m.* auxiliary.

ausìlio *m.* (*lett.*) help; assistance; aid.

auspicàbile *a.* desirable; to be hoped for.

auspicàre *v. t.* to hope for; to wish.

àuspice *m.* ***1*** (*stor.*) auspex* ***2*** (*fig.*) patron; sponsor • **a. il Ministero degli Esteri**, under the auspices (*o* the patronage) of the Ministry of Foreign Affairs.

auspìcio *m.* ***1*** (*augurio*) auspice; omen: **di buon a.**, of good omen; **di cattivo a.**, ominous ***2*** (*protezione*) patronage; auspice (*generalm. al pl.*): **sotto gli auspici di**, under the patronage (*o* the auspices) of • **cominciare sotto buoni** [**cattivi**] **auspici**, to get off to a good [bad] start.

austerità *f.* austerity (*anche econ.*); severity.

austèro *a.* ***1*** (*sobrio*) austere ***2*** (*severo*) stern; strict.

australe *a.* (*geogr.*) southern; south (*attr.*): **emisfero a.**, southern hemisphere; **polo a.**, South Pole.

australiàna *f.* (*ciclismo*) pursuit cycle race on track.

australiàno *a. e m.* (*f.* **-a**) Australian (*f.* Australian woman*).

austrìaco *a. e m.* (*f.* **-a**) Austrian (*f.* Austrian woman).

austroungàrico *a.* (*stor.*) Austro-Hungarian.

autarchìa (**1**) *f.* (*econ.*) autarky; economic self-sufficiency.

autarchìa (**2**) *f.* (*polit.*) autarchy: self-government.

autàrchico (**1**) *a.* (*econ.*) autarkic(al); self-sufficient.

autàrchico (**2**) *a.* (*polit.*) autarchic(al); self-governing.

àut-àut *m. invar.* forced choice; ultimatum*.

autenticàre *v. t.* to authenticate; to verify: **a. un quadro**, to authenticate a painting; **a. una firma**, to verify a signature; **a. un testamento**, to prove a will; to grant probate.

autenticazióne *f.* authentication; verification.

autenticità *f.* authenticity; genuineness.

autèntico *a.* authentic; genuine; (*vero*) true, real: **un Cézanne a.**, an authentic (*o* a genuine) Cézanne; **La storia è autentica**, the story is true • **un a. mascalzone**, a regular scoundrel.

autentificàre *V.* **autenticare**.

autìsmo *m.* (*psic.*) autism.

autìsta (**1**) *m. e f.* driver; (*privato*) chauffeur • **a. di piazza**, taxi driver.

autìsta (**2**) *m. e f.* (*psic.*) autistic person.

autìstico *a.* (*psic.*) autistic.

àuto *f.* *V.* **automobile**.

autoabbronzànte ***A*** *a.* self-tanning ***B*** *m.* self-tanning cream; self-tanning lotion.

autoaccensióne *f.* (*mecc.*) self-ignition.

autoaccessòrio *m.* car accessory.

autoadesìvo ***A*** *a.* self-adhesive ***B*** *m.* adhesive label; sticker.

autoaffermazióne *f.* self-assertion.

autoaffondaménto *m.* (*naut.*) scuttling.

autoambulànza *f.* ambulance.

autoanàlisi *f.* (*psic.*) self-analysis.

autoarticolàto *m.* (*autom.*) articulated lorry (*GB*); semi-trailer (*USA*).

autobiografìa *f.* autobiography.

autobiogràfico *a.* autobiographic(al).

autoblìnda *f.* armoured car.

autobloccànte *a.* (*mecc.*) self-locking.

autobómba *f.* car bomb.

autobótte *f.* tanker; tank truck (*USA*).

àutobus *m.* bus; (*per viaggi lunghi*) coach • **a. a due piani**, double-decker □ (*fig.*) **perdere l'a.**, to miss the boat.

autocamionàle *f.* road for heavy vehicles; truckway (*USA*).

autocàrro *m.* lorry (*GB*); truck (*USA*).

autocensùra *f.* self-censorship.

autocensuràrsi *v. rifl.* to censor oneself; to exercise self--censorship.

autocistèrna *f.* tanker; tank truck (*USA*).

autoclàve *f.* autoclave.

autocolónna *f.* motor convoy.

autocombustióne *f.* spontaneous combustion.

autocommiserazióne *f.* self-pity.

autocompiaciménto *m.* self-satisfaction; self-congratulation; complacency; smugness.

autoconcessionàrio *m.* car distributor; car dealer.

autoconservazióne *f.* self-preservation.

autocontròllo *m.* self-control.

autocosciènza *f.* (*filos., psic.*) self-consciousness; self--awareness.

autòcrate *m.* autocrat.

autocràtico *a.* autocratic.

autocrazìa *f.* autocracy.

autocrìtica *f.* self-criticism.

autocrìtico *a.* self-critical.

autocròss *m.* (*sport*) autocross.

autòctono ***A*** *a.* autochthonous; indigenous ***B*** *m.* autochthon*; aboriginal.

autodenùncia *f.* (*leg.*) self-incrimination; confession.

autodeterminazióne *f.* self-determination.

autodidàtta *m. e f.* self-taught person; autodidact.

autodidàttico *f.* self-teaching; autodidactic.

autodifésa *f.* self-defence.

autodisciplìna *f.* self-discipline.

autodistrùggersi *v. rifl.* to destroy oneself; (*di cosa*) to self--destruct.

autodistruttìvo *a.* self-destroying; self-destructive.

autodistruzióne *f.* self-destruction.

autòdromo *m.* autodrome.

autoerotìsmo *m.* aotoeroticism; autoerotism.

autofecondazióne *f.* (*biol.*) self-fertilization.

autoferrotranviàrio *a.* public-transport (*attr.*).

autoferrotranvière *m.* public-transport worker.

autofficìna *f.* (car) repair shop; garage.

autofilotranviàrio *a.* surface-transport (*attr.*).

autofinanziaménto *m.* self-financing.

autofinanziàrsi *v. rifl.* to finance oneself.

autofinanziàto *a.* self-financed; self-financing.

autofòcus *m.* (*fotogr.*) autofocus.

autofurgóne *m.* motor van.

autogènesi *f.* (*biol.*) autogenesis.

autògeno *a.* autogenous: **saldatura autogena**, autogenous welding • (*psic.*) **training a.**, autogenic training.

autogestióne *f.* (*econ.*) self-management.

autogestìre (*econ.*) ***A*** *v. t.* to manage autonomously ***B*** **autogestìrsi** *v. i. pron.* to be self-managed.

autogestìto *a.* (*econ.*) self-managed.

autogòl *m.* (*sport*) own goal.

autogovernàrsi *v. rifl.* to exercise self-government; to be

self-governing.
autogovèrno *m.* self-government.
autògrafo *a. e m.* autograph.
autogrill ® *m. invar.* motorway restaurant.
autogrù *f.* breakdown van (*GB*); tow truck, wrecker (*USA*).
autoguidàto *a.* homing: **missile a.**, homing missile.
autoimmùne *a.* (*med.*) autoimmune.
autoipnòși *f.* (*psic.*) self-hypnosis.
autoironìa *f.* self-mockery.
autolavàggio *m.* (*autom.*) car wash.
autoleșionìșmo *m.* **1** self-inflicted wounding **2** (*fig.*) self-destructive behaviour; masochism.
autoleșionìsta *m. e f.* **1** person who has inflicted a wound upon himself **2** (*fig.*) masochist.
autoleșionìstico *a.* (*fig.*) self-destructive; self-damaging; masochistic.
autolettiga *f.* ambulance.
autolìnea *f.* bus service; bus route.
autòma *m.* (*anche fig.*) automaton*; robot.
automàtico **A** *a.* automatic: **arma automatica**, automatic weapon; (*aeron.*) **pilota a.**, automatic pilot; **gesto a.**, automatic gesture • **distributore a.**, vending machine; slot-machine **B** *m.* (*bottone*) press stud, popper (*GB*); snap fastener (*USA*).
automatìșmo *m.* automatism.
automatizzàre *v. t.* to automate.
automatizzazióne *f.* automation.
automazióne *f.* (*tecnol.*) automation.
automèzzo *m.* motor vehicle.
automòbile *f.* car; motorcar; automobile (*USA*): **a. da corsa**, racing car; **a. di serie [fuori serie]**, production-model [custom-built] car; **a. familiare**, estate car (*GB*); station wagon (*USA*); **a. sportiva**, sports car • **a. blu**, official car □ **fare un giro in a.**, to go for a drive □ **andare in a. in un posto**, to drive to a place □ **salone dell'a.**, motor show.
automobilìna *f.* **1** (*giocattolo*) toy car **2** (*dell'autoscontro*) dodgem car; bumper car (*USA*) **3** (*modellino*) model car.
automobilìșmo *m.* **1** motoring **2** (*sport*) motor racing.
automobilìsta *m. e f.* motorist; car driver.
automobilìstico *a.* car (*attr.*); motor (*attr.*); auto (*attr., USA*): **corsa automobilistica**, motor (*o* car) race; **incidente a.**, car accident; **industria automobilistica**, car (*o* motor, auto) industry.
automotrìce *f.* (*ferr.*) rail-car.
autonoleggiatóre *m.* car hire firm.
autonoléggio *m.* car hire; car rental.
autonomìa *f.* **1** (*polit.*) autonomy; self-government **2** (*indipendenza*) independence; (*libertà*) freedom **3** (*autosufficienza*) self-sufficiency **4** (*mecc.*: *di macchina o motore*) endurance **5** (*distanza percorribile*) (operating) range: **Quest'auto ha un'a. di 400 km**, this car has a range of 400 km; (*aeron.*) **a. di volo**, maximum range; (*aeron.*) **a. di crociera**, cruising range.
autonomìșmo *m.* autonomism.
autonomìsta *m. e f.* autonomist.
autònomo **A** *a.* **1** (*polit.*) autonomous; self-governing **2** (*indipendente*) independent; (*libero*) free: **sindacati autonomi**, independent trade unions **3** (*autosufficiente*) self-sufficient **4** (*econ.*: *di lavoratore*) self-employed **5** (*mecc.*) self-contained • (*econ.*) **lavoro a.**, self-employment **B** *m.* (*sindacalista*) member of an independent trade union.
autopàrco *m.* **1** car park; parking lot (*USA*) **2** (*insieme di autoveicoli*) fleet of cars; car pool.
autopattùglia *f.* police car patrol.
autopista *f.* **1** car track **2** (*gioco*) electric car track.
autopómpa *f.* fire engine; fire truck (*USA*).
autopsìa *f.* autopsy; post-mortem (examination).
autòptico *a.* post-mortem (*attr.*).
autopùbblica *f.* taxi; cab (*USA*).
autopulènte *a.* self-cleaning.
autopùllman *m.* (motor)coach.
autopunitìvo *a.* self-punishing.
autopunizióne *f.* self-punishment.
autoràdio *m.* **1** (*radio*) car radio **2** (*veicolo*) radio car.
autoradùno *m.* motor rally.
autóre *m.* (*f.* **-trice**) **1** (*ideatore*) originator; maker; person behind (st.); author (*form.*); (*di misfatto*) perpetrator; (*causa*) cause: **l'a. di un progetto**, the author of a plan; the person behind a plan; **l'a. della mia rovina**, the cause of my ruin; **a. di un delitto**, perpetrator of a crime; criminal **2** (*di un libro*) author; (*pittore*) painter; (*scultore*) sculptor; (*compositore*) composer; (*drammaturgo*) playwright • (*leg.*) **diritto d'a.**, copyright □ **diritti d'a.** (*compenso*), royalties □ **film d'a.**, art film; auteur film □ **quadro d'a.**, original (painting).
autoregolamentazióne *f.* self-regulation.
autorespiratóre *m.* **1** breathing apparatus* **2** (*sport*) aqualung; scuba (*fam.*).
autoréte *f.* (*sport*) own goal.
autorévole *a.* **1** authoritative; reliable: **critico a.**, authoritative critic; **fonte a.**, reliable source **2** (*che ha influenza*) influential; weighty.
autorevolézza *f.* authority; authoritativeness.
autoribaltàbile *m.* tipper truck (*o* lorry); tipper; dump truck (*USA*).
autoriméssa *f.* garage.
autoriparazióne *f.* car repairs (*pl.*).
autorità *f.* **1** authority; power: **l'a. della legge**, the authority of the law; **a. genitoriale**, parental authority; **non avere nessuna a. su q.**, to have no authority over sb.; **a. per agire**, power to act; **agire d'a.**, to act using one's authority **2** (*autorevolezza*) authoritativeness; authority **3** (*prestigio*) prestige; influence; credit: **godere di a.**, to have influence; **un uomo di grande a.**, a very influential man **4** (*persona autorevole*) authority; expert **5** (*al pl.*) (*polit.*) authorities: **le a. cittadine**, the city authorities; **a. sanitarie**, health authorities.
autoritàrio *a.* **1** authoritarian; domineering; dictatorial **2** (*polit.*) authoritarian.
autoritarìșmo *m.* authoritarianism.
autoritràtto *m.* self-portrait.
autorizzàre *v. t.* **1** to authorize; (*concedere un permesso*) to allow, to license: **a. q. a fare q.c.**, to authorize sb. to do st.; **essere autorizzato alla vendita di alcolici**, to be licensed (to sell spirits) **2** (*dare il diritto di*) to entitle **3** (*legittimare*) to sanction • **Questo ci autorizza a pensare che...**, we can safely assume that...
autorizzazióne *f.* **1** authorization; (*permesso*) licence, license (*USA*), permission: (*leg.*) **a. a procedere**, authorization to proceed; **a. alla vendita delle armi**, licence to sell arms **2** (*documento*) permit; licence, license (*USA*).
autosalóne *m.* car showroom.
autoscàtto *m.* (*fotogr.*) automatic release; self-timer.
autoscóntro *m.* dodgems (*pl.*); bumper cars (*pl.*) (*USA*).
autoscuòla *f.* driving school.
autosilo *m.* multistorey car park.
autoșnodàto *m.* articulated vehicle.
autosoccórso *m.* **1** (*veicolo*) breakdown van (*GB*); tow truck (*USA*) **2** (*servizio*) breakdown service.
autostàrter *m.* **1** (*ippica*) mobile barrier **2** (*autom.*) self-starter.
autostazióne *f.* **1** (*stazione di servizio*) service station **2** (*terminal di autolinee*) bus station; coach station.
autostòp *m.* hitchhiking • **fare l'a.**, to hitchhike.
autostoppìsta *m. e f.* hitchhiker.
autostràda *f.* motorway (*GB*); expressway, freeway, superhighway (*USA*): **a. a pedaggio**, toll motorway (*GB*); tollway, turnpike (*USA*).
autostradàle *a.* motorway (*attr.*); expressway (*attr., USA*).
autosufficiènte *a.* self-sufficient.
autosufficiènza *f.* self-sufficiency; self-help.
autosuggestionàbile *a.* highly impressionable.
autosuggestionàrsi *v. rifl.* to imagine things.
autosuggestióne *f.* (*psic.*) autosuggestion.
autotassàrsi *v. rifl.* (*contribuire*) to contribute; to chip in (*fam.*).
autotassazióne *f.* (*fisc.*) self-assessment.
autotrasfușióne *f.* (*chir.*) autotransfusion.
autotrasportàre *v. t.* to transport by road; to haul; to truck (*USA*).
autotrasportatóre *m.* (road) haulage contractor; haulier; hauler (*USA*).
autotraspòrto *m.* **1** (*di merci*) haulage **2** (*di persone*) motor transport.
autotrèno *m.* articulated lorry (*GB*); trailer truck (*USA*).
autovaccìno *m.* (*med.*) autogenous vaccine; autovaccine.
autoveìcolo *m.* motor vehicle.
autovélox ® *m.* police spy-camera; speed camera.

autovettùra *f.* motorcar.
autrìce *f.* **1** *V.* **autore**, *def. 1* **2** (*scrittrice*) author, woman* writer; (*pittrice*) paintress; (*scultrice*) sculptress; (*compositrice*) composer.
autunnàle *a.* autumnal; autumn (*attr.*): **nebbia a.**, autumnal fog; **vacanze autunnali**, autumn holidays.
autùnno *m.* autumn; fall (*USA*). (*Per gli esempi d'uso, V. sotto* **estate**).
ava *f.* **1** (*lett.*: *nonna*) grandmother **2** (*antenata*) ancestress.
avallàre *v. t.* **1** (*comm.*) to guarantee; to back **2** (*appoggiare*) to endorse, to support; (*confermare*) to corroborate.
avàllo *m.* **1** (*comm.*) guaranty; backing **2** (*appoggio*) endorsement, support; (*conferma*) corroboration.
avambràccio *m.* (*anat.*) forearm.
avampósto *m.* (*mil.*) outpost.
avàna *m.* **1** (*sigaro*) Havana (cigar) **2** (*colore*) light brown; tawny.
avancàrica *f.* — **arma ad a.**, muzzle-loading firearm; muzzle-loader.
avance (*franc.*) *f.* advance: **fare un'a.** (*o* **delle avances**), to make advances.
avancòrpo *m.* (*archit.*) avant-corps.
avanguàrdia *f.* **1** (*mil.*) vanguard; van **2** (*fig.*) forefront; lead; cutting edge: **essere all'a.**, to be in the forefront (*o* at the cutting edge) **3** (*letter.*, *arte*) avant-garde (*franc.*): **scrittore d'a.**, avant-garde author.
avannòtto *m.* (*zool.*) fry*.
avanscopèrta *f.* (*mil.*) reconnaissance; reconnoitring • **andare in a.**, to reconnoitre; (*fig.*) to investigate, to explore.
avanspettàcolo *m.* variety show (given as a curtain--raiser); burlesque (*USA*).
avànti **A** *avv.* **1** (*nello spazio*) forward; ahead; on: **fare un passo a.**, to take a step forward; **guardare a.**, to look ahead; **piegarsi in a.**, to lean forward; **farsi a.**, to come forward; **andare a.** (*precedere*), to go ahead; **più a.**, further on **2** (*nel tempo*) on; ahead: **andare a.** (*progredire, continuare*), to go on; to get on; **essere a. nel lavoro**, to be ahead with one's work; **Londra è un'ora a. rispetto a Milano**, London is an hour ahead of Milan; **d'ora in a.**, from now on; **più a.**, later on • (*naut.*) **a. adagio**, slow speed ahead □ **a. e indietro**, back and forth; backwards and forwards; to and fro □ (*naut.*) **a. tutta**, full speed ahead □ (*di orologio*) **essere a. di 5 minuti**, to be 5 minutes fast; (*regolarmente*) to gain 5 minutes □ **essere a. di tre punti**, to lead by three points □ **essere a. di un anno** (*a scuola*), to be a year ahead □ **essere a. negli anni**, to be getting on in years □ **movimento in a.**, forward movement □ **mettere a. l'orologio**, to put the clock(s) forward **B** *inter.* **1** (*muoviti!*) move on!; go on!; (*andiamo!*) let's go!; (*continua!*) go on! **2** (*vieni dentro!*) come in!; (*va' dentro!*) go in! **3** (*suvvia!*) come on!; come! • **A. il prossimo!**, next, please! **C** *prep.* **1** (*di luogo, anche* **avanti a**) ahead of: **Era a. a tutti**, he was ahead of everybody **2** (*di tempo*) before: **a. Cristo**, before Christ (*abbr.* **B. C.**); **avant'ieri**, the day before yesterday **D** *a.* previous; preceeding; before; earlier: **il giorno a.**, the previous day; the day before; **una settimana a.**, a week earlier.
avantrèno *m.* (*autom.*) forecarriage.
avanzaménto *m.* **1** (*progresso*) progress; advance; headway: **stato di a. dei lavori**, stage reached on st.; progress made so far **2** (*promozione*) promotion: **a. di grado**, promotion; rise in rank **3** (*mecc.*) feed.
avanzàre (1) **A** *v. t.* (*anche fig.*) to put* forward; to advance; to make*: **a. una proposta**, to advance (*o* to put forward, to make) a proposal; **a. una teoria**, to put forward a theory; **a. pretese**, to lay claims **B** *v. i.* **1** to advance; to go* forward; to move forward; (*procedere*) to proceed, to go* on: **Il nemico avanza**, the enemy is advancing; **Avanzò verso di me**, he moved towards me; **Era impossibile a.**, it was impossible to proceed (*o* to go on) **2** (*progredire*) to proceed; to go* on; to progress; to gain ground • **a. a tentoni**, to feel one's way □ **a. di pochi passi**, to take a few steps forward □ **a. furtivamente**, to creep forward □ **far a. le truppe**, to move one's troops forward **C** **avanzàrsi** *v. i. pron.* to come* forward; to approach.
avanzàre (2) *v. i.* **1** (*restare*) to be left; to remain: **Non avanza nulla**, there is nothing left; **È avanzato del pesce**, there is some fish left; **Se mi avanza tempo**, if I have any time left; if I can spare the time **2** (*sovrabbondare*) to be more than enough • **Dieci meno tre, avanza sette**, three from ten leaves seven.
avanzàta *f.* advance (*anche mil.*); progress.
avanzàto *a.* **1** (*che sta avanti*) forward **2** (*rif. al tempo*) advanced; late: **a. negli anni**, advanced in years; **Era notte avanzata**, it was late into the night; **a notte avanzata**, late at night; **a maggio a.**, late in May; **età avanzata**, old age **3** (*moderno*) advanced; progressive: **idee avanzate**, advanced (*o* progressive) ideas; **tecnologie avanzate**, state-of-the-art technology **4** (*di cibo*) leftover: **carne avanzata**, leftover meat.
avànzo *m.* **1** remnant; scrap; (*al pl.*, *di cibo*) leftovers: **un a. di stoffa**, a remnant (*o* scrap) of material; **un a. di stufato**, leftover stew; **mangiare gli avanzi**, to eat (the) leftovers **2** (*al pl.*) (*ruderi*) remains; ruins **3** (*econ.*, *fin.*) surplus **4** (*mat.*) remainder • (*rag.*) **a. di cassa**, cash in hand □ (*spreg.*) **a. di galera**, jailbird □ (*comm.*) **avanzi di magazzino**, old stock Ⓤ □ **Ce n'è d'a.**, there's more than enough □ **Ne ho d'a.**, I've got enough and to spare.
avarìa *f.* **1** (*naut.*) damage Ⓤ; (*ass.*) average: **riportare avarie**, to sustain damage; to be damaged; **liquidatore di a.**, average adjuster **2** (*ferr.*, *comm.*) damage Ⓤ **3** (*mecc.*) breakdown; failure: **a. al motore**, engine failure.
avariàre **A** *v. t.* to damage **B** **avariàrsi** *v. i. pron.* to deteriorate; to perish; (*di cibo*) to go* bad.
avariàto *a.* damaged; gone bad (*pred.*): **merce avariata**, damaged goods (*o* merchandise); **carne avariata**, meat gone bad.
avarìzia *f.* meanness; stinginess (*fam.*); avarice (*form.*).
avàro **A** *a.* **1** mean; stingy (*fam.*); avaricious (*form.*) **2** (*parco*) sparing; careful: **a. di lodi**, sparing of praise; **un uomo a. di parole**, a man of few words **B** *m.* (*f.* **-a**) miser.
àve *inter.* hail.
avemarìa, **avemmarìa** *f.* **1** (*preghiera*) Hail Mary **2** (*l'ora*) Angelus **3** (*grano del rosario*) ave.
avéna *f.* (*bot.*, *Avena sativa*) oats (*pl.*) • **farina d'a.**, oatmeal.
avènte *m. e f.* — (*leg.*) **a. diritto**, assignee; party entitled.
avére **A** *v. ausiliare* to have: **L'ho appena visto**, I have (*o* I've) just seen him; **Se l'avessi saputo!**, if only I had (*o* I'd) known! **B** *v. t.* **1** (*possedere*) to have (got); to own: **Ho molti amici**, I have (*o* I've got) a lot of friends; **Ha moglie e figli**, he has (*o* he's got) a wife and children; **a.** [**non a.**] **memoria**, to have a good [a bad] memory; **Ha una bella casa**, he has (*o* owns) a beautiful house; **Hai un fiammifero?**, have you got a match?; **Non ho soldi**, I have no money; I haven't got any money; I don't have any money; **Hai la macchina?**, (*la possiedi?*) do you own a car? (*form.*), have you got a car?, do you have a car?; (*sei venuto in macchina?*) did you come by car?; did you drive here?; **Ebbi tutti dalla mia**, I had everyone on my side **2** (*qualità fisiche*; *caratteristiche*) to have; to be (+ *agg.*): **a. i capelli neri**, to have black hair; to be black-haired; **a. la barba**, to have a beard; **a. talento**, to be gifted **3** (*malattie*) to have (got): **Ho la tosse**, I have (*o* I've got) a cough; **Ha l'epatite**, he's got hepatitis; **a. il diabete**, to have diabetes **4** (*indossare*) to wear*; to have on: **Aveva un cappello nuovo**, she was wearing (*o* she had on) a new hat; **a. gli occhiali**, to wear glasses; **non a. niente addosso**, to have nothing on **5** (*ottenere, ricevere*) to get*; to have: **Ha avuto un buon posto**, he got a good job; **L'ho avuto per poco**, I had (*o* got) it for very little **6** (*prendere*) to take*: **a. cura di q.** [**q.c.**], to take care of sb. [st.]; to look after sb. [st.]; **a. parte in q.c.**, to take part in st. **7** (*sentire, provare*) to feel*; to have; to be (+ *agg.*): **a. odio** [**ammirazione**] **per q.**, to feel hatred [admiration] for sb.; **a. fame** [**sete, sonno, freddo, caldo, paura, vergogna**], to be hungry [thirsty, sleepy, cold, hot, afraid, ashamed] **8** (*tenere*) to keep*: **Aveva le mani in tasca**, he kept his hands in his pocket; **Dove hai il vino?**, where do you keep the wine? **9** (*età*) to be: **Ho trent'anni**, I am thirty; **Quanti anni hai?**, how old are you? **10** — **avere da**, to have (got) to: **Ho molte cose da fare**, I have (*o* I've got) a lot of things to do; **Non hai che da dirlo**, you only have to say the word; **Ho da parlarti**, I have to (*o* I must) talk to you **11** (*impers.*) there is [are, etc.]: **Non si hanno notizie**, there is no news; **Si è avuto un calo nelle vendite**, there has been a drop in sales • **a. a che fare con q.c.**, to have something to do with st. □ **a. del buono**, to have one's good points □ **a. notizie da q.**, to hear from sb. □ **avercela con q.**, (*essere arrabbiato*) to be cross with sb.; (*avere*

astio) to have it in for sb. □ **averla vinta**, to have one's way □ **aversela a male**, to take it amiss; to be offended □ **Che hai?** (*che c'è che non va?*), what's the matter (with you)? □ **far a. q.c. a q.**, to let sb. have st.; to send sb. st. □ **Ne hai per molto?**, is it going to take you long?; how long will you be about it? □ **Ne ho ancora per un'ora**, it's going to take me another hour □ **Non ho niente** (*nessun dispiacere, disturbo, ecc.*), I'm all right ***C*** *m.* ***1*** substance; property; possessions (*pl.*) ***2*** (*fin., rag.*) assets (*pl.*); (*di conto*) credit: **il dare e l'a.**, debit and credit.

avèrla *f.* (*zool.*) shrike.

aviatóre *m.* (*f.* **-trice**) pilot.

aviazióne *f.* ***1*** aviation ***2*** (*mil.*) Air Force • **campo di a.**, airfield □ **scuola di a.**, aviation school.

avidità *f.* avidity; eagerness; (*spreg.*) greed: **a. di sapere**, eagerness to learn; **a. di denaro**, greed for money; **ascoltare con a.**, to listen avidly; **mangiare con a.**, to eat greedily.

àvido *a.* avid, eager (for); (*spreg.*) greedy (for): **a. di sapere**, eager to know; **a. di successo**, avid for success; **a. di denaro**, greedy for money; **un a. lettore di fumetti**, an avid reader of comics.

avière *m.* (*aeron. mil.*) aircraftman* (*GB*); airman* (*USA*).

avifàuna *f.* (*zool.*) bird population; birdlife.

aviocistèrna *f.* tanker plane.

aviogètto *m.* jet (plane).

aviolìnea *f.* airline.

aviorimèssa *f.* hangar.

aviotrasportàre *v. t.* to transport by air; to fly.

aviotraspòrto *m.* air transport.

avitaminòṣi *f.* (*med.*) avitaminosis; vitamin deficiency.

avìto *a.* (*lett.*) ***1*** (*degli avi*) ancestral ***2*** (*ereditario*) hereditary.

àvo *m.* ***1*** (*lett.*: *nonno*) grandfather ***2*** (*antenato*) ancestor; forefather.

avocàdo *m.* ***1*** (*pianta*) avocado* (tree) ***2*** (*frutto*) avocado* (pear).

avocàre *v. t.* to take* over; to take upon oneself: **a. a sé la facoltà di fare q.c.**, to take upon oneself the right to do st.

avocètta *f.* (*zool.*) avocet.

avòrio *m.* ivory.

avùlso *a.* separated; removed; taken out: **un termine a. dal contesto**, a word taken out of context.

avvalérsi *v. i. pron.* to make* use (of); to have recourse (to); to avail oneself (of).

avvallaménto *m.* ***1*** depression; hollow ***2*** (*cedimento*) subsidence ***3*** (*geol.*) trough.

avvallàrsi *v. i. pron.* to subside; to sink*.

avvaloràre *v. t.* ***1*** to corroborate; to confirm; to bear* out ***2*** (*rafforzare*) to strengthen.

avvampàre *v. i.* ***1*** to flare up; to burst into flames ***2*** (*arrossire*) to blush • **a. d'ira**, to flare up with anger.

avvantaggiàre ***A*** *v. t.* to benefit; to favour ***B*** **avvantaggiàrsi** *v. rifl.* ***1*** (*trarre vantaggio*) to take* advantage (of); to profit (by) ***2*** (*guadagnare vantaggio*) to get* ahead.

avvedérsi *v. i. pron.* to notice (st.); to realize (st.); to become aware (of).

avvedutézza *f.* shrewdness; astuteness; (*prudenza*) wariness.

avvedùto *a.* shrewd; astute; (*prudente*) wary.

avvelenaménto *m.* poisoning: **a. da cibi guasti**, food poisoning.

avvelenàre ***A*** *v. t.* ***1*** to poison ***2*** (*amareggiare*) to poison; (*guastare*) to spoil, to mar ***B*** **avvelenàrsi** *v. rifl.* to poison oneself.

avvelenàto *a.* poisoned • **morire a.**, to die of poisoning.

avvelenatóre *m.* (*f.* **-trice**) poisoner.

avvenènte *a.* attractive; charming.

avvenènza *f.* attractiveness; charm.

avveniménto *m.* event; incident: **gli avvenimenti della settimana**, the week's events; **ricco di avvenimenti**, full of incidents; eventful.

avvenìre (1) *v. i.* ***1*** to happen; to occur; to take* place: **Quando avvenne l'incidente?**, when did the accident occur? ***2*** (*impers.*) to happen: **Avvenne che...**, it so happened that...; **come spesso avviene**, as often happens; **avvenga quel che vuole**, come what may; whatever happens.

avvenìre (2) ***A*** *m.* ***1*** future ***2*** (*prospettive*) prospects (*pl.*): **un giovane senza a.**, a young man without prospects; **Ha un brillante a.**, he has a brilliant future ahead of him ***B*** *a.* future; to come (*pred.*): **gli anni a.**, the years to come.

avvenirìstico *a.* futuristic.

avventàre ***A*** *v. t.* to rush: **a. un giudizio**, to rush an opinion ***B*** **avventàrsi** *v. i. pron.* to rush (at, upon); to fling* oneself (at); (*dall'alto*) to swoop down (on).

avventatézza *f.* ***1*** rashness; recklessness ***2*** (*azione*) rash thing (to do).

avventàto *a.* rash; reckless: **giudizio a.**, rash judgment; **ragazzo a.**, reckless boy.

avventiṣmo *m.* (*relig.*) Adventism.

avventista *m. e f.* (*relig.*) Adventist.

avventìzio ***A*** *a.* ***1*** (*provvisorio*) temporary; casual: **personale a.**, temporary staff; **manodopera avventizia**, casual labour ***2*** (*bot.*) adventitious ***B*** *m.* (*f.* **-a**) temporary employee; casual worker.

avvènto *m.* ***1*** (*eccles.*) Advent ***2*** (*lett.*: *venuta*) coming; beginning ***3*** (*a una carica*) accession.

avventóre *m.* (*f.* **-trice**) customer.

avventùra *f.* ***1*** adventure; (*impresa*) venture; (*avvenimento*) incident ***2*** (*vicenda amorosa*) affair; fling (*fam.*) • **per a.**, by chance.

avventuràrsi *v. rifl.* ***1*** (*esporsi ai rischi*) to take* risks ***2*** (*azzardarsi*) to venture: **a. in mare**, to venture out to sea.

avventurièra *f.* adventuress.

avventurièro *m.* adventurer; (*spreg.*) chancer, opportunist, speculator.

avventuróso *a.* ***1*** (*pieno di avventure*) adventurous; eventful ***2*** (*ardimentoso*) adventurous; daring.

avveràre ***A*** *v. t.* to realize; to fulfil ***B*** **avveràrsi** *v. i. pron.* to come* true; to be fulfilled.

avverbiàle *a.* (*gramm.*) adverbial.

avvèrbio *m.* (*gramm.*) adverb.

avversàre *v. t.* to oppose; to be against.

avversàrio ***A*** *a.* opposing; rival ***B*** *m.* (*f.* **-a**) opponent; antagonist.

avversativo *a.* (*gramm.*) adversative.

avversióne *f.* aversion; (*antipatia*) dislike: **avere a. per q.c.**, to have an aversion to st.; **nutrire a. per q.**, to conceive a dislike for sb.

avversità *f.* ***1*** (*ostilità*) adverseness; hostility ***2*** (*difficoltà*) adversity; trouble: **le a. della vita**, life's adversities ***3*** (*calamità*) calamity • **l'a. del clima**, adverse climatic conditions.

avvèrso *a.* ***1*** (*ostile*) adverse; hostile; (*contrario*) opposed: **fato a.**, adverse fate; **a. alla pena di morte**, opposed to (*o* against) the death penalty ***2*** (*sfavorevole*) unfavourable; contrary: **tempo a.**, unfavourable (*o* bad) weather; **venti avversi**, contrary winds ***3*** (*alieno*) averse (to); unwilling (to do st.); against (*prep.*) • (*leg.*) **parte avversa**, opposing (*o* adverse) party.

avvertènza *f.* ***1*** (*cura*) care; (*attenzione*) attention; (*cautela*) caution; (*precauzione*) precaution, forethought ***2*** (*avvertimento*) warning; notice ***3*** (*nota*) note; (*prefazione*) foreward ***4*** (*al pl.*) (*istruzioni*) directions.

avvertìbile *a.* noticeable; perceivable; perceptible.

avvertiménto *m.* warning; (*consiglio*) advice Ⓤ: **un a. da amico**, a friendly warning; **Che questo vi sia di a.**, let this be a warning to you. ATTENZIONE: **avvertimento** ≠ advertisement.

avvertìre *v. t.* ***1*** (*informare*) to inform; to tell*; to let* (sb.) know: **Avvertilo che sono qui**, tell him I'm here; **a. la polizia**, to inform (*o* to notify) the police ***2*** (*far notare*) to point out (st. to sb.) ***3*** (*mettere in guardia*) to warn (sb. of st.); to caution (sb. against st.): **Non è uno scherzo, ti avverto!**, this is no joke, I'm warning you! ***4*** (*percepire*) to feel*; to sense; (*accorgersi di*) to notice: **a. un dolore**, to feel a pain.

avvezzàre ***A*** *v. t.* ***1*** (*abituare*) to accustom ***2*** (*ammaestrare*) to train ***3*** (*educare*) to teach* ***B*** **avvezzàrsi** *v. rifl.* to get* used (*o* accustomed) (to).

avvézzo *a.* used; accustomed.

avviaménto *m.* ***1*** start; starting ***2*** (*introduzione*) introduction ***3*** (*econ.*: *di impresa, ecc.*) establishment; setting up: **costi di a.**, set-up costs; **capitale di a.**, seed money ***4*** (*comm.*) goodwill ***5*** (*mecc.*) starting; setting in motion; (*meccanismo*) starting device: **a. elettrico**, electric starting; **motorino di a.**, starter • **corso di a. professionale**, professional training course.

avviàre ***A*** *v. t.* ***1*** to start; to start off: **a. q. a una professione**, to start sb. off on a career ***2*** (*iniziare, aprire*) to set* up; to start; to open: **a. un negozio**, to set up a shop; **a. un'attività**, to start an activity; **a. le trattative**, to open negotiations ***3*** (*mecc., autom.*) to start: **a. un motore**, to start (up) an engine • (*lavoro a maglia*) **a. le maglie**, to cast on ***B*** **avviàrsi** *v. i. pron.* to set* off; to set* out: **a. verso casa**, to set off for home; **a. al lavoro**, to set out for work; **a. alla porta**, to make for the door • **Si avvia a diventare il prossimo premio Nobel**, he's on his way to being the next Nobel Prize winner □ **a. alla fine**, to be drawing to a close.

avviàto *a.* ***1*** launched; doing well ***2*** (*comm.*) going; (*bene a.*) thriving, prosperous: **un'azienda avviata**, a going concern; **un negozio bene a.**, a thriving shop; **essere bene a. negli affari**, to be doing well in business.

avviatóre *m.* (*mecc.*) starter: **a. automatico**, self-starter.

avvicendaménto *m.* ***1*** alternation; succession; rotation ***2*** (*agric.*) rotation ***3*** (*del personale*) turnover.

avvicendàre ***A*** *v. t.* ***1*** to alternate ***2*** (*agric.*) to rotate ***B*** **avvicendàrsi** *v. rifl. recipr.* ***1*** to alternate; to rotate; (*fare a turno*) to take* turns ***2*** (*succedersi*) to follow one another.

avvicinaménto *m.* approach.

avvicinàre ***A*** *v. t.* ***1*** (*oggetti*) to bring* (*o* to move) nearer (*o* closer); to draw* up; (*accostare*) to put* (st. to st.): **a. un libro agli occhi**, to bring a book closer to one's eyes; **a. una sedia al tavolo**, to draw a chair up to the table; **a. le labbra all'orecchio di q.**, to put one's lips to sb.'s ear ***2*** (*persone*) to appoach; to go* [to come*] up to; to accost ***B*** **avvicinàrsi** *v. i. pron.* ***1*** to go* [to come*] near(er); to get* closer; to go* [come]* up; to approach: **Non avvicinarti**, don't come near; **Mi si avvicinò un uomo**, a man came up to me ***2*** (*di tempo*) to draw* (*o* to get*) near; to draw* on: **Si avvicina Natale**, Christmas is drawing near; **Si avvicinava la notte**, night was drawing on ***3*** (*essere simile*) to be close (to) • **a. ai sessant'anni**, to be getting on for sixty.

avvilènte *a.* ***1*** (*sconfortante*) discouraging; demoralizing ***2*** (*umiliante*) humiliating ***3*** (*degradante*) degrading.

avviliménto *m.* ***1*** (*sconforto*) dejection; discouragement; disheartenment ***2*** (*umiliazione*) humiliation ***3*** (*degradazione*) degradation.

avvilìre ***A*** *v. t.* ***1*** (*sconfortare*) to dishearten; to depress; to get* down ***2*** (*umiliare*) to humiliate ***3*** (*degradare*) to degrade; to debase ***B*** **avvilìrsi** *v. i. pron.* ***1*** (*scoraggiarsi*) to lose* heart; to be disheartened ***2*** (*umiliarsi*) to humble oneself; to stoop (to do st.).

avvilito *a.* (*sconfortato*) disheartened; downhearted; dejected; discouraged; crestfallen (*fam.*).

avviluppàre ***A*** *v. t.* ***1*** (*avvolgere*) to envelop; to wrap up ***2*** (*ingarbugliare*) to entangle ***B*** **avvilupparsi** *v. rifl. e i. pron.* ***1*** (*avvolgersi*) to wrap oneself up ***2*** (*ingarbugliarsi, anche fig.*) to get* entangled.

avvinazzàto *a.* (*fam. spreg.*) drunk(en); fuddled; boozy (*pop.*).

avvincènte *a.* fascinating; engrossing; gripping.

avvìncere *v. t.* ***1*** to bind* ***2*** (*fig.*) to fascinate; to engross; to grip.

avvinghiàre ***A*** *v. t.* to clutch; to grasp; (*attorcersi*) to coil (round) ***B*** **avvinghiàrsi** *v. rifl.* to cling* • **a. al collo di q.**, to throw one's arms round sb.'s neck □ **Erano avvinghiati in una lotta disperata**, they were locked in a desperate struggle.

avvìnto *a.* (*fig.*) fascinated; spellbound • **tenere avvinta l'attenzione di q.**, to grip sb.'s attention.

avvìo *m.* start; beginning • **avere un buon a.**, to get off to a good start □ **dare l'a. a q.c.**, to start st. (off); to get st. going □ **prendere l'a.**, to start off; to get going; to get under way.

avviṣàglia *f.* (*indizio*) sign; inkling.

avviṣàre *v. t.* ***1*** (*informare*) to inform: to let* (sb.) know; to tell* ***2*** (*mettere in guardia*) to warn.

avviṣatóre *m.* (*segnale di allarme*) alarm; warning signal.

avvìṣo *m.* ***1*** (*annuncio*) announcement; communication ***2*** (*annuncio affisso*) notice ***3*** (*opinione*) opinion; view: **a mio a.**, in my opinion; **essere dello stesso a. (di q.)**, to agree (with sb.) • (*in un litro*) **a. al lettore**, foreword □ (*naut.*) **a. di burrasca**, gale warning □ (*comm.*) **a. di consegna**, delivery note □ (*leg.*) **a. di garanzia**, notification that one is under investigation □ (*comm.*) **a. di ricevuta**, acknowledgment of receipt □ (*comm.*) **a. di spedizione**, advice of despatch; shipping notice □ **a. pubblicitario**, advertisement □ **essere (*o* stare) sull'a.**, to be on one's guard (*o* on the alert) □ **fino a nuovo a.**, until further notice □ **mettere sull'a.**, to warn.

avvistaménto *m.* sighting.

avvistàre *v. t.* to sight; to catch* sight of; to spot: (*naut.*) **a. terra**, to sight land; **Lo avvistai tra la folla**, I caught sight of him in the crowd.

avvitàre ***A*** *v. t.* (*mecc.*) to screw: **a. il coperchio su una cassa**, to screw down the lid of a crate; **a. il coperchio su un barattolo**, to screw the lid onto a jar; **a. una lampadina**, to screw in a light bulb; **a. una vite**, to put in a screw; **a. bene q.c.**, to tighten st. ***B*** **avvitàrsi** *v. i. pron.* ***1*** (*di vite, ecc.*) to screw on (*o* in) ***2*** (*aeron.*) to go* into a spin*.

avviticchiàre *v. t.*, **avviticchiàrsi** *v. i. pron.* to twine; to twist.

avvivàre ***A*** *v. t.* ***1*** to animate ***2*** (*fig.*) to enliven; to revive; (*un colore*) to brighten ***B*** **avvivàrsi** *v. i. pron.* (*fig.*) to brighten up.

avvizziménto *m.* withering.

avvizzìre *v. t. e i.* to wither.

avvocatésco *a.* lawyer's; legal.

avvocàto *m.* (*f.* **-téssa**) ***1*** (*leg.*) lawyer; counsel*; (*in G.B.*) solicitor (*procuratore legale e patrocinante nelle corti inferiori*), barrister (*patrocinante nelle corti superiori*); (*in U.S.A.*) attorney(-at-law), counselor: **rivolgersi a un a.**, to consult a lawyer; to seek legal advice; **a. dell'accusa**, counsel for the prosecution; prosecutor; **a. della difesa**, counsel for the defence ***2*** (*fig.*: *patrocinante*) advocate; defender • **a. delle cause perse**, defender of lost causes □ **a. del diavolo**, devil's advocate □ **essere a. in causa propria**, to defend one's own interests.

avvocatùra *f.* ***1*** (*professione*) legal profession; (the) Bar: **esercitare l'a.**, to practise law ***2*** (*complesso degli avvocati*) (the) Bar.

avvòlgere ***A*** *v. t.* ***1*** (*anche fig.*) to wrap up; to envelop: **a. q. in una coperta**, to wrap sb. up in a blanket ***2*** (*volgere intorno*) to wind* (round); (*arrotolare*) to roll up: **avvolgersi in vita una fascia**, to wind a sash round one's waist; **a. un tappeto**, to roll up a carpet ***B*** **avvòlgersi** *v. rifl. e i. pron.* ***1*** (*avvilupparsi*) to wrap oneself up ***2*** (*volgersi intorno*) to wind* (round st.); to twine (round st.).

avvolgìbile ***A*** *a.* roller (*attr.*); roll-up: **tendina a.**, roller (*o* roll-up) blind ***B*** *m.* ***1*** (*persiana*) roll-up shutter ***2*** (*tendina*) roller (*o* roll-up) blind.

avvolgiménto *m.* ***1*** wrapping up; rolling up; winding ***2*** (*fis.*) winding ***3*** (*di bobina*) coil-winding ***4*** (*di molla*) coiling ***5*** (*cinem.*) taking-up.

avvòlto *a.* wrapped up; enveloped; (*fig., anche*) shrouded: **a. nel mistero [nella nebbia]**, shrouded in mystery [in mist].

avvoltóio *m.* (*zool.*) vulture.

avvoltolàre ***A*** *v. t.* to wrap up; to bundle up; (*arrotolare*) to roll up ***B*** **avvoltolàrsi** *v. rifl.* to roll; to wallow: **a. nel fango**, to wallow in the mud.

azalèa *f.* (*bot.*) azalea.

azièndа *f.* firm; concern; business; company: **a. a partecipazione statale**, state(-controlled) enterprise; **a. agricola**, farm; **a. elettrica**, electric company; **a. familiare**, family business (*o* concern); **a. privata**, private company; **a. pubblica**, state-owned company.

aziendàle *a.* business (*attr.*); firm (*attr.*); company (*attr.*): **economia a.**, business economics; **gestione a.**, business management; **politica a.**, company policy; **regolamento a.**, firm (*o* company) rules (*pl.*); **mensa a.**, canteen; **organo a.**, house organ.

aziendalìsta *m. e f.* ***1*** (*econ.*) business economist ***2*** company man* (*m.*); company woman* (*f.*).

àzimut *m.* (*astron.*) azimuth.

azionaménto *m.* operation; working • **dispositivo di a.**, driving gear.

azionàre *v. t.* (*mecc.*) to operate; to activate; to set* (st.) in motion; to drive*; to work: **a. l'allarme**, to activate the alarm; **a. un motore**, to start an engine; **a. una leva**, to operate a lever; **a. i freni**, to apply the brakes; **a. un pulsante**, to press a button • **azionato da un pistone**, worked (*o* moved) by a piston □ **azionato dal vapore**, steam-driven.

azionariàto *m.* (*fin.*) ***1*** shareholding ***2*** (*azionisti*) shareholders (*pl.*).

azionàrio *a.* (*fin.*) share (*attr.*); stock (*attr.*).
azióne (**1**) *f.* ***1*** (*l'agire*) action: **libertà d'a.**, freedom of action; **un uomo d'a.**, a man of action; **mettere in a.**, to put into action ***2*** (*atto*) action; deed; act; gesture: **buona a.**, good deed; **a. generosa**, generous act (*o* gesture) ***3*** (*funzionamento, effetto*) action; effect ***4*** (*letter.*: *intreccio*) action: **L'a. si svolge a Roma**, the action is set in Rome ***5*** (*mil.*) action; (*scontro*) engagement ***6*** (*leg.*) action; lawsuit: **intentare un'a. legale contro q.**, to bring a legal action against sb.; to sue sb. ***7*** (*sport*) action • (*cinem.*) **A.!**, action! □ (*mecc.*) **a. frenante**, braking □ (*teatr.*) **a. mimica**, business □ (*chim.*) **a. reciproca**, interaction □ **a. sindacale**, industrial action □ **ad a. lenta** [**rapida**], slow--acting [fast-acting] □ **entrare in a.**, to go into action; (*fig.*) to come into play □ **romanzo d'a.**, action-packed novel.
azióne (**2**) *f.* (*fin.*) share; (*al pl., anche*) stock Ⓤ: **emettere azioni**, to issue shares; **a. al portatore**, bearer share; **a. nominativa**, registered share; **a. ordinaria** [**privilegiata**], ordinary [preferred *o* preference] share.
azionìsta *m. e f.* (*fin.*) shareholder.
ạzotàto *a.* (*chim.*) nitrogenous.
ạzotemìa *f.* (*med.*) azotemia.
ạzòto *m.* (*chim.*) nitrogen.
aztèco *a. e m.* Aztec.
azzannàre *v. t.* to sink* one's teeth (*o, di belva*, one's fangs) into; to savage: **Il leone gli azzannò un braccio**, the lion sank its fangs into his arm; **Fu azzannato da una tigre**, he was savaged by a tiger.
azzardàre ***A*** *v. t.* ***1*** (*rischiare*) to risk; to hazard; to stake ***2*** (*arrischiarsi a dire*) to venture: **a. un commento** [**una risposta**], to venture a comment [an answer] ***B*** **azzardàrsi** *v. i. pron.* to dare*; to venture: **Non azzardarti a parlare!**, don't you dare (to) speak!.
ạzzardàto *a.* ***1*** (*rischioso*) risky; hazardous ***2*** (*avventato*) rash; reckless.
ạzzàrdo *m.* ***1*** (*rischio*) risk; hazard ***2*** (*azione imprudente*) unwise action; reckless thing • **giocare d'a.**, to gamble □ **gioco d'a.**, game of chance.
azzeccagarbùgli *m.* (*spreg.*) pettifogging lawyer.
azzeccàre *v. t.* ***1*** (*indovinare*) to guess; to get* (st.) right; to hit* on: **a. la risposta**, to guess right; to get the right answer ***2*** (*centrare*) to hit* fair and square • **a. il momento giusto**, to choose the right moment □ **azzeccarci**, to get it; to guess right □ **azzeccarla**, to hit the mark □ **Non ne azzecca mai una**, (*sbaglia sempre*) he always get things wrong; (*è sfortunato*) he's always out of luck.
azzeccàto *a.* ***1*** (*giusto*) (just) right; perfect; spot-on (*fam.*) ***2*** (*ben mirato*) well-aimed; (*fatto al momento giusto*) well--timed; (*ben scelto*) well-chosen.
ạzzeraménto *m.* zero setting; zeroing.
ạzzeràre *v. t.* ***1*** to set* at zero; to zero ***2*** (*elettron.*) to clear.
ạzzimàto *a.* spruce; trim; dapper; natty.
àzzimo ***A*** *a.* unleavened ***B*** *m.* unleavened bread.
azzittìre ***A*** *v. t.* to hush ***B*** **azzittìrsi** *v. i. pron.* to become* (*o* to fall*) silent.
azzoppaménto *m.* ***1*** (*l'azzoppare*) laming ***2*** (*l'azzopparsi*) becoming lame.
azzoppàre ***A*** *v. t.* to lame; to cripple ***B*** **azzoppàrsi** *v. i. pron.* to become* lame.
azzuffàrsi *v. rifl.* to come* to blows; to fight*; to scuffle.
ạzzurràto *a.* blue-tinted.
ạzzurrìno *a. e m.* pale (*o* light) blue.
ạzzùrro ***A*** *a.* blue ***B*** *m.* ***1*** blue ***2*** (*al pl.*) (*sport*) (the) Italian national team.
ạzzurrógnolo *a.* bluish.

b, B

B, **b** *m. o f.* B, b • (*telef.*) **b come Bologna**, b for Benjamin (*USA* for Baker).
babà *m.* (*cucina*) baba.
babàu *m.* bogeyman*; bugbear.
babbèo ***A*** *a.* foolish; stupid ***B*** *m.* (*f.* **-a**) booby; ninny.
bàbbo *m.* father; dad, daddy (*fam.*); pop (*fam. USA*).
babbùccia *f.* ***1*** (*orientale*) Turkish slipper ***2*** (*pantofola*) slipper ***3*** (*per neonato*) bootee.
babbuìno *m.* (*zool.*) baboon.
babèle *f.* chaos; babel; bedlam.
babèlico *a.* chaotic.
babilonése *a., m. e f.* Babylonian.
babórdo *m. V.* **sinistra**, *def. 4*.
baby-doll (*ingl.*) *m. invar.* baby-doll pyjamas (*pl.*).
baby-sitter (*ingl.*) *f. e m. invar.* baby-sitter • **fare da b. a q.**, to baby-sit sb.
bacàrsi *v. i. pron.* to get* worm-laten: **Le mele si sono bacate**, the apples are worm-eaten.
bacàto *a.* worm-eaten.
bàcca *f.* (*bot.*) berry.
baccalà *m.* ***1*** dried salt cod ***2*** (*persona sciocca*) lump; loon ***3*** (*spilungone*) beanpole.
baccalaureàto *m.* ***1*** bachelor's degree; baccalaureate ***2*** (*f.* **-a**) Bachelor (*of Arts, of Science, etc.*).
baccanàle *m.* ***1*** (*al pl.*) (*stor.*) Bacchanalia ***2*** (*fig.*) orgy.
baccàno *m.* noise; din; racket: **fare b.**, to make a noise (*o* a racket).
baccànte *f.* Bacchante; maenad.
baccarà *m.* (*gioco di carte*) baccarat.
baccèllo *m.* pod; hull.
bacchétta *f.* stick; rod; (*di direttore d'orchestra*) baton; (*di tamburo*) drumstick; (*per indicare*) pointer; (*nella cucina cinese*) chopstick; (*di rabdomante*) divining rod • **b. magica**, magic wand.
bacchettàre *v. t.* to rap (with a stick); (*sulle dita e fig.*) to rap over the knuckles.
bacchettàta *f.* rap (with a stick); (*sulle mani e fig.*) rap over the knuckles.
bacchettóne *m.* (*f.* **-a**) (*spreg.*) straitlaced person; puritanical person.
bacchiàre *v. t.* (*agric.*) to beat* down (*nuts, olives, etc.*) with a pole.
bàcchico *a.* Bacchic.
bachèca *f.* ***1*** (*vetrina*) glass showcase ***2*** (*per avvisi*) notice board; bulletin board (*USA*).
bachelite ® *f.* Bakelite.
bachicoltóre *m.* (*f.* **-trice**) silkgrower.
bachicoltùra *f.* silkworm-breeding; silk-growing.
baciamàno *m.* hand-kissing 🅄. • **fare il b.**, to kiss sb.'s hand.
baciapile *m. e f. invar. V.* **bigotto**.
baciàre ***A*** *v. t.* to kiss • **È stato baciato in fronte dalla fortuna**, fortune smiled on him ***B*** **baciàrsi** *v. rifl. recipr.* to kiss (each other *o* one another).
bacile *m.* (hand)basin.
bacillo *m.* (*biol.*) bacillus*.
bacinèlla *f.* ***1*** basin; bowl; (*per lavarsi*) washbasin ***2*** (*fotogr.*) tray dish.
bacino *m.* ***1*** basin ***2*** (*geogr.*) basin; area: **b. idrografico**, catchment basin (*o* area) ***3*** (*metall.*) basin ***4*** (*naut.*) dock: **b. di carenaggio**, dry dock; **b. galleggiante**, floating dock ***5*** (*idraul.*) reservoir ***6*** (*geol.*) field: **b. carbonifero**, coal field ***7*** (*anat.*) pelvis • (*amm.*) **b. di utenza**, catchment area.
bàcio *m.* kiss: **gettare un b.**, to blow a kiss; **dare il b. della buonanotte**, to kiss (sb.) goodnight; **coprire di baci**, to smother with kisses; **baci e abbracci**, hugging and kissing • (*fig.*) **b. di Giuda**, Judas-kiss □ **al b.**, excellent; perfect; done to a T (*fam.*).
bàco *m.* ***1*** worm: **b. da seta**, silkworm ***2*** (*elab.*) bug.
bacùcco *a.* decrepit; ancient.
badàre *v. i.* ***1*** (*fare attenzione*) to mind (st.); to pay* attention (to); to be careful: **Bada che c'è una buca**, mind the hole; **Bada di non tardare**, mind you're not late; **Bada di non romperlo**, be careful you don't break it ***2*** (*dare ascolto*) to pay* attention (to); to listen (to) ***3*** (*prendersi cura di*) to look after; to mind (st.); to take* care (of); (*tenere d'occhio*) to watch (st.), to keep* an eye (on): **b. ai figli**, to look after one's children; **b. ai propri interessi**, to look after one's own interests ***4*** (*custodire animali*) to tend (st.) • **b. alla casa**, to run the house; (*fare la casalinga*) to be a housewife □ **b. ai fatti propri**, to mind one's own business □ **Lui bada solo a mangiare**, he's only interested in eating □ **senza b. a spese**, regardless of the expense; (with) no expense spared.
badéssa *f.* abbess; Mother Superior.
badia *f.* abbey.
badile *m.* shovel.
bàffo *m.* ***1*** moustache (*generalm. al sing.*); (*di animale*) whisker: **lasciarsi crescere [portare] i baffi**, to grow [to wear] a moustache; **baffi spioventi**, drooping moustache; **baffi corti** (*o* **baffetti**), clipped moustache ***2*** (*macchia*) smear; smudge • (*fam.*) **coi baffi**, splendid; first-class □ (*fam.*) **da leccarsi i baffi**, delicious; scrumptious (*fam.*) □ **ridere sotto i baffi**, to laugh up one's sleeve □ (*fam.*) **Mi fa un b.**, I couldn't care less.
baffùto *a.* moustached; with a moustache.
bagagliàio *m.* ***1*** (*ferr.*) luggage van (*GB*); baggage car (*USA*) ***2*** (*autom.*) boot (*GB*); trunk (*USA*).
bagàglio *m.* ***1*** luggage 🅄 (*GB*); baggage 🅄 (*USA*): **b. a mano**, hand luggage; **b. appresso**, accompanied luggage; **fare [disfare] i bagagli**, to pack [to unpack]; **viaggiare con pochi bagagli**, to travel light ***2*** (*fig.*) fund; store; wealth: **b. di cognizioni**, fund (*o* store) of knowledge; **b. culturale**, education; **b. di esperienze**, wealth of experience.
bagarinàggio *m.* (ticket) touting (*GB*); scalping (*USA*).
bagarino *m.* (ticket) tout (*GB*); scalper (*USA*).
bagarre (*franc.*) *f. invar.* row; brawl.
bagattèlla *f.* trifle; bagatelle (*anche mus.*).
baggianàta *f.* nonsense 🅄; rubbish 🅄.
baggiàno ***A*** *a.* stupid ***B*** *m.* (*f.* **-a**) idiot.
bàglio *m.* (*naut.*) beam.
baglióre *m.* ***1*** (*lampo*) flash; (*brillio*) glow, (*accecante*) glare ***2*** (*al pl.*) (*fig.*) signs.
bagnànte *m. e f.* bather.
bagnàre ***A*** *v. t.* ***1*** to wet; (*immergere*) to dip; (*inzuppare*) to soak, to steep; (*inumidire*) to damp(en), to moisten; (*spruzzare*) to sprinkle; (*annaffiare*) to water ***2*** (*di fiume*) to flow through ***3*** (*festeggiare bevendo*) to drink* to • **bagnarsi la gola**, to drink □ **bagnarsi le labbra**, to wet one's lips □ **Genova è bagnata dal mare**, Genoa is on the sea ***B*** **bagnàrsi** *v. rifl. e i. pron.* ***1*** to get* wet ***2*** (*fare il bagno*) to bathe.
bagnaròla *f.* (*scherz.*) tub; bucket.
bagnasciùga *m. invar.* ***1*** (*naut.*) boot topping ***2*** (*pop.*) *V.* **battigia**.
bagnàta *f.* wetting; soaking • **prendersi una b.**, to get soaked.
bagnàto ***A*** *a.* wet • **b. come un pulcino**, drenched to the skin □ **b. fradicio**, soaked; wet through ***B*** *m.* wet ground.
bagnìno *m.* (*f.* **-a**) bathing-attendant; (*di salvataggio*) lifeguard.
bàgno *m.* ***1*** bath; (*in mare, ecc.*) bathe (*GB*); (*nuotata*) swim: **fare il b.**, (*in vasca*) to have (*USA* to take) a bath; to bathe (*USA*); (*al mare*) to bathe; (*nuotare*) to go for a

swim; **fare il b. a q.**, (*adulto*) to give sb. a bath; (*bambino*) to bath sb.; **bagni di mare**, sea-bathing [U]; **b. di schiuma**, bubble bath; **b. di sole**, sunbathe; sunbath; **fare i bagni di sole**, to sunbathe; **stagione dei bagni**, bathing season ***2*** (*locale*) bathroom; (*gabinetto*) toilet ***3*** (*chim., fotogr.*) bath ***4*** (*ind.*) bath; soak; soaking ***5*** (*al pl.*) baths; (*stabilimento balneare*) bathing establishment (*sing.*), lido (*sing.*); (*terme*) spa (*sing.*): **bagni pubblici**, public baths • **b. di folla**, walkabout: **fare un b. di folla**, to go walkabout □ **b. di sangue**, bloodbath □ **b. penale**, penal colony □ **b. turco**, Turkish bath □ **andare a b.**, to fail; to go down the drain (*fam.*) □ **in un b. di sudore**, drenched in sweat □ **mandare a b.**, to ruin; to wreck □ **mettere a b.**, to put to soak; to soak □ (*pop.*) **Va' a fare un b.!**, get lost!; go chase yourself!

bagnomarìa *m. invar.* (*recipiente*) bain-marie* (*franc.*): **cuocere a b.**, to cook in a bain-marie.

bagnoschiùma *m. invar.* bubble bath.

bagórdo *m.* (*specialm. al pl.*) binge; night out on the town: **fare bagordi**, to go on a binge; (*divertirsi*) to go out on the town.

bàia *f.* (*geogr.*) bay.

baiadèra *f.* oriental dancer.

bailàmme *m. invar.* hullabaloo*; bedlam.

bàio *a. e m.* (*zool.*) bay.

baionétta *f.* bayonet: **assalto alla b.**, bayonet charge • **innesto a b.**, (*di lampadina*) bayonet fitting; (*fotogr.*) bayonet mount.

bàita *f.* mountain hut (*o* chalet); (*rifugio*) (alpine) refuge.

balaùstra, **balaustràta** *f.* banisters (*pl.*); balustrade.

balbettàre ***A*** *v. i.* ***1*** to stammer; to stutter; to have a stammer (*o* a stutter) ***2*** (*di bambino*) to babble ***3*** (*parlare con esitazione*) to stammer; to falter ***B*** *v. t.* to stammer out; (*borbottare*) to mumble • **b. l'inglese**, to speak broken English.

balbettìo *m.* ***1*** stammering [U]; stuttering [U] ***2*** (*di bambino*) babble [U].

balbùzie *f.* stammer; stutter.

balbuziènte ***A*** *a.* stammering; stuttering ***B*** *m. e f.* stammerer; stutterer.

balcànico *a.* Balkan.

balconàta *f.* ***1*** (long) balcony ***2*** (*di teatro, ecc.*) circle (*GB*); balcony, mezzanine (*USA*).

balcóne *m.* balcony.

baldacchino *m.* canopy; (*di letto, anche*) tester.

baldànza *f.* exuberant self-confidence; (*spavalderia*) boldness.

baldanzóso *a.* full of self-confidence; (*spavaldo*) bold.

bàldo *a.* bold; dashing; fearless.

baldòria *f.* (noisy) fun [U]; merry-making [U] • **far b.**, to have a good time.

baléna *f.* ***1*** (*zool.*) whale ***2*** (*spreg.*) grossly fat person; fatty (*fam.*) • (*zool.*) **b. bianca**, white whale; beluga □ **caccia alla b.**, whaling.

balenàre *v. i.* (*anche fig.*) to flash: **Balenò un lampo**, there was a flash of lightning; **Mi balenò un'idea**, an idea flashed through my mind • **far b. una prospettiva a q.**, to dangle a possibility before sb.'s eyes.

balenièra *f.* whaler.

balenière *m.* whaler.

balenìo *m.* flashing.

baléno *m.* (*lampo*) flash of lightning • **in un b.**, in a flash.

balenòttera *f.* (*zool.*) rorqual; finback • **b. azzurra**, blue whale.

balenòttero, **balenòtto** *m.* (*zool.*) whale calf*.

balèra *f.* public dance-hall; (*all'aperto*) open-air dance floor.

balèstra *f.* ***1*** (*arma*) crossbow ***2*** (*mecc.*) leaf spring.

balestrière *m.* crossbowman*.

balestrùccio *m.* (*zool.*) house martin.

bàlia (1) *f.* (wet) nurse: **dare a b.**, to put (out) to nurse: **essere a b.**, to be out to nurse; (*anche fig.*) **fare da b. a q.**, to wet-nurse sb.; **b. asciutta**, dry nurse; nanny (*fam.*).

balìa (2) *f.* power: **in b. di q.**, in sb.'s power; at sb.'s mercy; **in b. delle onde**, at the mercy of the waves; **in b. della sorte**, in the hands of fortune; **in b. di se stesso**, helpless; (*fuori controllo*) out of control.

balìstica *f.* ballistics (*pl. col verbo al sing.*).

balìstico *a.* (*mil.*) ballistic.

bàlla *f.* ***1*** bale ***2*** (*fam.*: *fandonia*) lie; story; rubbish [U]: **raccontare una b.**, to tell a story; **Balle!**, rubbish!; what a load of balls! (*volg.*).

ballàbile ***A*** *a.* dance (*attr.*) ***B*** *m.* dance tune.

ballàre ***A*** *v. i.* ***1*** to dance ***2*** (*traballare*) to shake*, to rock; (*di mobile*) to wobble; (*di dente e sim.*) to be loose; (*di nave*) to roll ***3*** (*fam., su un aereo*) to have a bumpy flight • (*di abito*) **b. addosso**, to be too big (for sb.) □ **b. dalla gioia**, to jump for joy □ (*fam. iron.*) **Adesso si balla!**, now we're in for it! ***B*** *v. t.* to dance.

ballàta *f.* ***1*** (*letter.*) ballad ***2*** (*mus.*) ballade.

ballatóio *m.* ***1*** (*balcone*) balcony ***2*** (*pianerottolo*) landing.

ballerìna *f.* ***1*** dancer: **b. classica**, ballet dancer; ballerina: **prima b.**, prima ballerina; **b. di fila**, chorus girl ***2*** (*scarpa*) pump ***3*** (*zool.*) wagtail.

ballerino ***A*** *m.* dancer; (*classico*) ballet dancer ***B*** *a.* dancing.

ballétto *m.* ***1*** (*mus., teatr.*) ballet; (*TV, varietà*) dance routine ***2*** (*corpo di ballo*) dance troupe; (*classico*) corps de ballet (*franc.*).

ballìsta *m. e f.* (*fam.*) liar; story-teller; bullshit artist (*pop.*).

bàllo *m.* ***1*** dance; (*il danzare*) dancing: **Mi piace il b.**, I like dancing; **fare un b.**, to have a dance; **b. liscio**, ballroom dancing; ballroom dance; **maestro di b.**, dancing master; **musica da b.**, dance music ***2*** (*festa da b.*) dance; ball: **b. in costume** (*o* **in maschera**), fancy-dress ball; masked ball • (*med.*) **b. di San Vito**, St Vitus' dance □ **avere in b. q.c.**, to have got st. on □ **entrare in b.**, (*di cosa*) to come into play, to come up; (*di persona*) to get involved □ **essere in b.**, (*essere implicato*) to be involved; (*essere a rischio*) to be at stake □ **tirare in b. q.**, to involve sb. (into st.) □ **tirare in b. q.c.**, to bring st. up; to drag st. in □ (*prov.*) **Quando si è in b. bisogna ballare**, in for a penny in for a pound.

ballonzolàre *v. i.* to bounce; (*ballare alla buona*) to shuffle about; (*saltellare*) to skip about.

ballottàggio *m.* second ballot.

balneàre *a.* bathing (*attr.*): **stagione b.**, bathing season; **località b.**, seaside resort.

balneazióne *f.* bathing; swimming. • **«Divieto di b.»**, «bathing prohibited».

baloccàrsi *v. rifl.* ***1*** (*gingillarsi*) to toy; to fiddle about ***2*** (*perdere tempo*) to fiddle about.

balòcco *m.* (*anche fig.*) toy; plaything.

balordàggine *f.* ***1*** stupidity; foolishness ***2*** (*parole balorde*) stupid remark; nonsense [U]; (*azione balorda*) stupid action.

balórdo ***A*** *a.* ***1*** (*sciocco*) stupid; foolish ***2*** (*strampalato*) absurd; daft (*fam.*) ***3*** (*stordito*) out of sorts ***4*** (*del tempo*) unsettled ***B*** *m.* ***1*** (*f.* **-a**) idiot; fool ***2*** (*pop.*: *piccolo criminale*) petty (*o* small-time) criminal.

balsàmico *a.* ***1*** balsamic; aromatic ***2*** (*salubre*) healthy; wholesome.

balsamìna *f.* (*bot.*) balsam.

bàlsamo *m.* balm (*anche fig.*); balsam.

bàltico *a.* Baltic.

baluàrdo *m.* bulwark (*anche fig.*); bastion; rampart.

baluginàre *v. i.* to flicker; to glimmer.

bàlza *f.* ***1*** (*dirupo*) crag ***2*** (*tratto piano*) ledge; terrace ***3*** (*di veste*) flounce ***4*** (*di tenda, ecc.*) valance.

balzàno *a.* ***1*** (*di cavallo*) with a white sock (*o* stocking) ***2*** (*strambo*) odd; bizarre.

balzàre *v. t.* to leap*; to jump; to spring*: **b. in piedi**, to jump (*o* to leap) to one's feet; to jump up; **b. dal letto**, to jump out of bed; **b. addosso a q.**, to jump on sb. • (*fig.*) **b. agli occhi**, to leap out at sb.; to strike sb. immediately □ **b. in primo piano**, to leap into the foreground □ **b. in testa alla classifica**, to shoot to the top of the charts.

balzèllo *m.* iniquitous tax; (*fig.*) imposition.

balzellóni *avv.* by leaps; by bounds • **procedere b.**, to bounce along.

bàlzo *m.* ***1*** leap; bound; bounce: **Fu in piedi con un b.**, with one leap he was on his feet; he lept to his feet; **correre a gran balzi**, to run in great leaps; **fare un b.**, to jump; to leap ***2*** (*di paura*) start • **Il mio cuore fece un b.**, my heart missed a beat □ (*fig.*) **fare balzi da gigante**, to progress by leaps and bounds □ **prendere la palla al b.**, to catch the ball on the bounce; (*fig.*) to seize the opportunity.

bambàgia *f.* (*cotone idrofilo*) cotton wool (*GB*); (absorbent) cotton (*USA*) • **tenere q. nella b.**, to pamper sb.; to mollycoddle sb.

bambìna *V.* **bambino**.

bambinàia *f.* nursemaid; nanny (*fam.*).

bambinàta *f.* ***1*** childish thing ***2*** (*cosa facile*) child's play ☐.
bambinésco *a.* (*spreg.*) childish; infantile.
bambino ***A*** *m.* (*f.* **-a**) child*; little boy (*f.* girl); kid (*fam.*); (*in fasce*) baby, baby boy (*f.* girl); (*che cammina appena*) toddler: **da b.**, as a child; when I was [you were, etc.] a child; **faccia da b.**, baby face; **idee da b.**, childish notions; **vestiti da b.**, children's clothes • **b. difficile**, problem child □ **b. prodigio**, child prodigy □ **b. terribile**, little terror □ **aspettare un b.**, to be expecting a baby □ **fare il b.**, to behave like a child ***B*** *a.* (*immaturo*) immature; (*agli inizi*) in one's infancy.
bambinóne *m.* (*f.* **-a**) (*anche fig.*) big baby.
bambòccio *m.* ***1*** chubby child* ***2*** (*fig.*) big baby; (*sciocco*) simpleton ***3*** (*fantoccio*) rag doll.
bàmbola *f.* doll.
bamboleggiàre *v. t.* to simper.
bambolòtto *m.* ***1*** doll ***2*** (*bambino grassoccio*) chubby child*.
bambù *m.* (*bot.*) bamboo.
banàle *a.* (*ovvio*) banal, trite; (*non importante*) trivial; (*comune*) common, ordinary; (*senza attrattive*) dull, uninteresting, humdrum.
banalità *f.* ***1*** banality; triviality; ordinariness; dullness ***2*** (*commento banale*) banality; truism; platitude.
banalizzàre *v. t.* to trivialize.
banàna *f.* ***1*** (*frutto*) banana ***2*** (*di capelli*) sausage curl ***3*** (*elettr.*) banana plug.
banàno *m.* (*bot.*) banana tree.
bànca *f.* bank: **andare in b.**, to go to the bank; **b. d'affari**, merchant bank; investment bank; **conto in b.**, bank account; **impiegato di b.**, bank clerk; **operazione di b.**, bank transaction • **b. dati**, data bank □ **b. del sangue**, blood bank.
bancarèlla *f.* stall; booth; (*di libri*) bookstall.
bancarellìsta *m. e f.* stall keeper.
bancàrio ***A*** *a.* bank (*attr.*); banking: **conto b.**, bank account; **operazione bancaria**, bank transaction; **segreto b.**, banking secret; **sistema b.**, banking system ***B*** *m.* (*f.* **-a**) bank clerk; bank employee.
bancarótta *f.* bankruptcy: **b. fraudolenta**, fraudulent bankruptcy; **b. morale**, moral bankruptcy; **essere in b.**, to be bankrupt; **fare b.**, to go bankrupt.
bancarottière *m.* bankrupt.
banchettàre *v. i.* to banquet; to feast.
banchétto *m.* ***1*** banquet; (*lauto pranzo*) feast: **sala dei banchetti**, banqueting hall ***2*** *V.* **bancarella**.
banchière *m.* banker.
banchìna *f.* ***1*** (*naut.*) quay; wharf*; dock ***2*** (*ferr.*) platform ***3*** (*di strada*) hard shoulder, verge; (*per pedoni*) footpath; (*per ciclisti*) cycle lane.
banchìsa *f.* (*geogr.*) pack ice; ice pack.
bànco *m.* ***1*** (*panca*) bench ***2*** (*di ufficio*) desk; (*di negozio*) counter ***3*** (*bancarella*) stall ***4*** (*di artigiano*) (work)bench ***5*** (*ind.*) bench; table ***6*** (*banca*) bank ***7*** (*al gioco*) bank: **tenere il b.**, to hold the bank; **far saltare il b.**, to break the bank ***8*** (*di pesci*) shoal; school • **b. di chiesa**, pew □ **b. di corallo**, coral reef □ **b. di ghiaccio**, ice floe □ **b. della giuria**, jury box □ **b. degli imputati**, dock: **sedere sul b. degli imputati**, to be (*o* to appear) in the dock □ **b. del lotto**, state lottery office □ **b. di nebbia**, fog bank □ **b. di ostriche**, oyster bed □ **b. dei pegni**, pawnshop □ **b. di prova**, (*tecn.*) test bed; (*fig.*) acid test, testing ground □ **b. di rematore**, thwart □ **b. di sabbia**, sandbank □ **b. di scuola**, desk; (*panca per più studenti*) form □ **b. dei testimoni**, witness box (*USA* stand) □ **sotto b.**, under the counter □ **tenere b.**, to hold forth; (*predominare*) to be in the foreground.
Bàncomat ® *m.* automated banking; (*sportello*) cashpoint, cash dispenser (*GB*), automated teller machine (*abbr. ATM*) (*USA*).
bancóne *m.* counter; desk; (*di lavoro*) bench.
banconière, **banconìsta** *m.* (*di bar*) barman*.
banconòta *f.* (bank)note; bill (*USA*): **b. da cinque sterline**, five-pound note.
bànda (1) *f.* ***1*** (*striscia*) band; strip; stripe: **b. magnetica**, magnetized strip ***2*** (*fis., radio*) band: **b. di frequenza**, frequency band; **b. cittadina**, citizen band.
bànda (2) *f.* ***1*** (*di armati*) band; (*di criminali*) gang ***2*** (*di suonatori*) band: **b. di ottoni**, brass band ***3*** (*fam. o spreg.*) gang; pack; bunch; mob.
banderuòla *f.* weathervane; weathercock (*anche fig.*).
bandièra *f.* flag; banner (*anche fig.*); (*mil.*) colours (*pl.*): **issare [ammainare] la b.**, to hoist [to lower] the flag; **la b. del reggimento**, the regimental colours • **b. a mezz'asta**, flag (flying) at half-mast □ **b. bianca**, white flag: **alzare b. bianca**, to show the white flag □ (*naut.*) **b. di segnalazione**, pennant; signal flag □ (*naut.*) **b. gialla** (*di quarantena*), yellow flag □ **b. nera** (*dei pirati*), black flag; Jolly Roger □ (*naut.*) **b. ombra**, flag of convenience □ **b. tricolore**, tricolor □ **a bandiere spiegate**, with flying colours □ **battere b. italiana**, to fly the Italian flag □ (*aeron.*) **compagnia di b.**, national flagship airline □ **mutar b.**, to change sides; (*cambiare opinione*) to change one's mind □ (*fig.*) **portare alta la b.**, to fly the flag □ (*fig.*) **tenere alta la b.**, to keep the flag flying.
bandierìna *f.* flag • **segnalare con bandierine**, to flag □ (*calcio*) **tiro dalla b.**, corner kick.
bandìre *v. t.* ***1*** (*notificare, indire*) to announce; to advertise: **b. un concorso**, to advertise a competition; **b. una gara d'appalto**, to call for tenders ***2*** (*proibire*) to ban ***3*** (*esiliare*) to exile; to banish ***4*** (*mettere da parte*) to put* aside; to dispense with: **b. le cerimonie**, to dispense with formalities; to put aside ceremony.
bandìsta *m. e f.* bandsman* (*m.*), bandswoman* (*f.*).
bandìstico *a.* band (*attr.*).
banditìsmo *m.* banditry; gangsterism; brigandage.
bandìto ***A*** *a.* banished; exiled ***B*** *m.* ***1*** (*fuorilegge*) gangster, bandit, outlaw; (*brigante*) bandit, brigand ***2*** (*fig.*) scoundrel; criminal.
banditóre *m.* (*f.* **-trice**) ***1*** (*di asta*) auctioneer ***2*** (*promotore*) advocate; champion ***3*** (*stor.*) town crier.
bàndo *m.* ***1*** (*editto*) proclamation; ban ***2*** (*pubblico annuncio*) public notice; notification; announcement: **b. di asta pubblica**, notification of public auction; **b. di concorso**, announcement of competition; **b. di gara d'appalto**, call for tenders ***3*** (*esilio*) banishment • **B. alle cerimonie!**, let's not stand on ceremony! □ **B. alle chiacchiere!**, let's come to the point!; get to the point! □ **al b.**, (*probito*) under a ban; (*in esilio*) banished, in exile □ **mettere al b.**, (*proibire*) to ban, to put a ban on; (*esiliare*) to banish.
bandolièra *f.* (*mil.*) bandoleer; cross belt • **a b.**, slung across the chest.
bàndolo *m.* end (of a skein) • (*fig.*) **il b. della matassa**, the key (to the problem).
bànjo *m.* (*mus.*) banjo.
baobàb *m.* (*bot.*) baobab; monkey-bread tree.
bar *m.* ***1*** bar; (*caffè*) coffee bar ***2*** (*mobile*) cocktail cabinet.
bàra *f.* coffin.
baràcca *f.* ***1*** (*capanno*) hut; shed ***2*** (*catapecchia*) shack; shanty: **quartiere di baracche**, shantytown ***3*** (*fam.*: *cosa che funziona male*) piece of junk • **piantare b. e burattini**, to pack one's bags; (*un lavoro, ecc.*) to pack it in; (*scappare*) to clear out, to decamp □ **mandare avanti la b.**, to keep things going; (*dirigere q.c.*) to run the show □ **stentare a mandare avanti la b.**, to struggle to make ends meet □ **tutta la b.**, the lot; the whole shebang (*fam. USA*).
ATTENZIONE: **baracche** ≠ barracks.
baraccàto *m.* (**-a**) person living in emergency housing.
baraccóne *m.* ***1*** booth ***2*** (*al pl.*) (*luna park*) fun fair; carnival (*USA*) ***3*** (*fig.*) ramshackle organization.
baraccòpoli *f.* shantytown.
baraónda *f.* ***1*** (*caos*) chaos; bedlam; mayhem ***2*** (*gran folla*) bustle.
baràre *v. i.* to cheat (at cards).
bàratro *m.* ***1*** abyss; chasm ***2*** (*fig.*) abyss; depths (*pl.*).
barattàre *v. t.* (*comm.*) to trade, to barter; (*scambiare*) to swap (*fam.*).
baràtto *m.* (*comm.*) barter; (*scambio*) swap (*fam.*).
baràttolo *m.* jar; pot; (*di latta*) tin (*GB*), can (*USA*).
bàrba *f.* ***1*** beard: **portare la b.**, to have (*o* to wear) a beard; **farsi crescere la b.**, to grow a beard; **una b. di tre giorni**, a three-days' growth of beard; **b. dura**, coarse beard; **b. ispida**, stubble; **fare la b. a q.**, to shave sb.; **farsi la b.**, to shave ***2*** (*bot.*) root; rootlet ***3*** (*fam.*: *noia*) bore; yawn, drag (*pop.*): **Che b.!**, how boring!; what a drag! (*pop.*); **Che b. d'un uomo!**, what a bore he is! • **farla in b. a**, to outsmart (sb.); to cheat (st.) □ (*fig.*) **far venire la b.**, to bore (sb.) to tears; to be very boring □ **in b. a**, in defiance of; in spite of.

barbabiètola *f.* (*bot.*) beet; (*la radice*) beetroot (*GB*), beet (*USA*) • **b. da zucchero**, sugar beet.
barbagiànni *m.* (*zool.*) barn owl; screech owl.
barbàglio *m.* glare U; glitter.
barbaraménte *avv.* barbarously.
barbàrico *a.* barbaric; barbarian: **le invasioni barbariche**, the barbarian invasions; **usanze barbariche**, barbaric customs.
barbàrie *f.* *1* barbarism *2* (*crudeltà*) barbarity; (*scempio*) vandalism.
barbarismo *m.* (*ling.*) barbarism.
bàrbaro *A a.* *1* (*dei barbari*) barbarian; barbaric; barbarous *2* (*incivile*) uncivilised; barbarous; (*rozzo*) rough, uncouth *3* (*crudele*) barbaric; barbarous; savage *4* (*pessimo*) dreadful; awful; atrocious: **gusto b.**, awful taste *B m.* barbarian.
barbière *m.* barber • **negozio di b.**, barber's (*GB*); barbershop (*USA*).
barbitùrico *A a.* (*chim.*) barbituric *B m.* (*farm.*) barbiturate.
barbògio *a.* decrepit; senile • **un vecchio b.**, an old dodderer.
barbóna *f.* tramp; bag lady.
barbóne *m.* *1* (*cane*) poodle *2* (*vagabondo*) tramp; hobo (*USA*).
barbóso *a.* (*fam.*) boring.
barbùto *a.* bearded.
bàrca (1) *f.* boat: **b. a motore**, motor boat; **b. a remi**, rowing boat (*GB*); rowboat (*USA*); **b. a vela**, sailing boat (*GB*); sailboat (*USA*); **b. da pesca**, fishing boat; **andare in b.**, to go* boating; to go* sailing; **vacanze in b.**, sailing holidays • (*fig.*) **essere nella stessa b.**, to be in the same boat.
bàrca (2) *f.* (*fam.*: *grande quantità*) stacks, lots, heaps, loads (*pl.*): **una b. di soldi**, loads of money.
barcàccia *f.* (*teatr.*) stage box.
barcaiòlo *m.* boatman*.
barcamenàrsi *v. i. pron.* *1* (*destreggiarsi*) to get* along; to manage; to cope *2* (*non compromettersi*) to steer a middle course.
barcarìzzo *m.* (*naut.*) gangway.
barcaròla *f.* (*mus.*) barcarole.
barcollàre *v. i.* to stagger; to reel; to totter (*anche fig.*).
barcóne *m.* barge; scow.
bardàre *A v. t.* *1* to harness *2* (*scherz.*) to dress up *B* **bardàrsi** *v. rifl.* (*scherz.*) to dress up; to rig oneself out.
bardatùra *f.* *1* harness; trappings (*pl.*) *2* (*scherz.*) outfit; gear; trappings (*pl.*): **b. di gala**, finery; glad rags (*pl.*, *GB*).
bàrdo *m.* bard.
bardòtto *m.* (*zool.*) hinny.
barèlla *f.* stretcher.
barellière *m.* stretcher-bearer.
baréna *f.* sandbank; sandbar.
bargìglio *m.* (*zool.*) wattle.
baricèntro *m.* (*fis.*) centre of gravity.
barìle *m.* *1* barrel; cask: **b. di petrolio**, barrel of oil *2* (*fig.*) tub of lard; fatty.
barilòtto *m.* *1* small cask; keg *2* (*fig.*) tubby person; roly--poly.
bàrio *m.* (*chim.*) barium.
barìsta *m. e f.* barman* (*m.*); bartender (*m.*, *USA*); barmaid (*f.*).
baritonàle *a.* baritone (*attr.*).
barìtono *m.* baritone.
barlùme *m.* (*anche fig.*) glimmer; gleam; flicker; spark: **un b. di speranza**, a gleam of hope; **un b. d'intelligenza**, a spark of intelligence.
bàro *m.* cardsharper; cheat.
baròcco *A a.* *1* Baroque *2* (*ornato*) ornate; (*bizzarro*) grotesque *B m.* Baroque.
baromètrico *a.* (*fis.*) barometric.
baròmetro *m.* barometer: **Il b. sale** [**scende**], the barometer is rising [falling]; **b. a mercurio**, cup barometer; **b. aneroide**, aneroid barometer.
baronàle *a.* baronial.
baróne *m.* *1* baron *2* (*fig.*) baron; (*universitario*) university mandarin.
baronéssa *f.* baroness.
baronétto *m.* baronet.
baronìa *f.* barony.
bàrra *f.* *1* bar: **b. d'oro**, gold bar *2* (*naut.*) helm; tiller *3* (*ind.*, *mecc.*) bar; rod: **b. di traino**, towbar; **b. di torsione**, torsion bar *4* (*segno grafico*) stroke; slash; solidus *5* (*geogr.*) bar • (*aeron.*) **b. di comando**, control stick; joystick □ **b. spaziatrice**, spacebar □ **codice a barre**, bar code.
barracùda *m.* (*zool.*) barracuda.
barràre *v. t.* to cross: **b. un assegno**, to cross a cheque.
barricàre *A v. t.* to barricade; (*porte, finestre*) to bar *B* **barricàrsi** *v. rifl.* to barricade oneself: **b. in casa**, to barricade oneself in one's house; (*fig.*) to stay shut up in one's house • **b. nel silenzio**, to retreat behind a wall of silence.
barricàta *f.* barricade • (*fig.*) **dall'altra parte della b.**, on the other side of the fence.
barrièra *f.* *1* (*anche fig.*) barrier: **b. del suono**, sound barrier *2* (*equitazione*) rail *3* (*calcio*) wall • **b. architettonica**, obstacle, barrier (to the handicapped) □ **b. corallina**, barrier reef □ **b. doganale**, tariff barrier □ (*autom.*) **b. di protezione**, crash barrier.
barrìre *v. t.* to trumpet.
barrìto *m.* trumpeting U.
barròccio *m.* cart.
barùffa *f.* quarrel; scuffle • **fare b.**, to quarrel; to scuffle.
barzellétta *f.* joke; funny story.
basàle *a.* *1* (*anche med.*) basal *2* (*fondamentale*) basic; fundamental.
basàlto *m.* (*miner.*) basalt.
basaménto *m.* *1* (*base, piedistallo*) plinth; base *2* (*di parete*) skirting board (*GB*), baseboard (*USA*); (*di muro esterno*) footing *3* (*mecc.*) bed; bedplate.
basàre *A v. t.* to base; to found *B* **basàrsi** *v. rifl. e i. pron.* *1* to base oneself *2* (*avere fondamento*) to be based; to rest.
bàsco *A a.* Basque *B m.* *1* (*f.* **-a**) Basque (*f.* Basque woman*) *2* (*lingua*) Basque *3* (*berretto*) beret.
bascùlla *f.* weighing machine.
bàse *A f.* *1* (*basamento*) base *2* (*fondamento*) foundation; basis*; grounds (*pl.*): **le basi di una teoria**, the foundation of a theory; **gettare le basi di q.c.**, to lay the foundations (*o* basis) for st.; **avere buone basi in chimica**, to have a good grounding in chemistry *3* (*mil.*) base; station *4* (*econ.*) base; basis*: **b. monetaria**, monetary base; **b. tariffaria**, rate basis; **b. aurea**, gold reserve *5* (*di partito, sindacato*) rank and file *6* (*mat., geom., chim.*) base *7* (*cosmesi*) foundation cream • (*miss.*) **b. di lancio**, launching site □ (*fig.*) **b. di partenza**, starting point □ (*fisc.*) **b. imponibile**, basis of assessment □ **dieta a b. di proteine**, protein-based diet; **piatto a b. di funghi**, mushroom dish □ **di b.**, basic: **regole di b.**, basic rules □ **in b. a**, according to; under: **in b. alle regole**, according to the rules; under the rules □ **su b. annua** [**mensile**], on a yearly [monthly] basis □ **su b. di reciprocità**, on mutual terms □ **sulla b. di**, on the basis of *B a.* base (*attr.*); basic: **alimento b.**, basic food; **campo b.**, base camp; **prezzo b.**, base price; (*nelle aste*) starting price; **stipendio b.**, basic salary.
basétta *f.* side whisker; sideburn.
bàsico *a.* (*chim.*) basic.
basilàre *a.* basic; fundamental.
basìlica *f.* basilica.
basìlico *m.* (sweet) basil.
basilìsco *m.* (*zool.*) basilisk.
bàsket (*ingl.*) *m.* (*sport*) basketball.
bàssa *f.* plain; lowlands (*pl.*).
bassaménte *avv.* meanly; basely.
bassézza *f.* *1* lowness *2* (*di statura*) shortness *3* (*morale*) baseness; meanness *4* (*azione bassa*) base (*o* mean) action.
bassìsta *m. e f.* (*mus.*) bass player.
bàsso *A a.* *1* low; (*posto più in b.*) lower; (*abbassato*) lowered: **un muro b.**, a low wall; **prezzi bassi**, low prices; **soffitto b.**, low ceiling; **bassa frequenza**, low frequency; **voto b.**, low mark (*USA* grade); **i piani bassi di un edificio**, the lower floors of a building; **a occhi bassi**, with eyes lowered; looking down; **mantenere i prezzi bassi**, to keep prices down; **tenere la testa bassa**, to keep one's head down *2* (*di statura*) short *3* (*poco profondo*) shallow *4* (*di suono*: *sommesso*) low, soft; (*profondo*) deep: **parlare a bassa voce**, to speak in a low voice; **tenere b. il volume**, to keep the volume down *5* (*mus.*: *di nota*) deep, low-pitched; (*di voce, strumento*) bass *6* (*di luce*) dim; faint *7* (*geogr.*) low; (*inferiore*) lower; (*meridionale*) southern: **i Paesi Bassi**, the Low Countries; the Netherlands; **il b. Egitto**, Lower

Egypt; **la Bassa Italia**, Southern Italy ***8*** (*vile, meschino*) base; mean; vile: **un'azione bassa**, a mean action; **gli istinti più bassi**, man's baser instincts ***9*** (*inferiore*) lower; inferior: (*polit.*) **la Camera Bassa**, the Lower House ***10*** (*stor.*: *tardo*) late: **il b. Medioevo**, the late Middle Ages ***B*** *avv.* ***1*** low: **mirare b.**, to aim low ***2*** (*a bassa voce*) in a low voice; softly ***C*** *m.* ***1*** lower part; bottom ***2*** (*mus.*) bass: **b. continuo**, basso continuo; **i bassi** (*di un'orchestra*), the bass instruments; **chiave di b.**, bass clef • (*su un collo*) **«B.»**, «this side down» □ **gli alti e bassi della vita**, the ups and downs of life □ **da b.**, (down) below; (*al piano di sotto*) downstairs □ **dal b.**, from below; from beneath □ **dal b. in alto**, from the bottom upwards □ **in b.**, down; down below: **guardare in b.**, to look down; **più in b.**, further (*o* lower) down.

bassofóndo *m.* ***1*** (*geogr.*) shallows (*pl.*); shoal ***2*** (*al pl.*) slums ***3*** (*al pl.*) (*malavita*) underworld (*sing.*).

bassopiàno *m.* lowland.

bassorilièvo *m.* bas-relief.

bassòtto *m.* dachshund.

bàsta ***A*** *inter.* (that's) enough; that will do; stop it: **Adesso b.!**, that's enough!; **B. con queste storie!**, enough of this nonsense!; **B., vedremo**, well, we'll see; **B. così, grazie**, that will do, thank you; **Farai come dico io e b.!**, you'll do as I say, and that's final!; (*versando da bere*) **Dimmi b.**, say when ***B*** **bàsta che** *locuz. cong.* (*purché*) provided that; as long as: **B. che non lo si sappia**, as long as no one knows about it.

bastànte *a.* sufficient; enough.

bastàrdo ***A*** *a.* ***1*** bastard ***2*** (*di animale*) crossbred; mongrel: **cane b.**, mongrel ***3*** (*spurio*) spurious; false; mongrel ***B*** *m.* (*f.* **-a**) ***1*** bastard ***2*** (*animale*) crossbreed; (*cane*) mongrel.

bastàre *v. i.* ***1*** to be sufficient; to be enough; to suffice: **Bastò un gesto**, one gesture was enough; **Non mi bastano i soldi**, I haven't got enough money; **Mi pare che così basti**, I think that will do; **Basta guardarlo per capire che è infelice**, you only have to look at him to see he is unhappy; **Bastava che mi avvertissi**, all you had to do was to tell me; **B. che tu lo chieda**, you only have to ask; **come se non bastasse**, as if that wasn't enough; **Basti dire che...**, suffice it to say that... ***2*** (*durare*) to last: **farsi b. q.c.**, to make st. last • **b. a se stesso**, to be self-sufficient □ **quanto basta**, all that is necessary; (*nelle ricette*) as needed.

bastévole *a.* sufficient; enough.

bastiàn *m.* — **b. contrario**, perverse person; bloody-minded person (*fam. GB*): **fare il b.**, to be perverse; to be contrary; to be bloody-minded.

bastiménto *m.* ship; vessel • **b. da carico**, cargo.

bastióne *m.* bastion; rampart.

bàsto *m.* packsaddle.

bastonàre *v. t.* to beat* (with a stick); to thrash; (*randellare*) to club, to cudgel • **avere l'aria bastonata**, to look crestfallen; to have a hangdog look.

bastonàta *f.* ***1*** blow (with a stick); wallop: **prendere q. a bastonate**, to give sb. a sound thrashing; **uccidere q. a bastonate**, to beat (*o* to club) sb. to death ***2*** *V.* **batosta**.

bastoncìno *m.* (small) stick • (*cucina*) **bastoncini di pesce**, fish fingers (*GB*); fish sticks (*USA*).

bastóne *m.* stick; (*randello*) club; (*anche come insegna*) staff: **b. da passeggio**, walking stick; **b. da hockey**, hockey stick; **b. da montagna**, alpenstock; **b. di comando**, staff of command • **il b. della mia vecchiaia**, the support of my old age □ **il b. e la carota**, the carrot and the stick □ **mettere il b. tra le ruote a q.**, to put a spoke in sb.'s wheel.

batàcchio *m.* ***1*** (*di campana*) clapper ***2*** (*di porta*) door-knocker; knocker.

batiscàfo *m.* (*naut.*) bathyscaph(e).

batìsta *f.* (*tessuto*) batiste (*franc.*); cambric; lawn.

batòsta *f.* ***1*** (*brutto colpo*) blow; shock; body-blow (*fam.*) ***2*** (*sconfitta*) beating; licking ***3*** (*perdita finanziaria*) setback; reverse.

battage (*franc.*) *m. invar.* (*pubblicità*) buildup; hype (*fam.*).

battàglia *f.* ***1*** battle; (*combattimento*) fight: **b. navale**, naval battle; sea fight; **b. aerea**, air battle; **b. campale**, pitched battle; **b. a palle di neve**, snowball fight; **dare b.**, to give battle ***2*** (*fig.*) fight; (*lotta*) struggle; (*conflitto*) conflict: **b. elettorale**, electoral fight; **b. politica**, political struggle ***3*** (*pitt.*) battlepiece.

battagliàre *v. i.* to battle; to fight* (*anche fig.*).

battaglièro *a.* ***1*** bellicose; warlike ***2*** (*fig.*) pugnacious; combative; feisty (*USA*).

battàglio *V.* **batacchio**.

battagliòla *f.* (*naut.*) guardrail; rail.

battaglióne *m.* (*mil.*) battalion.

battellière *m.* boatman*; ferryman*.

battèllo *m.* boat; (*traghetto*) ferry: **b. a remi**, rowing boat; **b. a vapore**, steamboat; **b. a ruote**, paddle steamer; **b. pneumatico**, inflatable dinghy.

battènte *m.* ***1*** (*di porta*) leaf*; (*di finestra*) shutter ***2*** *V.* **batacchio**, *def.* 2 ***3*** (*ind. tess.*) batten; sley ***4*** (*di orologio*) hammer • (*fig.*) **chiudere i battenti**, to close down □ **finestra a battenti**, casement window □ **porta a due battenti**, double door.

bàttere ***A*** *v. t.* ***1*** to beat*; to hit*; to strike*; to knock; (*leggermente*) to rap, to tap: **b. un chiodo**, to hit a nail; **b. un tappeto**, to beat a carpet; **b. le ore**, to strike the hours; **b. il gomito contro uno spigolo**, to hit one's elbow on the corner of st.; **b. la testa contro il muro**, to knock one's head against the wall; **battersi il petto**, to beat one's breast; **b. q. sulla spalla**, to tap sb. on the shoulder; (*dare una pacca*) to pat sb. on the shoulder ***2*** (*agitare*) to flap; to beat*: **b. le ali**, to flap (*o* to beat) one's wings ***3*** (*vincere, superare*) to beat*: **b. un primato**, to beat a record ***4*** (*coniare*) to mint; to strike* ***5*** (*percorrere*) to beat*, to scour, (*per lavoro*) to work; (*perlustrare*) to search, to comb: **b. la campagna**, to scour the countryside; (*comm.*) **b. una regione**, to work a district ***6*** (*scrivere a macchina*) to type • (*naut.*) **b. bandiera italiana**, to fly the Italian flag □ **Batteva i denti**, his teeth were chattering □ **b. le mani**, to clap (one's hands) □ **b. i piedi**, to stamp one's feet □ (*calcio*) **b. un rigore**, to kick a penalty □ (*mus.*) **b. il tempo**, to beat time □ **batterle tutte**, to be the limit; to take the biscuit (*USA* the cake) □ (*fam.*) **battersela**, to beat it ***B*** *v. i.* ***1*** to beat*; (*dare colpi*) to knock; (*leggermente*) to rap, to tap: **La pioggia batteva sul tetto**, the rain beat on the roof; **b. alla porta**, to knock (*o* rap) at the door; **b. sui tasti**, to tap the keys; **Il cuore mi batteva forte**, my heart was beating fast (*o* was pounding) ***2*** (*insistere*) to insist (on); to hammer (on); to go* on (about): **b. sulla puntualità**, to insist on punctuality; to be a stickler for punctuality; **b. sempre** (*o* **b. e ribattere**) **sullo stesso chiodo**, to go on about the same old thing; to harp on the same string; **Devi b. e ribattere per farglielo capire**, you have to hammer it into him ***3*** (*tennis*) to serve; (*calcio*) to kick ***4*** (*fam.*: *prostituirsi*) to walk the streets; to be on the game (*pop.*) • **b. in ritirata**, to beat a retreat □ (*di motore*) **b. in testa**, to knock; to pink ***C*** **bàttersi** *v. i. pron. e rifl. recipr.* to fight*: **b. all'ultimo sangue**, to fight to the last; **b. a duello** (**con q.**), to fight a duel (with sb.) ***D*** *m.* — (*mus.*) **tempo in b.**, down beat.

batterìa *f.* ***1*** (*mil.*) battery ***2*** (*fis., elettr.*) battery; accumulator: **b. d'avviamento**, starter battery ***3*** (*mus.*) drums (*pl.*); percussion: **alla b.**, on drums ***4*** (*sport*) heat ***5*** (*insieme, gruppo*) set: **b. da cucina**, set of saucepans; **b. di test**, set of tests ***6*** (*per polli*) battery.

battericìda ***A*** *m.* bactericide ***B*** *a.* bactericidal.

battèrico *a.* bacteric; bacterial.

battèrio *m.* (*biol.*) bacterium*.

batteriologìa *f.* bacteriology.

batteriològico *a.* bacteriological • **guerra batteriologica**, germ (*o* biological) warfare.

batteriòlogo *m.* (*f.* **-a**) bacteriologist.

batterìsta *m. e f.* (*mus.*) drummer; percussionist.

battesimàle *a.* baptismal; christening.

battésimo *m.* baptism; (*cerimonia*) christening: **ricevere il b.**, to receive baptism; to be baptized • **b. dell'aria**, first flight □ **b. del fuoco**, baptism of fire □ **il b. di una nave**, the christening of a ship □ **tenere q. a b.**, to stand godfather [godmother] to sb.

battezzàndo *m.* (*f.* **-a**) person to be baptized (*o* christened).

battezzàre *v. t.* ***1*** to baptize; (*anche una nave*) to christen ***2*** (*soprannominare*) to christen; to call.

battibaléno *m.* — **in un b.**, in a flash.

battibécco *m.* squabble; exchange.

batticàrne *m. invar.* meat mallet.

batticuòre *m. invar.* ***1*** palpitations (*pl.*); pounding of the heart ***2*** (*ansia*) trepidation; anxiety • **avere il b.**, to feel one's heart pounding; to have one's heart in one's mouth □ **dare il b.**, to give palpitations; to set sb.'s heart pounding

(*anche fig.*).
battifiàcca *m. e f. invar.* slacker; shirker.
battìgia *f.* foreshore; waterline; water's edge.
battimàno *m.* hand-clapping; applause.
battipàlo *m.* (*mecc.*) pile driver; rammer.
battipànni *m.* carpet beater.
battipista *m. invar.* (*sci*) forerunner.
battiscópa *m. invar.* (*edil.*) skirting board (*GB*); baseboard (*USA*).
battìsta *a., m. e f.* Baptist • **S. Giovanni B.**, St. John the Baptist.
battistèro *m.* baptistery.
battistràda *m. invar.* *1* (*staffetta*) outrider *2* (*sport*) pacemaker; pacesetter *3* (*fig.*) leader; herald; forerunner: **fare da b.**, to lead the way *4* (*di pneumatico*) tread: **ricostruire il b.**, to retread a tyre.
battitappéto *m.* carpet cleaner; carpet sweeper.
bàttito *m.* *1* (*pulsazione*) pulsation; beat; throbbing Ⓤ: **battiti del cuore**, heartbeats *2* (*ticchettio*) ticking; (*picchiettio*) tapping • **b. delle palpebre**, blink □ (*mecc.*) **b. in testa**, knock; pinking.
battitóre *m.* (*f.* **-trice**) *1* (*sport*: *tennis*) server; (*baseball*) batter; (*cricket*) batsman* (*m.*) *2* (*caccia*) beater *3* (*di asta pubblica*) auctioneer • (*calcio*) **b. libero**, libero; sweeper.
battitùra *f.* *1* (*a macchina*) typing; typewriting *2* (*agric.*) threshing.
battùta *f.* *1* beat; beating: (*fam.*) **dare una b. a q.**, to give sb. a beating *2* (*dattilografia*) stroke; (*carattere*) character; (*spazio*) space: **battute al minuto**, strokes per minute; **velocità di b.**, typing speed *3* (*mus.*) bar: **pausa di tre battute**, three-bar rest; **entrare sulla b.**, to come in on the beat *4* (*teatr.*) line; lines (*pl.*); speech: **dimenticare la b.**, to forget one's lines; **una lunga b.**, a long speech; **dare la b. a q.**, to give sb. his cue *5* (*motto di spirito*) joke; quip; one-liner *6* (*breve commento*) brief comment; a few words (*pl.*) *7* (*di caccia*) hunt; hunting *8* (*sport*: *tennis*) service; (*baseball, cricket*) bat *9* (*operazione di polizia*) search; (*rastrellamento*) roundup • **b. d'arresto**, halt; standstill □ **b. di mani**, clapping □ **essere alle prime battute**, to have just started □ **avere la b. pronta**, never to be at a loss for an answer; to be quick on the draw (*fam.*) □ **in prima b.**, in the first instance; to start with □ **non perdere una b. di q.c.**, not to miss a word of st.
battùto *A* *a.* *1* beaten; struck *2* (*sconfitto*) beaten; defeated *3* (*di metallo*) hammered; beaten; (*lavorato*) wrought: **ferro b.**, wrought iron *4* (*di strada*) beaten; well-trodden; (*trafficato*) busy • **b. dalla pioggia**, lashed by the rain □ **b. dal vento**, windswept □ **terra battuta**, dirt *B* *m.* (*cucina*: *trito di verdure*) finely diced vegetables (*pl.*), mirepoix (*franc.*); (*ripieno*) stuffing: **un b. di aglio e cipolla**, chopped garlic and onion.
batùffolo *m.* (*di lana*) flock; (*di bambagia*) wad.
bàu *vc. onom.* bow-wow; woof • **fare bau bau**, to bow-wow.
baùle *m.* *1* trunk *2* (*autom.*) boot (*GB*); trunk (*USA*).
bauxite *f.* (*miner.*) bauxite.
bàva *f.* *1* dribble; slaver; foam; froth *2* (*di lumaca*) slime; (*di baco da seta*) silk filament *3* (*metall.*) burr • **b. di vento**, breath of wind □ **con la b. alla bocca**, foaming at the mouth (*anche fig.*); slavering □ **perdere la b.**, to drool; to dribble; to slaver □ (*fam.*) **perdere le bave per q.**, to drool over sb.
bavaglìno *m.* bib.
bavàglio *m.* (*anche fig.*) gag • **mettere il b. a q.**, to gag sb.
bavarése *A* *a., m. e f.* Bavarian (*a. e m.*); Bavarian woman* (*f.*) *B* *f.* (*cucina*) Bavarian cream; bavarois (*franc.*).
bàvero *m.* collar; lapel • (*fig.*) **prendere q. per il b.**, to make a fool of sb.; to take sb. for a ride.
bavóso *a.* dribbling; drooling; slavering.
bazàr *m.* *1* (*mercato orientale*) bazaar *2* (*emporio*) emporium; general store.
bazooka *m. invar.* (*mil.*) bazooka.
bàzza *f.* (*mento sporgente*) protruding chin.
bazzècola *f.* *1* (mere) trifle *2* (*rif. a denaro*) next to nothing: **L'ho pagato una b.**, I bought it for next to nothing (*o* for a song) *3* (*cosa facile*) child's play; piece of cake, breeze (*fam.*).
bazzicàre *v. t. e i.* (*frequentare luoghi*) to hang* about (*o* around), to haunt; (*persone*) to go* around with, to mix with, to associate with: **Bazzica da queste parti**, he hangs about in this area; **Bazzica con gente losca**, he mixes with some rather shady characters.
bazzòtto *a.* (*di uovo*) soft-boiled.
be' *V.* **beh**.
beàrsi *v. i. pron.* to luxuriate (in); to relish (st.).
beataménte *avv.* happily; blissfully.
beatificàre *v. t.* (*eccles.*) to beatify.
beatificazióne *f.* (*eccles.*) beatification.
beatitùdine *f.* *1* (*relig.*) beatitude; bliss *2* (*felicità*) bliss.
beàto *A* *a.* *1* (*relig.*) blessed *2* (*felice*) blissful, happy; (*fortunato*) lucky: **vita beata**, happy life; life of bliss; **b. ignoranza**, blissful ignorance; **B. te!**, lucky you! *B* *m.* (*f.* **-a**) (*relig.*) blessed soul • **i beati**, the Blessed.
bebè *m.* baby.
beccàccia *f.* (*zool.*) woodcock • **b. di mare**, oystercatcher.
beccaccìno *m.* (*zool.*) snipe.
beccàre *A* *v. t.* *1* to peck (at) *2* (*fam.*: *sorprendere*) to catch*, to get*; (*arrestare*) to nab (*fam.*): **Non mi ci becchi più ad andare alla partita!**, you won't catch me going to the match again! *3* (*fam.*: *prendere, ricevere*) to get*; to cop (*pop.*): **b. il raffreddore**, to get (*o* to catch) a cold; **beccarsi una sberla**, to get a thick ear (*fam.*); **beccarsi una multa**, to get booked; to cop a fine (*pop.*) *B* *v. rifl. recipr.* *1* to peck (at) each other *2* (*bisticciarsi*) to needle each other; to bicker.
beccàta *f.* peck • **ordine di b.**, pecking order.
beccheggiàre *v. i.* (*naut., aeron.*) to pitch.
becchéggio *m.* (*naut., aeron.*) pitching.
becchime *m.* birdseed.
becchino *m* gravedigger.
bécco (1) *m.* *1* (*di uccello*) beak; bill *2* (*bruciatore*) burner: **b. Bunsen**, Bunsen burner *3* (*di bricco, ecc.*) spout *4* (*scherz.*: *bocca*) mouth; trap (*fam.*): **Chiudi il b.!**, shut your mouth!; shut up! • **a b.**, beaked □ **a b. d'oca**, S-shaped □ (*fig.*) **mettere il b. in q.c.**, to poke one's nose into st. □ **non avere il b. d'un quattrino**, to be broke (*fam.*); not to have a bean (*pop.*).
bécco (2) *m.* *1* (*caprone*) billy-goat *2* (*fam.*) cuckold.
bécero *A* *m.* boor; lout *B* *a.* boorish; loutish.
beduìno *a. e m.* (*f.* **-a**) Bedouin (*f.* Bedouin woman*).
befàna *f.* *1* (*festa*) Epiphany *2* (*personaggio*) Befana (*kindly old woman who brings gifts to children*) *3* (*spreg.*) ugly old woman*; old hag.
bèffa *f.* *1* (*scherzo*) practical joke; hoax: **fare una b. a q.**, to play a practical joke on sb.; **La bomba si rivelò una b.**, the bomb turned out to be a hoax *2* (*scherno*) mockery Ⓤ; scoffing Ⓤ • **farsi beffe di q.**, to laugh at sb.; to make fun of sb.
beffàrdo *a.* mocking; scornful; sneering.
beffàre *A* *v. t.* *1* (*schernire*) to laugh at; to make* fun of *2* (*ingannare*) to trick; to make* a fool of *B* **beffàrsi** *v. i. pron.* to laugh at; to make* fun of.
beffeggiàre *v. t.* to laugh at; to mock; to sneer at.
bèga *f.* *1* dispute; quarrel *2* (*seccatura*) trouble Ⓤ; hassle (*fam.*).
beghìna *f.* (*spreg.*) ostentatiously devout woman.
begònia *f.* (*bot.*) begonia.
bèh *inter.* (*fam.*) well.
beige (*franc.*) *a. e m. invar.* beige.
belàre *v. i.* to bleat; to baa (*fam.*).
belàto *m.* bleating; bleat; baa (*fam.*).
bèlga *a., m. e f.* Belgian (*a. e m.*); Belgian woman* (*f.*).
bèlla *f.* *1* (*donna bella*) beautiful woman*; beauty; (*al vocat.*) beautiful, gorgeous, love *2* (*fidanzata*) girlfriend; sweetheart *3* (*bella copia*) fair copy: **mettere q.c. in b.**, to write out a fair copy of st. *4* (*sport*) playoff; decider *5* (*a carte*) deciding game; decider • (*bot.*) **b. di giorno**, dwarf morning glory □ (*bot.*) **b. di notte**, four-o'clock.
belladònna *f.* (*bot.*) deadly nightshade; belladonna.
bellaménte *avv.* *1* (*con garbo*) nicely *2* (*comodamente*) comfortably; (*tranquillamente*) peacefully.
bellétto *m.* rouge.
bellézza *f.* *1* beauty; loveliness; (*specialm. di uomo*) handsomeness; (*bell'aspetto*) (good) looks (*pl.*): **la b. del paesaggio**, the beauty of the scenery; **prodotti di b.**, beauty products *2* (*persona o cosa bella*) beauty; (*al vocat.*) beautiful, gorgeous: **le bellezze della natura**, the beauties of nature; **Ehi, b.!**, hey, gorgeous! • **Suona che è una b.**, she plays beautifully □ **Che b.!**, how wonderful! □ **chiudere** (*o* **finire**) **in b.**, to end on a high note (*o* with a flourish) □ **solo**

per b., just for show □ **È durato la b. di un anno [di sei ore]**, it lasted a whole year [three whole hours] □ **Ha la b. di tre macchine**, he owns no less than three cars □ **È costato la b. di un milione**, it cost a cool million.

bèllico *a.* war (*attr.*); wartime (*attr.*).

bellicosità *f.* bellicosity; pugnaciousness.

bellicóso *a.* ***1*** warlike; bellicose ***2*** (*fig.*) bellicose; belligerent; pugnacious.

belligerànte *a. e m.* belligerent • **non b.**, nonbelligerent.

belligerànza *f.* belligerence; belligerency.

bellimbùsto *m.* dandy; fop.

bèllo (1) *a.* ***1*** (*di aspetto*) fine; (*di persona*) good-looking; (*molto b.*) beautiful; (*attraente*) lovely; (*grazioso*) pretty; (*specialm. di uomo*) handsome; (*ben fatto, specialm. di parte del corpo*) shapely: **una bella ragazza**, a good-looking girl; **una ragazza bellissima**, a beautiful girl; **bell'uomo**, handsome (*o* good-looking) man; **bella bambina**, pretty little girl; **bei vestiti**, fine clothes; **una bella casa**, a nice house; a beautiful house; **bei capelli**, lovely hair; **belle gambe**, fine (*o* shapely) legs ***2*** (*del tempo*) fine; fair; beautiful; lovely; nice; good: **Speriamo che domani sia b.** (*o* **faccia bel tempo**), let's hope it's fine tomorrow; **farsi b.**, to turn fine; **bella giornata**, lovely day ***3*** (*piacevole, gradevole*) beautiful, lovely, fine, nice; (*ben fatto, buono*) good, handsome; (*gentile*) kind; (*intelligente*) good, clever: **bella musica**, beautiful music; **una bella vacanza**, a lovely holiday; **un bel film**, a good film; **un bel lavoro**, a good job; **una bella tazza di tè**, a nice cup of tea; **bel gesto**, handsome gesture; **bel pensiero**, kind thought; **bella idea**, good (*o* clever) idea ***4*** (*elegante*) elegant; smart: **una bella giacca**, a smart jacket ***5*** (*cospicuo*) nice, fair, considerable; (*generoso*) handsome: **una bella somma**, a fair amount of money; a tidy sum; **una bella altezza**, a considerable height; **una bella mancia**, a handsome tip ***6*** (*iron. o spreg.*) fine; nice; pretty; (*brutto*) nasty, dirty: **un bel pasticcio**, a fine mess; **una bella responsabilità**, quite a responsibility; **Siamo in un bel guaio**, we're in a nice pickle; **Belle parole!**, fine words!; **Bella scusa!**, a fine excuse!; **Bell'aiuto!**, a lot of help!; some help! (*fam.*); **un bel raffreddore**, a nasty cold • **bel b.**, unhurriedly: **andarsene bel b.**, to saunter along □ **oro bell'e buono**, real gold □ **uno stupido bell'e buono**, an utter fool □ **bell'e fatto**, quickly done; ready □ **bell'e pronto**, nice and ready □ **b. caldo**, nice and hot; nice and warm □ **bella copia**, fair copy □ **Un bel giorno...**, one (fine) day... □ **un bel niente**, nothing at all; not a thing □ **un bel no**, a round (*o* categorical) no □ **una bella paura**, an awful fright; a terrible scare □ **un bel sì**, an emphatic yes □ **un bel vento**, a strong wind □ **alla bell'e meglio**, (*in qualche modo*) somehow; (*male*) any old how □ **Hai un bel correre; non lo raggiungerai**, you can run as fast as you like, you won't catch up with him □ **Hai un bel dire tu!**, it's easy for you to talk; you can say what you like, but... □ **farsi b.**, to smarten up; to dress up; (*vantarsi*) to boast □ **Ne hai fatte delle belle!**, nice things you've been up to! □ **nel bel mezzo**, right in the middle □ **Questa è bella!**, that's a good one!; that's funny! □ (*prov.*) **Non è b. quel che è b., è b. quel che piace**, beauty is in the eye of the beholder.

bèllo (2) *m.* ***1*** (*filos.*) (the) beautiful; beauty ***2*** (*innamorato*) sweetheart; boyfriend; beau (*iron.*) ***3*** (*vocat.*) my dear; (*scherz. o aggressivo*) mate, buddy (*USA*), buster (*USA*) ***4*** (*bel tempo*) fair (*o* fine) weather: **Si mette al b.**, it's clearing up • **Che c'è di b. al cinema?**, what's on at the cinema? □ **Che fai di b.?**, what are you doing? □ **sul più b.**, at the crucial point; (*all'improvviso*) all of a sudden, when least expected □ **Il b. è che...**, (*la cosa curiosa*) the funny thing is...; (*iron.*) the fun of it is... □ **Ora viene il b.**, now comes the best of it; (*iron.*) now we're in for it! □ **Questo è il b.!**, (*il divertente*) that's the fun of it!; (*iron.*) that's the beauty of it! □ **Ci volle del b. e del buono per convincerlo**, he took some persuading.

belluìno *a.* (*lett.*) ferocious; wild; savage.

bélva *f.* ***1*** wild beast ***2*** (*fig.*) monster; fiend • (*fig.*) **diventare una b.** (*infuriarsi*), to go wild.

belvedére *m.* terrace with a view • (*ferr.*) **carrozza b.**, observation car.

bemòlle *m. invar.* (*mus.*) flat.

benché *cong.* although; though.

bènda *f.* ***1*** (*per medicare*) bandage ***2*** (*per occhi*) blindfold ***3*** (*per la fronte*) headband • (*fig.*) **avere una b. sugli occhi**, to be blind.

bendàggio *m.* ***1*** (*il bendare*) bandaging ***2*** (*bende*) bandages (*pl.*) ***3*** (*boxe*) handwraps (*pl.*).

bendàre *v. t.* ***1*** (*per medicare*) to bandage ***2*** (*gli occhi*) to blindfold • **avere gli occhi bendati**, to be blindfolded; (*fig.*) to be blind □ **con gli occhi bendati**, blindfolded (*agg.*); blindfold (*avv.*); (*fig.*) blindly.

bendispósto *a.* well-disposed.

bène (1) ***A*** *avv.* ***1*** well; (*giustamente*) justly, fairly: **comportarsi b.**, to behave well; **agire b.**, to act fairly; **Hai fatto b.**, you did well; you were right; you did the right thing; **mangiare [vestire] b.**, to eat [to dress] well; **Ben fatto!**, well done!; **Lo so fin troppo b.**, I know only too well ***2*** (*correttamente*) properly, correctly; (*completamente*) thoroughly; (*attentamente*) well, carefully: **fare bene q.c.**, to do st. well (*o* properly); **rispondere b.**, to answer correctly; **Chiudi b. la porta**, shut the door properly; **asciugare b. q.c.**, to dry st. thoroughly; **Ascolta b.!**, listen carefully; **Mi hai sentito b.?**, did you hear what I said? ***3*** (*rafforzativo*) really; very; quite (*o idiom.*): **È ben brutto!**, it's really ugly!; **ben contento**, very pleased; **ben altro**, (*molto di più*) much more than that; (*tutt'altro*) quite another matter; **Ci vollero ben sei ore**, it took no less than six hours (*o* all of six hours); **Lo spero b.!**, I should hope so! • **ben b.**, (*molto b.*) very well, really well; (*completamente*) completely, thoroughly □ **b. accetto**, welcome; agreeable □ **b. arrivato**, welcome □ **b. o male** (*in qualche modo*), somehow or other □ **di b. in meglio**, better and better □ **È b. che lui resti**, he should stay here □ **Sarà b. andare**, we'd better go □ **Faresti bene a tacere**, you'd better hold your tongue □ **né b. né male**, so-so ***B*** *inter.* ***1*** (*dunque, insomma*) well ***2*** (*d'accordo*) all right!; okay! ***3*** (*suvvia*) come (on)! ***4*** (*ben fatto*) good!; (*bravo*) well done!, bravo!; (*ben detto*) hear hear! ***C*** *a. invar.* (*socialmente elevato*) upper-class, high-society (*attr.*); (*elegante*) elegant, refined: **la gente b.**, the upper classes; high society; **quartiere b.**, elegant district.

bène (2) *m.* ***1*** good: **il b. comune**, the common good; **per il tuo b.**, for your own good ***2*** (*affetto*) fondness, affection; (*amore*) love ***3*** (*benedizione, dono*) blessing; gift: **La salute è un b. prezioso**, health is a precious gift ***4*** (*persona amata*) love; darling ***5*** (*econ.*) commodity; (*al pl. anche*) goods: **beni di consumo**, consumer goods; **beni di prima necessità**, necessaries; **beni rifugio**, shelter goods ***6*** (*proprietà*) possession; property Ⓤ; estate Ⓤ; (*al pl., anche*) assets: **beni mobili**, personal property Ⓤ; movables; **beni immobili**, real estate Ⓤ; immovables • **ben di Dio**, good things (to eat) □ **beni ambientali**, environment Ⓤ □ **beni culturali**, cultural (*o* artistic) heritage Ⓤ □ **augurare ogni b. a q.**, to wish sb. well □ **È stato un b. che tu sia venuto**, it's as well (*o* thank God) you were here □ **fare b. a q.**, to do sb. good; to be good for sb. □ **fare del b. a q.**, to be good to sb.; to help sb. □ **per b.**, (*bene*) well, properly; (*onesto*) honest, decent; (*rispettabile*) respectable; (*educato*) well-bred □ **volere b. a q.**, to love sb.; to be fond of sb.

beneamàto *a.* cherished; beloved.

benedettino *a. e m.* (*eccles.*) Benedictine.

benedétto *a.* blessed (*anche fig.*); consecrated; holy: **acqua benedetta**, holy water; **Dov'è quel b. ago?**, where's the blessed needle?

benedìre *v. t.* to bless; to consecrate • (*fam.*) **andare a farsi b.** (*di progetto, ecc.*), to fall through; to go to the dogs (*fam.*) □ (*fam.*) **Va' a farti b.!**, get lost! □ **Che Dio ti benedica**, God bless you □ (*fam.*) **mandare q. a farsi b.**, to send sb. about his business; to tell sb. to get lost.

benedizióne *f.* blessing (*anche fig.*); (*preghiera, gesto*) benediction.

beneducàto *a.* well-bred; well-mannered.

benefattóre *m.* benefactor.

benefattrìce *f.* benefactress.

beneficàre *v. t.* to benefit; to help.

beneficènza *f.* charity: **fare b.**, to give money to charity • **ente di b.**, charity □ **istituto di b.**, charitable institution □ **opere di b.**, charity work Ⓤ □ **spettacolo di b.**, benefit (performance).

beneficiàre ***A*** *v. i.* to profit (by); to benefit (by) ***B*** *v. t.* to benefit; to help.

beneficiàrio ***A*** *a.* beneficiary ***B*** *m.* (*f.* **-a**) ***1*** (*leg.*) beneficiary ***2*** (*comm.*) payee.

beneficio *m.* ***1*** benefit ***2*** (*comm.*) profit ***3*** (*eccles.*) benefice

4 (*leg.*) benefit • **il b. del dubbio**, the benefit of the doubt □ **a b. di q.**, for the benefit of sb. □ **con b. d'inventario**, with reservation; with a pinch of salt □ **trarre b. da q.c.**, to benefit by st.
benèfico *a.* **1** (*caritatevole*) charitable **2** (*giovevole*) beneficial; salutary.
benemerènza *f.* merit; good service.
benemèrito *a.* meritorious; well-deserving.
beneplàcito *m.* **1** consent; approval **2** (*arbitrio*) will.
benèssere *m.* **1** wellbeing; welfare: **un senso di b.**, a sense of wellbeing; **pensare al b. dei figli**, to think of the welfare of one's children **2** (*agiatezza*) comfort; affluence • **economia del b.**, welfare economics □ **la società del b.**, the affluent society.
benestànte *a.* well-off; well-to-do.
benestàre *m. invar.* consent; approval.
benevolènza *f.* benevolence; kindliness; (*bontà*) kindness.
benèvolo *a.* benevolent; kindly; (*buono*) kind.
benfàtto *a.* well done; well made; (*proporzionato*) well--proportioned.
bengàla *m. invar.* Bengal light; firework.
bengalése *a., m. e f.* Bengali (*a. e m.*); Bengali woman* (*f.*).
bengòdi *m.* — **il paese di B.**, the Land of Plenty.
beniamino *m.* (*f.* **-a**) favourite; darling; pet.
benignità *f.* benignity; kindness.
benigno *a.* **1** benign (*anche med.*); kindly; benevolent **2** (*mite*) mild; clement.
beninformàto *a.* well-informed; in the know (*fam.*).
benino *avv.* fairly well; tolerably well. • **per b.**, nicely; properly.
benintenzionàto *a.* well-meaning; well-intentioned.
benintéso *avv.* of course.
benissimo **A** *avv.* very well; quite well; perfectly well • **Puoi b. dirgli che non lo sapevi**, there's nothing to stop you from saying you didn't know □ **Possiamo b. farlo domani**, we can just as easily do it tomorrow **B** *inter.* very well!; all right!; perfect!; great! (*USA*).
bènna *f.* (*mecc.*) bucket.
benpensànte **A** *a.* orthodox; conformist; moderate **B** *m. e f.* orthodox thinker; conformist.
benportànte *a.* hale and hearty.
benservito *m.* reference; testimonial • **dare il b. a q.**, (*licenziare*) to sack sb., to fire sb. (*fam.*); (*mandare via*) to give sb. his marching orders (*USA* walking papers) (*fam.*).
bensì *cong.* but.
bènthos *m.* (*biol.*) benthos.
bentornàto **A** *a. e inter.* welcome back; welcome home **B** *m.* **1** (*f.* **-a**) — **Siate i bentornati!**, welcome back! **2** (*saluto*) welcome • **dare il b. a q.**, to welcome sb. back.
benvenùto **A** *agg. e inter.* welcome **B** *m.* **1** (*f.* **-a**) — **essere il b.**, to be welcome **2** (*saluto*) welcome • **dare il b. a q.**, to welcome sb..
benvisto *a.* well-thought of; well-liked; popular.
benvolére *v. t.* to like; to love • **farsi b.**, to win sb.'s affection; to make oneself liked □ **prendere a b. q.**, to take a liking to sb.
benvolùto *a.* well liked; loved; popular.
benzedrina ® *f.* (*farm.*) benzedrine.
benzina *f.* **1** petrol (*GB*); gasoline, gas (*USA*): **fare b.**, to get petrol; **b. super**, 4-star petrol (*GB*); premium gasoline (*USA*); **b. senza piombo** (*o* **verde**), unleaded petrol **2** (*per smacchiare*) benzine.
benzinàio *m.* (*f.* **-a**) **1** (*gestore*) filling station keeper **2** (*addetto*) filling station attendant.
benzòlo *m.* (*chim.*) benzol(e).
beóne *m.* (*f.* **-a**) heavy drinker; drunkard; soak (*fam.*); boozer (*fam.*); lush (*pop. USA*).
beòta **A** *m. e f.* fool; moron **B** *a.* foolish; moronic.
bequàdro *m.* (*mus.*) natural.
bèrbero **A** *a. e m.* (*f.* **-a**) Berber (*f.* Berber woman*) **B** *m.* (*cavallo*) Barbary horse.
berciàre *v. i.* to bawl; to yell.
bére (**1**) *v. t.* **1** to drink*; to have a drink: **b. in un sorso**, to drink in one gulp; to gulp down; **b. alla bottiglia**, to drink from the bottle; **Bevilo tutto**, drink it up; **Beviamo qualcosa!**, let's have a drink; **Bevi un whisky?**, will you have a whisky? **2** (*assorbire*) to soak up; to suck in **3** (*consumare*) to use: **una macchina che beve**, a car that uses a lot of petrol **4** (*credere*) to swallow: **Se l'è bevuta**, he swallowed it • **b. come una spugna**, to drink like a fish □ **b. un uovo**, to suck an egg □ **darla a b. a q.**, to fool sb. (into believing st.) □ **Beveva avidamente le mie parole**, he drank in my words □ **Beviamoci su!** (*dimentichiamo tutto*), let's forget about it and have a drink! □ **pagare da b. a q.**, to buy sb. a drink □ **lasciarsi b.**, to go down well.
bére (**2**) *m.* drinking; (*bevande, alcol*) drink: **darsi al b.**, to take to drink.
bergamòtto *m.* (*bot.*) bergamot.
berillio *m.* (*chim.*) beryllium.
berillo *m.* (*miner.*) beryl.
berlina (**1**) *f.* (*gogna*) pillory; stocks (*pl.*) • (*fig.*) **mettere alla b.**, to pillory; to hold up to ridicule.
berlina (**2**) *f.* **1** (*carrozza*) berlin **2** (*autom.*) saloon (car) (*GB*); sedan (*USA*).
berlinése **A** *a.* Berlin (*attr.*) **B** *m. e f.* Berliner.
bermùda *m. pl.* (*moda*) Bermuda shorts.
bernòccolo *m.* **1** bump; lump **2** (*fig.*) natural bent (for st.).
bernoccolùto *a.* bumpy; lumpy.
berrétta *f.* **1** cap **2** (*eccles.*) biretta.
berrétto *m.* cap; hat: **b. con visiera**, peaked cap; **b. da sci**, ski hat; **b. floscio**, cap.
bersagliàre *v. t.* **1** (*mil.*) to fire on; to shell **2** (*colpire ripetutamente*) to bombard; to pelt: **b. q. di pietre**, to pelt sb. with stones **3** (*fig.*) to bombard; to pester: **b. q. di domande**, to bombard sb. with questions; **b. q. di insulti**, to shower abuse on sb. • **bersagliato dalla sfortuna**, dogged by misfortune.
bersaglière *m.* (*mil.*) «bersagliere» (*member of a rifle regiment in the Italian army*) • **alla bersagliera**, with a dash.
bersàglio *m.* (*anche fig.*) target; mark; butt: **tiro al b.**, target practice; **centrare il b.**, to hit the bull's-eye; (*fig.*) to hit the mark; **b. di critiche**, target of criticism; **il b. di ogni scherzo**, the butt of every joke.
bertùccia *f.* (*zool.*) Barbary ape.
besciamèlla *f.* (*cucina*) béchamel (sauce).
bestémmia *f.* **1** blasphemy; (*imprecazione*) swearword, oath, curse: **tirare bestemmie**, to swear; to curse **2** (*affermazione assurda*) enormity.
bestemmiàre **A** *v. t.* to blaspheme; (*maledire*) to curse **B** *v. i.* (*imprecare*) to swear*; to curse (sb., st.).
bestemmiatóre *m.* (*f.* **-trice**) blasphemer; swearer.
béstia *f.* **1** beast; animal: **b. da soma**, beast of burden; **le bestie feroci**, wild animals **2** (*bruto*) brute; animal **3** (*persona ignorante*) blockhead; moron • (*fig.*) **b. nera**, bête noire (*franc.*); pet hate □ (*fig.*) **b. rara**, rarity; rare bird □ **andare in b.**, to fly into a rage □ (*fig.*) **brutta b.**, ugly thing □ (*fig.*) **diventare una b.** (*imbestialirsi*), to get violent □ **lavorare come una b.**, to work like a slave □ **lavoro da bestie**, hard work; drudgery □ **mandare in b.**, to infuriate □ **Povera b.!**, poor thing! □ **vita da bestie**, dog's life.
bestiàle *a.* **1** bestial; ferine; animal (*attr.*) **2** (*brutale*) bestial; brutish **3** (*fam.*: *tremendo*) terrible; awful: **Fa un freddo b.**, it's beastly cold; **Ho una fame b.**, I could eat a horse **4** (*fam.*: *fantastico*) terrific; mean (*pop.*).
bestialità *f.* **1** brutality; bestiality **2** (*sproposito*) gross mistake; enormity.
bestiàme *m.* livestock; (*bovino*) cattle: **mille capi di b.**, one thousand head of cattle.
bestiàrio *m.* (*letter.*) bestiary.
bestiòla *f.* little animal; (small) creature.
bestióne *m.* **1** (*uomo grosso e rozzo*) brute; ape **2** (*sciocco*) blockhead; moron.
bèta *m. o f.* (*alfabeto greco*) beta.
betonièra *f.* (*edil.*) concrete mixer.
béttola *f.* tavern; low dive (*fam.*) • **linguaggio da b.**, coarse language.
betùlla *f.* (*bot.*) birch.
bèuta *f.* (*chim.*) Erlenmeyer flask.
bevànda *f.* drink; beverage: **i cibi e le bevande**, food and drink; **b. alcolica** [**non alcolica**], alcoholic [soft] drink.
beveràggio *m.* **1** (*per bestiame*) bran mash **2** (*scherz.*) beverage; drink **3** (*pozione*) potion; beverage.
beverino *m.* water-dish (*for cage-birds*).
beveróne *m.* **1** (*per bestiame*) bran mash **2** (*spreg.*) swill **3** (*pozione*) potion; beverage.
bevibile *a.* drinkable.
bevitóre *m.* (*f.* **-trice**) drinker: **forte b.**, heavy drinker; **È un buon b.**, he enjoys his drink.

bèvuta *f.* ***1*** drink: **fare una bella b.**, to have a good long drink ***2*** (*bicchierata*) drinking party; (*bisboccia*) booze-up (*pop.*).
bevùto *a.* (*fam.*: *brillo*) tipsy; (*ubriaco*) drunk, tight (*fam.*).
biàcca *f.* white lead.
biàda *f.* fodder; feed • **dare la b. a un cavallo**, to feed a horse □ **sacchetto per la b.**, nosebag.
biànca *f.* ***1*** white woman*; white girl ***2*** (*tipogr.*) recto.
biancàstro *a.* whitish; off-white.
biancheggiàre *v. i.* ***1*** (*essere bianco*) to be white: **b. di neve**, to be white with snow ***2*** (*diventare bianco*) to turn white.
biancherìa *f.* ***1*** (*intima*) underwear; (*da donna, anche*) lingerie ***2*** (*da casa*) (household) linen: **b. da letto**, bedlinen; **b. da tavola**, table linen • **b. da lavare**, washing; laundry.
bianchétto *m.* ***1*** (*per scarpe*) shoe whitener ***2*** (*correttore*) correction fluid ***3*** (*al pl.*) (*cucina*) whitebait Ⓤ.
bianchézza *f.* whiteness.
bianchìccio *a.* whitish; off-white.
biànco ***A*** *a.* ***1*** white: **capelli bianchi**, white hair; **pane b.**, white bread; **uomo b.**, white man; **b. e rosso**, red and white; **b. di neve**, white with snow ***2*** (*non scritto*) blank: **spazio b.**, blank space; **scheda bianca**, blank ballot paper • **b. avorio**, ivory white □ **b. come un cencio**, as white as a sheet □ **b. come un giglio**, lily-white □ **b. come la neve**, snow-white □ **b. sporco**, off-white; greyish white □ **diventare b.** (*per la paura*), to turn pale ***B*** *m.* ***1*** (*colore*) white: **vestire di b.**, to dress in white; to wear white; **La sposa era in b.**, the bride wore white; **dipingere q.c. di b.**, to paint st. white ***2*** (*parte bianca*) white: **il b. dell'occhio**, the white of the eye; **b. d'uovo**, egg white ***3*** (*spazio b.*) blank (space) ***4*** (*uomo b.*) white man*: **i bianchi**, the whites; white people ***5*** (*vino b.*) white wine ***6*** (*b. di calce*) whitewash; white: **una mano di b.**, a coat of white ***7*** (*scacchi*) White • (*fam.*) **andare in b.**, to fail; to draw a blank; (*in un'avventura amorosa*) to fail to score (*pop.*) □ **assegno in b.**, blank cheque □ **dire un giorno b. e un giorno nero**, to keep changing one's mind; to blow hot and cold □ **fiera del b.**, white goods sale; white sale (*USA*) □ (*cucina*) **in b.**, boiled: **riso in b.**, boiled rice; **mangiare in b.**, to be on a bland diet □ **consegnare il compito in b.**, to hand in a blank paper □ **in b. e nero**, in black and white; black-and-white □ **lasciare in b. una parola**, to leave a (blank) space □ **matrimonio in b.**, unconsummated marriage □ **notte in b.**, sleepless night.
biancóre *m.* (*lett.*) ***1*** whiteness ***2*** (*pallore*) paleness; pallor.
biancospìno *m.* (*bot.*) hawthorn.
biascicàre *v. t.* ***1*** to chew; to munch ***2*** (*borbottare*) to mumble.
biasimàre *v. t.* to blame; to censure.
biasimévole *a.* blameworthy.
bià̤simo *m.* blame; censure • **degno di b.**, blameworthy □ **nota di b.**, reprimand.
Bìbbia *f.* Bible.
biberòn (*franc.*) *m. invar.* feeding bottle; (baby's) bottle.
bìbita *f.* soft drink.
bìblico *a.* biblical.
bibliofilìa *f.* bibliophilism; love of books.
bibliòfilo *m.* (*f.* **-a**) bibliophile; book-lover.
bibliografìa *f.* bibliography.
bibliogràfico *a.* bibliographic.
bibliògrafo *m.* (*f.* **-a**) bibliographer.
bibliòmane *m. e f.* bibliomane; bibliomaniac.
bibliomanìa *f.* bibliomania.
bibliotèca *f.* ***1*** library: **b. circolante**, lending library ***2*** (*mobile*) bookcase; bookshelves (*pl.*) • (*scherz.*) **b. ambulante**, walking encyclopaedia.
bibliotecàrio *m.* (*f.* **-a**) librarian.
biblioteconomìa *f.* librarianship.
biblista *m. e f.* Biblical scholar; biblicist.
bìca *f.* (*agric.*) stack; rick.
bicameràle *a.* (*polit.*) bicameral.
bicameralì̤smo *m.* (*polit.*) bicameralism.
bicàmere ***A*** *a.* two-roomed; two-room (*attr.*) ***B*** *m.* two-roomed flat.
bicarbonàto *m.* (*chim.*) bicarbonate: **b. di sodio**, sodium bicarbonate; bicarbonate of soda; baking soda; bicarb (*fam.*).
bicchieràta *f.* ***1*** glassful ***2*** (*bevuta*) round of drinks; drinking party.
bicchière *m.* ***1*** glass; (*senza stelo*) tumbler: **b. da vino**, wine glass; **b. di vino**, glass of wine ***2*** (*contenuto*) glass; glassful ***3*** (*bevanda*) drink: **Facciamoci un b.**, let's have a drink; **Vorrei un b. d'acqua**, can I have a drink of water? • **b. della staffa**, stirrup cup; one for the road (*fam.*) □ **b. di carta**, paper cup □ **un b. di troppo**, one drink too many □ **b. graduato**, measuring jug □ (*fig.*) **fondo di b.**, fake diamond; paste □ **levare i bicchieri**, to drink to sb. [st.] □ **perdersi in un b. d'acqua**, to be easily thrown; to be fazed by the simplest of problems.
bicchierìno *m.* (*fam.*) drop; tot; quick one.
bicentenàrio *a. e m.* bicentenary.
bìci *f.* (*fam.*) bike.
biciclétta *f.* bicycle; bike (*fam.*): **Sai andare in b.?**, can you ride a bicycle? **Vado a scuola in b.**, I cycle to school; **b. da corsa**, racing bicycle; **b. da donna [da uomo]**, woman's [man's] bicycle; **gita in b.**, cycle trip; **girare l'Italia in b.**, to cycle round Italy.
bicìclo *m.* penny-farthing (*GB*); ordinary (*USA*).
bicilìndrico *a.* (*mecc.*) twin-cylinder (*attr.*).
bicìpite ***A*** *a.* two-headed • **aquila b.**, double-headed eagle ***B*** *m.* (*anat.*) biceps*.
bicòcca *f.* (*casupola*) hovel; shack.
bicolóre *a.* ***1*** two-coloured; two-colour (*attr.*) ***2*** (*polit.*) two-party (*attr.*).
bicòncavo *a.* biconcave.
biconvèsso *a.* biconvex.
bicromìa *f.* two-colour print.
bidè *m.* bidet.
bidèllo *m.* (*f.* **-a**) school caretaker; janitor (*m.*); (*di università*) porter.
bidimensionàle *a.* two-dimensional; bidimensional.
bidimensionalità *f.* bidimensionality.
bidirezionàle *a.* two-way (*attr.*); bidirectional.
bidonàre *v. t.* (*pop.*) to swindle; to con (*pop.*).
bidonàta *f.* (*pop.*) ***1*** (*imbroglio*) swindle; con (*pop.*) ***2*** (*delusione*) let-down; bummer.
bidóne *m.* ***1*** tank; drum; bin: **b. dell'immondizia**, dustbin ***2*** (*pop.*: *imbroglio*) swindle; con (*pop.*) ***3*** (*pop.*: *cosa che non funziona*) dud, lemon; (*cosa deludente*) bummer • (*pop.*) **prendersi un b.**, to be swindled; to be taken for a ride (*fam.*) □ (*pop.*) **tirare il b. a q.**, to con sb.; to take sb. for a ride; (*mancare a un appuntamento*) to stand sb. up.; (*piantare in asso*) to dump sb., to leave sb. in the lurch.
bidonista *m. e f.* (*pop.*) swindler; con-man*, con artist (*pop.*).
bidonvìa *f.* cableway.
bidonville (*franc.*) *f.* shantytown.
bièco *a.* ***1*** (*torvo*) grim; sullen; (*sinistro*) sinister ***2*** (*malevolo*) malevolent; menacing ***3*** (*malvagio*) wicked.
bièlla *f.* (*mecc.*) connecting rod.
bielorùsso *a. e m.* (*f.* **-a**) Belorussian (*f.* Belorussian woman*).
biennàle ***A*** *a.* ***1*** (*che dura due anni*) two-year (*attr.*) ***2*** (*che ricorre ogni due anni*) biennial; two-yearly ***B*** *f.* biennial exhibition.
biènnio *m.* ***1*** two-year period ***2*** (*corso di studi*) two-year course.
bietola *f.* (*bot.*) (Swiss) chard.
bietolóne *m.* simpleton; dupe; booby.
biétta *f.* ***1*** (*mecc.*) key ***2*** (*cuneo*) wedge; chock; cleat • (*mecc.*) **b. trasversale**, cotter.
bifà̤se *a.* (*elettr.*) two-phase (*attr.*).
bìfido *a.* forked.
bifocàle *a.* bifocal: **lenti bifocali**, bifocal lenses; bifocals.
bifólco *m.* ***1*** peasant ***2*** (*fig.*) bumpkin; boor; yokel.
bìfora *f.* (*archit.*) mullioned window with two lights.
biforcàrsi *v. i. pron.* to bifurcate; to fork; to branch off.
biforcazióne *f.* bifurcation; fork; branching off.
biforcùto *a.* forked.
bifrónte *a.* (*anche fig.*) two-faced (*attr.*).
big (*ingl.*) *m. invar.* big man*: big name; big shot (*fam.*).
bìga *f.* two-wheeled chariot.
bigamìa *f.* bigamy.
bìgamo ***A*** *a.* bigamous ***B*** *m.* bigamist.
bigèmino *a.* twin (*attr.*): **parto b.**, twin birth.
bighellonàre *v. i.* ***1*** (*perdere tempo*) to loaf; to lounge about ***2*** (*gironzolare*) to wander aimlessly; to hang* about; to loiter.

bighellóne *m.* (*f.* **-a**) loiterer; loafer.
bigiàre *v. t.* (*fam.*) — **b. la scuola**, to play truant; to play hookey (*USA*); **b. una lezione**, to skip a class.
bigìno *m.* (*fam.*) crib (*GB*); trot, pony (*USA*).
bigio *a.* grey, gray (*USA*).
bigiotterìa *f.* ***1*** costume jewelry; bijouterie (*franc.*); (*spreg.*) trinkets (*pl.*) ***2*** (*negozio*) costume jeweller's.
biglia e *deriv V.* **bilia** e *deriv.*
bigliettàio *m.* (*f.* **-a**) ***1*** (*ferr.*: *allo sportello*) ticket clerk, booking clerk; (*sul treno*) ticket collector ***2*** (*di tram, ecc.*) conductor ***3*** (*di cinema, ecc.*) box-office attendant.
biglietterìa *f.* ticket office; (*ferr., teatr., anche*) booking office; (*di cinema, teatro, ecc.*) box office.
bigliétto *m.* ***1*** (*contrassegno*) ticket; (*tariffa*) fare: **fare il b.**, to get a ticket; **b. ferroviario**, railway ticket; **b. d'ingresso**, entrance (*o* admission) ticket; (*ferr.*) platform ticket; **b. di andata e ritorno**, return (*USA* round trip) ticket; **b. di andata** (*o* **di corsa semplice**), single (*USA* one-way) ticket; **b. intero**, (*ferr.*) full fare; (*prezzo pieno*) full price ***2*** (*breve scritto*) note: **scrivere un b. a q.**, to drop sb. a note ***3*** (*cartoncino*) card: **b. d'invito**, invitation card; **b. da visita**, visiting card; **b. di auguri**, greetings card ***4*** (*banconota*) (bank)note; bill (*USA*): **b. da 10.000 lire**, 10,000-lire note.
bignè *m.* (*cucina*) cream puff.
bigodino *m.* (hair-)curler; roller.
bigóncio *m.* vat; large tub.
bigotterìa *f.*, **bigottiṣmo** *m.* ostentatious piety. ATTENZIONE: **bigotteria** ≠ bigotry.
bigòtto ***A*** *a.* ostentatiously pious ***B*** *m.* (*f.* **-a**) ostentatiously pious person. ATTENZIONE: **bigotto** ≠ bigot.
bikìni *m.* (*moda*) bikini.
bilància *f.* ***1*** balance; scales (*pl.*); scale: **b. da bagno**, bathroom scales; **b. di precisione**, precision balance; **la b. della Giustizia**, the scales of Justice ***2*** (*econ.*) balance: **b. dei pagamenti**, balance of payments; **b. commerciale**, balance of trade ***3*** (*di orologio*) balance (wheel) ***4*** — (*astron., astrol.*) **la B.**, Libra: **È della** (*o* **una**) **B.**, he's (a) Libra ***5*** (*rete da pesca*) flat net • **b. a ponte**, weighbridge □ (*fig.*) **far pendere la b. da una parte**, to tip the scales (in favour of).
bilanciàre ***A*** *v. t.* ***1*** (*tenere in equilibrio*) to balance ***2*** (*soppesare*) to weigh ***3*** (*pareggiare*) to balance; to even out ***B*** **bilanciàrsi** *v. rifl. e rifl. recipr.* ***1*** (*stare in equilibrio*) to balance (oneself) ***2*** (*essere pari*) to balance out; to balance each other.
bilanciàto *a.* balanced.
bilancière *m.* ***1*** (*di orologio*) balance (wheel) ***2*** (*mecc.*) rocker arm; equalizer; compensator ***3*** (*di equilibrista, ecc.*) pole ***4*** (*sollevamento pesi*) barbell ***5*** (*naut.*) outrigger.
bilancino *m.* precision balance.
bilàncio *m.* (*econ., comm.*) balance; (*di esercizio*) balance sheet; (*preventivo*) budget: **chiudere il b.**, to close the balance; **fare un b.**, to draw up a balance sheet; **b. consuntivo**, final balance; **b. di previsione**, budget; **b. familiare**, family budget; **il b. dello Stato**, the state budget; **chiudere il b. in attivo** [**in passivo**], to close the balance with a credit [with a loss]; to make a profit [a loss]; **chiudere il b. in pareggio**, to break even • **il b. delle vittime di una sciagura**, the death toll of an accident □ (*fig.*) **b. fallimentare**, catalogue of failures □ **fare il b. di una situazione**, to take stock of a situation □ **mettere a b.**, to budget.
bilateràle *a.* bilateral.
bìle *f.* ***1*** (*fisiol.*) bile ***2*** (*fig.*) rage; anger: **ingoiare b.**, to swallow one's rage; **rodersi dalla b.**, to eat one's heart out; **verde di b.**, livid with rage.
bìlia *f.* ***1*** (*di biliardo*: *palla*) billiard ball; (*buca*) pocket ***2*** (*pallina di vetro*) marble.
biliardìno *m.* bar billiards (*pl. col verbo al sing.*).
biliàrdo *m.* billiards (*pl. col verbo al sing.*); snooker; pool (*USA*).
biliàre *a.* (*fisiol.*) biliary.
bilico *m.* — **essere in b.**, to be balanced; (*fig.*) to hang in the balance, to be undecided, to be poised on a knife edge □ **essere in b. tra la vita e la morte**, to be poised between life and death □ **mettere** [**tenere**] **in b.**, to balance □ **tenersi in b.**, to keep one's balance.
bilìngue *a., m. e f.* bilingual.
bilinguiṣmo *m.* bilingualism.
bilióne *m.* ***1*** (*mille milioni*) billion ***2*** (*un milione di milioni*) trillion.
bilióso *a.* ***1*** bilious ***2*** (*fig.*) choleric; peevish.
bilocàle *m.* two-roomed flat.
bìmbo *V.* **bambino**.
bimensile *a.* fortnightly; biweekly.
bimestràle *a.* ***1*** (*che dura due mesi*) two-month (*attr.*) ***2*** (*che ricorre ogni due mesi*) two-monthly; bimonthly.
bimèstre *m.* (period of) two months • **pagare a bimestri**, to pay every two months.
bimetàllico *a.* bimetallic.
bimetalliṣmo *m.* bimetallism.
bimillenàrio *a. e m.* bimillenary.
bimotóre *m.* twin-engined plane.
binàrio ***A*** *a.* binary ***B*** *m.* (*ferr.*: *rotaie*) (railway) track, line; (*banchina*) platform: **uscire dai binari**, to leave the tracks; to derail; **b. unico** [**doppio**], single [double] track; **b. morto**, dead-end track; siding • **b. da tenda**, curtain track □ (*fig.*) **essere su un b. morto**, to be getting nowhere; to have come to a dead end.
binàto *a.* in pairs; coupled; twin.
binòcolo *m.* binoculars (*pl.*); (*da teatro*) opera glasses (*pl.*).
binoculàre *a.* binocular.
binòmio *m.* ***1*** (*mat.*) binomial ***2*** (*coppia*) pair; combination.
bioagricoltùra *f.* organic farming.
biobibliogràfico *a.* biobibliographical.
biòccolo *m.* (*di lana*) tuft, flock; (*di neve*) snowflake.
biochìmica *f.* biochemistry.
biochìmico ***A*** *a.* biochemical ***B*** *m.* (*f.* **-a**) biochemist.
biodegradàbile *a.* (*chim.*) biodegradable; (*di detersivo*) soft.
biodinàmica *f.* biodynamics (*pl. col verbo al sing.*).
biodinàmico *a.* biodynamic.
biodiversità *f.* biodiversity.
bioètica *f.* bioethics (*pl. col verbo al sing.*).
biofiṣica *f.* biophysics (*pl. col verbo al sing.*).
biofiṣico ***A*** *a.* biophysical ***B*** *m.* (*f.* **-a**) biophysicist.
biogàs *m.* biogas.
biogèneṣi *f.* biogenesis.
biogenètica *f.* biogenetics (*pl. col verbo al sing.*).
biografìa *f.* biography • **b. romanzata**, biographical novel.
biogràfico *a.* biographic(al).
biògrafo *m.* (*f.* **-a**) biographer.
biologìa *f.* biology.
biològico *a.* biological.
biòlogo *m.* (*f.* **-a**) biologist.
bioluminescènza *f.* (*fis.*) bioluminescence.
biomàssa *f.* (*ecol.*) biomass.
biomeccànica *f.* biomechanics (*pl. col verbo al sing.*).
biomedicìna *f.* biomedicine.
biónda *f.* ***1*** (*donna*) fair-haired woman*; blonde: **b. ossigenata**, peroxyde blonde ***2*** (*gergale*: *sigaretta*) cigarette.
biondàstro *a.* blondish.
biondeggiàre *v. i.* to be yellow; to be golden.
biondìccio *a.* pale blond; blondish.
biondina *f.* fair-haired girl; blonde.
biondino *m.* fair-haired (*o* blond) boy.
bióndo ***A*** *a.* ***1*** (*dei capelli*) fair, blond; (*di persona*) fair-haired, blond ***2*** (*dorato*) golden ***B*** *m.* ***1*** blond: **b. cenere**, ash-blond; **b. ramato**, auburn ***2*** (*uomo biondo*) fair-haired (*o* blond) man*.
biònica *f.* bionics (*pl. col verbo al sing.*).
biònico *a.* bionic.
biopsìa *f.* (*med.*) biopsy.
biorìtmo *m.* (*med.*) biorhythm.
biosfèra *f.* biosphere.
biòssido *m.* (*chim.*) dioxide.
biotecnologìa *f.* biotechnology.
biotìpo *m.* (*biol.*) biotype.
biovulàre *a.* (*biol.*) biovular.
bipartìre ***A*** *v. t.* to divide into two; to halve ***B*** **bipartirsi** *v. i. pron.* to fork; to branch off.
bipartìtico *a.* (*polit.*) two-party (*attr.*); bipartisan.
bipartitiṣmo *m.* (*polit.*) two-party system.
bipartìto *a.* bipartite.
bipartizióne *f.* bipartition.
bìpede ***A*** *a.* biped(al); two-legged ***B*** *m.* biped.
biplàno *m.* (*aeron.*) biplane.
bipolàre *a.* (*elettr.*) bipolar • **spina b.**, two-pin plug.

bipolarismo *m.* (*polit.*) bipolarity.
bipolarità *f.* (*elettr.*) bipolarity.
bipòlo *m.* (*elettr.*) bipole.
bipósto *a.* (*autom., aeron.*) two-seater (*attr.*).
bìrba *f.*, **birbànte** *m.* ***1*** rascal; rogue ***2*** (*monello*) little rascal; scamp.
birbanterìa *f.* ***1*** villainy; (*scherz.*) mischievousness ***2*** (*tiro birbone*) dirty trick; (*scherz.*) prank, mischief ◻.
birbonàta *f. V.* **birbanteria**, *def. 2.*
birbóne ***A*** *a.* nasty; dirty; (*scherz.*) naughty: **tiro b.**, dirty trick • (*fam.*) **avere una paura birbona**, to be scared stiff □ **Fa un freddo b.**, it's beastly cold ***B*** *m. V.* **birbante**.
bireattóre *m.* (*aeron.*) twin jet.
birichinàta *f.* prank; mischief ◻.
birichìno ***A*** *a.* mischievous; impish; roguish ***B*** *m.* (*f.* **-a**) scamp; little rascal; little devil.
birifrangènte *a.* (*fis.*) birefringent.
birìllo *m.* skittle; ninepin.
birmàno *a. e m.* (*f.* **-a**) Burmese* (*f.* Burmese woman*).
bìro *f. invar.* biro* (*GB*); ballpoint (pen) (*USA*).
bìrra *f.* beer; ale: **b. alla spina**, draught beer; **b. chiara**, light ale; lager; **b. scura**, stout; porter; **fabbrica di b.**, brewery • **a tutta b.**, flat out □ (*fam.*) **dare la b. a q.**, to leave sb. trailing behind.
birràio *m.* ***1*** (*fabbricante*) brewer ***2*** (*venditore*) beer seller.
birrerìa *f.* pub; beerhouse.
birrifìcio *m.* brewery.
bis ***A*** *m.* ***1*** (*teatr.*) encore: **chiedere [concedere] il bis**, to call for [to give] an encore ***2*** (*di cibo*) second helping; seconds; (*di bevanda*) (the) same again: **fare il bis**, to have seconds; to have the same again ***B*** *inter.* encore; more ***C*** *a.* b: **pagina 4 bis**, page 4b.
bisàccia *f.* knapsack; (*della sella*) saddlebag.
bisàrca *f.* transporter (*GB*); haulaway (*USA*).
bisavola *f.* great-grandmother.
bisàvolo *m.* great-grandfather • **i nostri bisavoli**, our forefathers.
bisbètica *f.* scold; nag; shrew.
bisbètico *a.* bad-tempered; crabbed; crotchety; (*rif. a donna, anche*) waspish, nagging, shrewish.
bisbigliàre *v. t. e i.* to whisper.
bisbìglio (**1**) *m.* whisper; murmur.
bisbiglìo (**2**) *m.* whispering; murmuring.
bisbòccia *f.* noisy get-together; drinking session; spree; booze-up (*pop.*): **fare b.**, to go on a spree; to have a booze-up; (*divertirsi*) to go out on the town (*fam.*).
bìsca *f.* gambling house; (*clandestina*) gambling den.
biscaglìna *f.* (*naut.*) Jacob's ladder.
biscazzière *m.* ***1*** gambling-house keeper ***2*** (*nel biliardo*) marker.
bìschero *m.* (*mus.*) peg.
bìscia *f.* (*zool.*) grass snake • **b. d'acqua**, water snake.
biscottàto *a.* twice-baked; toasted • **fette biscottate**, rusks; crispbread ◻.
biscottièra *f.* biscuit tin; cookie can (*USA*).
biscottificio *m.* biscuit (*USA* cookie) factory.
biscòtto *m.* ***1*** (*dolce*) biscuit (*GB*); cookie (*USA*) ***2*** (*salato*) cracker.
biscròma *f.* (*mus.*) demisemiquaver (*GB*); thirty-second note (*USA*).
biscugina *f.*, **biscugìno** *m.* second cousin.
biscuit (*franc.*) *m.* bisquit; bisque.
bisecànte (*geom.*) ***A*** *a.* bisecting ***B*** *f.* bisector.
bisecàre *v. t.* (*geom.*) to bisect.
bisènso *m.* ***1*** word with a double meaning ***2*** (*enigmistica*) punning riddle.
bisessuàle *a.* bisexual.
bisessualità *f.* bisexuality.
bisessuàto *a.* bisexual; hermaphroditic.
bisestìle *a.* — **anno b.**, leap year.
bisettimanàle *a.* twice-weekly.
bisettrìce *f.* (*geom.*) bisector.
bisèx *a., m. e f.* bisexual.
bisezióne *f.* (*geom.*) bisection.
bisìllabo ***A*** *a.* disyllabic; two-syllabled ***B*** *m.* disyllable.
bislàcco *a.* odd; weird; bizarre.
bislùngo *a.* oblong.
bismùto *m.* (*chim.*) bismuth.
bisnipóte *m. e f.* ***1*** (*di bisnonni*) great-grandchild*; great-grandson (*m.*); great-granddaughter (*f.*) ***2*** (*di prozii*) great-nephew (*m.*); great-niece (*f.*).
bisnònna *f.* great-grandmother.
bisnònno *m.* great-grandfather • **i bisnonni**, one's great-grandparents.
bisógna *f.* (*lett.*) ***1*** (*compito*) work; task ***2*** (*necessità*) need; purpose.
bisognàre *v. i. impers.* to be necessary; (*con costruz. pers.*) to have (to), must (*pres.*), should, ought (to) (*condiz. e congiunt.*): **Bisogna che tu parta**, you'll have to leave; **Bisognò dirglielo**, we had to tell him; **Bisogna lavorare**, one must work; **Non bisogna credere a quello che dice**, you shouldn't believe what he says; **Bisognava sentirlo!**, you should have heard him!; **Bisogna dire che se ne intende**, you must admit he knows his job; **Bisognerebbe prima vederlo**, I [we, etc.] should see it first; I [we, etc.] would have to see it first; **Bisogna vedere** (*dipende*), we'll see; it depends.
bisógno *m.* need; (*necessità*) necessity: **sentire il b. di q.c.**, to feel the need for st.; **in caso di b.** (*o* **al b.**), in case of necessity; if need be; if necessary; **avere b. di q.c.**, to need st.; (*essere a corto di*) to be short of st.; (*essere privo di*) to lack st.; **avere urgente b. di q.c.**, to be in urgent need of st.; to need st. badly; **trovarsi nel b.**, to have fallen on hard times; to be in need; **C'è b. di me**, I am needed; they need me; **Non c'è b. di gridare**, there is no need to shout; **Non c'è b. che ci vada tu**, you needn't go; there's no need for you to go; **Non c'era b. che ti scomodassi**, you shouldn't have troubled yourself; **secondo il b.**, according to one's needs; **più del b.**, more than necessary • (*eufem.*) **Ho un b.**, I must pay a call; I must go and spend a penny (*fam.*) □ (*eufem.*) **fare i propri bisogni**, to relieve oneself; (*di animale*) to do one's business □ **Non c'è b. di dire che...**, it goes without saying that... □ (*prov.*) **Il b. aguzza l'ingegno**, necessity is the mother of invention.
bisognóso ***A*** *a.* ***1*** in need: **b. di aiuto**, in need of help ***2*** (*povero*) needy; poor ***B*** *m.* needy person; pauper • **i bisognosi**, the needy.
bisónte *m.* (*zool.*) bison • **b. della strada**, heavy truck; juggernaut (*fam. GB*).
bissàre *v. t.* ***1*** (*teatr.*) to repeat (st.) as an encore ***2*** to repeat; (*rif. al cibo*) to have a second helping (of).
bìsso *m.* fine linen.
bistécca *f.* steak: **b. ai ferri**, grilled steak; **b. al sangue**, rare steak.
bistecchièra *f.* grill.
bisticciàre *v. i.*, **bisticciàrsi** *v. rifl. recipr.* to squabble; to bicker.
bistìccio *m.* ***1*** squabble; quarrel ***2*** (*gioco di parole*) pun.
bistràto *a.* bistred • **occhi bistrati**, heavily made-up eyes.
bistrattàre *v. t.* ***1*** to ill-treat; to maltreat; (*criticare*) to run* down ***2*** (*un oggetto*) to treat roughly; to knock about.
bìstro *m.* bistre.
bìsturi *m.* (*chir.*) scalpel; lancet.
bisùnto *a.* very greasy; filthy.
bit *m. invar.* (*elab.*) bit.
bitonàle *a.* (*mus.*) bitonal.
bitórzolo *m.* (*verruca*) wart; (*bernoccolo*) bump; (*gonfiore*) lump.
bitorzolùto *a.* ***1*** (*di viso*) warty ***2*** (*di superficie*) lumpy; (*di albero*) gnarled.
bìtta *f.* (*naut.*: *sulla banchina*) bollard; (*a bordo*) bitt.
bìtter *m.* bitters (*pl.*).
bitumàre *v. t.* to bituminize.
bitumatrìce *f.* bitumen-sprayer; tar-sprayer.
bitùme *m.* bitumen.
bituminàre *V.* **bitumare**.
bituminóso *a.* bituminous.
bivaccàre *v. i.* ***1*** to bivouac; to camp ***2*** (*fig.*) to camp out.
bivàcco *m.* bivouac; camp.
bivalènte *a.* (*anche chim.*) bivalent.
bivàlve (*zool.*) ***A*** *a.* bivalvular ***B*** *m.* bivalve.
bìvio *m.* junction; intersection; crossroads (*anche fig.*).
bizantinismo *m.* ***1*** Byzantinism ***2*** (*fig.*) pedantry.
bizantìno ***A*** *a.* ***1*** Byzantine ***2*** (*fig.*) pedantic ***B*** *m.* Byzantine.
bìzza *f.* tantrum: **fare le bizze**, to throw a tantrum; (*di cosa*) to play up.
bizzarrìa *f.* ***1*** oddness; quirkiness; weirdness ***2*** (*cosa biz-*

zarra) curiosity; oddity ***3*** (*capriccio*) whim; eccentric idea; weird notion.

bizzàrro *a.* ***1*** odd; quirky; weird; peculiar; bizarre ***2*** (*di cavallo*) high-spirited.

bizzèffe *vc.* — **a. b.**, in plenty; galore: **denaro a b.**, money galore; loads of money.

bizzóso *a.* (*capriccioso*) capricious, wilful; (*di bambino*) naughty; (*irascibile*) irritable.

blablà, blablablà *m.* blathering; blethering; claptrap.

blandìre *v. t.* to blandish; (*lusingare*) to flatter.

blandìzie *f. pl.* blandishments; (*lusinga*) flattery Ⓤ.

blàndo *a.* mild; soft; light; gentle; tame; (*fiacco*) half--hearted: **rimedio b.**, mild remedy; **luce blanda**, soft light; **b. rimprovero**, gentle rebuke.

blasfèmo *a.* blasphemous.

blasonàto *a.* titled.

blasóne *m.* coat of arms; blazon.

blateràre *v. i.* to blather; to blether; to waffle; to blabber.

blàtta *f.* (*zool.*) cockroach.

blènda *f.* (*miner.*) blende.

blèso *a.* lisping • **pronuncia blesa**, lisp □ **essere b.**, to have a lisp.

blindàre *v. t.* to armour, to armor (*USA*).

blindàto *a.* armoured, armored (*USA*); armour-plated, armor-plated (*USA*): **auto blindata**, armoured van; **camera blindata**, strong room; vault; **porta blindata**, steel-clad door; **vetro b.**, bullet-proof glass.

blister (*ingl.*) *m. invar.* blister pack.

blitz (*ted.*) *m. invar.* (*mil. e fig.*) blitz; raid: **b. della polizia**, police raid.

bloccàggio *m.* blocking; locking.

bloccàre ***A*** *v. t.* ***1*** (*impedire il passaggio*) to block; (*arrestare*) to stop, to halt; (*trattenere*) to hold* up; (*paralizzare*) to paralyse: **b. le uscite**, to block the exits; **b. il passaggio**, to block the way; **b. la macchina**, to stop (*o* to halt) the car; **b. un assegno**, to stop a cheque; **Fummo bloccati da un incidente**, we were held up by an accident; **Lo sciopero ha bloccato il paese**, the strike has paralysed the country ***2*** (*isolare*) to isolate; to cut* off ***3*** (*mecc.*) to jam; to lock; (*un motore*) to stall ***4*** (*econ.*) to freeze*; to peg ***5*** (*porre sotto embargo*) to ban ***6*** (*mil.*) to blockade ***B*** **bloccàrsi** *v. i. pron.* ***1*** (*di persona*) to halt; to stop suddenly; to freeze*; (*impuntarsi*) to get* stuck ***2*** (*di cosa*) to get* stuck; to jam; (*di motore*) to stall.

bloccastèrzo *m.* (*autom.*) steering lock.

bloccàto *a.* ***1*** (*fermo*) stuck, at a standstill; (*intasato*) blocked, clogged: **restare b. in ascensore**, to get stuck in a lift ***2*** (*mecc.*) jammed; stuck; (*di motore*) stalled ***3*** (*econ.*) frozen; controlled: **affitti bloccati**, controlled rents • **b. dalla nebbia**, fogbound □ **b. dalla neve**, snowbound □ **Il traffico è b.**, there is a traffic jam.

blocchétto *m.* ***1*** (*cubetto*) block; cube ***2*** (*per scrivere*) notepad ***3*** (*mazzetto*) book: **b. di biglietti**, book of tickets.

blòcco (1) *m.* ***1*** (*interruzione*) block, blockage; (*arresto*) arrest, standstill, stoppage: **b. stradale** (*o* **posto di b.**), road block; **b. dei rifornimenti**, blockage of supplies; **b. della produzione**, standstill in production; (*per sciopero*) production stoppage ***2*** (*mil.*) blockade: **forzare il b.**, to run the blockade ***3*** (*med.*) failure; arrest: **b. renale**, kidney failure; **b. cardiaco**, cardiac arrest ***4*** (*econ.*) freeze: **b. dei prezzi**, freeze on prices ***5*** (*embargo*) ban: **mettere il b. a** (*o* **su**) **q.c.**, to ban st. ***6*** (*psic.*) block.

blòcco (2) *m.* ***1*** block; cube ***2*** (*per scrivere*) pad: **b. da disegno**, drawing pad; **b. per appunti**, notepad ***3*** (*comm.*) stock; bulk: **comprare in b.**, to buy in bulk ***4*** (*polit.*) coalition; bloc • (*mecc.*) **b. motore**, motor unit □ **in b.** (*in massa*), en masse (*franc.*); in a body.

block-notes *m. invar.* notepad.

blu *a. e m. invar.* dark blue: **b. di Prussia**, Prussian blue; **b. notte**, midnight blue; **b. scuro**, navy (blue).

bluàstro *a.* bluish.

blue-jeans *m. pl.* jeans.

bluff (*ingl.*) *m. invar.* bluff.

bluffàre *v. i.* to bluff.

blùsa *f.* ***1*** (*da donna*) blouse ***2*** (*camiciotto*) smock.

blusànte *a.* loose; draped.

blusòtto *m.* sports shirt.

bòa (1) *m.* ***1*** (*zool.*) boa ***2*** (*moda*) boa.

bòa (2) *f.* ***1*** (*naut.*) buoy; (*di regata*) mark: **boa di ormeggio**, mooring buoy; **boa luminosa**, light buoy ***2*** (*per nuotatori*) raft; float • **giro di b.**, rounding of the mark; (*fig.*) turning point.

boàto *m.* rumble; boom; roar.

bòb *m. invar.* (*sport*) bobsleigh; bobsled; bob: **b. a due** [**a quattro**], two-man [four-man] bob.

bobbista *m. e f.* (*sport*) bobsleigh rider.

bobìna *f.* ***1*** spool; reel; (*di filo*) reel, bobbin ***2*** (*elettr.*) coil.

bobinatrìce *f.* ***1*** (*elettr.*) winding machine; coil winder ***2*** (*ind. tess.*) winding frame.

bócca *f.* ***1*** (*anat.*) mouth ***2*** (*apertura*) opening; mouth • **b. da fuoco**, gun □ **b. da incendio**, fire hydrant □ **b. d'aria**, air grille □ **b. dello stomaco**, pit of the stomach □ **b. del forno**, stokehole □ **la b. della verità**, the soul of truth □ (*bot.*) **b. di leone**, snapdragon □ **a b. aperta**, open-mouthed; gaping: **guardare q. a b. aperta**, to gape at sb.; **restare a b. aperta**, to be dumbfounded; to be left gaping □ **a mezza b.**, reluctantly □ **chiudere** (*o* **tappare**) **la b. a q.**, to stop sb.'s mouth; (*fig.*) to silence sb. □ **essere sulla b. di tutti**, to be on everyone's lips □ **di b. buona**, easy to please □ **fare la b. a q.c.**, to get to like st. □ **fare la b. storta a q.c.**, to make a wry face at st. □ (*anche fig.*) **lasciare la b. amara**, to leave a bad taste in sb.'s mouth □ **mettere b. in q.c.**, to interfere in st. □ **non aprir b.**, not to say a word □ **parole che riempiono la b.**, high-sounding words □ **prendere una medicina per b.**, to take a medicine orally □ **respirazione b. a b.**, mouth--to-mouth resuscitation; kiss of life (*fam.*) □ **restare a b. asciutta**, to go hungry; (*fig.*) to be left empty-handed, to be disappointed □ **In b. al lupo!**, good luck!

boccaccésco *a.* licentious; bawdy.

boccàccia *f.* ***1*** (*smorfia*) grimace; face: **fare le boccacce q.**, to make (*o* to pull) faces at sb. ***2*** (*di persona*) foul--mouthed person.

boccàglio *m.* ***1*** (*mecc.*) nozzle ***2*** (*di respiratore*) mouthpiece.

boccàle (1) *m.* jug; mug.

boccàle (2) *a.* (*anat.*) mouth (*attr.*); oral; buccal: **cavità b.**, oral cavity.

boccapòrto *m.* (*naut.*) hatch.

boccascèna *m. invar.* (*teatr.*) proscenium*.

boccàta *f.* mouthful; (*di fumo*) puff, drag • **uscire a prendere una b. d'aria**, to go out for a breath of air.

boccétta *f.* (small) bottle.

boccheggiànte *a.* ***1*** gasping (for breath) ***2*** (*fig.*) moribund.

boccheggiàre *v. i.* ***1*** to gasp (for breath) ***2*** (*fig.*) to be moribund.

bocchétta *f.* ***1*** (*imboccatura*) mouth ***2*** (*di strumento mus.*) mouthpiece ***3*** (*di serratura*) plate; selvage • **b. stradale**, manhole cover.

bocchettóne *m.* ***1*** (*di serbatoio*) filler ***2*** (*giunzione per tubi*) screw joint.

bocchìno *m.* ***1*** cigarette holder ***2*** (*di pipa, di strumento mus.*) mouthpiece • **fare il b.**, to purse one's lips.

bòccia *f.* ***1*** (*recipiente*) carafe; decanter ***2*** (*sport*) bowl: **gioco delle bocce**, (*in Italia o in Francia*) boules (*franc.*); (*in G.B.*) bowls (*pl.*); **partita a bocce**, game of bowls • **ragionare a bocce ferme**, to take stock of the situation.

bocciàre *v. t.* ***1*** (*respingere*) to reject; to turn down; (*agli esami*) to fail, to flunk (*USA*): **Mi hanno bocciato in fisica**, I failed physics; **essere bocciato** (**a un esame**), to fail (an exam) ***2*** (*alle bocce*) to hit* ***3*** (*fam.*: *urtare*) to collide with; to hit*.

bocciatùra *f.* rejection; (*agli esami*) failure, fail (*USA*).

boccìno *m.* (*alle bocce*) jack.

bòccio *m.* bud: **in b.**, in bud.

bocciòdromo *m.* bowling green; (*in Italia o in Francia*) boules rink.

bocciòfilo ***A*** *m.* boules (*o* bowls) player ***B*** *a.* bowling (*attr.*): (**società**) **bocciofila**, bowling club.

bocciòlo *m.* bud: **b. di rosa**, rosebud.

bóccolo *m.* curl; ringlet.

bocconcìno *m.* ***1*** morsel; nibble ***2*** (*squisitezza*) titbit, tidbit; delicacy ***3*** (*fam.*: *donna attraente*) dish (*fam.*) • (*cucina*) **bocconcini di carne**, stew (*sing.*).

boccóne *m.* ***1*** mouthful; (*pezzetto*) morsel, bite: **tutto in un b.**, in one mouthful; **fra un b. e l'altro**, between mouthfuls; (*fig.*) while eating ***2*** (*pasto veloce*) bite; snack: **mangiare un b.**, to have a quick bite • (*fig.*) **b. amaro**, bitter pill □ **b. avvelenato**, poison bait □ **b. da re**, food fit for a king □ (*cu-*

cina) **b. del prete**, parson's nose □ **b. ghiotto**, delicacy; titbit, tidbit.

boccóni *avv.* face downwards; flat on one's face.

body (*ingl.*) *m. invar.* bodysuit; body; (*per danza, ginnastica*) leotard.

boèmo *a. e m.* (*f.* **-a**) Bohemian (*f.* Bohemian woman*).

boèro ***A*** *a.* Boer ***B*** *m.* ***1*** (*f.* **-a**) Boer (*f.* Boer woman*) ***2*** (*cioccolatino*) chocolate-coated cherry.

bofonchiàre *v. i.* to grumble; to snort.

bòia *m. invar.* ***1*** executioner; (*nell'impiccagione*) hangman* ***2*** (*assassino*) murderer; butcher • (*pop.*) **Fa un freddo b.**, it's freezing cold; it's bloody freezing (*volg.*).

boiàta *f.* (*pop.*) ***1*** (*cosa malfatta*) rubbish [U]; trash [U] ***2*** (*sciocchezza*) rubbish [U]; bullshit [U] (*volg.*).

boicottàggio *m.* boycott.

boicottàre *v. t.* to boycott.

bòiler (*ingl.*) *m. invar.* boiler; water-heater.

bolèro *m.* (*mus., moda*) bolero*.

bolèto *m.* (*bot.*) boletus.

bòlgia *f.* (*fig.*) bedlam [U]; madhouse.

bòlide *m.* ***1*** (*astron.*) bolide; fireball ***2*** (*auto da corsa*) racing car; (*auto veloce*) fast car ***3*** (*scherz.*: *persona corpulenta*) fatty; tub of lard • **Uscì come un b.**, he stormed out □ **passare come un b.**, to zoom past.

bolìna *f.* (*naut.*) bowline • **di b.**, close-hauled □ **navigare di b.**, to sail close to the wind.

bolivìano *a. e m.* (*f.* **-a**) Bolivian (*f.* Bolivian woman*).

bólla (1) *f.* ***1*** bubble: **b. d'aria**, air bubble; **b. di sapone**, soap bubble; **fare le bolle**, to bubble; **fare le bolle di sapone**, to blow bubbles ***2*** (*vescichetta*) blister • **finire in una b. di sapone**, to come to nothing; to go up in smoke.

bólla (2) *f.* ***1*** (*eccles.*) bull ***2*** (*comm.*) bill; note: **b. di consegna**, delivery note; **b. di accompagnamento**, packing list; **b. doganale**, bill of entry.

bollàre *v. t.* ***1*** (*timbrare*) to stamp; (*sigillare*) to seal; (*a fuoco*) to brand ***2*** (*fig.*) to brand: **b. q. d'infamia**, to brand sb. with infamy.

bollàto *a.* ***1*** stamped: **carta bollata**, stamped paper ***2*** (*fig.*) branded.

bollènte *a.* ***1*** (*che bolle*) boiling; (*caldissimo*) (boiling) hot, piping hot ***2*** (*fig.*) fiery.

bollétta *f.* (*comm.*) bill; (*ricevuta*) receipt: **b. doganale**, bill of entry; **b. d'imbarco**, shipping bill; bill of lading; **b. del gas**, gas bill • **essere in b.**, to be broke (*fam.*).

bollettàrio *m.* receipt book; counterfoil book.

bollettìno *m.* ***1*** (*comunicato*) bulletin; report: **b. meteorologico**, weather report ***2*** (*pubblicazione*) bulletin; newsletter; gazette: **b. ufficiale**, official gazette ***3*** (*comm.*) list; note: **b. di spedizione**, consignment note ***4*** (*modulo*) form; (*ricevuta*) slip: **b. di versamento**, paying-in slip.

bollìno *m.* stamp; coupon; (*di concorso a punti*) gift stamp.

bollìre ***A*** *v. i.* ***1*** to boil; (*piano*) to simmer ***2*** (*avere caldo*) to be boiling; (*fare caldo*) to be stifling ***B*** *v. t.* (*far bollire*) to boil; to bring* to the boil; (*cuocere*) to cook • **far b. piano**, to simmer □ **Cosa bolle in pentola?**, what's brewing? □ **Lascialo b. nel suo brodo**, let him stew in his own juice.

bollito ***A*** *a.* boiled ***B*** *m.* (*cucina*) boiled beef.

bollitóre *m.* ***1*** kettle ***2*** (*tecn.*) boiler.

bollitùra *f.* boiling.

bóllo *m.* stamp: **marca da b.**, revenue stamp; **tassa di b.**, stamp duty • (*autom.*) **b. di circolazione**, road tax; (*il dischetto*) tax disc □ (*autom.*) **b. per patente**, driving licence tax.

bollóre *m.* ***1*** boil: **alzare il b.**, to come to the boil; **portare a b.**, to bring to the boil ***2*** (*fig.*) ebullience [U]; ardour; enthusiasm • **farsi passare i bollori**, to calm down.

bòlo *m.* ***1*** (*di cibo e med.*) bolus ***2*** (*miner.*) bole.

bolscevìco *a. e m.* (*f.* **-a**) Bolshevik.

bolscevìsmo *m.* Bolshevism.

bólso *a.* ***1*** (*di cavallo*) broken-winded ***2*** (*di persona*) short-winded ***3*** (*fig.*) weak; nerveless.

bòma *m. invar.* (*naut.*) boom.

bómba *f.* ***1*** bomb: **b. atomica**, atom bomb; A-bomb; **b. all'idrogeno**, hydrogen bomb; H-bomb; **b. a orologeria**, time bomb; **b. a mano**, hand grenade; **b. lacrimogena**, tear-gas bomb; **b. fumogena**, smoke bomb; **b. Molotov**, petrol bomb; **lanciare bombe** (*dall'alto*), to drop bombs ***2*** (*notizia sensazionale*) bombshell ***3*** (*pop.*: *sostanza eccitante*) pep pill • (*cucina*) **b. di riso**, rice pudding □ **a prova di b.**, bomb-proof; (*fig.*) indestructible, (*di alibi*) watertight □ (*fam.*) **Che b. quella moto!**, that's one hell of a bike! □ **tornare a b.**, to get back to the point.

bombàrda *f.* ***1*** (*mil.*) bombard ***2*** (*naut.*) two-masted vessel.

bombardaménto *m.* ***1*** bombing [U]; bombardment; (*con artiglieria, anche*) shelling [U]: **b. a tappeto**, carpet (*o* area) bombing; **b. navale**, naval bombardment; **distrutto dai bombardamenti**, bombed-out ***2*** (*fis.*) bombardment ***3*** (*fig.*) rapid fire; barrage: **un b. di domande**, a barrage of questions.

bombardàre *v. t.* ***1*** to bomb; to bombard; (*con artiglieria, anche*) to shell: **b. a tappeto**, to carpet-bomb; **b. in picchiata**, to dive-bomb ***2*** (*fis.*) to bombard ***3*** (*fig.*) to bombard: **b. q. di domande**, to bombard sb. with questions.

bombardière *m.* (*aeron.*) bomber: **b. da picchiata**, dive-bomber.

bombàto *a.* rounded; convex; bombé (*franc.*).

bombétta *f.* bowler (hat) (*GB*); derby (*USA*).

bómbice *m.* silkworm.

bòmbo *m.* (*zool.*) bumblebee.

bómbola *f.* bottle; cylinder: **b. d'ossigeno**, oxygen bottle; **b. di gas**, gas cylinder.

bombolétta *f.* (aerosol) can.

bombolóne *m.* (*cucina*) doughnut, donut (*USA*).

bombonièra *f.* bonbonnière (*franc.*).

bomprèsso *m.* (*naut.*) bowsprit.

bonàccia *f.* ***1*** (*di mare*) dead calm: **mare in b.**, calm sea; **essere in b.**, to be becalmed ***2*** (*fig.*) lull; calm.

bonaccióne ***A*** *a.* easy-going ***B*** *m.* (*f.* **-a**) easy-going person; good sort.

bonarietà *f.* good nature; kindliness; affability.

bonàrio *a.* good-natured; affable; (*anche di modi, parole*) kindly.

bonbon (*franc.*) *m. invar.* sweet; candy (*USA*).

bonìfica *f.* ***1*** (land) reclamation ***2*** (*terreno bonificato*) reclaimed land ***3*** (*decontaminazione*) decontamination ***4*** (*sminamento*) clearing of mines ***5*** (*risanamento*) reclamation; redevelopment.

bonificàre *v. t.* ***1*** (*terreno*) to reclaim ***2*** (*decontaminare*) to decontaminate ***3*** (*sminare*) to clear of mines ***4*** (*risanare*) to reclaim; to redevelop ***5*** (*comm.*) to allow; to discount ***6*** (*banca*) to credit; to transfer.

bonìfico *m.* ***1*** (*comm.*) allowance ***2*** (*Banca*) (credit) transfer.

bonomìa *f.* good nature; affability; geniality.

bontà *f.* ***1*** goodness; kindness: **b. di cuore**, goodness of heart; **gesto di b.**, kind gesture; kindness; **trattare q. con b.**, to treat sb. with kindness (*o* kindly) ***2*** (*buona qualità*) good quality; (*eccellenza*) excellence ***3*** (*squisitezza*) tastiness; (*cibo buono*) delicacy ***4*** (*salubrità*) healthiness; (*mitezza*) mildness ***5*** (*efficacia*) effectiveness • (*iron.*) **B. sua!**, how very kind of him! □ **avere la b. di fare q.c.**, to be so good (*o* kind) as to do st.; to be good (*o* kind) enough to do st. □ (*di cibo*) **Che b.!**, how delicious!

bonus-malus *locuz. m.* (*ass.*) no-claim bonus.

bónzo *m.* bonze.

boom (*ingl.*) *m. invar.* boom: **b. edilizio**, housing boom; **b. delle nascite**, baby boom; (*aeron.*) **b. sonico**, sonic boom; **periodo di b.**, period of economic boom.

boòmerang *m. invar.* boomerang • **avere un effetto b.**, to boomerang; to backfire.

boràce *m.* (*miner.*) borax.

boracìfero *a.* boraciferous.

borbònico *a.* ***1*** (*stor.*) Bourbon ***2*** (*fig.*) reactionary.

borbottàre ***A*** *v. i.* ***1*** to mumble; to mutter; (*brontolare*) to grumble ***2*** (*di stomaco, ecc.*) to rumble ***B*** *v. t.* to mumble; to mutter.

borbottìo *m.* mumbling; muttering; grumbling.

bòrchia *f.* boss; stud; (*da tappezziere*) upholsterer's nail.

bordàre *v. t.* ***1*** to border; to edge; (*orlare*) to hem ***2*** (*mecc.*) to bead; to rim ***3*** (*naut.*) to set* (*a sail*).

bordàta *f.* ***1*** (*naut.*) tack ***2*** (*di cannoni*) broadside ***3*** (*fig.*) broadside; barrage (of st.).

bordatùra *f.* ***1*** rim; border; edge ***2*** (*mecc.*) beading.

bordeaux (*franc.*) *m. e a. invar.* (*colore*) burgundy; claret; maroon.

bordeggiàre *v. i.* (*naut.*) to tack.

bordèllo *m.* ***1*** brothel ***2*** (*pop.*: *caos*) bedlam [U]; (*schiamaz-*

zo) racket: **fare b.**, to make a racket; **fare un b.**, to kick up hell.

borderò *m.* ***1*** (*elenco*) list; note ***2*** (*teatr., ecc.*) takings (*pl.*).

bórdo *m.* ***1*** (*orlo*) edge; (*margine*) margin; (*bordura, profilo*) border; (*di oggetto rotondo*) rim; (*di marciapiede*) kerb (*GB*), curb (*USA*); (*di strada*) edge ***2*** (*mecc.*) rim ***3*** (*naut.*: *fianco della nave*) (ship's) side • (*naut., aeron*) **a b.**, on board; aboard: **Benvenuti a b.**, welcome aboard □ **a b. dell'auto**, in the car □ **salire a b. di**, to board; to go aboard; (*un'auto, ecc.*) to get into □ **d'alto b.**, high-class (*agg.*) □ (*naut.*) **documenti di b.**, ship's papers □ (*naut.*) **fuori b.**, overboard □ (*naut.*) **medico di b.**, ship's doctor □ **prendere a b.**, to take aboard; (*in auto*) to give (sb.) a lift □ (*naut.*) **vita di b.**, life on board (a ship).

bordò *V.* **bordeaux**.

bordóne *m.* (*mus.*) drone; bourdon • **tenere b. a q.**, to be in cahoots with sb. (*fam.*).

bordùra *f.* border (*anche di aiuola*); fringe.

boreàle *a.* northern.

borgàta *f.* ***1*** village ***2*** (*di Roma*) working-class suburb; housing estate.

borghése ***A*** *a.* ***1*** middle-class; (*spreg.*) bourgeois (*franc.*) ***2*** (*civile*) civilian: **abiti borghesi**, civilian clothes; civvies (*fam.*) • **in b.**, wearing civilian clothes; in civvies (*fam.*); (*di poliziotto*) plain-clothes (*attr.*): **agente in b.**, plain-clothes policeman ***B*** *m. e f.* middle-class person; (*spreg.*) bourgeois* (*franc.*): **piccolo b.**, lower middle-class person; (*spreg.*) petit bourgeois (*franc.*), petty bourgeois.

borghesìa *f.* middle classes (*pl.*); (*spreg.*) bourgeoisie (*franc.*): **l'alta [la piccola] b.**, the upper [the lower] middle class.

bórgo *m.* ***1*** village ***2*** (*sobborgo*) suburb.

borgógna *m. invar.* (*vino*) Burgundy.

borgognóne *a. e m.* Burgundian.

borgomàstro *m.* burgomaster.

bòria *f.* haughtiness; arrogance; self-importance; airs (*pl.*): **mettere su b.**, to put on airs.

bòrico *a.* (*chim.*) boric: **acido b.**, boric acid.

borióso *a.* haughty; arrogant; full of self-importance; puffed-up.

bòro *m.* (*chim.*) boron.

borotàlco ® *m.* talcum powder; talc (*fam.*).

borràccia *f.* water-bottle; flask; (*mil.*) canteen.

borràggine *f.* (*bot.*) borage.

bórsa *f.* ***1*** bag; (*valigetta*) case; (*borsetta*) handbag, purse (*USA*); (*sacchetto*) pouch: **b. da viaggio**, travelling bag; **b. della spesa**, shopping bag; **b. per documenti**, attaché case; **b. per il tabacco**, tobacco pouch ***2*** (*zool.*: *marsupio*) pouch • **borse agli occhi**, bags under one's eyes □ **b. di studio**, scholarship; (education) grant □ **b. nera**, black market □ **b. per l'acqua calda**, hot-water bottle □ **b. per il ghiaccio**, icepack □ **allentare [stringere] i cordoni della b.**, to loosen [to tighten] the purse strings □ **mettere mano alla b.**, to dip into one's pocket; to pay □ **O la b. o la vita!**, your money or your life!

Bórsa *f.* (*anche* **B. valori**) Stock Exchange; (*il mercato*) stock market, stock exchange: **giocare in B.**, to speculate on the stock exchange; **quotazioni di B.**, Stock Exchange quotations; **La B. sale [scende]**, the market is rising [falling]; **contratto di B.**, stock exchange transaction; **listino di B.**, stock exchange list; **B. telematica**, computer-assisted trading.

borsaiòlo *m.* pickpocket.

borsanéra *f.* black market.

borsanerìsta *m. e f.* black marketeer.

borseggiàre *v. t.* to pick (sb.'s) pocket: **Sono stato borseggiato**, I've had my pocket picked; **L'hanno borseggiato del portafogli**, his wallet was stolen.

borseggiatóre *m.* (*f.* **-trice**) pickpocket.

borséggio *m.* pickpocketing.

borsellino *m.* purse (*GB*); change purse (*USA*).

borsèllo *m.* (man's) shoulder bag.

borsétta *f.* handbag; purse (*USA*).

borsìno *m.* (*fin.*) kerb market; street market.

borsìsta *m. e f.* scholarship holder.

borsìstico *a.* (*Borsa*) stock-exchange (*attr.*); trading (*attr.*).

boscàglia *f.* ***1*** (*macchia*) scrub; brush; undergrowth ***2*** (*regione*) scrubland; bush ***3*** (*bosco*) wood.

boscaiòlo *m.* ***1*** woodman*; woodcutter; lumberjack (*USA*) ***2*** (*guardaboschi*) forester.

boschétto *m.* thicket; grove.

boschìvo *a.* wooded; woody • **terreno b.**, woodland.

boscìmano *m.* Bushman*.

bòsco *m.* wood • **b. ceduo**, copse; coppice □ **coperto di boschi**, wooded.

boscosità *f.* tree density.

boscóso *a.* wooded.

bosniaco *a. e m.* (*f.* **-a**) Bosnian (*f.* Bosnian woman*).

boss (*ingl.*) *m. invar.* boss; baron; big name: **b. della Mafia**, Mafia boss, **b. della droga**, drug baron; **i boss della finanza**, the big names in finance.

bòsso *m.* ***1*** (*bot.*) box (tree) ***2*** (*legno*) box-wood.

bòssolo *m.* ***1*** (*di proiettile*) (cartridge) case ***2*** (*urna per votazioni*) ballot box ***3*** (*per dadi*) dice box.

botànica *f.* botany.

botànico ***A*** *a.* botanic(al): **orto b.**, botanic gardens (*pl.*) ***B*** *m.* (*f.* **-a**) botanist.

bòtola *f.* trap door.

bòtolo *m.* mongrel; cur.

bòtta *f.* ***1*** (*percossa*) blow: **dare una b. in testa a q.**, to hit sb. on the head; **un sacco di botte**, a sound thrashing; **fare a botte**, to come to blows; to fight; **botte da orbi**, clobbering; **menare botte da orbi**, to hit out wildly; **dare botte da orbi a q.**, to beat the living daylights out of sb. (*fam.*) ***2*** (*urtone*) bump; knock; thump; bash (*fam.*): **b. in testa**, knock (*o* thump) on the head; **prendere una b. contro q.c.**, to bang against st. ***3*** (*ammaccatura*) dent ***4*** (*livido*) bruise ***5*** (*fig.*) blow; shock ***6*** (*scherma*) thrust ***7*** (*sparo*) shot; bang; crack • **b. e risposta**, repartee □ **a b. calda**, on the spot; (*rif. a commento, ecc.*) off the cuff □ **dare una bella b. a un lavoro**, to break the back of a job.

bottàio *m.* cooper.

bótte *f.* barrel; cask; butt • (*fig.*) **essere in una b. di ferro**, to be home and dry; to be as safe as houses (*fam.*) □ (*archit.*) **volta a b.**, barrel-vault □ (*prov.*) **Volere la b. piena e la moglie ubriaca**, to want to have one's cake and eat it.

bottéga *f.* ***1*** shop; store (*USA*): **mettere su b.**, to set up shop; (*anche fig.*) **chiudere b.**, to shut up shop ***2*** (*laboratorio*) workshop; (*di artista*) studio • (*scherz.*) **Hai la b. aperta**, your fly is undone.

bottegàio *m.* (*f.* **-a**) shopkeeper; storekeeper (*USA*).

botteghìno *m.* ***1*** (*biglietteria*) ticket office; (*di teatro, ecc.*) box office, booking office ***2*** (*del lotto*) lottery office.

bottìglia *f.* bottle • (*fis.*) **b. di Leida**, Leyden jar □ **b. Molotov**, Molotov cocktail □ **in b.**, bottled □ **mettere in b.**, to bottle.

bottiglierìa *f.* ***1*** wine shop ***2*** (*cantina*) wine cellar.

bottiglióne *m.* two-litre bottle.

bottìno *m.* (*di guerra*) booty, plunder; (*di furto*) loot; (*di caccia*) bag; (*di pesca*) haul.

bòtto *m.* ***1*** (*esplosione*) bang; (*sparo*) shot ***2*** (*mortaretto*) cracker; firework • **di b.**, suddenly □ **fermarsi di b.**, to stop short; to stop in one's tracks □ **in un b.**, in a flash.

bottóne *m.* ***1*** button: **allacciare un b.**, to fasten (*o* to do up) a button; **attaccare un b.**, to sew on a button; **Mi è saltato un b.**, a button has come off ***2*** (*pulsante*) (press) button: **b. del campanello**, bellpush ***3*** (*bot.*) bud • **b. automatico**, press stud (*GB*); snap fastener (*USA*) □ (*bot.*) **b. d'oro**, buttercup □ **attaccare b. con q.**, to strike up a conversation with sb. □ (*fig.*) **attaccare un b. a q.**, to bore sb. with a long story □ **stanza dei bottoni**, control room; (*fig.*) nerve centre.

bottonièra *f.* ***1*** row of buttons ***2*** (*quadro con pulsanti*) control panel.

botulìno *m.* — (*biol.*) **bacillo b.**, botulinus.

botulìsmo *m.* (*med.*) botulism.

bouclé (*franc.*) *a. invar.* bouclé.

bovàro *m.* cowherd; cowhand.

bòve *V.* **bue**.

bovìndo *m.* (*archit.*) bow-window.

bovìno ***A*** *a.* (*anche fig.*) bovine • **carne bovina**, beef □ (*fig.*) **occhi bovini**, bulging eyes ***B*** *m.* bovine; (*al pl.*) cattle 🅄.

box (*ingl.*) *m. invar.* ***1*** (*per cavalli*) stall ***2*** (*per auto*) lock-up garage ***3*** (*automobilismo*) pit ***4*** (*per bambini*) playpen ***5*** (*compartimento*) cubicle: **b. della doccia**, shower cubicle.

boxàre *v. i.* (*sport*) to box.

boxe (*franc.*) f. (*sport*) boxing.
bòxer (*ingl.*) m. invar. **1** (*cane*) boxer **2** (*al pl.*) (*calzoncini*) boxer shorts.
boy (*ingl.*) m. invar. **1** (*ballerino*) chorus boy **2** (*di albergo*) bellboy **3** (*tennis*) ball boy.
bòzza (1) f. **1** (*bernoccolo*) bump; swelling **2** (*naut.*) stopper.
bòzza (2) f. **1** (*abbozzo*) draft; (*brutta copia*) rough copy: **b. di contratto**, draft contract; **stendere la b. di q.c.**, to draft st. **2** (*tipogr.*) proof: **b. in colonna**, galley (proof); **b. impaginata**, page proof; **seconda b.**, revised proof; revise; **correggere bozze**, to read proofs; to proofread; **tirare una b.**, to pull a proof; **correttore di bozze**, proofreader.
bozzèllo m. (*naut.*) block.
bozzettìsta m. e f. **1** sketch writer **2** (*pubblicità*) poster designer.
bozzétto m. sketch.
bòzzo m. bump; swelling.
bòzzolo m. cocoon • (*fig.*) **chiudersi nel proprio b.**, to withdraw into one's shell □ (*fig.*) **uscire dal b.**, to come out of one's shell.
bràca f. **1** (*gamba di calzoni*) trouser leg **2** (*al pl.*) (*calzoni*) trousers; pants (*USA*); (*stor.*) breeches **3** (*al pl.*) (*mutande*) drawers • (*fam.*) **calare le brache**, to give in; to chicken out (*fam.*) □ **restare in brache di tela**, to be left without a penny; to be cleaned out.
braccàre v. t. **1** (*caccia*) to hunt; to track **2** (*una persona*) to hunt; to hound; to pursue.
braccétto m. — **a b.**, arm-in-arm □ **andare a b. con q.**, to walk arm in arm with sb.; (*fig.*) to be great friends with sb., (*spreg.*) to be hand in glove with sb. □ **prendere q. a b.**, to slip one's arm under sb.'s arm.
bracchétto m. (*cane*) beagle.
bracciàle m. **1** (*fascia*) armband **2** (*braccialetto*) bracelet **3** (*di protezione*) armlet **4** (*al pl.*) (*per nuotare*) inflatable armbands; water wings.
braccialétto m. **1** bracelet; (*rigido*) bangle **2** (*di orologio*) wristband.
bracciantàto m. farm labour.
bracciànte m. farm labourer.
bracciàre v. t. (*naut.*) to brace.
bracciàta f. **1** armful: **a bracciate**, in armfuls **2** (*nuoto*) stroke.
bràccio m. (*pl.* **bràccia** *f., nelle def. 1, 2, 3*; **bracci** *m., nelle altre*) **1** arm: **avere il b. al collo**, to have one's arm in a sling; **dare il b. a q.**, to give one's arm to sb.; **alzare le braccia al cielo**, to throw up one's hands; **alzare il b.** (*per votare, ecc.*), to put up one's hand; **portare in b.**, to carry (in one's arms); **prendere q. per un b.**, to seize sb. by the arm; **gettarsi fra le braccia di q.**, to throw oneself into sb.'s arms; **a braccia aperte**, with one's arms open wide; (*fig.*) with open arms; **a braccia conserte**, with folded arms; **sotto b. a q.**, arm in arm with sb. **2** (*al pl.*) (*manodopera*) hands; labourers; labour Ⓤ **3** (*naut.*: *misura di profondità*) fathom **4** (*cosa a forma di braccio*) arm; (*di bilancia o stadera*) beam, bar; (*di grammofono*) pick-up; (*di gru*) jib **5** (*archit.*: *ala*) wing **6** (*diramazione*) branch • **il b. della legge**, the long arm of the Law □ **b. di mare**, arm of sea; inlet □ **b. della morte**, death row □ (*fig.*) **il b. destro di q.**, sb.'s right hand □ **b. di ferro**, arm wrestling; (*fig.*) trial of strength, confrontation: **fare a b. di ferro con q.**, to arm wrestle; to have a game of arm wrestling □ **il b. e la mente**, brawn and brains □ **a b.**, improvised (*agg.*); impromptu (*agg. e avv.*); off the cuff: **parlare a b.**, to speak extempore (*o* off the cuff); to improvise a speech □ **incrociare le braccia**, to fold one's arms; (*fig.*) to refuse to work, (*scioperare*) to down tools □ **portare a braccia**, to carry □ **Mi sentii cascare le braccia**, my heart sank; I could have wept.
bracciòlo m. arm (*of a chair, etc.*).
bràcco m. (*cane*) hound.
bracconàggio m. poaching.
bracconière m. poacher.
bràce f. embers (*pl.*) • **cuocere alla b.**, to barbecue □ **farsi di b.**, to turn scarlet.
brachicèfalo **A** a. brachycephalic, brachycephalous **B** m. brachycephal.
bracière m. brazier.
braciòla f. (*cucina*) chop.
bradicardìa f. (*med.*) bradycardia.
bràdipo m. (*zool.*) sloth.
bradisìsmo m. (*geol.*) bradyseism.
bràdo a. wild: **allo stato b.**, in the wild state; in a natural state.
bràga f. **1** (*idraul.*) Y-branch **2** V. **braca**.
brahmanèsimo m. Brahmanism.
brahmano m. Brahman.
bràma f. longing; yearning; craving.
bramàre v. t. to long for; to crave for; to yearn for (*o* after).
bramino V. **brahmano**.
bramìre v. i. (*di cervo*) to bell; (*di orso*) to growl.
bramìto m. (*di cervo*) bell; (*di orso*) growl.
bramosìa f. (*lett.*) eagerness; craving; (*avidità*) greed.
bramóso a. (*lett.*) eager (for); craving (for); (*avido*) greedy.
brànca f. **1** (*artiglio*) claw; (*di rapace*) talon **2** (*di tenaglie, ecc.*) jaw **3** (*ramo, settore*) branch: **una b. dello scibile**, a branch of knowledge.
brànchia f. (*specialm. al pl.*) gill.
brancicàre **A** v. i. to grope; to fumble about; to feel* one's way: **b. nel buio**, to grope in the dark **B** v. t. to paw; (*sensualmente*) to grope.
brànco m. **1** herd; (*di pecore, uccelli*) flock; (*di lupi*) pack; (*di pesci*) shoal; (*di oche*) gaggle **2** (*di persone*) bunch; pack; gang: **un b. di incompetenti**, a bunch of incompetents • **essere nel b.**, to follow the herd.
brancolàre v. i. to grope; to fumble: **b. alla ricerca di q.c.**, to grope for st.; **avanzare brancolando**, to grope one's way; (*fig.*) **b. nel buio**, to be groping for clues.
brànda f. camp bed; folding (*o* foldaway) bed; (*naut.*) hammock.
brandèllo m. **1** shred; bit; fragment; (*di stoffa*) rag, tatter (*di solito al pl.*): **a brandelli**, in shreds; tattered, **fare a brandelli**, to tear to shreds **2** (*fig.*) bit; shred; scrap.
brandìre v. t. to brandish.
bràno m. **1** (*pezzo*) piece; shred; bit: **fare a brani**, to tear to pieces **2** (*di libro*) passage; (*di musica*) piece.
branzìno m. (*zool.*) sea bass.
braṣàre v. t. (*cucina*) to braise.
braṣàto (*cucina*) **A** a. braised **B** m. braise; pot roast.
braṣilìano a. e m. (*f.* **-a**) Brazilian (*f.* Brazilian woman*).
bràttea f. (*bot.*) bract.
bravàccio m. **1** (*prepotente*) bully; thug **2** (*guardia del corpo*) hired thug; heavy (*pop.*).
bravaménte avv. resolutely.
bravàta f. **1** act of bravado; caper **2** (*millanteria*) bragging Ⓤ.
bràvo **A** a. **1** (*capace, abile*) good; clever; fine: **un b. insegnante**, a good teacher; **un b. pittore**, a fine painter; **un b. studente**, a clever student; **essere b. in q.c.**, to be good at st.; **essere b. a scuola**, to do well at school **2** (*buono*) good; (*onesto*) honest, decent: **un brav'uomo**, a good man; **brava gente**, decent people **3** (*idiom.*) — **Ogni giorno fa la sua brava passeggiata**, he takes his regular walk every day; **Accese il suo b. sigaro**, he lit up his cigar • **Da b., aiutami**, give me a hand, there's a good boy □ **Fa' il b.!**, be good! □ **Su, da b.!**, come on! □ **notte brava**, wild night; night on the town □ **B. [Brava]!**, (*a teatro*) bravo!; (*ben fatto*) well done!, bravo! □ (*iron.*) **B. furbo!**, very clever! **B** m. **1** (*stor.*) bravo* **2** (*spreg.*: *guardia del corpo*) hired thug; heavy (*pop.*). ATTENZIONE: **bravo** ≠ brave.
bravùra f. **1** (*abilità*) cleverness; skill; ability; (*maestria*) mastery, prowess **2** (*mus.*) bravura: **pezzo di b.**, bravura piece.
bréccia (1) f. breach • **essere sulla b.**, to be going strong □ **far b. nell'animo di q.**, to move sb. □ **morire sulla b.**, to die in harness.
bréccia (2) f., **brecciàme** m. road metal; (*ghiaia*) gravel.
brefotròfio m. orphanage.
bretèlla f. **1** (*al pl.*) (*per pantaloni*) braces (*GB*); suspenders (*USA*) **2** (*spallina*) shoulder strap **3** (*autom.*) link road; link-up motorway.
brètone, **brèttone** a., m. e f. Breton (*a. e m.*); Breton woman* (*f.*).
brève **A** a. **1** short; brief: **un b. viaggio**, a short (*o* brief) journey; **a b. distanza**, at a short distance; **Sarò b.**, I'll be brief **2** (*fon.*) short • (*econ.*) **a b.**, short-term (*attr.*) □ **in b.**, in short; briefly □ **per farla b.**, to cut a long story short □ **tra b.**, soon; shortly; in a short while **B** f. (*mus.*) breve;

double whole-note (*USA*) **C** *m.* (*eccles.*) (papal) brief.
brevettàre *v. t.* to patent.
brevettàto *a.* **1** patented; patent (*attr.*) **2** (*fig. scherz.*) infallible.
brevétto *m.* **1** patent: **diritto di b.**, patent right; **Ufficio Brevetti**, Patent Office **2** (*di pilota*) pilot's licence **3** (*mil.*) commission.
breviàrio *m.* breviary.
brevità *f.* shortness; brevity; (*concisione*) concision.
brézza *f.* breeze: **b. di mare** [**di terra**], sea [land] breeze.
brìcco *m.* jug; pitcher (*USA*); pot: **b. del latte**, milk jug; **b. del caffè**, coffeepot.
bricconàta *f.* mischievous trick; dirty trick.
briccóne *m.* rascal; scoundrel.
bricconerìa *f.* **1** villainy **2** *V.* **bricconata**.
brìciola *f.* **1** (*di pane, ecc.*) crumb **2** (*pezzetto*) bit: **andare in briciole**, to be smashed to bits; **ridurre in briciole**, to crumble; (*infrangere*) to smash; (*per esplosione*) to blow up to smithereens **3** (*fig.*) *V.* **briciolo**.
brìciolo *m.* bit; grain: **un b. di buonsenso**, a grain of commonsense; **un b. di fantasia**, a bit of imagination; **un b. di prova**, a shred of evidence.
bricolage (*franc.*) *m.* do-it-yourself (*abbr.* DIY).
bridge (*ingl.*) *m.* (*gioco di carte*) bridge.
bridgìsta *m. e f.* bridge player.
brìga *f.* **1** trouble [U]; bother [U]: **darsi** (*o* **prendersi**) **la b. di fare q.c.**, to take the trouble to do st. **2** (*lite*) quarrel: **attaccare b. con q.**, to pick a quarrel with sb.
brigadière *m.* (*dei Carabinieri, della Finanza*) «brigadiere» (*rank equivalent to that of staff sergeant in the army*).
brigantàggio *m.* brigandage; banditry.
brigànte *m.* **1** brigand; bandit* **2** (*scherz.*) rascal.
brigantìno *m.* (*naut.*) brigantine • **b. a palo**, bark, barque □ **b. goletta**, brig.
brigàre *v. t.* to intrigue; to plot; to scheme.
brigàta *f.* **1** (*mil.*) brigade **2** group; party; set, brigade, gang (*fam.*).
brigatista *m. e f.* member of the Red Brigades; terrorist.
brìglia *f.* bridle; (*redine*) rein • **a b. sciolta**, at full gallop; at full speed □ (*fig.*) **allentare la b.**, to slacken the rein.
brillaménto *m.* (*di mina*) blasting; firing.
brillànte **A** *a.* **1** bright; (*splendente*) shining; (*sfavillante*) sparkling; (*di luce molto intensa e fig.*) brilliant: **colore b.**, bright (*o* vivid) colour; **occhi brillanti**, shining (*o* sparkling) eyes; **idea b.**, bright (*o* brilliant) idea **2** (*di persona*) sparkling; vivacious • **attore b.**, comic actor □ **commedia b.**, comedy □ **poco b.**, (*di persona*) rather quiet; (*di cosa*) lacklustre □ **parlatore b.**, brilliant speaker □ **vita b.**, active social life **B** *m.* diamond.
brillanteménte *avv.* brilliantly; successfully; with flying colours.
brillantìna *f.* brilliantine.
brillàre (**1**) *v. i.* **1** to shine*; (*sfavillare, scintillare*) to sparkle, to glitter; (*di stelle*) to twinkle; (*di luce viva*) to blaze; (*di luce debole*) to gleam; (*mandare un lampo*) to flash **2** (*farsi notare*) to shine*; to stand* out **3** (*di mina*) to explode; to burst*: **far b. una mina**, to explode a mine • **b. di luce riflessa**, to glitter with reflected light; (*fig.*) to bask in reflected glory □ **b. per la propria assenza**, to be conspicuous for one's absence.
brillàre (**2**) *v. t.* (*riso e sim.*) to polish; to husk.
brillatùra *f.* polishing; husking.
brìllo *a.* slightly drunk; tipsy (*fam.*).
brìna *f.* (white) frost; hoarfrost.
brinàre **A** *v. i. impers.* — **È brinato stanotte**, there was a frost last night **B** *v. t.* to frost.
brinàta *f.* (fall of) hoarfrost.
brinàto *m.* white with frost; frosted.
brindàre *v. i.* to toast (sb., st.); to drink* a toast (to): **b. alla salute di q.**, to toast sb.; to drink sb.'s health; **Brindo al tuo successo**, here's to your success.
brindèllo *V.* **brandello**.
brìndisi *m.* toast: **fare un b. a q.**, to drink a toast to sb.; to toast sb.
brìo *m.* **1** liveliness; vitality; life **2** (*mus.*) brio.
brioche (*franc.*) *f. invar.* bun; brioche.
briònia *f.* (*bot.*) bryony.
briosità *f.* gaiety; liveliness.
brióso *a.* lively; spirited; full of life.
brìscola *f.* **1** (*gioco di carte*) briscola **2** (*seme vincente*) trumps (*pl.*), trump (*USA*); (*carta e fig.*) trump card.
britànnico **A** *a.* British • **Sua Maestà Britannica**, Her [His] Britannic Majesty **B** *m.* (*f.* **-a**) British person; Briton: **i britannici**, the British; British people.
britànno *m.* (*stor.*) Briton.
brìvido *m.* **1** (*tremore*) shiver; shudder: **Mi fa venire i brividi**, it gives me the shivers; **avere i brividi di febbre**, to shiver with fever **2** (*di emozione, piacere*) thrill: **il b. della velocità**, the thrill of high speed; **classico del b.**, classic thriller.
brizzolàto *a.* (*di capelli, ecc.*) greying, grizzled; (*di persona*) grey-haired, greying.
bròcca *f.* **1** jug (*GB*); pitcher (*USA*) **2** (*il contenuto*) jugful.
broccàto *m.* brocade.
bròcco *m.* **1** (*ronzino*) nag **2** (*fig.*) washout, dead loss (*fam.*); rabbit (*fam. GB*).
bròccolo *m.* (*bot.*) broccoli [U].
bròda, **brodàglia** *f.* (*spreg.*) dishwater; slops (*pl.*).
bròdo *m.* broth; stock; (*minestra*) clear soup: **b. lungo**, thin broth; **b. ristretto**, consommé; **b. di pollo** [**di verdura**], chicken [vegetable] stock; **riso in b.**, rice soup • (*biol.*) **b. di coltura**, culture medium; broth □ **andare in b. di giuggiole**, to go into raptures □ **lasciare** (**cuocere**) **q. nel suo b.**, to let sb. stew in his own juice □ **Tutto fa b.**, every little helps.
brodóso *a.* watery; thin: **minestra brodosa**, thin soup.
brogliàccio *m.* **1** scribbling pad; notepad **2** (*rag.*) daybook; blotter (*USA*).
bròglio *m.* intrigue; fraud: **b. elettorale**, electoral fraud, **fare brogli elettorali**, to stuff the ballot box.
bròmo *m.* (*chim.*) bromine.
bromùro *m.* (*chim.*) bromide.
bronchiàle *a.* (*anat.*) bronchial.
bronchìte *f.* (*med.*) bronchitis.
bróncio *m.* (*espressione*) sulking expression; (*stato d'animo*) sulk: **fare** (*o* **avere**) **il b.**, to sulk; to be in a sulk • **Mi tiene il b.**, he won't speak to me.
brónco *m.* (*anat.*) bronchus*.
broncopolmonite *f.* (*med.*) bronchial pneumonia.
brontolàre **A** *v. i.* **1** (*borbottare*) to mutter; to mumble **2** (*lamentarsi*) to grumble; to gripe (*fam.*) **3** (*di tuono, stomaco*) to rumble **B** *v. t.* to mutter; to mumble.
brontolìo *m.* **1** grumbling; muttering; mumbling **2** (*del tuono, dello stomaco*) rumble; rumbling.
brontolóne *m.* (*f.* **-a**) grumbler; moaner; sorehead (*USA*).
brónzeo *a.* bronze (*attr.*); bronze-like.
bronzìna *f.* (*mecc.*) brass.
brónzo *m.* **1** bronze: **l'età del b.**, the Bronze Age; **medaglia di b.**, bronze medal **2** (*oggetto d'arte*) bronze • **avere una faccia di b.**, to be brazen-faced; to have a cheek.
brossùra *f.* paper (*o* paperback) binding • **libro in b.**, paperback.
brucàre *v. t.* to browse (on st.); to graze; to nibble (at st.).
bruciacchiàre *v. t.* to singe; to scorch; to sear.
bruciànte *a.* **1** burning: **desiderio b.**, burning desire **2** (*che ferisce*) burning; smarting; stinging **3** (*fulmineo*) lightning (*attr.*) • **partenza b.**, tyre-scorching start.
bruciapélo *m.* — **a b.**, point-blank: **colpo** [**domanda**] **a b.**, point-blank shot [question].
bruciàre **A** *v. t.* **1** to burn* (*anche fig.*); (*distruggere col fuoco*) to burn* down; (*incendiare*) to set* on fire, to set* fire to; (*strinare*) to singe, to scorch: **b. l'arrosto** [**una lettera**], to burn the roast [a letter]; **b. un villaggio**, to burn down a village; **Mi sono bruciato un dito**, I've burnt my finger; **bruciarsi le ali**, to singe one's wings **2** (*consumare*) to burn* up: **b. ossigeno**, to burn up oxygen **3** (*corrodere*) to burn* into (*o* through) **4** (*del gelo*) to blacken; to wither **5** (*superare in velocità*) to flash past; to scorch past • **b. q. sul filo**, to pip sb. at the post □ **bruciarsi la carriera**, to ruin one's career □ **b. le cervella a q.**, to blow sb.'s brains out □ **bruciarsi i ponti alle spalle**, to burn one's bridges behind one □ **b. il semaforo**, to go through a red light; to shoot the lights □ **b. le tappe**, to make lightning progress; to shoot to the top **B** *v. i.* **1** to burn*; (*fiammeggiare*) to blaze; (*andare a fuoco*) to be on fire, to be ablaze **2** (*essere molto caldo*) to burn*; to be hot **3** (*dare bruciore*) to burn*; to smart; to sting*: **Il fumo mi faceva b. gli occhi**, the smoke made my eyes smart; **L'alcol bruciava sulla ferita**, the alcohol stung

the wound **4** (*rif. a emozioni*) to be burning (with st.); to be itching; to be longing: **b. di curiosità**, to be burning with curiosity; **b. dalla voglia di fare q.c.**, to be itching to do st. **5** (*tormentare*) to rankle; to smart (*costruz. pers.*): **Il ricordo gli bruciava ancora**, the memory still rankled; **Sono parole che le bruciano ancora**, she is still smarting from those words • **b. di febbre**, to be running a high temperature □ **lasciar b. una torta**, to burn a cake □ **sentirsi b. la terra sotto i piedi**, to have itchy feet **C bruciàrsi** *v. i. pron.* **1** (*ustionarsi*) to burn* oneself; (*con un liquido*) to scald oneself **2** (*rovinarsi*) to ruin one's chances, to do* for oneself; (*esaurirsi*) to burn* out **3** (*di cibo*) to get* burnt **4** (*di lampadina*) to burn* out.

bruciàto A *a.* **1** burned, burnt; burnt down: **b. dal sole**, sunburnt; **resti bruciati**, burnt-out remains **2** (*dal gelo*) frost-bitten; blackened **3** (*rovinato*) finished, ruined; (*esaurito*) burnt out **4** (*di lampadina*) burnt out • **marrone b.**, reddish brown; rust; rust-colour(ed) **B** *m.* — **puzzo di b.**, smell of burning; (*fig.*) something fishy; **sapere di b.**, to taste burnt.

bruciatóre *m.* **1** burner **2** (*per rifiuti*) incinerator.

bruciatùra *f.* **1** (*ustione*) burn; (*con liquidi*) scald **2** (*strinatura*) burn; scorch.

brucióre *m.* **1** burning (sensation); smarting **2** (*fig.*) smart; bitterness • (*med.*) **b. di stomaco**, heartburn.

brùco *m.* caterpillar; grub; worm.

brùfolo *m.* pimple; spot; zit (*USA*).

brufolóso *a.* pimply; spotty.

brughièra *f.* moor; heath.

brùgola *f.* (*mecc.*) Allen screw.

brulicàre *v. i.* to swarm (with); to teem (with); (*di insetti*) to crawl (with), to be alive (with).

brulichìo *m.* swarming; teeming mass.

brùllo *a.* bare; bleak.

brùma *f.* mist; haze; fog.

bruna *f.* brunette.

brunàstro *a.* brownish.

brunìre *v. t.* to burnish; to polish.

brunitùra *f.* burnishing; polishing.

brùno A *a.* brown; dark; (*scuro di capelli*) dark-haired: **carnagione bruna**, dark complexion **B** *m.* **1** (*colore*) brown **2** (*uomo*) dark-haired man*.

brùsco *a.* **1** (*ruvido, sgarbato*) brusque, curt, rough; (*secco*) abrupt, sharp **2** (*improvviso*) sudden; abrupt; sharp: **brusca frenata**, sudden braking; **curva brusca**, sharp bend; **b. risveglio**, sudden awakening; (*fig.*) rude awakening.

brùscolo *m.* speck (of dust).

brusìo *m.* (*di insetti, di voci*) buzz, buzzing; (*mormorio*) whispering; (*di foglie*) rustling.

brutàle *a.* brutal; (*feroce*) savage.

brutalità *f.* brutality; (*ferocia*) savagery.

brutalizzàre *v. t.* to brutalize; to abuse.

brùto A *a.* **1** brute; brutal; brutish: **forza bruta**, brute force; **istinti bruti**, brute instincts **2** (*grezzo*) brute; raw: **materia bruta**, brute matter; raw material; **fatti bruti**, hard facts **B** *m.* **1** (*lett.*) brute **2** (*uomo violento*) brute; animal **3** (*maniaco*) psychopath.

brùtta *f.* (*b. copia*) rough copy.

bruttézza *f.* ugliness; plainness; unsightliness; unpleasantness; nastiness.

brùtto A **1** (*b. a vedersi*) ugly, unsightly; (*poco attraente*) unattractive, plain: **un b. edificio**, an ugly building; **brutte gambe**, ugly legs; **una brutta ferita**, an ugly (*o* nasty) wound; **b. da far paura**, as ugly as sin; **Sua moglie è bruttina**, his wife is rather plain; **È b., ma simpatico**, he's not handsome, but he's very pleasant **2** (*cattivo, sgradevole*) bad, unpleasant, nasty, ugly; (*malfatto, scadente*) bad, poor: **brutta abitudine**, bad (*o* nasty) habit; **b. tempo**, bad weather; **un b. film**, a bad (*o* poor) film; **una brutta faccenda**, an ugly business; **b. raffreddore**, bad (*o* nasty) cold **3** (*abietto*) base; (*meschino*) mean • **b. come la fame** (*o* **come il peccato**), as ugly as sin □ **brutta copia**, rough copy □ **brutti modi**, bad manners □ **con le brutte**, by recourse to threats (*o* force) □ **guardare q. di b.**, to give sb. a nasty look □ **Sta piovendo di b.**, it's coming down in buckets □ **Me la sono vista brutta**, I thought I was done for; I had a narrow escape □ **B. stupido!**, you idiot! □ (*a un bambino*) **B. cattivo!**, you naughty child! **B** *m.* **1** (the) ugly; ugliness **2** (*uomo b.*) ugly man* • **Il b. è che...**, the worst of it (*o* the trouble) is that... □ **Il tempo si mette al b.**, the weather is changing for the worse.

bruttùra *f.* **1** (*cosa brutta*) ugly (*o* horrible) thing; eyesore **2** (*cosa vergognosa*) shameful thing.

bubbóne *m.* **1** (*med.*) bubo*; (*com.*) lump, swelling **2** (*fig.*) cancer.

bùca *f.* **1** hole; (*fossa*) pit; (*di strada*) pothole **2** (*di biliardo*) pocket; (*di golf*) hole **3** (*tana*) hole; den • **b. delle lettere**, letter box; mailbox (*USA*) □ (*teatr.*) **b. del suggeritore**, prompt box.

bucanéve *m. invar.* (*bot.*) snowdrop.

bucanière *m.* buccaneer; pirate.

bucàre A *v. t.* **1** to make* a hole (*o* holes) in; (*punzonare*) to punch (a hole in): **b. un biglietto**, to punch a ticket **2** (*pungere*) to prick: **bucarsi un dito**, to prick a finger **3** (*pneumatico*) to puncture; (*assol.*) to get* a puncture **B bucàrsi** *v. i. pron. e rifl.* **1** (*di pneumatico*) to puncture **2** (*pungersi*) to prick oneself **3** (*gergo della droga*) to do* drugs; to shoot* up.

bucàto (1) *a.* with a hole (*o* holes) in it; (*forato*) pierced; (*punzonato*) punched; (*per logorio*) worn through.

bucàto (2) *m.* wash; washing; laundry: **fare il b.**, to do the washing; **mettere q.c. in b.**, to put st. in the wash; **stendere il b.**, to hang out the washing • **cesta del b.**, laundry basket □ (**fresco**) **di b.**, freshly laundered.

bùccia *f.* **1** (*di frutto*) peel, rind, skin; (*di patata*) peel, (*al pl.*) peelings **2** (*pellicola*) skin **3** (*scherz.: pelle umana*) skin; hide • (*fam.*) **avere la b. dura**, to be tough □ (*fam.*) **lasciarci la b.**, to die; to cop it (*pop.*) □ **rivedere le bucce a q.**, to pick holes in sb.'s work □ (*fig.*) **scivolare su una b. di banana**, to slip on a banana skin.

bucherellàre *v. t.* to riddle with holes; to prick holes in.

bùco *m.* **1** hole: **b. della chiave**, keyhole; **tappare un b.**, to stop up a hole **2** (*vuoto, lacuna*) gap **3** (*ammanco*) cash deficit **4** (*luogo angusto*) hole; (*stanza*) cubbyhole **5** (*gergo della droga*) shot; fix • (*astron.*) **b. nero**, black hole □ **fare un b. nell'acqua**, to fail; to draw a blank □ **farsi il b. alle orecchie**, to have one's ears pierced.

bucòlico *a.* bucolic; pastoral; rural.

buddismo *m.* Buddhism.

buddista *m. e f.* Buddhist.

budèllo *m.* (*pl.* **budèlla** *f., nella def. 1*) **1** (*al pl.*) (*pop.*) bowels; guts: **sentirsi torcere le budella**, to feel one's guts twist; **empirsi le budella**, to stuff oneself **2** (*vicolo*) alley; (*cunicolo*) narrow passage **3** (*tubo*) narrow tube.

budìno *m.* (*cucina*) pudding.

bùe *m.* (*pl.* **buoi**) ox* • **bue muschiato**, musk ox □ **bue tibetano**, yak □ **carne di bue**, beef.

bùfala *f.* (*fam.*) **1** (*errore*) blunder **2** (*cosa scadente*) bummer; (*di film, ecc.*) turkey **3** (*giorn.*) spoof story.

bùfalo *m.* (*zool.*) buffalo*.

bufèra *f.* storm; tempest • **b. di neve**, snowstorm; blizzard □ **b. di vento**, gale.

buffet (*franc.*) *m. invar.* **1** (*credenza*) sideboard; buffet (*USA*) **2** (*rinfresco*) buffet **3** (*di stazione*) buffet; refreshment bar.

buffétto *m.* (*schiocco di dita*) flick; (*colpetto*) pat; (*sotto il mento*) chuck.

bùffo (1) **A** *a.* **1** funny; amusing; comical **2** (*teatr.*) comic: **opera b.**, comic opera **B** *m.* (*cosa divertente*) funny thing; (*aspetto comico*) comic side.

bùffo (2) *m.* **1** (*di vento*) gust; flurry **2** (*di fumo*) puff.

buffonàta *f.* **1** (*cosa ridicola*) farce **2** (*comportamento ridicolo*) tomfoolery 🄤; buffonery 🄤; antic.

buffóne *m.* **1** (*stor.*) jester; fool **2** (*tipo ameno*) joker; (*chi fa pagliacciate*) buffoon, clown, fool: **fare il b.**, to play the fool (*o* the clown) **3** (*spreg.*) fool; charlatan; fraud.

buffonerìa *f.* buffoonery 🄤; clowning 🄤.

buffonésco *a.* clownish.

buganvìllea *f.* (*bot.*) bougainvillea.

buggeràre *v. t.* (*pop.*) to swindle; to con (*pop.*).

buggeratùra *f.* (*pop.*) swindle; con (*pop.*).

bugìa (1) *f.* lie; (*frottola*) fib: **dire bugie**, to tell lies; **b. pietosa**, white lie.

bugìa (2) *f.* (*candeliere*) candlestick.

bugiàrdo A *a.* lying; false; deceitful **B** *m.* (*f.* **-a**) liar • **dare del b. a q.**, to accuse sb. of lying; to call sb. a liar.

bugigàttolo *m.* **1** (*stanzino*) cubbyhole; closet (*USA*) **2**

(*stanza piccola*) poky little room; hole.
bugliòlo *m.* ***1*** (*naut.*) bucket ***2*** (*nelle carceri*) slop-pail.
bùgna *f.* ***1*** (*archit.*) ashlar ***2*** (*naut.*) clew, clue.
bugnàto *m.* (*archit.*) ashlar(-work): **b. rustico [liscio]**, rusticated [smooth] ashlar.
bùio *a. e m.* dark: **Si fa b.**, it's getting dark; (*anche fig.*) **essere al b.**, to be in the dark; **b. pesto**, pitch dark; **uscire col** (*o* **quando fa**) **b.**, to go out after dark • (*poker*) **aprire al b.**, to open blind.
bùlbo *m.* ***1*** (*bot., tecn.*) bulb ***2*** (*dell'occhio*) eyeball ***3*** (*di pelo*) hairbulb.
bulbóso *a.* bulbous.
bùlgaro ***A*** *a.* Bulgarian • **cuoio b.**, Russia leather ***B*** *m.* (*f.* **-a**) Bulgarian (*f.* Bulgarian woman*).
bulimìa *f.* (*med.*) bulimia.
bulìmico *a.* bulimic.
bulinàre *v. t.* to engrave.
bulìno *m.* burin.
bulldog (*ingl.*) *m. invar.* (*cane*) bulldog.
bulldozer (*ingl.*) *m. invar.* bulldozer.
bullétta *f.* tack; (*per scarpa*) hobnail.
bùllo *m.* (*fam.*) bullyboy; tough • **fare il b.**, to act tough.
bullóne *m.* bolt.
bungalow (*ingl.*) *m. invar.* bungalow; (*per vacanze*) holiday chalet.
bùnker (*ted.*) *m. invar.* (*mil.*) bunker.
buonaféde *f.* ***1*** good faith: **essere in b.**, to be in good faith ***2*** (*fiducia*) trust; innocence: **carpire la b. di q.**, to take advantage of sb.'s trust ***3*** (*leg.*) bona fides (*lat.*).
buonànima *f. e a.* — **la b. di mio zio** (*o* **mio zio b.**), my uncle, God rest his soul.
buonanòtte *inter. e f.* goodnight: **dare la b.**, to say (*o* to wish) goodnight; **B. a tutti!**, goodnight everybody!
buonaséra *inter. e f.* good evening; (*come commiato*) goodnight.
buoncostùme *m.* (public) morality; (public) decency • **squadra del b.**, vice squad.
buondì *V.* **buongiorno**.
buongiórno *inter. e m.* good day; (*al mattino*) good morning; (*di primo pomeriggio*) good afternoon; (*come commiato*) goodbye: **dare il b.**, to say good day; to say hello; **B. a tutti!**, good morning everybody!
buongràdo *vc.* — **di b.**, willingly; with pleasure.
buongustàio *m.* (*f.* **-a**) ***1*** gourmet; epicure ***2*** (*intenditore*) connoisseur.
buongùsto *m.* good taste: **di b.**, in good taste; tasteful (*agg.*); **con b.**, tastefully.
buòno (**1**) ***A*** *a.* ***1*** (*di persona*) good; (*gentile*) kind: **essere b. con q.**, to be good (*o* kind) to sb.; **un uomo b.**, a good man; **parole buone**, kind words; **di animo b.**, kind-hearted; **Buoni, ragazzi!**, be good, children!; **Troppo b.!**, you're too kind! ***2*** (*bravo, capace*) good: **un buon insegnante**, a good teacher; **un b. padre**, a good father ***3*** (*bello, gradevole*) good; nice; lovely; (*di cibo*) delicious ***4*** (*di buona qualità*) good, fine; (*funzionante*) good, working: **un buon cavallo**, a fine horse; **buona cucina**, good (*o* fine) food; **terra buona**, good soil; **vista buona**, good eyesight; **buoni freni**, good brakes ***5*** (*per bene*) good; decent: **buone maniere**, good manners; **di buona famiglia**, of good family ***6*** (*efficace, valido*) good, valid; (*genuino*) real; (*adatto*) good, fit, proper: **una buona scusa**, a good excuse; **oro b.**, real gold; **b. da mangiare**, good (*o* fit) to eat ***7*** (*del tempo*) good, fine; (*del clima*) good, healthy ***8*** (*abbondante*) good, full; (*con sost. pl.*) a good; (*almeno*) at least: **una buona dose**, a good strong dose; **un'ora b.**, a full hour; over an hour; **una buona metà**, at least (*o* over) half; **due miglia buone**, a good two miles; at least two miles ***9*** (*nelle esclamazioni*) good; happy (*o idiom.*): **Buon divertimento!**, have a good time!; **Buon compleanno!**, happy birthday!; **Buona fortuna!**, good luck!; **Buon giorno!**, *V.* **buongiorno**; **Buona notte!**, *V.* **buonanotte**; **Buon Natale!**, merry (*o* happy) Christmas!; **Buon riposo!**, sleep well!; **Buona sera!**, *V.* **buonasera**; **Buon viaggio!**, have a pleasant journey! • **la buona società**, high society □ **a b. prezzo**, cheap (*agg.*); cheaply (*avv.*) □ **l'abito b.**, one's Sunday best □ **alla buona**, informal, unsophisticated, simple (*agg.*); informally, plainly (*avv.*): **discorso alla buona**, informal speech; **gente alla buona**, down-to-earth (*o* straightforward) people; (*modesta*) simple people; **vestito alla buona**, plainly dressed □ **Alla buon'ora!**, at last!; (*grazie a Dio!*) thank goodness! □ **con le buone**, (*con bei modi*) with kindness, gently; (*senza protestare*) quietly □ **con le buone o con le cattive**, by hook or by crook; by fair means or foul □ **Dio b.!**, Good Lord!; goodness gracious! □ **far b. q.c.**, to accept st. □ **essere in buona**, to be in a good mood □ **prendere q.c. per b.**, to accept st.; to believe st. □ **tenersi b. q.**, to keep in with sb. □ **Dio ce la mandi buona!**, let's hope for the best □ (*fam.*) **È b. solo a lamentarsi**, all he can do is complain □ **Finiscila una buona volta!**, do stop it, will you!; have done with it! □ **Sarà b. per un'altra volta**, it'll do for next time ***B*** *m.* ***1*** (*cosa buona*) good; good thing: **C'è del b. in questo libro**, there are some good things in this book; **C'è di b. che...**, the good thing is that...; **Ha questo di b., che...**, one good thing about him is...; **niente [qualcosa] di b.**, nothing [something, anything] good; **sapere di b.**, (*al gusto*) to taste good; (*all'odorato*) to smell good ***2*** (*f.* **-a**) good person; (*al pl., collett.*) good people, (the) good: **i buoni e i cattivi**, the good and the wicked • **un b. a nulla**, a good-for-nothing □ **Buon per me che...**, it's just as well... □ **Buon per te!**, good for you! □ **fare il b.**, to be good □ **È un poco di b.**, he is no good; he is a bad lot.
buòno (**2**) *m.* ***1*** (*comm., econ.*) bond; bill; note; order: **b. del Tesoro**, Treasury bond; **b. d'incasso**, money order ***2*** (*tagliando*) coupon; voucher: **b. benzina**, petrol coupon; **b. di cassa**, cash voucher; **b. pasto**, luncheon voucher; meal ticket; **b. premio**, gift stamp.
buonóra *f.* — **di b.**, early □ **Alla b.!**, at last!
buonsènso *m.* common sense • **di b.**, sensible.
buontèmpo *m.* good time, fun. **darsi al b.**, to have a good time; to have fun.
buontempóne *m.* jolly (*o* fun-loving) person.
buonumóre *m.* good mood: **essere [mettere] di b.**, to be [to put] in a good mood.
buonuòmo *m.* good-natured man*; easy-going man*.
buonuscìta *f.* ***1*** (*per un appartamento*) payment for surrender of a lease ***2*** (*indennità di licenziamento*) severance pay; golden handshake (*GB*).
burattinàio *m.* ***1*** puppeteer ***2*** (*fig.*) manipulator; mastermind.
burattìno *m.* (*anche fig.*) puppet.
bùrbero *a.* gruff; grumpy; crusty; (*brusco*) rough.
buriàna *f.* (*pop.*: *trambusto*) turmoil, hullaballoo; (*chiasso*) racket.
burìna *f.* (*spreg.*) ***1*** (*contadina*) peasant woman* ***2*** (*donna volgare*) coarse (*o* vulgar) woman*.
burìno ***A*** *m.* (*spreg.*) ***1*** (*contadino*) peasant; yokel ***2*** (*uomo zotico*) boor; lout ***B*** *a.* (*spreg.*) boorish; hick (*fam. USA*).
bùrla *f.* ***1*** practical joke; prank; trick: **fare una b. a q.**, to play a trick on sb.; **per b.**, as a joke; for fun ***2*** (*cosa facile*) joke; child's play • **da b.**, laughable; farcical.
burlàre ***A*** *v. t.* to make* a fool of ***B*** **burlàrsi** *v. i. pron.* to make* fun (of); to laugh (at).
burlésco *a.* burlesque.
burlóne *m.* (*f.* **-a**) joker; pranker.
buròcrate *m. e f.* civil servant; (*spreg.*) bureaucrat.
burocràtico *a.* bureaucratic • **linguaggio b.**, officialese.
burocratizzàre *v. t.* to bureaucratize.
burocratizzazióne *f.* bureaucratization.
burocrazìa *f.* ***1*** bureaucracy; (*spreg.*: *lungaggini*) red tape ***2*** (*amministrazione statale*) civil service.
burràsca *f.* ***1*** storm; gale; tempest: **avviso di b.**, gale warning; **mare in b.**, stormy sea; **tempo di b.**, stormy weather ***2*** (*fig.*) storm; trouble: **b. in famiglia**, trouble in the family • (*anche fig.*) **Tira aria di b.!**, there's a storm brewing.
burrascóso *a.* (*anche fig.*) stormy.
burrificazióne *f.* butter-making; churning.
bùrro *m.* butter • **b. di arachidi**, peanut butter □ **b. di cacao**, cocoa butter; (*per labbra*) lip salve, chapstick □ **pane e b.**, bread and butter; buttered bread □ **pasta al b.**, pasta with butter □ **panetto di b.**, packet of butter; pat of butter □ **uova al b.**, fried eggs □ **Questa carne è un b.**, this meat melts in your mouth.
burróne *m.* ravine; gully; gulch (*USA*).
burróso *a.* buttery.
bus *m.* ***1*** *V.* **autobus** ***2*** (*elab.*) bus; highway.
buscàre *v. t.* to get*; (*una malattia*) to catch* • **buscarle**, to catch it.

buṣillis *m.* snag; enigma: **Qui sta il b.**, there's the snag.
bussàre *v. i.* to knock; to rap; to tap: **b. alla porta**, to knock at (*o* on) the door; **Stanno bussando**, someone is knocking at the door • **b. a quattrini**, to ask for money.
bùssola (1) *f.* compass • (*fig.*) **perdere la b.**, to lose one's head.
bùssola (2) *f.* ***1*** (*porta interna*) inner door ***2*** (*porta ruotante*) revolving door.
bussolòtto *m.* (*per dadi*) dice-box.
bùsta *f.* ***1*** envelope: **b. a finestra**, window envelope; **b. aperta** [**chiusa**], unsealed [sealed] envelope ***2*** (*astuccio*) case ***3*** (*borsetta*) clutch bag; pocketbook (*USA*) • **b. paga**, pay-packet □ **compenso fuori b.**, unofficial payment; undeclared earning □ **lettera in b. aperta**, unsealed letter □ **in b. a parte**, under separate cover.
bustarèlla *f.* bribe; backhander.
bustìna *f.* ***1*** sachet; bag: **b. di zucchero.** sachet of sugar; **b. di tè**, tea-bag; **b. di fiammiferi**, matchbook ***2*** (*farm.*) dose ***3*** (*mil.*) forage cap ***4*** (*gergo della droga*) bag.
bustìno *m.* ***1*** (*corsetto*) corset ***2*** (*di abito*) bodice; top.
bùsto *m.* ***1*** (*anat., scult.*) bust ***2*** (*corsetto, anche med.*) corset • **ritratto a mezzo b.**, half-length portrait □ **sedere a b. eretto**, to sit up straight.
butàno *m.* (*chim.*) butane.
buttafuòri *m.* ***1*** (*teatr.*) call-boy ***2*** (*di locale notturno*) bouncer ***3*** (*naut.*) outrigger; bumpkin.
buttàre ***A*** *v. t.* ***1*** to throw*; (*con energia*) to fling*; (*con noncuranza*) to toss: **b. una palla a q.**, to throw a ball to sb.; **b. q.c. per terra**, to throw st. to the ground; (*con un urtone*) to knock st. down; **Buttò la lettera nel fuoco**, he tossed the letter into the fire; (*anche fig.*) **b. q.c. in faccia a q.**, to throw st. in sb.'s face; **essere buttato in prigione**, to be flung into prison ***2*** (*anche* **b. via**: *eliminare*) to throw* away (*o* out); (*gettare da parte*) to throw* aside, to toss away; (*sprecare*) to throw* away, to waste • **b. all'aria**, to turn upside down; (*sconvolgere*) to upset, to ruin □ **b. fumo**, to send out smoke □ **b. germogli**, to put out buds □ **b. giù**, (*far cadere*) to knock down; (*rovesciare*) to overthrow; (*del vento*) to blow down; (*inghiottire*) to gulp down, to gobble down; (*scrivere in fretta*) to jot down, to scribble; (*abbozzare*) to sketch; (*criticare*) to disparage, to run down; (*scoraggiare*) to discourage; (*deprimere*) to get down; (*prostrare*) to pull down □ **b. q. giù dal letto**, to get sb. out of bed □ **b. là un'idea** [**un nome**], to throw out an idea [a name] □ **b. la pasta**, to put the pasta on to cook □ **b. sangue**, to bleed □ **Non è da b. via!**, it's not to be sneezed at ***B*** *v. i.* ***1*** (*zampillare*) to spout; (*di fontana ornamentale*) to play ***2*** (*germogliare*) to shoot*; to sprout ***3*** (*fam., di situazione*) to be; to shape: **Come butta?**, how are things?; **Vediamo come butta**, let's see how things shape; **Butta male!**, things are looking grim ***C*** **buttàrsi** *v. rifl.* ***1*** to throw* oneself; to fling* oneself; (*lasciarsi cadere*) to flop, to collapse; (*saltare giù*) to jump; (*tuffarsi*) to dive, to plunge: **b. dalla finestra**, to throw oneself out of the window; **b. in poltrona**, to flop into an armchair; **b. nelle braccia di q.**, to throw oneself into sb.'s arms ***2*** (*assalire*) to swoop down (on); to fall* (upon) ***3*** (*darsi, dedicarsi*) to throw* oneself (into) • **b. allo sbaraglio**, to risk one's life (*o* one's fortune, one's reputation, etc.); to jump in at the deep end (*fam.*) □ (*fig.*) **b. giù**, to get depressed, to lose heart; (*sminuirsi*) to run oneself down.
butteràto *a.* pockmarked; pitted.
bùẓẓo *m.* — **di b. buono**, eagerly; with a will.
buzzùrro *m.* (*spreg.*) boor; lout.
by-pass (*ingl.*) *m. invar.* (*med.*) bypass.
bypassàre *v. t.* to bypass.

c, C

C, c *f. o m.* C, c • (*telef.*) **c come Como**, c for Charlie.
càbala *f.* **1** (*stor. relig.*) cab(b)ala **2** (*intrigo*) intrigue; plot.
cabalistico *a.* **1** (*stor. relig.*) cab(b)alistic **2** (*fig.*) mysterious; cab(b)alistic.
cabaret (*franc.*) *m. invar.* cabaret.
cabina *f.* **1** kiosk; box; booth; cubicle: **c. telefonica**, telephone kiosk (*o* box), call box (*GB*); telephone booth (*USA*); **c. elettorale**, polling booth; **c. di proiezione**, projection booth; **c. della doccia**, shower cubicle **2** (*di nave*) cabin **3** (*di spiaggia*) beach hut **4** (*di ascensore*) cage; car **5** (*di funivia*) car **6** (*di gru, ecc.*) cabin • (*ferr., autom.*) **c. di guida**, driver's cab □ (*ferr.*) **c. di manovra**, signal box □ (*aeron.*) **c. di pilotaggio**, cockpit; flight deck □ (*TV*) **c. di regia**, control room □ **c. di registrazione**, recording room □ (*aeron.*) **c. passeggeri**, passenger cabin.
cabinàto (*naut.*) **A** *a.* with a cabin (*pred.*); cabin (*attr.*) **B** *m.* cabin cruiser.
cabinovìa *f.* cableway; cablecar.
cablàggio *m.* (*elettr.*) wiring; (*telef.*) cabling.
cablàre *v. t.* (*elettr.*) to wire; (*telef.*) to cable.
cablé (*franc.*) *a. invar.* twisted: **filato c.**, twisted yarn.
càblo, **cablogràmma** *m.* cable; cablegram.
cabotàggio *m.* (*naut.*) coastal navigation; (*commercio*) coasting trade: **piccolo c.**, local coastal navigation • **nave di piccolo c.**, coaster; coasting ship □ (*fig.*) **di piccolo c.**, small-scale (*attr.*).
cabràre *v. i. e t.* (*aeron.*) to nose up.
cabràta *f.* (*aeron.*) nose-up.
cabriolet (*franc.*) *m. invar.* (*autom.*) convertible.
cacào *m.* **1** (*bot.*) cacao **2** (*polvere e bevanda*) cocoa • **semi di c.**, cacao seeds; (*seccati*) cocoa beans.
cacàre *v. i.* (*volg.*) to shit*; to crap • (*anche fig.*) **cacarsi sotto**, to shit in one's pants □ **Va' a c.!**, piss off!
cacarèlla *f.* (*pop.*) runs, trots (*pl.*).
cacasénno *m. e f. invar.* (*fam.*) know-all.
cacàta *f.* (*volg.*) **1** shit **2** (*fig.*) shitty thing; crap ⊡.
cacatòa, **cacatùa** *m.* (*zool.*) cockatoo*.
càcca *f.* (*fam.*) poo; shit (*volg.*).
càccia (1) *f.* **1** hunting; (*di uccelli, lepri, ecc.*) shooting; (*battuta*) hunt: **andare a c.**, to go hunting; to go shooting; **c. al cervo [alla volpe]**, deer [fox] hunting; **c. alla lepre**, hare shooting; **c. grossa**, big game hunting **2** (*inseguimento*) chase, pursuit; (*ricerca*) search, hunt • **c. alla balena**, whaling □ **c. al tesoro**, treasure hunt □ **c. all'uomo**, manhunt □ **c. alle streghe**, witch-hunt □ **c. subacquea**, underwater fishing □ (*fig.*) **andare a c. di q.c.**, to hunt for st.; to go after st. □ **andare a c. di guai**, to be looking for trouble □ **cane da c.**, gun dog; hunting dog □ **dare la c. a q.**, to be after sb.; to chase sb. □ **essere a c. di q.c.**, to be hunting for st.; to be after st. □ **riserva di c.**, game preserve; (*cartello*) «shooting forbidden».
càccia (2) *m.* **1** (*aeron.*) fighter **2** (*naut.*) destroyer.
cacciabombardière *m.* (*aeron.*) fighter-bomber.
cacciagióne *f.* game.
cacciàre **A** *v. t. e i.* **1** (*di animale*) to hunt; to prey on **2** (*dell'uomo*) to go* hunting; to hunt; (*uccelli, lepri, ecc.*) to go* shooting, to shoot*, (*con trappole e sim.*) to trap, to snare **3** (*scacciare*) to drive* (*o* to chase) away; to throw* out; to turn out; (*espellere*) to drive* out; (*esiliare*) to banish; (*licenziare*) to sack, to fire: **c. q. di casa**, to throw sb. out of one's house; to turn sb. out **4** (*mettere*) to put*; (*ficcare*) to shove, to thrust*; (*introdurre*) to drive*, to stick* **5** (*emettere*) to let* out: **c. un urlo**, to let out a scream • **c. fuori un coltello**, to pull out (*o* to whip out) a knife □ **c. fuori la lingua**, to stick out one's tongue □ **c. fuori i soldi**, to fork out the money; to cough up □ **c. via**, to chase away; (*buttare via*) to throw out □ **cacciarsi in testa q.c.**, to get st. into one's head **B** **cacciàrsi** *v. rifl. e i. pron.* **1** (*entrare*) to plunge: **c. tra la folla**, to plunge into the crowd **2** (*mettersi*) to get*: **c. nei pasticci**, to get into a mess **3** (*andare a finire*) to get* to: **Dove si è cacciato il giornale?**, where has the paper got to?
cacciàta *f.* driving out; expulsion; banishment.
cacciatóra *f.* shooting jacket • (*cucina*) **pollo alla c.**, chicken cacciatore.
cacciatóre *m.* **1** hunter; (*con trappole*) trapper; (*per diletto*) hunter, (*a cavallo*) huntsman* **2** (*fig.*) hunter; (*solo nei composti*) chaser: **c. di donne**, skirt chaser; **c. di dote**, fortune hunter • **c. di frodo**, poacher □ (*anche fig.*) **c. di teste**, headhunter.
cacciatorpedinière *m. invar.* (*naut.*) torpedo-boat destroyer.
cacciatrice *f.* **1** woman* keen on hunting (*o* shooting); huntswoman*, huntress (*lett.*) **2** (*fig.*) hunter; (*solo nei composti*) chaser: **c. di uomini**, man chaser.
cacciavite *m. invar.* screwdriver.
càccola *f.* **1** (*al pl.*: *sterco*) droppings; (*di mosche*) flyspecks **2** (*pop.*: *moccio*) snot ⊡; (*cispa*) eye gum ⊡.
cachemire (*franc.*) *m.* cashmere.
cachet (*franc.*) *m. invar.* **1** (*analgesico*) painkiller; headache pill **2** (*per capelli*) rinse **3** (*compenso*) fee: **lavorare a c.**, to work for a fee; to freelance; to work as a freelancer.
càchi (1) *m.* (*bot.*) persimmon.
càchi (2) *a. e m. invar.* (*colore*) khaki.
càcio *m.* cheese: **una forma di c.**, a (whole) cheese • **Ci sta come il c. sui maccheroni**, it's the very thing; it's just the job (*fam.*).
cacofonìa *f.* cacophony.
cacofònico *a.* cacophonous; harsh-sounding.
càctus *m.* (*bot.*) cactus*.
cadaùno *a. e pron. indef.* each.
cadàvere *m.* (dead) body; corpse • **pallido come un c.**, as white as a ghost □ **Dovrai passare sul mio c.!**, over my dead body! □ (*scherz.*) **sembrare un c. ambulante**, to look like death warmed up.
cadavèrico *a.* **1** corpse-like; (*med.*) cadaveric **2** (*pallido*) deadly pale; ghastly; cadaverous.
cadènte *a.* **1** falling **2** (*di edificio, ecc.*) crumbling; dilapidated; ramshackle **3** (*di persona*) decrepit; feeble.
cadènza *f.* **1** cadence; (*ritmo*) rhythm **2** (*accento*) intonation; (*musicale*) lilt **3** (*mus.*) cadence; cadenza.
cadenzàre *v. t.* to mark (*o* to stress) the rhythm of.
cadenzàto *a.* rhythmic.
cadére **A** *v. i.* **1** to fall*; to drop; (*ruzzolare*) to tumble; (*precipitare*) to crash: **Cadde e si fece male**, he fell and hurt himself; **Cade la neve**, the snow is falling; **Qualche pesca cadde dall'albero**, a few peaches fell from the tree; **c. da un albero [dalla bici]**, to fall off a tree [off a bike]; **c. dalle scale**, to fall (*o* to tumble) down the stairs; **c. a terra**, to fall down; to fall to the ground; **Mi cadde di mano**, it fell from my hand; **L'occhio mi cadde sul suo nome**, my eye fell on his name; **L'aereo cadde su un ghiacciaio**, the plane crashed on a glacier **2** (*di denti, capelli*) to fall* out **3** (*della notte*) to fall* **4** (*del vento*) to drop **5** (*capitolare*) to fall* **6** (*di governo*) to fall*; to be brought down **7** (*essere ucciso*) to fall* **8** (*far fiasco*) to fail; (*di spettacolo*) to flop **9** (*di abito, stoffa*: *ricadere*) to hang* **10** (*di ricorrenza*) to fall*: **Natale cade di lunedì**, Christmas falls on a Monday this year • **c. a pezzi**, to be falling to pieces □ **c. a proposito**, to come at the right moment □ **c. addormentato [ammalato]**, to fall asleep [ill] □ **c. dalle nuvole**, to look very surprised; (*iron.*) to feign astonishment □ **c. dal sonno**, to be half asleep; to be asleep on one's feet □ **c. in basso**, (*impoverirsi*) to come down in the world; (*degradarsi*) to

sink low □ **c. in acqua** (*o* **in mare**) (*da un'imbarcazione*), to fall overboard □ **c. in contraddizione**, to contradict oneself □ (*anche fig.*) **c. in piedi**, to fall (*o* to land) on one's feet □ **c. morto**, to fall down dead □ **c. nel ridicolo**, to become ridiculous □ (*fig.*) **c. nel vuoto**, to fall on deaf ears □ (*telef.*) **È caduta la linea**, I've been cut off (*o* disconnected) □ **far c. q.c.** (*urtandolo*), to knock st. over (*o* down) □ (*fig.*) **far c. q.c. dall'alto**, to do st. as a special favour □ **far c. il governo**, to bring down (*o* to topple) the government □ (*anche fig.*) **lasciar c.**, to drop; to let fall □ **lasciarsi c. su una sedia**, to sink (*o* to flop) into a chair ***B*** *m.* — **al c. della notte**, at nightfall.

cadétto ***A*** *a.* younger; cadet (*attr.*) ***B*** *m.* ***1*** younger son; cadet ***2*** (*mil.*) cadet.

càdmio *m.* (*chim.*) cadmium.

caducità *f.* transience.

cadùco *a.* ***1*** short-lived; fleeting; transient ***2*** (*bot., zool.*) deciduous.

cadùta *f.* ***1*** fall; falling Ⓤ; (*ruzzolone*) tumble; (*di aereo*) crash: **fare una c.**, to have a fall; to take a tumble (*fam.*) ***2*** (*diminuzione*) fall; drop: **c. della temperatura [dei prezzi]**, drop in temperature [in prices]; **c. di tensione**, voltage drop; **brusca c.**, sudden fall; plunge ***3*** (*sconfitta, crollo*) fall; downfall; collapse ***4*** (*di capelli, denti*) loss ● **c. libera**, free fall □ **«C. massi»**, «falling rocks».

cadùto ***A*** *a.* fallen ***B*** *m.* soldier killed in battle ● **i caduti**, the fallen □ **i caduti per la patria**, those who fell for their country □ **monumento ai caduti**, war memorial.

caffè *m.* ***1*** (*bevanda*) coffee Ⓤ; (*tazza di c.*) (cup of) coffee: **fare il c.**, to make (some) coffee; **Mi piace il c. amaro [dolce]**, I like coffee without sugar [with sugar]; **Prendi un c.?**, would you like a (cup of) coffee?; **Bevi troppi c.**, you drink too much coffee (*o* too many cups of coffee) ***2*** (*locale*) coffee bar; coffee shop; (*c. ristorante*) café ● **c. corretto**, coffee laced with liqueur □ **c. in grani**, coffee beans (*pl.*) □ **c. in polvere** (*o* **solubile**), instant coffee □ **c. lungo**, weak black coffee □ **c. macchiato**, coffee with a dash of milk □ **c. nero**, black coffee □ **c. ristretto**, strong black coffee.

caffeìna *f.* (*chim.*) caffeine.

caffellàtte *m. invar.* milk and coffee; white coffee.

caffettàno *m.* kaftan, caftan.

caffettièra *f.* ***1*** coffee maker; (*con filtro*) (coffee) percolator; (*bricco*) coffeepot; (*a pressione-infusione*) cafetière ***2*** (*scherz.: automobile*) old banger; (*locomotiva*) kettle.

cafóna *f.* vulgar woman*; brash woman*.

cafonàggine *f.* boorishness; vulgarity.

cafonàta *f.* boorish behaviour Ⓤ ● **Che c.!**, how boorish!

cafóne ***A*** *m.* (*zotico*) boor; lout ***B*** *a.* boorish; vulgar; brash.

cagàre e *deriv.* *V.* **cacare** e *deriv.*

cagionàre *v. t.* to cause; to bring* about.

cagióne *f.* cause; motive; reason.

cagionévole *a.* (*di salute*) delicate, weak; (*di persona*) delicate, sickly.

cagliàre *v. i.*, **cagliarsi** *v. i. pron.* to curdle.

cagliàta *f.* curd; curds (*pl.*).

cagliatùra *f.* curdling.

càglio *m.* rennet.

càgna *f.* ***1*** (*zool.*) bitch ***2*** (*spreg.*) slut; whore ***3*** (*spreg., di attrice*) rotten actress; (*di cantante*) rotten singer.

cagnàra *f.* (*fam.*) din; hubbub; (*trambusto*) fuss, kerfuffle, rumpus: **far c.**, to make a din; **piantare una c.**, to kick up a fuss.

cagnésco *a.* — **guardare q. in c.**, to scowl at sb.

cagnolìno *m.* ***1*** small dog ***2*** (*cucciolo*) puppy ***3*** (*cane di lusso*) lapdog.

caimàno *m.* (*zool.*) cayman, caiman.

càla *f.* (*geogr.*) inlet; cove.

calabrése *a. m. e f.* Calabrian (*a. e m.*); Calabrian woman* (*f.*).

calabróne *m.* (*zool.*) hornet.

calafatàre *v. t.* (*naut.*) to caulk.

calafàto *m.* (*naut.*) caulker.

calamàio *m.* ink pot; (*a pozzetto*) inkwell.

calamàro *m.* (*zool.*) squid.

calamìta *f.* magnet.

calamità *f.* ***1*** (*sventura*) adversity; misfortune ***2*** (*disastro*) calamity; disaster: **c. naturale**, natural disaster; (*leg.*) act of God; **c. nazionale**, national disaster.

calamitàre *v. t.* (*anche fig.*) to magnetize.

calamitàto *a.* magnetic.

càlamo *m.* ***1*** (*bot.*) calamus* ***2*** (*zool.*) quill.

calànco *m.* gully.

calàndra *f.* ***1*** (*tecn.*) calender ***2*** (*autom.*) radiator grill.

calànte *a.* falling; dropping; declining ● **in fase c.**, declining; on the wane □ **luna c.**, waning moon □ **marea c.**, ebb tide □ **sole c.**, setting sun.

calapranzi *m.* service lift; dumbwaiter.

calàre ***A*** *v. t.* ***1*** to lower; to let* down; to bring* down: **c. le reti**, to lower the nets; **c. il sipario**, to bring down the curtain; **c. in mare le scialuppe**, to lower the boats ***2*** (*lavoro a maglia*) to decrease ***3*** (*a carte*) to play ***B*** *v. i.* ***1*** to fall*; to drop; to come* down; (*ridursi*) to get* low: **Calò il sipario**, the curtain fell (*o* came down); **Cala la notte**, night is falling; **La febbre cominciò a c.**, his [her, ecc.] temperature began to drop; **Le scorte stanno calando**, supplies are getting low ***2*** (*tramontare*) to go* down; to set* ***3*** (*di peso*) to lose* (weight): **Devi c. (di peso)**, you must lose weight; **Sono calata di tre chili**, I lost three kilos ***4*** (*invadere*) to invade (st.); to descend (on) ***5*** (*di suono*) to become* lower; to sink* ***6*** (*mus.*) to be flat ***C*** **calàrsi** *v. rifl.* to lower oneself; to let* oneself down ● **c. in una parte**, to get into a part ***D*** *m.* — **al c. del sole**, at sunset; **al c. della notte**, at nightfall.

calàta *f.* ***1*** (*caduta*) fall; drop: **c. del sipario**, fall of the curtain ***2*** (*discesa*) descent; (*invasione*) invasion ***3*** (*banchina di porto*) quay; wharf*.

calavèrna *f.* (hoar-)frost.

càlca *f.* crowd; press; throng.

calcàgno *m.* (*pl.* **calcagni**, *m.*; *fig.* **calcagna**, *f.*) heel ● **avere q. alle calcagna**, to have sb. hot on one's heels □ **sedersi sui calcagni**, to squat □ **stare alle calcagna di q.**, to follow sb. closely; (*inseguire*) to be hot on sb.'s heels; (*pedinare*) to tail sb.

calcàre (1) *m.* (*geol.*) limestone.

calcàre (2) *v. t.* ***1*** (*calpestare*) to tread* ***2*** (*pressare*) to press down: **calcarsi il cappello in testa**, to press one's hat down on one's head ***3*** (*sottolineare*) to emphasize; to stress: **c. una parola**, to stress a word ● (*fig.*) **c. la mano**, to exaggerate; to overdo it; (*essere troppo severo*) to be heavy-handed □ **c. le scene**, to be an actor; to tread the boards.

calcàreo *a.* calcareous; limestone (*attr.*).

càlce (1) *f.* lime: **c. idraulica**, hydraulic lime; **c. spenta**, slaked lime; **c. viva**, quicklime; **bianco di c.**, whitewash.

càlce (2) *m.* — **in c. a foglio**, at the foot of the page; **in c.** (**alla presente**), (here) below; **firmare in c.**, to sign below.

calcedònio *m.* (*miner.*) chalcedony.

calcestrùzzo *f.* (*edil.*) concrete.

calcétto *m.* ***1*** (*calcio-balilla*) table football ***2*** (*sport*) five-a-side (football).

calciàre *v. t. e i.* to kick: (*sport*) **c. in porta**, to kick the ball into the goal; (*sport*) **c. un rigore**, to take a penalty.

calciatóre *m.* (*f.* **-trice**) (*sport*) football player; soccer player (*USA*).

calcificàre *v. t.*, **calcificàrsi** *v. i. pron.* to calcify.

calcìna *f.* (lime) mortar.

calcinàccio *m.* ***1*** flake of plaster ***2*** (*al pl.*) masonry Ⓤ; debris Ⓤ; rubble Ⓤ.

calcinàre *v. t.* ***1*** (*chim.*) to calcine ***2*** (*conceria, agric.*) to lime.

calcinatùra, **calcinazióne** *f.* (*chim.*) calcination.

càlcio (1) *m.* ***1*** kick: **dare un c. a q.**, to give sb. a kick; to kick sb.; **tirare calci**, to kick; **aprire una porta con un c.**, to kick a door open; **prendere a calci**, to kick; **buttar fuori con un c.** (*o* **a calci**), to kick out ***2*** (*nello sport*) kick: **c. d'inizio**, kick-off; **c. d'angolo**, corner (kick); **c. di punizione**, free kick; **c. di rigore**, penalty kick ***3*** (*gioco*) football (*GB*); soccer: **giocare a c.**, to play football ● **c. storico** (*o* **in costume**), Florentine football pageant □ **dare un c. alla carriera**, to throw one's career to the winds □ **dare un c. alla fortuna**, to turn one's back to fortune.

càlcio (2) *m.* (*di arma*) butt; (*di fucile, anche*) stock.

càlcio (3) *m.* (*chim.*) calcium.

càlcio-balìlla *locuz. m. invar.* table football.

càlcio-mercàto *locuz. m.* (*calcio*) transfer market.

calcìstico *a.* football (*attr., GB*); soccer.

càlco *m.* ***1*** (*arte*) cast; mould ***2*** (*con carta*) tracing ***3*** (*ling.*)

calque; loan translation.
calcografìa *f.* ***1*** (*tecnica*) copperplate engraving ***2*** (*incisione*) copperplate.
calcolàbile *a.* calculable; that can be reckoned.
calcolàre *v. t. e i.* ***1*** to calculate; to compute; to work out: **c. una distanza**, to calculate (*o* to work out) a distance ***2*** (*includere*) to include; to count in: **c. q. fra i presenti**, to count sb. in ***3*** (*considerare*) to consider; to take* into account; to allow for ***4*** (*fare una stima*) to estimate; (*valutare*) to assess, to reckon; (*soppesare*) to weigh: **c. i costi**, to estimate costs; **c. le conseguenze**, to reckon the consequences; **Calcolo di arrivare alle sei**, I reckon I'll be (*o* I expect to be) there at six; **c. vantaggi e svantaggi**, to weigh the pros and cons • **c. q.c. a occhio e croce**, to make a rough estimate of st.
calcolàto *a.* calculated; considered; (*studiato*) studied: **rischio c.**, calculated risk; **calcolata indifferenza**, studied indifference; **tutto c.**, all things considered; all in all.
calcolatóre ***A*** *a.* ***1*** calculating ***2*** (*fig.*) calculating; self--seeking ***B*** *m.* ***1*** (*mecc.*) calculator; (*elettron.*) computer ***2*** (*uomo*) calculating man*; calculator.
calcolatrìce *f.* ***1*** (*mecc.*) calculating machine; calculator ***2*** (*donna*) calculating woman*.
càlcolo *m.* ***1*** (*conteggio*) computation; calculation; reckoning [U]: **sbagliare il c.**, to make a mistake in calculation; to miscalculate (st.); **essere bravo nei calcoli**, to be good with figures ***2*** (*stima*) calculation; estimate; reckoning [U]: **Feci il c. del tempo necessario**, I calculated how much time was needed; **c. approssimativo**, rough estimate ***3*** (*interesse*) self-interest ***4*** (*mat.*) calculus* ***5*** (*med.*) calculus*; stone • **errore di c.**, mistake in adding up [in subtracting, etc.]; (*anche fig.*) miscalculation □ **fare c. su q.c.**, to count on st. □ **fare i propri calcoli**, to weigh the pros and cons □ **fare male i propri calcoli**, to miscalculate.
caldàia *f.* ***1*** (*tecn.*) boiler ***2*** (*calderone*) cauldron; copper.
caldaménte *avv.* warmly; heartily.
caldàna *f.* (*vampa*) hot flush (*GB*); hot flash (*USA*).
caldarròsta *f.* roast chestnut.
caldeggiàre *v. t.* to support; to back; to push for.
calderóne *m.* ***1*** cauldron ***2*** (*fig.*) medley; hotchpotch • **c. di razze**, melting pot (of races) □ **mettere tutto nello stesso c.**, to lump everything together.
càldo ***A*** *a.* ***1*** warm; (*molto caldo*) hot: **acqua calda e fredda**, hot and cold water; **brodo c.**, hot broth; **sangue c.**, warm blood; (*fig.*) hot blood ***2*** (*di tinta, suono*) warm ***3*** (*caloroso*) warm; hearty; ardent; fervent; passionate ***4*** (*difficile, critico*) hot: **punto c.**, hot spot • **pigliarsela calda per q.c.**, to take st. to heart ***B*** *m.* (*calore*) heat; (*tempo c.*) hot weather: **soffrire il c.**, to feel the heat; **c. soffocante**, stifling heat • **a c.**, on the spot; (*d'impulso*) on the spur of the moment; (*di commento, ecc.*) off the cuff □ **avere c.**, to be warm; to be hot □ **Fa c. oggi**, it's warm today; (*molto c.*) it's hot today □ **Non mi fa né c. né freddo**, I couldn't care less □ **stare al c.**, to keep warm □ **tenere c.**, to be warm □ **tenere c. a q.**, to keep sb. warm □ **tenere q.c. in c.**, to keep st. warm. ATTENZIONE: **caldo** ≠ cold.
caleidoscòpio *m.* (*anche fig.*) kaleidoscope.
calendàrio *m.* calendar: **c. da muro [da tavolo]**, wall [desk] calendar; **c. a fogli staccabili**, tear-off calendar; **c. delle partite**, calendar of matches.
calènde *f. pl.* kalends, calends • **rimandare q.c. alle c. greche**, to put st. off till Doomsday.
calèndola *f.* (*bot.*) pot marigold.
calèsse *m.* gig; trap.
calibràre *v. t.* ***1*** (*mecc.*) to calibrate ***2*** (*fig.*) to measure; to weigh.
calibratùra *f.* (*mecc.*) calibration.
càlibro *m.* ***1*** (*mecc.*) gauge; bore; calibre, caliber (*USA*): **fucile di c. 12**, 12-bore shotgun ***2*** (*strumento*) callipers (*pl.*); gauge ***3*** (*fig.*) calibre, caliber (*USA*) • (*fig. fam.*) **grossi calibri**, big names.
càlice (1) *m.* ***1*** (*bicchiere*) stem glass, wine glass; (*coppa*) goblet ***2*** (*eccles.*) chalice • (*fig.*) **un amaro c.**, a bitter cup □ **Leviamo i calici!**, let us raise our glasses.
càlice (2) *m.* (*bot.*) calyx*.
calicò *m.* (*tessuto*) calico.
califfo *m.* caliph.
californiàno *a. e m.* (*f.* **-a**) Californian (*f.* Californian woman*).
calìgine *f.* (*foschia*) haze; (*nebbia*) fog.
caliginóso *a.* hazy; foggy.
càlla *f.* (*bot.*) arum lily.
callifugo *m.* (*cerotto*) corn-plaster; (*pomata*) corn--removing cream.
calligrafìa *f.* ***1*** (*arte*) calligraphy; penmanship ***2*** (*scrittura*) handwriting.
calligràfico *a.* ***1*** calligraphic; handwriting (*attr.*) ***2*** (*fig.*) stylized; over-refined • (*leg.*) **perizia calligrafica**, expert opinion on a sample of handwriting.
calligrafo *m.* (*f.* **-a**) calligrapher; calligraphist • (*leg.*) **perito c.**, handwriting expert.
callista *m. e f.* chiropodist.
càllo *m.* callus*; (*ai piedi*) corn • **fare il c. a q.c.**, to get used to st. □ **pestare i calli a q.**, to tread on sb.'s toes.
callosità *f.* ***1*** (*callo*) callus*; callosity ***2*** (*l'essere calloso*) horniness.
callóso *a.* (*med.*) callous; (*di mano*) horny; (*di piede*) having corns.
càlma *f.* ***1*** (*quiete*) calm; quiet; peace; peacefulness: **Mai un momento di c.**, never a moment's peace ***2*** (*pacatezza*) calm, calmness; (*compostezza*) composure; (*agio*) leisure ***3*** (*bonaccia*) calm: **c. piatta**, dead calm • **con c.**, calmly; (*senza fretta*) slowly, leisurely □ **Fa' con c.**, take your time □ **mantenere la c.**, to keep calm; to keep one's composure □ **perdere la c.**, to lose one's temper □ **prendersela con c.**, to take one's time □ **C. e sangue freddo!**, keep calm!; steady!
calmànte ***A*** *a.* calming; soothing ***B*** *m.* (*farm.: analgesico*) painkiller; (*sedativo*) sedative.
calmàre ***A*** *v. t.* ***1*** to calm; to calm down; (*rabbonire*) to placate ***2*** (*lenire*) to relieve; to ease ***B*** **calmàrsi** *v. i. pron.* ***1*** (*di persona*) to calm down; to cool down ***2*** (*placarsi*) to grow* calm; to subside; (*di mare*) to calm; (*di tempesta*) to abate; (*di vento*) to drop; (*di dolore*) to ease.
calmieràre *v. t.* (*econ.*) to subject to price control; to control.
calmière *m.* (*econ.*) controlled price; (*listino prezzi*) official price-list • **prezzo di c.**, controlled price.
càlmo *a.* calm; quiet; peaceful: **mare c.**, calm sea; **restare c.**, to keep calm; **La situazione è calma**, the situation is quiet.
càlo *m.* (*diminuzione*) drop, fall, falling-off, decrease, decline; (*perdita*) loss: **c. di entusiasmo**, drop in enthusiasm; **c. di interesse**, falling-off of interest; **c. di peso**, loss of weight; (*comm.*) shortage; (*comm.*) **c. di volume**, shrinkage; (*econ.*) **c. della domanda**, drop in demand; **c. di produzione**, downturn in production; **c. di qualità**, falling-off (*o* decline) in quality; **Ho avuto un c. della vista**, my eyesight has worsened; **in c.**, on the (*o* in) decline; declining (*agg.*).
calóre *m.* ***1*** heat; (*tepore*) warmth: **produrre c.**, to generate heat; **c. estivo**, summer heat; **il c. della stufa**, the warmth from the stove; (*fis.*) **c. bianco [rosso]**, white [red] heat ***2*** (*calorosità*) warmth; (*entusiasmo*) heat, fervour, passion: **accogliere con c.**, to welcome warmly; **nel c. della discussione**, in the heat of the argument ***3*** (*med.*) heat rash ***4*** (*di animali*) heat: **in c.**, on (*o* in) heat.
calorìa *f.* (*fis., biol.*) calorie.
calòrico *m.* (*fis., biol.*) caloric.
calorìfero *m.* radiator.
calorìfico *a.* calorific.
caloróso *a.* ***1*** (*che non soffre il freddo*) that does not feel the cold ***2*** (*cordiale*) warm; friendly.
calòtta *f.* ***1*** (*mecc.*) cap ***2*** (*di cappello*) crown; (*papalina*) skullcap • **c. cranica**, skullcap □ **c. polare**, (polar) icecap.
calpestàre *v. t.* to tread* on; to trample: **Fu calpestato dalla folla**, he was trampled by the crowd • **c. i diritti di q.**, to encroach on sb.'s rights □ **c. i sentimenti di q.**, to trample on sb.'s feelings • **«È vietato c. l'erba»**, «keep off the grass».
calpestìo *m.* trampling; (*di zoccoli*) stamping; (*scalpiccio*) shuffling of feet.
calumet *m. invar.* peace pipe; calumet.
calùnnia *f.* slander (*anche leg.*); defamation; calumny: **spargere calunnie**, to spread slander; **È una c.!**, it's a lie!
calunniàre *v. t.* to slander.
calunniatóre *m.* (*f.* **-trice**) slanderer.
calunnióso *a.* slanderous.
calùra *f.* great heat; sultriness.

calvàrio *m.* ***1*** (*relig.*) Calvary ***2*** (*fig.*) trial; ordeal; sufferings (*pl.*); cross.
calvinịsmo *m.* Calvinism.
calvinista *m. e f.* Calvinist.
calvizie *f.* baldness.
càlvo ***A*** *a.* bald; bald-headed ***B*** *m.* bald man*.
càlza *f.* ***1*** (*da uomo*) sock; (*da donna*) stocking; (*al pl.*: *collants*) tights (*GB*), pantyhose (*USA*): **c. al ginocchio**, knee(-length) socks; **calze a rete**, fishnet stockings; **calze di nylon**, nylon stockings ***2*** (*lavoro a maglia*) knitting: **fare la c.**, to knit; **ferri da c.**, knitting needles.
calzamàglia *f.* leotard; (*collants*) tights (*pl.*, *GB*), pantyhose (*pl.*, *USA*).
calzànte *a.* (*fig.*) apt; fitting; à propos (*franc.*).
calzàre ***A*** *v. t.* ***1*** (*avere indosso*) to wear* ***2*** (*infilare*) to put* on ***B*** *v. i.* ***1*** to fit ***2*** (*fig.*) to be fitting; to be apt • **c. a pennello**, to fit like a glove; (*fig.*) to fit perfectly.
calzascàrpe *m. inv.*, **calzatóio** *m.* shoehorn.
calzatùra *f.* shoe; (*al pl.*, *collett.*) footwear Ⓤ: **negozio di calzature**, shoe shop; **calzature per uomo**, men's footwear.
calzaturièro *a.* shoe manufacturing; shoe (*attr.*).
calzaturificio *m.* shoe factory.
calzeròtto *m.* sock.
calzétta *f.* (ankle) sock • (*spreg.*) **mezza c.**, second-rater; mediocrity.
calzettóne *m.* knee(-length) sock; thick sock.
calzificio *m.* hosiery factory.
calzino *m.* (ankle) sock.
calzolàio *m.* ***1*** shoemaker ***2*** (*ciabattino*) cobbler; shoe repairer.
calzoleria *f.* ***1*** (*negozio*) shoe shop ***2*** (*arte*) shoemaking.
calzoncini *m. pl.* shorts; (*da bagno*) trunks.
calzóne *m.* ***1*** trouser leg ***2*** (*al pl.*) trousers; pants (*USA*) • **calzoni alla zuava**, plus fours; knickerbockers □ **calzoni corti**, shorts □ **calzoni da cavallo**, jodhpurs □ (*fig.*) **portare i calzoni**, to wear the trousers.
camaleónte *m.* (*zool. e fig.*) chameleon.
camaleontịsmo *m.* (*fig.*) opportunism; time-serving.
cambiàle *f.* (*comm.*) bill (of exchange); (*pagherò cambiario*) promissory note: **c. a vista**, bill at sight; **c. all'incasso**, bill for collection; **c. di comodo**, accomodation bill; **c. tratta**, draft; **spiccare una c. su q.**, to draw on sb.
cambiaménto *m.* change; (*modifica*) alteration: **un c. in meglio [in peggio]**, a change for the better [for the worse]; (*anche fig.*) **c. d'aria**, change of air; **C'è stato un c. di proprietario nella ditta**, the firm has changed hands; **Ha fatto un gran c.**, he has changed a lot.
cambiàre ***A*** *v. t.* to change; (*modificare*) to alter: **c. idea [lavoro]**, to change one's mind [one's job]; **Puoi cambiarmi 50.000 lire?**, can you change a 50,000 lire note for me?; **c. posto con q.**, to change places (*a sedere*, seats) with sb.; **cambiarsi le scarpe**, to change one's shoes • **c. un assegno**, to cash a cheque □ (*sport*) **c. campo**, to change ends □ **c. casa**, to move (house) □ **c. strada**, to take another road □ **tanto per c.**, just for a change ***B*** *v. i.* ***1*** to change: **c. in meglio [in peggio]**, to change for the better [for the worse]; **Non sei cambiato per niente!**, you haven't changed a bit! ***2*** (*del vento*) to shift; to turn ***C*** **cambiàrsi** *v. rifl. e i. pron.* ***1*** (*d'abito*) to get changed; to change (out of st., into st.): **avere da c.**, to have something to change into ***2*** (*mutarsi*) to turn (into); to change (to) ***3*** (*fare cambio*) to change places.
cambiàrio *a.* (*comm.*) exchange (*attr.*) • **titolo c.**, bill of exchange □ **vaglia c.**, promissory note.
cambiavalùte *m. e f.* moneychanger; (*ufficio*) exchange office.
càmbio *m.* ***1*** change; changing: **c. d'indirizzo**, change of address; **c. della guardia**, changing of the guards; **c. di biancheria**, change of underwear; (*autom.*) **c. di marcia**, change of gears; (*sport*) **c. di campo**, changeover ***2*** (*scambio*) exchange; swop (*fam.*): **in c. di**, in exchange for; **Facciamo c.**, let's do a swop; let's swap; **dare il c. a q.**, to relieve sb.; **darsi il c.**, to take it in turns; to alternate ***3*** (*fin.*) exchange; rate of exchange: **guadagnare al c.**, to gain on (*o* by) the exchange; **oscillazioni del c.**, fluctuations (in the rate) of exchange ***4*** (*autom.*) gear, gears (*pl.*); gearbox; gear-change: **c. a mano [automatico]**, manual [automatic] gear-change; **c. sincronizzato**, synchromesh gear; **leva del c.**, gear lever; gearshift (*USA*); **scatola del c.**, gearbox; **c. a cloche**, floor gear lever; **c. al volante**, gear lever on the steering column.
cambùṣa *f.* (*naut.*) storeroom.
cambuṣière *m.* (*naut.*) storekeeper.
camèlia *f.* (*bot.*) camellia.
càmera *f.* ***1*** room: **c. da letto**, bedroom; (*mobili*) bedroom suite; **c. matrimoniale**, double room; **c. a un letto** (*o* **singola**), single room; **c. di servizio**, spare room; **appartamento di tre camere**, three-roomed flat ***2*** (*polit.*) House; Chamber: **la C. dei Deputati**, the Chamber of Deputies; **la C. dei Comuni [dei Pari]**, the House of Commons [of Lords]; **C. alta [bassa]**, Upper [Lower] House; **le due Camere**, (the Houses of) Parliament ***3*** (*organo direttivo*) chamber; board: **C. di Commercio**, Chamber of Commerce; Board of Trade; **C. del Lavoro**, Trade-Union Headquartes (*pl.*) • **c. a gas**, gas chamber □ **c. ardente**, mortuary chapel □ **c. blindata**, strongroom □ **c. d'affitto**, lodgings (*pl.*) □ **c. d'aria**, (*di pneumatico*) (inner) tube; (*di pallone*) bladder □ (*leg.*) **c. di consiglio**, chambers (*pl.*) □ (*fotogr.*) **c. oscura**, dark room □ **musica da c.**, chamber music. ATTENZIONE: **camera** ≠ camera.
cameràta (1) *f.* ***1*** dormitory; (*mil.*) barrack-room ***2*** (*compagni di dormitorio*) roommates (*pl.*).
cameràta (2) *m. e f.* comrade; friend; mate.
cameratésco *a.* friendly; matey • **spirito c.**, comradeship; camaraderie; fellow feeling.
cameratịsmo *m.* comradeship; camaraderie; fellow feeling.
camerièra *f.* ***1*** (*domestica*) (house)maid; maidservant: **c. fissa**, live-in housemaid ***2*** (*di ristorante, ecc.*) waitress; (*di albergo*) chambermaid.
camerière *m.* ***1*** (*domestico*) manservant* ***2*** (*di ristorante, ecc.*) waiter: **capo c.**, head waiter • **c. personale**, valet
camerino *m.* (*teatr.*) dressing room.
cameristico *a.* (*mus.*) chamber music (*attr.*).
càmice *m.* ***1*** white coat; (*di chirurgo*) gown ***2*** (*eccles.*) alb.
camiceria *f.* ***1*** (*fabbrica*) shirt factory ***2*** (*negozio*) shirt shop.
camicétta *f.* blouse.
camìcia *f.* ***1*** shirt ***2*** (*mecc., edil.*) jacket; cover; case • **c. da notte**, (*da donna*) nightdress, nighty (*fam.*); (*da uomo*) nightshirt □ **c. di forza**, strait-jacket □ (*stor.*) **Camicie Nere**, Blackshirts □ (*fig.*) **ridursi in c.**, to lose everything □ **È nato con la c.**, he was born lucky.
camiciàia *f.*, **camiciàio** *m.* shirtmaker.
camiciòla *f.* ***1*** (*canottiera*) vest (*GB*); undershirt (*USA*) ***2*** (*camicia leggera*) light shirt.
camiciòtto *m.* ***1*** (*da lavoro*) workblouse; (*di pittore*) smock ***2*** (*camicia sportiva*) sports shirt.
caminétto *m.* fireplace.
camino *m.* ***1*** (*focolare*) fireplace: **accendere il c.**, to light the fire ***2*** (*gola del c.*) chimney; flue ***3*** (*comignolo*) chimneypot; (*con più canne fumarie*) chimney stack ***4*** (*geol.*) vent ***5*** (*alpinismo*) chimney.
càmion *m.* lorry (*GB*); truck (*USA*) • **c. della nettezza urbana**, dustcart (*GB*); garbage truck (*USA*).
camionàle *a. e f.* (road) open to heavy traffic.
camioncino *m.* van; (*scoperto*) pickup (truck).
camionétta *f.* jeep.
camionista *m.* lorry driver (*GB*); truck driver, trucker (*USA*).
càmma *f.* (*mecc.*) cam.
cammellière *m.* camel driver.
cammèllo *m.* ***1*** (*zool.*) camel ***2*** (*tessuto*) camelhair • **color c.**, camel.
cammèo *m.* cameo.
camminaménto *m.* (*mil.*) communication trench.
camminàre *v. i.* ***1*** to walk ***2*** (*funzionare*) to work; to go*; to run* ***3*** (*progredire*) to move; to proceed; to make* progress • **Cammina!**, come on!; get going!; (*vattene*) go away! □ **c. a grandi passi**, to stride □ **c. a passi pesanti**, to tramp; to stomp □ **c. in punta di piedi**, to tiptoe.
camminàta *f.* ***1*** (*passeggiata*) walk: **fare una c.**, to go for a walk ***2*** (*andatura*) gait; walk.
camminatóre *m.* (*f.* **-trice**) walker.
cammino *m.* ***1*** (*camminata*) walk: **dopo un lungo c.**, after a long walk; **Ci sono due ore di c.**, it is a two hours' walk; **È a un'ora di c.**, it's an hour's walk from here ***2*** (*percorso, strada*) way; (*viaggio*) journey: **per tutto il c.**, all along the

way; **cammin facendo**, on the way; on one's way: **essere in c. verso un posto**, to be on one's way to a place; **mettersi in c.**, to set off; **riprendere il c.**, to resume one's journey **3** (*sentiero*) path, track; (*strada*) road **4** (*di astro*) path; (*di fiume*) course **5** (*progresso*) progress; march.

camomìlla *f.* **1** (*bot.*) camomile **2** (*infuso*) camomile tea.

camórra *f.* **1** Camorra (Neapolitan secret criminal organisation) **2** (*estens.*) extortion racket; mob.

camorrìsta *m. e f.* **1** Camorrist **2** (*estens.*) racketeer; mobster.

camòscio *m.* **1** (*zool.*) chamois* **2** (*pelle*) suede: **scarpe di c.**, suede shoes.

campàgna *f.* **1** country; countryside: **vivere in c.**, to live in the country; **andare in c.**, to go into the country; **la c. inglese**, the English countryside; **la c. romana**, the Campagna **2** (*terra coltivata*) farmland; land **3** (*mil.*) campaign **4** (*propaganda*) campaign; drive: **c. di stampa**, press campaign; **c. elettorale**, electoral campaign; **c. di iscrizioni**, membership drive.

campagnòlo **A** *a.* country (*attr.*); rustic; rural **B** *m.* (*f.* **-a**) countryman* (*f.* countrywoman*).

campàle *a.* (open-)field (*attr.*): **battaglia c.**, pitched battle • **giornata c.**, exhausting day.

campàna *f.* **1** bell: **suonare le campane**, to ring the bells **2** (*di vetro*) bell glass; bell jar **3** (*di palombaro*) diving bell **4** (*al pl.*) (*mus.*) bells; chimes **5** (*per la raccolta del vetro*) bottle bank **6** (*gioco infant.*) hopscotch • **c. a morto**, knell □ **a c.**, bell-shaped □ **sentire l'altra c.**, to hear what the other side has to say; to hear the other side of the story □ **tenere q. sotto una c. di vetro**, to mollycoddle sb.

campanàccio *m.* cowbell.

campanàrio *a.* bell (*attr.*): **torre campanaria**, bell tower.

campanàro *m.* bell-ringer.

campanèlla *f.* **1** (little) bell; (*a scuola*) (school) bell **2** (*bot.*) harebell; bluebell.

campanèllo *m.* bell; (*della porta*) (door)bell; (*a mano*) handbell: **c. d'allarme**, alarm bell; (*fig.*) warning signal.

campanìle *m.* bell tower; church tower; belfry.

campanilìsmo *m.* strong local pride; parochialism.

campanilista *m. e f.* parochial person.

campanilistico *a.* parochial.

campànula *f.* (*bot.*) campanula; bellflower.

campàre *v. i. e t.* to live; (*tirare avanti*) to get* by: **c. fino a cent'anni**, to live to be a hundred; **c. d'aria**, to live on air • **Campa cavallo!**, that'll be the day! □ **tirare a c.**, to think only of getting by; to take things easy.

campàta *f.* **1** (*d'arco*) span **2** (*di ponte*) bay.

campàto *a.* — **c. in aria**, unrealistic; impractical.

campeggiàre *v. i.* **1** (*fare campeggio*) to go* camping; to camp **2** (*spiccare*) to stand* out.

campeggiatóre *m.* (*f.* **-trice**) (holiday) camper.

campéggio *m.* **1** (*l'attendarsi*) camping **2** (*attendamento*) camp **3** (*il terreno*) campsite; camping ground • **andare in c.**, to go camping □ **vacanza in c.**, camping holiday.

campèstre *a.* rural; country (*attr.*): **vita c.**, rural life • (*sport*) **corsa c.**, cross-country race.

camping (*ingl.*) *m. invar.* campsite; camping ground • **c. per roulotte**, caravan park.

campionaménto *m.* (*comm., stat.*) sampling.

campionàre *v. t.* (*comm., stat.*) to sample.

campionàrio **A** *m.* **1** (*comm.*) collection (*o* set) of samples; (*di tessuti, ecc.*) pattern book **2** (*gamma*) range; cross-section **B** *a.* — **fiera campionaria**, trade fair.

campionàto *m.* championship.

campionatùra *f.* (*comm., stat.*) sampling.

campióne **A** *m.* **1** sample (*anche comm., stat.*); (*di disegno*) pattern; (*esemplare*) specimen: **prelevare un c.**, to take a sample; **c. rappresentativo**, representative sample; cross-section; **c. senza valore**, sample only **2** (*sport*) champion: **c. di sci [di tuffi]**, ski [diving] champion; **c. del mondo**, world champion **3** (*difensore*) champion; defender **4** (*asso*) ace • **B** *a.* **1** (*modello*) sample (*attr.*); model (*attr.*): **indagine c.**, sample survey **2** (*vincitore*) winning: **squadra c.**, winning team.

campionéssa *f.* **1** (*sport*) (women's) champion **2** *V.* **campione**, *def. 3 e 4*.

campionìssimo *m.* (*f.* **-a**) champion of champions.

càmpo *m.* **1** field: **c. di grano**, cornfield; **c. elettrico**, electric field; **c. petrolifero**, oilfield; **c. gravitazionale**, gravitational field; **c. visivo**, field of vision; **c. di battaglia**, battlefield; **promozione sul c.**, promotion in the field **2** (*accampamento*) camp: (*alpinismo*) **c. base**, base camp; **c. profughi**, refugee camp; **levare il c.**, to strike (*o* to break) camp **3** (*ambito*) field; range; sphere: **c. d'azione**, field of action; range; **il c. della fisica**, the field of physics; **È un'autorità nel suo c.**, he's an authority in his own field; **Non è il mio c.**, it's not my province (*o* my field); **un esperto in c. musicale**, a music expert **4** (*sport*) ground; field; pitch; course: **c. sportivo**, sports ground; (*di scuola, ecc.*) playing field; **c. di calcio**, football ground (*o* field, pitch); **c. di golf**, golf course; **c. di tennis**, tennis court; **campi da sci**, ski slopes **5** (*pitt.*) background **6** (*cinem.*) shot: **c. lungo**, distance shot; **c. medio**, middle long shot **7** (*arald.*) field • **c. d'aviazione**, airfield □ **c. di concentramento**, concentration camp □ **c. di Marte**, drill ground; parade ground □ **c. di tiro**, (*poligono*) rifle range; (*di un cannone*) field of fire □ (*radio*) **c. d'onda**, wave band □ **a tutto c.**, wide-ranging (*agg.*); all-round (*agg.*) □ **abbandonare il c.**, (*sport*) to abandon the match; (*fig.*) to abandon the field; (*ritirarsi*) to stand down □ **avere c. libero**, to have a free hand □ **fiori di c.**, wild flowers □ (*cinem., TV*) **fuori c.**, off screen: **voce fuori c.**, off-screen voice; (*che commenta*) voice-over □ (*fig.*) **lasciare libero il c.**, to step aside; to leave (sb.) free range □ **mettere in c.**, (*sport*) to field; (*fig.*) to put forward □ **ricerca sul c.**, research in the field; field research □ **scendere in c.**, (*sport*) to take the field; (*fig.*) to throw one's hat in the ring □ (*fig.*) **scelta di c.**, choice of sides □ **la vita dei campi**, life in the country.

camposànto *m.* cemetery; (*presso una chiesa*) churchyard.

camuffaménto *m.* **1** disguise; masquerade **2** (*mimetizzazione*) camouflage.

camuffàre **A** *v. t.* **1** to disguise **2** (*mimetizzare*) to camouflage **B** **camuffàrsi** *v. rifl.* to disguise oneself.

camùso *a.* (*di naso*) snub; (*di viso*) snub-nosed.

canadése *a., m. e f.* Canadian (*a. e m.*); Canadian woman* (*f.*) • (**tenda**) **c.**, ridge tent.

canàglia *f.* **1** (*mascalzone*) scoundrel; rascal **2** (*plebaglia*) rabble; riffraff.

canagliésco *a.* rascally; scoundrelly.

canàle *m.* **1** (*artificiale*) canal; (*naturale*) channel: **il C. di Panama**, the Panama Canal; **il Canal Grande**, the Grand Canal; **il C. della Manica**, the (English) Channel; **c. navigabile**, ship canal; shipway **2** (*radio, TV*) channel **3** (*condotto*) duct; pipe **4** (*anat.*) duct; passage **5** (*fig.*) channel.

canalizzàre *v. t.* **1** to canalize **2** (*incanalare*) to canalize; to channel.

canalizzazióne *f.* canalization; channelling.

canalóne *m.* gully.

cànapa *f.* (*bot.*) hemp • **c. indiana**, Indian hemp; (*droga*) cannabis □ **tela di c.**, hessian.

canapificio *m.* hemp mill.

cànapo *m.* hawser; cable.

canarìno *m.* (*zool.*) canary.

canàsta *f.* canasta.

cancàn *m.* **1** (*ballo*) cancan **2** (*confusione*) racket; din **3** (*scandalo*) kerfuffle; big fuss.

cancellàre **A** *v. t.* **1** to delete; (*a penna*) to cross out, to strike* off; (*con gomma*) to rub out, to erase; (*con cancellino, ecc.*) to wipe off **2** (*rimuovere*) to wipe out; to efface; to obliterate: **c. un'offesa**, to wipe out an offence; **c. un ricordo**, to efface a memory **3** (*disdire*) to cancel **B** **cancellàrsi** *v. i. pron.* to fade; to vanish.

cancellàta *f.* railing(s); iron fence.

cancellatùra *f.* deletion; crossing out; erasure: **un testo pieno di cancellature**, a text full of words crossed out.

cancellazióne *f.* **1** crossing out; striking off: **c. dall'albo**, striking off the register; **c. di un debito**, writing-off of a debt **2** (*annullamento*) cancellation.

cancellerìa *f.* **1** (*polit.*) chancellery **2** (*leg.*) registry; registrar's office; (*di tribunale*) office of the clerk of the court: **diritti di c.**, registry dues **3** (*articoli per scrivere*) stationery; writing material.

cancellieràto *m.* chancellorship.

cancellière *m.* **1** (*polit.*) chancellor **2** (*leg.*) registrar; (*di tribunale*) clerk of the court, magistrate's clerk.

cancellìno *m.* duster; blackboard eraser.

cancèllo *m.* gate.

cancerògeno (*med.*) **A** *a.* carcinogenic **B** *m.* carcinogen.

canceróso *a.* (*med.*) cancerous.
cancrèna *f.* **1** (*med.*) gangrene: **andare in c.**, to become* gangrenous **2** (*fig.*) corruption; rot.
cancrenóso *a.* (*med.*) gangrenous.
càncro *m.* **1** (*med.*) cancer: **c. al fegato**, liver cancer; cancer of the liver **2** (*fig.*) cancer; canker **3** — (*astron., astrol.*) **il C.**, Cancer; **Io sono del** (*o* **un**) **C.**, I'm (a) Cancer; **Tropico del C.**, Tropic of Cancer.
candeggiànte ***A*** *a.* bleaching ***B*** *m.* bleach; whitener.
candeggiàre *v. t.* to bleach; to whiten.
candeggina *f.* bleach.
candéggio *m.* bleaching.
candéla *f.* **1** candle: **c. mangiafumo**, smokers' candle; **a lume di c.**, by candlelight; candlelit (*agg.*): **cena a lume di c.**, candlelit dinner **2** (*autom.*) spark(ing) plug **3** (*fis.*) candela • **a c.**, vertically; straight up [down].
candelàbro *m.* candelabrum*; candelabra; branched candlestick.
candelière *m.* **1** candlestick; (*per più candele*) candelabrum*, candelabra **2** (*naut.*) stanchion.
Candelòra *f.* (*eccles.*) Candlemas.
candelòtto *m.* squat candle • **c. di dinamite**, stick of dynamite □ **c. fumogeno**, smoke bomb □ **c. lacrimogeno**, canister of tear-gas.
candidàre ***A*** *v. t.* to propose as a candidate; to put* forward; to nominate ***B*** **candidàrsi** *v. rifl.* to stand* (for) (*GB*); to run* (for) (*USA*): **c. alla presidenza** [**al parlamento**], to stand (*o* to run) for president [for Parliament].
candidàto *m.* (*f.* **-a**) **1** candidate; nominee: **essere c. alle elezioni**, to be a candidate in the election; **c. favorito**, likely candidate; front-runner; **presentarsi come c. alle elezioni** (**politiche**), to stand (*USA* to run) for Parliament; **È c. all'Oscar**, he's been nominated for an Oscar **2** (*aspirante a un posto*) applicant **3** (*esaminando*) candidate; examinee.
candidatùra *f.* candidature; nomination • **presentare** (*o* **porre**) **la propria c. a**, to stand for (*GB*); to run for (*USA*).
càndido *a.* **1** (snow-)white **2** (*puro*) pure, spotless; (*innocente*) innocent **3** (*ingenuo*) naive **4** (*schietto*) candid.
candire *v. t.* to candy.
candito ***A*** *a.* candied: **frutta candita**, candied fruit • **zucchero c.**, crystallized sugar ***B*** *m.* candied fruit ⓤ.
candóre *m.* **1** snowy whiteness **2** (*purezza*) purity; (*innocenza*) innocence **3** (*ingenuità*) naivety **4** (*schiettezza*) candour.
càne *m.* **1** (*zool.*) dog: **c. da caccia**, hunting dog; hound; **c. da guardia**, watchdog; **c. da pastore**, sheepdog; **c. da punta**, pointer; **c. da riporto**, gun dog; **c. da salotto**, lapdog; **c. guida**, guide dog (*GB*); seeing-eye dog (*USA*); **c. lupo**, Alsatian (dog); German shepherd (dog) **2** (*spreg., di attore*) rotten actor; (*di cantante*) rotten singer **3** (*di arma*) cock; hammer **4** (*mecc.*) catch; jaw • (*fig.*) **c. sciolto**, maverick □ **sembrare un c. bastonato**, to have a hangdog look □ **essere come c. e gatto**, to fight like cat and dog □ **fatica da cani**, very hard work □ **lavoro fatto da cani**, slipshod piece of work; botch □ **Ho mangiato da cani**, the food was awful □ **tempo da cani**, foul weather □ **vita da cani**, dog's life □ **Fa un freddo c.**, it's freezing □ **menare il can per l'aia**, to beat about the bush □ **morire come un c.**, to die like a dog □ **Non c'era un c.**, there wasn't a soul □ **solo come un c.**, utterly alone.
canèstro *m.* **1** basket; (*con coperchio*) hamper **2** (*pallacanestro*) basket: **andare a c.** (*o* **fare c.**), to shoot a basket.
cànfora *f.* camphor: **albero della c.**, camphor tree.
canforàto *a.* camphorated: **olio c.**, camphorated oil.
cangiànte *a.* iridescent • **seta c.**, shot silk.
cangùro *m.* (*zool.*) kangaroo.
canicola *f.* (the) height of summer; dog days (*pl.*); (*estens.*: *caldo estivo*) summer heat, scorching heat.
canicolàre *a.* scorching hot.
canile *m.* **1** (*cuccia*) kennel; doghouse **2** (*pensione*) kennels* (*GB*); kennel (*USA*) • **c. municipale**, dog pound.
canino ***A*** *a.* canine; dog (*attr.*): **mostra canina**, dog show ***B*** *m.* (*dente*) canine tooth; eye-tooth.
canizie *f.* (*lett.*) **1** white hair* **2** (*fig.*) old age.
cànna *f.* **1** (*bot.*) reed; (*coltivata*) cane: **c. da zucchero**, sugar cane **2** (*di fucile*) barrel: **a doppia c.**, double-barrelled; **a c. liscia**, smooth-bore (*attr.*) **3** (*di organo*) pipe **4** (*da pesca*) (fishing-)rod **5** (*di bicicletta*) crossbar **6** (*gergo della droga*) joint • **c. da passeggio**, walking stick; cane □ **c. fumaria**, chimney flue.
cannaiòla *f.* (*zool.*) reed warbler.
cannèlla (**1**) *f.* (*bot., cucina*) cinnamon.
cannèlla (**2**) *f.* (*rubinetto*) tap (*GB*); faucet (*USA*).
cannèllo *m.* **1** small pipe; tube **2** (*ind.*) blowlamp; blowtorch: **c. per saldature**, welding torch **3** (*di pipa*) shank • **c. di ceralacca**, stick of sealing-wax.
cannéto *m.* bed of reeds; cane thicket.
cannìbale *m.* cannibal; man-eater.
cannibalésco *a.* cannibalistic; cannibal-like.
cannibalismo *m.* cannibalism.
cannibalizzàre *v. t.* (*tecn.*) to cannibalize.
cannicciàta *f.* trelliswork.
cannìccio *m.* (*edil.*) lathwork; laths (*pl.*).
cannocchiàle *m.* telescope; spy-glass • **a. c.**, telescoping.
cannolìcchio *m.* (*zool.*) razor-shell; razor-clam.
cannonàta *f.* **1** gunshot; cannon shot **2** (*calcio*) shot at goal **3** (*fam.*: *persona o cosa eccezionale*) knockout.
cannoncino *m.* **1** (*mil.*) light gun **2** (*sartoria*) box pleat **3** (*cucina*) cream puff.
cannóne *m.* **1** (*mil.*) gun; cannon: **palla di c.**, cannonball **2** (*sartoria*) box pleat **3** (*fam.*) ace; wizard.
cannoneggiaménto *m.* gunfire; shelling; cannonade.
cannoneggiàre *v. t. e i.* to bombard; to shell.
cannonièra *f.* **1** (*naut.*) gunboat **2** (*di fortificazione*) embrasure • **politica delle cannoniere**, gunboat diplomacy.
cannonière *m.* **1** (*naut.*) gunner **2** (*calcio*) goal scorer.
cannùccia *f.* **1** thin cane **2** (*di pipa*) stem **3** (*per bibite*) (drinking-)straw.
cànnula *f.* (*med.*) cannula*.
canòa *f.* canoe • **andare in c.**, to canoe; to go canoeing.
canòcchia *f.* (*zool.*) squill.
canoìsta *m. e f.* (*sport*) canoeist.
cànone *m.* **1** (*norma*) canon; rule **2** (*pagamento*) fee; (*d'affitto*) rent: **c. d'abbonamento**, (*radio, TV*) licence fee; (*telef.*) subscriber's fee; **equo c.**, fair rent **3** (*mus., eccles., letter.*) canon.
canònica *f.* presbytery.
canònico ***A*** *a.* **1** (*eccles.*) canonical; canon (*attr.*): **libri canonici**, canonical books; **diritto c.**, canon law **2** (*secondo le norme*) prescribed; legitimate ***B*** *m.* (*eccles.*) canon.
canonizzàre *v. t.* **1** (*eccles.*) to canonize **2** (*fig.*) to sanction; to ratify.
canonizzazióne *f.* (*eccles.*) canonization.
canòro *a.* singing; melodious • **uccello c.**, songbird.
canottàggio *m.* **1** (*a un remo*) rowing; (*a due remi*) sculling **2** (*sport*) boat racing: **gara di c.**, boat race.
canottièra *f.* (*maglia*) singlet, vest (*GB*); undershirt (*USA*); (*per sport*) singlet (*GB*), tank top (*USA*).
canottière *m.* oarsman*; rowing man* • **circolo canottieri**, boat (*o* rowing) club.
canòtto *m.* dinghy; (*gommone*) rubber dinghy • **c. di salvataggio**, lifeboat.
canovàccio *m.* **1** (*per asciugare*) tea towel; dish towel **2** (*tela da ricamo*) canvas **3** (*letter.*: *trama*) plot **4** (*teatr.*) scenario* **5** (*traccia, abbozzo*) draft; outline.
cantàbile ***A*** *a.* singable ***B*** *m.* (*mus.*) cantabile.
cantànte *m. e f.* singer: **c. lirico**, opera singer; **c. di musica leggera**, pop singer.
cantàre *v. t. e i.* **1** to sing*: **c. da soprano**, to sing soprano; **c. a bocca chiusa**, to hum **2** (*di uccello*) to sing*; (*del gallo*) to crow*; (*della gallina*) to cackle; (*del grillo e sim.*) to chirp **3** (*celebrare in versi*) to sing* (of); to celebrate **4** (*confessare*) to talk; to sing* (*pop.*); (*fare la spia*) to squeal, to grass (*pop.*) • **c. le lodi di q.**, to sing sb.'s praises □ **cantarla chiara**, to speak one's mind □ **cantarla in musica a q.**, to give sb. a piece of one's mind.
cantastòrie *m. e f. invar.* ballad-singer.
cantàta *f.* **1** (*mus.*) cantata **2** (*fam.*) singing; sing-song.
cantautóre *m.* (*f.* **-trice**) singer-songwriter.
canteràno *m.* chest of drawers.
canterellàre *v. t. e i.* to sing* softly; (*a bocca chiusa*) to hum.
canterino *a.* singing; warbling; chirping.
càntica *f.* (*letter.*) **1** religious poem **2** (*della «Divina Commedia»*) part.
canticchiàre *v. t.* to sing* softly; (*a bocca chiusa*) to hum.
càntico *m.* canticle • (*Bibbia*) **il C. dei Cantici**, the Song of Songs; the Song of Solomon.
cantière *m.* yard; site: **c. stradale**, road construction site;

road works; **c. edile**, building site; **c. navale**, shipyard; dockyard; **c. di demolizione**, scrapyard • **in c.**, (*naut.*) on the stocks; (*fig.*) in preparation, in the works □ (*fig.*) **avere q.c. in c.**, to have st. going □ (*fig.*) **mettere q.c. in c.**, to begin st.; to get st. going.

cantierìstica *f.* shipbuilding industry.

cantierìstico *a.* shipbuilding (*attr.*).

cantilèna *f.* **1** (*canzoncina*) simple song; monotonous song; (*ninnananna*) lullaby **2** (*intonazione*) sing-song (voice) **3** (*discorso noioso*) boring story.

cantìna *f.* **1** cellar **2** (*luogo di produzione di vino*) winery **3** (*negozio*) wine shop • **c. sociale**, wine growers' cooperative. ATTENZIONE: **cantina** ≠ canteen.

cantinière *m.* **1** cellarman* **2** (*di monastero*) cellarer.

cànto (**1**) *m.* **1** (*canzone, melodia*) song: **c. di guerra**, war song **2** (*il cantare*) singing: **lezione di c.**, singing lesson; **studiare c.**, to study singing; to train as a singer **3** (*liturgico*) chant: **c. fermo**, plainchant **4** (*parte di poema*) canto* **5** (*poesia*) lyric poem • (*fig.*) **c. del cigno**, swan song □ **c. di Natale**, Christmas carol □ **al c. del gallo**, at cockcrow.

cànto (**2**) *m.* **1** (*angolo*) corner **2** (*lato*) side • **da un c.... d'altro c.**, on the one hand... on the other hand □ **dal c. mio**, (*per parte mia*) for my part; (*per quanto mi riguarda*) as for me, as far as I am concerned □ (*fig.*) **mettere in un c.**, to put aside; (*trascurare*) to neglect.

cantonàta *f.* **1** (street) corner **2** (*errore*) gross mistake; blunder: **prendere una c.**, to be wildly mistaken; to make a blunder.

cantóne (**1**) *m.* (*angolo*) corner • **il gioco dei quattro cantoni**, puss-in-the-corner □ (*fig.*) **mettere in un c.**, to put aside.

cantóne (**2**) *m.* (*geogr.*) district; (*della Svizzera*) canton.

cantonièra *f.* roadman's house; (*ferr.*) signalman's house.

cantonière *m.* **1** roadman* **2** (*ferr.*) signalman*.

cantóre *m.* **1** (*eccles.*) chorister; (*solista*) cantor **2** (*poeta*) singer; poet; bard.

cantorìa *f.* (*eccles.*: *luogo e persone*) choir.

cantùccio *m.* **1** corner; (*luogo appartato*) nook **2** (*di pane, ecc.*) crust.

canùto *a.* (*di capelli, ecc.*) white; (*di persona*) white-haired • **età canuta**, hoary old age.

canzonàre *v. t.* to make* fun of; to laugh at; to tease; (*schernire*) to jeer, to ridicule.

canzonatòrio *a.* mocking.

canzonatùra *f.* moockery Ⓤ; teasing Ⓤ: (*lo schernire*) jeering Ⓤ, jeer, ridicule Ⓤ.

canzóne *f.* **1** song **2** (*poema*) chanson; (*poesia*) canzone, lyric poem: **c. di gesta**, chanson de geste (*franc.*) • **la solita c.**, the same old story (*o* tune).

canzonétta *f.* light song; pop song.

canzonettista *m. e f.* music-hall singer; crooner.

canzonière *m.* **1** (*letter.*) (collection of) lyrics: **il c. del Petrarca**, Petrarch's lyrics **2** (*mus.*) songbook.

caolino *m.* (*miner.*) kaolin.

càos *m.* chaos; (*fig., anche*) mess, shambles, mayhem.

caòtico *a.* (*anche fig.*) chaotic.

capàce *a.* **1** (*in grado di*) able; capable: **c. di badare a se stesso**, capable of looking after oneself; **Non fu c. di resistere**, he was unable to resist; **Sei c. di nuotare?**, can you swim?; **È c. almeno di fare il caffè?**, does he at least know how to make coffee? **2** (*abile, esperto*) capable; clever; skilful **3** (*disposto, pronto*) capable: **È c. di tutto**, he is capable of anything; **capacissimo**, quite (*o* more than) capable **4** (*ampio*) capacious: large: **tasche capaci**, capacious pockets; **borsa c.**, large bag; **poco c.**, that holds little **5** (*leg.*) competent; capable • (*fam.*) **È c. che non venga**, he may well not come.

capacità *f.* **1** (*abilità*) ability, capability; (*perizia*) skill; (*potere*) power **2** (*capienza*) capacity: **una c. di 3000 posti a sedere**, a seating capacity of 3,000 **3** (*fis.*) capacity **4** (*leg.*) capacity; competency: **c. di agire**, capacity to contract **5** (*econ.*) power; capacity: **c. d'acquisto**, purchasing power; **c. produttiva**, production capacity • **c. ricettiva**, (*di albergo*) number of beds; (*di ospedale*) bedspace □ **misure di c.**, cubic measures.

capacitàrsi *v. i. pron.* (*capire*) to understand* (st.); (*credere*) to believe (st.): **Non riesco a capacitarmi di come sia successo**, I can't understand how it could have happened.

capànna *f.* hut; (*di tronchi*) (log) cabin.

capannèllo *m.* knot of people; small crowd • **fare c.**, to gather round.

capànno *m.* **1** (*per attrezzi*) tool shed **2** (*da caccia*) hide; blind (*USA*).

capannóne *m.* **1** shed; factory building; warehouse **2** (*agric.*) barn **3** (*aeron.*) hangar.

caparbietà *f.* obstinacy; stubbornness; self-will.

capàrbio *a.* obstinate; stubborn; self-willed.

capàrra *f.* **1** deposit; down payment: **pagare una c.**, to leave a deposit; to make a down payment **2** (*fig.*) earnest; pledge.

capasànta *f.* (*zool.*) scallop.

capàta, capatìna *f.* brief visit: **fare una c.**, to pay a brief visit (to); to call (on sb.); to drop in (on sb.) (*fam.*); to look in (on sb.) (*fam.*).

capeggiàre *v. t.* to head; to lead*.

capeggiatóre *m.* (*f.* **-trìce**) ringleader.

capéllo *m.* **1** hair: **un c. nella minestra**, a hair in the soup **2** (*al pl.*: *capigliatura*) hair Ⓤ: **Ha molti capelli**, she has a lot of hair; **Mi cadono i capelli**, my hair is falling out; **farsi tagliare i c.**, to have one's hair cut; to get a haircut; **portare i c. lunghi**, to wear one's hair long; **raccogliersi** [**tirarsi su, sciogliersi**] **i capelli**, to tie back [to put up, to let down] one's hair; **Gli si rizzarono i capelli**, his hair stood on end • **averne fin sopra i capelli** (**di**), to be utterly fed up (with); to be sick to death (of) □ **fino ai** (*o* **fin sopra i**) **capelli**, up to one's hair □ **per un c.**, by a hair's breadth □ (*anche fig.*) **strapparsi i capelli**, to tear one's hair out □ **tirato per i capelli**, (*costretto*) dragged in; (*lambiccato*) far-fetched.

capellóne *m.* **1** longhair; mophead **2** hippie.

capellùto *a.* hairy; (*coi capelli lunghi*) long-haired.

capelvènere *m.* (*bot.*) maidenhair fern.

capèstro *m.* **1** (*cavezza*) halter **2** (*per impiccare*) (hangman's) halter; noose • **condannato al c.**, sentenced to be hanged □ **contratto c.**, binding contact.

capezzàle *m.* **1** (*cuscino*) bolster **2** (*fig.*) bedside; (*di malato*) sick-bed; (*di moribondo*) death-bed.

capézzolo *m.* nipple; (*di animale*) teat, dug.

capiènte *a.* capacious; roomy.

capiènza *f.* capacity; (*di teatro, ecc.*) seating capacity; (*di magazzino*) storage capacity.

capigliatùra *f.* hair Ⓤ; head of hair: **una folta c.**, thick hair; a thick head of hair.

capillàre *a.* **1** (*fis., anat.*) capillary **2** (*dettagliato*) detailed; minute **3** (*diffuso*) widespread; all-pervading.

capillarità *f.* (*fis.*) capillarity.

capinéra *f.* (*zool.*) blackcap.

capintèsta *m. e f. invar.* **1** (*sport*) leader **2** (*spreg.*) ringleader.

capìre *v. t.* **1** to understand*: **Non capisco che vuole**, I can't understand what he is after; **Vedi di fargliela c.**, try and make him understand; **c. il russo**, to understand Russian; **Capisco**, I see; I understand; **Cerca di capirmi**, try and understand; **Io non lo conosco, capisci**, I don't know him, you see; **Non ho capito l'ultima parola**, I didn't understand (*o* get, catch) the last word **2** (*rendersi conto di*) to realize: **Capii che era troppo tardi**, I realized it was too late **3** (*riuscire a c., decifrare*) to make* out; to work out; to figure out; (*alla vista*) to tell*: **Non capisco che c'è scritto qui**, I can't make out what is written here; **Non capisco che tipo sia**, I can't figure him out; **Si capiva dalle scarpe che era italiano**, you could tell from his shoes he was Italian • (*iron.*) **Capirai!**, big deal! (*pop.*) □ (*iron.*) **Capirai che fatica!**, it's not exactly going to kill you [him, etc.]; you [he, etc.] didn't exactly kill yourself [himself, etc.] □ **c. una barzelletta**, to get a joke □ **c. male**, to misunderstand □ **farsi c.**, to make oneself understood □ **Fammi c.**, let me get this straight □ **Mi fece c. che la cosa non gli interessava**, he made it clear he wasn't interested □ **Non capisco niente di computer**, I don't know the first thing about computers □ **Non la vuol capire**, he just won't listen □ **Mi guardò senza c.**, he looked at me uncomprehendingly □ **se ho ben capito**, if I've got it right □ **Si capisce!**, of course!; naturally!; certainly! □ **Ti capisco!**, I know!

capitàle *A a.* **1** (*leg.*) capital: **pena c.**, capital punishment; **sentenza c.**, death sentence **2** (*principale*) main; primary; chief (*attr.*); capital: **punto c.**, main point; **di importanza c.**, of capital (*o* of the utmost) importance *B f.* capital (city) *C m.* **1** (*econ.*) capital Ⓤ: **c. azionario**, share capital; **inve-**

stire capitali in q.c., to invest capital in st.; **grossi capitali**, considerable capital; **trasferimento di capitali**, capital transfer *2* (*ricchezza*) money; fortune *3* (*grossa cifra*) fortune: **costare un c.**, to cost a fortune *4* (*fig.*) store; wealth • **c. circolante**, floating capital □ **c. d'esercizio**, working capital □ **c. fisso**, capital assets (*pl.*) □ **c. immobile**, real estate □ **c. investito**, capital equipment □ **c. liquido**, cash assets (*pl.*) □ **c. mobile**, movables (*pl.*) □ **c. sociale**, corporate capital □ **guadagni da c.**, capital gains □ **reddito da c.**, unearned income.

capitalismo *m.* capitalism.

capitalista *a., m. e f.* capitalist.

capitalistico *a.* capitalist.

capitalizzàre *v. t.* (*econ.*) to capitalize; (*fin.*) to compound.

capitalizzazióne *f.* (*econ.*) capitalization; (*fin.*) compounding.

capitanàre *v. t.* to lead*; to head; (*sport*) to captain.

capitanerìa *f.* — (*naut.*) **c. di porto**, harbour-master's office; port authorities (*pl.*).

capitàno *m.* *1* captain; leader; head: **c. di una squadra**, captain of a team; **c. d'industria**, captain of industry; (*stor.*) **c. di ventura**, mercenary leader *2* (*mil.*) captain *3* (*naut.*: *comandante*) captain; master; skipper (*fam.*): **il c. Cook**, Captain Cook; **c. di lungo corso**, sea captain; **c. di porto**, harbour-master *4* (*naut. mil.*) — **c. di corvetta**, lieutenant commander; **c. di fregata**, commander; **c. di vascello**, captain *5* (*aeron. mil.*) flight lieutenant (*GB*); captain (*USA*).

capitàre *v. i.* *1* (*accadere*) to happen, to chance (*anche con costruz. pers.*): **Capita a tutti**, it happens to everyone; **Mi capitò di rivederla**, I happened (*o* I chanced) to meet her again; **se ti capita l'occasione**, if you have a chance; **Sono cose che capitano** (*o* **Capita**), these things happen *2* (*arrivare casualmente*) to come*; to arrive, to get*; to happen to go [to come]; (*presentarsi*) to turn up: **Se capiti a Pisa, vieni a trovarci**, come and see us, if you happen to come to Pisa; **Dove siamo capitati?**, where have we got to?; **c. a proposito**, to turn up at the right moment • **c. bene** [**male**], to turn up at the right [wrong] moment; (*di persona*) to be lucky [unlucky] □ **c. tra le mani di q.**, to fall into the hands of sb. □ **Mi capitò tra le mani una sua foto**, I came (*o* I chanced) upon a photo of him □ **come capita**, at random; as it comes; any old way (*fam.*) □ **dove capita**, anywhere □ **il primo che capita**, the first person who comes along □ (*iron.*) **Siamo capitati bene!**, this is great!

capitèllo *m.* (*archit.*) capital.

capitolàre (**1**) *v. i.* *1* (*mil.*) to capitulate; to surrender on terms *2* (*fig.*) to capitulate; to give* in; to surrender.

capitolàre (**2**) *m.* (*stor.*) capitulary.

capitolàre (**3**) *a.* (*eccles.*) capitular; chapter (*attr.*): **sala c.**, chapterhouse.

capitolàto *m.* (*leg.*) specifications (*pl.*); (*d'appalto*) tender.

capitolazióne *f.* (*mil. e fig.*) capitulation.

capitolìno *a.* Capitoline.

capìtolo (**1**) *m.* *1* (*di libro*) chapter *2* (*di bilancio*) item • **Va bene, c. chiuso**, all right, let's not mention it again.

capìtolo (**2**) *m.* (*eccles.*) chapter.

capitombolàre *v. i.* to fall* headlong; to tumble.

capitómbolo *m.* headlong fall; tumble: **fare un c.**, to take a tumble • **a capitomboli**, headlong.

capitóne *m.* (*zool.*) (female) eel.

càpo *m.* *1* (*testa*) head: **a c. scoperto**, bare-headed; hatless *2* (*chi comanda, presiede, ecc.*) head; chief; leader; boss (*fam.*); (*direttore*) manager; (*polit.*) leader; (*di tribù*) chief: **c. cameriere**, head waiter; **c. del Governo**, head of government; **c. di Stato**, head of state; **c. dell'opposizione**, leader of the opposition; **c. del personale**, personnel manager *3* (*estremità*) end; (*cima*) head, top: **il c. di una corda**, the end of a rope; **in c. alla pagina**, at the top (*o* head) of the page; **da un c. all'altro**, from end to end; **all'altro c. della città**, at the other end of town *4* (*singolo animale*) head*; animal: **50 capi di bestiame**, 50 head of cattle *5* (*singolo oggetto*) article; item: **c. di vestiario**, article of clothing; **c. per c.**, item by item *6* (*sezione, voce*) heading; item *7* (*di filo, ecc.*) strand; ply: **lana a tre capi**, three-ply wool *8* (*geogr.*) headland; (*anche nei toponimi*) cape, head *9* (*naut. mil.*) chief petty officer • (*leg.*) **c. d'accusa**, charge; count □ **c. operaio**, foreman □ (*cinem.*) **c. operatore**, first cameraman □ **c. storico**, founding father □ **a c. di un esercito**, at the head of an army □ **andare a c.** (*scrivendo*), to start a new paragraph □ (*dettando*) **A c.!**, new line!; new paragraph! □ **abitare in c. al mondo**, to live at the back of beyond □ **andare in c. al mondo**, to go to the ends of the earth □ **avere altro per il c.**, to have other things on one's mind □ **da c.**, (*di nuovo*) over again, once more; (*dal principio*) from the beginning; (*mus.*) da capo □ **Siamo da c.!**, here we go again! □ **da c. a piedi**, from head to foot; from top to toe; (*di cosa*) from top to bottom □ **fare c. a**, (*di persona*) to refer to; (*di strada*) to end up at, to lead to □ **in c. a un anno**, by the end of the year □ **non avere né c. né coda**, not to make any sense; to be meaningless □ **non sapere dove battere il c.**, to be at one's wits' end □ **riferire per sommi capi**, to give a summary; to give the main outline □ **relazione per sommi capi**, summary report □ **rompersi il c.**, to cudgel (*o* to rack) one's brains □ **tra c. e collo**, unexpectedly.

capoàrea *m. e f.* (*comm.*) area manager.

capobànda *m. e f.* *1* (*mus.*) bandmaster *2* (*caporione*) ringleader *3* (*di delinquenti*) head of a gang; (gang-)leader.

capobrànco *m.* (*zool.*) leader of the pack; leader of the herd.

capocamerière *m.* head waiter.

capocannonière *m.* *1* (*mil.*) master gunner *2* (*calcio*) top goal-scorer.

capòcchia *f.* head: **c. di chiodo**, nail head; **c. di spillo**, pinhead • (*fam.*) **a c.**, haphazardly; any old how.

capòccia *A* *m.* *1* head of a (peasant) family; old man* (*fam.*) *2* (*sorvegliante*) overseer *3* (*di operai*) foreman* *4* (*scherz.*) boss; leader *B* *f.* (*region.*) head; nut (*fam.*).

capocciàta *f.* (*fam.*) blow (with the head); (*intenzionale*) butt • **dare una c. in q.c.**, to bang one's head against st.; to butt st. with one's head.

capoccióne *m.* (*f.* **-a**) (*fam.*) *1* (*testardo*) pig-headed person *2* (*persona intelligente*) brain *3* (*persona importante*) big shot; big noise.

capoclàsse *m. e f.* form captain (*GB*); class president (*USA*).

capocòmico *m.* (*f.* **-a**) (*teatr.*) actor-manager (*f.* actress-manager).

capocomméssa *m. e f.* (*comm.*) prime contractor.

capocordàta *m. e f.* (*alpinismo*) roped-party leader; lead climber.

capocronista *m. e f.* (*giorn.*) local news editor; city editor (*USA*).

capocuòco *m.* head cook; chef (*franc.*).

Capodànno *m.* New Year's Day.

capodivisióne *m. e f.* head of a (government) department.

capodòglio *m.* (*zool.*) sperm whale.

capofamìglia *m. e f.* head of a family.

capofficìna *V.* **capoofficina**.

capofila *m. e f.* *1* first of a line *2* (*fig.*) leader.

capofitto *a.* — **a c.**, headlong; headfirst; head foremost: **tuffarsi a c.**, to dive headfirst; (*fig.*) **buttarsi a c. in q.c.**, to throw oneself into st.

capogabinétto *m.* (*polit.*) chief secretary.

capogìro *m.* giddiness Ⓤ; dizziness Ⓤ; dizzy spell: **avere un c.**, to have a dizzy spell; to feel dizzy; **far venire il c. a q.**, to make sb. giddy; **che dà il c.**, dizzy • (*fig.*) **da c.**, staggering.

capogrùppo *m. e f.* group leader: **c. parlamentare**, leader of a parliamentary group.

capolavóro *m.* masterpiece.

capolìnea *m.* end of the line (*anche fig.*); terminus*; terminal.

capolìno *m.* — **far c.**, to peep out [in, etc.]; to poke one's head out [in, etc.].

capolista *m. e f.* *1* first name on a list *2* (*polit.*) head of an electoral list • **essere c.**, to head a list □ (**squadra**) **c.**, league leader.

capoluògo *m.* provincial [regional, etc.] capital.

capomàfia *m.* mafia boss.

capomàstro *m.* (*edil.*) master builder; master mason.

capoofficìna *m. e f.* shop foreman*.

capopattùglia *m.* patrol leader.

capopèzzo *m.* (*mil.*) gun commander; (*naut. mil.*) gun captain.

capopòpolo *m.* demagogue; mob-leader.

capopósto *m.* (*mil.*) commander of the guard.

caporàle *m.* ***1*** (*mil.*) lance corporal (*GB*); private first class (*USA*) ***2*** (*fig.*) bossy person; (*di donna*) dragon, battleaxe.
caporalésco *a.* (*spreg.*) bossy.
caporedattóre *m.* (*f.* **-trice**) (*giorn.*) managing editor.
caporepàrto *m. e f.* ***1*** (*di operai*) foreman* (*m.*); forewoman* (*f.*) ***2*** (*di negozio, di ufficio*) department head ***3*** (*di grande magazzino*) shopwalker; floorwalker (*USA*).
caporióne *m.* (*f.* **-a**) ringleader.
caposàla ***A*** *m.* (*di fabbrica*) foreman* ***B*** *f.* ***1*** (*di ospedale*) ward sister ***2*** (*di fabbrica*) forewoman*.
caposàldo *m.* ***1*** (*topogr.*) benchmark; datum point ***2*** (*mil.*) stronghold ***3*** (*fig.*) foundation; basis*; cornerstone.
caposcàlo *m.* (*aeron.*) airline representative (*at an airport*).
caposcuòla *m. e f.* (*letter., arte, ecc.*) founder (*of a movement*).
caposervìzio *m. e f.* (*giorn.*) senior editor.
caposezióne *m. e f.* (*bur.*) head of department.
caposquàdra *m. e f.* ***1*** (*di operai*) foreman* (*m.*); forewoman* (*f.*) ***2*** (*mil.*) squad leader ***3*** (*sport*) team captain.
caposquadrìglia *m.* (*naut., aeron.*) squadron leader.
capostazióne *m.* stationmaster.
capostìpite *m.* ***1*** founder of a family; progenitor ***2*** (*fig.*) founder; initiator.
capotasto *m.* (*mus.*) bridge.
capotàvola *m. e f.* head of a table: **sedere a c.**, to sit at the head of the table.
capote (*franc.*) *f. invar.* hood; top.
capotrèno *m.* (*ferr.*) guard; conductor (*USA*).
capotribù *m.* chief; chieftain.
capòtta *V.* **capote.**
capottàre *V.* **cappottare.**
capotùrno *m. e f.* shift foreman* (*m.*); shift forewoman* (*f.*).
capoufficio *m. e f.* head clerk; chief clerk.
capovèrso *m.* ***1*** beginning of a paragraph; (*di poesia*) beginning of a line ***2*** (*comma*) paragraph ***3*** (*tipogr.*: *rientranza*) indention; indent.
capovóga *m.* (*sport*) stroke • **fare da c.**, to stroke.
capovòlgere ***A*** *v. t.* ***1*** to turn upside down; to stand* on its head; to overturn; (*una barca*) to capsize: **c. un bicchiere**, to turn a glass upside down ***2*** (*fig.*) to invert; to reverse; to overturn: (*leg.*) **c. una sentenza**, to overturn a verdict ***B*** **capovòlgersi** *v. i. pron.* ***1*** to overturn; (*di barca*) to capsize ***2*** (*fig.*) to be reversed.
capovolgiménto *m.* ***1*** overturning; upsetting; (*di barca*) capsizing ***2*** (*fig.*) reversal; inversion; subversion.
capovòlto *a.* upside down; upturned; overturned; (*di barca*) capsized.
càppa (**1**) *f.* ***1*** (*mantello*) cape; cloak; mantle (*lett.*) ***2*** (*eccles.*) cape; (*di frate*) cowl ***3*** (*fig.*) pall: **c. di nebbia**, pall of fog; **c. di piombo**, pall of gloom ***4*** (*del camino*) hood ***5*** (*ind.*: *di fucina*) chimney • **c. aspirante**, extractor hood □ (*naut.*) **essere alla c.**, to lie to; to be hove-to □ **romanzo di c. e spada**, swashbuckling novel.
càppa (**2**) *f.* (*zool.*) razor-clam.
càppa (**3**) *m. o f.* (the letter) k.
cappèlla (**1**) *f.* ***1*** (*archit.*) chapel ***2*** (*cantori*) choir • (*mus.*) **a c.**, a cappella.
cappèlla (**2**) *f.* ***1*** (*di fungo*) cap ***2*** (*di chiodo*) head.
cappellàio *m.* hatter.
cappellàno *m.* chaplain: **c. militare**, army chaplain.
cappellàta *f.* hatful.
cappellerìa *f.* hat shop.
cappellièra *f.* hatbox; bandbox.
cappellificio *m.* hat factory.
cappèllo *m.* ***1*** hat: **portare il c.**, to wear a hat; **Avevo il c. (in testa)**, I had my hat on; **senza c.**, hatless ***2*** (*mecc.*) cap; (*di mina, ecc.*) safety cover ***3*** (*di fungo*) cap ***4*** (*paralume*) lampshade ***5*** (*preambolo*) preamble; introduction • **c. a cilindro**, top hat; silk hat □ **c. duro**, bowler (hat); derby (*USA*) □ **c. floscio**, felt hat; trilby; (*lobbia*) homburg □ (*anche fig.*) **col c. in mano**, hat in hand □ **far tanto di c. a q.**, to take one's hat off to sb. □ **Giù il c.** (*o* **Tanto di c.**) **!**, hats off!
cappellòtto *m.* (*mecc.*) cap.
càppero *m.* (*bot.*) caper • (*fam.*) **Capperi!**, gosh!; gee!
càppio *m.* ***1*** (*nodo*) slipknot ***2*** (*capestro*) noose • (*fig.*) **avere il c. al collo**, to have one's hands tied.
cappóne *m.* capon.
cappòtta *f.* (*autom.*) hood.
cappottàre *v. i.* ***1*** (*autom.*) to overturn ***2*** (*aeron.*) to nose over.
cappòtto (**1**) *m.* (over)coat.
cappòtto (**2**) *m.* — **dare** (*o* **fare**) **c.**, (*a carte*) to win all the tricks; (*sport*) to whitewash (sb.).
cappuccino (**1**) *m.* (*eccles.*) Capuchin (friar).
cappuccino (**2**) *m.* (*bevanda*) cappuccino*; white coffee.
cappùccio *m.* ***1*** hood; (*eccles.*) cowl ***2*** (*di penna*) cap ***3*** (*di bottiglia*) top.
càpra *f.* ***1*** (*zool.*) goat; nanny-goat (*fam.*) ***2*** (*tecn.*) trestle • **salvare c. e cavoli**, to get out of an impasse; to resolve the situation; to manage to keep everybody happy.
capràio *m.* goatherd.
caprétto *m.* kid • **pelle di c.**, kid.
caprìata *f.* (*edil.*) truss • **soffitto a capriate**, trussed roof.
caprìccio *m.* ***1*** whim; vagary; quirk; caprice: **togliersi un c.**, to satisfy a whim; **i capricci della moda**, the vagaries of fashion; **c. della sorte**, quirk of fate; **c. di natura**, freak of nature; **a c.**, following one's whim ***2*** (*infatuazione*) fancy ***3*** (*bizza*) tantrum: **fare i capricci**, to throw a tantrum; to be naughty ***4*** (*mus.*) capriccio*.
capricciòso *a.* ***1*** (*curioso, bizzarro*) quaint; cute; whimsical ***2*** (*incostante*) capricious; unpredictable; changeable; flighty ***3*** (*di bambino*) naughty.
Capricòrno *m.* — (*astron., astrol.*) **il C.**, Capricorn; **Io sono del** (*o* **un**) **C.**, I'm (a) Capricorn; **Tropico del C.**, Tropic of Capricorn.
caprifòglio *m.* (*bot.*) honeysuckle.
caprìno ***A*** *a.* goat (*attr.*), goat-like; goatish; caprine ***B*** *m.* (*formaggio*) goat's milk cheese.
capriòla *f.* ***1*** somersault; caper: **fare una c.**, to turn a somersault; to cut a caper ***2*** (*equitazione*) capriole ***3*** (*danza classica*) cabriole.
capriòlo *m.* (*zool.*) roe deer*; (*maschio*) roebuck; (*femmina*) doe.
càpro, capróne *m.* he-goat; billy-goat (*fam.*) • **capro espiatorio**, scapegoat.
càpsula *f.* ***1*** (*bot., farm., anat., miss.*) capsule: **c. spaziale**, space capsule ***2*** (*di dente*) crown ***3*** (*di cartuccia*) (percussion) cap ***4*** (*tappo*) cap.
captàre *v. t.* ***1*** (*radio*) to pick up; to receive ***2*** (*raccogliere*) to collect ***3*** (*cogliere*) to catch*; (*capire*) to get*: **Captai il suo sguardo**, I caught his eye; **c. un'idea**, to get an idea.
capufficio *V.* **capoufficio.**
capzióso *a.* captious; specious.
carabàttole *f. pl.* (*fam.*) things; bits and pieces; odds and ends.
carabìna *f.* rifle; carbine.
carabinière *m.* ***1*** (*stor.*) car(a)bineer ***2*** (*in Italia*) carabiniere ***3*** (*fig.*) martinet; (*di donna*) dragon, battleaxe.
caracollàre *v. i.* ***1*** (*equitazione*) to caracol(e) ***2*** (*trotterellare*) to trot.
caràffa *f.* carafe; jug; pitcher; decanter.
caraìbico *a.* Caribbean.
caràmbola *f.* ***1*** (*biliardo*) cannon: **fare c.**, to cannon ***2*** (*autom.*) multiple collision; pileup.
caramèlla *f.* ***1*** (boiled) sweet (*GB*); candy (*USA*); (*morbida*) toffee; (*a pallina*) drop: **c. per la tosse**, cough drop; throat pastille; **c. ripiena**, soft-centred sweet ***2*** (*lente*) monocle.
caramellàre *v. t.* ***1*** (*lo zucchero*) to caramelize ***2*** (*candire*) to candy.
caramellàto *a.* ***1*** — **zucchero c.**, caramel ***2*** (*candito*) candied.
caramèllo *m.* caramel.
caramellóso *a.* ***1*** sweet ***2*** (*fig.*) sugary; cloying.
caraménte *avv.* dearly; affectionately.
caràto *m.* (*di preziosi*) carat.
caràttere *m.* ***1*** (*indole*) character; nature; temper: **la formazione del c.**, character-building; **c. difficile**, difficult character; **c. generoso**, generous nature; **avere un buon c.**, to be good-natured; **avere un c. facile**, to be easy to get on with; **avere un brutto c.**, to be bad-tempered ***2*** (*fermezza*) character; firmness: **avere c.**, to have character (*o* backbone); **donna di c.**, woman of character ***3*** (*caratteristica*) characteristic; feature; trait ***4*** (*di scrittura*) character; (*lettera*) letter: **caratteri cirillici**, Cyrillic characters; Cyrillic script 🄤; **caratteri cubitali**, big block capitals; **a caratteri**

d'oro, in gold letters *5* (*tipogr.*) type Ⓤ; (*c. di stampa*) print Ⓤ: **c. aldino**, Aldine type; **c. corsivo**, italic type; italics (*pl.*); **Il c. è molto piccolo**, the print is very small *6* (*elab.*) character • (*teatr.*) **commedia di c.**, comedy of character □ **cerimonia a c. privato**, private ceremony □ **informazioni di c. riservato**, confidential information; information of a confidential nature □ **essere in c.**, to be in character; to be in keeping (with) □ **non essere in c.**, to be out of character; to be at odds (with).

caratterïàle *a.* *1* character (*attr.*); personality (*attr.*) *2* (*psic.*) (psychologically) disturbed: **bambino c.**, disturbed child; problem child.

caratterino *m.* difficult character; fiery temper.

caratterista *m. e f.* (*teatr.*) character actor (*m.*); character actress (*f.*).

caratteristica *f.* *1* characteristic; feature; trait *2* (*al pl.*) (*tecn.*) specifications.

caratteristico *a.* *1* (*proprio*) characteristic; typical; distinctive; individual *2* (*tipico di un luogo*) local *3* (*pittoresco*) full of local colour; picturesque.

caratterizzàre *v. t.* *1* (*contraddistinguere*) to be characteristic of; to characterize *2* (*rappresentare*) to portray.

caratterizzazióne *f.* characterization.

caravanserràglio *m.* caravanserai.

caravèlla *f.* (*naut.*) caravel.

carboidràto *m.* (*chim.*) carbohydrate.

carbonàia *f.* *1* (*per fare il carbone*) charcoal pile *2* (*deposito*) coal cellar.

carbonàio *m.* *1* (*chi fa il carbone*) charcoal burner *2* (*venditore*) coal merchant.

carbonàto *m.* (*chim.*) carbonate: **c. di sodio**, sodium carbonate; washing soda.

carbónchio *m.* *1* (*vet.*) anthrax *2* (*med.*) carbuncle *3* (*agric.*) black blight; smut.

carboncino *m.* *1* charcoal crayon *2* (*disegno*) charcoal (drawing).

carbóne *m.* (*miner.*) coal: **c. fossile**, (fossil) coal; **c. di legna**, charcoal; **giacimento di c.**, coalfield; **miniera di c.**, coalmine; colliery; **un pezzo di c.**, a (lump of) coal; **carboni ardenti**, live coals • **c. bianco**, white coal □ **color c.**, coal-black □ **nero come il c.**, coal-black; (*sporco*) as black as soot □ **stare sui carboni ardenti**, to be on tenterhooks.

carbonèlla *f.* charcoal slack.

carbonerìa *f.* (*stor.*) Carbonari movement; Carbonarism.

carbònico *a.* (*chim.*) carbonic; carbon (*attr.*): **acido c.**, carbonic acid; **anidride carbonica**, carbon dioxide.

carbonìfero *a.* coal-bearing; coal (*attr.*); carboniferous: **bacino c.**, coalfield; (*geol.*) (**periodo**) **c.**, Carboniferous (Period).

carbònio *m.* (*chim.*) carbon: **c. 14**, carbon-14.

carbonizzàre *v. t.*, **carbonizzarsi** *v. i. pron.* *1* to carbonize *2* (*bruciare*) to char; to burn*.

carbonizzazióne *f.* carbonization.

carburànte *m.* fuel • **rifornimento di c.**, refuelling.

carburàre *v. i.* *1* (*autom.*) to carburet; to carburate *2* (*fig. fam.*) to be efficient; to get* things done: **Oggi non riesco a c.**, I don't seem to be able to get my act together today; I'm not firing on all cylinders today.

carburatóre *m.* (*autom., aeron.*) carburet(t)or.

carburazióne *f.* carburation.

carbùro *m.* (*chim.*) carbide.

carcàssa *f.* *1* (*di animale*) carcase *2* (*struttura portante*) framework; skeleton; (*di nave*) hulk *3* (*mecc.*: *involucro*) casing *4* (*rottame, anche fig.*) wreck.

carceràrio *a.* prison (*attr.*).

carceràto *m.* (*f.* **-a**) prisoner; inmate; convict.

carcerazióne *f.* imprisonment; detention • **c. preventiva**, custody; preventive detention □ **ordine di c.**, detainer.

càrcere *m.* (*pl.* **càrceri**, *f.*) prison (*anche fig.*); jail, gaol; (*la pena*) imprisonment: **mettere in c.**, to send to prison; **cinque anni di c.**, five years' imprisonment; **scontare due anni di c.**, to serve a two-year sentence: **c. a vita**, life imprisonment • **c. di massima sicurezza**, high security prison □ **c. minorile**, detention centre (*GB*); detention home (*USA*) □ **c. preventivo**, detention.

carcerière *m.* (*f.* **-a**) jailor, gaoler (*anche fig.*); prison guard.

carcinòma *m.* (*med.*) carcinoma*.

carciòfo *m.* (*bot.*) artichoke.

cardàre *v. t.* (*ind. tess.*) to card; to tease.

cardatrìce *f.* (*ind. tess.*) carding machine; card.

cardatùra *f.* (*ind. tess.*) carding; teasing.

cardellìno *m.* (*zool.*) goldfinch.

cardìaco *a.* cardiac; heart (*attr.*): **arresto c.**, cardiac arrest; **attacco c.**, heart attack; coronary (*fam.*); **battito c.**, heartbeat; **disturbi cardiaci**, heart trouble Ⓤ.

cardigan (*ingl.*) *m. invar.* cardigan.

cardinalàto *m.* (*eccles.*) cardinalate; cardinalship.

cardinàle **A** *a.* cardinal: **punto** [**numero**] **c.**, cardinal point [number] **B** *m.* (*eccles.*) cardinal.

cardinalìzio *a.* (*eccles.*) of a cardinal; cardinal's (*attr.*): **cappello c.**, cardinal's hat.

càrdine *m.* *1* hinge; pivot *2* (*mecc.*) pintle *3* (*fig.*) foundation; cornerstone.

cardiochirurgìa *f.* cardiac (*o* heart) surgery.

cardiochirùrgico *a.* heart surgery (*attr.*).

cardiochirùrgo *m.* heart surgeon.

cardiocircolatòrio *a.* (*anat.*) cardiovascular.

cardiògrafo *m.* (*med.*) cardiograph.

cardiologìa *f.* (*med.*) cardiology.

cardiòlogo *m.* (*f.* **-a**) (*med.*) cardiologist; heart specialist.

cardiopàlmo *m.* (*med.*) palpitation of the heart.

cardiopatìa *f.* (*med.*) heart disease.

cardiopàtico *m.* (*f.* **-a**) (*med.*) person suffering from a heart disease; heart patient.

cardiotònico *a. e m.* (*farm.*) cardiotonic.

cardiovascolàre *a.* (*anat.*) cardiovascular.

càrdo *m.* (*bot.*) thistle; (*mangereccio*) cardoon.

carèna *f.* (*naut.*) (ship's) bottom; hull.

carenàggio *m.* (*naut.*) careening; careenage; dry-docking • **bacino di c.**, dry dock.

carenàre *v. t.* *1* (*naut.*) to careen; to dry-dock *2* (*tecn.*) to streamline; to fair.

carenatùra *f.* (*tecn.*) fairing.

carènte *a.* *1* (*manchevole, difettoso*) inadequate; deficient; wanting *2* — **c. di**, lacking in; wanting in; deficient in.

carènza *f.* *1* (*mancanza*) lack; want; (*anche med.*) deficiency: **c. di idee**, lack of ideas; **c. di affetto**, want of affection; **c. vitaminica**, vitamin deficiency *2* (*scarsità*) shortage; scarcity: **c. di alloggi**, housing shortage *3* (*difetto*) shortcoming.

carestìa *f.* *1* famine *2* (*penuria*) dearth; scarcity; shortage.

carézza *f.* caress; stroke: **fare una c. a q.**, to give sb. a caress; to caress sb.; **fare le carezze al gatto**, to stroke the cat.

carezzàre *V.* **accarezzare**.

carezzévole *a.* caressing; gentle; tender.

càrgo *m.* *1* (*naut.*) cargo vessel; freighter *2* (*aeron.*) cargo plane; freighter.

carïàre *v. t.*, **carïàrsi** *v. i. pron.* to decay.

carïàtide *f.* *1* (*archit.*) caryatid* *2* (*spreg.*) old fossil.

carïàto *a.* decayed; carious.

carìbico *a.* Caribbean.

carìbù *m.* (*zool.*) caribou*.

càrica *f.* *1* (*ufficio, dignità*) office Ⓤ; (*incarico*) appointment, position, post: **ricoprire una c. pubblica**, to hold public office; **essere in c.**, to be in office; to hold office; **c. ministeriale**, ministerial post; **c. di presidente**, office of president; presidentship; chairmanship; **c. universitaria**, university post; **c. onorifica**, honorary appointment (*o* post) *2* (*mil.*: *attacco*) charge: **andare alla c.**, to charge *3* (*di arma da fuoco*) charge *4* (*elettr., fis.*) charge: **potenziale di c.**, charging potential *5* (*di orologio*) winding: **dare la c. a un orologio**, to wind up a clock *6* (*sport*) tackle • **c. di energia**, store of energy □ **c. di ottimismo**, fund of optimism □ **c. emotiva**, emotional charge □ **Ha una forte c. di simpatia**, he's a very engaging character; he has a very attractive personality □ **dare la c. a q.**, *V.* **caricare**, *def. 15* □ **darsi la c.**, *V.* **caricarsi**, *def. 2* □ **campione in c.**, title-holder □ (*fig.*) **tornare alla c.**, to insist; to have another go (*fam.*); to make a fresh attempt.

caricaménto *m.* *1* loading; (*di nave, anche*) lading *2* (*di orologio*) winding: **a c. automatico**, self-winding (*agg.*) *3* (*elettr.*) charging *4* (*di arma da fuoco*) charging; loading *5* (*elab.*) loading.

caricàre **A** *v. t. e i.* *1* to load; to load up; to stow: **c. una nave** [**un camion**], to load a ship [a lorry]; **c. la lavatrice**, to load the washing-machine *2* (*prendere a bordo*) to take* aboard; to pick up ***3*** (*issare*) to hoist ***4*** (*gravare*) to load; to burden; to weigh down: **c. di lavoro**, to load down with work; **c. q. di responsabilità**, to burden sb. with responsibilities ***5*** (*enfatizzare*) to emphasize; (*esagerare*) to exaggerate ***6*** (*riempire*) to fill: **c. la pipa**, to fill one's pipe ***7*** (*mil.*) to charge ***8*** (*un'arma da fuoco*) to load; to charge ***9*** (*elettr.*) to charge: **c. una batteria**, to charge a battery ***10*** (*fotogr.*) to load; to thread ***11*** (*un orologio, ecc.*) to wind* (up) ***12*** (*una trappola*) to set* ***13*** (*ferr., naut.*: *una caldaia*) to stoke ***14*** (*metall.*: *un forno*) to charge ***15*** (*dare energia*) to motivate; to psych up (*fam.*); to rouse; to get* going ***16*** (*sport*) to tackle ***17*** (*elab.*) to load ***B*** **caricàrsi** *v. rifl.* ***1*** (*gravarsi*) to burden oneself (with) ***2*** (*darsi energia*) to gear oneself up; to motivate oneself; to psych oneself up (*fam.*).

caricàto *a.* ***1*** (*affettato*) affected ***2*** (*esagerato*) overdone; over-elaborate.

caricatóre *m.* ***1*** loader ***2*** (*comm., naut.*) loader; shipper ***3*** (*di arma*) magazine ***4*** (*fotogr., cinem.*) magazine; (*di pellicola*) cartridge; (*di diapositive*) slide tray • (*ferr.*) **piano c.**, (loading) platform.

caricatùra *f.* caricature; parody: **mettere in c.**, to caricature.

caricaturàle *a.* caricatural; grotesque.

caricaturista *m. e f.* caricaturist; cartoonist.

càrico (1) *a.* ***1*** loaded; laden; burdened; (*pieno*) full: **un camion c. d'arance**, a lorry loaded with oranges; **c. di regali**, laden with gifts; **Ero c. di bagagli**, I was loaded down with luggage; **c. di debiti**, burdened with (*o* full of) debts; **c. d'anni**, full of years; **pipa carica**, full pipe; **troppo c.**, overloaded ***2*** (*di caffè, vino*) strong ***3*** (*di colore*) deep; full ***4*** (*di arma da fuoco*) loaded, charged; (*di bomba e sim.*) live ***5*** (*di batteria*) charged.

càrico (2) *m.* ***1*** (*il caricare*) loading: **operazioni di c.**, loading ***2*** (*materiale caricato*) load; (*su nave*) cargo*, freight, shipload; (*comm.*) shipment: **fare il c.**, to load; to take up cargo; **c. utile**, pay load; **capacità di c.**, cargo capacity; **a pieno c.**, with a full load ***3*** (*peso, anche fig.*) load; weight: **c. di lavoro**, workload ***4*** (*fisc.*) load; burden: **c. fiscale**, tax load ***5*** (*mecc., fis., elettr.*) load • (*leg.*) **c. pendente**, pending suit; charge pending □ **a c. di**, (*mantenuto da*) dependent on; (*contro*) against; (*pagato da*) at (sb.'s) expense, charged (*o* chargeable) to, to be paid by: (*comm.*) **a c. del destinatario**, at consignee's expense; **Le spese sono a c. nostro**, the costs will be borne by us; **telefonata a c. del destinatario**, reverse charge call (*GB*); collect call (*USA*) □ **avere q. a c.**, to have to support sb. □ **far c. a q. di q.c.**, to charge sb. with st.; to blame sb. for st. □ **farsi c. di q.c.**, to take st. upon oneself □ **persone a c.**, dependants □ (*comm.*) **segnare una somma a c. di q.**, to debit sb. with an amount □ **vivere a c. di q.**, to be dependant on sb. □ (*leg.*) **teste a c.**, witness for the prosecution.

càrie *f.* ***1*** (*med.*) tooth decay [U]; (*cavità*) cavity ***2*** (*bot.*) caries; rot.

carillon (*franc.*) *m. invar.* ***1*** (*di campane*) carillon ***2*** (*soprammobile*) musical box.

carìno *a.* ***1*** (*di cosa*) pretty, charming, pleasant; (*di ragazza, bambino*) pretty; (*di ragazzo*) attractive, cute ***2*** (*gentile*) nice; kind ***3*** (*divertente*) pleasant; amusing.

carișma *m.* charisma.

carișmàtico *a.* charismatic.

carità *f.* ***1*** (*teol.*) charity ***2*** (*generosità*) charity; charitableness ***3*** (*beneficenza*) charity: **vivere di c.**, to live on charity; **istituto di c.**, charitable institution ***4*** (*elemosina*) alms (*pl.*): **fare la c.**, to give alms; **chiedere la c.**, to beg • **Per c.!**, (*nessun disturbo*) not at all!, it's no trouble at all!; (*non ti disturbare*) please don't bother!; (*certo che no*) good heavens, no!; (*figuriamoci*) you must be joking!

caritatévole *a.* charitable.

carlìnga *f.* (*aeron.*) nacelle.

carlìno *m.* (*zool.*) pug.

carlóna *vc.* — **alla c.**, carelessly; in a slapdash way; any old how.

càrme *m.* (*letter.*) poem; ode.

carmelitàno *a., m. e f.* (*eccles.*) Carmelite.

carmìnio *m.* carmine.

carnagióne *f.* complexion.

carnàio *m.* ***1*** (*ammasso di cadaveri*) heap of corpses; (*estens.*: *strage*) carnage, massacre ***2*** (*luogo affollato*) jam-packed place; (*di spiaggia*) seething mass of flesh (*o* bodies).

carnàle *a.* carnal; of the flesh; sensual: **piaceri carnali**, carnal pleasures; **peccati carnali**, sins of the flesh • **violenza c.**, rape.

càrne *f.* ***1*** (*del corpo*) flesh: **La punta penetrò nella c.**, the point pierced the flesh; **i piaceri della c.**, the pleasures of the flesh; **c. viva**, (living) flesh; quick ***2*** (*come alimento*) meat: **c. cruda**, raw meat; **c. in scatola**, tinned (*USA* canned) meat; **c. trita**, minced meat; mince (*GB*); hamburger (meat) (*USA*); **piatto di c.**, meat dish • **c. da cannone** (*o* **da macello**), cannon fodder □ **c. della mia c.**, my own flesh and blood □ **c. di maiale**, pork □ **c. di manzo**, beef □ **c. di montone**, mutton □ **c. di vitello**, veal □ **color c.**, flesh-coloured (*agg.*) □ **bene in c.**, plump; well padded □ **essere di c. e d'ossa**, to be made of flesh and blood □ **in c. e ossa**, in the flesh □ **mettere troppa c. al fuoco**, to have too many irons in the fire; to have too much on one's plate □ **né c. né pesce**, neither fish nor fowl (nor good red herring) □ **rimettersi in c.**, to put on weight.

carnéfice *m.* ***1*** (*boia*) executioner; (*che impicca*) hangman* ***2*** (*fig.*) torturer.

carneficìna *f.* slaughter; massacre; carnage.

carnet (*franc.*) *m. invar.* ***1*** (*libretto*) book: **c. di assegni**, chequebook, checkbook (*USA*); (*comm.*) **c. d'ordini**, order book ***2*** (*taccuino*) notebook ***3*** (*autom.*) carnet.

carnevalàta *f.* ***1*** Carnival merrymaking ***2*** (*spreg.*) buffoonery; farce.

carnevàle *m.* Carnival.

carnevalésco *a.* ***1*** carnival (*attr.*) ***2*** (*spreg.*) farcical; grotesque.

carnière *m.* (game-)bag.

carnivoro ***A*** *a.* (*di animale*) flesh-eating, carnivorous; (*di persona*) meat-eating; (*bot.*) carnivorous ***B*** *m.* carnivore.

carnóso *a.* ***1*** fleshy; (*grassoccio*) plump; (*pieno*) full ***2*** (*bot.*) fleshy; pulpy.

càro ***A*** *a.* ***1*** (*amato*) dear; (*gentile*) nice, lovable, sweet, kind: **un mio c. amico**, a dear friend of mine; **una cara ragazza**, a sweet girl; **Mi è molto c.**, I'm very fond of him; he is very dear to me; **Sei molto c.**, you are very kind; you are a dear (*fam.*); **Sei tu, c. [cara]?**, is that you, dear?; **Cara signora**, my dear lady; **C. il mio ragazzo!**, my dear boy!; **Senti, mio c.**, listen, my dear boy; listen, old man ***2*** (*nelle lettere*) dear; darling ***3*** (*costoso*) dear; expensive; costly • **c. al pubblico**, popular; well-loved □ **C. mio!**, my dear!; my dear man [boy]!; my dear (+ *nome*) □ **Cara mia!**, my dear (girl)!; my dear (+ *nome*) □ **cari saluti**, best wishes □ **a c. prezzo**, at a price □ **La pagherai** (*o* **Ti costerà**) **cara!**, you'll pay dearly for it! □ **tenersi c. q.c.**, to treasure st. ***B*** *m.* (*al pl.*) family; dear ones: **i miei cari**, my family ***C*** *avv.* dear.

carógna *f.* ***1*** carcass; carcase ***2*** (*spreg.*) bastard; swine.

carognàta *f.* rotten trick • **Che c.!**, what a rotten thing to do!

caroșèllo *m.* ***1*** (*stor.*) carousel ***2*** (*giostra*) merry-go-round; roundabout ***3*** (*turbinio*) whirl.

caròta *f.* carrot • **color c.**, carrot colour; carroty (*agg.*).

carotàggio *m.* (*ind. min.*) coring; well logging.

caròtide *f.* (*anat.*) carotid.

carovàna *f.* ***1*** caravan ***2*** (*convoglio*) convoy ***3*** (*comitiva*) party ***4*** (*fila di veicoli*) procession; column.

carovanièra *f.* caravan route.

carovita *m.* high cost of living • **indennità di c.**, cost-of--living bonus.

càrpa *f.* (*zool.*) carp.

carpenterìa *f.* carpentry.

carpentière *m.* carpenter.

carpìre *v. t.* (*afferrare*) to snatch; (*rubare*) to steal*; (*un segreto e sim.*) to worm, to wheedle (st. out of sb.); (*sottrarre con l'inganno*) to inveigle.

càrpo *m.* (*anat.*) carpus*.

carpóni *avv.* on all fours; on one's hands and knees: **mettersi c.**, to go down on one's hands and knees; **trascinarsi c.**, to crawl on all fours.

carràbile, **carraio** *a.* suitable for vehicles • **passo c.**, driveway; vehicle entrance; (*cartello*) «keep clear» □ **porta carraia**, carriage gateway.

carré (*franc.*) *m. invar.* ***1*** (*sartoria*) yoke ***2*** (*macelleria*) loin.

carreggiàta *f.* ***1*** roadway; carriageway: **strada a doppia c.**, dual carriageway (*GB*); divided highway (*USA*) ***2*** (*solco di ruota*) rut; wheel track • **rimettere q. in c.**, to set sb. right;

(*riportarlo in argomento*) to bring sb. back to the point □ **rimettersi in c.**, to recover; to catch up □ **uscire di c.**, (*autom.*) to run off the road; (*lasciare la retta via*) to go astray; (*uscire d'argomento*) to stray from the point.

carrellàta *f.* ***1*** (*cinem., TV*) tracking shot; dolly shot ***2*** (*scorsa*) brief look; (*di notizie*) (news) roundup ***3*** (*sfilata*) parade.

carrellista *m.* ***1*** (*cinem., TV*) dolly operator ***2*** (*nelle stazioni*) platform vendor.

carrèllo *m.* ***1*** trolley (*GB*); (push)cart (*USA*) ***2*** (*ferr.*) trolley; (*telaio di carrozza*) bogie ***3*** (*ind.*) truck ***4*** (*aeron.*) undercarriage ***5*** (*portavivande*) tea trolley (*GB*); tea wagon (*USA*) ***6*** (*di macchina da scrivere*) carriage ***7*** (*cinem., TV*) dolly.

carrétta *f.* ***1*** cart ***2*** (*naut.*) tramp ***3*** (*spreg.*: *vecchia auto*) old banger • **tirare la c.**, (*faticare*) to slave away; (*tirare avanti*) to plod on, to scrape along.

carrettàta *f.* cartload; cartful.

carrettière *m.* carter.

carrétto *m.* cart; (*a mano*) handcart, pushcart.

carrièra *f.* career: **c. militare** [**universitaria**], military [university] career; **c. di attore** [**di scrittore**], acting [writing] career; **intraprendere una c.**, to embark on a career • **di gran c.**, at a gallop; full tilt □ **diplomatico di c.**, career diplomat □ **donna in c.**, career woman □ **essere in c.**, to be career-minded □ **fare c.**, to get on (in one's job); to go up the ladder □ (*mil.*) **ufficiale di c.**, regular officer.

carrierișmo *m.* careerism.

carrierista *m. e f.* careerist.

carriòla *f.* wheelbarrow.

carrista *m.* (*mil.*) ***1*** tankman* ***2*** (*al pl.*) Tank Corps (*sing.*).

càrro *m.* ***1*** cart; (*pesante*) wagon ***2*** (*contenuto di un c.*) cartload ***3*** (*ferr.*) van, wagon (*GB*); car (*USA*): **c. bestiame**, livestock van (*GB*); stock car (*USA*); **c. bagagli**, luggage van; **c. merci**, goods wagon (*GB*); freight car (*USA*) ***4*** (*stor.*) chariot • **c. armato**, (*mil.*) tank; (*suola di scarpone*) lug sole □ (*autom.*) **c. attrezzi**, breakdown van (*o* lorry) (*GB*); tow truck; wrecker (*USA*) □ **c. dei pionieri**, covered wagon □ **c. dei pompieri**, fire engine (*GB*); fire truck (*USA*) □ **c. di Carnevale**, float □ **c. funebre**, hearse □ (*astron.*) **Gran C.**, Plough; Great Bear □ **mettere il c. davanti ai buoi**, to put the cart before the horse □ (*astron.*) **Piccolo C.**, Little Bear □ **salire sul c. del vincitore**, to side with the winner.

carròzza *f.* ***1*** carriage; coach: **andare in c.**, to drive in a coach; **c. di gala**, state-coach ***2*** (*ferr.*) carriage, coach (*GB*); car (*USA*): **c. di testa**, front carriage; **c. letto**, sleeping car; sleeper; Pullman ® (*USA*); **c. ristorante**, restaurant car; dining car • **In c.!**, all aboard!

carrozzàbile *a.* — **strada c.**, road suitable for vehicles.

carrozzèlla *f.* ***1*** (*di piazza*) cab ***2*** (*per invalidi*) wheelchair ***3*** *V.* **carrozzina**.

carrozzerìa *f.* ***1*** bodywork ◻; body ***2*** (*officina*) body shop; (*di riparazione*) car repairer's.

carrozzière *m.* ***1*** (*progettista*) car designer ***2*** (*costruttore*) coachbuilder ***3*** (*riparatore*) panel beater; bodywork repairer.

carrozzìna *f.* (*per bambini*) pram (*GB*); baby carriage (*o* buggy) (*USA*).

carrozzìno *m.* ***1*** light carriage ***2*** (*di motocicletta*) sidecar.

carrozzóne *m.* (*di circo, ecc.*) caravan; wagon.

carrùba *f.* (*bot.*) carob.

carrùbo *m.* (*bot.*) carob (tree).

carrùcola *f.* pulley; sheave.

càrsico *a.* (*geol.*) karst (*attr.*).

càrta *f.* ***1*** paper: **foglio di c.**, sheet of paper; **sacchetto di c.**, paper bag; **c. assorbente**, blotting paper; **c. crespata**, crepe paper; **c. da disegno**, drawing paper; **c. da giornale**, newsprint; **c. da lettere**, letter paper; notepaper; **c. da pacchi** (*o* **da imballaggio**), wrapping (*o* brown) paper; **c. da parati**, wallpaper; **c. da regalo**, gift wrapping paper; **c. intestata**, headed paper; letterhead; **c. igienica**, toilet paper; **c. millimetrata**, graph paper; **c. oleata**, greaseproof paper; **c. patinata**, glossy paper; **c. velina**, tissue paper; **c. vetrata**, sandpaper ***2*** (*carta geografica*) map; chart: **c. stradale**, road map; **c. topografica**, topographic map; (*di città*) street plan; **c. nautica**, chart; **c. astronomica**, star map; **c. muta**, blank map ***3*** (*statuto*) charter ***4*** (*tessera, scheda, biglietto*) card: **c. di addebito**, bank card; **c. di credito**, credit card; **c. d'identità**, identity card ***5*** (*al pl.*) (*documenti*) papers; documents: **fare le carte necessarie**, to get the necessary papers; (*naut.*) **carte di bordo**, ship's papers ***6*** (*al pl.*) (*scritti*) papers; writings ***7*** (*da gioco*) (playing) card: **dare le carte**, to deal (the cards) • (*fig.*) **c. bianca**, carte blanche: **dare c. bianca a q.**, to give sb. carte blanche (*o* a free hand) □ **c. bollata** (*o* **da bollo** *o* **legale**), stamped paper □ **c. dei vini**, wine list □ (*colore*) **c. da zucchero**, dark (*o* deep) blue □ **c. libera** (*o* **semplice**), unstamped paper □ (*autom.*) **c. verde**, green card □ **c. vincente**, trump (card) □ **avere le carte in regola**, to have the necessary requirements; (*avere le qualità*) to have all it takes □ **cambiare le carte in tavola**, to shift one's ground □ **fare carte false**, to go to any length □ **fare le carte a q.**, to read the cards for sb. □ (*fig.*) **giocare a carte scoperte**, to play fair □ (*stor.*) **la Magna C.**, the Magna Carta □ (*fig.*) **mettere le carte in tavola**, to show one's hand □ **mettere sulla c. q.c.**, to put st. (down) in writing; to put st. down in black and white □ **pranzare alla c.**, to dine à la carte □ (*fig.*) **l'ultima c.**, the last trick in the bag.

cartacarbóne *f.* carbon paper.

cartàccia *f.* (*cartastraccia*) waste paper ◻.

cartàceo *a.* papery; paper (*attr.*): **moneta cartacea**, paper money.

cartamodèllo *m.* paper pattern.

cartamonéta *f.* paper money.

cartapècora *f.* vellum; parchment.

cartapésta *f.* papier mâché (*franc.*).

cartàrio *a.* paper (*attr.*); papermaking (*attr.*): **industria cartaria**, paper industry.

cartastràccia *f.* ***1*** waste paper ***2*** (*carte di nessun valore*) worthless paper.

cartavetràre, **carteggiare** *v. t.* to sand-paper; to sand.

cartéggio *m.* ***1*** correspondence ***2*** (*raccolta di lettere*) letters (*pl.*).

cartèlla *f.* ***1*** (*custodia*) folder; (*per disegni, ecc.*) portfolio* ***2*** (*pratica*) file ***3*** (*da scuola*) satchel; (school-)bag ***4*** (*valigetta*) briefcase; attaché case ***5*** (*pagina*) (typewritten) page ***6*** (*di tombola*) bingo scorecard ***7*** (*fin.*) certificate; bond: **c. azionaria**, share certificate • (*med.*) **c. clinica**, case sheet.

cartellìno *m.* ***1*** (*etichetta*) label; tag: **c. del prezzo**, price tag ***2*** (*modulo*) tally; slip ***3*** (*di presenza*) time-card: **timbrare il c.**, to punch the clock; (*all'entrata*) to clock in; (*all'uscita*) to clock out (*o* off); (*estens.*: *avere un posto fisso*) to have a nine-to-five job ***4*** (*calcio*) card: **c. giallo** [**rosso**], yellow [red] card.

cartèllo (1) *m.* ***1*** (*avviso*) notice ***2*** (*c. indicatore*) signboard; sign: **c. stradale**, road sign ***3*** (*insegna*) shop sign ***4*** (*di dimostranti*) placard.

cartèllo (2) *m.* ***1*** (*econ., fin.*) combine; cartel; syndicate ***2*** (*alleanza*) union; coalition; alliance.

cartellóne *m.* ***1*** (*pubblicitario*) poster; placard; hoarding; billboard (*USA*) ***2*** (*teatr.*) (play)bill; (*programma*) programme: **in c.**, on the bill; **tenere il c.**, to run ***3*** (*della tombola*) (bingo) number board.

cartellonìsta *m. e f.* poster designer.

càrter *m. invar.* ***1*** (*di bicicletta*) chain guard ***2*** (*autom.*) crankcase; sump (*GB*).

cartesiàno *a.* Cartesian.

cartièra *f.* paper mill.

cartìglio *m.* (*archit.*) cartouche; scroll ornament.

cartilàgine *f.* cartilage; gristle ◻.

cartilagìneo, **cartilaginóso** *a.* cartilagineous; gristly.

cartìna *f.* ***1*** (*geogr.*) map ***2*** (*med.*) dose ***3*** (*per sigarette*) cigarette paper • **c. di tornasole**, litmus (*o* test) paper.

cartòccio *m.* ***1*** (paper) bag; (*a cono*) twist ***2*** (*mil.*: *carica di lancio*) powder charge • (*cucina*) **al c.**, baked in foil.

cartografìa *f.* cartography; map-making.

cartògrafo *m.* (*f.* **-a**) cartographer; map-maker.

cartolàio *m.* (*f.* **-a**) stationer.

cartolerìa *f.* stationer's (shop); stationery shop • **articoli di c.**, stationery ◻.

cartolibrerìa *f.* (bookshop and) stationer's.

cartolìna *f.* postcard: **c. illustrata**, picture postcard • (*mil.*) **c. precetto**, call-up papers (*pl.*); draft card (*USA*).

cartomànte *m. e f.* fortune-tellering (*using playing cards*).

cartomanzìa *f.* cartomancy; fortune-telling (*using playing cards*).

cartonàto *a.* cardboard (*attr.*); paperboard (*attr.*); (*di libro*) bound in paper boards (*pred.*).
cartoncino *m.* *1* cardboard; board: **c. Bristol**, Bristol board *2* (*biglietto*) card.
cartóne *m.* *1* cardboard; pasteboard; (*spesso*) millboard: **c. ondulato**, corrugated board; **scatola di c.**, cardboard box; (*grossa*) carton *2* (*arte*) cartoon *3* (*contenitore, anche per imballaggio*) carton • (*cinem.*) **c. animato**, cartoon.
cartongèsso *m.* (*edil.*) plasterboard.
cartùccia *f.* *1* (*di arma*) cartridge: **c. a salve**, blank cartridge *2* (*di penna*) cartridge; refill • (*spreg.*) **mezza c.**, second-rater; pipsqueak □ (*fig.*) **sparare l'ultima c.**, to play one's last card.
cartuccièra *f.* cartridge belt.
càsa *f.* *1* (*edificio*) building; (*di abitazione*) house; (*palazzo di appartamenti*) block of flats (*GB*), apartment house (*o* building) (*USA*): **c. di mattoni**, brick house: **case nuove**, new buildings; new houses *2* (*abitazione*) house; (*appartamento*) flat (*GB*), apartment (*USA*); (*la propria casa, l'ambiente familiare*) home, (one's) place: **Ecco la mia c. laggiù**, there's my house over there; **cercare c.**, to look for a house [for a flat]; **mandare avanti la c.**, to run the house; **c. d'affitto**, rented house [flat]; **c. di campagna**, house in the country; (*piccola*) country cottage; **c. popolare**, council house [flat] (*GB*); public housing unit (*USA*); **essere in c.**, to be at home; to be in; **essere fuori c.**, to be out; **andare a c.**, to go home; **essere via da c.** (*o* **lontano da c.**), to be away from home; **Vieni a c. mia**, come to my house (*o* place); **Ero a c. di Piero**, I was at Piero's (house, place) *3* (*famiglia*) family; home: **scrivere a c.**, to write home; **amico di c.**, friend of the family; **Saluti a c.!**, regards to the family! *4* (*casato*) house; family: **C. Windsor**, the House of Windsor; **la c. reale**, the royal family *5* (*ditta*) house; firm; company: **c. di mode**, fashion house; **c. editrice**, publishing house; publishers (*pl.*); **c. discografica**, record company *6* (*convento*) religious house • **case a schiera**, terraced houses (*GB*); row houses (*USA*) □ **la C. Bianca**, the White House □ **c. colonica**, farmhouse □ **c. di appuntamenti** (*o* **di tolleranza**), brothel □ **c. di cura** (*o* **di salute**), nursing home □ **c. da gioco**, gambling house □ **c. di pena**, prison □ **c. di riposo**, rest home; old people's home □ **c. dello studente**, students' residence □ **c. madre**, (*eccles.*) mother house; (*comm.*) head office □ (*fam.*) **stare a c. del diavolo**, to live at the back of beyond □ **di c. in c.**, from door to door □ **essere di c.**, to be an old friend; (*fig.*) to know one's way (about a place) □ **fatto in c.**, homemade □ (*sport*) **giocare fuori c.** [**in c.**], to play away [at home] □ **mettere su c.**, to set up house; (*sposarsi*) to get married □ **prima c.**, first home □ **il problema della c.**, the housing problem □ **spese di c.**, household expenses □ **stare di c.**, to live □ **un uomo t. casa e famiglia**, a real family man □ **uscire di c.**, to go out □ **vestiti da c.**, casual clothes □ **Fai come se fossi a c. tua!**, make yourself at home! □ **Ehi, di c.!**, is there anybody in (*o* there)?
caṣàcca *f.* *1* (*mil.*) surcoat *2* (*giacca*) loose jacket *3* (*sport*) shirt.
caṣàccio *m.* — **a. c.**, at random; random (*attr.*); haphazardly; (*senza cura*) carelessly, any old how; (*di risposta, ecc.*) off the top of one's head.
casàle *m.* *1* (*villaggio*) hamlet *2* (*cascina*) farmhouse.
casalinga *f.* housewife*.
casalingo *A* *a.* *1* (*di casa*) home (*attr.*); domestic; homely (*GB*): **cucina casalinga**, (plain) home cooking; **atmosfera casalinga**, homely atmosphere *2* (*fatto in casa*) homemade *3* (*semplice*) plain; homely (*GB*); unpretentious *4* (*che ama la casa*) home-loving *B* *m.* (*al pl.*) household articles.
casamàtta *f.* (*mil.*) pillbox; casemate.
casaménto *m.* *1* tenement *2* (*gli inquilini*) tenants (*pl.*).
casàta *f.* house; family; (*lignaggio*) lineage.
casàto *m.* *1* (family) name; surname *2* (*stirpe*) family, lineage; (*origine*) birth.
càṣba *f.* kasbah.
cascàme *m.* (*ind. tess.*) waste [U].
cascamòrto *m.* lovesick suitor.
cascànte *a.* *1* (*cadente*) sagging; drooping *2* (*flaccido*) flabby.
cascàre *v. i.* to fall*; (*con fracasso*) to crash; (*ruzzolare*) to tumble: **c. dal letto**, to fall out of bed; **c. dalle scale**, to tumble down the stairs • **c. dal sonno**, to be half asleep; to be asleep on one's feet □ **c. bene** [**male**], to be lucky [unlucky] □ **C'è cascato**, he fell for it; he was fooled.
cascàta *f.* *1* waterfall; falls (*pl.*): **la cascate del Niagara**, the Niagara Falls *2* (*di capelli, perle, ecc.*) cascade.
cascatóre *m.* (*f.* **-trice**) (*cinem.*) stunt man* (*f.* woman*).
caschétto *m.* (*acconciatura*) pageboy cut.
cascìna *f.* *1* (*casa colonica*) farmhouse; (*cascinale*) farmstead *2* (*azienda casearia*) dairy farm.
cascinàle *m.* farmstead.
càsco (1) *m.* *1* (*copricapo*) helmet; (*ind.*) safety helmet; (*di motociclista, ecc.*) crash helmet; (*sport*) headgear *2* (*di parrucchiere*) hairdryer • **i caschi blu** (*dell'ONU*), the UN troops □ **c. coloniale**, sun helmet; topee.
càsco (2) *m.* (*di banane*) bunch.
caṣeàrio *a.* dairy (*attr.*): **l'industria casearia**, dairy farming.
caseggiàto *m.* *1* (*gruppo di case*) block (of buildings) *2* (*casamento*) block of flats (*GB*); apartment house (*o* building) (*USA*).
caṣeificio *m.* dairy; cheese factory.
caṣeina *f.* (*chim.*) casein.
casèlla *f.* *1* (*scomparto*) pigeonhole; box: **c. della posta**, mail box; **c. postale**, post-office (*o* PO) box *2* (*riquadro*) square; box.
casellànte *m.* *1* (*ferr.*) signalman*; (*custode di passaggio a livello*) level-crossing keeper *2* (*di autostrada*) toll collector.
casellàrio *m.* *1* row of boxes; pigeonholes (*pl.*); (*schedario*) files (*pl.*); (*mobile*) filing cabinet *2* (*leg.*) register; records office: **c. giudiziale**, judicial register; (*penale*) criminal records office.
casèllo *m.* *1* (*ferr.*) level-crossing keeper's lodge *2* (*di autostrada*) tollbooth; tollgate • **c. daziario**, tollhouse.
caseréccio *a.* *1* homemade *2* (*semplice*) plain; homespun.
casèrma *f.* (*mil.*) barracks (*pl., col verbo al pl. o al sing.*) • **c. dei pompieri**, fire station.
casermóne *m.* (*fig.*) ugly barrack-like building.
casinista *m. e f.* (*pop.*) *1* (*pasticcione*) muddler; bungler *2* (*persona chiassosa*) rowdy person.
casino *m.* *1* (*circolo*) club *2* (*bordello*) brothel *3* (*pop.: baccano*) din, racket, row; (*confusione*) mess, shambles *4* (*pop.: pasticcio*) mess; botch; cock-up, balls-up (*volg.*) • **c. di caccia**, hunting lodge □ (*pop.*) **fare c.**, to make a din; (*divertirsi*) to make whoopee □ (*pop.*) **fare un c.**, (*arrabbiarsi*) to raise hell; to raise the roof (*USA*); (*fare un pasticcio*) to cock things up □ (*pop.*) **mettere q. nei casini**, to drop sb. in it □ (*pop.*) **Mi piace un c.**, I like it a lot.
caṣinò *m.* casino*.
caṣistica *f.* *1* survey; case record; data (*pl.*) *2* (*med.*) case histories (*pl.*) *3* (*teol.*) casuistry.
càṣo *m.* *1* (*destino*) chance; fate *2* (*combinazione*) chance; coincidence; accident: **per c.**, by chance; **Lo vidi per puro c.**, it was sheer chance that I saw him; **Non è un caso che...**, it is no accident that...; **Il c. volle che lo rivedessi il giorno dopo**, as it happened, (*o* it so happened that) I met him the next day *3* (*fatto, circostanza*) case; circumstance; event; affair: **c. disperato**, hopeless case; **un c. di malaria**, a case of malaria; **c. clinico**, clinical case; **c. giudiziario**, (legal) case; **c. fortuito** [**imprevisto**], fortuitous [unforeseen] event; **il c. Dreyfus**, the Dreyfus affair; **esporre il proprio c. a q.**, to put one's case to sb.; **i casi della vita**, the events of life; things that happen; **i casi altrui**, other people's affairs; **in questo c.**, in this case *4* (*possibilità, evenienza*) possibility; alternative; opportunity: **I casi sono due**, there are two possibilities *5* (*gramm.*) case • **c. di coscienza**, matter of conscience □ **c. limite**, borderline case □ **c. mai**, *V.* **casomai** □ **c. singolo**, unique case; one-off □ **a c.**, at random; (*senza badare*) carelessly; (*tirando a indovinare*) at a guess □ **del c.**, (*necessario*) necessary; (*pertinente*) relevant □ **fare al c. di**, to be exactly what one needs □ **far c. a q.** [**q.c.**], to notice sb. [st.]; to pay attention to sb. [st.] □ **guarda c.**, by sheer chance; as chance would have it □ **in c. affermativo**, if that's the case; should that be the case (*form.*) □ **in c. contrario**, otherwise; should that not be the case (*form.*) □ **in c. di pioggia**, in case of rain; in the event of rain (*form.*) □ **in nessun c.**, never; under no circumstance □ **in ogni c.**, in any case; at any rate □ **in tal c.**, in that case □ **in tutti i casi**, in any case; at all events □ **nel caso che**, in case; if by chance □ **È il c. di dirglielo?**, should we tell

him? □ **Non è il c. di preoccuparsi**, there is no need to worry □ **Poniamo il c. che non venga**, (let's) suppose he doesn't come □ **Sai per caso come si chiama?**, do you happen to know his name? □ **Sarà il c. di andare**, we'd better go □ **Si dà il c. che io non sia d'accordo**, I happen to disagree.

casolàre *m.* (isolated) cottage.

casomài ***A*** *cong.* in case; if: **C. venisse**, in case he comes; if he should (*o* happens to) come ***B*** *avv.* perhaps; maybe.

casòtto *m.* cabin; shed; (*garitta*) sentry box.

càspita *inter.* (*di sorpresa*) goodness!; (*di irritazione*) for goodness' sake!

càssa *f.* ***1*** (*per trasporto*) case; chest; box: **c. da imballaggio**, packing case; crate ***2*** (*contenitore protettivo*) case; casing: **c. dell'orologio**, watch case ***3*** (*di negozio*) cash desk; (*in supermercato*) checkout (counter): **pagare alla c.**, to pay at the desk (*o* checkout) ***4*** (*ufficio*) cash department; cashier's office ***5*** (*rag.*: *contante*) cash: **disponibilità di c.**, cash on hand; **eccedenza di c.**, cash surplus; **libro di c.**, cash book; **piccola c.**, petty cash ***6*** (*banca*) bank: **c. di risparmio**, savings bank • **c. acustica**, speaker □ (*mus.*) **c. armonica**, body; soundbox □ **c. comune**, common fund of money; kitty (*fam.*): **fare c. comune**, to pool one's money; to keep a kitty □ (*banca*) **c. continua**, night safe □ **c. da morto**, coffin □ **c. del pianoforte**, piano case □ **c. di risonanza**, (*mus.*) resonance box; (*fig.*) sounding board □ **le casse dello Stato**, the coffers of the state □ (*anat.*) **c. del timpano**, eardrum □ **c. malattie**, sickness fund □ **c. integrazione**, fund for laid off workers; redundancy fund □ **mettere in c. integrazione**, to lay off □ **c. toracica**, chest □ **a pronta c.**, cash down; in cash □ **batter c.**, to ask for money □ **denaro in c.**, cash; money on hand □ **tenere la c.**, to be treasurer; to be in charge of the kitty (*fam.*); (*fig.*) to hold the purse strings.

cassafòrte *f.* ***1*** safe ***2*** (*camera blindata*) strongroom.

cassaintegràto *m.* (*f.* **-a**) temporarily laid off worker; worker receiving redundancy payment.

cassapànca *f.* chest; (*con spalliera*) settle.

cassàre *v. t.* ***1*** to cross out; to strike* off ***2*** (*leg.*) to reverse; to quash.

cassazióne *f.* (*leg.*) ***1*** reversal; cassation ***2*** (*anche* **Corte di C.**) Court of Cassation: **andare in C.**, to have recourse to the Court of Cassation.

càssero *m.* (*naut.*) quarterdeck.

casseruòla *f.* saucepan • (*cucina*) **pollo in c.**, chicken casserole.

cassétta *f.* ***1*** box: **c. degli attrezzi**, toolbox; **c. delle lettere**, letter box; mailbox (*USA*); **c. da fiori**, windowbox; flower box; **c. da frutta**, crate ***2*** (*per registrazione*) cassette ***3*** (*di carrozza*) box; coachman's seat • **c. di pronto soccorso**, first-aid kit □ (*banca*) **c. di sicurezza**, safe-deposit box □ **fare c.**, to be a box-office success □ **film di c.**, blockbuster □ **successo di c.**, box-office success.

cassettièra *f.* chest of drawers; tallboy.

cassétto *m.* drawer.

cassettóne *m.* ***1*** chest of drawers; dresser, bureau (*USA*) ***2*** (*archit.*) coffer; lacunar: **soffitto a cassettoni**, coffered ceiling.

cassière *m.* (*f.* **-a**) ***1*** cashier; (*di banca, anche*) teller; (*di supermercato*) check-out clerk ***2*** (*tesoriere*) treasurer.

cassóne *m.* ***1*** large case; (*cassapanca*) chest ***2*** (*edil.*) caisson; (*a compartimento stagno*) cofferdam ***3*** (*di autocarro*) body: **c. ribaltabile**, tipping body.

cassonétto *m.* (*per rifiuti*) skip (*GB*); dumpster ® (*USA*).

càsta *f.* caste.

castàgna *f.* chestnut • **c. d'India**, horse chestnut □ **prendere q. in c.**, to catch sb. out.

castagnéto *m.* chestnut wood.

castàgno *m.* ***1*** (*bot.*) chestnut (tree) ***2*** (*legno*) chestnut (wood) • **c. d'India**, horse chestnut.

castàno *a.* brown; (*di capelli, anche*) chestnut; (*di persona*) brown-haired.

castellàna *f.* lady of a castle; chatelaine.

castellàno *m.* lord of a castle.

castellétto *m.* ***1*** (*ind. min.*) headframe ***2*** (*banca*) credit line; credit limit.

castèllo *m.* ***1*** castle; (*maniero*) manor house; (*fortezza*) stronghold ***2*** (*edil.*: *impalcatura*) scaffolding • (*anche fig.*) **c. di carte**, house of cards □ **c. di menzogne**, fabrication □ **c. di sabbia**, sandcastle □ (*naut.*) **c. di poppa**, quarterdeck □ (*naut.*) **c. di prua**, forecastle, fo'c'sle □ **fare castelli in aria**, to build castles in the air (*o* in Spain).

castigàre *v. t.* to punish; to chastise.

castigatézza *f.* ***1*** (*purezza*) chastity; decency ***2*** (*correttezza*) propriety; correctness: sobriety.

castigàto *a.* ***1*** (*casto, puro*) chaste; decent ***2*** (*corretto*) proper; correct; sober ***3*** (*emendato*) expurgated; bowdlerized.

castigliàno *a. e m.* (*f.* **-a**) Castilian (*f.* Castilian woman*).

castìgo *m.* punishment; chastisement: **giusto c.**, well-deserved punishment • (*anche fig.*) **c. di Dio**, scourge; calamity □ **mettere in c.**, to punish □ **Paolo è in c.**, Paolo is being punished.

castità *f.* chastity; purity.

càsto *a.* ***1*** chaste; continent ***2*** (*puro*) chaste, pure; (*semplice*) sober.

castóne *m.* collet; setting; bezel.

castorìno *m.* (*pelliccia*) nutria.

castòro *m.* ***1*** (*zool.*) beaver ***2*** (*pelliccia*) beaver (fur).

castràre *v. t.* ***1*** to castrate; (*un animale*) to geld, (*un gatto*) to neuter, to doctor ***2*** (*fig.*) to frustrate ***3*** (*psic.*) to castrate.

castràto ***A*** *a.* castrated; (*di animale*) gelded, (*di gatto*) neutered, doctored ***B*** *m.* ***1*** (*di animale in genere*) gelding; (*agnello o ariete*) wether; (*bovino*) steer ***2*** (*cucina*) mutton; lamb ***3*** (*eunuco*) eunuch; castrate ***4*** (*mus.*) castrato*.

castrazióne *f.* ***1*** castration; (*di animale*) gelding, neutering ***2*** (*psic.*) castration.

castronerìa *f.* (*pop.*) ***1*** (*errore*) gross mistake; (*svarione*) howler ***2*** (*al pl.*) (*sciocchezze*) nonsense Ⓤ; rubbish Ⓤ.

caşuàle *a.* ***1*** accidental; fortuitous; chance (*attr.*) ***2*** (*mat.*) random.

caşualità *f.* fortuitousness; casualness; randomness.

caşualménte *avv.* by chance; accidentally; fortuitously.

caşuàrio *m.* (*zool.*) cassowary.

casùpola *f.* humble cottage; modest house; cabin (*USA*).

cataclịşma *m.* ***1*** (*inondazione*) cataclysm; flood ***2*** (*disastro*) cataclysm; disaster.

catacómba *f.* ***1*** catacomb ***2*** (*fig.*) dungeon.

catafàlco *m.* catafalque.

catafàscio *vc.* — **a c.**, topsy-turvy; higgledy-piggledy; pell-mell □ **andare a c.**, to go to the dogs; (*fallire*) to go bust □ **mandare a c.**, to wreck.

catalàno *a. e m.* (*f.* **-a**) Catalan (*f.* Catalan woman*).

catalèssi *f.* (*med.*) catalepsy.

catalèttico *a.* (*med.*) cataleptic.

catàlịşi *f.* (*chim.*) catalysis*.

catalìtico *a.* (*chim.*) catalytic.

catalịzzàre *v. t.* (*chim. e fig.*) to catalyse, to catalyze (*USA*).

catalịzzatóre (*chim. e fig.*) ***A*** *m.* catalyst ***B*** *a.* catalysing.

catalogàre *v. t.* to catalogue, to catalog (*USA*).

catalogazióne *f.* cataloguing.

catàlogo *m.* ***1*** catalogue, catalog (*USA*): **c. per autori [per materie]**, author [subject] catalogue ***2*** (*enumerazione*) list.

catamaràno *m.* (*naut.*) catamaran.

catapécchia *f.* hovel; hut; shanty.

cataplàşma *m.* ***1*** (*med.*) poultice ***2*** (*persona noiosa*) bore; (*persona malandata*) old crock (*fam.*).

catapùlta *f.* (*mil., stor.*) catapult.

catapultàre ***A*** *v. t.* (*anche fig.*) to catapult ***B*** **catapultàrsi** *v. rifl.* to throw* oneself; to rush.

cataràtta *V.* **cateratta**.

catarifrangènte ***A*** *a.* reflecting ***B*** *m.* ***1*** (*di veicolo*) (rear) reflector ***2*** (*di paracarro, ecc.*) cat's eye.

catarràle *a.* (*med.*) catarrhal.

catàrro *m.* (*med.*) catarrh.

catarróso *a.* catarrhal.

catàrsi *f.* catharsis*.

catàsta *f.* pile; stack; heap.

catastàle *a.* cadastral; land registry (*attr.*): **partita c.**, cadastral number; **ufficio c.**, land registry office.

catàsto *m.* cadastre; land registry.

catàstrofe *f.* catastrophe; disaster.

catastròfico *a.* ***1*** catastrophic; disastrous ***2*** (*di persona*) pessimistic.

catatònico *a.* (*med.*) catatonic.

catch *m.* (*sport*) all-in wrestling.

catechèşi *f.* catechesis*.

catechìṣmo *m.* catechism.
catechìsta *m. e f.* catechist; catechizer.
catechiẓẓàre *v. t.* ***1*** (*eccles.*) to catechize ***2*** (*fig.*) to lecture.
catecùmeno *m.* (*f.* **-a**) catechumen.
categorìa *f.* category; class: **c. professionale**, professional category; **la c. degli insegnanti**, the teaching profession; teachers (*pl.*); **albergo di prima c.**, first-class hotel.
categoriàle *a.* sectorial; (*di professione*) professional.
categòrico *a.* ***1*** categoric(al); flat: **rifiuto c.**, categorical (*o* flat, point-blank) refusal ***2*** (*esplicito*) outspoken ***3*** (*per categoria*) classified.
caténa *f.* ***1*** chain; (*fig., anche*) bond: **c. dell'orologio**, watch chain; **in catene**, in chains; **mettere un cane alla c.**, to put a dog on a chain; to chain a dog; **gettare q. in catene**, to have sb. put in chains; (*fig.*) **spezzare le catene**, to break the bonds ***2*** (*geogr.*) chain; range ***3*** (*successione*) chain; sequence; succession ***4*** (*fis., chim.*) chain ● **c. alimentare**, food chain □ **c. di montaggio**, assembly line □ **c. di negozi**, chain of shops □ (*autom.*) **catene da neve**, snow chains □ (*anche fig.*) **reazione a c.**, chain reaction.
catenàccio *m.* ***1*** bolt: **chiudere col c.**, to bolt ***2*** (*fam.*: *vecchia automobile*) old banger ● **fare da c.**, to block; to be a prerequisite.
catenèlla *f.* ***1*** (*collana*) chain ***2*** (*di porta*) door chain ***3*** (*di orologio*) watch chain ● **punto c.**, chain stitch.
cateràtta *f.* ***1*** (*di canale, ecc.*) sluice; sluice gate ***2*** (*di fiume*) cataract ***3*** (*med.*) cataract.
catèrva *f.* ***1*** (*di persone*) crowd; horde ***2*** (*di cose*) loads (*pl.*); heaps (*pl.*); pile.
catetère, **catètere** *m.* (*med.*) catheter.
catèto *m.* (*geom.*) cathetus*.
catinèlla *f.* basin ● **piovere a catinelle**, to pour (with rain); to come down in buckets.
catino *m.* basin; bowl.
catióne *m.* (*fis.*) cation.
catòdico *a.* (*fis.*) cathode (*attr.*): **raggi catodici**, cathode rays.
càtodo *m.* (*fis.*) cathode.
catòrcio *m.* (*fam.*) ***1*** (*automobile*) old banger; old crock ***2*** (*persona*) wreck; old crock.
catramàre *v. t.* to tar.
catramàto *a.* tarred; tar (*attr.*): **cartone c.**, tar paper.
catramatùra *f.* tarring.
catràme *m.* tar.
càttedra *f.* ***1*** (*scrivania*) (teacher's) desk ***2*** (*insegnamento di ruolo*) teaching post; (*all'università*) chair, professorship: **avere la c. d'inglese**, to hold the chair of English ***3*** (*vescovile*) (bishop's) throne; (episcopal) chair ● (*fig.*) **montare in c.**, to get on one's high horse; to start pontificating.
cattedràle *f.* cathedral.
cattedràtico ***A*** *a.* ***1*** professorial; university (*attr.*) ***2*** (*pedantesco*) pedantic ***B*** *m.* (*f.* **-a**) university professor; academic.
cattivèria *f.* ***1*** (*malvagità*) wickedness; (*malevolenza*) malice, meanness, nastiness; (*dispetto*) spite; (*di bambino bizzoso*) naughtiness ***2*** (*azione cattiva*) wicked (*o* mean, nasty) action; (*parole cattive*) unkind words (*pl.*), spiteful words (*pl.*), nasty remark: **dire una c.**, to say something unkind; to make a nasty remark; **fare una c. a q.**, to be nasty to sb.; **È stata una vera c. da parte sua**, it was really mean of him.
cattività *f.* captivity; imprisonment.
cattivo ***A*** *a.* ***1*** bad, mean, nasty; (*malvagio*) wicked, evil; (*non gentile*) unkind; (*di bambino*) naughty ***2*** (*inetto, incompetente*) bad; poor: **c. padre**, bad father; **c. insegnante**, poor teacher; **cattiva memoria**, bad memory; **cattiva digestione**, poor digestion ***3*** (*sgradevole, spiacevole*) bad; nasty: **tempo c.**, bad weather; **cattive notizie**, bad news; **sapore c.**, nasty taste ***4*** (*amaro, pungente*) bitter; harsh: **parole cattive**, bitter (*o* harsh) words ***5*** (*infausto*) bad; unlucky: **c. augurio**, bad omen ● **cattiva azione**, wrong; misdeed □ **in c. stato**, in disrepair; in poor condition □ **provare con le cattive**, to try heavy tactics ***B*** *m.* ***1*** (*f.* **-a**) bad person; wicked person; (*in un romanzo, ecc.*) villain, baddie, bad guy (*USA*) ***2*** (*parte cattiva*) bad (part) ● **fare il c.**, to be naughty.
cattolicésimo *m.* (Roman) Catholicism.
cattolicità *f.* ***1*** catholicity ***2*** (*i cattolici*) the Catholics (*pl.*).
cattòlico *a. e m.* (*f.* **-a**) (Roman) Catholic.
cattùra *f.* capture; (*arresto*) arrest.
catturàre *v. t.* to capture; to catch*; (*arrestare*) to arrest: **c. l'attenzione**, to catch sb.'s attention; to catch the eye.
caucàsico *a. e m.* Caucasian.
caucciù *m.* caoutchouc; India rubber.
caudàto *a.* (*zool.*) caudate.
càuṣa *f.* ***1*** cause: **Fu c. di molti guai**, it was the cause of much trouble ***2*** (*motivo*) cause; motive; reason; ground: **senza una giusta c.**, without good cause ***3*** (*ideale*) cause: **abbracciare** (*o* **sposare**) **una c.**, to embrace a cause ***4*** (*leg.*) (law)suit; action; case: **c. civile**, civil suit; **c. penale**, criminal case; **intentare c. a q.**, to bring a suit against sb.; **far c. a q.**, to sue sb.; **perdere** [**vincere**] **una c.**, to lose [to win] a case ● **a c. di**, because of; owing to □ **non essere in c.**, not to be in question (*o* in doubt) □ **essere parte in c.**, (*leg.*) to be a litigant; (*fig.*) to be involved (in the matter) □ **licenziamento per giusta c.**, fair dismissal □ **per c. tua**, because of you; (*per colpa tua*) through your fault.
cauṣàle ***A*** *a.* causal ***B*** *f.* ***1*** cause; reason; ground ***2*** (*banca*) description: **c. di versamento**, description of payment.
cauṣalità *f.* (*filos.*) causality.
cauṣàre *v. t.* to cause; to be the cause of; to bring* about; to give* rise to: **c. danni**, to cause damages; **c. dolore**, to give pain; **c. malcontento**, to give rise to discontent; **Il ritardo fu causato da uno sciopero**, the delay was due to a strike.
causticità *f.* (*chim. e fig.*) causticity.
càustico *a.* ***1*** (*chim.*) caustic ***2*** (*fig.*) caustic; biting; cutting.
cautèla *f.* ***1*** caution, prudence ***2*** (*precauzione*) precaution; care.
cautelàre (1) *a.* precautionary; protective ● (*leg.*) **arresto c.**, custody.
cautelàre (2) ***A*** *v. t.* to protect; to safeguard ***B*** **cautelàrsi** *v. rifl.* to take* precautions (against); to cover oneself (against).
cautelativo *a.* precautionary.
cauteriẓẓàre *v. t.* (*med.*) to cauterize.
cauteriẓẓazióne *f.* (*med.*) cauterization.
càuto *a.* ***1*** (*prudente*) cautious; prudent ***2*** (*guardingo*) circumspect; wary.
cauzionàle *a.* (*leg.*) caution (*attr.*): **deposito c.**, caution money; security.
cauzióne *f.* (*leg.*) caution money; security; (*per libertà provvisoria*) bail: **depositare una c.**, to give security; to give bail; **rilasciare dietro c.**, to release on bail.
càva *f.* quarry; pit. ATTENZIONE: **cava** ≠ cave.
cavalcàre ***A*** *v. i.* to ride* ***B*** *v. t.* ***1*** to ride* ***2*** (*di ponte, ecc.*) to span.
cavalcàta *f.* ***1*** ride: **fare una c.**, to go for a ride ***2*** (*corteo a cavallo*) cavalcade.
cavalcatùra *f.* mount.
cavalcavìa *f. invar.* ***1*** flyover (*GB*); overpass (*USA*) ***2*** (*ferr.*) railway bridge.
cavalcióni *avv.* — **a. c. di**, astride.
cavalieràto *m.* knighthood.
cavalière *m.* ***1*** rider; horseman* ***2*** (*mil.*) cavalryman*; trooper ***3*** (*stor. medievale*) knight: **c. errante**, knight errant ***4*** (*di ordine cavalleresco*) knight: **i Cavalieri di Malta**, the Knights of Malta; **creare q. c.**, to knight sb. ***5*** (*accompagnatore*) partner; escort; (*nel ballo*) (dance) partner: **fare da c. a q.**, to partner sb.; to escort sb. ***6*** (*gentiluomo*) gentleman*; gallant man* ● (*fig.*) **c. servente**, devoted slave □ **fare da c. servente a q.**, to dance attendance to sb. □ **a c. di due secoli**, straddling two centuries.
cavàlla *f.* mare.
cavalleggèro *m.* (*mil.*) light cavalryman*.
cavallerésco *a.* ***1*** knightly; (*stor. medievale, anche*) chivalric ***2*** (*cortese, generoso*) chivalrous ● **ordine c.**, order of knighthood □ **romanzo c.**, romance.
cavallerìa *f.* ***1*** (*mil.*) cavalry ***2*** (*stor. medievale*) chivalry ***3*** (*cortesia, generosità*) chivalry.
cavallerìzza *f.* ***1*** (*amazzone*) horsewoman* ***2*** (*di circo*) circus rider; equestrienne.
cavallerìzzo *m.* ***1*** rider; horseman* ***2*** (*di circo*) circus rider ***3*** (*maestro di equitazione*) riding master.
cavallétta *f.* (*zool.*) grasshopper; locust.
cavallétto *m.* ***1*** trestle; (*mecc.*) stand ***2*** (*di pittore*) easel ***3*** (*treppiede*) tripod.

cavallìna *f.* ***1*** (*zool.*) filly; young mare ***2*** (*attrezzo ginnico*) vaulting horse ***3*** (*gioco*) leapfrog • **correre la c.**, to sow one's wild oats.
cavallìno *a.* horsy; horse (*attr.*): **faccia cavallina**, horsy face; **risata cavallina**, horse laugh.
cavàllo *m.* ***1*** (*zool.*) horse: **c. da corsa**, racehorse; **c. da sella**, saddle horse; **c. da soma**, pack horse; **c. da tiro**, draught horse; **c. di razza**, thoroughbred; **a c.**, on horseback; **andare a c.**, to ride; **essere a c.**, to ride; **montare a c.**, to mount; **scendere da c.**, to dismount; **corsa di cavalli**, horse race; **gita a c.**, horse ride ***2*** (*scacchi*) knight ***3*** (*dei calzoni*) crotch ***4*** (*attrezzo ginnico*) vaulting horse • **c. a dondolo**, rocking horse □ **c. di battaglia**, forte; strong point (*o* suit); (*argomento favorito*) pet subject; (*teatr.*) pièce de résistance (*franc.*), big number (*fam.*) □ (*mil.*) **c. di Frisia**, cheval-de-frise (*franc.*) □ (*anche fig.*) **c. di Troia**, Trojan Horse □ (*mecc.*) **c. vapore**, horsepower (*abbr.* H.P.) □ **a c. di q.c.**, astride st.; straddling st. □ **dose da c.**, strong dose; enough to kill a horse □ (*fig.*) **Siamo a c.**, we're home and dry; we're in business □ **febbre da c.**, very high fever □ **polizia a c.**, mounted police □ (*anche fig.*) **puntare sul c. vincente**, to pick a winner □ **Campa c.!**, that'll be the day! □ (*prov.*) **A caval donato non si guarda in bocca**, don't look a gift horse in the mouth.
cavallóna *f.* big, awkward girl.
cavallóne *m.* (*maroso*) billow, roller; (*frangente*) breaker.
cavallùccio *m.* pony • (*zool.*) **c. marino**, sea-horse □ **a c. di q.**, on sb.'s shoulders; piggyback.
cavapiètre *m. invar.* quarryman*.
cavàre ***A*** *v. t.* ***1*** (*tirar fuori*) to take* out; to draw* out; to pull out: **c. di tasca q.c.**, to take (*o* to pull) st. from one's pocket; **c. un dente**, to draw out a tooth ***2*** (*togliersi di dosso*) to take* off; to remove: **cavarsi il cappello**, to take off one's hat ***3*** (*ottenere*) to get*: **c. una parola di bocca a q.**, to get a word out of sb. • **cavarsi la voglia di fare q.c.**, to give oneself the satisfaction of doing st. □ **cavarsela**, (*arrangiarsi*) to cope, to manage; (*non essere punito*) to get off; (*superare un esame*) to get through; (*sopravvivere*) to come out (of st.) alive, (*di malato*) to pull through □ **c. alla meno peggio**, to muddle through ***B*** *v. rifl.* to get* out (of): **c. d'impaccio**, to get out of trouble.
cavastivàli *m.* bootjack.
cavatàppi, **cavaturàccioli** *m.* corkscrew.
caveau (*franc.*) *m. invar.* (*banca*) vault.
cavèdio *m.* (*archit.*) light well.
cavèrna *f.* ***1*** cave; cavern ***2*** (*med.*) cavity • **uomo delle caverne**, caveman.
cavernìcolo ***A*** *m.* cave-dweller; (*anche fig.*) caveman* ***B*** *a.* cave-dwelling.
cavernóso *a.* cavernous; (*di voce*) hollow, deep.
cavézza *f.* halter.
càvia ***A*** *f.* (*zool. e fig.*) guinea pig: **fare da c.**, to be a guinea pig ***B*** *a.* experimental.
caviàle *m.* caviar(e).
cavìcchio *m.* wooden pin; (*anche mus.*) peg.
cavìglia *f.* ***1*** (*anat.*) ankle ***2*** (*naut.*) belaying pin ***3*** (*ferr.*) screw spike ***4*** (*mus.*) peg.
cavillàre *v. i.* to quibble; to cavil; to split* hairs.
cavìllo *m.* quibble; cavil.
cavillóso *a.* quibbling; hair-splitting.
cavità *f.* hollow; (*anche anat.*) cavity.
càvo (1) ***A*** *a.* hollow; hollowed ***B*** *m.* hollow; cavity: **il c. della mano**, the hollow of a hand; (*anat.*) **c. orale**, oral cavity.
càvo (2) *m.* ***1*** (*fune*) cable; rope: **c. di acciaio**, steel cable ***2*** (*elettr.*) cable ***3*** (*naut.*) line; cable; hawser • **televisione via c.**, cable television.
cavolàia *f.* (*zool.*) garden white; cabbage butterfly.
cavolàta *f.* (*fam.*) ***1*** (*errore*) silly mistake ***2*** (*stupidaggine*) silly (*o* foolish) thing, (*al pl.*) rubbish Ⓤ.
cavolfióre *m.* (*bot.*) cauliflower.
cavolìno *m.* — **c. di Bruxelles**, Brussels sprout.
càvolo *m.* ***1*** (*bot.*) cabbage: **c. verde**, kale, kail; **c. verza**, savoy (cabbage) ***2*** (*fam.*) — **Cavoli miei!**, it's none of your business; **Cavoli tuoi!**, that's your problem!; **Che c. vuoi?**, what the hell do you want?; **Col c. che ci vado!**, I'll be damned if I'll go!; **del c.**, stupid; rotten; **entrarci come i cavoli a merenda**, to be totally beside the point; **Non me ne importa un c.**, I don't give a damn; **Dov'è quel c. di...?**, where's the blasted...?
cazzàta *f.* (*volg.*) ***1*** (*stupidaggine*) bullshit Ⓤ; crap Ⓤ: **dire cazzate**, to talk crap; **Quel libro è una c.**, that book is a load of crap ***2*** (*errore*) boo-boo; (*pasticcio*) cock-up, balls-up: **Non fare cazzate**, don't cock things up.
càzzo (*volg.*) ***A*** *m.* cock; prick ***B*** *inter.* ***1*** (*di irritazione*) shit!; fuck! ***2*** (*eccome!*) you bet! • **Che c. vuoi?**, what the fuck do you want? □ **Col c. che resto!**, like hell I'm staying! □ **del c.**, shitty; bloody (*GB*); fucking □ **Fatti i cazzi tuoi!**, mind your own fucking business! □ **Non sa un c.**, he doesn't know shit.
cazzòtto *m.* (*pop.*) punch; sock (*pop.*): **mollare un c. a q.**, to land (*o* to sock) sb. one; **fare a cazzotti**, to have a punch-up.
cazzuòla *f.* (*edil.*) trowel.
ce ***A*** *pron. pers. 1ª pers. pl.* us; to us: **Ce l'ha detto ieri**, he told us yesterday; **Ce lo scrisse suo padre**, his father wrote to us about it ***B*** *avv.* there: **Ce n'è a sufficienza**, there is enough; **Ce ne sono tre**, there are three.
cecchìno *m.* ***1*** (*mil.*) sniper ***2*** (*polit.*) member of parliament who votes against his own party (in a ballot).
céce *m.* (*bot.*) chickpea.
cecità *f.* blindness.
cèco *a. e m.* (*f.* **-a**) Czech (*f.* Czech woman*).
cecoslovàcco *a. e m.* Czechoslovak; Czechoslovakian.
cèdere ***A*** *v. i.* ***1*** (*arrendersi*) to surrender; to yield; to give* up; to give* in: **c. alle preghiere di q.**, to yield to sb.'s prayers; **c. allo sconforto**, to give in to despair ***2*** (*crollare*) to collapse; (*sprofondare*) to subside, to give* way ***3*** (*venir meno*) to give* out: **Il suo cuore ha ceduto**, his heart gave out ***4*** (*allentarsi, deformarsi*) to give* ***B*** *v. t.* ***1*** (*dare*) to give*; to give* up: **c. il turno a q.**, to give up one's turn to sb. ***2*** (*consegnare*) to give* up; to surrender; to yield; (*con trattato*) to cede ***3*** (*trasferire*) to make* over; to hand over; (*anche leg.*) to transfer, to assign: **c. i propri diritti a q.**, to make over (*o* to transfer) one's rights to sb. ***4*** (*vendere*) to sell*; to dispose of • **c. la parola a q.**, to hand over to sb. □ **c. il passo a q.**, to let sb. pass first □ **c. il passo a q.c.**, to give way to st. □ **non cederla a nessuno**, to be second to none.
cedévole *a.* ***1*** that gives; yielding; (*malleabile*) pliable; (*del terreno*) soft ***2*** (*arrendevole*) yielding; docile; accommodating.
cedìbile *a.* transferable • **non c.**, non-transferable.
cediménto *m.* ***1*** (*di terreno*) sinking, subsiding; (*di pavimento, fondo stradale, ecc.*) sag; (*di trave*) yielding ***2*** (*crollo*) collapse; (*di tetto*) cave-in ***3*** (*fig.*) giving in; letup.
cèdola *f.* (*comm., fin.*) coupon; voucher.
cedolàre ***A*** *a.* (*fin.*) coupon (*attr.*) ***B*** *f.* (*imposta*) tax on dividends.
cedràta *f.* citron juice.
cédro (1) *m.* ***1*** (*albero*) citron (tree) ***2*** (*frutto*) citron.
cédro (2) *m.* ***1*** (*albero*) cedar: **c. del Libano**, cedar of Lebanon ***2*** (*legno*) cedar(wood).
cedróne *m.* — (*zool.*) **gallo c.**, capercaillie.
cèduo *a.* — **bosco c.**, copse; coppice.
cefalèa *f.* (*med.*) headache.
cefàlico *a.* (*anat.*) cephalic.
cèfalo *m.* (*zool.*) grey mullet.
cèffo *m.* (*spreg.*) ***1*** ugly face; ugly mug (*fam.*) ***2*** (*individuo sinistro*) synister type.
ceffóne *m.* slap (in the face) • **dare un c. a q.**, to slap sb. in the face.
celàre ***A*** *v. t.* to conceal; to hide*: **c. q.c. a q.**, to hide st. from sb. ***B*** **celàrsi** *v. rifl.* ***1*** to hide*; to conceal oneself ***2*** (*stare nascosto*) to be hidden; to hide*.
celàto *a.* hidden; concealed.
celebèrrimo *a.* very famous.
celebrànte *m.* (*eccles.*) celebrant; officiant.
celebràre *v. t.* ***1*** (*lodare*) to celebrate; to praise ***2*** (*officiare*) to celebrate; to officiate: **c. la messa**, to celebrate (*o* to say) mass; **c. un matrimonio**, to officiate at a wedding ***3*** (*festeggiare*) to celebrate • **c. un processo**, to hold a trial.
celebratìvo *a.* commemorative.
celebràto *a.* celebrated; famous; renowned.
celebraziόne *f.* celebration; commemoration.
cèlebre *a.* celebrated; famous; renowned.
celebrità *f.* ***1*** (*notorietà*) celebrity; fame; renown: **dare c. a q.**, to make sb. famous; **raggiungere la c.**, to become famous; to rise to fame ***2*** (*persona celebre*) celebrity.

cèlere *a.* swift; quick; fast; (*sollecito*) prompt • **posta c.**, express post.
celerità *f.* swiftness; quickness; rapidity.
celèste ***A*** *a.* ***1*** (*del cielo, celestiale*) celestial; heavenly: **corpi celesti**, celestial (*o* heavenly) bodies; **grazia c.**, heavenly grace ***2*** (*di color celeste*) sky-blue; light-blue ***B*** *m.* (*colore*) sky blue; light blue.
celestiàle *a.* celestial; heavenly.
cèlia *f.* joke; jest: **per c.**, as a joke; in jest.
celiàre *v. i.* to joke.
celibàto *m.* bachelorhood; single state; celibacy: **c. ecclesiastico**, priestly celibacy.
cèlibe ***A*** *a.* unmarried; single; (*anche eccles.*) celibate ***B*** *m.* bachelor; single man*.
cèlla *f.* cell • **c. di rigore**, punishment cell □ **c. frigorifera**, refrigerator; (*per surgelamento*) freezer □ **in c. di isolamento**, in solitary confinement.
cèllofan *m.* cellophane.
cellofanàre *v. t.* (*ind.*) to shrink-wrap.
cèllophane *V.* **cellofan.**
cèllula *f.* (*biol., elettr., polit., ecc.*) cell • **c. fotoelettrica**, photoelectric cell; (*l'apparecchio, anche*) electric (*o* magic) eye (*fam.*).
cellulàre ***A*** *a.* (*biol., fis.*) cellular; cell (*attr.*): **tessuto c.**, cellular tissue; **divisione c.**, cell division ***B*** *m.* ***1*** (*furgone c.*) police van; patrol wagon (*USA*) ***2*** (*telef.*) cellular telephone; cellphone.
cellulìte *f.* (*accumulo di grasso*) cellulite.
cellulòide *f.* celluloid • (*cinem.*) **il mondo della c.**, the film (*USA* motion-picture) industry.
cellulósa *f.* cellulose.
cèlta *m.* Celt.
cèltico *a. e m.* Celtic.
cémbalo *m.* (*mus.*) ***1*** (*stor.*) cymbal ***2*** *V.* **clavicembalo.**
cementàre *v. t.*, **cementàrsi** *v. i. pron.* (*anche fig.*) to cement.
cementazióne *f.* cementing; cementation.
cementificio *m.* cement factory.
ceménto *m.* cement: **c. a presa rapida**, quick-setting cement; **c. armato**, reinforced concrete.
céna *f.* evening meal; supper; (*formale*) dinner: **Mangio poco a c.**, I usually have a light evening meal; **invitare q. a cena**, to invite sb. for dinner; **andare a letto senza c.**, to go to bed without one's supper; **l'Ultima C.**, the Last Supper.
cenàcolo *m.* ***1*** (*luogo di ritrovo*) meeting place; salon ***2*** (*gruppo di artisti*) artistic [literary] coterie • (*pitt.*) **il C. di Leonardo**, Da Vinci's Last Supper.
cenàre *v. i.* to have* supper; (*di cena formale*) to dine, to have dinner: **A che ora si cena?**, what time are we having supper?; **c. da amici**, to dine with friends.
cenciaiòlo *m.* rag-and-bone-man*.
céncio *m.* ***1*** (piece *o* scrap of) cloth; (*per spolverare*) duster ***2*** (*straccio*) rag • **coperto di cenci**, in rags; in tatters □ **pallido come un c.**, as white as a sheet □ **essere ridotto a un c.**, (*di indumento*) to be in tatters; (*di persona*) to be a shadow of one's former self.
cencióso *a.* ragged; tattered; in rags.
cénere *f.* ***1*** ash, ashes (*pl.*); (*specialm. di carbone, legna, ecc.*) cinders (*pl.*): **c. di sigaretta**, cigarette ash; **c. vulcanica**, volcanic ash; **finire in c.**, to be burnt to ashes; **ridurre in c.**, to burn; (*un edificio*) to burn down ***2*** (*al pl.*) (*di morto*) ashes • **biondo c.**, ash blond □ **grigio c.** (*o* **color c.**), ash grey.
céngia *f.* ledge.
cénno *m.* ***1*** (*segnale*) sign; signal; (*gesto*) gesture; (*con la mano*) wave (of the hand); (*col capo*) nod; (*con gli occhi*) wink: **un cenno di risposta**, an answering sign; (*risposta scritta*) a reply; **fare un c. a q.**, to give sb. a nod; to nod to sb.; **comunicare a cenni**, to communicate by gestures; **Mi fece c. di fermarmi**, he gestured to me to stop; **chiamare q. con un c.**, to beckon sb.; **fare c. di no**, (*col capo*) to shake one's head; (*col dito*) to shake one's finger; **fare c. di sì**, to nod (one's assent) ***2*** (*menzione*) mention; (*allusione*) hint: **fare c. a q.** [**q.c.**], to mention sb. [st.] ***3*** (*al pl.*) (*breve trattato*) outline (*sing.*); notes: **cenni di letteratura inglese**, an outline of English literature.
cenóne *m.* (*di Natale*) Christmas Eve dinner; (*di Capodanno*) New Year's Eve dinner.
cenotàfio *m.* cenotaph.
censiménto *m.* census: **fare il c.**, to take a census.
censìre *v. t.* ***1*** to take* a census of; to census ***2*** to assess (property).
cènso *m.* (*ricchezza*) wealth; (*patrimonio*) estate.
censóre *m.* ***1*** censor ***2*** (*critico*) (severe) critic; fault-finder.
censòrio *a.* ***1*** censorial ***2*** (*critico*) censorious; critical.
censùra *f.* ***1*** (*di scritti, spettacoli, ecc.*) censorship ***2*** (*organo*) board of censors ***3*** (*ammonimento*) censure.
censuràre *v. t.* ***1*** to censor ***2*** (*criticare*) to censure; to criticize.
centàuro *m.* ***1*** (*mitol.*) centaur ***2*** (*fig.*) motorcyclist.
centellinàre *v. t.* ***1*** to sip ***2*** (*assaporare*) to savour; to enjoy every minute of ***3*** (*dosare*) to measure out.
centenàrio ***A*** *a.* ***1*** (*che ha cento anni*) a hundred years old (*pred.*); hundred-year-old (*attr.*); centenarian ***2*** (*secolare*) very old; ancient ***3*** (*che ricorre ogni cent'anni*) centenary; centennial ***B*** *m.* ***1*** (*f.* **-a**) centenarian ***2*** (*commemorazione*) centenary; centennial (*USA*): **terzo c.**, tercentenary.
centennàle ***A*** *a.* centennial; secular ***B*** *m.* *V.* **centenario**, *def. 2.*
centeşimàle *a.* centesimal.
centèşimo ***A*** *a. num. ord.* hundredth ***B*** *m.* ***1*** (a, one) hundredth ***2*** (*moneta: di dollaro*) cent; (*di franco*) centime • **non valere un c.**, not to be worth a farthing □ **essere senza un c.**, to be penniless.
centigrado *a.* centigrade: **gradi centigradi**, degrees centigrade.
centigràmmo *m.* centigram(me).
centilitro *m.* centilitre, centiliter (*USA*).
centìmetro *m.* centimetre, centimeter (*USA*).
centinaio *m.* (*pl.* **centinàia,** *f.*) ***1*** (*cento*) (a) hundred ***2*** (*circa cento*) about a hundred • **a centinaia**, by the hundred; in hundreds; (*fig.*) in droves.
cènto *a. num. card. e m.* a (*o* one) hundred: **c. sterline**, a hundred pounds; **i c. migliori libri**, the hundred best books • (*sport*) **i c.** (**metri**) **a ostacoli**, the 100-metre hurdles □ (*sport*) **i c.** (**metri**) **piani**, the 100 metres □ **al c. per c.**, one hundred per cent □ **un aumento del dieci per c.**, a ten per cent increase □ **novantanove volte su c.**, ninety-nine times out of a hundred □ **C. di questi giorni!**, many happy returns (of the day)!
centometrìsta *m. e f.* (*sport*) hundred-metre runner.
centomila ***A*** *a. num. card.* ***1*** a (*o* one) hundred thousand ***2*** (*moltissimi*) thousands (*pl.*): **c. volte**, thousands of times ***B*** *m.* a (*o* one) hundred thousand.
centopièdi *m.* (*zool.*) centipede.
centràle ***A*** *a.* ***1*** central: **l'Italia c.**, Central Italy; **riscaldamento c.**, central heating ***2*** (*principale*) main; central: **tema c.**, main theme • **posta c.**, general post office (*abbr.* GPO) □ **sede c.**, head office; headquarters (*pl.*) ***B*** *f.* ***1*** (*sede c.*) head office; headquarters (*pl.*): **c. di polizia**, police headquarters ***2*** — **c. atomica**, atomic power plant; **c. del latte**, municipal dairy; **c. elettrica**, power station; power plant; **c. telefonica**, telephone exchange.
centralinista *m. e f.* ***1*** (*di società talefonica*) operator ***2*** (*di ditta, ecc.*) switchboard operator.
centralìno *m.* ***1*** (*di società telefonica*) telephone exchange ***2*** (*di ditta, ecc.*) switchboard.
centraliṣmo *m.* (*polit.*) centralism.
centralità *f.* centrality.
centralizzàre *v. t.* to centralize.
centralizzazióne *f.* centralization.
centràre *v. t.* ***1*** (*colpire nel centro*) to hit* the centre of; (*colpire in pieno*) to hit* (squarely) ***2*** (*mettere al centro*) to centre, to center (*USA*); (*mecc.*) to centre, to balance • **c. un problema**, to grasp a problem; to hit the nail on the head.
centràto *a.* ***1*** (*mecc.*) true; balanced ***2*** (*azzeccato*) on the mark; correct; spot on (*fam.*) • **C.!**, bull's eye!; (*fig.*) spot on!
centrattàcco, **centravànti** *m.* (*sport*) centre forward.
centrìfuga *f.* ***1*** centrifuge ***2*** (*di lavatrice*) spin-dryer; (*l'operazione*) spin-drying.
centrifugàre *v. t.* ***1*** to centrifuge ***2*** (*di lavatrice*) to spin-dry ***3*** (*verdura, ecc.*) to extract the juice from.
centrifugazióne *f.* centrifugation.
centrìfugo *a.* (*fis. e fig.*) centrifugal: **forza centrifuga**, centrifugal force.
centrìno *m.* doily.
centrìpeto *a.* (*fis.*) centripetal: **forza centripeta**, centripetal

force.
centrismo *m.* (*polit.*) centrism.
centrista (*polit.*) ***A*** *a.* centre, center (*USA*) (*attr.*) ***B*** *m. e f.* centrist.
cèntro *m.* ***1*** centre, center (*USA*): **c. di gravità**, centre of gravity; **c. d'attrazione**, centre of attraction ***2*** (*zona mediana*) middle: **nel c. della stanza**, in the middle of the room ***3*** (*luogo abitato*) centre; town; (*di soggiorno*) resort: **c. abitato**, town; **c. industriale**, industrial town; **c. balneare**, seaside resort ***4*** (*di città*) town (*o* city) centre (*GB*); downtown (*USA*) ***5*** (*complesso, organo*) centre, complex; (*istituto*) institute: **c. commerciale**, shopping centre; mall (*USA*); **c. ospedaliero**, hospital complex; **c. sportivo**, sports centre; **c. di ricerca**, research institute ***6*** (*nucleo, cuore*) core; heart ***7*** (*del bersaglio*) bull's eye • **c. direzionale**, office district □ **c. elettronico**, data processing centre □ **centri vitali**, vital organs □ **fare centro**, (*in un bersaglio*) to hit the bull's eye; (*nel calcio*) to score; (*fig.*) to hit the mark.
centrocampista *m.* (*sport*) midfield player.
centrocàmpo *m.* (*sport*) midfield.
centrodèstra *m.* (*polit.*) Centre-Right.
centroeuropèo *a.* Central (*o* Middle) European.
centrosinistra *m.* (*polit.*) Centre-Left.
centrotàvola *m. invar.* centrepiece.
centuplicàre *v. t.* ***1*** to multiply by a hundred; to centuplicate ***2*** (*fig.*) to multiply.
cèntuplo ***A*** *a.* hundredfold; centuple ***B*** *m.* (a) hundred times (as much): **1000 è il c. di 10**, 1000 is a hundred times 10; **rendere il c.**, to yield a hundred times as much.
centùria *f.* (*stor. romana*) century.
centurióne *m.* (*stor. romana*) centurion.
céppo *m.* ***1*** (*d'albero*) base (of a tree); tree stump ***2*** (*stirpe*) stock ***3*** (*da ardere*) log ***4*** (*per la decapitazione*) block ***5*** (*mecc., di freno*) (brake) shoe; block ***6*** (*naut., di ancora*) stock ***7*** (*al pl.*) (*per prigionieri*) irons; shackles ***8*** (*bloccaruote*) wheel clamp.
céra (1) *f.* ***1*** wax: **candele di c.**, wax candles; **c. d'api**, beeswax ***2*** (*per lucidare*) wax; polish: **c. da pavimento**, floor wax (*o* polish); **c. per mobili**, furniture polish; **dare la c. a q.c.**, to polish st. • **museo delle cere**, waxworks.
céra (2) *f.* (*aspetto*) look; appearance: **avere buona c.**, to look well; **avere cattiva** (*o* **brutta**) **c.**, not to look well.
ceralàcca *f.* sealing wax.
ceràmica *f.* ***1*** (*materiale*) baked clay ***2*** (*arte*) ceramics (*pl. col verbo al sing.*); pottery ***3*** (*oggetto*) piece of pottery; (*al pl., collett.*) pottery Ⓤ.
ceramista *m. e f.* ceramist; potter.
ceràta *f.* oilskin.
ceràto *a.* waxed; wax (*attr.*) • **tela cerata**, oilcloth; oilskin.
cèrbero *m.* ***1*** (*custode*) watchdog ***2*** (*persona intrattabile*) cantankerous person; (*di donna*) dragon, battleax.
cerbiàtto *m.* (*zool.*) fawn.
cerbottàna *f.* ***1*** (*arma*) blowpipe (*GB*); blowgun (*USA*) ***2*** (*giocattolo*) peashooter.
cérca *f.* — **andare in c. di**, to look (*o* to search) for □ **essere in c. di guai**, to be looking for trouble.
cercapersóne *m. invar.* bleeper; pager.
cercàre ***A*** *v. t.* ***1*** (*per trovare*) to look (for); to search (for); to try to find; (*frugando*) to fumble (for); (*a tastoni*) to grope (for); (*in un libro*) to look up: **c. lavoro**, to look for a job; **c. q. nella folla**, to look for sb. in the crowd; **c. q. in un cassetto**, to search for st. in a drawer; **c. una parola nel dizionario**, to look up a word in the dictionary; **cercare le parole**, to search for words; **c. q. al telefono**, to try to get sb. (on the phone) ***2*** (*per ottenere*) to seek; to be after; to pursue: **c. fortuna** [**la gloria**], to seek one's fortune [fame] • **c. guai**, to be looking for trouble □ **c. l'acqua con la bacchetta** (**da rabdomante**), to divine (for) water; to dowse □ **c. oro**, to dig for gold; to prospect □ **Cercasi cuoca**, wanted: cook ***B*** *v. i.* (*tentare*) to try; (*sforzarsi*) to endeavour, to strive*: **Cerca di essere qui presto**, try to be here early.
cercatóre *m.* (*f.* **-trice**) ***1*** searcher; seeker ***2*** (*di minerali*) prospector; digger: **c. d'oro**, gold digger.
cérchia *f.* ***1*** circle; ring: **c. di mura**, circle of walls ***2*** (*gruppo*) circle; set; group: **c. di amici**, circle of friends ***3*** (*ambito*) range: **c. di interessi**, range of interests.
cerchiàre *v. t.* ***1*** (*una botte*) to hoop; (*tecn.*) to ring; (*una ruota*) to rim ***2*** (*circolettare*) to circle.
cerchiàto *a.* ringed; rimmed; circled • **avere gli occhi cerchiati**, to have rings round one's eyes.
cerchiétto *m.* ***1*** (*per capelli*) hair-band ***2*** (*braccialetto*) bangle ***3*** (*anello*) ring; ringlet ***4*** (*al pl.*) (*gioco*) graces.
cérchio *m.* ***1*** (*mat.*) circle: **c. massimo**, great circle ***2*** (*anello*) ring; circle: **un c. di curiosi**, a ring of onlookers; **mettersi in c.**, to form a ring (*o* a circle); **girare in c.**, to go round and round; **fare c. attorno a q.**, to gather (*o* to form a circle) round sb. ***3*** (*di ruota*) rim ***4*** (*di botte, attrezzo ginnico, giocattolo*) hoop • **c. alla testa**, headache □ **c. della morte**, wall of death; (*aeron.*) looping the loop.
cerchióne *m.* (*di ruota*) rim; (*ferr.*) tread.
cereàle ***A*** *a.* cereal (*attr.*) ***B*** *m.* cereal; (*al pl., collett., anche*) grain Ⓤ, corn Ⓤ.
cerealìcolo *a.* cereal (*attr.*); grain (*attr.*).
cerealicoltùra *f.* cereal growing.
cerebràle *a.* ***1*** cerebral; brain (*attr.*): **emorragia c.**, brain haemorrage; **morte c.**, brain death ***2*** (*mentale*) mental ***3*** (*fig.*) cerebral; highbrow.
cerebrolésо ***A*** *a.* brain-damaged ***B*** *m.* (*f.* **-a**) brain-damaged person.
cèreo *a.* ***1*** (*di cera*) wax (*attr.*) ***2*** (*pallido*) waxen; wan; ashen.
cerétta *f.* (*per depilazione*) (depilatory) wax • **farsi la c. alle gambe**, to wax one's legs.
cerfòglio *m.* (*bot.*) chervil.
cerimònia *f.* ***1*** ceremony; ritual ***2*** (*eccles.*) service: **c. nuziale** [**funebre**], wedding [funeral] service ***3*** (*pompa*) ceremony; pomp ***4*** (*al pl.*) (*convenevoli*) ceremony Ⓤ; fuss (*sing., fam.*): **fare cerimonie**, to stand on ceremony; **senza cerimonie**, informally; without ceremony; **senza tante cerimonie** (*bruscamente*), unceremoniously; (*schiettamente*) plainly, bluntly.
cerimoniàle ***A*** *a.* (*lett.*) ceremonial; formal ***B*** *m.* ritual; (*regole*) protocol, etiquette: **c. di corte**, court etiquette.
cerimonière *m.* master of ceremonies.
cerimonióso *a.* ceremonious; formal.
cerino *m.* wax match; vesta.
cèrnia *f.* (*zool.*) gro(u)per.
cernièra *f.* ***1*** (*a cardine*) hinge ***2*** (*di borsetta*) (metal frame and) clasp • **c. lampo**, zip (fastener) (*GB*); zipper (*USA*).
cèrnita *f.* (*suddivisione*) sorting; (*scelta*) selection • **fare una c.**, to sort; to select.
céro *m.* (church) candle.
ceróne *m.* greasepaint.
ceróso *a.* wax (*attr.*); waxy.
ceròtto *m.* (sticking) plaster: **c. medicato**, medicated plaster; Band-Aid ® (*USA*).
certaménte *avv.* certainly; surely; definitely; no doubt; of course.
certézza *f.* certainty: **sapere q.c. con c.**, to know st. for a certainty (*o* for a fact); **Ho la c. di averlo visto**, I'm certain I saw him.
certificàre *v. t.* to certify; to attest: **c. una morte**, to certify a death; (*rag.*) **c. un bilancio**, to audit the accounts.
certificàto *m.* certificate: **chiedere** [**rilasciare**] **un c.**, to apply for [to issue] a certificate; **c. di nascita**, birth certificate; **c. di garanzia**, manufacturer's certificate; **c. di servizio**, testimonial; **c. medico**, medical certificate; **c. sanitario**, bill of health.
certificazióne *f.* certification; authentication • (*rag.*) **c. di bilancio**, auditing.
cèrto (1) ***A*** *a.* ***1*** (*sicuro; convinto*) certain, sure; **morte certa**, certain death; **c. di vincere**, certain of victory (*o* of winning); **Ne sono più che c.**, I am absolutely sure of it; **Sta' pur c. che tornerà**, you can be sure he'll be back ***2*** (*definito*) definite: fixed: **data certa**, definite date ***3*** (*degno di fede*) reliable • **dare q.c. per c.**, to give st. as a fact □ (*leg.*) **prova certa**, irrefutable evidence □ **sapere per c.**, to know for a fact (*o* for a certainty) ***B*** *m.* certainty ***C*** *avv.* (*anche* **di c.**) certainly; surely; of course: **C. che verrò!**, of course I'm coming; **Ma c.!**, of course!; certainly; (*fa' pure*) by all means!; **No (di) c.!**, certainly not!; **Avrai c. saputo del suo divorzio**, you must have heard about his divorce; **Non si può c. dire che...**, you can hardly say that...
cèrto (2) ***A*** *a. indef.* ***1*** certain: **una certa persona**, a certain person; **un c. signor Bassi**, a certain (*o* one) Mr Bassi ***2*** (*qualche*) some: **per un c. tempo**, for some time; **un c. qual timore**, some fear; a certain fear; **Certe volte non la capi-**

sco, there are times I (just) don't understand her *3* (*tale*) such: **Non devi usare certe parole!**, you shouldn't use such words! • **di una certa età**, rather old; oldish □ **Ho una certa fretta**, I'm rather in a hurry □ **Si vede certa gente giro!**, there are some pretty dubious people around! □ **Ha certi gioielli!**, you should see her jewellery! □ **un c. non so che**, an indefinable something □ **quella certa persona che sai**, that person you know of *B* pron. indef. (*al pl.*) some; some people; (*in senso restrittivo*) some of them [of you, of us]: **Certi dicono che sia in Perù**, some people say he's in Peru; **Certi lo vogliono, certi no**, some (people) want it, some (*o* others) don't.

certósa f. (*eccles.*) Carthusian monastery; charterhouse.

certosino *A* m. (*eccles.*) Carthusian (monk) • **lavoro da c.**, painstaking job; (*di lavoro manuale*) fiddly job □ **una pazienza da c.**, the patience of Job; (*meticolosità*) painstakingness *B* a. *1* (*eccles.*) Carthusian *2* (*fig.*) meticulous; painstaking.

certùno pron. indef. somebody; someone; (*al pl.*) some people, some.

cerùleo a. (*lett.*) cerulean; sky-blue.

cerùme m. earwax.

cèrva f. (*zool.*) hind; doe*.

cervellétto m. (*anat.*) cerebellum*.

cervèllo m. (*pl.* **cervèlli** m.; **cervèlla** f., *in alcune locuz.*) *1* (*anat.*) brain *2* (*intelligenza, senno*) brain (*spesso al pl.*); mind; head: **avere un gran c.**, to have plenty of brains; **cervelli e macchine**, minds and machines; **usare il c.**, to use one's brains; **Mi si è svuotato il c.**, my mind's gone blank; **Gli ha dato di volta il c.**, he's gone off his head *3* (*persona intelligente*) brain, brainy person; (*mente direttiva*) brains (*pl.*) • **c. elettronico**, computer □ (*fam.*) **avere il c. bacato**, to be crazy; to be nuts □ **avere un c. di gallina**, to be brainless □ **Dove hai il c.?**, what were you thinking of? □ **farsi saltare le cervella**, to blow one's brains out □ **fuga dei cervelli**, brain drain □ **lavaggio del c.**, brain-washing □ (*fig.*) **senza c.**, brainless; scatterbrained.

cervellóne m. *1* (*fam.*) brain; genius *2* (*grosso computer*) big computer.

cervellòtico a. crazy; wild.

cervicàle a. (*anat.*) cervical.

cèrvo m. (*zool.*) deer; (*maschio*) stag, hart • **c. volante**, (*zool.*) stag beetle; (*aquilone*) kite □ **carne di c.**, venison.

cesàreo a. *1* Caesarean, Caesarian *2* (*imperiale*) imperial *3* (*med.*) caesarean, caesarian: **parto c.**, caesarean birth; **taglio c.**, caesarean section; caesarean (*fam.*).

cesarìsmo m. Caesarism.

cesellàre v. t. *1* to chisel; (*incidere*) to engrave *2* (*fig.*) to craft; to work finely; to polish.

cesellatóre m. (*f.* **-trice**) *1* chiseller; (*incisore*) engraver *2* (*fig.*) fine craftsman*.

cesellatùra f. chisel work; chiselling; (*incisione*) engraving.

cesèllo m. chisel.

cèsio m. (*chim.*) caesium, cesium (*USA*).

cesóie f. pl. shears.

cèspite m. (*econ.*) source of income.

céspo m. (*bot.*) tuft • **c. di lattuga**, head of lettuce.

cespùglio m. bush; shrub.

cespuglióso a. bushy (*anche fig.*); shrubby.

cessàre *A* v. i. *1* to stop; to cease: **c. di lavorare**, to stop working; **La pioggia cessò**, the rain stopped; **c. di vivere**, to die *2* (*calmarsi*) to abate; to subside *B* v. t. to stop; to end; to cease; to discontinue: **c. il fuoco**, to cease fire; **c. l'attività**, (*di persona*) to go out of business; (*di azienda*) to close down; **c. la produzione**, to discontinue production.

cessàte il fuòco locuz. s. m. ceasefire: **ordinare il c.**, to order a ceasefire.

cessazióne f. *1* cessation; discontinuance; end: **c. delle ostilità**, cessation of hostilities *2* (*comm., leg.*) termination; discontinuance: **c. del rapporto di lavoro**, termination of employment; (*comm.*) **c. di esercizio**, closing-down.

cessióne f. (*leg.*) transfer; assignment; cession: **c. di contratto**, transfer of contract; **c. di un diritto**, cession of a right; (*polit.*) **c. di territorio**, surrender of territory.

cèsso m. *1* (*pop.*) lavatory; bog (*pop. GB*); can (*pop. USA*) *2* (*volg. spreg.*: *di posto*) pigsty; (*di cosa*) trash 🅤, abortion, shit 🅤 (*volg.*); (*di persona*) horror, dog (*pop. USA*).

césta f. (large) basket; (*con coperchio*) hamper.

cestèllo m. *1* (*per bottiglie*) small crate (*with a handle*) *2* (*di lavabiancheria*) drum *3* (*di lavastoviglie*) rack.

cestinàre v. t. *1* to throw* away; to bin (*fam.*) *2* (*respingere*) to turn down; to reject.

cestìno m. *1* (small) basket: **c. da lavoro**, sewing basket *2* (*per la carta straccia*) wastepaper basket • **c. dei rifiuti**, litterbin, rubbish bin (*GB*); trashcan (*USA*) □ **c. da viaggio**, packed lunch (*for train travellers*).

cestìsta m. e f. (*sport*) basketball player.

césto m. basket.

cesùra f. (*metrica*) caesura.

cetàceo m. (*zool.*) cetacean.

cèto m. (social) class; rank: **il c. medio**, the middle classes (*pl.*); **il c. operaio**, the working class; **gente di ogni c.**, people of all ranks.

cétra f. *1* (*mus.*) cithara, lyre; (*da tavolo*) zither *2* (*fig.*) poetry; lyre.

cetriolino m. gherkin.

cetriòlo m. cucumber • (*zool.*) **c. di mare**, sea cucumber.

chalet (*franc.*) m. invar. chalet; cabin; mountain hut.

champagne (*franc.*) m. invar. champagne.

chance (*franc.*) f. invar. chance: **avere buone c. di successo**, to have a good chance of success; **non avere c.**, not to have (*o* to stand) a chance.

charme (*franc.*) m. invar. charm.

charter (*ingl.*) *A* a. invar. charter (*attr.*); chartered: **volo c.**, charter flight; **aereo c.**, chartered plane *B* m. invar. (*aereo*) chartered plane.

châssis (*franc.*) m. invar. (*autom.*) chassis*.

che (1) pron. relat. *1* (*sogg.*) (*rif. a persone*) who, that; (*rif. a cose o ad animali di sesso imprecisato*) which, that; (*rif. a persone, cose e animali, insieme*) that: **l'uomo che è uscito ora**, the man who (*o* that) has just left; **i fiori che sono nel vaso**, the flowers that are in the vase; **C'era lì vicino un signore, che cortesemente mi aiutò**, there was a man close by, who kindly helped me; **Mio padre, che non ama viaggiare, resterà a casa**, my father, who doesn't like travelling, will stay at home; **La città, che fu fondata dai Greci, ha un famoso tempio**, the town, which was founded by the Greeks, has a famous temple *2* (*ogg.*) (*rif. a persone*) that, whom; (*rif. a cose o ad animali di sesso imprecisato*) which, that; (*rif. a persone, cose e animali, insieme*) that (*spesso omesso in tutti i casi*): **l'uomo che ti ho presentato**, the man I introduced to you; **tutte le cose che non ti ho detto**, all the things (that) I didn't tell you; **la canzone che stavi ascoltando**, the song you were listening to; **Venne con la moglie, che io non conoscevo**, he came with his wife, whom I hadn't met before; **È il ragazzo più intelligente che abbia mai incontrato**, he is the cleverest boy (that) I ever met *3* (*in cui, quando*) in which, on which, when (*spesso omessi*): **il giorno che ci incontrammo**, the day on which (*o* when) we met; the day we met; **la prima volta che ti vidi**, the first time I saw you *4* (*la qual cosa*) which: **dopo di che**, after which; **il che**, which • **avere di che sfamarsi [di che vivere]**, to have something to eat [to live on] □ **non c'è che dire**, there's no denying it □ **Non c'è di che!**, don't mention it!

che (2) *A* a. interr. *1* (*rif. a un numero imprecisato*) what; (*che tipo*) what sort: **Che regalo vorresti?**, what present would you like?; **Che libri leggi?**, what books do you read?; **A che pagina?**, on what page?; **Che ora è?**, what's the time?; **Che uomo è?**, what sort of man is he? *2* (*rif. a un numero limitato*) which: **Che città hai visto in Spagna?**, which cities did you visit in Spain?; **Che vestito mi metto?**, which dress shall I wear? • **che cosa?**, what: **Che cos'hai detto?**, what did you say?; **Che cos'ha il motore?**, what's wrong with the engine? □ **Che differenza c'è?**, what's the difference? □ **a che scopo?**, what for? *B* pron. interr. (*che cosa?*) what: **A che pensi?**, what are you thinking of?; **Che hai?**, what's the matter with you?; **Che fare?**, what are we to do? • **che è, che non è**, all of a sudden; suddenly.

che (3) *A* a. escl. what (a) (*+ sost.*); how (*+ agg.*): **Che bella giornata!**, what a lovely day!; **Che spavento!**, what a fright!; **Che bel tempo!**, what beautiful weather!; **Che bei fiori!**, what beautiful flowers!; **Che noia!**, how boring!; **Che peccato!**, what a pity!; **Che grazioso!**, how lovely!; **Che stupidi sono!**, what fools they are! *B* pron. escl. what: **Che! già tornato?**, what! back already?

che (4) pron. indef. something: **C'è un che di strano in quella casa**, there's something strange about that house; **Il film**

non era un gran che, the film wasn't anything special; I didn't think much of the film.
che (**5**) *cong.* ***1*** (*dichiarativa, dopo verbi che esprimono dichiarazione, opinione, sentimento, ecc.*) that (*spesso omesso*): **Mi disse che avrebbe scritto**, he told me (that) he would write; **Mi dispiace che tu non possa venire**, I'm sorry (that) you can't come ***2*** (*dichiarativa, dopo verbi di volontà o comando, o dopo locuz. impers.*) — **Voglio che tu stia in casa**, I want you to stay at home; **Vorrei che capisse che ho ragione io**, I wish he would understand (that) I am right; **È possibile che venga anche lui**, he may come too ***3*** (*consecutiva*) that (*a volte omesso*): **Le ho dato una sgridata tale che se la ricorderà**, I've given her a scolding that she won't forget (in a hurry); **Ero così confuso che non risposi**, I was so confused (that) I didn't answer ***4*** (*finale*) that (*spesso omesso*); so that: **Bada che non si raffreddi**, mind it doesn't get cold; **Sta' attento che il cane non scappi**, be careful (that) the dog doesn't run away ***5*** (*comparativa*) than: **più fortuna che bravura**, more luck than ability; **più che mai**, more than ever; **prima che tu non creda**, sooner than you think ***6*** (*correlativa di «sia» e «tanto»*) (both...) and: **sia il cane che il padrone**, both the dog and his master ***7*** (*causale*) — **Parla forte, che non ti sento**, speak up, I can't hear you; **Andiamo, che è tardi**, let's go, it's late ***8*** (*temporale*) — **Cominciai che erano le dieci**, it was ten when I began; I began at ten; **passata che fu la burrasca**, after the storm was over; **da che sono arrivato**, since I arrived; **Sono anni che non lo vedo**, I haven't seen him in years ***9*** (*disgiuntiva*) whether: **che tu venga o no**, whether you come or not ***10*** (*ottativa*) — **Che vada!**, let him go!; **Che Dio ti aiuti**, (may) God help you! ***11*** (*eccettuativa*) but; only: **non fare (altro) che brontolare**, to do nothing but grumble; **Non penso ad altri che a te**, I can only think of you.
checca *f.* (*spreg.*) queen; fairy (*USA*).
checché *pron. rel. indef.* whatever: **c. tu dica**, whatever you may say.
chef (*franc.*) *m. invar.* chef.
chèla *f.* (*zool.*) claw; nipper; chela* (*scient.*).
chemioterapìa *f.* (*med.*) chemotherapy.
chemioteràpico *a.* (*med.*) chemotherapeutic.
chemisier (*franc.*) *m. invar.* (*moda*) shirtwaister; chemise.
chepì *m.* kepi.
cheratìna *f.* (*biol.*) keratin.
cherosène *m.* paraffin (*GB*); kerosene (*USA*).
cherubìno *m.* (*anche fig.*) cherub*.
chetàre (*lett.*) ***A*** *v. t.* ***1*** (*calmare*) to calm; to still ***2*** (*far tacere*) to quiet down; to hush ***B*** **chetàrsi** *v. i. pron.* to quiet down; to hush.
chetichèlla *vc.* — **alla c.**, secretly; stealthily; on the sly □ **andarsene alla c.**, to slip away □ **entrare** [**uscire**] **alla c.**, to slip in [out].
chéto *a.* quiet; silent; still.
chi (**1**) ***A*** *pron. relat.* (*la persona che*) the person (*o* the one) who; (*colui che*) the man [the boy, etc.] who; (*colei che*) the woman [the girl, etc.] who; (*coloro che*) those who: **Chi ha telefonato non ha lasciato il nome**, the person that phoned didn't leave his name; **Chi entra per ultimo chiuda la porta**, the person who comes in last should shut the door; **chi era presente**, those who were there ***B*** *pron. relat. indef.* ***1*** (*chiunque*) whoever (*compl.* whomever, *form.*); anyone who; anybody that: **Chi dice ciò sbaglia**, whoever says that, is wrong; **Dallo a chi vuoi**, give it to whoever (*form.* whomever) you wish; **Chiedi a chi vuoi**, ask anyone (you like) ***2*** (*uno che*) someone (*o* somebody) who; (*alcuni che*) some who, those who: **Bisogna trovare chi sappia farlo**, we must find someone who can do it; **C'è chi lo crede**, there are some who believe it ***C*** *pron. indef.* — **chi... chi**, some... some; some... others: **chi dice questo, chi quello**, some say this, some say that.
chi (**2**) *pron. interr.* ***1*** (*sogg.*) who; (*ogg. e compl. indir.*) who, whom (*form.*): **Chi è quell'uomo?**, who is that man?; **Chi sono quelle ragazze?**, who are those girls?; **«Permesso?» «Chi è?»**, «may I come in?» «who is it?»; **Agostini? Chi è?**, Agostini? who is he?; **Mi domando chi sia costui**, I wonder who this man is; **Non so a chi chiedere**, I don't know who (*form.* whom) to ask; **Chi preferisci?**, who(m) do you prefer?; **A chi devo scrivere?**, who should I write to?; to whom should I write? (*form.*); **Di chi parlano?**, who(m) are they talking about?; **di chi** (*poss.*), whose: **Di chi è quella casa?**, whose house is that?; **Non mi interessa di chi sia la colpa**, I don't care whose fault it is ***2*** (*rif. a un numero limitato di persone*) which: **Chi di noi preferisci?**, which of us do you prefer? • **Chi va là?**, who goes there? □ **chi va là** (*sost.*), challenge: **dare il chi va là a q.**, to challenge sb. □ **stare sul chi vive**, to be on the alert □ (*prov.*) **Chi la fa l'aspetti**, as you sow, so shall you reap □ (*prov.*) **Chi va piano va sano e va lontano**, more haste less speed.
chiàcchiera *f.* ***1*** (*al pl.*) (*conversazione*) chat (*sing.*); talk (*sing.*): **fare due** (*o* **quattro**) **chiacchiere**, to have a chat; to pass the time of day (*fam.*); **perdersi in chiacchiere**, to waste time talking ***2*** (*pettegolezzo*) gossip Ⓤ; rumour: **Ci sono state chiacchiere sul suo conto**, there has been some gossip about him ***3*** (*parlantina*) (a) glib tongue; (the) gift of the gab (*fam.*) ***4*** (*al pl.*) (*parole vuote*) empty words; idle talk Ⓤ; hot air Ⓤ (*fam.*) • **Poche chiacchiere!**, enough with this nonsense!; cut it out! (*fam.*).
chiacchieràre *v. i.* ***1*** to chat; to talk ***2*** (*parlare molto*) to chatter; to be a chatterbox ***3*** (*fare pettegolezzi*) to gossip; to talk ***4*** (*non saper tenere un segreto*) to blabber.
chiacchieràta *f.* chat: **fare una bella c.**, to have a good chat.
chiacchieràto *a.* — **È piuttosto c.**, he has been causing tongues to wag; he has a reputation.
chiacchierìccio *V.* **chiacchierìo.**
chiacchierìno ***A*** *a.* chattering; chatty ***B*** *m.* (*pizzo*) tatting.
chiacchierìo *m.* chattering; babble.
chiacchieróne *m.* (*f.* **-a**) ***1*** great talker; chatterbox ***2*** (*pettegolo*) gossip ***3*** (*indiscreto*) bigmouth (*fam.*).
chiamàre ***A*** *v. t.* ***1*** to call: **È pronto, chiama papà**, lunch is ready, call Dad; **Chiamai tanto, ma non rispose nessuno**, I called and called, but nobody answered; **c. il dottore** [**la polizia**], to call the doctor [the police]; **Il dovere mi chiama**, duty calls; **Chiamami** (*svegliami*) **alle sette**, call me at seven; **c. il cane con un fischio**, to whistle for the dog; **Mi chiamò con un gesto**, he beckoned me over ***2*** (*telefonare*) to call (up); to ring* (up) ***3*** (*imporre un nome*) to call, to name; (*usare un nome*) to call: **Lo chiameremo Marco come il nonno**, we'll call him Marco after his grandfather; **Tutti lo chiamano Pippo**, everyone calls him Pippo ***4*** (*designare*) to call; to appoint ***5*** (*invocare*) to call upon; to invoke ***6*** (*a carte*) to call; to declare • **c. a raccolta**, to muster; (*fig.*) to muster up, to gather □ **c. alle armi**, to call to arms; (*mil.*) to call up □ **c. le cose col loro nome**, to call a spade a spade □ **c. in causa**, (*coinvolgere*) to involve, to bring in; (*menzionare*) to bring up □ (*leg.*) **c. q. in giudizio**, to summons sb. □ **c. un taxi**, (*al telefono*) to call for a taxi; (*per strada*) to hail a taxi □ **mandare a c. q.**, to send for sb. ***B*** **chiamàrsi** *v. i. pron.* ***1*** (*avere nome*) to be called: **Come si chiama questa cosa?**, what is this thing called?; what do you call this thing?; **«Come ti chiami?» «Mi chiamo Andrea»**, «what's your name?» «my name is Andrea» ***2*** (*considerarsi*) to count oneself • **chiamarsi fuori**, to want out; to opt out □ **È quella che si chiama una trappola!**, that's what you call a trap! □ **Questo si chiama parlar chiaro!**, this is plain speaking!
chiamàta *f.* ***1*** call: **c. telefonica**, telephone call ***2*** (*leg.*) summons ***3*** (*appello*) roll call ***4*** (*teatr.*) curtain call • **c. alle armi**, call-up (*GB*); draft (*USA*) □ **c. alle urne**, general election.
chiàppa *f.* (*pop.*) buttock, cheek (*fam.*); (*al pl.*) backside, butt, ass (*sing., pop.*): **Alza le chiappe!**, get off your butt!; move your ass!
chiàra *f.* white (of an egg); egg white.
chiaraménte *avv.* ***1*** (*in modo chiaro*) clearly; distinctly ***2*** (*in modo esplicito*) openly; frankly ***3*** (*in modo evidente*) evidently; obviously.
chiarézza *f.* ***1*** clearness; clarity; (*lucidità*) lucidity ***2*** (*franchezza*) frankness.
chiarificàre *v. t.* ***1*** to clarify ***2*** (*spiegare*) to clarify; to explain.
chiarificazióne *f.*, **chiariménto** *m.* clarification Ⓤ; elucidation Ⓤ; explanation.
chiarìre ***A*** *v. t.* to clarify; to make* clear; to explain; to elucidate; to clear up: **c. un equivoco**, to clear up a misunderstanding; **c. un dubbio**, to remove a doubt ***B*** **chiarìrsi** *v. i. pron.* to become* clear.

chiàro ***A*** *a.* ***1*** clear (*anche fig.*); (*luminoso*) bright; (*di colore*) light, pale; (*di carnagione*) fair: **idee chiare**, clear ideas; **grigio c.**, light (*o* pale) grey ***2*** (*evidente*) clear, plain, obvious; (*comprensibile*) clear: **una chiara menzogna**, an obvious lie; **È c. che non lo sa**, he plainly doesn't know; **Sono stato c.?**, have I made myself clear? ***3*** (*netto*) clear; clear-cut; definite: **una chiara vittoria**, a clear-cut victory; **idee molto chiare**, very definite opinions ***4*** (*franco*) clear; plain; frank; open ***5*** (*illustre*) eminent; distinguished; renowned • **c. come il sole**, as clear as day; crystal clear □ **un no c. e tondo**, a flat no □ **giorno c.**, broad daylight □ **Fa c. alle 6**, it gets light at 6 □ **Si sta facendo c.**, it is getting light □ **poco c.**, unclear; (*ambiguo*) dubious, not quite right, shady ***B*** *m.* ***1*** (*luminosità*) brightness; lightness ***2*** (*colore chiaro*) light colour: **vestire di c.**, to wear light colours ***3*** (*pitt.*) lights (*pl.*) • **c. di luna**, moonlight; moonshine □ **con questi chiari di luna**, the way things are at present □ **messaggio in c.**, uncoded message □ **mettere in c. q.c.**, to clarify st. □ **Voglio mettere in c. che...**, I want to make it clear that... □ **Mettiamo subito in c. le cose**, let's get things straight right away ***C*** *avv.* ***1*** clearly ***2*** (*con franchezza*) frankly; plainly: **Parliamoci c.**, let's be frank • **c. e tondo**, plainly; in plain English □ **Voglio vederci c.**, I want to get to the bottom of this □ **Non ci vedo c.**, there's something not quite right here.

chiaróre *m.* ***1*** (*lucore*) (faint) light: **il c. dell'alba**, the first light of dawn ***2*** (*della luna*) moonlight; radiance.

chiaroscùro *m.* ***1*** (*pitt.*) chiaroscuro* ***2*** light and shade effects (*pl.*); (*luce incerta*) twilight.

chiaroveggènte ***A*** *a.* ***1*** clairvoyant ***2*** (*fig.*) clear-sighted; far-seeing ***B*** *m. e f.* clairvoyant.

chiaroveggènza *f.* ***1*** clairvoyance ***2*** (*fig.*) far-sightedness.

chiassàta *f.* ***1*** (*schiamazzo*) din; racket ***2*** (*scenata*) row; scene: **fare una c.**, to make a scene; to kick up a row.

chiàsso *m.* ***1*** noise; din; racket: **fare c.**, to make a noise ***2*** (*scalpore*) stir; sensation: **fare c.**, to cause a stir; to create (*o* to cause) a sensation.

chiassóso *a.* ***1*** noisy; rowdy ***2*** (*vistoso*) gaudy; loud.

chiàtta *f.* (*naut.*) barge; flatboat; (*nei porti*) lighter • **ponte di chiatte**, pontoon bridge.

chiavàre *v. t.* (*volg.*) to screw; to fuck.

chiàve ***A*** *f.* ***1*** key: **c. falsa**, forged key; **c. maestra**, master key; skeleton key; **aprire con la c.**, to unlock; **chiudere a c.**, to lock ***2*** (*di messaggio cifrato*) cipher key ***3*** (*mecc.*) spanner (*GB*); wrench (*USA*): **c. a stella**, box spanner (*o* wrench); **c. inglese**, adjustable spanner; monkey wrench ***4*** (*mus.*) clef: **c. di basso** [**di violino**], bass [treble] clef ***5*** (*fig.*) key; (*elemento rivelatore*) clue: **la c. del successo**, to key to success; **la c. d'un enigma**, the clue to a puzzle • (*autom.*) **c. di accensione**, ignition key □ **c. di lettura**, interpretation □ (*archit.*) **c. di volta**, keystone □ **chiavi in mano**, (*di impianto, ecc.*) turnkey (*attr.*); (*autom.*) on the road □ **un «Amleto» in c. moderna**, a modern version of «Hamlet» □ **in c. politica**, from a political point of view; political (*agg.*) □ **sotto chiave**, under lock and key ***B*** *a. invar.* key; essential; crucial: **parola c.**, key word; **punto c.**, essential point.

chiavétta *f.* ***1*** (small) key: (*autom.*) **c. dell'accensione**, ignition key ***2*** (*di giocattolo, orologio*) key; winder ***3*** (*rubinetto*) tap ***4*** (*mecc.*) spline; key.

chiàvica *f.* drain; sewer.

chiavistèllo *m.* bolt: latch • **mettere** [**togliere**] **il c. alla porta**, to bolt [to unbolt] the door.

chiàzza *f.* (large) stain; patch; blotch: **c. di vino**, wine stain; **chiazze rosse in viso**, red blotches on (sb.'s) cheeks; **c. di petrolio** (*sull'acqua*), oil slick; **a chiazze**, in patches; in blotches; (*maculato*) mottled.

chiazzàre *v. t.* ***1*** to stain; to spot ***2*** (*variegare*) to dapple.

chic (*franc.*) *a. invar.* chic; stylish; elegant.

chicca *f.* ***1*** (*fam.*) sweet; candy (*USA*) ***2*** (*fig.*) gem; find; titbit, tidbit.

chicchessia *pron. indef.* anyone; anybody.

chicchirichì *inter. e m.* cock-a-doodle-doo • **fare c.**, to crow.

chicco *m.* (*di cereale, riso*) grain; (*di caffè*) bean; (*di grandine*) hailstone; (*di uva*) grape; (*di rosario*) bead.

chièdere ***A*** *v. t.* ***1*** (*per sapere*) to ask; (*informarsi*) to inquire: **Chiedigli come si chiama**, ask him his name; **c. il prezzo**, to ask the price; **c. notizie di q.**, to ask about (*o* after) sb. ***2*** (*per avere*) to ask (for); (*imperiosamente*) to demand; (*supplicando*) to beg: **c. un parere** [**un aumento di stipendio**], to ask for an opinion [a wage rise]; **c. q.c. in prestito**, to ask for the loan of st.; **c. silenzio**, to ask for silence; **c. giustizia**, to demand justice; **c. un favore a q.**, to ask a favour of sb.; to ask sb. a favour; **c. il permesso di fare q.c.**, to ask permission to do st. ***3*** (*un prezzo*) to ask; to charge • **c. l'ora**, to ask the time □ **c. scusa a**, to apologize to □ **Chiedo scusa**, I'm sorry; excuse me; I beg your pardon □ **Mi chiedo se ne valga la pena**, I wonder if it is worthwhile □ **Non chiedo altro**, that's all I want ***B*** *v. i.* ***1*** (*informarsi*) to ask (about st.); (*sulla salute di q.*) to ask (after sb.), to inquire (after sb.): **Gli chiesi del suo lavoro**, I asked him about his work; **Gli chiesi di sua madre**, I asked (*o* inquired) after his mother ***2*** (*cercare*) to ask (for); (*voler vedere*) to want to see: **Hanno chiesto di te**, someone asked for you.

chièrica *f.* ***1*** (*eccles.*) tonsure ***2*** (*scherz.*: *calvizie*) bald patch.

chierichétto *m.* altar boy.

chièrico *m.* ***1*** (*ecclesiastico*) cleric; clergyman* ***2*** (*seminarista*) seminarist ***3*** (*lett.*: *dotto*) scholar; clerk.

chièṣa *f.* ***1*** church: **andare in c.**, to go to church ***2*** (*l'unione dei fedeli*) Church: **la C. anglicana**, the Church of England; **la C. cattolica**, the (Roman) Catholic Church • **È molto di c.**, he is a regular church-goer; he is very devout.

chieṣuòla *f.* (*naut.*) binnacle.

chiffon (*franc.*) *m.* chiffon.

chìglia *f.* (*naut.*) keel.

chignon (*franc.*) *m. invar.* chignon; bun.

chilo (**1**) *m.* kilo*.

chilo (**2**) *m* (*fisiol.*) chyle • (*fam.*) **fare il c.**, to rest after a meal.

chilocìclo *V.* **kilociclo**.

chilogràmmo *V.* **kilogrammo**.

chilohèrtz *V.* **kilohertz**.

chilometràggio *V.* **kilometraggio**.

chilomètrico *a.* ***1*** *V.* **kilometrico** ***2*** (*fig.*) interminable; endless.

chilòmetro *V.* **kilometro**.

chìlowatt *V.* **kilowatt**.

chilowattóra *V.* **kilowattora**.

chimèra *f.* ***1*** (*mitol.*) chim(a)era ***2*** (*fig.*) chimera; fancy; illusion.

chimèrico *a.* chimerical; fanciful; utopistic.

chìmica *f.* chemistry.

chìmico ***A*** *a.* chemical ***B*** *m.* (*f.* **-a**) (research) chemist.

chimòno *m. invar.* kimono*.

chìna (**1**) *f.* (*pendio*) slope; declivity • **mettersi su una brutta c.**, to go to the bad □ (*fig.*) **risalire la c.**, to get back on top.

chìna (**2**) *f.* (*bot.*) cinchona.

chìna (**3**) *f.* (*inchiostro*) Indian ink; China ink.

chinàre ***A*** *v. t.* to bend*; to bow; to lower: **c. il capo**, to bend one's head; (*per dire di sì o per il sonno*) to nod; (*fig.*) to bow one's head, to give in; **c. gli occhi**, to lower one's eyes; to look down ***B*** **chinàrsi** *v. rifl.* to bend* (down); to stoop; (*inchinarsi*) to bow.

chincaglierìe *f. pl.* fancy goods; knick-knacks.

chineṣiterapìa *V.* **cinesiterapia**.

chinìno *m.* (*farm.*) quinine.

chìno *a.* bent; bowed.

chintz (*ingl.*) *m. invar.* (*tessuto*) chintz.

chiòccia *f.* ***1*** (*gallina che cova*) broody hen; (*gallina coi pulcini*) hen with a brood of chicks ***2*** (*fig.*) protective mother.

chiocciàre *v. t.* to cackle; to cluck.

chiòccio *a.* clucking; croaking: **voce chioccia**, croaking (*o* harsh) voice.

chiòcciola *f.* ***1*** (*zool.*) snail ***2*** (*di violino, ecc.*) scroll • (*zool.*) **c. di mare**, winkle □ **scala a c.**, winding (*o* spiral) staircase.

chiodàto *a.* spiked; nailed: **bastone c.**, spiked stick; **scarponi chiodati**, hobnailed boots.

chiodìno *m.* ***1*** small nail; tack ***2*** (*bot.*) honey mushroom.

chiòdo *m.* ***1*** nail; (*mecc.*) rivet; (*borchia*) stud; (*di scarpone*) hobnail; (*di scarpe da atletica*) spike: **conficcare un c.**, to drive in a nail ***2*** (*fam.*: *debito*) debt: **piantare chiodi**, to accumulate (*o* to run up) debts ***3*** (*idea fissa*) fixed idea; fixation • **c. da roccia** [**da ghiaccio**], piton □ (*cucina*) **c. di garofano**, clove □ **avere un c. fisso**, to have a fixed idea;

to have a bee in one's bonnet □ **magro come un c.**, as thin as a rake □ **Roba da chiodi!**, unbelievable!; sheer madness! □ (*prov.*) **C. scaccia c.**, one worry [pain] drives out another.

chiòma *f.* ***1*** (head of) hair; long thick hair ***2*** (*criniera*) mane ***3*** (*di cometa*) tail ***4*** (*di albero*) foliage.

chiọsa *f.* gloss; note.

chiọsàre *v. t.* to gloss; to annotate.

chiòsco *m.* kiosk; stall; stand; booth: **c. di giornalaio**, newsstand; newspaper kiosk; **c. delle bibite**, refreshment booth.

chiòstra *f.* ***1*** (*recinto*) enclosure ***2*** (*di monti*) encircling chain ***3*** (*di denti*) set (of teeth).

chiòstro *m.* cloister.

chiòtto *a.* quiet; furtive • **andarsene c. c.**, to slip (*o* to slink) away.

chiromànte *m. e f.* palmist.

chiromanzìa *f.* palmistry; chiromancy.

chiropràtica *V.* **chiroterapia.**

chiroterapèuta *m. e f.* chiropractor.

chiroterapìa *f.* chiropractic.

chirurgìa *f.* (*med.*) surgery.

chirurgicaménte *avv.* surgically • **intervenire c.**, to operate.

chirùrgico *a.* (*med.*) surgical.

chirùrgo *m.* (*anche* **medico c.**) surgeon.

chissà *avv.* ***1*** who knows; I wonder: **C. quando ci rivedremo**, who knows when we shall meet again; **C. dove l'ho visto**, I wonder where I can have seen him; **C. quanti bei posti hai visto!**, you must have seen lots of beautiful places!; **C. che non ce l'abbia lui**, who knows, he might have it; **Crede di aver çomprato c. che**, God knows what he thinks he's bought; **È qui da c. quanto**, it's been here for ages ***2*** (*forse*) perhaps; maybe.

chitàrra *f.* guitar.

chitarrista *m. e f.* guitar player.

chitìna *f.* (*biol.*) chitin.

chiùdere ***A*** *v. t.* ***1*** to shut*; to close: **c. una porta [un cassetto, un libro]**, to shut (*o* to close) a door [a drawer, a book]; **c. gli occhi**, to shut (*o* to close) one's eyes; **c. un conto**, to close an account; **c. le frontiere**, to close the frontiers; **c. una strada al traffico**, to close a road to traffic; **c. casa [bottega]** (*per la notte, per un'assenza*), to shut up house [shop]; **c. a chiave**, to lock; **c. col lucchetto**, to padlock; **c. col catenaccio**, to bolt; **Chiuse la porta con un calcio**, he kicked the door shut; **Chiuse con forza il cassetto**, he slammed the drawer shut ***2*** (*recingere*) to enclose; to surround; to shut* in ***3*** (*rinchiudere*) to shut* up; (*a chiave*) to lock up ***4*** (*cessare l'attività*) to close down; to shut* down ***5*** (*concludere*) to close; to conclude; to wind* up: **c. una riunione**, to close a meeting; **c. un discorso**, to conclude a speech; **c. un dibattito**, to wind up a debate ***6*** (*staccare, spegnere*) to shut* off; to turn off; to switch off: **c. il gas**, to shut off (*o* to turn off) the gas; **c. un rubinetto**, to turn off a tap; **c. la luce**, to switch off the light ***7*** (*venire per ultimo*) to bring* up the rear of: **c. un corteo**, to bring up the rear of a procession ***8*** (*tappare*) to stop; to plug; (*con un sughero*) to cork: **c. un buco**, to stop a hole ***9*** (*sigillare*) to seal: **c. una busta**, to seal an envelope ***10*** (*lavoro a maglia*) to cast* off (*GB*); to bind* off (*USA*) • **c. con uno steccato**, to fence in □ **c. con un muro**, to wall in □ (*comm.*) **c. i conti**, to close the accounts; to balance the books □ **chiudersi un dito nella porta**, to catch a finger in the door □ **c. in una morsa**, to hold in a vice; to grip □ **c. il pugno**, to clench one's fist ***B*** *v. i.* ***1*** to shut*; to close down ***2*** (*finire*) to close; to end; to finish ***3*** (*cessare un'attività*) to close down; to go* out of business • (*comm.*) **c. in attivo**, to show a profit □ (*comm.*) **c. in pareggio**, to balance ***C*** **chiùdersi** *v. rifl. e i. pron.* ***1*** to lock oneself: **c. in [fuori di] casa**, to lock oneself in [out] ***2*** to shut*; to close: **Questo cassetto non si chiude**, this drawer won't shut; **c. con uno scatto**, to click shut ***3*** (*di ferita*) to heal over ***4*** (*finire*) to end; to close ***5*** (*rinchiudersi, anche fig.*) to shut* oneself up; to withdraw*: **c. in se stesso**, to withdraw into oneself ***6*** (*avvolgersi*) to wrap up.

chiùnque ***A*** *pron. relat. indef.* ***1*** whoever (*compl.* whomever, *form.*); anyone (*o* anybody) who (*compl.* whom, *form.*) (*o* that): **C. venga, digli di aspettare**, whoever comes, tell him to wait; **Dallo a c. tu voglia**, give it to whoever (*form.* whomever) you like; **C. tu incontri, fermalo**, stop anyone you meet; **È una casa stupenda, di c. sia**, it's a superb house, whoever (*form.* whomever) it belongs to (*o, form.*, whoseoever it is) ***2*** (*seguito da partitivo*) whichever; any(one) who (*compl.* whom, *form.*): **C. di voi si presenti, è autorizzato a entrare**, whichever of you turns up is authorized to go in; **A c. di loro tu ti rivolga, fai pure il mio nome**, whichever of them you go to, feel free to mention my name ***B*** *pron. indef.* (*chicchessia*) anyone; anybody: **C. è capace di farlo**, anybody can do that; **meglio di c. altro**, better than anyone else.

chiùrlo *m.* (*zool.*) curlew.

chiùsa *f.* ***1*** (*di corso d'acqua*) dam; weir ***2*** (*di canale*) lock; sluice ***3*** (*conclusione*) end; ending.

chiùso ***A*** *a.* ***1*** closed; shut: **libro c.**, closed book; **c. in casa tutto il giorno**, shut up at home the whole day; **cassetto c. a chiave**, locked drawer; **circuito c.**, closed circuit; **mercato c.**, closed market; **a porte chiuse**, behind closed doors ***2*** (*sigillato*) sealed: **in busta chiusa**, in a sealed envelope ***3*** (*bloccato*) blocked; (*di strada*) blocked off, closed to traffic: **Ho il naso c.**, my nose is blocked ***4*** (*racchiuso*) enclosed: **spazio c.**, enclosed space ***5*** (*riservato*) withdrawn; reserved ***6*** (*comm., di conto*) balanced; settled ***7*** (*di abito*: *accollato*) high-necked; (*abbottonato*) buttoned • **«C. al pubblico»**, «no admittance to the public» □ **argomento c.**, closed subject; (*come escl.*) end of story □ **mare c.**, inland sea ***B*** *m.* ***1*** enclosure ***2*** (*per animali*) pen; (*per pecore*) fold • **odore di c.**, musty smell □ **starsene al c.**, to stay indoors.

chiusùra *f.* ***1*** (*il chiudere*) closing; shutting; closure; (*data di c.*) closing date: **la c. delle scuole**, the closing of school; **la c. delle iscrizioni**, the closing day for enrolments; **c. estiva**, summer closure; **c. anticipata**, early closing; **orario di c.**, closing time ***2*** (*di azienda, ecc.*) closing-down, closure; (*temporanea*) shutdown ***3*** (*rag., di conti*) closing; settling ***4*** (*fine*) end, close; (*conclusione*) conclusion, winding up ***5*** (*dispositivo per chiudere*) fastening; fastener; locking device; (*di bottiglia, sacchetto*) seal; (*serratura*) lock; (*fermaglio*) clasp: **c. ermetica**, hermetic sealing; seal; **c. lampo**, zip (fastener) (*GB*); zipper (*USA*); **c. di sicurezza**, safety catch; (*autom.*) **c. centralizzata**, remote central locking • **c. mentale** (*ristrettezza*), narrow-mindedness □ **a c. automatica**, self-locking □ **un atteggiamento di totale c.**, a total refusal to collaborate.

choc (*franc.*) *m. invar.* (*med. e fig.*) shock.

ci ***A*** *pron. pers. 1ª pers. pl.* ***1*** (*compl. ogg.*) us; (*compl. di termine*) (to) us: **Non ci videro**, they didn't see us; **Perdonateci**, forgive us; **Ci spedì un pacco**, he sent us a parcel; **Ci spiegherà cosa fare**, he'll explain to us what to do; **Ci togliemmo il cappello**, we took off our hats ***2*** (*coi v. rifl.*) — **Ci siamo divertiti**, we enjoyed ourselves; **Ci lavammo alla meglio**, we washed as best we could ***3*** (*coi v. i. pron.*) — **Ci siamo lamentati**, we have complained; **Ci girammo**, we turned around ***4*** (*coi v. rifl. recipr.*: *fra due*) each other; (*fra più di due*) one another (*talora omessi*): **Ci vedevamo ogni giorno**, we saw each other every day; **Ci baciammo**, we kissed ***B*** *pron. dimostr.* (on, about, of) it: **Ci penserò**, I'll think about it (*o* think it over); **Ci puoi contare**, you can count on it ***C*** *avv.* (*di luogo*: *qui*) here; (*là, lì*) there; (*lì dentro*) in it; (*per di là*) that way: **Ci vado ora**, I'm going there now; **Ci passo spesso**, I often go that way; **Mettici dello zucchero**, put some sugar in it • **c'è**, there is □ **ci sono**, there are □ **Eccoci!**, here we are! □ **Ci sto**, agreed □ **Non ci feci caso**, I didn't take any notice □ **Non ci vedo bene**, I can't see very well.

ciabàtta *f.* ***1*** (*pantofola*) slipper; (*aperta dietro*) mule ***2*** (*scarpa malandata*) worn-out shoe ***3*** (*forma di pane*) flat loaf; ciabatta.

ciabattàre *v. i.* to shuffle about (in one's slippers); to flip-flop about (o along).

ciabattino *m.* cobbler; shoe repairer.

ciàc *m. invar.* (*cinem.*) ***1*** (*tavoletta*) clapperboard ***2*** (*ripresa*) take • **Ciac! Si gira!**, action!; camera!

ciaccóna *f.* (*mus.*) chaconne.

ciacolàre *v. i.* (*region.*) to chatter; to gossip; to yak (*fam. USA*).

ciàlda *f.* wafer.

cialtróne *m.* (*f.* **-a**) ***1*** (*mascalzone*) scoundrel (*m.*); bad lot ***2*** (*nel lavoro*) sloven; botcher.

cialtronerìa *f.* ***1*** (*mascalzonaggine*) shabby behaviour ***2***

(*sciatteria*) slovenliness.

cialtronésco *a.* shabby; mean; dirty.

ciambèlla *f.* **1** (*cucina*) ring-shaped cake; (*piccola*) doughnut, donut (*USA*) **2** (*salvagente*) life belt; lifebuoy • (*prov.*) **Non tutte le ciambelle riescono col buco**, you can't win them all.

ciambellàno *m.* chamberlain; steward.

cianciàre *v. i.* to prattle; to jabber (*fam.*); (*blaterare*) to talk through one's hat (*fam.*).

ciàncie *f. pl.* idle talk (*sing.*); chitchat Ⓤ; (*pettegolezzi*) gossip Ⓤ; (*fandonie*) lies.

cianfrușaglia *f.* **1** (*ninnolo*) knick-knack; trinket; gewgaw **2** (*al pl.*) bits and pieces; junk Ⓤ.

cianìdrico *a.* (*chim.*) hydrocyanic.

cianografìa *f.* blueprint; cyanotype.

cianòși *f.* (*med.*) cyanosis.

cianòtico *a.* (*med.*) cyanotic.

cianùro *m.* (*chim.*) cyanide.

ciào *inter.* (*fam.*) **1** (*incontrando q.*) hello!; hullo!; hi! (*USA*) **2** (*lasciando q.*) bye-bye!; cheerio! (*GB*); so long! (*USA*).

ciàrla *f.* **1** (*loquacità*) garrulity; loquaciousness **2** (*notizia falsa, pettegolezzo*) rumour; gossip Ⓤ **3** (*al pl.*) (*chiacchiere*) chitchat (*sing.*); natter (*sing., fam.*).

ciarlàre *v. i.* to chat; to chatter; to natter, to jabber (*fam.*); to yak (*fam. USA*); (*spettegolare*) to gossip.

ciarlataneria *f.* charlatanism; fraud; (*di medico*) quackery.

ciarlatàno *m.* **1** charlatan; fraud **2** (*medico incapace*) quack.

ciarlièro *a.* talkative; loquacious; gabby (*fam.*).

ciarpàme *m.* rubbish; junk; trash; garbage (*USA*).

ciaschedùno *V.* **ciascuno**.

ciascùno **A** *a. indef.* **1** (*ogni*) every **2** (*distributivo*) each: **una firma su c. foglio**, a signature on each sheet **B** *pron. indef.* **1** (*ognuno*) everybody; everyone; every man [woman] **2** (*distributivo*) each; each one (*o* man, woman): **5.000 lire c.**, 5,000 lire each; **un libro (per) c.**, a book each; **Diedi a c. un biglietto**, I gave each one (*o* each of them) a ticket; **c. di noi**, each of us; every one of us.

cibàre **A** *v. t.* to feed*; to nourish **B** **cibàrsi** *v. rifl.* to feed* (on); to eat* (st.).

cibàrie *f. pl.* provisions; foodstuff Ⓤ.

cibernètica *f.* (*fis.*) cybernetics (*pl. col verbo al sing.*).

cibo *m.* **1** (*anche fig.*) food Ⓤ; fare Ⓤ: **cibi e bevande**, food and drink; **cibi indigesti**, heavy food; **c. abbondante**, plenty of food **2** (*pietanza*) dish • **non toccare c.**, not to eat (a thing).

cicàla *f.* **1** (*zool.*) cicada **2** (*cicalino*) buzzer.

cicalàre *v. i.* to chatter; to jabber (*fam.*); to yak (*fam. USA*).

cicaléccio *m.* **1** chatter; chattering; babble; jabbering **2** (*di uccelli o insetti*) chirping; chirruping; twittering.

cicalìno *m.* buzzer.

cicatrìce *f.* (*anche fig.*) scar.

cicatrizzàre **A** *v. t.* to heal **B** *v. i.* **cicatrizzàrsi** *v. i. pron.* to form a scar; to heal.

cicatrizzazióne *f.* healing process; cicatrization.

cìcca (1) *f.* **1** (*di sigaretta*) cigarette end (*o* butt, stub); (*di sigaro*) cigar end (*o* butt) **2** (*fam.*: *sigaretta*) smoke; ciggie; fag (*GB*) **3** (*tabacco da masticare*) quid; plug (*USA*) • **Non vale una c.**, it isn't worth a bean (*o*, *USA*, a red cent).

cìcca (2) *f.* (*fam.*: *gomma da masticare*) piece of chewing gum.

cicchétto *m.* (*fam.*) **1** (*bicchierino*) quick drink; nip; dram **2** (*rimprovero*) telling-off; carpeting: **fare un c. a q.**, to tell sb. off; to carpet sb.; to chew sb. out.

cìccia **A** *f.* (*fam.*) **1** (*carne*) meat **2** (*scherz.*: *grasso*) fat; flab (*fam.*): **rotolo di c.**, roll of fat; **metter su c.**, to put on weight **B** *inter.* (*pop.*) nothing doing!; no dice!

cicciόna *f.* (*fam.*) fat woman* [girl]; fatty (*fam.*).

cicciόne *m.* (*fam.*) fat man* [boy]; fatty (*fam.*).

cicciòtto *a.* plump; chubby.

cicciùto *a.* (*fam.*) fat; plump.

ciceróne *m.* guide; cicerone* • **fare da c.**, to act as a guide; to show sb. around.

cicișbèo *m.* **1** (*stor.*) cicisbeo **2** (*vagheggino*) gallant; ladies' man* **3** (*damerino*) fop; dandy.

ciclàbile *a.* for cyclists; for bicycles; cycle (*attr.*): **pista c.**, cycle track (*o* path).

ciclamìno *m.* (*bot.*) cyclamen • **color c.**, cyclamen.

ciclammàto *m.* (*chim.*) cyclamate.

ciclicità *f.* cyclic nature.

cìclico *a.* cyclic(al).

ciclișmo *m.* cycling; (*sport*) cycle racing.

ciclista *m. e f.* **1** cyclist; cycler; (*sport*) racing cyclist **2** (*riparatore*) bicycle repairer.

ciclìstico *a.* bicycle (*attr.*); cycle (*attr.*): **gara ciclistica**, bicycle race; **pista ciclistica**, cycle track.

cìclo *m.* **1** cycle: **c. storico**, historic cycle; **il c. delle stagioni**, the cycle of the seasons; **c. mestruale**, menstrual cycle; (*econ.*) **c. produttivo**, production cycle; **c. dell'ammollo**, soak (*o* pre-wash) cycle **2** (*serie*) series; course: **c. di incontri**, series of meetings; **c. di iniezioni**, course of injections **3** (*letter.*) cycle.

ciclocròss *m. invar.* (*sport*) cyclo-cross.

ciclomotóre *m.* (small) motorcycle; moped; motorbike (*fam.*).

ciclóne *m.* **1** (*meteor.*) cyclone **2** (*fig.*) ball of fire; tornado* • **entrare come un c.**, to storm in □ **occhio del c.**, eye of the hurricane □ (*fig.*) **nell'occhio del c.**, in the eye of the storm.

ciclònico *a.* cyclonic.

ciclòpico *a.* cyclopean; huge; mammoth (*attr.*): **mura ciclopiche**, cyclopean walls; **impresa ciclopica**, mammoth task.

ciclostilàre *v. t.* to cyclostyle (*GB*); to mimeograph (*USA*); to duplicate.

ciclostilàto *m.* duplicate (copy).

ciclostile *m.* cyclostyle (*GB*); Mimeograph ® (*USA*); duplicator.

ciclotróne *m.* (*fis.*) cyclotron.

cicloturișmo *m.* cycling holidays (*pl.*).

cicógna *f.* **1** (*zool.*) stork **2** (*autom.*) transporter (*GB*); haulaway (*USA*) • (*fig.*) **l'arrivo della c.**, a visit from the stork.

cicòria *f.* (*bot.*) chicory.

cicùta *f.* (*bot.*) hemlock.

ciecaménte *avv.* blindly; (*avventatamente*) rashly, recklessly.

cièco **A** *a.* (*anche fig.*) blind: **c. da un occhio**, blind in one eye; **diventare c.**, to go (*o* to become) blind; **c. di rabbia**, blind with rage; **finestra cieca**, blind window • **c. come una talpa**, as blind as a bat □ **alla cieca**, blindly; (*avventatamente*) rashly, recklessly: **andare alla cieca**, to go blindly; to grope one's way **B** *m.* (*f.* **-a**) blind person: **i ciechi**, (the) blind; **c. di guerra**, blinded war veteran.

cièlo *m.* **1** sky: **c. sereno [stellato]**, clear [starry] sky; **c. da temporale**, stormy sky; **c. a pecorelle**, mackerel sky **2** (*paradiso*) heaven: **il Regno dei cieli**, the Kingdom of Heaven; **salire in c.**, to go to heaven **3** (*soffitto*) ceiling; (*volta*) vault • **a c. aperto**, open, surface (*attr.*); (*di miniera*) opencast □ **a ciel sereno**, (*all'aperto*) in the open, under the stars; (*all'improvviso*) out of the blue □ **essere al settimo c.**, to be in the seventh heaven; to be on cloud nine (*fam.*) □ **Grazie al c.!**, thank heavens! □ **muovere c. e terra**, to move heaven and earth □ **non stare né in c. né in terra**, to be utter nonsense □ **piovere dal c.**, to arrive unexpected □ **Per amor del c.!**, for heaven's sake! □ **portare q. al settimo c.**, to praise sb. to the skies □ **Lo sa il c. se ho provato!**, Heaven knows I tried! □ **Santo C.!**, heavens above!; good heavens! □ **toccare il c. con un dito**, to walk on air □ **Voglia il c. che finisca presto**, God willing (*o* I do hope) it'll be soon over.

cìfra *f.* **1** figure; digit; numeral: **un numero di quattro cifre**, a four-digit (*o* four-figure) number; **cifre arabe**, Arabic numerals; **in c. tonda**, in round figures; **Facciamo c. tonda**, let's round it off **2** (*somma di denaro*) figure; sum; amount; (*prezzo*) price: **una bella c.**, quite a figure; a hefty sum; **pagare qualsiasi c.**, to pay any price **3** (*anche al pl.*) (*monogramma*) initials (*pl.*); monogram **4** (*codice segreto*) cipher, cypher; code.

cifràre *v. t.* **1** to mark with initials (*o* with a monogram); to embroider (sb.'s) monogram on **2** (*scrivere in cifra*) to code; to cipher.

cifràrio *m.* cipher book.

cifràto *a.* **1** (*con le iniziali*) monogrammed; initialled **2** (*in codice*) coded; ciphered; in cipher.

cìglio *m.* (*pl.* **cìgli** *m., nella def. 3*; **cìglia** *f., nelle altre*) **1** eyelash **2** (*sopracciglio*) eyebrow; (*al pl., anche*) brows: **aggrottare le ciglia**, to knit one's brows **3** (*orlo*) edge;

margin; brink: **c. di un fosso**, edge of a ditch; **c. della strada**, side of the road; roadside; **il c. di un burrone**, the edge (*o* brink) of a ravine • **in un batter di c.**, in the twinkling of an eye □ **non b. ciglio**, (*non essere sorpreso*) not to bat an eye (*o* eyelid), not to turn a hair; (*non avere paura*) not to flinch.
ciglióne *m.* **1** bank; embankment **2** (*bordo*) edge; border; brink.
cìgno *m.* (*zool.*) swan; (*giovane*) cygnet.
cigolàre *v. i.* to squeak; to creak.
cigolìo *m.* squeaking; creaking.
cilécca *f.* — **far c.**, (*di arma da fuoco*) not to go off, to misfire; (*fig.*) to fail, to misfire, to fall flat.
cilèno *a. e m.* (*f.* **-a**) Chilean (*f.* Chilean woman*).
cilestrino *a.* (very) pale blue.
cilìcio *m.* **1** hairshirt **2** (*fig.*) agony; torture.
cilièɡia *f.* cherry • **rosso c.**, cherry red.
ciliegìna *f.* **1** (*cucina*) candied cherry **2** (*fig.*) cherry on the cake.
cilièɡio *m.* **1** (*albero*) cherry tree **2** (*legno*) cherry (wood).
cilindràta *f.* (*mecc., autom.*) (piston) displacement • (*autom.*) **auto di grossa [di piccola] c.**, big-engined [small-engined] car □ **Di che c. è?**, what size is the engine?
cilìndrico *a.* cylindrical.
cilindro *m.* **1** (*geom., autom., tipogr.*) cylinder **2** (*ind. tess. e cartaria*) calender **3** (*rullo*) roll; roller **4** (*cappello*) top hat.
cìma *f.* **1** top; (*vetta, anche*) summit, peak: **arrivare in c.**, to reach the top (*o* the summit); **le cime dell'Himalaya**, the Himalayan peaks; **in c. al monte**, on the top of the mountain; **in c. alle scale**, at the top of the stairs; **il ripiano in c.**, the top shelf **2** (*naut.*) line; rope; cable **3** (*fam.*) person with brains; genius: **non essere una c.**, to be no genius • (*bot.*) **cime di rapa**, turnip tops □ **da c. a fondo**, from top to bottom; (*completamente*) thoroughly; (*dall'inizio alla fine*) from beginning to end; (*di libro*) from cover to cover.
cimàre *v. t.* **1** (*una siepe*) to trim **2** (*un albero*) to poll; to lop **3** (*ind. tess.*) to shear*; to clip.
cimàsa *f.* (*archit.*) (top) moulding.
cimèlio *m.* relic; memento; (*di famiglia*) heirloom; (*per collezionismo*) curio*, antique.
cimentàre ***A*** *v. t.* **1** (*mettere alla prova*) to put* to the test; to try **2** (*rischiare*) to risk ***B*** **cimentàrsi** *v. rifl.* **1** (*mettersi alla prova*) to test oneself (against); to measure oneself (against); (*assol.*) to put* oneself to the test **2** (*tentare*) to make* an (*o* the) attempt; to try • **c. con q.**, to compete with sb.
ciménto *m.* **1** (*prova*) test; trial **2** (*rischio*) risk; danger.
cìmice *f.* **1** (*zool.*) bug; (*dei letti*) bedbug **2** (*microspia*) bug.
cimiciàio *m.* **1** bug-infested place **2** (*fig.*) pigsty.
cimièro *m.* **1** (*lett.*: *elmo*) helmet **2** (*arald.*) crest.
ciminièra *f.* **1** (*di fabbrica*) (factory) chimney; smokestack **2** (*di nave*) funnel.
cimiteriàle *a.* **1** graveyard (*attr.*); cemeterial **2** (*fig.*) funereal; lugubrious.
cimitèro *m.* **1** graveyard; cemetery; (*annesso a una chiesa*) churchyard: **c. di guerra**, war cemetery; **c. di automobili**, car cemetery **2** (*fig.*) morgue; dead place.
cimósa *f.* **1** (*di tessuto*) selvage, selvedge **2** (*cancellino*) blackboard duster.
cimùrro *m.* (*vet.*) distemper.
cinàbro *m.* cinnabar.
cìncia *f.* (*zool.*) tit; titmouse* • **c. bigia**, marsh tit □ **c. mora**, coal tit.
cinciallégra *f.* (*zool.*) great tit.
cincilla, **cincillà** *m. o f.* (*zool.*) chinchilla.
cincìn *inter.* cheers!; cin cin! • **fare c.**, to clink glasses.
cincischiàre ***A*** *v. t.* **1** (*sgualcire*) to crumple; to crush **2** (*le parole*) to mumble; to mutter ***B*** *v. i.* to fiddle about; to dawdle ***C*** **cincischiàrsi** *v. i. pron.* (*sgualcirsi*) to get* crumpled; to crease.
cineamatóre *m.* (*f.* **-trice**) amateur film-maker (*USA* movie-maker).
cineàsta *m. e f.* person in the film (*USA* movie) industry; cineaste (*franc.*); (*regista*) director.
cinecàmera *f.* (*cinem.*) cinecamera; movie camera (*USA*).
cineclùb *m. invar.* film society; film club.
cinèfilo *m.* (*f.* **-a**) film expert; film buff (*fam.*).
cinefòrum *m. invar.* **1** debate (*after a film at a film club*) **2** *V.* **cineclub**.
cinegiornàle *m.* newsreel.
cìnema *m.* **1** (*locale*) cinema; movie theater (*USA*): **c. di prima [di seconda] visione**, first run [second run] cinema; **c. a luci rosse**, porn cinema **2** (*forma di spettacolo*) cinema; films (*pl.*); pictures (*pl., GB*); motion pictures, movies (*pl., USA*): **c. muto**, silent films (*USA* movies); silents; **c. sonoro**, sound motion pictures; talkies (*fam.*); **divi del c.**, film stars; movie stars; **industria del c.**, film (*USA* motion-picture) industry; **fare del c.**, to be in the film business **3** (*forma d'arte*) cinema; motion pictures (*USA*).
cinemascòpe ® *m.* Cinemascope.
cinemàtica *f.* (*fis.*) kinematics (*pl. col verbo al sing.*).
cinematografàre *v. t.* to film.
cinematografàro *m.* (*spreg.*) person in the film industry; (*regista*) second-rate film director.
cinematografìa *f.* cinematography; cinema.
cinematogràfico *a.* film (*attr.*); cinema (*attr.*); movie (*attr., USA*); cinematographic: **studio c.**, film studio; **sala cinematografica**, cinema; movie theater (*USA*); **successo c.**, box-office success; **versione cinematografica di un romanzo**, film adaptation of a novel.
cinematògrafo *V.* **cinema**.
cineoperatóre *m.* cameraman*.
cineprésa *f.* cinecamera; movie camera (*USA*).
cineràma ® *m.* (*cinem.*) Cinerama ®.
cinerària *f.* (*bot.*) cineraria.
cineràrio *a.* cinerary: **urna cineraria**, cinerary urn.
cinèreo *a.* ashen; ash-coloured: **viso c.**, ashen face.
cineromànzo *m.* photo-strip story.
cinése ***A*** *a.* Chinese ***B*** *m. e f.* Chinese man* (*m.*); Chinese woman* (*f.*): **i cinesi**, the Chinese ***C*** *m.* (*lingua*) Chinese.
cineserìa *f.* **1** chinoiserie (*franc.*) **2** (*al pl.*) (*spreg.*) ceremony Ⓤ.
cinesiterapìa *f.* (*med.*) kinesitherapy.
cinetèca *f.* film library.
cinètica *f.* (*fis.*) kinetics (*pl. col verbo al sing.*).
cinètico *a.* (*fis.*) kinetic: **energia cinetica**, kinetic energy.
cìngere *v. t.* **1** (*legare intorno al corpo*) to tie; to fasten; to gird on (*lett.*); (*essere legato*) to be tied round: **c. una spada**, to gird on a sword **2** (*circondare*) to encircle; to surround; to enclose: **c. di mura**, to surround with walls • **c. d'assedio**, to lay siege to □ **c. la corona**, to put on the crown; to be crowned □ **c. la fronte di q. di alloro**, to wreathe (*o* to crown) sb.'s brow with laurel □ **Le cinsi la vita col braccio**, I put an arm round her waist.
cìnghia *f.* **1** strap; (*di cuoio, anche*) thong **2** (*cintura*) belt **3** (*mecc.*) belt: **c. di trasmissione**, drive belt; (*autom.*) **c. del ventilatore**, fan belt • **c. del fucile**, sling □ **c. della sella**, girth □ (*fig.*) **tirare la c.**, to pull in one's belt.
cinghiàle *m.* (*zool.*) wild boar • **pelle di c.**, pigskin.
cinghiàta *f.* blow (with a belt); lash.
cingolàto ***A*** *a.* tracked ***B*** *m.* tracked vehicle; caterpillar.
cìngolo *m.* **1** (*mecc.*) track **2** (*eccles.*) surcingle.
cinguettàre *v. i.* **1** to chirrup; to chirp; to twitter **2** (*di bambino*) to prattle.
cinguettìo *m.* **1** chirruping; chirping; twittering **2** (*chiacchierio*) prattling.
cìnico ***A*** *a.* **1** (*filos.*) Cynic **2** cynical ***B*** *m.* **1** (*filos.*) Cynic **2** (*f.* **-a**) cynic.
cinìglia *f.* chenille.
cinìsmo *m.* cynicism.
cinnamòmo *m.* (*bot.*) cinnamon.
cinòdromo *m.* (*sport*) greyhound track.
cinòfilo ***A*** *m.* (*f.* **-a**) dog lover; dog expert ***B*** *a.* dog-loving • **unità cinofila**, dog unit.
cinquànta *a. num. card. e m.* fifty. (*Per gli esempi d'uso, V. sotto* **quaranta**).
cinquantamila *a. num. card. e m.* fifty thousand.
cinquantenàrio ***A*** *a.* fifty years old (*pred.*); fifty-year-old (*attr.*) ***B*** *m.* fiftieth anniversary.
cinquantènne ***A*** *a.* fifty years old (*pred.*); fifty-year-old (*attr.*) ***B*** *m. e f.* fifty-year-old (man*, *m.*; woman*, *f.*).
cinquantènnio *m.* (period of) fifty years.
cinquantèsimo *a. num. ord. e m.* fiftieth.
cinquantìna *f.* **1** about fifty **2** (*rif. a età*) (the age of) fifty. (*Per gli esempi d'uso, V. sotto* **quarantina**).
cìnque *a. num. card. e m.* five.

cinquecentésco *a.* sixteenth-century (*attr.*); (*arte e letter. ital.*) Cinquecento (*attr.*).
cinquecènto *a. num. card. e m.* five hundred • **il C.**, the sixteenth century; (*arte e letter. ital.*) the Cinquecento.
cinquemìla *a. num. card. e m.* five thousand.
cinquìna *f.* ***1*** set of five ***2*** (*lotto*) set of five winning numbers (*in a lottery*); (*tombola*) winning line (*in bingo*).
cìnta *f.* ***1*** (*mura*) walls (*pl.*): **c. muraria**, enclosing walls; **c. di mura**, (*di città*) city walls; (*di castello*) castle walls ***2*** (*perimetro*) perimeter; boundary: **c. urbana**, city boundary; **muro di c.**, boundary wall.
cintàre *v. t.* to surround; to enclose; (*con un muro*) to wall in; (*con un recinto*) to fence in.
cìnto *m.* girdle; belt • (*med.*) **c. erniario**, truss.
cìntola *f.* ***1*** (*vita*) waist: **arrivare alla c.**, to reach the waist; **che arriva alla c.**, waist-high (*agg.*); **dalla c. in giù**, below the waist ***2*** *V.* **cintura**, *def. 1.*
cintùra *f.* ***1*** belt; (*di gonna, calzoni*) waistband: **allacciare la c.**, to fasten one's belt; (*naut.*) **c. di salvataggio**, life belt; (*autom., aeron.*) **c. di sicurezza**, safety belt; seat belt; (*judo*) **c. nera**, black belt; **c. di castità**, chastity belt ***2*** (*vita*) waist ***3*** (*fig.*) belt; girdle: **c. di verde**, green belt.
cinturàto ® *a. e m.* (*autom.*) radial (tyre).
cinturino *m.* strap; (*di cuoio, anche*) thong: **c. d'orologio**, watch strap; wristband.
cinturóne *m.* (*mil.*) belt.
ciò *pron. dimostr.* that; this; it: **Ciò è vero**, this (*o* that) is right; **Con ciò non dico che...**, by that I don't mean that...; **ciò detto**, having said that; **oltre a ciò**, besides (that); moreover; **Tutto ciò che ho detto è vero**, all (that) I said is true • **ciò che**, what: **Ciò che voglio dire è...**, what I mean is... □ **ciò nonostante**, in spite of this (*o* of that); nevertheless □ **con tutto ciò**, for all that □ **E con ciò?**, so what?
ciòcca *f.* (*di capelli*) lock • **cadere a ciocche**, to come out in handfuls.
ciòcco *m.* log; block (of wood).
cioccolàta *f.* ***1*** (*bevanda*) chocolate: **c. con panna**, chocolate and whipped cream ***2*** *V.* **cioccolato**.
cioccolatìno *m.* chocolate: **c. al liquore**, liqueur chocolate; **c. ripieno**, chocolate cream.
cioccolàto *m.* chocolate: **tavoletta di c.**, bar of chocolate; **c. al latte**, milk chocolate; **c. amaro** (*o* **fondente**), plain chocolate; **color c.**, chocolate-brown.
cioè *avv.* ***1*** (*esplicativo*) that is (to say) (*abbr. scritta* i.e.): **Vengo il 12, c. martedì**, I'm coming on the 12th, that is on Tuesday ***2*** (*enumerativo*) namely (*abbr. scritta* viz.): **due grandi musicisti, c. Bach e Mozart**, two great composers, namely Bach and Mozart ***3*** (*correttivo*) or rather; I mean; (*per lo meno*) at least: **Lo conosciamo, c. lo conosce mia moglie**, we know him, or rather, my wife does; **Sono le sei, c. le sei e dieci**, it's six o'clock, I mean, ten past six ***4*** (*interrogativo*) what do you mean?; what does it mean?; meaning what?: **«C'è un problema» «C.?»**, «there is a problem» «what do you mean?».
ciondolàre ***A*** *v. i.* ***1*** to hang*; to dangle; (*oscillare*) to swing* (to and fro), to sway ***2*** (*fig.*) to hang* about; to idle: **c. per casa**, to hang about the house ***B*** *v. t.* to loll; to swing*: **c. il capo**, to loll one's head.
ciòndolo *m.* pendant • **c. portafortuna**, good-luck charm.
ciondolóni *avv.* ***1*** hanging; dangling: **con le braccia c.**, with arms dangling ***2*** (*fig.*) hanging about; idling.
ciononindimeno, **ciononostànte** *avv.* in spite of this (*o* of that); nevertheless; however.
ciòtola *f.* ***1*** bowl ***2*** (*il contenuto*) bowlful; bowl.
ciottolàto *m.* cobblestone paving; cobblestones (*pl.*).
ciòttolo *m.* ***1*** pebble; (*sasso*) stone, rock (*USA*) ***2*** (*per pavimentazione*) cobblestone.
ciottolóso *a.* pebbly; stony.
cip *m. onom.* chirp; cheep.
cipiglio *m.* frown; scowl; scowling expression: **guardare q. con c.**, to frown (*o* to scowl) at sb.; **fare c.**, to scowl; to frown; to look grim.
cipólla *f.* ***1*** (*bot.*) onion ***2*** (*di annaffiatoio*) rose (*of a watering can*) ***3*** (*scherz.*: *orologio*) turnip.
cipollina *f.* (small) onion: **cipolline sottaceto**, pickled onions.
cippo *m.* ***1*** (*archeol.*) cippus* ***2*** (*funerario*) memorial stone ***3*** (*di confine*) boundary stone.
ciprèa *f.* (*zool.*) cowrie, cowry.
ciprèsso *m.* (*bot.*) cypress.
cipria *f.* (face) powder • **astuccio della c.**, compact (case) □ **darsi la c.**, to powder one's face.
cipriòta *a., m. e f.* Cypriot (*a. e m.*); Cypriot woman* (*f.*).
circa ***A*** *avv.* about; roughly; approximately; or so: **tre giorni c.**, about three days; three days or so ***B*** *prep.* (*riguardo a*) about; with regard to; concerning: **Devo parlarti c. il nuovo contratto**, I must talk to you about the new contract; **Circa la vostra richiesta, vi informiamo che...**, with regard to your request, we inform you that...
circènse *a.* circus (*attr.*).
cìrco *m.* ***1*** (*anche* **c. equestre**) circus ***2*** (*geol.*) cirque; corrie.
circolànte *a.* circulating: **biblioteca c.**, lending (*o* circulating) library; **capitale c.**, circulating capital.
circolàre (1) ***A*** *a.* circular ***B*** *f.* ***1*** (*lettera*) circular (letter) ***2*** (*linea di trasporto*) circle line.
circolàre (2) *v. i.* ***1*** to move about; to circulate; to go* about: **c. in città**, to move about (*o* to drive) in town; **In centro è proibito c.**, traffic is banned from the city centre; **Circola molto denaro**, there is plenty of money going about; **Circolano molte 10.000 lire false**, there are a lot of conterfeit 10,000 lire notes in circulation; **Circolano strane voci**, there are strange rumours going about; **notizie che circolano in fretta**, news that spreads (*o* circulates) rapidly ***2*** (*del sangue, di aria*) to circulate ***3*** (*di liquido*) to flow • **Circolare!**, move along, please! □ **Firma questa lettera e falla c.**, sign this letter and then pass it on □ **far c. notizie**, to spread news.
circolatòrio *a.* (*anat.*) circulatory.
circolazióne *f.* ***1*** circulation: **la c. del sangue**, the circulation of the blood; **mettere in c.**, to put into circulation; (*notizie, ecc.*) to put about, to spread; **togliere dalla c.**, to withdraw from circulation; (*eufem.*) to get rid of ***2*** (*del traffico*) (flow of) traffic: **impedire la c.**, to hold up the traffic • **c. monetaria**, currency □ **c. vietata** (*cartello*), no thoroughfare □ **sparire dalla c.**, to disappear □ (*autom.*) **libretto di c.**, car registration document □ (*autom.*) **tassa di c.**, road tax.
cìrcolo *m.* ***1*** circle (*anche geom.*); ring; round: **C. polare artico** [**antartico**], Arctic [Antarctic] Circle; **c. vizioso**, vicious circle; **disporsi in c.**, to form a circle ***2*** (*associazione*) club ***3*** (*ambiente, gruppo di persone*) circle; group; set • (*med.*) **entrare in c.**, to enter the bloodstream.
circoncìdere *v. t.* to circumcise.
circoncisióne *f.* circumcision.
circondàre ***A*** *v. t.* to surround (*anche fig.*); to encircle • **c. q. di attenzioni**, to lavish attention on sb. □ **c. con un muro**, to wall in □ **c. di mistero**, to shroud in mystery ***B*** **circondàrsi** *v. rifl.* to surround oneself; to gather round oneself.
circondariàle *a.* district (*attr.*).
circondàrio *m.* ***1*** district ***2*** (*territorio circostante*) neighbourhood; surroundings (*pl.*).
circonferènza *f.* circumference • **c. del torace**, chest measurement □ **la c. di un tronco**, the girth of a tree trunk.
circonflèsso *a.* circumflex: **accento c.**, circumflex (accent).
circonlocuzióne *f.* circumlocution.
circonvallazióne *f.* ring road (*GB*); beltway (*USA*).
circonvenìre *v. t.* to circumvent; to deceive.
circonvenzióne *f.* circumvention; deception.
circonvoluzióne *f.* ***1*** circumvolution ***2*** (*anat.*) convolution.
circoscrìtto *a.* ***1*** (*geom.*) circumscribing (st.) ***2*** (*limitato*) circumscribed; limited; localized: **fenomeno c.**, limited (*o* localised) phenomenon; **di interesse c.**, of limited interest.
circoscrìvere *v. t.* ***1*** (*geom.*) to circumscribe ***2*** (*delimitare*) to circumscribe; to mark out ***3*** (*definire*) to define ***4*** (*un incendio, un'epidemia*) to get* under control; to contain.
circoscrizióne *f.* district; area; territory • **c. elettorale**, (*in G.B.*) (electoral) constituency; (*in U.S.A.*) district □ **c. giudiziaria**, area of jurisdiction.
circospètto *a.* circumspect; cautious; wary.
circospezióne *f.* circumspection; caution; wariness.
circostànte ***A*** *a.* surrounding; neighbouring ***B*** *m.* (*al pl.*) those nearby; those present; (the) bystanders.
circostànza *f.* circumstance; (*occasione, evento*) occasion, circumstances (*pl.*): **in tali circostanze** (*o* **date le circostanze**), in (*o* under) the circumstances; (*leg.*) **c. attenuante** [**aggravante**], extenuating [aggravating] circumstance; **in quella c.**, on that occasion; **in una c. drammatica**, in dramatic circumstances; **una lieta c.**, a happy occasion;

una c. favorevole, a favourable opportunity; **parole di c.**, words suited to the occasion.
circostanziàre *v. t.* (*leg., bur.*) to describe in details; to circumstantiate.
circostanziàto *a.* detailed; circumstantial.
circuìre *v. t.* (*raggirare*) to get* round; to deceive.
circùito *m.* ***1*** (*elettr., elab.*) circuit: **interrompere il c.**, to break the circuit; **c. chiuso**, closed circuit; **c. integrato**, integrated circuit; **corto c.**, *V.* **cortocircuito** ***2*** (*sport*) (circular) track; (closed) racecourse ***3*** (*cinta*) circuit; circumference • **c. cinematografico**, cinema circuit □ (*econ.*) **c. di distribuzione**, distribution chain □ (*telef.*) **c. interurbano**, trunk system.
circumnavigàre *v. t.* to circumnavigate.
circumnavigazióne *f.* circumnavigation.
cirìllico *a.* Cyrillic: **alfabeto c.**, Cyrillic alphabet.
cìrro *m.* ***1*** (*meteor.*) cirrus* ***2*** (*bot.*) cirrus*; tendril ***3*** (*zool.*) cirrus*.
cirrocùmulo *m.* (*meteor.*) cirro-cumulus*.
cirròsi *f.* (*med.*) cirrhosis: **c. epatica**, cirrhosis of the liver.
cirrostràto *m.* (*meteor.*) cirro-stratus*.
cirròtico *a.* (*med.*) cirrhotic.
cisalpìno *a.* cisalpine.
cìspa *f.* (*med.*) eye gum (*o* rheum) ▣.
cispadàno *a.* (*geogr.*) cispadane.
cispositià *f.* ***1*** bleariness ***2*** *V.* **cispa**.
cispóso *a.* bleary; rheumy.
ciste *V.* **cisti**.
cistercènse *a. e m.* (*eccles.*) Cistercian.
cistèrna ***A*** *f.* reservoir; cistern; tank ***B*** *a. invar.* — **aereo c.**, air tanker; **nave c.**, (*petroliera*) tanker; (*per acqua*) water-supply ship.
cìsti *f.* (*biol., med.*) cyst.
cìstico *a.* (*anat.*) cystic.
cistifèllea *f.* (*anat.*) gall bladder.
cistìte *f.* (*med.*) cystitis.
citàbile *a.* quotable.
citànte *m. e f.* (*leg.*) plaintiff.
citàre *v. t.* ***1*** to quote: **Citai Tasso**, I quoted Tasso ***2*** (*menzionare*) to mention; (*addurre come esempio o prova*) to cite, to instance ***3*** (*leg.*: *convocare*) to summons, to subpoena; (*chiamare in giudizio*) to sue, to convene: **c. q. come testimone**, to summons sb. as a witness; **c. q. per danni**, to sue sb. for damages.
citazióne *f.* ***1*** quotation; quote (*fam.*) ***2*** (*menzione*) mention ***3*** (*leg.*) summons; subpoena.
citèllo *m.* (*zool.*) gopher.
citofonàre *v. i.* to speak* (to sb.) on the entryphone (*o* on the housephone).
citofonièra *f.* entryphone panel.
citòfono *m.* ***1*** (*al portone*) entryphone ***2*** (*telefono interno*: *di abitazione, albergo*) housephone; (*di ufficio*) intercom.
citologìa *f.* (*biol.*) cytology.
citològico *a.* (*biol.*) cytologic(al).
citoplàsma *m.* (*biol.*) cytoplasm.
citràto *m.* (*chim.*) citrate.
cìtrico *a.* (*chim.*) citric.
citronèlla *f.* (*bot.*) citronella.
citrùllo ***A*** *a.* foolish; silly ***B*** *m.* (*f.* **-a**) fool; ninny; simpleton.
città *f.* town; (*grande e importante*) city: **c. marittima**, port; coastal town; **c. di provìncia**, provincial town; **la c. capitale**, the capital city; **la c. alta [bassa]**, the lower [upper] town; **la c. vecchia**, the old (part of) town; **andare in c.**, to go to town; **essere in c. [fuori c.]**, to be in town [out of town]; **Tutta la c. ne parla**, the whole town is talking about it • **c. degli studi**, university district □ **c. giardino**, garden city □ **c. satellite**, satellite town □ **c.-stato**, city-state □ **gente di c.**, townspeople; city dwellers □ **vita di c.**, town life; city life.
cittadèlla *f.* citadel; stronghold (*anche fig.*).
cittadìna *f.* small town; country town.
cittadinànza *f.* ***1*** (*popolazione*) (people of the) town; citizens (*pl.*): **Intervenne tutta la c.**, the whole town was present ***2*** (*condizione di cittadino*) citizenship; (*nazionalità*) nationality: **diritto di c.**, right of citizenship; **ottenere la c. britannica**, to obtain British citizenship; to become a British citizen; **c. onoraria**, freedom of the city.
cittadìno ***A*** *a.* town (*attr.*); city (*attr.*): **il centro c.**, the city centre; the civic centre; downtown (*USA*); **le vie cittadine**, the streets of the town ***B*** *m.* (*f.* **-a**) ***1*** (*leg.*) citizen: **da privato c.**, as a private citizen; **c. italiano**, Italian citizen; **c. britannico**, British citizen (*o* subject) ***2*** (*chi vive in città*) town dweller; (*contrapposto a «campagnolo»*) townsman* (*f.* townswoman*) • **c. del mondo**, citizen of the world □ **c. onorario di una città**, freeman of a city □ **essere libero c.**, to be free of ties □ **il primo c.**, the mayor.
ciùcca *f.* (*pop.*) drunken state • **avere la c.**, to be drunk; to be plastered (*pop.*) □ **prendersi una c.**, to get drunk; to get plastered (*pop.*).
ciucciàre *v. t. e i.* (*fam.*) to suck.
ciùccio, **ciucciòtto** *m.* (*succhiotto*) dummy (*GB*); pacifier (*USA*).
ciùcco *a.* (*pop.*) drunk; tight (*fam.*); plastered (*pop.*).
ciùco *m.* (*fam.*) ***1*** (*zool.*) ass; donkey ***2*** (*fig.*) dunce.
ciùffo *m.* ***1*** (*d'erba, penne*) tuft; bunch ***2*** (*di capelli*) wisp (of hair); (*sulla fronte*) forelock ***3*** (*di alberi, ecc.*) clump; thicket.
ciuffolòtto *m.* (*zool.*) bullfinch.
ciurlàre *v. i.* — (*fam.*) **c. nel manico**, to be unreliable; to backpedal.
ciùrma *f.* (*naut.*) crew; hands (*pl.*).
ciurmàglia *f.* riff-raff; rabble; scum; mob.
civétta ***A*** *f.* ***1*** (*zool.*) little owl ***2*** (*di ragazza*) coquette; flirt: **fare la c.**, to play the coquette; to flirt ***3*** (*di giornale*) headline board • **far c.**, to duck one's head ***B*** *a. invar.* — **auto c.**, unmarked police car; Q-car; (*mil.*) **nave c.**, decoy ship; Q-ship.
civettàre *v. i.* to flirt.
civetterìa *f.* ***1*** flirtatiousness; coquetry; coquettishness ***2*** (*vezzo*) affectation; trick.
civettuòlo *a.* ***1*** coquettish ***2*** (*grazioso*) pretty; cute (*USA*).
cìvico *a.* ***1*** (*di città*) civic; municipal; town (*attr.*); city (*attr.*) ***2*** (*di cittadino*) civic, public: **dovere c.**, civic duty; **senso c.**, public spirit • **educazione civica**, civics (*pl. col verbo al sing.*) □ **numero c.**, street number.
civìle ***A*** *a.* ***1*** (*anche leg.*) civil: **diritti civili**, civil rights; **diritto c.**, civil law; **guerra c.**, civil war ***2*** (*non militare*) civilian: **la popolazione c.**, the civilian population; **abiti civili**, civilian clothes; civvies (*fam.*) ***3*** (*civilizzato*) civilized ***4*** (*educato*) civil; civilized; proper ***5*** (*decoroso*) respectable; decent • **abitazione c.**, house □ **feste civili**, public holidays □ **matrimonio c.**, civil wedding ceremony; registry-office marriage □ (*leg.*) **stato c.**, marital status ***B*** *m.* civilian.
civilìsta *m. e f.* (*leg.*) ***1*** (*avvocato*) civil lawyer ***2*** (*giurista*) expert in civil law.
civilizzàre ***A*** *v. t.* to civilize ***B*** **civilizzàrsi** *v. i. pron.* to become* civilized; to become* more refined.
civilizzatóre ***A*** *a.* civilizing ***B*** *m.* (*f.* **-trice**) civilizer.
civilizzazióne *f.* civilization.
civilménte *avv.* ***1*** civilly ***2*** (*educatamente*) civilly; politely • **sposarsi c.**, to get married in a civil ceremony (*o* before a registrar).
civiltà *f.* ***1*** civilization ***2*** (*gentilezza*) civility; courtesy.
civìsmo *m.* public spirit; good citizenship.
clàcson *m. invar.* (motor-)horn; hooter: **suonare il c.**, to toot (*o* to hoot) the horn; **colpo di c.**, toot (*o* honk) on the horn.
clamóre *m.* ***1*** clamour; din; noise ***2*** (*scalpore*) sensation; stir; (*indignazione*) outcry.
clamorosaménte *avv.* sensationally; spectacularly • **Fu c. sconfitto**, he was soundly defeated □ **un progetto c. fallito**, a plan that failed miserably.
clamoróso *a.* ***1*** (*spettacolare*) spectacular; resounding: **vittoria clamorosa**, resounding victory; **sconfitta clamorosa**, crushing defeat ***2*** (*che desta scalpore*) sensational.
ATTENZIONE: **clamoroso** ≠ clamorous.
clan *m. invar.* ***1*** (*tribù*) clan ***2*** (*fig.*) clique; clan; set.
clandestinità *f.* ***1*** secrecy; clandestinity ***2*** (*polit.*) life underground; underground activity: **darsi alla c.**, to go underground; **in c.**, underground.
clandestìno ***A*** *a.* ***1*** (*segreto, nascosto*) clandestine; covert; secret; underground (*attr.*): **stampa clandestina**, underground press ***2*** (*illegale*) illegal; unlicensed: **lotto c.**, unlicensed lottery • **aborto c.**, backstreet abortion □ (*naut.*) **passeggero c.**, stowaway ***B*** *m.* (*f.* **-a**) (*naut., aeron.*) stowaway.
clangóre *m.* (*lett.*) clangour; clang.
claque (*franc.*) *f. invar.* claque.
clarinettìsta *m. e f.* (*mus.*) clarinet player; clarinettist.

clarinétto m. (*mus.*) clarinet.
clarìssa f. (*eccles.*) Poor Clare.
clàsse f. *1* (*gruppo sociale*) class: **la c. dirigente**, the ruling class; **la c. operaia**, the working class(es); **odio di c.**, class hatred *2* (*zool., bot., miner.*) class *3* (*sui mezzi di trasporto*) class: **viaggiare in prima c.**, to travel first class; **c. turistica** (*o* **economica**), tourist class *4* (*categoria*) class; category; bracket; (*naut.*) class, rating *5* (*a scuola*: *gli studenti*) class; (*corso*) form (*GB*), grade (*USA*); (*aula*) classroom: **Che c. fai?**, what form are you in?; **entrare in c.**, to go into the classroom *6* (*mil.*: *leva*) year; contingent *7* (*stile*) class: **una donna che ha c.**, a woman with class • (*scherz.*) **c. di ferro**, the best □ **di c.**, high-class; first-rate; elegant; exclusive □ **fuori c.**, in a class apart; of superlative quality.
classicheggiànte a. in the classical style.
classicìṣmo m. classicism.
classicìsta m. e f. classicist.
classicità f. *1* (*classicismo*) classicism *2* (*misura, eleganza*) balance; proportion *3* (*antichità classica*) classical antiquity.
clàssico *A* a. *1* (*dell'antichità classica*) classical: **il mondo c.**, the classical world; **studi classici**, classical studies *2* (*letter., arte*) classic; classical *3* (*sobrio*) classic *4* (*tipico*) classic; typical • **danza classica**, ballet (dancing) □ **musica classica**, classical music *B* m. classic: **i classici**, the classics.
classìfica f. *1* (*classificazione*) classification *2* (*di concorso*) place list, results (*pl.*); (*sport*) placings (*pl.*), results (*pl.*); (league) table (*GB*); (*di canzoni*) charts (*pl.*), (*di libri*) bestseller list; (*radio, TV, ecc.*) ratings (*pl.*): **dare la c.**, to give the results; **entrare in c.**, to be placed; **rimontare la c.**, to move up the charts (*o* table, ratings); **c. generale**, overall placings; **essere primo in c.**, to be first; to top the (results) list; **essere terzo in c.**, to be placed third; **posto in c.**, place; placing.
classificàbile a. classifiable • **non facilmente c.**, not easily classified.
classificàre *A* v. t. *1* (*suddividere in classi*) to classify *2* (*assegnare a un gruppo*) to class *3* (*valutare*) to assess; (*uno studente*) to grade; (*dare un voto*) to mark *4* (*naut.*) to rate *B* **classificàrsi** v. i. pron. to be placed; to rank: **c. primo**, to be placed (*o* to come) first.
classificatóre m. *1* (*cartella*) file *2* (*per francobolli*) stamp book *3* (*mobile*) filing cabinet.
classificazióne f. *1* (*il classificare*) classification; classing *2* (*catalogazione*) filing *3* (*graduatoria*) grading *4* (*votazione scolastica*) marking, grading; (*voto*) mark, grade.
classìṣmo m. class consciousness.
classìsta *A* a. class (*attr.*); class-conscious; class-oriented: **mentalità classista**, class-conscious mentality; **visione classista**, class-oriented view *B* m. e f. class-conscious person.
classìstico a. class (*attr.*).
claudicànte a. lame; limping; hobbling: **passo c.**, limping steps (*pl.*); limp.
claudicàre v. i. (*lett.*) to limp; to hobble.
clàuṣola f. (*leg., comm.*) clause; term; provision; (*riserva*) condition: **le clausole di un contratto**, the terms of a contract; **inserire una c.**, to insert a clause.
claustràle a. claustral; cloistered.
claustrofobìa f. (*psic.*) claustrophobia.
claustrofòbico a. (*psic.*) claustrophobic.
clauṣùra f. *1* (*eccles.*) enclosure: **ordine di c.**, enclosed order; **suora di c.**, enclosed nun *2* (*fig.*) seclusion; secluded life: **fare vita di c.**, to lead a secluded life.
clàva f. *1* (*mazza*) club; cudgel; bludgeon *2* (*da ginnastica*) (Indian) club.
clavicembalìsta m. e f. harpsichord player.
clavicémbalo m. (*mus.*) harpsichord.
clavìcola f. collarbone; clavicle.
clàxon V. **clacson**.
clemàtide f. (*bot.*) clematis.
clemènte a. *1* merciful; lenient; clement *2* (*del clima*) clement; mild.
clementìna f. (*bot.*) clementine.
clemènza f. *1* mercifulness; mercy; leniency *2* (*del clima*) clemency; mildness.
cleptòmane m. e f. (*psic.*) kleptomaniac.
cleptomanìa f. (*psic.*) kleptomania.
clèrgyman (*ingl.*) m. invar. clergyman's suit.
clericàle (*polit.*) *A* a. clerical; of the clergy *B* m. e f. clericalist.
clericalìṣmo m. (*polit.*) clericalism.
clèro m. clergy.
clessìdra f. (*a sabbia*) hourglass, sandglass; (*ad acqua*) water-clock.
clic m. onom. click.
cliché (*franc.*) m. invar. *1* (*tipogr.*) cliché; plate *2* (*fig.*) cliché.
clìente m. e f. (*di negozio, ditta, ecc.*) customer; (*di albergo*) guest; (*di professionista*) client: **c. abituale**, regular customer; **c. potenziale**, prospective customer; **essere c. della banca X**, to bank with X.
clientèla f. (*di negozio, ditta, ecc.*) customers (*pl.*); clientele (*form.*); (*di albergo*) guests (*pl.*); (*di professionista*) clients (*pl.*).
clientelàre a. of patronage; patronage (*attr.*); client (*attr.*): **rapporto c.**, patronage; **politica c.**, policy of patronage.
clientelìṣmo m. (*spreg.*) patronage.
clìma m. *1* climate *2* (*fig.*) atmosphere; climate.
climatèrico a. (*med.*) climacteric.
climatèrio m. (*med.*) climacteric.
climàtico a. climatic • **stazione climatica**, health resort.
climatiẓẓàre v. t. to air-condition.
climatiẓẓatóre m. air-conditioner.
climatiẓẓazióne f. air-conditioning.
climatologìa f. climatology.
climatològico a. climatologic(al)
clìnica f. *1* (*casa di cura*) nursing home *2* (*di ospedale*) clinic • **c. universitaria**, teaching hospital.
clìnico *A* a. clinical: **caso c.**, clinical case; **quadro c.**, clinical picture; **cartella clinica**, case sheet • **occhio c.**, discerning (*o* experienced) eye *B* m. (*med.*) clinician; doctor.
clip (1) f. invar. *1* (*fermaglio*) (paper) clip *2* (*orecchino*) clip-on earring.
clip (2) m. invar. film clip.
clìṣma, **clistère** m. (*med.*) enema: **fare un c. a q.**, to give sb. an enema.
clitòride f. o m. (*anat.*) clitoris.
clitoridèo a. (*anat.*) clitoral.
clivàggio m. (*miner.*) cleavage.
cloàca f. *1* (*fogna*) sewer; cloaca* *2* (*zool.*) cloaca* *3* (*fig.*) cesspool; sink.
cloche (*franc.*) f. invar. *1* (*aeron.*) control stick *2* (*moda*) cloche (hat) • (*autom.*) **cambio a c.**, floor gear lever (*USA* gearshift).
clonàre v. t. to clone.
clonazióne f. cloning.
clóne m. (*biol. e fig.*) clone.
clònico a. (*med.*) clonic.
cloràto (*chim.*) *A* m. chlorate *B* a. chlorinated.
cloridrico a. (*chim.*) hydrochloric.
clòro m. (*chim.*) chlorine • **trattare con c.**, to chlorinate.
clorofìlla f. (*bot.*) chlorophyll.
clorofòrmio m. (*chim.*) chloroform.
cloroformiẓẓàre v. t. to chloroform.
clorùro m. (*chim.*) chloride.
clou (*franc.*) m. invar. highlight; chief attraction; climax: **il c. dello spettacolo**, the highlight of the show; **il c. della partita**, the climax of the match.
clownésco a. of a clown; clownish.
club (*ingl.*) m. invar. club.
coabitàre v. i. to cohabit; to live together.
coabitazióne f. cohabitation; living together; house-sharing.
coacèrvo m. (*lett.*) accumulation; heap.
coadiutóre m. (f. **-trice**) *1* assistant; collaborator *2* (*eccles.*) coadjutor.
coadiuvànte *A* a. assisting; co-operating *B* m. (*farm.*) adjuvant.
coadiuvàre v. t. to co-operate with; to assist; to help.
coagulànte *A* a. coagulative *B* m. coagulant.
coagulàre v. t., **coagulàrsi** v. i. pron. to coagulate; to clot; (*del latte*) to curdle.
coagulazióne f. coagulation; clotting; (*del latte*) curdling.
coàgulo m. *1* clot: **c. di sangue**, blood clot *2* (*caglio*) curd (*spesso pl.*).
coalizióne f. coalition; alliance: **governo di c.**, coalition

government.
coalizzàre **A** v. t. to form into a coalition; to unite **B** **coalizzàrsi** v. rifl. to form a coalition; to unite; to join forces.
coartàre v. t. to coerce; to force.
coartazióne f. coercion; constraint.
coassiàle a. (*mecc.*) coaxial: **cavo c.**, coaxial cable.
coattìvo a. coercive.
coàtto a. **1** compulsory; forced: (*leg.*) **domicilio c.**, forced residence **2** (*psic.*) compulsive.
coautóre m. (f. **-trìce**) coauthor; (*leg.*) joint author.
coazióne f. **1** (*leg.*) coercion; compulsion **2** (*psic.*) compulsion.
cobàlto m. (*chim.*) cobalt • **blu c.**, cobalt blue.
cobaltoterapìa f. cobalt therapy.
cobelligerànte a. e m. cobelligerent.
cobelligerànza f. cobelligerency.
còbra m. invar. (*zool.*) cobra.
còca f. **1** (*bot.*) coca **2** (*fam.*: *Coca-cola*) Coke, coke ® **3** (*pop.*: *cocaina*) coke.
Còca-Còla ® f. invar. Coca-Cola.
cocaìna f. cocaine.
cocainòmane m. e f. cocaine addict.
còcca (1) f. **1** (*di fazzoletto, ecc.*) corner **2** (*di freccia*) notch.
còcca (2) f. V. **cocco** (2).
coccàrda f. cockade; rosette.
cocchière m. **1** coachman* **2** (*vetturino di piazza*) cabman*.
còcchio m. coach; carriage; (*stor.*) chariot.
coccìge m. (*anat.*) coccyx*.
coccìgeo a. (*anat.*) coccygeal.
coccinèlla f. **1** (*zool.*) ladybird (*GB*); ladybug (*USA*) **2** (*nello scoutismo*) Brownie (Guide).
coccinìglia f. (*zool.*; *colore*) cochineal.
còccio m. **1** (*terracotta*) earthenware: **vaso di c.**, earthenware pot **2** (*pentola*) crock; earthen pot **3** (*frammento*) fragment (of crockery); shard; (*archeol.*) potsherd • **andare in cocci**, to be smashed to bits □ (*anche fig.*) **raccogliere i cocci**, to pick up the pieces.
cocciutàggine f. (*fam.*) stubborness; pigheadedness.
cocciùto a. (*fam.*) stubborn; pigheaded.
còcco (1) m. **1** (*pianta*) coconut palm **2** (*frutto*) coconut: **latte di c.**, coconut milk.
còcco (2) m. (f. **-a**) (*fam.*) **1** (*vezzegg.*) love; pet; honey **2** (*prediletto*) darling; pet • (*spreg.*) **c. di mamma**, mother's boy.
còcco (3) m. (*biol.*) coccus*.
coccodè m. cackle • **far c.**, to cackle.
coccodrillo m. **1** (*zool.*) crocodile: **lacrime di c.**, crocodile tears **2** (*giorn.*) pre-obit.
còccola f. cuddle: **fare le coccole a q.**, to cuddle sb.; **farsi le coccole** (*tra innamorati*), to bill and coo.
coccolàre v. t. **1** to cuddle **2** (*viziare*) to mollycoddle; to pamper.
còccolo (*fam.*) **A** m. (f. **-a**) (*vezzegg.*) pet; darling **B** a. darling; sweet; cute (*USA*).
coccolóne (1) m. (f. **-a**) (*fam.*) somebody who loves a cuddle; cuddly person [animal].
coccolóne (2) m. (*fam.*) **1** (apoplectic) stroke **2** (*shock*) fit; (*colpo di sonno*) fit of sleepiness: **Mi venne un c.**, I nearly had a fit; (*mi addormentai*) I couldn't keep my eyes open.
cocènte a. **1** burning; scorching: **sole c.**, scorching sun **2** (*fig.*) burning; scorching; bitter; (*acuto*) acute: **delusione c.**, bitter disappointment; **dolore c.**, acute pain; deep grief.
còcker (*ingl.*) m. invar. (*cane*) cocker (spaniel).
còcktail (*ingl.*) m. invar. **1** (*bevanda*) cocktail **2** (*ricevimento*) cocktail party **3** (*fig.*) cocktail; mixture; medley.
còclea f. (*anat.*) cochlea*.
cocómero m. (*bot.*) watermelon.
cocorìta f. (*zool., fam.*) small parrot; parakeet.
cocùzzolo m. **1** (*cima*) top; summit **2** (*di cappello*) crown **3** (*di testa*) top (of the head).
códa f. **1** tail: **agitare la c.**, to wag one's tail; **senza c.**, tailless; **c. mozza**, docked tail **2** (*parte terminale*) tail; (*di corteo, treno*) rear; (*di scritto, discorso, ecc.*) tail end, conclusion: (*aeron.*) **sedere in c.**, to sit in the tail; **essere in c.**, to be in the rear; to bring up the rear; **restare in c.**, to fall behind; **vagoni di c.**, rear carriages **3** (*di abito*: *strascico*) train: **reggere la c.**, to be a train-bearer **4** (*al pl.*) (*giacca maschile*) tails **5** (*fila di persone*) queue; line (*USA*); **fare la c.**, to stand in a queue; **mettersi in c.**, to form a queue; to queue up; to line up; (*unirsi a una c.*) to join the queue; **saltare la c.**, to jump the queue; to cut into the line (*USA*) **6** (*fila di veicoli*) line; tailback (*GB*); backup (*USA*) **7** (*ripercussione*) sequel; repercussion **8** (*mus.*) coda **9** (*di capelli, anche* **c. di cavallo**) ponytail **10** (*elab.*) queue • **c. di rondine**, swallowtail: **a c. di rondine**, swallowtailed; (*mecc.*) dovetailed, dovetail (*attr.*) □ (*cucina*) **c. di rospo**, angler fish □ (*fig.*) **con la c. tra le gambe**, with one's tail between one's legs □ **avere la c. di paglia**, to have a guilty conscience □ (*fig.*) **colpo di c.**, sudden reversal □ **fanale di c.**, taillight; rear light □ **giacca con le code**, tailcoat; tails (*pl.*) □ **guardare q.c. con la c. dell'occhio**, to watch st. out of the corner of one's eye; to give a sidelong glance to st. □ (*cinem.*) **titoli di c.**, end credits.
codardìa f. cowardice; cowardliness.
codàrdo **A** a. cowardly **B** m. (f. **-a**) coward.
codàzzo m. (*fam.*) train (of people); (*folla*) swarm.
codeìna f. (*chim.*) codeine.
codésto a. dimostr. **1** (*lett.*) that **2** (*bur.*) this.
còdice m. **1** (*leg.*) code; law: **c. penale**, penal (*o* criminal) code; **c. civile**, civil code; **c. marittimo**, maritime law **2** (*sistema di regole*) code; rules (*pl.*): **c. d'onore**, code of honour; **c. di etica professionale**, code of conduct; **c. della strada**, rules of the road; highway code; **c. di buona condotta**, code of good manners **3** (*sistema di segni*) code: **c. cifrato**, code; cipher; **c. linguistico**, linguistic code; **messaggio in c.**, coded message; **decifrare un c.**, to read a code **4** (*elab.*) code: **c. macchina**, machine code **5** (*manoscritto*) codex*; manuscript • **c. di avviamento postale**, postcode (*GB*); zip code (*USA*) □ **c. fiscale**, taxpayer's code number □ (*biol.*) **c. genetico**, genetic code.
codicillo m. (*leg.*) codicil.
codìfica f. (*elab.*) coding.
codificàre v. t. **1** to codify **2** (*trasporre in codice*) to code; (*anche elab.*) to encode.
codificazióne f. **1** codification **2** coding; encoding.
codino m. **1** short tail **2** (*di capelli*) pigtail; (*di parrucca*) queue **3** (*di persona*) reactionary; Colonel Blimp.
codirósso m. (*zool.*) redstart.
códolo m. (*tecn.*) tang.
coeditóre m. co-publisher; joint publisher.
coedizióne f. co-edition; joint edition.
coefficiènte m. coefficient.
coercitìvo a. coercive.
coercizióne f. (*anche leg.*) coercion; compulsion; duress: **mezzo di c.**, mean of coercion; **sotto c.**, under duress.
coerède m. e f. joint heir; coheir.
coerènte a. **1** (*scient.*) coherent **2** (*fig.*) consistent; logical; coherent; sound: **azione c. coi propri principi**, action consistent with one's principles: **c. con se stesso**, consistent; **ragionamento c.**, sound argument.
coerènza f. **1** (*scient.*) coherence **2** (*fig.*) consistency; coherence • **dare prova di c.**, to behave consistently.
coeșióne f. cohesion.
coeșistènza f. coexistence.
coeșistere v. i. to coexist.
coeșivo a. cohesive.
coetàneo **A** a. (of) the same age (as sb.) **B** m. person of the same age; contemporary • **È mio c.**, he is the same age is I am; he is a contemporary of mine; we are contemporaries.
coèvo a. coeval; contemporary.
cofanétto m. **1** (*scrigno*) casket **2** (*cassetta*) box; case **3** (*di libro*) slipcase.
còfano m. (*autom.*) bonnet (*GB*); hood (*USA*).
còffa f. (*naut.*) top: **c. di maestra**, maintop.
cofirmatàrio m. (f. **-a**) cosignatory.
cogestióne f. joint management • **c. aziendale**, worker participation in management.
cogitabóndo a. (*lett. o scherz.*) thoughtful; pensive.
cogitàre v. i. (*lett. o scherz.*) to cogitate; to ponder.
cogitazióne f. (*lett. o scherz.*) cogitation; meditation.
cògliere v. t. **1** (*fiori, frutta*) to pick; to pluck; (*raccogliere*) to gather **2** (*afferrare*) to catch*; to seize: **Fu colto dal terrore**, he was seized by terror; **c. l'occasione**, to take the opportunity; to seize one's chance; **c. al volo**, to grab; to

catch in mid air *3* (*sorprendere*) to catch*; to come* upon: **essere colto dalla pioggia**, to be caught in the rain; **Fu colta che rubava**, she was caught stealing; **c. q. in flagrante**, to catch sb. red-handed; **c. q. alla sprovvista**, to catch sb. unprepared; **c. di sorpresa**, to take by surprise; **c. in fallo**, to catch out *4* (*colpire*) to hit*; to get*: **c. nel segno**, to hit the target; (*fig.*) to hit the nail on the head *5* (*capire*) to understand*, to catch*, to grasp; (*percepire*) to detect, to feel*: **c. un'allusione**, to catch an allusion; **c. al volo**, to grasp at once; **Colsi dell'incertezza nella sua voce**, I detected uncertainty in his voice.

coglióne *m.* (*volg.*) *1* (*al pl.*) balls; bollocks; nuts *2* (*babbeo*) dickhead; jerk (*fam. USA*) • **avere i coglioni**, to have balls □ **levarsi dai coglioni**, to piss off □ **rompere i coglioni a q.**, to be a pain in the arse (*USA* ass).

coglionerìa *f.* (*volg.*) crap Ⓤ; bullshit Ⓤ; load of balls Ⓤ: **dire coglionerie**, to talk crap.

cognàc (*franc.*) *m. invar.* cognac; French brandy.

cognàta *f.* sister-in-law*.

cognàto *m.* brother-in-law*.

cognitìvo *a.* cognitive.

cognizióne *f.* *1* knowledge Ⓤ; notion: **acquistare nuove cognizioni**, to acquire new knowledge; **qualche c. di russo**, some (basic) knowledge of Russian; **cognizioni utili**, useful notions *2* (*leg.*) cognizance *3* (*filos.*) cognition • **con c. di causa**, with full knowledge of the facts.

cognóme *m.* surname; family name; last name: **c. da nubile** [**da sposata**], maiden [married] name.

coguàro *m.* (*zool.*) cougar; puma.

coibentàre *v. t.* (*tecn.*) to insulate.

coibentazióne *f.* (*tecn.*) insulation.

coibènte (*fis.*) *A* *a.* insulating; non-conducting *B* *m.* heat insulator; non-conductor.

coibènza *f.* (*fis.*) non-conductivity.

coimputàto *m.* (*f.* **-a**) (*leg.*) co-defendant.

coincidènte *a.* coinciding; coincident.

coincidènza *f.* *1* (*concordanza, corrispondenza*) concurrence; correspondence *2* (*contemporaneità*) concurrence; simultaneity *3* (*combinazione*) coincidence: **Fu una pura c.**, it was pure coincidence *4* (*ferr.*) connection: **perdere la c.**, to miss the connection; **Questo treno è in c. con quello per Roma**, this train connects with the Rome train *5* (*geom.*) coincidence.

coincìdere *v. i.* *1* (*collimare*) to coincide; to agree; to correspond *2* (*accadere contemporaneamente*) to coincide; to occur at the same time; (*di impegni, ecc.*) to clash *3* (*geom.*) to coincide.

coinquilìno *m.* (*f.* **-a**) co-tenant; fellow tenant.

cointeressàre *v. t.* (*comm.*) to give* (sb.) a share (in st.); to make* (sb.) a partner (in st.).

cointeressàto (*comm.*) *m.* associate; partner.

cointeressènza *f.* (*comm.*) profit-sharing; interest.

coinvolgènte *a.* absorbing; fascinating.

coinvòlgere *v. t.* *1* (*implicare*) to involve; to drag in; to implicate: **c. q. in una lite**, to involve sb. in (*o* to drag sb. into) a quarrel; **c. q. in uno scandalo**, to implicate sb. in a scandal; **restare coinvolto**, to get involved; **Fu coinvolto in una storia di droga**, he got mixed up in a drug affair *2* (*attrarre*) to absorb; to fascinate.

coinvolgiménto *m.* involvement; implication; participation.

còito *m.* coitus.

còla *f.* (*bot.*) cola, kola.

colà *avv.* (*lett.*) there; over there.

colabròdo *m.* colander; strainer • **ridotto a un c.**, full of holes □ **ridurre a un c.**, to riddle with holes.

colapàsta *m. invar.* spaghetti strainer; colander.

colàre *A* *v. t.* *1* (*filtrare*) to strain; to filter: **c. il brodo**, to strain stock *2* (*scolare*) to strain; to drain: **c. la pasta**, to drain pasta *3* (*metall.*) to cast*; to pour *4* (*versare*) to pour *B* *v. i.* *1* (*fuoruscire lentamente*) to ooze, to seep; (*scendere*) to run*; (*gocciolare*) to drip, to trickle; (*abbondantemente*) to pour; (*per una perdita*) to leak: **Il sangue colava dalla ferita**, blood was oozing from the wound; **Il sudore mi colava lungo la schiena**, sweat was trickling down my back; **Mi cola il naso**, my nose is running *2* (*sciogliersi*) to melt; (*di candela*) to gutter • (*naut.*) **c. a picco**, to sink (to the bottom).

colàta *f.* *1* (*metall.*) casting; pouring *2* (*quantità di metallo fuso*) tap; melt; cast *3* (*geol.*) flow: **c. di lava**, lava flow; stream of lava; **c. di fango**, mudflow.

colazióne *f.* (*del mattino*) breakfast; (*di mezzogiorno*) lunch, luncheon (*form.*): **fare c.**, to have breakfast, to breakfast; to have lunch, to lunch; **c. di lavoro**, working luncheon.

colbàcco *m.* fur hat; Cossack hat; (*mil.*) busby, bearskin.

còlchico *m.* (*bot.*) colchicum; autumn crocus.

colecìsti *f.* (*anat.*) gall bladder; (*scient.*) cholecyst.

colecistìte *f.* (*med.*) cholecystitis.

colèdoco *m.* (*anat.*) choledoch (duct).

colèi *pron. dimostr. f.* she (*compl.* her): **c. che**, the woman* who; the one who; she who (*form.*); **c. che risulterà vincitrice**, the one who wins (*o* who will be the winner); **Non conosco c. che prenderà il mio posto**, I don't know the woman who's going to take over from me; **Beatrice, colei che Dante amò**, Beatrice, the woman loved by Dante (*o*, *lett.*, she whom Dante loved).

coleòttero *m.* (*zool.*) beetle; (*scient.*) coleopter.

colèra *m.* (*med., vet.*) cholera.

colèrico *a.* (*med.*) choleric; cholera (*attr.*): **epidemia colerica**, cholera epidemic.

coleróso *A* *a.* cholera (*attr.*) *B* *m.* cholera patient.

colesteròlo *m.* (*biol.*) cholesterol.

còlf *f. invar.* (*abbr. di «collaboratrice familiare»*) domestic help; daily, help (*fam.*).

colibacìllo *m.* (*biol.*) colon bacillus*.

colibrì *m.* (*zool.*) hummingbird.

còlica *f.* (*med.*) colic • **sofferente di coliche**, colicky.

colìno *m.* strainer; (*per la pasta*) colander.

colìte *f.* (*med.*) colitis.

colìtico *a.* (*med.*) colitic.

còlla *f.* glue • **c. di farina**, paste □ **c. di pesce**, isinglass.

collaboràre *v. i.* *1* to co-operate; to work together; (*anche polit.*) to collaborate: **c. a un progetto**, to work together on a project; **c. al successo di q.c.**, to contribute to the success of st. *2* (*a giornale*) to contribute (to); to write* (for) • **c. alle indagini**, to help the police with their inquiries □ (*leg.*) **c. con la giustizia**, to turn state's evidence.

collaboratóre *m.* (*f.* **-trice**) *1* collaborator; aide; member of a team *2* (*di giornale*) contributor • (*leg.*) **c. di giustizia**, criminal turned state's evidence □ **c. esterno**, consultant; (*di giornale*) freelancer □ **c. familiare**, domestic help □ **c. scientifico**, representative of a farmaceutical firm.

collaborazióne *f.* *1* collaboration; cooperation; joint work; (*aiuto*) help, assistance *2* (*a giornale*) contribution • **offrire la propria c.**, to offer to collaborate; to offer one's services □ **fare q.c. in c.**, to collaborate on st.; to work together on st. □ **lavoro di c.**, joint effort; teamwork.

collaborazionìsmo *m.* (*polit.*) collaborationism.

collaborazionìsta *m. e f.* (*polit.*) collaborationist.

collage (*franc.*) *m. invar.* *1* (*arte*) collage *2* (*fig.*) collage; patchwork.

collàgene, **collàgeno** *m.* (*biol.*) collagen.

collàna *f.* *1* necklace; (*di perle, anche*) string: **c. a un giro**, single string; **c. girocollo**, choker *2* (*serie*) series*: **c. di narrativa**, series of novels *3* (*di sonetti e sim.*) collection; sequence • **c. di fiori**, garland.

collant (*franc.*) *m. invar.* tights (*pl., GB*); pantyhose (*pl., USA*).

collànte *m.* adhesive; glue.

collàre *m.* *1* (*per animale*) collar *2* (*gioiello*) choker; (*rigido*) torque *3* (*di ordine cavalleresco*) collar; (*catena*) neckchain *4* (*eccles.*) clerical collar; dog collar (*fam.*) *5* (*zool.*) collar; ruffle *6* (*mecc.*) collar; ring.

collassàre *v. i.* to collapse.

collàsso *m.* (*anche med.*) collapse • **c. nervoso**, nervous breakdown □ (*med.*) **c. cardiaco**, heart failure □ **sull'orlo del c.**, on the brink of collapse; (*di persona*) on the verge of a nervous breakdown.

collateràle *a.* *1* (*secondario*) secondary: (*farm.*) **effetto c.**, side effect *2* (*leg.*) collateral.

collaudàre *v. t.* to test; to try out.

collaudatóre *m.* (*f.* **-trice**) *1* tester *2* (*di automobili*) test driver *3* (*di aeroplani*) test pilot.

collàudo *m.* test; (*il collaudare*) testing, trying out: **fare il c. di q.c.**, to test st.; **superare un c.**, to pass a test; **volo di c.**, test flight.

collazionàre *v. t.* to collate.

collazióne *f.* collation.

còlle (1) *m.* (*altura*) hill.
còlle (2) *m.* (*valico*) pass; col.
collèga *m. e f.* colleague; fellow worker.
collegaménto *m.* **1** connection; link **2** (*telef., elettr.*) connection: **c. telefonico**, telephone connection; **collegamenti elettrici**, electrical connections; wiring 🅤; **c. in serie** [**in parallelo**], serial [parallel] connection; **c. a terra**, earthing (*GB*); grounding (*USA*) **3** (*radio, TV*) link; link-up: **c. radio**, radio link; **c. via satellite**, satellite link-up; **trasmissione in c. diretto**, live broadcast **4** (*elab.*) linking; linkage • **cavo di c.**, connecting cable □ (*mil.*) **ufficiale di c.**, liaison officer.
collegàre ***A*** *v. t.* **1** (*anche fig.*) to connect; to link up **2** (*elettr.*) to connect ***B*** **collegàrsi** *v. rifl.* **1** (*telef.*) to get* through (to) **2** (*radio, TV*) to link up; (*da uno studio*) to go* over (to) **3** (*essere connesso*) to be connected; to be related.
collegiàle ***A*** *a.* **1** (*collettivo*) collective; joint: **decisione c.**, collective decision; **organo c.**, collective body **2** (*di convitto*) collegiate; boarding-school (*attr.*) ***B*** *m. e f.* boarder • **aria da c.**, schoolboy [schoolgirl] look.
collegialità *f.* collective character; joint nature.
collegialménte *avv.* jointly; collectively; as (*o* in) a body.
collegiàta *f.* (*eccles.*) collegiate church.
collègio *m.* **1** (*scuola con convitto*) boarding school; (*in G.B. anche*) public school; **c. navale**, naval college **2** (*pensionato universitario*) hall of residence **3** (*consesso di persone*) college; corporation; body; board: (*eccles.*) **il c. dei cardinali**, the College of Cardinals; **c. dei docenti**, teaching body (*o* staff); (*fin.*) **c. dei sindaci**, board of auditors **4** (*circoscrizione elettorale*) constituency; district • (*leg.*) **c. di difesa**, counsel for the defence □ (*leg.*) **c. giudicante**, court; bench.
còllera *f.* anger; wrath (*lett.*): **impeto di c.**, fit of anger; **c. repressa**, suppressed anger; **andare in c.**, to lose one's temper; to get angry; **essere in c.**, to be angry.
collèrico *a.* irascible; quick-tempered; choleric.
collètta *f.* **1** collection: **fare una c.**, to collect (*o* to raise) money **2** (*eccles.*) collect.
collettivișmo *m.* collectivism.
collettivìsta *a., m. e f.* collectivist.
collettivìstico *a.* collectivistic.
collettività *f.* **1** community; general public **2** (*carattere collettivo*) collective nature.
collettivizzàre *v. t.* (*polit.*) to collectivize.
collettivo ***A*** *a.* **1** collective; general; common; everybody's: **sicurezza collettiva**, collective security; **il bene c.**, the common good; **nell'interesse c.**, in everybody's interest **2** (*solidale*) joint; common: **decisione collettiva**, joint decision; **sforzo c.**, joint effort **3** (*gramm.*) collective • **biglietto c.**, group ticket □ (*econ.*) **contratto c.**, collective labour agreement ***B*** *m.* collective.
collétto *m.* **1** collar: **c. di camicia**, shirt collar; **c. alla marinara** [**alla coreana**], sailor [mandarin] collar **2** (*bot.*) collar **3** (*di dente*) neck • **colletti bianchi** [**blu**], white-collar [blue-collar] workers.
collettóre *m.* **1** collector: **c. delle imposte**, tax collector **2** (*mecc.*) manifold; (*di caldaia*) header **3** (*elettr.*) commutator **4** (*elettron.*) collector • **c. di fognatura**, main sewer □ **c. di rifiuti**, rubbish (*USA* garbage) chute.
collezionàre *v. t.* to collect • **c. debiti**, to run up enormous debts □ **c. sconfitte**, to suffer a series of defeats □ **c. vittorie**, to score a series of victories.
collezióne *f.* **1** collection: **c. di quadri**, collection of paintings; **c. di moda**, fashion collection; **fare c. di q.c.**, to collect st. **2** (*il collezionare*) collecting.
collezionișmo *m.* collecting (*things as a hobby*).
collezionìsta *m. e f.* collector: **c. di francobolli**, stamp collector.
collezionìstico *a.* collecting (*attr.*); collectors' (*attr.*).
collie (*ingl.*) *m. invar.* (*zool.*) collie.
collier (*franc.*) *m. invar.* necklace.
collimàre *v. i.* to agree; to coincide; to fit (st.); to tally.
collìna *f.* hill: **vivere in c.**, to live in the hills.
collinàre *a.* hilly; hill (*attr.*).
collinétta *f.* hillock.
collinóso *a.* hilly; hill (*attr.*).
collirio *m.* eyewash; collyrium*.
collișióne *f.* **1** collision (*anche fis.*); impact **2** (*fig.*) collision; clash; conflict • **a prova di c.**, crash-proof □ **entrare in c. con q.c.**, to come into collision with st.; (*naut.*) to fall foul of st.
còllo (1) *m.* **1** (*anat.*) neck: **allungare il c.**, to crane one's neck; **Aveva al c. una sciarpa**, he wore a scarf round his neck; **Mi gettò le braccia al c.**, he threw his arms round my neck; **tirare il c. a un pollo**, to wring a chicken's neck **2** (*di indumento*) collar; neck: **c. di pelliccia**, fur collar; **c. a giro**, round neck; **c. a uomo**, tailored collar; **c. alla ciclista**, turtleneck **3** (*naut.*) hitch; turn • **c. di bottiglia**, neck of a bottle; (*fig.*) bottleneck □ (*mecc.*) **c. d'oca**, gooseneck; crankshaft □ **c. del piede**, instep □ (*anat.*) **c. dell'utero**, cervix □ **avere un braccio al c.**, to have one's arm in a sling □ (*anche fig.*) **immerso in q.c. fino al c.**, up to one's neck in st. □ **nei debiti fino al c.**, up to one's eyes in debt □ (*fig.*) **piegare il c.**, to submit; to give in □ (*fig.*) **prendere q. per il c.**, to demand an exorbitant price from sb.; to get sb. by the short hairs (*fam.*) □ **tenere** (*o* **portare**) **in c.**, to carry in one's arms.
còllo (2) *m.* **1** (*di bagaglio*) item (*o* piece) of luggage **2** (*anche* **c. a mano**) parcel.
collocaménto *m.* **1** placing; (*di cavi, ecc.*) laying **2** (*impiego*) employment: **agenzia di c.**, employment agency; employment bureau (*USA*); **liste di c.**, unemployment lists; **ufficio di c.**, employment (*o* labour) exchange; job centre **3** (*comm.*) sale; placement • (*bur.*) **c. a riposo**, pensioning off; retirement □ (*bur.*) **c. in aspettativa**, temporary discharge (from one's duties).
collocàre ***A*** *v. t.* **1** to place; to put*; (*cavi, ecc.*) to lay* **2** (*trovare un lavoro a q.*) to place; to find* (sb.) a job **3** (*comm.: vendere*) to place; to sell*; to find* a market for **4** (*fin.: investire*) to invest • (*bur.*) **c. a riposo**, to pension off ***B*** **collocàrsi** *v. rifl.* to place oneself*; to take* one's place.
collocazióne *f.* **1** position; placing; place; location **2** (*biblioteconomia*) classification; (*numero*) pressmark.
colloidàle *a.* (*chim.*) colloidal.
collòide *m.* (*chim.*) colloid.
colloquiàle *a.* conversational; colloquial; informal.
colloquialìșmo *m.* (*ling.*) colloquialism.
collòquio *m.* **1** (*conversazione*) talk, conversation; (*incontro*) talk, meeting, interview: **c. privato**, private meeting; **c. di lavoro**, job interview; **chiedere un c.**, to ask for an interview; **essere a c. con q.**, to be in a meeting with sb.; **sottoporre a c.**, to interview **2** (*al pl.*) (*negoziati*) talks; negotiations: **colloqui di pace**, peace talks **3** (*esame orale*) (preliminary) oral examination.
collóso *a.* gluey; (*appiccicoso*) sticky, tacky.
collòttola *f.* (*fam.*) scruff of the neck; nape.
collùdere *v. i.* (*leg.*) to collude.
collușióne *f.* (*leg.*) collusion.
collușivo *a.* (*leg.*) collusive.
collutòrio *m.* (*farm.*) mouthwash; gargle.
colluttazióne *f.* scuffle; brawl • **c. verbale**, squabble.
colmàre *v. t.* **1** to fill (to the top *o* to the brim); to fill up **2** (*fig.*) to fill; to load; to overwhelm; **c. di gioia**, to fill with joy; **c. di lodi** [**di regali**], to load with praise [with presents]; **c. di attenzioni**, to overwhelm with kindness **3** (*agric.*) to reclaim • **c. un divario**, to close a gap □ **c. una lacuna**, to fill a gap □ **c. la misura**, to go too far □ **c. un vuoto**, to fill a gap (*o* a void).
cólmo (1) *a.* full: **c. fino all'orlo**, full to the brim.
cólmo (2) *m.* **1** top; summit **2** (*fig.*) height; depths (*pl.*): **il c. della felicità**, the height of happiness; **al c. della disperazione**, in the depths of despair **3** (*di tetto*) ridge • **È il c.!**, it is too much!; that's the absolute limit! □ **per c. di sfortuna**, to crown it all.
colómba *f.* (*zool. e fig.*) dove.
colombàccio *m.* (*zool.*) wood-pigeon.
colombàia *f.* dovecote.
colombàrio *m.* (*di cimitero*) vault lined with burial niches.
colombèlla *f.* (*zool.*) stock dove.
colómbo *m.* **1** (*zool.*) pigeon; dove: **c. viaggiatore**, homing pigeon **2** (*al pl.*) (*innamorati*) turtledoves; lovebirds.
còlon *m. invar.* (*anat.*) colon.
colònia (1) *f.* **1** colony; (*insediamento*) settlement: **fondare una c.**, to establish a settlement **2** (*gruppo*) colony; community: **la c. italiana a Parigi**, the Italian colony in Paris **3** (*per bambini*) holiday home; holiday camp.
colònia (2) *f.* eau de Cologne.

coloniàle *a.* colonial • **(generi) coloniali**, groceries.
colonialismo *m.* colonialism.
colonialista *m. e f.* colonialist.
colònico *a.* farm (*attr.*); farmer's (*attr.*): **casa colonica**, farmhouse.
colonizzàre *v. t.* to colonize (*anche biol.*); to settle.
colonizzatóre ***A*** *m.* (*f.* **-trice**) colonizer ***B*** *a.* colonizing.
colonizzazióne *f.* colonization.
colónna *f.* ***1*** (*archit. ed estens.*) column; pillar: **c. dorica**, Doric column; (*mitol.*) **le colonne d'Ercole**, the pillars of Hercules; **c. di cifre**, column of figures; **c. di fumo**, column (*o* pillar) of smoke; **c. di giornale**, newspaper column; **in c.**, in a column ***2*** (*fila*) column; line: **c. di automezzi**, column of vehicles; **mettersi in c.**, to form a column (*o* a line) ***3*** (*fig.*: *sostegno*) mainstay; pillar • (*cinem.*) **c. sonora**, soundtrack □ (*anat.*) **c. vertebrale**, spine; backbone □ (*polit.*) **quinta c.**, fifth column □ (*giorn.*) **titolo su quattro colonne**, four-column headline.
colonnàto *m.* (*archit.*) colonnade; (*coperto*) portico*.
colonnèllo *m.* (*mil.*) colonel: **tenente c.**, lieutenant colonel.
colonnìna *f.* ***1*** (small) column; (*archit.*) cippus* ***2*** (*della benzina*) petrol (*USA* gas) pump ***3*** (*di ringhiera*) rail post.
colòno *m.* ***1*** (*coltivatore*) farmer; (*affittuario*) tenant farmer; (*mezzadro*) sharecropper ***2*** (*abitante di colonia*) colonist; settler.
còlophon *m. invar.* (*tipogr.*) colophon.
colorànte ***A*** *a.* colouring, coloring (*USA*); dyeing ***B*** *m.* (*chim.*) colouring; (*tintura*) dye; **c. alimentare**, food colouring; **privo di coloranti**, free from colouring agents.
coloràre ***A*** *v. t.* ***1*** to colour, to color (*USA*); (*un disegno*) to colour in ***2*** (*mascherare*) to mask; to hide* ***B*** **coloràrsi** *v. i. pron.* ***1*** to colour; to turn (+ *agg.*): **Il cielo si colorò di rosa**, the sky turned pink ***2*** (*arrossire*) to flush; (*per imbarazzo*) to blush.
coloràto *a.* coloured, colored (*USA*); tinted; stained: **carta colorata**, coloured paper; **lenti colorate**, tinted lenses; **vetro c.**, stained glass.
coloratùra *f.* (*mus.*) coloratura.
colorazióne *f.* ***1*** colouring, coloring (*USA*); (*tintura*) dyeing ***2*** (*tinta*) hue; colouring.
colóre *m.* ***1*** colour, color (*USA*); hue; (*tintura*) dye: **i colori dell'arcobaleno**, the colours of the rainbow; **c. cinereo**, ashen hue; **colori solidi**, fast colours; **Di che c. è?**, what colour is it?; **Il mare era c. del piombo**, the sea was the colour of lead; **color (verde) pisello**, pea green; **di c. giallo**, yellow; **a colori**, in colour; colour (*attr.*): **televisione a colori**, colour television; **senza c.**, colourless ***2*** (*colorante*) colour; (*tintura*) dye; (*per dipingere*) paint, colour: **scatola di colori**, paintbox; box of paints; **colori a olio**, oils; **colori ad acquerello**, watercolours; **dare il c. a una parete**, to paint a wall ***3*** (*fig.*) colour; vividness: **ricco di c.**, full of colour; colourful; **privo di c.**, colourless; dull; **c. locale**, local colour; **c. politico**, political colour ***4*** (*di viso*) colour; colouring; complexion: **c. acceso**, high colour; ruddy complexion; **avere un brutto c.**, to look unwell ***5*** (*a carte*) suit ***6*** (*poker*) flush • **cambiare c.**, (*impallidire*) to go pale; (*cambiare alleanza*) to change sides □ **persone di c.**, coloured people □ (*fig.*) **di ogni c.**, of all shades □ **dirne di tutti i colori a q.**, to call sb. all sorts of names; to lash out at sb. □ **diventare di mille colori**, to turn scarlet □ **farne di tutti i colori**, to be up to all sorts of mischief (*o* of tricks) □ **passarne di tutti i colori**, to go through all sorts of troubles.
colorifìcio *m.* ***1*** (*fabbrica*) paint factory ***2*** (*negozio*) paint shop.
colorìre ***A*** *v. t.* ***1*** to colour, to color (*USA*) ***2*** (*fig.*) to enliven; to colour ***B*** **colorìrsi** *v. i. pron.* ***1*** to take* on (*a colour, a hue*): **c. di rosa**, to take on a rosy hue ***2*** (*in viso*) to colour up; to flush; (*per imbarazzo*) to blush.
colorìto ***A*** *a.* ***1*** (*di viso*: *roseo*) rosy; (*acceso*) flushed: **Oggi è più c.**, he's got more colour in his cheeks today ***2*** (*fig.*) colourful, colorful (*USA*); vivid: **linguaggio c.**, colourful language ***B*** *m.* (*carnagione*) complexion; colour.
coloritùra *f.* ***1*** colouring, coloring (*USA*) ***2*** (*fig.*) colour; slant.
colóro *pron. dimostr. m. e f. pl.* they (*compl.* them): **c. che**, those who; people who; **c. che desiderano iscriversi**, those who wish (*o* those wishing) to enrol.
colossàle *a.* colossal; huge; enormous.
colòsso *m.* ***1*** (*arte, stor.*) colossus* ***2*** (*di uomo*) giant (of a man) ***3*** (*fig.*) giant: **c. industriale**, industrial giant.
colòstro *m.* (*biol.*) colostrum.
cólpa *f.* ***1*** fault; (*responsabilità*) blame; (*colpevolezza*) guilt: **La c. è mia** (*o* **È c. mia**), it's my fault; I am to blame; **Di chi è la c.?**, whose fault is it?; **dare la c. a q.**, to blame sb.; to lay the blame on sb.; **addossarsi la c. d. q.**, to take the blame for st.; **essere in c.**, to be at fault; **ammissione di c.**, admission of guilt; **sentirsi in c.**, to feel guilty; **senso di c.**, guilt; guilty feeling; **provare un senso di c.**, to feel guilty; to have a guilty feeling; **per c. di**, because of; owing to; **senza c.**, blameless; guiltless ***2*** (*c. morale, peccato*) sin; wrong; wrongdoing: **le colpe dei padri**, the sins of the fathers ***3*** (*leg.*: *reato*) offence; (*delitto*) crime; (*negligenza*) negligence: **concorso di c.**, contributory negligence.
colpévole ***A*** *a.* guilty (*anche leg.*); culpable; to be blamed (*pred.*): **c. di furto**, guilty of theft; **dichiararsi c.**, to plead guilty; **sentirsi c.**, to feel guilty; **Sono c. di averlo trascurato**, I am to be blamed for neglecting it; **negligenza c.**, culpable negligence ***B*** *m. e f.* culprit; (*leg., anche*) offender, guilty person.
colpevolézza *f.* guilt; culpability.
colpevolista *m. e f.* person who maintains an accused person's guilt.
colpevolizzàre ***A*** *v. t.* to make* (sb.) feel guilty ***B*** **colpevolizzàrsi** *v. rifl.* to feel guilty; to blame oneself.
colpìre *v. t.* ***1*** (*anche fig.*) to hit*; to strike*: **c. q. alla testa**, to hit (*o* to strike) sb. on the head; **Il paese fu colpito dal terremoto**, the country was struck by an earthquake; **Mi colpì la sua prontezza**, I was struck by his quickness; **Fu colpito da paralisi**, he was struck down with paralysis; **c. con un pugno**, to punch sb. ***2*** (*centrare*) to hit*; to get*: **c. il bersaglio**, to hit the target ***3*** (*con arma da fuoco*) to shoot* • **c. di striscio**, to graze □ **c. di taglio**, to slash (at) □ (*calcio*) **c. di testa**, to head □ **c. gli evasori**, to hunt down tax evaders □ **c. la fantasia**, to catch (*o* to capture) the imagination □ **c. nel segno**, to hit the mark.
cólpo *m.* ***1*** blow, stroke (*anche fig.*); knock; bang: **vibrare un c.**, to deliver a blow; **dare un c. a q.c.**, to hit (*o* to strike) st.; (*urtare*) to knock st.; **c. sulla testa**, knock (*o* bang, blow) on the head; **c. di martello**, stroke of the hammer; **Fu un duro c. per lei**, it came as a severe blow to her ***2*** (*di strumento o arma tagliente*) blow, stroke; (*di taglio*) slash, cut; (*di punta*) thrust; (*pugnalata*) stab; (*di scure e sim.*) chop: **c. di spada**, sword stroke; **abbattere una porta a colpi di scure**, to hack down a door ***3*** (*di arma da fuoco*) shot; (*salva*) round: **sparare un c.**, to fire a shot ***4*** (*rumore*) bang; (*sparo*) shot, report; (*c. battuto*) knock, (*leggero*) tap, (*secco*) rap: **un c. di pistola**, a pistol shot; **un c. alla porta**, a knock (*o* rap) on the door ***5*** (*med., fam.*) stroke ***6*** (*impresa*) success; coup (*franc.*) ***7*** (*rapina*) robbery; job (*fam.*): **c. in banca**, bank robbery; **fare un c.**, to pull off a robbery ***8*** (*tennis*) stroke; drive ***9*** (*boxe*) blow; punch: (*anche fig.*) **c. basso**, blow below the belt; **c. di destro [di sinistro]**, right-hander [left-hander] ***10*** (*golf, biliardo*) shot ***11*** (*giorn.*) scoop • (*med.*) **c. d'aria**, chill □ (*med.*) **c. di calore**, heatstroke □ **c. di fortuna**, stroke of luck; fluke □ (*med.*) **c. di frusta**, whiplash (injury) □ **c. di fulmine**, love at first sight □ **c. di genio**, stroke of genius □ **c. di grazia**, finishing stroke; final blow; coup de grâce (*franc.*) □ **c. di mano**, surprise attack; coup de main (*franc.*) □ **c. d'occhio**, quick glance; (*veduta*) view: **al primo c. d'occhio**, at first glance; **un bel c. d'occhio**, a fine view; **a c. d'occhio**, at a glance; at first sight □ **c. di scena**, coup de théâtre (*franc.*); dramatic turn of events □ **c. di sole**, sunstroke; (*al pl., nei capelli*) highlights □ **c. di sonno**, sudden sleepiness □ **c. di Stato**, coup (d'état) (*franc.*) □ **c. di telefono**, call; ring (*GB*) □ **c. di testa**, (*sport*) header; (*fig.*) rash action: **Non fare colpi di testa**, don't do anything rash □ **c. di tosse**, cough □ **c. di vento**, gust (of wind) □ **c. gobbo**, lucky strike; (*imbroglio*) dirty trick, fast one □ **a c. sicuro**, without hesitation □ **andare a c. sicuro**, to be dead certain about st. □ (*fig.*) **al primo c.**, at the first attempt; straight off □ **dare un c. al cerchio e uno alla botte**, to run with the hare and hunt with the hounds □ **di c.**, suddenly □ **fallire il c.**, to miss the mark □ **far c.**, to be striking (*o* impressive); to make an impression (on sb.); to cause a sensation □ **in un c. solo**, in one go; at a stroke □ **perdere colpi**, (*autom.*) to misfire; (*scherz.*) to lose one's grip, to be on the decline □ **senza c.**

ferire, without striking a blow; without firing a shot □ **sul c.**, instantly; on the spot □ **tentare il c.**, to try it on □ **Mi venne un c. quando li vidi**, I got a real shock when I saw them □ **Mi hai fatto venire un c.!**, you gave me such a fright! □ (*fam.*) **Ti [Gli] venisse un c.!**, damn you [him]!

colpóso *a.* (*leg.*) culpable; without malice aforethought (*pred.*) ● **omicidio c.**, manslaughter.

coltellàccio *m.* butcher's knife; hunting knife; (*arma*) cutlass.

coltellàta *f.* ***1*** (knife) stab; (*ferita*) stab wound ***2*** (*fig.*) stab to the heart; bitter blow.

coltellerìa *f.* ***1*** (*fabbrica*) cutlery factory ***2*** (*negozio*) cutler's shop ***3*** (*coltelli*) (set of) knives.

coltèllo *m.* knife*: **c. da cucina[da tavola, da frutta, da caccia]**, kitchen [table, fruit, hunting] knife; **c. a serramanico**, jack-knife ● **avere il c. per il manico**, to have the upper hand; to have sb. over a barrel □ **avere il c. alla gola**, to have one's back to the wall □ **girare il c. nella piaga**, to twist the knife in the wound.

coltivàbile *a.* cultivable; tillable.

coltivàre *v. t.* ***1*** (*agric.*) to cultivate; to till; to farm; (*far crescere*) to grow*: **c. la terra**, to till the soil; to farm the land; **c. grano**, to grow wheat; **c. un campo a mais**, to plant a field with corn ***2*** (*fig.*) to cultivate: **c. un'amicizia [un interesse]**, to cultivate a friendship [an interest].

coltivàto *a.* (*di terreno*) cultivated, under crop, planted (with); (*di prodotto*) cultivated ● **perle coltivate**, cultured pearls.

coltivatóre *m.* (*f.* **-trice**) grower; (*agricoltore*) farmer: **c. di cotone**, cotton grower; **c. di tè**, tea planter; **c. diretto**, (small) farmer.

coltivazióne *f.* ***1*** (*il coltivare*) cultivation; growing: **c. del suolo**, cultivation (*o* tillage) of the soil; farming; **c. dell'olivo**, cultivation of olives; **c. del tabacco**, tobacco growing; **c. intensiva**, intensive cultivation ***2*** (*terreno coltivato*) plantation ***3*** (*coltura*) crop.

cólto *a.* well-educated; well-read; (*anche di gusti, ecc.*) cultured, cultivated; (*dotto*) learned.

cóltre *f.* (*anche fig.*) blanket.

coltùra *f.* ***1*** (*agric.*) cultivation; farming; growing: **c. intensiva [estensiva]**, intensive [extensive] cultivation (*o* farming); **la c. della vite**, wine growing ***2*** (*specie coltivata*) crop ***3*** (*biol.*) culture.

colùi *pron. dimostr. m.* he (*compl.* him): **c. che**, the man* who; the person who; he who (*form.*): **c. che sarà eletto**, the person who will be elected; **Intendo c. che sai**, you know who(m) I mean.

còlza *f.* (*bot.*) rape; oil-seed rape.

còma *m.* (*med.*) coma: **essere in c.**, to be in a coma; **entrare in c.**, to go into a coma; **uscire dal c.**, to come out of the coma; **c. irreversibile [profondo]**, irreversible [deep] coma.

comandaménto *m.* commandment.

comandànte *m.* ***1*** (*mil.*) commander; commanding officer (*abbr.* C.O.) ***2*** (*naut., aeron. civile*) captain ***3*** (*al vocat.*) Sir ● (*naut.*) **c. di porto**, harbour master □ **c. in capo**, commander-in-chief □ (*mil., naut.*) **c. in seconda**, second-in-command.

comandàre ***A*** *v. i.* to give* orders; to command; to be in charge; to be the boss (*fam.*): **Qui comando io**, I give orders here; **Chi comanda qui?**, who's in charge here? ***B*** *v. t.* ***1*** (*ordinare*) to order; to command: **c. a q. di fare q.c.**, to order sb. to do st. ***2*** (*essere al comando di*) to be in charge of; (*mil.*) to command, to be in command of ***3*** (*mecc.*) to control; to operate; (*azionare*) to drive*: **c. a distanza**, to operate by remote control; to remote-control; **comandato meccanicamente**, machine-driven; power-operated ***4*** (*bur.*: *destinare*) to second ● **c. a bacchetta**, to rule with a rod of iron; to be a martinet □ **Comandi!**, yes, sir [madam]!; (*mil.*) Sir! □ **come Dio comanda**, properly; as it should be.

comàndo *m.* ***1*** (*ordine*) order; command; (*leg.*) order, injunction: **dare [eseguire] un c.**, to give [to carry out] an order ***2*** (*autorità*) command; charge; leadership: **avere il c.** (*o* **essere al c.**) **di un reggimento**, to be in command of a regiment; **il peso del c.**, the burden of command; **assumere il c.**, to take (*o* to assume) command; to take on the leadership ***3*** (*sede*) headquarters (*abbr.* HQ) ***4*** (*elettr., aeron.*) control: **c. a distanza**, remote control; **c. a pedale**, foot control; **doppi comandi**, dual control Ⓤ; **azionare i comandi**, to manipulate the controls ● **di buon c.**, casual; utility (*attr.*) □ **essere al c.** (*di una gara*), to be leading (*o* in the lead) □ **essere al c. della classifica**, to be top of the results list; (*calcio*) to be at the top of the league; (*di disco*) to top the charts □ **Ai suoi comandi!**, at your service! □ (*sport*) **prendere il c.**, to forge into the lead.

comàre *f.* ***1*** (*vicina di casa*) (female) neighbour ***2*** (*pettegola*) gossip.

comatóso *a.* (*med.*) comatose.

combaciàre *v. i.* ***1*** to fit (together); to meet*; to join; to match ***2*** (*fig.*) to fit; to agree; to tally.

combattènte *m. e f.* ***1*** fighter: **c. per la libertà**, freedom fighter ***2*** (*mil.*) person in the armed services; serviceman* (*m.*); servicewoman (*f.*): **ex c.**, ex-serviceman; ex-servicewoman; (war) veteran (*USA*).

combàttere ***A*** *v. i.* to fight* (*anche fig.*); (*essere in guerra*) to be at war: **c. contro q.**, to fight sb. (*o* against sb.) ***B*** *v. t.* to fight* (*anche fig.*); (*opporsi a*) to oppose: **c. l'ingiustizia [l'inflazione]**, to fight injustice [inflation].

combattiménto *m.* ***1*** fight; combat; battle; action; fighting Ⓤ: **c. all'ultimo sangue**, fight to the last; **c. corpo a corpo**, hand-to-hand fight; **pesanti combattimenti**, heavy fighting; **ucciso in c.**, killed in action ***2*** (*fig.*) conflict; clash; contest ***3*** (*boxe, ecc.*) match ● (*boxe*) **fuori c.**, knockout; KO: **vincere per fuori c.**, to win by a knockout; **mettere fuori c.**, to knock out; (*fig.*) to put out of action □ (*fig.*) **essere fuori c.** (*essere stanco*), to be exhausted.

combattività *f.* combativeness; pugnacity; fight.

combattìvo *a.* combative; pugnacious; fighting; feisty (*USA*): **spirito c.**, pugnacity; fighting spirit.

combattùto *a.* ***1*** (*contrastato*) hard-fought; hard-won: **gara combattuta**, hard-fought contest; **vittoria combattuta**, hard-won victory ***2*** (*incerto*) undecided; uncertain; torn: **Ero c. tra il restare e il partire**, I was uncertain whether to stay or to leave; I was torn between staying and leaving.

combinàre ***A*** *v. t.* ***1*** (*mettere insieme*) to combine; (*colori*) to match ***2*** (*organizzare*) to arrange; to organize; to plan: **c. un incontro**, to arrange a meeting; **c. un viaggio**, to plan a trip; **Combinammo di trovarci in città**, we agreed to meet in town ***3*** (*concludere*) to conclude; to strike*: **c. un affare**, to make (*o* to strike) a deal; to conclude a transaction (*form.*) ***4*** (*chim.*) to combine ***5*** (*fam.*: *fare*) to do*; to make*; to be up to: **Guarda cos'hai combinato!**, look what you've done!; **c. un pasticcio**, to make a mess; **Oggi ho combinato poco**, I got very little done today; **Non combinerà mai nulla nella vita**, he'll never get anywhere in life; **Che state combinando voi due?**, what are you two up to?; **Ne ha combinata una delle sue**, he's been up to one of his tricks ***B*** *v. i.* (*concordare*) to agree; to go* together; to fit* in ***C*** **combinàrsi** *v. i. pron.* ***1*** (*stare bene insieme*) to go* (with); to go* well together ***2*** (*fam.*: *vestirsi*) to get* oneself up; to rig* oneself up ***3*** (*chim.*) to combine.

combinàta *f.* (*sci*) combined event.

combinàto *a.* ***1*** (*predisposto*) arranged; (*truccato*) fixed, rigged: **matrimonio c.**, arranged marriage; (*sport*) **incontro c.**, fixed match ***2*** (*congegnato*) conceived; planned ***3*** (*congiunto*) combined; joint ● (*fam.*) **Sono c. male**, I'm in a fix.

combinazióne *f.* ***1*** (*insieme*) combination; conjunction; mix ***2*** (*caso*) coincidence; chance: **Fu una pura c.**, it was pure coincidence (*o* sheer chance); **per c.**, by chance ***3*** (*di cassaforte*) combination ***4*** (*chim., mat.*) combination ***5*** (*comm., turismo*) package.

combrìccola *f.* ***1*** (*cricca*) gang; bunch ***2*** (*compagnia di amici*) band; set; crowd; gang.

combustìbile ***A*** *a.* combustible; fuel (*attr.*): **olio c.**, fuel oil ***B*** *m.* fuel; combustible (material): **c. nucleare**, nuclear fuel; **rifornirsi di c.**, to refuel.

combustióne *f.* combustion; (*il bruciare*) burning: **c. spontanea**, spontaneous combustion ● **a c. lenta**, slow-burning (*agg.*) □ **camera di c.**, (*di caldaia*) firebox; (*di motore*) combustion chamber.

combùtta *f.* — **essere in c.**, to be in collusion; to be hand in glove (*fam.*); to be in cahoots (*fam.*).

cóme ***A*** *avv.* ***1*** (*simile a, a somiglianza di*) like; (*nei compar. d'uguaglianza*) (as...) as; (*per esemplificare*: *quale*) such as, like: **Siamo c. sorelle**, we are like sisters; **una casa c. questa**, a house like this; **Nuota c. un pesce**, he swims like a fish; **Non conosco nessuno c. lui**, I know no one like him; **È c. parlare al muro**, it's like talking to the wall; **nero c. il carbone**, as black as coal; **Sei alto c. lui**, you are as tall as he is; **animali domestici, c. il gatto e il cane**, domestic animals such as (*o* like) cats and dogs; **gente c. quella**, people like them; such people ***2*** (*interr.*: *in che modo*) how; how well; (*di che genere, di che aspetto*) what... like: **C. stai?**, how are you?; **C. sei venuto?**, how did you come?; **C. lo sai l'inglese?**, how well do you know English?; what's your English like?; **Com'è il tuo capo?**, what's your boss like?; **Com'era l'arrosto?**, what was the roast like?; **C. si dice «villa» in inglese?**, what's the English for «villa»?; **C. hai detto?**, what did you say? ***3*** (*in qualità di*; *in quanto*; *a mo' di*) as: **Lavora c. impiegato**, he works as a clerk; **C. insegnante, conosco i giovani**, as (*o* being) a teacher, I know what young people are like; **C. amico, posso dirti che hai torto?**, speaking as a friend, may I tell you that you are wrong?; **L'ho detto c. esempio**, I mentioned it as an example; **Usai il coltello c. leva**, I used the knife as a lever ***4*** (*in correl. con «tanto», «così»*) and; as well as: **tanto i Greci c. i Romani**, both the Greeks and the Romans; the Romans as well as the Greeks; **di giorno c. di notte**, both by day and by night ***5*** (*escl.*) how: **C. sei pallido!**, how pale you are!; **C. canta bene!**, how well he sings!; **C. ti capisco!**, I know!; **C. mi dispiace!**, I'm terribly sorry!; (*che peccato!*) what a pity! ***6*** (*escl. enfatico*) what!: **C.! Non è arrivato?**, what! hasn't he arrived? • **C.?** (*o* **C. hai detto?**), pardon?; what did you say?; come again? (*fam. USA*) □ **c. da campione**, as per sample □ **c. d'accordo**, as agreed (upon) □ **c. da vostra richiesta**, as requested □ **C. mai?**, why?; how come?: **C. mai** (*o* **Com'è che**) **non è qui?**, how come he's not here?; **«Non l'ho comprato» «C. mai?»** «I didn't buy it» «why not?» □ **C. no!**, of course! □ **c. non detto**, never mind; forget it □ **c. prima**, as before □ **C. sarebbe a dire?**, what do you mean? □ **c. sempre** (*o* **c. al solito**), as usual □ **c. sopra**, as above □ (*telef.*) **A c. Ancona**, a for Andrew □ **qualcosa c. tre milioni**, something like three million lire ***B*** *cong.* ***1*** (*dichiarativa*) as: **Mi spiegò c. fosse tutto un malinteso**, he told me (that) it had all been a misunderstanding ***2*** (*nel modo in cui*) as; (*il modo in cui*) how: **Fa' c. vuoi**, do as you like; **Ecco c. è andata**, that is how (*o* the way) it went; **Mi piace c. canta** [**c. scrive**], I like his singing [his style]; (**così**) **c. stanno le cose**, as it is; as things are ***3*** (*compar.*) as; (**di c.**) than: **scrivere c. si parla**, to write as one speaks; **Fa' c. faccio io** (*o* **c. me**), do as I do; **È andata c. pensavo**, it went as I expected; **Non è lungo c. vorrei**, it isn't as long as I would like; **meglio di c. pensassi**, better than I thought; **più vecchio di c. l'avevi descritto**, older than you described him ***4*** (*temporale*) as; (*quando*) as soon as: **C. aprii la porta**, as I opened the door; **C. mi vide, uscì**, as soon as he saw me, he left ***5*** (*anche* **c. se**) as if; as though: **C. se non lo sapessi**, as if I didn't know; **Fece c. se io non ci fossi**, he behaved (*o* carried on) as if I wasn't there ***C*** *m.* — **il c. e il perché**, the whys and wherefores; **Il c. e il quando restano un mistero**, how and when it happened is still a mystery.

comedóne *m.* blackhead; (*med.*) comedo*.

cométa *f.* comet.

còmica *f.* ***1*** (*cinem.*) (silent) slapstick comedy ***2*** (*fig.*) farce; joke.

comicità *f.* comic quality; funniness; (*umorismo*) humour; (*di situazione*) comedy, funny side.

còmico ***A*** *a.* ***1*** funny; comical; comic: **un tipo c.**, a funny type; **situazione comica**, comic situation ***2*** (*teatr.*) comic; comedy (*attr.*): **teatro c.**, comic theatre; comedy; (*mus.*) **opera comica**, comic opera ***B*** *m.* ***1*** (*comicità*) comedy; comic quality; funniness: **buttarla sul c.**, to turn st. into comedy (*o* into a joke); to laugh st. off; **Il c. è che...**, the funny thing is that... ***2*** (*attore*) comic actor; comedian; (*cabarettista*) stand-up comedian.

comìgnolo *m.* chimney pot.

cominciàre *v. t. e i.* to begin*; to start; to commence (*form.*): **Cominciai a leggere**, I began (*o* started) to read; **Cominciò a piovere**, it started to rain (*o* raining); **c. un viaggio**, to begin (*o* to start on) a journey; **Cominciò col ringraziare i presenti**, he began (*o* started off) by thanking the people present; **c. dal principio**, to begin (*o* to start) from the beginning; **c. per vocale**, to begin with a vowel; **Comincia a far freddo**, it's getting (*o* turning) cold • **c. bene** [**male**], to get off to a good [bad] start □ **c. da zero**, to start from scratch □ **a c. da me**, starting with me □ **a c. da oggi**, starting from today; from this day (on); as from today (*bur.*) □ **per c.**, to start with; to begin with □ **tanto per c.**, for a start □ (*iron.*) **Si comincia bene!**, well, we're off to a fine start!

comìno *m.* (*bot.*) cum(m)in.

comitàto *m.* committee; board; council: **far parte di un c.**, to be a member of (*o* to be on) a committee; **c. direttivo**, managing committee; **c. di disciplina**, discipline board; **c. consumatori**, consumers' council.

comitìva *f.* party; group; company: **viaggiare in c.**, to travel in a group.

comìzio *m.* meeting; rally: **indire un c.**, to call a meeting; **c. elettorale**, electoral meeting (*o* rally).

còmma *m.* (*leg.*) paragraph.

commàndo *m. invar.* (*mil.*) commando* • **c. di terroristi**, terrorist group.

commèdia *f.* ***1*** (*teatr.*: *genere*) comedy; (*lavoro*) play, comedy: **c. di costume**, comedy of manners; **c. brillante**, comedy; **c. musicale**, musical ***2*** (*finzione*) act; play-acting Ⓤ; sham Ⓤ; pretence: **Era tutta una c.**, it was all a pretence ***3*** (*situazione ridicola*) farce; comedy: **finire in c.**, to end in farce.

commediànte *m. e f.* ***1*** (*teatr.*) actor (*m.*); actress (*f.*); Thespian (*scherz.*); (*spreg.*) third-rate actor (*f.* actress) ***2*** (*fig.*) play-actor (*f.* -actress), shammer: **fare il c.**, to put on an act (*fam.*).

commediògrafo *m.* (*f.* **-a**) comedy writer; playwright.

commemoràre *v. t.* to commemorate; to celebrate.

commemoratìvo *a.* commemorative; (*di defunto*) memorial (*attr*): **monumento c.**, memorial.

commemorazióne *f.* commemoration.

commendatóre *m.* ***1*** (*titolo della Repubblica Italiana*) commendatore ***2*** (*grado di ordine cavalleresco*) commander.

commensàle *m. e f.* table companion; fellow guest: **il mio c. di destra**, the man sitting on my right; **i commensali**, the people at the table; the guests.

commensuràbile *a.* (*mat.*) commensurable.

commentàre *v. t.* ***1*** to comment on; (*criticare*) to criticize ***2*** (*annotare*) to annotate; (*spiegare*) to expound.

commentàrio *m.* commentary.

commentatóre *m.* (*f.* **-trice**) ***1*** (*giorn., radio, TV*) commentator ***2*** (*di un testo*) annotator; (*espositore*) expounder.

comménto *m.* ***1*** (*di testo*) commentary; notes (*pl.*); (*singola nota*) note, (*a piè di pagina*) footnote, annotation ***2*** (*osservazione*) comment; remark: **non fare commenti**, to make no comment; to pass no remark; **Preferisco non fare commenti**, I'd rather not comment (*o* not say anything) ***3*** (*radio, TV*: *in diretta*) (running) commentary; (*voce fuori campo*) voice-over • (*cinem.*) **c. musicale**, background music.

commerciàbile *a.* saleable; marketable.

commerciàle *a.* commercial; trade (*attr.*); business (*attr.*): (*leg.*) **diritto c.**, commercial law; **scambi commerciali**, trade exchanges; **impresa c.**, business enterprise; **lettera c.**, business letter; **direttore c.**, sales manager; **valore c.**, commercial value; **film c.**, commercial film.

commercialista *m. e f.* ***1*** (*laureato*) graduate in economics and business management ***2*** (*esperto*) expert in commercial law ***3*** (*ragioniere*) (professional) accountant ***4*** (*consulente*) business consultant.

commercializzàre *v. t.* ***1*** to market ***2*** (*fig.*) to commercialize.

commercializzazióne *f.* marketing.

commerciànte *m. e f.* ***1*** dealer; trader: **c. all'ingrosso**, wholesale dealer; wholesaler; **c. al minuto**, retailer; **fare il c.**, to be in trade ***2*** (*negoziante*) tradesman* (*m.*).

commerciàre *v. i.* to deal*; to trade: **c. in tessuti**, to deal in textiles; **c. con l'estero**, to trade abroad; **c. all'ingrosso** [**al minuto**], to be in the wholesale [in the retail] trade.

commèrcio *m.* ***1*** commerce Ⓤ; trade Ⓤ; business Ⓤ: **il c. e l'industria**, commerce and industry; **il c. con l'estero**, foreign trade; **il c. all'ingrosso** [**al minuto**], the wholesale [retail] trade; **il c. della lana**, the wool trade; **essere nel c.**, to be in trade ***2*** (*lett.*: *rapporti*) dealings (*pl.*); intercourse • **Camera di C.**, Chamber of Commerce □ **fuori c.**, not for sale; (*esaurito*) out of stock; (*di libro*) out of print □ **edizione fuori c.**, privately circulated edition □ **in c.** (*in vendi-*

ta), on sale; on the market: **mettere in c.**, to market; to put on the market □ **ritirare dal c.**, to withdraw from the market.
commèssa (1) *f.* (*comm.*) order; job order.
commèssa (2) *f.* (*di negozio*) shop assistant (*GB*); salesclerk (*USA*); shop girl; saleswoman*.
commèsso *m.* ***1*** (*di negozio*) shop assistant (*GB*); salesclerk (*USA*) ***2*** (*di ufficio, banca*) messenger • **c. viaggiatore**, commercial traveller; (travelling) salesman.
commestìbile ***A*** *a.* edible; eatable • **non c.**, inedible ***B*** *m.* (*al pl.*) foodstuffs; food Ⓤ; eatables: **negozio di commestibili**, food shop.
commèttere *v. t.* to commit; to do*; to make*: **c. un delitto**, to commit a crime; **c. un errore**, to make a mistake; **c. un furto**, to steal; **c. un omicidio**, to kill.
commettitùra *f.* juncture; joint; join.
commiàto *m.* ***1*** leave-taking; (*separazione*) parting; (*addio*) farewell: **l'ora del c.**, the time to part (*o* to say goodbye); **discorso di c.**, farewell speech; **parole di c.**, parting words; **prendere c. da q.**, to say goodbye to sb.; to take (one's) leave of sb. (*form.*) ***2*** (*poesia*) envoy, envoi.
commilitóne *m.* fellow soldier: **Fu mio c. in Africa**, we served together in Africa.
comminàre *v. t.* (*leg.*) to inflict; to impose.
commiṣeràre *v. t.* to pity; to commiserate.
commiṣerazióne *f.* pity; sympathy; compassion: **parole di c.**, words of sympathy; **sorriso di c.**, smile of compassion.
commissariaménto *m.* (*econ.*) administration by an external commissioner.
commissariàto *m.* ***1*** (*di polizia*) police station; precinct (*USA*) ***2*** (*mil.*) commissariat ***3*** (*carica*) commissionership; (*sede*) commissioner's office.
commissàrio *m.* ***1*** (*funzionario*) commissioner; officer: **alto c.**, high commissioner; **c. di Pubblica Sicurezza**, police superintendent (*GB*), commissioner of police (*USA*) ***2*** (*membro di commissione*) member of a committee (*o* of a board); committee (*o* board) member: **c. d'esame**, member of an examining board • (*naut.*) **c. di bordo**, purser; (*di nave da carico*) supercargo □ **c. sportivo**, official; umpire □ (*sport*) **c. tecnico**, trainer manager (*of a national team*).
commissionàre *v. t.* ***1*** (*comm.*) to order; to place an order for ***2*** (*opere d'arte*) to commission.
commissióne *f.* ***1*** (*incombenza*) errand: **mandare q. a fare una c.**, to send sb. on an errand; **sbrigare una c.**, to run an errand; **Ho alcune commissioni da fare**, I have a few things to do ***2*** (*al pl.*) (*acquisti*) shopping Ⓤ: **fare commissioni in città**, to do some shopping in town ***3*** (*incarico*) commission: **dipingere su c.**, to paint on commission; **furto su c.**, commissioned theft; stealing Ⓤ to order ***4*** (*comm.: ordinazione*) order: **fatto su c.**, made to order ***5*** (*comm.: provvigione*) commission ***6*** (*comitato, collegio*) committee; board; commission: **c. parlamentare**, parliamentary committee; **c. esaminatrice**, board of examiners; **c. d'inchiesta**, commission of inquiry; (*in un'industria*) **c. interna**, shop committee; **c. permanente**, standing committee; **fare parte** (*o* **essere membro**) **di una c.**, to be on a committee.
commiṣuràre *v. t.* to proportion • **c. la pena al delitto**, to make the punishment fit the crime.
commiṣuràto *a.* proportional; in proportion.
committènte *m. e f.* ***1*** (*comm.*) customer; purchaser; buyer ***2*** (*di opera d'arte*) client.
commodòro *m.* (*naut.*) commodore.
commòsso *a.* touched; moved: **c. fino alle lacrime**, moved to tears; **parole commosse**, deeply-felt words.
commovènte *a.* touching; moving; (*che suscita pietà*) pitiful.
commozióne *f.* ***1*** emotion; (*compassione*) compassion, sympathy: **nascondere la propria c.**, to hide one's feelings; **Non potevo parlare per la c.**, I was too moved to speak; **facile alla c.**, easily moved; very emotional ***2*** — (*med.*) **c. cerebrale**, concussion (of the brain). ATTENZIONE: **commozione** ≠ commotion.
commuòvere ***A*** *v. t.* to move; to touch; to affect; (*impietosire*) to arouse (sb.'s) pity: **c. sino alle lacrime**, to move to tears; **lasciarsi c.**, to let oneself be moved; to relent ***B*** **commuòversi** *v. i. pron.* to be moved; to be touched: **c. facilmente**, to be easily moved; to be very emotional.
commutàre *v. t.* ***1*** to commute; to change ***2*** (*elettr.*) to commute; to change over; to switch over.
commutatìvo *a.* commutative.
commutatóre *m.* ***1*** (*elettr.*) commutator ***2*** (*interruttore*) switch.
commutazióne *f.* ***1*** (*elettr.*) commutation; switching ***2*** (*leg.*) commutation.
comò *m.* chest of drawers; dresser, bureau (*USA*).
comodaménte *avv.* ***1*** comfortably; at one's ease ***2*** (*facilmente*) easily.
comodàre *v. i.* to suit: **Fa' come meglio ti comoda**, do as suits you best; **Fa' un po' come ti comoda!**, suit yourself!
comodàto *m.* (*leg.*) free loan; bailment.
comodìno *m.* bedside table.
comodità *f.* ***1*** (*l'essere confortevole*) comfortableness; (*agio*) comfort: **la c. di un divano**, the comfortableness of a sofa; **amare le c.**, to love comfort ***2*** (*c. d'uso, praticità*) convenience; handiness: **Il telefonino è una gran c.**, a mobile phone is a great convenience; **un appartamento fornito di tutte le c.**, a flat with all modern conveniences (*fam.* all mod cons); **per tua c.**, for your convenience • **c. di accesso**, easy access □ **c. di parcheggio**, parking facilities. ATTENZIONE: **comodità** ≠ commodity.
còmodo ***A*** *a.* ***1*** (*confortevole*) comfortable: **stare comodi**, to be comfortable ***2*** (*pratico, opportuno*) convenient; handy: **È c. vivere in centro**, living in the centre of town is very convenient; **La carta di credito è molto comoda**, credit cards are very handy ***3*** (*facile*) easy ***4*** (*ampio*) roomy; loose-fitting • **mettersi c.**, to make oneself comfortable; (*sedersi*) to sit down; (*togliersi la giacca*) to take off one's coat □ **prendersela comoda**, to take one's time; to take it easy □ **Resti** (*o* **Stia**) **c.!** (*non si alzi*), please, don't get up! □ **tornare c.**, to be convenient; (*di oggetto*) to come in handy □ **vita comoda**, life of comfort; easy life ***B*** *m.* convenience; leisure: **con tuo c.**, at your convenience • **cambiale di c.**, accomodation bill □ **fare c.**, (*convenire*) to suit; (*essere utile*) to be a help, to be useful □ **Fa' pure con c.!**, take your time! □ **fare i propri comodi**, (*prendersela calma*) to take one's time; (*fare quel che aggrada*) to do as one likes; (*badare ai propri comodi*) to think only of one's own convenience □ **soluzione di c.**, convenient arrangement.
compact (*ingl.*) *m. invar.* compact disc; CD (*fam.*).
compaeṣàno *m.* (*f.* **-a**) (*concittadino*) person from the same town*; (*compatriota*) fellow countryman* (*f.* countrywoman*): **È un mio c.**, he comes from the same town as I do.
compàgine *f.* ***1*** (*struttura*) structure; framework ***2*** (*insieme*) aggregate; body; whole: **la c. della nazione**, the country as a whole • **c. sportiva**, (sports) team.
compàgna *f. V.* **compagno.**
compagnìa *f.* ***1*** company: **fare** (*o* **tenere**) **c. a q.**, to keep sb. company; **essere di buona c.**, to be good company; **Arrivò in c. di due amici**, he arrived accompanied by two friends ***2*** (*gruppo di persone*) company; party; group: **frequentare cattive compagnie**, to keep bad company ***3*** (*fin., leg.*) company; corporation (*USA*): **c. di assicurazioni**, insurance company; **c. di navigazione**, shipping company; **c. aerea**, airline ***4*** (*teatr.*) company; troupe: **c. drammatica**, theatrical company; **c. stabile**, repertory company (*GB*); stock company (*USA*) • (*aeron.*) **c. di bandiera**, national airline □ (*eccles.*) **la C. di Gesù**, the Society of Jesus □ (*fam.*) **e c. bella**, and so on; and all the rest.
compàgno *m.* (*f.* **-a**) ***1*** companion; partner; (*amico*) friend, mate; (*al gioco, nel ballo*) partner: **il c. della mia vita**, my partner; **Entrò l'autista col suo c.**, the driver came in with his mate; **c. d'armi**, fellow soldier; **Siamo stati compagni d'armi**, we were in the army (*o* we served) together; **c. di bevute**, drinking partner; **c. di bordo**, shipmate; **c. di giochi**, playmate; **c. di scuola**, schoolfriend; schoolmate; **Eravamo compagni di scuola**, we were at school together; **c. di squadra**, teammate; **c. di stanza**, roommate; **c. di studi**, fellow student; **c. di sventura**, companion in misfortune; **c. di viaggio**, fellow traveller; travelling companion ***2*** (*in una coppia*) partner ***3*** (*membro del partito comunista*) comrade ***4*** (*di un paio d'oggetti*) other; companion.
compagnóne *m.* jolly fellow; one of the boys (*fam.*).
companàtico *m.* something to go with bread: **pane e c.**, bread and something.
comparàbile *a.* comparable.
comparàre *v. t.* to compare; to liken.
comparatìvo *a. e m.* comparative.

comparàto *a.* comparative.
comparazióne *f.* comparison.
compàre *m.* **1** (*padrino*) godfather; sponsor **2** (*amico*) friend; mate **3** (*chi fa da spalla*) stooge; (*complice*) accomplice • **c. d'anello**, best man.
comparire *v. i.* **1** to appear; (*mostrarsi*) to show* oneself; (*arrivare*) to turn up, to show* up (*fam.*): **Il nome non compariva nell'elenco**, the name did not appear on the list; **c. in pubblico**, to show oneself in public; **È comparso a casa nostra lunedì**, he turned up at our place on Monday **2** (*essere pubblicato*) to come* out **3** (*leg.*) to appear: **c. in giudizio**, to appear before a court **4** (*far mostra di sé*) to show* off.
comparizióne *f.* (*leg.*) appearance (in court) • **mancata c.**, non-appearance □ **mandato di c.**, summons (to appear); (writ of) subpoena.
compàrsa *f.* **1** (*il comparire*) appearance: **fare la propria c.**, to appear **2** (*teatr.*) walk-on, super; (*cinem.*) extra **3** (*leg.*) statement **4** (*fig.*) nonentity; background figure • **fare da c.**, to be a mere onlooker; to play an unimportant part.
compartecipazióne *f.* **1** sharing: **c. agli utili**, profit sharing **2** (*leg.*) copartnership.
compartécipe *a.* sharing; participating; **essere c. agli utili**, to share (*o* to have a share) in the profits.
compartimentàle *a.* district (*attr.*).
compartiménto *m.* **1** section; compartment **2** (*amm.*) district; area **3** (*naut.*) compartment: **c. stagno**, watertight compartment • **ragionare a compartimenti stagni**, to think in straight lines.
compàrto *m.* (*econ.*) division; section.
compassàto *a.* (*misurato*) composed, self-possessed; (*rigido*) formal, dignified, stiff.
compassióne *f.* compassion; pity; sympathy: **avere c. per q.**, to feel pity for sb.; to have pity on sb.; **fare c.**, to arouse pity; **Mi facevano c.**, I felt pity for them; I felt sorry for them; (*iron.*) **Mi fai c.**, I pity you; you are pathetic; **muovere a c.**, to move to compassion (*o* to pity).
compassionévole *a.* **1** (*che fa compassione*) pitiful; piteous; pathetic **2** (*che ha compassione*) compassionate; sympathetic; humane.
compàsso *m.* **1** (pair of) compasses **2** (*mecc.*) calipers (*pl.*) • **c. a punte fisse**, dividers (*pl.*).
compatìbile *a.* **1** (*conciliabile*) compatible; consistent **2** (*da compatire*) excusable; forgivable **3** (*med., elab.*) compatible.
compatibilità *f.* (*anche med., elab.*) compatibility.
compatibilménte *avv.* — **c. con i miei impegni**, my engagements permitting; depending on my engagements.
compatiménto *m.* pity; (*condiscendenza*) condescension: **un sorriso di c.**, a pitying smile.
compatire *v. t.* **1** to pity; to be (*o* to feel*) sorry for; to sympathize with **2** (*scusare*) to make* allowance for; to bear* with.
compatriòta *m. e f.* fellow countryman* (*m.*), fellow countrywoman* (*f.*); compatriot.
compattàre **A** *v. t.* **1** (*comprimere*) to compress; to compact **2** (*fig.*) to consolidate **B** **compattàrsi** *v. i. pron.* **1** to become* compact **2** (*fig.*) to consolidate.
compattézza *f.* **1** compactness; compactedness; firmness **2** (*unità*) unity; solidarity; close-knit quality.
compàtto *a.* **1** (*solido*) compact, solid, firm; (*denso*) dense, thick, closely-packed; (*ravvicinato*) close: **terreno c.**, firm soil; **massa compatta**, solid mass; **folla compatta**, dense crowd; **ranghi compatti**, close ranks **2** (*di stoffa*) close-knit; close-woven **3** (*unito*) united; close-knit: **fronte c.**, united front; **gruppo c.**, close-knit group; **Dobbiamo restare compatti**, we must stick together; **Gli operai aderirono compatti allo sciopero**, the workers supported the strike to a man.
compendiàre *v. t.* **1** to abridge; to epitomize **2** (*riassumere*) to summarize; to sum up.
compèndio *m.* **1** abridged version; (*di libro*) abridged edition **2** (*riassunto*) summary; outline; digest; compendium*.
compendióso *a.* compendious; concise.
compenetràre **A** *v. t.* to penetrate; to imbue; to permeate **B** **compenetràrsi** *v. rifl. recipr.* to interpenetrate.
compenetrazióne *f.* interpenetration; permeation.
compensàre **A** *v. t.* **1** to compensate for; to make* up for; to offset*; to counterbalance **2** (*risarcire*) to indemnify; to give* compensation to **3** (*ripagare*) to repay*; to reward **4** (*remunerare*) to pay* (sb., for st.); to remunerate **B** **compensàrsi** *v. rifl. recipr.* to compensate each other; to balance each other; to complement each other.
compensàto *m.* (*legno c.*) plywood.
compensazióne *f.* **1** compensation; making up **2** (*tecn.*) compensation; adjustment; correction **3** (*leg.*) redress; reparation **4** (*comm., di debito*) setoff **5** (*fin.*) clearance; clearing: **stanza di c.**, clearing-house **6** (*fisiol.*) compensation.
compènso *m.* **1** (*pagamento*) payment; remuneration; (*onorario*) fee: **il c. pattuito**, the payment agreed upon; **c. simbolico**, token payment **2** (*ricompensa*) recompense; reward • **in c.**, in compensation; to make up for it; (*d'altro canto*) on the other hand; (*in cambio*) in return (for), in exchange (for).
cómpera *f.* purchase; (*al pl., anche*) shopping Ⓤ: **fare una c.**, to buy something; **fare compere**, to do some shopping.
comperàre V. **comprare**.
competènte **A** *a.* **1** (*esperto*) qualified; competent; expert: **c. in materia di legge**, expert on law **2** (*leg.*) having jurisdiction (*pred.*); cognizant: **tribunale c.**, court having jurisdiction • **le autorità competenti**, the competent authorities □ **mancia c.**, suitable reward □ **l'ufficio c.**, the office concerned **B** *m. e f.* expert; (*d'arte, anche*) connoisseur (*franc.*).
competènza *f.* **1** (*capacità*) competence; expertise: **Non ho abbastanza c. per....** I don't have enough expertise to...; I am not competent to... **2** (*pertinenza*) competence; province; job (*fam.*): **La questione è di c. dell'ufficio visti**, the matter falls within the competence of the visa office; **Questo non è di mia c.**, this is not within my province; this is not my job (*fam.*) **3** (*leg.*) jurisdiction; cognizance: **di c. di**, under the jurisdiction of; **conflitto di c.**, conflict of jurisdiction **4** (*al pl.*) (*compenso*) fee, commission, charge (*sing.*): **competenze bancarie**, bank commission.
compètere *v. i.* **1** (*gareggiare*) to compete; to vie; to rival (sb.) **2** (*essere dovuto*) to be due; to be coming: **Mi competono ancora 50.000 lire**, I still have 50,000 lire coming to me **3** (*essere compito*) to be up (to); to lie* (with); to be (sb.'s) province (*o* duty): **Non compete a me decidere**, it is not up to me to decide; the decision does not lie with me.
competitività *f.* competitiveness; competitive edge.
competitivo *a.* competitive.
competitóre *m.* (*f.* **-trice**) competitor; rival.
competizióne *f.* competition; contest • **vettura da c.**, racing car.
compiacènte *a.* obliging; willing; complaisant • **funzionario c.**, official willing to turn a blind eye.
compiacènza *f.* **1** (*il compiacere*) obligingness; kindness: **Abbia la c. di aspettare qui**, please be so kind as to wait here **2** (*degnazione*) condescension; patronizing attitude: **un sorriso di c.**, a condescending smile.
compiacére **A** *v. t. e i.* to gratify (st.); to please (sb.); (*assecondare*) to humour **B** **compiacérsi** *v. i. pron.* **1** (*provar piacere*) to be pleased (with); to rejoice (at, in) **2** (*congratularsi*) to congratulate (sb. on st.) **3** (*lett.: degnarsi*) to condescend; to be so good (as to do st.).
compiaciménto *m.* **1** satisfaction: **c. di sé**, self-satisfaction; (*spreg.*) complacency, smugness **2** (*congratulazioni*) congratulations (*pl.*).
compiaciùto *a.* pleased; satisfied: **c. di sé**, pleased with oneself; self-satisfied; (*spreg.*) complacent, smug.
compiàngere **A** *v. t.* **1** to pity; to be sorry for; to sympathize with **2** (*lamentare*) to lament; (*un morto*) to mourn **B** **compiàngersi** *v. rifl.* to feel* sorry for oneself.
compiànto **A** *a.* late (lamented) **B** *m.* **1** (*lutto*) grief; mourning **2** (*canto funebre*) lament; dirge.
cómpiere **A** *v. t.* **1** (*finire*) to finish; to complete; to bring* to an end; to round off; to conclude **2** (*fare*) to do*, to make*, to perform, to carry out, to accomplish, to achieve; (*adempiere*) to fulfil: **c. una buona azione**, to do a good deed; **c. un sacrificio**, to make a sacrifice; **c. un lavoro**, to do a job; to carry out a task; **c. grandi cose**, to achieve great things; **c. un dovere**, to fulfil a duty **3** (*commettere*) to commit: **c. un delitto**, to commit a crime; **c. un furto**, to steal something; to commit theft (*form.*) **4** (*rif. all'età*) — **Compirà 15 anni lunedì**, he'll be fifteen on Monday; **com-**

piere gli anni, to celebrate one's birthday; **Quando compi gli anni?**, when is your birthday?; **Quanti anni compi?**, how old will you be? ***B*** **cómpiersi** *v. i. pron.* ***1*** (*giungere a termine*) to end; to come* to an end ***2*** (*avverarsi*) to be fulfilled; to come* true.

compièta *f.* (*eccles.*) compline.

compilàre *v. t.* ***1*** to compile: **c. un dizionario**, to compile a dictionary ***2*** (*redigere*) to draw* up; to make* out: **c. un documento**, to draw up a document; **c. un elenco**, to draw up (*o* to make out) a list; **c. un assegno**, to make out a cheque ***3*** (*riempire*) to fill in; to fill out (*USA*): **c. un modulo**, to fill in a form.

compilatóre *m.* (*f.* **-trice**) compiler; editor; (*autore*) author.

compilazióne *f.* ***1*** compilation; (*di elenco, documento*) drawing up; (*di modulo*) filling in, filling out (*USA*) ***2*** (*opera compilata*) compilation.

compiménto *m.* ***1*** (*conclusione*) ending; end; conclusion; completion ***2*** (*adempimento*) carrying out; achievement; fulfilment • **portare a c.**, (*concludere*) to bring to an end; (*svolgere*) to carry out.

compìre *V.* **compiere**.

compitàre *v. t.* ***1*** to spell (out) ***2*** (*leggere stentatamente*) to read* laboriously.

compitézza *f.* politeness; courtesy: (*educazione*) good manners (*pl.*).

compito (**1**) *a.* (*garbato*) polite, courteous; (*educato*) well-mannered.

cómpito (**2**) *m.* ***1*** task; job; (*dovere*) duty; (*funzione*) function; (*incarico specifico*) job, assignment: **Non è c. mio**, it's not (part of) my job (*fam.*) ***2*** (*di scuola*) exercise; (*componimento*) essay; (*a casa*) homework Ⓤ; (*in classe*) test; (*di esame*) paper: **fare i compiti**, to do one's homework.

compiutaménte *avv.* completely; fully; entirely.

compiutézza *f.* completeness.

compiùto *a.* finished; completed; done (*pred.*); over (*pred.*) • **fatto c.**, accomplished fact; fait accompli (*franc.*) □ **avere trent'anni compiuti**, to be over thirty; to have turned thirty.

compleànno *m.* birthday: **Buon c.!**, happy birthday!; many happy returns (of the day)!

complementàre *a.* complementary; additional: **colori** [**angoli**] **complementari**, complementary colours [angles].

compleménto *m.* ***1*** complement ***2*** (*gramm.*) object; adverbial (*o* adverb) phrase: **c. diretto**, direct object; **c. di termine**, indirect object; **c. di tempo**, adverbial phrase of time • (*mil.*) **ufficiale di c.**, reserve officer.

complessàto *a.* (*fam. psic.*) full of complexes; full of hang-ups (*fam.*).

complessità *f.* complexity.

complessivaménte *avv.* (*in tutto*) in all, altogether; (*nella totalità*) as a whole; (*tutto considerato*) on the whole, all in all.

complessivo *a.* general; overall; total; comprehensive; (*econ.*) gross, global: **giudizio c.**, overall judgment; **effetto c.**, general (*o* overall) effect; **cifra complessiva**, total (figure); **produzione complessiva**, global output.

complèsso (**1**) *a.* ***1*** complex; elaborate; (*complicato*) intricate, involved; (*pieno di sfumature*) subtle ***2*** (*fis., chim., mat.*) complex.

complèsso (**2**) *m.* ***1*** (*totalità*) whole; (*somma*) sum (total): **un c. di esperienze**, a sum of experiences; **considerare q.c. nel suo c.**, to consider st. as a whole (*o* the whole st.); **il c. degli insegnanti**, the whole teaching staff; all the teachers; **in** (*o* **nel**) **c.**, on the whole; taken all in all; by and large ***2*** (*insieme, serie*) complex; combination; number; set; series*: **un c. di circostanze**, a set (*o* series) of circumstances; **un c. di edifici**, a building complex ***3*** (*grande organizzazione*) complex; group; unit; (*impianto*) plant: **c. industriale**, industrial complex; **c. editoriale**, publishing group; **c. ospedaliero**, hospital complex ***4*** (*mus.*) band; group: ensemble: **c. rock** [**jazz**], rock [jazz] band; **c. vocale e strumentale**, vocal and instrumental ensemble ***5*** (*psic.*) complex: **c. d'inferiorità**, inferiority complex; **c. di colpa**, guilt complex; **avere il c. di q.c.**, to have a complex about st.; to be sensitive about st.; **farsi venire il c. di q.c.**, to get a complex about st.

completaménte *avv.* completely; entirely; totally; fully.

completaménto *m.* completion.

completàre *v. t.* to complete; to finish; to conclude • (*iron.*) per c. l'opera, to crown it all.

completézza *f.* completeness.

complèto ***A*** *a.* ***1*** (*intero*) complete; entire; whole; full: **opere complete**, complete works; **elenco c.**, full list; **alimento c.**, complete food ***2*** (*assoluto*) complete; absolute; total; full: **c. riposo**, complete rest; **completa fiducia**, total confidence ***3*** (*pieno*) full (up): **Il teatro è c.**, there is a full house ***4*** (*versatile*) all-round • **c. di tutti gli accessori**, complete with attachments ***B*** *m.* ***1*** (*abito da uomo*) suit; (*da donna*) suit, costume; (*tenuta*) outfit: **c. da sci**, ski outfit ***2*** (*insieme di oggetti*) set: **c. da scrivania**, writing set • **L'albergo è al c.**, the hotel is full up □ **la classe al c.**, the whole class □ **presentarsi al gran c.**, to turn up in force.

complicàre ***A*** *v. t.* to complicate; to make* (st.) difficult ***B*** **complicàrsi** *v. i. pron.* ***1*** to become* (*o* to get*) complicated ***2*** (*di malattia*) to get* worse ***3*** (*di trama*) to thicken.

complicàto *a.* complicated; complex; intricate.

complicazióne *f.* (*anche med.*) complication: **salvo complicazioni**, if no complications arise.

còmplice ***A*** *m. e f.* ***1*** (*anche leg.*) accomplice ***2*** (*fig.*) help; aid ***B*** *a.* conspiratorial; knowing.

complicità *f.* ***1*** complicity; connivance (*anche leg.*) ***2*** (*fig.*) help; aid • **sorriso di c.**, knowing smile.

complimentàre *v. t.*, **complimentàrsi** *v. i. pron.* to compliment (sb. on st.); to congratulate (sb. on st.).

compliménto *m.* ***1*** compliment: **fare un c. a q.**, to pay sb. a compliment ***2*** (*al pl.*) (*ossequi*) regards ***3*** (*al pl.*) (*rallegramenti*) congratulations: **fare i complimenti a q. per q.c.**, to compliment (*o* to congratulate) sb. on st. ***4*** (*al pl.*) (*cortesia eccessiva*) (elaborate) courtesy, ceremony Ⓤ; fuss (*sing., fam.*): **fare complimenti**, to stand on ceremony • **Non faccia complimenti e mi chieda pure**, feel free (*o* don't hesitate) to ask me □ **Senza complimenti, posso venire subito**, I can come straightaway, if you wish – it's no bother at all □ **No, grazie, senza complimenti**, no, thank you, I really mean it □ **Si è servito per primo senza tanti complimenti**, he helped himself first without so much as a by your leave.

complimentóso *a.* full of compliments; (*cerimonioso*) ceremonious; (*manierato*) affected.

complottàre *v. i.* to plot; to conspire; to scheme.

complòtto *m.* plot; conspiracy: **ordire** [**smascherare**] **un c.**, to hatch [to uncover] a plot; **teoria del c.**, conspiracy theory.

componènte ***A*** *a.* component ***B*** *m.* ***1*** (*membro*) member: **i componenti della squadra**, the members of the team ***2*** (*tecn., scient.*) component ***C*** *f.* ***1*** *V. B, def. 1* ***2*** (*elemento costitutivo*) constituent; component.

componentìstica *f.* components industry.

componìbile *a.* (*ind.*) sectional; modular: **mobili componibili**, modular furniture; **cucina c.**, fitted kitchen.

componiménto *m.* ***1*** (*scolastico*) essay; composition ***2*** (*mus.*) composition ***3*** (*letter.*) work ***4*** (*leg.*) settlement.

compórre ***A*** *v. t.* ***1*** (*costituire*) to make* up; to constitute; to form ***2*** (*creare*) to compose; to create; to write*: **c. un concerto**, to compose a concert; **c. una poesia**, to write a poem ***3*** (*mettere in ordine*) to tidy (up); to arrange ***4*** (*leg.*) to compose; to settle: **c. una lite**, to settle a quarrel ***5*** (*tipogr.*) to set* ***6*** (*un cadavere*) to lay* out ***7*** (*chim.*) to compound ***8*** (*telef.*) to dial: **c. il 113**, to dial 113 ***B*** **compórsi** *v. i. pron.* to consist (of); to be made up (of); to be composed (of).

comportamentàle *a.* behavioural, behavioral (*USA*).

comportamentìṣmo *m.* (*psic.*) behaviourism, behaviorism (*USA*).

comportamentìsta *m. e f.* (*psic.*) behaviourist, behaviorist (*USA*).

comportaménto *m.* behaviour, behavior (*USA*); conduct; way one behaves: **Non mi è piaciuto il suo c.**, I didn't like the way he behaved; **tenere un c. irreprensibile**, to behave impeccably.

comportàre ***A*** *v. t.* to involve; to entail; (*richiedere*) to require: **c. grosse spese**, to involve an enormous expenditure; **I diritti comportano anche dei doveri**, rights imply duties as well ***B*** **comportàrsi** *v. i. pron.* to behave; to act: **c. bene**, (*con educazione*) to behave (oneself); (*agire bene*) to behave well, to acquit oneself well; **c. da sciocco**, to behave like a fool.

compoṣitivo *a.* ***1*** constituent: **elemento c.**, constituent part;

component *2* (*rif. al comporre*) compositional.
compòṣito *a.* *1* composite *2* (*mecc.*) compound.
compoṣitóre *m.* (*f.* **-trice**) *1* (*mus.*) composer *2* (*tipogr.*) typesetter.
compoṣizióne *f.* *1* composition: **c. chimica**, chemical composition *2* (*mus., letter., ecc.*) composition; work *3* (*leg.*) composition; settlement *4* (*tipogr.*) typesetting; composition: **sala di c.**, composing room • **c. floreale**, floral arrangement.
compósta *f.* (*cucina*) compote.
compostézza *f.* *1* composure; self-possession; sedateness *2* (*decoro*) decorum; propriety *3* (*ordine*) neatness; tidiness.
compósto *A* *a.* *1* compound: **numero c.**, compound number; **interesse c.**, compound interest *2* (*calmo, sereno*) composed, self-possessed, sedate; (*decoroso*) decorous, dignified; (*ordinato*) tidy, neat *3* (*bot.*) compound; composite *B* *m.* mixture; (*anche chim.*) compound.
compràre *v. t.* *1* to buy*; to purchase (*form.*); to get*: **c. q.c. da q.**, to buy st. from sb.; **Mi sono comprato un'auto nuova**, I've bought a new car; **Mi puoi c. le sigarette?**, can you get me some cigarettes?; **c. a buon mercato**, to buy cheap; **c. a credito**, to buy on credit; **c. a metri**, to buy by the metre; **c. in contanti**, to buy for cash *2* (*corrompere*) to bribe: **c. la giuria**, to bribe the jurors; **c. il silenzio di q.**, to buy sb.'s silence.
compràto *a.* — (*di abito*) **c. fatto**, off-the-peg.
compratóre *m.* (*f.* **-trice**) buyer; purchaser; (*nei negozi*) shopper, customer.
compravéndita *f.* (*leg.*) sale: **atto di c.**, deed of sale.
comprèndere *A* *v. t.* *1* (*contenere*) to include; to comprise; to cover *2* (*capire*) to understand*; (*rendersi conto*) to realize *B* **comprèndersi** *v. rifl. recipr.* to understand* each other (*o* one another).
comprendònio *m.* (*fam. scherz.*) understanding; wits (*pl.*); brains (*pl., fam.*) • **duro di c.**, slow-witted; slow on the uptake (*fam.*).
comprensìbile *a.* *1* understandable; comprehensible; intelligible *2* (*giustificabile*) understandable.
comprensibilità *f.* comprehensibility; intelligibility.
comprensióne *f.* *1* (*il capire*) understanding; grasp; comprehension: **di facile c.**, easy to understand *2* (*partecipazione a sentimenti altrui*) sympathy; understanding.
comprensìvo *a.* *1* comprehensive; inclusive: **c. di tutte le spese**, inclusive of all charges *2* (*che dimostra comprensione*) sympathetic; understanding.
comprensòrio *m.* area; district.
compreṣènza *f.* contemporary presence.
compréso *a.* *1* included (*pred.*); inclusive: **fino al 10 aprile c.**, up to and including April 10th; up to the 10th of April inclusive; **tutti quanti, me c.**, all of us, including me (*o*, *fam.*, me included); **prezzo tutto c.**, all-inclusive price *2* (*assorto*) concentrated (in); taken up (with).
comprèssa *f.* *1* (*di garza*) compress *2* (*pastiglia*) tablet.
compressióne *f.* pressure; compression.
comprèsso *a.* compressed; pressed: **aria compressa**, compressed air.
compressóre *m.* *1* (*mecc.*) compressor *2* (*di motore a scoppio*) supercharger • **c. stradale**, roadroller □ **rullo c.**, roller; (*fig.*) steamroller.
comprimàrio *m.* (*f.* **-a**) (*teatr.*) second lead; supporting actor (*f.* actress).
comprìmere *v. t.* *1* to press (hard); to compress: (*fis.*) **c. un gas**, to compress a gas *2* (*econ.*) to squeeze.
comproméssо *m.* *1* compromise; trade-off; accommodation: **arrivare a un c.**, to reach a compromise; **soluzione di c.**, compromise solution; **scendere a compromessi**, to make compromises; (*spreg.*) to compromise *2* (*leg.*) agreement to sell; purchase agreement; preliminary contract.
comprometténte *a.* compromising.
compromèttere *A* *v. t.* *1* (*mettere a repentaglio*) to compromise, to endanger, to jeopardize; (*danneggiare*) to damage, to prejudice *2* (*coinvolgere*) to implicate *B* **comprométtersi** *v. rifl.* *1* to compromise oneself *2* (*impegnarsi*) to commit oneself.
comproprietà *f.* (*leg.*) joint ownership; co-ownership.
comproprietàrio *m.* (*f.* **-a**) joint owner; co-owner.
comprovàre *v. t.* to prove; to confirm; to substantiate.
compùnto *a.* *1* (*contrito*) apologetic; contrite *2* (*atteggiato a compunzione*) demure; feigning compunction.
compunzióne *f.* *1* (*contrizione*) compunction; regret *2* (*atteggiamento non sincero*) demureness; feigned compunction.
computàre *v. t.* *1* to calculate; to compute *2* (*addebitare*) to charge; to debit.
compùter *m. invar.* computer: **c. da tavolo**, desktop computer; **c. portatile**, portable (*o* laptop) computer.
computeriẓẓàre *v. t.* to computerize.
computeriẓẓàto *a.* computerized; computer-aided; computer-assisted.
computisteria *f.* *1* (*contabilità*) bookkeeping *2* (*mat.*) business mathematics.
còmputo *m.* reckoning; calculation; computation: **fare il c. di q.c.**, to count st.; to calculate st.
comunàle *a.* municipal; town (*attr.*); city (*attr.*): **amministrazione c.**, municipal administration; **consiglio c.**, town council (*GB*); city council (*USA*); **elezioni comunali**, local elections; **palazzo c.**, town hall (*GB*); city hall (*USA*) • (*stor.*) **epoca c.**, period of the medieval communes.
comunànza *f.* community.
comùne (1) *A* *a.* *1* (*generale*) common; general; (*diffuso*) common, widespread; (*reciproco*) mutual: **il bene c.**, the common good; **lingua c.**, common language; **c. a molti**, common to many; **errore c.**, common mistake; **di c. accordo**, by common consent; **un c. amico**, a mutual friend *2* (*abituale, normale*) ordinary; normal; (*di tutti i giorni*) everyday (*attr.*): **una c. valigia marrone**, an ordinary brown suitcase; **gente c.**, ordinary people; **per uso c.**, for everyday use *3* (*ordinario, volgare*) common; cheap *4* (*gramm.*) common: **nome c.**, common noun • **cassa c.**, common fund of money; kitty (*fam.*) □ **luogo c.**, cliché □ **non** (*o* **poco**) **c.**, uncommon; unusual □ **senso c.**, common sense □ **l'uomo c.**, the man in the street *B* *m.* — **avere q.c. in c.**, to share st.; (*gusti, qualità, ecc.*) to have st. in common; **fuori del c.**, out of the ordinary; uncommon; exceptional; **È più intelligente del c.**, he is cleverer than the average; **fare vita in c.**, to live together; **mettere q.c. in c.**, (*condividere*) to share st.; (*raccogliere*) to pool st.
comùne (2) *m.* *1* (*entità amministrativa*) municipality; municipal district; (*in Italia, Francia, ecc., anche*) commune; (*estens.*: *città*) town; (*paese*) village *2* (*autorità comunali*) town council (*GB*); city council (*USA*); local government *3* (*sede del c.*) town hall (*GB*); city hall (*USA*) *4* (*stor.*) (medieval) commune; free city; (*in Italia*) city-republic • (*in G.B.*) **la Camera dei Comuni**, the House of Commons.
comùne (3) *f.* (*comunità*) commune.
comunèlla *f.* — **far c.**, to be in league; to gang up.
comunicàbile *a.* communicable.
comunicàndo *m.* (*f.* **-a**) (*eccles.*) communicant.
comunicànte *a.* communicating.
comunicàre *A* *v. t.* *1* to communicate; to impart; to convey: **c. il proprio entusiasmo a q.**, to communicate one's enthusiasm to sb.; **c. il movimento**, to impart motion; **c. un'idea**, to convey an idea; **c. una notizia a q.**, to give sb. a piece of news *2* (*trasmettere per contagio*) to transmit: **c. una malattia**, to transmit a disease *3* (*eccles.*) to administer Communion (to) *B* *v. i.* to communicate: **c. a gesti**, to communicate through signs; **La camera comunica col corridoio**, the room communicates with the corridor *C* **comunicàrsi** *v. i. pron.* *1* to be communicated; to be transmitted; to spread* *2* (*eccles.*) to receive Communion.
comunicatìva *f.* communicativeness.
comunicatìvo *a.* *1* (*cordiale*) communicative; expansive *2* (*contagioso*) contagious.
comunicàto *m.* bulletin; communiqué (*franc.*); statement; announcement: **c. ufficiale**, official statement; **c. medico**, medical bulletin • (*radio, TV*) **c. commerciale**, commercial □ **c. stampa**, press release.
comunicatóre *m.* (*f.* **-trice**) communicator.
comunicazióne *f.* *1* communication: **comunicazioni stradali [ferroviarie, telefoniche]**, road [train, telephone] communications; **vie di c.**, means of communication *2* (*trasmissione*) transmission: **c. del calore**, transmission of heat *3* (*messaggio*) message; (*comunicato*) announcement, statement; (*relazione scritta*) paper *4* (*telef.*: *chiamata*) (telephone) call; (*collegamento*) connection, line; **c. inte-**

rurbana, long-distance call; **Non riesco ad avere la c.**, I can't get through; **dare la c. a q.**, to put sb. through; **togliere la c. a q.**, to cut sb. off • (*leg.*) **c. giudiziaria**, subpoena □ **dare c. di q.c.**, to make st. known; to inform (sb.) of st. □ **mettere in c. due persone**, to put two people in touch (with each other) □ **Questa porta mette in c. con la cucina**, this door opens on the kitchen □ **mettersi in c. con q.**, to contact sb.; to get in touch with sb. □ **mezzi di c. di massa**, mass media □ **strada di grande c.**, arterial road.

comunióne *f.* **1** (*unione spirituale*) communion **2** (*comunanza*) community: (*leg.*) **c. dei beni**, joint property (*GB*); community of property (*USA*) **3** (*Eucaristia*) (Holy) Communion: **ricevere** (*o* **fare**) **la c.**, to receive (*o* to take) Communion.

comunişmo *m.* communism.

comunista *a., m. e f.* communist.

comunità *f.* **1** community: **per il bene della c.**, for the good of the community; **c. religiosa**, religious community; **c. terapeutica**, rehabilitation centre **2** (*di animali*) colony • **la C. Economica Europea**, the European Economic Community □ **vivere in c.**, to live communally □ **vita in c.**, communal life.

comunitàrio *a.* **1** community (*attr.*) **2** (*rif. alla CEE*) Community (*attr.*); EEC (*attr.*): **misure comunitarie**, EEC measures.

comùnque *A avv.* **1** (*in ogni caso*) in any case; anyway: **Verrò c.**, I'll come in any case **2** (*però, tuttavia*) though (*posticipato*); however: **C., potevi avvertirmi**, you could have told me, though; **C., c'è ancora tempo**, however, there is still time *B cong.* **1** (*in qualunque modo*) however; no matter how; whatever: **c. sia**, however that may be; **c. vada**, whatever the result; whatever happens **2** (*ma, però*) but, anyway, all the same; (*tuttavia*) however: **È un po' arrugginito, c. funziona ancora**, it's a bit rusty, but it's still working.

cón *prep.* **1** (*compagnia, relazione, comparazione*) with; to; towards: **Lo vidi con te**, I şaw him with you; **Ho parlato con loro**, I spoke to them; **È gentile con tutti**, she is kind to everybody; **È sposato con Marta**, he is married to Marta; **in pace con tutti**, at peace with everyone; **litigare con q.**, to quarrel with sb.; **lottare con q.**, to fight with (*o* against) sb.; **L'ho confrontato con l'originale**, I compared it with the original **2** (*mezzo o strumento*) with; by; by means of: **tagliare q.c. con il coltello**, to cut st. with a knife; **arrivare col treno** [**con l'auto**], to arrive by train [by car]; **ottenuto con la forza**, obtained by force **3** (*materia*) from; out of: **Il vino si fa con l'uva**, wine is made from grapes **4** (*modo, maniera*) with; in: **fare q.c. con cura**, to do st. with care; **parlare con calma**, to speak calmly; **con tutto il cuore**, with all one's heart; **con nostra grande gioia**, to our great delight **5** (*per indicare una caratteristica*) with: **una giacca con tre tasche**, a jacket with three pockets; **un uomo con i capelli bianchi**, a man with white hair; a white-haired man **6** (*con valore temporale*) with; at; by: **col tramonto**, with sunset; **con l'arrivo dell'inverno**, with the coming of winter; **Con lunedì tutto sarà finito**, by Monday it'll all be over **7** (*nostante*) with; for; in spite of: **Con tutti i suoi difetti, lo trovo simpatico**, with all his faults, I like him; **Con tutto ciò, non lo biasimo**, for all that, I don't mean to criticize him • **Come va col francese?**, how's your French coming along? □ **Hai soldi con te?**, have you got any money on you? □ **noto col nome di**, known as □ **caffè con panna**, coffee and cream □ **Sono indietro col lavoro**, I'm behind with my work □ **un campo con intorno uno steccato**, a field surrounded by a fence □ **cominciare col dire**, to begin by saying.

conàto *m.* (*sforzo*) effort; attempt • **c. di vomito**, spasm of vomiting; retching □ **avere conati di vomito**, to retch.

cónca *f.* **1** basin; vessel **2** (*serbatoio*) reservoir **3** (*di canale*) lock **4** (*geogr.*) basin; bowl; (*valle*) valley.

concatenàre *A v. t.* to link together *B* **concatenàrsi** *v. i. pron.* to be linked together.

concatenazióne *f.* **1** linking together **2** (*legame*) link; connection.

concàuşa *f.* **1** concomitant cause **2** (*leg.*) joint cause.

concavità *f.* **1** (*l'essere concavo*) concavity **2** (*cavità*) hollow; cavity.

còncavo *a.* concave (*anche fis.*); hollow.

concèdere *v. t.* **1** to grant; to bestow; to allow; to give*: **c. un prestito**, to grant a loan; **c. un favore a q.**, to bestow a favour on sb.; **Concedimi più tempo**, give (*o* allow) me more time **2** (*permettere*) to let*; to allow: **concedersi il lusso di q.c.**, to allow oneself the luxury of st. **3** (*ammettere*) to concede; to grant: **Non potevi saperlo, te lo concedo**, you couldn't have known, I grant you.

concentraménto *m.* concentration • **campo di c.**, concentration camp.

concentràre *A v. t.* to concentrate; (*fig., anche*) to centre, to focus: **c. il fuoco**, to concentrate fire; **c. le proprie speranze su q.c.**, to centre one's hopes on st.; **c. la propria attenzione su q.c.**, to focus one's attention on st. *B* **concentràrsi** *v. rifl. e i. pron.* **1** (*riunirsi*) to gather; to concentrate **2** (*raccogliere l'attenzione*) to concentrate.

concentràto *A a.* concentrated; (*fig., anche*) absorbed, wrapped up: **succo c.**, concentrated juice; **c. nella lettura di q.c.**, absorbed in st. *B m.* **1** concentrate: **c. di arancio**, orange concentrate **2** (*cumulo*) heap; mass.

concentrazióne *f.* concentration: **c. di capitali**, concentration of capital; **c. urbana**, urban concentration; **capacità di c.**, powers of concentration.

concèntrico *a.* concentric.

concepìbile *a.* conceivable; imaginable.

concepiménto *m.* conception.

concepìre *v. t.* **1** (*biol.*) to conceive **2** (*immaginare*) to conceive of, to imagine; (*comprendere*) to understand* **3** (*nutrire, provare*) to entertain; to form: **c. speranze**, to entertain hopes; **c. un affetto**, to form an affection **4** (*ideare*) to conceive; (*progettare*) to devise; (*escogitare*) to contrive; (*formulare*) to draw* up • **Il biglietto era così concepito**, the note was worded as follows.

concepìto *m.* child in the womb; unborn child.

concerìa *f.* **1** (*stabilimento*) tannery **2** (*tecnica*) tannage.

concèrnere *v. t.* to concern; to regard: **per quanto concerne le regole**, as regards the rules; **per quanto mi concerne**, as for me; speaking for myself.

concertàre *v. t.* **1** (*mus.: accordare*) to harmonize; (*provare*) to rehearse **2** (*fig.*) to plan; to arrange.

concertàto *A a.* concerted: **azione concertata**, concerted action *B m.* (*mus.*) concertato*.

concertatóre *m.* (*mus.*) conductor (of rehearsals).

concertìsta *m. e f.* (*mus.*) concert artist (*o* performer).

concertìstico *a.* concert (*attr.*).

concèrto *m.* **1** (*mus.: esecuzione*) concert; (*di solista*) recital: **dare un c.**, to give a concert; **sala per concerti**, concert hall **2** (*mus.: composizione*) concerto*: **c. per piano**, piano concerto **3** (*iron.*) chorus; symphony • **di c.**, in concert; in agreement.

concessionàrio (*leg., comm.*) *A a.* concessionary *B m.* (*f.* **-a**) agent; dealer: **c. esclusivo**, sole agent; **c. d'auto**, car dealer • **c. di brevetto**, patentee □ **c. di licenza**, licensee.

concessióne *f.* **1** (*il concedere*) granting; accordance: **c. di un prestito**, granting of a loan; **c. di un permesso**, accordance of a permit **2** concession; grant; (*licenza*) permit, licence: **c. petrolifera**, oil concession; **c. edilizia**, building permit; **c. di vendita**, sales rights **3** (*condiscendenza*) concession **4** (*ammissione*) admission; acknowledgment.

concessìvo *a.* (*anche gramm.*) concessive.

concètto *m.* concept; idea; (*opinione*) opinion: **farsi un chiaro c. di q.c.**, to get a clear idea of st.; **Che c. ti sei fatto di lui?**, what's your opinion of him?

concettóso *a.* **1** (*denso*) pithy **2** (*involuto*) convoluted; recondite.

concettuàle *a.* conceptual.

concettualizzàre *v. t.* to conceptualize.

concezióne *f.* **1** (*ideazione*) conception; formulation **2** (*idea*) idea; concept; notion **3** (*concepimento*) conception.

conchìglia *f.* **1** (*zool.*) shell; conch; (*di ciprea*) cowrie **2** (*sport*) protective cup; box.

cóncia *f.* **1** (*di pelli*) tanning **2** (*del tabacco*) curing.

conciàre *A v. t.* **1** (*pelli*) to tan **2** (*tabacco*) to cure **3** (*rovinare*) to ruin, to spoil; (*sporcare*) to dirty: **L'hai conciato da buttar via**, you've ruined it completely; **Guarda come hai conciato le scarpe!**, look at the state of your shoes! **4** (*malmenare*) to beat* up; to thrash: **L'hanno conciato per le feste**, they beat him black and blue *B* **conciàrsi** *v. rifl.* **1** (*insudiciarsi*) to get* into a filthy mess **2** (*rif. al vestire*) to get* oneself up.

conciàto *a.* **1** (*di pelle*) tanned **2** (*malconcio*) looking the

worse for wear; in a mess: **Era c. da far pietà**, he looked a mess ***3*** (*rif. al vestire*) got up: **Era conciata in un modo assurdo**, she was got up in the most ridiculous outfit.
conciliàbile *a.* compatible; consistent; reconcilable.
conciliàbolo *m.* secret meeting; huddle (*fam.*) • **È in c. col direttore**, he's in with the director.
conciliànte *a.* conciliating; conciliatory.
conciliàre (1) ***A*** *v. t.* ***1*** (*mettere d'accordo*) to reconcile; to conciliate ***2*** (*procurare*) to gain; to win*: **conciliarsi q.**, to win sb. over ***3*** (*favorire*) to induce; to encourage; to help: **c. la digestione**, to help digestion; **c. il sonno**, to make (sb.) sleepy; to have a soporific effect • **c. una contravvenzione**, to pay a fine on the spot ***B*** **conciliàrsi** *v. i. pron.* (*andare d'accordo*) to agree; to combine.
conciliàre (2) *a.* council (*attr.*); (*eccles.*) conciliar.
conciliatóre ***A*** *m.* (*f.* **-trice**) peacemaker; conciliator ***B*** *a.* conciliatory • (*leg.*) **giudice c.**, Justice of the Peace.
conciliazióne *f.* reconciliation; (*leg.*) conciliation • **fare opera di c.**, to act as a peacemaker.
concilio *m.* (*anche eccles.*) council.
concimàre *v. t.* to fertilize; (*con letame*) to manure.
concimatrice *f.* (*agric.*) (fertilizer) spreader.
concimazióne *f.* fertilization; (*con letame*) manuring.
concìme *m.* (*chimico*) fertilizer; (*letame*) manure.
cóncio *m.* (*archit.*) ashlar • **c. d'angolo**, quoin.
concionàre *v. i.* (*iron.*) to hold* forth; to speechify.
concióne *f.* (*iron.*) harangue; tirade.
concișióne *f.* concision; conciseness; succinctness.
concìșo *a.* concise; succinct; brief.
concistòro *m.* (*eccles.*) consistory.
concitàto *a.* excited; agitated • **parlare in tono c.**, to speak excitedly.
concitazióne *f.* excitement; agitation.
concittadìno *m.* (*f.* **-a**) ***1*** fellow citizen ***2*** *V.* **connazionale**.
conclamàto *a.* ***1*** manifest; self-evident ***2*** (*med.*) very evident.
conclàve *m.* (*eccles.*) conclave.
concludènte *a.* ***1*** conclusive: **poco c.**, inconclusive ***2*** (*di persona*) energetic; efficient; businesslike.
conclùdere ***A*** *v. t.* ***1*** (*portare a termine*) to conclude; to clinch: **c. un trattato**, to conclude a treaty; **c. un affare**, to clinch (*o* to strike) a deal ***2*** (*finire*) to conclude; to end off ***3*** (*fare, combinare*) to achieve; to get* done: **c. qualcosa**, to get something done ***4*** (*dedurre*) to conclude ***B*** *v. i.* to be conclusive ***C*** **conclùdersi** *v. i. pron.* to end; to end up; to close: **La riunione si concluse alle sei**, the meeting ended at six; **c. in un fallimento**, to end in a failure.
conclușióne *f.* ***1*** (*fine*) end; close: **giungere** [**portare**] **a c.**, to come [to bring] to a close (*o* an end); **in c.**, to sum up; in conclusion ***2*** (*deduzione*) conclusion; deduction: **trarre una c.**, to draw a conclusion; **saltare alle conclusioni**, to jump to conclusions ***3*** (*risultato*) result; outcome; upshot ***4*** (*di inchiesta, ecc.*) findings ***5*** (*al pl.*) (*leg.*) summing up.
conclușivo *a.* ***1*** (*definitivo*) conclusive; definitive ***2*** (*finale*) concluding; closing; final.
conclùșo *a.* (*compiuto*) closed; (*stabilito*) settled: **La faccenda è conclusa**, the matter is closed; **Non c'è niente di c.**, nothing is settled yet.
concomitànte *a.* concomitant; attendant; concurrent.
concomitànza *f.* concomitance; concurrence • **in c. con**, concurrent with; to coincide with.
concordànza *f.* ***1*** concordance; consistency ***2*** (*gramm.*) agreement; concord ***3*** (*al pl.*) (*di testi*) concordance (*sing.*).
concordàre ***A*** *v. t.* ***1*** (*stabilire insieme*) to agree on (*o* upon) ***2*** (*combinare*) to arrange, to fix; (*negoziare*) to negotiate ***3*** (*gramm.*) to make* (st.) agree ***B*** *v. i.* ***1*** to agree; to be in agreement; (*collimare, anche*) to tally, to match ***2*** (*gramm.*) to agree.
concordatàrio *a.* ***1*** (*eccles., polit.*) pertaining to (*o* in accordance with) a concordat ***2*** (*leg.*) composition (*attr.*).
concordàto ***A*** *a.* agreed (upon); arranged; fixed; settled ***B*** *m.* ***1*** (*eccles., polit.*) concordat ***2*** (*leg.*) composition; arrangement: **c. fallimentare**, composition; agreement with creditors; **c. fiscale**, agreement with the Revenue Office; **c. preventivo**, composition before bankruptcy.
concòrde *a.* in agreement (*pred.*); concordant; unanimous.
concordeménte *avv.* by mutual consent; by common consent; with one accord; unanimously.
concòrdia *f.* harmony; concord; goodwill.
concorrènte ***A*** *a.* ***1*** (*geom.*) concurrent ***2*** (*comm.*) competing; rival ***B*** *m. e f.* ***1*** (*candidato*) candidate; applicant: **c. a una cattedra**, candidate for a chair ***2*** (*comm.*) competitor; (*in una gara d'appalto*) tenderer ***3*** (*in una gara*) competitor; contestant; entrant.
concorrènza *f.* competition: **non temere la c.**, to defy all competition; **Si fanno c.**, they compete (*o* are in competition) with each other; **c. sleale**, unfair competition; unfair trade practices; **regime di c.**, competitive system; **prodotto della c.**, rival product • (*scherz.*) **Vedo che vuoi farmi c.!**, I see I've got a competitor! ATTENZIONE: **concorrenza** ≠ concurrence.
concorrenziàle *a.* competitive; competing.
concórrere *v. i.* ***1*** (*contribuire*) to contribute: **c. alla spesa**, to contribute to the expense ***2*** (*partecipare*) to take* part (in) ***3*** (*gareggiare*) to compete (for); to be in competition (for); to be up (for): **c. a un premio**, to compete for a prize; **c. a una cattedra**, to be up for a chair.
concórso *m.* ***1*** (*gara*) competition; contest; (*esame di c.*) competitive exam: **c. a premi**, prize contest; **c. di bellezza**, beauty contest; **c. ippico**, horse show; **c. pubblico**, state competitive examination; **bandire un c.**, to announce a competition; **fuori c.**, not for competition; not competing ***2*** (*partecipazione*) contribution; (*aiuto*) aid: **c. alle spese**, contribution to expenses; **col c. dello Stato**, with state aid ***3*** (*concomitanza*) concurrence; coincidence: **c. di circostanze**, combination of circumstances ***4*** (*affluenza*) concourse; gathering • (*comm.*) **c. d'appalto**, call for bids □ (*leg.*) **c. di colpa**, contributory negligence □ (*leg.*) **c. di reato**, complicity in crime.
concretaménte *avv.* concretely; positively; in real terms.
concretàre ***A*** *v. t.* ***1*** to give* concrete form to ***2*** (*realizzare*) to carry out; to put* into practice; (*concludere*) to get* done ***3*** (*venire al sodo*) to get* down to facts ***B*** **concretàrsi** *v. i. pron.* to be realized; to become* a concrete reality.
concretézza *f.* concreteness; concrete form.
concretiẓẓàre *V.* **concretare**.
concrèto ***A*** *a.* (*fattuale*) concrete, actual; (*tangibile*) tangible; (*pratico*) practical, realistic, down-to-earth: **caso** [**fatto**] **c.**, actual case [fact]; **aiuto c.**, tangible help; **esperienza concreta**, practical experience; **persona concreta**, practical person • **arte concreta**, concrete art □ (*gramm.*) **nome c.**, concrete noun ***B*** *m.* — **in c.**, in actual fact; **Veniamo al c.!**, let's get down to facts (*o, fam.*, to brass tacks).
concrezióne *f.* (*geol., med.*) concretion.
concubìna *f.* concubine.
concubinàto *m.* concubinage.
conculcàre *v. t.* (*lett.*) to violate; to trample upon.
concupìre *v. t.* (*lett.*) to covet; to lust after (*o* for).
concupiscènza *f.* (*lett.*) lust; concupiscence.
concussióne *f.* (*leg.*) extortion; graft. ATTENZIONE: **concussione** ≠ concussion.
condànna *f.* ***1*** (*leg.*) conviction; sentence: **Ha condanne precedenti?**, has he any previous convictions?; **emettere una c.**, to pass a sentence; **scontare una c.**, to serve a sentence; **c. capitale**, death sentence; **c. a vita**, life sentence ***2*** (*riprovazione*) condemnation; blame; censure.
condannàbile *a.* (*riprovevole*) blameworthy; reprehensible.
condannàre *v. t.* ***1*** (*leg.*) to convict; (*a una pena*) to sentence, to condemn: **c. q. per furto**, to convict sb. of theft; **c. a morte**, to sentence to death ***2*** (*fig.*) to condemn; to damn.
condannàto ***A*** *a.* ***1*** (*leg.*) convicted; sentenced ***2*** (*fig.*) condemned; (*destinato*) doomed: **c. al fallimento**, to be doomed to failure; (*di malato*) **È c.**, there's no hope for him; he's a dying man ***B*** *m.* (*f.* **-a**) condemned person; (*prigioniero*) prisoner, convict: **c. a morte**, person sentenced to death.
condènsa *f.* condensation.
condensàre ***A*** *v. t.* ***1*** (*chim., fis.*) to condense ***2*** (*fig.*) to condense; to compress; to concentrate ***B*** **condensàrsi** *v. i. pron.* to condense.
condensàto ***A*** *a.* (*anche fig.*) condensed ***B*** *m.* ***1*** (*compendio*) summary; digest ***2*** (*fig.*) — **un c. di stupidaggini**, a load of rubbish; **Questo compito è un c. di errori**, this exercise is full of (*o* riddled with) mistakes.

condensatóre *m.* **1** (*fis., chim.*) condenser **2** (*elettr.*) capacitor (*GB*); condenser (*USA*).
condensazióne *f.* (*fis.*) condensation; condensing.
condiménto *m.* seasoning; condiment; (*salsa*) sauce; (*per insalata*) dressing.
condire *v. t.* **1** to season; (*con spezie*) to spice; (*con salsa*) to serve with a sauce; (*l'insalata*) to dress **2** (*fig.*) to season; to spice; (*costellare*) to sprinkle, to pepper.
condirettóre *m.* (*f.* **-trice**) **1** co-director; joint manager **2** (*di giornale*) co-editor.
condiscendènte *a.* (*arrendevole*) compliant; (*indulgente*) amenable, lenient.
condiscendènza *f.* **1** (*arrendevolezza*) compliance; (*indulgenza*) amenability, lenience **2** (*degnazione*) condescension; patronizing attitude: **trattare q. con c.**, to patronize sb.
condiscéndere *v. i.* to consent; to accede.
condiscépolo *m.* (*f.* **-a**) fellow disciple; fellow student.
condividere *v. t.* to share.
condizionàle **A** *a.* (*anche gramm.*) conditional **B** *m.* (*gramm.*) conditional (mood) **C** *f.* **1** (*gramm.*) conditional clause **2** (*leg.*) suspended sentence: **condannare q. a un anno con la c.**, to give sb. a year's suspended sentence.
condizionaménto *m.* (*anche psic.*) conditioning: **c. d'aria**, air conditioning.
condizionàre *v. t.* **1** to condition (*anche psic.*); to influence **2** (*sottoporre a condizioni*) to make* (st.) conditional (on).
condizionàto *a.* **1** (*med., psic.*) conditioned: **riflesso c.**, conditioned reflex **2** (*sottoposto a riserva*) conditional; qualified: (*comm.*) **accettazione condizionata**, qualified acceptance • **ad aria condizionata**, air-conditioned.
condizionatóre **A** *m.* conditioner: **c. d'aria**, air conditioner **B** *a.* conditioning.
condizióne *f.* **1** condition; proviso; (*clausola*) term: **porre condizioni**, to make (*o* to lay down) conditions; **le condizioni della resa**, the terms of surrender; **Quali sono le sue condizioni?**, what are his terms? **a una c.**, on one condition; **a c. che venga anche tu**, on condition that (*o* provided that) you come too; **a nessuna c.**, under no circumstance; on no account **2** (*stato*) condition; state; (*situazione*) position: **Le sue condizioni sono peggiorate**, his condition has worsened; **non essere in condizioni di viaggiare**, to be in no condition (*o* to be unfit) to travel; **Non sei in condizioni di guidare**, you're in no fit state to drive; **in buone condizioni**, (*di oggetto*) in good condition; (*di macchina, anche*) in a good state of repair, in good working order; **in cattive condizioni**, in poor condition; in bad repair; **trovarsi in c. di fare q.c.**, to be in a position to do st.; **condizioni economiche**, financial situation; (*di paese*) economy; **condizioni di salute**, (state of) health; **condizioni di lavoro**, working conditions **3** (*ceto, ambiente*) social background; class: **di c. borghese** [**operaia**], middle-class [working-class]; **di buona c.**, coming from a good family; **c. sociale**, social status **4** (*leg.*: *clausola*) condition; term; provision: **condizioni contrattuali**, terms of contract • (*comm.*) **condizioni agevolate**, easy terms □ **condizioni ambientali**, environment □ **condizioni di vendita**, (sales) terms □ **di condizioni agiate**, well-off □ **in buone condizioni fisiche**, in good condition (*o* shape) □ **in condizioni disastrose**, beyond repair □ **in condizioni di svantaggio**, at a disadvantage □ **resa senza condizioni**, unconditional surrender.
condogliànza *f.* condolence; sympathy Ⓤ: **fare le proprie condoglianze a q. per la morte di q.**, to offer sb. one's condolences (*o* to express one's sympathy to sb.) on sb.'s death; **sentite condiglianze**, heartfelt sympathy; **lettera di condoglianze**, letter of condolence.
condominiàle *a.* — **riunione c.**, residents' meeting; **spese condominiali**, (shared) running expenses (*in a condominium*); communal expenses.
condominio *m.* **1** (*leg.*) joint ownership **2** (*caseggiato*) (jointly owned) block of flats (*GB*); condominium (*USA*); (*i condomini*) residents (*pl.*): **riunione di c.**, residents' meeting.
condòmino *m.* (*f.* **-a**) joint owner; (*di appartamento*) (flat) owner; resident.
condonàbile *a.* **1** (*di debito*) remissible **2** (*scusabile*) forgivable; excusable.
condonàre *v. t.* **1** (*leg.*) to remit: **c. un debito**, to remit a debt **2** (*lett.*: *perdonare*) to condone; to forgive*.
condóno *m.* (*leg.*) remission; pardon • **c. edilizio**, amnesty for work done without planning permission □ **c. fiscale**, tax amnesty.
còndor *m. invar.* (*zool.*) condor.
condótta *f.* **1** conduct; behaviour, behavior (*USA*): **buona c.**, good conduct; **linea di c.**, line of conduct; **tenere una buona c.**, to behave well; **tenere una cattiva c.**, to misbehave; **c. sleale**, foul play **2** (*tubazione*) pipe; conduit; (*di sistema pubblico*) main **3** (*med., vet.*) country practice.
condottièro *m.* **1** (*mil., stor.*) condottiere*; leader of mercenary troops **2** (*fig.*) leader.
condótto **A** *m.* **1** pipe; conduit; duct; (*specialm. per il petrolio*) pipeline; (*di caldaia*) flue: **c. dell'aria**, air duct; **c. principale**, main **2** (*anat.*) duct **B** *a.* — **medico** [**veterinario**] **c.**, country doctor [veterinary].
conducènte *m. e f.* driver: **c. di autobus**, bus driver.
condùrre **A** *v. t.* **1** (*guidare*) to lead*; to guide: **c. per mano**, to lead by the hand **2** (*accompagnare*) to take*; (*verso chi parla*) to bring* **3** (*portare*) to lead*; to take*; to bring*: **c. alla rovina**, to lead to ruin; **c. a termine**, to see st. through **4** (*un veicolo*) to drive* **5** (*fis., elettr.*) to conduct; to transmit **6** (*dirigere, amministrare*) to manage; to run*; to conduct: **c. una azienda**, to manage a firm; **c. un dibattito**, to conduct a debate **7** (*effettuare*) to conduct; to carry out: **c. un'inchiesta**, to conduct an inquiry; **c. ricerche**, to carry out research • **c. un affare**, to negotiate a deal □ **c. la gara**, to lead the race □ (*radio, TV*) **c. un programma**, to host a programme **B** *v. i.* **1** (*di strada*) to lead*; to go* **2** (*sport*) to lead*: **c. per tre a zero**, to lead three-nil **C** **condùrsi** *v. rifl.* (*lett.*: *comportarsi*) to behave.
conduttànza *f.* (*fis.*) conductance.
conduttività *f.* (*fis.*) conductivity.
conduttivo *a.* (*fis.*) conductive.
conduttóre *m.* (*f.* **-trice**) **1** (*autista*) driver **2** (*radio, TV*) host; compere **3** (*gestore*) manager; operator **4** (*leg.*) lessee; tenant **5** (*fis.*) conductor **6** (*elettr.*) wire.
conduttùra *f.* **1** (*tubo*) conduit; duct; pipeline; (*di sistema pubblico*) main: **c. del gas** [**dell'acqua**], gas [water] main **2** (*sistema di tubi*) conduits (*pl.*); ductwork Ⓤ; piping Ⓤ; plumbing Ⓤ.
conduzióne *f.* **1** management; running; operating: **la c. di una ditta**, the management of a firm; the running of a business; **ditta a c. familiare**, family business **2** (*fis.*) conduction **3** (*leg.*) tenancy; leasehold.
confabulàre *v. i.* to talk tête-à-tête; to whisper together; (*scherz.*) to plot.
confabulazióne *f.* tête-à-tête; (*scherz.*) plotting.
confacènte *a.* suitable, fitting (for); becoming (to).
Confagricoltùra *f.* Italian Farmers' Association.
confàrsi *v. i. pron.* **1** to be suitable (for); to be appropriate (to); to be right (for); (*addirsi*) to become* (sb., st.) **2** (*giovare*) to agree (with).
confederàle *a.* confederal.
confederàre **A** *v. t.* to confederate **B** **confederàrsi** *v. rifl.* to form a confederation; to federate.
confederàto *a. e m.* (*f.* **-a**) confederate.
confederazióne *f.* confederation; confederacy: **la C. elvetica**, the Swiss Confederation; **c. sindacale**, federation of trade unions; (*in G.B.*) Trade Union Congress.
conferènza *f.* **1** (public) lecture: **tenere una c. su q.c.**, to give a lecture on st.; to lecture on st. **2** (*riunione*) conference • **c. stampa**, press conference.
conferenzière *m.* (*f.* **-a**) (public) lecturer; speaker.
conferiménto *m.* (*di diploma*) conferring; (*di premio*) awarding; (*di carica*) appointment.
conferire **A** *v. t.* **1** to give*; to confer; to award: **c. a q. una laurea ad honorem**, to confer an honorary degree on sb.; **c. un incarico a q.**, to appoint sb. **2** (*dare, aggiungere*) to lend*; to give*: **c. serietà**, to lend gravity **B** *v. i.* (*avere un colloquio*) to confer (with).
conférma *f.* confirmation; corroboration • **c. di ricevuta**, acknowledgment of receipt □ **a c. di**, in confirmation of □ **dare c.**, to confirm; (*di ricevimento*) to acknowledge.
confermàre **A** *v. t.* to confirm; (*corroborare*) to corroborate, to bear* out; (*ratificare*) to ratify: **c. una notizia**, to confirm a report; **c. una prenotazione**, to confirm a booking; **c. una paura**, to bear out a fear; **c. una teoria**, to corroborate a theory; **c. una nomina**, to ratify an appointment **B** **confermàrsi** *v. rifl. e i. pron.* **1** (*dimostrarsi*) to prove oneself; to prove to be **2** (*dimostrarsi fondato*) to prove right.

confessàre ***A*** *v. t.* ***1*** (*ammettere*) to confess (to); to admit (to); to own up (to); to acknowledge: **c. un delitto**, to confess to a crime; **Confessò di aver preso lui i soldi**, he owned up to having taken the money; **Non ha confessato**, he didn't confess; **Confesso che non mi piace**, I confess (*o* admit) I don't like it ***2*** (*eccles.*) to confess; (*ascoltare in confessione*) to hear* confessions ***3*** (*confidare*) to confide; to reveal; to tell* ***B*** **confessàrsi** *v. rifl.* ***1*** to confess (st.); to acknowledge (st.): **c. colpevole**, to confess one's guilt ***2*** (*eccles.*) to confess; to go* to [to be at] confession.

confessionàle ***A*** *a.* ***1*** (*relig.*) — **segreto c.**, secret of the confessional ***2*** (*rif. a fede religiosa*) denominational: **scuola c.**, denominational school; **Stato c.**, state acknowledging an official religion ***B*** *m.* (*eccles.*) confessional.

confessióne *f.* ***1*** (*anche relig.*) confession: **fare piena c.**, to make a full confession ***2*** (*fede religiosa*) denomination.

confèsso *a.* self-confessed; self-acknowledged; avowed: **ladro c.**, self-confessed thief; **un donnaiolo c.**, an avowed womanizer • (*leg.*) **essere reo c.**, to have pleaded guilty.

confessóre *m.* (*relig.*) confessor.

confetterìa *f.* confectionery; sweets (*pl.*).

confètto *m.* ***1*** sugared almond ***2*** (*farm.*) pill. ATTENZIONE: **confetti** ≠ confetti.

confettùra *f.* jam; preserve; (*di arance*) marmalade.

confezionàre *v. t.* ***1*** (*abiti e sim.*) to make*; (*a macchina*) to manufacture; (*cucire*) to sew*; (*a maglia*) to knit ***2*** (*impacchettare*) to pack, to package; (*avvolgere*) to wrap up: **c. in una scatola**, to pack in a box; **c. un pacco**, to make up a parcel.

confezionàto *a.* ***1*** (*di abito e fig.*) ready-made ***2*** (*impacchettato*) packed; packaged; wrapped-up: **già c.**, prepacked; prepackaged • **c. a mano**, handmade □ **c. a macchina**, machine-made; manufactured □ **non c.**, loose.

confezióne *f.* ***1*** (*di abiti e sim.*) making; making up; manufacturing ***2*** (*di un pacco*) packaging; packing; wrapping up: **c. regalo**, gift wrapping; **in c. regalo**, gift-wrapped ***3*** (*al pl.*) (*abiti*) clothes; (*nei composti*) wear Ⓤ: **reparto confezioni**, clothes department; **confezioni da uomo**, menswear ***4*** (*merce confezionata*) packet; package; pack (*USA*); (*scatola*) box: **c. di biscotti**, packet (*USA* pack) of biscuits; **c. famiglia [risparmio]**, family-size [economy] packet.

conficcàre ***A*** *v. t.* to drive*; to stick*; to dig*: **c. un chiodo nel muro**, to drive (*o* to hammer) a nail into the wall; **c. le unghie in q.c.**, to dig one's nails into st. ***B*** **conficcàrsi** *v. i. pron.* to lodge itself; to stick*; to get* stuck: **La pallottola gli si era conficcata nella spalla**, the bullet had lodged itself in his shoulder; **Mi si è conficcata una scheggia in un dito**, a splinter has got stuck in my finger.

confidàre ***A*** *v. i.* to confide (in); to trust (sb., st.); to rely (on); to be (*o* to feel) confident (of): **c. in q.**, to trust (*o* to confide in) sb.; **Confido nella tua discrezione**, I rely on your discretion; **Confido nella vittoria**, I feel confident of victory ***B*** *v. t.* ***1*** (*rivelare*) to confide; to tell*: **c. un segreto a q.**, to confide a secret to sb.; **Mi confidò che portava la dentiera**, he told me in confidence he wore a denture ***2*** (*sperare*) to trust; to expect; to be confident ***C*** **confidàrsi** *v. i. pron.* to confide (in); to take* (sb.) into one's confidence; to open one's heart (to).

confidènte ***A*** *a.* confiding; trusting ***B*** *m. e f.* ***1*** confidant (*m.*); confidante (*f.*) ***2*** (*della polizia*) police informer.

confidènza *f.* ***1*** (*familiarità*) intimacy; familiarity ***2*** (*rivelazione*) secret; confidence: **fare una c. a q.**, to tell sb. something in confidence • **dare c. a q.**, to be (too) familiar with sb. □ **non dare c. a q.**, to keep sb. at a distance □ **dire q.c. a q. in c.**, to tell sb. st. in confidence □ **essere in c. con q.**, to be on friendly terms with sb. □ **prendere c. con q.c.**, to familiarize oneself with st.; to get to know st. □ **prendersi delle confidenze con q.**, to take liberties with sb. □ **prendersi troppa c. con q.**, to get too familiar with sb..

confidenziàle *a.* ***1*** (*riservato*) confidential; private ***2*** (*cordiale*) friendly; familiar: **in rapporti confidenziali**, on friendly terms • **a titolo c.**, confidentially; in confidence.

configuràre ***A*** *v. t.* to depict ***B*** **configuràrsi** *v. i. pron.* to take* shape: **Si configura una nuova possibilità**, a new possibility is taking shape; **c. come pericoloso**, to take on a dangerous look.

configurazióne *f.* configuration (*anche elab.*); outline; contour; shape; pattern.

confinànte ***A*** *a.* neighbouring, neighboring (*USA*); adjoining; adjacent; bordering: **paesi confinanti**, neighbouring countries; **Il mio giardino è c. col suo**, my garden borders on (*o* abuts) his ***B*** *m. e f.* neighbour, neighbor (*USA*).

confinàre ***A*** *v. t.* ***1*** (*polit.*) to confine; to intern ***2*** (*fig.*) to confine ***B*** *v. i.* ***1*** to border, to adjoin, to abut (st.): **La Spagna confina con la Francia**, Spain borders France ***2*** (*fig.*) to border (on); to verge (on) ***C*** **confinàrsi** *v. rifl.* to shut* oneself up.

confinàrio *a.* ***1*** boundary (*attr.*) ***2*** (*rif. a confine di Stato*) border (*attr.*).

confinàto (*polit.*) ***A*** *a.* interned ***B*** *m.* (*f.* **-a**) internee.

Confindùstria *f.* Italian Manufacturers' Association.

confine *m.* ***1*** boundary; (*tra Stati*) border, frontier, (*in U.S.A.*) state line: **segnare il c.**, to mark the boundary; **passare il c.**, to cross the border; **incidente di c.**, border incident ***2*** (*fig.*) boundary; frontier; borderline; (*limite*) limit: **il c. tra la vita e la morte**, the border between life and death; **i confini della scienza**, the frontiers of science; **i confini del lecito**, the borderline of legality • **senza confini**, boundless; unbounded □ **zona di c.**, border zone; (*anche fig.*) borderland.

confino *m.* (*polit.*) internment: **mandare al c.**, to intern.

confisca *f.* confiscation.

confiscàre *v. t.* to confiscate.

conflagrazióne *f.* ***1*** conflagration ***2*** (*di guerra*) outbreak of hostilities.

conflìtto *m.* ***1*** conflict; (*scontro*) fight; (*guerra, anche*) war: **c. a fuoco**, gunfight; shooting; **c. mondiale**, world war ***2*** (*contrasto*) clash; conflict: **c. di interessi**, conflict (*o* clash) of interests • **entrare in c.**, to come into conflict; to clash □ **essere in c. con**, (*in guerra*) to be at war with; (*di teorie, ecc.*) to conflict with, to clash with; (*di persone*) to be at loggerheads with □ **interessi in c.**, conflicting interests.

conflittuàle *a.* marked by a conflict: **rapporto c.**, conflicts (*pl.*); (*tra persone*) turbulent relationship.

conflittualità *f.* (*specialm. in campo sindacale*) conflict; unrest.

confluènza *f.* (*di fiumi*) confluence, meeting; (*di strade, valli*) junction.

confluire *v. i.* ***1*** (*di fiumi*) to meet*; to flow (into each other); (*di strade, valli*) to meet* ***2*** (*unirsi*) to merge; to converge; (*raccogliersi*) to come* together: **c. in un altro partito**, to merge with another party • **far c. i voti su un solo candidato**, to concentrate all votes on a single candidate.

confóndere ***A*** *v. t.* ***1*** (*mescolare*) to mix up; to muddle up ***2*** (*scambiare*) to confuse; to mistake*; to mix up: **L'ho confuso col fratello**, I mistook him for his brother; **c. due nomi**, to mix up two names ***3*** (*disorientare*) to confuse; to fluster ***4*** (*mettere in imbarazzo*) to embarrass ***5*** (*rendere indistinto*) to blur; to muddle: **c. la vista**, to blur the vision • (*fig.*) **c. le acque**, to cloud the issue □ **c. le idee a q.**, to confuse sb. ***B*** **confóndersi** *v. i. pron.* ***1*** (*mescolarsi*) to mingle; to merge: **c. tra la folla**, to mingle with the crowd ***2*** (*fare confusione*) to get* confused (*o* mixed up) ***3*** (*essere disorientato*) to get* confused; to get* flustered ***4*** (*diventare confuso*) to become* confused (*o* blurred).

conformàre ***A*** *v. t.* to shape; to mould; (*adattare*) to conform, to adapt, to suit ***B*** **conformàrsi** *v. rifl.* to conform (to); to comply (with).

conformazióne *f.* conformation; shape; structure; configuration.

confórme *a.* ***1*** (*corrispondente, in accordo*) corresponding (to); consistent (with); in keeping (with): **un comportamento c. alla sua età**, behaviour in keeping with his age; **c. alle regole**, in keeping with (*o* that meets) the regulations ***2*** (*simile*) similar (to); analogous (to); like: **c. all'originale**, similar to (*o* like) the original • (*leg.*) **copia c.**, certified (*o* true) copy.

conformeménte *avv.* accordingly • **c. a**, in accordance with; in conformity with.

conformismo *m.* conformity; (*convenzionalismo*) conventionality.

conformista *m. e f.* conformist; conventional person.

conformità *f.* conformity; compliance; accordance; (*somiglianza*) similarity: **in c. con**, in accordance with; in compliance with: **in c. con le vigenti leggi**, in compliance with the law; **in c. con quanto annunciato**, as has been announced.

confortànte *a.* comforting; (*rassicurante*) reassuring.
confortàre ***A*** *v. t.* ***1*** (*consolare*) to comfort; to console; to cheer; (*rassicurare*) to reassure ***2*** (*incoraggiare*) to encourage; to cheer up ***3*** (*sostenere*) to bear* out; to corroborate; to support; to strengthen ***B*** **confortàrsi** *v. i. pron.* to console oneself; to take* comfort ***C*** **confortàrsi** *v. rifl. recipr.* to console each other.
confortévole *a.* ***1*** (*consolante*) comforting; cheering ***2*** (*comodo*) comfortable.
confòrto *m.* ***1*** consolation; solace; comfort; sympathy: **il mio unico c.**, my only consolation; **dare c.**, to give comfort; **parole di c.**, words of sympathy ***2*** (*sostegno*) support: **a c. di questa teoria**, in support of this theory ***3*** (*incoraggiamento*) encouragement • (*eccles.*) **i conforti religiosi**, the last rites □ **generi di c.**, refreshments.
confratèllo *m.* (*relig.*) brother*.
confratèrnita *f.* brotherhood; confraternity.
confrontàre ***A*** *v. t.* ***1*** (*paragonare*) to compare: **c. i prezzi**, to compare prices ***2*** (*collazionare*) to collate. ATTENZIONE: **confrontare** ≠ to confront ***B*** **confrontàrsi** *v. rifl.* (*misurarsi*) to confront (st.); to face (st.); to deal* (with): **c. coi fatti**, to face facts ***C*** **confrontàrsi** *v. rifl. recipr.* (*affrontarsi*) to face each other; (*scontrarsi*) to have a confrontation.
confrónto *m.* ***1*** (*paragone*) comparison; (*collazione*) collation: **fare un c.**, to make a comparison; **a c. di** (*o* **in c. a**), in comparison with; compared with (*o* to); **mettere a c.**, to compare ***2*** (*leg.*) confrontation: **mettere a c.**, to confront • (*polizia*) **c. all'americana**, identification parade; lineup (*USA*) □ **nei miei [tuoi, ecc.] confronti**, towards me [you, etc.] □ **reggere al c.**, to stand (*o* to bear) comparison; to compare well (with): **Non regge al c.**, it doesn't compare □ **senza confronti**, beyond comparison; incomparably □ **non temere confronti**, to be unequalled.
confucianésimo *m.* Confucianism.
confuciàno *a. e m.* Confucian.
confusaménte *avv.* ***1*** confusedly; vaguely ***2*** (*alla rinfusa*) haphazardly; anyhow.
confusionàle *a.* — (*psic.*) **stato c.**, state of mental confusion.
confusionàrio ***A*** muddling; muddle-headed ***B*** *m.* (*f.* **-a**) muddler.
confusióne *f.* ***1*** confusion; (*disordine, anche*) mess, muddle; (*chiasso*) noise, racket; (*mescolanza*) jumble, medley; (*scambio, equivoco*) mix-up: **fare c.**, (*disordine*) to make a mess; (*chiasso*) to make a racket; (*confondersi*) to confuse things; **Ho fatto c. tra le date**, I got the dates mixed up; **mettere c. in q.c.**, to mess st. up; **c. mentale**, (mental) confusion ***2*** (*disorientamento*) confusion; bewilderment; (*imbarazzo*) embarrassment; (*mortificazione*) confusion.
confùso *a.* ***1*** (*non chiaro*) confused, muddled; (*indistinto*) blurred, hazy; (*mescolato*) mixed (up): **idee confuse**, confused ideas; **spiegazione confusa**, muddled explanation; **ricordo c.**, hazy memory; **immagine confusa**, blurred picture ***2*** (*disorientato*) confused, bewildered; (*imbarazzato*) embarrassed; (*mortificato*) ashamed, very sorry.
confutàre *v. t.* to confute; to refute; to disprove.
confutazióne *f.* confutation; refutation.
congedàre ***A*** *v. t.* ***1*** (*mandare via*) to send* away; to dismiss; (*salutare*) to say* goodbye (to), to take* leave (of) (*form.*) ***2*** (*mil.*) to discharge; to demobilize ***B*** **congedàrsi** *v. rifl.* ***1*** (*andare via*) to leave*; (*salutare*) to say* goodbye (to), to take* one's leave (from) (*form.*): **Si congedò in fretta**, he said a hurried goodbye ***2*** (*mil.*) to leave (the army).
congèdo *m.* ***1*** (*commiato*) leave; leave-taking; farewell; (*di sottoposto*) dismissal: **prendere c.**, to take one's leave (of) (*form.*); to say goodbye (to); to leave; **visita di c.**, farewell visit ***2*** (*permesso*) leave (of absence): **essere in c.**, to be on leave; **chiedere un c. per motivi di salute**, to apply for sick-leave; **c. matrimoniale [per maternità]**, marriage [maternity] leave ***3*** (*mil.*) discharge: **mandare in c.**, to discharge; **c. illimitato**, discharge to the reserve; **ufficiale in c.**, officer of the reserve ***4*** (*poesia*) envoy; envoi.
congegnàre *v. t.* ***1*** (*mecc.*) to assemble; to fit together ***2*** (*fig.*) to devise; to plan; to concoct.
congégno *m.* (*mecc.*) device; apparatus; (*meccanismo*) mechanism; (*scherz.*) contraption: **c. di sicurezza**, safety device; **c. antifurto**, burglar alarm.
congelaménto *m.* ***1*** freezing: (*fis.*) **punto di c.**, freezing point ***2*** (*med.*) frostbite: **principio di c.**, incipient frostbite ***3*** (*fig.*) stall; standstill: **c. delle trattative**, standstill in the talks ***4*** (*econ.*) freeze.
congelàre ***A*** *v. t.* ***1*** (*anche econ.*) to freeze* ***2*** (*arrestare*) to halt; (*accantonare*) to put* on ice ***B*** **congelàrsi** *v. i. pron.* ***1*** to freeze* ***2*** (*med.*) to become* frostbitten. ATTENZIONE: **congelare, congelarsi** ≠ to congeal.
congelato *a.* ***1*** (*anche econ.*) frozen ***2*** (*med.*) frostbitten.
congelatóre ***A*** *m.* deepfreeze ***B*** *a.* freezing.
congènere *a.* ***1*** similar; akin (*pred.*) ***2*** (*biol.*) congenerous.
congenìale *a.* congenial.
congenialità *f.* congeniality.
congènito *a.* congenital.
congèrie *f.* heap; mass; jumble.
congestionàre *v. t.* (*med. e fig.*) to congest.
congestionàto *a.* (*med. e fig.*) congested: **traffico c.**, congested traffic • **viso c.**, flushed (*o* red) face.
congestióne *f.* (*med. e fig.*) congestion.
congettùra *f.* conjecture; supposition; surmise • **fare congetture**, to conjecture; to speculate.
congetturàbile *a.* conjecturable.
congetturàle *a.* conjectural.
congetturàre *v. t.* to conjecture; to suppose; to surmise.
congiùngere ***A*** *v. t.* to join (together); to unite; (*collegare*) to connect, to link up ***B*** **congiùngersi** *v. i. pron.* to join; to meet*; (*mil.*) to join forces: **c. in matrimonio**, to join in marriage (*o* matrimony); **Le strade si congiungono più avanti**, the roads meet further on.
congiungiménto *m.* joining; connecting; union.
congiuntaménte *avv.* jointly; together.
congiuntivite *f.* (*med.*) conjunctivitis.
congiuntìvo *a. e m.* (*gramm.*) subjunctive.
congiùnto ***A*** *a.* joined; joint; combined; (*collegato*) connected, linked: **sforzi congiunti**, combined efforts; **seduta congiunta**, joint session ***B*** *m.* (*f.* **-a**) relative; relation.
congiuntùra *f.* ***1*** joint; seam ***2*** (*anat.*) joint; articulation ***3*** (*circostanza*) circumstance, opportunity; (*critica*) juncture, conjuncture ***4*** (*econ.*: *situazione*) economic situation; (*tendenza*) economic tendency (*o* trend); (*prospettiva*) economic outlook: **c. alta**, boom; **c. bassa**, slump; depression; **c. negativa**, recession.
congiunturàle *a.* (*econ.*) of the economic situation • **situazione c.**, business climate □ **crisi c.**, cyclical crisis.
congiunzióne *f.* ***1*** junction; meeting: **punto di c.**, junction; (*fig.*) meeting point ***2*** (*gramm., astron.*) conjunction • **in c. con**, in conjuction with.
congiùra *f.* conspiracy; plot • **c. di palazzo**, palace plot.
congiuràre *v. i.* to conspire; to plot. ATTENZIONE: **congiurare** ≠ to conjure.
congiuràto *m.* (*f.* **-a**) conspirator; plotter.
conglobaménto *m.* combining; (*di retribuzioni*) incorporation.
conglobàre *v. t.* to combine; (*retribuzioni*) to incorporate.
conglomeràto *m.* ***1*** conglomeration ***2*** (*geol.*) conglomerate ***3*** (*edil.*) concrete.
congratulàrsi *v. i. pron.* to congratulate (sb. on st.).
congratulazióni *f. pl.* congratulations: **fare le congratulazioni a q.**, to offer sb. one's congratulations; to congratulate sb. (on st.).
congrèga *f.* ***1*** (*spreg.*) bunch; gang ***2*** (*eccles.*) confraternity.
congregàre *v. t.*, **congregàrsi** *v. i. pron.* to congregate; to assemble; to gather.
congregazióne *f.* congregation.
congressista *m. e f.* participant in a congress.
congrèsso *m.* congress; conference • (*in U.S.A.*) **il C.**, the Congress.
congressuàle *a.* congressional; congress (*attr.*).
congruènte *a.* (*anche mat.*) congruent.
congruènza *f.* congruence (*anche mat.*); congruity.
còngruo *a.* ***1*** congruous; suitable; fitting; proper; (*adeguato*) fair ***2*** (*mat.*) congruent.
conguagliàre *v. t.* (*fin., rag.*) to balance; to adjust.
conguàglio *m.* (*fin., rag.*) balancing; balance; adjustment.
coniàre *v. t.* to coin (*anche fig.*); to mint; to strike*.
coniatùra, **coniazióne** *f.* coinage (*anche fig.*); mintage.
cònico *a.* ***1*** conical; cone-shaped ***2*** (*mat.*) conic.
conìfera *f.* (*bot.*) conifer.
coniglièra *f.* ***1*** (*gabbia*) rabbit hutch ***2*** (*recinto*) warren.

conigliétta *f.* (*fig.*) bunny girl.
conigliétto *m.* bunny.
coniglio *m.* **1** (*zool.*) rabbit; bunny (rabbit) (*infant. e fam.*) **2** (*fig.*) chicken; coward.
cònio *m.* **1** (*punzone*) minting die **2** (*impronta*) stamp; mint--mark **3** (*fig.*) stamp; sort **4** (*il coniare*) coinage (*anche fig.*); mintage • **di nuovo c.**, newly-minted; (*fig.*) newly--coined, brand-new □ **parola di c. recente**, recent coinage.
coniugàle *a.* marriage (*attr.*); married; (*leg.*) conjugal: **vincolo c.**, marriage tie; **vita c.**, married life; **diritti coniugali**, conjugal rights.
coniugàre **A** *v. t.* **1** (*gramm.*) to conjugate **2** (*sposare*) to marry **3** (*fig.*) to combine **B** **coniugàrsi** *v. rifl. e i. pron.* **1** (*sposarsi*) to get* married **2** (*gramm.*) to conjugate **3** (*fig.*) to combine (with); to accompany (st.).
coniugàto **A** *a.* **1** married **2** (*mat.*) conjugate **3** (*bot.*) conjugate **B** *m.* (*f.* **-a**) married man* (*f.* woman*).
coniugazióne *f.* (*gramm.*) conjugation.
còniuge *m.* spouse; (*al pl.*) (married) couple (*sing.*), husband and wife: **rapporto fra coniugi**, husband-and-wife relationship; **i coniugi Rossi**, Mr and Mrs Rossi; the Rossis.
connaturàle *a.* connatural; (*innato*) innate.
connaturàrsi *v. i. pron.* to become* second nature.
connaturàto *a.* **1** (*innato*) connate; innate **2** (*radicato*) ingrained; deeply-rooted.
connazionàle *m. e f.* compatriot; fellow countryman* (*m.*); fellow countrywoman* (*f.*): **Siamo connazionali**, we are both Italians [French, etc].
connessióne *f.* **1** connection; link; association **2** (*elettr.*) connection **3** (*falegn., mecc.*) joint; join.
connèsso *a.* **1** connected; linked; associated; related; relevant **2** (*elettr.*) connected **3** (*mecc.*) linked; joined.
connèttere **A** *v. t.* **1** (*anche fig.*) to join; to connect; to link **2** (*ragionare*) to think* straight; to be coherent **B** **connèttersi** *v. i. pron.* to be connected (*o* linked, related).
connettivo **A** *a.* (*anat.*) connective **B** *m.* (*anat., ling.*) connective.
connivènte **A** *a.* conniving • **essere c.**, to connive **B** *m. e f.* conniver; accomplice.
connivènza *f.* connivance; conniving.
connotativo *a.* connotative.
connotàto *m.* personal characteristic; (*al pl.*) description (*sing.*) • (*fam.*) **cambiare i connotati a q.**, to bash sb.'s face in.
connotazióne *f.* connotation.
connùbio *m.* **1** (*lett.: matrimonio*) matrimony; marriage **2** (*accordo*) union; marriage; (*alleanza*) alliance.
còno *m.* cone • **c. gelato**, ice-cream cone □ **a c.**, cone--shaped; cone (*attr.*).
conoscènte *m. e f.* acquaintance.
conoscènza *f.* **1** (*il sapere*) knowledge: **una buona c. del francese**, a good knowledge of French **2** (*l'essere cosciente*) consciousness: **perdere [riprendere] la c.**, to lose [to recover] consciousness; **privo di c.**, unconscious **3** (*il conoscere una persona*) acquaintance: **fare la c. di q.**, to make sb.'s acquaintance; to meet sb.; **Lieto di fare la sua c.**, pleased to meet you **4** (*persona conosciuta*) acquaintance; (*al pl.: contatti utili*) contacts **5** (*filos.*) cognition • **essere a c. di q.c.**, to know st.; to be acquainted with st.; to be aware of st. □ **È giunto a nostra c. che...**, it has come to our knowledge that... □ (*nelle lettere*) **per c.**, copy to □ **per vostra c.**, for your information □ **portare q.c. a c. di q.**, to acquaint sb. with st. (*form.*); to inform sb. of st. □ **prendere c. di q.c.**, to acquaint oneself with st.; (*bur.*) to acknowledge st.; (*leg.*) to take cognizance of st. □ **venire a c. di q.c.**, to learn about st.
conóscere **A** *v. t.* **1** to know*: **c. un paese [una lingua]**, to know a country [a language]; **Lo conosco da anni**, I've known him for years; **Li conosco appena**, I barely know them; **c. il funzionamento di q.c.**, to know how st. works; **c. bene i computer**, to know a lot about computers **2** (*fare la conoscenza di*) to meet*: **Vorrei conoscerlo**, I'd like to meet him; **Dove l'hai conosciuto?**, where did you meet him? **3** (*sperimentare*) to experience, to go* through; (*ottenere*) to meet* with; **c. gli stenti**, to experience hardships; to go through hard times; **c. un buon successo**, to meet with considerable success • **c. q. di vista**, to know sb. by sight □ **c. a fondo q.c.**, to have an in-depth knowledge of st. □ **far c.**, (*presentare*) to introduce; (*rendere famoso*) to make (sb., st.) known; (*reclamizzare*) to advertise □ **farsi c.**, to make oneself known; (*acquistare fama*) to make a name for oneself, to become well-known □ **imparare a c. q.**, to get to know sb. better □ **non c. limiti**, to know no bounds □ **non c. ostacoli**, to encounter no obstacles □ **Non conosce ragione**, he won't listen to reason **B** **conóscersi** *v. rifl.* to know* oneself **C** **conóscersi** *v. rifl. recipr.* **1** to know* each other (*o* one another) **2** (*incontrarsi*) to meet*: **Ci siamo già conosciuti**, we have met before.
conoscìbile *a. e m.* knowable.
conoscitivo *a.* cognitive.
conoscitóre *m.* (*f.* **-trice**) expert; connoisseur; good judge.
conosciùto *a.* (well-)known: **fatti conosciuti**, well-known facts.
conquista *f.* **1** (*anche fig.*) conquest **2** (*raggiungimento*) attainment; (*successo*) achievement, success: **la c. della libertà**, the attainment of freedom; **le conquiste della scienza**, the achievements of science.
conquistàre *v. t.* **1** (*mil.*) to conquer; to capture **2** (*ottenere*) to win*; to get*; to attain: **c. il successo**, to attain success; **c. il potere**, to come to power; **conquistarsi la fiducia di q.**, to win sb.'s confidence **3** (*una persona*) to win* over; (*far innamorare*) to conquer • **Si è conquistato tutti**, he was a success with everybody; everybody took to him.
conquistatóre *m.* **1** conqueror **2** (*seduttore*) lady-killer; don Juan.
conquistatrice *f.* **1** conqueress **2** (*seduttrice*) heart-breaker.
consacràre **A** *v. t.* **1** to consecrate; (*un sacerdote*) to ordain; (*un re*) to anoint; (*una chiesa*) to dedicate **2** (*convalidare*) to consecrate; to hallow; to sanction **3** (*dedicare*) to consecrate; to devote: **c. tutto il proprio tempo al lavoro**, to devote all one's time to work **B** **consacràrsi** *v. rifl.* (*dedicarsi*) to devote oneself.
consacràto *a.* **1** consecrated; holy; sacred; (*di re*) anointed **2** (*fig.*) hallowed; sanctioned.
consacrazióne *f.* **1** consecration; (*di sacerdote*) ordination; (*di sovrano*) anointment; (*di chiesa*) dedication **2** (*fig.*) (seal of) approval.
consanguineità *f.* blood relationship; consanguinity.
consanguineo **A** *a.* blood-related; consanguineous **B** *m.* (*f.* **-a**) blood relation; kinsman* (*m.*); kinswoman* (*f.*).
consapévole *a.* aware (*pred.*); conscious.
consapevolézza *f.* awareness; consciousness.
consapevolménte *avv.* consciously; deliberately.
cònscio **A** *a.* conscious; aware (*pred.*) **B** *m.* (*psic.*) (the) conscious.
consecutivaménte *avv.* consecutively; in succession.
consecutivo *a.* **1** consecutive; running, on end (*posposto*); in a row (*pred.*): **per tre giorni consecutivi**, for three consecutive days; for three days running (*o* on end); **per tre volte consecutive**, three times in a row **2** (*successivo*) following; next **3** (*gramm.*) consecutive **4** (*geom.*) contiguous.
conségna *f.* **1** delivery: **c. a domicilio**, home delivery; **pagamento alla c.**, cash on delivery; **spese di c.**, delivery charges **2** (*partita di merce*) consignment **3** (*deposito*) consignment: **merce in c.**, goods on consignment **4** (*mil.: punizione*) confinement to barracks **5** (*mil.: ordine*) orders (*pl.*) • (*mil.*) **essere in c.**, to be confined to barracks □ **passare le consegne**, to hand over □ **dare q.c. in c. a q.**, to entrust st. to sb. (*o* to sb.'s care); to leave st. with sb. □ **prendere le consegne**, to take over (formally) □ **prendere in c. q.c.**, to be entrusted with st.; to take delivery of st. (*bur.*) □ **prendere in c. q.**, to take sb. into one's care; (*prigioniero*) to take custody of sb. □ (*mil.*) **ricevere dieci giorni di c.**, to have one's leave stopped for ten days.
consegnàre **A** *v. t.* **1** to deliver; (*a mano*) to hand over, to hand in; (*distribuire*) to give* out, to hand out; (*per affidare*) to give*, to entrust: **c. una lettera**, to deliver a letter; **c. q. alla polizia**, to hand sb. over to the police; **c. il modulo compilato**, to hand in the completed form; **c. i premi**, to hand out the prizes **2** (*cedere*) to surrender **3** (*mil., come punizione*) to confine to barracks; (*in un'emergenza*) to keep on stand-by **B** **consegnàrsi** *v. rifl.* to give* oneself up.
consegnatàrio *m.* (*comm.*) consignee.
consegnàto *m.* (*mil.*) soldier confined to barracks.
conseguènte *a.* **1** consequent **2** (*coerente*) consistent.

conseguenteménte *avv.* consequently; as a consequence; as a result.
conseguènza *f.* ***1*** consequence; result; effect: **subire le conseguenze**, to take the consequences; **di c.**, as a result; consequently; **agire di c.**, to act accordingly ***2*** (*med.*) after--effect; sequela*.
conseguìbile *a.* achievable; attainable.
conseguiménto *m.* achievement; attainment • **dopo il c. della laurea**, after graduating; after one's graduation.
conseguìre ***A*** *v. t.* to achieve; to attain; to win*; to get*; to obtain: **c. uno scopo**, to achieve an end; **c. la laurea**, to graduate; to get one's degree; **c. la fama**, to win fame ***B*** *v. i.* to follow; to ensue: **Ne consegue che...**, it follows that...; **Ne conseguì un aumento dei prezzi**, the result was an increase in prices; **i vantaggi che ne conseguirono**, the ensuing advantages.
consènso *m.* ***1*** consent (*anche leg.*); assent; (*generale*) consensus; (*accordo*) agreement ***2*** (*appoggio*) support; (*successo*) success.
consensuàle *a.* (*leg.*) by mutual consent (*pred.*); consensual: **separazione c.**, separation by mutual consent.
consentìre ***A*** *v. i.* to consent; (*essere d'accordo*) to agree: **c. a una proposta**, to agree to a proposal ***B*** *v. t.* (*permettere*) to allow; to permit: **Il nuovo orario mi consente di stare di più con la famiglia**, the new timetable allows me to see more of my family; **Non te lo consento**, I won't allow you; **un lavoro che non consente distrazioni**, a job which demands total concentration.
consenziènte *a.* agreeable (to); consenting (with) • **Firmò, c. il marito**, she signed, with the consent of her husband.
consequenziàle *a.* consequential; (*coerente*) consistent.
consequenzialità *f.* consequentiality; (*coerenza*) consistency.
consèrva (1) *f.* preserve • **c. di frutta**, fruit preserve; jam □ **c. di arance**, marmalade □ **c. di pomodoro**, tomato puree □ **in c.**, preserved; (*sotto vetro*) bottled; (*in lattina*) tinned (*GB*), canned (*USA*) □ **mettere in c.**, to preserve; to bottle; to can.
consèrva (2) *f.* — **di c.**, (*mil.*) in convoy; (*fig.*) together.
conservànte *a. e m.* preservative.
conservàre ***A*** *v. t.* ***1*** to keep*; to preserve: **c. lo scontrino**, to keep the receipt; **c. al fresco**, to keep in a cool place; **c. l'ambiente**, to preserve the environment ***2*** (*cibi*) to preserve; (*sotto vetro*) to bottle; (*in lattina*) to tin, to can: **c. sott'olio**, to preserve in oil; **c. sotto sale**, to salt; **c. sotto aceto**, to pickle ***B*** **conservàrsi** *v. rifl. e i. pron.* to keep*: **c. in buona salute**, to keep fit.
conservàto *a.* ***1*** preserved; kept: **ben c.**, well-preserved; still in good condition ***2*** (*di cibo*) preserved; (*sotto vetro*) bottled; (*in lattina*) tinned, canned.
conservatóre ***A*** *m.* (*f.* **-trice**) ***1*** conservative; (*polit.*) Conservative ***2*** (*di museo*) curator; (*di archivio*) keeper; (*leg.*) registrar ***B*** *a.* conservative; (*polit.*) Conservative.
conservatòrio *m.* (*mus.*) conservatoire; conservatory.
conservatorismo *m.* (*polit.*) conservatism.
conservazióne *f.* preservation; conservation: **c. dei cibi**, food preservation; **c. dei monumenti**, preservation of monuments; **c. dell'ambiente**, environmental conservation; nature conservancy; (*fis.*) **c. dell'energia**, energy conservation • **istinto di c.**, instinct of self-preservation □ **latte a lunga c.**, long-life milk □ **stato di c.**, condition; (state of) repair □ **in buono stato di c.**, well-preserved; in good repair.
conservièro *a.* canning (*attr.*); cannery (*attr.*): **industria conserviera**, canning industry.
conservifìcio *m.* cannery.
consèsso *m.* (*lett.*) assembly; meeting.
consideràre ***A*** *v. t.* ***1*** (*riflettere su, tenere presente*) to consider, to take* into consideration; (*esaminare*) to examine; (*pensare di fare*) to contemplate: **Devi c. la sua età**, you must take his age into consideration; **c. una proposta**, to examine a proposal; **c. la possibilità di fare q.c.**, to contemplate doing st.; **tutto considerato**, all things considered; **considerato che...**, considering that ***2*** (*ritenere*) to consider, to regard, to think* of; (*stimare*) to think* highly of, to value: **Lo consideravo un amico**, I considered him a friend; I thought of him as a friend ***3*** (*contemplare*) to provide for: **La legge non considera questo caso**, the law does not provide for this case ***B*** **consideràrsi** *v. rifl.* to consider (*o* to regard) oneself.
consideràto *a.* (*stimato*) highly thought of; highly rated; valued.
considerazióne *f.* ***1*** (*riflessione*) consideration; reflection; thought ***2*** (*stima*) regard; esteem: **essere tenuto in gran c.**, to be held in high esteem; **godere di grande c.**, to be highly thought of ***3*** (*attenzione*) consideration; notice; regard ***4*** (*osservazione*) observation; (*commento*) remark • **in c. di**, in consideration of; in view of □ **prendere in c.**, to consider.
considerévole *a.* considerable.
consigliàbile *a.* advisable; recommendable.
consigliàre ***A*** *v. t.* to advise; to recommend; to suggest: **Gli consigliai di non vendere**, I advised him against selling; **Che mi consigli di fare?**, what do you suggest I should do?; **c. del moto** [**un libro**], to recommend exercise [a book]; **non lasciarsi c.**, not to accept advice ***B*** **consigliàrsi** *v. i. pron.* to ask for (*o* to seek*) (sb.'s) advice; to consult (sb.): **Consigliati con tua moglie**, ask your wife's advice; **c. con un avvocato**, to consult a lawyer; to seek legal advice.
consiglière *m.* ***1*** advisor; counsellor, counselor (*USA*) ***2*** (*membro di un consiglio*) council member • **c. comunale**, town councillor (*GB*); city councilman (*USA*) □ **c. d'amministrazione**, director □ **c. delegato**, managing director.
consìglio *m.* ***1*** (*avvertimento, suggerimento*) advice Ⓤ, suggestion; (*parere*) recommendation, counsel Ⓤ: **seguire il c.** (*o* **i consigli**) **di q.**, to follow sb.'s advice; **Posso darti un c.?**, may I give you some advice?; may I make a suggestion?; **È solo un c.**, it's only a suggestion ***2*** (*riunione*) council; meeting: **c. di famiglia**, family council; **c. di genitori**, parents' meeting ***3*** (*organo o ente collegiale*) council; board: **c. comunale**, town (*USA* city) council; **c. di amministrazione**, board of directors; **c. di disciplina**, disciplinary board; **c. di fabbrica**, works council; (*polit.*) **C. dei ministri**, Council of Ministers; Cabinet • **venire a più miti consigli**, to see reason; to relent.
consistènte *a.* ***1*** (*solido, fermo*) solid; firm; (*denso*) dense ***2*** (*considerevole*) substantial; sizeable ***3*** (*valido*) sound; convincing; valid • **poco c.**, slight; flimsy; weak; insubstantial. ATTENZIONE: **consistente** ≠ consistent.
consistènza *f.* ***1*** (*solidità*) consistency; (*al tatto*) texture; (*robustezza*) firmness, body ***2*** (*fig.*) substance; substantial character: **acquistare c.**, to gain substance ***3*** (*validità*) soundness; validity • (*comm.*) **c. di cassa**, cash on hand □ (*comm.*) **c. di magazzino**, stock on hand □ **c. patrimoniale**, assets (*pl.*) □ **senza c.**, (*vago*) vague, flimsy; (*senza fondamento*) unfounded, groundless.
consìstere *v. i.* ***1*** (*essere fondato*) to consist (in); to lie* (in); to be: **Il gioco consiste nel colpire il pallino**, the game consists in hitting the jack; **Il segreto consiste nel mescolare adagio**, the secret lies in stirring (*o* is to stir) slowly ***2*** (*essere costituito*) to consist (of); to be made up (of): **Tutte le sue proprietà consistono in due appartamenti**, his entire property consists of two flats.
consociàre ***A*** *v. t.* to associate; to merge ***B*** **consociàrsi** *v. i. pron.* to go* into partnership.
consociàta *f.* (*fin.*) associated company; subsidiary (company).
consociativismo *m.* (*polit.*) practice of associating the opposition in government decisions.
consociativo *a.* (*polit.*) associating the opposition in government decisions.
consociazióne *f.* ***1*** association ***2*** (*società*) club; society.
consòcio *m.* (*f.* **-a**) fellow member; copartner; consociate.
consolànte *a.* consoling; comforting; cheering • **poco c.**, of little comfort.
consolàre (1) ***A*** *v. t.* ***1*** to console; to comfort; (*rallegrare*) to cheer up ***2*** (*ristorare*) to cheer; to do* (sb.) good ***B*** **consolàrsi** *v. i. pron.* (*trovare conforto*) to console oneself; to get* over (st.); to take* comfort; (*rallegrarsi*) to cheer up: **Mi consolai pensando che sarebbe durata poco**, I consoled myself with the thought it would be over quickly; **Non sa c. della perdita del cane**, he can't get over having lost his dog.
consolàre (2) *a.* consular: **strada c.**, consular road; **visto c.**, consular visa.
consolàto *m.* consulate.
consolatóre ***A*** *m.* (*f.* **-trice**) consoler; comforter ***B*** *a.*

consoling; comforting.
consolazióne *f.* *1* consolation; comfort: **magra c.**, small consolation; cold comfort; **premio di c.**, consolation prize *2* (*piacere, gioia*) pleasure; joy.
cònsole (1) *m.* consul: **c. generale**, consul general.
console (2) (*franc.*) *f. invar.* *1* console (table) *2* (*tastiera, quadro di comando*) console.
consolidaménto *m.* *1* consolidation; (*rinforzamento*) strengthening *2* (*fin.*) consolidation; funding.
consolidàre ***A*** *v. t.* *1* (*assodare*) to consolidate; to stiffen: **c. le fondamenta**, to consolidate the foundations *2* (*fig.*) to consolidate; to strengthen; to cement: **c. un'alleanza**, to strengthen (*o* to cement) an alliance *3* (*fin.*) to consolidate; to fund ***B*** **consolidàrsi** *v. i. pron.* *1* (*indurirsi*) to harden; to firm up *2* (*rafforzarsi*) to consolidate one's position; to become* established; to strengthen.
consolidàto *a.* *1* (*saldo*) strong; firm; well-established: **fama consolidata**, well-established fame; **abitudine consolidata**, settled habit *2* (*fin.*) consolidated; funded.
consòlle *V.* **console** (2).
consommé (*franc.*) *m. invar.* (*cucina*) clear soup; consommé.
consonànte *f.* (*fon.*) consonant.
consonàntico *a.* (*fon.*) consonantal; consonant (*attr.*).
consonànza *f.* consonance.
cònsono *a.* consistent (with); consonant (with); in keeping (with).
consorèlla *f.* *1* (*eccles.*) sister *2* (*fin.*) sister company.
consòrte *m. e f.* spouse (*form.*); (*marito*) husband; (*moglie*) wife • **principe c.**, prince consort.
consorterìa *f.* (*spreg.*) faction; clique.
consorziàre (*econ.*) ***A*** *v. t.* to syndicate; to associate; (*risorse, ecc.*) to pool ***B*** **consorziarsi** *v. rifl.* to form a consortium; to syndicate; to associate.
consorziàto *a.* (*econ.*) syndicated; associated.
consòrzio *m.* (*di imprenditori*) consortium*, syndicate; (*monopolistico*) cartel, trust; (*di imprese*) pool, syndicate; (*associazione*) association, union: **c. agrario**, farmers' association • **c. umano**, human society.
constàre *v. i.* *1* (*consistere*) to consist (of); to be composed (of); to be made up (of) *2* (*risultare*) — **Mi consta che ci siano diverse proposte**, there are various proposals, to my knowledge; **Ti consta che...?**, do you happen to know if...?; **a quanto mi consta**, as far as I know.
constatàre *v. t.* *1* (*accertare*) to ascertain; to establish: **c. l'entità di un danno**, to ascertain the extent of a damage; (*leg.*) **c. un decesso**, to certify a death *2* (*notare*) to note; to observe; to see*: **come puoi c.**, as you can see *3* (*ammettere*) to admit; to recognize.
constatazióne *f.* *1* (*l'accertare*) ascertainment; establishment *2* (*osservazione*) observation; statement of fact: **Faccio solo una c.**, I'm only stating a fact.
consuèto *a.* usual; customary.
consuetudinàrio ***A*** *a.* *1* customary; habitual; (*di persona*) of fixed habits, set in one's ways (*pred.*) *2* (*leg.*) consuetudinary: **diritto c.**, common law ***B*** *m.* (*f.* **-a**) creature of habit.
consuetùdine *f.* habit; (*usanza*) custom; (*regola*) rule: **È mia c. fare un pisolino dopo pranzo**, I usually take (*o* I'm in the habit of taking) a nap after lunch; **secondo la c.**, according to custom.
consulènte ***A*** *m. e f.* consultant; advisor: **c. fiscale**, tax consultant; **c. legale**, legal advisor • (*leg.*) **c. di parte**, expert witness ***B*** *a.* consulting (*attr.*); consultant (*attr.*).
consulènza *f.* advice; (*fornita da società e sim.*) consultancy: **c. legale**, legal advice; **chiedere una c.**, to seek professional advice; **società di c.**, consulting firm; consultancy.
consùlta *f.* (*organo consultivo*) council.
consultàre ***A*** *v. t.* *1* to consult; to ask (sb.'s) advice; to advise (with) (*form.*): **c. un medico**, to consult (*o* to see) a doctor *2* (*libri, ecc.*) to consult; to look (st.) up in: **Non ricordo, devo c. la mia agenda**, I don't remember, I'll have to consult (*o* to look it up in) my diary • **c. gli elettori**, to call a general election; to go to the country □ **c. l'orologio**, to look at one's watch ***B*** **consultàrsi** *v. i. pron. e rifl. recipr.* *1* (*chiedere consiglio*) to seek* the advice (of); to consult (with); to discuss (st. with sb.) *2* (*discutere*) to consult (with) each other; to consult together; to confer.
consultazióne *f.* *1* consultation *2* (*al pl.*) (*polit.*) discussions; talks • (*polit.*) **c. elettorale**, election □ (*polit.*) **c. popolare**, referendum □ **libro di c.**, reference book □ **sala di c.**, reference room.
consultìvo *a.* advisory; consultative: **organo c.**, advisory body; **parere c.**, consultative opinion.
consùlto *m.* (*med.*) consultation • **chiedere un c.**, to ask for a second opinion.
consultòrio *m.* advice centre; advisory bureau (*USA*); (*medico*) clinic: **c. pediatrico**, children's clinic.
consumàre (1) ***A*** *v. t.* *1* (*usare*) to use, to consume; (*esaurire*) to use up: **La mia auto consuma poco** [**consuma molto**], my car doesn't use much petrol [is heavy on petrol] *2* (*logorare*) to wear* out *3* (*dissipare*) to consume; to spend*; to waste; to get* through: **c. tempo e energia**, to spend time and energy; **c. un patrimonio**, to get through a fortune *4* (*mangiare*) to eat*: **c. un pasto**, to eat (*o* to have) a meal ***B*** **consumàrsi** *v. i. pron.* *1* (*logorarsi*) to wear* out; (*di combustibile*) to burn* out *2* (*struggersi*) to be consumed; to pine *3* (*per malattia*) to waste away.
consumàre (2) *v. t.* (*compiere*) to commit; to carry out: **c. un delitto**, to commit a crime • **c. un matrimonio**, to consummate a marriage.
consumàto (1) *a.* *1* (*logoro*) worn (out) *2* (*roso*) consumed: **c. d'invidia**, consumed with envy.
consumàto (2) *a.* (*perfetto*) consummate; (*di persona, anche*) accomplished.
consumatóre *m.* (*f.* **-trice**) *1* (*econ.*) consumer *2* (*cliente di bar*) customer.
consumazióne (1) *f.* (*al bar: ordinazione*) order; (*bevanda*) drink.
consumazióne (2) *f.* (*compimento*) consummation.
consumiṣmo *m.* consumerism.
consumìstico *a.* consumer (*attr.*).
consùmo *m.* *1* consumption: **c. di carburante**, fuel consumption; **c. di energie**, consumption of energy *2* (*usura*) wear • **beni di c.**, consumer goods □ **fare largo c. di q.c.**, to make considerable use of st. □ **fare largo c. di birra**, to drink a lot of beer □ **generi di largo c.**, convenience goods; basic commodities □ **prezzi al c.**, consumer prices □ **società dei consumi**, consumer society.
consuntìvo ***A*** *a.* (*rag.*) final ***B*** *m.* (*rag.*) final balance • (*fig.*) **fare il c. della propria vita**, to take stock of one's life.
consùnto *a.* worn out; (*di stoffa, anche*) threadbare; (*di viso, anche*) wasted.
consunzióne *f.* (*med*) consumption.
consuòcera *f.* son's [daughter's] mother-in-law.
consuòcero *m.* son's [daughter's] father-in-law.
cónta *f.* *1* (*conto*) count: **fare la c.**, to do the count *2* (*nei giochi infant.*) counting rhyme: **fare la c.**, to count to see who's going to be it.
contàbile ***A*** *a.* bookkeeping (*attr.*); accounting (*attr.*); account (*attr.*): **scrittura c.**, bookkeeping entry; **libri contabili**, (account) books; **valore c.**, book value ***B*** *m. e f.* bookkeeper; (*ragioniere*) accountant.
contabilità *f.* *1* (*tecnica*) bookkeeping; accountancy; accounting *2* (*conti*) accounts (*pl.*): **tenere la c.**, to keep the accounts; **libri di c.**, (account) books; **ufficio c.**, accounts department.
contabilizẓàre *v. t.* *1* (*registrare*) to enter *2* (*computare*) to reckon.
contachilòmetri *V.* **contakilometri**.
contadina *f.* countrywoman*; (*stor. o spreg.*) peasant (woman*).
contadinésco *a.* *1* country (*attr.*); peasant (*attr.*); rustic *2* (*rozzo*) rustic; boorish.
contadìno ***A*** *m.* (tenant) farmer; (*bracciante*) farm worker; (*stor. o spreg.*) peasant; (*chi vive in campagna*) countryman* ***B*** *a.* country (*attr.*); peasant (*attr.*); rustic.
contàdo *m.* country (round a town); countryside.
contafròttole *m. e f. invar.* (*fam.*) liar; storyteller.
contagiàre ***A*** *v. t.* to infect ***B*** **contagiàrsi** *v. i. pron.* to be infected.
contàgio *m.* *1* contagion; infection *2* (*malattia*) disease; epidemic.
contagióso ***A*** *a.* *1* contagious; infectious; catching (*fam.*) *2* (*fig.*) contagious; infectious ***B*** *m.* contagious patient.
contagìri *m.* (*autom., mecc.*) revolution (*o* rev) counter.
contagócce *m. invar.* dropper • **bottiglietta a c.**, dropping

bottle □ (*fig.*) **col c.**, a little at a time; parsimoniously: **Mi dà i soldi col c.**, he counts every penny he gives me; **spendere col c.**, to be very careful with one's money.

container (*ingl.*) *m. invar.* container.

contakilòmetri *m.* (*autom.*) kilometre indicator; (*per miglia*) mileometer (*GB*), odometer (*USA*).

contaminàre *v. t.* to contaminate; to taint; (*inquinare*) to pollute.

contaminazióne *f.* contamination; (*inquinamento*) pollution.

contaminùti *m.* timer.

contànte ***A*** *a.* — **denaro c.**, cash; ready money ***B*** *m.* (*anche al pl.*) cash Ⓤ; ready money Ⓤ: **in contanti**, cash; cash down; cash in hand: **pagare in contanti**, to pay cash; **pagamento in contanti alla consegna**, cash on delivery.

contàre ***A*** *v. i.* ***1*** to count; (*numerare*) to number: **I bravi cuochi si contano sulle dita**, good cooks can be counted on the fingers of one hand; **Gli errori non si contavano**, there were countless mistakes ***2*** (*calcolare*) to calculate; (*considerare*) to consider ***3*** (*avere*) to have: **Conta molti amici**, he has a lot of friends ***4*** (*prevedere*) to expect, to reckon; (*intendere*) to plan, to propose, to intend: **Conto di esserci**, I expect to be there; I'm planning on being there; **Contavo di andare a Roma, e invece...**, I had intended to go to Rome, but...; **Che conti di fare?**, what do you intend (*o* are you planning) to do? ***5*** (*lesinare*) to begrudge; to stint (on) ***6*** (*fam.*: *raccontare*) to tell* • **senza c.**, (*non includendo*) not counting; (*per non dire di*) to say nothing of ***B*** *v. i.* ***1*** to count: **c. fino a dieci**, to count to ten ***2*** (*aver valore*) to count, to be of importance; (*importare*) to matter: **Ogni minuto conta**, every minute counts; **non c. nulla**, not to count for anything; **Questo conta molto per me**, this matters a lot to me; **e, ciò che più conta...**, and, what is (*o* matters) more...; **gente che conta**, people that matter; **In Roma che conta**, everybody who's anybody in Rome ***3*** (*fare assegnamento*) to count (on); to rely (on); to depend (on): **Conto sulla tua venuta**, I'm counting on your coming; **Allora, ci conto!**, I can count on it, then!

contascàtti *m.* telephone meter.

contasecóndi *m.* stopwatch.

contastòrie *m. e f. invar.* liar; storyteller.

contàto *a.* numbered • **Il governo ha i giorni contati**, the Government's days are numbered □ **Ha i mesi contati, poveretto**, he's only got a few months to live, poor soul □ **Ho i soldi contati**, (*pochi*) I have no money to spare; (*quanto basta*) I have just enough money; (*la somma esatta*) I have the exact amount □ **Ho i minuti contati**, I haven't a minute to spare.

contatóre *m.* ***1*** meter: **c. del gas**, gas meter ***2*** (*fis.*) counter.

contattàre *v. t.* to contact; to get* in touch with.

contàtto *m.* ***1*** contact: **c. fisico**, physical contact; **venire a c. con**, to come into contact with; **essere a c. con**, to be in contact with; (*toccare*) to touch; **a c. con l'aria**, in contact with the air ***2*** (*elettr.*) contact; **stabilire [togliere] il c.**, to make [to break] contact; to switch on [off]; **fare c.**, to touch ***3*** (*fig.*) contact; touch: **mantenere i contatti con**, to keep in contact with; **perdere i contatti con**, to lose touch with; **tenersi in c. con**, to keep in touch with ***4*** (*conoscenza*) contact; connection • **lenti a c.**, contact lenses □ **mettersi in c. radio con q.**, to radio sb. □ **mettersi in c. telefonico con q.**, to telephone sb. □ **presa di c.**, (first) contact □ **stare a c. col pubblico**, to deal with the public.

cónte *m.* count; (*in G.B.*) earl.

contèa *f.* ***1*** (*territorio*) county; (*in G.B.*) earldom ***2*** (*divisione amministrativa*) county; (*in G.B., nei composti*) shire.

conteggiàre *v. t.* ***1*** to count; to calculate ***2*** (*includere nel conto*) to include in the bill; (*far pagare*) to charge.

contéggio *m.* count; (*calcolo*) calculation: **c. dei voti**, vote count; **c. delle spese**, calculation of expenses; **c. alla rovescia**, countdown; **fare il c. di**, to count; **tenere il c.**, to keep count.

contégno *m.* ***1*** (*comportamento*) behaviour, behavior (*USA*) Ⓤ; conduct Ⓤ; (*atteggiamento*) attitude: **tenere un buon c.**, to behave well ***2*** (*atteggiamento dignitoso*) composure: **darsi un c.**, to affect composure; to act nonchalantly.

contegnóso *a.* composed; dignified.

contemperàre *v. t.* ***1*** to adapt; (*accordare*) to reconcile ***2*** (*moderare*) to mitigate; to moderate; to temper.

contemplàre *v. t.* ***1*** to admire; to gaze (at); to contemplate ***2*** (*considerare*) to consider; (*leg.*) to provide for: **La legge non contempla questo caso**, the law does not provide for this case.

contemplativo *a. e m.* contemplative.

contemplazióne *f.* contemplation.

contèmpo *m.* — **nel c.**, meanwhile; in the meantime; at the same time.

contemporaneaménte *avv.* at the same time; simultaneously.

contemporaneità *f.* contemporaneity; contemporaneousness.

contemporàneo ***A*** *a.* ***1*** (*concomitante*) contemporaneous; concurrent ***2*** (*della stessa epoca*) contemporary (with) ***3*** (*dei giorni nostri*) contemporary; present-day (*attr.*) ***B*** *m.* (*f.* **-a**) contemporary.

contendènte ***A*** *a.* contending; opposing ***B*** *m. e f.* competitor; opponent; contestant.

contèndere ***A*** *v. t.* to contend; to dispute; to contest: **c. il primato a q.**, to contend with sb. for the first place ***B*** *v. i.* (*litigare*) to dispute; to quarrel ***C*** **contèndersi** *v. rifl. recipr.* to contend (for); to compete (for); to dispute: **c. il potere**, to compete for power.

contenére ***A*** *v. t.* ***1*** to contain; (*comprendere*) to include, to comprise, to consist of; (*avere la capacità di*) to hold* ***2*** (*reprimere, frenare*) to contain; to restrain; to check; to curb: **c. la curiosità**, to contain one's curiosity; **c. le spese**, to curb spending; **c. l'inflazione**, to curb (*o* to check) inflation ***B*** **contenérsi** *v. rifl.* (*dominarsi*) to contain oneself; to control oneself.

conteniménto *m.* (*freno*) control; curb; restraint: **c. delle spese**, control of expenditure; **c. dei salari**, wage restraint.

contenitóre *m.* container; (*involucro rigido*) case, housing.

contentàre ***A*** *v. t.* to satisfy; to please ***B*** **contentàrsi** *v. i. pron.* to be content (with): **c. di poco**, to be content with little; **saper c.**, to be satisfied with what one has.

contentatùra *a.* — **di difficile c.**, hard to please; difficult; **di facile c.**, easily pleased, easy-going.

contentézza *f.* happiness; joy.

contentino *m.* sweetener; sop: **dare un c. a q.**, to give sb. a sweetener; to throw sb. a sop.

contènto *a.* happy; (*lieto*) glad; (*soddisfatto*) satisfied, pleased, content: **un sorriso c.**, a happy smile; **Sono c. che tu sia qui**, I'm glad you're here; **Sei c. dei risultati?**, are you pleased with the results?; **c. come una Pasqua**, as pleased as Punch; **Non c. di aver scandalizzato tutti...**, not content with having shocked everybody...

contenùto ***A*** *m.* ***1*** contents (*pl.*): **il c. di una borsetta [di una lettera]**, the contents of a handbag [of a letter] ***2*** (*chim.*) content: **a basso c. alcolico**, with a low alcohol content ***3*** (*argomento*) content, subject matter, matter; (*tenore*) substance, gist, tenor ***B*** *a.* ***1*** (*misurato*) contained; measured ***2*** (*frenato*) restrained: **emozione contenuta**, restrained emotion ***3*** (*non elevato*) reasonable; moderate: **prezzo c.**, reasonable price.

contenzióso (*leg.*) ***A*** *a.* contentious ***B*** *m.* ***1*** (*complesso delle cause*) cases (*pl.*) ***2*** (*ufficio*) legal office; legal department.

conterràneo ***A*** *a.* of the same country ***B*** *m.* (*f.* **-a**) fellow countryman* (*f.* countrywoman*).

contésa *f.* ***1*** (*controversia*) argument; dispute; (*lite*) quarrel ***2*** (*sportiva*) contest.

contéso *a.* contested; disputed; (*di territorio*) debatable; (*ambito*) sought after.

contéssa *f.* countess.

contessina *f.* daughter of a count; young countess.

contestàre *v. t.* ***1*** (*leg.*) to notify; to charge; **c. a q. un reato**, to charge sb. with a crime ***2*** (*negare formalmente*) to deny ***3*** (*criticare, obiettare*) to dispute; to contest; to challenge; to impugn: **c. a q. il diritto di fare q.c.**, to contest sb.'s right to do st.; **c. una decisione**, to challenge a decision ***4*** (*essere in contrasto con*) to protest against; to reject the values of.

contestatàrio *a.* anti-establishment.

contestatóre *m.* (*f.* **-trice**) critic; opponent; dissenter; protester.

contestazióne *f.* ***1*** (*leg.*) notification ***2*** (*impugnazione*) challenge; (*critica, obiezione*) objection; criticism; dispute: **sollevare contestazioni**, to raise objections; **in caso di c.**, in case of dispute ***3*** (*protesta*) protest: **c. studentesca**,

student protest.
contèsto *m.* context: **nel c.**, in context; **fuori dal c.**, taken out of context; **il c. sociale**, the social context.
contestuàle *a.* **1** contextual **2** (*leg.*) concomitant.
contestualménte *avv.* (*leg.*) concomitantly; at the same time.
contiguità *f.* contiguity; contiguousness.
contiguo *a.* **1** adjoining; adjacent; (*confinante*) bordering (on): **stanze contigue**, adjoining rooms; **La sua stanza è c. alla mia**, his room adjoins (*o* is next to) mine; **l'appartamento c.**, the adjacent (*o* next-door) flat **2** (*geom.*) contiguous.
continentàle *a.* continental.
continènte (1) *m.* **1** continent **2** (*terraferma*) mainland.
continènte (2) *a.* temperate; moderate; (*casto*) continent.
continènza *f.* temperance; moderation; (*castità*) continence.
contingentaménto *m.* (*econ.*) **1** imposition of a quota (*on imports or exports*); (*il sistema*) quota system **2** (*razionamento*) rationing.
contingentàre *v. t.* (*econ.*) **1** to fix a quota (*for imports or exports*) **2** (*razionare*) to ration.
contingènte ***A*** *a.* contingent; incidental ***B*** *m.* **1** (*filos.*) contingent **2** (*mil.*) contingent; force **3** (*econ.*) quota.
contingènza *f.* **1** (*filos.*) contingency **2** (*circostanza*) circumstance; occasion; contingency **3** (*anche* **indennità di c.**) cost-of-living bonus (*o* allowance).
continuaménte *avv.* **1** (*ininterrottamente*) continuously; non-stop **2** (*frequentemente*) continually; all the time: **interrompere q. c.**, to interrupt sb. all the time, to keep interrupting sb.
continuàre ***A*** *v. t.* **1** (*proseguire*) to continue; to go* on with; to keep* up; to carry on: **c. gli studi**, to continue (*o* to go on with) one's studies; **c. una tradizione**, to keep up a tradition; **c. l'opera di q.**, to carry on sb.'s work **2** (*riprendere*) to resume ***B*** *v. i.* to go* on; to continue; to keep* (on); (*persistere*) to persist: **Continua, ti ascolto**, go on, I'm listening; **Il sentiero continua fino al lago**, the path continues as far as the lake; **c. a fare q.c.**, to go on (*o* to keep on) doing st.; to keep (*o* to continue) doing st.; **c. a dormire**, to go on sleeping; to sleep on; **Mi continuano a cadere gli occhiali**, my glasses keep falling; **Non si può c. così!**, we can't go on (*o* continue) like this!; **Continua a piovere**, it's still raining; **Continua a p. 25**, continued on p. 25; (*in un testo a puntate*) **Continua**, to be continued.
continuativaménte *avv.* uninterruptedly.
continuativo *a.* continuative; ongoing; (*di lavoro*) permanent.
continuàto *a.* continuous; uninterrupted • **orario c.**, all-day opening.
continuatóre *m.* (*f.* **-trice**) **1** continuator **2** (*seguace*) follower.
continuazióne *f.* **1** continuation; prosecution **2** (*seguito*) sequel • **in c.**, continually; all the time: **lamentarsi in c.**, to complain continually; to keep complaining □ **Parla in c.**, he never stops talking.
continuità *f.* continuity.
continuo *a.* **1** (*ininterrotto*) continuous; uninterrupted; unbroken: **febbre continua**, continuous fever; **linea continua**, unbroken line **2** (*incessante*) incessant; unceasing; constant; (*frequente*) continual: **dolore c.**, unceasing pain; **andirivieni c.**, incessant coming and going; **continui progressi**, constant progress; **preoccupazione continua**, constant worry; **continui guasti**, continual breakdowns • **di c.**, continually; constantly.
contitolàre *m. e f.* co-owner; joint owner.
cónto *m.* **1** (*calcolo*) calculation; (*conteggio*) count; (*somma*) sum: **fare un conto**, to do a calculation; (*sommare*) to add up; **c. approssimato**, rough calculation; **sbagliare il c.**, to make a mistake in the calculation; **bravo nei conti**, good at sums (*o* at figures) **2** (*al pl.*) (*rag.*) accounts: **fare i conti**, to draw up the accounts; **far tornare i conti**, to balance the accounts (*o* the books) **3** (*banca*) account: **aprire [chiudere] un c.**, to open [to close] an account; **c. scoperto**, overdrawn account; **c. corrente**, current (*USA* check) account; **c. in banca**, bank account **4** (*comm.*) account; (*fattura*) bill; (*di ristorante, ecc.*) bill (*GB*), check (*USA*): **c. aperto** (*in un negozio*), credit (*o* charge) account; **c. in sospeso**, outstanding account; **mettere in** (*o* **sul**) **c.**, to charge to (sb.'s) account (*o* bill); **Mi porta il c.?**, may I have the bill (*USA* check), please? **5** (*importanza*) account; importance: **di poco [nessun] c.**, of little [no] account • **c. alla rovescia**, countdown □ (*econ.*) **i conti all'estero**, the balance of payment □ **c. corrente postale**, postal giro account □ **c. spese**, expense account: **mettere in c. spese**, to charge to one's expense account □ (*comm.*) **c. vendite**, sales account □ **a (ogni) buon c.**, in any case; at all events □ **a conti fatti**, all things considered; on balance □ (*fig.*) **avere un c. da regolare** (*o* **in sospeso**) **con q.**, to have a score to settle with sb. □ **chiedere c. di q.c.**, to demand an explanation for st. □ **fare bene i propri conti**, to weigh the pros and cons □ **fare c. che**, (*immaginare*) to imagine that, to suppose that; (*prevedere*) to expect that □ **fare c. su**, to count on; to rely on □ **fare di c.**, to count □ **fare i conti con q.c.**, (*affrontarlo*) to face st.; (*calcolarlo*) to allow for st. □ **Faremo i conti più tardi, con te!**, I'll sort you out later! □ **fare i conti in tasca a q.**, to pry into sb.'s financial affairs □ **fare i conti senza l'oste**, to count one's chickens before they're hatched □ **fare male i propri conti**, to be out in one's reckoning □ **dover fare i conti con q.c.**, to have s.th to reckon with □ (*comm.*) **in c. deposito**, on consignment □ **in fin dei conti**, after all □ **mettere in c.**, *V. sotto* **mettere** □ **mettersi per proprio c.**, to set up (in business) for oneself □ **Non mette c. che vi disturbiate**, you don't need to trouble □ **per c. mio**, (*a nome mio*) on my behalf; (*da parte mia*) from me; (*in quanto a me*) as far as I am concerned □ **informazioni sul c. di q.**, information about (*o* regarding) sb. □ **perdere il c.**, to lose count □ (*fig.*) **regolare i conti con q.**, to square accounts with sb.; to settle a score with sb. □ **rendersi c.**, *V. sotto* **rendere** □ **starsene per c. proprio**, to keep oneself to oneself □ **tenere c.**, *V. sotto* **tenere** □ **I conti tornano**, the account balances; (*fig.*) it tallies, it all adds up □ (*fig.*) **Non mi tornano i conti**, there's something wrong here; it doesn't add up □ **vivere per c. proprio**, to live on one's own (*o* alone) □ **Un c. è dire, un c. è fare**, saying is one thing, acting is something else again.
contòrcere ***A*** *v. t.* to twist; to contort ***B*** **contòrcersi** *v. rifl.* to wriggle; to twist about; (*di dolore*) to writhe; (*dal ridere*) to roll about, to double up.
contorciménto *V.* **contorsione**.
contornàre *v. t.* **1** (*bordare*) to edge; to border (all round); to decorate (*round the edge*) **2** (*dipingere il contorno*) to outline **3** (*circondare*) to surround.
contórno *m.* **1** (*profilo, sagoma*) contour; outline **2** (*bordura*) edging; border **3** (*cucina*) side dish; (*di verdura*) vegetables (*pl.*).
contorsióne *f.* **1** contortion **2** (*fig.*) contortion; convolution.
contorsionista *m. e f.* contortionist.
contòrto *a.* **1** twisted; contorted **2** (*fig.*) convoluted; tortuous; twisted: **ragionamento c.**, tortuous reasoning; **mente contorta**, twisted mind.
contrabbandàre *v. t.* **1** to smuggle **2** (*fig.*) to pass off: **c. q.c. come autentico**, to pass st. off as genuine.
contrabbandière *m.* (*f.* **-a**) smuggler.
contrabbàndo *m.* smuggling; contraband: **c. di droga [di armi, di sigarette]**, drug [arms, cigarette] smuggling • **di c.**, smuggled (*agg.*); contraband (*attr.*); (*di nascosto*), on the sly: **merce di c.**, smuggled (*o* contraband) goods □ **fare del c.**, to smuggle; to be a smuggler □ **far entrare [uscire] di c.**, to smuggle in [out].
contrabbassista *m. e f.* (*mus.*) double-bass player.
contrabbàsso *m.* (*mus.*) double bass.
contraccambiàre *v. t.* to return; to reciprocate; (*assol.*) to show one's appreciation; (*ripagare*) to repay*: **c. un favore**, to return a favour; **c. un sentimento**, to reciprocate a feeling; **c. gli auguri**, to reciprocate sb.'s good wishes.
contraccàmbio *m.* return; reciprocation; quid pro quo; (*scambio*) exchange; swop (*fam.*): **in c. di q.c.**, in exchange (*o* in return) for st.
contraccettivo *a. e m.* contraceptive.
contraccezióne *f.* contraception.
contraccólpo *m.* **1** (*rimbalzo*) rebound **2** (*di arma da fuoco e mecc.*) kick; recoil **3** (*fig.*) repercussion; consequence; **di c.**, as a consequence.
contraccùsa *f.* (*leg.*) countercharge.
contràda *f.* **1** (*lett.: paese, regione*) country; land **2** (*quartiere*) district; quarter.

contraddire ***A*** *v. t.* to contradict ***B*** **contraddirsi** *v. rifl. e rifl. recipr.* ***1*** to contradict oneself ***2*** (*l'un l'altro*) to contradict each other ***3*** (*essere in conflitto*) to conflict; to clash.
contraddistìnguere ***A*** *v. t.* to mark; (*fig.*) to mark out, to distinguish • **con l'ironia che lo contraddistingue**, with his usual (*o* typical) irony ***B*** **contraddistinguersi** *v. i. pron.* to distinguish oneself; to stand* out.
contraddittorietà *f.* contradictoriness; inconsistency.
contraddittòrio ***A*** *a.* contradictory; inconsistent; conflicting: **comportamento c.**, inconsistent behaviour; **versioni contraddittorie**, conflicting versions ***B*** *m.* ***1*** debate; discussion ***2*** (*leg.*: *di teste*) cross-examination.
contraddizióne *f.* contradiction • **cadere in c.**, to contradict oneself □ **essere in c. con**, to contradict □ **essere in c.** (**reciproca**), to contradict each another □ **spirito di c.**, contrariness.
contraènte *m. e f.* (*leg.*) contracting party; contractor.
contraèrea *f.* (*mil.*) anti-aircraft artillery • **il fuoco della c.**, anti-aircraft fire.
contraèreo *a.* (*mil.*) anti-aircraft (*attr.*).
contraffàre *v. t.* ***1*** (*banconote*) to counterfeit, to forge; (*firma*) to forge ***2*** (*alterare*) to disguise: **c. la voce**, to disguise one's voice ***3*** (*sofisticare*) to adulterate.
contraffàtto *a.* ***1*** (*falsificato*) counterfeit; forged; false ***2*** (*alterato*) disguised ***3*** (*sofisticato*) adulterated.
contraffattóre *m.* (*f.* **-trice**) counterfeiter; forger.
contraffazióne *f.* ***1*** (*il falsificare*) counterfeit; forging; forgery ***2*** (*cosa falsificata*) imitation; copy; fake; (*firma, documento*) forgery.
contraffòrte *m.* ***1*** (*archit.*) buttress ***2*** (*geogr.*) spur.
contraltàre *m.* — **fare da c. a**, to correspond to; to counterbalance; to oppose.
contràlto *m. e a.* (*mus.*) contralto*; (*di strumento*) alto.
contrammiràglio *m.* (*naut.*) rear admiral.
contrappàsso *m.* retaliation.
contrappèllo *m.* second roll call.
contrappéso *m.* counterpoise; counterweight: **fare da c.**, to act as a counterweight.
contrappórre ***A*** *v. t.* ***1*** to oppose; to counter (st. with st.) ***2*** (*confrontare*) to set* up (st. against st.) ***B*** **contrappórsi** *v. rifl.* ***1*** (*opporsi*) to oppose (st.) ***2*** (*contrastare*) to clash (with); to contrast (st.).
contrapposizióne *f.* contrast; opposition; conflict.
contrappósto *a.* opposite; opposing; conflicting.
contrappùnto *m.* (*mus. e fig.*) counterpoint.
contrariaménte *avv.* contrary: **c. a quanto pensavo**, contrary to what I thought; **c. al solito**, contrary to habit.
contrariàre *v. t.* ***1*** to cross; to thwart; to oppose ***2*** (*irritare*) to annoy; to put* out; to cross (*fam.*).
contrariàto *a.* ***1*** (*irritato*) annoyed; put out (*pred.*); cross (*pred., fam.*) ***2*** (*deluso*) disappointed.
contrarietà *f.* ***1*** (*avversità*) adversity; (*impedimento*) setback, impediment; (*problema*) trouble Ⓤ, problem ***2*** (*avversione*) aversion; dislike.
contràrio ***A*** *a.* ***1*** contrary; opposite: **in direzione contraria**, in the opposite direction; **effetto c.**, opposite effect ***2*** (*sfavorevole*) unfavourable; adverse: **venti contrari**, adverse winds ***3*** (*che si oppone*) opposed (to); against (*prep.*); (*riluttante*) unwilling, reluctant, averse: **Io sono c.**, I am against it: **c. alle regole**, against the rules • **fino a prova contraria**, until proved otherwise □ **in caso c.**, otherwise □ **in senso c. al traffico**, against the traffic ***B*** *m.* ***1*** opposite; contrary: **È vero il c.**, the opposite is true; **una prova del c.**, evidence to the contrary ***2*** (*ling.*) antonym • **al c.**, (*anzi*) on the contrary; (*a ritroso*) backwards; (*in ordine inverso*) in reverse order; (*alla rovescia*) the wrong way round; (*col davanti dietro*) back to front; (*coll'interno all'esterno*) inside out; (*capovolto*) upside down □ **al c. di me**, unlike me □ **Non ho nulla in c.**, I have nothing against it; I have no objection.
contràrre ***A*** *v. t.* ***1*** (*un muscolo*) to contract; (*il viso*) to twist ***2*** (*ridurre*) to reduce; to cut*: **c. le spese**, to cut expenditure ***3*** (*prendere*) to contract; to acquire; to form: **c. una malattia**, to contract an illness; **c. un vizio**, to acquire a vice; to get into a bad habit; **c. un'abitudine**, to form a habit ***4*** (*assumere*) to contract; to incur: **c. un prestito**, to contract a loan; **c. un debito**, to incur a debt ***5*** (*stipulare*) to contract; to enter into; to make*: **c. un patto**, to make a pact • **c. un'amicizia**, to strike up a friendship □ **c. matrimonio**, to marry ***B*** **contràrsi** *v. i. pron.* ***1*** (*avere una contrazione*) to contract; to twitch; to twist ***2*** (*ridursi*) to shrink*; to decline; (*di prezzi, ecc.*) to fall* ***3*** (*gramm.*) to contract.
contrassegnàre *v. t.* to mark (*anche fig.*); (*con un cartellino*) to label, to tag.
contrasségno (**1**) *m.* ***1*** (identification) mark; (*cartellino*) tag ***2*** (*distintivo*) badge ***3*** (*attestato*) mark; token • **c. elettorale**, party symbol.
contrasségno (**2**) *avv.* — **pagamento c.**, cash on delivery.
contrastànte *a.* contrasting; conflicting.
contrastàre ***A*** *v. t.* ***1*** (*impedire*) to impede; to hinder ***2*** (*opporsi a*) to oppose; (*resistere a*) to resist ***B*** *v. i.* to be at odds (with); to contradict (st.); to clash (with).
contrastàto *a.* ***1*** (*combattuto*) closely-fought; hard-won: **successo contrastato**, hard-won success ***2*** (*ostacolato*) meeting strong opposition: **una decisione contrastata**, a decision that met with strong opposition; **matrimonio c.**, marriage opposed by the family ***3*** (*discusso*) disputed ***4*** (*fotogr.*) contrasty.
contràsto *m.* ***1*** contrast; (*scontro*) conflict, clash: **c. tra due colori**, contrast between two colours; **c. di interessi**, conflict of interests ***2*** (*dissidio*) disagreement; difference; quarrel; dispute ***3*** (*calcio*) tackle ***4*** (*fotogr.*) contrast • **essere in c. con q.c.**, to clash with st.; to be in conflict (*o* at odds) with st.; **fare c.**, to create a contrast; (*reciprocamente*) to set each other off □ **fare da c. a q.c.**, to contrast st.; to set off st. □ **Piero è venuto a c. con Paolo**, Peter and Paul have had a disagreement.
contrattaccàre *v. t.* to counterattack.
contrattàcco *m.* counterattack.
contrattàre *v. t. e i.* to negotiate; (*mercanteggiare*) to bargain (over), to haggle (over): **c. un aumento nei salari**, to negotiate a pay rise; **c. il prezzo di q.c.**, to bargain over the price of st.
contrattazióne *f.* negotiation; bargaining Ⓤ; (*Borsa*) trading Ⓤ: **c. salariale**, wage bargaining; pay negotiation.
contrattèmpo *m.* mishap; accident; contretemps (*franc.*); setback; hitch (*fam.*).
contràttile *a.* contractile.
contràtto (**1**) *m.* contract; agreement: **stipulare un c.**, to draw up a contract; **c. di matrimonio**, marriage contract; **c.** (**collettivo**) **di lavoro**, collective agreement; **c. verbale**, verbal (*o* gentleman's) agreement • **c. di affitto**, lease □ **c. di noleggio**, lease □ **come da c.**, as per contract.
contràtto (**2**) *a.* ***1*** contracted; (*teso*) tense ***2*** (*gramm.*) contract.
contrattuàle *a.* ***1*** (*di contratto*) of (*o* pertaining to) a contract; contractual: **clausola c.**, contractual clause; **inadempienza c.**, breach of contract ***2*** (*di contrattazione*) bargain (*attr.*); bargaining (*attr.*): **potere c.**, bargaining power.
contravveléno *m.* antidote; antivenine.
contravvenìre *v. i.* to transgress (st.); to contravene (st.); to infringe (st.): **c. a una regola**, to contravene (*o* to break) a rule; **c. a un obbligo**, to fail to meet an obligation.
contravventóre *m.* (*f.* **-trice**) transgressor; offender.
contravvenzióne *f.* ***1*** transgression; contravention; infringement; offence ***2*** (*multa*) fine: **fare** (*o* **elevare**) **una c. a q.**, to fine sb.
contrazióne *f.* ***1*** contraction; twitching ***2*** (*econ., comm.*) shrinkage; drop; falling-off ***3*** (*gramm.*) contraction.
contribuènte *m. e f.* taxpayer; ratepayer.
contribuìre *v. i.* to contribute; to help: **c. al progresso**, to contribute to progress; **Lo sciopero contribuì a far cadere il governo**, the strike contributed to toppling the government; **c. alle spese**, to contribute towards expenses.
contributìvo *a.* contributing; contributive • (*fin.*) **capacità contributiva**, taxable capacity.
contribùto *m.* ***1*** (*partecipazione*) contribution; share ***2*** (*donazione*) donation; (*sussidio*) aid, grant: **offrire un c. in denaro**, to donate money; to make a donation; **contributi alla ricerca**, grant for research ***3*** (*leg.*) contribution: **c. previdenziale**, national insurance (*USA*: welfare) contribution • **contributi sindacali**, union dues □ **c. statale**, grant-in-aid.
contribuzióne *f.* contribution.
contrito *a.* contrite; penitent.
contrizióne *f.* contrition.
cóntro ***A*** *prep.* ***1*** against: **lottare c. q.** [**q.c.**], to fight against sb. [st.]; **c. la mia volontà**, against my will; **Li ho tutti c.**

di me, they are all against me; **campagna c. i rumori**, anti-noise campaign *2* (*verso, con ostilità*) at: **sparare c. q.**, to shoot at sb.; **Gli si avventò c.**, he rushed at him *3* (*a ridosso*) against; into: **appoggiato c. la porta**, leaning against the door; **stagliato c. il cielo**, silhouetted against the sky; **sbattere c. un muro**, to bump (*di veicolo* to crash) into a wall *4* (*comm.*) against; on: **c. ricevuta**, against receipt; **c. assegno**, cash on delivery *5* (*leg., sport*) versus (*abbr.* v.): **Rossi c. Mori**, Rossi versus Mori; **Inter c. Lazio**, Inter versus Lazio • **c. natura**, against nature; unnatural □ **c. ogni aspettativa**, contrary to expectation □ **dare c. a q.**, to contradict sb. □ **di c. a**, as opposed to □ **per c.**, on the other hand □ **scommettere tre c. uno**, to bet three to one *B* *avv.* against: **votare c.**, to vote against; **Sei pro o c.?**, are you for (it) or against it? *C* *m.* cons (*pl.*): **valutare il pro e il c.**, to weigh the pros and cons.

controalisèi *m. pl.* (*geogr.*) antitrades.

controbàttere *v. t.* *1* (*ribattere*) to counter; to answer *2* (*confutare*) to refute; to rebut.

controbilanciàre *v. t.* to counterbalance; to offset*.

controcàmpo *m.* (*cinem.*) reverse shot.

controcorrènte *A* *f.* countercurrent *B* *avv.* against the current; (*rif. a fiume*) upstream • (*fig.*) **andare c.**, to swim against the tide.

controcultùra *f.* counterculture.

controcùrva *f.* curve in the opposite direction • **curve e controcurve**, twists and turns.

controèsodo *m.* return en masse from the holidays.

controfagòtto *m.* (*mus.*) double bassoon.

controffensìva *f.* (*mil. e fig.*) counteroffensive • **passare alla c.**, to counterattack.

controffèrta *f.* counteroffer.

controfigùra *f.* (*cinem.*) stand-in; double; stuntman* (*m.*); stuntwoman* (*f.*) • **fare la c. di**, to double.

controfilètto *m.* (*cucina*) sirloin.

controfinèstra *f.* double (*o* outer) window.

controfiòcco *m.* (*naut.*) flying jib.

controfirma *f.* countersignature.

controfirmàre *v. t.* to countersign.

controindicàto *a.* not recommended; contraindicated; (*non adatto*) unsuitable.

controindicazióne *f.* contraindication.

controinterrogatòrio *m.* (*leg.*) cross-examination.

controllàre *A* *v. t.* *1* to check; to verify; (*esaminare*) to inspect, to examine: **c. un'asserzione**, to verify a statement; **c. i biglietti**, to check tickets; **c. i passaporti**, to examine passports; **farsi c. la vista**, to have one's eyes examined; **Controlla che ci sia tutto**, check that everything is there *2* (*sorvegliare*) to watch; to keep* an eye on *3* (*dominare*) to control: **c. il mercato [una situazione]**, to control the market [a situation]; **c. le emozioni**, to control one's emotions *4* (*rag.*) to audit • **c. un telefono**, to tap a telephone □ (*sport*) **c. la palla**, to control the ball *B* **controllàrsi** *v. rifl.* to control oneself • **c. nel bere**, to moderate one's drinking □ **Non sa c.**, he has no self-control.

controllàto *a.* *1* controlled *2* (*padrone di sé*) self-controlled; (*misurato*) composed.

contròllo *m.* *1* (*verifica*) check, verification; (*ispezione*) inspection, examination, control: **c. dei biglietti**, ticket inspection; **c. passaporti**, passport control; **c. sanitario**, sanitary inspection; **fare un c. di q.c.**, to check st.; to inspect st. *2* (*med.*) test; (*visita*) examination *3* (*dominio, comando*) control; command: **Perse il c. dell'auto**, he lost control of his car; **avere il c. di una società**, to control a company; (*di situazione*) **sfuggire al c.**, to get out of control; **riprendere il c. di q.c.**, to regain control over st. *4* (*sorveglianza*) watch; surveillance: **tenere q. sotto c.**, to keep watch on sb. *5* (*autocontrollo*) self-control • **c. delle nascite**, birth control □ **c. del traffico aereo**, air traffic control □ **giro di c.**, round □ **mettere sotto c. un telefono**, to tap a telephone □ **perdere il c. (di sé)**, to lose control (of oneself); (*infuriarsi*) to fly into a rage □ (*med.*) **visita di c.**, check-up.

controllóre *m.* *1* controller; inspector *2* (*ferr.*) ticket collector; (*autobus, tram*) conductor • (*aeron.*) **c. di volo**, air traffic controller □ (*elab.*) **c. ortografico**, spelling checker.

controlùce *A* *m.* (*fotogr., cinem.*) backlighting *B* *avv.* *1* (*di persona, oggetto*) with one's back to the light; against the light; backlit: **fotografare (in) c.**, to take a photograph against the light *2* (*in trasparenza*) against the light • **guardare q.c. in c.**, to hold st. up to the light.

contromàno *avv.* on the wrong side of the road; against the traffic.

contromàrca *f.* (*gettone*) token, check; (*tagliando*) ticket.

contromisùra *f.* countermeasure.

contromòssa *f.* countermove.

contropàrte *f.* (*leg.*) opposite party.

contropartìta *f.* *1* (*rag.*) contra; setoff *2* (*fig.*) exchange; quid pro quo • **come c.**, in return.

contropedàle *m.* coaster brake.

contropélo *A* *m.* — **fare il c.**, to shave against the growth *B* *avv.* the wrong way; (*di tessuto*) against the nap: **accarezzare un gatto c.**, to stroke a cat the wrong way; **spazzolare il velluto c.**, to brush velvet against the nap.

contropiède *m.* — (*sport*) **azione di c.**, counterattack □ **prendere q. in c.**, to wrong-foot sb.; (*fig.*) to catch sb. off balance (*o* off his guard).

controproducènte *a.* counterproductive; self-defeating.

contropropòsta *f.* counterproposal; counteroffer.

contropròva *f.* *1* double check; countercheck *2* (*nelle votazioni*) recount *3* (*leg.*) counter-evidence.

controquerèla *f.* (*leg.*) countercharge; cross-complaint.

contrórdine *m.* counterorder; countermand • **dare un c.**, to countermand an order □ **salvo c.**, unless I [you, etc.] hear to the contrary.

Controrifórma *f.* (*stor., relig.*) Counter-Reformation.

controrivoluzionàrio *a. e m.* counter-revolutionary.

controrivoluzione *f.* counter-revolution.

controsènso *m.* *1* contradiction in terms *2* (*assurdità*) nonsense • **È un c.!**, it's absurd!; it doesn't make sense!

controsoffitto *m.* false ceiling.

controspìnta *f.* counterthrust.

controspionàggio *m.* counterespionage.

controsterzàre *v. i.* (*autom.*) to steer the other way.

controsterzàta *f.* (*autom.*) countersteer.

controtendènza *f.* opposing trend • **in c.**, against the trend; offbeat.

controvalóre *m.* *1* equivalent (value) *2* (*econ.*) exchange value.

controvènto *avv.* into (*o* against) the wind; upwind.

controvèrsia *f.* controversy; (*anche leg.*) dispute: **suscitare controversie**, to give rise to controversy; **c. sindacale**, labour dispute.

controvèrso *a.* much-discussed; controversial; disputed; (*discutibile*) debatable, contentious.

controvòglia *avv.* unwillingly; reluctantly.

contumàce (*leg.*) *A* *a.* contumacious *B* *m. e f.* defaulter • **essere c.**, to default.

contumàcia *f.* (*leg.*) default; absence; contumacy: **processare q. in c.**, to try sb. in his absence; **condannare q. in c.**, to sentence sb. by default.

contumèlia *f.* insult; abuse Ⓤ.

contundènte *a.* — **corpo c.**, blunt instrument.

conturbànte *a.* disturbing; upsetting; (*eccitante*) provocative, thrilling.

conturbàre *v. t.* to disturb; to upset*; (*eccitare*) to thrill.

contusióne *f.* (*med.*) bruise; contusion.

contùso *A* *a.* (*med.*) bruised; contused *B* *m. e f.* person suffering from cuts and bruises.

convalescènte *a., m. e f.* (*med.*) convalescent.

convalescènza *f.* (*med.*) convalescence • **essere in c.**, to be convalescing □ **fare la c.**, to convalesce.

convàlida *f.* *1* (*conferma*) corroboration; confirmation *2* (*ratifica*) ratification *3* (*leg.*) validation; confirmation.

convalidàre *v. t.* *1* (*confermare*) to bear* out; to confirm; to corroborate *2* (*ratificare*) to ratify *3* (*leg.*) to validate; to confirm.

convalidazióne *V.* **convalida**.

convégno *m.* *1* meeting; (*congresso*) conference, convention, congress *2* (*incontro*) meeting; rendezvous (*franc.*): **darsi c.**, to agree to meet; to arrange a meeting.

convenévoli *m. pl.* courtesies; civilities: **scambiarsi i convenevoli**, to exchange civilities.

conveniènte *a.* *1* (*adatto*) suitable; fitting *2* (*decoroso*) proper; decorous *3* (*di prezzo*) reasonable; (*di articolo*) cheap, good value (*pred*), value for money (*pred.*) *4* (*opportuno*) expedient. ATTENZIONE: **conveniente** ≠ convenient.

conveniènza *f.* **1** (*l'essere adatto*) suitability; fitness **2** (*l'essere decoroso*) propriety **3** (*di prezzo*) moderateness; (*di articolo*) cheapness **4** (*opportunità*) expedience; expediency **5** (*vantaggio*) advantage, profit; (*interesse*) self-interest **6** (*al pl.*) (*norme di comportamento*) proprieties; conventions: **convenienze sociali**, social conventions • **matrimonio di c.**, marriage of convenience.

convenìre ***A*** *v. i.* **1** (*impers.*: *essere doveroso*) should (*difett., costruz. pers.*); (*essere consigliabile*) to be better; had better (*difett., costruz. pers.*): **Conviene avvertirlo**, we should warn him; he should be warned; **Conviene lasciarla fare**, it's better to leave (*o* we had better leave) her alone; **Ti conviene tacere**, you'd better shut up **2** (*valere la pena*) to be worth it (*o* worthwhile); (*essere economico*) to be cheaper **3** (*riunirsi*) to come* together; to gather; to meet* **4** (*essere d'accordo*) to agree: **c. sul prezzo**, to agree upon the price; **in data da c.**, on a date to be agreed **5** (*ammettere*) to admit; to grant ***B*** *v. t.* **1** (*pattuire*) to agree (upon) **2** (*leg.*) to summon ***C*** **convenirsi** *v. i. pron.* to befit: **come si c. a una signora**, as befits a lady.

conventìcola *f.* clique.

convènto *m.* (*di suore*) convent, nunnery; (*di frati*) monastery: **entrare in c.**, to enter a convent [a monastery] • **accontentarsi di quel che passa il c.**, to make the best of things □ **mangiare quel che passa il c.**, to take potluck.

convenùto ***A*** *a.* agreed (upon) (*pred.*): **prezzo c.**, price agreed upon; **come c.**, as agreed ***B*** *m.* **1** — **prima del c.**, before the appointed time; **meno del c.**, less than the agreed sum; **secondo il c.**, as agreed **2** (*leg.*) defendant **3** (*al pl.*) those present; the participants.

convenzionàle *a.* conventional.

convenzionàre ***A*** *v. t.* to agree (upon); to settle (on) ***B*** **convenzionarsi** *v. i. pron.* to come to an arrangement.

convenzionàto *a.* **1** (*che ha una convenzione*) that has an arrangement (with) **2** (*di clinica*) operating within the national health service.

convenzióne *f.* **1** (*leg.*) agreement; convention **2** (*intesa generale*) convention **3** (*consuetudine*) convention: **sfidare le convenzioni**, to defy conventions.

convergènte *a.* converging; (*anche mat., biol.*) convergent.

convergènza *f.* **1** (*scient.*) convergence **2** (*fig.*) concurrence; meeting **3** (*autom.*) toe-in.

convèrgere *v. i.* to converge (*anche mat.*); to meet*; (*essere rivolto*) to be focused.

convèrsa *f.* (*eccles.*) lay sister.

conversàre *v. i.* to talk; to converse (*form.*).

conversatóre *m.* (*f.* **-trice**) talker; conversationalist.

conversazióne *f.* **1** conversation; talk **2** (*telef.*) call **3** (*breve conferenza*) talk.

conversióne *f.* **1** conversion **2** (*mil.*) wheel: **C. a destra!**, right wheel! **3** (*autom., anche* **c. a U**) U-turn.

convèrso (1) *m.* (*eccles.*) lay brother*.

convèrso (2) *m.* — **per c.**, conversely; by contrast; viceversa.

convertìbile *a. e f.* convertible.

convertìre ***A*** *v. t.* **1** (*trasformare*) to convert; to change; to turn: **c. il vapore in energia**, to convert steam into energy **2** (*relig., polit., fin.*) to convert • (*fin.*) **c. in denaro**, to cash ***B*** **convertirsi** *v. rifl. e i. pron.* **1** (*trasformarsi*) to change; to turn **2** (*relig., polit., fin.*) to be converted.

convertìto *m.* (*f.* **-a**) convert.

convertitóre *m.* (*elettr.*) converter.

convessità *f.* convexity.

convèsso *a.* convex.

convettóre *m.* convector.

convezióne *f.* (*fis.*) convection.

convincènte *a.* convincing; persuasive: **poco c.**, not very convincing; unconvincing.

convìncere ***A*** *v. t.* to convince (sb. of st., that); to persuade (sb. to do st.) ***B*** **convìncersi** *v. i. pron.* to convince oneself; to become* convinced.

convinciménto *m.* (*opinione*) conviction; persuasion; belief.

convìnto *a.* convinced; persuaded • **in tono c.**, with conviction □ **repubblicano c.**, fervent (*o* out-and-out) republican □ **vegetariano c.**, keen vegetarian.

convinzióne *f.* conviction; (firm) belief: **senza c.**, without conviction; **convinzioni politiche**, political convictions • **È mia c. che...**, I am convinced that...

convitàto *m.* guest (*at a dinner*).

convìto *m.* (*lett.*) banquet.

convìtto *m.* boarding school.

convittóre *m.* (*f.* **-trice**) boarder (*at a boarding school*).

convivènte ***A*** *a.* living together ***B*** *m. e f.* live-in lover; cohabitant (*bur.*).

convivènza *f.* **1** living together; life together; (*leg.*) cohabitation: **c. familiare**, family life; life in the family; **La c. con lui non è facile**, living with him isn't easy **2** (*fig.*) coexistence.

convìvere *v. i.* **1** to live together; to cohabit **2** (*fig.*) to coexist.

convivìale *a.* convivial.

convocàre *v. t.* **1** (*far venire*) to call; to send* for; to summon (*form.*) **2** (*riunire*) to call together, to assemble; (*un'assemblea, ecc.*) to convene (a meeting of).

convocazióne *f.* **1** convocation; summoning **2** (*riunione*) meeting.

convogliàre *v. t.* **1** (*trasportare*) to carry; to convey; (*con tubazioni*) to pipe **2** (*dirigere*) to direct; (*incanalare*) to channel; (*far convergere*) to converge.

convòglio *m.* **1** (*mil., naut.*) convoy **2** (*treno*) train.

convolàre *v. i.* — (*scherz.*) **c. a giuste nozze**, to get* married; to tie the knot (*scherz.*).

convòlvolo *m.* (*bot.*) convolvulus; bindweed.

convulsióne *f.* (*med.*) convulsion; (*anche fig.*) fit.

convulsìvo *a.* convulsive.

convùlso ***A*** *a.* **1** convulsive **2** (*scomposto*) violent; convulsive; (*a scatti*) jerky; (*febbrile*) feverish; (*frenetico*) frantic ***B*** *m.* (*accesso*) fit: **c. di risa**, fit of laughter.

cooperàre *v. i.* to co(-)operate; to collaborate; (*contribuire*) to contribute.

cooperatìva *f.* co(-)operative.

cooperativìsmo *m.* co(-)operativism.

cooperativìstico *a.* co(-)operative.

cooperatìvo *a.* co(-)operative.

cooperatóre *m.* (*f.* **-trice**) co(-)operator; collaborator.

cooperazióne *f.* co(-)operation; collaboration.

cooptàre *v. t.* to co(-)opt.

coordinaménto *m.* co(-)ordination.

coordinàre *v. t.* to co(-)ordinate.

coordinàta *f.* (*mat., gramm., geogr.*) co(-)ordinate.

coordinàto ***A*** *a.* co(-)ordinate; (*di movimento, azione*) co(-)ordinated ***B*** *m.* matching set; (*abbigliamento*) co(-)ordinates (*pl.*).

coordinatóre ***A*** *m.* (*f.* **-trice**) co(-)ordinator ***B*** *a.* co(-)ordinating.

coordinazióne *f.* co(-)ordination.

copèrchio *m.* lid; (*di barattolo*) top; (*mecc.*) cap: **c. a vite**, screw top.

copèrta *f.* **1** blanket **2** (*naut.*) (main *o* upper) deck: **in c.**, on deck; **sotto c.**, below deck.

copertìna *f.* **1** (*di libro, rivista*) cover; (*sovraccoperta*) dust jacket **2** (*di disco*) sleeve; jacket (*USA*).

copèrto (1) ***A*** *a.* **1** covered: **c. di polvere**, covered with dust; **ponte c.**, covered bridge **2** (*riparato*) covered; sheltered; (*al chiuso*) indoor: **piscina coperta**, covered (*o* indoor) swimming pool **3** (*del sole*) hidden; (*del cielo*) overcast **4** (*nascosto*) hidden, concealed, covert; (*segreto*) secret **5** (*econ., ass.*) covered • (*di persona*) **essere ben c.**, to wear warm clothes; to be wrapped up ***B*** *m.* cover; shelter: **al c.**, under cover; (*dal vento*) out of the wind; (*dalla pioggia*) out of the rain; **mettersi al c.**, to take cover; to get out of the rain.

copèrto (2) *m.* **1** place (*at table*); cover: **un tavolo con 10 coperti**, a table set for 10 **2** (*prezzo del c.*) cover charge.

copertóne *m.* **1** (*pneumatico*) tyre, tire (*USA*) **2** (*incerata*) tarpaulin.

copertùra *f.* **1** (*il coprire*) covering **2** (*cosa che copre*) cover; covering **3** (*econ., banca, ass.*) cover; covering; coverage: **c. delle spese**, covering of expenses; **c. aurea**, gold coverage; **c. contro il furto**, cover against theft **4** (*edil.*) roofing; ceiling: **materiali da c.**, roofing material **5** (*mascheramento*) cover; front: **Il negozio è solo una c.**, the shop is just a front **6** (*mil.*) cover: **c. aeronavale**, air and naval cover; **fuoco di c.**, covering fire.

còpia (1) *f.* **1** (*riproduzione*) copy; reproduction: **È solo una c.**, it's just a copy; **bella c.**, fair copy; **brutta c.**, rough copy; draft; **c. carbone**, carbon copy **2** (*esemplare*) copy:

c. omaggio, complimentary copy *3* (*fotogr.*) print • (*leg.*) **c. conforme**, certified (*o* true) copy □ **essere la c. esatta di q.c.**, to be identical with st. □ **in duplice [triplice] c.**, in duplicate [triplicate].
còpia (2) *f.* (*lett.*) abundance; plenty.
copiàre *v. t.* *1* (*fare una copia*) to copy; (*ricopiare*) to copy out; (*trascrivere*) to transcribe; (*un compito scolastico*) to copy, to crib *2* (*imitare*) to copy; to imitate; (*nei gesti*) to mimic; (*scimmiottare*) to ape.
copiativo *a.* indelible: **matita copiativa**, indelible pencil.
copiatrìce *f.* photocopier.
copiatùra *f.* *1* copying [U]; duplicating [U]; (*trascrizione*) transcription; (*a scuola*) crib, cribbing [U]: **errore di c.**, error of transcription *2* (*imitazione*) copying [U]; imitation.
copióne (1) *m.* (*teatr., cinem., radio*) script; (*del suggeritore*) promptbook • **secondo c.**, as expected.
copióne (2) *m.* (*f.* **-a**) (*fam.*) copycat.
copióso *a.* (*lett.*) copious; plentiful; abundant.
copista *m. e f.* *1* copyist *2* (*dattilografo*) typist.
copisterìa *f.* *1* typing office *2* (*per fotocopie*) photocopy shop.
còppa *f.* *1* (*per bere*) goblet; (*bicchiere*) glass: **c. per champagne**, champagne glass *2* (*coppetta*) bowl; (*per gelato*) tub *3* (*sport*) cup: **finale di c.**, Cup final; **c. delle coppe**, Cup Winners' Cup *4* — (*mecc., autom.*) **c. dell'olio**, sump (*GB*); oil pan (*USA*) *5* (*di reggiseno*) (brassiere) cup.
còppia *f.* *1* (*di persone*) pair (*anche sport*); couple: **una c. di ballerini**, a pair of dancers; **la giovane c.** (*di sposini*), the happy pair; **c. di marito e moglie**, married couple; **Fanno una bella c.**, they make a lovely couple; (*sport*) **giocare in c.**, to partner up with sb.; to play in pairs *2* (*di animali*) pair; (*aggiogati*) yoke; (*di selvaggina*) brace*: **una c. di cavalli**, a pair of horses; **una c. di buoi**, a yoke of oxen; **due coppie di quaglie**, two brace of quails *3* (*di cose*) couple *4* (*a carte*) pair: (*poker*) **doppia c. all'asso**, two pairs and an ace • (*fis.*) **c. di forze**, torque □ **a coppie**, in pairs; two by two; in twos □ **fare c. fissa**, to go steady (with sb.); to be an item (*fam.*) □ **vita di c.**, life as a couple.
coppiétta *f.* (pair) of lovers; couple.
còppola *f.* flat cap.
copriénte *a.* covering; (*di calze*) opaque.
copricàpo *m.* headgear [U]; (*cappello*) hat.
copricostùme *m. invar.* beach robe.
coprifàsce *m. invar.* baby's smock.
coprifuòco *m.* curfew.
coprilètto *m. invar.* bedspread; bedcover; counterpane.
copripiumìno *m. invar.* eiderdown (*o* duvet) cover.
coprìre *A* *v. t.* *1* to cover; (*completamente*) to cover up; (*avvolgere*) to wrap up: **La neve copriva i campi**, snow covered the fields; **Coprì bene il bambino**, she wrapped up the child well *2* (*celare*) to cover (up); to conceal; to hide* *3* (*proteggere*) to cover; (*un amico, un collega, ecc.*) to cover up for: **c. le spalle a q.**, to cover sb. *4* (*un suono*) to smother; to drown (out) *5* (*occupare*) to hold*; to fill; to have: **c. un posto**, to hold a position; **Fu chiamato a c. un'alta carica**, he was called to fill a high office *6* (*uno spazio, una distanza, un periodo*) to cover: **c. 100 km. in mezz'ora**, to cover 100 km in half an hour; **Il libro copre il periodo dal 1814 al 1870**, the book covers the period from 1814 to 1870 *7* (*comm., ass.*) to cover *8* (*colmare, riempire*) to cover; to shower: **c. di baci**, to cover with kisses; **c. di insulti [gentilezze, onori]**, to shower with abuse [kindnesses, honours] *9* (*di animali*) to cover *B* **coprirsi** *v. rifl. e i. pron.* *1* to cover oneself: **Copriti bene, fa freddo**, it's cold, cover yourself (*o* wrap up) well; **c. di gloria**, to cover oneself with glory *2* (*ass.*) to insure oneself *3* (*del cielo*) to become* overcast; to cloud over *4* (*ricoprirsi*) to become* covered; to be covered; (*med.*) to erupt: **La sua faccia si coprì di macchie**, his face became covered with blotches; **c. di eczema**, to erupt in eczema.
copriteièra *m.* tea cosy.
coproduzióne *f.* (*cinem.*) coproduction.
còpto *A* *a.* Coptic *B* *m.* *1* Copt *2* (*lingua*) Coptic.
còpula *f.* *1* (*gramm.*) copula *2* (*accoppiamento*) copulation; coitus.
copulativo *a.* (*gramm.*) copulative.
coràggio *m.* *1* courage; (*valore*) bravery; (*ardimento*) boldness, spirit, spunk (*fam.*); (*audacia*) daring *2* (*sfacciataggine*) cheek; nerve: **Ha avuto il c. di criticarmi**, he had the nerve to criticize me; **Ci vuole un bel c.!**, it really takes some nerve!; **Che c.!**, what a cheek!; the cheek of it! • **C.!**, (*forza*) come on!; (*tirati su*) cheer up! □ **armarsi di c.**, to steel (*o* to nerve) oneself (to do st.) □ **avere un c. da leone**, to be as brave as a lion □ **Non ho avuto il c. di abbandonarla**, I didn't have the heart to leave her □ **Riprovaci, se hai il c.!**, try again, if you dare! □ **far c. a q.**, (*confortarlo*) to comfort sb.; (*incoraggiarlo*) to encourage sb.; (*fargli animo*) to cheer sb. (up) □ **farsi c.**, to pluck up one's courage; (*moralmente*) to bear up, to cheer up □ **perdersi di c.**, to lose heart □ **prendere il c. a due mani**, to take one's courage in both hands.
coraggióso *a.* brave; courageous; (*intrepido*) fearless; (*audace*) bold; (*generalm. di bambino*) plucky.
coràle *A* *a.* *1* choral *2* (*unanime*) unanimous; (*concertato*) concerted: **sforzo c.**, concerted effort *B* *m.* *1* (*mus.*) choral(e); hymn; anthem *2* (*eccles.*) anthem book *C* *f.* choir; chorale (*USA*).
corallìfero *a.* coral (*attr.*); coralliferous.
corallìno *a.* coral (*attr.*): **barriera corallina**, coral reef.
coràllo *m.* coral: **banco di c.**, coral reef; **rosso c.**, coral red.
corànico *a.* Koranic.
Coràno *m.* Koran.
coràzza *f.* *1* cuirass; armour, armor (*USA*) *2* (*zool.*) carapace; shell *3* (*involucro*) shell; jacket *4* (*fig.*) shell; defence; protection.
corazzàre *A* *v. t.* to armour, to armor (*USA*) *B* **corazzàrsi** *v. rifl.* (*fig.*) to protect oneself; to harden oneself.
corazzàta *f.* (*naut.*) battleship.
corazzàto *a.* *1* armoured, armored (*USA*); armour-plated: (*mil.*) **divisione corazzata**, armoured division; **mezzi corazzati**, armour [U] *2* (*fig.*) hardened; armed; steeled.
corazzière *m.* (*mil.*) cuirassier.
corbeille (*franc.*) *f. invar.* *1* basket of flowers *2* (*Borsa*) floor; pit (*USA*).
corbellerìa *f.* (*pop.*) *1* (*azione*) foolish action *2* (*parole*) stupid remark; nonsense [U]; rubbish [U]: **un sacco di corbellerie**, a load of rubbish *3* (*svarione*) howler.
corbézzolo *m.* (*bot.*) arbutus; strawberry tree.
còrda *f.* *1* (*fune*) rope; (*cordone*) cord; (*spago*) string: **c. per saltare**, skipping rope; (*boxe*) **le corde del ring**, the ropes; **c. di tenda**, curtain cord; **rotolo di c.**, coil of rope; (*di spago*) ball of string *2* (*di strumento mus., di arco, di racchetta*) string: **strumenti a c.**, stringed instruments; strings; **c. dell'arco**, bowstring *3* (*archit.*) span (*of an arch*) *4* (*geom.*) chord (*of an arc*) *5* (*fig.*) chord; note: **toccare la c. giusta**, to strike the right chord • **c. del bucato**, clothesline; (washing) line □ **c. per impiccare**, hangman's rope □ (*anat.*) **corde vocali**, vocal c(h)ords □ (*fig.*) **avere la c. al collo**, to have one's back to the wall □ **avere un'altra c. al proprio arco**, to have another string to one's bow □ **dare c. a q.**, to give sb. leeway; (*far parlare*) to let sb. talk □ **dare la c. a un orologio**, to wind a clock □ **essere alle corde**, (*boxe*) to be on the ropes; (*fig.*) to have one's back to the wall □ **giù di c.**, depressed; down in the mouth □ (*fig.*) **mettere alle corde**, to drive into a corner □ **mostrare la c.**, to be threadbare; to be wearing thin □ **parlare di c. in casa dell'impiccato**, to put one's foot in it (by mentioning a delicate subject) □ **saltare con la c.**, to skip (*GB*); to jump rope (*USA*) □ (*alpinismo*) **scendere a c. doppia**, to abseil; to rappel □ **tagliare la c.**, to slink off; to clear out; to beat it (*fam.*) □ **tenere q. sulla c.**, to keep sb. dangling (*o* on tenterhooks) □ **tirare troppo la c.**, to go too far; to push one's luck.
cordàme *m.* *1* ropes (*pl.*); cordage *2* (*naut.*) rigging.
cordàta *f.* *1* (*alpinismo*) roped party: **in c.**, roped together; on the rope *2* (*econ.*) consortium; cartel.
cordiàle *A* *a.* warm; hearty; friendly; cordial • **c. antipatia**, cordial dislike □ (*in una lettera*) **cordiali saluti**, best (*o* kindest) regards; best wishes *B* *m.* (*liquore*) cordial.
cordialità *f.* *1* warmth; friendliness; cordiality: **accogliere con c.**, to welcome warmly; **clima di c.**, friendly atmosphere *2* (*al pl.*) (*saluti*) regards; (*in una lettera*) best (*o* kindest) regards.
cordialménte *avv.* *1* cordially; warmly *2* (*iron.*) heartily.
cordialóne *m.* (*fam.*) jolly person; hail-fellow-well-met type.
cordiglièra *f.* (*geogr.*) cordillera.
cordìglio *m.* (*di frate*) knotted cord; (*di prete*) girdle.

cordìno *m.* (piece of) string; (piece of) twine.

cordòglio *m.* **1** (*dolore*) sorrow; grief **2** (*lutto*) mourning • **esprimere il proprio c.**, to express one's condolences; to mourn.

còrdolo *m.* (*di marciapiede*) kerb (*GB*); curb (*USA*).

cordóne *m.* **1** cord; (*spago*) string **2** (*di ordine cavalleresco*) cordon; ribbon **3** (*di poliziotti, ecc.*) cordon **4** (*archit.*) cordon; stringcourse • (*anat.*) **c. ombelicale**, umbilical cord □ **c. sanitario**, cordon sanitaire (*franc.*).

coreàno *a. e m.* (*f.* **-a**) Korean (*f.* Korean woman*).

coreografia *f.* choreography.

coreogràfico *a.* **1** choreographic **2** (*estens.*) spectacular.

coreògrafo *m.* (*f.* **-a**) choreographer.

coriàceo *a.* **1** leathery; tough: **carne coriacea**, tough meat **2** (*di persona*) hard; tough.

coriàndolo *m.* **1** (*bot.*) coriander **2** (*al pl.*) confetti [U].

coricàre **A** *v. t.* **1** (*adagiare*) to lay* down; to rest **2** (*mettere a letto*) to put* to bed **B** **coricàrsi** *v. rifl.* **1** (*adagiarsi*) to lie* down **2** (*andare a letto*) to go* to bed.

corifèo *m.* **1** (*teatro greco*) coryphaeus* **2** (*fig.*) leader.

corindóne *m.* (*miner.*) corundum.

corìnzio *a. e m.* Corinthian.

corìsta (*mus.*) **A** *m. e f.* **1** (*di coro eccles.*) member of (*o* singer in) a choir; choir member; (*ragazzo, anche*) chorister, choirboy **2** (*di coro non eccles.*) member of a chorus **B** *m.* (*diapason*) tuning fork.

cormoràno *m.* (*zool.*) cormorant.

cornàcchia *f.* **1** (*zool.*) crow: **c. nera**, carrion crow **2** (*fig.*) prophet of doom.

cornalìna *f.* (*miner.*) cornelian.

cornamùṣa *f.* (*mus.*) bagpipes (*pl.*) • **suonatore di c.**, piper.

cornàta *f.* butt (*with the horns*); (*trafittura*) goring [U] • **dare una c. a**, to butt; to gore.

còrnea *f.* (*anat.*) cornea.

corneàle *a.* (*anat.*) corneal.

còrneo *a.* horny.

corner (*ingl.*) *m. invar.* (*calcio*) corner (kick): **salvare in c.**, to concede a corner • (*fig.*) **salvarsi in c.**, to wriggle out (of st.).

cornétta *f.* **1** (*mus.*) cornet **2** (*del telefono*) receiver: **riagganciare** (*o* **mettere giù**) **la c.**, to replace the receiver; to hang up.

cornétto *m.* **1** (*brioche*) croissant (*franc.*) **2** (*gelato*) cornet (*GB*); (ice-cream) cone (*USA*) **3** (*mus.*) cornet **4** (*al pl.*) (*fagiolini*) French beans • **c. acustico**, ear trumpet.

cornìce *f.* **1** frame: **c. di quadro**, picture frame; **mettere in c.**, to set in a frame; to frame; **senza c.**, unframed **2** (*archit.*) cornice; (*modanatura*) moulding **3** (*alpinismo*) ledge; (*di neve*) cornice **4** (*fig.*) frame; framework; (*sfondo*) background; (*ambientazione*) setting: **fare da c.**, to frame; **una c. mondana**, a glamorous setting.

corniciàio *m.* **1** (*fabbricante*) frame-maker **2** (*venditore*) frame-seller.

cornicióne *m.* (*archit.*) cornice; (*modanatura*) moulding; (*di gronda*) eaves (*pl.*).

cornificàre *v. t.* (*pop.*) to cheat on; to be unfaithful to; (*il marito, anche*) to cuckold (*antiq.*).

còrniola *f.* (*miner.*) cornelian.

còrno *m.* (*pl.* **corna** *f., nella def. 1*; **corni** *m., nelle altre*) **1** (*zool.*) horn; (*al pl., ramificate*) antlers **2** (*materia*) horn: **bottoni di c.**, horn buttons **3** (*mus.*) horn: **c. da caccia**, (hunting) horn; **c. di bassetto**, basset horn; **c. inglese**, cor anglais (*franc.*) • **i corni del dilemma**, the horns of a dilemma □ **fare le corna**, (*come scongiuro*) to touch wood; (*gesto volgare*) to make a rude gesture (*by extending the first and fourth fingers*) □ (*fam.*) **mettere le corna a**, to cheat on; to be unfaithful to; (*al marito, anche*) to cuckold (*antiq.*) □ (*fam.*) **Non me ne importa un c.**, I don't care a damn □ (*fam.*) **Non hai capito un c.!**, you haven't understood a damn thing! □ (*fam.*) **Un c.!**, rubbish!

cornucòpia *f.* cornucopia; horn of plenty.

cornùto **A** *a.* (*zool.*) horned **B** *m.* (*pop.*) **1** cheated-on husband; cuckold (*antiq.*) **2** (*insulto generico*) bastard; sod.

còro *m.* **1** chorus: **un c. di uccelli**, a chorus of birds; **un c. di lodi**, a chorus of praise **2** (*mus.*) choir; (*d'opera*) chorus: **c. di voci bianche**, boys' choir; **un c. di angeli**, a choir of angels **3** (*archit.*) choir • **cantare fuori del c.**, to strike a discordant note □ **fare c. a q.**, to echo sb.'s words □ **dire q.c. in c.**, to say st. in unison (*fig.* with one voice) □ **ripetere in c.**, to chant □ **Tutti in c.!**, all together!

coròlla *f.* (*bot.*) corolla.

corollàrio *m.* (*filos., mat.*) corollary.

coróna *f.* **1** crown; (*nobiliare*) coronet: **c. ducale**, ducal coronet; **c. di spine**, crown of thorns **2** (*ghirlanda*) wreath; garland; crown: **c. di fiori**, garland of flowers; (*funebre*) (funeral) wreath; **c. d'alloro**, laurel wreath; crown of laurel **3** (*cerchia, cerchio*) circle; ring: **c. di mura**, circle of walls; **c. di monti**, ring of mountains; **fare c. a q.** [**q.c.**], to form a ring (*o* a circle) round sb. [st.] **4** (*anat., di dente*) crown **5** (*moneta ingl., stor.*) crown **6** (*moneta danese e norvegese*) krone*; (*moneta svedese*) krona* **7** (*astron., mus., archit.*) corona* • (*geom.*) **c. circolare**, outer circle □ **c. del rosario**, rosary; beads (*pl.*) □ **aspirare alla c.**, to aspire to the throne □ **cingere la c.**, to be crowned; to become king [queen] □ **rinunciare alla c.**, to renounce the crown (*o* throne).

coronaménto *m.* **1** completion; (*ultimo tocco*) finishing touch; (*di una vita, una carriera*) crowning achievement **2** (*naut.*) taffrail.

coronàre *v. t.* **1** (*incoronare*) to crown **2** (*premiare*) to crown: **I miei sforzi furono coronati dal successo**, my efforts were crowned with success **3** (*concludere*) to complete; to round off; to cap **4** (*realizzare*) to realize; to achieve: **c. un sogno**, to realize a dream **5** (*circondare*) to surround; to encircle; to ring • (*iron.*) **per c. l'opera**, to top (*o* to cap) it all.

coronària *f.* (*anat.*) coronary artery; coronary (*fam.*).

coronàrico *a.* (*anat.*) coronary (*attr.*): **insufficienza coronarica**, coronary insufficiency.

coronàrio *a.* (*anat.*) coronary.

corpacciùto *a.* corpulent; stout.

corpétto, **corpino** *m.* bodice; top.

còrpo *m.* **1** body; (*cadavere*) (dead) body, corpse **2** (*complesso di persone*) corps*; (*personale*) staff; (*mil.*) corps*, force: **c. diplomatico**, diplomatic corps; **c. insegnante**, teaching staff; **c. d'armata**, army corps; **c. di polizia**, police force; **c. di spedizione**, expeditionary force **3** (*parte principale*) main body; (*parte centrale*) core, kernel: **il c. dell'edificio**, the main body of the building **4** (*anat.*) corpus* **5** (*consistenza*) substance; shape: **dare c. a un'accusa**, to give substance to a charge; **prendere c.**, to take shape; (*di notizia*) to gain credit **6** (*di voce*) volume; range **7** (*raccolta di scritti*) corpus*; body: **c. di leggi**, body of laws **8** (*tipogr.*) font size • **(a) c. a c.**, hand to hand (*avv.*); hand-to-hand (*agg.*) □ **corpi celesti**, heavenly bodies □ **c. contundente**, blunt instrument □ **c. di ballo**, corps de ballet (*franc.*) □ **c. di guardia**, guard; (*locale*) guardroom □ **c. dei pompieri**, fire brigade (*GB*); fire department (*USA*) □ (*leg.*) **c. del reato**, «corpus delicti»; material evidence □ **c. elettorale**, electorate □ **c. estraneo**, foreign body □ **a c. morto**, (*pesantemente*) like a dead weight; (*con accanimento*) wholeheartedly, headlong: **buttarsi a c. morto in q.c.**, to launch wholeheartedly into st. □ **andare di c.**, to empty one's bowels; to have a bowel movement □ **avere una gran rabbia in c.**, to be furious □ **dare c. alle ombre**, to imagine (*o* to see) things □ **guardia del c.**, body guard □ (*fam.*) **mettere q.c. in c.**, to eat st.

corporàle *a.* corporal; bodily: **pene corporali**, corporal punishment; **bisogno c.**, bodily need.

corporativìṣmo *m.* (*polit.*) corporatism.

corporatìvo *a.* corporative.

corporatùra *f.* build; physique (*franc.*).

corporazióne *f.* corporation; association; (*stor.*) guild.

corpòreo *a.* physical; body (*attr.*); corporeal: **piacere c.**, physical pleasure; **temperatura corporea**, body temperature.

corpoṣità *f.* fullness; solidity; body.

corpóṣo *a.* dense; solid; full-bodied.

corpulènto *a.* corpulent; stout.

corpulènza *f.* corpulence; stoutness.

corpus (*lat.*) *m. invar.* corpus*.

corpuscolàre *a.* (*fis.*) corpuscular.

corpùscolo *m.* corpuscle.

corredàre **A** *v. t.* to equip; to supply; to furnish • **c. di note**, to annotate **B** **corredàrsi** *v. rifl.* to equip oneself.

corredìno *m.* layette; baby clothes (*pl.*).

corrèdo *m.* ***1*** outfit; equipment; kit ***2*** (*di sposa*) trousseau; bottom drawer (*GB*) ***3*** (*fig.*) store; fund • (*biol.*) **c. cromosomico**, chromosome complement □ **c. di note**, notes (*pl.*); apparatus.

corrèggere ***A*** *v. t.* ***1*** to correct; (*rettificare*) to rectify, to right; (*regolare*) to adjust: **c. un abuso**, to right a wrong; **c. il tiro**, to adjust one's aim ***2*** (*caffè, ecc.*) to lace • **c. bozze**, to read proofs □ **c. i compiti**, to mark (*USA* to grade) students' papers ***B*** **corrèggersi** *v. rifl.* ***1*** to correct oneself ***2*** (*emendarsi*) to mend one's ways.

corrèggia *f.* leather strap.

corregionàle *a., m. e f.* (person) coming from the same part of the country.

correità *f.* (*leg.*) complicity.

correlàre *v. t.* to correlate.

correlatìvo *a.* (*anche gramm., geom.*) correlative.

correlatóre *m.* (*f.* **-trice**) (*università*) assistant supervisor.

correlazióne *f.* correlation • **essere in c.**, to be correlated.

corrènte (1) ***A*** *a.* ***1*** (*che scorre*) running: **acqua c.**, running water ***2*** (*attuale, in vigore*) current; (*comm., di mese*) instant (*abbr.* inst.), this: **il c. anno**, the current year; **in risposta alla Sua del 4 c.**, in reply to your letter of the 4th inst. (*o* of this month) ***3*** (*di lingua, stile*) fluent ***4*** (*comune, ordinario*) ordinary; everyday (*attr.*); (*diffuso*) current: **vino c.**, ordinary wine; **nel linguaggio c.**, in current speech; **l'uso c.**, current use (*o* usage) • **moneta c.**, currency ***B*** *m.* — **essere al c. di**, to know about; to be acquainted with □ **mettere q. al c. di**, to inform sb. about □ **tenere al c. q. di**, to keep sb. informed about □ **tenersi al c. di**, to keep up to date with.

corrènte (2) *f.* ***1*** (*d'acqua*) current; stream: **contro (la) c.**, against the current; (*di fiume*) upstream; **secondo la c.**, with the current; (*di fiume*) downstream ***2*** (*d'aria*) current of air; airstream; (*spiffero*) draught, draft (*USA*): **C'è c.**, there is a draught; **fare c.**, to create a draught ***3*** (*elettr.*) current; power: **c. continua [alternata]**, direct [alternating] current; **Manca la c.**, there's been a power cut; there is no power ***4*** (*flusso*) flow; stream: **la c. del traffico**, the flow of traffic ***5*** (*tendenza*) current; trend; tendency; (*di partito, ecc.*) wing: **c. letteraria**, literary current; **la c. di sinistra**, the left wing • (*geol.*) **la C. del Golfo**, the Gulf Stream □ (*geol.*) **la C. del Labrador**, the Labrador Current □ (*fig.*) **seguire la c.**, to go (*o* to swim) with the tide; to follow the trend.

correntemènte *avv.* ***1*** (*speditamente*) fluently ***2*** (*comunemente*) usually; generally • **c. usato**, in current use; current.

correntista *m. e f.* (*comm.*) holder of a current (*USA* check) account.

còrreo *m.* (*f.* **-a**) (*leg.*) accomplice.

córrere ***A*** *v. i.* ***1*** to run*; (*affrettarsi*) to hurry; (*precipitarsi*) to rush; (*andare velocemente*) to go* fast, (*su veicolo*) to drive* fast, (*di veicolo*) to speed* along: **c. a chiamare aiuto**, to run for help; **c. qua e là**, to run about; **c. dietro a q.**, to run after sb.; **Corri troppo**, you're going too fast; **Il treno corre su rotaie**, trains run on rails; **L'auto correva sulla strada**, the car was speeding along; **La strada corre lungo il fiume**, the road runs along the river; **Un brivido mi corse per la schiena**, a shiver ran down my spine; **Il mio pensiero corse a te**, my thoughts ran to you ***2*** (*di liquido*) to run*; to flow ***3*** (*di orologio*) to be fast ***4*** (*di frase, ecc.*) to flow ***5*** (*sport*) to race; to run*; to compete: **c. per la Ferrari**, to race for Ferrari; **c. in bicicletta**, to compete in bicycle races; to be a racing cyclist ***6*** (*circolare, diffondersi*) to be about; to circulate: **Corrono strane voci su di lui**, strange rumours are circulating about him; **Corre voce che...**, there is a rumour that...; it is rumoured that... • **c. ai ripari**, to do something (about it) quick(ly); to take measures immediately □ **c. dietro alle donne**, to chase women □ **Correva il 1850**, it was the year 1850 □ **Ce ne corre!**, there's a huge difference! □ **coi tempi che corrono**, the way things are at present □ **lasciar c. q.c.**, not to take st. up; to shut an eye to st. □ **Lascia c.!**, never mind! □ (*iron.*) **Lasciamo c.!**, the least said (the better) ***B*** *v. t.* to run*: **c. una corsa**, to run a race; **c. un rischio**, to run a risk; (*essere in pericolo*) to be in danger.

corresponsàbile (*leg.*) ***A*** *a.* jointly responsible; (*leg.*) jointly liable ***B*** *m. e f.* person jointly responsible; (*leg., civilmente*) person jointly liable, (*penalmente*) accomplice.

corresponsióne *f.* (*form.*) payment.

correttamènte *avv.* ***1*** correctly ***2*** (*educatamente*) politely; properly ***3*** (*onestamente*) fairly.

correttèzza *f.* ***1*** (*educazione*) politeness; propriety ***2*** (*onestà*) honesty; fairness: **Ti avverto per c.**, I'm telling you in fairness.

correttìvo *a. e m.* corrective.

corrètto *a.* ***1*** (*esatto*) correct; right ***2*** (*educato*) proper; civil ***3*** (*onesto*) honest; upright; (*leale*) fair ***4*** (*di caffè, ecc.*) laced with liqueur.

correttóre ***A*** *m.* (*f.* **-trice**) ***1*** corrector ***2*** — **c. di bozze**, proofreader ***B*** *m.* ***1*** (*tecn.*) control; compensator ***2*** (*liquido*) correcting (*o* correction) fluid.

correzionàle *m.* reformatory; detention centre (*GB*); detention home (*USA*).

correzióne *f.* ***1*** correction; (*di compiti*) marking (*GB*), grading (*USA*) ***2*** (*modifica*) correction; adjustment • **c. di bozze**, proofreading □ **casa di c.**, reformatory.

corrìda *f.* bullfight.

corridóio *m.* ***1*** corridor; passage ***2*** (*di treno*) corridor; (*di teatro*) aisle • **c. aereo**, air corridor □ (*polit.*) **manovre di c.**, lobbying Ⓤ □ **voci di c.**, rumours; backstairs gossip Ⓤ.

corridóre *m.* ***1*** (*sport*: *atleta*) runner; (*su veicolo*) racer ***2*** (*cavallo da corsa*) racehorse; racer.

corrièra *f.* coach; (*di linea*) local bus.

corrière *m.* ***1*** (*spedizioniere*) carrier; forwarding agent ***2*** (*messaggero*) courier; messenger: **c. diplomatico**, diplomatic messenger (*o* courier) ***3*** (*posta*) mail; post: **a volta di c.**, by return of post • **c. della droga**, drug runner.

corrimàno *m.* handrail.

corrispettìvo ***A*** *a.* corresponding; equivalent ***B*** *m.* ***1*** equivalent ***2*** (*compenso*) remuneration; amount due; (*comm., leg.*) consideration: **dietro un c.**, for a consideration.

corrispondènte ***A*** *a.* corresponding ***B*** *m. e f.* ***1*** (*c. epistolare*) correspondent ***2*** (*comm.*: *impiegato*) correspondence clerk; (*agente*) agent ***3*** (*giorn.*) correspondent.

corrispondènza *f.* ***1*** correspondence; parallel; (*somiglianza*) similarity ***2*** (*lettere*) correspondence; letters (*pl.*); (*posta*) mail: **essere in c. con q.**, to be in correspondence with sb.; **c. in arrivo [in partenza]**, incoming [outgoing] mail; **scuola per c.**, correspondence school; **vendita per c.**, mail-order selling ***3*** (*giorn.*) report.

corrispóndere ***A*** *v. i.* ***1*** (*concordare*) to correspond (to, with); to agree (with); (*di cifre*) to tally ***2*** (*equivalere*) to be equivalent (to): **Una libbra c. a 0,453 kg**, one pound is equivalent to 0.453 kg ***3*** (*per lettera*) to correspond (with) ***4*** (*contraccambiare*) to return (st.); to reciprocate (st.) • **c. alle attese**, to come up to expectations □ **c. alle esigenze di q.**, to meet sb.'s requirements □ **c. a verità**, to be true □ **Questo muro corrisponde alla cucina**, behind this wall there is the kitchen ***B*** *v. t.* ***1*** (*contraccambiare*) to return ***2*** (*pagare*) to pay* out: **c. una somma a q.**, to pay out a sum to sb.

corrispósto *a.* ***1*** returned; reciprocated; mutual: **amore c.**, reciprocated love; **antipatia corrisposta**, mutual dislike ***2*** (*pagato*) paid out.

corrivo *a.* ***1*** (*avventato*) rash ***2*** (*indulgente*) easy-going; facile.

corroborànte ***A*** *a.* ***1*** fortifying; invigorating; bracing ***2*** (*fig.*) corroborative ***B*** *m.* tonic.

corroboràre *v. t.* ***1*** (*fortificare*) to fortify; to invigorate; to brace ***2*** (*confermare*) to corroborate; to bear* out.

corródere ***A*** *v. t.* to corrode; to eat* into (*anche fig.*); to bite*; to eat* away; (*dell'acqua*) to erode, to wear* away ***B*** **corródersi** *v. i. pron.* to corrode; to wear* away.

corrómpere ***A*** *v. t.* ***1*** to corrupt; (*far marcire*) to rot ***2*** (*moralmente*) to corrupt; to deprave ***3*** (*comprare*) to bribe; (*subornare*) to suborn ***B*** **corrómpersi** *v. i. pron.* ***1*** to rot; to putrefy ***2*** (*fig.*) to become* corrupt.

corrosióne *f.* corrosion.

corrosìvo ***A*** *a.* corrosive; (*fig., anche*) scathing; vitriolic ***B*** *m.* corrosive.

corróso *a.* corroded.

corrótto *a.* ***1*** (*depravato*) corrupt; depraved ***2*** (*disonesto*) corrupt; crooked (*fam.*) ***3*** (*di lingua, testo*) corrupt.

corrucciàrsi *v. i. pron.* ***1*** (*adirarsi*) to get* angry; (*irritarsi*) to be vexed ***2*** (*rabbuiarsi*) to frown.

corrucciàto *a.* ***1*** (*contrariato*) angry, cross; (*irritato*) vexed, annoyed ***2*** (*aggrondato*) frowning.

corrùccio *m.* (*ira*) anger; (*irritazione*) annoyance, vexation.

corrugaménto *m.* ***1*** wrinkling ***2*** (*geol.*) folding.
corrugàre ***A*** *v. t.* to wrinkle • **c. la fronte** (*o* **le sopracciglia**), to knit one's brows; to frown ***B*** **corrugàrsi** *v. i. pron.* ***1*** to wrinkle; to crease; to corrugate ***2*** (*geol.*) to fold.
corrugato *a.* wrinkled; creased; corrugated • **con la fronte corrugata**, frowning; with knitted brows.
corruttèla *f.* corruption; depravity.
corruttìbile *a.* corruptible; (*con denaro e sim.*) bribable.
corruttóre ***A*** *m.* (*f.* **-trice**) corrupter; (*con denaro e sim.*) briber ***B*** *a.* corrupting; bribing.
corruzióne *f.* ***1*** (*depravazione*) corruption; depravity ***2*** (*disonestà*) corruption; (*con denaro e sim.*) bribery, graft; (*subornazione*) subornation: **accusare q. di c.**, to accuse sb. of corruption (*o* of taking bribes); **tentativo di c.**, bribery attempt; **c. di testimone**, subornation of a witness ***3*** (*putrefazione*) putrefaction ***4*** (*di lingua, testo*) corruption.
córsa *f.* ***1*** (*il correre*) running; (*una corsa*) run: **la c. e il salto**, running and jumping; **fare una c.**, to run; (*come esercizio*) to go for a run; **Devo fare una c. in banca**, I must nip to the bank; **Faccio una c. e torno**, I'll be straight back; I won't be a minute ***2*** (*sport*) racing; (*gara*) race: **c. a ostacoli**, hurdle race; **c. automobilistica**, car race; **c. campestre**, cross-country race; **c. piana**, flat race; **le corse** (**di cavalli**), the races; **stagione delle corse**, racing season; **automobile** [**bicicletta**] **da c.**, racing car [bicycle]; **cavallo da c.**, racehorse ***3*** (*fig.*) race; rush: **c. agli armamenti**, arms race; **c. all'oro**, gold rush; **c. al successo**, race for success; **c. contro il tempo**, race against time ***4*** (*di treni, tram, ecc.*) run; trip; journey: **perdere l'ultima c.**, to miss the last bus (train, etc.); **prezzo della c.**, fare ***5*** (*mecc., di pistone*) stroke • **c. in macchina**, drive □ **c. nei sacchi**, sack race □ **di c.**, (*correndo*) running, at a run, on the run; (*in fretta*) in a hurry: **andarsene di c.**, to rush away; **uscire di c.**, to run out; to leave in a hurry □ **essere in c. per q.c.**, to be competing (*o* running) for st. □ **treno in c.**, moving train.
corsàro ***A*** *m.* privateer (*attr.*); pirate (*attr.*) ***B*** *m.* privateer; corsair; (*pirata*) pirate.
corsetterìa *f.* corsetry.
corsétto *m.* corset; (*busto elastico*) girdle.
corsìa *f.* ***1*** passage; gangway ***2*** (*di ospedale*) ward ***3*** (*di strada*) lane: **c. d'emergenza**, emergency lane; hard shoulder (*GB*); **c. di marcia**, traffic lane; **c. di sorpasso**, fast lane; **c. di accesso**, slip road (*GB*); ramp (*USA*); **c. preferenziale**, reserved lane, (*fig.*) fast track; **autostrada a quattro corsie**, four-lane motorway; **traffico a c. unica**, one-lane traffic; contraflow (*GB*) ***4*** (*sport*) lane ***5*** (*passatoia*) runner.
corsivìsta *m. e f.* (*giorn.*) writer of short, polemical articles; columnist.
corsivo ***A*** *a.* ***1*** (*di scrittura*) cursive ***2*** (*tipogr.*) italic ***B*** *m.* ***1*** (*scrittura*) cursive ***2*** (*tipogr.*) italics (*pl.*): **mettere in c.**, to italicize ***3*** (*giorn.*) short, polemical article (*written in italics*).
córso (1) *m.* ***1*** (*percorso*) course; path: **il c. di un astro**, the course (*o* path) of a star; **il c. di un fiume**, the course of a river; (*anche fig.*) **seguire il proprio c.**, to take (*o* to run) one's course ***2*** (*di lezioni*) course (of lectures); classes (*pl.*); (*anno di studio*) year: **tenere un c. su Dante**, to give a course on Dante; **studenti del primo c.**, first-year students; **c. accelerato**, crash course; **corsi serali**, evening classes ***3*** (*strada*) main street; avenue; «corso» ***4*** (*direzione, tendenza*) course ***5*** (*econ.*: *andamento*) course, trend; (*di valute*) rate; (*prezzo*) price; (*circolazione*) circulation: **il nuovo c. dell'economia**, the new trend in the economy; **c. dei cambi**, exchange rate; **c. dell'oro**, price of gold; **mettere in c.**, to put into circulation • **c. d'acqua**, river; stream; waterway □ (*fig.*) **avere c.**, to be current □ (*di moneta*) **avere c. legale**, to be legal tender □ **dare c. a**, to start □ (*comm.*) **dare c. a un'ordinazione**, to carry out an order □ **dare libero c. alla propria fantasia**, to give free play to one's imagination □ (*di moneta*) **fuori c.**, no longer in circulation □ **studente fuori c.**, undergraduate who has failed to complete his course within the prescribed time □ **l'anno in c.**, the current year □ **La riunione è in c.**, the meeting is in progress □ **È in c. un'inchiesta**, an inquiry is being held □ **in c. di costruzione**, under construction □ (*di libro*) **in c. di stampa**, in the press □ **nel c. di**, in the course of; during □ **nel c. degli anni**, over the years □ (*naut.*) **nave di lungo c.**, seagoing vessel □ (*fin.*) **valuta a c. forzoso**, forced currency.
córso (2) *a. e m.* (*f.* **-a**) Corsican (*f.* Corsican woman*).
córte *f.* ***1*** (*di sovrano, ecc.*) court: **poeta di c.**, court poet; **dama di c.**, female courtier; lady of the court; **uomo di c.**, courtier ***2*** (*cortile*) courtyard; yard ***3*** (*leg.*) law court; court: **C. d'Appello**, Court of Appeal; **C. di Cassazione**, Court of Cassation; **c. marziale**, court martial ***4*** (*corteggiamento*) courting; courtship: (*anche fig.*) **fare la c. a q.**, to court sb.; **Fa la c. a tutte le ragazze**, he flirts with all the girls; **fare una c. spietata a q.**, to pursue sb. relentlessly ***5*** (*seguito*) retinue; train.
cortéccia *f.* ***1*** (*bot.*) bark ***2*** (*anat.*) cortex* ***3*** (*fig.*) exterior.
corteggiaménto *m.* courtship (*anche zool.*); courting; wooing.
corteggiàre *v. t.* (*anche fig.*) to court; to woo.
corteggiatóre *m.* suitor.
cortèo *m.* ***1*** procession; cortège (*franc.*); (*di protesta*) march: **c. funebre**, funeral procession (*o* cortège); **c. di automobili**, procession of cars; **sfilare in c.**, to march; to parade ***2*** (*fila di persone*) crowd ***3*** (*seguito*) train; retinue.
cortése *a.* ***1*** (*educato*) polite, courteous; (*gentile*) kind ***2*** (*stor., letter.*) courtly: **amor c.**, courtly love.
cortesìa *f.* ***1*** (*buona educazione*) courtesy, politeness; (*gentilezza*) kindness ***2*** (*gesto cortese*) kindness; (*favore*) favour • **fare la c. di**, to be kind (*o* good) enough to; to have the kindness to □ **Per c., potrebbe...**, excuse me, could you please...
cortigiàna *f.* ***1*** female courtier; lady of the court ***2*** (*eufem.*) courtesan.
cortigianerìa *f.* (*adulazione*) flattery; adulation; (*servilismo*) obsequiousness.
cortigiàno *m.* ***1*** courtier ***2*** (*spreg.*: *adulatore*) flatterer.
cortile *m.* courtyard; yard; (*anteriore*) forecourt; (*sul retro*) backyard; (*di scuola*) schoolyard, playground; (*di fattoria*) farmyard • **animali da c.**, poultry.
cortìna *f.* curtain • (*anche fig.*) **c. di fumo**, smoke screen □ (*polit.*) **c. di ferro**, iron curtain □ **c. di silenzio**, wall of silence.
cortisóne *m.* (*biochim.*) cortisone.
córto ***A*** *a.* short: **capelli corti**, short hair; **gonna corta**, short skirt • **a c. di mano d'opera**, short-handed □ **a c. di soldi**, short of money □ **avere la vista corta**, to be short-sighted □ **intelligenza corta**, limited intelligence □ **per farla corta**, in short; to cut a long story short □ **rimanere a c. di q.c.**, to run short of st. □ **settimana corta**, five-day week ***B*** *avv.* short • **tagliar c.**, to close the argument; (*venire al dunque*) to come to the point.
cortocircùito *m.* (*elettr.*) short circuit • **andare in c.**, to short-circuit; (*fig.*) to seize up, to go haywire □ **fare c.**, to short-circuit.
cortometràggio *m.* (*cinem.*) short (film).
corvè *f. invar.* ***1*** (*mil.*) fatigue (duty) ***2*** (*fig.*) tiring task; thankless job ***3*** (*stor.*) corvée • **essere di c.**, (*mil.*) to be on fatigue; (*fig.*) to be one's turn (to do st.).
corvétta *f.* (*naut.*) corvette.
corvìno *a.* (*nero*) jet-black; raven (*lett.*).
còrvo *m.* ***1*** (*zool.*) rook ***2*** (*fig.*) author of poison-pen letters • (*zool.*) **c. imperiale**, raven □ (*zool.*) **c. nero**, rook □ (*fig.*) **c. del malaugurio**, bird of ill omen; doomster.
còsa *f.* ***1*** thing; (*situazione, fatto*) it, things (*pl.*): **È una c. difficile da spiegare**, it's a difficult thing to explain; **Le cose vanno bene**, things are going well; **Dimmi una c.**, tell me something; **È successa una c. spaventosa**, something awful has happened; **Non mi aspettavo una c. simile**, I wasn't expecting anything like that; **È stata una c. stupenda**, it was marvellous; **La c. va da sé**, it is a matter of course ***2*** (*faccenda, problema*) matter; affair; business Ⓤ: **La c. deve restare tra noi**, this is strictly between ourselves; **tutt'altra c.**, quite another matter; **Pensa alle cose tue**, mind your own business; **Non son cose che mi riguardino**, it's none of my business ***3*** (*escl. e interr.*: *che cosa*) what: (**Che**) **c. vuoi?**, what do you want?; **Che cos'hai?**, what's the matter with you?; **Non so** (**che**) **c. farmene**, I don't know what to do with it ***4*** (*fam.*: *donna di cui non si sa il nome*) what's-her--name; whatsit • **una c. da nulla**, a mere nothing; a trifle; a small point □ **Cose che capitano!**, it's just one of those things!; these things happen! □ **Cose dell'altro mondo!**, it's unbelievable!; that beats everything! □ **C. vuoi, sono ragazzi**, after all, boys will be boys □ **a cose fatte**, when it is [was]

all over □ **Consideralo c. fatta**, consider it done □ **Da c. nasce c.**, one thing leads to another □ **dire una c. per l'altra**, to mix up two words □ **fra una c. e l'altra**, what with one thing and another □ **nessuna c.**, nothing □ **ogni c.**, everything □ **per prima c.**, first of all □ **qualche c.** *V.* **qualcosa** □ **qualsiasi c.**, *V. sotto* **qualsiasi** □ **la qual c.**, which □ **sopra ogni c.**, above all □ **Tante cose!**, goodbye; all the best! □ **Tante cose a...**, regards to...

cosàcco *a. e m.* Cossack.

cósca *f.* mafia clan; (*estens.*) gang.

còscia *f.* ***1*** (*anat.*) thigh ***2*** (*cucina*) leg.

cosciènte *a.* ***1*** (*consapevole*) aware (*pred.*); conscious (*pred.*) ***2*** (*in sé*) conscious.

coscienteménte *avv.* consciously; knowingly.

cosciènza *f.* ***1*** conscience: **avere la c. pulita** [**sporca**], to have a clear [guilty] conscience; **mettersi la c. a posto**, to set one's conscience at rest; **Ho la c. a posto**, my conscience is clear; **pesare sulla c.**, to lie heavy on sb.'s conscience: **Mi rimorde la c.**, my conscience is bothering me; **fare un esame di c.**, to examine one's conscience; to search one's soul ***2*** (*coscienziosità*) conscientiousness ***3*** (*consapevolezza*) awareness: **c. politica**, political awareness; **avere piena c. di q.c.**, to be fully aware of st. ***4*** (*conoscenza*) consciousness: **perdere** [**riacquistare**] **c.**, to lose [to recover] consciousness • **caso di c.**, matter of conscience □ **in** (**tutta**) **c.**, in all conscience □ **mettersi una mano sulla c.**, to put one's hand on one's heart □ **presa di c.**, realization; becoming aware □ **senza c.**, (*senza scrupoli*) unscrupulous; (*irresponsabile*) irresponsible □ **uomo di c.**, responsible man.

coscienziosità *f.* conscientiousness; scrupulousness.

coscienzióso *a.* conscientious; scrupulous.

cosciòtto *m.* (*cucina*) leg; (*di selvaggina, anche*) haunch.

coscritto *m.* (*mil.*) conscript; recruit.

coscrizióne *f.* (*mil.*) conscription; call up; draft (*USA*)

cosecànte *f.* (*mat.*) cosecant (*abbr.* cosec).

coséno *m.* (*mat.*) cosine (*abbr.* cos).

così ***A*** *avv.* ***1*** so; (*in questa maniera*) like this, like that; this way; (*questa, quella cosa*) this, that: **C. pare**, so it seems; **È c.?**, is that so?; **C. è!**, that's the way it is; **Mettiamola c.**: **nessuno ti obbliga**, let's put it like this (*o* this way): no one's forcing you; **Continua c.**, go on like that; **Non ho detto c.**, I didn't say that; **Non fare c., ti prego!**, please, don't do that!; **È un uomo fatto c.**, he is like that; **Ha detto c.**, that's what he said; **È andata c.**, that's the way it went; **Fu c. che decidemmo di diventare soci**, that's how we decided to go into partnership ***2*** (*altrettanto*) so: **Mi alzai, e c. fece lui**, I stood up and so did he (*o* and he did likewise) ***3*** (*tanto*) so (+ *avv. o agg.*); such (+ *agg. e sost.*): **È c. facile!**, it is so easy!; **È una casa c. bella**, it's such a beautiful house • **c. com'è**, just as it is □ **c. c.**, so-so □ **Basta c.!**, that's enough! □ **Era grosso c.** (*facendo il gesto*), it was this (*o* so) big □ **E c.?**, well?; what about it?: **E c., come è andata?**, well, how did it go? □ **e c. via**, and so on □ **È o non è c.?**, isn't that so? □ **per c. dire**, so to speak □ **proprio c.**, just so; quite so □ **Se è c., non vengo**, if that is the case, I'm not coming ***B*** *cong.* ***1*** (*dunque, allora*) so; then ***2*** (*perciò, quindi*) so; therefore ***3*** (*correl. di «come»*) as (... as): **È c. pigro come una volta?**, is he as lazy as he used to be? ***4*** (*correl. di «che» e «da»*) so (... that, ... as): **Il rumore fu c. debole che nessuno lo sentì**, the sound was so faint (that) no one heard it; **Sia c. gentile da chiudere la porta**, would you be so kind as to close the door? ***5*** (*correl. di «come»*) both (... and): **c. il marito come la moglie**, both husband and wife • **C. sia!**, so be it! ***C*** *a.* (*tale, siffatto*) such; like that: **Come puoi dire cose c.?**, how can you say such things?; **Non puoi rifiutare un'offerta c.**, you can't turn down an offer like that; **c. c.**, so-so; fair-to-middling.

cosicché *cong.* ***1*** (*affinché*) so that; that ***2*** (*perciò*) so.

cosiddétto *a.* so-called.

cosiffàtto *a.* like that; such: **un uomo c.**, a man like that; such a man.

coṣmèṣi, coṣmètica *f.* cosmetics (*pl. col verbo al sing.*).

coṣmètico *a. e m.* cosmetic.

coṣmetista *f. e m.* beautician; cosmetologist.

còṣmico *a.* cosmic; universal.

còṣmo *m.* cosmos; universe.

coṣmografia *f.* cosmography.

coṣmologia *f.* cosmology.

coṣmològico *a.* cosmological.

coṣmonàuta *m. e f.* astronaut.

coṣmonàve *f.* spaceship; spacecraft*.

coṣmopolita *a., m. e f.* cosmopolitan.

coṣmopolitiṣmo *m.* cosmopolitism; cosmopolitanism.

còso *m.* (*fam.*) ***1*** (*oggetto di cui non si ricorda il nome*) thing; whatsit; thingummy; thingumabob ***2*** (*aggeggio*) contraption ***3*** (*di uomo*) what's-his-name; whatsit.

cospàrgere *v. t.* ***1*** to sprinkle; to strew* (*generalm. al passivo*); (*sparpagliare*) to scatter; (*coprire*) to cover: **c. di zucchero**, to sprinkle with sugar; **c. q.c. di fiori**, to scatter flowers over st.; **cosparso di petali**, strewn with petals ***2*** (*di liquido*) to sprinkle; (*versare*) to pour.

cospètto *m.* — **al c. di**, in the presence of; before; in front of.

cospìcuo *a.* (*notevole*) notable, prominent; (*ingente*) considerable, substantial: **una somma cospicua**, a considerable sum.

cospiràre *v. i.* to conspire (*anche fig.*); to plot.

cospiratóre *m.* (*f.* **-trice**) conspirator; plotter • **aria da c.**, conspiratorial air.

cospirazióne *f.* conspiracy; plot.

còsta *f.* ***1*** (*geogr.*) coast; coastline; (*litorale*) shore: **la c. atlantica**, the Atlantic coast; **c. frastagliata**, indented coastline; **lungo la c.**, along the coast; **sotto c.**, close to the shore; close inshore ***2*** (*di monte*) side; (*pendio*) slope: **a mezza c.**, half-way up [down] the hill(side) ***3*** (*anat., bot., zool., naut.*) rib ***4*** (*di libro*) spine; back ***5*** (*lavoro a maglia*) rib; (*al pl., di tessuto*) ribbing Ⓤ: **a coste**, ribbed; **velluto a c.**, corduroy • **messo di c.**, placed edgeways (*o* edge on).

costànte ***A*** *a.* ***1*** (*di persona*) constant; persevering; steadfast ***2*** (*continuo*) continuous; incessant; steady ***3*** (*stabile*) constant; steady; unchanged; invariable ***B*** *f.* ***1*** (*mat.*) constant ***2*** constant; standard feature.

costànza *f.* constancy; steadfastness; perseverance.

costàre *v. i.* ***1*** to cost*: **Mi è costato parecchio**, it cost me a lot; **Quanto costa?**, how much is it?; **Potrebbe costarci la vita**, it could cost us our lives ***2*** (*essere doloroso*) to be a great pain; (*essere faticoso*) to hurt, to cost a lot: **Mi costa ammetterlo, ma hai ragione tu**, it hurts to admit it, but you are right • **c. caro**, to be expensive; (*fig.*) to cost dear □ **c. poco**, to be cheap □ **c. fatica**, to cost a lot of trouble □ **Costi quel che costi**, no matter what it costs □ **Che cosa gli costava telefonarmi?**, what would it have cost him to phone?

costaricàno *a. e m.* Costa Rican.

costàta *f.* (*cucina*) chop.

costatàre *V.* **constatare**.

costàto *m.* ***1*** (*anat.*) chest; ribs (*pl.*) ***2*** (*macelleria*) side.

costeggiàre *v. t. e i.* ***1*** (*naut.*) to sail along; to coast along: **c. un promontorio**, to sail along a promontory ***2*** (*andare lungo*) to go* [to walk, to drive*, etc.] along; (*di strada*) to skirt; to run* along: **La strada costeggia il paese e poi il fiume**, the road skirts the village and then runs along the river.

costèi *pron. dimostr. f.* she (*sogg.*); her (*compl.*); this [that] woman.

costellàre *v. t.* to stud: to spangle.

costellàto *a.* studded; spangled; dotted: **un diadema c. di diamanti**, a tiara studded with diamonds; **un lago c. di barche**, a lake dotted with boats; **una tovaglia costellata di macchie**, a tablecloth covered with (*o* full of) stains; **un compito c. di errori**, an exercise full of mistakes.

costellazióne *f.* (*astron. e fig.*) constellation.

costernàre *v. t.* to fill with consternation (*o* dismay).

costernàto *a.* dismayed; upset; very sorry: **Sono c., non intendevo**, I'm terribly sorry, I didn't mean to.

costernazióne *f.* consternation; dismay.

costièra *f.* (stretch of) coast: **la c. amalfitana**, the Amalfi coast.

costièro *a.* ***1*** (*della costa*) coastal; coast-: **difesa costiera**, coastal defences (*pl.*); **guardia costiera**, coastguard ***2*** (*vicino alla costa*) inshore: **navigazione costiera**, inshore navigation.

costina *f.* — (*cucina*) **costine di maiale**, spareribs.

costipàto *a.* ***1*** (*stitico*) constipated ***2*** (*raffreddato*) with a bad cold.

costipazióne *f.* ***1*** (*stitichezza*) constipation ***2*** (*raffreddore*) bad cold.

costituènte ***A*** *a.* constituent ***B*** *m.* (*chim.*) constituent ***C*** *f.*

(*polit.*) constituent assembly.
costituire *A* *v. t.* *1* (*fondare, stabilire*) to constitute; to form; to establish; to set* up: **c. un comitato**, to set up (*o* to constitute) a committee; **c. una società**, to form a partnership; to set up a company; **c. un ente governativo**, to establish (*o* to set up) a government body *2* (*formare, comporre*) to constitute; to form; to make* up: **gli elementi che costituiscono il sangue**, the elements that go to make up blood *3* (*essere, rappresentare*) to be; to constitute; to represent: **c. una minaccia**, to be a threat; **c. reato**, to amount to (*o* to be) a crime *4* (*eleggere, nominare*) to constitute; to appoint; to make* *5* (*assegnare*) to give*; to settle: **c. una rendita a q.**, to settle an annuity on sb. *B* **costituirsi** *v. rifl. e i. pron.* *1* (*alla polizia*) to give* oneself up (*to the police*) *2* (*formarsi*) to develop; to grow* up; (*sorgere*) to spring* up *3* (*organizzarsi*) to constitute oneself; to become* *4* (*nominarsi*) to appoint oneself • (*leg.*) **c. in giudizio**, to appear before the court □ (*leg.*) **c. parte civile**, to sue for damages in a criminal court.
costituito *a.* constituted; established: **l'autorità costituita**, the (established) authorities (*pl.*).
costitutivo *a.* constituent; constitutive • (*leg.*) **atto c.**, deed of partnership; memorandum of association.
costituzionàle *a.* (*polit., leg., med.*) constitutional.
costituzionalìsmo *m.* (*polit.*) constitutionalism.
costituzionalìsta *m. e f.* (*polit.*) constitutionalist.
costituzionalità *f.* (*polit.*) constitutional character.
costituzióne *f.* *1* (*fondazione*) constitution; establishment; settlement: **la c. di una società commerciale**, the establishment of a company *2* (*polit.*) constitution *3* (*struttura*) structure; (*composizione*) composition *4* (*fisico*) constitution: **c. robusta**, strong constitution; **di sana c.**, healthy.
còsto *m.* cost; (*prezzo*) price: **c. del lavoro [del denaro, della vita]**, cost of labour [of money, of living]; **costi di manutenzione**, maintenance costs; **sotto c.**, below cost; **a basso c.**, cheaply • **a c. della vita**, at the cost of one's life □ **a nessun c.**, on no account; not for anything □ **a tutti i costi** (**o a qualunque c.**), at all costs.
còstola *f.* *1* (*anat., naut., archit., bot.*) rib: (*anat.*) **c. falsa**, false rib *2* (*di libro*) back; spine *3* (*di lama*) blunt edge • **stare alle costole di q.**, to stick to sb. like his shadow; (*pedinare*) to dog sb.'s steps; (*inseguire*) to be hot on sb.'s heels.
costolétta *f.* (*cucina*) cutlet.
costóro *pron. dimostr. pl.* they (*sogg.*); them (*compl.*); these [those] men [women]; these [those] people.
costóso *a.* (*anche fig.*) expensive; dear; costly.
costrétto *a.* forced; obliged • **Sono c. a casa da un brutto raffreddore**, I'm stuck in the house with a bad cold □ **c. a letto**, laid up (in bed).
costrìngere *v. t.* to force; to compel; to oblige • **c. a letto**, to lay up (in bed).
costrittivo *a.* *1* compelling; constrictive; coercive *2* (*che stringe*) constrictive.
costrizióne *f.* *1* coercion; compulsion *2* (*pressione*) pressure; constraint.
costruèndo *a.* yet-to-be-built.
costruire *A* *v. t.* *1* (*anche fig.*) to build*; to construct: **c. un muro**, to build a wall; **c. un impero**, to build an empire; **c. una teoria**, to construct a theory *2* (*fabbricare*) to make*; to assemble *3* (*gramm.*) to construe *B* **costruirsi** *v. i. pron.* (*gramm.*) to take*: **c. col dativo**, to take the dative.
costruito *a.* built-up: **zone costruite**, built-up areas.
costruttivo *a.* *1* (*edil.*) building (*attr.*) *2* (*fig.*) constructive.
costrùtto *m.* *1* (*senso*) sense; meaning *2* (*profitto*) profit *3* (*gramm.*) construction • **chiacchiere senza c.**, empty words □ **faticare senza c.**, to toil pointlessly.
costruttóre *A* *m.* builder; maker; manufacturer; constructor: **c. di strade**, road builder (*o* maker); **c. navale**, shipbuilder *B* *a.* building (*attr.*).
costruzióne *f.* *1* construction; building; (*fabbricazione*) manufacture: **strada in c.**, road under construction; **mentre la casa era in c.**, while the house was being built; **difetto di c.**, fault in (the) construction *2* (*edificio*) building; (*struttura*) structure, construction *3* (*gramm.*) construction.
costùi *pron. dimostr. m.* he (*sogg.*); him (*compl.*); this [that] man.
costùme *m.* *1* custom; usage; (*abitudine*) habit *2* (*al pl.*) morals; (*comportamento*) behaviour Ⓤ *3* (*abito*) costume; (*in maschera*) fancy-dress costume; (*per sport*) outfit: **c. nazionale**, national costume; **ballo in c.**, fancy-dress ball *4* (*da bagno*) swimming costume; swimsuit; (*da uomo*) swimming trunks (*pl.*): **c. intero**, one-piece (swimsuit) • **la buon c.**, the vice squad □ **di facili costumi**, of easy virtue; loose (*agg.*).
costumìsta *m. e f.* (*teatr., cinem.*) costume designer; costume maker.
costùra *f.* (*sartoria*) seam.
cotangènte *f.* (*mat.*) cotangent.
cóte *f.* whetstone; hone.
coténna *f.* *1* pigskin; hide *2* (*cucina*) pork rind.
cotilèdone *m.* (*bot.*) cotyledon.
cotógna *f.* (*bot.*) quince.
cotognàta *f.* (*cucina*) quince jam.
cotógno *m.* (*bot.*) quince (tree).
cotolétta *f.* (*cucina*) cutlet • **c. alla milanese**, Wiener schnitzel.
cotonàre *v. t.* (*i capelli*) to backcomb.
cotonatùra *f.* (*dei capelli*) backcombing.
cotóne *m.* *1* cotton: **di c.**, cotton (*attr.*) *2* (*filo*) (sewing) cotton; cotton thread: **c. da rammendo**, darning thread • **c. emostatico**, styptic cotton □ **c. idrofilo**, cotton wool (*GB*); cotton (*USA*).
cotonerìe *f. pl.* cotton fabrics.
cotonière *m.* *1* (*industriale*) cotton manufacturer *2* (*operaio*) worker in a cotton mill.
cotonièro *a.* cotton (*attr.*): **industria cotoniera**, cotton industry.
cotonificio *m.* cotton mill.
cotonìna *f.* calico.
còtta (1) *f.* *1* (*eccles.*) surplice *2* (*stor.*) surcoat • **c. di maglia**, coat of mail.
còtta (2) *f.* (*fam.*) infatuation; crush: **Si è presa una c. per te**, she has a crush on you.
cottimista *m. e f.* pieceworker; jobber.
còttimo *m.* *1* (*contratto*) job contract; jobbing contract *2* (*lavoro*) jobwork; piecework • **lavorare a c.**, to do piecework □ **pagare a c.**, to pay by the job.
còtto *A* *a.* *1* cooked; done (*pred.*); (*al forno*) baked; (*di frutta*) stewed: **ben c.**, well cooked; (*di carne*) well done; **troppo c.**, overcooked; **poco c.**, half-cooked; (*di carne*) underdone; **c. a puntino**, cooked to perfection; done to a turn; **c. ai ferri**, grilled *2* (*anche* **innamorato c.**) madly (*o* head-over-ears) in love *3* (*fam.*: *esausto*) exhausted; done in (*fam.*) *4* (*ubriaco*) drunk; plastered (*pop.*) • **farne di cotte e di crude**, to be up to all sorts of tricks □ (*fig.*) **né c. né crudo**, neither one thing nor the other *B* *m.* *1* (*mattone*) fired brick *2* (*lavoro in c.*) brickwork; (*per pavimento*) terracotta tiles (*pl.*): **pavimento in c.**, (terracotta-)tiled floor.
cottùra *f.* *1* cooking; (*di pane, torta, ecc.*) baking; (*di arrosto*) roasting: **c. a fuoco lento**, slow cooking; **c. a fuoco vivace**, cooking on a high flame; **di facile c.**, easy to cook; **a mezza c.**, half way through (the cooking); **raggiungere il punto di c.**, to be (perfectly) cooked *2* (*ind.*) firing.
coulisse (*franc.*) *f. invar.* *1* (*scanalatura*) groove *2* (*teatr.*) wing flat *3* (*mus., di trombone*) slide *4* (*sartoria*) casing • **porta a c.**, sliding door.
coupé (*franc.*) *m. invar.* (*autom.*) coupé, coupe.
coupon (*franc.*) *m. invar.* coupon; slip.
cóva *f.* brooding; sitting on eggs: **fare la c.**, to brood.
covalènza *f.* (*chim.*) covalence.
covàre *A* *v. t.* *1* to sit* (on eggs); to brood; (*fino alla schiusa*) to hatch *2* (*fig.*) to harbour; to nurse: **c. rancore [un sospetto]**, to harbour a grudge[a suspicion]; **c. un progetto**, to nurse a project • **c. q. con gli occhi**, to look fondly at sb. □ **c. l'influenza**, to have the flu coming on; to be coming down with the flu □ **Sta covando qualcosa**, he has something on his mind *B* *v. i.* *1* (*di fuoco e fig.*) to smoulder: (*fig.*) **Il fuoco covava sotto la cenere**, the matter (*o* the trouble, etc.) lay smouldering *2* (*di malattia*) to be latent.
covàta *f.* (*uova*) clutch; (*pulcini e fig.*) brood.
coventrizzàre *v. t.* to raze to the ground.
covìle *m.* *1* (*tana*) den; lair *2* (*fig.*) hovel; hole.
cóvo *m.* *1* (*tana*) den; lair *2* (*nascondiglio*) den, hideout; (*luogo di incontro*) haunt: **c. di ladri**, den of thieves.
covóne *m.* (*agric.*) sheaf*; stack: **c. di fieno**, haystack; hayrick.
coyòte *m.* (*zool.*) coyote.

còzza *f.* (*zool.*) mussel.
cozzàre *v. t. e i.* **1** (*con le corna o col capo*) to butt **2** (*urtare*) to bang (into); to knock (into); to bump (into); (*di veicolo*) to crash (into): **c. contro un palo**, to crash into a lamppost **3** (*essere in contrasto*) to clash (with); to collide (with).
còzzo *m.* **1** (*con le corna o col capo*) butt **2** (*urto*) knock; bang; (*collisione*) crash, collision **3** (*fig.*) clash; conflict.
crac ***A*** *m. invar.* **1** (*rumore*) crack; crash; (*secco*) snap **2** (*tracollo*) crash; collapse: **il c. di una banca**, the crash of a bank; **c. finanziario**, financial crash (*o* collapse) **3** (*crollo psicofisico*) breakdown ***B*** *inter.* crack!
crack (*ingl.*) *m.* (*droga*) crack (cocaine).
cràmpo *m.* (*med.*) cramp: **crampi allo stomaco**, stomach cramps; (*per fame*) hunger pangs; (*per paura*) (the) collywobbles (*fam.*).
crànico *a.* (*anat.*) cranial.
crànio *m.* **1** skull; cranium* **2** (*fam.*: *testa*) head; brain **3** (*fam.*: *genio*) genius; brain • (*fam.*) **a c.**, each.
cràpula *f.* guzzling; debauch.
crapulóne *m.* guzzler; debauchee.
cràsso *a.* gross; crass: **ignoranza crassa**, gross (*o* crass) ignorance.
cratère *m.* crater.
cràuti *m. pl.* (*cucina*) sauerkraut ⊡.
cravàtta *f.* tie; necktie: **c. a farfalla**, bow tie.
crawl (*ingl.*) *m.* (*sport*) crawl: **nuotare a c.**, to swim (*o* to do) the crawl.
creànza *f.* manners (*pl.*); politeness: **mala c.**, bad manners; **Sarebbe buona c. aspettare**, It would be polite to wait.
creàre *v. t.* **1** to create; to make*; (*inventare*) to invent: **c. un personaggio**, to create a character; **c. un'illusione**, to create an illusion **2** (*nominare*) to appoint; to create; to make* **3** (*procurare, suscitare*) to make*; (*causare*) to cause, to give* rise to, to create: **c. delle difficoltà**, to make difficulties; **c. imbarazzo**, to cause embarrassment; **Si creò molti nemici**, he made lots of enemies; **c. scandalo**, to create a scandal **4** (*fondare*) to found; to establish.
creatività *f.* creativity; creativeness.
creatìvo ***A*** *a.* creative ***B*** *m.* (*f.* **-a**) **1** creative person **2** (*pubblicitario*) copywriter; ideas man* (*f.* woman*).
creàto ***A*** *a.* created ***B*** *m.* creation.
creatóre ***A*** *m.* (*f.* **-trice**) creator; maker; (*inventore*) inventor; (*fondatore*) founder • **c. di alta moda**, fashion designer □ **andare al C.**, to die; to go to meet one's Maker □ **mandare al C.**, to kill ***B*** *a.* creative.
creatùra *f.* **1** creature; being **2** (*bambino*) baby; child*; little thing **3** (*favorito*) protégé (*franc.*); (*spreg.*) creature.
creazióne *f.* creation; (*fondazione*) foundation.
credènte *m. e f.* believer.
credènza (**1**) *f.* **1** belief **2** (*credito*) credit.
credènza (**2**) *f.* (*mobile*) sideboard, buffet (*USA*); (*di cucina*) cupboard, (*con alzata*) dresser.
credenziàle *a.* — **lettere credenziali**, letters of credit; (*anche fig.*) credentials.
crédere ***A*** *v. i.* **1** (*aver fede*) to believe (in): **c. in Dio**, to believe in God **2** (*prestare fede*) to believe (st., sb.); **Certo che ti credo**, of course I believe you; **c. ai dottori** [**ai giornali**], to believe doctors [the papers]; **Crede a tutto ciò che le si dice**, she believes everything she is told; **Non potevo c. ai miei occhi**, I could scarcely believe my eyes **3** (*aver fiducia*) to have faith (in); to trust; to believe (in) ***B*** *v. t.* (*reputare, immaginare*) to think*; (*ritenere certo, vero*) to believe: **Lo credo un imbecille**, I think he is a fool; I consider him a fool; **L'hanno creduto morto**, they thought he was dead; **Credo che sia arrivato**, I think (*o* I believe) he has arrived; **Credevo di essere in ritardo**, I thought I was late; **Credo di sì**, I think so; **Credo di no**, I don't think so; **Fa' quel che credi**, do as you like; do as you think best • **c. sulla parola a q.**, to take sb.'s word □ **Ho creduto bene** [**giusto**] **di venire**, I thought it best [right] to come □ **Lo credo bene!**, I should think so! □ **Mi ha fatto c. che era tutto a posto**, he gave me to understand everything was all right □ **Voglio c. che sia un errore**, I trust it is a mistake □ **voler fare c. q.c. a q.**, to want sb. to think st. ***C*** **crédersi** *v. rifl.* to think* (one is); to believe oneself (to be): **Si crede un genio**, he thinks he is a genius: **Mi credetti perduto**, I thought I was lost.
credìbile *a.* **1** (*di cosa*) credible; believable: **poco c.**, hardly credible; unlikely **2** (*di persona*) trustworthy; reliable.
credibilità *f.* credibility.
creditìzio *a.* credit (*attr.*): (*econ.*) **stretta creditizia**, credit squeeze.
crédito *m.* **1** (*il credere*) credit; credence: **dar c. a q.c.**, to give credit (*o* credence) to st.; to credit st.; **trovare c.**, to gain credit **2** (*comm., banca*) credit: **comprare a c.**, to buy on credit; **far c. a q.**, to give sb. credit; (*banca*) **essere in c.**, to be in credit; **essere in c. con q.**, to be sb.'s creditor; to be owed money by sb.; **apertura di c.**, opening of credit; **carta di c.**, credit card; **lettera di c.**, letter of credit **3** (*reputazione*) reputation: **godere di molto c.**, to have a good reputation • (*leg.*) **c. inesigibile**, bad debt □ (*leg.*) **millantato c.**, false pretences (*pl.*).
creditóre *m.* (*f.* **-trice**) creditor.
crèdo *m.* creed.
credulità *f.* credulity; gullibility.
crèdulo *a.* credulous; naive.
credulóne ***A*** *a.* naive; gullible ***B*** *m.* (*f.* **-a**) gullible person; dupe; sucker (*fam.*).
crèma *f.* **1** cream: **c. pasticcera**, custard; **c. da barba**, shaving cream; **c. di pomodori**, cream of tomato soup; **c. detergente**, cleansing cream; **c. per calzature**, shoe cream; **la c. della società**, the cream of society; **color c.**, cream-coloured **2** (*liquore*) crème (*franc.*); cream: **c. di menta**, crème-de-menthe.
cremaglièra *f.* (*mecc.*) rack: **ferrovia a c.**, rack railway.
cremàre *v. t.* to cremate.
crematòrio ***A*** *a.* crematory ***B*** *m.* crematorium*.
cremazióne *f.* cremation.
crème caramel (*franc.*) *locuz. f.* (*cucina*) crème caramel.
crèmisi *a. e m.* crimson.
cremortàrtaro *m.* (*chim.*) cream of tartar.
cremóso *a.* creamy.
crèn *m.* (*bot., cucina*) horseradish.
creolina *f.* creolin.
crèolo *a. e m.* (*f.* **-a**) Creole.
creosòto *m.* (*chim.*) creosote.
crèpa *f.* **1** crack; (*profonda*) cleft, fissure **2** (*fig.*) division; disagreement.
crepàccio *m.* **1** (*nella roccia*) cleft; crevice **2** (*di ghiacciaio*) crevasse.
crepacuòre *m.* heartbreak; broken heart: **morire di c.**, to die of a broken heart.
crepapèlle *vc.* — **ridere a c.**, to burst one's sides with laughter; **mangiare a c.**, to eat to bursting point; to gorge oneself.
crepàre ***A*** *v. i.* **1** (*scherz.*: *scoppiare*) to burst* **2** (*pop.*: *morire*) to die*; to croak, to snuff it (*pop.*) • **Crepa!**, drop dead! □ **c. dalle risa**, to be bursting with laughter □ **c. d'invidia**, to be green with envy; to eat one's heart out □ **c. di salute**, to be bursting with health □ **c. di sete**, to be dying of thirst □ **Crepi l'avarizia!**, to hell with the expense! ***B*** **crepàrsi** *v. i. pron.* to crack.
crêpe (*franc.*) ***A*** *m.* (*tessuto*) crêpe, crepe ***B*** *f. invar.* (*cucina*) crêpe; pancake.
crepitàre *v. i.* (*scoppiettare*) to crackle, to pop; (*picchiettare*) to rattle; (*frusciare*) to rustle.
crepitìo *m.* crackling; rattling; rustling.
crepuscolàre *a.* crepuscular; twilight (*attr.*) • **luce c.**, twilight.
crepùscolo *m.* **1** twilight; (*l'imbrunire*) dusk **2** (*fig.*) twilight; decline.
crescèndo *m.* (*mus. e fig.*) crescendo*.
crescènte *a.* **1** growing; rising; mounting **2** (*della luna*) waxing.
créscere ***A*** *v. i.* **1** to grow*; (*di statura, anche*) to grow* taller **2** (*diventare adulto*) to grow* up **3** (*di volume, d'intensità*) to rise*; (*di numero*) to increase, to go* up; (*di peso*) to put* on (weight): **Sono cresciuto** (**di**) **tre chili**, I've put on three kilos **4** (*di prezzi*) to go* up; to rise* **5** (*della luna*) to wax **6** (*avanzare*) to be left; (*essere eccedente*) to be in excess **7** (*mus., di nota*) to sound sharp • **c. nella stima di q.**, to rise in sb.'s esteem; to go up in sb.'s estimation □ **far c. piante** [**fiori**], to grow plants [flowers] □ **farsi c. la barba**, to grow a beard □ **farsi c. i capelli**, to let one's hair grow ***B*** *v. t.* (*allevare*) to bring* up; to raise.
crescióne *m.* (*bot.*) watercress.
créscita *f.* **1** growth: **c. dei capelli**, hair growth; **c. zero**, zero growth **2** (*aumento*) increase; rise • **in c.**, growing;

increasing; rising.
crèṣima *f.* (*eccles.*) confirmation • **fare la c.**, to be confirmed □ **tenere a c. q.**, to be sb.'s sponsor at confirmation.
creṣimàndo *m.* (*f.* **-a**) (*eccles.*) candidate for confirmation.
creṣimàre (*eccles.*) ***A*** *v. t.* to confirm ***B*** **creṣimàrsi** *v. i. pron.* to be confirmed.
crespàto *a.* crimped; crinkled • **carta crespata**, crepe paper.
crespèlla *f.* (*cucina*) crêpe; pancake.
créspo ***A*** *a.* (*di capelli*) kinky; frizzy ***B*** *m.* (*tessuto*) crêpe, crepe.
crésta *f.* ***1*** (*zool.*) comb; crest: **c. di gallo**, cockscomb ***2*** (*crinale*) crest, ridge; (*spartiacque*) watershed; (*cima*) crest, peak, top: **c. di un'onda**, crest of a wave ***3*** (*cuffia di cameriera*) white starched cap ***4*** (*di solco e sim.*) edge ***5*** (*dell'elmo*) crest ***6*** (*fis.*) crest, peak; (*mecc.*) crest, tip ***7*** (*anat.*) crest • **abbassare la c.**, to come off one's high horse □ **alzare la c.**, to get* cocky □ **con la c. abbassata**, crestfallen □ **fare abbassare la c. a q.**, to take sb. down a peg or two □ **fare la c. sulla spesa**, to pocket some of the shopping money □ (*fig.*) **essere sulla c. dell'onda**, to ride on the creast of a wave; to be riding high.
créta *f.* (*argilla*) clay.
cretàceo ***A*** *a.* ***1*** clayey ***2*** (*geol.*) Cretaceous ***B*** *m.* (*geol.*) Cretaceous.
cretése *a., m. e f.* Cretan (*a. e m.*); Cretan woman* (*f.*).
cretinàta *f.* ***1*** (*azione*) stupid action; stupid thing: **Ho fatto una c.**, I did something stupid ***2*** (*parole*) stupid remark; stupid thing; rubbish Ⓤ: **dire cretinate**, to talk rubbish ***3*** (*cosa stupida*) stupid thing; rubbish Ⓤ ***4*** (*cosa facile*) joke; doddle (*fam.*).
cretinerìa *f.* ***1*** foolishness; stupidity; silliness ***2*** *V.* **cretinata**.
cretiniṣmo *m.* ***1*** (*med.*) cretinism ***2*** (*estens.*) stupidity.
cretino ***A*** *m.* (*f.* **-a**) ***1*** (*med.*) cretin ***2*** stupid (person); fool; idiot ***B*** *a.* ***1*** (*med.*) cretinous ***2*** (*estens.*) stupid; foolish.
cretonne (*franc.*) *m. invar.* cretonne.
cretóso *a.* chalky; clayey.
crìbbio *inter.* ***1*** (*di sorpresa*) crikey! (*GB*); gee! (*USA*) ***2*** (*di irritazione*) damn!
cric (**1**) *inter. e m.* crack; crackle; creak.
cric (**2**) *m.* (*mecc.*) jack; car jack • **sollevare col c.**, to jack up.
crìcca *f.* gang; clique; bunch.
crichèto *m.* (*zool.*) hamster.
cri cri *inter. e m.* chirp; chirping • **fare cri cri**, to chirp.
criminàle *a., m. e f.* criminal • **c. di guerra**, war criminal □ **c. della strada**, road hog □ **guidare come un c.**, to drive like a maniac.
criminalista *m. e f.* (*leg.*) criminal lawyer.
criminalità *f.* ***1*** criminal character ***2*** crime: **c. organizzata**, organized crime.
criminalizzàre *v. t.* to criminalize; to treat as a criminal.
crìmine *m.* crime; felony: **crimini di guerra**, war crimes.
criminologìa *f.* criminology.
criminòlogo *m.* (*f.* **-a**) criminologist.
criminóso *a.* criminal; felonious • **fatto c.**, crime; felony.
crinàle *m.* crest; ridge.
crine *m.* ***1*** hair (from a horse's tail) ***2*** (*per imbottiture*) horsehair • **c. vegetale**, vegetable fibre (for stuffing).
crinièra *f.* ***1*** (*zool.*) mane ***2*** (*astron.*) tail (*of a comet*) ***3*** (*scherz.*) mop (of hair); mane.
crinolìna *f.* crinoline.
criochirurgìa *f.* cryosurgery.
crioterapìa *f.* cryotherapy.
crìpta *f.* (*archit.*) crypt; vault.
crìptico *a.* (*lett.*) cryptic.
criṣàlide *f.* (*zool.*) chrysalis*; pupa*.
criṣantèmo *m.* (*bot.*) chrysanthemum.
crìṣi *f.* ***1*** crisis*: **c. religiosa**, religious crisis; **c. energetica**, energy crisis; **c. degli alloggi**, housing crisis (*o* shortage) ***2*** (*econ.*) crisis*; slump; depression ***3*** (*attacco, parossismo*) fit; seizure; attack; paroxysm: **c. epilettica**, epileptic fit (*o* seizure); **c. di astinenza**, withdrawal symptoms (*pl.*); **c. di nervi**, attack of nerves; **c. di pianto**, fit of weeping • (*polit.*) **c. di governo**, period following a government's resignation; fall of a government □ **coppia in c.**, couple going through a difficult period □ **essere in c.**, (*in difficoltà*) to be having problems, to be going through a bad patch; (*depresso*) to be feeling low □ (*econ., stor.*) **la grande c.**, the Great Crash; the Crash of 1929 □ **mettere in c. q.**, to create difficulties for sb.
crìṣma *m.* ***1*** (*relig.*) chrism ***2*** (*fig.*) official blessing; sanction • **con tutti i crismi**, properly; by the book.
cristalleria *f.* ***1*** (*fabbrica*) crystal factory; glassworks (*pl. col verbo al sing.*) ***2*** (*negozio*) glassware shop ***3*** (*oggetti*) crystal; glassware.
cristallino ***A*** *a.* ***1*** crystalline; crystal (*attr.*) ***2*** (*fig.*) crystal-clear ***B*** *m.* (*anat.*) crystalline lens.
cristallizzàre ***A*** *v. t.* to crystallize ***B*** **cristallizzàrsi** *v. i. pron.* ***1*** to crystallize ***2*** (*fig.*) to crystallize; (*irrigidirsi*) to fossilize.
cristallizzazióne *f.* (*anche fig.*) crystallization.
cristàllo *m.* ***1*** (*miner.*) crystal ***2*** (*in lastra*) (plate) glass: **lastra di c.**, sheet glass; **c. blindato**, armoured glass ***3*** (*per bicchieri, ecc.*) (crystal) glass: **c. di Boemia**, Bohemian glass ***4*** (*al pl.*) (*cristalleria*) crystal Ⓤ • (*miner.*) **c. di rocca**, rock crystal □ **c. di neve**, snow crystal □ (*chim., fis.*) **cristalli liquidi**, liquid crystals.
cristallografìa *f.* crystallography.
cristianaménte *avv.* like (*o* as) a Christian; in a Christian way.
cristianèṣimo *m.* Christianity.
cristianità *f.* ***1*** Christianity ***2*** (*il mondo cristiano*) Christendom.
cristiàno ***A*** *a.* ***1*** Christian ***2*** (*fam.: decente*) decent; proper ***B*** *m.* (*f.* **-a**) ***1*** Christian ***2*** (*fam.: persona*) soul: **Non c'era un cristiano**, there wasn't a soul • **comportarsi da c.**, to behave decently □ **mangiare da c.**, to eat properly; to have a decent meal □ **Questo è parlare da cristiani!**, that's the kind of thing I like to hear!
Cristo *m.* ***1*** Christ: **avanti C.**, Before Christ (*abbr.* B.C.); **dopo C.**, Anno Domini (*abbr.* A.D.) ***2*** (*crocifisso*) Crucifix • (*fam.*) **un povero c.**, a poor devil.
critèrio *m.* ***1*** criterion*; standard; yardstick; (*principio*) principle: **fissare un c.**, to fix a standard; **giudicare tutti con lo stesso c.**, to measure all people by the same yardstick ***2*** (*fam.: senno*) (common) sense: **essere senza c.**, to lack common sense; **di c.**, sensible.
crìtica *f.* ***1*** criticism Ⓤ: **sottoporre a c.**, to subject to criticism; **c. d'arte**, art criticism ***2*** (*saggio critico*) critical essay, critique; (*recensione*) review, notice, write-up (*fam.*) ***3*** (*i critici*) (the) critics (*pl.*): **il favore della c.**, the approval of the critics; **successo di c.**, critical success ***4*** (*biasimo*) criticism; censure; blame Ⓤ: **La mia non è una c.**, I don't mean it as criticism; **esporsi alle critiche**, to lay oneself open to criticism; **ricevere critiche**, to be criticized; **rivolgere critiche a q.**, to criticize sb.
criticàbile *a.* ***1*** open to criticism ***2*** (*biasimabile*) censurable.
criticàre *v. t.* ***1*** to criticize ***2*** (*biasimare*) to criticize; to censure; to blame; to find* fault with: **Ha sempre da c.**, he finds fault with everything; he's always grumbling about something; **farsi c.**, to lay oneself open to criticism.
crìtico ***A*** *a.* ***1*** critical: **spirito c.**, critical mind ***2*** (*di crisi*) critical, crucial; (*difficile*) difficult: **situazione critica**, critical situation; (*med. e estens.*) **fase critica**, critical stage; **essere in circostanze critiche**, to be in difficulties ***3*** (*chim., fis.*) critical • **età critica**, difficult age; (*menopausa*) change of life ***B*** *m.* (*f.* **-a**) ***1*** critic ***2*** (*recensore*) reviewer.
criticóne *m.* (*f.* **-a**) fault-finder; (*brontolone*) grumbler.
crittògama *f.* (*bot.*) cryptogam.
crittogàmico *a.* (*bot.*) cryptogamic; cryptogamous.
crittografìa *f.* cryptography.
crittogràmma *m.* cryptogram.
crivellàre *v. t.* to riddle: **c. q. di pallottole**, to riddle sb. with bullets.
crivèllo *m.* sieve; riddle.
croàto ***A*** *a.* Croatian ***B*** *m.* ***1*** (*f.* **-a**) Croat; Croatian (*f.* Croatian woman*) ***2*** (*lingua*) Croatian.
croccànte ***A*** *a.* crisp; crackling; crunchy ***B*** *m.* (*cucina*) almond brittle; almond toffee.
crocchétta *f.* (*cucina*) croquette; rissole.
cròcchia *f.* chignon; bun.
crocchiàre *v. i.* to crackle; to crack.
cròcchio *m.* knot (of people); small group: **un c. di curiosi**, a knot of onlookers; **fare c.**, to gather (*in a group*).
cróce *f.* ***1*** cross: **a forma di c.**, in the shape of a cross; cross-shaped; **fare una c. sopra q.c.**, (*segnare*) to mark st.

with a cross (*o* with an X); (*cancellare*) to cross st. out; **firmare con la c.**, to sign with a cross; to put one's mark *2* (*tribolazione*) cross; sore trial; (heavy) burden: **Ciascuno ha la sua c.**, everyone has a cross to bear; **Il figlio è la sua c.**, her son is a sore trial to her • (*astron.*) **la C. del Sud**, the Southern Cross □ **c. di guerra**, (*in Italia*) War Cross; (*in G.B.*) Distinguished Service Cross □ **c. di Malta**, Maltese cross □ **c. di S. Andrea**, St. Andrew's cross □ **c. greca**, Greek cross □ **c. latina**, Latin cross □ **la C. Rossa**, the Red Cross □ **c. uncinata**, swastika; fylfot □ **Cristo in c.**, Christ on the cross □ (*fig.*) **farci una c. sopra**, to forget about it □ **gettare la c. addosso a q.**, to throw the blame on sb. □ **Ha detto tre parole in c.**, he only said a few words □ **mettere in c.**, to crucify (*anche fig.*); (*assillare*) to torment, to pester □ **punto c.**, cross-stitch □ **segno della c.**, sign of the cross: **fare** (*o* **farsi**) **il segno della c.**, to cross oneself; to make the sign of the cross □ **tenere q. in c.**, to keep sb. on tenterhooks □ **«Testa o c.?»**, «heads or tails?».

crocerìsta *m. e f.* passenger on a cruise.

crocerossìna *f.* Red Cross nurse.

crocevìa *m.* crossroads.

crochet (*franc.*) *m. invar.* *1* (*uncinetto*) crochet hook *2* (*lavoro*) crochet • **(fatto) a c.**, crocheted □ **lavorare q.c. a c.**, to crochet st.

crociàta *f.* (*stor. e fig.*) crusade: **bandire una c.**, to proclaim a crusade.

crociàto *A* *a.* cruciform; cross-shaped • **parole crociate**, crossword (puzzle) (*sing.*) *B* *m.* (*stor.*) crusader.

crocìcchio *m.* crossroads.

crocièra (1) *f.* *1* (*archit.*) cross: **volta a c.**, cross vault *2* (*mecc.*) spider; cross.

crocièra (2) *f.* (*naut., aeron.*) cruise: **andare in c.**, to go on a cruise • **nave da c.**, cruiser □ **velocità di c.**, cruising speed.

crocifìggere *v. t.* *1* to crucify *2* (*criticare*) to crucify; (*tormentare*) to torment.

crocifissióne *f.* crucifixion.

crocifìsso *A* *a.* crucified *B* *m.* crucifix.

cròco *m.* (*bot.*) crocus.

crogiolàrsi *v. i. pron.* — **c. al sole**, to bask in the sun; **c. a letto**, to be snug in bed; **c. nei ricordi**, to indulge in memories; **c. nel dolore**, to wallow in misery.

crogiòlo *m.* crucible; (*anche fig.*) melting pot.

croissant (*franc.*) *m. invar.* (*cucina*) croissant.

crollàre *A* *v. i.* *1* to collapse; to fall* down; to come* crashing down; (*sotto un peso*) to give* way; (*di tetto e sim.*) to cave in *2* (*stramazzare*) to fall* down; to collapse: **c. a terra**, to fall to the ground *3* (*lasciarsi cadere*) to drop; to flop down; to slump: **c. su una sedia**, to drop into a chair *4* (*di impero e sim.*) to collapse; to crumble *5* (*rif. a persona*: *cedere*) to give* way; to break* down; to cave in: **I suoi nervi crollarono**, his nerves gave way; he went to pieces; **Davanti alle prove l'omicida crollò**, faced with the evidence, the murderer caved in *6* (*avere un crollo emotivo*) to crack up; to break* down *7* (*econ., di prezzi, ecc.*) to collapse; to plummet; to fall* • **c. dalla stanchezza**, to be ready to drop □ **Sto crollando dal sonno**, I can't keep my eyes open; I'm falling asleep on my feet □ **far c. un alibi**, to demolish an alibi □ (*econ.*) **far c. il mercato**, to knock the bottom out of the market *B* *v. t.* *V.* **scrollare**.

cròllo *m.* *1* collapse; (*di tetto e sim.*) cave-in: **Nel c. sono morte sei persone**, six people died when the building collapsed *2* (*rovina*) collapse; fall; breakdown; ruin *3* (*collasso*) breakdown; collapse: **c. nervoso**, nervous breakdown; **avere un c.**, to collapse *4* (*econ., fin.*) slump; collapse; crash: **c. dei prezzi**, slump in prices; **c. delle vendite**, collapse in sales; **c. in Borsa**, slide (*grave*: crash) on the Stock Exchange; **c. finanziario**, financial crash • (*anche fig.*) **dare il c. alla bilancia**, to tip the scales.

cròma *f.* (*mus.*) quaver (*GB*); eighth note (*USA*).

cromàre *v. t.* (*ind.*) to chromium-plate.

cromàtico *a.* chromatic.

cromatìna *f.* (*biochim.*) chromatin.

cromatịsmo *m.* *1* (*fis.*) chromatism *2* (*mus.*) chromaticism.

cromàto *a.* chromium-plated.

cromatùra *f.* chromium-plating.

cròmo *m.* (*chim.*) chromium; chrome • **giallo c.**, chrome yellow.

cromosòma *m.* (*biol.*) chromosome.

cromosòmico *a.* (*biol.*) chromosome (*attr.*): **corredo c.**, chromosome complement; **mappa cromosomica**, chromosome map.

crònaca *f.* *1* (*stor.*) chronicle *2* (*giorn.*) news Ⓤ; report; (*rubrica*) page, column: **c. cittadina**, local news; **c. giudiziaria**, law reports (*pl.*); **c. nera**, crime news; crime pages (*pl.*); **c. rosa**, gossip column; **fatto di c.**, news item *3* (*resoconto*) account, report; (*radio, TV*) commentary: **fare la c. di q.c.**, to give an account of st.; **fare la c. diretta di una partita**, to give a running commentary on a match.

cronicàrio *m.* hospital for the chronically ill.

cronicità *f.* chronicity.

cronicizẓàre *A* *v. t.* to make* chronic *B* **cronicizẓàrsi** *v. i. pron.* to become* chronic.

crònico *A* *a.* chronic *B* *m.* chronic invalid.

cronìsta *m. e f.* *1* (*stor.*) chronicler *2* (*giorn.*) reporter: **c. sportivo**, sports reporter.

cronistòria *f.* (*anche fig.*) chronicle.

cronologìa *f.* chronology.

cronològico *a.* chronological.

cronometràggio *m.* (precision) timing.

cronometràre *v. t.* to time.

cronometrìa *f.* chronometry.

cronomètrico *a.* *1* chronometrical *2* (*estens.*) absolute; exact.

cronometrìsta *m. e f.* timekeeper.

cronòmetro *m.* chronometer; (*a scatto*) stopwatch • **prova a c.**, time trial.

cross (*ingl.*) *m.* *1* (*boxe, calcio*) cross *2* (*tennis*) cross-court drive.

crossàre *v. i.* (*sport*) to cross (the ball).

cròsta *f.* *1* crust; (*di formaggio*) rind *2* (*med.*) scab *3* (*incrostazione*) scale *4* (*spreg.*: *quadro*) daub • (*med.*) **c. lattea**, cradle cap.

crostàceo *m.* (*zool.*) crustacean; shellfish*.

crostàta *f.* (*cucina*) tart.

crostìno *m.* (*cucina*) canapé (*franc.*); (*per brodo*) crouton (*franc.*).

cròtalo *m.* (*zool.*) rattlesnake.

crucciàre *A* *v. t.* to trouble; to worry *B* **crucciàrsi** *v. i. pron.* to worry; to fret.

crucciàto *a.* worried.

crùccio *m.* worry.

cruciàle *a.* crucial.

crucivèrba *m. invar.* crossword puzzle; crossword.

crudaménte *avv.* crudely; harshly.

crudèle *a.* *1* cruel; (*spietato*) merciless, ruthless *2* (*doloroso*) cruel; painful; bitter: **delusione c.**, bitter disappointment; **vista c.**, painful sight.

crudeltà *f.* *1* cruelty; (*spietatezza*) mercilessness, ruthlessness *2* (*cosa crudele*) cruel thing; cruelty.

crudézza *f.* *1* (*asprezza*) harshness; severity *2* (*brutalità*) crudeness; crudity *3* (*estremo realismo*) crude realism, explicitness; (*volgarità*) crudity, crudeness.

crùdo *a.* *1* raw; uncooked; (*poco cotto*) half-cooked, (*di bistecca*) underdone *2* (*rigido*) harsh; severe *3* (*brutale*) crude; harsh: **c. realismo**, crude realism; **la c. realtà**, harsh reality • **seta cruda**, raw silk.

cruènto *a.* bloody: **lotta cruenta**, bloody fight.

crumìro *m.* (*f.* **-a**) blackleg; scab.

crùna *f.* eye (of a needle).

crùsca *f.* bran.

cruscòtto *m.* (*autom.*) dashboard; (*aeron.*) instrument panel.

cubàno *a. e m.* (*f.* **-a**) Cuban (*f.* Cuban woman*).

cubatùra *f.* cubic capacity; cubature; cubage.

cubétto *m.* (small) cube: **c. di ghiaccio**, ice cube; **tagliare a cubetti**, to cut into small cubes; to dice.

cùbico *a.* *1* cubical; cube-shaped *2* (*mat.*) cubic: **equazione cubica**, cubic equation; **radice cubica**, cube root.

cubịsmo *m.* (*arte*) cubism.

cubìsta *m. e f.* (*arte*) cubist.

cubitàle *a.* — **lettere cubitali**, big block capitals; **titolo a caratteri cubitali**, banner headline.

cùbito *m.* *1* (*anat.*) ulna* *2* (*antica misura*) cubit.

cùbo *A* *a.* (*mat.*) cubic: **metro c.**, cubic metre *B* *m.* *1* (*mat., geom.*) cube: **elevare al c.**, to cube; **sei al c.**, six cubed *2* (*oggetto cubico*) cube; block: **c. di granito**, block of granite.

cuccàgna *f.* abundance; plenty; feast • **albero della c.**,

greasy pole □ **far c.**, to have a high old time □ **Che c.!**, what a feast!; how great! □ **il paese di C.** (*o* **della c.**), Cockaigne; the Land of Plenty □ **È finita la c.!**, the party is over!
cuccàre *v. t.* (*fam.*) ***1*** (*prendere*) to get*; to bag (*fam.*); to score (*pop.*); (*cose spiacevoli*) to catch, to cop (*pop.*): **c. un premio**, to get a prize; **c. una multa**, to cop a fine ***2*** (*sorprendere*) to catch* ***3*** (*rubare*) to filch; to swipe ***4*** (**cuccarsi**: *sopportare*) to put* up with ***5*** (*fare conquiste*) to score (with sb.); to make* out with (sb.) (*USA*): **Hai cuccato ieri sera?**, did you score last night?
cuccétta *f.* ***1*** (*ferr.*) berth; couchette ***2*** (*naut.*) berth.
cucchiaiàta *f.* spoonful; tablespoonful.
cucchiaìno *m.* ***1*** (*da tè*) teaspoon; (*da caffè*) coffeespoon ***2*** (*contenuto*) teaspoonful; coffeespoonful ***3*** (*per la pesca*) spoon.
cucchiàio *m.* ***1*** spoon: **c. da minestra**, tablespoon; soup spoon; **c. da portata**, serving spoon ***2*** (*cucchiaiata*) spoonful; tablespoonful • (*scherz.*) **da raccogliere col c.**, worn to a frazzle.
cùccia *f.* dog's bed; (*canile*) kennel • **C.!**, down! □ **A c.!**, to your bed! □ **fare la c.**, to lie down □ **Il tuo letto è una c.**, your bed is a mess.
cucciolàta *f.* ***1*** litter ***2*** (*fig.*) brood.
cùcciolo *m.* ***1*** young; (*di cane*) pup, puppy; (*di gatto*) kitten; (*di animale selvatico*) cub: (*di foca e balena*) calf*, pup ***2*** (*bambino*) youngest (child); baby; (*cocco*) pet.
cùccuma *f.* (*del latte*) milk jug; (*del caffè*) coffeepot.
cucina *f.* ***1*** (*locale*) kitchen: **c. abitabile**, large kitchen; kitchen-dining-room ***2*** (*mobili*) fitted kitchen; kitchen units (*pl.*) ***3*** (*il cucinare*) cooking; (*arte del cucinare*) cookery, cuisine; (*cibo*) food: **c. casalinga**, home cooking; **la c. francese**, French cuisine (*o* cooking); **Mi piace la c. cinese**, I like Chinese food; **libro di c.**, cookery book; **alta c.**, haute cuisine (*franc.*) ***4*** (*fornelli*) cooker; (kitchen) range; stove: **c. a gas**, gas stove (*o* cooker); **c. elettrica**, electric cooker • **c. da campo**, field kitchen □ **c. di bordo**, galley □ **È bravo in c.**, he is a good cook □ **di bassa c.**, menial.
cucinàre *v. t.* ***1*** to cook; (*assol., anche*) to do* the cooking ***2*** (*fig.*) to fix; to arrange.
cucinière *m.* (*f.* **-a**) cook.
cucinìno, **cucinòtto** *m.* kitchenette.
cucìre *v. t.* ***1*** to sew*; to stitch: **c. un vestito**, to sew a dress; **c. una tasca**, to sew (*o* to stitch) on a pocket; **c. a mano**, to hand-sew; to sew by hand ***2*** (*chir.*) to suture; to stitch ***3*** (*con punti metallici*) to staple • **c. la bocca a q.**, to stop sb.'s mouth; to shut sb. up □ **cucirsi la bocca**, to shut up □ **macchina da c.**, sewing machine.
cucirìno *m.* sewing thread.
cucito ***A*** *a.* ***1*** sewn: **c. a mano**, hand-sewn ***2*** (*con punti metallici*) stapled; (*di libro*) stitched • **c. a filo doppio con q.**, hand in glove with sb. □ **Ho la bocca cucita**, my lips are sealed ***B*** *m.* ***1*** (*il cucire*) sewing ***2*** (*lavoro*) needlework.
cucitrìce *f.* ***1*** seamstress; needlewoman* ***2*** (*per fogli*) stapler; (*per libri*) stitcher.
cucitùra *f.* ***1*** (*il cucire*) sewing; stitching ***2*** (*costura*) seam ***3*** (*con punti metallici*) stapling; (*di libro*) stitching • **calze senza c.**, seamless stockings.
cucù ***A*** *m.* (*zool.*) cuckoo • **fare c.**, to go boo □ **orologio a c.**, cuckoo clock ***B*** *inter.* ***1*** (*per gioco*) boo!; peek-a-boo! ***2*** (*iron.*) no way!
cucùlo *m.* (*zool.*) cuckoo.
cùffia *f.* ***1*** cap: **c. da neonato**, baby's cap; **c. da bagno**, bathing cap; **c. per doccia**, shower cap ***2*** (*cappellino*) bonnet ***3*** (*radio, tel.*) headphones (*pl.*); headset ***4*** (*mecc.*) casing; shroud • (*teatr.*) **c. del suggeritore**, prompt box □ **uscirne per il rotto della c.**, to get off by the skin of one's teeth □ **passare per il rotto della c.**, to scrape through.
cugina *f.*, **cugino** *m.* cousin: **c. di primo** [**di secondo**] **grado**, first [second] cousin; **figlio di un primo c.**, first cousin once removed.
cùi *pron. relat. m. e f., sing. e pl.* ***1*** (*nei casi obliqui*: *rif. a persona*) whom; (*rif. a cosa o animale*) which (*spesso sottintesi, posponendo la prep.*): **un amico su cui posso contare**, a friend on whom I can rely (*form.*); a friend I can rely on; **il film di cui parlavo**, the film of which I was speaking (*form.*); the film I was speaking of; **il paese da cui vengo**, the country I come from; **il giorno in cui mi sposai**, the day in which (*o* when) I got married; **il paese in cui nacqui**, the village in which (*o* where) I was born ***2*** (*a cui*: *rif. a persona*) to whom, (*rif. a cosa o animale*) to which (*spesso sottintesi, posponendo la prep.*): **la persona cui mi rivolsi**, the person to whom I turned (*form.*); the person I turned to ***3*** (*genitivo poss.*: *rif. a persona*) whose; (*rif. a cosa o animale*) whose, of which: **la persona di cui ti dissi il nome**, the person whose name I mentioned; **il cane di cui hai visto i cuccioli**, the dog whose puppies you saw • **per cui** (*perciò*), so; therefore □ **la ragione per cui te lo dissi**, the reason (why) I told you □ **ragion per cui**, which is why □ **tra cui** (*incluso*), including.
culàtta *f.* (*di arma da fuoco*) breech.
culbiànco *m.* (*zool.*) wheatear.
cul-de-sac (*franc.*) *m. invar.* (*anche fig.*) cul-de-sac*; blind alley.
culinària *f.* gastronomy; cookery.
culinàrio *a.* culinary; gastronomic; cookery (*attr.*).
cùlla *f.* ***1*** cot; crib; (*a dondolo*) cradle: **c. portatile**, carrycot; **fin dalla c.**, from the cradle; **dalla c. alla tomba**, from the cradle to the grave ***2*** (*fig.*) cradle; birthplace.
cullàre ***A*** *v. t.* ***1*** to rock ***2*** (*custodire*) to cherish; to nurse: **c. un sogno**, to cherish a dream ***3*** (*illudere*) to lull ***B*** **cullàrsi** *v. i. pron.* (*illudersi*) to delude oneself; to fool oneself: **Si cullava nella speranza di avere il posto**, he fooled himself into thinking he would get the job; **c. in un'illusione**, to cherish an illusion.
culminànte *a.* culminating: **momento c.**, culminating point; climax.
culminàre *v. i.* to culminate; to reach its highest point; to reach a climax.
cùlmine *m.* ***1*** summit; peak ***2*** (*fig.*) height; peak; climax: **il c. della felicità**, the height of happiness; **il c. della carriera**, the peak of one's career.
cùlo *m.* (*volg.*) ***1*** (*sedere*) bum, arse (*GB*); ass (*USA*); butt ***2*** (*fortuna*) luck: **Hai proprio c.**, you're a lucky bastard! • **essere c. e camicia**, to be as thick as thieves □ **leccare il c. a q.**, to kiss sb.'s ass □ **mandare q. a fare in c.**, to tell sb. to fuck off □ **prendere q. per il c.**, to take the piss out of st. (*GB*); to have sb. on, to shit sb. (*USA*).
cùlto *m.* ***1*** cult; worship: **c. dei morti**, cult of the dead; **c. della personalità**, personality cult; **c. degli eroi**, hero worship ***2*** (*religione*) religion; creed; faith • **Ha un vero c. per la madre**, he worships his mother □ **film di c.**, cult film (*o* movie) □ **libertà di c.**, freedom of worship □ **ministro del c.**, minister; priest.
cultóre *m.* (*f.* **-trice**) (*studioso*) student; (*esperto*) expert, connoisseur; (*appassionato*) lover.
cultùra *f.* ***1*** culture: **c. europea**, European culture; **c. di massa**, mass culture ***2*** (*conoscenze*) knowledge; education; learning: **c. scientifica**, scientific knowledge; **avere una buona c.**, to have a good general knowledge; **uomo di c.**, cultured man; intellectual; **farsi una c. su q.c.**, to read (up) about st.; to become knowledgeable about st. ***3*** (*mentalità*) awareness; attitude: **la c. dell'ambiente**, environmental awareness ***4*** *V.* **coltura**.
culturàle *a.* cultural.
culturismo *m.* bodybuilding.
culturista *m. e f.* bodybuilder.
cumìno *m.* (*bot.*) cum(m)in.
cumulàbile *a.* accumulable.
cumulàre *v. t.* to accumulate • **c. più incarichi**, to hold a number of offices □ **c. stipendi**, to draw several salaries.
cumulatìvo *a.* cumulative; combined; inclusive: **effetto c.**, cumulative effect; **prezzo c.**, inclusive price; **biglietto c.**, group ticket.
cùmulo *m.* ***1*** (*montagnola*) heap; mound: **c. di neve**, heap of snow; snowdrift ***2*** (*gran quantità*) lot; load: **c. di sciocchezze**, load of nonsense ***3*** (*concentrazione*) plurality; aggregation: **c. di incarichi**, plurality of offices; **c. dei redditi**, aggregation of incomes; (*fisc.*) joint taxation ***4*** (*meteor.*) cumulus* • **c. di circostanze**, series of circumstances □ **c. di lavoro arretrato**, backlog.
cuneifórme ***A*** *a.* cuneiform; wedge-shaped: **caratteri cuneiformi**, cuneiform characters ***B*** *f.* cuneiform (writing).
cùneo *m.* ***1*** wedge ***2*** (*archit.*) quoin.
cunétta *f.* ***1*** (*canale di scolo*) gutter ***2*** (*del fondo stradale*) bump.
cunìcolo *m.* ***1*** tunnel; underground passage ***2*** (*di animale*) burrow ***3*** (*di miniera*) drift; (*verticale*) shaft.
cuòca *f.* cook.

cuòcere ***A*** *v. t.* ***1*** to cook ***2*** (*ceramiche, mattoni*) to bake; to fire ***B*** *v. i.* ***1*** to cook ***2*** (*bruciare, inaridire*) to burn*; to bake ● **c. a fuoco lento**, to simmer □ **c. al forno**, to bake; (*carne*) to roast □ **c. alla griglia**, to grill □ **c. arrosto**, to roast □ **c. in umido**, to stew □ **c. troppo**, to overcook □ **far c.**, to cook □ **mela da c.**, cooking apple □ **lasciar c. q. nel suo brodo**, to let sb. stew in his own juice ***C*** **cuòcersi** *v. i. pron.* to cook.

cuòco *m.* cook; (*capo c.*) chef.

cuòio *m.* (*pl.* **cuòi** *m.*; **cuòia** *f.*, *in senso fig.*) leather; hide ● **c. conciato**, dressed leather □ (*anat.*) **c. capelluto**, scalp □ **c. grezzo**, rawhide □ **finto c.**, leatherette □ (*fam.*) **lasciarci le cuoia**, to die; to cop it (*pop.*) □ (*fam.*) **tirare le cuoia**, to kick the bucket, to croak (*pop.*).

cuòre *m.* ***1*** heart: **c. artificiale**, artifical heart; **malattia di c.**, heart disease; **essere malato di c.**, to have a bad heart; to have heart trouble; **avere buon c.**, to be kind-hearted; **spezzare il c. a q.**, to break sb.'s heart; **un c. d'argento**, a silver heart ***2*** (*parte centrale*) heart; centre; core: **nel c. della foresta**, in the heart of the forest; **nel c. dell'inverno** [**della notte**], in the dead of winter [of night]; **il c. industriale del paese**, the industrial heartland of the country ***3*** (*al pl.*) (*a carte*) hearts ● **cuor di coniglio**, coward; chicken □ **cuor di leone**, brave man; lion: **Riccardo Cuor di Leone**, Richard the Lionheart; Richard Coeur de Lion □ **cuor d'oro**, heart of gold; (*persona*) softie □ **c. solitario**, lonely heart □ **Il c. mi dice che tornerà**, I feel in my heart that he will come back □ (*chir.*) **intervento a c. aperto**, open-heart surgery [U] □ **a cuor leggero**, light-hearted, cheerful (*agg.*); light-heartedly, cheerfully (*avv.*) □ **a forma di c.**, heart-shaped □ **Mi si allargò il c.** (**per la speranza**), hope surged within me □ **avere a c. q.c.**, to have st. at heart □ **avere il c. sulle labbra**, to wear one's heart on one's sleeve □ **avere il c. gonfio**, to be heavy-hearted □ **col c. in gola**, panting; (*per l'emozione*) with one's heart in one's mouth □ **col c. in mano**, in all sincerity □ **con tutto il c.**, with all one's heart; whole-heartedly □ **amico del c.**, best (*o* bosom) friend □ **la squadra del c.**, one's favourite team □ **Ti ringrazio di c.**, I'm very grateful to you □ **ridere di c.**, heartily □ (*fig.*) **far bene al c.**, to be heart-warming □ **leggere nel c. di q.**, to see into sb.'s heart □ **mettersi il c. in pace**, (*tranquillizzarsi*) to set one's mind at rest; (*rassegnarsi*) to resign oneself □ **nel profondo del c.**, deep in one's heart; in one's heart of hearts □ **Mi piange il c. a vedere questo spreco**, it breaks my heart to see such waste □ **prendere a c. q.c.**, to take st. to heart □ **Non mi regge il c. di dirglielo**, I haven't the heart to tell him □ **senza c.**, heartless □ **Mi sta a c. la tua felicità**, I have your happiness at heart □ **un progetto che mi sta a c.**, a plan that I'm very keen on □ **Mi si strinse il c.**, my heart ached □ **che viene dal c.**, heartfelt (*agg.*); from the heart.

cupidìgia *f.* cupidity [U]; covetousness [U]; greed [U].

cùpido *a.* covetous; greedy.

cùpo *a.* ***1*** (*scuro*) dark ***2*** (*profondo*) deep ***3*** (*fig.*) dark; gloomy; sombre; (*tetro*) dismal, glum, sullen: **c. silenzio**, gloomy silence; **cupe previsioni**, gloomy prospects; **c. in volto**, with a sullen face.

cùpola *f.* ***1*** dome; (*piccola*) cupola ***2*** (*di cappello*) crown ***3*** (*mafiosa*) Mafia bosses (*pl.*) ● **a c.**, dome-shaped.

cùra *f.* ***1*** (*attenzione*) care [U]; attention: **prendersi c. di q.**, to take care of sb.; **aver bisogno di cure affettuose**, to need care; **avere c. della propria salute**, to take care of oneself; **cure genitoriali**, parental care; **affidato alle mie cure**, left in my care; **una pianta che richiede cure**, a plant that needs attention ***2*** (*accuratezza, precisione*) care; carefulness; accuracy; attention: **con c.**, with care; carefully; **senza c.**, carelessly ***3*** (*al pl.*) (*pensieri, preoccupazioni*) cares ***4*** (*med.*: *metodo di cura*) (course of) treatment; (*metodo di guarigione*) cure; (*l'accudire un malato*) care [U], nursing [U]: **prescrivere una c.**, to prescribe a treatment; **c. del sonno**, deep-sleep treatment; **c. a base di estrogeni**, oestrogen treatment; **una c. per l'AIDS**, a cure for AIDS; **avere in c. q.**, to have sb. in one's care; **Sono in c. col dott. Segni**, I'm a patient of Dr. Segni's ● **c. di bellezza**, beauty treatment □ **c. del sole**, sunbathing □ **c. dimagrante**, (slimming) diet □ **cure postoperatorie**, aftercare [U] □ (*di libro*) **a c. di**, edited by □ **casa di c.**, nursing home □ **fare una c. termale** (*o* **la c. delle acque**), to take the waters □ **luogo di c. termale**, spa □ **Sarà mia c. impedirlo**, I'll see to it that it doesn't happen.

curàbile *a.* curable.

curàre ***A*** *v. t.* ***1*** (*aver cura di*) to take* care (of); to look after ***2*** (*sovrintendere*) to supervise; (*amministrare*) to run* ***3*** (*un libro*) to edit ***4*** (*med.*) to treat; (*guarire*) to cure; (*accudire*) to nurse: **c. l'insonnia con una nuova terapia**, to treat insomnia by a new therapy; **curarsi l'influenza**, to take something for the flu ***5*** (*fare in modo che*) to see* to it (that); to make* sure (that) ● **c. anime**, to have the care of souls ***B*** **curàrsi** *v. rifl. e i. pron.* ***1*** (*aver cura di sé*) to take* care of one's health; (*fare una cura*) to follow a treatment ***2*** (*badare al proprio aspetto*) to be very careful about one's appearance ***3*** (*badare a*) to take* care (of); to look after; to mind ***4*** (*interessarsi di*) to care (about); to pay* attention (to) ● **non c. di q.c.**, to be indifferent to st.; not to bother about st. □ **non c. di q.**, not to pay any attention to sb.; to neglect sb.

curàro *m.* (*farm.*) curare.

curatèla *f.* (*leg.*) ***1*** trusteeship; (*tutela*) guardianship ***2*** (*di fallimento*) receivership.

curativo *a.* (*med.*) curative.

curàto (1) *m.* (*eccles.*) curate.

curàto (2) *a.* ***1*** (*fatto con cura*) very accurate; thorough ***2*** (*ben tenuto*) well-kept; trim ***3*** (*di persona*) neat; well-groomed.

curatóre *m.* (*f.* **-trice**) ***1*** (*leg.*) trustee; administrator; (*di fallimento*) receiver, trustee in bankruptcy (*USA*); (*tutore*) guardian ***2*** (*di un testo*) editor ● **c. di immagine**, image maker; image consultant.

cùrdo ***A*** *a.* Kurdish ***B*** *m.* ***1*** (*f.* **-a**) Kurd (*f.* Kurdish woman*) ***2*** (*lingua*) Kurdish.

cùria *f.* (*eccles.*) curia*: **la c. romana**, the Roman Curia; **c. vescovile**, diocesan administration.

curiàle *a.* ***1*** (*eccles.*) curial ***2*** (*aulico*) courtly; majestic ***3*** (*forense*) legal.

curiosaménte *avv.* ***1*** (*stranamente*) curiously; oddly enough ***2*** (*con curiosità*) curiously.

curiosàre *v. i.* ***1*** to look about; to have a look around; (*tra libri e sim.*) to browse ***2*** (*spreg.*) to be inquisitive; to pry; to be nosy (*fam.*).

curiosità *f.* ***1*** curiosity: **per** (**pura**) **c.**, out of curiosity ***2*** (*spreg.*) inquisitiveness; nosiness (*fam.*) ***3*** (*stranezza*) oddity; peculiarity ***4*** (*oggetto raro*) curiosity; curio*.

curióso ***A*** *a.* ***1*** curious; inquisitive; (*spreg.*) prying, nosy (*fam.*): **Sono c. di vederlo**, I'm curious to see it ***2*** (*strano*) curious; funny; odd ***B*** *m.* (*f.* **-a**) ***1*** (*chi si ferma a guardare*) onlooker; rubberneck (*fam. USA*) ***2*** (*impiccione*) inquisitive person; nosy parker (*fam.*).

currìculum *m. invar.* curriculum* vitae (*abbr.* CV).

curry (*ingl.*) *m. invar.* (*cucina*) curry: **c. di verdure**, vegetable curry; **pollo al c.**, curried chicken.

cursóre *m.* ***1*** (*mecc.*) slider ***2*** (*elab.*) cursor.

cùrva *f.* ***1*** curve (*anche mat.*); arc ***2*** (*di strada*) bend; curve: **fare una c. a destra**, to turn right; (*di strada*) to bend to the right; **prendere una c.**, to take a bend; **sorpassare in c.**, to overtake on a bend; **tagliare una c.**, to cut a corner; **c. stretta**, sharp bend; **c. a gomito**, hairpin bend; **curva a S**, S-bend; S-curve ***3*** (*del corpo*) curve ***4*** (*di proiettile*) trajectory ***5*** (*sci*) turn ***6*** (*geogr.*) contour (line) ● **tutta curve**, (*di strada*) full of bends; winding; (*di donna*) curvaceous.

curvàre ***A*** *v. t.* to bend*: **c. il capo**, to bend one's head ***B*** *v. i.* ***1*** (*di strada, fiume*) to bend; to curve ***2*** (*di veicolo*) to turn; to take* a bend ***C*** **curvàrsi** *v. rifl. e i. pron.* ***1*** to bend* (down); to stoop ***2*** (*incurvarsi*) to bend*; to become* bent; (*di legno*) to warp.

curvatùra *f.* ***1*** (*anche mat.*) curvature; bend ***2*** (*mecc.*) camber ***3*** (*archit.*) sweep.

curvilìneo ***A*** *a.* (*anche mat.*) curvilinear ***B*** *m.* (*strumento*) French curve.

cùrvo *a.* ***1*** curved: **linea curva**, curved line ***2*** (*piegato*) bent; (*ingobbito*) stooping, bent: **c. sui libri**, bent over one's books; **camminare c.**, to walk with a stoop; **spalle curve**, round shoulders.

cuscinétto *m.* ***1*** pad: **c. per timbri**, ink pad; (*anat.*) **c. adiposo**, pad ***2*** (*mecc.*) bearing: **c. a sfere**, ball bearing ● **c. per spilli**, pincushion □ **fare da c.**, to act as a buffer □ (*polit.*) **stato c.**, buffer state.

cuscino *m.* cushion; (*guanciale*) pillow ● **c. d'aria**, air

cushion □ **c. di fiori**, wreath.
cuscus *m. invar.* (*cucina*) couscous.
cùspide *f.* ***1*** (*archit.*) spire ***2*** (*punta*) point; tip ***3*** (*mat., astron.*) cusp.
custòde *m. e f.* ***1*** keeper; caretaker; (*anche fig.*) guardian, custodian: **c. di passaggio a livello**, level-crossing keeper ***2*** (*portiere*) porter; concierge (*franc.*); superintendent (*USA*) ***3*** (*leg.*) receiver • **c. delle carceri**, prison guard.
custòdia *f.* ***1*** care; custody: **avere in c. q.c.**, to have st. in one's care; **lasciare q.c. in c. a q.**, to leave st. with sb. for safekeeping; **affidare un bambino alla c. di q.**, to leave a child in sb.'s care ***2*** (*leg.*) custody; (*di minore, anche*) guardianship: **La c. dei figli andò alla madre**, custody of the children was granted to their mother; **sotto la c. di**, in the custody of; **c. cautelare**, custody; remand ***3*** (*astuccio, ecc.*) case, holder; (*fodero*) sheath; (*di disco*) sleeve, jacket (*USA*) • (*banca*) **spese di c.**, safe custody charges.
custodìre *v. t.* ***1*** (*conservare*) to keep*; to guard; to preserve: **c. in cassaforte**, to keep in a safe; **c. un segreto**, to keep (*o* to guard) a secret ***2*** (*aver cura di*) to take* care of; to look after ***3*** (*vigilare*) to guard ***4*** (*leg., di persona*) to hold* in custody ***5*** (*un ricordo, ecc.*) to cherish.
cutàneo *a.* cutaneous; skin (*attr.*): **malattia cutanea**, skin disease.
cùte *f.* skin; (*scient.*) cutis*.
cutìcola *f.* (*bot., anat.*) cuticle.
cutréttola *f.* (*zool.*) yellow wagtail.
cutter (*ingl.*) *m. invar.* (*naut.*) cutter.
cyclette (*franc.*) *f. invar.* exercise bicycle; gym bike (*fam.*).
czàrda *f.* csardas*, czardas*.

d, D

D, d *m. o f.* D, d • (*telef.*) **d come Domodossola**, d for David (*USa* for Dog).
da *prep.* ***1*** (*moto da luogo, separazione, derivazione*) from, off; (*fuori da*) out of; (*giù da*) off; (*origine*) of: **venire da scuola** [**da Roma**], to come from school [from Rome]; **Cadde dal tetto**, he fell off the roof; **Uscì dalla casa**, he came out of the house; **Si alzò dalla sedia**, he got off the chair; **Scese dall'aereo**, he got off the plane; **da dentro**, from within; **separarsi da q.**, to part from sb.; **a partire da oggi**, starting from today; **sant'Antonio da Padova**, St Anthony of Padua ***2*** (*agente*; *mezzo*) by: **scritto da Dante**, written by Dante; **spinto dalla curiosità**, driven by curiosity; **fare da sé**, to do (st.) (by) oneself; to manage on one's own ***3*** (*moto per luogo*) through: **Entrò dalla porta**, he came in through the door; **passare da Lodi**, to pass through Lodi ***4*** (*stato in luogo*) at: **Ero dal fornaio**, I was at the baker's; **Sta da un amico**, he is staying at a friend's (place); **Ceno dai Rossi**, I'm dining at the Rossis' ***5*** (*moto a luogo*) to: **Sono andato da Rita**, I've been to Rita's; **Venite su da noi**, come up to our place ***6*** (*durata*) for: **È da un anno che non lo vedo**, I haven't seen him for a year; **Aspetto da un'ora**, I've been waiting (for) an hour ***7*** (*decorrenza*: *nel passato*) since; (*nel futuro*) from: **da allora**, since then; **Sono qui dalle sei** (*o* **È dalle sei che sono qui**), I've been here since six o'clock; **dall'ultima volta che lo vidi**, since I saw him last; **d'ora in poi**, from now on ***8*** (*ruolo, condizione*) as; (*modo*) as, like: **lavorare da segretaria**, to work as a secretary; **fare da guida**, to act as a guide; **parlarsi da amici**, to talk as friends; **Da bambino avevo paura del buio**, I used be afraid of the dark, as (*o* when I was) a child; **comportarsi da uomo**, to behave like a man; **da buon romano**, like a good Roman; **Non è da lui tardare**, it's not like him to be late; **Questo non è da te**, this is not worthy of you; (*fam.*) **Su, da bravo!**, there's a good boy! ***9*** (*caratteristica*) with (*o forma agg.*): **una casa dal tetto rosso**, a house with a red roof; **un ragazzo dai capelli ricci**, a boy with curly hair; a curly-haired boy; **scarpe da 200.000 lire**, 200,000-lire shoes ***10*** (*uso, scopo*) — **occhiali da sole**, sunglasses: **ferro da calza**, knitting needle; **vestito da sera**, evening dress ***11*** (*valore, misura*) — **una lampadina da 60 watt**, a 60-watt lamp bulb ***12*** (*limitazione*) in; on: **cieco da un occhio**, blind in one eye ***13*** (*causa*) for; with: **ridere dalla gioia**, to laugh for joy; **tremare dalla paura**, to tremble with fear ***14*** (**da... a:** *tempo*) from (... to): **dai tre ai sei anni**, from three to six years of age ***15*** (**da... a:** *circa*) between (... and): **dalle dieci alle venti persone**, between ten and twenty people ***16*** (*seguito da un inf.*) — **avere da fare**, to have things to do; to be busy; **Dammi da bere**, give me something to drink; **un film da vedere**, a film worth seeing; **una storia da ridere**, a funny story; **una decisione da prendere**, a decision that has to be taken ***17*** (*in correl. con «così» o «tanto»*) (as) to; that: **Sia così gentile da aspettare**, be so good as to wait; **Ero così stanco da non poter quasi parlare**, I was so tired (that) I could hardly speak; **tanto da**, (*consecutivo*) so much as to; (*a sufficienza*) enough to.
dabbàsso *avv. V.* **da basso** *sotto* **basso**.
dabbenàggine *f.* credulity; simplemindedness.
dabbène *a. invar.* honest; decent; respectable.
daccàpo *avv. V.* **da capo** *sotto* **capo**.
dacché *cong.* ***1*** (*da quando*) since ***2*** (*poiché*) since; as.
dadaìsmo *m.* (*arte*) Dadaism.
dadaìsta (*arte*) ***A*** *m. e f.* Dadaist ***B*** *a.* Dadaistic.
dàdo *m.* ***1*** dice*; (*specialm. USA*) die*: **giocare a dadi**, to play dice; **giocarsi q.c. a dadi**, to dice for st.; **dadi truccati**, loaded dice; **Il d. è tratto**, the die is cast ***2*** (*mecc.*) (screw) nut ***3*** (*cubetto*) cube ***4*** (*cucina*) stock cube.
daffàre *m.* work; things (*pl.*) to do: **avere un gran d.**, to have a lot of things to do; to be very busy; **con tutto il d. che ho**, with all the things (*o* the work) I have to do; **Avrai il tuo bel d. a convincerlo**, you'll have your work cut out convincing him; **Ebbi il mio bel d. a trattenerlo**, it was all I could do to keep him back.
dagherròtipo *m.* (*fotogr.*) daguerreotype.
dàgli *inter.* (*fam.*) — **D.!**, at him [her, etc.]!; **E d.!**, there we go again!; **D. oggi, d. domani**, by dint of insisting.
dài *inter.* (*fam.*) ***1*** *V.* **dagli** ***2*** (*suvvia*) come on!: **Dài, vieni con noi**, come on, do join us!; **Dài, non piangere**, come on, don't cry!; **Dài, corri!**, run! • **Dài e ridai**, by dint of insisting.
dàino *m.* (*zool.*) fallow deer*; (*maschio*) buck; (*femmina*) doe • **pelle di d.**, chamois leather.
dàlia *f.* (*bot.*) dahlia.
dàlmata *a., m. e f.* Dalmatian.
daltònico *a.* colour-blind; daltonio.
daltonismo *m.* colour-blindness; Daltonism.
dàma (**1**) *f.* ***1*** lady ***2*** (*nel ballo*) partner • **d. di compagnia**, lady's companion □ **d. d'onore**, lady-in-waiting.
dàma (**2**) *f.* ***1*** (*gioco*) draughts (*pl. col verbo al sing., GB*); checkers (*pl. col verbo al sing, USA*) ***2*** (*la pedina raddoppiata*) king • **far d.**, to crown a draughtsman.
damascàto *a.* damask (*attr.*).
damàsco *m.* (*tessuto*) damask.
damerino *m.* ***1*** (*elegantone*) dandy; fop ***2*** (*bellimbusto*) gallant; ladies' man; beau*.
damigèlla *f.* ***1*** (*lett.*) damsel; (*a corte*) maid of honour ***2*** (*di sposa, anche* **d. d'onore**) bridesmaid.
damigiàna *f.* demijohn.
danàro *V.* **denaro**.
danaróso *a.* wealthy; rich; moneyed.
dancing (*ingl.*) *m. invar.* dance-hall.
dandismo *m.* dandyism.
danése ***A*** *a.* Danish ***B*** *m. e f.* Dane (*m.*); Danish woman* (*f.*) ***C*** *m.* ***1*** (*lingua*) Danish ***2*** (*cane*) great Dane.
dannàre ***A*** *v. t.* to damn • (*fig.*) **dannarsi l'anima**, to work like crazy; to do one's utmost □ **far d. q.**, to drive sb. mad (*o* crazy) ***B*** **dannàrsi** *v. rifl.* ***1*** to be damned ***2*** (*affannarsi*) to work like crazy; to do one's utmost.
dannàto ***A*** *a.* ***1*** (*anche fig.*) damned ***2*** (*fam.*: *tremendo*) terrible ***B*** *m.* (*f.* **-a**) damned soul: **i dannati**, the damned • **lavorare come un d.**, to work like crazy □ **correre come un d.**, to run like mad □ **gridare come un d.**, to scream like someone possessed.
dannazióne *f.* ***1*** damnation ***2*** (*inter.*) damn (it)! • **Sei la mia d.!**, you're driving me mad (*o* crazy)!
danneggiàre *v. t.* ***1*** to damage; (*sciupare*) to spoil* ***2*** (*menomare*) to impair; to injure ***3*** (*nuocere*) to harm; to do* damage to.
danneggiàto ***A*** *a.* damaged; (*leso, anche leg.*) injured ***B*** *m.* (*f.* *-a*) victim; injured party (*leg.*).
dànno *m.* ***1*** damage ⓤ: **i danni del maltempo**, storm damage; **danni rilevanti**, heavy damage; **recare d. a q.c.**, to cause damage to st.; **subire un d.**, to suffer damage; to be damaged ***2*** (*causato a persona*) harm ⓤ; injury: **recare d. a q.**, to do sb. harm; **Non ci fu nessun d. alle persone**, no one was hurt; there were no casualties; **a mio d.**, to my detriment ***3*** (*al pl.*) (*leg.*) damages; **chiedere i danni a q.**, to claim damages from sb.; **pagare i danni**, to pay damages.
dannosità *f.* harmfulness; noxiousness.
dannóso *a.* harmful; damaging: **d. per l'ambiente**, harmful to the environment; **d. alla salute**, detrimental to (*o* bad for) one's health; **insetti dannosi**, noxious insects; pests.
dantésco *a.* Dantean; Dante's; Dantesque.
danubiàno *a.* Danubian.

danza *f.* dance; (*il danzare*) dancing: **d. classica**, ballet dancing; **d. del ventre**, belly dance; belly dancing; **d. macabra**, dance of death; **lezioni di d.**, dancing lessons.

danzànte *a.* — **festa d.**, dance; ball; **serata d.**, evening dance.

danzàre *v. i. e t.* to dance.

danzatóre *m.* (*f.* **-trice**) dancer.

dappertùtto *avv.* everywhere; all over the place (*fam.*).

dappòco *a.* ***1*** (*di persona*) worthless; inept ***2*** (*di cosa*) minor; trivial; worthless.

dapprèsso *avv.* ***1*** (*vicino*) near; close ***2*** (*da vicino*) closely.

dapprìma *avv.* at first.

dàrdo *m.* dart; arrow.

dàre ***A*** *v. t.* ***1*** to give*: **Dammi un bacio**, give me a kiss; **Non darlo a lui**, don't give it to him; **Mi diede il braccio**, he gave me his arm; **d. piacere**, to give pleasure; **d. a q. il permesso di fare q.c.**, to give sb. permission to do st.; **d. da bere a q.**, to give sb. something to drink; **Non so cosa darei per esserci**, I'd give anything to be there; **Gli fu dato il primo premio**, he was given (*o* awarded) the first prize; **d. via q.c.**, to give st. away ***2*** (*produrre*) to bear*, to yield; (*fruttare*) to yield; (*rendere*) to bring* in: **d. frutti**, to bear fruit: **d. un interesse del 10%**, to yield 10% interest; **Non mi dà di che vivere**, it doesn't bring in enough to make a living ***3*** (*organizzare*) to give*, to hold*; (*uno spettacolo*) to put* on, to do*; (*un film*) to show: **d. una festa**, to give a party; **Daremo l'«Amleto»**, we are going to put on «Hamlet»; **Che cosa danno all'Odeon?**, what are they showing (*o* what's on) at the Odeon? ***4*** (*chiamare*) to call: **d. del cretino a q.**, to call sb. an idiot ***5*** (*augurare*) to say*: **d. il buongiorno**, to say good morning • **d. a intendere a q. che**, to give sb. to believe that □ **darle a q.**, to give sb. a good hiding (*o* beating) □ **Quanti anni le dài?**, how old do you think she is? □ **Gli si danno almeno trent'anni**, he looks at least thirty □ **Lo danno dieci a uno** (*in una scommessa*), the odds (against him) are ten to one □ **Lo danno come vincitore**, he's tipped to win □ **d. q.c. per certo**, to be sure of st. □ **d. q. per morto**, to give sb. up for dead □ **non darsela per inteso**, to refuse to listen; to take no notice (*Per altre locuz., V. sotto i vari sost. o agg.*) ***B*** *v. i.* ***1*** (*di porta, finestra, ecc.*) to open (onto); to look out (onto); to face (onto); to front; (*sul retro*) to back (onto) ***2*** (*di colore*) to tend (towards); to verge (on) • **d. addosso a q.**, to criticize sb.; to go for sb.; to get at sb. (*fam.*) □ **d. alla testa**, to go to one's head □ **d. contro q.**, to contradict sb.; to attack sb. □ (*fam.*) **d. fuori di matto**, (*impazzire*) to start raving, to go off one's head; (*infuriarsi*) to get mad, to flip one's lid (*fam.*) □ **Dàgli!, Dài!**, *V.* **dàgli**, **dài**, *inter.* □ (*fam.*) **darci dentro** (*o* **sotto**), (*sgobbare*) to work hard, to slog away; (*mettersi al lavoro*) to put one's back into st.; (*mangiare*) to tuck in □ **darsi dattorno**, *V. sotto* **dattorno** □ **darsi da fare**, (*essere attivo*) to be very active; (*affaccendarsi*) to be busy; (*prodigarsi*) to go to a lot of trouble; (*sbrigarsi*) to get on with st. (*Per altre locuz., V. sotto i vari sost.*) ***C*** **dàrsi** *v. rifl.* ***1*** (*dedicarsi*) to devote oneself (to) ***2*** (*cominciare a occuparsi di*) to take* up; to go* into; to start; to begin*: **d. alla fisica**, to take up physics; **d. al commercio**, to go into business; **d. al bere**, to take to drink ***3*** (*concedersi sessualmente*) to give* oneself (to) • **darsi malato**, to say one is ill; to report sick □ **darsi per vinto**, to give in; to admit defeat ***D*** **dàrsi** *v. rifl. recipr.* to give* to each other; to exchange: **darsi regali**, to exchange presents; **d. un bacio**, to kiss (each other) • **può d.**, perhaps; maybe □ **Può d. che ci sia anche lui**, he may be there too ***E*** *m.* (*comm.*) debit; (*lato del d.*) debit side: **il d. e l'avere**, debit and credit.

dàrsena *f.* (*naut.*) (wet) dock; dockyard.

darwinìșmo *m.* Darwinism.

darwinista *m. e f.* Darwinist.

dàta *f.* date: **la d. di oggi**, today's date; **d. di nascita**, date of birth; **Porta la d. del 3 marzo**, it is dated the 3rd of March (*o* March 3rd, *USA* March 3); **rimandare ad altra d.** [**a d. da destinarsi**], to put off to a later date [to a date to be arranged]; **d. di scadenza**, expiry date; (*di consegna*) date due; (*su alimento*) sell-by date • **di vecchia d.**, old; long-standing □ **di fresca d.**, recent □ **in d. odierna**, as of today □ **senza d.**, undated.

datàbile *a.* datable, dateable.

datàre ***A*** *v. t.* to date ***B*** *v. i.* (*risalire*) to date back • **a d. da**, dating from; as from.

datàrio *m.* ***1*** (*timbro*) date stamp ***2*** (*di orologio*) calendar.

datàto *a.* dated: **La lettera era datata 5 maggio**, the letter was dated May 5th; **romanzo d.**, dated novel; **non d.**, undated.

datazióne *f.* dating: **d. col carbonio 14**, carbon dating.

datìvo *a. e m.* (*gramm.*) dative.

dàto ***A*** *a.* ***1*** (*certo*) given: **in un d. posto**, at a given place; **in quel d. giorno**, on that particular day ***2*** (*considerato*) given: **date queste premesse**, given these premises; **date le nostre difficoltà**, in view of our difficulties • **d. che**, since; as □ **d. e non concesso**, even supposing (that) ***B*** *m.* datum*: **dati statistici**, statistical data; statistics; (*elab.*) **banca dati**, data bank • **d. di fatto**, fact □ **dati di stato civile**, vital data □ **dati tecnici**, specifications.

datóre *m.* (*f.* **-trice**) giver • **d. di lavoro**, employer.

dàttero *m.* (*albero*) date palm; (*frutto*) date • (*zool.*) **d. di mare**, date mussel.

dattilografàre *v. t.* to type; to typewrite*.

dattilografìa *f.* typing; typewriting.

dattilogràfico *a.* typing (*attr.*).

dattilògrafo *m.* (*f.* **-a**) typist.

dattiloscrìtto ***A*** *a.* typewritten; typed ***B*** *m.* typescript.

dattórno *avv.* around; round about: **darsi d.**, (*cominciare a cercare*) to start looking around; (*darsi da fare*) to get busy; to do all one can. (*V. anche* **di torno** *sotto* **torno**).

davànti ***A*** *avv.* in front: **passare d.**, to pass in front; **sedere d.**, (*in auto*) to sit in front; (*al cinema, ecc.*) to sit at the front ***B*** **davànti a** *locuz. prep.* ***1*** in front of; (*di fronte a*) opposite; (*al cospetto di*) before, in the face of: **Si fermò d. a una vetrina**, he stopped in front of a shop-window; **Il museo è d. alla chiesa**, the museum is opposite the church; **seduto d. a me**, (*dandomi le spalle*) seated in front of me; (*di faccia a*) seated opposite me; **Ti aspetto d. al cinema**, I'll wait for you outside the cinema; **comparire d. al giudice**, to appear before a judge; **d. ai nostri occhi**, before our eyes; **d. al pericolo**, in the face of danger; **d. alla morte**, in the presence of death; **D. a quelle prove, non insistetti più**, faced with that evidence, I didn't insist ***2*** (*prima di*) before: **C'erano tre persone d. a me**, there were three people before me ***C*** *m.* front ***D*** *a.* front (*attr.*); fore (*attr.*): **ruote d.**, front wheels; **stanza d.**, front room; **zampe d.**, forelegs.

davanzàle *m.* windowsill.

davvéro *avv.* really; indeed: **Ti piace d.?**, do you really like it?; **«Ho vinto!» «D.?»**, «I've won!» «have you really?»: **Sì, è d. molto bello**, yes, it's very beautiful indeed; **D. non ti spiace?**, are you sure you don't mind?; **Dico d.**, I mean it; (*non scherzo*) I'm being serious; **No d.!**, not at all!; of course not!

daziàrio *a.* customs (*attr.*); excise (*attr.*).

dàzio *m.* ***1*** duty; tax: **d. doganale**, customs duty; **pagare il d. su q.c.**, to pay duty on st.; **esente da d.**, duty-free ***2*** (*ufficio*) customs office.

dèa *f.* goddess.

deambulànte *a.* walking about; mobile • **paziente non d.**, patient with limited mobility.

deambulazióne *f.* walking about.

debellàre *v. t.* to defeat; to overcome* • **d. una malattia**, to eradicate a disease.

debilitànte *a.* weakening; debilitating.

debilitàre ***A*** *v. t.* to weaken; to debilitate ***B*** **debilitàrsi** *v. i. pron.* to weaken; to grow* weaker.

debilitazióne *f.* weakening; debilitation.

debitaménte *avv.* (*dovutamente*) duly; (*in modo giusto*) properly; (*al momento giusto*) in due course.

débito (**1**) *m.* ***1*** (*anche fig.*) debt: **fare** [**accumulare**] **debiti**, to get into [to run up] debts; **essere in d. verso q.**, to be in debt to sb.; to owe sb. a debt; **il d. pubblico**, the National Debt; **d. d'onore**, debt of honour ***2*** (*comm.*: *il dare*) debit: **nota di d.**, debit note; **segnare una somma a d. di q.**, to debit sb. with an amount.

débito (**2**) *a.* due; proper: **a tempo d.**, in due course; **con le debite precauzioni**, with due caution.

debitóre *m.* (*f.* **-trice**) debtor • **essere d. di q.c. a q.**, to owe sb. st.; to be in debt to sb. for st.

débole ***A*** *a.* weak; feeble; (*di luce, anche*) dim, faint; (*di suono, anche*) faint; (*arrendevole*) weak, soft: **sentirsi d.**, to feel weak; **stomaco** [**vista**] **d.**, weak stomach [eyesight]; **d. protesta**, feeble protest; **d. in francese**, weak in French;

d. di mente, weak-minded; **il sesso d.**, the weaker sex ***B*** *m.* ***1*** (*punto debole*) weak point ***2*** (*persona*) weak person ***3*** (*inclinazione*) weakness; fondness: **Ha un d. per i gelati**, he has a weakness (*o* a fondness) for ice cream; **avere un d. per q.**, to have a soft spot for sb.

debolézza *f.* ***1*** weakness; feebleness ***2*** (*difetto*) weakness; frailty • **d. di udito**, poor hearing □ **d. di vista**, weak eyesight.

debordàre *v. i.* ***1*** to overflow ***2*** (*esagerare*) to exaggerate; to overdo* it.

deboscіàto ***A*** *a.* debauched; dissolute ***B*** *m.* (*f.* **-a**) debauchee.

debuttànte ***A*** *m. e f.* (*principiante*) beginner; novice; (*di attore, cantante*) actor [actress, etc.] making his [her] debut ***B*** *f.* (*ragazza che entra in società*) debutante; deb (*fam.*).

debuttàre *v. i.* ***1*** to make* one's debut ***2*** (*fig.*) to begin*; to start off • **d. in società**, to come* out.

debùtto *m.* debut: **fare il proprio d.**, to make one's debut; **È al suo d. come romanziere**, this is his first novel • **d. in società** (*di una ragazza*), coming out.

dècade *f.* (period of) ten days. ATTENZIONE: **decade ≠ decade.**

decadènte *a., m. e f.* ***1*** in decline, in decay (*pred.*) ***2*** (*letter., arte*) decadent.

decadentișmo *m.* (*letter., arte*) decadence.

decadentìsta *m. e f.* (*letter., arte*) decadent.

decadènza *f.* ***1*** decline; decay ***2*** (*letter., arte*) decadence ***3*** (*leg.*) loss; forfeiture.

decadére *v. i.* ***1*** to decline; to decay ***2*** (*leg.*) to lose* (st.); to forfeit (st.).

decadiménto *m.* (*anche scient.*) decay.

decadùto *a.* ***1*** impoverished ***2*** (*di norma*) no longer in force.

decaffeinàto *a.* decaffeinated.

decagràmmo *m.* decagram(me).

decalcàre *v. t.* to trace; to transfer.

decalcificàre *v. t.*, **decalcificàrsi** *v. i. pron.* (*chim., med.*) to decalcify.

decalcificazióne *f.* (*chim., med.*) decalcification.

decalcomanìa *f.* transfer; decalcomania.

decàlitro *m.* decalitre, decaliter (*USA*).

decàlogo *m.* ***1*** (*relig.*) Decalogue ***2*** (*fig.*) set of rules; rulebook.

decàmetro *m.* decametre, decameter (*USA*).

decàno *m.* ***1*** doyen; (*membro anziano*) senior member ***2*** (*eccles.*) dean.

decantàre (1) *v. t.* (*magnificare*) to extol; to sing* the praises of. ATTENZIONE: **decantare ≠ to decant.**

decantàre (2) (*chim.*) ***A*** *v. t.* to leave* to settle ***B*** *i.* to settle; to separate. ATTENZIONE: **decantare ≠ to decant.**

decantazióne *f.* (*chim.*) settling; separation.

decapitàre *v. t.* to decapitate (*anche fig.*); (*come pena, anche*) to behead.

decapitazióne *f.* decapitation (*anche fig.*); (*pena, anche*) beheading.

decappottàbile *a. e f.* (*autom.*) convertible.

decasillabo (*poesia*) ***A*** *a.* decasyllabic ***B*** *m.* decasyllable.

dècathlon *m.* (*sport*) decathlon.

decèdere *v. i.* (*lett.*) to die.

decedùto *a.* dead; deceased (*form.*).

deceleràre *v. t. e i.* to decelerate; to slow down.

decelerazióne *f.* deceleration.

decennàle ***A*** *a.* ***1*** (*che ricorre ogni 10 anni*) ten-yearly ***2*** (*che dura 10 anni*) ten-year (*attr.*) ***B*** *m.* tenth anniversary.

decènne *a.* ten-year-old (*attr.*); ten years old (*pred.*): **bambino d.**, ten-year-old child; child of ten.

decènnio *m.* decade; ten-year period.

decènte *a.* ***1*** (*decoroso*) decent; decorous; proper ***2*** (*accettabile*) reasonable; satisfactory; decent.

decentraménto *m.* decentralization.

decentràre *v. t.* to decentralize.

decènza *f.* decency; decorum; propriety.

decèsso *m.* death: (*leg.*) **constatare un d.**, to certify a death; (*leg.*) **atto di d.**, death certificate.

decibèl *m.* (*fis.*) decibel.

decidere ***A*** *v. t.* ***1*** to decide; (*risolversi*) to make* up one's mind; (*fissare*) to agree on, to choose*: **Decise di vendere la casa**, he decided to sell the house; **d. di non andare**, to decide not to go (*o* against going); **Ho deciso di prendere il vestito verde**, I've decided on the green dress; **d. una data**, to fix a date ***2*** (*assol.*: *prendere una decisione*) to take* (*o* to make*) a decision; to decide; to make* up one's mind: **Qui decide lui**, he takes decisions here; **Decidi tu**, you decide ***3*** (*risolvere, definire*) to decide; to settle ***B*** *v. t. e i.* (*determinare*) to decide; to determine: **Quella lettera decise del** (*o* **il**) **mio futuro**, that letter determined (*o* decided) my future ***C*** **decidersi** *v. rifl.* to make* up one's mind (to do st.); (*risolversi*) to bring* oneself round (to doing st.).

deciduo *a.* (*bot., zool.*) deciduous.

decifràre *v. t.* ***1*** to decipher; to make* out; (*decodificare*) to decode ***2*** (*capire*) to make* out; (*interpretare*) to work out.

decifrazióne *f.* deciphering: decoding.

decigràmmo *m.* decigram(me).

decìlitro *m.* decilitre, deciliter (*USA*).

decimàle *a. e m.* decimal • **d. periodico**, recurring decimal.

decimàre *v. t.* to decimate.

decimazióne *f.* decimation.

decìmetro *m.* decimetre, decimeter (*USA*).

dècimo *a. num. ord. e m.* tenth • **dieci decimi di vista**, twenty--twenty vision.

decina *f.* ***1*** (*dieci*) ten ***2*** (*circa dieci*) about ten ***3*** (*quantità imprecisata*) dozen: **Gliel'avrò detto una d. di volte**, I must have told him a dozen times at least.

decișaménte *avv.* ***1*** (*con risolutezza*) resolutely ***2*** (*senza dubbio*) decidedly; definitely; positively.

decișionàle *a.* decision-making (*attr.*) • **potere d.**, power to decide.

decișióne *f.* decision: **prendere una d.**, to take (*o* to make) a decision; to make up one's mind; **mancare di d.**, to lack decision.

decisionișmo *m.* decision-making ability.

decisionista *m. e f.* efficient decision-maker.

decișivo *a.* ***1*** decisive; conclusive: **elemento d.**, decisive factor ***2*** (*cruciale*) crucial; critic: **momento d.**, crucial moment • **voto d.**, casting vote.

decișo *a.* ***1*** (*stabilito*) definite; settled: **La faccenda è decisa**, the matter is settled; **niente di d.**, nothing definite ***2*** (*risoluto*) firm; resolute; decided; (*pronto*) ready, determined ***3*** (*netto*) clean; (*evidente*) decided, marked: **un taglio d.**, a clean cut; **un d. miglioramento**, a decided (*o* marked) improvement.

declamàre *v. t.* to declaim; to recite.

declamatòrio *a.* declamatory.

declamazióne *f.* declamation; recitation.

declassàre *v. t.* to downgrade; to declass.

declinàbile *a.* (*gramm.*) declinable.

declinàre ***A*** *v. t.* ***1*** (*rifiutare*) to decline; to turn down ***2*** (*gramm.*) to decline ***3*** (*bur.*) to give*; to state: **d. nome e cognome**, to give one's full name ***B*** *v. i.* ***1*** (*digradare*) to slope down ***2*** (*del sole*) to set*; to sink* ***3*** (*volgere alla fine*) to draw* to an end ***4*** (*diminuire*) to decline; to wane; to ebb.

declinazióne *f.* ***1*** (*gramm.*) declension ***2*** (*astron.*) declination: **d. magnetica**, magnetic declination.

declìno *m.* decline; decay: **essere in d.**, to be in (*o* on the) decline; to be waning.

declivio *m.* (downward) slope; declivity.

déco (*franc.*) *a. invar.* art deco.

decodificàre *v. t.* to decode.

decodificatóre *m.* decoder.

decodificazióne *f.* decoding.

decollàre *v. i.* ***1*** (*aeron.*) to take* off ***2*** (*fig.*) to get* off the ground.

décolleté (*franc.*) ***A*** *m. invar.* ***1*** (*scollatura*) décolletage; low-cut neckline ***2*** (*abito*) décolleté; low-necked dress ***3*** (*collo e spalle*) décolletage ***B*** *a.* décolleté • **scarpa d.**, court shoe.

decòllo *m.* (*aeron. e fig.*) take-off.

decolonizzàre *v. t.* to decolonize.

decoloràre *v. t.* to decolourize, to decolorize (*USA*); to bleach.

decolorazióne *f.* decolourization, decolorization (*USA*); bleaching: **d. dei capelli**, hair bleaching.

decomponibile *a.* decomposable.

decompórre *v. t.*, **decompórsi** *v. rifl.* to decompose.

decompoșizióne *f.* decomposition.

decompressióne *f.* decompression.

decomprìmere *v. t.* to decompress.
deconcentràre **A** *v. t.* to make* (sb.) lose his [her] concentration **B** **deconcentràrsi** *v. i. pron.* to lose* one's concentration.
deconcentràto *a.* lacking concentration; (*di atleta*) who has lost his [her] concentration.
decongelàre *v. t.* **1** to defrost **2** (*econ.*) to unfreeze*.
decongestionànte *a.* (*med.*) decongestant.
decongestionàre *v. t.* **1** (*med.*) to decongest **2** (*fig.*) to releave the congestion of (*o* in): **d. il traffico**, to relieve traffic congestion.
decontaminàre *v. t.* to decontaminate.
decontaminazióne *f.* decontamination.
decoràre *v. t.* **1** (*ornare*) to decorate; to ornament **2** (*insignire di decorazione*) to decorate; to award (st. to sb.): **d. al valore**, to decorate for bravery; **Fu decorato con la croce di guerra**, he was awarded the military cross.
decoratìvo *a.* decorative; ornamental • (*iron.*) **personaggio d.**, figurehead.
decoràto **A** *a.* **1** (*ornato*) decorated; adorned **2** (*insignito di decorazione*) decorated **B** *m.* (*f.* **-a**) holder of a decoration.
decoratóre *m.* (*f.* **-trice**) decorator.
decorazióne *f.* **1** (*ornamento*) decoration; ornament **2** (*medaglia*) decoration.
decòro *m.* **1** (*dignità*) dignity; (*proprietà*) propriety, decorum **2** (*onore, prestigio*) good name; reputation **3** (*ornamento*) ornament.
decorosaménte *avv.* decorously; properly.
decoróso *a.* (*dignitoso*) decorous, proper; (*decente*) decent.
decorrènza *f.* — **d. degli interessi**, start of interest accrual; (*comm.*) **con d. da**, starting from; as from; **avere d. da**, to become effective from; to come into effect from.
decórrere *v. i.* **1** (*avere inizio*) to start; to run* **2** (*avere effetto*) to become* effective; to come* into effect **3** (*di interessi, ecc.*) to accrue • **a d. da**, starting from; as from.
decórso *m.* course: **il d. di una malattia**, the course of an illness.
decòtto (**1**) *m.* decoction.
decòtto (**2**) *a.* (*econ.*) bankrupt; insolvent.
decreménto *m.* decrement; diminution.
decrepitézza *f.* decrepitude.
decrèpito *a.* decrepit.
decrescènte *a.* decreasing; diminishing • **in fase d.**, (*della luna*) waning; (*di una piena*) subsiding; (*della marea*) ebbing □ **in ordine d.**, in descending order.
decréscere *v. i.* **1** to decrease; to diminish **2** (*della luna*) to wane **3** (*delle acque*) to subside **4** (*della marea*) to ebb.
decretàre *v. t.* to decree; to declare; to order.
decrèto *m.* decree; order: **d. legge**, law by decree; **d. di nomina**, decree of appointment; **d. di sfratto**, eviction order.
decùbito *m.* (*med.*) decubitus • **piaghe da d.**, bedsores.
decuplicàre *v. t.* to multiply by ten; to increase tenfold.
dècuplo **A** *a.* tenfold; decuple **B** *m.* decuple; ten times as much: **Cento è il d. di dieci**, a hundred is ten times ten.
decurtàre *v. t.* to curtail; to reduce; to cut* down: **d. uno stipendio**, to reduce (*o* to dock) a salary; **d. le spese**, to cut down expenses.
decurtazióne *f.* curtailment; reduction; cut.
dèdalo *m.* maze; labyrinth.
dèdica *f.* dedication; inscription: **fare una d.**, to write a dedication; **foto con d.**, signed (*o* inscribed) photo.
dedicàre **A** *v. t.* **1** to dedicate; (*intitolare alla memoria*) to name after; (*una chiesa*) to consecrate **2** (*impegnare, riservare*) to devote; to give* over **B** **dedicàrsi** *v. rifl.* to devote oneself.
dedicatàrio *m.* (*f.* **-a**) dedicatee.
dèdito *a.* devoted (to); (*preso totalmente*) taken up (with); (*rif. a vizio*) addicted (to).
dedizióne *f.* devotion; (*impegno*) dedication, commitment.
deducìbile *a.* **1** deducible; that can be deduced; that can be gathered **2** (*detraibile*) deductible.
dedùrre *v. t.* **1** to deduce; to infer; (*arguire*) to gather **2** (*detrarre*) to deduct.
deduttivaménte *avv.* by deduction.
deduttìvo *a.* deductive.
deduzióne *f.* **1** deduction; inference **2** (*detrazione*) deduction.
défaillance (*franc.*) *f. invar.* collapse • **un attimo di d.**, a momentary weakness.
defalcàre *v. t.* to deduct; to subtract.
defecàre *v. i.* to defecate.
defecazióne *f.* defecation.
defenestràre *v. t.* (*fig.*) to remove from office; to oust.
defenestrazióne *f.* (*fig.*) sudden removal (from office).
deferènte *a.* **1** deferential; respectful **2** (*anat.*) deferent.
deferènza *f.* deference.
deferìre *v. t.* to refer; to submit • **d. q. alla giustizia**, to hand sb. in to the police.
defezionàre *v. i.* to defect; (*mil.*) to desert.
defezióne *f.* defection; (*mil.*) desertion.
deficiènte **A** *a.* **1** deficient; defective; (*insufficiente*) insufficient, inadequate **2** (*med.*) mentally deficient **B** *m. e f.* **1** (*med.*) mental defective **2** (*spreg.*) idiot; fool: **da d.**, foolish; stupid.
deficiènza *f.* **1** (*mancanza*) deficiency; lack **2** (*scarsità*) shortage; insufficiency **3** (*difetto*) inadequacy; (*lacuna*) weakness ◻: **Ha grosse deficienze in matematica**, he is very weak in maths **4** (*med.*) mental deficiency.
dèficit *m. invar.* **1** (*fin., rag.*) deficit: **essere in d.**, to show a deficit; **colmare il d.**, to make up the deficit **2** (*insufficienza*) deficiency; inadequacy; failure: **d. alimentare**, food deficiency; **d. morale**, moral failure **3** (*med.: carenza*) deficiency; (*difetto*) defect.
deficitàrio *a.* **1** (*fin., rag.*) showing a deficit (*pred.*); deficit (*attr.*) **2** (*insufficiente*) deficient; inadequate; poor.
defilàrsi *v. rifl.* **1** (*allontanarsi*) to sneak off; to make oneself scarce (*fam.*) **2** (*tenersi appartato*) to remain in the background; to steer clear (of).
defilé (*franc.*) *m. invar.* fashion show.
definìre *v. t.* **1** to define **2** (*determinare*) to fix; to determine **3** (*risolvere*) to settle; to resolve **4** (*chiamare, descrivere*) to call; to term; to define; to describe.
definitivaménte *avv.* definitively; once and for all; (*per sempre*) for good.
definitìvo *a.* definitive; final: **risposta definitiva**, final answer • **in definitiva**, in conclusion; in short; (*in fin dei conti*) in the end.
definìto *a.* definite: **ben d.**, very definite; clear-cut; **non ben d.**, indefinite; indeterminate; vague; **contorni poco definiti**, blurred contours.
definizióne *f.* **1** definition; (*nelle parole crociate*) clue: **per d.**, by definition **2** (*risoluzione*) settlement **3** (*ottica, elettron.*) definition: (*TV*) **ad alta d.**, high-definition.
defiscalizzàre *v. t.* (*bur.*) to remove the exemption from payment of.
defiscalizzazióne *f.* (*bur.*) removal of the exemption from payment (of st.).
deflagràre *v. i.* **1** (*esplodere*) to explode; to blow* up **2** (*fig.*) to break* out; to flare up.
deflagrazióne *f.* **1** (*esplosione*) explosion; blast **2** (*fig.*) outbreak; flaring up.
deflazióne *f.* (*econ.*) deflation.
deflazionìstico *a.* (*econ.*) deflationary.
deflessióne *f.* (*fis.*) deflection.
deflèttere *v. i.* **1** to deflect; to deviate; to divert **2** (*fig.: cedere*) to yield; to give* in.
deflettóre *m.* **1** (*mecc.*) deflector; baffle **2** (*aeron.*) flap **3** (*autom.*) quarterlight (*GB*); quarter vent (*o* window).
defloràre *v. t.* (*lett.*) to deflower.
deflorazióne *f.* (*lett.*) defloration.
deflùire *v. i.* **1** to flow **2** (*fig.*) to flow; (*di folla*) to stream.
deflùsso *m.* **1** flow; downflow; outflow; (*scarico*) discharge **2** (*di marea*) ebb; reflux **3** (*fig.*) flow; stream • (*comm.*) **d. di capitali**, outflow of capital.
defoliànte *m.* defoliant.
deforestazióne *f.* deforestation.
deformàbile *a.* deformable.
deformànte *a.* deforming; distorting; disfiguring: **specchio d.**, distorting mirror • (*med.*) **artrite d.**, rheumatoid arthritis.
deformàre **A** *v. t.* **1** to deform; to distort; to disfigure: **L'artrite gli ha deformato le mani**, arthritis has deformed his hands **2** (*metallo*) to buckle; (*legno*) to warp **3** (*alterare*) to distort; to warp: **d. la verità**, to distort the truth **B** **deformàrsi** *v. i. pron.* **1** to get* deformed; to lose* one's shape **2** (*di metallo*) to buckle **3** (*di legno*) to warp.
deformàto *a.* deformed; misshapen; out of shape; (*di le-*

gno) warped.
deformazióne *f.* ***1*** deformation; distortion ***2*** (*med.*) deformity; (*congenita*) malformation ***3*** (*di metallo*) buckling; (*di legno*) warping ***4*** (*edil.*) strain • **d. professionale**, professional bias.
defórme *a.* deformed; misshapen; (*dalla nascita*) malformed.
deformità *f.* deformity; (*congenita*) malformation.
defraudàre *v. t.* to defraud; to deprive; to cheat; to swindle: **d. q. dei suoi diritti**, to deprive sb. of his rights; **d. q. di una somma**, to swindle sb. out of a sum of money; **sentirsi defraudato**, to feel cheated.
defùnto ***A*** *a.* ***1*** dead; late (*attr.*): **il mio d. marito**, my late husband ***2*** (*fig.*) dead; defunct; extinct ***B*** *m.* (*f.* **-a**) dead person; (*leg.*) deceased: **i defunti**, the dead.
degeneràre *v. i.* to degenerate.
degenerativo *a.* degenerative.
degeneràto *a. e m.* (*f.* **-a**) degenerate.
degenerazióne *f.* degeneration; (*fig., anche*) decline, decay.
degènere *a.* ***1*** degenerate ***2*** (*indegno*) unworthy.
degènte ***A*** *a.* ill in bed; bedridden • **d. all'ospedale**, in hospital ***B*** *m. e f.* patient; (*in ospedale*) in-patient.
degènza *f.* period in bed; (*in ospedale*) stay in hospital • **La d. durò un mese**, he was in hospital for a months.
deglutire *v. t.* to swallow.
deglutizióne *f.* swallowing.
degnàre ***A*** *v. t.* to deign, to condescend (to do st.): **Non lo degnai di una risposta**, I did not deign to answer him (*form.*); I decided he was not worth answering; **Non mi degnò di un'occhiata**, he didn't so much as look at me; (*iron.*) **Ci ha degnato di una visita**, he condescended to pay us a visit ***B*** **degnàrsi** *v. i. pron.* to deign; to condescend; to be kind enough (*o* so kind as) to (+ *inf.*): **Non si è degnato di venire**, he did not deign to come; **Degnati almeno di rispondere**, at least be so kind as to answer me; **Finalmente si è degnato!**, at long last!
degnazióne *f.* condescension • **aria di d.**, condescending air.
dégno *a.* ***1*** (*meritevole*) worthy; deserving; -worthy (*suff.*); worth (+ *gerundio*): **d. di fiducia**, trustworthy; reliable; **d. di lode**, praiseworthy; **d. di nota**, noteworthy; **d. di essere ricordato**, worth remembering; **con uno zelo d. di miglior causa**, with a zeal worthy of a better cause ***2*** (*rispettabile*) respectable; worthy ***3*** (*che si addice*) worthy; fit: **Non è d. di te**, it's not worthy of you; **d. di un re**, fit for a king; **un d. avversario**, a worthy opponent.
degradàbile *a.* (*chim.*) degradable.
degradànte *a.* degrading; demeaning.
degradàre ***A*** *v. t.* ***1*** (*mil.*) to demote ***2*** (*avvilire*) to degrade; to debase ***B*** **degradàrsi** *v. rifl. e i. pron.* ***1*** (*umiliarsi*) to degrade oneself; to demean oneself ***2*** (*subire un degrado*) to deteriorate; to degenerate ***3*** (*chim.*) to degrade.
degradazióne *f.* ***1*** (*mil.*) demotion ***2*** (*morale*) degradation; degeneration ***3*** (*chim., fis.*) degradation.
degràdo *m.* ***1*** deterioration; decay: **il d. dell'ambiente**, the deterioration of the environment; **d. urbano**, urban decay; **il d. di un edificio**, the dilapidated state of a building ***2*** (*condizione miserabile*) squalor.
degustàre *v. t.* to taste.
degustatóre *m.* (*f.* **-trice**) taster.
degustazióne *f.* tasting.
deidratazióne *f.* dehydration.
deiezióne *f.* ***1*** faecal discharge ***2*** (*al pl.*) (*feci*) faeces ***3*** (*geol.*) alluvial deposit.
deificàre *v. t.* to deify.
deindicizzàre *v. t.* (*econ.*) to deindex.
deindicizzazióne *f.* (*econ.*) deindexation.
deindustrializzàre *v. t.* to deindustrialize.
deindustrializzazióne *f.* deindustrialization.
deìsmo *m.* (*filos.*) deism.
delatóre *m.* (*f.* **-trice**) (police) informer.
délavé (*franc.*) *a.* (*di tessuto*) pre-washed.
delazióne *f.* informing Ⓤ; betrayal Ⓤ.
dèlega *f.* ***1*** (*il delegare*) delegation ***2*** (*autorizzazione*) authorization; (*leg.: procura*) power of attorney, proxy: **d. scritta**, written authorization; **agire per d. di q.**, to act as proxy for sb.
delegàre *v. t.* to delegate.
delegàto ***A*** *a.* delegated • **amministratore d.**, managing director (*GB*); president (*USA*) ***B*** *m.* (*f.* **-a**) ***1*** delegate; representative: **d. di partito**, party delegate; **d. sindacale**, union representative; (*eccles.*) **d. apostolico**, Apostolic Delegate; **d. di fabbrica**, shop steward ***2*** (*leg.*) deputy; proxy.
delegazióne *f.* delegation.
delegittimàre *v. t.* ***1*** to deprive of authority ***2*** to undermine (sb.'s) authority.
delegittimazióne *f.* deprivation of authority.
deletèrio *a.* deleterious; harmful.
delfino (1) *m.* (*zool.*) dolphin.
delfino (2) *m.* ***1*** (*stor. franc.*) Dauphin ***2*** (*fig.*) probable successor; heir apparent.
delìbera *f.* decision; (*di assemblea*) resolution.
deliberànte *a.* deliberative • (*polit.*) **in sede d.**, (*di commissione*) in session; (*di questione*) at the committee stage.
deliberàre *v. t. e i.* ***1*** (*decidere*) to decide; to resolve ***2*** (*lett.: discutere*) to deliberate (on); to take* counsel (on).
deliberataménte *avv.* deliberately; on purpose.
deliberàto ***A*** *a.* ***1*** (*risoluto*) decided; firm ***2*** (*intenzionale*) deliberate; (*studiato*) studied ***B*** *m.* decision; resolution.
deliberazióne *f.* ***1*** (*decisione*) decision; resolution ***2*** (*discussione*) discussion; debate; (*al pl. anche*) deliberations.
delicatézza *f.* ***1*** delicacy; (*fragilità*) fragility; (*di salute*) delicate health ***2*** (*finezza di sentimenti*) sensitiveness; (*considerazione*) sensitivity, consideration, thoughtfulness; (*tatto*) tact, discretion; (*attenzione*) attention, kindness.
delicàto *a.* ***1*** delicate; soft; gentle; (*sensibile*) sensitive; (*impressionabile*) squeamish: **bambino d.**, delicate child; **tocco d.**, delicate (*o* soft, gentle) touch; **tinte delicate**, soft colours; **stomaco d.**, delicate stomach; **pelle delicata**, sensitive skin ***2*** (*raffinato*) refined; fine ***3*** (*pieno di tatto*) tactful; discreet; thoughtful ***4*** (*che richiede tatto*) delicate; (*difficile*) difficult, ticklish, tricky; (*scabroso*) awkward.
delimitàre *v. t.* ***1*** (*circoscrivere*) to mark the boundary of; to bound ***2*** (*definire*) to define.
delimitazióne *f.* ***1*** delimitation ***2*** (*limite*) limits (*pl.*); (*confine*) boundary.
delineàre ***A*** *v. t.* (*anche fig.*) to delineate; to outline; to sketch out ***B*** **delineàrsi** *v. i. pron.* ***1*** (*stagliarsi*) to be outlined ***2*** (*apparire*) to appear; (*anche fig.*) to take* shape, to emerge.
delinquènte *m. e f.* criminal; felon (*USA*); delinquent: **d. abituale**, habitual criminal: **giovane d.**, juvenile delinquent.
delinquènza *f.* ***1*** criminality; delinquency: **d. minorile**, juvenile delinquency ***2*** (*il crimine*) crime: **d. organizzata**, organized crime.
delinquenziàle *a.* delinquent (*attr.*).
delìnquere *v. i.* (*leg.*) to commit a crime • **associazione a d.**, criminal association.
delìquio *m.* (*lett.*) swoon; fainting fit: **cadere in d.**, to faint; to swoon.
deliránte *a.* ***1*** delirious; raving ***2*** (*di gioia, entusiasmo*) delirious; raving ***3*** (*folle*) mad; insane.
deliràre *v. i.* ***1*** (*med.*) to be delirious; (*vaneggiare*) to rave ***2*** (*fig.*) to be mad (about); to be wild (with st.): **d. per un cantante**, to be mad about a pop singer; **d. di entusiasmo**, to be wild with excitement.
delìrio *m.* ***1*** (*med.*) delirium; (*vaneggiamento*) ravings (*pl.*): **essere [entrare] in d.**, to be [to become] delirious ***2*** (*psic.*) delusion ***3*** (*fig.*) frenzy; raptures (*pl.*) • **un d. di applausi**, wild (*o* rapturous) applause □ **andare in d. per q.c.**, to go wild (*o* to rave) about st. □ **La folla era in d.**, the crowd was delirious with excitement.
delìtto *m.* ***1*** (*leg.*) crime; (*omicidio*) murder: **commettere un d.**, to commit a crime; **accusare q. di un d.**, to charge sb. with a crime ***2*** (*fig.*) crime.
delittuóso *a.* criminal; felonious.
delìzia *f.* pleasure; delight: **una d. per gli occhi**, a pleasure to look at; **Quest'auto è una d. da guidare**, this car is a delight to drive; **Le sue torte sono una d.**, her cakes are delicious; **Suoni che è una d.**, you play beautifully.
deliziàre ***A*** *v. t.* to fill with pleasure ***B*** **deliziàrsi** *v. i. pron.* to relish (in).
delizióso *a.* charming; lovely; sweet; delightful; (*di sapore, profumo*) delicious.
dèlta *m.* (*geogr.*) delta.
deltaplàno *m.* hang-glider; (*lo sport*) hang-gliding.

deltòide *a e m.* (*anat.*) deltoid.
delucidàre *v. t.* to clarify; to explain.
delucidazióne *f.* clarification; explanation.
deludènte *a.* disappointing.
delùdere *v. t.* to disappoint; to let* down: **Il film deluse i critici**, the film disappointed the critics; **Non ti deluderò**, I won't disappoint you (*o* let you down). ATTENZIONE: **deludere** ≠ to delude.
delusióne *f.* disappointment: **con mia grande d.**, to my great disappointment; **dare una d. a q.**, to disappoint sb.; to be a disappointment to sb. ATTENZIONE: **delusione** ≠ delusion.
delùso *a.* disappointed.
demagogìa *f.* demagogy.
demagògico *a.* demagogic(al).
demagògo *m.* demagogue.
demandàre *v. t.* (*leg.*) to refer; to transfer.
demanìale *a.* owned by the state (*pred.*); state (*attr.*).
demànio *m.* **1** state property **2** (*ufficio*) State Property Office.
demarcàre *v. t.* to demarcate.
demarcazióne *f.* demarcation.
demènte ***A*** *a.* insane; mad; demented ***B*** *m. e f.* **1** (*psic., med.*) dementia patient **2** (*pazzo*) insane person; madman (*m.*); madwoman* (*f.*) **3** (*fig.*) lunatic.
demènza *f.* **1** (*med.*) dementia **2** (*pazzia*) insanity; madness **3** (*fig.*) lunacy; madness.
demenziàle *a.* **1** (*med.*) demential **2** (*fig.*) mad; crazy; zany, screwball (*fam.*): **comportamento d.**, crazy behaviour; **comicità d.**, screwball comedy.
demèrito *m.* demerit; (*discredito*) discredit • **nota di d.**, bad mark; demerit.
demilitarizzàre *v. t.* to demilitarize.
demineralizzàto *a.* demineralized.
demistificàre *v. t.* to demystify; to debunk.
demistificazióne *f.* demystifying Ⓤ; debunking Ⓤ.
demitizzàre e *deriv. V.* **smitizzare** e *deriv.*
demiùrgo *m.* (*filos.*) demiurge.
democraticità *f.* democratic nature.
democràtico ***A*** *a.* democratic ***B*** *m.* (*f.* **-a**) democrat.
democratizzàre *v. t.* to democratize.
democrazìa *f.* democracy.
démodé (*franc.*) *a. invar.* démodé; outmoded; old-fashioned.
demografìa *f.* demography.
demogràfico *a.* demographic; population (*attr.*): **controllo d.**, population control; **sviluppo d.**, population increase; **pianificazione demografica**, family planning.
demògrafo *m.* demographer.
demolìre *v. t.* **1** (*abbattere*) to demolish, to pull down; (*distruggere*) to destroy, to wreck **2** (*smantellare*) to break* up; to scrap **3** (*un argomento, ecc.*) to demolish; (*stroncare*) to tear* apart.
demolitóre ***A*** *m.* (*f.* **-trice**) **1** demolisher; destroyer **2** (*operaio*) demolition worker; wrecker ***B*** *a.* destroying.
demolizióne *f.* demolition (*anche fig.*); (*smantellamento*) breaking up, scrapping • **andare in d.**, to be broken up □ **mandare q.c. in d.**, to scrap.
demoltiplìca *f.* (*mecc.*) reduction gear.
demoltiplicàre *v. t.* **1** (*mecc.*) to gear down **2** (*elettron.*) to scale.
dèmone *m.* **1** (*genio*) d(a)emon (*anche fig.*); spirit **2** (*filos.*) daemon; daimon.
demonìaco *a.* **1** demoniac(al); satanic **2** (*fig.*) diabolical; devilish.
demònio *m.* (*anche fig.*) devil; demon; fiend: **Sei un d.!, Come hai fatto?**, you old devil! how did you manage?; **Suo figlio è un vero d.**, her little boy is a regular little devil; **un d. al volante**, a demon driver.
demonizzàre *v. t.* to demonize.
demonologìa *f.* demonology.
demoralizzànte *a.* demoralizing; depressing.
demoralizzàre ***A*** *v. t.* to demoralize; to depress; to discourage ***B*** **demoralizzàrsi** *v. i. pron.* to become* demoralized.
demoralizzàto *a.* demoralized; (*avvilito*) downhearted, discouraged.
demoralizzazióne *f.* demoralization.
demòrdere *v. i.* — **non d.**, not to give up: to keep at it.
demoscopìa *f.* public-opinion research.
demoscòpico *a.* — **indagine demoscopica**, opinion poll.
demotivàre ***A*** *v. t.* to demotivate ***B*** **demotivàrsi** *v. i. pron.* to become* demotivated.
demotivàto *a.* demotivated.
demotivazióne *f.* demotivation.
denàro *m.* **1** money Ⓤ: **d. contante**, ready money; cash; **d. sporco**, dirty money; **fare denari a palate**, to make money hand over fist **2** (*al pl.*) (*a carte*) diamonds **3** (*ind. tess.*) denier.
denaturàto *a.* (*chim.*) denatured • **alcol d.**, methylated spirits (*GB*); denaturated alcohol (*USA*).
denigràre *v. t.* to denigrate; to disparage; to run* down.
denigratóre *m.* (*f.* **-trice**) denigrator; disparager.
denigratòrio *a.* denigrating; disparaging.
denigrazióne *f.* denigration; disparagement.
denominàre ***A*** *v. t.* to name; to call ***B*** **denominàrsi** *v. i. pron.* to be named; to be called.
denominatóre *m.* (*mat.*) denominator: (*anche fig.*) **d. comune**, common denominator.
denominazióne *f.* **1** denomination **2** (*nome*) name; designation • (*leg.*) **d. sociale**, company's name □ (*leg.*) **d. d'origine controllata**, appellation contrôlée (*franc.*).
denotàre *v. t.* to denote; to indicate; (*rivelare*) to reveal.
densìmetro *m.* (*fis.*) densimeter; hydrometer.
densità *f.* **1** density; (*fittezza*) thickness, denseness; (*consistenza*) thickness **2** (*elab.*) density • **ad alta** [**bassa**] **d.**, high-density [low-density] (*attr.*).
dènso *a.* **1** dense; (*fitto, consistente*) thick: **fumo d.**, dense (*o* thick) smoke; **crema densa**, thick cream **2** (*fig.*) full (of); teeming (with): **un libro d. di idee**, a book teeming with ideas; **d. di significato**, charged with meaning; **giornata densa**, full day.
dentàle ***A*** *a.* dental; tooth (*attr.*) ***B*** *f.* (*fon.*) dental.
dentàrio *a.* (*med.*) dental; tooth (*attr.*).
dentaruòlo *m.* teething ring.
dentàta *f.* **1** (*morso*) bite **2** (*segno*) toothmark.
dentàto *a.* **1** (*mecc.*) toothed; (*di ruota*) cogged; (*di sega*) serrated: **ruota dentata**, cogwheel **2** (*bot., zool.*) dentate.
dentatùra *f.* **1** (set of) teeth **2** (*mecc.*) toothing.
dènte *m.* **1** tooth*: **estrarre un d.**, to pull out a tooth; **farsi togliere un d.**, to have a tooth out; **lavarsi i denti**, to brush one's teeth; **Battevo i denti**, my teeth were chattering; **Il bambino mette i denti**, the baby is cutting its teeth (*o* is teething); **d. di latte**, milk tooth; **d. del giudizio**, wisdom tooth; **d. cariato**, decayed tooth; **denti falsi**, false teeth; **denti guasti**, bad teeth; **denti sporgenti**, buck teeth; **mal di denti**, toothache **2** (*di animale feroce*) fang; (*di elefante*) tusk **3** (*di pettine, sega*) tooth; (*di forchetta, rastrello, tridente*) prong; (*di ingranaggio*) cog **4** (*di montagna*) jag; jagged peak • (*mecc.*) **d. d'arresto**, detent; pawl; click □ (*bot.*) **d. di leone**, dandelion □ **a denti stretti**, through clenched teeth □ (*cucina*) **al d.**, al dente; firm □ **armato fino ai denti**, armed to the teeth □ **avere il d. avvelenato contro q.**, to bear sb. a grudge □ **Hai qualcosa da mettere sotto i denti?**, have you got anything to eat? □ **dire q.c. fra i denti**, to mumble st.; to mutter st. under one's breath □ **stringere i denti**, to clench one's teeth.
dentellàto *a.* **1** indented; notched **2** (*di francobollo*) perforated.
dentellatùra *f.* **1** indentation; notching; (*a denti di sega*) serration **2** (*di francobollo*) perforation.
dentèllo *m.* **1** (*mecc.*) tooth* **2** (*di francobollo*) perforation.
dèntice *m.* (*zool.*) dentex.
dentièra *f.* denture; (set of) false teeth: **portare la d.**, to wear a denture (*o* false teeth).
dentifrìcio ***A*** *a.* tooth (*attr.*): **pasta dentifricia**, toothpaste ***B*** *m.* (*in crema*) toothpaste; (*in polvere*) tooth powder.
dentìsta *m. e f.* dentist; dental surgeon.
dentìstico *a.* dental; dentist's: **gabinetto d.**, dental (*o* dentist's) surgery.
dentizióne *f.* dentition; teething.
déntro ***A*** *avv.* **1** in; inside; (*rif. a edificio, anche*) indoors, within: **qui d.**, in here; **Che cosa c'è d.?**, what's inside?; **È più fresco d.**, it's cooler inside (*o* indoors); **spingere** (**in**) **d.**, to push in **2** (*nell'intimo*) inwardly; inside; in one's mind: **Tremavo d. al pensiero**, I trembled inwardly (*o* inside) at the thought; **tenersi tutto d.**, to keep everything bottled up inside **3** (*fam.*: *in prigione*) in jail; inside: **andare d.**, to go

to jail; **mettere d. q.**, to send sb. to jail; to lock sb. up (*fam.*); **Ha fatto tre anni d.**, he did three years inside; **È d. per furto**, he's doing time for theft (*fam.*) ***B*** *prep.* ***1*** (*stato*) inside; in; (*entro*) within: **d. la stanza**, in (*o* inside) the room; **d. casa**, indoors; **d. i confini**, within the boundaries ***2*** (*moto*) into: **Mi spinse d. la stanza**, he pushed me into the room • **D. di me ridevo**, I was laughing inwardly □ **D. di sé pensò che...**, he thought to himself that... ***C*** *m.* (*anche* **di d.**) inside.

denuclearizzàre *v. t.* to denuclearize.

denuclearizzàto *a.* denuclearized; nuclear-free.

denudàre ***A*** *v. t.* to bare; to strip (naked); to lay* bare ***B*** **denudàrsi** *v. rifl.* to strip; to undress.

denùncia *f.* ***1*** (*dichiarazione, notifica*) declaration; notification; registration; (*fisc.*) return: **d. di una nascita**, registration of a birth; **d. dei redditi**, income-tax return ***2*** (*ass.*) report ***3*** (*leg.*) report; denunciation: **sporgere d. alla polizia**, to report st. to the police ***4*** (*pubblica accusa*) denunciation; exposure • (*leg.*) **ritirare una d.**, to decide not to press charges; to withdraw charges.

denunciàre *v. t.* ***1*** (*dichiarare, notificare*) to declare; to notify; to report; to register: **d. le proprie entrate**, to declare one's income; **d. una nascita**, to register a birth ***2*** (*ass., leg.*) to report: **d. un furto [un sinistro]**, to report a theft [an accident] ***3*** (*accusare pubblicamente*) to denounce; to expose ***4*** (*manifestare*) to reveal; to show*.

denùnzia, denunziàre *V.* **denuncia, denunciare**.

denutrìto *a.* underfed; undernourished.

denutrizióne *f.* undernourishment; (*med.*) malnutrition.

deodorànte *a. e m.* deodorant.

deodoràre *v. t.* to deodorize.

deontologìa *f.* code of conduct; ethics: **d. professionale**, professional ethics.

deontològico *a.* ethical.

depauperaménto *m.* impoverishment.

depauperàre *v. t.* to impoverish.

depenalizzàre *v. t.* (*leg.*) to decriminalize.

depenalizzazióne *f.* (*leg.*) decriminalization.

dépendance (*franc.*) *f. invar.* annex(e).

depennàre *v. t.* to strike* off; to cross out: **d. un nome da un elenco**, to strike a name off a list.

deperìbile *a.* perishable: **merce d.**, perishable goods (*pl.*); (*alimentari*) perishables (*pl.*).

deperiménto *m.* ***1*** (*di persona*) run-down condition; poor state of health ***2*** (*di cose*) deterioration ***3*** (*econ.*) depreciation • **merci soggette a d.**, perishable goods.

deperìre *v. i.* ***1*** to lose strength; to waste away; to decline ***2*** (*di cose*) to deteriorate.

deperìto *a.* run-down; emaciated; debilitated.

depilàre *v. t.* to depilate; (*con ceretta*) to wax; (*con pinzetta*) to pluck; (*con rasoio*) to shave.

depilatóre *m.* hair remover; depilatory.

depilatòrio *a.* depilatory.

depilazióne *f.* hair removal; depilation.

depistàggio *m.* sidetracking; diversion.

depistàre *v. t.* to head off; to sidetrack; to divert; to put* (sb.) off the scent: **d. le indagini**, to sidetrack investigations; **d. la polizia**, to put the police off the scent.

dépliant (*franc.*) *m. invar.* leaflet; brochure (*franc.*).

deploràre *v. t.* ***1*** (*biasimare*) to deplore; to disapprove of ***2*** (*lamentare*) to grieve for; to lament.

deplorazióne *f.* (*biasimo*) disapproval; blame; censure.

deplorévole *a.* ***1*** (*biasimevole*) deplorable ***2*** (*lamentevole*) lamentable; regrettable.

depoliticizzàre *v. t.* to depoliticize.

depórre *v. t. e i.* ***1*** (*porre giù*) to put* down; to lay* down: **d. le armi**, to lay down arms ***2*** (*da una carica*) to remove from office; (*un sovrano*) to depose ***3*** (*leg.*) to testify; to give* evidence: **d. il falso**, to give false testimony ***4*** (*rinunciare a*) to give* up; (*abbandonare*) to put* aside • **d. uova**, to lay eggs; (*di pesci, molluschi, ecc.*) to spawn □ **Ciò non depone a suo favore**, that is not to his credit.

deportàre *v. t.* to deport; (*stor.*) to transport.

deportàto ***A*** *a.* deported; (*stor.*) transported ***B*** *m.* (*f.* **-a**) deportee; (*stor.*) (deported) convict.

deportazióne *f.* deportation; (*stor.*) transportation.

depositànte *m. e f.* ***1*** depositor ***2*** (*leg.*) bailor.

depositàre ***A*** *v. t.* ***1*** (*in banca*) to deposit ***2*** (*lasciare in custodia*) to leave* ***3*** (*posare*) to put* down; to place ***4*** (*di fiumi*) to deposit • **d. la firma**, to lodge one's signature □ (*leg.*) **d. un marchio**, to register a trademark ***B*** *v. i.* (*di liquidi*) to make* a deposit ***C*** **depositarsi** *v. i. pron.* to settle; to collect.

depositàrio *m.* (*custode*) custodian, guardian, keeper; (*confidente*) repository: **d. delle tradizioni**, guardian of tradition; **d. di un segreto**, repository of a secret.

depòsito *m.* ***1*** (*il depositare*) depositing; (*in magazzino*) storing, storage ***2*** (*versamento, pegno*) deposit: **lasciare un d.**, to put down a deposit; **d. bancario**, bank deposit; **denaro in d.**, money on deposit; **d. vincolato**, time deposit ***3*** (*luogo di d.*) depository; depot; store; (*locale*) storeroom, shed; (*magazzino*) wharehouse: **d. degli autobus**, bus depot; **d. degli attrezzi**, toolshed; **d. munizioni**, ammunition depot; **d. bagagli**, left-luggage office; checkroom (*USA*) ***4*** (*sedimento*) sediment; deposit: (*geol.*) **d. alluvionale**, drift.

deposizióne *f.* ***1*** (*da una carica*) removal (from office) ***2*** (*leg.*) deposition; testimony; evidence ◫: **fare una d.**, to make a deposition; to give evidence; to testify • (*relig., arte*) **la D.**, the Deposition.

depravàto ***A*** *a.* depraved; perverted; debauched; corrupt ***B*** *m.* (*f.* **-a**) degenerate; pervert.

depravazióne *f.* ***1*** (*il depravare*) depravation; corruption ***2*** (*l'essere depravato*) depravity; corruption.

deprecàbile *a.* ***1*** (*deplorevole*) deplorable ***2*** (*malaugurato*) unfortunate; regrettable.

deprecàre *v. t.* to deplore; to deprecate.

depredàre *v. t.* to despoil; to plunder; to pillage.

depressionàrio *a.* (*meteor.*) depression (*attr.*).

depressióne *f.* (*anche med., meteor.*) depression.

depressìvo *a.* ***1*** depressing ***2*** (*med.*) of depression: **crisi depressiva**, fit of depression; **stato d.**, state of depression.

deprèsso *a.* (*avvilito*) depressed; dispirited; dejected; in low spirits • (*econ.*) **aree depresse**, depressed areas.

depressurizzàre *v. t.* to depressurize.

deprezzaménto *m.* (*econ.*) depreciation; debasement.

deprezzàre ***A*** *v. t.* ***1*** (*econ.*) to lower the value of; to debase ***2*** (*svilire*) to run* down; to belittle ***B*** **deprezzàrsi** *v. i. pron.* (*econ.*) to depreciate; to fall* in value.

depriménte *a.* depressing; dismal; gloomy.

deprìmere ***A*** *v. t.* to depress; to discourage; to get* down ***B*** **deprimersi** *v. i. pron.* to become* depressed.

depuràre *v. t.* to purify.

depuratóre ***A*** *m.* ***1*** purifier; (*impianto*) purification plant ***2*** (*mecc.*) cleaner • (*chim., fis.*) **d. d'acqua**, water softener □ **d. per gas**, scrubber ***B*** *a.* purifying; cleaning: **filtro d.**, cleaning filter.

depurazióne *f.* purification.

deputàre *v. t.* ***1*** to depute; to delegate ***2*** (*assegnare*) to appoint.

deputàto *m.* (*f.* **-a**) ***1*** (*polit.*) deputy; (*in G.B.*) Member of Parliament; (*in U.S.A.*) Congressman* (*f.* Congresswoman*) ***2*** (*delegato*) delegate; representative.

deputazióne *f.* deputation; delegation.

dequalificàre ***A*** *v. t.* to downgrade; (*sminuire*) to devalue ***B*** **dequalificàrsi** *v. i. pron.* to be devalued; (*professionalmente*) to accept a downgrading (*in one's career*).

dequalificazióne *f.* devaluation; (*professionale*) downgrading.

deragliaménto *m.* derailment.

deragliàre *v. i.* to run* off the rails; to be derailed • **far d.**, to derail.

dérapage (*franc.*) *m. invar.* (*autom.*) skid; (*aeron., sci*) sideslip.

derapàre *v. i.* (*autom.*) to skid; (*aeron., sci*) to sideslip.

derattizzàre *v. t.* to rid* (*a place*) of rats.

derattizzazióne *f.* rat extermination.

deregolamentàre *v. t.* to deregulate.

deregolamentazióne *f.* deregulation.

derelìtto ***A*** *a.* forlorn; abandoned ***B*** *m.* (*f.* **-a**) destitute person; down-and-out.

deresponsabilizzàre *v. t.* to relieve of responsibilities.

deretàno *m.* posterior; buttocks (*pl.*); backside (*fam.*).

derìdere *v. t.* to deride; to mock; to laugh at; to scoff at.

derisióne *f.* derision; mockery; scoff.

derisòrio *a.* derisive; derisory; mocking; scoffing.

derìva *f.* ***1*** (*naut., aeron.*) drift ***2*** (*naut., anche* **chiglia di d.**) keel ***3*** (*aeron.: piano verticale della coda*) fin • (*geol.*) **d.**

dei continenti, continental drift □ (*naut.*) **d. mobile**, centre-board □ **essere alla d.**, to be adrift □ **andare alla d.**, to drift; (*fig.*) to go adrift.
derivàre ***A*** *v. i.* to derive; to result; (*seguire*) to follow: **Ne deriva che...**, it follows that... ***B*** *v. t.* ***1*** (*un corso d'acqua*) to divert ***2*** (*trarre*) to get* ***3*** (*elettr.*) to shunt.
derivàta *f.* (*mat.*) derivative.
derivàto *m.* ***1*** (*sottoprodotto*) by-product ***2*** (*gramm., chim.*) derivative.
derivazióne *f.* ***1*** (*origine*) derivation; origin ***2*** (*elettr.*) shunt; by-pass ***3*** (*ling.*) derivation ***4*** (*telef.*) extension.
dèrma *m.* (*anat.*) derm, derma.
dermatìte *f.* (*med.*) dermatitis.
dermatologìa *f.* (*med.*) dermatology.
dermatològico *a.* dermatologic(al).
dermatòlogo *m.* (*f.* **-a**) (*med.*) dermatologist.
dermatòsi *f.* (*med.*) dermatosis; skin disease.
dèroga *f.* dispensation; exception.
derogàre *v. i.* ***1*** to depart (from); to deviate (from) ***2*** (*contravvenire*) to fail to conform (to); to go* against.
derràta *f.* commodity • **derrate alimentari**, foodstuffs.
derubàre *v. t.* to steal* (st. from sb.); to rob (sb. of st.).
derubàto *m.* (*f.* **-a**) victim of a theft.
derubricàre *v. t.* (*leg.*) to reduce: **d. un reato**, to reduce a charge.
descrittìvo *a.* descriptive.
descrìvere *v. t.* ***1*** to describe; (*raccontare*) to tell* ***2*** (*tracciare*) to describe; to draw*.
descrivìbile *a.* describable.
descrizióne *f.* description; (*resoconto*) account.
desensibilizzàre *v. t.* (*med., fotogr.*) to desensitize.
desensibilizzazióne *f.* desensitization.
desèrtico *a.* desert (*attr.*).
desertificazióne *f.* desertification.
desèrto ***A*** *a.* ***1*** (*disabitato*) desert (*attr.*); (*abbandonato*) deserted; (*vuoto*) empty: **isola deserta**, desert island; **strade deserte**, deserted streets; **teatro d.**, empty theatre ***2*** (*desolato*) deserted; desolate; lonely ***3*** (*incolto*) waste; (*spoglio*) bare ***B*** *m.* desert; (*territorio desolato, anche fig.*) wilderness • **In città c'è il d.**, the town is deserted □ **crearsi intorno il d.**, to cut oneself off from everyone.
déshabillé (*franc.*) *m. invar.* (*vestaglia*) negligée • **essere in d.**, to be half-dressed; to be in a state of undress.
desideràbile *a.* desirable.
desideràre *v. t.* ***1*** to wish; to like; would like (*difett.*); to want: **Desideri che io resti?**, do you wish (*o* would you like) me to stay?; **Desidero che tu lo sappia**, I want you to know; **Vieni quando desideri**, come whenever you like; **d. ardentemente q.c. [fare q.c.]**, to long for st. [to do st.]; **Che cosa desidera?**, what would you like?; (*in un negozio*) can I help you?; (*al ristorante*) would you like to order?; **Sei desiderato al telefono**, you're wanted on the phone ***2*** (*sessualmente*) to desire • **farsi d.**, to keep (people) waiting; (*fare il prezioso*) to play hard to get □ **far d. q.c. a q.**, to keep sb. waiting for st. □ **lasciare a d.**, to leave much to be desired.
desideràta (*lat.*) *m. pl.* wants; desiderata.
desidèrio *m.* ***1*** wish; desire (*lett.*): **esprimere un d.**, to make a wish; **d. ardente**, longing ***2*** (*sessuale*) desire • **un pio d.**, a vain hope; a pipedream; wishful thinking.
desideróso *a.* anxious (to); eager (to); longing (for): **d. di conoscerti**, anxious to meet you; **d. di piacere**, eager to please; **d. di pace**, longing for peace.
designàre *v. t.* ***1*** (*scegliere*) to designate; (*nominare*) to nominate, to appoint ***2*** (*stabilire*) to set*; to fix; to appoint ***3*** (*indicare*) to indicate; to show.
designàto *a.* appointed; designate: **il luogo d.**, the appointed place; **ministro d.**, minister designate; **vittima designata**, chosen victim.
designazióne *f.* designation; nomination; appointment.
desinàre *v. i.* to have dinner.
desinènza *f.* (*gramm.*) ending.
desìstere *v. i.* to desist (from); to leave* off; (*rinunciare a*) to give up (st., doing st.).
desolànte *a.* distressing.
desolàto *a.* ***1*** desolate; deserted; bleak; barren ***2*** (*sconsolato*) disconsolate; distressed ***3*** (*spiacente*) very sorry.
desolazióne *f.* ***1*** desolation; bleakness ***2*** (*dolore*) sorrow; distress.
dèspota *m.* (*anche fig.*) despot.
desquamazióne *f.* desquamation.
dessert (*franc.*) *m. invar.* dessert.
destabilizzànte *a.* destabilizing; disruptive.
destabilizzàre *v. t.* to destabilize; to disrupt.
destàre ***A*** *v. t.* ***1*** to wake* (up) ***2*** (*scuotere*) to wake* up; to rouse ***3*** (*suscitare*) to cause; to arouse; to awaken: **d. sorpresa**, to cause suprise; **d. curiosità**, to arouse curiosity; **d. interesse**, to awaken interest ***B*** **destàrsi** *v. i. pron.* ***1*** to wake up ***2*** (*nascere*) to rise*.
destinàre *v. t.* ***1*** (*assegnare*) to assign; (*nominare*) to appoint; (*inviare*) to post ***2*** (*stanziare*) to set* aside; to earmark; to allocate ***3*** (*riservare*) to set* aside, to intend; (*adibire*) to use ***4*** (*dedicare*) to devote • **Il padre lo destinò alla carriera militare**, his father had destined him for a military career □ **rinviare q.c. a data da destinarsi**, to postpone st. to a date to be arranged □ **Che cosa ci destina il futuro?**, what has the future in store for us?
destinatàrio *m.* (*f.* **-a**) ***1*** (*di lettera, ecc.*) addressee ***2*** (*di merce*) consignee.
destinàto *a.* ***1*** destined; fated; bound; (*con signif. neg.*) doomed: **Eravamo destinati a incontrarci**, we were destined to meet; **I prezzi sono destinati a salire**, prices are bound to go up; **d. al fallimento**, bound to fail; doomed to failure ***2*** (*deciso*) appointed; fixed ***3*** (*inteso*) intended (for); meant (for): **un commento d. a me**, a remark intended for me; **locale d. a uso privato**, room for private use; **d. alla carriera ecclesiastica**, destined for the Church ***4*** (*indirizzato*) addressed.
destinazióne *f.* ***1*** destination: **arrivare a d.**, to reach one's destination; **una nave con d. Genova**, a ship bound for Genoa ***2*** (*di fondi, ecc.*) allocation; earmarking ***3*** (*scopo*) purpose.
destìno *m.* fate; destiny: **uno scherzo del d.**, a twist of fate; **d. di gloria**, glorious destiny • **Era d. che perdessi l'aereo**, I was fated to miss the plane □ **Era d. che accadesse**, it was bound to happen.
destituìre *v. t.* to dismiss; to remove (from office).
destituìto *a.* ***1*** (*rimosso*) dismissed ***2*** (*privo*) devoid (of); without (*prep.*): **d. di fondamento**, without foundation.
destituzióne *f.* dismissal; removal.
désto *a.* awake; wide-awake • **tener desta l'attenzione**, to hold sb.'s attention.
dèstra *f.* ***1*** (*mano*) right hand ***2*** (*lato*) right (side); right-hand side: **a d.**, on the right; to the right; **alla mia d.**, on my right; to my right; **voltare a d.**, to turn right; **tenere la d.**, to keep (to the) right ***3*** (*polit.*) Right; right wing: **di d.**, right-wing.
destreggiàrsi *v. rifl.* to manage successfully; to get* by; to manoeuvre; to navigate: **d. nella vita**, to get by in life; **d. con l'inglese**, to get by in English; **d. nel traffico**, to manoeuvre through (*o* to cope with) traffic; **saper d. in un ambiente**, to know one's way around in a particular milieu.
destrézza *f.* adroitness; skill; (*specialm. manuale*) dexterity, deftness • **gioco di d.**, sleight of hand.
destrièro *m.* (*lett.*) steed; (*da battaglia*) charger.
destrìsmo *m.* ***1*** right-handedness ***2*** (*polit.*) right-wing ideas (*pl.*).
dèstro ***A*** *a.* ***1*** right; right-hand: **mano destra**, right hand; **tasca destra**, right-hand pocket; **lato d.**, right-hand side ***2*** (*abile*) clever; adroit; skilful; (*di mano*) deft ***B*** *m.* ***1*** opportunity; chance ***2*** (*boxe*) right.
destròrso *a.* ***1*** left-to-right; (*rif. a rotazione*) clockwise (*attr.*) ***2*** (*mecc.*) right-hand.
destròsio *m.* (*chim.*) dextrose; glucose.
desuèto *a.* outmoded; outdated; obsolete.
desuetùdine *f.* disuse: **cadere in d.**, to fall into disuse.
desùmere *v. t.* ***1*** (*dedurre*) to infer; to deduce; to gather: **Ne desumo che voi...**, I gather you... ***2*** (*ricavare*) to gather; to glean.
desumìbile *a.* inferable; deducibile.
detective (*ingl.*) *m. invar.* private detective.
deteinàto *a.* with the theine removed.
detenére *v. t.* ***1*** to hold*; (*illegalmente*) to be in possession of: **d. un primato**, to hold a record; **d. il potere**, to be in power ***2*** (*in prigione*) to detain.
detentìvo *a.* prison (*attr.*); detention (*attr.*): **pena detentiva**, prison sentence; imprisonment.
detentóre ***A*** *m.* (*f.* **-trice**) holder ***B*** *a.* holding.

detenùto *m.* (*f.* **-a**) prisoner; convict; inmate.
detenzióne *f.* **1** (*il detenere*) holding **2** (*leg.*) possession: **d. abusiva**, illegal possession **3** (*pena*) imprisonment; custody; detention: **d. preventiva**, custody.
detergènte ***A*** cleansing; detergent ***B*** *m.* detergent.
detèrgere *v. t.* (*pulire*) to cleanse; (*lavare*) to wash; (*asciugare*) to wipe: **d. una ferita**, to cleanse a wound.
deterioràbile *a.* **1** subject to deterioration **2** (*di merce*) perishable.
deterioraménto *m.* deterioration.
deterioràre ***A*** *v. t.* to cause to deteriorate; (*danneggiare*) to damage; (*alimento*) to spoil ***B*** **deterioràrsi** *v. i. pron.* to deteriorate; (*di merce*) to perish; (*di alimento*) to go* bad.
deterioràto *a.* deteriorated; damaged; (*andato a male*) gone bad.
deterióre *a.* inferior; second-rate (*attr.*) • **senso d.**, pejorative sense.
determinàbile *a.* determinable; definable.
determinànte ***A*** *a.* decisive; instrumental; crucial: **fattore d.**, decisive factor; **ruolo d.**, instrumental (*o* crucial) role; **prove determinanti**, conclusive evidence ***B*** *m. e f.* decisive factor.
determinàre ***A*** *v. t.* **1** (*definire*) to determine; to establish; to set* out; (*fissare*) to fix: **d. i criteri di q.c.**, to set out the criteria for st. **2** (*accertare*) to determine, to establish; (*calcolare*) to calculate; (*stimare*) to assess: **d. una distanza**, to calculate a distance; **d. il valore di q.c.**, to estimate st. **3** (*causare*) to bring* about; to cause ***B*** **determinàrsi** *v. i. pron.* (*verificarsi*) to occur; to take* place.
determinatézza *f.* **1** (*risolutezza*) determination **2** (*precisione*) precision; exactness.
determinativo *a.* (*gramm.*) definite: **articolo d.**, definite article.
determinàto *a.* **1** (*particolare*) specific; (*dato*) given; (*limitato*) limited **2** (*stabilito*) agreed **3** (*risoluto*) determined; resolute.
determinazióne *f.* **1** (*lo stabilire*) determination; (*calcolo*) calculation; (*valutazione*) assessment **2** (*decisione*) decision; determination **3** (*risolutezza*) determination.
determinismo *m.* (*filos.*) determinism.
deterministico *a.* (*filos.*) deterministic.
deterrènte *a. e m.* deterrent.
detersivo *a. e m.* detergent: **d. per bucato**, (*in polvere*) washing powder; (*liquido*) washing liquid; **d. per piatti**, washing-up liquid; **d. per pavimenti**, floor cleaner.
detestàbile *a.* detestable; hateful; odious.
detestàre ***A*** *v. t.* to detest; to hate; to loathe ***B*** **detestàrsi** *v. rifl. recipr.* to hate each other.
detonànte ***A*** *a.* detonating; explosive ***B*** *m.* explosive.
detonàre *v. i.* to detonate; to explode • **far d.**, to detonate.
detonatóre *m.* detonator.
detonazióne *f.* **1** detonation; (*scoppio*) explosion, blast **2** (*mecc.*) knocking; pinking (*GB*).
detraibile *a.* deductible: **d. dalle imposte**, tax-deductible; **non d.**, non-deductible.
detràrre *v. t.* to deduct; (*sottrarre*) to subtract.
detrattóre *m.* (*f.* **-trice**) detractor.
detrazióne *f.* deduction; (*sgravio*) allowance: **d. degli interessi**, deduction of interests; **d. d'imposta**, tax allowance; **d. per figli a carico**, children's allowance; **portare in d.**, to deduct.
detriménto *m.* detriment; harm; damage: **a d. di**, to the detriment of; **andare a d. di**, to be detrimental to; to damage.
detrito *m.* **1** (*geol.*) detritus; silt **2** (*al pl.*) debris Ⓤ; (*calcinacci, ecc.*) rubble Ⓤ.
detronizzàre *v. t.* **1** to dethrone; to depose **2** (*fig.*) to oust; (*abbattere*) to overthrow*.
détta *vc.* — **a d. di**, according to; **a d. di tutti**, by all accounts.
dettagliànte *m. e f.* (*comm.*) retailer; retail trader.
dettagliàre *v. t.* **1** to give* full details of; to relate in detail **2** (*comm.*) to itemize.
dettagliataménte *avv.* in detail; with full particulars.
dettagliàto *a.* **1** detailed; in detail **2** (*comm.*) itemized.
dettàglio *m.* **1** detail: **entrare nei dettagli**, to go (*o* to enter) into details; **fino all'ultimo d.**, (down) to the last detail **2** (*comm.*) retail: **prezzi al d.**, retail prices; **vendere al d.**, to sell (by) retail; **venditore al d.**, retailer.
dettàme *m.* dictate.
dettàre *v. t.* **1** to dictate **2** (*suggerire*) to tell*; to suggest **3** (*imporre*) to dictate • **d. legge**, to lay down the law.
dettàto *m.* **1** dictation: **fare un d.**, to have a dictation **2** (*stile*) style.
dettatùra *f.* dictation: **scrivere sotto d.**, to write from dictation.
détto ***A*** *a.* **1** (*soprannominato*) called; known as **2** (*suddetto*) above-mentioned; above-named • **d. fatto**, no sooner said than done □ **Come non d.**, forget I ever mentioned it; forget it □ **d. fra noi**, between you and me; between ourselves □ **È d. tutto**, need I say more?; (*ho capito*) say no more □ **È presto d.!**, it's easier said than done □ **propriamente d.**, more properly known as; (*vero e proprio*) in itself, as such ***B*** *m.* **1** (*motto*) saying **2** (*parola*) word.
deturpàre *v. t.* **1** to disfigure; to mar; (*un edificio, ecc.*) to deface **2** (*fig.*) to defile.
deturpazióne *f.* disfigurement; defacement.
deus ex machina (*lat.*) *locuz. m. invar.* deus ex machina; rescuer; problem solver.
deutèrio *m.* (*chim.*) deuterium.
devastàre *v. t.* **1** to devastate; to lay* waste; to ravage **2** (*di insetto nocivo*) to blight.
devastazióne *f.* devastation; ravages (*pl.*).
deviànte *a., m. e f.* deviant.
deviànza *f.* deviance.
deviàre ***A*** *v. t.* to divert; to deflect: **d. un fiume** [**il traffico**], to divert a river [the traffic]; **La fibbia deviò il proiettile**, the buckle deflected the bullet; **d. i sospetti**, to divert suspicion; **d. il discorso**, to change the subject ***B*** *v. i.* **1** (*allontanarsi*) to deviate; to swerve **2** (*fare una deviazione*) to turn off; to make* a detour.
deviazióne *f.* **1** deviation **2** (*stradale*) diversion; detour **3** (*fis., mecc.*) deflexion **4** (*fig.*) deviation (*anche psic.*); departure.
devitalizzàre *v. t.* (*med.*) to devitalize; (*un dente*) to kill the nerve of.
devitalizzazióne *f.* (*med.*) devitalization.
devòlvere *v. t.* (*destinare*) to assign, to allocate; (*dare*) to give*: **d. denaro in beneficenza**, to give money to charity.
devòto ***A*** *a.* **1** (*pio*) devout **2** (*di devozione*) devotional; (*religioso*) religious: **libri devoti**, devotional books **3** (*affezionato*) devoted; (*fedele*) faithful • **È d. a S. Antonio**, he has a special devotion to St Anthony □ **in d. silenzio**, in reverent silence ***B*** *m.* (*f.* **-a**) **1** devout (*o* pious) person **2** (*chi pratica un culto*) devotee; (*al pl.*: *i fedeli*) congregation (*sing.*) **3** (*seguace*) faithful follower.
devozióne *f.* **1** piety; devoutness **2** (*al pl.*) (*preghiere*) devotions; prayers **3** (*affetto, dedizione*) devotion.
di *prep.* **1** (*specificazione, denominazione, possesso, appartenenza*) of; (*nel senso di possesso e appartenenza, spesso il genitivo sassone o una costruz. attr.*): **amore della lettura**, love of reading; **il mese di maggio**, the month of May; **il film dell'anno**, the film of the year; **il centro della città**, the centre of town; the town centre; **il colore del mare**, the colour of the sea; **squadra di soccorso**, rescue team; **l'amore di un padre**, a father's love; **il figlio del dottore**, the doctor's son; **Di chi è questo cane?**, whose dog is this?; **il futuro dell'Europa**, the future of Europe; Europe's future; **artisti del XX secolo**, 20th-century artists; **il treno delle tre**, the three-o'clock train **2** (*per indicare l'autore*) by; of (*o il genitivo sassone*): **un nuovo romanzo di X**, a new novel by X; **le opere di Verdi**, Verdi's operas; the operas of Verdi **3** (*partitivo*) of; (*un po' di*) some, any: **alcuni di noi**, some of us; **qualcosa di nuovo**, something new; **niente di meglio**, nothing better; **Vorrei del vino**, I'd like some wine; **C'è del latte?**, is there any milk?; **per degli anni**, for years **4** (*paragone, nei compar.*) than; (*nei superl.*) of, in: **più vecchio di te**, older than you; **il migliore di tutti**, the best of all; **il più grande della città**, the biggest in town **5** (*argomento*) about; of: **So poco di lui**, I know little about him; **discutere di sport**, to talk about sport; **parlare di affari**, to talk business; **un libro di storia**, a history book **6** (*causa*) of; for; with: **morire di cancro**, to die of cancer; **ridere di gioia**, to laugh for joy; **gridare di dolore**, to scream with pain; **tremare di paura**, to tremble with fear **7** (*provenienza, origine, moto da luogo, separazione*) from; of: **Sono di Venezia**, I come from Venice; **una ragazza di buona famiglia**, a girl of good family; **andarsene di casa**,

to leave home; **di città in città**, from town to town; **Mi cadde di mano**, it fell from my hand ***8*** (*materia*) of (*o costruz. attr.*): **fatto di legno**, made of wood; **La statua era di bronzo**, the statue was made of bronze; **orologio d'oro**, gold watch; **flan di spinaci**, spinach flan ***9*** (*abbondanza*) of; with; in: **pieno di soldi**, full of money; **ricco di grassi**, rich in fat; **che abbonda di pesci**, teeming with fish ***10*** (*privazione*) of; in: **mancanza di idee**, lack of ideas; **povero di contenuti**, poor in content ***11*** (*mezzo, modo*) with; of; by; on; in: **un colpo di martello**, a blow with a hammer; **ungere di olio**, to grease with oil; **Vive di carità**, he lives on charity; **vestito di rosso**, dressed in red; **Vado di fretta**, I'm in a hurry; **di colpo**, suddenly ***12*** (*età, misura, valore*) of (*o costruz. attr.*): **un uomo di trent'anni**, a man of thirty; a thirty-year-old man; **una multa di 50 sterline**, a 50-pound fine; **un viaggio di sei giorni**, a six-day journey ***13*** (*limitazione*) by: **allungare di un metro**, to lengthen by a metre ***14*** (*tempo*) in; by; (*coi giorni della settimana*) on: **di primavera**, in spring; **di mattina** [**sera**], in the morning [evening]; **di giorno**, by day; in the daytime; **di notte**, by (*o* at) night; in the night; **di lunedì**, on Mondays ***15*** (*in vari compl. di luogo*) — **È di qua**, it's over here (*o* in here, here); **di là in studio**, in the study; **Passiamo di lì**, let's go that way ***16*** (*davanti all'inf.*) — **Sono lieto di accettare**, I am glad to accept; **Smettila di ridere**, stop laughing; **Credo di saperlo**, I think I know; **Dice di non potere**, he says he can't ***17*** (*figlio di*) son of; (*figlia di*) daughter of.

dì *m.* (*lett.*) day.

diabète *m.* (*med.*) diabetes.

diabètico *a. e m.* (*f.* **-a**) (*med.*) diabetic.

diabòlico *a.* ***1*** diabolic; satanic ***2*** (*fig.*) diabolical; devilish.

diàcono *m.* (*eccles.*) deacon.

diacrìtico *a.* (*ling.*) diacritical • **segno d.**, diacritic.

diadèma *m.* ***1*** (*corona*) diadem, crown ***2*** (*gioiello*) tiara.

diàfano *a.* ***1*** diaphanous; transparent ***2*** (*fig.*) delicate; (*pallido*) pale.

diaframma *m.* ***1*** diaphragm ***2*** (*divisorio*) wall; partition; screen.

diàgnosi *f.* ***1*** (*med.*) diagnosis* ***2*** (*fig.*) analysis*: **fare una d. della situazione**, to analyse the situation.

diagnòstica *f.* (*med.*) diagnostics (*pl. col verbo al sing.*).

diagnosticàre *v. t.* (*med. e fig.*) to diagnose.

diagnòstico (*med.*) ***A*** *a.* diagnostic ***B*** *m.* diagnostician.

diagonàle ***A*** *a.* diagonal ***B*** *f.* diagonal ***C*** *m.* ***1*** (*calcio, ecc.*) cross ***2*** (*tennis*) cross-court drive ***3*** (*tessuto*) twill.

diagràmma *m.* diagram; (*grafico*) chart, graph.

dialettàle *a.* dialect (*attr.*); dialectal; (*in dialetto*) in dialect: **termine d.**, dialect term; **teatro d.**, theatre in dialect.

dialèttica *f.* ***1*** dialectics (*pl. col verbo al sing.*); dialectic ***2*** (*abilità nel discutere*) debating ability; articulacy; way with words (*fam.*).

dialèttico *a.* dialectical.

dialètto *m.* dialect.

dialettòlogo *m.* (*f.* **-a**) dialectologist.

diàlisi *f.* ***1*** (*chim.*) dialysis* [U] ***2*** (*med.*) (haemo)dialysis: **essere in d.**, to be under dialysis; **sottoporre a d.**, to submit to dialysis; to dialyse.

dializzàto ***A*** *a.* dialysed ***B*** *m.* (*f.* **-a**) patient undergoing dialysis; dialysed patient.

dialogàre ***A*** *v. i.* ***1*** (*conversare*) to talk ***2*** (*discutere*) to hold* talks; to negotiate ***3*** (*comunicare*) to communicate; to talk ***B*** *v. t.* (*teatr.*) to put* into dialogue form; to write* the dialogue for.

dialogàto ***A*** *a.* in the form of a dialogue • **parti dialogate**, dialogues ***B*** *m.* dialogue, dialog (*USA*).

dialògico *a.* dialogue, dialog (*USA*) (*attr.*); dialogic(al).

diàlogo *m.* ***1*** (*anche polit.*) dialogue, dialog (*USA*) ***2*** (*conversazione*) talk; conversation ***3*** (*rapporto*) relationship; rapport: **il d. genitori-figli**, the parent-child relationship; **avere un bel d. con q.**, to have a good rapport with sb.; **Tra noi non c'è d.**, we don't communicate.

diamànte *m.* ***1*** diamond: **d. grezzo**, rough diamond; **d. industriale**, industrial diamond; bort ***2*** (*tagliavetro*) glazier's diamond ***3*** (*tipogr.*) diamond • **duro come il d.**, as hard as rock □ **nozze di d.**, diamond wedding.

diamantìfero *a.* diamantiferous; diamond-bearing.

diametralménte *avv.* (*anche fig.*) diametrically.

diàmetro *m.* diameter.

diàmine *inter.* ***1*** (*rafforzativa*) on earth; the heck (*fam.*): **Che d. ci fai qui?**, what on earth are you doing here?; **Dove d. si è cacciato?**, where the heck is it? ***2*** (*di impazienza*) for heaven's sake! ***3*** (*affermativa*) of course!; I should say so!; you bet (*fam.*).

diànzi *avv.* (*poco fa*) a little while ago; (*or ora*) just now.

diàpason *m. invar.* (*mus.*) ***1*** (*suono*) pitch; tone ***2*** (*strumento*) tuning fork.

diapositiva *f.* (*fotogr.*) slide; transparency.

diària *f.* daily allowance.

diàrio *m.* ***1*** (*personale*) diary; journal: **tenere un d.**, to keep a diary; **d. di viaggio**, journal; **d. scolastico**, homework diary ***2*** (*registro*) register; book: (*naut.*) **d. di bordo**, logbook; **d. di classe**, class register ***3*** (*orario, calendario*) calendar; timetable.

diarìsta *m. e f.* diarist.

diarrèa *f.* (*med.*) diarrh(o)ea.

diàspora *f.* diaspora.

diàspro *m.* (*miner.*) jasper • **d. sanguigno**, bloodstone.

diàstole *f.* (*med.*) diastole.

diatònico *a.* (*mus.*) diatonic.

diàtriba *f.* diatribe.

diavolerìa *f.* ***1*** devilment; piece of mischief ***2*** (*aggeggio*) contraption.

diavoléssa *f.* she-devil; fiend.

diavolétto *m.* (*di bambino*) little devil; monkey.

diàvolo ***A*** *m.* (*anche fig.*) devil • **D. d'uomo!**, clever devil! □ (*di bambino*) **d. scatenato**, little devil □ **Al d. tutto!**, to hell with everything! □ **avere il d. in corpo**, to be restless; to be full of mischief □ **avere un d. per capello**, to be in a foul temper; to be hopping mad (*fam.*) □ **avere una fame del d.**, to be simply starving □ **avere una paura del d.**, to be scared to death □ **buon d.**, good sort; good chap (*GB*); good guy (*USA*) □ **brutto come il d.**, as ugly as sin □ **Che il d. ti porti!**, damn you!; devil take you! □ **fare il d. a quattro**, to raise the devil (*o* hell); to kick up a shindy (*fam.*); (*di bambino*) to be up to all sorts of mischief □ **mandare q. al d.**, to tell sb. to go to hell □ (*cucina*) **pollo alla diavola**, devilled chicken □ **povero d.**, poor soul; poor devil □ **Va' al d.**, go to the devil! ***B*** *inter.* the devil; the hell: **Che d. fai?**, what the devil are you doing?; **Chi** [**dove**] **d. sei?**, who [where] the hell are you?

dibàttere ***A*** *v. t.* to debate; to discuss ***B*** **dibàttersi** *v. rifl.* ***1*** (*divincolarsi*) to struggle; (*in acqua*) to flounder ***2*** (*fig.*) to struggle; (*essere combattuto*) to be torn (by).

dibattiménto *m.* ***1*** debate; discussion ***2*** (*leg.*) hearing.

dibàttito *m.* debate; (*discussione*) discussion: **d. parlamentare**, parliamentary debate.

dibattùto *a.* much-debated; (*controverso*) controversial.

diboscàre e *deriv. V.* **disboscare** e *deriv.*

dicastèro *m.* ministry; (government) department.

dicèmbre *m.* December. (*Per gli esempi d'uso, V. sotto* **aprile**).

dicerìa *f.* rumour; gossip [U].

dichiaràre ***A*** *v. t.* ***1*** to declare; (*affermare*) to state; (*dire*) to say*: **d. guerra**, to declare war; **d. q.c. alla dogana**, to declare st. at customs; **Dichiarò di non averlo mai conosciuto**, he declared (*o* said) that he had never met him; **d. q. vincitore**, to declare sb. the winner; (*leg.*) **d. q. colpevole** [**innocente**], to find sb. guilty [not guilty]; **Furono dichiarati marito e moglie**, they were pronounced man and wife ***2*** (*a carte*) to bid*; (*bridge*) to declare ***B*** **dichiaràrsi** *v. rifl.* ***1*** to declare (oneself): **d. soddisfatto**, to declare oneself satisfied; **d. contrario** [**favorevole**] **a q.c.**, to declare against [for] st.; **d. vinto**, to acknowledge defeat; (*leg.*) **d. colpevole** [**innocente**], to plead guilty [not guilty] ***2*** (*fare una dichiarazione d'amore*) to propose ***3*** (*rivelare la propria opinione*) to commit oneself; to come* out (*fam.*).

dichiarataménte *avv.* openly.

dichiarativo *a.* declaratory.

dichiaràto *a.* ***1*** (*manifesto*) declared; avowed; professed; self-confessed: **d. proposito**, declared (*o* avowed) intention; **nemico d.**, sworn enemy ***2*** (*denunciato*) reported; declared; stated: **reddito d.**, declared income; (*fin.*) **capitale d.**, stated capital.

dichiarazióne *f.* ***1*** declaration; (*affermazione*) statement; (*osservazione*) remark: **d. di guerra**, declaration of war; **d. dei diritti**, declaration of rights; **d. alla stampa**, statement to the press; (*leg.*) **d. giurata**, sworn statement; affidavit ***2*** (*a carte*) bid • **d. dei redditi**, statement of income; income-

-tax return □ (*leg.*) **d. di fallimento**, adjudication in bankruptcy □ **d. d'amore**, declaration of love □ **fare una d. d'amore a q.**, to propose to sb.
diciannòve *a. num. card. e m.* nineteen.
diciannovènne ***A*** *a.* nineteen years old (*pred.*); nineteen-year-old (*attr.*) ***B*** *m. e f.* nineteen-year-old (boy, youth, *m.*; girl, *f.*).
diciannovèṣimo *a. num. ord. e m.* nineteenth.
diciassètte *a. num. card. e m.* seventeen.
diciassettènne ***A*** *a.* seventeen years old (*pred.*); seventeen-year-old (*attr.*) ***B*** *m. e f.* seventeen-year-old (boy, youth, *m.*; girl, *f.*).
diciassettèṣimo *a. num. ord. e m.* seventeenth.
diciottènne ***A*** *a.* eighteen years old; eighteen-year-old (*attr.*) ***B*** *m. e f.* eighteen-year-old (boy, youth, *m.*; girl, *f.*).
diciottèṣimo *a. num. ord. e m.* eighteenth.
diciòtto *a. num. card. e m.* eighteen.
dicitóre *m.* (*f.* **-trice**) speaker; (*di versi*) reciter.
dicitùra *f.* wording Ⓤ; words (*pl.*): **l'esatta d.**, the exact wording (*o* words).
dicotomìa *f.* dichotomy.
didascalìa *f.* ***1*** (*di illustrazione*) caption ***2*** (*teatr.*) stage directions (*pl.*) ***3*** (*cinem.*) subtitle; (*di film muto*) caption.
didascàlico *a.* didactic.
didàttica *f.* didactics (*pl. col verbo al sing.*); teaching methodology.
didàttico *a.* didactic; educational; teaching (*attr.*): **centro d.**, educational centre; **metodo d.**, teaching method.
didéntro *a. e m.* inside.
didiètro ***A*** *m. invar.* ***1*** (*di cosa*) back; rear ***2*** (*di animale*) rump ***3*** (*fam.*: *sedere*) backside; behind ***B*** *a. invar.* rear; back; hind: **ruota d.**, rear wheel; **zampe d.**, hind legs.
dièci *a. num. card. e m.* ten.
diecimìla ***A*** *a. num. card. e m.* ten thousand ***B*** *m. pl.* (*sport*) ten-thousand-metre race.
diecìna *V.* **decina**.
dièdro (*geom.*) ***A*** *a.* dihedral ***B*** *m.* dihedral; dihedron.
dièreṣi *f.* di(a)eresis*.
dieṣel ***A*** *a. invar.* (*mecc.*) diesel ***B*** *m. invar.* ***1*** (*motore*) diesel engine ***2*** (*auto*) diesel car.
dièṣis *m. invar.* (*mus.*) sharp.
dièta (1) *f.* (*assemblea*) diet.
dièta (2) *f.* (*med.*) diet: **d. dimagrante**, slimming diet; **d. a base di frutta**, fruit diet; **essere** [**mettersi**] **a d.**, to be [to go] on a diet; **fare una d.**, to follow a diet; to diet; **stare a d.**, to stick to a diet.
dietètica *f.* (*med.*) dietetics (*pl. col verbo al sing.*).
dietètico *a.* (*med.*) dietetic; diet (*attr.*); dietary: **prodotto d.**, dietetic product; **regole dietetiche**, dietary rules.
dietista, **dietòlogo** *m.* (*f.* **-a**) dietician; nutritionist.
diètro ***A*** *avv.* (*anche* **di d.**) behind; at [in, to] the back; in the rear; (*sul rovescio*) on the back; (*sul retro*) in the back: **sedersi d.**, to sit at (*in auto* in) the back; **passare (da) d.**, to go round the back; **Si abbottona d.**, it buttons at the back; **da d.**, from the back ***B*** *prep.* ***1*** (*anche* **d. a**) behind; after; (*sul retro*) at the back of: **d. il muro**, behind the wall; **d. a noi**, behind us; **d. la** (*o* **alla**) **casa**, behind (*o* at the back of; *USA* in back of) the house; **d. l'angolo**, round the corner; **d. il foglio**, on the back (*o* the reverse) of the page; **uno d. l'altro**, one after the other; **correre d. a q.**, to run after sb. ***2*** (*comm., bur.*) on; upon; against: **d. richiesta**, on demand; on application; **d. ricevuta**, against receipt; (*leg.*) **d. cauzione**, on bail • **portarsi d. q.** [**q.c.**], to bring sb. [st.] along (with one) □ **stare d. a q.**, (*tenere d'occhio*) to keep an eye on sb.; (*corteggiare*) to hang around sb. ***C*** *a. invar.* back ***D*** *m.* back; rear: **sul d. della casa**, at the back of the house.
dietrofrónt *inter. e m.* (*mil. e fig.*) about-turn; about-face: **fare d.**, to do an about-turn.
dietrologìa *f.* belief in the existence of a hidden agenda; advocacy of the conspiracy theories.
difàtti *V.* **infatti**.
difèndere ***A*** *v. t.* ***1*** to defend; (*proteggere*) to protect, to safeguard: **d. la patria**, to defend one's country; **d. i propri interessi**, to protect one's interests ***2*** (*leg.*) to defend ***3*** (*prendere le parti di*) to stand* up for; to take* (sb.'s) side ***4*** (*sostenere*) to support; to uphold*; to stand* up for ***B*** **difèndersi** *v. rifl.* ***1*** to defend oneself; (*proteggersi*) to protect oneself; (*giustificarsi*) to justify oneself: **d. dal freddo**, to protect oneself against the cold; **So difendermi**, I know how to look after myself ***2*** (*fam.*: *cavarsela*) to hold* one's own; to get* by.
difendìbile *a.* defensible; tenable.
difensìva *f.* — **essere** (*o* **stare**) **sulla d.**, to be on the defensive; to be defensive; **mettersi sulla d.**, to take up a defensive position; to become defensive.
difensìvo *a.* defensive • **atteggiamento d.**, defensiveness.
difensóre ***A*** *m.* ***1*** (*anche sport*) defender ***2*** (*leg.*) counsel for the defence; defense lawyer (*USA*) ***3*** (*sostenitore*) advocate; supporter; upholder • **d. civico**, ombudsman ***B*** *a.* — **avvocato d.**, counsel for the defence; defense lawyer (*USA*).
diféṣa *f.* ***1*** (*anche mil., sport*) defence, defense (*USA*): **d. navale**, naval defence; **difese immunitarie**, body's defence system; **d. dell'ambiente**, protection of the environment ***2*** (*leg.*) defence, defense (*USA*); (*avvocato*) counsel for the defence; **d. d'ufficio**, legal aid (*GB*); public defense (*USA*) ***3*** (*riparo*) defence; protection • **a propria d.**, in one's defence; to justify oneself □ **guerra di d.**, defensive warfare □ (*leg.*) **legittima d.**, self-defence □ **muro di d.**, protecting wall □ **prendere le difese di q.**, to take sb.'s side; to take up the cudgels for sb. □ **senza d.**, defenceless; unprotected.
diféṣo *a.* ***1*** defended ***2*** (*riparato*) protected; sheltered ***3*** (*fortificato*) fortified.
difettàre *v. i.* ***1*** (*mancare*) to be lacking (*o* wanting) (in); to lack (st.) ***2*** (*essere difettoso*) to be defective.
difettàto *a.* defective; faulty; flawed.
difettìvo *a.* (*gramm.*) defective.
difètto *m.* ***1*** (*mancanza*) lack; want; shortage ***2*** (*imperfezione*) defect; flaw; fault: **d. fisico**, physical defect; **d. di pronuncia**, speech defect; **Questo bicchiere ha un d.**, there is a flaw in this glass; this glass is flawed; **La casa ha un solo d.: è molto umida**, there is only one thing wrong with the house, it's very damp; **senza difetti**, faultless; flawless ***3*** (*cattiva abitudine*) bad habit: **È un mio d.**, it's a bad habit I have • **essere in d.**, to be at fault □ **fare d.** (*di abito*), to have a fault; to be badly cut □ **Gli fa d. la prudenza**, he lacks prudence □ **Se la memoria non mi fa d.**, if my memory serves me.
difettóso *a.* defective; faulty; flawed.
diffamàre *v. t.* to slander; to defame; (*con scritti*) to libel.
diffamatóre *m.* (*f.* **-trice**) slanderer; defamer; (*con scritti*) libeller.
diffamatòrio *a.* slanderous; defamatory; (*rif. a scritto*) libellous.
diffamazióne *f.* slander; defamation Ⓤ; (*scritta*) libel: **campagna di d.**, slander campaign; **querela per d.**, libel suit.
differènte *a.* different (from); differing (from); (*che non assomiglia*) unlike (st.), dissimilar (to).
differènza *f.* difference: **d. di temperatura**, difference in temperature; **d. di età**, age difference; **Non fa nessuna d.**, it makes no difference; **C'è una bella d.!**, that makes a big difference! • (*rag.*) **d. a saldo**, balance □ **a d. di me**, unlike me □ **fare d. tra due persone**, to treat two people differently; to differentiate between two people.
differenziàle ***A*** *a.* differential ***B*** *m.* (*mecc.*) differential (gear).
differenziàre ***A*** *v. t.* to differentiate ***B*** **differenziàrsi** *v. i. pron.* ***1*** (*essere differente*) to be different; to differ; to be unlike (st., sb.) ***2*** (*diventare differente*) to become* different.
differenziàto *a.* ***1*** differentiated ***2*** (*separato*) separate • **raccolta differenziata dei rifiuti**, sorting of household waste.
differenziazióne *f.* differentiation.
differiménto *m.* postponement; deferment.
differìre ***A*** *v. t.* ***1*** to defer; to postpone; to put* off: **d. la partenza**, to postpone (*o* to put off) one's departure; **d. un pagamento**, to defer payment ***2*** (*leg.*) to defer; to adjourn ***B*** *v. i.* to differ (from); to be different (from); to be unlike (sb., st.): **d. per peso**, to differ in weight.
differìta *f.* (*radio, TV*) prerecorded broadcast; recording • **trasmettere una partita in d.**, to broadcast a previously recorded match.
diffìcile ***A*** *a.* ***1*** difficult; hard: **un momento d.**, a difficult moment; **tempi difficili**, hard times; **scelta d.**, difficult choice; **bambino d.**, difficult child; **digestione d.**, poor digestion; **d. da credere**, hard to believe ***2*** (*esigente*) hard to please; fussy: **d. nel mangiare**, fussy about one's food

3 (*improbabile*) unlikely: **È d. che lo sappia**, he is unlikely (*o* not likely) to know ***B*** *m.* *1* (*persona*) — **Non fare il d.!**, don't be so fussy (*o* difficult, awkward)! *2* (*parte difficile*) difficulty; difficult bit: **Ora viene il d.**, now comes the difficult bit.

difficilménte *avv.* *1* (*con difficoltà*) with difficulty; hardly *2* (*con poche probabilità*) — **D. tornerà**, he is unlikely to come back.

difficoltà *f.* *1* (*l'essere difficile*) difficulty *2* (*situazione difficile*) difficulty; problem; trouble: **superare una d.**, to overcome a difficulty; **un amico in d.**, a friend in trouble; **avere d. a fare q.c.**, to have difficulty (in) doing st.; to find it difficult to do st. **La d. sta nel fatto che...**, the trouble is that... *3* (*obiezione*) objection: **fare** (*o* **sollevare**) **d.**, to raise objections • **d. finanziarie**, difficulties; financial straits □ **Non ho d. a dirtelo**, I don't mind telling you.

difficoltóso *a.* difficult; hard.

diffida *f.* (*leg.*) warning; notice: **d. di pagamento**, notice to pay.

diffidàre ***A*** *v. i.* to mistrust (sb., st.); to distrust (sb., st.); to be suspicious (of) ***B*** *v. t.* (*leg.*) to warn; to give* warning: **d. q. dal fare q.c.**, to warn sb. not to do st.

diffidènte *a.* mistrustful; distrustful; suspicious. ATTENZIONE: **diffidente** ≠ diffident.

diffidènza *f.* mistrust; distrust; suspicion. ATTENZIONE: **diffidenza** ≠ diffidence.

diffóndere ***A*** *v. t.* *1* to spread*; (*irradiare*) to diffuse, to give* off *2* (*divulgare*) to spread*; to put* about; to publicize *3* (*radio, TV*) to broadcast* ***B*** **diffóndersi** *v. i. pron.* *1* to spread* *2* (*dilungarsi*) to expatiate; to dwell*.

diffórme *a.* unlike (st.); different (from).

difformità *f.* difference; dissimilarity.

diffrazióne *f.* (*fis.*) diffraction.

diffuṣaménte *avv.* at length; in detail.

diffuṣióne *f.* *1* diffusion; spread; propagation; (*il diffondersi*) spreading *2* (*di giornale, ecc.*) circulation *3* (*di film*) release *4* (*fis. nucl.*) scattering.

diffùṣo *a.* *1* widespread: **credenza diffusa**, widespread belief *2* (*di luce*) diffuse *3* (*di giornale, ecc.*) widely-read; popular.

diffuṣóre *m.* *1* (*tecn.*) diffuser *2* (*mecc., di carburatore*) choke • (*di luce*) **d. a globo**, light globe.

difilàto *avv.* *1* (*direttamente*) straight: **Andai a casa d.**, I went straight home *2* (*subito*) straightaway; straight off.

difrónte *V.* **di fronte** *sotto* **fronte**.

diftèrico *a.* (*med.*) diphtheric; diphtheritic.

difterite *f.* (*med.*) diphtheria.

diga *f.* *1* dam; (*argine*) dike, dyke; (*frangiflutto*) breakwater: **d. foranea**, outer breakwater *2* (*fig.*) barrier; dike.

digerènte *a.* digestive.

digerìbile *a.* *1* digestible *2* (*fig.*) tolerable.

digeribilità *f.* digestibility.

digerìre *v. t.* *1* to digest: **Non digerisco l'aglio**, garlic doesn't agree with me; **Non ho digerito**, I've got indigestion *2* (*fig.*) to stomach; to stand*.

digestióne *f.* digestion.

digestìvo ***A*** *a.* digestive ***B*** *m.* digestive; (*liquore*) (digestive) liqueur.

digitàle (**1**) *a.* — **impronte digitali**, fingerprints.

digitàle (**2**) *a.* (*numerico*) digital.

digitàle (**3**) *f.* (*bot.*) digitalis; foxglove.

digitàre *v. t.* (*elab.*) to type in.

digiunàre *v. i.* *1* to go* without food; (*per motivi religiosi*) to fast; (*per protesta*) to go* on a hunger strike *2* (*mangiare pochissimo*) to be on a strict diet.

digiùno (**1**) *m.* abstinence from food; (*rituale*) fast, fasting: **osservare** [**rompere**] **il d.**, to observe [to break] one's fast • **d. di protesta**, hunger strike □ **a d.**, on an empty stomach □ **Sono a d.**, I haven't eaten □ (*farm.*) **da prendersi a d.**, to be taken before meals □ **stare a d.**, not to eat □ **tenere q. a d.**, not to give sb. anything to eat; (*affamare*) to starve sb.

digiùno (**2**) *a.* *1* — **essere d.**, not to have eaten; to have an empty stomach *2* (*fig.*) — **essere d. di notizie**, to be starved of (*o* to be without) news; **essere d. di latino**, to know no Latin at all.

dignità *f.* *1* dignity; (*amor proprio*) self-respect *2* (*ufficio*) dignity; high office; rank.

dignitàrio *m.* dignitary.

dignitosaménte *avv.* *1* with dignity; in a dignified manner *2* (*decorosamente*) decorously.

dignitóso *a.* *1* dignified; full of dignity *2* (*decoroso*) decorous; decent; respectable.

digradàre *v. i.* *1* to slope down; to decline *2* (*di colori*) to shade off.

digressióne *f.* digression.

digrignàre *v. t.* — **d.** (**i denti**), (*di animale*) to bare one's teeth; (*di persona*) to grind* one's teeth.

dilagàre *v. i.* *1* to flood (st.) *2* (*fig.*) to spread*; to be rampant.

dilaniàre *v. t.* *1* to tear* to pieces; to mangle *2* (*fig.*) to tear*; to pull* apart.

dilapidàre *v. t.* to squander; to dissipate.

dilatàbile *a.* expansible; expanding; dilatable.

dilatàre ***A*** *v. t.* *1* to dilate; to enlarge; (*anche fig.*) to extend, to expand, to broaden *2* (*fis.*) to expand ***B*** **dilatàrsi** *v. i. pron.* *1* to dilate; to expand; (*gonfiarsi*) to distend, to swell*; (*allargarsi*) to widen out *2* (*fis.*) to expand.

dilatàto *a.* dilated; enlarged; (*med.*) distended.

dilatazióne *f.* dilatation; dilation; expansion (*anche fis.*); (*med.*) distension.

dilatòrio *a.* (*anche leg.*) dilatory; delaying: **tattica dilatoria**, delaying tactic.

dilazionàbile *a.* (*comm.*) deferrable; extendable.

dilazionàre *v. t.* *1* (*ritardare*) to defer; to extend: **d. un pagamento**, to defer payment *2* (*rimandare*) to delay; to put* off.

dilazionàto *a.* deferred; extended: **credito d.**, extended credit.

dilazióne *f.* *1* (*comm.*) extension; deferment: **accordare una d.**, to grant an extension; **d. di pagamento**, deferment of payment *2* (*rinvio*) delay; postponement.

dileggiàre *v. t.* to mock; to scoff at.

diléggio *m.* mockery Ⓤ; scoffing Ⓤ.

dileguàre ***A*** *v. t.* to disperse; to dispel; to dissipate: **d. ogni dubbio**, to dispel all doubts ***B*** *v. i.* **dileguàrsi** *v. i. pron.* to vanish; to disappear.

dilèmma *m.* dilemma.

dilettànte ***A*** *m. e f.* amateur (*anche sport*); dilettante, dabbler (*spreg.*): **d. di musica**, amateur musician; (*teatr.*) **compagnia di dilettanti**, amateur players; **suonare da d.**, to play as an amateur; **esecuzione da d.**, amateurish performance ***B*** *a.* amateur (*attr.*).

dilettantésco *a.* (*spreg.*) amateurish.

dilettantiṣmo *m.* *1* (*sport*) amateurism *2* (*spreg.*) amateurishness.

dilettantìstico *a.* *1* (*anche sport*) amateur (*attr.*); dilettante (*attr.*) *2* (*spreg.*) amateurish.

dilettàre ***A*** *v. t.* to give* pleasure to; to delight ***B*** **dilettàrsi** *v. i. pron.* *1* to take* pleasure (*o* delight) (in); to enjoy (st.) *2* (*occuparsi di q.c. per diletto*) to dabble (in).

dilettévole ***A*** *a.* pleasant; agreeable ***B*** *m.* pleasure: **unire l'utile al d.**, to combine duty with pleasure.

dilètto (**1**) ***A*** *a.* dearest; beloved ***B*** *m.* (*f.* **-a**) beloved; darling.

dilètto (**2**) *m.* *1* pleasure; delight *2* (*passatempo*) pleasure; hobby: **per d.**, for pleasure; as a hobby.

diligènte *a.* diligent; careful.

diligènza (**1**) *f.* diligence; care.

diligènza (**2**) *f.* (*veicolo*) stagecoach; diligence.

diliscàre *v. t.* to bone.

diluènte ***A*** *m.* diluent ***B*** *a.* diluting; diluent.

diluìre *v. t.* to dilute; (*con acqua*) to water down.

dilungàrsi *v. rifl.* *1* (*trattenersi*) to linger; to tarry *2* (*trattare diffusamente*) to talk at length; to expatiate.

diluviàre *v. i.* *1* (*impers.*) to pour (with rain); to bucket (*fam.*) *2* (*fig.*) to pour; to rain down.

dilùvio *m.* *1* deluge; pouring rain: **Non esco con questo d.**, I'm not going out in this pouring rain; **Venne giù un d.**, it rained in torrents *2* (*fig.*) shower; flood; torrent: **un d. di lagrime**, a flood of tears; **un d. di parole**, a torrent of words • (*Bibbia*) **il D. Universale**, the Flood.

dimagrànte *a.* slimming.

dimagriménto *m.* loss of weight; (*per dieta*) slimming.

dimagrìre ***A*** *v. i.* to lose* weight; (*per malattia, ecc.*) to grow* (*o* to become*) thin (*o* thinner); (*per dieta*) to slim: **È dimagrito di sei chili**, he lost six kilos; **d. sui fianchi**, to lose weight around the hips ***B*** *v. t.* to slim.

dimagrìto *a.* thinner; slimmer: **Ti trovo d.**, you look slimmer; you've lost weight.
dimenàre ***A*** *v. t.* (*la coda*) to wag; (*le braccia*) to swing*, to wave; (*i fianchi*) to sway, to wiggle ***B*** **dimenàrsi** *v. rifl.* (*lottando*) to struggle; (*nel letto*) to toss and turn; (*contorcersi*) to wriggle; (*per imbarazzo*) to squirm; (*gesticolare*) to gesticulate wildly.
dimensionàle *a.* dimensional.
dimensióne *f.* ***1*** (*mat.*) dimension: **a tre dimensioni**, three-dimensional ***2*** (*specialm. al pl.*) (*misure*) measurements, dimensions; (*grandezza, anche fig.*) size, scale, extent (*sing.*): **le dimensioni di una stanza**, the measurements (*o* the size) of a room; **le dimensioni di un compito**, the scale of a task; **le dimensioni del danno**, the extent of the damage; **di dimensioni preoccupanti**, of alarming proportions ***3*** (*fig.*: *aspetto*) aspect; (*prospettiva*) perspective; (*importanza*) significance.
dimenticànza *f.* ***1*** (*difetto di memoria*) forgetfulness Ⓤ: **Fu una d.**, it was sheer forgetfulness; **Non l'ho preso per pura d.**, I simply forgot to take it ***2*** (*svista*) oversight; (*omissione*) omission; (*negligenza*) carelessness Ⓤ ***3*** (*oblio*) oblivion.
dimenticàre ***A*** *v. t.* ***1*** to forget*: **Dimenticai di chiudere**, I forgot to lock up ***2*** (*lasciare*) to leave*: **L'ho dimenticato al bar**, I left it at the bar; **Dimentico sempre le chiavi**, I'm always leaving my keys behind ***3*** (*trascurare*) to neglect ***4*** (*omettere*) to omit; to leave* out; to fail (to do st.) • **d. un'offesa**, to forgive an offence □ **riuscire a far d. un errore**, to live down a mistake ***B*** **dimenticàrsi** *v. i. pron.* to forget*: **Non dimenticartene!**, don't forget about it!
dimenticatóio *m.* — **cadere nel d.**, to fall (*o* to sink) into oblivion; **mettere q.c. nel d.**, to forget all about st.
diméntico *a.* ***1*** forgetful (of) ***2*** (*incurante*) oblivious (of, to); unmindful (of).
dimésso *a.* ***1*** (*modesto*) modest, unassuming; (*umile*) humble; (*trascurato*) shabby ***2*** (*di voce*) low; humble.
dimestichézza *f.* familiarity • **Non ho molta d. con lui**, I don't know him very well; I'm not on familiar terms with him □ **Ho poca d. col russo**, I don't know Russian very well □ **prendere d. con q.c.**, to familiarize oneself with st.; to get the hang of st. (*fam.*).
diméttere ***A*** *v. t.* (*dall'ospedale*) to discharge; (*dal carcere*) to release ***B*** **diméttersi** *v. rifl.* to resign.
dimezzaménto *m.* halving.
dimezzàre *v. t.* to halve.
diminuìre ***A*** *v. t.* ***1*** to reduce; to lower: **d. la velocità**, to reduce speed; **d. lo stipendio a q.**, to reduce sb.'s salary; **d. l'affitto**, to lower the rent ***2*** (*lavoro a maglia*) to decrease ***B*** *v. i.* to fall*; to go* down; to diminish; to decrease; (*decadere*) to decline; (*del vento*) to drop; (*di suono o immagine*) to fade out: **La febbre diminuì**, his [her, etc.] temperature went down; **La popolazione diminuisce**, the population is decreasing; **I prezzi sono diminuiti**, prices have gone down (*o* fallen); **d. di importanza [di valore]**, to lose importance [value]; to decrease in importance [value]; **d. di prezzo**, to go down; **d. di tre chili**, to lose three kilos.
diminutìvo *a. e m.* (*gramm.*) diminutive • **Gianni è un d. di Giovanni**, Gianni is short for Giovanni.
diminuzióne *f.* ***1*** decrease; fall-off; drop; (*riduzione, ribasso*) reduction: **d. dei prezzi**, drop in prices; **d. della domanda**, fall-off in demand; **d. della temperatura**, drop in temperature; **d. di peso**, loss of weight; **in d.**, on the decrease; falling ***2*** (*lavoro a maglia*) decrease.
dimissionàrio *a.* resigning; outgoing: **governo d.**, outgoing government; **essere d.**, to have resigned.
dimissioni *f. pl.* resignation Ⓤ: **rassegnare** (*o* **presentare**) **le proprie d.**, to hand in (*o* to tender) one's resignation; **dare le d.**, to resign.
dimòra *f.* ***1*** (*abitazione*) residence; abode; dwelling: **senza fissa d.**, of no fixed abode ***2*** (*permanenza*) stay • **mettere a d.** (*una pianta*), to bed out.
dimoràre *v. t.* to live; to stay; to reside (*form.*).
dimostràbile *a.* demonstrable.
dimostrànte *m. e f.* demonstrator; protester.
dimostràre ***A*** *v. t.* ***1*** (*mostrare*) to show*; (*un prodotto, ecc.*) to demonstrate; (*rif. all'età*) to look: **d. fiducia**, to show confidence; **d. l'età che si ha**, to look one's age; **d. più della propria età**, to look older ***2*** (*provare*) to prove; (*scientificamente*) to demonstrate ***3*** (*assol.*: *per protesta*) to demonstrate • **come volevasi d.**, (*mat.*) q.e.d. (*abbr. del lat.* quod erat demonstrandum); (*scherz.*) it was only to be expected, I told you so, (*all'inizio di frase*) sure enough ***B*** **dimostràrsi** *v. rifl.* to prove (to be): **d. amico**, to prove a friend; **d. interessato**, to show interest.
dimostratìvo *a.* (*anche gramm.*) demonstrative • **a scopo d.**, as a demonstration □ (*mil.*) **azione dimostrativa**, demonstration.
dimostrazióne *f.* ***1*** (*mat.*) demonstration ***2*** (*manifestazione*) show, display; (*segno*) sign; (*prova*) proof, evidence: **d. di affetto**, display of affection; **d. di fiducia**, sign of trust ***3*** (*di protesta*) demonstration: **fare una d.**, to demonstrate ***4*** (*di prodotto, ecc.*) demonstration: **fare la d. di q.c.**, to give a demonstration of st.; to demonstrate st.
dinàmica *f.* ***1*** (*fis.*) dynamics (*pl. col verbo al sing.*) ***2*** (*econ.*) dynamics; trend ***3*** (*svolgimento*) sequence of events; how st. happened: **la d. di un incidente**, how an accident happened.
dinamicità *f.* (*anche fig.*) dynamism.
dinàmico *a.* ***1*** (*fis.*) dynamic ***2*** (*attivo*) dynamic; active; energetic.
dinamìṣmo *m.* dynamism.
dinamitàrdo ***A*** *a.* dynamite (*attr.*) ***B*** *m.* (*f.* **-a**) bomber.
dinamìte *f.* dynamite.
dìnamo *f.* (*fis.*) dynamo*; generator.
dinamòmetro *m.* (*fis.*) dynamometer.
dinànzi *V.* **davanti**, *B.*
dinastìa *f.* dynasty.
dinàstico *a.* dynastic.
dindìn, din din *inter. e m.* ding-ding; (*di campanello*) ting-a-ling.
dindòn, din dòn *inter. e m.* ding-dong.
dinghy *m. invar.* (*naut.*) dinghy.
dìngo *m.* (*zool.*) dingo*.
dinièɡo *m.* denial; (*rifiuto*) refusal.
dinnànzi *V.* **davanti**, *B.*
dinoccolàto *a.* loose-limbed; gangling; lanky: **andatura dinoccolata**, shambling gait; shamble; slouch; **alto e d.**, (tall and) gangling; (tall and) lanky.
dinosàuro *m.* dinosaur.
dintórni *m. pl.* environs; outskirts; vicinity Ⓤ; neighbourhood, neighborhood (*USA*) (*sing.*): **Roma e i suoi d.**, Rome and its environs; **in questi d.**, in this neighbourhood (*o* vicinity); **Vive nei d.**, he lives nearby (*o* not very far).
dintórno *V.* **intorno**.
Dìo *m.* God: **credere in Dio**, to believe in God; **il buon Dio**, the good Lord; **Dio onnipotente**, God Almighty; **Dio padre**, God the Father • **Dio del cielo!**, good God! □ **Dio ce ne scampi** (*o* **non voglia**)**!**, God forbid! □ **Oh, Dio santo!**, for God's sake! □ **Dio sia lodato!**, thank God!; God be praised! □ **Dio voglia che...**, would to God (that)...!; please God (that)... □ **Che Dio ce la mandi buona!**, let's hope for the best; let's keep our fingers crossed □ **Che Dio te la mandi buona!**, good luck to you! □ **Che Dio ti assista!**, God be with you! □ **Che Dio ti benedica!**, (God) bless you! □ **come Dio comanda**, properly □ **come Dio volle**, at long last; somehow or other □ **com'è vero Dio**, as God is my witness □ **grazie a Dio** (*o* **se Dio vuole**), thank God □ **per amor di Dio**, for God's sake □ **Piove che Dio la manda**, it's coming down in buckets □ **se Dio vorrà**, God willing.
dio *m.* (*pl.* **dèi**) ***1*** god: **il dio della guerra [dell'amore]**, the god of war [of love] ***2*** (*fig. fam.*) wizard; ace (*attr.*): **È un dio alla tromba**, he is a wizard with the trumpet; **È un dio al volante**, he is an ace driver • **il dio denaro**, Mammon □ **Canta da** (*o* **come un**) **dio**, he sings beautifully; he is a wonderful singer □ **Si crede un dio**, he thinks he's wonderful □ **simile a un dio**, godlike.
diocesàno *a.* (*eccles.*) diocesan.
diòcesi *f.* (*eccles.*) diocese; see.
diòdo *m.* (*elettron.*) diode.
dionisìaco *a.* Dionysian; Dionysiac.
diossìna *f.* (*chim.*) dioxin.
diottrìa *f.* (*fis.*) dioptre, diopter (*USA*).
dipanàre ***A*** *v. t.* ***1*** to wind* (*a skein*) into a ball ***2*** (*fig.*) to unravel; to disentangle • (*fig.*) **d. la matassa**, to unravel the mystery; to sort out the problem ***B*** **dipanàrsi** *v. i. pron.* ***1*** to unravel ***2*** (*fig.*) to unravel; to sort itself out.
dipartimentàle *a.* departmental.
dipartiménto *m.* ***1*** (*ministero*) (government) department ***2***

(*amm., in Francia*) département (*franc.*) ***3*** (*di università*) department ***4*** (*naut.*) naval district.
dipartita *f.* (*lett.*: *morte*) death; passing away.
dipendènte ***A*** *a.* (*anche gramm.*) dependent; subordinate: **in posizione d.**, in a subordinate position; **fare un lavoro d.**, to work for sb.; not to be self-employed; **personale d.**, employees (*pl.*); staff ***B*** *m. e f.* (*impiegato*) employee; subordinate; (*al pl., collett.*) staff, personnel: **d. statale**, state employee; (*in G.B.*) civil servant. ATTENZIONE: **dipendente** ≠ dependant ***C*** *f.* (*gramm.*) subordinate clause.
dipendènza *f.* ***1*** dependence: **la nostra d. dai computer**, our dependence on computers ***2*** (*med.*) addiction: **d. da un farmaco**, addiction to a drug; **d. dalla droga**, drug addiction; **dare d.**, to be addictive ***3*** (*edificio annesso*) annex(e) • **alle dipendenze di q.**, employed by sb.; under sb. □ **prendere q. alle proprie dipendenze**, to employ sb.; to give sb. a job.
dipèndere *v. i.* ***1*** (*essere subordinato*) to depend (on): **Dipende dal tempo [da chi viene]**, it depends on the weather [on who will come]; **Dipende!**, it all depends ***2*** (*derivare*) to be the result (of); to be caused (by); to be due (to): **Il suo svenimento è dipeso dal fatto che...**, she fainted because... ***3*** (*essere in potere*) to be up (to): **Dipende da voi** (*la decisione è vostra*), it's up to you ***4*** (*essere alle dipendenze*) to be under (sb., sb.'s authority); to work (for) ***5*** (*essere a carico*) to be dependent (on) ***6*** (*gramm.*) to depend (on) • **non d. che da se stesso**, to be one's own master.
dipingere ***A*** *v. t.* ***1*** to paint: **d. dal vero**, to paint from life; **d. q.c. di rosso**, to paint st. red ***2*** (*descrivere*) to paint; to depict; to describe; (*evocare*) to convey • **dipingersi le labbra**, to put on lipstick; to wear lipstick ***B*** **dipingersi** *v. rifl. e i. pron.* ***1*** (*truccarsi*) to make* up; to wear* make up ***2*** (*apparire*) to show ***3*** (*colorirsi*) to turn (*red, green, etc.*).
dipinto ***A*** *a.* painted • **Non ci starei neanche d.!**, I would not stay there for the whole world! ***B*** *m.* painting.
diplòma *m.* diploma; certificate: **avere un d.**, to hold a diploma: **d. di maturità**, secondary-school diploma (*USA* degree); school-leaving certificate; **d. di laurea**, degree certificate.
diplomàre ***A*** *v. t.* to give* (sb.) a diploma ***B*** **diplomàrsi** *v. i. pron.* to take* a diploma.
diplomàtico ***A*** *a.* diplomatic: **corpo d.**, diplomatic corps; **carriera diplomatica**, diplomatic service; **in modo d.**, diplomatically; tactfully ***B*** *m.* (*f.* **-a**) (*anche fig.*) diplomat.
diplomàto ***A*** *a.* trained; professional; qualified: **infermiera diplomata**, trained nurse; **ragioniere d.**, qualified accountant ***B*** *m.* (*f.* **-a**) holder of a diploma; graduate (*USA*).
diplomazìa *f.* ***1*** diplomacy ***2*** (*corpo*) diplomatic corps; (*professione*) diplomatic service.
dipòrto *m.* recreation; pastime; hobby: **per d.**, for recreation; as a pastime • **imbarcazione da d.**, pleasure boat □ **nautica da d.**, yachting; sailing.
diprèsso *avv.* — **a un d.**, approximately; roughly.
diradàre ***A*** *v. t.* ***1*** (*piante, capelli*) to thin out; (*rami*) to prune ***2*** (*disperdere*) to disperse; to scatter: **Il vento diradò le nuvole**, the wind dispersed the clouds ***3*** (*nel tempo*) to reduce; to cut* down (on); to (do st.) less frequently: **d. le visite**, to call less frequently ***B*** **diradàrsi** *v. i. pron.* ***1*** to thin out; (*capelli*) to thin ***2*** (*dissolversi*) to clear up ***3*** (*nel tempo*) to become* less frequent; to grow* fewer.
diramàre ***A*** *v. t.* (*diffondere*) to issue; to circulate; (*spedire*) to send* out; (*notizie*) to spread*, (*per radio*) to broadcast*: **d. un bollettino [un ordine]**, to issue a bulletin [an order]; **d. inviti**, to send out invitations ***B*** **diramàrsi** *v. i. pron.* ***1*** to branch out; (*di strada*) to branch off ***2*** (*diffondersi*) to spread*.
diramaziòne *f.* ***1*** branch; ramification ***2*** (*ferr.*) branch line ***3*** (*diffusione*) circulation; (*invio*) sending out; (*radio, TV*) broadcasting.
dire ***A*** *v. t.* ***1*** (*affermare, enunciare, recitare*; *col discorso diretto*) to say*: **Io non ho detto nulla**, I didn't say anything; **Mi sono detto**, I said to myself; **Si dice che sia ricchissimo**, they say he is (*o* he is said to be) very rich; **La ricetta dice due uova**, the recipe says two eggs; **d. le preghiere**, to say one's prayers; **d. grazie**, to say thank you; **«Aspetta» mi disse lui**, «wait,» he said to me; **Come si dice «pipa» in inglese?**, what's the English for «pipa»? ***2*** (*ordinare, riferire, comunicare, raccontare*) to say*; (*quando è indicata la persona a cui si dice*) to tell*: **Ha detto di non aspettarlo**, he said not to wait for him; **Non credere a quello che dicono**, don't believe what people say; **Che cosa ti ha detto?**, what did he tell you?; **Fa' come ti si dice!**, do as you are told!; **Mi si dice che...**, I'm told that...; **Dimmi che ne pensi**, tell me what you think; **Dillo alla mamma**, tell Mummy; **Te lo dicevo io!**, I told you so!; **«Caro?» «Dimmi»**, «darling?» «yes, what is it?»; **d. la verità**, to tell the truth ***3*** (*parlare*) to talk; to speak*: **Lascialo d.**, let him talk; just ignore him; **d. male di q.**, to speak ill of sb. ***4*** (*dimostrare*) to show*: **Questo ti dice che tipo è**, this shows you what sort of a man he is ***5*** (*pensare*) to think*; to say*: **Che ne dici?**, what do you think of it?; **Che ne diresti di...?**, what would you say to...?; what about...?; **E d. che doveva essere uno scherzo!**, and to think it was meant to be a joke!; **Non direi**, I don't think so • **d. davvero** (*o* **sul serio**), to be serious; to mean it □ **d. di no**, to say no; to refuse; to say one won't [wouldn't, etc.] □ **d. di sì**, to say yes; to accept; to agree; to say one will [would, etc.] □ **d. q.c. fra sé**, to say st. to oneself □ **d. la propria**, to have one's say □ **A chi lo dici!**, don't I know it!; you're telling me! □ **a dir poco**, to say the least; to put it mildly □ **a d. il vero**, to tell the truth □ **L'hai detto!**, quite so!; exactly! □ **Si ha un bel d., ma...**, you can say what you like, but... □ **Chi mi [ti, ecc.] dice che...**, how do I [you, etc.] know... □ **Come sarebbe a d.?**, what do you mean by that? □ **come si suol d.**, as they say □ **da non dirsi** (*o* **che non ti dico**), terribly; incredibly: **Fa un freddo che non ti dico**, it's terribly cold □ **Ehi! Di' un po'**, hey, you!; I say! □ **Direi!**, of course!; I should hope so!; you bet (*fam.*) □ **Ti dice niente questo nome?**, does this name mean anything to you (*o* ring a bell)? □ **inutile d. che...**, needless to say,...; it goes without saying that... □ **Lo puoi ben d.!**, you said it! □ **mandare a d.**, to send word □ **Non c'è che d.**, there's no denying it □ **Non se l'è fatto d. due volte**, he didn't wait to be told twice □ **Non sia mai detto che...**, never let it be said that...; God forbid that... □ **Quel quadro non mi dice nulla**, that picture doesn't appeal to me (*o* leaves me cold) □ **Non ti dico le urla!**, you can imagine the shouting! □ **per così d.**, as it were; so to speak □ **per meglio d.**, to be more precise □ **sentir d.**, to hear □ **un si dice**, a rumour □ **So quel che dico**, I know what I'm talking about □ **vale a d.**, that is to say; in other words □ **voler d.**, to mean ***B*** **dirsi** *v. rifl.* to say* one is; (*professarsi*) to profess (to be), to claim to be; (*ritenersi*) to count oneself ***C*** *m.* talk; words (*pl.*) • **a d. di tutti**, by general consent □ **Hai un bel d. tu!**, it's easy for you to talk; you can say what you like, but... □ **oltre ogni d.**, beyond all description □ (*prov.*) **Tra il d. e il fare c'è di mezzo il mare**, saying is one thing, and doing another.
dirètta *f.* (*radio, TV*) live broadcast • **trasmettere in d.**, to broadcast live.
direttaménte *avv.* (*immediatamente*) straight, direct; (*in modo diretto*) directly.
direttissima *f.* ***1*** (*alpinismo*) shortest route ***2*** (*leg.*) — **per d.**, summarily; **processo per d.**, summary trial.
direttiva *f.* directive; direction; instruction.
direttivo ***A*** *a.* ***1*** (*polit.*) governing; executive ***2*** (*amm.*) managing; managerial; executive: **posto d.**, managerial post; **consiglio d.**, (*di azienda*) board of directors; (*di ente, istituto*) board of governors ***B*** *m.* ***1*** (*di partito, sindacato*) leaders (*pl.*) ***2*** (*amm.*) board of directors.
dirètto ***A*** *a.* ***1*** direct; straight: **luce diretta**, direct light; (*gramm.*) **discorso d.**, direct speech ***2*** (*immediato*) direct; immediate: **discendente d.**, direct descendant; **d. superiore**, immediate superior ***3*** (*indirizzato*) addressed (to); (*rivolto*) intended (for): **La lettera era diretta a me**, the letter was addressed to me ***4*** (*che va verso*) on one's way (to); going (to); heading (for); bound (for): **Ero d. a scuola**, I was on my way to school; **Dove sei d.?**, where are you going (*o* heading)?; **i passeggeri diretti a Roma**, passengers going to (*o* bound for) Rome; **d. a est**, heading east; eastbound ***B*** *avv.* direct; straight: **andare d. a casa**, to go straight home ***C*** *m.* ***1*** (*boxe*) straight punch: **d. destro [sinistro]**, straight right [left] ***2*** (*treno*) fast (*o* through) train.
direttóre *m.* (*f.* **-trice**) ***1*** manager (*f., di negozio, ristorante, ecc., anche* manageress); director: **d. commerciale [del personale]**, sales [personnel] manager; **d. d'albergo [di banca]**, hotel [bank] manager; **d. generale**, general manager; president (*USA*); **d. di un museo**, director of a

museum *2* (*di giornale, ecc.*) editor (in chief) *3* (*di scuola*) headmaster (*f.* headmistress); head; principal *4* (*di prigione*) governor (*GB*); warden (*USA*) • (*teatr.*) **d. artistico**, artistic director □ **d. d'orchestra**, conductor □ **d. didattico**, (elementary school) headmaster □ (*sport*) **d. di gara**, referee □ (*naut.*) **d. di macchina**, chief engineer □ (*teatr.*) **d. di scena**, stage manager □ **d. spirituale**, spiritual director □ **d. sportivo**, team manager □ (*sport*) **d. tecnico**, trainer; coach.

direttoriàle *a.* directorial; (*comm.*) managerial, manager's.

direttrìce *f.* *1* *V.* **direttore** *2* (*geom.*) directrix* *3* (*fig.*) guiding principle; policy.

direzionàle *a.* *1* directional; direction (*attr.*): **antenna d.**, directional aerial (*USA* antenna); **freccia d.**, direction arrow *2* (*comm.*) managerial; directional; executive: **incarico d.**, managerial position • **centro d.**, office district.

direzióne *f.* *1* (*senso, verso*) direction; way: **cambiare d.**, to change direction; **Vai nella mia d.?**, are you going my way?; **in d. di**, in the direction of; towards; **in d. nord**, in a northerly direction; northwards *2* (*il dirigere*) directing; managing; running; (*mus.*) conducting *3* (*conduzione*) direction; (*di società*) management; (*di giornale*) editorship; (*di partito*) leadership; (*di scuola*) headmastership: **d. vendite**, sales management; **la d. dei lavori**, the supervision of works; **Gli fu affidata la d.**, he was appointed manager [director, editor, etc.] *4* (*sede*) administrative department; (*ufficio del direttore*) director's (*o* manager's) office *5* (*collett.*) board of directors; management; (*di partito*) leaders (*pl.*), leadership.

dirigènte *A* *a.* leading; ruling *B* *m. e f.* *1* manager; executive: **alto d.**, top manager; senior executive; **i dirigenti**, the management *2* (*polit.*) leader.

dirigènza *f.* *1* management; direction: **dare la d. a q.**, to make sb. a manager *2* (*collett.*) management; (*di partito*) leadership.

dirigenziàle *a.* managerial; executive.

dirìgere *A* *v. t. e i.* *1* to direct; to be at the head of; to be in charge of; (*amm., comm.*) to manage, to run*; (*un giornale*) to be the editor of, to edit; (*un'orchestra*) to conduct; (*sovrintendere*) to supervise *2* (*volgere*) to direct, to turn; (*indirizzare*) to address; (*puntare*) to aim, to point: **d. i propri passi verso casa**, to direct one's steps homewards; **d. lo sguardo verso q.c.**, to turn one's eyes towards st.; **d. gli sforzi verso q.c.**, to direct one's energies towards st. *B* **dirigersi** *v. rifl.* to come [to go*] (towards); to set* out (for); to head (for); to make* (for).

dirigìbile *m.* (*aeron.*) dirigible; airship.

dirigìsmo *m.* (*econ.*) state planning • **d. economico**, planned economy.

dirìmere *v. t.* to settle; to resolve.

dirimpettàio *m.* (*f.* **-a**) person living opposite.

dirimpètto *A* *avv.* opposite *B* **dirimpètto a** *locuz. prep.* opposite; facing.

diritto (1) *A* *a.* *1* straight; (*verticale*) upright; (*eretto*) erect: **linea diritta**, straight line; **sedere d.**, to sit straight (*o* erect); **stare d.**, to stand straight; **Andò diritta in banca**, she went straight to the bank *2* (*lavoro a maglia*) plain; knit • **d. come un fuso**, as straight as a poker (*o* a ramrod) *B* *avv.* straight; directly: **Va' sempre d.**, go straight on; **d. davanti a sé**, straight ahead; **andare d. per la propria strada**, to go one's way • **Andai d. filato a casa**, I went straight home □ **Andò d. filato al frigo**, he made a beeline for the fridge *C* *m.* *1* (*lato d.*) right side; (*di medaglia o moneta*) obverse *2* (*tennis*) forehand (drive) *3* (*lavoro a maglia*: *la maglia*) plain (*o* knit) stitch.

diritto (2) *m.* *1* (*facoltà legittima*; *ciò che spetta*) right: **È un mio d.**, it is my right; **Con che d. me lo chiedi?**, by what right are you asking me?; **far valere i propri diritti**, to stick up for one's rights; **rivendicare un d.**, to claim a right; **vantare un d. su q.c.**, to have a claim on st.; **d. di asilo**, right to asylum; **d. di associazione**, right of assembly; **d. di voto**, (*polit.*) right to vote, franchise; (*di azionista*) voting right *2* (*legge*) law: **d. civile [penale, pubblico]**, civil [criminal, public] law *3* (*tributo, tassa*) duty; fee; (*spese*) charge: **diritti doganali**, customs duties; **d. di bollo**, stamp duty; **diritti bancari [di segreteria]**, bank [administrative] charges • **diritti d'autore**, (*proprietà letteraria*) copyright (*sing.*); (*competenze*) royalties □ **d. di vita e di morte su q.**, power of life and death over sb. □ **a buon d.**, rightly □ **avere d. a q.c. [di fare q.c.]**, to have a right to st. [to do st.]; to be entitled to st. [to do st.] □ **gli aventi d.**, those entitled □ **È suo di d.**, it is his by right □ **Sono nel mio d.**, I am within my rights.

dirittùra *f.* *1* — (*sport*) **d. d'arrivo**, home straight (*o* stretch) *2* (*rettitudine*) rectitude; uprightness; integrity.

diroccàto *a.* ruined; in ruins; crumbling.

dirompènte *a.* *1* explosive; disruptive: **esplosivo d.**, high explosive; **granata d.**, fragmentation grenade *2* (*clamoroso*) sensational; (*enorme*) immense.

dirottaménto *m.* *1* (*per pirateria*) hijacking *2* (*deviazione*) diversion; deviation; rerouting.

dirottàre *A* *v. t.* *1* (*per pirateria*) to hijack *2* (*deviare*) to divert; to redirect; to reroute *3* (*somme, ecc.*) to siphon off *B* *v. i.* (*naut., aeron.*) to change course.

dirottatóre *m.* (*f.* **-trice**) hijacker.

diròtto *a.* — **pioggia dirotta**, pouring rain; **pianto d.**, uncontrollable fit of weeping; **piangere a d.**, to cry one's eyes out; **piovere a d.**, to rain in torrents.

dirozzàre *A* *v. t.* *1* (*sbozzare*) to rough-hew* *2* (*fig.*) to refine; to polish (up) *B* **dirozzàrsi** *v. i. pron.* (*fig.*) to get* some refinement; to improve one's manners.

dirupàto *a.* precipitous; steep.

dirùpo *m.* crag; rock; (*precipizio*) precipice.

disàbile *A* *a.* disabled; handicapped *B* *m. e f.* disabled (*o* handicapped) person: **i disabili**, the disabled.

disabilitàre *v. t.* *1* to incapacitate *2* (*tecn.*) to disconnect; to disable.

disabitàto *a.* uninhabited; (*abbandonato*) deserted, derelict; (*di casa, appartamento*) empty, unoccupied.

disabituàre *A* *v. t.* to make* (sb.) lose the habit (of); to get* (sb.) out of the habit (of) *B* **disabituàrsi** *v. i. pron.* to lose* (*o* to get* out of) the habit (of); to grow* out (of).

disaccòrdo *m.* disagreement; variance: **essere in d.**, to be at variance (*o* at odds).

disadattaménto *m.* (*psic.*) maladjustment.

disadattàto (*psic.*) *A* *a.* maladjusted *B* *m.* (*f.* **-a**) maladjusted person; misfit.

disadàtto *a.* unsuitable (for); unsuited (to); unfit (for).

disadórno *a.* plain; unadorned; (*spoglio*) bare.

disaffezionàrsi *v. i. pron.* to lose* one's affection (for sb.); to lose* interest (in st.).

disaffezióne *f.* estrangement; disaffection; alienation.

disagévole *a.* uncomfortable; awkward; (*difficile*) difficult, hard.

disagiàto *a.* *1* (*scomodo*) uncomfortable; inconvenient *2* (*povero*) poor; needy • **in condizioni disagiate**, in straitened circumstances; in poverty.

disàgio *m.* *1* (*scomodità*) discomfort *2* (*disturbo*) inconvenience; trouble *3* (*al pl.*) (*privazioni*) hardships; poverty Ⓤ; privation Ⓤ *4* (*imbarazzo, difficoltà*) unease; awkwardness; embarrassment: **sentirsi a d.**, to feel ill at ease (*o* uneasy); to feel awkward; **mettere a d.**, to make (sb.) feel uneasy (*o* uncomfortable).

disàmina *f.* close examination; close scrutiny: **sottoporre q.c. ad attenta d.**, to scrutinize st. closely.

disamoràre *A* *v. t.* to estrange; to alienate *B* **disamoràrsi** *v. i. pron.* to become* estranged (from sb.); to lose* interest (in st.).

disamoràto *a.* disaffected; estranged; indifferent.

disancoràre *A* *v. t.* *1* (*naut.*) to unanchor *2* (*econ.*) to unpeg *B* **disancoràrsi** *v. i. pron.* *1* (*naut.*) to break* loose from one's moorings *2* (*fig.*) to break* away (from).

disappannàre *v. t.* to demist (*GB*); to defog (*USA*).

disapprovàre *v. t.* to disapprove (of).

disapprovazióne *f.* disapproval; disfavour.

disappùnto *m.* (*delusione*) disappointment; (*irritazione*) annoyance.

disarcionàre *v. t.* to unseat; to unsaddle.

disarmànte *a.* disarming.

disarmàre *A* *v. t.* *1* (*anche fig.*) to disarm *2* (*naut.*) to lay* up; to put* out of commission *3* (*edil.*) to take* down the scaffolding from *B* *v. i.* *1* to disarm *2* (*fig.*) to give* in.

disarmàto *a.* *1* disarmed (*anche fig.*); (*non armato*) unarmed *2* (*naut.*) laid up; out of commission *3* (*inerme*) defenceless; helpless.

disàrmo *m.* *1* disarmament *2* (*naut.*) laying up.

disarmonìa *f.* *1* (*mus.*) discord *2* (*fig.*) lack of harmony; discordance.

diṣarmònico *a.* disharmonious; (*anche mus.*) discordant.
diṣarticolàre *v. t.* to disarticulate; to dislocate.
diṣarticolàto *a.* ***1*** disjointed; dislocated; (*med.*) disarticulated ***2*** (*fig.*) disjointed; incoherent.
diṣastràto ***A*** *a.* ***1*** (*di cosa*) heavily damaged; devastated ***2*** (*di persona*) badly-hit (by a disaster) ***B*** *m.* (*f.* **-a**) (disaster) victim.
diṣàstro *m.* ***1*** (*calamità*) disaster; calamity ***2*** (*incidente grave*) serious accident; disaster; crash: **d. ferroviario**, train accident; **d. aereo**, air disaster (*o* crash) ***3*** (*di cosa, situazione*) disaster, mess; (*fiasco*) failure, flop ***4*** (*fam.*: *di persona*) hopeless person, dead loss, disaster area; (*di bambino*) little terror.
diṣastróso *a.* disastrous: **errore d.**, disastrous mistake; **in condizioni disastrose**, in a shocking (*o* an appalling) state.
diṣattèndere *v. t.* to fail to comply with; to disregard.
diṣattènto *a.* inattentive; unmindful.
diṣattenzióne *f.* ***1*** lack of attention; carelessness ***2*** (*svista*) oversight; slip.
diṣattivàre *v. t.* (*bomba, ecc.*) to deactivate, to defuse; (*scollegare*) to disconnect; (*chiudere*) to close down.
diṣautoràre *v. t.* to deprive of authority.
diṣavànzo *m.* (*econ.*) deficit; gap: **d. della bilancia commerciale**, deficit in the balance of trade; trade gap; **colmare il d.**, to make up the deficit; **essere in d.**, to have a deficit; to be in the red.
diṣavventùra *f.* ***1*** unfortunate accident; misadventure ***2*** (*sfortuna*) misfortune; bad luck.
diṣavvezzo *a.* unaccustomed; unused.
diṣboscaménto *m.* deforestation.
diṣboscàre *v. t.* to deforest; to clear of trees.
diṣbrigo *m.* dealing (with st.); getting through (st.).
discàpito *m.* detriment; prejudice: **a d. di**, to the detriment of.
discàrica *f.* ***1*** (*di rifiuti*) (rubbish) tip (*GB*); dump ***2*** (*di miniera*) dump.
discàrico *m.* defence: **a tuo d.**, in your defence; (*leg.*) **testimoni a d.**, witnesses for the defence.
discendènte ***A*** *a.* descending ***B*** *m. e f.* descendant.
discendènza *f.* ***1*** descent ***2*** (*i discendenti*) descendants (*pl.*); offspring; progeny.
discéndere *v. i. e t.* ***1*** to descend; to go* [to come*] down; to get* down; (*da un veicolo*) to get* off, to get* out (of) ***2*** (*declinare, digradare*) to descend; to slope down ***3*** (*di temperatura, prezzi, ecc.*) to fall* ***4*** (*del sole, ecc.*) to sink*; to set* ***5*** (*trarre origine*) to descend (from); to be descended (from) ***6*** (*conseguire*) to follow: **Ne discende che..**, it follows that...
discènte *m. e f.* (*form.*) pupil; learner.
discépolo *m.* (*f.* **-a**) disciple; (*allievo*) pupil; (*seguace*) follower.
discèrnere *v. t.* ***1*** to discern; to make* out ***2*** (*distinguere*) to distinguish; to tell* apart.
discerniménto *m.* understanding; (*acume*) discernment, discrimination; (*giudizio*) wisdom.
discésa *f.* ***1*** (*anche aeron.*) descent ***2*** (*declivio*) descent; (*pendio*) slope: **d. ripida**, steep descent; **La strada era tutta in d.**, the road was all downhill; **lungo la d.**, on the way down (the hill) ***3*** (*caduta, abbassamento*) fall; drop ***4*** (*calata*) descent; (*invasione*) invasion ***5*** (*calcio, rugby*) attack • (*alpinismo*) **d. a corda doppia**, abseiling; rappel □ (*aeron.*) **d. in picchiata**, nose-dive □ (*sci*) **d. libera**, downhill (race) □ **in d.**, (*in diminuzione*) falling; (*in declino*) in decline.
discesìsta *m. e f.* ***1*** (*sci*) downhill skier; downhiller ***2*** (*ciclismo*) downhill racer.
dischétto *m.* ***1*** (*calcio*) penalty spot: **tiro dal d.**, penalty kick ***2*** (*elab.*) diskette.
dischiùdere *v. t.*, **dischiùdersi** *v. i. pron.* to open (slightly); to part.
dischiùso *a.* (slightly) open; (*di porta, ecc., anche*) ajar (*pred.*).
discinto *a.* scantily dressed; (*scherz.*) in a state of undress.
disciògliere, **disciògliersi** *V.* **sciogliere**, **sciogliersi**.
disciplina *f.* ***1*** discipline: **mantenere [imporre] la d.**, to maintain [to enforce] discipline; **d. ferrea**, strict discipline; rod of iron ***2*** (*materia di studio*) discipline; subject; branch (of learning): **discipline giuridiche**, branches of the law ***3*** (*regolamentazione*) control; rules and regulations (*pl.*).
disciplinàre (**1**) *a.* disciplinary.
disciplinàre (**2**) *v. t.* to discipline; (*regolare*) to regulate, to control.
disciplinàto *a.* ***1*** disciplined; obedient; well-behaved ***2*** (*ordinato*) orderly.
disco *m.* ***1*** disc, disk (*USA*): **d. solare**, solar disc; (*anat.*) **ernia del d.**, slipped disc; **freni a d.**, disc brakes; (*elab.*) **d. fisso**, hard disk; (*autom.*) **d. orario**, parking disc ***2*** (*fonografico*) record; disc ***3*** (*sport*) discus*: **lancio del d.**, discus throwing ***4*** (*hockey su ghiaccio*) puck ***5*** (*ferr.*) disc signal • **d. volante**, flying saucer □ (*fig.*) **cambiare d.**, to change the record.
discòbolo *m.* (*sport*) discus thrower.
discografìa *f.* ***1*** (*tecnica*) recording ***2*** (*elenco*) discography.
discogràfico *a.* record (*attr.*); recording (*attr.*): **casa discografica**, record company.
discoidàle *a.* disc-shaped.
discòide *m.* (*farm.*) tablet.
discola *f.* naughty girl; tomboy; hoyden.
discolo ***A*** *a.* (*scapestrato*) wild, rebellious; (*vivace*) naughty ***B*** *m.* naughty boy; scamp; little rascal.
discólpa *f.* defence; excuse: **a mia d.**, in my defence.
discolpàre ***A*** *v. t.* ***1*** to clear (sb. of st.); to exonerate ***2*** (*scusare*) to excuse; to justify ***B*** **discolpàrsi** *v. rifl.* ***1*** to clear oneself; to prove one's innocence ***2*** (*giustificarsi*) to justify oneself.
disconóscere *v. t.* to disown; to refuse to acknowledge • (*leg.*) **d. un figlio**, to disclaim paternity of a child.
disconosciménto *m.* disownment; disavowal • (*leg.*) **d. di paternità**, disclaimer of paternity.
discontinuità *f.* ***1*** discontinuity; gap ***2*** (*irregolarità*) irregularity; fitfulness.
discontìnuo *a.* discontinuous; intermittent; (*incostante*) fitful, erratic; (*disuguale*) uneven.
discordànte *a.* ***1*** discordant; (*in disaccordo*) conflicting, clashing ***2*** (*di suoni*) discordant; jarring ***3*** (*di colori*) clashing.
discordànza *f.* ***1*** discordance; (*disaccordo*) variance, disagreement, clash ***2*** (*mus.*) discord ***3*** (*di colori*) clash.
discordàre *v. i.* ***1*** to disagree (with); (*di opinioni, ecc., anche*) to clash (with) ***2*** (*di suoni*) to be discordant.
discòrde *a.* discordant; contradictory; (*in disaccordo*) conflicting, disagreeing • **I pareri sono discordi**, opinions differ (*o* vary) □ **Su questo siamo discordi**, we disagree on that.
discòrdia *f.* discord; conflict; (*diversità di opinioni*) variance, disagreement • **seminare la d.**, to sow discord; to stir up trouble.
discórrere *v. i.* to talk; (*chiacchierare*) to chat • **e via discorrendo**, and so on.
discorsìvo *a.* conversational.
discórso *m.* ***1*** (*in pubblico*) speech; address: **fare** (*o* **tenere**) **un d.**, to make (*o* to give) a speech; to address (sb.); **d. di ringraziamento**, speech of thanks; **d. inaugurale**, opening address ***2*** (*conversazione*) conversation; (*colloquio*) talk: **Il d. cadde sul divorzio**, the subject of divorce cropped up in the conversation; **Devo farti un d.**, I must have a talk with you; **attaccare d. con q.**, to get talking to sb.; **discorsi oziosi**, idle talk ***3*** (*argomento*) subject; matter; story; question: **cambiare d.**, to change the subject; **lascia cadere il d.**, to let the matter drop; **affrontare un d.**, to deal with a question; **È un altro d.**, it's a different matter; **È un lungo d.**, it's a long story ***4*** (*parole, osservazione*) words (*pl.*); things (*pl.*): **Mi ha fatto un d. strano**, he said something strange; **senza tanti discorsi**, without wasting words; without beating about the bush; **discorsi che non mi piacciono**, things I would rather not hear ***5*** (*gramm.*) speech: **d. diretto [indiretto]**, direct [indirect] speech • **d. a quattrocchi**, tête-à-tête □ **Che discorsi!**, what nonsense! □ **Che discorsi sono questi?**, what nonsense is this?; (*che intendi dire?*) what on earth do you mean by that? □ **Fine del d.!**, subject closed! □ **portare avanti un d.**, to be active in (doing st.); to work actively at (st.).
discostàrsi *v. i. pron.* (*essere diverso*) to diverge (from); to differ (from).
discòsto (*lett.*) *V.* **lontano**.
discotèca *f.* ***1*** record library ***2*** (*locale*) disco; discotheque (*form.*).

discrédito *m.* discredit; disrepute: **gettare d. su**, to bring discredit on; **cadere in d.**, to fall into disrepute.
discrepànte *a.* conflicting; contradictory.
discrepànza *f.* discrepancy.
discretaménte *avv.* ***1*** (*con discrezione*) discreetly; tactfully ***2*** (*benino*) reasonably well; fairly well; not too bad.
discréto *a.* ***1*** (*che ha discrezione*) discreet; (*non vistoso*) discreet, subtle, muted ***2*** (*abbastanza buono*) fairly good; fair; reasonable; (*sufficiente*) moderate, adequate: **una discreta quantità di**, a fair amount of; **stipendio d.**, reasonable salary; **Il cibo è d.**, the food is not too bad; **un d. successo**, a moderate success.
discrezionàle *a.* discretionary.
discrezionalità *f.* discretionary power.
discrezióne *f.* ***1*** discretion; tact ***2*** (*arbitrio*) discretion: **a d. di**, at the discretion of ***3*** (*moderazione*) moderation • **a d.** (*a volontà*), as much as one likes.
discriminànte ***A*** *f.* ***1*** (*leg.*) extenuating circumstance ***2*** discriminating factor ***B*** *m.* (*mat.*) discriminant.
discriminàre *v. t.* to discriminate.
discriminatòrio *a.* discriminatory.
discriminazióne *f.* discrimination • **fare discriminazioni contro** [**a vantaggio di**], to discriminate against [for].
discussióne *f.* ***1*** discussion; debate ***2*** (*disputa*) argument • (*leg.*) **d. di una causa**, trial of a case; hearing □ **avere una d. con q.**, to have a discussion with sb.; (*litigare*) to have an argument (*o* words) with sb. □ **fare discussioni**, to argue □ **E niente discussioni!**, and no buts about it! □ **fuori d.**, beyond dispute □ **in d.**, under discussion; (*controverso*) in dispute; (*in dubbio*) in question □ **mettere in d.**, (*sollevare dubbi*) to question, to dispute; (*criticare*) to criticize □ **rimettere tutto in d.**, to reopen the whole question.
discùsso *a.* ***1*** debated ***2*** (*controverso*) controversial.
discùtere *v. t. e i.* ***1*** to discuss; to debate; (*parlare*) to talk: **d. un progetto di legge**, to debate a bill; **Discutiamone, prima di decidere**, let's talk about it, before deciding ***2*** (*mettere in dubbio*) to question; (*contestare*) to argue, to challenge: **d. un ordine**, to challenge an order; **obbedire senza d.**, to obey without arguing; **Questo non si discute**, there's no question about that ***3*** (*litigare*) to argue; to quarrel • (*leg.*) **d. una causa**, to hear a case; (*di difensore*) to plead a case □ **d. sul prezzo**, to haggle (over the price).
discutìbile *a.* debatable; (*a cui si può obiettare*) questionable; (*dubbio*) doubtful, dubious; (*criticabile*) that may be criticized: **scelta d.**, questionable choice; **g. discutibile**, doubtful taste.
diṣdegnàre *v. t.* to disdain; to scorn.
diṣdegnóso *a.* disdainful; scornful.
diṣdétta *f.* ***1*** (*leg.*) notice (of termination of a contract): **dare la d.**, (*di locatario*) to give notice; (*di locatore*) to give notice to quit ***2*** (*comm.*) cancellation ***3*** (*sfortuna*) bad luck 🅄: **Che d.!**, what bad luck!
diṣdétto *a.* cancelled.
diṣdicévole *a.* (*lett.*) unbecoming; unsuitable.
diṣdìre *v. t.* (*un contratto e sim.*) to rescind, not to renew; (*un abbonamento*) to discontinue; (*annullare*) to cancel; (*rinunciare a*) to give* up.
diṣdòro *m.* shame; disgrace.
diṣeducàre *v. t.* (*essere diseducativo*) to be morally harmful (for).
diṣeducativo *a.* morally harmful.
disegnàre *v. t.* ***1*** to draw*; (*a contorno*) to outline: **d. a matita**, to draw in pencil; **d. a mano libera**, to draw freehand; **d. dal vero**, to draw from life ***2*** (*progettare*) to design: **d. un vestito**, to design a dress ***3*** (*delineare*) to outline ***4*** (*stabilire*) to plan.
disegnatóre *m.* (*f.* **-trice**) ***1*** drawer; artist; (*anche tecn.*) draughtsman*, draftsman* (*USA*) (*f.* draughtswoman*, draftswoman*) ***2*** (*progettista*) designer: **d. di stoffe**, textile designer.
diségno *m.* ***1*** (*attività, arte*) drawing; (*tecnica*) draughtsmanship, draftsmanship (*USA*): **studiare d.**, to study drawing; **il d. a mano libera**, freehand drawing ***2*** (*rappresentazione concreta*) drawing; (*schizzo*) sketch; (*motivo ornamentale*) pattern: **un d. a matita**, a pencil drawing; **a disegni geometrici**, with a geometric pattern ***3*** (*progetto*) design; (*edil., anche*) plan ***4*** (*intenzione*) intention; (*piano, progetto*) plan, design, scheme • (*leg.*) **d. di legge**, bill.
diṣeguàle *V.* **disuguale**.
diṣerbànte ***A*** *a.* herbicidal ***B*** *m.* weedkiller; herbicide.
diṣerbàre *v. t.* to free from weeds; to weed.
diṣeredàre *v. t.* to disinherit.
diṣeredàto *a.* ***1*** disinherited ***2*** (*fig.*) deprived person; derelict.
diṣertàre ***A*** *v. t.* ***1*** (*abbandonare*) to leave*; to desert ***2*** (*non partecipare*) to fail to attend; to give* a miss to (*fam.*) ***B*** *v. i.* (*mil.*) to desert.
diṣertóre *m.* (*mil. e fig.*) deserter.
diṣerzióne *f.* (*mil. e fig.*) desertion.
disfaciménto *m.* ***1*** (*putrefazione*) decay ***2*** (*rovina*) decay, rot, ruin; (*lo sfaldarsi*) break-up.
disfàre ***A*** *v. t.* to undo*; (*smontare*) to take* apart, to dismantle: **d. un nodo**, to undo a knot; **d. una cucitura**, to unpick a seam; **d. un letto**, to strip a bed; **d. un maglione**, to unravel a sweater; **d. un pacco**, to unwrap a parcel; **d. le valigie**, to unpack ***B*** **disfàrsi** *v. i. pron. e rifl.* ***1*** (*slegarsi*) to come* undone ***2*** (*liquefarsi*) to melt ***3*** (*liberarsi di*) to get* rid (of).
disfàtta *f.* defeat; rout.
disfattiṣmo *m.* defeatism.
disfattista *a., m. e f.* defeatist.
disfàtto *a.* ***1*** (*di nodo, ecc.*) undone; (*di letto*) unmade; stripped; (*di valigia*) unpacked; (*di pacco*) unwrapped ***2*** (*liquefatto*) melted ***3*** (*distrutto*) destroyed; ruined; (*fig.*) shattered, crushed ***4*** (*esausto*) exhausted; worn-out.
disfida *f.* (*lett.*) challenge.
disfunzióne *m.* ***1*** (*med.*) trouble; disorder ***2*** (*cattivo funzionamento, inefficienza*) malfunction; inefficiency 🅄.
diṣgèlo *m.* (*anche fig.*) thaw.
diṣgiùngere *v. t.* to separate.
diṣgiuntivo *a.* (*gramm.*) disjunctive.
diṣgiùnto *a.* separated.
diṣgràzia *f.* ***1*** (*sventura*) misfortune, bad luck 🅄; (*guaio*) trouble; (*sciagura*) terrible thing; (*incidente*) accident: **È stata una vera d.**, it was sheer bad luck; **Mi ha raccontato tutte le sue disgrazie**, he told me all his troubles; **È successa una d.**, something terrible has happened; **per d.**, unfortunately; unluckily ***2*** (*sfavore*) disfavour: **cadere in d.**, to fall into disfavour; **essere in d.**, to be under a cloud; **essere in d. presso q.**, to be out of favour with sb.; to be in sb.'s bad books. ATTENZIONE: **disgrazia** ≠ disgrace.
diṣgraziataménte *avv* unfortunately; unluckily.
diṣgraziàto ***A*** *a.* ***1*** (*sfortunato*) unfortunate; unlucky; ill-fated ***2*** (*infelice*) wretched; miserable ***3*** (*spreg.*) wretched; damned. ATTENZIONE: **disgraziato** ≠ disgraced ***B*** *m.* (*f.* **-a**) ***1*** (*poveretto*) poor wretch ***2*** (*sciagurato*) fool; idiot.
diṣgregaménto *m.* breaking up; break-up.
diṣgregàre *v. t.*, **diṣgregàrsi** *v. i. pron.* to break* up.
diṣgregazióne *f.* ***1*** break-up ***2*** (*fig.*) break-up; disruption.
diṣguido *m.* mistake; (*postale*) postal error; (*equivoco*) misunderstanding.
diṣgustàre ***A*** *v. t.* (*anche fig.*) to disgust; to make* sb. sick; to sicken ***B*** **diṣgustàrsi** *v. i. pron.* to become* disgusted (with).
diṣgustàto *a.* disgusted; nauseated.
diṣgùsto *m.* disgust; (*ripugnanza*) repugnance.
diṣgustóso *a.* disgusting; nauseating.
diṣidratàre ***A*** *v. t.* (*chim. e med.*) to dehydrate ***B*** **diṣidratàrsi** *v. i. pron.* (*med.*) to dehydrate; to become* dehydrated.
diṣidratazióne *f.* (*chim. e med.*) dehydration.
diṣillùdere ***A*** *v. t.* to disillusion; to disenchant; (*disingannare*) to disabuse, to undeceive ***B*** **diṣillùdersi** *v. i. pron.* to be disenchanted; to be disillusioned.
diṣilluṣióne *f.* disillusion; disenchantment.
diṣillùṣo *a.* disillusioned; disenchanted.
diṣimballàre *v. t.* to unpack.
diṣimparàre *v. t.* to unlearn*; (*dimenticare*) to forget*; (*perdere l'abitudine*) to get* out of the habit of, to learn* not to.
diṣimpegnàre ***A*** *v. t.* ***1*** (*cosa data in pegno*) to get* out of pawn; to redeem ***2*** (*liberare da un impegno*) to release ***3*** (*liberare*) to free; to clear ***4*** (*adempiere*) to carry out ***5*** (*un locale*) to give* access to ***6*** (*mil.*) to disengage ***7*** (*calcio, ecc.*) to clear ***B*** **diṣimpegnàrsi** *v. rifl.* ***1*** (*liberarsi*) to disengage oneself; to free oneself; (*districarsi*) to get* out (of) ***2*** (*cavarsela*) to manage ***3*** (*mil.*) to disengage ***4*** (*sport*) to clear.

diṣimpegnàto *a.* ***1*** (*di cosa data in pegno*) redeemed ***2*** (*libero*) free ***3*** (*di locale*) independent ***4*** (*in senso sociale, polit.*) uncommitted.
diṣimpégno *m.* ***1*** (*sociale, polit.*) lack of commitment ***2*** (*adempimento*) fulfilment ***3*** (*mil.*) disengagement ***4*** (*accesso*) access area; passage ***5*** (*calcio, ecc.*) clearance.
diṣincagliàre (*naut.*) ***A*** *v. t.* to refloat ***B*** **diṣincagliàrsi** *v. i. pron.* to get* afloat again.
diṣincantàre *v. t.* to disenchant; to disillusion.
diṣincantàto *a.* disenchanted; disillusioned.
diṣincànto *m.* disenchantment; disillusionment.
diṣincentivàre *v. t.* to discourage; to deter.
diṣincentìvo *m.* discouragement; disincentive; determent.
diṣincrostàre *v. t.* to descale.
diṣinfestànte ***A*** *a.* disinfesting ***B*** *m.* disinfestant.
diṣinfestàre *v. t.* to disinfest; to rid* of vermin.
diṣinfestazióne *f.* disinfestation.
diṣinfettànte *a. e m.* disinfectant.
diṣinfettàre *v. t.* to disinfect.
diṣinfezióne *f.* disinfection.
diṣinformàto *a.* (*poco informato*) uninformed; (*male informato*) misinformed.
diṣinformazióne *f.* (*scarse informazioni*) lack of information; (*informazioni errate*) misinformation; (*informazioni volutamente distorte*) disinformation.
diṣingannàre ***A*** *v. t.* to undeceive; to disabuse ***B*** **diṣingannàrsi** *v. i. pron.* to be undeceived.
diṣingànno *m.* disillusion; disillusionment.
diṣingranàre *v. t.* (*mecc.*) to disengage; to throw* out of gear.
diṣinibito *a.* uninhibited.
diṣinnescàre *v. t.* (*anche fig.*) to defuse.
diṣinnestàre (*mecc.*) ***A*** *v. t.* to disengage; to disconnect: (*autom.*) **d. la frizione**, to disengage the clutch; to declutch ***B*** **diṣinnestàrsi** *v. i. pron.* to slip out of gear.
diṣinnestàto *a.* disengaged; off (*pred.*).
diṣinnèsto *m.* (*mecc.*) disengagement; release.
diṣinquinaménto *m.* freeing from pollution; cleaning up.
diṣinquinàre *v. t.* to free from pollution; to clean up.
diṣinserìre *v. t.* (*elettr., mecc.*) to disconnect.
diṣinserìto *a.* ***1*** (*elettr., mecc.*) disconnected; off (*pred.*) ***2*** (*di persona*) not belonging (to); left out (of).
diṣintegràre ***A*** *v. t.* to cause to disintegrate; to shatter; to crumble • (*fis.*) **d. l'atomo**, to split the atom ***B*** **diṣintegràrsi** *v. i. pron.* to disintegrate; to crumble.
diṣintegrazióne *f.* disintegration • (*fis.*) **d. dell'atomo**, splitting of the atom.
diṣinteressàrsi *v. i. pron.* to take* no interest (in); to wash one's hands (of); (*trascurare*) to neglect.
diṣinteressataménte *avv.* disinterestedly; with no ulterior motive.
diṣinteressàto *a.* disinterested; unselfish.
diṣinterèsse *f.* ***1*** disinterestedness; unselfishness ***2*** (*indifferenza*) lack of interest; indifference; (*noncuranza*) disregard.
diṣintossicàre ***A*** *v. t.* to detoxicate; to detoxify; (*dall'alcol o dalla droga*) to treat for alcohol [drug] addiction ***B*** **diṣintossicàrsi** *v. rifl.* to detoxify; (*dall'alcol o dalla droga*) to be treated for alcoholism [drug addiction]; to break* the drinking [drug] habit.
diṣintossicazióne *f.* (*med.*) detoxication; (*dall'alcol o dalla droga*) detoxification.
diṣinvestire *v. t.* (*econ.*) to disinvest.
diṣinvòlto *a.* ***1*** (*sicuro di sé*) confident; self-assured; unselfconscious; easy; nonchalant ***2*** (*disinibito*) uninhibited; free and easy ***3*** (*spregiudicato*) unscrupulous.
diṣinvoltùra *f.* ***1*** confidence; self-assurance; (*di modi*) ease, nonchalance ***2*** (*leggerezza*) casualness; carelessness • **con la massima d.**, with total confidence; (*allegramente*) happily, airily; (*come se niente fosse*) coolly, without batting an eye □ **spendere con d.**, to spend freely □ **vincere con d.**, to win easily.
diṣistìma *f.* low opinion; discredit.
diṣlessìa *f.* (*med.*) dyslexia.
diṣlèssico *a. e m.* (*f.* **-a**) (*med.*) dyslexic.
diṣlivèllo *m.* ***1*** difference in level; (*in altezza*) difference in height: **d. stradale**, gradient ***2*** (*divario*) gap; difference; inequality: **d. economico**, economic gap.
diṣlocaménto *m.* ***1*** (*naut.*) displacement ***2*** (*mil.*) stationing.
diṣlocàre *v. t.* ***1*** (*naut.*) to displace ***2*** (*mil.*) to station; to detach ***3*** (*inviare*) to post ***4*** (*collocare*) to position; (*distribuire*) to distribute.
diṣlocazióne *f.* ***1*** (*mil.*) stationing ***2*** (*collocamento*) positioning; (*distribuzione*) distribution ***3*** (*geol.*) dislocation.
diṣmésso *a.* no longer in use; discarded • **aree dismesse**, vacant sites (*USA* lots).
diṣmiṣùra *f.* excess: **a d.**, to excess; immoderately; out of all proportion.
diṣobbedìre e *deriv. V.* **disubbidire** e *deriv.*
diṣobbligàrsi *v. rifl.* to return a favour; to do* (st.) in return (for).
diṣoccupàto ***A*** *a.* ***1*** unemployed; jobless; out of work (*pred.*) ***2*** (*senza impegni*) having nothing to do; at a loose end (*GB*); at loose ends (*USA*) ***B*** *m.* (*f.* **-a**) unemployed (*o* jobless) person; person out of work.
diṣoccupazióne *f.* unemployment; joblessness: **d. giovanile**, youth unemployment.
diṣomogèneo *a.* heterogeneous.
diṣonestà *f.* ***1*** dishonesty ***2*** (*atto disonesto*) dishonest act; fraud.
diṣonèsto ***A*** *a.* dishonest; deceitful; underhand; (*fraudolento*) fraudulent; (*scorretto*) unfair: **negoziante d.**, dishonest trader; **metodi disonesti**, underhand means ***B*** *m.* (*f.* **-a**) dishonest person; cheat.
diṣonorànte *V.* **disonorevole**.
diṣonoràre ***A*** *v. t.* ***1*** to dishonour, to dishonor (*USA*); to disgrace ***2*** (*sedurre*) to seduce ***B*** **diṣonoràrsi** *v. rifl.* to bring* dishonour (*USA* dishonor) upon oneself.
diṣonóre *m.* dishonour, dishonor (*USA*); shame; disgrace: **È il d. della famiglia**, he is a disgrace to his family.
diṣonorévole *a.* dishonourable, dishonorable (*USA*); shameful; disgraceful.
disópra ***A*** *avv. e a. V.* **sopra** ***B*** *m.* upper part; top; part above.
diṣordinàto *a.* ***1*** untidy; messy; disorderly; (*confuso*) confused, chaotic: **capelli disordinati**, untidy hair; **folla disordinata**, disorderly crowd; **pensieri disordinati**, confused thoughts ***2*** (*sregolato*) disorderly; irregular: **vita disordinata**, irregular life • **È d. nel mangiare**, he never eats proper meals.
diṣórdine *m.* ***1*** disorder; untidiness; mess: **in d.**, in disorder; in a mess; untidy, messy (*agg.*) ***2*** (*confusione*) confusion; chaos ***3*** (*sregolatezza*) excess; intemperance ***4*** (*al pl.*) (*tumulti*) disorder (*sing.*); riots.
diṣorganicità *f.* lack of organization; disjointedness.
diṣorgànico *a.* unsystematic; disjointed.
diṣorganiẓẓàto *a.* disorganized; badly organized.
diṣorganiẓẓazióne *f.* disorganization; lack of organization.
diṣorientaménto *m.* ***1*** disorientation ***2*** (*confusione*) confusion; bewilderment.
diṣorientàre *v. t.* ***1*** to disorientate ***2*** (*confondere*) to confuse; to bewilder; to disconcert.
diṣorientàto *a.* ***1*** disorientated ***2*** (*confuso*) confused; bewildered; lost.
diṣossàre *v. t.* (*cucina*) to bone.
diṣossàto *a.* (*cucina*) boned; boneless.
disótto ***A*** *avv. e a. V.* **sotto** ***B*** *m.* bottom; underside; lower part (*o* side).
dispàccio *m.* dispatch, despatch; message.
disparàto *a.* disparate; varied • **i mestieri più disparati**, all kinds of jobs.
dìspari *a.* ***1*** (*mat.*) odd ***2*** (*diseguale*) unequal.
disparità *f.* disparity; inequality; difference.
dispàrte *avv* — **in d.**, aside; apart; on one side; to one side: **mettere q.c. in d.**, to put st. aside (*o* to one side); **starsene in d.**, to stand on one side; to stand aloof; to keep one's distance; **prendere q. in d.**, to take sb. aside (*o* to one side).
dispèndio *m.* expenditure; expense; (*spreco*) waste.
dispendióso *a.* expensive; costly.
dispènsa *f.* ***1*** (*locale*) larder, pantry; (*mobile*) sideboard, cupboard ***2*** (*fascicolo*) instalment: **a dispense**, in instalments ***3*** (*al pl.*) (*università*) (duplicated) lecture notes (*pl.*) ***4*** (*leg., eccles.*) dispensation ***5*** (*esenzione*) exemption • **opera a dispense**, part work.
dispensàre *v. t.* ***1*** (*distribuire*) to dispense; to bestow (upon, on) (*lett.*) ***2*** (*esimere*) to dispense; to exempt.
dispensàrio *m.* (*med.*) dispensary.

dispensière *m.* steward.
dispepsìa *f.* (*med.*) dyspepsia.
dispèptico *a. e m.* (*med.*) dyspeptic.
disperàre **A** *v. i.* to despair; to give* up hope; to have no hope (of): **I dottori disperano di salvarlo**, the doctors have given up hope of saving him; **Dispero di riuscire**, I have no hope of succeeding • **far d.**, to drive (sb.) mad **B** **disperàrsi** *v. i. pron.* to despair; to be disconsolate.
disperataménte *avv.* desperately.
disperàto **A** *a.* **1** of despair; (*che si dispera*) in despair (*pred.*), inconsolable: **grida disperate**, cries of despair; **Il pover'uomo era d.**, the poor man was in despair **2** (*senza speranza*) desperate; hopeless: **un caso d.**, a desperate case; **in condizioni disperate**, in dire straits; in a hopeless state; **gesto d.**, act of desperation **3** (*fortissimo, furioso*) desperate; furious: **un d. bisogno di dormire**, a desperate need for rest; **lotta disperata**, desperate struggle **4** (*miserabile*) wretched **B** *m.* (*f.* **-a**) **1** wretch; (*spiantato*) (penniless) wretch, down-and-outer **2** (*forsennato*) madman* (*f.* madwoman*): **lavorare come un d.**, to work like a madman; to slave away; **correre come un d.**, to run like mad.
disperazióne *f.* **1** despair; hopelessness; (*che porta ad atti estremi*) desperation: **portare q. alla d.**, to drive sb. to despair; **abbandonarsi alla d.**, to give oneself up to despair; **per la d.**, in desperation **2** (*di persona*) despair.
dispèrdere **A** *v. t.* **1** (*sparpagliare*) to disperse; to scatter **2** (*dissolvere*) to dispel; to dissipate **3** (*sprecare*) to waste; to squander: **d. le energie**, to waste one's efforts **4** (*mettere in rotta*) to rout • **«Non d. nell'ambiente»**, «please dispose of carefully» **B** **dispèrdersi** *v. i. pron.* **1** (*sparpargliarsi*) to disperse; to scatter **2** (*andare perduto*) to be wasted; (*di calore*) to be lost **3** (*sprecare tempo*) to waste one's time (in st., doing st.).
dispersióne *f.* **1** dispersion; dispersal; scattering; dissipation **2** (*spreco*) waste **3** (*fis.*) leak; leakage • **d. del calore**, heat loss.
dispersività *f.* lack of organization; unsystematicity.
dispersìvo *a.* unsystematic; disorganized.
dispèrso **A** *a.* **1** dispersed (*pred.*); scattered; dissipated **2** (*smarrito*) lost; astray (*pred.*); missing; (*mil.*) missing in action: **La lettera andò dispersa**, the letter went astray **B** *m.* (*f.* **-a**) missing person; (*mil.*) missing soldier: **due morti e un d.**, two people dead and one missing; **dare q. per d.**, to report sb. missing.
dispètto *m.* **1** spite Ⓤ; teasing Ⓤ; (*azione dispettosa*) spiteful trick, something done to spite sb.: **per d.**, out of spite; **È stato un vero d.**, it was done just to spite me; **fare dispetti a q.**, to tease sb.; **a d. di**, in spite of **2** (*stizza*) annoyance; vexation: **con mio grande d.**, much to my annoyance.
dispettóso *a.* **1** spiteful; (*di bambino*) teasing, naughty **2** (*irritante*) annoying; infuriating.
dispiacènte *a.* sorry.
dispiacére (1) **A** *v. i.* **1** (*essere spiacente*) to be sorry (*costruz. pers.*): **Mi dispiace disturbarti**, I'm sorry to trouble you; **Mi dispiace che lui non ci sia**, I'm sorry he isn't here; **Come mi dispiace!**, I'm terribly sorry!; (*che peccato!*) what a pity! **2** (*non fare piacere*) not to like (*costruz. pers.*); to displease (*form.*); (*addolorare*) to upset* **3** (*nelle frasi di cortesia*) to mind (*costruz. pers.*): **Ti dispiace chiudere la porta?**, would you mind closing the door?; **Se non ti dispiace**, if you don't mind **4** (*al neg.*: *trovare piacevole*) rather to like, not to dislike (*costruz. pers.*): **Il film non mi è dispiaciuto**, I rather liked the film **B** **dispiacérsi** *v. i. pron.* to be sorry; to regret.
dispiacére (2) *m.* **1** (*tristezza*) affliction, sadness Ⓤ; (*dolore*) sorrow, grief **2** (*rammarico*) regret: **con mio grande d.**, to my great regret **3** (*preoccupazione*) worry; trouble **4** (*delusione*) disappointment • **La sua partenza fu un grosso d. per tutti**, we were all very sorry when he left □ **dare un d. a q.**, to upset sb.; to make sb. suffer □ **Che d.!**, what a pity!; what a shame! ATTENZIONE: **dispiacere** ≠ displeasure.
dispiaciùto *a.* **1** (*dolente*) sorry **2** (*contrariato*) annoyed.
displùvio *m.* **1** (*geogr.*) watershed **2** (*edil.*) ridge.
dispnèa *f.* (*med.*) dyspn(o)ea.
disponìbile *a.* **1** available; at hand; (*a propria disposizione*) at one's disposal **2** (*libero*) vacant: **posto d.**, vacancy **3** (*di persona*: *libero*) free, available; (*sollecito*) helpful, ready to help, willing.
disponibilità *f.* **1** availability; (*sul mercato*) supply: **d. di manodopera**, labour supply **2** (*di persona*) helpfulness; readiness to help **3** (*econ.*) available funds (*pl.*); current assets (*pl.*) • (*rag.*) **d. di cassa**, cash on hand; available cash □ **d. di posti**, job vacancies (*pl.*).
dispórre **A** *v. t.* **1** (*collocare*) to place; to put*; (*in un certo ordine*) to arrange, to set* out; (*schierare*) to range; (*mettere in mostra*) to display **2** (*organizzare*) to make* arrangements; to arrange **3** (*stabilire*) to make* arrangements (for st. to be done); (*comandare*) to give* orders (that) **4** (*predisporre*) to incline; to dispose **B** *v. i.* **1** (*decidere*) to decide **2** (*avere a disposizione*) to have; to have at one's disposal: **Dispone di molto denaro**, he has a lot of money; **con tutti i mezzi di cui disponevo**, with all the means at my disposal; **Disponi pure di me**, I am entirely at your disposal **3** (*essere dotato*) to have: **Il club dispone di tre campi da tennis**, the club has three tennis courts; **L'albergo dispone di 200 letti**, the hotel has 200 beds (*o* can accomodate 200 people). ATTENZIONE: **disporre** ≠ to dispose **C** **dispórsi** *v. rifl.* **1** (*sistemarsi*) to place oneself; to form (st.): **d. in circolo**, to form a circle; **d. in fila**, to line up **2** (*prepararsi*) to prepare; to get* ready: **d. a partire**, to get ready to leave.
dispositìvo *m.* (*mecc.*) device; appliance; system; apparatus; (*accessorio*) attachment: **d. di allarme**, alarm system; **d. di sicurezza**, safety device; **d. di arresto**, arrest gear.
disposizióne *f.* **1** (*sistemazione*) arrangement; layout: **la d. dei mobili**, the arrangement of the furniture; **la d. delle stanze**, the layout of the rooms **2** (*ordine*) order; direction; (*istruzione*) instruction; (*regolamento*) regulation; (*provvedimento*) provision; (*misura*) measure: **dare disposizioni**, to give orders; **fino a nuove disposizioni**, till further instructions; **disposizioni di legge**, provisions of the law **3** (*il poter disporre*) disposal: **a tua d.**, at your disposal; **Ho due ore a d.**, I have two hours at my disposal **4** (*attitudine*) (natural) gift; bent: **avere d. per le lingue**, to have a bent for languages **5** (*stato d'animo*) frame of mind; mood **6** (*leg.*) — **d. testamentaria**, disposition (by will); **potere di d.**, power to dispose (of st.). ATTENZIONE: **disposizione** ≠ disposition.
dispósto **A** *a.* (*pronto*) prepared, willing; (*propenso*) disposed, inclined: **Sono d. ad accettare**, I'm willing to accept; **Sei d. a testimoniare?**, are you prepared to give evidence in court?; **Sono d. a credergli**, I am inclined to believe him; **ben d. verso q.**, well-disposed towards sb. **B** *m.* (*leg.*) provision(s): **ai sensi del d. di legge**, under the provisions of the law.
dispòtico *a.* despotic; (*fig., anche*) tyrannical.
dispotìsmo *m.* despotism; (*fig.*) tyranny.
dispregiatìvo **A** *a.* **1** disparaging; derogative **2** (*gramm.*) pejorative **B** *m.* (*gramm.*) pejorative.
disprègio *m.* disparagement; contempt.
disprezzàbile *a.* contemptible; despicable • **non d.**, not inconsiderable; no mean (*attr.*).
disprezzàre *v. t.* **1** to despise **2** (*disdegnare*) to scorn; to look down on **3** (*non curarsi di*) to disregard; to ignore.
disprèzzo *m.* **1** contempt; scorn; disdain **2** (*noncuranza*) disregard; unconcern: **d. del pericolo**, disregard for danger.
dìsputa *f.* **1** (*discussione*) debate; dispute **2** (*lite*) quarrel; argument; difference of opinion **3** (*filos.*) disputation.
disputàre **A** *v. i.* **1** (*discutere*) to have a debate **2** (*gareggiare*) to vie **B** *v. t.* **1** (*discutere*) to debate; to dispute **2** (*contrastare*) to dispute **3** (*sport*) to play; to take* part in: **d. una partita**, to play a match; **d. una gara**, to take part in a contest **C** **disputàrsi** *v. rifl. recipr.* **1** (*litigare*) to fight (over) **2** (*gareggiare*) to contend (for); to compete (for): **d. il primo posto**, to compete for first place.
disquisìre *v. i.* to discourse; to dissert.
disquisizióne *f.* disquisition.
dissacrànte *a.* (*fig.*) irreverent; scoffing; debunking.
dissacràre *v. t.* (*fig.*) to scoff at; (*un mito, ecc.*) to debunk.
dissacratóre **A** *m.* (*f.* **-trice**) despiser; scoffer **B** *a.* *V.* **dissacrante**.
dissacrazióne *f.* (*fig.*) scoffing; (*di mito, ecc.*) debunking.
dissalàre *v. t.* to desalinate.
dissalatóre *m.* desalinator.
dissalazióne *f.* desalination.
dissanguaménto *m.* bleeding; loss of blood: **morire per d.**, to bleed to death.

dissanguàre *A v. t.* *1* to bleed*; to draw* blood from *2* (*fig.*) to bleed* white (*o* dry) *B* **dissanguàrsi** *v. i. pron.* *1* to lose* a lot of blood; (*fino a morire*) to bleed* to death *2* (*fig.*) almost to ruin oneself; nearly to go* bankrupt.
dissanguato *a.* *1* bloodless: **morire d.**, to bleed to death *2* (*fig.*) bled white (*o* dry).
dissapóre *m.* misunderstanding; disagreement.
disseccàre *A v. t.* to dry up (*anche fig.*); to parch *B* **disseccàrsi** *v. i. pron.* to dry up (*anche fig.*).
disseminàre *v. t.* *1* to disseminate; to scatter (abroad) *2* (*fig.*) to sow* (the seeds of); to spread* (abroad): **d. sospetti**, to sow the seeds of suspicion; **d. il panico**, to spread panic.
disseminato *a.* strewn (with); scattered (with).
disseminazióne *f.* (*bot. e fig.*) dissemination.
dissennàto *a.* mad; foolish; crazy.
dissènso *m.* *1* (*disaccordo*) dissent, disagreement; (*dissapore*) difference *2* (*disapprovazione*) disapproval; criticism *3* (*polit.*) dissidence: **esponente del d.**, dissident; **scrittori del d.**, dissident writers.
dissenterìa *f.* (*med.*) dysentery.
dissentìre *v. i.* to dissent (from); to differ (from); to disagree (with).
dissenziènte *A a.* dissenting *B m. e f.* *1* dissentient *2* (*polit.*) dissident.
disseppellìre *v. t.* *1* (*esumare*) to exhume; to disinter *2* (*portare alla luce, anche fig.*) to unearth; to dig* up; (*rovine, ecc.*) to excavate.
dissequestràre *v. t.* (*leg.*) to release from seizure.
dissequèstro *m.* (*leg.*) release from seizure.
dissertàre *v. i.* to discourse; to expatiate.
dissertazióne *f.* dissertation; discourse: **d. di laurea**, dissertation; graduation thesis.
dissevìzio *m.* inofficiency.
dissestàre *v. t.* to upset*; to disrupt; to unbalance; (*rovinare*) to damage, to ruin: **d. il fondo stradale**, to damage the road surface; **d. l'economia**, to disrupt the economy; **d. un'azienda**, to ruin a firm.
dissestàto *a.* *1* (*di strada*) uneven *2* (*sconvolto*) disorganized; disrupted *3* (*econ., fin.*) in financial difficulties; in the red; shaky; (*rovinato*) ruined.
dissèsto *m.* *1* upheaval; disruption; disorder: **d. ambientale**, upheaval of the environment; **d. sociale**, social disruption *2* (*econ., fin.*) financial difficulties (*pl.*); financial trouble; (*rovina*) ruin.
dissetànte *A a.* refreshing; thirst-quenching *B m.* refreshing drink.
dissetàre *A v. t.* to quench the thirst; to refresh *B* **dissetàrsi** *v. rifl.* to quench one's thirst; to refresh oneself; (*bere*) to drink.
dissezióne *f.* (*anat.*) dissection.
dissidènte *A a.* *1* dissident *2* (*relig.*) dissenting; nonconformist *B m. e f.* *1* dissident *2* (*relig.*) Dissenter; Nonconformist.
dissidènza *f.* *1* dissidence; dissent *2* (*collett.*) dissenters (*pl.*).
dissìdio *m.* dissension; disagreement; difference; (*spaccatura*) rift; (*lite*) quarrel, falling-out.
dissigillàre *v. t.* to unseal; to break* the seal of.
dissìmile *a.* unlike (sb., st.); dissimilar (to).
dissimulàre *v. t.* *1* (*nascondere*) to dissemble; to conceal; to disguise *2* (*fingere*) to dissemble; to pretend.
dissimulatóre *m.* (*f.* **-trice**) dissimulator; dissembler.
dissimulazióne *f.* dissimulation; dissembling.
dissipàre *A v. t.* *1* (*dissolvere*) to dispel; to disperse; to dissipate *2* (*sprecare*) to waste, to fritter away; (*scialacquare*) to squander *B* **dissipàrsi** *v. i. pron.* to disperse; to dissolve; to vanish.
dissipàto *A a.* dissipated; profligate *B m.* profligate; debauchee.
dissipatóre *m.* (*f.* **-trice**) spendthrift; squanderer.
dissipazióne *f.* dissipation; wasting; (*di denaro, anche*) squandering.
dissociàre *A v. t.* to dissociate; to disassociate *B* **dissociàrsi** *v. rifl.* to dissociate (*o* to disassociate) oneself; to distance oneself.
dissociativo *a.* dissociative.
dissociàto *A a.* dissociated *B a. e m.* (*f.* **-a**) (ex terrorist) who has distanced himself from terrorism.
dissociazióne *f.* (*anche chim., psic.*) dissociation.
dissodaménto *m.* tillage; breaking up.
dissodàre *v. t.* to till; to break* up.
dissolutézza *f.* dissoluteness; dissipation; licentiousness; depravity.
dissolùto *A a.* dissolute; dissipated; licentious; depraved *B m.* (*f.* **-a**) dissolute person; debauchee; rake (*m.*).
dissoluzióne *f.* dissolution (*anche leg.*); breaking-up; disintegration.
dissolvènza *f.* (*cinem., TV*) fading; fade: **d. incrociata**, lap fade; **d. sonora**, sound fading.
dissòlvere *A v. t.* *1* (*sciogliere, anche fig.*) to dissolve *2* (*dissipare, disperdere*) to dispel; to disperse *B* **dissòlversi** *v. i. pron.* *1* (*sciogliersi*) to dissolve *2* (*svanire*) to dissolve; to clear; to be dispelled.
dissomigliànza *f.* unlikeness; dissimilarity; (*differenza*) difference.
dissonànte *a.* *1* dissonant; discordant *2* (*fig.*) discordant; clashing.
dissonànza *f.* *1* dissonance; discord *2* (*fig.*) discordance; clash.
dissotterràre *v. t.* *1* (*esumare*) to disinter; to exhume *2* (*portare alla luce, anche fig.*) to dig* up; to unearth.
dissuadére *v. t.* to dissuade (sb. from st.); to talk (sb. out of st.).
dissuasióne *f.* dissuasion • **fare opera di d. presso q.**, to try to dissuade sb.
dissuasivo *a.* dissuasive.
distaccaménto *m.* (*mil.*) detachment; detail.
distaccàre *A v. t.* *1 V.* **staccare** *2* (*mil.*) to detach; to detail *3* (*bur.*) to move; (*temporaneamente*) to second *4* (*sport*) to leave* behind; to outdistance *B* **distaccàrsi** *v. i. pron.* *1 V.* **staccarsi** *2* (*allontanarsi*) to leave (sb., st.); to part company (with); (*ritirarsi*) to withdraw* *3* (*distinguersi*) to stand* out.
distaccàto *a.* *1* detached; separated *2* (*indifferente*) detached; aloof *3* (*bur.*) attached; seconded • **sede distaccata**, branch office.
distàcco *m.* *1* detachment; (*separazione*) separation: (*med.*) **d. della retina**, detachment of the retina *2* (*partenza*) separation; leaving; (*commiato*) parting, leave-taking *3* (*indifferenza, freddezza*) detachment; aloofness; distance *4* (*sport*) lead; gap: **un d. di 6 minuti**, a 6-minute lead; **vincere con ampio d.**, to win by a wide margin; **dare un forte d. a q.**, to outdistance sb. *5* (*aeron.*) take-off *6* (*miss.*) undocking.
distànte *A a.* *1* far-away; far-off; far; distant; remote: **un suono d.**, a far-away (*o* distant) sound; **un paese d. dalla città**, a village far from the town; **poco d. da casa mia**, not far from where I live; **d. due kilometri**, two kilometres distant (*o* away); **La scuola è d. 6 miglia**, the school is 6 miles from here [there]; **d. nel tempo**, remote in time *2* (*distaccato*) distant, detached; (*altero*) aloof • **essere distanti per gusti**, to have very different tastes □ **Lo sento d.**, there is a distance between us *B avv.* far; far away; far off: **abitare d.**, to live far away.
distànza *f.* *1* (*nello spazio*) distance: **la d. tra Milano e Siena**, the distance between Milan and Siena; **Che d. c'è tra qui e Pisa?**, how far is Pisa from here?; **Abito a una certa d. dal paese**, I live a fair distance from the village; **in d.**, in the distance; **Le due auto erano a una d. di mezzo metro**, the two cars were half a metre apart; **a poca d. dalla costa**, just off the coast; **Non ci vedo a questa d.**, I can't see from this distance *2* (*nel tempo*) distance; interval; (time) gap: **una d. di tre anni**, an interval of three years; **a d. di due mesi**, two months later; after two months; **I due furti avvennero a pochi giorni di d.**, the two thefts were committed within a few days of each other; **a d. di tanto tempo**, at this [that] distance in time *3* (*divario, differenza*) gap; difference; disparity: **le distanze sociali**, social differences • (*autom.*) **d. di sicurezza**, braking distance □ (*aeron.*) **d. di visibilità**, range of visibility □ (*fis.*) **d. focale**, focal length □ (*mil.*) **d. di tiro**, range □ **d. ravvicinata**, close range □ **colmare le distanze**, to fill the gap; to catch up □ **mantenere le distanze**, to keep one's distance □ **prendere le distanze da**, to dissociate oneself from; to distance oneself from □ **sulla lunga d.**, in the long run □ **tenere q. a d.**, to keep sb. at a distance □ **tenersi a debita d.**, to keep at a safe distance.

distanziàre *v. t.* **1** (*separare*) to space out **2** (*lasciare indietro*) to leave* behind; to outdistance; (*fig.*) to outstrip.
distanziàto *a.* **1** (*separato*) at a distance; apart **2** (*sport*) outdistanced; lagging behind (*pred.*).
distanziatóre *m.* (*mecc.*) spacer.
distàre *v. i.* to be far (from) (*anche fig.*); to be distant (from); to be... away (from): **d. parecchio**, to be rather far; **Dista due miglia da Bari**, it is two miles (away) from Bari.
distèndere A *v. t.* **1** (*allargare*) to spread*; to lay* out: **d. una tovaglia [una mappa]**, to spread a tablecloth [a map] **2** (*allungare*) to stretch out: **d. le gambe**, to stretch out one's legs **3** (*mettere a giacere*) to lay*: **Lo distesero sul letto**, they laid him on the bed **4** (*rilassare*) to relax: **d. i nervi**, to relax **B distèndersi** *v. rifl. e i. pron.* **1** (*sdraiarsi*) to lie* down; to stretch out **2** (*rilassarsi*) to relax **3** (*estendersi*) to spread* out; to stretch.
distensióne *f.* **1** stretching out; extension **2** (*rilassamento*) relaxation **3** (*polit.*) détente (*franc.*).
distensivo *a.* **1** relaxing; restful **2** (*pacificatore*) conciliatory.
distésa *f.* **1** expanse; stretch; tract **2** (*fila*) line; row; (*grande quantità*) sea • **Le campane suonano a d.**, the bells are ringing full peal.
distéso *a.* **1** extended; outstretched; stretched out: **con le braccia distese**, with outstretched arms **2** (*sdraiato*) lying; stretched out: **Lo trovai d. sul divano**, I found him lying on the sofa; **lungo d.**, stretched out (at full length); flat; **cadere lungo d.**, to fall flat on one's face **3** (*rilassato*) relaxed; (*riposato*) rested.
dìstico *m.* (*poesia*) couplet; distich.
distillàre *v. t. e i.* to distil.
distillàto (*chim.*) **A** *a.* distilled **B** *m.* distillate.
distillatóre *m.* (*chim.*) distiller.
distillazióne *f.* (*chim.*) distillation • **prodotto di d.**, distillate.
distillerìa *f.* distillery.
distìnguere A *v. t.* **1** to distinguish; to tell*: **d. il bene dal male**, to distinguish right from wrong; **Non lo distinguo da suo fratello**, I can't tell him from his brother; **Non li distinguo l'uno dall'altro**, I can't tell them apart; I can't tell which is which **2** (*scorgere*) to make* out; to discern; to see*: **Li distinguevo appena**, I could just make them out; **Non si distingueva nulla nella nebbia**, one couldn't discern anything in the fog **3** (*dividere*) to divide; to separate **4** (*contrassegnare*) to mark; (*caratterizzare*) to distinguish, to set* apart **B distìnguersi** *v. i. pron.* **1** (*farsi notare*) to stand* out **2** (*essere distinguibile*) to differ; to be distinguishable **3** (*comportarsi bene*) to distinguish oneself.
distinguìbile *a.* **1** distinguishable **2** (*visibile*) discernible; visible **3** (*in evidenza*) that stands out.
distìnguo *m. invar.* fine distinction; (*spreg.*) petty distinction, hairsplitting Ⓤ, nitpicking Ⓤ.
distìnta *f.* **1** (*comm.*) list; note: **d. dei prezzi**, price list; **d. di acquisto**, purchase note **2** (*banca*) slip; note; **d. di versamento**, paying-in slip.
distintaménte *avv.* **1** distinctly; clearly **2** (*separatamente*) separately; severally **3** (*in modo distinto*) with distinction; elegantly **4** — (*nelle lettere*) **D. (vi salutiamo)**, Yours faithfully; Yours truly.
distintìvo A *a.* distinctive; distinguishing **B** *m.* badge; (*emblema*) emblem.
distìnto *a.* **1** (*separato*) distinct; separate **2** (*nitido*) distinct; clear **3** (*raffinato*) refined; distinguished • (*nelle lettere*) **Distinti saluti**, Yours faithfully; Yours truly □ (*teatr.*) (**posti**) **distinti**, stalls.
distinzióne *f.* **1** distinction: **fare d.**, to make (*o* to draw) a distinction; **senza d. di grado**, without distinction of rank; **senza d.**, indiscriminately; (*in modo equo*) impartially, fairly **2** (*raffinatezza*) distinction; refinement **3** (*onorificenza*) distinction.
distògliere *v. t.* **1** (*dissuadere*) to dissuade; to persuade (*o* to get*) (sb.) not to do (st.); to talk (sb.) out of (st.) **2** (*distrarre*) to take* (sb.) away from (st.); to take* (sb.'s) mind off (st.) **3** (*allontanare*) to take* off; to withdraw* • **d. lo sguardo**, to look away.
distòrcere A *v. t.* **1** to distort; to twist **2** (*fis.*) to distort • **distorcersi la caviglia**, to sprain one's ankle **B distòrcersi** *v. i. pron.* to twist.
distorsióne *f.* **1** (*anche fis.*) distortion **2** (*med.*) sprain.
distòrto *a.* **1** distorted; twisted **2** (*med.*) sprained **3** (*fis.*) distorted.
distràrre A *v. t.* **1** to distract: **Fu distratto da voci nel giardino**, he was distracted by voices in the garden; **d. l'attenzione**, to distract attention **2** (*rif. a preoccupazioni*) to take* (sb.'s) mind off (st.), to relax; (*svagare*) to entertain; to amuse: **La lettura mi distrae**, I find reading relaxing **3** (*denaro e sim.*) to misappropriate **B distrarsi** *v. i. pron.* **1** to let* one's mind wander; to be distracted: **Non distrarti!**, pay attention! **2** (*svagarsi*) to take* one's mind off things; to relax.
distrattaménte *avv.* absent-mindedly; absently; (*inavvertitamente*) inadvertently, unthinkingly.
distràtto A *a.* (*svagato*) absent-minded; (*sbadato*) careless; (*veloce e superficiale*) casual, cursory; (*disattento*) inattentive **B** *m.* (*f.* **-a**) absent-minded person.
distrazióne *f.* **1** (*svagatezza*) absent-mindedness; (*sbadataggine*) carelessness; (*disattenzione*) inattention **2** (*divertimento*) amusement; entertainment; distraction • **errore di d.**, careless mistake □ **per d.**, inadvertently.
distrétto *m.* **1** district; zone; precinct (*USA*): **d. postale**, postal district (*o* zone) **2** (*mil.*) recruiting office (*o* centre).
distrettuàle *a.* district (*attr.*).
distribuire *v. t.* **1** to distribute; to give* out; (*a mano*) to hand out; (*suddividendo*) to share (out) **2** (*assegnare*) to allot; to allocate (*più bur.*) **3** (*erogare*) to supply **4** (*spargere*) to spread* **5** (*disporre, collocare*) to place; to arrange; (*mil.*) to station, to deploy **6** (*diffondere*) to distribute; (*film*) to release • **d. le carte** (*da gioco*), to deal the cards □ **d. q.c. nel tempo**, to spread st. over a period of time; to stagger st. □ (*teatr.*) **d. le parti**, to cast a play □ **d. la posta**, to deliver the post (*o* the mail) □ **d. pugni**, to deal out punches □ **d. sorrisi [strette di mano]**, to smile [to shake hands] all around.
distributìvo *a.* distributive.
distributóre *m.* **1** (*f.* **-trice**) distributor **2** (*di benzina*) petrol (*USA* gasoline) pump; (*stazione*) petrol (*USA* gasoline) station, filling station **3** (*automatico*) vending machine; slot-machine (*GB*).
distribuzióne *f.* **1** distribution; (*a mano*) handing out; (*della posta*) delivery; (*di premi*) awarding: **la d. delle risorse**, the distribution of resources; (*comm.*) **catena di d.**, chain of distribution **2** (*assegnazione*) allotment; allocation: **d. del lavoro**, work allocation **3** (*disposizione*) arrangement; lay-out **4** (*erogazione*) supply • (*teatr.*) **d. delle parti**, cast (*o* casting) of a play □ (*comm.*) **grande d.**, large-scale retail trade.
districàre A *v. t.* to disentangle; to unravel; to extricate **B districàrsi** *v. rifl.* to extricate oneself; to get* out; (*cavarsela*) to manage, to cope.
distrofia *f.* (*med.*) dystrophy.
distrùggere A *v. t.* to destroy **B distrùggersi** *v. rifl.* to destroy oneself.
distruttìvo *a.* destructive.
distrùtto *a.* **1** destroyed; in ruins (*pred.*) **2** (*rovinato*) ruined; shattered: **salute [carriera] distrutta**, ruined health [career] **3** (*esausto*) exhausted; shattered.
distruttóre A *m.* (*f.* **-trice**) destroyer **B** *a.* destroying; destructive.
distruzióne *f.* destruction.
disturbàre A *v. t.* **1** to disturb; to trouble; (*importunare*) to bother, to be a nuisance to: **Posso disturbarti un momento?**, may I trouble you for a minute?; **Scusa se ti disturbo, ma...**, sorry to bother you, but...; **Disturbo se fumo?**, do you mind if I smoke? **2** (*portare scompiglio*) to disrupt **3** (*turbare*) to disturb; to upset* **4** (*tel.*) to interfere; (*intenzionalmente*) to jam • **d. la pubblica quiete**, to disturb the peace □ **d. lo stomaco**, to upset the stomach **B disturbàrsi** *v. rifl.* to trouble; to bother; to put* oneself out; to take* the trouble: **Non si disturbi!**, please don't bother; (*non si alzi*) please don't get up; **Non disturbarti a rispondere**, don't trouble to answer; **Non voglio che tu ti disturbi**, I don't want you to go to any trouble.
disturbàto *a.* **1** disturbed; troubled **2** (*interrotto*) disrupted **3** (*indisposto*) upset **4** (*psic.*) disturbed **5** (*tel.*) jammed; full of interference.
disturbatóre *m.* (*f.* **-trice**) disturber.
distùrbo *m.* **1** trouble; bother; inconvenience: **prendersi il d. di fare q.c.**, to take the trouble to do st.; **se non ti è di**

troppo d., if it isn't too much trouble; **causare d. a q.**, to cause inconvenience to sb.; **Scusi il d.**, (*scusi se la disturbo*) I'm sorry to bother you; (*scusi se l'ho disturbata*) I'm sorry if I've bothered you *2* (*med.*) ailment; complaint; disorder; trouble Ⓤ; (*psic.*) disorder, disturbance: **piccoli disturbi**, minor ailments; **d. di cuore**, heart trouble; **d. al fegato**, liver disorder *3* (*interruzione*) disruption *4* (*mecc.*) trouble *5* (*tel.*) disturbance; noise; static; (*intenzionale*) jamming • **d. della pubblica quiete**, disturbance of the peace □ **togliere il d.**, to leave*; to be off.

disubbidiènte *a.* disobedient.

disubbidiènza *f.* disobedience Ⓤ; act of disobedience.

disubbidire *v. i.* *1* to disobey (sb.) *2* (*trasgredire*) to disobey (st.); to break* (st.).

disuguagliànza *f.* *1* difference; disparity; inequality (*anche mat.*) *2* (*irregolarità*) unevenness.

disuguàle *a.* *1* (*non pari*) unequal *2* (*dissimile*) different *3* (*irregolare, discontinuo*) uneven; (*mutevole*) changeable, erratic.

disumanità *f.* inhumanity; brutality.

disumàno *a.* inhuman; (*che causa sofferenza*) inhumane: **grido d.**, inhuman cry; **regime d.**, inhuman regime; **trattamento d.**, inhumane treatment.

disunire *A* *v. t.* to disunite; to divide *B* **disunirsi** *v. i. pron.* to break* up.

disunito *a.* *1* disunited; divided *2* (*non omogeneo*) uneven; disjointed.

disusàto *a.* (*lett.*) old-fashioned; out-of-use; obsolete.

disùso *m.* disuse: **cadere in d.**, to fall into disuse.

ditàle *m.* thimble.

ditàta *f.* *1* fingerprint; fingermark *2* (*colpo*) jab (*o* poke) (with a finger).

diteggiatùra *f.* (*mus.*) fingering.

dito *m.* (*pl.* **dita** *f.*; **diti** *m*, *se si specifica il nome*) *1* (*della mano, di un guanto*) finger; (*del piede*) toe: **d. grosso** (*alluce*), big toe; **d. indice**, forefinger; **d. pollice**, thumb; **punta di un d.**, fingertip *2* (*misura*) finger; (about an) inch; (*di cosa da bere*) drop: **un d. di vino**, a drop of wine *3* (*zool.*) digit • (*med.*) **d. di gomma**, fingerstall □ (*fig.*) **avere q.c. sulla punta delle dita**, to have st. at one's fingertips; to know st. inside out □ **mettersi le dita nel naso**, to pick one's nose □ **mostrare a d. q.**, to point at sb. □ **non muovere** (*o* **alzare**) **un d. per q.**, not to lift a finger to help sb. □ **In casa non alza un d.**, he doesn't do a stroke of work at home □ **Li si conta sulle dita di una mano**, you can count them on the fingers of one hand □ **Questa me la lego al d.**, I certainly won't forget that □ **mettere il d. sulla piaga**, to touch on a sore point □ (*fig.*) **scottarsi le dita**, to get one's fingers burnt □ **Se gli dai un d., ti prende un braccio**, give him an inch, and he will take a mile.

ditta *f.* firm; business: **d. familiare**, family business; **d. fornitrice**, (firm of) suppliers • **macchina della d.**, company car □ **Offre la d.!**, it's on the house! □ **Spett. D.**, (*negli indirizzi*) Messrs.; (*in apertura di lettera*) Dear Sirs (*GB*), Gentlemen (*USA*).

dittàfono ® *m.* Dictaphone ®.

dittatóre *m.* dictator.

dittatoriàle *a.* dictatorial; (*dispotico*) despotic, bossy.

dittatùra *f.* dictatorship.

dittòngo *m.* (*fon.*) diphthong.

diurètico *a. e m.* (*farm.*) diuretic.

diùrno *a.* day (*attr.*); day-time (*attr.*): **ore diurne**, daytime • (**albergo**) **d.**, public baths and conveniences □ (*teatr.*) **spettacolo d.**, matinée (*franc.*).

diva *f.* star: **d. del cinema**, film star; **d. della lirica**, opera star; prima donna.

divagàre *v. i.* to stray (from the topic); to wander; to digress.

divagazióne *f.* digression.

divampàre *v. i.* *1* to burst* into flame(s); to flare up; (*ardere*) to be ablaze *2* (*fig.*) to flare up; to break* out.

divàno *m.* sofa; settee; (*senza schienale*) divan • **d. letto**, sofa bed; davenport (*USA*).

divaricàre *v. t.* to open wide • **d. le gambe**, to spread (*o* to part) one's legs.

divaricàto *a.* *1* wide apart (*pred.*) *2* (*bot.*) divaricate.

divàrio *m.* difference • **d. tecnologico**, technological gap.

divèlto *a.* uprooted; pulled up.

divenire *A* *v. i.* *V.* **diventare** *B* *m.* (*filos.*) becoming.

diventàre *v. t.* to become*; to go* (+ *agg.*); to get* (+ *agg.*); (*per gradi*) to grow* (+ *agg.*), to grow* into (+ *sost.*); (*rapidamente e rif. a peggioramento*) to turn (+ *agg.*); (*trasformarsi, di cose concrete*) to turn into, (*di cose astratte*) to turn to; (*essere nominato, eletto, ecc.*) to be made, to be elected: **d. amici**, to become friends; **d. pericoloso**, to become dangerous; **d. pallido** [**cieco, matto**], to go pale [blind, mad]; **d. vecchio**, to grow (*o* to get) old; **Il latte è diventato acido**, the milk has turned sour; **L'acqua è diventata ghiaccio**, the water has turned into ice; **d. generale**, to be made a general • **d. di mille colori**, to turn every colour of the rainbow □ **È diventato un bel ragazzo**, he's grown into good-looking young man □ **Diventerà una brava attrice**, she will make a good actress □ **C'è da d. matti!**, it's enough to drive you mad!

divèrbio *m.* quarrel; altercation (*form.*).

divergènte *a.* diverging; divergent.

divergènza *f.* divergence • **d. d'opinioni**, difference of opinion.

divèrgere *v. i.* to diverge.

diversaménte *avv.* *1* (*in modo diverso*) in a different way; differently; otherwise *2* (*altrimenti*) otherwise; if not; or else.

diversificàre *A* *v. t.* *1* (*rendere differente*) to distinguish *2* (*rendere vario*) to vary *3* (*ampliare la gamma*) to diversify *B* **diversificàrsi** *v. i. pron.* to differ; to be different; to become* different.

diversióne *f.* diversion; deviation.

diversità *f.* *1* difference *2* (*varietà*) variety.

diversivo *A* *a.* *1* (*che distrae*) diverting *2* (*che crea una diversione*) diversionary *B* *m.* diversion; change; distraction: **d. piacevole**, pleasant change.

divèrso *A* *a.* *1* different (from); unlike (st.) *2* (*al pl.*) (*alcuni, parecchi*) several; quite a few; a number of; various; (*comm.*) sundry: **diversi giorni fa**, several (*o* some) days ago; **spese diverse**, sundry expenses *B* *pron. indef.* (*al pl.*) several (people); many (people) *C* *m.* *1* one who is different; misfit *2* (*eufem.*: *omosessuale*) homosexual.

divertènte *a.* amusing; entertaining; (*comico*) funny.

divertiménto *m.* *1* amusement; fun Ⓤ; (*passatempo*) pastime, recreation: **con gran d. di tutti**, to everybody's amusement; **fare q.c. per d.**, to do st. for fun; **Buon d.!**, enjoy yourself!; have a good time!; (*anche iron.*) have fun!; (*iron.*) **Bel d.!**, some fun! *2* (*mus.*) divertimento*; divertissement (*franc.*).

divertire *A* *v. t.* to amuse; to entertain *B* **divertirsi** *v. rifl.* to amuse oneself; to enjoy oneself; to have a good time: **I bambini si divertivano coi loro giochi**, the children were amusing themselves with their games; **Ti sei divertito?**, did you enjoy yourself?; did you have a good time?; **Si diverte a stuzzicarmi**, he enjoys teasing me; **d. alle spalle di q.**, to have fun at sb.'s expense.

divertito *a.* amused.

dividèndo *m.* (*mat., fin.*) dividend.

divìdere *A* *v. t.* *1* to divide (*anche mat.*); to split*; (*ripartire*) to share out: **d. 50 per 6**, to divide 50 by 6; **d. q.c. in due**, to divide st. in half; to halve st.; **d. in quattro**, to quarter; **d. q.c. in dieci parti**, to divide st. (up) into ten parts; **d. le spese**, to split (*o* to share) the costs; **d. la vincita fra 10 giocatori**, to divide the winnings among 10 gamblers; **I suoi beni furono divisi tra i figli**, his property was shared out among his children *2* (*separare*) to separate; to part: **Si picchiavano e nessuno cercò di dividerli**, they were fighting and no one tried to separate them *3* (*condividere*) to share *B* **dividersi** *v. rifl. e i. pron* *1* (*svolgere più attività*) to divide one's time *2* (*fendersi*) to split*; to break* *3* (*biforcarsi*) to divide; to fork *4* (*suddividersi*) to be divided (into) *5* (*separarsi, lasciarsi*) to separate; to part; to leave* (sb.): **d. dal marito**, to separate from one's husband; **d. dalla famiglia**, to leave one's family *C* **dividersi** *v. rifl. recipr.* *1* (*separarsi*) to part company *2* (*di coppia*) to separate; to split* up.

divièto *m.* prohibition • **«D. di accesso»**, «No Entry» □ **«D. di parcheggio»**, «No Parking» □ **«D. di transito»**, «No Thoroughfare».

divinatòrio *a.* prophetic.

divinazióne *f.* divination.

divincolàrsi *v. rifl.* to wriggle; to struggle; (*liberarsi*) to wriggle free.

divinità *f.* *1* divinity; godhead *2* (*essere divino*) divinity; god

(*m.*); goddess (*f.*).
divinizzàre *v. t.* **1** to deify **2** (*fig.*) to glorify; to exalt.
divìno *a.* **1** divine; godlike **2** (*fig.*) divine; heavenly.
divìsa (1) *f.* **1** (*uniforme*) uniform **2** (*arald.*) device • (*mil.*) **d. ordinaria** [**di gala**], service [full-dress *o* dress] uniform.
divìsa (2) *f.* (*fin.*) foreign currency.
divisìbile *a.* divisible: **d. per tre**, divisible by three.
divisibilità *f.* divisibility.
divisióne *f.* (*anche mat., mil., bur.*) division: **d. del lavoro**, division of labour; **la d. di un'eredità**, the dividing up of an inheritance; (*mil.*) **d. corazzata**, armoured division • (*fin.*) **d. degli utili**, profit-sharing □ **muro di d.**, partition (wall).
divisionìsmo *m.* (*pitt.*) pointillism.
divìsmo *m.* (*comportamento da divo*) behaving like a prima donna; prima donna behaviour.
divìso *a.* divided; (*separato*) separated, apart (*pred.*): **La critica è divisa**, critics are divided; **d. dalla moglie**, separated from his wife; **vivere divisi**, to live apart.
divisóre *m.* (*mat.*) divisor: **massimo comun d.**, greatest common divisor (*o* factor).
divisòrio ***A*** *a.* dividing (*attr.*); partition (*attr.*): **muro d.**, partition wall ***B*** *m.* partition.
divo *m.* star: **d. dello schermo**, film (*USA* movie) star; **d. della canzone**, pop star.
divoràre *v. t.* to devour; to eat* up; to wolf down • **d. la strada**, to eat up the miles.
divoratóre ***A*** *m.* (*f.* **-trice**) devourer; (*fig.*) eater • **d. di libri**, avid reader ***B*** *a.* devouring; consuming.
divorziàre *v. i.* to divorce (sb.); to get* divorced: **Stanno divorziando**, they are getting divorced.
divorziàto ***A*** *m.* (*f.* **-a**) divorced man* (*f.* woman*); divorcee ***B*** *a.* divorced.
divòrzio *m.* (*anche fig.*) divorce: **chiedere il d.**, to apply for a divorce; to file for divorce; **ottenere il d.**, to get a divorce; **d. consensuale**, amicable divorce.
divorzista *m. e f.* **1** supporter of divorce **2** (*avvocato*) divorce lawyer.
divulgàre ***A*** *v. t.* **1** to divulge; to spread*; (*rivelare*) to disclose, to reveal **2** (*esporre in forma facile*) to popularize ***B*** **divulgàrsi** *v. i. pron.* to spread*.
divulgativo *a.* popular.
divulgatóre *m.* (*f.* **-trice**) popularizer.
divulgazióne *f.* **1** divulgation; (*rivelazione*) disclosure **2** (*esposizione in forma facile*) popularization: **libro di d. scientifica**, popular scientific book; **fare opera di d.**, to popularize.
dizionàrio *m.* dictionary.
dizióne *f.* **1** diction; delivery **2** (*recitazione*) recitation; reading **3** (*pronuncia*) pronunciation **4** (*locuzione*) phrase.
do *m. invar.* (*mus.*) C; (*nel solfeggio*) doh, do*: **chiave di do**, C clef; **do di petto**, high C.
dòbermann (*ted.*) *m. invar.* (*cane*) Dobermann pinscher.
doc *a. invar.* **1** (*di vino*) quality (*attr.*); DOC (*attr.*) **2** (*scherz.: autentico*) genuine; (*pregiato*) first-class.
dóccia *f.* **1** shower: **fare la d.**, to have a shower; to shower **2** (*condotta*) conduit, pipe; (*di scarico*) drainpipe **3** (*grondaia*) gutter • (*fig.*) **d. fredda**, check on sb.'s enthusiasm; damper □ **d. scozzese**, alternate hot and cold showers; (*fig.*) see-saw of good and bad news.
doccióne *m.* (*archit.*) spout; (*scolpito*) gargoyle.
docènte ***A*** *a.* teaching: **corpo d.**, teaching staff ***B*** *m. e f.* teacher.
docènza *f.* teaching • **libera d.**, university teaching qualification □ **ottenere la libera d.**, to qualify for university teaching.
dòcile *a.* **1** docile; pliable; amenable; (*mansueto*) meek **2** (*di animale*) docile; tame.
docilità *f.* **1** docility; amenability; (*mansuetudine*) meekness **2** (*di animale*) docility; tameness.
documentàbile *a.* that can be documented.
documentàre ***A*** *v. t.* to document; to supply with documentary evidence ***B*** **documentàrsi** *v. rifl.* to gather information; (*leggendo*) to read* up.
documentàrio *a. e m.* documentary.
documentarìsta *m. e f.* documentary film maker.
documentàto *a.* **1** documented; substantiated **2** (*di persona*) well-informed.
documentazióne *f.* **1** documentation **2** (*documenti*) documents (*pl.*); records (*pl.*) **3** (*ricerca*) research.
documénto *m.* **1** document (*specialm. leg. o stor.*); paper(s); certificate: **d. di identità**, identity papers: **documenti di bordo**, ship's papers; **Documenti, prego**, may I see your documents (*o* papers)? **2** (*testimonianza*) proof; evidence **3** (*documentazione*) records (*pl.*); documents (*pl.*).
dodecaèdro *m.* (*geom.*) dodecahedron*.
dodecafonìa *f.* (*mus.*) twelve-tone system.
dodecafònico *a.* (*mus.*) twelve-tone (*attr.*).
dodicènne ***A*** *a.* twelve years old (*pred.*); twelve-year-old (*attr.*) ***B*** *m. e f.* twelve-year-old (boy, *m.*; girl, *f.*).
dodicèsimo *a. num. ord. e m.* twelfth.
dódici *a. num. card. e m.* twelve.
dodicimila *a. num. card. e m.* twelve thousand.
dóga *f.* (*di botte, ecc.*) stave.
dogàna *f.* **1** customs (*pl.*): **passare la d.**, to go through customs **2** (*sede*) customs house **3** (*dazio*) (customs) duty: **pagare la d.**, to pay duty; **franco di d.**, duty-free.
doganàle *a.* customs (*attr.*): **dichiarazione d.**, customs declaration.
doganière *m.* customs officer.
dòge *m.* (*stor.*) doge.
dòglie *f. pl.* (*del parto*) labour (*USA* labor) pains; **avere le doglie**, to be in labour.
dògma *m.* dogma*.
dogmàtico ***A*** *a.* dogmatic ***B*** *m.* (*f.* **-a**) dogmatist.
dogmatìsmo *m.* dogmatism.
dólce ***A*** *a.* **1** sweet: **Il caffè mi piace d.**, I like my coffee sweet; **d. profumo**, sweet smell **2** (*fig.*) sweet; gentle; soft; (*gentile, buono*) kind; (*mite*) mild: **carattere d.**, sweet temper; **dolci sogni**, sweet dreams; **la d. libertà**, sweet freedom; **una salita d.**, a gentle slope; **musica d.**, soft music; **clima d.**, mild climate **3** (*fon.*) soft • **acqua d.**, fresh water □ **ferro d.**, soft iron ***B*** *m.* **1** (*il sapore*) sweet taste; (*cose dolci*) sweet things (*pl.*), sweets (*pl.*) **2** (*cibo dolce*) sweet; (*portata, anche*) dessert; (*caramella, ecc.*) sweet, candy (*USA*); (*torta*) cake.
dolceamàro *a.* bitter-sweet.
dolcevita *m.* (*moda*) polo-neck (jumper).
dolcézza *f.* **1** sweetness **2** (*fig.*) sweetness; gentleness, (*bontà*) kindness; (*mitezza*) mildness: **trattare q. con d.**, to treat sb. with kindness; **parlare con d.**, to speak kindly (*o* gently) **3** (*di colore, suono*) softness **4** (*di profumo*) fragrance • **D. mia!**, my darling!; my sweet.
dolciàrio *a.* confectionery (*attr.*): **industria dolciaria**, confectionery industry.
dolciàstro *a.* **1** sweetish; (*stucchevole*) sickly-sweet **2** (*fig.*) sugary; saccharine (*attr.*).
dolcificànte ***A*** *a.* sweetening ***B*** *m.* sweetener.
dolcificàre *v. t.* to sweeten.
dolciùmi *m. pl.* sweets; candies (*USA*).
dolènte *a.* **1** (*triste*) sorrowful; sad **2** (*spiacente*) (very) sorry; regretful: **Siamo dolenti di informarla che...**, we regret to inform you that... **3** (*che duole*) sore; painful; aching: **punto d.**, sore point.
dolére ***A*** *v. i.* **1** to ache; to hurt*: **Mi duole la testa**, my head aches; I have a headache; **Ti duole se lo tocco?**, does it hurt when I touch it? **2** (*rincrescere*) to regret, to be sorry (about, for) (*costruz. pers.*): **Mi duole di non poter venire**, I regret being unable to come (*form.*); I am sorry I can't come ***B*** **dolérsi** *v. i. pron.* **1** (*lamentarsi*) to complain **2** (*essere spiacente*) to be (very) sorry; to regret **3** (*pentirsi*) to repent (st.).
dòllaro *m.* dollar.
dòlo *m.* (*leg.*) malice; fraud; (criminal) intent: **commesso con d.**, fraudulent; with intent.
dolomite *f.* (*miner.*) dolomite.
dolomitico *a.* **1** (*miner.*) dolomitic **2** (*geogr.*) of the Dolomites.
doloránte *a.* aching; sore; painful • **essere tutto d.**, to be aching all over.
dolóre *m.* **1** (*fisico*) pain; ache: **d. acuto**, sharp pain; **d. sordo**, dull ache; **un d. al fianco**, a pain in the side; **d. di denti**, toothache **2** (*morale*) sorrow; grief; pain; (*dispiacere*) regret: **dare un d. a q.**, to cause sb. grief (*o* pain); **distrutto dal d.**, shattered by grief • **Se lo scopre son dolori!**, there'll be trouble if he finds out!
doloróso *a.* **1** (*che procura dolore*) painful **2** (*triste*) sad; sorrowful.

dolóso *a.* (*leg.*) fraudulent; malicious • **incendio d.**, arson.

domànda *f.* **1** question: **rispondere a una d.**, to answer a question; **fare** (*o* **rivolgere**) **una d. a q.**, to ask sb. a question **2** (*richiesta*) request; (*perentoria*) demand; (*rivendicazione*) claim **3** (*scritta*) application: **d. di trasferimento**, application for a transfer; **d. di ammissione** [**di iscrizione**], application; **compilare una d.**, to fill in (*o* to write) an application; **presentare una d.**, to send in an application; **fare d. d'impiego**, to apply for a job **4** (*econ.*) demand: **d. e offerta**, supply and demand • **d. di divorzio**, divorce petition □ **d. di grazia**, petition for mercy □ **d. di matrimonio**, proposal.

domandàre **A** *v. t.* **1** (*per sapere, per ottenere*) to ask: **Domandalo a lui**, ask him; **d. consiglio a q.**, to ask sb.'s advice; **d. un consiglio a q.**, to ask sb.'s advice; **d. la parola**, to ask leave to speak **2** (*esigere*) to demand: **d. giustizia**, to demand justice **3** (*chiedersi*) to wonder; to ask oneself: **Mi domando se è sincero**, I wonder whether he is sincere; **Me lo sono domandato spesso**, I've often wondered **B** *v. i.* (*chiedere notizie*) to ask after, to inquire after; (*chiedere informazioni*) to ask about, to inquire about; (*cercare q.*) to ask to see.

domàni **A** *avv.* tomorrow: **d. mattina**, tomorrow morning; **d. l'altro**, the day after tomorrow; **d. a otto**, tomorrow week; **A d.!**, see you tomorrow! **B** *m.* tomorrow; (*il futuro*) tomorrow, (the) future: **il mondo di d.**, tomorrow's world; **Il d. è sempre incerto**, the future is always uncertain; **Forse un d....**, some day, perhaps.

domàre *v. t.* **1** to tame; (*un cavallo*) to break* in **2** (*ammansire*) to tame **3** (*una rivolta, ecc.*) to crush; to put* down **4** (*un incendio*) to put* out **5** (*soggiogare*) to subdue **6** (*tenere a freno*) to curb; to control.

domatóre *m.* (*f.* **-trice**) tamer: **d. di leoni**, lion-tamer; **d. di cavalli**, horse-breaker.

domattìna *avv.* tomorrow morning.

doménica *f.* Sunday. (*Per gli esempi d'uso, V. sotto* **martedì**) • **D. delle Palme**, Palm Sunday □ **D. di Pasqua**, Easter Sunday □ **il vestito della d.**, (one's) Sunday best.

domenicàle *a.* **1** Sunday (*attr.*) **2** (*festivo*) holiday (*attr.*).

domenicàno *a. e m.* (*f.* **-a**) (*eccles.*) Dominican (*f.* Dominican nun).

domèstica *f.* maid; servant; (*non fissa*) daily help.

domèstico **A** *a.* domestic; household (*attr.*); home (*attr.*): **lavori domestici**, housework Ⓤ; **vita domestica**, domestic (*o* family) life; **animale d.**, domestic animal **B** *m.* servant*; domestic • **i domestici**, the servants; the household staff.

domicilìare *a.* house (*attr.*): **arresti domiciliari**, house arrests; **perquisizione d.**, house search.

domicilìato *a.* resident; domiciled (*leg.*).

domicìlio *m.* (habitual) residence; domicile (*leg.*); (*indirizzo*) address: **prendere d.**, to take up residence; **cambiare d.**, to change one's address • **consegna a d.**, home delivery □ **lavorare a d.**, to work from home □ **lavoro a d.**, work done from home □ **vendite a d.**, door-to-doors sales.

dominànte **A** *a.* **1** dominant; ruling: **classe d.**, ruling class **2** (*che predomina*) dominant; predominant; prevailing; chief: **colore d.**, dominant colour; **moda d.**, prevailing fashion **3** (*meteor.*) prevailing **4** (*mus.*) dominant **B** *f.* (*mus.*) dominant.

dominàre **A** *v. t.* **1** (*comandare*) to dominate; to rule; to hold* sway: **d. un popolo**, to rule a people; **lasciarsi d. dai sentimenti**, to let oneself be ruled by one's feelings; to let one's heart rule one's head **2** (*imporsi a un altro*) to dominate; to have a hold over **3** (*avere il sopravvento, predominare*) to reign supreme **4** (*sovrastare*) to dominate **5** (*tenere a freno*) to master; to control **6** (*conoscere bene*) to have a good command of; (*arrivare a conoscere bene*) to master **B** *v. i.* (*prevalere, emergere*) to stand* out **C** **dominàrsi** *v. rifl.* to control oneself: **Cerca di dominarti!**, control yourself!; get a grip on yourself!; **non sapere d.**, to have no self-control.

dominatóre **A** *a.* ruling; dominating **B** *m.* (*f.* **-trice**) dominator; ruler.

dominazióne *f.* domination; rule; sway.

domìnio *m.* **1** rule; sway; supremacy; dominion: **sotto il d. britannico**, under British rule; **sotto il d. di un dittatore**, under the sway of a dictator; **avere il d. dei mari**, to rule the seas **2** (*padronanza*) mastery; control: **d. di sé**, self-control **3** (*territorio*) dominion **4** (*proprietà*) property • **essere di pubblico d.**, to be common knowledge (*o* in the public domain) □ **rendere q.c. di pubblico d.**, to make st. public □ **sete di d.**, thirst for power.

dòmino *m.* (*gioco*) dominoes (*pl. col verbo al sing.*); (*tessere*) set of dominoes; (*pedina*) domino*.

dòn *m.* (*titolo*) Don; (*eccles.*) Father.

donàre **A** *v. t.* to give*; to present (sb. with st.); to donate (*form. e leg.*): **d. gioia**, to give joy; **d. sangue**, to donate blood **B** *v. i.* (*addirsi*) to suit (sb.) **C** **donàrsi** *v. rifl.* to devote one's life (to).

donatóre *m.* (*f.* **-trice**) giver; donor (*form. e leg.*) • **d. di sangue**, blood donor.

donazióne *f.* (*leg.*) donation; gift: **d. testamentaria**, testamentary donation; **atto di d.**, deed of gift.

donchisciòtte *m.* Don Quixote • **fare il d.**, to behave quixotically.

donchisciottésco *a.* quixotic.

dónde *avv.* (*lett.*) whence • **averne ben d.**, to have good reason (for st.).

dondolàre **A** *v. t.* **1** (*far oscillare*) to swing*: **d. le gambe**, to swing one's legs **2** (*cullare*) to rock **B** *v. i.* **1** (*oscillare*) to swing* (to and fro) **2** (*di barca, sedia, ecc.*) to rock • **Mi fece d. la collana sotto il naso**, he dangled the necklace under my nose **C** **dondolàrsi** *v. rifl.* to swing*; (*cullarsi*) to rock (backwards and forwards).

dondolìo *m.* rocking.

dóndolo *m.* swing • **cavallo** [**sedia**] **a d.**, rocking horse [chair].

dongiovànni *m.* Don Juan; womanizer; ladies' man.

dònna *f.* **1** woman*: **d. d'affari**, businesswoman; **d. di mondo**, woman of the world; **d. di casa**, (*massaia*) housewife; **d. magistrato**, female (*o* woman) magistrate; **l'uguaglianza della d.**, female equality; **scarpe da d.**, women's shoes; **paure da d.**, womanish fears **2** (*anche* **d. di servizio**) maid: **d. fissa**, live-in maid; **d. a ore**, part-time help **3** (*a carte*) queen **4** (*titolo ital.*) Donna • **d. cannone**, fat lady □ **d. delle pulizie**, cleaning lady; cleaner □ **d. di fatica**, drudge □ **d. di strada**, streetwalker □ **d. in carriera**, career woman □ **andare a donne**, to chase women □ **prima d., V. primadonna**.

donnaiòlo *m.* womanizer; philanderer.

donnicciòla *f.* (*spreg.*) **1** silly woman **2** (*di uomo*) wimp; sissy.

dònnola *f.* (*zool.*) weasel.

dóno *m.* **1** gift; present: **in d.**, as a gift; **doni di Natale**, Christmas presents **2** (*disposizione*) gift; talent: **d. di natura**, natural gift; **avere il d. di**, to have a (natural) gift for; (*iron.*) to have a genius for (doing st.).

donzèlla *f.* (*lett.*) maiden.

dópo **A** *avv.* **1** (*di tempo*) after; afterwards; (*poi*) then, next; (*più tardi*) later, later on: **l'anno d.**, the year after; the following year; **subito d.**, straight after; **molto d.**, a long time after (*o* later); long afterwards; **due mesi d.**, two months later; **Prima mangio e d. esco**, I'll eat first and then go out; **Che accadde d.?**, what happened next?; **A d.!**, see you later! **2** (*di luogo*) next: **Che strada viene d.?**, which street comes next?; **La mia casa è quella d.**, my house is the one past it (*o* the next one) **B** *prep.* **1** (*di tempo, anche* **d. di**) after; (*oltre*) past; (*a partire da*) since: **d. un anno**, after a year; **d. di lui**, after him; **d. tutto**, after all; **Rimandiamo a d. le vacanze**, let's put it off till after the holidays; **Non ci siamo più visti d. Pasqua**, we haven't met since Easter; **d. di che**, *V.* **dopodiché** **2** (*di luogo*) after; past; beyond: **È subito d. il teatro**, it's just after (*o* past) the theatre • **il d. elezioni**, the post-election period **C** *cong.* after: **D. averlo detto, me ne pentii**, after I said it, I regretted it; **d. mangiato**, after lunch [dinner]; **d. che**, after; when; (*da quando*) since: **d. che lo vidi**, after I saw him; **D. che ebbi letto il libro, cambiai idea**, after reading the book, I changed my mind **D** *m.* (what comes) afterwards; (the) future.

dopobàrba *m. invar.* aftershave (lotion).

dopocèna *m. invar.* afterdinner; evening.

dopodiché *avv.* (and) then; after which; afterwards.

dopodomàni *avv.* the day after tomorrow.

dopoguèrra *m. invar.* post-war period • **la narrativa del d.**, postwar fiction.

dopolavóro *m. invar.* (working men's) recreational club: **d. ferroviario**, railwaymen's club.

dopoprànzo **A** *m. invar.* afternoon **B** *avv.* after lunch; in the

afternoon: **Vieni d.**, come this afternoon (*o* after lunch).
doposcì *a. e m.* (*moda*) après-ski (*franc.*).
doposcuòla *m. invar.* after-school activities (*pl.*).
dopotùtto *avv.* after all.
doppiàggio *m.* (*cinem.*) dubbing.
doppiaménte *avv.* *1* doubly; twice as: **d. caro**, twice as dear *2* (*falsamente*) deceitfully.
doppiàre (1) *v. t.* *1* to double *2* (*naut.*) to double; to round *3* (*sport*) to lap.
doppiàre (2) *v. t.* (*cinem.*) to dub.
doppiatóre *m.* (*f.* **-trice**) (*cinem.*) dubber • **il d. di De Niro**, the actor who dubs De Niro in Italian.
doppiétta *f.* *1* (*fucile*) double-barrelled gun *2* (*doppio colpo*) double shot *3* (*autom.*) double-declutching: **fare la d.**, to double-declutch *4* (*calcio*) two goals (scored by the same player) *5* (*boxe*) one-two.
doppiezza *f.* (*fig.*) duplicity; double-dealing.
doppìno *m.* (*telef.*) twisted pair.
dóppio ***A*** *a.* *1* double; (*duplice*) dual, twofold: **paga doppia**, double time; **doppia vita**, double life; **a d. taglio**, double--edged; **doppia nazionalità**, dual nationality; (*aeron., autom.*) **doppi comandi**, dual controls; **effetto d.**, twofold effect; **Questo metodo ha un d. vantaggio**, the advantages of this method are twofold *2* (*finto, ambiguo*) two-faced; double-dealing ***B*** *m.* *1* — **Hai mangiato il d. di me**, you ate twice as much as I did; **Ho il d. dei suoi dischi**, I have twice as many records as he has; **Ho il d. della sua età**, I am twice his age; **dieci è il d. di cinque**, ten is twice five; **più caro del d.**, twice as expensive *2* (*tennis*) doubles (*pl.*): **fare un d.**, to have a game of doubles; **d. misto [maschile]**, mixed [men's] doubles ***C*** *avv.* double: (*anche fig.*) **vederci d.**, to see double.
doppiofóndo *m.* false bottom.
doppiogiochista *m. e f.* double-crosser; double-dealer.
doppióne *m.* duplicate; double.
doppiopètto ***A*** *a. invar.* double-breasted ***B*** *m. invar.* (*giacca*) double-breasted jacket; (*cappotto*) double-breasted coat.
doràre *v. t.* *1* to gild*; (*placcare d'oro*) to gold-plate *2* (*cucina*) to brown; to fry to a golden brown.
doràto *a.* *1* gilt; (*placcato*) gold-plated *2* (*fig.*) gilded *3* (*color d'oro*) golden: **luce dorata**, golden light *4* (*cucina*) golden brown.
doratùra *f.* *1* (*processo*) gilding; (*placcatura*) gold-plating *2* (*ornamento*) gilt ☐.
dòrico *a. e m.* Doric.
dormicchiàre *v. i.* to doze.
dormiènte ***A*** *a.* *1* sleeping; asleep (*pred.*) *2* — (*naut.*) **manovre dormienti**, standing rigging ☐ ***B*** *m. e f.* sleeper ***C*** *m.* (*edil.*) sleeper.
dormiglióne *m.* (*f.* **-a**) sleepyhead.
dormìre *v. i. e t.* *1* to sleep*; (*essere addormentato*) to be asleep: **Dormi bene!**, sleep well; **Dormivo quando è successo**, I was asleep when it happened; **d. tranquillamente**, to sleep peacefully; **andare a d.**, to go to bed; **continuare a d.**, to sleep on; **Questo ti farà d.**, this will put (*o* help) you to sleep; **non far d.**, to keep awake *2* (*fig.*) to be dormant • **d. bene** (*non soffrire d'insonnia*), to be a good (*o* sound) sleeper □ **d. come un ghiro**, to sleep like a log □ **d. della grossa**, to be fast asleep; to be dead to the world (*fam.*) □ **d. fino a tardi**, to sleep in □ **d. ventiquattr'ore filate**, to sleep round the clock □ **Dormiamoci su**, let's sleep on it □ **Dormivo in piedi**, I couldn't keep my eyes open □ **Puoi darmi da d. stasera?**, can you put me up for tonight? □ **Puoi d. tra due guanciali**, you can set your mind at rest; you have nothing to worry about.
dormìta *f.* sleep: **fare una bella d.**, to have a good sleep; (*di notte*) to have a good night's rest.
dormitòrio *m.* dormitory • **d. pubblico**, free hostel; doss--house (*pop. GB*); flophouse (*pop. USA*) □ **città d.**, dormitory town.
dormivéglia *m.* — **essere nel d.**, to be half-asleep; to be drowsy.
dorsàle ***A*** *a.* dorsal; back (*attr.*) ***B*** *f.* (*di monte*) ridge.
dorsista *m. e f.* (*sport*) backstroke swimmer.
dòrso *m.* *1* back *2* (*nuoto*) backstroke • **a d. di cammello**, on camel-back □ **a d. di mulo**, on a mule.
doṣàggio *m.* *1* (*il dosare*) measuring out *2* (*dose*) amount; dosage.
doṣàre *v. t.* *1* to measure out *2* (*distribuire con parsimonia*) to dole out; to ration • **d. le parole**, to weigh one's words.
dosatóre *m.* measuring device; dispenser.
dòṣe *f.* amount; quantity; (*farm., chim.*) dose; (*di liquore*) measure: **le dosi di una ricetta**, the quantities of a recipe; **d. massima [minima, letale]**, maximum [minimum, lethal] dose; **d. robusta**, stiff dose; **d. eccessiva**, overdose • **d. da cavallo**, strong dose; enough to kill a horse □ **a piccole dosi**, in small doses □ **una buona d. di fortuna**, a good deal (*o* plenty) of luck □ (*fig.*) **rincarare la d.**, to add to it.
dossier (*franc.*) *m. invar.* dossier; file.
dòsso *m.* *1* (*altura*) rise *2* (*di fondo stradale*) hump; brow of a hill *3* — **levarsi di d. i vestiti**, to take off one's clothes; **Toglimi le mani di d.!**, take your hands off me!
dotàre *v. t.* *1* (*dare una dote, anche fig.*) to endow *2* (*fornire, attrezzare*) to furnish; to provide; (*equipaggiare*) to equip: **d. un ufficio di scrivanie**, to furnish an office with desks; **d. di impianti sportivi**, to provide with sporting facilities.
dotàto *a.* *1* (*ricco di doti*) gifted; talented *2* (*fornito*) equipped, provided (with); (*dalla natura*) endowed (with) • **un uomo d. di buon senso**, a man of common sense □ **L'albergo è d. di piscina**, the hotel has a swimming-pool.
dotazióne *f.* *1* endowment *2* (*attrezzatura*) equipment • **avere in d. q.c.**, to be supplied with st. □ **dare q.c. in d. a q.**, to issue sb. with st.
dòte *f.* *1* (*di sposa*) dowry: **portare in d. q.c.**, to bring a dowry of st. *2* (*beni assegnati*) endowment *3* (*dono, talento*) gift; talent; (*qualità*) quality • **cacciatore di d.**, fortune--hunter.
dòtto (1) ***A*** *a.* learned; scholarly; erudite ***B*** *m.* (*f.* **-a**) scholar.
dòtto (2) *m.* (*anat.*) duct.
dottoràto *m.* doctorate: **d. di ricerca**, research doctorate.
dottóre *m.* (*f.* **-éssa**) *1* (*medico*) doctor *2* (*laureato in genere*) graduate: **d. in legge**, law graduate • (*eccles.*) **d. della Chiesa**, Doctor of the Church □ **Buon giorno, d.**, good morning, Mr... (*f.* Mrs..., Miss...); (*a un medico*) good morning, doctor.
dottrìna *f.* *1* doctrine; teaching *2* (*erudizione*) learning.
dottrinàle *a.* doctrinal.
dottrinàrio *a.* doctrinaire.
double-face (*franc.*) ***A*** *a. invar.* reversible; double-faced ***B*** *m. invar.* reversible material.
dóve ***A*** *avv.* (*anche interr.*) where; (*dovunque*) wherever: **la casa d. nacqui**, the house where I was born; **D. vai?**, where are you going?; **Di d. sei venuto?**, where did you come from?; **Da d. chiami?**, where are you calling from?; **Non so da d. cominciare**, I don't know where to start; **Mettilo d. vuoi**, put it wherever you like • **Per** (*o* **Da**) **d. è passato?**, which way did he go? □ **Fin d. sei arrivato?**, how far did you go? □ **Ti accompagno fin d. vuoi**, I'll take you as far as you like ***B*** *m.* where; (the) whereabouts: **il d. e il quando**, the where and when; **in** (*o* **per**) **ogni d.**, everywhere; **da ogni d.**, from everywhere.
dovére (1) *v. i. e t.* *1* (*comando, obbligo*) must (*difett., al pres.*); (*meno forte, quasi consiglio*) should (*condiz., difett., nella 2ª e 3ª pers. sing. e pl.*); (*essere costretto*) to have to, (*più forte*) to be obliged to: **Dovete tacere quando parlo io**, you must keep silent when I speak; **Devi essere più puntuale**, you must (*o* should) be more punctual; **Se non ci pagate subito, dovremo adire le vie legali**, if you don't pay us at once, we shall be obliged to take legal steps; **Dovetti andarmene prima della fine**, I had to leave before the end; **Devo chiederti di non farlo**, I must ask you not to do it; **Devo darti ragione**, I have to agree with you; **Non dovrà farlo se non vuole**, he won't have to do it, if he doesn't want to; **Le domande devono essere presentate entro il 2 ottobre**, applications must be in by (*o* not later than) October 2nd *2* (*necessità, opportunità*; «*occorre*», «*mi tocca*», *ecc.*) to have to, to have got to; (*solo in frasi neg.*) need (*difett.*), to need: **A che ora devi partire?**, what time have you got to leave?; **Quante volte ci devi andare?**, how often do you have to go?; **Domani non devo alzarmi presto**, I needn't (*o* I don't have to) get up early tomorrow; **Non devi alzarti presto domattina?**, haven't you got to get up early tomorrow morning? *3* (*accordo, impegno, programma, regolamento, previsione*) to be to; (*rif. a mezzi di trasporto*) to be due to: **Chi deve parlare ora?**, who is to speak next?; **Deve presentarsi in questura martedì**, he is to report to the police on Tuesday; **In quelle condizioni, che cos'altro**

dovevo fare?, under the circumstances, what else was I to do?; **Il peggio deve ancora venire**, the worst is still to come; **Il treno dovrebbe arrivare alle sei**, the train is due (to arrive) at six ***4*** (*forte probabilità*) must (*difett., solo al pres.*); (*certezza, destino*) to be bound to: **Dev'essere tardi**, it must be late; **Dev'essere greca**, she must be Greek; **Non doveva avere più di sei anni**, he couldn't have been more than six: **Non deve essere ancora arrivato**, I don't think he has arrived yet; **Deve per forza saperlo!**, he is bound to know!; **Doveva succedere prima o poi**, it was bound to happen, sooner or later; **Doveva essere nominato lui, e invece hanno scelto un altro**, he was to have been appointed, but in the end they chose someone else ***5*** (*in frasi interr., alla 1ª pers., per chiedere istruzioni: vuoi che...?*) shall I?; shall we?: **Devo aspettarti?**, shall I wait for you? ***6*** (*al condiz.: consiglio, probabilità, opportunità*) should (*difett.*); (*dovere morale, rimprovero*) ought to: **Dovrebbe essere qui tra poco**, he should be here any moment; **Non dovresti mangiare tanto**, you shouldn't eat so much; **Avrei dovuto dirglielo**, I should have told him; **Dovresti aiutarlo**, you ought to help him ***7*** (*al congiunt. imperf.: eventualità*) should (*difett.*); were to: **Se dovesse arrivare, digli di attendere**, if he should (*o* should he) arrive, tell him to wait; **Se dovessi incontrarlo, lo riconoscerei**, if I were to meet him, I would recognize him ***8*** (*al passivo: essere da pagare; essere causato*) to be due: **Questo è il saldo che ci è dovuto**, this is the balance due to us; **A che cosa fu dovuto l'incidente?**, what was the accident due to? ***9*** (*essere debitore di*) to owe: **Ti devo dieci sterline [la vita]**, I owe you ten pounds [my life]; **Quanto devo?**, how much is it? • **un uomo come si deve**, a decent man □ **Fallo come si deve**, do it properly (*o* the way it should be done).

dovére (2) *m.* ***1*** duty: **fare il proprio d.**, to do one's duty; **mancare al proprio d.**, to fail to do (*o* to fail in) one's duty; **Ho il d. di aiutarlo**, it is my duty to help him; **Ho il d. di avvertirvi che...**, I must warn you that...; **il mio d. di insegnante**, my duty as a teacher; **doveri sociali**, social duties; **avere il senso del d.**, to have a sense of duty ***2*** (*al pl.*) (*ossequi*) respects; compliments • **a d.**, properly □ **chi di d.**, the person responsible (*o* in authority) □ **credersi in d. di fare q.c.**, to think it one's duty to do st. □ **sentirsi in d. di fare q.c.**, to feel bound (*o* under an obligation) to do st. □ **Prima il d. poi il piacere**, work before pleasure.

doverosaménte *avv.* duly; properly.

doveróso *a.* (*dovuto*) due; (*giusto*) right; proper • **È d. riconoscere che...**, it must be admitted that...

dovìzia *f.* (*lett.*) abundance; wealth.

dovùnque ***A*** *avv.* (*dappertutto*) everywhere; (*in qualsiasi luogo*) anywhere ***B*** *cong.* wherever: **d. io sia**, wherever I am.

dovutaménte *avv.* duly.

dovùto ***A*** *a.* ***1*** due (*pred.*): **il denaro d.**, the money due; **È d. al freddo**, it is due to the cold ***2*** (*debito*) due; proper: **con il d. rispetto**, with all due respect ***B*** *m.* (amount) due: **Ebbi più del d.**, I got more than my due.

dozzìna *f.* ***1*** dozen: **sei dozzine di matite**, six dozen pencils; **mezza d.**, half a dozen ***2*** (*circa 12*) about a dozen • **a dozzine**, by the dozen; in dozens.

dozzinàle *a.* cheap; second-rate.

dràcma *f.* (*moneta greca*) drachma*.

draconiàno *a.* (*stor. e fig.*) Draconian; Draconic.

dràga *f.* (*mecc.*) dredge.

dragàggio *m.* ***1*** dredging ***2*** (*di mine*) sweeping.

dragamine *m. invar.* (*naut.*) minesweeper.

dragàre *v. t.* ***1*** to dredge ***2*** (*rif. a mine*) to sweep*.

dràgo *m.* dragon.

dragoncèllo *m.* (*bot.*) tarragon.

dragóne *m.* ***1*** (*mitol.*) dragon ***2*** (*mil.*) dragoon.

dràmma *m.* ***1*** (*lavoro teatrale*) play, drama ***2*** (*genere letter.*) drama ***3*** (*evento drammatico*) tragedy; (*situazione drammatica*) predicament, plight ***4*** (*fam.*) major tragedy; fuss; song and dance: **Se rompo qualcosa, lui ne fa un d.**, when I break something, it's a major tragedy (*o* he makes a song and dance about it); **Quanti drammi!**, what a fuss!

drammaticità *f.* (*forza drammatica*) dramatic power; (*qualità drammatica*) drama: **la d. della situazione**, the drama of the situation.

drammàtico *a.* dramatic: **spettacolo d.**, dramatic production; play; **arte drammatica**, dramatics (*pl. col verbo al sing.*); drama; **compagnia drammatica**, theatre company; **scrittore d.**, playwright; dramatist; **situazione drammatica**, dramatic situation.

drammatizzàre *v. t.* ***1*** (*teatr.*) to dramatize ***2*** (*fig.*) to make* a drama of everything; to make* a lot of fuss (about st.): **Deve sempre d.**, he always makes a drama of everything; **Non drammatizziamo!**, let's not make a fuss about it!

drammatizzazióne *f.* dramatization.

drammaturgìa *f.* dramaturgy.

drammatùrgo *m.* (*f.* **-a**) playwright; dramatist.

drappeggiàre *v. t.* to drape.

drappéggio *m.* drape; (*anche in arte*) drapery.

drappèllo *m.* ***1*** (*mil.*) squad; platoon ***2*** (*gruppo*) group; party.

dràppo *m.* cloth; fabric • **d. funebre**, pall.

dràstico *a.* drastic.

drenàggio *m.* (*tecn., chir.*) drainage • **canale di d.**, drain □ (*econ.*) **d. fiscale**, fiscal drag.

drenàre *v. t.* (*tecn., chir.*) to drain.

drìade *f.* (*mitol.*) dryad; wood-nymph.

dribblàggio *m.* (*calcio, ecc.*) dribbling.

dribblàre ***A*** *v. t.* ***1*** (*calcio, ecc.*) to dribble past (*an opponent*) ***2*** (*fig.*) to side-step ***B*** *v. i.* (*calcio, ecc.*) to dribble (the ball).

drindrìn ***A*** *inter.* ding-a-ling ***B*** *m.* ringing; tinkle.

drìtta *f.* ***1*** (*naut.*) starboard ***2*** (*fam.: consiglio*) tip; (*soffiata*) tip-off.

drìtto ***A*** *a.* ***1*** *V.* **diritto** (**1**), *A* ***2*** (*fam.: astuto*) pretty smart; crafty; sly ***B*** *m.* ***1*** *V.* **diritto** (**1**), *C* ***2*** (*f.* **-a**) (*fam.*) crafty person; sly one ***3*** (*naut.*) — **d. di poppa**, sternpost; **d. di prua**, stem ***C*** *avv. V.* **diritto** (**1**), *B.*

drizzàre ***A*** *v. t.* ***1*** (*raddrizzare*) to straighten ***2*** (*rizzare*) to put* up: **d. una scala**, to put up a ladder; **d. le orecchie**, to prick up one's ears ***B*** **drizzàrsi** *v. rifl.* ***1*** (*raddrizzarsi*) to straighten (up) ***2*** (*alzarsi*) to rise*; (*in piedi*) to stand* up: **d. a sedere**, to sit* up • **Mi si drizzarono i capelli**, my hair stood on end.

dròga *f.* ***1*** (*spezia*) spice ***2*** (*stupefacente*) drug; narcotic; dope (*fam.*): **droghe leggere [pesanti]**, soft [hard] drugs; **fare uso di d.**, to take drugs; **essere schiavo della d.**, to be a drug addict; **È pieno di d.**, he's full of dope (*fam.*); **Il computer è una d. per lui**, his computer is like a drug to him.

drogàre ***A*** *v. t.* to drug; (*specialm. sport*) to dope ***B*** **drogàrsi** *v. rifl.* to take* drugs; to be on drugs.

drogàto ***A*** *a.* ***1*** (*contenente droga*) drugged; doped ***2*** (*di persona*) drugged ***B*** *m.* (*f.* **-a**) drug addict.

drogherìa *f.* grocer's (shop); grocery • **generi di d.**, groceries.

droghière *m.* (*f.* **-a**) grocer.

dromedàrio *m.* (*zool.*) dromedary.

drónte *m.* (*zool.*) dodo.

drop *m. invar.* (*rugby*) dropkick.

drùido *m.* Druid.

drùpa *f.* (*bot.*) drupe; stone fruit.

dualìsmo *m.* ***1*** (*filos.*) dualism ***2*** (*fig.*) contrast; antagonism.

dualità *f.* duality.

dùbbio ***A*** *a.* ***1*** (*incerto*) doubtful; uncertain ***2*** (*che genera dubbi, sospetto, ambiguo*) questionable; dubious; doubtful: **dubbia utilità**, questionable utility; **dubbia pulizia**, doubtful cleanliness; **dubbia fama**, dubious reputation; **d. gusto**, poor taste ***B*** *m.* ***1*** doubt: **sollevare un d.**, to raise a doubt; **Non ho dubbi su chi sia stato**, I have no doubt about who it was; **Ho i miei dubbi**, I have my doubts; I doubt it; **essere in d. se...**, to be in doubt (*o* to hesitate) whether...; **senza d.**, no doubt; without (a) doubt; doubtless ***2*** (*punto oscuro*) doubtful point ***3*** (*sospetto*) suspicion; doubt; (*timore*) misgiving: **Non è che un d.**, it's only a suspicion • **mettere in d.**, to doubt; to question; to call into question; to cast doubts on □ **nutrire dubbi**, to have (one's) doubts; to have strong suspicions □ **fuor di d.**, beyond doubt □ (*prov.*) **Nel d., astieniti**, when in doubt, do nowt.

dubbióso *a.* ***1*** (*in dubbio*) doubtful; uncertain ***2*** (*indeciso*) doubtful; unsure.

dubitàre *v. i.* ***1*** (*mettere in dubbio*) to doubt (st.): **Dubiti della mia parola?**, do you doubt my word? ***2*** (*credere improbabile*) to doubt; to have one's doubts; not to think*: **Dubito che vengano**, I doubt (*o* I don't think) they will come;

Ne dubito, I doubt it; I have my doubts **3** (*credere probabile, temere*) to suspect; to be afraid: **Dubito che sia tardi**, I suspect (*o* I am afraid) it is late **4** (*diffidare*) not to trust (st.); to distrust (st.); to be doubtful (about): **d. delle proprie forze**, not to trust one's strength; **Dubitavo del risultato**, I was doubtful about the result **5** (*esitare*) to hesitate; to waver • **Ti aiuterò, non d.!**, I will help you, never fear.

dubitatìvo *a.* dubitative.

dublinése **A** *a.* from Dublin; of Dublin; Dublin (*attr.*) **B** *m. e f.* Dubliner.

dùca *m.* duke.

ducàle *a.* ducal.

ducàto (1) *m.* **1** (*titolo*) dukedom **2** (*feudo*) duchy; dukedom.

ducàto (2) *m.* (*moneta*) ducat.

dùce *m.* **1** leader; chief **2** (*titolo dato a B. Mussolini*) duce.

duchéssa *f.* duchess.

dùe *a. num. card. e m.* **1** two: **a due a due**, two by two; in twos; **Siamo in due**, there are two of us **2** (*quantità indeterminata*) a few; one or two; a couple of: **Vorrei dire due parole**, I should like to say a few words; **Ci metto due minuti**, it'll take me just a couple of minutes **3** (*canottaggio*) pair(-oar): **due con**, coxed pair; **due senza**, coxless pair • **due volte**, twice □ (*fig.*) **due di picche**, nonentity; zero □ **cenetta a due**, intimate dinner □ **E due!**, that's the second time! □ **fare due più due**, to put two and two together □ **lavorare per due**, to work twice as hard as anybody else □ **Ho da dirgli due parole**, I want to have a word with him □ **piegare q.c. in due**, to fold st. in half (*o* in two) □ **tutti e due**, both □ **Una delle due, o la smetti o ti caccio fuori**, you've got a choice: either you stop it, or out you go □ (*prov.*) **Non c'è due senza tre**, misfortunes never come singly.

duecentésco *a.* thirteenth-century (*attr.*); (*arte e letter. ital.*) Duecento (*attr.*).

duecentèsimo *a. num. ord. e m.* two hundredth.

duecènto *a. num. card. e m.* two hundred • **il D.**, the thirteenth century; (*arte e letter. ital.*) the Duecento □ (*sport*) **i d.**, the two-hundred metres.

duellànte *m. e f.* duellist.

duellàre *v. i.* to fight* a duel.

duèllo *m.* **1** duel: **battersi in d.**, to fight a duel; **morire in d.**, to be killed in a duel; **sfidare q. a d.**, to challenge sb. to a duel; **d. all'ultimo sangue**, duel to the death **2** (*fig.*) fight; combat; contest: **d. impari**, uneven contest.

duemìla *a. num. card. e m.* two thousand • **il D.**, the year two thousand.

duepèzzi *m.* **1** (*costume da bagno*) two-piece bathing suit; bikini **2** (*abito*) two-piece (suit).

duètto *m.* (*mus. e fig.*) duet.

dugòngo *m.* (*zool.*) dugong.

dùna *f.* dune.

dùnque **A** *cong.* **1** (*per indicare conclusione, conseguenza*) so; well then **2** (*rafforzativo*) then; so: **Perché d. dovrei farlo?**, why then should I do it?; so why should I (do it)? **3** (*incominciando o riprendendo un discorso*) well; so: **D., devi sapere che...**, well, you must know that... **B** *m.* — **Vieni al d.**, get to the point; **quando si viene al d...**, when it comes to the crunch...

dùo *m. invar.* (*mus.*) duo*; duet.

duodenàle *a.* (*anat.*) duodenal.

duodèno *m.* (*anat.*) duodenum*.

duòmo *m.* cathedral; (*in Italia, anche*) duomo.

dùplex *m. invar.* (*telef.*) party line.

duplicàre *v. t.* to duplicate; to copy.

duplicàto *m.* duplicate; copy.

duplicatóre *m.* **1** duplicator **2** (*radio*) doubler.

dùplice *a.* double; twofold • **in d. copia**, in duplicate.

duplicità *f.* **1** doubleness **2** (*doppiezza*) duplicity; double-dealing.

durallumìnio *m.* (*metall.*) Duralumin ®.

duraménte *avv.* **1** hard: **lavorare d.**, to work hard; **d. colpito**, hard hit **2** (*aspramente*) harshly; (*in malo modo*) roughly.

durànte *prep.* during; in; in the course of; on: **d. il concerto**, during the concert; **d. l'estate**, in (*o* during) the summer; **d. il viaggio**, on the journey; **d. il cammino**, on the way; **d. tutta la notte**, all through the night; **d. tutto il Seicento**, throughout the 17th century • **vita natural d.**, for the whole of one's life; for life.

duràre *v. i. e t.* **1** (*continuare*) to last; to go* on: **Quanto credi che durerà?**, how long do you think it will last?; **Lo spettacolo durava da tre ore**, the show had been going on for three hours; **d. in eterno**, to last forever; **Così non può d.**, it can't go on like this **2** (*di abito, scarpe, ecc.*) to last; to wear* well; (*di cibo*) to keep* **3** (*rimanere*) to remain; (*resistere*) to hold* out, to last out (*fam.*): **d. in carica**, to remain in office; **d. fino alla fine**, to hold out to the end **4** (*persistere*) to persist.

duràta *f.* **1** duration; length (of time): **la d. della guerra**, the duration of the war; **la d. della visita**, the length of the visit **2** (*periodo*) period; term: **per la d. di vent'anni**, for a term of twenty years; **d. in carica**, term of office **3** (*di un motore, ecc.*) life **4** (*di stoffa, ecc.*) wear: **Queste scarpe hanno fatto una bella d.**, I've had good wear out of these shoes • **d. media della vita**, life expectancy □ **avere una d. di**, to last for □ **di breve d.**, short; short-lived □ **di lunga d.**, long-lasting □ **per tutta la d. di q.c.**, all through st.; throughout st. □ (*di motore*) **prova di d.** (*al banco*), endurance test.

duratùro *a.* **1** lasting; (*solido*) sound **2** (*di tinta*) fast.

durévole *a.* lasting; durable: **pace d.**, lasting peace; **stoffa d.**, durable material.

durézza *f.* **1** hardness (*anche fig. e dell'acqua*); (*di metallo*) strength; (*tigliosità*) toughness **2** (*asprezza*) harshness; (*rigidità*) stiffness • **trattare q. con d.**, to be very hard on sb.

dùro **A** *a.* **1** hard; (*coriaceo*) tough; (*di meccanismo, ecc.*) stiff: **legno d.**, hard wood; **acqua dura**, hard water; **cuore d.**, hard heart; (*autom.*) **cambio d.**, stiff gear lever; **carne dura**, tough meat; **d. come il cuoio**, as tough as leather; **essere troppo d. con q.**, to be too hard on sb. **2** (*aspro, rigido*) harsh: **inverno d.**, harsh winter; **lineamenti duri**, harsh features **3** (*ostinato*) obstinate; pigheaded **4** (*difficile, faticoso*) hard; tough: **tempi duri**, hard times; **compito d.**, tough job **5** (*di comprendonio*) thick; dense • **d. come un macigno**, as hard as rock □ **la dura realtà**, harsh reality □ **la dura verità**, the plain, unvarnished truth □ **una dura verità**, a bitter truth □ **pane d.**, stale bread □ **tener d.**, not to give in; to hold out; to stick it out (*fam.*) □ (*di credenze, ecc.*) **essere d. a morire**, to die hard **B** *m.* **1** something hard: **Sento del d. qui sotto**, I can feel something hard underneath; **Mi piace dormire sul d.**, I like a hard bed **2** (*difficoltà*) hard bit **3** (*fam.*: *prepotente*) bully: **fare il d. con q.**, to bully sb. **4** (*fam.*: *persona grintosa*) tough one; diehard **C** *avv.* hard.

duróne *m.* callosity; corn.

dùttile *a.* **1** ductile; pliable **2** (*arrendevole*) malleable, amenable, pliant; (*versatile*) flexible, versatile.

duttilità *f.* **1** ductility; pliability **2** (*arrendevolezza*) malleability, amenability, pliability; (*versatilità*) flexibility, versatility.

e,E

E, e *f. o m.* E, e • (*telef.*) **e come Empoli**, e for Edward (*USA* for Easy) □ **e commerciale**, ampersand.
e *cong.* ***1*** and: **pane e vino**, bread and wine; **un uomo alto e magro**, a tall, thin man; **un metro e venti**, one metre twenty; **E Gigi?**, what about Gigi?; **A me piace, e a te?**, I like it, what about you? ***2*** (*avversativo*) but; yet: **Ha detto che veniva e non s'è visto**, he said he would come, but he hasn't turned up ***3*** (*enfatico*) — **E compralo!**, go on, buy it!; **E smettila!**, oh, stop it!; **E tre**, and that makes three; **E se venissi anch'io?**, what if I came too? • **e lui e sua moglie**, both he and his wife □ **John Martin e Co.**, John Martin & Co □ **tutti e due**, both; both of us [of you, etc.] □ **tutti e sei**, all six; the six of us [of you, etc.].
ebanista *m.* cabinet-maker.
ebanisteria *f.* ***1*** (*laboratorio*) cabinet-maker's (shop) ***2*** (*arte*) cabinet-making.
ebanite *f.* (*ind.*) ebonite; vulcanite.
èbano *m.* (*bot. e legno*) ebony • **d'e.**, ebony (*attr.*).
ebbène *cong.* well; well then: **E., parla**, well then, speak; **E., e gli altri?**, well, what about the others?; **«Ti ricordi di Tina?» «E.?»**, «do you remember Tina?» «what about her?».
ebbrézza *f.* ***1*** drunkenness; intoxication; inebriation (*form.*) ***2*** (*fig.*) elation; exhilaration; thrill: **l'e. della velocità**, the thrill of speed.
èbbro *a.* ***1*** (*lett.*) inebriated; drunk (*pred.*); drunken (*attr.*) ***2*** (*fig.*) drunk (with); mad (with): **e. di gioia**, mad (*o* beside oneself) with joy.
èbete ***A*** *a.* half-witted; idiotic: **sguardo e.**, idiotic (*o* vacant) stare ***B*** *m. e f.* half-wit; idiot.
ebetismo *m.* idiocy.
ebollizióne *f.* ***1*** (*anche fis.*) boiling; boil: **punto di e.**, boiling point; **entrare in [portare a] e.**, to come [to bring] to the boil; **in e.**, boiling ***2*** (*fig.*) ferment; turmoil.
ebràico ***A*** *a.* Jewish; Hebrew; Hebraic: **calendario [rito] e.**, Jewish calendar [rite]; **alfabeto e.**, Hebrew alphabet ***B*** *m.* (*lingua*) Hebrew.
ebraismo *m.* Judaism.
ebrèo ***A*** *a.* Jewish ***B*** *m.* (*f.* **-a**) Jew (*f.* Jewish woman).
ebùrneo *a.* ivory (*attr.*); ivory-like (*attr.*).
ecatómbe *f.* ***1*** (*stor.*) hecatomb ***2*** (*massacro*) mass slaughter; massacre.
eccedènte ***A*** *a.* excess (*attr.*); in excess (*pred.*); surplus (*attr.*) ***B*** *m.* excess; surplus.
eccedènza *f.* excess; surplus: **e. di scorte**, surplus of stock; **e. di peso**, excess weight; **eccedenze agricole**, surplus produce; **un'e. di 30.000 lire**, 30,000 lire in excess; **in e.**, in excess; excess (*attr.*).
eccèdere *v. t.* ***1*** to exceed; to surpass; to go* beyond ***2*** (*esagerare*) to exaggerate; to go* too far; to... too much: **Capii di aver ecceduto**, I realized I had gone too far; **e. nel bere**, to drink too much; **senza e**, without exaggerating; in moderation.
eccellènte *a.* ***1*** excellent; first-rate; first-class: **un pranzo e.**, an excellent meal; **di umore e.**, in high spirits ***2*** (*importante, illustre*) prominent; high-ranking.
eccellènza *f.* ***1*** excellence; greatness; pre-eminence ***2*** (*titolo*) Excellency • **per e.**, pre-eminently; par excellence (*franc.*).
eccèllere *v. i.* to excel: **e. in q.c.**, to excel at st.; **e. sugli altri**, to surpass (*o* to outstrip) all others.
eccèlso ***A*** *a.* lofty; sublime ***B*** *m.* — **l'E.**, the Most High.
eccentricità *f.* ***1*** eccentricity; oddity ***2*** (*geom., mecc.*) eccentricity.
eccèntrico ***A*** *a.* ***1*** eccentric; odd ***2*** (*geom.*) eccentric ***B*** *m.* (*f.* **-a**) ***1*** eccentric ***2*** (*mecc.*) cam.
eccepibile *a.* objectionable; exceptionable.
eccepire *v. t.* to object (to); to take* exception (to): **trovare da e.**, to have objections; **Qualcosa da e.?**, any objection?
eccessivaménte *avv.* excessively; too; too much: **e. severo**, too strict; **mangiare e.**, to eat too much; to overeat; **caricare e.**, to overload.
eccessivo *a.* excessive; exaggerated.
eccèsso *m.* excess; (*eccedenza*) surplus: **e. di zelo**, excess of zeal; **e. di produzione**, overproduction; **e. di peso**, excess weight; (*autom.*) **e. di velocità**, speeding; exceeding the speed limit • **spingere q.c. all'e.**, to carry st. to excess □ **fino all'e.**, to excess; to a fault.
eccètera *avv.* and so on; and so forth; et cetera.
eccètto ***A*** *prep.* except (for); but; save: **tutti e. Gino**, everyone except for (*o* but) Gino ***B*** **eccètto che** *locuz. cong.* ***1*** (*a meno che*) unless ***2*** (*tranne che*) except.
eccettuàre *v. t.* to except; to exclude • **se si eccettua questo caso**, apart from this case.
eccettuàto *a.* except for; excepting; excepted (*pred.*): **e. il bambino**, excepting the child; **eccettuati i presenti**, present company excepted.
eccezionàle *a.* exceptional • **in via e.**, as an exception.
eccezionalità *f.* exceptionality.
eccezióne *f.* ***1*** exception: **e. alla regola**, exception to the rule; **fare un'e.**, to make an exception; **fare e.**, to be an exception; **a e. di** (*o* **fatta e. per**), with the exception of; except; excepting; **senza eccezioni**, without exception; **in via d'e.**, as (*o* by way of) an exception; **d'e.**, exceptional: special ***2*** (*leg.*) objection; exception: **sollevare un'e.**, to raise an objection.
ecchimosi *f.* (*med.*) bruise; ecchymosis*.
eccì *inter.* atishoo!
eccidio *m.* mass slaughter; massacre.
eccipiènte *a. e m.* (*farm.*) excipient.
eccitàbile *a.* excitable; easily excited; highly strung.
eccitabilità *f.* excitability.
eccitaménto *m.* ***1*** excitement ***2*** (*incitamento*) incitement ***3*** (*biol.*) stimulation.
eccitànte ***A*** *a.* ***1*** exciting; thrilling ***2*** (*di sostanza*) stimulating ***B*** *m.* stimulant.
eccitàre ***A*** *v. t.* ***1*** to excite; (*sessualmente*) to arouse ***2*** (*suscitare*) to excite; to arouse; to stir ***3*** (*istigare*) to stir up; to rouse ***4*** (*essere stimolante*) to act as a stimulant ***B*** **eccitàrsi** *v. i. pron.* to get* excited; (*sessualmente*) to become* aroused; (*agitarsi*) to get worked up (*fam.*).
eccitàto *a.* excited; (*sessualmente*) aroused; (*agitato*) worked up (*fam.*).
eccitazióne *f.* ***1*** excitement ***2*** (*elettr.*) excitation.
ecclesiàstico ***A*** *a.* ecclesiastical; church (*attr.*); (*di veste*) clerical ***B*** *m.* ecclesiastic; clergyman*.
ècco *avv.* (*qui*) here...; (*là*) there...: **E. la ricetta che volevi**, here is the recipe you wanted; **E. le tue camicie**, here are your shirts; **E., è là sotto l'albero**, there it is, under the tree; **E. l'autobus**, here comes the bus; **E., (prendi)**, here you are; **Eccomi**, here I am; **Eccoli che passano**, there they go; **Eccoti i soldi**, here is the money • **E., il fatto è...**, well, the fact is... □ **E., che ti dicevo?**, there you are! what did I tell you? □ **E. come si fa**, this is how you do it □ **E. fatto!**, there! □ **e. perché**, that's why □ **E. tutto**, that's all □ **quand'e.**, when all of a sudden.
eccóme *avv. e inter.* yes, indeed!; absolutely!; certainly!; and how! (*fam.*); sure! (*fam. USA*).
echeggiàre ***A*** *v. i.* to echo (with); to resound (with) ***B*** *v. t.* (*assomigliare a*) to resemble.
echidna *f.* (*zool.*) echidna • **e. istrice**, spiny anteater.
eclatànte *a.* ***1*** (*evidente*) manifest: glaring ***2*** (*che colpisce*) sensational; striking.
eclèttico *a. e m.* (*f.* **-a**) eclectic.

eclettismo *m.* eclecticism.
eclissare ***A*** *v. t.* (*astron. e fig.*) to eclipse ***B*** **eclissàrsi** *v. i. pron.* ***1*** (*astron.*) to be eclipsed ***2*** (*fig.*) to disappear; to make* oneself scarce (*fam.*).
eclissi *f.* (*astron. e fig.*) eclipse.
eclittica *f.* (*astron.*) ecliptic.
èco *m. o f.* (*pl.* **èchi** *m.*) ***1*** echo ***2*** (*commenti*) comment; stir: **sollevare molta e.**, to cause a great deal of comment (*o* quite a stir) • **fare e. a q.c.**, to echo st.
ecografia *f.* (*med.*) ultrasound scanning; ultrasound scan.
ecologia *f.* ecology.
ecològico *a.* ***1*** ecological ***2*** (*di prodotto*) ecological; green; eco-friendly (*fam.*); (*di detersivo*) nonbiological.
ecologista ***A*** *a.* environment (*attr.*) ***B*** *m. e f.* environmentalist; conservationist.
ecòlogo *m.* (*f.* **-a**) ecologist.
ecòmetro *m.* (*naut.*) echo sounder.
economàto *m.* ***1*** (*carica*) stewardship; treasurership; (*di collegio e sim.*) bursarship ***2*** (*sede*) steward's office; treasurer's office; (*di collegio e sim.*) bursar's office, supplies office.
economia *f.* ***1*** (*sistema economico*) economy: **un paese a e. industriale**, a country with an industrial economy; **e. di mercato**, market economy ***2*** (*scienza*) economics (*pl. col verbo al sing.*) ***3*** (*risparmio*) economy; saving: **con notevole e. di tempo**, with a considerable saving in time; **fare e.**, to economize; to make economies; **fare e. d'acqua**, to save water • **e. aziendale**, business economics; business management □ **e. di scala**, economy of scale □ **e. domestica**, domestic economy; home economics □ **e. sommersa**, black economy □ **fare le cose in e.**, to do things cheaply (*o* on the cheap) □ **senza e.**, without stinting; no expense spared; (*generosamente*) liberally.
economicità *f.* (*convenienza*) inexpensiveness; low costs (*pl.*).
econòmico *a.* ***1*** (*econ.*) economic: **politica economica**, economic policy ***2*** (*a buon prezzo*) inexpensive; low-cost (*attr.*) ***3*** (*che fa risparmiare*) economy (*attr.*); budget (*attr.*); (*conveniente*) economical: **formato e.**, economy size; **metodo e.**, economical method.
economista *m. e f.* economist.
economizzàre *v. t. e i.* to economize (on); to cut* down (on); (*fare economie*) to economize.
ecònomo ***A*** *a.* economical; thrifty ***B*** *m.* (*f.* **-a**) steward; treasurer; (*di collegio e sim.*) bursar, supplies officer.
ecoscandàglio *m.* (*naut.*) echo sounder.
ecosistèma *m.* ecosystem.
écru (*franc.*) *a. invar.* (*colore*) ecru; off-white.
ectoplàsma *m.* ectoplasm.
ecumènico *a.* (o)ecumenical.
ecumenismo *m.* (o)ecumenism.
eczèma *m.* (*med.*) eczema.
ed *V.* **e.**
edèma *m.* (*med.*) (o)edema*.
èden *m.* Eden; earthly Paradise.
édera *f.* (*bot.*) ivy • **e. del Canada**, poison ivy.
edicola *f.* ***1*** (*di giornali*) newspaper kiosk; newsagent's (*GB*) ***2*** (*tempietto*) shrine.
edicolànte *m. e f.* newsagent (*GB*); news dealer (*USA*).
edificàbile *a.* suitable for building: **terreno e.**, building site.
edificànte *a.* edifying; uplifting.
edificàre *v. t.* ***1*** (*costruire*) to build*; to erect ***2*** (*fondare*) to build*; to found; to set* up ***3*** (*l'animo*) to edify; to uplift.
edificazióne *f.* ***1*** building ***2*** (*morale*) edification.
edificio *m.* ***1*** building ***2*** (*struttura*) structure; framework: **l'e. sociale**, the structure of society ***3*** (*insieme di argomenti*) framework; arguments (*pl.*).
edile ***A*** *a.* building (*attr.*); construction (*attr.*): **impresa e.**, building contractors (*pl.*); construction firm; **cantiere e.**, building site; **ingegnere e.**, structural engineer ***B*** *m.* (*operaio*) construction worker.
edilizia *f.* building; building trade; building industry • **e. abitativa**, housing □ **e. popolare**, public housing □ **e. residenziale**, housebuilding.
edilizio *a.* building (*attr.*) • **licenza e.**, planning permission.
edipico *a.* (*psic.*) Oedipus (*attr.*); Oedipal: **complesso e.**, Oedipus complex.
èdito *a.* published; (*stampato*) printed.
editóre ***A*** *m.* (*f.* **-trice**) publisher ***B*** *a.* publishing: **casa editrice**, publishing house; publishers (*pl.*). ATTENZIONE: **editore** ≠ editor.
editoria *f.* publishing; book trade.
editoriàle ***A*** *a.* publishing ***B*** *m.* (*giorn.*) editorial; leader.
editorialista *m. e f.* leader writer.
editrice *V.* **editore**, *A.*
editto *m.* edict.
edizióne *f.* ***1*** edition: **Il libro ebbe sei edizioni**, the book ran to six editions; **e. riveduta e corretta**, revised edition; **e. numerata**, limited edition; (*di giornale*) **e. straordinaria**, special edition; extra ***2*** (*di spettacolo*) production ***3*** (*scherz.*: *aspetto*) version; look • **la quinta e. della Fiera del libro**, the fifth Book Fair.
edonismo *m.* (*filos.*) hedonism.
edonista *m. e f.* (*filos.*) hedonist.
edonistico *a.* (*filos.*) hedonistic.
edòtto *a.* informed (about); acquainted (with) • **rendere e. q. su q.c.**, to inform sb. about st.; to acquaint sb. with st.
educànda *f.* ***1*** (girl) boarder ***2*** (*fig.*) convent girl; prim girl.
educandàto *m.* girls' boarding school; (*annesso a convento*) convent school.
educàre *v. t.* ***1*** (*allevare*) to bring* up ***2*** (*formare, coltivare*) to educate ***3*** (*addestrare, abituare*) to train; (*insegnare*) to teach*.
educataménte *avv.* politely.
educativo *a.* educational; (*istruttivo*) instructive.
educàto *a.* polite; (*beneducato*) well-bred; (*di ragazzo*) well brought-up, well-behaved: **modi educati**, good (*o* civilized) manners; **troppo e. per commentare**, too well-bred to comment; **Non è e. fare così**, it's bad manners (*o* it's not nice) to do that. ATTENZIONE: **educato** ≠ educated.
educatóre *m.* (*f.* **-trice**) educator; (*insegnante*) teacher; (*in un istituto per minori*) housefather (f. housemother); (*pedagogista*) educationalist.
educazióne *f.* ***1*** (*l'allevare*) upbringing: **un'e. severa** [**religiosa**], a strict [religious] upbringing ***2*** (*formazione*) education; (*addestramento*) training ***3*** (*buone maniere*) (good) manners (*pl.*): **È senza e.**, he has no manners; **Chi ti ha insegnato l'e.?**, who taught you your manners?; **mancanza di e.**, bad manners (*pl.*) • **e. civica**, civics (*pl. col verbo al sing.*) □ **e. fisica**, physical education (*o* training); (*a scuola*) gymnastics (*pl. col verbo al sing.*) □ **e. musicale**, musical appreciation.
edulcoràre *v. t.* to edulcorate; to soften.
efèbo *m.* ***1*** (*stor.*) ephebe ***2*** (*estens.*) effeminate youth.
efèlide *f.* freckle.
efèmera *f.* (*zool.*) mayfly.
effemèride *f.* (*astron.*) ephemeris*.
effeminatézza *f.* effeminacy.
effeminàto *a.* effeminate.
efferatézza *f.* ***1*** ferocity; brutality; savagery ***2*** (*azione*) atrocity; crime.
efferàto *a.* ferocious; brutal; heinous; savage: **delitto e.**, brutal murder.
effervescènte *a.* ***1*** effervescent; sparkling; fizzy ***2*** (*fig.*) sparkling; bubbly.
effervescènza *f.* ***1*** effervescence; fizz ***2*** (*fig.*) effervescence; (*fermento*) commotion, excitement.
effettivaménte *avv.* ***1*** really; actually ***2*** (*come risposta*) quite; indeed.
effettivo ***A*** *a.* ***1*** (*reale, vero*) real; actual: **un e. miglioramento**, a real improvement; **entrate effettive**, actual income ***2*** (*efficace*) effective ***3*** (*mil.*) regular ***4*** (*permanente*) permanent; regular • **socio e.**, active partner ***B*** *m.* (*f.* **-a**) ***1*** (*impiegato*) permanent employee; (*socio*) permanent member; (*atleta*) member (of a team); (*al pl., collett.*) permanent staff, members ***2*** — (*comm.*) **e. di cassa**, cash on hand ***3*** (*mil.*) effectives (*pl.*); (effective) strength.
effètto *m.* ***1*** (*anche tecn.*) effect: **avere e.**, to have an effect; (*entrare in vigore*) to take effect; **fare effetto**, to have an effect; **senza e.**, of no effect; useless; **l'e. voluto**, the desired effect; **e. ritardato** [**secondario**], delayed [secondary] effect; **sotto l'e. dell'alcol**, under the influence of alcohol ***2*** (*impressione*) impression; effect: **fare e.**, (*colpire*) to make an impression; (*sembrare strano*) to feel strange; (*turbare*) to upset, to affect; **Mi fa e. essere qui**, it feels strange (*o* it gives me a strange feeling) to be here; **Il sangue mi fa e.**, I cannot stand the sight of blood; **fare l'e. di**, to give the impression of; to look like; **vedere che e.**

fa q.c., to see how st. looks (*o* feels) *3* (*traiettoria deviata*) spin *4* (*comm.*) bill (of exchange) • **effetti personali**, personal belongings □ **e. serra**, greenhouse effect □ (*cinem.*) **effetti speciali**, special effects □ **a e.**, (*che vuole colpire*) meant for effect, meant to impress; (*che fa colpo*) striking, sensational □ (*leg.*) **a ogni e. di legge**, for all legal purposes □ **a tutti gli effetti**, in every respect; to all intents and purposes □ **cercare l'e.**, to try to impress □ **in effetti**, actually; (*come risposta*) quite, indeed □ **mandare q.c. a e.**, to carry out st. □ **per e. di**, as a consequence of; because of; owing to □ (*leg.*) **prendere e.**, to take effect.

effettuàre ***A*** *v. t.* to make*; (*realizzare*) to carry out: **e. un pagamento**, to make a payment; **e. dei test**, to carry out tests ***B*** **effettuàrsi** *v. i. pron.* to take* place; to be carried out.

effettuazióne *f.* execution; implementation; carrying-out.

efficàce *a.* *1* effective; (*di medicina e sim., anche*) efficacious *2* (*vivace*) effective; vivid; forceful.

efficàcia *f.* effectiveness; efficaciousness; efficacy • **e. giuridica**, legal effect □ **scrivere con e.**, to write with incisiveness.

efficiènte *a.* efficient; (*funzionante*) in working order; (*di persona*) efficient, competent, able.

efficientismo *m.* (show of) great efficiency.

efficiènza *f.* efficiency; (*di persona, anche*) competence; (*di macchina*) working order • **in piena e.**, (*di macchina*) in perfect working order; (*di azienda, ecc.*) working full-time; (*di persona*) in peak condition.

effigiàre *v. t.* (*lett.*) to portray; (*scolpire*) to sculpture.

effigie *f.* *1* effigy; image; (*ritratto*) portrait *2* (*sembiante*) features (*pl.*).

effimero *a.* ephemeral; short-lived; fleeting: **successo e.**, short-lived success; **gioia effimera**, fleeting joy.

efflorescènza *f.* (*chim.*) efflorescence.

efflùvio *m.* (*lett.*) smell; scent; (*sgradevole*) effluvium*.

effóndere (*lett.*) ***A*** *v. t.* to pour out (*o* forth); to shed* ***B*** **effóndersi** *v. i. pron.* to spread*.

effrazióne *f.* (*leg., di serratura, ecc.*) forcing; (*di edificio*) breaking and entering; (*di abitazione*) housebreaking • **furto con e.**, burglary.

effusióne *f.* *1* (*spargimento*) shedding: **e. di lacrime**, shedding of tears *2* (*di sentimenti*) warmth; show of affection; (*spreg.*) effusion *3* (*geol.*) effusion; flow.

effusivo *a.* (*geol. e fig.*) effusive.

egèmone *a.* hegemonic.

egemonìa *f.* hegemony; (*superiorità*) supremacy, superiority.

egemònico *a.* hegemonic.

egèo *a.* (*geogr.*) Aegean.

ègida *f.* *1* (*protezione*) shield; protection *2* (*auspici*) aegis.

egittologìa *f.* Egyptology.

egittòlogo *m.* (*f.* **-a**) Egyptologist.

egiziàno ***A*** *a.* Egyptian ***B*** *m.* *1* (*f.* **-a**) Egyptian (*f.* Egyptian woman*) *2* (*lingua*) Ancient Egyptian.

egizio *a. e m.* (*stor.*) (ancient) Egyptian.

eglèfino *m.* (*zool.*) haddock.

égli *pron. pers. m. 3ª pers. sing. sogg.* he: **e. stesso**, he himself.

ègloga *f.* (*poesia*) eclogue.

ègo *m. invar.* (*filos., psic.*) ego.

egocèntrico ***A*** *a.* egocentric; self-centred ***B*** *m.* (*f.* **-a**) egocentric (*o* self-centred) person.

egocentrismo *m.* egocentrism; self-centredness.

egoismo *m.* selfishness; egoism.

egoista ***A*** *a.* selfish ***B*** *m. e f.* selfish person; egoist.

egoìstico *a.* selfish; egoistic.

egotismo *m.* egotism.

egrègio *a.* excellent; outstanding • (*nelle lettere*) **E. Signore**, Dear Sir □ (*negli indirizzi*) (**All'**)**E. Sig. Paolo Neri**, Mr Paolo Neri; Paolo Neri, Esq. (*form.*). ATTENZIONE: **egregio** ≠ egregious.

eguàle e *deriv. V.* **uguale** e *deriv.*

egualitàrio *a. e n.* egalitarian.

egualitarismo *m.* egalitarianism.

éhi *inter.* hey!; hey, you (there)!

ehilà *inter.* *1 V.* **ehi** *2* (*di sorpresa*) well!; now, then!

ehm *inter.* hum!; (*di dubbio*) hem, ahem.

eiaculàre *v. i.* to ejaculate.

eiaculazióne *f.* ejaculation.

eiettàbile *a.* that can be ejected • **sedile e.**, ejector (*USA* ejection) seat.

eiettóre *m.* (*mecc.*) ejector.

eiezióne *f.* ejection.

elaboràre *v. t.* *1* to elaborate; to develop; to work out; to evolve; (*dati*) to process *2* (*formulare, esporre*) to frame *3* (*fisiol.*) to elaborate.

elaboratézza *f.* elaborateness.

elaboràto ***A*** *a.* elaborate ***B*** *m.* *1* (*compito scritto*) paper *2* (*fisiol.*) secretion *3* (*tabulato*) printout.

elaboratóre ***A*** *a.* processing; elaborating ***B*** *m.* (*elab.*) computer; processor: **e. centrale**, host computer; **e. di dati**, data processor.

elaborazióne *f.* *1* elaboration; development; working-out *2* (*di un progetto*) formulation *3* (*elab.*) processing: **e. di dati** [**di testi**], data [word] processing.

elargire *v. t.* to give* generously; to lavish (st. on sb.); to bestow.

elargizióne *f.* donation.

elasticità *f.* *1* elasticity, resilience (*anche fig.*); (*di tessuto*) stretch; (*di molla*) springiness *2* (*agilità*) nimbleness; flexibility.

elasticizzàto *a.* elasticized; elasticated; (*di tessuto*) stretch (*attr.*).

elàstico ***A*** *a.* *1* elastic; resilient; (*di tessuto*) stretch (*attr.*); (*di molla*) springy *2* (*fig.*) elastic; flexible; (*di coscienza*) accommodating: **orario e.**, flexible working hours; flexitime; **regola elastica**, rule that can be stretched *3* (*agile*) nimble; springy: **passo e.**, springy step • **calze elastiche**, support (*o* surgical) stockings ***B*** *m.* *1* (*anello*) rubber (*o* elastic) band *2* (*nastro*) elastic Ⓤ.

elefànte *m.* (*zool.*) elephant • **e. marino**, sea elephant □ **una memoria da e.**, the memory of an elephant.

elefantésco *a.* elephantine.

elefantéssa *f.* cow elephant.

elefantìasi *f.* (*med. e fig.*) elephantiasis.

elegànte *a.* elegant; (*di persona, anche*) well-dressed, smart; (*di abito, anche*) smart, stylish.

elegantóne *m.* dandy.

elegànza *f.* elegance; (*nel vestire, anche*) smartness; (*stile*) style.

elèggere *v. t.* to elect • (*bur.*) **e. il proprio domicilio**, to fix one's domicile.

eleggìbile *a.* that can be elected; eligible for election. ATTENZIONE: **eleggibile** ≠ eligible.

eleggibilità *f.* eligibility for election.

elegìa *f.* (*poesia*) elegy.

elegìaco *a.* (*poesia e estens.*) elegiac.

elementàre ***A*** *a.* elementary; (*di base*) basic: **scuola e.**, elementary (*o* primary) school; (*fis.*) **particella e.**, elementary particle; **principi** [**bisogni**] **elementari**, basic principles [needs] ***B*** *f. pl.* elementary (*o* primary) school (*sing.*).

elementarità *f.* elementariness; (*semplicità*) simplicity.

eleménto *m.* *1* (*anche chim.*) element *2* (*componente*) component, part; (*ingrediente*) ingredient *3* (*fatto*) fact; (*fattore*) (contributing) factor; (*caratteristica*) feature: **elementi di giudizio**, facts on which to base one's opinion *4* (*tecn., di radiatore*) element; (*di accumulatore*) battery cell *5* (*individuo*) person; individual; (*membro*) member; (*lavoratore*) worker *6* (*al pl.*) (*rudimenti*) rudiments; first principles *7* (*elab.*) element; item • (*scherz.*) **Che e.!**, what a character! □ (*fig.*) **essere nel proprio e.**, to be in one's element.

elemòsina *f.* alms (*pl.*); (*beneficenza*) charity Ⓤ: **dare** (*o* **fare**) **l'e.**, to give alms; **chiedere l'e.**, to beg; **vivere di e.**, to live on charity; **ridursi all'e.**, to be reduced to begging; **cassetta per le elemosine**, alms box.

elemosinàre *v. t. e i.* to beg: **e. il pane**, to beg for one's bread; **e. favori**, to beg favours (from sb.).

elencàre *v. t.* *1* to list; to draw* up a list of *2* (*enumerare*) to enumerate.

elencazióne *f.* listing.

elènco *m.* list: **fare un e.**, to make (*o* to draw up) a list • **e. telefonico**, telephone directory (*form.*); phone book; book (*fam.*): **Sono sull'e.**, I'm in the book; **numero fuori e.**, ex-directory (*USA* unlisted) number.

elettivo *a.* elective: **carica elettiva**, elective office; **domicilio e.**, domicile of choice.

elètto ***A*** *a.* *1* (*prescelto*) chosen; elect: **popolo e.**, chosen people *2* (*distinto*) select; choice; (*nobile*) noble; (*superiore*) superior ***B*** *m.* (*f.* **-a**) *1* elected member *2* (*al pl.*) (*relig.*)

the elect; the chosen.
elettoràle *a.* electoral; election (*attr.*): **campagna e.**, election campaign; **riforma e.**, electoral reform • **cabina e.**, polling booth □ **propaganda e.**, electioneering □ **scheda e.**, ballot paper.
elettoràto *m.* electorate.
elettóre *m.* (*f.* **-trice**) *1* elector; voter; (*di un dato collegio*) constituent *2* (*stor.*) Elector.
elettràuto *m.* *1* (*operaio*) car electrician *2* (*officina*) car electrical repairs.
elettricista *m.* electrician.
elettricità *f.* *1* electricity *2* (*fam.*: *energia elettrica*) power *3* (*fig.*) nervous tension; tenseness.
elèttrico *a.* *1* electric(al); power (*attr.*): **energia [luce] elettrica**, electric energy [light]; **presa elettrica**, electric socket; power point (*GB*); **centrale e.**, power station; **blu e.**, electric blue *2* (*fig.*) electric; tense.
elettrificàre *v. t.* to electrify.
elettrificazióne *f.* electrification.
elettrizzànte *a.* (*fig.*) electrifying; thrilling.
elettrizzàre *A* *v. t.* *1* to electrify *2* (*fig.*) to electrify; to thrill *B* **elettrizzàrsi** *v. i. pron.* *1* to become* electrified *2* (*fig.*) to be electrified; to be thrilled.
elettrizzazióne *f.* electrification.
elettrocalamita *f.* electromagnet.
elettrocardiogràmma *m.* (*med.*) electrocardiogram (*abbr.* ECG).
elettrochimica *f.* electrochemistry.
elettrochòc *V.* **elettroshock**.
elettrocomandàto *a.* electrically operated.
elèttrodo *m.* (*elettr.*) electrode.
elettrodomèstico *m.* (electric) household appliance.
elettrodótto *m.* long-distance power line.
elettroencefalogràmma *m.* (*med.*) electroencephalogram (*abbr.* EEG).
elettrògeno *a.* — **gruppo e.**, generator.
elettròlisi *f.* (*chim.*) electrolysis.
elettrolita *m.* *V.* **elettrolito**.
elettrolìtico *a.* (*chim.*) electrolytic.
elettrolìto *m.* (*chim., fis.*) electrolyte.
elettromagnètico *a.* electromagnetic.
elettromagnetismo *m.* electromagnetism.
elettromeccànico *a.* electromechanical.
elettromotóre *a.* electromotive.
elettromotrice *f.* (*ferr.*) electric locomotive.
elettróne *m.* (*fis.*) electron.
elettrònica *f.* electronics (*pl. col verbo al sing.*).
elettrònico *a.* electronic; electron (*attr.*): **componente [musica] elettronica**, electronic component [music]; **microscopio [tubo] e.**, electron microscope [tube].
elettroshòck *m.* (*med.*) shock therapy; electroconvulsive therapy.
elettrostàtico *a.* electrostatic.
elettrotècnica *f.* electrotechnics (*pl. col verbo al sing.*); electrotechnology; electrical engineering.
elettrotècnico *A* *a.* electrotechnical *B* *m.* electrotechnician; electrical engineer.
elettrotrèno *m.* electric (express) train.
elevàre *A* *v. t.* *1* (*alzare, innalzare*) to raise; (*sollevare*) to lift (up): **e. al trono**, to raise to the throne *2* (*aumentare*) to increase; to raise *3* (*promuovere*) to promote; to elevate *4* (*costruire*) to erect; to raise *5* (*mat.*) to raise: **e. al quadrato [al cubo]**, to raise to the 2nd [the 3rd] power; to square [to cube]; **e. a potenza**, to raise to power • **e. una contravvenzione**, to fine sb. □ **e. una protesta**, to protest *B* **elevàrsi** *v. i. pron.* to rise*; (*sovrastare*) to tower.
elevatézza *f.* *1* (*altezza*) elevation; height *2* (*fig.*) loftiness; (*nobiltà*) nobility, high-mindedness.
elevàto *a.* *1* (*alto*) high *2* (*fig.*) elevated; lofty; (*nobile*) noble, high-minded.
elevatóre *m.* (*mecc.*) elevator.
elevazióne *f.* *1* elevation; raising; lifting (up): **e. al trono**, raising to the throne; (*mat.*) **e. a potenza**, raising to power; (*relig.*) **l'E.**, the Elevation *2* (*artiglieria*) elevation *3* (*del terreno*) elevation; rise *4* (*astron.*) altitude.
elezióne *f.* *1* election: **elezioni politiche**, general election (*sing.*); **elezioni amministrative**, local (government) elections; **elezioni anticipate**, early election (*sing.*); **indire le elezioni**, to call a general election *2* (*scelta*) choice: (*leg.*) **e. di domicilio**, choice of domicile; **patria d'e.**, adopted country.
èlfo *m.* (*mitol.*) elf*.
èlica *f.* *1* (*mat.*) helix* *2* (*mecc.*) propeller *3* (*aeron., naut.*) (screw) propeller; screw; (*di elicottero*) rotor.
elicoidàle *a.* *1* (*geom.*) helicoidal *2* (*mecc.*) helical.
elicotterista *m. e f.* helicopter pilot.
elicòttero *m.* helicopter.
elidere *A* *v. t.* *1* (*ling.*) to elide *2* (*annullare*) to annul *B* **elidersi** *v. rifl. recipr.* to cancel (each other) out.
eliminàre *v. t.* to eliminate.
eliminatòria *f.* qualifying round; preliminary heat • **superare le eliminatorie**, to qualify.
eliminatòrio *a.* preliminary.
eliminazióne *f.* elimination • **gara a e.**, knock-out competition □ **per e.**, by a process of elimination.
èlio *m.* (*chim.*) helium.
eliocèntrico *a.* (*astron.*) heliocentric.
eliocentrismo *m.* (*astron.*) heliocentrism.
eliografia *f.* *1* (*tecnica*) heliography *2* (*incisione*) heliograph.
eliogràfico *a.* heliographic.
eliògrafo *m.* (*mil., astron.*) heliograph.
elioterapia *f.* (*med.*) heliotherapy.
elioteràpico *a.* (*med.*) heliotherapeutic • **cura elioterapica**, sun treatment.
eliotròpio *m.* *1* (*bot.*) heliotrope *2* (*miner.*) heliotrope; bloodstone.
eliotropismo *m.* (*bot.*) heliotropism.
elipòrto *m.* (*aeron.*) heliport.
elisabettiàno *a. e m.* (*stor.*) Elizabethan.
elìsio *a.* (*mitol. e fig.*) Elysian: **i campi Elisi**, the Elysian Fields.
elisióne *f.* (*ling.*) elision.
elisir *m.* elixir: **e. di lunga vita**, elixir of life.
elitàrio *a.* elitist; elite (*attr.*).
élite (*franc.*) *f. invar.* élite.
élla *pron. pers. f. 3ª pers. sing. sogg.* (*lett.*) *1* she: **e. stessa**, she herself *2* (*di cortesia*) you.
ellèboro *m.* (*bot.*) hellebore.
ellènico *a.* Hellenic.
ellenismo *m.* Hellenism.
ellenista *m. e f.* Greek scholar.
ellenistico *a.* Hellenistic.
ellisse *f.* (*geom.*) ellipse.
ellissi *f.* (*ling.*) ellipsis*.
ellittico (**1**) *a.* (*geom.*) elliptical.
ellittico (**2**) *a.* (*ling.*) elliptical.
elmétto *m.* helmet; (*di operaio, ecc.*) hard hat.
élmo *m.* helmet.
elocuzióne *f.* elocution.
elogiàre *v. t.* to praise; to commend.
elogiativo *a.* laudatory: **parole elogiative**, words of praise; laudatory terms (*form.*) • **parlare in termini elogiativi di q.**, to speak very highly of sb.
elògio *m.* *1* (*lode*) praise; commendation: **meritare un e.**, to deserve praise; **fare gli elogi di q.**, to praise sb.; to sing sb.'s praises; **fare i propri elogi a q.**, to congratulate sb. (on st.) *2* (*discorso elogiativo*) oration; eulogy: **e. funebre**, funeral oration.
eloquènte *a.* eloquent.
eloquènza *f.* eloquence; (*arte oratoria*) oratory.
elòquio *m.* (*lett.*) speech; language.
élsa *f.* hilt.
elucubràre *v. t.* (*lett.*) *1* (*meditare*) to meditate; to ponder *2* (*escogitare*) to think* up; to concoct.
elucubrazióne *f.* lucubration.
elùdere *v. t.* to elude; to evade; to side-step; to dodge (*fam.*): **e. una domanda**, to evade a question; **e. una questione**, to side-step an issue; **e. la sorveglianza di q.**, to escape sb.'s vigilance.
elusióne *f.* — **e. fiscale**, tax avoidance.
elusività *f.* elusiveness; evasiveness.
elusivo *a.* elusive; evasive.
elvètico *A* *a.* Swiss; (*stor.*) Helvetic, Helvetian *B* *m.* Swiss; (*stor.*) Helvetian.
elzevirista *m. e f.* (*giorn.*) author of literary articles.
elzevìro *m.* *1* (*tipogr.*) Elzevir (type) *2* (*giorn.*) literary article (published in a daily newspaper).

emaciàto *a.* emaciated.
emanàre ***A*** *v. t.* ***1*** (*calore, odore*) to give* off; (*luce*) to emit ***2*** (*promulgare*) to promulgate; (*un ordine, ecc.*) to issue ***B*** *v. i.* to emanate; to issue.
emanazióne *f.* ***1*** emanation; emission; (*esalazione*) exhalation ***2*** (*di legge, ecc.*) promulgation; (*di ordine*) issuing.
emancipàre ***A*** *v. t.* to emancipate ***B*** **emancipàrsi** *v. rifl.* to become* emancipated.
emancipàto *a.* emancipated.
emancipazióne *f.* emancipation.
emarginàre *v. t.* to marginalize; to isolate.
emarginàto ***A*** *a.* marginalized ***B*** *m.* (*f.* **-a**) marginalized person; social outcast.
emarginazióne *f.* marginalization.
emàtico *a.* h(a)ematic.
ematite *f.* (*miner.*) h(a)ematite.
ematologìa *f.* (*med.*) h(a)ematology.
ematòma *m.* (*med.*) h(a)ematoma.
embàrgo *m.* (*naut., econ.*) embargo*.
emblèma *m.* emblem; (*simbolo*) symbol; (*di partito, ecc.*) logo; (*arald.*) device.
emblemàtico *a.* emblematic; symbolic; (*rappresentativo*) typical.
embolìa *f.* (*med.*) embolism.
èmbolo *m.* (*med.*) embolus*.
émbrice *m.* flat tile.
embriologìa *f.* (*biol.*) embryology.
embrionàle *a.* embryonal; (*anche fig.*) embryonic, embryo (*attr.*) • **allo stato e.**, in embryo, at an early stage.
embrióne *m.* (*biol. e fig.*) embryo*.
emendaménto *m.* amendment (*anche leg.*); (*di un testo*) emendation.
emendàre ***A*** *v. t.* ***1*** (*leg.*) to amend ***2*** (*correggere*) to correct; to mend; (*un testo*) to emend ***3*** (*migliorare*) to improve; to better ***B*** **emendàrsi** *v. rifl.* to mend one's ways; to reform.
emergènte *a.* emergent; emerging; (*promettente*) up-and--coming: **un giovane attore e.**, an up-and-coming young actor; **paese e.**, developing country.
emergènza *f.* emergency: **dichiarare lo stato di e.**, to declare a state of emergency; **in caso di e.**, in an emergency; **uscita di e.**, emergency exit • **l'e. droga**, the drug problem.
emèrgere *v. i.* ***1*** (*anche naut.*) to surface ***2*** (*venire alla luce*) to emerge ***3*** (*distinguersi*) to stand* out.
emèrito *a.* ***1*** (*insigne*) distinguished ***2*** (*università*) emeritus ***3*** (*iron.*) egregious; regular: **e. bugiardo**, egregious liar; **e. imbroglione**, regular cheat.
emerotèca *f.* newspaper and periodical library.
emersióne *f.* (*anche naut.*) surfacing • **navigare in e.**, to proceed on the surface.
emèrso *a.* rising out of the water; (*naut.*) surfaced • **terre emerse**, lands above sea level.
emètico *a. e m.* (*farm.*) emetic.
eméttere *v. t.* ***1*** (*voce, suono*) to emit; to give*; to let* out; to utter: **e. un grido**, to emit (*o* to let out) a cry; **e. un sospiro**, to give (*o* to heave) a sigh; **Non emise parola**, he uttered not a word ***2*** (*calore, luce, gas, ecc.*) to give* out (*o* off); to send* out; (*sudore, umidità*) to exude ***3*** (*mettere in circolazione*) to issue; (*un assegno, una cambiale*) to draw* ***4*** (*promulgare*) to promulgate; to issue: (*leg.*) **e. un mandato di arresto**, to issue a warrant of arrest ***5*** (*leg.*: *pronunciare*) — **e. una sentenza**, to pass a sentence; **e. un verdetto**, to bring* in (*o* to return) a verdict.
emicìclo *m.* hemicycle.
emicrània *f.* (*med.*) migraine; hemicrania.
emigrànte *a., m. e f.* emigrant.
emigràre *v. i.* to emigrate; (*di animali*) to migrate.
emigràto *a. e m.* (*f.* **-a**) emigrant • **e. politico**, political exile.
emigrazióne *f.* ***1*** emigration; (*di animali*) migration ***2*** (*collett.*) emigrants (*pl.*).
eminènte *a.* ***1*** (*elevato*) high ***2*** (*illustre*) eminent; distinguished; leading.
eminenteménte *avv.* principally; mainly.
eminènza *f.* ***1*** eminence; prominence; excellence ***2*** (*titolo*) Eminence • **e. grigia**, éminence grise (*franc.*).
emiràto *m.* emirate.
emiro *m.* emir.
emisfèro *m.* hemisphere.
emissàrio (**1**) *m.* (*geogr.*) effluent.
emissàrio (**2**) *m.* (*f.* **-a**) (*inviato*) emissary.
emissióne *f.* ***1*** (*di luce, calore, ecc.*) emission ***2*** (*messa in circolazione*) issue; (*di assegno, cambiale*) drawing: **e. di francobolli**, issue of stamps • (*radio, TV*) **antenna d'e.**, transmitting aerial □ **banca d'e.**, issuing bank.
emittènte ***A*** *a.* ***1*** (*econ.*) issuing: **banca e.**, issuing bank ***2*** (*radio, TV*) transmitting; broadcasting ***B*** *f.* (*tel.*) transmitter; (*radio, TV*) broadcasting station: **e. privata**, independent station.
emittènza *f.* (*radio, TV*) ***1*** (*diffusione*) broadcasting ***2*** (*reti*) networks (*pl.*); television: **l'e. pubblica**, public television.
emoderivàto *m.* (*med.*) blood derivative.
emodiàlisi *f.* (*med.*) h(a)emodialysis.
emodializzàto *a.* (*med.*) undergoing h(a)emodialysis.
emofilìa *f.* (*med.*) h(a)emophilia.
emofilìaco (*med.*) ***A*** *a.* h(a)emophilic ***B*** *m.* (*f.* **-a**) h(a)emophiliac.
emoglobina *f.* (*biol.*) h(a)emoglobin.
emolliènte *a. e m.* (*farm.*) emollient.
emoluménto *m.* emolument; fee; honorarium*.
emorragìa *f.* (*med.*) h(a)emorrhage; bleeding.
emorràgico *a.* (*med.*) h(a)emorrhagic.
emorròidi *f. pl.* (*med.*) h(a)emorrhoids; piles.
emostàtico *a. e m.* (*farm.*) h(a)emostatic • **laccio e.**, tourniquet □ **matita emostatica**, styptic pencil.
emotèca *f.* (*med.*) blood bank.
emotività *f.* emotionalism.
emotìvo ***A*** *a.* ***1*** emotional ***2*** (*facile alle emozioni*) emotional; sensitive ***B*** *m.* (*f.* **-a**) emotional person.
emotrasfusióne *f.* (*med.*) blood transfusion.
emotrasfùso *a. e m.* (*f.* **-a**) (*med.*) (person) that has undergone a blood transfusion.
emozionànte *a.* ***1*** (*eccitante*) exciting; thrilling ***2*** (*commovente*) moving.
emozionàre ***A*** *v. t.* ***1*** (*eccitare*) to excite; to thrill ***2*** (*commuovere*) to move ***B*** **emozionàrsi** *v. i. pron.* ***1*** (*eccitarsi*) to get* excited; (*agitarsi*) to be nervous, to get* worked up ***2*** (*commuoversi*) to be moved.
emozionàto *a.* ***1*** (*eccitato*) excited; (*nervoso*) nervous, worked up ***2*** (*commosso*) overcome with emotion; overwhelmed.
emozióne *f.* ***1*** (*psic.*) emotion ***2*** (*eccitazione*) excitement; thrill; (*agitazione*) nervousness ***3*** (*turbamento*) distress; (*commozione*) emotion.
empietà *f.* ***1*** impiety; (*malvagità*) wickedness ***2*** (*azione empia*) impious act; wicked act.
émpio *a.* impious; (*malvagio*) wicked; (*crudele*) cruel.
empìreo *m.* empyrean.
empìrico *a.* empirical.
empirismo *m.* empiricism.
èmpito *m.* (*lett.*) ***1*** (*forza*) vehemence; violence ***2*** (*impulso*) impulse; surge.
empòrio *m.* emporium; general shop (*o* store).
emù *m.* (*zool.*) emu.
emulàre *v. t.* to emulate.
emulatóre *m.* (*f.* **-trice**) emulator.
emulazióne *f.* emulation.
èmulo ***A*** *a.* imitating ***B*** *m.* (*f.* **-a**) imitator.
emulsionànte ***A*** *a.* emulsifying ***B*** *m.* emulsifier.
emulsionàre *v. t.* to emulsify.
emulsióne *f.* (*chim., fotogr.*) emulsion.
encefalite *f.* (*med.*) encephalitis.
encèfalo *m.* (*anat.*) encephalon*.
encefalogràmma *m.* (*med.*) encephalogram.
encìclica *f.* (*eccles.*) encyclical.
enciclopedìa *f.* encyclop(a)edia.
enciclopèdico *a.* encyclop(a)edic.
enclave (*franc.*) *m. invar.* enclave.
enclìtica *f.* (*gramm.*) enclitic.
enclìtico *a.* (*gramm.*) enclitic.
encomiàbile *a.* praiseworthy; commendable.
encomiàre *v. t.* to praise; to commend.
encomiàstico *a.* encomiastic; panegyrical; laudatory.
encòmio *m.* ***1*** encomium*; eulogy; (*lode*) praise, commendation ***2*** (*mil.*) mention in dispatches; citation (*USA*).
endecasìllabo (*poesia*) ***A*** *a.* hendecasyllabic ***B*** *m.* hendecasyllable.

endèmico *a.* endemic • **malattia [pianta] endemica**, endemic.
endìadi *f.* (*retor.*) hendiadys.
endòcrino *a.* (*anat.*) endocrine.
endocrinologìa *f.* (*med.*) endocrinology.
endògeno *a.* **1** (*biol., med.*) endogenous **2** (*geol.*) endogenetic.
endoscopìa *f.* (*med.*) endoscopy.
endotèrmico *a.* (*chim.*) endothermic.
endovéna (*med.*) **A** *f.* intravenous injection **B** *avv.* intravenously.
endovenósa *f.* (*med.*) intravenous injection.
endovenóso *a.* (*med.*) intravenous.
energètico **A** *a.* **1** (*scient.*) energy (*attr.*): **fonti energetiche**, energy sources; **crisi energetica**, energy crisis **2** (*che dà energia*) energizing; energy-giving **B** *m.* (*farm.*) tonic.
energìa *f.* energy: **e. solare**, solar energy; **e. elettrica**, electric energy (*o* power); **e. nucleare**, nuclear power.
enèrgico *a.* energetic, vigorous; (*forte*) strong; (*risoluto*) forceful, firm; (*potente*) powerful: **donna energica**, energetic woman; **carattere e.**, strong character; **protesta energica**, forceful protest; **rimedio e.**, strong remedy; **misure energiche**, firm measures.
energùmeno *m.* brute; bully.
ènfași *f.* **1** emphasis*; stress **2** (*pomposità*) pomposity; grandiloquence.
enfàtico *a.* **1** emphatic **2** (*pomposo*) pompous; grandiloquent.
enfatizzàre *v. t.* **1** to emphasize; to stress **2** (*ingigantire*) to exaggerate; to blow* up.
enfișèma *m.* (*med.*) emphysema.
enigma *m.* enigma; riddle; puzzle: **parlare per enigmi**, to speak in riddles; **Quell'uomo è un vero e.**, that man is an enigma; **La sua fine resta un e.**, his death remains a mystery.
enigmàtico *a.* enigmatic; puzzling; (*misterioso*) mysterious.
enigmista *m. e f.* **1** puzzle creator **2** (*solutore*) solver of puzzles; puzzle enthusiast: **essere un bravo e.**, to be good at puzzles.
enigmìstica *f.* **1** enigmatography **2** (*enigmi*) puzzles (*pl.*): **appassionato di e.**, puzzle enthusiast; **rivista di e.**, puzzles magazine.
enigmìstico *a.* puzzle (*attr.*).
ennèșimo *a.* **1** (*mat.*) nth **2** (*fig.*) nth; umpteenth (*fam.*): **l'e. tentativo**, the umpteenth try.
enologìa *f.* (o)enology; wine-making.
enològico *a.* (o)enological; wine-making (*attr.*); wine (*attr.*): **l'industria enologica**, the wine industry.
enòlogo *m.* (*f.* **-a**) (o)enologist.
enórme *a.* enormous; huge; (*vasto*) vast; (*fortissimo*) tremendous; (*di cosa neg.*) monstrous, shocking: **quantità e.**, enormous amount; **e. successo**, huge success; **e. ingiustizia**, monstrous injustice.
enormità *f.* **1** hugeness; immensity; (*vastità*) vastness; (*dimensioni*) size, extent; (*di cosa neg.*) enormity **2** (*sciocchezza*) nonsense Ⓤ; (*sproposito*) howler **3** (*grossa somma*) fortune.
enotèca *f.* **1** (*raccolta*) (wine) cellar **2** (*negozio*) wine shop; wine-merchant's.
en passant (*franc.*) *locuz. avv.* in passing; incidentally.
ensemble (*franc.*) *m. invar.* (*mus.*) ensemble.
ènte *m.* **1** (*relig., filos.*) being: **l'E. Supremo**, the Supreme Being **2** (*leg.*) body; authority; board; institution; organization; corporation (*USA*); agency (*USA*): **e. pubblico**, public body (*o* authority, corporation); **e. locale**, local authority; **e. statale**, government body (*o* agency); state company; **e. di ricerca**, research organization; **e. morale**, non-profit organization; foundation; **E. Italiano per il Turismo**, Italian Tourist Board.
enterìte *f.* (*med.*) enteritis.
entità *f.* **1** (*filos.*) entity **2** (*importanza*) importance; (*grandezza*) size, extent, magnitude: **e. di un debito**, size of a debt; **e. dei danni**, extent of damage; **e. di una spesa**, cost; **di una certa e.**, of some importance; considerable (*agg.*); substantial (*agg.*); **di lieve e.**, limited (*agg.*); slight (*agg.*).
entomologìa *f.* entomology.
entomòlogo *m.* (*f.* **-a**) entomologist.
entourage (*franc.*) *m. invar.* entourage.
entraîneuse (*franc.*) *f. invar.* (night-club) hostess.
entràmbi *a. e pron. m. pl.* (*f.* **-e**) both: **e. i libri**, both books; **Partirono e.**, they both (*o* both of them) left; **Le vidi entrambe**, I saw them both (*o* both of them).
entrànte *a.* **1** (*prossimo*) next; coming: **la settimana e.**, next week **2** (*di persona eletta*) newly-appointed.
entràre *v. i.* **1** to go* in; to come* in; to enter (st.) (*form.*); to get* in: **Entri pure!**, come in!; **Bussai prima di e.**, I knocked before going in (*o* entering); **e. in una casa**, to go into a house; **e. nell'ascensore**, to get into the lift; **e. in macchina**, to get into a car; **e. in convento**, to enter a convent; **Il treno entrò in una galleria**, the train entered a tunnel; **Il ladro è entrato dalla finestra**, the burglar got in through the window; **Da dove si entra?**, which is the way in?; how do you get in?; **Fallo e.**, let him in; **Lo faccia pure e.**, show him in; **Il processo è entrato nella sua terza settimana**, the trial has entered its third week **2** (*unirsi a, arruolarsi*) to join: **e. nell'esercito**, to join the army **3** (*stare*) to go* in; to get* in; to fit in: **È troppo grosso, non c'entra**, it's too big, it won't go in; **Riuscii a far e. tutto in valigia**, I managed to get everything into the suitcase **4** (*adattarsi*) to fit: **Queste scarpe non mi entrano più**, these shoes no longer fit; I can't get into these shoes any more; **La chiave non entra nella serratura**, the key doesn't fit the lock **5** (**entrarci**: *avere a che fare*) to have to do (with); to enter (into); (*essere pertinente*) to be relevant (to): **Cosa c'entra?**, what's that got to do with it?; **Tu che c'entri?**, what has it got to do with you?; (*più ostile*) what business is it of yours?; **Non voglio entrarci**, I don't want to get involved • **e. di corsa**, to run in; to rush in □ **e. furtivamente** (*o* **di soppiatto**), to steal in □ **e. in carica**, to take up office □ **e. in gioco** (*o* **in ballo**), to come into play □ **e. in guerra**, to enter the war; to go to war □ **e. in scena**, (*teatr.*) to enter; (*fig.*) to come in □ **e. in vigore**, to come into force; to become effective □ **e. nei particolari**, to go into details □ **far e. q. in banca**, to get sb. a job in a bank □ **fare e. q.c. in testa a q.**, to get sb. to understand st.; to drive st. into sb.'s head.
entràta *f.* **1** (*l'entrare*) entry; entrance; (*permesso di ingresso*) admission: **e. trionfale**, triumphal entry; **e. libera**, admission free; **Divieto d'e.**, no entrance **2** (*luogo di accesso*) entrance; entry; way in: **e. principale [di servizio]**, main [tradesmen's] entrance; **all'e. del teatro**, at the entrance of the theatre **3** (*locale di ingresso*) hall **4** (*reddito*) income; (*guadagno*) earnings; (*al pl.*: *incassi*) receipts, takings **5** (*al pl.*) (*fin., econ.*) revenue Ⓤ: **entrate pubbliche**, public revenue • (*rag.*) **entrate e uscite**, debit and credit □ **e. in carica**, coming into office □ (*teatr.*) **e. in scena**, entrance □ **e. in vigore**, coming into effect □ **Con l'e. in guerra dell'Italia...**, after Italy came into the war...
entratùra *f.* (*contatto*) connections (*pl.*): **avere le entrature giuste**, to have the right connections; to be well connected.
éntro *prep.* **1** (*di luogo*) in; inside **2** (*di tempo, rif. a un periodo*) within; (*rif. a giorno o data*) not later than, by: **e. l'anno**, within the year; **entro lunedì [il 2000]**, by Monday [the year 2000]; **e. e non oltre**, no later than.
entrobórdo *m. invar.* (*naut.*) **1** (*motore*) inboard engine **2** (*imbarcazione*) motorboat with an inboard engine.
entrotèrra *m. invar.* (*geogr.*) hinterland; interior.
entușiașmànte *a.* exciting; thrilling; stirring.
entușiașmàre **A** *v. t.* to excite; to thrill; to arouse (sb.'s) enthusiasm • **L'idea non mi entusiasma**, I'm not very keen on the idea; the idea doesn't appeal to me very much **B** **entușiașmàrsi** *v. i. pron.* to be excited (*o* thrilled); to get* carried away.
entușiàșmo *m.* enthusiasm • **facile all'e.**, easily fired □ **lasciarsi prendere dall'e.**, to get carried away.
entușiàsta **A** *m. e f.* enthusiastic supporter; fan **B** *a.* enthusiastic; (*lietissimo*) thrilled, delighted.
entușiasticaménte *avv.* enthusiastically; with enthusiasm.
entușiàstico *a.* enthusiastic.
enumeràre *v. t.* to enumerate; to list.
enumerazióne *f.* enumeration; list.
enunciàre *v. t.* **1** (*pronunciare*) to enunciate **2** (*esprimere*) to express; (*dichiarare*) to state; (*esporre*) to set* out.
enunciàto *m.* proposition; statement; (*formulazione*) terms (*pl.*).
enunciazióne *f.* enunciation; statement.
enzìma *f.* (*biol.*) enzyme.
enzimàtico *a.* (*biol.*) enzymic; enzymatic.

eòlico (**1**) *a.* (*dell'Eolia*) Aeolic; Aeolian.
eòlico (**2**) *a.* (*del vento, dovuto al vento*) wind (*attr.*); aeolian.
epàtico *a.* (*anat., med.*) hepatic; liver (*attr.*).
epatite *f.* (*med.*) hepatitis.
èpica *f.* epic poetry.
epicèntro *m.* ***1*** (*geol.*) epicentre ***2*** (*fig.*) centre; heart.
èpico *a.* (*anche fig.*) epic: **poema e.**, epic (poem).
epicureìsmo *m.* ***1*** (*filos.*) Epicureanism ***2*** (*fig.*) epicurism.
epicurèo ***A*** *a.* (*filos.*) Epicurean ***B*** *m.* ***1*** (*filos.*) Epicurean ***2*** (*fig.*) epicurean.
epidemìa *f.* (*med. e fig.*) epidemic.
epidèmico *a.* epidemic.
epidèrmico *a.* ***1*** (*anat.*) epidermic; skin (*attr.*) ***2*** (*fig.*) skin--deep; superficial.
epidèrmide *f.* ***1*** (*anat.*) skin; epidermis ***2*** (*fig.*) skin; surface.
Epifanìa *f.* Epiphany • **la notte dell'E**, the Twelfth Night.
epifanìa *f.* epiphany.
epiglòttide *f.* (*anat.*) epiglottis*.
epìgono *m.* (*lett.*) imitator; follower.
epìgrafe *f.* epigraph.
epigrafìa *f.* epigraphy.
epigràfico *a.* ***1*** epigraphic; lapidary ***2*** (*fig.*) concise; terse.
epigràmma *m.* epigram.
epigrammàtico *a.* epigrammatic.
epigrammìsta *m. e f.* epigrammatist.
epilessìa *f.* (*med.*) epilepsy.
epilèttico *a. e m.* (*med.*) epileptic.
epìlogo *m.* ***1*** (*letter.*) epilogue ***2*** (*conclusione*) end; ending; conclusion.
episcopàle *a.* episcopal; bishop's: **palazzo e.**, bishop's palace; **Chiesa E.**, Episcopal Church.
episcopàto *m.* ***1*** (*dignità, durata in carica*) episcopacy; episcopate; bishopric ***2*** (*i vescovi*) episcopate.
episòdico *a.* ***1*** (*a episodi*) episodic ***2*** (*frammentario*) fragmentary; (*occasionale*) occasional; (*marginale*) minor.
episòdio *m.* episode (*anche letter., med.*); incident; event.
epistemologìa *f.* (*filos.*) epistemology.
epistemòlogo *m.* (*f.* **-a**) epistemologist.
epìstola *f.* (*letter., eccles.*) epistle.
epistolàre *a.* letter (*attr.*); epistolary: **in forma e.**, in letter form; **romanzo e.**, epistolary novel; **rapporti epistolari**, correspondence; exchange of letters; **Siamo in contatto e.**, we write to each other.
epistolàrio *m.* letters (*pl.*); correspondence.
epitàffio *m.* epitaph.
epitèlio *m.* (*anat.*) epithelium.
epìteto *m.* ***1*** epithet ***2*** (*insulto*) term of abuse; name: **una sfilza di epiteti**, a torrent of abuse; **lanciare epiteti a q.**, to call sb. names.
epìtome *f.* epitome; compendium*.
època *f.* ***1*** epoch; era; age; period: **l'e. elisabettiana**, the Elizabethan age; **la fine di un'e.**, the end of an era; **segnare un'e.**, to mark an epoch ***2*** (*tempo*) time; days (*pl.*); (*periodo*) period: **a quell'e.**, at that time; in those days; **all'e. del muto**, in the days of the silents; **all'e. in cui andavo a scuola**, when I was a schoolboy; **l'anno scorso a quest'e.**, this time last year ***3*** (*geol.*) epoch • **fare e.**, to be epoch--making; (*di scandalo, ecc.*) to cause a stir: **una scoperta che fa e.**, an epoch-making discovery □ **mobili d'e.**, period furniture.
epocàle *a.* epoch-making.
epopèa *f.* ***1*** (*poema epico*) epic ***2*** (*genere*) epic poetry ***3*** (*serie di leggende eroiche*) epos ***4*** (*fatti eroici*) heroic deeds (*pl.*).
epossìdico *a.* (*chim.*) epoxy.
eppùre *cong.* and yet; but.
epuràre *v. t.* to purge.
epuràto ***A*** *a.* purged ***B*** *m.* victim of a purge.
epurazióne *f.* purge.
equalizzatòre *m.* (*elettr.*) equalizer.
equalizzazióne *f.* (*elettr.*) equalization.
equaménte *avv.* fairly; justly; equitably.
equànime *a.* impartial; fair; fair-minded.
equanimità *f.* impartiality; fairness.
equatóre *m.* (*geogr., astron.*) equator.
equatoriàle *a.* equatorial.
equazióne *f.* equation: (*mat.*) **e. di primo [secondo, terzo] grado**, simple [quadratic, cubic] equation; **stabilire un'e.**, to draw an equation.
equèstre *a.* equestrian • **circo e.**, circus.
equidistànte *a.* equidistant.
equidistànza *f.* equidistance.
equilàtero *a.* (*geom.*) equilateral.
equilibràre ***A*** *v. t.* to balance; to counterbalance ***B*** **equilibràrsi** *v. rifl. recipr.* to counterbalance each other.
equilibràto *a.* ***1*** (*fis., mecc.*) balanced ***2*** (*fig.*) balanced; well-balanced; (*di persona*) level-headed.
equilibratóre *m.* ***1*** (*mecc.*) equalizer ***2*** (*aeron.*) elevator.
equilibratùra *f.* (*mecc.*) balancing.
equilìbrio *m.* ***1*** balance; equilibrium: **mantenere l'e.** (*o* **stare in e.**), to keep one's balance; **essere in e.**, to be balanced; **tenersi in e.**, to balance; **far perdere l'e. a q.**, to throw sb. off balance; **e. mentale**, (mental) equilibrium ***2*** (*fig.*) common sense; wisdom.
equilibrìsmo *m.* acrobatics (*pl. col verbo al sing.*); (*sulla corda e fig.*) tightrope walking: **e. politico**, political tightrope walking; **numero di e.**, balancing act.
equilibrìsta *m. e f.* acrobat; equilibrist; (*sulla corda*) tightrope walker.
equìno ***A*** *a.* equine; horse (*attr.*): **carne equina**, horsemeat • (*med.*) **piede e.**, clubfoot ***B*** *m.* equid; (*al pl., scient.*) Equidae.
equinoziàle *a.* (*astron.*) equinoctial.
equinòzio *m.* (*astron.*) equinox.
equipaggiaménto *m.* ***1*** (*l'equipaggiare*) equipping; fitting out ***2*** (*attrezzatura*) equipment; outfit; gear.
equipaggiàre ***A*** *v. t.* ***1*** to equip; to fit out; to kit out (*fam. GB*) ***2*** (*naut.: fornire di equipaggio*) to man ***B*** **equipaggiàrsi** *v. rifl.* to equip oneself; to kit oneself out.
equipàggio *m.* ***1*** (*naut.*) crew; hands (*pl.*) ***2*** (*aeron., sport*) crew.
equiparàbile *a.* comparable.
equiparàre *v. t.* to put* on the same level; to level; to equalize.
equiparazióne *f.* equalization; levelling out.
équipe (*franc.*) *f. invar.* team: **lavorare in é.**, to work as a team; **lavoro d'é.**, teamwork.
equipollènte *a.* equivalent.
equisèto *m.* (*bot.*) equisetum*; horsetail.
equità *f.* equity (*anche leg.*); impartiality; fairness.
equitazióne *f.* (horse-)riding; (*l'arte*) horsemanship • **fare e.**, to ride □ **gare di e.**, equestrian events □ **scuola d'e.**, riding school.
equivalènte ***A*** *a.* equivalent; equal ***B*** *m.* equivalent.
equivalènza *f.* equivalence.
equivalére ***A*** *v. i.* to be equivalent (to); (*di azione*) to be tantamount (to); (*essere uguale*) to be the same (as): **Ciò equivale a dire che...**, this is the same as saying (*o* as much as to say, tantamount to saying) that...; **A quanto equivale in lire?**, how much is it in lire? ***B*** **equivalérsi** *v. rifl. recipr.* to be equally good [bad, etc.]; (*essere uguali*) to be equal, to be the same; (*essere pari*) to come to the same thing.
equivocàre *v. i.* to misunderstand* (st.); to get* hold of the wrong end of the stick (*fam.*). ATTENZIONE: **equivocare** ≠ to equivocate.
equìvoco ***A*** *a.* ***1*** (*ambiguo*) equivocal; ambiguous ***2*** (*dubbio, sospetto*) doubtful; dubious; shady ***B*** *m.* ambiguity; (*malinteso*) misunderstanding; (*errore*) mistake: **dar luogo a un e.**, to give rise to (*o* to cause) a misunderstanding; **a scanso d'equivoci**, to avoid any misunderstanding • **giocare sull'e.**, to equivocate.
èquo *a.* (*imparziale*) fair, impartial; (*giusto*) fair, reasonable, equitable.
èra *f.* era; age; epoch.
erariàle *a.* revenue (*attr.*); tax (*attr.*): **imposta e.**, revenue tax; **ufficio e.**, tax office.
eràrio *m.* public revenue; inland revenue; (*in G.B.*) (the) Exchequer.
èrba *f.* ***1*** grass; (*infestante*) weed; (*aromatica, medicinale*) herb: **macchia d'e.**, grass stain; **e. cattiva**, weed; **infuso d'erbe**, herbal tea; **coperto d'e.**, grassy ***2*** (*gergale: marijuana*) grass; weed; pot • (*bot.*) **e. cipollina**, chives □ (*bot.*) **e. medica**, alfalfa; lucerne □ **dottore in e.**, budding doctor □ **grano in e.**, green corn □ **fare d'ogni e. un fascio**, to lump everything together □ (*ricamo*) **punto e.**, stem

stitch.
erbàccia *f.* weed • **togliere le erbacce da q.c.**, to weed st.
erbàceo *a.* grassy; herbaceous.
erbaggi *m. pl.* greens; vegetables.
erbàrio *m.* herbarium; (*libro*) herbal.
erbicìda *m.* weedkiller; herbicide.
erbivéndolo *m.* (*f.* **-a**) greengrocer.
erbìvoro (*zool.*) ***A*** *a.* herbivorous ***B*** *m.* herbivore.
erborìsta *m. e f.* herbalist.
erboristerìa *f.* ***1*** (*scienza*) herbal medicine ***2*** (*negozio*) herbalist's (shop).
erbóso *a.* grassy; grass (*attr.*): **terreno e.**, grassland; (*sport*) **campo e.**, grass court.
ercùleo *a.* Herculean.
erède *m. e f.* ***1*** heir: **e. di q.c.**, heir to st.; **nominare q. proprio e.**, to make sb. one's heir; **e. legittimo**, rightful heir; heir-at-law; **e. universale**, sole heir ***2*** (*fig.*) heir; successor: **e. spirituale**, spiritual heir; **gli eredi di Freud**, Freud's successors.
eredità *f.* ***1*** (*leg.*) inheritance: **lasciare in e.**, to leave; to bequeath (*form.*); **ricevere in e.**, to inherit; to be left (st.); **e. giacente**, vacant succession ***2*** (*retaggio*) legacy ***3*** (*biol.*) heredity.
ereditàre *v. t.* to inherit.
ereditarietà *f.* (*biol.*) heredity.
ereditàrio *a.* (*anche biol.*) hereditary.
ereditièra *f.* heiress.
eremìta *m. e f.* hermit; (*fig., anche*) recluse.
eremitàggio *m.* hermitage.
èremo *m.* ***1*** hermitage ***2*** (*fig.*) retreat.
eresìa *f.* ***1*** heresy ***2*** (*fig.*) heresy; (*sciocchezza*) nonsense Ⓤ; rubbish Ⓤ: **dire eresie**, to talk nonsense.
erètico ***A*** *a.* heretical ***B*** *m.* (*f.* **-a**) heretic.
erèttile *a.* (*anat., bot.*) erectile.
erètto *a.* erect; straight; upright: **tenere la testa eretta**, to hold one's head erect; **sedere e.**, to sit straight; **portamento e.**, upright stance.
erezióne *f.* ***1*** (*costruzione*) building; (*fondazione*) establishment ***2*** (*fisiol.*) erection.
ergastolàno *m.* (*f.* **-a**) convict serving a life sentence.
ergàstolo *m.* ***1*** (*pena*) life imprisonment ***2*** (*luogo*) prison (for convicts serving life sentence) • **condanna all'e.**, life sentence.
èrgersi *v. i. pron. e rifl.* to rise*; to stand*.
ergonomìa *f.* ergonomics (*pl. col verbo al sing.*).
ergonòmico *a.* ergonomic.
èrica *f.* (*bot.*) heather.
erìgere ***A*** *v. t.* ***1*** (*innalzare*) to erect, to put* up; (*costruire*) to build* ***2*** (*fondare*) to found; (*istituire*) to institute, to set* up ***B*** **erigersi** *v. rifl. e i. pron.* ***1*** to straighten oneself; to stand* up straight ***2*** (*fig.*) to set* oneself up (as).
eritèma *m.* (*med.*) erythema • **e. solare**, sun-rash.
eritrocìta *m.* (*anat.*) erythrocyte.
èrma *f.* (*archeol.*) herm.
ermafrodìto *a. e m.* hermaphrodite.
ermellìno *m.* ***1*** (*animale*) stoat; ermine ***2*** (*pelliccia*) ermine.
ermenèutica *f.* hermeneutics (*pl. col verbo al sing.*).
ermeticaménte *avv.* hermetically: **e. chiuso**, hermetically sealed.
ermeticità *f.* ***1*** airtightness ***2*** (*fig.*) obscurity; abstruseness; inscrutability.
ermètico *a.* ***1*** hermetic; airtight; (*a tenuta d'acqua*) watertight; (*a tenuta di gas*) gas-proof: **chiusura ermetica**, hermetic seal ***2*** (*fig.*) cryptic; obscure; (*indecifrabile*) inscrutable ***3*** (*letter.*) hermetic.
ermetìsmo *m.* (*letter.*) Hermeticism.
èrnia *f.* (*med.*) hernia; rupture: **e. strozzata**, strangulated hernia • (*med.*) **e. del disco**, slipped disc.
erniàrio *a.* (*med.*) hernial • **cinto e.**, truss.
eródere *v. t.* to erode; to wear* away; to eat* away.
eròe *m.* hero* • **e. da operetta**, stage hero □ **fare l'e.**, to act the hero.
erogàre *v. t.* ***1*** (*denaro*) to allocate; to pay* out ***2*** (*acqua, luce, ecc.*) to supply: **e. luce a una città**, to supply a town with light.
erogazióne *f.* ***1*** (*di denaro*) allocation; disbursement ***2*** (*di gas, luce, ecc.*) supply.
erògeno *a.* erogenous.
eroicaménte *avv.* heroically; like a hero.
eròico *a.* heroic.
eroicòmico *a.* mock-heroic.
eroìna (**1**) *f.* heroine.
eroìna (**2**) *f.* (*droga*) heroin.
eroinòmane *m. e f.* heroin addict.
eroìsmo *m.* heroism • **atto d'e.**, heroic deed.
erómpere *v. i.* to burst* out; to break* out; (*di acqua*) to spurt.
erosióne *f.* erosion.
erosìvo *a.* erosive.
eròtico *a.* erotic; sexual.
erotìsmo *m.* eroticism; erotism; sexuality.
erotòmane *m. e f.* erotomaniac; (*scherz.*) sex maniac.
èrpete *m.* (*med.*) herpes.
érpice *m.* (*agric.*) harrow.
errabóndo *a.* (*lett.*) wandering; rambling.
errànte *a.* (*lett.*) wandering; roving • **cavaliere e.**, knight errant.
erràre *v. i.* ***1*** (*vagare*) to wander; to roam; to rove; to ramble: **e. per il mondo**, to wander about the world; **e. con la fantasia**, to let one's imagination wander ***2*** (*sbagliare*) to be mistaken; to make* a mistake; to err (*lett.*): **se non erro**, if I am not mistaken.
erràta còrrige (*lat.*) *locuz. m. invar.* errata (*pl.*).
erràto *a.* wrong; incorrect; mistaken: **informazioni errate**, incorrect information; **giudizio e.**, mistaken judgment; **se non vado e.**, if I am not mistaken.
èrre *f.* r, R: **parlare con l'e. moscia**, to speak with a French r.
erroneaménte *avv.* erroneously; mistakenly.
erròneo *a.* erroneous; mistaken; wrong.
erróre *m.* mistake; error; (*lieve*) slip: **commettere un e.**, to make a mistake; **cadere in e.**, to err; to be mistaken; **indurre in e.**, to lead into error; **per e.**, by mistake; **e. di giudizio**, error of judgment; **errori di gioventù**, youthful errors • **e. di calcolo**, miscalculation □ **e. d'ortografia**, spelling mistake □ **e. di stampa**, misprint □ **e. giudiziario**, miscarriage of justice □ **salvo e.**, subject to correction (*form.*); if I am not mistaken □ **salvo errori o omissioni**, errors and omissions excepted.
érta *f.* (*salita*) steep ascent • **All'e.!**, look out! □ **stare all'e.**, to be on the alert (*o* on one's guard).
érto *a.* (*lett.*) steep.
erudìre *v. t.* (*lett. o scherz.*) to educate; to teach*.
erudìto ***A*** *a.* learned; erudite; scholarly ***B*** *m.* (*f.* **-a**) scholar.
erudizióne *f.* learning; erudition; scholarship.
eruttàre *v. t.* ***1*** (*di vulcano*) to erupt ***2*** (*fig.*) to pour out.
eruttìvo *a.* eruptive.
eruzióne *f.* ***1*** eruption ***2*** (*med.*) eruption; rash.
esacerbàre *v. t.*, **esacerbàrsi** *v. i. pron.* to exacerbate.
esageràre ***A*** *v. t.* to exaggerate ***B*** *v. i.* to exaggerate; to go* too far: **Non esagero!**, I'm not exaggerating!; **Stavolta ha esagerato**, this time he has gone too far; **e. con le richieste**, to demand too much; **e. nel bere**, to drink too much; **Ho esagerato col sale**, I overdid the salt.
esageratamènte *avv.* exaggeratedly; excessively.
esageràto *a.* exaggerated; excessive; overdone; (*di prezzo*) exorbitant, too high • **Sei il solito e.**, you exaggerate, as usual.
esagerazióne *f.* exaggeration • **È costato un'e.**, it cost a fortune (*o* the earth) □ **Che e.!**, what nonsense!
esagitàto *a.* overexcited; frantic.
esagonàle *a.* (*geom.*) hexagonal.
esàgono *m.* (*geom.*) hexagon.
esalàre ***A*** *v. t.* to exhale; to give* off • **e. l'ultimo respiro**, to breathe one's last ***B*** *v. i.* to emanate.
esalazióne *f.* ***1*** exhalation ***2*** (*cosa esalata*) fumes (*pl.*); vapour.
esaltànte *a.* exciting; elating; thrilling; stirring; rousing.
esaltàre ***A*** *v. t.* ***1*** (*magnificare*) to exalt; to extol ***2*** (*entusiasmare*) to excite; to stir; to elate ***B*** **esaltàrsi** *v. i. pron.* (*entusiasmarsi*) to grow* excited; to become* elated; to get* carried away.
esaltàto ***A*** *a.* excited; thrilled; elated ***B*** *m.* (*f.* **-a**) fanatic; hothead.
esaltazióne *f.* ***1*** (*elogio*) exaltation ***2*** (*infervoramento*) exaltation; elation.
esàme *m.* ***1*** examination; (*studio*) study, consideration: **e. di coscienza**, examination of (one's) conscience; **fare un**

e. della situazione, to consider (*o* to study) the situation; **essere all'e.**, to be under examination; **prendere in e.**, to consider; to take into consideration; (*comm.*) **mandare q.c. in e.**, to send st. on approval **2** (*scolastico*) exam; examination (*form.*): **dare** (*o* **sostenere**) **un e.**, to sit (*o* to take) an exam; **essere bocciato in un e.**, to fail an exam; **e. di ammissione**, entrance examination; **e. di concorso**, competitive examination **3** (*prova, controllo*) test: (*med.*) **e. del sangue**, blood test; **e. di guida**, driving test; **sottoporre a e.**, to test.

eṣàmetro *m.* (*poesia*) hexameter.

eṣaminàndo *m.* (*f.* **-a**) candidate (*for an examination*); examinee.

eṣaminàre *v. t.* **1** to examine; (*controllare*) to test; (*verificare*) to check, to look into: **e. un paziente**, to examine a patient; **e. un dipinto**, to examine a painting; **e. i conti**, to examine the accounts; **e. la vista**, to test (sb.'s) eyesight; **e. i dati**, to check the data **2** (*un candidato a un posto*) to interview; (*a scuola*) to examine, to test.

eṣaminatóre **A** *m.* (*f.* **-trice**) examiner **B** *a.* examining.

eṣàngue *a.* **1** bloodless; (*pallidissimo*) (deadly) pale, colourless, wan **2** (*senza nerbo*) lifeless; nerveless.

eṣànime *a.* lifeless; dead.

eṣasperànte *a.* exasperating; infuriating; maddening.

eṣasperàre **A** *v. t.* **1** (*irritare*) to exasperate; to infuriate; to madden **2** (*inasprire*) to exacerbate **B** **eṣasperàrsi** *v. i. pron.* to become* exasperated.

eṣasperàto *a.* **1** exasperated; furious; mad (*fam.*) **2** (*portato all'eccesso*) extreme; exaggerated.

eṣasperazióne *f.* **1** (*irritazione*) exasperation **2** (*eccesso*) exacerbation; heightening • **portare q. all'e.**, to drive sb. mad.

eṣattaménte *avv.* **1** (*precisamente*) exactly; precisely; just **2** (*in modo giusto*) correctly.

eṣattézza *f.* **1** (*precisione*) exactness; exactitude **2** (*giustezza*) correctness; accuracy **3** (*puntualità*) punctuality.

eṣàtto *a.* **1** (*preciso*) exact: **scienze esatte**, exact sciences; **l'e. contrario**, the exact opposite; **l'ora esatta**, the exact time; **alle sei esatte**, at six o'clock sharp; at exactly six o'clock; **un chilo e.**, exactly one kilo **2** (*giusto*) correct; right: **E.!**, correct!; that's it! **3** (*accurato*) precise; accurate **4** (*puntuale*) punctual.

eṣattóre *m.* collector: **e. delle imposte**, tax collector; **e. del gas**, gasman.

eṣattorìa *f.* collector's office • **e. comunale**, municipal rates office.

eṣattoriàle *a.* tax (*attr.*): **cartella e.**, tax assessment.

eṣaudiménto *m.* granting; fulfilment.

eṣaudire *v. t.* to grant; to fulfil: **e. una richiesta**, to grant a request; **e. un desiderio**, to fulfil a wish; **e. una preghiera**, to answer a prayer.

eṣauriènte *a.* exhaustive; thorough • **risposta e.**, full answer.

eṣauriménto *m.* **1** exhaustion; depletion: **e. delle risorse**, exhaustion (*o* depletion) of resources; (*comm.*) **e. delle scorte**, selling out **2** (*med.*) tiredness: **avere un po' di e.**, to feel a bit tired; to be run down • **e. nervoso**, nervous breakdown.

eṣaurire **A** *v. t.* **1** to exhaust; to run* out of; to use up: **e. una miniera**, to exhaust a mine; **e. la proprie forze**, to use up all one's strength; **e. un argomento**, to exhaust a topic; **e. le scorte di q.c.**, to run out of st. **2** (*stancare*) to wear* out; to exhaust **B** **eṣaurirsi** *v. i. pron.* **1** (*di provviste, ecc.*) to run* out; (*di sorgente, di ispirazione*) to dry up; (*di miniera*) to be worked out; (*di energie*) to drain away **2** (*stancarsi*) to get* exhausted; to wear* oneself out; to work oneself out.

eṣaurito *a.* **1** (*di persona*) worn-out; run-down **2** (*di merce*) sold out; (*di libro*) out of print • (*teatr.*) **tutto e.**, (*sulle locandine*) sold out □ (*teatr.*) **fare il tutto e.**, to have a full house.

eṣàusto *a.* exhausted; worn-out.

eṣautoràre *v. t.* to deprive of authority (*o* of power).

eṣautorazióne *f.* deprivation of authority.

eṣazióne *f.* collection (*of taxes*); levy.

eṣbórso *m.* (*bur.*) disbursement; outlay; expenditure: **e. di cassa**, cash outlay.

ésca *f.* **1** (*per amo e fig.*) bait: **mettere l'e. all'amo**, to bait the hook **2** (*richiamo, anche fig.*) decoy **3** (*sostanza infiammabile*) tinder; (*di esplosivo*) fuse • (*fig.*) **dare e. al fuoco**, to add fuel to the flames □ **dare e. alla gelosia di q.**, to feed sb.'s jealousy.

escamotage (*franc.*) *m. invar.* subterfuge; gimmick; dodge.

escandescènza *f.* — **dare in escandescenze**, to fly into a rage; to fly off the handle (*fam.*); to blow* one's top (*fam.*).

escatològico *a.* (*teol., filos.*) eschatological.

escavatóre *m.*, **escavatrice** *f.* (*macchina*) excavator; digger.

escavazióne *f.* excavation.

eschimése *a., m. e f.* Eskimo* (*a. e m.*); Eskimo woman* (*f.*).

esclamàre *v. t.* to exclaim; to cry (out): **«Guarda!» esclamò**, «look!» he cried.

esclamativo *a.* exclamatory • **punto e.**, exclamation mark.

esclamazióne *f.* exclamation.

esclùdere **A** *v. t.* **1** (*non ammettere*) to exclude, not to admit; (*da un diritto*) to debar; (*lasciare fuori*) to leave* out; (*eccettuare*) to exclude, to except **2** (*ritenere impossibile*) to exclude; to rule out: **e. una possibilità**, to exclude a possibility; **La polizia esclude il suicidio**, the police have ruled out suicide; **Escludo che fosse Enzo**, I am certain it wasn't Enzo; **Non escludo che potresti aver ragione**, you might be right after all; you could be right; **Lo escludo!**, it's out of the question! **B** **esclùdersi** *v. rifl. e rifl. recipr.* **1** (*tagliarsi fuori*) to cut* oneself out (of) **2** — **e. a vicenda**, (*elidersi*) to cancel (each other) out; (*essere incompatibili*) to be mutually exclusive.

escluṣióne *f.* exclusion: **l'e. di una squadra**, the exclusion of a team; **a e. di** (*o* **fatta e. per**), to the exclusion of; with the exception of • **senza e.**, without exception □ **lotta senza e. di colpi**, fight with no holds barred □ **procedere per e.**, to follow a process of elimination.

escluṣiva *f.* **1** (*comm.*) exclusive (*o* sole) rights (*pl.*); (*rappresentanza in e.*) sole agency; (*licenza*) exclusive licence; (*brevetto*) patent: **e. di vendita**, sole selling rights; **e. per la fabbricazione**, exclusive manufacturing rights; **dare a q. l'e. per q.c.**, to make sb. the sole agent for st.; **avere l'e. di q.c.**, to be the sole agent for st. **2** (*giorn.*) exclusive: **intervista in e.**, exclusive interview.

escluṣivaménte *avv.* exclusively; solely; only.

escluṣiviṣmo *m.* exclusivism.

escluṣivista *m. e f.* **1** (*comm.*) sole agent **2** (*intollerante*) dogmatist.

esclusivistico *a.* dogmatic.

escluṣività *f.* exclusiveness.

escluṣivo *a.* **1** (*comm.*) exclusive; sole: **diritto e.**, exclusive right; **rappresentante e.**, sole agent **2** (*scelto*) exclusive • **amore e.**, possessive love □ **modello e.**, exclusive model.

esclùṣo *a.* **1** excluded; left out: **sentirsi e.**, to feel left out **2** (*eccettuato*) excepted; except (*prep.*); excluding (*prep.*): **esclusi i presenti**, present company excepted; **nessuno e.**, bar none; **tutti i giorni e. il lunedì**, every day except Monday • **È e. che si parta con questo tempo**, we can't possibily leave in this weather; leaving in this weather is out of the question □ **Non è e. che ci ripensi**, he may well change his mind.

escogitàre *v. t.* to devise; to think* out; to contrive; to concoct.

escoriàre *v. t.* to graze.

escoriazióne *f.* abrasion; graze.

escrementìzio *a.* excrementitious.

escreménto *m.* excrement ⊔; (*feci*) faeces (*pl.*); (*di animale*) dung ⊔, droppings (*pl.*).

escrescènza *f.* excrescence; (*verruca*) wart.

escretòre *a.* excretory.

escrezióne *f.* (*fisiol.*) excretion.

escursióne *f.* **1** excursion; trip; tour; (*a piedi*) hike: **e. a piedi**, walking tour; hike; **e. in macchina**, car trip; drive; **e. in montagna**, hike in the mountains; **fare un'e.**, to make (*o* to go on) an excursion (*o* a trip) **2** (*scient.*) range: **e. termica**, temperature range.

escursioniṣmo *m.* touring; (*a piedi*) hiking.

escursionista *m. e f.* excursionist; tourist; (*a piedi*) hiker.

escursionìstico *a.* excursion (*attr.*).

escussióne *f.* (*leg.*) examination.

eṣecràbile *a.* execrable; abominable.

eṣecràndo *a.* abominable; abhorrent; detestable.

eṣecràre *v. t.* to abhor; to loathe.

eṣecràto *a.* abhorred; loathed.
eṣecrazióne *f.* execration; abhorrence; loathing.
eṣecutìvo ***A*** *a.* (*anche leg.*) executive; enforceable: **potere e.**, executive power; **sentenza esecutiva**, enforceable judgment ***B*** *m.* ***1*** (*polit.*) executive ***2*** (*comitato*) executive committee.
eṣecutóre *m.* (*f.* **-trice**) ***1*** person who carries out st.: **l'e. del progetto**, the person who carried out the plan; **un mero e. di ordini**, one that merely carries out orders ***2*** (*mus.*) performer ***3*** — (*leg.*) **e. testamentario**, executor.
eṣecutòrio *a.* (*leg.*) executive; enforceable.
eṣecuzióne *f.* ***1*** execution; carrying out: **mettere in e. un progetto**, to put a plan into execution; to carry out a plan; **di difficile e.**, difficult to do; **in corso di e.**, in progress ***2*** (*fattura*) workmanship; execution ***3*** (*leg.*) enforcement: **e. di una sentenza**, enforcement of a judgement; **dare e. a**, to enforce ***4*** (*pena capitale*) execution ***5*** (*mus.*) performance; playing [U].
eṣegèṣi *f.* exegesis*.
eṣegèta *m. e f.* exegete.
eṣegètico *a.* exegetic(al).
eṣeguìbile *a.* ***1*** that can be carried out; feasible ***2*** (*mus.*) playable.
eṣeguìre *v. t.* ***1*** to execute; to put* into execution (*o* practice); to carry out; to perform; to do*: **e. un progetto**, to execute (*o* to carry out) a plan; **e. un ordine**, to carry out an order; (*chir.*) **e. un'operazione**, to perform an operation; **e. un pagamento**, to make a payment; **e. una danza**, to perform (*o* to do) a dance; **e. un ritratto**, to paint a portrait ***2*** (*mus.*) to play; to sing*; to execute (*form.*).
eṣèmpio *m.* ***1*** example; instance: **citare** (*o* **fare**) **un e.**, to give an example; **dare il buon e.**, to set an example (*o* a good example); **essere di e.**, to set an example; **sull'e. di**, following the example of; **punire q. come e.**, to make an example of sb.; **proporre q. ad e.**, to hold sb. up as an example; **e. tipico**, classic example (*o* instance); **per e.**, for example (*o* instance); **Che ti serva d'e.!**, let that be a lesson to you! ***2*** (*modello*) model; paragon.
eṣemplàre (**1**) *a.* exemplary; model (*attr.*): **vita e.**, exemplary life; **studente e.**, model student; **dare a q. una punizione e.**, to make an example of sb.
eṣemplàre (**2**) *m.* ***1*** (*oggetto, individuo*) example; (*scient.*) specimen; (*di libro*) copy; (*copia*) copy ***2*** (*modello*) model; exemplar.
eṣemplificàre *v. t.* to exemplify; to illustrate.
eṣemplificativo *a.* exemplifying; illustrative.
eṣemplificazióne *f.* ***1*** exemplification ***2*** (*esempio*) example.
eṣentàre *v. t.* to exempt (from); to excuse (from): **e. q. dal servizio militare**, to exempt sb. from military service; **e. q. dalle lezioni**, to excuse sb. from classes; **e. q. da un incarico**, to relieve sb. of a job.
eṣentàsse *a. invar.* tax-free.
eṣènte *a.* ***1*** exempt; free: **e. da imposta**, duty-free ***2*** (*immune*) immune; free: **e. da contagio**, immune from contagion; **e. da difetti**, free from defects.
eṣenzióne *f.* exemption: **e. fiscale**, tax exemption.
eṣèquie *f. pl.* funeral rites; funeral service (*sing.*).
eṣercènte *m. e f.* shopkeeper; storekeeper (*USA*); tradesman* (*m., GB*).
eṣercitàre ***A*** *v. t.* ***1*** (*tenere in esercizio*) to exercise; to practise, to practice (*USA*); (*addestrare*) to train: **e. la memoria**, to exercise one's memory ***2*** (*usare*) to exercise; to exert: **e. i propri diritti**, to exercise one's rights; **e. pressioni su q.**, to exert pressure on sb. ***3*** (*un'attività*) to practise: **e. la medicina**, to practise medicine; **e. un mestiere**, to carry on (*o* to ply) a trade; (*di medico*) **non e. più**, to have retired from practice ***B*** **eṣercitàrsi** *v. rifl.* to practise; to get* some practice; (*assol.*: *allenarsi*) to train: **e. al salto** [**al piano**], to practise jumping [on the piano].
eṣercitazióne *f.* ***1*** practice [U]; (*anche mil.*) drill; (*esercizio*) exercise; (*allenamento*) training [U]: **e. antincendio**, fire drill ***2*** (*lezione pratica*) practical (lesson); (*prova*) test: **e. di chimica**, chemistry practical.
eṣèrcito *m.* ***1*** (*mil.*) army ***2*** (*fig., di persone*) host; crowd; (*di cose*) heap ● **E. della Salvezza**, Salvation Army.
eṣercìzio *m.* ***1*** exercise; (*addestramento*) practice [U], training [U]; (*mil.*) drill: **esercizi al piano**, piano exercises; piano practice; **esercizi spirituali**, spiritual exercises; **fare un e.**, to do an exercise; **fare e.**, to practise; **fare dell'e.** (**fisico**), to take some exercise; **tenersi in e.**, to keep in practice; to keep one's hand in; **fuori e.**, out of practice ***2*** (*uso, attuazione*) exercising; exercise: **l'e. di un diritto**, the exercising of a right; **nell'e. delle mie funzioni**, in the execution of my duties ***3*** (*pratica*) practice: **e. di una professione** [**di un culto**], practice of a profession [of a religion] ***4*** (*fin.*: *gestione*) management; running; (*periodo di gestione*) financial year: **costi di e.**, running expenses; operating costs ***5*** (*azienda*) business; concern: **aprire un e.**, to set up a business; to open a shop [a bar, etc.]; **pubblico e.**, public concern; **licenza di e.**, trading licence.
esfoliàrsi *v. i. pron.* (*med.*) to exfoliate.
esfoliazióne *f.* (*med.*) exfoliation.
eṣibìre ***A*** *v. t.* to exhibit; (*mettere in mostra*) to display, to show* off; (*mostrare*) to show*, to produce: **e. la propria bravura**, to show off one's skill; **e. i documenti**, to show one's papers; (*leg.*) **e. testimoni**, to produce witnesses ***B*** **eṣibìrsi** *v. rifl.* ***1*** (*mettersi in mostra*) to show* off; to posture ***2*** (*teatr.*) to appear ● **e. in un assolo**, to play a solo □ **e. in un tango**, to dance a tango.
eṣibizióne *f.* ***1*** (*mostra*) display, exhibition, show; (*ostentazione*) showing off, posturing ***2*** (*teatr.*) show; performance; (*di attore*) appearance ***3*** (*bur.*) presentation; production: **dietro e. di**, on presentation of.
eṣibizionìsmo *m.* ***1*** showing off; exhibitionism ***2*** (*psic.*) exhibitionism; (*leg.*) indecent exposure.
eṣibizionìsta *m. e f.* ***1*** exhibitionist ***2*** (*psic.*) exhibitionist; (*leg.*) person guilty of indecent exposure, flasher (*fam. GB*).
eṣibizionìstico *a.* exhibitionistic.
eṣigènte *a.* exacting; exigent; demanding; (*per raffinatezza*) fastidious, particular; (*con pignoleria*) fussy, hard to please.
eṣigènza *f.* (*richiesta*) demand, requirement; (*bisogno*) need: **soddisfare le esigenze di q.**, to meet sb.'s requirements; **essere pieno di esigenze**, to be very demanding ● **per esigenze di servizio**, for reasons of work □ **secondo le esigenze del caso**, according to need; as the occasion requires.
eṣìgere *v. t.* ***1*** (*pretendere*) to demand; to insist on; to exact; to expect: **e. una risposta** [**scuse**], to demand an answer [an apology]; **e. obbedienza**, to exact obedience; **Esigo che ci sia anche tu**, I insist on your being there; **e. troppo**, to ask too much; to be too demanding; **e. troppo da sé**, to expect too much of oneself ***2*** (*richiedere*) to require; to call for ***3*** (*riscuotere*) to collect.
eṣigìbile *a.* (*comm.*) due; payable; (*riscuotibile*) collectable.
eṣiguità *f.* smallness; exiguousness; (*scarsità*) meagreness, scantiness.
eṣìguo *a.* small; slight; exiguous; (*scarso*) meagre, scanty.
eṣilarànte *a.* very funny; hilarious ● **gas e.**, laughing gas. ATTENZIONE: **esilarante** ≠ exhilarating.
eṣilaràre *v. t.* to amuse; to make* (sb.) laugh. ATTENZIONE: **esilarare** ≠ to exhilarate.
èṣile *a.* ***1*** (*sottile*) thin; slight; slender ***2*** (*debole*) feeble; weak; faint; thin; (*tenue*) slender, tenuous: **voce e.**, thin (*o* faint) voice; **e. speranza**, tenuous hope; **scusa e.**, weak excuse.
eṣiliàre ***A*** *v. t.* to exile; to banish ***B*** **eṣiliàrsi** *v. rifl.* to go* into exile.
eṣiliàto ***A*** *a.* exiled; banished ***B*** *m.* (*f.* **-a**) exile.
eṣìlio *m.* exile; banishment: **andare** [**mandare**] **in e.**, to go [to send] into exile; **vivere in e.**, to live in exile; **scegliere la via dell'e.**, to choose exile.
eṣilità *f.* ***1*** (*sottigliezza*) thinness; slightness; slenderness ***2*** (*debolezza*) feebleness, weakness; (*tenuità*) slenderness, tenuousness.
eṣìmere ***A*** *v. t.* to exempt; to dispense; (*sollevare*) to relieve ***B*** **eṣìmersi** *v. rifl.* to get* out of; to avoid (doing st.); to refuse (to do st.).
eṣìmio *a.* ***1*** (*lett.*) distinguished; eminent ***2*** (*iron.*) egregious; first-class.
eṣistènte *a.* existing; in existence; (*attuale*) current ● **tuttora e.**, (*di persona*) surviving, still alive (*pred.*); (*di cosa*) extant.
eṣistènza *f.* ***1*** existence; (*presenza*) presence ***2*** (*vita*) existence; life ● **Sono sicuro della sua e.**, I'm sure it exists.

eṣistenziàle *a.* (*filos.*) existential.
eṣistenzialiṣmo *m.* (*filos.*) existentialism.
eṣistenzialista *a.*, *m. e f.* (*filos.*) existentialist.
eṣistere *v. i.* to exist; to be; (*essere disponibile*) to come*, to be available: **Esistono i fantasmi?**, do ghosts really exist?; **La perfezione non esiste**, there is no such thing as perfection; **Non esiste scusa**, there is no excuse; **e. ancora**, still to exist; to be still alive; to survive; **Questo modello esiste in sei tinte**, this model comes in six colours • (*fam.*) **Non esiste!**, no way!
eṣitànte *a.* hesitating; hesitant; faltering.
eṣitàre *v. i.* to hesitate; (*titubare*) to waver, to dither (*GB*): **e. a decidersi**, to hesitate to decide; **Esitò a rispondere**, he hesitated before answering; **e. tra il sì e il no**, to be unable to make up one's mind.
eṣitazióne *f.* hesitation 🄤: **dopo molte esitazioni**, after much hesitation; **senza e.**, without hesitation; unhesitatingly.
èṣito *m.* result; outcome: **l'e. di un esame**, the result of an exam; **l'e. delle elezioni**, the outcome of the election; **giudicare dall'e.**, to judge from results; **buon e.**, success; **e. felice**, happy ending; (*riuscita*) success; **avere e. felice** (*o* **buon e.**), to be successful; **e. negativo**, negative result; failure; **avere e. negativo**, to be unsuccessful; to fail.
eṣiziàle *a.* (*lett.*) ruinous; fatal.
èskimo *m.* (*giaccone*) parka; anorak.
èṣodo *m.* ***1*** (*anche fig.*) exodus: **e. estivo**, summer holiday exodus ***2*** — (*Bibbia*) **l'E.**, Exodus.
eṣòfago *m.* (*anat.*) (o)esophagus*.
eṣògeno *a.* (*scient.*) external; exogenous.
eṣoneràre *v. t.* ***1*** (*da un servizio, ecc.*) to exempt, to release; (*da un onere*) to relieve (sb. of st.), to free ***2*** (*destituire*) to dismiss. ATTENZIONE: **esonerare** ≠ to exonerate.
eṣoneràto *a.* ***1*** exempt; excused: **e. dall'obbligo di leva**, exempt from military service ***2*** (*destituito*) dismissed.
eṣònero *m.* exemption; release; relief.
eṣorbitànte *a.* exorbitant; excessive; inordinate; (*di prezzo*) extortionate.
eṣorbitàre *v. i.* to exceed; to go* beyond; to lie* outside: **Ciò esorbita dai miei doveri**, this lies outside my duties.
eṣorciṣmo *m.* exorcism.
eṣorcista *m.* exorcist.
eṣorcizzàre *v. t.* to exorcize.
eṣordiènte ***A*** *a.* making one's debut ***B*** *m. e f.* beginner; novice; neophyte.
eṣòrdio *m.* ***1*** (*inizio*) beginning; (*preambolo*) preamble ***2*** (*debutto*) debut: **cantante al suo e.**, singer making his debut.
eṣordire *v. i.* ***1*** (*cominciare*) to begin*; to start off ***2*** (*in una professione*) to begin* (one's career) ***3*** (*debuttare*) to make* one's debut.
eṣornativo *a.* (*lett.*) ornamental; decorative.
eṣortàre *v. t.* to urge; to exhort.
eṣortativo *a.* exhortative; exhortatory.
eṣortazióne *f.* exhortation; urging 🄤.
eṣoschèletro *m.* (*zool.*) exoskeleton.
eṣosfèra *f.* (*geol.*) exosphere.
eṣoṣità *f.* ***1*** (*avidità*) avarice; greed ***2*** (*di prezzo*) exorbitance.
eṣòṣo *a.* ***1*** (*avido*) avaricious; greedy ***2*** (*di prezzo*) exorbitant.
eṣotèrico *a.* esoteric.
eṣoteriṣmo *m.* esotericism.
eṣotèrmico *a.* (*fis., chim.*) exothermic.
eṣòtico *a. e m.* exotic.
eṣotiṣmo *m.* exoticism.
espàndere ***A*** *v. t.* to expand; to extend; to spread* out: **e. le proprie attività**, to extend (*o* to expand) one's activities ***B*** **espàndersi** *v. i. pron.* ***1*** (*fis.*) to expand ***2*** (*diffondersi*) to spread*; to extend.
espansióne *f.* ***1*** expansion (*anche scient.*); spread; (*crescita*) growth ***2*** (*effusione*) expansiveness 🄤; effusion • **L'economia è in e.**, the economy is booming □ **fase di e.**, boom □ **universo in e.**, expanding universe.
espansioniṣmo *m.* expansionism.
espansionista *m. e f.* expansionist.
espansionìstico *a.* expansionist.
espansività *f.* demonstrative nature; warmth; expansiveness; (*spreg.*) effusiveness.
espansivo *a.* demonstrative; warm; expansive; (*spreg.*) effusive: **poco e.**, undemonstrative; reserved; **diventare più e.**, to expand.
espatriàre *v. i.* to leave* one's country; to expatriate.
espàtrio *m.* expatriation • **permesso di e.**, authorization to leave the country.
espediènte *m.* expedient; device; way; (*trucco*) trick, dodge (*fam.*) • **vivere d'espedienti**, to live by one's wits.
espèllere *v. t.* ***1*** (*cacciare*) to expel; (*sport*) to order off the field, to send* off ***2*** (*emettere*) to eject; to discharge ***3*** (*med.*) to excrete.
esperànto *m.* Esperanto.
esperiènza *f.* ***1*** experience: **farsi un'e.**, to gain experience; **avere molta e.**, to have a lot of experience; to be experienced; **parlare per e.**, to speak from experience; **sapere per e.**, to know by experience; **e. di lavoro**, work experience; **senza e.**, inexperienced ***2*** (*scient.*) experiment.
esperimentàre V. **sperimentare**.
esperiménto *m.* (*scient.*) experiment; (*prova*) test, trial: **sottoporre q.c. a e.**, to carry out an experiment on st.; **fare esperimenti su animali**, to experiment on animals.
esperire *v. t.* — (*leg.*) **e. le vie legali**, to take legal steps.
espèrto ***A*** *a.* (*che ha esperienza*) experienced; (*abile*) expert, skilled: **un avvocato e.**, an experienced lawyer; **un meccanico e.**, a skilled engineer • **e. della vita**, worldly-wise; having experience of life ***B*** *m.* (*f.* **-a**) expert; (*consulente*) adviser, consultant • **È un e. nell'arte di trovare scuse**, he is (an) adept at finding excuses.
espettorànte *m.* (*farm.*) expectorant.
espettoràre *v. t.* to expectorate.
espiantazióne *f.* (*biol.*) explantation.
espiànto *m.* (*biol.*) explant.
espiàre *v. t.* to expiate; to atone for: **e. una colpa**, to expiate a wrong one has done; **e. i propri peccati**, to atone for one's sins • (*leg.*) **e. una pena**, to serve a sentence.
espiatòrio *a.* expiatory; sacrificial: **rito e.**, sacrifical rite.
espiazióne *f.* expiation; atonement.
espiràre *v. t.* to breathe out; to exhale.
espirazióne *f.* breathing out; exhalation.
espletaménto *m.* (*bur.*) carrying out; execution; completion: **l'e. delle pratiche**, the completion of all formalities.
espletàre *v. t.* (*bur.*) to carry out; to execute; to perform; to complete: **e. un compito**, to perform a task; **e. le formalità necessarie**, to complete all the necessary formalities.
esplicàre *v. t.* (*svolgere*) to perform; to carry out.
esplicativo *a.* explanatory; elucidatory.
esplicazióne *f.* (*esecuzione*) execution; carrying out.
esplicitaménte *avv.* explicitly; unequivocally.
esplicitàre *v. t.* to make* clear.
esplìcito *a.* ***1*** explicit; express; unequivocal: **ordine e.**, explicit order; **e. desiderio**, express wish ***2*** (*franco*) frank; outspoken.
esplòdere ***A*** *v. i.* ***1*** to explode; to burst*; (*di bomba, ecc.*) to explode, to blow* up; (*di violenza*) to erupt, to flare up ***2*** (*fig., di persona*) to burst* out; (*infuriarsi*) to explode: **e. in una risata**, to burst out laughing • **È esplosa l'estate**, summer has burst forth □ **far e.**, to explode; to blow up ***B*** *v. t.* (*sparare*) to fire.
esploràre *v. t.* ***1*** to explore; (*indagare, anche*) to search, to inquire into, to investigate ***2*** (*mil.*) to reconnoitre; to scout ***3*** (*med.*) to probe; to sound.
esplorativo *a.* exploratory.
esploratóre ***A*** *a.* exploring; searching ***B*** *m.* ***1*** explorer ***2*** (*mil.*) scout ***3*** (*naut.*) scout (ship) • **giovane e.**, boy scout.
esploratrice *f.* explorer • **giovane e.**, girl guide.
esplorazióne *f.* ***1*** exploration ***2*** (*mil.*) reconnaissance; scouting ***3*** (*med.*) probing; sounding.
esploṣióne *f.* ***1*** explosion; blast; (*detonazione*) explosion, bang, report ***2*** (*fig.*) explosion; outburst; (*di violenza*) flare-up, eruption: **e. di gioia**, explosion of joy; **e. d'ira**, outburst of anger; **e. demografica**, population explosion.
esploṣivo *a. e m.* (*anche fig.*) explosive.
esponènte ***A*** *m.* ***1*** (*mat.*) exponent; index* ***2*** (*tipogr.*) superscript ***B*** *m. e f.* exponent; leading figure; (*rappresentante*) representative.
esponenziàle *a.* (*mat.*) exponential.
espórre ***A*** *v. t.* ***1*** to expose: **e. q.c. alla luce**, to expose st. to the light; **e. q. a un rischio**, to expose sb. to a risk; **e. la vita**, to expose oneself; to risk one's life ***2*** (*mettere in vista*) to display; to show*; to put* out; (*un avviso, ecc.*) to put*

up; (*in una mostra, ecc.*) to exhibit: **e. merci sul banco**, to display goods on the counter; **I nomi saranno esposti in bacheca**, the names will be put up on the noticeboard; **e. una bandiera**, to hang out a flag ***3*** (*spiegare*) to expound, to explain; (*descrivere*) to present; (*raccontare*) to tell*, to relate; (*esprimere*) to express: **e. una teoria**, to expound a theory; **e. i fatti**, to tell the facts; **e. un dubbio**, to express a doubt ***4*** (*fotogr.*) to expose ***B*** **esporsi** *v. rifl.* ***1*** to expose oneself; to lay* oneself open: **e. a un rischio**, to expose oneself to a risk; **e. alle critiche**, to lay oneself open to criticism ***2*** (*compromettersi*) to compromise oneself ***3*** (*indebitarsi*) to incur debts.

esportàbile *a.* exportable.

esportàre *v. t.* to export.

esportatóre ***A*** *m.* (*f.* **-trìce**) exporter ***B*** *a.* exporting (*attr.*); export (*attr.*).

esportazióne *f.* export; exportation: **merci d'e.**, export goods; exports; **e. di capitali [di manodopera]**, export of capital [of labour]; **aumento delle esportazioni**, rise in exports.

espoṣìmetro *m.* (*fotogr.*) exposure (*o* light) meter.

espoṣitìvo *a.* expository; expositive.

espoṣitóre ***A*** *m.* (*f.* **-trìce**) ***1*** (*chi mette in mostra*) exhibitor ***2*** (*chi spiega*) expounder ***B*** *m.* (*supporto*) display stand ***C*** *a.* exhibiting.

espoṣizióne *f.* ***1*** exposure; (*di merce, avviso, ecc.*) display: **e. al sole**, exposure to sunlight ***2*** (*mostra*) exhibition; show ***3*** (*presentazione*) exposition; (*descrizione*) description, account ***4*** (*di edificio*) exposure: **una casa con e. a est**, a house with an eastern exposure ***5*** (*fotogr.*) exposure.

espósto ***A*** *m.* statement; report; (*lamentela*) complaint; (*petizione*) petition: **fare un e.**, to make a report; to lodge a complaint; to submit a petition ***B*** *a.* ***1*** exposed: **fianco e.**, exposed side; **e. al sole**, exposed to sunlight ***2*** (*mostrato, in mostra*) exhibited; displayed ***3*** (*spiegato*) explained; (*descritto*) stated ***4*** (*soggetto*) open: **e. a critiche**, open to critism ***5*** (*di avviso, elenco, ecc.*) put up ***6*** (*rivolto*) facing: **e. a nord**, facing north ***7*** (*fin.*) in debt; (*di banca*) having bad debts.

espressaménte *avv.* (*espressamente*) explicitly; (*appositamente*) expressly, specially.

espressióne *f.* (*anche mat.*) expression: **un'e. di sorpresa**, a surprised expression; **sguardo senza e.**, vacant stare; **leggere con e.**, to read with expression; **espressioni di ringraziamento**, expressions of thanks; **e. colloquiale**, colloquial expression (*o* phrase).

espressioniṣmo *m.* (*arte*) expressionism.

espressionìsta *a., m. e f.* (*arte*) expressionist.

espressionìstico *a.* (*arte*) expressionist.

espressività *f.* expressiveness.

espressìvo *a.* expressive; eloquent; full of expression.

esprèsso ***A*** *a.* ***1*** (*rapido*) express: **lettera e.**, express letter ***2*** (*esplicito*) express; explicit: **e. desiderio**, express wish ***3*** (*fatto apposta*) made to order (*pred.*) • **caffè e.**, espresso (coffee) ***B*** *m.* ***1*** (*lettera*) express letter; special delivery letter (*USA*) ***2*** (*caffè*) espresso* ***3*** (*treno*) express.

esprìmere ***A*** *v. t.* to express; (*un'opinione, anche*) to voice ***B*** **esprìmersi** *v. rifl.* to express oneself; (*comunicare*) to communicate: **e. a gesti**, to communicate in gestures; to use sign language; **Non mi sono espresso molto bene**, I didn't put it very well; **saper e.**, to be able to communicate; (*parlare bene*) to be articulate.

esprimìbile *a.* expressible.

espropriàre *v. t.* (*leg.*) to expropriate (st.); (*anche estens.*) to dispossess (sb. of st.).

espropriazióne *f.*, **espròprio** *m.* (*leg.*) expropriation; compulsory purchase; (*anche estens.*) dispossession.

espugnàre *v. t.* to take* by storm; to storm.

espugnazióne *f.* assault and capture.

espulsióne *f.* ***1*** expulsion; (*da un paese*) deportation; (*sport*) sending off ***2*** (*mecc.*) ejection ***3*** (*med.*) excretion.

espùlso *m.* (*f.* **-a**) person who has been expelled.

espùngere *v. t.* to expunge.

espunzióne *f.* expunction.

espurgàre *v. t.* to expurgate; to bowdlerize.

esquiméṣe *V.* **eschimese**.

éssa *pron. pers. f. 3ª pers. sing.* ***1*** (*rif. a donna, a femmina d'animale e a imbarcazione*) she (*sogg.*); her (*compl.*) ***2*** (*rif. a cosa o animale di sesso imprecisato*) it.

ésse *pron. pers. f. 3ª pers. pl.* they (*sogg.*); them (*compl.*).

essènza *f.* essence.

essenziàle ***A*** *a.* ***1*** essential; fundamental; crucial ***2*** (*di stile*) crisp; economical ***3*** (*chim.*) essential ***B*** *m.* (*l'importante*) (the) essential thing; (*i punti principali*) (the) main points (*pl.*); (*l'indispensabile*) the bare essentials (*pl.*).

essenzialità *f.* essentiality.

essenzialménte *avv.* essentially; fundamentally.

èssere ***A*** *v. i.* ***1*** (*nel senso di «esistere» e come copula*) to be: **Penso, dunque sono**, I think, therefore I am; **È onesto**, he is honest; **Non è niente**, it's nothing; **Chi è?**, who is it?; **Sei tu?**, is that you?; **Sono io**, it's me; it is I (*form.*); **Siamo in sei**, there are six of us ***2*** (*trovarsi*) to be: **Sono per strada**, I'm on my way ***3*** (*accadere, avvenire*) to be; to happen; to become*: **Che è stato?**, what was it?; **Fu nel 1956**, it happened in 1956; **Che ne sarà di noi?**, what will become of us? ***4*** (*diventare*) to be; to get*: **quando sarò medico**, when I am a doctor; **quando sarai grande**, when you get older ***5*** (*andare, venire*) to be: **Sono stato due volte a Londra**, I have been to London twice; **Sono subito da te**, I'll be with you in a moment ***6*** (*provenire*) to be; to come*: **Sono di Padova**, I'm (*o* I come) from Padua ***7*** (*ausiliare nel passivo*) to be: **Fu visto a Milano**, he was seen in Milan ***8*** (*ausiliare nei tempi composti*) to have: **È appena arrivato**, he has just arrived; **Non mi sono spiegato bene**, I haven't explained myself very well; **Ci sono state delle proteste**, there have been some protests; **È stato arrestato**, he has been arrested ***9*** (*consistere*) to consist; to lie* ***10*** (+ *«da» e inf.*) — **È da aggiustare**, it should be fixed; it's got to be fixed; **Era da prevedere**, it was to be expected ***11*** (*nell'ora, nelle date*) to be: **Sono le due**, it's two (o'clock); **Era il 1945**, it was 1945; **È Pasqua**, it is Easter ***12*** (*costare*) to be; (*pesare*) to weigh: **Quant'è?**, how much is it?; **Sono 30.000 lire**, it's 30,000 lire; **Quanto sei (di peso)?**, how much do you weigh? ***13*** (**esserci**) to be: **C'è del latte in frigo**, there is milk in the fridge; **Chi c'era alla riunione?**, who was (there) at the meeting?; **Quanta gente c'era?**, how many people were there?; **Cosa c'è?** (*che succede?*), what's the matter?; what's wrong?; **Digli che non ci sono**, tell him I'm not in; **Quanto c'è da qui a Monza?**, how far is it from here to Monza?; **Ci sono 10 km**, it's 10 km • **Ci siamo!**, (*siamo arrivati*) here we are!; (*ora viene il difficile*) now we're in for it; (*siamo alle solite*) here we go again! □ **Ci sono!** (*ho capito*), I've got it! □ **C'è da impazzire!**, it's enough to drive you mad! □ **È da anni che lo conosco**, I've known him for years □ **Sono ore che t'aspetto**, I've been waiting for you for hours □ **È dei nostri**, he's one of us □ **Vuoi essere dei nostri?**, would you like to join us? □ **È che non ti avevo visto**, the fact is I hadn't seen you □ **È per questo che sono venuto**, that's why I have come □ **Fosse vero!**, I wish it were so!; chance would be a fine thing! (*fam.*) □ **nei tempi che furono**, in time past □ **Non può e.!**, it's impossibile! □ **anni or sono**, years ago □ **E sia!**, very well, then! □ **sia come sia**, be that as it may; however that may be □ **Sarà!**, (*forse*) maybe; (*ne dubito*) I have my doubts ***B*** *m.* ***1*** (*filos.*) being; (*esistenza*) existence ***2*** (*chi esiste*) being; (*creatura*) creature; (*individuo*) individual: **gli esseri umani**, human beings; **un povero e.**, a poor creature; **un e. spregevole**, a despicable individual.

éssi *pron. pers. m. 3ª pers. pl.* they (*sogg.*); them (*compl.*).

essiccànte *a. e m.* desiccant; desiccative.

essiccàre ***A*** *v. t.* to desiccate; to dry: **e. al sole**, to dry in the sun; to sun-dry; **e. al forno**, to kiln-dry ***B*** **essiccàrsi** *v. i. pron.* (*anche fig.*) to dry up.

essiccatóio *m.* (*ind.*) drier, dryer; (*chim.*) desiccator.

essiccazióne *f.* desiccation; drying (process).

ésso *pron. pers. m. 3ª pers. sing.* ***1*** (*rif. a uomo o animale maschio*) he (*sogg.*); him (*compl.*) ***2*** (*rif. a cosa o animale di sesso imprecisato*) it.

èst ***A*** *m.* east: **a est**, in the east; **a est di**, (to the) east of; **andare all'est**, to go east; **venire da est**, to come from the east; **da est a ovest**, from east to west; **verso est**, towards the east; eastward (*agg.*), eastward(s) (*avv.*); **vento da e.**, easterly wind; **vento dell'est**, east wind; **paesi dell'est**, eastern countries ***B*** *a. invar.* east; eastern; easterly: **lato e.**, east side; **parete est**, eastern wall; **in direzione est**, in an easterly direction; eastward(s).

èstaṣi *f.* ***1*** (*relig.*) ecstasy ***2*** (*fig.*) ecstasy; rapture: **andare [essere] in e. per**, to go into [to be in] ecstasies (*o*

raptures) over; **mandare in e.**, to send into ecstasies (*o* raptures).
estaşiàre ***A*** *v. t.* to enrapture; to send* into ecstasies (*o* raptures) ***B*** **estaşiàrsi** *v. i. pron.* to go* into ecstasies (*o* raptures) (over); to be enraptured (by).
estaşiàto *a.* enraptured; ecstatic.
estàte *f.* summer: **in** (*o* **di**) **e.**, in (the) summer; **l'e. scorsa** [**prossima**], last [next] summer; **in piena e.**, in high summer; **nell'e. del 1990**, in the summer of 1990; **un giorno d'e.**, a summer's day; a day in summer • **l'e. di San Martino**, Indian summer.
estàtico *a.* ***1*** ecstatic ***2*** (*estasiato*) ecstatic; enraptured.
estemporaneaménte *avv.* extempore; extemporaneously.
estemporàneo *a.* extemporaneous; extempore; impromptu.
estèndere ***A*** *v. t.* (*anche fig.*) to extend; to expand ***B*** **estèndersi** *v. i. pron.* ***1*** to extend; to stretch ***2*** (*diffondersi*) to spread*.
estendìbile, **estensìbile** *a.* extensible.
estensióne *f.* ***1*** (*ampliamento*) extension; expansion ***2*** (*ampiezza*) extent; (*dimensioni*) size ***3*** (*distesa*) expanse, stretch ***4*** (*mus.*) range; compass • **in tutta l'e. del termine**, in the widest sense of the word □ **per e.**, in a wider sense.
estensìvo *a.* ***1*** extended; broad: **in senso e.**, in the broad sense; **interpretazione estensiva di una legge**, broad interpretation of a law ***2*** (*agric., chim.*) extensive.
estensóre *m.* ***1*** (*scrivente*) writer; (*leg.*) drafter ***2*** (*attrezzo ginnico*) chest expander ***3*** (*anat.*) extensor (muscle).
estenuànte *a.* wearing; exhausting; gruelling.
estenuàre ***A*** *v. t.* to wear* out; to tire out; to exhaust ***B*** **estenuàrsi** *v. i. pron.* to tire oneself out.
estenuàto *a.* worn out; tired out; exhausted.
estenuazióne *f.* weariness; exhaustion.
èstere *m.* (*chim.*) ester.
esterificazióne *f.* (*chim.*) esterification.
esterióre ***A*** *a.* ***1*** external; outer (*attr.*); outward (*attr.*); outside (*attr.*); exterior ***2*** (*superficiale*) superficial ***B*** *m.* ***1*** (*esterno*) exterior; outside ***2*** (*apparenza*) outward appearance; exterior.
esteriorità *f.* outward appearance; exterior; appearances (*pl.*); (*superficialità*) superficiality.
esteriorizzàre *v. t.* (*psic.*) to externalize.
esteriorizzazióne *f.* (*psic.*) externalization.
esteriorménte *avv.* outwardly; on the surface; externally.
esternaménte *avv.* externally; from the outside; (*in apparenza*) outwardly.
esternàre *v. t.* to express; to manifest; to voice.
esternazióne *f.* expression; manifestation; voicing.
estèrno ***A*** *a.* ***1*** external; outer (*attr.*); outside (*attr.*); outdoor (*attr.*); outward (*attr.*): (*di medicina*) **per uso e.**, for external use only; **involucro e.**, outer wrapping; **aspetto e.**, outward appearance; (*di oggetto*) outside; **mondo e.**, outside world; **allievo e.**, day-pupil ***2*** (*geom.*) exterior ***B*** *m.* ***1*** (*parte esterna*) outside; exterior: **dall'e.**, from the outside ***2*** (*cinem.*) location shot; exterior: **ripresa in esterni**, location shots (*pl.*); **Hanno girato gli esterni in Toscana**, they shot on location in Tuscany ***3*** (*f.* **-a**) (*allievo*) day-pupil; (*candidato*) external candidate.
èstero ***A*** *a.* foreign; (*oltremare*) overseas: **commercio e.**, foreign (*o* overseas) trade; **politica estera**, foreign policy ***B*** *m.* foreign countries (*pl.*) • **all'e.**, abroad □ **andare all'e.**, to go abroad □ **commercio con l'e.**, foreign trade □ **Ministero degli Esteri**, Ministry of Foreign Affairs; Foreign Office (*in G.B.*); Department of State (*in U.S.A.*).
esterofilìa *f.* xenophilia; love of foreign things.
esteròfilo ***A*** *a.* xenophilous ***B*** *m.* (*f.* **-a**) xenophile.
esterrefàtto *a.* ***1*** (*atterrito*) terrified; aghast (*pred.*) ***2*** (*sbigottito*) amazed; appalled; horrified.
estesaménte *avv.* ***1*** widely; extensively ***2*** (*per esteso*) in detail; in full.
estéso *a.* wide; broad; vast; extensive; extended • **per e.**, in detail; (*senza abbreviazioni*) in full: **firma per e.**, full signature.
estèta *m. e f.* aesthete.
estètica *f.* ***1*** (*filos.*) aesthetics (*pl. col verbo al sing.*) ***2*** (*estens.*) aesthetic side; appearance; beauty; harmony; elegance: **curare l'e.**, to give importance to the aesthetic side of st.
estètico *a.* ***1*** aesthetic: **senso e.**, aesthetic sense ***2*** (*rif. al fisico*) beauty (*attr.*); cosmetic: **trattamento e.**, beauty treatment; **chirurgia estetica**, cosmetic surgery.
estetìşmo *m.* aestheticism.
estetìsta *m. e f.* beautician.
estimatòre *m.* (*f.* **-trìce**) appreciator; connoisseur.
èstimo *m.* (*fin., leg.*) estimate; valuation; (*a fini fiscali*) assessment.
estinguere ***A*** *v. t.* ***1*** to extinguish; (*un incendio*) to put* out; (*la sete*) to quench ***2*** (*un debito, ecc.*) to pay* off; (*riscattare*) to redeem ***B*** **estìnguersi** *v. i. pron.* ***1*** (*spegnersi*) to die out ***2*** (*finire*) to die out; to come* to an end ***3*** (*di animali, ecc.*) to become* extinct.
estinguìbile *a.* ***1*** extinguishable ***2*** (*di debito*) payable.
estìnto ***A*** *a.* ***1*** extinct: **vulcano e.**, extinct volcano; **specie estinta**, extinct species ***2*** (*morto, defunto*) deceased; dead ***3*** (*di debito, ecc.*) paid off ***B*** *m.* (*f.* **-a**) (the) deceased; (the) departed.
estintóre *m.* (fire) extinguisher.
estinzióne *f.* ***1*** extinction; (*di incendio*) putting out; (*di sete*) quenching: **in via d'e.**, threatened with extinction; dying ***2*** (*di debito*) paying-off; (*riscatto*) redemption • (*leg.*) **e. della pena**, release; discharge.
estirpàre *v. t.* ***1*** (*agric.*) to uproot; to pull out ***2*** (*fig.*) to eradicate; to root out; to extirpate ***3*** (*chir.*) to remove; (*denti*) to extract.
estirpazióne *f.* ***1*** uprooting ***2*** (*fig.*) eradication; rooting out; extirpation ***3*** (*chir.*) removal; (*di dente*) extraction.
estìvo *a.* summer (*attr.*); summery: **mese e.**, summer month; **vestito e.**, summer (*o* summery) dress.
èstone *a., m. e f.* Esthonian (*a. e m.*); Esthonian woman* (*f.*).
estòrcere *v. t.* to extort.
estorsióne *f.* extortion • **racket delle estorsioni**, protection racket.
estradàre *v. t.* (*leg.*) to extradite.
estradizióne *f.* (*leg.*) extradition.
estragóne *m.* (*bot.*) tarragon.
estraìbile *a.* extractible.
estraneità *f.* extraneousness • **Dichiarò la propria e. al fatto**, he declared he had nothing to do with (*o* was not involved in) the matter.
estràneo ***A*** *a.* ***1*** (*non in rapporto*) extraneous; unrelated: **e. all'argomento**, extraneous to (*o* unrelated to, having no bearing on) the matter; **Lui è e. al fatto**, he has nothing to do with what happened ***2*** (*straniero, alieno*) foreign; alien: **e. alla mia natura**: foreign no my nature • **corpo e.**, foreign body □ **gente estranea**, strangers (*pl.*) □ **mantenersi e. a q.c.**, to take no part in st.; to refuse to be involved in st. ***B*** *m.* (*f.* **-a**) stranger; (*non appartenente*) outsider; (*persona non autorizzata*) unauthorized person.
estraniàre ***A*** *v. t.* to estrange; to alienate ***B*** **estraniàrsi** *v. rifl.* ***1*** to become* estranged; to estrange oneself; to cut* oneself off ***2*** (*ritirarsi*) to keep* out; to withdraw*.
estrapolàre *v. t.* to extrapolate.
estrapolazióne *f.* extrapolation.
estràrre *v. t.* ***1*** to extract; to pull out; to take* out: **e. un dente**, to extract a tooth ***2*** (*sorteggiare*) to draw*: **e. a sorte**, to draw lots (for st.) ***3*** (*ind. min.*) to extract; to mine: (*da una cava*) to quarry ***4*** (*mat.*) to extract.
estrattìvo *a.* mining.
estràtto *m.* ***1*** extract; essence: **e. di manzo**, beef extract ***2*** (*riassunto*) abstract; (*parte di uno scritto*) extract, excerpt; (*copia di articolo*) offprint ***3*** (*certificato*) certificate: **e. di nascita**, birth certificate • **e. conto**, (*comm.*) statement of account; (*banca*) bank statement.
estrazióne *f.* ***1*** extraction; drawing; pulling out: **l'e. d'un dente**, the extraction of a tooth ***2*** (*il sorteggiare*) drawing; (*sorteggio*) draw ***3*** (*ind. min.*) extraction; mining; (*da una cava*) quarrying ***4*** (*mat.*) extraction ***5*** (*origine*) (social) origin: **di e. umile**, of humble origin; **È di e. borghese**, he comes from a middle-class family.
estremaménte *avv.* extremely; in the extreme.
estremìşmo *m.* extremism.
estremìsta ***A*** *m. e f.* extremist: **e. di destra**, right-wing extremist; extreme right-winger ***B*** *a.* extreme.
estremità *f.* ***1*** end; extremity; (*punta*) tip, point ***2*** (*al pl.*) (*anat.*) extremities; limbs.
estrèmo ***A*** *a.* extreme; (the) utmost; (*il più lontano*) (the) farthest; (*ultimo nel tempo*) last, final: **l'e. limite**, the extreme limit; **con estrema pazienza**, with the utmost

patience; **caso e.**, extreme case; **misure estreme**, extreme (*o* drastic) measures; extremities; **un e. tentativo**, one last attempt • (*polit.*) **l'estrema destra** [**sinistra**], the Extreme Right [Left] □ **l'E. Oriente**, the Far East ***B*** *m.* ***1*** (*estremità*) extreme; end; (*punto più alto*) height; (*punto più basso*) depth: **Gli estremi si toccano**, extremes meet; **da un e. all'altro**, from end to end; (*fig.*) from one extreme to the other; **arrivare agli estremi**, to go to extremes; **all'e. della gioia**, overjoyed; ecstatic; **prudente all'e.**, cautious in the extreme; extremely cautious ***2*** (*momento ultimo*) end; (*limite*) limit: **fino all'e.**, till the end; to the last ***3*** (*al pl.*) (*bur. e leg.*) details; data: **gli estremi del fatto**, the details of what happened; **Fatti dare i suoi estremi**, get his personal details; (*leg.*) **Non ci sono gli estremi per procedere**, there are insufficient grounds to proceed with the case.

estrinsecàre ***A*** *v. t.* to express; to manifest ***B*** **estrinsecàrsi** *v. i. pron.* to be expressed.

estrinsecazióne *f.* expression; manifestation.

estrìnseco *a.* extrinsic.

èstro *m.* ***1*** (*ghiribizzo*) fancy; whim; caprice (*lett.*) ***2*** (*ispirazione*) inspiration; (creative) impulse: **e. poetico**, poetic inspiration ***3*** (*creatività*) creativity, flair; (*talento*) gift.

estroflessióne *f.* (*med.*) eversion; extroversion.

estrògeno ***A*** *a.* (o)estrogenic ***B*** *m.* (o)estrogen.

estrométtere *v. t.* to expel; to oust.

estromissióne *f.* expulsion; ousting.

estróso *a.* ***1*** (*bizzarro*) fanciful; whimsical ***2*** (*originale*) inventive; imaginative; creative.

estroversióne *f.* (*psic.*) extroversion.

estrovèrso ***A*** *a.* extroverted; outgoing ***B*** *m.* (*f.* **-a**) (*psic.*) extrovert.

estrusióne *f.* (*mecc., metall,, geol.*) extrusion.

estuàrio *m.* (*geogr.*) estuary.

eșuberànte *a.* exuberant.

eșuberànza *f.* exuberance; bounce.

eșùbero *m.* (*bur.*) excess: **in e.**, in excess; redundant.

eșulàre *v. i.* to lie* outside (st.); to be beyond (st.).

èșule ***A*** *a.* exiled: **andare e.**, to go into exile ***B*** *m. e f.* exile.

eșultànte *a.* exultant; exulting; elated; jubilant.

eșultànza *f.* exultation; elation; jubilation.

eșultàre *v. i.* to exult (at, in); to rejoice (over, at); to be elated (by).

eșumàre *v. t.* ***1*** to disinter; to exhume ***2*** (*fig.*) to unearth; to revive.

eșumazióne *f.* ***1*** disinterment; exhumation ***2*** (*fig.*) unearthing; revival.

età *f.* ***1*** age: **Qual è la sua età?**, what age is he?; how old is he?; **Hai la mia età**, you are the same age as I am; **all'età di 6 anni**, at the age of 6; at 6 years of age; **dimostrare la propria età**, to look one's age; **l'età della ragione**, the age of reason; **in giovane età**, at an early age; **in tarda età**, in one's old age ***2*** (*epoca, periodo*) age: **età della pietra**, the Stone Age • **avere l'età per fare q.c.**, to be old enough to do st. □ **Non ho più l'età per...**, I'm too old to... □ **avere una certa età**, to be getting on in years □ **Ottant'anni è una bella età**, eighty is a good age □ **Che età le dai?**, how old would you say she is? □ **di età avanzata**, elderly □ **di mezza età**, middle-aged □ **in età avanzata**, well on in years □ **in età minore**, under age □ **in tenera età**, very young □ **limite d'età**, age-limit □ **maggiore età**, legal age; majority: **raggiungere la maggiore età**, to reach one's majority; to come of age □ **minore età**, minority □ **senza età**, ageless □ **la terza età**, old age; (*le persone*) elderly people, (*bur.*) senior citizens.

etanòlo *m.* (*chim.*) ethanol; ethylalcohol.

ètere *m.* (*poet. e chim.*) ether.

etèreo *a.* ethereal.

eternaménte *avv.* ***1*** (*per sempre*) eternally; forever ***2*** (*costantemente*) always.

eternàre ***A*** *v. t.* to immortalize; to perpetuate ***B*** **eternàrsi** *v. i. pron.* to become* eternal.

eternità *f.* ***1*** eternity: **per l'e.**, for all eternity; forever ***2*** (*fig.*) ages (*pl.*): **durare un'e.**, to go on for ages; **metterci un'e.**, to take ages; **Era un'e. che non lo vedevo**, I had not seen him for ages.

etèrno ***A*** *a.* ***1*** eternal; everlasting: **vita eterna**, eternal life; **fama eterna**, everlasting fame ***2*** (*interminabile*) eternal; endless; never-ending ***B*** *m.* ***1*** eternity: **in e.**, for all eternity; forever ***2*** — **l'E.**, the Eternal.

eterodossìa *f.* heterodoxy.

eterodòsso *a.* heterodox.

eterogeneità *f.* heterogeneity.

eterogèneo *a.* heterogeneous (*form.*); mixed; varied.

eteromorfișmo *m.* (*biol.*) heteromorphism.

eteromorfo *a.* (*biol.*) heteromorphous; heteromorphic.

eterosessuàle *a., m. e f.* heterosexual.

eterosessualità *f.* heterosexuality.

eterozigòte (*biol.*) ***A*** *a.* heterozygous ***B*** *m.* heterozygote.

ètica *f.* ethics (*pl. col verbo al sing.*).

etichétta (**1**) *f.* label; tag: **e. autoadesiva**, sticky label; **e. del prezzo**, price tag • **attribuire a q. l'e. di**, to label sb. as □ **sfuggire a ogni e.**, to defy classification.

etichétta (**2**) *f.* (*cerimoniale*) etiquette: **badare all'e.**, to follow etiquette; **senza e.**, informal (*agg.*); informally (*avv.*).

etichettàre *v. t.* (*anche fig.*) to label.

etichettatrice *f.* labelling machine.

eticità *f.* ethical character (*o* nature).

ètico *a.* ethical; moral.

etìle *m.* (*chim.*) ethyl.

etilène *m.* (*chim.*) ethylene.

etìlico *a.* (*chim.*) ethyl (*attr.*).

etilìșmo *m.* (*med.*) alcoholism.

etilìsta *m. e f.* alcoholic.

etilòmetro *m.* Breathalyser ® (*GB*); drunkometer (*USA*).

ètimo *m.* (*ling.*) etymon*.

etimologìa *f.* etymology.

etimològico *a.* etymological.

etimòlogo *m.* (*f.* **-a**) etymologist.

etìope *a., m. e f.* Ethiopian (*a. e m.*); Ethiopian woman* (*f.*).

etiòpico ***A*** *a.* Ethiopian ***B*** *m.* (*lingua*) Ethiopic.

etnìa *f.* ethnic group.

ètnico *a.* ethnic.

etnocèntrico *a.* ethnocentric.

etnocentrișmo *f.* ethnocentrism.

etnografìa *f.* ethnography.

etnogràfico *a.* ethnographic.

etnògrafo *m.* (*f.* **-a**) ethnographer.

etnologìa *f.* ethnology.

etnològico *a.* ethnological.

etnòlogo *m.* (*f.* **-a**) ethnologist.

etologìa *f.* ethology.

etològico *a.* ethological.

etològo *m.* (*f.* **-a**) ethologist.

etrùsco *a. e m.* (*f.* **-a**) Etruscan (*f.* Etruscan woman*).

etruscologia *f.* Etruscan studies (*pl.*); Etruscology.

ettàgono (*geom.*) *m.* heptagon.

èttaro *m.* hectare.

ètto, ettogràmmo *m.* hectogram(me); (*com.*) (a) hundred grams.

ettòlitro *m.* hectolitre, hectoliter (*USA*).

ettòmetro *m.* hectometre, hectometer (*USA*).

eucalipto *m.* (*bot.*) eucalyptus*; eucalypt; gum tree.

eucaristia *f.* (*relig.*) Eucharist; Holy Communion.

eucaristico *a.* (*relig.*) Eucharistic.

euclidèo *a.* Euclidean, Euclidian.

eufemișmo *m.* euphemism.

eufemìstico *a.* euphemistic.

eufonìa *f.* euphony.

eufònico *a.* euphonious; euphonic.

euforìa *f.* euphoria; elation; high spirits (*pl.*).

eufòrico *a.* euphoric; elated; in high spirits (*pred.*).

eugàneo *a.* (*geogr.*) Euganean.

eugenètica *f.* eugenics (*pl. col verbo al sing.*).

eugenètico *a.* (*biol.*) eugenic.

eunùco *m.* eunuch.

eurașiàtico *a. e m.* (*f.* **-a**) Eurasian (*f.* Eurasian woman*).

èureka *inter.* eureka!

eurìstica *f.* heuristics (*pl. col verbo al sing.*).

eurìstico *a.* heuristic.

euritmìa *f.* eurhythmy.

eurìtmico *a.* eurhythmic(al).

euro *m.* (*fin.*) euro.

eurocèntrico *a.* Eurocentric.

eurocentrișmo *m.* Eurocentrism.

eurodivisa *f.* (*fin.*) Eurocurrency.

eurodòllaro *m.* (*fin.*) Eurodollar.

euromercàto *m.* Euromarket.

europarlamentàre *m. e f.* Euro MP.

europarlaménto *m.* European Parliament.
europeịsmo *m.* Europeanism.
europeista *m. e f.* supporter of Europeanism.
europeiẓẓàre *v. t.* to Europeanize.
europeiẓẓazióne *f.* Europeanization.
europèo *a. e m.* (*f.* **-a**) European.
eurovalùta *f.* (*fin.*) Eurocurrency.
eurovịsióne *f.* (*TV*) Eurovision.
eutanaṣìa *f.* euthanasia.
evacuàre *v. t. e i.* (*anche fisiol.*) to evacuate.
evacuazióne *f.* (*anche fisiol.*) evacuation.
evàdere ***A*** *v. i.* ***1*** to escape; to make* one's escape; to get* away: **e. di prigione**, to escape from prison; **Ho bisogno di e.**, I need to get away from it all ***2*** (*fin.*) to evade (*o* to dodge) taxes ***B*** *v. t.* ***1*** (*sbrigare*) to clear; to deal* with: **e. la corrispondenza**, to clear the mail; **e. un ordine**, to deal with (*USA* to fill) an order ***2*** (*fin.*) to evade; to dodge.
evanescènte *a.* evanescent.
evanescènza *f.* ***1*** evanescence ***2*** (*radio, TV*) fading.
evangèlico *a.* evangelical; Gospel (*attr.*) ● **Chiesa evangelica**, Evangelical Church.
evangelịsmo *m.* evangelism.
evangelista *m.* Evangelist.
evangeliẓẓàre *v. t.* to evangelize.
evangeliẓẓazióne *f.* evangelization.
evaporàre *v. t. e i.* to evaporate.
evaporatóre *m.* (*ind.*) evaporator.
evaporazióne *f.* evaporation.
evaṣióne *f.* ***1*** (*fuga*) escape; getaway (*fam.*); (*di prigione, anche*) jailbreak ***2*** (*fig.*) escape; escapism ***3*** (*fin.*) evasion: **e. fiscale**, tax evasion ***4*** (*bur.*) clearing; dispatching: **dare e. a un ordine**, to deal with (*USA* to fill) an order ● **letteratura d'e.**, escapist literature.
evasività *f.* evasiveness.
evaṣivo *a.* evasive.
evàṣo ***A*** *a.* escaped from prison (*pred.*) ***B*** *m.* (*f.* **-a**) escaped prisoner; runaway; escapee; fugitive.
evaṣóre *m.* evader: **e. fiscale**, tax evader.
eveniènza *f.* event; eventuality; occurrence: **nell'e. di una guerra**, in the event of a war; **nell'e. che non arrivi**, should it not arrive; **pronto a ogni e.**, prepared for any eventuality.
evènto *m.* ***1*** event: **lieto e.**, happy event ***2*** (*esito*) result.
eventuàle *a.* possible: **un'e. alternativa**, a possible alternative; **gli eventuali errori rimasti**, any mistakes that may remain. ATTENZIONE: **eventuale** ≠ eventual.
eventualità *f.* ***1*** (*possibilità*) possibility ***2*** *V.* **evenienza.**
eventualménte *avv.* ***1*** (*se necessario*) if necessary; if need be ***2*** (*forse, magari*) perhaps; if possible ● **E. lo scoprissi...**, should I find out... ATTENZIONE: **eventualmente** ≠ eventually.
eversióne *f.* subversion.
eversivo *a.* subversive.
eversòre *m.* subverter.
evidèntẹ *a.* evident; obvious; plain; manifest ● **«Allora sapevi» «E e.»**, «so you knew everything» «of course».
evidenteménte *avv.* evidently; obviously.
evidènza *f.* ***1*** (*i fatti*) facts (*pl.*): **arrendersi all'e.**, to bow to the facts; **l'e. dei fatti**, facts ***2*** (*chiarezza*) obviousness ***3*** (*efficacia*) force; vividness ● **essere in e.**, to be in evidence □ **mettere in e.**, to point out; to emphasize; (*dare risalto*) to highlight, to bring* out □ **mettersi in e.**, to get oneself noticed; to draw attention to oneself.
evidenziàre *v. t.* to underline; to emphasize; (*anche con evidenziatore*) to highlight.
evidenziatòre *m.* highlighter; marker.
eviràre *v. t.* to emasculate; to castrate.
eviràto ***A*** *a.* emasculated; castrated ***B*** *m.* eunuch.
evirazióne *f.* emasculation; castration.
evitàbile *a.* avoidable.
evitàre *v. t.* ***1*** to avoid; (*eludere*) to evade, to elude, to dodge; (*sfuggire a*) to escape: **e. un colpo**, to avoid (*o* to dodge) a blow; **e. una domanda**, to evade a question; **e. la morte**, to escape death ***2*** (*impedire, prevenire*) to prevent; to avert: **e. un disastro**, to prevent a disaster ***3*** (*risparmiare*) to spare; to save: **e. a q. il disturbo di fare q.c.**, to spare sb. the trouble to do st. ***4*** (*astenersi*) to avoid; to keep* from; to try not to; to refrain from: **e. l'alcol**, to avoid alcohol; **Eviterò di bere**, I'll try not to drink; I won't drink; **e. di far domande**, to refrain from asking questions ***5*** (*impedirsi*) to help: **Non posso e. d'ammirarlo**, I cannot help admiring him.
èvo *m.* epoch; era; ages (*pl.*): **il Medio E.**, the Middle Ages; **l'evo moderno**, the modern era.
evocàre *v. t.* ***1*** (*spiriti*) to raise; to conjure up ***2*** (*ricordare*) to evoke; to recall.
evocatìvo *a.* evocative.
evocazióne *f.* ***1*** (*di spiriti*) raising; conjuring up ***2*** (*il ricordare*) evocation.
evolutivo *a.* evolutionary ● **l'età evolutiva**, the age of development.
evolùto *a.* ***1*** (*maturo*) evolved; fully developed ***2*** (*progredito*) advanced; highly civilized ***3*** (*senza pregiudizi*) open-minded.
evoluzióne *f.* ***1*** (*biol. e estens.*) evolution; (*progresso*) progress, development ***2*** (*movimento, manovra*) evolution.
evoluzionịsmo *m.* (*biol.*) evolutionism.
evoluzionịsta *m. e f.* evolutionist.
evoluzionìstico *a.* evolutionist.
evòlvere *v. t.*, **evòlversi** *v. i. pron.* to evolve.
evvìva ***A*** *inter.* long live; hooray!; hurrah!: **E. la Regina!**, long live the Queen!; **E.! ci son riuscito!**, hooray! I've done it!; (*iron.*) **E. la modestia!**, there's nothing like being modest! ***B*** *m. invar.* cheer; cheering Ⓤ; hurrah: **gli e. della folla**, the cheering of the crowd; **gridare e.**, to cry hurray; to cheer.
èx ***A*** *pref.* ex; former: **ex presidente**, ex-president; **ex marito**, ex husband; **ex allievo**, former pupil; **ex Iugoslavia**, former Yugoslavia ***B*** *m. e f.* (*fam.*) ex.
ex aequo (*lat.*) *locuz. avv.* — **classificarsi primi e.**, to come equal first.
ex libris (*lat.*) *locuz. m. invar.* bookplate.
ex novo (*lat.*) *locuz. avv.* from the beginning; all over again.
exploit (*franc.*) *m. invar.* feat; achievement; exploit.
èxtra ***A*** *a. invar.* ***1*** (*in più*) extra; additional ***2*** (*speciale*) superior; first-rate ***B*** *m.* ***1*** (*spesa*) extra; additional expense ***2*** (*guadagno*) extra earnings (*pl.*).
extracomunitàrio ***A*** *a.* non-EEC ***B*** *m.* (*f.* **-a**) immigrant (*o* worker) from a non-EEC country; non-European immigrant.
extraconiugàle *a.* extramarital.
extracorpòreo *a.* extracorporeal; outside the body (*pred.*); out-of-body (*attr.*).
extraeuropèo *a.* non-European; (*geogr.*) extra-European.
extragiudiziàle *a.* (*leg.*) out-of-court (*attr.*).
extralegàle *a.* extralegal.
extraparlamentàre ***A*** *a.* ***1*** extraparliamentary ***2*** not represented in Parliament ***B*** *m.* member of a party not represented in Parliament.
extrasensoriàle *a.* extrasensory.
extrasìstole *f.* (*med.*) extrasystole.
extratemporàle *a.* outside time (*pred.*); timeless.
extraterrèstre ***A*** *a.* extraterrestrial ***B*** *m. e f.* extraterrestrial; being (*o* alien) from outer space.
extraterritoriàle *a.* extraterritorial.
extraterritorialità *f.* extraterritoriality.
extraurbàno *a.* suburban.
extrauterìno *a.* (*med.*) extrauterine.
extravèrgine *a.* extra-virgin.
ex voto (*lat.*) *locuz. m. invar.* ex voto; votive offering.
eziologìa *f.* (*med.*) (a)etiology.
eziològico *a.* (*med.*) (a)etiological.

f, F

F, f *f. o m.* F, f • (*telef.*) **f come Firenze**, f for Fred (*USA* for Fox).
fa (1) *m.* (*mus.*) F; (*nel solfeggio*) fa.
fa (2) *avv.* ago: **un anno fa**, a year ago.
fabbiṣógno *m.* requirements (*pl.*); needs (*pl.*): **f. alimentare**, food requirements.
fàbbrica *f.* factory: **lavorare in f.**, to work in a factory; **f. di automobili [di scarpe]**, car [shoe] factory; **f. di birra**, brewery; **f. di mattoni**, brickworks; brickyard • **nuovo di f.**, brand new; just out of the factory □ **prezzo di f.**, factory-gate price; cost price. ATTENZIONE: **fabbrica** ≠ fabric.
fabbricàbile *a.* *1* (*di terreno*) building: **area f.**, building site *2* (*di prodotto*) manufacturable.
fabbricànte *m. e f.* manufacturer; maker.
fabbricàre *v. t.* *1* to make*; (*industrialmente*) to manufacture; to produce: **f. su ordinazione**, to make to order; **f. in serie**, to mass-produce *2* (*costruire*) to build*; to construct *3* (*inventare*) to make* up; to fabricate; to invent: **f. un'accusa falsa**, to trump up a charge.
fabbricàto *m.* building; edifice • **f. annesso**, outbuilding □ (*leg.*) **imposta sui fabbricati**, property tax.
fabbricazióne *f.* *1* making; make; (*industriale*) manufacturing, manufacture, production: **f. della carta**, paper making; **f. all'ingrosso**, wholesale manufacture; **f. in serie**, mass-production; **di f. italiana**, made in Italy; Italian-made; **difetto di f.**, manufacturing defect *2* (*costruzione*) building *3* (*invenzione*) fabrication; invention.
fàbbro *m.* *1* (*anche* **f. ferraio**) smith *2* (*maniscalco*) blacksmith *3* (*di serrature*) locksmith.
faccènda *f.* *1* (*cosa da fare*) thing *2* (*questione*) matter; affair; business; thing: **una f. complessa**, a complex matter; **una brutta f.**, a bad business; **chiudere la f.**, to close the matter; to wrap it up (*fam.*); **Non è f. che ti riguardi**, it's no business of yours *3* (*al pl.*) (*anche* **faccende domestiche**) housework Ⓤ; household chores: **sbrigare le f.**, to do the housework • **essere in faccende**, to be busy.
faccendière *m.* shady operator; wheeler-dealer.
faccétta *f.* (*di pietra preziosa*) facet.
facchinàggio *m.* porterage.
facchìno *m.* porter • **linguaggio da f.**, coarse language □ **modi da f.**, boorish manners.
fàccia *f.* *1* (*viso*) face; (*aspetto, espressione*) expression, look: **una f. amica**, a friendly face; **guardare q. in f.**, to look sb. in the face; **Mi scoppiò in f.**, it blew up in my face; (*fig.*) **mostrare la f.**, to show one's face; **avere una f. triste**, to have a sad expression (on one's face); to look sad; **Fece la f. stupita**, he looked puzzled *2* (*geom.*) face; side *3* (*lato*) face; side: **l'altra f. della luna**, the other side (*o* face) of the moon; **le due facce di una questione**, the two sides of a matter *4* (*anche* **f. tosta, f. di bronzo**, *ecc.*) face; nerve; cheek: **Hai una bella f.!**, you've got a nerve!; **Che f. tosta!**, what cheek! *5* (*smorfia*) grimace; wry face • **f. a f.**, face to face (*attr.* face-to-face); facing each other □ **f. da schiaffi**, cheeky face □ **a due facce**, double-faced; double-sided □ **a f. in giù [in su]**, face down [up] □ **Alla f. delle sue promesse!**, so much for his promises! □ **Alla f. del risparmio!**, some saving! □ **avere una bella f.** (*star bene*), to look well □ **avere una brutta f.**, (*l'aria malaticcia*) not to look well; (*l'aria truce*) to look grim □ **cambiare f.**, (*di cosa*) to look like new □ **Lui cambiò f.**, (*per la delusione*) his face fell; (*per la paura*) he changed colour; (*per la gioia*) his face lit up □ **con la f. al muro**, facing the wall □ **di (*o* in) f. a**, opposite; facing □ **Glielo dissi in f.**, I told him to his face □ **fare la f. lunga**, to pull a long face □ **fare la f. sorpresa**, to look amazed; (*fingere*) to feign surprise □ **fare q.c. alla f. di q.**, to do st. in spite of sb. □ **Glielo si legge in f.** (*o* **Ce l'ha scritto in f.**), it's written all over him (*o* his face) □ (*fig.*) **non guardare in f. a nessuno**, to go ahead regardless of everyone; (*parlare schietto*) to speak one's mind □ **perdere la f.**, to lose face □ **ridere in f. a q.**, to laugh in sb.'s face □ **salvare la f.**, to save (one's) face □ **sulla f. della terra**, on the face of the earth; under the sun □ **visto di f.**, seen from the front.
facciàle *a.* (*anat.*) facial • (*fin.*) **valore f.**, face value.
facciàta *f.* *1* (*archit.*) front; façade *2* (*pagina*) page *3* (*fig.*) façade; appearance: **giudicare dalla f.**, to judge by appearances *4* (*copertura*) front.
facènte *part. pres.* — **f. funzione**, deputy; **il f. funzione di direttore**, the acting manager.
facèto *a.* humorous; jocular; facetious; witty: **commento f.**, humorous (*o* jocular) remark; **uomo f.**, witty man; **detto f.**, witticism.
facèzia *f.* witty remark; joke; pleasantry; witticism.
fachìro *m.* fakir.
fàcile *a.* *1* easy; simple: **compịto f.**, easy (*o* simple) task; **guadagni facili**, easy money; **È più f. dirlo che farlo**, it's easier said than done *2* (*incline*) prone; (*pronto*) ready, too quick: **f. all'ira**, quick-tempered; **f. alla commozione**, easily moved; **f. alḷe promesse**, quick to make promises *3* (*probabile*) likely: **È f. che piova**, it's likely to rain; **È f. che torni**, he may well come back • **avere la pistola (*o* il grilletto) f.**, to be trigger-happy □ **fare tutto f.**, to make light of everything □ **ragazza f.**, promiscuous girl.
facilità *f.* *1* (*l'essere facile*) easiness; facility: **La f. del lavoro mi stupì**, I was surprised by how easy the job was *2* (*agio*) ease: **Vinse con f.**, he won with ease; **leggere l'inglese con f.**, to read English fluently; **con estrema f.**, with the greatest of ease; **Si arrabbia con f.**, he is quick to lose his temper *3* (*attitudine*) facility; aptitude: **avere f. per le lingue**, to have a facility (*o* an aptitude) for languages; to be a linguist; **avere f. di parola**, to have a way with words; to be articulate.
facilitàre *v. t.* *1* (*rendere facile*) to facilitate (*form.*); to make* easy (*o* easier) *2* (*aiutare*) to help.
facilitazióne *f.* *1* facilitation; easing *2* (*agevolazione*) facility; (*al pl., comm.*) special conditions (*o* terms): **f. di credito**, credit facilities; **facilitazioni per i soci**, special conditions for members; **facilitazioni di pagamento**, easy terms.
facilménte *avv.* *1* (*senza difficoltà*) easily *2* (*probabilmente*) probably; (*molto probabilmente*) very likely.
facilóne *m.* (*f.* **-a**) superficial person; slapdash person.
faciloneria *f.* superficiality; slapdash attitude.
facinoróso ***A*** *a.* rowdy; lawless ***B*** *m.* rioter; hooligan.
facocèro *m.* (*zool.*) warthog.
facoltà *f.* *1* faculty: **f. mentali**, mental faculties *2* (*potere, autorità*) power, authority; (*diritto*) right; (*permesso*) leave, licence: **Non è nelle mie f.**, is not within my powers; **f. di parlare**, leave to speak; **f. di scelta**, option *3* (*di università*) faculty; school (*USA*): **f. di lettere**, Faculty of Arts.
facoltatìvo *a.* optional • **fermata facoltativa**, request stop.
facoltóso *a.* wealthy; rich.
facóndia *f.* (*lett.*) eloquence.
facóndo *a.* (*lett.*) eloquent.
facsìmile *m. invar.* *1* facsimile: **edizione in f.**, facsimile edition; **f. di firma**, specimen signature *2* (*fig.*) double; replica; copy.
factòtum *m. e f. invar.* man*-of-all-work (*m.*); jack-of-all--trades (*m., fam.*); factotum; (*aiuto tuttofare*) man* (*f.* girl) Friday (*fam.*).
faggéta *f.*, **faggéto** *m.* beechwood.
fàggio *m.* *1* (*albero*) beech *2* (*legno*) beech(wood).
fagiàno *m.* pheasant • **f. di monte**, black grouse.
fagiolìno *m.* French bean; string bean.

fagiòlo *m.* bean • (*fam.*) **capitare a f.**, to come at the right moment □ (*fam.*) **Capiti a f.!**, just the person I need! □ (*fam.*) **Mi va a f.**, it suits me to a T.
fàglia *f.* (*geol.*) fault.
fagocitàre *v. t.* *1* (*biol.*) to phagocytize *2* (*fig.*) to absorb; to engulf; to swallow up.
fagòtto (**1**) *m.* bundle • (*fam.*) **far f.**, to pack up (*o* one's bags) and leave; to clear out □ **sembrare un f.**, to look like a sack of flour. ATTENZIONE: **fagotto** ≠ faggot.
fagòtto (**2**) *m.* (*mus.*) *1* bassoon *2* (*suonatore*) bassoonist.
fàida *f.* blood feud; vendetta.
fài da té *locuz. m. invar.* do-it-yourself; DIY.
faìna *f.* (*zool.*) stone (*o* beech) marten.
fair play (*ingl.*) *locuz. m. invar.* fair play • **comportarsi con f.**, to behave sportingly.
falànge (**1**) *f.* *1* (*mil.*) phalanx* *2* (*fig.*) host; multitude.
falànge (**2**) *f.* (*anat.*) phalanx*.
falangìsmo *m.* (*polit.*) Falangism.
falàsco *m.* (*bot.*) sedge.
falcàta *f.* *1* (*equitazione*) falcade *2* (*di persona*) stride.
fàlce *f.* sickle; (*per fieno*) scythe • **f. di luna**, crescent □ (*polit.*) **f. e martello**, hammer and sickle.
falcétto *m.* sickle.
falchétta *f.* (*naut.*) gunwale.
falciàre *v. t.* *1* to scythe; to cut* down; (*a macchina*) to mow* *2* (*uccidere*) to mow* down; (*di epidemia*) to wipe out *3* (*calcio*) to bring* down.
falciatóre *m.* (*f.* **-trice**) mower.
falciatrìce *f.* (*macchina*) mower; (*da giardino*) lawnmower.
falciatùra *f.* *1* scything; (*meccanica*) mowing *2* (*periodo*) mowing time.
falcìdia *f.* *1* (*riduzione*) drastic cut *2* (*strage*) massacre; extermination *3* (*eliminazione*) drastic elimination; decimation • **L'esame è stato una vera f.**, they failed nearly everyone in the exam.
falcidiàre *v. t.* *1* (*ridurre*) to reduce drastically; to cut* (down) *2* (*massacrare*) to massacre *3* (*eliminare*) to decimate.
fàlco *m.* *1* (*zool.*) hawk; (*addestrato*) falcon *2* (*polit.*) hawk • (*zool.*) **f. pescatore**, osprey □ (*zool.*) **f. pellegrino**, peregrine falcon □ **con occhi di f.**, hawk-eyed □ **piombare come un f. su q.c.**, to swoop on st.
falcóne *m.* (*zool.*) falcon.
falconerìa *f.* falconry; hawking.
falconière *m.* falconer.
fàlda *f.* *1* (*geol.*) stratum*; layer: **f. acquifera**, water-bearing stratum; **f. freatica**, water table *2* (*di neve*) flake: **a larghe falde**, in large flakes *3* (*di giacca, ecc.*) tail *4* (*di cappello*) brim *5* (*di monte*) slope *6* (*di tetto*) pitch.
falegnàme *m.* carpenter; (*che fa mobili*) joiner.
falegnamerìa *f.* *1* carpentry; joinery *2* (*bottega*) carpenter's (*o* joiner's) workshop.
falèna *f.* (*zool.*) moth.
falèsia *f.* (*geol.*) cliff.
fàlla *f.* leak: **Si è aperta una f. nel serbatoio**, the tank has sprung a leak; **chiudere una f.**, to stop a leak; **avere falle**, to leak; to be leaky.
fallàce *a.* fallacious; misleading; deceptive.
fallàcia *f.* fallaciousness; fallacy; falseness.
fallìbile *a.* fallible.
fallibilità *f.* fallibility.
fàllico *a.* phallic: **simbolo f.**, phallic symbol.
fallimentàre *a.* *1* (*leg.*) bankruptcy (*attr.*): **tribunale f.**, bankruptcy court; **ditta in stato f.**, firm going bankrupt *2* (*fig.*) — **politica f.**, disastrous policy; **esperienza f.**, failure; (*comm.*) **prezzo f.**, drastically reduced price.
falliménto *m.* *1* (*leg.*) bankruptcy; failure: **dichiarazione di f.**, adjudication of (*o* in) bankruptcy; **fare** (*o* **andare in**) **f.**, to go bankrupt; to fail *2* (*fig.*) failure; fiasco; (*rottura*) breakup, breakdown: **il f. di un piano**, the failure of a plan; **il f. di un matrimonio**, the breakup of a marriage; **il f. delle trattative**, the breakdown of the talks.
fallire *A* *v. i.* *1* (*leg.*) to go* bankrupt; to fail; to go* under (*fam.*); to fold (*fam.*) *2* (*non riuscire*) to fail *B* *v. t.* to miss: (*anche fig.*) **f. il colpo**, to miss the mark.
fallito *A* *a.* *1* (*leg.*) bankrupt *2* (*fig.*) failed; unsuccessful: **scrittore f.**, failed author *B* *m.* *1* (*leg.*) bankrupt *2* (*fig.*) failure; loser.
fàllo (**1**) *m.* *1* (*errore*) error; fault; (*morale*) lapse; (*peccato*) sin, wrong: **commettere un f.**, to make an error; to do a wrong; **essere in f.**, to be at fault *2* (*sport*) foul; (*tennis*) fault: **commettere un f. su q.**, to foul sb.; (*calcio*) **f. di mano**, handball; hands; (*calcio*) **f. laterale**, kicking the ball into touch • **cogliere q. in f.**, to catch sb. out □ **mettere un piede in f.**, to slip; to miss one's footing; (*fig.*) to take a false step □ **senza f.**, without fail; infallibly.
fàllo (**2**) *m.* (*anat.*) phallus*.
fallocèntrico *a.* phallocentric.
fallòcrate *m.* phallocrat.
fallocrazìa *f.* phallocracy.
fallóso *a.* *1* faulty; defective *2* (*sport*) foul; (*di giocatore*) rough, dirty.
falò *m.* *1* bonfire *2* (*per segnale*) beacon.
falpalà *m.* flounce; frill; furbelow.
falsaménte *avv.* falsely; (*ingiustamente*) wrongly.
falsàre *v. t.* to distort; to alter; to misrepresent.
falsarìga *f.* *1* guide sheet of ruled paper *2* (*fig.*) model; guide; lines (*pl.*): **sulla f. di**, along the lines of.
falsàrio *m.* (*f.* **-a**) forger; counterfeiter; (*di monete*) coiner.
falsétto *m.* (*mus.*) falsetto*: **cantare in f.**, to sing falsetto.
falsificàre *v. t.* (*firma, documento*) to forge; (*conti e sim.*) to falsify; (*firma, opera d'arte*) to fake; (*denaro*) to counterfeit.
falsificatóre *m.* (*f.* **-trice**) forger; falsifier; counterfeiter; faker.
falsificazióne *f.* (*di firma, documento*) forgery; (*di conti e sim.*) falsification; (*di firma, di opera d'arte*) faking.
falsità *f.* *1* falseness; falsity *2* (*doppiezza*) duplicity; deceitfulness *3* (*menzogna*) falsehood; lie.
fàlso *A* *a.* *1* (*erroneo*) false, wrong; (*infondato*) unfounded: **notizia falsa**, unfounded (*o* false) report *2* (*menzognero*) false, untrue, lying; (*ingannevole*) deceitful: **f. amico**, false friend; **falsa modestia**, false modesty; **dichiarazione falsa**, lying statement *3* (*fasullo*) false; bogus; spurious; (*specialm. di oggetto artistico*) fake; (*di oro, gioiello*) imitation (*attr.*); (*falsificato*) forged, counterfeit: **denti falsi**, false teeth; **un f. Rubens**, a fake Rubens; **rubino f.**, imitation ruby; **firma falsa**, forged signature; **banconota falsa**, counterfeit banknote; **documento f.**, forgery *B* *m.* *1* (*falsità*) falsehood: **dire il f.**, to lie; (*leg.*) **giurare il f.**, to commit perjury; (*leg.*) **testimoniare il f.**, to bear false witness *2* (*leg.*) forgery; falsification: **f. in atto pubblico**, forgery (of a public deed); **f. in bilancio**, falsification of the accounts *3* (*arte*) fake.
fàma *f.* *1* (*celebrità*) fame; renown: **di f. mondiale**, world-famous *2* (*reputazione*) reputation; repute; name: **Ha f. di giudice severo**, he is reputed to be a stern judge; **godere buona** [**cattiva**] **f.**, to have a good [a bad] name; **conoscere q. di f.**, to know sb. by repute.
fàme *f.* hunger (*anche fig.*); (*inedia*) starvation: **avere f.**, to be hungry; (*fig.*) **aver f. di**, to hunger after; **morire di f.**, to die of hunger (*o* of starvation); to starve to death; (*fig.*) to be starving; **la f. nel mondo**, hunger in the world; world famine; **f. di gloria**, hunger for glory; **sciopero della f.**, hunger strike • **Ho una f. da lupo**, I'm starving (*o* famished); I could eat a horse □ **essere alla f.**, to be practically starving □ **fare la f.**, to go hungry; to starve; (*essere povero*) to be on the breadline □ **mettere f.**, to give (sb.) an appetite □ **far morire q. di f.**, to starve sb. to death □ **stipendi da f.**, starvation wages.
famèlico *a.* ravenous; (*avido*) greedy.
famigeràto *a.* notorious; ill-famed.
famìglia *f.* *1* family: **f. allargata**, extended family; **amico di f.**, family friend *2* (*le persone che vivono in una stessa casa*) household: **famiglie ad alto reddito**, high-income households *3* (*scient.*) family • **aria di f.**, family likeness □ **avere f.**, to have a wife and children □ **essere di f.**, to be one of the family □ **farsi una f.**, to marry and have children □ **formato f.**, family pack □ **in f.**, with one's family; at home; (*alla buona*) informally: **sentirsi in f.**, to feel at home; **vivere in f.**, to live at home □ **madre di f.**, mother □ **mettere su f.**, to start a family □ **un uomo tutto f.**, a family man.
famigliàre e *deriv.* *V.* **familiare** e *deriv.*
familiàre *A* *a.* *1* family (*attr.*); domestic; household (*attr.*): **vita f.**, family life; **cure familiari**, domestic worries; **bilancio f.**, household budget *2* (*noto*) familiar, well-known; (*consueto*) ordinary, everyday: **paesaggio f.**, familiar landscape; **Il nome mi è f.**, the name is familiar; **L'argomento**

mi è poco f., I'm not very familiar with the subject; **linguaggio f.**, everyday language *3* (*semplice, alla buona*) informal; friendly; easy: **trattamento f.**, informal treatment; **atmosfera f.**, friendly atmosphere *4* (*di parola, ecc.*) informal; colloquial *B* *m.* relative; member of the family: **i miei familiari**, my family • **f. a carico**, dependant *C* *f.* (*autom.*) estate car (*GB*); station wagon (*USA*).
familiarità *f.* familiarity • **avere f. con un argomento**, to be familiar with a subject □ **essere in rapporti di f. con q.**, to be on familiar (*o* friendly) terms with sb.
familiarizzàre *A* *v. i.* *1* *V.* **familiarizzarsi** *2* (*con una persona*) to become* friendly; to hit* it off (*fam.*): **Abbiamo familiarizzato subito**, we got on well together from the start; we hit it off immediately *B* **familiarizzàrsi** *v. i. pron* to familiarize oneself (with); to get* used to; to get* the hang of (*fam.*).
famóso *a.* famous; celebrated; renowned; popular; (*famigerato*) notorious • **tristemente f.**, ill-famed.
fanàle *m.* *1* (*lampione*) lamp; (*lanterna*) lantern: **f. stradale**, street lamp *2* (*naut.*) light: **fanali di via**, navigation lights *3* (*di veicolo*) light; lamp: **f. anteriore [posteriore]**, (*autom.*) headlight [rear light]; (*di bicicletta*) front lamp [rear lamp]; **f. di coda**, taillight.
fanalìno *m.* — **f. di coda**, (*autom.*) taillight; (*fig.*) tail-end Charlie (*fam.*).
fanàtico *A* *a.* *1* fanatical *2* (*appassionato*) mad, crazy (about st.) *B* *m.* (*f.* **-a**) *1* fanatic; zealot *2* (*tifoso*) fanatic, fan (*fam.*); (*maniaco*) fiend (*fam.*): **f. dello sport**, sports fanatic; **f. dell'aria pura**, fresh air fanatic (*o* fiend).
fanatismo *m.* fanaticism.
fanciùlla *f.* (young) girl; (*bambina*) little girl, child*.
fanciullésco *a.* childish (*anche spreg.*); childlike.
fanciullézza *f.* childhood.
fanciùllo *m.* (young) boy; (*bambino*) little boy, child.
fandònia *f.* (*bugia*) lie, tall story; (*sciocchezza*) nonsense Ⓤ.
fanèllo *m.* (*zool.*) linnet.
fanfàra *f.* *1* (*banda*) brass band *2* (*musica*) fanfare.
fanfaronàta *f.* brag; boast.
fanfaróne *m.* braggart; boaster; blowhard (*fam. USA*) • **fare il f.**, to brag.
fanghìglia *f.* mud; slush; slime.
fàngo *m.* *1* mud (*anche geol.*); slush; mire; (*viscido*) slime: **sporco di f.**, muddy *2* (*al pl.*) (*med.*) mud baths: **fare i fanghi**, to take (a course of) mud baths *3* (*al pl.*) (*ind.*) mud Ⓤ; sludge Ⓤ • (*fig.*) **cadere nel f.**, to fall very low □ (*fig.*) **gettare f. addosso a q.**, to sling mud at sb. □ (*fig.*) **trascinare nel f.**, to drag through the mire.
fangosità *f.* muddiness.
fangóso *a.* muddy; slimy.
fangoterapìa *f.* (*med.*) mud-bath therapy.
fannullóne *m.* (*f.* **-a**) idler; loafer; layabout.
fanóne *m.* whalebone.
fantaccìno *m.* foot soldier; infantryman*.
fantapolìtica *f.* political fiction; political fantasy.
fantascientìfico *a.* *1* science-fiction (*attr.*) *2* (*avveniristico*) futuristic.
fantasciènza *f.* science fiction.
fantasìa *A* *f.* *1* (*facoltà*) imagination, fancy; (*attività*) imagination, fantasy: **f. accesa**, vivid imagination; **non avere f.**, to have no imagination; **lavorare di f.**, to let one's imagination run away with one; to imagine things; **colpire la f.**, to catch sb.'s fancy; **il mondo della f.**, the realm of fantasy *2* (*cosa immaginata*) fantasy, fancy; (*sogno a occhi aperti*) daydream; (*capriccio*) fancy, whim: **Sono tutte fantasie!**, it's all fantasy!; **un miscuglio di fatti e f.**, a mixture of fact and fiction *3* (*moda*: *disegno*) pattern, design; (*stoffa stampata*) print *4* (*mus.*) fantasy; fantasia *B* *a. invar.* fancy (*attr.*); (*di stoffa, ecc.*) patterned.
fantasióso *a.* *1* imaginative; (*di persona*) with a lively imagination *2* (*bizzarro*) fanciful; bizarre *3* (*inverosimile*) fantastic.
fantasista *m. e f.* variety artiste; entertainer.
fantàsma *A* *m.* *1* ghost; phantom; spectre *2* (*prodotto della fantasia*) figment; fantasy • **f. del passato**, ghost from the past □ **casa abitata dai fantasmi**, haunted house □ **essere il f. di se stesso**, to be the shadow of one's former self *B* *a. invar.* phantom (*attr.*); ghost (*attr.*): **governo f.**, phantom government; **città f.**, ghost town.
fantasmagorìa *f.* phantasmagoria.
fantasmagòrico *a.* phantasmagorical.
fantasticàre *A* *v. t.* to dream* about *B* *v. i.* to daydream*; to let* one's imagination wander.
fantasticherìa *f.* daydream; reverie; fancies (*pl.*).
fantàstico *a.* *1* imaginary; fanciful; fantasy (*attr.*): **paesaggio f.**, imaginary landscape; **letteratura fantastica**, fantasy *2* (*fam.*: *straordinario*) fantastic; terrific; fabulous.
fànte *m.* *1* (*mil.*) infantryman*; foot soldier *2* (*a carte*) jack; knave (*GB*).
fanterìa *f.* (*mil.*) infantry • **f. di marina**, marines (*pl.*).
fantìno *m.* jockey.
fantòccio *A* *m.* *1* puppet; (*di cenci*) rag doll *2* (*fig.*) puppet; stooge *B* *a. invar.* puppet (*attr.*): **governo f.**, puppet government.
fantomàtico *a.* (*misterioso*) mysterious; (*inafferrabile*) elusive.
farabùtto *m.* rascal; scoundrel; rogue; (*imbroglione*) crook, swindler.
faraglióne *m.* (*geol.*) stack.
faraóna *f.* (*zool.*) guinea fowl; guinea hen.
faraóne *m.* *1* (*stor.*) Pharaoh *2* (*gioco*) faro.
faraònico *a.* *1* (*stor.*) of the Pharaohs; pharaonic *2* (*fig.*) colossal; sumptuous; magnificent.
farcìre *v. t.* (*cucina*) to stuff; (*torte*) to fill.
farcìto *a.* (*cucina*) stuffed; (*di torta*) with a (chocolate, cream, etc.) filling (*pred.*).
fard *m. invar.* rouge; blusher.
fardèllo *m.* *1* (*involto*) bundle *2* (*carico, anche fig.*) burden; load; weight.
fàre (1) *A* *v. t.* *1* (*generico, astratto e nel senso di «agire»*) to do*: **Che stai facendo?**, what are you doing?; **Che fa tuo padre?**, what does your father do?; **Ho da f.**, I have things to do; I'm busy; **f. bene q.c.**, to do st. well; **f. del proprio meglio**, to do one's best; **f. presto**, to be quick; **Sa f. di tutto**, he can turn his hand to anything; he's good at everything *2* (*creare, fabbricare, operare, formare, costruire, produrre, ecc.*; *si veda anche sotto i vari sost.*) to make*; to do*: **f. un vestito [una legge, un elenco]**, to make a dress [a law, a list]; **f. un errore [una scoperta, una promessa]**, to make a mistake [a discovery, a promise]; **f. i compiti**, to do one's homework; **fare la spesa**, to do the shopping; **Non fa differenza**, it makes no difference; **f. posto a q.**, to make room for sb.; **farsi un nemico**, to make an enemy; **Ne hanno fatto un eroe**, they've made a hero of him; **Di questa stoffa ne farò una gonna**, I'll make this material into a skirt *3* (*pulire, riordinare*) to clean, to do* (*fam.*); (*lavare*) to wash: **f. una stanza**, to clean (*fam.* to do) a room; **f. i letti**, to make the beds; **f. i piatti**, to wash the dishes; to do the washing-up *4* (*cucinare*) to make*; to cook: **f. una torta**, to make a cake; **f. da mangiare**, to cook; to do the cooking; **f. q.c. arrosto**, to roast st. *5* (*rifornirsi di, raccogliere*) — **f. benzina**, to get some petrol; **f. legna**, to gather wood *6* (*dire*) to say*: **«È tardi» fece lui**, «it's late» he said *7* (*recitare*) to play; to act (in st.) *8* (*comportarsi come*) to be, to play; (*fingere*) to feign (+ *sost. astratto*): **Non f. lo stupido**, don't be a fool; **f. il buffone**, to play the clown; **f. l'indifferente**, to feign indifference *9* (*esercitare un mestiere*) to be: **f. il medico [l'attore]**, to be a doctor [an actor] *10* (*praticare*; *dedicarsi a*) — **f. del nuoto**, to swim; **f. del tennis**, to play tennis; **f. politica**, to be involved in politics; **f. del cinema**, to be [to get into] in films *11* (*fam.*: *credere*) to think*; to believe: **Non lo facevo così vecchio**, I didn't think he was so old *12* (*produrre, procreare*) to bear*; to have: **f. figli**, to bear children *13* (*dare come risultato*) to be; to make*: **due più due fa quattro**, two and two is (*o* makes) four; **Fanno 30.000 lire**, it's 30,000 lire *14* (*rif. alle ore*) to be; to make*: **Il mio orologio fa** (*o* **Io faccio**) **le sei**, it's six o'clock by my watch; I make it six; **Chiacchierando, abbiamo fatto le tre**, it was three in the morning when we finally stopped talking *15* (*fam.*: *trascorrere, passare*) to spend*; to do*: **f. le vacanze**, to go on holiday; to spend one's holidays; to vacation (*USA*); **f. due anni di prigione**, to do two years in prison *16* (*percorrere*) to go* (*o altro verbo di moto*); to do*: **f. molta strada**, to go a long way; **f. 50 km**, to walk [to drive, etc.] 50 km; **La mia auto fa i 200 all'ora**, my car does 200 km an hour *17* (*per evitare la ripetizione di un verbo*) to do*: **Rispondi come fa Agnese**, answer as Agnese does; **«Posso guardare?» «Faccia pure»**, «may I have a look?» «please do» *18* (*se-*

guito da inf. con senso attivo: *obbligare, imporre, ecc.*) to make*; (*persuadere*) to get*; (*permettere*) to let*; (*fare in modo che*) to cause; (*ordinare*) to order, to bid*: **f. piangere q.**, to make sb. cry; **Me lo fece riscrivere**, he made me write it again; **Fammi vedere** [**sapere**], let me see [know]; **f. entrare**, to let in; to show in; **f. aspettare**, to keep (sb.) waiting (*Per altre espressioni, si veda sotto l'inf.*) ***19*** (*seguito da inf. con senso passivo*) to have; to get*: **Fallo f. subito**, get (*o* have) it done at once; **Lo feci f. in pelle**, I had it made in leather; **farsi tagliare i capelli**, to have one's hair cut • **f. bene** [**male**], *V. sotto* **bene** [**male**] □ (*fam.*) **f. fuori**, (*uccidere*) to kill, to do in (*pop.*); (*licenziare*) to sack, to give (sb.) the elbow (*pop.*); (*mangiare*) to polish off; (*distruggere*) to wreck; (*consumare*) to wear out; (*denaro*) to run through □ **Fa lo stesso**, it makes no difference; (*non importa*) it doesn't matter □ **fare proprio q.c.** (*appoggiarlo*), to endorse st. □ **farci su un pensierino**, to think it over □ **Ce la fai da solo?**, can you manage on your own? □ **Ce l'ho fatta!**, I've made it! □ **Non ce la faccio più**, I can't stand it any longer □ **Che vuoi farci?**, what can you do about it? □ **farla a q.**, to trick sb.; to take sb. in □ **farla finita con q.c.**, to have done with st. □ (*fam.*) **farsela addosso**, to wet oneself; to do it in one's pants □ (*pop.*) **farsela con q.** (*avere una relazione*), to have it off with sb. □ (*fig. pop.*) **farsela sotto**, (*aver paura*) to wet one's pants; (*tirarsi indietro*) to chicken out □ (*pop.*) **farsi la moto**, to get oneself a motorbike □ (*pop.*) **farsi una coca**, to drink a coke □ (*volg.*) **farsi q.**, to score with sb.; to lay sb. □ **avere a che f. con q.**, to have dealings with sb.; to have to do with sb. □ **Come fai a saperlo?**, how do you know? □ **Non fa nulla**, it doesn't matter; never mind □ **Non posso farci niente**: **mi è antipatico**, I can't help it, I don't like him □ **L'hai fatta bella**, you've made a fine mess of it!; now you've done it! □ (*prov.*) **Chi fa da sé fa per tre**, if you want something done, do it yourself □ (*prov.*) **Chi la fa, l'aspetti**, as you sow, so shall you reap □ **Non f. agli altri quello che non vorresti fosse fatto a te**, do as you would be done by ***B*** *v. i.* ***1*** (*impers.*: *del tempo*) to be: **Fa caldo** [**freddo**], it is hot [cold]; **Fa bel tempo**, it's (*o* the weather is) fine ***2*** (*compiersi*) to be: **Oggi fa un anno che è morto**, it's a year today since he died ***3*** (*essere adatto*) to suit: **Questo lavoro non fa per me**, this job doesn't suit me (*o* is not for me) ***4*** (*lavorare, comportarsi*) to act as; to be: **f. da guida**, to act as a guide; **f. da padre a q.**, to be (like) a father to sb. ***5*** (*servire*) to serve: **f. da tavolo**, to serve as a table ***6*** — **f. per** (*accingersi a*), to be about to; to be on the point of • **f. all'amore**, to make love □ **f. a meno di**, (*rinunciare a*) to give up; (*fare senza*) to do without □ **Puoi f. a meno di venire**, you needn't come □ **Non posso f. a meno di ridere**, I cannot help laughing □ **f. a metà**, to go halves □ **f. in modo di**, (*cercare di*) to try and; (*badare a*) to take care (that): **Fa' in modo di venire**, try and come; **Fa' in modo di non farti vedere**, take care you are not seen □ **f. in tempo a**, to be in time to □ **f. (sì) che**, (*provvedere*) to see to it that; to arrange that; (*causare*) to cause: **Fa' sì che ci siano tutti**, see to it that everyone is there; **L'epidemia di influenza fece sì che molti fossero assenti**, the flu epidemic caused many to be absent □ **Fai pure**, go ahead □ **Fai tu**, I leave it to you; do as you please; (*brusco*) suit yourself □ **Faresti meglio a studiare**, you had better study; you'd better be studying □ **Lascialo f.!**, leave him!; let him be! □ **Niente da f.**, nothing doing □ **Non è il modo di f.**, that is not the way to behave □ **saperci f.**, to be quite good; to know one's job; to know what's what (*fam.*) □ **saperci f. con q.**, to have a way with sb.; to know how to handle sb. □ **saperci f. con q.c.**, to be good at st. □ **Si fa così**, you do it like this; this is the way to do it □ **Non si fa così** (*non sta bene*), that's not the way to behave □ **Si fa presto a dire**, it's easy enough to talk □ **Tutto fa**, every little helps □ **Che te ne fai?**, what use is it to you? ***C*** **fàrsi** *v. rifl. e i. pron.* ***1*** (*diventare*) to become*; to grow*; (*del tempo*) to get*: **f. prete**, to become a priest; **Si è fatto uomo**, he's grown into a man; **Si è fatto da sé**, he is a self-made man; **Si fa buio** [**tardi**], it's getting dark [late]; **f. sereno**, to clear up ***2*** (*muoversi*) to go*; to come*; to step: **f. avanti**, to come forward; **f. in là**, to step to one side; to get out of the way; **f. indietro**, to stand back ***3*** (*seguito da inf.*) to get* oneself, to have oneself, to make* oneself (*tutti + p.p.*): **f. misurare**, to get oneself measured; **f. annunciare**, to have oneself announced; **f. capire**, to make oneself understood; **f. notare**, to attract attention; **f. rispettare**, to win respect ***4*** (*gergo della droga*) to do* drugs: **Si fa di coca**, he does coke.

fàre (**2**) *m.* manner; way; behaviour: **Ha un f. molto simpatico**, he has a very pleasant manner • **sul f. del giorno**, at daybreak □ **sul f. della notte**, at nightfall.

farètra *f.* quiver.

farétto *m.* spotlight.

farfàlla *f.* (*zool., diurna*) butterfly; (*notturna*) moth • **nuoto a f.**, butterfly (stroke).

farfallino *m.* (*cravattino*) bow tie.

farfallóne *m.* (*fig.*) philanderer.

farfugliàre *v. i.* to mutter; to mumble.

farina *f.* flour; (*grossa*) meal: **f. d'avena**, oatmeal; **f. di castagne**, chestnut flour; (*agric.*) **f. d'ossa**, bone meal; **f. di riso**, ground rice; **f. gialla**, corn meal; **f. integrale**, wholemeal; **fior di f.**, (superfine) flour • (*fig.*) **f. del proprio sacco**, one's own work.

farinàceo ***A*** *a.* farinaceous ***B*** *m.* (*al pl.*) starchy foods.

faringe *f. o m.* (*anat.*) pharynx*.

faringèo *a.* pharyngeal.

faringìte *f.* (*med.*) pharyngitis.

farinóso *a.* (*simile a farina*) floury; powdery: **patate farinose**, floury potatoes; **neve farinosa**, powdery snow.

farisàico *a.* ***1*** (*stor.*) Pharisaic ***2*** (*fig.*) pharisaic(al).

farisèo *m.* ***1*** (*stor.*) Pharisee ***2*** (*fig.*) pharisee.

farmacèutico *a.* pharmaceutical.

farmacìa *f.* ***1*** (*scienza*) pharmacy ***2*** (*negozio*) chemist's (shop) (*GB*); pharmacy; (*di ospedale*) dispensary; (*che vende anche articoli vari*) drugstore (*USA*): **f. di turno**, chemist's open on a holiday; **f. notturna**, all-night chemist's.

farmacista *m. e f.* (dispensing) chemist (*GB*); pharmacist; druggist (*USA*).

fàrmaco *m.* medicine; drug.

farmacologìa *f.* pharmacology.

farmacòlogo *m.* (*f.* **-a**) pharmacologist.

farmacopèa *f.* pharmacop(o)eia.

farneticàre *v. i.* ***1*** to rave; to be delirious; to be incoherent ***2*** (*fig.*) to rave; to talk nonsense.

fàro *m.* ***1*** (*naut.*: *torre*) lighthouse; (*lume*) light(s) ***2*** (*aeron.*) beacon ***3*** (*di veicolo*) headlight; headlamp: **fari abbaglianti**, headlights on full (*USA* high) beam; brights (*USA*); **fari anabbaglianti**, dipped (*USA* dimmed) headlights; **fari antinebbia**, fog lights ***4*** (*riflettore*) floodlight ***5*** (*fig.*) beacon.

farràgine *f.* jumble; hotch-potch; muddle; farrago*.

farraginóso *a.* confused; muddled; woolly.

fàrro *m.* (*bot.*) spelt.

fàrsa *f.* ***1*** (*teatr.*) farce ***2*** (*fig.*) farce; mockery.

farsésco *a.* farcical; ludicrous.

farsétto *m.* doublet.

fascétta *f.* ***1*** (narrow) band ***2*** (*di giornale, libro*) wrapper; (*pubblicitaria*) blurb band ***3*** (*busto da donna*) girdle.

fàscia *f.* ***1*** band; (*di carta*) wrapper; (*di cuoio*) strap ***2*** (*fusciacca*) sash; (*intorno alla vita, anche*) cummerbund ***3*** (*med.*) bandage ***4*** (*al pl.*) (*di neonato*) swaddling clothes ***5*** (*al pl.*) (*mil.*) puttees ***6*** (*zona*) zone; area; belt; strip: **f. smilitarizzata**, demilitarized zone; **f. costiera**, coastal strip ***7*** (*fig.*) band; segment; sector; (*anche fisc.*) bracket: **f. oraria**, time band; **f. di mercato**, segment of the market; **f. di età**, age bracket • (*radio, TV*) **f. massima di ascolto**, peak listening time (*TV* viewing time); prime time □ (*calcio*) **fasce laterali**, touch (*sing.*) □ **essere in fasce**, to be a baby □ **bambino in fasce**, baby in arms □ **spedire sotto f.**, to send under cover.

fasciàme *m.* (*naut., di legno*) planking; (*di metallo*) plating.

fasciànte *a.* (*aderente*) close-fitting; clinging.

fasciàre *v. t.* ***1*** (*avvolgere*) to wrap; (*un neonato*) to swaddle ***2*** (*bendare*) to bandage ***3*** (*essere aderente*) to be close-fitting; to cling* (to st.).

fasciatòio *m.* baby-changing unit.

fasciatùra *f.* ***1*** bandaging ***2*** (*fascia*) bandages (*pl.*).

fascìcolo *m.* ***1*** (*di rivista*) issue; number ***2*** (*dispensa*) instalment ***3*** (*opuscolo*) booklet; pamphlet ***4*** (*incartamento*) file.

fascìna *f.* faggot.

fàscino *m.* fascination; charm; glamour: **essere ricco di f.**, to have great charm; to be glamorous; **subire il f. di**, to be fascinated by; to be under sb.'s spell.

fascinóso *a.* glamorous; fascinating.
fàscio *m.* *1* bundle; bunch; sheaf*: **f. di fiori**, bunch of flowers; **f. di carte**, sheaf (*o* bundle) of papers; (*anat. e fig.*) **f. di nervi**, bundle of nerves *2* (*di luce*) beam; shaft; (*sottile*) pencil *3* (*polit.*) — **il F.**, the Fascist Party • (*fis.*) **f. di elettroni**, electron beam □ **mettere in un sol f.**, to lump together.
fascismo *m.* fascism; Fascism.
fascista *a., m. e f.* fascist; Fascist.
fàse *f.* *1* phase (*anche fis., astron*); period; stage: **f. critica**, critical stage; **attraversare una brutta f.**, to go through a bad phase (*fam.* patch); **in f. avanzata**, at an advanced stage *2* (*mecc.*) stroke • **essere in f. di miglioramento**, to be getting better □ (*fig.*) **fuori f.**, out of sorts □ (*mecc.*) **mettere in f. un motore**, to tune an engine.
fastèllo *m.* faggot; bundle.
fast food (*ingl.*) *locuz. m. invar.* fast food restaurant.
fàsti *m. pl.* memorable events; glories.
fastìdio *m.* *1* (*disturbo*) nuisance; trouble [U]; (*seccatura*) bother [U]: **Che f.!**, what a nuisance!; **avere dei fastidi con la polizia**, to be in (*o* to get into) trouble with the police; **Le mosche ci hanno dato f.**, flies were a bother; we were bothered by flies; **Mi dà f. il fumo**, I can't stand people smoking; **Ti dà f. se fumo?**, do you mind if I smoke? *2* (*irritazione*) annoyance; irritation: **gesto di f.**, gesture of annoyance; **provare f.**, to be annoyed *3* (*al pl.*) (*preoccupazioni*) troubles; worries *4* (*al pl.*) (*cattivo funzionamento*) trouble [U]: **fastidi al fegato**, liver trouble.
fastidióso *a.* irritating; annoying; bothersome; (*di persona*) tiresome, bothering ATTENZIONE: **fastidioso ≠ fastidious.**
fàsto *m.*, **fastosità** *f.* pomp; magnificence; splendo(u)r; (*ostentazione*) display, ostentation.
fastóso *a.* grand; magnificent; sumptuous.
fasùllo *a.* false; fake; bogus; sham; (*contraffatto*) fake, counterfeit.
fàta *f.* fairy: **racconti di fate**, fairy tales; **il paese delle fate**, fairyland • **F. Morgana** (*miraggio*), Fata Morgana.
fatàle *a.* *1* (*inevitabile*) fated; destined: **Era f. che lo rivedessi**, I was destined to see him again *2* (*disastroso*) disastrous; ruinous *3* (*mortale*) fatal: **La caduta gli fu f.**, the fall proved fatal *4* (*irresistibile*) irresistible • **donna f.**, femme fatale (*franc.*).
fatalismo *m.* fatalism.
fatalista *m. e f.* fatalist.
fatalità *f.* *1* fatality *2* (*destino*) fate; destiny; luck: **F. volle che io non fossi in casa**, as luck would have it, I wasn't in *3* (*incidente*) fatal accident; (*disavventura*) unfortunate circumstance, mishap.
fatalménte *avv.* *1* (*inevitabilmente*) fatally; inevitably *2* (*per disgrazia*) as bad luck would have it.
fatàto *a.* *1* (*incantato*) enchanted; (*magico*) magic; (*stregato*) bewitched *2* (*di fata*) fairy (*attr.*).
fatìca *f.* *1* (*duro lavoro*) labour, labor (*USA*); hard work [U]; toil: **le fatiche di Ercole**, the labours of Hercules; **È stata una grossa f.**, it's been hard work *2* (*sforzo*) effort, exertion; (*difficoltà*) difficulty: **f. fisica [mentale]**, physical [mental] exertion; **a f.**, with difficulty; **Riuscivo a f. a leggere la scritta**, I could barely read the words; **Fa f. a parlare**, it's an effort from him to talk; **Faccio f. a capire**, I find it difficult (*o* hard) to understand; **Feci f. a convincerlo**, I had a hard job convincing him *3* (*stanchezza*) tiredness; exhaustion; fatigue: **accusare f.**, to feel tired *4* (*fig.*: *opera*) effort; work: **Fu l'ultima sua f.**, it was the last thing he did *5* (*tecn.*) fatigue • **È f. sprecata**, it's a waste of energy (*o* time) □ **abiti da f.**, working clothes □ **animale da f.**, beast of burden □ **Puoi risparmiarti la f. di rispondere**, you can save yourself the trouble of answering □ **uomo di f.**, odd-job man.
faticàre *v. i.* *1* to toil; to work hard; to labour, to labor (*USA*); to slog away (*fam.*) *2* (*stentare*) to have difficulty (in doing st.); can hardly (do st.) (*difett.*); to find* it difficult (to do st.); to have a job (doing st.) (*fam.*).
faticàta *f.* (*lavoro faticoso*) hard work [U], toil [U], sweat [U] (*fam.*); (*lavoro ingrato*) drudgery [U]; (*camminata faticosa*) grind; (*sforzo*) exertion, effort.
faticosaménte *avv.* with difficulty; laboriously.
faticóso *a.* *1* tiring; exhausting; (*lungo e pesante*) laborious *2* (*difficile*) difficult; hard; demanding; tough.
fatìdico *a.* *1* prophetic *2* (*fatale*) fateful: **giorno f.**, fateful day.
fatiscénte *a.* delapidated; crumbling; run-down; decrepit.
fàto *m.* fate.
fàtta *f.* (*specie, genere*) kind; sort: **d'ogni f.**, of every kind (*o* sort).
fattàccio *m.* (*delitto*) crime.
fatterèllo *m.* *1* minor event (*o* thing) *2* (*raccontino*) anecdote.
fattézze *f. pl.* features.
fattìbile *a.* feasible; practicable.
fattibilità *f.* feasibility; practicability.
fattispècie *f.* — **nella f.**, in the case in point.
fattivo *a.* *1* effective; positive *2* (*attivo*) active; efficient.
fàtto (1) *a.* *1* done; (*fabbricato, costruito*) made; (*di abito*) ready-made: **f. a macchina**, machine-made; **f. a mano**, handmade; **f. in casa**, home-made; **f. su misura**, made to measure (*pred.*); tailor-made; **lavoro ben f.**, job well done; **donna ben fatta**, woman with a good figure; **Ben f.!**, well done!; (*ben ti sta*) (it) serves you right! *2* (*fam.*: *stanchissimo*) exhausted; dead beat (*fam.*) *3* (*gergo della droga*) stoned; zonked • **a notte fatta**, when it is [was] quite dark □ (*di abito*) **comprato f.**, off-the-peg (*attr.*) □ **giorno f.**, broad daylight □ **uomo f.**, full-grown man □ **È fatta!**, that's it! □ **Io sono f. così**, that's the way I am □ **È un uomo f. così**, that's the sort of man he is □ **È f. per l'insegnamento**, he's cut out to be a teacher □ **Non è un lavoro f. per me**, it's not my sort of job; I'm not cut out for that sort of job □ **Mi venne f. di pensare che...**, it occurred to me that... □ **Se ti vien f. di...**, if you happen to....
fàtto (2) *m.* *1* (*azione*) deed; action: **fatti non parole**, actions, not words *2* (*cosa, accaduto*) fact, thing; (*faccenda*) matter, business [U]: **fatti concreti**, hard facts; **I fatti parlano chiaro**, the facts are clear; **come si sono svolti i fatti**, how things went; **un f. strano**, something strange; **un f. personale**, a personal thing; **Il f. è che...**, the fact is that...; **Bada ai fatti tuoi**, mind your own business; **il f. della sua scomparsa**, his disappearance *3* (*avvenimento*) event: **i fatti del giorno**, the events of the day *4* (*azione di romanzo, ecc.*) action; story • **f. compiuto**, fait accompli (*franc.*): **a f. compiuto**, after the fact □ **f. di cronaca**, news item; story □ **f. di sangue**, (*ferimento*) wounding; (*omicidio*) murder □ **F. sta che...**, the fact is... □ **cogliere q. sul f.**, to catch sb. out; (*in flagrante*) to catch sb. red-handed □ **di f.**, in (actual) fact □ **di f. se non di nome**, in all but name □ **dire a q. il f. suo**, to give sb. a piece of one's mind □ **errore di f.**, factual error □ **È un esperto in f. di computer**, he is an expert on computers □ **In f. di motori, non sono secondo a nessuno**, when it comes to engines, I'm second to none □ **Sa il f. suo**, he knows his job; he knows what's what (*fam.*) □ **sicuro del f. suo**, sure of himself.
fattóre *m.* *1* (*creatore*) maker *2* (*agr.*) land agent; bailiff *3* (*elemento determinante*) factor *4* (*mat.*) factor.
fattorìa *f.* farm; (*casa*) farmhouse, homestead. ATTENZIONE: **fattoria ≠ factory.**
fattorino *m.* *1* messenger; errand boy; (*di ufficio*) office boy *2* (*per consegne*) deliveryman*; (*per telegrammi*) (telegraph) messenger *3* (*di albergo*) page; bellboy; belhop (*USA*).
fattrìce *f.* (*cavalla*) brood mare; (*vacca*) brood cow.
fattuàle *a.* factual.
fattucchièra *f.* witch; sorceress.
fattùra *f.* *1* (*fabbricazione*) manufacture; make: **di f. italiana**, Italian-made (*agg.*) *2* (*confezione*) making-up; (*taglio*) cut; (*modello*) model: **Costa più la f. che la stoffa**, it costs more to have it made than to buy the material *3* (*di oggetto d'arte*) workmanship; craftsmanship: **di pregevole f.**, of excellent workmanship; beautifully crafted *4* (*comm.*) invoice; (*conto*) bill: **emettere f.**, to invoice (st., sb.) *5* (*pop.*: *incantesimo*) spell: **fare una f. a q.**, to cast a spell on sb.
fatturàre *v. t.* (*comm.*) to invoice; to bill • **f. grosse cifre**, to have a high turnover.
fatturàto *m.* (*comm.*) sales (*pl.*); (*giro d'affari*) turnover, billing (*USA*).
fatturazióne *f.* invoicing; billing.
fatuità *f.* fatuity; fatuousness.
fàtuo *a.* fatuous; vain; silly.
fàuci *f. pl.* *1* (*di animale*) jaws *2* (*anat.*) fauces.
fàuna *f.* fauna*.
faunìstico *a.* faunal; fauna (*attr.*) • **patrimonio f.**, fauna.

fàuno *m.* (*mitol.*) faun.
fàusto *a.* fortunate; propitious; happy • **f. presagio**, good omen.
fautóre *m.* (*f.* **-trice**) advocate; supporter.
fauvismo *m.* (*arte*) Fauvism.
fàva *f.* (*bot.*) broad bean.
favèlla *f.* *1* (power of) speech *2* (*idioma*) tongue; language.
favilla *f.* (*anche fig.*) spark • (*fig.*) **far faville**, to shine.
fàvo *m.* *1* (*di api*) honeycomb *2* (*med.*) favus*.
fàvola *f.* *1* (*fiaba*) story; tale, (*con una morale*) fable; (*di fate*) fairy tale; (*leggenda*) legend: **la f. di Biancaneve**, the story of Snow-White; **origini di f.**, legendary origins *2* (*fandonia*) fairy tale; story • **da f.**, fairy-tale (*attr.*); fabulous □ **La villa è una f.**, the villa is a dream □ **la f. del paese**, (*oggetto di chiacchiere*) the talk of the town; (*zimbello*) the laughing-stock of the town.
favoleggiàre *v. i.* to tell* (fabulous) tales (about).
favolìstica *f.* (*letter.*) folk tales (*pl.*); fables (*pl.*).
favolóso *a.* *1* fabulous; fabled; legendary *2* (*fam.*: *straordinario*) fabulous; fantastic; terrific: **ricchezze favolose**, fabulous wealth; **vestito f.**, fantastic dress.
favóre *m.* *1* (*piacere*) favour, favor (*USA*): **chiedere un f. a q.**, to ask a favour of sb.; **fare un f. a q.**, to do sb. a favour; (*fam.*) **Ma fammi il f.!**, do me a favour!; **scambio di favori**, exchange of favours *2* (*approvazione*) favour; approval: **guardare con f. a q.c.**, to look with favour on st.; **godere il f. di q.**, to be popular with sb.; **incontrare il f. di q.**, to find favour with sb.; to meet with sb.'s approval; **Sono a f. della proposta**, I'm in favour of the proposal; **f. popolare**, popularity; **il f. della critica**, critical approval; **voti a f.**, votes in favour • **un assegno a f. di**, a cheque made out to □ **aiuti a f. dei rifugiati**, aid for the refugees □ **biglietto di f.**, complimentary ticket □ (*comm.*) **cambiale di f.**, accomodation bill □ **col f. della notte**, under cover of darkness □ (*comm.*) **condizioni di f.**, favourable terms □ **per f.**, please □ **prezzo di f.**, special price □ **vento a f.**, favourable (*o* fair) wind.
favoreggiaménto *m.* (*leg.*) aiding and abetting.
favoreggiàre *v. t.* (*leg.*) to aid and abet.
favoreggiatóre *m.* (*f.* **-trice**) (*leg.*) abettor.
favorévole *a.* *1* in favour (of): **f. all'aborto**, in favour of abortion; pro-abortion; **un voto f. e due contrari**, one vote in favour (*o* for) and two against; **risposta f.**, positive answer *2* (*benigno, propizio*) favourable.
favorìre *v. t.* *1* to favour, to favor (*USA*); (*appoggiare*) to support; (*aiutare*) to help, to aid; (*promuovere*) to foster, to promote, to encourage: **f. la fuga di q.**, to help sb. escape; **f. la digestione**, to aid digestion; **f. lo sviluppo**, to foster development; **f. la crescita**, to encourage growth; **È favorito dal suo nome**, his name opens doors; his name is an advantage *2* (*in espress. di cortesia*) — **Favorisca la patente**, may I see your licence?; **Favorite entrare**, please come in; **Favorisca alla cassa**, please pay at the cash desk.
favoritismo *m.* favouritism.
favorito **A** *a.* *1* (*preferito*) favoured; favourite *2* (*avvantaggiato*) with an advantage *3* (*in una gara*) tipped to win (*pred.*) **B** *m.* (*f.* **-a**) *1* (*privilegiato, prediletto*) favourite *2* (*in una gara*) favourite *3* (*al pl.*) (*fedine*) side-whiskers • **la favorita del re**, the king's mistress.
fax *m. invar.* *1* (*messaggio*) fax *2* (*macchina*) fax machine • **mandare via fax**, to fax.
faxare *v. t.* to fax.
fazióne *f.* faction.
faziosità *f.* factionalism; faction.
fazióso **A** *a.* *1* factious; partisan *2* (*sovversivo*) seditious **B** *m.* (*f.* **-a**) factionalist.
fazzolétto *m.* (*da naso*) handkerchief*; hankie, hanky (*fam.*); (*da collo*) neckerchief*; (*da testa*) headscarf: **f. di carta**, paper handkerchief; tissue • **un f. di terra**, a small plot of land □ **grande come un f.**, the size of a pocket handkerchief.
febbràio *m.* February. (*Per gli esempi d'uso, V. sotto* **aprile**).
fèbbre *f.* *1* (*med.*) temperature; fever (*generalm. alta*): **avere la f.**, to have (*o* to be running) a temperature; to be feverish; **misurare la f. a q.**, to take sb.'s temperature; **sentirsi addosso la f.**, to feel feverish; **f. da cavallo**, very high fever *2* (*fig.*) fever; excitement: **avere la f. addosso**, to be in a fever of excitement • (*med.*) **f. da fieno**, hay fever □ **f. dell'oro**, gold fever; (*corsa all'oro*) gold rush □ (*med.*) **f. gialla**, yellow (*o* jungle) fever □ (*med.*) **f. sulle labbra**, cold sore; fever blister (*USA*).
febbriciàttola *f.* (*med.*) persistent slight fever.
febbricitànte *a.* feverish; (*più forte*) shaking with fever.
febbrìfugo *a. e m.* (*farm.*) febrifuge.
febbrìle *a.* *1* (*med.*) feverish; febrile *2* (*fig.*) feverish.
fecàle *a.* f(a)ecal.
fèccia *f.* dregs (*pl., anche fig.*); lees (*pl.*); sediment.
fèci *f. pl.* (*fisiol.*) f(a)eces.
fècola *f.* starch; flour: **f. di patate**, potato flour.
fecondàre *v. t.* *1* (*biol.*) to fertilize *2* (*rendere fertile*) to make* fruitful *3* (*fig.*) to enrich.
fecondativo *a.* fertilizing; fertility (*attr.*).
fecondazióne *f.* *1* (*biol.*) fertilization; insemination: **f. artificiale**, artificial insemination *2* (*bot.*) fertilization.
fecondità *f.* (*anche fig.*) fecundity; fertility; fruitfulness.
fecóndo *a.* (*anche fig.*) fertile; fruitful; rich; prolific: **terreno f.**, fertile (*o* rich) soil; **albero f.**, fruitful tree; **scrittore f.**, prolific writer; **donna in età f.**, woman of child-bearing age; **f. di promesse**, rich in promise.
féde *f.* *1* faith; (*credenza*) belief: **f. in Dio**, faith (*o* belief) in God; **la f. cristiana**, the Christian faith; **f. politica**, political beliefs (*pl.*); **atto di f.**, act of faith *2* (*fedeltà*) loyalty *3* (*fiducia*) faith; trust; confidence: **Abbi f.!**, have faith!; **degno di f.**, trustworthy *4* (*anello nuziale*) wedding ring • **f. di nascita**, birth certificate □ **buona f.**, *V.* **buonafede** □ **far f. a**, to bear witness to; (*dimostrare*) to prove, to be evidence of □ (*leg.*) **in f. di che**, in witness thereof □ **In f. mia!**, upon my word! □ **mala f.**, *V.* **malafede** □ **prestar f. a**, to credit; to believe □ **tener f.** [**non tener f.**] **alla parola data**, to keep [to break] one's word □ **tener f. ai propri principi**, to stand by (*o* to remain faithful to) one's principles.
fedecomméssо *m.* (*leg.*) fideicommissum*; trust.
fedéle **A** *a.* *1* faithful; loyal: **amico f.**, faithful (*o* loyal) friend; **marito f.**, faithful husband; **suddito f.**, loyal subject *2* (*veritiero*) faithful; (*preciso*) exact, accurate: **copia f.**, faithful copy; **descrizione f.**, exact (*o* accurate) description • **restare f. alla parola data**, to keep one's word □ **restare f. alle proprie idee**, to hold fast to (*o* to stick to) one's opinions **B** *m. e f.* *1* (*credente*) believer: **i fedeli**, the believers; the faithful; (*in una chiesa*) the congregation (*sing.*) *2* (*seguace*) follower.
fedeltà *f.* *1* loyalty; faithfulness; (*coniugale*) fidelity: **giurare f.**, to swear to be faithful; (*al re, alla patria, ecc.*) to swear (*o* to take one's oath of) allegiance *2* (*esattezza*) fidelity; accuracy *3* (*radio, dischi*) fidelity: **alta f.**, high fidelity; Hi-Fi.
fèdera *f.* pillowcase; pillowslip.
federàle *a.* federal.
federalismo *m.* federalism.
federalista *a., m. e f.* federalist.
federàre *v. t.*, **federàrsi** *v. i. pron.* to federate; to confederate.
federativo *a.* federative.
federàto *a.* federate; confederate.
federazióne *f.* *1* (*polit.*) federation; confederation *2* (*associazione*) federation; association; league: **f. sindacale**, trade union federation.
fedìfrago **A** *a.* faithless; treacherous; (*di marito, moglie, ecc.*) unfaithful **B** *m.* (*f.* **-a**) faithless person; traitor.
fedina *f.* — **f. penale**, police (*o* criminal) record: **avere la f. penale pulita** [**sporca**], to have a clean record [a police record].
fedine *f. pl.* side-whiskers.
feeling (*ingl.*) *m. invar.* affinity; rapport: **Ci fu un f. immediato tra di noi**, we immediately felt an affinity; we hit it off at once (*fam.*).
fegatino *m.* (*cucina*) liver ◻: **f. di pollo**, chicken's liver.
fégato *m.* *1* (*anat., cucina*) liver: **soffrire di f.**, to be liverish; **f. di vitello** [**d'oca**], calf's [goose] liver *2* (*coraggio*) guts (*pl., fam.*), pluck; (*faccia tosta*) nerve, gall (*fam.*): **un uomo di f.**, a man with plenty of guts; (*iron.*) **Hai un bel f.!**, you have a nerve! • (*fig.*) **farsi venire il mal di f.**, to get all worked up; to worry oneself sick □ **rodersi** (*o* **mangiarsi**) **il f.**, to eat one's heart out.
félce *f.* (*bot.*) fern.
feldmaresciàllo *m.* (*mil.*) field marshal.
feldspàto *m.* (*miner.*) feldspar.
felìce *a.* *1* happy; (*per una ragione specifica*) pleased, glad, (*più forte*) delighted: **giorni felici.**, happy days; **far f. q.**,

to make sb. happy; **f. della promozione**, pleased by the promotion; **Sono f. di vederti**, I'm glad (*o* delighted) to see you; (*nelle presentazioni*) **F. di conoscerla**, pleased to meet you; how do you do? ***2*** (*fortunato*) lucky, fortunate, happy; (*ben riuscito*) successful: **scelta f.**, lucky (*o* happy) choice; **esito f.**, success; **F. te!**, how lucky you are!; lucky you! (*fam.*) ***3*** (*ben scelto*) apt; well-chosen: **descrizione f.**, apt description; **osservazione poco f.**, unfortunate remark; **Non è un momento f.**, it's not the best moment.
feliceménte *avv.* ***1*** happily ***2*** (*con successo*) successfully ***3*** (*senza incidenti*) safely.
felicità *f.* ***1*** happiness; (*per una ragione specifica*) gladness, (*più forte*) delight; (*beatitudine*) bliss ***2*** (*di cosa detta*) felicity; aptness • **Che f.!**, I'm so happy!; how happy I am! □ **Ti auguro ogni f.**, I wish you all the best.
felicitàrsi *v. i. pron* to congratulate: **f. con q. per q.c.**, to congratulate sb. on st.
felicitazióni *f. pl.* congratulations.
felino ***A*** *a.* ***1*** (*zool.*) feline ***2*** (*fig.*) feline; catlike ***B*** *m.* (*zool.*) feline.
félpa *f.* ***1*** (*tessuto*) plush; (*per indumenti*) brushed fabric ***2*** (*indumento*) sweatshirt.
felpàto *a.* ***1*** (*di tessuto*) brushed ***2*** (*fig.*) soft; muffled: **a passi felpati**, with silent steps; stealthily.
féltro *m.* felt: **cappello di f.**, felt hat; soft hat.
felùca *f.* ***1*** (*naut.*) felucca ***2*** (*cappello*) cocked hat.
fémmina ***A*** *f.* ***1*** female; (*bambina, ragazza*) girl: **due figli, un m. e una f.**, two children, a son [boy] and a daughter [girl]; **È una f.!**, it's a (baby) girl! ***2*** (*di animale*) female; (*di volatile*) hen; (*di elefante, balena, ecc.*) cow; (*di cervo, daino, ecc.*) doe: **f. del puma**, female puma; **f. del fagiano**, hen pheasant ***B*** *a.* ***1*** (*di animale*) female (*attr.*); she (*attr.*); (*di volatile*) hen (*attr.*); (*di elefante, balena, ecc.*) cow (*attr.*): **lepre f.**, she-hare; **elefante f.**, cow elephant ***2*** (*mecc.*) female (*attr.*).
femmìneo *a.* (*lett.*) ***1*** feminine ***2*** (*effeminato*) effeminate; womanish.
femminìle ***A*** *a.* ***1*** (*biol.*) female ***2*** (*di, da donna*) woman's (*attr.*); women's (*attr.*); female (*attr.*); (*di ragazza*) girl's, girls': **professione f.**, female profession; **abito f.**, woman's (*o* female) dress; **rivista f.**, women's magazine; **scuola f.**, girls' school ***3*** (*femmineo*) feminine; womanly ***4*** (*gramm.*) feminine ***B*** *m.* (*gramm.*) feminine (gender): **al f.**, in the feminine.
femminilità *f.* womanliness; femininity.
femminìno *a. e m.* (*lett.*) feminine: **l'eterno f.**, the eternal feminine.
femminismo *m.* feminism.
femminista *a., m. e f.* feminist.
femminùccia *f.* ***1*** baby girl; little girl ***2*** (*spreg.*) sissy.
femoràle *a.* (*anat.*) femoral.
fèmore *m.* (*anat.*) femur*; thigh bone.
fendènte *m.* ***1*** (*di sciabola*) downward blow; cutting blow ***2*** (*calcio*) powerful shot.
fèndere ***A*** *v. t.* ***1*** to cut* through; to slice through; (*spaccare*) to split* ***2*** (*fig.*) to pierce; to cut* through; to rend*: **f. la nebbia**, to pierce the fog; **f. l'aria**, to rend the air; **f. la calca**, to force one's way through the crowd ***B*** **fèndersi** *v. i. pron* to split*.
fendinébbia *m. invar.* (*autom.*) fog lamp; fog light.
fenditùra *f.* crack; split; fissure; cleft.
fenìce *f.* phoenix • (*fig.*) **araba f.**, rarity.
fenìcio *a. e m.* (*f.* **-a**) Phoenician (*f.* Phoenician woman*).
fènico *a.* — (*chim.*) **acido f.**, phenol; carbolic acid.
fenicòttero *m.* (*zool.*) flamingo*.
fenòlo *m.* (*chim.*) phenol; carbolic acid.
fenomenàle *a.* phenomenal.
fenomènico *a.* (*filos., scient.*) phenomenal.
fenòmeno *m.* ***1*** (*filos., scient.*) phenomenon* ***2*** (*esempio, caso*) case; instance ***3*** (*oggetto di meraviglia*) wonder: **f. vivente**, living wonder; **Sei un f.!**, you are phenomenal! • **f. da baraccone**, (circus) freak.
fenomenologia *f.* (*filos.*) phenomenology.
fèretro *m.* coffin.
ferìale *a.* week (*attr.*); working (*attr.*): **giorno f.**, weekday; working day; **orario f.**, weekday timetable.
fèrie *f. pl.* holidays (*GB*); vacation (*sing., USA*): **prendersi le f.**, to take one's holidays; **andare [essere] in f.**, to go [to be] on holiday; **prendersi un giorno di f.**, to take a day off.
feriménto *m.* injuring; (*con arma*) wounding.
ferino *a.* wild; feral.
ferire *v. t.* ***1*** to injure; to hurt*; (*con arma*) to wound: **Fu ferito in un incidente**, he was injured (*o* hurt) in an accident; **f. al braccio**, to wound in the arm; **f. a morte**, to wound fatally; **ferirsi a una mano**, to hurt one's hand ***2*** (*addolorare*) to hurt*, to wound; (*offendere*) to upset: **f. q. nell'orgoglio**, to wound sb.'s pride ***3*** (*colpire*) to hurt*; to assail: **f. gli occhi**, to hurt (sb.'s) eyes; **f. gli orecchi**, to assail (sb.'s) ears • **senza colpo f.**, without striking a blow.
ferita *f.* injury; (*di arma e fig.*) wound: **f. di arma da fuoco**, gunshot wound; **f. al proprio orgoglio**, wound to one's pride; **riportare gravi ferite**, to be seriously injured [wounded]; (*fig.*) **riaprire una f.**, to open up an old wound.
ferito ***A*** *a.* injured; (*con arma e fig.*) wounded ***B*** *m.* (*f.* **-a**) wounded (*o* injured) person; casualty.
feritóia *f.* ***1*** (*archit.*) loophole ***2*** (*fessura*) slit.
férma *f.* ***1*** (*mil.*) (term of) service: **f. di due anni**, two years' national service ***2*** — **cane da f.**, setter.
fermacapélli *m.* hair clip; (*barretta*) hair slide, barrette (*USA*).
fermacàrte *m. invar.* paperweight.
fermacravàtta *f. invar.* tie pin.
fermàglio *m.* fastener; (*per collana*) clasp; (*per capelli, fogli*) clip; (*fibbia*) buckle.
fermaménte *avv.* firmly; resolutely.
fermapòrta *m. invar.* doorstop.
fermàre ***A*** *v. t.* ***1*** (*arrestare*) to stop; to halt; to arrest; to check: **f. un taxi**, to stop a taxi; **f. il gioco**, to stop play; **f. un'emorragia**, to stop (*o* to check) a haemorrhage; **f. il sangue**, to staunch the blood ***2*** (*fissare, assicurare*) to fasten; to secure; (*cucendo*) to sew* on firmly ***3*** (*soffermare*) to stop; to fix: **f. gli occhi su q.c.**, to fix one's eyes on st.; **f. l'attenzione su q.c.**, to fix one's attention on st.; to concentrate on st. ***4*** (*leg.*) to hold*; to detain ***B*** *v. i.* to stop ***C*** **fermàrsi** *v. i. pron.* ***1*** to stop; to halt; (*sostare*) to stop off; (*trattenersi*) to stay; (*indugiare*) to pause, to linger: **Fermiamoci un po'**, let's stop for a bit; **f. di botto**, to stop short; **dare ordine di f.**, to call a halt; **Ci siamo fermati un giorno a Bangkok**, we stopped off in Bangkok for one day ***2*** (*di meccanismo*) to stop; (*per guasto*) to stop working.
fermàta *f.* stop; (*in una marcia*) halt: **f. d'autobus**, bus stop; **fare una f.**, to make a stop; **f. facoltativa [obbligatoria]**, request [regular] stop.
fermàto *m.* (*f.* **-a**) (*leg.*) person held in custody (by the police).
fermentàre *v. i.* ***1*** to ferment; to work; (*lievitare*) to rise*: **far f.**, to ferment; to leaven ***2*** (*fig.*) to be in a state of ferment; to ferment.
fermentazióne *f.* fermentation.
ferménto *m.* ***1*** (*chim.*) ferment; enzyme ***2*** (*alimentare*) leaven; (*lievito*) yeast ***3*** (*fig.*) excitement; flurry; (*agitazione*) ferment, agitation, unrest: **f. di attività**, flurry of activity; **un paese in f.**, a country in a state of ferment; **f. sociale**, social unrest.
ferméżza *f.* firmness; steadiness; resoluteness: **f. di propositi**, firmness of purpose; **f. d'animo**, strength of mind; **agire con f.**, to act firmly.
férmo ***A*** *a.* ***1*** (*che non si muove*) still, motionless; (*di veicolo*) stationary: **Sta' f.**, keep still; **Era f. davanti a me**, he was standing in front of me; **F.!**, don't move!; stay where you are!; **Gli affari sono fermi**, business is at a standstill; **Il treno è f. al binario**, the train is standing at the platform; **le macchine ferme al semaforo**, the cars waiting at the lights ***2*** (*saldo*) stable; steady: **f. sulle gambe**, steady on one's feet; **con mano ferma**, with a steady hand ***3*** (*costante, deciso*) steadfast; firm; resolute: **fede ferma**, firm faith; **f. rifiuto**, firm refusal ***4*** (*non funzionante*) not working; (*di motore*) not running; (*guasto*) out of order: **L'ascensore è f.**, the lift isn't working; **Ho l'orologio f.**, my watch has stopped ***B*** *m.* ***1*** (*leg.: arresto*) provisional arrest; detention: **in stato di f.**, under detention; being held by the police ***2*** (*leg.: confisca*) seizure ***3*** (*leg., di nave, merci*) embargo* ***4*** (*mecc.*) catch; lock; stop • (*TV*) **f. immagine**, freeze frame □ (*comm.*) **mettere il f. su un assegno**, to stop a cheque.
fermopòsta *avv. e m.* poste restante (*GB*); general delivery (*USA*).
feróce *a.* ferocious; savage; (*crudele*) cruel: **lotta f.**, fero-

cious struggle; **f. mal di testa**, ferocious headache; **fame f.**, ravenous appetite; **animale f.**, wild animal.
feròcia *a.* ferocity; savagery; (*crudeltà*) cruelty.
feròdo ® *m.* (*mecc.*) brake lining.
ferràglia *f.* scrap iron • **rumore di f.**, clanking noise.
ferragostàno *a.* mid-August (*attr.*).
ferragósto *m.* ***1*** (*giorno*) August 15th ***2*** (*vacanze di f.*) mid--August holidays.
ferraménta ***A*** *f. pl.* ironmongery (*sing., GB*); hardware (*sing., USA*) ***B*** *m.* (*anche* **negozio di f.**) ironmonger's (shop) (*GB*); hardware store (*USA*).
ferràre *v. t.* (*un cavallo*) to shoe.
ferràto *a.* ***1*** (*di cavallo*) shod ***2*** (*di scarpone*) hobnailed ***3*** (*edotto*) well-versed (in); well up (in); very knowledgeable (about).
fèrreo *a.* (*anche fig.*) iron (*attr.*): **disciplina ferrea**, iron discipline; **volontà ferrea**, iron will; **regola ferrea**, hard--and-fast rule; **memoria ferrea**, excellent memory.
ferrièra *f.* ironworks; (iron-)foundry.
fèrro *m.* ***1*** iron: **minerale di f.**, iron ore; **f. battuto**, wrought iron; **età del f.**, Iron Age ***2*** (*da stiro*) iron: **f. a vapore**, steam iron; **colpo di f.**, quick iron ***3*** (*da calza*) knitting needle; (*riga di punti*) row: **lavorare ai ferri**, to knit; **fatto ai ferri**, knitted ***4*** (*per capelli*) curling tongs (*o* irons) (*pl.*) ***5*** (*di cavallo*) (horse)shoe: **perdere un f.**, to cast a shoe; **mettere i ferri a un cavallo**, to shoe a horse ***6*** (*al pl.*) (*ceppi*) irons; chains; fetters: **mettere q. ai ferri**, to put sb. in irons ***7*** (*al pl.*) (*strumenti*) instruments; tools: **ferri del chirurgo**, surgical instruments; (*anche fig.*) **i ferri del mestiere**, the tools of the (*o* one's) trade • **a f. di cavallo**, horseshoe--shaped □ (*cucina*) **ai ferri**, grilled □ **alibi di f.**, cast-iron alibi □ **battere il f. finché è caldo**, to strike while the iron is hot □ **essere ai ferri corti con q.**, to be at daggers drawn with sb. □ **cuocere ai ferri**, to grill □ **filo di f.**, wire □ **memoria di f.**, excellent memory □ **mettere a f. e fuoco**, to lay waste □ **morire sotto i ferri**, to die under the knife □ **salute di f.**, cast-iron constitution □ **Tocca f.!**, touch wood! (*GB*); knock on wood! (*USA*).
ferróso *a.* (*miner., chim.*) ferrous.
ferrotranviàrio *a.* public transport (*attr.*).
ferrotranvière *m.* public transport worker.
ferrovecchio *m.* ***1*** (*comm.*) scrap-metal dealer ***2*** (*spreg.*: *di oggetto*) piece of junk, wreck; (*di persona*) old crock, wreck.
ferrovìa *f.* railway (*GB*); railroad (*USA*): **f. a un binario**, single-line (*o* single-track) railway; **f. a scartamento ridotto**, narrow-gauge railway; **f. soprelevata**, elevated railway; **f. a cremagliera**, rack railway; **spedire per f.**, to send by rail; **trasporto per f.**, rail transport.
ferroviàrio *a.* railway (*attr., GB*); railroad (*attr., USA*); train (*attr.*): **stazione ferroviaria**, railway station; **incidente f.**, railway accident; train crash; **orario f.**, railway (*o* train) timetable.
ferrovière *m.* railwayman* (*GB*); railroader (*USA*).
ferruginóso *a.* ferruginous.
fèrtile *a.* (*anche fig.*) fertile; fruitful; rich: **terreno f.**, fertile (*o* rich) soil; **fantasia f.**, fertile imagination.
fertilità *f.* (*anche fig.*) fertility.
fertilizzànte ***A*** *a.* fertilizing ***B*** *m.* fertilizer.
fertilizzàre *v. t.* to fertilize.
fervènte *a.* fervent; ardent; passionate.
fèrvere *v. i.* to be in full swing; to proceed actively: **Fervevano i preparativi**, preparations were in full swing; **Il lavoro ferve**, the place is a beehive of activity; **Ferveva una discussione**, a heated discussion was in progress.
fèrvido *a.* ***1*** (*ardente*) fervent; ardent; fervid ***2*** (*sincero*) devout; sincere; heart-felt: **fervida speranza**, devout hope; **fervidi auguri**, heart-felt wishes • **fervida immaginazione**, lively imagination.
fervóre *m.* heat; excitement; ardour; fervour; zeal: **nel f. della battaglia**, in the heat of battle; **nel f. dei preparativi**, in the excitement of the preparations; **lavorare con f.**, to work with zeal.
fervorìno *m.* (*scherz.*) lecture; pep-talk (*fam.*).
fésa *f.* (*macelleria*) rump of veal: **fetta di f.**, rump steak.
fesserìa *f.* (*pop.*) ***1*** (*l'essere stupido*) stupidity ***2*** (*parole stupide*) nonsense Ⓤ; rubbish Ⓤ: **dire fesserie**, to talk rubbish ***3*** (*azione stupida*) stupid thing: **Ho fatto una f.**, I've done something stupid; **Fai una f. a vendere**, you are a fool to sell ***4*** (*cosa da nulla*) nothing.
fésso (1) *a.* ***1*** (*incrinato*) cracked; (*spaccato*) cleft, cloven: **zoccolo f.**, cloven hoof ***2*** (*di suono*) cracked; harsh: **voce fessa**, cracked voice.
fésso (2) (*pop.*) ***A*** *a.* (*stupido*) stupid; daft ***B*** *m.* (*f.* **-a**) fool; nitwit; berk (*m., GB*); jerk (*m., USA*) • **fare f. q.**, to fool sb.
fessùra *f.* ***1*** crack; fissure ***2*** (*per gettone o moneta*) slot.
fèsta *f.* ***1*** holiday; (*religiosa*) feast; (*tradizionale*) festival: **Domani è f.**, tomorrow is a holiday; **giorno di f.**, feast day; **f. di precetto**, holiday of obligation; **f. civile** (*o* **nazionale**), public holiday; **la f. di San Pietro**, St Peter's Day, the feast of St Peter; **f. del raccolto**, harvest festival; **le feste** (*Natale*), the Christmas holidays ***2*** (*compleanno*) birthday; (*onomastico*) name day, saint's day ***3*** (*gioia*) (great) joy; (*divertimento*) treat; (*allegria, giubilo*) merrymaking, celebration: **La città è tutta in f.**, the whole town is celebrating ***4*** (*accoglienza calorosa*) warm welcome ***5*** (*ricevimento*) party; (*celebrazioni*) festivities (*pl.*): **dare una f.**, to give (*o* to throw) a party; **f. di compleanno** [**di laurea**], birthday [graduation] party; **f. da ballo**, dance; (*formale*) ball; **f. di beneficenza**, fête • **la F. del lavoro**, Labour Day □ **la f. della Mamma**, Mother's Day □ **una f. per gli occhi**, a feast for the eyes □ **aria di f.**, festive air □ **Buone feste!**, season's greetings! □ **fare f.**, (*fare vacanza*) to have a holiday; (*stare allegri*) to have a good time; (*celebrare*) to celebrate □ **fare f. a q.**, to give sb. a warm welcome; (*di cane*) to jump all over sb. □ (*pop.*) **fare la f. a q.**, to do sb. in; to bump sb. off □ (*fig.*) **La f. è finita**, the fun is over □ (*fig.*) **rovinare la f.**, to be a spoilsport (*o* a killjoy) □ **vestito a f.**, in one's Sunday best □ (*prov.*) **Passata la f., gabbato lo santo**, once on shore, we pray no more.
festaiòlo ***A*** ***1*** (*di persona*) fun-loving; party-going (*attr.*) ***2*** (*festivo*) festive ***B*** *m.* (*f.* **-a**) fun-loving person; (*chi dà molte feste*) person who entertains a great deal.
festànte *a.* (*lett.*) festive; joyful; jubilant.
festeggiaménto *m.* celebration; festivities (*pl.*).
festeggiàre *v. t.* ***1*** to celebrate ***2*** (*accogliere festosamente*) to give* a warm welcome to.
festeggiàto *m.* (*f.* **-a**) person who is feted; guest of honour.
festicciòla *f.* small, informal party.
festìno *m.* ***1*** party ***2*** (*banchetto*) feast; banquet.
fèstival *m. invar.* festival.
festività *f.* holiday; (*religiosa*) feast day: **f. civile**, public holiday.
festìvo *a.* holiday (*attr.*); Sunday (*attr.*): **giorno f.**, holiday; **chiuso nei giorni festivi**, closed on Sundays and public holidays; **riposo f.**, Sunday rest; Sabbath. ATTENZIONE: **festivo** ≠ festive.
festóne *m.* festoon.
festosaménte *avv.* joyfully; merrily; (*calorosamente*) heartily: **accogliere q. f.**, to give sb. a hearty welcome.
festosità *f.* festiveness; joyfulness; gaiety; (*calorosità*) warmth, heartiness.
festóso *a.* festive; merry; joyful.
fetàle *a.* (*biol.*) f(o)etal.
fetènte ***A*** *a.* stinking (*anche fig.*); fetid ***B*** *m.* (*volg.*) bastard; stinker ***C*** *f.* (*volg.*) bitch.
featìccio *m.* fetish.
feticìsmo *m.* fetishism.
feticìsta *m. e f.* fetishist.
fètido *a.* fetid; stinking; rank.
fèto *m.* f(o)etus.
fetóre *m.* stench; stink.
fétta *f.* ***1*** slice; (*a triangolo*) piece: **f. di pane**, slice of bread; **f. di torta**, slice (*o* piece) of cake; **tagliare a fette**, to cut into slices; to slice ***2*** (*porzione*) slice, piece; (*grossa*) chunk • **una f. di cielo**, a patch of sky □ **f. di mercato**, slice of the market □ (*fig.*) **una f. della torta**, a slice of the cake □ **fare a fette q.**, to make mincemeat of sb.
fettìna *f.* (*di carne*) minute steak.
fettùccia *f.* tape; (*sartoria*) bias binding.
feudàle *a.* feudal.
feudalésimo, **feudalìsmo** *m.* feudalism.
feudatàrio *m.* ***1*** (*stor.*) feudal lord; (*vassallo*) feudatory, vassal ***2*** (*latifondista*) big landowner.
fèudo *m.* ***1*** (*stor.*) feud; fief ***2*** (*grande proprietà terriera*) (large) estate ***3*** (*fig.*) stronghold.
feuilleton (*franc.*) *m. invar.* ***1*** feuilleton; serialized novel ***2*** (*spreg.*) potboiler.

fèz *m. invar.* fez.
fiàba *f.* fairy tale; story.
fiabésco *a.* **1** (*di fate*) fairy **2** (*da fiaba*) fairy-tale.
fiàcca *f.* **1** (*stanchezza*) tiredness, weariness; (*debolezza*) weakness **2** (*pigrizia*) laziness; sluggishness ● **battere la f.**, to slack.
fiaccaménte *avv.* (*stancamente*) wearily; (*debolmente*) weakly; (*svogliatamente*) listlessly; (*senza convinzione*) half-heartedly.
fiaccàre *v. t.* **1** (*stancare*) to wear* out **2** (*indebolire*) to weaken **3** (*logorare*) to wear* down.
fiacchézza *f.* **1** (*stanchezza*) weariness **2** (*debolezza*) weakness **3** (*mancanza di vigore*) sluggishness; slackness.
fiàcco *a.* **1** (*stanco*) tired; weary; (*debole*) weak; (*senza vigore*) slack, sluggish, dull **2** (*svogliato*) listless, lackadaisical; (*poco entusiasta*) lukewarm, half-hearted.
fiàccola *f.* torch.
fiaccolàta *f.* torch-light procession.
fiàla *f.* **1** phial; vial **2** (*per iniezione*) ampoule.
fiàmma *f.* **1** flame: **andare in fiamme**, to go up in flames; to catch fire; **in fiamme**, on fire; ablaze; **dare alle fiamme**, to set on fire; to burn **2** (*naut.*: *bandiera*) pennant; pennon; streamer **3** (*mil.*: *mostrina*) flash **4** (*persona amata*) flame; love: **una vecchia f.**, an old flame; **nuova f.**, new love ● **f. ossidrica**, oxyhydrogen flame; (*strumento*) blowlamp, blowtorch (*USA*) □ **avere le fiamme al viso**, to be blushing □ (*cucina*) **alla f.**, flambé □ **I suoi occhi lanciavano fiamme**, his eyes blazed (with anger) □ **viso di f.**, scarlet face.
fiammànte *a.* flaming; blazing; fiery ● **nuovo f.**, brand new □ **rosso f.**, bright red.
fiammàta *f.* **1** burst of flame; blaze; flare **2** (*fig.*) blaze; flare-up; burst.
fiammeggiànte *a.* **1** flaming; blazing **2** (*sfavillante*) blazing; flashing; ablaze (*pred.*).
fiammeggiàre **A** *v. i.* **1** to be aflame; to blaze **2** (*brillare*) to blaze; to be ablaze; (*di occhi*) to flash; (*rosseggiare*) to glow **B** *v. t.* (*cucina*) to singe.
fiammìfero *m.* match: **fiammiferi svedesi**, safety matches; **fiammiferi da cucina**, household matches.
fiammìngo **A** *a.* Flemish **B** *m.* **1** (*f.* **-a**) Fleming (*f.* Flemish woman*): **i fiamminghi**, the Flemish **2** (*lingua*) Flemish.
fiancàta *f.* (*fianco*) side.
fiancheggiàre *v. t.* **1** to flank; to line; to border **2** (*mil.*) to cover the flank of **3** (*spalleggiare*) to support; to back up.
fiancheggiatóre *m.* (*f.* **-trice**) (*polit.*) supporter.
fiànco *m.* **1** (*di persona*) side; (*anca*) hip; (*di animale*) flank: **fitta al f.**, stitch in one's side; **al mio f.**, at (*o* by) my side; **dimagrire sui fianchi**, to lose weight on the hips; **mettere le mani sui fianchi**, to put one's hands on one's hips **2** (*parte laterale*) side **3** (*mil.*) flank ● **f. a f.**, side by side; (*insieme con*) alongside □ **F. destro [sinistro]!**, right [left] turn! □ **di f.**, sideways; (*su un f.*) on one side □ **al f. a q.**, at (*o* by) sb.'s side; beside sb.; next to sb. □ **prestare il f. alle critiche**, to lay oneself open to criticism □ (*fig.*) **restare al f. di q.**, to stand by sb.
fiàndra *f.* (*tessuto*) Flanders linen.
fiàsca *f.* (hip) flask.
fiàsco *m.* **1** (straw-covered) flask **2** (*fallimento*) fiasco*; failure; flop (*fam.*): **fare f.**, (*di persona*) to fail, to draw a blank; (*di progetto, ecc.*) to be a fiasco; (*di film, ecc.*) to be a flop (*fam.*), to bomb (*pop. USA*).
fiatàre *v. i.* (*fig.*) to breathe a word; to open one's mouth: **Non f. con nessuno!**, don't breathe a word to anyone!; mum's the word! (*fam.*); **senza f.**, without (saying) a word.
fiàto *m.* **1** breath: **f. cattivo**, bad breath; **riprendere f.**, to get one's breath (*dopo un colpo*: one's wind) back; **trattenere il f.**, to hold one's breath; **avere il f. corto**, to be short of breath (*o* short-winded); **avere il f. grosso**, to be panting; **essere senza f.**, to be out of breath; to be breathless; (*per un colpo*) to be winded **2** (*resistenza*) stamina, staying power; (*forza*) strength **3** (*al pl.*) (*mus.*) wind instruments; (*in un'orchestra*) woodwind and brass ● **col f. sospeso**, with bated breath □ **con quanto f. avevo in gola**, at the top of my voice □ **dare f. alle trombe**, to sound the trumpets □ **E f. sprecato**, it's a waste of breath □ (*fig.*) **lasciare q. senza f.**, to take sb.'s breath away; to leave sb. speechless □ (*fig.*) **restare senza f.**, to be speechless □ **tirare il f.**, to draw breath; (*fig.*: *fare una pausa*) to have a breather; (*essere sollevato*) to breathe again □ (*fig.*) **togliere il f. a q.**, to take sb.'s breath away; (*assillare*) to pester: **una bellezza da togliere il f.**, a breath-taking beauty □ **tutto d'un f.**, without drawing breath; in one go □ **bere q.c. tutto d'un f.**, to drink st. in one gulp; to drain st. □ **leggere un libro tutto d'un f.**, to read a book from cover to cover.
fiatóne *m.* — **avere il f.**, to be out of breath; to be panting; to be puffed out.
fìbbia *f.* buckle.
fìbra *f.* **1** fibre, fiber (*USA*); (*anat.*) **fibre nervose**, nerve fibres; **f. ottica**, optical fibre; **f. sintetica**, man-made fibre; **dieta ricca di fibre**, diet rich in fibre; (*fig.*) **f. morale**, moral fibre **2** (*costituzione fisica*) constitution.
fibrillazióne *f.* **1** (*med.*) fibrillation **2** (*fig.*) state of excitement; state of agitation ● (*fig.*) **entrare in f.**, to become frantic; to get into a state.
fibròma *m.* (*med.*) fibroma*.
fibròṣi *f.* (*med.*) fibrosis*.
fibróso *a.* fibrous.
fìbula *f.* (*anat., archeol.*) fibula*.
fìca *f.* (*volg.*) **1** cunt **2** (*estens.*: *donna*) piece of ass.
ficcanàso *m. e f.* busybody; nosy parker.
ficcàre **A** *v. t.* to thrust*; to stuff; to shove; (*un oggetto a punta*) to poke, to stick*, to drive*: **ficcarsi le mani in tasca**, to thrust one's hands into one's pockets; **Si ficcò la lettera in tasca**, he shoved the letter into his pocket; **Ficcai le mie cose in valigia**, I stuffed my things into the suitcase; **f. un chiodo nel muro**, to drive a nail into the wall; **f. il naso nei fatti altrui**, to poke one's nose into other people's business; **f. un dito nell'occhio a q.**, to poke one's finger in sb.'s eye ● **f. gli occhi addosso a q.**, to stare hard at sb. □ **f. q.c. in testa a q.**, to ram st. into sb.'s head □ **Ficcatelo bene in testa**, get that into your head □ **ficcarsi le dita nel naso**, to pick one's nose **B** **ficcàrsi** *v. rifl.* to get*: **f. in un imbroglio**, to get into a scrape; **Dove si è ficcato il giornale?**, where has the paper got to?; **f. sotto il letto**, to hide under the bed.
fiche (*franc.*) *f. invar.* **1** (*gettone*) chip; counter **2** (*scheda*) index card.
fìco *m.* (*albero*) fig-tree; (*frutto*) fig: **fichi secchi**, dried figs ● **non capire un f. secco**, not to understand a (damn) thing □ **Non me ne importa un f.**, I don't give a damn.
ficodìndia *m.* (*bot.*) prickly pear.
fìcus *m. invar.* (*bot.*) ficus.
fidanzaménto *m.* engagement.
fidanzàrsi *v. rifl. e rifl. recipr.* to get* engaged (to sb.).
fidanzàta *f.* fiancée.
fidanzàto **A** *a.* engaged (to be married): **essere f. con q.**, to be engaged to sb. **B** *m.* **1** fiancé **2** (*al pl.*) engaged couple (*sing.*).
fidàre **A** *v. i.* to trust (to); to rely (on) **B** **fidàrsi** *v. i. pron.* to trust (sb., st.); (*fare affidamento*) to rely (on): **Mi fido di lui**, I trust him; **f. della memoria**, to rely on (*o* to trust) one's memory; **Non ci si può f. di lui**, (*è infido*) you can't trust him; (*è inaffidabile*) you can't rely on him; **Non mi fido a mangiare questi funghi**, I don't trust the look of these mushrooms; **Non mi fido a lasciarlo solo**, I daren't leave him alone ● (*prov.*) **F. è bene, non f. è meglio**, better safe than sorry.
fidatézza *f.* trustworthiness; reliability.
fidàto *a.* trustworthy; reliable.
fìdo (**1**) (*lett.*) **A** *a.* faithful; loyal; devoted **B** *m.* (faithful) follower.
fìdo (**2**) *m.* (*econ.*) credit ● (*banca*) (**limite di**) **f.**, credit limit; credit line.
fidùcia *f.* confidence; reliance; (*più solenne*) trust, faith: **guardare all'avvenire con f.**, to look to the future with confidence; **riporre la propria f. in q.** [**q.c.**], to place one's trust (*o* faith) in sb. [st.]; **tradire la f. di q.**, to betray sb.'s trust; **avere f.**, to be confident; **avere f. in q.**, to trust sb; **f. in Dio**, faith in God; **f. in se stesso**, confidence (*o* faith) in oneself; self-confidence ● (*leg.*) **abuso di f.**, breach of trust □ **accordo basato sulla f. reciproca**, gentleman's agreement □ **fonte degna di f.**, reliable source □ **incarico di f.**, position of trust; confidential task □ **mancanza di f.**, mistrust; suspicion □ **mancanza di f. in se stessi**, lack of confidence; diffidence □ **persona di f.**, person one can trust; reliable person □ **uomo di f.**, right-hand man □ (*polit.*) **voto di f.**, vote of confidence.
fiduciàrio (*leg., econ.*) **A** *a.* fiduciary; trust (*attr.*): **prestito**

f., fiduciary loan; **fondo f.**, trust fund ***B*** *m.* (*f.* **-a**) trustee.
fiduciosaménte *avv.* (*con fiducia*) with confidence; (*fidandosi*) trustingly.
fiducióso *a.* confident; trusting.
fièle *m.* ***1*** (*anat.*) bile ***2*** (*fig.*) acrimony; (*rancore*) rancour.
fienagióne *f.* ***1*** haymaking ***2*** (*epoca*) haymaking time.
fienile *m.* (*edificio*) barn; (*sopra la stalla*) hayloft.
fièno *m.* hay: **fare il f.**, to make hay; **mucchio di f.**, haycock; **covone di f.**, haystack; hayrick.
fièra (1) *f.* fair; (*esposizione*) exhibition: **f. campionaria**, trade fair • **f. del bianco**, household linen sale; white (goods) sale (*USA*) □ **f. di beneficenza**, (charity) bazaar □ **alla fin della f.**, when all is said and done; at the end of the day.
fièra (2) *f.* (*zool.*) wild beast (*o* animal).
fierézza *f.* ***1*** (*orgoglio*) pride ***2*** (*arditezza*) boldness.
fièro *a.* ***1*** (*orgoglioso*) proud ***2*** (*ardito*) bold; intrepid.
fièvole *a.* faint; feeble; (*di luce, suono*) dim.
fifa *f.* (*fam.*) fear: **avere f.**, to be scared; to have the jitters; **farsi prendere dalla f.**, to panic; **mettere f.**, to scare.
fifóne (*fam.*) ***A*** *m.* (*f.* **-a**) chicken; scaredy-cat ***B*** *a.* lily-livered; yellow.
figlia *f.* ***1*** daughter; (*anche fig.*) child*: **f. unica**, only child ***2*** (*comm.*) counterfoil.
figliàre *v. t.* to breed*, to bring* forth; (*di mucca*) to calve; (*di pecora*) to lamb; (*di cavalla*) to foal; (*di cagna, gatta, scrofa*) to litter; (*di bestia feroce*) to whelp.
figliastra *f.* stepdaughter.
figliàstro *m.* ***1*** stepson ***2*** (*generico*) stepchild*.
figliàta *f.* litter.
figlio *m.* ***1*** (*maschio*) son; (male) child*; boy ***2*** (*generico e fig.*) child*: **i suoi due figli, Carlo e Maria**, her two children, Carlo e Maria; **f. unico**, only child; **f. del proprio tempo**, child of one's age • (*scherz.*) **f. della serva**, nobody □ **f. di nessuno**, foundling; unwanted child □ (*volg.*) **f. di buona donna** (*o* **di puttana, di cane**), bastard; son of a bitch □ **f. di papà**, rich boy; spoilt young man □ **È f. d'arte**, (*di attore*) he comes from a theatrical family; (*estens.*) he has followed in the family tradition □ **È proprio f. di suo padre**, like father like son.
figliòccia *f.* goddaughter.
figliòccio *m.* ***1*** godson ***2*** (*generico*) godchild*.
figliòla *f.* ***1*** (*figlia*) daughter; child* ***2*** (*ragazza*) girl; lass (*fam.*) ***3*** (*al vocat.*) dear; child*.
figliolànza *f.* progeny; offspring; children (*pl.*).
figliòlo *m.* ***1*** (*figlio*) son; child*; boy ***2*** (*ragazzo*) boy; lad ***3*** (*al vocat.*) son; my boy; lad.
figùra *f.* ***1*** figure: (*geom.*) **f. piana** [**solida**], plane [solid] figure; **paesaggio con figure**, landscape with figures; **f. snella**, slim figure; **f. retorica**, figure of speech; **f. paterna**, father-figure ***2*** (*illustrazione*) picture; illustration; (*tavola*) plate ***3*** (*personaggio*) figure; character: **una f. di primo piano**, a leading figure ***4*** (*danza, pattinaggio*) figure ***5*** (*a carte*) court card; face card (*USA*) • **Che f.!**, how embarrassing!; how disgraceful! □ **fare bella f.**, to make a good impression; (*di cosa*) to look well □ **fare brutta f.**, to make a bad impression; to make a poor showing; to make a fool of oneself □ **fare una f. vergognosa**, to disgrace oneself □ **far fare brutta f. a q.**, to make sb. feel ashamed; to show sb. up (*fam.*) □ **far f.**, to look smart; to cut a fine figure □ **far la f. dello sciocco**, to make a fool of oneself □ **ritratto a mezza f.**, half-length portrait.
figuràccia *f.* — **fare una f.**, to make a complete fool of oneself; to disgrace oneself □ **far fare una f. a q.**, to make sb. feel ashamed; to show sb. up (*fam.*).
figurànte *m. e f.* (*teatr.*) walker-on.
figuràre ***A*** *v. t.* (*immaginare*) to imagine, to picture; (*pensare*) to think*: **Me lo figuravo più vecchio**, he is older than I had imagined (*o* than I thought); **Figurati lui: era furioso!**, you can imagine how furious he was!; **Figurati che sua moglie non lo sapeva!**, his wife didn't know, would you believe it!; **Figurati se lo invito!**, I'm certainly not going to invite him!; **«Do noia?» «Ma no, si figuri!»**, «am I disturbing you?» «of course not (*o* not at all)!»; **Figurarsi!** (*o* **Figuriamoci!**), (*macché*) hardly!, it's out of the question!; (*ma va là*) go on!, come off it! ***B*** *v. i.* (*essere*) to be; (*apparire*) to appear: **Il suo nome non figura nell'elenco**, his name is not on the list; **Preferisco non f. come autore**, I'd rather not appear as the author.
figurativo *a.* figurative.
figuràto *a.* ***1*** figurative: **linguaggio** [**senso**] **f.**, figurative language [sense] ***2*** (*illustrato*) illustrated.
figurina *f.* ***1*** (*statuetta*) figurine ***2*** (*per raccolta*) picture-card.
figurinista *m. e f.* dress designer.
figurino *m.* fashion plate • **Sei un f.!**, you look like a fashion plate.
figùro *m.* suspicious character; shady (*o* mean) customer.
figuróna *f.*, **figuróne** *m.* — **fare un f.**, to be a success; to make an impression.
fila *f.* ***1*** line; row:: **una f. di macchine**, a line of cars; **una f. di bicchieri** [**di alberi, di case**], a row of glasses [of trees, of houses]; **in f. indiana**, in single file; **in prima f.**, in the front row; (*fig.*) in the front line; **posti di seconda f.**, seats in the second row; **mettere** [**mettersi**] **in f.**, to line up ***2*** (*coda in attesa*) queue; line: **una f. di auto al casello**, a queue of cars at the tollbooth; **fare la f.**, to queue (up); **mettersi in f. con gli altri**, to join the queue ***3*** (*di taxi*) rank ***4*** (*al pl.*) (*ranghi*) rank: (*mil. e fig.*) **serrare le file**, to close ranks; **militare nelle file di un partito**, to be a member of the rank and file of a party ***5*** (*serie*) series; succession • **di f.**, (*di seguito*) in a row, on end, in succession, running; (*ininterrottamente*) uninterruptedly, at a stretch: **Nevicò per tre giorni di f.**, it snowed for three days in a row (*o* on end); **Vinse per tre anni di f.**, he won three years running; **lavorare per dieci ore di f.**, to work ten hours at a stretch □ (*mil.*) **Per f. destr'** [**sinistr'**]**!**, right [left] wheel! □ **posteggiare in seconda f.**, to double-park □ (*mil.*) **Rompete le file!**, dismiss!
filaménto *m.* (*biol., fis.*) filament.
filamentóso *a.* filamentous; threadlike.
filànca ® *f.* stretch nylon.
filànda *f.* spinning mill; (*per seta*) silk mill.
filànte *a.* ***1*** (*che fa le fila*) stringy ***2*** (*aerodinamico*) streamlined • **stella f.**, (*astron.*) shooting star; (*di carta*) paper streamer.
filantropìa *f.* philanthropy.
filantròpico *a.* philanthropic.
filantropismo *m.* philanthropism.
filàntropo *m.* (*f.* **-a**) philanthropist.
filàre (1) ***A*** *v. t.* ***1*** to spin* ***2*** (*naut.*: *un cavo*) to pay* out • (*naut.*) **f. 11 nodi**, to do 11 knots □ **filarsela**, to make off; to beat it (*fam.*); to scarper (*fam.*); to decamp (*fam.*) □ **filarsela all'inglese**, to take French leave ***B*** *v. i.* ***1*** (*formare un filamento*) to go* stringy ***2*** (*andare veloce*) to run*; to race; (*di auto*) to bowl along, to barrel along (*USA*) ***3*** (*andare via*) to be off; (*scappare*) to make* off, to beat it (*fam.*): **Fila subito a casa!**, go straight home!; **Fila a letto!**, off to bed this minute!; **Fila** (**via**)**!**, off with you!; beat it! (*fam.*); buzz off! (*fam.*) ***4*** (*comportarsi bene*) to behave; to toe the line (*fam.*) ***5*** (*di ragionamento*) to hang* together; to make* sense ***6*** (*fam.*: *amoreggiare*) to go* steady; to date (*USA*): **Filano da tre anni**, they've been going steady for three years.
filàre (2) *m.* row; line.
filarmònica *f.* philharmonic society.
filarmònico ***A*** *a.* philharmonic ***B*** *m.* music lover.
filastròcca *f.* ***1*** (*per bambini*) nursery rhyme; (*umoristica*) nonsense rhyme ***2*** (*tiritera*) rigmarole ***3*** (*lungo elenco*) long list.
filatelìa *f.* philately; stamp-collecting.
filatèlico ***A*** *a.* philatelic ***B*** *m.* (*f.* **-a**) ***1*** philatelist ***2*** (*venditore*) stamp dealer.
filàto ***A*** *a.* ***1*** spun: **oro f.**, spun gold ***2*** (*scorrevole*) smooth, easy; (*coerente*) logical ***3*** (*ininterrotto*) without a break (*pred.*); non-stop (*avv.*): **due ore filate**, two hours without a break ***B*** *m.* yarn; thread.
filatóio *m.* ***1*** spinning wheel; (*ind.*) spinning machine, spinner ***2*** (*filanda*) spinning mill.
filatóre ***A*** *m.* (*f.* **-trice**) spinner ***B*** *a.* spinning.
filatùra *f.* ***1*** spinning ***2*** (*filanda*) spinning mill.
filettàre *v. t.* (*mecc.*) to thread.
filettatrice *f.* (*mecc.*) threading machine; threader.
filettatùra *f.* (*mecc.*) ***1*** threading ***2*** (*filetto*) thread.
filétto *m.* ***1*** (*bordatura*) braid; fillet; piping ***2*** (*mil.*) stripe ***3*** (*cucina*) fillet; (*di bovino, anche*) tenderloin; (*bistecca*) fillet steak ***4*** (*di vite*) (screw) thread ***5*** (*tipogr.*) rule ***6*** (*calligrafia*) hair stroke ***7*** (*morso di cavallo*) snaffle ***8*** (*anat.*,

della lingua) fr(a)enum* **9** (*gioco*) merels; nine men's morris.
filiàle **A** *a.* filial **B** *f.* (*comm.*) branch.
filiazióne *f.* **1** filiation **2** (*derivazione*) derivation.
filibustière *m.* **1** (*stor.*) buccaneer; freebooter **2** (*fig.*) adventurer; (*mascalzone*) scoundrel, rascal.
filifórme *a.* **1** threadlike **2** (*molto magro*) very thin.
filigràna *f.* **1** (*di oro, ecc.*) filigree **2** (*della carta*) watermark.
filigranàto *a.* (*di carta, banconota*) watermarked.
filìppica *f.* invective; tirade; philippic.
filippìno *a. e m.* (*f.* **-a**) Filipino (*f.* Filipino woman*).
filistèo *m.* **1** (*Bibbia*) Philistine **2** (*fig.*) philistine.
fillòssera *f.* (*zool.*) phylloxera.
film *m. invar.* film; picture (*GB*); motion picture (*USA*); movie (*USA*): **girare un f.**, (*di regista*) to shoot a film; (*di attore*) to make (*o* to be in) a film; **f. muto [sonoro, in bianco e nero]**, silent [sound, black-and-white] film; **f. giallo**, detective film; thriller; **f. parlato**, talking film; talkie (*fam.*); **f. western**, western.
filmàre *v. t.* to film; to shoot*.
filmàto *m.* film clip; footage Ⓤ.
filmìna *f.* film strip.
filmografìa *f.* filmography.
filmotèca *f.* film library.
filo *m.* (*pl.* **fili** *m.*; **fila** *f., con valore collett. in alcune locuz.*) **1** thread; (*per lavori a maglia e tessitura*) yarn: **f. per cucire**, sewing thread **2** (*elettr.*) wire; (*cavo*) cable; (*cavo isolato*) cord, flex (*GB*): **f. sotto tensione**, live wire; **f. dell'alta tensione**, high-tension cable; **fili del telegrafo**, telegraph wires; **fili di collegamento**, leads; **f. del telefono**, telephone cord; (*tel.*) **senza fili**, wireless (*agg.*) **3** (*di metallo*) wire: **f. di ferro**, (iron) wire; **f. spinato**, barbed wire **4** (*di lama*) edge: **Questo coltello ha perso il f.**, this knife has no edge (*o* is blunt); **fare il f. a q.c.**, to sharpen st.; (*anche fig.*) **f. del rasoio**, razor's edge **5** (*per bucato*) line **6** (*del legno*) grain **7** (*di un argomento*) thread: **il f. del discorso**, the thread of what one is saying; **f. conduttore**, thread running through st.; **le fila di una storia**, the threads of a story • **f. a piombo**, plumbline □ **f. d'aria**, breath of air □ **f. d'acqua**, trickle of water □ **f. di bava**, dribble of saliva □ **f. d'erba**, blade of grass □ **f. di fumo**, wisp of smoke □ **f. di luce**, ray of light □ **f. di perle**, string of pearls □ **f. di sangue**, trickle of blood □ **f. di Scozia**, fine cotton; lisle □ **f. di speranza**, ray of hope □ (*sport*) **f. del traguardo** (*o* **f. di lana**), finishing tape □ **i fili dei burattini**, the puppet strings □ **f. interdentale**, dental floss □ **a fil di logica**, according to strict logic □ **a un f. dalla vittoria**, within a hair's breadth of winning □ **avere un f. di voce** (*essere afono*), to have hardly any voice left □ **con un f. di voce**, in a whisper □ (*fig.*) **essere appeso a un f.**, to hang by a thread □ **dare del f. da torcere a q.**, to make things very hard for sb.; to make it lively for sb. (*fam.*); (*di cosa*) to give sb. a lot of trouble, to be a hard nut to crack: **Hai trovato chi ti darà del filo da t.**, you've found your match □ **fare il f. a q.**, to chase sb. □ **fare il f. a q.c.**, to have one's eye on st. □ (*di formaggio*) **fare le fila**, to go stringy □ **imbrogliare le fila**, to muddle things up □ **Non c'è un f. d'ombra**, there isn't an inch of shade □ **per f. e per segno**, word for word; (*nei particolari*) in detail □ **sul f. della legalità**, sailing very close to the wind □ **tenere le fila di q.c.**, to hold the reins of st.
filoamericàno *a.* pro-American.
filoàrabo *a.* pro-Arab.
filobus *m.* trolleybus.
filocomunista **A** *a.* pro-Communist **B** *m. e f.* Communist sympathizer.
filodèndro *m.* (*bot.*) philodendron.
filodiffusióne *f.* radio broadcasting via telephone.
filodrammàtica *f.* **1** amateur dramatic society; company of amateur actors **2** (*attrice*) amateur actress.
filodrammàtico **A** *a.* amateur dramatic: **rappresentazioni filodrammatiche**, amateur theatricals **B** *m.* amateur actor.
filologìa *f.* philology.
filològico *a.* philological.
filòlogo *m.* (*f.* **-a**) philologist.
filonazìsta **A** *a.* pro-Nazi **B** *m. e f.* Nazi sympathizer.
filóne *m.* **1** (*miner.*) vein; seam; lode **2** (*di pane*) French loaf* **3** (*corrente culturale*) trend, current; (*genere*) genre (*franc.*).
filonucleàre *a.* in favour of nuclear energy.
filosofàre *v. i.* to philosophize.
filosofeggiàre *v. i.* (*spreg.*) to pose as a philosopher; to philosophize.
filosofìa *f.* philosophy • **f. spicciola**, common sense □ **prendere q.c. con f.**, to take st. philosophically.
filosòfico *a.* philosophic(al).
filòsofo *m.* (*f.* **-a**) philosopher.
filosoviètico **A** *a.* pro-Soviet **B** *m. e f.* Soviet sympathizer.
filovìa *f.* **1** (*linea*) trolleybus line **2** (*veicolo*) trolleybus.
filoviàrio *a.* trolleybus (*attr.*).
filtràggio *m.* filtering; filtration.
filtrànte *a.* filtering; filter (*attr.*).
filtràre **A** *v. t.* **1** to filter; to filtrate (*tecn.*); (*tè, brodo, ecc.*) to strain **2** (*selezionare*) to sift; to screen **B** *v. i.* **1** to filter; (*di caffè*) to percolate **2** (*di luce*) to filter (in) **3** (*di notizia, ecc.*) to filter through; to leak out.
filtrazióne *f.* filtration.
filtro (**1**) *m.* filter; (*di sigaretta*) filter tip; (*colino*) strainer: (*mecc.*) **f. dell'olio**, oil filter; **sigaretta col f.**, filter-tip(ped) cigarette; filter-tip.
filtro (**2**) *m.* (*bevanda magica*) philtre; magic potion.
filugèllo *m.* (*zool.*) silkworm.
filza *f.* **1** (*anche fig.*) string **2** (*di documenti, ecc.*) file **3** (*cucito*) running stitch.
finàle **A** *a.* **1** final; (*ultimo*) last: **esito f.**, final result; **la scena f. di un film**, the last scene of a film **2** (*gramm.*) — **proposizione f.**, adverbial clause of purpose **B** *f.* **1** (*sport*) finals (*pl.*): **entrare in f.**, to get (through) to the finals **2** (*gramm.*) adverbial clause of purpose **C** *m.* ending; conclusion; (*anche mus.*) finale: **gran f.**, grand finale.
finalìssima *f.* (*sport*) final; grand final; (*calcio, rugby*) cup final.
finalista *m. e f.* (*sport*) finalist.
finalità *f.* **1** (*filos.*) finality **2** (*scopo*) aim; purpose.
finalizzàre *v. t.* **1** (*orientare*) to direct; to orient; to target; to gear **2** (*concludere*) to finalize.
finalménte *avv.* at last; at long last. ATTENZIONE: **finalmente** ≠ finally.
finànche *avv.* even.
finànza *f.* **1** finance Ⓤ: **alta f.**, high finance; **Ministero delle finanze**, Ministry of Finance; **le finanze dello Stato**, finance Ⓤ; national revenue Ⓤ **2** (*al pl.*) (*mezzi*) finances: **Le mie finanze non me lo permettono**, my finances won't run to it • **f. allegra**, spendthrift policy □ (**Guardia di**) **f.**, Financial Police □ **Intendenza di f.**, Revenue Office □ **scienza delle finanze**, public finance.
finanziaménto *m.* **1** financing Ⓤ; funding Ⓤ; (*prestito*) loan; (*aiuto finanziario*) financial support Ⓤ, backing Ⓤ **2** (*somma*) funds (*pl.*); finance Ⓤ.
finanziàre *v. t.* to finance; to fund; (*aiutare finanziariamente*) to back.
finanziària *f.* **1** (*econ.*: *società di investimento*) finance company; (*società di controllo*) holding company **2** (*legge*) finance act; (*progetto di legge*) finance bill.
finanziàrio *a.* financial; finance (*attr.*): **anno** (*o* **esercizio**) **f.**, financial year; **condizioni finanziarie**, financial situation; **mercato f.**, finance (*o* financial) market; **società finanziaria**, *V.* **finanziaria**, *def. 1.*
finanziatóre **A** *a.* financing; backing **B** *m.* (*f.* **-trice**) financer; financial backer.
finanzièra *f.* (*moda*) frock coat.
finanzière *m.* **1** financier **2** (*guardia*) member of the Financial Police.
finché *cong.* **1** (*fino a quando*) until; till: **f.** (**non**) **fu finito**, until it was over; **f. non avrai visto**, until you have seen **2** (*per tutto il tempo che*) as long as: **Tienilo f. vuoi**, keep it as long as you like; **f. vivrò**, as long as I live.
fine (**1**) **A** *f.* end; (*finale*) close, ending: **alla f. del mese** (*o* **a f. mese**), at the end of the month; **alla f. dell'autunno**, in late autumn; **alla f.**, in the end; eventually; **avere f.**, to end; to come to an end; **fare una brutta f.**, to come to a bad end; **mettere f. a q.c.**, to put an end to st.; **volgere alla f.**, to draw to an end (*o* to a close); **senza f.**, without end, endlessly (*avv.*); endless (*agg.*) • **F.** (*in coda a un film, ecc.*), the end □ **f. esercizio**, end of the financial year □ **scrittoio f. Settecento**, late-18th century writing-desk □ (*fam.*) **È la f. del mondo!**, it's out of this world! □ **alla fin f.** (*o* **in fin dei conti**), (*tutto sommato*) all things considered, when

all is said and done; (*dopotutto*) after all □ **Che f. ha fatto il giornale?**, where has the paper got to? □ **Che f. ha fatto X?**, what has become (*o* what became) of X? □ **in fin di vita**, dying; close to death □ (*comm.*) **vendita di f. stagione**, end-of-season sale ***B*** *m.* ***1*** (*scopo, meta*) end; aim; object; purpose: **Il f. giustifica i mezzi**, the end justifies the means; **il f. ultimo**, the ultimate aim; **raggiungere il proprio f.**, to reach one's objective ***2*** (*conclusione, risultato*) ending; conclusion; result: **andare a buon f.**, to have a successful conclusion; to turn out well; **condurre q.c. a buon f.**, to bring st. to a successful conclusion; **film a lieto f.**, film with a happy ending ● **f. a se stesso**, an end in itself □ **al f. di**, in order to □ **a fin di bene**, for a good reason; with the best intentions □ **A che f.?**, why?; what for? □ **avere un secondo f.**, to have an ulterior motive □ (*comm.*) **salvo buon f.**, subject to collection.

fìne (**2**) *a.* ***1*** (*sottile*) fine, thin; (*impalpabile, delicato*) fine: **capelli fini**, fine hair; **lamina f.**, thin sheet; **punta f.**, fine point; **sabbia f.**, fine sand ***2*** (*acuto*) sharp; keen; subtle: **udito f.**, keen hearing; (a) keen ear; **f. ironia**, subtle irony ***3*** (*elegante*) elegant; (*raffinato*) refined; (*educato*) polite ● **far f.**, to be smart; to be the thing (*fam.*).

fine settimana *locuz. m. invar.* weekend.

finèstra *f.* (*anche fig., elab.*) window: **f. ad abbaino** [**a battenti, a ghigliottina**], dormer [casement, sash] window ● **buttare i soldi dalla f.**, to throw money away (*o* down the drain) □ (*fig.*) **rientrare dalla f.**, to get in by the backdoor □ (*fig.*) **stare alla f.**, to be a spectator; to stand on the sidelines.

finestrino *m.* (*di veicolo*) window.

finézza *f.* ***1*** (*sottigliezza*) fineness; thinness ***2*** (*acutezza*) keenness; subtlety ***3*** (*raffinatezza*) refinement.

fingere ***A*** *v. t. e i.* ***1*** to pretend; to feign (*form. o lett.*); to simulate: **f. una malattia**, to feign illness; to pretend to be ill; **Finse di non vedermi**, he pretended he hadn't seen me; (*mi ignorò*) he cut me (dead); **saper f.**, to be good at pretending; (*a nascondere le emozioni*) to be good at hiding one's feelings ***2*** (*immaginare, supporre*) to imagine; to suppose ***B*** **fingersi** *v. rifl.* to pretend to be; to feign (+ *sost. astratto*): **f. morto**, to pretend to be dead; to feign death.

finiménti *m. pl.* harness (*sing.*): **mettere i f. a un cavallo**, to harness a horse.

finimóndo *m.* bedlam Ⓤ; pandemonium Ⓤ; chaos Ⓤ: **Successe il f.**, suddenly there was bedlam; all hell broke loose.

finire (**1**) ***A*** *v. t.* ***1*** to finish; to end; (*concludere*) to bring* to an end; (*porre fine a*) to put* an end to; (*completare*) to complete: **Devo f. questa lettera**, I must finish this letter; **f. di stirare**, to finish ironing; **f. i propri giorni**, to end one's days; **Finì il discorso con una citazione**, he ended (*o* wound up) his speech with a quotation; **Hai finito?**, have you finished?; are you through? (*fam.*); **Con te non ho ancora finito!**, I'm not through with you yet! ***2*** (*smettere*) to stop; (*smettere di lavorare*) to stop work: **f. di piangere**, to stop crying ***3*** — **f. con** (*o* **per**) (+ *inf.*), to end up (by) (+ *gerundio*): **Finì col ringraziarmi**, he ended up (by) thanking me; in the end he thanked me; **Finirà per farsi male**, he'll end up by hurting himself ***4*** (*mangiare tutto*) to finish off (*o* up); (*bere tutto*) to drink* up; (*usare fino in fondo*) to use up, to finish up ***5*** (*esaurire*) to run* out of ***6*** (*uccidere*) to finish off ● **Finiscila!**, stop it! □ **È ora di finirla!**, this has got to stop!; I've [we've] had enough! □ **Non la finiva più!**, he just went on and on and on ***B*** *v. i.* ***1*** (*terminare*) to end; to come* to an end; (*concludersi, andare a finire*) to end (up): **La guerra finì nel 1945**, the war ended in 1945; **La strada finisce qui**, the road ends (*o* comes to an end) here; **f. bene**, (*di libro, ecc.*) to have a happy ending; (*di vicenda*) to end happily; (*risolversi*) to turn out well; **f. male**, to end badly; (*di libro, ecc.*) to have an unhappy ending; (*di persona*) to come to a bad end; **Finì che gli diedi**, I ended up giving him some money ***2*** (*esaurirsi*) to run* out; (*di merce*) to sell* out ***3*** (*impers.: cessare*) to stop: **È finito di piovere**, it has stopped raining ***4*** (*morire*) to die ***5*** (*andare, ritrovarsi*) to end up: **f. in prigione**, to end up in jail ***6*** (*scomparire, cacciarsi*) to get* to: **Dov'è finito il tappo?**, where has the cork got to?; **Dov'eri finito?**, where did you get to? ● **f. in bellezza**, to end with a flourish □ **f. in niente** (*o* **in una bolla di sapone**), to come to nothing; to end up in smoke □ **a non f.**, interminably; ad nauseam □ **Guarda che finisci male!**, you're looking for trouble! □ **Dove si andrà a f.?**, where is it all going to end? □ **Dove vuoi andare a f.?**, what you're driving at? □ **far f. q.c.**, to put an end to st. □ **un discorso che non finisce più**, a never-ending speech □ **La cosa non finisce qui!**, you haven't heard the last of this!; that's not the end of the matter!

finìre (**2**) *m.* end: **sul f. d.**, towards the end of.

finito *a.* ***1*** (*terminato*) ended; finished; over (*pred.*); up (*pred.*): **Il film è f.**, the film is over; **Tutto è f. tra noi**, it's all over between us; **Il tempo è f.**, time is up; **È finita**, it's all over; that's the end ***2*** (*esaurito*) — **Il caffè è f.**, there is no coffee left; we've run out of coffee ***3*** (*rifinito, compiuto*) finished: **prodotto f.**, finished product ***4*** (*abile*) expert; skilled: **cameriere f.**, expert waiter ***5*** (*senza futuro*) finished: **È un artista f.**, as an artist, he's finished; **È un uomo f.**, he's finished ***6*** (*spacciato*) done for ***7*** (*mat., filos., gramm.*) finite ● **farla finita con q.c.**, to put an end to st. □ **farla finita** (*uccidersi*), to end it all □ **Falla finita!** (*piantala*), stop it!; cut it out!

finitùra *f.* finish; (*tocco finale*) finishing touch.

finlandése ***A*** *a.* Finnish ***B*** *m. e f.* Finn (*m.*); Finnish woman* (*f.*): **i finlandesi**, the Finns ***C*** *m.* (*lingua*) Finnish.

finnico *a.* (*stor.*) Finnic.

fino (**1**) ***A*** *avv.* (*persino*) even ***B*** **fino a** (*o* **fin**) *locuz. prep.* ***1*** (*di tempo*) until; till; up to: **f. a lunedì**, till Monday; **f. all'ultimo**, (up) to (*o* until) the end; **F. a quando?**, till when?; (*per quanto tempo?*) how long?; **f. ad ora**, *V.* **finora**; **f. a che**, *V.* **finché**, *def. 1* ***2*** (*di luogo*) as far as; (up) to; (down) to: **f. a Enna**, as far as Enna; **fin là**, up to there; **f. a pag. 35**, up to p. 35; **La gonna arrivava f. al ginocchio**, the skirt reached to the knee; **f. all'ultimo centesimo**, (down) to the last penny; **Fin dove?**, how far?; **andare f. in fondo a q.c.**, to get to the bottom of st.; **Risi f. alle lacrime**, I laughed till I cried ***3*** (+ *inf.*) — **Mangiò f. a star male**, he ate himself sick ***C*** **fin da** *locuz. prep.* from; since: **fin dalla nascita**, from birth; **fin dalla mia infanzia**, since I was a child; **fin da maggio**, since May; **fin d'ora**, (*d'ora innanzi*) from now on; (*subito*) right now, straight away; **fin da domani**, right from tomorrow; **È qui fin dal 1750**, it's been here (ever) since 1750.

fino (**2**) *a.* ***1*** (*puro*) fine; pure: **oro f.**, fine gold; **aria fina**, pure air ***2*** *V.* **fine** (**2**).

finòcchio (**1**) *m.* (*bot.*) fennel.

finòcchio (**2**) *m.* (*spreg.*) queer; fairy; poof; fag (*USA*).

finóra *avv.* so far; yet; till now; up to now: **F. nessuno ha protestato**, no one has complained so far.

finta *f.* ***1*** (*finzione*) pretence Ⓤ, pretense Ⓤ (*USA*); sham Ⓤ; put-on (*fam.*) ***2*** (*scherma, boxe e fig.*) feint; (*calcio*) dummy ● **far f.**, to pretend □ **far f. di nulla**, to pretend (*o* to act as if) nothing has happened; to pretend not to notice □ **fare q.c. per f.**, to pretend to do st.

fintantoché *V.* **finché**.

finto ***A*** *a.* ***1*** false; artificial; fake; dummy (*attr.*); mock (*attr.*); imitation (*attr.*): **barba finta**, false beard; **fiori finti**, artificial flowers; **brillante f.**, fake diamond; **finestra finta**, dummy window; **tasca finta**, false pocket; **finta pelle**, imitation leather ***2*** (*insincero*) false; deceitful; (*simulato*) feigned, pretended, mock: **f. amico**, false friend; **finta pazzia**, feigned madness; **f. terrore**, mock fear ***3*** (*leg.*) fictitious ***B*** *m.* (*f.* **-a**) (*ipocrita*) hypocrite.

finzióne *f.* ***1*** pretence Ⓤ, pretense Ⓤ (*USA*); sham Ⓤ; act (*fam.*): **È tutta una f.**, it's all pretence (*o* an act) ***2*** (*illusione*) illusion; (*invenzione*) fiction Ⓤ.

fio *m.* penalty: **pagare il fio di**, to pay the penalty for.

fioccàre *v. i.* ***1*** (*di neve*) to fall*; (*impers.*) to snow ***2*** (*fig.*) to rain down; to come* in thick and fast: **Fioccarono le proteste**, protests came in thick an fast; they were snowed under with complaints.

fiòcco (**1**) *m.* ***1*** (*di nastro, ecc.*) bow: **legare con un f.**, to tie in a bow ***2*** (*di neve*) (snow)flake ***3*** (*al pl.*) (*di cereali*) flakes: **fiocchi d'avena**, oat flakes; **fiocchi di granturco**, cornflakes ***4*** (*ind. tess.*) tuft; flock; (*fibra*) staple ***5*** (*nappina*) tassel ● (*fig.*) **coi fiocchi**, first-rate; super (*fam.*); (*di pranzo, anche*) slap-up (*fam.*).

fiòcco (**2**) *m.* (*naut.*) jib.

fiòcina *f.* harpoon.

fiocinàre *v. t.* to harpoon.

fiocinatóre, **fiocinière** *m.* harpooner.

fiòco *a.* faint; weak; (*di luce, anche*) dim.

fiónda *f.* (*arma*) sling; (*giocattolo*) catapult, slingshot (*USA*).
fiondàre ***A*** *v. t.* to throw*; to fling*; (*sport*) to shoot* ***B*** **fiondàrsi** *v. rifl.* (*fam.*) to rush; to shoot*.
fioràio *m.* (*f.* **-a**) florist; (*con banchetto*) flower-seller.
fioràmi *m. pl.* flower (*o* floral) pattern (*sing.*): **a f.**, with a flower pattern; **seta a f.**, flowered silk.
fioràto *a.* flowered; flowery; floral.
fiordaliṣo *m.* ***1*** (*bot.*) cornflower; bluebottle ***2*** (*arald.*) lily; fleur-de-lis*.
fiòrdo *m.* fiord, fjord.
fióre *m.* ***1*** flower; (*di cespo, pianta*) bloom; (*di albero da frutto*) blossom: **fiori freschi**, freshly cut flowers; **f. di campo**, wild flower; **fiori d'arancio**, orange blossoms; **in f.**, in bloom; in blossom; **fare fiori**, to flower; to blossom; **mettere i fiori**, to burst into flowers; **mazzo di fiori**, bunch of flowers ***2*** (*al pl.*) (*a carte*) clubs • **f. all'occhiello**, buttonhole; (*fig.*) pride, crowning glory, flagship □ **il fior f. della società**, the cream of society □ **f. di farina**, (superfine) flour □ **fior di latte**, cream □ **un f. di ragazza**, a beautiful girl □ **un fior di scienziato**, a first-class scientist □ **un fior di galantuomo**, a thoroughly honest man □ **un fior di mascalzone**, a thorough scoundrel □ **a fiori**, flowered; with a flower pattern □ **a fior d'acqua**, just below the surface (of the water) □ **parlare a fior di labbra**, to whisper □ **sorridere a fior di labbra**, to smile faintly □ **a fior di pelle**, on the skin; superficial (*agg.*) □ **Costa fior di quattrini**, it costs a pretty penny □ **Guadagna fior di soldi**, he makes a packet (*fam.*) □ **nel f. degli anni**, in the prime of life; in one's prime □ **nel f. della bellezza**, at the height of one's beauty □ **nel f. della salute**, in the pink of health (*fam.*) □ **Sei un f.!**, you are blooming!
fiorènte *a.* (*prospero*) thriving; flourishing.
fiorentìna *f.* (*cucina*) grilled T-bone steak.
fiorentìno *a. e m.* (*f.* **-a**) Florentine (*f.* Florentine woman*).
fiorétto (1) *m.* (*scherma*) foil.
fiorétto (2) *m.* small sacrifice.
fiorièra *f.* flower-pot holder; (*cassetta*) plant container, window box.
fiorìno *m.* ***1*** (*stor.*) florin ***2*** (*moneta olandese*) guilder; gulden ***3*** (*moneta ungherese*) forint.
fiorìre *v. i.* ***1*** to flower; to bloom; (*di albero*) to blossom: **f. all'improvviso**, to burst* into flower ***2*** (*prosperare*) to flourish; to thrive* ***3*** (*di artista*) to be active.
fiorìsta *m. e f.* florist; (*negozio*) florist's (shop).
fiorìto *a.* ***1*** (*in fiore*) in flower; in bloom; in blossom ***2*** (*di giardino*) full of flowers (*pred.*) ***3*** (*di stile, ecc.*) florid; ornate; flowery.
fiorìtùra *f.* ***1*** flowering; blooming; (*di albero*) blossoming ***2*** (*l'insieme dei fiori*) bloom; flowers (*pl.*): **in piena f.**, in full bloom; **fare una bella f.**, to be covered in flowers ***3*** (*di muffa*) mildew stain ***4*** (*fig.*) flourishing.
fiòtto *m.* gush; spurt • **sgorgare a fiotti**, to gush out.
fìrma *f.* ***1*** signature: **apporre la f. a q.c.**, to put one's signature to st.; **fare la f.**, to sign one's name; **f. depositata**, specimen signature; **f. per esteso**, full signature ***2*** (*il firmare*) signing: **la f. di un trattato**, the signing of a treaty ***3*** (*fig.*) (big) name • **Ci metterei la f.!**, I'd give my right arm (for it)! ATTENZIONE: **firma** ≠ firm.
firmaménto *m.* firmament.
firmàre *v. t.* to sign; (*sottoscrivere*) to subscribe to • **f. con nome e cognome**, to sign one's full name □ **f. q.c. con le iniziali**, to initial st. □ **f. in calce**, to undersign □ **f. a tergo**, to endorse.
firmatàrio *m.* (*f.* **-a**) signer; (*leg., polit.*) signatory; (*sottoscrittore*) subscriber.
firmàto *a.* ***1*** signed ***2*** (*di abito, ecc.*) designer (*attr.*): **jeans firmati**, designer jeans; **un completo f. Armani**, an Armani outfit.
fiṣarmònica *f.* (*mus.*) accordion • **accartocciarsi a f.**, to concertina □ **fatto a f.**, concertina (*attr.*).
fiscàle *a.* ***1*** fiscal; tax (*attr.*): **politica [anno] f.**, fiscal policy [year]; **esenzione f.**, tax exemption ***2*** (*rigoroso*) rigorous, strict; (*pignolo*) nitpicking.
fiscaliṣmo *m.* ***1*** excessive taxation ***2*** (*fig.*) (excessive) rigour (*o* strictness); nitpicking.
fiscalìsta *m. e f.* tax consultant.
fiscalità *f.* ***1*** taxation ***2*** (*fig.*) nitpicking attitude.
fiscaliẓẓàre *v. t.* to exempt (*employers, local authorities*) from payment of.
fischiàre ***A*** *v. i.* ***1*** to whistle; (*di uccello*) to whistle, to sing*; (*di serpente*) to hiss; (*di sirena*) to hoot; (*di proiettile*) to whistle, to whiz(z) ***2*** (*sport, di arbitro*) to blow* the whistle • **far f. una frusta**, to crack a whip □ **Mi fischiano le orecchie**, I've got a ringing (*o* buzzing) in my ears; (*fig.*) my ears are burning ***B*** *v. t.* ***1*** (*zufolare*) to whistle ***2*** (*per disapprovazione*) to hiss; to boo ***3*** (*sport, di arbitro*) to blow* the whistle for.
fischiettàre *v. t. e i.* to whistle.
fischiétto *m.* whistle; (*naut.*) pipe.
fìschio *m.* ***1*** whistle; (*di disapprovazione*) hiss; (*di sirena*) hoot; (*di proiettile*) whiz(z): **fare un f.**, to whistle; to let out a whistle ***2*** (*nelle orecchie*) ringing; buzzing ***3*** (*fischietto*) whistle • **Se mi vuoi, fa' un f.**, if you need me, just call □ **prendere fischi per fiaschi**, to get hold of the wrong end of the stick.
fischióne *m.* (*zool.*) widgeon.
fìsco *m.* national revenue; (*in G.B.*) Inland Revenue; (*in U.S.A.*) Internal Revenue Service; (*imposte*) taxes (*pl.*): **evadere il f.**, to evade taxes; **guai col f.**, trouble with the tax authorities; **Un terzo dei miei guadagni va al f.**, one third of what I earn goes in tax.
fìṣica *f.* physics (*pl. col verbo al sing.*).
fìṣico ***A*** *a.* ***1*** (*della natura, della fisica*) physical ***2*** (*del corpo*) physical; bodily ***B*** *m.* ***1*** (*f.* **-a**) physicist ***2*** (*costituzione*) physique; (*figura*) figure, build: **avere un bel f.**, (*di uomo*) to be well-built; (*di donna*) to have a good figure; **f. possente**, powerful build.
fìṣima *f.* (*capriccio*) whim, fad; (*fissazione*) fixation.
fiṣiologìa *f.* physiology.
fiṣiològico *a.* physiological.
fiṣiòlogo *m.* (*f.* **-a**) physiologist.
fiṣionomìa *f.* ***1*** (*viso*) face; (*lineamenti*) features (*pl.*) ***2*** (*di cosa*) aspect; features (*pl.*) • **cambiare f.**, to look different.
fiṣionomìsta *m. e f.* one who has a memory for faces.
fiṣioterapìa *f.* physiotherapy.
fiṣioteràpico *a.* physiotherapy (*attr.*).
fiṣioterapìsta *m. e f.* physiotherapist.
fìssa *f.* (*fam.*) obsession; fixation; fetish; thing (*fam.*): **Ha la f. dei ladri**, he is obsessed by the fear of burglars; **Ha la f. di essere grasso**, he's got a thing about being fat; **È una sua f.**, it's a thing he has about it.
fissàggio *m.* ***1*** (*tecn.*) fixing; fastening; clamping ***2*** (*chim., fotogr.*) fixing.
fissaménte *avv.* fixedly • **guardare f.**, to stare at; to look hard at.
fissàre ***A*** *v. t.* ***1*** (*assicurare*) to fix; to fasten; to secure; (*con spilli, ecc.*) to pin ***2*** (*fermare*) to fix: **f. gli occhi su q.**, to fix one's eyes on sb. ***3*** (*stabilire*) to fix; to set*; (*organizzare*) to arrange: **f. il prezzo di q.c.**, to fix (*o* to set) the price of st.; **f. un appuntamento**, to fix an appointment; **f. la propria residenza**, to take up one's residence ***4*** (*prenotare*) to book; to reserve ***5*** (*guardare fisso*) to stare at; to look hard at: **f. q. in viso**, to look sb. in the face ***6*** (*chim., fotogr.*) to fix ***B*** **fissàrsi** *v. i. pron.* ***1*** (*stabilirsi*) to settle ***2*** (*concentrarsi*) to focus; to be fixed ***3*** (*mettersi in testa*) to get* (st.) into one's head; to set* one's heart (on) ***C*** **fissàrsi** *v. rifl. recipr.* to stare at each other.
fissàto ***A*** *a.* ***1*** fixed ***2*** (*stabilito*) fixed; arranged; set; agreed ***3*** (*che ha una fissazione*) fixated (on); obsessed (by); that has a thing (about) ***B*** *m.* (*f.* **-a**) person with an obsession; fanatic.
fissatóre *m.* ***1*** (*chim.*) fixer; fixing agent; fixative ***2*** (*fotogr.*) fixing bath; fixer ***3*** (*per capelli*) setting lotion; (*lacca*) hairspray.
fissazióne *f.* (*idea fissa*) fixation (*anche psic.*); obsession; thing (*fam.*): **Ha la f. del pulito**, he has a fixation (*o* a fetish) about cleanliness; **avere la f. delle malattie**, to be obsessed by the fear of diseases.
fìssile *a.* (*fis. nucl.*) fissionable.
fissióne *f.* (*fis. nucl.*) fission.
fissità *f.* fixity.
fìsso ***A*** *a.* ***1*** (*immobile*) fixed ***2*** (*costante*) fixed; (*regolare*) regular: **regola fissa**, fixed rule; **reddito f.**, fixed income; **lavoro f.**, regular job; **cliente f.**, regular customer • **essere f. in un posto**, to have settled (*o* to live) in a place □ **occhi fissi**, staring eyes □ **ragazzo f.**, steady boyfriend ***B*** *avv.*

fixedly; intently: **guardare f. q.c.**, to look intently (*o* hard) at st.; to stare at st. ***C*** *m.* fixed sum; fixed allowance.
fistola *f.* (*med.*) fistula*.
fitoterapìa *f.* phytotherapy.
fitta *f.* (*dolore acuto*) sharp (*o* stabbing) pain; twinge; pang: **f. al piede**, twinge in one's foot; **f. al fianco**, stabbing pain in the side; (*dopo una corsa*) stitch; (*fig.*) **f. al cuore**, pang (of regret, sorrow, *ecc.*); **f. di gelosia**, twinge of jealousy.
fittàvolo *m.* tenant.
fittile *a.* fictile; clay (*attr.*).
fittìzio *a.* fictitious; imaginary.
fitto (1) ***A*** *a.* ***1*** (*conficcato*) stuck in; embedded ***2*** (*denso*) thick; dense: **nebbia fitta**, thick fog; **bosco f.**, thick wood; **ombra fitta**, deep shadow; **buio f.**, pitch dark ***3*** (*ravvicinato*) — **alberi fitti**, closely-planted trees; **pettine f.**, fine-toothed comb; **tessuto f.**, close-woven fabric; **una fitta serie di impegni**, a busy schedule of engagements ***4*** (*pieno*) packed (with) ***B*** *m.* — **nel f. della discussione**, in the thick of the discussion; **nel f. del bosco**, in the depths of the wood ***C*** *avv.* (*anche* **f. f.**) — **Pioveva f.**, it was raining heavily; **parlare f.**, to be deep in conversation.
fitto (2) *V.* **affitto**.
fiumàna *f.* ***1*** (*piena*) flood; torrent ***2*** (*fig.*) stream; flood.
fiùme ***A*** *m.* ***1*** river ***2*** (*fig.*) river; stream; flood: **f. di sangue**, river of blood; **f. di lacrime**, flood of tears; **a fiumi**, in floods; in torrents; **versare fiumi di inchiostro**, to write volumes (*o* reams) ***B*** *a. invar.* long-drawn-out; interminable • **romanzo f.**, saga; roman-fleuve (*franc.*).
fiutàre *v. t.* ***1*** to smell*; to sniff; (*la selvaggina, ecc.*) to scent: **f. tabacco**, to take snuff ***2*** (*intuire*) to smell*; to scent: **f. un pericolo**, to smell danger; **f. l'affare**, to see a chance of making a profit; **f. q.c. di losco**, to smell a rat (*fam.*).
fiùto *m.* ***1*** (*odorato*) sense of smell; (*di animale*) scent, nose ***2*** (*intuito*) nose: **avere f.**, to have a (good) nose (for st.) • **tabacco da f.**, snuff.
flàccido *a.* flabby; flaccid.
flacóne *m.* bottle; phial.
flagellàre ***A*** *v. t.* ***1*** to flagellate; to scourge; to lash ***2*** (*di pioggia, mare, ecc.*) to lash ***3*** (*criticare*) to scourge; to castigate ***B*** **flagellàrsi** *v. rifl.* to scourge oneself.
flagellazióne *f.* flagellation; scourging.
flagèllo *m.* ***1*** (*frusta*) scourge; whip ***2*** (*fig.*) scourge; (*calamità*) calamity.
flagrànte *a.* ***1*** (*leg.*) flagrant ***2*** (*evidente*) flagrant; blatant; glaring: **f. contraddizione**, blatant contradiction • **cogliere q. in f.**, to catch sb. red-handed (*o* in the act).
flagrànza *f.* (*leg.*) flagrancy • **in f. di reato**, in the act.
flan *m. invar.* (*cucina*) flan.
flanèlla *f.* flannel.
flàngia *f.* (*tecn.*) flange.
flash (*ingl.*) *m. invar.* ***1*** (*fotogr.*) flash(light) ***2*** (*giorn.*) (news) flash.
flatting *m. invar.* clear varnish.
flatulènza *f.* flatulence.
flautàto *a.* flute-like: musical: **voce flautata**, musical voice; (*iron.*) dulcet tones (*pl.*).
flautista *m. e f.* flautist; flutist (*USA*).
flàuto *m.* flute: **f. traverso**, (transverse) flute; **f. diritto** (*o* **dolce** *o* **a becco**), recorder; **f. di Pan**, panpipes (*pl.*).
flèbile *a.* ***1*** (*fioco*) feeble; faint ***2*** (*lamentevole*) plaintive.
flebite *f.* (*med.*) phlebitis.
flebo, fleboclìṣi *f. invar.* (*med.*) (intravenous) drip: **fare una f. a q.**, to put sb. on a drip; **essere in f.**, to be on a drip; to be drip-fed.
flebotomìa *f.* (*med.*) phlebotomy.
flèmma *f.* ***1*** (*calma*) phlegm; composure ***2*** (*med.*) phlegm.
flemmàtico *a.* phlegmatic; unexcitable; unflappable (*fam.*).
flessìbile *a.* (*anche fig.*) flexible: **orario f.** flexible hours (*pl.*); (*sul lavoro*) flexitime.
flessibilità *f.* (*anche fig.*) flexibility.
flessióne *f.* ***1*** bending; flexion ***2*** (*gramm.*) inflection ***3*** (*diminuzione*) decrease; drop; downturn ***4*** (*ginnastica: sulle braccia*) press-up (*GB*), push-up (*USA*); (*sulle gambe*) knee-bend • **fare una f.**, to bend (down).
flessìvo *a.* (*gramm.*) inflected.
flessóre *a. e m.* (*anat.*) flexor.
flessuosità *f.* suppleness; (*armoniosità*) gracefulness.
flessuóso *a.* supple; lithe; (*armonioso*) graceful.
flèttere ***A*** *v. t.* ***1*** to flex; to bend* ***2*** (*gramm.*) to inflect ***B*** **flèttersi** *v. i. pron* to bend*.
flipper (*ingl.*) *m. invar.* pinball machine.
flirt (*ingl.*) *m. invar.* ***1*** flirtation; brief (love) affair ***2*** (*persona*) boyfriend (*m.*); girlfriend (*f.*).
flirtàre *v. i.* to flirt.
flòra *f.* (*bot.*) flora*.
floreàle *a.* floral • (*arte*) **stile f.**, Art Nouveau.
floricoltóre *m.* (*f.* **-trice**) flower grower; floriculturist.
floricoltùra *f.* flower-growing; floriculture.
floridézza *f.* ***1*** (*salute*) glowing health ***2*** (*prosperità*) prosperity.
flòrido *a.* ***1*** (*in salute*) healthy; glowing with health ***2*** (*prospero*) flourishing; thriving; prosperous.
florilègio *m.* anthology.
flòscio *a.* limp; floppy; flabby • **cappello f.**, soft hat.
flòtta *f.* (*naut.*) fleet • **f. aerea**, fleet of aircraft.
flottìglia *f.* (*naut.*) flotilla • **f. di pescherecci**, fishing-fleet.
fluènte *a.* flowing.
fluidificànte *a.* fluidifying.
fluidificàre *v. t.* to fluidify.
fluidità *f.* ***1*** fluidity ***2*** (*scorrevolezza*) smoothness ***3*** (*instabilità*) fluidity; unsettled state.
flùido ***A*** *a.* ***1*** (*fis.*) fluid ***2*** (*scorrevole*) fluent; flowing; smooth ***3*** (*instabile*) unstable; unsettled ***B*** *m.* ***1*** (*fis.*) fluid ***2*** (*energia misteriosa*) magnetic power.
fluìre *v. i.* (*anche fig.*) to flow.
fluorescènte *a.* fluorescent.
fluorescènza *f.* fluorescence.
fluòro *m.* (*chim.*) fluorine • **dentifricio al f.**, fluoride toothpaste.
fluorùro *m.* (*chim.*) fluoride.
flùsso *m.* ***1*** flow; (*di marea*) flood(-tide): (*anche fig.*) **f. e riflusso**, ebb and flow; (*med.*) **f. mestruale**, menstrual flow ***2*** (*fig.*) flow; stream: **f. di parole**, flow of words; **f. del traffico**, stream of traffic; (*econ.*) **f. di capitali**, flow of capital ***3*** (*fis.*) flux; stream.
flùtto *m.* (*lett.*) wave; billow.
fluttuànte *a.* fluctuating; floating: **prezzi fluttuanti**, fluctuating prices; **popolazione f.**, floating population; (*econ.*) **debito f.**, floating debt.
fluttuàre *v. i.* ***1*** to rise* and fall* ***2*** (*oscillare*) to fluctuate; to waver ***3*** (*econ., fin.*) to fluctuate; to float.
fluttuazióne *f.* ***1*** fluctuation; rise and fall ***2*** (*econ., fin.*) floating; float.
fluviàle *a.* ***1*** river (*attr.*): **navigazione f.**, river navigation; **pesca f.**, river fishing; **vie fluviali**, waterways ***2*** (*abbondante*) flowing; copious.
fobìa *f.* (*psic.*) phobia: **avere la f. di q.c.**, to have a phobia about st.
fòca *f.* (*zool.*) seal: **pelle di f.**, sealskin.
focàccia *f.* (*cucina*) flat bread, focaccia; (*dolce*) flat cake.
focàle *a.* focal: (*fis.*) **distanza f.**, focal length.
focalizzàre *v. t.* ***1*** (*fotogr.*) to focus; to focalize ***2*** (*fig.*) to define; to bring* into focus: **f. i termini di un problema**, to define the terms of a problem; **f. l'attenzione su q.c.**, to zero in on st.
fóce *f.* mouth; (*sbocco*) outlet.
focèna *f.* (*zool.*) porpoise.
focolàio *m.* ***1*** (*med.*) focus*; centre of infection ***2*** (*fig.*) hotbed; breeding ground.
focolàre *m.* ***1*** hearth; (*camino*) fireplace, fireside ***2*** (*mecc.*) furnace ***3*** (*fig.*) home; hearth: **f. domestico**, home.
focomèlico (*med.*) ***A*** *a.* phocomelic ***B*** *m.* (*f.* **-a**) phocomelic person.
focóso *a.* fiery; impetuous; ardent.
fòdera *f.* ***1*** (*interna*) lining; (*esterna*) cover ***2*** (*di libro*) dust jacket; dust cover.
foderàre *v. t.* (*internamente*) to line; (*esternamente*) to cover.
foderàto *a.* lined (with); (*ricoperto*) covered (with).
fòdero *m.* sheath; scabbard; (*di pistola*) holster.
fóga *f.* impetuosity; ardour; heat; enthusiasm: **nella f. della discussione**, in the heat of the argument; **discutere con f.**, to discuss heatedly; **gettarsi con f. a fare q.c.**, to throw oneself enthusiastically into st.
fòggia *f.* ***1*** (*maniera*) manner; (*moda*) fashion, style ***2*** (*aspetto*) look; (*forma*) shape; (*taglio*) cut: **di f. antiquata**, old-fashioned; with an old-fashioned look.
foggiàre *v. t.* to mould; to shape; to form.

fòglia *f.* ***1*** (*bot.*) leaf*: **Non si muoveva una f.**, not a leaf stirred; **mettere le foglie**, to come into leaf; (*anche fig.*) **f. di fico**, fig leaf ***2*** (*di metallo*) foil; (*sottilissima*) leaf*: **f. d'oro**, gold leaf ***3*** (*archit.*) foil • (*fig.*) **mangiare la f.**, to get the message; to see through st.
fogliàme *m.* foliage; leaves (*pl.*).
fogliétto *m.* ***1*** piece (*o* slip) of paper ***2*** (*volantino*) leaflet; handout.
fòglio *m.* ***1*** sheet: **f. di carta**, sheet of paper; **f. a righe** [**a quadretti**], sheet of ruled [squared] paper; **f. volante**, loose sheet; **f. protocollo**, sheet of foolscap; **a fogli mobili**, loose-leaf (*attr.*) ***2*** (*di metallo*) sheet; plate ***3*** (*giornale*) (news)paper ***4*** (*banconota*) (bank)note; bill (*USA*) ***5*** (*pagina*) leaf* • (*cucina*) **f. di alluminio**, foil □ (*leg.*) **f. di via**, deportation order □ (*elab.*) **f. elettronico**, spreadsheet □ (*autom.*) **f. rosa**, provisional driving licence (*GB*); learner's permit (*USA*).
fogliolìna *f.* leaflet.
fógna *f.* ***1*** sewer; (*per acque bianche*) drain ***2*** (*spreg., di luogo*) cesspool; (*di persona*) pig.
fognàrio *a.* sewer (*attr.*): **rete fognaria**, sewer system.
fognatùra *f.* sewer system; sewerage (system); sewers (*pl.*).
fòlaga *f.* (*zool.*) coot.
folàta *f.* gust; blast: **f. di vento**, gust of wind.
folclóre *m.* folklore.
folcloristico *a.* ***1*** (*popolare*) folk (*attr.*); (*tradizionale*) traditional: **ballo f.**, folk dance ***2*** (*scherz.*) picturesque; colourful; exotic.
folgorànte *a.* ***1*** dazzling; (*lampeggiante*) flashing ***2*** (*improvviso*) sudden; (*veloce*) quick as a flash (*pred.*) • **idea f.**, brilliant idea □ **passione f.**, violent passion.
folgoràre *v. t.* ***1*** (*di fulmine*) to strike* down; (*di scarica elettrica*) to electrocute: **morire folgorato**, to be struck by lightning; to be electrocuted ***2*** (*abbagliare*) to dazzle; (*colpire*) to strike* • **Mi folgorò con un'occhiata**, he gave me a withering look.
folgorazióne *f.* ***1*** (*da corrente elettrica*) electrocution; (*med.*) fulguration ***2*** (*fig.*) sudden inspiration; brainwave.
fólgore *f.* thunderbolt; lightning 🄻.
folklóre e *deriv. V.* **folclore** e *deriv.*
fólla *f.* ***1*** crowd; (*calca*) throng ***2*** (*fig.*) multitude; host: **una f. di idee**, a multitude of ideas; **una f. di ricordi**, a host of memories.
fòlle ***A*** *a.* ***1*** (*pazzo*) mad; insane; lunatic; crazy (*fam.*) ***2*** (*sconsiderato*) mad; crazy; foolish: **idea f.**, mad (*o* crazy) idea; **f. amore**, mad passion; **velocità f.**, terrific speed; **guidare a velocità f.**, to drive like a maniac; **spese folli**, extravagant spending 🄻 ***3*** (*mecc.*) idle; (*autom.*) neutral: **in f.**, in neutral; **girare in f.**, to idle; **essere** [**mettere**] **in f.**, to be in [to put in *o* into] neutral ***B*** *m. e f.* madman* (*m.*) madwoman* (*f.*); lunatic. ATTENZIONE: **folle ≠ fool.**
folleggiàre *v. i.* to have a ball (*fam.*); (*uscire a divertirsi*) to go out on the town (*fam.*), to paint the town red (*fam.*).
folleménte *avv.* madly; crazily: **f. innamorato di q.**, madly in love with sb.; head over heels in love with sb. (*fam.*).
follétto *m.* elf*; sprite; (*maligno*) goblin.
follìa *f.* ***1*** (*pazzia*) madness; insanity; lunacy ***2*** (*stoltezza*) folly; foolishness ***3*** (*comportamento da folle*) madness, lunacy; (*azione da folle*) folly 🄻, foolish act; (*idea folle*) crazy idea: **È una f. partire con questo tempo**, it's sheer folly to leave in such a weather; **fare una f.**, to do something mad (*o* crazy); (*una spesa*) to spend a fortune (on st.); **Fai una f. se vendi le azioni**, you would be mad to sell your shares • **f. collettiva**, general hysteria □ **amare q. alla f.**, to be madly in love with sb.; to love sb. to distraction □ **costare una f.**, to cost the earth □ **fare follie** (*divertirsi*), to have a great time (*o* a ball) (*fam.*); to go out on the town (*fam.*) □ **fare follie per q.c.**, to be crazy about st. □ **portare q. alla f.**, to drive sb. mad.
follicolàre *a.* (*anat., bot., med.*) follicular.
follìcolo *m.* (*anat., bot.*) follicle.
fólto ***A*** *a.* ***1*** thick ***2*** (*numeroso*) large ***B*** *m.* thick: **nel f. della mischia**, in the thick of the fray.
fomentàre *v. t.* to foment; to instigate; to stir up.
fomentatóre *m.* (*f.* **-trìce**) fomenter; instigator.
fòn *m. invar.* (*asciugacapelli*) hairdrier, hairdryer.
fónda *f.* (*naut.*) anchorage • (*naut.*) **essere alla f.**, to ride at anchor.
fóndaco *m.* (*magazzino*) warehouse; store.
fondàle *m.* ***1*** (*fondo marino*) seabed ***2*** (*naut.*) soundings (*pl.*) ***3*** (*teatr.*) backcloth; backdrop.
fondamentàle *a.* fundamental; essential; basic: **principio f.**, fundamental principle; **requisito f.**, essential requisite; **bisogno f.**, basic need; **nozioni fondamentali**, rudiments; **È f. che...**, it's essential that...
fondamentalismo *m.* (*relig.*) fundamentalism.
fondamentalista *m. e f.* (*relig.*) fundamentalist.
fondamentalménte *avv.* fundamentally; (*alla base*) basically, essentially, at bottom.
fondaménto *m.* (*pl.* **fondaménta** *f. per la def. 1*; **fondaménti** *m., per la def. 2*) ***1*** foundation: **gettare le fondamenta di q.c.**, to lay the foundations of st. ***2*** (*fig.*: *base*) basis*; foundation; ground(s); (*elemento fondamentale*) essential: **senza f.**, unfounded; groundless; **f. logico**, rationale.
fondant (*franc.*) *m. invar.* fondant.
fondàre ***A*** *v. t.* ***1*** to found; (*costruire*) to build*: **f. una città**, to found a city ***2*** (*istituire, formare*) to found; to establish; to set* up: **f. un regno**, to found a kingdom; **f. una ditta**, to establish a firm; **f. una rivista**, to start a magazine ***3*** (*basare*) to found; to base; to ground ***B*** **fondàrsi** *v. rifl. e i. pron.* ***1*** (*basarsi*) to base oneself (on) ***2*** (*essere fondato*) to be founded (on).
fondataménte *avv.* with good reason; on good grounds.
fondatézza *f.* validity; soundness; truth.
fondàto *a.* (*che ha fondamento*) well-grounded; sound: **f. sospetto**, well-grounded suspicion: **fondate ragioni**, sound reasons.
fondatóre ***A*** *m.* (*f.* **-trice**) founder ***B*** *a.* founding: **padri fondatori**, founding fathers; **socio f.**, charter-member; promoter.
fondazióne *f.* ***1*** foundation; (*di azienda*) establishment ***2*** (*istituzione*) institution; foundation: **f. benefica**, charitable institution; **la F. Cini**, the Cini Foundation.
fondèllo *m.* bottom • (*pop.*) **prendere q. per i fondelli**, to take the mickey out of sb. (*GB*); to have sb. on (*USA*).
fondènte *m.* ***1*** (*metall.*) flux ***2*** (*dolce*) fondant.
fóndere ***A*** *v. t. e i.* ***1*** (*liquefare*) to melt* ***2*** (*metall.*) to fuse; to melt; (*minerali metallici*) to smelt ***3*** (*f. in forma*) to cast*; to mould: **f. una statua**, to cast a statue ***4*** (*combinare, unire*) to fuse; to merge; (*colori, suoni*) to merge, to blend ***5*** (*econ.*) to merge; to amalgamate • (*autom.*) **Ho fuso il motore**, the engine seized up (on me) ***B*** **fóndersi** *v. i. pron* ***1*** (*sciogliersi*) to melt* ***2*** (*combinarsi, unirsi*) to fuse; to merge; (*di colori, suoni*) to merge, to blend ***3*** (*econ.*) to merge; to combine ***4*** (*elettr.*) to blow* out.
fonderìa *f.* foundry.
fondiàrio *a.* land (*attr.*): **imposta fondiaria**, land tax; **proprietà fondiaria**, landed property.
fondìna *f.* ***1*** (*per pistola*) holster ***2*** (*piatto*) soup plate.
fondìsta *m. e f.* ***1*** (*atleta*) long-distance runner; (*sciatore*) cross-country skier ***2*** (*giorn.*) editorialist.
fonditóre *m.* founder; caster; smelter; foundryman*.
fóndo (1) *m.* ***1*** (*parte inferiore*) bottom: **il f. del bicchiere** [**della valle**], the bottom of the glass [of the valley]; **in f. alla pagina**, at the bottom of the page; **in f. alla classifica**, last; in last place; **doppio f.**, false bottom ***2*** (*fine, estremità*) end; (*parte posteriore*) rear, back: **in f. al corridoio** [**al libro**], at the end of the corridor [of the book]; **in f. al treno**, at the rear of the train; **sedersi in f.**, to sit at the back ***3*** (*del mare e sim.*) bottom; bed: **toccare il f.**, to touch bottom; **f. marino**, seabed; sea floor ***4*** (*sfondo*) background: **rumori di f.**, background noise 🄻 ***5*** (*dei calzoni*) seat ***6*** (*al pl.*) (*di caffè*) (coffee) grounds; (*feccia*) dregs, lees ***7*** (*fin.*) fund: **mancanza di fondi**, lack of funds; **f. di cassa**, cash in hand; **f. di investimento**, investment fund (*o* trust); **fondi neri**, slush fund (*sing.*) ***8*** (*giorn.*) leader; editorial ***9*** (*sci*) cross-country skiing ***10*** (*atletica*) long-distance race ***11*** (*proprietà immobiliare*) property; land • (*fig.*) **f. di bicchiere**, fake diamond; paste □ (*comm.*) **fondi di magazzino**, unsold stock; remnants □ (*anat.*) **f. dell'occhio**, eye ground □ **f. stradale**, roadbed; pavement (*USA*); road surface □ **a f. perduto**, without security □ **andare a f.**, to sink; (*fallire*) to go under; (*indagare*) to get to the bottom (of st.) □ **conoscere a f. q.c.**, to know st. thoroughly □ **studiare a f. q.c.**, to study st. in depth □ **da cima a f.**, from beginning to end; from top to bottom □ (*naut.*) **dare f. all'ancora**, to drop anchor □ **dare f. a q.c.**, to run through st.;

to use up st. □ **fino in f.**, (*fino alla fine*) to the end; (*in modo esauriente*) thoroughly; (*completamente*) fully □ **in f.** (*dopo tutto*), after all □ **in f. al cuore**, deep in one's heart □ **in f. in f.**, all things considered □ **laggiù in f.**, (*in distanza*) over there; (*in basso*) down there □ **questione di f.**, basic question □ **senza f.**, bottomless; endless; (*insaziabile*) insatiable □ (*fig.*) **toccare il f.**, to plumb the depths; to reach rock-bottom; (*spreg.*) to sink very low.

fóndo (2) *a.* (*profondo*) deep • **a notte fonda**, at dead of night □ **piatto f.**, soup plate.

fondocàmpo *m.* ***1*** (*calcio*) end area ***2*** (*tennis*) back of the court.

fondoschièna *m. invar.* (*fam.*) backside; posterior.

fondotinta *m. invar.* foundation (cream).

fondovàlle *m.* valley floor.

fondùta *f.* (*cucina*) fondue.

fonèma *m.* (*ling.*) phoneme.

fonètica *f.* phonetics (*pl. col verbo al sing.*).

fonètico *a.* phonetic.

fònico ***A*** *a.* phonic; sound (*attr.*) ***B*** *m.* (*cinem.*) sound engineer.

fonogràfico *a.* phonographic.

fonògrafo *m.* gramophone (*GB*); phonograph (*USA*).

fonologìa *f.* phonology.

fonològico *a.* phonological.

fontàna *f.* fountain • (*cucina*) **fare la f.**, to make a well.

fontanèlla *f.* ***1*** (*a spillo*) drinking fountain ***2*** (*anat.*) fontanelle.

fontanìle *m.* ***1*** (*fonte*) spring ***2*** (*abbeveratoio*) drinking trough.

fónte ***A*** *f.* ***1*** spring ***2*** (*fig.*) source; (*causa*) origin, cause: **f. bene informata**, reliable source; (*fisc.*) **ritenuta alla f.**, deduction at source ***B*** *m.* — **f. battesimale**, font.

footing (*ingl.*) *m.* ***1*** jogging: **fare f.**, to jog ***2*** (*sport*) roadwork.

foraggiàre *v. t.* ***1*** to fodder ***2*** (*fig.*) to subsidize; to bankroll (*fam.*).

foràggio *m.* fodder; forage.

forapàglie *m. invar.* (*zool.*) warbler.

foràre ***A*** *v. t.* to make* a hole in; to perforate; to pierce; (*un biglietto*) to punch; (*un'asse, ecc.*) to bore through; (*col trapano*) to drill a hole into; (*un pallone, uno pneumatico*) to puncture; (*assol., autom.*) to have a puncture, to burst a tyre: **Abbiamo forato!**, we've got a flat tyre! ***B*** **foràrsi** *v. i. pron.* to puncture; to get* a puncture.

foratùra *f.* perforation; piercing; punching; (*in profondità*) boring; (*col trapano*) drilling; (*di pneumatico*) puncturing, puncture ***2*** (*autom.*) burst tyre; flat (*USA*).

fòrbice *f.* (*generalm. al pl.*) scissors; (*grandi*) shears: **un paio di forbici**, a pair of scissors; **forbici da sarto**, tailor's shears; **colpo di forbici**, snip • (*econ.*) **f. salariale**, wage differentiation □ **lavorare di forbici**, to cut □ **lavorare di forbici e colla**, to do a scissors-and-paste job.

forbicìna *f.* (*zool.*) earwig.

forbìre *v. t.* ***1*** to clean; to wipe: **forbirsi la bocca**, to wipe one's mouth ***2*** (*fig.*) to polish.

forbito *a.* (*fig.*) polished; refined.

fórca *f.* ***1*** (*agric.*) hayfork; pitchfork ***2*** (*patibolo*) gallows; gibbet: **condannare q. alla f.**, to send sb. to the gallows; **finire sulla f.**, to hang • **fare f.**, to play truant; to play hookey (*USA*) □ (*pop.*) **Va' sulla f.!**, go to hell!

forcèlla *f.* ***1*** fork: (*autom.*) **f. del cambio**, gearshift fork ***2*** (*per capelli*) hairpin ***3*** (*valico*) col; pass ***4*** (*di telefono*) rest ***5*** (*osso del pollo*) wishbone • **a f.**, forked.

forchétta *f.* fork: **f. da frutta**, dessert fork • (*fig.*) **buona f.**, big eater □ **parlare in punta di f.**, to speak affectedly.

forchettàta *f.* (*quantità*) forkful.

forchettóne *m.* ***1*** carving fork ***2*** (*spreg.*) profiteer.

forcìna *f.* hairpin.

fòrcipe *m.* (*med.*) forceps*.

forcóne *m.* (pitch)fork.

forcùto *a.* forked.

forènse *a.* (*leg.*) forensic; legal: **professione f.**, legal profession; law.

forèsta *f.* forest: **f. vergine**, virgin forest; **f. pluviale**, rainforest.

forestàle *a.* forest (*attr.*): **guardia f.**, forest ranger; forester; **Corpo f.**, corps of forest rangers.

foresterìa *f.* ***1*** (*di un palazzo*) guest quarters (*pl.*); (*edificio*) lodge ***2*** (*comm.*) company flat (*for the use of visiting guests*).

forestierìsmo *m.* (*ling.*) loan word.

forestièro ***A*** *a.* foreign ***B*** *m.* (*f.* **-a**) (*estraneo, sconosciuto*) stranger; (*straniero*) foreigner.

forfait (1) (*franc.*) *m. invar.* flat rate; lump sum: **a f.**, on a lump-sum basis.

forfait (2) (*franc.*) *m. invar.* (*sport*) default: **dichiarare f.**, to default; to scratch (*fam.*); (*fig.*) to give up; **vincere per f.**, to win by default.

forfetàrio, **forfettario** *a.* — **prezzo f.**, fixed price; flat rate; **somma forfettaria**, lump sum.

fórfora *f.* dandruff; scurf.

forforóso *a.* dandruffy; scurfy.

fòrgia *f.* forge; smithy.

forgiàre *v. t.* ***1*** (*metall.*) to forge ***2*** (*fig.*) to shape; to mould.

forièro *a.* heralding (st.); foreboding (st.): **vento f. di neve**, wind heralding snow; **essere f. di q.c.**, to herald st.; to be the harbinger of st.

fórma *f.* ***1*** form; (*contorno, anche*) shape: **f. di governo**, form of government; **f. d'arte**, art form; **forme di vita**, life-forms; **la f. di una stanza**, the shape of a room; **forme vaghe**, vague shapes (*o* forms); **avere la f. di**, to have the shape (*o* form) of; to be shaped like; **di f. ovale**, oval (in shape); **a f. di uovo**, egg-shaped; in the shape of an egg; shaped like an egg; **prendere f.**, to take shape; **senza f.**, shapeless; formless ***2*** (*stampo*) mould; (*mecc.*) die ***3*** (*per cappelli*) (hat) block; (*per calzature*) last ***4*** (*di formaggio*) (whole) cheese; (*di pane*) loaf ***5*** (*stile*) style ***6*** (*anche* **f. fisica**) form: **in f.**, on (*o* in) form; very fit (*agg.*); **in gran f.**, in (*o* on) great form; **giù di f.**, out of form; out of condition; **mantenersi in f.**, to keep fit (*o* in shape) ***7*** (*al pl.*) (*del corpo*) figure (*sing.*) ***8*** (*anche al pl.*) (*maniera, procedura*) manner, procedure; (*convenzioni*) form, convention; (*esteriorità*) appearances (*pl.*): **nelle debite forme**, in the proper manner; according to correct procedure; **per la f.**, for form's sake; **una questione di forme**, a matter of form; **salvare la f.**, to save appearances ***9*** (*gramm.*) form • **f. mentis**, mentality; way of thinking □ **in f. privata** [**ufficiale**], privately [officially] □ **pro f.**, *V.* **pro forma**, *locuz. avv. e m.*

formaggièra *f.* (grated) cheese bowl.

formaggìno *m.* (portion of) processed cheese.

formàggio *m.* cheese: **f. grattugiato**, grated cheese; **f. pecorino** [**caprino**], sheep's milk [goat] cheese; **f. magro** [**grasso**], low-fat [full-fat] cheese; **f. stagionato**, mature cheese; **una forma di f.**, a whole cheese.

formaldèide *f.* (*chim.*) formaldehyde.

formàle *a.* formal.

formalìna *f.* (*chim.*) formalin.

formalìsmo *m.* formalism.

formalista *m. e f.* formalist.

formalità *f.* formality • **senza f.**, informally (*avv.*); informal (*agg.*).

formalizzàre ***A*** *v. t.* to formalize ***B*** **formalizzàrsi** *v. i. pron* (*essere formale*) to insist on formality; to be too formal.

formàre ***A*** *v. t.* ***1*** to form: **f. un cerchio**, to form a circle; **f. parole**, to form words; **f. un governo**, to form a government ***2*** (*modellare, plasmare*) to form; to mould: **f. il carattere**, to form (*o* to mould) sb.'s character ***3*** (*istruire, addestrare*) to educate; to train ***4*** (*costituire*) to form; to make* (up); to constitute: **una famiglia formata da sei persone**, a family made up of six people • (*telef.*) **f. un numero**, to dial a number □ **formarsi una famiglia**, to get married (and have children) ***B*** **formàrsi** *v. i. pron* ***1*** to form; to take* shape ***2*** (*crescere, maturare*) to grow* up; to develop ***3*** (*essere addestrato*) to be trained; (*studiare*) to be educated.

formatìvo *a.* formative.

formàto ***A*** *m.* size (*spesso come suff.*); format: **f. gigante**, jumbo size; **confezione f. famiglia**, family(-size) pack; **foto f. tessera**, passport(-size) photo ***B*** *a.* ***1*** fully-grown; fully-developed ***2*** (*modellato*) shaped.

formattàre *v. t.* (*elab.*) to format.

formattazióne *f.* (*elab.*) formatting.

formazióne *f.* ***1*** forming; formation: **la f. del carattere**, the formation of character ***2*** (*aeron., mil.*) formation; (*stormo*) flight: **volare in f.**, to fly in formation; **una f. di bombardieri**, a flight of bombers ***3*** (*addestramento*) training; (*studi*) education: **f. professionale**, vocational training ***4*** (*sport*) line-up; (*squadra*) side ***5*** (*geol., med., bot.*) formation • **in via di f.**, in the making; growing.

formèlla *f.* ***1*** (*mattonella*) tile ***2*** (*di cassettone, soffitto, ecc.*) panel.

formìca (1) *f.* (*zool.*) ant: **f. operaia**, worker ant.

fòrmica (2) ® *f.* Formica ®.

formicàio *m.* ***1*** (*sotterraneo*) ants' nest; (*esterno*) ant-hill ***2*** (*fig.*) swarming crowd; seething mass: **La spiaggia era un f.**, the beach was swarming with bathers • (*fig.*) **stuzzicare il f.**, to stir up a hornets' nest.

formichière *m.* (*zool.*) (giant) anteater.

fòrmico *a.* (*chim.*) formic: **acido f.**, formic acid.

formicolàre *v. i.* ***1*** to swarm (with); to teem (with); (*rif. a insetti*) to be alive (with), to crawl (with) ***2*** (*di parte del corpo*) — **Mi formicola la gamba**, I've got a tingling sensation (*o* pins and needles) in my leg.

formicolìo *m.* ***1*** (*brulichio*) swarming; teeming ***2*** (*di parte del corpo*) tingling sensation; pins and needles (*pl.*).

formidàbile *a.* ***1*** impressive; extraordinary; amazing; tremendous ***2*** (*spaventoso*) dreadful; terrible. ATTENZIONE: **formidabile** ≠ formidable.

formosità *f.* ***1*** (*armonia*) shapeliness ***2*** (*pienezza*) buxomness; plumpness ***3*** (*al pl.*) curves.

formóso *a.* (*ben fatto*) shapely; (*pieno*) well-rounded; (*di donna*) buxom, curvaceous (*fam.*); (*grassoccio*) plump.

fòrmula *f.* ***1*** (*scient. e fig.*) formula*: (*chim.*) **f. di struttura**, structural formula; **f. magica**, magic formula ***2*** (*dicitura*) form; wording; words (*pl.*): **la f. di un giuramento**, the wording (*o* the form) of an oath • (*autom.*) **F. Uno**, Formula One.

formulàre *v. t.* to formulate; to frame; (*esprimere*) to express.

formulàrio *m.* (*questionario*) questionnaire; (*modulo*) form.

formulazióne *f.* formulation.

fornàce *f.* ***1*** (*metall.*) furnace ***2*** (*per laterizi*) kiln.

fornàio *m.* ***1*** baker ***2*** (*negozio*) baker's (shop); bakery.

fornèllo *m.* ***1*** (small) cooking stove; cooker: **f. da campo**, camp stove; **f. a cherosene** [**a spirito**], primus [spirit] stove; **f. a gas**, gas cooker ***2*** (*bruciatore*) burner; ring ***3*** (*di pipa*) bowl ***4*** (*ind. min.*) riser • **essere sempre davanti ai fornelli**, to spend one's life in the kitchen.

fornicàre *v. i.* to fornicate.

fornicazióne *f.* fornication.

fornìre ***A*** *v. t.* to supply; to provide; to furnish: **f. q. di denaro**, to supply sb. with money; **f. informazioni a q.**, to provide sb. with information; **f. particolari**, to furnish details ***B*** **fornìrsi** *v. rifl.* ***1*** to provide oneself (with); to get* (st.) ***2*** (*fare acquisti*) to buy* (at).

fornìto *a.* supplied (with); provided (with); furnished (with); (*equipaggiato*) equipped (with) (*di negozio*) stocked (with).

fornitóre ***A*** *m.* (*f.* **-trice**) supplier; purveyor • **f. navale**, ship's chandler ***B*** *a.* supplying.

fornitùra *f.* ***1*** (*il fornire*) supplying ***2*** (*merci fornite*) supply; consignment ***3*** (*attrezzatura*) fittings (*pl.*); equipment.

fórno *m.* ***1*** oven: **f. a legna** [**a microonde**], wood-burning [microwave] oven ***2*** (*per laterizi*) kiln; (*per ceramica*) oven, stove ***3*** (*metall.*) furnace ***4*** (*negozio*) bakery; baker's (shop) • **f. crematorio**, cremator; cinerator (*USA*) □ **È un f. qui dentro!**, it's like an oven in here! □ **cuocere al f.**, (*pane, dolci*) to bake; (*carni, patate*) to roast □ **vitello al f.**, roast veal.

fóro (1) *m.* ***1*** hole; (*apertura*) opening: **fare un f.**, to make a hole; (*con trapano*) to drill (*o* to bore) a hole ***2*** (*di strumenti a fiato*) fingerhole.

fóro (2) *m.* ***1*** (*stor. romana*) forum* ***2*** (*leg.*: *tribunale*) courts (of justice): **Il caso riguarda il f. di Milano**, the case falls within the jurisdiction of the Milan courts; **foro competente**, place of jurisdiction ***3*** (*leg.*: *gli avvocati*) the Bar.

fórra *f.* gorge; ravine.

fórse ***A*** *avv.* ***1*** perhaps; maybe; possibly: **Forse lo sa Tina**, maybe Tina knows; Tina may know; **f. che sì, f. che no**, maybe, maybe not; **Era f. l'una**, it was about (*o* it may have been) one o'clock; **L'avrò visto f. tre volte**, I must have seen him (*o* I saw him maybe) three times in all ***2*** (*pleonastico*) — **Non è f. vero?**, isn't it true?; **Non l'avevo f. detto?**, didn't I say so? ***B*** *m.* doubt: **senza f.**, without any doubt; **essere** (*o* **stare**) **in f.**, to be in doubt; (*esitare, anche*) to hesitate; **mettere in f.**, (*sollevare dubbi su*) to cast doubt on; (*mettere in pericolo*) to put at risk.

forsennàto ***A*** *a.* mad; crazy; insane; wild ***B*** *m.* (*f.* **-a**) madman* (*f.* madwoman*); lunatic; maniac.

fòrte ***A*** *a.* ***1*** (*energico, robusto, resistente*) strong: **braccio f.**, strong arm; **colla f.**, strong glue; **luce f.**, strong light; **caffè f.**, strong coffee; **punto f.**, strong point; **colori forti**, strong colours; (*indelebili*) fast colours; **parole forti**, strong language ***2*** (*di suono*) loud; (*mus.*) forte ***3*** (*violento*) heavy; strong: **pioggia f.**, heavy rain; **vento f.**, strong wind ***4*** (*considerevole*) large; high; (*gravoso*) heavy: **f. somma**, large amount; high figure; **f. costo** [**perdita**], heavy cost [loss] ***5*** (*dato con forza*) hard: **f. schiaffo**, hard slap in the face ***6*** (*di sentimento, passione*) strong; deep: **f. desiderio**, strong wish; **f. interesse**, deep interest; **f. amore**, deep love ***7*** (*di malattia*) bad; severe; serious ***8*** (*corpulento*) big ***9*** (*piccante*) hot ***10*** (*fam.*: *abile*) good; (*in gamba*) great, terrific: **f. in latino**, good at latin; **È un tipo f.!**, he's terrific! • **f. bevitore**, heavy drinker □ **f. fumatore**, heavy smoker □ **farsi f. di q.c.**, to rely on st.: **F. della sua innocenza...**, relying on (*o* confident of) his innocence... □ **È più f. di me** (*non ci posso far nulla*), I can't help it ***B*** *avv.* ***1*** (*con forza*) strongly; hard; (*stringendo*) tight: **picchiare f.**, to hit hard; **Mi abbracciò f.**, he hugged me tight; **tenersi f.**, to hold tight; to hold fast; to hang on ***2*** (*di volume sonoro*) loudly; (*ad alta voce*) loud, aloud ***3*** (*velocemente*) fast: **correre f.**, to run fast ***4*** (*con intensità*) hard; heavily: **piovere f.**, to rain hard ***5*** (*fam.*: *molto*) really: **È scemo f.!**, he's really dumb! • **andare f.**, (*essere in gamba*) to be doing very well; (*avere successo*) to be all the rage (*fam.*) □ **giocare f.**, to gamble heavily; to play for high stakes □ **mangiare f.**, to eat a lot ***C*** *m.* ***1*** (*opera fortificata*) fort; fortress ***2*** (*punto forte*) forte; strong point (*o* suit) ***3*** (*mus.*) forte.

forteménte *avv.* ***1*** (*con forza*) strongly; tightly ***2*** (*molto*) very much; (*grandemente*) greatly; (*intensamente*) deeply.

fortézza *f.* ***1*** (*morale*) fortitude; strength ***2*** (*luogo fortificato*) fortress; stronghold • (*aeron.*) **f. volante**, flying fortress.

fortificàre ***A*** *v. t.* ***1*** to strengthen; to fortify; (*invigorire*) to invigorate ***2*** (*mil.*) to fortify ***B*** **fortificàrsi** *v. rifl. e i. pron* ***1*** (*mil.*) to dig* oneself in ***2*** to become* stronger.

fortificazióne *f.* fortification; defence.

fortilìzio *m.* (*mil.*) small fortress.

fortìno *m.* blockhouse; redoubt; fort.

fortuitaménte *avv.* by chance; accidentally; fortuitously.

fortùito *a.* chance (*attr.*); casual; accidental; fortuitous • **per un caso f.**, by (pure) chance.

fortùna *f.* ***1*** luck; (*più form.*) fortune: **buona** [**cattiva**] **f.**, good [bad] luck; **avere f.**, to be lucky; **Come f. volle**, as luck would have it; **Che f.!**, what luck!; how lucky!; **colpo di f.**, stroke of luck; **la ruota della f.**, the wheel of fortune; **La f. ci sorrise**, fortune smiled on us ***2*** (*ricchezza, forte somma*) fortune ***3*** (*riuscita*) success: **Il film ebbe f.**, the film was successful • **di f.**, (*improvvisato*) makeshift (*agg.*); (*di emergenza*) emergency (*attr.*); (*naut.*: *provvisorio*) jury (*attr.*): **letto di f.**, makeshift bed; **atterraggio di f.**, emergency landing; **timone di f.**, jury-rudder; **viaggiare con mezzi di f.**, to travel by any available means of transport □ **fare f.**, (*avere successo*) to get on in the world; (*arricchirsi*) to make a fortune □ **per f.**, luckily; fortunately: **Per f. è arrivato** (*o* **È una f. che sia arrivato**), luckily he arrived; it was lucky that he arrived.

fortunàle *m.* storm (at sea).

fortunàto *a.* ***1*** lucky; fortunate ***2*** (*coronato da successo*) successful ***3*** (*popolare*) popular.

fortunóso *a.* eventful.

forùncolo *m.* boil; (*med.*) furuncle; (*brufolo*) pimple, spot.

foruncolòso *a.* covered in boils; (*brufoloso*) pimply, spotty.

fòrza *f.* ***1*** strength; force; (*potere*) power: **f. fisica** [**morale**], physical [moral] strength; **la f. del vento**, the strength (*o* force) of the wind; **la f. dell'esplosione**, the force of the explosion; **f. di volontà**, willpower; **f. d'animo**, strength of mind; **le forze del male**, the forces of evil; **prova di f.**, trial of strength; **f. contrattuale**, bargaining power; **posizione di f.**, position of strength **parlare con f.**, to speak with force; **con tutte le mie forze**, with all my strength (*o* might) ***2*** (*al pl.*) (*vigore fisico*) strength Ⓤ: **riacquistare le forze**, to recover one's strength; **Le forze mi abbandonavano**, my strength was giving out; **superiore alle mie forze**, beyond me ***3*** (*violenza*) force: **ricorrere alla f.**, to use force; **f. bru-**

ta, brute force; **a viva f.**, by force ***4*** (*fis.*) force; (*tecn.*) power: **f. di gravità**, force of gravity; **f. motrice**, motive power ***5*** (*mil.*) force: **le forze armate**, the armed forces • **F.!**, come on!; (*sbrigati*) hurry up! □ **f. dell'abitudine**, force of habit □ **f. lavoro**, manpower □ (*leg.*) **f. maggiore**, circumstances beyond one's control □ **caso di forza maggiore**, uncontrollable event □ **la f. pubblica**, the police; the force □ **le forze sindacali**, the unions □ **a** (*o* **di**) **f.**, by force □ **a f. di braccia**, using sheer force □ **a f. di ripetere**, by dint of repeating □ **a tutta f.**, at full speed □ **arrivare in forze**, to arrive in force □ **avere f. di legge**, to have the force of law; to be legally binding □ (*mil.*) **la bassa f.**, the ranks; (*anche fig.*) the rank and file □ **Bella f.!**, I should think so!; big deal! (*fam.*) □ **farsi f.**, to pluck up courage; (*reagire*) to bear up □ **in f. di**, on the strength of □ **per f.**, (*necessariamente*) necessarily; (*naturalmente*) of course; (*contro la propria volontà*) against one's will, willy-nilly: **Devo andarci per f.**, I've got to go; **«Allora accetti?» «Per f.!»**, «so you accept?» «I've got to» (*o* «what else can I do?») □ **per f. di cose**, through force of circumstances □ **unire le forze**, to join forces □ (*meteor.*) **vento f. 9**, force 9 gale.

forzàre ***A*** *v. t.* ***1*** (*costringere*) to force; to compel ***2*** (*aprire*) to force (open); to break* open: **f. una porta**, to force open a door; **f. una serratura**, to force a lock ***3*** (*sforzare*) to force; to strain: **f. un motore** [**una pianta**], to force an engine [a plant]; **f. la vista**, to strain one's eyes; **f. l'andatura**, to force the pace; **f. la mano a q.**, to force sb.'s hand; **f. le cose**, to push things ***B*** **forzàrsi** *v. rifl.* to force oneself.

forzataménte *avv.* ***1*** (*con sforzo*) reluctantly ***2*** (*di necessità*) of necessity; necessarily.

forzàto ***A*** *a.* ***1*** (*fatto con la forza*) forcible; (*sforzato*) forced: **rimpatrio f.**, forcible repatriation; **marcia forzata**, forced march ***2*** (*non spontaneo*) forced; constrained; (*voluto*) contrived: **cortesia forzata**, forced politeness • **assenza forzata**, absence due to circumstances □ **fare un sorriso f.**, to force a smile □ **lavori forzati**, hard labour ⊡ ***B*** *m.* prisoner condemned to hard labour; convict.

forzatùra *f.* ***1*** (*apertura*) forcing; breaking open ***2*** (*fig.*) straining; strained interpretation: **f. della verità**, straining of the truth.

forzière *m.* coffer; strongbox; (*di tesoro*) treasure chest.

forzóso *a.* (*econ.*) forced.

forzùto *a.* very strong; brawny; strongly-built.

foschìa *f.* haze; haziness; mist.

fósco *a.* ***1*** (*scuro*) dark; (*di cielo*) overcast ***2*** (*accigliato*) black; (*cupo*) black, gloomy: (*fig.*) **quadro a tinte fosche**, black picture.

fosfàto *m.* (*chim.*) phosphate.

fosforescènte *a.* phosphorescent; (*di insegna, vernice, ecc.*) luminous.

fosforescènza *f.* phosphorescence.

fosfòrico *a.* (*chim.*) phosphoric.

fòsforo *m.* ***1*** (*chim.*) phosphorus ***2*** (*fig. fam.*) brains (*pl.*).

fòssa *f.* ***1*** (*buca*) pit, hole; (*cavità*) hollow ***2*** (*fosso*) ditch; (*trincea*) trench ***3*** (*tomba*) grave: **f. comune**, mass grave ***4*** (*anat.*) fossa* • **f. biologica**, cesspool; sump □ **f. settica**, septic tank □ **scavarsi la f. da soli**, to dig one's own grave.

fossàto *m.* ditch; (*di castello, ecc.*) moat.

fossétta *f.* dimple.

fòssile ***A*** *a.* fossil ***B*** *m.* ***1*** (*geol.*) fossil ***2*** (*fig.*) old fossil.

fossilizzàre *v. t.*, **fossilizzàrsi** *v. i. pron* (*anche fig.*) to fossilize.

fossilizzazióne *f.* (*anche fig.*) fossilization.

fòsso *m.* ditch; (*di scolo*) drain • (*fig.*) **saltare il f.**, to take the plunge.

fòto *f. invar.* (*fam.*) photo*; (*istantanea*) snapshot, shot: **fare una f.** (**a**), to take a photo (of); **f. d'archivio**, stock photo; **f. ricordo**, souvenir photo; **f. tessera**, passport(-size) photo.

fotoamatóre *m.* (*f.* **-trice**) amateur photographer.

fotocèllula *f.* (*fis.*) photoelectric cell; photocell.

fotocompórre *v. t.* (*tipogr.*) to filmset*; to photocompose (*USA*).

fotocompositrìce *f.* (*tipogr.*) filmsetter; photocomposer (*USA*).

fotocomposizióne *f.* (*tipogr.*) filmsetting; photocomposition (*USA*).

fotocòpia *f.* ***1*** photocopy ***2*** (*fig.*) replica; double.

fotocopiàre *v. t.* to photocopy.

fotocopiatrìce *f.* (*mecc.*) photocopier.

fotoelèttrico *a.* (*fis.*) photoelectric: **cellula fotoelettrica**, photoelectric cell; photocell; electric eye (*fam.*).

fotofinish *m. invar.* (*sport*) photo finish.

fotogènico *a.* photogenic.

fotografàre *v. t.* to photograph; to take* a photograph (*o* a photo) of; to photo; to take (*fam.*).

fotografìa *f.* ***1*** (*arte*) photography ***2*** (*immagine*) photograph; photo* (*fam.*); (*istantanea*) snapshot, snap (*fam.*): **fare una f. a q.**, to take a photograph of sb.; **album di fotografie**, photo album.

fotogràfico *a.* photographic; photo (*attr.*): **studio f.**, photographic studio; **macchina fotografica**, camera.

fotògrafo *m.* (*f.* **-a**) photographer.

fotogràmma *m.* (*cinem.*) frame.

fotoincisióne *f.* photoengraving; photogravure.

fotoincisóre *m.* photoengraver.

fotomodèllo *m.* (*f.* **-a**) fashion model.

fotomontàggio *m.* (*fotogr.*) photomontage.

fotóne *m.* (*fis. nucl.*) photon.

fotorepòrter *m. e f. invar.* press photographer.

fotoriproduzióne *f.* photographic reproduction.

fotoromànzo *m.* photo love story.

fotosensìbile *a.* photosensitive.

fotosfèra *f.* (*astron.*) photosphere.

fotosìntesi *f.* (*biol., chim.*) photosynthesis.

fotostàtico *a.* (*fotogr.*) photostatic • **copia fotostatica**, photostat.

fóttere (*volg.*) *v. t.* ***1*** to fuck; to screw ***2*** (*imbrogliare*) to screw; to do* the dirty on ***3*** (*rubare*) to swipe • **Me ne fotto!**, I don't give a fuck (*o* a shit)! □ **Va' a farti f.!**, fuck off!

fottìo *m.* (*volg.*) (a) hell of a lot.

fottùto *a.* (*volg.*) ***1*** (*maledetto*) fucking; bloody ***2*** (*spacciato*) done for; screwed.

foulard (*franc.*) *m. invar.* (head) scarf.

foyer (*franc.*) *m. invar.* (*teatr.*) foyer; lobby (*USA*).

fra (**1**) *prep. V.* **tra**.

fra (**2**) *m.* (*frate*) Brother.

frac *m. invar.* tailcoat; tails (*pl.*) (*fam.*).

fracassàre ***A*** *v. t.* to smash; to shatter; to break*; to wreck: **fracassarsi la testa**, to break one's head; **f. la macchina**, to wreck the car ***B*** **fracassàrsi** *v. i. pron* to smash; to break*; to shatter; (*di veicolo*) to crash.

fracàsso *m.* noise; din; racket; (*di cosa che cade*) crash; (*metallico*) clang: **fare f.**, to make a noise; (*fig.*) to make a stir.

fracassóne *m.* (*fam.*) noisy person.

fràcco *m.* (*fam.*) loads (*pl.*); heaps (*pl.*); bags (*pl.*).

fràdicio *a.* soaked; drenched; soaking (wet) • **ubriaco f.**, blind drunk.

fràgile *a.* fragile; (*di ghiaccio, vetro, ecc.*) brittle; (*di salute, ecc.*) frail • (*sugli imballaggi*) **«F.»** «Fragile. Handle with care».

fragilità *f.* fragility; brittleness; (*rif. a salute*) frailness, frailty.

fràgola *f.* strawberry.

fragóre *m.* roar; din; crash; (*metallico*) clang.

fragoróso *a.* noisy; deafening • **applauso f.**, thunderous applause □ **una risata fragorosa**, uproarious laughter; a roar of laughter.

fragrànte *a.* fragrant; sweet-smelling.

fragrànza *f.* fragrance; sweet smell.

fraintèndere *v. t.* to misunderstand*.

fraintendiménto *m.* misunderstranding.

frammentàre *v. t.*, **frammentàrsi** *v. i. pron.* to fragment; to break* up.

frammentarietà *f.* fragmentary character; disjointedness.

frammentàrio *a.* fragmentary; disjointed; sketchy; scrappy.

frammentazióne *f.* fragmentation.

framménto *m.* fragment; piece; bit.

framméttere *v. t.*, **framméttersi** *v. rifl.* to interpose.

frammezzàre *v. t.* to interpolate.

frammischiàre *v. t.* to mix together; to intermingle.

frammìsto *a.* mixed together; intermingled.

fràna *f.* ***1*** landslide; landslip ***2*** (*fig.*) collapse; failure ***3*** (*di persona*) dead loss: **Al bridge sono una f.**, I'm a dead loss at bridge; **Sei proprio una f.!**, you're hopeless!

franàre *v. i.* ***1*** (*del terreno*) to slide* down; to slip ***2*** (*di miniera, scavo*) to cave in ***3*** (*di edificio*) to collapse ***4*** (*cedere*) to give* way ***5*** (*sgretolarsi, anche fig.*) to crumble; to

collapse.
francaménte *avv.* frankly; openly; candidly; honestly: **Te lo dico f.**, I'm telling you straight (*o* in all honesty); **F., non so che consigliarti**, I honestly don't know what to advise you.
francescàno *a. e m.* (*f.* **-a**) (*eccles.*) Franciscan (*f.* Franciscan nun).
francése ***A*** *a.* French ***B*** *m. e f.* Frenchman* (*m.*); Frenchwoman* (*f.*): **i francesi**, the French ***C*** *m.* (*lingua*) French.
francesismo *m.* Gallicism.
francesista *m. e f.* specialist in French studies.
franchézza *f.* (*sincerità, schiettezza*) frankness; openness, candour; straightforwardness • **parlare con f.**, to speak frankly; to speak out.
franchigia *f.* ***1*** immunity; exemption ***2*** (*ass., leg.*) franchise ***3*** (*naut.*) shore leave • **in f. doganale**, duty-free □ **in f. postale**, post-free; post-paid.
frànco (1) *a.* ***1*** (*sincero, schietto*) frank; open; candid; outspoken; straightforward; direct ***2*** (*comm.*) free: **porto f.**, free port; **zona franca**, free-trade area; **f. a bordo**, free on board (*abbr.* F.O.B.); **f. a domicilio**, delivered free of charge; **f. di dogana**, duty-free; **f. di porto**, carriage free; **f. magazzino**, ex warehouse • **f. tiratore**, sniper; (*polit.*) one who secretly votes against his own party □ **farla franca**, to get away with it; to get off scot-free.
frànco (2) *m.* (*moneta*) franc.
frànco (3) (*stor.*) ***A*** *a.* Frankish ***B*** *m.* Frank.
francobóllo *m.* (postage) stamp: **f. commemorativo**, commemorative stamp; **mettere il f. a una lettera**, to stamp a letter; **senza f.**, unstamped • **formato f.**, miniature (*attr.*).
francòfono ***A*** *a.* French-speaking; Francophone ***B*** *m.* (*f.* **-a**) French speaker.
frangènte *m.* ***1*** (*onda*) breaker; surf Ⓤ ***2*** (*scoglio*) reef; (*secca*) shallows (*pl.*) ***3*** (*circostanza*) (difficult) situation; predicament; plight; emergency.
fràngere *v. t.*, **fràngersi** *v. i. pron* to break*.
frangétta *f.* fringe; bang, bangs (*pl.*).
fràngia *f.* ***1*** fringe; (*di capelli, anche*) bang, bangs (*pl.*) ***2*** (*polit.*) fringe (group).
frangiàre *v. t.* to fringe; to border with a fringe.
frangiflùtti *m.* breakwater.
frangivènto *m. invar.* (*agric.*) windbreak.
franóso *a.* subject to landslides.
frantóio *m.* ***1*** (*per olive*) oil press; (*edificio*) oil mill ***2*** (*per pietre*) crusher.
frantumàre ***A*** *v. t.* (*anche fig.*) to break* (up); to shatter; to smash to pieces ***B*** **frantumàrsi** *v. i. pron* to break*; to shatter.
frantumi *m. pl.* splinters; fragments: **andare in f.**, to break into fragments (*o* into a thousand pieces); **mandare in f.**, to shatter; to smash to pieces.
frappé (*franc.*) *m. invar.* (*cucina*) milk shake.
frappórre ***A*** *v. t.* to interpose • **f. ostacoli a q.**, to put obstacles in sb.'s way □ **senza f. indugi**, without delay ***B*** **frappórsi** *v. rifl. e i. pron.* to intervene; to come* between.
frasàrio *m.* ***1*** vocabulary; language; (*terminologia*) terminology ***2*** (*libro*) phrase-book.
fràsca *f.* (leafy) branch.
fraschétta *f.* flirt; free and easy girl.
fràse *f.* ***1*** (*di senso compiuto*) sentence ***2*** (*locuzione*) phrase; (*parole*) words (*pl.*): **f. fatta**, cliché; stock phrase: **Mi disse una f. gentile**, he said something kind to me; (*iron.*) **pieno di belle frasi**, full of fine words ***3*** (*mus.*) phrase.
fraseggiàre *v. i.* to phrase.
fraséggio *m.* (*mus.*) phrasing.
fraseologìa *f.* phraseology.
fraseològico *a.* phraseological.
fràssino *m.* (*albero*) ash (tree); (*legno*) ash.
frastagliàre *v. t.* to indent; to jag.
frastagliàto *a.* indented; jagged.
frastagliatùra *f.* indentation.
frastornàre *v. t.* to distract; to bewilder; to daze; (*assordare*) to deafen.
frastornàto *a.* confused; bewildered; dazed; (*assordato*) deafened.
frastuòno *m.* noise; din; hubbub; roar.
fràte *m.* friar; (*monaco*) monk; brother: **farsi f.**, to become a monk; **f. laico**, lay brother; **F. Anselmo**, Brother Anselm.
fratellànza *f.* brotherhood.
fratellàstro *m.* (*figlio di un genitore*) half-brother; (*figlio di patrigno o matrigna*) stepbrother.
fratèllo *m.* ***1*** brother: **Marco e Lucia sono fratelli**, Marco and Lucia are brother and sister; **Hai fratelli?**, have you got any brothers or sisters? ***2*** (*di confraternita*) brother* • **f. d'armi**, brother-in-arms □ **f. gemello**, twin brother □ **fratelli siamesi**, Siamese twins.
fraternità *f.* fraternity; brotherhood.
fraternizzàre *v. i.* to fraternize; to make* friends.
fratèrno *a.* brotherly; fraternal.
fratina *f.* refectory table.
fratricida ***A*** *a.* fratricidal ***B*** *m. e f.* fratricide.
fratricìdio *m.* fratricide.
frattàglie *f. pl.* (*cucina*) offal Ⓤ; (*rigaglie*) giblets.
frattàle *m.* (*mat.*) fractal.
frattànto *avv.* in the meantime; meanwhile.
frattèmpo *m.* — **nel f.**, in the meantime; meanwhile.
fràtto *a.* (*mat.*) ***1*** fractional ***2*** (*diviso*) divided by.
frattùra *f.* ***1*** (*med.*) fracture: **f. semplice [composta, esposta]**, simple [compound, open] fracture; **ridurre una f.**, to set a broken bone ***2*** (*spaccatura*) break; (*geol.*) fracture; (*fig.*) rift: **una f. nel partito**, a rift in the party.
fratturàre *v. t.*, **fratturàrsi** *v. i. pron* to fracture; to break*.
fraudolènto *a.* fraudulent.
frazionaménto *m.* division; breaking up; splitting up; (*di eredità*) subdivision.
frazionàre *v. t.* to divide; to break* up; (*un'eredità*) to subdivide.
frazióne *f.* ***1*** fraction (*anche mat.*); portion; segment ***2*** (*borgata*) hamlot.
freàtico *a.* (*geol.*) phreatic.
fréccia *f.* ***1*** (*di arco*) arrow: **scagliare una f.**, to shoot an arrow; **punta di f.**, arrow-head ***2*** (*indicatore*) arrow; (*tecn.*) pointer, needle; (*autom.*) indicator • **avere molte frecce al proprio arco**, to have many strings to one's bow □ (*autom.*) **mettere la f.**, to indicate: **mettere la f. a destra**, to indicate one is turning right □ **partire come una f.**, to be off like a shot □ (*autom.*) **togliere la f.**, to cancel the indicator.
frecciàta *f.* (*fig.*) pointed remark; gibe; dig.
freddaménte *avv.* (*senza calore*) coldly; (*con autocontrollo*) coolly; (*a sangue freddo*) in cold blood.
freddàre ***A*** *v. t.* ***1*** to chill; to cool ***2*** (*uccidere*) to kill; shoot* dead • **lasciar f.**, to allow to cool ***B*** **freddàrsi** *v. i. pron* to get* cold; to cool down.
freddézza *f.* ***1*** (*indifferenza*) coldness; coolness ***2*** (*autocontrollo*) coolness; cool-headedness.
fréddo ***A*** *a.* (*anche fig.*) cold: **piatto f.**, cold dish; **doccia fredda**, cold shower; **accoglienza fredda**, cold welcome; **L'idea mi lasciò f.**, the idea left me cold ***B*** *m.* ***1*** cold: **Fa f.**, it is cold; **avere f.**, to be (*o* to feel) cold; **Ho f. alle mani**, my hands are cold; **tremare di f.**, to shiver with cold; **prendere f.**, to catch cold ***2*** (*clima rigido*) cold weather: **i primi freddi**, the first cold weather of the season ***3*** (*freddezza*) coldness; chilliness • **a f.**, (*a mente fredda*) when one has calmed down; (*senza motivo*) without a reason; (*cucina*) in cold water □ **Non mi fa né caldo né f.**, I couldn't care less □ **industria del f.**, refrigeration industry □ **morire di f.**, to freeze to death; (*fig.*) to be dying of cold □ **sudare f.**, to be in a cold sweat □ **Mi viene f. solo a pensarci**, it gives me the shivers just to think of it.
freddolóso *a.* — **essere f.**, to feel the cold.
freddùra *f.* pun; quip; (*vecchia e risaputa*) hoary joke.
fregàre ***A*** *v. t.* ***1*** to rub; (*per pulire*) to scrub ***2*** (*pop.*: *rubare*) to pinch; to swipe; to nick ***3*** (*pop.*: *truffare*) to cheat; to rip off; to dupe; (*solo al passivo*) to have: **Ti hanno fregato**, you've been duped; you've been had ***4*** (*vincere*) to beat* ***B*** **fregàrsene** *v. i. pron.* (*pop.*) not to care; not to give a damn: **Chi se ne frega?**, who cares?; **Me ne frego altamente**, I couldn't care less; I don't give a damn; **Che ti frega?**, it's none of your business!
fregàta (1) *f.* ***1*** rub; rubbing; scrubbing ***2*** *V.* **fregatura**.
fregàta (2) *f.* (*naut.*) frigate.
fregatùra *f.* (*pop.*) rip-off; (*cosa deludente*) let-down: **dare una f. a q.**, to rip sb. off; **prendere una f.**, to be ripped off.
fregiàre ***A*** *v. t.* to decorate; to adorn; to embellish ***B*** **fregiàrsi** *v. rifl.* to be the proud owner of; (*di un titolo*) to bear* (*a title*).
frégio *m.* ***1*** (*ornamento*) decoration; ornament ***2*** (*archit.*) frieze.

frégo *m.* stroke; line; (*graffio*) mark, scratch • **cancellare q.c. con un f.**, to cross st. out □ (*pop.*) **un f. di**, a hell of a lot of.

frégola *f.* *1* (*di animali*) heat *2* (*smania*) urge; itch • (*fam.*) **essere in f. per q.**, to have the hots for sb.

fremènte *a.* quivering (with); trembling (with).

frèmere *v. i.* to quiver; to tremble; to shudder: **f. di sdegno**, to quiver with indignation; **f. di eccitazione**, to tremble with excitement; **f. d'orrore**, to shudder with horror; **Lui parlava e parlava e io fremevo**, he went on and on while I fumed.

frèmito *m.* quiver; shiver; tremor; thrill; (*brivido*) shudder: **un f. nella voce**, a quiver in sb.'s voice; **f. di paura**, shiver; **f. d'orrore**, shudder; **f. di piacere**, thrill of pleasure.

frenàggio *m.* *1* (*mecc.*) locking *2* (*autom.*) braking.

frenàre ***A*** *v. t.* *1* (*un veicolo*) to slow down; to apply the brakes to *2* (*un cavallo, ecc.*) to curb; to rein in *3* (*fig.*) to check; to curb; to restrain: **f. la lingua**, to check one's tongue; **f. l'inflazione**, to curb inflation; **f. le lacrime**, to hold back one's tears; **f. uno sbadiglio**, to stifle a yawn ***B*** *v. i.* to brake ***C*** **frenàrsi** *v. rifl.* to check (*o* to restrain) oneself.

frenàta *f.* braking ⓤ; (*rumore*) screech of brakes: **Evita le frenate improvvise**, avoid sudden braking; **fare una f.**, to brake; **fare una brusca f.**, to jam on the brakes • **spazio di f.**, braking distance □ **segno di f.**, tyre marks (*pl.*).

frenàto *a.* (*fig.*) controlled; curbed • **pallone f.**, captive balloon.

frenatóre *m.* (*ferr.*) brakesman*.

frenesìa *f.* *1* (*delirio*) frenzy; delirium *2* (*desiderio sfrenato*) mania.

frenètico *a.* *1* (*delirante*) raving *2* (*entusiastico*) frenzied; wild *3* (*febbrile*) frenzied; hectic; frenetic; frantic; fast and furious.

fréno *m.* *1* (*mecc. e di veicolo*) brake: **f. a pedale [a mano, a disco]**, foot [hand, disc] brake; **f. di sicurezza**, emergency brake; **azionare il f.**, to apply the brake; **pigiare sul f.**, to step hard (*o* to jam) on the brake; **togliere il f.**, to release the brake *2* (*fig.*) check; curb; restraint: **fare da f.**, to act as a check; **mettere un f. a q.c.**, to put a check on st.; to curb st.; **non conoscere f.**, to know no restraint; (*di situazione*) to be out of control *3* (*morso del cavallo*) bit • (*fig.*) **mordere il f.**, to be champing at the bit □ (*fig.*) **stringere i freni**, to tighten the reins □ **tenere a f.**, to curb; to restrain; to keep in check □ **tenere a f. la lingua**, to hold one's tongue.

frenologìa *f.* phrenology.

frequentàbile *a.* — **locale poco f.**, disreputable place; **gente non f.**, people one cannot be seen with.

frequentàre ***A*** *v. t.* *1* to go* to; to frequent; (*un locale pubblico, anche, scherz.*) to patronize, to haunt *2* (*scuola, lezioni, ecc.*) to attend; to go* to; (*classe, anno*) to be in: **f. un corso**, to attend a course; **f. l'università**, to go to university; **f. la terza**, to be in the third form (*USA* grade) *3* (*persone*) to see*; to mix with; to associate with; to hang* around with: **Non lo frequento molto**, I don't see him very often; **f. tipi loschi**, to hangs around with shady characters *4* (*un ambiente*) to move in ***B*** **frequentàrsi** *v. rifl. recipr.* to see* each other.

frequentàto *a.* *1* popular; (*di locale, albergo*) patronized; (*di scuola*) attended *2* (*affollato*) crowded; busy • **mal f.**, full of disreputable people.

frequentatóre *m.* (*f.* **-trice**) *1* haunter; -goer (*suff.*): **f. di teatri**, theatre-goer *2* (*visitatore assiduo*) frequent visitor *3* (*cliente abituale*) regular customer; patron.

frequènte *a.* frequent • **di f.**, frequently; often.

frequenteménte *avv.* frequently; often.

frequènza *f.* *1* frequency; (*per unità di tempo*) rate: **la f. delle sue visite**, the frequency of his visits; (*med.*) **f. del polso**, pulse rate; **con f.**, frequently; often *2* (*assiduità*) attendance: **f. obbligatoria**, compulsory attendance *3* (*fis., radio, TV*) frequency: **bassa [alta] f.**, low [high] frequency; **modulazione di f.**, frequency modulation.

frèṣa *f.* (*mecc.*) milling cutter.

freṣàre *v. t.* (*mecc.*) to mill.

freṣatrice *f.* (*mecc.*) milling machine; miller.

freschézza *f.* *1* (*anche fig.*) freshness *2* (*frescura*) coolness.

frésco ***A*** *a.* *1* (*di temperatura*) cool; (*dell'aria, anche*) fresh; (*rinfrescato*) cooled; (*spiacevolmente freddino*) chilly: **acqua [stanza, ombra, mano]**, cool water [room, shade, hand] *2* (*non stantìo, non conservato*) fresh; (*appena fatto*) freshly-made: **latte f.**, fresh milk; **frutta fresca**, fresh fruit; **caffè f.**, fresh coffee; **pane f.**, newly-baked bread *3* (*riposato*) fresh; (*rinvigorito*) refreshed: **truppe fresche**, fresh troops • **f. come una rosa**, as fresh as a daisy □ **f. di bucato**, freshly laundered; fresh from the wash □ **f. di forno**, fresh from the oven; newly-baked □ **f. di nomina**, newly--appointed □ **f. di stampa**, hot off the presses □ **a mente fresca**, when one feels fresh □ **di fresca data**, recent □ **notizie fresche**, the latest news; hot news □ **Stai f.!**, (*ti sbagli di grosso*) you've got another think coming!; (*guai a te*) you'll be in for it □ **vernice fresca**, wet paint ***B*** *m.* coolness; freshness; cool; (*aria fresca*) cool air, cool breeze; (*luogo fresco*) cool place: **il f. della sera**, the cool of the evening; **godersi il f.**, to enjoy the cool breeze; **mettere q.c. al f.**, to put st. in a cool place; **tenere q.c. al f.**, to keep st. cool; **Fa f.**, it's cool; (*spiacevolmente*) it's chilly • **f. di lana**, light wool material □ **di f.** (*da poco*), freshly; newly; only just □ (*fig.*) **essere al f.**, to be in jail; to be inside; to be doing time (*pop.*).

frescùra *f.* coolness; cool.

frèṣia *f.* (*bot.*) freesia.

frétta *f.* hurry; haste: **avere f.**, to be in a hurry; **fare q.c. in f.**, (*velocemente*) to do st. quickly; (*di premura*) to do st. in a hurry, to rush st.; **Hai fatto in f.!**, you were quick!; **Fai in f.!**, hurry up!; **Nella f. di uscire, dimenticai le chiavi**, in my hurry to leave, I forgot the keys • **fare f. a q.**, to hurry sb. □ **in f. e furia**, in a great hurry; (*in modo affrettato*) hastily, carelessly □ **in tutta f.**, hurriedly □ **ritornare in tutta f.**, to hurry back.

frettolóso *a.* hasty; hurried; rushed: **una frettolosa occhiata**, a hasty glance; **pasto f.**, rushed meal; **Sei troppo f.**, you're always rushing things.

freudiàno *a.* Freudian.

friàbile *a.* (*di roccia, suolo*) triable; (*di biscotto, ecc.*) crumbly.

friabilità *f.* friability; crumbliness.

fricatìvo *a.* (*fon.*) fricative.

frìggere ***A*** *v. t.* to fry ***B*** *v. i.* *1* (*di olio, ecc.*) to sizzle; to hiss *2* (*fig.*) to seethe; to fume: **f. di impazienza**, to fume with impatience • (*fig.*) **mandare q. a farsi f.**, to send sb. to the devil □ **Va' a farti f.!**, go to hell!

friggitorìa *f.* fried-food shop.

friggitrìce *f.* deep-frier.

frigidézza, frigidità *f.* frigidity; frigidness.

frìgido *a.* frigid.

frìgio *a.* Phrygian: **berretto f.**, Phrygian cap.

frignàre *v. i.* to whine; to snivel.

frignóne *m.* (*f.* **-a**) whiner; sniveller, cry-baby (*fam.*).

frigo *m. invar.* (*fam.*) fridge.

frigobàr *m. invar.* mini-bar.

frigorìfero ***A*** *a.* refrigerating; refrigerant: **impianto f.**, refrigerating system; **nave frigorifera**, refrigerator ship ***B*** *m.* refrigerator.

fringuèllo *m.* (*zool.*) chaffinch.

frinìre *v. i.* to chirp.

frittàta *f.* omelet(te) • (*fig.*) **fare una f.**, to make a mess of st.; (*una gaffe*) to put one's foot in it □ **La f. è fatta!**, the damage is done!; the fat is in the fire! □ (*fig.*) **rivoltare la f.**, to twist an argument; to equivocate.

frittèlla *f.* *1* (*cucina*) fritter; (*crêpe*) pancake, flapjack (*USA*) *2* (*fam.*: *macchia*) grease stain.

fritto ***A*** *a.* fried • (*fig.*) **f. e rifritto**, stale; old hat (*pred.*) □ **Sono f.!**, I've had it!; the fat is in the fire! ***B*** *m.* (*cucina*) fried food; (*piatto*) fry: **f. misto (di pesce)**, mixed (fish-)fry; **f. di gamberi**, fried prawns; **odore di f.**, smell of frying.

frittùra *f.* *1* (*il friggere*) frying *2* (*cibo fritto*) fried food; (*piatto*) fry.

frivoleggiàre *v. i.* to behave frivolously.

frivolézza *f.* frivolity.

frìvolo *a.* *1* frivolous *2* (*di poca importanza*) trifling.

frizionàre *v. t.* to rub; to massage.

frizióne *f.* *1* (*massaggio*) rubbing; massage *2* (*sfregamento*) friction *3* (*fis.*) friction; (*attrito*) attrition *4* (*autom.*) clutch *5* (*contrasto*) conflict; friction.

frizzànte *a.* *1* (*effervescente*) sparkling; fizzy *2* (*dell'aria*) bracing; crisp *3* (*vivace*) sparkling, bubbly; (*arguto*) witty.

frizzàre *v. i.* (*di bevanda*) to sparkle; to fizz.

frìzzo *m.* quip; witticism; jibe, gibe.

frodàre *v. t.* to defraud (*anche leg.*); to cheat; to swindle: **f.**

q. di q.c. (*o* **q.c. a q.**), to cheat sb. out of st.; **f. il fisco**, to evade tax.
fròde *f.* fraud (*anche leg.*); deceit; cheat • **f. alimentare**, food adulteration □ **f. fiscale**, tax evasion.
fròdo *m.* — **cacciare** [**pescare**] **di f.**, to poach; to hunt [to fish] in a game [fish] preserve □ **cacciatore** [**pescatore**] **di f.**, poacher □ **introdurre di f.**, to smuggle in □ **merce di f.**, contraband goods.
frògia *f.* (horse's) nostril.
frollàre ***A*** *v. t.* to hang* (until high) ***B*** *v. i.* to become* high.
frollatùra *f.* hanging (*of game*).
fròllo *a.* (*di selvaggina*) high.
frónda (1) *f.* ***1*** leafy branch ***2*** (*al pl.*) (*fogliame*) foliage Ⓤ.
frónda (2) *f.* (*polit.*) rebellion: **Tira vento di f.**, there is rebellion in the air.
frondista *m. e f.* (*polit.*) malcontent; rebel.
frondóso *a.* leafy.
frontàle *a.* (*anat., mil.*) frontal • (*autom.*) **scontro f.**, head--on collision.
frontalière *m.* (*f.* **-a**) cross-border commuter.
frontalménte *avv.* frontally.
frónte ***A*** *f.* ***1*** (*anat.*) forehead; brow: **f. alta** [**bassa**], high [low] forehead; **asciugarsi la f.**, to wipe one's forehead; **aggrottare** [**corrugare**] **la f.**, to frown; **col sudore della f.**, by the sweat of one's brow ***2*** (*di edificio*) front; façade • **f. a f.**, face to face □ (*mil.*) **F. a destr'** [**a sinistr'**]**!**, right [left] turn! □ (*comm.*) **a f. di**, against □ **a f. alta**, with one's head held high □ **con traduzione a f.**, with parallel translation □ **la casa di f.**, the house opposite □ **di f. a**, (*dirimpetto*) opposite, facing; (*in presenza di*) in front of, faced with, confronted with; (*in confronto a*) in comparison with, compared to: **il negozio di f. al cinema**, the shop opposite the cinema; **Sedeva di f. a me**, he sat opposite me; **trovarsi di f. a q.c.**, to be confronted by st. □ **Gli si legge in f.**, it's written all over him ***B*** *m.* (*mil. e fig.*) front • **far f. al nemico**, to face the enemy □ **far f. alle spese** [**a un pagamento**], to meet the expenses [a payment].
fronteggiàre ***A*** *v. t.* ***1*** (*opporsi*) to face up to; to stand* up to; to withstand*: **f. un pericolo**, to face up to danger; **f. una difficoltà**, to meet (*o* to cope) with a difficulty ***2*** (*stare di fronte a*) to face; to front ***B*** **fronteggiàrsi** *v. rifl. recipr.* to face each other; (*affrontarsi*) to confront each other.
frontespìzio *m.* (*di libro*) title page.
frontièra *f.* ***1*** (*tra Stati*) frontier; border: **passare la f.**, to cross the frontier; **incidente di f.**, border incident ***2*** (*demarcazione*) boundary; borderline ***3*** (*fig.*) frontier.
frontóne *m.* pediment; (*di casa*) gable.
frónzolo *m.* frill; frippery: **senza fronzoli**, without frills; plainly (*avv.*); plain (*agg.*).
fronzùto *a.* leafy.
fròtta *f.* group; crowd; swarm: **arrivare a frotte**, to arrive in swarms; **uscire a frotte**, to swarm out.
fròttola *f.* (*bugia*) fib, lie; (*storia inventata*) story: **Non raccontare frottole!**, don't lie!; **Frottole!**, nonsense!
frugàle *a.* frugal.
frugalità *f.* frugality.
frugàre *v. t. e i.* ***1*** (*rovistare*) to search; to rummage; to fumble; (*da cima a fondo*) to ransack ***2*** (*perquisire q.*) to search; to frisk.
frùgolo *m.* lively child*.
fruìbile *a.* available (to); usable (by).
fruire *v. i.* to enjoy the use of; to benefit from.
fruitóre *m.* (*f.* **-trice**) user; consumer.
fruizióne *f.* fruition; use; enjoyment.
frullàre ***A*** *v. t.* (*cucina*) to blend; to liquidize; (*uova*) to whisk ***B*** *v. i.* ***1*** (*girare rapidamente*) to whirl; to spin* round ***2*** (*di ali*) to flutter; to whirr • **Cosa gli frulla in capo?**, what's going on in his head?
frullàto *m.* (*cucina*) milk shake.
frullatóre *m.* (*cucina*) blender; mixer; liquidizer: **f. a immersione**, hand-held mixer.
frullìno *m.* (*cucina*) whisk; beater • **f. elettrico**, blender.
frùllo *m.* whirr; flutter.
fruménto *m.* (*bot.*) wheat.
frusciàre *v. i.* to rustle; to swish.
fruscìo *m.* ***1*** rustle; rustling ***2*** (*di radio, giradischi, ecc.*) ground noise.
frùsta *f.* ***1*** whip; (*sferza*) lash: **far schioccare la f.**, to crack the whip; **colpo di f.**, lash (of the whip); (*med.*) whiplash; (*fig.*) **usare la f.**, to use the rod ***2*** (*cucina*) whisk.
frustàre *v. t.* ***1*** to whip; (*sferzare*) to flog, to lash ***2*** (*fig.*) to lash; to scourge.
frustàta *f.* lash (*anche fig.*); stroke.
frustìno *m.* riding whip; hunting crop.
frùsto *a.* ***1*** shabby; threadbare; worn-out ***2*** (*fig.*) stale; trite; hackneyed.
frustrànte *a.* frustrating.
frustràre *v. t.* to frustrate; to baffle; to thwart.
frustràto ***A*** *a.* frustrated ***B*** *m.* (*f.* **-a**) (*psic.*) frustrated person.
frustrazióne *f.* frustration.
frùtta *f.* fruit: **f. cotta**, stewed fruit; compote; **f. secca**, dried fruit; (*noci, ecc.*) nuts (*pl.*) • **essere alla f.**, to be at the end of a meal; (*fig.*) to have reached the end.
fruttàre ***A*** *v. i.* ***1*** (*agric. e fig.*) to yield; to produce; to bear* ***2*** (*econ.*) to return a profit; to pay* • **far f. un capitale**, to invest capital ***B*** *v. t.* ***1*** (*econ.*) to yield; to bring* in; to fetch: **f. il 10%**, to yield 10% interest; **L'affare fruttò 300 milioni**, the deal brought in 300 million ***2*** (*fig.*) to bring*; to win*.
fruttàto *a.* (*di vino*) fruity.
frutténto *m.* orchard.
fruttìcolo *a.* fruit (*attr.*): **mercato f.**, fruit market.
frutticoltóre *m.* (*f.* **-trice**) fruit grower.
frutticoltùra *f.* fruit-growing.
fruttièra *f.* fruit dish; fruit bowl.
fruttìfero *a.* ***1*** (*bot.*) fruit-bearing ***2*** (*econ.*) interest-bearing ***3*** (*utile*) useful; profitable.
fruttificàre *v. i.* (*anche fig.*) to bear* fruit.
fruttivéndolo *m.* (*f.* **-a**) ***1*** greengrocer; fruiterer ***2*** (*negozio*) greengrocer's (shop); fruiterer's shop.
frùtto *m.* ***1*** fruit: **La carota non è un f.**, the carrot is not a fruit; **cogliere un f.**, to pick a fruit; **Vuoi un f.?**, would you like some fruit?; would you like an apple, a pear, or something?; **i frutti della terra**, the fruits of the earth; **un albero che non dà frutti**, a tree that doesn't bear fruit ***2*** (*fig.*) fruit(s); (*risultato*) result(s): **il f. del mio lavoro**, the fruits of my work; **dare frutti**, to bear fruit; **essere f. di**, to be the fruit of ***3*** (*econ.*: *interesse*) interest; (*reddito*) income; (*rendita*) revenue: **dare un f. del 6%**, to yield 6% interest • (*Bibbia e fig.*) **il f. proibito**, the forbidden fruit □ **un f. della fantasia**, a figment of one's imagination □ **frutti di bosco**, soft fruit Ⓤ □ **frutti di mare**, shellfish Ⓤ; seafood Ⓤ □ **mettere a f.**, (*econ.*) to put to interest; (*fig.*) to make use of, to put to good use □ (*fig.*) **senza f.**, fruitless, without any result.
fruttòsio *m.* (*chim.*) fructose.
fruttuóso *a.* ***1*** fruitful ***2*** (*fig.*) advantageous; profitable.
fu *a.* late: **Il fu Tino Neri**, the late Tino Neri; **Paolo Rossi fu Luigi**, Paolo Rossi, son of Luigi Rossi, deceased.
fucilàre *v. t.* to shoot*; to execute (by firing squad).
fucilàta *f.* gunshot; (*di carabina*) rifle shot • **ucciso da una f.**, killed by a shot; shot dead.
fucilazióne *f.* execution (by firing squad); shooting: **condannare q. alla f.**, to sentence sb. to be shot.
fucile *m.* gun; (*carabina*) rifle: **f. ad aria compressa**, air--gun; **f. a canne mozze**, sawn-off shotgun; **f. a ripetizione**, repeating rifle; repeater; **f. automatico**, automatic rifle; **f. da caccia**, sporting gun; hunting rifle; **f. mitragliatore**, submachine gun; **f. subacqueo**, spear gun; **a un tiro di f.**, within gun-shot.
fucileria *f.* fusillade.
fucilière *m.* (*mil.*) rifleman*; (*stor.*) fusilier.
fucìna *f.* ***1*** forge; (*di fabbro ferraio*) smithy ***2*** (*fig.*) hotbed; breeding ground.
fucinàre *v. t.* to forge.
fucinatùra *f.* forging.
fùco *m.* (*zool.*) drone.
fùcsia *f.* (*bot.*) fuchsia.
fùga *f.* ***1*** (*da un pericolo*) flight; (*evasione*) escape: **f. precipitosa**, precipitous flight; **mettere in f.**, to put to flight; **darsi alla f.**, to take to flight; **f. di prigione**, escape from prison; **f. dalla realtà**, escape from reality ***2*** (*di gas, ecc.*) leak; leakage; escape ***3*** (*mus.*) fugue ***4*** (*serie*) suite; flight: **f. di stanze**, suite of rooms; **f. di colonne**, flight of columns ***5*** (*ciclismo*) sprint; break • **f. d'amore** (*per sposarsi*), elopement □ **f. di cervelli**, brain drain □ (*econ.*) **f. di capitali**, flight of capital □ **f. di notizie**, leak (of news).
fugàce *a.* fleeting; transient; transitory; short-lived.
fugaceménte *avv.* fleetingly; briefly.

fugacità *f.* fleetingness; transiency.
fugàre *v. t.* (*fig.*) to dispel; to drive* away.
fuggénte *a.* fleeting; fugitive: **l'attimo f.**, the fleeting moment.
fuggévole *a.* fleeting; transient; transitory; short-lived.
fuggevolmènte *avv.* fleetingly.
fuggiàsco *a. e m.* (*f.* **-a**) runaway; escapee; fugitive.
fuggifuggi *m.* stampede; scramble; rush.
fuggìre ***A*** *v. i.* to flee* (st.); to run* away; to get* away; (*evadere*) to escape, to break* out (of): **f. da un paese**, to flee a country; **f. di casa**, to run away from home; **f. di prigione**, to escape from prison • **f. con la cassa**, to abscond with the money □ **f. di casa per sposarsi**, to elope □ **Il tempo fugge**, time flies ***B*** *v. t.* (*rifuggire*) to avoid; to shun; to eschew.
fuggitìvo *a. e m.* (*f.* **-a**) fugitive; runaway.
fùlcro *m.* ***1*** (*mecc.*) fulcrum* ***2*** (*fig.*) heart; hub.
fùlgido *a.* shining; bright; radiant.
fulgóre *m.* splendour; brightness; brilliance; radiance.
fulìggine *f.* soot.
fuligginóso *a.* sooty.
full (*ingl.*) *m. invar.* (*a poker*) full house.
full time (*ingl.*) ***A*** *locuz. a. invar.* full-time: **lavoro f.**, full-time job ***B*** *locuz. m. invar.* — **fare il f.**, to work full-time.
fulmicotóne *m.* guncotton.
fulminànte *a.* (*tecn.*) fulminating • (*med.*) **polmonite f.**, fulminating pneumonia □ **sguardo f.**, withering look.
fulminàre ***A*** *v. t.* ***1*** (*al passivo*) to be struck by lightning ***2*** (*estens.*: *uccidere*) to strike* down; (*con arma da fuoco*) to shoot* dead; (*con scarica elettrica*) to electrocute ***3*** (*fig.*) to wither: **Mi fulminò con un'occhiata**, he withered me (with a glance); he gave me a withering look ***B*** **fulminàrsi** *v. i. pron* (*di lampadina*) to burn* out; (*di resistenza elettrica*) to blow*; (*di apparecchio*) to blow*, to go* phut (*fam.*).
fulminàto ***A*** *a.* ***1*** struck by lightning ***2*** (*ucciso*) struck down; (*da scarica elettrica*) electrocuted ***3*** (*attonito*) struck dumb; dumbfounded ***4*** (*di lampadina*) burnt out; (*di apparecchio*) kaput ***B*** *m.* (*chim.*) fulminate.
fùlmine *m.* (*lampo*) (flash of) lightning; (*lett.*) thunderbolt: **Un f. colpì la quercia**, the oak was struck by lightning; **Ho visto un f.**, I saw a flash of lightning • **un f. a ciel sereno**, a bolt from the blue □ **colpo di f.**, love at first sight □ **correre come un f.**, to race □ **Sei stato un f.!**, you were quick! □ (*fig.*) **scagliare fulmini contro q.**, to fulminate against sb.
fulmineaménte *avv.* in a flash; with lightning speed.
fulmìneo *a.* instant; lightning (*attr.*): **successo f.**, instant success; **mossa fulminea**, lightning move; **Fu una cosa fulminea**, it all happened in a flash.
fùlvo *a.* tawny; fawn-coloured.
fumaiòlo *m.* ***1*** (*di nave, di locomotiva*) funnel; smokestack ***2*** (*ciminiera*) smokestack.
fumànte *a.* smoking; (*di vapore*) fuming; (*per ebollizione*) steaming.
fumàre *v. i. e t.* ***1*** to smoke: **f. la pipa**, to smoke a pipe; **f. come un turco**, to smoke like a chimney; **vietato f.**, no smoking ***2*** (*emettere vapore*) to fume; (*per ebollizione*) to steam.
fumàrio *a.* — **canna fumaria**, flue.
fumaròla *f.* (*geol.*) geyser; (*vulcanica*) fumarole.
fumàta *f.* ***1*** (puff of) smoke; (*segnale*) smoke-signal ***2*** (*il fumare tabacco*) smoke: **farsi una f.**, to have a smoke • (*fig.*) **f. bianca** [**nera**], positive [negative] result.
fumatóre *m.* (*f.* **-trice**) smoker • **carrozza fumatori**, smoker.
fumé (*franc.*) *a. invar.* smoke-grey.
fumerìa *f.* — **f. d'oppio**, opium den.
fumettìsta *m. e f.* comic-strip writer.
fumettìstico *a.* ***1*** comic-strip (*attr.*) ***2*** (*spreg.*) stereotyped; banal; corny.
fumétto *m.* ***1*** (*nuvoletta*) balloon; bubble ***2*** (*striscia*) comic strip; strip cartoon; (*al pl., anche*) comics: **storia a fumetti**, comic-strip story ***3*** (*rivista*) comic (*GB*); comic book (*USA*).
fùmo *m.* ***1*** smoke: **nuvola di f.**, cloud of smoke; **fare f.**, to give off smoke; to smoke ***2*** (*vapore acqueo*) steam ***3*** (*al pl.*) (*vapori o esalazioni*) fumes ***4*** (*il fumare*) smoking: **avere il vizio del f.**, to be an inveterate smoker; **La disturba il f.?**, do you mind if I smoke?; **malattia da f.**, smoke-related illness; **tabacco da f.**, smoking tobacco • (**color**) **f. di Londra**, charcoal grey □ **andare in f.**, to go up in smoke; to come to nothing; (*svanire*) to vanish □ **gettare f. negli occhi a q.**, to throw dust in sb.'s eyes □ **in preda ai fumi dell'alcool**, under the influence (of drink) □ **mandare in f. le speranze di q.**, to dash sb.'s hopes □ **molto f. e poco arrosto**, all show and no substance □ **vedere q.** [**q.c.**] **come il f. negli occhi**, to hate the sight of sb. [st.].
fumògeno *a.* smoke (*attr.*): **cortina fumogena**, smoke-screen.
fumosità *f.* ***1*** smokiness ***2*** (*fig.*) obscurity; vagueness.
fumóso *a.* ***1*** smoky ***2*** (*fig.*: *oscuro*) obscure; (*vago*) vague.
funambolésco *a.* ***1*** tightrope (*attr.*) ***2*** (*fig.*) acrobatic.
funambolismo *m.* tightrope walking.
funàmbolo *m.* (*f.* **-a**) tightrope walker.
fùne *f.* rope; cable; (*in opera, anche*) line: **f. metallica**, wire rope; **f. portante**, carrying cable; **f. di traino**, towrope, towline; (*naut.*) **f. di ormeggio**, mooring line • (*sport*) **tiro alla f.**, tug-of-war.
fùnebre *a.* ***1*** funeral (*attr.*) ***2*** (*lugubre*) funereal; mournful; gloomy • **annuncio f.**, death notice □ **canto f.**, lament; dirge □ **carro f.**, hearse □ **veglia f.**, wake.
funeràle *m.* funeral • (*fig.*) **da f.**, lugubrious; cheerless □ **avere una faccia da f.**, to have a long face; to look gloomy.
funeràrio *a.* funeral; funerary.
funèreo *a.* funereal; mournful; gloomy.
funestàre *v. t.* ***1*** to afflict; to sadden ***2*** (*colpire*) to hit*; (*devastare*) to ravage.
funèsto *a.* (*mortale*) fatal; (*nefasto*) evil; (*disastroso*) disastrous, ruinous; (*doloroso*) sad, woeful.
fungàia *f.* mushroom bed.
fùngere *v. i.* (*di persona*) to act (as); (*di cosa*) to serve (as), to function (as), to do* service (as).
fungicìda *m.* fungicide.
fùngo *m.* ***1*** (*bot.*) mushroom; fungus*: **f. velenoso**, toadstool; poisonous mushroom ***2*** (*med.*) fungus* • **f. atomico**, mushroom cloud □ **andare a** (*o* **per**) **i funghi**, to go mushrooming □ **venir su come i funghi**, to sprout up like mushrooms; to mushroom.
funicèlla *f.* cord; string.
funicolàre *f.* funicular (railway); cable railway.
funivìa *f.* cableway.
funzionàle *a.* functional; serviceable; sensible; (*facile da usare*) practical, handy, user-friendly.
funzionalità *f.* functional character.
funzionaménto *m.* working; functioning; operation: **difetto di f.**, malfunction; malfunctioning; operational defect; **cattivo f.**, malfunctioning; **istruzioni sul f.**, operating directions; **Spiegami il f.**, explain to me how it works.
funzionàre *v. i.* ***1*** (*di macchina*) to work; to operate; (*di motore, anche*) to run* ***2*** (*di cosa astratta*) to work: **un sistema che funziona sempre**, a method that always works; **C'è qualcosa che non funziona qui**, there's something wrong here ***3*** *V.* **fungere** • **f. a benzina**, to run on petrol □ **f. a elettricità**, to be electrically operated □ **far f. q.c.**, to work st.; (*cosa astratta*) to make st. work.
funzionàrio *m.* (*f.* **-a**) official; officer; (*di banca e sim.*) executive: **f. statale**, state (*o* government) official; (*in G.B.*) civil servant.
funzióne *f.* ***1*** function; (*ruolo*) role; (*scopo*) purpose ***2*** (*ufficio, mansioni*) function, capacity; (*carica*) office; (*posizione*) position; (*dovere*) duty: **avere funzioni direttive**, to have a managerial position; **nelle mie funzioni di**, in my capacity as; **nell'esercizio delle proprie funzioni**, while carrying out one's duty ***3*** (*eccles.*) service; ceremony ***4*** (*scient.*) function • **entrare in f.**, to come into operation (*o* effect); (*di legge*) to become operative □ **essere in f.**, *V.* **funzionare**, *def. 1* □ **I prezzi sono in f. del costo del materiale**, prices are based on the cost of the materials □ **facente f.**, acting (*agg.*) □ **fare le funzioni di q.**, to act for sb. (*o* as sb.'s deputy) □ **mettere in f.**, to activate; to start □ **vivere in f. di q.c.**, to live for st.
fuochìsta *m.* stoker; fireman*.
fuòco *m.* ***1*** fire: **accendere** [**spegnere**] **il f.**, to light [to put out] the fire; **dare f. a q.c.**, to set fire to st.; to set st. on fire; **andare a f.**, to be on fire; (*essere distrutto*) to burn down; **prendere f.**, to catch fire; **f. di legna**, wood fire ***2*** (*rif. ad armi*) fire: **aprire** [**cessare**] **il f.**, to open [to cease] fire; **fare f.**, to fire; **ordinare il f.**, to give the order to fire ***3*** (*scient.*) focus* ***4*** (*fotogr.*) focus*: **a f.**, in focus; **non a f.**, out of focus; **mettere a f.**, to focus; to bring into focus; **mes-**

sa a f., focus(s)ing *5* (*fornello di cucina*) burner; ring *6* (*ardore*) fire; ardour • **fuochi artificiali**, fireworks □ **un f. di fila di domande**, a barrage of questions; rapid-fire questions □ (*fig.*) **f. di paglia**, flash in the pan □ (*med.*) **f. di Sant'Antonio**, shingles (*pl.*) □ (*mil.*) **f. di sbarramento**, barrage □ **f. fatuo**, will-o'-the-wisp □ **Al f.!**, fire! □ **buttarsi nel f. per q.**, to go through fire and water for sb. □ **Scusi, ha del f.?**, do you have a light, please? □ **diventare di f.** (*arrossire*), to flush crimson □ **fare f. e fiamme**, (*fare di tutto*) to move heaven and earth; (*scaldarsi*) to fly into a passion □ **marchiare a f.**, to brand □ **mettere a f. un problema**, to define a problem □ **mettere una pentola sul f.**, to put on a saucepan □ **occhi di f.**, blazing eyes □ **occhiata di f.**, angry (*o* glaring) look □ **parole di f.**, scathing words □ **prova del f.**, (*stor.*) ordeal by fire; (*fig.*) crucial test □ **scherzare col f.**, to play with fire □ (*fig.*) **soffiare sul f.**, to fan the flame(s) □ (*fig.*) **tra due fuochi**, between two fires □ (*anche fig.*) **preso tra due fuochi**, caught in the crossfire.

fuorché *cong. e prep.* except; but; save: **nessuno f. me**, nobody except myself (*o* but I); **Mi ricordai di tutto f. di telefonargli**, I remembered everything except to phone him.

fuòri ***A*** *avv.* *1* out; (*all'esterno*) outside; (*all'aperto*) outdoors, out of doors; (*esternamente*) outwardly: **È in casa o f.?**, is he in or out?; **venire f.**, to come out; to come outside; **lasciare f.**, (*all'esterno*) to leave outside; (*omettere*) to leave out; **Aspetto f.**, I'll wait outside; **qui f.**, out here *2* (*all'estero*) abroad: **in Italia e f.**, in Italy and abroad • **F.!**, get out! □ **F. i soldi!**, let's see (the colour of) your money! □ **F. le prove!**, let's see the evidence! □ **f. di testa**, off one's head □ (*fam.*) **dare f. di matto**, to blow one's top; to flip one's lid □ **essere f.** (*di prigione*), to be out □ **Siamo f. di 30 milioni**, we are 30 million out □ (*pop.*) **fare f. q.**, to do sb. in □ (*pop.*) **fare f. q.c.**, (*mangiare*) to polish off st.; (*liberarsi di*) to get rid of st.; (*spendere*) to go through st. □ **in f.**, out: **spingere in f.**, to push out; **sporgere in f.**, to stick out; to jut out; **Braccia in f.!**, arms out to the side! □ **denti in f.**, protruding (*o* buck) teeth □ **occhi in f.**, bulging eyes ***B*** **fuòri (di, da)** *prep.* *1* out of; (*all'esterno*) outside; (*via da*) away from, off: **f. della finestra**, out of the window; **f. dalla porta**, outside the door; **È sempre f. (di) casa**, he's always out; **vivere f. casa**, to live away from home; **f. pericolo**, out of danger; **f. posto**, out of place; **f. centro**, off centre *2* (*eccetto*) except; but: **Nessuno lo sa f. di te**, nobody knows but (*o* except) you • **f. commercio**, not for sale □ **F. dai piedi!**, get lost!; scram! (*pop.*) □ **f. di sé dalla rabbia [dalla gioia]**, beside oneself with rage [with joy] □ **f. portata**, out of reach (*Per altre espress., si veda sotto il sost.*) ***C*** *m.* (*anche* **di f.**) outside: **il di f. della casa**, the outside of the house; **chiuso dal di f.**, locked from the outside.

fuoribórdo *m. invar.* (*naut.*) *1* (*motore*) outboard motor *2* (*barca*) outboard (motorboat).

fuoribùsta *m. invar.* unofficial payment; undeclared earning.

fuoricàmpo *a. invar.* (*cinem., TV*) off screen: **voce fuori c.**, off-screen voice; (*di commento*) voice-over.

fuoriclàsse ***A*** *a.* outstanding; superlative; first-rate ***B*** *m. e f. invar.* (undisputed) champion.

fuoricórso *V.* **fuori corso** *sotto* **corso**.

fuorigiòco *m. invar.* (*sport*) offside.

fuorilégge ***A*** *m. e f. invar.* outlaw ***B*** *a. invar.* illegal; unlawful.

fuorimàno ***A*** *avv.* out of the way; off the beaten track ***B*** *a. invar.* out-of-the-way.

fuoriprogràmma *m. invar.* *1* unscheduled event [item]; (*cosa aggiunta*) extra, addition *2* (*imprevisto*) unexpected event; surprise; (*sgradito*) hitch.

fuorisèrie ***A*** *a. invar.* *1* custom-built *2* (*fig. fam*) super; top-notch ***B*** *f. invar.* (*autom.*) custom-built car.

fuoristràda *m. invar.* all-terrain (*o* off-road) vehicle.

fuoruscìre *v. i.* to come* out; (*per perdita*) to leak.

fuoruscìta *f.* discharge; emission; (*di liquido*) flow, escape; (*per perdita*) leakage, leak.

fuoruscitìsmo *m.* (*polit.*) opposition abroad.

fuoruscìto *m.* (*f.* **-a**) political exile; (*profugo*) political refugee.

fuorviante *a.* misleading.

fuorviàre ***A*** *v. i.* to go* astray ***B*** *v. t.* *1* to lead* astray *2* (*fig.*) to mislead*; to lead* astray.

furbacchióne *m.* sly one; crafty old devil.

furbàstro *m.* crafty devil; wily old fox; (*iron.*) smart aleck, wise guy (*pop.*).

furberìa *f.* *1* astuteness; shrewdness; cunning *2* (*espediente astuto*) clever trick; ruse; dodge.

furbésco *a.* cunning; sly.

furbìzia *V.* **furberia**.

fùrbo ***A*** *a.* (*in gamba*) clever, smart, sharp; (*scaltro*) astute, shrewd, cunning, crafty, sly • **farsi f.**, to wake up; to wise up ***B*** *m.* (*f.* **-a**) clever one; (*iron.*) smart aleck • (*iron.*) **Bravo f.!**, very clever! □ **fare il f.**, to try to be clever.

furènte *a.* furious; mad (*fam.*).

furerìa *f.* (*mil.*) orderly office.

furétto *m.* (*zool.*) ferret.

furfànte *m.* scoundrel; rogue; rascal.

furfanterìa *f.* *1* roguery *2* (*azione*) rascally trick.

furgoncìno *m.* delivery van; small van.

furgóne *m.* van.

fùria *f.* *1* (*ira*) fury; rage; anger *2* (*veemenza*) fury; violence *3* (*fretta*) great hurry; haste: **Nella f., non chiusi la porta**, in my haste I forgot to lock the door; **di f.**, hastily *4* (*di persona*) fury • **a f. di**, by dint of □ **andare su tutte le furie**, to fly into a rage □ **mandare q. su tutte le furie**, to infuriate sb.; to get sb.'s blood up.

furibóndo *a.* *1* furious; incensed *2* (*violento*) furious; violent.

furière *m.* *1* (*mil.*) quartermaster *2* (*naut.*) paymaster.

furióso *a.* *1* furious; mad (*fam.*): **Era f. con me**, he was furious with me *2* (*violento*) furious; violent; raging • **È pazzo f.**, he is raving mad.

furóre *m.* *1* (*ira, violenza*) fury; rage *2* (*veemenza*) violence; heat; frenzy: **sacro** (*o* **poetico**) **f.**, poetic frenzy; **nel f. della mischia**, in the heat of the fray • **scelto a furor di popolo**, chosen by popular acclaim □ **rimosso a furor di popolo**, dismissed after a public outcry □ **far f.**, *V.* **furoreggiare**.

ATTENZIONE: **furore** ≠ furor(e).

furoreggiàre *v. i.* to be all the rage; to be the latest craze; (*di commedia, ecc.*) to be a hit.

furtìvo *a.* furtive; surreptitious; stealthy.

fùrto *m.* theft; larceny: **commettere un f.**, to commit a theft; **piccolo f.**, petty larceny; **f. con scasso**, burglary; housebreaking • **f. di bestiame**, cattle lifting; rustling (*USA*) □ **f. letterario**, plagiarism □ **È un vero f.!**, it's sheer (*o* daylight) robbery!

fùsa *f. pl.* — **fare le f.**, to purr.

fuscèllo *m.* twig; (*di paglia*) straw.

fusciàcca *f.* sash.

fusìbile *m.* (*elettr.*) fuse.

fusióne *f.* *1* fusion (*anche fis.*); (*per estrarre un metallo*) smelting; (*in una forma*) casting; (*di materiale non metallico*) melting *2* (*fig.*) fusion; blending; merging *3* (*econ.*) merger; amalgamation.

fùso (1) *a.* *1* melted; molten; fused: **piombo f.**, molten lead; **formaggio f.**, melted cheese *2* (*fam.*: *esausto*) dead tired; done in (*GB*); pooped (*USA*).

fùso (2) *m.* *1* (*ind. tess., mecc.*) spindle *2* (*geogr.*) — **f. orario**, time zone.

fusolièra *f.* (*aeron.*) fuselage.

fustàgno *m.* fustian; (*più raffinato*) moleskin.

fustèlla *f.* (*di medicinale*) (tear-off) price tag.

fustigàre *v. t.* *1* to flog; to lash *2* (*fig.*) to censure.

fustigatóre *m.* (*f.* **-trice**) *1* flogger *2* (*fig.*) severe critic; scourge.

fustigazióne *f.* *1* flogging; lashing *2* (*fig.*) censure.

fustìno *m.* (*rettangolare*) box; (*cilindrico*) drum.

fùsto *m.* *1* (*bot.*: *gambo*) stalk, stem; (*tronco*) trunk: **alberi ad alto f.**, forest trees *2* (*del corpo umano*) torso*; trunk *3* (*intelaiatura*) frame *4* (*di colonna*) shaft *5* (*recipiente di metallo*) drum, can; (*di legno per vino, ecc.*) cask, barrel *6* (*fam.*: *giovane atletico*) he-man*; hunk.

fùtile *a.* futile; trifling; trivial • **cose futili**, trifles.

futilità *f.* futility; triviality; pettiness.

futurìbile *a.* possible in the future.

futurìsmo *m.* (*arte, letter.*) futurism.

futurìsta *m. e f.* (*arte, letter.*) futurist.

futurìstico *a.* futuristic.

futùro ***A*** *a.* future; next; to come (*pred.*): **in un tempo f.**, at a future time; **gli anni futuri**, the years to come; **la futura sposa**, the bride-to-be ***B*** *m.* *1* future: **l'immediato f.**, the near future; **in f.**, in (the) future *2* (*gramm.*) future (tense): **f. anteriore**, future perfect.

futurologìa *f.* futurology.

futuròlogo *m.* (*f.* **-a**) futurologist; futurist.

g, G

G, g f. o m. G, g • (*telef.*) **g come Genova**, g for George.
gabardìne f. (*tessuto*) gabardine.
gabbàna f. — (*fig.*) **voltar g.**, to be a turncoat.
gabbàre v. t. to deceive; to dupe.
gàbbia f. *1* cage; (*per polli*) hencoop: **chiudere in g.**, to cage; **animali in g.**, caged animals *2* (*di ascensore*) lift shaft *3* (*naut.*: *vela*) main topsail • **g. da imballaggio**, crate □ (*fam.*) **g. di matti**, madhouse; bedlam Ⓤ □ **g. degli imputati**, dock □ (*anat.*) **g. toracica**, ribcage □ (*fam.*) **mettere in g. q.**, to put sb. in the clink (*o* in the slammer) □ **sentirsi in g.**, to feel cooped up.
gabbiàno m. (*zool.*) (sea)gull.
gabbiòtto m. *1* (*di portiere*) porter's lodge *2* (*garitta*) box; booth.
gabèlla f. (*stor.*) tax; toll; (*dazio*) excise.
gabellàre v. t. to pass (sb., st.) off (as).
gabellière m. exciseman*.
gabinétto m. *1* (*di medico, ecc.*) consulting room; surgery: **g. dentistico**, dental surgery *2* (*laboratorio*) laboratory *3* (*igienico*) toilet; lavatory; washroom (*USA*) *4* (*studio privato*) private study *5* (*in un museo*) room *6* (*polit.*: *ministero*) ministry; (*complesso dei ministri*) cabinet.
gaèlico *A* a. Gaelic *B* m. *1* Gael *2* (*lingua*) Gaelic.
gàffa f. (*naut.*) boat-hook.
gaffe (*franc.*) f. invar. gaffe; blunder: **fare una g.**, to make a gaffe; to blunder; to put one's foot in it (*fam.*).
gagà m. dandy; fop.
gaggìa f. (*bot.*) false acacia; locust tree.
gagliardétto m. pennon; pennant.
gagliardìa f. vigour; energy; strength.
gagliàrdo a. vigorous; strong; (*audace*) gallant.
gagliòffo m. rascal; scoundrel.
gaiézza f. *1* gaiety; cheerfulness; cheeriness *2* (*di colore*) brightness.
gàio a. *1* cheerful; merry; blithe; jolly *2* (*di colore*) bright.
gàla (1) f. (*pompa*) pomp; show • **abito di g.**, formal dress □ **pranzo di g.**, full-dress dinner; banquet □ (*teatr.*) **serata di g.**, gala performance.
gàla (2) f. (*trina*) frill; flounce.
gàla, galà (3) f. (*festa*) gala; ball.
galànte *A* a. *1* (*con le donne*) gallant *2* (*amoroso*) amorous; love (*attr.*): **avventura g.**, love affair; **appuntamento g.**, romantic rendezvous; **biglietto g.**, love letter *B* m. ladies' man.
galanteménte avv. gallantly; courteously.
galanterìa f. *1* gallantry; courtesy *2* (*gesto*) gallant gesture; (*complimento*) compliment.
galantìna f. (*cucina*) galantine.
galantuòmo m. honest man*; man* of honour; gentleman* • **agire da g.**, to behave honestly □ (*prov.*) **Il tempo è g.**, time will tell; murder will out.
galàssia f. galaxy.
galatèo m. *1* book of etiquette *2* (*buone maniere*) (good) manners (*pl.*); etiquette: **non conoscere il g.**, to have no manners; **norme del g.**, rules of etiquette.
galàttico a. *1* (*astron.*) galactic *2* (*scherz.*) enormous; jumbo (*fam.*); mega (*fam.*).
gàlea f. (*naut., stor.*) galley.
galèna f. (*miner.*) galena • **radio a g.**, crystal set.
galeóne m. (*naut., stor.*) galleon.
galeòtto (1) m. *1* (*stor.*) galley slave *2* (*forzato*) convict.
galeòtto (2) m. (*mezzano*) procurer; go-between.
galèra f. *1* (*naut., stor.*) galley *2* (*prigione*) prison; jail, gaol; (*carcerazione*) imprisonment • **avanzo di g.**, jailbird □ **faccia da g.**, sinister face □ **lavoro da g.**, drudgery; treadmill □ **vita da g.**, miserable existence.
galileiàno a. Galilean.
gàlla f. *1* (*bot.*) gall *2* (*vescichetta*) blister; gall *3* — **a g.**, afloat (*pred.*); floating; on the surface: **stare a g.**, to float; (*anche fig.*) to stay afloat; **rimanere a g.**, to keep afloat; **tornare a g.**, to resurface; (*anche fig.*) to come up again; **venire a g.**, to come to the surface; to surface; (*fig.*) to come to light.
galleggiabilità f. (*naut.*) buoyancy.
galleggiaménto m. floating; flo(a)tation • (*naut.*) **linea di g.**, waterline □ (*naut.*) **spinta di g.**, buoyancy.
galleggiànte *A* a. floating; afloat (*pred.*) • **casa g.**, houseboat *B* m. *1* (*naut.*) float; (*natante*) craft*, barge *2* (*pesca, tecn.*) float.
galleggiàre v. i. to float.
gallerìa f. *1* (*traforo*) tunnel *2* (*ind. min.*) gallery; tunnel *3* (*scavata da animale*) tunnel; burrow *4* (*a porticato, in una città*) arcade *5* (*di palazzo*) gallery *6* (*d'arte*) (art) gallery *7* (*di teatro o cinema*) circle; balcony: **prima g.**, dress circle; balcony; **seconda g.**, upper circle *8* (*tecn.*) tunnel: **g. aerodinamica**, wind tunnel.
gallerìsta m. e f. manager of an art gallery.
gallése *A* a. Welsh *B* m. e f. Welshman* (*m.*); Welshwoman* (*f.*): **i Gallesi**, the Welsh *C* m. (*lingua*) Welsh.
gallétta f. plain biscuit; (*naut.*) ship's biscuit.
gallétto m. *1* (*zool.*) young cock; cockerel; (*gallo di razza piccola*) bantam *2* (*fig.*) cocky young man: **fare il g.**, to be cocky; (*con le donne*) to flirt.
gallicìsmo m. Gallicism.
gàllico a. (*stor.*) Gallic; Gaulish.
gallìna f. (*zool.*) hen • **g. da brodo**, boiler □ **la g. dalle uova d'oro**, the goose that lays the golden egg □ **g. faraona**, guinea fowl; guinea hen □ (*fig.*) **andare a letto con le galline**, to go to bed very early □ (*prov.*) **G. vecchia fa buon brodo**, there's many a good tune played on an old fiddle.
gallinàccio m. (*bot.*) chanterelle.
gallinàceo *A* a. gallinaceous *B* m. fowl.
gallinèlla f. young hen; pullet • **g. d'acqua**, moorhen; water hen.
gallìsmo m. aggressive male sexual conceit; machismo.
gàllo (1) m. (*zool.*) cock; rooster (*USA*): **g. da combattimento**, fighting cock • (*zool.*) **g. cedrone**, capercaillie □ (*zool.*) **g. delle praterie**, grouse □ **al canto del g.**, at cock-crow □ **fare il g.**, to be cocky; to be the cock of the walk; (*con le donne*) to flirt □ (*boxe*) **peso g.**, bantam-weight.
gàllo (2) (*stor.*) *A* a. Gallic; Gaulish *B* m. Gaul.
gallòccia f. (*naut.*) cleat.
gallonàto a. braided.
gallóne (1) m. *1* braid *2* (*mil.*) stripe; (*a V*) chevron.
gallóne (2) m. (*misura di capacità*) gallon.
galoppànte a. (*anche fig.*) galloping.
galoppàre v. i. *1* to gallop *2* (*affrettarsi*) to rush, to get* one's skates on (*fam.*); (*essere indaffarato*) to be on the go (*o* on the move) *3* (*di fantasia*) to run* wild • **g. con la fantasia**, to let one's imagination run away with one.
galoppàta f. *1* gallop: **fare una g.**, to go for a gallop *2* (*fig.*) race; rush.
galoppatóio m. riding track.
galoppatóre m. (f. **-trice**) galloper.
galoppìno m. errand-boy; gofer (*USA*); (*spreg.*) dogsbody • **g. elettorale**, canvasser.
galòppo m. gallop: **al** (*o* **di**) **g.**, at a gallop; **andare al g.**, to ride at a gallop; **mettersi al g.**, to break into a gallop; **partire al g.**, to go off at a gallop; to gallop off; (*fig.*) to rush off; **gran g.**, full gallop; **piccolo g.**, canter.
galòscia f. galosh; golosh.
galvànico a. (*fis.*) galvanic.

galvanizzàre *v. t.* (*anche fig.*) to galvanize.
galvanizzazióne *f.* (*anche fig.*) galvanization.
galvanòmetro *m.* (*fis.*) galvanometer.
galvanoplàstica *f.* electrodeposition.
gàmba *f.* ***1*** (*di persona, animale, indumento, mobile*) leg: **g. del tavolo**, table leg; **gambe storte**, bow (*o* bandy) legs; **avere le gambe molli**, to feel shaky on one's legs; **con una g. sola**, one-legged; **a tre gambe**, three-legged ***2*** (*di lettera, nota mus.*) stem • **Gambe!**, scram!; let's beat it! □ **Gambe in spalla!**, on our way! □ **gonna a mezza g.**, calf-length skirt □ **andare a gambe all'aria**, to fall flat on one's back; (*anche fig.*) to come a cropper (*fam.*); (*fig.*) to fall through, to go bust □ **avere buone gambe**, to be a good walker □ **avere trent'anni per g.**, to be at least sixty □ **correre a gambe levate**, to race; to run like mad □ **darsela a gambe**, to take to one's heels; to bolt □ **fuggire a gambe levate**, to run away as fast as one's legs will carry one □ **in g.**, (*in forma*) strong, fit; (*arzillo*) sprightly; (*intelligente*) clever, smart; (*abile*) very good □ **mandare a q. gambe all'aria**, to send sb. flying □ **mandare a gambe all'aria un piano**, to wreck a plan □ **prendere q.c. sotto g.**, to underestimate st. □ **tagliare le gambe**, (*stancare*) to tire out, to do in (*fam.*); (*ostacolare*) to put a spoke in (sb.'s) wheel; (*del vino*) to go to one's head.
gambàle *m.* ***1*** legging ***2*** (*di stivale*) boot leg ***3*** (*di armatura*) jamb.
gambalétto *m.* ***1*** (*calza*) knee sock ***2*** (*med.*) leg cast.
gamberétto *m.* (*zool.*) shrimp; prawn.
gàmbero *m.* (*zool.*) (*di mare*) prawn, king prawn; (*di fiume*) crayfish, crawfish • **fare come i gamberi**, to go backwards; (*fig.*) to make no progress □ **rosso come un g.**, as red as a beetroot.
gambétto *m.* (*scacchi*) gambit.
gambizzàre *v. t.* to kneecap.
gàmbo *m.* ***1*** (*bot.*) stalk; stem ***2*** (*di vari oggetti*) stem ***3*** (*mecc.*) shank.
gamèlla *f.* (*mil.*) mess-tin.
gamète *m.* (*biol.*) gamete.
gàmma (1) *f.* (*alfabeto greco*) gamma • (*fis.*) **raggi g.**, gamma rays.
gàmma (2) *f.* ***1*** (*serie*) range; gamut; spectrum: **una g. di prodotti**, a range of products; **tutta la g. delle emozioni**, the whole gamut of emotions ***2*** (*mus.*) gamut; scale • (*radio*) **g. di lunghezza d'onda**, waveband.
gammaglobulìna *f.* (*biol.*) gamma globulin.
ganàscia *f.* ***1*** (*zool.*) jaw ***2*** (*al pl.*) (*mecc.*) jaws; (*autom., di freno*) brake shoes ***3*** (*ferr.*) fishplate ***4*** (*bloccaruote*) wheel clamp.
gàncio *m.* ***1*** hook; (*ferr., di trazione*) coupler: (*naut.*) **g. d'accosto**, boat-hook; **g. per rimorchio**, tow hook ***2*** (*boxe*) hook.
gàng (*ingl.*) *f. invar.* gang; band.
gànghero *m.* (*cardine*) hinge • (*fig.*) **fuori dai gangheri**, beside oneself (with rage) □ (*fig.*) **uscire dai gangheri**, to fly into a rage; to fly off the handle (*fam.*).
gànglio *m.* ***1*** (*anat.*) ganglion* ***2*** (*fig.*) nerve-centre.
gangster (*ingl.*) *m. invar.* gangster; (*fig.*) criminal, crook.
gangsterismo *m.* gangsterism.
ganimède *m.* dandy; beau* (*franc.*).
gànzo ***A*** *m.* (*f.* **-a**) ***1*** (*spreg.*) lover; beau (*franc.*) (*m.*); paramour (*f.*) ***2*** (*pop.*: *persona scaltra*) smart one; sly one ***B*** *a.* (*pop.*) great; super; cool; (*in gamba*) smart.
gàra *f.* ***1*** competition: **g. commerciale** [**di pesca**], trade [fishing] competition; **iscriversi a una g.**, to enter a competition; **essere in g.**, to be competing ***2*** (*sport*) competition; event; contest; (*corsa*) race; (*partita*) match: **g. di nuoto**, swimming competition; **g. di sci**, ski race; **g. automobilistica**, car race; **gare atletiche**, field and track events; **g. libera**, open event • (*comm.*) **g. di appalto**, invitation to tender; call for tenders (*o* bids) □ **fare a g. (con)**, to vie (with); to compete (with); to try to outdo (sb.) □ **fuori g.**, not competing.
garage (*franc.*) *m. invar.* garage.
garagista *m.* ***1*** (*meccanico*) garage hand ***2*** (*proprietario*) garage owner.
garànte *m. e f.* guarantor; surety • **rendersi** (*o* **farsi**) **g. di**, to vouch for; (*farsi mallevadore*) to stand surety for; (*offrire una cauzione*) to go bail for □ **g. per l'editoria**, press watchdog.
garantìre ***A*** *v. t.* ***1*** (*leg.*) to guarantee; to warrant; to secure: **g. un debito**, to guarantee (*o* to secure) a loan; **g. un prodotto**, to guarantee a product ***2*** (*rendersi garante di*) to vouch for ***3*** (*assicurare*) to assure ***B*** *v. i.* (*leg.*) to stand surety for; (*offire una cauzione*) to go* bail for ***C*** **garantìrsi** *v. rifl.* to insure oneself (against).
garantìsmo *m.* (*polit.*) defence of civil liberties.
garantìsta ***A*** *a.* defending civil liberties ***B*** *m. e f.* (*polit.*) defender of civil liberties.
garantìto *a.* ***1*** (*leg.*) guaranteed; secured: **g. pura seta**, guaranteed pure silk; **mutuo g.**, secured loan ***2*** (*certo, sicuro*) certain; sure: **successo g.**, sure success • (*fam.*) **Garantito!**, depend on it!; you bet!
garanzìa *f.* ***1*** (*leg.*) guarantee; warranty; (*di pagamento*) guaranty, (*pegno*) security: **g. di un anno**, one-year guarantee (*o* warranty); **in g.**, under guarantee; (*di cambiale*) **senza g.**, unsecured ***2*** (*assicurazione*) guarantee; warrant • (*leg.*) **avviso di g.**, warning that one is under investigation □ **dare g. di serietà**, to be reliable.
garbàre *v. i.* to like (*costruz. pers.*); to suit: **Ha un modo di fare che non mi garba**, I don't like his ways; **La data non mi garba**, the date doesn't suit me.
garbàto *a.* ***1*** (*cortese*) polite; (*gentile*) amiable ***2*** (*aggraziato*) graceful.
gàrbo *m.* ***1*** (*cortesia*) politeness; (*bei modi*) pleasant manners (*pl.*); (*tatto*) tact ***2*** (*grazia*) grace ***3*** (*linee aggraziate*) graceful lines (*pl.*); elegance.
garbùglio *m.* ***1*** tangle ***2*** (*fig.*) muddle; mix-up.
garçonnière (*franc.*) *f. invar.* bachelor flat (*o* pad).
gardènia *f.* (*bot.*) gardenia.
gareggiàre *v. i.* to compete (*anche sport*); to vie.
garganèlla *f.* — **bere a g.**, to drink from the bottle; to pour (st.) down one's throat.
gargarìsmo *m.* gargle • **fare gargarismi**, to gargle.
gargaròzzo *m.* (*fam.*) throat; gullet.
garibaldìno ***A*** *a.* ***1*** of Garibaldi; Garibaldi's: **l'esercito g.**, Garibaldi's army ***2*** (*fig.*) impetuous; reckless • **alla garibaldina**, impetuously; recklessly ***B*** *m.* (*f.* **-a**) follower of Garibaldi; veteran of Garibaldi's campaigns.
garìtta *f.* ***1*** (*mil.*) sentry box ***2*** (*di guardiano*) booth; cabin.
garòfano *m.* (*bot.*) carnation • **g. dei poeti**, sweet william □ **chiodi di g.**, cloves.
garrése *m.* withers (*pl.*).
garrétto *m.* ***1*** (*di quadrupede*) hock ***2*** (*di persona*) back of the heel.
garrìre *v. i.* ***1*** (*di uccelli*) to shriek; to scream ***2*** (*lett., di bandiera*) to flap.
garrìto *m.* shriek; scream.
gàrrulo *a.* garrulous; talkative.
gàrza *f.* gauze.
garzóne *m.* ***1*** boy: **g. di fornaio**, baker's boy; **g. di stalla**, stable boy ***2*** (*apprendista*) apprentice.
gas *m.* gas: **accendere** [**spegnere**] **il gas**, to turn on [to turn off] the gas; **stufa a gas**, gas stove; **gas asfissiante** [**tossico**], poison [noxious] gas • **gas di scarico**, exhaust emission □ **gas esilarante**, laughing gas □ **gas lacrimogeno**, tear gas □ (*fam.*) **andare a tutto gas**, to go flat out; to belt along (*fam. GB*); to barrel along (*fam. USA*) □ **camera a gas**, gas chamber □ (*autom.*) **dare gas**, to accelerate; to step on the gas (*USA*).
gasàre ***A*** *v. t.* ***1*** to carbonate; to aereate ***2*** (*fam.*) to turn on ***B*** **gasàrsi** *v. i. pron.* (*fam.*) to get* excited (about); to bubble over with excitement.
gasàto ***A*** *a.* ***1*** carbonated; fizzy ***2*** (*fam.*) wild with excitement; mad (about st.) ***B*** *m.* (*f.* **-a**) (*fam.*) bighead.
gasdótto *m.* gas pipeline.
gasòlio *m.* gas oil; diesel fuel • **riscaldamento a g.**, oil-fired central heating.
gassàre *v. t.* ***1*** *V.* **gasare** ***2*** (*uccidere col gas*) to gas.
gassificàre *v. t.* to gasify.
gassìsta *m.* gasman*; gas fitter.
gassòmetro *m.* (*ind.*) gasholder; gasometer.
gassósa *f.* fizzy lemon drink; lemonade.
gassóso *a.* gaseous; gassy; gas (*attr.*).
gasteròpode *m.* (*zool.*) gasteropod; gastropod.
gàstrico *a.* (*fisiol., med.*) gastric.
gastrìte *f.* (*med.*) gastritis.

gastroduodenàle *a.* (*anat.*) gastroduodenal.
gastroenterìte *f.* (*med.*) gastroenteritis.
gastrointestinàle *a.* (*med.*) gastroenteric.
gastronomìa *f.* ***1*** gastronomy ***2*** (*negozio, reparto*) delicatessen.
gastronòmico *a.* gastronomic.
gastrònomo *m.* (*f.* **-a**) gastronomist.
gastroscopìa *f.* (*med.*) gastroscopy.
gàtta *f.* (female) cat; pussy (*fam.*) • **G. ci cova!**, there's something fishy going on here!; I smell a rat! □ **una g. da pelare**, a difficult task; a tough nut to crack □ **avere altre gatte da pelare**, to have other fish to fry.
gattabùia *f.* (*scherz.*) prison; lockup; nick (*pop.*); clink (*pop.*); cooler (*pop.*).
gattamòrta *f.* (*fam.*) sly one • **fare la g.**, to play dumb.
gàttice *m.* (*bot.*) white poplar.
gattìna *f.* (female) kitten • **fare la g.**, to be kittenish.
gattìno *m.* kitten.
gàtto *m.* cat; pussy (*fam.*); (*maschio*) male cat, tomcat: **g. selvatico**, wild cat; **g. siamese**, Siamese cat; **g. soriano** (*o* **tigrato**), tabby (cat) • **g. a nove code**, cat-o'-nine-tails □ **il G. con gli Stivali**, Puss-in-boots □ **g. delle nevi** (*veicolo*), snowmobile □ **giocare con q. come il g. col topo**, to play cat and mouse with sb. □ (*fig.*) **C'erano quattro gatti**, there was hardly anybody there □ **Eravamo in quattro gatti**, there were only few of us □ (*prov.*) **Via il g., i topi ballano**, when the cat's away the mice will play.
gattonàre *v. i.* to crawl.
gattóni *avv.* on all fours; crawling: **andare g.**, to crawl.
gattopàrdo *m.* (*zool.*) ***1*** — **g. africano**, serval; tiger-cat ***2*** — **g. americano**, ocelot.
gaudènte *m. e f.* (*edonista*) hedonist; pleasure-seeker; (*festaiolo*) reveller.
gàudio *m.* joy; bliss.
gaudióso *a.* (*lett.*) joyful; blissful.
gavétta *f.* (*mil.*) mess-tin • **fare la g.**, to work one's way up □ **venire dalla g.**, (*mil.*) to rise from the ranks; (*fig.*) to be a self-made man.
gavitèllo *m.* (*naut.*) buoy.
gavòtta *f.* (*danza e mus.*) gavotte.
gàzza *f.* (*zool.*) magpie.
gazzàrra *f.* din; hubbub; hullabaloo.
gazzèlla *f.* ***1*** (*zool.*) gazelle ***2*** (*auto*) (high-speed) police car.
gazzétta *f.* gazette • **G. ufficiale**, official newspaper (publishing the texts of new laws); gazette.
gazzettìno *m.* ***1*** news sheet ***2*** (*giorn.*) page; column: **g. regionale**, local page; **g. rosa**, gossip column ***3*** (*radio*) local news ***4*** (*persona pettegola*) gossip; newsmonger.
gèco *m.* (*zool.*) gecko*.
geiger *m. invar.* — **contatore G.**, Geiger counter.
gèisha *f. invar.* geisha*.
gèl *m. invar.* ***1*** (*chim.*) gel ***2*** (*per capelli*) hair gel.
gelàre ***A*** *v. i.* to freeze*; (*di pianta*) to be killed by the frost: **Stanotte gelerà**, it will freeze tonight; **Sto gelando!**, I'm freezing! • **(far) g. il sangue**, to make (sb.'s) blood run cold □ **Mi sentii g.**, I was horrified; my heart stopped ***B*** *v. t.* to freeze*; to chill; (*una pianta*) to kill • **g. l'entusiasmo di q.**, to dampen sb.'s enthusiasm □ **un pensiero che gela**, a horrifying thought ***C*** **gelàrsi** *v. i. pron.* e *impers.* to freeze*: **Qui si gela!**, it's freezing in here!
gelàta *f.* frost.
gelatàio *m.* (*f.* **-a**) ***1*** (*venditore*) ice-cream seller ***2*** (*negozio*) *V.* **gelateria** ***3*** (*fabbricante*) ice-cream maker.
gelaterìa *f.* (*negozio*) ice-cream shop (*USA* parlor).
gelatièra *f.* ice-cream machine.
gelatìna *f.* ***1*** (*chim.*) gelatin(e): **g. esplosiva**, gelignite ***2*** (*cucina*) jelly; aspic; (*come base*) gelatin(e): **g. di frutta**, fruit jelly; **pollo in g.**, chicken in aspic.
gelatinóso *a.* gelatinous; jelly-like.
gelàto ***A*** *a.* icy; ice-cold; (*ghiacciato*) frozen ***B*** *m.* ice-cream: **g. da passeggio**, ice-cream on a stick; ice lolly.
gelidaménte *avv.* coldly; icily.
gèlido *a.* ***1*** icy; ice-cold; freezing ***2*** (*fig.*) icy; chilly; gelid; frosty.
gèlo *m.* ***1*** (*freddo intenso*) intense cold: **stare fuori al g.**, to stay outside in the cold ***2*** (*ghiaccio*) ice; (*brina*) frost ***3*** (*fig.*) chill; iciness: **un g. nelle ossa**, a chill in one's bones; **atmosfera di g.**, chilly atmosphere.
gelóne *m.* (*med.*) chilblain.
gelosìa (**1**) *f.* jealousy.
gelosìa (**2**) *f.* (*persiana*) jalousie; shutter.
gelóso *a.* ***1*** jealous ***2*** (*protettivo*) jealous (of); particular (about): **È g. della sua privacy**, he is jealous of his privacy; **g. delle proprie cose**, particular about one's things.
gèlso *m.* (*bot.*) mulberry (tree).
gelsomìno *m.* (*bot.*) jasmine.
gemebóndo *a.* moaning; groaning.
gemellàggio *m.* twinning.
gemellàre (**1**) *a.* twin (*attr.*): **parto g.**, twin birth.
gemellàre (**2**) *v. t.*, **gemellàrsi** *v. rifl.* to twin.
gemèllo ***A*** *a.* twin (*attr.*): **fratello g.**, twin brother; **letti gemelli**, twin beds • **anima g.**, kindred spirit; soul mate ***B*** *m.* ***1*** (*f.* **-a**) twin: **Hanno avuto due gemelli**, they've had twins; **tre [quattro, cinque] gemelli**, triplets [quadruplets, quintuplets]; **g. siamesi**, Siamese twins ***2*** (*di polsino*) cuff-link ***3*** — (*astron., astrol.*) **i Gemelli**, Gemini: **Sono dei (*o* un) G.**, I'm (a) Gemini.
gèmere *v. i.* ***1*** (*dolersi*) to groan; to wail ***2*** (*cigolare*) to groan; to creak.
geminàto *a.* geminate.
gèmito *m.* ***1*** groan; wail ***2*** (*cigolio*) groan; creak.
gèmma *f.* ***1*** (*miner. e fig.*) gem; jewel ***2*** (*bot.*) bud; button: **mettere le gemme**, to bud.
gemmazióne *f.* ***1*** (*biol.*) gemmation ***2*** (*bot.*) budding.
gemmologìa *f.* gemmology.
gendàrme *m.* ***1*** policeman*; gendarme (*franc.*) ***2*** (*di donna*) battle-axe (*fam.*).
gendarmerìa *f.* ***1*** (*corpo*) police; gendarmerie (*franc.*) ***2*** (*caserma*) police station.
gène *m.* (*biol.*) gene.
genealogìa *f.* genealogy; (*di animale*) pedigree.
genealògico *a.* genealogical • **albero g.**, family tree.
genepì *m.* ***1*** (*bot.*) wormwood ***2*** (*liquore*) absinthe.
generàle (**1**) ***A*** *a.* ***1*** general; common; (*diffuso*) widespread: **opinione g.**, general (*o* widespread) opinion; **paralisi g**, general paralysis ***2*** (*nelle gerarchie*) general (*a volte posposto*): **direttore g.**, general manager; **console g.**, Consul General; (*eccles.*) **Madre G.**, Mother General; **Quartier G.**, General Headquarters • **in g.**, in general; (*di regola*) as a rule; (*nel complesso*) on the whole □ **tenersi sulle generali**, to speak in general terms; to be non-committal; to stick to generalities ***B*** *m.* (the) general.
generàle (**2**) *m.* ***1*** (*mil.*) general: **g. d'armata**, general; **g. di brigata.**, brigadier (*GB*); brigadier general (*USA*); **g. di corpo d'armata**, lieutenant general; **g. di divisione**, major general ***2*** (*eccles.*) general.
generalità *f.* ***1*** generality ***2*** (*maggioranza*) majority: **nella g. dei casi**, in the majority of (*o* in most) cases ***3*** (*idea generale*) generalization; generality ***4*** (*al pl.*) (*bur.*) one's particulars; full name, parents' names and date of birth.
generalizzàre *v. t. e i.* to generalize.
generalizzàto *a.* (*diffuso*) general; widespread.
generalizzazióne *f.* generalization.
generalménte *avv.* generally; in general; mostly; as a rule.
generàre *v. t.* ***1*** (*procreare*) to procreate; to beget* (*form.*); (*di animali*) to breed*; (*dare vita*) to give* birth to ***2*** (*produrre*) to produce; to generate (*anche tecn.*) ***3*** (*causare*) to generate; to cause; to breed*.
generatìvo *a.* generative.
generatóre ***A*** *m.* (*fis., mecc.*) generator ***B*** *a.* generation; generative.
generatrìce *f.* (*mat.*) generatrix*.
generazionàle *a.* generation (*attr.*): **gap g.**, generation gap; **conflitto g.**, conflict between generations.
generazióne *f.* generation: **quelli della mia g.**, those of my generation; my contemporaries; **la g. del calore**, the generation of heat; **i computer della terza g.**, third-generation computers.
gènere *m.* ***1*** kind; sort: **di un g. nuovo**, of a new kind; **gente d'ogni g.**, all kinds (*o* sorts) of people; **Non voglio avere a che fare con gente del g.**, I don't want to have anything to do with such people; **Mai detto niente del g.!**, I've never said anything of the kind!; **cose del g.**, that sort of things; things like that; **qualcosa del g.**, something like that ***2*** (*biol.*) genus* ***3*** (*gramm.*) gender ***4*** (*letter., arte*) genre

(*franc.*): **il g. drammatico**, the dramatic genre; drama; **il g. epico**, epic (poetry); **pittura di g.**, genre painting ***5*** (*comm.*: *articolo*) article; (*al pl.*) goods: **un g. molto richiesto**, an article in great demand; **generi di lusso**, luxury goods • **generi alimentari**, foodstuffs □ **generi di largo consumo**, convenience goods □ **generi di prima necessità**, commodities □ **il g. umano**, mankind □ **in g.**, generally speaking; as a rule □ **Il rock non è il mio g.**, rock 'n' roll isn't my thing (*o* cup of tea) □ **È un genio, nel suo g.**, in his own way he is a genius □ **unico nel suo g.**, unique of its kind.

genericaménte *avv.* generically; in generic terms.

genericità *f.* lack of precision; vagueness.

genèrico ***A*** *a.* ***1*** general; generic; (*vago*) vague; (*evasivo*) noncommital: **in termini generici**, in general terms ***2*** (*non specializzato*) general: **medico g.**, general practitioner; GP ***B*** *m.* ***1*** general; generalities (*pl.*) ***2*** (*f.* **-a**) (*teatr.*) bit part actor (*f.* actress); (*cinem.*) extra.

gènero *m.* son-in-law*.

generosità *f.* ***1*** generosity ***2*** (*di atleta*) total commitment.

generóso *a.* ***1*** generous ***2*** (*di atleta*) totally committed • **scollatura generosa**, plunging neckline □ **vino g.**, full-bodied wine.

gèneşi *f.* ***1*** genesis; birth ***2*** — (*Bibbia*) **la G.**, Genesis.

genètica *f.* genetics (*pl. col verbo al sing.*).

genètico *a.* genetic.

genetista *m. e f.* geneticist.

genetlìaco (*lett.*) ***A*** *a.* birthday (*attr.*) ***B*** *m.* birthday.

gengìva *f.* (*anat.*) gum.

gengivàle *a.* gingival; gum (*attr.*).

gengivite *f.* (*med.*) gingivitis; (*com.*) swollen gums (*pl.*).

genìa *f.* (*spreg.*) pack; bunch.

genìale *a.* (*di persona*) of genius (*pred.*); (*di idea, ecc.*) brilliant, ingenious, inspired. ATTENZIONE: **geniale** ≠ genial.

genialità *f.* genius; brilliance; ingeniousness. ATTENZIONE: **geniality** ≠ genialità.

genialòide ***A*** *a.* eccentric but gifted; talented and erratic ***B*** *m. e f.* eccentric genius.

genière *m.* (*mil.*) sapper; engineer.

gènio (1) *m.* ***1*** genius: **uomini di g.**, men of genius; **g. incompreso**, misunderstood genius ***2*** (*divinità tutelare*) genius*; (*spirito folletto*) genie ***3*** (*inclinazione*) genius; talent; gift: **Ha il g. degli affari**, he has a genius for business ***4*** (*lett.*: *spirito, carattere*) genius; spirit • **L'idea non mi andava a g.**, I didn't like (*o* I wasn't very keen on) the idea.

gènio (2) *m.* (*mil.*) Corps of Engineers; (*in G.B.*) Royal Engineers (*pl.*); (*in U.S.A.*) Engineer Corps • **G. Civile**, Civil Engineers (*pl.*).

genitàle ***A*** *a.* genital ***B*** *m.* (*al pl.*) genitals.

genitìvo *a. e m.* (*gramm.*) genitive • **g. sassone**, possessive case.

genitóre *m.* ***1*** (*padre*) father ***2*** (*padre o madre*) parent: **i miei genitori**, my parents.

genitoriàle *a.* parental; parents' (*attr.*).

genitrìce *f.* mother.

gennàio *m.* January. (*Per gli esempi d'uso, V. sotto* **aprile**).

genocìdio *m.* genocide.

genòma *m.* (*biol.*) genome.

genovése *a., m. e f.* Genoese (*a. e m.*); Genoese woman* (*f.*).

gentàglia *f.* (*spreg.*) riff-raff; rabble.

gènte *f.* ***1*** (*numero indeterminato di persone*) people (*collett. col verbo al pl.*); folk (*collett. col verbo al pl.*) (*fam.*): **C'era molta g.**, there were a lot of people; **La g. dice...**, people say...; **Ho g. a cena**, I've got people coming to dinner; **g. di campagna**, country people (*o* folk); **g. di città**, townspeople ***2*** (*popolo, nazione*) people; nation: **le genti dell'Africa**, the peoples of Africa; **il diritto delle genti**, the law of nations ***3*** (*famiglia*) family ***4*** (*naut.*) hands (*pl.*) ***5*** (*al vocat.*) (*fam.*) folks (*pl.*): **Arrivederci, g.!**, goodbye, folks!; **Salve, g.!**, hello, everyone!; **Che si fa stasera, g.?**, what's the programme tonight, folks? • **g. del cinema**, people from the film world □ **g. di mare**, seamen; sailors □ **g. di teatro**, theatre people; stage folk □ (*fam.*) **G., che gol!**, wow, that was some goal!

gentildònna *f.* gentlewoman*; lady.

gentile (1) *a.* ***1*** kind; nice; (*cortese*) polite, corteous: **È g. con tutti**, he is nice to everyone; **Lei è molto g.**, you are very kind; it's very kind of you; **Vuoi essere così g. da...?**, would you be so kind as to...? ***2*** (*delicato*) gentle; delicate; (*grazioso*) graceful: **il g. sesso**, the gentle sex ***3*** (*nelle lettere*) Dear: **G. Signora**, Dear Madam; (*sulla busta*) **G. Signora Maria Neri**, Mrs Maria Neri.

gentìle (2) *m.* (*pagano*) gentile.

gentilézza *f.* ***1*** kindness; (*garbo, cortesia*) courtesy ***2*** (*atto gentile*) kindness • **Fammi la g. di...**, please be so kind as to...

gentilìzio *a.* aristocratic • **stemma g.**, coat of arms.

gentilménte *avv.* kindly; (*cortesemente*) politely.

gentiluòmo *m.* gentleman*.

genuflessióne *f.* genuflection, genuflexion.

genuflèttersi *v. rifl.* to genuflect.

genuinità *f.* genuineness; authenticity.

genuìno *a.* ***1*** (*autentico*) genuine; authentic; real; true ***2*** (*di cibo*) genuine; natural; wholesome.

genziàna *f.* (*bot.*) gentian.

geocèntrico *a.* geocentric.

geocentrìşmo *m.* geocentricism.

geòde *m.* (*miner.*) geode.

geodeşìa *f.* geodesy; geodetics (*pl. col verbo al sing.*).

geodètico *a.* geodetic; geodesic.

geofìşica *f.* geophysics (*pl. col verbo al sing.*).

geofìşico ***A*** *a.* geophysical ***B*** *m.* (*f.* **-a**) geophysicist.

geografìa *f.* geography.

geogràfico *a.* geographic(al) • **carta geografica**, map.

geògrafo *m.* (*f.* **-a**) geographer.

geologìa *f.* geology.

geològico *a.* geological.

geòlogo *m.* (*f.* **-a**) geologist.

geòmetra *m. e f.* surveyor.

geometrìa *f.* ***1*** geometry ***2*** (*fig.*) structure; pattern.

geomètrico *a.* geometric(al).

geopolìtica *f.* geopolitics (*pl. col verbo al sing.*).

geopolìtico *a.* geopolitical.

geostazionàrio *a.* (*miss.*) geostationary.

geotèrmico *a.* geothermal.

geotropìşmo *m.* (*bot.*) geotropism.

gerànio *m.* (*bot.*) geranium.

geràrca *m.* (*stor.*) Fascist party official.

gerarchìa *f.* hierarchy.

geràrchico *a.* hierachical • **linea gerarchica**, chain of command □ **per via gerarchica**, through official channels.

gerbìllo *m.* (*zool.*) gerbil.

geremìade *f.* jeremiad.

gerènte *m. e f.* manager; manageress (*f.*).

gerènza *f.* management.

gergàle *a.* slang (*attr.*).

gèrgo *m.* slang; (*professionale*) jargon: **g. militare**, army slang; **g. avvocatesco**, legal jargon • **g. burocratico**, bureaucratese □ **g. giornalistico**, journalese.

geriàtra *m. e f.* geriatrician.

geriatrìa *f.* geriatrics (*pl. col verbo al sing.*).

geriàtrico *a.* geriatric.

gèrla *f.* pannier; creel.

germànico *a.* ***1*** Germanic ***2*** (*tedesco*) German.

germanìşmo *m.* Germanism.

germanìsta *m. e f.* Germanist.

germanìstica *f.* Germanic (*o* German) studies (*pl.*).

germanizzàre ***A*** *v. t. e i.* to Germanize ***B*** **germanizzàrsi** *v. i. pron.* to become* Germanized.

germàno (1) *a.* (*lett.*) german: **fratello g.**, brother-german.

germàno (2) *m.* — (*zool.*) **g. reale**, mallard.

gèrme *m.* ***1*** (*biol.*) germ ***2*** (*fig.*) germ; seed.

germicìda ***A*** *a.* germicidal ***B*** *m.* germicide.

germinàle *a.* germinal; embryonic.

germinàre *v. i.* to germinate; to sprout.

germinazióne *f.* germination.

germogliàre *v. i.* ***1*** (*di seme*) to sprout; to germinate; to shoot*; (*di gemma*) to bud ***2*** (*fig.*) to germinate.

germóglio *m.* ***1*** (*di seme*) sprout, shoot; (*gemma*) bud ***2*** (*fig.*) germ.

geroglìfico ***A*** *a.* hieroglyphic ***B*** *m.* hieroglyph; (*anche fig.*) hieroglyphic; (*al pl.*: *scrittura*) hieroglyphics.

gerontocòmio *m.* old people's home.

gerontocrazìa *f.* gerontocracy.

gerontologìa *f.* gerontology.
gerontològico *a.* gerontological.
gerontòlogo *m.* (*f.* **-a**) gerontologist.
gerùndio *m.* (*gramm.*) gerund.
gerundìvo *m.* (*gramm.*) gerundive.
gessàto ***A*** *a.* ***1*** plaster (*attr.*); plastered: **bende gessate**, plaster bandage (*sing.*) ***2*** (*di stoffa*) pinstriped; pinstripe (*attr.*) ***B*** *m.* pinstripe(d) suit.
gessétto *m.* (piece of) chalk; (*morbido*) crayon: **gessetti colorati**, coloured chalks.
gèsso *m.* ***1*** (*miner.*) gypsum ***2*** (*pezzo di g.*) chalk: **g. per sarti**, tailor's (*o* French) chalk ***3*** (*scult., edil.*) plaster ***4*** (*med.*) plaster; (*ingessatura*) plaster cast: **Dovrà tenere il g. per due mesi**, he'll be in plaster for two months • **g. da stucchi**, gesso □ **g. in polvere**, whiting □ **bianco g.**, chalk white □ **di g.**, chalky.
gessóso *a.* chalky; (*miner.*) gypseous.
gèsta *f. pl.* ***1*** (*lett.*) deeds; feats; (heroic) achievements ***2*** (*scherz.*) exploits.
gestànte *f.* pregnant woman*; expectant mother.
gestazióne *f.* (*anche fig.*) gestation • (*fig.*) **in g.**, at the planning stage.
gesticolàre *v. i.* to gesticulate.
gesticolazióne *f.* gesticulation.
gestionàle *a.* managerial; management (*attr.*).
gestióne *f.* ***1*** (*amministrazione*) management, direction; (*conduzione*) running, operation, conduct: **g. aziendale**, business management; **g. del personale**, staff management; **la g. di un negozio**, the running of a shop; **g. degli affari**, conduct of business; **costi di g.**, operating costs ***2*** (*elab.*) management • (*leg.*) **g. fiduciaria**, trusteeship.
gestìre (1) *v. i.* (*gesticolare*) to gesticulate.
gestìre (2) *v. t.* ***1*** (*amministrare*) to run*; to manage; to be the manager of: **g. un'azienda**, to run a business; to manage a firm; **g. un cinema**, to be a cinema manager ***2*** (*condurre*) to conduct: **g. una trattativa**, to conduct negotiations ***3*** (*organizzare*) to organize; (*occuparsi di*) to look after, to handle: **gestirsi un lavoro**, to organize one's job; **g. la propria immagine**, to look after one's public image; **Quel problema me lo gestisco io**, I'll handle that problem.
gèsto *m.* gesture: **fare un g.**, to make a gesture; **un g. di stizza**, an angry gesture; **un bel g.**, a nice gesture; **Fece il g. di uscire**, he made as if to leave.
gestóre *m.* manager.
gestuàle *a.* gestural (*form.*); sign (*attr.*).
geṣuìta *m.* Jesuit.
geṣuìtico *a.* Jesuitic(al).
gettàre ***A*** *v. t.* ***1*** (*anche fig.*) to throw*; to cast*; to toss; (*con impeto*) to fling*: **g. una palla a q.**, to throw (*o* to toss) a ball to sb.; **g. pietre contro q.**, to throw stones at sb.; **g. in aria il cappello**, to fling one's hat up in the air; **g. indietro i capelli**, to toss back one's hair; **g. in prigione**, to throw (*o* to fling) into prison; **g. uno sguardo a q.c.**, to cast a glance at st.; **Gettò una veloce occhiata intorno**, he had quick look round; **g. biasimo su q.**, to cast (*o* to throw) blame on sb.; **g. luce su q.c.**, to throw light on st. ***2*** (*precipitare*) to plunge: **g. il paese nel caos**, to plunge the country into chaos ***3*** (*emettere un liquido*) to spurt, to gush; (*un suono*) to let* out: **g. sangue**, to spurt blood; **g. un grido**, to let out a cry ***4*** (*scult.*) to cast*: **g. in bronzo**, to cast in bronze • (*naut.*) **g. a mare q.c.**, to throw st. overboard; (*per alleggerire la nave*) to jettison st. □ (*naut.*) **g. l'ancora**, to drop anchor □ **g. q. giù dal letto**, to rout sb. out of bed □ (*anche fig.*) **g. le fondamenta**, to lay the foundations □ **g. le reti**, to cast the nets □ **g. via il proprio tempo**, to waste one's time ***B*** *v. i.* (*di piante*) to sprout; to bud ***C*** **gettàrsi** *v. rifl. e i. pron.* ***1*** to throw* oneself; to cast* oneself; (*con impeto*) to fling* oneself: **g. nelle braccia di q.**, to throw oneself into sb.'s arms; **g. sul letto**, to fling oneself on to the bed; **g. su q.**, to fling oneself at sb.; **g. sul nemico**, to fall upon the enemy; **g. in ginocchio**, to fall on one's knees; **g. in acqua**, to jump into the water ***2*** (*sfociare*) to flow (into).
gettàta *f.* ***1*** (*lancio*) throw ***2*** (*metall.*) cast ***3*** (*edil.*) casting ***4*** (*diga*) jetty ***5*** (*bot.*) shoot ***6*** (*balistica*) range.
gèttito *m.* (*econ.*) yield; revenue: **g. fiscale**, inland (*USA* internal) revenue.
gètto *m.* ***1*** (*lancio*) throw ***2*** (*di liquido*) jet; spurt ***3*** (*di vapore*) jet ***4*** (*fusione*) casting ***5*** (*mecc.*) jet ***6*** (*bot.*) shoot; sprout • **a g. continuo**, uninterruptedly; non-stop; one after the other □ **produrre a g. continuo**, to churn out; to grind out □ **di g.**, straight off; in one go (*fam.*): **scrivere q.c. di g.**, to write st. straight off.
gettonàto *a.* (*fam.*) popular.
gettóne *m.* counter (*anche al gioco*); token: **g. del telefono**, telephone token; **telefono a gettoni**, token-operated telephone • **g. di presenza**, attendance fee; appearance money.
gettonièra *f.* telephone-token dispenser.
geyser *m. invar.* (*geol.*) geyser.
ghepàrdo *m.* (*zool.*) cheetah.
ghéppio *m.* (*zool.*) kestrel.
gherìglio *m.* kernel.
gherminèlla *f.* trick; prank.
ghermìre *v. t.* ***1*** (*artigliare*) to claw; to clutch ***2*** (*afferrare*) to seize; to snatch.
ghétta *f.* (*alta*) gaiter; (*bassa*) spat.
ghettiẓẓàre *v. t.* ***1*** to ghettoize; to confine to a ghetto ***2*** (*emarginare*) to marginalize.
ghettiẓẓazióne *f.* ***1*** confinement to a ghetto ***2*** (*emarginazione*) marginalization.
ghétto *m.* ghetto*.
ghiacciàia *f.* icebox • **È una g. qui dentro!**, it's freezing in here!
ghiacciàio *m.* glacier.
ghiacciàre ***A*** *v. t.* to freeze*; (*una bevanda*) to ice; (*vino*) to chill ***B*** *v. i. e* **ghiacciàrsi** *v. i. pron.* to freeze*; to ice over (*o* up): **L'acqua ghiaccia a 0°C**, water freezes at 0°C; **Il lago ghiacciò in gennaio**, the lake froze (over, up) (*o* iced over) in January; **Mi si sono ghiacciate le orecchie**, my ears are frozen.
ghiacciàto *a.* ***1*** frozen; iced up; icy: **fiume g.**, frozen river; **strada ghiacciata**, icy road ***2*** (*freddissimo*) icy; ice-cold; (*di bevanda*) iced: **vento g.**, icy wind; **tè g.**, iced tea; **mani ghiacciate**, icy hands.
ghiàccio ***A*** *m.* ice Ⓤ: **g. secco**, dry ice; **ghiacci alla deriva**, drift ice • **g. misto a neve**, sleet □ **cuore di g.**, heart of stone □ (*fig.*) **di g.**, icy: **mani di g.**, hands like ice □ (*fig.*) **essere un pezzo di g.**, to be as cold as ice □ **mettere in g.**, to put in the fridge; (*vino*) to chill • (*fig.*) **rompere il g.**, to break the ice ***B*** *a.* icy; cold: **sudore g.**, cold sweat.
ghiacciòlo *m.* ***1*** icicle ***2*** (*gelato*) ice on a stick; ice lolly (*GB*); popsicle ® (*USA*).
ghiàia *f.* gravel; (*di spiaggia*) shingle • (*ferr.*) **letto di g.**, ballast.
ghiaiétto, ghiaìno *m.* chippings (*pl.*).
ghiaióne *m.* scree.
ghiaióso *a.* gravelly.
ghiànda *f.* (*bot.*) acorn.
ghiandàia *f.* (*zool.*) jay.
ghiàndola *f.* (*anat.*) gland.
ghiandolàre *a.* glandular.
ghibellìno *a. e m.* (*stor.*) Ghibelline.
ghìbli *m.* ghibli, gibli.
ghièra *f.* ***1*** (*mecc.*) ring; collar ***2*** (*di ombrello, ecc.*) ferrule.
ghigliottìna *f.* guillotine • **finestra a g.**, sash window.
ghigliottinàre *v. t.* to guillotine.
ghignàre *v. i.* to sneer; to snigger; (*fam.*) to laugh.
ghignàta *f.* (*fam.*) laugh: **farsi due ghignate**, to have a good laugh.
ghìgno *m.* sneer; sardonic grin.
ghinèa *f.* (*numism.*) guinea.
ghìngheri *m. pl.* — **in g.**, dressed up; rigged out (*fam.*); **mettersi in g.**, to dress up; to put on one's finery.
ghiótto *a.* ***1*** (*di persona*) gluttonous; greedy; (*fig.*) hungry, greedy: **Sono g. di gelati**, I love icecream; **essere g. di cose dolci**, to have a sweet tooth; **g. di notizie piccanti**, hungry for spicy news ***2*** (*di cibo, ecc.*) delicious; tasty; yummy (*fam.*) ***3*** (*fig.*) juicy; tempting: **notizia ghiotta**, juicy bit of news.
ghiottóne *m.* (*f.* **-a**) ***1*** glutton; gourmand ***2*** (*zool.*) glutton; wolverine.
ghiottonerìa *f.* ***1*** gluttony; greed ***2*** (*cibo*) delicacy; titbit (*manicaretto*) delicious dish ***3*** (*fig.*) rarity.
ghiòẓẓo *m.* (*zool.*) goby.
ghiribìẓẓo *m.* whim; notion; caprice • **Gli saltò il g. di...**, he

took it into his head to...
ghirigòro *m.* squiggle; (*disegno distratto*) doodle; (*arabesco*) flourish.
ghirlànda *f.* ***1*** garland; wreath ***2*** (*fig.*: *cerchio*) circle.
ghìro *m.* (*zool.*) dormouse* • **dormire come un g.,** to sleep like a log.
ghirónda *f.* (*mus.*) hurdy-gurdy.
ghiṣa *f.* cast iron • **g. di prima fusione**, pig iron.
già *avv.* ***1*** (*anche* **dị già**) already; (*nelle interr.*) yet; (*ormai*) by now, by then: **È già tardi**, it's already late; **Lo ṣo già**, I already know; **Di già?**, what, already?; so soon?; **È già venuto il postino?**, has the postman been yet?; **Sarà già a Verona**, he should be in Verona by now; **Posso cominciare già da lunedì**, I can start right from Monday; **Hai già creato abbastanza problemi**, you've caused enough problems as it is; **Già da piccola le piaceva ballare**, even as a child she was fond of dancing; **già nel 1850**, as long ago as 1850 ***2*** (*in precedenza*) before: **Eri già stato qui?**, had you been here before? ***3*** (*un tempo*) formerly (*avv.*); former (*agg.*): **Via Parini, già Via Larga**, Via Parini, formerly Via Larga; **il signor X, già ministro del Tesoro**, Mr X, former Treasury Minister ***4*** (*inter.*) (*sì, è vero*) of course; yes; sure (*USA*).
giàcca *f.* jacket; (*lunga*) coat • **g. a vento**, windcheater (*GB*); windbreaker ® (*USA*); (*imbottita*) anorak, parka □ **g. di maglia**, cardigan □ **in g. e cravatta**, wearing a suit and tie.
giacché *cong.* since; as: **G. me lo chiedi, te ne parlerò**, I'll tell you, since you've asked; **G. ci sei**, while you are at it.
giacchétta *f.* jacket.
giaccóne *m.* heavy jacket; (*imbottito*) anorak, parka.
giacènte *a.* ***1*** (*di posta*: *non consegnata*) undelivered (*non ritirata*) unclaimed, (*di lettera, anche*) dead ***2*** (*di capitale*) uninvested; idle ***3*** (*di merce*: *in magazzino*) in stock; (*invenduta*) unsold • (*leg.*) **eredità g.**, vacant succession.
giacènza *f.* ***1*** (*merce in magazzino*) stock (on hand); (*merce invenduta*) unsold stock ***2*** (*fin., rag.*) cash in hand • **capitale in g.**, uninvested capital □ (*naut.*) **giorni di g.**, demurrage □ **in g.**, *V.* **giacente**, *def. 1*.
giacére *v. i.* to lie*: **g. supino** [**bocconi**], to lie on one's back [on one's face]; **g. malato**, to lie ill; **g. inutilizzato**, to lie idle; **La pratica giace da mesi**, the file has been lying in a drawer for months; **Qui giace...**, here lies...
giacìglio *m.* bed; pallet; couch (*lett.*): **g. di paglia**, straw bed.
giaciménto *m.* (*geol., ind. min.*) layer; bed; deposit; field: **g. aurifero**, gold deposit; **g. di carbone**, coal seam; **g. di petrolio**, oilfield; **g. minerario**, ore body.
giacìnto *m.* (*bot.*) hyacinth.
giacobino *m. e a.* (*f.* **-a**) (*stor.*) Jacobin.
giacobita *m. e f.* (*stor.*) Jacobite.
giàcomo *m.* — **Le gambe mi facevano g. g.**, my legs were shaking like jelly.
giaculatòria *f.* (*relig.*) ejaculatory prayer.
giàda *f.* (*miner.*) jade.
giaggiòlo *m.* (*bot.*) iris*.
giaguàro *m.* (*zool.*) jaguar.
giallàstro, **giallìccio** *a.* yellowish; (*di carnagione*) sallow.
giallista *m. e f.* detective-story writer.
giallìstica *f.* (*letter.*) detective fiction; crime fiction.
giàllo ***A*** *a.* ***1*** yellow; (*di carnagione*) sallow; (*di semaforo*) amber: **g. oro**, gold yellow ***2*** (*di libro, film, ecc.*) detective (*attr.*); crime (*attr.*) ***B*** *m.* ***1*** yellow ***2*** (*di uovo*) yolk ***3*** (*di semaforo*) amber light ***4*** (*romanzo, film, ecc.*) detective novel [film, etc.]; crime story [film, etc.]; mystery; whodun(n)it (*fam.*); thriller: **g. rosa**, romantic thriller ***5*** (*caso poliziesco*) case; (*vicenda misteriosa*) mystery.
giallógnolo *a.* yellowish.
giamaicàno *a. e m.* (*f.* **-a**) Jamaican (*f.* Jamaican woman*).
giàmbo *m.* (*poesia*) iambus*; iamb.
giammài *avv.* never.
gianduia *m.* gianduia; soft nut chocolate.
giannìzzero *m.* ***1*** janissary, janizary ***2*** (*fig.*) henchman*.
giansenìṣmo *m.* (*relig.*) Jansenism.
giansenìsta *m. e f.* (*relig.*) Jansenist.
giapponése *a., m. e f.* Japanese (*a. e m.*); Japanese woman* (*f.*): **i Giapponesi**, the Japanese.
giàra *f.* (earthenware) jar.
giardinàggio *m.* gardening.
giardinétta *a.* estate car (*GB*); station wagon (*USA*).
giardinièra *f.* ***1*** (*mobile*) jardinière (*franc.*) ***2*** (*cucina*) pickled vegetables (*pl.*).
giardinière *m.* (*f.* **-a**) gardener.
giardìno *m.* garden: **g. d'inverno**, winter garden; conservatory; **g. pensile**, roof-garden; **giardini pubblici**, public gardens; park (*sing.*); **g. zoologico**, zoological gardens (*pl.*); zoo • **g. d'infanzia**, kindergarten; nursery school □ **città g.**, garden city.
giarrettièra *f.* (*a fascia*) garter; (*di metallo e gomma*) suspender (*GB*), garter (*USA*) • **Ordine della G.**, Order of the Garter.
giavanése *a., m. e f.* Javanese (*a. e m.*); Javanese woman* (*f.*): **i Giavanesi**, the Javanese.
giavellòtto *m.* javelin • (*sport*) **lancio del g.**, javelin.
gibbóne *m.* (*zool.*) gibbon.
gibbóso *a.* humped; (*di superficie*) bumpy; (*di naso*) hooked.
gibèrna *f.* cartridge box.
gìga *f.* (*mus. e danza*) gigue; jig.
gigànte ***A*** *m.* giant ***B*** *a.* huge; gigantic; giant (*attr.*): **formato g.**, giant size; **stella g.**, giant star.
giganteggiàre *v. i.* to tower (over).
gigantésco *a.* gigantic; huge; giant (*attr.*).
gigantéssa *f.* giantess.
gigantìṣmo *m.* (*med.*) gigantism; giantism.
gigantografìa *f.* (*fotogr.*) blow-up; poster.
gigióne *m.* (*f.* **-a**) (*gergo teatr.*) ham.
gigioneggiàre *v. t.* (*gergo teatr.*) to overact; to ham.
gigionìṣmo *m.* (*gergo teatr.*) overacting; hamming.
gìglio *m.* ***1*** (*bot.*) lily ***2*** (*arald.*) fleur-de-lis • **bianco come un g.**, lily-white □ **puro come un g.**, immaculate; (*iron.*) as pure as the driven snow.
gigolo *m.* gigolo*.
gìlda *f.* (*stor.*) gild, guild.
gilè, **gilet** *m. invar.* waistcoat (*GB*); vest (*USA*); (*a maglia*) sleeveless cardigan.
gimkàna *V.* **gincana**.
gin *m.* gin.
gincàna, **ginkana** *f.* (*anche fig.*) obstacle race • **fare la g. nel traffico**, to weave in and out of the traffic.
ginecèo *m.* (*stor.*) gyn(a)eceum*.
ginecologìa *f.* (*med.*) gyn(a)ecology.
ginecològico *a.* (*med.*) gyn(a)ecological.
ginecòlogo *m.* (*f.* **-a**) (*med.*) gyn(a)ecologist.
ginepràio *m.* ***1*** (*bot.*) juniper thicket ***2*** (*fig.*) difficult situation; fix (*fam.*); tight corner (*fam.*): **cacciarsi in un g.**, to get oneself into a fix.
ginépro *m.* (*bot.*) juniper.
ginèstra *f.* (*bot.*) broom • **g. spinosa**, gorse.
ginestróne *m.* (*bot.*) furze; gorse; whin.
ginevrìno *a. e m.* (*f.* **-a**) Genevan.
gingillàrsi *v. i. pron.* ***1*** (*giocherellare*) to fiddle (with) ***2*** (*perdere tempo*) to fritter away one's time; to dawdle.
gingìllo *m.* (*ninnolo*) knick-knack; trinket; gewgaw.
ginnaṣiàle ***A*** *a.* (*in Italia e Germania*) gymnasium (*attr.*); (*in G.B.*) grammar-school (*attr.*); (*in U.S.A.*) high-school (*attr.*) ***B*** *m. e f.* gymnasium student; grammar-school student (*GB*); high-school student (*USA*).
ginnàṣio *m.* (*in Italia e Germania*) gymnasium*; (*in G.B.*) grammar school; (*in U.S.A.*) high school.
ginnàsta *m. e f.* gymnast.
ginnàstica *f.* (*disciplina*) gymnastics (*pl. col verbo al sing.*); (*a scuola*) physical education; (*esercizi fisici*) exercise, exercises (*pl.*); (*in palestra*) workout: **Dovrei fare della g.**, I should take some exercise; **Faccio g. ogni giorno**, I do exercises (*in palestra*: I work out) every day • **g. a corpo libero**, free exercises □ **g. correttiva**, remedial gymnastics □ **g. ritmica**, callisthenics (*pl. col verbo al sing.*) □ **insegnante di g.**, physical education teacher; gym teacher; games master (*f.* mistress) (*GB*).
gìnnico *a.* gymnastic: **esercizio g.**, gymnastic exercise; gymnastic discipline.
ginocchiàta *f.* blow with [on] the knee • **dare una g. a q. nel ventre**, to knee sb. in the stomach □ **prendere una g. contro q.c.**, to bump one's knee against st.
ginocchièra *f.* ***1*** (*med.*) knee bandage ***2*** (*sport*) knee pad; knee guard.

ginòcchio *m.* knee: **in g.**, on one's knees; kneeling; **stare in g.**, to kneel; **cadere in g.**, to fall to one's knees; **mettersi in g.**, to kneel down; (*fig.*) **mettere q. in g.**, to bring sb. to his knees; **L'acqua mi arrivava al g.**, the water was up to my knees; I was knee-deep in water; **gonna al g.**, knee--length skirt; **calze al g.**, knee socks.

ginocchióni *avv.* on one's knees; kneeling: **cadere g.**, to fall to one's knees.

ginsèng *m.* (*bot.*) ginseng.

gin tonic *locuz. m.* gin and tonic.

giocàre ***A*** *v. i.* ***1*** to play; (*giocherellare, anche*) to toy: **g. con le bambole**, to play with dolls; **g. a pallone [a carte]**, to play ball [cards]; **g. agli indiani**, to play at being Indians; **g. in casa**, (*sport*) to play at home; (*fig.*) to be on one's home ground ***2*** (*anche* **g. d'azzardo**) to gamble; (*scommettere*) to bet*: **Non fuma e non gioca**, he doesn't smoke and doesn't gamble; **g. in Borsa**, to speculate on (*o* to play) the Stock Exchange; **g. alla roulette**, to play roulette; **g. forte**, to gamble heavily; to play for high stakes; **g. ai cavalli**, to bet on the horses ***3*** (*contare, agire*) to count; to play a part; to work: **Giocò molto la paura**, fear played a big part; **g. a favore di q.**, to work in sb.'s favour ***4*** (*mecc.*) to play freely • **g. a carte scoperte**, to lay one's cards on the table □ **g. d'astuzia**, to use cunning □ **g. sul sicuro**, to play safe □ (*fig.*) **A che gioco giochiamo?**, what is your (little) game?; what are you up to? ***B*** *v. t.* ***1*** to play: **g. una carta [una partita]**, to play a card [a game]; **g. un tiro a q.**, to play a trick on sb.; (*fig.*) **g. bene le proprie carte**, to play one's cards right ***2*** (*scommettere*) to bet*; (*puntare*) to stake: **g. 50.000 lire su Bimbo**, to bet 50,000 lire on Bimbo; **Mi gioco la testa che...**, I bet you anything that... ***3*** (*mettere a rischio*) to risk; to put* at risk (*fam.* on the line); (*al pass.*: *perdere*) to lose*, to throw* away, to ruin, (*al gioco*) to gamble away: **g. la carriera**, to risk one's career; to put one's career on the line; **Si è giocato la promozione**, he's ruined his chances of promotion ***4*** (*ingannare*) to trick; to fool.

giocàta *f.* ***1*** (*mossa*) move ***2*** (*puntata*) stake; bet ***3*** (*partita*) game ***4*** (*al lotto, ecc.*) combination.

giocatóre *m.* (*f.* **-trìce**) ***1*** player ***2*** (*d'azzardo*) gambler; (*sui cavalli*) punter • **g. in Borsa**, speculator (on the Stock Exchange).

giocàttolo *m.* ***1*** toy ***2*** (*fig.*) toy; plaything.

giocherellàre *v. i.* ***1*** to play (with); to toy (with); (*nervosamente*) to fiddle (with) ***2*** (*giocare senza voglia*) to play without enthusiasm.

giocherellóne *m.* (*f.* **-a**) ***1*** playful person; (*amante degli scherzi*) joker ***2*** (*di animale*) playful (*o* frolicsome) animal.

giochétto *m.* ***1*** (*tiro*) trick ***2*** (*cosa facile*) child's play Ⓤ; piece of cake (*fam.*); doddle (*fam.*).

giòco *m.* ***1*** (*attività*) playing Ⓤ, play Ⓤ; (*con regole*) game: **l'importanza del g. per i bambini**, the importance of playing for children; (*sport*) **al 20° minuto di g.**, after 20 minutes of play; **g. di parole**, play on words; pun; **giochi all'aperto**, outdoor games; **il g. degli scacchi**, the game of chess; **g. di carte**, card game; **i Giochi olimpici**, the Olympic Games; the Olympics; (*sport*) **g. leale [scorretto, pesante]**, fair [foul, rough] play; **fare un g.**, to play a game; (*sport*) **Fa un buon g.**, he plays a good game; **compagno di giochi**, playmate ***2*** (*d'azzardo*) gambling: **vincere al g.**, to win money gambling; **debiti di g.**, gambling debts; **casa da g.**, gambling house; **tavolo da g.**, gambling table; card table ***3*** (*mecc.*) play ***4*** (*scherzo*) joke; fun: **dire q.c. per g.**, to say st. as a joke; **fare q.c. per g.**, to do st. for fun ***5*** (*occorrente di un gioco*) set; (*giocattolo*) toy ***6*** (*effetto*) interplay; effect: **g. di tinte**, interplay of colours; **giochi di luce**, light effects • **g. a premi**, prize contest; (*radio, TV*) game show □ **g. d'azzardo**, game of chance □ (*fig.*) **un g. da ragazzi**, child's play; a piece of cake (*fam.*); a doddle (*fam.*) □ **g. di pazienza**, game of patience □ **g. di prestigio**, conjuring trick □ **g. di società**, parlour game □ **g. di squadra**, team game; (*collaborazione*) teamwork □ **g. in Borsa**, speculation on the Stock Exchange □ **giochi d'acqua**, fountains □ (*fig.*) **A che g. giochiamo?**, what is your (little) game?; what are you up to? □ (*fig.*) **aver buon g.**, to find it easy (to do st.) □ **campo di g.**, (*sportivo*) playing field; (*per bambini*) playground □ **Ho capito il suo g.**, I know what his game is (*o* what he is up to) □ **doppio g.**, double--crossing □ **fare il doppio g. con q.**, to double-cross sb. □ (*fig.*) **entrare in g.**, to come into play □ (*fig.*) **essere in g.**, to be involved; (*essere a rischio*) to be at stake, to be on the line (*fam.*) □ **fare il g. di q.**, to play sb.'s game; (*andare a vantaggio di q.*) to play into sb.'s hands □ **Fate il vostro g.!**, place your bets! □ **Si preme qui e il g. è fatto!**, you press here and Bob's your uncle! (*fam.*) □ **mettere in g.** (*rischiare*), to stake; to put on the line (*fam.*) □ **prendersi g. di q.**, to make fun of sb.; to pull sb.'s leg □ **scoprire il proprio g.**, to show one's hand; (*senza volere*) to give the game away □ **stare al g.**, (*stare alle regole*) to play the game; (*assecondare q.*), to go along with sb. [st.] □ **Il g. non vale la candela**, the game isn't worth the candle □ (*prov.*) **Un bel g. dura poco**, never take a joke too far.

giocofòrza *m.* — **essere g.**, to be unavoidable; **Fu g. obbedire**, I had to obey.

giocolière *m.* juggler.

giocondità *f.* gaiety; cheerfulness; mirth.

giocóndo *a.* ***1*** cheerful; merry ***2*** (*fam. spreg.*) daft.

giocosità *f.* playfulness.

giocóso *a.* playful; jocose • (*mus.*) **opera giocosa**, comic opera □ **poesia giocosa**, burlesque poetry.

giogàia *f.* (*geogr.*) mountain range.

giógo *m.* ***1*** (*anche fig.*) yoke ***2*** (*di bilancia*) beam ***3*** (*geogr.*) mountain ridge.

giòia (**1**) *f.* ***1*** joy; delight: **gioie e dolori**, joys and sorrows; **con mia grande g.**, to my great delight; **Che g.!**, how wonderful!; **dare una grande g. a q.**, to make sb. very happy ***2*** (*vocat.*) darling; love • **g. di vivere**, joie de vivre (*franc.*) □ **g. maligna**, malicious pleasure; gloating □ **darsi alla pazza g.**, to have a high old time; to live it up.

giòia (**2**) *f.* (*pietra preziosa*) jewel; gem.

gioielleria *f.* ***1*** (*arte*) jeweller's craft ***2*** (*negozio*) jewel(l)er's (shop).

gioiellière *m.* (*f.* **-a**) jeweller.

gioièllo *m.* ***1*** piece of jewellery; (*al pl.*) jewels, jewellery Ⓤ: **il mio g. preferito**, my favourite piece of jewellery; **gioielli di famiglia**, family jewels; **I miei gioielli sono in banca**, my jewellery is in the bank ***2*** (*fig.*) jewel; gem; treasure.

gioióso *a.* joyful; joyous; happy.

gioìre *v. i.* to be delighted (at, with, by); to rejoice (at, over); (*godere*) to take* delight (in).

giordàno *a. e m.* (*f.* **-a**) Jordanian (*f.* Jordanian woman*).

giornalàio *m.* (*f.* **-a**) newsagent (*GB*); newsdealer (*USA*); (*ambulante*) news vendor.

giornàle *m.* ***1*** (*quotidiano*) newspaper; paper; (*rivista*) magazine; (*rassegna*) journal, review: **È sul g.**, it's in the paper; **scrivere su un g.**, to write for a newspaper; **g. della sera**, evening paper; **g. di moda**, fashion magazine; **g. letterario**, literary review ***2*** (*diario*) journal • **g. a fumetti**, comic (*GB*); comic book (*USA*) □ **g. di bordo**, (*naut.*) (ship's) log; logbook; (*aeron.*) (air) log □ **g. radio**, (radio) news.

giornalétto *m.* comic (*GB*); comic book (*USA*).

giornalièro ***A*** *a.* daily; everyday (*attr.*) ***B*** *m.* (*f.* **-a**) day--labourer.

giornalino *m.* children's paper; (*a fumetti*) comic (*GB*), comic book (*USA*); (*scolastico*) school magazine.

giornalismo *m.* journalism; (*la stampa*) (the) press • **fare del g.**, to write for the papers.

giornalista *m. e f.* journalist; (*cronista*) reporter: **g. sportivo**, sports journalist; **g. televisivo**, television reporter; **g. indipendente**, freelance journalist.

giornalistico *a.* journalistic; newspaper (*attr.*); press (*attr.*): **stile g.**, journalistic style; **servizio g.**, report; feature; story.

giornalménte *avv.* daily.

giornàta *f.* ***1*** day: **g. lavorativa**, working day; workday; **g. festiva**, holiday; **g. libera**, day off; **una g. di cammino [di macchina]**, a day's march [drive]; **Buona g.!**, have a nice day!; **la g. di ieri**, yesterday; **per tutta la g.**, all day (long) ***2*** (*g. di lavoro*) day's work ***3*** (*paga*) day's pay • **g. campale**, exhausting day □ **g. di fuoco**, hectic day □ **g. (lavorativa) di otto ore**, eight-hour day □ **g. nera** (*o* **g. no**), bad day; off-day (*fam.*) □ **andare a giornate**, to depend on the day □ (**fresco**) **di g.**, (*di uovo*) newly-laid; (*fig.*) fresh □ **in g.**, (*oggi*) today; (*prima di sera*) by this evening: **Verrà in g.**, he'll be here sometime today □ **lavorare mezza g.**, to work part-time □ **pagare a g.**, to pay by the day (*o* on a daily basis) □ **vivere alla g.**, to take life as it comes; to drift along; (*per povertà*) to live from day to day.

giórno *m.* *1* day; (*ore di luce*) daytime, daylight: **g. e notte**, day and night; **un g. di permesso**, a day off; **il g. di Pasqua**, Easter Day; **Il g. se ne andava**, daylight was failing; **Si fa g.**, it's getting light; **Di g. è sempre fuori**, he's always out during the day; **dormire di g.**, to sleep in the daytime; **Te lo dirò un g.**, I'll tell you some (*o* one) day; **Un g. mi chiese...**, he once (*o* one day he) asked me...; **un g. o l'altro**, some day; one of these days; **un g. dopo l'altro**, day after day; **un g. sì, un g. no** (*o* **a giorni alterni**), every other day; on alternate days; **giorni fa**, a few days ago; **due volte al g.**, twice a day; **fra quindici giorni**, in a fortnight; in two weeks' time *2* (*al pl.*) (*tempo*) time (*sing.*); times: **giorni difficili**, hard times; **Ho passato dei brutti giorni**, I've been through a bad time; **passare i propri giorni a fare q.c.**, to spend one's time doing st. • **il G. del Giudizio**, Judgment Day; Doomsday □ **g. di paga**, payday □ **g. feriale**, weekday □ **g. festivo**, holiday □ **g. lavorativo**, working day; workday □ **g. per g.**, day by day; daily □ **a g.**, (*aperto*) open; (*visibile*) fully visible □ **Dovrebbe arrivare a giorni**, it should be here any day □ **al g. d'oggi**, nowadays; these days □ **Ha i giorni contati**, (*morirà presto*) he hasn't got long to live; (*fig.*) his days are numbered □ **Buon g.!**, *V.* **buongiorno** □ **Che g. è oggi?**, (*del mese*) what's the date (today)?; (*della settimana*) what day is it (today)? □ **da un g. all'altro**, from one day to the next; overnight □ **Ci corre come dal giorno alla notte**, they are as different as chalk and cheese □ **dare gli otto giorni**, to give a week's notice □ **di g. in g.**, from day to day; daily □ **di tutti i giorni**, day-to-day (*attr.*); everyday (*attr.*) □ **in pieno g.**, in broad daylight □ **tutti i santi giorni**, every blessed day □ **tutto il santo g.**, all day long □ **Un bel g...**, one (fine) day...

giòstra *f.* *1* (*stor.*) joust *2* (*nelle fiere, ecc.*) merry-go--round; carousel (*USA*).

giostràre *v. i.* *1* (*stor.*) to joust; to tilt *2* (*destreggiarsi*) to manoeuvre; to manage (st., sb.).

giovaménto *m.* benefit; help: **trarre g. da**, to derive benefit from; to benefit from.

gióvane *A* *a.* *1* young: **mantenersi g.**, to keep young; **g. di spirito**, young at heart; **da g.**, when I was [you were, etc.] young *2* (*giovanile*) youthful; young-looking *3* (*non stagionato*) new • **il g. Berti** (*il figlio*), Berti junior □ (*leg.*) **g. delinquente**, juvenile delinquent □ **attor g.**, juvenile lead □ **moda g.**, youth fashion □ **musica g.**, music for young people □ **Plinio il g.**, Pliny the Younger *B* *m.* young man*; youth • (*collett.*) **i giovani**, young people; the young: **i giovani d'oggi**, young people (*o* the young) today; the youth of today □ **g. di bottega**, apprentice *C* *f.* girl; young woman*.

giovanile *a.* youthful; (*da, per giovani*) youth (*attr.*): **viso g.**, youthful face; **dall'aria g.**, young-looking; **moda g.**, youth fashion; **vestire in modo g.**, to wear youthful clothes; to dress young • **delinquenza g.**, juvenile delinquency □ **opere giovanili**, juvenile (*o* early) works.

giovanotto *m.* young man*; youth; lad (*fam.*).

giovàre *A* *v. i.* *1* (*essere utile*) to be useful; to be of use; to be a help: **Giova saperlo**, it's useful to know; **Sapere le lingue ti gioverà**, foreign languages will be of help to you; **Giova ricordare che...**, it should be remembered that... *2* (*far bene*) to be good (for); to do* (sb., st.) good: **g. alla salute**, to be good for sb.'s heath; **La vacanza gli ha giovato**, the holiday did him good *B* **giovàrsi** *v. i. pron.* to take* advantage (of); to make* use (of).

giovedì *m.* Thursday. (*Per gli esempi d'uso, V. sotto* **martedì**) • **G. grasso**, Thursday before Lent □ **G. santo**, Holy Thursday.

giovènca *f.* heifer.

gioventù *f.* *1* youth: **in g.**, in one's youth; when I was [you were, etc.] young; **nella prima g.**, in one's early youth *2* (*i giovani*) young people; (the) young • **g. bruciata**, wasted youth; (*rif. agli anni 50*) beat generation □ **errori di g.**, youthful errors.

gioviàle *a.* jovial; cheerful; genial.

giovialità *f.* joviality; cheerfulness; geniality.

giovialóne *m.* (*f.* **-a**) jolly (*o* cheery) fellow (*f.* woman*).

giovinàstro *m.* lout; hooligan; hoodlum (*USA*); yob (*pop. GB*).

giovincèllo *m.* (*scherz.*) lad; stripling.

giovinézza *f.* youth • **vivere una seconda g.**, to have (been given) a new lease of live.

gip *m. invar. V.* **giudice per le indagini preliminari** *sotto* **giudice.**

gipsotèca *f.* collection (*o* gallery) of plaster casts.

giràbile *a.* (*comm., leg.*) endorsable.

giradischi *m.* record player.

giradito *m.* (*med.*) whitlow.

giràffa *f.* *1* (*zool.*) giraffe *2* (*cinem., radio, TV*) boom.

giraménto *m.* — **g. di testa**, fit of giddiness (*o* of dizziness); **avere un g. di testa**, to feel dizzy.

giramóndo *m. e f. invar.* *1* (*vagabondo*) wanderer; rover *2* (*turista; uomo d'affari*) globetrotter.

giràndola *f.* *1* (*fuoco d'artificio*) catherine wheel *2* (*giocattolo*) (toy) windmill *3* (*banderuola*) weathercock *4* (*turbinio*) whirl.

girandolóne *m.* (*f.* **-a**) gadabout.

girànte *m. e f.* (*comm.*) endorser.

giràre *A* *v. t.* *1* (*ruotare, voltare*) to turn: **g. il volante [la chiave, la testa]**, to turn the steering-wheel [the key, one's head]; **g. una pagina**, to turn (over) a page *2* (*far girare più volte, avvolgere*) to wind*: **g. una manovella**, to wind a handle; **Si girò la corda intorno al polso**, he wound the rope round his wrist *3* (*mescolare*) to stir *4* (*svoltare*) to turn: **g. l'angolo**, to turn the corner *5* (*esplorare, esaminare*) to go* (*o* to search) all over; (*visitare*) to go* around; (*per turismo*) to tour: **Girai tutta la casa senza trovarlo**, I went all over the house without finding it; **Girai molti negozi**, I went around lots of shops; **g. la Francia**, to tour France; **g. il mondo**, to travel (all over) the world *6* (*una domanda, una richiesta*) to pass; to refer (*form.*): **Giro a te la domanda**, I pass the question to you *7* (*un assegno, ecc.*) to endorse *8* (*cinem.*: *una scena*) to shoot*, to film; (*un film*) to make*, to film; (*come attore*) to act in • **g. il discorso**, to change the subject □ **g. una frase**, to rephrase a sentence *B* *v. i.* *1* (*ruotare*) to turn; (*rapidamente*) to spin*; (*specialm. mecc.*) to revolve; (*di contatore*) to tick away *2* (*svoltare*) to turn: **g. a destra**, to turn right *3* (*avvolgersi*) to wind* *4* (*andare in giro*) to go* round; (*passeggiare*) to walk around, to stroll; (*in auto*) to drive* around: **g. per la città**, to stroll [to drive] around the town; **g. alla ricerca di un posteggio**, to drive around looking for a parking space *5* (*circolare*) to be around; to circulate: **Girano strane voci**, there are strange rumours about *6* (*di idee, ecc.*: *mulinare*) to spin*; to whirl *7* (*del vento*) to veer • **g. al largo da q.c.**, to keep well clear of st.; to give st. a wide berth □ (*mecc.*) **g. al minimo**, to idle □ (*mecc.*) **g. a vuoto**, to race □ **g. in tondo**, to go round in circles □ **g. intorno a q.c.**, to go round st. □ **g. su se stesso**, to spin; (*fare dietro front*) to spin round □ **far g. la testa a q.**, to make sb. feel dizzy; to make sb.'s head spin □ **Quella donna gli ha fatto g. la testa**, he's besotted with that woman □ **Gira e rigira, alla fine lo trovai**, after much searching, I found it at last □ **Che ti gira?**, what's the clever idea? □ **Mi gira la testa**, I feel dizzy □ (*fam.*) **Se mi gira**, if I feel like it; if I'm in the mood □ (*fam.*) **Secondo come gli gira**, depending on his mood *C* **giràrsi** *v. rifl. e i. pron.* *1* to turn; (*completamente*) to turn round: **g. dall'altra parte**, to turn away; (*fig.*) **Non so da che parte girarmi**, I don't know which way to turn *2* (*cambiare posizione*) to turn over; (*agitarsi nel letto, ecc.*) to toss and turn.

girarròsto *m.* spit; roasting jack.

girasóle *m.* (*bot.*) sunflower.

giràta *f.* (*comm.*) endorsement.

giratàrio *m.* (*comm.*) endorsee.

giravòlta *f.* *1* full turn: **fare una g.**, to spin round *2* (*curva*) turn; sharp bend: **strada piena di giravolte**, road full of twists and turns *3* (*fig.*) sudden change; about-turn; about--face.

girellàre *v. i.* to stroll about; to saunter.

girèllo *m.* *1* (*per bambini*) baby walker *2* (*macelleria*) topside.

girétto *m.* (*a piedi*) short walk; stroll; (*in auto*) short drive, spin; (*in bicicletta*) short ride, spin; (*breve viaggio*) trip.

girévole *a.* turning; revolving; rotating: **porta g.**, revolving door; **sedia g.**, swivel chair; **ponte g.**, swing bridge.

girino *m.* (*zool.*) tadpole.

giro *m.* ***1*** turn; (*mecc.*) revolution, rev: **un g. di chiave [di fune]**, a turn of the key [of the rope] ***2*** (*cerchio, circuito*) circle; ring; circuit ***3*** (*passeggiata*) stroll; walk; (*in auto*) drive, run; (*in bicicletta, a cavallo*) ride; (*escursione, viaggio*) tour: **fare un g.**, to go for (*o* to take) a stroll; to go for a drive [a ride]; **Mi fai fare un g. sulla tua moto?**, can I have a ride on your motorbike?; **il g. del mondo**, a tour around the world; **fare il g. del mondo**, to go round the world; **fare un g. in Spagna**, to tour Spain; **g. turistico di una città**, sightseeing tour of a city ***4*** (*percorso circolare*) round; tour: **g. di ispezione**, round (*o* tour) of inspection; **g. di visite**, round of visits; (*di medico*) rounds (*pl.*); **Bisogna fare il g. di là**, we've got to go round that way; **Feci il g. di tutti i giornalai**, I did the round of all the newsagents; **La notizia fece subito il g. della città**, the news was all over town in no time; **Mi fece fare il g. dell'ufficio** (*o* **Mi portò in g. per l'ufficio**), he showed me round the office ***5*** (*sport*: *gara*) tour; (*g. di pista*) lap: **il g. di Francia**, the Tour de France; **g. d'onore**, lap of honour ***6*** (*ambiente*) circle; milieu; group: **g. di amici**, circle of friends; **essere [non essere] nel g.**, to be an insider [an outsider]; **Ormai sono fuori dal g.**, I'm not involved any more; I no longer move in those circles ***7*** (*attività criminale*) racket, ring; (*ambiente criminale*) scene: **il g. della droga**, the drug racket; the drug scene; **È in un g. di droga**, he's mixed up with drug peddlers (*o* with drugs) ***8*** (*a carte*) deal ***9*** (*lavoro a maglia*) row • (*comm.*) **g. d'affari**, turnover □ **g. manica**, armhole □ (*fig.*) **g. di boa**, turning point □ **g. di orizzonte**, survey □ **g. di parole**, circumlocution; roundabout expression: **fare tanti giri di parole**, to beat about the bush □ (*autom.*) **g. di prova**, test drive □ **g. di vite**, turn of the screw; (*fig.*) tightening □ **g. vita**, waist measurement □ **a g. di posta**, by return of post □ **andare a dire q.c. in g.**, to repeat st.; to blab (*fam.*) □ **chiudere a doppio g. di chiave**, to double-lock □ **dare un g. di chiave a q.c.**, to lock st. once □ **Che si dice in g.?**, what's the news? □ **fare un g. di telefonate**, to ring round □ **giù di giri**, depressed □ **in g.**, around; round; about: **C'è in g. Marco?**, is Marco around?; **Devono essere qui in g.**, they must be around somewhere; **in g. per il mondo**, around the world; **Il dottore è in g. per visite**, the doctor is on his rounds; **lasciare q.c. in g.**, to leave st. lying about □ **mettere in g. una chiacchiera**, to spread a rumour □ **nel g. di un mese**, within a month □ **prendere in g. q.**, to pull sb.'s leg; to kid (*USA*); (*ingannare*) to fool □ **su di giri**, (*mecc.*) revved up; (*fig.*) in high spirits.

girobùssola *f.* (*naut.*) gyrocompass.

girocòllo ***A*** *m. invar.* ***1*** (*maglione*) round-necked jumper ***2*** (*collana*) choker ***B*** *a. invar.* round-necked.

girocónto *m.* (*fin.*) transfer; giro*.

giróne *m.* ***1*** (*sport*) round (of games): **g. di andata [di ritorno]**, first [second] round ***2*** (*dantesco*) circle (of Hell).

gironzolàre *v. i.* to stroll about; (*nello stesso posto*) to loiter about; (*intorno a q.*) to hover around.

giroscòpio *m.* (*naut., mecc.*) gyroscope.

girotóndo *m.* ***1*** round dance ***2*** (*di bambini*) ring-a-ring-o'--roses (*GB*); ring-around-the-rosy (*USA*): **fare il g.**, to play ring-a-ring-o'-roses • **fare un g. intorno a q.**, to dance round st.

girovagàre *v. i.* to wander (*o* to roam) about.

giròvago ***A*** *a.* wandering; strolling: (*teatr.*) **attori girovaghi**, strolling players ***B*** *m.* (*f.* **-a**) ***1*** wanderer; rover; (*vagabondo*) vagrant, drifter ***2*** (*venditore ambulante*) pedlar.

gita *f.* trip; excursion; outing; (*a piedi*) walk, hike: **g. scolastica**, school trip; **g. in montagna**, mountain walk (*o* hike); **fare una g.**, to go on a trip; to make an excursion.

gitàno *a. e m.* (*f.* **-a**) gipsy.

gitànte *m. e f.* excursionist; tripper; (*a piedi*) hiker.

gittàta *f.* (*balistica*) range.

giù *avv.* ***1*** down; (*dabbasso*) downstairs: **qua giù**, down here; **cadere giù**, to fall down; **Metti giù quei soldi!**, put down that money!; **Ti aspetto giù nell'ingresso**, I'll wait for you downstairs in the hall; **Sono giù in giardino**, I'm down in the garden; **giù di là**, down that way; **giù per le scale**, down the stairs; **Abita più in giù**, he lives further down ***2*** (*fam.*: *di salute*) run down, below par; (*depresso*) depressed, low, in low spirits • **Giù di lì**, get down from there! □ **Giù le mani!**, hands off □ **Giù il cappello!**, take off your hat!; (*fig.*) hats off! □ **giù giù fino al fattorino**, right down to the errand boy □ **avere giù la voce**, to be hoarse □ **Lo presero e giù botte!**, they grabbed him and beat the living daylights out of him □ **Aprì la bocca e giù parolacce!**, he let out a string of curses □ **in giù**, down; downwards: **guardare in giù**, to look down (*o* downwards); **a faccia in giù**, face down (*o* downwards); **dal collo in giù**, from the neck down; **dalla vita in giù**, below the waist; **dal direttore in giù**, from the manager down (*o* downwards); **da Napoli in giù**, south of Naples; **i bambini dai 5 anni in giù**, children of 5 and under; **Costa tutto dalle 5000 lire in giù**, everything costs 5,000 lire or less □ **o giù di lì**, or thereabouts □ **più giù**, further down □ **su e giù**, up and down; (*avanti e indietro*) to and fro □ **su per giù**, more or less; roughly.

giùbba *f.* ***1*** (*giacca*) jacket (*anche mil.*); coat ***2*** (*da fantino*) jockey's shirt.

giubbétto *m.* ***1*** (short) jacket ***2*** (*da donna*) bolero ***3*** (*scherma*) jacket.

giubbòtto *m.* jacket; (*di pelle*) leather jacket; (*da marinaio*) reefer • **g. antiproiettile**, bullet-proof vest □ **g. salvagente**, life jacket.

giubilànte *a.* jubilant; exultant.

giubilàre ***A*** *v. i.* to exult; to rejoice ***B*** *v. t.* (*iron. o scherz.*) to pension off; to superannuate.

giubilèo *m.* jubilee.

giùbilo *m.* rejoicing; exultation.

giùda *m. invar.* (*traditore*) Judas; traitor.

giudàico *a.* Judaic.

giudaismo *m.* Judaism.

giudèo ***A*** *a.* ***1*** (*della Giudea*) Judaic ***2*** (*ebraico*) Jewish ***B*** *m.* (*f.* **-a**) ***1*** (*abitante della Giudea*) Judean ***2*** (*ebreo*) Jew.

giudicànte (*leg.*) ***A*** *a.* judging ***B*** *m.* judge.

giudicàre ***A*** *v. t.* ***1*** (*leg.*) to judge; (*processare*) to try: **g. per direttissima**, to try summarily; **g. q. colpevole [innocente]**, to find sb. guilty [not guilty] ***2*** (*valutare*) to judge; (*considerare*) to consider, to think*: **g. bene q.**, to judge sb. right; **g. male q.**, to misjudge sb.; **g. q.c. inadatto**, to consider st. unsuitable; **La gente lo giudicava pazzo**, people thought he was mad ***B*** *v. i.* to judge; to pass judgment: **g. dalle apparenze**, to judge (*o* to go) by appearances; **a g. dai risultati**, judging by the results; if we have to go by the results.

giudicàto *m.* (*leg.*) sentence; final judgment • **passare in g.**, to become final.

giùdice *m. e f.* ***1*** (*leg.*: *presidente di tribunale*) judge; (*magistrato*) magistrate: **g. istruttore**, investigating magistrate; **g. per le indagini preliminari**, magistrate in charge of preliminary investigations ***2*** (*sport*) judge; umpire; (*di concorso*) judge: **g. d'arrivo**, finishing-line judge; **g. di gara**, umpire ***3*** (*intenditore*) judge: **Non sono un buon g.**, I'm no judge • **g. conciliatore**, justice of the peace □ (*leg.*) **g. popolare**, member of the jury □ **erigersi a g.**, to presume to pass judgment.

giudiziàle *a.* (*leg.*) judicial; trial (*attr.*): **spese giudiziali**, trial expenses.

giudiziàrio *a.* (*leg.*) judicial; judiciary: **atto g.**, judicial act; **procedimento g.**, judicial proceedings (*pl.*) • **ufficiale g.**, bailiff □ **vendita giudiziaria**, forced sale.

giudizio *m.* ***1*** (*capacità di giudicare*) judg(e)ment; (*senno*) wisdom, (common) sense: **Non mi fido del suo g.**, I don't trust his judgment; **errore di g.**, error of judgment; **l'età del g.**, the age of reason; **pieno di g.**, full of common sense; **avere g.**, to be sensible ***2*** (*opinione*) opinion; judg(e)ment: **a mio g.**, in my opinion; **a g. unanime**, by general consent ***3*** (*leg.*: *processo*) trial; proceedings (*pl.*); (*sentenza*) decree, judg(e)ment; (*verdetto*) verdict: **rinviare q. a g.**, to commit sb. for trial; **citare in g.**, to summons; **comparire in g.**, to appear before the court; **in attesa di g.**, awaiting trial; **g. sommario**, summary trial; **pronunciare un g. su q.**, to pass judgment on sb.; **g. di condanna**, guilty verdict; **g. di primo grado**, judgment of first instance; **g. arbitrale**, award • **il G. universale**, the Last Judgment □ (*stor.*) **g. di Dio**, ordeal □ **fare g.**, to behave oneself; (*di bambino*) to be good, to be a good boy [girl] □ **mettere g.**, to become sensible; (*calmarsi, ravvedersi*) to settle down □ **senza g.**, (*sciocco*) foolish; (*avventato*) rash.

giudizióso *a.* sensible; judicious (*form.*).

giùggiola *f.* — **andare in brodo di giuggiole**, to go into

raptures; to be on cloud nine (*fam.*).
giuggiolóne *m.* silly-billy; ninny; booby.
giùgno *m.* June. (*Per gli esempi d'uso, V. sotto* **aprile**).
giugulàre *a.* (*anat.*) jugular: **vena g.**, jugular vein.
giulèbbe *m.* julep.
giuliàno *a.* Julian: **il calendario g.**, the Julian calendar.
giulìvo *a.* cheerful; joyful; merry.
giullàre *m.* (*menestrello*) minstrel; (*buffone*) jester, (*anche fig.*) buffoon.
giuménta *f.* mare.
giùnca *f.* (*naut.*) junk.
giunchìglia *f.* (*bot.*) jonquil; daffodil.
giùnco *m.* (*bot.*) rush.
giùngere ***A*** *v. i.* to arrive (at, in); to come* (to); to reach (st.); to get* (to): **Giunse l'inverno**, winter arrived (*o* came); **g. in tempo**, to arrive in time; **g. primo**, to be the first to arrive; **g. a destinazione** [**alla meta**], to reach one's destination [one's goal]; **g. a una conclusione**, to come to (*o* to arrive at) a conclusion; **Giunse a dire che...**, he went so far as to say that... • **Mi giunge nuovo**, it's news to me □ **Mi è giunto all'orecchio che...**, I've heard a rumor that... ***B*** *v. t.* (*congiungere*) to join.
giùngla *f.* jungle.
giunònico *a.* Junoesque.
giùnta (1) *f.* ***1*** (*aggiunta*) addition; added (*o* extra) piece: **fare una g. alla gonna**, to add an extra piece to the skirt ***2*** (*punto di unione*) seam; (*cinem.*) splice • **per g.**, in addition; what's more; into the bargain; to boot.
giùnta (2) *f.* ***1*** (*organo collegiale*) committee; council; board: **g. municipale**, town (*USA* city) council; **g. consultiva**, advisory committee ***2*** (*mil., polit.*) junta.
giuntàre *v. t.* ***1*** to join; (*cucendo*) to sew* together ***2*** (*cinem.*) to splice.
giuntatrìce *f.* (*cinem.*) splicer.
giùnto ***A*** *a.* joined: **mani giunte**, hands joined (in prayer) ***B*** *m.* (*mecc.*) joint; (*di accoppiamento*) coupling: **g. a cerniera**, hinged joint; **g. cardanico** (*o* **universale**), universal joint; **g. idraulico**, hydraulic coupling.
giuntùra *f.* ***1*** join; (*cucitura*) seam ***2*** (*anat.*) joint.
giunzióne *f.* ***1*** junction; connection ***2*** (*mecc.*) joint.
giuòco e *deriv. V.* **gioco** e *deriv.*
giuraménto *m.* oath: **prestare g.**, to take an oath; (*polit.*) to be sworn in; **Faccio g. che...**, I swear that...; **mancare al g.**, to break one's oath; **g. di fedeltà**, oath of allegiance; **sotto g.**, on (*o* under) oath.
giuràre ***A*** *v. t.* to swear*: **g. eterno amore** [**fedeltà**], to swear eternal love [allegiance]; **g. di dire la verità**, to swear to tell the truth; **g. il falso**, to commit perjury; **Ti giuro che l'ho visto!**, I swear I saw him; **Non ci giurerei**, I couldn't swear to it • **giurarla a q.**, to swear to get even with sb. ***B*** *v. i.* to swear*; to take* an (*o* one's) oath: **g. su q.c.**, to swear on st.; **I ministri hanno giurato nelle mani del presidente**, the ministers were sworn in by the president • **g. e spergiurare**, to swear blind □ **Ci giurerei che l'ha dimenticato**, I bet he's forgotten.
giuràssico *a. e m.* (*geol.*) Jurassic.
giuràto ***A*** *a.* sworn: **nemico g.**, sworn enemy; (*leg.*) **dichiarazione giurata**, sworn statement; affidavit ***B*** *m.* (*f.* **-a**) (*leg.*) juror; juryman* (*f.* jurywoman*); member of the jury; (*al pl., collett.*) jury.
giureconsùlto *m.* (*leg.*) jurisconsult; jurist.
giurì *m.* (*leg.*) jury • **g. d'onore**, court of honour.
giurìa *f.* ***1*** (*leg.*) jury ***2*** (*di gara, ecc.*) jury; (panel of) judges.
giuridicità *f.* lawfulness; legality.
giurìdico *a.* (*leg.*) juridical; legal; law (*attr.*): **persona giuridica**, juridical person; **stato g.**, legal status; **studi giuridici**, law studies; **norma giuridica**, law.
giurisdizionàle *a.* jurisdictional.
giurisdizióne *f.* (*leg.*) jurisdiction: **rientrare** [**non rientrare**] **nella g. di**, to come under [to lie outside] the jurisdiction of.
giurisprudènza *f.* ***1*** (*dottrina giuridica*) jurisprudence; law ***2*** (*insieme di decisioni*) decisions (*pl.*) of the courts; (*nel diritto anglosass.*) case law.
giurìsta *m. e f.* jurist.
giustaménte *avv.* ***1*** (*a ragione*) rightly; justly ***2*** (*con giustizia*) justly; fairly ***3*** (*correttamente*) correctly.
giustappórre *v. t.* to juxtapose.
giustapposizióne *f.* juxtaposition.
giustézza *f.* ***1*** (*legittimità*) justness; fairness ***2*** (*esattezza*) correctness; accuracy; (*di argomento*) soundness; (*di osservazione*) aptness ***3*** (*tipogr.*) justification.
giustificàbile *a.* justifiable.
giustificàre ***A*** *v. t.* ***1*** (*legittimare*) to justify; to warrant ***2*** (*dare conto di*) to justify; to explain; to account for ***3*** (*scusare*) to excuse ***4*** (*tipogr.*) to justify ***B*** **giustificàrsi** *v. rifl.* ***1*** to justify oneself ***2*** (*scusarsi*) to excuse oneself.
giustificataménte *avv.* justifiably; with good reason.
giustificativo *a.* justifying.
giustificazióne *f.* ***1*** justification: **a g. di**, in justification of ***2*** (*a scuola*) note (from one's parent) ***3*** (*tipogr.*) justification.
giustìzia *f.* ***1*** justice; (*imparzialità*) fairness, equity: **agire con g.**, to act with justice (*o* fairness); **fare g.**, to do justice; **rendere g. a q.**, to do justice to sb.; **g. sommaria**, rough justice ***2*** (*leg.*) law; justice: **La g. segue il suo corso**, the law is taking its course; **Palazzo di G.**, Law Courts (*pl.*) • **con g.**, fairly; justly □ **farsi g. da sé**, to take the law into one's own hands □ **per amore di g.**, in all fairness □ **presentarsi alla g.**, to give oneself up □ **ricorrere alla g.**, to have recourse to the law □ **secondo g.**, by right.
giustiziàre *v. t.* to execute; to put* to death.
giustizière *m.* ***1*** executioner ***2*** (*vendicatore*) avenger.
giùsto ***A*** *a.* ***1*** (*ispirato a giustizia*) just; (*equo, imparziale*) fair: **giudice g.**, just (*o* fair) judge; **causa giusta**, just cause; **giusta critica**, fair criticism; **Siamo giusti!**, let's be fair!; **Mi sembra g.** (*d'accordo*), fair enough ***2*** (*che va bene*) right; (*non errato*) right, correct, sound: **È g. che tu lo sappia**, it's right you should know; **l'altezza giusta**, the right height; **la risposta giusta**, the correct answer; **ragionamento g.**, sound argument; **Hai l'ora giusta?**, have you got the right time? ***3*** (*meritato*) just; well-deserved: **g. premio**, well--deserved prize ***4*** (*legittimo, giustificato*) lawful; legitimate: **giusta rivendicazione**, lawful claim; **g. desiderio**, legitimate aspiration ***5*** (*appropriato, conveniente*) right; fit: **quando ritieni g.**, when you see fit • **g. di sale**, with enough salt in it □ **il g. mezzo**, a happy medium □ **un metro g.**, exactly one metre □ **La gonna mi sta giusta**, the skirt just fits □ **per dirla giusta**, to tell the truth □ **quel che è g. è g.**, fair's fair □ **Il corpino è un po' troppo g.**, the bodice is a bit tight ***B*** *m.* ***1*** (*f.* **-a**) just person; (*relig.*) righteous person: **i giusti**, the just; the righteous ***2*** (*ciò che è giusto*) what is right; what is fair; (*ciò che spetta a q.*) (sb.'s) due: **essere nel g.**, to be in the right; **pagare il g.**, to pay the right price ***C*** *avv.* ***1*** (*esattamente*) correctly; precisely: **rispondere g.**, to answer correctly ***2*** (*proprio*) just; exactly: **È venuto g. ora**, he has just come; **Stavo g. dicendo...**, I was just saying...; **g. in quell'istante**, at that very moment; **Cercavo g. te!**, you're the very person I was looking for!; **starci g. g.**, just to fit in; to fit in exactly • **colpire g.**, to shoot straight; (*fig.*) to hit the nail on the head; (*indovinarci*) to make a lucky guess ***D*** *inter.* right!; just so!
glàbro *a.* hairless; glabrous (*scient.*).
glaciàle *a.* ***1*** (*geol.*) glacial; ice (*attr.*): **era g.**, glacial (*o* ice) age ***2*** (*gelido, anche fig.*) icy; glacial.
glaciazióne *f.* (*geol.*) glaciation.
gladiatóre *m.* gladiator.
gladìolo *m.* (*bot.*) gladiolus*.
glàssa *f.* (*cucina*) icing (*GB*); frosting (*USA*).
glassàre *v. t.* (*cucina*) ***1*** (*dolci*) to ice (*GB*); to frost (*USA*) ***2*** (*carne*) to glaze.
glassàto *a.* (*cucina*) ***1*** (*di dolce*) iced (*GB*); frosted (*USA*); glacé ***2*** (*di carne*) glazed.
glàuco *a.* (*lett.*) blue-green; greyish-blue; glaucous.
glaucòma *m.* (*med.*) glaucoma.
glèba *f.* clod; glebe • **servo della g.**, serf.
gli (1) *art. determ. V.* **i**.
gli (2) *pron. pers. m. 3ª pers.* ***1*** (*a lui*) (to) him; (*a esso*) (to) it: **Gli parlai**, I spoke to him; **Gli scrissi una lettera**, I wrote him a letter; **Il caffè non gli fa bene**, coffee isn't good for him; **Gli diedi un biscotto**, I gave him [it] a biscuit ***2*** (*fam.*: *a loro*) (to) them • **Dagliela!**, give it to him [to her, to them]; **Gliela presentai**, I introduced her to him [to her, to them]; **Gliel'ho descritto**, I described it [him] to him [to her, to them]; **Gliel'ho promesso**, I promised it to him [to her, to them]; **Gliel'ho detto**, I told him [her, them]; **Glieli**

ho mandati [Gliele ho mandate], I sent them to him [to her, to them]; **Devi parlargliene**, you must talk to him [to her] about it; **Gliene diedi due**, I gave him [her] two.

glicemìa *f.* (*med.*) glyc(a)emia.

glicèmico *a.* (*med.*) glyc(a)emic.

glicerina *f.* (*chim.*) glycerin(e); glycerol.

glicine *m.* (*bot.*) wistaria, wisteria.

gliéla, **gliéle**, **gliéli**, **gliélo**, **gliéne** *V.* **gli** (2).

glifo *m.* (*archit.*) glyph.

glissàre *v. i.* to skirt (st.); to evade (st.); (*assol.*) to change the subject: **g. su una domanda**, to evade a question.

globàle *a.* overall; total; comprehensive; global: **visione g.**, overall view; **importo g.**, total sum (*o* global).

glòbo *m.* globe • **il g. (terrestre)**, the globe □ **g. oculare**, eyeball.

globulàre *a.* globular; globe-shaped.

globulìna *f.* (*biol., chim.*) globulin.

glòbulo *m.* ***1*** globule ***2*** (*biol.*) corpuscle; blood cell.

glòria (**1**) *f.* ***1*** glory; fame: **coprirsi di g.**, to cover oneself with glory; **avido di g.**, hungry for fame ***2*** (*vanto*) pride: **la g. della famiglia**, the pride of the family • (*scherz.*) **lavorare per la g.**, to work for nothing □ **rendere g. a**, to glorify □ **Che Dio l'abbia in g.!**, (may) God rest his soul! □ **una vecchia g. del teatro**, a former star of the theatre.

glòria (**2**) *m. invar.* (*eccles., mus.*) gloria.

gloriàrsi *v. i. pron.* to glory (in); to be proud (of); to pride oneself (on); (*vantarsi*) to boast (of, about).

glorificàre *v. t.* to glorify.

glorificazióne *f.* glorification.

glorióso *a.* ***1*** glorious; (*illustre*) illustrious ***2*** (*teol.*) glorified • (*scherz.*) **g. e trionfante**, as pleased as Punch; over the moon.

glòssa *f.* gloss.

glossàrio *m.* glossary.

glòttide *f.* (*anat.*) glottis*.

glottologìa *f.* comparative philology; linguistics (*pl. col verbo al sing.*).

glottòlogo *m.* (*f.* **-a**) comparative philologist; linguist.

glucòṣio *m.* (*chim.*) glucose.

glu glu *inter. e m.* ***1*** (*di liquido*) gurgle gurgle; glug glug ***2*** (*del tacchino*) gobble gobble.

glutammàto *m.* (*chim.*) glutamate.

glutàmmico *a.* (*chim.*) glutamic.

glùteo *m.* (*anat.*) gluteus; (*com.*) buttock.

glùtine *m.* gluten.

glutinóso *a.* glutinous; sticky.

gneiss *m.* (*geol.*) gneiss.

gnòcco *m.* ***1*** (*al pl.*) (*cucina*) gnocchi; potato dumplings ***2*** (*fam.: gonfiore*) lump; bump ***3*** (*sciocco*) blockhead; chump.

gnòmico *a.* gnomic.

gnòmo *m.* gnome; goblin.

gnomóne *m.* gnomon.

gnòrri *m. e f.* — **fare lo [la] g.**, to pretend not to know; to play dumb (*fam.*).

gnoṣeologìa *f.* (*filos.*) gnoseology.

gnoṣeològico *a.* (*filos.*) gnoseological.

gnu *m.* (*zool.*) gnu; wildebeest.

goal *V.* **gol**.

gòbba *f.* ***1*** hump; (*protuberanza, anche*) bump: **la g. del cammello**, a camel's hump; **strada tutta gobbe**, bumpy road ***2*** *V.* **gobbo** (**1**), *B, def. 1*.

gòbbo (**1**) ***A*** *a.* ***1*** humpbacked; hunchbacked ***2*** (*curvo*) hunched up; bent • **camminare g.**, to walk with a stoop □ **Non stare g.!**, straighten your back! ***B*** *m.* (*f.* **-a**) ***1*** (*persona gobba*) humpback; hunchback ***2*** (*protuberanza*) hump; bump • (*fam.*) **avere q. sul g.** (*non sopportare*), not to stand sb. □ (*fam.*) **Mi è rimasto sul g.**, I've been lumbered with it; I'm saddled with it.

gòbbo (**2**) *m.* (*TV*) autocue ®; teleprompter ® (*USA*); idiot board (*fam.*).

goccétto *V.* **goccio**.

góccia *f.* drop: **g. di pioggia**, drop of rain; raindrop; **g. di sudore**, drop (*o* bead) of sweat; **caffè con una g. di latte**, coffee with a drop of milk; **a g. a g.**, drop by drop; a drop at a time • **la g. che fa traboccare il vaso**, the straw that broke the camel's back; the last straw □ **una g. nel mare**, a drop in the ocean □ **avere la g. al naso**, to have a runny nose □ **orecchini a g.**, drop-earrings; (*perle*) pearl-drops □ **somigliarsi come due gocce d'acqua**, to be as like as two peas (in a pod).

gocciàre *V.* **gocciolare**.

góccio *m.* (*fam.*) drop; (*di alcolico, anche*) tot, noggin.

gócciola *f.* drop.

gocciolàre ***A*** *v. t.* to drip; to drop ***B*** *v. i.* to drip; to trickle; (*del naso*) to run*.

gocciolìo *m.* dripping; trickling.

godére ***A*** *v. i.* ***1*** (*rallegrarsi*) to be glad; to be delighted: **Godo di saperlo felice**, I'm glad to know he is happy ***2*** (*provare piacere*) to love; to enjoy; to delight (in, at): **Ci gode a fare scherzi alla gente**, he enjoys playing tricks on people ***3*** (*avere, fruire*) to have (st.); to enjoy (st.); to benefit (from): **g. di buona salute**, to enjoy good health; **Godo della sua fiducia**, he trusts me ***B*** *v. t.* ***1*** (*gustare*) to enjoy: **g. (***o* **godersi) le vacanze**, to enjoy one's holidays; **godersela**, to have a good time; to enjoy oneself ***2*** (*possedere, usufruire*) to enjoy; to have: **g. buona salute**, to enjoy good health.

goderéccio *a.* (*di persona*) pleasure-loving • **fare vita godereccia**, to lead a life of pleasure.

godiménto *m.* ***1*** enjoyment; pleasure; delight; **trarre g. da q.c.**, to derive pleasure from st.; to take pleasure in st. ***2*** (*leg.*) possession; enjoyment.

godùria *f.* (*scherz.*) bliss; luxury • (*iron.*) **Sai che g.!**, some fun!

goffàggine *f.* ***1*** awkwardness; clumsiness ***2*** (*detto, atto goffo*) awkward (*o* clumsy) remark [gesture, etc.]; blunder.

gòffo *a.* awkward; clumsy; ungainly; (*di abito*) shapeless.

goffràre *v. t.* (*mecc.*) to emboss.

gógna *f.* pillory: **mettere alla g.**, to pillory.

gòl *m. invar.* (*sport*) goal: **fare un gol**, to score a goal; **gol della bandiera**, consolation goal; **gol di testa**, header into the net; **gol del pareggio**, equaliser; **gol della vittoria**, decider; **gol su punizione**, penalty goal.

góla *f.* ***1*** (*anat.*) throat: **avere un nodo alla g.**, to have a lump in one's throat; **avere mal di g.**, to have a sore throat ***2*** (*golosità*) gluttony; greediness; greed ***3*** (*geogr.*) gorge; ravine; gully ***4*** (*di tiraggio, del camino, ecc.*) flue • **fare g.**, to be tempting; to be a great temptation; to be coveted: **un'offerta che fa g.**, a very tempting offer; **un posto che fa g.**, a highly coveted job □ **gridare a piena g.**, to shout at the top of one's voice □ **prendere q. per la g.**, to tempt sb. (with food) □ **ridere a g. spiegata**, to roar with laughter.

golétta *f.* (*naut.*) schooner.

gòlf (**1**) *m.* (*sport*) golf.

gòlf (**2**) *m. invar.* (*indumento*) jersey; pullover; (*specialm. da donna*) jumper; (*maglione*) sweater; (*aperto*) cardigan.

golfista *m. e f.* (*sport*) golfer.

golfìstico *a.* (*sport*) golf (*attr.*).

gólfo *m.* gulf.

goliardìa *f.* ***1*** (*goliardi*) university students (*pl.*) ***2*** (*tradizione*) goliardy ***3*** (*spirito*) goliardic tradition.

goliàrdico *a.* (university) students' (*attr.*); student's (*attr.*): **ballo g.**, students' ball; **berretto g.**, student's hat.

goliàrdo *m.* (*f.* **-a**) university student; undergraduate.

golliṣmo *m.* (*polit.*) Gaullism.

gollista *a., m. e f.* (*polit.*) Gaullist.

goloserìa, **golosità** *f.* ***1*** greediness; gluttony ***2*** (*boccone prelibato*) delicacy; titbit.

golóso ***A*** *a.* ***1*** (*di persona*) greedy; gluttonous: **essere g. di gelati**, to love ice-cream; **essere g. di dolci**, to have a sweet tooth ***2*** (*appetitoso*) tempting; mouth-watering ***B*** *m.* (*f.* **-a**) glutton; gourmand.

gólpe (*spagn.*) *m. invar.* (*polit.*) (military) coup.

golpista *m. e f.* (*polit.*) participant in a (military) coup.

gómena *f.* (*naut.*) hawser; cable; (*da rimorchio*) towrope.

gomitàta *f.* push with the elbow; (*d'intesa, di avvertimento*) nudge • **dare una g. a q.**, to thrust one's elbow into sb.; to elbow sb.; (*per richiamare l'attenzione*) to nudge sb. □ **farsi strada a gomitate**, to elbow one's way forward.

gómito *m.* ***1*** (*anat.*) elbow ***2*** (*di tubo*) elbow ***3*** (*di fiume, ecc.*) sharp bend • **g. a g.**, shoulder to shoulder □ (*fig.*) **a g.**, bent; L-shaped □ **curva a g.**, hairpin bend □ **alzare il g.**, to drink too much □ **farsi avanti a forza di gomiti**, to elbow one's way forward □ (*anat.*) **punta del g.**, funny (*USA* crazy) bone.

gomitolo *m.* ball (of wool, cotton, etc.).

gómma *f.* **1** (*caucciù*) rubber: **g. espansa**, foam rubber **2** (*per cancellare*) rubber (*GB*); eraser **3** (*sostanza resinosa*) gum **4** (*pneumatico*) tyre, tire (*USA*): **g. di scorta**, spare tyre; **avere una g. a terra**, to have a flat tyre • **g. arabica**, gum arabic □ **g. da masticare**, chewing gum.

gommalàcca *f.* (*ind.*) shellac.

gommapiùma ® *f.* foam rubber.

gommàto *a.* **1** (*di carta*) gummed **2** (*di tessuto*) rubberized.

gommìna ® *f.* (hair) gel.

gommìsta *m.* (*autom.*) **1** (*riparatore*) tyre (*USA* tire) repairer **2** (*rivenditore*) tyre (*USA* tire) dealer.

gommóne *m.* (*naut.*) rubber dinghy.

gommóso *a.* gummy; rubbery.

gònade *f.* (*anat.*) gonad.

góndola *f.* gondola.

gondolière *m.* gondolier.

gonfalóne *m.* banner.

gonfalonière *m.* **1** banner bearer **2** (*stor.*) gonfalonier.

gonfiàbile *a.* inflatable.

gonfiàre ***A*** *v. t.* **1** (*con aria, gas*) to blow* up; to inflate; to dilate; (*con una pompa*) to pump up: **g. un pneumatico** [**un palloncino**], to blow up (*o* to inflate) a tyre [a balloon]; **g. il petto**, to puff out one's chest; **g. lo stomaco**, to dilate the stomach **2** (*distendere*) to fill: **g. le vele**, to fill the sail **3** (*un fiume, ecc.*) to swell* **4** (*ingigantire*) to exaggerate; to hype (*fam.*); (*econ.*) to inflate: **g. una notizia**, to hype a piece of news; **g. i costi**, to inflate costs ***B*** *v. i. e* **gonfiàrsi** *v. i. pron.* **1** (*anche med.*) to swell* (up) **2** (*distendersi*) to swell* out; to fill **3** (*crescere*) to swell*; to rise*.

gonfiàto *a.* **1** (*riempito d'aria*) blown up; inflated; pumped up **2** (*di notizia, ecc.*) exaggerated; puffed up; hyped (*fam.*); (*di prezzo*) inflated.

gonfiatùra *f.* **1** swelling; inflation **2** (*di notizia, ecc.*) exaggeration; hype (*fam.*).

gónfio *a.* **1** swollen; puffed up: **piede g.**, swollen foot; **occhi gonfi**, puffy eyes; **fiume g.**, swollen river **2** (*riempito d'aria, di gas*) blown up; inflated; puffed out: **palloncino g.**, inflated balloon; **guance gonfie**, puffed-out cheeks **3** (*rigonfio*) bulging: **tasche gonfie**, bulging pockets; **portafoglio g.**, fat (*o* bulging) wallet **4** (*dello stile*) bombastic; turgid • **g. d'orgoglio**, filled with pride □ **col cuore g.**, with a heavy heart □ **occhi gonfi di lacrime**, eyes full of tears □ **sentirsi g.**, to feel bloated.

gonfióre *m.* swelling.

gòng *m. invar.* gong.

gongolànte *a.* delighted; pleased with oneself; (*di gioia maligna*) full of glee, gloating.

gongolàre *v. i.* to be delighted; to be pleased with oneself; (*malignamente*) to be full of glee, to gloat.

goniòmetro *m.* goniometer.

gónna *f.* skirt: **g. svasata** [**a pieghe**], flared [pleated] skirt; **g. pantalone**, divided skirt; **g. a portafoglio**, wrapover skirt.

gonnèlla *f.* (*fam.*) girl; (bit of) skirt (*pop.*) • **essere attaccato alle gonnelle della mamma**, to be tied to one's mother's apron strings □ (*scherz.*) **in g.**, female (*attr.*).

gonnellìno *m.* (short) skirt • **g. scozzese**, kilt.

gonorrèa *f.* (*med.*) gonorrh(o)ea.

gónzo *m.* booby; gull; fall guy (*USA*); sucker (*pop.*).

gòra *f.* **1** (*di mulino*) millrace; millrun **2** (*conserva d'acqua per il mulino*) millpond **3** (*stagno*) pond.

gorgheggiàre *v. i.* to warble; to trill.

gorghéggio *m.* warble; trill.

gorgièra *f.* **1** (*collare*) ruff **2** (*di armatura*) gorget.

górgo *m.* eddy; (*anche fig.*) whirlpool, vortex*.

gorgogliàre *v. i.* to gurgle; to bubble; (*di intestini*) to rumble.

gorgoglìo *m.* gurgling; bubbling; (*di intestini*) rumbling.

gorìlla *m.* **1** (*zool.*) gorilla **2** (*omaccione*) gorilla; ape; bruiser (*fam.*) **3** (*guardia del corpo*) bodyguard.

gòta *f.* cheek.

Gotha *m.* (*fig.*) leading figures (*pl.*); cream: **il G. della moda**, the leading fashion designers.

gòtico *a. e m.* Gothic.

gòto *m.* (*stor.*) Goth.

gótta *f.* (*med.*) gout.

gottóso (*med.*) ***A*** *a.* of gout; gout (*attr.*); (*di persona*) gouty ***B*** *m.* (*f.* **-a**) person suffering from gout.

governànte ***A*** *m.* ruler ***B*** *f.* **1** ruler **2** (*istitutrice*) governess **3** (*chi regge la casa*) housekeeper.

governàre *v. t.* **1** (*polit.*) to govern; to rule (over): **g. un paese**, to govern a country **2** (*reggere*) to rule; (*dominare*) to control **3** (*dirigere*) to manage; to run* **4** (*gli animali*) to tend; to look after; (*cavalli*) to groom **5** (*naut.*) to steer **6** (*aeron.*) to control.

governativo *a.* government (*attr.*).

governatoràto *m.* **1** (*carica*) governorship **2** (*territorio*) territory under a governor.

governatóre *m.* **1** (*f.* **-trice**) governor: **g. generale**, governor-general **2** (*precettore*) tutor.

govèrno *m.* **1** (*polit.*) government; (*dominio*) rule: **le redini del g.**, the reins of government; **essere al g.**, to be in power; **uomo di g.**, statesman **2** (*organo che governa*) government; cabinet; (*in U.S.A.*) administration: **Il G. si è riunito ieri**, the Government (*in G.B.* the Cabinet) met yesterday; **g. di coalizione**, coalition government; **capo del g.**, head of government; **far cadere il g.**, to bring down the government **3** (*direzione*) direction; management; running **4** (*di animali*) tending; (*di cavalli*) grooming **5** (*naut.*) steering; steerage **6** (*aeron.*) control.

gózzo *m.* **1** (*di uccello*) crop **2** (*med.*) goitre **3** (*fam.*: *gola*) throat; gullet • (*fam.*) **riempirsi il g.**, to gorge oneself □ **Quella parola mi è rimasta sul g.**, that word still rankles □ (*fam.*) **Mi sta sul g.**, I cannot stand him.

gozzovìglia *f.* debauch; orgy; binge (*fam.*); bender (*fam.*).

gozzovigliàre *v. i.* to carouse; to go* on a binge (*fam.*).

gracchiàre *v. i.* **1** (*di corvo*) to caw **2** (*di persona*) to croak **3** (*di radio*) to crackle.

gràcchio *m.* (*zool.*) caw; chough.

gracidàre *v. i.* to croak.

gracidìo *m.* croaking.

gràcile *a.* delicate; frail; (*magro*) thin; (*spreg.*) puny.

gracilità *f.* delicacy; frailness; (*magrezza*) thinness; (*spreg.*) puniness.

gradàsso *m.* braggart; boaster • **fare il g.**, to brag.

gradataménte *avv.* gradually; by degrees.

gradazióne *f.* gradation; (*di colore e fig.*) shade, nuance • **g. alcolica**, alcoholic strength; proof.

gradévole *a.* pleasant; agreeable; pleasing; palatable.

gradiènte *m.* (*fis.*) gradient.

gradiménto *m.* **1** liking; pleasure; satisfaction: **È di tuo g.?**, is it to your liking? **2** (*approvazione*) approval: **incontrare il g. di q.c.**, to meet with sb.'s approval • (*radio, TV*) **indice di g.**, (popularity) rating.

gradinàta *f.* **1** (flight of) steps **2** (*di teatro, stadio*) terraces (*pl.*), tiers (*pl.*).

gradìno *m.* **1** step: **Attento al g.**, mind the step **2** (*fig.*) step; rung: **il primo g. di una carriera**, the first step on the career ladder; **i gradini più bassi della società**, the lowest rungs of society **3** (*alpinismo*) foothold.

gradìre *v. t.* **1** (*apprezzare*) to appreciate; to enjoy; (*accettare*) to accept: **non g. uno scherzo**, not to appreciate a joke; **La preghiamo di g. questo dono**, we hope you will accept this gift **2** (*desiderare*) to like: **Gradirei un tè**, I would like some tea; **Gradisce un frutto?**, would you like some fruit? • **tanto per g.**, just to oblige.

gradìto *a.* **1** (*piacevole*) pleasant: **un incontro g.**, a pleasant meeting **2** (*bene accetto*) welcome **3** (*nelle lettere*) — **in risposta alla gradita Vostra**, in reply to your letter • **Gli farò cosa gradita**, he will be pleased □ **voler riuscire g.**, to wish to please.

gràdo (**1**) *m.* **1** degree; level: **g. di amicizia** [**di precisione**], degree of friendship [of precision]; **in sommo g.**, to the highest degree; **procedere per gradi**, to proceed by degrees **2** (*scient.*) degree: **5 gradi centigradi**, 5 degrees Celsius (*o* centigrade); **g. di latitudine**, degree of latitude; **una scossa del sesto g. della scala Richter**, a shock measuring six on the Richter scale **3** (*mecc.*) limit **4** (*proporzione*) ratio **5** (*sociale*) rank; status **6** (*mil.*) rank: **superiore di g.**, superior in rank; **avanzare di g.**, to be promoted; **privare q. del grado**, to strip sb. of his rank; **gli alti gradi dell'esercito**, the highest-ranking officers in the army **7** (*al pl.*) (*mil.*: *galloni*) stripes • **cugino di primo** [**di secondo**] **g.**, first [second] cousin □ (*mat.*) **equazione di secondo** [**terzo**] **g.**, quadratic [cubic] equation □ **Quando sarà in g. di alzarsi?**, when will he be able to get up? □ **Non sono in**

g. di aiutarvi, I am not in a position to help you □ **mettere q. in g. di fare q.c.**, to enable sb. to do st. □ **fare il terzo g. a q.**, to put sb. through the third degree.
gràdo (2) *m. V.* **buongrado; malgrado.**
graduàle *a.* gradual.
gradualità *f.* gradualness.
gradualménte *avv.* gradually; by degrees; step by step.
graduàre *v. t.* ***1*** (*dividere in gradi*) to graduate ***2*** (*ordinare per gradi*) to grade; to scale.
graduàto ***A*** *a.* graduated; graded: **lenti graduate**, graduated lenses; **insegnamento g.**, graded teaching ***B*** *m.* (*mil.*) non-commissioned officer • **graduati e truppa**, rank and file. ATTENZIONE: **graduato** ≠ graduate.
graduatòria *f.* classification; (*in una gara*) list, results (*pl.*): **primo in g.**, first on the list.
graduazióne *f.* graduation; scale.
gràffa *f.* ***1*** (*tipogr.*) brace ***2*** (*mecc.*) belt fastener ***3*** (*punto metallico*) staple.
graffatrìce *f.* stapler.
grafféttà *f.* ***1*** (*punto metallico*) staple ***2*** (*fermaglio*) clip.
graffiànte *a.* biting; mordant.
graffiàre ***A*** *v. t.* ***1*** to scratch ***2*** (*fig.*) to bite*; to be mordant ***B*** **graffiàrsi** *v. rifl. e i. pron.* ***1*** to scratch oneself ***2*** (*rigarsi*) to get* scratched.
graffiàta *f.* scratching; scratch.
gràffio *m.* scratch.
graffito *m.* ***1*** (*archeol.*) graffito* ***2*** (*al pl.*) graffiti (*pl. o sing.*).
grafia *f.* ***1*** (*scrittura*) handwriting ***2*** (*ortografia*) spelling.
gràfica *f.* ***1*** graphic design; (*specialm. elab.*) graphics (*pl. col verbo al sing.*) ***2*** (*illustrazioni*) artwork; graphics (*pl.*) ***3*** (*arte*) graphic arts (*pl.*).
gràfico ***A*** *a.* ***1*** graphic: **arti grafiche**, graphic arts; **materiale g.**, writing material; drawing material ***2*** (*ortografico*) spelling • **mostra grafica**, exhibition of graphic work ***B*** *m.* ***1*** (*diagramma*) graph: **tracciare un g.**, to plot a graph ***2*** (*f.* **-a**) graphic designer; commercial artist; (*disegnatore*) draughtsman* (*f.* draughtswoman*), draftsman* (*f.* draftswoman*) (*USA*).
grafite *f.* (*miner.*) graphite.
grafologia *f.* graphology.
grafòlogo *m.* (*f.* **-a**) graphologist.
grafòmane *m. e f.* incurable scribbler; compulsive letter-writer.
grafomania *f.* ***1*** (*psic.*) graphomania ***2*** (*scherz.*) love of scribbling; compulsive letter-writing.
gragnòla, **gragnuola** *f.* (*fig.*) shower; hail.
gramàglie *f. pl.* mourning Ⓤ; (*di vedova*) widow's weeds: **essere in g.**, to be in (*o* to wear) mourning.
gramigna *f.* (*bot.*) Bermuda (*o* scutch) grass; couch grass • **crescere come la g.**, to grow like weeds □ **diffondersi come la g.**, to spread like wildfire.
graminàcea *f.* (*bot.*) graminaceous plant; (*pl.*) Gramineae.
grammàtica *f.* grammar: **errore di g.**, grammar mistake.
grammaticàle *a.* grammatical; grammar (*attr.*): **regola g.**, grammatical rule; **errore g.**, grammar mistake.
grammàtico *m.* grammarian.
grammatùra *f.* basis weight (in grams).
gràmmo *m.* ***1*** gram(me) ***2*** (*fig.*) grain; ounce.
grammòfono *m.* gramophone.
gràmo *a.* ***1*** (*infelice*) wretched: **vita grama**, wretched life ***2*** (*povero, scarso*) scanty; meagre.
gràna (1) *f.* ***1*** (*di metallo, marmo, ecc.*) grain: **a g. grossa**, coarse-grained (*agg.*) ***2*** (*fam.*: *seccatura*) trouble Ⓤ; nuisance; headache; hassle (*fam.*): **Non voglio grane**, I don't want any trouble (*fam.* any hassle); **È una g. non avere la macchina**, it's a real nuisance not to have a car; **grane sul lavoro**, trouble at work; **piantare una g.**, to cause trouble; to kick up a fuss (*fam.*).
gràna (2) *f.* (*pop.*: *soldi*) money; cash: **pieno di g.**, rolling in money; **Sono in g.**, I'm flush (*fam.*); **scucire la g.**, to fork out.
gràna (3) *m.* (*formaggio*) Parmesan cheese.
granàglie *f. pl.* corn Ⓤ; grain Ⓤ; cereals.
granàio *m.* ***1*** barn; granary ***2*** (*fig.*) breadbasket.
granàrio *a.* corn (*attr.*); grain (*attr.*).
granàta (1) *f.* (*scopa*) broom.
granàta (2) *f.* (*mil.*) grenade.
granàta (3) ***A*** *f.* ***1*** (*frutto*) pomegranate ***2*** (*miner.*) garnet ***B*** *a. invar.* garnet red; burgundy.
granatière *m.* ***1*** (*mil.*) grenadier ***2*** (*fig., di uomo*) powerfully built man*; (*di donna*) big woman*.
granatìna *f.* pomegranate syrup; grenadine.
granàto *m.* ***1*** (*frutto*) pomegranate ***2*** (*miner.*) garnet.
grancàssa *f.* (*mus.*) bass-drum • (*fig.*) **battere la g.**, to beat (*o* to bang) the drum.
grànchio *m.* ***1*** (*zool.*) crab ***2*** (*errore*) mistake: **prendere un g.**, to make a mistake.
grandangolàre (*fotogr.*) ***A*** *a.* wide-angle (*attr.*) ***B*** *m.* wide-angle lens.
grandàngolo *m.* (*fotogr.*) wide-angle lens.
grànde ***A*** *a.* ***1*** (*in senso morale e fig.*) great: **un g. poeta**, a great poet; **una gran signora**, a great lady; **Alfredo il G.**, Alfred the Great ***2*** (*di dimensioni, intensità, forza*) big; great; huge; (*largo*) large; (*ampio*) broad, wide; (*alto*) high: **una stanza g.**, a large (*o* big) room; **una g. città**, a big city; **g. sollievo**, great relief; **g. seccatore**, great bore; **g. fiume**, wide river; **grandi pianure**, broad (*o* wide) plains; **grandi montagne**, high mountains; **una taglia più g.**, a bigger (*o* larger) size; **uomo di gran cuore**, big-hearted (*o* great-hearted) man; **grandi occhioni**, great big eyes ***3*** (*nei titoli cavallereschi*) grand: great; high: **G. Maestro**, Grand Master; **Gran Cancelliere**, High Chancellor ***4*** (*fam.*: *adulto*) grown-up: **figli grandi**, grown-up children ***5*** (*come rafforzativo*: *davanti a sost.*) real, big, regular, utter; (*forte*) heavy; (*davanti ad agg.*) very: **un g. bugiardo**, a big liar; **g. mangiatore**, big eater; **g. bevitore** [**fumatore**], heavy drinker [smoker]; **avere un gran sonno** [**una gran fame**], to be very sleepy [very hungry]; **un gran bel film**, a really good film; **Fa un gran caldo**, it's terribly hot • **un uomo g. e grosso**, a big strong man □ **la G. Guerra**, the Great War □ **il g. pubblico**, the general public; the public at large □ **un gran correre**, much running about □ **alla g.**, in a big way □ **vincere alla g.**, to triumph; to carry all before one □ **Non fa una gran differenza**, it doesn't make much difference □ **Non ne so un gran che**, I don't know much about it □ **Non è un gran che**, it's nothing special; it's not up to much □ **di g. lunga**, by far □ **farsi g.**, to grow (up); (*diventare alto*) to grow tall □ **in gran parte**, to a great extent; mostly ***B*** *m. e f.* ***1*** great person: **i grandi della storia**, the great men and women of history ***2*** (*adulto*) grown-up: **Da g. vuole fare il pilota**, he wants to be a pilot when he grows up • **g. di Spagna**, grandee □ **in g.**, on a large (*o* grand) scale □ **fare le cose in g.**, to do things on a grand style.
grandeggiàre *v. i.* ***1*** to tower; to stand* out ***2*** (*ostentare*) to show off; to give* oneself airs.
grandeménte *avv.* greatly; very much; extremely; (*altamente*) highly; (*profondamente*) deeply.
grandézza *f.* ***1*** (*in senso astratto*) greatness; (*elevatezza*) loftiness ***2*** (*in senso materiale*) bigness, largeness; (*ampiezza*) breadth, width; (*mole*) size, bulk ***3*** (*altezza*) height; tallness ***4*** (*misura, dimensione*) size: **di g. naturale**, life-size (*attr.*) ***5*** (*fasto, grandiosità*) grandeur; grandness ***6*** (*liberalità*) liberality; (*prodigalità*) lavishness ***7*** (*astron.*) magnitude: **stella di prima g.**, star of the first magnitude ***8*** (*mat., fis.*) quantity • **g. d'animo**, magnanimity □ **artista di prima g.**, top-ranking artist □ **manie di g.**, delusions of grandeur.
grandinàre *v. i.* (*anche fig.*) to hail.
grandinàta *f.* ***1*** hail storm ***2*** (*fig.*) hail; shower.
gràndine *f.* (*anche fig.*) hail: **chicco di g.**, hailstone.
grandiosaménte *avv.* ***1*** grandly; magnificently; splendidly ***2*** (*con sfoggio di magnificenza*) grandiosely.
grandiosità *f.* grandeur; grandness; magnificence.
grandióso *a.* grand; grandiose; magnificent; splendid.
grandùca *m.* grand duke.
granducàle *a.* grand-ducal.
granducàto *m.* ***1*** (*territorio*) grand duchy ***2*** (*titolo*) title of grand duke ***3*** (*governo*) rule (of a grand duke).
granduchéssa *f.* grand duchess.
granèllo *m.* grain; speck: **g. di sabbia**, grain of sand; **g. di polvere**, speck of dust.
graniglia *f.* grit.
granita *f.* water ice; crushed-ice drink; granita.
granìtico *a.* ***1*** granitic ***2*** (*fig.*) rock-like.
granito *m.* (*miner.*) granite.

gràno *m.* ***1*** (*frumento*) wheat; (*cereale in genere*) corn, grain: **g. duro**, durum wheat; **g. saraceno**, buckwheat; **raccolto del g.**, wheat harvest; **commercio del g.**, corn trade ***2*** (*granello*) grain; kernel; corn: **g. d'incenso**, grain of incense; **g. di pepe**, peppercorn ***3*** (*di rosario, collana*) bead ***4*** (*unità di peso*) grain.
granturco *m.* (*bot.*) maize; Indian corn; corn (*USA*); (*chicchi commestibili*) sweet corn: **farina di g.**, corn meal.
granulàre *a.* granular; granulated.
grànulo *m.* granule.
granulòma *m.* (*med.*) granuloma*.
granulóso *a.* granular.
gràppa *f.* (*liquore*) grappa.
gràppolo *m.* (*anche fig.*) cluster; bunch: **un g. d'uva**, a bunch of grapes.
grassétto *m.* (*tipogr.*) bold (type); boldface.
grassézza *f.* fatness.
gràsso ***A*** *a.* ***1*** fat; (*di cibo*) fat, fatty: **formaggio g.**, full-fat cheese; **cibi grassi**, fatty food ***2*** (*unto*) greasy; oily: **pelle grassa**, greasy skin; **cucina grassa**, oily food ***3*** (*prospero*) prosperous; (*abbondante*) abundant, plentiful ***4*** (*fertile*) rich; fertile: **terreno g.**, rich soil ***5*** (*licenzioso*) bawdy; lewd; coarse: **storielle grasse**, bawdy jokes • **fare grasse risate**, to laugh heartily; to guffaw □ **pianta grassa**, cactus; succulent plant □ **la settimana grassa**, Shrovetide □ **sostanza grassa**, fat ***B*** *m.* ***1*** fat: **g. di maiale**, pork fat; **cucina senza grassi**, fat-free cooking ***2*** (*lubrificante*) grease: **macchia di g.**, grease stain ***3*** (*adipe*) fat; flesh; (*flaccido*) flab • **g. di balena**, blubber.
grassòccio *a.* plump; chubby.
grassóne *m.* (*f.* **-a**) fat man* (*f.* fat woman*); fatty (*fam.*).
gràta *f.* grating; grille; (*di legno*) lattice.
gratìccio *m.* ***1*** (*per recinto*) hurdle; (*per rampicanti*) trellis ***2*** (*stuoia*) matting; rack.
gratìcola *f.* (*cucina*) gridiron; grill.
gratìfica *f.* bonus; allowance.
gratificànte *a.* rewarding; gratifying.
gratificàre *v. t.* ***1*** (*dare una gratifica a*) to give* a bonus (*o* an allowance) to ***2*** (*soddisfare*) to be rewarding; to be gratifying.
gratificazióne *f.* gratification; satisfaction; reward.
gratinàre *v. t.* (*cucina*) to cook au gratin.
gratinàto *a.* (*cucina*) au gratin (*franc.*).
gràtis *avv.* free (*anche agg.*); for nothing; gratis: **lavorare g.**, to work for nothing; **entrare g.**, to be admitted free (of charge); **Me l'hanno dato g.**, I got it (for) free (*o* gratis); it was a freebie (*fam. USA*).
gratitùdine *f.* gratefulness; thankfulness • **provare g.**, to feel grateful.
gràto *a.* ***1*** (*riconoscente*) grateful; thankful: **Ti sarei g. se...**, I would be grateful if you would [could]... ***2*** (*gradito*) pleasant; agreeable • (*form.*) **Mi è g. confermare...**, I am delighted to confirm...
grattacàpo *m.* worry; trouble; headache; hassle (*fam.*).
grattacièlo *m.* skyscraper.
grattàre ***A*** *v. t.* ***1*** to scratch: **grattarsi la testa**, to scratch one's head ***2*** (*raschiare*) to scrape: **g. via la vernice**, to scrape off the paint ***3*** (*grattugiare*) to grate ***4*** (*fam.*: *rubare*) to pinch; to filch; to nick • (*autom.*) **g. le marce**, to crash the gears □ **g. il violino**, to scrape on the violin □ (*fig.*) **grattarsi la pancia**, to twiddle one's thumbs ***B*** *v. i.* ***1*** to scratch; to scrape ***2*** (*di disco*) to be scratchy ***3*** (*autom., di marcia*) to crash ***C*** **grattàrsi** *v. rifl.* to scratch (oneself).
grattàta *f.* ***1*** scratching; scratch ***2*** (*raschiata*) scraping ***3*** (*autom.*) crashing of gears.
grattùgia *f.* grater.
grattugiàre *v. t.* to grate.
gratuità *f.* (*anche fig.*) gratuitousness.
gratuitaménte *avv.* ***1*** free; gratis; for nothing ***2*** (*arbitrariamente*) gratuitously.
gratùito *a.* ***1*** free: **biglietto g.**, free ticket ***2*** (*arbitrario*) gratuitous; uncalled-for; unwarranted; (*infondato*) unfounded: **commento g.**, gratuitous (*o* uncalled-for) remark; **accusa gratuita**, unfounded accusation • (*leg.*) **g. patrocinio**, legal aid □ **prestito g.**, interest-free loan.
gravàme *m.* ***1*** (*peso*) burden; weight; encumbrance ***2*** (*ipoteca*) encumbrance, mortgage; (*imposta*) tax.
gravàre ***A*** *v. t.* to burden; to encumber: **g. di imposte**, to burden with taxes • (*leg.*) **g. d'ipoteca**, to mortgage □ **g. la mano su q.**, to be hard with sb. ***B*** *v. i.* to rest (on); (*fig., anche*) to weigh heavy (on): **Il peso grava tutto su quell'arco**, the full weight rests on that arch; **Grava tutto su di lui**, it all rests on his shoulders; **L'affitto grava troppo sul mio bilancio**, too much of my income goes on the rent; **Nell'aria gravava un odore di cipolla**, the air was heavy with the smell of onions.
gravàto *a.* — (*fin.*) **g. d'imposta**, subject to tax; (*leg.*) **g. da ipoteca**, mortgaged; **g. di debiti**, encumbered with debts.
gràve ***A*** *a.* ***1*** (*pesante*) heavy: **g. fardello**, heavy burden ***2*** (*importante, impegnativo*) grave, serious, weighty, momentous; (*serio*) serious, critical, grievous: **g. responsabilità**, grave responsibility; **g. decisione**, momentous decision; **g. compito**, serious task; **gravi perdite**, heavy (*o* grievous) losses; **g. accusa** [**errore**], serious charge [mistake]; **g. dolore**, profound grief; **in gravi condizioni**, in a critical condition ***3*** (*solenne, serio*) solemm; serious; grave ***4*** (*fon.*) grave ***5*** (*di voce, suono*) deep; low-pitched ***6*** (*gravemente malato*) seriously (*o* critically) ill ***B*** *m.* ***1*** (*fis.*) (heavy) body ***2*** (*cosa grave*) serious thing; problem.
graveolènte *a.* (*lett.*) strong-smelling; foul-smelling.
gravidànza *f.* pregnancy: **essere al quinto mese di g.**, to be five months pregnant; **porre fine a una g.**, to terminate a pregnancy.
gràvido *a.* ***1*** pregnant; (*di donna, anche*) with child (*pred.*): **vacca gravida**, pregnant cow; cow in calf; **gravida di sei mesi**, six months pregnant ***2*** (*fig.*) pregnant (with); full (of); fraught (with): **g. di significato**, pregnant with meaning; **g. di minacce**, full of threats; **g. di pericoli**, fraught with danger.
gravità *f.* ***1*** (*fis.*) gravity: **centro di g.**, centre of gravity; **g. zero**, zero gravity ***2*** (*serietà, pericolosità*) gravity; seriousness ***3*** (*importanza*) importance; weightiness ***4*** (*contegno grave*) severity; sternness.
gravitàre *v. i.* (*anche fig.*) to gravitate.
gravitazionàle *a.* (*fis.*) gravitational.
gravitazióne *f.* (*fis.*) gravitation.
gravosità *f.* heaviness; oppressiveness.
gravóso *a.* onerous; heavy; burdensome; (*opprimente*) oppressive; (*di costo, prezzo, ecc.*) heavy, high; (*logorante*) exhausting.
gràzia *f.* ***1*** grace; (*di movimenti, ecc.*) gracefulness; (*fascino*) charm, attractiveness; (*delicatezza*) delicacy, fineness: **g. di portamento**, gracefulness of bearing; **g. di lineamenti**, delicacy of features; **senza g.**, graceless ***2*** (*amabilità, gentilezza*) grace; politeness ***3*** (*favore, benevolenza*) favour; grace: **essere nelle grazie di q.**, to be in sb.'s good graces (*o* in sb.'s good books); **entrare nelle grazie di q.**, to win sb.'s favour; **non essere nelle grazie di q.**, to be out of favour with sb.; to be in sb.'s bad books ***4*** (*piacere, concessione*) favour; kindness; (*relig.*) blessing, gift: **Fammi la g. di tacere**, do me a favour and shut up; **Chiese a Dio la g. di rivederlo**, she prayed to God that she might see him again; **Dio gli fece la g.**, God granted his prayer ***5*** (*leg.*) pardon: **concedere la g.**, to grant pardon; **ottenere la g.**, to be pardoned; **domanda di g.**, petition for pardon ***6*** (*teol.*) grace • (*fig.*) **g. di Dio**, plenty; (*cibo*) good things (*pl.*) □ **Alla g.!**, goodness gracious!; (*lo credo bene*) I should think so! □ **nell'anno di g. 1310**, in the year of grace 1310 □ (*lett. o iron.*) **di g.**, if you please; pray □ **fuori dalla g. di Dio**, furious; incensed □ **fare g. della vita a q.**, to spare sb.'s life □ **Ti farò g. dei dettagli**, I'll spare you the details □ **in** (*o* **per**) **g. di**, (*per mezzo di*) thanks to; (*a causa di*) because of □ **per g. di Dio**, by the grace of God; thank God □ (*iron.*) **per somma g.**, as a great concession □ (*mitol.*) **le tre Grazie**, the three Graces □ **Troppa g., Sant'Antonio!**, it never rains but it pours □ **Vostra** [**Sua**] **G.** (*titolo*), Your [His, Her] Grace.
graziàre *v. t.* (*leg.*) to pardon.
gràzie ***A*** *inter.* thank you!; thanks!: **Tante** (*o* **Molte, Mille**) **g.**, many thanks; thank you very much; thanks a lot; **G. dell'aiuto**, thanks for your help (*o* for helping); **Non disse nemmeno g.**, he didn't even say thank you; **no g.**, no, thank you; **sì g.**, yes, please; (*iron.*) **G. (tante)!**, I should think so! ***B*** **gràzie a** *locuz. prep.* thanks to ***C*** *m.* word of thanks; thank you: **Mi bastava un g.**, I only wanted a word of thanks; **un**

g. di cuore, heartfelt thanks; a heartfelt thank you; **rendere g. a**, to give thanks to; to thank; **g. a Dio** [**al cielo**], thank God [heavens].

graziosaménte *avv.* **1** (*con grazia*) gracefully **2** (*in modo piacente*) charmingly; attractively; delightfully **3** (*con benevola condiscendenza*) graciously.

grazióso *a.* **1** (*carino*) pretty; (*più forte*) lovely, charming, sweet **2** (*fatto con grazia*) graceful **3** (*affabile*) gracious.

grèca *f.* **1** (*fregio*) Greek key; fret pattern **2** (*su uniforme mil.*) braid.

grecàle *m.* north-east wind; gregale.

grecìsta *m. e f.* Greek scholar.

grèco ***A*** *a.* Greek; (*rif. allo stile, anche*) Grecian: **tempio g.**, Greek temple; **naso g.**, Greek (*o* Grecian) nose ***B*** *m.* **1** (*f.* **-a**) Greek (*f.* Greek woman*) **2** (*lingua*) Greek.

grèco-ortodosso *a.* (*relig.*) Greek Orthodox.

greco-romano *a.* Gr(a)eco-Roman.

gregàrio ***A*** *a.* (*zool., bot.*) gregarious ***B*** *m.* **1** (*polit.*) subordinate; henchman* **2** (*ciclismo*) support rider.

grégge *m.* **1** flock **2** (*fig.*) flock; crowd; (*spreg.*) herd: **uscire dal g.**, to emerge from the herd; **istinto del g.**, herd instinct • **Lo seguono come un g.**, they follow him like sheep.

gréggio ***A*** *a.* **1** raw; rough; coarse; (*miner.*) crude: **materia greggia**, raw material; **petrolio g.**, crude oil; **cuoio g.**, raw hide; **ferro g.**, pig (*o* crude) iron; **diamante g.**, rough diamond; **tela greggia**, unbleached (*o* coarse) cloth; **seta greggia**, raw silk **2** (*fig.*) *V.* **grezzo**, *def.* 2 ***B*** *m.* crude oil.

gregoriàno *a.* Gregorian.

grembiàle, **grembiùle** *m.* **1** apron **2** (*camice*) overall; smock; (*da bambino*) pinafore.

grèmbo *m.* **1** lap: **in g.**, on one's lap **2** (*ventre materno*) womb • **il g. della terra**, the bowels of the earth □ **in g. alla famiglia**, in the bosom of one's family □ **portare in g. un bimbo**, to be with child.

gremìre *v. t.* to fill (up); to pack; to cram.

gremìto *a.* full (of); packed (with); crowded (with).

gréppia *f.* manger; crib.

grès *m.* stoneware.

gréto *m.* dry gravel river-bed.

grettézza *f.* **1** (*meschineria*) meanness; pettiness; shabbiness **2** (*ristrettezza di vedute*) narrow-mindedness **3** (*spilorceria*) stinginess; miserliness.

grétto *a.* **1** (*meschino*) mean; petty; shabby **2** (*di vedute ristrette*) narrow-minded **3** (*spilorcio*) stingy; miserly.

grève *a.* **1** (*pesante*) heavy; oppressive **2** (*volgare*) coarse; off-colour.

grèẓẓo *a.* **1** *V.* **greggio**, *def.* 1 **2** (*fig.*) rough; raw; unrefined; uncouth: **individuo g.**, uncouth person; **allo stato g.**, in the raw.

gridàre *v. t. e i.* to shout; to cry (out): **g. un nome**, to cry out a name; **g. aiuto**, to cry for help; **Gli gridai di fermarsi**, I shouted to him to stop; **g. di dolore**, to cry out with pain; **g. a squarciagola**, to shout at the top of one's voice • **g. allo scandalo**, to be outraged; to cry shame □ **g. evviva**, to cheer.

grìdo *m.* (*pl.* **grida** *f., nella def. 1*; **gridi** *m., nella def.* 2) **1** (*umano*) cry; (*urlo*) shout; (*acuto*) scream, shriek; (*al pl., di gioia*) cheers, cheering Ⓤ: **grida e fischi**, shouts and hoots **2** (*di animale*) cry; call; (*di gufo e sim.*) hoot • **di g.**, famous; much-acclaimed; (*alla moda*) fashionable □ **l'ultimo g.** (*della moda*), the latest fashion; all the rage (*fam.*) □ **all'ultimo g.**, in the latest fashion □ **Lanciai un g. di terrore**, I shrieked with terror □ **Mandò un g. di dolore**, he cried out with pain.

grifàgno *a.* (*fig.*) fierce; hawk-like.

griffàto *a.* designer (*attr.*): **abito g.**, designer outfit.

griffe (*franc.*) *f. invar.* label; name.

grifóne *m.* **1** (*mitol., arald.*) griffin; gryphon **2** (*zool.*) griffon-vulture.

grigiàstro *a.* greyish, grayish (*USA*).

grìgio ***A*** *a.* **1** grey, gray (*USA*): **g. ferro**, iron-grey; **Era g. in volto**, his face was grey **2** (*brizzolato*) grizzled; (*di persona*) grey-haired **3** (*incolore*) grey; (*monotono*) dull, drab; (*squallido*) dreary ***B*** *m.* grey, gray (*USA*).

grigióre *m.* **1** greyness, grayness (*USA*) **2** (*monotonia*) dullness; drabness; dreariness.

grigiovérde ***A*** *a.* grey-green ***B*** *m.* (*mil.*) grey-green uniform; (Italian) army uniform.

grìglia *f.* **1** (*graticola*) grill; gridiron: **cuocere alla g.**, to grill; **pesce alla g.**, grilled fish **2** (*grata*) grille; grating: (*autom.*) **g. del radiatore**, radiator grille **3** (*di forno*) shelf **4** (*fis., radio*) grid **5** (*schema*) scheme **6** (*tracciato a reticolo*) grid **7** (*sport, autom.*, anche **g. di partenza**) (starting) grid.

grigliàre *v. t.* to grill; (*all'aperto*) to barbecue.

grigliàta *f.* **1** (*piatto*) mixed grill **2** (*all'aperto*) barbecue.

grillétto *m.* trigger: **premere il g.**, to pull the trigger; **avere il g. facile**, to be trigger-happy.

grìllo *m.* **1** (*zool.*) cricket **2** (*fig.*) whim; silly notion; nonsense Ⓤ: **Che grilli sono?**, what silly notions are these?; **Gli è saltato il g. di mettersi a dieta**, he's got this silly notion to go on a diet; **pieno di grilli**, full of nonsense; **non avere grilli per la testa**, to be very sensible • **Indovinala g.!**, it's anybody's guess.

grillotàlpa *m.* (*zool.*) mole cricket.

grimaldèllo *m.* picklock.

grìnfia *f.* (*anche fig.*) clutch.

grìnta *f.* **1** grim countenance; scowl **2** (*determinazione*) determination; grit (*fam.*); pluck.

grintóso *a.* determined; gritty; plucky; (*combattivo*) feisty (*fam.*).

grìnza *f.* wrinkle; (*di stoffa*) crease • **non fare una g.**, (*di abito*) to fit like a glove; (*di ragionamento*) to be flawless.

grinzóso *a.* wrinkled; wrinkly; (*di stoffa*) creased.

grippàre *v. i.*, **grippàrsi** *v. i. pron.* (*mecc.*) to seize (up).

grisàglia *f.* (*tessuto*) grisaille (*franc.*).

grisou (*franc.*) *m.* firedamp.

grissìno *m.* bread-stick.

groenlandése ***A*** *a.* Greenlandic; Greenland (*attr.*) ***B*** *m. e f.* Greenlander.

grónda *f.* eaves (*pl.*) • **canale di g.**, gutter.

grondàia *f.* (eaves) gutter.

grondànte *a.* dripping: **g. di sudore**, dripping with sweat; **g. di pioggia**, drenched with rain; soaking wet.

grondàre ***A*** *v. i.* (*gocciolare*) to drip; (*fuoriuscire*) to pour down, to stream: **g. di sudore**, to drip sweat; to be dripping with sweat ***B*** *v. t.* to drip with; to pour.

gróngo *m.* (*zool.*) conger (eel).

gròppa *f.* rump; back; (*di cavallo*) crupper; (*fam., di persona*) back, shoulders (*pl.*) • **saltare in g. a un cavallo**, to jump on a horse □ **avere molti anni sulla g.**, to be advanced in years □ **avere q.c. sulla g.**, to have been left with st. on one's hands; to be lumbered with st.

gróppo *m.* **1** (*viluppo*) tangle; knot **2** (*raffica di vento*) squall • **un g. alla gola**, a lump in one's throat.

groppóne *m.* (*scherz.*) back; shoulders (*pl.*) • (*fig.*) **piegare il g.**, (*faticare*) to toil; (*cedere*) to submit.

gros-grain (*franc.*) *m. invar.* **1** (*nastro*) grosgrain; petersham **2** (*tessuto*) grogram.

grossézza *f.* bigness; (*estensione*) largeness; (*dimensione*) size; (*spessore*) thickness; (*volume*) bulk; (*diametro*) width • **della g. di una noce**, the size of a walnut.

grossìsta *m. e f.* (*comm.*) wholesaler; wholesale dealer.

gròsso ***A*** *a.* **1** big; (*esteso*) large: **un g. cane**, a big dog; **un g. sbaglio** [**rischio**], a big mistake [risk]; **una grossa città**, a big (*o* large) city; **una grossa famiglia**, a big family **2** (*spesso*) thick: **spago g.**, thick cord; **panno g.**, thick cloth **3** (*grossolano*) coarse: **tessuto g.**, coarse cloth; **sale g.**, coarse salt • **g. modo**, roughly; approximately □ **dormire della grossa**, to be sound asleep □ **L'hai fatta grossa!**, now you've done it! □ **fiume g.**, swollen river □ **mare g.**, rough sea □ **parole grosse**, offensive words; strong language Ⓤ □ **Questa è grossa!**, that's too much! □ **sbagliare di g.**, to make a big mistake; to be wide of the mark □ (*di penna*) **scrivere g.**, to be thick-tipped □ **spararle grosse**, to tell tall stories; to talk big. ATTENZIONE: **grosso** ≠ gross ***B*** *m.* main body; bulk; majority; most of (st.): **il g. dell'esercito**, the main body of the army; **il g. del lavoro**, the bulk of the work; most of the work.

grossolanità *f.* **1** coarseness; roughness **2** (*villania*) coarseness; grossness **3** (*di un errore*) grossness.

grossolàno *a.* **1** (*rozzo, approssimativo*) coarse; rough **2** (*villano*) coarse; rough: **linguaggio g.**, coarse language **3** (*madornale*) gross: **errore g.**, gross error.

grossomòdo *avv.* roughly; approximately.

gròtta *f.* cave; (*artificiale o pittoresca*) grotto*.

grottésco *a. e m.* grotesque.

grovièra *m. o f.* Gruyère (cheese).
grovìglio *m.* ***1*** knot; tangle ***2*** (*fig.*) tangle; maze.
gru *f.* (*zool. e mecc.*) crane.
grùccia *f.* ***1*** (*stampella*) crutch: **camminare con le grucce**, to walk on (*o* with) crutches ***2*** (*per abiti*) coat hanger.
grufolàre *v. i.* to root.
grugnìre *v. i.* (*anche fig.*) to grunt.
grugnìto *m.* (*anche fig.*) grunt.
grùgno *m.* ***1*** snout ***2*** (*spreg.*: *faccia*) (ugly) face; (ugly) mug (*fam.*): **spaccare il g. a q.**, to bash sb.'s face in.
grùllo ***A*** *a.* silly; foolish ***B*** *m.* (*f.* **-a**) silly fool; idiot.
grùmo *m.* ***1*** lump: **fare g.**, to form lumps; to become lumpy ***2*** (*di sangue*) clot.
grumóso *a.* lumpy.
grùppo *m.* ***1*** group; (*di persone, anche*) party; (*raggruppamento*) cluster ***2*** (*mecc., fis.*) unit; set ***3*** (*mat., econ.*) group ***4*** (*sport*) pack • **g. di esperti**, team of experts □ **g. di lavoro**, team; work group □ **g. di pressione**, pressure group; lobby □ **g. elettrogeno**, generating set □ **g. montuoso**, mountain chain □ (*mecc.*) **g. motore**, power plant □ **g. parlamentare**, parliamentary group □ (*med.*) **g. sanguigno**, blood group □ **foto di g.**, group photo □ **lavoro di g.**, teamwork.
gruppùscolo *m.* (*polit.*) political faction; fringe group.
grùzzolo *m.* (*risparmi*) savings (*pl.*); nest egg: **mettere da parte un bel g.**, to save quite a bit; **Ho da parte un certo g.**, I have a little nest-egg set aside; **intaccare il proprio g.**, to eat into one's savings.
guadagnàre ***A*** *v. t.* ***1*** (*col lavoro*) to earn; to make*; (*assol.*) to make money: **Quanto guadagni?**, how much do you earn?; **Nell'affare guadagnai 60 milioni**, I made 60 million with that deal; **g. bene**, to earn well; to make good money; **guadagnarsi la vita**, to earn (*o* to make) one's living; **Il suo solo pensiero è g.**, making money is all he thinks about ***2*** (*ricevere, ottenere*) to earn; to gain; to get*; to win*: **guadagnarsi lodi**, to earn praise; **g. l'amicizia di q.**, to win sb.'s friendship; **g. due punti**, to gain two points; **Io che cosa ci guadagno?**, what do I stand to gain? ***3*** (*raggiungere*) to reach; to get* to: **g. la cima**, to reach (*o* to get to) the top ***4*** (*vincere*) to win* • **g. tempo**, (*temporeggiare*) to gain (*o* to buy) time; (*risparmiare*) to save time □ **g. il tempo perduto**, to make up for lost time □ **g. terreno**, to gain ground □ **g. velocità**, to gain (*o* to gather) speed □ **guadagnarsi di che vivere**, to make a living □ **guadagnarsi appena di che vivere**, to scrape a living ***B*** *v. i.* (*anche* **guadagnarci**) to look better; to be better off: **Il secrétaire ci guadagna qui**, the secrétaire looks much better here; **Ci guadagna a tacere**, he's better off keeping his mouth shut; **guadagnarci in un confronto con**, to compare favourably with.
guadagnàto *a.* earned; gained: **g. con fatica**, hard-earned • **Tanto di g.!**, so much the better!
guadàgno *m.* ***1*** (*il guadagnare*) making money; (*denaro guadagnato*) earnings (*pl.*), money ⓤ, (*comm.*) profit: **Bada solo al g.**, making money is all he thinks about; **guadagni facili**, easy money; **fare grossi guadagni**, to earn a lot; to make a large profit ***2*** (*vantaggio*) gain; profit; advantage ***3*** (*vincita*) winnings (*pl.*) • **g. inatteso**, windfall □ (*iron.*) **Bel g.!**, no great gain!; a fat lot of good! (*fam.*).
guadàre *v. t.* to ford; to wade.
guàdo *m.* ford • **passare a g.**, to ford; to wade.
guài *inter.* — **G. a chi non ubbidiva subito!**, woe betide (*o* Heaven help) those who didn't obey at once; **G. a te se lo rompi**, you'll catch it if you break it; **G. a rimandare le cose a domani**, never put off something till the next day; **G. se lo sapesse**, (*si infurierebbe*) he'd be furious if he knew; (*si dispererebbe*) he'd be desperate if he knew.
guaìna *f.* ***1*** (*anche anat., bot*) sheath ***2*** (*busto*) girdle ***3*** (*abito aderente*) sheath dress.
guàio *m.* trouble ⓤ; mess; fix (*fam.*); pickle (*fam.*): **essere [mettersi] nei guai**, to be in [to get into] trouble; **andare in cerca di guai**, to look (*o* to ask) for trouble; **in un mare di guai**, up to one's ears in trouble; **Mi è successo un g.**, I've got a problem; **Che g. hai combinato?**, what have you done now?; **È un bel g., e adesso?**, this is a fine mess: what now?; **Il g. è che...**, the trouble is that...; **Saranno guai quando...**, there'll be trouble when...
guaiolàre, **guaìre** *v. i.* to yelp; to whimper; to whine.
guaìto *m.* yelp; whimper; whine.
gualcìre *v. t.*, **gualcirsi** *v. i. pron.* to crease; to crumple; to crush.
gualdràppa *f.* saddlecloth; caparison (*stor.*).
guància *f.* cheek: **g. a g.**, cheek to cheek; (*fig.*) **porgere l'altra g.**, to turn the other cheek.
guanciàle *m.* pillow • (*fig.*) **dormire fra due guanciali**, to have no worries.
guàno *m.* guano.
guantàio *m.* (*f.* **-a**) glover.
guantièra *f.* ***1*** glove box ***2*** (*vassoio*) tray.
guànto *m.* glove; (*di armatura, di protezione*) gauntlet; (*manopola*) mitten, mitt; **guanti da guida [da sci]**, driving [skiing] gloves; **g. da forno**, oven mitt; **g. da baseball**, catcher's mitt • **g. di spugna**, facecloth □ (*fig.*) **g. di velluto**, velvet glove □ **calzare come un g.**, to fit like a glove; (*fig.*) to suit to a T □ (*fig.*) **gettare [raccogliere] il g.**, to throw down [to take up] the gauntlet □ **mezzi guanti**, mittens □ **trattare q. con i guanti**, to handle sb. with kid gloves.
guantóne *m.* gauntlet; (*da pugile*) boxing glove.
guardabòschi *m.* forester.
guardacàccia *m. invar.* gamekeeper.
guardacòste *m. invar.* (*naut.*) ***1*** (*nave*) patrol vessel; coastal defence vessel ***2*** (*corpo*) coastguard.
guardalinee *m. invar.* (*sport*) linesman*.
guardamàcchine *m. invar.* car-park (*USA* parking lot) attendant.
guardaportóne *m. invar.* doorkeeper; (*di albergo, teatro*) doorman*, commissionaire (*GB*).
guardàre ***A*** *v. t.* ***1*** to look; to look at (sb., st.); (*osservare*) to watch, to view: **Guarda!**, look!; **Che cosa guardi?**, what are you looking at?; **Guardami!**, look at me!; **Guarda chi c'è!**, look who's here!; **g. q. negli occhi**, to look sb. in the eye; **g. dalla finestra**, to look out of the window; **g. la televisione [una partita]**, to watch television [a match]; **Ti stavo guardando**, I was watching you; **g. al microscopio**, to look through a microscope ***2*** (*dare un'occhiata*) to have (*o* to take*) a look; (*scorrere*) to look through (st.); (*guardare di sfuggita*) to glance at (sb., st.); (*guardare furtivamente*) to peep: **Guarda in giardino**, have a look in the garden; **g. un articolo**, to have a look at (*o* to look through) an article; **g. dal buco della serratura**, to peep through the keyhole ***3*** (*squadrare, guardare fisso*) to stare at; (*scrutare*) to eye: **Perché mi guardi così?**, why are you staring at me?; **g. con sospetto**, to eye with suspicion ***4*** (*considerare*) to consider, to view, to look on; (*esaminare*) to look over, to look into: **g. le cosa da un nuovo angolo**, to view things from a different angle ***5*** (*custodire*) to look after; to keep* an eye on: **g. i bambini**, to look after the children ***6*** (*difendere*) to defend; to hold* • **g. a bocca aperta**, to gape (at sb., st.) □ **g. q. a vista**, to watch sb. closely □ **g. con ira**, to glare (at sb., st.) □ **g. q. dall'alto in basso**, to look down on sb. □ **g. di traverso**, to look askance at □ **g. in faccia la morte**, to look death in the face □ **g. una parola sul dizionario**, to look up a word in the dictionary □ **g. socchiudendo gli occhi**, to squint (at sb., st.) □ **g. le spalle a q.**, to cover sb. □ **guardarsi in giro**, to look about; (*prima di fare una scelta*) to have a look around, to shop around □ **Guarda guarda!**, well, well, well!; well, look at this! □ **Guarda un po'!**, fancy that!; that's odd! □ **guarda caso**, by sheer coincidence; as luck would have it □ **Dio ne guardi!**, God forbid □ (*fig.*) **non g. in faccia nessuno**, to have no regard for anyone ***B*** *v. i.* ***1*** (*badare*) to mind, to take* care; (*cercare*) to try: **Guarda di non cadere!**, mind (*o* take care) you don't fall!; **Guarda che è tagliente**, be careful, it's sharp; **non g. a spese**, not to worry about the cost; to spare no expense; **Guarda di fare presto!**, try to be quick ***2*** (*considerare*) to look on (*o* upon): **Guardavo a lui come al mio maestro**, I looked on him as my teacher; **g. a q.c. con occhio benevolo**, to look favourably on st. ***3*** (*di edificio, ecc.*) to look out (on); to look over; to face: **La finestra guarda sul lago**, the window looks onto the lake; **g. a est**, to face east ***C*** **guardàrsi** *v. rifl.* ***1*** to look at oneself: **g. allo specchio**, to look at oneself in the mirror ***2*** (*stare in guardia*) to beware (of); (*badare*) to be careful (*o* to take* care) (not to do st.); (*cercare*) to try (not to do st.): **g. dai falsi amici**, to beware of false friends; **g. dal rivelare q.c.**, to take care not to reveal st.; **Me ne guardo bene!**, Heaven forbid! ***D*** **guardàrsi** *v. rifl.*

recipr. to look at each other (*o* at one another); (*fissamente*) to stare at each other (*o* at one another).
guardaròba *m. invar.* ***1*** (*armadio*) wardrobe; (*per biancheria*) linen cupboard ***2*** (*stanza*) linen room ***3*** (*di locale pubblico*) cloakroom (*GB*); checkroom (*USA*) ***4*** (*vestiti*) wardrobe: **rifarsi il g.**, to get a new wardrobe.
guardarobière *m.* (*f.* **-a**) cloakroom (*USA* checkroom) attendant.
guardasigìlli *m.* Minister of Justice.
guardaspàlle *m. invar.* bodyguard.
guardàta *f.* look; glance: **dare una g. a q.c.**, to have (*o* to take) a look at st.
guàrdia *f.* ***1*** (*custodia, vigilanza*) guard, watch; (*naut.*) watch: **fare la g.**, to stand guard; to keep watch; **fare la g. a q.c.**, to guard st.; to keep watch over st.; **montare la g.**, to mount guard; **essere di g.**, to be on guard (duty); (*essere di servizio, anche med.*) to be on duty; **fare buona g.**, to keep a good watch on st. ***2*** (*corpo armato o di protezione*) guard: **g. d'onore**, guard of honour; **g. del corpo**, bodyguard ***3*** (*persona*) guard; watchman*; (*poliziotto*) policeman*; (*sentinella*) sentry, sentinel: **g. carceraria**, prison guard; warder (*GB*); **g. notturna**, night watchman ***4*** (*naut.*: *parte dell'equipaggio*) watch ***5*** (*sport*) guard: (*scherma*) **In g.!**, on guard • **g. costiera**, coastguard □ **G. di finanza**, Financial Police □ **g. forestale**, forest ranger; forester □ **g. giurata**, security guard □ **g. medica**, emergency medical service □ **guardie a cavallo**, horse guards □ (*gioco*) **guardie e ladri**, cops and robbers □ (*fig.*) **abbassare la g.**, to lower (*o* to drop) one's guard □ **cambio della g.**, changing of the guard; (*fig.*) changeover □ **mettere q. in g. contro q.c.**, to warn sb. against st. □ **stare in g.**, to be on one's guard; to watch out □ **turno di g.**, period of duty; (*naut.*) watch □ (*fig.*) **la vecchia g.**, the old guard.
guardiacàccia *V.* **guardacaccia**.
guardiacòste *V.* **guardacoste**.
guardialìnee *V.* **guardalinee**.
guardiamarìna *m. invar.* (*naut.*) midshipman* (*GB*); ensign (*USA*).
guardiàno *m.* (*f.* **-a**) ***1*** keeper; (*di fabbrica, ecc.*) guard, watchman*; (*di museo*) attendant; (*di villa*) gatekeeper; (*di palazzo*) caretaker: **g. di faro**, lighthouse keeper; **g. notturno**, night watchman ***2*** (*di carcere*) prison guard; warder (*GB*) ***3*** (*di bestiame*) herdsman*; (*di pecore*) shepherd; (*di capre*) goatherd; (*di porci*) swineherd. ATTENZIONE: **guardiano** ≠ guardian.
guardìna *f.* jail; lock-up.
guardìngo *a.* careful; circumspect; cautious; wary.
guardiòla *f.* ***1*** (*di portineria*) porter's booth ***2*** (*di sentinella*) sentry box.
guardóne *m.* (*fam.*) peeping Tom.
guarìbile *a.* curable; (*di ferita e sim.*) healable • **Fu dichiarato g. in dieci giorni**, the doctors said he would recover in ten days.
guarigióne *f.* recovery; cure; (*di ferita e sim.*) healing: **in via di g.**, on the way to recovery; on the mend; **pronta g.**, speedy recovery.
guarìre ***A*** *v. i.* ***1*** to recover (one's health); to get* well; to get* over st.; (*di ferita e sim.*) to heal: **Guarisci presto**, get well soon; **g. da una bronchite**, to recover from (*o* to get over) bronchitis ***2*** (*fig.*) to be cured (of); to get* rid (of): **g. da una cattiva abitudine**, to get rid of a bad habit ***B*** *v. t.* (*anche fig.*) to cure; to heal.
guaritóre *m.* (*f.* **-trice**) healer; (*con la suggestione, ecc.*) psychic healer, faith healer.
guarnigióne *f.* (*mil.*) garrison.
guarnìre *v. t.* ***1*** (*ornare*) to trim ***2*** (*cucina*) to garnish.
guarnizióne *f.* ***1*** (*ornamento*) trimming ***2*** (*cucina*) garnish ***3*** (*mecc.*) gasket; washer.
guastafèste *m. e f. invar.* spoilsport; killjoy; wet blanket (*fam.*).
guastàre ***A*** *v. t.* to spoil; (*rovinare*) to ruin; (*disturbare*) to disturb, to upset*: **g. l'appetito**, to spoil the appetite; **g. una vacanza**, to ruin a holiday; **g. lo stomaco**, to upset the stomach • **guastarsi il sangue**, to get worked up □ **Un po' di prudenza non guasta mai**, a little caution has never done any harm ***B*** **guastàrsi** *v. i. pron.* ***1*** (*di macchina, meccanismo*) to break* down; (*di motore*) to fail ***2*** (*cambiare in peggio*) to change for the worse; to deteriorate: **Il tempo si è guastato**, the weather has changed for the worse; **I rapporti tra i due paesi si sono guastati**, relationships between the two countries have deteriorated ***3*** (*litigare*) to quarrel; to fall* out ***4*** (*marcire*) to rot; (*andare a male*) to go* bad.
guastatóre *m.* (*mil.*) sapper; pioneer.
guàsto ***A*** *a.* ***1*** (*marcio*) rotten; gone bad (*pred.*): **pera guasta**, rotten pear; **carne guasta**, meat gone bad; **uovo g.**, rotten egg ***2*** (*di dente*) decayed; bad ***3*** (*che non funziona*) broken; (*di macchina, veicolo*) broken down; (*fuori uso*) out of order (*pred.*): **La TV è guasta**, the TV is not working; **L'ascensore è g.**, the lift is out of order ***B*** *m.* ***1*** fault; failure; (*di macchina o meccanismo*) breakdown: **un g. al motore**, an engine failure; something wrong with the engine (*fam.*); **L'auto ha avuto un g.**, the car broke down ***2*** (*danno*) damage.
guatemaltèco *a. e m.* (*f.* **-a**) Guatemalan (*f.* Guatemalan woman*).
guàzza *f.* heavy dew.
guazzabùglio *m.* hotchpotch, hodgepodge (*USA*); jumble; muddle; tangle.
guazzétto *m.* (*cucina*) stew.
guèlfo *a. e m.* (*stor.*) Guelph.
guèrcio ***A*** *a.* ***1*** (*strabico*) cross-eyed: **essere g.**, to be cross-eyed; to have a squint ***2*** (*cieco da un occhio*) blind in one eye (*pred.*); one-eyed ***B*** *m.* (*f.* **-a**) ***1*** (*strabico*) squint-eyed person ***2*** (*cieco da un occhio*) one-eyed person.
guèrra *f.* ***1*** war; (*il guerreggiare*) warfare Ⓤ: **dichiarare g. a q.**, to declare war on (*o* upon) sb.; **entrare in g.**, to enter the war; to go to war (with sb.); **in g. con**, at war with; **andare in g.**, to leave for the war; **Ha fatto la g. in Africa**, he fought (*o* served) in Africa (during the war); **la seconda g. mondiale**, the Second World War; World War II; **g. di indipendenza**, war of independence; **g. fredda**, cold war; **g. batteriologica [economica]**, germ [economic] warfare; **g. di posizione** (*o* **di trincea**), trench warfare; **tempo di g.**, time of war; wartime ***2*** (*ostilità*) feud; fight; strife ***3*** (*lotta*) battle; fight; campaign: **g. contro le malattie**, battle against disease; **g. contro la droga**, fight against drugs • (*stor.*) **la G. delle due Rose**, the Wars of the Roses □ (*stor.*) **la G. dei Cento Anni**, the Hundred Years' War □ **la Grande G.**, the Great War □ **g. d'interessi**, clash of interests □ **g. lampo**, blitzkrieg (*ted.*); blitz (*fam.*) □ **g. tra bande**, gang warfare □ **sul piede di g.**, on a war footing □ **sul sentiero di g.**, on the warpath.
guerrafondàio ***A*** *m.* (*f.* **-a**) warmonger ***B*** *a.* warmongering.
guerreggiàre *v. i.* to wage war; to fight*.
guerrésco *a.* ***1*** (*di guerra*) war (*attr.*) ***2*** (*bellicoso*) warlike.
guerrièro ***A*** *m.* warrior ***B*** *a.* warlike.
guerrìglia *f.* guer(r)illa warfare.
guerriglièro *m.* (*f.* **-a**) guer(r)illa.
gùfo *m.* (*zool.*) owl • **g. reale**, eagle owl.
gùglia *f.* ***1*** (*archit.*) spire; (*di campanile*) steeple ***2*** (*di roccia*) needle.
gugliàta *f.* length of thread.
guìda *f.* ***1*** (*persona*) guide: **fare da g. a q.**, to act as (*o* to be) sb.'s guide; (*fare strada*) to show sb. the way ***2*** (*libro*) guide; (*turistico*) guidebook: **una g. del sud della Francia**, a guidebook to Southern France; **g. telefonica**, telephone directory ***3*** (*ammaestramento*) guidance; (*direzione*) direction, management; (*comando*) leadership: **essere alla g. di una società**, to be the manager of a company; **essere alla g. di un partito**, to lead a party ***4*** (*autom.*: *il guidare*) driving: **maestro di g.**, driving instructor; **scuola g.**, driving school; **essere alla g. di un veicolo**, to be driving a vehicle; **g. pericolosa**, dangerous (*o* reckless) driving; **g. in stato di ubriachezza**, drunk driving ***5*** (*autom.*: *sterzo*) drive: **g. a destra [a sinistra]**, right-hand [left-hand] drive ***6*** (*tecn.*) slide; rail; track ***7*** (*scoutismo*) Girl Guide (*GB*); Girl Scout (*USA*) ***8*** (*tappeto*) runner.
guidàre *v. t.* ***1*** (*fare da guida*) to guide; to lead* ***2*** (*capeggiare*) to lead*: **g. una spedizione [un partito]**, to lead an expedition [a party] ***3*** (*dirigere*) to manage; to run*: **g. un'azienda**, to manage a company ***4*** (*un veicolo*) to drive*; (*una moto*) to ride* ***5*** (*un'orchestra*) to conduct • **g. la classifica**, to lead the results list; to be in first place □ **g. una nave**, to steer a ship.
guidàto *a.* guided; conducted: **visita guidata**, guided (*o*

conducted) tour.
guidatóre *m.* (*f.* **-trice**) driver.
guinzàglio *m.* lead; leash: **un cane al g.**, a dog on the lead.
guìṣa *f.* manner; way; guise • **a g. di**, like.
guìtto *m.* (*f.* **-a**) strolling player; (*spreg.*) third-rate actor.
guizzàre *v. i.* ***1*** (*di pesce*) to dart, to flit; (*muoversi dimenandosi*) to wriggle, to slither ***2*** (*di luce*) to flash; (*tremolare*) to flicker ***3*** (*scattare, balzare*) to dart; to leap*; (*scivolare*) to slip ***4*** (*di muscolo*) to play.
guìzzo *m.* ***1*** (*movimento rapido, di pesce*) dart; (*di serpe*) wriggle ***2*** (*di luce*) flash; (*tremolio*) flicker ***3*** (*scatto, balzo*) dart; leap • **dare un g.**, *V.* **guizzare**.
gulasch (*ted.*) *m.* (*cucina*) (Hungarian) goulash.
gùru *m. invar.* (*anche fig.*) guru.
gùscio *m.* ***1*** (*zool.*) shell ***2*** (*bot.*) shell; hull; (*di legumi*) pod; (*di cereali*) husk • **g. di noce**, nutshell; (*fig., di barca*) cockleshell □ **ritirarsi nel proprio g.**, to retire into one's shell □ **uscire dal proprio g.**, to come out of one's shell.
gustàre ***A*** *v. t.* ***1*** (*assaggiare*) to taste ***2*** (*assaporare con piacere*) to enjoy ***3*** (*fig.*) to enjoy; to savour ***B*** *v. i.* to be to (sb.'s) taste; to like (*costruz. pers.*).
gustativo *a.* gustatory; taste (*attr.*).
gùsto *m.* ***1*** (*senso*) taste ***2*** (*sapore*) taste; (*aroma*) flavour: **il g. dell'acciuga**, the taste of anchovy; **g. di limone**, lemon flavour; **sei gusti di gelato**, six flavours of ice-cream; **al g. di pesca**, peach-flavoured; **Che g. ha?**, what does it taste of?; **avere un g. acido** [**dolce**], to taste sour [sweet] ***3*** (*senso estetico*) taste: **vestito con g.**, dressed with taste; **di cattivo** [**buon**] **g.**, in bad [good] taste; **donna di g.**, woman with taste; **abito di g.**, tasteful dress; **È questione di gusti**, it's a matter of taste; **per tutti i gusti**, to suit all tastes ***4*** (*piacere intenso*) gusto; relish; enjoyment: **mangiare di g.**, to eat with gusto; to enjoy one's food • **Bel g. fare due ore di coda!**, where's the fun in queueing for two hours? □ **Non è di mio g.**, I don't like it □ **prenderci g.**, to begin to enjoy st. □ **provarci g.**, to enjoy doing st. □ **ridere di g.**, to laugh heartily □ **senza g.**, tasteless □ **Non capisco che g. tu ci trovi**, I can't understand what you see in it □ (*prov.*) **Tutti i gusti sono gusti**, there's no accounting for taste.
gustosaménte *avv.* ***1*** (*piacevolmente*) pleasantly ***2*** (*con piacere*) heartily.
gustóso *a.* ***1*** (*saporito*) tasty ***2*** (*fig.*) pleasant; amusing; enjoyable.
gutturàle *a. e f.* guttural.

h, H

H, h *f. o m.* H, h: **h muta**, silent h • (*telef.*) **h come hotel**, h for Harry (*USA* for How) □ **bomba H**, H-bomb.
hàbitat *m. invar.* (*biol.*) habitat.
habitué (*franc.*) *m. invar.* habitué; regular attender; regular; goer: **h. dell'opera**, regular opera-goer.
haitiàno *a. e m.* (*f.* **-a**) Haitian (*f.* Haitian woman*).
hall (*ingl.*) *f. invar.* hall; foyer; lobby (*USA*).
hambùrger (*ingl.*) *m. invar.* (*cucina*) hamburger.
handicap (*ingl.*) *m. invar.* handicap: **h. fisico**, physical handicap; disability • **portatore di h.**, *V.* **handicappato**.
handicappàre *v. t.* to handicap.
handicappàto ***A*** *a.* handicapped: **h. fisico**, physically handicapped; disabled ***B*** *m.* (*f.* **-a**) handicapped person; (*fisico, anche*) disabled person: **gli handicappati**, the handicapped; the disabled.
hangar (*franc.*) *m. invar.* (*aeron.*) hangar; shed.
harakiri *m. invar.* hara-kiri: **fare h.**, to commit hara-kiri.
hard-core (*ingl.*) *a. invar.* porn; porno: **film h.**, porno film.
harèm *m. invar.* harem.
hascìsc, **hashish** *m.* hashish; hash (*pop.*).
haute (*franc.*) *f. invar.* high society; smart set.
hawaiàno *a. e m.* (*f.* **-a**) Hawaiian (*f.* Hawaiian woman*).
hegeliàno *a. e m.* (*f.* **-a**) (*filos.*) Hegelian.
hènna *f.*, **henné** *m.* (*franc.*) (*bot. e tintura*) henna.
herpes (*lat.*) *m. invar.* (*med.*) herpes: **h. semplice**, herpes simplex; (*sulle labbra*) cold sore; **h. zoster**, herpes zoster; shingles (*pl. col verbo al sing.*).
hertz *m. invar.* (*fis.*) hertz.
hertziàno *a.* (*fis.*) Hertzian.
himalaiàno *a.* Himalayan.
hìndi *a. e f. invar.* Hindi.
Hinterland (*ted.*) *m. invar.* ***1*** (*geogr.*) hinterland ***2*** (*di città*) outer city; suburbs (*pl.*).
hip *inter.* hip: **hip hip hip hurrà!**, hip, hip, hooray!
hippy (*ingl.*) *a., m. e f. invar.* hippie; hippy.
hitleriàno ***A*** *a.* Hitler's (*attr.*); Hitler (*attr.*) ***B*** *m.* (*f.* **-a**) Hitlerite.
hobbìstica *f.* hobbies industry; (*gli hobby*) hobbies (*pl.*).
hobbìstico *a.* hobby (*attr.*).
hobby (*ingl.*) *m. invar.* hobby: **Ha l'h. della pittura**, he paints as a hobby; his hobby is painting.
hòckey *m.* (*sport*) hockey: **h. su ghiaccio**, ice hockey; **h. su prato**, field hockey.
holding (*ingl.*) *f. invar.* (*fin.*) holding company.
hollywoodiàno *a.* ***1*** Hollywood (*attr.*) ***2*** (*fig.*) spectacular; colossal.
hondurégno *a. e m.* (*f.* **-a**) Honduran (*f.* Honduran woman*).
honoris causa (*lat.*) *locuz. agg.* — **laurea h.**, honorary degree; degree honoris causa.
horror (*ingl.*) *m. invar.* ***1*** (*narrativa*) horror literature ***2*** (*film*) horror films (*pl.*).
hòstess *f. invar.* ***1*** (*aeron.*) air hostess (*o* stewardess): **h. di terra**, ground hostess ***2*** (*accompagnatrice*) escort; guide.
hôtel (*franc.*) *m. invar.* hotel: **grand'hotel**, five-star hotel; luxury hotel.
humour (*ingl.*) *m.* humour, humor (*USA*); sense of humour: **mancare di h.**, to lack sense of humour; **pieno di u.**, full of humour; humorous.
humus *m.* ***1*** (*agric.*) humus ***2*** (*fig.*) fertile ground; breeding ground.
hurrà *inter.* hurrah!; hurray!

i, I

I, i *m. o f.* I, i • (*telef.*) **i come Imola**, i for Isaac (*USA* for Item).

i, gli *art. determ. m. pl.* **1** the: **i primi mesi**, the first months; **gli ultimi giorni**, the last days; **i vini del Piemonte**, the wines of Piedmont; **i russi**, the Russians; **gli Appennini**, the Apennines; **gli Stati Uniti**, the United States; **i ricchi e i poveri**, the rich and the poor **2** (*idiom.*: *assente in ingl.*) — **i vini francesi**, French wines; **amare i bambini**, to love children; **i miei libri**, my books; **Ho gli occhi neri**, I have dark eyes **3** (*idiom.*: *agg. poss. in ingl.*) — **Mi lavai i piedi**, I washed my feet; **Mettiti i guanti**, put on your gloves **4** (*idiom.*: *partitivo in ingl.*) some; (*in frasi neg.*) any: **Va' a comprare i fiammiferi**, go and buy some matches.

iàrda *f.* yard.

iàto *m.* (*ling., anat. e fig.*) hiatus.

iattànza *f.* arrogance; boastfulness.

iattùra *f.* misfortune; calamity; ruin.

ibèrico *a.* (*stor.*) Iberian.

ibernàre *v. i.* **1** (*zool.*) to hibernate **2** (*med.*) to freeze* down.

ibernazióne *f.* **1** (*zool.*) hibernation **2** (*med.*) cryonics (*pl. col verbo al sing.*).

ibis *m.* (*zool.*) ibis*.

ibisco *m.* (*bot.*) hibiscus.

ibridàre *v. t.* (*biol.*) to hybridize; to cross-breed*.

ibridazióne *f.* (*biol.*) hybridization; cross-breeding.

ibridismo *m.* (*biol.*) hybridism.

ìbrido *a. e m.* hybrid.

icàstico *a.* (*incisivo*) vivid; graphic.

iceberg (*ingl.*) *m. invar.* iceberg • (*anche fig.*) **la punta dell'i.**, the tip of the iceberg.

icòna *f.* icon.

iconoclàsta *m. e f.* (*anche fig.*) iconoclast.

iconoclastìa *f.* (*anche fig.*) iconoclasm.

iconoclàstico *a.* (*anche fig.*) iconoclastic.

iconografìa *f.* iconography.

iconogràfico *a.* iconographic(al).

iconologìa *f.* iconology.

ictus *m. invar.* (*med.*) brain hemorrage; stroke.

Iddìo *V.* **Dio**.

idèa *f.* **1** idea; (*pensiero, anche*) thought; (*trovata, anche*) notion: **l'i. della giustizia**, the idea of justice; **Mi è venuta un'i.**, I've had an idea; **Non è una cattiva i.**, it's not a bad idea; **i. luminosa**, bright idea; **l'i. di rivederlo**, the thought of seeing him again; **i. balzana**, crazy notion; **Che i.!**, what an idea!; the idea! **2** (*opinione*) opinion; mind: **cambiare i.**, to change one's mind **3** (*ideale*) ideal **4** (*accenno*) hint, touch; (*sentore*) whiff; (*barlume*) glimmering: **un'i. di aglio**, a touch of garlic • **i. fissa**, fixed idea; bee in one's bonnet (*fam.*) □ **Ho i. che non durerà**, I have a notion it won't last □ **È ricco da non averne i.**, you have no idea (*o* you can't imagine) how rich he is □ **avere una mezza i. di fare q.c.**, to have half a mind to do st. □ **Ho i. di andare a teatro stasera**, I'm thinking of going to the theatre tonight □ **Non ne ho la più pallida i.**, I haven't the faintest idea (*o* the slightest notion) □ **farsi un'i. di q.c.**, to form an opinion about st.; to get the general idea of st. □ **Nemmeno per i.!**, certainly not! □ **Rendo l'i.?**, do you know what I mean?

ideàle *a. e m.* ideal.

idealismo *m.* idealism.

idealista *m. e f.* idealist.

idealìstico *a.* idealistic.

idealizzàre *v. t.* to idealize.

idealizzazióne *f.* idealization.

ideàre *v. t.* to conceive; (*escogitare*) to devise; (*inventare*) to invent; (*progettare*) to plan.

ideatóre *m.* (*f.* **-trice**) author; inventor.

idem (*lat.*) **A** *avv.* ditto; likewise **B** *pron.* ditto; the same.

idèntico *a.* identical • **copia identica**, exact copy.

identificàbile *a.* identifiable.

identificàre **A** *v. t.* **1** (*considerare identico*) to equate **2** (*riconoscere, scoprire*) to identify **B** **identificàrsi** *v. rifl. e i. pron.* **1** (*sentirsi identico*) to identify **2** (*essere identico*) to be identical.

identificazióne *f.* identification.

identikìt *m. invar.* **1** (*tecnica*) identikit **2** (*ritratto*) identikit (picture); composite (portrait) (*USA*) **3** (*fig.*) picture; description.

identità *f.* identity: **carta d'i.**, identity card.

ideogràfico *a.* ideographic(al) • **segno i.**, ideogram; ideograph.

ideogràmma *m.* ideogram; ideograph.

ideologìa *f.* ideology.

ideològico *a.* ideological.

ideologizzàre *v. t.* to ideologize.

ideòlogo *m.* (*f.* **-a**) ideologist.

ìdi *f. o m. pl.* (*stor.*) Ides: **le idi di M.**, the ides of March.

idillìaco, idìllico *a.* idyllic.

idìllio *m.* **1** (*letter.*) idyll **2** (*relazione amorosa*) romance; love affair **3** (*vita serena*) idyllic life.

idiòma *m.* language; tongue.

idiomàtico *a.* idiomatic • **espressione idiomatica**, idiom.

idiosincrasìa *f.* **1** (*med.*) idiosyncrasy **2** (*avversione*) strong dislike; aversion.

idiosincràtico *a.* **1** (*med.*) idiosyncratic **2** intolerant.

idiòta **A** *a.* idiotic; foolish **B** *m. e f.* idiot; fool.

idiotismo *m.* (*ling.*) idiom.

idiozìa *f.* **1** (*med.*) idiocy **2** (*stupidità*) idiocy; stupidity **3** (*azione idiota*) stupid (*o* foolish) thing (to do): **Non fare idiozie**, don't do anything foolish **4** (*parole idiote*) nonsense ⓤ; rubbish ⓤ: **dire idiozie**, to talk nonsense; **Bella i.!**, that was a really stupid thing to say!

idolàtra **A** *a.* idolatrous **B** *m. e f.* idolater.

idolatràre *v. t.* (*anche fig.*) to idolize; to worship.

idolatrìa *f.* idolatry.

idolàtrico *a.* idolatrous.

idoleggiàre *v. t.* to idolize; to make* an idol of.

ìdolo *m.* (*anche fig.*) idol: **i. infranto**, fallen idol.

idoneità *f.* **1** fitness; eligibility: **i. al servizio militare**, fitness for military service **2** (*adeguatezza*) suitability • **esame di i.**, qualifying examination.

idòneo *a.* **1** (*che ha i requisiti*) fit, suitable, eligible; (*che ha i titoli*) qualified: **i. al servizio militare**, fit for military service; **i. all'insegnamento**, qualified to teach **2** (*adatto*) suitable; appropriate; fit.

idra *f.* **1** (*zool. e fig.*) hydra* **2** (*mitol.*) Hydra.

idrànte *m.* **1** (*presa d'acqua*) hydrant **2** (*tubo*) hose; water cannon **3** (*autobotte*) water truck.

idratànte **A** *a.* **1** (*chim.*) hydrating **2** (*cosmesi*) moisturizing **B** *m.* (*cosmesi*) moisturizer.

idratàre *v. t.* **1** (*chim.*) to hydrate **2** (*cosmesi*) to moisturize.

idratazióne *f.* **1** (*chim.*) hydration **2** (*cosmesi*) moisturization.

idràto (*chim.*) **A** *a.* hydrated **B** *m.* hydrate.

idràulica *f.* hydraulics (*pl. col verbo al sing.*).

idràulico **A** *a.* hydraulic **B** *m.* plumber; sanitary engineer.

ìdrico *a.* water (*attr.*): **impianto i.**, waterworks.

idrocarbùro *m.* (*chim.*) hydrocarbon.

idrocèfalo *m.* (*med.*) hydrocephalus; water on the brain.

idrodinàmica *f.* hydrodynamics (*pl. col verbo al sing.*).

idrodinàmico *a.* **1** hydrodynamic(al) **2** (*naut.*) streamlined.

idroelèttrico *a.* hydroelectric: **centrale idroelettrica**,

hydroelectric power station.
idròfilo *a.* ***1*** (*chim.*) hydrophilic ***2*** (*bot.*) hydrophilous • **cotone i.**, cotton wool (*GB*); cotton (*USA*).
idrofobìa *f.* (*med.*) hydrophobia; rabies.
idròfobo *a.* ***1*** (*med.*) hydrophobic; rabid; mad: **cane i.**, rabid (*o* mad) dog ***2*** (*fig.*) furious; hopping mad (*fam.*).
idròfugo *a.* water-repellent.
idrogenàre *v. t.* (*chim.*) to hydrogenate.
idrogenazióne *f.* (*chim.*) hydrogenation.
idrògeno *m.* (*chim.*) hydrogen: **i. pesante**, heavy hydrogen; **bomba all'i.**, hydrogen bomb; H-bomb.
idrogètto *m.* (*naut.*) water-jet propeller.
idrografìa *f.* hydrography.
idrogràfico *a.* hydrographic(al) • **bacino i.**, catchment basin (*o* area).
idrògrafo *m.* hydrographer.
idròlisi *f.* (*chim.*) hydrolysis.
idrolìtico *a.* (*chim.*) hydrolitic.
idrologìa *f.* hydrology.
idrològico *a.* hydrologic(al).
idròlogo *m.* (*f.* **-a**) hydrologist.
idromassàggio *m.* hydromassage.
idromèle *m.* hydromel; mead.
idròmetra *m.* (*zool.*) water strider; pond skater.
idrometrìa *f.* hydrometry.
idromètrico *a.* hydrometric(al).
idròmetro *m.* water-gauge; depth scale.
idròpico (*med.*) ***A*** *a.* hydropic; dropsical ***B*** *m.* (*f.* **-a**) sufferer from dropsy.
idropìsia *f.* (*med.*) dropsy.
idropittùra *f.* water paint.
idroplàno *m.* hydroplane.
idropònica *f.* hydroponics (*pl. col verbo al sing.*).
idrorepellènte *a. e m.* water-repellent.
idrosanitàrio *a.* (*edil.*) sanitary.
idroscàlo *m.* seaplane base.
idroscòpio *m.* hydroscope.
idrosfèra *f.* (*geogr.*) hydrosphere.
idrosolùbile *a.* water-soluble.
idròssido *m.* (*chim.*) hydroxide.
idrostàtica *f.* (*fis.*) hydrostatics (*pl. col verbo al sing.*).
idrostàtico *a.* hydrostatic.
idroterapìa *f.* (*med.*) hydrotherapeutics (*pl. col verbo al sing.*).
idroteràpico *a.* (*med.*) hydrotherapeutic.
idrotermàle *a.* hydrothermal.
idrotropìsmo *m.* (*bot.*) hydrotropism.
idrovìa *f.* waterway.
idrovolànte *m.* seaplane; hydroplane.
idròvora *f.* water-scooping machine.
idròvoro *a.* water-scooping.
idrozòo *m.* (*zool.*) hydrozoan.
idrùro *m.* (*chim.*) hydride.
ièlla *f.* (*fam.*) bad luck; jinx: **portare i.**, to bring bad luck; **Ho la i. addosso**, I'm jinxed; **Che i.!**, just my [his, etc.] luck!
iellàto *a.* (*fam.*) unlucky; jinxed.
ièna *f.* (*zool.*) hy(a)ena.
ieraticità *f.* gravity; solemnity.
ieràtico *a.* ***1*** hieratic ***2*** (*grave, solenne*) grave; solemn; priestlike.
ièri *avv. e n.* yesterday: **i. mattina**, yesterday morning; **i. sera**, yesterday evening; last night; **i. notte**, last night; **i. l'altro** (*o* **l'altro i.**), the day before yesterday; **l'altro i. sera**, the evening before last; **il giornale di i.**, yesterday's paper; **da i. a oggi**, in the last 24 hours; since yesterday; **tra i. e oggi**, overnight.
iettatóre *m.* (*f.* **-trice**) Jonah; jinx; hoodoo (*USA*).
iettatùra *f.* ***1*** (*malocchio*) evil eye ***2*** (*sfortuna*) bad luck; jinx.
igiène *f.* hygiene; cleanliness; (*salute, sanità*) health: **i. personale**, personal hygiene (*o* cleanliness); **i. pubblica**, public hygiene; **i. mentale**, mental health; **condizioni di i.**, cleanliness; sanitation; **ufficio d'i.**, public-health office.
igiènico *a.* ***1*** hygienic; sanitary; (*che riguarda la salute*) health (*attr.*): **norme igieniche**, sanitary regulations; health rules ***2*** (*pulito*) clean; (*salubre*) healthy ***3*** (*opportuno*) advisable; (*prudente*) safe • **carta igienica**, toilet paper □ **impianti igienici**, sanitary fittings □ **servizi igienici**, toilets; sanitation Ⓤ.
igienìsta *m. e f.* hygienist; health fiend (*scherz.*).
igloo, **iglù** *m.* igloo.
ignàro *a.* unaware (of); unacquainted (with); ignorant (of).
ignàvia *f.* (*lett.*) sloth.
ignàvo *a.* (*lett.*) slothful.
ìgneo *a.* (*geol.*) igneous.
ignifugazióne *f.* fireproofing.
ignìfugo *a.* fire-resistant; fireproof; fire-retardant.
ignizióne *f.* (*chim.*) ignition.
ignòbile *a.* ignoble; despicable; base; vile.
ignomìnia *f.* ***1*** ignominy; disgrace; shame ***2*** (*scherz.*: *cosa brutta*) horror; disgrace.
ignominióso *a.* ignominious; disgraceful; shameful.
ignorànte ***A*** *a.* ***1*** ignorant ***2*** (*villano*) rude; boorish ***B*** *m. e f.* ***1*** ignoramus ***2*** (*villano*) rude person; boor (*m.*).
ignorànza *f.* ignorance: **i. crassa**, crass ignorance • (*scherz.*) **Beata i.!**, ignorance is bliss!
ignoràre ***A*** *v. t.* ***1*** (*non sapere*) not to know*; to be ignorant of; to be unaware of ***2*** (*trascurare*) to ignore ***B*** **ignoràrsi** *v. rifl. recipr.* to ignore each other (*o* one another).
ignoràto *a.* ***1*** (*sconosciuto*) unknown ***2*** (*trascurato*) neglected.
ignòto ***A*** *a.* unknown ***B*** *m.* ***1*** (*l'ignoto*) (the) unknown ***2*** (*f.* **-a**) unknown person; (*leg.*) person unknown • **figlio di ignoti**, child of unknown parents; (*bur.*) parentage unknown □ **i soliti ignoti**, persons unknown.
ignùdo *a.* naked • **vestire gli ignudi**, to clothe the naked.
igromètrico *a.* hygrometric(al).
igròmetro *m.* hygrometer.
igroscòpico *a.* hygroscopic(al).
igroscòpio *m.* hygroscope.
iguàna *f.* (*zool.*) iguana.
iguanodónte *m.* (*paleont.*) iguanodont.
il, **lo** *art. determ. m. sing.* ***1*** the: **il primo giorno**, the first day; **l'ultimo mese**, the last month; **il vino di quella vigna**, the wine of that vineyard; **il libro che ho letto**, the book I've read; **il sole**, the sun; **il mare**, the sea; **il Po**, the Po; **l'Egeo**, the Aegean; **Alfredo il Grande**, Alfred the Great ***2*** (*idiom.*: *assente in ingl.*) — **il prossimo mese**, next month; **lo scorso anno**, last year; **Non mi piace il tè**, I don't like tea; **Il tempo è denaro**, time is money; **il tuo libro**, your book; **Non è il mio!**, it isn't mine!; **il libro di Tom**, Tom's book; **il papà**, Father; **il Perù**, Peru; **il giorno di Natale**, Christmas Day; **il Monte Bianco**, Mont Blanc; **il re Artù**, King Arthur; **il signor Bolla**, Mr Bolla; **lo zio Gino**, Uncle Gino; **il dottor Tersi**, Doctor Tersi; **il Foscolo**, Foscolo; **L'uomo è mortale**, man is mortal ***3*** (*idiom.*: *agg. poss. in ingl.*) — **Ho dimenticato l'ombrello**, I forgot my umbrella; **Bevi il tè**, drink your tea ***4*** (*idiom.*: *art. indeterm. in ingl.*) a, an: **Ha il naso lungo**, he has a long nose ***5*** (*idiom.*: *agg. partitivo in ingl.*) some; (*in frasi neg.*) any: **Va' a comprare lo zucchero!**, go and buy some sugar!; **Non c'è il pane**, there is no (*o* there isn't any) bread ***6*** (*con valore distributivo*) a, an: **10.000 lire il giorno**, 10,000 lire a day; **due volte l'anno**, twice a year ***7*** (*nelle espressioni di tempo*) in the; on the (*o idiom.*): **Il pomeriggio dormo**, I sleep in the afternoon; **Viene il lunedì**, he comes on Mondays; **Successe il 2 marzo**, it happened on the 3rd of March.
ìlare *a.* merry; cheerful; laughing.
ilarità *f.* hilarity; merriment; mirth; (*riso*) laughter • **provocare l'i. generale**, to make everybody laugh.
ìleo *m.* (*anat.*) ***1*** *V.* **ilio** ***2*** (*parte dell'intestino tenue*) ileum*.
ilìaco *a.* (*anat.*) iliac.
Ilìade *f.* (*letter.*) Iliad.
ìlio *m.* (*anat.*) ilium*; hip-bone.
illanguidìre ***A*** *v. t.* to weaken; to enfeeble ***B*** *v. i.* to grow* feeble; to languish; (*specialm. di fiori*) to droop.
illatìvo *a.* illative; inferential.
illazióne *f.* inference; deduction; (*congettura*) conjecture.
illécito ***A*** *a.* illicit; illegitimate; (*illegale*) illegal ***B*** *m.* (*leg.*) — **i. civile**, tort; **i. penale**, offence; crime.
illegàle *a.* illegal; unlawful.
illegalità *f.* ***1*** illegality; unlawfulness ***2*** (*atto illegale*) illegal act; breach of the law; offence.
illeggiadrìre *v. t.* (*lett.*) to embellish; to prettify.
illeggìbile *a.* (*indecifrabile*) illegible; (*perché mediocre, noioso, ecc.*) unreadable.

illegittimità *f.* illegitimacy.
illegittimo *a.* illegitimate.
illeso *a.* unhurt; uninjured; unharmed; (*di cose e fig.*) undamaged.
illetteràto *a.* (*analfabeta*) illiterate; (*non istruito*) uneducated.
illibatézza *f.* ***1*** virginity ***2*** (*onestà*) integrity; irreproachability.
illibàto *a.* ***1*** virgin (*attr.*) ***2*** (*onesto*) honest; blameless; irreproachable.
illiberàle *a.* illiberal.
illiberalità *f.* illiberality.
illiceità *f.* (*leg.*) unlawfulness; illegality.
illimitàto *a.* boundless; unlimited.
illividìre ***A*** *v. t.* to make* livid; to make* (st.) turn blue ***B*** *v. i.* to turn livid; to turn blue.
illogicità *f.* illogicality; illogicalness; irrationality.
illògico *a.* illogical; irrational.
illùdere ***A*** *v. t.* to deceive; to take* in; to fool; to delude ***B*** **illùdersi** *v. rifl.* to deceive oneself; to delude (*o* to fool) oneself; to be under the illusion (that): **Non illuderti, non tornerà**, don't delude yourself, he won't come back; **Si illude di poter vincere**, he is under the illusion he can win: **Mi illudevo di conoscerlo bene**, I thought I knew him well, but I was wrong; **Mi ero illuso su di lei**, I was wrong about her; I thought she was different.
illuminànte *a.* ***1*** illuminating ***2*** (*fig.*) enlightening.
illuminàre ***A*** *v. t.* ***1*** to light*; to light* up; to illuminate; (*splendere su*) to shine* on ***2*** (*far capire*) to enlighten; (*gettare luce su*) to throw* (*o* to cast*) light on ● **i. a giorno**, to floodlight ***B*** **illuminàrsi** *v. i. pron.* to light* up; to lighten; to brighten.
illuminàto *a.* ***1*** lighted; lit (*pred.*); illuminated: **finestra illuminata**, lighted window; **male i.**, badly lit; **i. a giorno**, brightly lit; floodlit ***2*** (*fig.*) enlightened.
illuminazióne *f.* ***1*** lighting; (*per decorazione*) illumination: **i. a giorno**, floodlighting ***2*** (*ispirazione*) flash of inspiration.
illuminìsmo *m.* (*filos.*) Enlightenment.
illuminìsta (*filos.*) ***A*** *a.* Enlightenment (*attr.*) ***B*** *m. e f.* ***1*** (*pensatore*) Enlightenment thinker [philosoper, etc.] ***2*** (*seguace*) follower of the Enlightenment.
illuminìstico *a.* Enlightenment (*attr.*).
illusióne *f.* ***1*** (*percezione illusoria*) illusion ***2*** (*idea falsa*) delusion; illusion: **farsi illusioni**, to delude (*o* to fool) oneself; to have illusions; **una pia i.**, a delusion; wishful thinking 🄤.
illusionìsmo *m.* illusionism; (*prestidigitazione*) conjuring.
illusionista *m. e f.* illusionist; (*prestigiatore*) conjurer.
illùso ***A*** *a.* deluded; deceived; hoodwinked ***B*** *m.* (*f.* **-a**) dreamer: **Sei un i.**, you are a dreamer; you are deceiving yourself; **Povero i.!**, poor fool!
illusòrio *a.* illusory; deceptive; false; fallacious.
illustràre *v. t.* ***1*** to illustrate ***2*** (*spiegare*) to illustrate; to expound; to explain ***3*** (*lett.*: *rendere illustre*) to make* famous.
illustratìvo *a.* illustrative; explanatory.
illustràto *a.* illustrated ● **cartolina illustrata**, picture postcard.
illustratóre *m.* (*f.* **-trice**) ***1*** illustrator ***2*** (*commentatore*) commentator.
illustrazióne *f.* ***1*** illustration; picture; (*fuori testo*) plate ***2*** (*spiegazione*) illustration; explanation.
illùstre *a.* renowned; famous; illustrious.
imbacuccàre ***A*** *v. t.* to wrap up; to muffle up ***B*** **imbacuccàrsi** *v. rifl.* to wrap oneself up; to muffle oneself up.
imbaldanzìre ***A*** *v. t.* to embolden; to make* bold; to cheer ***B*** *v. i. e* **imbaldanzìrsi** *v. i. pron.* to be emboldened; to cheer up.
imballàggio *m.* ***1*** packing; packaging: **franco di i.**, packing free ***2*** (*involucro*) package ***3*** (*spese*) packing costs (*o* charges).
imballàre (1) *v. t.* to pack; to package; (*in casse*) to crate; (*in balle*) to bale.
imballàre (2) (*autom.*) ***A*** *v. t.* to race (*an engine*) ***B*** **imballàrsi** *v. i. pron.* to race.
imbàllo *V.* **imballaggio.**
imbalsamàre *v. t.* ***1*** to embalm ***2*** (*impagliare*) to stuff ***3*** (*fig.*) to freeze*; to mummify.
imbalsamatóre *m.* (*f.* **-trice**) embalmer; (*di animali*) taxidermist.
imbalsamazióne *f.* ***1*** embalming; (*di animali*) taxidermy, stuffing ***2*** (*fig.*) freezing; mummification.
imbambolàrsi *v. i. pron.* to be bemused; to be in a daze; to look blank ● **i. a guardare q.c.**, to gape at st.
imbambolàto *a.* (*sconcertato*) bemused, bewildered; (*attonito*) blank, vacant; (*a bocca aperta*) gaping; (*intontito*) dazed, in a daze; (*insonnolito*) drowsy.
imbandieràre *v. t.* to deck with flags; (*naut.*) to dress.
imbandìre *v. t.* to prepare; to lay*: **i. un pranzo**, to prepare a lavish dinner; **i. la tavola**, to lay the table (for a banquet).
imbandito *a.* set for a feast (*pred.*); laid (*pred.*).
imbarazzànte *a.* embarrassing; awkward.
imbarazzàre ***A*** *v. t.* ***1*** to embarrass; (*mettere a disagio*) to make* (sb.) feel uncomfortable ***2*** (*ostacolare*) to encumber; to hamper ***B*** **imbarazzàrsi** *v. i. pron.* to be embarrassed.
imbarazzàto *a.* ***1*** embarrassed; (*a disagio*) ill at ease (*pred.*), uncomfortable; (*impacciato*) awkward ***2*** (*intralciato*) hampered ***3*** (*perplesso*) puzzled; (*davanti a una scelta*) in a quandary (*pred.*).
imbaràzzo *m.* ***1*** embarrassment ***2*** (*impaccio*) difficulty; awkward situation: **togliere q. dall'i.**, to help sb. out of a difficulty ***3*** (*disturbo*) trouble; hindrance ● **i. di stomaco**, stomach upset □ **in i.**, embarrassed; (*di fronte a una scelta*) in a quandary; (*perplesso*) puzzled □ **mettere q. in i.**, to embarrass sb.; to make sb. feel uncomfortable (*o* ill at ease) □ **Non c'è che l'i. della scelta**, there is plenty of choice (*o* to choose from).
imbarbarimènto *m.* barbarization.
imbarbarìre ***A*** *v. t.* to barbarize; (*una lingua*) to corrupt ***B*** *v. i. e* **imbarbarirsi** *v. i. pron.* to become* barbarous; (*di una lingua*) to become* corrupt.
imbarcadèro *m.* landing stage; pier.
imbarcàre ***A*** *v. t.* ***1*** to take* aboard; to embark; (*merci, anche*) to load ***2*** (*far salire su auto, ecc.*) to get* in; to put* in; to pick up ● (*naut.*) **i. acqua**, to ship water □ **i. q. clandestinamente**, to stow sb. away ***B*** **imbarcàrsi** *v. rifl. e i. pron.* ***1*** (*salire a bordo*) to board (st.); to embark; (*naut.*: *partire*) to sail: **i. su una nave** [**un aereo**], to board a ship [a plane] ***2*** (*di marittimo*) to sign on ***3*** (*intraprendere*) to embark (on) ***4*** (*del legno*) to warp ● **i. clandestinamente**, to stow away.
imbarcazióne *f.* boat; craft*: **i. a remi**, rowing boat; **i. da diporto**, pleasure boat (*o* craft); **i. da cabotaggio**, coaster.
imbàrco *m.* ***1*** (*di persone*) embarkation; boarding ***2*** (*di merci*) shipping; shipment ***3*** (*di marittimo*) signing on ***4*** (*imbarcadero*) landing stage ● (*aeron.*) **carta d'i.**, boarding card □ (*naut.*) **contratto d'i.** ship's articles (*pl.*) □ **porto d'i**, port of embarkation; (*comm.*) port of shipment □ **spese d'i.**, shipping expenses.
imbastardimènto *m.* degeneration; corruption; debasement.
imbastardìre ***A*** *v. t.* to bastardize; to corrupt ***B*** *v. i. e* **imbastardirsi** *v. i. pron.* ***1*** (*di razza*) to become mongrelized ***2*** (*fig.*) to degenerate; to deteriorate; (*di lingua*) to become* corrupt.
imbastìre *v. t.* ***1*** to tack; to baste ***2*** (*abbozzare*) to draft; to sketch ***3*** (*improvvisare*) to improvise; to put* together; (*un pranzo*) to whip up.
imbastitùra *f.* tacking; basting.
imbàttersi *v. i. pron.* to run* into (sb.); to bump into (sb.); to meet* with (st.); to come* across (st.): **i. in difficoltà**, to meet with (*o* to come up against) difficulties; **i. in q.** [**q.c.**] **per puro caso**, to chance upon sb. [st.].
imbattìbile *a.* unbeatable.
imbattibilità *f.* unbeatability; invincibility.
imbattùto *a.* unbeaten; undefeated.
imbavagliàre *v. t.* (*anche fig.*) to gag.
imbeccàre *v. t.* (*suggerire*) to prompt; to put* words into (sb.'s) mouth.
imbeccàta *f.* ***1*** (*teatr.*) prompt; cue ***2*** (*estens.*) words to say; prompting: **dare l'i. a q.**, to prompt sb.; to put words into sb.'s mouth; to tell sb. what to say; **prendere l'i. da q.**, to take one's cue from sb.
imbecìlle ***A*** *a.* stupid; idiotic ***B*** *m. e f.* fool; idiot; imbecile.
imbecillità *f.* ***1*** stupidity; idiocy ***2*** (*azione da imbecille*)

idiocy ***3*** (*parole da imbecille*) stupid thing (to say); idiotic remark; rubbish ⓤ.
imbèlle *a.* (*lett.*) ***1*** unwarlike ***2*** (*vile*) cowardly.
imbellettàre ***A*** *v. t.* to paint; to rouge ***B*** **imbellettàrsi** *v. rifl.* to rouge one's cheeks; to make* up.
imbellìre ***A*** *v. t.* to embellish; to adorn ***B*** *v. i.* to grow* beautiful; to become* prettier; to improve in looks.
imbèrbe *a.* ***1*** beardless ***2*** (*fig.*) callow; inexperienced.
imbestialìre *v. i.*, **imbestialìrsi** *v. i. pron.* to become* furious; to get* mad; to fly* into a rage.
imbévere ***A*** *v. t.* to soak ***B*** **imbéversi** *v. i. pron.* (*anche fig.*) to soak up (st.); to absorb (st.).
imbevìbile *a.* undrinkable.
imbevùto *a.* ***1*** soaked (in); drenched (in) ***2*** (*fig.*) imbued (with).
imbiancàre ***A*** *v. t.* to whiten; to turn white; (*un tessuto*) to bleach; (*a calce*) to whitewash; (*una stanza, ecc.*) to paint (white), to decorate • **La neve imbiancava i tetti**, the roofs were white with snow ***B*** *v. i. e* **imbiancàrsi** *v. i. pron.* to grow* white; to turn white.
imbiancatùra *f.* whitening; (*di tessuto*) bleaching; (*a calce*) whitewashing; (*di interni*) painting, decorating.
imbianchìno *m.* ***1*** whitewasher; (*di interni*) painter, decorator ***2*** (*iron., spreg.*) dauber.
imbiondìre ***A*** *v. t.* to dye* blond; to lighten the colour of ***B*** *v. i.* ***1*** to go* blond (*o* fair) ***2*** (*del grano*) to ripen • (*cucina*) **fare i.**, to fry golden brown; to brown.
imbizzarrìre *v. i.*, **imbizzarrìrsi** *v. i. pron.* to become* restive; to take* fright.
imboccàre *v. t.* ***1*** to spoon-feed* ***2*** (*una strada*) to take*, to turn into; (*una galleria*) to enter.
imboccatùra *f.* ***1*** (*apertura*) mouth; opening ***2*** (*entrata*) entrance; mouth ***3*** (*di strumento a fiato*) mouthpiece.
imbócco *m.* entrance; way in.
imbolsìre *v. i.* ***1*** (*di cavallo*) to become* broken-winded ***2*** (*di persona*) to grow* fat and lazy.
imboniménto *m.* ***1*** (*di venditore*) sales talk; patter; spiel (*fam.*) ***2*** (*di presentatore di spettacolo*) showman's patter ***3*** (*esaltazione*) hype; puff.
imbonìre *v. t.* ***1*** (*merce*) to tout; to hype ***2*** (*persone*) to presuade (sb.) to buy.
imbonitóre *m.* (*f.* **-trice**) ***1*** (*di fiera*) barker; showman; huckster ***2*** (*spreg.*) tout; spieler (*fam.*).
imborghesìre ***A*** *v. t.* to make* (*o* to turn) bourgeois (*o* middle-class) ***B*** *v. i. e* **imborghesìrsi** *v. i. pron.* to become* bourgeois; to accept (*o* to embrace) middle-class values.
imborghesìto *a.* turned bourgeois (*o* middle-class) (*pred.*).
imboscàre ***A*** *v. t.* ***1*** to help (sb.) to evade military service ***2*** (*nascondere*) to hide* ***B*** **imboscàrsi** *v. rifl.* ***1*** to evade military service; to dodge the draft ***2*** (*sottrarsi a un lavoro*) to shirk; (*trovare un lavoro comodo*) to get* oneself a cushy job ***3*** (*nascondersi*) to sneak* off.
imboscàta *f.* ambush: **tendere un'i.**, to lay an ambush.
imboscàto *m.* ***1*** (*mil.*) draft-dodger ***2*** (*estens.*) shirker.
imboschiménto *m.* afforestation.
imboschìre *v. t.* to afforest.
imbottigliaménto *m.* ***1*** bottling ***2*** (*di traffico*) traffic jam; gridlock (*USA*); (*coda*) tailback (*GB*), backup (*USA*).
imbottigliàre ***A*** *v. t.* ***1*** to bottle ***2*** (*fig.*) to trap; to box in ***B*** **imbottigliàrsi** *v. i. pron.* to be caught in a traffic jam.
imbottigliàto *a.* ***1*** bottled ***2*** (*fig.*) trapped; stuck.
imbottigliatrìce *f.* bottling machine.
imbottìre ***A*** *v. t.* ***1*** (*un cuscino, ecc.*) to stuff; (*indumento, sedile, parete*) to pad; (*una trapunta*) to wad ***2*** (*farcire*) to fill ***3*** (*fig.*) to stuff; to fill ***B*** **imbottìrsi** *v. rifl.* ***1*** (*coprirsi*) to cover up well; to wrap oneself up ***2*** (*rimpinzarsi*) to stuff oneself.
imbottìta *f.* quilt.
imbottìto *a.* ***1*** (*di cuscino, ecc.*) stuffed; (*di indumento, sedile, parete*) padded ***2*** (*ben coperto*) wrapped up • **coperta imbottita**, quilt □ **panino i.**, filled roll.
imbottitùra *f.* (*di cuscino, ecc.*) stuffing; (*di indumento, sedile*) padding; (*di trapunta*) wadding, filler.
imbracàre *v. t.* to secure with a sling; to sling*.
imbracatùra *f.* ***1*** (*l'imbracare*) slinging ***2*** (*fune, ecc.*) sling ***3*** (*di paracadute*) harness.
imbracciàre *v. t.* (*un fucile*) to shoulder; (*uno scudo*) to take* up, to put* on, to carry on one's arm.
imbranàto (*fam.*) ***A*** *a.* (*goffo*) clumsy, awkward, bumbling; (*incapace*) hopeless; (*pasticcione*) bungling, clueless ***B*** *m.* (*f.* **-a**) clumsy person; dead loss (*fam.*); sad sack (*fam. USA*).
imbrattacàrte *m. e f. invar.* (*spreg.*) scribbler; two-bit writer.
imbrattàre ***A*** *v. t.* to dirty; to soil; (*macchiare*) to smear, to stain ***B*** **imbrattàrsi** *v. rifl.* to dirty oneself; to get* dirty.
imbrattatéle *m. e f. invar.* (*spreg.*) dauber.
imbrigliàre *v. t.* ***1*** to bridle ***2*** (*fig.*) to curb; to keep* in check ***3*** (*un corso d'acqua*) to harness.
imbrillantinàto *a.* brilliantined.
imbroccàre *v. t.* ***1*** to hit*: **i. il bersaglio**, to hit the target ***2*** (*fig.*) to hit* on (st.); to get* (st.) right: (*indovinare*) to guess; **i. la risposta**, to hit on the right answer; to guess right; **imbroccarla giusta**, to get it right.
imbrogliàre ***A*** *v. t.* ***1*** (*arruffare*) to tangle; to entangle ***2*** (*confondere*) to confuse; to mix up ***3*** (*ingannare, truffare*) to cheat; to take* in ***4*** (*intralciare*) to be in the way: to obstruct ***5*** (*naut.*: *le vele*) to clew up ***B*** **imbrogliàrsi** *v. i. pron.* ***1*** (*arruffarsi*) to get* entangled ***2*** (*confondersi*) to get* confused; to get* mixed up.
imbròglio *m.* ***1*** (*groviglio*) tangle, entanglement; (*pasticcio*) mess, muddle, mix-up ***2*** (*inganno*) swindle; fraud; scam; trick ***3*** (*impiccio*) scrape; fix (*fam.*).
imbroglióne *m.* (*f.* **-a**) swindler; cheat; crook (*fam.*).
imbronciàrsi *v. i. pron.* ***1*** (*fare il broncio*) to sulk; (*corrucciarsi*) to frown ***2*** (*del cielo*) to cloud over.
imbronciàto *a.* ***1*** sulky; (*corrucciato*) frowning ***2*** (*del cielo*) overcast.
imbrunìre ***A*** *v. i.* (*impers.*) to grow* (*o* to get*) dark ***B*** *m.* dusk; nightfall.
imbruttìre ***A*** *v. t.* to make* ugly; to spoil the beauty of ***B*** *v. i.* to grow* ugly.
imbucàre ***A*** *v. t.* ***1*** (*impostare*) to post; to mail (*USA*); (*assol.*) to post a letter (*o* some letters) ***2*** (*biliardo*) to pocket ***B*** **imbucàrsi** *v. i. pron.* ***1*** (*nascondersi*) to hide* ***2*** (*pop.*: *intrufolarsi non invitato*) to gate-crash (st.).
imburràre *v. t.* (*pane, ecc.*) to butter; (*una teglia, ecc.*) to grease with butter.
imbustàre *v. t.* to put* into an envelope.
imbùto *m.* funnel • **a i.**, funnel-shaped.
imène *m.* (*anat.*) hymen.
imitàre *v. t.* ***1*** to imitate; to copy; (*fare il verso*) to mimic; (*scimmiottare*) to ape ***2*** (*di attore*) to impersonate ***3*** (*contraffare*) to fake; to forge ***4*** (*assomigliare a*) to look like.
imitativo *a.* imitative.
imitatóre *m.* (*f.* **-trice**) imitator; (*attore*) impersonator.
imitazióne *f.* ***1*** imitation: **a i. di**, in imitation of; **di i.**, imitation (*attr.*) ***2*** (*di attore*) impersonation ***3*** (*copia*) imitation; (*falso*) fake; (*falsificazione*) forgery.
immacolàto *a.* ***1*** immaculate; pure; spotless: **vita immacolata**, immaculate (*o* spotless) life; **coscienza immacolata**, pure (*o* clear) conscience ***2*** (*bianchissimo*) snow-white.
immagazzinàre *v. t.* (*anche fig.*) to store.
immaginàbile *a.* imaginable; conceivable.
immaginàre *v. t.* ***1*** to imagine; to picture: **Puoi i. la mia gioia**, you can imagine my joy; **Non riesco a i. che cosa possa essere successo**, I can't imagine what could have happened; **Te lo immagini vestito da marinaio?**, can you picture him dressed as a sailor? ***2*** (*inventare*) to invent; to think* out; to devise ***3*** (*pensare, supporre*) to imagine; to suppose; to think*; to guess (*USA*); to reckon: **Immagino che non accetterai**, I imagine (*o* I guess) you won't accept; **Lo immaginavo!**, I thought as much! • **C'era da immaginarselo**, it was only to be expected □ **Immaginati! fare una cosa simile!**, fancy doing that! □ **«Disturbo?» «S'immagini!»**, «am I disturbing you?» «not at all» □ **«Grazie infinite!» «S'immagini»**, «thanks a lot!» «don't mention it!» (*USA* you're welcome!).
immaginàrio *a.* imaginary; fictitious • **malato i.**, hypochondriac.
immaginatìva *V.* **immaginazione**.
immaginatìvo *a.* imaginative.
immaginazióne *f.* ***1*** imagination; fancy ***2*** (*cosa immaginata*) figment of (sb.'s) imagination • **al di là di ogni i.**, better [worse, etc.] that one would ever have imagined.
immàgine *f.* ***1*** image; picture: **i. riflessa**, reflected image; reflection: **i. votiva**, votive image; **i. mentale**, mental picture

(*o* image); **immagini poetiche**, poetic images; poetic imagery ▣; **È l'i. di suo padre**, he is the image of his father; **È l'i. della salute**, he is the picture of health; **curare la propria i.**, to cultivate one's image **2** (*figura disegnata*) figure; picture.
immaginétta *f.* holy picture.
immaginóso *a.* imaginative.
immalinconìre **A** *v. t.* to make* melancholy; to sadden **B** *v. i. e* **immalinconìrsi** *v. i. pron.* to grow* melancholy (*o* sad).
immancàbile *a.* inevitable; unfailing.
immancabilménte *avv.* without fail; infallibly; unfailingly.
immàne *a.* **1** (*enorme*) huge; enormous **2** (*spaventoso*) appalling; dreadful.
immanènte *a.* (*filos.*) immanent.
immanènza *f.* (*filos.*) immanence.
immangiàbile *a.* uneatable.
immaterïàle *a.* **1** immaterial; incorporeal **2** (*estens.*) ethereal; spiritual.
immatricolàre **A** *v. t.* **1** (*uno studente*) to enrol; to matriculate **2** (*un veicolo*) to register **B** **immatricolàrsi** *v. i. pron.* to enrol; to matriculate.
immatricolazióne *f.* **1** (*di studente*) enrolment; matriculation **2** (*di veicolo*) registration.
immaturaménte *avv.* **1** immaturely **2** (*prematuramente*) before one's time; too soon.
immaturità *f.* immaturity.
immatùro *a.* **1** immature **2** (*prematuro*) untimely; early; (*anche med.*) premature.
immedeșimàrsi *v. rifl.* to identify (with); (*di attore*) to live (one's part).
immediataménte *avv.* immediately; directly, at once.
immediatézza *f.* **1** immediacy **2** (*spontaneità*) directness; spontaneity.
immediàto *a.* immediate; direct; prompt: **i. superiore**, immediate superior; **i. futuro**, immediate future; **reazione immediata**, immediate reaction; **consegna immediata**, prompt delivery; **pagamento i.**, down payment.
immemoràbile *a.* immemorial: **da tempo i.**, from time immemorial.
immèmore *a.* oblivious, forgetful.
immensaménte *avv.* immensely; infinitely.
immensità *f.* **1** immensity; vastness **2** (*grande quantità*) multitude; huge number; awful lot (*fam.*).
immènso *a.* **1** immense; vast; huge; enormous; (*sconfinato*) boundless **2** (*molto intenso*) immense; great; deep.
immèrgere **A** *v. t.* **1** to immerse; (*tuffare*) to plunge; (*brevemente*) to dip **2** (*fig.*) to plunge **B** **immèrgersi** *v. rifl. e i. pron.* **1** to lower oneself (into st.); (*tuffarsi*) to dive*, to plunge **2** (*di sottomarino*) to dive*; to submerge **3** (*fig.*) to immerse oneself; to plunge.
immeritataménte *avv.* undeservedly; undeservingly.
immeritàto *a.* **1** undeserved; unmerited **2** (*ingiusto*) unjust.
immeritévole *a.* undeserving; unworthy.
immersióne *f.* **1** immersion; (*breve*) dip; (*tuffo*) plunge, dive **2** (*di subacqueo*) dive; (*di sottomarino*) dive, submersion: **gara d'i.**, diving competition; **durante l'i.**, while diving; while under water; while submerged **3** (*naut.*: *pescaggio*) draught • (*naut.*) **linea di i.**, water-line □ (*naut.*) **navigare in i.**, to navigate submerged.
immèrso *a.* immersed (*anche fig.*); submerged • **i. in un libro**, absorbed in a book □ **i. nei propri pensieri**, deep in thought; lost in thought □ **i. nella luce**, bathed in sunshine □ **Lascialo i. per un'ora**, leave it to soak for one hour.
immèttere **A** *v. t.* to introduce; to put* in • **i. sul mercato**, to put on the market □ (*elab.*) **i. dati**, to enter data **B** *v. i.* (*sboccare*) to lead* to (*o* into) **C** **immèttersi** *v. i. pron.* to get* into; to get* onto: **i. nel traffico**, to get into the traffic; **i. in autostrada**, to get onto a motorway.
immigrànte *m. e f.* immigrant.
immigràre *v. i.* to immigrate.
immigràto **A** *a.* immigrated **B** *m.* (*f.* **-a**) immigrant.
immigrazióne *f.* **1** immigration **2** (*gli immigranti*) immigrants (*pl.*).
imminènte *a.* imminent; forthcoming; (*di cosa sgradita*) impending.
imminènza *f.* imminence; nearness.
immischiàre **A** *v. t.* to involve; to mix up; to embroil **B** **immischiàrsi** *v. i. pron.* (*interferire*) to interfere, to meddle; (*avere a che fare*) to get* involved.
immișerìre **A** *v. t.* to impoverish **B** **immișerìrsi** *v. i. pron.* to become* impoverished.
immissàrio *m.* (*geogr.*) tributary.
immissióne *f.* input; entry; introduction: **i. di dati**, input (*o* entry) of data.
immòbile **A** *a.* **1** immovable **2** (*fermo*) motionless; still; stationary: **essere i.**, to stand still; **restare i.** to keep still; to remain motionless **B** *m.* **1** (*bene i.*) immovable property; (*al pl., anche*) real estate ▣: **il mercato degli immobili**, the real estate market **2** (*edificio*) building.
immobiliàre *a.* real estate (*attr.*); property (*attr.*): **agenzia i.**, (real) estate agency; **società i.**, property company; **proprietà i.**, real estate.
immobilișmo *m.* (*polit.*) immobilism; inactivity; ultra-conservativism.
immobilità *f.* immobility; motionlessness; stillness.
immobilizzàre *v. t.* **1** to immobilize; (*afferrare*) to seize; (*bloccare*) to pin **2** (*fin.*) to lock up; to tie up.
immobilizzazióne *f.* **1** immobilization **2** (*fin.*) lock-up; tying-up.
immoderataménte *avv.* immoderately; to excess.
immoderàto *a.* immoderate; intemperate; unrestrained.
immodèstia *f.* immodesty.
immolàre **A** *v. t.* to sacrifice; to immolate **B** **immolàrsi** *v. rifl.* to sacrifice oneself.
immolazióne *f.* immolation; sacrifice.
immondezzàio *m.* **1** rubbish tip (*GB*); garbage dump (*USA*) **2** (*fig.*) pigsty; tip (*GB*).
immondìzia *f.* (*spazzatura*) rubbish (*GB*); garbage (*USA*); refuse; litter: **recipiente per l'i.**, dustbin (*GB*); rubbish bin (*GB*); garbage can (*USA*); (*in luogo pubblico*) litter bin; **camion dell'i.**, dustcart (*GB*); garbage truck (*USA*).
immóndo *a.* **1** (*impuro*) unclean **2** (*lurido*) filthy; foul.
immoràle *a.* immoral.
immoralità *f.* immorality.
immortalàre *v. t.* to immortalize.
immortàle *a.* immortal; undying; everlasting.
immortalità *f.* **1** immortality **2** (*fama immortale*) undying fame.
immotivàto *a.* unjustified; groundless.
immòto *a.* motionless; still.
immùne *a.* **1** (*anche med.*) immune **2** (*esente*) exempt (from); free (from).
immunità *f.* (*anche leg., med.*) immunity.
immunitàrio *a.* (*med.*) immune: **sistema i.**, immune system.
immunizzàre (*med. e fig.*) **A** *v. t.* to immunize **B** **immunizzàrsi** *v. rifl.* to immunize oneself; to become* immune.
immunizzazióne *f.* (*med.*) immunization.
immunodeficiènza *f.* (*med.*) immunodeficiency.
immunologìa *f.* immunology.
immunològico *a.* immunologic(al).
immunòlogo *m.* (*f.* **-a**) immunologist.
immunoterapìa *f.* (*med.*) immunotherapy.
immușonìrsi *v. i. pron.* to sulk; to pull a long face.
immușonìto *a.* sulky; sullen; glum.
immutàbile *a.* unchangeable; unchanging; changeless; immutable.
immutabilità *f.* immutability; unchangeableness; changelessness.
immutàto *a.* unchanged; unaltered.
impacchettàre *v. t.* **1** to wrap up; (*confezionare in pacchetti*) to package **2** (*legare*) to tie up.
impacciàre *v. t.* to hamper; to encumber.
impacciàto *a.* **1** (*goffo*) awkward; clumsy **2** (*imbarazzato*) embarrassed; self-conscious; (*a disagio*) ill at ease.
impàccio *m.* **1** (*ingombro*) hindrance; encumbrance; obstacle: **essere d'i. a q.**, to be a hindrance to sb.; to be in sb.'s way **2** (*fastidio*) trouble; bother **3** (*situazione difficile*) difficulty; awkward situation; predicament **4** (*imbarazzo*) embarrassment.
impàcco *m.* (*med.*) compress.
impadronìrsi *v. i. pron.* **1** to take* possession (of); (*con la violenza*) to seize: **i. del potere**, to seize power **2** (*fig.*) to master: **i. di una lingua**, to master a language.
impagàbile *a.* priceless; invaluable.
impaginàre *v. t.* (*tipogr.*) to make* up; to page.
impaginàto (*tipogr.*) **A** *a.* made up; paged **B** *m.* page proof.

impaginazióne *f.* (*tipogr.*) make-up; paging.
impagliàre *v. t.* ***1*** to stuff (with straw) ***2*** (*una sedia, ecc.*) to bottom with woven straw.
impagliàto *a.* ***1*** (*imbottito di paglia*) stuffed with straw ***2*** (*di sedia, ecc.*) with a woven straw seat.
impagliatóre *m.* (*f.* **-trice**) ***1*** (*di sedie*) chair mender ***2*** (*di animali*) taxidermist.
impagliatùra *f.* ***1*** (*di sedia*) chair mending; (*rivestimento*) woven straw seat ***2*** (*di animali*) stuffing; taxidermy; (*imbottitura*) stuffing.
impalàre ***A*** *v. t.* to impale ***B*** **impalàrsi** *v. i. pron.* (*irrigidirsi*) to stand* stiff; (*immobilizzarsi*) to stand* stock-still, to freeze*.
impalàto *a.* (*rigido*) as stiff as a poker; (*immobile*) stock--still, frozen • **Non startene lì i.!**, don't just stand there!
impalcatùra *f.* ***1*** (*ponteggio*) scaffolding ***2*** (*struttura, anche fig.*) framework.
impallidìre *v. i.* ***1*** to turn (*o* to go*) pale ***2*** (*di colori, ricordi*) to fade ***3*** (*di luce*) to fade; to grow* dim ***4*** (*in un confronto*) to pale.
impallinàre *v. t.* ***1*** to pepper (with shot) ***2*** (*polit.*) to shoot* down.
impalmàre *v. t.* (*lett. o scherz.*) to marry.
impalpàbile *a.* ***1*** impalpable ***2*** (*fig.*) insubstantial; tenuous.
impanàre (1) *v. t.* (*cucina*) to coat with breadcrumbs; to bread.
impanàre (2) *v. t.* (*mecc.*) to thread.
impanàto *a.* (*cucina*) coated in breadcrumbs; breaded.
impaniàre ***A*** *v. t.* (*fig.*) to entangle ***B*** **impaniàrsi** *v. i. pron.* (*fig.*) to get* entangled; to get mixed up.
impantanàrsi *v. i. pron.* to get* stuck* in mud; (*anche fig.*) to get* bogged down.
impaperàrsi *v. i. pron.* to trip up (over a word); (*teatr.*) to fluff one's lines.
impappinàrsi *v. i. pron.* to falter; to get* flustered; to flounder; (*balbettare*) to stammer.
imparàbile *a.* (*calcio*) unstoppable.
imparàre *v. t.* to learn*: **i. a scrivere [a guidare]**, to learn (how) to write [to drive]; **i. q.c. a memoria**, to learn st. by heart; **i. a proprie spese**, to learn the hard way • **Così impari!**, that'll teach you! □ **Non si finisce mai di i.**, you live and learn.
imparatìccio *m.* ***1*** beginner's work; sample ***2*** (*nozioni approssimative*) half-baked knowledge.
impareggiàbile *a.* incomparable; peerless.
imparentàrsi *v. i. pron.* to become* related to; to marry into (*a family*).
ìmpari *a.* ***1*** unequal; uneven ***2*** (*inadeguato*) unfit (for).
imparruccàto *a.* bewigged; wearing a wig.
impartìre *v. t.* ***1*** to impart; to give*: **i. ordini**, to give orders; **i. una lezione**, to give a lesson ***2*** (*concedere*) to grant; to bestow.
imparziàle *a.* impartial; fair; unbiassed; unprejudiced.
imparzialità *f.* impartiality; fairness.
impasse (*franc.*) *f. invar.* ***1*** impasse; dead end; deadlock ***2*** (*bridge*) finesse.
impassìbile *a.* impassive; unperturbed.
impassibilità *f.* impassiveness; phlegm.
impastàre *v. t.* (*lavorare*) to knead, to pound; (*mescolare*) to mix.
impastàto *a.* kneaded; pounded; (*mescolato*) mixed • **i. di fango**, caked with mud □ **lingua impastata**, furred tongue □ **occhi impastati di sonno**, eyes heavy with sleep.
impastatrìce *f.* ***1*** (*cucina*) mixer ***2*** (*edil.*) cement mixer.
impasticcàrsi *v. i. pron.* ***1*** (*gergo della droga*) to pop drugs ***2*** (*fam.*: *prendere troppe medicine*) to take* too many pills.
impàsto *m.* ***1*** (*cucina*) mixture; (*pasta*) dough; (*l'impastare*) kneading, mixing ***2*** (*miscuglio*) mixture; (*fusione*) blend ***3*** (*pitt.*) impasto.
impastoiàre *v. t.* ***1*** to hobble ***2*** (*fig.*) to hamper; to trammel.
impataccàre (*fam.*) ***A*** *v. t.* to spatter ***B*** **impataccàrsi** *v. i. pron.* to spatter oneself.
impattàre *v. t. e i.* (*sport*) to draw*.
impàtto *m.* (*anche fig.*) impact.
impaurìre ***A*** *v. t.* to frighten; to scare ***B*** **impaurìrsi** *v. i. pron.* to get* frightened (*o* scared); to take* fright.
impaurìto *a.* frightened; scared.
impàvido *a.* fearless; dauntless; undaunted.
impazïènte *a.* impatient.
impazientìrsi *v. i. pron.* to become* impatient; to lose* one's patience.
impazïènza *f.* impatience • **aspettare q.c. con i.**, to look forward to st. □ **bruciare dall'i.**, to chafe at the bit; to be desperate (to do st.) □ **con i.**, impatiently.
impazzàre *v. i.* to run* riot.
impazzàta *f.* — **all'i.**, madly; wildly; like mad: **colpire all'i.**, to strike out wildly; **correre all'i.**, to run like mad.
impazzìre *v. i.* ***1*** (*med.*) to become* insane; (*fam. e fig.*) to go* mad, to go* crazy: **Sei impazzito?**, are you mad (*o* crazy)?; **È impazzito per lei**, he is crazy about her ***2*** (*di strumento*) to go* haywire ***3*** (*cucina*) to curdle; to separate • **i. dalla voglia di fare q.c.**, to be dying to do st. □ **far i. q.**, to drive sb. mad (*o* crazy); to drive sb. round the bend □ **È roba da i.**, it's enough to drive you mad.
impazzìto *a.* ***1*** (*med.*) insane; (*fam. e fig.*) mad, crazy ***2*** (*di strumento*) gone haywire (*pred.*).
impeccàbile *a.* faultless; impeccable.
impedènza *f.* (*elettr.*) impedance.
impediménto *m.* ***1*** impediment; obstacle; hindrance: **essere d'i. a q.**, to be a hindrance to sb.; to hinder sb.; **salvo impedimenti**, barring obstacles ***2*** (*med.*) impediment; disability ***3*** (*leg.*) impediment; bar.
impedìre *v. t.* ***1*** to prevent, to stop, to keep* (sb. from doing st.); (*non permettere*) not to allow (sb. to do st.); (*proibire*) to forbid*: **Nulla ti impedisce di tornare**, there's nothing to stop you from coming back; **Mi fu impedito di parlare**, I was prevented from speaking; **i. a q. di dormire**, to prevent sb. from sleeping ***2*** (*rendere impossibile*) to prevent; to avert; to stop: **i. una guerra**, to prevent a war; **i. un disastro**, to avert a disaster ***3*** (*ostruire*) to block; to obstruct: **i. il passaggio**, the block the way; to be in the way ***4*** (*impacciare*) to hamper; to hinder.
impedìto *a.* ***1*** (*impacciato*) hampered ***2*** (*invalido*) disabled ***3*** (*goffo*) clumsy; awkward.
impegnàre ***A*** *v. t.* ***1*** (*al Monte di pietà*) to pawn; to put* in pawn: **i. un orologio**, to pawn a watch ***2*** (*vincolare*) to bind*; to tie ***3*** (*tenere occupato*) to keep* busy; (*legare*) to tie down: **Quel lavoro mi impegnò per un mese**, that job kept me busy (*o* tied me down) for a month ***4*** (*mil.*) to engage ***5*** (*sport*) to put* under pressure • **i. il proprio onore**, to pledge one's honour □ **i. la parola**, to give one's word ***B*** **impegnàrsi** *v. rifl.* ***1*** (*assumere un impegno*) to undertake*; to pledge oneself; to bind* oneself; to commit oneself: **Il governo si è impegnato a ridurre l'inflazione**, the Government has pledged itself to reduce inflation; **Mi sono impegnato e non posso rifiutare**, I have committed myself and I cannot back out; **i. con giuramento**, to bind oneself by oath ***2*** (*dedicarsi a*) to apply oneself; to devote oneself (to st.): **Non si impegna come dovrebbe**, he doesn't apply himself as he should; **i. nel lavoro**, to devote oneself to work.
impegnativo *a.* ***1*** (*vincolante*) binding ***2*** (*che richiede impegno*) demanding; exacting; challenging ***3*** (*importante*) important; (*formale*) formal ***4*** (*costoso*) expensive.
impegnàto *a.* ***1*** (*occupato*) busy; engaged; taken up (*pred.*); tied up (*pred.*): **Lunedì sono i.**, I'm busy (*o* tied up) on Monday; **giornate impegnate**, busy days ***2*** (*riservato*) reserved, taken; (*prenotato*) booked ***3*** (*vincolato da promessa*) bound; committed ***4*** (*politicamente, civilmente*) committed; involved (in st.) ***5*** (*dato in pegno*) pawned; in pawn (*pred.*).
impégno *m.* ***1*** engagement; (*obbligo*) commitment, obligation; (*promessa*) pledge, undertaking; (*compito*) task; (*appuntamento*) appointment: **a causa di precedenti impegni**, due to previous engagements; **far fronte ai propri impegni**, to meet one's obligations; **prendersi l'i. di fare q.c.**, to undertake to do st.; **i. solenne**, solemn pledge; **Ho un i. alle sei**, I have an appointment at six; **senza i.**, without obligation ***2*** (*cura diligente*) care; diligence; (*entusiasmo*) dedication, enthusiasm ***3*** (*politico, sociale*) commitment; involvement.
impegolàrsi, **impelagàrsi** *v. i. pron.* to get* mixed up: **i. in un affare losco**, to get mixed up in a shady deal; **Si è impelagato in grossi debiti**, he is up to his ears in debt.
impellènte *a.* pressing; urgent: **bisogno i.**, pressing need; **motivo i.**, urgent reason; **desiderio i.**, urge.

impellicciàto *a.* wrapped in a fur coat (*pred.*).
impenetràbile *a.* ***1*** impenetrable ***2*** (*indecifrabile*) impenetrable; inscrutable • **i. all'acqua**, watertight.
impenitènte *a.* ***1*** impenitent; unrepentant ***2*** (*fig.*) incorrigible; inveterate; confirmed.
impennacchiàre ***A*** *v. t.* to adorn with plumes ***B*** **impennacchiàrsi** *v. rifl.* ***1*** to adorn one's head with plumes ***2*** (*scherz.*) to deck oneself out.
impennacchiàto *a.* plumed.
impennàggio *m.* (*aeron.*) empennage; tail unit.
impennàrsi *v. i. pron.* ***1*** (*di cavallo*) to rear up ***2*** (*aeron.*) to go* into a climb; to nose up ***3*** (*adirarsi*) to bridle; to flare up ***4*** (*di prezzi*) to run* up; to soar.
impennàta *f.* ***1*** (*di cavallo*) rearing ***2*** (*aeron.*) sudden climb ***3*** (*scatto d'ira*) fit of anger ***4*** (*brusco aumento*) sudden rise; leap; upswing.
impensàbile *a.* unthinkable; inconceivable.
impensataménte *avv.* unexpectedly; unawares.
impensàto *a.* unthought-of; (*inaspettato*) unexpected, unforeseen.
impensierìre ***A*** *v. t.* to make* (sb.) worry; to worry ***B*** **impensierìrsi** *v. i. pron.* to get* worried; to worry.
impensierìto *a.* worried.
imperànte *a.* ***1*** (*regnante*) reigning ***2*** (*dominante*) ruling; prevailing; (*di moda, ecc.*) current, prevalent.
imperàre *v. i.* (*anche fig.*) to reign; to rule.
imperatìvo ***A*** *a.* imperative; mandatory ***B*** *m.* (*gramm., filos.*) imperative.
imperatóre *m.* emperor.
imperatrìce *f.* empress.
impercettìbile *a.* imperceptible.
impercorrìbile *a.* impassable.
imperdìbile *a.* not to be missed.
imperdonàbile *a.* unforgivable; unpardonable.
imperfètto ***A*** *a.* ***1*** (*incompiuto*) unfinished; incomplete ***2*** (*difettoso*) imperfect; defective; faulty ***B*** *m.* (*gramm.*) imperfect.
imperfezióne *f.* imperfection; blemish; fault; flaw.
imperiàle (1) *a.* imperial.
imperiàle (2) *m.* (*di carrozza, ecc.*) imperial; top; (*di autobus*) upper deck.
imperialìsmo *m.* imperialism.
imperialìsta *m. e f.* imperialist.
imperialìstico *a.* imperialistic.
imperiosità *f.* ***1*** imperiousness ***2*** (*urgenza*) urgency.
imperióso *a.* ***1*** imperious ***2*** (*urgente*) pressing; urgent.
imperitùro *a.* (*lett.*) imperishable; everlasting.
imperìzia *f.* incompetence; (*leg.*) malpractice.
imperlàre (*fig.*) ***A*** *v. t.* to cover with drops (*o* beads) ***B*** **imperlàrsi** *v. i. pron.* to become* beaded (with).
impermalìre ***A*** *v. t.* to vex; to put* out ***B*** **impermalìrsi** *v. i. pron.* to take* offence.
impermalìto *a.* vexed; put out; in a huff (*fam.*).
impermeàbile ***A*** *a.* ***1*** impermeable (to); proof (against); -proof; -tight; (*di tessuto*) waterproof: **i. all'aria**, airtight; **i. ai gas**, gasproof ***2*** (*fig.*) impervious ***B*** *m.* mackintosh (*GB, abbr. fam.* mac); raincoat; (*di tipo militare*) trench-coat.
impermeabilità *f.* impermeability.
impermeabilizzànte ***A*** *a.* waterproofing ***B*** *m.* waterproofing agent.
impermeabilizzàre *v. t.* to waterproof.
impermeabilizzazióne *f.* waterproofing.
imperniàre *v. t.*, **imperniàrsi** *v. i. pron.* to hinge; to pivot.
impèro *m.* (*anche fig.*) empire.
imperscrutàbile *a.* inscrutable.
imperscrutabilità *f.* inscrutability; inscrutableness.
impersonàle *a.* impersonal.
impersonàre *v. t.* ***1*** to personify ***2*** (*di attore*) to play; to act the part of. ATTENZIONE: **impersonare** ≠ to impersonate.
impertèrrito *a.* undeterred; unperturbed; regardless (*pred.*).
impertinènte *a.* impertinent; cheeky (*fam.*); saucy (*fam.*); sassy (*fam. USA*).
impertinènza *f.* ***1*** impertinence; cheek (*fam.*); sauciness (*fam.*) ***2*** (*parole impertinenti*) impertinence; cheek (*solo sing.*).
imperturbàbile *a.* imperturbable; unperturbed; unflappable (*fam.*).
imperturbabilità *f.* imperturbability; unperturbedness.
imperturbàto *a.* unperturbed; unruffled; calm.
imperversàre *v. i.* ***1*** (*infuriare*) to rage ***2*** (*inveire*) to rail; to inveigh ***3*** (*scherz.*: *essere diffuso*) to be all the rage; to be rife.
impèrvio *a.* (*di strada*) impassable; (*di luogo*) inaccessible.
impetìgine *f.* (*med.*) impetigo*.
ìmpeto *m.* ***1*** (*forza, veemenza*) impetus; vehemence; violence; force ***2*** (*impulso*) impulse; surge; (*slancio*) transport; (*foga*) heat; (*accesso*) fit, outburst: **i. di ottimismo**, surge of optimism; **i. d'ira**, fit of anger; **d'i.**, on an impulse; **con i.**, impetuously; vehemently.
impetràre *v. t.* ***1*** (*ottenere*) to impetrate ***2*** (*domandare*) to beseech*; to beg.
impettìto *a.* stiff; upright • **camminare i.**, to strut.
impetuosità *f.* ***1*** (*veemenza*) impetuosity; vehemence ***2*** (*violenza*) violence; force.
impetuóso *a.* ***1*** (*veemente*) impetuous; vehement ***2*** (*violento*) violent; (*di acqua*) rushing.
impiallacciàre *v. t.* to veneer.
impiallacciatùra *f.* ***1*** (*operazione*) veneering ***2*** (*legno*) veneer.
impiantàre *v. t.* ***1*** (*installare*) to instal; to set* up ***2*** (*fondare*) to set* up; to found; to establish ***3*** (*chir.*) to implant.
impiantìsta *m. e f.* ***1*** plant engineer ***2*** (*installatore*) installer.
impiantìstica *f.* plant engineering.
impiantìto *m.* floor; flooring.
impiànto *m.* ***1*** plant; system; installation; (*attrezzatura*) equipment, facility: **i. elettrico**, electric installation; **i. di riscaldamento**, heating system; **i. idrico**, waterworks; water system; **impianti sanitari**, sanitary fittings; **impianti sportivi**, sports facilities; **impianti e attrezzature**, fixtures and fittings ***2*** (*installazione*) installation; setting up; establishment ***3*** (*struttura*) framework ***4*** (*chir.*) implant.
impiastràre, **impiastricciàre** ***A*** *v. t.* ***1*** to smear; (*sporcare*) to dirty ***2*** (*dipingere male*) to daub ***B*** **impiastràrsi**, **impiastricciàrsi** *v. rifl. e i. pron.* ***1*** (*di persona*) to smear oneself; to dirty oneself ***2*** (*di cosa*) to get* smeared; to get* dirty.
impiàstro *m.* ***1*** (*med.*) poultice ***2*** (*fig.*) bore; nuisance.
impiccagióne *f.* hanging.
impiccàre ***A*** *v. t.* to hang ***B*** **impiccàrsi** *v. rifl.* to hang oneself • **Impiccati!**, go hang yourself! □ **Che s'impicchi!**, let him go hang!; hang him!
impiccàto ***A*** *a.* hanged; hanging: **morire i.**, to die by hanging; to be hanged; **Fu trovato i. al soffitto**, he was found hanging from the ceiling • **Siamo impiccati in questa casa**, we are cramped in this house □ **Mi sento i. in questa giacca**, this jacket is too tight □ **Siamo impiccati dalle scadenze**, we are hemmed in by deadlines ***B*** *m.* (*f.* **-a**) hanged person.
impicciàre ***A*** *v. t.* to be [to get*] in (sb.'s) way ***B*** **impicciàrsi** *v. i. pron.* to interfere (in); to meddle (in) • **Impicciati degli affari tuoi!**, mind your own business!
impìccio *m.* ***1*** (*ostacolo*) hindrance; obstacle: **essere d'i.**, to be a hindrance; to be in the way ***2*** (*seccatura*) nuisance; snag; bind (*fam.*) ***3*** (*situazione difficile*) trouble; mess; tight corner; fix (*fam.*): **cacciarsi in un brutto i.**, to get into a tight corner; **cavare q. dagli impicci**, to get sb. out of a fix.
impiccióne *m.* (*f.* **-a**) meddler; busybody.
impiegàre ***A*** *v. t.* ***1*** (*usare*) to use; to employ ***2*** (*spendere, trascorrere*) to spend*: **Come impieghi il tempo libero?**, how do you spend your spare time? ***3*** (*di tempo*: *metterci*) to take* (*costruz. pers. e impers.*): **Il treno ci impiega un'ora per andare a Prato**, the train takes an hour to get to Prato; **Quanto ci si impiega di qui a Firenze?**, how long does it take (from here) to Florence?; **Ci ho impiegato due ore**, it took me two hours ***4*** (*assumere*) to take* on, to hire; (*avere alle proprie dipendenze*) employ ***5*** (*fin.*: *investire*) to invest ***B*** **impiegàrsi** *v. rifl.* (*ottenere un impiego*) to get* a job; to find* a job.
impiegatìzio *a.* clerical; white-collar (*attr.*): **lavoro i.**, clerical work; **classe impiegatizia**, white-collar workers (*pl.*).
impiegàto *m.* (*f.* **-a**) clerical worker; clerk; (*dipendente*) employee, member of staff (*USA* personnel); (*al pl., collett.*) staff, personnel (*USA*): **lavorare come i.**, to work in an office; to have a clerical job; **È i. alle poste**, he works in the Post Office; **Ho cinque impiegati**, I have a staff of

five; **i. di banca**, bank clerk; **i. statale**, state employee; (*in G.B.*) civil servant.

impiègo *m.* **1** (*lavoro*) job; position; post; situation; (*occupazione*) eomployment: **Ho un buon i.**, I have a good job; **senza i.**, out of work (*o* of a job); unemployed; **trovare i. come cassiere**, to find a job as a cashier; **i. statale**, job in the public administration (*in G.B.* in the Civil Service); **pubblico i.**, public employment; (*in G.B.*) Civil Service; (*nella pubblicità*) **offerte** [**domande**] **d'i.**, situations vacant [wanted] **2** (*uso*) use; employment: **fare i. di q.c.**, to make use of st.; **l'i. di nuove tecnologie**, the use (*o* the employment) of new technologies **3** (*fin., di denaro*) investment.

impietosìre **A** *v. t.* to move to pity **B** **impietosirsi** *v. i. pron.* to be moved to pity.

impietóso *a.* pitiless.

impietrìre **A** *v. t.* to petrify **B** *v. i. e* **impietrirsi** *v. i. pron.* to be petrified.

impigliàre **A** *v. t.* to entangle; to catch* **B** **impigliàrsi** *v. i. pron.* to get* entangled; to get* caught.

impigrìre **A** *v. t.* to make* lazy **B** **impigrirsi** *v. i. pron.* to grow* lazy.

impilàre *v. t.* to pile up; to stack.

impinguàre *v. t.* (*riempire*) to fill; to enrich.

impiombàre *v. t.* **1** (*sigillare*) to seal with lead **2** (*naut.*) to splice.

impiombatùra *f.* **1** (*il sigillare*) sealing (with lead) **2** (*naut.*) splice.

impipàrsi *v. i. pron.* (*pop.*) not to give* a damn: **Me ne impipo di loro**, I don't give a damn about them; **Me ne impipo di quello che dice**, I couldn't care less what he says.

implacàbile *a.* implacable; relentless; unrelenting.

implacabilità *f.* implacability; relentlessness.

implantologìa *f.* (*chir.*) **1** hair graft **2** — **i. orale**, dental implantation.

implicàre *v. t.* **1** (*comportare*) to entail; (*significare*) to mean **2** (*coinvolgere*) to involve; (*in azione criminosa*) to implicate.

implicazióne *f.* implication.

implicitaménte *avv.* implicitly; tacitly.

implìcito *a.* implicit; tacit; understood; implied.

implòdere *v. i.* to implode.

imploránte *a.* imploring; begging; beseeching.

imploràre *v. t.* to implore; to beg; to beseech*.

implorazióne *f.* entreaty; supplication.

implosióne *f.* implosion.

implùme *a.* unfledged.

impolìtico *a.* **1** unpolitical **2** (*inopportuno*) impolitic; inexpedient.

impollinàre *v. t.* (*bot.*) to pollinate; to pollen.

impollinazióne *f.* (*bot.*) pollination.

impolveràre **A** *v. t.* to cover with dust; to make* dusty **B** **impolveràrsi** *v. i. pron.* to get* dusty.

impolveràto *a.* dusty; covered with dust (*pred.*).

impomatàre **A** *v. t.* to pomade **B** **impomatàrsi** *v. rifl.* to pomade one's hair.

impomatàto *a.* (*di capelli*) pomaded; (*di persona*) with pomaded hair (*pred.*).

imponderàbile *a.* imponderable.

imponderabilità *f.* imponderability.

imponènte *a.* imposing; grand; impressive.

imponènza *f.* grandeur; impressiveness.

imponìbile (*fin.*) **A** *a.* taxable; rateable **B** *m.* (*reddito i.*) taxable (*o* assessable) income.

imponibilità *f.* (*fin.*) taxability.

impopolàre *a.* unpopular.

impopolarità *f.* unpopularity.

imporporàre **A** *v. t.* to redden; to flush **B** **imporporàrsi** *v. i. pron.* to redden; to turn red; (*arrossire*) to blush, to flush.

impórre **A** *v. t.* **1** to impose; to lay*; to set*: **i. la propria volontà**, to impose one's will; **i. le mani**, to lay one's hands; **i. la propria presenza a**, to force one's presence on; to impose oneself on; **i. un compito a q.**, to set sb. a task **2** (*comandare*) to order; to enforce: **Gli imposi di tacere**, I ordered him to shut up; **Mi fu imposto di firmare**, I was made to sign **3** (*richiedere*) to call for: **i. silenzio**, to call for silence • **i. una condizione**, to make a condition □ **i. un nome a q.**, to give sb. a name □ **i. rispetto a q.**, to command sb.'s respect □ **Mi sono imposto di tacere**, I promised myself I would say nothing **B** **impórsi** *v. rifl. e i. pron.* **1** (*farsi valere*) to assert oneself (*o* one's authority) **2** (*emergere*) to stand* out; (*farsi notare*) to attract (*o* to claim) attention **3** (*avere successo*) to be successful; (*acquistare popolarità*) to become* popular, to make* a name for oneself **4** (*rendersi necessario*) to become* necessary (*o* inevitable); to be called for.

importànte **A** *a.* **1** important **2** (*formale*) formal **B** *m.* important (*o* main) thing; what is important.

importànza *f.* importance: **dare i. a q.c.**, to attach importance to st.; **della massima i.**, of the utmost importance; **di nessuna i.**, of no importance • **darsi i.**, to throw one's weight about (*fam.*) □ **persona di grande i.**, very important person □ **Non ha i.**, it doesn't matter; it is not important.

importàre **A** *v. t.* **1** (*comm.*) to import **2** (*introdurre*) to introduce **B** *v. i.* **1** (*avere importanza*) to matter; (*stare a cuore*) to care (*costruz. pers.*): **Non importa**, it doesn't matter; **Non importa quel che ha detto**, what he said doesn't matter; **Non m'importa quello che pensi**, I don't care what you think; **A te che importa?**, what does it matter to you?; what business is it of yours?; **Non me ne importa un bel niente**, I don't care one bit; I couldn't care less **2** (*essere necessario*) to be necessary; to need* (*costruz. pers.*): **Non importa che tu venga**, it isn't necessary for you to come; you needn't come.

importatóre **A** *m.* (*f.* **-trice**) importer **B** *a.* importing.

importazióne *f.* **1** (*comm.*) importation [U]; import [U]; (*al pl.*: *merci importate*) imports: **l'i. della carne**, the importation (*o* the import) of meat; **tassa di i.**, import duty; **Le importazioni sono in aumento**, imports have gone up **2** (*introduzione*) introduction.

impòrto *m.* amount; sum: **un conto per un i. di**, a bill amounting to.

importunàre *v. t.* (*annoiare*) to bore; (*seccare*) to annoy, to bother; (*tormentare*) to pester; (*con domande*) to importune; (*una donna per strada*) to accost.

importùno **A** *a.* **1** (*noioso*) boring; (*fastidioso*) annoying, tiresome; (*assillante*) importunate, pestering **2** (*inopportuno*) inopportune; intruding **B** *m.* (*f.* **-a**) troublesome person; intruder.

imposizióne *f.* **1** imposition **2** (*ordine*) order; command • **i. di un nome**, naming □ **i. fiscale**, taxation.

impossessàrsi *V.* **impadronirsi**.

impossìbile **A** *a.* **1** impossible: **materialmente i.**, physically impossible; **Mi è i. andare**, I can't go; it's impossible for me to go **2** (*assurdo*) absurd **3** (*insopportabile*) impossible • **Pare i.!**, you wouldn't think it possible, would you? **B** *m.* (the) impossible • **fare l'i.**, to do one's best (*o* one's utmost) □ **Farei l'i. per saperlo**, I'd give anything to know.

impossibilità *f.* impossibility; (*incapacità*) inability • **mettere q. nell'i. di fare q.c.**, to make it impossible for sb. to do st. □ **Mi trovo nell'i. di venire**, it is unfortunately impossibile for me to come; I am unable to come.

impossibilitàre *v. t.* **1** (*rendere impossibile*) to make* (st.) impossible **2** (*mettere nell'impossibilità*) to make* it impossible for; to prevent: **i. q. a fare q.c.**, to make it impossible for sb. to do st.; to prevent sb. from doing st.

impossibilitàto *a.* unable (to); prevented (from): **Sono i. a venire**, I am unable to come.

impòsta (**1**) *f.* (*persiana*) shutter.

impòsta (**2**) *f.* (*fisc.*) tax; duty: **imposte dirette** [**indirette**], direct [indirect] taxes; **i. sul reddito**, income tax • **i. sul reddito delle persone fisiche** [**giuridiche**], personal [corporate] income tax □ **i. sul valore aggiunto**, value-added tax (*abbr.* VAT) □ **al lordo** [**netto**] **di i.**, before [after] tax □ **esente da i.**, tax-free; duty-free □ **soggetto a i.**, taxable □ **Ufficio delle Imposte Dirette**, Inland (*USA* Internal) Revenue Office.

impostàre (**1**) *v. t.* **1** (*progettare*) to plan (out); to lay* out: **i. un lavoro**, to plan a job **2** (*un problema, ecc.*) to formulate; to define (the terms of) **3** (*tipogr.*) to lay* out **4** (*mus.*) to place.

impostàre (**2**) *v. t.* to post; to mail (*USA*).

impostazióne *f.* **1** planning out **2** (*di un problema, ecc.*) definition; approach **3** (*mus.*) placement.

impósto *a.* imposed; enforced; fixed: **prezzi imposti**, manufacturer's prices; fixed retail prices.

impostóre *m.* (*f.* **-a**) impostor; fraud.

impostùra *f.* imposture; deception.
impotènte *a.* **1** impotent; powerless; helpless; unable (to) **2** (*med.*) impotent.
impotènza *f.* **1** impotence; powerlessness; helplessness; inability **2** (*med.*) impotence.
impoveriménto *m.* impoverishment.
impoverìre ***A*** *v. t.* to impoverish ***B*** **impoverirsi** *v. i. pron.* to become* poor.
impraticàbile *a.* (*di strada*) impassable; (*di campo sportivo*) unfit for play, unplayable.
impraticabilità *f.* (*di strada*) impassability; (*di campo sportivo*) unfitness for play • **La partita fu sospesa per i. del campo**, the match was stopped due to the adverse condition of the pitch.
impratichìre ***A*** *v. t.* to train; to exercise ***B*** **impratichirsi** *v. i. pron.* to get* some practice (in); to practise (st.); (*di un luogo*) to get* to know (st.).
imprecàre *v. i.* to curse (sb., st.); to swear*.
imprecazióne *f.* curse; oath; imprecation.
imprecisàbile *a.* indeterminable.
imprecisàto *a.* indeterminate; indefinite.
imprecisióne *f.* inaccuracy; imprecision.
imprecìso *a.* inaccurate; imprecise; vague.
impregnàre ***A*** *v. t.* **1** to impregnate; to saturate; (*imbevere*) to soak **2** (*fig.*) to imbue; to impregnate ***B*** **impregnàrsi** *v. i. pron.* **1** to become* saturated (*o* saturated); to become* soaked **2** (*fig.*) to become* imbued.
imprendìbile *a.* **1** (*inafferrabile*) elusive **2** (*inespugnabile*) impregnable.
imprenditóre *m.* (*f.* **-trice**) entrepreneur; (*appaltatore*) contractor: **i. edile**, building contractor.
imprenditorìa *f.* **1** (*attività*) entrepreneurial activity **2** (*categoria*) entrepreneurs (*pl.*).
imprenditoriàle *a.* entrepreneurial • **capacità i.**, entrepreneurship □ **classe i.**, entrepreneurs (*pl.*).
impreparàto *a.* **1** (*non pronto*) unprepared **2** (*che non ha studiato*) not prepared **3** (*inesperto*) untrained.
impreparazióne *f.* **1** unpreparedness **2** lack of preparation; lack of taining.
imprésa *f.* **1** enterprise; undertaking; (*con un margine di rischio*) venture **2** (*azione gloriosa*) exploit; feat: **i. coronata dal successo**, successful undertaking; achievement **3** (*ditta*) firm; concern; business: **i. edile**, building firm; building contractors (*pl.*); **i. commerciale**, business; **piccole e medie imprese**, small and medium concerns **4** (*arald.*) device • **i. inutile**, waste of time □ **È un'i.!**, it's no easy task; it's no joke (*fam.*).
impresàrio *m.* **1** entrepreneur; (*appaltatore*) contractor **2** (*teatr.*) manager; impresario* • **i. di pompe funebri**, undertaker (*GB*); mortician (*USA*).
imprescindìbile *a.* not to be set aside (*pred.*); not to be ignored (*pred.*).
imprescrittìbile *a.* (*leg.*) indefeasible.
impressionàbile *a.* **1** impressionable; sensitive; easily frightened; squeamish **2** (*fotogr.*) sensitive.
impressionabilità *f.* **1** impressionability; sensitivity **2** (*fotogr.*) sensitivity.
impressionànte *a.* (*che colpisce*) striking; (*che spaventa*) shocking, appalling; (*che fa orrore*) horrifying. ATTENZIONE: **impressionante** ≠ impressive.
impressionàre ***A*** *v. t.* **1** (*colpire*) to make* an impression on; to strike* **2** (*turbare*) to upset*; (*scuotere*) to shock; to horrify **3** (*impaurire*) to frighten **4** (*fotogr.*) to expose ***B*** **impressionàrsi** *v. i. pron.* **1** to be upset **2** (*impaurirsi*) to be frightened. ATTENZIONE: **impressionare** ≠ to impress.
impressióne *f.* **1** impression; (*sensazione*) feeling, sensation: **fidarsi della prima i.**, to trust one's first impression; **un'i. di freddo**, a sensation of cold; **Avevo l'i. che...**, I was under the impression that...; **Ho l'i. che non mi creda**, I have the impression (*o* a feeling) he doesn't believe me **2** (*clamore*) sensation; (*turbamento*) shock **3** (*impronta*) impression; imprint; mark **4** (*tipogr.*) impression • **Mi dà l'i. di una cosa del tutto insolita**, it strikes me as being quite unusual □ **Il sangue mi fa i.**, I cannot stand the sight of blood □ **fare buona i. a q.**, to make a good impression on sb.; to impress sb. favourably □ **Che i. ti ha fatto New York?**, how did New York strike you? □ **farsi un'i. sbagliata**, to get the wrong impression.
impressionìsmo *m.* (*arte*) impressionism.
impressionìsta *m., f. e a.* (*arte*) impressionist.
impressionìstico *a.* (*arte*) impressionistic.
imprèsso *a.* **1** imprinted; stamped **2** (*fig.*) stamped; engraved: **impresso nella memoria**, stamped (*o* engraved) on one's memory; **Mi è rimasto i.**, it made a lasting impression; I've never forgotten it.
imprestàre *v. t.* to lend*; to loan (*specialm. USA*).
imprevedìbile *a.* unforeseeable; unpredictable.
imprevidènte *a.* improvident.
imprevidènza *f.* improvidence.
imprevisto ***A*** *a.* unforeseen; unexpected ***B*** *m.* unforeseen event; unexpected occurrence • **salvo imprevisti**, circumstances permitting; all being well.
impreziosìre *v. t.* to embellish; to enhance.
imprigionàre *v. t.* **1** (*mettere in prigione*) to put* in prison; to imprison; to jail **2** (*rinchiudere*) to confine; to shut* up **3** (*intrappolare*) to catch*; to trap.
imprìmere ***A*** *v. t.* **1** (*anche fig.*) to stamp; to print; to impress: **i. q.c. nella mente a q.**, to impress st. on sb.'s mind **2** (*comunicare*) to give*; to impart: **i. un impulso**, to give an impulse: **i. un movimento a q.c.**, to set st. in motion **3** (*stampare*) to print ***B*** **imprimersi** *v. i. pron.* to remain impressed (*o* engraved).
improbàbile *a.* improbable; unlikely.
improbabilità *f.* improbability; unlikelihood.
ìmprobo *a.* (*faticoso*) arduous; hard; tough.
improcrastinàbile *a.* that cannot be postponed (*pred.*).
improduttività *f.* unproductiveness.
improduttìvo *a.* unproductive, unfruitful; idle: **capitale i.**, idle capital.
imprónta *f.* **1** imprint; print; stamp; mark: **l'i. di una mano**, the imprint of a hand; **l'i. di un piede**, a footprint; **impronte digitali**, fingerprints **2** (*fig.*) mark; stamp: **l'i. del genio**, the mark of genius.
improntàre ***A*** *v. t.* (*fig.*) to leave* a mark (of st. on st.); to characterize • **i. un discorso a solennità**, to strike a note of solemnity in a speech □ **i. il viso a severità**, to assume a stern expression ***B*** **improntàrsi** *v. i. pron.* to take on a look (of).
improntàto *a.* (*fig.*) marked (by) • **col viso i. a tristezza**, with a sorrowful expression on one's face.
improntitùdine *f.* effrontery; impudence; gall (*fam.*).
impronunciàbile *a.* **1** (*difficile da pronunciare*) unpronounceable **2** (*irripetibile*) unrepeatable.
impropèrio *m.* insult; (*al pl., anche*) abuse Ⓤ: **coprire q. di improperi**, to heap abuse on sb.
improponìbile *a.* that cannot be suggested (*pred.*).
improprietà *f.* inaccuracy; imprecision.
impròprio *a.* **1** (*scorretto*) inaccurate; imprecise **2** (*non adatto*) unsuitable; unfit **3** (*sconveniente*) improper • **arma impropria**, blunt instrument □ **uso i.**, illegitimate use.
improrogàbile *a.* that cannot be postponed (*o* put off) (*pred.*); (*di termine*) not to be extended (*pred.*).
improrogabilménte *avv.* with no delay possible.
improvvisaménte *avv.* unexpectedly; suddenly; all of a sudden.
improvvisàre ***A*** *v. t.* **1** to improvise (*anche mus.*); to extemporize; to ad-lib; (*inventare*) to make* up; (*agire senza programma*) to play it by ear (*fam.*): **i. un discorso**, to extemporize a speech; to speak extempore (*o* off the cuff); **i. una scusa**, to make up an excuse **2** (*preparare in fretta*) to improvise; to whip up: **i. un pranzo**, to improvise (*o* to whip up) a meal ***B*** **improvvisàrsi** *v. i. pron.* to play; to turn: **i. pittore**, to play the painter; **i. cuoco**, to turn cook; **Non ci si improvvisa traduttori**, you don't become a translator just like that.
improvvisàta *f.* surprise: **fare un'i. a q.**, to give sb. a surprise.
improvvisàto *a.* **1** improvised; impromptu; extempore: **discorso i.**, impromptu (*o* extempore) speech **2** (*preparato in fretta*) improvised; (*di fortuna*) makeshift.
improvvisatóre *m.* (*f.* **-trice**) improviser; (*mus.*) improvisator.
improvvisazióne *f.* improvisation (*anche mus.*); ad libbing.
improvvìso ***A*** *a.* (*inaspettato*) unexpected; (*repentino*) sudden; (*imprevisto*) unforeseen ***B*** *m.* (*mus.*) impromptu • **all'i.**, suddenly.

imprudènte *a.* imprudent; careless; (*sconsiderato*) injudicious, ill-advised; (*temerario*) rash.

imprudènza *f.* imprudence; carelessness; (*temerarietà*) rashness • **È un'i. partire con questa nebbia**, it is foolhardy (*fam.* crazy) to set out in this fog □ **Fu un'i. dell'autista**, it was a careless manoeuvre on the part of the driver □ **Non fare imprudenze!**, be careful!

impùbere *a.* under the age of puberty (*pred.*).

impudènte *a.* insolent; impudent.

impudènza *f.* effrontery; impudence; insolence.

impudicizia *f.* immodesty; indecency.

impudìco *a.* immodest; indecent.

impugnàre (1) *v. t.* (*stringere in pugno*) to grasp; to grip; (*tenere in pugno*) to hold*.

impugnàre (2) *v. t.* (*leg.*) to contest; to impugn: **i. un testamento**, to contest a will; **i. la validità di un contratto**, to impugn the validity of a contract.

impugnatùra *f.* ***1*** (*manico*) handle; (*di spada o pugnale*) hilt; (*di coltello*) handle; (*di arnese, leva, ecc.*) handgrip ***2*** (*modo d'impugnare*) grip; grasp.

impugnazióne *f.* (*leg.*) impugnment.

impulsività *f.* impulsiveness; (*avventatezza*) rashness.

impulsìvo *a.* impulsive; (*avventato*) rash.

impùlso *m.* ***1*** impulse: **agire d'i.**, to act on impulse; (*fisiol.*) **i. nervoso**, nerve impulse ***2*** (*spinta, stimolo*) impulse; stimulus; boost: **dare i. a q.c.**, to boost st. ***3*** (*pulsione*) drive: **i. sessuale**, sex drive.

impuneménte *avv.* ***1*** (*senza pena*) with impunity ***2*** (*senza danno*) safely.

impunità *f.* impunity.

impunito *a.* unpunished: **restare i.**, to go unpunished.

impuntàrsi *v. i. pron.* ***1*** (*arrestarsi*) to stop dead; (*di animale*) to jib ***2*** (*nel parlare*) to get* stuck (on a word) ***3*** (*ostinarsi*) to insist stubbornly on (doing st.); to dig* one's heels in.

impuntùra *f.* backstitch; (*ornamentale*) stitching.

impunturàre *v. t.* to backstitch.

impurità *f.* impurity.

impùro *a.* impure.

imputàbile *a.* ***1*** (*ascrivibile*) imputable; attributable ***2*** (*responsabile*) responsible ***3*** (*accusabile*) chargeable.

imputàre *v. t.* ***1*** (*attribuire*) to impute; to attribute; to put* down ***2*** (*attribuire una responsabilità a*) to hold* (sb.) responsible for; to accuse (sb. of st.) ***3*** (*leg.*) to charge (sb. with st.).

imputàto *m.* (*f.* **-a**) (*leg.*) accused (person); defendant.

imputazióne *f.* (*leg.*) charge • **capo d'i.**, count (of indictment).

imputridire *v. i.* to rot; to putrefy; to go* bad.

imputridito *a.* rotten; putrid.

in (1) *prep.* ***1*** (*stato in luogo, anche fig.*) in; at; (*dentro*) inside: **in una scatola**, in a box; **in città** [**in campagna, in Italia**], in town [in the country, in Italy]; **restare in casa**, to stay at home; **nella casa**, in the house; **in cima alla torre**, at the top of the tower; **in difficoltà**, in difficulty ***2*** (*moto a luogo, anche fig.*) to: **andare in Italia** [**in banca**], to go to Italy [to the bank]; **di giorno in giorno**, from day to day ***3*** (*penetrazione in luogo chiuso*) into; in: **entrare in un negozio**, to go into a shop; **Lo misi in una scatola**, I put it in(to) a box; **salire in treno**, to get into (*o* on) a train ***4*** (*moto per luogo*) in; round: **passeggiare in giardino**, to walk in (*o* round) the garden ***5*** (*su, sopra*) on; upon: **mettersi un cappello in testa**, to put a hat on one's head; **in bicicletta**, on a bicycle; **in tavola**, on the table ***6*** (*tempo*) in; at; on: **in maggio**, in May; **nel 1961**, in 1961; **nel XX secolo**, in the 20th century; **nello stesso tempo**, at the same time; **in una notte d'inverno**, on a winter night; **Lo feci in un'ora**, I did it in one hour; **È il terzo a licenziarsi in due mesi**, he's the third to resign in the last two months ***7*** (*mezzo*) by: **viaggiare in macchina** [**in treno, in aereo**], to travel by car [by train, by plane]; **pagare in lire**, to pay in lire ***8*** (*trasformazione*) into; in: **cambiare lire in dollari**, to change lire into dollars; **dividere una somma in quattro parti**, to divide a sum in(to) four parts ***9*** (*modo, condizione*) in: **dipinto in rosso**, painted in red; **in fretta**, in a hurry; **in breve**, in short; **in lode di**, in praise of; **scritto in greco**, written in Greek; **in vestaglia**, wearing a dressing-gown ***10*** (*limitazione*) at; in: **bravo in francese**, good at French; **debole in latino**, weak in Latin ***11*** (*in qualità di*) as: **in dono**, as a gift ***12*** (*materia*) — **statua in bronzo**, bronze statue; **borsa in pelle**, leather bag • **in su**, up □ **in giù**, down □ **più in là**, further down □ **in tutto il mondo**, throughout (*o* all over) the world □ **Nell'aprire la scatola, ruppi il coperchio**, I broke the lid opening the box □ **Nel dire così, mi sorrise**, as he said it, he smiled at me □ **Se fossi in te**, if I were you □ **Siamo in estate**, it's summertime □ **Sono in pochi**, there are few of them □ **Eravamo in quattro**, there were four of us □ **Lucia Bianchi in Neri**, Lucia Neri née Bianchi.

in (2) (*ingl.*) *a. e avv.* (*alla moda, in voga*) trendy; in.

inabbordàbile *a.* unapproachable.

inàbile *a.* unfit (for): **i. al lavoro**, unfit for work; **i. al servizio militare**, unfit for military service.

inabilità *f.* (*anche mil.*) unfitness.

inabissàrsi *v. i. pron.* to sink*; to be engulfed.

inabitàbile *a.* uninhabitable; unfit for habitation.

inabitabilità *f.* unfitness for habitation.

inaccessìbile *a.* ***1*** inaccessible ***2*** (*fig.*) unapproachable; (*incomprensibile*) impenetrable, beyond (sb.'s) grasp; (*troppo caro*) unaffordable.

inaccessibilità *f.* ***1*** inaccessibility ***2*** (*fig.*) unapproachableness.

inaccettàbile *a.* ***1*** unacceptable ***2*** (*inammissibile*) inadmissible; intolerable.

inaccostàbile *a.* unapproachable; (*troppo caro*) unaffordable.

inacerbìre ***A*** *v. t.* to embitter; to exacerbate ***B*** **inacerbìrsi** *v. i. pron.* to become* exacerbated; to turn sour.

inacidìre (*anche fig.*) ***A*** *v. t.* to sour ***B*** **inacidìrsi** *v. i. pron.* to turn sour.

inacidìto *a.* (*anche fig.*) sour.

inadàtto *a.* ***1*** (*fuori luogo*) unsuitable (for); inappropriate (to); (*inopportuno*) inopportune ***2*** (*non idoneo*) unsuited (to); unfit (for).

inadeguatézza *f.* ***1*** (*inidoneità*) unsuitability ***2*** (*insufficienza*) inadequacy; insufficiency.

inadeguàto *a.* ***1*** (*non idoneo*) unfit; unsuitable ***2*** (*insufficiente*) inadequate; insufficient.

inadempiènte (*leg.*) ***A*** *a.* defaulting • **essere i.**, to default ***B*** *m. e f.* defaulter.

inadempiènza *f.* non-fulfilment; default; (*di pagamento*) default of payment • (*leg.*) **i. contrattuale**, breach of contract.

inadempiùto *a.* unfulfilled; broken.

inafferràbile *a.* elusive; unseizable.

inaffidàbile *a.* unreliable.

inaffondàbile *a.* (*naut.*) unsinkable.

inagìbile *a.* unfit for use (*pred.*); (*leg.*) condemned (as unfit) • **dichiarare i.**, to condemn.

inagibilità *f.* unfitness for use.

inalàre *v. t.* to inhale.

inalatóre *m.* inhaler.

inalazióne *f.* inhalation.

inalberàre ***A*** *v. t.* to hoist; to raise ***B*** **inalberàrsi** *v. i. pron.* ***1*** (*di cavallo*) to rear (up) ***2*** (*adirarsi*) to flare up; to bristle.

inalienàbile *a.* (*leg.*) inalienable.

inalienabilità *f.* (*leg.*) inalienability.

inalteràbile *a.* unalterable; unchangeable; (*di opinione, sentimento*) unshakeable; (*di colore*) fast: **i. ottimismo**, unshakeable optimism.

inalteràto *a.* unaltered; unchanged.

inamidàre *v. t.* to starch.

inamidàto *a.* ***1*** starched ***2*** (*fig.*) starchy.

inammissìbile *a.* inadmissible.

inammissibilità *f.* inadmissibility.

inamovìbile *a.* irremovable.

inamovibilità *f.* irremovability; irremovableness.

inanellàto *a.* ***1*** (*di capelli*) curly ***2*** (*ornato di anelli*) ringed.

inanimàto *a.* (*anche fig.*) inanimate.

inappagàbile *a.* unsatisfiable; insatiable.

inappagàto *a.* unfulfilled; unsatisfied.

inappellàbile *a.* ***1*** (*leg.*) inappellable ***2*** (*fig.*) final.

inappellabilità *f.* (*leg.*) inappellability.

inappetènte *a.* inappetent; lacking appetite (*pred.*).

inappetènza *f.* inappetence; lack of appetite.

inapplicàbile *a.* inapplicable.

inapplicabilità *f.* inapplicability.
inappuntàbile *a.* faultless; impeccable; irreproachable.
inarcàre *v. t.*, **inarcàrsi** *v. i. pron.* to arch; to bend*: **inarcare la schiena**, to arch one's back; **inarcare le sopracciglia**, to raise one's eyebrows.
inargentàre ***A*** *v. t.* (*fig.*) to turn (to) silver ***B*** **inargentàrsi** *v. i. pron.* to become* silvery; (*di capelli*) to go* grey.
inaridìre ***A*** *v. t.* ***1*** to dry up; to parch; (*seccare*) to wither ***2*** (*fig.*) to dry up; to wither ***B*** *v. i. e* **inaridirsi** *v. i. pron.* (*anche fig.*) to dry up; to become* arid; to wither.
inaridìto *a.* ***1*** dried up; parched; withered ***2*** (*fig.*) arid; withered.
inarrestàbile *a.* unstoppable; unrestrainable; (*inesorabile*) relentless, inexorable.
inarrivàbile *a.* ***1*** unattainable; unreachable ***2*** (*fig.*) incomparable.
inarticolàto *a.* inarticulate.
inascoltàto *a.* unheard; unheeded: **rimanere i.**, to go unheeded.
inaspettàto *a.* unexpected; (*non cercato*) unlooked-for; (*improvviso*) sudden; (*imprevisto*) unforeseen.
inaspriménto *m.* ***1*** embitterment; exacerbation ***2*** (*aggravamento*) worsening; aggravation; sharpening.
inasprìre ***A*** *v. t.* ***1*** (*amareggiare*) to embitter; to exacerbate ***2*** (*aggravare*) to worsen; to aggravate; to sharpen ***B*** **inasprìrsi** *v. i. pron.* ***1*** to turn bitter (*o* sour) ***2*** (*aggravarsi*) to worsen ***3*** (*di persona*) to become* embittered.
inastàre *v. t.* ***1*** (*una bandiera, ecc.*) to hoist ***2*** (*la baionetta*) to fix.
inattaccàbile *a.* ***1*** unassailable; impregnable ***2*** (*irreprensibile*) above criticism; irreprehensible ***3*** (*resistente*) -proof: **i. dalle tarme**, moth-proof.
inattendìbile *a.* unreliable.
inattéso *V.* **inaspettato**.
inattività *f.* inactivity.
inattìvo *a.* inactive; idle: (*fin.*) **capitale i.**, unemployed (*o* idle) capital.
inattuàbile *a.* impracticable; unfeasible.
inaudìto *a.* unheard-of; unprecedented.
inauguràle *a.* inaugural; opening: **discorso i.**, opening speech; (*naut.*) **viaggio i.**, maiden voyage.
inauguràre *v. t.* to inaugurate (*anche fig.*); (*una mostra, ecc.*) to open; (*un monumento*) to unveil • **i. un vestito**, to wear a dress for the first time □ **i. la casa nuova**, to give a housewarming party.
inaugurazióne *f.* inauguration (*anche fig.*); (*di mostra, ecc.*) opening; (*di monumento*) unveiling; (*di casa*) housewarming • **discorso di i.**, opening speech.
inavvertènza *f.* ***1*** inadvertence; carelessness ***2*** (*azione*) oversight.
inavvertitaménte *avv.* inadvertently; unintentionally.
inavvertìto *a.* unnoticed; unobserved: **passare i.**, to go unnoticed.
inavvicinàbile *a.* ***1*** unapproachable ***2*** (*troppo caro*) unaffordable.
inazióne *f.* inaction; idleness.
incagliàrsi *v. i. pron.* ***1*** (*naut.*) to run* aground; to strand ***2*** (*fig.*) to get* stuck; to reach a deadlock: **i. davanti a una difficoltà**, to get stuck at a difficulty; **le trattative si incagliarono**, the talks reached deadlock.
incalcolàbile *a.* incalculable.
incallìre ***A*** *v. i.* (*fig.*) to harden ***B*** **incallìrsi** *v. i. pron.* ***1*** to harden; to grow* callous ***2*** (*fig.*) to become* hardened.
incallìto *a.* ***1*** calloused; horny; hardened ***2*** (*fig.*) hardened; inveterate; confirmed: **criminale i.**, hardened criminal; **fumatore i.**, inveterate smoker.
incalzànte *a.* ***1*** (*urgente*) pressing; urgent ***2*** (*imminente*) imminent; impending.
incalzàre ***A*** *v. t.* ***1*** (*inseguire*) to follow hard on (sb.'s) heels; to be in hot pursuit of ***2*** (*fig.*) to urge; to press; (*incombere*) to be imminent: **Il tempo incalza**, time presses ***B*** **incalzàrsi** *v. rifl. recipr.* to follow hard on each other (*o* one another).
incameraménto *m.* (*leg.*) appropriation; confiscation.
incameràre *v. t.* (*leg.*) to appropriate; to confiscate.
incamminàrsi *v. i. pron.* to set* out (*o* off); to start; to make* one's way (to).
incanalàre *v. t.* ***1*** to canalize ***2*** (*dirigere*) to canalize, to channel; (*avviare*) to start, to direct.
incancellàbile *a.* indelible.
incancrenìre *v. i.*, **incancrenìrsi** *v. i. pron.* ***1*** (*med.*) to gangrene; to become* gangrenous ***2*** (*fig.*) to become* chronic.
incandescènte *a.* incandescent; white-hot.
incandescènza *f.* incandescence.
incantàre ***A*** *v. t.* to bewitch; to charm; to enchant; to captivate ***B*** **incantàrsi** *v. i. pron.* ***1*** to be enchanted (*o* charmed); to stand* as if spellbound; (*restare imbambolato*) to stand* in a daze ***2*** (*incepparsi*) to stick*; to get* stuck; to jam.
incantàto *a.* ***1*** enchanted; bewitched; spellbound ***2*** (*imbambolato*) in a daze (*pred.*).
incantatóre ***A*** *m.* enchanter • **i. di serpenti**, snake-charmer ***B*** *a.* enchanting; bewitching.
incantatrìce *f.* enchantress.
incantésimo *m.* spell; charm; incantation: **fare un i.**, to cast a spell; to put a spell (on sb.).
incantévole *a.* enchanting; delightful; charming.
incànto (1) *m.* ***1*** *V.* **incantesimo** ***2*** (*fig.*) spell; enchantment; fascination; charm; (*magia*) magic: **rompere l'i.**, to break the spell; **come per i.**, as if by magic • **Il posto è un i.!**, the place is marvellous! □ **Ti sta d'i.**, it fits you to perfection; it looks perfect on you.
incànto (2) *m.* (*asta*) auction: **mettere q.c. all'i.**, to put st. up for auction; **vendita all'i.**, sale by auction.
incanutìre *v. i.* to turn white.
incanutìto *a.* (*di capelli*) white; (*di persona*) white-haired.
incapàce ***A*** *a.* ***1*** incapable (of); unable (to): **i. di odio**, incapable of hatred; **i. di decidere**, unable to decide ***2*** (*non all'altezza*) unfit (to); (*inetto*) incompetent: **direttore i.**, incompetent manager ***3*** (*leg.*) incompetent; incapacitated; disqualified: **i. d'intendere e di volere**, mentally incompetent; of unsound mind ***B*** *m. e f.* ***1*** incompetent; bungler ***2*** (*leg.*) incompetent.
incapacità *f.* ***1*** incapacity (for); inability (to) ***2*** (*inettitudine*) incompetence; ineptitude ***3*** (*leg.*) incompetency; disqualification.
incaponìrsi *v. i. pron.* to take* it into one's head (to do st.); to dig* one's heel in.
incappàre *v. i.* to run* (into); to run* up (against): **i. in un vigile**, to run into a policeman; **i. in un ostacolo**, to run up against an obstacle; **i. nella rete**, to fall into a trap.
incappucciàre *v. t.* ***1*** to hood ***2*** (*fig.*) to cap; to cover.
incappucciàto *a.* ***1*** hooded ***2*** (*fig.*) capped; covered: **i. di neve**, snow-capped.
incapricciàrsi *v. i. pron.* to take* a fancy (to); (*innamorarsi*) to fall* in love (with).
incapsulàre *v. t.* ***1*** (*munire di capsula*) to capsule ***2*** (*rivestire di capsula*) to encapsulate; (*un dente*) to crown.
incarceràre *v. t.* to imprison; to jail.
incarcerazióne *f.* incarceration; imprisonment.
incaricàre ***A*** *v. t.* to charge; to ask; to give* the task of: **La incaricai di badare al bambino**, I charged her with looking after the child (*form.*); I asked her to look after the child; **Mi hanno incaricato di trovare il denaro**, I have been given the task of finding the money ***B*** **incaricàrsi** *v. i. pron.* to take* it upon oneself (to do st.); to take care (of st.); to see* (to st.): **Si incaricò lui di tutto**, he took care of everything.
incaricàto ***A*** *a.* charged (with); appointed (to); in charge (of) ***B*** *m.* (*f.* **-a**) ***1*** (*rappresentante*) delegate; agent ***2*** (*responsabile*) person in charge; (*funzionario*) officer; (*impiegato*) employee ***3*** (*scuola*) teacher on a renewable short--term contract; (*università*) temporary lecturer • **i. d'affari**, chargé d'affaires (*franc.*).
incàrico *m.* ***1*** (*compito*) task; job; (*mandato*) assignment: **Ho l'i. di organizzare i pasti**, I have the job (*o* task) of organizing the meals ***2*** (*incombenza*) errand; thing to do (*fam.*) ***3*** (*nomina*) appointment; (*polit.*) nomination, post; (*scuola*) annual appointment; (*università*) temporary lectureship • **per i. di**, on behalf of □ (*polit.*) **ricevere l'i. di formare il nuovo governo**, to be asked to form a new government.
incarnàre ***A*** *v. t.* to embody; to incarnate ***B*** **incarnàrsi** *v. i. pron.* ***1*** to be embodied ***2*** (*relig.*) to become* incarnate ***3*** *V.* **incarnirsi**.
incarnàto (1) *a.* (*anche relig.*) incarnate: **l'onestà incar-**

nata, honesty incarnate; **Dio i.**, God incarnate.
incarnàto (**2**) *m.* (rosy) complexion.
incarnazióne *f.* incarnation (*anche relig.*); embodiment.
incarnìre *v. i.*, **incarnìrsi** *v. i. pron.* (*med.*) to grow* in; to become* ingrown.
incarnito *a.* (*med.*) ingrowing; ingrown: **unghia incarnita**, ingrowing (*o* ingrown) nail.
incarognìre *v. i.*, **incarognìrsi** *v. i. pron.* ***1*** (*incattivire*) to turn nasty ***2*** (*ostinarsi*) to insist perversely ***3*** (*radicarsi*) to become* chronic.
incarognito *a.* ***1*** nasty ***2*** (*ostinato*) perverse; bloody-minded ***3*** (*radicato*) chronic.
incartaménto *m.* file; dossier; papers (*pl.*).
incartapecorire *v. i.*, **incartapecorìrsi** *v. i. pron.* to become* wizened; to shrivel.
incartapecorito *a.* wizened; shrivelled.
incartàre *v. t.* to wrap in paper; to wrap up; to do* up.
incasellàre *v. t.* ***1*** to put in a mailbox; to put in a pigeonhole ***2*** (*fig.*) to pigeonhole; to classify.
incasinàre *v. t.* (*fam.*) to mess up; to muck up; to foul up; to make a cock-up of; to balls (*USA* to ball) up (*pop.*).
incasinàto *a.* ***1*** (*sconvolto*) messed up; mucked up; fouled up ***2*** (*caotico*) messy ***3*** (*di persona*) in a mess (*pred.*).
incassàre *v. t.* ***1*** to pack in a case; to box; to crate ***2*** (*mecc., edil.*) to embed; to build* in ***3*** (*comm.*) to cash; to collect ***4*** (*boxe*) to take* (*a blow*); (*assol.*) to take* punishment ***5*** (*fig.*) to take*; to swallow: **i. un insulto**, to swallow an insult; **saper i.**, to be able to take it.
incassàto *a.* ***1*** packed; boxed; crated ***2*** (*mecc., edil.*) embedded; built in ***3*** (*di fiume*) embanked; (*di strada*) enclosed ***4*** (*infossato*) deep-set: **occhi incassati**, deep-set eyes.
incassatóre *m.* ***1*** (*boxe*) boxer who can take a lot of punishment ***2*** (*fig.*) person who can take it.
incassatùra *f.* (*mecc., edil.*) ***1*** (*operazione*) embedding, housing ***2*** (*vano*) housing, recess; (*solco*) chase.
incàsso *m.* ***1*** collection ***2*** (*somma*) takings (*pl.*); receipts (*pl.*); proceeds (*pl.*): **magro i.**, poor takings ***3*** (*edil.*) *V.* **incassatura**, *def. 1* • **elettrodomestici da i.**, built-in household appliances.
incastellatùra *f.* ***1*** (*armatura*) frame ***2*** (*edil.*) scaffolding.
incastonàre *v. t.* to set*.
incastonatùra *f.* setting.
incastràre ***A*** *v. t.* ***1*** to drive* in; to fit in ***2*** (*mettere nei guai*) to put* in a spot; to catch*; (*con un'accusa falsa*) to frame, to set* up ***B*** **incastràrsi** *v. i. pron.* ***1*** (*adattarsi*) to fit in ***2*** (*restare bloccato*) to get* stuck; to stick*; to jam.
incastràto *a.* ***1*** (*edil.*) fixed ***2*** (*bloccato*) stuck; jammed ***3*** (*fig.*) trapped; caught; stuck.
incàstro *m.* (*falegn.*) joint: **i. a coda di rondine**, dovetail (joint).
incatenàre *v. t.* ***1*** to chain; to put* in chains ***2*** (*vincolare*) to tie down; (*inceppare*) to shackle.
incatenàto *a.* ***1*** chained; in chains ***2*** (*fig.*) tied down; shackled.
incatramàre *v. t.* to tar.
incattivìre ***A*** *v. t.* to make* bad; to make* sour ***B*** *v. i.* **incattivirsi** *v. i. pron.* to become* bad; to turn nasty.
incattivito *a.* nasty; sour.
incàuto *a.* incautious; imprudent; unwary; rash.
incavàre *v. t.* to hollow out; to scoop out; to groove.
incavàto *a.* hollow; sunken; deep-set: **guance incavate**, hollow cheeks; **occhi incavati**, deep-set eyes.
incavatùra *f.* hollow; scoop; (*scanalatura*) groove.
incàvo *m.* hollow; cavity; (*scanalatura*) groove.
incavolàrsi *v. i. pron.* (*fam.*) to get* mad; to get* hot under the collar; to get* sore (*USA*) • **fare incavolare q.**, to get* in sb.'s hair; to get sb.'s back up.
incazzàrsi *v. i. pron.* (*volg.*) to get* pissed off • **fare incazzare q.**, to piss sb. off.
incazzàto *a.* (*volg.*) pissed off.
incazzatùra *f.* (*volg.*) fit of anger: **prendersi un'i.**, *V.* **incazzarsi**.
incèdere ***A*** *v. i.* to advance; to walk with an air of dignity ***B*** *m.* (solemn) gait.
incendiàre ***A*** *v. t.* ***1*** to set* fire to; to set* on fire ***2*** (*fig.*) to inflame; to fire ***B*** **incendiàrsi** *v. i. pron.* ***1*** to catch* fire; to burst* into flames ***2*** (*fig.*) to flare up.
incendiàrio ***A*** *a.* ***1*** incendiary ***2*** (*fig.*) incendiary; inflammatory ***B*** *m.* (*f.* **-a**) arsonist.
incèndio *m.* fire: **Scoppiò un i.**, a fire broke out; **i. di un bosco**, forest fire; **i. doloso**, arson.
incenerìre ***A*** *v. t.* to burn* (*o* to reduce) to ashes; to burn* down; (*tecn.*) to incinerate • **Lo incenerì con uno sguardo**, she gave him a withering look ***B*** **incenerìrsi** *v. i. pron.* to be burnt (*o* reduced) to ashes; to burn* down.
inceneritóre *m.* incinerator.
incensaménto *m.* (*fig.*) adulation; flattery.
incensàre *v. t.* ***1*** to burn* incense before ***2*** (*fig.*) to praise to the skies; (*adulare*) to flatter. ATTENZIONE: **incensare ≠ to incense.**
incensière *m.* censer; thurible.
incènso *m.* ***1*** incense ***2*** (*fig.*) adulation; flattery.
incensuràbile *a.* above criticism (*pred.*); irreproachable.
incensuràto *a.* — (*leg.*) **essere i.**, to have a clean record; (*di chi è in giudizio*) to have no previous convictions, to be a first offender.
incentivàre *v. t.* ***1*** to stimulate; to boost ***2*** (*motivare*) to motivate.
incentivazióne *f.* stimulation; incentive • (*comm.*) **i. delle vendite**, sales promotion.
incentìvo *m.* incentive; inducement; (*motivazione*) motivation, spur.
incentràre *v. i.*, **incentràrsi** *v. i. pron.* to centre.
inceppàre ***A*** *v. t.* to obstruct; to hinder ***B*** **inceppàrsi** *v. i. pron.* ***1*** (*mecc.*) to jam; to get* stuck; to stick* ***2*** (*nel parlare*) to falter; to get* stuck.
inceppàto *a.* ***1*** (*mecc.*) jammed; stuck; locked: **pistola inceppata**, jammed pistol ***2*** (*intralciato*) hampered; hindered ***3*** (*goffo*) awkward ***4*** (*nel parlare*) faltering; tongue-tied.
inceràre *v. t.* to wax.
inceràta *f.* ***1*** oilcloth; tarpaulin ***2*** (*indumento*) oilskins (*pl.*).
inceràto *a.* waxed; wax-polished • **tela incerata**, oilcloth; tarpaulin.
incerottàre *v. t.* to apply a sticking plaster to; (*con bende e cerotti*) to strap (*GB*), to tape (*USA*).
incerottàto *a.* covered in sticking plaster; (*coperto di bende e cerotti*) strapped up (*GB*), taped up (*USA*).
incertézza *f.* ***1*** uncertainty; doubt ***2*** (*indecisione*) indecision; hesitation • **essere nell'i.**, to be in a state of uncertainty; (*esitare*) to be irresolute, to hesitate □ **tenere q. nell'i.**, to keep sb. in suspense; to keep sb. on tenterhooks.
incèrto ***A*** *a.* ***1*** uncertain; doubtful; dubious: **tempo i.**, uncertain (*o* changeable) weather; **luce incerta**, uncertain light; **vittoria incerta**, doubtful victory ***2*** (*indeciso*) undecided; doubtful ***3*** (*esitante*) hesitant; (*malsicuro*) insecure, unsteady, shaky: **i. sul da farsi**, undecided as to what to do; **i. nella guida**, insecure in one's driving; **voce incerta**, hesitant voice; **passo i.**, unsteady steps (*pl.*); **scrittura incerta**, shaky handwriting ***4*** (*indefinito*) nondescript; indistinct; indefinite; vague: **colore i.**, nondescript colour ***B*** *m.* ***1*** — **l'i.**, the uncertain ***2*** (*caso imprevedibile*) uncertainty; (*rischio*) risk; hazard: **gli incerti del mestiere**, occupational hazards.
incespicàre *v. i.* to stumble; to trip: **i. in un sasso**, to trip over a stone; **far i. q.**, to trip sb. (up).
incessànte *a.* incessant; unceasing; never-ending.
incèsto *m.* incest.
incestuóso *a.* incestuous.
incètta *f.* buying up; cornering • **fare i. di q.c.**, to buy up st.; to corner the market in st.; (*fig.*) to hoard st. □ **fare i. di voti**, to get* a lot of votes.
incettàre *v. t.* to buy* up; to corner the market in.
incettatóre *m.* (*f.* **-trice**) buyer-up*.
inchiavardàre *v. t.* to bolt; to fasten with a bolt.
inchièsta *f.* ***1*** investigation; inquiry: **aprire** [**condurre, chiudere**] **un'i.**, to set up [to carry out, to close] an inquiry; **i. di polizia**, police investigation; **i. giudiziaria**, judicial inquiry ***2*** (*ricerca*) survey ***3*** (*giorn.*) report.
inchinàre ***A*** *v. t.* to bow; to bend*; (*abbassare*) to lower ***B*** **inchinàrsi** *v. i. pron.* ***1*** (*piegarsi*) to bow; to stoop ***2*** (*fare un inchino*) to bow; (*fare una riverenza*) to curtsey ***3*** (*fig.*) to bow.
inchìno *m.* bow; (*riverenza*) curtsey • **fare un i.**, to bow; to curtsey □ **salutare q. con un i.**, to bow to sb. □ **sprofondarsi in inchini**, to bow and scrape.

inchiodàre *v. t.* to nail • **i. q. a letto**, to confine sb. to his bed □ **i. l'auto**, to jam on the brakes □ **i. q. alle sue responsabilità**, to hold sb. to his responsibilities □ **essere inchiodato in ufficio**, to be tied to the office □ **Teneva gli occhi inchiodati sulla scena**, his eyes were riveted on the scene.
inchiodàto *a.* *1* nailed *2* (*fig.*) fixed; stuck; (*di attenzione, ecc.*) riveted • **i. a letto**, confined to one's bed; bedridden.
inchiostràre *v. t.* to ink.
inchiòstro *m.* ink: **i. da stampa**, printer's ink; **i. di China**, Indian ink; **i. simpatico**, invisible ink; **macchia d'i.**, ink spot; ink stain; **sporco di i.**, inky; ink-stained • **versare fiumi di i.**, to write volumes (*o* reams).
inciampàre *v. i.* *1* to trip; to stumble: **i. in un sasso**, to trip over a stone; **fare i. q.**, to trip sb. (up) *2* (*imbattersi*) to run* into; to run* across.
inciàmpo *m.* obstacle; hindrance; snag: **essere d'i.**, to be a hindrance; to be in the way.
incidentàle *a.* *1* (*casuale*) accidental *2* (*accessorio*) incidental *3* (*gramm.*) parenthetic(al).
incidentalménte *avv.* *1* (*per caso*) accidentally; by chance *2* (*a titolo di parentesi*) incidentally; by the way.
incidènte *A* *a.* incident *B* *m.* *1* (*evento inatteso*) incident; fact; episode *2* (*disgrazia*) accident: **i. automobilistico**, car accident; car crash; **i. aereo**, plane crash • **i. diplomatico**, diplomatic incident □ **i. di percorso**, snag; setback □ **i. sul lavoro**, industrial injury □ **i. tecnico**, technical fault.
incidènza *f.* *1* (*stat., fis.*) incidence *2* (*effetto*) influence; impact.
incìdere (1) *v. i.* *1* (*influire*) to affect (sb., st.) *2* (*gravare*) to weigh (on, upon) *3* (*fis.*) to strike* (st.).
incìdere (2) *v. t.* *1* to cut* into; (*pietra, legno, ecc.*) to engrave, to carve; (*ad acquaforte*) to etch *2* (*med.*) to incise; to lance *3* (*imprimere*) to engrave; to impress *4* (*registrare*) to record; (*un disco*) to cut* *5* (*intaccare*) to draw* on.
incinerazióne *f.* incineration.
incìnta *a. f.* pregnant; expecting (*pred.*): **i. del primo figlio**, expecting (*o* pregnant with) one's first child; **i. di sei mesi**, six months pregnant (*o, fam.*, gone); **rimanere i.**, to get pregnant; **mettere q. i.**, to make sb. pregnant.
incipiènte *a.* incipient.
incipriàre *A* *v. t.* to powder *B* **incipriàrsi** *v. rifl.* to use powder; (*sui capelli*) to powder one's hair.
incirca *avv.* — **all'i.**, about; approximately; roughly.
incisióne *f.* *1* cut; incision (*specialm. med.*) *2* (*su pietra, legno, metallo*) engraving; (*ad acquaforte*) etching *3* (*registrazione*) recording; (*di disco*) cutting: **sala di i.**, recording studio; **i. su nastro**, tape-recording.
incisività *f.* incisiveness; bite.
incisivo *A* *a.* (*anche fig.*) incisive *B* *m.* (*dente*) incisor.
inciso *m.* (*gramm.*) parenthesis* • **per i.**, incidentally.
incisóre *m.* engraver; (*di acqueforti*) etcher.
incitaménto *m.* incitement; spur; stimulus*.
incitàre *v. t.* to incite; to spur; to egg on (*fam.*); (*con grida*) to cheer (on): **i. alla rivolta**, to incite to rebellion; **i. all'azione**, to spur to action; **i. la propria squadra**, to cheer (on) one's team.
incivile *A* *a.* *1* (*non civilizzato*) uncivilized *2* (*barbarico*) barbaric *3* (*maleducato*) uncivil; rude *B* *m. e f.* rude person.
inciviltà *f.* *1* barbarism *2* (*maleducazione*) incivility; lack of manners; rudeness.
inclassificàbile *a.* *1* unclassifiable *2* (*pessimo*) dreadful; disgraceful; (*di compito*) too poor to be given a mark.
inclemènte *a.* *1* (*spietato*) ruthless; (*severo*) stern, harsh *2* (*del clima*) inclement.
inclemènza *f.* *1* (*spietatezza*) ruthlessness; (*severità*) sternness, harshness *2* (*del clima*) inclemency.
inclinàbile *a.* reclining (*attr.*).
inclinàre *A* *v. t.* *1* to tilt; to tip; to incline; (*piegare*) to bend*, to bow: **i. lo schienale di una sedia**, to tilt the back (of a chair); **i. la testa**, to bend one's head *2* (*indurre*) to incline; to induce *B* *v. i.* *1* (*propendere*) to be inclined; to tend *2* (*pendere*) to lean*; to slope *C* **inclinàrsi** *v. i. pron.* *1* to tilt; to tip; (*digradare*) to slope; (*piegarsi*) to bend* *2* (*naut.*) to list *3* (*dell'ago magnetico*) to dip • (*aeron.*) **i. in virata**, to bank.
inclinàto *a.* *1* inclined; sloped; tilted; raked: **piano i.**, inclined plane *2* (*chinato*) bowed *3* (*propenso*) inclined; disposed • (*naut.*) **i. su un fianco**, listing.
inclinazióne *f.* *1* inclination; slope; slant; tilt; rake; (*angolo d'inclinazione*) angle; (*pendenza di una strada*) gradient: **l'i. di un tetto**, the slope of a roof; **l'i. dell'asse terrestre**, the inclination (*o* the tilt) of the earth's axis; (*fis.*) **i. magnetica**, magnetic inclination; (magnetic) dip *2* (*propensione*) inclination; tendency; (*simpatia*) liking; (*attitudine*) bent.
incline *a.* inclined; prone: **i. all'ira**, prone to anger.
inclùdere *v. t.* *1* (*comprendere*) to include; to count in: **i. in un elenco**, to include in a list; **Includete anche me**, count me in *2* (*allegare*) to enclose.
inclusióne *f.* inclusion.
inclusivo *a.* inclusive.
inclùso *a.* *1* (*compreso*) inclusive; included: **Il costo è di Lit. 80.000 pasti inclusi**, the cost is Lit. 80 000 inclusive of meals; **da lunedì a venerdì i.**, from Monday to Friday inclusive (*GB*); Monday through Friday (*USA*); **prezzo tutto i.**, all-inclusive (*o* all-in) price *2* (*accluso*) enclosed.
incoercibile *a.* irrepressible; incoercible.
incoerènte *a.* *1* (*sconclusionato*) incoherent; disconnected *2* (*contraddittorio*) inconsistent.
incoerènza *f.* *1* (*confusione*) incoherence *2* (*contraddizione*) inconsistency.
incògliere *v. i.* to befall* (sb.) • **Mal gliene incolse**, it turned out badly for him.
incògnita *f.* *1* (*mat.*) unknown (quantity) *2* (*fig.*) uncertainty; (*di fatto o persona*) unknown quantity: **La vita è piena di incognite**, life is full of uncertainties.
incògnito *A* *a.* unknown *B* *m.* incognito: **in i.**, incognito; **mantenere l'i.**, to remain incognito (*o* nameless); not to reveal one's name.
incollàre *A* *v. t.* to stick*; (*con colla liquida*) to glue; (*con colla a base di farina*) to paste: **i. un'etichetta su una bottiglia**, to stick a label on a bottle; **i. il manico a una tazza**, to glue the handle on a cup *B* **incollàrsi** *v. i. pron.* (*anche fig.*) to stick*; to cling* • **i. davanti alla TV**, to plant oneself in front of the TV.
incollàto *a.* *1* stuck; glued on; pasted on: **I fogli sono incollati**, the sheets are stuck together *2* (*fig.*) glued (on, to); clinging (to); tied (to): **i. alla TV**, glued to the TV; **con gli occhi incollati sulla scena**, with one's eyes glued on the scene; **rimanere i. a q.**, to hang on to sb.; to stick to sb. like glue.
incollatùra (1) *f.* sticking; (*con colla liquida*) glu(e)ing; (*con colla a base di farina*) pasting.
incollatùra (2) *f.* (*ippica*) neck: (*anche fig.*) **vincere di un'i.**, to win by a neck.
incollerirsi *v. i. pron.* to get* furious; to lose* one's temper; to fly* into a temper • **far incollerire**, to infuriate.
incollerito *a.* angry; furious.
incolmàbile *a.* that cannot be filled (*pred.*): **vuoto i.**, a gap that cannot be filled • (*sport e fig.*) **distacco i.**, unassailable lead.
incolonnaménto *m.* *1* (*l'incolonnare*) lining up; (*di cifre*) drawing up in columns; (*a macchina*) tabulation *2* (*colonna*) column formation; line.
incolonnàre *A* *v. t.* to line up; (*cifre*) to draw* up in columns; (*a macchina*) to tabulate *B* **incolonnàrsi** *v. i. pron.* to form columns; (*mettersi in fila*) to line up, to queue up.
incolonnàto *a.* lined up; in a column (*pred.*): **soldati incolonnati**, lined-up soldiers; **Le auto procedevano incolonnate**, the cars were moving in a column.
incolóre, incolóro *a.* (*anche fig.*) colourless.
incolpàre *A* *v. t.* to blame (sb. for st.); to accuse (sb. of st.); to charge (sb. with st.) *B* **incolpàrsi** *v. rifl. e rifl. recipr.* *1* to blame oneself *2* to blame one another (*o* each other).
incolpévole *a.* guiltless.
incolpevolézza *f.* guiltlessness.
incólto *a.* *1* (*di terreno*) uncultivated; untilled *2* (*di barba, capelli*) unkempt *3* (*non istruito*) uneducated.
incòlume *a.* unhurt; unscathed; unharmed: **uscire i. da un incidente**, to escape an accident unhurt; not to be injured in an accident.
incolumità *f.* safety.
incombènte *a.* impending; overhanging. ATTENZIONE: **incombente ≠ incumbent.**
incombènza *f.* duty; charge; task; errand; job (*fam.*).
incómbere *v. i.* *1* to impend (over); to hang* (over) *2* (*spet-*

tare) to be up (to); to be (sb.'s duty); to be incumbent (on).
incombustibile *a.* incombustible; fireproof; non-flammable.
incominciàre *V.* **cominciare**.
incommensuràbile *a.* incommensurable.
incommensurabilità *f.* incommensurability.
incomodàre ***A*** *v. t.* to inconvenience; to bother; to trouble; to disturb: **Incomodo?**, am I disturbing you?; (*sono di impaccio?*) am I in the way? ***B*** **incomodàrsi** *v. rifl.* to disturb oneself; to trouble; to bother; to take* the trouble: **Non s'incomodi, la prego**, please don't disturb yourself; **Si è incomodato a venire fin qui**, he took the trouble of coming all the way here; **Non dovevi incomodarti**, you shouldn't have gone to so much trouble (*o* bothered).
incòmodo *m.* (*fastidio*) inconvenience; trouble; bother: **essere di i. a q.**, to be an inconvenience to sb.; **Scusi l'i.!**, sorry to trouble you; **Se non ti è d'i.**, if it isn't inconvenient to you; if it isn't too much trouble • **terzo i.**, unwanted third party □ **fare il** (*o* **da**) **terzo i.** (*tra innamorati*), to play gooseberry □ **togliere l'i.**, to take one's leave.
incomparàbile *a.* incomparable; peerless; matchless.
incomparabilità *f.* incomparableness; peerlessness.
incompatibile *a.* incompatible.
incompatibilità *f.* incompatibility.
incompetènte ***A*** *a.* ***1*** incompetent ***2*** (*leg.*) without jurisdiction ***B*** *m. e f.* incompetent.
incompetènza *f.* ***1*** incompetence ***2*** (*leg.*) lack of jurisdiction.
incompiutézza *f.* unfinished state; incompleteness.
incompiùto *a.* unfinished; incomplete.
incompletézza *f.* incompleteness.
incomplèto *a.* incomplete.
incomprensìbile *a.* incomprehensible.
incomprensibilità *f.* incomprehensibility.
incomprensióne *f.* incomprehension; lack of understanding.
incompréso *a.* not understood; (*compreso male*) misunderstood; (*non apprezzato*) unappreciated: **Si sentiva i.**, he felt misunderstood; **Sono un i.**, no one understands me; **genio i.**, misunderstood genius.
incomunicàbile *a.* incommunicable.
incomunicabilità *f.* incommunicability.
inconcepìbile *a.* inconceivable; incredible.
inconcepibilità *f.* inconceivability.
inconciliàbile *a.* irreconcilable; incompatible.
inconcludènte ***A*** *a.* ***1*** inconclusive; leading nowhere (*pred.*) ***2*** (*di persona*) ineffectual; feckless ***B*** *m. e f.* ineffectual person.
incondizionataménte *avv.* unconditionally; without reservation.
incondizionàto *a.* unconditional; unconditioned; unreserved; unqualified: **resa incondizionata**, unconditional surrender; **appoggio i.**, unreserved (*o* unqualified) support.
inconfessàbile *a.* unavowable; unmentionable.
inconfessàto *a.* unconfessed; unavowed.
inconfondìbile *a.* unmistakable; unique.
inconfutàbile *a.* irrefutable; incontestable.
incongruènte *a.* inconsistent.
incongruènza *f.* inconsistency.
incòngruo *a.* ***1*** (*sproporzionato*) disproportionate ***2*** (*insufficiente*) inadequate.
inconoscìbile *a.* unknowable.
inconsapévole *a.* ***1*** unconsciuous ***2*** (*ignaro*) unaware; ignorant.
inconsapevolézza *f.* ***1*** unconsciousness ***2*** (*l'essere ignaro*) unawareness; ignorance.
inconsapevolménte *avv.* unawares; unconsciously.
incònscio ***A*** *a.* unconscious ***B*** *m.* (*psic.*) unconscious.
inconsistènte *a.* ***1*** insubstantial; flimsy ***2*** (*infondato*) unfounded; groundless. ATTENZIONE: **inconsistente** ≠ inconsistent.
inconsistènza *f.* ***1*** insubstantiality; flimsiness ***2*** (*infondatezza*) groundlessness. ATTENZIONE: **inconsistenza** ≠ inconsistency.
inconsolàbile *a.* inconsolable.
inconsuèto *a.* unusual.
inconsùlto *a.* rash; ill-advised.
incontaminàto *a.* uncontaminated.
incontenìbile *a.* uncontainable; irrepressible; compulsive.
incontentàbile *a.* ***1*** insatiable ***2*** (*esigente*) hard to please; exacting.
incontentabilità *f.* ***1*** insatiability ***2*** exacting nature.
incontestàbile *a.* incontestable; indisputable.
incontestàto *a.* undisputed.
incontinènte *a.* (*anche med.*) incontinent.
incontinènza *f.* (*anche med.*) incontinence.
incontràre ***A*** *v. t.* ***1*** to meet*; (*per caso*) to run* into ***2*** (*trovare*) to come* across; to meet* with; (*ostacoli, rifiuti*) to come* up against, to run* into: **i. obiezioni**, to meet with objections; **i. difficoltà**, to run into difficulties ***3*** (*assol.*: *avere successo*) to be popular; to be a success ***4*** (*sport*) to play; (*boxe*) to fight* • **i. il favore di q.**, to find favour with sb. □ **i. il gusto di q.**, to appeal to sb. ***B*** **incontràrsi** *v. i. pron. e rifl. recipr.* ***1*** (*trovarsi d'accordo*) to agree; (*andare d'accordo*) to get* on well ***2*** (*trovarsi*) to meet*.
incontràrio *avv.* — **all'i.**, *V.* **al contrario** *sotto* **contrario**.
incontrastàbile *a.* indisputable; incontestable.
incontrastàto *a.* uncontested; undisputed.
incóntro ***A*** *m.* ***1*** meeting; (*inatteso o non gradito*) encounter: **i. casuale**, chance meeting; **brutto i.**, unpleasant encounter; **Ricordo il nostro primo i.**, I remember when we first met; (*polit.*) **i. al vertice**, summit (meeting) ***2*** (*sport*) match • **i.-scontro**, encounter □ **avere un i. con q.**, to meet sb. □ (*fig.*) **punto di i.**, point of contact ***B*** **incóntro a** *locuz. prep.* ***1*** (*verso*) toward(s): **andare i. a q.**, to go towards sb.; (*per riceverlo*) to go and meet sb.; **Mi si fecero i.**, they came towards me; **Nessuno mi era venuto i.**, no one had come to meet me; **Gli corsi i.**, I ran to meet him ***2*** (*contro*) against: **i. al nemico**, against the enemy • (*fig.*) **andare i. a q.**, to help sb. □ **andare i. a difficoltà**, to come up against difficulties □ **andare i. a spese**, to incur (*o* to run into) expenses □ **andare i. ai desideri di q.**, to meet sb.'s wishes □ **andare i. a guai**, to be heading for trouble □ (*fig.*) **venire i. a q.**, to meet sb. halfway.
incontrollàbile *a.* ***1*** uncontrollable ***2*** (*non verificabile*) unverifiable.
incontrollàto *a.* ***1*** (*senza controllo*) uncontrolled; unrestrained ***2*** (*non verificato*) unverified; unchecked.
incontrovertìbile *a.* incontrovertible.
inconveniènte ***A*** *a.* unsuitable ***B*** *m.* ***1*** (*svantaggio*) drawback; disadvantage ***2*** (*problema*) problem; nuisance; snag; (*contrattempo*) mishap. ATTENZIONE: **inconveniente** ≠ inconvenient.
incoraggiaménto *m.* encouragement.
incoraggiànte *a.* encouraging.
incoraggiàre *v. t.* to encourage.
incordatùra *f.* stringing; (*le corde*) strings (*pl.*).
incornàre *v. t.* to gore.
incorniciàre *v. t.* to frame.
incorniciatùra *f.* framing; (*cornice*) frame.
incoronàre *v. t.* to crown.
incoronazióne *f.* coronation.
incorporàre ***A*** *v. t.* ***1*** to incorporate ***2*** (*un territorio*) to annex ***3*** (*una società*) to amalgamate; to combine ***4*** (*mescolando*) to mix in ***B*** **incorporàrsi** *v. rifl recipr.* ***1*** (*di sostanze*) to blend ***2*** (*di territori*) to join ***3*** (*di società*) to amalgamate; to merge.
incorporàto *a.* built-in.
incorporazióne *f.* ***1*** incorporation ***2*** (*di territorio*) annexation ***3*** (*di società*) amalgamation; merge.
incorporeità *f.* incorporeity.
incorpòreo *a.* incorporeal; bodiless.
incorreggìbile *a.* ***1*** beyond correction ***2*** (*non emendabile*) incorrigible.
incórrere *v. i.* to run* into; to incur (st.): **i. in debiti**, to incur debts; **i. in un pericolo**, to run into danger; **i. nell'ira di q.**, to incur sb.'s anger; **i. in un errore**, to make a mistake.
incorrótto *a.* uncorrupted.
incorruttìbile *a.* incorruptible.
incorruttibilità *f.* incorruptibility.
incosciènte ***A*** *a.* ***1*** unconscious ***2*** (*irresponsabile*) irresponsible; feckless; reckless; mad (*fam.*) ***B*** *m. e f.* irresponsible person.
incosciènza *f.* ***1*** unconsciousness: **in stato di i.**, in a state of unconsciousness; unconscious (*agg.*) ***2*** (*irresponsabilità*) irresponsibility; recklessness.
incostànte *a.* inconstant; (*discontinuo*) erratic; (*mutevole*)

changeable; (*volubile*) fickle.
incostànza *f.* inconstancy; erraticity; changeableness; fickleness.
incostituzionàle *a.* (*leg.*) unconstitutional.
incostituzionalità *f.* (*leg.*) unconstitutionality.
incravattàto *a.* wearing a tie; (*estens.*) formally dressed, all dressed up (*fam.*).
incredìbile *a.* incredible; unbelievable.
incredibilità *f.* incredibility; unbelievableness.
incredulità *f.* incredulity; disbelief.
incrèdulo **A** *a.* **1** incredulous **2** (*miscredente*) unbelieving **B** *m.* (*f.* **-a**) unbeliever.
incrementàre *v. t.* to increase; to boost; to promote.
increménto *m.* increase; increment; growth: **i. demografico**, population increase; **i. produttivo**, growth in productivity.
incresciόso *a.* (*spiacevole*) regrettable; unfortunate; (*seccante*) annoying.
increspàre *v. t.*, **increspàrsi** *v. i. pron.* **1** (*dell'acqua*) to ripple **2** (*di stoffa*) to gather; (*per difetto*) to pucker **3** (*della pelle, della fronte*) to wrinkle **4** (*dei capelli*) to frizz.
increspatùra *f.* **1** (*dell'acqua*) ripple **2** (*di stoffa*) gather **3** (*della pelle, della fronte*) wrinkles (*pl.*) **4** (*dei capelli*) frizz.
incretinìre **A** *v. t.* **1** (*istupidire*) to stultify **2** (*di lavoro, rumore, ecc.*) to drive* insane **B** *v. i. e* **incretinirsi** *v. i. pron.* to become* stupid; to go* soft in the head (*fam.*).
incriminàbile *a.* (*leg.*) indictable; chargeable.
incriminàre *v. t.* (*leg.*) to charge (with st.); to bring* a charge (of st.) against (sb.); to indict (for st.). ATTENZIONE: **incriminare** ≠ to incriminate.
incriminàto *a.* **1** (*leg.*: *accusato*) charged; indicted **2** (*di oggetto*) believed to have been used in a crime **3** (*fig.*) offending; controversial.
incriminazióne *f.* (*leg.*) charge; indictment.
incrinàre **A** *v. t.* **1** to crack **2** (*fig.*) to damage; to spoil **B** **incrinàrsi** *v. i. pron.* **1** to crack **2** (*fig.*) to deteriorate; to become* strained.
incrinatùra *f.* **1** crack **2** (*fig.*) disagreement; rift.
incrociàre **A** *v. t.* **1** to cross: **i. le gambe**, to cross one's legs; **i. le braccia**, to fold one's arms; (*scioperare*) to walk out, to down tools **2** (*incontrare*) to meet* **3** (*zool.*) to crossbreed* **4** (*bot.*) to hybridize **B** *v. i.* (*naut., aeron.*) to cruise **C** **incrociàrsi** *v. rifl. recipr.* **1** (*intersecarsi*) to cross **2** (*incontrarsi*) to meet*: **I nostri sguardi si incrociarono**, our eyes met **3** (*di lettere e sim.*) to cross (in the post).
incrociàto *a.* **1** crossed **2** (*biol.*) crossbred; hybridized • **parole incrociate**, crossword (puzzle) (*sing.*) □ **tiro i.**, crossfire.
incrociatόre *m.* (*naut.*) cruiser.
incrόcio *m.* **1** crossing **2** (*di strade*) crossing; junction; intersection; (*crocevia*) crossroads **3** (*zool.*: *accoppiamento*) crossing; crossbreeding; (*razza*) crossbreed, cross **4** (*bot.*) hybridization; (*varietà*) hybrid.
incrodàrsi *v. i. pron.* (*alpinismo*) to get* stuck halfway up [down].
incrollàbile *a.* firm; unshakable.
incrostàre **A** *v. t.* to encrust **B** **incrostàrsi** *v. i. pron.* to become* encrusted; (*di caldaia*) to scale.
incrostazióne *f.* encrustment; incrustation; (*di caldaia*) scale.
incrudelìre *v. i.* **1** (*infierire*) to be pitiless (towards) **2** (*fig.*) to rage.
incruènto *a.* bloodless; without bloodshed.
incubatrìce *f.* incubator.
incubazióne *f.* (*med. e fig.*) incubation.
ìncubo *m.* (*anche fig.*) nightmare • **da i.**, nightmarish.
incùdine *f.* **1** anvil **2** (*anat.*) incus* • **essere fra l'i. e il martello**, to be between the devil and the deep blue sea.
inculcàre *v. t.* to inculcate (st. in sb., sb. with st.).
incunàbolo *m.* incunabulum*.
incuneàre **A** *v. t.* (*anche fig.*) to wedge in **B** **incuneàrsi** *v. i. pron.* to be wedged in; (*infilarsi*) to wedge oneself in.
incupìre **A** *v. t.* **1** to darken **2** (*fig.*) to depress; to make* gloomy **B** *v. i. e* **incupirsi** *v. i. pron.* **1** to grow* dark **2** (*fig.*) to grow* gloomy; to darken: **Si incupì in viso**, his face darkened.
incuràbile *a., m. e f.* incurable.
incurànte *a.* heedless (of); indifferent (to); careless.
incurànza, **incùria** *f.* carelessness; heedlessness; indifference.
incuriosìre **A** *v. t.* to make* curious; to excite (sb.'s) curiosity; to intrigue **B** **incuriosìrsi** *v. i. pron.* to become* curious.
incuriosìto *a.* made curious (*pred.*); curious; intrigued.
incursióne *f.* raid; incursion; (*anche fig.*) foray: **i. aerea**, air raid.
incurvàre *v. t.*, **incurvàrsi** *v. i. pron.* to bend*; to curve.
incurvatùra *f.* **1** bend; curve; curvature (*anche med.*) **2** (*l'incurvare*) bending; curving.
incustodìto *a.* unattended; unguarded.
incùtere *v. t.* to inspire; to strike*: **i. rispetto**, to inspire respect; **i. terrore a q.**, to strike terror into sb.; **i. soggezione**, to inspire awe; to make (sb.) feel uneasy.
ìndaco *m.* indigo.
indaffaràto *a.* busy: **i. a organizzare q.c.**, busy organizing st.; **i. in q.c.**, busy with st.
indagàre *v. t. e i.* to investigate (st.); to inquire into; **i. su un omicidio**, to investigate a murder; **La polizia sta indagando**, the police are investigating; **i. le cause di q.c.**, to inquire into the causes of st.
indagàto **A** *a.* under (police) investigation (*pred.*) **B** *m.* (*f.* **-a**) person under (police) investigation; suspect.
indagatóre **A** *m.* (*f.* **-trice**) investigator; inquirer **B** *a.* inquiring; searching.
indàgine *f.* **1** investigation; inquiry **2** (*ricerca*) research • **i. demoscopica**, (opinion) poll □ **i. statistica**, statistical survey.
indebitaménte *avv.* unduly; (*immeritatamente*) undeservedly; (*illecitamente*) unlawfully, illicitly • **appropriarsi i. di q.c.**, to misappropriate st.; to embezzle st.
indebitaménto *m.* (*il fare debiti*) getting into debt, running up debts; borrowing; (*l'essere indebitato*) indebtedness; (*debito*) debt: **i. con l'estero**, foreign debt; **i. statale**, state borrowing; national debt.
indebitàre **A** *v. t.* to get* into debt **B** **indebitàrsi** *v. rifl.* to run* (*o* to get*) into debt; to run* up debts.
indebitàto *a.* in debt; indebted (*fig.*): **i. fin sopra i capelli**, up to one's eyes in debt; **fortemente i. con le banche**, heavily in debt to the banks.
indébito *a.* undue (*anche leg.*); (*immeritato*) undeserved; (*illecito*) unlawful, illicit • (*leg.*) **appropriazione indebita**, misappropriation; embezzlement.
indeboliménto *m.* **1** weakening **2** (*debolezza*) weakness.
indebolìre **A** *v. t.* to weaken **B** **indebolìrsi** *v. i. pron.* to weaken; (*di luce, suono*) to grow* faint, to fade.
indecènte *a.* **1** indecent **2** (*scandaloso*) shocking; disgraceful; outrageous.
indecènza *f.* **1** indecency **2** (*vergogna*) disgrace; shame.
indecifràbile *a.* indecipherable; (*illeggibile*) illegible.
indecisióne *f.* indecision.
indecìso *a.* **1** (*irresoluto*) indecisive; irresolute **2** (*esitante*) uncertain; hesitant: **i. sul da farsi**, uncertain as to what to do; **i. su come agire**, unsure how to act **3** (*non deciso*) undecided; unresolved • **tempo i.**, unsettled weather.
indeclinàbile *a.* (*gramm.*) indeclinable.
indecorόso *a.* indecorous; unseemly; undignified.
indefessaménte *avv.* indefatigably; incessantly.
indefèsso *a.* indefatigable; untiring; tireless.
indefinìbile *a.* indefinable.
indefinitézza *f.* indefiniteness.
indefinìto *a.* **1** indefinite (*anche gramm.*); indeterminate **2** (*non risolto*) undefined.
indeformàbile *a.* non-deformable; (*irrestringibile*) unshrinkable.
indegnità *f.* **1** unworthiness **2** (*atto indegno*) indignity.
indégno *a.* **1** (*immeritevole*) unworthy; undeserving **2** (*che non si addice*) unworthy **3** (*vergognoso*) abominable; disgraceful; shameful; (*spregevole*) contemptible, beneath contempt.
indelèbile *a.* (*anche fig.*) indelible.
indelicatézza *f.* **1** indelicacy; indiscretion; tactlessness **2** (*parole*) tactless remark • **È stata un'i. da parte sua**, it was tactless of him.
indelicàto *a.* indiscreet; tactless.
indemagliàbile *a.* (*di calza*) non-laddering; ladder-proof.
indemoniàto **A** *a.* possessed **B** *m.* (*f.* **-a**) person possessed: **gridare come un i.**, to shout like one

possessed.
indènne *a.* ***1*** (*non ferito*) uninjured; unhurt; unharmed ***2*** (*non danneggiato*) undamaged; whole • **latte i.**, certified milk.
indennità *f.* ***1*** (*risarcimento*) compensation; indemnity ***2*** (*rimborso spese*) allowance; expenses (*pl.*): **i. di trasferta**, travelling allowance; expenses (*pl.*) ***3*** (*compenso*) payment, emoluments (*pl.*); (*gratifica*) bonus, benefit: **i. di fine rapporto**, severance pay; (*per pensionamento*) lump sum; **i. di licenziamento**, severance pay; **i. di disoccupazione** [**di malattia**], unemployment [sickness] benefit.
indennizzàre *v. t.* to indemnify; to compensate.
indennìzzo *m.* indemnification; compensation; (*per danni*) damages (*pl.*): **chiedere** [**ottenere**] **un i.**, to claim [to get] compensation; **domanda d'i.**, claim for damages.
indéntro *avv.* — **all'i.**, inwards.
inderogàbile *a.* unbreakable; binding; inviolable; (*di scadenza*) final: **impegno i.**, binding commitment; **norma i.**, unbreakable (*o* binding) rule; **scadenza i.**, final deadline.
inderogabilménte *avv.* without fail.
indescrivìbile *a.* indescribable; beyond description.
indesideràbile *a.* undesirable; unwelcome • **persona i.**, persona non grata.
indesideràto *a.* undesired; unwelcome.
indeterminàbile *a.* indeterminable.
indeterminatézza *f.* ***1*** indeterminateness; vagueness ***2*** (*indecisione*) indecision; uncertainty.
indeterminativo *a.* (*gramm.*) indefinite.
indeterminàto *a.* indeterminate; indefinite; vague • **a tempo i.**, indefinitely.
indeuropèo *V.* **indoeuropeo**.
ìndi *avv.* (*lett.*) ***1*** (*di tempo*) then; afterwards ***2*** (*di luogo*) (from) thence.
indianìstica *f.* Indian studies (*pl.*); Indology.
indiàno *a. e m.* ***1*** (*d'Asia*) Indian ***2*** (*d'America*) (American) Indian; native American • **fare l'i.**, to pretend not to know; to turn a deaf ear □ **in fila indiana**, in single (*o* Indian) file.
indiavolàto *a.* ***1*** possessed ***2*** (*furioso, tremendo*) frenzied; frantic; terrible: **ritmo i.**, frenzied rhythm; **fretta indiavolata**, tearing hurry; **baccano i.**, terrible racket.
indicàre *v. t.* ***1*** (*con l'indice, per far notare*) to point to (*o* at); to indicate; (*per individuare*) to point out ***2*** (*mostrare, dimostrare*) to show*, to indicate; (*significare*) to mean*; (*essere sintomo di*) to be indicative of, to point to; (*accennare*) to hint at: **Mi indicò la strada**, he showed me the way; **Ciò indica che qualcuno è entrato nella stanza**, this means someone went into the room; **Indicate la vostra preferenza**, indicate your preference ***3*** (*con cartelli indicatori*) to signpost; (*con un segno*) to mark ***4*** (*illustrare, sottolineare*) to point out ***5*** (*spiegare per sommi capi*) to outline ***6*** (*consigliare*) to recommend; (*prescrivere*) to prescribe: **Mi sai i. un buon albergo?**, can you recommend a good hotel?; **i. una cura**, to prescribe a treatment.
indicativaménte *avv.* approximately; as an indication.
indicatìvo ***A*** *a. e m.* ***1*** indicative ***2*** (*approssimato*) approximate ***3*** (*gramm.*) indicative • **a titolo puramente i.**, purely as an indication ***B*** *m.* (*gramm.*) indicative.
indicàto *a.* ***1*** (*adatto*) suitable; indicated; (*giusto*) right ***2*** (*consigliabile*) advisable.
indicatóre ***A*** *m.* ***1*** (*tecn.*) indicator; gauge: **i. di livello**, level gauge; (*autom.*) **i. di direzione**, indicator; turn signal (*USA*) ***2*** (*cartello*) sign: **i. stradale**, road sign; signpost ***3*** (*prontuario*) directory ***B*** *a.* indicating (*attr.*) • **cartello i.**, direction board; signpost.
indicazióne *f.* ***1*** (*segno*) sign; mark: **indicazioni stradali**, road signs; **i. di provenienza**, mark of origin ***2*** (*istruzione*) direction; (*informazione*) information Ⓤ; (*rimando*) reference: **indicazioni per l'uso**, directions for use; **Ci hanno dato indicazioni sbagliate**, they gave us wrong directions; we were misdirected; **i. di pagina**, page reference ***3*** (*consiglio*) recommendation, advice Ⓤ; (*suggerimento*) suggestion ***4*** (*med.*) indication.
indice *m.* ***1*** (*dito*) forefinger; index (finger) ***2*** (*scient.*) index*: **i. di rifrazione**, index of refraction; refractive index ***3*** (*econ., stat.*) index*; rate; rating: **i. del costo della vita**, cost-of-living index; **i. di natalità**, birth rate; (*radio, TV*) **i. di gradimento**, popularity rating ***4*** (*di libro*: *dei capitoli*) (table of) contents; (*di illustrazioni, nomi, ecc.*) index*: **i. analitico**, index ***5*** (*lancetta*) indicator; pointer; hand ***6*** (*indizio*) indication; sign • **mettere all'I.**, to put on the Index; (*fig.*) to ban □ (*fig.*) **mettere l'i. su q.c.**, to point out st.
indicìbile *a.* inexpressible; indescribable.
indicizzàre *v. t.* (*econ.*) to index-link; to index: **i. i redditi**, to index-link incomes.
indicizzàto *a.* ***1*** (*econ.*) index-linked; indexed ***2*** (*fin.*) floating-rate (*attr.*).
indicizzazióne *f.* (*econ.*) index-linking; indexation: **i. dei salari**, wage indexation.
indietreggiàre *v. i.* ***1*** to draw* back; to step back; (*rinculare*) to recoil ***2*** (*mil.*: *ripiegare*) to fall* back; (*ritirarsi*) to withdraw*.
indiètro *avv.* ***1*** (*nello spazio*) back; behind; (*all'i.*) backwards: **tornare** [**guardare, tirarsi**] **i.**, to go [to look, to draw] back; **I.!**, stand back!; **fare un passo i.**, to take a step backwards; **rimanere i.**, to fall behind; **avanti e i.**, backwards and forwards; back and forth ***2*** (*nel tempo*) behind: **essere i. col lavoro**, to be behind in one's work; **essere i. coi pagamenti**, to be behind (*o* in arrears) with one's payments ***3*** (*naut.*) astern: **I. tutta!**, full speed astern! • **all'i.**, backwards □ **dare** [**volere**] **i. q.c.**, to give [to want] st. back □ (*di orologio*) **essere i. di 5 minuti**, to be 5 minutes slow; (*regolarmente*) to lose 5 minutes □ **mettere i. un orologio di un'ora**, to put a watch back one hour □ **Sarò i. per le sei**, I'll be back by six.
indifendìbile *a.* indefensible.
indiféso *a.* undefended; unprotected; (*inerme*) defenceless, helpless.
indifferènte *a.* indifferent; (*freddo*) cold, unmoved: **i. alla bellezza**, indifferent to beauty; **La notizia mi lasciò i.**, the news left me cold; **Mi è i.**, (*di cosa*) it's all the same to me; (*di persona*) he doesn't mean anything to me, I feel nothing for him • **fare l'i.**, to pretend not to care □ **non i.**, not inconsiderable; appreciable.
indifferenteménte *avv.* indifferently; without distinction.
indifferènza *f.* indifference; unconcern; (*freddezza*) coldness; (*apatia*) apathy.
indifferenziàto *a.* undifferentiated.
indifferìbile *a.* that cannot be deferred (*o* put off); undelayable.
indigeno ***A*** *a.* native; indigenous ***B*** *m.* (*f.* **-a**) native.
indigènte ***A*** *a.* indigent; destitute ***B*** *m. e f.* poor person; needy person: **gli indigenti**, the poor; the needy.
indigènza *f.* indigence; poverty; penury; destitution.
indigeribile *a.* (*anche fig.*) indigestible.
indigeribilità *f.* indigestibility.
indigestióne *f.* indigestion: **fare un'i.**, to get indigestion • **fare un'i. di gelati**, to gorge oneself on icecream □ **fare un'i. di film**, to see a lot of films.
indigèsto *a.* ***1*** (*di cibo*) indigestible; heavy ***2*** (*fig.*) insufferable; (*noioso*) boring.
indignàre ***A*** *v. t.* to arouse the indignation of; to outrage ***B*** **indignàrsi** *v. i. pron.* to be indignant (*o* outraged); (*adirarsi*) to get* angry; (*offendersi*) to take* offence.
indignàto *a.* indignant; outraged; (*irato*) angry; (*offeso*) offended.
indignazióne *f.* indignation; outrage; (*ira*) anger.
indilazionàbile *a.* that cannot be deferred (*o* put off); undelayable.
indimenticàbile *a.* unforgettable.
indimostràbile *a.* indemonstrable; that cannot be proved (*pred.*).
indimostrabilità *f.* indemonstrability.
indimostràto *a.* unproven; undemonstrated.
ìndio *a. e m.* (*f.* **-a**) (South American) Indian (*f.* Indian woman*).
indipendènte ***A*** *a.* ***1*** independent (of) ***2*** (*senza connessione*) unrelated: **fatti indipendenti**, unrelated facts • (*gramm.*) **proposizione i.**, independent clause ***B*** *m. e f.* (*polit.*) independent.
indipendenteménte *avv.* independently • **i. da**, (*prescindendo da*) apart from; (*senza curarsi di*) regardless of.
indipendentìsmo *m.* advocacy of independence; independence movement.
indipendentìstico *a.* of independence; independence (*attr.*).
indipendènza *f.* independence.

indire *v. t.* to call; to announce; to proclaim: **i. le elezioni** [**una conferenza stampa**], to call a general election [a press conference]; **i. una votazione**, to call a ballot; **i. una crociata**, to proclaim a crusade.
indirètto *a.* indirect.
indirizzàre ***A*** *v. t.* ***1*** (*una lettera, ecc.*) to address ***2*** (*rivolgere*) to direct; to address; to turn: **i. i propri sforzi a q.c.**, to direct one's efforts towards st.; **i. la parola a q.**, to address sb.; **i. il pensiero a q.c.**, to turn one's thoughts to st. ***3*** (*mandare q.*) to send*; to direct; to refer ***4*** (*avviare, instradare*) to start (sb.) off (on st.); to encourage (sb.) to take up (st.); to have (sb.) trained (as); to make* (sb.) study (st.): **i. q. al canto**, to have sb. trained as a singer; **Il padre lo indirizzò alla medicina**, his father made him study medicine ***B*** **indirizzàrsi** *v. rifl.* ***1*** (*dirigersi*) to direct one's steps (towards); to make* one's way (towards) ***2*** (*rivolgere la parola a*) to address (sb.); (*domandare a*) to ask (sb.); (*scrivere*) to write* (to) ***3*** (*rivolgersi*) to apply (to).
indirizzàrio *m.* mailing list; (*rubrica*) address book.
indirìzzo *m.* ***1*** (*postale*) address ***2*** (*discorso*) address; speech ***3*** (*direzione, piega*) direction; turn; (*corso*) course, line; (*tendenza*) trend; (*linea politica*) policy: **i. di studi**, line of studies; **i. di governo**, government's policy • **all'i. di**, to; towards; (*contro*) against □ **prendere un cattivo i.**, (*di persona*) to go to the bad; (*di cosa*) to degenerate.
indisciplina *f.* indiscipline; lack of discipline: **atto di i.**, breach of discipline.
indisciplinàto *a.* ***1*** undisciplined; unruly ***2*** (*caotico*) chaotic; disorderly.
indiscrèto *a.* indiscreet.
indiscrezióne *f.* ***1*** indiscretion ***2*** (*atto indiscreto*) indiscretion; (*pettegolezzo*) gossip; (*notizia non confermata*) unconfirmed report, leak.
indiscriminàto *a.* indiscriminate.
indiscùsso *a.* ***1*** undiscussed ***2*** undisputed; beyond dispute.
indiscutìbile *a.* indisputable; unquestionable.
indiscutibilménte *avv.* indisputably; without dispute.
indispensàbile ***A*** *a.* indispensable; essential; crucial: **credersi i.**, to think oneself indispensable; **requisito i.**, essential requirement ***B*** *m.* what is necessary: **lo stretto i.**, what is strictly necessary; the bare essentials (*pl.*).
indispettire ***A*** *v. t.* to vex; to pique ***B*** **indispettirsi** *v. i. pron.* to get* vexed; to be piqued.
indispettito *a.* vexed; piqued.
indisponènte *a.* irritating; annoying.
indispórre *v. t.* to irritate; to put* off; to antagonize.
indisposizióne *f.* indisposition; slight ailment.
indispósto *a.* unwell; indisposed; out of sorts (*pred.*).
indissolùbile *a.* indissoluble.
indissolubilità *f.* indissolubility.
indistinguìbile *a.* undistinguishable.
indistintaménte *avv.* ***1*** (*senza fare distinzioni*) without distinction; indiscriminately ***2*** (*in modo confuso*) indistinctly; vaguely.
indistìnto *a.* indistinct; vague; blurred.
indistruttìbile *a.* indestructible.
indisturbàto *a.* undisturbed.
indivia *f.* (*bot.*) endive.
individuàle *a.* ***1*** individual ***2*** (*personale*) personal.
individualìsmo *m.* individualism.
individualista *m. e f.* individualist.
individualìstico *a.* individualistic.
individualità *f.* individuality.
individualizzàre *v. t.* to individualize.
individualménte *avv.* ***1*** individually ***2*** (*uno per uno*) one by one; singly; separately.
individuàre *v. t.* ***1*** (*caratterizzare*) to individualize; to characterize ***2*** (*localizzare*) to locate ***3*** (*distinguere*) to single out; to spot; (*identificare*) to identify, to detect.
individuazióne *f.* ***1*** (*caratterizzazione*) individualization ***2*** (*localizzazione*) location ***3*** (*riconoscimento*) individuation; detection; singling out.
indivìduo *m.* ***1*** (*persona*) individual; type (*fam.*) ***2*** (*uomo*) man*; fellow; guy (*USA*).
indivisìbile *a.* ***1*** indivisible ***2*** (*inseparabile*) inseparable ***3*** (*comm., di articoli*) not to be sold separately.
indivisibilità *f.* indivisibility.
indivìso *a.* undivided.
indiziàre *v. t.* to throw* suspicion on.
indiziàrio *a.* (*leg.*) circumstantial • **processo i.**, trial based on circumstantial evidence.
indiziàto ***A*** *a.* suspected ***B*** *m.* (*f.* **-a**) suspect.
indìzio *m.* ***1*** sign; indication ***2*** (*traccia per scoprire q.c.*) clue ***3*** (*leg.*) (circumstantial) evidence ⓤ.
indòcile *a.* indocile; recalcitrant; unruly; rebellious.
indocilità *f.* indocility; unruliness.
indocinése *a., m. e f.* Indo-Chinese (*a. e m.*); Indo-Chinese woman (*f.*): **gli indocinesi**, the Indo-Chinese.
indoeuropèo *a. e m.* Indo-European.
ìndole *f.* nature; character: **per i.**, by nature; **di i. buona**, good-natured.
indolènte *a.* indolent; lazy.
indolènza *f.* indolence; laziness.
indolenziménto *m.* ***1*** (*dolore*) soreness; ache ***2*** (*intorpidimento*) stiffness; numbness.
indolenzìre ***A*** *v. t.* ***1*** to make* sore ***2*** (*intorpidire*) to stiffen; to benumb ***B*** **indolenzirsi** *v. i. pron.* to stiffen; to go* numb.
indolenzito *a.* ***1*** (*dolente*) aching; sore ***2*** (*intorpidito*) stiff; numb.
indolóre *a.* painless • **in modo i.**, painlessly.
indomàbile *a.* ***1*** untamable ***2*** (*fig.*) indomitable.
indomàni *m.* (the) following day; (the) next day; (the) day after: **l'i. di buon'ora**, early the next day; **all'i. della riunione**, (on) the day after the meeting; (*poco dopo*) soon after the meeting.
indòmito *a.* indomitable.
indonesiàno *a. e m.* (*f.* **-a**) Indonesian (*f.* Indonesian woman*).
indoràre *v. t.* ***1*** to gild ***2*** (*cucina*) to dip in egg and fry • **i. la pillola**, to sugar the pill.
indossàre *v. t.* ***1*** (*avere indosso*) to wear*; to have on ***2*** (*mettere addosso*) to put* on ***3*** (*di indossatrice*) to model.
indossatóre *m.* (male) model.
indossatrìce *f.* model: **i. volante**, freelance model; **fare l'i.**, to model; to be a model.
indòsso *avv.* on: **avere i.**, to have on; to wear; **mettersi i.**, to put on.
indòtto ***A*** *a.* (*econ., fis.*) induced ***B*** *m.* ***1*** (*elettr.*) armature ***2*** (*econ.*) allied activities (*o* industries) (*pl.*); ancillary industries (*pl.*): **l'i. dell'automobile**, industries linked to car manufacturing.
indottrinaménto *m.* indoctrination.
indottrinàre *v. t.* to indoctrinate.
indovinàre *v. t.* ***1*** to guess: **Indovina un po'!**, guess what! ***2*** (*con arte divinatoria*) to divine ***3*** (*prevedere*) to foresee* ***4*** (*azzeccarla*) to guess (right); to get* it; to hit* the mark: **Indovinato!**, got it!; **i. alla prima**, to guess straight off ***5*** (*scegliere bene*) to choose* well • **Chi l'indovina è bravo**, it's anybody's guess □ **Non ne indovina mai una**, he never does anything right; everything he does goes wrong □ **tirare a i.**, to venture a guess; to guess.
indovinàto *a.* (*ben scelto*) well-chosen; (*riuscito*) successful.
indovinèllo *m.* riddle; puzzle: **parlare per indovinelli**, to speak in riddles.
indovìno ***A*** *a.* prophetic ***B*** *m.* (*f.* **-a**) fortune-teller; soothsayer • **Non sono un i.!**, I haven't got a crystal ball!
indù *a., m. e f.* Hindu (*a. e m.*); Hindu woman*.
indubbiaménte *avv.* undoubtedly; without doubt; no doubt.
indùbbio *a.* undoubted.
indubitàbile *a.* indubitable.
indugiàre *v. i.* (*metterci molto tempo*) to take* long; (*ritardare*) to delay; (*esitare*) to hesitate; (*aspettare*) to pause; (*trattenersi*) to linger: **i. prima di rispondere**, to pause before answering; **senza i.**, without hesitation.
indùgio *m.* delay ⓤ: **senza altri indugi**, without further delay • **frapporre indugi**, to delay □ **troncare gli indugi**, to act.
induìsmo *m.* Hinduism.
induìsta *m. e f.* Hindu.
indulgènte *a.* indulgent; lenient.
indulgènza *f.* ***1*** indulgence; leniency ***2*** (*relig.*) indulgence.
indùlgere *v. i.* ***1*** (*secondare*) to indulge (st.); to humour (sb. in st.) ***2*** (*essere incline*) to tend to (do st.); to indulge regularly in (st.).

indùlto *m.* (*leg.*) pardon.
induménto *m.* garment; (*al pl., anche*) clothes • **indumenti intimi**, underwear.
induriménto *m.* hardening.
indurìre ***A*** *v. t.* to harden ***B*** **indurirsi** *v. i. pron.* ***1*** to grow* hard; to harden ***2*** (*del cemento, ecc.*) to set*.
indùrre ***A*** *v. t.* to persuade; to lead*; to induce (*form.*): **i. q. a fare q.c.**, to persuade sb. to do st.; **Tutto mi induce a credere che...**, everything leads me to believe that...; **i. in errore**, to mislead; **i. in tentazione**, to lead into temptation ***B*** **indursi** *v. i. pron.* (*decidersi*) to resolve; to make* up one's mind.
indùstria *f.* ***1*** industry: **l'i. pesante**, heavy industry; **l'i. automobilistica** [**tessile**], the car [textile] industry; **lavorare nell'i.**, to work in industry ***2*** (*fabbrica*) factory; manufacture ***3*** (*operosità*) industry; diligence • **l'i. dello spettacolo**, show business.
industriàle ***A*** *a.* industrial ***B*** *m. e f.* industrialist; manufacturer.
industrialismo *m.* industrialism.
industrializzàre *v. t.* to industrialize.
industrializzazióne *f.* industrialization.
industriàrsi *v. i. pron.* to try; to do* one's best.
industrióso *a.* ***1*** industrious; hard-working ***2*** (*ingegnoso*) ingenious.
induttànza *f.* (*elettr.*) inductance.
induttìvo *a.* (*filos., elettr.*) inductive.
induttóre *m.* (*elettr.*) inductor.
induzióne *f.* (*filos., fis.*) induction.
inebetire ***A*** *v. t.* to dull (sb.'s) brain; to stun ***B*** *v. i. e* **inebetirsi** *v. i. pron.* to grow* dull; to turn into an idiot • **i. davanti alla TV**, to rot one's brain watching TV □ **i. col bere**, to drink oneself senseless.
inebetito *a.* stunned; dazed; in a stupor; stupefied: **i. dal dolore**, stunned with grief; **aria inebetita**, dazed look; **sguardo i.**, blank stare.
inebriànte *a.* (*anche fig.*) intoxicating; heady.
inebriàre ***A*** *v. t.* (*anche fig.*) to intoxicate ***B*** **inebriàrsi** *v. i. pron.* ***1*** to get* drunk ***2*** (*fig.*) to go* into raptures.
ineccepìbile *a.* unexceptionable.
inèdia *f.* starvation: **morire di i.**, to die of starvation; to starve to death.
inèdito ***A*** *a.* ***1*** unpublished ***2*** (*fig.*) new; fresh; (*insolito*) unprecedented ***B*** *m.* unpublished work.
ineducàto *a.* ill-bred; ill-mannered.
ineffàbile *a.* ***1*** ineffable; inexpressible ***2*** (*iron.*) incomparable.
inefficàce *a.* ineffective; inefficacious.
inefficàcia *f.* inefficacy.
inefficiènte *a.* inefficient.
inefficiènza *f.* inefficiency.
ineguagliàbile *a.* matchless; peerless.
ineguagliànza *f.* inequality.
ineguàle *a.* ***1*** unequal ***2*** (*non uniforme*) uneven.
inelegànte *a.* inelegant.
inelegànza *f.* inelegance; lack of elegance.
ineleggìbile *a.* ***1*** ineligible for election ***2*** unelectable.
ineluttàbile *a.* unavoidable; ineluctable.
ineluttabilità *f.* unavoidability; ineluctability.
inenarràbile *a.* indescribable; unspeakable.
inequivocàbile *a.* unequivocal; unambiguous.
inerènte *a.* ***1*** inherent (in) ***2*** (*concernente*) concerning (st.); (*attinente*) pertaining (to).
inèrme *a.* unarmed; (*indifeso*) defenceless, helpless.
inerpicàrsi *v. i. pron.* to climb (up); to clamber (up).
inèrte *a.* ***1*** (*anche chim.*) inert ***2*** (*pigro*) inactive; sluggish • **peso i.**, dead weight.
inèrzia *f.* ***1*** (*inoperosità*) inactivity ***2*** (*pigrizia*) inertia ***3*** (*fis.*) inertia • (*fig.*) **per forza d'i.**, from force of habit.
inerziàle *a.* (*fis.*) inertial.
inesattézza *f.* inexactitude; inaccuracy; (*errore*) mistake.
inesàtto (**1**) *a.* inaccurate; incorrect.
inesàtto (**2**) *a.* (*non riscosso*) uncollected.
inesaudìto *a.* ungranted; unsatisfied: **desiderio i.**, unsatisfied wish.
inesaurìbile *a.* inexhaustible.
inesàusto *a.* unexhausted.
inesigìbile *a.* uncollectible; irrecoverable: **credito i.**, uncollectible credit; bad debt.
inesistènte *a.* ***1*** non-existent ***2*** (*immaginario*) imaginary.
inesistènza *f.* non-existence.
inesoràbile *a.* ***1*** (*inflessibile*) inexorable; unrelenting ***2*** (*ineluttabile*) inexorable; inevitable; (*mortale*) fatal.
inesorabilità *f.* ***1*** (*inflessibilità*) inexorability ***2*** (*ineluttabilità*) inexorable nature; inevitability.
inesperiènza *f.* inexperience; lack of experience.
inespèrto *a.* ***1*** (*non abile*) inexpert; unskilled ***2*** (*senza esperienza*) inexperienced.
inesplicàbile *a.* inexplicable.
inesploràto *a.* unexplored.
inesplòso *a.* unexploded; live.
inespressìvo *a.* inexpressive; expressionless; blank.
inesprèsso *a.* ***1*** unexpressed; untold ***2*** (*tacito*) tacit; unspoken.
inesprimìbile *a.* inexpressible; unutterable.
inespugnàbile *a.* impregnable.
inessenziàle *a.* unessential.
inestetismo *m.* imperfection; blemish.
inestimàbile *a.* inestimable; invaluable.
inestinguìbile *a.* inextinguishable (*anche fig.*); unquenchable.
inestricàbile *a.* ***1*** inextricable ***2*** (*irrisolvibile*) insoluble.
inettitùdine *f.* ***1*** (*mancanza di attitudine*) lack of aptitude; unfitness ***2*** (*incompetenza*) ineptitude.
inètto ***A*** *a.* ***1*** (*non atto*) unfit (for); unsuited (to, for) ***2*** (*incompetente*) incompetent; inept; (*dappoco*) worthless ***B*** *m.* incompetent; good-for-nothing.
inevàso *a.* (*bur.*) unanswered; outstanding: **lettera inevasa**, unanswered letter; **pratica inevasa**, outstanding case; **lavoro i.**, backlog (of work).
inevitàbile ***A*** *a.* inevitable; unavoidable: **Era i. che lo scoprisse**, it was inevitable that he should find out; he was bound to find out ***B*** *m.* inevitable.
inevitabilménte *avv.* inevitably.
in extremis (*lat.*) *locuz. avv.* ***1*** on the point of death ***2*** (*fig.*) at the very last moment; last-minute (*attr.*); at the eleventh hour.
inèzia *f.* trifle; nothing; (*cosa facile*) child's play: **pagare q.c. un'i.**, to pay next to nothing for st.
infagottàre ***A*** *v. t.* to wrap up; to bundle up ***B*** **infagottàrsi** *v. rifl.* to bundle oneself up.
infallìbile *a.* infallible.
infallibilità *f.* infallibility.
infamànte *a.* ***1*** defamatory; slanderous ***2*** (*vergognoso*) infamous; shameful.
infamàre *v. t.* to defame; to disgrace; (*con calunnie*) to slander.
infàme *a.* ***1*** (*ignobile*) infamous ***2*** (*orribile*) awful; vile; rotten.
infàmia *f.* infamy; disgrace • **senza i. e senza lode**, middling; fair to middling.
infangàre ***A*** *v. t.* ***1*** to cover with mud; to spatter with mud: **infangarsi le scarpe**, to get mud on one's shoes ***2*** (*fig.*) to besmirch; to drag through the mud ***B*** **infangàrsi** *v. i. pron.* to get* muddy; to get* spattered with mud.
infangàto *a.* ***1*** muddy ***2*** (*fig.*) disgraced; besmirched.
infanticìda *m. e f.* infanticide.
infanticìdio *m.* infanticide.
infantìle *a.* ***1*** (*dell'infanzia*) infant; childhood (*attr.*): **malattie infantili**, childhood diseases; **mortalità i.**, infant mortality ***2*** (*per bambini*) children's (*attr.*); (*da bambino*) childish: **giochi infantili**, children's games; **voce i.**, childish voice; child's voice ***3*** (*puerile*) childish; infantile; puerile.
infantilismo *m.* ***1*** (*med.*) infantilism ***2*** (*puerilità*) childishness; (*immaturità*) immaturity.
infànzia *f.* ***1*** childhood; (*med., psic.*) infancy ***2*** (*i bambini*) children (*pl.*) ***3*** (*fig.*) infancy.
infarcìre *v. t.* (*anche fig.*) to stuff (st. with st.).
infarinàre *v. t.* to flour; to dredge with flour.
infarinatùra *f.* (*fig.*) smattering.
infàrto *m.* (*med.*) infarct; infarction; (*com.*) heart attack.
infastidìre ***A*** *v. t.* (*irritare*) to annoy; to irritate; (*disturbare*) to bother ***B*** **infastidirsi** *v. i. pron.* to get* annoyed; (*stancarsi*) to get* bored.
infaticàbile *a.* tireless; indefatigable; untiring.
infàtti *cong.* ***1*** — **Mi aveva promesso un regalo, e i. mi ha**

portato un ventaglio, he had promised me a present, and (sure enough) he brought me a fan; **«Credevo ti piacesse il pollo» «I. mi piace»**, «I thought you liked chicken» «(Actually,) I do»; (*iron.*) **Disse che avrebbe finito tra un'ora, e i. sto ancora aspettando**, he said he would finish in an hour, but I'm still waiting **2** (*escl.*) exactly; precisely; (*iron.*) quite: **«Non doveva venire anche Luisa?» «I.»**, «wasn't Luisa supposed to come too?» «quite». ATTENZIONE: **infatti** ≠ in fact.

infatuàrsi *v. i. pron.* to become* (*o* to get*) infatuated (with).

infatuàto *a.* infatuated (with); crazy (about, over).

infatuazióne *f.* infatuation.

infàusto *a.* inauspicious; unpropitious; ill-fated; ill-omened.

infecóndo *a.* sterile; barren; unfruitful.

infedéle ***A*** *a.* (*anche fig.*) unfaithful ***B*** *m. e f.* (*stor., relig.*) infidel.

infedeltà *f.* (*anche fig.*) infidelity; unfaithfulness.

infelice ***A*** *a.* **1** unhappy; miserable; (*triste*) sad; (*sventurato*) wretched **2** (*che non riesce bene*) unsuccessful; unfortunate: **esito [scelta] i.**, unfortunate result [choice] **3** (*malfatto*) bad; poor **4** (*mal scelto*) inappropriate, ill-chosen, awkward; (*inopportuno*) ill-timed, unfortunate: **termine i.**, inappropriate word; **momento i.**, ill-chosen moment; **commento i.**, unfortunate remark **5** (*scomodo, mal disposto*) inconvenient ***B*** *m. e f.* **1** unhappy person **2** (*sventurato*) (poor) wretch.

infelicità *f.* **1** unhappiness; misery; (*sventura*) wretchedness **2** (*inopportunità*) inappropriateness **3** (*scomodità*) awkwardness; inconvenience.

infeltrire *v. t. e i.*, **infeltrirsi** *v. i. pron.* to felt.

inferióre ***A*** *a.* **1** (*che sta in basso*) lower; (*di sotto*) below (*prep. e avv.*): **estremità inferiori**, lower extremities; **i. alla media**, below average: **L'ascensore si fermò al piano i.**, the lift stopped at the floor below **2** (*per quantità o qualità*) inferior; lower; (*meno di*) less than: **i. per intelligenza**, inferior in intelligence; less intelligent; **i. per statura**, shorter; **i. alle aspettative**, below expectation; **i. alla propria fama**, not up to one's reputation; **i. a dieci**, less than ten; **con velocità i. alla solita**, with less speed than usual; **prezzo i.**, lower (*o* cheaper) price; **corso i.**, lower course **3** (*di grado*) junior: **ufficiale i.**, junior officer ● ***B*** *m. e f.* inferior; (*subordinato*) subordinate.

inferiorità *f.* inferiority.

inferire *v. t.* **1** (*infliggere*) to inflict, to deal*: **i. una ferita**, to inflict a wound; **i. un colpo a q.**, to deal sb. a blow; to hit sb. **2** (*dedurre*) to infer.

infermerìa *f.* infirmary; (*naut. e in un collegio, ecc.*) sickbay.

infermièra *f.* nurse; hospital nurse: **i. diplomata**, qualified nurse; **capo i.**, matron; senior nursing officer ● **fare da i. a q.**, to nurse sb.

infermière *m.* male nurse.

infermierìstico *a.* nursing (*attr.*).

infermità *f.* infirmity; illness ● **i. di mente**, insanity.

infermo ***A*** *a.* invalid; ill (*pred.*): **essere i.**, to be an invalid; **i. di mente**, mentally ill; insane ***B*** *m.* (*f.* **-a**) invalid; (*malato*) sick person; (*paziente*) patient.

infernàle *a.* **1** infernal; hellish **2** (*maligno*) diabolical; devilish; fiendish **3** (*fam.*: *terribile*) infernal; dreadful; (a) hell of a: **un chiasso i.**, an infernal din; a hell of a racket; **Ho una premura i.**, I'm in a terrible hurry.

infèrno *m.* (*anche fig.*) hell: **La sua vita diventò un i.**, his life became a living hell; **Va' all'i.!**, go to hell! ● **i. di fuoco**, raging inferno □ **un baccano d'i.**, an infernal racket; a hell of a racket □ **giornata d'i.**, hellish day □ **una vita d'i.**, a hell of a life.

inferocire ***A*** *v. t.* **1** to make* ferocious **2** (*far infuriare*) to enrage; to make* furious ***B*** *v. i.* to treat (sb.) cruelly ***C*** **inferocirsi** *v. i. pron.* **1** to grow* ferocious **2** to get* furious.

inferocito *a.* furious; enraged.

inferriàta *f.* iron bars (*pl.*); grille; grating.

infervoràre ***A*** *v. t.* to arouse enthusiasm in; to excite ***B*** **infervoràrsi** *v. i. pron.* to get* excited.

infervoràto *a.* excited; animated.

infestàre *v. t.* to infest.

infestazióne *f.* infestation.

infettàre ***A*** *v. t.* to infect; (*contaminare*) to pollute ***B*** **infettàrsi** *v. i. pron.* to become* infected.

infettivo *a.* **1** infective: **processo i.**, infective process **2** infectious: **malattia infettiva**, infectious disease.

infètto *a.* **1** (*med.*) infected **2** (*contaminato*) polluted; tainted.

infezióne *f.* infection ● **fare i.**, to become infected.

infiacchire ***A*** *v. t.* to weaken; to enfeeble ***B*** *v. i. e* **infiacchirsi** *v. i. pron.* to grow* weak; to lose* one's vigour.

infiammàbile *a.* inflammable.

infiammabilità *f.* inflammability.

infiammàre ***A*** *v. t.* **1** to set* on fire; to set* ablaze **2** (*eccitare*) to inflame; to excite **3** (*arrossare*) to redden; to flush **4** (*med.*) to inflame ***B*** **infiammàrsi** *v. i. pron.* **1** to catch* fire; to burst* into flames **2** (*eccitarsi*) to get* excited; (*arrabbiarsi*) to flare up **3** (*diventare rosso*) to flush (scarlet) **4** (*med.*) to become* inflamed.

infiammàto *a.* **1** (*eccitato*) inflamed; excited **2** (*rosso*) flushed; red **3** (*med.*) inflamed.

infiammatòrio *a.* (*med.*) inflammatory.

infiammazióne *f.* (*med.*) inflammation.

infiascàre *v. t.* to put* into flasks.

infibulazióne *f.* infibulation.

inficiàre *v. t.* (*leg.*) to invalidate.

infido *a.* treacherous; untrustworthy.

in fieri (*lat*) *locuz. avv.* in the making; in embryo; still to come.

infierire *v. i.* **1** (*imperversare*) to rage; to be rampant **2** (*agire crudelmente*) to treat (sb.) cruelly; to be pitiless (towards): **i. sui vinti**, to show no pity to the defeated enemy; **Infierirono su di lui a calci**, they kicked him savagely; **Andiamo, non i. contro di lui!**, come on, you don't hit a man when he is down!

infiggere ***A*** *v. t.* **1** to drive*; to thrust **2** (*fig.*) to drive*, to impress; to stamp: **i. q.c. nella memoria**, to impress st. on one's memory ***B*** **infiggersi** *v. i. pron.* **1** to penetrate; to sink* **2** (*fig.*) to be stamped (*o* deeply impressed).

infilàre ***A*** *v. t.* **1** (*con un filo*) to thread; to string*: **i. un ago**, to thread a needle; **i. perle**, to thread pearls together **2** (*introdurre*) to insert; (*mettere*) to put*, to stick*; (*far scivolare*) to slip; (*con forza*) to thrust*: **i. la chiave nella toppa**, to insert the key into the key-hole; **i. una mano in tasca**, to put (*o* to slip) a hand into one's pocket; **i. un dito in un occhio a q.**, to stick a finger in sb.'s eye; **infilarsi un anello al dito**, to slip a ring on to one's finger **3** (*indossare*) to put* on; to pull on; to slip on: **infilarsi il cappotto**, to put on (*o* to get into) one's coat; **infilarsi le calze**, to pull on one's stockings **4** (*imboccare*) to take*; (*svoltare*) to turn into; (*una porta, ecc.*) to slip through **5** (*imbroccare*) to strike*; to hit* on; to get*: **i. giornate di sole**, to hit on a sunny spell of weather; **i. la risposta giusta**, to get (*o* to hit on) the right answer ● **i. una serie di bugie**, to tell a series of lies □ **i. una serie di errori**, to make one mistake after another ***B*** **infilàrsi** *v. rifl.* **1** (*farsi largo*) to thread one's way **2** (*introdursi*) to slip: **i. a letto**, to slip into bed.

infilàta *f.* string; row; (*di stanze*) suite.

infilatùra *f.* threading; (*di perle, ecc.*) stringing.

infiltràre ***A*** *v. t.* to infiltrate ***B*** **infiltràrsi** *v. rifl. e i. pron* **1** (*in un'organizzazione*) to infiltrate (into st., st.); to penetrate **2** to penetrate (into); (*di liquido*) to seep.

infiltràto *m.* (*f.* **-a**) infiltrator.

infiltrazióne *f.* **1** penetration; (*di liquido*) seepage **2** (*di persona*) infiltration.

infilzàre ***A*** *v. t.* **1** (*trafiggere*) to pierce; to run* through **2** (*conficcare*) to stick*: **Infilzò il panino col coltello**, he stuck the knife into the roll **3** (*infilare*) to string* together; (*su un ferro a punta*) to skewer, to spit: **i. un pollo sullo spiedo**, to spit a chicken ***B*** **infilzàrsi** *v. i. pron.* to get* stuck.

infilzàta *f.* **1** string; row **2** (*serie*) string; series.

infimo *a.* lowest: **di infima qualità**, of the lowest quality ● **trattoria di i. ordine**, very cheap restaurant; greasy spoon (*pop.*).

infine *avv.* **1** in the end; finally **2** (*dopotutto*) after all **3** (*insomma*) well.

infingardàggine *f.* sloth; laziness.

infingàrdo ***A*** *a.* slothful; lazy ***B*** *m.* sluggard; slacker.

infinità *f.* **1** infinity; infinitude **2** (*moltitudine*) infinite number; no end of (*fam.*): **un'i. di modi**, an infinite number of ways; infinite ways (*pl.*); **un'i. di guai**, no end of troubles; **un'i. di gente**, masses of people (*pl.*); **un'i. di tempo**, ages (*pl.*).

infinitaménte *avv.* **1** infinitely; endlessly **2** (*fam.*) awfully;

terribly.
infinitesimàle *a.* infinitesimal.
infinitèsimo *a. e m.* (*mat.*) infinitesimal.
infinito ***A*** *a.* ***1*** (*senza limiti*) infinite ***2*** (*interminabile*) endless; (*innumerevole*) countless, innumerable ***3*** (*gramm.*) infinitive ***B*** *m.* ***1*** (*anche mat.*) infinity ***2*** (*gramm.*) infinitive • **all'i.**, (*mat.*) to infinity; (*gramm.*) in the infinitive; (*senza fine*) endlessly; (*per sempre*) forever □ **continuare all'i.**, to go on forever; to go on and on □ **ripetere q.c. all'i.**, to repeat st. over and over.
infinocchiàre *v. t.* (*fam.*) to take* in; to trick; to hoodwink.
infiocchettàre ***A*** *v. t.* ***1*** to decorate with ribbons ***2*** (*fig.*) to embellish ***B*** **infiocchettàrsi** *v. rifl.* to deck oneself out.
infioràre *v. t.* ***1*** to deck with flowers ***2*** (*cospargere di fiori*) to strew* with flowers ***3*** (*fig.*) to adorn; to embellish.
infiorescènza *f.* (*bot.*) inflorescence.
infiorettato *a.* ***1*** flowery; florid ***2*** (*cosparso*) strewn (with).
infirmàre *v. t.* to invalidate.
infischiàrsi *v. i. pron.* (*fam.*) not to care (about); not to give* a damn (*pop.*): **Lui se ne infischia**, he doesn't give a damn; he couldn't care less; **Me ne infischio di quello che dice**, I don't give a damn what he says.
infisso *m.* fixture; (*di porta, finestra*) frame, casing.
infittìre ***A*** *v. t.* ***1*** to thicken ***2*** (*rendere più frequente*) to increase the number of; to make* more frequent ***B*** *v. i. e* **infittirsi** *v. i. pron.* ***1*** to thicken; (*di lana*) to mat ***2*** (*diventare più frequente*) to become* more frequent.
inflazionàre *v. t.* ***1*** (*econ.*) to inflate ***2*** (*una parola, ecc.*) to overwork.
inflazionàto *a.* ***1*** (*econ.*) inflated ***2*** (*di parola, ecc.*) overworked; clichéd ***3*** (*eccessivamente diffuso*) ubiquitous; overdone; (*di idea, genere*) done to death.
inflazióne *f.* ***1*** (*econ.*) inflation: **i. galoppante**, galloping (*o* runaway) inflation; **i. strisciante**, creeping inflation ***2*** (*fig.*) ubiquitousness; epidemic; superfluity.
inflazionìstico *a.* (*econ.*) inflationary; inflation (*attr.*).
inflessìbile *a.* inflexible; unbending.
inflessibilità *f.* inflexibility.
inflessióne *f.* inflection, inflexion.
infliggere *v. t.* to inflict (st. on sb.): **i. una pena**, to inflict a penalty; **i. una multa a q.**, to impose a fine on sb.; **i. a q. due anni di prigione**, to sentence sb. to two years' imprisonment.
influènte *a.* influential.
influènza *f.* ***1*** influence ***2*** (*autorità, ascendente*) influence; leverage; clout (*fam.*): **avere i. presso q.**, to have influence with sb.; **Ha molta i. negli ambienti politici**, he has a lot of political clout ***3*** (*med.*) influenza; flu (*fam.*): **prendersi l'i.**, to catch flu.
influenzàbile *a.* easily influenced.
influenzàle *a.* (*med.*) influenza (*attr.*).
influenzàre ***A*** *v. t.* to influence; to affect; (*indebitamente*) to bias ***B*** **influenzàrsi** *v. rifl. recipr.* to influence each other (*o* one another) ***C*** **influenzàrsi** *v. i. pron.* to catch* flu.
influenzàto *a.* ***1*** influenced ***2*** (*med.*) ill with influenza (*o, fam.*, the flu) • **essere i.**, to have (got) flu □ **a letto i.**, in bed (*o* down) with (the) flu.
influìre *v. i.* to have an influence (on); to affect; (*contribuire*) to be a (contributing) factor: **i. su una decisione**, to have an influence on (*o* to affect) a decision.
inflùsso *m.* influence. ATTENZIONE: **influsso ≠ influx.**
infognàrsi *v. i. pron.* (*fam.*) to get* bogged down (in st.); to get* deeply (into st.).
in fòlio *locuz. agg. e m. invar.* folio.
infoltìre ***A*** *v. t.* to thicken; to make* thicker; (*i capelli*) to make* (sb.'s hair) grow thicker ***B*** *v. i.* to grow* thick.
infondatézza *f.* groundlessness.
infondàto *a.* groundless; unfounded.
infóndere *v. t.* to infuse: **i. coraggio a q.**, to imbue sb. with courage; to infuse courage into sb. (*o* sb. with courage); **i. speranza a q.**, to inspire sb. with hope.
inforcàre *v. t.* ***1*** (*pigliare con la forca*) to pitchfork ***2*** (*un cavallo, una bicicletta*) to mount; to get* on to ***3*** (*gli occhiali*) to put* on.
informàle *a.* ***1*** informal; unofficial ***2*** (*arte*) non-representational.
informàre ***A*** *v. t.* ***1*** to inform: **i. q. di q.c.**, to inform sb. of st. ***2*** (*improntare*) to inform ***B*** **informàrsi** *v. i. pron.* to inquire; to find* out; (*assol.*) to make* inquiries: **i. su q.c.**, to inquire about st.; **i. della salute di q.**, to inquire after sb.
informàtica *f.* information science and technology; computer science; (*elaborazione dati*) data processing.
informàtico ***A*** *a.* information (*attr.*); computer (*attr.*); data processing (*attr.*) ***B*** *m.* (*f.* **-a**) computer scientist.
informativo *a.* informative • **a titolo i.**, for information.
informatizzàre *v. t.* to computerize.
informatizzazióne *f.* computerization.
informàto *a.* informed; (*edotto*) acquainted: **bene [male] i.**, well-informed [ill-informed]; **i. sui fatti**, acquainted with the facts • **fonte bene informata**, reliable source; informed source □ **i bene informati**, those in the know.
informatóre ***A*** *m.* (*f.* **-trice**) informer: **i. della polizia**, (police) informer; nark (*pop. GB*); stool pigeon (*pop. USA*) ***B*** *a.* informing.
informazióne *f.* information Ⓤ: **un'i. utile**, a useful piece of information; **Ho avuto un'i. sbagliata** (*o* **informazioni sbagliate**), my information was wrong; I was misinformed; **raccogliere informazioni**, to gather information; **assumere informazioni su q.**, to make inquiries about sb.; **cattive informazioni**, misinformation; **richiesta di informazioni**, inquiry; (*scritta*) letter of inquiry; **ufficio informazioni**, information centre; information bureau; enquiries • (*leg.*) **i. di garanzia**, warning that one is under investigation □ (*telef.*) **i. elenco abbonati**, directory enquiries □ **a titolo di i.**, for information □ (*mil.*) **servizio informazioni**, intelligence (service).
infórme *a.* formless; shapeless; amorphous.
informicolìrsi *v. i. pron.* to have pins and needles: **Mi si è informicolita una mano**, I have pins and needles in my hand.
infornàre *v. t.* to put* into the oven; (*cuocere al forno*) to bake.
infornàta *f.* (*anche fig.*) batch.
infortunàrsi *v. i. pron.* to get* injured; to have an accident.
infortunàto ***A*** *a.* injured in an accident ***B*** *m.* (*f.* **-a**) injured person; accident victim • **i. sul lavoro**, injured worker.
infortùnio *m.* accident: **i. sul lavoro**, industrial accident; **assicurazione contro gli infortuni**, personal accident insurance.
infortunìstica *f.* (*leg.*) (scientific) study of accidents.
infortunìstico *a.* (*leg.*) accident (*attr.*); industrial accident (*attr.*).
infossaménto *m.* hollow; depression.
infossàrsi *v. i. pron.* (*di terreno*) to sink*, to cave in; (*di guance, occhi*) to become* hollow.
infossàto *a.* ***1*** (*nascosto nel terreno*) sunk in; embedded ***2*** (*di guance*) hollow, sunken; (*di occhi*) deep-set, (*per malattia, ecc.*) hollow, sunken.
infradiciàre ***A*** *v. t.* ***1*** to drench; to soak ***2*** (*rendere marcio*) to rot ***B*** **infradiciàrsi** *v. i. pron.* ***1*** to get* drenched (*o* soaked) ***2*** (*marcire*) to rot.
infradiciàto *a.* wet through; drenched; soaked.
infradìto *m. invar.* flipflops (*GB*); thongs (*USA*).
inframmettènza *f.* interference; meddling.
inframméttere ***A*** *v. t.* to interpose ***B*** **inframméttersi** *v. rifl.* to interfere; to meddle.
inframmezzàre *v. t.* to interpolate; to intersperse.
infràngere ***A*** *v. t.* ***1*** to break*; to shatter ***2*** (*una legge*) to break*, to infringe; (*diritti altrui*) to infringe; (*speranze, illusioni, ecc.*) to shatter ***B*** **infràngersi** *v. i. pron.* ***1*** to break* ***2*** (*fig.*) to be shattered.
infrangìbile *a.* unbreakable; (*di vetro temprato*) shatterproof.
infrànto *a.* (*anche fig.*) broken; shattered.
infrarósso *a.* (*fis.*) infrared.
infrasettimanàle *a.* midweek (*attr.*).
infrastruttùra *f.* infrastructure.
infrazióne *f.* infringement; breach; offence: **i. della legge**, infringement of the law; breach of law; **i. stradale**, traffic offence; **commettere un'i.**, to commit an offence; to infringe a regulation.
infreddàto *a.* — **essere i.**, to have a cold.
infreddatùra *f.* (*med.*) cold; chill.
infreddolìrsi *v. i. pron.* to get* cold.
infreddolìto *a.* cold; chilly.
infrequènte *a.* infrequent; uncommon; rare.

infrequènza *f.* infrequency; rarity.
infrollire *v. i.*, **infrollirsi** *v. i. pron.* **1** (*di selvaggina*) to become* high **2** (*di persona*) to get* soft • **lasciare a i.** (*selvaggina*), to hang.
infrollito *a.* **1** (*di selvaggina*) high **2** (*di persona*) gone soft (*pred.*).
infruttescènza *f.* (*bot.*) infructescence.
infruttifero *a.* unfruitful • **capitale i.**, idle capital.
infruttuóso *a.* **1** frutiless **2** (*vano*) fruitless; vain **3** (*econ.*) unproductive.
infuocàre **A** *v. t.* **1** to make* red-hot **2** (*fig.*) to inflame; to excite; to kindle **3** (*il viso*) to flush **B** **infuocàrsi** *v. i. pron.* **1** to become* red-hot **2** (*fig.*) to be inflamed; to grow* heated; to get* excited **3** (*di viso*) to flush scarlet.
infuocàto *a.* **1** red-hot **2** (*caldissimo*) burning **3** (*infiammato*) fiery; heated **4** (*di viso*) red; burning.
infuòri **A** *avv.* — **all'i.**, outwards **B** **all'i. di** *locuz. prep.* except; but.
infuriàre **A** *v. i.* to rage **B** **infuriàrsi** *v. i. pron.* to fly* into a rage; to get* incensed; to get* mad (*fam.*) • **fare i.**, to make furious; to madden; to incense.
infuriàto *a.* enraged; furious; incensed; mad (*fam.*).
infuṣióne *f.* infusion • **lasciare in i.**, to infuse.
infùṣo **A** *a.* infused **B** *m.* infusion; brew: **i. d'erbe**, herbal tea.
ingabbiàre *v. t.* **1** to put* in a cage; to cage **2** (*fig.*) to shut* in; to coop up **3** (*edil.*) to erect the framework of.
ingabbiatùra *f.* (*edil.*) framework.
ingaggiàre *v. t.* **1** (*assumere*) to hire; to engage **2** (*mil.*) to recruit; to enlist **3** (*sport, naut.*) to sign on (*o* up) **4** (*dare inizio a*) to start: **i. una lotta**, to start a fight; **i. battaglia**, to join battle; to engage the enemy.
ingàggio *m.* **1** hiring; engagement **2** (*mil.*) enlistment **3** (*sport, naut.*) signing on (*o* up) • (*naut.*) **clausole d'i.**, ship's articles □ (*sport*) **premio d'i.**, signing-on fee.
ingannàre **A** *v. t.* **1** to deceive; to take* in; (*essere ingannevole*) to be deceptive; (*fuorviare*) to mislead* **2** (*truffare*) to cheat; to swindle **3** (*essere infedele*) to be unfaithful to; to cheat on **4** (*eludere*) to evade • **i. l'attesa**, to while away the time □ **i. la fiducia di q.**, to betray sb.'s trust; to let sb. down □ **i. il tempo**, to while away the time **B** **ingannàrsi** *v. rifl.* to be mistaken; to be wrong.
ingannatóre **A** *m.* (*f.* **-trice**) deceiver; (*truffatore*) swindler, cheat **B** *a.* deceiving; deceptive; misleading.
ingannévole *a.* deceptive; deceitful; misleading.
ingànno *m.* **1** deception; trick; (*l'ingannare*) deceit, deception, trickery: **vittima di un i.**, victim of a deception; **ricorrere all'i.**, to resort to deception (*o* to trickery); **trarre q. in i.**, to deceive sb. **2** (*illusione*) delusion; self-deception **3** (*frode*) fraud: **con l'i.**, by fraud • **cadere in i.**, to be mistaken □ **sottrarre q.c. a q. con l'i.**, to cheat sb. out of st.
ingarbugliàre **A** *v. t.* **1** to entangle; to tangle up **2** (*fig.*) to confuse, to mix up; (*complicare*) to complicate **B** **ingarbugliàrsi** *v. i. pron.* **1** to become entangled **2** (*fig.*) to get* confused (*o* mixed up); (*complicarsi*) to become* complicated (*o* involved) **3** (*impappinarsi*) to stumble; to get* stuck.
ingarbugliàto *a.* **1** tangled **2** (*confuso*) muddled; (*complicato*) complicated, intricate.
ingavonàrsi *v. i. pron.* (*naut.*) to heel over; to list.
ingavonàto *a.* (*naut.*) heeling over; listing.
ingegnàrsi *v. i. pron.* **1** (*sforzarsi*) to strive*; to do* one's best **2** (*arrangiarsi*) to use one's wits.
ingegnère *m. e f.* engineer.
ingegnerìa *f.* engineering.
ingégno *m.* **1** (*intelligenza*) intelligence; mind; brain (*sempre con un agg.*); (*ingegnosità*) ingenuity, wits (*pl.*): **prontezza di i.**, quickness of mind; **Ha un bell'i.**, he has a fine brain; **uomo d'i.**, clever man; **acuire l'i.**, to sharpen sb.'s wits **2** (*talento*) talent **3** (*persona di talento*) mind; (*al pl., anche*) brains.
ingegnosità *f.* ingenuity; cleverness.
ingegnóso *a.* ingenious; clever.
ingelosire **A** *v. t.* to make* jealous; to arouse (sb.'s) jealousy **B** **ingelosirsi** *v. i. pron.* to become* jealous.
ingeneràre *v. t.* to generate; to give* rise (*o* birth) to.
ingènte *a.* great; enormous.
ingentilire **A** *v. t.* to refine **B** **ingentilirsi** *v. i. pron.* to become* refined.
ingenuità *f.* **1** naivety; ingenuousness **2** (*osservazione ingenua*) naive (*o* naïve) remark. ATTENZIONE: **ingenuità** ≠ ingenuity.
ingènuo **A** *a.* naive, naïve; ingenuous **B** *m.* (*f.* **-a**) naive (*o* naïve) person.
ingerènza *f.* interference; meddling.
ingeriménto *m.* ingestion; swallowing.
ingerire **A** *v. t.* to ingest; to swallow **B** **ingerirsi** *v. i. pron.* to interfere (in); to meddle (with).
ingessàre *v. t.* **1** (*med.*) to put* in plaster **2** (*fig.*) to fossilize.
ingessàto *a.* **1** (*med.*) in plaster (*pred.*) **2** (*fig.*) fossilized.
ingessatùra *f.* (*med.*) putting in plaster; (*il gesso*) plaster cast.
ingestióne *f.* ingestion; swallowing.
inghiottire *v. t.* **1** to swallow **2** (*fig.*) to swallow; to engulf; (*far scomparire*) to swallow up.
inghìppo *m.* (*fam.*: *trucco*) trick, catch; (*imbroglio*) swindle (*fam.*); con (*fam.*); (*espediente*) trick, dodge.
inghirlandàre *v. t.* **1** to wreathe; to garland **2** (*fig.*) to surround.
ingiallire **A** *v. t.* to make* yellow; to yellow **B** *v. i. e* **ingiallirsi** *v. i. pron.* to go* yellow; to turn yellow; to yellow.
ingigantire **A** *v. t.* to magnify; (*fig., anche*) to exaggerate **B** **ingigantirsi** *v. i. pron.* to become* enormous (*o* gigantic).
inginocchiàrsi *v. i. pron.* to kneel* (down).
inginocchiato *a.* kneeling; on one's knees.
inginocchiatóio *m.* prie-dieu (*franc.*); kneeling-stool.
ingioiellàre **A** *v. t.* to adorn with jewels; to bejewel **B** **ingioiellàrsi** *v. rifl.* to adorn oneself with jewels.
ingiù *avv.* **1** *V.* **in giù**, *sotto* **giù** **2** — **all'i.**, down, downward (*agg.*); down, downwards (*avv.*).
ingiùngere *v. t.* to enjoin; to order.
ingiunzióne *f.* (*anche leg.*) injunction.
ingiùria *f.* insult; abuse Ⓤ; affront • **le ingiurie del tempo**, the ravages of time. ATTENZIONE: **ingiuria** ≠ injury.
ingiuriàre **A** *v. t.* to insult; to abuse **B** **ingiuriàrsi** *v. i. pron.* to insult (*o* to abuse) each other (*o* one another). ATTENZIONE: **ingiuriare** ≠ to injure.
ingiurióso *a.* insulting; abusive; offensive.
ingiustificàbile *a.* unjustifiable.
ingiustificàto *a.* unjustified; (*non motivato*) unwarranted.
ingiustìzia *f.* **1** (*l'essere ingiusto*) injustice; unfairness **2** (*torto*) injustice; wrong: **fare un'i. a q.**, to do sb. an injustice; to wrong sb.; **È un'i.!**, it's not fair!
ingiùsto **A** *a.* **1** unjust; unfair: **essere i. con q.**, to be unfair to sb.; **critiche ingiuste**, unfair criticism; **guerra ingiusta**, unjust war **2** (*ingiustificato*) unjustified; (*non motivato*) unwarranted; (*immeritato*) undeserved **B** *m.* wrong: **il giusto e l'i.**, right and wrong.
inglése **A** *a.* English; (*britannico*) British • **filare all'i.**, to take French leave; to slip away □ **giardino all'i.**, English (*o* landscaped) garden **B** *m.* **1** Englishman*: **gli inglesi**, the English; English people **2** (*lingua*) English **C** *f.* Englishwoman*.
inglesìsmo *m.* Anglicism.
ingleṣizzàre *v. t.* to Anglicize.
inglobàre *v. t.* to incorporate; to include.
inglorióso *a.* **1** (*senza gloria*) inglorious; obscure **2** (*disonorevole*) inglorious; dishonourable; ignominious.
ingobbire *v. i.*, **ingobbirsi** *v. i. pron.* to develop a stoop; to hunch; (*di cosa*) to bend*.
ingobbito *a.* bent (*anche di cosa*); hunched up; round-shouldered.
ingoiàre *v. t.* **1** to swallow; to gulp down **2** (*sopportare*) to swallow **3** (*far scomparire*) to swallow up.
ingolfàre **A** *v. t.* (*un motore*) to flood **B** **ingolfàrsi** *v. i. pron.* **1** (*di motore*) to flood **2** (*mettersi in una situazione scomoda*) to get* mixed up (in); (*nei debiti*) to run up (*debts*).
ingollàre *V.* **ingoiare**.
ingolosire **A** *v. t.* to make* (sb.'s) mouth water; to tempt **B** **ingolosirsi** *v. i. pron.* to become* greedy; to take* a fancy (to).
ingombrànte *a.* **1** cumbersome; bulky **2** (*fig.*) awkward; troublesome.
ingombràre *v. t.* **1** (*dare fastidio*) to be in the way; (*riempire*) to clutter (up); (*ostruire*) to obstruct, to block; (*impacciare*) to encumber, to hamper: **i. il passaggio**, to be in

the way; to block the way *2* (*fig.*) to encumber; to stuff.
ingómbro *A* *a.* *1* cluttered; (*ostruito*) obstructed, blocked *2* (*fig.*) encumbered *B* *m.* *1* obstruction; impediment; encumbrance *2* (*cosa ingombrante*) bulky thing *3* (*dimensioni*) bulk, size; (*spazio occupato*) space occupied • **essere d'i.**, to be in the way.
ingordìgia *f.* greed; greediness; voracity: **i. di denaro**, greed for money; **mangiare con i.**, to eat greedily; to gobble up one's food.
ingórdo *a.* greedy; voracious.
ingorgàre *A* *v. t.* to block (up); to clog (up); to choke (up) *B* **ingorgàrsi** *v. i. pron.* to be blocked (*o* clogged, choked) (up).
ingórgo *m.* *1* block; blockage *2* (*del traffico*) (traffic) jam; snarl-up; gridlock (*USA*).
ingovernàbile *a.* ungovernable; (*sfuggito al controllo*) out of control.
ingozzàre *A* *v. t.* *1* (*pollame*) to force-feed*; to fatten *2* (*far mangiare*) to stuff with food; to overfeed* *3* (*fig.*) to swallow *B* **ingozzàrsi** *v. rifl.* to gorge oneself.
ingranàggio *m.* *1* (*mecc.*) gear; (*sistema d'ingranaggio*) gearing *2* (*fig.*) machine; system; workings (*pl.*): **essere preso nell'i.**, to be caught up in the system.
ingranàre *A* *v. t.* (*mecc.*) to put* into gear; to interlock; to engage: **i. la marcia**, to put the car into gear; **i. la terza**, to engage (*o* to put the car into) third gear *B* *v. i.* *1* (*mecc.*) to engage; to mesh *2* (*cominciare bene*) to get* going, to get* off to a good start; (*di attività*) to get* off the ground *3* (*ambientarsi*) to fit in, to settle down; (*andare d'accordo*) to get* on (well).
ingrandiménto *m.* *1* enlargement; (*crescita*) growth; (*espansione*) expansion *2* (*fotogr.*) enlargement; blow-up • **lente d'i.**, magnifying glass.
ingrandìre *A* *v. t.* *1* to enlarge; (*estendere*) to extend; (*aumentare*) to increase *2* (*fotogr.*) to enlarge; to blow* up *3* (*di lente d'ingrandimento*) to magnify *4* (*esagerare*) to exaggerate; to magnify *B* *v. i. e* **ingrandirsi** *v. i. pron.* *1* to become* larger; to grow* bigger *2* (*comm.*) to expand.
ingranditóre *m.* (*fotogr.*) enlarger.
ingrassàre *A* *v. t.* *1* to fatten; to make* fat *2* (*lubrificare*) to grease; to lubricate *3* (*far apparire più grasso*) to make* (sb.) look fatter *B* *v. i.* to grow* fat; to put* on weight; to fatten up.
ingràsso *m.* fattening: **animali da i.**, fattening animals; **mettere all'i.**, to fatten.
ingratitùdine *f.* ingratitude; ungratefulness.
ingràto *A* *a.* *1* ungrateful: **i. verso q.**, ungrateful to sb. *2* (*di cosa*) thankless, unrewarding; (*sgradevole*) unpleasant, offputting (*fam.*); (*ostico*) difficult *B* *m.* (*f.* **-a**) ungrateful person.
ingravidàre *v. t.* to make* pregnant; to impregnate.
ingraziàre *v. t.* to ingratiate oneself with.
ingrediènte *m.* ingredient.
ingrèsso *m.* *1* entrance; (*atrio*) hall: **i. di servizio**, tradesmen's entrance; **i. sul retro**, back entrance *2* (*l'entrare*) entry; entrance: **fare un i. trionfale**, to make a triumphal entry *3* (*accesso*) admission: **i. libero**, admission free; **biglietto d'i.**, admission ticket • **Vietato l'i.**, no admittance.
ingrigìre *v. i.* to become* (*o* to turn) grey.
ingrossaménto *m.* *1* (*ispessimento*) thickening; (*rigonfiamento*) swelling *2* (*di fiume, ecc.*) swelling *3* (*sporgenza*) bulge; (*gonfiore*) swelling.
ingrossàre *A* *v. t.* *1* (*aumentare di spessore*) to thicken *2* (*gonfiare, accrescere*) to swell*: **i. le fila dei disoccupati**, to swell the ranks of the unemployed *3* (*far apparire più grasso*) to make (sb.) look fatter *B* *v. i. e* **ingrossàrsi** *v. i. pron.* *1* to become* (*o* to grow*) bigger; (*gonfiarsi*) to swell* *2* (*di fiume, ecc.*) to swell*; to rise* *3* (*ingrassare*) to become* fat; to grow* stout.
ingròsso *avv.* — **all'i.**, (*comm.*) wholesale; (*all'incirca*) approximately, roughly: **prezzi all'i.**, wholesale prices; **commerciante all'i.**, wholesaler; **dieci metri all'i.**, roughly ten metres.
ingrugnato *a.* sulky; grumpy.
inguaiàre *v. t.*, **inguaiàrsi** *v. rifl.* (*fam.*) to get* into trouble.
inguaiàto *a.* (*fam.*) in trouble; in a fix (*fam.*).
inguainàre *v. t.* to sheath.
ingualcìbile *a.* crease-resistant; non-crease.
inguantàto *a.* gloved.
inguarìbile *a.* incurable.
inguinàle *a.* (*anat.*) inguinal.
inguine *m.* (*anat.*) groin.
ingurgitàre *v. t.* to gulp down; to ingurgitate.
inibìre *A* *v. t.* *1* to forbid* *2* (*psic.*) to inhibit *B* **inibìrsi** *1* (*frenarsi*) to restrain oneself *2* (*bloccarsi*) to become* inhibited.
inibìto (*psic.*) *A* *a.* inhibited *B* *m.* (*f.* **-a**) inhibited person.
inibitóre *A* *a.* inhibiting; inhibitive *B* *m.* (*chim.*) inhibiter; depressor.
inibitòrio *a.* (*psic.*) inhibitory.
inibizióne *f.* *1* (*psic.*) inhibition *2* (*proibizione*) prohibition.
iniettàre *v. t.* to inject: **iniettarsi un sonnifero**, to inject oneself with a sleeping drug.
iniettàto *a.* — **i. di sangue**, bloodshot.
iniettóre *m.* (*mecc.*) injector.
iniezióne *f.* *1* (*med.*) injection; shot (*fam.*); jab (*fam.*): **fare un'i. a q.**, to give sb. an injection; **i. di richiamo**, booster *2* (*mecc., fig.*) injection • **i. di fiducia**, boost to sb.'s morale; confidence booster.
inimicàre *A* *v. t.* to alienate; to make* an enemy of *B* **inimicàrsi** *v. i. pron.* to fall* out (with).
inimicìzia *f.* *1* enmity; hostility *2* (*al pl.*) (*nemici*) enemies.
inimitàbile *a.* inimitable; matchless.
inimmaginàbile *a.* unimaginable; unconceivable.
ininfiammàbile *a.* fireproof; non-flammable.
inintelligìbile *a.* *1* unintelligible *2* (*non udibile*) inaudible.
ininterrottaménte *avv.* uninterruptedly; incessantly; non-stop.
ininterrótto *a.* uninterrupted; continuous; incessant; non-stop; solid: **pioggia ininterrotta**, continuous (*o* incessant, solid) rain; **per sei ore ininterrotte**, for six whole hours; for six hours solid.
iniquità *f.* iniquity.
inìquo *m.* iniquitous.
inizìale *A* *a.* initial; starting; opening: **fase i.**, initial stage; **stipendio i.**, starting salary; **capitolo i.**, opening chapter *B* *f.* initial: **i. maiuscola**, capital letter.
inizialménte *avv.* initially; at first; in the beginning.
inizìare *A* *v. t.* *1* (*cominciare*) to begin*; to start (on); (*aprire*) to open: **i. il lavoro**, to begin working; to begin to work; to start work; **i. a parlare**, to start speaking; to begin to speak; **i. un nuovo lavoro [un viaggio]**, to start on a new job [on a journey] *2* (*una persona*) to initiate (sb. into st.) *B* *v. i.* to begin*; to start.
iniziativa *f.* initiative; enterprise: **di propria i.**, on one's own initiative; **per i. di q.**, on the initiative of sb.; **spirito di i.**, spirit of enterprise; drive; **i. privata**, private enterprise.
inizìato *A* *a.* initiated *B* *m.* (*f.* **-a**) initiate • **linguaggio per iniziati**, jargon; esoteric language.
iniziatóre *m.* (*f.* **-trice**) initiator.
iniziazióne *f.* initiation.
inìzio *m.* beginning; start: **sin dall'i.**, from the (very) beginning; from the start; **Siamo solo agli inizi**, this is only the beginning; **Il progetto è agli inizi**, the plan is in its early stages; **dare i. a q.c.**, to begin st.; to start st. off.
innaffiàre e *deriv.* *V.* **annaffiare** e *deriv.*
innalzaménto *m.* *1* elevation; raising *2* (*aumento*) rise.
innalzàre *A* *v. t.* *1* (*alzare, elevare, anche fig.*) to raise: **i. una bandiera**, to raise a flag; **i. al trono**, to raise to the throne; **i. q. a un grado più alto**, to raise sb. to a higher rank *2* (*erigere*) to erect; to put* up; to build* *3* (*rendere più alto*) to make* higher *4* (*rendere più elevato*) to elevate *B* **innalzàrsi** *v. i. pron.* to rise*.
innamoraménto *m.* falling in love.
innamoràre *A* *v. t.* (*incantare*) to enchant; to charm; to captivate *B* **innamoràrsi** *v. i. pron. e rifl. recipr.* to fall* in love (with).
innamoràto *A* *a.* in love (*pred.*) • **i. cotto**, madly (*o* head over heels) in love *B* *m.* (*f.* **-a**) lover; boyfriend (*f.* girlfriend); sweetheart.
innànzi *A* *avv.* *1* (*di luogo*) forward; on; onward(s): **farsi i.**, to come forward; **più i.**, further on *2* (*di tempo*) on; onward(s): **d'ora i.**, from now onwards *B* *prep.* *1* (*prima di*) before *2* — **i. a**, before • **i. tempo**, prematurely; too early □ **i. tutto**, first of all; in the first place *C* *a. invar.* previous; before: **l'anno i.**, the previous year; the year

before.
innàrio *m.* hymn book; hymnal.
innàto *a.* innate; native; inborn: **idee innate**, innate ideas; **abilità innata**, inborn ability.
innaturàle *a.* unnatural.
innegàbile *a.* undeniable.
inneggiàre *v. i.* **1** to sing* hymns **2** (*fig.*) to exalt (sb., st.); to celebrate (sb., st.).
innervosire **A** *v. t.* **1** (*irritare*) to get* on (sb.'s) nerves **2** (*rendere nervoso*) to make* nervous; to fluster **B** **innervosirsi** *v. i. pron.* **1** (*irritarsi*) to become* irritated **2** (*agitarsi*) to become* (*o* to get*) nervous.
innescàre **A** *v. t.* **1** (*un'arma*) to prime **2** (*chim., fis.*) to trigger **3** (*fig.*) to trigger (off); to spark off **B** **innescàrsi** *v. i. pron.* to be triggered (*o* sparked) off.
innésco *m.* **1** (*di arma*) primer **2** (*chim., fis. e fig.*) trigger.
innestàre *v. t.* **1** (*agric., med.*) to graft **2** (*inserire*) to insert; (*elettr.*: *una spina*) to plug in **3** (*autom.*) to engage: **i. la prima**, to engage first gear.
innèsto *m.* **1** (*agric., med.*) graft; grafting **2** (*elettr.*) connection **3** (*mecc.*) clutch; coupling **4** (*inserimento*) insertion.
innevàto *a.* covered with snow (*pred.*); snowy; snow-covered.
ìnno *m.* **1** hymn; anthem: **i. di chiesa**, religious hymn; **i. nazionale**, national anthem **2** (*fig.*) praise; celebration.
innocènte **A** *a.* innocent; (*leg.*) not guilty: **dichiararsi i.**, to protest one's innocence; (*leg.*) to plead not guilty; **domanda i.**, innocent question **B** *m. e f.* innocent (person).
innocentìsta *m. e f.* upholder of an accused person's innocence.
innocènza *f.* innocence.
innocuità *f.* innocuousness; harmlessness.
innòcuo *a.* innocuous; harmless.
innominàbile *a.* unnam(e)able; unmentionable.
innovàre *v. t.* to make innovations (in).
innovativo *a.* innovative.
innovatóre **A** *m.* (*f.* **-trice**) innovator **B** *a.* innovating; innovative.
innovazióne *f.* innovation.
innumerévole *a.* innumerable; countless; numberless.
inoculàre *v. t.* (*med. e fig.*) to inoculate (sb. with st.), sb. against st.
inoculazióne *f.* (*med.*) inoculation.
inodóre, inodóro *a.* odourless.
inoffensivo *a.* harmless; inoffensive.
inoltràre **A** *v. t.* **1** (*presentare*) to submit; to send* in; to file; to lodge: **i. una domanda**, to submit (*o* to send in) an application; **i. un reclamo**, to lodge (*o* to file) a complaint **2** (*far proseguire*) to send *on; to forward: (*su una busta*) **con preghiera di i.**, please forward **B** **inoltràrsi** *v. i. pron.* to advance; to penetrate; to go* into: **i. nei particolari**, to go into detail.
inoltràto *a.* **1** (*spedito*) forwarded; sent on **2** (*avanzato*) — **a giugno i.**, late in June; well into June.
inóltre *avv.* besides; moreover (*form.*); furthermore (*form.*).
inóltro *m.* forwarding • **Con preghiera di i.**, please forward.
inondàre *v. t.* **1** to flood **2** (*riversarsi*) to flood; to inundate; (*riempire*) to fill **3** (*bagnare*) to pour down; to stream down.
inondazióne *f.* **1** flooding; (*piena*) flood **2** (*fig.*) flood; inundation.
inoperosità *f.* **1** inactivity; idleness **2** (*ind.*) outage.
inoperóso *a.* inactive; idle.
inopinàto *a.* unforeseen; unexpected.
inopportunità *f.* inopportunity; inappropriateness.
inopportùno *a.* **1** (*intempestivo*) inopportune; ill-timed **2** (*fuori luogo*) inappropriate; inconvenient; awkward: **momento i.**, inconvenient time; bad moment; **domanda inopportuna**, awkward question.
inoppugnàbile *a.* incontrovertible.
inorgànico *a.* **1** inorganic **2** (*non sistematico*) disjointed; unsystematic.
inorgoglìre **A** *v. t.* to make* proud **B** *v. i. e* **inorgoglìrsi** *v. i. pron.* to become* proud; to feel* proud (of).
inorgoglito *a.* proud.
inorridire **A** *v. t.* to horrify **B** *v. i.* to be horrified (*o* horror-struck).
inospitàle *a.* inhospitable.
inosservànza *f.* failure to comply (with); (*delle leggi*) non-observance (of).
inosservàto *a.* **1** (*non visto*) unobserved; unnoticed: **passare i.**, to go unnoticed **2** (*inadempiuto*) unfulfilled.
inossidàbile *a.* **1** stainless; (*chim.*) inoxidizable **2** (*fig.*) hardy; indestructible.
inottemperànza *V.* **inosservanza.**
inquadraménto *m.* **1** (*bur.*) organization; classification **2** (*mil.*) organization.
inquadràre **A** *v. t.* **1** (*incorniciare*) to frame **2** (*bur.*) to organize; to classify **3** (*mil.*) to organize **4** (*collocare*) to set*; to place: **i. un'opera nel suo momento storico**, to set a book in its historical context **5** (*definire*) to define; (*avere presente*) to picture, to place **6** (*fotogr., cinem.*) to frame **B** **inquadràrsi** *v. i. pron.* to form a part (of); to fit into.
inquadratùra *f.* (*fotogr., cinem.*) shot • (*cinem.*) **i. fissa**, freeze-frame.
inqualificàbile *a.* disgraceful.
inquietànte *a.* disquieting; disturbing; alarming.
inquietàre **A** *v. t.* to make* uneasy; to worry; to alarm **B** **inquietàrsi** *v. i. pron.* **1** (*preoccuparsi*) to get* worried; to worry **2** (*arrabbiarsi*) to get* angry (*o* cross).
inquièto *a.* **1** (*agitato*) restless; agitated; troubled **2** (*preoccupato*) anxious; worried **3** (*arrabbiato*) angry; cross.
inquietùdine *f.* **1** (*agitazione*) restlessness; unrest **2** (*preoccupazione*) anxiety; disquiet; worry: **destare i.**, to be cause of anxiety; to be worrying.
inquilino *m.* (*f.* **-a**) tenant.
inquinaménto *m.* pollution: **i. da rumore**, noise pollution • (*leg.*) **i. delle prove**, tampering with evidence.
inquinànte *a.* polluting • **sostanza i.**, pollutant.
inquinàre *v. t.* **1** to pollute **2** (*fig.*) to spoil, to defile • (*leg.*) **i. le prove**, to tamper with the evidence.
inquinàto *a.* polluted.
inquirènte *a.* examining; investigating; fact-finding: **magistrato i.**, investigating magistrate; **commissione i.**, committee of enquiry; fact-finding committee.
inquișire *v. t. e i.* to investigate; to inquire (into).
inquișitóre **A** *a.* inquiring; searching **B** *m.* (*f.* **-trice**) inquisitor.
inquișitòrio *a.* inquisitorial.
inquișizióne *f.* inquisition • (*stor.*) **la Santa I.**, the Inquisition.
insabbiaménto *m.* **1** silting up **2** (*di pratica e sim.*) shelving; (*occultamento*) cover-up.
insabbiàre **A** *v. t.* **1** to cover with sand; to silt up **2** (*una pratica e sim.*) to shelve; (*occultare*) to cover up **B** **insabbiàrsi** *v. i. pron.* **1** to be covered with sand; to silt up **2** (*arenarsi*) to run* aground **3** (*di pratica e sim.*) to be shelved.
insaccàre **A** *v. t.* **1** to put* into a sack (*o* a bag); to bag **2** (*carne di maiale*) to make* into sausages **3** (*infagottare*) to bundle up **B** **insaccàrsi** *v. i. pron.* (*pigiarsi*) to squeeze.
insaccàto *m.* sausage.
insacchettàre *v. t.* to put* into a bag; to bag.
insalàta *f.* **1** salad: **i. di mare**, seafood salad; **pomodori in i.**, tomato salad **2** (*fig.*) mixture; jumble.
insalatièra *f.* salad bowl.
insanàbile *a.* **1** incurable **2** (*fig.*) irremediable; (*implacabile*) relentless.
insanguinàre **A** *v. t.* **1** to cover with blood; (*macchiare*) to stain with blood **2** (*un paese, ecc.*) to fill with blood; to cause bloodshed in **B** **insanguinàrsi** *v. i. pron.* (*macchiarsi*) to become bloodstained.
insanguinato *a.* covered in blood; (*macchiato*) bloodstained.
insània *f.* insanity (*med.*); madness; folly.
insàno *a.* insane; mad.
insaponàre **A** *v. t.* to soap; (*con schiuma*) to lather **B** **insaponàrsi** *v. rifl.* to soap oneself.
insaponàta, insaponatùra *f.* soaping; (*con schiuma*) lathering.
insapóre *a.* tasteless; flavourless.
insaporìre **A** *v. t.* to flavour; to season **B** **insaporìrsi** *v. i. pron.* to become* tasty.
insapùta *f.* — **all'i. di**, without the knowledge of; unbeknown(st) to; **a mia i.**, without my knowledge; **all'i. di tutti**, without anyone knowing.
insaziàbile *a.* insatiable.
insaziabilità *f.* insatiability.
inscatolàre *v. t.* **1** to box; to pack **2** (*in latta*) to tin; to can

(*USA*).
inscenàre *v. t.* to stage (*anche fig.*); to put* on the stage.
inscindìbile *a.* inseparable.
inscrivere *v. t.* (*geom.*) to inscribe.
insediaménto *m.* ***1*** (*in una carica*) installation; taking office: **cerimonia di i.**, inauguration (ceremony) ***2*** (*in un luogo*) settling; (*il luogo*) settlement.
insediàre ***A*** *v. t.* to install • (*leg.*) **i. una giuria**, to swear in a jury ***B*** **insediàrsi** *v. i. pron.* ***1*** to take* office ***2*** (*stabilirsi*) to settle.
inségna *f.* ***1*** (*di negozio, ecc.*) sign: **i. al neon**, neon sign ***2*** (*vessillo*) ensign; (*bandiera*) flag; (*mil., anche*) colours: **i. di ammiraglio**, admiral's flag; **abbandonare le insegne**, to desert one's colours ***3*** (*emblema*) emblem; badge; (*al pl., anche*) insignia: **insegne del potere**, emblems of power; **insegne reali**, royal insignia • **cibi all'i. della genuinità**, wholesome food □ **discorso all'i. della pacificazione**, pacifying speech.
insegnaménto *m.* ***1*** (*l'insegnare*) teaching: **darsi all'i.**, to take up teaching; **abilitato all'i.**, qualified to teach; **programma di i.**, teaching programme; syllabus ***2*** (*istruzione*) education; (*i. privato*) tuition ***3*** (*precetto, norma*) advice Ⓤ; teaching (*generalm. al pl.*); (*lezione*) lesson: **Che ti sia di i.!**, let that be a lesson to you!
insegnànte ***A*** *a.* teaching: **corpo i.**, teaching staff ***B*** *m. e f.* teacher: **i. di francese**, French teacher.
insegnàre ***A*** *v. t.* ***1*** to teach*: **i. a leggere**, to teach (sb.) to read; **i. a cucinare**, to teach how to cook ***2*** (*addestrare, abituare*) to train ***3*** (*spiegare*) to show*: **Insegnami come si fa**, show me how to do it ***B*** *v. i.* (*essere insegnante*) to teach*, to be a teacher; (*fare lezione*) to teach*.
inseguiménto *m.* pursuit; chase: **essere all'i. di q.**, to be in pursuit of sb.; to be chasing sb.; **lanciarsi all'i. di**, to set off in pursuit of.
inseguìre *v. t.* (*anche fig.*) to chase; to run* after; to pursue: **i. un ladro**, to chase (*o* to run after) a thief; **i. il nemico**, to pursue the enemy; **i. il successo**, to chase success.
inseguitóre *m.* (*f.* **-trice**) pursuer; chaser; follower.
inselvatichìre ***A*** *v. t.* ***1*** to make* wild ***2*** (*di persona*) to make* unsociable ***B*** *v. i.* ***1*** to grow* wild ***2*** (*di persona*) to become* unsociable.
inseminazióne *f.* insemination.
insenatùra *f.* inlet; cove; creek (*GB*).
insensatézza *f.* ***1*** senselessness; foolishness ***2*** (*atto insensato*) folly; (*parole insensate*) meaningless words, nonsense Ⓤ.
insensàto ***A*** *a.* senseless; crazy; foolish ***B*** *m.* fool; foolish person.
insensìbile *a.* ***1*** (*privo di sensazione*) insensitive; (*di parte del corpo*) numb: **i. al freddo**, insensitive to cold ***2*** (*impercettibile*) imperceptible ***3*** (*che non si commuove*) insensitive; indifferent; unfeeling.
insensibilità *f.* ***1*** (*fisica*) insensitiveness; (*di parte del corpo*) numbness ***2*** (*indifferenza*) insensitiveness; indifference.
inseparàbile *a.* inseparable.
inseparàbili *m. pl.* (*zool.*) lovebirds.
insepólto *a.* unburied.
inseriménto *m.* insertion.
inserìre ***A*** *v. t.* ***1*** to insert; to fit in ***2*** (*allegare*) to enclose ***3*** (*includere*) to include; to put* in ***4*** (*elettr.*) to connect; to plug in; (*accendere*) to switch on ***5*** (*q. in un ambiente*) to introduce • (*elab.*) **i. dati**, to input data □ (*autom.*) **i. la marcia**, to engage first gear; to put the car in gear ***B*** **inserìrsi** *v. rifl. e i. pron.* ***1*** (*entrare*) to enter, to get* in; (*intervenire*) to intervene: **i. in una discussione**, to intervene in (*o* to join) a debate ***2*** (*entrare a far parte*) to become* part of; (*integrarsi*) to fit in, to settle in ***3*** (*adattarsi, incastrarsi*) to fit in.
inserìto *a.* ***1*** (*integrato*) integrated; accepted ***2*** (*attivato, in funzione*) connected; (switched) on; (*autom., di marcia*) in: **L'allarme [il freno] è i.**, the alarm [the brake] is on.
insèrto *m.* ***1*** file; dossier ***2*** (*giorn.*) supplement; (*staccabile*) pullout • (*cinem.*) **i. filmato**, (film) clip □ **i. pubblicitario**, advertising insert.
inservìbile *a.* unserviceable; useless; (of) no use (*pred.*) • **rendere i.**, to render useless.
inserviènte ***A*** *m.* attendant; (*uomo di fatica*) odd-job man*; (*di ospedale*) orderly ***B*** *f.* attendant.
inserzióne *f.* ***1*** insertion ***2*** (*annuncio pubblicitario*) advertisement; ad (*fam.*).
inserzionìsta *m. e f.* advertiser.
inserzionìstico *a.* advertising.
insetticìda *m.* insecticide; pesticide • **polvere i.**, insect-powder.
insettìfugo ***A*** *a.* insect-repellent ***B*** *m.* insect repellent.
insettìvoro (*zool., bot.*) ***A*** *a.* insectivorous ***B*** *m.* insectivore.
insètto *m.* (*zool.*) insect; bug (*fam.*).
insicurézza *f.* ***1*** insecurity ***2*** (*incertezza*) uncertainty.
insicùro ***A*** *a.* ***1*** insecure ***2*** (*incerto*) uncertain; unsure ***B*** *m.* (*f.* **-a**) insecure person.
insìdia *f.* ***1*** (*trappola*) trap, snare; (*inganno*) deceit, trick: **tendere un'i.**, to lay a snare ***2*** (*pericolo*) peril; danger ***3*** (*allettamento*) allurement; temptation.
insidiàre *v. t. e i.* ***1*** to lay* a trap for ***2*** (*minacciare*) to threaten: **i. alla vita di q.**, to threaten sb.'s life • **i. una ragazza**, to try to seduce a girl.
insidióso *a.* treacherous; tricky; insidious.
insième (1) ***A*** *avv.* ***1*** together: **tutti i.**, all together; **stare i.**, to be together; (*non separarsi*) to keep together; (*sostenersi*) to stick together; **mettere i.**, to put (*o* to get) together ***2*** (*contemporaneamente*) at the same time: **fare troppe cose i.**, to do too many things at the same time; **ridere e piangere i.**, to laugh and cry at the same time ***B*** **i. a, i. con** *locuz. prep.* with; (*in aggiunta a*) together with; (*contemporaneamente a*) at the same time as.
insième (2) *m.* ***1*** whole: **un i. armonioso**, a harmonious whole; **il paese nel suo i.**, the country as a whole; **l'i. degli edifici**, the buildings considered as a whole; **l'i. degli elettori**, the whole electorate ***2*** (*servizio, necessaire*) set ***3*** (*moda*) ensemble; outfit ***4*** (*mat.*) set: **teoria degli insiemi**, set theory • **l'effetto d'i.**, the overall (*o* general) effect □ **nell'i.**, on the whole; as a whole □ **sguardo d'i.**, comprehensive view.
insiemìstica *f.* (*mat.*) set theory.
insìgne *a.* great; distinguished; famous; renowned.
insignificànte *a.* ***1*** meaningless ***2*** (*trascurabile*) insignificant; unimportant; negligible; minor ***3*** (*privo di personalità*) insignificant; colourless; dull.
insignìre *v. t.* (*di medaglia, ecc.*) to decorate (sb. with st.); (*di onorificenza, titolo, ecc.*) to confer (st. on sb.).
insincerità *f.* insincerity; falseness.
insincèro *a.* insincere; false.
insindacàbile *a.* unquestionable; unappealable; final.
insinuànte *a.* insinuating; ingratiating; wheedling.
insinuàre ***A*** *v. t.* ***1*** (*introdurre*) to introduce; to insert; to slip in ***2*** (*fig.*) to insinuate; to hint at: **Che cosa vorresti i.?**, what are you trying to insinuate (*o* are you hinting at)?; **i. un dubbio in q.**, to sow a seed (*o* the seeds) of doubt in sb.'s mind ***B*** **insinuàrsi** *v. rifl.* ***1*** to insinuate oneself (into); to work one's way (into) ***2*** (*entrare furtivamente*) to creep* (into) (*anche fig.*); (*in un'apertura stretta*) to squeeze (into, through) ***3*** (*filtrare*) to seep.
insinuazióne *f.* insinuation; (*allusione*) hint.
insipidézza, insipidità *f.* insipidity; tastelessness.
insìpido *a.* ***1*** tasteless; insipid; (*senza sale*) lacking in salt ***2*** (*fig.*) insipid; dull.
insipiènte *a.* foolish; ignorant.
insipiènza *f.* foolishness; ignorance.
insistènte *a.* persistent; repeated; (*assillante*) insistent, nagging; (*incessante*) unceasing, incessant: **domande insistenti**, persistent questions; **dubbio i.**, nagging doubt; **pioggia i.**, incessant rain; **Non essere i.!**, don't go on about it; don't keep on at me!
insistènza *f.* ***1*** (*l'insistere*) insistence Ⓤ; urging Ⓤ; (*al pl.*) repeated requests: **su i. del marito**, at her husband's insistence (*o* urging); **con i.**, insistently ***2*** (*il ripetersi*) persistence.
insìstere *v. i.* ***1*** (*continuare*) to go* on (doing st.); to keep* (on) (doing st.); to persist (in); to persevere (in, with): **i. in una richiesta**, to keep (on) asking; **i. in un tentativo**, to go on (*o* to keep) trying; **i. nel negare q.c.**, to persist in denying st.; **Devi aver pazienza e i.**, you must be patient and persevere ***2*** (*dire, chiedere con insistenza*) to insist (on): **Insistette perché mi fermassi**, he insisted on my staying; he pressed me to stay; **Insiste nel volerti vedere**,

he insists he wants to see you; **D'accordo, se proprio insisti**, all right, if you really insist ***3*** (*trattare a lungo*) to dwell (on); (*sottolineare*) to stress (st.).
insito *a.* inherent; congenital; inborn.
insoddisfacènte *a.* unsatisfactory.
insoddisfàtto *a.* ***1*** (*inappagato*) unsatisfied ***2*** (*scontento*) dissatisfied (with); disappointed (by).
insoddisfaziόne *f.* dissatisfaction; discontent.
insofferènte *a.* ***1*** impatient; intolerant: **i. ad ogni indugio**, impatient of all delay ***2*** (*irritabile*) impatient; irritable.
insofferènza *f.* ***1*** impatience; intolerance ***2*** (*irritabilità*) impatience; irritability.
insolaziόne *f.* (*med.*) sunstroke.
insolènte *a.* insolent; impudent; (*villano*) rude; (*ingiurioso*) abusive.
insolentìre ***A*** *v. i.* to be insolent (to); to be abusive (to) ***B*** *v. t.* to abuse.
insolènza *f.* ***1*** insolence; impudence ***2*** (*detto insolente*) insolent (*o* rude) remark; abusive remark; (*al pl., anche*) abuse Ⓤ ***3*** (*atto insolente*) insolent behaviour Ⓤ.
insòlito *a.* unusual; (*strano*) strange; (*raro*) uncommon.
insolùbile *a.* ***1*** insoluble; unsolvable ***2*** (*chim.*) insoluble.
insolubilità *f.* ***1*** insolubility; insolvability ***2*** (*chim.*) insolubility.
insolùto *a.* ***1*** unsolved; unresolved; (*non chiarito*) unsettled ***2*** (*non pagato*) unpaid; outstanding ***3*** (*chim.*) undissolved.
insolvènte *a.* (*leg.*) insolvent.
insolvènza *f.* (*leg.*) insolvency.
insolvìbile *a.* insolvent.
insolvibilità *f.* insolvency.
insómma ***A*** *avv.* ***1*** (*in conclusione*) in short; in conclusion; in a word ***2*** (*dunque*) then; well ***B*** *inter.* **— I., sì o no?**, well, is it yes or no? □ **I., deciditi!**, do make up your mind! □ **«Ti è piaciuto?» «I.»**, «did you like it?» «so-so».
insondàbile *a.* (*anche fig.*) unfathomable.
insònne *a.* ***1*** sleepless ***2*** (*fig.*) tireless; indefatigable.
insònnia *f.* insomnia; sleeplessness.
insonnolito *a.* sleepy; drowsy.
insonorizzàre *v. t.* to soundproof.
insonorizzàto *a.* soundproof.
insonorizzaziόne *f.* soundproofing.
insopportàbile *a.* unbearable; unendurable; intolerable.
insopprimìbile *a.* unsuppressible.
insorgènza *f.* onset.
insόrgere *v. i.* ***1*** (*ribellarsi*) to rise* (up); to rebel ***2*** (*protestare*) to protest ***3*** (*manifestarsi all'improvviso*) to arise*; to develop; to turn up; to crop up.
insormontàbile *a.* insurmountable.
insόrto ***A*** *a.* rebellious; rebel (*attr.*); insurgent ***B*** *m.* insurgent; rebel.
insospettàbile *a.* ***1*** above suspicion ***2*** *V.* **insospettato.**
insospettàto *a.* ***1*** unsuspected ***2*** (*imprevisto*) unexpected.
insospettìre ***A*** *v. t.* to make* (sb.) suspicious; to arouse (sb.'s) suspicions ***B*** *v. i. e* **insospettìrsi** *v. i. pron.* to become* suspicious.
insostenìbile *a.* ***1*** untenable; indefensible ***2*** (*insopportabile*) unbearable ***3*** (*di costo*) that one cannot afford.
insostituìbile *a.* irreplaceable.
insozzàre ***A*** *v. t.* ***1*** to soil ***2*** (*fig.*) to sully; to besmirch ***B*** **insozzàrsi** *v. rifl.* ***1*** to dirty oneself ***2*** (*fig.*) to degrade oneself.
inspieràbile *a.* not to be hoped for.
insperàto *a.* ***1*** unhoped-for ***2*** (*inaspettato*) unexpected; unlooked-for.
inspiegàbile *a.* inexplicable; unaccountable.
inspiràre *v. t.* to breathe in; (*inalare*) to inhale.
inspiraziόne *f.* inhalation.
instàbile *a.* ***1*** (*malfermo*) unstable; unsteady ***2*** (*variabile*) changeable; unsettled: **tempo i.**, changeable (*o* unsettled) weather; **umore i.**, moodiness; **di umore i.**, moody ***3*** (*chim., fis.*) unstable.
instabilità *f.* ***1*** unstableness; instability (*anche fig.*) ***2*** (*mutevolezza*) changeability ***3*** (*chim., fis.*) instability.
installàre ***A*** *v. t.* ***1*** (*insediare*) to install ***2*** (*montare*) to install; to fit* up; to put* in; to set* up ***B*** **installàrsi** *v. rifl.* to install oneself; to settle in.
installatóre *m.* fitter.
installaziόne *f.* ***1*** installation ***2*** (*impianto*) installation; plant ***3*** (*mil.*) installation.
instancàbile *a.* indefatigable; untiring; tireless.
instancabilità *f.* indefatigability; tirelessness.
instauràre ***A*** *v. t.* to found; to establish; to set* up; (*dare inizio*) to start ***B*** **instauràrsi** *v. i. pron.* to be established; (*avere inizio*) to start.
instauratóre *m.* (*f.* **-trice**) founder; initiator.
instauraziόne *f.* foundation; establishment.
instillàre *v. t.* (*fig.*) to instil(l); to inculcate; (*insinuare*) to insinuate.
instradàre *v. t.* ***1*** to direct; to route ***2*** (*fig.*) to set* on the right path; (*avviare*) to set* off, to start off: **i. q. negli affari**, to start sb. off in business.
insù *avv.* ***1*** *V.* **in su**, *sotto* **su** ***2*** **— all'i.**, up, upward (*agg.*); up, upwards (*avv.*); **naso all'i.**, turned-up (*o* retroussé) nose; **spinta all'i.**, upward thrust.
insubordinàto *a.* insubordinate.
insubordinaziόne *f.* insubordination; (*atto*) act of insubordination.
insuccèsso *m.* failure; (*fiasco*) fiasco.
insudiciàre ***A*** *v. t.* to dirty; to soil ***B*** **insudiciàrsi** *v. rifl.* ***1*** to dirty oneself; to get* dirty ***2*** (*fig.*) to demean oneself.
insufficiènte *a.* ***1*** insufficient; not enough; inadequate: **quantità i.**, insufficient quantity; **alimentazione i.**, inadequate diet ***2*** (*nella valutazione scolastica*) unsatisfactory; below standard; poor; (*voto*) low mark: **È i. in italiano**, his work in Italian is unsatisfactory; he is weak in Italian.
insufficiènza *f.* ***1*** insufficiency; (*mancanza*) shortage, lack, want: **i. di capitali**, insufficiency of funds; (*med.*) **i. cardiaca**, cardiac insufficiency; **i. di posti di lavoro**, shortage of jobs; **i. di prove**, lack of evidence; insufficient proof ***2*** (*voto scolastica*) low mark; (*agli esami*) failure.
insulàre *a.* insular; island (*attr.*).
insulìna *f.* (*chim., biol.*) insulin.
insulìnico *a.* insulin (*attr.*): **shock i.**, insulin shock.
insulsàggine *f.* ***1*** insipidity; vapidity; silliness; inanity ***2*** (*cosa insulsa*) inanity; platitude.
insùlso *a.* insipid; platitudinous; vapid; silly; inane.
insultànte *a.* insulting; offensive.
insultàre *v. t.* to insult; to abuse.
insùlto *m.* ***1*** insult; abuse Ⓤ: **un i. alla memoria di q.**, an insult to sb.'s memory; **coprire q. di insulti**, to heap abuse on sb. ***2*** (*danno*) ravage.
insuperàbile *a.* ***1*** (*insormontabile*) insuperable ***2*** (*incomparabile*) insuperable; unsurpassable.
insuperàto *a.* unsurpassed.
insuperbìre ***A*** *v. t.* to make* proud ***B*** *v. i. e* **insuperbìrsi** *v. i. pron.* to become* proud; to boast (about st.).
insurrezionàle *a.* insurrectional; insurrectionary.
insurreziόne *f.* insurrection.
insussistènte *a.* inexistent; (*infondato*) groundless.
insussistènza *f.* inexistence; (*infondatezza*) groundlessness.
intabarràto *a.* wrapped up; muffled up.
intaccàre *v. t.* ***1*** (*fare tacche*) to notch; (*ammaccare*) to dent; (*una lama*) to blunt ***2*** (*corrodere*) to corrode; to eat* into; to bite* into ***3*** (*cominciare a consumare*) to draw* on; to dip into; to start (*o* to begin*) on: **i. il capitale**, to draw on the capital; **i. i propri risparmi**, to dip into one's savings; **i. le provviste**, to start on one's provisions ***4*** (*danneggiare*) to damage; (*fig.*) to impair, to undermine ***5*** (*med.*) to affect; to damage.
intagliàre *v. t.* (*legno, avorio*) to carve; (*pietra dura*) to cut*, to engrave.
intagliatóre *m.* (*f.* **-trice**) carver; cutter; engraver.
intàglio *m.* (*su legno, avorio*) carving; (*su pietra dura*) intaglio*.
intangìbile *a.* ***1*** untouchable; intangible ***2*** (*inviolabile*) inviolable.
intangibilità *f.* ***1*** untouchability; intangibility; intangibleness ***2*** (*inviolabilità*) inviolability.
intànto ***A*** *avv.* ***1*** in the meantime; meanwhile; (*mentre*) while: **Tu telefona e i. io prendo i posti**, you go and phone and in the meantime I'll get seats (*o* while I get seats); **I., in ufficio...**, meanwhile at the office; **Mi ascoltava e i. scriveva**, as he listened to me, he kept writing ***2*** (*ad ogni buon conto*) anyhow ***3*** (*per dirne una*) for one thing ***4*** (*resta il*

fatto che) the fact remains that ***5*** (*ma, però*) but ***B*** **intànto che** *locuz. prep.* while; as.
intarsiàre *v. t.* to inlay*.
intarsiàto *a.* inlaid.
intarsiatóre *m.* (*f.* **-trice**) inlayer.
intàrsio *m.* inlay; inlay work ⓤ; marquetry ⓤ.
intasaménto *m.* stoppage; clogging; block; obstruction; (*del traffico*) traffic jam, gridlock (*USA*).
intasàre ***A*** *v. t.* to block; to clog; to choke up: **Il traffico intasava la strada**, the road was blocked by traffic; **Il tubo è intasato dalle foglie**, the pipe is clogged with leaves ***B*** **intasàrsi** *v. i. pron.* to become* blocked.
intasàto *a.* blocked; clogged; stuffed up: **scarico i.**, blocked drain; **Ho il naso i.**, my nose is stuffed up.
intascàre *v. t.* ***1*** to put* into one's pocket; to pocket (*anche fig.*) ***2*** (*guadagnare*) to make*.
intàtto *a.* intact: **Il vaso è i.**, the vase is intact; **patrimonio i.**, intact fortune; **Tutto era i.**, nothing had been touched; **Il letto è i.**, the bed has not been slept in; **neve intatta**, untrodden snow.
intavolàre *v. t.* to start; to begin*; (*aprire*) to open: **i. un dibattito**, to start a debate; **i. trattative**, to open negotiations.
integèrrimo *a.* of the utmost integrity; upright; absolutely honest.
integràle (1) *a.* ***1*** (*completo*) complete; entire; total; (*non ridotto*) unabridged, uncut: **cambiamento i.**, complete (*o* total) change; **riforma i.**, general reform; **edizione i.**, unabridged edition; **film in versione i.**, uncut version of a film ***2*** (*di farina, ecc.*) wholemeal.
integràle (2) *a. e m.* (*mat.*) integral.
integralìsmo *m.* ***1*** (*polit.*) extremism ***2*** (*relig.*) fundamentalism.
integralìsta *m. e f.* ***1*** (*polit.*) hard-liner; extremist ***2*** (*relig.*) fundamentalist.
integralménte *avv.* integrally; in full.
integrànte *a.* integrant; integral: **essere parte i. di**, to be an integral part of.
integràre ***A*** *v. t.* ***1*** (*completare*) to integrate; to complete; to complement ***2*** (*arricchire*) to supplement ***3*** (*inserire*) to integrate ***B*** **integràrsi** *v. i. pron.* ***1*** (*inserirsi*) to integrate; to fit in ***2*** (*combinarsi*) to become* integrated; to combine ***3*** (*completarsi a vicenda*) to complement each other.
integrativo *a.* supplementary; additional.
integràto *a.* integrated.
integrazióne *f.* ***1*** integration ***2*** (*supplemento*) supplement.
integrazionista *m. e f.* (racial) integrationist.
integrità *f.* integrity.
integro *a.* ***1*** (*intero*) entire; whole; (*intatto*) intact ***2*** (*onesto*) upright; honest.
intelaiatùra *f.* ***1*** (*anche fig.*) framework ***2*** (*l'intelare*) framing.
intellettivo *a.* intellective, intellectual.
intellètto *m.* intellect; understanding; (*mente*) mind.
intellettuàle *a. e f.* intellectual; (*anche spreg.*) highbrow.
intellettualìsmo *m.* intellectualism.
intellettualìstico *a.* intellectualistic.
intellettualòide *a., m. e f.* would-be intellectual; pseudo-intellectual.
intelligènte *a.* intelligent; clever; bright.
intelligènza *f.* intelligence: **i. artificiale**, artificial intelligence.
intellighènzia *f.* intelligentsia.
intelligìbile *a.* intelligible.
intelligibilità *f.* intelligibility.
intemperànte *a.* intemperate; immoderate • **essere i. nel bere**, to drink immoderately (*o* to excess).
intemperànza *f.* intemperance; excess • **i. nel bere**, overindulgence in drink; intemperance.
intempèrie *f. pl.* inclemency ⓤ of the weather; (bad) weather ⓤ • **esposto alle i.**, exposed to all weathers □ **danni causati dalle i.**, storm damage □ **resistente alle i.**, weather-proof □ **volto solcato dalle i.**, weather-beaten face.
intempestività *f.* untimeliness.
intempestivo *a.* untimely; ill-timed.
intendènte *m.* superintendent; intendant; (*di proprietà terriera*) land agent • **i. di finanza**, revenue officer.
intendènza *f.* superintendency; intendancy • **I. di finanza**, Revenue Office.
intèndere ***A*** *v. t.* ***1*** (*capire*) to understand* ***2*** (*udire*) to hear*: **Ho inteso dire che mira alla presidenza**, I have heard it said that he is aiming at the presidency ***3*** (*ascoltare*) to listen to; to heed: **non i. ragione**, not to listen to reason ***4*** (*voler dire*) to mean* ***5*** (*avere intenzione*) to mean*; (*con ferma volontà*) to intend: **Che cosa intendi dire?**, what do you mean by that?; **Intendo essere obbedito**, I intend to be obeyed • **i. a rovescio**, to misunderstand; to get hold of the wrong end of the stick (*fam.*) □ **i. al volo**, to grasp immediately □ **intendersela con q.**, (*avere una relazione amorosa*) to have an affair with sb.; (*essere in combutta*) to be in cahoots with sb. □ **dare ad i. a q. che**, to give sb. to understand that □ **darla ad i. a q.**, to fool sb. □ **fare i.**, to hint; to intimate □ **S'intende!**, of course! □ **S'intende** (*o* **ben inteso**) **che io...**, I, of course... ***B*** **intèndersi** *v. rifl. recipr.* ***1*** (*capirsi*) to understand* each other (*o* one another) ***2*** (*mettersi d'accordo*) to come* to an understanding; to reach an agreement; to agree; (*andare d'accordo*) to hit* it off, to get* on well: **i. sul prezzo**, to agree on the price; **Ci siamo intesi subito**, we hit it off immediately • **Intendiamoci, io non ho nulla contro di lui**, mind you, I have nothing against him □ **Intendiamoci bene!**, let's be quite clear about it □ **Tanto per intenderci**, (*per fare un esempio*) just to give you an idea; (*per chiarire*) just to make things clear between us ***C*** **intèndersi** *v. i. pron.* (*essere esperto di q.c.*) to know* a lot (about); (*essere un esperto*) to be an expert (on): **i. di musica**, to know a lot about music; to be an expert on music; **Sono cose di cui non mi intendo**, I know nothing about such things; **È uno che se ne intende**, he is very knowledgeable.
intendiménto *m.* ***1*** understanding ***2*** (*intenzione*) intention.
intenditóre *m.* (*f.* **-trice**) connoisseur; expert; judge: **i. di vini**, wine connoisseur; expert on wines; **Io non sono un i., ma...**, I am no judge, but... • (*prov.*) **A buon i., poche parole**, a word to the wise (is enough).
intenerìre ***A*** *v. t.* ***1*** (*ammorbidire*) to soften ***2*** (*commuovere*) to move; (*impietosire*) to move to pity ***B*** **intenerìrsi** *v. i. pron.* (*commuoversi*) to be moved; (*impietosirsi*) to be moved to pity.
intensaménte *avv.* intensely; hard.
intensificàre ***A*** *v. t.* ***1*** to intensify; to increase; to step up; to escalate ***2*** (*rendere più frequente*) to make* more frequent; to increase the number of ***B*** **intensificàrsi** *v. i. pron.* ***1*** to intensify; to escalate ***2*** (*diventare più frequente*) to become* more frequent.
intensificazióne *f.* intensification; escalation.
intensità *f.* intensity • **con i.**, intensely; (*attentamente*) intently.
intensivo *a.* intensive.
intènso *a.* ***1*** intense; strong; (*profondo*) deep: **freddo i.**, intense cold; **luce intensa**, strong (*o* bright) light; **rosso i.**, rich (*o* deep) red ***2*** (*concentrato*) intensive; concentrated: **studio i.**, intensive study; **giornate intense**, busy (*o* eventful) days.
intentàre *v. t.* — (*leg.*) **i. un'azione giudiziaria contro q.**, to bring* an action against sb.; to sue sb.
intentàto *a.* unattempted • **non lasciare nulla di i.**, to leave no stone unturned.
intènto (1) *a.* intent (on); busy: **Era i. al lavoro** [**a risolvere q.c.**], he was intent on his work [on solving st.]; **Era i. a scrivere**, he was busy writing.
intènto (2) *m.* ***1*** (*scopo, meta*) purpose; aim; goal; object: **riuscire** [**fallire**] **nel proprio i.**, to succeed [to fail] in one's object; to achieve [to fail in] one's purpose (*o* aim) ***2*** (*intenzione*) intention.
intenzionàle *a.* intentional; deliberate; (*leg.*) wilful.
intenzionalità *f.* deliberateness; (*leg.*) wilfulness.
intenzionalménte *avv.* intentionally; on purpose; (*leg.*) wilfully.
intenzionàto *a.* ***1*** — **essere i. di** (*o* **a**) **fare q.c.**, to intend to do st. ***2*** (*disposto*) — **bene i.**, well-disposed; well-intentioned; **male i.**, ill-disposed; ill-intentioned.
intenzióne *f.* intention; (*specialm. leg.*) intent; purpose; (*idea*) mind: **nascondere le proprie intenzioni**, to hide one's intentions; **È mia i. convocare una riunione**, it is my intention to call a meeting; **Non era mia i. ferirlo**, I didn't mean to hurt him; **Ho i. di riprovare**, I intend to try again;

Non ho i. di vederlo, I have no intention of seeing him; **sparare con l'i. di uccidere**, to shoot with intent to kill; **Ho una mezza i. di dirglielo**, I have half a mind to tell him; **mutare i.**, to change one's mind • **con i.**, on purpose; intentionally; deliberately □ **senza i.**, unintentionally.

interagènte *a.* interactive.

interagìre *v. i.* to interact.

interaménte *avv.* wholly; entirely; completely; quite.

interattìvo *a.* interactive.

interazióne *f.* interaction.

intercalàre (1) *v. t.* **1** to insert; to interpolate; (*alternare*) to alternate **2** (*rif. al parlare*) to intersperse.

intercalàre (2) **A** *a.* intercalary **B** *m.* pet phrase; stock phrase.

intercambiàbile *a.* interchangeable.

intercapèdine *f.* (*edil.*) air space; cavity: **muro a i.**, cavity wall.

intercèdere *v. i.* to intercede: **i. presso q. per q. altro**, to intercede with sb. for sb. else.

intercessióne *f.* intercession.

intercessóre *m.* intercessor.

intercettàre *v. t.* to intercept; (*telef., anche*) to tap.

intercettazióne *f.* interception • **i. telefonica**, telephone interception; wire-tap □ **fare intercettazioni telefoniche**, to wire-tap.

intercettóre *m.* (*aeron.*) interceptor.

interclassismo *m.* interclass collaboration.

intercomunicànte *a.* communicating.

intercontinentàle *a.* intercontinental.

intercórrere *v. i.* **1** (*di tempo*) to elapse; to intervene **2** (*di spazio*) to lie* between; to be **3** (*esistere, esserci*) to exist; to be.

intercostàle *a.* (*anat.*) intercostal.

interdentàle *a.* interdental • **filo i.**, dental floss.

interdétto (1) *a.* (*sorpreso, turbato*) dumbfounded; nonplussed.

interdétto (2) *m.* (*eccles.*) interdict.

interdipendènte *a.* interdependent.

interdipendènza *f.* interdependence.

interdire *v. t.* **1** (*proibire*) to forbid*; to prohibit; to ban; to bar **2** (*leg.*) to disqualify; to debar; (*per infermità mentale*) to incapacitate: **i. dai pubblici uffici**, to debar from holding public offices **3** (*eccles.*) to interdict.

interdisciplinàre *a.* interdisciplinary.

interdizióne *f.* **1** (*proibizione*) prohibition; ban **2** (*leg.*) disqualification; debarment: **i. dai pubblici uffici**, disqualification from holding public offices **3** (*eccles.*) interdiction.

interessaménto *m.* **1** (*interesse*) interest **2** (*intervento*) good offices (*pl.*): **per i. di q.**, through sb.'s good offices **3** (*sollecitudine*) concern; sympathy.

interessànte *a.* interesting • **essere in stato i.**, to be pregnant; to be expecting.

interessàre **A** *v. t.* **1** (*essere interessante per*) to be interesting for; to be of interest to **2** (*riguardare*) to concern; (*toccare, colpire*) to affect **3** (*far prendere interesse a*) to get* (sb.) to take an interest (in); to involve (sb. in st.) **4** (*far intervenire*) to draw* (sb.'s) attention (to) **5** (*essere nell'interesse di*) to be in the interest of **B** *v. i.* **1** (*essere interessante per*) to be of interest to: **L'argomento mi interessa**, I find the subject interesting; I'm interested in the subject; **Non mi interessa quello che hai fatto**, I'm not interested in what you did **2** (*importare*) to matter; to be important: **Interessa a tutti che...**, it is important to everybody that... **C** **interessàrsi** *v. i. pron.* **1** to be interested (in); to take* an interest (in): **i. di ecologia**, to be interested in ecology **2** (*occuparsi di*) to take* care of; to see* to; to take* up: **Me ne interesso io**, I'll take care of it; I'll see to it; **La stampa si interessò al caso**, the press took up the case **3** (*curarsi di*) to care (about *o* for) • **Interessati degli affari tuoi!**, mind your own business!

interessataménte *avv.* out of self-interest; (*con un secondo fine*) with ulterior motives.

interessàto **A** *a.* **1** interested **2** (*coinvolto, colpito*) concerned; affected; involved **3** (*mosso dal proprio tornaconto*) interested; self-serving **B** *m.* (*f.* **-a**) person interested; interested party (*form.*) • **amore i.**, cupboard love.

interèsse *m.* **1** interest: **prendere i. a q.c.**, to take an interest in st.; **È nel tuo i.**, it is in your interest(s) **2** (*econ.*) interest Ⓤ: **il capitale e gli interessi accumulatisi**, the capital and accumulated interest; **fruttare un i. del 9%**, to yield 9% interest; **i. passivo**, interest payable **3** (*al pl.*) (*affari privati*) affairs; business Ⓤ: **badare ai propri interessi**, (*curarli*) to look after one's affairs; (*non intromettersi negli affari altrui*) to mind one's own business **4** (*tornaconto*) self-interest; (*desiderio di lucro*) money, money-making: **agire per i.**, to act out of self-interest; **C'è di mezzo l'i.**, there is money involved; **questione di i.**, money matters • **i. privato**, vested interest □ **Non ha nessun i. a tacere**, he has nothing to gain from keeping quiet □ **conflitto di interessi**, conflict of interest □ **fare un matrimonio di i.**, to marry money □ **mettere a i.**, to invest □ **saper fare bene i propri interessi**, to know how to take care of oneself; (*spreg.*) to know how to look after number one.

interessènza *f.* (*econ., fin.*) share in the profits; profit-sharing Ⓤ; (*sulle vendite*) percentage on sales.

interézza *f.* wholeness; entirety; totality.

interfàccia *f.* (*elab.*) interface.

interfacciàre *v. t.* (*elab.*) to interface.

interferènza *f.* interference Ⓤ.

interferìre *v. i.* to interfere.

interferóne *m.* (*biol., chim.*) interferon.

interfòno *m.* (*telef.*) intercom.

interiezióne *f.* (*gramm.*) interjection.

interim (*lat.*) *m. invar.* interim • **assumere l'i.**, to take temporary charge; to carry on (during a vacancy) □ **ad i.**, in the meantime □ **misure ad i.**, interim measures □ **presidente ad i.**, caretaker president.

interióra *f. pl.* entrails; bowels; (*rigaglie*) giblets.

interióre *a.* **1** (*interno*) interior (*attr.*) **2** (*intimo*) inner (*attr.*) • **parte i.**, inside; interior.

interiorizzàre *v. t.* to internalize; to interiorize.

interiorménte *avv.* internally.

interlìnea *f.* **1** space between lines; spacing **2** (*tipogr.*) lead.

interlineàre (1) *a.* interlinear.

interlineàre (2) *v. t.* **1** to space (*lines*) **2** (*tipogr.*) to lead*.

interlocutóre *m.* (*f.* **-trice**) interlocutor.

interlocutòrio *a.* **1** (*non conclusivo*) provisional; open **2** (*leg.*) interlocutory.

interloquìre *v. i.* to intervene; to join in; to chip in (*fam.*).

interlùdio *m.* (*anche mus.*) interlude.

intermediàrio **A** *a.* intermediary **B** *m.* (*f.* **-a**) **1** intermediary; go-between **2** (*comm.*) middleman*, broker.

intermediazióne *f.* **1** intermediation **2** (*econ.*) broking; brokerage.

intermèdio *a.* intermediate; in-between: **stadio i.**, intermediate stage; **tinta intermedia**, intermediate colour; **via intermedia**, middle course.

intermèzzo *m.* **1** (*teatr., mus.*) intermezzo* **2** (*intervallo*) interval; break.

interminàbile *a.* interminable; endless; never-ending.

interministeriàle *a.* interdepartmental.

intermittènte *a.* intermittent; fitful.

intermittènza *f.* intermittence • **a i.**, intermittently.

internaménte *avv.* internally; inside; within.

internaménto *m.* internment.

internàre *v. t.* **1** (*polit.*) to intern **2** (*in manicomio*) to place in a psychiatric institution.

internàto (1) **A** *a.* (*polit.*) interned **B** *m.* (*f.* **-a**) **1** (*polit.*) internee **2** (*in manicomio*) inmate.

internàto (2) *m.* **1** (*collegio*) boarding-school **2** (*periodo di pratica professionale*) internship.

internazionàle *a.* international.

internazionalismo *m.* internationalism.

internazionalìsta *m. e f.* internationalist.

internazionalità *f.* internationality.

internazionalizzàre *v. t.* to internationalize.

internìsta *m. e f.* (*med.*) internist.

intèrno **A** *a.* **1** inner (*attr.*); internal; inside; (*al chiuso*) indoor: **stanza interna**, inner room; **orecchio i.**, inner ear; **lato i.**, inside; **tasca interna**, inside pocket; **muro i.**, inside wall; **regolamento i.**, internal regulations; **medicina interna**, internal medicine; **piscina interna**, indoor swimming-pool **2** (*geogr.*) inland (*attr.*): **mare i.**, inland sea **3** (*opposto di «estero»*) domestic; home (*attr.*); inland (*attr.*):

commercio i., domestic (*o* inland) trade; **mercato i.**, home market; **politica interna**, domestic politics; **voli interni**, domestic (*o* internal) flights; **prodotto i. lordo**, gross domestic product **4** (*interiore*) interior; inner **B** *m.* **1** (*parte interna*) inside; interior: **l'i. di una scatola**, the inside of a box; **chiuso a chiave dall'i.** locked from the inside **2** (*ambiente chiuso*) interior: **arredatore di interni**, interior decorator **3** (*geogr.*) interior **4** (*alunno i.*) boarder **5** (*medico i.*), intern **6** (*fodera*) lining; (*al pl., autom.*) upholstery Ⓤ **7** (*telef.*) extension **8** (*appartamento*) flat (number) **9** (*polit.*) home; Interior: **notizie dall'i.**, home news; **gli Interni**, the Interior; (*in G.B.*) Home Affairs **10** (*cinem., TV*) interior (shot) **11** (*calcio*) inside forward • **all'i.** (*al chiuso*), indoors □ **all'i. di q.c.**, inside st.

intéro **A** *a.* **1** whole; entire: **un'intera giornata**, a whole day; **l'intera verità**, the whole truth; **inghiottire intera una pastiglia**, to swallow a tablet whole **2** (*intatto*) intact **B** *m.* **1** whole **2** (*mat.*) integer • **per i.**, in full.

interparlamentàre *a.* interparliamentary.

interpartìtico *a.* interparty.

interpellànza *f.* (*polit.*) (parliamentary) question: **presentare un'i.**, to ask a question.

interpellàre *v. t.* **1** to consult; to ask **2** (*polit.*) to ask a (parliamentary) question.

interpersonàle *a.* interpersonal.

interplanetàrio *a.* interplanetary.

interpolàre *v. t.* to interpolate.

interpolazióne *f.* interpolation.

interpórre **A** *v. t.* **1** to interpose **2** (*frapporre*) to put* in the way **3** (*far valere*) to exert • **senza i. tempo**, without delay **B** **interpórsi** *v. i. pron.* **1** (*frapporsi*) to interpose **2** (*intervenire*) to intervene.

interposizióne *f.* **1** interposition **2** (*intervento*) intervention.

interpósto *a.* interposed • **per interposta persona**, through a third party.

interpretàre *v. t.* **1** to interpret: **i. una legge**, to interpret a law; **Come devo i. questa risposta?**, how should I interpret this answer?; **i. male**, to misinterpret **2** (*dare voce a*) to express; to voice **3** (*teatr., cinem.*) to play; to be: **i. Amleto**, to play (*o* to be) Hamlet; **i. un film**, to be in a film **4** (*mus.*) to interpret; to play; to sing*.

interpretariàto *m.* interpreting.

interpretatìvo *a.* interpretative; explanatory.

interpretazióne *f.* interpretation.

intèrprete *m. e f.* **1** interpreter: **fare da i.**, to act as (an) interpreter; to interpret **2** (*teatr., cinem.*) actor (*m.*), actress (*f.*); (*al pl., collett.*) cast: **personaggi ed interpreti**, characters and cast **3** (*mus.*) interpreter • **farsi i. di q.c.**, to voice st.; to express st.

interpunzióne *f.* punctuation: **segni d'i.**, punctuation marks.

interràre **A** *v. t.* **1** (*sotterrare*) to inter; to bury **2** (*riempire di terra*) to fill with earth; to fill in **B** **interràrsi** *v. i. pron.* to get* silted up; to silt up.

interràto **A** *a.* **1** (*sottoterra*) buried; underground **2** (*riempito*) filled in **3** (*ostruito*) silted up **B** *m.* (*piano i.*) basement.

interrazziàle *a.* interracial.

interregionàle *a.* interregional.

interrégno *m.* interregnum*.

interrelazióne *f.* interrelation; mutual relation.

interrogànte *m. e f.* interrogator; questioner.

interrogàre *v. t.* **1** (*fare domande*) to ask questions; (*in modo serrato o ufficiale*) to question, to interrogate: **i. q.c. su q.c.**, to question sb. about st. **2** (*a scuola, in un esame*) to test orally; to examine: **Mi hanno interrogato in storia**, I had an oral test (*o* exam) in history **3** (*leg.*: *un imputato*) to interrogate; (*un teste*) to examine • **i. q.c. con gli occhi**, to look at sb. inquiringly.

interrogativo **A** *a.* questioning; inquiring; (*gramm.*) interrogative • **punto i.**, question mark **B** *m.* **1** question; (*dubbio*) doubt **2** (*cosa sconosciuta*) unknown quantity; open question.

interrogatòrio **A** *a.* interrogatory **B** *m.* interrogation; questioning; grilling (*fam.*); (*leg., di teste*) examination: **sottoporre a i.**, to interrogate • **fare a q. un i. di terzo grado**, to give sb. the third degree; to grill sb.

interrogazióne *f.* **1** interrogation; questioning **2** (*domanda*) question; query: **i. parlamentare**, parliamentary question; question in Parliament **3** (*scolastica*) oral test (*o* exam).

interrómpere **A** *v. t.* to break* (off, up); to stop; to cut*; to interrupt; (*bloccare*) to block: **i. le trattative**, to break off negotiations; **i. una riunione**, to break up a meeting; **i. una telefonata**, to cut off a telephone call; **i. il viaggio**, (*fare soste*) to break one's journey; (*mettervi fine*) to cut short one's journey; **i. gli studi**, to leave school; **Scusa se ti interrompo**, excuse my interrupting you (*form.*); sorry for interrupting you; **Il silenzio fu interrotto da un grido**, the silence was interrupted by a scream; **i. una strada**, to block a road; **i. il traffico**, to block (*o* to hold up) traffic **B** **interrómpersi** *v. i. pron.* **1** to stop; to break* off **2** (*essere interrotto*) to be cut off.

interrótto *a.* interrupted; cut off; (*bloccato*) blocked.

interruttóre *m.* (*elettr.*) switch: **girare l'i.**, to turn the switch; (*per accendere*) to switch on; (*per spegnere*) to switch off; **i. a pressione**, push-button switch.

interruzióne *f.* **1** interruption; (*di corrente*) cut; (*nel funzionamento di q.c.*) breakdown; (*breve intervallo*) break, pause: **i. di corrente**, power cut; **i. delle comunicazioni**, breakdown in communication; **lavorare senza i.**, to work without a break **2** (*sospensione*) suspension: **i. della paga**, suspension of pay **3** (*blocco*) block • **i. della gravidanza**, termination of pregnancy □ (*ind.*) **i. del lavoro**, work stoppage.

intersecàre *v. t.*, **intersecàrsi** *v. i. pron.* to intersect.

intersezióne *f.* intersection.

interstìzio *m.* interstice.

interurbàno *a.* between towns (*pred.*); (*telef.*) long-distance.

intervallàre *v. t.* to space (out).

intervàllo *m.* **1** (*di tempo*) interval; (*pausa*) pause, break; (*a scuola*) break (*GB*), recess (*USA*); (*teatr., cinem.*) interval, intermission (*USA*): **a intervalli.**, at intervals; **Facciamo un i.**, let's have a break **2** (*di spazio*) space; interval: **lasciare un i.**, to leave a space; **a intervalli di due metri**, at intervals of two metres **3** (*mus.*) interval.

intervenire *v. i.* **1** to intervene; (*intromettersi*) to interfere **2** (*in una conversazione*) to intervene; to interject; (*parlare*) to speak* **3** (*essere presente*) to be present; to attend (*partecipare*) to take* part (in): **i. a una riunione**, to attend a meeting; **i. a un dibattito**, to take part in a discussion **4** (*lett.*: *accadere*) to happen; to occur **5** (*chir.*) to operate.

interventìsmo *m.* (*polit.*) interventionism.

interventìsta *a., m. e f.* (*polit.*) interventionist.

intervènto *m.* **1** intervention **2** (*presenza*) presence; attendance; (*partecipazione*) participation **3** (*chir.*) operation; surgery Ⓤ: **subire un i.**, to undergo an operation (*o* surgery) **4** (*discorso*) speech; (*relazione*) paper; (*parole dette*) things (*pl.*) said, comment • (*sport*) **i. falloso**, foul □ (*polit.*) **non i.**, non-intervention.

intervenùto **A** *a.* present **B** (*al pl.*) people present; those present.

intervìsta *f.* interview: **rilasciare un'i.**, to give an interview.

intervistàre *v. t.* to interview.

intervistatóre *m.* (*f.* **-trice**) interviewer.

intésa *f.* **1** agreement; understanding: **agire di i.**, to act in agreement; **con l'i. che**, on the understanding that; **occhiata di i.**, meaningful (*o* knowing) look **2** (*armonia di vedute*) mutual understanding **3** (*polit.*) entente (*franc.*).

intéso *a.* **1** (*mirante*) intended (to) **2** (*convenuto*) agreed upon; understood: **Resta i. che...**, we are agreed that...; it is understood that... • **Siamo intesi?**, is that understood? □ **Intesi!**, all right!; very well! □ **non darsene per i.**, to pay no heed (to st.); to turn a deaf ear (to st.).

intèssere *v. t.* **1** to interweave* **2** (*intrecciare*) to twine.

intestardirsi *v. i. pron.* to insist (on doing st.); to be hell-bent (on doing st.).

intestàre **A** *v. t.* **1** (*lettere, ecc.*) to head **2** (*una proprietà*) to register (in sb.'s name); (*un conto*) to open; (*un assegno*) to make* out **B** **intestàrsi** *V.* **intestardirsi**.

intestatàrio *m.* (*di conto, licenza*) holder; (*di titoli, azioni*) registered holder; (*proprietario*) owner.

intestazióne *f.* **1** (*di libro*) heading; (*di lettera*) letterhead **2** (*di conto*) name (of the account holder).

intestinàle *a.* (*anat.*) intestinal.

intestino (1) *a.* internal; civil.

intestino (**2**) *m.* (*anat.*) intestine; bowels (*pl.*): **i. cieco**, caecum; **i. crasso**, large intestine; **i. tenue**, small intestine; **liberarsi l'i.**, to relieve one's bowels.

intiepidire ***A*** *v. t.* ***1*** (*riscaldare*) to warm up; (*raffreddare*) to cool (down) ***2*** (*fig.*) to cool; to dampen ***B*** *v. i. e* **intiepidirsi** *v. i. pron.* ***1*** to grow* warm (*o* warmer); to cool down ***2*** (*fig.*) to cool (off).

intièro *V.* **intero**.

intimaménte *avv.* intimately • **i. connesso**, closely connected □ **i. soddisfatto**, inwardly pleased □ **i. commosso**, deeply moved □ **i. convinto**, firmly convinced.

intimàre *v. t.* to enjoin; to order; (*specialm. leg.*) to summon: **i. silenzio**, to enjoin silence; **i. a q. di pagare**, to order (*leg.*: to summon) sb. to pay; **i. lo sfratto a q.**, to serve sb. with an eviction order; **i. la resa a q.**, to call on sb. to surrender. ATTENZIONE: **intimare** ≠ to intimate.

intimazióne *f.* injunction; order; summons: **i. di pagamento**, injunction to pay; **i. di sfratto**, eviction order. ATTENZIONE: **intimazione** ≠ intimation.

intimidatòrio *a.* intimidatory; threatening • **sparare a scopo i.**, to fire a warning shot [warning shots].

intimidazióne *f.* intimidation; threat • **costringere q. con l'i. a fare q.c.**, to frighten sb. into doing st.

intimidire ***A*** *v. t.* ***1*** (*rendere timido*) to make* shy ***2*** (*minacciare*) to intimidate; to threaten ***B*** **intimidirsi** *v. i. pron.* to grow* shy.

intimìsta *a., m. e f.* intimist.

intimìstico *a.* intimist.

intimità *f.* ***1*** (*l'essere intimo*) intimacy ***2*** (*privatezza*) privacy: **nell'i. della propria casa**, in the privacy of one's own home; **in i.**, at home; (*tra amici*) among friends ***3*** (*familiarità*) intimacy; familiarity: **avere** (*o* **essere in**) **i. con q.**, to be on intimate terms with sb.

ìntimo ***A*** *a.* ***1*** (*vicino*; *confidenziale*) intimate; close: **amico i.**, intimate (*o* close) friend; **rapporti intimi**, close relationship; (*eufem.*) intimacies ***2*** (*privato, segreto*) intimate, inner; (*profondo, radicato*) deep-set, deep-seated, deeply felt: **gioia intima**, inner joy; **pensieri intimi**, innermost (*o* inmost) thoughts; **convincimento i.**, deeply felt conviction ***3*** (*per intimi*) private; intimate: **cerimonia intima**, private ceremony; **cena intima**, intimate dinner ***4*** (*accogliente*) intimate; cosy • **biancheria i.**, underwear □ (*eufem.*) **parti intime**, private parts ***B*** *m.* (*f.* **-a**) ***1*** intimate; (*amico i.*) close (*o* intimate) friend; (*parente*) close relation ***2*** (*animo, cuore*) heart: **nel mio i.**, in my heart; **nell'i.**, (*intimamente*) in one's heart, inwardly, intimately; (*in fondo*) at bottom, deep down.

intimorìre ***A*** *v. t.* to frighten; to intimidate ***B*** **intimorirsi** *v. i. pron.* to get* frightened.

intìngere *v. t.* to dip.

intìngolo *m.* ***1*** (*salsa*) sauce ***2*** (*sugo della carne*) gravy ***3*** (*pietanza*) rich dish.

intirizzire ***A*** *v. t.* to benumb; to numb ***B*** **intirizzirsi** *v. i. pron.* to grow* (*o* to go*) numb.

intirizzito *a.* numb: **i. dal freddo**, numb with cold.

intitolàre ***A*** *v. t.* ***1*** to entitle; to call ***2*** (*dedicare*) to dedicate (st. to sb.); (*una strada, ecc.*) to name (st. after sb.) ***B*** **intitolàrsi** *v. i. pron.* to be entitled; to be called: **Come si intitola?**, what is it called?; what is the title?

intitolazióne *f.* ***1*** (*titolo*) heading; title ***2*** (*dedica*) dedication.

intoccàbile *a., m. e f.* untouchable.

intolleràbile *a.* intolerable; unbearable.

intollerànte *a.* intolerant; (*insofferente, anche*) impatient.

intolleranza *f.* intolerance; (*insofferenza, anche*) impatience.

intonacàre *v. t.* to plaster.

intonacatùra *f.* plastering.

intònaco *m.* plaster.

intonàre ***A*** *v. t.* (*mus.*) ***1*** (*incominciare a cantare*) to begin to sing; (*a suonare*) to strike* up ***2*** (*accordare*) to tune ***3*** (*armonizzare*) to match: **i. le scarpe alla borsa**, to match the shoes with the handbag ***B*** **intonàrsi** *v. i. pron.* to tone in (with); to go* (with); to fit in (with); (*rif. all'abbigliamento*) to match. ATTENZIONE: **intonare** ≠ to intone.

intonàto *a.* ***1*** (*di persona*) able to sing in tune; (*di voce*) in tune; (*di strumento*) tuned ***2*** (*di colori*) matching ***3*** (*in armonia con*) in harmony (with); (*adatto*) suitable (for).

intonazióne *f.* ***1*** (*della voce*) intonation ***2*** (*mus.*: *altezza di un suono*) intonation; pitch ***3*** (*l'intonare uno strumento*) tuning ***4*** (*tono*) tone: **i. sarcastica**, sarcastic tone.

intónso *a.* (*di libro*) uncut.

intontiménto *m.* daze.

intontìre ***A*** *v. t.* to daze; to stun ***B*** *v. i. e* **intontirsi** *v. i. pron.* to be dazed; to be stunned.

intontito *a.* dazed; stunned.

intòppo *m.* obstacle; difficulty; snag (*fam.*); hitch (*fam.*): **filare senza intoppi**, to go off without a hitch.

intorbidaménto, **intorbidiménto** *m.* clouding; turbidity.

intorbidàre, **intorbidire** ***A*** *v. t.* ***1*** to make* turbid; to cloud; (*rif. a terra*) to muddy ***2*** (*annebbiare*) to cloud ***3*** (*turbare*) to trouble • (*fig.*) **intorbidare le acque**, to stir up trouble ***B*** **intorbidàrsi** *v. i. pron.* ***1*** to become* turbid; (*di terra*) to become* muddy ***2*** (*divenire confuso*) to become* troubled ***3*** (*offuscarsi*) to grow* dim; to cloud over.

intórno ***A*** *avv.* round; around; about: **guardarsi i.**, to look round; **tutt'i.** (*o* **i. i.**), all around; right round; **qui i.**, hereabouts; round here ***B*** *a. invar.* surrounding; around (*pred.*): **la campagna i.**, the surrounding countryside ***C*** **intórno a** *locuz. prep.* ***1*** round; around: **viaggiare i. al mondo**, to travel round the world ***2*** (*circa*) about; around: **i. alle sei**, about six (o' clock); **i. al 1950**, around 1950 ***3*** (*riguardo a*) about; on: **lavorare i. a un progetto**, to work on a project.

intorpidiménto *m.* (*fisico*) numbness; (*mentale*) torpor.

intorpidire ***A*** *v. t.* ***1*** to benumb ***2*** (*fig.*) to dull; to make* sluggish ***B*** *v. i. e* **intorpidirsi** *v. i. pron.* ***1*** to become* numb ***2*** (*fig.*) to become* sluggish.

intorpidito *a.* numb; (*torpido*) torpid, dull.

intossicàre ***A*** *v. t.* to poison ***B*** **intossicàrsi** *v. i. pron.* to be poisoned. ATTENZIONE: **intossicare** ≠ to intoxicate.

intossicazióne *f.* poisoning: **i. da cibi avariati**, food poisoning. ATTENZIONE: **intossicazione** ≠ intoxication.

intraducibile *a.* untranslatable.

intralciàre ***A*** *v. t.* to hamper; to hinder; to get* (*o* to be) in the way of; to hold* up: **i. i movimenti**, to hamper sb.'s movements; **Non vorrei i.**, I wouldn't like to be in the way; **i. il traffico**, to impede the flow of traffic; to hold up (*o* to hinder) (the) traffic; **i. le operazioni di soccorso**, to hinder rescue operations ***B*** **intralciàrsi** *v. rifl. recipr.* to get* in each other's way.

intràlcio *m.* hindrance; obstacle; impediment • **essere di i. a q.**, to be in sb.'s way.

intrallazzàre *v. i.* ***1*** to be involved in shady deals; to wheel and deal ***2*** (*intrigare*) to manoeuvre; to scheme.

intrallazzatóre *m.* (*f.* **-trice**) ***1*** (*faccendiere*) fixer; wheeler-dealer; spiv (*pop. GB*) ***2*** (*intrigante*) intriguer; schemer.

intrallàzzo *m.* ***1*** shady deal; (*al pl., anche*) wheeling-and-dealing Ⓤ ***2*** (*intrigo*) manoeuvre ***3*** (*imbroglio*) swindle.

intramezzàre *v. t.* to interpose.

intramontàbile *a.* ***1*** (*perpetuo*) everlasting; undying ***2*** (*sempre in voga*) evergreen.

intramuscolàre *a.* intramuscular.

intransigènte ***A*** *a.* uncompromising; intransigent; hard-line (*attr.*); diehard (*attr.*); (*severo*) strict ***B*** *m. e f.* intransigent person; hard-liner; diehard.

intransigènza *f.* intransigence; (*severità*) strictness.

intransitàbile *a.* impracticable.

intransitivo *a. e m.* (*gramm.*) intransitive.

intrappolàre *v. t.* (*anche fig.*) to trap.

intraprendènte *a.* enterprising; resourceful • **essere i. con le donne**, to have a way with the ladies; to be a bit of a ladies' man.

intraprendènza *f.* enterprise; initiative.

intraprèndere *v. t.* to embark on; to set* out on; to take* up: **i. una carriera** [**una riforma**], to embark on a career [on a reform]; **i. un viaggio**, to set out on a journey; **i. studi giuridici**, to take up law.

intrasferibile *a.* non-transferable.

intrattàbile *a.* intractable.

intrattabilità *f.* intractability.

intrattenére ***A*** *v. t.* ***1*** (*divertire*) to entertain ***2*** (*conversare con*) to talk to ***B*** **intrattenérsi** *v. i. pron.* ***1*** (*trattenersi*) to linger on ***2*** (*indugiare su un argomento*) to dwell* (on).

intratteniménto *m.* entertainment.

intrattenitóre *m.* (*f.* **-trice**) entertainer.

intravedére *v. t.* **1** (*vedere di sfuggita*) to glimpse, to catch* a glimpse of; (*scorgere*) to make* out; (*vedere a fatica*) can just see (*difett.*): **Lo intravidi al concerto**, I caught a glimpse of him at the concert; **Intravidi in distanza una luce**, I made out a light in the distance; **Lo intravedevo appena**, I could just see it **2** (*intuire*) to sense; (*presagire*) to foresee* • **lasciare i.**, to half-reveal; (*fig.*) to indicate, to intimate.

intrecciàre **A** *v. t.* to interlace; to intertwine; (*capelli, nastri*) to plait, to braid; (*intessere*) to interweave* • (*lavoro a maglia*) **i. le maglie**, to cast off □ **i. le mani**, to clasp one's hands □ **i. una relazione amorosa**, to embark on a love affair **B** **intrecciàrsi** *v. rifl. recipr.* to interlace; to intertwine; to be interwoven.

intréccio *m.* **1** weaving; plaiting **2** (*di tessuto*) weave **3** (*fig.*) web; network; (*di opera narrativa*) plot; (*intrico*) tangle • **lavori di i.**, basketwork.

intrepidézza, **intrepidità** *f.* fearlessness.

intrèpido *a.* intrepid; fearless.

intricàre **A** *v. t.* to tangle; to entangle **B** **intricàrsi** *v. i. pron.* to get* entangled.

intricàto *a.* **1** tangled **2** (*complicato*) intricate; involved.

intrico *m.* **1** tangle; maze: **i. di rami**, tangle of branches; **i. di vicoli**, maze of alleys **2** (*fig.*) tangle; jumble.

intrìdere *v. t.* **1** (*farina e sim.*) to mix (with st.) **2** (*inzuppare*) to soak.

intrigànte **A** *a.* **1** intriguing; scheming **2** (*stuzzicante*) intriguing; piquant **B** *m. e f.* intriguer; schemer.

intrigàre **A** *v. t.* (*stuzzicare*) to intrigue **B** *v. i.* to scheme; to plot.

intrìgo *m.* **1** scheme; plot **2** (*situazione confusa*) tangle; mess; (*guaio*) fix (*fam.*).

intrìnseco *a.* intrinsic; inherent.

intrìso *a.* **1** soaked (in); drenched (with): **i. di sangue**, blood-soaked **2** (*fig.*) steeped (in).

intristìre *v. i.* **1** (*di pianta*) to wilt; to droop **2** (*di persona*: *deperire*) to pine away; to languish.

introdótto *a.* (*conosciuto*) well-known; well-established; (*anche comm.*) with good contacts.

introdùrre **A** *v. t.* **1** (*inserire*) to insert; to put* in; (*con cautela*) to ease in: **i. la chiave nella toppa**, to insert the key in the keyhole **2** (*guidare, far entrare*) to show* in; to lead* in; to usher in: **Fui introdotto in una sala deserta**, I was lead into an empty room **3** (*diffondere, mettere in uso*) to introduce; to bring* in: **i. una moda**, to introduce (*o* to bring in) a fashion; **i. una regola**, to introduce a rule; **i. una modifica**, to make an alteration; **i. merci in un paese**, to bring goods into a country **4** (*avviare*) to introduce; to begin*: **i. un discorso**, to introduce a speech • **i. un argomento**, to bring up a subject □ **i. con la forza**, to push in; to thrust in □ **i. di contrabbando**, to smuggle in □ **i. di soppiatto**, to sneak in **B** **introdursi** *v. rifl. e i. pron.* to get* in • **i. a fatica**, to struggle in □ **i. con la forza**, to force one's way in □ **i. di soppiatto**, to sneak in.

introduttivo *a.* introductory; preliminary; opening.

introduzióne *f.* **1** introduction **2** (*inserimento*) insertion.

intròito *m.* **1** (*eccles.*) introit **2** (*comm.*: *entrata*) income, revenue; (*incasso*) receipts, takings (*pl.*).

introméttere **A** *v. t.* to insert; to interpose **B** **introméttersi** *v. rifl.* **1** (*intervenire*) to interpose oneself; to intervene **2** (*in una conversazione*) to cut* in; to barge in (*fam.*) **3** (*ingerirsi*) to interfere; to intrude.

intromissióne *f.* **1** intervention **2** (*ingerenza*) interference, intrusion.

intronàre *v. t.* (*assordare*) to deafen; (*intontire*) to daze.

introspettìvo *a.* (*psic.*) introspective.

introspezióne *f.* (*psic.*) introspection.

introvàbile *a.* that cannot be found; not to be found; nowhere to be found; (*di un libro, ecc.*) unobtainable: **Maria era i.**, Maria was nowhere to be found.

introversióne *f.* (*psic.*) introversion.

introvèrso (*psic.*) **A** *a.* introverted; introvert **B** *m.* (*f.* **-a**) introvert.

intrufolàrsi *v. rifl.* to slip in; to sneak* in.

intrùglio *m.* **1** concoction; (*liquido, anche*) strange brew, (*broda*) slop **2** (*fig.*) mess; hotchpotch.

intruppàrsi *v. rifl.* **1** (*raggrupparsi*) to herd together **2** (*accodarsi*) to troop (after); (*accompagnarsi*) to fall* in (with).

intruppàto *a.* in a group; herded together.

intrusióne *f.* **1** intrusion; interference **2** (*geol.*) intrusione.

intrusìvo *a.* (*geol.*) intrusive.

intrùso *m.* (*f.* **-a**) intruder; interloper; (*estraneo*) outsider; (*a una festa*) gatecrasher.

intuìbile *a.* intuitable; guessable.

intuìre *v. t.* to sense; to feel*; to intuit (*form.*); (*indovinare*) to guess; (*capire subito*) to know* immediately • **lasciare i.**, to indicate; to intimate; to hint □ **Tutto lascia i. che...**, everything points to...

intuitivo *a.* **1** intuitive **2** (*evidente*) obvious: **È i.!**, that's obvious!

intùito (**1**) *m.* **1** intuition: **per i.**, by intuition **2** (*acume, fiuto*) insight; instinct.

intuìto (**2**) *a.* intuitively sensed; intuitively known.

intuizióne *f.* **1** intuition **2** (*psic.*) insight.

inturgidìre *v. i.*, **inturgidìrsi** *v. i. pron.* to swell* up; to become* turgid.

inumanità *f.* inhumanity.

inumàno *a.* inhuman.

inumàre *v. t.* to bury; to inter.

inumazióne *f.* burial; interment.

inumidìre **A** *v. t.* to damp; to moisten: **inumidirsi le labbra**, to moisten one's lips **B** **inumidìrsi** *v. i. pron.* to become* damp; to moisten.

inurbaménto *m.* urban migration; urbanization.

inurbanità *f.* incivility.

inurbàno *a.* uncivil; impolite.

inurbàrsi *v. rifl.* to move to town.

inusitàto *a.* (*lett.*) unusual; uncommon.

inùtile *a.* **1** useless; no use (*pred.*); (*senza scopo*) pointless **2** (*non necessario*) unnecessary.

inutilità *f.* uselessness; pointlessness.

inutilizzàbile *a.* unusable; unserviceable; useless.

inutilizzàto *a.* unused.

invadènte **A** *a.* interfering; pushy; officious **B** *m. e f.* busybody; meddler; pushy person.

invadènza *f.* pushiness.

invàdere *v. t.* **1** to invade (*anche fig.*); to overrun* **2** (*delle acque*) to flood **3** (*di uno stato d'animo*) to overcome*; to sweep* over; to seize **4** (*usurpare, violare*) to encroach on: **i. il campo di q.**, to encroach on sb.'s territory • (*calcio*) **i. il campo**, to invade the pitch.

invaghìrsi *v. i. pron.* (*lett.*) to take* a fancy (to); (*innamorarsi*) to fall* in love (with).

invalére *v. i.* to become* established; to take* root; to catch* on (*fam.*).

invalicàbile *a.* **1** impassable **2** (*fig.*) insurmountable.

invalidàbile *a.* (*leg.*) voidable.

invalidaménto *m.* (*leg.*) invalidation.

invalidànte *a.* **1** (*leg.*) invalidating **2** (*med.*) disabling.

invalidàre *v. t.* **1** (*leg.*) to invalidate; to void **2** (*una teoria, ecc.*) to disprove.

invalidità *f.* **1** (*med.*) disablement; disability; invalidity **2** (*leg.*) invalidity.

invàlido **A** *a.* **1** disabled; (*malato*) invalid **2** (*leg.*) invalid; void **B** *m.* (*f.* **-a**) disabled person: **i. civile**, disabled person; **i. di guerra**, person disabled in a war; (*soldato*) disabled serviceman; **grande i.**, severely disabled person.

invàlso *a.* widespread; established.

invàno *avv.* in vain; to no avail.

invariàbile *a.* **1** invariable **2** (*ling.*) indeclinable.

invariabilità *f.* invariability.

invariàto *a.* unchanged; stationary.

invasàre (**1**) *v. t.* **1** (*possedere*) to possess **2** (*ossessionare*) to obsess.

invasàre (**2**) *v. t.* (*mettere in vaso*) to pot.

invasàto **A** *a.* **1** (*posseduto*) possessed **2** (*fig.*) mad; crazy; wild **B** *m.* (*f.* **-a**) person possessed.

invasatùra *f.* potting.

invasióne *f.* invasion • (*calcio*) **i. di campo**, pitch invasion.

invasóre **A** *m.* invader **B** *a.* invading.

invecchiaménto *m.* ag(e)ing; getting (*o* growing) old.

invecchiàre **A** *v. i.* **1** to age (*anche di cose*); to grow* old; to get* old; (*d'aspetto*) to look old (*o* older): **Si invecchia!**, we are all getting old!; **un vino che invecchia bene**, a wine that ages well; **Non sei invecchiato per niente!**, you don't look a day older! **2** (*passare di moda*) to become* old-

-fashioned; to go* out of date *B* *v. t.* *1* to age: **i. il vino**, to age wine *2* (*far apparire più vecchio*) to make* (sb.) look older.

invecchiato *a.* *1* aged; older: **Lo trovai i.**, I thought he had aged; **Sembrava i. di 20 anni**, he looked 20 years older *2* (*superato*) dated; outdated; (*antiquato*) old-fashioned.

invéce *A* *avv.* (*in cambio*) instead; (*ma*) but; (*al contrario*) on the contrary; (*mentre*) whereas *B* **invéce di** *locuz. prep.* instead of *C* **invéce che** *locuz. prep.* rather than.

inveìre *v. i.* to rail (at, against); to shout (at).

invelenire *A* *v. t.* to embitter; to envenom *B* *v. i.* e **invelenirsi** *v. i. pron.* to become* embittered; (*contro q.*) lo lash out (at), to pour abuse (on).

invelenìto *a.* embittered; (*furioso*) livid.

invendìbile *a.* unsal(e)able.

invendicàto *a.* unavenged.

invendùto *A* *a.* unsold *B* *m.* unsold goods (*pl.*).

inventàre *v. t.* to invent; (*escogitare, anche*) to think* up; (*bugie, ecc., anche*) to make* up • **i. q.c. di sana pianta**, to make st. up □ **Le inventa tutte!**, he's always up to something new!

inventariàre *v. t.* to make* an inventory of; to inventory.

inventàrio *m.* *1* inventory; stock-taking: **fare l'i.**, to draw up (*o* to take) an inventory; (*comm.*) to take stock *2* (*fig.*) list; catalogue.

inventàto *a.* invented; made up; (*immaginario*) fictitious, imaginary.

inventiva *f.* inventiveness; imagination.

inventivo *a.* inventive; imaginative.

inventóre *m.* (*f.* **-trìce**) inventor.

invenzióne *f.* *1* invention *2* (*creazione della fantasia*) creation: **i. artistica**, artistic creation; **i. narrativa**, fiction; **opera di i.**, fictional work *3* (*frottola*) lie; story *4* (*trovata*) idea; notion • (*leg.*) **i. brevettata**, patent.

inverecóndia *f.* immodesty; shamelessness.

inverecóndo *a.* *1* immodest *2* (*vergognoso*) shameless; disgraceful.

invernàle *a.* winter (*attr.*); wintry: **abiti invernali**, winter clothes; **sport invernali**, winter sports; **paesaggio i.**, wintry landscape.

invèrno *m.* winter. (*Per gli esempi d'uso, V. sotto* **estate**).

invéro *avv.* (*lett.*) in truth; indeed.

inverosimigliànza *f.* improbability; unlikelihood.

inverosìmile *a.* *1* improbable; unlikely *2* (*incredibile*) incredible • **fino all'i.**, to an incredible degree; incredibly □ **avere dell'i.**, to be scarcely believable.

inversióne *f.* *1* inversion (*anche gramm.*); reversal (*anche tecn.*) *2* (*scambio*) changing; reversal: (*sport*) **i. di campo**, changing ends; **i. delle parti**, reversal of roles • (*autom.*) **i. di marcia**, U-turn □ (*naut.*) **i. di rotta**, turnabout □ **i. di tendenza**, turnabout.

invèrso *A* *a.* *1* opposite; contrary: reverse: **in senso i.**, in the opposite direction; **in ordine i.**, in reverse order *2* (*fis., mat.*) inverse: **in proporzione i.**, in inverse proportion • (*gramm.*) **costruzione inversa**, inverted order; inversion *B* *m.* opposite; inverse.

invertebràto *a. e m.* (*zool.*) invertebrate.

invertìre *A* *v. t.* *1* to reverse; to invert: **i. una tendenza**, to reverse a trend; (*fis.*) **i. la corrente**, to reverse the current *2* (*scambiare*) to reverse; to change round: **i. le parti**, to reverse roles • (*autom.*) **i. la marcia**, to do a U-turn □ (*naut.*) **i. la rotta**, to turn about *B* **invertirisi** *v. i. pron.* to be reversed.

invertìto *A* *a.* *1* reverse; inverted *2* (*chim.*) invert(ed) *B* *m.* homosexual.

invertitóre *m.* *1* (*fis.*) reverser *2* (*mecc.*) reversing gear.

investigàre *v. t.* to investigate; to inquire into; (*assol.*) to investigate, to make* inquiries.

investigativo *a.* investigating; detective: **agenzia investigativa**, detective agency; **agente i.**, detective.

investigatóre *m.* (*f.* **-trice**) investigator; detective: **i. privato**, private detective.

investigazióne *f.* investigation; inquiry; research.

investiménto *m.* *1* (*fin.*) investment *2* (*tra automobili, ecc.*) collision, crash; (*di persona*) knocking down, running over; (*incidente stradale*) road accident: **subire un i.**, to be run over; to be knocked down; **C'è stato un i.**, there was a car crash; someone was run over; **Morì in un i.**, he was killed in a road accident.

investìre *A* *v. t.* *1* (*conferire*) to invest: **i. q. di pieni poteri**, to invest sb. with full powers *2* (*fin. e fig.*) to invest: **i. in azioni**, to invest in shares *3* (*urtare contro*) to collide with; to crash into; (*una persona*) to knock down, (*travolgere*) to run* over *4* (*assalire*) to attack; to assail: **i. q. con domande** [**con ingiurie**], to assail sb. with questions [with abuse] *5* (*colpire*) to strike*; to hit* *B* **investirsi** *v. rifl. recipr.* to crash into one another.

investitóre *A* *m.* (*f.* **-trice**) *1* (*fig.*) investor *2* driver who ran over sb.; driver responsible for an accident *B* *a.* that ran over sb.

investitùra *f.* (*stor.*) investiture.

inveteràto *a.* inveterate; compulsive; (*radicato*) engrained.

invetriàre *v. t.* to glaze.

invetriàta *f.* (*finestra*) glass window; (*porta*) glass door.

invettìva *f.* invective; tirade.

inviàre *v. t.* to send*; to dispatch; (*per posta*) to post, to mail; (*via mare*) to ship; (*denaro*) to remit.

inviàto *m.* (*f.* **-a**) *1* (*diplomazia*) envoy *2* (*giorn.*) correspondent: **i. speciale**, special correspondent *3* (*incaricato*) agent; man* (*m.*).

invìdia *f.* envy • **da fare i.**, enviable □ **fare i. a tutti**, to make everybody envious □ **sentire i. per q.**, to envy sb. □ **verde di i.**, green with envy.

invidiàbile *a.* enviable.

invidiàre *v. t.* to envy: **i. q.c. a q.**, to envy sb. st. • **non aver nulla da i. a**, to be in no way inferior to; to be just as good as.

invidióso *a.* envious. ATTENZIONE: **invidioso** ≠ invidious.

invigorìre *A* *v. t.* to invigorate; to strengthen *B* **invigorìrsi** *v. i. pron.* to gain strength.

invincìbile *a.* invincible; unconquerable.

invincibilità *f.* invincibility.

invìo *m.* sending; dispatch; (*per posta*) mailing; (*di merce*) consignment, (*per mare*) shipment; (*di denaro*) remittance.

inviolàbile *a.* inviolable.

inviolabilità *f.* inviolability.

inviolàto *a.* inviolate.

inviperìre *v. i.*, **inviperirsi** *v. i. pron.* to become* furious; to get* mad (*fam.*).

inviperito *a.* furious; mad (*fam.*); livid.

invischiàre *A* *v. t.* to entangle; to embroil *B* **invischiàrsi** *v. i. pron.* to get* entangled; to become* embroiled.

invișìbile *a.* invisible.

invișibilità *f.* invisibility.

invișo *a.* unpopular (with); disliked (by); hated (by).

invitànte *a.* inviting; attractive; tempting.

invitàre *v. t.* *1* to invite; to ask: **i. q. a pranzo**, to invite (*o* to ask) sb. to dinner; **i. q. ad entrare**, to invite sb. in *2* (*richiedere*) to invite; to ask; to request: **Fui invitato a commentare**, I was asked to comment; **I passeggeri sono invitati a rimanere seduti**, passengers are kindly requested to remain seated *3* (*invogliare*) to make* (sb.) feel like; to induce; (*essere invitante*) to be [to look, to sound] inviting: **i. al sonno**, to induce sleep; to make sleepy *4* (*a carte*) to call: **i. a fiori**, to call for clubs • (*fig.*) **i. a nozze**, not to have to ask sb. twice (to do st.) □ **invitarsi da sé**, to come unasked; (*a una festa*) to gatecrash (a party) (*fam.*).

invitàto *m.* (*f.* **-a**) guest.

invìto *m.* *1* invitation: **solo per i.**, by invitation only; **biglietto d'i.**, invitation card *2* (*richiesta*) request; call: **i. al silenzio**, request for silence; **i. all'ordine**, call to order *3* (*richiamo*) call; inducement *4* (*poker*) ante.

invìtto *a.* (*lett.*) *1* unconquered; undefeated *2* (*indomito*) indomitable.

invivìbile *a.* *1* uninhabitable; impossible to live in *2* (*insopportabile*) unbearable.

invocàre *v. t.* *1* to invoke (sb., st.); to call for (st.); to cry out for (st.): **i. la grazia**, to invoke pardon; **i. aiuto**, to call for help *2* (*far appello a*) to call upon, to appeal to: **i. la testimonianza di q.**, to call upon sb. to give evidence; **i. la legge**, to appeal to the law *3* (*come scusa*) to plead.

invocazióne *f.* invocation; entreaty; appeal; call: **i. di aiuto**, call for help.

invogliàre *v. t.* to make (sb.) want; to tempt.

involgarìre *A* *v. t.* to make* vulgar; to coarsen; to cheapen *B* **involgarìrsi** *v. i. pron.* to become* vulgar.

involontariaménte *avv.* unintentionally; inadvertently; involuntarily.
involontàrio *a.* unintentional; inadvertent; involuntary.
involtìno *m.* (*cucina*) roulade.
invòlto *m.* (*fagotto*) bundle; (*pacco*) parcel, package.
invòlucro *m.* covering; wrapping; wrapper; (*rigido*) case.
involutivo *a.* involutional.
involùto *a.* ***1*** involved; intricate ***2*** (*bot., zool.*) involute.
involuzióne *f.* ***1*** involution (*anche med.*) ***2*** (*regresso*) regression; (*declino*) decline, decay.
invulneràbile *a.* invulnerable.
invulnerabilità *f.* invulnerability.
inzaccheràre ***A*** *v. t.* to splash (*o* to spatter) with mud ***B*** **inzaccheràrsi** *v. i. pron.* to get* splashed (*o* spattered) with mud.
inzuccheràre *v. t.* ***1*** to sugar ***2*** (*fig.*) to sweeten.
inzuppàre ***A*** *v. t.* ***1*** to soak; to drench ***2*** (*un biscotto, ecc.*) to dunk ***B*** **inzuppàrsi** *v. i. pron.* to get* soaked (*o* drenched).
inzuppàto *a.* soaked; drenched.
io ***A*** *pron. pers. 1ª pers. sing.* I: **io sottoscritto**, I the undersigned; **io e lui**, he and I; **Chi deve venire, io o Gigi?**, who's to come, I (*fam.* me) or Gigi?; **Sono qua io**, I am here; **Io no!**, not I (*fam.* me)!; **«Chi è?» «Sono io»**, «who is it?» «it is I» (*fam.* «it's me»); (*al telefono*) **«Posso parlare con il dottore?» «Sono io»**, «may I speak to the doctor?» «speaking»; **Sono stato io a dirglielo**, it was I (*o* I was the one) who told him; **Sono stato io a farlo**, I did it; **E io a lui: Non ci credo**, and I said to him, I don't believe it; **E io non prendo nulla?**, what about me?; don't I get anything?; **Da quel giorno non sono stato più io**, since then I haven't been myself ***B*** *m.* self; (*filos., psic.*) ego: **un forte senso dell'io**, a strong sense of self; **pensare solo al proprio io**, to think only of oneself.
iòdico *a.* (*chim.*) iodic.
iòdio *m.* (*chim.*) iodine.
iòga *m.* yoga.
iòle *f.* (*naut.*) gig; yawl.
ióne *m.* (*fis.*) ion.
iònico *a.* (*stor., archit.*) Ionic.
iònio *a.* (*geogr.*) Ionian.
ionizzàre *v. t.* (*fis.*) to ionize.
ionizzazióne *f.* (*fis.*) ionization.
ionoforèsi *f. m.* ionophoresis.
ionosfèra *f.* ionosphere.
iòsa *vc.* — **a i.**, in plenty; galore (*sempre posposto a un sost.*).
iperaffaticaménto *m.* over-exertion; overstraining.
iperbàrico *a.* hyperbaric: **camera iperbarica**, hyperbaric chamber.
ipèrbole *f.* ***1*** (*retor.*) hyperbole ***2*** (*mat.*) hyperbola*.
iperbòlico *a.* (*retor., mat. e fig.*) hyperbolic.
ipercalòrico *a.* hypercaloric; high-calory (*attr.*).
ipercritico ***A*** *a.* hypercritical; captious ***B*** *m.* (*f.* **-a**) hypercritic.
iperglicemia *f.* (*med.*) hyperglyc(a)emia.
ipermercàto *m.* hypermarket.
ipermètrope (*med.*) ***A*** *a.* hypermetropic; long-sighted ***B*** *m. e f.* hypermetrope; long-sighted person.
ipermetropìa *f.* (*med.*) hypermetropia; long-sightedness.
ipernutrìto *a.* overfed.
ipernutrizióne *f.* hypernutrition; overfeeding.
iperprotèico *a.* high-protein (*attr.*).
iperprotettivo *a.* overprotective.
iperrealismo *m.* (*arte*) hyper-realism.
ipersensìbile *a.* hypersensitive; oversensitive.
ipersensibilità *f.* hypersensitivity; oversensitiveness.
ipertensióne *f.* (*med.*) hypertension; high blood pressure.
ipertéso *a. e m.* (*f.* **-a**) (*med.*) hypertensive.
ipertiroidèo *a. e m.* (*f.* **-a**) (*med.*) hyperthyroid.
ipertiroidismo *m.* (*med.*) hyperthyroidism.
ipertrofia *f.* (*med.*) hypertrophy.
ipertròfico *a.* ***1*** (*scient.*) hypertrophic ***2*** (*fig.*) overblown.
ipervitamìnico *a.* vitamin-rich.
ipnòsi *f.* hypnosis.
ipnòtico *a. e m.* hypnotic.
ipnotismo *m.* hypnotism.
ipnotizzàre *v. t.* to hypnotize.
ipnotizzatóre *m.* (*f.* **-trice**) hypnotist.
ipocalòrico *a.* low-calory (*attr.*).
ipocèntro *m.* (*geol.*) focus.
ipocondrìa *f.* (*psic.*) hypochondria.
ipocondrìaco *a. e m.* (*f.* **-a**) (*psic.*) hypochondriac.
ipocrisìa *f.* hypocrisy; cant.
ipòcrita ***A*** *a.* hypocritical ***B*** *m. e f.* hypocrite.
ipodèrmico *a.* hypodermic.
ipodermoclìsi *f.* (*med.*) hypodermoclysis*.
ipofisàrio *a.* (*anat.*) hypophysial.
ipòfisi *f.* (*anat.*) hypophysis*.
ipogàstrico *a.* (*anat.*) hypogastric.
ipogàstrio *m.* (*anat.*) hypogastrium*.
ipogèo *m.* (*archeol.*) hypogeum*.
ipoglicemìa *f.* (*med.*) hypoglyc(a)emia.
ipoprotèico *a.* low-protein (*attr.*).
ipòstasi *f.* hypostasis*.
ipotàlamo *m.* (*anat.*) hypothalamus*.
ipotàssi *f.* (*gramm.*) hypotaxis.
ipotàttico *a.* (*gramm.*) hypotactic.
ipotèca *f.* ***1*** (*leg.*) mortgage: **accendere [estinguere] un'i.**, to raise [to redeem] a mortgage; **gravato da i.**, mortgaged ***2*** (*fig.*) stake; claim: **mettere un'i. su q.c.**, to stake a claim on st.
ipotecàbile *a.* (*leg.*) mortgageable.
ipotecàre *v. t.* ***1*** (*leg.*) to mortgage ***2*** (*fig.*) to stake a claim on.
ipotecàrio *a.* (*leg.*) mortgage (*attr.*) • **creditore i.**, mortgagee □ **debitore i.**, mortgagor.
ipotensióne *f.* (*med.*) hypotension; low blood pressure.
ipotensìvo *m.* (*farm.*) hypotensive drug.
ipotenùsa *f.* (*mat.*) hypotenuse.
ipòtesi *f.* ***1*** hypothesis* ***2*** (*congettura*) conjecture; supposition; assumption; surmise; (*spiegazione*) explanation: **i. ragionevole**, reasonable assumption ***3*** (*eventualità*) event; case; possibility: **nell'i. di un ritardo**, in the event of a delay; **Le i. sono due**, there are two possibilities • **i. di lavoro**, working hypothesis □ **Faccialo l'i. che...**, suppose that... □ **nella migliore delle i.**, at best □ **nella peggiore delle i.**, at worst; if the worst comes to the worst.
ipotéso *a. e m.* (*med.*) hypotensive.
ipotètico *a.* hypothetical • (*gramm.*) **periodo i.**, conditional (*o* if) clause.
ipotiroidismo *m.* (*med.*) hypothyroidism.
ipotizzàbile *a.* conjecturable; that can be assumed (*o* surmised).
ipotizzàre *v. t.* to conjecture; to suppose; to assume; to speculate.
ipotonìa *f.* (*med.*) hypotonicity.
ipotònico *a.* (*med.*) hypotonic.
ipotrofìa *f.* (*med., bot.*) hypotrophy.
ipotròfico *a.* (*med., bot.*) hypotrophic.
ìppica *f.* horse-racing • (*scherz.*) **Datti all'i.!**, God, you're useless!
ìppico *a.* horse (*attr.*) • **concorso i.**, show-jumping competition.
ippocàmpo *m.* (*zool.*) hippocampus*; sea-horse.
ippocastàno *m.* (*bot.*) horse-chestnut.
ippocràtico *a.* — **giuramento i.**, Hyppocratic oath.
ippòdromo *m.* race-course; (*archeol.*) hippodrome.
ippoglòsso *m.* (*zool.*) halibut.
ippogrifo *m.* (*mitol.*) hippogriff, hippogryph.
ippopòtamo *m.* (*zool.*) hippopotamus*; hippo (*fam.*).
iprìte *f.* (*chim.*) mustard gas.
ìpsilon *m. o f.* Y, y; (*alfabeto greco*) upsilon.
ipso facto (*lat.*) *locuz. avv.* immediately; straightaway.
ìra *f.* anger; rage; wrath (*lett.*); fury: **suscitare l'ira di q.**, to arouse sb.'s anger; **folle d'ira**, mad with rage; **l'ira divina**, the wrath of God; **l'ira del mare**, the fury of the sea; **sguardo d'i.**, angry (*o* furious) look • (*fam.*) **fare un'ira di Dio**, to raise Cain □ **È successa l'ira di Dio**, all hell broke loose.
irachèno *a. e m.* (*f.* **-a**) Iraqi (*f.* Iraqi woman*).
iracóndo *a.* choleric; quick-tempered.
iraniàno *a. e m.* (*f.* **-a**) Iranian (*f.* Iranian woman*).
irànico *a.* Iranian; Persian.
irascìbile *a.* irascible; quick-tempered; cantankerous.
irascibilità *f.* irascibility; cantankerousness.
iràto *a.* angry; enraged; irate.
irbis *m.* (*zool.*) snow leopard; ounce.

ìreos *m.* (*bot.*) iris*.
iridàto *a.* rainbow-coloured ● (*ciclismo*) **campione i.**, world (cycling) champion □ **conquistare la maglia iridata**, to become world (cycling) champion.
iride *f.* **1** (*anat.*) iris* **2** (*bot.*) iris* **3** (*arcobaleno*) rainbow.
iridescènte *a.* iridescent.
iridescènza *f.* iridescence.
irìdio *m.* (*chim.*) iridium.
iris *f.* (*bot.*) iris*.
irlandése ***A*** *a.* Irish ***B*** *m.* **1** Irishman*: **gli irlandesi**, the Irish **2** (*lingua*) Irish ***C*** *f.* Irishwoman*.
ironìa *f.* irony ● **fare dell'i.**, to speak [to write] ironically; to be ironical.
irònico *a.* ironic.
ironizzàre *v. i.* to be ironic; to speak* ironically.
iróso *a.* **1** (*facile all'ira*) prone to anger **2** (*irato*) angry; furious.
irradiaménto *m.* radiation; irradiation (*solo fis.*).
irradiàre ***A*** *v. t.* to radiate; (*anche fis., med.*) to irradiate ***B*** **irradiàrsi** *v. i. pron.* to radiate.
irradiazióne *f.* irradiation (*anche fis., med.*); radiation.
irraggiaménto *m.* radiation.
irraggiàre *V.* **irradiare**.
irraggiungìbile *a.* **1** inaccessible; unreachable **2** (*non ottenibile*) unattainable.
irragionévole *a.* unreasonable; (*irrazionale*) irrational; (*assurdo*) absurd.
irragionevolézza *f.* unreasonableness; irrationality.
irrancidire *v. t.* to go* rancid.
irrazionàle *a.* **1** irrational **2** (*non pratico*) impractical; not functional.
irrazionalismo *m.* (*filos.*) irrationalism.
irrazionalità *f.* **1** irrationality **2** (*scarsa praticità*) impracticability.
irreàle *a.* **1** unreal **2** (*immaginario*) imaginary; (*fantastico*) dreamlike.
irrealizzàbile *a.* unattainable; impracticable: **progetto i.**, impracticable plan.
irrealtà *f.* unreality.
irreconciliàbile *a.* irreconcilable.
irrecuperàbile *a.* irretrievable; irrecoverable.
irrecusàbile *a.* **1** which cannot be refused **2** irrefutable; indisputable.
irredentismo *m.* (*polit.*) irredentism.
irredentista *m. e f.* (*polit.*) irredentist.
irredènto *a.* unredeemed.
irredimìbile *a.* (*anche fin.*) irredeemable.
irrefrenàbile *a.* uncontrollable.
irrefutàbile *a.* irrefutable; indisputable.
irreggimentàre *v. t.* (*mil. e fig.*) to regiment.
irregolàre ***A*** *a.* **1** irregular: **verbo [poligono] i.**, irregular verb [polygon]; **lineamenti irregolari**, irregular features **2** (*ineguale*) uneven; (*ruvido*) rough: **terreno i.**, uneven ground ● (*sport*) **azione i.**, foul □ (*med.*) **polso i.**, irregular (*o* erratic) pulse □ **vita i.**, disorderly life ***B*** *m.* (*mil.*) irregular.
irregolarità *f.* **1** irregularity; (*infrazione alle regole*) breach of the rules **2** (*del terreno, ecc.*) irregularity; unevenness **3** (*sport*) foul.
irremovìbile *a.* inflexible; unshakable; adamant.
irreparàbile *a.* irreparable; irrecoverable.
irreperìbile *a.* untraceable; nowhere to be found; unavailable: **i. sul mercato**, unavailable on the market ● **rendersi i.**, to disappear; (*leg.*) to abscond (from justice); (*scherz.*) to make oneself scarce.
irreperibilità *f.* untraceableness; (*scomparsa*) disappearance.
irreprensìbile *a.* irreproachable; blameless.
irreprensibilità *f.* irreproachability.
irreprimìbile *a.* irrepressible.
irrequietézza *f.* restlessness; uneasiness.
irrequièto *a.* restless; fidgety; uneasy.
irrequietùdine *f.* restlessness; uneasiness.
irresistìbile *a.* irresistible.
irresolutézza *f.* irresoluteness; irresolution; indecision.
irresolùto *a.* irresolute; undecided; in two minds (*pred.*).
irrespiràbile *a.* **1** unbreathable; (*che sa di rinchiuso*) stuffy; (*afoso*) sultry, close **2** (*fig.*) oppressive; stifling.
irresponsàbile *a.* irresponsible; feckless.
irresponsabilità *f.* irresponsibility.
irrestringìbile *a.* unshrinkable; non-shrink.
irretìre *v. t.* **1** (*sedurre*) to ensnare; to inveigle **2** (*ingannare*) to trap.
irreversìbile *a.* **1** irreversible **2** (*di pensione*) non-transferable.
irreversibilità *f.* **1** irreversibility **2** (*di pensione*) non-transferability.
irrevocàbile *a.* irrevocable.
irrevocabilità *f.* irrevocability.
irriconoscìbile *a.* unrecognizable.
irrìdere *v. t.* (*lett.*) to deride; to mock.
irriducìbile *a.* **1** (*anche med.*) irreducible **2** (*che non desiste*) confirmed; hardened.
irriferìbile *a.* unrepeatable.
irriflessióne *f.* thoughtlessness.
irriflessivo *a.* thoughtless; unreflecting.
irrigàre *v. t.* **1** (*agric., med.*) to irrigate **2** (*di fiume*) to flow through.
irrigatóre *m.* **1** irrigator; (*a pioggia*) sprinkler **2** (*med.*) irrigator; douche.
irrigazióne *f.* **1** irrigation **2** (*med.*) irrigation; douche.
irrigidiménto *m.* **1** stiffening; (*di cadavere*) rigor mortis (*lat.*) **2** (*inasprimento*) tightening; hardening **3** (*ostinazione*) obstinacy.
irrigidìre ***A*** *v. t.* to stiffen ***B*** **irrigidìrsi** *v. i. pron.* **1** to become* stiff; to stiffen: **i. sull'attenti**, to stand stiffly to attention **2** (*di tempo*) to turn colder **3** (*diventare inflessibile*) to harden **4** (*ostinarsi*) to stick* stubbornly (to st.); to refuse to yield: **I sindacati si sono irrigiditi**, the unions have hardened their position.
irrigidìto *a.* stiff.
irriguardóso *a.* disrespectful.
irriguo *a.* **1** (*irrigato*) well-watered **2** (*che irriga*) irrigation (*attr.*).
irrilevànte *a.* insignificant; unimportant; trifling. ATTENZIONE: **irrilevante ≠ irrelevant.**
irrilevànza *f.* insignificance. ATTENZIONE: **irrilevanza ≠ irrelevance.**
irrimediàbile *a.* irreparable; irrecoverable.
irrinunciàbile *a.* that cannot be renounced; inalienable: **diritti irrinunciabili**, inalienable rights.
irripetìbile *a.* unrepeatable; (*unico*) unique, one-off.
irriproducìbile *a.* unreproducible.
irrisióne *f.* derision; mockery.
irrisòlto *a.* unsolved; unresolved.
irrisòrio *a.* (*insignificante*) derisory; trifling; paltry: **somma irrisoria**, trifling amount; **prezzo i.**, ridiculously low price.
irrispettóso *a.* disrespectful.
irritàbile *a.* **1** irritable; testy; crotchety; peevish **2** (*med.*) irritable; sensitive.
irritabilità *f.* **1** irritability; testiness; peevishness **2** (*med.*) irritability; sensitiveness.
irritànte *a.* irritating (*anche med.*); annoying; provoking.
irritàre ***A*** *v. t.* to irritate (*anche med.*); to vex; to bug (*fam.*) ***B*** **irritàrsi** *v. i. pron.* to become* irritated (*anche med.*); to get* angry.
irritàto *a.* irritated (*anche med.*); annoyed; vexed ● **avere la gola irritata**, to have a sore throat.
irritazióne *f.* irritation (*anche med.*); annoyance; vexation.
irriverènte *a.* irreverent; disrespectful.
irriverènza *f.* irreverence; disrespect.
irrobustire ***A*** *v. t.* to strengthen ***B*** **irrobustirsi** *v. i. pron.* to grow* stronger.
irrómpere *v. i.* **1** to storm, to burst*, to break* (into) **2** (*riversarsi*) to pour (into).
irroràre *v. t.* **1** to sprinkle **2** (*agric.*) to spray.
irrorazióne *f.* **1** sprinkling **2** (*agric.*) spraying.
irruènte *a.* vehement; impetuous.
irruènza *f.* vehemence; impetuousness.
irruzióne *f.* irruption; (*della polizia*) raid ● **fare i. in un luogo**, to burst into a place; to raid a place.
irsùto *a.* hairy; shaggy; hirsute.
irto *a.* **1** (*ispido*) bristly; shaggy **2** — (*anche fig.*) **i. di**, bristling with; **essere i. di**, to bristle with.
ìsba *f.* isba, izba.
ischemìa *f.* (*med.*) isch(a)emia.
iscritto (1) ***A*** *a.* **1** (*a una scuola, un corso, ecc.*) enrolled;

(*a una gara*) entered ***2*** (*a un'associazione e sim.*) registered; enrolled (as a member): **i. alla mutua**, registered with the National Health Service; **essere i. a un partito** [**a un sindacato**], to be a member of a party [of a union] ***3*** (*geom.*) inscribed ***B*** *m.* (*f.* **-a**) ***1*** (*a una scuola*) pupil; (*all'università*) student; (*a un corso*) person enrolled ***2*** (*a una gara, a un concorso*) competitor; entrant ***3*** (*a un partito, un sindacato, un club*) member: **numero degli iscritti**, membership.
iscrìtto (2) *p. p.* — **per i.**, in writing.
iscrìvere ***A*** *v. t.* ***1*** (*una persona*) to enrol(l); to enter; to put* (sb.'s name) down (for): **i. q. a una gara**, to enter sb. for a competition; **i. q. a un corso**, to enrol sb. in a course; **i. q. a un club**, to enrol sb. as a member of a club ***2*** (*registrare, inserire*) to enter; to register; to record; to set* down: **i. un nome in un elenco**, to enter a name on a list; **i. un'ipoteca**, to register a mortgage ***3*** (*incidere*) to inscribe; to engrave ***4*** (*geom.*) to inscribe ***B*** **iscrìversi** *v. rifl.* to enrol(l); to enter (st.); to enter one's name (for); to join (st.); to put* one's name (*o* oneself) down (for): **i. a una scuola**, to enter a school; **i. a un corso**, to enrol for a course; **i. all'università**, to enter university; to matriculate; **i. a lettere**, to enrol in Arts; **i. a un partito**, to join a party; **i. a un club**, to join (*o* to become a member of) a club.
iscrizióne *f.* ***1*** (*a una scuola, un corso, ecc.*) enrol(l)ment; (*a una gara, ecc.*) entry; (*a un partito, un club*) enrol(l)ment; acceptance; (*all'università*) enrol(l)ment, matriculation ***2*** (*al pl.*) (*numero degli iscritti*) enrolments; membership (*sing.*) ***3*** (*registrazione*) registration; entry ***4*** (*epigrafe*) inscription • **domanda di i.**, application □ **fare domanda di i.**, (*a un corso, ecc.*) to apply for admission; (*a un club, ecc.*) to apply for membership; (*a una gara, ecc.*) to apply to enter (*o* for entry) □ **modulo d'i.**, application form □ **tassa d'i.**, admission fee; membership fee; entrance fee; matriculation fee.
islàmico *a.* Islamic.
islamìsmo *m.* (*stor., relig.*) Islamism; Islam.
islandése ***A*** *a.* Icelandic ***B*** *m. e f.* Icelander.
isòbara *f.* (*meteor.*) isobar.
isòbata *f.* (*geogr.*) isobath.
isoclinàle *f.* (*geol.*) isoclinal.
isocronìsmo *m.* (*fis.*) isochronism.
isòcrono *a.* (*fis.*) isochronous; isochronal.
isògona *f.* (*fis.*) isogonic (line); isogone.
isoipsa *f.* (*geogr.*) contour line.
ìsola *f.* ***1*** (*geogr.*) island; isle: **i. corallina**, coral island; **l'I. di Pasqua**, Easter Island; **le Isole britanniche**, the British Isles ***2*** (*med.*) island • **i. di pace**, oasis of peace □ **i. pedonale**, pedestrian precinct □ **i. spartitraffico**, traffic island.
isolaménto *m.* ***1*** isolation; seclusion; (*segregazione*) segregation, confinement; (*in carcere*) solitary confinement ***2*** (*fis.*) insulation: **i. termico**, heat insulation; **i. acustico**, soundproofing • **cella di i.**, isolation cell □ **reparto di i.** (*di ospedale*), isolation ward.
isolàno ***A*** *a.* island (*attr.*); insular ***B*** *m.* (*f.* **-a**) islander.
isolànte (*fis.*) ***A*** *a.* insulating ***B*** *m.* insulator.
isolàre ***A*** *v. t.* ***1*** to isolate (*anche chim., med.*); to cut* off ***2*** (*elettr.*) to insulate; (*acustica*) to soundproof ***B*** **isolàrsi** *v. rifl.* to isolate oneself; to keep* oneself to oneself (*fam.*).
isolàto (1) ***A*** *a.* ***1*** (*appartato*) isolated, secluded; (*separato*) cut off: **vita isolata**, isolated life; **i. dalla piena**, cut off by the flood ***2*** (*lontano*) remote; (*fuori mano*) out of the way; (*solitario*) lonely ***3*** (*unico*) isolated: **caso i.**, isolated case ***4*** (*elettr.*) insulated; (*acustica*) soundproof ***5*** (*telef.*) dead ***B*** *m.* ***1*** (*chi vive in solitudine*) recluse; hermit ***2*** (*chi è fuori da un gruppo*) outsider.
isolàto (2) *m.* (*blocco di case*) block.
isolatóre *m.* (*elettr.*) insulator.
isolazionìsmo *m.* (*polit.*) isolationism.
isolazionìsta *a., m. e f.* (*polit.*) isolationist.
isolétta *f.*, **isolòtto** *m.* islet.
isòmero (*chim.*) ***A*** *a.* isomeric ***B*** *m.* isomer.
isomorfìsmo *m.* (*miner., mat.*) isomorphism.
isomòrfo *a.* (*miner., mat.*) isomorphous.
isòscele *a.* (*geom.*) isosceles.
isotèrma *f.* (*geogr.*) isotherm.
isotèrmico *a.* (*fis.*) isothermal.
isòtopo (*chim.*) ***A*** *a.* isotopic ***B*** *m.* isotope.
isòtropo *a.* (*fis.*) isotropic; isotropous.
ispano-americàno *a. e m.* Hispano-American.
ispessìre *v. t.*, **ispessìrsi** *v. i. pron.* to thicken.
ispettìvo *a.* inspection (*attr.*): **controllo i.**, inspection.
ispettoràto *m.* ***1*** (*mansione*) inspectorate ***2*** (*sede*) inspector's office.
ispettóre *m.* (*f.* **-trice**) inspector.
ispezionàre *v. t.* to inspect.
ispezióne *f.* inspection.
ìspido *a.* ***1*** bristly; prickly: **barba ispida**, bristly beard; **capelli ispidi**, wiry hair ***2*** (*fig.*) intractable; crotchety.
ispiràre ***A*** *v. t.* ***1*** to inspire: **i. fiducia a q.**, to inspire sb. with confidence (*o* confidence in sb.) ***2*** (*dare l'ispirazione*) to give* (sb.) inspiration; (*suggerire*) to prompt: **i. una poesia a q.**, to give sb. inspiration for a poem; **i. un'idea**, to give an idea; **i. una risposta**, to prompt an answer ***B*** **ispiràrsi** *v. i. pron.* ***1*** to draw* inspiration (from); to be inspired (by); **per ispirarsi**, in search of inspiration ***2*** (*conformarsi*) to follow; to be guided (by).
ispiràto *a.* inspired.
ispiratóre ***A*** *a.* inspiring ***B*** *m.* (*f.* **-trice**) inspirer; (*promotore*) moving force.
ispirazióne *f.* inspiration • **di i. barocca**, derived from the baroque □ **di i. socialista**, influenced by socialistic ideas; socialist-inspired.
israeliàno *a. e m.* (*f.* **-a**) Israeli (*f.* Israeli woman*).
israelìta *a., m. e f.* Israelite.
israelìtico *a.* Israelite; Jewish.
ìssa *inter* heave!
issàre *v. t.* to hoist; to heave: **i. la bandiera**, to hoist the flag.
issòpo *m.* (*bot.*) hyssop.
istallàre e *deriv. V.* **installare** e *deriv.*
istamìna *f.* (*biol.*) histamine.
istantànea *f.* snapshot; snap (*fam.*).
istantaneaménte *avv.* instantly; immediately; at once.
istantaneità *f.* instantaneousness.
istantàneo *a.* instantaneous; instant.
istànte *m.* instant; (*al pl., più comune*) second, minute: **in questo stesso i.**, this very instant; **fra qualche i.**, in a few seconds; in a minute or two; **all'i.**, immediately; at once; **Un i.!**, one moment!; just a sec! (*fam.*); **È stato un i.**, it was a matter of seconds.
istànza *f.* ***1*** (*richiesta*) request; (*scritta*) application, petition, appeal: **su vostra i.**, at your request ***2*** (*leg.*) application; petition; **presentare un'i.**, to file an application; to lodge a petition; **i. di fallimento**, bankruptcy petition ***3*** (*esigenza*) need, demand; (*aspirazione*) expectation, aspiration • (*leg.*) **tribunale di prima i.**, court of first instance □ (*leg.*) **tribunale di seconda i.**, court of appeal.
istauràre e *deriv. V.* **instaurare** e *deriv.*
isterectomìa *f.* (*chim.*) hysterectomy.
isterìa *f.* hysteria.
istèrico (*psic.*) ***A*** *a.* hysterical • **avere un attacco i.**, to go into hysterics □ **crisi isterica**, fit of hysterics ***B*** *m.* (*f.* **-a**) hysteric.
isterilìre ***A*** *v. t.* ***1*** to render sterile ***2*** (*fig.*) to dry up ***B*** *v. i. e* **isterilìrsi** *v. i. pron.* ***1*** to become* barren (*o* sterile, unproductive) ***2*** (*fig.*) to dry up.
isterìsmo *m.* (*psic.*) hysteria; hysterics (*pl. col verbo al sing.*).
istigàre *v. t.* to instigate; to incite; to lead* on; to egg on (*fam.*).
istigatóre *m.* (*f.* **-trice**) instigator.
istigazióne *f.* instigation; incitement: **su i. di**, at the instigation of • (*leg.*) **i. a delinquere**, inducement; incitement.
istillàre e *deriv. V.* **instillàre** e *deriv.*
istintivaménte *avv.* instinctively; by instinct; (*senza riflettere*) impulsively.
istintìvo ***A*** *a.* instinctive; unthinking ***B*** *m.* (*f.* **-a**) impulsive person.
istìnto *m.* instinct: **fare q.c. per i.**, to do st. by instinct; **agire d'i.**, to act on instinct; **i. di conservazione**, instinct of self-preservation.
istituìre *v. t.* ***1*** to found; to establish; to institute; to set* up: **i. un ordine religioso**, to found a religious order; **i. una commissione di inchiesta**, to set up a board of enquiry ***2*** (*leg.*) to appoint.
istitutìvo *a.* institutive.

istitùto *m.* ***1*** (*ente*) institute; institution: **i. di ricerca**, research institute; **i. di pena**, penal institution ***2*** (*scuola*) school; (*universitario*) institute, department ***3*** (*leg.*) institution • **i. bancario**, bank □ **i. di bellezza**, beauty parlour □ **i. di credito**, bank.
istitutóre *m.* ***1*** (*fondatore*) founder ***2*** (*precettore*) tutor.
istitutrìce *f.* ***1*** (*fondatrice*) founder ***2*** (*governante*) governess.
istituzionàle *a.* ***1*** institutional ***2*** (*di base*) basic.
istituzionalizzàre *v. t.* to institutionalize.
istituzióne *f.* ***1*** institution ***2*** (*l'istituire*) institution; setting up; foundation; establishment ***3*** (*al pl.*) (*principi fondamentali*) institutes ***4*** (*scherz., di persona*) fixture • (*leg.*) **i. di erede**, appointment of an heir.
ìstmico *a.* isthmian.
ìstmo *m.* (*geogr., anat.*) isthmus*.
istologìa *f.* histology.
istològico *a.* histological.
istoriàre *v. t.* to decorate (with figures).
istoriàto *a.* historiated; decorated.
istradàre e *deriv. V.* **instradare** e *deriv.*
istrìce *f.* ***1*** (*zool.*) porcupine ***2*** (*zool.*) hedgehog ***3*** (*fig.*) prickly person.
istrióne *m.* (*f.* **-a**) ***1*** (*teatr. spreg.*) ham (actor) ***2*** (*fig.*) histrionic person; play-actor; (*ciarlatano*) humbug.
istriònico *a.* histrionic.
istruìre ***A*** *v. t.* to educate; (*in una particolare scienza o tecnica, ecc.*) to instruct; (*insegnare*) to teach*; (*addestrare*) to train • (*leg.*) **i. un processo**, to prepare a case for trial ***B*** **istruìrsi** *v. rifl.* to improve one's education; to study; to learn*.
istruìto *a.* educated; learned • **i. da sé**, self-taught.
istruttìvo *a.* instructive.
istruttóre ***A*** *m.* (*f.* **-trice**) ***1*** instructor ***2*** (*sport*) trainer; coach ***B*** *a.* — (*leg.*) **giudice i.**, investigating (*o* examining) magistrate □ (*mil.*) **sergente i.**, drill-sergeant.
istruttòria *f.* (*leg.*) preliminary inquiry; committal proceedings (*pl.*).
istruttòrio *a.* (*leg.*) preliminary • **segreto i.**, secrecy concerning a preliminary inquiry.
istruzióne *f.* ***1*** education; schooling; (*insegnamento*) teaching; (*addestramento*) training: **i. elementare** [**secondaria, superiore**], elementary [secondary, higher *o* further] education; **i. militare**, military training; **i. professionale**, vocational training; **pubblica i.**, (state) education; **privo di i.**, uneducated ***2*** (*direttiva*) instruction, direction (*spesso al pl.*); (*al pl., mil.*) orders: **istruzioni per l'uso**, directions for use ***3*** (*leg.*) *V.* **istruttoria**.
istupidìre ***A*** *v. t.* ***1*** to make* stupid; to numb the mind ***2*** (*intontire*) to daze ***B*** *v. i. e* **istupidirsi** *v. i. pron.* to become* stupid.
istupidìto *a.* stupefied; dazed; in a daze.
italianità *f.* Italian spirit; Italian character.
italianizzàre *v. t.*, **italianizzàrsi** *v. i. pron.* to Italianize.
italiàno *a. e m.* (*f.* **-a**) Italian (*f.* Italian woman*) • **all'italiana**, Italian-style; the Italian way.
itàlico *a.* ***1*** (*stor.*) Italic ***2*** (*geogr.*) Italian ***3*** (*tipogr.*) italic(s).
italo-americàno *a. e m.* (*f.* **-a**) Italo-American.
italo-britànnico *a.* Italo-British; Anglo-Italian.
iter (*lat.*) *m. invar.* procedure: **i. burocratico**, bureaucratic procedure; **seguire l'i. burocratico**, to follow bureaucratic procedure; to go through the usual channels (*fam.*); **i. parlamentare di una legge**, procedure to enact a bill.
iteratìvo *a.* repetitive.
iteràto *a.* repeated.
iterazióne *f.* (*lett.*) iteration; repetition.
itinerànte *a.* itinerant; travelling.
itineràrio *m.* itinerary; route.
ittèrico (*med.*) ***A*** *a.* jaundiced ***B*** *m.* (*f.* **-a**) jaundice patient.
itterìzia *f.*, **ìttero** *m.* (*med.*) jaundice.
ìttico *a.* fish (*attr.*); fishing (*attr.*): **allevamento i.**, fish farm; **industria ittica**, fishing industry.
ittiòlo *m.* (*farm.*) ichthyol.
ittiologìa *f.* ichthyology.
ittiològico *a.* ichthyologic(al).
ittiòlogo *m.* (*f.* **-a**) ichthyologist.
ittìta *a. e m.* (*stor.*) Hittite.
iùcca *f.* (*bot.*) yucca.
iugoslàvo *a. e m.* (*f.* **-a**) Yugoslav, Iugoslav.
iùta *f.* jute.
IVA, **Iva** *f.* (*fisc.*) VAT (*iniz. di* Value-Added Tax).
ìvi *avv.* (*lett.*) there; (*bur.*) therein: **ivi incluso**, enclosed therein; **ivi compreso**, including.

j, J

J, **j** *m. o f.* J, j • (*telef.*) **j come jolly**, j for Jack (*USA* for Juliet).
jack (*ingl.*) *m. invar.* ***1*** (*elettr.*) jack ***2*** (*carte da gioco*) jack; knave (*GB*).
jacquard (*franc.*) *a e m. invar.* jacquard.
jais (*franc.*) *m. invar.* (*miner.*) jet.
jazz (*ingl.*) *m. e a. invar.* jazz: **orchestra j.**, jazz band.
jazzista *m. e f.* jazz player.
jazzistico *a.* jazz (*attr.*): **complesso j.**, jazz band.
jeans (*ingl.*) ***A*** *m. invar.* ***1*** (*tessuto*) denim ***2*** (*al pl.*) jeans; denims ***B*** *a. invar.* — **tela j.**, denim.
jeep (*ingl.*) *f. invar.* jeep.
jet (*ingl.*) *m. invar.* (*aeron.*) jet.
jet-set, **jet-society** (*ingl.*) *m. invar.* jet set.
jòlly (*ingl.*) ***A*** *m. invar.* ***1*** (*carta da gioco*) joker ***2*** (*fig.*) jack-of-all-trades ***B*** *a. invar.* all-purpose. ATTENZIONE: **jolly** ≠ jolly.
joule (*franc.*) *m. invar.* (*fis.*) joule.
judò *m.* (*sport*) judo.
judoìsta, **judòka** *m. e f.* (*sport*) judoist; judoka*.
jugoslàvo *V.* **iugoslavo**.
juke-bòx (*ingl.*) *m. invar.* jukebox.
jùmbo (*ingl.*) *m. invar.* (*aeron.*) jumbo (jet).
junior (*lat.*) ***A*** *a.* (*anche sport*) junior ***B*** **juniores** *m. e f. pl.* (*sport*) juniors; under-21s.

k, K

K, k *m. o f.* K, k • (*telef.*) **k come Kursaal**, k for king.
kafkiàno *a.* (*fig.*) Kafkaesque.
kàki *a. e m. invar.* khaki.
kamikàze *m. invar.* ***1*** (*stor.*) kamikaze ***2*** (*fig.*) kamikaze driver [pilot, etc.].
kantiàno *a.* (*filos.*) Kantian.
kapòk *m.* kapok.
karakìri *m. invar.* hara-kiri: **fare h.**, to commit hara-kiri.
karaoke *m. invar.* karaoke.
karate *m.* (*sport*) karate.
kàsba *V.* **casba**.
kasher (*ebraico*) *a. invar.* kosher.
katiuscia *f.* multiple rocket-launcher.
kelvin *m. invar.* (*fis.*) kelvin.
keniano *a. e m.* (*f.* **-a**), **keniòta** *a., m. e f.* Kenyan (*a. e m.*); Kenyan woman* (*f.*).
kèpi (*franc.*) *m. invar.* kepi.
kepleriàno *a.* Keplerian.
kermesse (*franc.*) *f.* ***1*** (*festa*) kermess; local festival ***2*** (*estens.*) celebration; festivities (*pl.*).
kerosène *m.* (*chim.*) kerosene.
kibbùtz *m. invar.* kibbutz*.
killer (*ingl.*) ***A*** *m. invar.* (*omicida*) killer, murderer; (*sicario*) hitman* ***B*** *a. invar.* deadly; lethal.
kilocìclo *m.* (*fis.*) kilocycle.
kilogràmmo *m.* kilogram(me); kilo.
kilohèrtz *m.* (*fis.*) kilohertz.
kilometràggio *m.* distance in kilometres; (*in miglia*) mileage.
kilomètrico *a.* kilometric(al): **distanza kilometrica**, distance in kilometres.
kilòmetro *m.* kilometre, kilometer (*USA*).
kìlowatt *m. invar.* (*elettr.*) kilowatt.
kilowattóra *m. invar.* (*elettr.*) kilowatt-hour.
kimòno *m. invar.* kimono*.
Kinderheim (*ted.*) *m. invar.* children's holiday home.
kinesiterapìa *f.* (*med.*) kinesitherapy.
Kirsch (*ted.*) *m.* kirsch.
Kitsch (*ted.*) ***A*** *m. invar.* kitsch ***B*** *a. invar.* kitschy.
kìwi *m. invar.* ***1*** (*zool.*) kiwi ***2*** (*bot.*) kiwi fruit.
knockout (*ingl.*) *m. invar. e avv.* (*boxe*) knockout (*abbr. fam.* KO, k.o.): **andare k.**, to be knocked out; **essere k.**, to be knocked out; (*fig.*: *essere stanco*) to be washed out (*o* done in), (*essere a terra*) to be finished; **mettere k.**, to knock out; to k.o.; (*fig.*) to lay* down (*generalm. al passivo*); **vincere per k.**, to win by a knockout.
koàla *m. invar.* (*zool.*) koala.
koinè (*greco*) *f. invar.* koine.
kolchòz (*russo*) *m. invar.* kholkhoz.
kolòssal *V.* **colossal**.
krapfen (*ted.*) *m. invar.* doughnut, donut (*USA*).
krill *m. invar.* (*zool.*) krill.
kriss *m. invar.* kris; creese.
kümmel (*ted.*) *m.* kümmel.
kuwaitiàno *a. e m.* (*f.* **-a**) Kuwaiti (*f.* Kuwaiti woman*).

I, L

L, l *f. o m.* L, l ● (*telef.*) **l come Livorno**, l for Lucy (*USA* for Love) □ **a (forma di) L**, L-shaped..

la (1) *art. determ. f. sing.* ***1*** the: **Apri la porta**, open the door; **la prima volta**, the first time; **la casa che ho comprato**, the house I bought; **la bellezza del tramonto**, the beauty of sunset; **la terra**, the earth; **la luna**, the moon; **la Vergine Maria**, the Virgin Mary ***2*** (*idiom.: assente in ingl.*) — **Non mi piace l'estate**, I don't like summer; **la bellezza**, beauty; **la Francia**, France; **l'Italia**, Italy; **la regina Anna**, Queen Anne; **la domenica di Pasqua**, Easter Sunday; **la mamma**, mother; mum (*fam.*); **la prossima volta**, next time; **la mia borsa**, my bag; **Non è la mia**, it isn't mine; **la zia di Tom**, Tom's aunt; **la signora Brown**, Mrs Brown; **la zia Alice**, Aunt Alice ***3*** (*idiom.: agg. poss. in ingl.*) — **Mi misi la giacca**, I put on my jacket; **Prestami la penna**, lend me your pen ***4*** (*idiom.: art. indeterm. in ingl.*) a, an: **Fumo la pipa**, I smoke a pipe; **guidare l'automobile**, to drive a car ***5*** (*idiom.: agg. partitivo in ingl.*) some; (*in frasi neg.*) any: **Chi vuole la panna?**, who would like some cream?; **Non ho comprato la farina**, I didn't buy any flour ***6*** (*con valore distributivo*) a, an: **tre volte la settimana**, three times a week ***7*** (*nelle espressioni di tempo*) in the; on the (*o idiom.*): **Che fai la sera?**, what do you do in the evening(s)?; **Viene la domenica**, he comes on Sundays.

la (2) *pron. pers. f. 3ª pers. sing.* ***1*** (*compl. ogg.: rif. a persona, animale femmina, a imbarcazione o cosa personificata*) her; (*rif. a cosa o animale generico*) it ***2*** (*pron. di cortesia*) you ***3*** (*con valore neutro*) it (*o idiom.*): **La pianti?**, will you stop it?; **L'ho vista brutta**, I had a narrow escape.

la (3) *m.* (*mus.*) A; (*nel solfeggio*) la: **dare il la**, to give the A; (*fig.*) to set the tone.

là *avv.* there: **qua e là**, here and there; **là dentro**, in there; **Voglio quello là**, I want that one (there); **Eccolo là!**, there he is!; **È là dove l'ho lasciato**, it's where I left it ● **là per là**, (*sui due piedi*) there and then; on the spot; (*a tutta prima*) at first □ **l'al di là**, the hereafter; the afterlife □ **al di là di** (*o* **di là da**), beyond; on the other side of: **al di là dei monti**, on the other side of (*o* beyond) the mountains; **al di là della mia comprensione**, beyond my understanding □ **di là**, (*nell'altra stanza*) in the other room, in there; (*da quella parte*) that way □ **andare troppo in là** (*esagerare*), to go too far □ **da quel giorno in là**, from that day on □ **farsi in là**, to step aside; to make way; to move over □ **in là con gli anni**, well on (*o* getting on) in years □ **spostare in là**, to shift; to move; to move over; to move further away; (*nel tempo*) to postpone □ **Il 27 è troppo in là**, the 27th is too late □ **per di là**, that way □ **di là da venire**, yet to come □ **più di là che di qua**, more dead than alive □ **più in là**, (*nello spazio*) further on (*o* away, over); (*nel tempo*) later on □ **Ma va' là!**, come off it! □ **Va' là, sii sincero!**, come on, be honest!

làbaro *m.* banner.

làbbro *m.* (*pl.* **làbbra** *f., nelle def 1 e 3*; **labbri** *m., nella def. 2*) ***1*** lip: **l. superiore** [**inferiore**], upper [lower] lip; (*med.*) **l. leporino**, harelip; **leccarsi le labbra**, to lick one's lips; (*fig.*) to smack one's lips; **pendere dalle labbra di q.**, to hang on sb.'s every word ***2*** (*orlo*) lip; edge: **i labbri di una ferita**, the lips of a wound ***3*** (*anat.*) labium*: **grandi** [**piccole**] **labbra**, labia maiora [minora].

labiàle *a. e f.* (*fon.*) labial.

làbile *a.* ***1*** (*fugace*) fleeting; transient ***2*** (*debole*) weak; faint: **memoria l.**, weak (*o* poor) memory ***3*** (*psic.*) labile.

labilità *f.* ***1*** (*fugacità*) fleeting nature ***2*** (*debolezza*) weakness; faintness ***3*** (*psic.*) lability.

labirìntico *a.* labyrinthine; maze-like.

labirìnto *m.* labyrinth (*anche anat.*); maze (*anche fig.*).

laboratòrio *m.* ***1*** laboratory; lab (*fam.*) ***2*** (*di artigiano*) workshop; (*annesso a un negozio*) workroom.

laboriosità *f.* ***1*** (*difficoltà*) laboriousness ***2*** (*operosità*) industriousness; industry.

laborióso *a.* ***1*** (*difficile, faticoso*) laborious; arduous; wearisome ***2*** (*industrioso*) hard-working; industrious, (*denso di lavoro*) busy.

laburìsmo *m.* (*polit.*) labourism; Labour movement.

laburìsta (*polit.*) ***A*** *a.* Labour (*attr.*) ***B*** *m. e f.* Labour Party member; (*parlamentare*) Labour MP (*abbr. di* Member of Parliament).

labùrno *m.* (*bot.*) laburnum.

làcca *f.* ***1*** (*pigmento*) lake; (*vernice*) lacquer ***2*** (*per capelli*) (hair) lacquer; hair spray ***3*** (*per unghie*) nail varnish ***4*** (*oggetto laccato*) lacquer ● **l. giapponese**, japan □ **gomma l.**, shellac □ **rosso l.**, lake red; bright red.

laccàre *v. t.* ***1*** (*il legno*) to lacquer; to japan ***2*** (*verniciare a smalto*) to enamel ***3*** (*i capelli*) to spray (with lacquer) ***4*** (*le unghie*) to varnish.

laccatùra *f.* ***1*** (*di legno*) lacquering ***2*** (*verniciatura a smalto*) enamelling.

lacchè *m.* lackey (*anche fig., spreg.*); footman*.

làccio *m.* ***1*** (*cappio*) noose ***2*** (*trappola, anche fig.*) snare; trap: **prendere al l.**, to ensnare; to trap ***3*** (*legaccio*) string; lace: **l. da scarpe**, shoe-lace; shoe-string ***4*** (*fig.*) tie; (*impedimento*) shackle ● (*med.*) **l. emostatico**, tourniquet.

lacerànte *a.* (*fig.*) lacerating; (*acuto*) piercing.

laceràre ***A*** *v. t.* (*anche fig.*) to tear*; to rend*; to lacerate: **l. l'aria**, to rend the air ● **l. il cuore a q.**, to be heartrending (*o* heartbreaking); to break sb.'s heart □ **lacerato dal rimorso**, racked with remorse ***B*** **laceràrsi** *v. i. pron.* to tear*.

lacerazióne *f.* laceration (*anche med.*); (*strappo*) rent.

làcero *a.* ***1*** (*di stoffa*) torn; in shreds (*pred.*) ***2*** (*di persona*) ragged; in rags (*pred.*).

lacero-contùso *a.* (*med.*) lacerated and contused; jagged.

laconicità *f.* laconic manner; terseness; (*stringatezza*) brevity, conciseness.

lacònico *a.* laconic; terse; (*stringato*) brief, concise.

làcrima *f.* ***1*** tear: **scoppiare in lacrime**, to burst into tears; **non versare una l.**, not to shed a single tear; **commuoversi fino alle lacrime**, to be moved to tears; **con le lacrime agli occhi**, with tears in one's eyes ***2*** (*goccia*) drop; drip ● **avere le lacrime facili** (*o* **in tasca**), to cry easily; to be very emotional □ **piangere a calde lacrime**, to cry one's heart out □ **ridere fino alle lacrime**, to laugh till one cries □ **viso rigato di lacrime**, tear-stained face □ **sciogliersi in lacrime**, to dissolve into tears.

lacrimàle *a.* (*anat.*) lachrymal, lacrimal.

lacrimàre *v. i.* ***1*** (*per irritazione*) to water ***2*** (*piangere*) to weep*; to cry.

lacrimazióne *f.* (*med.*) lachrymation, lacrimation.

lacrimévole *a.* sad; moving; pitiful: **vicenda l.**, sad (*o* moving) story; (*iron.*) sob story; **film** [**storia**] **l.**, tear-jerker (*fam.*).

lacrimògeno *a.* — **bomba lacrimogena**, tear gas canister; **gas l.**, tear gas.

lacrimóso *a.* ***1*** (*pieno di lacrime*) tearful ***2*** *V.* **lacrimevole**.

lacuàle *a.* lake (*attr.*).

lacùna *f.* ***1*** gap: **colmare una l.**, to fill a gap; **lacune culturali**, gaps in sb.'s education ***2*** (*in un testo*) lacuna*.

lacunàre *m.* (*archit.*) lacunar.

lacunosità *f.* incompleteness; sketchiness.

lacunóso *a.* full of gaps (*o* blanks); (*di manoscritto*) full of lacunae; (*incompleto*) incomplete, sketchy, patchy: **cultura lacunosa**, incomplete education; **descrizione lacunosa**, sketchy description.

lacùstre *a.* lake (*attr.*); (*geol.*) lacustrine.
laddóve *cong.* **1** (*mentre*) whereas; whilst; while **2** (*se*) if.
ladino *a. e m.* Ladin.
ladrésco *a.* thievish; thieving • **impresa ladresca**, theft.
làdro **A** *m.* (*f.* **-a**) thief* (*anche fig.*); (*rapinatore*) robber; (*svaligiatore*) burglar; (*borsaiolo*) pickpocket; (*taccheggiatore*) pilferer: **Al l.!**, stop, thief!; **Ho avuto i ladri in casa**, I had burglars • **l. di bestiame**, cattle thief; rustler (*USA*) □ **l. di cuori**, lady-killer □ **l. di galline**, petty thief □ **l. di strada**, street robber; mugger □ **l. in guanti gialli**, society thief □ **tempo da ladri**, foul (*o* dirty) weather □ **vergognarsi come un l.**, to die of shame □ **vestito come un l.**, dressed like a tramp **B** *a.* thieving; (*disonesto*) dishonest.
ladrocinio *m.* theft; robbery; (*leg., anche*) larceny.
ladrùncolo *m.* (*f.* **-a**) petty thief*; (*taccheggiatore*) pilferer.
làger (*ted.*) *m. invar.* concentration camp; death camp.
laggiù *avv.* down there, over there; down: **l'uomo l.**, the man over there; **l. in fondo alla strada**, down at the end of the street; **l. al sud**, down south.
làgna *f.* **1** whining; whine **2** (*cosa o persona noiosa*) bore; drag (*fam.*).
lagnànza *f.* complaint; grievance.
lagnàrsi *v. i. pron.* **1** to complain; (*brontolare*) to grumble, to moan **2** (*gemere*) to moan; to groan.
lagnóso *a.* **1** (*lamentoso*) moaning; grumbling **2** (*noioso*) boring.
làgo *m.* **1** lake: **il l. di Garda**, Lake Garda **2** (*fig.*) lake; pool: **un l. di sangue**, a pool of blood.
làgrima e *deriv.* *V.* **lacrima** e *deriv.*
lagùna *f.* lagoon.
lagunàre *a.* lagoon (*attr.*).
laicàle *a.* lay (*attr.*); laic(al); secular.
laicàto *m.* **1** lay state **2** (*i laici*) laity.
laicismo *m.* secularism; laicism.
laicità *f.* lay status.
laicizzàre *v. t.* to secularize; to laicize.
làico **A** *a.* lay (*attr.*); secular; (*non religioso*) non-religious **B** *m.* layman*.
laidézza *f.* (*lett.*) **1** filth; foulness **2** (*oscenità*) obscenity.
làido *a.* (*lett.*) **1** filthy; foul **2** (*osceno*) obscene.
làma (**1**) *f.* blade.
làma (**2**) *m. invar.* (*zool.*) llama.
làma (**3**) *m. invar.* (*monaco buddista*) lama.
lamantino *m.* (*zool.*) manatee.
lamàre *v. t.* to plane.
lambiccàre *v. t.* — **lambiccarsi il cervello**, to cudgel (*o* to rack) one's brains.
lambiccàto *a.* overelaborate: far-fetched.
lambire *v. t.* **1** (*leccare*) to lick; to lap **2** (*sfiorare*) to brush **3** (*del fuoco*) to lick **4** (*delle onde*) to lap against; (*di fiume*) to flow close to.
lamé (*franc.*) *a. e m. invar.* lamé.
lamèlla *f.* **1** thin blade **2** (*bot.*) lamella*; gill.
lamellàre *a.* (*geol.*) flaky.
lamentàre **A** *v. t.* **1** to mourn; to lament: **l. la morte di un amico**, to mourn (*o* to lament) the death of a friend **2** (*dover segnalare*) to report: **Si lamentano due vittime**, two casualties have been reported **B** **lamentàrsi** *v. i. pron.* **1** (*gemere*) to groan; to moan **2** (*fare rimostranze*) to complain.
lamentazióni *f. pl.* lamentations; wailings.
lamentèla *f.* complaint.
lamentévole *a.* **1** lamentable; pitiful **2** (*lamentoso*) plaintive; mournful.
laménto *m.* **1** lament; (*gemito*) moan, groan, (*al pl., anche*) moaning Ⓤ, groaning Ⓤ, wailing Ⓤ **2** (*suono lamentoso*) plaintive sound **3** (*letter., mus.*) lament **4** (*lagnanza*) complaint.
lamentóso *a.* plaintive; mournful.
lamétta *f.* (*di rasoio*) razor-blade.
lamièra *f.* plate; sheet: **l. d'acciaio**, sheet steel; **l. ondulata**, corrugated iron.
lamierino *m.* sheet: **l. d'acciaio**, sheet-steel.
làmina *f.* lamina* (*anche anat., geol., bot.*) thin layer; thin sheet; (*scaglia*) scale • **l. d'oro**, gold leaf □ **l. di ottone**, brass foil.
laminàre *v. t.* (*metall.*) to roll; to laminate.
laminàto (**1**) **A** *a.* rolled; laminated **B** *m.* rolled section • **l. plastico**, laminated plastic.
laminàto (**2**) *m.* (*tessuto*) lamé.
laminatóio *m.* (*mecc.*) rolling mill.
laminatùra, **laminazióne** *f.* (*metall.*) rolling; lamination.
làmpada *f.* lamp: **l. a stelo**, standard lamp; floor lamp; **l. da tavolo**, table lamp; reading lamp.
lampadàrio *m.* chandelier.
lampadina *f.* (light) bulb • **l. tascabile**, pocket torch (*GB*); pocket flashlight (*USA*).
lampànte *a.* (crystal) clear; self-evident; obvious: **È l. che...**, it is glaringly obvious that...
lampeggiaménto *m.* flashing; winking.
lampeggiàre **A** *v. i.* **1** (*di luce e fig.*) to flash **2** (*di segnalazione*) to wink; to flash; (*autom.*) to flash one's lights (*USA* brights) **B** *v. impers.* — **Tuonava e lampeggiava**, there was thunder and lightning.
lampeggiatóre *m.* flasher; (*autom.*) (flashing) indicator; (*di polizia, ambulanza*) flashing light.
lampionàio *m.* lamp-lighter.
lampióne *m.* streetlamp; streetlight; (*il palo*) lamppost: **l. a gas**, gaslight.
làmpo **A** *m.* **1** lightning Ⓤ; flash of lightning: **lampi e tuoni**, thunder and lightning; **Vidi un l.**, I saw a flash of lightning **2** (*guizzo di luce*) flash (*anche fig.*); (*bagliore*) flashing • (*fotogr.*) **l. al magnesio**, magnesium flash (*o* light) □ **l. di genio**, flash of inspiration; stroke of genius □ **correre come un l.**, to run like lightning □ **in un l.**, in a flash □ (*degli occhi*) **mandare lampi di collera**, to flash with anger □ **passare (davanti) in un l.**, to flash by **B** *f.* (*fam.*: *chiusura l.*) zip (fastener); zipper (*USA*): **aprire** [**chiudere**] **la l. di q.c.**, to unzip [to zip up] st. **C** *a. invar.* lightning; instant: **visita l.**, lightning visit; **decisione l.**, instant decision.
lampóne *m.* **1** (*bot.*) raspberry bush **2** (*frutto*) raspberry.
lamprèda *f.* (*zool.*) lamprey.
làna *f.* wool: **pura l. vergine**, pure virgin wool; (**fatto**) **di l.**, woollen, woolen (*USA*); wool (*attr.*) • (*ind.*) **l. d'acciaio**, steel wool □ (*ind.*) **l. di vetro**, glass wool; fibreglass □ **buona l.**, rascal; scamp □ **indumenti di l.**, woollens, woolens (*USA*) □ **questione di l. caprina**, futile argument.
lanceolàto *a.* (*anche bot.*) lanceolate.
lancétta *f.* **1** (*med.*) lancet **2** (*di orologio*) hand: **l. dei minuti**, minute hand **3** (*di bussola*) needle; (*di altro strumento*) pointer • **nel senso delle lancette dell'orologio**, clockwise □ **in senso contrario alle lancette dell'orologio**, anti--clockwise; counter-clockwise.
lància (**1**) *f.* **1** spear; (*di cavaliere*) lance **2** (*lanciere*) lancer **3** (*becco di estintore*) nozzle • **l. termica**, oxygen lance □ **partire l. in resta contro**, to launch an atttack against □ **spezzare una l. a favore di q.**, to strike a blow for sb.
lància (**2**) *f.* (*naut.*) ship's boat (*o* tender); launch • **l. di salvataggio**, lifeboat.
lanciabómbe *m. invar.* bomb-thrower.
lanciafiàmme *m. invar.* flame-thrower.
lanciamissili **A** *a.* rocket-launching **B** *m.* rocket launcher.
lanciaràzzi *m.* **1** rocket launcer **2** (*per segnalazione, anche* **pistola l.**) flare gun; Very pistol.
lanciàre **A** *v. t.* **1** to throw*; to toss; to cast*; (*con forza*) to hurl, to fling*: **l. una palla a q.**, to throw a ball to sb.; **l. sassi contro q.**, to throw (*o* to fling) stones at sb.; **l. in aria una moneta**, to toss (up) a coin **2** (*fig.*) to cast*; (*inviare, mandare*) to send* out: **l. un'occhiata a q.**, to glance at sb.; to cast a glance at sb.; **l. un messaggio** [un S.O.S.], to send out a message [an S.O.S.] **3** (*lasciar cadere*) to drop: **l. bombe,** to drop bombs **4** (*siluri*) to fire; to discharge; to launch **5** (*miss.*) to launch: **l. un razzo**, to launch a rocket **6** (*far conoscere*) to launch: **l. un attore** [**un prodotto**], to launch an actor [a product]; **l. una moda**, to launch (*o* to set) a fashion • **l. un'accusa contro q.**, to lay a charge against sb. (*o* at sb.'s door) □ **l. un'auto a tutta velocità**, to hit the accelerator (*fam.*); to step on the gas (*pop.*) □ **l. un'idea**, to come up with an idea □ (*sport*) **l. il disco** [**il giavellotto**], to throw the discus [the javelin] □ (*sport*) **l. il peso**, to put the shot □ **l. un prestito**, to float a loan □ **l. una sottoscrizione**, to launch an appeal □ **l. un urlo**, to let out a cry; to shout **B** **lanciàrsi** *v. rifl.* **1** to throw* oneself; to fling* (*o* to hurl) oneself; to dash: **l. all'inseguimento**, to dash off in pursuit; **l. nella mischia**, to hurl oneself into the fray **2** (*col paracadute*) to jump; (*automaticamente*) to bale out **3**

(*fig.*) to launch out (into).
lanciasilùri *m.* torpedo-tube.
lanciàto *a.* **1** (*di veicolo*) going at full speed; speeding along; belting along (*GB*); barreling along (*USA*) **2** (*infervorato*) off.
lanciatóre *m.* (*f.* **-trice**) (*sport*: *atletica*) thrower; (*baseball*) pitcher; (*cricket*) bowler • **l. del peso**, shot putter.
lancière *m.* (*mil.*) lancer.
lancinànte *a.* shooting; piercing.
làncio *m.* **1** (*il lanciare*) throwing; flinging; hurling; (*singolo l.*) throw **2** (*sport*: *il lanciare*) throwing, pitching; (*singolo l., distanza del l., modo di lanciare*) throw, pitch: **l. del disco** [**del giavellotto**], discus [javelin] throwing; **l. del martello**, throwing the hammer; **l. del peso**, putting the shot; shot put **3** (*dall'alto*) dropping; drop: **l. di bombe**, dropping of bombs; **l. col paracadute**, parachuting; drop **4** (*di siluro*) firing; discharge; launching **5** (*miss.*) launching; launch **6** (*pubblicitario*) launching Ⓤ; launch; advertising campaign • (*comm.*) **offerta di l.**, introductory offer.
lànda *f.* moor; heath; (*pianura sterile*) barren land.
languènte *a.* languishing.
languidézza *f.* languor; faintness; listlessness.
lànguido *a.* **1** (*debole*) languid; faint; listless **2** (*svenevole*) languishing.
languìre *v. i.* **1** to languish; to pine: **l. in prigione**, to languish in prison **2** (*di pianta*) to droop **3** (*della luce*) to grow* dim (*o* faint) **4** (*diminuire, indebolirsi*) to languish; (*comm.*) to be slack.
languóre *m.* **1** (*debolezza*) languour; faintness **2** (*svenevolezza*) languishing looks (*pl.*) • **l. di stomaco**, pangs of hunger.
laniccio *m.* fluff.
lanièro *a.* wool, woollen (*attr.*): **industria laniera**, wool industry.
lanificio *m.* wool (*o* woollen) mill.
lanolìna *f.* (*ind.*) lanolin(e); wool fat.
lanóso *a.* woolly; wool, woollen (*attr.*).
lantèrna *f.* **1** lantern: **l. cieca**, dark lantern, **l. magica**, magic lantern **2** (*faro*) lighthouse; (*fanale*) light, beacon **3** (*archit.*) lantern; (*lucernario*) skylight.
lanternìno *m.* — (*fam.*) **cercare q.c. col l.**, to search high and low for st. □ (*fam.*) **cercarsele col l.**, to go looking (*o* to be asking) for trouble.
lanùgine *f.* down.
lanuginóso *a.* downy.
lanzichenécco *m.* (*stor.*) lansquenet.
laotiàno *a. e m.* (*f.* **-a**) Laotian (*f.* Laotian woman*).
lapalissiàno *a.* obvious; self-evident.
laparatomìa *f.* (*chir.*) laparotomy.
lapidàre *v. t.* **1** to stone (to death) **2** (*fig.*) to lambaste; to tear* into.
lapidàrio *a.* (*anche fig.*) lapidary.
lapidazióne *f.* stoning (to death).
làpide *f.* **1** (*funeraria*) tombstone; gravestone **2** (*commemorativa*) memorial tablet; plaque.
lapìllo *m.* (*geol.*) lapillus*.
làpis *m.* pencil.
lapislàzzuli *m.* (*miner.*) lapis lazuli.
lappàre *v. t. e i.* to lap.
làppone **A** *a.* Lappish; Lapp **B** *m. e f.* Laplander; Lapp **C** *m.* (*lingua*) Lapp.
làpsus (*lat.*) *m. invar.* slip (of the tongue): **l. freudiano**, Freudian slip.
lardellàre *v. t.* (*cucina*) to lard.
lardèllo *m.* strip of bacon; lardon.
làrdo *m.* bacon fat.
largaménte *avv.* **1** largely **2** (*generosamente*) freely.
largheggiàre *v. i.* to be generous (with); to be profuse (in); to be lavish (of).
larghézza *f.* **1** width; (*anche fig.*) breadth: **avere una l. di dieci piedi**, to be ten feet wide (*o* in width, in breadth); **l. di idee**, breadth of mind; broad-mindedness **2** (*abbondanza*) largeness; abundance: **l. di mezzi**, largeness of means; considerable means (*pl.*) **3** (*generosità*) generosity; liberality.
làrgo **A** *a.* **1** broad; wide: **l. due metri**, two metres wide (*o* in width, in breadth); **spalle larghe**, broad shoulders; **l. sorriso**, broad smile; **attraversare un fiume nel punto più l.**, to cross a river at its widest point; **pantaloni larghi**, wide trousers; **a gambe larghe**, with legs wide apart; **di vedute larghe**, broad-minded **2** (*ampio, capace, anche fig.*) ample; wide; large: **a larghi intervalli**, at wide intervals; **larghi poteri**, ample powers; **l. margine di guadagno**, wide margin of profit; **su larga scala**, on a large scale **3** (*di vestito*: *abbondante*) loose-fitting; (*troppo l.*) too loose, too big; (*di scarpe*) too big **4** (*generoso*) generous; free; liberal; (*nello spendere*) open-handed • **gesto l.**, sweeping gesture □ **in larga misura**, to a great extent □ **gònna larga**, full skirt □ **prenderla alla larga**, to approach a subject in a roundabout way □ **stare alla l. da q.**, to keep out of sb.'s way; to give sb. a wide berth □ **stare larghi**, to have plenty of room □ **tenersi l. in q.c.**, to allow plenty of st. **B** *m.* **1** (*larghezza*) breadth; width: **per il l.**, breadthwise **2** (*mare aperto*) open sea; (*in vista della terra*) offing: **al l.**, offshore; out at sea; **al l. di Genova**, off Genoa; **trascinare al l.**, to drag out to sea; **prendere il l.**, to put out to sea **3** (*piccola piazza*) square; largo (+ *nome*) **4** (*mus.*) largo* • **L.!** (*o* **fate l.!**), make way!; clear the way! □ **L. ai giovani!**, let youth have a chance! □ **farsi l. tra la folla**, to make (*o* to push, to elbow) one's way through the crowd □ **in lungo e in l.**, in all directions; far and wide □□ **prendere il l.**, (*naut.*) to bear off; (*fig.*) to clear off □ **tenersi al l. da**, to keep (*o* to steer) clear of; to give (st., sb.) a wide berth (*fam.*).
làrice *m.* (*bot.*) larch.
larìnge *f.* (*anat.*) larynx*.
laringèo *a.* (*anat.*) laryngeal.
laringite *f.* (*med.*) laryngitis.
laringoiàtra *m. e f.* laryngologist; throat specialist.
laringoscòpio *m.* (*med.*) laryngoscope.
làrva *f.* **1** (*zool.*) larva*; (*di insetto*) grub **2** (*parvenza*) shadow; (mere) semblance **3** (*persona sparuta*) skeleton: **l. umana**, mere skeleton.
larvàle *a.* larval.
larvàto *a.* concealed; veiled; latent: **larvate minacce**, veiled threats.
lasagne *f. pl.* (*cucina*) lasagne, lasagna Ⓤ.
lasciapassàre *m. invar.* pass; (*salvacondotto*) safe-conduct.
lasciàre **A** *v. t. e i.* **1** to leave*: **l. la propria casa**, to leave home; **Lascialo aperto**, leave it open; **Lo lasciai di ottimo umore**, I left him in excellent spirits; **l. stare q.** [**q.c.**], to leave sb. [st.] alone **2** (*abbandonare, l. per sempre*) to leave*; to abandon; to desert; (*rinunciare*) to give* up; (*studi, ecc.*) to drop out of: **l. la famiglia**, to leave (*o* to desert) one's family; **l. ogni speranza**, to abandon (*o* to give up) all hope; **l. la scuola**, to drop out of school **3** (*dimenticare*) to leave* (behind); to forget* **4** (*permettere*) to let*: **Lasciami andare!**, let me go!; **l. entrare** [**uscire, passare**], to let in [out, through]; **Lasciati vedere!**, let me have a look at you! **5** (*l. la presa*) to let* go: **Lascia** (**andare**) **la corda!**, let go the rope! **6** (*dare, concedere*) to give*; to let* (sb.) have: **Me l'ha lasciato per metà del suo prezzo**, he let me have it for half the price; **Te lo lascio per poco**, you can have it for very little **7** (*lasciare in eredità*) to leave*; to bequeath (*form.*): **l. per testamento**, to leave in one's will **8** (*anche* **lasciarci**: *perdere*) to lose*; (*rimetterci*) to cost* (*costruz. impers.*): **Lasciò la vita in quell'avventura**, he lost his life in that adventure; that adventure cost him his life; **Ci ho lasciato dieci milioni**, it cost me ten million **9** (**lasciarsi** + *inf.*: *è idiom.*) — **lasciarsi persuadere**, to let oneself be convinced; **lasciarsi andare**, to let oneself go; (*rilassarsi*) to relax; **lasciarsi consigliare**, to accept advice; **Non mi lascerò ingannare!**, I'm not going to be cheated! • **l. andare** (*trascurare*), to neglect □ **Lascia andare** (*o* **perdere, stare**)!, ignore it [him, etc.]!; forget it! □ (*fig.*) **l. correre**, to let it pass □ **l. detto a q.**, to leave word with sb. □ **Lascia fare a me**, leave it to me □ **l. q. perplesso**, to puzzle sb. □ **Questo lascia il tempo che trova**, it makes no difference □ **Questo stufato si lascia mangiare**, this stew is not too bad (*o* is all right, is eatable) **B** **lasciàrsi** *v. rifl. recipr.* to leave* each other (*o* one another); to part; to separate; (*di una coppia*) to separate, to split* up.
lasciàta *f.* — (*prov.*) **Ogni l. è persa**, opportunity seldom knocks twice.
làscito *m.* (*leg.*) legacy; bequest.
lascìvia *f.* lasciviousness; lewdness.
lascivo *a.* lascivious; lewd.

làsco *a.* loose; slack.
làser *a e m. invar.* (*fis.*) laser.
lassatìvo *a. e m.* (*farm.*) laxative.
lassìsmo *m.* laxity; permissivism.
lassìsta ***A*** *m. e f.* permissivist ***B*** *a.* permissive.
làsso *m.* lapse; period: **un lungo l. di tempo**, a long lapse of time; **in quel l. di tempo**, during that time.
lassù *avv.* ***1*** up there ***2*** (*in cielo*) up above; in heaven • **d. l.**, from up there; from above.
làstra *f.* ***1*** slab; (*di metallo*) sheet, plate: **l. di pietra**, slab of stone; (*per selciato*) flagstone; **l. di vetro**, sheet (*o* pane) of glass; **l. di ghiaccio**, slab of ice; (*sulla strada*) sheet of ice; (*galleggiante*) ice floe ***2*** (*fotogr.*) plate ***3*** (*radiogafia*) X-ray (photograph).
lastricàre *v. t.* to pave; to flag.
lastricàto *m.* (stone) pavement; paving.
làstrico *m.* (stone) pavement; paving • **essere sul l.**, to have no money left; to be ruined □ **ridurre q. sul l.**, to reduce sb. to poverty; to ruin sb.
lastróne *m.* (*alpinismo*) sheer rock face.
latènte *a.* latent; dormant; (*nascosto*) hidden, concealed.
latènza *f.* latency (*anche med., psic.*); dormancy.
lateràle ***A*** *a.* side (*attr.*); lateral: **porta l.**, side door; **via l.**, side street ***B*** *m.* (*sport*) half-back.
lateralménte *avv.* laterally; sideways.
lateranènse *a.* Lateran (*attr.*).
laterìzio ***A*** *a.* brick (*attr.*) ***B*** **laterìzi** *m. pl.* bricks; tiles: **fabbrica di l.**, brickworks.
làtice *m.* (*bot.*) latex.
latifòglio *a.* broad-leaf; broad-leaved.
latifondiàrio *a.* landowning (*attr.*).
latifondìsta *m. e f.* big landowner.
latifóndo *m.* large landed estate.
latineggiànte *a.* Latinate.
latinìsmo *m.* Latinism.
latinìsta *m. e f.* Latin scholar; Latinist.
latìno *a. e m.* Latin • **l. maccheronico**, dog Latin □ (*naut.*) **vela latina**, lateen sail.
latitànte ***A*** *a.* absconded; at large (*pred.*); in hiding (*pred.*) ***B*** *m. e f.* absconder • **rendersi l.**, to abscond.
latitànza *f.* ***1*** (*leg.*) absconding; being in hiding: **darsi alla l.**, to abscond; to go into hiding; to be on the run (*fam.*) ***2*** (*fig.*) inaction.
latitùdine *f.* latitude: **a 30° di l. nord**, at latitude 30° North; **10 gradi di l.**, 10 degrees latitude.
làto (1) *a.* broad; wide: **in senso l.**, broadly speaking; in the broad sense.
làto (2) *m.* ***1*** side: **da ogni l.**, on all sides (*o* every side); (*provenienza*) from all sides (*o* every side); **cugino dal l. di madre**, cousin on one's mother's side; **i due lati di una questione**, the two sides of an issue (*o* an argument) ***2*** (*punto di vista*) point of view ***3*** (*parte, estremità*) end: **all'altro l. del negozio**, at the other end of the shop • **il l. debole di q.**, sb.'s weak spot □ **da un l...., dall'altro l...**, on the one hand... on the other hand... □ **di l.**, sideways □ **farsi da un l.**, to stand aside (*o* to one side) □ **Per un l. è bene**, in one way, it's a good thing.
latóre *m.* (*f.* **-trice**) bearer.
latràre *v. i* to bark.
latràto *m.* bark; barking Ⓤ.
latrìna *f.* lavatory; (*mil.*) latrine.
latrocìnio *V.* **ladrocinio**.
làtta *f.* ***1*** (*lamiera*) tinplate; **scatola di l.**, tin box ***2*** (*recipiente*) can; (*lattina*) tin, can (*USA*).
lattàio *m.* (*f.* **-a**) milkman* (*f.* milkwoman*).
lattànte ***A*** *a.* breast-fed; unweaned; (*di animali*) sucking ***B*** *m. e f.* (unweaned) baby • (*scherz.*) **È ancora un l.**, he is still wet behind the ears.
lattàsi *f.* (*biol.*) lactase.
lattazióne *f.* lactation.
làtte *m.* milk: **l. di mucca**, cow's milk; **l. materno**, mother's milk; **l. condensato [in polvere, intero, scremato]**, condensed [powdered, whole *o* full-cream, skim *o* skimmed] milk; **l. a lunga conservazione**, long-life (*o* UHT) milk • **l. detergente**, cleansing milk □ **l. di cocco**, coconut milk □ **l. di mandorle**, almond milk □ (*fam.*) **avere ancora il l. alla bocca**, to be still wet behind the ears □ **centrale del l.**, central dairy □ **cioccolato al l.**, milk chocolate □ **dare il l.** (*allattare*), to breast-feed; (*di animale*) to suckle □ **fratello di l.**, foster-brother □ **piangere sul l. versato**, to cry over spilt milk □ **vitello [porcellino] di l.**, sucking calf [pig].
lattemièle *m.* whipped cream • **essere tutto l.**, to be all sweetness and light.
làtteo *a.* milky; milk (*attr.*): **dieta lattea**, milk diet; (*astron.*) **la Via Lattea**, the Milky Way.
latterìa *f.* ***1*** (*negozio*) dairy; milk-shop ***2*** (*stabilimento*) dairy.
làttice *V.* **latice**.
latticìni *m. pl.* milk (*o* dairy) products.
làttico *a.* (*chim.*) lactic: **acido l.**, lactic acid.
lattièra *f.* milk jug.
lattìfero *a.* ***1*** (*anat., bot.*) lactiferous ***2*** (*di animale*) milch (*attr.*).
lattiginóso *a.* ***1*** milky ***2*** (*bot.*) lactiferous; lactescent.
lattìna *f.* tin (*GB*); can (*USA*) • **in l.**, tinned; canned.
lattivéndolo *V.* **lattaio**.
lattonière *m.* tinsmith; tinman*.
lattónzolo *m.* sucker; (*maialino*) sucking pig.
lattòsio *m.* (*chim.*) lactose; milk-sugar.
lattùga *f.* (*bot.*) lettuce.
làudano *m.* (*farm.*) laudanum.
làurea *f.* (university) degree; (*il laurearsi*) graduation: **l. in lettere [in legge]**, arts [law] degree; degree in arts [law]; **l. ad honorem**, honorary degree; **prendere** (*o* **conseguire**) **una l.**, to take a degree; to graduate; **Che farai dopo la l.?**, what will you do after graduation?; **tesi di l.**, graduation (*o* degree) thesis.
laureàndo *m.* (*f.* **-a**) final-year (university) student
laureàre ***A*** *v. t.* ***1*** to confer a degree on ***2*** (*estens.*) to award (sb.) the title of; to crown ***B*** **laureàrsi** *v. i. pron.* ***1*** to graduate: **l. a pieni voti**, to graduate with honours (*USA, anche* cum laude); to get a first-class degree (*GB*) ***2*** (*estens.*) to be awarded the title of; to be crowned.
laureàto *a. e m.* (*f.* **-a**) graduate • **essere l.**, to have a degree □ **È l. in fisica**, he has a physics degree.
làuro *m.* ***1*** (*bot.*) laurel; bay-tree ***2*** (*fig.*) laurels (*pl.*).
làuto *a.* (*abbondante*) lavish; rich; sumptuous; (*genesoro*) handsome: **l. pranzo**, lavish meal; **lauti guadagni**, rich (*o* large) profits; **lauta mancia**, handsome tip; **l. stipendio**, handsome salary.
làva *f.* lava.
lavaàuto *m. e f. invar.* car-washer.
lavabiancherìa *f. invar.* washing machine.
lavàbile *a.* washable.
lavàbo *m.* washbasin; (*catino su treppiede*) washstand.
lavabottìglie ***A*** *m. invar.* bottle-washer ***B*** *a. invar.* bottle(-washing): **scopino l.**, bottle brush.
lavadita *m. invar.* finger bowl.
lavàggio *m.* washing; wash: **ciclo del l.**, wash cycle; wash; **l. a secco**, dry-cleaning • **l. del cervello**, brainwashing.
lavàgna *f.* ***1*** (*miner.*) slate ***2*** (*per scrivere*) blackboard: **scrivere alla l.**, to write on the blackboard • **l. luminosa**, overhead projector.
lavànda (1) *f.* ***1*** washing ***2*** (*med.*) lavage • (*med.*) **l. gastrica**, stomach pumping: **fare la l. gastrica a q.**, to pump out sb.'s stomach.
lavànda (2) *f.* (*bot.*) lavender.
lavandàia *f.* ***1*** washerwoman* ***2*** (*fig. spreg.*) fishwife* • (*anche fig.*) **lista della l.**, laundry list.
lavanderìa *f.* laundry; (*a gettone*) laundrette, launderette, laundromat (*USA*) • **l. a secco**, dry-cleaner's.
lavandìno *m.* ***1*** (*lavabo*) washbasin; (*acquaio*) sink ***2*** (*fig. spreg.*) guzzler; pig.
lavapiàtti *m. e f.* dish-washer.
lavàre ***A*** *v. t.* to wash; (*med., anche*) to bathe; (*sciacquare*) to rinse: **lavarsi le mani**, to wash one's hands; **l. i piatti**, to wash up; to do the washing up; to do the dishes (*USA*); **l. l'insalata**, to rinse the salad • **l. a mano**, to handwash □ **l. a secco**, to dry-clean □ **l. e stirare**, to do the washing and ironing □ **lavarsene le mani**, to wash one's hands of it □ **mandare q.c. a l.**, to send st. to the cleaner's □ **mettere q.c. a l.**, to put st. in the wash □ **La maglietta rossa è a l.**, the red T-shirt is in the wash ***B*** **lavàrsi** *v. rifl.* to wash.
lavasécco *m. o f. invar.* dry-cleaner's.
lavastovìglie *f. invar.* dishwasher.
lavàta *f.* wash: **darsi una l.**, to have a wash; to wash up

(*USA*) • **l. di capo**, dressing down; telling-off.
lavativo *m.* shirker; slacker; malingerer; skiver (*pop. GB*); goldbrick (*pop. USA*).
lavatóio *m.* **1** (*luogo*) wash-house **2** (*asse*) washboard.
lavatrice *f.* washing machine.
lavatùra *f.* washing • **l. di piatti**, washing-up water; (*anche fig.*) dishwater.
lavavétri *m.* **1** (*persona*) window cleaner **2** (*spatola*) squeegee.
lavèllo *m.* sink.
làvico *a.* lava (*attr.*).
lavoràbile *a.* workable; (*malleabile*) soft; (*di terreno*) arable.
lavorànte *m. e f.* worker • **l. di sartoria**, dressmaker's assistant.
lavoràre ***A*** *v. i.* **1** to work: **l. molto** (*o* **sodo**), to work hard; **l. da sarto**, to work as (*o* to be) a tailor; **l. a un romanzo** [**a un problema**], to work (*o* to be working) on a novel [on a problem] **2** (*di una ditta, ecc.*) to do* business: **l. molto** [**poco**], to do [not to do] good business; **l. con q.**, to do business with sb. **3** (*funzionare*) to work; to operate: **la fabbrica l. a pieno ritmo**, the factory is working at full stretch • **l. a cottimo**, to do piece-work □ **l. a maglia** (*o* **ai ferri**), to knit □ **l. a ore**, to work by the hour □ **l. di fantasia**, to let one's imagination run away with one; (*inventare*) to imagine things □ **l. di gomiti**, to elbow one's way □ **l. in nero**, to work illegally (*o* off the books); (*come secondo lavoro*) to moonlight □ **l. in proprio**, to be self-employed □ **l. presso q.**, to be in the employ of sb. □ (*fig.*) **l. sott'acqua**, to scheme □ **far l. q.** (*dare da fare*), to keep sb. busy □ (*prov.*) **Chi non lavora non mangia**, no work, no pay ***B*** *v. t.* to work; to do*... -work; (*trattare*) to process: **l. il ferro**, to work iron; to do iron-work; **l. il legno**, to carve wood; to do woodwork; (*metall.*) **l. a freddo** [**a caldo**], to cold-work [to hot work] • (*cucina*) **l. il burro**, to work the butter □ (*cucina*) **l. la pasta**, to knead (the) dough □ **l. la terra**, to till the land □ **lavorarsi q.**, to work on sb.
lavorativo *a.* **1** working: **ciclo l.**, working cycle; **giorno l.**, working day; workday **2** (*di terreno*) arable.
lavoràto *a.* **1** worked; (*confezionato*) manufactured; (*di metallo*) wrought; (*di pietra, marmo, legno*) carved; (*di pellame*) tooled; (*sottoposto a processo industriale*) machined, processed; (*non grezzo*) finished: **articoli lavorati**, manufactured articles; **cuoio l.**, tooled leather; **l. a mano** [**a macchina**], handmade [machine-made] **2** (*di terreno*) tilled, cultivated.
lavoratóre ***A*** *m.* (*f.* **-trice**) worker; (*che fa un lavoro faticoso*) labourer: **È un gran l.**, he's a real worker; **l. a cottimo**, piece-worker; **l. agricolo**, farm worker; **l. a giornata**, day-labourer; **l. autonomo**, self-employed worker ***B*** *a.* working: **classi lavoratrici**, working classes.
lavorazióne *f.* **1** working; (*manifattura*) manufacturing; (*produzione*) production; (*fattura*) workmanship: **la l. dei metalli**, metal working; metalwork; **ciclo di l.**, manufacturing (*o* production) cycle; **costi di l.**, manufacturing costs **2** (*del terreno*) tillage; cultivation **3** (*cinem.*) production; (*riprese*) shooting, filming • **l. a mano**, handwork □ **l. a macchina**, machining □ **metodo di l.**, processing □ **prodotti in l.**, products in the course of manufacture.
lavorìo *m.* **1** intense activity **2** (*fig.*) intrigue.
lavóro *m.* **1** (*attività*) work Ⓤ: **l. manuale**, manual work; **l. faticoso**, hard work; labour; toil; **l. di gruppo**, teamwork; **l. a ore**, work by the hour; **l. d'ufficio**, clerical work; **l. dei campi**, farm work; **inabile al l.**, unfit for work; **mettersi al l.**, to get down to work; **essere al l.**, to be at work **2** (*occupazione*) employment Ⓤ; work Ⓤ; (*impiego*) job: **l. dipendente**, dependent employment; non-self-employed work; **l. fisso**, regular job; **l. a tempo pieno**, full-time job; **In che consiste il tuo l.?**, what does your job entail?; **essere senza l.**, to be out of work (*o* without a job); **i senza l.**, the jobless (*o* unemployed) **3** (*opera singola*) piece of work; job: **È un bel l.**, it's a fine piece of work; **Hai fatto un bel l.**, you've done a very good job **4** (*letter., arte*) work; (*teatr.*) play **5** (*econ.*) labour, labor (*USA*): **capitale e l.**, capital and labour; **costo del l.**, labour costs; **mercato del l.**, labour market **6** (*al pl.*) (*opere tecniche*) works: **lavori stradali**, roadworks; **lavori di restauro**, restoration work(s) **7** (*al pl.*) (*attività di assemblea, ecc.*) work Ⓤ; (*di congresso*) proceedings **8** (*compito, impresa*) task; job **9** (*mecc.*) work • **l. a casa** (*compiti di scuola*), homework □ **l. a cottimo**, piece-work □ **l. a domicilio**, work from home □ **l. arretrato**, backlog □ **l. nero**, illegal (*o* off-the-book) work [job]; (*secondo lavoro*) moonlighting Ⓤ; (*sfruttamento della manodopera*) sweated labour □ **l. sul campo**, fieldwork □ **l. straordinario**, overtime □ (*econ., mecc.*) **l. utile**, output □ **lavori di casa**, housework Ⓤ; chores: **fare i lavori di casa**, to do (the) housework □ **lavori di scavo**, digging; (*ind. min.*) mining □ **lavori femminili**, needlework and knitting □ (*leg.*) **lavori forzati**, hard labour Ⓤ □ **Lavori in corso** (*cartello*), roadworks ahead □ **abiti da l.**, working clothes □ **condizioni di l.**, working conditions □ **dare l. a q.**, to employ sb. □ **diritto del l.**, labour law □ **eccesso di l.**, overwork □ **giorno di l.**, working day; workday □ **orario di l.**, working hours □ **posto di l.**, workplace; (*impiego*) job □ **avere un secondo l.** (*non dichiarato*), to moonlight □ **ufficio del l.**, labour exchange.
lazzarétto *m.* **1** quarantine station **2** (*stor.*) lazaretto*, lazaret.
lazzaróne *m.* **1** (*mascalzone*) scoundrel; rascal **2** (*f.* **-a**) (*poltrone*) idler; slacker.
làzzo *m.* joke; jest.
le (**1**) *art. determ. f. pl.* **1** the: **le stagioni**, the seasons; **le case che vidi**, the houses I saw; **le ultime notizie**, the latest news; **le Alpi**, the Alps **2** (*idiom.: assente in ingl.*) — **le chiese inglesi**, English churches; **Le tigri sono animali feroci**, tigers are wild animals; **le nostre valigie**, our suitcases; **le sorelle di Andrea**, Andrea's sisters; **Ha le gambe lunghe**, he has long legs; **le Fiandre**, Flanders (*sing.*) **3** (*idiom.: agg. poss. in ingl.*) — **Fammi vedere le mani**, show me your hands **4** (*idiom.: agg. partitivo in ingl.*) some; (*in frasi neg.*) any: **Va' a comprare le sigarette!**, go and buy some cigarettes; **Non ho comprato le pere**, I didn't buy (any) pears.
le (**2**) *pron. pers. f. 3ª pers. sing* (*compl. indir.*) **1** (to) her: **Le ho parlato**, I spoke to her; **Le diede un bacio**, he gave her a kiss **2** (*forma di cortesia*) (to) you: **Le spiegherò tutto**, I'll explain everything to you; **Posso parlarle?**, may I have a word with you?
le (**3**) *pron. pers. f. 3ª pers. pl.* (*compl. ogg.*) them: **Le ho viste**, I saw them.
leader (*ingl.*) ***A*** *m. e f. invar.* leader ***B*** *a. invar.* leading.
leàle *a.* **1** loyal **2** (*onesto*) fair.
lealtà *f.* **1** loyalty **2** (*onestà*) fairness.
leasing (*ingl.*) *m. invar.* leasing; lease: **l. immobiliare**, leaseback; **prendere q.c. in l.**, to lease st.
lébbra *f.* (*med.*) leprosy.
lebbrosàrio *m.* leper hospital (*o* colony).
lebbróso (*med.*) ***A*** *a.* leprous ***B*** *m.* (*f.* **-a**) leper.
lécca lécca *locuz. m. invar.* lollipop; lolly (*fam.*).
leccapièdi *m. e f.* toady; bootlicker.
leccàrda *f.* (*cucina*) dripping-pan.
leccàre ***A*** *v. t.* **1** to lick; (*per bere*) to lap **2** (*adulare*) to fawn on; to toady to; to suck up to • **l. i piedi a q.**, to lick sb.'s boots □ **leccarsi le ferite**, to lick one's wounds □ **leccarsi i baffi** (*o* **le labbra**), to smack one's lips ***B*** **leccàrsi** *v. rifl.* (*di gatto*) to wash oneself.
leccàta *f.* lick.
leccàto *a.* **1** overpolished; over-refined **2** (*affettato*) affected.
léccio *m.* (*bot.*) ilex; holm-oak.
leccornìa *f.* dainty; delicacy; titbit.
lecitina *f.* (*biol., chim.*) lecithin.
lécito ***A*** *a.* **1** (*permesso*) permitted, allowed; (*legittimo*) legitimate, right **2** (*legale*) lawful • **Crede che tutto gli sia l.**, he thinks he can do what he likes □ **È l. chiedersi se...**, one can legitimately wonder whether... □ **Se mi è l. commentare**, if I may comment on that □ **Che intenzioni hai, se è l.?**, what are your intentions, if one may ask? ***B*** *m.* right: **il l. e l'illecito**, right and wrong; **oltre i confini del l.**, beyond what is right.
lèdere *v. t.* **1** to damage; to injure; to harm; (*un diritto*) to infringe upon **2** (*med.*) to damage; to injure • **l. gli interessi di q.**, to be prejudicial to sb.'s interests.
léga (**1**) *f.* **1** (*polit.*) alliance; league **2** (*associazione*) association; union: **l. dei consumatori**, consumers' association: **l. sindacale**, trade union association **3** (*metall.*) alloy: **l.**

d'acciaio, alloy steel • **di bassa l.**, coarse; vulgar □ (*fig.*) **di buona l.**, genuine; sterling □ (*fig.*) **di cattiva l.**, of inferior quality; cheap □ **essere in l. con q.**, to be in league with sb.; (*per affari loschi*) to be in cahoots with sb. (*fam.*) □ **fare l. insieme**, to gang up.
léga (2) *f.* (*misura*) league.
legàccio *m.* string; lace • (*lavoro a maglia*) **punto l.**, garter stitch.
legàle *A a.* *1* legal *2* (*legittimo*) lawful • **carta l.**, stamped paper □ **medicina l.**, forensic medicine □ **nei termini legali**, within the prescribed times *B m. e f.* lawyer; attorney (*USA*).
legalismo *m.* legalism.
legalista *m. e f.* legalist.
legalistico *a.* legalistic.
legalità *f.* lawfulness; legality • **nella l.**, within the law.
legalitàrio *a.* respectful of legality.
legalizzàre *v. t.* *1* (*rendere legale*) to legalize *2* (*autenticare*) to authenticate; to certify.
legalizzazióne *f.* *1* legalization *2* (*autenticazione*) authentication; certification.
legalménte *avv.* legally; lawfully.
legàme *m.* *1* (*vincolo*) tie; bond: **troncare ogni l.**, to sever all ties; **l. d'amicizia**, bond of friendship; **legami di sangue**, blood ties; **legami di parentela**, family relationship (*o* ties); **Non abbiamo legami di parentela**, we are not related; **l. sentimentale**, relationship; attachment *2* (*nesso, rapporto*) link; connexion *3* (*chim.*) bond; link.
legaménto *m.* (*anat.*) ligament.
legàre (1) *A v. t.* *1* to tie (up); to fasten; to bind*: **l. un pacco**, to tie up a parcel; **l. q. mani e piedi**, to bind sb. hand and foot; **l. un cartellino a una valigia**, to tie a label on to a suitcase; **l. due chiavi insieme**, to tie two keys together; **essere legato da una promessa**, to be bound by a promise *2* (*collegare*) to connect; to link *3* (*mus.*) to tie; (*nell'esecuzione*) to play [to sing*] legato *4* (*cucina*) to thicken • **l. q. come un salame**, to truss sb. up □ **Questa me la lego al dito**, I won't forget that; I'll bear that in mind □ **Se l'è legata al dito**, he took it badly □ **pazzo da l.**, stark raving mad *B v. i.* *1* (*andare d'accordo*) to get* on well; (*fare amicizia*) to make* friends, to hit it off (*fam.*): **Non lega facilmente**, he doesn't make friends easily; **Hanno legato subito**, they hit it off immediately *2* (*essere collegato*) to be connected; to connect *3* (*cucina*) to thicken *4* (*metall.*) to alloy *C* **legàrsi** *v. rifl.* *1* to tie oneself; to bind* oneself *2* (*di affetto*) to form an attachment; (*fare amicizia*) to make* friends; (*per affari, ecc.*) to form a connection.
legàre (2) *v. t.* (*leg.*) to bequeath.
legatàrio *m.* (*f.* **-a**) (*leg.*) legatee.
legàto (1) *A a.* *1* bound; tied: (*anche fig.*) **Ho le mani legate**, my hands are tied *2* (*collegato*) tied; bound up: **un ricordo l. alla mia infanzia**, a memory bound up with my childhood *3* (*affezionato*) attached (to); fond (of) *4* (*impacciato*) stiff, awkward; (*di stile e sim.*) stilted *5* (*mus.*) tied; slurred *B m.* (*mus.*) legato*.
legàto (2) *m.* *1* (*eccles.*) legate *2* (*ambasciatore*) ambassador; envoy.
legàto (3) *m.* (*leg.*) legacy; bequest.
legatóre *m.* (*f.* **-trice**) bookbinder.
legatorìa *f.* *1* bookbinding *2* (*laboratorio*) bookbinder's.
legatùra *f.* *1* tying; binding *2* (*di libro*) bookbinding *3* (*tipogr., med.*) ligature *4* (*mus.*) ligature; slur.
legazióne *f.* legation.
legènda *V.* **leggenda**, *def. 3.*
légge *f.* *1* law; (*scritta, anche*) statute; (*atto del Parlamento, anche*) act (of Parliament): **la nuova l. finanziaria**, the new financial law; **varare una l.**, to pass a law; **violare una legge**, to break (*o* to offend against) a law; **per l.**, by law; by act of Parliament *2* (*complesso di norme giuridiche*; *scienza giuridica*; *autorità giudiziaria*) law: **l. civile**, civil law; **studiare l.**, to study law; **dottore in l.**, doctor at (*o* in) law; **ricorrere alla l.**, to go to law *3* (*regola, principio*) law; rule; principle: **l. di natura**, law of nature; **la l. di gravità**, the law of gravity • **la l. del più forte**, the law of the jungle □ **l. delega**, law made under delegate powers □ **l. quadro**, general policy law □ **a norma** (*o* **ai termini**) **di l.**, by law; according to the law □ (*anche fig.*) **dettar l.**, to lay down the law □ **disegno di l.**, bill □ **entro i confini della l.**, within the law □ **fuori della l.**, outside the law □ **mettere fuori l.**, to outlaw; to ban □ **proposta di l.**, draft bill □ **rispettoso delle leggi**, law-abiding □ **uomo di l.**, lawyer □ (*prov.*) **Fatta la l., trovato l'inganno**, every law has a loophole.
leggènda *f.* *1* legend: **È una l. vivente**, he is a legend in his own lifetime *2* (*diceria*) myth; tale: **l. metropolitana**, urban myth *3* (*didascalia*) caption; (*tabella*) legend.
leggendàrio *a.* legendary.
lèggere *v. t. e i.* (*anche fig.*) to read*: **l. ad alta voce**, to read aloud; **Lesse forte il telegramma**, he read out the telegram; **l. da cima a fondo**, to read through; **l. tra le righe**, to read between the lines; **l. nei pensieri di q.**, to read sb.'s thoughts; **l. la mano a q.**, to read sb.'s hand • (*mus.*) **l. a prima vista**, to sight-read □ **l. sulle labbra**, to lip-read □ **l. un avvenimento in chiave politica**, to put a political interpretation on an event □ **Glielo si legge in faccia**, it's written all over him □ **aver letto molto**, to be well-read □ (*comm.*) **Nell'attesa di leggerVi**, in anticipation of your reply □ **roba da l.**, reading matter.
leggerézza *f.* *1* lightness *2* (*agilità*) nimbleness *3* (*spensieratezza*) thoughtlessness; (*mancanza di serietà*) irresponsibility; (*incostanza*) fickleness • **agire con l.**, to act thoughtlessly (*o* irresponsibly) □ **Fu una l. da parte sua**, it was thoughtless (*o* irresponsible) of him.
leggerménte *avv.* *1* (*con tocco leggero*) lightly; gently *2* (*lievemente, un po'*) slightly *3* (*agilmente*) lightly; nimbly *4* (*alla leggera*) lightly; thoughtlessly.
leggèro *a.* *1* (*non pesante*) light; (*di stoffa o moneta, anche*) light-weight: **l. come una piuma**, as light as a feather; **passo l.**, light step; **vino l.**, light wine *2* (*lieve*) slight; mild: **un l. accento francese**, a slight French accent; **ferita leggera**, slight wound; **un l. mal di testa**, a mild (*o* slight) headache *3* (*non forte*) light; (*debole*) weak: **vento l.**, light wind; **tè l.**, weak tea *4* (*agile*) nimble *5* (*frivolo*) thoughtless; irresponsible; (*che ha poco cervello*) feather-brained; (*incostante*) fickle • **alla leggera**, lightly; thoughtlessly; irresponsibly □ **musica leggera**, light music; pop music □ **prendere q.c. alla leggera**, not to take st. seriously □ **sentirsi l.**, to feel light-hearted; (*sollevato*) to feel relieved □ **avere il sonno l.**, to be a light sleeper □ **tenersi l.** (*nel mangiare*), to stick to a light diet □ **essere vestito l.**, to be lightly dressed.
leggiadrìa *f.* (*lett.*) loveliness; gracefulness.
leggiàdro *a.* (*lett.*) fair; lovely; graceful.
leggìbile *a.* *1* legible *2* (*di libro, ecc.*) readable.
lèggio *m.* (*da tavolo*) book-rest; (*eccles.*) lectern; (*per musica*) music stand.
legiferàre *v. i.* to legislate; to make* laws.
legionàrio *m.* *1* (*stor.*) legionary *2* (*della Legione straniera*) legionnaire (*franc.*).
legióne *f.* legion.
legislativo *a.* legislative; (*legiferante*) lawgiving, lawmaking.
legislatóre *A m.* (*f.* **-trice**) legislator; lawmaker; lawgiver *B a.* lawgiving; lawmaking.
legislatùra *f.* *1* (*assemblea*) legislature *2* (*periodo*) period of office of a legislature.
legislazióne *f.* *1* (*il fare leggi*) legislation; lawmaking; lawgiving *2* (*leggi*) legislation; law; laws (*pl.*).
legittimàre *v. t.* *1* (*leg.*) to legitimize; to legitimate (*USA*) *2* (*fig.*) to legitimize; to justify.
legittimazióne *f.* (*leg.*) legitimation.
legittimità *f.* *1* (*leg., polit.*) legitimacy *2* (*giustezza*) legitimacy; validity; rightfulness.
legìttimo *a.* *1* (*conforme alla legge*) legitimate; lawful: rightful: **figlio l.**, legitimate child; **erede l.**, legal heir; rightful heir *2* (*lecito, giusto*) legitimate; rightful; proper: **dubbio l.**, legitimate doubt; **pretese legittime**, rightful claims; **legittima difesa**, self-defence.
légna *f.* wood; (*da ardere*) firewood: **fare l.**, to gather firewood • (*fig.*) **mettere l. al fuoco**, to add fuel to the flames.
legnàia *f.* woodshed.
legnàme *m.* wood; (*per costruzione, falegnameria*) timber, lumber (*USA*).
legnàre *v. t.* to beat*; to thrash.
legnàta *f.* blow (with a stick) • **un sacco di legnate**, a sound beating; a thorough thrashing.
légno *m.* wood: **l. dolce** [**duro**], soft [hard] wood; **lavorare il l.**, to carve wood; to do woodwork • **di l.**, wooden; wood

(*attr.*): **pavimento di l.**, wooden floor; **pasta di l.**, wood pulp □ (*edil.*) **rivestimento in l.**, wainscot □ **testa di l.**, blockhead.
legnosità *f.* *1* woodiness; woodenness *2* (*rigidezza*) stiffness.
legnóso *a.* *1* woody; wooden *2* (*della carne*) tough *3* (*rigido*) stiff; wooden.
legulèio *m.* (*spreg.*) crooked lawyer; shyster (*fam. USA*).
legùme *m.* *1* (*baccello*) legume *2* (*al pl.*) pulses; legumes.
leguminóse *f. pl.* (*bot.*) Leguminosae; pulses.
lèi ***A*** *pron. pers. f. 3ª pers. sing.* *1* (*compl.*) her: **Conosco lei**, I know her, **Dallo a lei**, give it to her; **il padre di lei**, her father; **Andai da lei**, I went to see her; (*a casa sua*) I went to her house *2* (*sogg.*) she; (*pred. nominale*) her, she: **Viene anche lei?**, is she coming too?; **È lei che me l'ha detto**, it was she who told me; **Eccola, è lei**, there she comes; **È lei!**, it's her!; **Ero vestita come lei**, I was dressed as she was *3* (*forma di cortesia*: *sogg. e compl.*) you • **Lei aiutare! Macché!**, she give a hand? never! □ **Beata lei!**, lucky thing (*o* her, girl)! □ **Non è più lei** (*è cambiata*), she has changed; she is a different person ***B*** *m.* «lei»; polite form of address: **dare del lei a q.**, to address sb. using the «lei» (*o* polite) form; not to be on first-name terms with sb.; **darsi del lei**, to use «lei» with each other; not to be on first-name terms.
Leitmotiv (*ted.*) *m. invar.* (*mus. e fig.*) leitmotiv, leitmotif.
lémbo *m.* *1* (*orlo*) edge *2* (*di abito*) hem; (*di giacca*) tail edge *3* (*striscia*) strip; (*pezzetto*) patch, shred: **l. di terra**, strip (*o* patch) of land.
lèmma *m.* (*di dizionario*) headword; entry.
lemmàrio *m.* word list; list of entry words.
lèmme lèmme *locuz. avv.* (*fam.*) slowly; leisurely; at an easy pace.
lèmure *m.* (*zool.*) lemur.
léna *f.* (*vigore*) vigour, energy; (*resistenza*) stamina • **di buona l.**, with a will.
lenìre *v. t.* to soften; to mitigate; to assuage; to soothe.
lenitivo ***A*** *a.* (*farm.*) sedative ***B*** *m.* *1* (*farm.*) sedative *2* (*fig.*) palliative.
lenocìnio *m.* *1* (*leg.*) procuration (and connivance) *2* (*fig.*) blandishment; pandering.
lenóne *m.* (*lett.*) procurer; pander.
lentaménte *avv.* *1* slowly *2* (*pigramente*) sluggishly; lazily.
lènte *f.* *1* lens *2* (*al pl.*) (*occhiali*) spectacles; glasses • **l. d'ingrandimento**, magnifying glass □ **lenti a contatto**, contact lenses.
lentézza *f.* slowness • **con l.**, slowly.
lenticchia *f.* (*bot.*) lentil.
lentiggine *f.* freckle.
lentigginóso *a.* freckled.
lènto ***A*** *a.* *1* slow *2* (*pigro*) sluggish; lazy *3* (*ottuso*) slow; dull *4* (*allentato*) slack; loose • **Sei l. come una lumaca**, you are a real slowcoach □ **a fuoco l.**, on a low heat; on a low flame ***B*** *m.* slow dance.
lènza *f.* fishing line • **pesca alla l.**, angling.
lenzuòlo *m.* (*pl.* **lenzuola** *f.*; **lenzuoli** *m.*) *1* sheet: **l. singolo** [**matrimoniale**], single [double] sheet *2* (*fig.*) blanket; layer • **l. funebre**, shroud □ **bianco come un l.**, as white as a sheet □ **cacciarsi sotto le lenzuola**, to slip under the blankets.
leoncìno *m.* lion cub.
leóne *m.* *1* lion *2* — (*astron., astrol.*) **il L.**, Leo: **È del** (*o* **un**) **L.**, he is (a) Leo • **l. marino**, sea-lion □ **combattere come un l.**, to fight like a lion □ **fare la parte del l.**, to take the lion's share □ **forza da l.**, lion's strength □ **sentirsi un l.**, to feel full of energy.
leonéssa *f.* lioness.
leonìno *a.* leonine; of a lion: lion-like (*attr.*): **una forza leonina**, the strength of a lion; **avere un coraggio l.**, to be as brave as a lion; **testa leonina**, leonine head.
leopàrdo *m.* leopard • **l. delle nevi**, snow leopard; ounce □ **a pelle di l.**, spotted; (*fig.*) patchy, uneven (*agg.*); patchily, unevenly (*avv.*).
lèpre *f.* hare • **l. in salmì**, jugged hare.
lepròtto *m.* leveret.
lèrcio *a.* *1* filthy; grimy *2* (*fig.*) filthy; foul.
lerciùme *m.* (*anche fig.*) filth.
lèṣbica *f.* lesbian.
lèṣbico *a.* *1* (*geogr.*) Lesbian *2* lesbian.
leṣbìṣmo *m.* lesbianism.
leṣèna *f.* (*archit.*) pilaster.
léṣina *f.* awl.
leṣinàre ***A*** *v. t.* to grudge: **l. q.c. a q.**, to grudge sb. st.; **l. il centesimo**, to count the pennies ***B*** *v. i.* to skimp; to be stingy: **l. sul cibo**, to skimp on the food.
leṣionàre ***A*** *v. t.* to damage ***B*** **leṣionàrsi** *v. i. pron.* to be damaged.
leṣióne *f.* *1* (*danno*) damage ⓤ; (*crepa*) crack: **riportare lesioni**, to be damaged *2* (*med.*) lesion; injury *3* (*violazione*) infringement • (*leg.*) **l. personale**, personal injury; bodily harm.
leṣivo *a.* prejudicial (to); detrimental (to).
léṣo *a.* damaged; injured: (*med.*) **arto l.**, injured limb; (*leg.*) **parte lesa**, injured party; (*leg.*) **lesa maestà**, lese-majesty; lèse-majesté (*franc.*).
lessàre *v. t.* to boil; (*lentamente*) to stew.
lessicàle *a.* lexical.
lèssico *m.* *1* (*dizionario*) lexicon; dictionary *2* (*insieme di vocaboli*) lexicon; vocabulary • **studio del l.**, word-study.
lessicografia *f.* lexicography.
lessicògrafo *m.* (*f.* **-a**) lexicographer.
lésso ***A*** *a.* boiled; stewed ***B*** *m.* boiled meat; (*taglio di carne*) boiling meat: **l. di manzo**, boiled beef • **fare a l.**, to boil.
lestézza *f.* quickness; swiftness; (*agilità*) nimbleness.
lèsto *a.* quick; swift; (*agile*) nimble • **l. di mano**, light-fingered.
lestofànte *m.* swindler; cheat.
letàle *a.* lethal; deadly; fatal; mortal: **dose l.**, lethal dose; **avere un esito l.**, to be fatal; to end in death.
letamàio *m.* *1* manure heap; dunghill *2* (*fig.*) pigsty; hovel.
letàme *m.* *1* manure; dung *2* (*fig.*) dirt; filth.
letargìa *f.* (*med.*) lethargy.
letàrgico *a.* (*med. e fig.*) lethargic • (*di animale*) **in stato l.**, hibernating.
letàrgo *m.* *1* (*di animali*) hibernation: **andare in l.**, to go into hibernation; **essere in l.**, to hibernate *2* (*med.*) lethargy: **cadere in l.**, to fall into a state of lethargy *3* (*bot.*) dormancy *4* (*fig.*) lethargy; torpor; (*scherz.*: *sonno*) deep sleep.
letizia *f.* joy; happiness.
lèttera *f.* *1* (*dell'alfabeto*) letter: **l. maiuscola** [**minuscola**], capital [small] letter; **l. a stampatello**, block letter; block capital *2* (*missiva*) letter: **l. d'amore**, love letter; (*comm.*) **l. di credito**, letter of credit *3* (*al pl., anche* **belle lettere**) literature • **l. morta**, dead letter □ **la l. della legge**, the letter of the law □ **lettere antiche**, classical studies; (the) Classics □ **lettere moderne**, arts: **laurea in lettere**, degree in arts □ **alla l.**, literally; word for word; to the letter □ **dire q.c. a chiare lettere**, to spell st. out □ **scritto in lettere d'oro**, written in gold letters □ **scrivere un numero in lettere**, to write a number in words □ **titolo a lettere cubitali**, banner headline □ **uomo di lettere**, man of letters.
letteràle *a.* literal.
letterarietà *f.* literariness.
letteràrio *a.* literary.
letteràto ***A*** *a.* well-read; cultured ***B*** *m.* (*f.* **-a**) man* (*f.* woman*) of letters.
letteratùra *f.* literature.
lettièra *f.* *1* bedstead *2* (*strame*) litter.
lettìga *f.* *1* (*barella*) stretcher *2* (*portantina*) litter.
lettìno *m.* children's bed; (*con sponde*) crib.
lètto *m.* bed: **l. a una piazza**, single bed; **l. a due piazze** (*o* **matrimoniale**), double bed; **letti gemelli**, twin beds; **l. a baldacchino**, tester bed; **l. a castello**, bunk bed; **l. a scomparsa**, foldaway bed; **l. da campo**, camp bed; **essere a l.**, to be in bed; **andare a l.**, to go to bed; **rifare** [**disfare**] **un l.**, to make [to strip] a bed; **mandare** [**mettere**] **q. a l.**, to send [to put] sb. to bed • **l. di dolore**, sick-bed □ **l. di fiume**, riverbed □ **l. di fortuna**, makeshift bed; shakedown (*fam.*) □ **l. di morte**, (sb.'s) death-bed □ **l. di rose**, bed of roses □ **figlio di primo l.**, child of the first marriage □ **costretto a l.**, confined to one's bed; bedridden □ **mettersi a l.** (*per malattia*), to take to one's bed □ **numero di letti** (*in albergo, ecc.*), bedspace □ **l'ora di andare a l.**, bedtime □ (*eufem.*) **portarsi a l. q.**, to get sb. into bed □ **L'appartamento ha sei posti l.**, the flat sleeps six.
lèttone ***A*** *a.* Latvian ***B*** *m.* *1* Latvian; Lett *2* (*lingua*) Latvian

C *f.* Latvian woman*.
lettoràto *m.* (*università*) language assistantship.
lettóre *m.* (*f.* **-trice**) ***1*** reader: **il pubblico dei lettori**, the reading public ***2*** (*università*) language assistant; (*stor.*) lecturer ***3*** (*tecn.*) reader; scanner; player: **l. ottico**, optical character reader; optical scanner; **l. di compact disc**, compact disc player.
lettùra *f.* ***1*** reading: **brani di l.**, reading passages; **l. del contatore**, meter reading ***2*** (*al pl.*) (*libri*) books: **Che letture fai?**, what sort of books do you read?; **letture per bambini**, books for children ***3*** (*interpretazione*) reading; interpretation • **l. della mano**, palmistry □ **dare l. di q.c.**, to read out st. □ **di buone letture**, well-read □ **testo di facile l.**, easy text □ **libro di l.**, primer; reader □ **sala di l.**, reading room. ATTENZIONE: **lettura** ≠ lecture.
leucemia *f.* (*med.*) leuk(a)emia.
leucèmico *a.* leuk(a)emic.
leucocita *m.* (*anat.*) leucocyte, leukocyte.
leucòma *m.* (*med.*) leucoma, leukoma.
leucorrèa *f.* (*med.*) leokorrh(o)ea.
lèva (**1**) *f.* (*mecc. e fig.*) lever: **l. di arresto**, cut-off lever; (*autom.*) **l. del cambio**, gear lever (*o* stick) (*GB*); gearshift (*USA*); (*aeron.*) **l. di comando**, control stick; joystick (*fam.*) • **avere in mano le leve del comando**, to be in control; to be in the driving seat (*o* in the saddle) □ **sollevare q.c. facendo l.**, to lever up st. □ **far l. sulla curiosità di q.**, to play on sb.'s curiosity.
lèva (**2**) *f.* ***1*** (*chiamata alle armi*) call-up; conscription; draft (*USA*): **chiamare alla l.**, to call up; to draft; **essere di l.**, to be liable to call-up; to be liable for National Service; **visita di l.**, army medical visit ***2*** (*soldati di leva*) conscripts (*pl.*) ***3*** (*generazione*) generation: **le nuove leve**, the new (*o* rising) generation.
levànte *m.* ***1*** east ***2*** (*vento*) east wind.
levantino *a. e m.* Levantine.
levàre (**1**) ***A*** *v. t.* ***1*** (*togliere*) to take* (away); to remove; (*da sopra a q.c., di dosso*) to take* off; (*dall'interno di q.c.*) to take* out; (*estrarre*) to pull out; (*spostare*) to move: **Leva di lì quel libro**, take that book away (*o* move that book); **levarsi il cappello** [**la giacca**], to take* off one's hat [one's jacket]; **l. il fiato**, to take sb.'s breath away; **Levò di tasca una busta**, he took (*o* pulled) an envelope out of his pocket; **l. una macchia**, to remove a stain; **Devo levarmi un dente** [**le tonsille**], I have to have a tooth [my tonsils] out ***2*** (*alzare, sollevare*) to raise; to lift (up): **l. il capo**, to raise one's head; **Leviamo i bicchieri!**, let's raise our glasses; **Non ha levato un dito**, he didn't lift a finger to help ***3*** (*abolire*) to lift; to remove ***4*** (*nella caccia*: *stanare, far alzare*) to flush ***5*** (*eccettuare*) to except; to make* allowance(s) for • **l. un grido**, to utter a cry □ **l. di mezzo**, to get out of the way; (*sbarazzarsi di*) to get rid of □ **l. la posta**, to clear the postbox □ **levarsi un capriccio**, to satisfy a whim □ **levarsi q.c. dalla testa**, to get st. out of one's head □ **Levatelo dalla testa**, forget it! □ **levarsi la fame**, to satisfy one's hunger □ **levarsi la sete**, to quench one's thirst ***B*** **levàrsi** *v. rifl. e i. pron.* ***1*** (*alzarsi*) to get* up; (*in piedi, anche*) to stand* up, to rise* ***2*** (*in volo*: *di uccello*) to take* flight; (*di aeroplano*) to take* off ***3*** (*togliersi da un luogo*) to get* out (of): **Levati di lì!**, get out of the way! ***4*** (*insorgere*) to rise* up ***5*** (*sorgere*) to rise* • **l. da tavola**, to leave the table □ **l. di torno**, to get out of the way; to clear off (*fam.*).
levàre (**2**) *m.* ***1*** rise; rising: **al l. del sole**, at sunrise ***2*** (*mus.*) upbeat: **in l.**, on the upbeat.
levàta *f.* ***1*** rising: **la l. della luna**, the rising of the moon; moonrise; **l. del sole**, sunrise ***2*** (*della posta*) collection ***3*** (*l'ora d'alzarsi*) getting-up time • **l. di scudi**, strong opposition; uproar.
levatàccia *f.* very early rising • **fare una l.**, to get up at the crack of dawn.
levatrìce *f.* midwife*.
levatùra *f.* stature; calibre.
levigàre *v. t.* to smooth; (*carteggiare*) to sandpaper; (*lucidare*) to polish.
levigatézza *f.* smoothness; smooth finish.
levigato *a.* smooth; polished.
levigatùra *f.* smoothing; (*carteggiatura*) sandpapering; (*lucidatura*) polishing.
levita *m.* (*Bibbia*) Levite.
levitàre *v. i.* to levitate.
levitazióne *f.* levitation.
levrière, levrièro *m.* greyhound • **l. afgano**, Afghan hound.
lezióne *f.* ***1*** lesson; (*collettiva*) class; (*universitaria*) lecture: **l. di francese**, French lesson (*o* lecture); **l. privata**, private lesson; **prendere lezioni private**, to take private lessons; to be coached privately; **Le lezioni riprenderanno lunedì**, classes will resume on Monday; **ripassare la l.**, to go over one's lesson; **fare l.**, to teach; (*all'università*) to lecture; **ora di l.**, class; period ***2*** (*ammonimento*) lesson: **Gli servirà di l.**, it will be a lesson to him; **dare una l. a q.**, to teach sb. a lesson ***3*** (*di un testo*) reading; variant.
leziosàggine *f.* affectedness; ◻ affectation.
leziosaménte *avv.* affectedly; with affectation.
leziosità *f.* affectation.
lezióso *a.* affected; (*smanceroso*) simpering, mincing.
lèzzo *m.* stench; stink.
li (**1**) *pron. pers. m. 3ª pers. pl.* (*compl. ogg.*) them: **Li voglio**, I want them; **Li guardi!**, look at them! • **Eccoli!**, here they are!
li (**2**) *art. determ. m. pl.* — (*bur.*) **li 27 agosto 1964**, 27th August (*o* August 27th), 1997.
lì *avv.* there: **Mettilo lì**, put it there; **«Dov'è il bambino?» «Eccolo lì!»**, «where is the child?» «there it is!»; **lì dentro** [**fuori, intorno, su**], in [out, round, up] there; **Voglio quello lì**, I want that one (there) • **lì per lì**, (*senza aspettare*) there and then, on the spot; (*su due piedi*) on the spur of the moment; (*dapprima*) at first □ **essere lì lì per**, to be on the point (*o* the verge) of □ **di lì a un anno**, a year later; after a year □ **di lì a poco**, soon after; after a while □ **fin lì**, as far as there; (*fig.*) up to that point, so far □ **o giù di lì**, or so; or thereabouts □ (**per**) **di lì** (*da quella parte*), that way □ **Se non sono 20 metri, siamo lì**, it can't be much less than 20 metres □ **Ormai siamo quasi lì con la partenza**, we'll be leaving very soon now □ **Tutto finì lì**, that was the end of it.
liàna *f.* (*bot.*) liana; liane.
libanése *a., m. e f.* Lebanese (*a. e m.*); Lebanese woman* (*f.*): **i libanesi**, the Lebanese.
lìbbra *f.* (*misura di peso anglosass.*) pound.
libecciàta *f.* southwesterly gale; southwester.
libéccio *m.* ***1*** (*vento*) southwest wind ***2*** (*punto cardinale*) southwest.
libellìsta *m. e f.* pamphleteer.
libèllo *m.* satyrical pamphlet. ATTENZIONE: **libello** ≠ libel.
libèllula *f.* (*zool.*) dragonfly • **leggero come una l.**, as light as a feather.
liberàle *a., m. e f.* liberal; (*polit.*) Liberal: **arti liberali**, liberal arts; **il partito l.**, the Liberal Party.
liberalìsmo *m.* (*polit.*) liberalism • **l. economico**, free trade.
liberalità *f.* liberality; generosity.
liberalizzàre *v. t.* ***1*** to liberalize ***2*** (*econ.*) to decontrol; to unfreeze*.
liberalizzazióne *f.* ***1*** liberalization ***2*** (*econ.*) decontrol; unfreezing.
liberalménte *avv.* liberally; freely; generously.
liberamàrgine *m.* (*di macchina da scrivere*) margin--release.
liberaménte *avv.* freely.
liberàre ***A*** *v. t.* ***1*** to free; to set* free; to release; to liberate: **l. un prigioniero**, to release (*o* to set free) a prisoner; **l. un ostaggio**, to release (*o* to free) a hostage; **l. un paese dal nemico**, to free a country from an enemy: **l. q. da un obbligo**, to free sb. from an obligation ***2*** (*sbarazzare*) to rid* (of): **l. un paese dai banditi**, to rid a country of bandits ***3*** (*sgombrare*) to clear; (*lasciare libero*) to vacate: **l. il passaggio**, to clear the way; **l. un appartamento**, to vacate a flat ***4*** (*disimpigliare*) to disentangle; to loosen ***5*** (*mecc.*) to release; to trip ***6*** (*chim.*) to liberate • **Dio ce ne scampi e liberi**, God forbid ***B*** **liberàrsi** *v. rifl. e i. pron.* ***1*** to free oneself (from) ***2*** (*sbarazzarsi*) to get* rid (of) ***3*** (*diventare libero*) to become* free; (*di appartamento, ecc.*) to become* vacant.
liberatóre ***A*** *m.* (*f.* **-trice**) liberator ***B*** *a.* liberating.
liberatòrio *a.* ***1*** relieving; of relief: **pianto l.**, tears of relief ***2*** (*fin., leg.*) releasing; redeeming: **pagamento l.**, releasing payment.
liberazióne *f.* ***1*** liberation; freeing; release: **guerra di l.**, war

of liberation; **la l. degli ostaggi**, the release of the hostages *2* (*sollievo*) relief: **senso di l.**, sense of relief; **Che l.!**, what a relief!

libèrcolo *m.* worthless book.

liberiàno *a. e m.* (*f.* **-a**) Liberian (*f.* Liberian woman*).

liberișmo *m.* (*econ.*) free trade; free enterprise; laissez faire (*franc.*).

liberìsta (*econ.*) ***A*** *m. e f.* free-trader ***B*** *a.* free-trade (*attr.*); laissez-faire (*attr.*).

lìbero ***A*** *a.* ***1*** free: **l. da preoccupazioni**, free from care; **l. arbitrio**, free will; **l. pensatore**, free-thinker; **essere l. di fare q.c.**, to be free to do st.; **lasciar l. q.**, (*liberare*) to set sb. free; to let sb. go free; (*permettere*) to leave sb. free (to do st.); **ingresso l.**, free admittance ***2*** (*non impegnato*) free; (*rif. al tempo, anche*) spare, off: **Il direttore ora è l. di vederla**, the manager is now free to see you; **il mio giorno l.**, my day off; **tempo l.**, spare time; leisure ***3*** (*di posto: non occupato*) free, empty; (*disponibile*) available; (*vacante*) vacant; (*di taxi*) for hire: **posto l.**, (*a sedere*) empty seat; (*di lavoro*) vacant position, vacancy; **appartamento l.**, vacant flat ***4*** (*non ostruito*) clear: **l. dai ghiacci**, clear of ice ***5*** (*licenzioso*) free; loose • **l. come l'aria**, as free as air □ **l. da imposta**, tax-free □ **l. da ipoteca**, unencumbered □ (*leg.*) **l. su cauzione**, out on bail □ (*ginnastica*) **esercizi a corpo l.**, free exercises □ **spiaggia libera**, public beach □ (*chim.*) **allo stato l.**, free ***B*** *m.* (*calcio*) libero; sweeper.

libertà *f.* ***1*** freedom; liberty: **perdere la l.**, to lose one's freedom; **l. dal bisogno**, freedom from want; **l. di parola**, freedom of speech; **l. di stampa**, freedom of the press; **l. di opinione**, freedom of thought; **prendersi la l. di**, to take the liberty of ***2*** (*licenziosità, ecc.*) looseness • **l. costituzionali**, constitutional rights □ **l. di azione**, freedom to act □ (*leg.*) **l. provvisoria**, release pending trial; (*su cauzione*) release on bail: **in l. provvisoria**, out on bail; **concedere a q. la l. provvisoria**, to let sb. out (*o* to release sb.) on bail □ (*leg.*) **l. vigilata**, probation: **in l. vigilata**, on probation □ **giorno di l.**, day off; free day; □ **in l.**, free □ **in tutta l.**, freely; frankly □ **mettere in l.**, to set free; to release □ **mettersi in l.**, to make oneself at home □ **prendersi delle l. con q.**, to take liberties with sb.

libertàrio *a. e m.* (*f.* **-a**) libertarian.

liberticìda ***A*** *a.* liberticidal ***B*** *m. e f.* liberticide.

liberticìdio *m.* liberticide.

libertinàggio *m.* libertinism; libertinage.

libertìno ***A*** *a.* ***1*** free-thinking ***2*** (*spreg.*) licentious; rakish ***B*** *m.* ***1*** (*stor.*) free thinker; libertine ***2*** (*spreg.*) libertine; rake; (*donnaiolo*) philanderer, womanizer.

libèrto *m.* (*stor.*) freedman*.

lìberty ***A*** *m.* Art Nouveau (*franc.*) ***B*** *a.* Art-Nouveau (*attr.*).

lìbico *a. e m.* (*f.* **-a**) Libyan (*f.* Lybian woman*).

libìdine *f.* ***1*** lechery; lust ***2*** (*fig.*) lust: **l. del potere**, lust for power • (*leg.*) **atti di l.**, indecency □ (*leg.*) **atti di l. violenta**, indecent assault.

libidinóso *a.* lecherous; libidinous; lewd.

libràio *m.* (*f.* **-a**) bookseller.

libràrio *a.* book (*attr.*): **commercio l.**, book trade.

libràrsi *v. i. pron.* to hover • **l. in volo**, to soar.

librerìa *f.* ***1*** (*negozio*) bookshop; bookstore (*USA*) ***2*** (*mobile*) bookcase; bookshelves (*pl.*). ATTENZIONE: **libreria** ≠ library.

librésco *a.* bookish.

librettìsta *m. e f.* librettist.

librétto *m.* ***1*** (small) book; booklet: **l. di istruzioni**, instruction booklet; **l. degli assegni**, chequebook; checkbook (*USA*) ***2*** (*mus.*) libretto* • **l. di banca**, bankbook; passbook (*USA*) □ (*autom.*) **l. di circolazione**, registration (document) □ **l. di lavoro**, employment card □ **l. universitario**, undergraduate's record book.

lìbro *m.* ***1*** book: **l. di storia** [**di cucina**], history [cookery] book; **l. di testo**, textbook; **l. di consultazione**, reference book ***2*** (*registro*) book; register: **l. dei conti**, account book; **libri contabili**, (account) books; **l. dei soci**, register of members ***3*** (*bot.*) liber • **l. bianco**, report; (*del Governo*) white paper; white book (*USA*) □ (*naut.*) **l. di bordo**, logbook; log □ **l. di cassa**, cash-book □ **l. da messa**, missal □ **l. di lettura**, reader □ **l. delle ore**, book of Hours □ **l. giallo**, thriller □ (*comm.*) **l. mastro**, ledger □ (*comm.*) **l. paga**, payroll: **a l. paga**, on sb.'s payroll; (*fig.*) **essere sul l. paga di q.**, to be in sb.'s pay □ **essere un l. chiuso**, to be a closed book □ **essere sul l. nero di q.**, to be in sb.'s black books □ (*comm.*) **mettere a l.**, to book (*o* to enter) □ **parlare come un l. stampato**, to talk like a book.

licantropìa *f.* lycanthropy.

licàntropo *m.* werewolf; lycanthrope.

lìccio *m.* (*ind. tess.*) heddle: **pettine l.**, rigid heddle.

liceàle ***A*** *a.* liceo (*attr.*); secondary-school (*attr.*); high-school (*USA*) (*attr.*): **licenza l.**, secondary-school diploma ***B*** *m. e f.* (*studente l.*) student at a liceo; secondary-school student.

liceità *f.* (*leg.*) lawfulness.

licènza *f.* ***1*** licence, license (*USA*); (*autorizzazione, anche*) permit, permission: **l. di pesca**, fishing licence (*o* permit); **l. di porto d'armi**, licence to carry arms; gun licence; **l. di vendere**, licence to sell; **l. di esercizio**, trading licence; **avere regolare l.**, to be licensed; **l. edilizia**, planning permission ***2*** (*mil.*) leave: **in l.**, on leave; **l. per malattia**, sick-leave ***3*** (*diploma*) school-leaving certificate; diploma: **esame di l.**, school-leaving (*o* diploma) examination ***4*** (*libertà*) licence; liberty: **l. poetica**, poetic licence; **prendersi la l. di**, to take the liberty of.

licenziaménto *m.* dismissal; sacking (*fam.*); firing (*fam.*): **l. per giusta causa**, dismissal for cause; **l. in tronco**, dismissal without notice; **l. senza giusta causa**, unfair dismissal.

licenziàre ***A*** *v. t.* to dismiss; to sack (*fam.*); to fire (*fam.*): **l. in tronco**, to dismiss without notice; to fire on the spot (*fam.*); **l. per esubero**, to make redundant ***B*** **licenziàrsi** *v. rifl.* ***1*** (*da un lavoro*) to resign; to give* notice; to leave* one's job ***2*** (*diplomarsi*) to take* one's school-leaving certificate (*o* diploma); to graduate from high school (*USA*).

licenziosità *f.* licentiousness.

licenzióso *a.* licentious; dissolute.

licèo *m.* liceo; secondary school; high school (*USA*): **l. artistico**, art school; **l. classico** [**scientifico**], liceo specializing in humanities [science].

lichène *m.* (*bot.*) lichen.

licitazióne *f.* ***1*** (*a un'asta: offerta*) bid; (*vendita*) auction sale ***2*** (*a una gara d'appalto*) tender ***3*** (*bridge*) bid; bidding • (*leg.*) **l. privata**, private treaty.

lìdo *m.* ***1*** (*spiaggia*) shore; beach; (*attrezzata*) lido* ***2*** (*lett.*) country; region; shore (*lett.*): **i patri lidi**, one's native shores; **altri lidi**, far-away countries.

liederìsta *m. e f.* ***1*** composer of lieder ***2*** lieder singer.

liederìstica *f.* lieder (*ted., pl.*).

lièto *a.* happy; (*contento*) glad, pleased; (*di buon umore, allegro*) cheerful, merry: **di umore l.**, in a happy humour; **Sono l. di vedervi qui**, I am glad to see you here; **L. di conoscerla!** (*o* **Molto l.!**), how do you do?; pleased to meet you; **lieto fine**, happy ending; **l. evento**, happy event.

liève *a.* ***1*** (*leggero*) light: **peso l.**, light weight; **l. come una piuma**, as light as a feather ***2*** (*delicato*) light; gentle; **tocco l.**, light (*o* gentle) touch; **l. brezza**, gentle breeze ***3*** (*tenue*) slight; faint: **l. sorriso**, faint smile ***4*** (*non grave, di poco peso*) minor; slight: **ferite lievi**, minor injuries; **l. differenza**, slight difference ***5*** (*facile*) light; easy.

lieveménte *avv.* ***1*** lightly; gently ***2*** (*appena, un po'*) slightly.

lievitàre *v. i.* ***1*** (*di impasto*) to rise*; to prove ***2*** (*fig.*) to rise*; to swell* • **far l. i costi**, to increase costs □ **far l. i prezzi**, to send up prices.

lievitazióne *f.* ***1*** rising; proving ***2*** (*fig.*) rise.

lièvito *m.* yeast; leaven (*anche fig.*): **l. del pane**, baker's yeast; **l. di birra**, brewer's yeast; **l. in polvere**, baking powder.

lifting (*ingl.*) *m. invar.* face-lift: **fare un l.**, to have a face-lift.

lìgio *a.* (*fedele*) faithful, loyal; (*obbediente*) obervant: **l. alle regole**, observant of rules; **l. alla legge**, law-abiding.

lignàggio *m.* lineage; ancestry; descent: **di alto l.**, to noble birth (*o* descent).

lìgneo *a.* wooden; ligneous.

lignìte *f.* lignite.

lìgure *a., m. e f.* Ligurian (*a. e m.*); Ligurian woman* (*f.*).

ligùstro *m.* (*bot.*) privet.

liliàle *a.* lily-like (*attr.*).

lillà, lillà ***A*** *m.* (*bot.*) lilac ***B*** *m. e a.* (*colore*) lilac.

lillipuziàno *a. e m.* Lilliputian.

lìma *f.* file: **l. per unghie**, nail file • **lavorare di l. a q.c.**, to

polish st. □ **lavoro di l.**, polishing.
limaccióso *a.* (*anche fig.*) muddy; murky.
limàre *v. t.* **1** (*mecc.*) to file **2** (*fig.*) to polish.
limatùra *f.* **1** (*il limare*) filing **2** (*polvere*) filings (*pl.*).
limbo *m.* (*anche fig.*) limbo*.
limétta (1) *f.* (*bot.*) lime.
limétta (2) *f.* (*per unghie*) nail file; (*di cartone*) emery board.
limitàbile *a.* limitable.
limitàre (1) *m.* **1** (*soglia, anche fig.*) threshold **2** (*margine*) edge; margin.
limitàre (2) **A** *v. t.* **1** to limit; to set* a limit to; (*con l'autorità o la forza*) to restrict; (*moderare*) to moderate; (*frenare*) to curb: **l. le spese**, to limit (*o* to curb) one's expenses; **l. le proprie ambizioni**, to set a limit to one's ambitions; **l. il numero dei partecipanti**, to restrict the number of participants **2** (*delimitare*) to bound **B limitàrsi** *v. rifl. e i. pron.* **1** to confine (*o* to limit) oneself (to); to restrict oneself (to): **l. a obbedire agli ordini**, to limit oneself to obeying orders; **Mi limiterò a fare un riassunto**, I shall confine myself to a summary (*form.*); I will merely (*o* just) give you a summary; **Si limitò a sorridere**, he just smiled; **l. a sei sigarette al giorno**, to restrict oneself to six cigarettes a day; **l. nel bere**, to cut down on one's drinking; to drink in moderation **2** (*essere limitato*) to be confined (*o* restricted) (to).
limitataménte *avv.* **1** (*entro certi limiti*) to a limited extent; within (certain) limits **2** (*nei limiti di*) as far as: **l. alle mie possibilità**, as far as I can; to the best of my ability; **l. al nostro problema**, as regards our problem.
limitatézza *f.* narrowness; limited nature.
limitatìvo *a.* restrictive; limitative; limiting.
limitàto *a.* **1** limited; (*esiguo*) restricted, narrow; (*scarso*) scanty **2** (*fig.*) narrow-minded: **vedute limitate**, narrow-minded views; narrow-mindedness Ⓤ; **di mentalità limitata**, narrow-minded.
limitazióne *f.* limitation; (*limite*) limit; (*restrizione*) restriction, control: **porre limitazioni a q.c.**, to place restrictions on st.; **l. delle nascite**, birth control.
lìmite A *m.* **1** limit; (*al pl., anche*) bounds: **l. di età** [**di tempo, di velocità**], age [time, speed] limit; **porre un l. a q.c.**, to set limits to st.; **entro certi limiti**, within (certain) limits; within bounds; **Tutto ha un l.**, there is a limit to everything **2** (*confine*) boundary; border **3** (*geogr.*) line: **l. delle nevi perenni**, snow-line **4** (*mat.*) limit • (*banca*) **l. di credito**, credit limit; ceiling □ (*econ.*) **l. massimo**, ceiling □ **al l.**, (*tutt'al più*) at most; (*alla peggio*) at worst □ **al l. delle proprie forze**, as much as one can □ **essere al l. della sopportazione**, to be at the end of one's tether □ **conoscere i propri limiti**, to know one's limitations □ **nei limiti del possibile**, as far as one can □ **passare i limiti**, to go too far; to pass all bounds; (*di q.c.*) to exceed all bounds (of) □ **Questo passa ogni l.!**, that's the limit! □ **per raggiunti limiti di età**, having reached the retirement age □ **senza limiti**, without limit; limitless, boundless (*agg.*) **B** *a. invar.* extreme; borderline: **ipotesi l.**, extreme hypothesis; **caso l.**, extreme (*o* borderline) case.
limìtrofo *a.* neighbouring; bordering; adjacent (to): **paese l.**, neighbouring country.
lìmo *m.* **1** slime; mud; mire **2** (*geol.*) silt.
limonàta *f.* lemonade; (*spremuta*) lemon squash.
limóne *m.* **1** (*albero*) lemon tree **2** (*frutto*) lemon.
limonéto *m.* lemon grove; lemon orchard.
limonite *f.* (*miner.*) limonite.
limpidézza *f.* clearness; transparency; limpidity.
lìmpido *a.* clear; transparent; limpid.
lince *f.* (*zool.*) lynx • **dagli occhi di l.**, lynx-eyed; eagle-eyed.
linciàggio *m.* lynching.
linciàre *v. t.* to lynch.
lindo *a.* **1** (*pulito e in ordine*) neat and tidy; spic(k) and span **2** (*di persona*) neat; trim.
lìnea *f.* **1** (*geom. e fig.*) line: **l. retta** [**curva**], straight [curved] line; **in l. retta**, in a straight line; **tirare una l.**, to draw a line; **l. di condotta**, line of conduct; **linee di comunicazione**, lines of communication; travel routes; **l. telegrafica** [**ferroviaria**], telegraph [railway] line; **la l. di una giacca**, the cut of a jacket; **semplicità di linee**, simplicity of line **2** (*telef.*) line: **La l. è occupata**, the line is engaged (*USA* busy); **La l. è libera**, the telephone is ringing; **restare in l.**, to hold the line; to hold on; **prendere la l.**, to get through; **È caduta la l.**, I've been cut off **3** (*del corpo*) figure: **mantenere la l.**, to keep one's figure **4** (*nell'alfabeto Morse*) dash • **l. aerea**, airline □ **l. di confine**, boundary; (*tra paesi*) border; (*fig.*) borderline □ **l. di febbre**, degree of temperature: **avere qualche l. di febbre**, to have a slight temperature □ (*mil.*) **l. del fuoco**, firing line □ **l. di navigazione**, shipping line □ (*comm.*) **l. di prodotti**, line of products □ (*sport*) **l. di partenza**, starting line □ (*geogr.*) **la l. equatoriale**, (the line of) the Equator □ **l. laterale**, (*calcio*) touchline; (*tennis*) sideline □ **a grandi linee**, broadly speaking: **descrivere** (*o* **tracciare**) **a grandi linee**, to outline st. □ **aereo di l.**, (aeroplane flying on a) scheduled flight □ **in l. con**, in line with □ **in l. d'aria**, as the crow flies □ **in l. di massima**, (*in genere*) as a rule; (*nel complesso*) on the whole □ **in l. di principio**, in principle □ **in prima l.**, (*mil. e fig.*) in the front line; (*fig., anche*) in the forefront, (*in posizione esposta*) in the firing line □ **mettersi in l.**, to line up; to get into line; (*fig.*) to align oneself (with) □ **nave di l.**, liner □ **passare in seconda l.**, to take second place; to fade into the background □ (*mil. e fig.*) **prima l.**, front line □ **servizio di l.**, regular (*o* scheduled) service □ **su tutta la l.**, all along the line □ **volo di l.**, scheduled flight.
lineaménti *m. pl.* **1** features **2** (*elementi principali*) outlines.
lineàre *a.* **1** linear **2** (*fig.*) straightforward; consistent.
linearità *f.* **1** linearity **2** (*fig.*) straightforwardness; consistency.
lineétta *f.* dash; (*di unione*) hyphen.
linfa *f.* **1** (*bot. e fig.*) sap **2** (*biol.*) lymph.
linfàtico *a.* lymphatic; lymph (*attr.*): **sistema l.**, lymphatic system; **ghiandole linfatiche**, lymph nodes (*o* glands).
linfatismo *m.* (*med.*) lymphatism.
linfocita, **linfocito** *m.* (*biol.*) lymphocyte.
linfocitàrio *a.* lymphocitic.
linfonòdo *m.* (*anat.*) lymph node.
lingòtto *m.* ingot; bar.
lingua *f.* **1** (*anat. e fig.*) tongue: **tirare fuori la l.**, to put (*o* to stick) out one's tongue; **l. bianca** [**sporca**], coated [furred] tongue; **tenere a posto** (*o* **frenare**) **la l.**, to hold one's tongue; **avere q.c. sulla punta della l.**, to have st. on the tip of one's tongue **2** (*linguaggio*) language; tongue: **la l. italiana**, the Italian language; **l. materna**, one's mother tongue • (*cucina*) **l. di bue**, ox-tongue □ (*cucina*) **lingue di gatto**, finger biscuits □ **l. di terra**, strip of land □ **l. franca**, lingua franca □ **l. furbesca**, thieves' cant □ **avere la l. sciolta**, to have a glib tongue; to have the gift of the gab □ (*fig.*) **con la l. di fuori**, puffing and panting □ **Hai perso la l.?**, have you lost your tongue?; has the cat got your tongue? (*scherz.*) □ **paesi di l. inglese**, English-speaking countries □ **in l.**, in Italian □ **in l. povera**, in plain words □ **mettere l.**, to interfere.
linguàccia *f.* evil tongue; slanderer.
linguacciùto *a.* **1** (*chiacchierone*) chatty; talkative **2** (*pettegolo*) gossipy.
linguàggio *m.* **1** (*facoltà di parlare*) speech: **l'origine del l.**, the origin of speech; **difetto di l.**, speech defect **2** (*lingua*) language; (*di un gruppo particolare*) special language, parlance; (*specialistico*) jargon, lingo (*spesso spreg.*): **l. dei segni**, sign language; **il l. giornalistico**, the language of journalism; **nel l. dei medici**, in medical parlance; **l. tecnico**, technical terms; technical jargon **3** (*elab.*) language: **l. di programmazione**, programming language; **l. macchina**, machine language • **l. cifrato**, cipher language □ **l. infantile**, baby talk □ **Che l.!**, what a way to talk!
linguàle *a.* lingual.
linguétta *f.* **1** (*di scarpa*) tongue **2** (*mus.*) reed **3** (*mecc.*) tang; spline; tongue **4** (*di busta*) flap **5** (*di cartelletta, scheda, ecc.*) tab.
linguìsta *m. e f.* linguist.
linguìstica *f.* linguistics (*pl. col verbo al sing.*).
linguìstico *a.* linguistic.
linificio *m.* (*ind. tess.*) flax-mill.
liniménto *m.* (*farm.*) liniment; embrocation.
lino *m.* **1** (*bot.*; *fibra*) flax **2** (*tessuto*) linen: **lenzuolo di l.**, linen sheet • **olio di l.**, linseed oil □ **seme di l.**, linseed.
linòleum *m.* linoleum; lino (*fam.*).

linóne *m.* (*ind. tess.*) lawn.
linotipìa *f.* linotyping.
linotipista *m. e f.* linotypist; linotyper.
linotype ® *f. invar.* Linotype.
liocòrno *m.* (*mitol.*) unicorn.
liofilizzàre *v. t.* (*chim., ind.*) to freeze-dry; to lyophilize.
lìpide *m.* (*chim.*) lipid(e).
lipòma *m.* (*med.*) lipoma.
lippa *f.* (*gioco*) tipcat.
liquàme *m.* sewage Ⓤ; effluent.
liquefàre *v. t.*, **liquefàrsi** *v. i. pron.* to melt; to liquefy.
liquefazióne *f.* melting; liquefaction.
liquerìzia *V.* **liquirizia**.
liquidàre *v. t.* ***1*** (*una società*) to liquidate, to wind* up; (*pagare*) to pay* off, to settle: **l. i danni**, to liquidate damage; **l. un debito**, to pay off a debt; **l. un dipendente**, to pay off an employee ***2*** (*merce*) to sell* off; to clear out ***3*** (*sbarazzarsi di*) to get* rid of; (*uccidere*) to liquidate ***4*** (*risolvere*) to settle; (*spiegare*) to explain away.
liquidatóre *m.* (*f.* **-trice**) (*leg.*) liquidator • **l. di fallimento**, official receiver.
liquidazióne *f.* ***1*** (*di società*) liquidation; winding up; (*pagamento*) settlement, paying off, payment: **mettere in l.**, to wind up; **l. di una pensione**, payment of a pension; **l. di un debito**, settlement (*o* paying off) of a debt ***2*** (*di merce*) liquidation; clearance; sale: **prezzi di l.**, knock-down prices; **vendita di l.**, clearance sale; **articoli in l.**, sales articles ***3*** (*indennità di fine rapporto*) severance pay; gratuity; (*per pensionamento*) lump sum ***4*** (*uccisione*) liquidation.
liquidità *f.* ***1*** liquidness; liquidity ***2*** (*econ., fin.*) liquidity; (*capitale liquido*) liquid assets (*pl.*) • **l. di cassa**, cash on hand □ **convertire in l.**, to liquidate.
lìquido ***A*** *a.* ***1*** liquid; fluid; (*fuso*) molten: **gas l.**, liquid gas; **sostanza liquida**, fluid substance; **colla liquida**, liquid glue; **dieta liquida**, liquid diet ***2*** (*comm.*) liquid; ready; available: **capitale l.**, liquid assets (*pl.*); **denaro l.**, ready cash; **fondi liquidi**, available funds ***B*** *m.* ***1*** liquid; fluid: **L'acqua è un l.**, water is a liquid; **l. amniotico**, amniotic fluid ***2*** (*econ.*) ready money Ⓤ; cash Ⓤ.
liquirìzia *f.* liquorice; licorice.
liquóre *m.* liqueur; (*superalcolico*) spirit, liquor (*USA*).
liquoróso *a.* liqueur-like.
lira (**1**) *f.* ***1*** (*unità monetaria italiana*) lira* ***2*** (*unità monetaria di vari paesi*) — **l. egiziana**, Egyptian pound; **l. sterlina**, pound sterling; **l. turca**, Turkish lira • **l. verde**, green lira □ **È costato due lire**, it cost next to nothing □ **Non ho una l.**, I haven't a penny (*o* a bean; *USA* a cent).
lira (**2**) *f.* (*mus.*) lyre • **uccello l.**, lyrebird.
lìrica *f.* ***1*** (*genere*) lyric poetry ***2*** (*componimento*) lyric (poem) ***3*** (*mus.*) opera.
liricità *f. V.* **lirismo**.
lìrico ***A*** *a.* ***1*** lyric; (*d'intonazione lirica*) lyrical: **poesia lirica**, lyric poetry; **descrizione lirica**, lyrical description ***2*** (*mus.*) opera (*attr.*): **teatro l.**, opera house; **stagione lirica**, opera season ***B*** *m.* lyric poet.
lirismo *m.* ***1*** lyricism ***2*** (*iron.*) high-flown sentiments (*pl.*).
lisca *f.* fish-bone.
lisciàre ***A*** *v. t.* ***1*** (*rendere liscio*) to smooth ***2*** (*accarezzare*) to stroke ***3*** (*adulare*) to flatter; to butter up (*fam.*); to sweet-talk (*fam.*) ***4*** (*levigare*) to polish ***B*** **lisciàrsi** *v. rifl.* ***1*** (*agghindarsi*) to preen oneself ***2*** (*di animale*) to groom oneself; (*di uccello*) to preen oneself.
lisciàta *f.* ***1*** smoothing down; (*carezza*) stroke: **darsi una l. ai capelli**, to smooth down one's hair ***2*** (*adulazione*) flattery; sweet-talk (*fam.*).
lìscio ***A*** *a.* ***1*** smooth; (*e lucido*) sleek; (*levigato*) polished: **capelli lisci**, smooth hair; sleek hair; (*non ricci*) straight hair; **cane dal pelo l.**, smooth-haired dog ***2*** (*di alcolico*) neat; straight ***3*** (*fig.*) simple; clear; plain; straightforward • **andare** (*o* **filare**) **l.** (**come l'olio**), to go smoothly □ **mare l. come l'olio**, sea as smooth as glass □ **passarla liscia**, to get away with it ***B*** *m.* ballroom dancing Ⓤ; ballroom dance.
liscìvia *f.* lye.
liseuse (*franc.*) *f. invar.* bed-jacket.
lìsi *f.* (*biol., med.*) lysis*.
lìso *a.* worn; threadbare.
lìsta *f.* ***1*** (*elenco*) list: **l. dei vini**, wine list; **lista elettorale**, (*di candidati*) party list; ticket (*USA*); (*registro*) electoral register; **l. nera**, blacklist; **l. di nozze**, wedding list; **fare una l.**, to make (*o* to draw up) a list; **essere in l.**, to be on a list ***2*** (*striscia*) strip; (*larga*) band, stripe.
listàre *v. t.* to border; to edge.
listàto *a.* bordered; edged: **l. a lutto**, black-edged.
listèllo *m.* (*assicella*) lath, splint; (*di modanatura*) fillet, listel; (*per tegole*) batten.
listino *m.* list: **l.** (**dei**) **prezzi**, price list; (*fin.*) **l. dei cambi**, exchange list.
litania *f.* ***1*** (*eccles.*) litany ***2*** (*sfilza*) string; (*di lamentele*) litany.
lite *f.* ***1*** quarrel; argument; row: **attaccare l.**, to pick (*o* to start) a quarrel ***2*** (*leg.*) lawsuit; suit: **muovere** (*o* **intentare**) **l. a q.**, to bring a suit against sb.; to sue sb.
litigànte *m. e f.* ***1*** quarreller; brawler ***2*** (*leg.*) litigant • **Tra i due litiganti, il terzo gode**, while two dogs are fighting for a bone, a third runs away with it.
litigàre ***A*** *v. i.* ***1*** to quarrel; to fight; to wrangle; (*per motivi futili*) to squabble ***2*** (*leg.*) to litigate ***B*** **litigàrsi** *v. rifl. recipr.* to quarrel (over, about st.); to wrangle (over st.).
litigàta *f.* quarrel; row: **fare una l.**, to have a quarrel; to quarrel.
litìgio *m.* quarrel; row; (*per motivi futili*) squabble; (*tra innamorati*) tiff.
litigiosità *f.* quarrelsomeness.
litigióso *a.* quarrelsome; argumentative.
lìtio *m.* (*chim.*) lithium.
litografàre *v. t.* to lithograph.
litografia *f.* ***1*** (*tecnica*) lithography ***2*** (*riproduzione*) lithograph ***3*** (*stabilimento*) lithographic printing works.
litogràfico *a.* lithographic.
litògrafo *m.* lithographer.
litoràle ***A*** *a.* coast (*attr.*); coastal ***B*** *m.* coast.
litorànea *f.* coast road.
litorànea *a.* coastal; coast (*attr.*).
litosfèra *f.* (*geol.*) lithosphere.
litòte *f.* (*retor.*) litotes*.
litro *m.* litre, liter (*USA*).
lituàno *a. e m.* (*f.* **-a**) Lithuanian (*f.* Lithuanian woman*).
liturgìa *f.* ***1*** liturgy ***2*** (*fig.*) ritual.
litùrgico *a.* liturgical • **dramma l.**, mystery play □ **musica liturgica**, church music.
liutàio *m.* (*f.* **-a**) maker of stringed instruments.
liutista *m. e f.* lute-player; lutanist, lutenist.
liùto *m.* (*mus.*) lute.
livèlla *f.* level: **l. a bolla d'aria**, spirit level.
livellaménto *m.* ***1*** levelling (out, off) ***2*** (*fig.*) levelling out (*o* off); equalization.
livellàre ***A*** *v. t.* ***1*** to level (out, off) ***2*** (*fig.*) to level out (*o* off); to equalize ***B*** **livellàrsi** *v. i. pron.* to level out; to even out.
livellatóre ***A*** *m.* leveller ***B*** *a.* levelling.
livellatrìce *f.* ***1*** leveller ***2*** (*mecc.*) bulldozer; grader.
livellazióne *f.* levelling.
livèllo *m.* level; (*fig., anche*) standard: **sopra** [**sotto**] **il l. del mare**, above [below] sea level; **l. salariale**, wage level; **l. di vita**, standard of living; **allo stesso l.** (**di**), on a level (with); **sotto al l. normale**, below standard • **l. di guardia**, danger level; (*fig.*) danger point □ **a l. mondiale**, world-wide □ **a l. del terreno**, at ground level □ **decisione a l. ministeriale**, ministerial decision □ **incontro a l. di capi di Stato**, meeting of heads of state □ **ad alto l.**, high-level (*attr.*); top-level (*attr.*).
lìvido ***A*** *a.* ***1*** (*bluastro*) livid; blue: **l. di freddo**, blue with cold ***2*** (*plumbeo*) livid; leaden ***3*** (*fig.*) livid: **l. di rabbia**, livid with rage; **l. di paura**, pale with fear ***B*** *m.* bruise: **coperto di lividi**, covered in bruises; bruised all over; black and blue (*pred.*).
livóre *m.* spiteful envy; spite; envy.
livrèa *f.* ***1*** livery ***2*** (*zool.*) plumage • **non portare la l. di nessuno**, to be one's own boss (*o* master).
lizza *f.* (*stor. e fig.*) lists (*pl.*): **scendere in l.**, to enter the lists.
lo (**1**) *art. determ. m. sing. V.* **il**.
lo (**2**) *pron. pers. m.* 3^a *pers. sing.* ***1*** (*compl. ogg.*: *rif. a persona o animale maschio*) him; (*rif. a cosa o animale generico*) it ***2*** (*nel senso di «ciò», «questo»*) — **Non lo farò**, I won't do it; **Lo so**, I know; **Dimmelo!**, tell me!; **Lo si dice**, so they say; **Lo dicevo, io!**, I told you so! ***3*** (*nel senso di «tale»*)

— Si crede furbo, ma non lo è, he thinks he's smart, but he isn't.
lobàto *a.* (*bot., zool.*) lobed; lobate.
lòbbia *f. o m.* Homburg (hat).
lobbiṣmo *m.* lobbying.
lobbìsta *m. e f.* lobbyist.
lobbìstico *a.* lobby (*attr.*).
lòbo *m.* (*anat., biol.*) lobe: **l. dell'orecchio**, earlobe.
lobotomìa *f.* (*chir.*) lobotomy.
lobotomiẓẓàre *v. t.* (*chir.*) to lobotomize.
lobotomiẓẓàto ***A*** *a.* lobotomized ***B*** *m.* (*f.* **-a**) lobotomized patient.
lòbulo *m.* (*anat.*) lobule.
locàle (1) *a.* local.
locàle (2) *m.* ***1*** room: **l. di servizio**, utility room ***2*** (*al pl.*) (*sede di q.c.*) premises ***3*** (*ritrovo*) place; (*ristorante*) restaurant: **l. alla moda**, fashionable place ***4*** (*treno*) slow train; local (*USA*) • (*naut.*) **l. delle caldaie**, stokehold □ **l. notturno**, nightclub. ATTENZIONE: **locale** ≠ local.
località *f.* place; locality; (*di villeggiatura*) resort • **in l. Trecastelli**, at Trecastelli.
localiẓẓàre ***A*** *v. t.* ***1*** (*individuare la posizione di*) to locate ***2*** (*circoscrivere*) to localize ***B*** **localiẓẓàrsi** *v. i. pron.* to be located; to be localized.
localiẓẓàto *a.* ***1*** (*posto*) located; situated ***2*** (*circoscritto*) localized.
localiẓẓatóre *m.* (*tecn.*) detector; finder.
localiẓẓazióne *f.* ***1*** location; detection ***2*** (*delimitazione*) localization.
locànda *f.* inn.
locandière *m.* (*f.* **-a**) innkeeper; landlord (*f.* landlady).
locandìna *f.* playbill.
locàre *v. t.* to let* (out); to rent (out) (*USA*).
locatàrio *m.* (*f.* **-a**) (*leg.*) lessee; (*inquilino*) tenant.
locativo *a. e m.* (*gramm.*) locative.
locatóre *m.* (*f.* **-trice**) (*leg.*) lessor; landlord (*f.* landlady).
locazióne *f.* (*leg.*) renting; lease • **contratto di l.**, lease □ **dare in l.**, to let out; to lease □ **prendere in l.**, to rent; to lease.
locomotiva *f.* (railway) engine; locomotive • **fare da l.**, to be a driving force □ **sbuffare come una l.**, to puff and pant.
locomotóre ***A*** *m.* electric engine; electric locomotive ***B*** *a.* locomotor; locomotive.
locomotòrio *a.* (*fisiol.*) locomotor; locomotory.
locomozióne *f.* locomotion • **mezzi di l.**, vehicles; means of transport.
lòculo *m.* burial niche.
locùsta *f.* (*zool.*) locust.
locuzióne *f.* phrase; expression; (*l. idiomatica*) idiom.
lodàre ***A*** *v. t.* to praise • **Sia lodato il cielo!**, thank heaven(s)! ***B*** **lodàrsi** *v. rifl.* to praise oneself; to boast • (*prov.*) **Chi si loda s'imbroda**, self-praise is no recommendation.
lòde *f.* praise Ⓤ: **meritare una l.**, to deserve praise; **coro di lodi**, chorus of praise; **una poesia in l. di q.**, a poem in praise of sb.; **rendere l. a q.c.**, to praise sb.; **degno di l.**, praiseworthy • **L. a Dio!**, God be praised!; praise be to God! □ **dieci e l.**, ten out of ten; (*fig.*) full marks □ **fare** (*o* **tessere**) **le lodi di q.**, to sing the praises of sb. □ **laurearsi con l.**, to graduate with honours (*USA, anche* cum laude); to get a first-class degree (*GB*) □ **tessere le proprie lodi**, to blow one's own trumpet.
lòden (*ted.*) *m. invar.* ***1*** (*panno*) loden (cloth) ***2*** (*cappotto*) loden coat.
lodévole *a.* praiseworthy; commendable; laudable.
lòdo *m.* (*leg.*) award: **l. arbitrale**, arbitrator's award.
loft (*ingl.*) *m. invar.* (converted) loft.
logaritmico *a.* (*mat.*) logarithmic.
logaritmo *m.* (*mat.*) logarithm (*abbr.* log).
lòggia *f.* ***1*** (*archit.*) loggia* ***2*** (*massonica*) lodge.
loggiàto *m.* portico*; open gallery.
loggióne *m.* (*teatr.*) gallery; (the) gods (*fam.*) • **recitare per il l.**, to play to the gallery.
lògica *f.* logic • **a fil di l.**, logically speaking □ **privo di l.**, illogical.
logicità *f.* logicality.
lògico ***A*** *a.* ***1*** logical ***2*** (*naturale*) natural; (*ovvio*) obvious: **la cosa l. da fare**, the obvious thing to do; **com'è l.**, as is natural ***B*** *m.* (*f.* **-a**) logician.
logìstica *f.* (*mil. ed estens.*) logistics (*pl. col verbo al sing.*).
logìstico *a.* logistic • **servizi logistici**, supplies and communications.
lòglio *m.* (*bot.*) darnel.
lògo *m. invar.* logo.
logopedìa *f.* speech therapy.
logopedìsta *m. e f.* speech therapist.
logoraménto *m.* ***1*** wear; wearing out; wear and tear ***2*** (*affaticamento*) strain; stress: **l. dei nervi**, nervous strain; nervous exhaustion • **l. della salute**, deterioration of health □ **guerra di l.**, war of attrition.
logorànte *a.* wearing; exhausting.
logoràre ***A*** *v. t.* ***1*** to wear* out; to wear* down: **l. le scarpe**, to wear out shoes; **l. i tacchi**, to wear down heels ***2*** (*fig.*) to wear* down; (*danneggiare*) to damage, to ruin; **l. la resistenza di q.**, to wear down sb.'s resistance; **logorarsi la salute**, to ruin one's health; **l. a nervi**, to fray sb.'s nerves ***B*** **logoràrsi** *v. i. pron.* ***1*** (*di cosa*) to wear* out (*o* down): **Questa stoffa si logora presto**, this material wears out quickly ***2*** (*di persona*) to wear* oneself out.
logorìo *m.* wear and tear; (*fig., anche*) strain, stress.
lógoro *a.* worn-out; worn-down; (*liso*) threadbare; (*malconcio*) battered • **nervi logori**, frayed nerves.
logotipo *m.* logotype; logo.
lolita *f.* nymphet.
lombàggine *f.* (*med.*) lumbago.
lombàrdo *a. e m.* (*f.* **-a**) Lombard (*f.* Lombard woman*).
lombàre *a.* (*anat.*) lumbar.
lombàta *f.* (*macelleria*) loin; chine.
lómbo *m.* ***1*** (*anat.*) loin ***2*** (*macelleria*) loin; (*di manzo*) sirloin.
lombrìco *m.* (*zool.*) worm; earthworm.
lómpo *m.* (*zool.*) lumpfish.
londinése ***A*** *a.* London (*attr.*) ***B*** *m. e f.* Londoner.
longànime *a.* forbearing.
longanimità *f.* forbearance.
longevità *f.* longevity.
longèvo *a.* long-lived.
longherìna *f.* ***1*** (*edil.*) iron girder ***2*** (*ferr.*) sleeper; tie (*USA*).
longheróne *m.* ***1*** (*autom.*) side-member ***2*** (*aeron.*: *di fusoliera*) longeron; (*di ala*) spar.
longilìneo *a.* long-limbed.
longitudinàle *a.* longitudinal; (*messo per il lungo*) lengthwise.
longitudinalménte *avv.* longitudinally; lengthwise.
longitùdine *f.* (*geogr.*) longitude: **a 22° di l. ovest**, at longitude 22° West; **6 gradi di l.**, 6 degrees longitude.
longobàrdo *a. e m.* Longobard; Lombard.
long playing (*ingl.*) *m. invar.* long-playing record; long-player; LP.
lontanaménte *avv.* ***1*** distantly; remotely ***2*** (*vagamente*) vaguely • **Non ci penso neppure l.** (*non intendo farlo*), I haven't got the slightest intention (of doing it).
lontanànza *f.* ***1*** (*distanza*) distance; remoteness: **in l.**, in the distance ***2*** (*l'essere lontano*) being away; (*assenza*) absence; (*separazione*) separation: **Non riesce ad accettare la l. da casa**, he can't reconcile himself to being away from home; **gli anni della nostra l.**, the years of our separation.
lontàno ***A*** *a.* ***1*** (*nello spazio*) far-away; far-off; far; distant; remote; (*spesso all'agg. ital. fa riscontro un avv. o locuz. avv. ingl.*) far away, far off, far; (*lontano da qui*) far from here; (*lontano dal centro cittadino*) far out; (*in lontananza*) in the distance; (*con una misura precisa*) away: **una città lontana**, a far-off city; **in una terra lontana**, in a distant land; **Mio padre è l.**, my father is far away; **La scuola è lontana**, the school is a long way off; **Il bivio è l. tre miglia**, the junction is three miles away (*o* from here); **È lontana la scuola?**, is the school far away?; is it far to the school?; **l. dal mare**, a long way from the sea ***2*** (*nel tempo*) distant; remote; far-off: **un l. antenato**, a remote ancestor; **il l. passato**, the remote (*o* distant) past; **in tempi lontani**, in far-off times; **il mio ricordo più l.**, my earliest recollection; **nel l. 1910**, back in 1910 ***3*** (*fig.*) far; distant; remote; (*vago*) slight, faint: **un l. cugino**, a distant cousin; **l. dalla perfezione**, far from perfect; **Non ne ho la più lontana idea**, I

haven't the remotest idea *4* (*assente*) absent • **conoscere q. alla lontana**, to have a slight acquaintance with sb. □ **parenti alla lontana**, distant relations □ **più l.**, farther; further □ **il più l.**, the farthest; the furthest □ **prenderla alla lontana**, to approach st. in a roundabout way □ **Sono l. dal pensare che sia stato tu**, I'm not for a moment suggesting that you did it □ **Sono l. dal crederlo**, I don't believe it for a moment □ **Sta' l. da me**, stay away from me □ **tenersi l. da q.c.**, to keep away from st. □ **Vivono lontani**, they live far apart (*o* a long way from one another) ***B*** *avv.* far from here [there]; far away; far off; away; a long way (off); (*solo nelle frasi interr. e neg.*) far: (*anche fig.*) **andare l.**, to go far; **Dobbiamo andare l.**, we have a long way to go; **Non ci vedo così l.**, I can't see as far as that; **andare il più l. possibile**, to go as far away as possible; **più l.**, farther; further; farther (*o* further) off (*o* away) • **l. l.**, far, far away □ **di** (*o* **da**) **l.**, from a distance; from far away; from afar (*lett.*) □ (*fam.*) **vederci bene da l.**, to be far-sighted □ **L. dagli occhi l. dal cuore** (*prov.*), out of sight, out of mind.

lóntra *f.* (*zool.*) otter.

lónza *f.* (*cucina*) loin (of pork).

look (*ingl.*) *m. invar.* ***1*** (*moda*) look ***2*** (*aspetto*) appearance • **curare il proprio l.**, to be fashion-conscious; to be image-conscious □ **farsi un nuovo l.**, to have a makeover.

lòppa *f.* ***1*** chaff ***2*** (*metall.*) slag; dross.

loquàce *a.* talkative; loquacious; garrulous.

loquacità *f.* talkativeness; loquacity; garrulity.

loquèla *f.* (power of) speech; way of talking.

lordàre (*lett.*) ***A*** *v. t.* to dirty; to soil ***B*** **lordàrsi** *v. rifl.* to dirty oneself.

lórdo *a.* ***1*** (*lett.*) dirty; filthy; stained: **l. di sangue**, blood-stained ***2*** (*comm.*) gross: **peso l.**, gross weight • (*fin.*) **al l. delle ritenute**, before tax; before-tax (*attr.*).

lordùme *m.*, **lordùra** *f.* filth.

lóro (1) *pron. pers. m. e f. 3ª pers. pl.* ***1*** (*compl.*) them: **Andai con l.**, I went with them; **Invita anche l.**, invite them too; **Cercavo l.**, I was looking for them; **Andai da l.**, I went to see them; (*a casa loro*) I went to their place; **uno** [**nessuno**] **di l.**, one [none] of them ***2*** (*sogg.*) they: **Vengono anche l.**, they're coming too; **La penso come l.**, I think as they do; I agree with them; **Sono l. che...**, it is they who...; **Sono l.!**, it's them! ***3*** (*forma di cortesia*) you: **L. che cosa prendono?**, what will you have? • **l. due** [**tre**], the two [the three] of them □ **L. aiutarmi? Macché!**, they help me? never! □ **Beati l.!**, lucky things (*o* them)! □ **Non sono più l.** (*sono cambiati*), they have changed; they are different people now.

lóro (2) ***A*** *a. poss.* ***1*** their; (*loro proprio*) their own: **il l. campo**, their field; **i l. figli**, their children; **la l. barca**, their boat; **le l. case**, their houses; **alcuni amici l.**, some of their friends; some friends of theirs; **una l. abitudine**, a habit of theirs; **Hanno una casa l.**, they have a house of their own ***2*** (*pred. nominale*) theirs; their own: **La colpa è l.**, the fault is theirs ***3*** (*forma di cortesia*) your; (*pred. nominale*) yours ***4*** (*in forme ellittiche*) — **Io sto dalla l.**, I'm on their side; **Hanno detto la l.**, they had their say; **Questa è la l. del 4 marzo**, this is their letter of 4th March; **Ne hanno fatta una delle l.**, they've been up to their tricks again; **Vivono del l.**, they live on their income ***B*** *pron. poss.* ***1*** theirs ***2*** (*forma di cortesia*) yours ***C*** *m. pl.* (*la famiglia*) their family; (*seguaci, ecc.*) their followers, their people.

losànga *f.* lozenge; diamond.

lósco *a.* ***1*** (*bieco*) sinister ***2*** (*di dubbia onestà*) shady; suspicious: **affari loschi**, shady deals; **dall'aria losca**, suspicious-looking; **C'è sotto qualcosa di l.**, there is something fishy going on here.

lòto *m.* (*bot.*) lotus.

lòtta *f.* ***1*** struggle; (*combattimento*) fight; (*conflitto*) conflict: **l. per la vita**, struggle for survival; **l. per la libertà**, fight for freedom; **l. corpo a corpo**, hand-to-hand fighting; **l. per il potere**, struggle for power; **l. contro l'inflazione**, fight against inflation; **l. contro la droga**, fight (*o* war) against drugs; **l. tra desiderio e senso del dovere**, conflict between duty and desire; **l. accanita**, dogfight; **l. impari**, uneven fight; **sostenere una l. con q.**, to have a fight with sb. ***2*** (*sport*) wrestling: **l. greco-romana**, Graeco-Roman wrestling; **l. libera**, all-in wrestling • **l. a coltello**, cut-throat fight □ **l. contro il tempo**, race against time □ (*polit.*) **l. di classe**, class struggle □ **fare alla l.**, to wrestle.

lottàre *v. i.* ***1*** (*contro un'opposizione, per liberarsi*) to struggle; (*battersi*) to fight*: **l. contro la miseria**, to struggle against poverty; **l. per la libertà**, to fight for freedom; **l. contro le malattie**, to fight disease ***2*** (*sport*) to wrestle. • **l. col sonno**, to struggle to keep awake □ **l. con la morte**, to fight against death □ **l. col tempo**, to race against time.

lottatóre *m.* (*f.* **-trice**) ***1*** fighter; struggler ***2*** (*sport*) wrestler.

lotterìa *f.* lottery (*anche fig.*); raffle; draw: **l. di beneficenza**, charity raffle; **giocare alla l.**, to buy a lottery ticket; **vincere alla l.**, to win a prize at a lottery.

lottizzàre *v. t.* ***1*** (*dividere in lotti*) to parcel out; to apportion ***2*** (*polit.*) to carve up.

lottizzazióne *f.* ***1*** (*divisione in lotti*) parcelling out; apportionment ***2*** (*polit.*) political carve-up; (*sistema*) spoils system.

lòtto *m.* ***1*** (state) lottery: **estrazione del l.**, lottery draw; **giocare un numero al l.**, to place a bet on a lottery number; **banco del l.**, lottery office; **l. clandestino**, unlicenced lottery; numbers game ***2*** (*appezzamento*) lot: **l. fabbricabile**, building lot ***3*** (*comm.*) lot; batch; parcel.

lozióne *f.* lotion.

lùbrico *a.* (*fig.*) lewd; obscene.

lubrificànte ***A*** *a.* lubricating ***B*** *m.* lubricant.

lubrificàre *v. t.* to lubricate; to grease; to oil.

lubrificazióne *f.* lubrication; greasing; oiling.

lucchétto *m.* padlock • **mettere un l. alla bocca di q.**, to silence sb.; to muzzle sb.

luccicànte *a.* glittering; sparkling; twinkling; shiny.

luccicàre *v. i.* to glitter; to sparkle; to twinkle; to shine*: **L'acqua luccicava sotto il sole**, the water glittered under the sun; **Le stelle luccicano in cielo**, the stars are twinkling in the sky; **I suoi occhi luccicavano di gioia**, his eyes sparkled with joy.

luccichìo *m.* glittering; sparkling; twinkling; glimmering.

luccicóne *m.* (big) tear • **Aveva i lucciconi**, his eyes were brimming with tears.

lùccio *m.* (*zool.*) luce; pike.

lùcciola *f.* (*zool.*) firefly; glow-worm; lightning bug (*USA*) • **dare a intendere lucciole per lanterne**, to throw dust in (sb.'s) eyes □ **prendere lucciole per lanterne**, to get hold of the wrong end of the stick.

lùce *f.* ***1*** (*anche fig.*) light: **l. diretta** [**diffusa**], direct [diffuse] light; **l. del sole**, sunlight; (*scient.*) solar light; **l. della luna**, moonlight; (*scient.*) lunar light; **l. diurna** (*o* **del giorno**), daylight; **alla l. del giorno**, in broad daylight; (*fig.*) in the light of day; **mettere alla l.**, to put in the light; (*arte*) **luci e ombre**, light and shade ***2*** (*sistema d'illuminazione*) lighting ***3*** (*fam.: elettricità*) electricity; power: **essere senza l.**, to be without electricity (*o* power); **È andata via la l.**, there's been a power cut; **bolletta della l.**, electricity bill ***4*** (*apertura*) opening ***5*** (*archit., di ponte*) archway; span ***6*** (*finestra, vetrina*) window ***7*** (*specchio*) mirror: **armadio a tre luci**, wardrobe with three mirrors • **luci della ribalta**, (*teatr.*) footlights; (*fig.*) limelight Ⓤ □ (*autom.*) **luci di direzione**, indicator lights □ **luci di posizione**, (*naut.*) navigation lights; (*autom.*) parking lights, sidelights □ (*autom.*) **l. interna**, courtesy light □ **cinema a luci rosse**, porno cinema □ **film a luci rosse**, blue movie □ **alla l. delle ultime notizie**, in the light of the latest news □ **alla l. del sole**, openly; publicly □ **Ho la l. negli occhi**, the light is (shining) in my eyes □ (*fig.*) **brillare di l. riflessa**, to bask in reflected glory □ **dare alla l.**, to give birth to □ **far l. a q.**, to light the way for sb. □ **fare l. su q.c.**, to light st. up; (*fig.*) to throw light on st. □ **in buona** [**cattiva**] **l.**, in a good [bad] light □ **mettere q.c. in falsa l.**, to misrepresent st. □ **mettere in l.**, to point out; to emphasize □ **mettersi in l.**, to draw attention to oneself □ **portare alla l.**, to bring to light □ **prendere l.**, (*di locale*) to get light, to be lit; (*di fotografia*) to be over-exposed □ (*fig.*) **vedere la l.**, to be born □ **venire alla l.**, (*nascere*) to be born; (*emergere*) to come to light.

lucènte *a.* shining; bright.

lucentézza *f.* brilliance; brightness; shine; lustre.

lucèrna *f.* oil-lamp.

lucernàrio *m.* skylight.

lucèrtola *f.* (*zool.*) lizard.

lucherìno *m.* (*zool.*) siskin.

lucidalàbbra *m. invar.* lip gloss.

lucidàre *v. t.* to polish; (*a cera*) to wax.
lucidatóre *m.* (*f.* **-trice**) polisher.
lucidatrice *f.* (*macchina*) floor-polisher.
lucidatùra *f.* polishing; (*a cera*) wax finish.
lucidità *f.* lucidity; clearness: **l. di mente**, clearness of mind; **esprimersi con l.**, to express oneself clearly; **Discutiamone domani con più l.**, let's discuss it tomorrow when our minds are clearer; **momenti di l.**, lucid moments.
lùcido ***A*** *a.* ***1*** (*lucidato*) polished; (*che risplende*) shiny, gleaming, glossy, bright; (*come il raso*) satiny: **ottone l.**, polished brass; **scarpe lucide**, polished shoes; **naso l.**, shiny nose; **occhi lucidi di lacrime**, eyes bright with tears; **carta lucida**, glossy paper; **pelo l.**, glossy coat ***2*** (*fig.*) lucid; clear: (*med.*) **intervalli lucidi**, periods of lucidity; **mente lucida**, clear head ***B*** *m.* ***1*** (*materia che dà il l.*) polish; polishing cream: **l. per scarpe**, shoe-polish; **l. nero**, blacking; **dare il l. a**, to polish ***2*** (*lucentezza*) gloss; shine ***3*** (*ricalco*) tracing ***4*** (*per lavagna luminosa*) transparency • **tirare a l.**, to polish; to make (st.) spick and span □ **tirato a l.**, spick and span; squeaky clean (*fam.*); (*elegante*) spruce, natty.
luciferino *a.* devilish; fiendish; satanic.
lucignolo *m.* wick.
lucràre *v. t.* to make* (money); to earn; to make* a profit (out of).
lucrativo *a.* lucrative; profitable; remunerative.
lùcro *m.* profit; gain; (*spreg.*) lucre: **a scopo di l.**, for profit; to make money; **l. illecito**, illicit gain; **associazione senza fini di l.**, non-profit-making organisation.
lucróso *a.* lucrative; profitable.
lucullàno *a.* Lucullan, Lucullian • **pranzo l.**, lavish meal; sumptuous banquet.
ludìbrio *m.* ***1*** mockery; scorn: **esposto al l. della gente**, held up to everybody's scorn ***2*** (*oggetto di scherno*) laughing--stock.
lùdico *a.* playing (*attr.*); play (*attr.*) • **attività ludiche**, play [U]; games.
ludotèca *f.* playroom; children's recreation centre.
ludoterapìa *f.* (*psic.*) play therapy.
lùe *f.* (*med.*) lues; syphilis.
luètico *a.* (*med.*) luetic; syphilitic.
lùglio *m.* July. (*Per gli esempi d'uso, V. sotto* **aprile**).
lùgubre *a.* lugubrious; (*tetro*) gloomy, dismal; (*luttuoso*) mournful, funereal.
lùi *pron. pers. m. 3ª pers. sing.* ***1*** (*compl.*) him: **Voglio lui**, I want him; **È per lui**, it's for him; **la madre di lui**, his mother; **Andai da lui**, I went to see him; (*a casa sua*) I went to his house ***2*** (*sogg.*) he; (*pred. nominale*) him, he: **Lui non ci crede**, he doesn't believe it; **L'ha preso lui**, he took it; **Ho fatto come lui**, I did as he did; **È lui che me l'ha detto**, it's he who told me; he told me; **È lui**, it's him • **Lui vendere la casa? Mai!**, he sell the house? never! □ **Beato lui!**, lucky him (*o* man, boy, chap, ecc.)! □ **Non è più lui** (*è cambiato*), he has changed; he is a different person.
luì *m.* (*zool.*) warbler.
lumàca *f.* ***1*** (*zool.*) slug; (*chiocciola*) snail: **a passo di l.**, at a snail's pace ***2*** (*di persona*) slowcoach; (*di mezzo*) slow train [tram, etc.].
lumacóne *m.* ***1*** (*zool.*) slug ***2*** (*f.* **-a**) (*fig.*) slowcoach.
lùme *m.* ***1*** light (*anche fig.*); lamp; (*candela*) light: **l. a olio**, oil-lamp; **il l. della ragione**, the light of reason ***2*** (*luminosità*) light (*spesso in parole composte*): **a l. di candela**, by candlelight; **al l. delle stelle**, by starlight ***3*** (*al pl.*) (*delucidazioni*) light [U]; enlightenment [U]; (*consiglio*) advice [U]: **Puoi darmi dei lumi su questo punto?**, can you shed any light (*o* can you enlighten me) on this point?; **ricorrere ai lumi di un avvocato**, to take legal advice ***4*** (*al pl.*) (*stor., filos.*) Enlightenment (*sing.*): **il secolo dei lumi**, the Age of Enlightenment • **a l. di naso**, by guess and by God □ **A l. di naso, direi che...**, at a guess I'd say that... □ **perdere il l. degli occhi**, to be beside oneself with anger; to see red □ **perdere il l. della ragione** (*impazzire*), to lose one's reason □ **reggere il l.**, to play gooseberry.
lumicìno *m.* small light • **cercare q.c. col l.**, to hunt for st. high and low □ **essere ridotto al l.**, (*di persona*) to be at death's door; (*di cosa*) to be near the end.
luminària *f.* illuminations (*pl.*); lights (*pl.*).
luminescènte *a.* (*fis.*) luminescent.
luminescènza *f.* (*fis.*) luminescence.
lumino *m.* small light; (*da notte*) night-light; (*funebre*) grave light.
luminosità *f.* brightness; luminosity; brilliance.
luminóso *a.* bright (*anche fig.*); of light; (*che splende al buio*) luminous: **colori luminosi**, bright colours; **sorgente luminosa**, source of light; **stanza luminosa**, well-lit room; room full of light; **idea luminosa**, bright idea.
lùna *f.* moon: **l. piena** [**nuova**], full [new] moon; **C'è la l. stasera?**, is there a moon tonight?; **Non c'è la l.**, there is no moon; **notte di l.**, moonlit night; **raggio di l.**, moonbeam; **illuminato dalla l.**, moonlit; **al lume di l.**, in the moonlight • **l. di miele**, honeymoon □ **avere la l.** (**di traverso**), to be in a bad mood; to have got out of bed on the wrong side □ **chiaro di l.**, moonlight; moonshine □ **chiedere** (*o* **volere**) **la l.**, to ask for the moon □ **faccia di l. piena**, face like a full moon □ **far vedere la l. nel pozzo a q.**, to lead sb. up the garden path □ **promettere la l.**, to promise the moon □ **vivere sulla l.**, to live in cloud-cuckoo-land.
luna-park *m. invar.* funfair (*GB*); fair ground (*GB*); carnival (*USA*).
lunàre *a.* lunar; moon (*attr.*): **mese l.**, lunar month; **paesaggio l.**, lunar landscape; **luce l.**, moonlight; (*miss.*) **passeggiata l.**, moon walk.
lunàrio *m.* almanac • **sbarcare il l.**, to scrape a living; to make both ends meet.
lunàtico *a.* moody; full of whims. ATTENZIONE: **lunatico** ≠ lunatic.
lunazióne *f.* (*astron.*) lunation.
lunedì *m.* Monday (*Per gli esempi d'uso, V. sotto* **martedì**) • **l. di Pasqua**, Easter Monday □ **l. grasso**, Shrove Monday.
lunétta *f.* (*archit.*) lunette • **l. a ventaglio**, fanlight; transom (*USA*).
lungàggine *f.* ***1*** slowness; delay: **lungaggini burocratiche**, beaurocratic delays; red tape [U] ***2*** (*prolissità*) prolixity; long--windedness.
lungaménte *avv.* (for) a long time; long.
lunghézza *f.* length: **Misura due metri di l.**, it's two metres long (*o* in length); **Che l. ha?**, how long is it?; (*radio*) **l. d'onda**, wave-length; **nel senso della l.**, lengthwise; **vincere per una l.**, to win by a length.
lùngi *avv.* (*lett.*) far; far off: **non l. da qui**, not far from here; **da l.**, from far off; **L. da me l'idea di...**, far be it from me to...
lungimirànte *a.* far-seeing; far-sighted; far-reaching.
lungimirànza *f.* far-sightedness.
lùngo ***A*** *a.* ***1*** long: **un l. giorno**, a long day; **l. un miglio**, one mile long ***2*** (*diluito*) weak; thin: **caffè l.**, weak coffee; **brodo l.**, thin soup ***3*** (*fam.*: *alto*) tall ***4*** (*che dura troppo*) lengthy; long-drawn-out ***5*** (*fam.*: *lento*) slow ***6*** (*fon.*) long • **l. come la fame**, interminable; endless □ **l. disteso**, stretched out; flat on one's back [on one's face]: **cadere l. disteso**, to fall flat on one's back [on one's face] □ **lunga esperienza**, long years of experience □ **a l.**, a long time; (*con tutti i particolari*) at length □ **a l. andare** (*o* **alla lunga**), in the long run □ **andare per le lunghe**, to take a long time; to drag on: **L'assicurazione pagherà, ma si andrà per le lunghe**, the insurance will pay, but it's bound to take time □ **di gran lunga**, far (*davanti a un compar.*); by far (*davanti a un superl.*); much □ (*fam.*) **farla lunga**, to keep on; to drag it out □ **saperla lunga**, *V. sotto* **sapere** (**1**) □ **tirarla in l.**, to spin (*o* to draw) it out ***B*** *m.* length: **Mettilo per il l.**, put it lengthwise; **due metri per il l.**, two metres in length • **in l. e in largo**, far and wide; everywhere □ **Ho girato la Spagna in l. e in largo**, I've travelled all over Spain ***C*** *prep.* ***1*** along; by the side of: **l. la costa**, along the coast; **gli alberi l. la strada**, the trees by the side of the road ***2*** (*di tempo*) during; over: **l. il viaggio**, during the journey; **l. i secoli**, over the centuries.
lungodegènte *m. e f.* long-term patient; long-stay patient.
lungofiùme *m.* riverside; embankment.
lungolàgo *m.* lake front; (lakeside) promenade.
lungomàre *m.* sea front; promenade.
lungometràggio *m.* (*cinem.*) feature film.
lunòtto *m.* (*autom.*) back (*o* rear) window; backlight • **l. laterale**, quarter window □ **l. termico**, heated rear window.
lùnula *f.* ***1*** (*anat.*) lunule; half-moon ***2*** (*geom.*) lune.
luògo *m.* place; locality; scene; (*punto particolare*) spot: **l. di nascita**, place of birth; birthplace; **l. di provenienza**,

place of origin; **l. dell'incidente**, scene of the accident; **un l. isolato**, a secluded place (*o* spot) • (*ling.*) **l. comune**, commonplace; platitude; cliché □ **l. di pena**, penitentiary □ **avere l.**, (*svolgersi*) to take place; to be held; (*verificarsi*) to occur: **La riunione ebbe l. a Roma**, the meeting was held in Rome □ **dare l. a**, (*causare*) to cause, to give rise to; (*condurre a*) to lead to: **dare l. a critiche**, to cause criticism; **dare l. a dubbi**, to give rise to doubt □ **gli abitanti del l.**, the local people; the locals □ **fuori l.**, out of place □ **in l. di**, in place of; instead of □ **in nessun l.**, nowhere □ **in ogni l.**, everywhere □ **in primo l.**, in the first place; firstly □ **in qualsiasi l.**, anywhere; wherever (*in frasi concessive*) □ **in secondo l.**, secondly □ (*leg.*) **non l. a procedere**, non--suit.

luogotenènte *m.* ***1*** deputy; representative ***2*** (*mil.*) lieutenant.

luogotenènza *f.* ***1*** deputyship ***2*** (*mil.*) lieutenancy.

lùpa *f.* she-wolf*.

lupacchiòtto *m.* wolf cub.

lupàra *f.* sawn-off shotgun.

lupétto *m.* ***1*** wolf-club ***2*** (*negli scout*) cub.

lupinèlla *f.* (*bot.*) sainfoin.

lupino *m.* (*bot.*) lupin; lupine (*USA*).

lùpo *m.* wolf* • **l. alsaziano**, Alsatian; German shepherd □ **l. di mare** (*vecchio marinaio*), old salt; old sea dog □ **l. vestito da agnello**, wolf in sheep's clothing □ **l. mannaro**, werewolf; (*spauracchio*) bogeyman □ (*anche fig.*) **l. solitario**, lone wolf □ **cane l.**, wolfhound □ **gridare al l.**, to cry wolf □ **mangiare come un l.**, to eat like a horse □ **tempo da lupi**, foul weather □ **In bocca al l.!**, good luck; (*specialm. teatr.*) break a leg! □ (*prov.*) **Il l. perde il pelo ma non il vizio**, the leopard cannot change its spots.

lùppolo *m.* (*bot.*) hop.

lupus *m.* (*med.*) lupus.

lùrido *a.* filthy; grimy. ATTENZIONE: **lurido** ≠ lurid.

luridùme *m.* filthy mess; filth.

lùsco *m.* — **tra il l. e il brusco**, at dusk.

lusinga *f.* ***1*** (*allettamento*) blandishment, allurement, lure; (*adulazione*) flattery ◻ ***2*** (*lett.*: *illusione*) illusion; delusion.

lusingàre ***A*** *v. t.* ***1*** (*allettare*) to blandish; to allure; to lure ***2*** (*compiacere*) to flatter ***3*** (*illudere*) to deceive; to delude ***B*** **lusingàrsi** *v. rifl.* (*illudersi*) to entertain illusions; to delude oneself.

lusingàto *a.* flattered.

lusingatóre ***A*** *m.* (*f.* **-trice**) flatterer ***B*** *a.* flattering.

lusinghièro *a.* flattering; gratifying.

lussàre *v. t.* (*med.*) to dislocate.

lussazióne *f.* (*med.*) dislocation.

lùsso *m.* luxury: **vivere nel l.**, to live in (the lap of) luxury; **prendersi il l. di**, to allow oneself the luxury of; **articoli di l.**, luxury goods; **modello di l.**, de luxe model • **Che l.!**, what luxury!; how splendid!; how grand! □ **Gli è andata di l.!**, he's been very lucky; he can thank his lucky stars □ **arredato con l.**, sumptuously furnished.

lussuóso *a.* luxurious; sumptuous; grand.

lussureggiànte *a.* ***1*** luxuriant; lush ***2*** (*fig.*) flamboyant.

lussùria *f.* lust; lechery; lasciviousness. ATTENZIONE: **lussuria** ≠ luxury.

lussurióso *a.* lustful; lecherous; lascivious. ATTENZIONE: **lussurioso** ≠ luxurious.

lustràle *a.* (*lett.*) lustral • **acqua l.**, holy water.

lustràre *v. t.* to polish • (*fig.*) **l. le scarpe a q.**, to lick sb.'s boots □ (*fam.*) **lustrarsi gli occhi con q.c.**, to take an eyeful of st.

lustrascàrpe *m. e f. invar.* shoeblack; shoe-shine (*USA*).

lustrastivàli *m. e f.* (*spreg.*) bootlicker.

lustrìno *m.* ***1*** sequin; spangle ***2*** (*al pl.*) (*fig.*) frills.

lùstro (**1**) ***A*** *a.* shiny; bright; (*di pelo, pelliccia, ecc.*) glossy; (*lucidato*) polished ***B*** *m.* ***1*** (*lucentezza*) lustre; gloss; polish; sheen ***2*** (*l'essere illustre*) lustre; fame: **acquistare nuovo l.**, to add lustre to one's name.

lùstro (**2**) *m.* (*quinquennio*) five-year period; half a decade; lustre.

luteranésimo *m.* Lutheranism.

luteràno *a. e m.* (*f.* **-a**) Lutheran.

lùtto *m.* ***1*** mourning: **essere in l. per q.**, to be in mourning for sb.; **prendere** [**portare**] **il l.**, to go into [to wear] mourning; **smettere il l.**, to come out of mourning; **mezzo l.**, half-mourning; **l. stretto**, full (*o* deep) mourning; **l. nazionale**, national mourning ***2*** (*perdita*) loss, bereavement; (*dolore*) grief: **È stato un l. per la letteratura**, it was a great loss to literature; **partecipare al l. di q.**, to share sb.'s grief ***3*** (*morte*) death: **l. in famiglia**, death in the family • **listato a l.**, black-edged □ **parato a l.**, draped in black.

luttuóso *a.* ***1*** (*doloroso*) mournful; sad; woeful ***2*** (*che causa lutto*) tragic: **evento l.**, tragic event.

m, M

M, m *m. o f.* M, m • (*telef.*) **m come Milano**, m for Mary (*USA* for Mike).

ma ***A*** *cong.* ***1*** but: **non per lui, ma per me**, not for him, but for me; **È strano, ma vero**, it is strange, but (*o* yet) true; **non solo... ma anche**, not only... but also ***2*** (*al contrario*) on the contrary • (*iron.*) **Ma bravo!**, that's clever (of you)! □ **Ma che vuoi?**, well, what do you want? □ **Ma no!**, certainly not!; (*escl. di stupore, incredulità*) really?, you don't say so! □ **Ma no che non devi!**, of course you mustn't! □ **Ma piantala!**, have done with it!; stop it! □ **Ma sì!**, why, of course!; (*va bene*) all right □ **Ma sì che te l'ho dato!**, of course I gave it to you! □ **Ma va'!** (*non ci credo*), go on!; come off it! ***B*** *m.* but: **Con tutti i tuoi ma e se**, with all your ifs and buts; **Non c'è ma che tenga**, there's no buts about it; **D'accordo, ma c'è un ma**, all right, but there is a problem.

màcabro *a.* macabre; gruesome; grisly • **danza macabra**, dance of death □ **gusti macabri**, morbid tastes.

macàco *m.* ***1*** (*zool.*) macaque ***2*** (*fig.*) fool; twit; goof (*USA*).

macché *inter.* of course not!; certainly not!; (*neanche per idea*) not at all!, not a bit of it!, not a chance! (*fam.*).

maccheróni *m.* (*pl.*) macaroni [U].

maccherònico *a.* (*letter.*) macaronic • **latino m.**, dog Latin.

màcchia (1) *f.* ***1*** stain; blot; spot; (*confusa*) blur, smudge; (*sbaffo*) smear: **levare una m.**, to remove (*o* to take out) a stain; **m. di sangue**, bloodstain; **m. di vino**, wine stain; **m. d'unto**, grease stain (*o* spot); **m. d'inchiostro**, ink blot; **le macchie del leopardo**, the leopard's spots; **a macchie bianche**, with white spots; **Hai una m. sul naso**, you have a smudge on your nose; **farsi una m. sulla giacca**, to stain one's jacket ***2*** (*fig.*) stain; spot; blemish; flaw: **nome senza m.**, spotless reputation • **m. di colore**, splash of colour □ **m. della pelle**, spot; blemish; (*voglia*) birthmark □ (*astron.*) **macchie solari**, sunspots □ **allargarsi a m. d'olio**, to spread in all directions; (*fig.*) to spread like wildfire □ **fare m.**, to stand out □ **senza m.**, stainless; (*anche fig.*) spotless.

màcchia (2) *f.* (*boscaglia*) scrub; bush; thicket: **m. mediterranea**, Mediterranean scrub; maquis (*franc.*); **la m. africana [australiana]**, the African [Australian] bush • **m. bassa**, undergrowth; underwood □ **alla m.**, clandestine (*agg.*); clandestinely (*avv.*) □ **darsi alla m.**, to take to the hills; (*nascondersi*) to go into hiding; (*polit.*) to join the partisans [the guerrillas, etc.] □ **vivere alla m.**, to be an outlaw.

macchiàre ***A*** *v. t.* ***1*** to stain; to spot; to smear; (*di fango*) to spatter; (*sporcare*) to dirty, to soil: **m. di sangue**, to stain (*o* to smear) with blood; **Mi sono macchiato di unto la cravatta**, I've got a grease stain on my tie ***2*** (*assol.*: *lasciare una macchia*) to stain; to leave* a stain ***3*** (*fig.*) to stain; to soil; to sully: **m. il nome di q.**, to stain (*o* to soil, to sully) sb.'s reputation; **macchiarsi le mani**, to soil one's hands ***B*** **macchiàrsi** *v. i. pron.* ***1*** to get* dirty; to get* stained; to stain: **Ti sei macchiato di vino**, you've spilt wine on your dress [shirt, ecc.]; you've got a wine stain; **Questo tessuto si macchia facilmente**, this material stains easily ***2*** (*rendersi colpevole*) to be guilty (of).

macchiàto *a.* ***1*** stained; (*schizzato*) spattered; (*chiazzato*) spotted; (*variegato*) variegated: **m. di sangue**, bloodstained; **m. di fango**, spattered with mud ***2*** (*di cavallo*) dappled; dapple • **caffè m.**, coffee with a dash of milk.

macchiétta *f.* ***1*** (*piccola macchia*) small spot; speckle; fleck ***2*** (*pitt.*) sketch; caricature ***3*** (*teatr.*) comic character ***4*** (*tipo originale*) character; oddball (*fam.*).

màcchina *f.* ***1*** (*produttrice di lavoro*) machine; (*produttrice di energia*) engine: **l'età delle macchine**, the age of machines; **macchine e cervelli**, minds and machines; **m. a vapore**, steam engine; (*ind., naut.*) **sala-macchine**, engine-room ***2*** (*al pl.*) (*macchinario*) machinery [U] ***3*** (*automobile*) car: **m. da corsa**, racing car; **Ci andrò in m.**, I'll go by car; I'll drive there; **Sei in m.?**, have you got the car?; did you drive here? ***4*** (*ferr.*: *locomotiva*) engine ***5*** (*fig., di persona*) robot • **m. da cucire**, sewing machine □ (*cinem.*) **m. da presa**, (cine) camera; (movie) camera (*USA*) □ **m. da scrivere**, typewriter □ **la m. della giustizia**, the wheels of justice □ **m. della verità**, lie-detector □ **la m. elettorale**, the electoral machine □ **m. fotografica**, camera □ **m. mangiasoldi**, fruit machine; slot machine; one-armed bandit (*fam.*) □ **m. per maglieria**, knitting machine □ **m. utensile**, machine tool □ (*tipogr.*) **andare in m.**, to go to press □ (*elab.*) **codice m.**, machine code □ **fare m. indietro**, to reverse (the engine); (*fig.*) to backtrack, to backpedal □ **fatto a m.**, machine-made.

macchinàle *a.* mechanical, automatic.

macchinalménte *avv.* mechanically.

macchinàre *v. t.* to plot; to scheme.

macchinàrio *m.* machinery [U].

macchinàta *f.* (*fam.*: *di lavatrice, ecc.*) load.

macchinatóre *m.* (*f.* **-trice**) plotter; schemer.

macchinazióne *f.* machination; plot; scheme; put-up job.

macchinétta *f.* ***1*** (*fam.*: *caffettiera*) coffee machine; espresso machine ***2*** (*fam.*: *apparecchio ortodontico*) braces (*pl.*) • **parlare come una m.**, to speak very fast; (*chiacchierare*) to rattle away.

macchinìsta *m.* ***1*** (*ferr.*) engine-driver; engineer (*USA*) ***2*** (*naut.*) engineer ***3*** (*ind.*) machine operator ***4*** (*teatr.*) scene-shifter; stagehand ***5*** (*cinem., TV*) grip.

macchinosità *f.* complexity; intricacy.

macchinóso *a.* complicated; intricate; involved.

macèdone *a., m. e f.* Macedonian (*a. e m.*); Macedonian woman* (*f.*).

macedònia *f.* (*cucina*) fruit salad.

macellàio *m.* (*f.* **-a**) (*anche fig.*) butcher.

macellàre *v. t.* (*anche fig.*) to slaughter; to butcher.

macellatóre *m.* slaughterer; butcher.

macellazióne *f.* slaughter.

macellerìa *f.* butcher's (shop).

macèllo *m.* ***1*** (*mattatoio*) slaughterhouse ***2*** (*il macellare, anche fig.*) slaughter: **bestie da m.**, animals for slaughter; **portare al m.**, to lead to slaughter ***3*** (*disastro*) disaster; (*caos*) shambles; (*chiasso*) racket • (*fig.*) **mandare al m.**, to send to one's death □ (*fig.*) **carne da m.**, cannon fodder.

maceràre ***A*** *v. t.* to macerate; to steep; (*ind. tess.*) to ret; (*pelli*) to bate ***B*** **maceràrsi** *v. i. pron. e rifl.* ***1*** (*subire macerazione*) to macerate ***2*** (*consumarsi*) to be consumed (with); (*torturarsi*) to be tortured (by); (*logorarsi*) to waste away.

macerazióne *f.* ***1*** maceration; steeping; (*ind. tess.*) retting; (*di pelli*) bating ***2*** (*fig.*) mortification.

macèrie *f. pl.* rubble [U]; debris [U]; ruins: **cumulo di m.**, heap of rubble; **frugare tra le m.**, to search among the rubble; **Il paese era ridotto in m.**, the village was a heap of ruins.

màcero *m.* ***1*** (*macerazione*) maceration; (*della carta*) pulping ***2*** (*maceratoio*) retting-pit; rettery • **carta da m.**, pulp paper □ **mandare al m.**, to send for pulping; to pulp.

machiavèllico *a.* Machiavellian.

macho (*spagn.*) ***A*** *a. invar.* macho ***B*** *m. invar.* macho man*; he-man*.

macìgno *m.* ***1*** (*miner.*) (siliceous) sandstone ***2*** (*masso*) boulder; stone; rock.

macilènto *a.* emaciated; gaunt.

màcina *f.* millstone; grindstone.

macinacaffè *m.* coffee grinder.

macinapépe *m. invar.* pepper mill.

macinàre *v. t.* to grind*; to mill; (*tritare*) to mince: **m. il caffè**, to grind coffee; **m. la carne**, to mince meat • **m. kilometri**, to eat up the miles □ **m. numeri**, to crunch numbers.
macinàto ***A*** *a.* ground; (*tritato*) minced ***B*** *m.* meal; grist; (*farina*) flour.
macinatùra, **macinazióne** *f.* grinding; milling.
macinìno *m.* ***1*** mill; grinder: **m. da caffè**, coffee grinder; **m. da pepe**, pepper mill ***2*** (*scherz., di automobile*) old crock; beat-up old car (*USA*); (*rumorosa*) banger.
macìste *m.* (*scherz.*) colossus; muscleman*; hulk; bruiser.
maciullàre *v. t.* ***1*** (*ind. tess.*) to brake; to scutch ***2*** (*schiacciare*) to crush; (*stritolare*) to mangle, to reduce to a pulp.
macramè *m.* macramé.
macrobiòtica *f.* macrobiotics (*pl. col verbo al sing.*).
macrobiòtico *a.* macrobiotic.
macrocòsmo *m.* macrocosm.
macromolècola *f.* (*chim.*) macromolecule.
macroscòpico *a.* ***1*** macroscopic ***2*** (*fig.*) glaring; gross.
maculàto *a.* spotted; dappled.
madàma *f.* ***1*** (*scherz. o iron.*) madam; (*al vocat.*) ma'am ***2*** (*gergale*) police.
madamigèlla *f.* (*scherz. o iron.*) miss; mademoiselle.
madèra *m.* Madeira (wine).
màdia *f.* ***1*** kneading trough ***2*** (*credenza*) (kitchen) cupboard.
màdido *a.* wet; damp: **m. di pioggia**, wet with rain; **m. di sudore**, damp with sweat; bathed in sweat; **camicia madida di sudore**, sweat-drenched shirt.
Madònna *f.* ***1*** Our Lady; (the) Virgin Mary ***2*** (*arte*) Madonna • **M. (santa)!**, Good Lord!; heavens!
madonnàro *m.* (*f.* **-a**) pavement artist.
madonnìna *f.* demure young lady; (*iron.*) goody-goody • **Sembra una m. (infilzata)**, she looks as though butter wouldn't melt in her mouth.
madornàle *a.* enormous; huge; gross: **errore m.**, gross mistake; blunder; (*sproposito*) howler.
màdre ***A*** *f.* ***1*** mother: **È m. di due bambini**, she is the mother of two children; **m. di famiglia**, mother of a family; **amore di m.**, maternal love; a mother's love ***2*** (*di animali*) mother; dam ***3*** (*eccles.*) Mother: **M. Superiora**, Mother Superior ***4*** (*anat.*) mater: **dura [pia] m.**, dura [pia] mater ***5*** (*comm.: matrice*) counterfoil • **m. dell'aceto**, mother of vinegar □ **m. natura**, Mother Nature □□ **divenire m.**, to give birth to a child □ **da (*o* per) parte di m.**, maternal (*agg.*); on one's mother's side □ **rendere m.**, to give (sb.) a child □ **senza m.**, motherless ***B*** *a.* mother: **lingua m.**, mother tongue; **chiesa m.**, mother church.
madrelingua *f.* mother tongue.
madrepàtria *f.* mother country; motherland; native land.
madrepèrla *f.* mother-of-pearl • **(di) color m.**, pearl-coloured.
madreperlàceo *a.* nacreous; pearly.
madreperlàto *a.* pearl (*attr.*).
madrèpora *f.* (*zool.*) madrepore.
madrepòrico *a.* (*zool.*) madreporic.
madrevìte *f.* (*mecc.*) ***1*** nut screw; female screw ***2*** (*dado*) die.
madrigàle *m.* (*poesia, mus.*) madrigal.
madrigalista *m.* madrigalist.
madrìna *f.* ***1*** (*eccles.*) godmother; sponsor ***2*** (*di nave*) sponsor; lady who launches a ship ***3*** (*di iniziativa, ecc.*) patroness.
maestà *f.* majesty; stateliness; solemnity; Majesty: **Vostra M.**, Your Majesty; **Sua M.**, His [Her] Majesty.
maestosità *f.* majesty; stateliness; grandeur (*franc.*).
maestóso *a.* majestic; stately; solemn; grand.
maèstra *f.* ***1*** *V.* **maestro**, *def. 1* ***2*** (*donna abile; esperta*) expert; paragon ***3*** (*naut.: vela*) mainsail • (*naut.*) **albero di m.**, mainmast.
maestràle *m.* northwest wind; (*in Francia*) mistral.
maestrànze *f. pl.* workers.
maestrìa *f.* mastery; skill.
maèstro ***A*** *m.* ***1*** (*f.* **-a**) (*insegnante*) teacher; (*elementare*) (primary-school) teacher; (*istruttore*) master (*m.*), instructor: **m. di piano**, piano teacher; **m. di scherma [di ballo]**, fencing [dancing] master; **m. di sci**, ski instructor ***2*** (*chi eccelle in una disciplina*) master: **i maestri del Rinascimento**, the Renaissance masters ***3*** (*uomo abile: esperto*) expert; master; paragon: **m. dell'ironia**, master of irony; **m. di eleganza**, paragon of elegance; **essere m. in q.c.**, to be an expert in st. ***4*** (*mus., amche al vocat.*) Maestro • (*mus.*) **m. di cappella**, Kapellmeister □ **m. delle cerimonie**, master of ceremonies (*abbr.* MC, emcee) □ (*mus.*) **m. del coro**, choirmaster; chorus master □ **m. muratore**, master mason □ **colpo da m.**, masterstroke □ **Gran M.**, Grand Master ***B*** *a.* ***1*** (*principale*) main; chief ***2*** (*magistrale*) master (*attr.*); masterly; skilful: **colpo m.**, masterly stroke • (*naut.*) **albero m.**, mainmast □ **strada maestra**, main road; highway □ (*naut.*) **vela maestra**, mainsail.
màfia *f.* ***1*** Mafia; (the) Mob ***2*** (*estens.*) mafia.
mafióso ***A*** *a.* of the Mafia; mafioso* (*attr.*); Mafia-like ***B*** *m.* mafioso*; member of the Mafia.
màga *f.* ***1*** sorceress; witch ***2*** (*fig.*) enchantress; charmer.
magàgna *f.* ***1*** (*difetto*) defect; (*manchevolezza*) imperfection, flaw ***2*** (*acciacco*) infirmity; ailment.
magàri ***A*** *inter.* ***1*** (*sì, certo*) of course!; and how!, you bet! (*fam.*) ***2*** (*fosse vero!*) I wish it were so!; (*iron.*) no such luck!, fat chance! (*fam.*) ***B*** *cong.* ***1*** (*anche se*) even if ***2*** (*volesse il cielo che*) if only; how I wish: **M. tornasse!**, if only (*o* how I wish) he would come back! ***C*** *avv.* ***1*** (*perfino*) even ***2*** (*forse*) perhaps; maybe.
magazzinàggio *m.* (*comm.*) storage; warehousing.
magazzinière *m.* (*f.* **-a**) storekeeper; warehouseman* (*m.*).
magazzìno *m.* ***1*** (*locali*) storehouse; store; warehouse ***2*** (*comm.: scorte*) stock; inventory (*USA*) • (*ferr.*) **m. merci**, goods shed □ **grande m.**, department store □ (*comm.*) **in m.**, on hand; in stock. ATTENZIONE: **magazzino** ≠ magazine.
maggése *m.* (*agric.*) fallow (land): **tenere in m.**, to leave fallow.
màggio *m.* ***1*** May. (*Per gli esempi d'uso, V. sotto* **aprile**) ***2*** (*fig.*) bloom; prime; heyday • **il Primo m.** (*festa*), Mayday; (*festa del lavoro*) Labour Day.
maggiolino *m.* ***1*** (*zool.*) cockchafer; maybug ***2*** (*autom.*) Beetle.
maggioràna *f.* (*bot.*) sweet marjoram.
maggiorànza *f.* ***1*** majority; greater part; most (*agg. e pron.*): **la m. dei presenti**, most of those present; **La m. decise di continuare**, a majority decided to go on; **nella m. dei casi**, in most cases; in the majority of cases; **essere in m.**, to be in the majority; **Eravamo in m. donne**, most of us were women ***2*** (*polit.*) majority: **m. semplice**, simple majority; **m. relativa**, relative majority; plurality (*USA*); **m. schiacciante**, overwhelming majority; **m. stretta**, narrow majority; **avere la m.**, to be in the majority; **a grande m.**, by a large majority.
maggioràre *v. t.* (*comm.*) to increase; to raise.
maggiorazióne *f.* (*comm.*) increase; rise; (*sovrapprezzo*) surcharge.
maggiordòmo *m.* butler; (*stor.*) majordomo*.
maggióre ***A*** *a.* ***1*** (*compar.*) (*più grande*) greater, larger, bigger, more; (*più alto*) higher, (*di statura*) taller; (*più lungo*) longer; (*più grave*) worse, heavier; (*più vecchio*) older, (*fra parenti*) elder; (*ulteriore*) further: **con m. rigore**, with greater rigour; **un costo m.**, higher costs; **una somma m. del previsto**, a larger sum than expected; **Dieci è m. di sei**, ten is greater (*o* more) than six; **Carlo [mio fratello] è m. di me**, Carlo [my brother] is older than I am; **Il danno è m. in campagna**, the damage is worse in the country; **maggiori dettagli**, further details ***2*** (*superl. relat.*) (*il più grande*) (the) greatest, (the) largest, (the) biggest, (*fra due*) (the) greater, (the) larger, (the) bigger; (*il più importante*) (the) leading, (the) major; (*il più alto*) (the) highest, (the) tallest, (*fra due*) (the) higher, (the) taller; (*il più lungo*) (the) longest, (*fra due*) (the) longer; (*il più grave*) the worst, the heaviest, (*fra due*) the worse, the heavier; (*il più vecchio*) (the) oldest, (*fra parenti*) (the) eldest, (*fra due*) (the) older, (the) elder: **il nostro m. poeta**, our greatest poet; **il maggior numero**, the greatest number; the majority; **il m. offerente**, the highest bidder; **una delle maggiori ditte di informatica**, one of the leading (*o* major) computer firms; **il maggior fiume d'Italia**, the longest river in Italy; **i guai maggiori**, the worst troubles; **il figlio m.**, the elder [eldest] son; **mio fratello m.**, my elder brother; **Catone m.**, Cato the Elder ***3*** (*mus.*) major: **intervallo m.**, major interval; **do m.**, C major • **la m. età**, majority; legal age: **raggiungere la m. età**, to reach one's majority □ **altare m.**, high altar □ **andare per la m.**, to be (very) popular □ **per la m. parte**, mostly □ **sempre m.**, ever-increasing ***B*** *m.*

(*mil.*: *esercito*) major; (*aeron.*) squadron leader • **m. generale**, major-general.
maggiorènne ***A*** *a.* of age: **essere [divenire] m.**, to be [to come] of age; to have reached one's majority ***B*** *m. e f.* major; adult.
maggiorènte *m.* (*specialm. al pl.*) leading figure; notable; (*di città*) city elder.
maggioritàrio *a.* (*polit.*) majority (*attr.*).
maggiorménte *avv.* ***1*** (*di più*) more ***2*** (*tanto più*) all the more ***3*** (*più di tutto*) mostly; mainly; chiefly.
Magi *m. pl.* (*relig.*) (the) Magi; (the) Three Wise Men.
magia *f.* ***1*** magic Ⓤ; (*incantesimo*) spell: **per m.**, by magic; **fare una m.**, to cast a spell ***2*** (*fig.*) magic; charm; enchantment.
magiàro *a. e m.* Magyar.
màgico *a.* ***1*** magic; magical: **arti [parole] magiche**, magic arts [words]; **potere m.**, magical power ***2*** (*fig.*) magical; enchanting.
magióne *f.* (*lett.*) house; dwelling.
magistèro *m.* (*insegnamento*) teaching; teachings (*pl.*): **il m. della Chiesa**, the teachings of the Church; **esercitare il m.**, to be a teacher.
magistràle *a.* ***1*** teaching, teachers' (*attr.*): **istituto m.**, teachers' training college ***2*** (*da maestro*) masterly.
magistralménte *avv.* in a masterly fashion; with masterly skill.
magistràto *m.* ***1*** magistrate; (*giudice*) judge: **m. inquirente**, investigating magistrate ***2*** (*funzionario*) authority; officer.
magistratùra *f.* ***1*** (*ufficio di magistrato*) magistracy ***2*** (*insieme di magistrati*) magistracy; judiciary; (*collegio giudicante*) court • **entrare in m.**, to become a magistrate □ **esercitare la m.**, to be a magistrate (*o* a judge).
màglia *f.* ***1*** (*lavoro a maglia, uncinetto*) stitch: **m. diritta**, plain stitch; **m. rovescia**, purl stitch; **m. bassa**, double (*USA* single) crochet; **m. alta**, treble (*USA* double) crochet; **lasciar cadere [riprendere] una m.**, to drop [to pick up] a stitch; **avviare [chiudere] le maglie**, to cast on [to cast off] ***2*** (*di rete*) mesh; (*di catena*) link ***3*** (*lavoro a maglia*) knitting: **ago da m.**, knitting needle; **lavorare a** (*o* **fare la**) **m.**, to knit; **di m.** (*o* **fatto a m.**), knitted ***4*** (*tessuto*) jersey ***5*** (*canottiera*) vest (*GB*), undershirt (*USA*); (*golf aperto*) cardigan; (*golf chiuso con colletto*) jersey; (*maglioncino*) pullover ***6*** (*sport*) shirt; (*ciclismo*) jersey ***7*** (*stor., di armatura*) mail.
magliàia *f.* professional knitter.
maglierìa *f.* ***1*** knitwear ***2*** (*negozio*) hosier's shop • **macchina per m.**, knitting machine.
magliétta *f.* ***1*** (*canottiera*) vest (*GB*); undershirt (*USA*) ***2*** (*esterna*) T-shirt; tee-shirt; (*di lana*) knitted shirt, light jersey.
maglificio *m.* knitwear factory.
màglio *m.* ***1*** maul; (*mazzuolo*) mallet; (*battipalo*) rammer ***2*** (*mecc.*) hammer.
maglióne *m.* sweater; jumper.
màgma *m.* ***1*** (*geol.*) magma* ***2*** (*fig.*) confused mass; jumble.
magnàccia *m.* (*region. spreg.*) pimp.
magnanimità *f.* magnanimity; nobility; generosity; high-mindedness.
magnànimo *a.* magnanimous; noble; generous; high-minded.
magnàte *m.* magnate; tycoon; mogul; baron: **m. del petrolio**, oil magnate (*o* baron); **m. dei media**, media mogul; **m. della stampa**, press tycoon.
magnèṣia *f.* (*chim.*) magnesia; magnesium oxide • (*farm.*) **m. effervescente**, magnesium citrate.
magnèṣio *m.* (*chim.*) magnesium.
magnète *m.* ***1*** (*fis.*) magnet ***2*** (*mecc.*) magneto*.
magnètico *a.* (*fis. e fig.*) magnetic.
magnetiṣmo *m.* (*fis. e fig.*) magnetism.
magnetìte *f.* (*miner.*) magnetite; loadstone, lodestone.
magnetiẓẓàre *v. t.*, **magnetiẓẓàrsi** *v. i. pron.* (*fis. e fig.*) to magnetize.
magnetiẓẓazióne *f.* (*fis.*) magnetization.
magnetòfono *m.* tape recorder.
magnificàre *v. t.* (*glorificare*) to glorify; to exalt; to extol.
magnificènza *f.* ***1*** magnificence; (*grandezza*) greatness; (*grandiosità*) grandeur; (*splendore*) splendour; (*sontuosità*) sumptuosity ***2*** (*cosa magnifica*) magnificent thing.
magnìfico *a.* magnificent; (*grandioso*) grand, grandiose; (*splendido*) splendid, glorious; (*sontuoso*) sumptuous.
magniloquènte *a.* (*lett.*) magniloquent; (*spreg.*) pompous, bombastic.
magniloquènza *f.* (*lett.*) magniloquence; (*spreg.*) pomposity, bombast.
magnitùdine *f.* (*astron.*) magnitude.
màgno *a.* great: **Alessandro M.**, Alexander the Great; **aula magna**, great hall.
magnòlia *f.* (*bot.*) magnolia.
màgo *m.* ***1*** magician; wizard; sorcerer ***2*** (*illusionista*) magician ***3*** (*fam.*) wizard; genius.
magóne *m.* — **avere il m.**, to have a lump in one's throat □ **far venire il m.**, to bring a lump to one's throat.
màgra *f.* ***1*** (*di fiume*) low water: **essere in m.**, to be low ***2*** (*fam.*) sorry figure; poor show: **fare una m.**, to cut a poor figure; to make a fool of oneself • **tempi di m.**, lean years.
magrézza *f.* ***1*** thinness; leanness ***2*** (*scarsità*) scarcity; shortage.
màgro ***A*** *a.* ***1*** thin; lean; skinny; (*sparuto*) gaunt; (*smilzo*) spare, slim: **m. come un chiodo**, as thin as a rake ***2*** (*di carne*) lean; (*di latticini*) low-fat ***3*** (*povero, scarso*) meagre; poor; scarce; scant; lean: **pasto m.**, poor (*o* meagre) meal; **m. stipendio**, poor salary; **raccolto m.**, scant crop; **annate magre**, lean years; **magra consolazione**, meagre consolation ***4*** (*debole*) weak, lame; (*meschino*) paltry: **scusa magra**, lame excuse ***5*** (*sterile*) poor; arid • **giorno di m.**, day of abstinence □ **mangiare di m.**, to abstain from meat; to eat no meat □ **minestra di m.**, vegetable soup ***B*** *m.* (*carne magra*) lean (meat).
mah *inter.* — **«Quando tornerà?» «Mah!»**, «when is he coming back?» «who knows?» □ **«Che ora è?» «Mah»**, «what's the time?» «no idea!» (*o* «search me!») □ **Mah, forse hai ragione tu**, well, maybe you are right after all.
mài *avv.* ***1*** (*nessuna volta, in nessun tempo*) never; (*in presenza di altra negazione*) ever: **Non li ho mai visti**, I've never seen them; **Non dire mai bugie!**, never tell a lie; **Non è mai troppo tardi**, it is never too late; **Non succede mai niente qui**, nothing ever happens here; **Mai sentito**, never heard of it; **Mai che ti dia una mano**, he never gives a hand ***2*** (*una volta, talvolta, in qualsiasi tempo*) ever: **Vedi mai Giulia?**, do you ever see Giulia?; **Hai mai sentito una cosa simile?**, did you ever hear such a thing?; **Dove mai l'ho perso?**, wherever did I lose it?; **Se mai lo incontrassi**, if I ever met him; if ever I should meet him • **Mai dire mai**, never say never □ **mai più**, never again □ **Mai più!** (*macché*), not at all!; certainly not! □ **adesso o mai più**, (it's) now or never □ **Che dici mai?**, what on earth are you saying? □ **Come mai?**, how is that?; why?; how come (*fam.*)? □ **Come mai l'hai venduto?**, why did you sell it?; how come you sold it (*fam.*)? □ **meglio [peggio] che mai**, better [worse] than ever □ **meno [più] che mai**, less [more] than ever □ **Quant'è mai sciocca!**, how silly she is! □ **quasi mai**, hardly ever □ **Se mai telefonasse, digli...**, if he should phone (*o, più form.*, should he telephone), tell him □ **Non si sa mai**, you never can tell □ **Non sia mai!**, God forbid! □ **più che mai**, more than ever.
maiàle *m.* ***1*** pig; hog; swine*: **un branco di maiali**, a herd of pigs ***2*** (*carne*) pork ***3*** (*spreg.*: *persona ingorda*) pig; (*individuo sporco*) scruffy person, filthy pig (*fam.*); (*uomo licenzioso*) lecher, filthy-minded man*, dirty old man* • **mangiare come un m.**, (*male*) to eat like a pig; (*molto*) to make a pig of oneself.
maiòlica *f.* majolica.
maionése *f.* (*cucina*) mayonnaise.
màis *m.* (*bot.*) maize; Indian corn; corn (*USA*).
maître (*franc.*) *m. invar.* maître d'hotel; maître d' (*fam.*).
maiùscola *f.* capital (letter); (*tipogr.*) upper case letter: **scritto in maiuscole**, written in capitals; upper case.
maiuscolétto *m.* (*tipogr.*) small capitals (*pl.*).
maiùscolo ***A*** *a.* ***1*** (*di lettera*) capital, big; (*tipogr.*) upper case: **lettere maiuscole**, capital letters; capitals ***2*** (*enorme*) big; huge ***B*** *m.* capitals (*pl.*); (*tipogr.*) upper case.
mal *V.* **male** (1), *def. 2.*
malaccètto *a.* unwelcome.
malaccòrto *a.* imprudent; incautious; unwary; unwise.
malachìte *f.* (*miner.*) malachite.
malacreànza *f.* bad manners (*pl.*); incivility.

malaféde *f.* bad faith: **agire in m.**, to act in bad faith.
malaffàre *m.* — **persona di m.**, shady character; crook □ **donna di m.**, whore; prostitute □ **casa di m.**, brothel.
malagévole *a.* hard; difficult; (*scomodo*) uncomfortable.
malagràzia *f.* bad grace; ill grace: **di** (*o* **con**) **m.**, with (a) bad grace.
malalingua *f.* (*pettegolo*) gossip; (*maligno*) backbiter; (*maldicente*) gossipmonger.
malaménte *avv.* badly; carelessly; clumsily • **cadere m.**, to have a nasty fall.
malandàto *a.* in bad (*o* poor) condition (*o* shape); (*malconcio*) battered, beat-up (*USA*); (*in salute*) in poor health, in a bad way; (*finanziariamente*) badly off.
malandrìno ***A*** *a.* ***1*** (*disonesto*) dishonest; crooked ***2*** (*birichino*) roguish; mischievous; naughty ***B*** *m.* ***1*** (*brigante*) brigand; highwayman* ***2*** (*persona disonesta*) crook; criminal ***3*** (*scherz.*) rascal; rogue.
malànimo *m.* ill-will; malevolence • **di m.**, unwillingly; with a bad grace.
malànno *m.* ***1*** (*malattia*) illness, disease; (*acciacco*) infirmity, ailment; (*disturbo*) trouble ***2*** (*disgrazia*) mishap, misfortune; (*gran danno*) calamity • **buscarsi un m.**, to catch something.
malaparàta *f.* danger • **Vista la m., se la squagliò**, seeing the turn things were taking, he made scarce.
malapéna *f.* — **a m.**, hardly; scarcely; barely; only just: **Lo capisco a m.**, I can hardly understand him; **Sa a m. scrivere il suo nome**, he can barely write his own name.
malària *f.* (*med.*) malaria.
malàrico *a.* malarial.
malasòrte *f.* bad (*o* ill) luck; misfortune.
malaticcio *a.* sickly; ailing; delicate; poorly: **bambino m.**, sickly child; **avere l'aria malaticcia**, to look poorly.
malàto ***A*** *a.* ***1*** sick (*attr.*); ill (*pred.*); (*indisposto*) unwell; (*di parte del corpo*) sore; (*colpito da un male*) diseased, affected: **Mario è gravemente m.**, Mario is seriously ill; **sembrare m.**, to look ill; **bambino m.**, sick child; **dito m.**, sore finger; **l'organo m.**, the affected organ; **a letto m.**, ill in bed; **m. di bronchite**, ill with bronchitis; **m. di mente**, mentally ill; **essere m. di stomaco**, to have stomach trouble; **essere m. di cancro**, to have cancer; **essere m. di cuore**, to have heart trouble (*o* heart disease); **m. d'amore**, love-sick; **darsi m.**, (*mil.*) to report sick; (*estens.*) to say one is ill ***2*** (*morboso*) morbid; diseased; sick: **fantasie malate**, morbid (*o* sick) fantasies; **mente malata**, diseased mind ***3*** (*di pianta*) diseased ***B*** *m.* (*f.* **-a**) sick person; (*paziente*) patient: **Il m. dormiva**, the sick man (*o* the patient) was asleep; **m. cronico**, chronic invalid; **m. terminale**, terminally ill patient; **m. di mente**, insane person; mental patient; **i malati di cuore**, people with heart disease.
malattìa *f.* ***1*** illness; sickness; (*affezione specifica, grave o infettiva*) disease; (*infermità*) infirmity; (*disturbo leggero*) ailment: **m. grave**, serious illness; **m. cronica**, chronic illness; **m. infettiva**, infectious disease; **m. cardiaca** [**cutanea, del sangue**], heart [skin, blood] disease; **m. del lavoro**, work-related illness; occupational disease; **m. mentale**, mental illness; **m. del sonno**, sleeping sickness; **Fu colpito da una m. misteriosa**, he was taken ill with a mysterious disease ***2*** (*di pianta*) disease ***3*** (*fig.*) sickness; trouble; evil • **essere in m.**, to be on sick leave; to be off sick □ **farne una m.**, to take st. very badly; to make oneself ill over st. □ **Di che m. è morto?**, what did he die of? □ **per cause di m.**, owing to sickness.
malaugurataménte *avv.* unfortunately; unluckily.
malauguràto *a.* inauspicious; ill-omened; (*sfortunato*) unfortunate, unlucky.
malaugùrio *m.* bad (*o* evil, ill) omen: **essere di m.**, to be a bad omen; **uccello del m.**, bird of ill omen; (*di persona*) jinx, Jonah.
malavita *f.* (the) world of crime; low life; gangland: **m. organizzata**, organized crime; **appartenere alla m.**, to be a gangster; **gergo della m.**, underworld slang.
malavitóso ***A*** *a.* criminal; underworld (*attr.*) ***B*** *m.* gangster; criminal.
malavòglia *f.* unwillingness; reluctance • **di m.**, unwillingly; reluctantly; against one's will; grudgingly.
malcapitàto ***A*** *a.* unlucky; unfortunate ***B*** *m.* (*f.* **-a**) unfortunate person; poor person; (*vittima*) victim.
malcóncio *a.* ***1*** (*di cosa*) battered; knocked-about; in a sorry (*o* sad) state (*pred.*); the worse for wear (*pred., fam.*); (*di abiti*) shabby: **cappello m.**, battered hat; **auto malconcia**, battered car; **cappotto m.**, shabby coat ***2*** (*di persona*) battered; in a bad way (*pred.*); (*pieno di lividi*) bruised all over: **uscire m. da un incidente**, to be in a bad way after an accident.
malcontènto ***A*** *a.* displeased; dissatisfied; discontented ***B*** *m.* ***1*** (*f.* **-a**) malcontent ***2*** dissatisfaction; displeasure; discontent.
malcostùme *m.* ***1*** immorality; immoral behaviour ***2*** (*disonestà*) dishonesty; corruption ***3*** (*cattiva abitudine*) bad habit.
maldèstro *a.* clumsy; awkward; inept.
maldicènte ***A*** *a.* gossipy; backbiting; (*diffamatore*) slanderous ***B*** *m. e f.* gossip; backbiter; slanderer.
maldicènza *f.* (*pettegolezzo*) gossip Ⓤ; (*malignità*) backbiting Ⓤ; (*diffamazione*) slander.
maldispósto *a.* unwilling; (*ostile*) ill-disposed.
màle (**1**) *m.* ***1*** (*morale*) evil, ill, wrong; (*danno morale o fisico*) harm: **il bene e il m.**, good and evil; **non saper distinguere fra il bene e il m.**, not to know the difference between right and wrong; **il m. minore**, the lesser evil; **Non c'è niente di m. a fare ciò**, there is no harm in doing it; **Non ci vedo niente di m.**, I see nothing wrong in it ***2*** (*malattia*) disease; illness; sickness; trouble; (*infermità*) infirmity; (*dolore fisico*) pain, ache: **m. contagioso**, contagious disease; **mal di fegato**, liver trouble; **mal d'aria**, air-sickness; **mal d'auto**, car-sickness; **mal di mare**, seasickness; **mal di montagna**, altitude sickness; **avere il mal d'aria** [**d'auto, di mare**], to be airsick [carsick, seasick]; **mal di denti**, toothache; **mal di gola**, sore throat; **mal di stomaco**, stomach-ache; **mal di testa**, headache; **avere il mal di denti** [**di gola, di testa**], to have toothache [a sore throat, a headache]; **Ho m. a un fianco**, I have a pain in my side; **Ho m. a un braccio**, my arm hurts (*o* is sore) ***3*** (*sventura*) misfortune; (*guaio*) trouble, woe; (*calamità*) calamity: **i mali della vita**, life's troubles; **i mali della guerra**, the calamities of war • **andare a m.**, (*guastarsi*) to go bad; (*inacidirsi*) to go sour □ **aversene a m.**, to take offence (at st.); to take (st.) amiss □ (*eufem.*) **un b. male**, cancer □ **fare del m. a q.**, to hurt sb. □ **far m.**, to hurt; (*dolere, anche*) to ache; (*recare danno*) to do harm, (*alla salute*) to be bad for one's health; (*sbagliare, agire male*) to make a mistake, to be wrong, to do the wrong thing: **Mi fanno m. le scarpe**, my shoes are hurting me; **Mi fa m. la testa**, my head aches; **Non ho mai fatto m. a nessuno**, I've never harmed anyone; **Il fumo fa m.**, smoking is bad for your health □ (*fig.*) **far m. al cuore**, to pain; to distress □ **farsi m.**, to hurt oneself; to get hurt □ **farsi m. a un piede**, to hurt one's foot □ **meno m.**, (it's) just as well; thank goodness □ **mettere m.**, to make mischief □ **Non c'è m.**, not too bad; pretty good □ (*prov.*) **Non tutto il m. vien per nuocere**, it's an ill wind that blows nobody any good □ **poco m.**, it doesn't matter; never mind □ **portare m.**, to bring bad luck □ **Le venne m.**, she fainted.
màle (**2**) *avv.* badly; not well; ill; wrong; wrongly; incorrectly: **Le cose vanno m.**, things are going badly: **trattare m. q.**, to treat sb. badly; **Il mio orologio va m.**, my watch is wrong; **fare tutto m.**, to do everything wrong; **parlare m. di q.**, to speak ill of sb.; **funzionare m.**, not to work properly; **m. organizzato**, badly organized; **chiuso m.**, non properly closed; **pronunziare m.**, to pronounce incorrectly; to mispronounce; **rispondere m.**, (*sbagliare*) to answer wrong; (*con sgarbatezza*) to give a rude answer, to answer (sb.) back (*fam.*); **Sto m.!**, I feel ill; (*ho nausea*) I feel sick; **Il bambino sta m.**, the child is ill (*o* is not well); **Quel cappello le sta m.**, that hat doesn't suit her; **Il viola sta m. col rosso**, purple doesn't go well with red • **M.!**, that's bad! □ **abituarsi m.**, to get into bad habits □ **capire m.**, to misunderstand; to get it wrong □ **di m. in peggio**, from bad to worse □ **finire m.**, to turn out badly; (*fare una brutta fine*) to come to no good □ **mettersi m.**, to take a bad turn □ **né bene, né m.**, so-so □ **niente m.**, not at all bad; not at all bad-looking □ **Il film non è m.**, the film isn't bad □ **per mal che vada**, at worst □ **rimanere m.**, (*essere deluso*) to be disappointed, to feel let down; (*essere offeso*) to be hurt, to take it amiss □ **stare m. a quattrini**, to be short of money □ **Ci vedo m. di qui**, I can't see from here.
maledettaménte *avv.* (*fam.*) dreadfully; terribly; awfully.

maledétto *a.* ***1*** cursed; damned: **M. quel giorno!**, cursed be that day! ***2*** (*orribile, tremendo*) horrible, awful; (*insopportabile, odioso*) damned, blasted: **una maledetta seccatura**, a damned nuisance; **Piantatela con quel m. rumore!**, stop that blasted racket!; **Ho una fame maledetta**, I'm starving; **Avevo una paura maledetta**, I was scared stiff.
maledìre *v. t.* to curse.
maledizióne *f.* curse: **avere la m. addosso**, to be under a curse; **La m. pesa su questa casa**, there is a curse on this house • **M.!**, damn (it)!
maleducàto ***A*** *a.* rude; ill-bred; ill-mannered: **risposta maleducata**, rude answer; **ragazzo m.**, ill-bred boy; **essere m. con q.**, to be rude to sb. ***B*** *m.* (*f.* **-a**) rude person • **È da maleducati...**, it's rude (*o* it's bad manners) to...
maleducazióne *f.* rudeness; bad manners (*pl.*); ill-breeding.
malefàtta *f.* wrongdoing; (*marachella*) prank, mischief [U].
malefìcio *m.* evil spell; curse; witchcraft [U].
malèfico *a.* ***1*** evil; malign; baleful ***2*** (*dannoso*) harmful; bad.
maleodorànte *a.* evil-smelling; smelly; stinking.
malèrba *f.* weed.
malése *a., m. e f.* Malay (*a. e m.*); Malay woman* (*f.*).
malèssere *m.* ***1*** (*indisposizione*) slight illness; indisposition; malaise ***2*** (*inquietudine*) uneasiness; discomfort; (*male*) malaise • **avere un m. generale**, to feel unwell; to be out of sorts □ **provare un senso di m.**, (*non sentirsi bene*) to feel unwell; (*avere nausea*) to feel queasy; (*essere a disagio*) to feel uneasy.
malevolènza *f.* malevolence; malice; spite.
malèvolo *a.* malevolent; malicious; spiteful.
malfamàto *a.* with a bad reputation; disreputable: **locale m.**, place with a bad reputation.
malfàtto *a.* ill-done; (*di oggetto*) badly made; (*deforme*) misshapen; (*sgraziato*) ungainly.
malfattóre *m.* (*f.* **-trice**) malefactor (*f.* malefactress); (*criminale*) criminal.
malférmo *a.* unsteady; shaky; (*debole*) feeble, weak; **passo m.**, unsteady steps (*pl.*); **m. sulle gambe**, shaky on one's legs; **salute malferma**, weak constitution.
malfido *a.* unreliable; untrustworthy.
malformazióne *f.* malformation • **avere una m. a un piede**, to have a malformed foot.
malgàrbo *m.* rudeness; bad grace: **con m.**, with a bad grace; in a rude manner.
malgàscio ***A*** *a.* Madagascan ***B*** *m.* ***1*** (*f.* **-a**) Madagascan (*f.* Madagascan woman*) ***2*** (*lingua*) Malagasy.
malgovèrno *m.* misgovernment; maladministration.
malgràdo ***A*** *prep.* in spite of; despite; notwithstanding: **m. tutto**, in spite of everything • **mio [suo] m.**, against my [his] will ***B*** *cong.* although; though.
malìa *f.* ***1*** spell; enchantment; sorcery [U] ***2*** (*fascino*) charm.
maliàrda *f.* charmer; vamp (*fam.*).
maliàrdo *a.* bewitching; ravishing; charming.
malignàre *v. i.* to malign (sb., st.); to speak* ill of (sb., st.); to badmouth (sb., st.) (*USA*).
malignità *f.* ***1*** (*perfidia*) malice; malignity ***2*** (*malevolenza*) malice; spite; bitchiness (*fam.*) ***3*** (*atto maligno*) malicious action; (*parole maligne*) malicious (*o* nasty) words ***4*** (*med.*) malignancy.
maligno ***A*** *a.* ***1*** (*perfido*) evil; malign; malignant: **influsso m.**, malign (*o* evil) influence; **spirito m.**, evil spirit ***2*** (*malevolo*) malicious; spiteful; bitchy (*fam.*): **commento m.**, malicious remark ***3*** (*med.*) malignant ***B*** *m.* ***1*** (*f.* **-a**) malicious person; spiteful person ***2*** — **il M.**, the Evil One.
malinconìa *f.* ***1*** melancholy; gloom; (*tristezza*) sadness; (*dolce m.*) wistfulness ***2*** (*psic.*) melancholia • **Bando alle malinconie!**, cheer up!
malincònico *a.* melancholic; gloomy; (*triste*) sad, pensive; (*dolcemente m.*) wistful.
malincuòre *avv.* — **a m.**, reluctantly; against one's will; grundgingly.
malinformàto *a.* misinformed.
malintenzionàto ***A*** *a.* ill-intentioned ***B*** *m.* ill-intentioned person; suspicious character.
malintéso ***A*** *a.* misunderstood; misinterpreted; mistaken ***B*** *m.* misunderstanding: **far nascere [chiarire] un m.**, to cause [to clear up] a misunderstanding; **a scanso di malintesi**, to avoid misunderstandings.
malìzia *f.* ***1*** (*malvagità*) malice; evil intent ***2*** (*contrario di «innocenza»; allusione*) knowingness; naughtiness; (*voglia di prendere in giro*) mischievousness, mischief ***3*** (*astuzia*) cunning; artfulness; guile ***4*** (*inganno*) ruse; (*espediente*) trick • **privo di m.**, innocent; artless.
maliziosaménte *avv.* mischievously; artfully; knowingly; naughtily.
malizióso *a.* ***1*** mischievous; artful; knowing; naughty; roguish ***2*** (*astuto*) artful; cunning; sly. ATTENZIONE: **malizioso** ≠ malicious.
malleàbile *a.* ***1*** (*metall.*) malleable ***2*** (*fig.*) malleable; pliable; yielding.
malleabilità *f.* ***1*** (*metall.*) malleability ***2*** (*fig.*) malleability; pliability.
mallèolo *m.* (*anat.*) malleolus*.
mallevadóre *m.* surety; guarantor; sponsor: **rendersi m. di q.**, to stand surety for sb.
mallevadorìa, malleverìa *f.* security; surety; guarantee.
màllo *m.* (*bot.*) hull.
mallòppo *m.* ***1*** (*fagotto*) bundle ***2*** (*gergo: refurtiva*) booty; loot.
malmenàre *v. t.* ***1*** (*strapazzare*) to manhandle, to knock about; (*picchiare*) to beat* up ***2*** (*fig.*) to ill-treat.
malmésso *a.* ***1*** (*vestito poveramente*) poorly dressed; (*trasandato*) shabby-looking, seedy-looking; (*vestito senza gusto*) badly dressed ***2*** (*in difficoltà*) badly off, in a fix; (*senza soldi*) badly off, hard up.
malnutrito *a.* malnourished; undernourished; ill-fed.
malnutrizióne *f.* malnutrition; undernourishment.
màlo *a.* (*lett.*) bad; (*malvagio*) evil, wicked: **con mala grazia**, with a bad grace; **mala azione**, wicked action; **male parole**, angry words.
malòcchio *m.* evil eye; jinx: **gettare il m. su q.**, to put the evil eye on sb. • **guardare di m.**, to look askance at.
malóra *f.* ruin: **andare in m.**, to be ruined, to go to the dogs (*fam.*); (*di edificio*) to go to rack and ruin • **Alla m.!**, damn it! □ **Spegni quella radio della m.!**, turn off that blasted radio! □ **Va' in m.!**, go to hell! □ **Che vadano in m.!**, damn them!; to hell with them!
malóre *m.* sudden indisposition; (*svenimento*) collapse, fainting fit: **essere colto da m.**, to collapse.
malpartito *V.* **mal partito**, *sotto* **partito**.
malpreparàto *a.* unprepared; badly prepared.
malridótto *a.* ***1*** (*di cosa o persona*) in a sorry state; battered; the worse for wear (*fam.*) ***2*** (*rif. a salute*) poorly; in a bad way; run down.
malriuscito *a.* unsuccessful; that didn't turn out well; botched.
malsàno *a.* ***1*** unhealthy; (*di clima*) insalubrious; (*di cibo*) unwholesome ***2*** (*fig.*) unsound.
malsicùro *a.* ***1*** unsafe; (*poco stabile*) unsteady ***2*** (*incerto*) uncertain; (*dubbio*) dubious.
màlta *f.* (*edil.*) mortar.
maltèmpo *m.* bad weather.
maltenùto *a.* badly kept; (*disordinato*) untidy, in disorder.
maltése *a., m. e f.* Maltese* (*a. e m.*); Maltese woman* (*f.*): **i Maltesi**, the Maltese; **cane m.**, Maltese (dog); **febbre m.**, Malta fever.
màlto *m.* malt.
maltòlto *m.* ill-gotten gains (*pl.*); stolen things (*pl.*).
maltòsio *m.* (*chim.*) maltose.
maltrattaménto *m.* maltreatment [U]; ill-treatment [U]; abuse [U].
maltrattàre *v. t.* to maltreat; to ill-treat; to abuse; (*un oggetto*) to mistreat, to handle roughly.
maltuṣiàno *a. e m.* (*f.* **-a**) (*econ.*) Malthusian.
maluccio *avv.* not very (*o* not too) well.
malumóre *m.* ***1*** bad mood; bad temper: **essere [mettere] di m.**, to be [to put] in a bad mood ***2*** (*rancore*) bitterness; (*dissapore*) bad feeling ***3*** (*scontento*) discontent; unrest • **sfogare il proprio m. su q.**, to take it out on sb.
màlva *f.* (*bot.*) mallow • **color m.**, mauve.
malvàgio ***A*** *a.* wicked; evil; bad: **gioia malvagia**, wicked joy; (wicked) glee; **L'idea non è malvagia**, it's not such a bad idea ***B*** *m.* (*f.* **-a**) wicked person.
malvagità *f.* ***1*** wickedness; iniquity ***2*** (*azione malvagia*) wicked (*o* evil) deed.
malvaṣìa *f.* ***1*** (*uva*) malvasia ***2*** (*vino*) malmsey.
malversatóre *m.* (*f.* **-trice**) (*leg.*) misuser of public funds.
malversazióne *f.* (*leg.*) misuse of public funds.

malvestito *a.* ***1*** (*vestito poveramente*) poorly dressed; shabby ***2*** (*vestito male*) badly dressed.
malvézzo *m.* (bad) habit.
malvisto *a.* disliked (by); unpopular (with).
malvivènte *m. e f.* criminal; crook (*fam.*).
malvivènza *f.* crime.
malvolentièri *avv.* unwillingly; against one's will; reluctantly.
malvolére *v. t.* — **essere malvoluto da tutti**, to be unpopular with everybody □ **prendere q. a m.**, to take a dislike to sb.
màmma *f.* mother; mum (*fam. GB*); mom (*fam. USA*); mummy, mommy (*USA*) (*infant.*) • **M. mia!**, dear me!; goodness gracious! □ **la Festa della m.**, Mother's Day.
mammàrio *a.* (*anat.*) mammary.
mammèlla *f.* breast; (*di animale*) udder.
mammellóne *m.* (*geogr.*) knoll.
mammìfero *m.* (*zool.*) mammal.
mammografìa *f.* (*med.*) ***1*** (*esame*) mammography ***2*** (*lastra*) mammogram; mammograph.
màmmola *f.* ***1*** (*bot.*) violet ***2*** (*fig.*) bashful person.
mammóne *m.* (*fam.*) mummy's boy.
mammùt *m.* mammoth.
manager (*ingl.*) *m. e f. invar.* manager; executive; exec (*fam.*).
manageriàle *a.* managerial.
managerialità *f.* managerial ability.
manàta *f.* ***1*** (*manciata*) handful ***2*** (*colpo*) slap.
mànca *f.* left-hand side; left: **a dritta e a m.**, left and right; on all sides.
mancaménto *m.* ***1*** (*difetto*) defect; fault; deficiency ***2*** (*svenimento*) fainting fit; temporary blackout.
mancànte *a.* ***1*** (*sprovvisto*) lacking (in); in need (of); (*a corto di*) short (of) ***2*** (*che non si trova più*) missing; (*assente*) absent.
mancànza *f.* ***1*** want, lack; (*deficienza*) shortage, deficiency; (*assenza*) absence: **m. di tempo [di prove]**, lack of time [of evidence]; **m. di buon senso**, want of common sense; **m. d'educazione**, bad manners (*pl.*); **m. di mano d'opera [d'acqua]**, shortage of labour [of water]; **in m. di**, in the absence of; **in m. di meglio**, since there is nothing better; for want of something better; **sentire la m. di q. [q.c.]**, to miss sb. [st.] ***2*** (*fallo*) fault; mistake ***3*** (*difetto*) defect, shortcoming; (*imperfezione*) imperfection.
mancàre ***A*** *v. i.* ***1*** (*non avere a sufficienza*) to want (st.); to lack (st.); to be in want (of); to be in need (of); (*essere sprovvisto*) to be short (of), to need (st.); **m. di buon senso**, to lack common sense; **m. di coraggio**, to be lacking in courage; **m. di denaro**, to be short of money; **Manco di** (*o* **Mi manca**) **un buon dizionario**, I need a good dictionary ***2*** (*venir meno*) to fail; (*esaurirsi*) to run* out: **Mi mancarono le parole**, words failed me; **Le scorte vennero a m.**, provisions ran out ***3*** (*essere irreperibile*) to be missing; (*non esserci*) not to be there; (*essere assente*) to be absent; (*essere lontano*) to be away: **Mancano le ultime pagine**, the last pages are missing; **Manca la firma**, there is no signature; **Mancano le prove**, there is no evidence; **m. da scuola**, to be absent from school; **Mancavo da casa da una settimana**, I had been away from home for a week ***4*** (*per completare q.c.*) to be wanting; to be needed (*o* required); to take* (*impers.*): **Mancano ancora tre sterline**, we are still three pounds short; **Manca un giocatore alla squadra**, the team is one short; **Non mi manca molto**, it won't take me long; I won't be long ***5*** (*per indicare l'ora*) to be... (to); (*nelle espress. di tempo e spazio*) to be... (to go): **Manca un quarto alle sette**, it is a quarter to seven; **Manca poco alle due**, it's nearly two; **Manca ancora un'ora**, there is still an hour to go; **Mancano tre settimane a Natale**, there are still three weeks (to go) before Christmas; **Mancano ancora 10 km**, there are still 10 km to go ***6*** (*essere rimpianto*) to miss (*costruz. pers.*): **Ti mancherò?**, will you miss me? ***7*** (*agire male*) to do* wrong; (*sbagliare*) to be wrong ***8*** (*omettere, trascurare*) to omit; to fail; to forget: **Non mancare di avvertirlo**, don't forget to let him know ***9*** (*morire*) to die • **m. a un appuntamento**, to miss an appointment □ **m. di parola**, to break one's word □ **m. di rispetto a q.**, to be rude to sb. □ **Ci mancherebbe altro!**, God forbid! □ **Poco mancò che cadessi**, I nearly fell □ **È mancata la luce**, the light went out; there was a power cut □ **Mi mancò il piede**, I lost my footing □ **non far m. nulla a q.**, to make sure sb. wants for nothing □ **non farsi m. nulla**, to want for nothing □ **non m. di niente**, to have plenty of everything □ **Il tempo non gli manca**, he has plenty of time □ **Non ci mancava che questa!**, that's all we needed! □ **sentirsi m.**, to feel faint □ **venire a m.**, to run out ***B*** *v. t.* to miss: **m. il bersaglio**, to miss the mark.
mancàto *a.* ***1*** (*perduto, non centrato*) missed: **occasione mancata**, missed opportunity; **colpo m.**, miss ***2*** (*fallito*) unsuccessful; failed: **suicidio m.**, unsuccessful suicide attempt ***3*** (*che avrebbe potuto diventare famoso*) manqué: **poeta m.**, poet manqué; **Sei un attore m.!**, you should have been an actor! ***4*** (*non avvenuto*) non- (+ *sost.*): **mancata accettazione**, non-acceptance; **mancata consegna**, non-delivery; **m. pagamento**, non-payment; **m. ritorno**, failure to return.
manche (*franc.*) *f. invar.* ***1*** (*sport*) round; (*sci*) run; (*atletica*) heat ***2*** (*a carte*) hand.
manchévole *a.* defective; imperfect; insufficient; faulty.
manchevolézza *f.* ***1*** defectiveness; faultiness ***2*** (*imperfezione*) imperfection; defect; fault; shortcoming.
mància *f.* tip; (*ricompensa*) reward • **dare la m. a q.**, to tip sb. □ **Il resto m.!**, keep the change!
manciàta *f.* handful.
mancìna *f.* ***1*** (*mano*) left hand ***2*** (*lato*) left side; left: **a m.**, on the left; to the left.
mancìno ***A*** *a.* ***1*** (*di persona*) left-handed ***2*** (*di sinistra*) left-hand; left ***3*** (*fig.*) underhand; treacherous; dirty: **tiro m.**, dirty trick ***B*** *m.* (*f.* **-a**) left-handed person; left-hander • **per mancini**, left-handed (*attr.*).
mànco *avv.* (*pop.*) not even: **Non ce n'è m. uno**, there is not even one • **M. per idea!**, not in the least!; not on your life! □ **m. a dirlo**, needless to say.
mandamentàle *a.* district (*attr.*).
mandaménto *m.* district.
mandànte *m. e f.* (*leg.*) mandator; principal; (*di reato*) instigator, person behind a crime.
mandaràncio *m.* (*bot.*) clementine.
mandàre *v. t.* ***1*** to send*; (*comm.*) to forward, to ship: **m. in prigione**, to send to jail; **m. un telegramma**, to send a telegram; **m. per posta**, to send by post; to mail; **Manderemo la merce prima della fine del mese**, the goods will be forwarded (*o* shipped) by the end of the month ***2*** (*emettere*) to send* out (*o* off); to give*; to let* out: **m. fumo**, to send out smoke; **m. un grido**, to give a cry; to cry out; **m. un sospiro**, to let out a sigh; to sigh • **m. a chiamare q.**, to send for sb. □ **m. a dire q.c. a q.**, to send word to sb. □ **m. a prendere q.c.**, to send for st. □ (*pop.*) **m. q. al diavolo**, to tell sb. to go to hell □ (*fam.*) **m. q. a quel paese**, to tell sb. where to get off □ (*fig. fam.*) **m. q. a spasso**, to send sb. packing; (*licenziarlo*) to sack sb., to fire sb. □ **m. avanti un'azienda**, to run a business □ **m. ad effetto**, to carry out □ **m. un bacio a q.**, to blow sb. a kiss □ **m. due righe a q.**, to drop sb. a line (*o* a note) □ **m. giù**, (*inghiottire*) to get down, to swallow; (*fig.*) to swallow, to put up with □ **m. in pezzi**, to smash (up) □ **m. in rovina**, to ruin; to wreck □ **Non gliele mandai a dire**, I gave him a bit of my mind □ **È uno che non le manda a dire**, he is not afraid to tell you to your face; he is not one to mince words □ **Che Dio gliela mandi buona!**, God help him! □ **Pioveva come Dio la mandava**, it was bucketing down.
mandarìno (**1**) *m.* (*stor. cinese*) mandarin.
mandarìno (**2**) *m.* (*bot.*) tangerine.
mandàta *f.* ***1*** (*il mandare*) sending; (*quantità che si manda in una volta*) lot, batch: **a piccole mandate**, in small lots; piecemeal ***2*** (*giro di chiave*) turn (of the key): **dare una m.**, to turn the key once (in the lock); **chiudere a doppia m.**, to double-lock.
mandatàrio *m.* (*leg.*) mandatary, mandatory.
mandàto *m.* ***1*** (*incarico*) mandate; charge; task; (*istruzioni*) brief ***2*** (*leg.*) warrant; writ; (*citazione*) summons: **m. di cattura**, arrest warrant; **m. di perquisizione**, search warrant; **m. di comparizione**, summons; writ of subpoena ***3*** (*comm.*) order: **m. di pagamento**, order for payment; **riscuotere un m.**, to collect an order ***4*** (*polit.*) mandate.
mandìbola *f.* (*anat.*) (lower) jaw; mandible.
mandolìno *m.* (*mus.*) mandolin.
màndorla *f.* almond • **olio di mandorle**, almond oil □ **occhi a m.**, almond-shaped eyes □ **pasta di mandorle**, marzipan.
mandorlàto ***A*** *a.* with almonds; almond (*attr.*) ***B*** *m.* (*cuci-*

na) almond cake.

màndorlo *m.* (*bot.*) almond tree.

mandràgora *f.* (*bot.*) mandrake; mandragora (*lett.*).

màndria *f.* herd.

mandriàno *m.* herdsman*; cowhand; stockman*.

mandrillo *m.* ***1*** (*zool.*) mandrill ***2*** (*fig.*) lecher.

mandrìno *m.* (*mecc.*) mandrel, mandril; chuck; spindle.

maneggévole *a.* handy; easy to handle ● **poco m.**, unwieldy; unhandy.

maneggevolézza *f.* handiness; ease of handling ● **scarsa m.**, unwieldiness.

maneggiàre *v. t.* to handle; to manage; (*usare*) to use: **m. un fucile**, to handle a gun; **m. un remo**, to manage an oar; **m. denaro**, to manage money ● **saper m. i numeri**, to be good with figures.

manéggio *m.* ***1*** handling; managing; (*uso*) use ***2*** (*fig.*) intrigue; manoeuvre; scheming Ⓤ; wheeling and dealing Ⓤ ***3*** (*galoppatoio*) riding ground; (*scuola*) riding school.

maneggióne *m.* (*f.* **-a**) (*intrigante*) intriguer; wire-puller; wheeler-dealer.

manésco *a.* free with one's hands; rough; aggressive.

manétta *f.* ***1*** (*al pl.*) handcuffs ***2*** (*impugnatura*) handle; lever ● **m. del gas**, gas throttle □ **a tutta m.**, at full throttle; (*fig.*) at full speed.

manfòrte *f.* help; backup ● **dare m. a q.**, to back sb. up.

manganàto *m.* (*chim.*) manganate.

manganellàre *v. i.* to club; to cudgel.

manganellàta *f.* blow with a club.

manganèllo *m.* club; cudgel; (*di poliziotto*) truncheon (*GB*), blackjack (*USA*).

manganése *m.* (*chim.*) manganese.

màngano *m.* (*ind. tess.*) mangle.

mangeréccio *a.* edible.

mangerìa *f.* (*fam.*) graft.

mangiàbile *a.* eatable.

mangiacassétte *m. invar.* cassette player.

mangiadìschi *m.* portable record-player.

mangiafumo *a.* — **candela m.**, smoke candle.

mangianàstri *m.* cassette player.

mangiapàne *m. e f. invar.* (*fig.*) good-for-nothing; loafer ● **m. a tradimento**, scrounger; parasite.

mangiaprèti *m. e f.* rabid anticlerical.

mangiàre ***A*** *v. t.* ***1*** to eat*; (*mangiare tutto*) to eat* up: **Finisci di m. la minestra**, eat up your soup ***2*** (*corrodere*) to eat* into; (*distruggere*) to eat* away ***3*** (*sperperare*) to waste; to squander: **mangiarsi un patrimonio**, to squander a fortune ***4*** (*nei giochi*) to take*; to capture ● **mangiarsi q. con gli occhi**, to devour sb. with one's eyes □ **mangiarsi q. di baci**, to smother sb. with kisses □ **mangiarsi il fegato**, to eat one's heart out □ **mangiarsi le parole**, to swallow one's words; to mumble □ **mangiarsi le unghie**, to bite one's nails □ (*fig.*) **mangiarsi q. vivo**, to bite sb.'s head off ***B*** *v. i.* ***1*** to eat*; (*pranzare*) to have lunch; (*cenare*) to have dinner: **m. con appetito** (*o* **m. di gusto**), to eat heartily; **m. avidamente**, to eat greedily; to gorge; **Dove mangi di solito a mezzogiorno?**, where do you usually have lunch? ***2*** (*fare guadagni illeciti*) to make* an illicit profit; to line one's pockets ● **m. a crepapelle**, to gorge oneself □ **m. a sazietà**, to eat one's fill □ **m. alle spalle di q.**, to sponge on sb. □ **m. a ufo** (*o* **a sbafo**), to sponge a meal off sb. □ **m. in bianco**, to be on a bland diet □ **m. svogliatamente**, to pick at one's food □ **m. in casa** [**fuori**], to eat in [out] □ **cose** (*o* **roba**) **da m.**, food □ **dar da m. a**, to feed; (*mantenere*) to provide for □ **far da m.**, to cook ***C*** *m.* ***1*** (*atto del m.*) eating: **m. e bere**, eating and drinking ***2*** (*cibo*) food; (*cucina*) cooking; (*piatto*) dish: **È difficile nel m.**, he is fussy about his food; **Qui il m. è molto buono**, the food (*o* the cooking) is very good here ***3*** (*pasto*) meal.

mangiarìno *m.* (*fam.*) dainty.

mangiasòldi *a. invar.* — **un'attività m.**, a drain on one's resources □ **macchina m.**, fruit machine; slot machine (*USA*); one-armed bandit (*pop.*).

mangiàta *f.* hearty meal; blow-out (*pop.*); good feed (*USA*) ● **farsi una gran m. di q.c.**, to gorge oneself on st.

mangiatóia *f.* manger; fodder-trough.

mangiatóre *m.* (*f.* **-trice**) eater: **gran m.**, big eater; **Sono un gran m. di gelato**, I eat a lot of icecream ● **m. di fuoco**, fire-swallower □ **m. di spade**, sword-swallower.

mangiaùfo *m. e f. invar.* good-for-nothing; (*scroccone*) sponger.

mangìme *m.* feed Ⓤ; (*foraggio*) fodder Ⓤ; (*per pollame*) poultry-feed Ⓤ; (*per uccelli*) birdseed Ⓤ.

mangióne *m.* (*f.* **-a**) (*fam.*) big eater; (*ghiottone*) glutton.

mangiucchiàre *v. t.* to nibble; to pick (at st.).

màngo *m.* (*bot.*) mango*.

mangròvia *f.* (*bot.*) mangrove.

mangùsta *f.* (*zool.*) mongoose.

manìa *f.* ***1*** (*psic.*) mania: **m. di persecuzione**, persecution mania ***2*** (*fissazione*) obsession; fetish; thing (*fam.*): **Ha la m. delle diete**, she is obsessed with dieting; **Ha la m. del pulito**, he has a fetish (*o* thing) about cleanliness; **piccola m.**, pet mania; foible ***3*** (*passione*) craze; fad: **Ha la m. della moto**, he is crazy about motorcycles.

maniacàle *a.* (*psic.*) manic: **precisione m.**, manic precision.

manìaco ***A*** *a.* ***1*** maniacal; mad; insane ***2*** (*fig.*) crazy; mad: **essere m. di q.c.**, to be crazy about st. ***B*** *m.* (*f.* **-a**) ***1*** (*psic.*) maniac: **m. sessuale**, sex maniac ***2*** (*fig.*) fanatic: **un m. del jogging**, a jogging fanatic (*o, fam.*, freak); **un m. dell'ordine**, person obsessed with tidiness; **un m. della puntualità**, a stickler for punctuality.

maniaco-depressivo *a.* (*psic.*) manic-depressive.

mànica *f.* ***1*** sleeve: **m. a chimono**, kimono sleeve; **m. a sbuffo**, puff sleeve; **con le maniche corte**, short-sleeved; **senza maniche**, sleeveless; without sleeves ***2*** (*fig. spreg.*) gang; set; pack: **una m. di ladri**, a pack of thieves ● **m. a vento**, (*aeron.*) windsock, wind sleeve; (*naut.*) wind-hose □ **di m. larga**, very indulgent; easy-going; (*di larghe vedute*) broad-minded □ **di m. stretta**, severe; strict □ **in maniche di camicia**, in one's shirt-sleeves □ **È un altro paio di maniche**, that's another kettle of fish □ **mezze maniche**, short sleeves; (*di protezione*) oversleeves □ **nella m. di q.**, in sb.'s good books □ (*anche fig.*) **rimboccarsi le maniche**, to roll up one's sleeves.

manicarétto *m.* dainty; delicacy; delicious dish.

manichétta *f.* hose: **m. antincendio**, fire hose.

manichìno *m.* ***1*** (*da sarto*) tailor's dummy ***2*** (*da vetrina*) (life-size) dummy; mannequin ***3*** (*da pittore, scultore*) lay figure; manikin ***4*** (*modello anatomico*) manikin.

mànico *m.* ***1*** handle; (*di accetta e sim.*) handle, helve ***2*** (*di violino, chitarra, ecc.*) neck ● **m. di scopa**, broomstick.

manicòmio *m.* ***1*** mental hospital (*o* home); lunatic asylum; madhouse (*fam.*) ***2*** (*fig.*) madhouse; bedlam Ⓤ ● **Roba da m.!**, this is completely crazy!

manicòtto *m.* ***1*** muff ***2*** (*mecc.*) sleeve; coupling.

manicùre ***A*** *m. e f. invar.* (*persona*) manicure; manicurist ***B*** *f. invar.* (*trattamento*) manicure.

manièra *f.* ***1*** manner; way: **la tua m. di parlare**, your way of speaking; the way you speak; **alla propria m.**, in one's own way ***2*** (*stile*) style; (*nell'arte*) manner: **alla m. del Tiziano**, after the manner of Titian; **un Picasso prima m.**, a Picasso from the early period ***3*** (*al pl.*) (*modo di fare*) manners: **avere belle** [**brutte**] **maniere**, to have good [bad] manners; to be well-mannered [ill-mannered]; **non conoscere le maniere**, to have no manners ***4*** (*affettazione*) mannerism; (*ricercatezza*) affectation ● **m. forte**, strong action; strong-arm tactics □ **di m.**, mannered; affected □ **in m. da**, so as to □ **in una m. o nell'altra**, one way or another; somehow or other □ **in qualche m.**, somehow □ **in qualunque m.**, anyhow □ **in tutte le maniere** (*a ogni costo*), at any cost; by all means.

manieràto *a.* ***1*** affected; studied ***2*** (*di maniera*) mannered.

manierìsmo *m.* (*arte, letter.*) mannerism.

manierìsta *a., m. e f.* (*arte, letter.*) mannerist.

manièro *m.* ***1*** (*stor.*) castle; manor ***2*** (*dimora signorile*) country house; mansion.

manieróso *a.* affected; ceremonious.

manifattùra *f.* ***1*** manufacture ***2*** (*fabbrica*) factory; manufactory ● **di m. italiana**, made in Italy; Italian-made.

manifatturièro *a.* manufacturing.

manifestaménte *avv.* clearly; openly.

manifestànte *m. e f.* demonstrator.

manifestàre ***A*** *v. t.* to manifest; to show*; to display; (*rivelare*) to reveal; (*esprimere*) to express: **m. gioia**, to manifest (*o* to show) joy; **m. un desiderio**, to express a wish ***B*** *v. i.* to demonstrate ***C*** **manifestàrsi** *v. rifl. e i. pron.* to manifest oneself; to show* oneself; (*insorgere*) to develop, to arise*.

manifestazióne *f.* ***1*** (*espressione*) display ***2*** (*di fenomeno*) manifestation **3** (*dimostrazione, prova*) demonstration; evidence **4** (*dimostrazione pubblica*) demonstration; rally **5** (*avvenimento pubblico*) event; show: **m. sportiva**, sporting event; **m. aerea**, air show; **m. musicale**, festival.

manifestìno *m.* leaflet; handout; handbill.

manifèsto (1) *a.* (*palese*) manifest, apparent; (*evidente*) evident, obvious: **verità manifesta**, manifest truth; **m. disappunto**, evident disappointment • **rendere m.**, to reveal; to make known.

manifèsto (2) *m.* **1** (*scritto programmatico*) manifesto* **2** (*murale*) poster, placard; (*avviso*) notice **3** (*teatr.*: *cartellone*) playbill; (*programma*) programme, program (*USA*) **4** (*naut.*) manifest.

manìglia *f.* **1** handle; (*a pomello*) knob **2** (*sostegno su tram, ecc.*) strap; handhold **3** (*fig. fam.*) friend in high places.

manigóldo *m.* rascal; scoundrel; bad lot.

manióca *f.* (*bot.*) cassava; manioc.

manipolàre *v. t.* **1** to manipulate (*anche fig.*); to work; (*maneggiare*) to handle; (*impastare*) to knead, to mix: **m. le coscienze**, to manipulate minds; **m. i comandi**, to work the controls **2** (*alterare*) to manipulate, to tamper with; to fiddle: **m. un testo**, to tamper with a text; **m. i conti**, to fiddle the accounts; **m. un'elezione**, to rig an election.

manipolatóre *m.* (*f.* **-trice**) manipulator (*anche fig.*); handler.

manipolazióne *f.* **1** manipulation (*anche fig.*); handling **2** (*alterazione*) manipulation; tampering; fiddling; rigging **3** (*intrigo*) intrigue; manoeuvre **4** (*med.*) manipulation.

manìpolo *m.* (*drappello*) handful; band.

maniscàlco *m.* farrier; shoeingsmith (*USA*).

mànna *f.* (*Bibbia*) manna • **È una vera m.**, it's a godsend (*o* a real blessing); it's like manna from heaven □ **aspettare la m. dal cielo**, to wait for things to fall into one's lap.

mannàia *f.* **1** (*del boia*) axe **2** (*del macellaio*) cleaver.

mannèllo *m.* (*agric.*) sheaf*.

mannequin (*franc.*) *f. invar.* mannequin; model.

mannìte *f.* (*chim.*) mannite; manna sugar.

màno *f.* **1** hand: **con la m. nella m.**, hand in hand; **battere le mani**, to clap (hands); **avere q.c. in m.**, to have st. in one's hand; **tenere q.c. in m.**, to hold st.; **tenersi per m.**, to hold hands; to be hand in hand; **cambiare m.**, to change hands; **passare q.c. da una m. all'altra**, to pass st. from hand to hand; **prendere [tenere] q. per m.**, to take [to hold] sb. by the hand; **legare q. mani e piedi**, to bind sb. hand and foot; **cadere nelle mani di** (*o* **in m. a**) **q.**, to fall into sb.'s hands; **Sono nelle tue mani!**, I am in your hands! **2** (*parte, lato, direzione*) hand; side; direction: **contro m.**, on the wrong side of the road; **tenere la propria m.**, to keep to one's own side of the road **3** (*di vernice, ecc.*) coat: **dare un'altra m.**, to put on another coat; **La porta ha bisogno di una m. di vernice**, the door needs painting; **dare una m. di bianco a q.c.**, to whitewash st. **4** (*a carte*) hand; (*giocata o vinta*) trick: **fare un'altra m.**, to play another hand; **avere la m.**, to have the lead; to be the first to play • **mani di fata**, deft (*o* magic) fingers □ **Mani in alto!**, hands up!; stick up your hands! □ **a m.**, by hand: **scritto a m.**, written by hand; **fatto a m.**, done by hand; (*lavorato*) handmade; **cucito a m.**, handsewn □ **a m. a m.** (*o* **man m.**), little by little; gradually □ **a m. a m. che**, as: **a m. a m. che leggevo**, as I read (on); the more I read □ **a m. armata**, armed: **rapina a m. armata**, armed robbery □ **disegno a m. libera**, freehand drawing □ **a man salva**, with impunity □ **a mani piene**, with one's hands full □ **a mani vuote**, empty-handed □ **a piene mani**, in handfuls; profusely □ **alla m.**, (*affabile*) affable, friendly, easy-going; (*pronto*) to hand, ready: **avere i documenti alla m.**, to have one's papers to hand □ (*mus.*) **pezzo a quattro mani**, piece for four hands □ (*mus.*) **suonare a quattro mani**, to play piano duets □ **alzare le mani su q.**, to lift one's hand to sb. □ **avere la m. felice**, (*in una scelta*) to make a happy choice; (*essere fortunato*) to be lucky □ **avere la m. pesante**, to be heavy-handed □ **avere le mani bucate**, to be a spendthrift □ **avere le mani di burro**, to be butter-fingered □ **Ho le mani legate**, my hands are tied □ **avere le mani lunghe**, (*rubacchiare*) to be light-fingered; (*non tenere le mani a posto*) not to be able to keep one's hands to oneself □ **avere le mani in pasta**, to have a finger in the pie □ **avere m. libera**, to have a free hand □ **avere q.c. per le mani**, to have st. in hand □ **averci la m.** (*essere pratico*), to know how to do st. □ **caricare la m.**, to exaggerate; to overdo it □ **chiedere la m. di q.**, to ask for sb.'s hand (in marriage) □ **con m. ferrea**, with a rod of iron □ **consegnare a m.**, to deliver by hand □ **dare** (*o* **stringere**) **la m. a q.**, to shake hands with sb. □ **darsi** (*o* **stringersi**) **la m.**, to shake hands □ **dare una m. a q.**, to give (*o* to lend) sb. a hand □ (**scritto**) **di propria m.**, in one's own hand □ **di prima m.**, at first hand; firsthand (*agg.*) □ **di seconda m.**, (*indirettamente*) at second hand; (*usato*) second-hand (*agg.*) □ **fare man bassa di q.c.**, to clean st. up □ **fare man bassa di premi [di punti]**, to sweep the board □ **fare la m. a q.c.**, (*imparare*) to get the hang of st.; (*abituarsi*) to get used to st. □ **farsi prendere la m. da q.c.**, to let st. get out of hand □ **fuori m.**, out of the way □ **Giù le mani!**, hands off! □ **in buone mani**, in good hands □ **lasciare m. libera a q.**, to give sb. a free hand □ **Metterei la m. sul fuoco per lui**, I can answer (*o* vouch) for him utterly □ **Non ci metterei la m. sul fuoco**, I wouldn't stake my life on it; I wouldn't swear to it □ **mettere le mani addosso a q.**, (*picchiare*) to lay hands on sb.; (*acchiappare*) to get one's hands on sb. □ (*fig.*) **mettere le mani avanti**, to safeguard oneself □ **mettere le mani su q.c.**, to lay one's hands on st. □ **mettere m. a q.c.**, (*accennare a prendere*) to reach for st.; (*cominciare*) to get started on st., to begin st.; (*partecipare*) to have a hand in st. □ (*fig.*) **mettere m. al portafoglio**, to dip one's hand in one's pocket □ **mettersi in m. a q.**, to put oneself in sb.'s hands □ (*fig.*) **mettersi le mani nei capelli**, to tear one's hair out □ **per m. di**, at the hands of; (*tramite*) through □ **prendere la m.** (*di cavallo*), to get out of hand; (*fig.*) to run away with sb. □ **prendere la m. a q.c.**, to get the hang of st. □ **Qua la m.!**, let's shake hands! □ **sfuggire di m.**, to slip out of sb.'s hand □ **La situazione gli sfuggì di m.**, he lost control of the situation □ **sotto m.**, to hand; handy □ **stare con le mani in m.**, not to lift a finger; to twiddle one's thumbs □ (*leg.*) **tenere m. a q.**, to aid and abet sb. □ **Tieni a posto le mani!**, keep your hands to yourself! □ (*fig.*) **toccare con m. q.c.**, to see st. for oneself □ **venire alle mani**, to come to blows □ **vincere a mani basse**, to win hands down □ (*prov.*) **Una m. lava l'altra**, you scratch my back and I'll scratch yours; roll my log and I'll roll yours (*USA*).

manodòpera *f.* (*econ.*) **1** labour, labor (*USA*): **m. qualificata [non qualificata]**, skilled [unskilled] labour; **a corto di m.**, short-handed; (*di fabbrica*) undermanned; **ad alto impiego di m.**, labour-intensive **2** (*costo*) cost of labour.

manòmetro *m.* manometer; pressure gauge (*USA*).

manométtere *v. t.* **1** to tamper with; (*aprire indebitamente*) to open unlawfully (*o* without permission); (*scassinare*) to force, to break* open: **m. le prove**, to tamper with the evidence; **m. un cassetto**, to force a drawer **2** (*violare*) to violate; to infringe.

manomissióne *f.* **1** tampering (with); (*apertura*) unlawful (*o* unauthorized) opening; (*scasso*) forcing, breaking open **2** (*violazione*) violation; infringement.

manomòrta *f.* (*leg.*) mortmain • (*pop.*) **fare la m. a q.**, to grope sb.

manòpola *f.* **1** handle; (*pomello*) (control) knob: **m. del rubinetto**, tap handle; **m. del volume**, volume control; volume control knob **2** (*di manubrio*) handgrip **3** (*guanto*) mitten **4** (*di armatura*) gauntlet.

manoscrìtto ***A*** *a.* handwritten ***B*** *m.* manuscript (*abbr.* MS).

manovalànza *f.* unskilled labour; (*i manovali*) unskilled workers (*pl.*).

manovàle *m.* unskilled worker.

manovèlla *f.* (turning) handle; crank: **m. di avviamento**, starting handle • (*cinem.*) **dare il primo giro di m.**, to start shooting.

manòvra *f.* **1** (*mil. e fig.*) manoeuvre; manoeuvring: **manovre militari [parlamentari]**, military [parliamentary] manoeuvres; **manovre finanziarie**, financial manoeuvrings **2** (*autom.*) manoeuvring Ⓤ: **La m. era resa difficile dal ghiaccio**, the ice made manoeuvring difficult; **Con un'abile m. si insinuò nello spazio libero**, he skilfully manoeuvred his car into the space; **Ho dovuto fare m. per posteggiare**, I had to manoeuvre the car into the space **3** (*ferr.*) shunting **4** (*naut.*) manoeuvre **5** (*al pl.*) (*naut.*: *cime*) ropes; rigging Ⓤ **6** (*polit., econ.*) measure: **m. di bilancio**, budgetary measure; **una m. da 30.000 miliardi**, a 30,000 billion lire budgetary measure; budget cuts of 30,000 billion lire • (*aeron.*) **m. di atterraggio**, landing (procedure) □ **manovre**

di corridoio, backstairs manoeuvres (*o* manoeuvring) □ **libertà di m.**, freedom to act; leeway □ **posto di m.**, (*di veicolo*) controls (*pl.*); (*naut.*) station □ **Tutti ai posti di m.!**, (*naut.*) hands to their stations!; (*fig. scherz.*) action stations! □ (*fig.*) **spazio di m.**, room for manoeuvre.

manovràre ***A*** *v. t.* ***1*** (*guidare*) to steer, to handle, to manoeuvre; (*azionare*) to operate: **m. una nave**, to steer a ship; **m. una gru [i comandi]**, to operate a crane [the controls] ***2*** (*ferr.*) to shunt ***3*** (*mil.*) to manoeuvre ***4*** (*fig.*: *condurre*) to manage, to run*; (*manipolare*) to manoeuvre ***B*** *v. i.* ***1*** to manoeuvre ***2*** (*fig.*) to scheme; to plot.

manovratóre *m.* (*f.* **-trice**) ***1*** (*di macchina*) operator; (*di tram*) (tram) driver ***2*** (*ferr.*) signalman*; (*scambista*) pointman*, shunter.

manrovèscio *m.* backhander.

mansalva *f. V.* **a man salva**, *sotto* **mano**.

mansàrda *f.* ***1*** (*archit.*) mansard ***2*** (*appartamento*) attic.

mansionàrio *m.* job description.

mansióne *f.* (*spesso al pl.*) (*incarico*) office, function, capacity; (*compito*) task, job; (*dovere*) duty: **mansioni consultive**, advisory capacity; **mansioni direttive**, managerial duties; **avere le mansioni di ispettore**, to be an inspector; to act as an ispector; **nelle mie mansioni di...**, in my capacity as (a) ...; **Non rientra nelle mie mansioni**, it is not my duty (*o* my job). ATTENZIONE: **mansione** ≠ mansion.

mansuèto *a.* meek; tame; docile; gentle: **animale m.**, tame (*o* docile) animal: **occhi mansueti**, gentle eyes.

mansuetùdine *f.* meekness; tameness; docility; gentleness.

mantecàre *v. t.* to cream; (*addensare*) to thicken.

mantecàto *a.* creamed; (*cremoso*) creamy.

mantèlla *f.* (*corta*) cape; (*lunga*) cloak.

mantèllo *m.* ***1*** (*lungo*) cloak, mantle; (*corto*) cape; (*soprabito*) overcoat, coat ***2*** (*di animale*) coat; (*pelliccia*) fur ***3*** (*fig.*) *V.* **manto**, *def. 2, 3, 4.*

mantenére ***A*** *v. t.* ***1*** to maintain; to keep*; (*reggere*) to hold*: **m. immobile**, to keep steady; (*mil.*) **m. una posizione**, to hold a position; **m. un segreto**, to keep a secret; **m. il silenzio**, to keep silent; **m. q. in vita**, to keep sb. alive; **m. i contatti con q.**, to maintain contact with sb. ***2*** (*sostenere*) to support; to keep*; to maintain: **m. una famiglia**, to support (*o* to keep) a family ***3*** (*adempiere*) to keep*; (*soddisfare*) to fulfil: **m. la parola data**, to keep one's word • **m. le strade**, to maintain roads □ **Lo dico e lo mantengo**, I mean what I say ***B*** **mantenérsi** *v. rifl. e i. pron.* ***1*** to keep*; to remain: **m. calmo**, to remain calm; **m. fedele**, to remain faithful; **m. in forma**, to keep fit; **m. in contatto**, to keep in contact; **Il tempo si mantenne bello**, the weather kept fine; **I prezzi si mantennero bassi**, prices remained low ***2*** (*sostentarsi*) to support oneself: **m. col proprio lavoro**, to earn one's living.

manteniménto *m.* ***1*** maintenance; keeping; (*conservazione*) preservation; (*manutenzione*) upkeep, maintenance: **m. dell'ordine pubblico**, maintenance of law and order ***2*** (*osservanza*) observance; (*adempimento*) keeping, fulfilment: **m. di una promessa**, keeping of a promise ***3*** (*sostentamento*) support; keep: **provvedere al m. di q.**, to support sb. ***4*** (*leg.*: *alimenti*) alimony.

mantenùta *f.* (*spreg.*) kept woman*.

mantenùto *m.* (*spreg.*) gigolo*.

màntice *m.* ***1*** bellows (*sing. o pl.*) ***2*** (*di carrozza, auto, ecc.*) hood; folding top ***3*** (*fotogr.*) bellows (*pl.*) • (*fam.*) **soffiare come un m.**, to puff and blow.

màntide *f.* (*zool.*) (praying) mantis*.

mantiglia *f.* mantilla.

mànto *m.* ***1*** mantle ***2*** (*fig.*: *coltre*) mantle; cloak: **m. di vegetazione**, mantle of vegetation; **m. di neve**, mantle of snow ***3*** (*fig.*: *superficie*) surface: **m. stradale**, road surface ***4*** (*fig.*: *apparenza*) cloak: **sotto il m. dell'amicizia**, under the cloak of friendship.

mantovàna *f.* ***1*** (*archit.*) gableboard ***2*** (*di tendaggio*) pelmet (*GB*); valance (*USA*).

manuàle (1) *a.* manual.

manuàle (2) *m.* handbook; (*di istruzioni*) manual, workbook • **da m.**, perfect; copybook (*attr.*).

manualìstica *f.* handbooks (*pl.*); manuals (*pl.*).

manualìstico *a.* (*superficiale*) superficial; derivative; sketchy.

manualità *f.* (*abilità manuale*) manual ability; deftness.

manualménte *avv.* manually; by hand.

manùbrio *m.* ***1*** handle; (*di bicicletta, motocicletta*) handlebar ***2*** (*ginnastica*) dumbbell; barbell.

manufàtto ***A*** *a.* handmade ***B*** *m.* manufactured article; (*artigianale*) artefact; (*ind. tess.*) textile.

manutèngolo *m.* (*complice*) accomplice.

manutentóre ***A*** *a.* maintenance (*attr.*); servicing (*attr.*) ***B*** *m.* maintenance man*; (*ditta*) maintenance firm.

manutenzióne *f.* maintenance; upkeep; (*mecc.*) servicing: **m. ordinaria**, routine maintenance; ordinary repairs (*pl.*); (*mecc.*) periodic servicing; **m. straordinaria**, extraordinary repairs (*pl.*) • **costi di m.**, maintenance (*o* upkeep) costs □ **provvedere alla m. di**, to service □ **stato di m.**, state of repair.

mànzo *m.* ***1*** (*zool.*) steer ***2*** (*carne macellata*) beef.

maoìsmo *m.* (*polit.*) Maoism.

maoìsta *a., m. e f.* (*polit.*) Maoist.

maomettàno *a. e m.* (*f.* **-a**) (*relig.*) Mohammedan (*f.* Mohammedan woman*).

maóna *f.* (*naut.*) lighter; barge.

maòri *a., m. e f.* Maori (*a. e m.*); Maori woman* (*f.*).

màppa *f.* map.

mappamóndo *m.* ***1*** (*planisfero*) map of the world ***2*** (*globo*) globe.

maquillage (*franc.*) *m.* make-up.

marabù *m.* (*zool.*) marabou.

marachèlla *f.* prank; escapade; caper; mischief ⓤ.

maragià *m.* maharaja(h).

maramèo *inter.* sucks to you! • **fare m. a q.**, to thumb one's nose at sb.

maràsca *f.* (*bot.*) morello* (cherry).

maràsma *m.* ***1*** (*med.*) marasmus ***2*** (*confusione*) total chaos; total shambles.

maratóna *f.* (*sport e fig.*) marathon.

maratonèta *m.* (*sport*) marathon runner.

màrca *f.* ***1*** (*ind.*) brand (name); trademark; (*fabbricazione*) make: **m. sconosciuta**, unknown brand; **una nota m. di biciclette**, a well-known make of bicycles; **Di che m. è il tuo orologio?**, what make is your watch?; **prodotti di m.**, branded (*o* high-quality) products ***2*** (*scontrino*) check; token ***3*** (*bollo*) stamp: **m. da bollo**, revenue stamp ***4*** (*impronta*) character; stamp; hallmark: **L'attentato è di chiara m. terroristica**, it has all the hallmarks of a terrorist attack.

marcantònio *m.* (*fam.*) ***1*** (*uomo*) big, hefty man*; bruiser (*fam.*) ***2*** (*donna*) tall, big woman.

marcàre *v. t.* ***1*** (*contrassegnare*) to mark; (*a fuoco*) to brand ***2*** (*sport*: *un avversario*) to mark; (*segnare*) to score ***3*** (*accentuare*) to stress; to underscore • (*mil.*) **m. visita**, to report sick.

marcassite *f.* (*miner.*) marcassite.

marcatèmpo *m. invar.* time-keeper.

marcàto *a.* ***1*** marked; (*a fuoco*) branded ***2*** (*accentuato*) marked; pronounced.

marcatóre *m.* ***1*** marker; (*a fuoco*) brander ***2*** (*sport*: *chi marca un avversario*) marker; (*chi segna un punto*) scorer ***3*** (*chim.*) marker.

marcatùra *f.* ***1*** marking; (*a fuoco*) branding ***2*** (*sport, di avversario*) marking; (*punti segnati*) scoring: **m. uomo a uomo**, man-for-man marking.

marcescénte *a.* (*lett.*) decaying; rotting.

marchéṣa *f.* marchioness; (*non inglese*) marquise, marchesa.

marcheṣàto *m.* marquisate.

marchéṣe *m.* marquess; (*non inglese*) marquis, marchese.

marchétta *f.* ***1*** (*marca assicurativa*) (insurance) stamp ***2*** (*pop.*: *prostituta*) prostitute, working girl (*pop.*); (*prostituto*) male prostitute, rent boy (*pop.*) • (*pop.*) **fare marchette**, to be a prostitute; to turn tricks (*pop. USA*).

marchiàno *a.* enormous; huge; gross.

marchiàre *v. t.* ***1*** to mark; to stamp; (*a fuoco*) to brand; (*oggetti di metallo*) to hallmark ***2*** (*fig.*) to brand; to label.

marchingégno *m.* ***1*** contraption; contrivance; gadget ***2*** (*stratagemma*) expedient; dodge (*fam.*).

màrchio *m.* ***1*** mark; (*a fuoco*) brand; (*su argento*) hallmark; (*bollo*) stamp; (*sigillo*) seal: **m. di qualità**, seal of quality ***2*** (*ind.*) brand (name); mark: **m. di fabbrica**, trademark; **m. depositato**, registered trademark ***3*** (*fig.*) brand; label; mark.

màrcia *f.* ***1*** march: **m. forzata**, forced march; **essere in m.**, to be on the march; **m. di protesta** [**della pace**], protest [peace] march ***2*** (*autom.*) gear; speed: **mettere** (*o* **innestare**) **la m.**, to put the car in gear; **m. indietro**, reverse (gear): **mettere la m. indietro**, to go into reverse ***3*** (*mus.*) march: **m. funebre**, dead (*o* funeral) march; **m. nuziale**, wedding march ***4*** (*sport*) walk • (*fig.*) **avere una m. in più**, to have the edge over sb.; to be a cut above □ **fare m. indietro**, (*autom.*) to reverse, to back; (*fig.*) to backtrack, to backpedal, to climb down □ (*fig.*) **fare una veloce m. indietro**, to beat a hasty retreat □ (*autom.*) **inversione di m.**, U-turn □ (*autom.*) **mettere in m.**, to start up (the engine) □ **mettersi in m.**, to set off □ (*autom.*) **uscire a m. indietro**, to back out.

marcialónga *f.* ***1*** (*sci*) cross-country ski race ***2*** (*podismo*) marathon walk.

marciapiède *m.* ***1*** pavement (*GB*); sidewalk (*USA*) ***2*** (*ferr.*) platform • (*fam.*) **battere il m.**, to be a streetwalker; to be on the game (*pop.*) □ **donna da m.**, prostitute; streetwalker.

marciàre *v. i.* ***1*** (*mil.*) to march ***2*** (*sport*) to walk ***3*** (*fam., di veicolo*) to go*; to run* • (*fig.*) **m. diritto**, to behave properly; to toe the line □ **m. per la pace**, to take part in a peace march □ (*fam.*) **Lui ci marcia**, he is making capital out of it.

marciatóre *m.* (*f.* **-trice**) ***1*** marcher ***2*** (*sport*) walker.

màrcio ***A*** *a.* ***1*** rotten; putrid; bad; decayed: **legno m.**, rotten wood; **dente m.**, decayed (*o* bad) tooth; **uovo m.**, rotten (*o* bad) egg ***2*** (*fig.*) rotten; corrupt • **avere torto m.**, to be quite wrong □ **stufo m.**, fed up to one's back teeth ***B*** *m.* ***1*** (*parte marcia*) rotten part; rot; (the) bad ***2*** (*fig.*) rottenness; corruption • **C'è del m. in quella faccenda**, there's something fishy about the whole business □ **puzzare di m.**, to smell rotten.

marcìre *v. i.* ***1*** to rot; (*di cibo*) to go* bad ***2*** (*di ferita, piaga*) to suppurate; to fester ***3*** (*ind. tess.*: *macerare*) to macerate; to ret ***4*** (*fig.*) to rot; to waste away.

marcita *f.* water meadow.

marciùme *m.* ***1*** rot; rottenness ***2*** (*fig.*) rottenness; corruption.

màrco *m.* (*moneta*) mark.

marconista *m. e f.* radio operator.

marconiterapìa *f.* (*med.*) diathermy.

màre *m.* ***1*** sea: **m. agitato** [**grosso, mosso**], rough [heavy, choppy] sea; **m. calmo** [**piatto**], calm [smooth] sea; **m. corto**, choppy sea; **m. morto**, swell; **m. in burrasca**, stormy sea; **m. chiuso**, inland sea; **essere in m.**, to be at sea; **cadere** [**gettare q.c.**] **in m.**, to fall [to throw st.] into the sea; (*da una nave*) to fall [to throw st.] overboard; **aria di m.**, sea-air ***2*** (*luogo al mare*) seaside: **andare al m.**, to go to the seaside; **luogo di m.**, seaside resort ***3*** (*fig.*: *grande quantità*) sea; flood; crowd: **un m. di guai**, a sea of troubles; deep trouble; **un m. di sangue**, a sea (*o* seas) of blood; **un m. di lacrime**, a flood of tears; **un m. di gente**, a huge crowd • (*naut.*) **atto a tenere il m.**, seaworthy □ **città di m.**, seaside town; coastal town □ **gente di m.**, seafaring folk; (*marinai*) sailors □ **in alto m.**, out at sea; on the open sea □ (*fig.*) **Siamo ancora in alto m.**, we are still far from a solution; we have still a long way to go □ **in m. aperto**, off shore □ **mettere in m.**, to set afloat □ **muovere mari e monti**, to move heaven and earth □ **per mari e per monti**, high and low □ **prendere il m.**, to set sail; to put to sea □ (*naut.*) **tenere il m.**, to keep the sea □ **uomo di m.**, seafaring man; seaman; sailor □ **Uomo in m.!**, man overboard! □ **via m.**, by sea.

marèa *f.* ***1*** (*naut.*) tide: **alta** [**bassa**] **m.**, high [low] tide; **C'è alta** [**bassa**] **m.**, the tide is in [out]; **linea di m.**, tidemark ***2*** (*massa fluida*) sea: **una m. di fango**, a sea of mud ***3*** (*fig.*) sea; crowd: **una m. di ombrelli**, a sea of umbrellas; **una m. di gente**, crowds of people; a huge crowd.

mareggiàta *f.* sea storm.

marémma *f.* maremma*; seaside marshland.

maremòto *m.* seaquake; submarine earthquake.

maresciàllo *m.* ***1*** (*sottufficiale*) warrant-officer ***2*** (*ufficiale*) marshal; field marshal.

marétta *f.* ***1*** choppy sea ***2*** (*fig.*) tension; friction • (*fig.*) **fare m.**, to rock the boat; to stir things up.

marezzàre *v. t.* to marble; to vein; (*stoffe*) to water.

marezzàto *a.* marbled; veined; (*di stoffe*) watered, moiré.

margarìna *f.* (*cucina*) margarine.

margherìta ***A*** *f.* (*bot.*) (oxeye) daisy ***B*** *a.* — **pasta m.**, sponge □ **torta m.**, sponge cake.

marginàle *a.* (*anche fig.*) marginal.

màrgine *m.* ***1*** margin; (*di disegno*) border; (*sponda*) bank; (*orlo, ciglio*) edge, brink; (*lato*) side; (*labbro*) lip: **i margini di un libro**, the margins of a book; **m. della strada**, side of the road; **m. di un burrone**, edge of a ravine; **i margini di una ferita**, the lips of a wounds ***2*** (*comm. e fig.*) margin: **m. di guadagno**, margin of profit; **vincere con largo m.**, to win by a large margin • (*sport*) **margini del campo**, sidelines □ **m. di tolleranza**, margin; leeway □ **ai margini della legalità**, just within the law □ **ai margini della società**, on the fringe of society □ **note in m.**, marginal notes.

margòtta *f.* (*agric.*) layer.

margottàre *v. t.* (*agric.*) to layer.

margràvio *m.* (*stor.*) margrave.

mariàno *a.* (*eccles.*) of Mary; Marian: **il mese m.**, the month of Mary.

marijuana (*spagn.*) *f.* marijuana; marihuana; grass (*pop.*); weed (*pop.*).

marìna *f.* ***1*** marine; navy: **m. mercantile**, merchant navy; mercantile marine; **la m. militare italiana**, the Italian Navy; **entrare in m.**, to join the Navy ***2*** (*costa*) sea-coast; (*riva del mare*) seashore, seafront ***3*** (*pitt.*) marine; seascape.

marinàio *m.* ***1*** seaman*; sailor: **m. scelto**, able seaman ***2*** (*al pl.*) (*equipaggio*) crew (*sing.*); hands • **m. d'acqua dolce**, landlubber □ **promessa da m.**, empty promise.

marinàre *v. t.* ***1*** (*cucina*) to marinade ***2*** (*fig.*) — **m. la scuola**, to play truant; to play hookey (*USA*) □ **m. una lezione**, to cut a class.

marinarésco *a.* sailors' (*attr.*); seafaring: **vita marinaresca**, seafaring life; **gergo m.**, sailors' jargon; **canzoni marinaresche**, sea shanties.

marinàro *a.* seafaring; maritime: **nazione marinara**, seafaring nation; (*stor.*) **repubblica marinara**, maritime republic • **colletto alla marinara**, sailor collar □ **vestire alla marinara**, to wear a sailor suit.

marinàta *f.* (*cucina*) marinade.

marìno *a.* sea (*attr.*): **brezza marina**, sea breeze; **uccello m.**, sea bird; **località m.**, seaside town.

mariòlo *m.* (*anche scherz.*) rascal.

marionétta *f.* ***1*** marionette; puppet: **teatro delle marionette**, puppet theatre ***2*** (*fig.*) puppet; tool.

marionettìsta *m. e f.* puppeteer; puppet master.

maritàle *a.* marital.

maritàre ***A*** *v. t.* to marry (off) ***B*** **maritàrsi** *v. i. pron.* to get* married; to marry.

maritàta *f.* married woman*.

marìto *m.* husband: **prendere m.**, to get married; **età da m.**, marriageable age; **ragazza da m.**, girl of marriageable age.

marìttimo ***A*** *a.* maritime; sea (*attr.*); naval; marine: **diritto m.**, maritime law; **commercio m.**, sea trade; shipping business; **potenza marittima**, naval power; **città marittima**, seaside (*o* coastal) town ***B*** *m.* seaman*; sailor.

marmàglia *f.* ***1*** rabble; riff-raff ***2*** (*scherz.*) mob.

marmellàta *f.* jam; (*di agrumi*) marmalade.

marmìsta *m.* marble cutter; marble worker; (*per cimiteri*) monumental mason.

marmìtta *f.* ***1*** (*pentola*) pot ***2*** (*autom.*) silencer (*GB*); muffler (*USA*): **m. catalitica**, catalytic converter ***3*** (*geol.*) pothole.

marmittóne *m.* raw recruit; rookie (*fam.*).

màrmo *m.* marble: **statua di m.**, marble statue; **lastra di m.**, slab of marble; **cava di m.**, marble quarry • (*fig.*) **diventare di m.**, to freeze □ **essere un pezzo di m.** (*dal freddo*), to be like a block of ice □ **duro come il m.**, as hard as stone; marble-hard.

marmòcchio *m.* (*scherz.*) kid; brat (*spreg.*).

marmòreo *a.* ***1*** marble (*attr.*) ***2*** (*fig.*) stony.

marmorizzàre *v. t.* to marble.

marmorizzàto *a.* marbled.

marmòtta *f.* ***1*** (*zool.*) marmot ***2*** (*fig.*) lazybones • (*zool.*) **m. americana**, woodchuck □ **dormire come una m.**, to sleep like a log.

màrna *f.* (*geol.*) marl.

marocchìno (**1**) *a. e m.* (*f.* **-a**) Moroccan (*f.* Moroccan woman*).

marocchìno (**2**) *m.* (*cuoio*) morocco leather; morocco.

maróso *m.* large wave; surge; roller.

màrra *f.* **1** (*agric.*) hoe; mattock **2** (*di àncora*) fluke.
marróne ***A*** *a.* brown ***B*** *m.* **1** (*bot.*) chestnut(-tree) **2** (*castagna*) chestnut; marron: **marroni canditi**, marrons glacés **3** (*il colore*) brown. ATTENZIONE: **marrone** ≠ maroon.
marsàla *m. invar.* Marsala (wine).
marsc' *inter.* **1** march!: **Avanti m.!**, quick march! **2** (*scherz.*) jump to it!
marsìna *f.* tail-coat; tails (*pl.*).
marsupiàle *a. e m.* (*zool.*) marsupial.
marsùpio *m.* **1** (*zool.*) marsupium*; pouch **2** (*portabambini*) baby-sling **3** (*borsa*) belt bag; bum bag.
martedì *m.* Tuesday: **di** (*o* **il**) **m.**, on Tuesdays; **Arrivo m.**, I'm coming on Tuesday; **m. prossimo** [**scorso**], next [last] Tuesday; on Tuesday next [last]; **m. sera**, (on) Tuesday night; **m.** (**a**) **otto**, Tuesday week; **un m. pomeriggio**, on a Tuesday afternoon • **m. grasso**, Shrove Tuesday (*GB*); Mardi Gras (*USA*).
martellaménto *m.* **1** hammering; beating; pounding; thumping **2** (*pulsazione*) throbbing **3** (*fig.*) pounding; bombardment.
martellànte *a.* **1** hammering; pounding **2** (*insistente*) incessant; continuous **3** (*di dolore*) throbbing.
martellàre ***A*** *v. t.* **1** to hammer **2** (*battere*) to beat*; (*picchiare*) to hammer at; to pound; to thump: **m. l'uscio** (*o* **all'uscio**), to hammer (*o* to pound) at the door **3** (*mil.*) to pound **4** (*incalzare*) to bombard: **m. q. di domande**, to bombard sb. with questions; to fire questions at sb. ***B*** *v. i.* (*pulsare*) to throb.
martellàta *f.* **1** hammer blow: **darsi una m. su un dito**, to hit one's finger with a hammer **2** (*fig.*) heavy blow; shock.
martellàto *a.* **1** hammered **2** (*mus.*) martellato.
martellétto *m.* **1** (*di pianoforte*) hammer **2** (*di presidente di assemblea, ecc.*) gavel **3** (*med.*) percussion hammer.
martellìo *m.* **1** (incessant) hammering **2** (*pulsazione*) throbbing.
martèllo *m.* **1** hammer: **m. pneumatico**, pneumatic hammer; **colpo di m.**, hammer blow **2** (*battente di porta*) (door)knocker **3** (*sport*) hammer: **lancio del m.**, throwing the hammer **4** (*anat.*) malleus*; hammer • **suonare le campane a m.**, to ring the tocsin.
martinétto *m.* (*mecc.*) jack • **sollevare col m.**, to jack up.
martingàla *f.* (*cintura*) half-belt.
martìn pescatóre *m.* (*zool.*) kingfisher.
màrtire *m. e f.* (*anche fig.*) martyr.
martìrio *m.* **1** martyrdom **2** (*fig.*) torture; torment; (*sofferenza*) suffering.
martirizzàre *v. t.* **1** to martyr **2** (*fig.*) to torture; to torment.
martirològio *m.* martyrology.
màrtora *f.* (*zool.*) marten.
martoriàre *v. t.* to torture; to torment; (*di dolore, anche*) to rack.
marxiàno *a.* Marxian.
marxìsmo *m.* (*polit.*) Marxism.
marxìsta *a., m. e f.* (*polit.*) Marxist.
marzapàne *m.* (*cucina*) marzipan.
marziàle *a.* martial: **corte m.**, court martial; **legge m.**, martial law; **arti marziali**, martial arts.
marziàno ***A*** *a.* **1** Martian **2** (*fig.*) strange; odd ***B*** *m.* (*f.* **-a**) **1** Martian **2** (*fig.*: *estraneo*) total stranger, outsider; (*tipo strano*) oddball.
màrzo *m.* March. (*Per gli esempi d'uso, V. sotto* **aprile**).
marzolìno *a.* of March; March (*attr.*).
mas *m.* (*naut.*) motor torpedo-boat.
mascalzonàta *f.* dirty (*o* nasty) trick.
mascalzóne *m.* rascal; scoundrel; bastard (*fam.*).
màscara *m. invar.* (*cosmesi*) mascara.
mascèlla *f.* (*anat.*) jaw; (*superiore*) upper jaw, maxilla*.
mascellàre *a.* (*anat.*) maxillary; jaw (*attr.*).
màschera *f.* **1** (*da viso*) mask; (*per protezione, anche*) face guard: **m. antigas**, gas mask; **m. da scherma**, fencing mask; **m. per ossigeno**, oxygen mask; **m. subacquea**, underwater mask; **Il suo viso era una m. di sangue**, his face was covered in blood **2** (*travestimento*) fancy dress, masquerade (*USA*); (*costume*) fancy-dress costume: **in m.**, masked; (*travestito*) in disguise; **mettersi in m.**, to put on fancy dress; **ballo in m.**, fancy-dress ball; masked ball **3** (*persona mascherata*) masker **4** (*finzione*) mask; cloak; disguise **5** (*espressione del viso*) face; features (*pl.*) **6** (*inserviente teatrale*) usher (*m.*); usherette (*f.*) **7** (*personaggio della commedia dell'arte*) stock character • **m. di bellezza**, face-pack; face-mask □ (*autom.*) **m. del radiatore**, radiator grille □ (*fig.*) **gettare la m.**, to throw off one's mask □ **Giù la m.,!**, stop pretending! □ (*fig.*) **strappare la m. a q.**, to unmask sb.
mascheraménto *m.* **1** masking **2** (*fig.*) disguise **3** (*mil.*) camouflage.
mascheràre ***A*** *v. t.* **1** (*il viso*) to mask; (*vestire in maschera*) to dress up: **m. un bambino da pirata**, to dress a boy up as a prince **2** (*camuffare*) to disguise; (*celare*) to mask, to conceal; (*nascondere*) to hide*: **m. la propria ambizione**, to mask one's ambition **3** (*mil.*) to camouflage ***B*** **mascheràrsi** *v. rifl.* **1** (*indossare una maschera sul viso*) to put* on a mask; (*vestirsi in maschera*) to put* on a fancy-dress costume, to dress up: **m. da Brighella**, to dress up as Brighella **2** (*camuffarsi*) to masquerade; to pass oneself off (as sb.).
mascheràta *f.* (*anche fig.*) masquerade.
mascheràto *a.* **1** masked; (*vestito in maschera*) wearing fancy dress, dressed up: **viso m.**, masked face; **ballo m.**, masked ball; fancy-dress ball; **m. da Pierrot**, dressed up as Pierrot **2** (*fig.*) disguised; conceiled; veiled: **ipocrisia mascherata**, veiled hypocrisy.
mascherìna *f.* **1** (*mezza maschera*) domino*; eye mask **2** (*bambino mascherato*) child* in fancy-dress costume **3** (*zool.*) patch **4** (*di calzatura*) toe-cap **5** (*mecc.*) template • **Ti conosco, m.!**, you can't fool me!
mascheróne *m.* (*archit.*) mask; (*di grondaia*) gargoyle.
maschiàccio *m.* **1** wild boy **2** (*ragazza*) tomboy; romp; hoyden.
maschiétta *f.* — **capelli alla m.**, shingle.
maschiétto *m.* **1** (*neonato*) baby boy **2** (*ragazzino*) little boy.
maschìle ***A*** *a.* **1** male: **sesso m.**, male sex; **coro m.**, male-voice choir **2** (*di uomo*) man's; (*per uomini*) men's; (*per ragazzi*) boys': **voce m.**, man's voice; **abiti maschili**, men's clothes; **gara m.**, men's race; **scuola m.**, school for boys; boys' school **3** (*virile*) virile; manly; masculine **4** (*gramm.*) masculine ***B*** *m.* (*gramm.*) masculine (gender).
maschilìsmo *m.* male chauvinism.
maschilìsta *a., m. e f.* male chauvinist.
màschio (**1**) ***A*** *m.* **1** male; (*ragazzo*) boy; (*figlio*) son; (*uomo*) man*: **il m. della specie**, the male of the species; **tre figli, un m. e due femmine**, three children, one son [boy] and two daughters [girls]; **Gli è nato un m.**, he has had a son; **È un m.!**, it's a (baby) boy!; **il m. di casa**, the man of the house **2** (*di animale, generico*) male; (*di bovino, elefante, balena*) bull; (*di volatile*) cock; (*di cervide, coniglio, lepre, antilope*) buck: **m. del fagiano**, cock pheasant; **m. della renna**, buck reindeer **3** (*mecc.*) male; (*per filettare*) tap ***B*** *a.* **1** male; masculine: **figlio m.**, male child; son; boy **2** (*di animale*) male; (*di bovino, elefante, balena*) bull; (*di volatile*) cock; (*di cervide, coniglio, lepre, antilope*) buck: **tigre m.**, male tiger; **elefante m.**, male (*o* bull) elephant **3** (*virile*) virile; manly; masculine **4** (*vigoroso*) vigorous; powerful **5** (*mecc.*) male.
màschio (**2**) *m.* (*di castello*) keep; donjon.
mascolinità *f.* masculinity.
mascolinizzàre ***A*** *v. t.* to masculinize ***B*** **mascolinizzàrsi**, *v. i. pron.* to become* masculine.
mascolìno *a.* **1** masculine; manly; virile **2** (*di donna*) mannish; masculine.
mascotte (*franc.*) *f. invar.* mascot.
masnàda *f.* **1** gang **2** (*scherz.*) band; bunch; tribe.
masnadière *m.* bandit; robber; highwayman*.
masochìsmo *m.* masochism.
masochìsta *m. e f.* **1** (*psic.*) masochist **2** (*fig.*) masochist; glutton for punishment (*fam.*).
masochìstico *a.* masochistic; masochist (*attr.*).
masonìte ® *f.* (*edil.*) Masonite ®.
màssa *f.* **1** mass; (*volume, ingombro*) bulk; (*grande quantità*) heaps, mass, masses (*pl.*), lot(s): **m. di argilla**, mass of clay; **una m. di cose**, heaps (*o* masses) of things **2** (*sociol.*) mass **3** (*fis.*) mass **4** (*econ., fin.*) — **m. attiva**, assets (*pl.*); **m. passiva**, liabilities (*pl.*); **m. ereditaria**, deceased's estate; **m. fallimentare**, bankrupt's estate **5** (*elettr.*) earth (*GB*); ground (*USA*) • **la m. della popolazione**, the mass (*o* majority) of the population □ **una m. di cretini**, a bunch of idiots □ **adunata in m.**, mass meeting □

cultura di m., mass education □ **accorrere in m.**, to rush all together; (*a uno spettacolo e sim.*) to turn up in droves □ **insorgere in m.**, to rise en masse (*o* in a body) □ **partito di m.**, party with mass-appeal.
massacrànte *a.* (*estenuante*) exhausting; killing (*fam.*).
massacràre *v. t.* ***1*** to massacre; to slaughter; to butcher ***2*** (*malmenare*) to beat* up ***3*** (*rovinare*) to ruin; (*un testo, una musica*) to murder ***4*** (*stremare*) to exhaust.
massàcro *m.* ***1*** massacre; slaughter; (*carneficina*) carnage, butchery ***2*** (*fig.*) disaster; ruin.
massaggiàre *v. t.* to massage.
massaggiatóre *m.* ***1*** masseur ***2*** (*apparecchio*) massager.
massaggiatrìce *f.* masseuse.
massàggio *m.* massage.
massàia *f.* housewife*; housekeeper.
massàio *m.* steward; (farm) manager; farmer.
massèllo *m.* ***1*** (*metall.*) ingot; lump ***2*** (*edil.*) block (of stone) ***3*** (*bot.*) duramen; heartwood ***4*** (*legno*) solid wood: **m. di noce**, solid walnut.
masserìa *f.* farm.
masserìzie *f. pl.* household goods; chattels.
massicciàta *f.* roadbed; (*ferr.*) ballast.
massìccio ***A*** *a.* ***1*** (*solido*) solid; massive: **oro m.**, solid gold; **mura massicce**, massive walls ***2*** (*robusto*) heavily--built; thickset; powerful: **fisico m.**, heavy build; **spalle massicce**, powerful shoulders ***3*** (*abbondante*) massive: **dosi massicce**, massive doses ***B*** *m.* (*geogr.*) massif.
massificàre *v. t.* to standardize.
massificazióne *f.* standardization.
màssima *f.* ***1*** (*principio, norma*) principle; norm; rule ***2*** (*sentenza*) maxim, precept; (*detto*) saying; (*motto*) motto* ***3*** (*meteor.*) maximum ***4*** (*med.*: *di pressione*) systolic pressure.
massimàle ***A*** *a.* maximal; maximum ***B*** *m.* ***1*** limit; ceiling ***2*** (*ass.*) limit of liability; maximum rate.
massimalìsmo *m.* (*polit.*) maximalism.
massimalìsta *m.* (*polit.*) maximalist.
massimaménte *avv.* chiefly; (*specialmente*) especially, particularly; (*soprattutto*) above all.
massimizzàre *v. t.* to maximize.
màssimo ***A*** *a. superl.* greatest; maximum; largest; (*estremo*) utmost; (*il più alto*) highest; (*il più lungo*) longest; (*il migliore*) best: **il m. effetto**, the greatest effect; **il punto m.**, the highest point; the peak; **il prezzo m.**, the highest (*o* top) price; **al m. grado**, in the highest degree; **la massima profondità [velocità]**, the maximum depth [speed]; **il pericolo m.**, the greatest (*o* utmost) danger; **la distanza m.**, the longest distance; **con la massima cura**, with the greatest care; with utmost care; **della massima importanza**, of the greatest (*o* utmost) importance • **in massima parte**, for the most part; mostly □ (*sport*) **tempo m.**, time-limit ***B*** *m.* (the) most; (the) utmost; maximum*; (*culmine*) height, peak: **Questo è il m. che io possa fare**, this is the most I can do; **m. storico**, all-time peak; **il m. della generosità**, the height of generosity; **un m. di 10 km**, a maximum of 10 km; **ricevere il m. della pensione**, to get full pension; **il m. della pena**, the maximum sentence; **il m. della velocità**, maximum (*o* top) speed • **al m.**, to the utmost; (*al più*) at (the) most; (*al più tardi*) at the latest: **sfruttare q.c. al m.**, to exploit (st.) to the full; to make st. go as far as possible □ **col m. dei voti**, with full marks; with honours.
massìvo *a.* massive.
massmediològico *a.* media (*attr.*).
massmediòlogo *m.* (*f.* **-a**) media expert.
màsso *m.* boulder; rock • **caduta massi**, falling rocks □ **dormire come un m.**, to be fast (*o* sound) asleep; to sleep like a log □ **duro come un m.**, as hard as iron.
massóne *m.* Freemason; Mason.
massonerìa *f.* Freemasonry; Masonry.
massònico *a.* Freemason; Masonic.
massoterapìa *f.* (*med.*) massotherapy.
massoterapìsta *m. e f.* (*med.*) massotherapist.
mastectomìa *f.* (*med.*) mastectomy.
mastèllo *m.* tub.
master (*ingl.*) *m. invar.* ***1*** (*laurea*) master's degree ***2*** (*sport*) masters' tournament ***3*** (*tecn.*) master.
masticàre *v. t.* ***1*** to chew; to masticate; (*facendo rumore*) to crunch, to munch: **m. tabacco**, to chew tobacco; **inghiottire q.c. senza m.**, to swallow st. whole ***2*** (*borbottare*) to mutter; (*biascicare*) to mumble ***3*** (*rimuginare*) to chew over; to brood over • **m. amaro**, to feel bitter (about st.) □ **m. un po' l'inglese**, to have a smattering of English.
masticatòrio *a.* masticatory.
masticazióne *f.* mastication.
màstice *m.* mastic; (*per vetri, ecc.*) putty.
mastìno *m.* (*zool.*) mastiff.
mastìte *f.* (*med.*) mastitis.
mastodónte *m.* ***1*** (*zool.*) mastodon ***2*** (*fig.*) colossus.
mastodòntico *a.* gigantic; colossal; elephantine; mammoth (*attr.*).
mastòide *f.* (*anat.*) mastoid.
mastoidìte *f.* (*med.*) mastoiditis.
màstro *m.* ***1*** (*artigiano, artefice*) master: **m. muratore**, master mason ***2*** (*comm.*) ledger: **registrare a m.**, to post.
masturbàre *v. t.*, **masturbàrsi** *v. rifl.* to masturbate.
masturbazióne *f.* masturbation.
matafióne *m.* (*naut.*) gasket; point.
matàssa *f.* skein; hank • (*fig.*) **È una m. intricata**, it's a Chinese puzzle □ (*fig.*) **imbrogliare la m.**, to confuse the issue □ (*fig.*) **sbrogliare la m.**, to disentangle a confused situation; (*risolvere q.c.*) to crack a problem, to solve a mystery.
matemàtica *f.* mathematics (*pl. col verbo al sing.*); maths (*fam. GB*); math (*fam. USA*).
matemàtico ***A*** *a.* mathematical • **sapere con certezza matematica**, to know for certain ***B*** *m.* (*f.* **-a**) mathematician.
materassàio *m.* mattress maker.
materassìno *m.* ***1*** (*sport*) mat ***2*** (*gonfiabile*) airbed.
materàsso *m.* mattress: **m. a molle**, spring mattress.
matèria *f.* ***1*** (*sostanza*) matter, stuff; (*materiale*) material: **m. e spirito**, matter and spirit; **m. plastica**, plastic material; **materie prime**, raw materials; **m. cerebrale**, cerebral matter; **m. colorante**, dye-stuff ***2*** (*argomento*) subject matter; subject; matter; topic: **conoscitore di una m.**, expert in a subject; **m. di riflessione**, food for thought; **indice per materie**, subject index ***3*** (*motivo*) ground; cause: **dare m. alla critica**, to give cause for criticism; **C'è m. per intentare un processo**, there are grounds for legal action ***4*** (*disciplina scolastica*) subject: **m. facoltativa [obbligatorie]**, optional [compulsory] subject ***5*** (*pus*) pus; matter • **Sa tutto in m. di ecologia**, he knows everything about ecology □ **esperto in m. di finanza**, expert in financial matters □ **In m. di tasse, occorre...**, as regards (*o* in the matter of) taxation, it is necessary... □ **pronunciarsi in m.**, to comment on the matter □ **Ho preso misure in m.**, I have taken appropriate measures.
materiàle ***A*** *a.* ***1*** material: **beni materiali**, material goods ***2*** (*rozzo*) gross; uncouth • **Non ho il tempo m. di farlo**, I just haven't the time to do it ***B*** *m.* ***1*** material; stuff: **m. da costruzione**, building material ***2*** (*strumenti*) materials (*pl.*): **m. per scrivere**, writing materials • (*geol.*) **m. alluvionale**, alluvium □ **m. didattico**, teaching aids □ (*ind.*) **m. di recupero**, salvage □ **m. informativo**, literature □ (*ferr.*) **m. rotabile**, rolling-stock □ **m. umano**, manpower.
materialìsmo *m.* materialism.
materialìsta ***A*** *a.* materialistic ***B*** *m. e f.* materialist.
materialìstico *a.* materialistic.
materialità *f.* ***1*** materiality ***2*** (*rozzezza*) roughness; uncouthness.
materializzàre ***A*** *v. t.* to materialize ***B*** **materializzàrsi** *v. i. pron.* ***1*** (*apparire*) to materialize ***2*** (*concretizzarsi*) to take* shape.
materialménte *avv.* materially; physically • **Mi è m. impossibile venire**, I cannot possibly come.
maternità *f.* ***1*** motherhood; maternity: **essere in m.**, to be on maternity leave ***2*** (*clinica ostetrica*) maternity hospital; (*reparto ospedaliero*) maternity ward ***3*** (*bur.*) mother's name.
matèrno *a.* maternal; motherly; mother's (*attr.*); mother (*attr.*): **affetto m.**, motherly love; **latte m.**, mother's milk; **zio m.**, maternal uncle; uncle on one's mother's side.
matìta *f.* pencil; (*pastello, anche*) crayon: **disegnare a m.**, to draw in pencil • **m. elettronica**, data pen □ **m. per le labbre**, lipliner □ **m. per le sopracciglia**, eyebrow pencil □ **segnare a m. blu**, to blue-pencil.
matriarcàle *a.* matriarchal.
matriarcàto *m.* matriarchy.
matrice *f.* ***1*** (*mat., elab., tecn.*) matrix* ***2*** (*comm.*) counter-

foil; stub: **m. di assegno**, cheque stub ***3*** (*origine*) origin; background; (*radici*) roots (*pl.*).
matricida ***A*** *m. e f.* matricide ***B*** *a.* matricidal.
matricidio *m.* matricide.
matrìcola *f.* ***1*** (*registro*) roll; register ***2*** (*studente*) freshman*; fresher (*fam. GB*) ***3*** (*novellino*) rookie (*fam.*) • **numero di m.**, (*mil.*) number; (*di studente*) matriculation number; (*di motore*) chassis number; (*di arma*) serial number.
matricolàto *a.* downright; thorough; out-and-out; perfect: **bugiardo m.**, downright liar; **briccone m.**, thorough scoundrel.
matricolazióne *V.* **immatricolazione.**
matrigna *f.* stepmother.
matrilineàre *a.* matrilineal; matrilinear.
matrimoniàle *a.* matrimonial; marriage (*attr.*); wedding (*attr.*): **certificato [licenza] m.**, marriage certificate [licence]; **anello m.**, wedding ring; **vita m.**, married life; **camera [letto] m.**, double room [bed].
matrimònio *m.* ***1*** marriage; matrimony; match: **domanda di m.**, offer of marriage; **fare un buon m.**, to make a good match; **m. d'amore**, love-match ***2*** (*cerimonia*) wedding: **celebrare un m.**, to celebrate a wedding; **m. civile**, civil wedding ceremony • **m. bianco**, unconsummated marriage □ **unire in m.**, to marry □ **unirsi in m.**, to get married.
matròna *f.* ***1*** matron ***2*** (*donna formosa*) matronly woman*.
matronàle *a.* ***1*** matronal ***2*** (*rif. all'aspetto*) matronly.
matronèo *m.* (*archit.*) women's gallery.
matronìmico *a. e m.* metronymic, matronymic.
màtta *f.* ***1*** *V.* **matto**, *B, def. 1* ***2*** (*carta da gioco*) joker.
mattacchióne *m.* (*f.* **-a**) jolly person; wag; joker.
mattàna *f.* (*fam.*) fit of bad temper; tantrum.
mattànza *f.* ***1*** tuna (*o* tunny) slaughter ***2*** (*fig.*) killing.
mattatóio *m.* slaughterhouse; abattoir.
mattatóre *m.* (*f.* **-trice**) (*teatr.*) actor (*f.* actress) who steals the show (*o* the limelight).
matterèllo *m.* rolling pin.
mattina *f.* morning: **dalla m. alla sera**, from morning till night; **di m.**, in the morning; **domani m.**, tomorrow morning; **lunedì m.**, on Monday morning; **la m. alle nove**, at nine in the morning; **di prima m.**, early in the morning; **Si fa m.**, it's getting light.
mattinàta *f.* morning; forenoon: **tutta la m.**, the whole morning; all morning; **in m.**, before noon.
mattinièro *a.* early-rising • **essere m.**, to be an early riser.
mattino *m.* morning: **giornali del m.**, morning newspapers; **di buon m.**, early in the morning.
màtto (1) ***A*** *a.* mad; crazy; daft (*fam.*); off one's head (*fam.*); round the bend (*fam.*); nuts (*pop.*): **diventare m.**, to go mad; **far diventare m. q.**, to drive sb. mad; to drive sb. round the bend; **m. di gioia**, mad with joy; **Sei m.?**, are you crazy?; are you out of your mind?; **Fossi m.!**, I'm not daft! • **m. da legare**, (stark) raving mad; as mad as a hatter; completely bonkers (*pop. GB*) □ (*fig.*) **andare m. per q.c.**, to be crazy about st.; to love st. □ (*fam.*) **dare fuori di m.**, to flip one's lid; to blow one's top □ **È mezzo m.**, he is not all there □ **moneta matta**, false (*o* counterfeit) coin □ **farsi matte risate**, to roll about laughing □ **È una testa matta!**, he is a hot-headed fool! □ **Si vogliono un bene m.**, they are head over heels in love (with each other) ***B*** *m.* ***1*** (*f.* **-a**) (*folle*) madman* (*f.* madwoman*); lunatic: **m. furioso**, raving lunatic ***2*** (*teatr.*) fool • **correre come un m.**, to run like mad □ **fare il m.**, to horse around □ **Mi piace da matti**, I'm crazy about it □ **ridere come un m.**, to roar with laughter □ **Roba da matti!**, sheer madness!; it's beyond belief!
matto (2) *a.* (*scacchi*) — **scacco m.**, checkmate.
mattòide ***A*** *a.* half-crazy; dotty (*fam.*); screwy (*fam.*) ***B*** *m. e f.* oddball; screwball (*USA*).
mattóne *m.* (*edil.*) ***1*** brick: **m. forato**, perforated brick; hollow tile; **m. refrattario**, firebrick ***2*** (*persona o cosa noiosa*) bore; yawn (*fam.*) • **Questo libro è un m.**, this book is heavy going □ **rosso m.**, brick red.
mattonèlla *f.* tile: **parete a mattonelle**, tiled wall.
mattonificio *m.* brickyard; brickfield.
mattutino ***A*** *a.* morning (*attr.*) ***B*** *m.* (*eccles.*) matins (*pl.*).
maturàndo *m.* (*f.* **-a**) candidate for school-leaving certificate.
maturàre ***A*** *v. i.* ***1*** to mature; (*di frutti e fig.*) to ripen, to come* to maturity ***2*** (*comm.*) to fall* due, to be due; (*di interessi*) to accrue ***3*** (*med.*) to come* to a head ***B*** *v. t.* ***1*** (*rendere maturo*) to mature; to bring* to maturity (*o* to ripeness) ***2*** (*meditare*) to ponder; to consider; (*perfezionare*) to work out: **m. un piano**, to work out a plan ***3*** (*bur.*) to complete: **m. vent'anni di contributi**, to complete twenty years of contributions.
maturàto *a.* ***1*** matured; ripened ***2*** (*decorso*) completed ***3*** (*a scadenza*) due; fallen due; (*di interessi*) accrued ***4*** (*meditato*) pondered.
maturazióne *f.* ***1*** maturation; maturing; ripening ***2*** (*maturità*) maturity; (*scadenza*) expiry: (*comm.*) **alla m.**, at maturity • (*med.*) **portare a m.**, to bring to a head.
maturità *f.* maturity; (*stato di m.*) ripeness: **m. di giudizio**, maturity of judgment • **diploma di m.**, school-leaving certificate □ **esame di m.**, school-leaving examination.
matùro *a.* ***1*** (*anche fig.*) ripe; mature: **uva matura**, ripe grapes; **ragazzo m.**, mature boy; **età matura**, mature age; **dopo matura riflessione**, after mature (*o* careful) reflection; **I tempi sono maturi**, the time is ripe ***2*** (*med.*) mature; (*di foruncolo*) that has come to a head ***3*** (*comm.*) mature; due.
matùṣa *m. e f.* (*scherz.*) fossil; old fogey.
mauṣolèo *m.* mausoleum.
mazùrca *f.* mazurka.
màzza *f.* ***1*** (*bastone*) cudgel; club; truncheon; (*bastone di comando*) mace ***2*** (*grosso martello*) sledgehammer; (*di legno*) mallet ***3*** (*golf*) club; (*baseball, cricket*) bat; (*polo*) mallet.
mazzàta *f.* ***1*** heavy blow ***2*** (*fig.*) terrible blow; shock.
mazzétta *f.* ***1*** (*di banconote*) wad; bundle ***2*** (*pop.*) kickback; bribe: **prendere mazzette**, to take bribes; to be on the take (*pop.*).
mazzière *m.* ***1*** (*stor.*) mace-bearer ***2*** (*di banda*) drum major.
màzzo *m.* (*fascio*) bunch; (*pila*) pile, pack: **m. di fiori**, bunch of flowers; **m. di carote**, bunch of carrots; **m. di chiavi**, bunch of keys; **m. di carte**, pile of papers; (*da gioco*) pack (*USA* deck) of cards • **fare il m.** (*a carte*), to shuffle (the cards) □ (*pop.*) **farsi il m.**, to work one's ass off □ (*fig.*) **mettere tutto in un m.**, to lump everything together □ **tenere il m.** (*a carte*), to be dealer.
mazzolino *m.* little bunch; bouquet; nosegay.
mazzuòlo *m.* mallet.
me *pron. pers. m. e f. 1ª pers. sing.* ***1*** (*compl.*) me; (*me stesso*) myself: **Lascia fare a me!**, leave it to me; **una stanza tutta per me**, a room to myself; **L'ho fatto da me**, I did it by myself ***2*** (*sogg.*) I: **Ne sai quanto me**, you know as much as I do; **È più giovane di me**, he is younger than I am (*fam.* than me); **Fa' come me**, do as I do; **Dammene un po'**, give me some ***3*** (*pleonastico*) — **Me lo auguro!**, I certainly hope so!; **Me lo sono mangiato**, I ate it • **per me** (*o* **in quanto a me**), for my part; as far as I am concerned □ **Povero me!**, poor me!; good grief! □ **secondo me**, in my opinion □ **tra me (e me)**, to myself.
mea culpa (*lat.*) *locuz. m. invar.* (*fig.*) breast-beating • **recitare il m.**, to beat one's breast.
meàndro *m.* ***1*** meander ***2*** (*al pl.*) twists and turns; (*labirinto*) maze (*sing.*).
meccànica *f.* ***1*** mechanics (*pl. col verbo al sing.*) ***2*** (*meccanismo*) mechanism; works (*pl.*); (*di pianoforte, orologio, anche*) action ***3*** (*funzionamento*) process; workings (*pl.*) ***4*** (*svolgimento*) (the) way (*o* how) st. happened: **riscostruire la m. di un incidente**, to establish how an accident happened; to reconstruct an accident; **la m. dei fatti**, the sequence of events.
meccanicìṣmo *m.* (*filos.*) mechanism.
meccanicità *f.* mechanical nature.
meccànico ***A*** *a.* mechanical: **movimento m.**, mechanical movement; **ingegneria meccanica**, mechanical engineering ***B*** *m.* mechanic; (*tecnico*) engineer.
meccanìṣmo *m.* ***1*** (*tecn.*) mechanism; machinery; gear; works (*pl.*) ***2*** (*fig.*) mechanism; process; workings (*pl.*): (*psic.*) **m. di difesa**, defence mechanism; **il m. della digestione**, the digestive process.
meccanizzàre *v. t.* to mechanize.
meccanizzàto *a.* ***1*** mechanized ***2*** (*motorizzato*) motorized.
meccanizzazióne *f.* mechanization.
meccano ® *m.* Meccano.

meccanogràfico *a.* data-processing (*attr.*): **centro m.**, data-processing centre.
mecenàte *m.* patron.
mecenatismo *m.* patronage.
mèche (*franc.*) *f. invar.* streak: **farsi le m.**, to have streaks (put) in one's hair.
medàglia *f.* ***1*** medal: **m. d'oro**, (*mil.*) gold medal for bravery; (*sport*) gold medal; **il diritto della m.**, the obverse (*o* face) of the medal; **il rovescio della m.**, (*anche fig.*) the reverse of the medal; (*fig.*) the other side of the medal; **conferire una m. al valore militare**, to award a medal for military valour ***2*** (*vincitore di m.*) medallist; (*decorato*) person awarded a medal.
medaglière *m.* ***1*** collection of medals ***2*** (*vetrina*) medal show-case ***3*** (*mil.*) medals awarded; (*sport*) medals won.
medagliétta *f.* ***1*** small medal ***2*** (*di cane*) dog-tag.
medaglióne *m.* ***1*** medallion; (*gioiello*) locket ***2*** (*archit.*) medallion ***3*** (*letter.*) literary-biographical essay ***4*** (*cucina*) médaillon (*franc.*).
medaglìsta *m.* ***1*** (*collezionista*) collector of medals ***2*** (*incisore*) medallist; designer of medals.
medésimo *a. e pron. dimostrativo V.* **stesso**.
mèdia *f.* ***1*** average; (*mat.*) mean: **m. matematica**, arithmetic mean; **m. oraria**, average per hour; **in m.**, on (an) average; **Dormo in m. sei ore per notte**, I sleep six hours a night on average (*o* an average of six hours a night); **alla m. oraria di 70 km**, at an average speed of 70 km per hour; **Facemmo una m. di 300 km al giorno**, we averaged 300 km a day; **sotto la m.**, below average ***2*** *V.* **scuola media**, *sotto* **scuola**.
mediaménte *avv.* on (an) average.
mediàna *f.* ***1*** (*mat.*) median ***2*** (*calcio*) half-back line.
mediànico *a.* mediumistic; psychic.
mediàno ***A*** *a.* medium; (*scient.*) median: **punto m.**, middle (*o* mid, median) point ***B*** *m.* ***1*** (*calcio*) halfback ***2*** (*rugby, hockey*) half.
mediànte *prep.* by means of; through.
mediàre *v. i.* to mediate.
mediàto *a.* mediate; (*indiretto*) indirect.
mediatóre *m.* (*f.* **-trice**) ***1*** mediator; intermediary; middleman* (*m.*) ***2*** (*comm.*) broker.
mediazióne *f.* ***1*** mediation ***2*** (*comm.*) brokerage.
medicaménto *m.* medicament; medicine.
medicamentóso *a.* medicinal.
medicàre ***A*** *v. t.* ***1*** to treat; (*una ferita*) to dress ***2*** (*fig.*) to heal; to cure ***B*** **medicàrsi** *v. rifl.* to treat oneself; to dress one's wounds.
medicàstro *m.* (*spreg.*) quack.
medicazióne *f.* (*di ferita*) dressing • **pacchetto di m.**, first-aid kit.
mediceo *a.* (*stor.*) Medicean.
medicina *f.* ***1*** (*scienza*) medicine: **studiare m.**, to study medicine; **m. legale**, forensic medicine; **m. del lavoro**, occupational medicine; **laurea in m.**, degree in medicine; medical degree; **studente di m.**, medical student ***2*** (*farmaco*) medicine; drug; medication; **prendere troppe medicine**, to take too many medicines (*o* drugs) ***3*** (*fig.*) remedy; medicine.
medicinàle ***A*** *a.* medicinal; (*curativo*) healing, curative: **erba m.**, medicinal herb; **virtù medicinali**, healing properties ***B*** *m.* medicine; drug.
mèdico ***A*** *m.* ***1*** doctor; physician: **m. di fiducia**, family doctor; **m. curante**, doctor (in charge of a case); **m. chirurgo**, surgeon; **m. generico**, general practitioner (*abbr.* GP *o* G.P.); **m. legale**, police doctor; (*ass.*) medical examiner; **m. di bordo**, ship's doctor; **m. condotto**, district doctor ***2*** (*fig.*) healer ***B*** *a.* medical: **visita medica**, medical examination; **ufficiale** [**certificato**] **m.**, medical officer [certificate]; **ricetta medica**, prescription.
medievàle *a.* medi(a)eval.
medievalismo *m.* medi(a)evalism.
medievalista *m. e f.* medi(a)evalist.
mèdio ***A*** *a.* middle; medium; (*calcolato fra un massimo e un minimo*) average, mean: **onde medie**, medium waves; **il prezzo m.**, the average price; **l'uomo m.**, the average man; the man in the street; **statura media**, medium (*o* average) height ***B*** *m.* ***1*** (*dito*) middle finger ***2*** (*mat.*) mean (term).
mediòcre *a.* mediocre; (*scadente*) second-rate, rather shoddy.
mediocreménte *avv.* in a mediocre way; (*moderatamente*) moderately.
mediocrità *f.* mediocrity.
medioevàle *e deriv. V.* **medievale** *e deriv.*
medioèvo *m.* Middle Ages (*pl.*): **alto** [**basso**] **M.**, early [late] Middle Ages.
medioleggèro *m.* (*boxe*) welterweight.
mediomàssimo *m.* (*boxe*) light heavyweight.
meditabóndo *a.* meditative; thoughtful; pensive; brooding.
meditàre ***A*** *v. t.* to think* of; to contemplate; to meditate: **m. la fuga**, to think of escaping; **m. vendetta**, to contemplate revenge ***B*** *v. i.* to meditate (on); (*riflettere*) to ponder (on); (*ripensare*) to brood (over).
meditataménte *avv.* after due consideration; (*a bella posta*) on purpose, deliberately.
meditatìvo *a.* meditative.
meditàto *a.* meditated; thought-out; well-considered; (*premeditato*) deliberate.
meditazióne *f.* meditation; cogitation; (*riflessione*) reflection; (*considerazione*) consideration.
mediterràneo *a.* ***1*** (*interno*) mediterranean; inland; land-locked ***2*** (*del Mare M.*) Mediterranean: **clima m.**, Mediterranean climate.
mèdium *m. e f. invar.* (*spiritismo*) medium.
medùsa *f.* (*zool.*) jellyfish.
mefistofèlico *a.* Mephistophelian; fiendish; satanic.
mefìtico *a.* fetid; foul; pestilential.
megàfono *m.* megaphone.
megagalàttico *a.* (*scherz.*: *enorme*) huge, mega- (*pref.*), humongous (*USA*); (*bellissimo*) super, fabulous.
megalìte *m.* (*archeol.*) megalith.
megalìtico *a.* (*archeol.*) megalithic.
megalòmane *a., m. e f.* megalomaniac.
megalomanìa *f.* megalomania.
megalòpoli *f.* megalopolis.
mègaton *m.* (*fis. nucl.*) megaton.
megèra *f.* hag; harridan; (*strega*) witch.
mèglio ***A*** *avv.* ***1*** (*compar.*) better: **sentirsi** [**stare**] **m.**, to feel [to be] better; **cambiare in m.**, to change for the better; **Faresti m. ad andare**, you'd better go; **molto m.**, much (*o* far) better; **sempre m.**, better and better ***2*** (*superl. relat.*) best: **Chi lo fece m.?** (*di tutti*), who did it best?; **Fa' come m. credi**, do as you think best; **gli impiegati m. pagati**, the best-paid employees • **di bene in m.**, better and better □ **o m.** (*o* **per m. dire**), or rather □ **Pensaci m.!**, think it over! □ (*fam.*) **Sta m. di me** (*a quattrini*), he is better off than I am □ **Stavo m. sul divano**, I was more comfortable on the sofa ***B*** *a.* (*compar.*) better; (*superl. relat.*) (the) best; (*fra due*) better: **quanto hai di m.**, the best you have; **Ne ho visti di m.**, I've seen better ones; **È m. restare**, we'd better stay; **Sarebbe m. che tu gli scrivessi**, you'd better write to him; **m. che niente**, better than nothing; **M. per lui**, so much the better for him • **alla** (**bell'e**) **m.**, (*in qualche modo*) roughly; somehow; (*male*) any old how □ **in mancanza di m.**, since there is nothing better; for want of something better □ **Non chiedo di m.**, I couldn't ask for anything better □ **Tanto m.**, so much the better ***C*** *m.* best: **il m. che ci sia**, the best there is; **Andrà tutto per il m.**, it will all be for the best; **fare del proprio m.**, to do one's best; **al m.**, (*nelle migliori condizioni*) at one's best; (*in modo eccellente*) excellently ***D*** *f.* — **avere la m. su q.**, to have (*o* to get) the better of sb.
méla *f.* apple: **mele cotte**, stewed apples; (*anche fig.*) **m. marcia**, bad apple • **m. cotogna**, quince □ **m. renetta**, rennet □ **m. selvatica**, crab (apple).
melagràna *f.* pomegranate.
melagràno *V.* **melograno**.
melanconìa *V.* **malinconia**.
mélange (*franc.*) ***A*** *m. invar.* mélange; mixture ***B*** *a. invar.* multicoloured, multicolored (*USA*).
melanìna *f.* (*biol.*) melanin.
melanòma *m.* (*med.*) melanoma*.
melanzàna *f.* aubergine (*GB*); eggplant (*USA*).
melarància *f.* sweet orange.
melàssa *f.* molasses (*pl. col verbo al sing.*); treacle.
melàto *V.* **mellifluo**.
melensàggine *f.* silliness; inanity.
melènso *a.* silly; inane; fatuous.

meléto *m.* apple orchard.
melìna *f.* **1** — (*sport*) **fare m.**, to keep possession **2** (*fig.*) obstructionism.
mellìfluo *a.* honeyed; honey-sweet; saccharine (*attr.*); silky; smooth; insinuating: **voce melliflua**, silky voice; **un fare m.**, an insinuating manner.
mélma *f.* mud; slime.
melmosità *f.* muddiness; sliminess.
melmóso *a.* muddy; slimy.
mèlo *m.* (*bot.*) apple-tree • **m. selvatico**, crab (apple).
melodìa *f.* **1** (*mus.*) melody **2** (*aria*) melody; tune; air; (*fig.*) song: **m. popolare**, folk tune; **la m. del ruscello**, the song of the brook **3** (*musicalità*) melodiousness; musicality.
melòdico *a.* **1** (*mus.*) melodic **2** *V.* **melodioso**.
melodióso *a.* melodious; musical; tuneful: **voce melodiosa**, musical voice.
melodràmma *m.* **1** (*mus.*) (serious) opera: **un appassionato di m.**, an opera lover; **il m. romantico**, Romantic operas (*pl.*) **2** (*fig.*) melodrama.
melodrammàtico *a.* **1** (*mus.*) operatic **2** (*fig.*) melodramatic; theatrical.
melogràno *m.* (*bot.*) pomegranate.
melòmane *m. e f.* classical music lover.
melóne *m.* cantaloupe melon; melon.
membràna *f.* **1** (*anat., bot.*) membrane **2** (*mecc., radio*) diaphragm.
membranóso *a.* membranous.
mèmbro *m.* (*pl.* **membra** *f., nella def.1,* **membri** *m., nelle altre*) **1** (*anat.: arto*) limb; (*pene*) male member **2** member: **i membri di una famiglia**, the members of a family; **m. del Parlamento**, Member of Parliament (*abbr.* MP) • (*leg.*) **m. di giuria**, jury member; juror □ **essere m. di un'assemblea**, to sit on an assembly.
membrùto *a.* strong-limbed; sturdy-limbed.
memènto (*lat.*) *m.* memento*; reminder.
memoràbile *a.* memorable; unforgettable: **giornata m.**, unforgettable day; **fiasco m.**, major fiasco.
memoràndum (*lat.*) *m.* **1** memorandum*; memo* **2** (*libretto di appunti*) memo pad.
mèmore *a.* (*lett.*) mindful (of); (*riconoscente*) grateful (for).
memòria *f.* **1** memory; (*sede dei ricordi, mente, anche*) mind: **perdere [riacquistare] la m.**, to lose [to recover] one's memory; **avere una m. di ferro [la m. corta]**, to have an excellent memory [a short memory]; **richiamare q.c. alla m.**, to recall st. to mind; to recollect st.; **frugare nella m.**, to search one's memory; **impresso nella m.**, stuck in sb.'s mind; **Se la m. non mi inganna**, if my memory serves me (correctly) **2** (*ricordo*) memory; recollection; (*reminiscenza*) reminiscence: **tener viva la m.**, to keep the mmemory alive; **memorie di scuola**, recollections of one's schooldays; **in m. di**, in memory of **3** (*oggetto conservato per ricordo*) memento*; keepsake; (*di famiglia*) heirloom **4** (*memorandum*) note; memo; memorial; (*dissertazione*) dissertation **5** (*al pl.*) (*opera autobiografica*) memoirs (*franc.*): **libro di memorie**, memoirs **6** (*elab.*) memory; storage: **m. centrale**, main memory; primary storage; **m. di massa**, mass storage; **m. tampone**, buffer storage • **imparare [sapere] a m.**, to learn [to know] by heart □ **dipingere [suonare] a m.**, to paint [to play] from memory □ **fare un calcolo a m.**, to do a mental calculation □ **a m. d'uomo**, within living memory □ **medaglia alla m.**, posthumously awarded medal □ **Riandai con la m. a quei giorni lontani**, my thoughts went back to (*o* I thought back on) those far-off days.
memoriàle *m.* **1** (*libro di memorie*) memoirs (*pl.*) (*franc.*) **2** (*scritto espositivo*) memorial; written record.
memorialista *m. e f.* memorialist.
memorizzàre *v. t.* **1** to memorize **2** (*elab.*) to store.
memorizzazióne *f.* **1** memorization **2** (*elab.*) storage.
ména *f.* intrigue; manoeuvre; underhand dealing.
menabò *m.* (*tipogr.*) dummy; mock-up.
menadìto *avv.* — **a m.**, perfectly; thoroughly: **conoscere q.c. a m.**, to know st. thoroughly; to have st. at one's fingertips.
ménage (*franc.*) *m. invar.* **1** (*matrimonio*) marriage **2** (*vita di famiglia*) family life • **m. a tre**, ménage à trois (*franc.*).
menagràmo *m. e f. invar.* (*fam.*) Jonah; jinx; (*guastafeste*) spoilsport, killjoy.
menàre **A** *v. t.* **1** (*condurre*) to lead*; to take*; to bring*: (*fig.*) **m. q. per il naso**, to lead sb. up the garden path; to take sb. for a ride **2** (*assestare*) to deal*; to strike*: **m. un colpo**, to deal a blow; **m. calci a q.**, to kick sb. **3** (*fam.*: *picchiare*) to beat*: **m. q. di santa ragione**, to beat the living daylights out of sb. • **m. buono [gramo]**, to bring good [bad] luck □ **m. il can per l'aia**, to beat about the bush □ **m. la frusta**, to crack the whip □ **m. la lingua**, to prattle; (*sparlare*) to gossip □ **m. le mani**, to fight □ **m. q.c. per le lunghe**, to drag st. out □ **m. vanto di q.c.**, to boast of st. **B** **menàrsi** *v. rifl. recipr.* (*fam.*) to fight; to have a fight.
mendàce *a.* (*lett.*) mendacious; false.
mendicànte **A** *a.* mendicant; begging: **frati mendicanti**, mendicant friars **B** *m. e f.* beggar.
mendicàre **A** *v. t.* **1** to beg (for st.): **m. il pane**, to beg (for) one's bread **2** (*fig.*) to beg* (for); to implore; to solicit: **m. aiuto**, to beg for help; **m. un favore**, to solicit a favour; **m. un pretesto**, to look for a pretext **B** *v. i.* to beg: **m. per vivere**, to beg (for) one's bread.
mendicità *f.* **1** mendicity; beggary **2** (*mendicanti*) beggars (*pl.*).
mendìco *m.* (*f.* **-a**) (*lett.*) *V.* **mendicante**.
menefreghismo *m.* indifference; freewheeling attitude; couldn't-care-less attitude (*fam.*).
menefreghista **A** *m. e f.* person who couldn't care less; person who doesn't give a damn (*fam.*) **B** *a.* couldn't-care--less (*attr.*); freewheeling.
menestrèllo *m.* minstrel.
meninge *f.* **1** (*anat.*) meninx* **2** (*al pl.*) (*fam.*) brains: **spremersi le meningi**, to cudgel (*o* to rack) one's brains.
meningèo *a.* (*anat.*) meningeal.
meningite *f.* (*med.*) meningitis.
menisco *m.* (*anat., fis.*) meniscus*.
méno **A** *avv.* **1** (*compar.*) less; not... so (much); (*rif. a un pl.*) fewer: **Dovresti mangiare m.**, you should eat less; you should not eat so much; **M. si studia, m. s'impara**, the less you study, the less you learn; **M. siamo, meglio è**, the fewer we are, the better; **Sua moglie è m. ricca di lui**, his wife is less rich than (*o* not so rich as) he is; **Tom non è m. bravo di te**, Tom is no less clever than you; **poco m. di un chilo**, a little less than a kilo; **molto m.**, much less; **sempre m.**, less and less; fewer and fewer; **uno di (*o* in) m.**, one less; **Ho dieci anni m. di te**, I'm ten years younger than you **2** (*superl. relat.*) (the) least; (*fra due*) (the) less: **Dei due libri, questo è il m. interessante**, of the two books, this is the less interesting; **Il m. preoccupato ero io**, I was the least worried of all; **l'auto che costa di m.**, the car that costs leat; the cheapest car; **Nessuno lo voleva, e io m. di tutti**, no one wanted it, I least of all **3** (*con valore di «no»*) not: **Non so se accettare o m.**, I don't know whether to accept or not **4** (*mat.*) minus; less: **Sei m. quattro fa due**, six minus (*o* less) four is two • **m. che mai**, less than ever □ **alla m. peggio**, *V. sotto* **peggio** □ **Lavora m. che può**, he works as little as he can □ **Sono le dieci m. cinque**, it is five (minutes) to ten □ **Sono le due m. un quarto**, it is a quarter to two □ **Siamo a m. 10 (gradi)**, it's 10 (degrees) below zero □ **una differenza in m. di tre punti**, three points less □ **Ci sono tre coltelli in m.**, three knives are missing □ **essere da m. di q.**, to be inferior to sb. □ **fare a m. di**, *V. sotto* **fare** □ **niente m. che**, no less than □ **quanto m.**, at least □ **venire m., venir m. a**, *V. sotto* **venire** □ **Lui non può venire e tanto m. io**, he cannot come and I certainly cannot either **B** *a.* **1** (*compar., con sost. sing.*) less, not as much, not so much; (*con sost. pl.*) fewer, not as many, not so many: **Ho m. denaro di lui**, I have less money than he (has); I haven't as much money as he (has); **Ho m. amici di lui**, I have fewer friends than he (has); I haven't as many friends as he (has); **M. sciocchezze!**, less nonsense!; **Ci vollero non m. di tre ore**, it took no less than three hours; **non m. di cinquanta persone**, no fewer than fifty people **2** (*superl. relat., con sost. sing.*) (the) least; (*con sost. pl.*) (the) fewest: **Chi ha fatto m. errori?**, who made the fewest mistakes? • **M. male!**, thank goodness! □ **M. male che sei venuto**, thank goodness you came □ **M. male che siamo in anticipo**, it's just as well we have arrrived early □ **in men che non si dica**, in less than no time **C** *m.* (*con valore compar.*) less, smaller part, fewer (*pl.*); (*con valore superl.*) least, smallest part, fewest (*pl.*): **Il m. che possa fare è di scusarmi**, the least I can do is to apologize; **Il m. è toccato a me**, the smaller (*o* smallest) part has come to me; **fare il m. possibile**, to do as little as possible • **i m.**

(*la minoranza*), the minority □ **parlare del più e del m.**, to speak about this and that □ **per lo m.**, at least □ (*mat.*) **il (segno del) m.**, the minus sign □ **Questo sarebbe il m.**, this would not matter so much □ **Non lo troverai per m.**, you won't get it cheaper ***D*** *prep.* except; but: **tutti m. due o tre**, all except (*o* but) two or three ***E*** *cong.* — **a m. che non** (*o* **di non**), unless: **a m. che non nevichi**, unless it snows; **a m. di non tornare indietro**, unless we go back.

menomàre *v. t.* ***1*** (*diminuire*) to diminish, to lessen; (*indebolire*) to impair ***2*** (*danneggiare*) to damage, to impair; (*una persona, nel fisico*) to maim, to disable.

menomàto *a.* ***1*** (*diminuito*) diminished, lessened; (*attenuato*) attenuated ***2*** (*danneggiato*) damaged, impaired; (*di arto*) maimed; (*di persona*) disabled.

menomazióne *f.* ***1*** (*diminuzione*) diminution; (*indebolimento*) impairment ***2*** (*danno*) damage, impairment; (*m. fisica*) disablement, disability; (*m. psichica*) mental deficiency.

menopàuṣa *f.* (*fisiol.*) menopause.

mènsa *f.* ***1*** table ***2*** (*mil.*) mess; (*di fabbrica, università, ecc.: self-service*) canteen; (*refettorio*) refectory • (*eccles.*) **la Sacra M.**, Holy Communion.

mensile ***A*** *a.* monthly ***B*** *m.* ***1*** (*pubblicazione*) monthly ***2*** (*paga*) monthly pay (*o* salary).

mensilità *f.* ***1*** monthly character ***2*** (*retribuzione*) monthly pay; (*stipendio*) monthly salary ***3*** (*rata*) monthly instalment • **tredicesima m.**, Christmas bonus.

mensilménte *avv.* monthly; every month; once a month.

mènsola *f.* ***1*** (*archit.*) bracket; console ***2*** (*ripiano*) shelf* • **m. del camino**, mantelpiece.

mensolóne *m.* (*archit.*) corbel.

ménta *f.* ***1*** (*bot.*) mint: **m. piperita**, peppermint ***2*** (*bibita*) mint drink ***3*** (*pasticca*) peppermint; mint.

mentàle *a.* (*della mente*) mental.

mentalità *f.* mentality: **m. aperta**, open-mindedness; **m. ristretta**, narrow-mindedness; **di m. aperta**, open-minded; **di m. ristretta**, narrow-minded.

mentalménte *avv.* mentally; (*dentro di sé*) to oneself.

ménte *f.* ***1*** mind; (*testa*) head: **richiamare alla m.**, to call back (*o* to recall) to mind; to recollect; **Dissi quel che avevo in m.**, I said what I had in mind; **sfuggire di m.**, to slip (*o* go out of) sb.'s mind ***2*** (*persona dotata*) mind; brain ***3*** (*organizzatore*) brains: **È lui la m. della rapina**, he is the brains behind the robbery • **imparare q.c. a m.**, to learn st. by heart □ **fare calcoli a m.**, to do mental calculations □ **a m. fredda**, when one has calmed down; calmly □ **avere in m. di fare q.c.**, to be thinking of doing st. □ **Lasciami fare m. locale**, let me concentrate □ **L'ho sentito da qualche parte, ma non riesco a fare m. locale**, I've heard it before, but I can't remember in what connection □ **far venire in m. q.c. a q.**, to remind sb. of st. □ **Ficcatelo bene in m.!**, get it into your head! □ **mettere in m. q.c. a q.**, to put an idea into sb.'s head □ **mettersi in m. di fare q.c.**, to take it into one's head to do st. □ **Che ti salta in m.?**, what's the idea? □ **Che ti è saltato in mente?**, what on earth got into you?; what possessed you (to do such a thing)? □ **tenere a m. q.c.**, to keep (*o* to bear) st. in mind □ **venire in m.**, (*pensare*) to think (of) (*costruz. pers.*), to occur; (*ricordare*) to remember (*costruz. pers.*): **Mi venne in m. di guardare nello studio**, I suddenly thought of looking (*o* it occurred to me to look) in the study; **Non mi viene in m. il suo nome**, I can't remember his name; **Ora che mi viene in m....**, now that I think of it...

mentecàtto ***A*** *a.* mad; imbecile ***B*** *m.* (*f.* **-a**) madman* (*m.*); madwoman* (*f.*); lunatic; idiot.

mentina *f.* peppermint; mint.

mentire *v. i.* to lie; to be a liar: **Non m.!**, don't lie to me!; **Se dice questo, mente**, if he said so, he is a liar; **Mente sapendo di m.**, he is lying and he knows it.

mentito *a.* false; sham: **sotto mentite spoglie**, under false pretences.

mentitóre ***A*** *m.* (*f.* **-trice**) liar ***B*** *a.* lying; mendacious.

ménto *m.* chin: **m. sporgente**, protruding chin; **m. sfuggente**, receding chin; **doppio m.**, double chin.

mentòlo *m.* (*chim.*) menthol.

mentonièra *f.* (*di violino*) chin rest.

mèntore *m.* mentor; adviser.

méntre ***A*** *cong.* ***1*** (*temporale*) while; as: **Ho avuto un incidente m. venivo qui**, I had an accident while (I was) coming here ***2*** (*avversativo*) while; whereas: **Io preferisco il caffè, m. a lui piace il tè**, I prefer coffee, while he likes tea ***3*** (*finché*) while: **Fallo m. c'è tempo**, do it, while there is still time ***B*** *m.* — **in quel m.**, at that moment; (*nel frattempo*) in the meantime.

mentùccia *f.* (*bot.*) summer savory.

menu *m.* (*anche elab.*) menu.

menzionàre *v. t.* to mention.

menzionato *a.* mentioned: **m. sopra**, mentioned above; above-mentioned (*attr.*).

menzióne *f.* mention: **fare m. di**, to mention; (*in frasi neg., anche*) to make mention of • **degno di m.**, worth mentioning.

menzógna *f.* lie: **m. spudorata**, shameless (*o* bare-faced) lie; **m. pietosa**, white lie; **cumulo di menzogne**, pack of lies.

menzognèro *a.* lying; false; untrue; deceitful.

meravìglia *f.* ***1*** wonder; astonishment; amazement; (*sorpresa*) surprise: **con m.**, in wonder; in amazement; **con mia grande m.**, to my great surprise ***2*** (*cosa meravigliosa*) wonder; marvel: **le meraviglie della scienza**, the marvels of science; **le sette meraviglie del mondo**, the seven wonders of the world; **fare meraviglie**, to work wonders • **È una m.!**, it's wonderful! □ **una m. di casa**, a wonderful house □ **Tutto va a m.**, things are going splendidly (*o* marvellously) □ **Funziona che è una m.**, it works beautifully □ **Ti sta a m.**, it looks perfect on you □ **dire meraviglie di q.**, to speak in glowing terms of sb. □ **Mi fa m. sentirtelo dire**, I am surprised you should say that □ **Nessuna m. che avesse fame**, no wonder he was hungry □ **il paese delle meraviglie**, wonderland.

meravigliàre ***A*** *v. t.* to surprise; to astonish; to amaze: **Mi meraviglia trovarlo qui**, I'm surprised at finding him here ***B*** *v. i.* to cause surprise ***C*** **meravigliàrsi** *v. i. pron.* to be surprised; to marvel; to be astonished: **Non mi meraviglierei affatto (se)**, I should not be surprised (if); **Non mi meraviglio più di niente**, nothing surprises me any longer; **Non mi meraviglia affatto!**, I'm not in the least surprised!; (*sfido io*) no wonder!

meravigliàto *a.* surprised; astonished; amazed.

meraviglióso ***A*** *a.* wonderful; marvellous; splendid ***B*** *m.* ***1*** (the) wonderful thing ***2*** (*il soprannaturale*) (the) marvellous.

mercànte *m.* merchant; trader; dealer: **m. di cavalli**, horse dealer; **m. d'arte**, art dealer; **m. di schiavi**, slave trader; slaver.

mercanteggiàre ***A*** *v. i.* (*contrattare*) to bargain; to haggle ***B*** *v. t.* to traffic in; (*prostituire*) to prostitute.

mercantile ***A*** *a.* merchant (*attr.*); mercantile; commercial: **marina m.**, merchant navy (*o* marine); mercantile marine; **spirito m.**, commercial spirit ***B*** *m.* (*nave m.*) merchant ship; merchantman*.

mercantilìṣmo *m.* (*econ.*) mercantilism.

mercantilìsta *m., f. e a.* (*econ.*) mercantilist.

mercanzìa *f.* ***1*** (*merce*) merchandise; goods (*pl.*); commodities (*pl.*); wares (*pl.*) ***2*** (*fam.: roba*) stuff Ⓤ • (*fig.*) **saper vendere la propria m.**, to blow one's own trumpet.

mercàto *m.* market; (*il luogo, anche*) marketplace: **andare al m.**, to go to the market; **m. del pesce**, fish market; **m. rionale**, local market; **giorno di m.**, market day; (*econ.*) **m. libero**, free market; (*Borsa*) **m. dei titoli**, stock market • **m. delle pulci**, flea market □ **m. nero**, black market; **comprare q.c. al m. nero**, to buy st. on the black market □ **a buon m.**, cheap (*agg.*); budget (*attr.*); cheaply (*avv.*): **comprare q.c. a buon m.**, to buy st. cheap □ **cavarsela a buon m.**, to get off lightly □ **accordo di m.**, marketing agreement □ **analisi di m.**, market analysis □ **prezzo di m.**, market price □ **ricerca di m.**, market research.

mèrce *f.* goods (*pl.*); merchandise; (*anche fig.*) commodity: **m. avariata**, damaged goods; **m. d'esportazione**, export goods; **m. di contrabbando**, smuggled goods; **m. in magazzino**, goods on hand (*o* in stock); **Borsa merci**, Commodities Exchange; **treno merci**, goods train.

mercé (*lett.*) ***A*** *f.* mercy: **alla m. di**, at the mercy of ***B*** *prep.* thanks to; by means of.

mercéde *f.* ***1*** (*paga*) pay; (*salario*) wages (*pl.*) ***2*** (*lett.: ricompensa*) reward.

mercenàrio ***A*** *a.* hired; paid; (*anche spreg.*) mercenary: **aiuto m.**, hired help ***B*** *m.* ***1*** (*f.* **-a**) hireling; mercenary ***2*** (*soldato m.*) mercenary.

merceologìa *f.* commodity economics (*pl. col verbo al sing.*).
merceològico *a.* commodity (*attr.*); product (*attr.*): **analisi merceologica**, product analysis.
merceòlogo *m.* (*f.* **-a**) expert in commodity economics.
mercerìa *f.* ***1*** (*articoli*) haberdashery (*GB*); notions (*pl., USA*) ***2*** (*negozio*) haberdasher's (shop) (*GB*); notions store (*USA*).
mercerizzàre *v. t.* (*ind. tess.*) to mercerize.
mercerizzàto *a.* (*ind. tess.*) mercerized.
merciàio *m.* (*f.* **-a**) haberdasher (*GB*); dealer in notions (*USA*).
mercificàre *v. t.* to commercialize.
mercimònio *m.* illicit trade; trafficking.
mercoledì *m.* Wednesday. (*Per gli esempi d'uso, V. sotto* **martedì**) • **M. delle Ceneri**, Ash Wednesday.
mercùrio *m.* (*chim.*) mercury; quicksilver.
mèrda *f.* (*volg.*) shit • **essere nella m.**, to be in deep shit □ **Che film di m.!**, what a shitty film! □ **Sei una m.!**, you are a bastard! □ **essere nella m. fino al collo**, to be in deep shit □ **Ci rimasi di m.**, (*deluso*) I felt totally gutted; (*pieno di vergogna*) I felt a complete asshole.
merdóso *a.* (*volg.*) shitty.
merènda *f.* afternoon snack; (*m. all'aperto*) picnic: **fare m.**, to have a snack.
meretrice *f.* (*lett.*) prostitute; whore.
meridiàna *f.* sundial.
meridiàno ***A*** *a.* noonday, midday (*attr.*): **sole m.**, midday sun ***B*** *m.* (*geogr.*) meridian: **il m. di Greenwich**, the Greenwich (*o* prime) meridian.
meridionàle ***A*** *a.* southern; south; southerly: **costa m.**, south coast; **l'Italia m.**, Southern Italy; **l'America M.**, South America ***B*** *m. e f.* southerner.
meridióne *m.* south.
merìggio *m.* (*lett.*) noon; midday.
merìnga *f.* (*cucina*) meringue.
meringàta *f.* (*cucina*) meringue cake.
meritàre *v. t.* ***1*** to deserve; to merit: **m. biasimo**, to deserve blame; **meritarsi uno schiaffo**, to deserve to be slapped; **un'idea che merita attenzione**, an idea that deserves (*o* merits) attention; (*iron.*) **Te lo meriti!**, (it) serves you right; **Ha avuto quel che si meritava**, he got what he deserved; he got his just deserts (*o, fam.*, his comeuppance) ***2*** (*valere la pena*) to be worth (*o* worthwhile): **Non merita che se ne parli**, it is not worth mentioning it; **un film che non merita**, a film not worth seeing; **per quel che merita**, for what it's worth ***3*** (*procurare*) to earn.
meritataménte *avv.* deservedly; rightly.
meritàto *a.* deserved.
meritévole *a.* deserving; (*degno*) worthy (*spesso in composizione*): **m. di lode**, worthy of praise; praiseworthy; **m. di fiducia**, trustworthy.
mèrito *m.* merit; credit; (*valore*) worth: **non avere alcun m.**, to be without merit; **di scarso m.**, of little merit; **A chi va il m. di questo successo?**, who is reponsible for this success?; **promozione per m.**, promotion on merit • □ **vincere a pari m. (con q.)**, to share first prize (with sb.); to be joint winners; to come equal first □ **classificarsi secondo a pari m. (con q.)**, to finish equal second (with sb.); to tie for second place (with sb.) □ **entrare nel m. della questione**, to get to the heart of the matter □ **in m. a**, as to; about □ **Non so niente in m.**, I don't know anything about it □ **per m. tuo [suo, ecc.]**, thanks to you [to him, etc.].
meritocràtico *a.* meritocratic.
meritocrazìa *f.* meritocracy.
meritòrio *a.* meritorious; deserving; praiseworthy.
merlàngo *m.* (*zool.*) whiting.
merlàto *a.* (*archit.*) embattled; battlemented; crenellated.
merlatùra *f.* (*archit.*) battlement; crenellation.
merlétto *m.* lace: **m. ad ago**, point lace; **m. a tombolo**, pillow lace; bobbin lace.
mèrlo (1) *m.* ***1*** (*zool.*) blackbird ***2*** (*sciocco*) fool; booby; nincompoop • (*zool.*) **m. acquaiolo**, dipper □ **Bravo m.!**, that was clever! (*iron.*).
merlo (2) *m.* (*archit.*) merlon.
merlùzzo *m.* (*zool.*) cod*; haddock • **olio di fegato di m.**, cod-liver oil.
mèro *a.* mere; pure; sheer: **una mera ipotesi**, a mere hypothesis; **per m. caso**, by sheer chance.
mesàta *f.* (a) month's pay; monthly pay.
mescalìna *f.* (*chim.*) mescaline.
méscere *v. t.* (*versare*) to pour (out).
meschinerìa, **meschinità** *f.* ***1*** meanness; shabbiness; pettiness; (*pochezza*) paltriness ***2*** (*azione meschina*) mean action; shabby trick.
meschino *a.* ***1*** (*misero*) petty; miserable; paltry; poor; (*futile*) petty: **scuse meschine**, paltry excuses; **Fare una figura meschina**, to cut a poor figure ***2*** (*squallido*) petty; mean; shabby; cheap (*USA*): **meschini rancori**, petty animosities; **commento m.**, mean (*o* shabby) remark ***3*** (*infelice*) wretched; poor.
méscita *f.* wine shop; bar.
mescolànza *f.* mixture; (*armonica*) blend; (*disparata*) medley; (*confusa*) hotchpotch, hodgepodge (*USA*).
mescolàre ***A*** *v. t.* ***1*** to mix; to mix up; (*in modo armonico*) to blend, to mingle: **m. zucchero e cacao**, to mix sugar and cocoa; **m. tutti gli ingredienti fino a ottenere una crema**, to blend all ingredients into a smooth cream ***2*** (*a carte*) to shuffle ***3*** (*confondere*) to mingle; to confuse; to mix up ***4*** (*rimestare*) to stir ***B*** **mescolàrsi** *v. i. pron. e rifl.* ***1*** to mix; to mix up; to mingle: **m. tra la folla**, to mingle with the crowd; **L'olio e l'acqua non si mescolano**, oil and water do (*o* will) not mix ***2*** (*finire insieme*) to get* mixed up.
mése *m.* ***1*** month: **il m. passato**, last month; **il m. prossimo** (*o* **venturo**), next month; **fra un me.**, in a month's time; **Hai un m. di tempo**, you've got a month; **ai primi del m.**, early in the month ***2*** (*paga di un mese*) month's pay; month's wages (*pl.*); (*affitto*) month's rent • **m. civile**, calendar month □ **m. lunare**, lunar month □ **È al sesto m.** (*di gravidanza*), she is in her sixth month; she is six months pregnant □ **per dodici mesi all'a.**, all the year round.
mesétto *m.* about a month; a month or thereabouts.
mesocàrpo *m.* (*bot.*) mesocarp.
mesóne *m.* (*fis.*) meson.
mesopotàmico *a.* Mesopotamian.
mesozòico *a. e m.* (*geol.*) Mesozoic.
méssa (1) *f.* (*econ.*) Mass: **andare a m.**, to go to Mass; **ascoltare la M.**, to hear Mass; **dire m.**, to say Mass; **far dire una m. per q.**, to have a Mass offered up (*o* said) for sb. • **m. cantata**, sung Mass □ **m. di requiem**, Mass for the dead; (*anche mus.*) Requiem (Mass) □ **m. piana** (*o* **bassa**), Low Mass □ **m. solenne**, High Mass □ **libro da m.**, missal □ **servire m.**, to serve Mass.
méssa (2) *f.* (*il mettere*) putting; placing; laying • (*agric.*) **m. a dimora**, planting □ (*fis., fotogr.*) **m. a fuoco**, focusing □ **m. a punto**, (*mecc.*) setting-up; (*autom.*) tuning; (*fig.*) finalization □ (*elettr.*) **m. a terra**, earthing (*GB*); grounding (*USA*) □ **m. in cantiere**, (*naut.*) laying-down; (*fig.*) start, launch □ (*mecc.*) **m. in moto**, (*di motorino d'avviamento*) starter; (*avviamento*) starting □ **m. in opera** (*di impianto*), installation □ **m. in piega**, set: **farsi fare la m. in piega**, to have one's hair set; to have a shampoo and set; **fare la m. in piega a q.**, to set sb.'s hair □ (*teatr.*) **m. in scena**, *V.* **messinscena** □ (*leg.*) **m. in stato di accusa**, indictment; (*di politico*) impeachment.
messaggèro *m.* (*f.* **-a**) ***1*** messenger ***2*** (*fig.*) harbinger.
messàggio *m.* ***1*** (*anche fig.*) message ***2*** (*discorso*) address.
messàle *m.* (*eccles.*) missal.
mèsse *f.* ***1*** (*mietitura*) harvest; (*biade*) wheat, corn; (*raccolto*) crop: **raccogliere la m.**, to gather in crops; to reap the harvest ***2*** (*fig.*) crop.
Messìa *m.* ***1*** (*relig.*) Messiah ***2*** (*fig.*) messiah; (expected) deliverer; saviour.
messiànico *a.* (*relig.*) Messianic.
messicàno *a. e m.* (*f.* **-a**) Mexican (*f.* Mexican woman*).
messinscèna *f.* ***1*** (*teatr.*) staging; mise-en-scène (*franc.*) ***2*** (*fig.*) pretence; show; put-up affair; put-on (*USA*); act (*fam.*).
mésso *m.* messenger; (*inviato*) envoy; (*legato*) legate • (*leg.*) **m. di tribunale**, usher.
mestatóre *m.* (*f.* **-trice**) meddler; intriguer.
mestierànte *m. e f.* (*spreg.*) person who is in it for the money; (*di scrittore*) hack.
mestière *m.* ***1*** trade; craft; (*professione*) profession; (*impiego*) job: **esercitare un m.**, to carry on a trade; **arti e mestieri**, arts and crafts; **il m. del tipografo**, the printer's trade; **il m. del muratore**, the bricklayer's craft; **il m. delle**

armi, soldiering; military life; **Di m. fa il sarto**, he is a tailor by trade; **Che m. fa?**, what's his job (*o* occupation, trade)?; what does he do for a living? ***2*** (*abilità, tecnica*) skill; craftsmanship; (*esperienza*) experience: **avere m.**, to know one's job; to be skilled; to be skilled; to be experienced • **essere del m.**, to be in the same business; (*fig.*) to know the tricks of the trade □ **fare i mestieri (di casa)**, to do the housework □ (*fig.*) **È il mio m.**, it's my job □ **essere vecchio del m.**, to be an old hand (at st.).
mestìzia *f.* sadness; melancholy.
mèsto *a.* sad; melancholy.
mestolàta *f.* (*quantità*) ladleful.
méstolo *m.* ladle • (*fig.*) **avere il m. in mano**, to call the tune.
mestruàle *a.* menstrual; period (*attr.*): **dolori mestruali**, period pains.
mestruazióne *f.* menstruation Ⓤ; (menstrual) period (*sempre sing.*): **avere le mestruazioni**, to menstruate; to have one's period.
mèta *f.* ***1*** (*destinazione*) destination: **arrivare alla m.**, to reach one's destination ***2*** (*scopo*) goal, target, object; (*fine*) aim, end: **prefiggersi una m.**, to set oneself a goal (*o* an aim); **avere una m.**, to have an aim in view; **raggiungere la propria m.**, to reach (*o* to attain) one's goal; **senza m.**, aimless (*agg.*); aimlessly (*avv.*) ***3*** (*rugby*) try: **andare in m.**, to score a try.
metà *f.* ***1*** half*: **La m. di 6 è 3**, half of 6 is 3; **Due m. fanno un intero**, two halves make a whole; **la m. di una mela**, half an apple; **in m. tempo**, in half the time; **Ho molti libri ma ne ho letto solo la m.**, I have many books but I've only read half (of them); **Ho letto m. del libro**, I read half the book; **dividere a m.**, to divide in half; to halve; **dividere le spese a m.** (*o* **fare a m.**), to go halves; **tagliare a m.**, to cut in half ***2*** (*punto di mezzo*) middle • (*sport*) **m. campo**, (*centrocampo*) midfield; (*ciascuna m. del campo*) (a team's) half □ **a m.**, halfway (through); midway: **a m. del libro**, halfway through the book; **a m. mese**, halfway through the month; **a m. settimana**, by midweek; **a m. strada**, halfway; midway; **a m. (strada) tra qui e Roma**, midway between here and Rome □ **a m. prezzo**, at half price; half-price (*agg.*) □ **avere ragione solo a m.**, to be only half right □ **È vero solo a m.**, it's only half true □ **dire le cose a m.**, to leave some things unsaid; (*alludere*) to hint at things □ **fare le cose a m.**, to leave things half-finished (*o* half-done) □ **non fare le cose a m.**, not to do things by halves □ **fatto a m.**, half-finished; half-done □ (*scherz.*) **la mia m.**, my better half □ **piegare un foglio a m.**, to fold a sheet of paper in half.
metabòlico *a.* (*biol.*) metabolic.
metabolismo *m.* (*biol.*) metabolism.
metacàrpo *m.* (*anat.*) metacarpus*.
metadóne *m.* (*fam.*) methadon(e).
metafisica *f.* (*filos.*) metaphysics (*pl. col verbo al sing.*).
metafisico ***A*** *a.* metaphysical ***B*** *m.* (*f.* **-a**) metaphysician.
metàfora *f.* metaphor • **fuor di m.**, explicitly; in plain terms □ **parlare sotto m.**, to speak metaphorically (*o* figuratively).
metafòrico *a.* metaphoric(al); figurative: **linguaggio m.**, figurative language.
metalinguàggio *m.* (*ling.*) metalanguage.
metallàro *m.* heavy-metal fan.
metàllico *a.* (*di metallo*) metal (*attr.*); (*simile al m.*) metallic: **rivestimento m.**, metal plating; **brillio m.**, metallic glitter; **suono m.**, metallic sound; clang.
metallìfero *a.* metalliferous.
metallizzàto *a.* ***1*** metallized ***2*** (*contenente metalli*) metallic: **vernice metallizzata**, metallic paint ***3*** (*trattato con vernice metallizzata*) (sprayed) with metallic paint.
metàllo *m.* metal: **m. dolce [duro]**, soft [hard] metal; **m. fuso**, molten metal; **m. in lamiere**, sheet metal; **m. lavorato**, wrought metal.
metallòide *m.* (*chim.*) metalloid.
metallurgìa *f.* metallurgy; metalworking.
metallùrgico ***A*** *a.* metallurgic(al) ***B*** *m.* metalworker.
metalmeccànico ***A*** *a.* engineering (*attr.*) ***B*** *m.* metalworker; steelworker; engineering worker.
metamòrfico *a.* metamorphic.
metamorfismo *m.* (*geol.*) metamorphism.
metamòrfosi *f.* metamorphosis*.
metàno *m.* (*chim.*) methane.
metanodótto *m.* (*ind.*) methane pipeline.
metanòlo *m.* (*chim.*) methanol; methyl alcohol.
metapsìchica *f.* metapsychics (*pl. col verbo al sing.*).
metapsìchico *a.* metapsychic, metapsychical.
metàstasi *f.* (*med.*) metastasis*.
metastatizzàre *v. i.* (*med.*) to metastasize.
metatàrso *m.* (*anat.*) metatarsus*.
metempsicòsi *f.* metempsychosis.
metèora *f.* (*geogr., astron.*) meteor • **Il suo successo fu una m.**, his success was a flash in the pan □ **passare come una m.**, to be a nine days' wonder.
meteòrico *a.* (*anche fig.*) meteoric.
meteorismo *m.* (*med.*) meteorism.
meteorite *m. o f.* meteorite.
meteorologìa *f.* meteorology.
meteorològico *a.* meteorologic(al); weather (*attr.*): **carta meteorologica**, meteorological chart; **bollettino m.**, weather report; **previsioni meteorologiche**, weather forecast.
meteoròlogo *m.* (*f.* **-a**) meteorologist.
metìccio *m.* (*f.* **-a**) ***1*** (*biol.*) hybrid; cross ***2*** (*persona*) mestizo* (*spagn., f.* mestiza); half-caste.
meticolosità *f.* meticulousness; scrupulousness; (*pignoleria*) fastidiousness, fussiness (*fam.*).
meticolóso *a.* meticulous; scrupulous; (*pignolo*) fastidious, fussy (*fam.*), pernickety (*fam.*).
metìle *m.* (*chim.*) methyl.
metilène *m.* (*chim.*) methylene.
metìlico *a.* (*chim.*) methylic • **alcol m.**, methyl alcohol.
metòdica *f.* methodology; method.
metodicaménte *avv.* methodically.
metòdico *a.* methodical.
metodismo *m.* (*relig.*) Methodism.
metodìsta *m. e f.* (*relig.*) Methodist.
mètodo *m.* ***1*** method: **non avere m.**, to lack method ***2*** (*modo*) way: **m. di vita**, way of living; **metodi sbrigativi**, brisk ways; **Che metodi sono questi?**, what sort of behaviour is this? ***3*** (*manuale*) handbook • **m. di cura**, treatment.
metodologìa *f.* ***1*** methodology ***2*** (*metodo*) method.
metodològico *a.* methodological.
metonìmia *f.* metonymy.
metràggio *m.* length (in metres): **Che m. ha?**, what is the length in metres?; how long is it?
metratùra *f.* ***1*** (*lunghezza*) length (in metres) ***2*** (*area*) width (in square metres); measurement (in square metres): **appartamenti di varie metrature**, flats of various measurements (*o* sizes); **vendere a m.**, to sell by the metre [by the square metre].
mètrica *f.* metrics (*pl. col verbo al sing.*); prosody.
mètrico *a.* ***1*** (*mat.*) metric: **il sistema m. decimale**, the metric system ***2*** (*poesia*) metrical.
mètro (**1**) *m.* ***1*** metre, meter (*USA*): **m. quadrato [cubo]**, square [cubic] metre; **un m. e ottanta**, one metre eighty; **comprare a metri**, to buy by the metre ***2*** (*strumento per misurare*: *rigido*) rule; ruler; (*a nastro*) tape measure: **m. pieghevole**, folding rule; **m. da sarto**, tape measure ***3*** (*criterio*) criterion; yardstick; standard: **giudicare tutti con lo stesso m.**, to judge everyone by the same standards; **m. di giudizio**, criterion.
metro (**2**) *m.* (*poesia*) metre.
metro (**3**) *f. invar. V.* **metropolitana**.
metrònomo *m.* (*mus.*) metronome.
metronòtte *m. invar.* night watchman*.
metròpoli *f.* metropolis.
metropolìta *m.* (*eccles.*) metropolitan.
metropolitàna *f.* underground (*GB*); tube (*fam. GB*); subway (*USA*).
metropolitàno *a.* metropolitan; city (*attr.*); urban.
méttere ***A*** *v. t.* ***1*** to put*; (*porre*) to set*; (*in posizione orizzontale*) to lay*; (*in posizione verticale*) to stand*; (*collocare*) to place; (*disporre*) to arrange: **m. legna sul fuoco**, to put wood on the fire; **m. un'idea in testa a q.**, to put an idea into sb.'s head; **m. la firma su q.c.**, to put one's signature to st.; **mettersi le mani in tasca**, to put one's hands in (*o* into) one's pockets; **m. da parte q.c.**, to put (*o* to lay) st. aside; **m. le cose a posto**, to set things right; (*anche fig.*) **m. le mani su q.c.**, to lay hands on st.; **m. la tovaglia**, to lay the tablecloth; **m. una scala contro un muro**, to stand a ladder against a wall; **Ci mise a tagliare legna**,

he set us to chop wood; **m. in libertà**, to set free *2* (*anche* **mettersi**: *indossare*) to put* on; (*infilarsi, anche*) to slip on; (*portare*) to wear*: **Mettiti il cappotto**, put on your coat; **mettersi un anello al dito**, to slip a ring on one's finger; **Che cosa mi metto per la festa?**, what shall I wear for the party? *3* (*causare, incutere*) to cause; to put*; to make* (sb.) feel (+ *agg.*); to make* (sb. + *agg.*): **m. ribrezzo a**, to cause disgust in; **m. fiducia a**, to inspire confidence in; **m. soggezione a q.**, to make sb. feel uneasy; **m. fame a q.**, to make sb. hungry; **m. paura a q.**, to frighten sb. *4* (*installare*) to install; to lay* on: **m. il telefono**, to install the telephone; **m. il gas** [**la luce**], to lay on the gas [the electricity] *5* (*investire*) to put*; (*scommettere*) to bet*, to stake *6* (**metterci**: *impiegare*) to take* (*costruz. pers. o impers.*): **Ci metterò un'ora**, it will take me an hour; **Quanto ci si mette?**, how long does it take?; **Non metterci tanto!**, don't take too long *7* (*far pagare*) to charge (sb. for st.) *8* (*imporre*) to levy: to lay*: **m. una tassa su q.c.**, to levy a tax on st. *9* (*supporre*) to suppose: **Metti che non siano in casa**, suppose they are not in *10* (*paragonare*) to compare: **Non vorrai m. la mia bici con la sua**, how can you compare my bike to his?; **La mia è più leggera, vuoi m.**, mine is much lighter, there's no comparison • **m. a posto q.**, (*trovargli lavoro*) to find sb. a job; (*dargli una lezione*) to put sb. in his place □ **m. a punto**, to get ready; (*regolare*) to adjust; (*un motore*) to tune (up) □ **m. avanti** [**indietro**] **l'orologio**, to put the clock forward [back] □ **m. dentro q.** (*in galera*), to put sb. inside; to send down sb. (*GB*); to send up sb. (*USA*) □ **m. di mezzo q.**, to involve sb.; to drag sb. in □ (*telef.*) **m. giù**, to put down the receiver; to hang up □ **m. giù un appunto**, to jot down a note □ **m. giù due righe**, to scribble a line □ **m. in atto**, to implement; to carry out; to execute □ **m. in conto**, (*calcolare*) to calculate, to take into account, to bargain for; (*preventivare*) to estimate, to budget for □ **m. in dubbio**, to call into question; to cast doubts on; to question □ (*telef.*) **m. in linea**, to connect □ **m. in musica**, to set to music □ **m. in pericolo**, to endanger □ **m. in versi**, to put into verse □ (*fam.*) **m. insieme una cena**, to improvise (*o* to whip up) a meal □ **m. insieme una frase**, to make up a sentence □ **m. insieme un po' di denaro**, to scrape together some money □ **m. insieme qualche amico**, to get a few friends together □ **m. sotto q.**, (*investirlo*) to run sb. over; (*farlo lavorare*) to put sb. to work □ **m. su casa**, to set up house □ **m. su un negozio**, to set up a shop □ (*fam.*) **mettercela tutta**, to do one's very best; to work hard □ (*fam.*) **metterla giù dura**, to make a fuss about st.; to carry on about st.; to make a federal case out of st. (*USA*) □ **mettersi q. contro**, to make an enemy of sb. □ **Mettici un po di energia!**, put your back into it! □ **Come la mettiamo?**, what are we going to do about it?; (*come lo spieghi?*) what have you got to say about it? □ **Non ci metto niente a dirglielo in faccia**, I wouldn't think twice about telling him to his face ***B*** *v. i.* *1* (*sboccare*) to lead* (to) *2* (*sfociare*) to flow (into) ***C*** **méttersi** *v. rifl. e i. pron.* *1* to put* oneself; to place oneself; to get* oneself: **m. al posto di q.**, to put oneself in sb.'s place; **m. a proprio agio**, to put oneself at ease; **m. in contatto con q.**, to get in touch with sb.; to contact sb.; **m. nei guai**, to get into trouble; **m. con q.**, to join sb.; (*iniziare una relazione*) to start going out with sb., to take up with sb. *2* (*cominciare*) to start; to begin*; to set* to (st.); to set* about (doing st.): **m. a piangere**, to start crying; **m. al lavoro**, to set to work; to get down to work *3* (*volgere*) to turn out; to shape up: **Speriamo che le cose si mettano bene**, let's hope everything turns out well; **La cosa si sta mettendo bene**, things are shaping up well (*o* have taken a turn for the better); **Il tempo si sta mettendo al bello** [**al brutto**], the weather is clearing up [getting worse] • **m. a letto**, to go to bed; (*per malattia*) to take to one's bed □ **m. a sedere**, to sit down □ **m. in agitazione**, to get worked up □ **m. in cammino**, to set out □ **m. in moto**, (*di motore*) to start; (*avere inizio*) to get going; (*cominciare ad agire*) to stir oneself □ **m. in salvo**, to escape; to find refuge □ **m. sotto**, to get down to business.

mèzza *f.* *1* (*mezz'ora*) half-hour *2* (*mezzogiorno e mezzo*) half past twelve; twelve thirty.

mezzacalzétta *f.* (*spreg.*) mediocrity; second-rater.

mezzacartùccia *f.* (*spreg.*) squirt; pipsqueak; little creep.

mezzadrìa *f.* métayage (*franc.*); sharecropping.

mezzàdro *m.* métayer; sharecropper.

mezzàla *m.* (*calcio*) inside forward: **m. destra** [**sinistra**], inside right [left].

mezzalùna *f.* *1* half moon; crescent *2* (*emblema islamico*) crescent *3* (*cucina*) (crescent-shaped) chopping knife* • **a m.**, crescent-shaped.

mezzamànica *f.* *1* (*soprammanica*) oversleeve *2* (*manica corta*) short sleeve *3* (*al pl.*) (*spreg.*) pen pusher.

mezzàna *f.* *1* (*naut.*: *vela*) mizzen(-sail): **albero di m.**, mizzen mast *2* (*mediatrice*) go-between *3* (*ruffiana*) procuress.

mezzanìno *m.* (*archit.*) mezzanine (floor); entresol.

mezzàno ***A*** *a.* medium; mean; middle; middling ***B*** *m.* *1* (*mediatore*) mediator; go-between *2* (*ruffiano*) procurer.

mezzanòtte *f.* *1* midnight *2* (*punto cardinale*) north.

mezzerìa *f.* centre line.

mézzo ***A*** *a.* *1* (*metà dell'intero*) half: **mezza dozzina**, half a dozen; **mezz'ora**, half an hour; half-hour: **fra mezz'ora**, in half an hour; **l'ultima mezz'ora**, the last half hour; **Avevo già letto m. libro**, I had already read half the book; **due mezzi fogli**, two half-sheets; **un m. sorriso**, a half-smile; **mezze misure**, half measures; **mezza verità**, half-truth *2* (*medio*) middle; mean: **di mezza età**, middle-aged • (*fam.*) **mezz'e m.**, half-and-half; (*così così*) so-so □ **una mezza parola** (*un suggerimento*), a hint □ **a mezza via**, half-way □ **avere una mezza idea di fare q.c.**, to have half a mind to do st. □ **dare una mezza promessa**, to half-promise □ **non perdere m. minuto**, to lose no time □ **L'ha detto a m. mondo**, he told all and sundry □ **È stato un m. fiasco**, it was a bit of a fiasco ***B*** *avv.* half: **m. addormentato**, half asleep; **m. aperto**, half open, **m. matto**, half crazy ***C*** *m.* *1* (*metà*) half*: **Due mezzi fanno un intero**, two halves make a whole; **due bicchieri e m.**, two and a half glasses; **Ha sei anni e m.**, he is six and a half; **le quattro e m.**, half past four *2* (*parte centrale*) middle, midst; (*centro*) centre; (*giusto m.*) mean: **nel m. della stanza**, in the middle of the room; **nel m. dell'inverno**, in the midst of winter; **nel bel m.**, right in the middle *3* (*espediente*) means (*sing. o pl.*); (*modo*) way: **con mezzi onesti**, by fair means; **con qualsiasi m.**, by any means; **Il fine giustifica i mezzi**, the end justifies the means; **Non c'è m. di saperlo**, there is no way of knowing *4* (*fis., biol.*) medium* *5* (*al pl.*) (*denaro*) means: **vivere al di sopra dei propri mezzi**, to live beyond one's means; **avere mezzi**, to be well off; **I miei mezzi non me lo permettono**, I can't afford it *6* (*m. di trasporto*) means of transport; (*veicolo*) vehicle; (*al pl.*) transport Ⓤ; (*aeron., naut.*) craft*: **i mezzi pubblici**, public transport; **Prenderò un m.**, I'll take a bus or something; (*mil.*) **m. da sbarco**, landing craft; **m. corazzato**, armoured vehicle • **mezzi di comunicazione**, (*trasporti*) means of transport; (*di informazione*) media □ **a m. ferrovia**, by rail □ **a m. posta**, by post □ **andarci di m.**, to be (*o* to get) involved; (*scapitarci*) to suffer for it; (*essere incolpato*) to get blamed; (*essere in gioco*) to be at stake □ **esserci di m.**, to be involved (in st.) □ **fare a m. con q.**, to go halves (*o* fifty-fifty) with sb. □ **fare le cose a m.**, to leave things half-finished (*o* half-done) □ **in m. a**, in the middle of; in the midst of; amid(st); among: **in m. alla folla**, in the midst of the crowd; **in m. a tanti sconosciuti**, among so many strangers □ **mettersi di m.**, to interfere □ **mettersi in m.**, to come between; to intervene □ **per m. di**, by means of; by; through □ **il punto di m.**, the middle point; the centre □ (*leg.*) **ricorrere ai mezzi legali**, to take legal steps □ **tentare ogni m.**, to do everything in one's power □ **togliere di m. q.c.**, to take st. out of the way; (*sbarazzarsi*) to get rid of st. □ **togliersi di m.**, to get out of the way.

mezzobùsto *m.* *1* (*scult.*) bust *2* (*fam., TV*) newsreader.

mezzodì *V.* **mezzogiorno**.

mezzofondìsta *m. e f.* (*sport*) middle-distance runner.

mezzofóndo *m.* (*sport*) middle-distance race.

mezzogiórno *m.* *1* midday; noon; (*le dodici*) twelve (a.m.): **pasto di m.**, midday meal; **a m.**, at noon; **m. e un quarto**, a quarter past twelve *2* (*punto cardinale*) south: **il M.**, the South; (*della Francia*) the Midi.

mezzopùnto *m.* (*ricamo*) half cross stitch; tent stitch.

mezzosàngue *m. e f. invar.* half-breed; half-caste.

mezzosopràno *m.* (*mus.*) mezzo-soprano*; mezzo*.

mezzùccio *m.* mean expedient; low trick.

mi (1) *pron. pers. m. e f.* 1ª *pers. sing.* *1* (*compl. ogg.*) me;

(*compl. di termine*) (to) me: **Mi aiuti?**, can you help me?; **Dimmi**, tell me; **Non mi scrisse**, he didn't write to me; **Mi prendi le sigarette?**, will you get me some cigarettes?; **Mi tolsi gli occhiali**, I took off my glasses; **Mi sono fatto male a un piede**, I've hurt my foot ***2*** (*coi v. rifl.*) myself (*spesso omesso*): **Non mi diverto mai**, I never enjoy myself; **Mi devo lavare**, I must wash; **Mi devo pettinare**, I must comb my hair ***3*** (*coi v. i. pron. è idiom.*) — **Mi alzai**, I got up; **Non mi pento**, I don't regret it; I'm not sorry ***4*** (*con valore pleonastico*) — **Stammi bene!**, keep well!; **Mi farò una birra**, I'll have a beer.

mi (**2**) *m.* (*mus.*) E; (*nel solfeggio*) me.

miagolàre *v. i.* ***1*** to mew; to miaow; (*di gatto in amore*) to caterwaul ***2*** (*cantare male*) to caterwaul; (*suonare male*) to squeak.

miagolìo *m.* ***1*** mewing; miaowing ***2*** (*fig., di voce*) caterwauling; (*di strumento*) squeaking.

mialgìa *f.* (*med.*) myalgia.

miào *inter. e m.* miaow.

miàsma *m.* miasma*.

miasmàtico *a.* miasmal; miasmatic.

miastenìa *f.* (*med.*) myasthenia.

mica (**1**) *avv.* (*region.*) ***1*** (*rafforzativo della neg.*) at all; in the least; one bit (*fam.*): **Non sono m. stanco**, I am not in the least tired; **Non è m. cambiato**, he (*o* it) hasn't changed a bit ***2*** (*non*) not: **M. male!**, not bad! ***3*** (*nelle domande*) by any chance: **Hai m. visto le chiavi?**, have you seen the keys, by any chance?

mica (**2**) *f.* (*miner.*) mica.

miccia *f.* fuse.

michétta *f.* (*region.*) bread roll.

micia *f.* *V.* **micio**.

micidiàle *a.* deadly (*anche fig.*); mortal; fatal.

micio *m.* (*fam.*) cat; pussycat; pussy.

micologìa *f.* mycology.

micròbico *a.* (*biol.*) microbial; microbic.

microbiologìa *f.* microbiology.

microbo *m.* (*biol.*) microbe.

microchirurgìa *f.* microsurgery.

microcircùito *m.* (*tecn.*) microcircuit • **m. integrato**, integrated circuit.

microclìma *m.* (*meteor.*) microclimate.

microcòsmico *a.* microcosmic(al).

microcòsmo *m.* microcosm.

microcriminalità *f.* petty crime.

microelettrònica *f.* microelectronics (*pl. col verbo al sing.*).

microfibra *f.* (*chim.*) microfibre.

microfilm *m.* microfilm.

microfilmàre *v. t.* to microfilm.

microfonista *m. e f.* microphone technician.

micròfono *m.* microphone; mike (*fam.*): **parlare al m.**, to speak into a microphone.

microfotografìa *f.* ***1*** microphotography ***2*** (*riproduzione*) microphotograph.

micron *m.* micron.

microónda *f.* (*fis.*) microwave.

microprocessóre *m.* (*elab.*) microprocessor.

microrganìsmo *m.* microorganism.

microscòpico *a.* (*fis. e fig.*) microscopic.

microscòpio *m.* (*fis.*) microscope: **visibile al m.**, visible under a microscope.

microsecóndo *m.* microsecond.

microsólco *m.* ***1*** microgroove ***2*** (*disco a 33 giri*) long-playing record (*abbr.* LP); (*a 45 giri*) forty-five.

microspìa *f.* bugging device; bug.

midólla *f.* crumb.

midollàre *a.* (*anat.*) medullary; medullar.

midóllo *m.* (*pl.* **midólla** *f.*) ***1*** (*anat.*) medulla*; marrow: **m. spinale**, spinal marrow ***2*** (*bot.*) pith ***3*** (*fig.*) pith; backbone; core: **toscano fino al m.**, Tuscan to the core • **bagnato fino al m.**, soaked to the skin.

mièle *m.* honey • **essere tutto m.**, to be all sweetness and light; to be ooze friendliness.

mielina *f.* (*anat.*) myelin(e).

mielìte *f.* (*med.*) myelitis.

mielóso *a.* (*fig.*) sugary.

miètere *v. t.* ***1*** to reap; to mow; to harvest ***2*** (*ottenere, vincere*) to reap; to win: **m. allori**, to be showered with honours ***3*** (*abbattere*) to mow down; (*uccidere*) to kill: **m. vittime**, to kill many people; to cause many deaths.

mietitóre *m.* (*f.* **-trice**) reaper; mower; harvester.

mietitrebbiatrice *f.* (*agric.*) combine harvester.

mietitrìce *f.* (*agric.*) reaper; reaping machine; harvester.

mietitùra *f.* ***1*** (*il mietere*) reaping; mowing ***2*** (*messe*) harvest ***3*** (*periodo*) harvest (time).

migliàio *m.* (*pl.* **migliàia** *f.*) (about a) thousand: **un m. di persone**, about a thousand people; **centinaia di migliaia**, hundreds of thousands; **poche migliaia di lire**, a few thousand lire; **a migliaia**, in thousands.

mìglio (**1**) *m.* (*pl.* **mìglia** *f.*) ***1*** (*misura lineare*) mile: **m. geografico** [**marino**], geographical [sea *o* nautical] mile; **È a mezzo m. da qui**, it is half a mile from here; **Si sentiva il rumore a un m. di distanza**, the noise could be heard a mile away ***2*** (*pietra miliare*) milestone • **Ero lontano (le) mille miglia dal pensare...**, I was far from imagining that...; **Lo si vede lontano un m. che...**, you can see a mile off that...

miglio (**2**) *m.* (*bot.*) millet.

miglioraménto *m.* improvement; betterment: **un m. del tempo**, an improvement in the weather; **fare qualche m.**, to make improvements; **m. economico**, pay rise.

miglioràre ***A*** *v. t.* to improve; to better; (*emendare*) to mend ***B*** *v. i.* to improve; to get* better; to make* progress: **Se il tempo non migliora, non parto**, if the weather doesn't improve, I'm not leaving; **Il malato migliora**, the patient is getting better.

miglióre ***A*** *a.* ***1*** (*compar.*) better: **Non è m. di sua sorella**, she's no better than her sister; **È un pittore m. di me**, he is a better painter than I am; **molto** [**un po'**] **m.**, much [a little] better ***2*** (*superl. relat.*) (the) best; (*fra due*) (the) better: **la mia m. amica**, my best friend; **Questo è il modo m.**, this is the best way; **il m. in assoluto**, by far the best; **nel m. dei modi**, in the best possible way; **con i miei migliori saluti**, (wishing you) all the best ***B*** *m. e f.* (the) best: **Vinca il m.**, may the best man win.

migliorìa *f.* improvement: **apportare delle migliorie**, to make improvements.

mignàtta *f.* (*zool.*) leech; bloodsucker.

mìgnolo *m.* ***1*** (*della mano*) little finger; pinkie (*USA*) ***2*** (*del piede*) little toe.

mignon (*franc.*) *a. invar.* miniature (*attr.*).

migràre *v. i.* to migrate.

migratóre ***A*** *m.* (*f.* **-trice**) migrator; migrant ***B*** *a.* migratory; migrant: **uccello m.**, migratory bird.

migratòrio *a.* migratory.

migrazióne *f.* migration.

milanése *a., m. e f.* Milanese: **i milanesi**, the Milanese.

miliardàrio *m.* billionaire.

miliàrdo *m.* billion • **Te l'ho detto un m. di volte**, I told you a million times.

miliàre *a.* — (*anche fig.*) **pietra m.**, milestone.

milionàrio *m.* (*f.* **-a**) millionaire.

milióne *m.* million: **sei milioni di abitanti**, six million inhabitants; **milioni di persone**, millions of people • **un m. di scuse**, a thousand apologies □ **fare i milioni a palate**, to make money hand over fist.

milionèsimo *a. num. ord. e m.* millionth.

militànte *a., m. e f.* militant.

militànza *f.* militancy.

militàre (**1**) ***A*** *a.* military: **disciplina m.**, military discipline; **la vita m.**, military life; **servizio m.**, military (*o* national) service • **arte m.**, art of war □ **marina m.**, navy ***B*** *m.* soldier • **m. di carriera**, regular soldier □ **m. di leva**, young man doing military service; national serviceman (*GB*) □ **fare il m.**, to do military service; to be in the army.

militàre (**2**) *v. i.* ***1*** to serve (in the army) ***2*** (*fig.*) to be a militant member (of); to be an active supporter (of) ***3*** (*sport*) to play.

militarésco *a.* military; (*da soldato*) soldierly, soldier-like: **disciplina militaresca**, military discipline; **portamento m.**, soldierly bearing.

militarìsmo *m.* militarism.

militarista *m., f. e a.* militarist.

militarizzàre *v. t.* to militarize.

militarizzazióne *f.* militarization.

militarménte *avv.* militarily: **occupare m. un paese**, to occupy a country militarily; **salutare m.**, to salute.

mìlite *m.* militiaman*; (*soldato*) soldier; (*guerriero*) warrior:

il M. Ignoto, the Unknown Soldier.
militesènte *a.* (*bur.*) exempt from military service.
milìzia *f.* force; (*esercito*) army; (*al pl.*: *truppe*) troops: **m. aerea**, air force; **m. terrestre**, army; **le milizie regolari**, the regular army; **milizie mercenarie**, mercenary troops; **m. civile**, militia.
miliziàno *m.* militiaman*.
millantàre ***A*** *v. t.* to boast of (*o* about); (*lodare esageratamente*) to extol, to magnify ***B*** **millantàrsi** *v. rifl.* to boast; to brag.
millantàto *a.* — (*leg.*) **m. credito**, false pretences.
millantatóre *m.* (*f.* **-trice**) boaster; braggart.
millanterìa *f.* ***1*** (*il millantare*) boasting; bragging ***2*** (*parole*) boast; brag.
mille *a. num. card. e m.* thousand: **m. lire**, a thousand lire; **m. e m. volte**, thousands of times; **uno su** (*o* **fra**) **m.**, one in a thousand • (*letter.*) **«Le Mille e una notte»**, «The Arabian Nights»; «The Thousand and One Nights» □ **M. grazie!**, many thanks!; thanks a lot! □ **cose da m. e una notte**, the most fantastic (*o* incredible) things □ **avere m. pensieri**, to have a thousand things to worry about; to be full of worries □ **l'8 per m.**, 0.8 per cent.
millefòglie *m. invar.* ***1*** (*bot.*) milfoil; yarrow ***2*** (*cucina*) mille-feuille (*franc.*); napoleon (*USA*).
millenàrio ***A*** *a.* millenary; a thousand years old (*pred.*); thousand-year-old (*attr.*) ***B*** *m.* millennium*; thousandth anniversary.
millènnio *m.* millennium*.
millepièdi *m.* (*zool.*) millipede, millepede.
millerìghe *m. invar.* (*tessuto*) ribbed piqué.
millèsimo ***A*** *a. num ord.* thousandth ***B*** *m.* thousandth; millesimal.
milleusi *a.* multipurpose.
milligràmmo *m.* milligramme, milligram.
millilitro *m.* millilitre, milliliter (*USA*).
millimetràto *a.* divided into millimetres • **carta millimetrata**, graph paper.
millimètrico *a.* millimetric • **precisione millimetrica**, mathematical precision.
millìmetro *m.* millimetre, millimeter (*USA*) • (*anche fig.*) **calcolato al m.**, calculated to the (*o* to within a) millimetre.
milza *f.* (*anat.*) spleen.
mimàre *v. t.* to mime.
mimètico *a.* ***1*** mimetic ***2*** (*che mimetizza*) camouflage (*attr.*): (*mil.*) **tuta mimetica**, camouflage combat suit.
mimetismo *m.* (*zool.*) mimicry; camouflage.
mimetizzàre ***A*** *v. t.* to camouflage ***B*** **mimetizzàrsi** *v. rifl.* to camouflage oneself.
mimetizzazióne *f.* camouflage; (*zool., bot, anche*) mimicry.
mìmica *f.* mime (*anche teatr.*); (*gesti*) gestures (*pl.*) • **m. facciale**, facial expressions (*pl.*).
mìmico *a.* mimic • (*teatr.*) **arte mimica**, mime □ **linguaggio m.**, language of gestures.
mìmo *m.* ***1*** (*teatr.*: *numero e attore*) mime ***2*** (*zool.*) mockingbird.
mimósa *f.* (*bot.*) mimosa.
mìna *f.* ***1*** (*anche mil., naut.*) mine: **m. anticarro**, anti-tank mine; **m. antiuomo**, anti-personnel mine; **m. galleggiante**, floating mine; **m. terrestre**, landmine; **collocare una m.**, to lay a mine ***2*** (*di matita*) lead • (*fig.*) **m. vagante**, time bomb; (*di persona*) loose cannon.
minàccia *f.* threat; menace: **fare delle minacce**, to utter threats; to threaten • **parole di m.**, threatening words □ **sotto la m. di una pistola** [**di un coltello**], at gunpoint [at knifepoint].
minacciàre *v. t.* to threaten; to menace: **m. d'uccidere q.**, to threaten to kill sb.; **Minaccia un temporale**, a storm is threatening.
minacciosaménte *avv.* threateningly; menacingly.
minacciόso *a.* threatening; menacing.
minàre *v. t.* to mine; to undermine (*anche fig.*) • **m. la reputazione di q.**, to undermine (*o* to ruin) sb.'s reputation.
minaréto *m.* minaret.
minatóre *m.* ***1*** miner; pitman*; (*di carbone*) collier ***2*** (*mil.*) sapper.
minatòrio *a.* minatory; menacing; threatening.
minchionàre *v. t.* (*fam.*) to tease; to make* fun (of); to pull (sb.'s) leg.
minchióne (*fam.*) ***A*** *m.* simpleton; ninny; nincompoop ***B*** *a.* gullible; credulous; simple-minded.
minchionerìa *f.* (*fam.*) ***1*** (*minchionaggine*) gullibility; credulity ***2*** (*atto da minchione*) foolish action; (piece of) nonsense.
minerale ***A*** *a.* mineral: **acqua m.**, mineral water; **il regno m.**, the mineral kingdom ***B*** *m.* mineral; (*da cui si può estrarre un metallo*) ore: **m. di ferro**, iron ore.
mineralizzàre *v. t.*, **mineralizzàrsi** *v. i. pron.* to mineralize.
mineralogìa *f.* mineralogy.
minieràrio *a.* mining.
minèstra *f.* soup • (*fig.*) **m. riscaldata**, rehash □ (*fig.*) **trovare la m. bell'e pronta**, to have st. offered on a silver plate.
minestróne *m.* ***1*** thick vegetable soup; minestrone ***2*** (*fig.*) hotchpotch; jumble.
mingere *v. i.* to urinate; to micturate.
mingherlìno *a.* slight; thin; (*gracile*) gracile, puny.
miniallòggio, **miniappartaménto** *m.* flatlet.
miniàre *v. t.* ***1*** (*codici*) to illuminate ***2*** (*pitt.*) to paint with great finesse ***3*** (*descrivere*) to describe in detail.
miniàto *a.* illuminated.
miniatóre *m.* (*f.* **-trice**) miniaturist; (*di codici*) illuminator.
miniatùra *f.* miniature; (*di codice*) illumination • **in m.**, in miniature; miniature (*attr.*).
miniaturista *m. e f.* miniaturist.
miniaturizzàre *v. t.* to miniaturize.
miniaturizzàto *a.* miniaturized.
minibus *m. invar.* minibus.
minièra *f.* (*anche fig.*) mine: **m. a cielo aperto**, opencast mine; **m. di carbone**, coal mine; colliery; (*anche fig.*) **m. d'oro**, goldmine; **m. di notizie**, mine of information.
minigòlf *m. invar.* (*gioco*) miniature golf.
minigónna *f.* miniskirt.
mìnima *f.* ***1*** (*mus.*) minim (*GB*); half-note (*USA*) ***2*** (*meteor.*) minimum* ***3*** (*med., di pressione*) diastolic pressure.
minimàle ***A*** *a.* minimal ***B*** *m.* minimum.
minimalista *m.* (*polit., letter.*) minimalist.
minimaménte *avv.* in the least; at all: **Non ci penso m.**, I'm not thinking about it at all; I haven't the least intention (of doing it); **Non è m. interessato**, he isn't in the least interested.
minimizzàre *v. t.* to minimize; to play down; to make* light of: **m. un incidente**, to play down an incident; **m. una difficoltà**, to make light of a difficulty.
mìnimo ***A*** *a. superl.* ***1*** (*il più piccolo*) least, smallest, slightest; (*il più basso*) lowest, minimum (*attr.*): **Non c'è la** (**benché**) **minima differenza**, there isn't slightest difference; **Non ne ho la minima idea**, I haven't the slightest (*o* faintest) idea; **il prezzo m.**, the lowest price; **la temperatura minima**, the lowest (*o* minimum) temperature; **ogni m. errore**, the slightest mistake; (*mat.*) **m. comun denominatore**, lowest (*o* least) common denominator ***2*** (*piccolissimo*) very small, very little; (*lievissimo*) very slight; (*bassissimo*) very low: **una quantità minima**, a very small quantity; **La differenza è minima**, the difference is very slight (*o* minimal); there is very little (*o* hardly any) difference; **a un prezzo m.**, at a very low price; very cheaply ***B*** *m.* ***1*** minimum; (*la minima cosa*) least: **per un m. di tre giorni al mese**, for a minimum of three days a month; **È il m. che io possa fare**, it is the least I can do; **un m. di buon senso**, a modicum of common sense ***2*** (*di motore*) lowest gear; idling: **motore al m.**, idling engine; **girare al m.**, to tick over; to idle; **Il motore non tiene il m.**, the engine keeps stalling • **m. di paga**, minimum wage □ **il m. della pena**, the minimum sentence □ **m. storico**, all-time low □ **m. vitale**, bare subsistence level □ **come m.**, at (the very) least.
mìnio *m.* (*chim.*) minium; red lead.
ministeriàle *a.* ministerial; departmental: **crisi m.**, ministerial (*o* cabinet) crisis.
ministèro *m.* ***1*** (*settore amministrativo dello Stato*) ministry; (government) department: **M. degli** (**affari**) **esteri**, Ministry of Foreign Affairs; (*in G.B.*) Foreign and Commonwealth Office, Foreign Office; (*in U.S.A.*) Department of State; **M. degli** (**affari**) **interni**, Ministry of the Interior (*o* of Internal Affairs); (*in G.B.*) Home Office; **M. della difesa**, Ministry of Defence; (*in U.S.A.*) Department of Defense; **M. dell'agricoltura**, Ministry of Agriculture; (*in*

G.B.) Ministry of Agriculture and Fisheries; (*in U.S.A.*) Department of Agriculture; **M. della pubblica istruzione**, Ministry of Education; (*in G.B.*) Department of Education and Science; (*in U.S.A.*) Department of Education: **M. delle finanze**, Ministry of Finance; (*in G.B.*) Exchequer; (*in U.S.A.*) Department of the Treasury; **M. di grazia e giustizia**, Ministry of Justice; (*in G.B. vi corrispondono due dicasteri*) Home Office, Lord Chancellor's Department; (*in U.S.A.*) Department of Justice ***2*** (*governo*) government; (*gabinetto*) cabinet: **sotto il m. Crispi**, under the Crispi government ***3*** (*ufficio*) office; (*funzione*) function(s) ***4*** (*eccles.*) ministry • (*leg.*) **Pubblico M.**, Public Prosecutor; Prosecuting Attorney (*USA*).

minìstro *m.* ***1*** (*polit.*) minister: (*in G.B., anche*) secretary of state; (*in U.S.A.*) secretary: **Primo M.**, Prime Minister; (*in G.B., anche*) Premier; **m. senza portafoglio**, minister without portfolio; **M. degli (affari) esteri**, Minister for Foreign Affairs; (*in G.B.*) Secretary of State for Foreign and Commonwealth Affairs, Foreign Secretary; (*in U.S.A.*) Secretary of State; **M. degli (affari) interni**, Minister of the Interior; (*in G.B.*) Secretary of State at the Home Office, Home Secretary; **M. dell'agricoltura**, Minister of Agriculture; (*in G.B.*) Minister of Agriculture and Fisheries; (*in U.S.A.*) Secretary of Agriculture; **M. della difesa**, Minister of Defence; (*in G.B.*) Secretary of State for Defence, Defence Secretary; (*in U.S.A.*) Secretary of Defense; **M. delle finanze**, Minister of Finance; (*in G.B.*) Chancellor of the Exchequer; (*in U.S.A.*) Secretary of the Treasury; **M. della Pubblica Istruzione**, Minister of Education; (*in G.B.*) Minister of Education and Science; (*in U.S.A.*) Secretary for Education; **M. di grazia e giustizia**, Minister of Justice; (*in G.B. vi corrispondono due figure*) Home Secretary, Lord High Chancellor; (*in U.S.A.*) Attorney General; **Consiglio dei ministri**, Council of Ministers; (*in G.B.*) Cabinet ***2*** (*eccles.*) minister; priest; (*titolo*) minister, pastor: **m. del culto**, minister (of religion) ***3*** (*amministratore, somministratore*) administrator ***4*** (*diplomazia*) minister.

minorànza *f.* minority: **essere in m.**, to be in a minority.

minoràto ***A*** *a.* disabled; handicapped ***B*** *m.* (*f.* **-a**) disabled person; handicapped person: **m. fisico**, physically handicapped person; **m. psichico**, mentally handicapped person.

minorazióne *f.* (*invalidità*) disablement; disability; handicap: **m. psichica**, mental handicap.

minóre ***A*** *a.* ***1*** (*compar.*) (*più piccolo*) smaller, less, lesser; (*più basso*) lower; (*più corto*) shorter; (*più lento*) slower; (*più giovane*) younger; (*meno importante*) less important; lesser: **La parte è m. del tutto**, a part is smaller than the whole; **in misura m.**, to a smaller extent; **di peso m.**, of lesser weight; **sei è m. di dieci**, six is less than ten; **con m. attenzione**, with less attention; **a una velocità m.**, at a slower speed; **È m. di me**, he is younger than I am; **poeta m.**, minor poet; **le opere minori di Dante**, Dante's minor works ***2*** (*superl. relat.*) (*il più piccolo*) (the) smallest, (*fra due*) (the) smaller; (*il più basso*) (the) lowest, (*fra due*) (the) lower; (*il più corto*) (the) shortest, (*fra due*) (the) shorter; (*il più lento*) (the) slowest, (*fra due*) (the) slower; (*il più giovane*) (the) youngest, (*fra due*) (the) younger: **il male m.**, the lesser evil; **il percorso m.**, the shortest route; **il m. tempo**, the shortest time; **al m. prezzo**, at the lowest price; **il figlio m.**, the youngest [younger] son; **Catone il M.**, Cato the Younger ***3*** (*mus.*) minor: **terza m.**, minor third; **la m.**, A minor • (*leg.*) **m. età**, minority □ **arti minori**, decorative arts; (*nel Medioevo*) Lesser Arts □ **edizione m.**, shorter edition □ (*eccles.*) **ordini minori**, minor orders ***B*** *m. e f.* ***1*** (*di età*) youngest; (*fra due*) younger ***2*** (*leg.*) person under age; child*; minor • **vietato ai minori di 18 anni**, forbidden to people under 18; (*di film*) X-rated.

minorènne (*leg.*) ***A*** *a.* under age (*pred.*) ***B*** *m. e f.* minor; under-age person • **tribunale dei minorenni**, juvenile court.

minorìle *a.* juvenile: **delinquenza m.**, juvenile delinquency.

minorità *f.* (*leg.*) minority; nonage.

minoritàrio *a.* of the minority; minority (*attr.*).

minuétto *m.* (*mus.*) minuet.

minùgia *f.* gut; catgut.

minùscola *f.* small letter; (*tipogr.*) lower-case letter: **scrivere un nome con la m.**, to write (*o* to begin) a name with a small letter.

minùscolo ***A*** *a.* ***1*** (*di lettera*) small; (*tipogr.*) lower-case ***2*** (*piccolo*) very small; minute; tiny ***B*** *m.* small letters (*pl.*); (*tipogr.*) lower case.

minùta *f.* draft; rough copy.

minutàglia *f.* bits and pieces (*pl.*); odds and ends (*pl.*).

minutaménte *avv.* minutely; in detail.

minuterìa *f.* ***1*** (*ninnoli*) trinkets (*pl.*); knick-knacks (*pl.*) bric-à-brac ***2*** (*mecc.*) small parts (*pl.*).

minùto (1) ***A*** *a.* ***1*** (*piccolo*) minute; (very) small; tiny; (*sottile*) slender, fine; (*delicato*) delicate: **minuti frammenti**, minute fragments; **di ossatura minuta**, fine-boned; **lineamenti minuti**, delicate features ***2*** (*particolareggiato*) minute; detailed; accurate • **legna minuta**, kindling □ **minute spese**, small expenses ***B*** *m.* (*comm.*) retail: **prezzi al m.**, retail prices; **vendere al m.**, to sell retail.

minùto (2) *m.* minute: **mezzo m.**, half a minute; **Mancano dieci minuti alle sei**, it is ten to (*USA, anche* of) six; **Sono le sei e sette minuti**, it is seven minutes past (*USA, anche* after) six; **Torno tra un m.**, I'll be back in a minute; **a cinque minuti da qui**, five minutes from here • **avere i minuti contati**, (*avere fretta*) to be in a hurry; (*essere vicino alla fine*) to be near the end □ **Sarà qui da un m. all'altro**, he'll be here any minute now □ **di m. in m.**, by the minute □ **non avere un m. di pace**, to have no peace □ **Non c'è un m. da perdere!**, there's no time to lose! □ **Mi fa domande ogni due minuti**, he keeps asking me things □ **spaccare il m.**, (*di orologio*) to keep perfect time; (*essere puntuale*) (always) to be dead on time.

minùzia *f.* minute detail; (*al pl., anche*) minutiae; (*dettaglio da poco*) trivial (*o* minor) trifle; (*bagatella*) bagatelle, trifle.

minuziosaménte *avv.* minutely; in great detail; meticulously.

minuziosità *f.* meticulousness; minuteness.

minuzióso *a.* (*attento*) minute; careful; (*dettagliato*) meticulous, detailed: **esame m.**, minute (*o* careful) examination; **osservatore m.**, meticulous observer; **disegno m.**, meticulous (*o* detailed) drawing.

minùzzolo *m.* scrap; bit; morsel.

minzióne *f.* (*fisiol.*) urination; micturition.

mìo ***A*** *a. poss. 1ª pers. sing.* ***1*** my; (*mio proprio*) my own: **mio padre**, my father; **mia madre**, my mother; **i miei pensieri**, my thoughts; **un mio amico**, a friend of mine; one of my friends; **figlio mio**, my son; **quei miei libri**, those books of mine; **una casa (tutta) mia**, a house of my own ***2*** (*pred. nominale*) mine; my own: **Questa casa è mia**, this house is mine (*o* my own) ***B*** *pron. poss.* ***1*** mine: **i vostri libri e i miei**, your books and mine; **Non ho niente di mio**, I have nothing of my own ***2*** (*denaro, averi, ecc.*) my own (money); what is mine; (*quello che ho*) what I have ***3*** (*in diverse forme ellittiche*) — **la mia del 10 u. s.**, my letter of the 10th last; **Ho avuto le mie** (*disgrazie*), I've had my own share of trouble; **Tom è dalla mia**, Tom is on my side ***4*** (*al pl.*) — **i miei**, (*genitori*) my parents; (*parenti*) my relatives; (*famiglia*) my family, my folk (*fam.*); (*seguaci*) my followers, my supporters.

miocàrdio *m.* (*anat.*) myocardium*.

mìope ***A*** *a.* (*anche fig.*) short-sighted; myopic ***B*** *m. e f.* short-sighted person.

miopìa *f.* (*anche fig.*) short-sightedness; myopia.

mìra *f.* ***1*** aim: **prendere la m.**, to take aim; **prendere di m. q.c.**, to take aim at st.; **prendere di m. q. col fucile**, to aim one's rifle at sb. ***2*** (*scopo*) aim; (*disegno*) design: **mire ambiziose**, ambituous aims; **avere delle mire su q.c.**, to have designs on st. ***3*** (*mirino*) sight • **avere buona m.**, to be a good shot □ **congegno di m.**, sight □ (*fig.*) **prendere di m. q. [q.c.]**, to pick on sb. [st.].

miràbile *a.* admirable; wonderful; marvellous.

mirabìlia *f. pl.* mirabilia; wonders: **fare m.**, to work (*o* to do) wonders; **dire m. di q.**, to praise sb. to the skies.

mirabolànte *a.* astonishing; astounding; amazing.

miracolàto *m.* miraculously cured person.

miràcolo *m.* miracle; (*fig., anche*) wonder: **fare (*o* compiere) miracoli**, to work (*o* to perform) miracles; (*fig.*) to work wonders; **m. economico**, economic miracle • **cavarsela per m.**, to have a miraculous escape; to escape by the skin of one's teeth □ **Che m.!**, how marvellous!; how lucky! □ **gridare al m.**, to hail st. as a miracle □ **Per un m. non ci sono state vittime**, miraculously, no one was killed.

miracolosaménte *avv.* miraculously; by a miracle.

miracolóso *a.* miraculous; prodigious; portentous: **guarigione miracolosa**, miraculous recovery; **cura miracolosa**, miracle cure.
miràggio *m.* (*anche fig.*) mirage.
miràre ***A*** *v. i.* ***1*** to take* aim; to aim (at): **m. accuratamente**, to take careful aim; **m. a un barattolo**, to aim at a tin can ***2*** (*fig.*) to aim (at); to set* one's sights (on): **Rossi mira alla presidenza**, Rossi is aiming at (*o* has set his sights on) the presidency; **non m. ad altro che**, to have no other aim than; **A che cosa miri?**, what have you got in mind? ***B*** *v. t.* (*lett.*) to admire; to gaze (at, on, upon).
miràto *a.* aimed at (*pred.*); targeted: **pubblicità mirata ai giovani**, advertising campaign aimed at the young; **terapia mirata**, targeted therapy.
mirìade *f.* myriad; multitude.
mirìno *m.* (*di arma da fuoco, di strumento ottico*) sights (*pl.*); (*di apparecchio fotografico*) viewfinder • (*anche fig.*) **avere il m. puntato su q.c.**, to have st. in one's sights □ (*fig.*) **essere nel m. di q.**, to be singled out by sb. □ **È nel mirino della Mafia**, the Mafia are out to get him.
mìrra *f.* myrrh.
mirtìllo *m.* (*bot.*) bilberry; whortleberry.
mìrto *m.* (*bot.*) myrtle.
misantropìa *f.* misanthropy.
misantròpico *a.* misanthropic(al).
misàntropo *m.* misanthrope; misanthropist.
miscèla *f.* mixture (*anche autom.*); (*alimentare*) mix; (*di caffè, tè, tabacco*) blend.
miscelàre *v. t.* to mix; (*caffè, tè, tabacco*) to blend.
miscelatóre ***A*** *m.* mixer ***B*** *a.* mixing.
miscelatùra *f.* mixing; blending.
miscellànea *f.* miscellany (*anche letter.*); mixture; medley.
miscellàneo *a.* miscellaneous.
mìschia *f.* ***1*** (*combattimento*) fight; (*anche fig.*) fray, scramble: **gettarsi nella m.**, to join the fight; to enter the fray; **al di sopra della m.**, above the fray; **m. generale**, free--for-all ***2*** (*rugby*) scrummage; scrum.
mischiàre ***A*** *v. t.* ***1*** to mix; (*miscelare*) to blend: **m. vino e acqua**, to mix wine and water; **m. diverse qualità di tè**, to blend different kinds of tea ***2*** (*mettere in disordine*) to mix up • **m. le carte** (*da gioco*), to shuffle the cards ***B*** **mischiàrsi** *v. i. pron.* to mix; (*mescolarsi*) to mingle; (*miscelarsi*) to blend; **m. tra la folla**, to mingle with the crowd.
misconóscere *v. t.* ***1*** (*disconoscere*) not to acknowledge ***2*** (*non apprezzare*) to underestimate; to disregard.
miscredènte ***A*** *a.* ***1*** (*non credente*) unbelieving ***2*** (*spreg.*) irreligious; godless; ungodly ***B*** *m. e f.* ***1*** (*ateo*) unbeliever ***2*** (*spreg.*) godless person.
miscùglio *m.* ***1*** mixture ***2*** (*fig.*) mixture; jumble; hotchpotch; mish-mash (*fam.*).
mise (*franc.*) *f. invar.* outfit; get-up (*fam.*).
miseràbile ***A*** *a.* ***1*** (*povero*) poor, needy; (*squallido*) squalid: **m. tugurio**, squalid hovel ***2*** (*disgraziato*) wretched; miserable; poor; (*miserevole*) pitiful, pitiable: **vita m.**, miserable (*o* wretched) life; **stato m.**, pitiful state ***3*** (*meschino*) mean; petty; (*spregevole*) despicable, vile ***B*** *m. e f.* ***1*** (*povero*) poor wretch ***2*** (*spreg.*) despicable individual.
miseràndo, miserévole *a.* pitiful; pitiable.
misèria *f.* ***1*** (*povertà*) poverty; destitution; squalor: **nella più squallida m.**, in extreme poverty; in utter squalor; **ridursi in m.**, to be reduced to poverty; **nera m.**, dire poverty ***2*** (*meschinità*) meanness; pettiness ***3*** (*al pl.*) (*infelicità*) suffering; troubles; (*male*) evil ***4*** (*inezia*) trifle: **costare una m.**, to cost next to nothing • **piangere m.**, to plead poverty □ (*fam.*) **Porca m.!**, damn! ATTENZIONE: **miseria** ≠ misery.
misericòrdia *f.* mercy: **opere di m.**, works of mercy; **avere m. di q.**, to have mercy (up)on sb. • **M.!**, my goodness!; goodness gracious! □ **senza m.**, merciless (*agg.*); mercilessly (*avv.*).
misericordióso *a.* merciful.
mìsero *a.* ***1*** (*povero*) poor; miserable; (*penoso*) pitiful, sorry: **m. tugurio**, miserable slum; **in m. stato**, in a sorry state ***2*** (*infelice*) wretched, unhappy; (*sventurato*) poor, unfortunate ***3*** (*scarso*) poor; miserable; scanty; paltry: **misera paga**, miserable pay; **misera scusa**, paltry excuse.
misfàtto *m.* misdeed; (*delitto*) crime.
misoginìa *f.* misogyny.
misògino ***A*** *a.* misogynous ***B*** *m.* misogynist.
missàggio *m.* (*cinem., TV*) mixing • **tecnico del m.**, mixer.
missàre *v. t.* (*cinem., TV*) to mix.
mìssile *a. e m.* missile.
missilìstica *f.* rocketry.
missilìstico *a.* missile (*attr.*).
missionàrio *a. e m.* (*f.* **-a**) missionary.
missióne *f.* ***1*** (*eccles., mil., diplomatico*) mission: **essere in m.**, to be on a mission ***2*** (*compito*) duty; task; (*attività scelta come vocazione*) duty in life, mission • **m. compiuta**, mission accomplished □ (*bur.*) **indennità di m.**, travel allowance.
missìva *f.* (*lett.*) letter; (*scherz.*) missive.
mister (*ingl.*) *m. invar.* (*sport; allenatore*) team manager; coach; boss (*fam.*).
misterióso *a.* mysterious; (*enigmatico*) puzzling • **fare il m.**, to be mysterious.
mistèro *m.* ***1*** mystery; (*enigma*) enigma, puzzle; (*segreto*) secret: **Quell'uomo è un m.**, that man is an enigma; **uomo del m.**, mystery man ***2*** (*teatr.*) mystery play • **fare m. di q.c.**, to be secretive about st.; to keep st. secret.
mìstica *f.* ***1*** mystic theology ***2*** (*misticismo*) mysticism ***3*** (*letteratura mistica*) mystical writings (*pl.*).
misticìsmo *m.* mysticism.
mìstico ***A*** *a.* ***1*** mystic; mystical ***2*** (*spirituale*) spiritual ***B*** *m.* (*f.* **-a**) mystic.
mistificàre *v. t.* ***1*** (*falsificare*) to misrepresent; to distort ***2*** (*ingannare*) to deceive.
mistificatóre *m.* (*f.* **-trice**) ***1*** (*falsificatore*) falsifier ***2*** (*impostore*) impostor; (*ingannatore*) deceiver; hoaxer.
mistificazióne *f.* ***1*** (*falsificazione*) falsification; distortion ***2*** (*inganno*) deception; hoax.
mìsto ***A*** *a.* mixed; (*di scuola, anche*) coeducational; (*assortito*) assorted: **fritto m.**, mixed fry; **economia mista**, mixed economy; **classe mista**, mixed class; **commissione mista**, joint committee ***B*** *m.* ***1*** mixture: **fare tutt'un m.**, to make a mixture ***2*** (*ind. tess.*) blend: **m. lana**, wool blend.
mistùra *f.* mixture; (*spreg.*) concoction.
misùra *f.* ***1*** measure; measurement: **pesi e misure**, weights and measures; **misure di lunghezza [di superficie, di volume]**, linear [square, cubic] measures; **unità di m.**, unit of measurement; **prendere le misure di q.c.**, to measure st.; to take the measurements of st.; **prendere le misure a q. per q.c.**, to measure sb. for st. ***2*** (*taglia*) size: **Che m. porti?**, what size do you take?; what's your size?; **della stessa m.**, the same size ***3*** (*provvedimento*) measure; step: **m. drastica [precauzionale]**, drastic [precautionary] measure; **prendere le misure necessarie**, to take the necessary steps ***4*** (*strumento per misurare*) measure; gauge, gage (*USA*) ***5*** (*grado*) degree; (*limite*) limit, bound, extent: **passare la m.**, to go too far; to exceed all bounds; to overstep all limits; **non conoscere m.**, to know no bounds; **in larga m.**, to a great extent ***6*** (*criterio*) criterion*; standard; test ***7*** (*moderazione*) moderation • **a m. che** (*a mano a mano che*), as □ **a m. d'uomo**, built for people; on a human scale □ **colmare la m.**, to go too far □ **di m. inferiore al normale**, undersize (*agg.*) □ **di m. media**, medium--sized (*agg.*) □ **di stretta m.**, close (*agg.*), narrow (*agg.*); closely, narrowly (*avv.*) □ (**fatto**) **su m.**, custom-made; (*di abito, scarpe*) made to measure □ **fuori m.**, outsize (*agg.*); (*fig.*) excessive (*agg.*) □ (*fig.*) **mezze misure**, half-measures □ **nella m. in cui**, to the extent that; insofar as □ **vincere di m.**, to win by a narrow margin □ (*fig.*) **La m. è colma**, that's the limit!; you've [they've] gone too far!
misuràbile *a.* measurable.
misuràre ***A*** *v. t.* ***1*** to measure; (*tecn.*) to gauge, to gage (*USA*); (*terreno*) to survey: **m. una distanza**, to measure a distance; **Misurò due metri di stoffa**, he measured out two metres of cloth ***2*** (*valutare*) to estimate; to appraise: **m. le difficoltà**, to estimate the difficulties ***3*** (*limitare*) to limit; to ration: **m. le spese**, to limit one's expenses; **Mia moglie mi misura le sigarette**, my wife is rationing my cigarettes; **m. quello che uno mangia**, to count every bite one takes ***4*** (*provare*) to try on: **m. una gonna**, to try on a skirt • **m. q.c. a grandi passi**, to stride up and down st. □ **m. q.c. a occhio**, to give a rough estimate of st. □ **m. la febbre a q.**, to take sb.'s temperature □ **m. le proprie forze**, to try one's strength □ **m. le proprie parole**, to weigh one's words ***B*** *v. i.* to measure; to be... long [wide]: **La stanza misura 6 metri per 4**, the room measures 6 metres by 4; **Il tavolo misura due metri di lunghezza**, the table is two

metres long ***C*** **misuràrsi** *v. rifl.* ***1*** (*contenersi*) to limit oneself; to restrain oneself ***2*** (*cimentarsi*) to measure one's strength [one's skill] (against); to compete (with): **m. in q.c.**, to compete in st.

misuratamènte *avv.* moderately; in moderation.

misuràto *a.* measured; (*moderato*) moderate; (*parco*) sparing: **parole misurate**, measured words; **m. nel bere**, moderate in one's drinking.

misuratóre *m.* (*strumento*) meter; gauge, gage (*USA*): **m. di pressione**, pressure gauge.

misurazióne *f.* measurement; measuring; (*tecn.*) gauging; (*di terreno*) surveying.

misurìno *m.* (small) measure.

mìte *a.* ***1*** (*mansueto*) meek; mild; gentle ***2*** (*di clima*) mild ***3*** (*moderato*) moderate; reasonable: **prezzi miti**, moderate prices; **miti pretese**, reasonable demands ***4*** (*non severo*) mild; light; lenient: **sentenza m.**, light sentence.

mitézza *f.* ***1*** (*mansuetudine*) mildness; meekness ***2*** (*di clima*) mildness ***3*** (*moderazione*) moderation ***4*** (*indulgenza*) mildness; leniency.

miticizzàre *v. t.* to mythicize.

mìtico *a.* ***1*** mythical ***2*** (*favoleggiato*) mythical; legendary; fabulous ***3*** (*immaginario*) mythical; imaginary; fantasy (*attr.*); (*utopistico*) utopian, ideal.

mitigàre ***A*** *v. t.* to mitigate; (*alleviare*) to alleviate, to relieve; (*placare*) to appease: **m. una pena**, to mitigate a punishment; **m. il dolore**, to alleviate (*o* to relieve) pain ***B*** **mitigàrsi** *v. i. pron.* ***1*** (*calmarsi*) to calm down; to relent; (*placarsi*) to subside ***2*** (*del clima*) to become* milder.

mìtilo *m.* (*zool.*) mussel.

mitizzàre *v. t.* to mythicize; to turn into a legend.

mìto *m.* (*anche fig.*) myth: **far crollare un m.**, to destroy (*o* to expose) a myth.

mitologìa *f.* mythology.

mitològico *a.* mythological.

mitòlogo *m.* (*f.* **-a**) mythologist.

mitòmane *a., m. e f.* ***1*** (*psic.*) mythomaniac ***2*** (*estens.*) publicity-seeking lunatic; crank (*fam.*).

mitomanìa *f.* (*psic.*) mythomania.

mìtra (1) *f.* (*eccles.*) mitre.

mìtra (2) *m.* (*arma*) sub-machine gun.

mitràglia *f.* ***1*** grapeshot ***2*** (*colpi di mitragliatrice*) machine-gun fire.

mitragliaménto *m.* ***1*** machine-gun fire ***2*** (*fig.*) bombardment.

mitragliàre *v. t.* ***1*** to machine-gun ***2*** (*fig.*) to bombard: **m. q. di domande**, to bombard sb. with questions; to fire questions at sb.

mitragliatóre *a.* — **fucile m.**, light machine-gun; tommy-gun □ **pistola mitragliatrice**, sub-machine gun.

mitragliatrìce *f.* machine-gun.

mitraglière *m.* (*mil.*) machine-gunner.

mitragliétta *f.* light machine-gun.

mitràle *a.* (*anat.*) mitral: **valvola m.**, mitral valve.

mitridatìsmo *m.* (*med.*) mithridatism.

mitteleuropèo *a.* Central European.

mittènte *m. e f.* sender: **respingere al m.**, to return to sender.

mixomatòsi *f.* (*vet.*) myxomatosis.

mnemònico *a.* ***1*** mnemonic ***2*** (*spreg.*) mechanical; rote (*attr.*): **apprendimento m.**, learning by rote.

mo' *m.* — **a mo' di esempio**, by way of (*o* as) an example □ **a mo' di martello**, as a hammer.

mòbile ***A*** *a.* ***1*** (*che si può muovere*) movable; (*in movimento*) moving; (*che si muove facilmente*) mobile: **parete m.**, movable wall; **scala m.**, moving staircase; escalator; (*eccles.*) **festa m.**, movable feast; **lineamenti mobili**, mobile features; (*mecc.*) **piattaforma m.**, travelling platform ***2*** (*mutevole*) changeable; (*incostante*) inconstant, fickle ***B*** *m.* piece of furniture; (*al pl., collett.*) furniture ⓤ: **un vecchio m.**, an old piece of furniture; **mobili antichi**, antique furniture; **m. bar**, cocktail cabinet ***C*** *f.* (*squadra m.*) flying squad.

mobìlia *f.* furniture.

mobiliàre *a.* (*econ.*) movable; personal: **proprietà m.**, personal property; movables (*pl.*); **mercato m.**, securities market.

mobilière *m.* ***1*** (*fabbricante*) furniture maker ***2*** (*venditore*) furniture seller.

mobilifìcio *m.* furniture factory.

mobìlio *V.* **mobilia**.

mobilità *f.* ***1*** mobility: **m. della manodopera**, labour mobility; **m. verso l'alto**, upward mobility ***2*** (*mutevolezza*) mutability; (*incostanza*) instability.

mobilitàre ***A*** *v. t.* (*anche fig.*) to mobilize ***B*** **mobilitàrsi** *v. rifl.* ***1*** (*mil.*) to mobilize ***2*** (*fig.*) to rally.

mobilitazióne *f.* (*mil.*) mobilization.

mòca ***A*** *m.* mocha (coffee) ***B*** *f. invar.* espresso coffee machine; coffee percolator.

mocassìno *m.* moccasin; loafer.

mòccio *m.* snot.

moccióso ***A*** *a.* snotty ***B*** *m.* (*f.* **-a**) (*spreg.*) ***1*** (*bambino*) brat; urchin ***2*** (*giovincello*) snotty-nosed youth (*f.* girl).

mòccolo *m.* ***1*** (*mozzicone di candela*) candle-end ***2*** (*moccolaia*) snuff ***3*** (*moccio*) snot ***4*** (*pop.*: *bestemmia*) oath • (*fig.*) **reggere il m.**, to play gooseberry □ (*fig.*) **tirare moccoli**, to swear.

mòda *f.* ***1*** fashion; (*industria della m.*) fashion industry; (*modelli*) fashions (*pl.*): **lanciare una m.**, to set a fashion; **essere** (*o* **andare**) **di m.**, to be in fashion; to be the fashion; **colori di m.**, fashionable colours; **di gran m.**, all the fashion; all the rage; **alla m.**, fashionable; up-to-date; **all'ultima m.**, in the latest fashion; **fuori m.**, out of fashion; no longer fashionable; **passare di m.**, to go out of fashion; **tornare di m.**, come back into fashion; **venire di m.**, to become fashionable; to come into fashion; **È solo una m.**, it's just a passing fashion (*o* a fad); **lavorare nella m.**, to work in the fashion industry; **alta m.**, haute couture (*franc.*); high fashion; **m. pronta**, ready-to-wear clothes (*pl.*) ***2*** (*maniera*) fashion; style; custom; manner: **alla m. di**, after (*o* in) the manner (*o* style) of.

modàle *a.* (*gramm.*) modal.

modalità *f.* ***1*** (*modo, maniera*) way; manner; (*metodo*) method; (*condizione*) condition, formality: **m. di pagamento**, mode (*o* method) of payment; **le m. di un accordo**, the conditions of an agreement; **seguire le m. richieste**, to comply with the necessary formalities ***2*** (*elab.*) mode.

modanatùra *f.* (*archit.*) moulding, molding (*USA*).

modèlla *f.* (fashion) model: **fare la m.**, to model; to work as a model; **fare da m.**, to pose as a model.

modellàre ***A*** *v. t.* to model (*anche fig.*); to mould; to fashion; to shape • **abito che modella la figura**, close-fitting dress ***B*** **modellàrsi** *v. rifl.* to model oneself (on, upon, after).

modellìno *m.* model.

modellìsmo *m.* modelling; model-making.

modellìsta *m. e f.* ***1*** (*disegnatore di modelli*) designer ***2*** (*operaio*) model maker ***3*** (*appassionato di modellismo*) modelling enthusiast.

modèllo ***A*** *m.* ***1*** model; pattern: **m. in creta**, clay model; **il m. (in carta) di un vestito**, the pattern for a dress; **prendere q. a m.**, to take sb. as one's model; (*aeron., naut.*) **prove con m.**, model testing ***2*** (*stampo*) mould ***3*** (*forma, tipo*) model; style; fashion; shape ***4*** (*esemplare, campione*) model; pattern: **Questo è il m. che vendiamo di più**, this is our best-selling model; **un m. di gentilezza**, a pattern of kindness ***5*** (*abito*) outfit; dress ***6*** (*indossatore*) male model ***B*** *a. invar.* model (*attr.*); perfect: **studente m.**, model student; **marito m.**, perfect husband.

mòdem *m. invar.* (*elab.*) modem.

moderàre ***A*** *v. t.* ***1*** to moderate; (*frenare*) to check, to curb, to restrain; (*contenere*) to control ***2*** (*ridurre*) to reduce; to limit; to cut* down; (*abbassare*) to lower, to soften: **m. le spese**, to limit one's expenses; **m. la velocità**, to reduce speed; **m. la voce**, to lower one's voice ***B*** **moderàrsi** *v. rifl.* to moderate oneself; to show moderation (in st.); to curb (*o* to limit) st.; (*frenarsi*) to control oneself: **m. nel cibo**, to eat moderately; **m. nelle spese**, to keep down expenses.

moderatamènte *avv.* moderately; (*senza eccessi*) in moderation, to a moderate extent.

moderàto ***A*** *a.* ***1*** moderate; temperate; (*parco*) frugal; (*equilibrato*) self-controlled: **prezzi moderati**, moderate prices; **andare a velocità moderata**, to drive at a moderate speed; **m. nel bere**, moderate in one's drinking ***2*** (*mus.*) moderato ***B*** *m.* (*f.* **-a**) (*polit.*) moderate.

moderatóre ***A*** *m.* (*f.* **-trice**) moderator; chairman* (*f.* chairwoman*) ***B*** *a.* moderating.

moderazióne *f.* moderation; (*temperanza*) temperance.

modernariàto *m.* modern antique collecting • **oggetti di m.**, modern antiques.

modernismo *m.* modernism.

modernista *m. e f.* modernist.

modernità *f.* modernity.

modernizzàre ***A*** *v. t.* to modernize ***B*** **modernizzàrsi** *v. rifl.* to bring* oneself up-to-date.

modèrno ***A*** *a.* modern; (*di oggi*) today's: (*aggiornato*) up--to-date ***B*** *m.* ***1*** (*persona moderna*) modern ***2*** what is modern; modern things.

modèstia *f.* modesty; (*semplicità*) unpretentiousness, plainness • **m. a parte**, although I say so myself; in all modesty □ **peccare di m.**, to be over-modest.

modèsto *a.* modest; (*semplice*) unassuming, self-effacing, unpretentious, plain.

modicità *f.* moderateness; (*basso prezzo*) cheapness.

mòdico *a.* moderate; reasonable: **prezzi modici**, reasonable prices.

modìfica *f.* alteration; change; modification: **apportare modifiche a q.c.**, to alter st.; to make alterations in st.

modificàbile *a.* modifiable; (*emendabile*) amendable.

modificàre ***A*** *v. t.* to modify; (*mutare*) to change; (*ritoccare*) to alter; (*emendare*) to amend ***B*** **modificàrsi** *v. i. pron.* to change; to alter.

modificazióne *f.* modification; change; alteration; (*correzione*) amendment.

modista *f.* milliner.

modisteria *f.* ***1*** millinery ***2*** (*negozio*) milliner's (shop).

mòdo *m.* ***1*** (*maniera*) way, manner, mode (*form.*); (*costume*) custom, habit; (*stile*) style; (*metodo*) method, system: **Non c'è m. di persuaderlo**, there is no way of convincing him; **m. di vivere**, way of life; **m. di pagamento**, method (*o* mode) of paying; **Fallo a m. mio**, do it my way; do as I tell you; **Fallo in questo m.**, do it like this; **Non gridare a quel m.!**, don't shout like that!; **Non so in che modo farlo**, I don't know how to do it; **Che m. di parlare!**, what a way to speak!; **in m. insolito**, in an unusual manner; **secondo il mio m. di vedere**, to my way of thinking; **La pensiamo allo stesso m.**, we think alike; we see things the same way; **fare a m. proprio**, to have one's own way; to do as one likes ***2*** (*mezzo*) means (*sing. o pl.*); way; (*occasione*) opportunity, chance: **Non c'è m. di scoprire la verità**, there is no way of finding out the truth; **trovare m. di fare q.c.**, to find a way of doing st.; **Ho avuto m. di parlargli**, I had a chance to speak to him; I was able to speak to him; **dare m. a q. di fare q.c.**, to allow sb. to do st.; to enable sb. to do st. ***3*** (*al pl.*) (*maniera di fare*) manners: **avere bei modi**, to have good manners; to be well-mannered; **con bei modi**, kindly; politely ***4*** (*gramm.*) mood: **m. indicativo**, indicative mood ***5*** (*mus., elab.*) mode • **a m., V. ammodo** □ **a ogni m.**, at any rate; anyhow □ (*gramm.*) **avverbio di m.**, adverb of manner □ **di m. che**, so that; (*e così*) (and) so □ **fare in m. che q. faccia q.c.**, to get (*o* to convince) sb. to do st. □ **Devi fare in m. di venire**, you must try to come □ **Feci in m. di arrivare prima di lui**, I made sure of being there before him □ **C'è m. e m. di fare le cose**, there's a right way and a wrong way of doing things; (*escl. di rimprovero*) that is not the way to do things! □ **in malo m.**, rudely; (*rudemente*) roughly □ **in m. da**, so as to □ **in un m. o nell'altro**, one way or other □ **in nessun m.**, in no way; by no means □ **in ogni m.**, anyway; anyhow; in any case □ **in qualche m.**, somehow; (*alla meno peggio*) after a fashion □ **in tutti i modi**, anyway; at any rate □ **per m. di dire**, so to speak; as it were.

modulàre (1) *v. t.* to modulate.

modulàre (2) *a.* (*tecn.*) modular.

modulatóre *m.* (*radio*) modulator.

modulazióne *f.* modulation: (*radio*) **m. di frequenza**, frequency modulation.

modulistica *f.* (*bur.*) forms (*pl.*).

mòdulo *m.* ***1*** form: **m. di domanda**, application form; **m. di versamento**, paying-in slip; **m. in bianco**, blank form; **riempire** (*o* **compilare**) **un m.**, to fill up (*o* in) a form ***2*** (*archit., elab., miss.*) module ***3*** (*mat., mecc.*) modulus*.

moffétta *f.* (*zool.*) striped skunk; polecat (*USA*).

mògano *m.* mahogany.

mògio *a.* downcast; crestfallen; in the dumps (*fam.*): **aria mogia**, downcast face; hangdog look.

móglie *f.* wife*: **avere m. e figli**, to have a wife and children; to be married with a family; **chiedere in m.**, to ask in marriage; **prendere m.**, to marry; to get married; **Sarà una buona m. per lui**, she will make him a good wife • (*prov.*) **Tra m. e marito non mettere i dito**, never interfere betwee husband and wife.

mohair (*franc.*) *m.* (*ind. tess.*) mohair.

moìna *f.* blandishment; wheedling Ⓤ; cajoling Ⓤ: **fare moine a q.**, to blandish sb.; to cajole sb.; **pieno di moine**, simpering; **persuadere q. con le moine a fare q.c.**, to wheedle (*o* to cajole) sb. into doing st.

mòla *f.* ***1*** (*macina da mulino*) millstone ***2*** (*per affilare*) grindstone; grinding wheel.

molàre (1) ***A*** *a.* (*anat.*) molar ***B*** *m.* (*anat.*) molar; grinder.

molàre (2) *v. t.* to grind*; (*affilare*) to whet.

molare (3) *a.* (*chim.*) molar.

molàto *a.* ground.

molatrìce *f.* (*mecc.*) grinder.

molatùra *f.* (*mecc.*) grinding.

mòle *f.* (*dimensioni*) bulk, size, proportions (*pl.*); (*peso*) weight; (*entità*) size, amount: **la m. di un libro**, the bulk (*o* size) of a book; **La m. del lavoro mi preoccupa**, the size of the job (*o* the amount of work to be done) worries me; **di gran m.**, bulky; massive; huge; (*imponente*) mighty, towering; (*pesante*) weighty, ponderous; **di piccola m.**, of small proportions.

molècola *f.* (*chim.*) molecule.

molecolàre *a.* (*chim.*) molecular.

molestàre *v. t.* (*irritare*) to irritate, to annoy; (*infastidire*) to bother; (*stuzzicare*) to tease; (*disturbare*) to disturb; (*tormentare*) to torment; (*a scopo sessuale*) to molest.

molèstia *f.* nuisance Ⓤ; bother • **molestie sessuali**, sexual harassment; (*di minore*) child molestation.

molèsto *a.* (*fastidioso*) irritating, bothersome; (*sgradevole*) unpleasant, nasty.

molibdèno *m.* (*chim.*) molybdenum.

mòlla *f.* ***1*** (*mecc.*) spring: **m. del bilanciere** (*dell'orologio*), hairspring; **caricare** [**scaricare**] **una m.**, to load [to release] a spring; **caricato a m.**, spring-loaded; **materasso a molle**, spring mattress; **serratura a m.**, spring-lock ***2*** (*al pl.*) (*arnese*) tongs: **molle per il fuoco**, fire tongs ***3*** (*fig.*) spring(s); mainspring; incentive • (*fig.*) **prendere q. con le molle**, to watch one's step with sb.; to tread carefully with sb. □ (*fig.*) **da prendersi con le molle**, intractable; difficult □ **scattare come una m.**, to spring up.

mollàre ***A*** *v. t.* ***1*** (*lasciar andare*) to let* go (of), to release; (*allentare*) to slacken, to ease off; (*lasciar cadere*) to drop; (*posare con malagrazia*) to dump: **m. la presa**, to release one's grip; to let go; **Quel seccatore non mi mollava più**, the bore wouldn't let me go; **Mollalo!**, let go (of it)!; **Mi mollò in braccio il bambino**, she dumped the child into my arms ***2*** (*naut.*: *una cima*) to let* go, to cast* off, to ease off; (*una vela*) to unfurl: **m. gli ormeggi**, to cast off moorings ***3*** (*lasciare*) to drop; (*abbandonare*) to leave*, to quit*, to walk out on, to dump (*fam.*), to ditch (*pop.*): **Molla tutto e vieni!**, drop evenything and come!; **m. il lavoro**, to quit one's job; **Suo marito l'ha mollata**, her husband walked out on her; **m. il ragazzo**, to dump one's boyfriend ***4*** (*fam.*: *dare*) to give*; (*un colpo, anche*) to land (*fam.*): **Gli ho mollato un po' di soldi**, I gave him some money; **m. un calcio a q.**, to give sb. a kick; to kick sb.; **m. un pugno a q.**, to land sb. a punch; to sock sb. one; **m. uno schiaffo a q.**, to slap sb.'s face ***5*** (*fam.*: *rifilare*) to wish (st., sb.) on (sb.) ***B*** *v. i.* ***1*** (*cedere*) to give* in ***2*** (*smettere*) to stop; to give* up.

mòlle *a.* ***1*** (*morbido*) soft; (*flaccido*) flabby: **carne m.**, flabby flesh ***2*** (*bagnato*) wet; (*fradicio*) soggy, soaked: **terreno m.**, soggy ground; **m. di sudore**, wet with sweat; **m. di pioggia**, rain-drenched; soaked by the rain ***3*** (*debole*) weak, feeble; (*fiacco*) limp, spineless; (*allentato*) lax; (*languido*) languid: **governo m.**, weak government; **stretta di mano m.**, limp handshake; **disciplina m.**, lax discipline • (*anat.*) **parti molli**, fleshy parts.

molleggiaménto *m.* springiness; elasticity.

molleggiàre ***A*** *v. i.* to be springy ***B*** *v. t.* ***1*** to fit with springs ***2*** (*i fianchi*) to sway ***C*** **molleggiàrsi** *v. rifl.* ***1*** (*nel camminare*) to walk with a spring in one's step; (*dimenare i fianchi*) to sway one's hips ***2*** (*sport*) — **m. sulle ginocchia**, to bend (*o* to relax) one's knees.

molleggiàto *a.* ***1*** sprung; (*di veicolo*) well-sprung ***2*** (*elastico*) springy; elastic: **letto** [**passo**] **m.**, springy bed [step].

molléggio *m.* **1** (*di veicolo*) suspension **2** (*di divano, ecc.*) springing **3** (*elasticità*) springiness **4** (*ginnastica*) knee--bend.

mollétta *f.* **1** (*per bucato*) clothes peg (*GB*); clothespin (*USA*) **2** (*per capelli*) hairgrip (*GB*); bobby pin (*USA*) **3** (*al pl.*) tongs: **mollette per il ghiaccio** [**lo zucchero**], ice [sugar] tongs.

mollettóne *m.* table protector; silence cloth (*USA*).

mollézza *f.* **1** softness; (*flaccidezza*) flabbiness **2** (*debolezza*) weakness, feebleness; (*fiacchezza*) flaccidity; (*rilassatezza*) laxity, looseness **3** (*al pl.*) (*comodità*) luxury.

mollìca *f.* crumb; soft part of a loaf.

mollo *A* *a.* *V.* **molle** *B* — **essere a m.**, to be soaking □ **mettere a m.**, to soak; to put to soak □ **tenere a m.**, to let (st.) soak.

mollùsco *m.* **1** (*zool.*) mollusc, mollusk (*USA*) **2** (*fig.*) spineless person; wimp.

mòlo *m.* mole; jetty; pier; (*banchina*) quay, wharf*.

mòlotov *f. invar.* Molotov cocktail; petrol bomb.

moltéplice *a.* **1** (*numeroso*) numerous; several; various **2** (*vario*) varied **3** (*dai molti aspetti*) many-sided; many--faceted; manifold.

molteplicità *f.* multiplicity; variety; plurality.

moltìplica *f.* (*mecc.*) gear ratio.

moltiplicàndo *m.* (*mat.*) multiplicand.

moltiplicàre *A* *v. t.* **1** (*mat.*) to multiply: **m. 3 per 5**, to multiply 3 by 5 **2** (*accrescere*) to multiply; to increase; to redouble: **m. gli sforzi**, to redouble one's efforts *B* **moltiplicàrsi** *v. i. pron.* to multiply; to increase: **m. per dieci**, to multiply by ten; to increase tenfold.

moltiplicatìvo *a.* (*mat.*) multiplicative.

moltiplicatóre *A* *m.* (*mat., fis.*) multiplier • (*mecc.*) **m. di velocità**, overdrive *B* *a.* multiplying.

moltiplicazióne *f.* **1** (*mat.*) multiplication: **segno della m.**, multiplication sign **2** (*aumento*) increase; redoubling **3** (*riproduzione*) multiplication.

moltitùdine *f.* multitude; (*folla*) large crowd; (*gran numero*) great number.

mólto *A* *a. indef.* **1** (*sing.*) a great (*o* a good) deal of; a lot of; plenty of; lots of (*fam.*); much (*specialm. in frasi neg. o interr.*): **Ha m. denaro**, he has a lot (*o* plenty) of money; **Non ha molta fantasia**, he hasn't got much imagination; **sprecare m. tempo**, to waste a lot of time **2** (*rif. a tempo*: *lungo*) long: **Ho aspettato m. tempo**, I waited a long time; **Non lo vedo da m. tempo**, I haven't seen him for a long time; **fra non m. (tempo)**, before long **3** (*grande*) great; large: **molta distanza**, great distance; **con molta cura**, with great care **4** (*al pl.*) many; a lot of; plenty of; lots of (*fam.*): **Ha molti amici?**, has he (got) many friends?; **Ho molti amici**, I have many (*o* a lot of) friends; **Non conosco molti stranieri**, I don't know many foreigners; **dopo molti mesi**, after many months • **avere molta fame** [**sete**], to be very hungry [thirsty] □ **avere m. freddo** [**caldo**], to be very cold [warm] □ **avere molta fretta**, to be in a great hurry □ **avere m. sonno**, to be very sleepy □ **provare molta vergogna**, to be very (*lett.* much) ashamed *B* *pron. indef.* **1** a lot; much (*specialm. in frasi neg. e interr.*): **Ho m. da fare**, I have lots of things (*o* a lot) to do; **Sa m.**, he knows a lot (of things); **m. di quel che ho visto**, a lot (*o* much) of what I saw; **Non posso dire m. di lui**, I cannot say much about him; **Non ci vuole m. a capirlo**, it doesn't take much to understand; **Sarà m. se è pronto lunedì**, it'll be already something if it's ready by Monday **2** (*molto tempo*) a long time; long (*non in frasi afferm.*): **È m. che non lo vedo**, it's a long time since I saw him last; I haven't seen him for a long time; **Aspetti da m.?**, have you been waiting long?; **Non metterci m., ho fretta**, don't be long, I'm in a hurry; **fra non m.**, before long **3** (*al pl.*) a lot (*o* lots) of people; many (people): **Molti dicono che non è vero**, many people say that it isn't true; **Molti di noi lo ammirano**, many of us admire him; **Vennero in molti**, a lot (*o* lots) of people came; **Eravamo in molti**, there were a lot of us • **a dir m.**, at the most □ **Non c'è m. di qui alla scuola**, it isn't far from here to the school *C* *avv.* **1** (*con agg. e avv. di grado positivo*; *con part. pres. e talora con p.p. usati come agg.*) very: **m. piccolo**, very small; **m. tardi**, very late; **m. poco**, very little; **m. bene**, very bell; **Ti farà m. bene**, it will do you a lot of good **2** (*con agg. e avv. di grado compar.*) much; a lot: **m. migliore** (*o* **m. meglio**), much (*o* a lot) better; **m. più caro**, much more expensive; **Successe m. prima**, it happened much earlier **3** (*con un p.p.*) much; greatly: **m. apprezzato**, much appreciated; **un film m. acclamato**, a much-acclaimed film; **m. letto**, widely read **4** (*con verbi, in frase afferm.*) very much; a lot; (*in frase neg.*) much: **Mi piace m.**, I like it very much; **Gioco m. a tennis**, I play tennis a lot; **Non lavora m.**, he doesn't work much; **divertirsi m.**, to have a very good time; **lavorare** [**studiare**] **m.**, to work [to study] hard **5** (*a lungo*) a long time; long (*non in frasi afferm.*) *D* *m.* **1** — **il m.**, the larger amount **2** (*al pl.*) — **i molti**, most people; the majority; the many.

momentaneamente *avv.* **1** (*al momento presente*) at the moment: **È m. assente**, he is not in at the moment **2** (*temporaneamente*) temporarily: **m. guasto**, temporarily out of order.

momentàneo *a.* (*di un attimo*) momentary; (*transitorio*) short-lived; (*temporaneo*) temporary.

moménto *m.* **1** moment; (*tempo, volta*) time: **aspettare un m.**, to wait a moment; **Esco un m.**, I'm going out for a moment; **in qualunque m.**, at any moment (*o* time); **in quel m.**, at that moment; just then; **in questo m.**, at this moment; just now; (*or ora*) this (very) moment; **tra un m.**, in a moment; **al m. giusto** [**buono**], at the right time; **in un brutto m.**, at the wrong time; **Non ho un m. libero**, I have no spare time; **Aspetterò un altro m.**, I'll wait for some other time; **Non è il m. di scherzare**, this is no time for joking; **momenti difficili**, hard times **2** (*lett.*: *importanza*) moment **3** (*fis., mecc.*) moment • **a momenti**, (*fra poco*) any moment; (*quasi, per poco*) nearly: **Sarà qui a momenti**, he'll be here any moment; **A momenti cadevo**, I nearly fell □ **al m.**, (*ora*) at the moment; (*allora*) at the time □ **al primo m.**, at first □ **i bisogni del m.**, the most urgent needs □ **un capriccio del m.**, a passing whim □ **l'uomo del m.**, the man of the moment □ **da un m. all'altro**, (*all'improvviso*) suddenly; (*tra breve*) at any moment □ **dal m. che** (*dato che*), since □ **fin dal primo m.**, from the very first moment □ **fino a questo m.**, so far □ **Non c'è un m. da perdere**, there isn't a moment (*o* there is no time) to lose □ **per il m.**, for the moment; for the time being □ **sul m.**, there and then □ **Un m., per favore!**, just a moment, please! □ **Un m.!**, one moment!; hang on! (*fam.*).

mònaca *f.* nun: **m. di clausura**, enclosed nun; **farsi m.**, to become a nun.

monacàle *a.* monastic: **fare vita m.**, to lead a monastic life; **abito m.**, habit.

monacàto *m.* **1** monastic condition; monastic life **2** (*monaci e monache*) monks and nuns.

monachéṣimo *m.* monachism; monasticism.

monachìna *f.* (*zool.*) avocet.

mònaco *m.* monk: **farsi m.**, to become a monk.

mònade *f.* (*filos.*) monad.

monàrca *m.* monarch.

monarchìa *f.* monarchy.

monàrchico *A* *a.* monarchical; monarchic: **stato m.**, monarchical state *B* *m.* (*f.* **-a**) monarchist; royalist.

monastèro *m.* (*di monaci*) monastery; (*di monache*) convent, nunnery.

monàstico *a.* monastic.

moncherìno *m.* stump.

mónco *A* *a.* **1** — **m. di una mano**, with one hand missing; **m. di entrambe le braccia**, with both arms missing; **mano monca di due dita**, hand with two fingers missing **2** (*incompleto*) incomplete; (*tronco*) truncated *B* *m.* (*f.* **-a**) maimed person; cripple.

moncóne *m.* stump.

mondàna *f.* (*eufem.*) prostitute.

mondanità *f.* **1** worldliness **2** (*società elegante*) high society; jet set.

mondàno *a.* **1** (*del mondo, terreno*) worldly; earthly; mundane **2** (*della società elegante*) society (*attr.*); social: **donna mondana**, society lady; **riunione mondana**, social gathering; **vita mondana**, society life; **scrittore m.**, gossip writer.

mondàre *v. t.* **1** (*sbucciare*) to peel; (*sgranare*) to shell, to hull; (*togliere i fili*) to string*; (*cereali*) to winnow; (*diserbare*) to weed **2** (*purificare*) to purify; to cleanse.

mondarìso *m. e f. invar.* rice-field (*o* paddy-field) worker.

mondiàle *a.* world (*attr.*); (*diffuso in tutto il mondo*) world-wide: **la prima guerra m.**, the First World War; **campione**

m., world champion; **fama m.**, worldwide fame; **di fama m.**, world-famous.
mondina *f.* rice-field (*o* paddy-field) worker.
móndo (**1**) *m.* world: **in tutto il m.**, all over the world; **fare il giro del m.**, to travel round the world; **il M. Antico** [**Nuovo**], the Old [New] World; **il Terzo M.**, the Third World; **il m. animale** [**minerale, vegetale**], the animal [mineral, vegetable] world (*o* kingdom); **il m. fisico**, the physical world; **il m. politico**, the world of politics; **il m. dei sogni**, the world of dreams; **il m. della moda**, the world of fashion; **il m. dello spettacolo**, showbusiness; showbiz (*fam.*) • **un m. di gente**, a huge crowd □ **fare un m. di bene**, to do a world of good □ **l'altro m.**, the other world □ **andare all'altro m.**, to die □ **il bel m.**, the smart set □ (*fam.*) **caschi il m.**, no matter what; come what may □ **Com'è piccolo il m.!**, it's a small world! □ **Cose dell'altro m.!**, it's unbelievable! □ **Così va il m.!**, such is life!; that's life for you! □ **da che m. è m.**, from time immemorial □ **divertirsi un m.**, to have a wonderful time □ **donna di m.**, society (*o* fashionable) woman □ **essere al m.**, to be alive □ (*fam.*) **È la fine del m.!**, it's fantastic! □ **Non è mica la fine del m.** (*o* **Non cascherà il m.!**), it's not the end of the world! □ **andare in capo al m.**, to go to the ends of the earth □ **abitare in capo al m.**, to live at the back of beyond □ **mandare q. all'altro m.**, to kill sb. □ **mettere al m. q.**, to give birth to sb. □ **per nessuna cosa** (*o* **nulla**) **al m.**, not for the world; not for anything in the world □ **saper stare al m.**, to know a thing or two □ **solo al m.**, alone in the world □ **uomo di m.**, (*che ha esperienza*) man of the world; (*che fa vita di società*) man about town □ **vecchio quanto il m.**, as old as the hills □ **venire al m.**, to come into the world; to be born □ **vivere fuori del m.**, to live in a world of one's own □ **vivere nel m. della luna**, to have one's head in the clouds □ **volere un m. di bene a q.**, to love sb. dearly □ (*prov.*) **Il m. è bello perché è vario**, variety is the spice of life; it takes all sorts (to make a world) □ (*prov.*) **Tutto il m. è paese**, it's the same the whole world over.
móndo (**2**) *a.* (*fig.*) pure; spotless.
mondovișióne *f.* (*TV*) worldwide telecast • **trasmettere in m.**, to broadcast worldwide.
monèlla *f.* tomboy; hoyden; romp.
monellerìa *f.* prank; mischief Ⓤ.
monèllo *m.* **1** (*ragazzo di strada*) (street) urchin **2** (*ragazzino vivace*) rascal; little rogue; little blighter.
monéta *f.* **1** (*metallica*) coin; piece: **m. d'oro**, gold coin; **una m. da cento lire**, a hundred-lira coin (*o* piece) **2** (*denaro*) money; (*valuta*) currency: **m. cartacea** [**metallica**], paper [coin] money; **battere m.**, to coin money: **m. unica**, single currency; **m. legale**, legal tender **3** (*m. spicciola*) small change: **Hai m.?**, have you got any small change? • **m. sonante**, hard cash □ **pagare q. di pari m.**, to pay sb. back in his own coin □ (*fig.*) **prendere q.c. per m. buona**, to take st. at face value.
monetàrio *a.* monetary; money (*attr.*): **unità monetaria**, monetary unit; **mercato m.**, money market.
monetiẓẓàre *v. t.* (*econ., fin.*) to monetize.
monetiẓẓazióne *f.* (*econ., fin.*) monetization.
mongolfièra *f.* hot-air balloon.
mongolișmo *m.* (*med.*) mongolism.
mòngolo ***A*** *a.* Mongolian; Mongol ***B*** *m.* **1** (*f.* **-a**) Mongol (*f.* Mongolian woman*) **2** (*lingua*) Mongolian.
mongolòide *a., m. e f.* **1** Mongoloid **2** (*med.*) mongoloid.
monile *m.* (*lett.*: *collana*) necklace; (*gioiello*) jewel.
monișmo *m.* (*filos.*) monism.
mònito *m.* warning; admonition.
mònitor (*ingl.*) *m. invar.* (*tecn., TV*) monitor (screen).
monitoràggio *m.* monitoring.
monitoràre *v. t.* to monitor.
monoblòcco *m.* **1** (*mecc.*) cylinder block **2** (*di cucina*) sink and dishwasher unit; sink and cooker unit.
monocameràle *a.* (*polit.*) unicameral.
monocellulàre *a.* (*biol.*) unicellular.
monòcolo (**1**) *a.* one-eyed.
monòcolo (**2**) *m.* (*lente*) monocle.
monocolóre *a.* **1** monochrome **2** (*polit.*) one-party (*attr.*).
monocoltùra *f.* (*agric.*) monoculture.
monocòrde *a.* (*fig.*) monotonous.
monocotilèdone (*bot.*) ***A*** *a.* monocotyledonous ***B*** *f.* monocotyledon.
monocromàtico *a.* monochromatic; monochrome.
monocromìa *f.* (*arte*) monochrome.
monòcromo *a.* monochromatic; monochrome.
monodìa *f.* (*mus.*) monody.
monòdico *a.* (*mus.*) monodic.
monodòșe *a. invar.* (*farm.*) single-dose.
monofàșe *a.* (*fis.*) single-phase (*attr.*).
monogamìa *f.* monogamy.
monogàmico *a.* monogamic.
monògamo ***A*** *a.* monogamous ***B*** *m.* monogamist.
monografia *f.* monograph.
monogràfico *a.* monographic(al).
monogràmma *m.* monogram.
monolingue *a.* monolingual.
monolinguișmo *m.* monolingualism.
monolìtico *a.* monolithic.
monòlito *m.* monolith.
monolocàle *m.* one-room flat; bedsitter; efficiency apartment (*USA*).
monologàre *v. i.* **1** to talk to oneself **2** (*teatr.*) to monologuize; to soliloquize.
monòlogo *m.* monologue; (*soliloquio*) soliloquy.
monomandatàrio *a.* (*comm.*) — **agente m.**, one-firm agent.
monomania *f.* (*psic.*) monomania.
monomaniacàle *a.* (*psic.*) monomaniacal.
monomaniaco (*psic.*) ***A*** *a.* monomaniacal ***B*** *m.* (*f.* **-a**) monomaniac.
monòmero *m.* (*chim.*) monomer.
monòmio *m.* (*mat.*) monomial.
monomotóre *a.* (*aeron.*) single-engine (*attr.*).
mononucleàre *a.* (*biol.*) mononuclear.
mononucleòși *f.* (*med.*) mononucleosis; glandular fever.
monopartìtico *a.* (*polit.*) single-party (*attr.*).
monopartitișmo *m.* (*polit.*) single-party rule.
monopàttino *m.* scooter.
monopètto ***A*** *a. invar.* single-breasted ***B*** *m. invar.* single-breasted suit.
monoplàno *m.* (*aeron.*) monoplane.
monòpoli ® *m.* (*gioco*) Monopoly.
monopòlio *m.* (*anche fig.*) monopoly: **m. di Stato**, government monopoly; **avere il m. di q.c.**, to have a monopoly on st.; **in regime di m.**, under a monopoly system.
monopolista *m. e f.* monopolist.
monopolìstico *a.* monopolistic.
monopoliẓẓàre *v. t.* (*anche fig.*) to monopolize.
monopoliẓẓatóre *m.* (*f.* **-trice**) (*anche fig.*) monopolizer.
monopoliẓẓazióne *f.* (*anche fig.*) monopolization.
monopósto (*autom., aeron.*) ***A*** *a. invar.* single-seat (*attr.*) ***B*** *m. o f.* single-seater.
monoreattóre (*aeron.*) ***A*** *a.* single-jet (*attr.*) ***B*** *m.* single-jet plane.
monorotàia *f.* (*ferr.*) monorail.
monoscì *m.* snowboard.
monoscòpio *m.* (*TV*) test pattern.
monosillàbico *a.* monosyllabic.
monosìllabo ***A*** *m.* monosyllable: **a monosillabi**, in monosyllables ***B*** *a.* monosyllabic.
monòssido *m.* (*chim.*) monoxide.
monoteișmo *m.* (*relig.*) monotheism.
monoteista *m. e f.* (*relig.*) monotheist.
monoteìstico *a.* monotheistic; monotheistical.
monotemàtico *a.* **1** on one subject (*pred.*); single-theme (*attr.*) **2** (*mus.*) monothematic.
monotipia *f.* (*tipogr.*) monotype system.
monotipista *m. e f.* (*tipogr.*) monotypist.
monotonìa *f.* monotony; dullness; humdrum.
monòtono *a.* monotonous; dull; humdrum.
monoùșo *a. invar.* disposable; throwaway (*attr.*).
monovalènte *a.* (*chim.*) univalent; monovalent.
monovolùme *m. o f. invar.* (*autom.*) passenger van; minivan.
monovulàre *a.* (*biol.*) monovular.
monozigòte, monozigòtico *a.* (*biol.*) monozygotic.
monsignóre *m.* (*eccles.*) monsignor.
monsóne *m.* monsoon: **m. estivo** [**invernale**], wet [dry] monsoon.
monsònico *a.* monsoon (*attr.*); monsoonal.
mónta *f.* **1** (*accoppiamento*) covering; mounting **2** (*stazione di m.*) breeding farm; (*per equini*) stud farm **3** (*modo di*

cavalcare) riding; mount **4** (*archit., di arco*) rise • **cavallo da m.**, stud horse □ **toro da m.**, breeding bull.
montacàrichi *m.* goods lift; hoist.
montàggio *m.* **1** (*mecc.*) assembly; assemblage: **catena di m.**, assembly line; **reparto di m.**, assembly bay **2** (*cinem.*) editing; montage; (*alla moviola*) cutting.
montàgna *f.* **1** mountain: **andare in m.**, to go to the mountains; **vacanze in m.**, holidays in the mountains; **in alta m.**, high up in the mountains; at high altitudes; **aria di m.**, mountain air **2** (*fig.*) mountain; heap; pile; lot: **una m. di debiti**, a mountain of debts; **una m. di libri**, a pile of books; **una m. di assurdità**, a lot of nonsense • **le Montagne Rocciose**, the Rocky Mountains □ **montagne russe**, roller coaster (*sing.*); big dipper (*GB, sing.*) □ **fiori di m.**, alpine flowers □ **mal di m.**, mountain sickness.
montagnòla *f.* mound; knoll; hillock.
montagnóso *a.* mountainous; hilly.
montanàro **A** *a.* mountain (*attr.*) **B** *m.* (*f.* **-a**) mountain dweller; highlander.
montanìno, montàno *a.* mountain (*attr.*).
montànte *m.* **1** (*mecc., edil.*) upright; (*pilastro*) post; (*di porta*) jamb; (*di finestra*) window-post **2** (*boxe*) uppercut **3** (*aeron.*) strut.
montàre **A** *v. i.* **1** (*salire*) to mount (st., on st.); to climb (st., on st.); to go* up (st.); to get* on (to): **m. a cavallo** (*o* **in sella**), to mount (*o* to get on to) one's horse; **m. su un albero**, to climb (up) a tree; **m. su una sedia**, to climb on a chair; **m. sulle spalle di q.**, to climb on sb.'s shoulders; **m. su un autobus**, to get on a bus **2** (*fig.*) to mount; to go*; to get*: **Il vino gli montò alla testa**, the wine went to his head **3** (*crescere*) to rise*; to go* up **4** (*prendere servizio*) to go* on duty • **m. in bestia**, to fly off the handle; to see red □ (*fig.*) **m. in cattedra**, to pontificate □ **m. in collera**, to get angry; to flare up **B** *v. t.* **1** (*salire*) to mount; to climb (up): **m. le scale**, to climb the stairs **2** (*cavalcare*) to ride*: **m. un mulo**, to ride a donkey **3** (*di animale: accoppiarsi*) to mount; to cover **4** (*mecc.*) to assemble **5** (*incastonare*) to mount; to set* **6** (*incorniciare*) to frame **7** (*installare*) to mount **8** (*sbattere, frullare*) to whip: **m. la panna**, to whip cream; **m. le chiare a neve**, to whisk egg-whites stiff **9** (*mil.*) to mount: **m. la guardia**, to mount guard **10** (*cinem.*) to edit; to cut* **11** (*esagerare, gonfiare*) to blow* up; to hype (*fam.*) • **m. una tenda**, to put up a tent □ **m. la testa a q.**, to turn sb.'s head □ **montarsi la testa**, to get a swollen (*USA* big) head; to get too big for one's boots (*fam.*) **C** **montàrsi** *v. i. pron.* **1** (*eccitarsi*) to grow* (*o* to get*) excited; to work oneself up **2** (*inorgoglirsi*) to get* a swollen (*USA* big) head.
montàta *f.* mounting; ascent • (*fisiol.*) **m. lattea**, beginning of lactogenesis.
montàto *a.* **1** (*cucina*) whipped; whisked: **panna montata**, whipped cream; **albumi montati a neve**, stiffly whisked egg-whites **2** (*di persona*) swollen-headed; big-headed (*USA*); puffed up **3** (*esagerato*) blown up; hyped.
montatóre *m.* (*f.* **-trice**) **1** (*mecc.*) fitter; assembler **2** (*cinem.*) editor.
montatùra *f.* **1** *V.* **montaggio** **2** (*di occhiali*) frames (*pl.*) **3** (*di gemma*) setting; mount **4** (*esagerazione*) exaggeration; ballyhoo Ⓤ, hype Ⓤ (*fam.*): **montatura pubblicitaria**, advertising stunt; hype **5** (*imbroglio*) put-up job; bluff: **È tutta una m.**, it's all (a) bluff.
montavivànde *m. invar.* food lift; dumb waiter.
mónte *m.* **1** mountain; (*davanti a nome proprio*) mount: **il m. Etna**, Mount Etna **2** (*fig.*) mountain; heap; pile; lot: **un m. di debiti**, a mountain of debts; **un m. di sciocchezze**, a lot of nonsense **3** (*istituto bancario*) bank **4** (*a carte*) discards (*pl.*) • **m. di pietà**, pawnshop; pawnbroker's □ **portare al m. di pietà**, to pawn □ (*anat.*) **M. di Venere**, mons veneris □ **a m.**, above; (*di fiume*) upstream; (*fig.*) at the source, earlier in the process □ **andare a m.**, to fail; to fall through □ **mandare a m.**, (*annullare*) to cancel, to call off, to scrap; (*sconvolgere*) to upset, to wreck □ **mandare a m. un fidanzamento**, to break off an engagement □ **per monti e per valli**, up hill and down dale.
montepremi *m.* jackpot.
montgomery (*ingl.*) *m. invar.* (*moda*) duffel coat.
montóne *m.* **1** (*zool.*) ram **2** (*moda*) sheepskin • **carne di m.**, mutton.
montuosità *f.* **1** hilliness **2** (*sollevamento montuoso*) hillock; mound.
montuóso *a.* mountainous; hilly.
monumentàle *a.* monumental.
monuménto *m.* monument • **m. ai caduti**, war memorial □ (*fig.*) **m. nazionale**, institution □ **Ti meriti un m.!**, you deserve a medal! □ **visitare i monumenti di una città**, to see the sights of a town.
moquette (*franc.*) *f. invar.* **1** (*tessuto*) moquette **2** (*rivestimento*) fitted carpet; wall-to-wall carpet; carpet.
mòra (1) *f.* (*bot., del gelso*) mulberry; (*del rovo*) blackberry, bramble • **andare per more**, to go blackberrying.
mòra (2) *f.* (*leg.: ritardo*) delay; (*inadempienza*) default; (*di pagamento*) arrears (*pl.*); (*interessi di m.*) interests on arrears; (*dilazione*) respite: **andare in m.**, to fall into arrears; **essere in m.**, to be in arrears; **concedere una m.**, to grant a respite.
mòra (3) *f.* **1** (*donna bruna*) brunette **2** (*donna negra*) black woman*.
moràle **A** *a.* moral: **forza m.**, moral courage; **vittoria m.**, moral victory; **aiuto m.**, moral support; **danni morali**, moral damage • **ente m.**, non-profit(-making) organization □ **schiaffo m.**, humiliation; slap in the face **B** *m.* morale; spirits (*pl.*): **sollevare il m.**, to boost morale; to raise (sb.'s) spirits; **tenere alto il m.**, to keep up (sb.'s) morale; to keep (sb.'s) spirits up; **essere giù [su] di m.**, to be in low [high] spirits; **Su col m.!**, cheer up!; buck up! **C** *f.* **1** (*filos.*) moral philosophy; ethics (*pl. col verbo al sing.*) **2** (*condotta morale*) morals (*pl.*); (*moralità*) morality: **m. civile [politica]**, civil [political] morals; **i dettami della m.**, the dictates of morality **3** (*insegnamento morale*) moral: **trarre la m.**, to draw a moral; (*fig.*) **M. della favola...**, to cut a long story short; the long and the short of it is...
moraleggiàre *v. i.* to moralize.
moralìsmo *m.* **1** moralism **2** (*spreg.*) moralizing; self-righteousness; priggishness.
moralìsta *m. e f.* moralist; (*spreg.*) prig.
moralìstico *a.* moralistic; (*spreg.*) self-righteous, priggish, holier-than-thou.
moralità *f.* **1** morality; (*condotta morale*) morals (*pl.*): **uomo di dubbia m.**, man of doubtful morals **2** (*teatr.*) morality (play).
moralizzàre *v. t.* to moralize.
moralizzatóre **A** *a. m.* (*f.* **-trice**) moralizer **B** *a.* moralizing.
moralizzazióne *f.* moralization.
moratòria *f.* (*leg.*) moratorium*.
moratòrio *a.* (*leg.*) moratory.
moràvo *a. e m.* Moravian.
morbidézza *f.* **1** softness; (*tenerezza*) tenderness **2** (*di colori, luci, ecc.*) softness; mellowness.
mòrbido **A** *a.* **1** (*soffice, delicato, molle*) soft, velvety; (*tenero*) tender: **cera morbida**, soft wax; **mani morbide**, soft hands; **bistecca morbida**, tender steak **2** (*di colore, luce, sapore*) mellow; (*di suono*) soft, mellow **3** (*malleabile*) pliable • **abito di linea morbida**, loose-fitting dress **B** *m.* something soft; soft place: **dormire sul m.**, to sleep on a soft mattress. ATTENZIONE: **morbido** ≠ morbid.
morbillo *m.* (*med.*) measles (*pl. col verbo al sing.*).
mòrbo *m.* **1** disease; (*epidemia*) epidemic **2** (*fig.*) evil; scourge • (*med.*) **m. blu**, congenital cyanosis □ (*med.*) **m. di Parkinson**, Parkinson's disease.
morbosità *f.* morbidness; morbidity.
morbóso *a.* **1** (*med.*) morbid **2** (*fig.*) morbid; sick: **fascino m.**, morbid fascination; **fantasia morbosa**, morbid (*o* sick) imagination; **gelosia morbosa**, pathological jealousy.
mòrchia *f.* dregs (*pl.*); (*di olio lubrificante*) sludge; (*mecc.*) dirt.
mordàcchia *f.* gag-bit • **mettere la m. a q.**, to gag sb.
mordàce *a.* biting; cutting; mordant.
mordacità *f.* mordacity; pungency; bite.
mordènte *m.* **1** (*chim.*) mordant **2** (*mus.*) mordent **3** (*fig.*) bite; edge; drive: **senza m.**, lacking edge (*o* bite); bland; uninspiring.
mòrdere *v. t.* **1** to bite*: **Il cane gli morse una mano**, the dog bit his hand (*o* bit him on the hand); **m. una mela**, to bite into an apple; **Sono tutto morso dalle zanzare**, I've been badly bitten by mosquitoes **2** (*fig.*) to bite*; to pinch; to prick: **Il vento morde stamattina**, there is a biting wind this morning; **La coscienza mi mordeva**, my conscience

pricked me ***3*** (*intaccare, corrodere*) to bite* into; to eat* into ***4*** (*far presa*) to grip: **m. l'asfalto**, to grip the road • (*fig.*) **m. il freno**, to champ at the bit □ (*fig.*) **m. la polvere**, to bite the dust □ (*fig.*) **mordersi le mani**, to regret st. □ **Mi sarei morso le mani**, I could have kicked myself.

mordicchiàre *v. t.* to nibble (at); to gnaw (at).

morèllo *m.* (*cavallo*) black horse.

morèna *f.* (*geol.*) moraine.

morènico *a.* (*geol.*) morainal; morainic.

morènte ***A*** *a.* dying; (*fig.*) moribund ***B*** *m. e f.* dying person.

morésco *a.* Moorish; (*archit., anche*) Moresque.

more uxorio (*lat.*) ***A*** *locuz. avv.* as husband and wife ***B*** *locuz. a.* — (*leg.*) **convivenza m.**, common law marriage; de facto marriage.

morfèma *m.* (*ling.*) morpheme.

morfina *f.* (*farm.*) morphine; morphia.

morfinòmane *m. e f.* (*med.*) morphine addict.

morfologìa *f.* morphology.

morfològico *a.* morphologic(al).

morganàtico *a.* morganatic: **matrimonio m.**, morganatic marriage.

moria *f.* pestilence; plague; pest; (*di bovini*) cattle-plague, murrain; (*bot.*) blight: **m. di pesci**, fish plague; **m. di volatili**, fowl pest.

moribóndo ***A*** *a.* dying; (*fig.*) moribund ***B*** *m.* (*f.* **-a**) dying person.

morigeratézza *f.* ***1*** (*buoni costumi*) good morals (*pl.*) ***2*** (*moderatezza*) moderation; temperance; sobriety.

morigeràto *a.* moderate; temperate; sober; sober-minded.

morìre ***A*** *v. i.* ***1*** to die: **m. di m. naturale [violenta]**, to die a natural [violent] death; **m. di vecchiaia**, to die of old age, **m. di cancro**, to die of cancer; **m. di ferite**, to die from wounds received; **m. ammazzato**, to be killed; **m. annegato**, to drown; **m. avvelenato**, to die of poisoning; **m. giovane**, to die young; **m. martire**, to die a martyr; **Gli è morta la madre**, his mother has died; he has lost his mother; **Credevo di m.**, I thought I was going to die; **lasciarsi m.**, to let oneself die ***2*** (*cessare a poco a poco*) to die away; to draw* to a close; (*estinguersi*) to die out ***3*** (*di luce, di colore*) to fade ***4*** (*terminare*) to terminate; to end: **Il treno muore a Milano**, the train terminates at Milan • **m. come un cane**, to die like a dog □ **m. come le mosche**, to die like flies □ **m. dalla voglia di q.c. [di fare q.c.]**, to be dying for st. [to do st.] □ **m. dalla curiosità**, to be dying of curiosity □ **m. dal ridere**, to be in stitches (*o* in hysterics) □ **m. di fame**, to die of hunger; (*anche fig.*) to starve □ **m. di freddo**, to freeze to death; (*fig.*) to be freezing □ **m. di sonno**, to be asleep on one's feet □ **m. di paura**, to die of fright; (*fig.*) to be frightened to death; to be scared out of one's wits (*fam.*) □ **m. male**, to come to a bad end □ **m. sulla breccia**, to die in harness □ **La cosa è morta sul nascere**, it never came to anything; it never got off the ground □ **Lo farò a costo di m.**, I'll do it even if it kills me □ **bello da m.**, gorgeous; to die for (*fam.*) □ **stanco da m.**, dead tired; dog-tired □ **Fa un caldo da m.**, it's boiling hot □ **Fa un freddo da m.**, it's bitterly cold □ **Mi fa un male da m.**, it's killing me; it hurts like mad □ **voler bene da m. a**, to be terribly fond of □ **far m.**, to kill □ **Tu mi farai m.!**, you'll be the death of me! □ **Mi fa m. con le sue battute**, his jokes just kill me □ **lasciar m. il discorso**, to let the conversation drop □ **Peggio [Meglio] di così si muore**, it couldn't be any worse [better] □ **Piuttosto m. che...**, I'd rather die than... □ **Mi sento m. all'idea di ricominciare**, my heart sinks at the idea of starting all over again □ (*fam.*) **Chi non muore si rivede!**, fancy meeting you again!; long time no see (*fam.*) ***B*** *v. t.* to die ***C*** *m.* death; dying.

morituro *a.* (*lett.*) doomed to die; (*fig.*) moribund.

mormóne *m.* (*relig.*) Mormon.

mormònico *a.* Mormon.

mormoràre ***A*** *v. i.* ***1*** to murmur; (*bisbigliare*) to whisper; (*borbottare*) to mutter ***2*** (*lamentarsi*) to murmur (against); (*sparlare*) to speak* ill (of), to gossip (about); to talk: **m. sul conto di q.**, to speak ill of sb.; **La gente mormora**, people talk ***B*** *v. t.* to murmur; (*sussurrare*) to whisper; (*borbottare*) to mutter: **m. q.c. all'orecchio di q.**, to whisper st. in sb.'s ear; **m. q.c. tra i denti**, to mutter st. under one's breath; **Si mormora che...**, there is a rumour going around that...

mormorìo *m.* murmur, murmuring; (*bisbiglio*) whispering; (*fruscio*) rustling; (*borbottio*) mumbling; (*di ruscello*) babbling.

mòro (**1**) ***A*** *a.* (*bruno*) dark-haired; (*di colorito bruno*) dark-skinned ***B*** *m.* ***1*** (*stor.*) Moor ***2*** (*uomo scuro di pelle*) dark-skinned man; (*negro*) black (man*) ***3*** (*uomo bruno*) dark-haired man*.

moro (**2**) *m.* (*bot.*) mulberry(-tree).

morosità *f.* arrearage; delay in payment.

moróso (**1**) ***A*** *a.* in arrears (*pred.*); defaulting: **debitore m.**, defaulting debtor; defaulter ***B*** *m.* defaulter; person in arrears. ATTENZIONE: **moroso** ≠ morose.

moróso (**2**) *m.* (*f.* **-a**) (*fam.*) boyfriend (*f.* girlfriend); sweetheart.

mòrsa *f.* ***1*** (*mecc.*) vice, vise (*USA*): **stringere in una m.**, to clamp in a vice ***2*** (*fig.*) (vicelike) grip: **la m. del freddo**, the grip of the cold.

morsettièra *f.* (*elettr.*) terminal board.

morsétto *m.* (*mecc.*) clamp, holdfast; (*elettr.*) terminal.

morsicàre *V.* **mordere**, *def. 1.*

morsicatùra *f.* bite: **morsicature di insetti**, insect bites.

mòrso *m.* ***1*** bite: **m. di serpente**, snakebite; **Mi ha dato un m.**, he bit me; **dare un m. a una mela**, to bite into an apple; **staccare con un m.**, to bite off ***2*** (*boccone*) bite; morsel; mouthful; (*pezzetto*) bit ***3*** (*fig.*) sting; pangs (*pl.*): **m. della fame**, pangs of hunger; **m. della gelosia**, sting of jealousy ***4*** (*finimento*) bit; (*snodato*) snaffle • **mangiare q.c. a morsi**, to take bites out of st. □ (*fig.*) **mettere il m. a q.**, to curb sb.

mortàio *m.* mortar.

mortàle ***A*** *a.* ***1*** mortal; (*che causa morte, anche*) deadly, lethal, fatal: (*caduco*) transient, transitory: **la vita m.**, mortal life; **ferita m.**, mortal wound; **colpo m.**, fatal blow; **combattimento m.**, mortal combat; **peccato m.**, mortal (*o* deadly) sin; **cose mortali**, transitory things; **Suo marito è di una noia m.**, her husband is dreadfully dull (*o* a dreadful bore); **Che noia m.!**, how dreadfully boring!; what a drag (*fam.*) ***2*** (*simile alla morte*) deadly; deathly; deathlike: **pallore m.**, deadly pallor ***B*** *m. e f.* mortal • **Fortunato m.!**, lucky you!

mortalità *f.* ***1*** mortality ***2*** (*indice di m.*) mortality (rate); death-rate: **m. infantile**, infant mortality.

mortalménte *avv.* (*a morte*) mortally, fatally; (*come la morte*) deathly; (*gravemente*) mortally, deeply.

mortarétto *m.* firecracker.

mortàsa *f.* (*falegn.*) mortise, mortice.

mòrte *f.* ***1*** death: **m. naturale**, natural death; **m. per annegamento [per avvelenamento]**, death by drowning [by poisoning]; **fare una buona m.**, to die well; to die peacefully; **trovare la m.**, to meet one's death ***2*** (*fine*) death; end ***3*** (*fam.*: *miglior modo di cucinare q.c.*) best way of cooking st. • (*med.*) **m. apparente**, apparent death □ (*med.*) **m. cerebrale**, brain death □ **m. civile**, civil death; loss of civil rights □ **a m.**, to death: **mettere a m. q.**, to put sb. to death; to execute sb.; **picchiare a m.**, to beat to death; **annoiato [spaventato] a m.**, bored [frightened] to death □ **ferito a m.**, mortally wounded □ **A m. il traditore!**, death to the traitor! □ **andare incontro alla m.**, to go to one's death □ **andare incontro a m. sicura**, to face certain death □ **avercela a m. con q.**, to hate sb.; to have it in for sb. □ **con la m. nel cuore**, with a heavy heart; sick at heart □ **darsi la m.**, to take one's own life; to kill oneself □ (*scherz.*) **Dimmi subito di che m. devo morire**, tell me the bad news (*o* the worst) at once □ **discorso in m. di q.**, funeral oration; eulogy □ **fare la m. del topo**, to be caught like a rat in a trap □ **finché m. non ci separi**, till death us do part □ **fino alla m.**, till death; all one's life: **fedele fino alla m.**, faithful till death; **Visse qui fino alla m.**, he lived here all his life □ **in punto di m.**, at the point of death; near one's end; at death's door □ (*scherz.*) **Sembra la m. in vacanza**, he looks ghastly; he looks like death warmed up (*fam.*) □ **sfidare la m.**, to risk one's life □ **silenzio di m.**, deathly silence (*o* hush).

mortèlla *f.* (*bot.*) myrtle.

mortifero *a.* (*lett.*) deadly; lethal.

mortificànte *a.* mortifying; humiliating.

mortificàre ***A*** *v. t.* ***1*** (*far vergognare*) to mortify (*generalm. al passivo*) ***2*** (*reprimere*) to mortify ***B*** **mortificàrsi** *v. rifl.* to mortify oneself.

mortificàto *a.* ***1*** mortified ***2*** (*rammaricato*) very sorry; regretful.

mortificazióne *f.* mortification.

mòrto ***A*** *a.* dead: **Lo trovarono m.**, they found him dead; **È m. da sei ore**, he has been dead for six hours; **albero m.**, dead tree; **lingue morte**, dead languages; **la stagione morta**, the dead (*o* the off) season; **cadere m.**, to drop dead • (*fig.*) **m. di fame**, starving □ (*fig.*) **m. di freddo**, freezing □ (*fig.*) **m. di paura**, scared stiff □ **m. e sepolto**, dead and buried □ **m. stecchito**, stone-dead; as dead as a door-nail □ **mezzo m.**, half dead □ **punto m.**, deadlock; standstill □ **stanco m.**, dead tired; tired out; deadbeat (*fam. USA*) □ **È un uomo m.** (*è spacciato*), he is a dead man; he is done for; he's a goner (*pop.*) ***B*** *m.* ***1*** (*f.* **-a**) dead person; (*cadavere*) (dead) body, corpse: **Hanno trovato un m.**, they've found a body; **Ci sono stati dieci morti**, ten people died; **seppellire i morti**, to bury the dead ***2*** (*a carte*) dummy • (*fam.*) **un m. di fame**, a down-and-out; a bum (*USA*) □ **m. di sonno**, zombie □ **fare il m.**, (*fingersi m.*) to pretend to be dead; (*nel nuoto*) to float on one's back, to do the dead man's float (*USA*) □ **il giorno dei Morti**, All Souls' Day □ **pallido come un m.**, as pale as death; deathly pale □ **Qui ci scappa il m.**, someone is going to get killed □ (*eccles.*) **ufficio dei morti**, office for the dead; burial service.

mortòrio *m.* (*fig.*) morgue.

mortuàrio *a.* mortuary • **camera mortuaria**, mortuary □ **carro m.**, hearse □ **lapide mortuaria**, gravestone.

moṣaicìsta *m. e f.* mosaicist.

moṣàico (1) *a.* (*di Mosè*) Mosaic.

moṣàico (2) *m.* ***1*** mosaic: **pavimentazione a m.**, mosaic flooring; Venetian paving; (*irregolare*) crazy paving ***2*** (*fig.*) mosaic; patchwork.

mósca *f.* ***1*** (*zool.*) fly: **morire come le mosche**, to die like flies; **Non farebbe male a una m.**, he wouldn't hurt a fly; **m. tsè tsè**, tsetse fly; **m. cavallina**, horsefly; **m. della frutta**, fruitfly; **m. olearia**, olive fly ***2*** (*finto neo*) patch; beauty spot ***3*** (*barbetta*) imperial; goatee ***4*** (*esca*) fly ***5*** (*naut.*) fly-boat • **m. bianca**, rarity; rara avis (*lat.*); rare bird □ **m. cieca**, *V.* **moscacieca** □ **fare di una m. un elefante**, to make a mountain out of a molehill □ **restare con un pugno di mosche in mano**, to be left empty-handed □ **Mi saltò la m. al naso**, it (*o* that) got my back up; I flew off the handle (*fam.*) □ **far saltare la m. al naso a q.**, to raise sb.'s hackles; to get sb.'s back up □ (*fig.*) **Non si sentiva volare una m.**, you could have heard a pin drop □ (*scherz.*) **(Zitto e) m.!**, mum's the word!

moscacièca *f.* (*gioco*) blind man's buff.

moscardìno *m.* (*zool.*) ***1*** (*roditore*) dormouse* ***2*** (*piccolo polipo*) small octopus.

moscatèllo *m.* muscatel.

moscàto ***A*** *a.* muscat (*attr.*): **uva moscata**, muscat grapes (*pl.*) ***B*** *m.* (*vino*) muscat (wine); muscatel.

moscerìno *m.* midge; gnat.

moschèa *f.* mosque.

moschettière *m.* musketeer • **alla moschettiera**, mousquetaire (*attr.*).

moschétto *m.* musket.

moschettóne *m.* (*gancio*) spring catch, snap link; (*per alpinisti*) karabiner.

moschicìda *a.* fly-killing; insecticidal • **carta m.**, flypaper.

móscio *a.* ***1*** soft; flaccid; flabby (*anche fig.*) ***2*** (*fiacco*) dull; lifeless; wishy-washy • **erre moscia**, French r.

mòsco *m.* (*zool.*) musk deer*.

moscóne *m.* ***1*** (*zool.*) bluebottle; blowfly ***2*** (*fig.*) suitor ***3*** (*naut.*) twin-hulled pleasure boat.

moscovìta *a., m. e f.* Muscovite.

mòssa *f.* ***1*** (*gesto, movimento*) movement; move ***2*** (*al gioco e fig.*) move: **fare una m.**, to make a move; **m. sbagliata**, false move; **abile m.**, clever move • (*fam.*) **darsi una m.**, to get going; to get a move on □ **prendere le mosse**, to start; to begin; (*avere origine*) to arise □ **stare sulle mosse**, to be ready to start.

mossière *m.* (*sport*) starter.

mòsso *a.* ***1*** — **capelli mossi**, wavy hair; **foto mossa**, blurred photo; **mare m.**, choppy sea; **paesaggio m.**, varied landscape ***2*** (*mus.*) mosso.

mostàrda *f.* (*cucina*) ***1*** mustard ***2*** (*di frutta*) fruit pickles (*pl.*).

mósto *m.* must.

móstra *f.* show; display; exhibition: **m. d'arte**, art exhibition; **m. di fiori**, flower show; **essere in m.**, to be on show (*o* on display); **mettere in m.**, to display, to exhibit; (*ostentare*) to show off, to parade • **m. mercato**, fair □ **essere in bella m.**, to take pride of place □ **fare bella m. di sé**, to make a fine show □ **far m. (di)**, to pretend (to) □ **mettersi in m.**, to show off; to draw attention to oneself.

mostràre ***A*** *v. t.* to show*; (*dimostrare*) to prove: **m. i denti**, to show one's teeth; **m. la strada**, to show the way; **m. paura**, to show fear; **Mostrami come si fa**, show me how to do it; **Mostrò di aver capito**, he showed he had understood; **m. q.c. con un esempio**, to prove (*o* to demonstrate) st. with an example • **m. i pugni a q.**, to shake one's fist at sb. □ **m. q. a dito**, to point at sb. ***B*** **mostràrsi** *v. rifl.* to show* oneself; (*dimostrarsi*) to prove oneself; (*apparire*) to appear, to seem to be • **m. quale si è**, to show one's true colours.

mostravènto *m. invar.* (*naut.*) vane.

mostrina *f.* (*mil.*) tab; badge.

móstro *m.* ***1*** (*creatura fantastica*) monster ***2*** (*creatura anormale*) monster; freak ***3*** (*persona eccezionale*) prodigy: **un m. di sapere**, a prodigy of learning ***4*** (*criminale*) monster • **m. di natura**, freak □ (*fig.*) **m. sacro**, mythical figure □ **È un m. con quella pettinatura**, she looks dreadful with that hairstyle.

mostruosità *f.* ***1*** (*l'essere mostruoso*) monstrousness ***2*** (*cosa orribile*) monstrosity ***3*** (*azione orribile*) evil act; act of depravity.

mostruóso *a.* ***1*** monstrous ***2*** (*orribile*) horrible; hideous ***3*** (*prodigioso*) prodigious; (*tremendo*) tremendous; (*colossale*) monstrous, colossal: **abilità mostruosa**, prodigious ability; **intelligenza mostruosa**, tremendous intelligence.

mòta *f.* mud; slime.

motèl *m. invar.* motel; motor lodge (*USA*).

motilità *f.* (*biol.*) motility.

motivàre *v. t.* ***1*** (*addurre motivi*) to justify; to give grounds for; to give (*o* to state) reasons for: **m. una richiesta**, to justify a request; (*leg.*) **m. una sentenza**, to state reasons for a judgment ***2*** (*causare*) to cause ***3*** (*stimolare*) to motivate.

motivàto *a.* ***1*** (*giustificato*) justified; grounded ***2*** (*stimolato*) motivated.

motivazionàle *a.* motivational.

motivazióne *f.* ***1*** explanation; (*motivo*) reasons (*pl.*), grounds (*pl.*) ***2*** (*psic.*) motivation ***3*** (*leg.*) statement of reasons; grounds (*pl.*): **m. di una sentenza**, grounds for a judgment.

motivo *m.* ***1*** (*ragione*) reason, grounds (*pl.*); (*causa*) cause: **motivi impellenti**, urgent reasons; **motivi di famiglia**, family reasons; **avere buoni motivi per credere q.c.**, to have good grounds for believing st.; **non avere m. di lagnarsi**, to have no reasons for complaining (*o* to complain); **dare m. di sospetto**, to give rise to suspicion; **essere m. di ansia**, to give cause for anxiety; to be a source of worry; **Con che m.?**, for what reason?; on what grounds?; **ecco il m. (per cui)**, that's the reason (why); **Ti dirò il m.**, I shall tell you why ***2*** (*mus.*) motif; (*aria*) tune, melody: **m. conduttore**, leitmotif ***3*** (*elemento decorativo*) pattern; motif • **m. di contrasto**, quarrel □ **a m. di**, because of; owing to □ **senza m.**, for no reason; motiveless (*agg.*); groundless (*agg.*).

mòto (1) *m.* ***1*** (*fis.*) motion: **m. alternativo**, reciprocating motion; **m. rotatorio**, rotatory motion; **m. perpetuo**, perpetual motion ***2*** (*movimento*) motion; movement; (*di fluido*) flow: **m. ondoso**, wave motion; surge; **m. vorticoso**, whirling flow; (*gramm.*) **verbi di m.**, verbs of motion ***3*** (*gesto*) gesture ***4*** (*esercizio fisico*) exercise: **fare del m.**, to take some exercise ***5*** (*impulso*) impulse; surge; sudden feeling: **m. di rabbia**, surge of anger; **m. di affetto**, surge of affection; **moti dell'animo**, feelings ***6*** (*sommossa*) rising; rebellion; revolt ***7*** (*mus.*) moto • **essere in m.**, to be in motion; (*di meccanismo*) to be turning, to be working; (*agire*) to be on the move; (*darsi da fare*) to be on the go □ **mettere in m.**, to set in motion; (*mecc.*) to start □ **mettersi in m.**, (*partire*) to start, to set out; (*cominciare ad agire*) to get going; (*avere inizio*) to get under way, to get off the ground.

mòto (2) *f. invar.* (*motocicletta*) motorcycle; motorbike (*fam.*); bike (*fam.*).

motobàrca *f.* motorboat.

motocàrro *m.* three-wheeled van.

motocarrozzétta *f.* motorcycle with sidecar.
motociclétta *f.* motorcycle; motorbike (*fam.*); bike (*fam.*).
motociclismo *m.* motorcycling.
motociclista *m. e f.* motorcyclist • **corridore m.**, motorcycle racer; racing motorcyclist.
motociclìstico *a.* motorcycle (*attr.*); motorcycling.
motocìclo *m.* motorcycle; motorbike (*fam.*).
motocistèrna *f.* (*naut.*) tanker.
motocròss *m.* (*sport*) motocross.
motocrossìsta *m. e f.* (*sport*) motocross racer.
motofurgóne *m.* three-wheeled delivery van.
motolància *f.* (*naut.*) motor launch.
motoleggèra *f.* lightweight motorcycle.
motonàutica *f.* motorboating • **m. agonistica**, speedboat racing.
motonàutico *a.* motorboat (*attr.*); speedboat (*attr.*): **gara motonautica**, speedboat race.
motonàve *f.* motorship (*abbr.* M/S).
motopescheréccio *m.* (*naut.*) motor trawler.
motoradùno *m.* motorcycle rally.
motóre ***A*** *a.* motor; motive; driving; moving: **impulso m.**, motor impulse; **forza motrice**, driving (*o* motive) force; (*anat.*) **nervi motori**, motor nerves; **principio m.**, moving cause; (*mecc.*) **albero m.**, driving shaft ***B*** *m.* ***1*** (*mecc.*) engine; motor: **m. a scoppio**, internal combustion engine; **m. elettrico**, electrical motor; electromotor; **m. termico**, heat engine; **m. a due [quattro] tempi**, two-stroke [four-stroke] engine; **avviare [spegnere] un m.**, to start [to stop] an engine ***2*** (*lett.*) mover: (*filos.*) **il Primo M.**, the First Mover.
motorétta *f.* motor scooter.
motorìno *m.* ***1*** (*ciclomotore*) light motorcycle; moped (*GB*) ***2*** — (*autom.*) **m. d'avviamento**, starter.
motòrio *a.* motor (*attr.*); motory.
motorista *m.* engineer: (*aeron.*) **m. di bordo**, flight engineer.
motoristica *f.* mechanical engineering.
motorizzàre ***A*** *v. t.* to motorize ***B*** **motorizzàrsi** *v. rifl.* (*fam.*) to get* (oneself) a car.
motorizzàto *a.* motorized: **truppe motorizzate**, motorized troops • (*fam.*) **essere m.**, to have a car.
motorizzazióne *f.* motorization • **ispettorato della m.**, traffic control authority.
motoscàfo *m.* (*naut.*) motorboat • **m. da competizione**, speedboat □ **m. da crociera**, cruiser.
motoséga *f.* chain saw.
motosilurànte *m.* (*mil.*) motor torpedo boat.
motoslitta *f.* snowmobile.
motovedétta *f.* (*naut.*) patrol boat.
motoveicolo *m.* motor vehicle.
motozàppa *f.* (*agric.*) powered cultivator.
motrice *f.* (*mecc.*) engine.
motteggiàre ***A*** *v. i.* to make* quips; to banter; to joke ***B*** *v. t.* (*canzonare*) to make* fun of; to mock.
motteggiatóre *m.* (*f.* **-trice**) ***1*** (*persona arguta*) wit; quipper ***2*** (*canzonatore*) mocker.
mottéggio *m.* ***1*** raillery; banter ***2*** (*parole di scherno*) mockery.
mottétto *m.* (*mus.*) motet.
mòtto *m.* ***1*** (*detto sentenzioso*) motto*; maxim ***2*** (*pubblicitario*) slogan; catchword; catch phrase ***3*** (*arguzia*) witty remark; quip: **m. di spirito**, witticism ***4*** (*lett.*: *parola*) word: **senza far m.**, without a word; **Non fece m.**, he didn't say a word.
movènte *m.* motive.
movènza *f.* movement; (*gesto*) gesture; (*atteggiamento*) attitude.
movìbile *a.* movable.
movimentàre *v. t.* to liven up; to animate.
movimentàto *a.* (*animato*) animated, lively, full of life; (*affollato*) busy; (*pieno di eventi*) eventful: **discussione movimentata**, animated discussion; **vita movimentata**, eventful life.
moviménto *m.* ***1*** movement; (*moto*) motion; (*gesto*) gesture; (*flusso*) flow: **m. volontario [involontario]**, voluntary [involuntary] movement; **m. di rotazione**, rotatory motion; **fare un m. con la mano**, to move one's hand; to gesture; **essere in m.**, to be in motion; **mettere in m.**, to set in motion ***2*** (*traffico*) traffic ***3*** (*animazione*) activity; animation; life; (*andirivieni*) bustle: **pieno di m.**, lively; full of life; animated; **C'è un gran m. in città**, the town is bustling (with activity) ***4*** (*mil.*) movement; evolution; manoeuvre ***5*** (*corrente culturale, politica, ecc.*) movement: **il m. romantico**, the Romantic movement; **M. di liberazione della donna**, Women's Liberation Movement; Women's Lib (*fam.*) ***6*** (*mus.*) movement • **il m. di un orologio**, the movement of a watch □ (*comm.*) **m. d'affari**, turnover □ (*comm.*) **m. di cassa**, cash flow □ **m. turbinoso**, whirl □ **essere sempre in m.**, to be always on the go.
moviòla *f.* (*cinem.*) moviola • (*TV*) **rivedere q.c. alla m.**, to see st. in slow motion.
mozióne *f.* motion: **presentare [appoggiare, approvare, respingere] una m.**, to propose [to second, to carry, to reject] a motion; **m. di fiducia**, motion of confidence; **m. d'ordine**, point of order.
mozzafiàto *a. invar.* breathtaking.
mozzàre *v. t.* to cut*; to cut* off: **m. il capo a q.**, to cut off sb.'s head; to behead sb. • **m. il fiato**, to take sb.'s breath away.
mozzicóne *m.* stump; stub; butt; end: **m. di candela**, candle-end; **m. di matita**, stub of a pencil; **m. di sigaretta**, cigarette end (*o* butt); **m. di coda**, docked tail; stumpy tail.
mózzo (1) *a.* cut-off; (*di coda*) docked • **frase mozza**, broken sentence.
mózzo (2) *m.* ***1*** (*naut.*) ship boy; cabin boy ***2*** — **m. di stalla**, stable boy; groom.
mózzo (3) *m.* (*mecc.*) hub: **m. della ruota**, wheelhub.
mùcca *f.* cow: **m. da latte**, dairy (*o* milch) cow.
mùcchio *m.* ***1*** heap; mass; (*pila*) pile, stack; (*fascio*) bundle ***2*** (*grande quantità*) lots (*pl.*); load; loads (*pl.*); heap; heaps (*pl.*); pile: **Ha un m. di libri**, he has lots of books; **un m. di quattrini**, loads (*o* heaps) of money; **un m. di gente**, crowds of people; **un mucchio di sciocchezze**, a load of nonsense • **a mucchi**, in plenty; galore □ (*fig.*) **mettere tutti in un m.**, to lump everybody together; (*generalizzare una critica*) to tar everyone with the same brush □ **sparare nel m.**, to shoot into the crowd; (*fig.*) to level accusations indiscriminately.
mucillàgine *f.* (*bot., farm.*) mucilage.
mucillaginóso *a.* (*bot., farm.*) mucilaginous.
mùco *m.* mucus.
mucósa *f.* (*anat.*) mucosa*; mucous membrane.
mucóso *a.* mucous.
mùda *f.* (*zool.*) moult.
muesli (*ted.*) *m.* muesli (*GB*); granola (*USA*).
mùffa *f.* mould; mildew • **odorare di m.**, to smell musty □ **sapere di m.**, to taste mouldy □ **fare la m.**, to moulder; to go mouldy (*o* musty); (*fig.*) to rot, to moulder.
muffìre *V.* **ammuffire**.
mùffola *f.* ***1*** (*guanto*) mitten ***2*** (*di forno*) muffle.
muflóne *m.* (*zool.*) mouf(f)lon.
mugghiàre *v. i.* ***1*** to bellow; to low ***2*** (*urlare, ruggire*) to roar, to bellow; (*ululare*) to howl.
mùggine *m.* (*zool.*) mullet.
muggire *v. i.* to bellow; (*di mucca*) to moo.
muggìto *m.* ***1*** bellow; bellowing; (*di mucca*) moo, mooing ***2*** (*urlo, ruggito*) roar; roaring; bellow; bellowing; (*ululato*) howl; howling.
mughétto *m.* ***1*** (*bot.*) lily of the valley ***2*** (*med.*) thrush.
mugnàio *m.* miller.
mùgo *m.* (*bot.*) Swiss mountain pine; mug(h)o pine.
mugolàre *v. i. e t.* ***1*** (*di animale*) to whimper; to whine ***2*** (*lamentarsi*) to moan; to groan ***3*** (*borbottare*) to mutter; to mumble.
mugolìo *m.* ***1*** (*di animale*) whimpering; whining ***2*** (*lamentio*) moaning, groaning ***3*** (*borbottio*) muttering; mumbling.
mugugnàre *v. i.* (*fam.*) to grumble; to grouse (*fam.*); to gripe (*fam.*); to whinge (*fam.*).
mugùgno *m.* (*fam.*) grumbling; grousing (*fam.*); griping (*fam.*); whingeing (*fam.*).
mùla *f.* (*zool.*) mule.
mulattièra *f.* mule track.
mulattière *m.* muleteer; mule driver.
mulattièro *a.* mule (*attr.*).
mulàtto *a. e m.* (*f.* **-a**) mulatto*.
muliebre *a.* womanly; feminine; female.
mulinàre ***A*** *v. i.* to go round and round; to eddy; to whirl; to swirl: **Le foglie morte mulinavano in aria**, the dead leaves

swirled in the air; **In testa gli mulinava un nuovo progetto**, a new plan was going round and round in his head ***B*** *v. t.* ***1*** (*far girare*) to twirl; to whirl: **m. un bastone**, to twirl a stick ***2*** (*rimuginare*) to revolve (in one's mind); (*macchinare*) to scheme.

mulinèllo *m.* ***1*** (*vortice d'acqua*) eddy, whirlpool; (*di vento*) whirlwind ***2*** (*di canna da pesca*) (fishing) reel.

mulino *m.* mill: **m. ad acqua**, water mill; **m. a vento**, windmill • (*fig.*) **combattere contro i mulini a vento**, to tilt at windmills.

mùlo *m.* (*zool. e fig.*) mule • **a dorso di m.**, on a mule □ **ostinato** (*o* **cocciuto**) **come un m.**, as stubborn (*o* obstinate) as a mule □ **fare il m.**, to be stubborn (*o* obstinate).

mùlta *f.* fine; penalty; (*autom.*: *la contravvenzione*) ticket: **pagare una m.**, to pay a fine; **prendere una m.**, to be fined; (*autom., anche*) to get a ticket, to be booked; **prendere una m. per eccesso di velocità**, to be booked for speeding; **infliggere una m.**, to fine; **Mi hanno dato una m. di 100.000 lire**, I was fined 100,000 lire; **m. per divieto di parcheggio**, parking ticket; **m. conciliata**, on-the-spot fine.

multàre *v. t.* to fine: **m. q. di 50.000 lire**, to fine sb. 50,000 lire.

multicolóre *a.* multicolour(ed), multicolor(ed) (*USA*); variegated.

multiculturàle *a.* multicultural.

multiètnico *a.* multiethnic.

multifórme *a.* multiform; many-sided; varied.

multifunzionàle *a.* multipurpose; versatile.

multilìngue *a.* multilingual; polyglot.

multimediàle *a.* multimedia (*attr.*).

multimiliardàrio *a. e m.* (*f.* **-a**) multibillionaire.

multimilionàrio *a. e m.* (*f.* **-a**) multimillionaire.

multinazionàle *a. e f.* (*comm.*) multinational.

multìpara (*biol.*) ***A*** *a.* multiparous ***B*** *f.* multipara.

mùltiplo *a. e m.* multiple: (*mat.*) **il minimo comune m.**, the lowest common multiple.

multipolàre *a.* ***1*** (*fis.*) multipolar ***2*** (*fig.*) many-centred.

multiproprietà *f.* (*leg.*) time-sharing • **appartamento in m.**, time-share flat.

multirazziàle *a.* multiracial.

multisàla ***A*** *m.* multiscreen cinema; multiplex (theatre) ***B*** *a.* multiscreen; multiplex.

multiùso *a. invar.* multipurpose.

mùmmia *f.* ***1*** mummy ***2*** (*fig.*: *persona rinsecchita*) wizened old person; (*persona retriva*) fossil, old fogey.

mummificàre ***A*** *v. t.* to mummify ***B*** **mummificàrsi** *v. i. pron.* ***1*** to mummify; to become* mummified ***2*** (*fig.*) to fossilize.

mummificazióne *f.* mummification.

mùngere *v. t.* ***1*** to milk ***2*** (*fig.*) to milk; to squeeze.

mungitóre *m.* milker.

mungitrìce *f.* ***1*** milkmaid ***2*** (*macchina*) milking machine.

mungitùra *f.* milking.

municipàle *a.* municipal; town (*attr.*); local government (*attr.*): **amministrazione m.**, local government (*o* municipal) administration; **consiglio m.**, town (*USA* city) council; **palazzo m.**, town (*USA* city) hall.

municipalìsmo *m.* municipalism.

municipalità *f.* municipality.

municipalizzàre *v. t.* to municipalize.

municipalizzàto *a.* municipal.

municìpio *m.* ***1*** (*comune*) municipality ***2*** (*sede del m.*) town (*USA* city) hall.

munificènza *f.* munificence; liberality.

munìfico *a.* munificent; liberal.

munìre ***A*** *v. t.* ***1*** (*fortificare*) to fortify ***2*** (*provvedere*) to provide; (*fornire*) to furnish, to supply; (*dotare*) to fit: **m. q. di un salvacondotto**, to provide sb. with a safe-conduct; **m. di viveri**, to supply with provisions ***B*** **munirsi** *v. rifl.* ***1*** (*premunirsi*) to fortify oneself; to protect oneself ***2*** (*provvedersi*) to provide oneself; to supply oneself: **m. di armi**, to supply oneself with arms; **m. di pazienza**, to arm oneself with patience.

munìto *a.* provided with; fitted with: **valigia munita di ruote**, suitcase fitted with wheels; **m. di viveri**, provided with victuals; victualled; **m. di grata**, grilled; **m. di regolare licenza**, licensed.

munizióni *f. pl.* ammunition ☐ • **deposito munizioni**, ammunition dump □ **rifornire di munizioni**, to supply with ammunition.

muòvere ***A*** *v. t.* ***1*** to move; (*spostare*) to shift, to draw*: **m. un tavolo**, to move (*o* to shift) a table: **Mosse la sedia più vicino al fuoco**, he drew the chair nearer to the fire; **m. una pedina**, to move a pawn ***2*** (*agitare leggermente*) to move, to stir; (*scuotere*) to shake* ***3*** (*una parte del corpo*) to move; to stir (*generalm. in frasi neg.*); (*dimenare*) to wag, to wave: **m. una mano** [**le labbra**], to move a hand [one's lips]; (*fig.*) **non m. un dito**, not to move (*o* to lift) a finger; **m. la coda**, to wag one's tail ***4*** (*mettere in moto*) to move; to drive*: **La ruota è mossa dall'acqua**, the wheel is driven by water ***5*** (*eccitare, suscitare*) to move; to excite; to rouse; to stir up; to arouse; to provoke: **m. al pianto**, to move to tears; **m. al riso**, to provoke laughter; **m. a pietà**, to move to pity; to arouse (sb.'s) pity ***6*** (*indurre, incitare*) to move; to stir; to induce; to prompt • **m. un'accusa a** (*o* **contro**) **q.**, to bring a charge against sb. □ **m. guerra a q.**, to wage war on (*o* against) sb. □ **m. una obiezione**, to raise an objection □ **m. un rimprovero a q.**, to reproach sb. ***B*** *v. i.* ***1*** (*avanzare*) to advance; to go*: **m. contro q.**, to advance against sb.; **m. incontro a q.**, to go towards sb.; **m. alla volta di**, to set off for ***2*** (*avere origine*) to originate; to proceed; (*partire*) to start; (*incominciare*) to begin* ***C*** **muòversi** *v. rifl. e i. pron.* ***1*** (*spostarsi*) to move; to stir; to budge: **Non muoverti!**, don't move; **Non si moveva una foglia**, not a leaf stirred; **Spinsi, ma il tavolo non si mosse**, I pushed but the table didn't budge ***2*** (*andare*) to go*; (*partire, lasciare*) to leave* (st.): **m. a incontrare q.**, to go to meet sb.; **m. da casa**, to leave the house; to set foot outside (the house) • **m. a compassione**, to be moved to pity □ **Qui bisogna m.!**, we must do something □ **non poter m. dal letto**, to be confined to one's bed; to be bed-ridden □ **Muoviti, è tardi**, hurry up (*o, fam.*, get a move on), it's late □ **Allora, ti muovi?**, well, are you coming?

mùra (**1**) *f.* (*naut.*) tack.

mùra (**2**) *f. pl. V.* **muro**, *def.* 2.

muràglia *f.* ***1*** wall: **la M. cinese**, the Great Wall of China ***2*** (*barriera*) barrier.

muraglióne *m.* massive wall; (*di sostegno*) retaining wall.

muràle ***A*** *a.* mural; wall (*attr.*): **carta m.**, wall map ***B*** *m.* mural.

muràre ***A*** *v. t.* ***1*** (*chiudere con un muro*) to wall up; to brick up: **m. una porta**, to wall up a door ***2*** (*conficcare nel muro*) to embed in a wall; to set* into a wall: **m. un gancio**, to embed a hook in a wall; **m. una cassaforte**, to set a safe into a wall ***3*** (*nascondere con un muro*) to wall up: **m. q. vivo**, to wall sb. up alive ***B*** **muràrsi** *v. rifl.* to shut* oneself up; to immure oneself.

muràrio *a.* building (*attr.*) • **arte muraria**, masonry □ **cinta muraria**, walls (of a town).

muràta *f.* (*naut.*) (ship's) side; bulwarks (*pl.*).

muràto *a.* walled; (*chiuso con muro*) walled-up, immured; (*cinto da muro*) walled-in, enclosed: **citta murata**, walled city; **porta murata**, walled-up door.

muratóre *m.* bricklayer; mason.

muratùra *f.* masonry; (*di mattoni*) brickwork: **m. a secco**, dry masonry; **m. di sostegno**, bulkhead; **in m.**, masonry (*attr.*).

murèna *f.* (*zool.*) moray (eel).

muriàtico *a.* (*chim.*) muriatic.

mùrice *m.* (*zool.*) murex*.

mùro *m.* (*pl.* **muri** *m., nelle def. 1, 3 e 4,* **mùra** *f., nella def.* 2) ***1*** wall: **m. a secco**, dry-stone wall; **m. di cinta**, boundary wall; **m. di confine**, party wall; **m. di sostegno**, retaining wall; **m. maestro**, main wall; **appendere** [**attaccare**] **q.c. al m.**, to hang [to put up] st. on a wall; **chiudere con un m.**, to wall up; **cingere con un m.**, to build a wall around; to wall in ***2*** (*al pl.*) (*complesso di opere murarie*) walls: **le mura d'una città**, the walls of a city; **cinta di mura**, enclosing walls ***3*** (*aeron.*) barrier: **m. del suono**, sound barrier ***4*** (*fig.*) wall; barrier: **m. di nebbia** [**di silenzio**], wall of fog [of silence]; **Tra di noi c'è un m.**, we don't communicate • **le mura domestiche**, home; privacy □ **il M. del pianto** (*di Gerusalemme*), the Western (*o* Wailing) Wall □ **a m.**, wall-mounted: **telefono a m.**, wall-mounted telephone □ **chiudersi fra quattro mura**, to shut oneself up □ (*fig.*) **essere con le spalle al m.**, to have one's back to the wall □ **finire al m.**, to be shot □ **mettere q. al m.**, to drive sb. to the wall; (*fucilare*) to shoot sb. □ **parlare al m.**, to talk to the wall □ (*prov.*) **I muri hanno orecchie**, walls have ears.

mùṣa *f.* ***1*** (*mitol.*) Muse ***2*** (*fig.*) muse.
muschiàto *a.* ***1*** musky ***2*** (*bot., zool.*) musk (*attr.*).
mùschio (**1**) *m.* (*profumeria*) musk.
mùschio (**2**) *m.* (*bot.*) moss: **ricoperto di m.**, overgrown with moss; moss-covered; mossy.
muscolàre *a.* muscular; muscle (*attr.*): **dolore** [**forza**] **m.**, muscular pain [strength]; **tessuto m.**, muscle tissue.
muscolatùra *f.* musculature; (*muscoli*) muscles (*pl.*).
mùscolo *m.* ***1*** (*anat.*) muscle ***2*** (*al pl.*) (*fig.*) muscles; brawn ◻: **muscoli e cervello**, brawn and brain ***3*** (*di carne macellata*) shin (of beef) ***4*** (*zool.*) mussel • **a forza di muscoli**, by sheer muscle power □ (*fig.*) **mostrare i muscoli**, to flex one's muscles □ (*sport*) **sciogliere** (*o* **scaldare**) **i muscoli**, to warm up; to limber up □ (*fig.*) **senza muscoli**, feeble □ **tutto muscoli**, *V.* **muscoloso**.
muscolóso *a.* muscular; sinewy; brawny.
muṣèo *m.* museum • (*scherz.*) **pezzo da m.**, museum-piece; old fossil □ (*spreg.*) **roba da m.**, worthless old rubbish; junk.
muṣeruòla *f.* muzzle • **mettere la m. a un cane**, to muzzle a dog □ (*fig.*) **mettere la m. a q.**, to muzzle sb.; to gag sb.
muṣétta *f.* nose bag; feed bag (*USA*).
muṣétto *m.* (pretty, sad, etc.) little face.
mùṣica *f.* music: **m. classica** [**leggera**], classical [pop] music; **m. antica**, early music; **m. da ballo**, dance music; **m. da camera**, chamber music; **m. sacra**, church music; **fare m.**, to play; **mettere in m.**, to set to music; **pezzo di m.**, piece of music • (*fig.*) **cambiare m.**, to change one's tune □ **È m. per le mie orecchie**, it's music to my ears □ **Sempre la solita m.!**, it's the same old story! □ (*iron.*) **Sentirai che m.!**, just you wait!
muṣicàle *a.* musical; music (*attr.*): **commedia m.**, musical (comedy); **voce m.**, musical voice; **critico m.**, music critic.
muṣicalità *f.* ***1*** musicality; musicalness ***2*** (*doti musicali*) musicianship.
muṣicànte *m. e f.* ***1*** (*suonatore*) musician; (*di banda*) bandsman* ***2*** (*spreg.*) third-rate musician.
muṣicàre *v. t.* to set* to music.
muṣicassétta *f.* (pre-recorded) cassette.
music-hall (*ingl.*) *m. invar.* ***1*** (*teatro*) music hall (*GB*); vaudeville theater (*USA*) ***2*** (*spettacolo*) music hall show; variety show; vaudeville (*USA*).
muṣicìsta *m. e f.* musician.
muṣicologìa *f.* musicology.
muṣicòlogo *m.* (*f.* **-a**) musicologist.
muṣicoterapìa *f.* (*med.*) musicotherapy.
muṣivo *a.* mosaic (*attr.*).
mùṣo *m.* ***1*** (*di animale*) muzzle, face; (*grugno*) snout ***2*** (*scherz.: faccia*) face; mug (*fam.*): **dire q.c. a q. sul m.**, to say st. to sb.'s face; **spaccare il m. a q.**, to smash sb.'s face in ***3*** (*broncio*) fit of the sulks: **avere il m.**, to have a fit of the sulks; to sulk; **mettere il m.**, to look sulky; to pull a long face; **tenere il m. a q.**, to be in a huff with sb. ***4*** (*aeron.*) nose • **a m. duro**, bluntly; without mincing words.
muṣóne *m.* (*f.* **-a**) (*fam.*) sulker; sulky person.
muṣoneria *f.* (*fam.*) sulkiness; sulks (*pl.*).
mùssola, mussolìna *f.* (*ind. tess.*) muslin.
mustacchi *m. pl.* (long) moustache (*sing.*).
musulmàno *a. e m.* (*f.* **-a**) Muslim; Moslem (*f.* Moslem woman*).
mùta (**1**) *f.* ***1*** (*cambio*) change, changing; (*di sentinella*) relief ***2*** (*zool: di penne o pelo*) moult, moulting; (*di pelle, corna*) shedding, casting-off ***3*** (*di indumenti*) change ***4*** (*serie*) set ***5*** (*tuta subacquea*) wetsuit.
mùta (**2**) *f.* (*di cani*) pack (of hounds).
mutàbile *a.* ***1*** changeable; mutable; variable ***2*** (*incostante*) *V.* **mutevole**.
mutabilità *f.* ***1*** changeableness; changeability; variableness ***2*** (*incostanza*) *V.* **mutevolezza**.
mutaménto *m.* change; variation; transformation: **m. di programma**, change of programme; **m. d'aria**, change of air; **m. di temperatura**, variation in temperature; **m. in meglio** [**in peggio**], change for the better [for the worse].
mutànde *f. pl.* briefs; underpants; pants (*GB*) • **m. lunghe**, long pants; long johns □ **mettere in m. q.**, to strip sb. of his trousers.
mutandine *f. pl.* (*da donna*) briefs, panties, knickers (*fam.*); (*da bambino*) briefs, underpants, pants (*GB*) • **m. da bagno**, bathing shorts; trunks □ **m. da ginnastica**, (gym) shorts.
mutànte *a. e m.* mutant.
mutàre ***A*** *v. t.* to change: **m. direzione**, to change direction; **m. indirizzo**, to change one's address; **m. vita**, to change one's ways; **Il principe fu mutato in rospo**, the prince was changed (*o* turned) into a toad • **m. colore** (*impallidire*) to go (*o* to turn) pale □ **m. la pelle**, to cast off one's skin; (*di rettile*) to slough off □ **m. le penne**, to moult ***B*** *v. i.* to change; (*modificarsi*) to alter: **m. in meglio** [**in peggio**], to change for the better [for the worse]; **m. di colore**, to change colour; **La città non è molto mutata**, the town hasn't changed (*o* altered) much ***C*** **mutàrsi** *v. i. pron.* to change.
mutazióne *f.* ***1*** change ***2*** (*biol.*) mutation.
mutévole *a.* changeable; variable; (*instabile*) unsettled; (*incostante*) inconstant, fickle.
mutevolézza *f.* mutability; (*incostanza*) inconstancy, fickleness.
mutilàre *v. t.* to mutilate (*anche fig.*); to maim; to cripple; (*una statua*) to deface, to disfigure.
mutilàto ***A*** *a.* mutilated (*anche fig.*); maimed; crippled ***B*** *m.* (*f.* **-a**) cripple; disabled person: **m. di guerra**, person wounded in the war; (*soldato*) disabled ex-serviceman*.
mutilazióne *f.* mutilation (*anche fig.*); maiming; (*di statua*) defacement, disfigurement • **subire una m.**, to be maimed.
mùtilo *a.* (*lett.*) mutilated.
mutiṣmo *m.* ***1*** (*med.*) dumbness; mutism ***2*** (*silenzio*) (obstinate) silence.
mùto ***A*** *a.* ***1*** (*med.*) dumb; mute ***2*** (*che tace*) silent; (*senza parole*) mute, dumb, speechless, (*per l'imbarazzo*) speechless, tongue-tied: **restare m. per l'orrore**, to be struck dumb with horror; **m. come una tomba**, as silent as the grave ***3*** (*senza suono*) silent; soundless; (*inespresso*) mute, speechless, unspoken, dumb: **film m.**, silent film; **gioia muta**, speechless joy; **m. stupore**, dumb amazement ***4*** (*gramm.*) mute; silent: **acca muta**, silent aitch ***B*** *m.* ***1*** (*f.* **-a**) dumb person; mute ***2*** (*cinem.*) silent films (*pl.*); silents (*pl.*).
mùtria *f.* surly face; haughty expression.
mùtua *f.* health insurance; (*pubblica*) National Health Service: **cassa m.**, health insurance scheme; sickness benefit fund; **m. privata**, private health insurance; **medico della m.**, National Health doctor • **essere in m.**, to be on sick leave □ **mettersi in m.**, to ask for sick leave; to go sick (*fam.*).
mutuàbile *a.* (*med.*) available under the National Health Service.
mutualiṣmo *m.* (*biol.*) mutualism.
mutualìstico *a.* ***1*** (*scambievole*) mutualist; mutualistic ***2*** (*med.*) health insurance (*attr.*); (*dell'assistenza sanitaria pubblica*) National Health (*attr.*): **ente m.**, health insurance company.
mutuànte *m. e f.* (*leg.*) lender.
mutuàre *v. t.* ***1*** (*prendere a mutuo*) to borrow ***2*** (*dare a mutuo*) to lend*; to loan (*USA*) ***3*** (*derivare*) to borrow.
mutuatàrio *m.* (*leg.*) borrower.
mutuàto *m.* (*f.* **-a**) patient covered by health insurance; (*rif. all'assistenza sanitaria pubblica*) National Health patient.
mùtuo (**1**) *a.* mutual; (*reciproco*) reciprocal: **m. affetto** [**consenso**], mutual love [agreement].
mùtuo (**2**) *m.* (*leg.*) loan: **m. ipotecario**, mortgage loan; **m. garantito**, secured loan; **m. per la prima casa**, home loan; **chiedere** [**concedere**] **un m.**, to apply for [to grant] a loan; **fare un m.**, to take out a loan; **capitale a m.**, borrowed capital.

n, N

N, n *f. o m.* N, n • (*telef.*) **n come Napoli**, n for Nellie (*USA* for Nan).
nabàbbo *m.* nabob • **vivere da n.**, to live in the lap of luxury.
nàcchere *f. pl.* (*mus.*) castanets.
nadir *m.* (*astron.*) nadir.
nàfta *f.* ***1*** (*chim.*) naphtha ***2*** (*combustibile*) fuel oil; (*per motori Diesel*) diesel oil: **bruciatore a n.**, oil burner; **riscaldamento a n.**, oil-fired central heating.
naftalìna *f.* ***1*** (*chim.*) naphthalene ***2*** (*in palline*) mothballs (*pl.*); (*in scaglie*) naphthalene flakes (*pl.*): **mettere in n.**, to put in mothballs.
nàia (**1**) *f.* (*zool.*) cobra.
nàia (**2**) *f.* (*gergo mil.*) ***1*** (*servizio militare*) national service ***2*** (*vita militare*) military life.
nàiade *f.* naiad; water nymph.
naïf (*franc.*) *a.* (*arte*) naïf; naive.
nàilon *V.* **nylon**.
nàna *f.* ***1*** (*med.*) (female) dwarf ***2*** (*donna piccola*) midget ***3*** (*astron.*) dwarf.
nanișmo *m.* (*med.*) dwarfism.
nànna *f.* (*infant.*) sleep • **andare a n.**, to go to bye-bye(s) (*o* to beddy-byes) □ **fare la n.**, to sleep □ **mettere a n.**, to put to bed.
nàno ***A*** *a.* dwarfish; dwarf (*attr.*); miniature: **geranio n.**, dwarf geranium; **stella nana**, dwarf star; **barboncino n.**, miniature poodle ***B*** *m.* ***1*** (*med.*) dwarf* ***2*** (*uomo piccolo*) midget; manikin ***3*** (*mitol.*) dwarf.
napoleóne *m.* (*numism.*) napoleon.
napoleònico *a.* Napoleonic.
napoletàno *a. e m.* (*f.* **-a**) Neapolitan (*f.* Neapolitan woman*).
nàppa *f.* ***1*** (*fiocco*) tassel ***2*** (*pellame*) Napa (leather); soft leather.
narcișișmo *m.* narcissism.
narcișista *m. e f.* narcissist.
narcișistico *a.* narcissistic.
narcișo *m.* (*bot.*) narcissus*.
narcòși *f.* (*med.*) narcosis; general anaesthesia.
narcòtico (*farm.*) ***A*** *a.* narcotic ***B*** *m.* narcotic; drug: **squadra narcotici**, drug squad.
narcotizzàre *v. t.* to narcotize; to drug.
narcotrafficànte *m. e f.* drug trafficker; drug dealer.
narcotràffico *m.* drug dealing.
narìce *f.* (*anat.*) nostril.
narràre *v. t.* to tell*; (*riferire*) to relate.
narratìva *f.* fiction: **opere di n.**, works of fiction.
narratìvo *a.* narrative • **genere n.**, fiction.
narratóre *m.* (*f.* **-trice**) ***1*** narrator; teller; storyteller ***2*** (*romanziere*) novelist; writer.
narrazióne *f.* ***1*** narration; telling ***2*** (*racconto*) tale; story.
nartèce *m.* (*archit.*) narthex.
narvàlo *m.* (*zool.*) narwhal.
nasàle ***A*** *a.* (*anat., fon.*) nasal ***B*** *f.* (*fon.*) nasal.
nascènte *a.* ***1*** (*che sorge*) rising; dawning: **il sole n.**, the rising sun; **il giorno n.**, the dawning day ***2*** (*che è agli inizi*) nascent ***3*** (*chim.*) nascent.
nàscere ***A*** *v. i.* ***1*** (*di esseri umani*) to be born: **Sono nato a Roma**, I was born in Rome; **n. libero**, to be born free; **n. di sette mesi**, to be born two months premature; **n. nella famiglia giusta**, to be born into the right family; **n. da genitori ricchi**, to be born of rich parents; **n. da famiglia borghese**, to come from a middle-class family; **Le è nato un figlio**, she has had a baby boy; **Gli è nato un figlio**, he has just become the father of a baby boy; **L'ho visto n.**, I was there when he was born; (*fig.*) I've known him ever since the day he was born; **È n. per fare l'avvocato**, he is a born lawyer ***2*** (*di animali*) to be born; (*di ovipari*) to hatch, to be hatched ***3*** (*di piante*: *dalla terra*) to come* out (*o* up); (*germogliare*) to bud, to sprout ***4*** (*di capelli, unghie, corna, ecc.*) to grow*; (*di denti*) to come* through, to grow in: **Il dente nacque storto**, the tooth grew in crooked; **A Mimmo sono nati due dentini**, Mimmo has cut two teeth ***5*** (*di astro*) to rise*; (*di fiume*) to rise*, to have its source; (*scaturire*) to well up ***6*** (*di edificio, quartiere*) to be built; to spring* up ***7*** (*di dubbio, idea, ecc.*) to arise*; to occur; to be born ***8*** (*avere inizio*) to be born, to begin*, to start, to arise*, to grow*, to originate; (*essere causato*) to result, to spring*, to be due (to): **La nostra amicizia nacque a scuola**, our friendship began at school; **Ne nacque un diverbio**, an argument arose; **Tutto nacque da un equivoco**, it was all the result of a misunderstanding • **far n. disordini**, to stir up trouble □ **far n. dei dubbi**, to give rise to doubt □ **far n. un sospetto**, to arouse suspicion □ **far n. la speranza che...**, to awaken the hope that... □ **Non sono nato ieri**, I wasn't born yesterday □ **Non sono nato per queste cose**, I am not cut out for this sort of thing □ **Mi nacque il sospetto che...**, I began to suspect that... □ **Signori si nasce, non si diventa**, gentlemen are born, not made □ **Da cosa nasce cosa**, one thing leads to another ***B*** *m.* ***1*** rise; start; outset: **il n. e il diffondersi di una moda**, the start of a fashion and its spread; **fin dal suo n.**, right from its beginning (*o* from the start) ***2*** (*di piante, foglie*) sprouting • **il n. del giorno**, daybreak □ **il n. del sole**, sunrise; sunup (*USA*) □ **stroncare q.c. sul n.**, to nip st. in the bud.
nàscita *f.* ***1*** birth: **alla n.**, at birth; **luogo di n.**, birthplace; **la n. di un partito**, the birth of a party; **sordo dalla n.**, deaf from birth; born deaf; **francese di n.**, French by birth; **nobile di n.**, of noble birth; highborn; **per (diritto di) n.**, by right of birth ***2*** (*di astro*) rising • **prima della [dopo la] n. di Cristo**, before (after) Christ.
nascitùro ***A*** *a.* about to be born; as yet unborn ***B*** *m.* (*f.* **-a**) (future) baby; (*anche leg.*) unborn child*: **i diritti del n.**, the rights of the unborn child.
nascóndere ***A*** *v. t.* to hide*; to conceal; (*mascherare*) to disguise: **n. q.c. in tasca**, to hide st. in one's pocket; **n. il viso fra le mani**, to hide (*o* to bury) one's face in one's hands; **n. i propri sentimenti**, to hide (*o* to disguise) one's feelings; **n. la propria identità**, to conceal one's identity; **n. la verità a q.**, to keep the truth from sb; **Mi nascose il fatto**, he hid the fact from me.; **Non ti nascondo che lo sapevo**, I won't conceal the fact that I knew about it; **Non nascondo che ho paura**, I won't pretend I'm not afraid; **La collina ci nasconde il lago**, the hill hides the lake from our view ***B*** **nascóndersi** *v. rifl. e i. pron.* ***1*** to hide* (oneself) ***2*** (*essere nascosto*) to be hidden • **Dovresti andare a nasconderti!**, you ought to be ashamed of yourself! □ **giocare a n.**, to play hide-and-seek.
nascondìglio *m.* hiding-place; hideout (*fam.*).
nascondìno *m.* hide-and-seek.
nascostaménte *avv.* secretly;: covertly; (*furtivamente*) surreptitiously; (*sottobanco*) under the counter.
nascósto *a.* hidden; concealed; (*di fuggiasco*) in hiding (*pred.*); secret: **verità nascosta**, hidden truth; **Rimase n. sei mesi**, he was six months in hiding • **di n.**, *V.* **nascostamente** □ **di n. a q.**, behind sb.'s back □ **tenere n. q.c. a q.**, to keep st. from sb.; to hold out on sb. (*fam.*).
nasèllo *m.* (*zool.*) hake.
nàso *m.* nose; (*di animali, anche*) snout, muzzle: **Ha il n. rosso**, he has a red nose; **arricciare il n.**, to wrinkle one's nose; **soffiarsi il n.**, to blow one's nose; **turarsi il n.**, to hold one's nose; **n. affilato**, pointed nose; **n. a becco**, hooked nose; **n. a patata**, bulbous nose; **n. all'insù**,

uptilted nose; **n. camuso**, snub nose; **la punta del n.**, the tip of one's nose; **parlare col** (*o* **nel**) **n.**, to speak through one's nose • **a lume di n.**, by guesswork; at a guess □ **avere buon n. per q.c.**, to have a flair for st. □ **col n. all'aria**, looking up in the air; looking upwards □ **fidarsi del proprio n.**, to follow one's nose □ **menare q. per il n.**, to take sb. for a ride □ **mettere** (*o* **ficcare**) **il n. negli affari altrui**, to poke one's nose into other people's business □ **non vedere più in là del proprio n.**, to see no further than the end of one's nose □ **restare con un palmo di n.**, to be badly disappointed □ **Ce l'hai sotto il n.**, it's right under your nose □ **storcere il n. di fronte a q.c.**, to turn up one's nose at st.

nàssa *f.* fishpot; (*per aragoste*) lobster-pot; (*per anguille*) eel basket.

nastrìno *m.* (*mil.*) ribbon.

nàstro *m.* ***1*** ribbon; (*fascia*) band: **n. di cappello**, hatband ***2*** (*tecn.*) tape; band; ribbon: **n. adesivo**, adhesive tape; Sellotape ® (*GB*); Scotch tape ® (*USA*); **n. isolante**, insulating tape; friction tape (*USA*); **n. di macchina per scrivere**, typewriter ribbon; **n. di mitragliatrice**, machine-gun belt; **n. magnetico**, magnetic tape • (*sport*) **n. del traguardo**, finishing tape □ (*ippica*) **nastri di partenza**, starting tape (*sing.*) □ (*tecn.*) **n. trasportatore**, conveyer belt □ (*fig.*) **essere al n. di partenza**, to be under starter's orders □ **tagliare il n. del traguardo**, to breast the tape.

nastrotèca *f.* tape library.

nastùrzio *m.* (*bot.*) nasturtium.

nasùto *a.* big-nosed; long-nosed; (*dal naso a becco*) hook-nosed.

Natale *m.* Christmas (*abbr. scritta fam.* Xmas): **il giorno di N.**, Christmas Day; **a N.**, on Christmas Day; (*sotto N.*) at Christmas; **Buon N.!**, merry (*o* happy) Christmas!

natàle ***A*** *a.* native; birth (*attr.*): **città n.**, native town ***B*** *m.* ***1*** (*giorno n.*) birthday ***2*** (*al pl.*) (*nascita*) birth: **di illustri natali**, of noble birth; **di bassi natali**, of humble birth; baseborn • **dare i natali a**, to be the birthplace of.

natalità *f.* (*stat.*) natality; birth-rate.

natalìzio *a.* (*di Natale*) Christmas (*attr.*).

natànte ***A*** *a.* floating ***B*** *m.* (*naut.*) craft*; boat.

natatòrio *a.* swimming (*attr.*); natatory; natatorial.

nàtica *f.* (*anat.*) buttock.

natìo *a.* (*lett.*) native; home (*attr.*).

natività *f.* nativity.

nativo *a. e m.* (*f.* **-a**) native • **Sono n. di Pisa**, I was born in Pisa.

nàto ***A*** *a. a.* ***1*** born: **attore n.**, born actor; **n. da povera gente**, born of poor parents; **n. per grandi cose**, born to great things ***2*** (*di oviparo*) hatched ***3*** (*di germoglio, fiore*) sprouting • **n. con la camicia**, born with a silver spoon in one's mouth □ (*fig.*) **n. ieri**, born yesterday □ (*anche fig.*) **n. morto**, stillborn □ **appena n.**, newborn (*attr.*); (*di oviparo*) newly hatched □ **Paola Bolla nata Sechi**, Paola Bolla née Sechi □ **È suo padre n. e sputato**, he's the spitting image of his father ***B*** *m.* (*f.* **-a**) (*figlio*) child*: **il suo primo n.**, her firstborn; her first child • **i nati nel 1966**, those born in 1966.

natùra *f.* ***1*** nature; (*personificata, anche*) Nature: **la n. umana**, human nature; **legge di n.**, law of nature; **Madre n.**, Mother Nature: **i doni della n.**, the gifts of Nature; **Lascia fare alla n.**, leave it to nature ***2*** (*istinto*) natural instinct ***3*** (*qualità, tipo*) nature; sort; type; kind: **la n. dei loro rapporti**, the nature of their relationship; **libri di varia n.**, different kinds of books ***4*** (*carattere, indole*) nature; character: **di n. impulsiva**, impulsive by nature • (*pitt.*) **n. morta**, still life □ **allo stato di n.**, in the natural state □ **contro n.**, unnatural □ **buono di n.**, naturally good □ **questioni di n. tecnica**, technical questions; questions of a technical nature (*form.*) □ **pagare in n.**, to pay in kind □ **Per lui è una seconda n.**, it's second nature to him.

naturàle *a.* ***1*** natural: **scienze naturali**, natural science (*sing.*); **risorse naturali**, natural resources; **abilità n.**, natural (*o* innate) ability; **capelli di un rosso n.**, naturally red hair; **una n. conseguenza**, a natural consequence; **È n. che ci creda**, it's natural for him to believe it ***2*** *V.* **naturalmente** • **al n.**, in one's natural state; (*cucina*) uncooked □ **figlio n.**, natural (*o* illegitimate) son.

naturalézza *f.* naturalness; natural way (*o* manner) • **con n.**, naturally; unaffectedly □ **mancare di n.**, to be stilted (*o* affected).

naturaliṣmo *m.* (*letter., filos., arte*) naturalism.

naturalista *m. e f.* naturalist.

naturalìstico *a.* naturalistic.

naturaliẓẓàre ***A*** *v. t.* to naturalize ***B*** **naturaliẓẓàrsi** *v. i. pron.* to become* naturalized.

naturaliẓẓazióne *f.* naturalization.

naturalménte *avv.* ***1*** naturally ***2*** (*certo, beninteso*) of course; naturally; sure (*USA*).

naturìṣmo *m.* naturism.

naturìsta *m. e f.* naturist.

naufragàre *v. i.* ***1*** to be wrecked; (*di persona, anche*) to be shipwrecked ***2*** (*fig.*) to be wrecked; to fail; to fall* through; to founder.

naufràgio *m.* ***1*** shipwreck; wreck ***2*** (*fig.*) wreck; failure • **fare n.**, *V.* **naufragare**.

nàufrago *m.* (*f.* **-a**) shipwrecked person; survivor (from a shipwreck); (*che raggiunge una terra deserta*) castaway.

nàuṣea *f.* ***1*** (*med.*) nausea ***2*** (*fig.*) nausea; disgust • **avere n.**, to feel sick □ **dare** (*o* **far venire**) **la n.**, (*anche fig.*) to make sb. sick; (*fig.*) to nauseate sb., to sicken sb. □ **fino alla n.**, until one feels sick; (*fig.*) ad nauseam (*lat.*) □ **provare un senso di n.**, to feel queasy □ **In barca mi viene la n.**, I get sick on boats.

nauṣeabóndo, nauṣeànte *a.* (*anche fig.*) nauseating; sickening.

nauṣeàre *v. t.* to nauseate; to sicken; to make* (sb.) sick.

nauṣeàto *a.* nauseated; sick; disgusted.

nàutica *f.* ***1*** (art of) navigation; nautical science ***2*** (*attività*) boating; sailing ***3*** (*imbarcazioni*) boats (*pl.*); sailing craft (*pl.*) • **negozio di n.**, marine store □ **salone della n.**, boat show.

nàutico *a.* nautical: **carta nautica**, nautical chart • **sala nautica**, charthouse □ **sport nautici**, aquatic sports.

navàle *a.* naval; sea (*attr.*): **accademia n.**, naval academy; **battaglia n.**, naval (*o* sea) battle; **ingegnere n.**, naval (*o* marine) engineer; **cantiere n.**, shipyard.

navàta *f.* (*archit.*: *n. centrale*) nave; (*n. laterale*) aisle: **chiesa a tre navate**, church with a nave and two aisles.

nàve *f.* ship; vessel; boat (*fam.*): **n. a vapore**, steamship; steamer; **n. a vela**, sailing ship; **n. da carico**, cargo boat; freighter; (*non di linea*) tramp (steamer); **n. da guerra**, warship; (*stor.*) man-of-war; **n. mercantile**, merchant ship; merchantman; **n. appoggio**, tender; support ship; **n. cisterna**, tanker; **n. scuola**, training ship; cadet ship.

navétta *f.* (*mecc.*) shuttle • **n. spaziale**, space shuttle □ **treno s.**, shuttle train.

navicèlla *f.* ***1*** (*di pallone*) basket; (*di dirigibile*) gondola, nacelle ***2*** (*per incenso*) incense boat.

navigàbile *a.* navigable.

navigabilità *f.* navigability.

navigànte ***A*** *a.* ***1*** (*naut.*) sailing; seafaring ***2*** (*aeron.*) flying; flight (*attr.*) • **personale n.**, (*naut.*) crew; (*aeron.*) (flight) crew ***B*** *m.* sailor; seafarer (*lett.*) • **avviso ai naviganti**, weather warning □ **bollettino per i naviganti**, weather report.

navigàre *v. i.* ***1*** (*naut.*) to sail; (*come professione*) to be at sea: **n. intorno al mondo**, to sail round the world; **n. i mari**, to sail the seas: **Si mise a n.**, he went to sea; **n. a vela**, to sail; **n. di conserva**, to sail in convoy ***2*** (*procedere*) to navigate; to proceed ***3*** (*aeron.*) to fly • **n. in cattive acque**, to be in difficulties; to be hard up (*fam.*); (*di ditta*) to be in trouble □ (*fig.*) **n. secondo il vento**, to go with the tide.

navigàto *a.* (*fig.*) experienced; wordly-wise; seasoned.

navigatóre ***A*** *m.* (*f.* **-trice**) ***1*** (*marinaio*) sailor*; seafarer ***2*** (*autom., aeron*) navigator ***B*** *a.* seafaring.

navigazióne *f.* ***1*** (*naut.*) navigation; (*traversata*) crossing; (*viaggio per mare*) voyage: **n. fluviale**, river navigation; **n. a vapore**, steam navigation; **n. a vela**, sailing; **Siamo in n.**, we are sailing; **Siamo in n. verso Rio**, we are sailing towards Rio; **La n. durò due mesi**, the crossing lasted two months ***2*** (*aeron.*) navigation; (*volo*) flight • **atto alla n.**, (*di nave*) seaworthy; (*di aeroplano*) airworthy □ **compagnia di n.**, shipping company.

navìglio *m.* ***1*** (*collett.*) ships (*pl.*); craft (*pl.*): **n. da pesca**, fishing craft ***2*** (*imbarcazione*) boat; vessel; craft*.

naẓarèno *a. e m.* Nazarene.

nazionàle ***A*** *a.* national; domestic; home (*attr.*): **festa [in-**

no] **n.**, national holiday [anthem]; **industria n.**, domestic (*o* national) industry; **volo n.**, domestic flight ***B*** *f.* (*sport*) national team.
nazionalismo *m.* nationalism.
nazionalista *a., m. e f.* nationalist.
nazionalistico *a.* nationalistic.
nazionalità *f.* ***1*** (*cittadinanza*) nationality: **cambiare n.**, to change one's nationality; **doppia n.**, dual nationality ***2*** (*nazione*) nationality.
nazionalizzàre *v. t.* to nationalize.
nazionalizzazióne *f.* nationalization.
nazionalsocialismo *m.* National Socialism.
nazionalsocialista *a., m. e f.* National Socialist.
nazióne *f.* nation; people; (*paese*) country.
nazismo *m.* Nazism.
nazista *a., m. e f.* Nazi.
ne ***A*** *particella pron. m. e f.* ***1*** of [about, by, with] it [him, her, them]; (*con valore poss.*) her, his, its: **Che cosa ne hai fatto?**, what did you do with it?; **Se ne pentirà**, he will be sorry for it; he will regret it; **Me ne dimenticai**, I forgot about it [him, her, them]; **Fammene una lista**, make me a list (of them); **Non ne conosco il prezzo**, I don't know the price; **Ne divenni allievo**, I became his [her] pupil ***2*** (*da ciò*) from it; out of it (*o idiom.*): **Non ne ricavai niente**, I didn't get anything out of it; **Ne segue che...**, it follows that... ***3*** (*partitivo*) some; any; (*in frasi neg. in assenza di altra negazione*) none; (*con agg. num. e indef. + agg. qualificativo*) one, ones (*pl.*): **Prendine**, take some; **C'è del gelato in frigo, ne vuoi?**, there's icecream in the fridge. would you like some?; **Grazie, ne ho**, I've got some, thank you; **Chi ne vuole?**, who wants some?; **Non so se ne sono rimasti**, I don't know if there are any left; **Non ne ho**, I haven't any; I've none; **Mandamene due scatole**, send me two boxes; **Ne ho dieci**, I've got ten; **Ne devo comprare uno nuovo**,I must buy a new one; **Ne ho due molto belli**, I have two beautiful ones ***B*** *avv.* ***1*** (*moto da luogo*) from there; from here; out of it; out of there: **Andiamocene**, let's go (away); let's leave; **Andiamocene di qui**, let's get away from (*o* out of) here; **Me ne vado**, I'm going; I'm leaving; **Riuscii a uscirne**, I managed to get out of it (*o* there) ***2*** (*pleonastico*) — **Ce ne andammo a spasso**, we went for a walk; **starsene da solo**, to be by oneself; **Non startene lì impalato!**, don't just stand there!
né *cong. neg.* ***1*** (*negando due termini*) neither... nor; (*più di due termini*) neither... nor... nor; (*in presenza di altra neg.*) either... or: **Non voglio né tè né caffè**, I want neither tea nor coffee; I don't want either tea or coffee; **né l'uno né l'altro**, neither; (*in presenza di altra neg.*) either; **Non c'erano né l'uno né l'altro**, neither of them was there; **né da una parte né dall'altra**, on neither side; **Non lo farei né ora né mai**, I wouldn't do it now or at any other time ***2*** (*e non*) nor (*con inversione del sogg. e del verbo*); and not: **Non è la prima volta, né sarà l'ultima**, it isn't the first time, nor will it be (*o* and it won't be) the last; **Non l'ho visto né voglio vederlo**, I didn't see him, nor do I (*o* and I don't) want to.
neànche ***A*** *avv.* ***1*** nor, neither (*con inversione del sogg. e del verbo*); not... either: **Non lo so e n. voglio saperlo**, I don't know, nor do I want to; **«Non l'ho letto» «N. io»**, «I haven't read it» «nor (o neither) have I»; **Non sa giocare a tennis e n. io**, he can't play tennis nor (*o* and neither) can I; **N. Piero è venuto**, Piero hasn't come either; **N. tu lo sapevi**, you didn't know either ***2*** (*rafforzativo di una neg.*) (not...) even: **N. un bambino sbaglierebbe**, not even a child would get it wrong; **senza n. fermarsi**, without even stopping; **senza n. un grazie**, without even (*o* so much as) a thank-you; **n. uno**, not (a single) one ***B*** *cong.* not... even: **Non te lo direi n. se lo sapessi**, I wouldn't tell you even if I knew.
nébbia *f.* ***1*** (*densa*) fog; (*leggera*) mist; (*foschia*) haze: **Si sta alzando la n.**, it's getting foggy; fog is coming down (*o* in); **C'è un po' di n.**, it's misty; **n. bassa**, low fog; **n. fitta**, dense (*o* thick) fog; **n. rada**, thin mist; **avvolto nella n.**, shrouded in mist (*o* fog); **bloccato dalla n.**, fog-bound ***2*** (*fig.*) mist; (*ombra*) shadow.
nebbióso *a.* ***1*** misty; foggy ***2*** (*fig.*) hazy; vague.
nebulizzàre *v. t.* to nebulize; to atomize.
nebulizzatóre *m.* atomizer.
nebulizzazióne *f.* nebulization; atomization.
nebulósa *f.* (*astron.*) nebula*.
nebulosità *f.* ***1*** nebulosity ***2*** (*fig.*) haziness; vagueness; nebulousness.
nebulóso *a.* ***1*** nebulous ***2*** (*fig.*) nebulous; hazy; vague.
nécessaire (*franc.*) *m. invar.* case; set: **n. per il trucco**, vanity case; **n. per unghie**, manicure set; **n. da scrivania**, writing set; **n. per cucire**, sewing case; sewing kit.
necessariaménte *avv.* necessarily; of necessity.
necessàrio ***A*** *a.* ***1*** necessary; (*inevitabile*) inevitable; (*indispensabile*) indispensable: **conseguenza necessaria**, necessary consequence; **rendersi n. a q.**, to make oneself indispensable to sb. ***2*** (*richiesto*) required; requisite: **i documenti necessari**, the requisite papers ***3*** (*che occorre, sufficiente*) — **Non ho il denaro n.**, I haven't the money; **Non c'è lo spazio n.**, there isn't enough space ***4*** (*come pred.*) necessary (*o costruz. verbali diverse*): **È proprio n.?**, is it really necessary?; **È n. che io lo sappia subito**, it is necessary (*o* essential) for me to know at once (*form.*); I must be informed at once; **È n. che tu vada?**, do you have to go?; **Non è n. che vengano con noi**, they needn't come with us; **È n. fare presto**, we must hurry; **È n. molto tempo per fare ciò**, it takes a long time to do it ***B*** *m.* ***1*** necessities (*pl.*); what is necessary: **lo stretto n.**, the bare necessities; **Farò il n.**, I'll do what is necessary; **più del n.**, more than is necessary ***2*** (*materiale*) materials (*pl.*): **il n. per scrivere**, writing materials.
necessità *f.* ***1*** necessity: **spinto dalla n.**, driven by necessity ***2*** (*bisogno, mancanza*) need: **n. urgente**, urgent need; **in caso di n.**, in case of need; if necessary; **avere n. di q.c.**, to need st.; to be in need of st.; **non sentire la n. di q.c.**, not to feel the need for st.; **Dimmi le tue n.**, tell me what you need ***3*** (*miseria, strettezze*) straitened circumstances (*pl.*) • **di n.**, of necessity; necessarily □ **di prima n.**, indispensable □ **fare di n. virtù**, to make a virtue of necessity □ **secondo la n.**, as needed; as required □ **trovarsi nella n. di fare q.c.**, to be forced to do st.
necessitàre ***A*** *v. t.* to require; to call for ***B*** *v. i.* ***1*** (*essere necessario*) to be necessary ***2*** (*aver bisogno di*) to need (st.); to be in need (of).
necessitàto *a.* forced; obliged.
necrofilia *f.* necrophilia.
necròfilo *a. e m.* necrophiliac.
necròforo *m.* gravedigger; undertaker.
necrològio *m.* ***1*** death notice (*in a newspaper*) ***2*** (*registro*) necrology.
necròpoli *f.* necropolis*.
necroscopia *f.* (*med.*) postmorten (examination); necropsy.
necroscòpico *a.* (*med.*) postmortem (*attr.*); necroscopic.
necròsi *f.* (*med.*) necrosis*.
necròtico *a.* (*med.*) necrotic.
nefandézza *f.* iniquity; infamy; turpitude.
nefàndo *a.* iniquitous; infamous; foul.
nefàsto *a.* (*infausto*) inauspicious, ill-omened; (*malefico*) baleful, evil; (*funesto*) fatal.
nefrite *f.* (*med.*) nephritis.
nefritico *a.* (*med.*) nephritic.
nefropatia *f.* (*med.*) nephropathy.
negàre ***A*** *v. t.* ***1*** (*dire che non è vero*) to deny, to disclaim; (*assol.*: *rispondere di no*) to say* no, to deny it (*o* everything): **Negai tutto**, I denied everything; **Negai di esserci stato**, I denied having been there; **n. un'accusa**, to deny a charge; **n. ogni responsabilità**, to disclaim responsibility; **Non si può n. che...**, it can't (*o* it can hardly) be denied that...; **ostinarsi a n.**, to persist in denying everything; **Alla domanda se sapeva qualcosa, negò**, on being questioned whether he knew anything, he said he didn't (*o* he denied it) ***2*** (*non concedere*) to deny; (*rifiutare*) to refuse: **n. l'accesso a q.**, to deny sb. access; **n. obbedienza a q.**, to refuse to obey sb.; **Si nega ogni lusso**, he denies himself any luxury ***3*** (*negare l'esistenza di*) to negate ***B*** **negàrsi** *v. rifl.* (*al telefono*) to have* sb. say one is not in.
negativa *f.* (*fotogr.*) negative.
negativaménte *avv.* negatively • **rispondere n.**, to reply in the negative; to say* no.
negativo ***A*** *a.* negative: **risposta negativa**, negative answer; answer in the negative; (*rifiuto*) refusal; **critica negativa**, adverse criticism; (*med.*) **Il test è risultato n.**, the

test was negative ***B*** (*fotogr.*) negative.
negàto *a.* no good; hopeless: **n. per il disegno**, no good at drawing; **n. per il bridge**, hopeless at (playing) bridge.
negazióne *f.* ***1*** negation; denial ***2*** (*gramm.*) negative ***3*** (*cosa contraria*) negation.
neghittosità *f.* laziness; indolence.
neghittóso *a.* lazy; indolent.
neglètto *a.* ***1*** (*trascurato*) neglected; derelict ***2*** (*trasandato*) untidy; unkempt.
negligé (*franc.*) *m. invar.* negligée, negligee; (loose) dressing gown.
negligènte *a.* negligent; neglectful; careless; inattentive; (*pìgro*) lazy.
negligènza *f.* ***1*** negligence; carelessness ***2*** (*atto*) oversight; act of negligence • (*leg.*) **n. colposa**, criminal negligence □ (*leg.*) **n. professionale**, malpractice.
negoziàbile *a.* (*comm.*) negotiable.
negoziànte *m. e f.* ***1*** (*commerciante*) dealer; trader: **n. all'ingrosso**, wholesale dealer; wholesaler; **n. al minuto**, retail dealer; retailer ***2*** (*esercente*) shopkeeper; tradesman* (*m.*); storekeeper (*USA*).
negoziàre ***A*** *v. t.* ***1*** (*comm.*) to transact (business); (*trattare*) to negotiate ***2*** (*condurre trattative*) to negotiate ***B*** *v. i.* to deal* (in); to trade (in).
negoziàto *m.* negotiation.
negoziatóre *m.* (*f.* **-trice**) negotiator.
negòzio *m.* ***1*** (*bottega*) shop; store (*USA*): **n. di libri**, bookshop; bookstore; **n. di macellaio**, butcher's (shop); **n. di articoli vari**, general store; **aprire un n.**, to set up a shop ***2*** (*affare*) (piece of) business; bargain; deal • (*leg.*) **n. giuridico**, legal transaction.
negrièro ***A*** *a.* slave (*attr.*) ***B*** *m.* ***1*** slave trader (*o* dealer) ***2*** (*f.* **-a**) (*fig.*) slave driver.
négro ***A*** *a.* Negro; black: **razza negra**, Negro (*o* black) race; **poesia negra**, black poetry; **la popolazione negra americana**, the American black population ***B*** *m.* ***1*** (*f.* **-a**) Negro* (*f.* Negro woman*); black (man*) (*f.* black woman*) ***2*** (*fig.*) ghostwriter; ghost • **lavorare come un n.**, to work like a slave □ **tratta dei negri**, slave trade.
negromànte *m. e f.* necromancer; sorcerer.
negromanzìa *f.* necromancy; sorcery.
nèmeṣi *f.* nemesis*.
nemìco ***A*** *a.* ***1*** (*ostile*) hostile (to); (*avverso*) opposed (to) ***2*** (*dannoso*) harmful; noxious ***3*** (*del nemico*) enemy (*attr.*) • **farsi n. q.**, to make an enemy of sb. □ **La sorte gli fu nemica**, luck was against him ***B*** *m.* (*f.* **-a**) enemy; foe (*lett.*): **n. giurato**, sworn enemy; **passare al n.**, to go over to the enemy • **n. delle donne**, woman-hater.
nemméno *V.* **neanche**.
nènia *f.* ***1*** (*canto funebre*) dirge ***2*** (*canto monotono*) singsong; (*ninnananna*) lullaby.
nèo *m.* ***1*** mole; (*posticcio*) beauty spot, patch ***2*** (*piccola imperfezione*) flaw.
neoassùnto ***A*** *a.* newly-appointed ***B*** *m.* (*f.* **-a**) newly-appointed person.
neoclassiciṣmo *m.* neoclassicism.
neoclàssico ***A*** *a.* neoclassic(al) ***B*** *m.* ***1*** neoclassicist ***2*** (*stile*) neoclassicism.
neocolonialiṣmo *m.* neocolonialism.
neofasciṣmo *m.* neofascism.
neofascista *m. e f.* neofascist.
neòfita, **neòfito** *m.* neophyte; novice.
neolatino *a.* Neo-Latin; Romance.
neolaureato ***A*** *a.* recently graduated (from a university) ***B*** *m.* (*f.* **-a**) recent university graduate.
neolitico *a. e m.* (*geol.*) Neolithic.
neologiṣmo *m.* neologism.
nèon *m.* (*chim.*) neon.
neonàto ***A*** *a.* newborn (*attr.*) ***B*** *m.* (*f.* **-a**) newborn child*; baby.
neonaziṣmo *m.* Neo-Nazism.
neonazista *a., m. e f.* Neo-Nazi.
neoplasìa *f.* (*med.*) neoplasia.
neoplàstico *a.* (*med.*) neoplastic.
neoplatònico (*filos.*) ***A*** *a.* Neo-Platonic ***B*** *m.* (*f.* **-a**) Neo-Platonist.
neoplatoniṣmo *m.* (*filos.*) Neo-Platonism.
neorealiṣmo *m.* (*letter., arte, cinem.*) neorealism.
neorealìsta *m. e f.* (*letter., arte, cinem.*) neorealist.
neorealìstico *a.* (*letter., arte, cinem.*) neorealistic.
neoẓelandése ***A*** *a.* New Zealand (*attr.*) ***B*** *m. e f.* New Zealander.
neoẓòico *a.* (*geol.*) Neozoic.
nepalése ***A*** *a.* Nepalese*; Nepali ***B*** *m. e f.* Nepalese; Nepali (*f.* Nepalese *o* Nepali woman*): **i nepalesi**, the Nepalese; the Nepalis.
nepotiṣmo *m.* nepotism.
nepotista *m. e f.* nepotist.
neppùre *V.* **neanche**.
neràstro *a.* blackish.
neraẓẓùrro *a.* blue-black.
nerbàta *f.* lash (of the whip).
nèrbo *m.* ***1*** (*staffile*) scourge; whip ***2*** (*parte più forte*) backbone; core ***3*** (*forza*) strength; vigour; punch (*fam.*).
nerborùto *a.* muscular; brawny.
nerétto *m.* (*tipogr.*) boldface; bold: **caratteri in n.**, bold type.
néro ***A*** *a.* ***1*** black; (*scuro*) dark: **occhi neri**, dark eyes; **occhiali neri**, dark glasses; **magia nera**, black magic; **mercato n.**, black market ***2*** (*cupo*) gloomy, black; (*negativo*) bad: **pensieri neri**, gloomy thoughts; **giornata nera**, bad day; off-day (*fam.*); **fare un quadro n. della situazione**, to paint a gloomy (*o* grim) picture of the situation; **periodo n.**, bad patch; **di umore n.**, in a bad mood ***3*** (*estremo*) extreme; black; dire: **miseria nera**, extreme (*o* dire) poverty; **nera ingratitudine**, gross ingratitude; **nera disperazione**, black despair • **il Continente Nero**, the Dark Continent □ **essere n. in volto**, to look as black as thunder □ **il Mar N.**, the Black Sea □ **vedere tutto n.**, to look on the black side of things ***B*** *m.* ***1*** (*colore*) black: **tingere q.c. di n.**, to dye st. black; **vestirsi di n.**, to dress in black ***2*** (*scacchi, roulette*) black ***3*** (*f.* **-a**) (*persona di pelle nera*) black (*f.* black woman*): **i neri d'America**, the American blacks; the Afro-Americans • **chiamare n. il n. e bianco il bianco**, to call a spade a spade □ **lavorare in n.**, *V. sotto* **lavorare** □ **essere pagato in n.**, to be paid without giving an invoice (*to evade taxation*); (*di dipendente*) to be paid off the books □ **mettere n. su bianco**, to put it in writing (*o* in black and white).
nerofùmo *m.* lampblack; carbon black; gas black; (*fuliggine*) soot.
nervatùra *f.* ***1*** (*anat.*) nerves (*pl.*) ***2*** (*archit., mecc.*) ribs (*pl.*); ribbing ◫ ***3*** (*bot.*) nervation; venation ***4*** (*zool.*) nervure ***5*** (*legatoria*) (raised) band.
nervìno *a.* nerve (*attr.*): **gas n.**, nerve gas.
nèrvo *m.* ***1*** (*anat.*) nerve: **n. ottico**, optic nerve; **nervi saldi**, strong nerves; **nervi di acciaio**, nerves of steel; **calmare i nervi**, to calm sb.'s nerves ***2*** (*bot.*) vein; rib • **andare avanti a forza di nervi**, to live on one's nerves □ **avere i nervi**, to be in a bad mood □ **avere i nervi a fior di pelle**, to be irritable; to be very touchy □ **avere i nervi a pezzi**, to be a nervous wreck □ **Che nervi!**, how infuriating!; damn (*fam.*) □ **dare ai nervi a q.**, to get (*o* to grate) on sb.'s nerves □ (*fig.*) **fascio di nervi**, bundle of nerves □ **guerra dei nervi**, war of nerves □ **Gli sono saltati i nervi**, (*si è arrabbiato*) he blew up, he blew his cool (*fam.*); (*ha perso la testa*) he lost his head.
nervosiṣmo *m.* (*tensione*) agitation, nerves (*pl.*); (*apprensione*) nervousness; (*irritazione*) irritation: **dare segni di n.**, to show signs of agitation; **essere in preda al n.**, to be very tense; to be a bundle of nerves.
nervóso ***A*** *a.* ***1*** (*anat., med.*) nervous; nerve (*attr.*): **sistema n.**, nervous system; **centro n.**, nerve centre; **esaurimento n.**, nervous breakdown ***2*** (*irritabile*) irritable, short-tempered, touchy; (*di cattivo umore*) in a bad mood, crotchety ***3*** (*teso*) nervous; edgy: **risata nervosa**, nervous giggle ***B*** *m.* irritability; bad mood: **avere il n.**, to be in a bad mood; to be crotchety; **far venire il n. a q.**, to get on sb.'s nerves.
nèsci *m.*— **fare il n.**, to pretend not to know (*o* not to understand); to play dumb.
nèspola *f.* ***1*** (*bot.*) medlar ***2*** (*fam.: colpo*) blow; cuff.
nèspolo *m.* (*bot.*) medlar(-tree).
nèsso *m.* ***1*** (*collegamento*) connection; link; relation ***2*** (*legame*) nexus; bond.
nessùno ***A*** *a. indef.* ***1*** no; (*in presenza di neg.*) any: **di n.**

valore, of no value; **Non ho fatto nessun errore**, I haven't made any mistakes; **nessuna cosa**, nothing; **in nessun posto** (*o* **da nessuna parte**), nowhere; **in nessun caso**, under no circumstance ***2*** (*qualche*) any: **C'è nessuna novità?**, is there any news? ***B*** *pron. indef.* ***1*** (*rif. a persona*) nobody, no one; (*partitivo*) none; (*in presenza di altra neg.*) anyone, anybody: **N. mi dice mai niente**, nobody ever tells me anything; **n. in particolare**, no one in particular; **Non dirlo a n.**, don't tell anybody; **Non parlo mai con n.**, I never speak to anyone; **N. di loro sopravvisse**, none of them survived; **n. dei miei amici**, none of my friends ***2*** (*rif. a cosa, anche partitivo*) none; (*in presenza di altra neg.*) any: **N. degli ascensori funziona**, none of the lifts is working ***3*** (*qualcuno, alcuno*) anyone; anybody; (*partitivo*) any: **C'è n.?**, is anyone there? • **nessun altro**, nobody (*o* no one) else □ **nessun altro che lui**, nobody but him □ **Voglio lui e nessun altro**, I want him and nobody else □ **n. dei due**, neither □ **n. escluso**, without exception; bar none.

nettaménte *avv.* (*chiaramente*) clearly, distinctly; (*decisamente*) decidedly, definitely.

nèttare (1) *m.* nectar.

nettàre (2) *v. t.* (*lett.*) to clean; to wipe.

nettézza *f.* ***1*** (*pulizia*) cleanness; cleanliness ***2*** (*ordine*) neatness ***3*** (*chiarezza*) clarity; sharpness • **n. urbana**, cleaning department (*GB*); department of sanitation (*USA*).

nétto ***A*** *a.* ***1*** (*pulito*) clean ***2*** (*preciso*) clean; (*chiaro*) clear, clear-cut, clean-cut, sharp: **taglio [colpo] n.**, clean cut [blow]; **risposta netta**, clear-cut answer; **profili n.**, clean-cut features; **contorni netti**, sharp outline; **n. miglioramento**, clear (*o* decided) improvement ***3*** (*reciso, secco*) flat; downright: **n. rifiuto**, flat refusal ***4*** (*comm.*) net: **prezzo [peso, guadagno] n.**, net price [weight, profit] • **un anno n.**, exactly one year □ **di n.**, cleanly: **Si spezzò di n.**, it broke cleanly □ **tagliare di n.**, (*un arto, ecc.*) to sever; (*un ramo, ecc.*) to cut cleanly ***B*** *n.* net amount • **al n. delle imposte**, after tax □ **al n. delle spese**, net (*agg.*).

netturbìno *m.* dustman* (*GB*); garbage collector (*USA*); (*spazzino*) street sweeper.

nèuro *f. invar.* (*fam.*: *clinica neurologica*) clinic for nervous diseases; (*di ospedale*) neurological ward.

neurochirurgìa *f.* neurosurgery.

neurochirùrgo *m.* neurosurgeon.

neurodelìri *f.* (*fam.*) lunatic asylum; loony bin (*pop.*); nuthouse (*pop.*).

neurologìa *f.* (*med.*) neurology.

neurològico *a.* (*med.*) neurological.

neuròlogo *m.* (*f.* **-a**) (*med.*) neurologist.

neuropatìa *f.* (*med.*) neuropathy.

neuropàtico (*med.*) ***A*** *a.* neuropathic ***B*** *m.* (*f.* **-a**) neuropath.

neuropatologìa *f.* (*med.*) neuropathology.

neuropsichiatrìa *f.* neuropsychiatry.

neuròsi *f. e deriv. V.* **nevrosi** *e deriv.*

neurovegetativo *a.* (*anat.*) neurovegetative.

neutràle *a. e m.* neutral.

neutralìsmo *m.* neutralism.

neutralìsta ***A*** *m. e f.* neutralist ***B*** *a.* neutralistic.

neutralità *f.* neutrality.

neutralizzàre *v. t.* to neutralize.

neutralizzazióne *f.* neutralization.

neutrìno *m.* (*fis.*) neutrino*.

nèutro ***A*** *a.* ***1*** (*anche chim., fis.*) neutral ***2*** (*biol., gramm.*) neuter ***B*** *m.* (*gramm.*) neuter.

neutróne *m.* (*fis.*) neutron.

nevàio *m.* snowfield.

néve *f.* snow: **bianco come la n.**, as white as snow; snow-white; **bloccato** (*o* **isolato**) **dalla n.**, snowed up; snow-bound; **coperto di n.**, snow-covered; (*di montagna*) snow-clad, snow-capped • **n. farinosa**, powdery snow □ **n. bagnata e sporca**, slush □ **n. granulosa**, névé (*franc.*); firn □ **campo di n.**, snowfield □ (*TV*) **effetto n.**, snow □ **limite delle nevi perenni**, snowline □ (*cucina*) **montare le chiare a n.**, to whisk egg whites stiff □ **pupazzo di n.**, snowman.

nevicàre *v. i. impers.* to snow: **n. fitto**, to snow heavily; **Nevica a larghe falde**, the snow is falling in large flakes.

nevicàta *f.* snowfall.

nevìschio *m.* sleet.

nevóso *a.* snowy; (*di vetta*) snow-clad, snow-capped.

nevralgìa *f.* (*med.*) neuralgia.

nevràlgico *a.* (*med.*) neuralgic • **punto n.**, (*med.*) centre of pain; (*centro*) nerve centre; (*punto cruciale*) crucial point.

nevrastenìa *f.* (*med.*) neurasthenia.

nevrastènico *a.* ***1*** (*med.*) neurasthenic ***2*** (*fam.*) irritable; nervy; hysterical • **Non fare il n.!**, don't be so hysterical!

nevrìte *f.* (*med.*) neuritis.

nevròsi *f.* (*med.*) neurosis*.

nevròtico *a. e m.* (*f.* **-a**) (*med.*) neurotic.

nevvéro *inter.* (*fam.*) isn't that so? • **Sei stanco, n.?**, you're tired, aren't you? □ **Puoi farlo, n.?**, you can do it, can't you?

newyorkése ***A*** *a.* New York (*attr.*) ***B*** *m. e f.* New Yorker.

nìbbio *m.* (*zool.*) kite.

nìcchia *f.* (*archit. e fig.*) niche: **ritagliarsi una n. di mercato**, to carve oneself a niche in the market; (*econ.*) **prodotto di n.**, niche product.

nicchiàre *v. i.* to hesitare; to shilly-shally; to demur.

nìchel *m.* (*chim.*) nickel.

nichilìsmo *m.* nihilism.

nichilìsta *m. e f.* nihilist.

nicotìna *f.* nicotine.

nidiàta *f.* ***1*** (*di uccelli*) clutch, nestful; (*covata*) brood ***2*** (*di altri animali*) litter ***3*** (*fig.*) brood; (*nugolo*) swarm.

nidificàre *v. i.* to nest; to build*; to nidificate.

nidificazióne *f.* nest-building; nidification.

nìdo *m.* ***1*** (*di uccello*) nest; (*di rapace*) eyrie ***2*** (*di altri animali*) nest: **n. di vespe**, wasps' nest; (*anche fig.*) **n. di vipere**, nest of vipers ***3*** (*casa*) home; nest: **tornare al n.**, to go back home ***4*** (*covo*) den; lair ***5*** (*giardino d'infanzia*) crèche (*GB*); day nursery (*USA*) • (*ricamo*) **n. d'ape**, smocking.

niènte ***A*** *pron. indef.* ***1*** nothing; (*in presenza di altra neg.*) anything: **Niente gli sfugge**, nothing escapes him; **Non so n.**, I know nothing; I don't know anything; **Nessuno fa n.**, no one does anything; **Non è n.**, it's nothing; **n. di nuovo**, nothing new; **n. di più facile**, nothing easier; **E a me n.?**, don't I get anything?; **La pastiglia non mi ha fatto n.**, that pill did nothing for me (*o* did me no good) ***2*** (*qualcosa*) anything: **Domandagli se ha visto n.**, ask him if he saw anything • **n. altro**, nothing else □ **n. altro che**, nothing but □ **n. di n.**, nothing at all □ **come n.**, as easy as anything □ **come se n. fosse**, as if nothing was the matter; without batting an eyelid □ **cosa da n.**, (*da poco*) nothing, trifle, minor thing; (*facile*) simple thing, piece of cake (*fam.*) □ **una ferita da n.**, a mere scratch □ **un uomo da n.**, a nonentity □ **«Grazie mille» «Di n.»**, «thank you very much» «that's all right» (*USA* «you're welcome») □ **Non cambia n.**, it doesn't make any difference □ **Non fa n.** (*non importa*), it doesn't matter; never mind □ **Nessuno fa n. per n.**, nobody does anything for nothing □ **per niente**, (*gratis*) free (*agg.*); gratis; for nothing; (*per pochissimo*) for next to nothing, for a song ***B*** *m.* ***1*** nothing: **finire in n.**, to come to nothing; **Non ha fatto un bel n.**, he's done absolutely nothing ***2*** (*filos.*) nothingness ***3*** (*cosa o quantità piccolissima*) slightest thing; fraction: tiniest bit; (*differenza*) tiny difference **Si offende per un n., lui**, the slightest thing offends him; **Mettici un n. di pepe**, put in just a hint of pepper • **La riunione finì in un n. di fatto**, the meeting led nowhere □ **in men che n.**, in less than no time □ **ridursi in n.**, to dwindle to nothing □ **Non ci vedo n. di male**, I see no harm in it □ **venire dal n.**, to be a self-made man ***C*** *a.* no; (*in presenza di altra neg.*) any: **N. caffè per me, grazie**, no coffee for me, thank you; **N. paura!**, never fear!; don't worry! ***D*** *avv.* not at all: **N. male!**, not bad at all!; **Non mi piace (per) n.**, I don't like it at all; **nient'affatto**, not at all; not in the least • **Speravo accettasse, ma lui n.**, I had hoped he would accept, but he wouldn't hear of it □ **Se n. n. si fa vedere, avrà una bella sorpresa!**, if he so much as shows his face here, he'll have quite a surprise!

nientediméno, nienteméno *avv.* ***1*** (*rif. a persona*) no less; (*rif. a cosa*) nothing less ***2*** (*inter.*) you don't say!; go on! (*fam.*).

nigeriàno *a. e m.* (*f.* **-a**) Nigerian (*f.* Nigerian woman*).

nìnfa *f.* (*mitol., zool.*) nymph.

ninfèa *f.* (*bot.*) water-lily.

ninfétta *f.* nymphet.

ninfòmane *f.* (*psic.*) nymphomaniac.

ninfomanìa *f.* (*psic.*) nymphomania.
ninnanànna *f.* lullaby; cradle song • **Gli cantai una n. per farlo addormentare**, I tried to sing him to sleep.
nìnnolo *m.* knick-knack; bauble; gewgaw.
nipóte *m. e f.* ***1*** (*di zii*) nephew (*m.*); niece (*f.*) ***2*** (*di nonni*) grandchild*; grandson (*m.*); grand-daughter (*f.*) ***3*** (*al pl.*) (*discendenti*) grandchildren; posterity (*sing.*).
nippònico *a. e m.* Japanese*.
nirvàna *m.* (*relig. e fig.*) nirvana.
nitidézza *f.* clarity; sharpness.
nìtido *a.* ***1*** (*pulito*) clean; spic(k) and span ***2*** (*chiaro*) clear; sharp; **immagine nitida**, sharp image.
nitóre *m.* clarity; lucidity.
nitràto *m.* (*chim.*) nitrate.
nìtrico *a.* (*chim.*) nitric.
nitrìre *v. i.* to neigh.
nitrìto (1) *m.* neigh; whinny; (*il nitrire*) neighing, whinnying.
nitrìto (2) *m.* (*chim.*) nitrite.
nitrocellulósa *f.* (*chim.*) nitrocellulose.
nitroglicerìna *f.* (*chim.*) nitroglycerin(e).
nitróso *a.* (*chim.*) nitrous.
nìveo *a.* snow-white; snowy.
no ***A*** *avv.* ***1*** no: **No, non te lo dirò**, no, I won't tell you; **No, grazie**, no, thank you; **«Sei stanco?» «No»**, «are you tired?» «no, I'm not»; **«Gli hai scritto?» «No»**, «have you written to him?» «no, I haven't»; **Lo vuoi sì o no?**, do you want it or not (*o* or don't you)?; **dire di no**, to say no; **votare no**, to vote no (*o* against) ***2*** (*con un avv. o una cong.*) not: **no davvero**, certainly not; **veramente no**, not really; **certo che no**, of course not; **ora no**, not now; **Perché no?**, why not?; **Pare di no**, apparently not; **No, quello no!**, no, not that one! ***3*** (*con valore ellittico*) not: **«Perché non vieni?» «Perché no»**, «why aren't you coming?» «because I'm not»; **C'è chi voterà per lui e chi no**, some will vote for him and some will not ***4*** (*usato interrogativamente*) — **Bello, no?**, beautiful, isn't it?; **Sono dimagrita, no?**, I've lost weight, haven't I?; **Tu non vieni, no?**, you aren't coming, are you? • **«Allora non lo sai» «Come no!»**, «you don't know, then» «of course I do!» □ **Credo di no**, I don't think so; I think not □ **È difficile, non dico di no**, it's difficult, I must admit □ **Io sono per il no**, I am against it □ **più no che sì**, no rather than yes □ **Preferisco di no**, I'd rather not □ **se no**, if not; otherwise; (*anche come minaccia*) or else □ **sì e no** (*a malapena*), barely; not more than; a mere: **sì e no dieci persone**, barely (*o* not more than, a mere) ten people □ **uno sì e uno no**, every other (*o* second) (person, thing, etc.) ***B*** *m.* no*; (*rifiuto*) refusal; (*diniego*) denial: **un bel no** (*o* **un no chiaro e tondo**), a flat refusal; a flat no; **La mozione passò con sei sì e due no**, the motion was carried (by) six to two; **I no superano i sì**, the noes have it.
Nobel *m.* ***1*** (*premio*) Nobel prize ***2*** (*vincitore*) Nobel prize winner; Nobel laureate: **È stato N. per la fisica nel 1982**, he won the Nobel prize for physics in 1982.
nobildònna *f.* noblewoman*.
nòbile ***A*** *a.* ***1*** noble: **sentimento n.**, noble sentiment; (*chim.*) **metallo n.**, noble metal ***2*** (*aristocratico*) aristocratic; noble; (*titolato*) titled: **famiglia n.**, aristocratic family; **di nascita n.**, of noble birth ***B*** *m. e f.* aristocrat; nobleman* (*f.* noblewoman*); noble.
nobiliàre *a.* of the nobility; aristocratic.
nobilitàre ***A*** *v. t.* to ennoble ***B*** **nobilitàrsi** *v. i. pron.* to be ennobled.
nobiltà *f.* ***1*** nobility ***2*** (*aristocrazia*) aristocracy; nobility.
nobiluòmo *m.* nobleman*.
nòcca *f.* knuckle.
nocciòla ***A*** *f.* (*bot.*) hazelnut; filbert ***B*** *m.* (*colore*) light brown; hazel ***C*** *a.* light brown; hazel.
nocciolàto *m.* (hazel)nut chocolate.
nocciolina *f.* — (*bot.*) **n. americana**, peanut.
nòcciolo (1) *m.* ***1*** stone; pit (*USA*): **n. di ciliegia**, cherry stone ***2*** (*parte essenziale*) core; heart; point; (*succo*) gist: **il n. della questione**, the heart of the matter; **Veniamo al n.**, let's come to the point ***3*** (*fis. nucl.*) core.
nocciòlo (2) *m.* (*bot.*) hazel; filbert.
nóce ***A*** *m.* ***1*** (*bot.*) walnut-tree ***2*** (*legno*) walnut ***B*** *f.* (*bot.*) walnut; nut • (*bot.*) **n. del Brasile**, Brazil nut □ (*cucina*) **n. di burro**, knob of butter □ (*bot.*) **n. di cocco**, coconut □ **n. di vitello**, best end (of veal) □ **n. moscata**, nutmeg □ (*bot.*) **n. vomica**, nux vomica.
nocéto *m.* walnut grove; walnut orchard.
nocività *f.* harmfulness; noxiousness.
nocivo *a.* harmful; bad; noxious: **n. alla salute**, bad for one's health; unhealthy; unwholesome; **sostanza nociva**, noxious substance; **influsso n.**, bad influence; **insetti nocivi**, pests.
nodàle *a.* ***1*** (*scient.*) nodal; (*astron.*) nodical ***2*** (*cruciale*) crucial; key (*attr.*).
nòdo *m.* ***1*** knot: **fare un n.**, to tie (*o* to make) a knot; **disfare un n.**, to untie (*o* to undo) a knot; **farsi il n. alla cravatta**, to knot one's tie; **n. al fazzoletto**, knot in one's handkerchief ***2*** (*nei nomi di nodi*) knot; hitch: **n. parlato**, clove hitch; **n. piano**, reef knot; **n. scorsoio**, slipknot; running bowline knot; noose; **n. semplice**, overhand knot ***3*** (*punto di intersezione*) junction: **n. ferroviario**, railway junction; **n. stradale**, road junction ***4*** (*groppo*) tangle; kink; knot ***5*** (*bot.*) node; knob ***6*** (*astron., fis., elab.*) node ***7*** (*vincolo*) tie; bond ***8*** (*nocciolo*) heart, core; (*punto cruciale*) crux • **n. alla gola**, lump in one's throat □ **n. allo stomaco**, knot in the pit of one's stomach □ **n. gordiano**, Gordian knot □ **I nodi sono venuti al pettine**, the day of reckoning has come □ **Tutti i nodi vengono al pettine**, sooner or later your sins will find you out.
nodosità *f.* ***1*** knottiness ***2*** (*nodo*) node (*anche med.*); nodosity.
nodóso *a.* knotty; gnarled: **tronco nodoso**, knotty trunk; **mani nodose**, gnarled hands.
nòdulo *m.* (*geol., anat.*) nodule.
nói *pron. pers. m. e f. 1ª pers. pl.* ***1*** (*sogg.*) we: **noi italiani**, we Italians; **E noi, che facciamo?**, what are we going to do?; **Siamo noi le vittime**, we are the real victims; it is we who are the victims (*form.*); **«Chi è?» «Siamo noi»**, «who is it?» «it's us» ***2*** (*compl.*) us: **Vieni con noi**, come with us; **nessuno di noi**, none of us ***3*** (*pl. di maestà*) we ***4*** (*con valore impers.: sogg.*) one, you; (*compl.*) one, you • **noi due** [**tre, ecc.**], the two [three, etc.] of us □ **noi stessi**, we ourselves: **L'abbiamo detto noi stessi**, we said so ourselves □ **da noi**, (*a casa nostra: moto*) to our house (*o* place); (*stato*) with us, at our place, at home; (*nel nostro paese*) in our country; (*nella nostra famiglia*) in our family.
nòia *f.* ***1*** boredom; tediousness; tedium: **ammazzare la n.**, to relieve boredom; **morire di n.**, to die of boredom; to be bored to tears ***2*** (*cosa o persona noiosa*) bore; drag (*fam.*): **Che n.!**, how boring!; what a drag! ***3*** (*fastidio*) nuisance Ⓤ, hassle; (*guaio*) trouble Ⓤ (*fam.*): **Non voglio aver noie**, I don't want any trouble; **aver noie con la polizia**, to run into trouble with the police ***4*** (*disturbo, guasto*) trouble Ⓤ: **aver noie col motore**, to have engine trouble • **avere a n. q.c.**, to be fed up with st.; to find st. tedious □ **dare n. a q.**, (*infastidire*) to bother sb.; (*irritare*) to irritate sb. □ **Mi è venuta a n. tutta la faccenda**, I'm sick of the whole thing.
noiàltri *m. pl.*, **noialtre** *f. pl.* ***1*** (*sogg.*) we ***2*** (*compl.*) us.
noiosità *f.* boringness; tedium.
noióso ***A*** *a.* ***1*** boring; tedious; dull ***2*** (*fastidioso*) troublesome; tiresome; bothersome; irritating: **tosse noiosa**, troublesome cough ***B*** *m.* (*f.* **-a**) ***1*** bore ***2*** (*seccatore*) muisance, pest; pain in the neck (*fam.*).
noleggiàre *v. t.* ***1*** (*prendere a noleggio*) to hire, to rent; (*naut., aeron.*) to charter: **n. una bicicletta**, to hire a bicycle; **n. un film**, to rent a film ***2*** (*dare a noleggio*) to hire out, to rent out; (*naut., aeron.*) to charter • (*cartello*) **Si noleggiano barche**, boats for hire.
noleggiatóre *m.* (*f.* **-trice**) hirer; hire contractor; (*naut., aeron.*) charterer.
noléggio *m.* ***1*** hiring; hire; renting; (*naut., aeron.*) charter: **vettura da n.**, car for hire; **vettura a n.**, hired car; **video preso a n.**, rented video ***2*** (*prezzo*) hire (charge, rental); (*naut., aeron.*) charter fee; (*naut.*) freight ***3*** (*negozio*) hire firm: **n. (di) automobili**, car hire • **dare** [**prendere**] **a n.**, *V.* **noleggiare**.
nòlo *m. V.* **noleggio**, *def.* 2.
nòmade ***A*** *a.* ***1*** (*etnol.*) nomadic ***2*** (*estens.*) nomadic; wandering ***B*** *m. e f.* ***1*** (*etnol.*) nomad ***2*** (*estens.*) wanderer; drifter (*spreg.*).
nomadismo *m.* nomadism.
nóme *m.* ***1*** name: **n. di battesimo**, Christian name; first

name; given name; **n. di famiglia**, surname; family name; **n. intero**, full name; **n. e indirizzo**, full name and address; **falso n.**, false name; assumed name; alias; **Porta il n. dello zio**, he was named after his uncle; **Che n. ha?**, what's his [her, its] name?; **mettere** (*o* **imporre, dare**) **il n. di Laura a una bambina**, to name a child Laura; **un tale di n. Leo**, a man by the name of Leo ***2*** (*gramm.*) noun • **n. commerciale**, trade name □ **n. d'arte**, stage name □ **n. da ragazza** (*o* **da signorina**), maiden name □ **n. da sposata**, married name □ (*comm.*) **n. depositato**, registered trade name □ **n. di battaglia**, nom de guerre (*franc.*); code name □ **a n. di**, in the name of; (*per conto di*) on behalf of, for □ **Diglielo a n. mio**, tell him from me □ **Vai pure a n. mio**, you can use my name □ **avere un n.**, to have a reputation □ **chiamare q. per n.**, to call sb. by his name □ **conoscere q. di n.**, to know sb. by name □ **essere conosciuto col** (*o* **sotto il**) **n. di**, to go by the name of □ **di n.**, in name: **solo di n.**, in name only; **di n. e di fatto**, in name and in fact □ **L'uomo, di n. XY, ha dichiarato che...**, the man, whose name is XY, stated that... □ **fare il n. di q.**, to mention sb.'s name; to name sb.; (*denunciare*) to inform on sb. □ **fare (i) nomi**, to name names □ **farsi un n.**, to make a name for oneself □ **Fuori i nomi!**, we want the names! □ **un grosso n.**, a big name □ (*leg.*) **in n. di**, in the name of: **in n. della legge**, in the name of the law □ **In n. di Dio!**, for God's sake! □ **i più bei nomi dell'aristocrazia**, the flower of the aristocracy □ **i più bei nomi del cinema**, the greatest names in cinema □ **senza n.**, nameless; (*anonimo*) anonymous □ **La pietà era per lui solo un n.**, pity was just a word to him.

nomea *f.* notoriety; reputation.

nomenclatùra *f.* nomenclature.

nomìgnolo *m.* nickname.

nòmina *f.* appointment: **n. a giudice**, appointment as judge; **ricevere la n. a direttore**, to be appointed manager • **di fresca n.**, newly-appointed □ **È di prima n.**, it's his first job.

nominàle *a.* ***1*** (*di nome*) nominal: **valore n.**, nominal (*o* face) value; **affitto n.**, nominal (*o* peppercorn) rent ***2*** (*per nome*) by name: **elenco n.**, list organized by name; **appello n.**, roll-call ***3*** (*gramm.*) noun (*attr.*): **suffisso n.**, noun suffix.

nominalménte *avv.* nominally.

nominàre *v. t.* ***1*** (*dare un nome*) to name; to call ***2*** (*menzionare*) to mention the name of: **Mai sentito n.**, never heard of him [it] ***3*** (*scegliere*) to nominate, to make*; (*con elezione*) to appoint.

nominatìvo ***A*** *a.* ***1*** (*gramm.*) nominative ***2*** (*comm.*) registered: **titoli nominativi**, registered securities (*o* stock); **libretto n. di risparmio**, personal savings book ***B*** *m.* ***1*** (*gramm.*) nominative ***2*** (*nome*) name.

nón *avv.* ***1*** not (*spesso contratto in* n't *con i verbi; omesso in presenza di altra negazione*): **non Marco, ma Mario**, not Marco, but Mario; **non quello**, not that one; **non qui**, not here; **non invincibile**, not invincible; **È meglio non farlo**, it's better not to do it; **Non l'ho letto**, I have not (*o* haven't) read it; **Non posso andare**, I cannot (*o* can't) go; **Non glielo dirai, vero?**, you won't (*o* will not) tell him, will you?; **Non è vero?**, isn't that so?; **piaccia o non piaccia**, whether you like it or not; **Per piacere, non far rumore**, please don't make a noise; **Non l'ha visto nessuno**, nobody saw him; **Non parla mai**, he never speaks; **Non posso non lagnarmi**, I cannot but complain ***2*** (*con i verbi «avere» e «esserci»*) no (*agg.*): **Non abbiamo libri**, we have no books; **Non c'è vino**, there is no wine ***3*** (*davanti a sost. + agg. o a compar.*) no: **di non piccola importanza**, of no small importance; **non più tardi di ieri**, no later than yesterday; **non meno di venti persone**, non fewer than twenty people ***4*** (*davanti a sost. o agg., con valore di pref.*) non-; un-: **non proliferazione**, non-proliferation; **non credente**, unbeliever ***5*** (*pleonastico*) — **Per poco non caddi**, I nearly fell; **finché non lo vidi**, until I saw him; **Le cose che non ha fatto!**, the things he did! • **non oltre**, no farther; not beyond; no later □ **non più**, no more; no longer □ **(Se) non fosse per lei...**, but for her...; were it not for her □ **Non c'è di che**, don't mention it; you're welcome (*USA*).

nonagenàrio *a. e m.* (*f.* **-a**) nonagenarian.

non aggressióne *locuz. f.* non-aggression.

non allineaménto *locuz. m.* (*polit.*) non-alignment.

non allineàto *locuz. a.* (*polit.*) non-aligned.

nonché *cong.* ***1*** (*tanto meno*) still less; let alone: **Non vorrei parlarne, n. scriverne**, I wouldn't talk about it, let alone write about it ***2*** (*e inoltre*) as well as: **È lungo n. difficile**, it is difficult as well as long.

nonconformìsmo *m.* nonconformism.

nonconformìsta *a., m. e f.* nonconformist.

non credénte *m. e f.* unbeliever; atheist.

noncurànte *a.* careless (of); indifferent (to); unconcerned (with); lackadaisical.

noncurànza *f.* carelessness; indifference; lack of concern.

nondiméno *cong.* nevertheless; however.

non fumatóre ***A*** *locuz. m.* (*f.* **-trìce**) non-smoker ***B*** *locuz. a.* non-smoking.

non intervènto *locuz. m.* non-intervention.

nònna *f.* grandmother; grandma (*fam.*); granny (*fam.*); gran (*fam.*).

nònno *m.* ***1*** grandfather; grandpa (*fam.*); granddad (*fam.*); grandad (*fam.*) ***2*** (*al pl.*) (*nonno e nonna*) grandparents ***3*** (*al pl.*) (*antenati*) forefathers; ancestors ***4*** (*gergo mil.*) senior recruit.

nonnùlla *m.* trifle; (a) mere nothing; (the) slightest thing.

nòno *a. num. ord. e m.* ninth.

nonostànte ***A*** *prep.* in spite of; despite; notwithstanding: **n. ciò**, in spite of that; **n. i miei dubbi**, despite my doubts; **n. tutto**, in spite of everything ***B*** **n. (che)** *cong.*, though; although: **n. piovesse**, although it was raining.

non plus ultra (*lat.*) *locuz. m. invar.* (the) height (of); (the) last word (in): **il n. della villania**, the height of bad manners; **il n. della tecnica**, the last word in technology.

nonsènso *m.* (piece of) nonsense; absurdity.

non so che *locuz. m. invar.* something: **un non so che di sospetto**, something (vaguely) suspicious; **un certo non so che**, a certain «je ne sais quoi» (*franc.*); a certain something.

non tessuto *locuz. m.* (unwoven) disposable fabric.

nontiscordardimé *m.* (*bot.*) forget-me-not.

non udénte, non vedénte *V.* sotto **udente, vedente**.

nonviolènza *f.* nonviolence.

nòrd ***A*** *m.* north: **al** (*o* **nel**) **n.**, in the north; **a n. di**, (to the) north of; **andare a n.**, to go north; **Il vento soffia da n.**, the wind is blowing from the north; **da n. a sud**, from north to south; **verso n.**, towards the north; northward (*agg.*); northward(s) (*avv.*); **nebbie [paesi] del n.**, northern mists [countries]; **vento da n.**, northerly wind; **vento del n.**, north wind; **abitanti del n.**, northerners; **America del n.**, North America; **il Mare del N.**, the North Sea ***B*** *a. invar.* north; northern; northerly: **il polo n.**, the North Pole; **zona n.**, northern zone; **in direzione n.**, in a northerly direction.

nordafricàno *a. e m.* North African.

nordamericàno *a. e m.* North American.

nordèst *m.* northeast • **vento di n.**, northeasterly wind.

nordeuropèo *a. e m.* North European.

nòrdico ***A*** *a.* northern; (*nordeuropeo*) North European; (*scandinavo*) Nordic; (*sci*) nordic: **paesi nordici**, North European countries; **leggende nordiche**, northern legends ***B*** *m.* (*nordeuropeo*) North European.

nordista *a., m. e f.* (*stor., USA*) Federal; Unionist.

nordoccidentàle *a.* northwest; northwestern; northwesterly.

nordorientàle *a.* northeast; northeastern; northeasterly.

nordòvest *m.* northwest • **passaggio a n.**, Northwest Passage □ **vento di n.**, northwesterly wind.

nòrma *f.* ***1*** norm; rule; standard; (*regolamento*) regulation: **È buona n.**, it is a good rule; **n. di vita**, rule of lfe; **norme di sicurezza**, safety regulations; **le norme vigenti**, the current regulations ***2*** (*avvertenza*) instruction: **norme per l'uso**, instructions; directions for use ***3*** (*consuetudine*) rule; custom: **di n.**, as a rule • **a n. di legge**, in accordance with the law □ **per tua n.**, for your information.

normàle ***A*** *a.* normal; usual; standard: **condizioni normali**, normal conditions; **procedura n.**, standard procedure; **una giornata n.**, a day like any other day; **È n. che faccia caldo in luglio**, it is usually hot in July; **La vita riprese n.**, life got back to normal ***B*** *f.* ***1*** (*geom.*) normal; perpendicular ***2*** (*alpinismo*) regular route.

normalità *f.* normality: **tornare alla n.**, to get back to normality (*o* to normal).

normalizzàre ***A*** *v. t.* ***1*** to bring* back to normal; to normalize ***2*** (*standardizzare*) to standardize ***B*** **normalizzàrsi** *v. i. pron.*

to get* back to normal; to be normalized.
normalizzazióne *f.* ***1*** normalization ***2*** (*standardizzazione*) standardization.
normalménte *avv.* usually; as a rule; normally.
normànno *a. e m.* Norman • **le Isole Normanne**, the Channel Islands.
normativa *f.* set of rules; provisions (*pl.*).
normativo *a.* normative; prescriptive.
normògrafo *m.* lettering stencil.
norvegése ***A*** *a.* Norwegian; Norway (*attr.*) ***B*** *m.* (*cittadino e lingua*) Norwegian ***C*** *f.* Norwegian woman*.
nosocòmio *m.* hospital.
nossignóre *avv.* (*f.* **-a**) ***1*** no, sir (*f.* madam) ***2*** (*neg. enfatica*) not at all; not in the least; certainly not.
nostalgìa *f.* (*di casa, della patria*) homesickness; (*del passato*) nostalgia • **avere n. di q. [q.c.]**, to miss sb. [st.] □ **riempire di n.**, to make (sb.) feel homesick [nostalgic] □ **provare** (*o* **sentire**) **n.**, to be homesick; to feel nostalgic □ **soffrire di n.**, to be homesick.
nostàlgico ***A*** *a.* ***1*** (*per la casa, la patria*) homesick ***2*** (*per il passato*) nostalgic ***B*** *m.* (*f.* **-a**) nostalgic.
nostràno *a.* local; (*agric.*) homegrown.
nòstro ***A*** *a. poss. di 1ª pers. pl.* ***1*** our; (*n. proprio*) our own: **n. padre**, our father; **un n. amico**, a friend of ours; one of our friends; **una casa (tutta) nostra**, a house of our own; **Ecco il n. Luigi**, here comes Luigi ***2*** (*pred. nominale*) ours: **Questo libro non è n.**, this book isn't ours ***B*** *pron. poss.* ***1*** ours: **Il tuo divano assomiglia al n.**, your sofa looks like ours; **Il n. è un cane socievole**, ours is a friendly dog ***2*** (*denaro, averi, ecc.*) our own (money); what is ours ***3*** (*in diverse forme ellittiche*) — **la nostra del 6 u. s.**, our letter of the 6th last; **Abbiamo avuto le nostre** (*disgrazie*), we've had our own share of trouble; **Sono tutti dalla nostra**, they are all on our side ***4*** (*al pl.*) (*i nostri parenti*) our relatives, our family; (*i nostri amici*) our friends; (*i nostri fautori*) our side (*sing.*); (*i nostri soldati*) our soldiers • **È dei nostri** (*dalla nostra parte*), he is on our side □ **Siete dei nostri stasera?**, are you joining us tonight? □ **Arrivano i nostri!**, (*al cinema*) the Cavalry's coming!; (*fig.*) help is on the way.
nostròmo *m.* (*naut.*) boatswain; bosun.
nòta *f.* ***1*** (*appunto, commento scritto*) note: **prendere n. di q.c.**, to make a note of st., to write st. down; (*fig.*) to take note; **n. dell'editore**, publisher's note; **n. a piè di pagina**, footnote ***2*** (*fattura, conto*) bill ***3*** (*elenco*) list: **n. della spesa**, shopping list; **mettere in n. q.**, to put sb.'s name down ***4*** (*mus.*) note ***5*** (*fig.*) note: **n. falsa** (*o* **stonata**), jarring note; **una n. allegra**, a cheerful note; **trovare la n. giusta**, to strike the right note • **note caratteristiche**, distinguishing marks; (*di dipendente*) report (*sing.*) □ (*comm.*) **n. di addebito [di accredito]**, debit [credit] note □ **n. di biasimo**, reprimand; **a chiare note**, in no uncertain terms □ **degno di n.**, worthy of note; noteworthy □ **le dolenti note**, the bad bit; the bad news.
nòta bène *locuz. m. invar.* nota bene (*abbr.* N.B.).
notàbile *m.* notable.
notàio *m.* notary (public).
notàre *v. t.* ***1*** (*prendere nota*) to make* a note of; to write* down ***2*** (*osservare*) to notice; to note: **Hai notato come lo guardava?**, did you notice how she was looking at him?; **È da n. che...**, it should be noted that...; **La sua assenza non fu notata**, his absence went unnoticed • **far n.**, to point out □ **farsi n.**, to attract attention (*o* notice); to draw attention to oneself; (*segnalarsi*) to distinguish oneself.
notariàto *m.* office of a notary (public).
notarìle *a.* notarial; notary's: **atto n.**, notarial deed; **copia n.**, certified copy; **studio n.**, notary's chambers (*pl.*).
notazióne *f.* ***1*** (*osservazione*) observation; remark ***2*** (*numerazione*) numbering ***3*** (*mus.*) notation.
nòtes *m. invar.* notebook; notepad.
notévole *a.* ***1*** notable; remarkable ***2*** (*considerevole*) considerable; sizeable: **n. ritardo**, considerable delay; **somma n.**, sizeable sum.
notìfica *V.* **notificazione**.
notificàre *v. t.* ***1*** (*leg.*) to serve: **n. un mandato di arresto**, to serve an arrest warrant; **n. una citazione a q.**, to subpoena sb. ***2*** (*informare*) to inform (sb. of st.); to notify; to report: **n. un furto alla polizia**, to report a theft to the police ***3*** (*comm.*) to advise.
notificazióne *f.* ***1*** notification ***2*** (*leg.*) service • **dare n.**, *V.* **notificare**.
notìzia *f.* ***1*** news Ⓤ; (*singolo annuncio*) piece (*o* item, bit) of news; (*giorn.*) news item: **Che notizie ci sono?**, what is the news?; **È una buona n.**, it is good news; **una n. in quarta pagina**, a news item on the fourth page; **le ultime notizie**, (*le più recenti*) the latest news; (*in senso assoluto*) the last news; **Dammi tue notizie**, let me hear from you; **Hai notizie di Vanna?**, have you heard (any news) from Vanna?; **Siamo senza sue notizie da due mesi**, we haven't heard from him for two months ***2*** (*informazione*) information Ⓤ; (*nota*) note: **notizie storiche**, historical information; **notizie biografiche**, biographical notes • **notizie false**, false reports □ (*giorn.*) **n. in esclusiva**, exclusive news; scoop □ (*giorn.*) **n. lampo**, flash □ **dare n. di q.c. a q.**, to inform sb. about st. □ **fare n.**, to be news; to capture the headlines □ **non fare n.**, to be of no interest □ **Giunse n. che...**, word came that...
notiziàrio *m.* ***1*** (*radio, TV*) news bulletin; (the) news: **il n. delle 6**, the 6-o'clock news ***2*** (*cinem.*) newsreel ***3*** (*bollettino di ditta, ecc.*) newsletter.
nòto ***A*** *a.* well-known; known; (*familiare*) familiar, known; (*famigerato*) notorious: **il n. pianista ceco**, the well-known Czech pianist; **una voce nota**, a familiar voice; **È n. a tutti**, it is generally known; it is common knowledge; **com'è n.**, as everybody knows; **rendere n.**, to notify ***B*** *m.* (the) known.
notoriaménte *avv.* as everybody knows; (*in senso neg.*) notoriously: **È n. un buongustaio**, he is a well-known gourmet.
notorietà *f.* fame; (*in senso neg.*) notoriety.
notòrio *a.* well-known; (*famigerato*) notorious • (*leg.*) **atto n.**, attested affidavit.
nottàmbulo *m.* (*f.* **-a**) (*chi va in giro di notte*) night wanderer; (*chi fa schiamazzi*) late-night reveller; (*chi sta alzato fino a tardi*) night bird, night owl (*fam.*).
nottàta *f.* night • **fare n.**, to sit up all night.
nòtte *f.* night: **ieri n.**, last night; **questa n.**, (*futura*) tonight; (*passata*) last night; **la n. di sabato**, Saturday night: **di n.**, at (*o* by) night; at night-time; during the night: **lavorare di n.**, to work at night; **viaggiare di n.**, to travel by night; **fino a tarda n.**, late into the night • **n. bianca** (*o* **in bianco**), sleepless night □ **n. brava**, riotous night; night of revelry □ **la n. dell'ultimo dell'anno**, New Year's Eve □ **la n. di Natale**, Christmas Eve □ **a n. fatta**, after nightfall □ **fare di n. giorno**, to turn night into day □ **col favore della n.**, under cover of darkness □ **nel cuore della n.**, at dead of night □ **passare la n.** (*in un luogo*), to stay overnight □ **nella n. dei tempi**, in the dim and distant past □ **sul far della n.**, at nightfall □ (*prov.*) **La n. porta consiglio**, (it's a good idea to) sleep on it.
nottetèmpo *avv.* by night; at night; at night-time; during the night.
nòttola *f.* ***1*** (*zool.*) noctule ***2*** (*saliscendi*) latch.
nottolìno *m.* ***1*** door latch ***2*** (*mecc.*) pallet • (*mecc.*) **n. d'arresto**, pawl; ratchet.
nottùrno ***A*** *a.* nocturnal; night (*attr.*): **uccello n.**, nocturnal bird; **locale n.**, nightclub; **guardiano n.**, nightwatchman ***B*** *m.* ***1*** (*eccles.*) nocturn ***2*** (*mus., arte*) nocturne.
nòtula *f.* fee; honorarium*; bill.
novànta *a. num. card. e m.* ninety. (*Per gli esempi d'uso, V. sotto* **quaranta**) • **pezzo da n.**, (*capo mafioso*) big mafia boss; (*pezzo grosso*) big shot.
novantènne ***A*** *a.* ninety-year-old (*attr.*); ninety years old (*pred.*) ***B*** *m. e f.* ninety-year-old (man*, *m.*, woman*, *f.*); (*sulla novantina*) man* [woman*] in his [her] nineties.
novantènnio *m.* (period of) ninety years.
novantèsimo *a. num. ord. e m.* ninetieth • **al n. minuto**, (*calcio*) in the last minute; (*fig.*) at the eleventh hour, in the nick of time.
novantìna *f.* ***1*** about ninety ***2*** (*rif. a età*) (the age of) ninety. (*Per gli esempi d'uso, V. sotto* **quarantina**).
nòve *a. num. card. e m.* nine • (*fig.*) **prova del n.**, acid test.
novecentésco *a.* twentieth-century (*attr.*).
novecènto *a. num. card. e m.* nine hundred • **il N.**, the twentieth century.
novèlla *f.* ***1*** tale; story; (*letter.*) short story ***2*** (*lett.: notizia*) news Ⓤ; tidings (*pl.*) • (*relig.*) **la Buona N.**, the Gospel.

ATTENZIONE: **novella** ≠ novel.

novellière *m.* **1** short-story writer **2** (*raccolta di novelle*) collection of short stories.

novellino **A** *a.* **1** (*primaticcio*) new; early **2** (*inesperto*) young and inexperienced; raw; still wet behind the ears (*fam.*) **B** *m.* (*f.* **-a**) (raw) beginner; novice; greenhorn (*fam.*).

novellistica *f.* short-story writing; short stories (*pl.*).

novèllo *a.* **1** new; early: **patate novelle**, new potatoes; **l'età novella**, the early years **2** (*recente*) newly (+ *agg. o part. pass.*): **sposa novella**, newly-wed bride **3** (*secondo*) second; another: **un n. Attila**, a second Attila.

novèmbre *m.* November. (*Per gli esempi d'uso, V. sotto* **aprile**).

novembrino *a.* of November; November (*attr.*).

novemila *a. num. card. e m.* nine thousand.

novèna *f.* (*eccles.*) novena*.

novenàrio (*poesia*) **A** *a.* of nine syllables **B** *m.* nine-syllable line.

nòvero *m.* (*lett.*) number; list • **entrare nel n. di**, to become one of □ **mettere q. nel n. dei propri amici**, to number sb. among one's friends.

novilùnio *m.* new moon.

novità *f.* **1** (*l'essere nuovo*) novelty; originality; newness **2** (*innovazione*) innovation; (*mutamento*) change: **introdurre delle novità**, to make some changes **3** (*cosa nuova*) new thing; something new; (*nuova idea*) new idea; (*articolo nuovo*) novelty; (*esperienza nuova*) new experience: **voglia di n.**, longing for something new **4** (*notizia*) news Ⓤ: **N.?**, any news?; anything up? (*USA*); **Che n. ci sono?**, what's the news? • **le n. della moda**, the latest fashions □ **le n. letterarie** [**teatrali**], the new books [plays] □ **Che n. sono queste?**, what's the meaning of this?; what's the big idea? (*fam.*) □ (*iron.*) **Sai che n.!**, so what else is new?

noviziàto *m.* **1** (*relig.*) novitiate: **fare il n.**, to serve one's novitiate **2** (*tirocinio*) apprenticeship.

novìzio *m.* (*f.* **-a**) **1** (*eccles.*) novice **2** (*fig.*) beginner; apprentice.

novocaìna *f.* (*farm.*) novocain(e).

nozionàle *a.* (*spreg.*) purely factual.

nozióne *f.* **1** (*filos.*) notion; idea **2** (*cognizione*) idea; sense: **la n. del tempo**, the sense of time **3** (*conoscenza*) element; (*al pl., anche*) factual knowledge Ⓤ: **prime nozioni**, basic knowledge; rudiments.

nozionismo *m.* superficial factual knowledge; sciolism.

nozionìstico *a.* purely factual; sciolistic.

nòzze *f. pl.* wedding (*sing.*) (*la cerimonia*); marriage (*sing.*): **n. d'oro** [**d'argento**], golden [silver] wedding; **seconde n.**, second marriage; **celebrare le n.**, to celebrate the marriage; • **andare a n.** (*sposarsi*), to get married □ **andare a n. su q.c.**, to go to town on st.; to have a ball with st. □ **fare le n. coi fichi secchi**, to do things on a shoestring □ **passare a seconde n.**, to get married for the second time □ **regalo di n.**, wedding present □ **viaggio di n.**, honeymoon.

nùbe *f.* cloud: **n. passeggera**, passing cloud; **senza nubi**, cloudless: **n. di polvere**, cloud of dust.

nubifràgio *m.* cloudburst; downpour; storm.

nùbile **A** *a.* unmarried; single **B** *f.* unmarried (*o* single) woman*; (*leg.*) spinster.

nùca *f.* (*anat.*) nape (of the neck).

nucleàre *a.* (*fis., biol., antropol.*) nuclear.

nuclèico *a.* (*biochim.*) nucleic.

nùcleo *m.* **1** (*scient.*) nucleus*; core; kernel **2** (*parte centrale*) core; kernel **3** (*gruppo*) group; (*squadra*) team, squad: **n. investigativo**, team of detectives • **n. abitativo**, residental complex; settlement □ **n. familiare**, family unit.

nucleóne *m.* (*fis. nucl.*) nucleon.

nude-look (*ingl.*) *m. invar.* see-through clothes (*pl.*).

nudismo *m.* nudism.

nudista *a., m. e f.* nudist.

nudità *f.* **1** (*l'essere nudo*) nakedness, nudity; (*l'essere spoglio*) barrenness **2** (*al pl.*) (*parti nude del corpo*) naked parts; naked body (*sing.*) **3** (*semplicità*) plainness.

nùdo **A** *a.* **1** (*rif. al corpo*) naked; bare; nude: **dormire n.**, to sleep naked; **donne nude**, naked (*o* nude) women; **braccia nude**, naked (*o* bare) shoulders; **mezzo n.**, half-naked; **andare a piedi nudi**, to go barefoot; **con i piedi nudi**, barefoot; barefooted (*agg.*); **a testa nuda**, bareheaded **2** (*spoglio*) bare **3** (*semplice, schietto*) plain; simple; bare: **la nuda verità**, the plain (*o* naked) truth • **n. come un verme**, stark naked; in the altogether (*fam.*) □ **n. e crudo**, plain, blunt, unvarnished (*agg.*); plainly, bluntly (*avv.*) □ **mettere a n.**, to lay bare **B** *m.* (*specialm. arte*) nude: **disegnare dal n.**, to draw from the nude.

nùgolo *m.* swarm; cloud.

nùlla *V.* **niente**, *A e B*.

nullaòsta *m. invar.* authorization; permit.

nullatenènte **A** *a.* with no property **B** *m. e f.* person with no property.

nullità *f.* **1** nonentity; insignificance; nothingness **2** (*leg.*) nullity; voidness **3** (*persona da nulla*) nonentity.

nùllo *a.* (*leg.*) null (and void); void • (*leg.*) **rendere n.**, to invalidate □ **rendere n. ogni sforzo**, to render all effort useless □ (*sport*) **risultato n.** (*pareggio*), draw □ (*calcio*) **rete nulla**, disallowed goal □ **scheda nulla**, spoiled ballot paper; spoiled vote.

nùme *m.* (*lett.*) god; divinity.

numeràbile *a.* countable; numerable.

numeràle *a. e m.* numeral.

numeràre *v. t.* **1** to number **2** (*contare*) to count.

numeràto *a.* numbered.

numeratóre *m.* (*mat.*) numerator.

numerazióne *f.* **1** (*il numerare*) numbering; (*sequenza di numeri*) numbers (*pl.*): **n. stradale**, street numbers **2** (*mat.*) numeration; notation.

numèrico *a.* numerical.

nùmero *m.* **1** (*mat.*) number; figure: **n. pari** [**dispari**], even [odd] number; **n. intero** [**primo**], whole [prime] number; **n. decimale**, decimal figure (*o* number) **2** (*segno del numero*) numeral; (*cifra*) figure: **numeri arabi** [**romani**], Arab [Roman] numerals; **pagine di numeri**, pages of figures **3** number (*abbr.* No.): **n. telefonico**, telephone number; **n. di serie**, serial number; **Abito al n. 16**, I live at No. 16 **4** (*di rivista, ecc.*) number; issue: **n. arretrato**, back number; **il n. di Natale**, the Christmas issue; **n. unico**, single number (*o* issue); **n. zero**, sample issue **5** (*misura, taglia*) size: **Che n. di scarpe porti?**, what size of shoes do you take? **6** (*gruppo*; *quantità*) number: **un certo n. di persone**, a number of people; **senza n.**, without number; innumerable **7** (*gramm.*) number **8** (*teatr.*) number; act; item: **n. di ballo**, dance number **9** (*persona estrosa*) character; scream (*fam.*) • (*fis.*) **n. atomico**, atomic number □ **n. chiuso**, restricted entry □ (*autom.*) **n. di targa**, number □ (*telef.*) **n. interno**, extension □ **n. legale**, quorum □ **avere dei numeri**, to have much to recommend one □ **n. uno**, (*il più importante*) number one; (*il migliore*) first-class (*attr.*) □ (*telef.*) **n. verde**, Freefone (*o* freephone) number (*GB*); toll-free number (*USA*) □ **avere dei numeri**, to have much to recommend one □ **avere i numeri per riuscire**, to have what it takes to succeed □ **dare i numeri**, to be off one's head; to be nuts (*fam.*); to have lost one's marbles (*fam.*) □ **dieci di n.**, ten in number □ **Ne presi tre di n.**, I just took three □ **far n.**, to make up the numbers □ **Gli manca qualche n.**, he is not quite all there.

numeróso *a.* numerous; (*solo davanti a un sing.*) large, big; (*solo davanti a un pl.*) several, many: **numerosi incontri**, numerous (*o* several) meetings; **famiglia numerosa**, large (*o* numerous) family; **Numerosi passeggeri protestarono**, a lot of passengers complained.

numismàtica *f.* numismatics (*pl. col verbo al sing.*).

numismàtico **A** *a.* numismatic **B** *m.* (*f.* **-a**) numismatist.

nunziatùra *f.* (*eccles.*) nunciature.

nùnzio *m.* (*eccles.*) nuncio*.

nuòcere *v. i.* to damage (st., sb.); to harm (st., sb.); to be bad (for); to hurt (sb.): **n. al prestigio di q.**, to damage sb.'s prestige; **n. alla salute**, to be bad for one's health; **Un po' di fatica non gli nuocerà**, a bit of hard work won't do him any harm (*o* won't hurt him); **Tentar non nuoce**, (there's) no harm in trying.

nuòra *f.* daughter-in-law*.

nuotàre **A** *v. i.* **1** to swim*: **n. sul dorso**, to swim on one's back; **n. bene**, to be a good swimmer **2** (*galleggiare*) to swim*; to float • **n. a crawl** [**a farfalla, a rana, a dorso**], to do the crawl [the butterfly stroke, the breaststroke, the backstroke] □ **n. nell'abbondanza** (*o* **nell'oro**), to be rolling in money □ **In questa gonna ci nuoto dentro**, this

skirt is far too big for me ***B*** *v. t.* to swim*.
nuotàta *f.* swim.
nuotatóre *m.* (*f.* **-trìce**) swimmer.
nuòto *m.* swimming: **gara di n.**, swimming race; swimming competition • **n. a dorso**, backstroke □ **n. a farfalla**, butterfly stroke □ **n. a rana**, breaststroke □ **n. sincronizzato**, synchronized swimming □ **Andiamo a n. fino all'isola**, let's swim to the island □ **gettarsi a n.**, to dive into the water and start swimming □ **cercare di salvarsi a n.**, to swim for it □ **salvarsi a n.**, to swim to safety □ **traversare a n. un fiume**, to swim across a river.
nuòva *f.* news Ⓤ • (*prov.*) **Nessuna n., buona n.**, no news is good news.
nuovaménte *avv.* again.
nuòvo ***A*** *a.* ***1*** new: **sembrare n.**, to look new; (*di cosa non nuova*) to look as good as new; **l'anno n.**, the new year; **il N. Mondo**, the New World; **n. di un luogo** [**di un mestiere**], new to a place [to a job] ***2*** (*altro, ulteriore*) other; further; new; (*diverso*) different: **fino a n. ordine**, till further orders ***3*** (*intatto*) fresh ***4*** (*novello, secondo*) second: **un n. Cesare**, a second Caesar • **i nuovi arrivati**, the newcomers □ **n. di zecca**, brand-new □ **di bel n.**, once again □ **di n.**, again □ **Di n.!** (*formula di commiato*), goodbye □ **Mi giunge n.**, it's news to me □ **Il suo nome non mi giunge n.**, his name sounds familiar (*o* rings a bell) □ **rimettere a n.**, to renovate ***B*** *m.* ***1*** new; novelty ***2*** (*f.* **-a**) (*persona nuova*) new man*; new boy; (*f.* new girl, new woman*); new colleague; new arrival • **Che c'è di n.?**, what's the news?; what's happened now? □ **Niente di n. sotto il sole**, nothing new under the sun.
nùtria *f.* ***1*** (*zool.*) coypu; nutria ***2*** (*pelliccia*) nutria.
nutrìce *f.* (wet) nurse.
nutriènte *a.* nourishing.
nutriménto *m.* nourishment; nutriment; food.
nutrìre ***A*** *v. t.* ***1*** (*alimentare*) to feed*; to nourish ***2*** (*assol.*: *essere nutriente*) to be nourishing ***3*** (*sentimenti*) to nourish; to harbour; to have; (*provare*) to feel*: **n. una speranza**, to nourish a hope; **n. dubbi** [**timori**], to have doubts [fears]; **n. affetto**, to feel affection; **n. molta stima per q.**, to hold sb. in great esteem ***B*** **nutrirsi** *v. rifl.* to feed* (on); to eat*.
nutritìvo *a.* nutritional; nutritive.
nutrìto *a.* ***1*** fed; nourished: **ben n.**, well-fed; well-nourished ***2*** (*numeroso*) large; considerable; substantial; solid • **nutriti applausi**, loud applause Ⓤ.
nutrizionàle *a.* nutritional.
nutrizióne *f.* ***1*** (*il nutrire*) nutrition; nourishing ***2*** (*alimento*) nourishment; nutriment; food.
nutrizionìsta *m. e f.* nutritionist.
nùvola *f.* cloud: **n. di fumo** [**di polvere**], cloud of smoke [of dust]; **n. di pioggia**, storm cloud • **essere sempre tra le nuvole**, to have one's head in the clouds □ **cadere dalle nuvole**, to be astounded □ **Scendi dalle nuvole!**, come down to earth!
nuvolàglia *f.* mass of clouds.
nuvolétta *f.* (*dei fumetti*) balloon.
nùvolo ***A*** *a.* cloudy; overcast ***B*** *m.* (*tempo nuvoloso*) cloudy weather: **Oggi c'è n.**, the weather is cloudy today.
nuvolosità *f.* cloudiness • (*meteor.*) **n. in aumento**, increasing clouds.
nuvolóso *a.* cloudy; overcast.
nuziàle *a.* wedding (*attr.*): **cerimonia n.**, wedding (ceremony).
nylon ® *m.* nylon: **calze di n.**, nylon stockings; nylons.

o, O

O, o *f. o m.* O, o • (*telef.*) **o come Otranto**, o for Oliver (*USA* for Oboe) □ **a forma di o**, o-shaped.
o (1), od *cong.* ***1*** or: **due o tre giorni**, two or three days; **Puoi restare o venire con noi**, you can either stay or come with us; **Che tu lo voglia o no**, whether you like it or not ***2*** (*correl.*: **o... o**) either... or: **o questo o niente**, either this one or nothing at all; **O ti scrivo o ti telefono**, I'll either write to you or phone you; **o l'uno o l'altro** (*non importa quale*), either ***3*** (*altrimenti*) or; or else; otherwise: **Sbrigati o farai tardi**, hurry up, or else you'll be late ***4*** (*ossia, ovvero*) or.
o (2) *inter.* (*vocat.*) O: **O Signore!**, O Lord!
òași *f.* ***1*** oasis* ***2*** (*fig.*) oasis*; haven.
obbedìre *e deriv. V.* **ubbidire** *e deriv.*
obbiettàre *e deriv. V.* **obiettare** *e deriv.*
obbiettivo *e deriv. V.* **obiettivo** *e deriv.*
obbligàre *v. t.* to oblige; to force; to make*; to compel: **Nessuno ti obbliga a restare**, no one is forcing you to stay; **Mi obbligarono a firmare la lettera**, they made me sign (*o* obliged me to sign) the letter; **La coscienza mi obbliga a parlare**, my conscience compels me to speak.
obbligàto *a.* ***1*** (*costretto*) obliged, forced; (*vincolato*) under obligation, bound: **Non sei o. ad accettare**, you are not obliged (*form.* you are under no obligation) to accept ***2*** (*riconoscente*) obliged: **Vi sono molto o.**, I am much obliged to you ***3*** (*imposto*) obligatory; (*prefissato*) set, fixed: **percorso o.**, set (*o* fixed) route; **schema o.**, set pattern ***4*** (*mus.*) obbligato • **È una scelta obbligata**, there is no choice.
obbligatorietà *f.* compulsoriness; obligatoriness.
obbligatòrio *a.* ***1*** compulsory; obligatory: **materie obbligatorie**, compulsory subjects ***2*** (*leg.*) binding.
obbligazionàrio *a.* (*fin.*) debenture (*attr.*); bond (*attr.*): **capitale o.**, debenture capital; **prestito o.**, bonded loan; **rendimento o.**, bond (*o* debenture) yield; **titolo o.**, debenture; bond.
obbligazióne *f.* ***1*** (*anche leg.*) obligation ***2*** (*fin.*) bond; debenture: **o. al portatore**, bond to bearer; bearer bond; **o. dello Stato**, Government bond.
obbligazionìsta *m. e f.* (*fin.*) bondholder; debenture holder.
òbbligo *m.* obligation; (*dovere*) duty: **adempiere un o.**, to fulfil an obligation; **avere l'o. di fare q.c.**, to be obliged to do st.; **È mio o. informarla che...**, it is my duty to inform you that...; I must inform you that...; **venire meno ai propri obblighi**, to neglect one's duties; **non avere obblighi con nessuno**, to be under no obligation to anybody • **o. di leva**, compulsory military service □ **o. scolastico**, compulsory education □ **con l'o. di**, on condition that; provided that □ **essere d'o.**, to be required; to be «de rigueur» □ **sentirsi in o. verso q.**, to feel under an obligation to sb. □ **senza o. di acquisto**, with no obligation to buy.
obbròbrio *m.* ***1*** opprobrium; disgrace ***2*** (*cosa orribile*) disgrace; (*di edificio e sim.*) eyesore.
obbrobrióso *a.* ***1*** shameful; disgraceful; opprobrious ***2*** (*orribile*) awful; dreadful; ghastly.
obelìsco *m.* obelisk.
oberàre *v. t.* to overburden; to overload.
oberàto *a.* overloaded; overburdened; overwhelmed: **o. di lavoro**, overloaded with work; **o. di debiti**, deep in debt; up to one's ears in debt (*fam.*); **o. di richieste**, inundated with requests; (*leg.*) **o. da ipoteca**, mortgaged.
obeșità *f.* obesity.
obèșo ***A*** *a.* obese ***B*** *m.* (*f.* **-a**) obese person.
òbice *m.* (*mil.*) howitzer.
obiettàre *v. t. e i.* to object: **o. su q.c.**, to object to st.; **Non ho nulla da o.**, I have no objection; **Che cos'hai da o.?**, what have you got against it?
obiettivaménte *avv.* (*imparzialmente*) impartially; fairly.
obiettività *f.* (*imparzialità*) impartiality; fairness.
obiettìvo ***A*** *a.* (*imparziale*) impartial; fair; unbias(s)ed; unprejudiced: **dare un giudizio o.**, to give one's unbiased opinion; **Voglio essere o.**, I want to be fair ***B*** *m.* ***1*** (*bersaglio*) target ***2*** (*scopo*) objective ***3*** (*fotogr.*) lens.
obiettóre *m.* (*f.* **-trice**) objector: **o. di coscienza**, conscientious objector.
obiezióne *f.* objection: **muovere** (*o* **sollevare**) **un'o.**, to raise an objection; (*leg.*) **accogliere** [**respingere**] **un'o.**, to sustain [to deny] an objection; **Hai qualche o. da fare se vado?**, do you object to my going?; **Obiezioni?**, any objection?; **o. di coscienza**, conscientious objection.
obitòrio *m.* mortuary; morgue. ATTENZIONE: **obitorio** ≠ obituary.
oblazióne *f.* ***1*** (*offerta*) donation; offering ***2*** (*leg.*) cash settlement (of a fine).
oblìo *m.* (*lett.*) oblivion; forgetfulness: **cadere nell'o.**, to fall (*o* to sink) into oblivion; **sottrarre all'o.**, to rescue from oblivion.
obliquaménte *avv.* ***1*** obliquely; sideways; slantwise; at an angle; (*di traverso*) askance, askew ***2*** (*indirettamente*) in a roundabout way ***3*** (*subdolamente*) deviously.
obliquità *f.* obliquity; obliqueness.
obliquo *a.* ***1*** oblique (*anche geom.*); slanting; slantwise; sidelong: **retta obliqua**, oblique line; **in direzione obliqua**, in a slanting direction; obliquely; sideways; **sguardo o.**, sidelong glance ***2*** (*indiretto*) circuitous; roundabout ***3*** (*subdolo*) devious ***4*** (*gramm.*) oblique.
obliteràre *v. t.* ***1*** (*cancellare*) to obliterate; to efface ***2*** (*annullare: con timbro*) to stamp, (*un francobollo*) to cancel; (*con foro*) to punch.
obliteratóre *a.* stamping; punching • (**macchina**) **obliteratrice**, (*a timbro*) stamping machine; (*a foro*) punching machine.
obliterazióne *f.* ***1*** obliteration; effacement ***2*** (*annullo: con timbro*) stamping; (*di francobollo*) cancellation; (*con foro*) punching.
oblò *m.* (*naut.*) porthole.
oblùngo *a.* ***1*** oblong ***2*** (*bot., zool.*) elongate.
obnubilàto *a.* (*lett.*) clouded; obfuscated.
òboe *m.* (*mus.*) oboe; (*stor.*) hautboy.
oboìsta *m. e f.* (*mus.*) oboist.
òbolo *m.* (small) offering.
obsolescènte *a.* obsolescent.
obsolescènza *f.* obsolescence.
obsolèto *a.* (*lett.*) obsolete; outdated.
òca *f.* ***1*** goose*; (*giovane*) gosling; (*maschio*) gander ***2*** (*fig.*) goose*; fool; **Non fare l'o.!**, don't be a goose!; don't be silly!; **oca giuliva**, silly goose • **gioco dell'oca**, snakes and ladders □ □ (*fam.*) **Porca l'oca!**, damn it!
ocarìna *f.* (*mus.*) ocarina.
occașionàle *a.* ***1*** (*che è l'occasione di q.c.*) immediate: **causa o.**, immediate cause ***2*** (*fortuito*) fortuitous; chance (*attr.*): **incontro o.**, chance meeting ***3*** (*saltuario*) occasional; casual; odd: **lavori occasionali**, odd jobs.
occașionalménte *avv.* ***1*** (*casualmente*) fortuitously; by chance ***2*** (*saltuariamente*) occasionally; now and then.
occașionàre *v. t.* to cause; to bring* about; to occasion (*form.*).
occașióne *f.* ***1*** opportunity; chance: **approfittare dell'o.**, to take advantage of the opportunity; **cogliere** [**lasciarsi sfuggire**] **l'o.**, to seize [to miss] the opportunity; **aspettare l'o. giusta**, to wait for the right moment ***2*** (*circostanza*) occasion; circumstance: **in o. di**, on the occasion of; **a seconda delle occasioni**, depending on circumstances ***3*** (*buon affare*) bargain ***4*** (*causa, motivo*) occasion; cause • **all'o.** (*se necessario*), when necessary; should the need arise □ **d'o.**, (*vantaggioso*) bargain (*attr.*); (*usato*) second-hand: **com-**

prare q.c. d'o., to buy st. at bargain price; to buy st. second-hand □ **frasi d'o.**, stock phrases □ **parole d'o.**, conventional remarks □ **poesie d'o.**, occasional poems.
occhiàccio *m.* — **fare gli occhiacci a q.**, to frown at sb.; to glare at sb.; to look daggers at sb.
occhiàia *f.* ***1*** (*anat.*) eye socket ***2*** (*al pl.*) (*lividi sotto gli occhi*) shadows under (*o* round) the eyes.
occhialétto *m.* lorgnette.
occhiàli *m. pl.* glasses; spectacles; specs (*fam.*); (*protettivi*) goggles: **portare gli o.**, to wear glasses; **o. da sole**, sunglasses; **o. da miope** [**da presbite**], glasses for short-sightedness [for long-sightedness]; **o. da motociclista**, goggles; **o. da neve**, snow goggles; **o. da vista**, reading glasses.
occhialìno *m.* lorgnette.
occhialùto *a.* (*scherz.*) bespectacled; wearing spectacles (*pred.*).
occhiàta *f.* look; (*rapida*) glance: **dare un'o. a q.c.**, to have a look at st.; to take a glance at st.; **Fammi dare un'o. al giornale**, let me have a look at the paper; **lanciare un'o. a q.**, to cast a glance at sb.; to glance at sb.; **Diede un'o. intorno**, he glanced around; **o. d'intesa**, meaningful (*o* knowing) look; **o. scrutatrice**, searching look.
occhiatàccia *f.* withering look.
occhieggiàre ***A*** *v. t.* to eye; (*amorosamente, anche*) to make* eyes at, to ogle ***B*** *v. i.* to peep.
occhièllo *m.* ***1*** (*asola*) buttonhole; (*per laccio*) eyelet: **fare occhielli**, to sew buttonholes; to buttonhole ***2*** (*mecc., naut.*) eyelet; eye ***3*** (*di libro*) half-title; bastard title.
occhiétto *V.* **occhiolino**.
òcchio *m.* eye: **occhi a mandorla**, almond eyes; **occhi infossati**, sunken eyes; **occhi sporgenti**, bulging eyes; **dagli occhi azzurri**, with blue eyes; blue-eyed; **avere gli occhi storti**, to be cross-eyed; to have a squint; **abbassare** [**sollevare**] **gli occhi**, to lower [to raise] one's eyes; to look down [up]; **affaticarsi gli occhi**, to strain one's eyes; **distogliere gli occhi**, to look away; **guardare q. dritto negli occhi**, to look sb. straight in the eye; **guardarsi negli occhi**, to look into each other's eyes; **Ce l'ho ancora davanti agli occhi**, I can still see it • **O.!**, watch out! □ **O. al portafogli!**, watch your wallet! □ **o. clinico**, experienced eye □ **o. del ciclone**, eye of the storm □ (*archit., fotogr.*) **o. di bue**, bull's eye □ (*fig.*) **occhi di lince**, eagle eye (*sing.*) □ (*med.*) **o. di pernice** (*o* **pollino**), corn between two toes □ (*fotogr.*) **o. di pesce**, fisheye (lens) □ (*miner.*) **o. di tigre**, tiger's eye □ **o. nero**, black eye: **fare un o. nero a q.**, to give sb. a black eye □ **agli occhi del mondo**, in the eyes of the world □ **a o.**, roughly □ (*anche fig.*) **a occhi aperti**, with one's eyes open □ **a occhi chiusi**, with eyes closed; (*fig.*) with one's eyes shut, blindfold; (*ciecamente*) blindly: **fidarsi di q. a occhi chiusi**, to trust sb. blindly □ **a o. e croce**, at a rough guess □ **visibile a o. nudo**, visible to the naked eye □ **Lo si vede a o. nudo che è usato**, you can see at a glance it's been used □ **a perdita d'o.**, as far as the eye can [could] see □ **aprire gli occhi a q. su q.c.**, to open sb. eyes to st. □ **a quattr'occhi**, in private; privately; private (*agg.*) □ (*fig.*) **avere gli occhi**, to be able to see: **Dove hai gli occhi?**, can't you see? □ **avere gli occhi dappertutto**, to have eyes in the back of one's head □ **avere gli occhi foderati di prosciutto**, to be blind to the facts (*o* to the evidence) □ **avere gli occhi pesanti**, to be sleepy □ **avere l'o. fisso** (*o* **vitreo**), to have a glassy stare □ **avere o. per q.c.**, to have an eye for st. □ **avere occhi solo per q.**, to have eyes only for sb. □ **averne fin sopra gli occhi**, to be fed up with st. □ **a vista d'o.** (*velocemente*), before one's very eyes □ **battere gli occhi**, to blink □ **Mi cadde l'o. su un titolo**, my eye fell on a headline □ **cavare gli occhi a q.**, to gouge sb.'s eyes out; (*fig.*) to scratch sb.'s eyes out □ (*fig.*) **cavarsi gli occhi**, to ruin one's eyesight □ **cercare q. con gli occhi**, to look round for sb. □ **chiudere gli occhi** (*morire*), to die □ (*fig.*) **chiudere un o.**, (*fare un eccezione*) to stretch a point; (*far finta di non vedere*) to turn a blind eye (to st.) □ **Mi si chiudevano gli occhi**, I could hardly keep my eyes open □ **non chiudere o.**, not to sleep a wink □ **con gli occhi di fuori** (*per la sorpresa*), with one's eyes popping (out of one's head); pop-eyed (*attr.*) □ **costare un o. (della testa)**, to cost a fortune (*fam.* a packet) □ **dare nell'o.**, to attract attention; to be striking □ **non dare nell'o.**, to pass unobserved □ **dare un o. a q.c.**, (*guardare*) to have a look at st.; (*badare*) to keep an eye on st. □ **Darei un o. per...**, I'd give my right arm to... □ **fare l'o. a q.c.**, to get used to (the sight of) st. □ **fare gli occhi dolci a q.**, to make (sheep's) eyes at sb.; to give sb. the glad eye □ **Lei fece tanto d'o.**, her eyes popped; she stood there gaping □ **in un batter d'o.**, in the twinkling of an eye; in a split second □ **lontano dagli occhi di q.**, away from sb.'s gaze □ **mettere gli occhi addosso a q.**, to be out to get sb. □ **mettere gli occhi su q.c.**, to have got one's eye on st. □ (*scherz.*) **quattr'occhi**, four-eyes □ (*fam.*) **rifarsi gli occhi (con q.c.)**, to feast one's eyes (on st.) □ **saltare agli occhi**, (*attirare l'attenzione*) to catch (*o* to strike) the eye; (*essere evidente*) to be glaring, to stick out □ **saltare agli occhi di q.**, (*aggredire*) to jump at sb.; (*verbalmente*) to jump down sb.'s throat (*fam.*) □ **sotto gli occhi di q.**, under sb.'s nose □ **strizzare gli occhi**, to screw up one's eyes □ **strizzare l'o. a q.**, to wink at sb. □ **tenere d'o. q.** [**q.c.**], (*badare a*) to keep an eye on sb. [st.]; (*studiare*) to have one's eye on sb. [st.] □ (*fig.*) **tenere gli occhi aperti**, to keep one's eyes open (*o, fam.*, peeled, skinned); to keep a sharp lookout for st. □ (*fam.*) **Gli spinaci mi escono dagli occhi**, I've got spinach coming out of my ears □ **vedere q.c. di buon o.** [**di mal o.**], to look favourably [with disfavour] upon st. □ (*prov.*) **O. non vede, cuore non duole**, what the eye doesn't see, the heart doesn't grieve over □ (*prov.*) **O. per o., dente per dente**, an eye for an eye, a tooth for a tooth.
occhiolìno *m.* — **fare l'o. a q.**, to wink at sb.
occhiùto *a.* (*attento*) sharp-eyed; eagle-eyed; shrewd.
occidentàle ***A*** *a.* ***1*** (*dell'ovest, a ovest*) west (*attr.*); western; westerly: **vento o.**, west wind; **emisfero o.**, western hemisphere; **direzione o.**, westerly direction; **Europa o.**, Western Europe; **le Indie Occidentali**, the West Indies ***2*** (*dell'Occidente*) Western: **valori occidentali**, Western values; **vestire all'o.**, to wear western clothes ***B*** *m. e f.* Westerner.
occidentalizzàre ***A*** *v. t.* to westernize ***B*** **occidentalizzàrsi** *v. i. pron.* to become* westernized.
occidentalizzazióne *f.* westernization.
occidènte *m.* west: **l'O.**, the West; (*i paesi occidentali*) the Western countries. (*V. anche* **ovest.**).
occipitàle *a.* (*anat.*) occipital.
occipite *m.* (*anat.*) occiput*.
occlùdere *v. t.* to occlude; to obstruct.
occlusióne *f.* (*anche med., fon.*) occlusion.
occlusivo *a.* (*fon.*) occlusive.
occorrènte ***A*** *a.* necessary; required ***B*** *m.* what is necessary; everything necessary: **l'o. per un viaggio**, everything necessary for a journey; **l'o. per scrivere**, writing materials (*pl.*); **l'o. per vivere**, the necessities of life.
occorrènza *f.* ***1*** (*bisogno*) necessity; need: **all'o.**, in case of need; if need be; when required ***2*** (*ling., stat.*) occurrence.
occórrere *v. i.* ***1*** to be necessary; must (*al pres., costruz. pers.*); to need (*costruz. pers.*); to have (to) (*costruz. pers.*): **Occorre che venga anch'io?**, is it necessary for me to come too?; must I come too?; **Non occorre che tu venga**, you needn't come; there is no need for you to come; **Occorre farlo**, it has to be done; **Non occorreva**, there was no need for it; **Occorrono diversi milioni**, several million lire are needed; **Ti occorre altro?**, do you need anything else? ***2*** (*rif. al tempo*) to take*: **Per arrivarci occorrono due ore**, it takes two hours to get there ***3*** (*accadere*) to happen; to occur.
occultaménto *m.* concealment.
occultàre ***A*** *v. t.* ***1*** (*nascondere*) to conceal; to hide* ***2*** (*astron.*) to occult ***B*** **occultàrsi** *v. rifl.* ***1*** to conceal oneself; to hide* ***2*** (*astron.*) to occult.
occultazióne *f.* (*astron.*) occultation.
occultìsmo *m.* occultism.
occultìsta *m. e f.* occultist.
occùlto ***A*** *a.* ***1*** (*nascosto*) concealed, hidden; (*segreto*) secret ***2*** (*magico*) occult: **le scienze occulte**, the occult sciences • (*leg.*) **socio o.**, sleeping partner ***B*** *m.* occult.
occupànte ***A*** *a.* occupying ***B*** *m. e f.* occupant; occupier • **o. abusivo** (*di edificio*), squatter.
occupàre ***A*** *v. t.* ***1*** (*prendere possesso*) to occupy: **o. il territorio del nemico**, to occupy the enemy's territory; **o. abusivamente una vecchia casa**, to squat in a old house ***2*** (*riempire uno spazio*) to occupy; to take* up; to fill: **Il camion**

occupava tutta la corsia, the lorry occupied the whole lane ***3*** (*un posto, una carica*) to occupy; to hold*; to fill; **o. una posizione importante**, to occupy (*o* to hold) an important position; **Che posto occupa nella ditta?**, what's his position in the firm?; **o. un posto vacante**, to fill a vacancy ***4*** (*rif. al tempo*) to occupy; (*trascorrere, anche*) to spend* ***5*** (*impegnare, assorbire*) to occupy; to take* up ***6*** (*dare lavoro a*) to employ ***B*** **occupàrsi** *v. i. pron.* ***1*** (*come attività di lavoro*) to work (in *o* with); to look* after; to be involved (in): **o. di computer** [**di moda**], to work with computers [in fashion]; **o. del lato vendite**, to look after sales; to be in charge of sales; **Di che cosa ti occupi?**, what do you do?; what's your line? ***2*** (*interessarsi*) to be interested (in); (*prendendo parte attiva*) to be involved (in), to be active (in): **o. di politica**, to be interested in politics; to be involved in politics ***3*** (*prendersi cura di*) to look after, to work (with); (*provvedere a*) to see* (to), to take* care (of): **o. dei bambini**, to look after the children; **o. di immigrati**, to work with immigrants; **Io mi occuperò del vino**, I'll see to the wine; **Me ne occuperò io**, I'll see to it; I'll take care of it; **Occupati dei fatti tuoi!**, mind your own business!

occupàto *a.* ***1*** occupied; (*in uso*) occupied, taken: (*telef.*) engaged (*GB*), busy (*USA*): **paese o.**, occupied country; **fabbrica occupata**, occupied factory; **Questo posto è o.**, this seat is taken (*o* occupied); **La linea è occupata**, the line is engaged (*o* busy) ***2*** (*affaccendato, impegnato*) occupied; busy; **tenere o. q.**, to keep sb. occupied; **Sono o. in cucina**, I'm busy in the kitchen; **Mi spiace, lunedì sono già o.**, I'm sorry, I already have an engagement on Monday.

occupazionàle *a.* employment (*attr.*).

occupazióne *f.* ***1*** occupation; (*leg.*) occupancy: **l'o. di una fabbrica**, the occupation of a factory; **esercito d'o.**, army of occupation: **o. abusiva** (*di casa*), squatting; (*leg.*) **o. di suolo pubblico**, occupancy of a public area ***2*** (*attività*) occupation, activity; (*impiego*) employment; (*lavoro*) job: **o. giovanile**, youth employment.

oceànico *a.* ***1*** oceanic; ocean (*attr.*) ***2*** (*naut.*) ocean-going ***3*** (*immenso*) huge; immense.

ocèano *m.* ocean.

oceanografia *f.* oceanography.

oceanogràfico *a.* oceanographic(al).

oceanògrafo *m.* (*f.* **-a**) oceanographer.

ocèllo *m.* (*zool.*) ocellus*.

ocelòt *m. invar.* ocelot.

òcra *f.* (*miner., colore*) ochre.

oculàre ***A*** *a.* ocular; eye (*attr.*): **bulbo o.**, eyeball; **prova o.**, ocular proof; **testimone o.**, eye witness ***B*** *m.* (*fis.*) eyepiece.

oculatézza *f.* (*avvedutezza*) shrewdness; (*cautela*) caution; (*circospezione*) circumspection, wariness.

oculàto *a.* (*avveduto*) shrewd, sharp-witted, keen-witted; (*cauto*) cautious; (*circospetto*) circumspect, wary.

oculìsta *m. e f.* (*med.*) eye specialist; oculist; ophthalmologist.

oculìstica *f.* (*med.*) ophthalmology.

oculìstico *a.* (*med.*) ophtalmologic(al); (*di oculista*) eye specialist's.

od *V.* **o** (1).

odalisca *f.* odalisque, odalisk.

oddio *inter.* ***1*** (*di sorpresa*) oh, my God! ***2*** (*di dubbio*) well.

òde *f.* (*poesia*) ode.

odiàre ***A*** *v. t.* to hate; to loathe • **o. a morte q.**, to have a deep hatred for sb. ***B*** **odiàrsi** *v. rifl. recipr.* to hate each other (*o* one another).

odiàto *a.* hated; loathed.

odièrno *a.* ***1*** (*di oggi*) of today; today's (*attr.*): **la seduta odierna**, today's meeting; **in data odierna**, today ***2*** (*attuale*) present; present-day; today's ***3*** (*moderno*) modern.

òdio *m.* ***1*** hatred Ⓤ; hate: **o. di classe**, class hatred; **odii razziali**, racial hatred ***2*** (*avversione, ripugnanza*) loathing; strong aversion • **attirarsi l'o. di q.**, to make oneself hated by sb. □ **avere in o.**, to hate; to loathe □ **prendere in o. q.c.**, to take a strong dislike to sb. □ **venire in o.**, to become hateful □ **Mi è venuto in o.**, I've come to hate it.

odiosità *f.* hatefulness; odiousness; loathsomeness.

odióso *a.* hateful; odious; loathsome; detestable; beastly (*fam.*).

odissea *f.* odyssey.

odontoiàtra *m. e f.* (*med.*) dental surgeon; dentist.

odontoiatrìa *f.* (*med.*) odontology; dentistry.

odontoiàtrico *a.* (*med.*) dental; (*di dentista*) dentist's.

odontotècnica *f.* dental technology.

odontotècnico *m.* (*f.* **-a**) dental technician.

odoràre *v. t. e i.* to smell*: **È buono! Odoralo!**, it's good; smell it!; **o. di mandorle**, to smell of almonds; **o. di buono** [**di muffa**], to smell good [mouldy].

odoràto *m.* (sense of) smell: **avere l'o. fine**, to have a keen sense of smell.

odóre *m.* ***1*** smell; odour, odor (*USA*): **buon o.**, good (*o* pleasant) smell; scent; **cattivo o.**, bad smell; (*puzzo*) stench; **C'è o. di cipolla**, there's a smell of onion; **sentire l'o. di q.c.**, to smell st.; **sentire o. di bruciato**, to smell st. burning; **sentire o. di gas**, to smell gas; **Non sento nessun o.**, I can't smell anything; **mandare o.**, to smell; **mandare buon o.**, to smell good (*o* nice); **mandare cattivo o.**, to smell bad; to be smelly (*fam.*); **senza o.**, without odour; odourless; scentless ***2*** (*al pl.*) (*cucina*) herbs • **in o. di eresia**, smacking of heresy □ **morire in o. di santità**, to die in the odour of sanctity.

odoróso *a.* sweet-smelling; fragrant.

off (*ingl.*) *a. invar.* (*alternativo*) alternative; (*sperimentale*) experimental: **teatro off**, experimental theatre.

offèndere ***A*** *v. t.* ***1*** to offend; (*ferire*) to hurt* sb.'s feelings, to upset*; (*insultare*) to insult: **Non volevo offenderlo**, I didn't mean to offend him (*o* to hurt his feelings); **o. la vista**, to offend the eye; **o. l'intelligenza di q.**, to insult sb.'s intelligence ***2*** (*danneggiare*) to damage; to harm ***3*** (*violare*) to break*: **o. la legge**, to break the law ***B*** **offèndersi** *v. i. pron.* to take* offence (at); to be offended (at, by): **o. per un nonnulla**, to be quick to take offence; **Non ti sei mica offeso?**, you are not offended, are you? ***C*** *v. rifl. recipr.* to insult each other (*o* one another).

offensiva *f.* (*mil. e fig.*) offensive: **sferrare l'o.**, to launch the offensive; **passare all'o.**, to take (*o* to go on) the offensive • **o. di pace**, peace drive.

offensivo *a.* ***1*** (*mil.*) offensive ***2*** (*ingiurioso*) offensive; insulting: **parole offensive**, offensive words; abuse Ⓤ.

offerènte *m. e f.* ***1*** offerer ***2*** (*comm., in una gara di appalto*) tenderer, bidder; (*a un'asta*) bidder: **il miglior o.**, the highest bidder.

offèrta *f.* ***1*** offer; offering: **o. d'aiuto**, offer of help (*o* to help); **offerte di lavoro**, job offers; **o. di pace**, peace offering; **fare un'o.**, to make an offer ***2*** (*donazione*) offering; donation; (*in chiesa*) collection ***3*** (*comm.*) offer; price; (*per appalto*) tender, bid; (*all'asta*) bid: **o. risparmio**, saving offer; **o. speciale**, special offer; **prima o.** (*in un'asta*), reserve price (*GB*); upset price (*USA*) ***4*** (*fin.*) bid: **o. pubblica di acquisto**, acquisition offer; takeover bid ***5*** (*econ.*) supply: **la legge della domanda e dell'o.**, the law of supply and demand.

offertòrio *m.* (*eccles.*) Offertory.

offésa *f.* ***1*** offence, offense (*USA*); (*torto*) wrong; (*insulto*) insult: **recare o. a q.**, to give offence to sb.; **patire un'o.**, to suffer a wrong; **ingoiare un'o.**, to swallow an insult; **(Sia) detto senza o.**, no offence meant ***2*** (*danno*) damage; harm • **o. al pudore**, offence against decency; (*leg.*) indecent behaviour □ **armi di o.**, offensive weapons.

offéso ***A*** *a.* ***1*** offended; hurt; angry: **È o. con me**, he is angry with me ***2*** (*danneggiato*) damaged; (*ferito*) injured; (*da un'arma*) wounded • (*leg.*) **la parte offesa**, the plaintiff ***B*** *m.* (*f.* **-a**) offended person • **fare l'o.**, to get into a huff; to be in a huff.

office (*ingl.*) *m. invar.* pantry.

officiànte (*eccles.*) ***A*** *a.* officiating ***B*** *m. e f.* officiant.

officiàre *v. i.* (*eccles.*) to officiate.

officina *f.* (*mecc.*) shop; workshop: **o. di montaggio**, assembly shop; **o. di riparazione**, repair shop; (*autom.*) garage; **o. meccanica**, machine shop • **o. di fabbro**, smithery; smithy □ **capo o.**, shop foreman.

officinàle *a.* (*bot., farm.*) officinal.

offrìre ***A*** *v. t.* ***1*** to offer; to give*; to tender (*form.*): **o. un aiuto**, to offer help; **o. vantaggi**, to offer advantages; **Questo mi offre l'occasione di...**, this gives me the opportunity to...; **o. delle scuse**, to proffer one's apologies; **o. un sacrificio**, to offer up a sacrifice; **Posso offrirle qualcosa da bere?**, will you have a drink?; (*in un bar, ecc.*) may I buy you a drink?; may I offer you a drink? (*form.*); **o. poco interesse**, to offer little interest ***2*** (*comm.*) to offer; to tender; (*all'asta*) to bid* **3** (*invitare*) to invite **B offrirsi** *v. rifl.* **1** to offer; to volunteer: **Si offrì di aiutarmi**, he offered to help me; **o. come ostaggio**, to volunteer as a hostage; **o. volontario**, to volunteer **2** (*presentarsi*) to offer; to arise*; to present oneself: **la prima occasione che si offre**, the first opportunity that arises; **Mi si è offerta la possibilità di...**, I've been given the chance to...; **Il lago si offrì alla nostra vista**, the lake stretched before us.

off-shore (*ingl.*) (*naut.*) **A** *a.* powerboat (*attr.*) **B** *m.* powerboat racing.

offuscaménto *m.* darkening; clouding; dimming; blurring: **o. della ragione**, clouding of reason; **o. della vista**, dimming (*o* blurring) of sight.

offuscàre A *v. t.* **1** to darken **2** (*fig.*: *appannare*) to obscure; (*annebbiare*) to cloud, (*della vista*) to dim, to blur **B offuscàrsi** *v. i. pron.* **1** to darken; to grow* (*o* to become*, to get*) dark **2** (*fig.*: *appannarsi*) to become* (*o* to be) obscured; (*annebbiarsi*) to cloud over, (*della vista*) to dim, to grow* (*o* to become*, to get*) dim.

offuscàto *a.* **1** darkened **2** (*annebbiato*) clouded; (*della vista*) dimmed, dim, blurred: **occhi offuscati di pianto**, eyes dim with tears.

oftàlmico *a.* (*med.*) ophthalmic.

oftalmologìa *f.* (*med.*) ophthalmology.

oftalmòlogo *m.* (*f.* **-a**) (*med.*) ophthalmologist.

oftalmoscòpio *m.* (*med.*) ophthalmoscope.

oggettìstica *f.* gifts and fancy goods (*pl.*).

oggettivaménte *avv.* objectively; from an objective point of view

oggettività *f.* objectivity; objectiveness.

oggettìvo *a.* **1** objective: **dati oggettivi**, objective data **2** (*gramm.*) objective; object (*attr.*): **proposizione oggettiva**, object clause.

oggètto *m.* **1** (*filos.*) object **2** (*cosa*) object; thing; article; (*manufatto*) artefact: **oggetti preziosi**, precious objects; (*valori*) valuables; **o. inutile**, useless thing; **oggetti di artigianato**, handcrafted objects; artefacts **3** (*argomento*) subject; theme; subject-matter **4** (*motivo*) object; subject; (*vittima*) victim: **essere o. di pietà**, to be an object of pity; **o. di scherno**, object of scorn; laughing stock; **essere fatto o. di p.**, to be the victim of a persecution **5** (*scopo*) object; purpose **6** (*gramm.*) object • (*bur.*) **O.**: **domanda di trasferimento**, Re: Application for Transfer □ **in o.**, under discussion; in hand □ **ufficio oggetti smarriti**, lost property office.

òggi *avv. e m.* **1** today: **O. è domenica**, today is Sunday; **o. pomeriggio**, in the afternoon; **da o. in poi**, from today onwards; **il giornale di o.**, today's paper; **O. è un anno che è partito**, it's a year today since he left **2** (*attualmente*) today, nowadays; (*adesso*) now: **gli scrittori d'o.**, the writers of today • **o. a otto**, today week; a week today □ **o. a quindici**, a fortnight today □ **o. come o.**, at present; right now □ **al giorno d'o.**, nowadays; at present □ **a tutt'o.**, till today; up to now □ **tra o. e domani**, between today and tomorrow; overnight □ **dall'o. al domani** (*improvvisamente*), overnight □ **rimandare dall'o. al domani**, to put things off from day to day.

oggidì, oggigiórno *avv.* nowadays; these days; today.

ogìva *f.* **1** (*archit.*) ogive; pointed arch **2** (*mil.*) ogive; nose.

ogivàle *a.* (*archit.*) ogival; pointed.

ógni *a. indef.* **1** every; each; (*tutti, tutte*) all: **o. giorno** [**settimana**], every day [week]; **O. ragazzo ricevette un libro**, each boy was given a book; **o. sorta di doni**, all sorts of presents; **o. cosa**, everything; **o. altra persona**, everybody else; **o. tanto**, every now and then (*o* and again); **o. volta**, every (*o* each) time; **o. volta che**, whenever; every time; **in o. luogo**, everywhere **2** (*distributivo*) every: **o. due** [**tre, ecc.**] **giorni**, every two [three, etc.] days; every second [third, etc.] day **3** (*qualsiasi*) any: **ad o. costo**, at any cost; at all costs; **in o. caso**, in any case.

ogniqualvòlta *cong.* whenever; every time (that).

Ognissànti *m.* (*eccles.*) All Saints' Day.

ognùno *pron. indef.* **1** everybody; everyone; each (one); (*tutti, tutte*) all **2** (*seguito dal partitivo*) each (one); every one; (*tutti, tutte*) all: **O. di noi ha due biglietti**, each of us has two tickets; **O. di loro se n'era andato**, every one of them had left; **in o. dei sacchi**, in each bag; in each of the bags.

oh *inter.* oh!

ohé *inter.* ho!; hey!

òhi *inter.* oh!; ah!; (*di richiamo*) hey!; (*di dolore*) ouch!

ohibò *inter.* **1** (*di indignazione*) tut tut!; pshaw! **2** (*di sorpresa*) now then!

ohimè *inter.* oh dear!; alas! (*lett.*).

OK, okay (*ingl.*) **A** *inter.* okay; OK **B** *m.* OK; go-ahead: **dare l'OK a q.** [**q.c.**], to give sb. [st.] the go-ahead.

olà *inter.* hallo (there)!; hi!(*USA*).

olànda *f.* (*tela*) Holland cloth; holland.

olandése A *a.* Dutch **B** *m.* **1** Dutchman*; Hollander: **gli olandesi**, the Dutch **2** (*lingua*) Dutch **3** (*formaggio*) Edam; Gouda **C** *f.* Dutch woman*.

oleàndro *m.* (*bot.*) oleander.

oleàrio *a.* oil (*attr.*).

oleàstro *m.* (*bot.*) oleaster; wild olive.

oleàto *a.* oiled • **carta oleata**, greaseproof paper.

olèico *a.* (*chim.*) oleic.

oleifìcio *m.* (*ind.*) oil mill.

oleodótto *m.* (*ind.*) oil pipeline.

oleografìa *f.* **1** (*tecnica*) oleograph **2** (*spreg.*) unoriginal (*o* derivative) painting.

oleogràfico *a.* **1** oleographic **2** (*spreg.*) unoriginal; derivative.

oleosità *f.* oiliness.

oleóso *a.* **1** oily; oil (*attr.*): **sostanza oleosa**, oily substance; **semi oleosi**, oil seeds **2** (*che sembra olio*) oil-like.

olezzànte *a.* (*lett.*) sweet-smelling; fragrant; balmy.

olezzàre *v. i.* (*lett.*) to be fragrant (*o* balmy); to smell* sweet.

olezzo *m.* **1** (*lett.*) sweet smell; fragrance **2** (*iron.*) bad smell; stink.

olfattìvo *a.* olfactory.

olfàtto *m.* sense of smell.

oliàre *v. t.* to oil.

oliatóre *m.* **1** (*recipiente*) oilcan **2** (*mecc.*) oil-feeder.

olièra *f.* oil cruet • **o. e acetiera**, oil and vinegar cruet.

oligàrca *m.* oligarch.

oligarchìa *f.* oligarchy.

oligàrchico *a.* oligarchic(al).

oligofrènico *a.* (*med.*) oligophrenic.

oligomineràle *a.* low in mineral content.

oligopòlio *m.* (*econ.*) oligopoly.

olimpiade *f.* **1** (*stor.*: *i giochi*) Olympic (*o* Olympian) games (*pl.*); (*periodo*) Olympiad **2** (*al pl.*) (*sport*) Olympic Games; Olympics.

olìmpico *a.* **1** (*delle Olimpiadi*) Olympic **2** (*dell'Olimpo e fig.*) Olympian.

olimpiònico A *a.* Olympic **B** *m.* (*f.* **-a**) **1** (*campione*) Olympic champion **2** (*atleta*) Olympic athlete; Olympian (*USA*).

olìmpo *m.* (*fig.*) élite; exclusive circle.

òlio *m.* oil: **o. combustibile**, fuel oil; **o. da cucina**, cooking oil; **o. da tavola**, salad oil; **o. di arachide**, peanut oil; **o. di fegato di merluzzo**, cod-liver oil; **o. di lino**, linseed oil; **o. d'oliva**, olive oil; **o. di ricino**, castor oil; **o. di semi**, seed oil; **o. minerale**, mineral oil • **o. di gomito**, elbow grease □ (*eccles.*) **o. santo**, holy oil □ **colori a o.**, oil paints; oils □ **dipingere a o.**, to paint in oils □ (*fig.*) **gettare o. sulle fiamme**, to add fuel to the flames □ **È andato tutto liscio come l'o.**, it all went very smoothly □ **quadro a o.**, oil painting □ (*cucina*) **sott'o.**, in oil □ **Oggi il mare è un o.**, today the sea is like a millpond.

olìsmo *m.* (*biol.*) holism.

olìstico *a.* (*biol.*) holistic.

olìva *f.* olive: **olive snocciolate**, stoned olives; **olio d'o.**, olive oil • **verde o.**, olive-green.

olivàstro (**1**) *a.* olive-coloured; olive (*attr.*): **carnagione olivastra**, olive complexion.

olivàstro (**2**) *m.* (*bot.*) oleaster; wild olive.

olivéto *m.* olive grove.

olivicoltóre *m.* (*f.* **-trice**) olive grower.

olivicoltùra *f.* olive-growing.

olivìna *f.* (*miner.*) olivin(e).

olìvo *m.* (*bot.*) olive (tree).

òlla *f.* (*archeol.*) vase; jar.

ólmo *m.* **1** (*bot.*) elm **2** (*legno*) elm(-wood).

olocàusto *m.* holocaust; (*sacrificio*) sacrifice • **offrire in o.**, to sacrifice; to immolate.

olocène *m.* (*geol.*) Holocene.

olocènico *a.* (*geol.*) Holocene.
olografìa *f.* (*fotogr.*) holography.
ològrafo *a. e m.* (*leg.*) holograph.
ologràmma *m.* (*fis.*) hologram.
olóna *f.* (*tela*) sailcloth; canvas; duck.
olotùria *f.* (*zool.*) holothurian; sea cucumber.
oltraggiàre *v. t.* (*offendere*) to offend; (*insultare*) to insult; (*profanare*) to violate, to desecrate. ATTENZIONE: **oltraggiare** ≠ to outrage.
oltràggio *m.* (*offesa*) offence; (*insulto*) insult; (*affronto*) affront: **recare o. a q.**, to offend sb.; **subire un o.**, to suffer an affront; **o. alla miseria**, insult to poverty • (*leg.*) **o. alla corte**, contempt of court □ (*leg.*) **o. a pubblico ufficiale**, insulting a public officer. ATTENZIONE: **oltraggio** ≠ outrage.
oltraggióso *a.* (*offensivo*) offensive; (*insultante*) insulting, opprobrious. ATTENZIONE: **oltraggioso** ≠ outrageous.
oltràlpe *avv.* on the other side of the Alps; north [west, east] of the Alps; (*all'estero*) abroad • **d'o.**, from the other side of the Alps; transalpine (*agg.*); (*straniero*) foreign.
oltrànza *f.* — **a o.**, to the utmost; to the bitter end; all-out (*agg.*): **combattere a o.**, to fight to the bitter end; **guerra ad o.**, all-out war; **sciopero a o.**, extended (*o* all-out) strike.
oltranzìşmo *m.* (*polit.*) extremism.
oltranzìsta *m. e f.* (*polit.*) extremist.
óltre ***A*** *avv.* ***1*** (*di luogo*) farther; further; past: **Non voglio andare o.**, I don't want to go any further; **Non lessi o.**, I read no further; **passare o.**, to go past; to go by; (*anche fig.*) **andare troppo o.**, to go too far ***2*** (*di tempo*) longer; more; later: **non trattenersi o.**, not to stay any longer; **vent'anni e o.**, twenty years and more; **entro maggio e non o.**, by the end of May and no later; **più o.**, later on ***B*** *prep.* ***1*** (*di luogo*) beyond; over; (*dopo*) past, after: **o. il mare [i monti]**, beyond the sea [the mountains]; **Saltai o. il fosso**, I jumped over the ditch; **La casa è o. il ponte**, the house is past (*o* after) the bridge ***2*** (*più di*) more than; over; above: **da o. due anni**, for over two years; **ben o. i sessant'anni**, well over sixty ***3*** (*di tempo*) after; later than: **o. le dieci**, after ten o'clock ***4*** (*in aggiunta, anche* **o. che, o. a**) besides; in addition to; (*come pure*) as well as: **molti altri o. me**, many others besides me; **o. il suo stipendio**, in addition to his salary; **O. che attore è pittore**, he is a painter as well as an actor • **o. confine**, across the border; (*all'estero*) abroad □ **o. misura**, beyond measure □ **o. ogni dire**, beyond description □ **o. tutto**, besides; apart from everything else □ **andare o. ogni speranza**, to exceed all expectations.
oltremànica *avv. e a.* (*geogr.*) across the (English) Channel • **andare o.**, to cross the Channel □ **i. paesi d'o.**, the British Isles.
oltremàre ***A*** *avv.* across (*o* beyond) the sea; overseas ***B*** *m.* ***1*** — **paesi d'o.**, overseas countries ***2*** (*colore*) ultramarine (blue).
oltremişùra *avv.* beyond measure; exceedingly.
oltremòdo *avv.* extremely.
oltremondàno *a.* ultramundane; beyond this world.
oltreocèano ***A*** *avv.* across the oceans; overseas; in [North, South] America: **emigrare o.**, to migrate to America ***B*** *m.* — **d'o.**, from the other side of the Atlantic; from America; American □ **paesi d'o.**, overseas countries; the Americas.
oltrepassàre *v. t.* to go* beyond; (*eccedere*) to exceed; (*varcare*) to cross; (*superare*) to pass, to overtake*: **o. il limite di velocità**, to exceed the speed limit; **o. tutti i limiti**, to exceed all limits; to go too far; **o. la soglia**, to cross the threshold (*o* door); **o. un'altra automobile**, to overtake another car.
oltretómba *m.* hereafter; life to come; afterlife • **voce d'o.**, gloomy voice; sepulchral tones.
omaccióne *m.* big, hefty man*; hulk; bruiser (*fam.*).
omàggio ***A*** *m.* ***1*** homage: **rendere o. a**, to pay homage to ***2*** (*al pl.*) compliments; regards: **con gli omaggi dell'autore**, with the author's compliments; **Omaggi a sua moglie**, regards to your wife ***3*** (*offerta, dono*) gift; (*comm.*) free sample, giveaway • (*scherz.*) **O. della ditta**, it's on the house □ **fare o. di q.c. a q.**, to present sb. with st. □ **in o.**, free; complimentary: **un CD in o. insieme alla rivista**, a free CD with the magazine; **sei copie in o.**, six complimentary copies □ **in o. alla legge**, in observance of the law □ **in o. alla tradizione**, following tradition ***B*** *a. invar.* gift (*attr.*); complimentary; free: **biglietto o.**, complimentary ticket; **campione o.**, free sample.

ombelicàle *a.* (*anat.*) umbilical.
ombelico *m.* (*anat.*) navel; umbilicus*; belly button (*fam.*).
ómbra ***A*** *f.* ***1*** (*zona d'o.*) shade; (*oscurità*) shadow, shadows (*pl.*); (*sagoma proiettata*) shadow: **seduto all'o.**, sitting in the shade; **40° all'o.**, 40° in the shade; **I pioppi fanno poca o.**, poplars give little shade; **all'o. di una quercia**, in the shade of an oak; **proiettare la propria o. su q.c.**, to cast one's shadow on st.; **Nel pomeriggio le ombre si allungano**, shadows lengthen in the afternoon; **mettersi all'o.**, to move into the shade; **le ombre della sera**, the shades of evening; **La valle era in o.**, the valley was in shadow; **nascondersi nell'o.**, to hide in the shadows ***2*** (*al pl.*) (*pitt.*) shade ⓤ: **luci e ombre**, light and shade ***3*** (*traccia, parvenza*) shade; shadow; trace; touch; hint: **senza o. di dubbio**, without a shadow of doubt; **senza o. di ironia**, without a trace (*o* hint) of irony; **un'o. di tristezza**, a touch of sadness ***4*** (*spettro*) shade; ghost ***5*** (*alone di macchia*) trace; slight stain • **ombre cinesi**, shadow theatre; shadow play □ **un'o. di latte**, a dash of milk □ (*fig.*) **all'o. di q.**, in sb.'s shadow □ **aver paura della propria o.**, to be afraid of one's own shadow □ (*astron.*) **cono d'o.**, umbra □ **correre dietro alle ombre**, to catch at shadows □ **dare corpo alle ombre**, to give substance to shadows; to imagine things □ **essere diventato l'o. di se stesso**, to be a shadow of one's former self □ (*fig.*) **essere l'o. di q.**, to be sb.'s shadow □ **fare o. a q.**, to stand in sb.'s light □ **fare o. a q.c.**, to cast one's shadow on st. □ **farsi o. con q.c.**, to protect oneself from the sun with st. □ (*fig.*) **gettare un'o. su q.c.**, to cast a shadow on (*o* over) st. □ (*fig.*) **mettere in o.**, to put in the shade □ (*fig.*) **nell'o.**, secretly □ **non avere l'o. di un quattrino**, not to have a penny □ (*fig.*) **restare nell'o.**, to keep in the background; to remain unknown □ **ridursi a un'o.**, to wear oneself away to a shadow □ **amicizia senza ombra**, perfect friendship □ (*fig.*) **tenersi nell'o.**, to keep in the background (*o* out of the limelight) □ (*tel.*) **zona d'o.**, blind area ***B*** *a. invar.* — (*polit.*) **governo o.**, shadow cabinet □ (*naut.*) **bandiera o.**, flag of convenience.
ombreggiàre *v. t.* ***1*** to shade ***2*** (*disegno*) to shade; (*tratteggiare*) to hatch.
ombreggiàto *a.* ***1*** shaded; shady ***2*** (*di disegno*) shaded.
ombreggiatùra *f.* (*disegno*) shading; (*tratteggio*) hatching.
ombrellàio *m.* ***1*** (*fabbricante*) umbrella maker ***2*** (*aggiustatore*) umbrella mender ***3*** (*venditore*) umbrella seller.
ombrellìfera *f.* (*bot.*) umbellifer.
ombrellificio *m.* umbrella factory.
ombrellino *m.* parasol; sunshade.
ombrèllo *m.* (*anche fig.*) umbrella: **o. pieghevole**, telescopic umbrella.
ombrellóne *m.* beach umbrella.
ombrétto *m.* eye shadow.
ombrìna *f.* (*zool.*) umbrine; umbra.
ombrinàle *m.* (*naut.*) scupper.
ombrosità *f.* ***1*** shadiness; shadowiness ***2*** (*di cavallo*) skittishness ***3*** (*suscettibilità*) touchiness.
ombróso *a.* ***1*** (*che fa ombra*) shady; (*pieno d'ombra*) shadowy ***2*** (*di cavallo*) skittish ***3*** (*suscettibile*) touchy.
omèga *m.* omega.
omelette (*franc.*) *f.* (*cucina*) omelette; omelet (*USA*).
omelìa *f.* (*eccles.*) homily; sermon.
oménto *m.* (*anat.*) omentum*; caul.
omeòpata *m. e f.* (*med.*) homeopath.
omeopatìa *f.* (*med.*) homeopathy.
omeopàtico (*med.*) ***A*** *a.* homeopathic ***B*** *m.* (*f.* **-a**) homeopath.
omèrico *a.* Homeric.
òmero *m.* (*anat.*) humerus*.
omertà *f.* conspiracy of silence; (*della malavita*) omertà.
ométtere *v. t.* to omit; to leave* out; (*saltare*) to skip: **o. di fare q.c.**, to omit to do st.
omicìda ***A*** *a.* ***1*** (*da omicida*) homicidal; murderous: **furia o.**, homicidal rage; **occhiata o.**, murderous look; **tendenze omicide**, homicidal tendencies ***2*** (*di omidica*) murderer's ***B*** *m. e f.* murderer; murderess (*f.*); homicide.
omicìdio *m.* murder; homicide: **commettere un o.**, to murder somebody; to commit murder; **essere accusato di o.**, to be charged with murder; **o. premeditato**, murder (with malice aforethought); murder in the first degree (*USA*); **o. colposo** (*o* **preterintenzionale**), manslaughter; murder in the second degree (*USA*); **tentato o.**, attempted murder.

omilètica *f.* homiletics (*pl. col verbo al sing.*).
omìnide *m.* (*antropol.*) hominid.
omissióne *f.* *1* omission; leaving out: (*comm.*) **salvo errori e omissioni**, errors and omissions excepted; (*relig.*) **peccati di o.**, sins of omission *2* (*leg.*) failure; negligence: **o. di soccorso**, failure to assist; **o. di atti d'ufficio**, failure to carry out one's duties.
omissis (*lat.*) *m. invar.* (deliberate) omission.
omofonìa *f.* (*mus., ling.*) homophony.
omòfono *A a.* (*mus., ling.*) homophonous; homophonic *B m.* (*ling.*) homophone.
omogeneità *f.* homogeneity; homogeneousness.
omogeneizzàre *v. t.* to homogenize.
omogeneizzàto *A a.* homogenized *B m.* homogenized food; baby food.
omogeneizzazióne *f.* homogenization.
omogèneo *a.* (*anche mat.*) homogeneous.
omògrafo (*ling.*) *A a.* homographic *B m.* homograph.
omologàre *v. t.* *1* (*leg.*) to validate; (*un oggetto, un veicolo*) to approve; (*un testamento*) to prove; (*ratificare*) to ratify: **o. un prototipo**, to approve a prototype; to grant probate; **una macchina omologata per 5 persone**, a car designed to carry 5 people *2* (*sport*) to recognize officially *3* (*standardizzare*) to standardize.
omologazióne *f.* *1* (*leg.*) validation; (*di testamento*) probate; (*di oggetto, veicolo*) approval; (*ratificazione*) ratification *2* (*sport*) official recognition *3* (*standardizzazione*) standardization.
omologìa *f.* (*anche mat.*) homology.
omòlogo *A a.* *1* (*mat., biol.*) homologous *2* (*corrispondente*) corresponding *B m.* (*f.* **-a**) counterpart; opposite number.
omonimìa *f.* *1* (the fact of) having the same name: **La nostra o. ci crea problemi**, having the same name creates problems *2* (*ling.*) homonymy.
omònimo *A a.* *1* having (*o* with) the same name; (*con lo stesso titolo*) of the same title *2* (*ling.*) homonymous *B m.* *1* (*f.* **-a**) namesake *2* (*ling.*) homonym.
omosessuàle *a., m. e f.* homosexual; gay.
omosessualità *f.* homosexuality.
omozigòte (*biol.*) *A m.* homozygote *B a.* homozygous.
ònagro, ònagro *m.* (*zool.*) onager; wild ass.
onanìsmo *m.* onanism.
onanista *m. e f.* onanist.
óncia *f.* *1* (*misura di peso*) ounce (*abbr.* oz.) *2* (*fig.*) ounce; bit.
oncologìa *f.* (*med.*) oncology.
oncològico *a.* (*med.*) oncologic(al).
oncòlogo *m.* (*f.* **-a**) (*med.*) oncologist.
ónda *f.* (*anche fis. e fig.*) wave: **in balìa delle onde**, tossed by the waves; (*fis.*) **onde medie [corte, lunghe]**, medium [short, long] waves; (*fis.*) **o. sonora**, sound-wave; **disegno a onde**, wave pattern; **capelli a onde**, wavy hair; (*fis.*) **lunghezza d'o.**, wave-length • **o. di maremoto**, tsunami; tidal wave □ **o. d'urto**, shock wave □ (*fig.*) **o. lunga**, long-lasting effect □ **andare in o.**, to be broadcast; to go on the air □ **essere [non essere] in o.**, to be on [off] the air □ **mettere in o.**, to broadcast □ (*fig.*) **seguire l'o.**, to follow the crowd (*o* the trend).
ondàta *f.* *1* (*grossa onda*) big wave; billow; (*frangente*) breaker *2* (*fig.*) wave; surge: **o. di caldo**, heat wave; **o. d'entusiasmo**, wave of enthusiasm; **o. di interesse**, surge of interest; **a ondate**, in waves.
ónde *cong.* *1* (*affinché*) in order that; so that *2* (*per*) in order to; so as to.
ondeggiaménto *m.* *1* (*di barca e sim.*) rocking; rolling *2* (*di messi, piante, ecc.*) waving; (*di bandiera, ecc.*) fluttering; (*di fiamma*) flickering; (*di folla*) swaying *3* (*esitazione*) wavering; hesitation.
ondeggiàre *v. i.* *1* (*di barca e sim.*) to rock; to roll *2* (*fluttuare, oscillare*) to wave, to sway; (*di bandiera, ecc.*) to flutter; (*di fiamma*) to flicker *3* (*esitare*) to waver; to hesitate.
ondina *f.* *1* (*mitol.*) undine *2* (*fig.*) good swimmer.
ondosità *f.* waviness; undulation.
ondóso *a.* *1* (*delle onde*) wave: **moto o.**, wave motion *2* (*agitato*) surging; rough *3* (*ondulato*) wavy.
ondulàre *v. t.* *1* (*i capelli*) to wave *2* (*tecn.*) to corrugate.
ondulàto *a.* *1* wavy; undulating: **capelli ondulati**, wavy hair; **terreno o.**, undulating ground *2* (*tecn., di cartone, lamiera*) corrugated.
ondulatòrio *a.* undulatory; wave-like: **terremoto o.**, undulatory earthquake; **moto o.**, wave-like motion; undulation.
ondulazióne *f.* *1* (*moto ondulatorio*) undulation; wave-like motion *2* (*disposizione a onde*) undulation; waving *3* (*dei capelli*) wave *4* (*elettr.*) ripple *5* (*tecn.*) corrugation *6* (*metall.*) buckle.
ònere *m.* *1* (*peso, carico*) burden; load; weight *2* (*responsabilità*) responsibility; burden *3* (*spesa*) expense; charge: **oneri bancari**, bank charges • (*leg.*) **l'o. della prova**, the burden of proof □ **oneri fiscali**, taxes □ **oneri previdenziali**, welfare contributions.
onerosità *f.* onerousness; burdensomeness.
oneróso *a.* onerous; burdensome; (*pesante*) heavy, hard: **contratto o.**, onerous contract; **condizioni onerose**, hard terms • **a titolo o.**, for a consideration; at a price.
onestà *f.* honesty; integrity; probity; uprightness: **di specchiata o.**, of unblemished honesty (*o* integrity).
onestaménte *avv.* honestly; uprightly; honourably.
onèsto *a.* *1* (*integro, retto*) honest; upright; (*onorevole*) honourable: **guadagno o.**, honest gain; **intenzioni oneste**, honourable intentions *2* (*equo*) just; fair: **prezzo o.**, fair price *3* (*decoroso*) honest; decent; (*virtuoso*) virtuous.
ònice *f.* (*miner.*) onyx.
onìrico *a.* *1* dream (*attr.*); oneiric: **attività onirica**, dream activity *2* (*irreale*) dream-like; visionary.
onnicomprensivo *a.* all-embracing; all-inclusive.
onnipossente, **onnipotènte** *A a.* *1* (*di divinità*) omnipotent; almighty: **Dio o.**, God omnipotent; the Almighty God *2* (*fig.*) all-powerful; omnipotent: **ministro o.**, all-powerful minister; **credersi o.**, to think oneself omnipotent *B m.* (the) Almighty.
onnipotènza *f.* omnipotence; almightiness.
onnipresènte *a.* omnipresent; ubiquitous.
onnipresènza *f.* omnipresence; ubiquity.
onnisciènte *a.* omniscient; all-knowing.
onnisciènza *f.* omniscience.
onniveggènte *a.* all-seeing.
onniveggènza *f.* all-seeingness.
onnìvoro *a.* omnivorous • **animale o.**, omnivore.
onomàstica *f.* onomastics (*pl. col verbo al sing.*).
onomàstico *A m.* name-day; saint's-day *B a.* onomastic.
onomatopèa *f.* (*ling.*) onomatopoeia.
onomatopèico *a.* (*ling.*) onomatopoeic: **termine o.**, onomatopoeic word; onomatope.
onorabilità *f.* honourableness; (*buon nome*) reputation.
onorànza *f.* (*generalm. al pl.*) honour, honor (*USA*) • **onoranze funebri**, funeral rites.
onoràre *A v. t.* *1* to honour, to honor (*USA*); to hold* in honour: **Onora il padre e la madre**, honour thy father and thy mother *2* (*dare onore*) to do* honour (*o* credit) to; (*dare lustro*) to be a credit to, to bring honour to: **È una scelta che ti onora**, it is a choice that does you credit; **o. il proprio paese**, to be a credit to one's country; **Mi onora della sua amicizia**, I have the honour of being his friend; **Ci onorò di una visita**, he did us the honour of a visit *3* (*comm.*) to honour: **o. la propria firma**, to honour one's signature *B* **onoràrsi** *v. i. pron.* to feel* (*o* to be) highly honoured; to be proud: **o. dell'amicizia di q.**, to be proud of sb.'s friendship.
onoràrio (**1**) *a.* honorary.
onoràrio (**2**) *m.* fee.
onoràto *a.* *1* honoured, honored (*USA*) *2* (*onorevole*) honourable, honorable (*USA*) *3* (*rispettabile*) honourable, respectable.
onóre *m.* *1* honour, honor (*USA*): **uomo d'o.**, man of honour; honourable man; **parola d'o.**, word of honour; **debito d'o.**, debt of honour; **Mi impegno sul mio o.**, I give you my word (of honour); **Ne va del mio o.**, my honour is at stake *2* (*gloria, vanto*) honour, glory; (*distinzione*) credit: **Ho l'o. di...**, I have the honour to...; **un sentimento che ti fa o.**, a sentiment that does you credit *3* (*al. pl.*) (*bridge*) honours • **l'o. delle armi**, the honours of war □ **onori militari**, military honours □ **a o. del vero**, to tell the truth; truth to tell □ **accogliere con tutti gli onori**, to receive with great ceremony □ **fare gli onori di casa**, to welcome [to entertain] one's guests; to play host □ **fare o. a un pasto**, to do justice to a meal □ **fare o. al proprio nome**, to live up to one's name □ **farsi o.**, to distinguish oneself □

posto d'o., place of honour □ **rendere o. a q.**, to pay homage to sb.; to honour sb. □ **rendere gli estremi onori a q.**, to pay one's final respects to sb. □ **Sia reso o. al merito**, give credit where credit is due □ **uscirne con o.**, to come off honourably □ (*a un giudice*) **Vostro O.**, my Lord (*GB*); your Honor (*USA*).

onorévole ***A*** *a.* honourable, honorable (*USA*): (*polit.*) **l'o. Rossi**, the Honourable Mr Rossi; **onorevoli deputati**, Honourable Members ***B*** *m. e f.* Member of Parliament (*abbr.* MP).

onorificènza *f.* ***1*** honour; dignity ***2*** (*decorazione*) decoration.

onorìfico *a.* honorific; honorary: **titolo o.**, honorific (title); **carica onorifica**, honorary appointment.

ónta *f.* ***1*** (*vergogna, disonore*) shame; dishonour; disgrace ***2*** (*ingiuria, offesa*) insult; offence • **a o. di**, in spite of; notwithstanding.

ontàno *m.* (*bot.*) alder.

ontologìa *f.* (*filos.*) ontology.

ontològico *a.* (*filos.*) ontological.

ontologismo *m.* (*filos.*) ontologism.

opacità *f.* ***1*** opacity; opaqueness ***2*** (*fig.*) dullness.

opacizzàre ***A*** *v. t.* ***1*** to make* opaque ***2*** (*ind. tess.*) to delustre ***B*** **opacizzàrsi** *v. i. pron.* to become* opaque.

opàco *a.* ***1*** (*non trasparente*) opaque ***2*** (*senza lucentezza*) dull; flat; matt: **colore o.**, dull colour; **vernice opaca**, flat (*o* matt) varnish ***3*** (*spento, attenuato*) dull; glazed: **suono o.**, dull sound; **sguardo o.**, glazed expression ***4*** (*poco vivace*) dull; lacklustre.

opàle *m.* (*miner.*) opal.

opalescènte *a.* opalescent.

opalescènza *f.* opalescence.

opalìna *f.* opaline; opal glass.

opalìno *a.* opaline; opal (*attr.*).

òpera *f.* ***1*** (*attività, lavoro e suo prodotto*) work; (*azione*) action, deed: **mettersi all'o.**, to get down to work; to set about one's work; **essere all'o.**, to be at work (on st.); **fare un'o. buona**, to do a good deed; **opere di bene**, good works; **o. d'arte**, work of art; **o. letteraria**, literary work; **opere pubbliche**, public works; **tutte le opere di Shakespeare**, the complete works of Shakespeare; **L'affresco è o. di Masaccio**, the fresco is by Masaccio; **Questo pasticcio dev'essere o. sua**, this mess must be all his doing ***2*** (*mus.*: *composizione*) opus*: **l'o. 21 di Chopin**, Chopin's opus 21 ***3*** (*mus.*: *melodramma*) opera: **o. lirica**, opera; **o. buffa**, comic opera; **cantante d'o.**, opera singer; **teatro dell'o.**, opera house ***4*** (*mezzo*) means; (*aiuto*) help; (*servigi*) services (*pl.*): **per o. di q.**, thanks to sb.; through the good offices of sb.; with sb.'s help; **valersi dell'o. di q.**, to avail oneself of sb.'s services ***5*** (*organizzazione, istituto, ente*) organization; institution; institute; society: **o. pia**, charitable institution • **o. dell'ingegno**, original work □ **o. di muratura**, (*in pietra*) stonework; (*in mattoni*) brickwork □ **fare o. di convincimento presso q.**, to try to convince sb. □ **fare o. di pace**, to act as a peacemaker □ **fare un'o. pia**, to do a good deed □ **mettere in o.**, (*mettere in azione*) to set (st.) going (*o* running); (*installare*) to install □ (*iron.*) **per completare l'o.**, to crown it all □ **prestare la propria o.**, to work; to be employed; to collaborate.

operàbile *a.* (*chir.*) operable.

operàio ***A*** *m.* (*f.* **-a**) worker; workman* (*m.*); hand: **operai e operaie**, male and female workers; working men and women; **o. specializzato**, skilled worker; **o. a giornata**, day labourer • **o. addetto a una macchina**, operator □ **o. montatore**, fitter □ **o. tornitore**, turner; lathe worker ***B*** *a.* ***1*** (*che lavora*) working; worker: **api operaie**, worker bees; **prete o.**, worker priest ***2*** (*di, per operai*) working; workers': **la classe operaia**, the working class; **partito o.**, workers' party; **lotte operaie**, struggle for workers' rights.

operànte *a.* ***1*** working; acting; operative; effective: **diventare o.**, to become operative (*o* effective); to go into effect; **rendere o.**, to put into effect; to implement ***2*** — **medico o.**, operating surgeon.

operàre ***A*** *v. i.* ***1*** (*agire*) to operate; to act; (*lavorare, funzionare*) to work ***2*** (*chir.*) to operate ***B*** *v. t.* ***1*** to work; to do*; to perform; to carry out; (*produrre, causare*) to bring* about, to effect: **o. miracoli**, to work miracles; **o. un mutamento**, to bring about a change; **o. una riconciliazione**, to effect a reconciliation; **o. una riforma**, to carry out a reform ***2*** (*chir.*) to operate (on): **o. q. allo stomaco**, to operate on sb.'s stomach; **o. q. di appendicite**, to operate on sb. for appendicitis; **o. d'urgenza**, to operate immediately; to perform an emergency operation on sb.; **Mi devono o.** (*o* **Devo farmi o.**), I have to have (*o* to undergo) an operation; **farsi o. di tonsille**, to have one's tonsils removed; **farsi o. al ginocchio**, to have a knee operation ***C*** **operàrsi** *v. i. pron.* ***1*** (*verificarsi*) to come* about; to take* place ***2*** (*chir.*) to have (*form.* to undergo*) an operation; to be operated on: **o. di tonsille**, to have one's tonsils removed.

operatìvo *a.* ***1*** operating; operational: **sistema o.**, operating system; **costi operativi**, operational costs; **centro o.**, operations centre; **piano o.**, plan of operation; **sul piano o.**, in practice ***2*** (*in vigore*) operative; effective.

operàto ***A*** *a.* (*ind. tess.*) diapered; (*damascato*) damask (*attr.*) ***B*** *m.* actions (*pl.*).

operatóre *m.* (*f.* **-trice**) ***1*** operator; worker: **o. sanitario [sociale]**, health [social] worker; **o. turistico**, tour operator ***2*** (*mat.*) operator • **o. cinematografico**, cinematographer □ **o. di Borsa**, stockbroker □ **o. economico**, dealer; businessman □ **o. televisivo**, cameraman* □ **gli operatori del settore**, the trade.

operatòrio *a.* (*chir.*) operating: **sala operatoria**, operating theatre; **intervento o.**, operation.

operazióne *f.* ***1*** operation: **o. di polizia**, police operation; **operazioni navali**, naval operations; (*mat.*) **le quattro operazioni**, the four operations; **o. allo stomaco**, stomach operation; **o. di appendicite**, operation for appendicitis; removal of the appendix; **eseguire un'o.**, (*chir.*) to perform an operation; to operate; (*mat.*) to do an operation; **subire un'o.**, to undergo an operation; to be operated on ***2*** (*comm.*) transaction: **o. di banca [di Borsa]**, bank [Stock-Exchange] transaction.

opèrcolo *m.* (*bot., zool.*) operculum*.

operétta *f.* (*mus.*) operetta*; light opera • (*fig.*) **da o.**, frivolous; comedy (*attr.*).

operìstico *a.* (*mus.*) opera (*attr.*); operatic.

operosità *f.* industry; activity.

operóso *a.* industrious; hard-working.

opifìcio *m.* works (*pl. col verbo al sing. o al pl.*); factory; mill.

opinàbile *a.* debatable; questionable: **questione o.**, debatable question; **la cosa è o.**, it is a matter of opinion.

opinióne *f.* opinion: **l'o. pubblica [generale]**, public [general] opinion; **secondo l'o. di q.**, in sb.'s opinion; **avere una buona [cattiva] o. di q.**, to have a good [a poor] opinion of sb.; **Sono dell'o. che...**, I am of the opinion that...; **cambiare o.**, to change one's mind; **essere della stessa o. di q.**, to share sb.'s opinion; **scambio di opinioni**, exchange of views.

opinionista *m. e f.* (*giorn.*) columnist; (*TV*) commentator.

oplà *inter.* ***1*** (*salta!*) jump!; up you go!; (*a un bambino*) oops-a-daisy! ***2*** (*nei giochi di destrezza*) hey presto!

opossum *m. invar.* (*zool.*) opossum.

oppiàceo *a.* opiate.

òppio *m.* (*farm.*) opium.

oppiòmane *m. e f.* opium addict.

opponènte ***A*** *a.* opposing ***B*** *m. e f.* opponent; opposer; adversary.

opponìbile *a.* opposable.

oppórre ***A*** *v. t.* to oppose • **o. un ostacolo**, to create an obstacle □ **o. resistenza**, to offer resistance □ **o. un rifiuto**, to give a refusal; to refuse ***B*** **oppórsi** *v. i. pron.* ***1*** to oppose (sb., st.); to set* oneself (against); to be opposed (to) ***2*** (*fare obiezioni*) to object.

opportunaménte *avv.* opportunely; at the right moment.

opportunismo *m.* opportunism; time-serving.

opportunista *m. e f.* opportunist; timeserver.

opportunìstico *a.* opportunistic; opportunist (*attr.*); time-serving (*attr.*).

opportunità *f.* ***1*** (*l'essere opportuno*) expediency; advisability; timeliness ***2*** (*circostanza favorevole*) opportunity; chance: **cogliere l'o. del momento**, to seize the opportunity; **non avere l'o. di fare q.c.**, to have no opportunity (*o* chance) of doing st. ***3*** (*prospettiva, sbocco*) opportunity; prospect: **o. di carriera**, career opportunity; **un lavoro che non offre o.**, a job offering no prospects.

opportùno *a.* opportune; timely; expedient; (*adatto*) suitable, appropriate; (*consigliabile*) advisable; (*giusto*) right, proper.

oppositóre *m.* (*f.* **-trice**) opposer; opponent.

opposizióne *f.* ***1*** opposition; resistance ***2*** (*contraddizione*) opposition; contradiction ***3*** (*obiezione*) objection: **fare o. a q.c.**, to object to st. ***4*** (*polit.*) Opposition: **partito d'o.**, opposition party; **passare all'o.**, to go over to the Opposition ***5*** (*astron.*) opposition.

oppósto ***A*** *a.* opposite; (*contrapposto*) opposed; (*contrario*) contrary: **il lato o.**, the opposite side; **in direzioni opposte**, in opposite directions; **punti di vista opposti**, opposing points of view ***B*** *m.* opposite; contrary; reverse: **Pensavo l'o.**, I thought the opposite; **all'o.**, on the contrary; **all'o. di**, contrary to; **È vero l'o.**, the reverse is true.

oppressióne *f.* oppression; (*peso*) weight • **un'o. al petto**, a constriction in the chest □ **un'o. allo stomaco**, a weight (*o* something lying heavy) on one's stomach □ **dare un senso di o.**, to oppress (sb.); (*deprimere*) to depress.

oppressìvo *a.* oppressive.

opprèsso ***A*** *a.* ***1*** oppressed: **popolo o.**, oppressed people; **o. dal caldo**, oppressed by the heat ***2*** (*sopraffatto*) weighed down; overwhelmed: **o. dal dolore**, overwhelmed (*o* weighed down) with grief ***3*** (*oberato*) encumbered; overloaded: **o. dai debiti**, overburdened with debts; **o. dalle tasse**, overtaxed ***B*** *m.* (*f.* **-a**) victim of oppression • **gli oppressi**, the oppressed.

oppressóre ***A*** *m.* oppressor ***B*** *a.* oppressive.

opprimènte *a.* ***1*** oppressive; overwhelming ***2*** (*che stanca*) tiresome.

opprìmere *v. t.* ***1*** (*tiranneggiare*) to oppress ***2*** (*gravare su*) to oppress; to weigh on; to lie* heavy on: **o. la mente**, to weigh on sb.'s mind: **cibo che opprime lo stomaco**, food that lies (heavy) on the stomach ***3*** (*sopraffare*) to load down; to overwhelm: **o. di lavoro**, to load sb. down with work; to overwork ***4*** (*deprimere*) to depress.

oppugnazióne *f.* ***1*** (*impugnazione*) impugnation ***2*** (*confutazione*) confutation; refutation.

oppùre *cong.* ***1*** (*o invece*) or ***2*** (*altrimenti*) otherwise.

optàre *v. i.* to opt (for st., to do st.); to choose* (st.); to go* (for st.).

optimum (*lat.*) *m.* optimum • **all'o. della forma**, in peak form.

opulènto *a.* ***1*** (*ricco*) opulent; wealthy ***2*** (*abbondante*) opulent; rich; florid; (*rif. alle forme*) voluptuous.

opulènza *f.* ***1*** (*ricchezza*) opulence; wealth ***2*** (*abbondanza*) floridness; richness; (*di forme*) voluptuousness.

opùscolo *m.* booklet; (*politico, scientifico*) pamphlet; (*pubblicitario*) brochure.

opzionàle *a.* optional.

opzióne *f.* option (*anche comm., fin.*); (*scelta*) choice: **esercitare un'o.**, to take up an option; **o. d'acquisto**, option to purchase; (*Borsa*) call (option); **diritto di o.**, first refusal; (*fin.*) pre-emptive right.

óra (1) *f.* ***1*** (*unità di tempo*) hour: **un'ora e mezzo**, an hour and a half; **un'ora di lezione**, an hour's lesson; **ore di lavoro**, working hours; **Torno fra due ore**, I'll be back in two hours' time; **È a un'ora di strada**, (*a piedi*) it's an hour's walk; (*in auto*) it's an hour's drive; **fare i 100 km all'ora**, to do 100 km an hour; **battere le ore**, to strike the hours; **nell'ora del pericolo**, in the hour of danger; **pagare a ore**, to pay by the hour ***2*** (*nel computo del tempo*) time: **ora estiva** (*o* **legale**), summer (*o* daylight-saving) time; **l'ora di Greenwich**, Greenwich mean time; **ora locale**, local time; **Che ora è?**, what time is it?; what's the time?; **Che ora fai?**, what time do you make it?; **A che ora comincia?**, what time does it start? ***3*** (*tempo*) time; (*momento*) moment; (*minuto*) minute: **ora di chiusura**, closing time; **ora dei pasti**, meal time; **ora di andare a letto**, bedtime; **a una cert'ora**, at a certain moment; **È ora di andare**, it's time to go; **Era ora che tu finissi!**, it was high time you finished!; **all'ora fissata** [**solita**], at the appointed [usual] time; **La mia ora s'avvicina**, my time is drawing near; **Non ho mai un'ora di pace**, I never have a minute's rest • **l'ora della verità**, the crucial moment; the crunch □ **un'ora d'orologio**, a whole hour; exactly an hour □ **ore piccole**, small hours □ **ora di punta**, rush hour □ **ora zero** (*o* **ora X**), zero hour; H-hour □ **Alla buon'ora!**, at last!; about time too! □ **da un'ora all'altra**, (*fra poco*) soon; (*improvvisamente*) suddenly □ **di buon'ora**, early □ **di ora in ora**, hourly □ **domestica a ore**, part-time domestic help □ **fare le ore piccole**, to stay up late □ **È uno che non ha ore**, he doesn't keep regular hours □ **Non vedo l'ora di partire**, I can't wait to leave □ **notizie dell'ultima ora**, the latest news □ **24 ore su 24**, 24 hours a day; round the clock.

óra (2) ***A*** *avv.* ***1*** now; just now: **Ora sto meglio**, I'm better now; **Ora ho da fare**, I'm busy just now; **ora più che mai**, now more than ever; **d'ora in avanti** (*o* **d'ora in poi**), from now on (*o* onwards); **per ora**, for the present; for the time being; **E ora?**, what now? ***2*** (*poco fa*) just; just now: **L'ho visto ora**, I've just seen him; I saw him just now ***3*** (*fra poco*) now; in a moment; any minute: **Ora vedremo**, now we shall see; **Ora vengo**, I'm just coming; **Ora viene**, he'll be here any minute • **ora come ora**, (*per ora*) at present, for the time being; (*in questo momento*) just now □ **ora... ora**, now... now; one moment... the next: **Ora dice una cosa, ora un'altra**, now he says one thing, now another; **Ora fa caldo, ora fa freddo**, one moment it's hot, the next it's cold □ **né ora né mai**, neither now nor at any other time □ **or ora**, just now; a moment ago □ **or sono**, ago: **due anni or sono**, two years ago □ **prima d'ora**, before; in the past ***B*** *cong.* now: **Ora avvenne che...**, now it happened that...; **Ora che ci penso**, now that I think of it.

oracolàre *a.* oracular.

oràcolo *m.* oracle.

òrafo *m.* (*f.* **-a**) goldsmith.

oràle ***A*** *a.* ***1*** (*rif. alla bocca*) oral; mouth (*attr.*): **cavità o.**, oral cavity; **per via o.**, by mouth; orally ***2*** (*a voce*) oral; verbal: **tradizione orale**, oral tradition; **comunicazione o.**, verbal communication ***B*** *m.* (*esame o.*) oral (examination).

oralménte *avv.* orally; (*a voce*) verbally.

oramài *V.* **ormai**.

oràngo, **orangutàn** *m.* (*zool.*) orang-outang; orangutan.

oràrio ***A*** *a.* ***1*** (*del tempo*) time (*attr.*): **fuso o.**, time zone; **segnale o.**, time signal ***2*** (*all'ora*) hourly; per hour: **velocità oraria**, speed per hour; **alla media oraria di 70 km**, at an average speed of 70 km per hour • **in senso o.**, in a clockwise direction; clockwise ***B*** *m.* ***1*** (*tabella oraria*) timetable; schedule (*USA*): **o. delle lezioni**, school timetable ***2*** (*tempo assegnato per fare q.c.*) time; hours (*pl.*): **o. di apertura**, opening hours (*o* times); **o. d'ufficio**, office hours; **o. di lavoro**, working hours; **fuori dell'o. di lavoro**, after hours; **o. di visita** (*di dottore*), consulting hours; **o. continuato**, all-day opening; **fare l'o. continuato**, to be open all day; **o. ridotto**, part-time working; (*in una fabbrica*) short time; **in** (**perfetto**) **o.**, (dead) on time.

oràta *f.* (*zool.*) gilthead bream.

oratóre *m.* (*f.* **-trice**) (public) speaker; orator.

oratòria *f.* oratory; rhetorical skill; art of public speaking.

oratòrio (1) *a.* oratorical.

oratòrio (2) *m.* (*eccles.*) ***1*** (*edificio*) oratory ***2*** (*di parrocchia*) parish youth club.

oratòrio (3) *m.* (*mus.*) oratorio*.

orazióne *f.* ***1*** (*preghiera*) prayer: **recitare le orazioni**, to say one's prayers ***2*** (*discorso*) oration; speech.

òrbita *f.* ***1*** (*anat.*) eyesocket; orbit ***2*** (*astron., fis., miss.*) orbit: **entrare** [**mandare**] **in o.**, to go [to send] into orbit ***3*** (*fig.*) orbit (*anche polit.*); sphere; range • **con gli occhi fuori delle orbite**, with one's eyes popping out of one's head; pop-eyed (*attr.*).

orbitàle *a.* orbital.

orbitàre *v. i.* (*astron., miss.*) to orbit.

òrbo ***A*** *a.* ***1*** (*lett.*) bereft (of) ***2*** (*cieco*) blind: **o. da un occhio**, blind in one eye ***B*** *m.* (*f.* **-a**) blind man* (*f.* woman*).

òrca *f.* (*zool.*) killer whale; grampus; orca.

orchéssa *f.* ogress.

orchèstra *f.* ***1*** (*mus.*) orchestra; (*da ballo*) band: **o. d'archi** [**da camera**], string [chamber] orchestra ***2*** (*teatr.*) orchestra pit.

orchestràle ***A*** *a.* (*mus.*) orchestral; orchestra (*attr.*): **musica o.**, orchestral music; **corpo o.**, orchestra players (*pl.*) ***B*** *m. e f.* (orchestra) player; member of an orchestra.

orchestràre *v. t.* (*mus. e fig.*) to orchestrate.

orchestrazióne *f.* (*mus. e fig.*) orchestration.

orchestrìna *f.* light orchestra; band.

orchidèa *f.* (*bot.*) orchid; orchis.

órcio *m.* pitcher; jar.

òrco *m.* ogre; (*spauracchio*) bogey man*.

òrda *f.* (*anche fig.*) horde.

ordàlia *f.* (*stor.*) ordeal.

ordigno *m.* device; contrivance; machine: **o. esplosivo**, explosive device; (*scherz.*) **o. infernale**, infermal machine.
ordinàle *a. e m.* (*mat.*) ordinal.
ordinaménto *m.* **1** (*disposizione*) order, arrangement; (*organizzazione*) organization **2** (*insieme di leggi, regolamenti*) regulations (*pl.*); rules (*pl.*) **3** (*sistema*) system: **o. scolastico**, school system; **l'o. giuridico**, the legal system **4** (*elab.*) sorting.
ordinànza *f.* **1** (*leg.*) ordinance; order; injunction; decree **2** (*mil.*) order • (*mil.*) **di o.**, regulation (*attr.*) □ (*mil.*) **fuori o.**, non-regulation (*attr.*) □ (*mil.*) **ufficiale d'o.**, orderly officer.
ordinàre *A v. t.* **1** (*mettere in ordine*) to put* (*o* to set*) in order; (*disporre*) to arrange; (*riordinare*) to tidy up **2** (*comandare*) to order; to tell*; to bid* (*lett.*): **Mi fu ordinato di entrare [di uscire]**, I was ordered in [out]; **Gli ordinai di tacere**, I told him to be quiet; **o. un caffè**, to order a coffee **3** (*comm.*) to order **4** (*prescrivere*) to prescribe; to order **5** (*eccles.*) to ordain **6** (*elab.*) to sort **B ordinàrsi** *v. i. pron.* (*disporsi*) to arrange oneself; to draw* up.
ordinariaménte *avv.* ordinarily; (*di solito*) usually, normally; (*di regola*) as a rule; (*per lo più*) generally, in most cases, mostly.
ordinàrio *A a.* **1** ordinary; (*medio*) average; (*abituale*) usual; (*comune*) common, everyday; (*normale*) normal: **telegramma o.**, ordinary telegram; **tariffa ordinaria**, standard rate; **espressioni ordinarie**, everyday phrases; **spese ordinarie**, day-to-day expenses; running expenses **2** (*spreg.*: *grossolano*) common, coarse; (*dozzinale*) ordinary, cheap; (*solito*) run-of-the-mill; (*insignificante*) plain: **aspetto o.**, common appearance; **stoffa ordinaria**, cheap (*o* coarse) material **3** (*di docente*) regular; (*universitario*) full, tenured **B** *m.* **1** ordinary; usual: **fuori dell'o.**, out of the ordinary; **come d'o.**, as usual **2** (*f.* **-a**) (*professore o.*) regular teacher; (*universitario*) (full) professor: **È o. di chimica**, he has the chair of chemistry.
ordinàta *f.* **1** (*mat.*) ordinate **2** (*naut., aeron.*) frame.
ordinataménte *avv.* in an orderly way.
ordinativo *A a.* regulating **B** *m.* (*comm.*) order.
ordinàto *a.* **1** tidy; neat; orderly: **casa ordinata**, tidy house; **ragazzo o.**, tidy boy; **folla ordinata**, orderly crowd; **in modo o.**, in an orderly manner **2** (*regolato*) orderly; regular.
ordinatóre *A m.* orderer; regulator; (*organizzatore*) organizer **B** *a.* regulating; organizing.
ordinazióne *f.* **1** (*comm.*) order: **fatto su o.**, made to order; custom-made; **passare [eseguire, annullare] un'o.**, to place [to carry out, to cancel] an order **2** (*eccles.*) ordination.
órdine *m.* **1** (*disposizione*) order, arrangement; (*assetto ordinato*) order, tidiness: **o. di arrivo**, order of arrival; **in o. alfabetico**, in alphabetical order; **disporre in o. alfabetico**, to arrange alphabetically; **in o. di altezza [di età]**, in order of height [of age]; by height [age]; **I fogli non sono in o.**, the pages are not in order; **mantenere [ristabilire] l'o.**, to keep [to restore] order; **Io sono amante dell'o.**, I like order; I like things tidy; **mettere in o. q.c.** (*o* **fare o. in q.c.**), to put st. in order; (*riassettare*) to tidy up st.; **mettersi in o.**, to tidy oneself up; **tenere in o. q.c.**, to keep st. in order (*o* tidy); **Procediamo con o.**, let's proceed in order; **raccontare q.c. con o.**, to tell st. in an orderly manner; **Che o. in casa tua!**, what a tidy house you have! **2** (*serie*) series, sequence; (*fila*) row: **dieci ordini di posti**, ten rows of seats **3** (*comando*) order: **obbedire agli ordini**, to obey orders; **eseguire un o.**, to carry out an order; **Eseguivo degli ordini**, I was acting under orders; **ricevere l'o. di**, to be ordered to; **avere l'o. di**, to have orders to; **dare l'o. di**, to give the order to; **dare o. che si faccia q.c.**, to give order for st. to be done; **essere agli ordini di q.**, (*mil.*) to be under sb.'s orders; (*iron.*) to be at sb.'s beck and call; **fino a nuovo o.**, until further orders; **ordini dall'alto**, orders from above; **per o. di**, by order of **4** (*comm., econ.*) order: **evadere un o.**, to deal with (*USA* to fill) an order; **assegno all'o.**, cheque to order; **pagabile all'o.**, payable to order; **o. di pagamento**, order (*o* authorization) of payment; **dare o. di pagamento**, to authorize payment **5** (*leg.*) order; injunction; (*mandato*) warrant, writ: **o. di arresto**, warrant of arrest; **o. di custodia**, custody order; **o. di comparizione**, summons; **o. di sequesto**, writ of attachment **6** (*comunità, associazione*) order; association: **o. monastico**, monastic order; **l'O. della Giarrettiera**, the Order of the Garter; **O. degli Avvocati**, Bar Association; **O. dei Medici**, Medical Association **7** (*categoria, classe*) order; class; category; rank: **tutti gli ordini sociali**, all social ranks; **di prim'o.**, first-class; first-rate; **d'infimo o.**, of the lowest degree **8** (*ambito, genere*) kind; nature: **problemi di o. tecnico**, problems of a technical nature; technical problems **9** (*al pl.*) (*eccles.*) holy orders **10** (*biol., archit.*) order • **o. del giorno**, agenda □ **questione all'o. del giorno**, item on the agenda; (*fig.*) matter of topical interest □ **fatto all'o. del giorno** (*normale, frequente*), everyday (*o* common, frequent) occurrence □ (*mil.*) **o. di battaglia**, battle order □ **o. di grandezza** (*dimensioni*), size □ **o. pubblico**, public order □ (*mil.*) **o. sparso**, open order □ (*mil.*) **Agli ordini!**, yes, sir! □ **il mio o. d'idee**, my way of thinking; the way I see things □ (*comm.*) **in o. a**, with regard to; concerning □ **numero d'o.**, serial number.
ordire *v. t.* **1** (*ind. tess.*) to warp **2** (*fig.*) to plot; to hatch: **o. un complotto**, to hatch a plot; **o. una congiura contro q.**, to plot (*o* to scheme) against sb.
ordito *m.* **1** (*ind. tess.*) warp **2** (*fig.*) web; tissue.
orditóre *m.* (*f.* **-trice**) **1** (*ind. tess.*) warper **2** (*fig.*) plotter: **o. di intrighi**, intriguer; schemer.
orditùra *f.* **1** (*ind. tess.*) warping; (*ordito*) warp **2** (*intreccio*) plot **3** (*edil.*) frame.
orécchia *f.* **1** V. **orecchio 2** — (*zool.*) **o. di mare**, abalone.
orecchiàbile *a.* (*fam.*) catchy; easily remembered.
orecchiàre *v. t.* to pick up: **o. un motivo**, to pick up a tune.
orecchiétta *f.* (*anat.*) auricle.
orecchino *m.* earring; (*pendente*) eardrop.
orécchio *m.* (*pl.* **orécchi** *m., o* **orécchie** *f., nella def. 1*) ear: **orecchie a sventola**, ears that stick out; **sordo da un o.**, deaf in one ear; **mal d'o.**, earache • (*mus.*) **o. assoluto**, absolute pitch □ **a portata d'o.**, within earshot □ (*fig.*) **allungare l'o.**, to prick up one's ears □ **Apri bene le orecchie!**, take note!; listen carefully!; mark what I say! □ (*scherz.*) **avere gli orecchi foderati di prosciutto**, (*non sentire*) to be hard of hearing; (*non voler sentire*) not to want to listen, to turn a deaf ear to st. □ **avere [non avere] o. per la musica**, to have an ear [no ear] for music □ **cantare [suonare] a o.**, to sing [to play] by ear □ (*fig.*) **con le orecchie basse**, crestfallen □ **Da quell'o. non ci sente**, he is deaf in that ear; (*fig.*) he won't listen □ **duro d'o.**, hard of hearing □ **entrare da un o. e uscire dall'altro**, to go in one ear and out the other □ **essere tutt'orecchi**, to be all ears □ **fare l'o. a una pagina**, to dog-ear a page □ **fare orecchi da mercante**, to turn a deaf ear □ **Mi fischiano le orecchie**, my ears are ringing; (*fig.*) my ears are burning □ **giungere all'o. di q.**, to come to sb.'s attention □ **prestare** (*o* **dare**) **o. a q.c.**, to lend an ear to st. □ **stare con l'o. teso**, (*stare in ascolto*) to be all ears; (*stare all'erta*) to keep one's ear to the ground □ **tendere l'o.**, to listen intently □ (*fig.*) **tirare gli orecchi a q.**, to give sb. a ticking off; to tick sb. off □ (*prov.*) **Chi ha orecchie per intendere intenda**, a word to the wise...
orecchióni *m. pl.* (*med.*) mumps (*generalm. col verbo al sing.*).
orecchiùto *a.* big-eared; long-eared.
oréfice *m.* **1** (*orafo*) goldsmith **2** (*gioielliere*) jeweller.
oreficeria *f.* **1** (*arte*) goldsmith's art; jeweller's art **2** (*laboratorio*) goldsmith's workshop **3** (*negozio*) jeweller's (shop) **4** (*lavori dell'orefice*) jewellery.
òrfano *A a.* orphan (*attr.*): **ragazzo o.**, orphan boy; **rimanere o.**, to be left an orphan; to be orphaned; **rendere o.**, to make an orphan of; to orphan; **bambino o. di padre [di madre]**, fatherless [motherless] child; **È o. di padre**, his father is dead; he lost his father **B** *m.* (*f.* **-a**) (*anche fig.*) orphan.
orfanotròfio *m.* orphanage.
orgàndi, orgàndis *m.* (*ind. tess.*) organdie.
organétto *m.* barrel organ; hand organ • **suonatore di o.**, organ grinder.
organicità *f.* organic unity.
orgànico *A a.* **1** organic: **chimica organica**, organic chemistry; **malattia organica**, organic disease; **deperimento o.**, physical decline **2** (*fig.*) organic; organized; systematic: **un tutto o.**, an organic whole **B** *m.* personnel; staff: **essere in o.**, to be on the staff (*o* roll).
organigràmma *m.* **1** (*bur.*) organization chart **2** (*elab.*)

flow chart.
organino *V.* **organetto**.
organismo *m.* **1** (*biol.*) organism **2** (*corpo umano*) body: **o. sano**, healthy body; **fare bene all'o.**, to be good for one's health **3** (*fig.*) (organized) body; organization.
organista *m. e f.* organist.
organistico *a.* (*mus.*) organ (*attr.*).
organizzàre **A** *v. t.* to organize; to set* up; (*preparare*) to make* preparations for: **o. un concerto**, to organize a concert; **o. un viaggio**, to make preparations for a journey **B** **organizzàrsi** *v. rifl.* to organize; to get* organized: **o. in un sindacato**, to organize into a trade union; **Vediamo di organizzarci**, let's get organized.
organizzativo *a.* organizational; organizing: **metodi organizzativi**, organizational methods; **comitato o.**, organizing committee; **doti organizzative**, organizing (*o* organizational) ability.
organizzàto *a.* organized: **malavita organizzata**, organized crime; **viaggio o.**, package tour.
organizzatóre **A** *m.* (*f.* **-trice**) organizer **B** *a.* organizing.
organizzazióne *f.* **1** organization: **mancanza di o.**, lack of organization; **o. aziendale**, business management; **o. del personale**, staff (*USA* personnel) administration (*o* management) **2** (*struttura organizzata*) organization: **o. internazionale**, international organization; **o. sindacale**, trade union.
òrgano *m.* **1** (*anat.*) organ **2** (*mecc.*) member: **o. motore**, mover **3** (*centro di funzioni*) organ; body: **o. consultivo**, advisory body **4** (*pubblicazione*) organ; publication **5** (*mus.*) organ.
organolèttico *a.* organoleptic.
orgànza *f.* (*ind. tess.*) organza.
organzino *m.* (*ind. tess.*) organzine.
orgàsmo *m.* **1** (*fisiol.*) orgasm: **raggiungere l'o.**, to reach an orgasm **2** (*fig.*) excitement; fever; flutter: **essere in o.**, to be in a state of excitement; to be in a stew (*fam.*); **mettersi in o.**, to get all flustered; to get into a stew (*fam.*).
òrgia *f.* **1** orgy **2** (*fig.*) orgy; riot: **un'o. di spese**, an orgy of spending; a splurge; **un'o. di colori**, a riot of colours.
orgiàstico *a.* orgiastic.
orgóglio *m.* pride: **pieno di o.**, full of pride; (*altezzoso*) haughty; **ferire q. nell'o.**, to wound sb.'s pride; **È l'o. di sua madre**, he is his mother's pride and joy.
orgoglióso *a.* proud; (*altezzoso*) haughty: **andare o. di q.c.**, to be proud of st.; to take pride in st.
òrice *m.* (*zool.*) oryx.
orientàbile *a.* (*mecc.*) adjustable; rotary; revolving.
orientàle **A** *a.* **1** (*dell'est*) east (*attr.*); eastern; easterly: **costa o.**, east coast; **Africa O.**, East Africa; **emisfero o.**, eastern hemisphere; **direzione o.**, easterly direction **2** (*dell'Oriente*) eastern; Oriental; Asian: **paesi orientali**, eastern (*o* Asian) countries; **musica o.**, Oriental (*o* Asian) music; **tappeto o.**, Oriental carpet; **vestire all'o.**, to dress in Asian fashion **B** *m. e f.* Asian; Oriental.
orientaleggiànte *a.* oriental-style (*attr.*).
orientalista *m. e f.* Orientalist.
orientaménto *m.* **1** orientation (*anche fis., miner.*); bearings (*pl.*): **perdere l'o.**, to lose one's bearings; **senso dell'o.**, sense of direction **2** (*indirizzo, guida*) guidance: **o. professionale**, vocational guidance; career guidance **3** (*tendenza*) trend; tendency.
orientàre **A** *v. t.* **1** to orient; to set*; (*porre*) to position; (*rivolgere*) to turn, to point: **o. una carta**, to orient a map; **o. q.c. verso sud**, to turn st. to face south; **o. un faro verso q.c.**, to point a spotlight towards st. **2** (*indirizzare*) to steer; to direct; to guide **B** **orientàrsi** *v. rifl.* **1** to orientate oneself; to get* one's bearings **2** (*raccapezzarsi*) to find* one's way; (*solo al neg.*) to make* head or tail (of st.): **Si è orientato subito nel nuovo lavoro**, he quickly found his way about (*o* settled in) in his new job; **Non mi ci oriento con tutti questi moduli**, I can't make head or tail of all these forms **3** (*indirizzarsi*) to take* up; to opt (for): **o. verso l'economia**, to take up economics; **Penso di orientarmi su una cinque porte**, I think I'll opt for a hatchback.
orientativo *a.* indicative; preliminary: **esame o.**, preliminary exam.
orientàto *a.* **1** (*volto*) facing: **o. verso est**, facing east **2** (*incline*) — **È o. all'acquisto di una casa**, he is thinking of buying a house.
orïènte *m.* east: **il Vicino [Medio, Estremo] O.**, the Near [Middle, Far] East. (*V. anche* **est.**).
orifìzio *m.* **1** opening; aperture; (*anat.*) orifice **2** (*zool., per la respirazione*) spiracle.
orìgano *m.* (*bot.*) oregano; wild marjoram.
originàle **A** *a.* **1** original: **il testo o.**, the original text; **in lingua o.**, in the original (language) **2** (*genuino*) genuine: **tappeto o. persiano**, genuine Persian carpet **3** (*nuovo, diverso*) original: **idee originali**, original (*o* novel) ideas; **pensatore o.**, original thinker; **poco o.**, unoriginal; derivative **4** (*eccentrico*) eccentric; bizarre; odd: **abbigliamento o.**, bizzarre clothes; **un tipo o.**, an odd type; a character; an oddball (*fam.*) **B** *m.* **1** (*opera o.*) original **2** (*persona o cosa ritratta*) original **C** *m. e f.* (*persona bizzarra*) character; oddball (*fam.*) • **o. radiofonico**, radioplay □ **o. televisivo**, teleplay.
originalità *f.* **1** originality **2** (*genuinità*) genuineness **3** (*bizzarria*) eccentricity; oddity.
originàre **A** *v. t.* to originate; to give* origin to; to bring* about **B** *v. i. e* **originàrsi** *v. i. pron.* to originate (from, in st.; with, from sb.).
originariaménte *avv.* originally; at first; in the beginning.
originàrio *a.* **1** (*nativo*) native, indigenous; (*primo*) first, original: **un animale o. dell'Africa**, an animal native (*o* indigenous) to Africa; **È o. dell'Irlanda**, he is of Irish origin (*o* extraction); **gli abitanti originari dell'isola**, the first (*o* original) inhabitants of the island **2** (*iniziale, primitivo*) original: **Il colore o. era rosso**, the original colour was red **3** (*che dà origine*) original; primary; first: **la causa originaria**, the original (*o* primary) cause.
origine *f.* **1** (*principio*) origin; beginning; starting point; (*fonte*) source; (*radice*) root; (*causa*) cause: **l'o. dell'uomo**, the origin of man; **l'o. di un fiume**, the source of a river; **l'o. di una lite**, the cause of a quarrel; **in o.**, in the beginning; originally; **risalire alle origini di q.c.**, to trace st. back to its origins; **avere o. da q.c.**, to originate from (*o* in) st.; **dare o. a q.c.**, to originate st.; to give rise to st. **2** (*nascita*) origin, birth; (*stirpe*) extraction; (*discendenza*) descent: **di umile o.**, of humble origin; of low extraction; **di nobile o.**, of noble birth; **di o. cinese**, of Chinese origin (*o* extraction) **3** (*provenienza*) origin; provenance; (*derivazione*) derivation: **luogo d'o.**, place of origin; **merce di dubbia o.**, goods of doubtful provenance; **parola di o. latina**, word of Latin derivation; word derived from Latin.
origliàre *v. i.* to eavesdrop (on st.).
orina *V.* **urina**.
orinàre **A** *v. i.* to urinate; to pass water (*fam.*) **B** *v. t.* to urinate; to pass (*fam.*).
oritterópo *m.* (*zool.*) aardvark.
oriùndo *a.* — **essere o. italiano**, to have Italian origins; to be of Italian extraction.
orizzontàle *a.* **1** horizontal; level: **in posizione o.**, in a horizontal position; horizontally; **mettersi in posizione o.**, to lie down **2** (*nelle parole crociate*) across.
orizzontàre **A** *v. t.* to orient; to orientate **B** **orizzontàrsi** *v. rifl.* **1** to orientate oneself; to get* one's bearings: **Non riesco più a orizzontarmi**, I've lost my bearings; I can't make out where I am **2** (*raccapezzarsi*) to find* one's way; (*solo al neg.*) to make* head or tail (of st.).
orizzónte *m.* (*anche fig.*) horizon: **alto sull'o.**, high above the horizon; **profilarsi all'o.**, to loom on the horizon • **fare un giro d'o.**, to make a general survey.
orlàre *v. t.* to hem; (*bordare*) to border; (*con un'applicazione*) to trim: **o. un fazzoletto**, to hem a handkerchief; **o. a giorno**, to hemstitch.
orlatùra *f.* **1** (*l'orlare*) hemming **2** (*orlo*) hem; (*bordo*) border.
órlo *m.* **1** (*estremità, margine*) border; edge; margin; verge; brink; (*di cosa rotonda*) brim, rim, lip: **l'o. di un tavolo**, the edge of a table; **l'o. di un precipizio**, the edge (*o* brink) of a precipice; **l'o. di un fosso**, the edge of a ditch; **un bicchiere pieno fino all'o.**, a glass full to the brim **2** (*di vestito, ecc.*) hem; hemline; (*bordatura*) border, trimming: **l'o. di una gonna**, the hem of a skirt; **o. di pizzo**, lace border; **fare l'o. a q.c.**, to hem st. **3** (*fig.*) edge; brink; verge: **sull'o. della rovina [della follia]**, on the brink (*o* edge) of ruin [of madness]; **sull'o. della disperazione**, on the verge of despair • (*ricamo*) **o. a giorno**, hemstitch □ (*fig.*) **essere sull'o. della fossa**, to have one foot in the grave.

órma *f.* ***1*** footprint; track ***2*** (*fig.*) mark; trace • (*fig.*) **seguire** (*o* **calcare**) **le orme di q.**, to follow in sb.'s footsteps.
ormài *avv.* ***1*** by now; by this time; (*adesso*) now; (*a questo punto*) at this point; (*rif. al passato*) by then, by that time: **O. dovrebbe essere qui**, he should be here by now; **O. sei grande!**, you're a big boy now!; **Lo cercai ma o. se n'era andato**, I looked for him, but he had already gone ***2*** (*quasi*) almost; nearly: **O. ci siamo**, we're nearly there.
ormeggiàre *v. t.*, **ormeggiàrsi** *v. i. pron.* (*naut.*) to moor; (*a una banchina*) to berth.
orméggio *m.* (*naut.*) ***1*** (*manovra*) mooring; berthing: **o. di poppa** [**di prua**], stern-on [head-on] mooring; **cima d'o.**, mooring line ***2*** (*luogo*) moorings (*pl.*); berth: **all'o.**, moored (*agg.*) ***3*** (*al pl.*) (*cavi o catene*) moorings: **levare** (*o* **mollare**) **gli ormeggi**, to slip (*o* to cast off) moorings.
ormonàle *a.* hormonal • **terapia o. sostitutiva** (*in menopausa*), hormone replacement therapy (*abbr.* HRT).
ormóne *m.* (*biol.*) hormone.
ornamentàle *a.* ornamental.
ornamentazióne *f.* ***1*** (*l'ornare*) ornamentation ***2*** (*ornamenti*) ornamentation; ornaments (*pl.*).
ornaménto *m.* ***1*** (*l'ornare*) ornamentation; adornment ***2*** (*ciò che adorna*) ornament (*anche fig.*); adornment: **essere di o. (a)**, to be an ornament (to) ***3*** (*mus.*) embellishment; grace note.
ornàre ***A*** *v. t.* to adorn; to embellish; (*decorare*) to decorate ***B*** **ornàrsi** *v. rifl.* to adorn oneself.
ornàto (**1**) *a.* ***1*** adorned; embellished; (*decorato*) decorated ***2*** (*dello stile*) ornate; flowery; florid.
ornàto (**2**) *m.* ***1*** (*disegno*) ornamental design ***2*** (*insieme di motivi ornamentali*) ornamentation; decoration.
ornitologìa *f.* ornithology.
ornitològico *a.* ornithological.
ornitòlogo *m.* (*f.* **-a**) ornithologist.
ornitorìnco *m.* (*zool.*) (duck-billed) platypus.
òro *m.* ***1*** gold: **oro zecchino** (*o* **fino**), fine gold; **oro greggio**, unrefined gold; **oro lavorato**, wrought gold; **oro massiccio**, solid gold; **oro in foglia**, gold leaf; **oro in lingotti**, bullion; **d'oro**, gold (*attr.*); (*simile all'oro*) golden; **orologio d'oro**, gold watch; **miniera d'oro**, gold mine; **capelli d'oro**, golden hair; **placcato in oro**, gold-plated ***2*** (*al pl.*) (*gioielli*) jewels; jewellery Ⓤ • (*fig.*) **oro colato**, gospel truth: **prendere q.c. per oro colato**, to take st. as gospel truth □ **oro matto**, Dutch gold □ **oro nero** (*petrolio*), black gold □ **un bambino d'oro**, a child who is as good as gold □ **un cuor d'oro**, a heart of gold □ **epoca** (*o* **periodo**) **d'oro**, golden age; heyday □ **un marito d'oro**, a gem of a husband □ **cercare oro**, (*scavando*) to dig for gold, to prospect; (*nei fiumi*) to pan for gold □ **Vale tanto oro quanto pesa**, he is worth his weight in gold □ **Non lo farei per tutto l'oro del mondo**, I wouldn't do it for all the money in the world □ (*prov.*) **Non è tutto oro quel che luccica**, all that glitters is not gold.
orogèneṣi *f.* (*geol.*) orogenesis; orogeny.
orografìa *f.* orography.
orogràfico *a.* orographic(al).
orologerìa *f.* ***1*** watchmaking; clockmaking ***2*** (*negozio*) watchmaker's (shop) ***3*** (*meccanismo*) clockwork • **bomba a o.**, time-bomb □ **congegno a o.**, timing device; timer.
orologiàio *m.* (*f.* **-a**) ***1*** watchmaker ***2*** (*riparatore*) watch repairer.
orològio *m.* (*da muro, ecc.*) clock; (*da polso, da taschino*) watch; (*tecn. o stor.*) timepiece: **o. a cronometro**, stopwatch; timer; **o. a pendolo**, pendulum-clock; **o. da polso**, wristwatch; **o. da tavolo**, table clock; **o. marcatempo**, time clock; **o. solare**, sundial; **Il mio o. è avanti** [**indietro**] **di due minuti**, my watch is two minutes fast [slow]; **Il mio o. va avanti** [**resta indietro**] **due minuti al giorno**, my watch gains [loses] two minutes a day; **mettere un o. all'ora esatta**, to set a clock (*o* a watch); **mettere avanti** [**indietro**] **un o.**, to put a clock forward [back] • **o. biologico**, biological clock □ (*fig.*) **essere un o.**, to be as regular as clockwork □ (*fig.*) **stare con l'o. in mano**, to be a stickler for punctuality.
oròscopo *m.* horoscope: **trarre l'o.**, to cast a horoscope.
orpèllo *m.* ***1*** (*esteriorità*) tinsel ***2*** (*al pl.*) (*fronzoli*) frills.
orrèndo *a.* horrible; horrid; horrific; hideous; ghastly; dreadful.
orrìbile *a.* ***1*** (*che fa orrore*) horrible; horrid; hideous ***2*** (*terribile*) terrible; awful; dreadful ***3*** (*pessimo*) awful; dreadful; horrendous.
òrrido ***A*** *a.* horrid; hideous ***B*** *m.* ***1*** macabre ***2*** (*forra*) ravine.
orripilànte *a.* hair-raising; horrifying.
orróre *m.* ***1*** horror; (*terrore*) dread, terror; (*disgusto*) disgust: **fare o.**, to horrify; to fill with horror; **una vista che desta o.**, a horrifying sight; **film dell'o.**, horror film ***2*** (*atrocità*) atrocity; (*cosa orribile*) horror, awful thing, monstrosity: **gli orrori della guerra**, the atrocities of war • **Il suo vestito era un o.**, her dress was awful □ **Che o. di donna!**, what a horrible woman! □ **Ho o. del sangue**, I hate the sight of blood □ **Ho o. dei ragni**, I have a horror of spiders.
órsa *f.* ***1*** she-bear ***2*** (*astron.*) — **l'O. maggiore**, Ursa Major; the Great Bear; the Plough; **l'O. minore**, Ursa Minor; the Little Bear.
orsacchiòtto *m.* ***1*** bear cub ***2*** (*giocattolo*) teddy bear; teddy.
orsétto lavatóre *locuz. m.* (*zool.*) rac(c)oon.
órso *m.* ***1*** bear: **o. bruno**, brown bear; **o. grigio**, grizzly (bear); **o. polare** (*o* **bianco**), polar bear; **pelle d'o.**, bearskin ***2*** (*uomo poco socievole*) bear; (*uomo goffo*) clumsy man*, bull in a china shop.
orsù *inter.* come on!
ortàggio *m.* (*agric.*) vegetable.
ortènsia *f.* (*bot.*) hydrangea.
ortìca *f.* (*bot.*) nettle: **pungersi con le ortiche**, to be stung by nettles • (*fig.*) **gettare alle ortiche**, to throw away.
orticària *f.* (*med.*) urticaria; nettle-rash.
orticoltóre *m.* (*f.* **-trice**) horticulturist.
orticoltùra *f.* horticulture.
òrto *m.* (*domestico*) kitchen garden; (*di orticoltore*) market garden (*GB*), truck farm (*USA*) • **o. botanico**, botanical garden.
ortocèntro *m.* (*mat.*) orthocentre.
ortoclàṣio *m.* (*miner.*) orthoclase; common feldspar.
ortodossìa *f.* orthodoxy.
ortodòsso *a. e m.* orthodox.
ortoepìa *f.* (*ling.*) orthoepy.
ortofonìa *f.* ***1*** (*med.*) speech therapy ***2*** (*ling.*) correct speech.
ortofrutticolo *a.* fruit and vegetable (*attr.*).
ortofrutticoltùra *f.* market gardening (*GB*); truck farming (*USA*).
ortogonàle *a.* (*geom.*) orthogonal.
ortografìa *f.* orthography; (correct) spelling: **errori d'o.**, spelling mistakes.
ortogràfico *a.* (*gramm.*) orthographic; spelling (*attr.*): **regole ortografiche**, rules of spelling; **errore o.**, spelling mistake.
ortolàno *m.* (*f.* **-a**) ***1*** (*coltivatore*) market gardener (*GB*); truck farmer (*USA*) ***2*** (*venditore*) greengrocer ***3*** (*zool.*) ortolan bunting.
ortomercàto *m.* fruit and vegetable market.
ortopedìa *f.* (*med.*) orthop(a)edics (*pl. col verbo al sing.*).
ortopèdico (*med.*) ***A*** *a.* orthop(a)edic • **busto o.**, corset □ **collare o.**, orthopaedic collar □ **scarpa ortopedica**, surgical boot ***B*** *m.* (*f.* **-a**) orthop(a)edist.
òrza *f.* (*naut.*) weather (*o* windward) side • **andare** [**venire**] **all'o.**, to haul up; to luff.
orẓaiòlo *m.* (*med.*) sty(e).
orẓàre *v. t. e i.* (*naut.*) to haul up; to luff.
orẓàta (**1**) *f.* (*naut.*) luff; luffing.
orẓàta (**2**) *f.* ***1*** (*acqua d'orzo*) barley water ***2*** (*sciroppo di mandorle*) orgeat.
òrẓo *m.* (*bot.*) barley: **o. perlato**, pearl barley; **acqua d'o.**, barley water; **zucchero d'o.**, barley sugar.
oṣànna *m.* ***1*** (*relig.*) hosanna ***2*** (*acclamazione*) cheer.
oṣannàre ***A*** *v. i.* ***1*** (*relig.*) to sing* hosanna ***2*** (*acclamare*) to cheer ***B*** *v. t.* to cheer; to applaud; to acclaim; to hail.
oṣannàto *a.* applauded; praised.
oṣàre *v. t. e i.* ***1*** to dare*; to venture: **Non osai andare**, I didn't dare (to) go; I dared not go; **Come osi venire qui?**, how dare you come here?; **Non ho mai osato dirglielo**, I never dared (to) tell him; **Guai a te se osi!**, don't you dare!; **Oso dire che...**, I venture to say that...; **Oso sperare che...**, I would hope that... ***2*** (*arrischiare*) to risk; to attempt: **o. il tutto per tutto**, to risk one's all; **o. l'impossibile**, to attempt the impossible.
Òscar *m. invar.* ***1*** (*cinem.*) Oscar: **vincere l'O. come miglior**

attore, to win the Oscar for Best Actor; **candidato all'O.**, nominated for an Oscar *2* (*fig.*) first prize; award.

oscenità *f.* *1* obscenity *2* (*detto osceno, azione oscena*) obscenity; filth ◻ *3* (*opera brutta*) monstrosity; abortion (*fam.*); (*di edificio e sim., anche*) eyesore.

oscèno *a.* *1* obscene; indecent: (*leg.*) **atti osceni**, indecent behaviour; (*in pubblico*) indecent exposure *2* (*abominevole*) abominable; loathsome *3* (*fam.*: *pessimo*) awful; horrible; monstruous.

oscillànte *a.* *1* swinging; oscillating *2* (*variabile*) fluctuating; varying *3* (*incerto*) uncertain; (*tentennante*) wavering, dithering *4* (*elettr.*) oscillating; oscillatory: (*radio*) **circuito o.**, oscillatory circuit.

oscillàre *v. i.* *1* to swing*; to sway; (*scient. o fig.*) to oscillate; (*dondolare*) to rock: **I rami oscillavano piano**, the branches were gently swaying; **L'ago oscillò per qualche secondo**, the needle oscillated for a few seconds; **o. tra gioia e timore**, to swing (*o* to alternate) between joy and fear; **L'esplosione fece o. il lampadario**, the blast set the chandelier swinging; **far o. la barca**, to rock the boat *2* (*fluttuare*) to fluctuate; to be unsteady *3* (*essere dubbioso*) to vacillate; to waver; to dither *4* (*elettr., radio*) to oscillate.

oscillatóre *m.* (*elettr., radio*) oscillator.

oscillatòrio *a.* (*fis., mecc.*) oscillatory; oscillating.

oscillazióne *f.* *1* (*l'oscillare*) oscillation; swinging *2* (*fluttuazione*) fluctuation; fluctuating: **o. dei cambi**, fluctuation of exchange rates *3* (*elettr., radio, TV*) oscillation • (*cinem.*) **o. dell'immagine**, unsteady picture □ (*cinem.*) **o. del suono**, flutter.

oscillògrafo *m.* (*fis.*) oscillograph.

oscilloscòpio *m.* (*fis.*) oscilloscope.

oscuraménto *m.* obscuring; darkening; dimming; (*in guerra*) blackout.

oscurantismo *m.* obscurantism.

oscurantista *m. e f.* obscurantist.

oscuràre *A* *v. t.* *1* to obscure; to darken; (*anche in guerra*) to black out: **La nuvola oscurò il sole**, the cloud obscured the sun; **o. un locale**, to darken (*o* to black out) a room; (*TV*) **o. un canale**, to black out a channel *2* (*fig.*) to obscure; to overshadow: **o. la fama di q.**, to eclipse sb.'s fame *B* **oscuràrsi** *v. i. pron.* *1* to become* (*o* to grow*, to get*) dark; to grow* dim; to darken; to cloud over: **Il cielo si oscurò**, the sky clouded over; **Si oscurò in viso**, his face darkened *2* (*fig.*) to be obscured.

oscurità *f.* *1* darkness *2* (*fig.*) obscurity.

oscùro *A* *a.* *1* dark: **notte oscura**, dark night; (*fotogr.*) **camera o.**, darkroom *2* (*fosco, cupo*) dark: **il lato o. delle cose**, the dark side of things; **forze oscure**, dark forces *3* (*difficile a comprendersi*) obscure; (*misterioso*) mysterious *4* (*non conosciuto*) obscure: **un o. villaggio**, an obscure village *5* (*umile*) humble; lowly: **di origini oscure**, of humble birth *B* *m.* dark: **rimanere all'o.**, to be left in the dark; **tenere q. all'o. di q.c.**, to keep sb. in the dark about st.

osé (*franc.*) *a. invar.* risqué; racy.

osmòsi *f.* (*fis.*) osmosis.

osmòtico *a.* (*fis.*) osmotic.

ospedàle *m.* hospital: **o. da campo**, field hospital.

ospedalièro *A* *a.* hospital (*attr.*): **assistenza ospedaliera**, hospital care; **ricovero o.**, hospitalization; stay in hospital *B* *m.* (*f.* **-a**) hospital worker.

ospedalizzàre *v. t.* to hospitalize; to admit [to send*] to hospital.

ospedalizzazióne *f.* hospitalization; admission to hospital.

ospitàle *a.* hospitable: **paese o.**, hospitable country; **accoglienza o.**, friendly welcome.

ospitalità *f.* hospitality • **dare o. a q.**, *V.* **ospitare**.

ospitàre *v. t.* *1* to give* hospitality to; to have as a guest; (*dare rifugio*) to give* shelter to, to take* in; (*dare alloggio*) to lodge, to accommodate, to put* up (*fam.*): **Saremo felici di ospitarti**, we are looking forward to having you as a guest (*o* staying with us); **Mi ospita un amico**, I'm staying with a friend; **o. rifugiati**, to take in refugees; **L'albergo può o. 500 persone**, the hotel can accomodate 500 guests; **Per qualche giorno ti posso o. io**, I can put you up for a few days *2* (*contenere*) to contain; to hold*; to house • (*sport*) **o. una squadra**, to play at home.

òspite *A* *m. e f.* *1* (*chi ospita*) host (*m.*); hostess (*f.*) *2* (*persona ospitata*) guest: **o. gradito**, welcome guest; **ricevere gli ospiti**, to welcome one's guests; **essere o. da q.**, to be a guest at sb.'s house; to stay with sb.; **avere ospiti**, to have guests; to entertain (*form.*) • (*radio, TV*) **o. d'onore**, special guest □ **partirsene insalutato o.**, to leave without saying good-bye; (*scappare*) to disappear, to decamp *B* *a.* *1* (*che ospita*) host *2* (*che è ospite*) visiting: (*sport*) **squadra o.**, visiting team.

ospìzio *m.* home: **o. per ciechi**, home for the blind; **o. per vecchi**, old people's home; **o. per i trovatelli**, foundling hospital.

ossàrio *m.* ossuary; charnel house.

ossatùra *f.* *1* (*anat.*) skeleton; bone structure; bones (*pl.*): **l'o. del corpo umano**, the human skeleton; **l'o. del braccio**, the bones of the arm; **di o. robusta**, big-boned; **avere una solida o.**, to be strongly-built *2* (*tecn.*) framework; frame; structure; shell; carcass: **l'o. di un ponte**, the structure of a bridge; **l'o. di un grattacielo**, the skeleton (*o* the cage) of a skyscraper; **l'o. di una nave**, the framework of a ship *3* (*fig.*) structure; framework.

òsseo *a.* bony; osseous: **tessuto o.**, bony tissue.

ossequènte *a.* respectful; deferential; submissive: **o. alla tradizione**, respectful of tradition; **o. alla legge**, law-abiding.

ossequiàre *v. t.* to pay* one's respects to • **essere ossequiato da tutti**, to be treated with great deference by everybody.

ossèquio *m.* *1* respect; regard; (*deferenza*) deference *2* (*obbedienza*) obedience; observance; compliance: **in o. alla legge**, in obedience to the law; in observance of the law *3* (*omaggio*) homage *4* (*al pl.*) respects; regards: **Ossequi a sua moglie!**, please give my regards to your wife.

ossequiosità *f.* deference; respectfulness.

ossequióso *a.* deferential; respectful.

osservàbile *a.* noticeable; observable; visible.

osservànte *A* *a.* *1* observing; observant *2* (*relig.*) practising • **o. delle leggi**, law-abiding *B* *m. e f.* (*relig.*) practising Christian [Jew, etc.].

osservànza *f.* observance; (*conformità*) compliance • **di stretta o.**, strict; rigorous.

osservàre *v. t.* *1* to observe; to watch; (*esaminare*) to examine, to view, to look closely at *2* (*rilevare*) to observe; to remark; (*far notare*) to point out; (*notare*) to notice; (*obiettare*) to object *3* (*mantenere, rispettare*) to observe; to keep*: **o. una promessa**, to keep a promise; **o. il silenzio**, to observe silence; **o. la legge [i regolamenti]**, to observe (*o* to abide by) the law [the rules]; **o. una dieta rigorosa**, to keep to a strict diet; **o. il digiuno**, to fast • **fare o. q.c. a q.**, to point out st. to sb.; to draw sb.'s attention to st. □ **senza farsi o.**, without attracting any attention □ **Nulla da o.?**, any questions?

osservatóre *A* *m.* (*f.* **-trice**) observer *B* *a.* observing • **poco o.**, unobservant.

osservatòrio *m.* *1* (*astron., meteor.*) observatory *2* (*mil.*) observation post; lookout.

osservazióne *f.* *1* observation: **spirito d'o.**, powers of observation; **tenere q. sotto o.**, to keep sb. under observation; (*med.*) **essere in o.**, to be under observation *2* (*commento*) observation, remark, comment; (*obiezione*) objection; (*rimprovero*) reprimand, criticism: **fare un'o.**, to make a remark; to raise an objection; **fare o. a q.**, to criticize sb.; **permettersi un'o.**, to venture a remark.

ossessionànte *a.* obsessive; obsessing; haunting.

ossessionàre *v. t.* *1* to obsess; to haunt *2* (*esasperare*) to pester; (*tormentare*) to torment, to harass.

ossessionàto *a.* obsessed; paranoid (about st.) (*fam.*).

ossessióne *f.* *1* (*psic.*) obsession: **Ha l'o. del pulito**, he is obsessive about cleanliness (*o* hygiene) *2* (*assillo*) nagging thought; constant worry.

ossessivo *a.* *1* (*psic.*) obsessive; obsessing *2* (*tormentoso*) obsessing; haunting.

ossèsso *m.* (*f.* **-a**) *1* (*indemoniato*) person possessed *2* (*pazzo*) madman* (*f.* madwoman*).

ossìa *cong.* (*ovvero*) or; (*cioè*) that is, namely.

ossidàbile *a.* (*chim.*) oxidizable; oxidable.

ossidànte (*chim.*) *A* *a.* oxidizing *B* *m.* oxidizer.

ossidàre *v. t.*, **ossidàrsi** *v. i. pron.* (*chim.*) to oxidize.

ossidazióne *f.* (*chim.*) oxidization; oxidation.

ossidiàna *f.* (*miner.*) obsidian.

òssido *m.* (*chim.*) oxide.

ossìdrico *a.* (*chim.*) oxyhydrogen: **cannello o.**, oxyhydrogen blowpipe; **fiamma ossidrica**, oxyhydrogen flame.

ossificàre *v. t.*, **ossificàrsi** *v. i. pron.* (*anche fig.*) to ossify.

ossificazióne *f.* ossification.
ossigenàre *v. t.* **1** to oxygenate **2** (*trattare con acqua ossigenata*) to peroxide; to bleach: **ossigenarsi (i capelli)**, to bleach one's hair.
ossigenàto *a.* **1** oxygenated: **acqua ossigenata**, hydrogen peroxide **2** (*decolorato*) peroxided; bleached: **capelli ossigenati**, bleached hair; **bionda ossigenata**, peroxyde blonde.
ossigenazióne *f.* (*chim.*) oxygenation.
ossìgeno *m.* **1** (*chim.*) oxygen **2** (*aria fresca*) fresh air **3** (*aiuto finanziario*) financial help: **dare un po' di o. a una ditta**, to give financial assistance to a firm.
ossiùro *m.* (*zool.*) pinworm.
òsso *m.* (*pl.* **òssa** *f., per quelle umane e con sign. collett.*; **òssi** *m., per le parti ossee di animale e con sign. traslato*) **1** bone: **le ossa della mano**, the bones of the hand; **o. del collo**, collar bone; **Il freddo mi penetrava nelle ossa**, I was frozen to the bone; **d'o.**, made of bone; **le mie povere ossa**, my weary bones **2** (*nocciolo*) stone; pit (*USA*): **o. di ciliegia**, cherry stone • **o. di balena**, whalebone □ **o. di seppia**, cuttlebone □ (*fig.*) **un o. duro**, a hard nut to crack □ (*anat.*) **o. sacro**, sacrum □ **economia all'o.**, strict economy □ **essere di carne e ossa**, to be made of flesh and blood; to be human □ **farsi le ossa**, to gain experience; to cut one's teeth (*fam.*) □ **in carne e ossa**, in the flesh; in person □ **marcio fino all'o.**, rotten to the core □ (*scherz.*) **Molla l'o.!**, put it down!; give it back! □ (*di persona*) **essere ridotto pelle e ossa**, to be (only) skin and bone □ **ridurre all'o. q.c.**, to cut back st. mercilessly □ **rimetterci l'osso del collo**, (*rovinarsi*) to be ruined; (*ammazzarsi*) to get killed □ (*fig.*) **rompere le ossa a q.**, to beat sb. up; to beat the living daylights out of sb. (*pop.*) □ **rompersi l'o. del collo**, to break one's neck □ (*fig.*) **uscirne con le ossa rotte**, to have the worst of it; to take a beating.
ossobùco *m.* (*cucina*) marrow-bone; osso buco.
ossùto *a.* bony; raw-boned.
ostacolàre *v. t.* (*intralciare*) to hinder, to impede, to hamper, to handicap; (*interferire*) to stand* in the way of, to interfere with; (*impedire*) to thwart, to prevent; (*ostruire*) to obstruct, to block.
ostacolista *m. e f.* **1** (*atletica*) hurdler **2** (*equitazione*) steeplechaser.
ostàcolo *m.* **1** obstacle; hindrance; handicap; impediment; stumbling-block; drawback: **opporre un o.**, to create an obstacle; **essere di o.**, to constitute an obstacle; to be a bar (*o* a hindrance); to stand in the way (of) **2** (*sport*) hurdle; obstacle: **corsa a ostacoli**, (*atletica*) hurdle race; (*equitazione*) steeplechase; **i 110 ostacoli**, the 110 metres hurdles.
ostàggio *m.* hostage: **prendere [tenere] q. in o.**, to take [to hold] sb. (as a) hostage; **i prigionieri in o.**, the prisoners being held hostage.
ostàre *v. i.* — **Nulla osta a...**, there is no impediment to...
òste *m.* host; innkeeper; landlord.
osteggiàre *v. t.* to be hostile to; to oppose.
osteggiatóre *m.* (*f.* **-trice**) opposer.
ostèllo *m.* **1** (*albergo della gioventù*) (youth) hostel **2** (*lett.*: *rifugio*) refuge; sanctuary.
ostensòrio *m.* (*eccles.*) ostensory; monstrance.
ostentàre *v. t.* **1** (*esibire*) to parade; to show* off; to flaunt: **o. la propria bravura**, to parade one's skill; to show off **2** (*fare mostra*) to feign; to pretend: **o. indifferenza**, to feign indifference.
ostentataménte *avv.* ostentatiously; pretentiously.
ostentàto *a.* **1** (*esibito*) ostentatious; flaunted; (*vantato*) boasted **2** (*affettato*) feigned; put-on.
ostentazióne *f.* ostentation; showing off (*fam.*); parade; show; display.
osteologìa *f.* (*scient.*) osteology.
osteòlogo *m.* (*f.* **-a**) osteologist.
osteoporòsi *f.* osteoporosis.
osterìa *f.* tavern; public house; (*locanda*) inn.
osterìggio *m.* (*naut.*) skylight.
ostéssa *f.* **1** hostess; landlady; innkeeper **2** (*moglie dell'oste*) innkeeper's wife*.
ostètrica *f.* **1** (*levatrice*) midwife* **2** (*medico*) obstetrician.
ostetrìcia *f.* (*med.*) obstetrics (*pl. col verbo al sing.*); midwifery.
ostètrico **A** *a.* obstetric • **clinica ostetrica**, maternity home **B** *m.* obstetrician.
òstia *f.* **1** (*eccles.*) Host **2** (*cialda*) wafer.
òstico *a.* (*duro*) hard; (*spiacevole*) unpleasant; (*difficile*) difficult, tough.
ostìle *a.* hostile; (*contrario*) contrary, opposed (to): **atteggiamento o.**, hostile attitude; **la stampa o. al governo**, the papers opposed to the government; **atti ostili**, acts of hostility.
ostilità *f.* **1** hostility **2** (*al pl.*) (*mil.*) hostilities: **aprire [sospendere] le o.**, to open [to suspend] hostilities.
ostinàrsi *v. i. pron.* to be obstinate; (*persistere*) to persist, to persevere; (*insistere*) to insist: **È inutile o.**, it's pointlesst to insist; **o. nell'errore**, to persist in error; **o. a voler fare q.c.**, to insist on doing st.; **o. a volere l'ultima parola**, to insist on having the last word.
ostinàto *a.* obstinate; stubborn; dogged; (*testardo*) headstrong, mulish; (*pertinace*) persistent, determined: **resistenza ostinata**, obstinate (*o* dogged) resistance; **ragazzo o.**, stubborn (*o* headstrong) boy; **febbre ostinata**, persistent fever; **silenzio o.**, stubborn silence.
ostinazióne *f.* obstinacy; stubbornness; doggedness; (*testardaggine*) mulishness; (*pertinacia*) persistence, determination.
ostracìsmo *m.* ostracism • **dare l'o. a q.**, to ostracize sb.
òstrica *f.* (*zool.*) oyster: **o. perlifera**, pearl oyster; **allevamento di ostriche**, oyster farm; **banco di ostriche**, oyster bed.
ostrogòto **A** *a.* Ostrogothic **B** *m.* **1** Ostrogoth **2** (*fig.*) barbarian • **parlare o.**, to speak double Dutch □ **Per me è tutto o.**, it's all Greek to me.
ostruìre **A** *v. t.* to obstruct; to block; (*occludere*) to stop, to close up; (*intasare*) to clog: **o. il traffico**, to obstruct the traffic; **o. una strada**, to block a road; **o. un tubo**, to obstruct (*o* to clog) a pipe; **o. la vista**, to block the view **B** **ostruìrsi** *v. i. pron.* to become* (*o* to get*) obstructed; to clog; (*di melma, sabbia*) to silt up.
ostruzióne *f.* **1** obstruction; blocking up; (*occlusione*) occlusion, stoppage; (*intasamento*) clogging **2** (*impedimento*) obstruction; impediment; hindrance **3** (*naut.*) barrage **4** (*med.*) obstruction.
ostruzionìsmo *m.* obstructionism; (*polit., anche*) stonewalling (*GB*), filibustering (*USA*) • **fare o.**, to use obstructionist tactics; to stonewall; to filibuster.
ostruzionista *m. e f.* obstructionist; (*polit., anche*) stonewaller (*GB*), filibuster (*USA*).
ostruzionìstico *a.* obstructionist; obstructive.
otàrda *f.* (*zool.*) bustard.
otària *f.* (*zool.*) sea lion.
otìte *f.* (*med.*) otitis.
otorinolaringoiàtra *m. e f.* (*med.*) ear, nose and throat specialist; otolaryngologist.
otorinolaringoiatrìa *f.* (*med.*) otolaryngology; otorhinolaryngology.
òtre *m.* leather bag (*o* bottle); goatskin • **pieno come un o.**, as full as an egg; full up (*fam.*); bloated (*fam.*).
ottaèdro *m.* (*geom.*) octahedron*.
ottagonàle *a.* (*geom.*) octagonal.
ottàgono *m.* (*geom.*) octagon.
ottàno *m.* (*chim.*) octane: **ad alto numero di o.**, high-octane (*attr.*).
ottànta *a. num. card. e m.* eighty. (*Per gli esempi d'uso, V. sotto* **quaranta**).
ottantènne **A** *a.* eighty years old (*pred.*); eighty-year-old (*attr.*) **B** *m. e f.* eighty-year-old (man* *m.*, woman* *f.*); (*sull'ottantina*) man* [woman*] in his [her] eighties.
ottantènnio *m.* (period of) eighty years.
ottantèsimo *a. num. ord. e m.* eightieth.
ottantìna *f.* **1** about eighty **2** (*rif. a età*) (the age of) eighty. (*Per gli esempi d'uso, V. sotto* **quarantina**).
ottativo *a. e m.* (*gramm.*) optative.
ottàva *f.* **1** (*eccles., mus.*) octave **2** (*metrica*) octave; ottava rima.
ottavìno *m.* (*mus.*) piccolo*.
ottàvo **A** *a. num. ord.* eighth **B** *m.* **1** eighth **2** (*tipogr.*) octavo*; 8vo **3** (*sport*) — **entrare negli ottavi di finale**, to get into the last sixteen; **superare gli ottavi di finale**, to reach the quarterfinals.
ottemperànza *f.* compliance: **in o. a**, in compliance with.
ottemperàre *v. i.* to comply with; to obey.
ottenebraménto *m.* darkening; clouding.
ottenebràre *v. t.*, **ottenebràrsi** *v. i. pron.* (*anche fig.*) to

darken; to cloud.

ottenére *v. t.* ***1*** to obtain; to get*; to achieve; to attain; to gain; to reach; (*vincere*) to win*: **o. un buon risultato**, to obtain (*o* to achieve) a good result; **o. informazioni**, to get (*o* to gain) information; **o. il divorzio**, to get a divorce; **o. una vittoria**, to gain (*o* to win) a victory; **o. un premio**, to win a prize; **Non ne ottenni niente**, I got nothing out of it ***2*** (*ricavare, estrarre*) to obtain; to extract ***3*** (*comm.*) to realize.

ottenibile *a.* obtainable; (*conseguibile*) attainable, achievable.

otteniménto *m.* obtainment; (*conseguimento*) attainment, achievement.

ottétto *m.* (*mus.*) octet, octette.

òttica *f.* ***1*** (*fis.*) optics (*pl. col verbo al sing.*) ***2*** (*punto di vista*) point of view; viewpoint; way of looking at st.

òttico ***A*** *a.* ***1*** (*rif. alla vista*) optic: **nervo o.**, optic nerve ***2*** (*rif. all'ottica*) optical: **illusione ottica**, optical illusion; **strumento o.**, optical instrument ***B*** *m.* (*f.* **-a**) (dispensing) optician.

ottimàle *a.* optimum (*attr.*); optimal.

ottimaménte *avv.* very well; quite well; excellently.

ottimismo *m.* optimism • **vedere le cose con o.**, to take an optimistic view of things.

ottimista ***A*** *m. e f.* optimist ***B*** *a.* optimistic.

ottimistico *a.* optimistic.

ottimizzàre *v. t.* to optimize.

ottimizzazióne *f.* optimization.

òttimo ***A*** *a. superl.* very good; very fine; (*eccellente*) excellent, first-rate; (*perfetto*) perfect: **Il viaggio è stato o.**, the journey went very well (*o* was excellent); **un o. cognac**, a very fine cognac; **un o. giovane**, an excellent young man; **in o. stato**, in perfect condition; **O.!**, excellent!; great! (*fam.*) ***B*** *m.* ***1*** (the) best ***2*** (*votazione*) top marks (*pl.*).

òtto ***A*** *a. num. card.* eight ***B*** *m.* ***1*** eight ***2*** (*figura*) figure-of--eight • (*tipogr.*) **corpo o.**, 8 point; brevier □ **oggi a o.**, today week □ **lunedì o.**, a week on (*USA* from) Monday; Monday week □ **ogni o. giorni**, once a week.

ottóbre *m.* October. (*Per gli esempi d'uso, V. sotto* **aprile**).

ottocentésco *a.* nineteenth-century (*attr.*).

ottocentèsimo *a. num. ord. e m.* eight hundredth.

ottocènto *a. num. card. e m.* eight hundred • **l'O.**, the nineteenth century □ (*sport*) **gli o.**, the eight-hundred metres.

ottomàna *f.* ottoman; sofa; settee.

ottomàno *a. e m.* Ottoman.

ottomila *a. num. card. e m.* eight thousand.

ottonàrio *a. e f.* (*poesia*) octosyllabic line.

ottóne *m.* ***1*** brass: **lucidare gli ottoni**, to polish the brass ***2*** (*al pl.*) (*mus.*) brass Ⓤ: **banda di ottoni**, brass band.

ottovolànte *m.* roller coaster; big dipper (*GB*).

ottuagenàrio *a. e m.* (*f.* **-a**) octogenarian.

ottùndere ***A*** *v. t.* ***1*** to blunt ***2*** (*fig.*) to dull ***B*** **ottùndersi** *v. i. pron.* to blunt.

ottundiménto *m.* blunting; dulling.

òttuplo *a.* octuple; eightfold; eight times as much.

otturàre ***A*** *v. t.* ***1*** to stop; to fill; to close up: **o. un dente**, to fill a tooth; **o. una falla**, to stop a leak ***2*** (*tamponare*) to plug ***3*** (*intasare*) to clog, to choke up; (*ostruire*) to obstruct, to stop up, to block ***B*** **otturàrsi** *v. i. pron.* to clog; to get* choked up; to get* blocked.

otturatóre *m.* ***1*** (*di arma da fuoco*) breechblock; obturator ***2*** (*fotogr., cinem.*) shutter.

otturazióne *f.* ***1*** stopping; filling; plugging ***2*** (*di dente*) filling ***3*** (*ostruzione*) blocking up; clogging.

ottusità *f.* ***1*** (*fig.*) obtuseness; dullness; slowness ***2*** (*geom.*) obtuseness.

ottùso *a.* ***1*** (*smussato*) blunt; obtuse ***2*** (*lento nell'apprendere*) dense, obtuse ***3*** (*geom.*) obtuse.

ouverture (*franc.*) *f. invar.* (*mus.*) overture.

ovàia *f.* (*anat.*) ovary.

ovàle *a. e m.* oval.

ovàrico *a.* (*anat.*) ovarian; ovarial.

ovàrio *m.* (*anat., bot.*) ovary.

ovàtta *f.* ***1*** (*ind. tess.*) wadding; (*per imbottiture*) padding ***2*** (*cotone idrofilo*) cotton wool; cotton (*USA*).

ovattàre *v. t.* ***1*** (*imbottire*) to pad; to wad ***2*** (*attutire*) to tone down; to soften; (*un suono*) to muffle.

ovattàto *a.* ***1*** (*imbottito*) padded; wadded ***2*** (*attutito*) softened; (*di suono*) muffled; (*di atmosfera*) hushed.

ovazióne *f.* ovation.

óve (*lett.*) ***A*** *avv.* where • **ove che sia**, anywhere; everywhere ***B*** *cong.* (*lett.*) if; in case.

òvest ***A*** *m.* west: **a** (*o* **all'**) **o.**, in the west; **a o. di**, (to the) west of; **andare a o.**, to go west; **Il vento soffia da o.**, the wind is blowing from the west; **da est a o.**, from east to west; **verso o.**, towards the west; westward (*agg.*), westward(s) (*avv.*); **vento da o.**, westerly wind; **vento dell'o.**, west wind ***B*** *a. invar.* west; western; westerly: **zona o.**, western zone; **in direzione o.**, in a westerly direction.

ovile *m.* sheepfold; sheep-pen • (*fig.*) **rientrare all'o.**, to return to the fold.

ovino ***A*** *a.* ovine; sheep (*attr.*): **allevamento o.**, sheep farm; **carni ovine**, mutton ***B*** *m.* sheep*.

ovìparo *a.* (*zool.*) oviparous.

ovocèllula *f.* (*biol.*) egg cell.

ovoidàle *a.* ovoidal; ovoid; egg-shaped.

ovòide *a. e m.* ovoid.

ovolaccio *m.* (*bot.*) fly agaric.

òvolo *m.* (*bot.*) royal agaric • **o. malefico**, fly agaric.

ovulàre (**1**) *a.* ***1*** (*biol.*) ovular ***2*** *V.* **ovoidale**.

ovulàre (**2**) *v. i.* to ovulate.

ovulazióne *f.* (*biol.*) ovulation.

òvulo *m.* ***1*** (*anat.*) egg cell; ovum* ***2*** (*bot.*) ovule ***3*** (*farm.*) vaginal suppository.

ovùnque *V.* **dovunque**.

ovvéro *cong.* or; or rather.

ovviaménte *avv.* obviously; evidently; naturally; of course.

ovviàre *v. i.* to obviate (st.); to ward off (st.).

ovvietà *f.* ***1*** obviousness; self-evidence ***2*** (*cosa ovvia*) truism; triviality.

òvvio *a.* obvious; (*evidente*) self-evident, manifest; (*naturale*) natural: **È o. che lui non ci tiene**, he obviously isn't keen on the idea; **verità ovvia**, manifest truth; **«Viene anche lui?» «O.»**, «is he coming too?» «of course».

oziàre *v. i.* to be idle; to idle about; to laze about; to loaf.

òzio *m.* ***1*** idleness; (*neghittosità*) indolence, sloth: **vivere nell'o.**, to live in idleness; **stare in o.**, *V.* **oziare** ***2*** (*inattività*) inactivity: **o. forzato**, forced inactivity ***3*** (*riposo*) leisure: **ore d'o.**, leisure hours.

oziosaménte *avv.* idly; in idleness.

oziosità *f.* ***1*** idleness ***2*** (*inutilità*) futility; idleness ***3*** (*al pl.*) idle talk Ⓤ.

ozióso ***A*** *a.* ***1*** idle; (*neghittoso*) indolent, lazy; slothful ***2*** (*inoperoso*) inactive ***3*** (*inutile, vano*) idle; futile; vain ***B*** *m.* (*f.* **-a**) idler; loafer.

ozonizzatóre *m.* ozonizer; ozone generator.

ozonizzazióne *f.* (*chim.*) ozonization.

ozòno *m.* (*chim.*) ozone • **il buco nell'o.**, the hole in the ozone layer.

ozonosfèra *f.* ozone layer; ozonosphere.

ozonoterapìa *f.* ozonotherapy.

p, P

P, p *m. o f.* P, p • (*telef.*) **p come Palermo**, p for Peter.

pacatézza *f.* calm; calmness; quietness.

pacàto *a.* calm; quiet; even: **voce pacata**, calm voice; **carattere p.**, even temper; **Mi fece un discorso p.**, he talked to me calmly.

pàcca *f.* slap; (*schiaffo*) smack: **dare una p. sulle spalle a q.**, to slap sb. on the back.

pacchétto *m.* ***1*** packet; pack (*USA*); parcel: **p. di sigarette**, packet of cigarettes; **p. postale**, parcel ***2*** (*fascio*) bundle: **p. di lettere**, bundle of letters ***3*** (*fig.*) package: **p. di riforme**, reform package; (*econ.*) **p. di aiuti**, aid package; **p. di misure**, package deal; (*elab.*) **p. applicativo**, application package • (*fin.*) **p. azionario**, block of shares □ (*fin.*) **p. di maggioranza**, majority stake.

pàcchia *f.* (*fam.*) — **Due mesi di vacanza? Che p.!**, a two--month holiday? brilliant!; **Non è mica una p.**, it's no fun; **La p. è finita**, the party's over!

pacchianàta *f.* something garish (*o* showy); something vulgar.

pacchianerìa *f.* garishness; showiness; vulgarity.

pacchiàno *a.* garish; showy; vulgar.

pàcco *m.* ***1*** parcel; package: **p. dono**, gift parcel; **p. postale**, parcel; **spedire come p. postale**, to send by parcel post ***2*** (*involto*) bundle; (*pila*) deck: **p. di giornali**, bundle of papers; **p. di schede**, deck of index cards ***3*** (*pop.*: *imbroglio*) swindle; con: **tirare il p. a q.**, to con sb.

paccottìglia *f.* (*merce scadente*) shoddy goods (*pl.*); (*cose di nessun valore*) trash, junk.

pàce *f.* ***1*** peace: **una p. onorevole**, peace with honour; **tempo di p.**, peacetime; **un paese in p.**, a country at peace; **fare la p. (con)**, to make peace (with); to make it up (with); **mettere p. tra**, to make peace between; **trattato di p.**, peace treaty; **forze di p.**, peace-keeping forces ***2*** (*quiete, tranquillità*) peace; peace and quiet: **la p. dello spirito**, peace of mind; **Non ho un momento di p.**, I haven't got a moment's peace; **Voglio solo un po' di p.**, all I want is a bit of peace and quiet; **lasciare q. in p.**, to leave sb. in peace (*o* alone); **C'è una bella p. qui**, it's really peaceful here • **P. all'anima sua!**, God rest his soul! □ **la p. eterna**, eternal rest □ **darsi p.**, to resign oneself □ **non darsi p.**, (*preoccuparsi*) to keep worrying; (*non rassegnarsi*) to be unable to resign oneself.

pachidèrma *m.* ***1*** (*zool.*) pachyderm ***2*** (*persona grassa*) fatty; mound of flesh ***3*** (*persona poco sensibile*) thick--skinned person.

pachistàno *a. e m.* (*f.* **-a**) Pakistani (*f.* Pakistani woman*).

pacière *m.* (*f.* **-a**) peacemaker.

pacificaménte *avv.* peacefully; in peace.

pacificàre *v. t.* ***1*** (*riconciliare*) to reconcile ***2*** (*mettere in pace*) to pacify; to appease.

pacificàto *a.* pacified; at peace.

pacificatóre ***A*** *m.* (*f.* **-trice**) peacemaker ***B*** *a.* pacifying; reconciliatory.

pacificazióne *f.* pacification; reconciliation.

pacìfico *a.* ***1*** peaceful; peace-loving; peaceable: **intenzioni pacifiche**, peaceful (*o* peaceable) intent; **coesistenza pacifica**, peaceful coexistence; **vita pacifica**, peaceful life; **uomo p.**, peace-loving man ***2*** (*ovvio*) obvious; self-evident.

pacifişmo *m.* pacifism.

pacifişta *a., m. e f.* pacifist.

pacioccóne ***A*** *m.* (*f.* **-a**) (*fam.*) plump, placid person ***B*** *a.* ***1*** (*bonario*) placid; easy-going; jovial ***2*** (*grassoccio*) plump; chubby.

padàno *a.* (*geogr.*) of the Po; Po (*attr.*): **la pianura padana**, the Po valley.

padèlla *f.* ***1*** frying pan: **cuocere (*o* fare) in p.**, to fry; **pesce in p.**, fried fish; **pentole e padelle**, pots and pans ***2*** (*per infermi*) bedpan ***3*** (*scaldaletto*) warming pan ***4*** (*fam.*: *macchia*) stain • **dalla p. nella brace**, out of the frying pan into the fire.

padiglióne *m.* ***1*** (*tenda*) pavilion; tent ***2*** (*baldacchino*) canopy ***3*** (*edificio isolato*) pavilion; (*di ospedale*) block, wing ***4*** (*anat.*) auricle.

pàdre *m.* ***1*** father: **È p. di due figli**, he is the father of two children; **p. di famiglia**, family man; **p. adottivo**, adoptive (*o* foster) father; **Sua moglie l'ha reso p. di un maschio**, his wife bore him a son; **Dio p.**, God the Father; **fare da p. a q.**, to be a father to sb. ***2*** (*eccles.*) Father: **il Santo P.**, the Holy Father; **P. Piero**, Father Piero; **p. spirituale**, father confessor ***3*** (*antenato*) forefather • **p. della patria**, founding father (of the country) □ **p. padrone**, tyrannical father □ **il signor Bianchi p.**, Mr Bianchi senior □ **di p. in figlio**, from father to son □ **zio per parte di p.**, uncle on one's father's side □ (*prov.*) **Quale il p., tale il figlio**, like father, like son.

padretèrno *m.* God the Father • **credersi un p.**, to think one is God Almighty □ **fare il p.**, to throw one's weight about.

padrino *m.* ***1*** (*eccles.*) godfather: **fare da p. a q.**, to stand godfather to sb.; **il p. e la madrina**, the godparents ***2*** (*di duello*) second.

padróna *f.* ***1*** (*anche fig.*) mistress; (*di casa*) lady of the house; (*che riceve*) hostess: **Io sono la p. qui**, I am the mistress here; **p. della situazione**, mistress of the situation; **È una brava p. di casa**, (*sa ricevere*) she is a good hostess; (*tiene bene la casa*) she's an excellent housewife ***2*** (*proprietaria*) owner; (*di casa, albergo, ecc.*) landlady: **la p. del mio appartamento**, the owner of my flat; my landlady ***3*** (*datrice di lavoro*) employer. *V. anche gli esempi d'uso sotto* **padrone**.

padronàle *a.* master's; owner's; proprietor's: **l'autorità p.**, the master's (*o* owner's) authority • **associazione p.**, employers' association □ **bagno p.**, master bathroom □ **casa p.**, manor house □ **ingresso p.**, main entrance.

padronànza *f.* ***1*** control; mastery: **la p. di sé**, one's self--control; one's composure ***2*** (*conoscenza*) mastery; command; grasp; knowledge: **p. di una lingua**, good command (*o* mastery) of a language; **p. di un argomento**, knowledge of a subject; **piena p.**, total command; thorough knowledge.

padronàto *m.* (*i padroni*) owners (*pl.*); (*i datori di lavoro*) employers (*pl.*).

padroncino *m.* ***1*** (*figlio del padrone*) young master; boss's son ***2*** (*tassista proprietario*) self-employed taxi-driver ***3*** (*piccolo trasportatore*) lorry owner-driver; truck owner--operator.

padróne *m.* ***1*** master (*anche fig.*); boss (*fam.*): **essere p. a casa propria**, to be master in one's own home; **servire due padroni**, to serve two masters; **p. della situazione**, master of the situation ***2*** (*proprietario*) owner; (*terriero o di immobile*) landlord: **il mio p. di casa**, my landlord ***3*** (*datore di lavoro*) employer; boss (*fam.*) • (*fig.*) **il p. del vapore**, the big boss □ **p. di sé**, self-controlled; composed; cool--headed □ **essere p. di fare q.c.**, to be free to do st. □ **non essere p. delle proprie azioni**, not to be responsible for one's actions □ **non essere più p. di sé**, to have lost one's self-control □ **farla da p.**, to play the lord and master; to lord it over sb.

padroneggiàre ***A*** *v. t.* ***1*** to have a good command of; (*riuscire a p.*) to master: **Padroneggia il tedesco**, he has a good command of German ***2*** (*dominare*) to control; to rule; to handle: **p. la folla [un'emozione]**, to control the crowd [an emotion]; **p. la situazione**, to handle the situation ***B*** **padroneggiàrsi** *v. rifl.* to control oneself • **non saper p.**, to lack self-control.

padronìssimo *m.* (*f.* **-a**) — **P. di farlo, se vuole**, he is perfectly free to do it; he can go ahead and do it, no one's stopping him □ **Non vuoi venire? P.!**, you don't want to come? suit yourself!

paeșàggio *m.* ***1*** landscape; scenery; (*panorama*) view, panorama: **difesa del p.**, protection of the landscape; **p. di montagna**, mountain scenery; **ammirare il p.**, to admire the view ***2*** (*arte*) landscape: **p. marino**, seascape.

paeșaggista *m. e f.* ***1*** (*arte*) landscape painter; landscapist ***2*** (*architetto di giardini*) landscape gardener.

paeșaggìstico *a.* landscape (*attr.*).

paeșàno ***A*** *a.* (*di campagna*) country (*attr.*), of (*o* from) the country, rural, rustic; (*di paese*) village (*attr.*): **la vita paesana**, country life; **festa paesana**, village festival • **cucina alla paesana**, country-style cooking ***B*** *m.* (*f.* **-a**) ***1*** countryman* (*f.* countrywoman*); villager ***2*** (*compaesano*) person coming from the same village • **i paesani**, country people (*o* folk).

paéșe *m.* ***1*** (*nazione*) country: **p. d'origine**, country of origin; **paesi d'oltremare**, overseas countries ***2*** (*regione, terra*) country, land; (*luogo*) place: **p. collinoso**, hilly country; **scoprire paesi nuovi**, to discover new lands ***3*** (*villaggio*) village; (*cittadina*) (small) town: **il p. natio**, one's native village [town]; one's birthplace; **al mio p.**, in the village [town] where I live; at home • **i Paesi Bassi**, the Low Countries; the Netherlands □ **gente di p.**, country people; provincials □ (*fam.*) **mandare q. a quel p.**, to tell sb. to go to hell □ (*prov.*) **P. che vai, usanza che trovi**, when in Rome, do as the Romans do.

paeșìsta *V.* **paesaggista**.

paffùto *a.* plump; chubby.

pàga *f.* pay; (*salario*) wage, wages (*pl.*): **La p. è buona**, the pay is good; **p. base**, basic pay; **riscuotere la p.**, to draw one's pay; **busta p.**, pay packet (*GB*); pay envelope (*USA*); **giorno di p.**, payday.

pagàbile *a.* (*comm.*) payable: **p. a vista [al portatore, alla consegna]**, payable at sight [to bearer, on delivery].

pagàia *f.* paddle.

pagaiàre *v. i.* to paddle.

pagaménto *m.* payment; (*somma pagata*) amount paid: **p. anticipato [a rate]**, payment in advance [by instalments]; **p. alla consegna** (*o* **contro assegno**), cash on delivery; **p. in contanti**, cash payment; (payment) cash down; **avviso di p.**, notice of payment; **condizioni di p.**, terms of payment • **fare q.c. a p.**, to do st. for a fee □ **paziente a p.**, fee-paying patient □ **camera** (*di ospedale*) **a p.**, private room □ **mancato p.**, non-payment □ **mandato di p.**, money-order.

paganéșimo *m.* paganism.

pagàno *a. e m.* (*f.* **-a**) pagan; heathen.

pagàre *v. t.* ***1*** to pay*; (*una cosa acquistata e fig.*) to pay* for: **p. un conto**, to pay a bill; **p. i creditori**, to pay (off) one's creditors; **Quanto l'hai pagato?**, how much did you pay for it?; **Me la pagherai!**, you'll pay for this!; **p. alla consegna**, to pay cash on delivery; **p. in contanti**, to pay cash (down); **p. in natura**, to pay in kind; **p. con la vita**, to pay with one's life ***2*** (*offrire*) to treat; to stand*: **p. da bere a q.**, to stand sb. a drink; **Pago io!**, it's on me!; it's my turn! • **p. alla romana**, to go Dutch □ **p. caro q.c.**, to pay a lot for st.; (*fig.*) to pay dearly for st. □ **p. di persona**, to face the consequences □ **p. q.c. salato** (*o* **p. un occhio della testa per q.c.**), to pay through the nose for st. □ **Quanto te l'hanno fatto p.?**, how much did they charge you for it? □ **farla p. a q.**, to get back at sb. □ **Fatti p.!**, make sure you get paid!; make them pay you! □ **farsi p.** (**caro**), to charge a lot □ **Non so cosa pagherei per...**, I would give anything to... □ **Tanto paga Pantalone!**, of course, Muggins will pay!

pagatóre ***A*** *m.* payer ***B*** *a.* paying; pay (*attr.*): **ufficiale p.**, paymaster.

pagèlla *f.* school report; report card.

pàggio *m.* page • **pettinatura alla p.**, pageboy (style).

paghèrò *m.* (*comm.*) I owe you (*abbr.* IOU) • **p. cambiario**, promissory note (*abbr.* P/N).

pàgina *f.* page: **un libro di 200 pagine**, a book of 200 pages; **p. bianca**, blank page; **lettera di sei pagine**, a six--page letter; **una p. eroica della nostra storia**, a heroic page in our history • (*telef.*) **pagine gialle**, yellow pages □ (*mus.*) **pagine pianistiche**, piano pieces □ (*giorn.*) **prima p.**, front page: **finire in prima p.**, to end up on the front page; **notizia da prima p.**, headline-hitting news □ (*giorn.*) **terza p.**, literary page □ **voltare p.**, to turn over a page; (*fig.*) to turn over a new leaf.

paginatùra *f.* pagination; page numbering.

pàglia *f.* straw: **un filo** (*o* **fuscello**) **di p.**, a (single) straw • **cappello di p.**, straw hat □ **uomo di p.**, man of straw.

pagliaccésco *a.* (*spreg.*) clownish; clown-like.

pagliaccétto *m.* ***1*** (*per bambino*) romper suit; rompers (*pl.*) ***2*** (*per donna*) camiknickers (*pl.*).

pagliaccìata *f.* ***1*** tomfoolery Ⓤ; buffoonery Ⓤ: **Basta con queste pagliacciate**, enough of this tomfoolery!; stop being a fool! ***2*** (*cosa poco seria*) joke; farce.

pagliàccio *m.* ***1*** clown ***2*** (*fig.*) clown; buffoon: **fare il p.**, to play the fool; to clown around.

pagliàio *m.* ***1*** straw rick; straw stack ***2*** (*edificio*) barn.

paglierìccio *m.* straw mattress; pallet; palliasse.

paglierìno *a.* straw-coloured; straw-yellow.

pagliétta *f.* ***1*** (*cappello*) straw hat ***2*** (*di ferro*) steel wool.

pagliùzza *f.* ***1*** (blade of) straw ***2*** (*di metallo*) minute particle; speck • (*Bibbia*) **la p. nell'occhio del fratello**, the mote in one's brother's eye □ **attaccarsi a una p.**, to catch at straws.

pagnòtta *f.* ***1*** (round) loaf* ***2*** (*fig.*) living; bread and butter (*fam.*): **lavorare per la p.**, to work for one's bread and butter.

pàgo *a.* content (with); satisfied (with).

pagòda *f.* pagoda.

pagùro *m.* (*zool.*) hermit crab.

paillard (*franc.*) *f. invar.* (*cucina*) grilled sirloin.

paillette (*franc.*) *f. invar.* (*moda*) sequin; spangle.

pàio *m.* (*pl.* **pàia** *f.*) ***1*** pair: **un p. di scarpe nuove**, a new pair of shoes; **un p. di occhiali [di forbici]**, a pair of spectacles [of scissors] ***2*** (*coppia*) pair; couple; (*di selvaggina*) brace*; (*di buoi*) yoke* ***3*** (*due o tre*) couple; two or three; a few: **tra un p. d'ore**, in a couple of hours; in an hour or two; **Inviterò un p. di amiçi**, I'll invite a few friends • **fare il p.**, to be well-matched □ **È un altro p. di maniche**, that's quite a different story; that's a different kettle of fish.

paiòlo *m.* pot; (*calderone*) cauldron.

pàla *f.* ***1*** shovel: **p. meccanica**, mechanical shovel ***2*** (*di remo, elica, ventilatore*) blade, vane; (*di ruota*) paddle; (*di mulino*) vane: **ruota a pale**, paddle wheel; **battello a pale**, paddle steamer ***3*** (*arte, anche* **p. d'altare**) altar piece.

paladìno *m.* ***1*** paladin ***2*** (*fig.*) paladin; champion: **p. della libertà**, champion of liberty; **farsi p. di q.c.**, to champion st.: **farsi p. di q.**, to take up sb.'s cause.

palafitta *f.* ***1*** (*edil.*) pilework Ⓤ; piles (*pl.*): **costruito su palafitte**, built on piles ***2*** (*archeol.*) lake dwelling; palafitte: **villaggio di palafitte**, lake dwellings (*pl.*).

palafitticolo ***A*** *a.* lake-dwelling (*attr.*); lake (*attr.*) ***B*** *m.* lake-dweller.

palafrenière *m.* groom.

palandràna *f.* ***1*** (*cappotto*) long coat ***2*** (*veste lunga*) long, loose garment.

palaspòrt *m. invar.* indoor stadium.

palàta *f.* (*contenuto di una pala*) shovelful • **a palate**, in plenty □ **denaro a palate**, loads (*o* heaps, pots) of money □ **fare denaro a palate**, to make money hand over fist (*fam.*) □ **spendere a palate**, to spend money like water.

palatàle *a.* (*anat., fon.*) palatal.

palatìno *a.* ***1*** (*di palazzo*) palatine ***2*** (*stor.*) Palatine: **conte p.**, Count Palatine.

palàto *m.* ***1*** (*anat.*) palate: **p. duro [molle]**, hard [soft] palate ***2*** (*senso del gusto*) palate; (sense of) taste • **che stuzzica il p.**, appetizing □ **gradevole al p.**, palatable.

palazzìna *f.* house; (*di appartamenti*) small block of flats.

palazzinàro *m.* (*spreg.*) building speculator.

palàzzo *m.* ***1*** (*reggia, dimora nobiliare*) palace; (*se italiano, anche*) palazzo*; (*grande casa privata*) large house: **p. reale**, royal palace; **P. Strozzi**, Palazzo Strozzi; **p. vescovile**, bishop's palace ***2*** (*edificio*) building; (*di appartamenti*) block of flats (*GB*), apartment block (*USA*): **p. di uffici**, office building; **nel mio p.**, in my block of flats; **il P. dell'ONU**, the UN Building ***3*** (*potere politico centrale*) seat of power • **P. della Borsa**, Stock Exchange □ **p. del ghiacchio**, ice rink □ **p. dello sport**, indoor stadium □ **P. di Giustizia**, Law Courts □ **il P. di vetro**, the UN Building □ **P. Municipale**, Town Hall.

palazzóne *m.* high-rise building; tower block (*GB*).

palchettista *m. e f.* (*teatr.*) box holder.
pàlco *m.* ***1*** (*pedana, tribuna*) platform; stand: **il p. della banda musicale**, the bandstand ***2*** (*teatr.*) box: **fila di palchi**, tier of boxes; **p. di prima fila**, first-tier box; **p. di proscenio**, stage box ***3*** (*impalcatura*) scaffolding; (*tavolato*) flooring ***4*** (*patibolo*) scaffold ***5*** (*zool.*) antler.
palcoscènico *m.* (*teatr.*) stage • **amare il p.**, to love the theatre □ **calcare il p.**, to tread the boards.
paleocristiàno *a.* early-Christian.
paleografìa *f.* pal(a)eography.
paleògrafo *m.* (*f.* **-a**) pal(a)eographer.
paleolìtico *a. e m.* Pal(a)eolithic.
paleontologìa *f.* pal(a)eontology.
paleontòlogo *m.* (*f.* **-a**) pal(a)eontologist.
paleozòico *a. e m.* Pal(a)eozoic.
paleșàre ***A*** *v. t.* to reveal; to disclose; to lay* open ***B*** **paleșàrsi** *v. rifl.* ***1*** (*rivelarsi*) to reveal (*o* to show*) oneself ***2*** (*apparire*) to look; to appear.
paléșe *a.* manifest; clear; (*noto*) well-known; (*evidente*) evident, obvious: **verità p.**, manifest truth; **fatti palesi**, well-known facts; **contraddizione p.**, evident contradiction; **rendere p.**, to manifest; (*rivelare*) to reveal, to disclose.
palestinése *a. e m.* (*f.* **-a**) Palestinian (*f.* Palestinian woman*).
palèstra *f.* ***1*** gymnasium*; gym (*fam.*) ***2*** (*ginnastica*) gymnastics (*pl.*); exercise; workout (*fam.*): **Gli farebbe bene un po' di p.**, some exercise would do him good; he should work out (*fam.*) ***3*** (*fig.*) training • (*alpinismo*) **p. di roccia**, practice wall.
palétta *f.* ***1*** (*giocattolo*) spade ***2*** (*in cucina*) spatula; (*per dolci*) slice ***3*** (*per focolare*) (fireside) shovel ***4*** (*per spazzatura*) dustpan ***5*** (*ferr.*) signal stick ***6*** (*mecc.*) blade ***7*** (*agric.*) trowel. ATTENZIONE: **paletta ≠ palette.**
palétto *m.* ***1*** stake; pole; (*di tenda*) peg ***2*** (*chiavistello*) bolt: **mettere il p. all'uscio**, to bolt the door.
palindromo *m.* palindrome.
palinsèsto *m.* ***1*** (*filol.*) palimpsest ***2*** (*radio, TV*) programme schedule.
pàlio *m.* (*stor.*) banner (*given as a prize*) • **È in p. il titolo mondiale**, at stake is the world title □ **mettere q.c. in p.**, to offer st. as a prize □ **i premi in p.**, the prizes to be won.
palissàndro *m.* rosewood.
palizzàta *f.* fence; paling; palisade.
pàlla *f.* ***1*** ball: **giocare a p.**, to play ball; **p. da biliardo** [**da tennis**], billiard [tennis] ball; **p. di neve**, snowball; **giocare a palle di neve**, to throw snowballs ***2*** (*tiro di p.*) shot: (*tennis, ecc.*) **p. smorzata**, drop shot; **p. tagliata**, sliced shot ***3*** (*proiettile*) bullet; shell; shot: **p. di cannone**, shell; (*stor.*) cannonball; **p. di fucile**, bullet ***4*** (*per votazioni*) ballot ***5*** (*volg.*: *frottola*) balls (*pl.*): **È una p.!**, it's just balls!; **raccontare palle**, to talk a load of balls ***6*** (*al pl.*) (*volg.*: *testicoli*) balls • **p. al piede**, (*ostacolo*) hindrance; (*cosa o persona seccante*) drag □ (*sport*) **p. basca**, pelota; jai alai □ **p. ovale**, rugby ball; (*sport*) rugby □ (*fig.*) **cogliere la p. al balzo**, to seize an opportunity; to take one's chance □ (*volg.*) **far girare le palle a q.**, to piss sb. off □ (*volg.*) **Ne ho piene le palle**, I'm sick and tired (*o* sick to death) of it □ (*volg.*) **rompere le palle a q.**, (*infastidire*) to be a pain in the backside (*USA* ass); (*annoiare*) to bore the pants off sb. □ (*volg.*) **rottura di palle**, pain in the backside (*USA* ass).
pallacanèstro *m.* basketball.
palladiàno *a.* (*archit.*) Palladian.
pallàmano *f.* (*sport*) handball.
pallanuotista *m. e f.* water-polo player.
pallanuòto *f.* (*sport*) water polo.
pallavolìsta *m. e f.* (*sport*) volleyball player.
pallavólo *m.* (*sport*) volleyball.
palleggiaménto *V.* **palleggio.**
palleggiàre ***A*** *v. t.* to bounce; to toss ***B*** *v. i.* ***1*** (*calcio, ecc.*) to dribble ***2*** (*tennis*) to knock up ***C*** **palleggiàrsi** *v. rifl. recipr.* to shift (st.) on to each other (*o* one another): **p. una responsabilità**, to pass the buck (*fam.*).
palléggio *m. m.* ***1*** (*calcio, ecc.*) dribbling; dribble ***2*** (*tennis*) knock-up ***3*** (*fig.*) shifting: **p. di responsabilità**, shifting of responsibility; passing the buck (*fam.*).
pallettóni *m. pl.* buckshot ⓤ.
palliatìvo *a. e m.* (*farm. e fig.*) palliative.
pàllido *a.* ***1*** pale: **luce pallida**, pale (*o* dim) light; **diventare** (*o* **farsi**) **p.**, to turn (*o* to grow) pale; to go white (*fam.*); **p. come un morto**, as pale as death; as white as a sheet ***2*** (*fig.*) pale; dim; faint; slight: **p. ricordo**, dim recollection; **p. sorriso**, wan smile; **Non ne ho la più pallida idea**, I haven't the slightest idea.
pallìna *f.* (*bilia*) marble.
pallino *m.* ***1*** (*delle bocce*) jack; (*del biliardo*) cue ball ***2*** (*da caccia*) pellet; shot* ⓤ: **pallini di piombo**, lead shot ***3*** (*al pl.*) (*disegno di stoffa*) (polka) dots; spots: **cravatta a pallini**, spotted tie; **seta a pallini**, polka-dot silk ***4*** (*idea fissa*) fixation; foible; fetish (*fam*); thing (*fam.*); (*passione*) craze, fad: **Ha il p. dell'ordine**, he has a thing (*o* a fetish) about tidiness; **Ha il p. dell'archeologia**, he's crazy about archaeology; he's been bitten by the archaeology bug • (*fam.*) **andare a p.**, to fail; to go up in smoke □ (*fam.*) **mandare a p.**, to put paid to; to blow.
pallonàta *f.* (blow with a) ball: **prendere una p. in testa**, to be hit on the head by a ball.
palloncino *m.* ***1*** (*per bambini*) (toy) balloon ***2*** (*lampioncino*) Chinese lantern ***3*** (*fam.*: *etilometro*) breathalyser (*GB*); drunkometer (*fam. USA*): **prova del p.**, breath test.
pallóne *m.* ***1*** ball ***2*** (*gioco del calcio*) football: **giocare a p.**, to play football ***3*** (*aeron.*) balloon: **p. frenato**, captive balloon; **p. sonda**, sounding balloon ***4*** (*chim.*) flask • **p. gonfiato**, bighead □ **andare nel p.**, to get flustered; to get in a fuddle (*fam.*) □ **avere la testa come un p.**, to feel dazed □ **essere nel p.**, to be thoroughly flustered □ **mandare nel p.**, to fluster; to rattle (*fam.*) □ **fare la testa come un p. a q.**, to give sb. a headache; to bend sb.'s ear (*fam.*).
pallonétto *m.* (*calcio*) chip; (*tennis*) lob.
pallóre *m.* pallor; paleness.
pallóso *a.* (*pop.*) very boring; deadly dull: **È un lavoro p.**, it's a very boring job; the job is a real drag (*fam.*); **libro p.**, dull book; yawn (*fam.*); **individuo p.**, pain in the backside (*o* ass *USA*).
pallòttola *f.* ***1*** (small) ball; pellet ***2*** (*proiettile*) bullet ***3*** (*di pallottoliere*) bead; counter.
pallottolière *m.* abacus*.
pàlma (**1**) *f.* ***1*** (*anat.*) palm (of the hand) ***2*** (*di remo*) palm; blade • **tenere** (*o* **portare**) **q. in p. di mano**, to make much of sb.
pàlma (**2**) *f.* (*bot.*) palm (tree): **p. da datteri**, date palm; **p. del cocco**, coconut palm; **olio di p.**, palm oil • (*eccles.*) **la domenica delle Palme**, Palm Sunday □ **riportare la p.**, to carry off the palm.
palmàre *a.* ***1*** (*anat.*) palmar ***2*** (*evidente*) patent; palpable; glaring; evident.
palmarès (*franc.*) *m. invar.* ***1*** list of prizewinners ***2*** (*gruppo ristretto*) élite; top group ***3*** (*premi ottenuti*) prize record.
palmàto *a.* ***1*** (*bot.*) palmate; palmated ***2*** (*zool.*) webbed: **piedi palmati**, webbed feet; **dai piedi palmati**, web-footed.
palménto *m.* millstone • **mangiare a due** (*o* **a quattro**) **palmenti**, to eat heartily; to tuck in.
palméto *m.* palm grove.
palmìpede (*zool.*) ***A*** *a.* palmiped; web-footed ***B*** *m.* palmiped.
palmìzio *m.* ***1*** palm (tree); date palm ***2*** (*foglie di palma intrecciate*) palm (branch).
pàlmo *m.* ***1*** (*spanna*) (hand's) span; (*estens.*: *pochi centimetri*) (a) few inches (*o* centimetres): **largo un p.**, a span in width; **a un p. dal muro**, a few centimetres from the wall; **due palmi d'acqua**, over a foot of water ***2*** (*palma*) palm (of the hand) • **a p. a p.** (*a poco a poco*), inch by inch, by inches; (*in ogni particolare*) thoroughly, in every detail □ **contendere il terreno a p. a p.**, to fight for every inch of the ground □ **avere un p. di lingua fuori**, to be gasping for breath □ **non cedere di un p.**, not to yield an inch □ **restare con un p. di naso**, to have one's nose put out of joint.
pàlo *m.* ***1*** pole; post; (*per fondamenta*) pile; (*paletto*) stake: **p. del telegrafo**, telegraph pole; (*sport*) **p. della porta**, goalpost; post; **p. della cuccagna**, greasy pole ***2*** (*gergo crim.*) lookout: **fare il p.**, to act as a lookout • **restare al p.**, (*ippica*) to be left at the post; (*fig.*) to be left standing □ **saltare di p. in frasca**, to jump from one subject to another; to ramble.
palombàro *m.* (*naut.*) diver.
palómbo *m.* (*zool.*) smooth dogfish.
palpàbile *a.* (*anche fig.*) palpable.
palpàre *v. t.* to feel*; (*tastare*) to touch; (*med.*) to palpate;

(*volg.*) to grope.
palpàta *f.* touch; feel; (*volg.*) grope.
palpazióne *f.* (*med.*) palpation.
pàlpebra *f.* (*anat.*) eyelid • **battere le palpebre**, to blink.
palpeggiàre *V.* **palpare**.
palpitànte *a.* ***1*** palpitating; throbbing; (*tremante*) trembling ***2*** (*vivo*) alive (*pred.*) • **di p. attualità**, highly topical; burning □ **di p. interesse**, fascinating; gripping.
palpitàre *v. i.* to palpitate; to beat* fast; to throb; (*pulsare*) to pulsate; (*di persona*) to tremble: **Mi palpitava forte il cuore**, my heart was beating fast; **p. d'ansia**, to tremble with apprehension; **p. per q.**, to tremble for sb.; (*esserne innamorato*) to be in love with sb.
palpitazióne *f.* palpitation (*anche med.*); throbbing; pulsation: **far venire le palpitazioni**, to give palpitations; to make (sb.'s) heart beat fast.
pàlpito *m.* throb; thrill.
paltò *m.* overcoat.
paludaménto *m.* ***1*** rich robe; mantle ***2*** (*al pl.*) (*spreg.*) embellishments; frills.
paludàre (*spreg.*) ***A*** *v. t.* ***1*** to dress up ***2*** (*abbellire di fronzoli*) to overembellish ***B*** **paludàrsi** *v. rifl.* to dress up; (*spreg.*) to overdress.
paludàto *a.* ***1*** richly dressed ***2*** (*ampolloso*) solemn; pompous.
palùde *f.* marsh; marshland; swamp; bog; (*pantano, anche fig.*) quagmire: **bonificare una p.**, to reclaim a marsh.
paludóso *a.* marshy; swampy; boggy • **terreno p.**, marshland; bog
palùstre *a.* marsh (*attr.*); swamp (*attr.*): **uccelli palustri**, marsh birds; waders; **febbre p.**, marsh fever; malaria.
pàmpa *f.* (*geogr.*) pampas (*pl.*).
pamphlet (*franc.*) *m. invar.* satiric pamphlet; satire.
pàmpino *m.* (*bot.*) vine leaf*.
panacèa *f.* panacea; cure-all.
panafricàno *a.* Pan-African.
pànama *m.* panama (hat).
panamènse *a., m. e f.* Panamanian (*f.* Panamanian woman*).
panamericàno *a.* Pan-American.
panàto *a.* (*cucina*) breaded; covered with breadcrumbs.
pànca *f.* bench; (*senza schienale*) form; (*di chiesa*) pew • **scaldare le panche**, to waste one's time at school.
pancarrè *m. invar.* tin loaf*; sandwich loaf*.
pancétta *f.* ***1*** paunch; potbelly: **metter su p.**, to develop a bit of a paunch ***2*** (*cucina*) bacon.
panchétto *m.* stool; (*per i piedi*) footstool.
panchìna *f.* ***1*** garden seat; (*di parco*) park bench ***2*** (*sport*) (trainer's) bench: **fare p.**, to remain on the bench; to warm the bench (*fam.*); **lasciare in p.**, to bench; **le decisioni della p.**, the trainer's decisions.
pància *f.* ***1*** stomach; tummy (*fam.*); (*ventre*) belly; (*p. grossa*) paunch: **Aveva le mani incrociate sulla p.**, his hands were folded on his stomach; **una gran p.**, a big belly; a paunch; **mal di p.**, stomach-ache; (*di bambino*) tummy-ache ***2*** (*di fiasco, ecc.*) belly ***3*** (*di muro, ecc.*) bulge • **a p. in giù** [**in su**], on one's stomach [on one's back] □ (*fig.*) **grattarsi la p.**, to sit on one's hands; to lounge about □ (*fam.*) **mettere su p.**, to put on weight; (*di uomo, anche*) to develop a paunch □ **restare a p. vuota**, to go without food □ **starsene a p. all'aria**, to lie on one's back; (*fig.*) not to do a stroke of work □ **tenersi la p. per le risa**, to hold one's sides laughing.
panciàta *f.* belly flop: **dare una p.**, to do a belly flop.
pancièra *f.* body belt; (*per donna*) girdle.
panciòlle *vc.* — **stare in p.**, to lounge about.
pancióne *m.* (*fam.*) ***1*** fat stomach; paunch; big belly; beer belly; (*di donna incinta*) big tummy ***2*** (*persona grassa*) fatty • (*di donna*) **avere il p.**, to be pregnant.
panciòtto *m.* waistcoat (*GB*); vest (*USA*).
panciùto *a.* ***1*** (*di persona*) big-bellied; pot-bellied ***2*** (*di cosa*: *gonfio*) bulging; (*rotondo*) rounded: **borsellino p.**, bulging purse; **vaso p.**, rounded vase.
pancòtto *m.* bread soup; pap.
pàncreas *m.* (*anat.*) pancreas.
pancreàtico *a.* (*anat.*) pancreatic.
pànda *m.* (*zool.*) panda • **p. gigante**, giant panda.
pandemònio *m.* pandemonium Ⓤ: **scatenare un p.**, to cause pandemonium; **Scoppiò un p.**, all hell broke loose.
pandispàgna *m.* (*cucina*) sponge (cake).
pàne *m.* ***1*** bread Ⓤ; (*pagnotta*) loaf*: **p. fresco** [**raffermo**], fresh [stale] bread; **p. bianco** [**nero, integrale**], white [brown, wholemeal] bread; **p. casereccio**, homemade bread; **p. di segale**, rye bread; **p. azzimo**, unleavened bread; **p. grattugiato**, breadcrumbs (*pl.*); **p. tostato**, toast; **il p. quotidiano**, one's daily bread; **fetta** [**tozzo**] **di p.**, slice [hunk] of bread; **forma di p.**, loaf ***2*** (*massa a forma di parallelepipedo*) loaf*; pat; lump; cake: **p. di zucchero**, sugar loaf; **p. di burro**, pat of butter; **p. di cera**, cake of wax • (*cucina*) **pan di Spagna**, sponge (cake) □ **buono come il p.**, good-hearted; with a heart of gold □ **dire p. al p. e vino al vino**, to call a spade a spade □ **Non lo faccio per divertimento, è il mio p.**, I don't do it for fun, it's my bread and butter □ **guadagnarsi il p.**, to earn one's living □ **mangiare p. a tradimento** (*o* **a ufo**), to sponge (on sb.); to be a layabout □ **mettere q. a p. e acqua**, to put sb. on bread and water □ **L'ho avuto per un pezzo di p.**, I had it for next to nothing (*o* for a song) □ **rendere p. per focaccia**, to give tit for tat □ **Non è p. per i miei denti**, it's not my cup of tea □ **Non è p. per i tuoi denti**, it's not for you □ **Non si vive di solo p.**, man cannot live on bread alone □ **trovare p. per i propri denti**, to find one's match.
panegìrico *m.* (*letter.*) panegyric; eulogy • **fare il p. di q.**, to praise sb. to the skies; to sing sb.'s praise.
panetterìa *f.* ***1*** (*forno*) bakery ***2*** (*negozio*) baker's (shop).
panettière *m.* (*f.* **-a**) baker.
pànfilo *m.* (*naut.*) yacht.
pangolino *m.* (*zool.*) pangolin; scaly anteater.
pangrattàto *m.* (*cucina*) breadcrumbs (*pl.*).
pània *f.* ***1*** birdlime ***2*** (*fig.*) snare; trap.
pànico (**1**) ***A*** *a.* panic (*attr.*): **timor p.**, panic fear ***B*** *m.* panic: **creare p.**, to create panic; **gettare nel p.**, to throw into a panic; **in preda al p.**, panic-stricken; panicky (*fam.*); **farsi prendere dal p.**, to panic • **p. dell'attore**, stage-fright.
panìco (**2**) *m.* (*bot.*) Italian millet; foxtail millet.
panière *m.* ***1*** basket; (*con coperchio*) hamper; (*il contenuto*) basketful: **un p. d'uva**, a basket(ful) of grapes ***2*** (*econ.*) basket.
panificàre *v. i.* to make* (*o* to bake) bread.
panificatóre *m.* (bread) baker.
panificazióne *f.* bread-making; bread-baking.
panifìcio *m.* ***1*** (*forno*) bakery ***2*** (*negozio*) baker's (shop).
panino *m.* roll: **p. imbottito**, roll with a filling; **p. al prosciutto**, ham roll; **p. dolce**, bun.
paninotèca *f.* (*fam.*) sandwich bar.
panislamismo *m.* (*polit.*) Pan-Islamism.
pànna (**1**) *f.* cream: **p. montata**, whipped cream; **ravioli alla p.**, ravioli with cream.
pànna (**2**) *f.* (*naut.*) state of being hove-to: **essere in p.**, to be hove-to; **mettersi in p.**, to heave to.
panne (*franc.*) *f. invar.* (*mecc.*) breakdown: **Ho la macchina in p.**, my car has broken down; **rimanere in p.**, to have a breakdown.
pannéggio *m.* drapery Ⓤ.
pannèllo *m.* panel; board: (*aeron.*) **p. dei comandi**, instrument panel; (*tecn.*) **p. di controllo**, control panel; (*elettr.*) **p. interruttori**, switchboard; **p. isolante** [**radiante**], insulating [radiating] panel; **riscaldamento a pannelli radianti**, panel heating; **p. solare**, solar panel; **p. truciolare**, particle board; **rivestire con pannelli**; to fit with panels; to panel.
pànno *m.* ***1*** (*stoffa o pezzo di stoffa*) cloth ***2*** (*al pl.*) (*abiti*) clothes; clothing Ⓤ • **panni da lavare**, washing; laundry □ **bianco come un p. lavato**, as white as a sheet □ **mettersi nei panni di q.**, to put oneself in sb.'s shoes □ **non stare più nei panni dalla gioia**, to be beside oneself with joy □ **tagliare i panni addosso a q.**, to gossip about sb.; to bad-mouth sb. (*pop. USA*).
pannòcchia *f.* ***1*** (*bot.*) panicle ***2*** (*di granturco*) ear of corn; corncob; (*cucina*) corn on the cob.
pannolino *m.* ***1*** (*per bambini*) nappy (*GB*); diaper (*USA*) ***2*** (*assorbente igienico*) sanitary towel; sanitary napkin (*USA*).
pannolóne *m.* ***1*** (*per bambini*) nappy (*GB*); diaper (*USA*) ***2*** (*per adulti*) incontinence pad.
panòplia *f.* ***1*** panoply ***2*** (*trofeo di armi*) trophy.
panoràma *f.* ***1*** panorama; (*veduta*) view ***2*** (*rassegna*) outline; survey; panorama: **p. della letteratura inglese**,

outline of English literature; **fare un p. della situazione**, to give an outline of (*o* to outline) the situation.

panoràmica *f.* ***1*** (*fotogr.*) panoramic (*o* wide-angle) picture ***2*** (*cinem., TV*) panning shot ***3*** (*rassegna*) general outline; general survey ***4*** (*strada*) panoramic drive.

panoràmico *a.* panoramic • (*cinem.*) **schermo p.**, wide screen □ **strada panoramica**, scenic route □ **terrazza panoramica**, terrace with a panoramic view.

pantagruèlico *a.* ***1*** Pantagruelian ***2*** (*fig.*) huge; gigantic: **appetito p.**, huge appetite; **pasto p.**, gigantic meal.

pantalonàio *m.* (*f.* **-a**) trouser maker.

pantaloncini *m. pl.* shorts.

pantalóni *m. pl.* trousers; pants (*USA*); (*anche da donna*) slacks • **p. alla zuava**, knickerbockers □ **p. corti**, shorts □ **in p.** wearing trousers □ (*fig.*) **portare i p.**, to wear the trousers (*USA* pants).

pantàno *m.* quagmire (*anche fig.*); bog; (*fango*) mud, mire.

panteismo *m.* (*filos.*) pantheism.

panteista *m. e f.* (*filos.*) pantheist.

panteistico *a.* (*filos.*) pantheistic.

pantèra *f.* ***1*** (*zool.*) panther ***2*** (*fam.*: *auto della polizia*) police car.

pàntheon *m.* pantheon.

pantòfola *f.* slipper; (*aperta dietro*) mule: **in pantofole**, wearing slippers; (*fig.*) at one's ease, informally • **viaggiatore in pantofole**, armchair traveller.

pantofolàio *m.* (*f.* **-a**) (*fam.*) stay-at-home type.

pantògrafo *m.* (*arti grafiche, ferr.*) pantograph.

pantomìma *f.* ***1*** (*teatr.*) mime; dumb show ***2*** (*gesti*) gestures (*pl.*).

panzàna *f.* lie; story (*fam.*); tall story; cock-and-bull story (*pop.*).

paonàzzo *a.* purple; (*per il freddo*) livid, blue.

pàpa *m.* (*eccles.*) pope • **a ogni morte di p.**, once in a blue moon □ **andare a Roma e non vedere il p.**, to leave out the most important thing □ **stare** (*o* **vivere**) **come un p.**, to live like a lord; to be in clover (*fam.*) □ (*prov.*) **Morto un p. se ne fa un altro**, the king is dead, long live the king.

papà *m.* dad; daddy; pa; pop (*USA*).

papàbile *a.* ***1*** (*eccles.*) likely to become pope ***2*** (*estens.*) likely to be elected: **candidato p.**, likely candidate; front-runner.

papàia *f.* (*bot.*) papaw.

papàle ***A*** *a.* papal ***B*** *avv.* — **p. p.**, bluntly; without mincing words.

papalìna *f.* skullcap.

papalìno ***A*** *a.* papal; (*spreg.*) popish ***B*** *m.* ***1*** (*pontificio*) papal soldier ***2*** (*stor.*) papalist.

paparàzzo *m.* paparazzo*.

papàto *m.* papacy; pontificate.

papaverìna *f.* (*chim.*) papaverine.

papàvero *m.* (*bot.*) poppy: **p. selvatico**, corn (*o* field) poppy; **p. sonnifero**, opium poppy; **color rosso p.**, poppy red; **olio di semi di p.**, poppy-seed oil • **alti papaveri**, bigwigs; bigshots; (*mil.*) top brass.

pàpera *f.* ***1*** (*zool.*) young goose*; gosling ***2*** (*errore*) slip of the tongue: **prendere una p.**, to trip up over a word.

pàpero *m.* (*zool.*) young goose*; gosling.

papilla *f.* (*anat., bot.*) papilla* • **papille gustative**, taste buds.

papillon (*franc.*) *m. invar.* bow tie.

papìro *m.* ***1*** (*bot., archeol.*) papyrus ***2*** (*scherz.*: *documento*) paper; (*lettera*) screed.

papirologìa *f.* papyrology.

papiròlogo *m.* (*f.* **-a**) papyrologist.

papismo *m.* papism.

papista *m. e f.* papist.

pàppa *f.* ***1*** pap; (*poltiglia*) mush ***2*** (*infant.*) baby food • **p. reale**, royal jelly □ **trovare la p. fatta**, to find everything ready; to find all problems solved □ **volere la p. fatta**, to expect to have everything done for one.

pappafico *m.* (*naut.*) topgallant (sail).

pappagallescaménte *avv.* parrot fashion.

pappagallésco *a.* parrot-like.

pappagallìno *m.* (*zool.*) budgerigar.

pappagallismo *m.* importuning women in the street.

pappagàllo *m.* ***1*** (*zool.*) parrot ***2*** (*fig.*: *chi ripete*) parrot; (*chi copia*) copycat: **ripetere q.c. a p.**, to repeat st. parrot fashion; to parrot st. ***3*** (*chi molesta le donne*) wolf* ***4*** (*per infermi*) urinal; duck (*fam.*).

pappagòrgia *f.* double chin.

pappamòlla, pappamòlle *m. e f.* (*spreg.*) ***1*** (*persona debole*) weakling ***2*** (*smidollato*) milksop; wimp.

pappardèlla *f.* (*discorso*) long rigmarole; (*scritto*) screed.

pappàre *v. t.* ***1*** (*fam.*) to eat* up; to gobble up ***2*** (*fig.*) to pocket.

pappatàci *m.* (*zool.*) sand fly.

pappatòria *f.* (*fam.*) ***1*** feeding; (*cibo*) food; eats (*fam.*); grubs (*fam.*) ***2*** (*profitto illecito*) rake-off.

pappóne *m.* (*region.*) pimp.

pàprica *f.* paprika.

pap-test (*ingl.*) *m. invar.* (*med.*) smear test; Pap test (*o* smear) (*USA*).

pàra *f.* (*comm.*) Pará rubber; crepe rubber • **scarpe con la suola di p.**, crepe-soled shoes.

parà *m. invar.* (*mil.*) paratrooper; para (*fam.*).

paràbola (**1**) *f.* parable: **parlare per parabole**, to speak in parables.

paràbola (**2**) *f.* ***1*** (*mat.*) parabola; (*traiettoria*) trajectory ***2*** (*fig.*) course; rise and fall • **nella fase ascendente** [**discendente**] **della p.**, on one's way up [down]; on the rise [on the decline] □ **toccare il vertice della propria p.**, to reach one's peak.

parabòlico *a.* parabolic.

parabórdo *m.* (*naut.*) fender.

parabrézza *m.* (*autom.*) windscreen (*GB*); windshield (*USA*).

paracadutàre ***A*** *v. t.* to parachute ***B*** **paracadutàrsi** *v. rifl.* to parachute; (*per emergenza*) to bale out.

paracadùte *m.* parachute • **lanciarsi col p.**, to parachute; (*per emergenza*) to bale out.

paracadutismo *m.* parachuting • **p. acrobatico**, skydiving.

paracadutista *m. e f.* (*aeron.*) parachutist; (*mil.*) paratrooper • **p. acrobatico**, skydiver □ (*mil.*) **reparti di paracadutisti**, paratroops.

paracàlli *m.* corn-pad; corn protector.

paracàrro *m.* kerbstone.

paracólpi *m.* bumper; buffer.

paràcqua *m.* (*region.*) umbrella.

paradènti *m.* (*sport*) gumshield; mouthpiece.

paradigma *m.* (*gramm.*) paradigm.

paradigmàtico *a.* (*gramm. e estens.*) paradigmatic.

paradisìaco *a.* heavenly; celestial; paradisiac(al).

paradiso *m.* (*anche fig.*) heaven; paradise: **i santi del p.**, the saints in heaven; **andare in p.**, to go to heaven; **Questo giardino è un p.**, this garden is sheer paradise; **Mi par d'essere in p.**, this is heaven; **sentirsi in p.**, to be in seventh heaven • **p. artificiale**, drug-induced euphoria □ **p. fiscale**, tax haven □ **il P. terreste**, the Garden of Eden; the Earthly Paradise □ (*fig.*) **di p.**, heavenly; celestial; divine (*fam.*): **giornata di p.**, heavenly (*o* glorious) day.

paradossàle *a.* paradoxical.

paradòsso *m.* paradox.

parafàngo *m.* ***1*** (*autom.*) wing (*GB*); fender (*USA*) ***2*** (*di bicicletta*) mudguard (*GB*); fender (*USA*).

paraffina *f.* (*chim.*) paraffin (wax): **olio di p.**, liquid paraffin; **guanto di** (*o* **prova della**) **p.**, paraffin test.

parafrasàre *v. t.* to paraphrase.

paràfrasi *f.* paraphrase.

parafràstico *a.* paraphrastic.

parafùlmine *m.* lightning conductor; lightning rod (*USA*): **fare da p.**, to act as a lightning conductor; (*fig.*) to act as a shield.

parafuòco *m.* firescreen; fireguard.

paràggi *m. pl.* (*zona*) parts; (*quartiere*) neighbourhood (*sing.*); (*vicinanze*) environs: **Abitano qui nei p.**, they live in this neighbourhood; they live somewhere about here; **C'è un bar in questi p.?**, is there a bar near here?; **Come mai in questi p.?**, how do you happen to be here?; **Resterò nei p.**, I'll be around; **nei p. di Bologna**, in the environs of Bologna; somewhere near Bologna.

paragonàbile *a.* ***1*** comparable (to) ***2*** (*pari a*) that compares (with); that stands comparison (with); on a par (with): **La mia casa non è p. alla sua** (*è meno bella*), my house doesn't compare with his; **un film di culto p. a «Casablanca»**, a cult film on a par with «Casablanca».

paragonàre ***A*** *v. t.* ***1*** (*mettere a confronto*) to compare ***2*** (*ritenere simile*) to compare; to liken ***B*** **paragonàrsi** *v. rifl.*

to compare oneself.
paragóne *m.* comparison; (*parallelo*) parallel: **fare un p. fra** (*o* **mettere a p.**) **due cose**, to make a comparison (*o* to draw a parallel) between two things; **Il p. non regge**, it is not a valid comparison; **a p. di**, in comparison with; **reggere al p.**, to bear (*o* to stand) comparison; **senza p.**, beyond comparison; incomparable (*agg.*); **portare un p.**, to give an example. ATTENZIONE: **paragone** ≠ paragon.
paràgrafo *m.* ***1*** paragraph; section ***2*** (*tipogr.*) section (mark).
paraguaiàno *a. e m.* (*f.* **-a**) Paraguayan (*f.* Paraguayan woman*).
paraletteratùra *f.* popular fiction; escapist literature.
paràlisi *f.* ***1*** (*med.*) paralysis*; palsy: **p. progressiva**, creeping paralysis; **p. cerebrale**, cerebral palsy; **p. infantile**, poliomyelitis; **Fu colpito da p.**, he became (*o* was) paralysed ***2*** (*fig.*) paralysis.
paralìtico *a. e n.* (*f.* **-a**) (*med.*) paralytic.
paralizzàre *v. t.* ***1*** (*med.*) to paralyse ***2*** (*fig.*) to paralyse; to cripple; to freeze*.
paralizzàto *a.* ***1*** (*med.*) paralysed ***2*** (*fig.*) paralysed; crippled; frozen; at a standstill (*pred.*).
parallàsse *f.* (*astron., fis.*) parallax.
parallèla *f.* ***1*** (*geom.*) parallel (line) ***2*** (*al pl.*) (*sport*) parallel bars: **parallele asimmetriche**, asymmetric bars.
parallelaménte *avv.* side by side (with); in parallel (with).
parallelepipedo *m.* (*geom.*) parallelepiped.
parallelismo *m.* parallelism.
parallèlo *a. e m.* parallel: **linee parallele**, parallel lines; **fare un p. (tra)**, to draw a parallel (between); (*geogr.*) **il 30º p.**,; the 30th parallel; (*elettr.*) **batterie in p.**, batteries in parallel.
parallelogrammo *m.* (*geom.*) parallelogram.
paralùce *m. invar.* (*fotogr.*) lens screen; lens hood.
paralùme *m.* lampshade.
paramèdico ***A*** *a.* paramedical ***B*** *m.* paramedic.
paraménto *m.* ***1*** (*eccles.*) vestment ***2*** (*al pl.*) (*addobbo*) hangings.
paràmetro *m.* ***1*** (*mat., stat.*) parameter ***2*** (*fig.*) criterion; criteria (*pl.*).
paramilitàre *a.* paramilitary.
paramontùra *f.* (*sartoria*) facing.
parànco *m.* (*mecc., naut.*) hoist; tackle • (*comm.*) **sotto p.**, alongside.
paranìnfo *m.* (*lett.*) paranymph.
paranòia *f.* ***1*** (*psic.*) paranoia ***2*** (*pop.*: *depressione*) depression; (*problema*) hang-up • (*pop.*) **andare in p.**, to flip one's lid □ (*pop.*) **mandare in p.**, to bum out □ (*pop.*) **Che p. questo film!**, this film's a real drag!
paranòico *a. e m.* (*f.* **-a**) (*psic.*) paranoiac.
paranormàle *a. e m.* paranormal.
parànza *f.* (*naut.*) (fishing) smack; trawler.
paraòcchi *m.* blinkers (*pl.*) • (*fig.*) **avere i p.**, to wear bkinkers; to be blinkered.
paraorécchie *m. invar.* (*ala di berretto*) earflap; (*coppetta*) earmuff.
parapendio *m. invar.* ***1*** paraglider ***2*** (*sport*) paragliding.
parapètto *m.* ***1*** (*edil.*) parapet ***2*** (*naut.*) bulwark.
parapìglia *m.* turmoil; confusion; commotion; (*corsa disordinata*) scramble, stampede.
parapiòggia *m. invar.* umbrella.
paraplegìa *f.* (*med.*) paraplegia.
paraplègico *a. e m.* (*f.* **-a**) (*med.*) paraplegic.
parapsicologìa *f.* parapsychology.
paràre ***A*** *v. t.* ***1*** (*addobbare*) to hang*; to decorate; to adorn: **p. a festa**, to deck out; to decorate; **p. a lutto**, to hang with black ***2*** (*riparare, proteggere*) to protect, to shelter; (*schermare*) to shield ***3*** (*evitare*) to parry; to ward off: **p. un colpo**, to parry a blow ***4*** (*sport*) to save; (*fermare*) to stop: **p. un rigore**, to save a penalty; **p. un tiro**, to stop a shot ***B*** *v. i.* — **andare a p.**, to drive at; to get* at (*fam.*): **Non capisco dove vuoi andare a p.**, I don't understand what you are driving at ***C*** **paràrsi** *v. i. pron.* (*presentarsi*) to appear; to loom up: **Gli si parò davanti un vigile**, a traffic warden loomed up in front of him.
parascientìfico *a.* pseudoscientific.
parascolàstico *a.* extracurricular.
parasóle *m.* ***1*** parasol; sunshade ***2*** (*form.*) lens hood • (*autom.*) **aletta p.**, sun visor.
paraspìgolo *m.* (*edil.*) staff angle.
parassìta ***A*** *a.* parasitic(al) ***B*** *m.* ***1*** (*biol.*) parasite ***2*** (*fig.*) parasite; hanger-on; (*scroccone*) scrounger.
parassitàrio, **parassìtico** *a.* parasitic(al).
parassitismo *m.* (*biol. e fig.*) parasitism.
parastatàle ***A*** *a.* state-controlled; parastatal ***B*** *m. e f.* employee of a state-controlled body.
parastinchi *m.* (*sport*) shin-guard; shin-pad.
paràta (1) *f.* ***1*** (*mil.*) parade; review: **sfilare in p. davanti a q.**, to march past sb. (on parade) ***2*** (*sfoggio*) parade; display; show • **p. aerea**, flypast (*GB*); flyover (*USA*) □ **abito di p.**, full dress □ **mala p.**, *V.* **malaparata**.
paràta (2) *f.* ***1*** (*scherma*) parry ***2*** (*calcio*) save: **fare una p.**, to make a save; to save; **p. di testa** [**a tuffo**], head [diving] save.
paratìa *f.* (*naut.*) bulkhead.
paratìfo *m.* (*med.*) paratyphoid (fever).
paràto ***A*** *a.* (*adobbato*) hung; decorated; adorned: **p. a lutto**, hung with black ***B*** *m.* hangings (*pl.*) • **carta da parati**, wallpaper.
paraùrti *m.* ***1*** (*autom.*) bumper ***2*** (*ferr.*) buffer.
paravalànghe *m. invar.* avalanche barrier; snowshed.
paravènto *m.* ***1*** screen ***2*** (*fig.*) screen; cover; front.
parcèlla *f.* fee; fees (*pl.*); bill: **p. di avvocato**, counsel's fees; lawyer's bill.
parcellizzàre *v. t.* to fragment; to break up.
parcellizzazióne *f.* fragmentation; breaking up.
parcheggiàre *v. t.* to park.
parcheggiatóre *m.* (*f.* **-trice**) car park (*USA* parking lot) attendant.
parchéggio *m.* ***1*** parking: **divieto di p.**, no parking; **area di p.**, car park (*GB*); parking lot (*USA*); **fare un p.**, to park; **Odio i parcheggi!**, I hate parking! ***2*** (*spazio*) parking place; (*area*) car park (*GB*), parking lot (*USA*): **p. a pagamento** [**incustodito**], paying [unattended] car park.
parchettìsta *m.* parquetry layer.
parchìmetro *m.* parking meter.
pàrco (1) *a.* (*moderato*) frugal, temperate, moderate; (*scarso*) sparing: **cena parca**, frugal dinner; **essere p. nel mangiare** [**nel bere**], to be a moderate eater [drinker]; **p. nello spendere**, parsimonious; thrifty; **p. di lodi**, sparing of praise; **un uomo p. di parole**, a man of few words.
pàrco (2) *m.* park; (*di casa privata, anche*) garden: **p. nazionale**, national park; **p. naturale**, nature park • (*mil.*) **p. d'artiglieria**, artillery park □ **p. dei divertimenti**, amusement park; funfair (*GB*); carnival (*USA*) □ **p. macchine**, fleet of cars.
parécchio ***A*** *a. indef.* ***1*** quite (*o* rather) a lot of; quite a bit, a fair bit (*fam.*); (*al pl.*) several, quite a lot of, quite a few: **p. denaro**, quite a lot of money; **parecchi libri**, quite a lot of (*o* quite a few) books; **Parecchie persone si voltarono**, several people turned round ***2*** (*rif. al tempo*) (quite *o* rather) a long time; quite a while; long (*solo in frasi interr.*): **È p. che non lo vedo**, I haven't seen him for quite a long time; **Ti ho aspettato p. (tempo)**, I waited quite a while for you; **Hai dovuto aspettare p.?**, did you have to wait long? ***B*** *pron. indef.* quite (*o* rather) a lot; a fair bit (*fam.*); (*al pl.*) several, quite (*o* rather) a lot, quite a few, (*parecchie persone*) several people: **Eravamo in parecchi**, there were quite a few of us ***C*** *avv.* ***1*** (*con agg.*) really ***2*** (*con verbo*) quite a lot; quite a bit (*fam.*): **Cammino p.**, I walk quite a lot; I do quite a lot of walking; **Manca p. al paese**, it's quite a long way to the village.
pareggiaménto *m.* ***1*** equalization ***2*** (*livellamento*) levelling ***3*** (*comm.*) balancing; settlement.
pareggiàre ***A*** *v. t.* ***1*** (*rendere pari*) to equalize; to make* equal; (*tagliando*) to trim: **p. i redditi**, to equalize incomes; **p. l'erba** [**i capelli**], to trim the grass [sb.'s hair] ***2*** (*livellare*) to level; to make* level ***3*** (*comm.*) to balance; to settle; to square: **p. il bilancio**, to balance the budget; **p. i conti**, to square accounts ***B*** *v. i.* (*sport*: *andare in pareggio*) to tie the score, to equalize (*GB*); (*finire in pareggio*) to draw*, to tie ***C*** **pareggiàrsi** *v. i. pron.* to be equal; to balance out.
paréggio *m.* ***1*** (*dei conti*) balance; settlement ***2*** (*dei punti in una gara*) draw; tie • (*comm.*) **chiudere in p.**, to balance; to break even □ (*sport*) **partita finita in p.**, drawn game; tie; draw.
parentàdo *m.* ***1*** (*insieme dei parenti*) relatives (*pl.*); rela-

tions (*pl.*) *2* (*legame di parentela*) relationship; kinship; kindred.

parentàle *a.* parental.

parènte *m. e f.* *1* relative; relation; (*leg.*) kinsman* (*m.*), kinswoman* (*f.*): **È tuo p.?**, is he related (*o* any relation) to you?; **Siamo parenti**, we are related; **p. stretto** (*o* **prossimo**), close relative; **i parenti più prossimi**, sb.'s immediate family; sb.'s next of kin; **p. alla lontana**, distant relation; **p. acquisito**, relative by marriage *2* (*fig.*) — **Le vespe sono parenti delle api**, wasps are related to bees. ATTENZIONE: **parente** ≠ parent.

parentèla *f.* *1* relationship; kinship: **grado di p.**, degree of kinship; **avanzare diritti di p.**, to claim kinship *2* (*i parenti*) relatives (*pl.*); relations (*pl.*); kinsfolk (*pl.*) *3* (*fig.*) relationship; relation; connection.

parèntesi *f.* *1* (*segno grafico*) parenthesis*; bracket (*generalmente al pl.*): **p. tonde** [**quadre**], round [square] brackets; **mettere tra p.**, to put in brackets; (*mat.*) to put brackets round (st.); **Aperta** [**Chiusa**] **p.!**, open [close] brackets! *2* (*inciso*) parenthesis*; digression; aside: **fare una p.**, to make a digression; **dire q.c. fra p.**, to say st. as an aside (*o* in parenthesis, parenthetically); **Sia detto tra p.**, in parenthesis; incidentally *3* (*pausa, interludio*) interval; pause; interlude.

parentètico *a.* parenthetic(al).

parére (1) *v. i.* *1* to seem; (*dare la sensazione di*) to feel*; (*alla vista*) to look (+ *agg.*), to look like (+ *sost.*); (*all'udito*) to sound (+ *agg.*), to sound like (+ *sost.*); (*al gusto*) to taste like; (*al tatto*) to feel* like: **Pareva un morto**, he looked like a dead man; **Mi pare sospetto**, it looks suspicious to me; **Mi è parso un po' deluso**, he looked [he sounded] a bit disappointed; **Pareva un motore d'aereo**, it sounded like the engine of a plane; **Pare gelato**, it tastes like icecream; **Pare velluto**, it feels like velvet *2* (*nelle costruz. impers.*) to seem, to appear, to look (*tutti anche con costruz. pers.*); to think*, to feel* (*entrambi con costruz. pers.*): **Pare che non ci sia niente di nuovo**, there doesn't seem to be anything new; **Pare che le cose si stiano mettendo meglio**, it looks as if things are getting better; **Non mi pare che ci sia molta gente oggi**, there don't seem to be too many people today; **Mi pare che sia seccata**, she seems to be (*o* looks) rather annoyed; **Mi pare di conoscerlo**, I rather think I know him; **Mi pare di ricordare che...**, I seem to remember that...; **Pare che voglia piovere**, it looks like rain; **Pare proprio che vogliano costruire una nuova strada**, it appears they want to build a new road; **Che te ne pare di quel ragazzo?**, what do you think of that boy?; **Mi pare un secolo che non ci vediamo**, it seems ages since we last met; **Mi pare di sì**, I think so; **Mi pare di no**, I don't think so; **Non ti pare?**, don't you think so?; **Fa' come meglio ti pare**, do as you think best; **Mi pareva!**, I thought as much! *3* (*volere*) to like, to please, to want (*tutti con costruz. pers.*): **Fa sempre quel che gli pare**, he always does what he likes (*o* always suits himself); **Partirò quando mi pare**, I'll leave when I please • **a quanto pare**, apparently; (*come risposta, anche*) so it seems □ **Mi par di sognare**, I can scarcely believe my eyes □ **Ma ti pare!**, don't mention it!; not at all!

parére (2) *m.* opinion; advice Ⓤ; counsel Ⓤ: **a mio p.**, in my opinion; **p. legale**, legal advice; **sentire il p. di un esperto**, to seek expert advice; **sentire il p. di un avvocato** [**un medico**], to consult a lawyer [a doctor] • **essere dello stesso p.**, to agree □ **Non sono del p. di vendere**, I don't think we should sell; I don't like the idea of selling □ **mutare p.**, to change one's mind.

pàresi, parèsi *f.* (*med.*) paresis*.

paréte *f.* *1* (*edil.*) wall: **p. divisoria**, partition (wall) *2* (*superficie interna o esterna*) side; wall *3* (*anat.*) paries*; wall *4* (*alpinismo*) face; wall: **p. rocciosa**, rock face • **tra le pareti domestiche**, at home.

pàri *A* *a. invar.* *1* equal; same; like: **a p. condizioni**, under the same conditions; **a p. prezzo**, at the same price; **Siamo p. grado**, we have the same rank; **Nessuno è p. a lui per avarizia**, no one is his equal in meanness; **I due avversari erano p.**, the two adversaries were evenly matched; **E con questo siamo p.**, so now we are quits *2* (*senza dislivelli*) level; even *3* (*mat.*) even: **numeri p.**, even numbers; **i giorni p.**, the even-numbered days; **essere in numero p.**, to be even in number *4* (*nei punteggi*) all: **due p.**, two all; **trenta p.**, thirty all; (*tennis*) **quaranta p.**, deuce • **p. e patta**, quits; square □ **alla p.**, (*comm.*) at par, at face value; (*presso una famiglia*) au pair (*franc.*): **ragazza alla p.**, au pair (girl) □ **trattare alla p. con q.**, to deal with sb. on an equal footing □ **La partita è finita p.** (*o* **alla p.**), the match ended in a draw (*o* in a tie) *B* *m. e f. invar.* *1* (*parità*) evenness; (*pareggio*) draw, tie *2* (*numero pari*) even number *3* (*titolo inglese*) peer: **i p. del regno**, the peers of the Realm; **la Camera dei P.**, the House of Lords • **al p. di**, as... as; just like; in the same way as: **Sei intelligente al p. di lei**, you're as intelligent as she (is); **al p. di un bambino**, just like a child □ **mettersi in p. con i pagamenti**, to pay the arrears □ **mettersi in p. con il proprio lavoro**, to catch up with one's work; to work through one's backlog (*fam.*) *C* *m. e f.* (*persona di pari grado*) equal: peer: **È un mio p.**, he is my equal; **i p. tuoi**, your peers; your equals; people like you; the likes of you; **trattare q. da p. a p.**, to treat sb. as one's equal; **Si è comportato da par suo**, he behaved as one would have expected of him; **senza p.**, unequalled (*agg.*); peerless (*agg.*); matchless (*agg.*) *D* *f.* (*comm.*) par: **sopra** [**sotto**] **la p.**, above [below] par; **alla p.**, at par; at face value; **vendere alla p.**, to sell at cost price *E* **pàri pàri** *locuz. avv.* word for word; exactly: **copiato p. p.**, copied word for word (*o* verbatim); **Te lo riferisco p. p.**, I'm telling you exactly as I heard it.

pària *m.* *1* (*in India*) pariah *2* (*fig.*) pariah; social outcast.

parietàle *a.* *1* wall (*attr.*) *2* (*anat.*) parietal.

parificàre *v. t.* *1* (*rendere pari*) to equalize; to make* equal *2* (*una scuola*) to recognize officially.

parificàto *a.* (*di scuola*) officially recognized.

parificazióne *f.* *1* equalization *2* (*di scuola*) official recognition.

parigino *a. e m.* (*f.* **-a**) Parisian (*f.* Parisian woman*).

pariglia *f.* pair • **rendere la p. a q.**, to give tit for tat; to pay sb. back in his own coin.

pariménti *avv.* likewise; in like manner.

parità *f.* *1* parity; equality *2* (*sport*) draw; tie: **chiudere in p.**, to end in a draw (*o* in a tie) • **p. di diritti**, equal rights (*pl.*) □ **a p. di condizioni**, conditions being equal □ **a p. di prezzo**, for the same price □ **a p. di voti**, with an equal number of votes.

paritàrio *a.* equal; on equal terms.

paritètico *a.* joint (*attr.*): **commissione paritetica**, joint committee.

parlamentàre (1) *A* *a.* parliamentary *B* *m. e f.* Member of Parliament (*abbr.* MP) (*GB*); Congressman* (*f.* Congresswoman*) (*USA*).

parlamentàre (2) *v. i.* to parley; to negotiate; to arrange terms.

parlamentarismo *m.* parliamentarism; parliamentarianism.

parlamentarista *m. e f.* parliamentarist; parliamentarianist.

parlaménto *m.* *1* (*polit.*) Parliament *2* (*stor.*) assembly.

parlànte *A* *a.* (*fig.*) speaking; lifelike; faithful: **ritratto p.**, lifelike portrait; speaking likeness; **essere il ritratto p. di q.**, to be the very image of sb. *B* *m. e f.* speaker.

parlantìna *f.* (*fam.*) talkativeness; loquaciousness; loquacity • **avere la p. sciolta** (*o* **una bella p.**), to have a glib tongue; to have the gift of the gab (*fam.*).

parlàre *A* *v. i.* *1* to speak*; to talk: **p. adagio**, to speak slowly; **p. ad alta voce**, to speak aloud; **Parla più forte!**, speak up!; **Parlo a te!**, I'm speaking (*o* talking) to you!; **Gli animali non parlano**, animals don't talk; **imparare a p.**, to learn to talk; **p. in dialetto**, to speak in dialect; **p. bene** [**male**] **di q.**, to speak well [ill] of sb.; **p. fra sé**, to talk to oneself; **Ho dovuto p. sempre io**, I had to do all the talking; **Non parlate tutti insieme**, don't talk all at once *2* (*trattare parlando*) to speak*; (*trattare scrivendo*) to write*; (*menzionare*) to mention (st.); (*discutere*) to talk; (*di libro, ecc.*) to be (about): **Mi ha parlato del suo progetto**, he spoke to me about his plan; **Ne parla Eco in un suo libro**, Eco writes about it (*o* mentions it) in one of his books; **Parliamone domani**, let's talk about it tomorrow; **p. d'affari**, to talk business; **Ne parlano tutti i giornali**, it's in all the papers; **Si parla di lui come del prossimo direttore**, his name is mentioned as the next manager *3* (*rivolgersi a*) to address (sb.): **p. alla Camera**, to address the House *4* (*ricordare*) to remind; to bring* back memories: **Tutto mi parla di lei**, everything reminds me of her • **p. a gesti**, to use sign language □ **p. al muro** (*o* **al vento**), to talk to the wall □ **p. bene**, to speak well; to be very articulate; (*essere un buon oratore*) to be a good speaker □ **p. chiaro** (*essere esplicito*), to be clear (about st.), to be plain, not to mince words; (*di testo scritto*) to be clear: **Parliamoci chiaro!**, let's be quite clear about it!; **La legge parla chiaro**, the law is clear □ **p. come un libro stampato**, to talk like a book □ **p. fra i denti**, to mutter □ **p. in punta di forchetta**, to be very precise in one's speech □ **p. nel naso**, to speak through one's nose □ **Parlo per esperienza**, I'm speaking from experience □ **Parla per te!**, speak for yourself! □ **p. senza peli sulla lingua**, to be outspoken; not to mince one's words □ **Parlo sul serio**, I'm being serious; I really mean it □ **p. tanto per p.**, to talk for the sake of talking □ **parlarsi addosso**, to waffle; to blather □ **far p. di sé**, to be talked about □ **Non voglio far p. la gente**, I don't want people to talk □ **Non mi far p.!**, don't get me started on the subject! □ **Meno se ne parla meglio è**, the least said about it the better □ **«Ho un mare di lavoro» «Non me ne p.!»**, «I'm up to my ears in work» «same here!» (*fam.*) □ **Non se ne parla nemmeno!**, that's completely out of the question! □ **Non voglio sentirne più p.!**, I won't hear any more about it! □ **per non p. di**, not to mention; let alone □ **Parli sul serio?**, do you mean it?; are you serious? □ **Questo sì che è p.!**, this is straight talking! □ **Si parla di tagli al personale**, there is some talk about staff cuts ***B*** *v. t.* to speak*: **Qui si parla italiano**, Italian spoken (here) • (*fam.*) **p. ostrogoto** (*o* **arabo, turco**), to talk double-Dutch ***C*** **parlàrsi** *v. rifl. recipr.* to speak* to each other (*o* to one another); (*essere in buoni rapporti*) to be on speaking terms: **Ci siamo parlati ieri**, we spoke (to each other) yesterday; **Non si parlano più**, they are no longer on speaking terms ***D*** *m.* ***1*** speech; talk; (*parole*) words (*pl.*): **Ci sarà un gran p. in paese**, there will be a lot of talk in the village ***2*** (*idioma*) dialect; speech.

parlàta *f.* (*dialetto*) dialect; (*modo di parlare*) (way of) speaking; (*accento*) accent.

parlàto ***A*** *a.* ***1*** spoken ***2*** (*di lingua*) spoken; conversational • **film p.**, talking film; talkie (*fam.*) ***B*** *m.* ***1*** (*la lingua comune*) spoken language ***2*** (*mus.*) spoken part ***3*** (*cinem.*: *dialogo*) dialogue.

parlatóre *m.* (*f.* **-trice**) speaker; talker: **È un buon p.**, he speaks well; (*di oratore*) he is a good speaker; **È un gran p.**, he talks a lot.

parlatòrio *m.* (convent) parlour.

parlottàre *v. i.* to whisper; to mutter.

parlottìo *m.* muttering; whispered words (*pl.*).

parmigiàno ***A*** *a.* Parmesan: **formaggio p.**, Parmesan cheese • (*cucina*) **alla parmigiana**, with tomato and cheese ***B*** *m.* Parmesan cheese.

parodìa *f.* ***1*** (*letter.*) parody ***2*** (*caricatura*) caricature; spoof; send-up (*fam. GB*): **fare la p. di**, to parody; to spoof; to send up ***3*** (*fig.*) travesty; parody: **una p. della giustizia**, a travesty of justice.

parodiàre *v. t.* to parody; to spoof; to send* up (*fam. GB*).

parodìsta *m. e f.* (*letter.*) parodist.

parodìstico *a.* (*letter.*) parodistic.

paròla *f.* ***1*** word: **p. composta**, compound word; **parole vuote**, empty words; **Dimmelo con parole tue**, tell me in your own words; **di poche parole**, of few words; **nel vero senso della p.**, in the true sense of the word; **Non credetti a una sola p.**, I didn't believe a word of it; **tradurre p. per p.**, to translate word for word; **Vorrei dirti una p.**, I'd like (to have) a word with you ***2*** (*facoltà di parlare, favella*) speech: **L'uomo è dotato di p.**, man is endowed with speech; **perdere la p.**, to lose the power of speech; **libertà di p.**, freedom of speech ***3*** (*promessa, impegno*) word; promise; (*specialm. mil.*) parole: **essere di p.**, to be as good as one's word; **credere a q. sulla p.**, to take sb.'s word (for it); **mantenere [non mantenere] la propria p.**, to keep [to break] one's word; **rimangiarsi la p.**, to go back on one's word; **p. d'onore**, word of honour ***4*** (*modo di esprimersi*) speech; tongue: **avere la p. facile**, to be very articulate; to have a glib tongue ***5*** (*al pl.*) (*testo di canzone*) words; lyrics • **p. chiave**, keyword □ (*elab.*) **p. di accesso**, password □ **p. d'ordine**, (*mil.*) password; (*estens.*) watchword □ **p. del momento** (*o* **alla moda**), buzzword □ **parole forti**, strong words □ **parole grosse**, strong language Ⓤ; insults □ **parole incrociate**, crossword (puzzle) (*sing.*) □ **Ha la p. il signor Rossi**, it is Mr Rossi's turn to speak □ **avere l'ultima p.**, to have the last (*o* final) word □ **chiedere la p.**, to ask leave to speak □ **con parole semplici**, in simple language; in words of one syllable (*fam.*) □ **Sono corse parole tra loro**, they had words (*o* a row) □ **dare la p. a q.**, to give sb. leave to speak; to call (up)on sb. to speak □ **È una p.!**, it's easier said than done!; it's no joke! □ **far p. di q.c. con q.**, to mention st. to sb. □ **gioco di parole**, pun; play on words □ **giro di parole**, circumlocution; roundabout expression; (*al pl., spreg.*) equivocations: **Ho cercato di dirglielo con un giro di parole**, I tried to tell him in a roundabout way; **Basta coi giri di parole!**, stop beating about the bush!; stop equivocating! □ **essere di p.**, to keep one's word □ **essare in p. con q.**, to have half promised (st.) to sb. □ **in parole povere**, to put it simply □ **in una p.**, in a word □ **levare le parole di bocca a q.**, to take the words out of sb.'s mouth □ **mangiarsi le parole**, to mumble □ **Meno parole!**, less talk! □ **mettere le parole in bocca a q.**, to prompt sb.; to put words into sb.'s mouth □ **mettere una buona p. a favore di q.**, to put in a good word for sb. □ **una mezza p.**, (just) a word □ **Non è detta l'ultima p.**, you [we, they, ecc.] haven't heard the last of this □ **Non ho parole!**, (*per ringraziare*) I don't know how to thank you; you overwhelm me; (*per l'indignazione*) words fail me! □ **non far p.**, to keep silent; not to breathe a word □ **Non sa dire tre parole in croce**, he can't put two words together □ **passare p. a q.**, to pass the word on to sb. □ **passare dalle parole ai fatti**, to pass from words to action; (*alle percosse*) to resort to blows □ **prendere la p.**, to begin to speak; (*polit.*) to take the floor □ **prendere q. in p.**, to take sb. at his word □ **rimanere senza p.**, to be struck dumb; to be speechless □ **rivolgere la p. a q.**, to speak to sb.; to address sb. □ **scambio di parole**, brief conversation; (*alterco*) exchange □ **senza mezze parole**, plainly; without mincing words □ **togliere la p. a q.**, not to allow sb. to speak any further □ **Tutte parole!**, it's all hot air! □ **ultime parole famose**, famous last words □ **un uomo di p.**, a man of his word □ **venire a parole con q.**, to have words with sb.

parolàccia *f.* rude word; swearword; four-letter word: **Mi ha detto una p.**, he used a rude word to me; **dire parolacce**, to use swearwords; to swear; **dire parolacce a q.**, to call sb. names (*fam.*).

parolàio *m.* (*f.* **-a**) windbag; hot-air merchant (*pop.*).

parolière *m.* (*f.* **-a**) lyricist.

parossìsmo *m.* (*med. e fig.*) paroxysm.

parossìstico *a.* ***1*** (*med.*) paroxysmic ***2*** (*fig.*) furious; convulsive; frantic.

parotìte *f.* (*med.*) parotitis; (*com.*) mumps (*pl. col verbo al sing.*).

parquet *m. invar.* parquet floor; parquetry.

parricìda ***A*** *a.* parricidal ***B*** *m. e f.* parricide.

parricìdio *m.* parricide.

parrocchétto *m.* ***1*** (*zool.*) parakeet; paroquet ***2*** (*naut.*) fore-topsail: **albero di p.**, fore-topmast • (*zool.*) **p. canoro**, budgerigar.

parròcchia *f.* ***1*** (*circoscrizione, i fedeli*) parish ***2*** (*chiesa*) parish church ***3*** (*fig.*) set; group; clique.

parrocchiàle *a.* parish (*attr.*).

parrocchiàno *m.* (*f.* **-a**) parishioner.

pàrroco *m.* (*cattolico*) parish priest; (*anglicano*) parson, vicar.

parrùcca *f.* wig; (*lunga, di tipo seicentesco*) periwig: **in p.**, wearing a wig.

parrucchière *f.* (*f.* **-a**) hairdresser: **p. per signora**, ladies' hairdresser; **p. per uomo**, men's hairdresser; (*barbiere*) barber.

parrucchìno *m.* toupee; hairpiece.

parruccóne *m.* (*spreg.*) old fogey; blimp.

parsimònia *f.* thrift; frugality; (*spreg.*) parsimony.

parsimonióso *a.* thrifty; frugal; sparing; (*spreg.*) parsimonious: **p. di lodi**, sparing of praise.

pàrte *f.* ***1*** part; (*porzione*) share, portion: **le parti del corpo [del discorso]**, the parts of the body [of speech]; **dividere q.c. in due parti**, to divide st. into two parts; **Ciascuno ebbe la sua p.**, everyone had his share; **Una buona p. dello stipendio se ne va in affitto**, a sizeable portion (*fam.* a fair bit, a good chunk) of the salary goes on rent; **Una p. di loro non tornò**, some of them didn't come back; **Restarono p. dentro e p. fuori**, some remained inside and some outside ***2*** (*lato*) side, part; (*direzione*) way, direction; (*al pl.*: *luogo, zona, regione*) place, area, parts (*pl.*): **da ogni**

p. (*o* **da tutte le parti**), (*stato*) on all sides, in all directions; (*moto da luogo*) from all sides, from all over; **da tutte e due le parti**, on both sides; **dall'altra p.**, on the other side; **Da che p. è andato?**, which way did he go?; which direction did he take?; **Andiamo da questa p.**, let's go this way; **Non so da che p. cominciare**, I don't know where to start; **dalle mie parti**, where I live; in my part of the country; **da queste parti**, (*in questa zona*) in this area; (*qui in giro*) hereabouts, somewhere here; **dalle parti del museo**, somewhere near the museum; **da qualche p.**, somewhere; some place (*USA*); **da nessuna p.**, nowhere ***3*** (*teatr. e fig.*) part; rôle, role: **fare una p.**, to play a part; **imparare la p.**, to learn one's part; **fare la p. di Ofelia**, to play Ophelia; **la p. principale**, the leading role; the lead; **p. secondaria**, minor role; **piccola p.**, bit part; **distribuzione delle parti**, casting; **Gli è stata assegnata la p. del padre**, he has been cast as the father; (*fig.*) **avere una p. importante in q.c.**, to play a leading role in st. ***4*** (*partito, fazione*) side; party; faction: **spirito di p.**, partisan spirit ***5*** (*leg.*) party: **la p. lesa** [**interessata**], the injured [interested] party; **le parti in causa**, the parties to the case; **p. civile**, plaintiff; **costituirsi p. civile contro q.**, to sue for damages in a criminal case ***6*** (*mus.*) part • **a p.**, (*separato*) separate (*agg.*); separately (*avv.*); (*diverso*) different: **Questo lo pago a p.**, I'll pay for this separately; **Questa è una cosa a p.**, this is a different thing altogether □ **a p. ciò**, apart from that □ **essere a p. di q.c.**, to be informed of st.; to be in on st. (*fam.*) □ **avere p. in q.c.**, to be involved in st.; to have a hand in st. □ **da p. a p.**, right through: **passare da p. a p.**, to run through □ **Dille da p. mia che...**, tell her from me that... □ **Non è gentile da p. tua**, it isn't very nice of you □ **Fu un errore da p. sua**, it was a mistake on his part □ **Salutalo da p. mia**, give him my regards (*form.*); give him my best wishes □ **essere dalla p. del torto**, to bo in thc wrong □ **Io sono dalla tua p.**, I'm on your side □ **da un anno a questa p.**, this last year □ **da una p..., dall'altra p.**, on the one hand..., on the other □ **d'altra p.**, on the other hand; however □ (*fig.*) **essere p. in causa**, to be directly involved □ **fare la p. del leone**, to take the lion's share □ **Ciascuno dovrà fare la sua p.**, everyone will have to do his bit (*o* to pull his weight) □ **fare p. di**, to be a part of; to be one of; to be a member of: **fare p. della famiglia**, to be one of the family; **fare p. della giuria**, to be a member of the jury: □ **farsi** (*o* **tirarsi**) **da p.**, to step aside; (*anche fig.*) to get out of the way □ **in gran p.**, largely; to a great extent □ **in p.**, in part; partly □ **la maggior p.** (*o* **gran p.**) **di**, a lot of; most of; a large part of; (*con sost. pl.*) a great many of, most: **la maggior p. del tempo**, a lot of (*o* most of) the time; **gran p. di loro**, a great many of them; **la maggior p. degli italiani**, most Italians □ **per la maggior p.**, for the most part; mostly □ **mettere q. a p. di q.c.**, to inform sb. of st.; to let sb. in on st. (*fam.*) □ **mettere da p.**, (*risparmiare*) to put aside, to save up; (*accantonare*) to put aside, to put on (*o* to) one side □ **mettere da p. gli scrupoli**, to forget one's scruples □ **Le parti si sono rovesciate**, the boot is on the other foot now □ **passare dalla p. di**, to go over to □ (*di parentela*) **per** (*o* **da**) **p. di padre** [**di madre**], on one's father's [mother's] side □ **per p. mia**, for my part; as far as I'm concerned □ **prendere le parti di q.**, to side with sb.□ **prendere p. a q.c.**, to join (*o* to take part) in st. □ **scherzi a p.**, joking apart.

partecipànte *m. e f.* ***1*** participant; partaker; sharer; (*a una gara*) competitor, contestant, entrant ***2*** (*chi è presente*) person present (*o* attending st.): **i partecipanti a una riunione**, the people attending a meeting.

partecipàre *v. i.* ***1*** (*prendere parte*) to take* part (in); to participate (in); (*condividere*) to share (st.), (*contribuire*) to contribute to: **p. a una gara**, to take part in a competition; **p. alle spese**, to share expenses; to contribute to expenses; **p. agli utili**, to share in the profits; **p. al dolore di q.**, to share sb.'s grief ***2*** (*essere presente*) to attend (st.); to be present (at): **p. a un convegno**, to attend a conference; **p. a una festa**, to go to a party.

partecipazióne *f.* ***1*** (*il partecipare*) participation; participating; (*presenza*) attendance; (*in un dibattito, ecc.*) appearance ***2*** (*econ.*) sharing; interest: **p. agli utili**, profit-sharing; **p. di maggioranza**, majority interest ***3*** (*annuncio*) announcement; (*biglietto*) card: **p. di nozze**, wedding announcement card • (*econ.*) **partecipazioni statali**, state holdings □ (*cinem.*) **con la p. di XY nel ruolo di...**, featuring XY as...

partécipe *a.* participating; sharing • **essere p. di q.c.**, to participate in st.; to share st. (*o* in st.) □ **rendere p. q. di q.c.**, to inform sb. of st.; to acquaint sb. with st.

parteggiàre *v. i.* to side (with); to take* sides (with); to support (sb., st.) • **non p. né per l'uno né per l'altro**, not to take sides.

partenogènesi *f.* (*biol.*) parthenogenesis.

partenopèo *a. e m.* Neapolitan.

partènza *f.* ***1*** departure; leaving: **rimandare la p.**, to put off one's departure; **essere in p.**, to be about to leave; **il primo treno in p.**, the first train leaving ***2*** (*sport*) start: **p. da fermo**, standing start; **p. lanciata**, flying start; **falsa p.**, false start • **linea di p.**, starting line □ **punto di p.**, starting point □ **segnale di p.**, starting signal.

particèlla *f.* (*fis., gramm.*) particle.

particìpio *m.* (*gramm.*) participle.

particolàre ***A*** *a.* ***1*** particular; special: **in questo caso p.**, in this particular case; **nulla di p.**, nothing special; **un favore p.**, a special favour; **in modo p.**, particularly ***2*** (*singolare, caratteristico*) distinctive; peculiar; (*insolito*) unusual: **un fascino p.**, a peculiar charm; **un tipo molto p.**, a very unusual person ***3*** (*proprio, personale*) of one's own: **Ha una sua teoria p. sull'accaduto**, he's got a theory of his own on what happened • **segretario p.**, private secretary □ **segni particolari**: **nessuno**, distinguishing marks: none ***B*** *m.* detail; particular: **Mi raccontò tutti i particolari**, he gave me all the details; **con tutti i particolari**, in full detail; **fin nei minimi particolari**, down to the smallest detail; **entrare nei particolari**, to go into detail • **in p.**, in particular; particularly.

particolareggiàto *a.* detailed.

particolarìsmo *m.* (*polit.*) particularism.

particolarità *f.* ***1*** particularity; (*peculiarità*) peculiarity ***2*** (*circostanza particolare*) particular (circumstance); detail.

partigianerìa *f.* partisanship; party spirit.

partigiàno ***A*** *a.* ***1*** (*di parte*) partisan (*attr.*); party (*attr.*) ***2*** (*dei partigiani*) partisan (*attr.*) ***B*** *m.* (*f.* **-a**) ***1*** (*fautore*) supporter; champion ***2*** (*mil.*) partisan.

partìre *v. i.* ***1*** to leave*; to depart (*form.*); to go* away; (*mettersi in moto*) to start; (*mettersi in viaggio*) to set* out, to set* off; (*salpare*) to sail; (*decollare*) to take* off: **p. in macchina**, to leave by car; (*andarsene*) to drive away; **p. per un lungo viaggio**, to set off on a long journey; **p. da Linate**, to leave from Linate; **Partimmo da Parigi il 10**, we left Paris on the 10th; **La macchina non parte**, the car won't start; **Si parte!**, we're off!; **Sono partiti!**, they're off! ***2*** (*muovere, iniziare*) to start: **p. da un assunto**, to start from an assumption ***3*** (*provenire*) to come*: **L'ordine partiva dall'alto**, the order came from above ***4*** (*fam.*: *rompersi*) to go*; to go* kaput (*o* phut) (*fam.*): **È partita la luce**, the power's gone; the light has fused; **La radio è partita**, the radio has gone phut • **p. come una freccia**, to be off like a shot □ **p. in quarta**, to shoot off □ **a p. da**, from; beginning from; (*bur.*) as from, with effect from: **a p. da p. 50**, from page 50 onwards; **a p. da oggi**, beginning from today □ **far p. un colpo di fucile**, to fire a shot □ **Partì un colpo**, a gun went off □ **È partita per quel ragazzo!**, she's gone on the boy!

partìta *f.* ***1*** game; (*incontro, anche*) match: **una p. a carte** [**a scacchi**], a game of cards [of chess]; **una p. di calcio** [**a tennis**], a football [tennis] match; **Facciamo una p.?**, what about a game?; **Domani vado alla p.**, I'm going to the football match tomorrow ***2*** (*comm.*) lot; consignment: **una p. di frigoriferi**, a consignment of refrigerators; **p. di droga**, drugs haul; **in una sola p.**, in a single lot ***3*** (*rag.*: *registrazione*) entry; item: **p. semplice** [**doppia**], single [double] entry; **p. a credito**, credit item • **p. di caccia**, hunting party □ (*comm.*) **p. IVA**, VAT number □ **avere p. vinta**, to get one's way □ **dare p. vinta a q.**, to admit defeat □ **essere della p.**, to be one of the party □ **Vuoi essere della p.?**, would you like to join us? □ (*fig.*) **È una p. chiusa**, it's a closed chapter; it's over and done with.

partìtico *a.* party (*attr.*); party-political (*GB*).

partitìssima *f.* (*sport*) big match.

partitìvo *a. e m.* (*gramm.*) partitive.

partìto *m.* ***1*** (*polit.*) party: **p. al potere**, party in power; **p. all'opposizione**, opposition party; **p. di massa**, party appealing to the masses; **iscriversi a un p.**, to join a party;

Di che p. sei?, what party do you vote for?; **interessi di p.**, party (*o, GB*, party-political) interests ***2*** (*risoluzione*) resolution, decision; (*alternativa*) alternative: **Scelse il miglior p.**, he took the best decision; he made the best choice; **prendere un p.**, to come to a decision; to make up one's mind ***3*** (*occasione di matrimonio*) match • **mettere la testa a p.**, to mend one's ways; to settle down □ **per p. preso**, on principle; on purpose □ **essere ridotto a mal p.**, to be in a sorry state □ **trarre p. da q.c.**, to profit from st. □ **trovarsi a mal p.**, to be in a bad way (*o* sorry state).

partitocràtico *a.* (*polit.*) party-dominated.

partitocrazìa *f.* (*polit.*) party power: government by and for the parties.

partitùra *f.* (*mus.*) (full) score.

partizióne *f.* partition; division.

pàrto *m.* ***1*** childbirth; birth; delivery: **p. a termine**, full-term delivery; **p. prematuro**, premature birth; **p. cesareo**, Caesarean birth; **p. gemellare**, twin birth; **p. podalico**, breech delivery; **p. pilotato**, controlled (*o* enhanced) labour; **essere prossima al p.**, to be near one's time; **sala p.**, delivery room; **morire di p.**, to die in childbirth ***2*** (*opera*) product; work: **parti letterari**, literary products; **p. della fantasia**, product of the imagination; (*iron.*) figment of the imagination.

partoriènte ***A*** *a.* in labour (*pred.*); lying-in (*agg.*) ***B*** *f.* woman* in labour.

partorìre *v. t.* ***1*** to give* birth (to); to be delivered of; to bear* (a child, etc.): **Partorirà tra due mesi**, she will give birth in two months; **p. un maschio**, to be delivered of a baby boy; to bear a son ***2*** (*di animali*) to produce; to drop ***3*** (*fig.*) to breed*; to beget*; (*scherz.*) to produce.

part time (*ingl.*) ***A*** *locuz. a. invar. e avv.* part-time ***B*** *m. invar.* part-time work; part-time job.

parvènza *f.* semblance; shadow; trace.

parziàle *a.* ***1*** partial: **eclissi p.**, partial eclipse; **risultati parziali**, partial results ***2*** (*di parte*) partial; prejudiced; bias(s)ed.

parzialità *f.* partiality; bias.

parzialménte *avv.* ***1*** (*in parte*) partially; partly; in part ***2*** (*con parzialità*) with partiality.

pàscere ***A*** *v. t. e i.* ***1*** (*agric.*) to pasture; to graze ***2*** (*fig.*) to feed*; to nourish ***B*** **pàscersi** *v. rifl.* ***1*** to feed* (on) ***2*** (*fig.*) to cherish; to nurse.

pascià *m.* pasha • **fare il p.** (*o* **vivere da p.**), to live like a lord; to live in clover (*fam.*).

pasciùto *a.* fed; nourished: **ben p.**, well-fed.

pascolàre *v. t. e i.* to pasture; to graze.

pàscolo *m.* ***1*** (*terreno*) pasture; pasturage; pasture land: **pascoli di alta montagna**, high pastures ***2*** (*attività*) pasture; grazing: **mandare al p.**, to put out to pasture; **greggi al p.**, flocks at grass; **terreno da p.**, grazing land ***3*** (*fig.*) nourishment; food.

Pàsqua *f.* ***1*** (*cristiana*) Easter: **la domenica di P.**, Easter Sunday; **P. bassa [alta]**, early [late] Easter ***2*** (*ebraica*) Passover • **contento come una P.**, as happy as can be; in heaven.

pasquàle *a.* ***1*** (*della Pasqua cristiana*) Easter (*attr.*); Paschal: **vacanze pasquali**, Easter holidays ***2*** (*della Pasqua ebraica*) Paschal; Passover (*attr.*).

pasquétta *f.* (*fam.*) ***1*** Easter Monday ***2*** (*gita*) Easter Monday outing.

pasquinàta *f.* (*letter.*) pasquinade; lampoon.

passàbile *a.* passable; tolerable; not so bad (*pred.*).

passabilménte *avv.* passably; tolerably well; well enough.

passacàrte *m. e f. invar.* (*spreg.*) paper pusher.

passafìno *m.* (*sartoria*) edging; braiding.

passàggio *m.* ***1*** (*il passare*) passing, passage; (*l'attraversare*) crossing: **il p. dell'Equatore**, the crossing of the Equator; **un gran p. di camion**, heavy lorry traffic; **strada di grande p.**, very busy road ***2*** (*varco*) passage; way; way through; (*entrata*) way in; (*uscita*) way out; (*punto di attraversamento*) crossing: **aprirsi un p. tra la folla**, to make one's way through the crowd; **Ho trovato un p.**, I've found a way through; **ostruire il p.**, to block the way; **p. a livello**, level crossing (*GB*); grade crossing (*USA*); **p. pedonale**, pedestrian crossing; zebra crossing ***3*** (*transito*) transit ***4*** (*su automezzo*) lift ***5*** (*viaggio marittimo o aereo*) passage ***6*** (*cambiamento*) change: **p. di proprietà**, change of ownership; transfer of property ***7*** (*sport*) pass ***8*** (*astron.*) transit • **p. delle consegne**, handing over □ **accennare q.c. di p.**, to make a passing reference to st.; to mention st. in passing □ **essere di p.**, to be passing through □ **Vietato il p.**, no thoroughfare.

passamanerìa *f.* braids (*pl.*); braiding; trimming(s).

passamàno *m.* (*passaggio di mano in mano*) passing from hand to hand • **fare il p.**, to pass (st.) from hand to hand; to form a human chain.

passamontàgna *m. invar.* balaclava; (*che nasconde anche il viso*) ski mask.

passanàstro *m.* embroidered lace with eyelets.

passànte ***A*** *a.* passing; through: (*tennis*) **colpo p.**, passing shot; (*ferr.*) **stazione p.**, through station; (*telef.*) **selezione p.**, through line ***B*** *m. e f.* passer-by ***C*** *m.* ***1*** (*di cintura e sim.*) loop ***2*** (*collegamento stradale*) link road ***3*** **— p. ferroviario**, railway link.

passaparòla *m.* ***1*** (*mil.*) order passed along by word of mouth ***2*** (*gioco*) Chinese whispers (*pl.*).

passapatàte *m.* potato masher.

passapòrto *m.* passport: **p. collettivo**, group passport; **p. scaduto**, expired passport.

passàre ***A*** *v. i.* ***1*** to pass; to pass by; to go* along; (*passare oltre*) to go* past (*o* by); (*passare al di là*) to get* through; (*di fiume*) to flow: **Passa di qui ogni giorno**, he passes this way every day; **p. per una strada**, to pass along a street; **p. per i campi**, to go across the fields; **Una nuvola passò davanti al sole**, a cloud passed across the sun; **Passò senza fermarsi**, he went past without stopping; **Passammo per il paese**, we went through the village; **Di ritorno dalla Polonia passeremo per l'Austria**, we'll pass through Austria on our way back from Poland; **Lasciami p., per favore**, please let me pass; **Di qui non si passa**, you can't get through here; **Non ci passo**, I can't get through; **Passiamo in salotto?**, shall we go into the sitting room?; **La ditta passerà al figlio**, the firm will pass to his son ***2*** (*trascorrere*) to pass; to elapse; to go* by: **Passò un mese**, a month went by; **Sono passati sei anni**, six years have passed; **Non passa giorno che...**, there isn't a day goes by but... ***3*** (*cessare*) to pass; to stop; to end; to go* (away): **una moda che passa**, a passing fashion; **Il pericolo è passato**, the danger has passed (*o* is over); **È passata la pioggia**, the rain has stopped; **Mi è passato il mal di testa**, my headache has gone; **Gli passerà, col tempo**, he'll get over it in time ***4*** (*fare una breve visita*) to call in (on sb.); to call (at a place); to pass: **Sono passato da Maura**, I called in on Maura; **p. dal panettiere**, to call at the baker's; **Passa a trovarci quando torni**, look us up when you get back ***5*** (*diventare*) to become*; to be promoted: **p. direttore**, to become a manager ***6*** (*essere reputato*) to pass (for); to be considered: **p. per artista**, to pass for an artist; **p. per facoltoso**, to be considered (*o* to be thought to be) well off; **farsi p. per**, to pass oneself off as; to make oneself out to be; **L'hanno fatto p. per matto**, they passed him off as a lunatic ***7*** (*essere approvato*) to be passed; to pass; to get* through; to be accepted: **p. a un esame**, to pass (*o* to get through) an exam; **Il progetto di legge è passato alla Camera**, the bill got through the Lower House ***8*** (*intercorrere*) to be; to exist: **Fra me e lui passa una gran differenza**, there is a big difference between him and me ***9*** (*sport*) to make* a pass; to pass ***10*** (*a carte*) to pass • **p. a miglior vita**, to pass away □ **p. al nemico**, to go over to the enemy □ **p. a prendere q. [q.c.]**, to call for sb. [st.] □ **p. alla storia**, to go down in history □ **p. dalla parte di**, to go over to □ **p. dalle parole ai fatti**, to pass from words to action □ **p. di mente**, to slip sb.'s mind □ **p. di moda**, to go out of fashion □ **p. per la mente**, to cross (sb.'s) mind □ (*fig.*) **p. sopra**, to pass over; to overlook □ (*fam.*) **Passa via!**, go away!; get lost! (*pop.*); beat it! (*pop.*) □ (*tel.*) **Passo e chiudo**, over and out □ **Per questa volta passi**, I'll let it go this time □ **essere passato di cottura**, to be overdone (*o* overcooked) □ **trent'anni e passa**, thirty years and more; over thirty years □ **Lo faccia p.!** (*lo faccia entrare*), let him in! ***B*** *v. t.* ***1*** (*oltrepassare*) to pass, to go* past; (*attraversare, valicare*) to pass through, to cross: **Passata la chiesa, volta a destra**, after you pass the church, turn right; turn right past the church; **p. la dogana**, to pass (*o* to go) through Customs; **p. una frontiera [un fiume]**, to cross a frontier [a river] ***2*** (*trascorrere*) to pass; to spend*: **p. il tempo leggendo**, to spend one's time reading; **tanto per p. il tempo**, just to pass the time; **p. l'estate al mare**, to spend the summer at the seaside; **p. un brutto periodo**, to go through a bad patch ***3*** (*far passare, far scorrere*) to pass; to run*: **passarsi le dita fra i capelli**, to run one's fingers through one's hair ***4*** (*dare, porgere*) to give*, to pass, to hand; (*fornire*) to supply: **Mi passi il pepe?**, could you pass me the pepper?; **Passami quel libro**, hand me that book; **Versati da bere e passa la bottiglia**, pour yourself a glass and pass the bottle (on); **Passa il vassoio**, hand the tray around; (*sport*) **p. la palla**, to pass the ball; (*comm.*) **p. un'ordinazione a q.**, to place an order with sb.; **La scuola non passa i libri**, the school does not supply books ***5*** (*telef.*) to put* (sb.) through to (sb., st.): **Le passo l'ufficio vendite**, I'll put you through to the sales department; **Mi passi Paola?**, can I speak to Paola? ***6*** (*promuovere, approvare*) to pass: **p. uno studente a un esame**, to pass a student at an exam; **p. un progetto di legge**, to pass a bill ***7*** (*cucina*: *filtrare*) to strain; (*setacciare*) to sieve, to sift; (*ridurre a purée*) to purée; (*immergere*) to dip; (*ricoprire*) to coat: **p. il brodo**, to strain the stock; **p. le carote**, to purée the carrots; **p. nella pastella**, to dip in batter; **p. nella farina**, to coat with flour; **far p. al burro**, to sauté in butter • **p. avanti** (*in una coda*), to jump the queue (*GB*); to cut in line (*USA*) □ **p. da parte a parte**, to run through □ (*sport*) **p. in testa** (*o* **al comando**), to forge into the lead □ (*di lettera, ecc.*) **p. il peso**, to be overweight □ **p. q. per le armi**, to shoot sb. □ **Ha passato un sacco di guai**, she's had a rough time; she's been through a lot □ **passarla liscia**, to get away with it; to get off scot-free □ **passarne di tutti i colori**, to go through thick and thin □ **Come te la passi?**, how are you getting on?; how are things? □ **passarsela bene**, (*essere benestante*) to be doing all right; (*divertirsi*) to have a good time □ **passarsela male**, to go through a bad time; to be in a bad way □ **Per questa volta te la passo**, I'll let you off this time □ **Non gliene passa una** (*nulla gli sfugge*), nothing escapes him □ **Non me ne passa** (*o* **me ne lascia p.**) **una**, he is always picking on me □ **aver passato la trentina**, to be over thirty ***C*** *m.* passing; course: **col p. del tempo**, with the passing of time; in the course of time.

passàta *f.* ***1*** (*strofinata*) rub; wipe ***2*** (*stirata*) quick iron ***3*** (*occhiata*) quick look; glance through ***4*** (*mano di vernice*) coat • (*cucina*) **p. di pomodoro**, puréed tomatoes □ **di p.**, incidentally; in passing.

passatèmpo *m.* pastime.

passatìsta *m. e f.* traditionalist; stick-in-the-mud (*fam.*).

passàto ***A*** *a.* ***1*** (*trascorso*) past; gone by (*pred.*); bygone: **nei tempi passati**, in past times; in times gone by; in bygone days ***2*** (*antecedente*) former; (*scorso*) last: **sotto la passata amministrazione**, under the former administration; **lunedì p.**, last Monday ***3*** (*gramm.*) past • **p. di moda**, outdated; out (*fam.*) □ **avere trent'anni passati**, to be well over thirty □ **Sono le due passate**, it's past two o'clock ***B*** *m.* ***1*** (*tempo p.*) (the) past: **ricordi del p.**, memories of the past; **in p.**, once; in past times ***2*** (*condotta antecedente*) (sb.'s) past; past life ***3*** (*gramm.*) past; perfect: **p. remoto**, simple past; **p. prossimo**, present perfect ***4*** (*cucina*) soup; purée: **p. di piselli**, pea soup; **p. di spinaci**, spinach purée.

passatóia *f.* runner; (*di scale*) stair carpet.

passaverdùra *m. invar.* vegetable mill.

passavivànde *m. invar.* service hatch.

passeggèro ***A*** *a.* passing; transitory; (*fugace*) fleeting, short-lived ***B*** *m.* (*f.* **-a**) (*viaggiatore*) passenger • (*naut.*) **p. clandestino**, stowaway.

passeggiàre *v. i.* to walk; to stroll: **p. su e giù per la stanza**, to walk up and down the room.

passeggiàta *f.* ***1*** walk; stroll: **fare una p.**, to take a walk (*o* a stroll); to go for a walk ***2*** (*luogo dove si passeggia*) public walk; (*lungomare, lungolago*) promenade ***3*** (*cosa facile*) piece of cake; (*in frasi neg.*) picnic.

passeggiatrice *f.* streetwalker.

passeggino *m.* pushchair (*GB*); stroller.

passéggio *m.* ***1*** (*il passeggiare*) walk; stroll: **uscire a p.**, to go for a walk; **portare q. a p.**, to take sb. out for a walk ***2*** (*gente che passeggia*) promenaders (*pl.*) ***3*** (*luogo dove si passeggia*) public walk; (*lungomare, lungolago*) promenade.

passe-partout (*franc.*) *m. invar.* ***1*** (*chiave*) master key; passe-partout ***2*** (*di quadro*) passe-partout.

pàssera *f.* (*zool.*) hen sparrow • **p. di mare**, flounder; plaice □ **p. scopaiola**, hedge sparrow.

passerèlla *f.* ***1*** gangway; footbridge ***2*** (*naut.*) catwalk; (*di imbarco e sbarco*) gangway, gangplank ***3*** (*aeron.*) boarding walkway ***4*** (*edil.*) gangway; platform ***5*** (*per sfilate di moda*) catwalk ***6*** (*teatr.*) forestage parade; (*di servizio*) catwalk ***7*** (*sfilata*) parade.

pàssero *m.* (*zool.*) sparrow • **p. domestico**, house-sparrow □ **p. solitario**, blue rock-thrush.

passeròtto *m.* young sparrow; fledgling sparrow.

pàssi *m.* pass.

passìbile *a.* liable; subject: **p. di multa**, liable to a fine; **prezzo p. di aumento**, price subject to increase.

passiflòra *f.* (*bot.*) passionflower.

passino *m.* strainer.

passionàle *a.* ***1*** passional; of passion: **delitto p.**, crime of passion ***2*** (*pronto a infiammarsi*) passionate: **temperamento p.**, passionate nature.

passionalità *f.* passionate nature.

passióne *f.* ***1*** (*desiderio*) passion; desire ***2*** (*forte predilezione*) passion; love; enthusiasm: **La mia p. è viaggiare**, travelling is my passion; **Ha la p. dei fumetti**, he is a comic strip fan; **avere la p. del gioco**, to be an inveterate gambler ***3*** (*entusiasmo*) enthusiasm; fervour: **parlare con p.**, to speak with fervour ***4*** (*dolore*) suffering; grief ***5*** (*relig.*) Passion: **la Domenica di P.**, Passion Sunday; **la Settimana di P.**, Passion Week.

passìto *m.* raisin wine.

passività *f.* ***1*** passivity; passiveness ***2*** (*comm.*) liabilities (*pl.*).

passìvo ***A*** *a.* ***1*** passive; (*inerte*) inactive, inert: **fumo p.**, passive smoking ***2*** (*che non oppone resistenza*) passive; submissive: **resistenza passiva**, passive resistance ***3*** (*gramm.*) passive ***4*** (*comm.*) debit (*attr.*) (*che non dà interessi*) passive, unprofitable: **bilancio p.**, debit balance; **interesse p.**, interest payable ***B*** *m.* ***1*** (*gramm.*) passive ***2*** (*rag.*) liabilities (*pl.*) • **essere in p.**, to be in debt; to have debts; to be in the red (*fam.*) □ (*rag.*) **registrare al p.**, to enter on the debit side.

pàsso (**1**) *m.* ***1*** step; (*falcata*) stride; (*andatura*) pace, step: **fare un p. avanti**, to take a step forward; **con p. esitante**, with hesitant step; hesitantly; **perdere il p.**, to fall out of step; **pochi passi più avanti**, a few steps further (on); **tornare sui propri passi**, to retrace one's steps; **allungare il p.**, to lengthen one's stride; (*affrettarsi*) to hurry; **rallentare il p.**, to slacken one's pace; **di buon p.**, at a good pace ***2*** (*rumore di passi*) step, tread, footfall; (*orma*) footstep, footprint: **p. pesante**, heavy tread; **seguire i passi altrui**, to follow in sb.'s footsteps ***3*** (*decisione, iniziativa*) step: **Il matrimonio è un grosso p.**, getting married is a big step ***4*** (*brano*) passage ***5*** (*di elica, di vite*) pitch ***6*** (*ind. tess.*) shed ***7*** (*cinem.*) gauge: **film a p. normale** [**ridotto**], standard [sub-standard] gauge film • (*mil.*) **p. dell'oca**, goose step □ **p. di danza**, dance step □ **p. falso**, false step □ **p. p.**, step by step; (*adagio*) very slowly □ **È a due passi** (*o* **a un p.**) **da qui**, it's close by; it's just a few steps from here □ **a p. di corsa** (*o* **di carica**), at the double □ **a p. di lumaca**, at a snail's pace □ **a p. d'uomo**, at walking pace □ (*mil.*) **Al p.!**, (keep) in step! □ (*fig.*) **avvicinarsi a grandi passi**, to approach apace □ **camminare a gran passi**, to stride □ **di questo p.**, at this rate □ **di pari p.**, at the same rate (*o* speed) □ **andare di pari p. con**, to go hand in hand with □ **essere al p. coi tempi**, to be abreast of the times □ (*anche fig.*) **non essere al p.**, to be out of step □ **fare il p. più lungo della gamba**, to bite off more than one can chew □ **fare il p. secondo la gamba**, to cut one's coat according to one's cloth □ **fare passi da gigante**, to take great strides; (*fig., anche*) to make great progress, to progress by leaps and bounds □ **fare due** (*o* **quattro**) **passi**, to take (*o* to go for) a stroll □ **muovere i primi passi**, (*di bambino*) to take one's first steps; (*fig.*: *essere agli inizi*) to be in one's infancy; (*incominciare*) to get under way □ **Non muoverò un p. per loro**, I won't stir a finger to help them □ **perdere il p.**, to fall out of step □ **rompere il p.**, to break step □ (*anche fig.*) **segnare il p.**, to mark time □ **stare al p. con**, to keep pace with; (*fig.*) to keep in step with □ **e via di questo p.**, and so on □ **volgere i passi verso casa**, to bend one's steps towards home.

pàsso (**2**) *m.* ***1*** (*passaggio*) way; passage: **aprirsi il p. attraverso q.c.**, to make one's way through st.; **cedere il p.**, to give way *2* (*geogr.*) pass • **p. carrabile**, driveway; vehicle entrance □ **uccelli di p.**, migratory birds; birds of passage.

pàsta *f.* *1* (*impasto per pane*) dough; (*per torte, dolci*) pastry: **lavorare** [**spianare**] **la p.**, to knead [to roll out] the dough (*o* pastry); **p. sfoglia**, flaky pastry; puff pastry; **p. frolla**, *V.* **pastafrolla**; **asse per la p.**, pastry board *2* (*p. alimentare*) pasta: **p. al sugo**, pasta with tomato sauce; **p. all'uovo**, egg pasta; egg noodles (*pl.*); **buttare la p.**, to put the pasta on to boil *3* (*piccolo dolce*) pastry; (*pasticcino*) (small) cake *4* (*prodotto di consistenza molle*) paste: **p. d'acciughe**, anchovy paste; **p. dentifricia**, toothpaste *5* (*ind.*) pulp: **p. di legno**, wood pulp *6* (*fig.*) stuff; (*indole*) nature: **Lui è di tutt'altra p.**, he is made of different stuff; **di buona p.**, good-natured • **avere le mani in p.**, to have a finger in the pie □ **essere della stessa p.**, to be cast in the same mould □ **formaggio a p. dura** [**molle**], hard [soft] cheese □ **mettere le mani in p.**, to meddle in sb.'s affairs.

pastafròlla *f.* shortcrust (*o* short) pastry • **essere una p.**, to have no backbone; to be a wimp □ **avere le mani di p.**, to be butter-fingered.

pastasciùtta *f.* (*cucina*) pasta.

pasteggiàre *v. i.* *1* (*rif. al cibo*) to have (st.) for one's meal: **p. a pollo**, to have chicken for one's meal; to dine [to lunch] on chicken *2* (*rif. a bevanda*) to drink* (st.) with one's meal.

pastèlla *f.* (*cucina*) batter.

pastèllo *a. e m.* pastel: **disegno a p.**, pastel (drawing); **verde p.**, pastel green.

pastétta *f.* (*fam.*) shenanigans (*pl.*).

pastìcca *f.* tablet; lozenge.

pasticcerìa *f.* *1* (*arte, industria*) pastry making; confectionery *2* (*negozio*) pastry shop; confectioner's (shop) (*GB*); candy store (*USA*) *3* (*paste*) confectionery.

pasticciàre *A* *v. t.* *1* to make* a mess (of); to mess up; to bungle; to goof (*fam. USA*) *2* (*scarabocchiare*) to scribble (on) *B* *v. i.* (*fam.*: *mangiucchiare*) to nibble all day; to eat* between meals.

pasticciàto *a.* *1* messy; messed-up; bungled *2* (*scarabocchiato*) scribbled all over *3* (*cucina*) cooked with cheese, butter and ragout.

pasticcière *m.* (*f.* **-a**) pastry cook; confectioner.

pasticcino *m.* fancy cake; tea cake.

pasticcio *m.* *1* (*cucina*) pie; pasty: **p. di carne**, meat pie *2* (*lavoro mal fatto*) mess; botch; bungle: **Ho fatto un bel p.**, I've made a regular mess of this; **combinare pasticci**, to bungle things *3* (*situazione difficile*) trouble; fix (*fam.*); jam (*fam.*); tight spot (*fam.*): **mettersi nei pasticci**, to get into trouble; **togliere q. dai pasticci**, to get sb. out of a tight spot.

pasticcióne *m.* (*f.* **-a**) (*fam.*) bungler; botcher; bumbler.

pastificio *m.* pasta factory.

pastiglia *f.* *1* tablet; lozenge; pastille: **p. per la tosse**, cough lozenge *2* (*autom., dei freni*) (brake) pad; (brake) lining.

pastìna *f.* *1* (*per brodo*) (small) pasta *2* *V.* **pasticcino**.

pastinàca *f.* (*bot.*) parsnip.

pàsto *m.* meal: **tra un p. e l'altro** (*o* **fuori p.**), between meals • **dare una notizia in p. al pubblico**, to regale the public with a piece of news □ **lontano dai pasti**, on an empty stomach □ **stare ai pasti**, to eat only at mealtimes □ **vino da p.**, table wine.

pastóia *f.* (*fig.*) fetters (*pl.*); trammels (*pl.*); shackles (*pl.*).

pastóne *m.* *1* (*per animali*) (bran) mash *2* (*cibo troppo cotto*) soggy mess; mush *3* (*fig.*) hotchpotch; hash.

pastóra *f.* shepherdess.

pastoràle *A* *a.* (*anche letter., eccles.*) pastoral: **poesia p.**, pastoral poetry; **cura p.**, pastoral charge; **lettera p.**, pastoral letter; **anello p.**, bishop's ring *B* *f.* *1* (*mus.*) pastorale* *2* (*eccles.*) pastoral (letter) *C* *m.* (*eccles.*) pastoral staff; crozier.

pastóre *m.* *1* shepherd; (*di capre*) goatherd *2* (*nelle chiese protestanti*) minister *3* (*zool., anche* **cane p.**) sheepdog; shepherd: **p. tedesco**, German shepherd; Alsatian; **p. scozzese**, collie.

pastorìzia *f.* sheep-farming; sheep-breeding.

pastorìzio *a.* sheep-farming (*attr.*).

pastorizzàre *v. t.* (*ind.*) to pasteurize.

pastorizzàto *a.* pasteurized.

pastorizzazióne *f.* (*ind.*) pasteurization.

pastosità *f.* *1* doughiness; (*morbidezza*) softness *2* (*fig.*) richness; warmth; mellowness.

pastóso *a.* *1* (*simile a pasta*) doughy; (*morbido*) soft *2* (*fig.*) rich; warm; mellow: **voce pastosa**, rich (*o* fruity) voice; **colori pastosi**, warm colours; **vino p.**, mellow wine.

pastràno *m.* overcoat; (*mil.*) greatcoat.

pastròcchio (*fam.*) *V.* **pasticcio**, *def. 2.*

pastùra *f.* *1* (*agric.*) pasture; pasturage; grazing *2* (*per pesci*) fish food.

patàcca *f.* *1* (*moneta di minimo valore*) worthless coin *2* (*oggetto senza valore*) piece of junk; (*oggetto falso*) fake *3* (*macchia*) stain; spot *4* (*scherz.*: *decorazione*) medal; gong (*pop.*).

pataccàro *m.* (*pop.*) *1* seller of fakes *2* (*estens.*) swindler; conman*.

patapùm, **patapùmfete** *inter.* crash, bang!

patàta *f.* potato*: **patate farinose**, floury potatoes; **patate fritte**, fried potatoes; (*a bastoncino*) chips (*GB*), French fries (*USA*); **patate lesse**, boiled potatoes; **patate novelle**, new potatoes; **patate in umido**, potato stew; **p. dolce**, batata; sweet potato • (*fig.*) **p. bollente**, hot potato □ (*fig.*) **sacco di patate**, big lump (*fam.*) □ **spirito di p.**, weak humour.

patatìna *f.* *1* (*patata novella*) new potatoes *2* (*al pl.*) — **patatine croccanti**, crisps (*GB*); chips (*USA*); **patatine fritte** (*a bastoncino*), chips (*GB*); French fries (*USA*).

patatóne *m.* (*f.* **-a**) (*fam. spreg.*) slowcoach; lump; gawk.

patatràc *A* *inter.* crack!; crash!; bang! *B* *m.* *1* (*scoppio*) crack; crash; bang *2* (*crollo*) crash; (*disastro*) disaster.

pâté (*franc.*) *m. invar.* pâté; paste: **p. di fegato d'oca**, pâté de foie gras (*franc.*); **p. di olive**, olive paste.

patèlla *f.* *1* (*zool.*) limpet *2* (*anat.*) patella*; kneecap.

patèma *f.* anxiety; worry; heartache.

patèna *f.* (*eccles.*) paten.

patentàto *a.* *1* licensed; chartered *2* (*fig.*) thorough; downright; out-and-out: **sciocco p.**, downright fool; complete idiot.

patènte (1) *a.* patent; manifest; self-evident.

patènte (2) *f.* *1* (*licenza*) licence, license (*USA*); permit: (*autom.*) **p. di guida**, driving (*USA* driver's) licence; **prendere la p.**, to get one's driving licence; **esame per la p.**, driving test; **ritiro della p.**, disqualification from driving *2* (*brevetto di invenzione*) patent.

patentìno *m.* *1* licence, license (*USA*) *2* (*autom.*) provisional driving licence (*GB*); learner's permit (*USA*).

pateràzzo *m.* (*naut.*) backstay.

pateréccio *m.* (*med.*) whitlow.

paternàle *f.* reprimand; scolding; lecture; telling-off: **fare una p. a q.**, to read sb. a lecture; to tell sb. off.

paternalismo *m.* paternalism.

paternalìstico *a.* paternalistic.

paternaménte *avv.* paternally; like a father; in a fatherly way.

paternità *f.* *1* fatherhood; paternity: **i doveri della p.**, the duties of fatherhood; **test di p.**, paternity test *2* (*nome del padre*) father's name *3* (*condizione di autore*) authorship; (*responsabilità*) responsibility.

patèrno *a.* *1* paternal, fatherly: **casa paterna**, paternal house; **affetto** [**gesto**] **p.**, fatherly love [gesture] *2* (*da parte del padre*) paternal; on one's father's side: **nonno p.**, paternal grandfather; **zio p.**, uncle on one's father's side • **in tono p.**, paternally.

pateticità *f.* pathetic tone.

patètico *A* *a.* pathetic; full of pathos; (*commovente*) moving *B* *m.* (*il genere p.*) (the) pathetic; sentimentalism • **cadere nel p.**, to become sentimental □ **fare il p.**, to sentimentalize.

pàthos *m.* pathos.

patibolàre *a.* sinister.

patìbolo *m.* scaffold; (*per decapitazione*) block; (*forca*) gallows: **condannare q. al p.**, to send sb. to the gallows [the scaffold, the block] • **faccia da p.**, sinister face.

patiménto *m.* suffering; affliction; torment; pain.

pàtina *f.* *1* (*velatura su metallo, ecc.*) patina *2* (*med., della lingua*) fur; coating *3* (*della carta*) coat; glaze.

patinàto *a.* *1* (*di metalli*) patinated *2* (*di carta*) glossy; art (*attr.*) *3* (*di lingua*) furred; coated.

patìre *A* *v. i.* *1* to suffer: **p. di mal di testa**, to suffer from headaches *2* (*essere danneggiato*) to be damaged *B* *v. t.* to suffer: **p. il caldo**, to suffer from the heat; to feel the heat; **p. un torto**, to suffer a wrong; **p. la fame**, to go hungry; to starve; **p. la sete**, to suffer thirst; **p. il mal di mare**, to be seasick; **far p. la fame a q.**, to starve sb.

patito ***A*** *a.* (*malaticcio*) sickly; (*smunto*) haggard, pinched: **viso p.**, pinched face ***B*** *m.* (*f.* **-a**) enthusiast; fan; buff: **un p. del jazz**, a jazz fan; **un p. del cinema**, a film buff; **un p. della politica**, a politics fanatic.
patògeno *a.* (*biol.*) pathogenic • **agente p.**, pathogen.
patologìa *f.* (*med.*) pathology.
patològico *a.* (*med. e estens.*) pathological • (*fig. fam.*) **caso p.**, nut case.
patòlogo *m.* (*f.* **-a**) (*med.*) pathologist.
pàtria *f.* ***1*** (native) country; native land; fatherland; homeland; home: **amor di p.**, love of one's country; **p. d'elezione**, country of adoption; **in p. e all'estero**, at home and abroad; **essere esule dalla p.**, to be an exile from home; **per il re e per la p.**, for King and country ***2*** (*luogo nativo*) birthplace; (*fig.*) home, land • **i senza p.**, displaced persons.
patriàrca *m.* (*anche fig.*) patriarch.
patriarcàle *a.* (*anche fig.*) patriarchal.
patrìgno *m.* stepfather • **p. e matrigna**, step-parents.
patrimoniàle *a.* patrimonial; property (*attr.*): **asse p.**, estate and property; **beni patrimoniali**, property Ⓤ; assets; **reato p.**, crime against property; **rendita p.**, unearned income; **tassa p.**, property tax.
patrimònio *m.* ***1*** property; estate; assets (*pl.*); (*estens.*) fortune: **ereditare un grosso p.**, to inherit a large estate; to come into a fortune; **p. immobiliare**, real estate (*o* property); **p. mobiliare**, personal estate (*o* property); **p. pubblico**, public property ***2*** (*fig.*) patrimony; heritage • **costare [spendere] un p.**, to cost [to spend] a fortune.
pàtrio *a.* ***1*** of one's country; native: **il p. suolo**, one's native soil; (*scherz.*) **i patrii lidi**, one's native shores ***2*** (*paterno*) paternal; parental: **patria potestà**, parental authority.
patriòta *m. e f.* patriot.
patriòttico *a.* patriotic.
patriottìşmo *m.* patriotism; love of one's country.
patriziàto *m.* patricians (*pl.*); aristocracy.
patrìzio *a. e m.* patrician.
patrocinàre *v. t.* ***1*** (*sostenere*) to support; to sponsor ***2*** (*difendere, anche leg.*) to defend (sb.); to plead (*una causa*).
patrocinatóre *m.* (*f.* **-trice**) ***1*** (*sostenitore*) supporter; sponsor ***2*** (*protettore*) patron; protector ***3*** (*leg.*) (defence) counsel.
patrocìnio *m.* ***1*** support; sponsorship; patronage ***2*** (*relig.*) patronage; protection ***3*** (*leg.*) defence; legal representation: **gratuito p.**, legal aid.
patròna *f.* (*eccles.*) patron saint.
patronàto *m.* ***1*** (*protezione*) patronage ***2*** (*istituzione benefica*) charitable institution; (*ente di assistenza*) aid society ***3*** (*auspici*) auspices (*pl.*).
patronéssa *f.* patroness; benefactress.
patronìmico *a. e m.* patronymic.
patròno *m.* ***1*** (*protettore*) patron; protector; (*sostenitore*) supporter ***2*** (*eccles.*) patron (saint) ***3*** (*leg.*) counsel.
pàtta (**1**) *f.* (*di tasca*) flap.
pàtta (**2**) *f.* (*nel gioco e fig.*) draw: **fare p.**, to have a draw; to draw • **essere pari e p.**, to be quits.
patteggiaménto *m.* negotiation (*spesso al pl.*); bargaining; (*leg.*) plea bargaining.
patteggiàre ***A*** *v. i.* ***1*** (*trattare*) to negotiate; to discuss terms; to bargain ***2*** (*venire ai patti*) to agree terms ***B*** *v. t.* to negotiate; to arrange the terms of • (*leg.*) **p. la pena**, to plea bargain.
pattinàggio *m.* skating: **p. artistico**, figure-skating; **p. a rotelle**, roller-skating; **p. sul ghiaccio**, ice-skating; **pista di p.**, skating rink.
pattinàre *v. i.* to skate.
pattinatóre *m.* (*f.* **-trice**) skater.
pàttino (**1**) *m.* ***1*** (*sport*) skate: **pattini da ghiaccio**, (ice) skates; **pattini a rotelle**, roller skates ***2*** (*di slitta*) runner ***3*** (*aeron.*) runner; skid ***4*** (*mecc.*) sliding block.
pattìno (**2**) *m.* twin-hulled pleasure boat.
pàtto *m.* ***1*** (*convenzione, accordo*) agreement; understanding; (*specialm. leg.*) pact; (*leg., relig.*) covenant; (*tra nazioni*) treaty: **concludere** (*o* **stringere**) **un p.**, to make (*o* to come to, to reach, to seal) an agreement; **p. di pace**, peace treaty; **p. sociale**, social contract ***2*** (*al pl.*) (*condizioni*) terms: **venire a patti**, to agree terms • **a p. che**, on condition that; provided that □ **a nessun p.**, on no account; by no means □ **a qualsiasi p.**, at any cost □ **a questo p.**, on this understanding (*o* condition) □ **stare ai patti**, to keep an agreement.
pattùglia *f.* (*mil.*) patrol: **essere di p.**, to be on patrol.
pattugliaménto *m.* (*mil.*) patrol; patrolling.
pattugliàre *v. i. e t.* (*mil.*) to patrol.
pattuìre *v. t.* to stipulate; to agree (on); to arrange: **p. un prezzo**, to agree (on) a price; **p. la resa**, to arrange the terms of surrender.
pattuito *a.* agreed (up)on; settled; arranged: **il prezzo p.**, the price agreed (up)on.
pattùme *m.* rubbish; trash; garbage.
pattumièra *f.* rubbish bin, dustbin (*GB*); garbage can, trash can (*USA*).
paturnie *f. pl.* (*pop.*) bad mood (*sing.*); fit (*sing.*) of the sulks: **avere le p.**, to be in a bad mood; to have a fit of the sulks; to be down in the dumps.
pauperìşmo *m.* (*econ.*) pauperism.
pauperìstico *a.* of pauperism.
paùra *f.* fear; dread; (*spavento*) fright, scare; (*timore reverenziale*) awe: **tremare di p.**, to tremble with fear; **vincere la p.**, to overcome one's fear; **Che p.!**, what a fright! • **avere p. di q.c.**, to be afraid of (*o* to fear) st. □ **Ho p. che non venga**, I'm afraid he won't come □ **Ho sempre paura prima di un esame**, I'm always nervous before an exam □ **Ho p. di saperlo in volo con questo tempo**, it worries me sick to know he's flying in this weather □ **brutto da far p.**, as ugly as sin □ **un tempo da far p.**, dreadful weather □ **far p. a q.**, to frighten (*o* to scare) sb. □ (*fig.*) **far morire q. di p.**, to scare (*o* to frighten) sb. to death □ (*fig.*) **morire di p.**, to be frightened (*o* scared) to death □ **per p. che**, for fear that.
pauróso *a.* ***1*** (*che ha paura*) fearful; timid; (*codardo*) cowardly, faint-hearted ***2*** (*che mette paura*) frightful; fearful; dreadful.
pàuşa *f.* ***1*** pause; (short) interval; break: **fare una p.**, to make a pause; to pause; to have a break ***2*** (*mus.*) rest.
paventàre *v. t.* (*lett.*) to fear.
paveşàre *v. t.* ***1*** (*naut.*) to dress (with flags); to deck (with flags) ***2*** (*imbandierare*) to decorate (with flags).
pavése *m.* (*naut.*) flag dressing; flags (*pl.*) • **alzare il gran p.**, to dress ship.
pàvido ***A*** *a.* timid; fearful; cowardly ***B*** *m.* (*f.* **-a**) coward.
pavimentàre *v. t.* (*una stanza*) to floor; (*una strada*) to pave.
pavimentazióne *f.* (*di stanza*) flooring; (*di strada*) paving.
paviménto *m.* floor: **p. a parquet**, parquet floor; **p. di mattonelle**, tiled floor. ATTENZIONE: **pavimento** ≠ pavement.
pavoncèlla *f.* (*zool.*) lapwing.
pavóne *m.* (*zool. e fig.*) peacock • **a coda di p.**, fan-tailed □ **blu p.**, peacock blue.
pavoneggiàrsi *v. i. pron.* to strut; to show* off.
pazientàre *v. i.* to have patience; to be patient; to wait patiently.
paziènte *a., m. e f.* patient.
paziènza *f.* patience; endurance; forbearance: **mettere alla prova la p. di q.**, to try sb.'s patience; **perdere la p.**, to lose one's patience (*o* one's temper); **far scappare la p. a q.**, to wear out sb.'s patience; to make sb. lose his temper; **Mi scappa la p.**, I'm about to lose my patience; **Abbi p.!**, be patient! • **P., verrai la prossima settimana**, never mind, you'll come next week □ **la p. di Giobbe**, the patience of Job □ **Fossi ricco, p.!**, if I were rich, it wouldn't matter so much □ **gioco di p.**, puzzle.
pàzza *f. V.* **pazzo**, *B.*
pazzaménte *avv.* ***1*** (*come un pazzo*) like a madman; madly; wildly ***2*** (*intensamente*) — **desiderare p. q.c.**, to be dying for st.; **divertirsi p.**, to have the time of one's life; **p. innamorato di q.**, madly (*o* head over heels) in love with sb.
pazzerèllo ***A*** *a.* ***1*** mad; crack-brained (*fam.*) ***2*** (*mutevole*) changeable; capricious ***B*** *m.* (*f.* **-a**) madcap; crackpot (*fam.*).
pazzerellóne ***A*** *a.* (*allegro*) jolly; rollicking ***B*** *m.* (*f.* **-a**) madcap.
pazzésco *a.* ***1*** mad; crazy ***2*** (*assurdo*) absurd; mad; senseless ***3*** (*fam.: straordinario*) fantastic; fabulous.
pazzìa *f.* ***1*** madness; insanity; lunacy ***2*** (*azione insensata*) madness Ⓤ; folly Ⓤ; foolish thing: **È una p. uscire con questa pioggia**, it's madness to go out in this rain; **L'attacco fu una p.**, the attack was an act of lunacy; **fare una p.**, to

do something foolish; **Non farai mica la p. di vendere?**, I hope you won't be foolish enough to sell; **Non fare pazzie!**, don't do anything stupid!; **fare pazzie per una donna**, to be crazy (*o*, *pop.*, nuts) about a woman; **Che p.!**, that's mad (*o* crazy)!

pàzzo ***A*** *a.* ***1*** mad; insane; lunatic (*attr.*); crazy: **diventare p.**, to go mad; **far diventare p. q.**, to drive sb. mad (*o* crazy, insane); **p. di dolore**, mad with pain; **p. di gioia**, beside oneself with joy ***2*** (*bizzarro, strambo*) mad; crazy; foolish ***3*** (*eccessivo*) wild; uncontrolled: **pazze risate**, uncontrolled laughter; **spese pazze**, extravagant spending; wild extravagance; **fare spese pazze**, to spend a fortune • **p. da legare**, as mad as a hatter; stark staring mad □ **p. furioso**, raving mad □ **andare p. per q.c.**, to be crazy about st. □ **innamorato p.**, madly in love ***B*** *m.* (*f.* **-a**) madman* (*f.* madwoman*); lunatic.

pazzòide ***A*** *a.* crazy; half-mad; daft (*fam.*) ***B*** *m. e f.* madcap.

peàna *m.* paean.

pècari *m.* (*zool.*) peccary.

pècca *f.* fault; failing: **senza p.**, faultless.

peccaminóso *a.* sinful.

peccàre *v. i.* ***1*** to sin; to be guilty (of); (*sbagliare*) to err: **p. di superbia**, to commit the sin of pride; **p. di ingratitudine**, to be guilty of ingratitude; **p. di troppa generosità**, to err on the side of generosity ***2*** (*essere difettoso*) to be faulty; to be lacking (in st.); to lack (st.).

peccàto *m.* sin: **cadere nel p.**, to lapse (*o* to fall) into sin; **p. mortale [veniale, originale]**, mortal [venial, original] sin; **commettere un p.**, to commit a sin • **p. di gola**, (sin of) gluttony □ **peccati di gioventù**, youthful errors □ **brutto come il p.**, as ugly as sin □ **È un p. che...**, it's a pity that... □ **Che p.!**, what a pity!; what a shame!; too bad! □ **Sarebbe un p. svegliarlo**, it would be a shame to wake him up.

peccatóre *m.* (*f.* **-trice**) sinner.

peccatùccio *m.* peccadillo*.

péce *f.* pitch: **nero come la p.**, as black as coal; pitch-black • **p. da calzolaio**, cobbler's wax □ **p. greca**, rosin □ **p. liquida**, tar.

pechblènda *f.* (*miner.*) pitchblende.

pechinése *a., m. e f.* Pekin(g)ese.

pècora *f.* sheep*; (*femmina*) ewe • (*fig.*) **p. nera**, black sheep □ (*fig.*) **contare le pecore**, to count sheep.

pecoràia *f.* shepherdess.

pecoràio *m.* shepherd.

pecorèlla *f.* ***1*** sheep; (*agnello*) lamb: **la p. smarrita**, the lost sheep ***2*** (*al pl.*) (*nuvolette*) fleecy clouds • **cielo a pecorelle**, mackerel sky.

pecorìno *m.* (*anche* **formaggio p.**) pecorino; sheep's milk cheese.

pectìna *f.* (*chim.*) pectin.

peculàto *m.* (*leg.*) embezzlement.

peculiàre *a.* peculiar (to), distinctive.

peculiarità *f.* peculiarity; distinctiveness; characteristic.

pecùlio *m.* (*risparmi*) savings (*pl.*); nest egg (*fam.*).

pecùnia *f.* (*lett. o scherz.*) money.

pecuniàrio *a.* pecuniary; money (*attr.*) • **pena pecuniaria**, fine.

pedàggio *m.* toll • **autostrada a p.**, toll motorway (*GB*); tollway, turnpike (*USA*).

pedagogìa *f.* pedagogy; education • **laurea in p.**, education degree.

pedagògico *a.* pedagogical; educational; teaching (*attr.*): **teoria pedagogica**, educational theory; **metodo p.**, pedagogical (*o* teaching) method.

pedagogista *m. e f.* pedagogist; educationalist.

pedagògo *m.* pedagogue.

pedalàre *v. i.* to pedal; to cycle.

pedalàta *f.* ***1*** (*spinta*) push on a pedal ***2*** (*modo di pedalare*) way of pedalling • **farsi una bella p.**, to go for a cycle ride.

pedàle *m.* pedal; foot lever; (*di macchina da cucire e sim.*) treadle: (*autom.*) **p. del freno**, brake (pedal); **freno a p.**, foot brake; **il p. del piano [del forte]** (*in un pianoforte*), the soft [loud] pedal; **macchina a p.**, treadle machine; **azionare il p.**, to work the treadle.

pedalièra *f.* ***1*** (*di organo*) pedal keyboard ***2*** (*aeron.*) rudder pedals (*pl.*); rudder bar.

pedàna *f.* ***1*** footboard; (*di cattedra*) dais, platform ***2*** (*sport: salto*) springboard; (*lancio del disco*) circle; (*scherma*) piste; (*baseball*) (pitcher's) plate ***3*** (*tappeto*) rug.

pedànte ***A*** *a.* pedantic ***B*** *m. e f.* pedant; hair-splitter: **fare il p.**, to be pedantic; to split hairs; **da p.**, pedantic (*agg.*).

pedanterìa *f.* ***1*** pedantry ***2*** (*minuzia*) petty detail; (*al pl.*) minutiae; hair-splitting Ⓤ.

pedantésco *a.* pedantic; hair-splitting (*attr.*).

pedàta *f.* ***1*** (*calcio*) kick: **dare una p. a** (*o* **prendere a pedate**), to kick; **cacciar via a pedate**, to kick out ***2*** (*impronta*) footprint; footmark.

pederàsta *m.* p(a)ederast.

pederastìa *f.* p(a)ederasty.

pedèstre *a.* (*fig.*) pedestrian; dull; unimaginative.

pedestreménte *avv.* in a pedestrian way; unimaginatively.

pediàtra *m. e f.* p(a)ediatrician.

pediatrìa *f.* p(a)ediatrics (*pl. col verbo al sing.*).

pediàtrico *a.* p(a)ediatric • **ospedale p.**, children's hospital.

pedicùre ***A*** *m. e f. invar.* pedicurist; chiropodist ***B*** *m.* (*trattamento*) pedicure.

pedilùvio *m.* footbath.

pedìna *f.* ***1*** (*nella dama*) draught (*GB*); checker (*USA*); piece ***2*** (*negli scacchi*) pawn ***3*** (*fig.*) pawn • **muovere una p.**, to make a move; (*fig.*) to set wheels in motion □ (*fig.*) **saper muovere le proprie pedine**, to know which strings to pull.

pedinaménto *m.* shadowing; tailing (*fam.*).

pedinàre *v. t.* to shadow; to tail (*fam.*); (*seguire*) to follow.

pedissequaménte *avv.* slavishly; parrot fashion: **ripetere p.**, to repeat parrot fashion; to regurgitate.

pedìssequo *a.* slavish.

pedivèlla *f.* (*mecc.*) pedal crank.

pedofilìa *f.* p(a)edophilia.

pedòfilo *m.* p(a)edophile.

pedòmetro *m.* pedometer.

pedonàle *a.* pedestrian (*attr.*): **passaggio p.**, pedestrian crossing; **strisce pedonali**, zebra crossing (*sing.*); **zona p.**, pedestrian precinct.

pedonalizzàre *v. t.* to pedestrianize.

pedóne *m.* ***1*** pedestrian ***2*** (*negli scacchi*) pawn.

pedùle *f. pl.* walking boots; (*per roccia*) climbing boots.

peduncolàre *a.* (*bot., zool.*) peduncular.

peduncolàto *a.* (*bot., zool.*) pedunculate.

pedùncolo *m.* (*bot., zool., anat.*) peduncle.

pèggio ***A*** *avv.* ***1*** (*compar.*) worse: **Sto p.**, I'm feeling worse; **di male in p.**, from bad to worse; **Non sarebbe potuta andare p.**, it couldn't have been any worse; **cambiare in p.**, to change for the worse; **(Tanto) p. per lui!**, so much the worse for him!; **ancora p.**, worse still; even worse; **sempre p.**, worse and worse; **p. che mai**, worse than ever ***2*** (*superl. relat.*) (the) worst: **lo studente p. preparato**, the worst-prepared student • **P. di così si muore**, it couldn't be any worse □ **P. che andar di notte!**, worse than ever! ***B*** *a.* worse: **Tu sei p. di lui**, you are worse than he is; **Ne ho visti di p.**, I'vo seen worse; **Hai mai visto niente di p.?**, have you ever seen anything worse? ***C*** *m. e f.* (the) worst; worse; (*la cosa peggiore*) (the) worst thing; (*la parte peggiore*) (the) worst part: **Il p. è passato**, the worst is over; **temere il p.**, to fear the worst; **Il p. doveva ancora venire**, worse was to follow; **Il p. è che...**, the worst thing is...; **Preparati per il** (*o* **al**) **p.**, be prepared for the worst; **mettersi al p.**, to take a turn for the worse; **avere la p.**, to come off worst; to get the worst of it • **alla p.**, at (the) worst; if the worst comes to the worst □ **alla meno p.**, somehow; as best as one can: **campare alla meno p.**, to keep going as best as one can □ **cavarsela alla meno p.**, to muddle through □ **fare q.c. alla meno p.**, to cobble st. together.

peggioraménto *m.* worsening; deterioration • **avere un p.**, to become (*o* to grow, to get) worse; to take a turn for the worse.

peggioràre ***A*** *v. t.* to make* worse; to worsen; to aggravate: **p. la situazione**, to make things worse; **A p. le cose arrivò la pioggia**, to make matters worse it started to rain ***B*** *v. i.* to become* (*o* to grow*, to get*) worse; to worsen: **p. sempre più**, to get worse and worse.

peggioratìvo *a. e m.* pejorative.

peggióre ***A*** *a.* ***1*** (*compar.*) worse: **Sei p. di lui**, you are worse than he is; **Questo vino non è p. di quello**, this wine is no worse than that one; **p. del previsto**, worse than expected ***2*** (*superl. relat.*) (the) worst; (*tra due*) worse: **nel p. dei modi**, in the worst possible way; **la cosa p. che tu possa fare...**, the worst thing you can do...; **nel p. dei**

casi, if the worst comes to the worst; at (the) worst ***B*** *m. e f.* (the) worst.

pégno *m.* ***1*** pawn; (*oggetto dato in p.*) pledge, security: **dare in p.**, to put in pawn; to pawn; **prestare su p.**, to loan upon pledge (*o* against security); **riscattare un p.**, to redeem a pledge; **agenzia di prestiti su p.**, pawnbroker's shop; pawnshop; **prestatore su p.**, pawnbroker ***2*** (*segno, testimonianza*) token; pledge: **come p. di amicizia**, as a token of friendship ***3*** (*nei giochi*) forfeit.

pelàme *m.* hair; (*di animale a pelo raso*) coat; (*pelliccia*) fur.

pelandróne *m.* (*f.* **-a**) loafer; slacker; layabout; (*pigrone*) lazybones, lazyboots.

pelapatàte *m. invar.* potato peeler.

pelàre *v. t.* ***1*** (*spennare*) to pluck ***2*** (*spellare*) to skin ***3*** (*sbucciare*) to peel ***4*** (*scherz.*: *rapare*) to crop (sb.'s hair) ***5*** (*far pagare troppo*) to make* (sb.) pay through the nose; to fleece; to rip off ***6*** (*ripulire al gioco*) to clean out.

pelàta *f.* ***1*** (*il far pagare troppo*) fleecing; rip-off ***2*** (*scherz.*: *testa calva*) bald head; bald pate (*fam.*).

pelàto ***A*** *a.* ***1*** (*calvo*) bald; hairless ***2*** (*senza buccia*) peeled ***B*** *m.* ***1*** (*uomo calvo*) bald man* ***2*** (*al pl.*) peeled tomatoes.

pellàccia *f.* (*fig.*) ***1*** tough person ***2*** (*birbante*) rascal, scoundrel; (*mascalzone*) nasty customer.

pellàgra *f.* (*med.*) pellagra.

pellàme *m.* (*ind.*) hides (*pl.*); skins (*pl.*).

pèlle *f.* ***1*** skin; (*carnagione*) complexion: **avere la p. chiara**, to have a fair complexion; **malattia della p.**, skin disease; **di p. bianca**, white-skinned ***2*** (*cuoio*) hide; (*conciata*) leather; (*solo nei composti*) skin; (*di animale da pelliccia*) pelt: **conciare [lavorare] pelli**, to tan [to dress] hides; **articoli in p.**, leather articles; **rilegato in p.**, bound in leather; leather-bound; **finta p.**, imitation leather; **p. di camoscio**, buckskin; (*per lucidare*) chamois (*o* shammy) leather; **p. di cinghiale**, pigskin; **p. di foca**, sealskin; **p. di vacca**, cowhide ***3*** (*buccia*) peel; skin ***4*** (*del latte, del salame, ecc.*) skin ***5*** (*fam.*: *la vita*) life; skin; hide (*fam.*): **rimetterci la p.**, to lose one's life; **rischiare la p.**, to risk one's skin; **salvare la p.**, to save one's skin (*o, fam.* bacon); **Ne va della tua p.**, your life's at stake; **Ci giocherei la p.**, I'd stake my life on it; **vendere cara la p.**, to sell one's life dearly ● **p. d'oca**, gooseflesh (*GB*); goose pimples (*pl.*) (*GB*); goose bumps (*pl.*) (*USA*); (the) creeps (*pl.*): **far venire la p. d'oca a q.**, to make sb. come out in goose pimples; (*per il ribrezzo, la paura*) to make sb.'s flesh creep, to give sb. the creeps (*fam.*); **avere la p. d'oca**, to have the creeps (*fam.*) □ (*ind. tess.*) **p. d'uovo**, fine muslin □ **a fior di p.**, skin-deep □ **amici per la p.**, bosom friends □ **avere la p. dura**, to be as tough as nails □ (*fam.*) **fare la p. a q.**, to do sb. in; to bump sb. off □ **essere p. e ossa**, to be skin and bones □ **ridursi p. e ossa**, to wear oneself out □ **non stare più nella p. dalla gioia**, to be beside oneself with joy □ (*prov.*) **Non vendere la p. dell'orso prima di averlo ucciso**, don't count your chicken before they're hatched.

pellegrinàggio *m.* pilgrimage: **andare in p.**, to go on (a) pilgrimage.

pellegrìno ***A*** *a.* (*ramingo*) wandering; roaming ***B*** *m.* (*f.* **-a**) ***1*** pilgrim ***2*** (*lett.*: *viandante*) wayfarer ● (*stor.*) **i Padri Pellegrini**, the Pilgrim Fathers.

pelleróssa *m. e f.* American Indian; Native American; Red Indian, redskin (*entrambi offensivi*).

pelletterìa *f.* ***1*** leather goods (*pl.*); leatherwear ***2*** (*negozio*) leather goods shop.

pellicàno *m.* (*zool.*) pelican.

pellicceria *f.* ***1*** (*negozio*) furrier's (shop) ***2*** (*pellicce*) furs (*pl.*).

pellìccia *f.* ***1*** (*pelle di animale vivo, pelle conciata*) fur: **la p. del castoro**, the beaver's fur; **foderato di p.**, fur-lined; **il commercio delle pellicce**, the fur trade; **animali da p.**, fur-bearing animals; **p. ecologica**, fake fur ***2*** (*cappotto di p.*) fur coat: **p. di visone**, mink coat.

pellicciàio *m.* (*f.* **-a**) furrier; fur trader; dealer in furs.

pelliccióotto *m.* fur jacket.

pellìcola *f.* ***1*** (*membrana sottile*) film; pellicle; membrane: **p. trasparente** (*per alimenti*), film; clingfilm; plastic wrap; **coprirsi di una p.**, to film over ***2*** (*fotogr., cinem.*) film: (*cinem.*) **p. vergine**, film stock.

pélo *m.* ***1*** hair; (*ispido*) bristle: **due peli**, two hairs; **peli superflui**, unwanted hair [U] ***2*** (*pelame*) hair [U]; (*corto*) coat; (*pelliccia*) fur: **il p. di un cane**, a dog's hair (*o* coat); **a pelo lungo [raso]**, long-haired [short-haired]; **collo di p.**, fur collar ***3*** (*setola*) bristle ***4*** (*al pl.*) (*di piante*) hair [C] ***5*** (*di tessuto grezzo*) pile; (*di tessuto lavorato*) nap ● **il p. dell'acqua**, the surface of the water □ (*fam.*) **pel di carota**, carrot-top □ **avere il p. sullo stomaco**, to be callous (*o* hard-bitten) □ **cavalcare a p.**, to ride bareback □ **cercare il p. nell'uovo**, to split hairs; to be nitpicking □ **contro p.**, the wrong way; (*fig.*) against the grain □ **ragazzo di primo p.**, callow youth □ **fare il p. e il contropelo** (*o* **levare il p.**) **a q.**, to give sb. the rough edge of one's tongue □ **Ci mancò un p. che non cadessi**, I nearly fell □ **C'è mancato un pelo!**, that was close! □ **non avere peli sulla lingua**, to be outspoken □ **cavarsela per un p.**, to have a narrow squeak (*o* a close shave) □ **Lo salvarono per un p.**, they just managed to save him.

pelosità *f.* hairiness; hirsuteness; shagginess.

pelóso *a.* hairy; hirsute; shaggy.

péltro *m.* pewter.

peluche (*franc.*) *f.* plush ● **giocattoli di p.**, soft toys □ **orso di p.**, teddy bear.

pelùria *f.* ***1*** down: **coperto di p.**, downy ***2*** (*di stoffa*) nap ***3*** (*lanugine*) fluff.

pèlvi *f.* (*anat.*) pelvis*.

pèlvico *a.* (*anat.*) pelvic.

péna *f.* ***1*** (*punizione*) punishment; (*leg., anche*) sentence, penalty; **p. corporale**, corporal punishment; **Gli fu inflitta una p. lieve**, he was given a light sentence; **Sta scontando una p. di sei anni**, he is serving a six-year sentence; **il minimo [il massimo] della p.**, the minimum [maximum] penalty; **p. di morte**, capital punishment; death penalty; **sotto p. di morte**, under penalty of death; **p. detentiva**, term of imprisonment; **p. pecuniaria**, fine ***2*** (*patimento*) pain, suffering, pang; (*dolore*) grief, sorrow, affliction, distress: **pene dell'amore**, pangs of love; **soffrire le pene dell'inferno**, to suffer the pains (*o* torments) of hell; **È una p. vedere i suoi sforzi**, it's painful to see his efforts; **È una p. sentirlo cantare**, it's agony to hear him sing ***3*** (*compassione*) pity: **Sentii una gran p. per loro**, I felt great pity for them; **Mi fa p.**, I feel sorry for him: (*iron.*) **Fai proprio p.**, you are pathetic ***4*** (*fatica, disturbo*) trouble; bother: **Non ne vale la p.**, it isn't worth the bother; it isn't worth it; **darsi la p. di fare q.c.**, to take the trouble to do st.; **Vale la p. provare**, it's worth trying (*o* worth a try); **un film che vale la p. vedere**, a film worth seeing ● **a mala p.**, hardly; scarcely □ **casa di p.**, penal institution; penitentiary; prison □ **essere in p. per q.**, to be anxious (*o* worried) about sb. □ **p. la vita**, on pain of death.

penàle (*leg.*) ***A*** *a.* criminal; penal: **codice p.**, criminal code; **diritto p.**, criminal law; **leggi penali**, penal laws ***B*** *f.* (*sanzione p.*) penalty; (*clausola di contratto*) penalty clause.

penalista *m. e f.* ***1*** (*avvocato*) criminal lawyer ***2*** (*esperto di diritto penale*) penologist; criminologist.

penalità *f.* (*leg., sport*) penalty.

penalizzàre *v. t.* ***1*** (*sport*) to penalize ***2*** (*danneggiare*) to damage; to disadvantage; (*colpire*) to hit*.

penalizzazióne *f.* (*sport*) penalization.

penàre *v. i.* ***1*** (*soffrire*) to suffer: **Ha finito di p.**, his sufferings are over ***2*** (*fare fatica*) to have a lot of trouble (doing st.); to be hardly able (to do st.): **Ho penato a trovarvi**, I had a lot of trouble finding you; **p. a reggersi in piedi**, to be hardly able to stand.

pencolàre *v. i.* ***1*** (*oscillare*) to sway, to wobble; (*barcollare*) to totter, to stagger, to lurch ***2*** (*esitare*) to vacillate; to waver; to shilly-shally (*fam.*).

pendàglio *m.* pendant ● **p. da forca**, bad lot; ugly customer; out-and-out villain.

pendant (*franc.*) *m. invar.* match; companion ● **fare da p. a q.c.**, to match st.

pendènte ***A*** *a.* ***1*** hanging; pendent ***2*** (*inclinato*) leaning; sloping; slanting: **torre p.**, leaning tower ***3*** (*leg.*) pending: **causa p.**, pending suit; **avere una causa p.**, to have a suit pending ***4*** (*amm., comm.*) outstanding ***B*** *m.* ***1*** (*orecchino*) drop earring ***2*** (*ciondolo*) pendant.

pendènza *f.* ***1*** slope; incline; slant: **lieve [forte] p.**, slight [steep] slope (*o* incline); **essere in p.**, to slope; **strada in p.**, steep road ***2*** (*grado d'inclinazione*) incline; gradient; grade (*USA*): **una p. del venti per cento**, a gradient of one in five ***3*** (*leg.*) pending suit ***4*** (*comm.*) outstanding account;

(*faccenda aperta*) outstanding matter.

pèndere *v. i.* **1** (*anche fig.*) to hang*: **Dal tetto pendeva una fune**, a rope was hanging from the roof; **p. dalle labbra di q.**, to hang upon sb.'s lips **2** (*inclinare, anche fig.*) to lean*: **p. da un lato**, to lean to one side **3** (*essere in pendenza*) to slope; to slant **4** (*incombere*) to hang*: **Sul suo capo pende una grave accusa**, a serious charge hangs over his head **5** (*leg., di controversia*) to be pending **6** (*essere indeciso*) to hesitate; to waver • **La bilancia pende dalla tua parte**, the scales tip in your favour □ **Ti pende la sottoveste**, your slip is showing.

pendio *m.* slope • **essere in p.**, to slope.

pèndola *f.* grandfather clock; pendulum clock.

pendolàre (1) *v. i.* to swing*; to oscillate.

pendolàre (2) **A** *a.* pendular: **moto p.**, pendular movement; swing **B** *m. e f.* commuter • **fare il p.**, to commute.

pendolarismo *m.* commuting.

pendolino *m.* (diviner's) pendulum.

pèndolo *m.* pendulum: **orologio a p.**, pendulum clock.

pèndulo *a.* pendulous; pendent; hanging.

pène *m.* (*anat.*) penis*.

penetràbile *a.* penetrable.

penetrànte *a.* penetrating; piercing; keen: **fischio p.**, penetrating whistle; **occhiata p.**, penetrating (*o* piercing) look; **odore p.**, penetrating smell; **voce p.**, shrill voice; **osservazione p.**, penetrating remark; **freddo p.**, biting cold.

penetràre **A** *v. i.* to penetrate (st., into st.); to enter; to get* in; (*perforare*) to pierce; (*filtrare*) to filter through: **p. in un giardino**, to enter a garden; **I ladri sono penetrati dal retro**, the burglars got in through the back door; **La lama penetrò nel petto**, the blade penetrated the chest; **freddo che penetra nelle ossa**, cold that gets into your bones **B** *v. t.* **1** to penetrate; to pass through; to pierce: **p. q.c. da parte a parte**, to pierce st. through **2** (*arrivare a capire*) to penetrate; to fathom.

penetrazióne *f.* (*anche fig.*) penetration.

penicillina *f.* (*farm.*) penicillin.

peninsulàre *a.* (*geogr.*) peninsular • **l'Italia p.**, mainland Italy.

penisola *f.* (*geogr.*) peninsula.

penitènte **A** *a.* repentant; penitent **B** *m. e f.* penitent.

penitènza *f.* **1** penance: **fare p.**, to do penance **2** (*nei giochi*) forfeit.

penitenziàle *a.* (*eccles.*) penitential.

penitenziàrio **A** *a.* penitentiary **B** *m.* prison; jail, gaol; penitentiary (*in U.S.A.*).

pénna *f.* **1** (*di uccello*) feather **2** (*ornamento*) feather; (*larga e morbida*) plume **3** (*per scrivere*) pen: **p. a sfera**, ballpoint (*o* ball) pen; **p. stilografica**, fountain pen; **p. d'oca**, (goose-)quill; **tratto di p.**, stroke of the pen **4** (*scrittore*) writer; pen **5** (*del martello*) peen **6** (*mus.*) quill; plectrum* • **cane da p.**, bird dog □ **disegno a p.**, pen-and-ink drawing □ **lasciare nella p.**, to leave out; to omit □ **lasciarsi** (*o* **rimetterci**) **le penne** (*perdere soldi*), to get one's fingers burnt □ (*di uccello*) **mettere le penne**, to fledge □ (*di uccello*) **mutare le penne**, to moult □ **passare a p.**, to ink in □ **scritto a p.**, written in ink □ **Non sa tenere la p. in mano**, he can barely write his name.

pennàcchio *m.* (*anche fig.*) plume.

pennaiòlo *m.* (*spreg.*) hack (writer); scribbler.

pennarèllo *m.* felt-tip (*o* felt-tipped) pen.

pennellàta *f.* **1** (*tratto di pennello*) stroke of the brush; brushstroke **2** (*modo di usare i pennelli*) brushwork.

pennellèssa *f.* flat brush.

pennèllo *m.* **1** brush; (*da pittore, anche*) paintbrush: **p. per barba**, shaving brush **2** (*idraulica*) groyne **3** (*fis.*) — **p. elettronico**, electron beam • **a p.**, to perfection; perfectly: **fare q.c. a p.**, to do st. to perfection; **stare a p.**, to fit perfectly (*o* like a glove); to fit to a T.

pennìno *m.* (pen-)nib.

pennivéndolo *m.* (*spreg.*) hack (writer).

pennóne *m.* **1** (*naut.*) yard; spar **2** (*bandiera*) pennon; pennant.

pennùto **A** *a.* feathered **B** *m.* bird; fowl.

penómbra *f.* half-light; semi-darkness; shadows (*pl.*).

penosità *f.* painfulness.

penóso *a.* **1** painful; distressing; distressful **2** (*fam.*: *scadente*) pitiful; sorry; pathetic.

pensàbile *a.* thinkable; conceivable; imaginable • **Non è p.**, it is unthinkable.

pensànte *a.* thinking.

pensàre **A** *v. t.* **1** (*credere, ritenere*) to think*; to reckon (*fam.*): **Pensi che pioverà?**, do you think it will rain?; **Penso di sì**, I think so; **Penso di no**, I don't think so; **Lo pensavo impossibile**, I thought it impossible; **Ho pensato bene di informarti**, I thought it better to let you know **2** (*avere intenzione di*) to think*; (*decidere*) to decide, to make* up one's mind: **Penso di scrivergli**, I think I'll write to him; **Pensavo di invitare solo lei**, I was thinking of inviting just her; **Ho pensato che rimarrò qui**, I've decided to stay here; **Che cosa pensi di fare?**, what are you going to do? **3** (*immaginare*) to think*; to suppose; to imagine: **Le conseguenze le lascio p. a voi**, I'll leave you to think of (*o* to imagine) the consequences; **Verranno stasera, penso**, they will come tonight, I suppose; **Pensa che bellezza!**, just think how marvellous! **4** (*considerare*) to bear* in mind: **Devi p. che il prezzo sarà alto**, bear in mind the price will be high **B** *v. i.* **1** (*avere in mente*) to think* (of, about); (*considerare*) to think of, to consider; (*riflettere*) to think* (st.) over: **Devo p. all'avvenire**, I must think of the future; **A che stai pensando?**, what are you thinking about?; **Pensa solo a divertirsi**, he thinks only of enjoying himself; **Ci stavo pensando**, I was thinking about it; **Pensaci bene**, think it over; **Ci penserò su**, I'll think about it; I'll think it over; **Pensa a quello che dever aver passato!**, think of what he must have been through!; **È una cosa che ti fa p.**, it's makes you think **2** (*aspirare*) to aim (at); to aspire (to) **3** (*badare*) to mind* (st.); to take* care (of); to look after (sb., st.); to see* to (st.): **Pensa ai fatti tuoi!**, mind your own business; **Ha una famiglia a cui p.**, he has a family to look after (*o* to think of); **Ci penso io**, I'll see to it **4** (*escogitare*) to think* up (st.); to plan; to devise: **p. a un piano di fuga**, to think up a plan of escape • **p. male di q.**, to think ill of sb. □ **Pensa un po' chi ho incontrato**, just guess who I met □ **Pensa e ripensa...**, I racked my brains and... □ **dare da p. a**, to worry □ **Ho altro a cui p.**, I have more important things on my mind □ **Non ci penso neppure!**, I wouldn't dream of it!; not on your life! □ **Una ne fa e cento ne pensa**, he's always up to something.

pensàta *f.* idea; thought: **bella pensata**, good idea; **p. brillante**, bright idea; braiwave.

pensatóre *m.* (*f.* **-trice**) thinker: **libero p.**, freethinker.

pensierìno *m.* **1** (*fam.*: *piccola attenzione*) little kindness; (*regalino*) little gift **2** (*esercizio scolastico*) sentence • **Facci su un p.**, think about it; think it over □ **Ci avevo fatto su un p.**, I had rather set my mind on it.

pensièro *m.* **1** thought: **un p. ricorrente**, a recurring thought; **assorto nei propri pensieri**, lost (*o* absorbed) in thought; **libertà di p.**, freedom of thought; **al p. che**, at the thought that **2** (*dottrina filosofica*) thought; philosophy; theory; doctrine **3** (*opinione*) mind; opinion **4** (*ansia, preoccupazione*) trouble; worry; care: **dare pensieri**, to give cause for worry; to worry; **darsi p. per**, to worry about; **stare in p. per**, to be anxious (*o* to worry) about **5** (*attenzione*) thought; (*dono*) gift.

pensieróso *a.* thoughtful; (*cogitabondo*) pensive; (*preoccupato*) worried.

pènsile **A** *a.* pensile; hanging; suspended; pendulous: **giardino p.**, hanging garden **B** *m.* (*mobile p.*) (suspended) wall cupboard; (suspended) wall unit.

pensilina *f.* **1** (*ferr.*) platform roof **2** (*alla fermata di autobus, ecc.*) bus shelter **3** (*archit.*) cantilever roof.

pensionàbile *a.* pensionable.

pensionaménto *m.* retirement.

pensionànte *m. e f.* boarder; paying-guest.

pensionàre *v. t.* to pension off; to retire.

pensionàto **A** *m.* **1** (*f.* **-a**) retired person; pensioner **2** (*per anziani*) (old people's) home; (*per studenti*) student's hostel • **p. universitario**, university (hall of) residence; dormitory (*USA*) **B** *a.* retired.

pensióne *f.* **1** (*indennità*) pension: **p. di guerra**, war pension; **p. di vecchiaia** (*o* **sociale**), old-age pension; social security pension (*USA*); **p. di invalidità**, disability pension; **riscuotere una p.**, to draw a pension **2** (*pensionamento, condizione di pensionato*) retirement: **essere in p.**, to be retired; **età della p.**, retirement age; **andare in p.**, to retire; **andata in p.**, retirement; **mandare in p.**, to pension off **3** (*vitto e alloggio*) board and lodging; bed and board:

p. completa, full board; **mezza p.**, half board ***4*** (*albergo*) guesthouse; boarding house; (*non in G.B.*) pension • **essere a p. da q.**, to board at sb.'s; to board with sb. □ **fare p.**, to take in boarders □ **prendere q. a p.**, to take in sb. as a boarder.

pensionistico *a.* pension (*attr.*); retirement (*attr.*): **riforma pensionistica**, pension reform; **sistema p.**, pension (*o* retirement) plan.

pensóso *a.* thoughtful; lost (*o* absorbed) in thought; meditative; pensive.

pentagonàle *a.* (*geom.*) pentagonal.

pentàgono *m.* (*geom.*) pentagon.

pentagràmma *m.* (*mus.*) stave; staff*. ATTENZIONE: **pentagramma** ≠ pentagram.

pentàmetro *m.* (*poesia*) pentameter.

pentapartito *m.* (*polit.*) five-party coalition.

pèntathlon *m. invar.* (*sport*) pentathlon.

Pentecòste *f.* ***1*** (*festa cristiana*) Pentecost; Whitsun; Whit Sunday: **settimana di P.**, Whitsuntide ***2*** (*festa ebraica*) Pentecost.

pentiménto *m.* ***1*** repentance; contrition; (*rincrescimento*) regret ***2*** (*cambiamento di idea*) change of mind; second thoughts (*pl.*).

pentirsi *v. i. pron.* ***1*** to repent: **p. dei propri peccati**, to repent (of) one's sins; **p. di aver fatto q.c.**, to repent having done st. ***2*** (*rammaricarsi*) to regret; to be (*o* to feel*) sorry: **Non te ne pentirai**, you won't regret it; **Mi pento di non averlo fatto prima**, I regret not having done it sooner; I'm sorry I didn't do it earlier ***3*** (*cambiare idea*) to repent; to change one's mind.

pentito ***A*** *a.* ***1*** repentant; penitent ***2*** (*leg.*) turned state's evidence (*pred.*) ***B*** *m.* (*f.* **-a**) criminal [terrorist] who has turned state's evidence; turncoat (*fam.*); supergrass (*fam. GB*).

péntola *f.* ***1*** saucepan; pot; (*di coccio*) crock: **pentole e tegami**, pots and pans; **p. a pressione**, pressure cooker ***2*** (*pentolata*) pot(ful) • **Qualcosa bolle in p.**, something is brewing.

pentolàme *m.* pots and pans (*pl.*).

pentolàta *f.* pot(ful).

pentolino *m.* (small) saucepan; pan.

penùltimo ***A*** *a.* last but one; second-last; penultimate ***B*** *m.* (*f.* **-a**) last but one; second-last.

penùria *f.* shortage; scarcity; lack: **C'è p. di notizie**, there's a shortage of news.

penzolàre *v. i.* to dangle; to hang* down.

penzolóni *avv.* dangling; hanging down; drooping: **con le braccia p.**, with one's arms hanging down (*o* dangling); **con le orecchie p.**, with drooping ears • **stare p.**, to dangle; to hang down.

peònia *f.* (*bot.*) peony.

pepaiòla *f.* ***1*** pepper pot ***2*** (*macinapepe*) pepper mill.

pepàre *v. t.* to pepper.

pepàto *a.* ***1*** peppered; peppery ***2*** (*pungente*) peppery; pungent; sharp ***3*** (*fam.*: *troppo caro*) too high; stiff.

pépe *m.* pepper: **p. macinato**, ground pepper; **p. in grani**, peppercorns (*pl.*); whole pepper • **color p. e sale**, pepper-and-salt □ **tutto p.**, full of life; perky.

peperìno *m.* (*fam.*) spirited person; feisty person (*USA*).

peperoncino *m.* ***1*** hot pepper ***2*** (*cucina*) paprika.

peperóne *m.* (sweet) pepper; capsicum • **naso come un p.**, big, red nose □ **rosso come un p.**, as red as a beetroot.

pepita *f.* (*miner.*) nugget.

pèplo *m.* (*stor.*) peplum*.

pepsina *f.* (*biochim.*) pepsin.

per (**1**) *prep.* ***1*** (*moto per luogo*) through; (*senza direzione fissa*) about; (*da ogni parte*) all over; (*lungo*) along: **passare per Firenze**, to pass through Florence; **sfilare per le vie del centro**, to parade through the streets of the town centre; **Sono venuto per quel viale**, I came along that avenue; **gironzolare per il mercato**, to wander about the market; **errare per il mondo**, to wander all over the world; **per tutto il corpo**, all over the body; **per terra e per mare**, over land and sea ***2*** (*direzione*) for; to: **partire per Napoli**, to leave for Naples; **proseguire per Roma**, to go on to Rome ***3*** (*stato in luogo*) in; on: **per la strada**, in the street; **per terra**, on the ground; on the floor ***4*** (*estensione*) for: **Lo accompagnai per due kilometri**, I went with him for two kilometres ***5*** (*durata*) for; (all) through; throughout: **per due ore**, for two hours; **per tutto l'inverno**, all through (*o* throughout) the winter ***6*** (*scadenza*) by; for: **Sarò lì per le sei**, I'll be there by six; **Sarà pronto per la fine del mese**, it'll be ready by the end of the month; **Verrò per Pasqua**, I'll come for Easter; **Lo farò per domani**, I'll do it for tomorrow ***7*** (*mezzo*) by: **spedire q.c. per posta**, to send st. by post; **per via aerea**, by air mail; **per ferrovia**, by rail; **comunicare per telefono**, to communicate by phone ***8*** (*modo*) by: **per gradi**, by degrees; **Lo presi per il braccio**, I took him by the arm; **chiamare q. per nome**, to call sb. by name ***9*** (*prezzo*) for: **comprare q.c. per 100.000 lire**, to buy st. for 100,000 lire ***10*** (*causa*) because of; for; on account of; out of; through; due to: **per causa sua**, because of him; on account of him; **per colpa mia**, because of me; **fare q.c. per ambizione**, to do st. out of ambition; **I voli sono sospesi per nebbia**, flights have been cancelled on account of the fog; **Fu processato per omicidio**, he was tried for murder ***11*** (*argomento*) about; over: **lamentarsi per q.c.**, to complain about st; **andare in estasi per q.c.**, to go into ecstasies over st.; **Hanno litigato per l'eredità**, they fell out over the inheritance ***12*** (*vantaggio, interesse, utilità*) for: **Te lo dico per il tuo bene**, I'm telling you for your own good; **Fatelo per me**, do it for me (*o* for my sake) ***13*** (*fine, scopo*) for: **la lotta per la vita**, the struggle for life; **una cura per il cancro**, a cure for cancer; **per divertimento**, for fun ***14*** (*con valore restrittivo*) for; (*di misura*) by; (*nei riguardi di*) to: **per quanto mi riguarda**, as for me; as far as I'm concerned; **perdere per un punto**, to lose by one point; **È sempre stata un'amica per me**, she has always been a friend to me ***15*** (*con valore distributivo*) by; for; per; in: **uno per uno**, one by one; **il dieci per cento**, ten per cent; **per persona**, per head; each; **uno per ogni cinque**, one for every five; **marciare per due**, to march in twos; **giorno per giorno**, day by day ***16*** (*mat.*) by: **dividere** [**moltiplicare**] **per sei**, to divide [to multiply] by six ***17*** (*come, in qualità di*) as; for: **ricevere un libro per regalo**, to have a book as a present; **dare per morto**, to give up for dead; **Mi prendi per scemo?**, do you take me for a fool?; **arrivare per primo**, to arrive first ***18*** (*scambio*) for: **occhio per occhio**, an eye for an eye; **rendere bene per male**, to render good for evil.

per (**2**) *cong.* ***1*** (*finale*) so as (+ *inf.*); in order (+ *inf.*); for (+ *gerundio o sost.*): **Si avvicinò per studiare il quadro**, he got closer (in order) to study the painting; **Suonai per farmi portare il giornale**, I rang for the paper ***2*** (*causale*) for (+ *gerundio*): **Fu bocciato agli esami per aver copiato**, he was failed at the exams for copying ***3*** (*concessivo*) however: **per veloce che tu vada**, however fast you go; **Per essere uno straniero, parla molto bene**, he speaks very well for a foreigner; **Per essere nuovo, è nuovo, ma..**, all right, it's new, but...

péra *f.* ***1*** pear: **pere cotte** [**al forno**], stewed [baked] pears; **fatto a p.**, pear-shaped ***2*** (*scherz.*: *testa*) head; nut (*pop.*) ***3*** (*interruttore*) pear-switch ***4*** (*gergo della droga*) fix: **farsi una p.**, to give oneself a fix • (*fam.*) **a p.**, daft; idiotic □ (*fam.*) **cascare come una p. cotta**, (*innamorarsi*) to fall head over heels in love; (*addormentarsi di colpo*) to conk out (*fam.*); (*farsi imbrogliare*) to fall for st.

peràltro *avv.* though; however; on the other hand.

perbàcco *inter.* (*fam.*) ***1*** (*di sorpresa*) well!; goodness! ***2*** (*di consenso*) of course!; sure! (*USA*).

perbène ***A*** *a.* respectable; decent ***B*** *avv.* properly; well.

perbenismo *m.* bourgeois respectability: conformism; priggishness.

perbenista *n.* conformist; prig.

percàlle *m.* gingham.

percentuàle ***A*** *a.* per cent; percentage: **tasso p.**, rate per cent: **aumento** [**punto**] **p.**, percentage increase [point] ***B*** *f.* ***1*** percentage ***2*** (*provvigione*) commission; percentage.

percentualménte *avv.* in percentage.

percepibile *a.* ***1*** perceivable ***2*** (*esigibile*) collectable; receivable.

percepire *v. t.* ***1*** to perceive; to detect; to feel*; (*udire*) to hear* ***2*** (*ricevere, riscuotere*) to receive; to be given; (*uno stipendio*) to draw*.

percettibile *a.* perceptible; (*percepibile*) perceivable; detectable.

percettivo *a.* perceptive.

percezióne *f.* perception.

perché *A* *avv.* (*interr.*) why; (*a che scopo*) what... for: **P. non è venuto?**, why didn't he come?; **P. l'hai fatto?**, what did you do that for?; **Dimmi p. non vuoi**, tell me why you don't want to; **P. non restare?**, why not stay?; **Ecco p.**, that's why; **P. no?**, why not?; **P. mai?**, why on earth?; what on earth for? *B* *cong.* *1* (*esplicativo*) because: **Lo feci p. mi fu chiesto**, I did it because I was asked to *2* (*finale*) so (that); in order that; so as: **Ecco un elenco p. tu non dimentichi nulla**, here is a list so that you won't forget anything; **Lo feci p. tu non ti spaventassi**, I did it so as not to frighten you *3* (*correl. di «troppo»*) — **È troppo pesante p. lo si possa trasportare**, it's too heavy to carry (*o* to be carried); **È troppo complicato p. io possa spiegartelo ora**, it's too complicated for me to explain it now *C* *m.* *1* (*motivo*) reason; motive; why: **Ti dirò il p.**, I'll tell you why; **senza un p.**, for no particular reason; **il p. e il percome**, the whys and wherefores *2* (*interrogativo*) question; (*mistero*) mystery: **i p. dei bambini**, the questions children ask.

perciò *cong.* so; therefore (*form.*).

percorrènza *f.* (*distanza*) distance covered; (*tempo*) travelling time • **treno a lunga p.**, long-distance train.

percórrere *v. t.* *1* to cover; to go* along; (*in automobile*) to drive* along; (*a piedi*) to walk along (*o* down): **p. una distanza** [**molte miglia**], to cover a distance [many miles]; **p. un lungo tratto di strada**, to go a long way; **p. un tratto di strada a cavallo** [**a piedi**], to ride [to walk] part of the way *2* (*attraversare*) to cross; to run* through (*o* across); (*viaggiare*) to travel over: **L'autostrada percorre tutta la regione**, the motorway crosses the whole region; **Ho percorso tutta l'Europa**, I've travelled all over Europe.

percorrìbile *a.* practicable.

percórso *m.* *1* (*itinerario*) route; (*tracciato*) course; (*cammino*) way; (*strada*) road: **il p. di un tram**, the route of a tram; **il p. di un fiume**, the course of a river; **seguire percorsi diversi**, to go by different routes; **fare il p. più breve**, to go the shortest way; **Feci una parte del p. in aereo**, I flew part of the way *2* (*distanza percorsa*) distance covered *3* (*viaggio*) journey; trip; (*corsa*) run: **durante il p.**, during the journey; on the way; **per tutto il p.**, during the whole journey; all along the way *4* (*elab.*) path • **p. di guerra**, assault course □ **p. obbligato**, set course.

percòssa *f.* blow; stroke.

percuòtere *v. t.* to strike*; to hit*; to beat*: **percuotersi il petto**, to beat one's breast.

percussióne *f.* percussion: **fucile a p.**, percussion gun; (*mus.*) **strumenti a p.**, percussion instruments.

percussionìsta *m. e f.* (*mus.*) percussionist.

percussóre *m.* (*di arma da fuoco*) percussion pin; firing pin; striker.

perdènte *A* *a.* losing *B* *m. e f.* loser.

pèrdere *A* *v. t.* *1* (*anche assol.*) to lose*: **p. la vita** [**una gamba, la memoria, i capelli**], to lose one's life [a leg, one's memory, one's hair]; **p. la guerra** [**una partita**], to lose a war [a match]; **Non ho niente da p.**, I have nothing to lose; **p. i contatti con q.**, to lose touch with sb.; **p. la testa**, to lose one's head; **p. i sensi**, to lose consciousness; to faint *2* (*lasciarsi sfuggire*) to miss: **p. il treno**, to miss the train; **p. un'occasione** [**il turno**], to miss an opportunity [one's turn] *3* (*sprecare*) to waste: **p. il tempo a chiacchierare**, to waste one's time chatting *4* (*fare acqua*) to leak *5* (*mandare in rovina*) to ruin • **p. d'occhio**, to lose sight of □ **Dopo la scuola lo persi di vista**, I lost touch with him after we left school □ (*a scuola*) **p. l'anno**, to have to repeat a year □ (*di contenitore*) **a p.**, non-returnable; disposable; throwaway □ **Ci perdi a non vendere**, you'll lose out by not selling □ **far p. a q. un'abitudine**, to break sb. of a habit □ **Lascia p.!**, leave it!; forget it! □ **Lascialo p.!**, let him go!: don't mind him □ **Lasciamo p.!**, the least said the better □ **saper p.**, to be a good loser *B* *v. i.* to lose*: **p. d'importanza**, to lose importance *C* **pèrdersi** *v. i. pron.* *1* (*smarrirsi*) to lose* oneself; to get* lost; to lose* one's way *2* (*svanire, sparire*) to vanish; to disappear: **p. nell'aria**, to vanish into the air *3* (*rovinarsi*) to be ruined; to ruin oneself *4* (*andare smarrito*) to be mislaid; to get* lost • **p. d'animo**, to lose heart □ **p. dietro a q.**, to be besotted with sb. □ **p. in mare**, to be lost at sea □ **p. in fantasticherie**, to day-dream □ **p. in sciocchezze**, to waste one's time on trifles □ **Mi ci perdo in questi conti**, I can't make head or tail of these accounts.

perdifiàto *vc.* — **correre a p.**, to run at breackneck speed; to race □ **gridare a p.**, to shout at the top of one's voice.

perdigiórno *m. e f. invar.* idler; loafer.

perdìnci *inter.* my goodness!; gosh! (*fam.*); crikey! (*pop.*).

pèrdita *f.* *1* loss: **p. di sangue**, loss of blood; **Non c'è stata p. di vite umane**, there was no loss of life; there were no casualties; **subire forti perdite**, to suffer heavy losses; **vendere in p.**, to sell at a loss; (*comm.*) **conto profitti e perdite**, profit and loss account *2* (*spreco*) waste: **Che p. di tempo!**, what a waste of time! *3* (*falla*) leak; (*fuga*) leakage: **una p. nel tubo**, a leak in the pipe; **p. di gas**, gas leak • **a p. d'occhio**, as far as the eye can see.

perditèmpo *A* *m. invar.* waste of time *B* *m. e f. invar.* time-waster; idler; layabout.

perdizióne *f.* *1* (*rovina*) ruin: **andare in p.**, to go to ruin *2* (*relig.*) perdition: **portare alla p.**, to lead to perdition; to lead astray.

perdonàbile *a.* forgiv(e)able; excusable; pardonable.

perdonàre *A* *v. t.* *1* to forgive*: **Dio ti perdoni!**, God forgive you!; **p. q.c. a q.**, to forgive sb. for (having done) st.; **Non gliel'ho mai perdonata**, I have never forgiven him (for that) *2* (*scusare*) to excuse; to pardon: **Perdona il disturbo**, excuse me for troubling you *B* *v. i.* *1* to forgive* (sb.) *2* (*risparmiare*) to spare: **La morte non perdona a nessuno**, death spares no-one • **un male che non perdona**, an incurable disease *C* **perdonàrsi** *v. rifl. recipr.* to forgive* each other (*o* one another).

perdóno *m.* forgiveness; pardon: **chiedere p. a q.**, to ask sb.'s forgiveness; **P.!**, I'm sorry!; please forgive me!; **Chiedo p. del ritardo**, I apologize for the delay (*form.*); I'm sorry I'm late.

perduràre *A* *v. i.* to continue; to go* on; to last; (*persistere*) to persist *B* *m.* continuance; protraction.

perdutaménte *avv.* desperately; hopelessly: **innamorarsi p. di q.**, to fall desperately in love with sb.

perdùto *a.* *1* lost: **andare p.**, to get lost; **dare q. per p.**, to give sb. up for lost *2* (*dissoluto*) fallen; lost: **donna perduta**, fallen woman; **anime perdute**, lost souls *3* (*senza scampo*) done for, lost; (*rovinato*) ruined: **Siamo perduti!**, we're done for!; **Sono p.!**, I'm ruined!; **Si vide p.**, he thought all was lost *4* (*sprecato*) wasted; lost: **una giornata perduta**, a wasted day; a day lost.

peregrinàre *v. i.* to wander; to roam; to rove.

peregrinazióne *f.* peregrination; wandering.

peregrino *a.* (*strano*) weird, odd; (*improbabile*) far-fetched.

perènne *a.* *1* perennial; never-ending; perpetual; (*eterno*) eternal, everlasting: **nevi perenni**, perpetual snows; **fama p.**, everlasting fame *2* (*bot.*) perennial.

perenneménte *avv.* perennially; perpetually; for ever.

perentorietà *f.* peremptoriness.

perentòrio *a.* *1* peremptory; sharp *2* (*non dilazionabile*) final.

perequàre *v. t.* to equalize; to distribute equally.

perequazióne *f.* equalization; equal distribution.

perétta *f.* *1* (*elettr.*) pear switch *2* (*per clistere*) rubber syringe; (*clistere*) enema.

perfettaménte *avv.* *1* (*in modo perfetto*) perfectly; to perfection *2* (*esattamente*) exactly *3* (*completamente*) completely; fully; absolutely; thoroughly: **Capisco p.**, I fully understand; **Hai p. ragione**, you are absolutely right; **Lo sai p. che...**, you know perfectly well that...

perfettìbile *a.* perfectible.

perfètto *A* *a.* *1* perfect; (*senza difetto*) flawless, faultless; (*ottimo*) excellent: **Nessuno è p.**, nobody's perfect; **pronuncia perfetta**, faultless pronunciation; **godere perfetta salute**, to enjoy excellent health *2* (*esatto*) perfect; exact: **copia perfetta**, perfect (*o* exact) copy *3* (*completo, intero*) perfect; thorough; complete; whole; full: **p. silenzio**, complete silence; **la perfetta conoscenza di q.c.**, the thorough knowledge of st. *4* (*mat., gramm., mus.*) perfect *5* (*vero e proprio*) perfect; thorough; (*iron.*) perfect, downright, regular: **un p. gentiluomo**, a perfect gentleman; **un p. idiota**, a perfect fool *B* *m.* (*gramm.*) perfect (tense).

perfezionàbile *a.* perfectible.

perfezionaménto *m.* *1* perfecting; (*miglioramento*) improvement *2* (*specializzazione*) specialization • **corso di p.**, specialization course; (*postuniversitario*) postgraduate (*USA* graduate) course □ **studi di p.**, specialized studies; (*per laureati*) postgraduate (*USA* graduate) studies.

perfezionàre *A* *v. t.* *1* to perfect; to make* perfect; (*migliorare*) to improve: **p. l'inglese**, to improve one's English *2* (*completare*) to perfect; to complete; to bring* to perfection *B* **perfezionàrsi** *v. rifl. e i. pron.* to become* proficient; (*migliorare*) to improve; (*fare studi di perfezionamento*) to specialize: **p. in francese**, to improve one's French; to become proficient in French; **p. in diritto del lavoro**, to specialize in industrial law.

perfezióne *f.* perfection: **a p.**, to perfection; perfectly; thoroughly.

perfezionismo *m.* perfectionism.

perfezionista *m. e f.* perfectionist.

perfìdia *f.* (*slealtà*) perfidy, perfidiousness; (*malvagità*) wickedness.

pèrfido *a.* *1* (*sleale*) perfidious, treacherous; (*malvagio*) wicked, evil *2* (*orribile*) awful; horrible: **gusto p.**, appalling taste.

perfino *avv.* even: **È stato p. al polo sud**, he's even been to the South Pole.

perforàre *v. t.* to perforate; to pierce; (*ind. min.*) to drill.

perforàto *a.* perforated; punched: **nastro p.**, perforated tape; **scheda perforata**, punch(ed) card.

perforatóre *m.* perforator.

perforatrice *f.* *1* (*macchina*) drill; punch *2* (*ind. min.*) rock drill.

perforazióne *f.* *1* perforation; boring *2* (*ind. min.*) drilling.

perfosfàto *m.* (*chim.*) superphosphate.

pergamèna *f.* *1* parchment; vellum: **carta p.**, parchment (*o* vellum) paper; **rotolo di p.**, parchment scroll *2* (*scritto su p.*) parchment.

pèrgola *f.*, **pergolàto** *m.* pergola; arbour; bower.

pericàrdio *m.* (*anat.*) pericardium*.

pericolànte *a.* *1* threatening to fall; unsafe: **casa [tetto] p.**, unsafe house [roof] *2* (*fig.*) in precarious condition; shaky: **economia p.**, shaky economy.

perìcolo *m.* *1* danger; hazard; (*rischio*) risk; (*stato di p.*) distress: **esporsi al p.**, to expose oneself to danger; **scongiurare un p.**, to ward off a danger; **i pericoli della montagna**, the dangers of climbing; **una strada piena di pericoli**, a road full of hazards; **C'è p. che scoppi un incendio**, there is a risk of a fire breaking out; **correre pericoli**, to run risks; **Corse p. di annegare**, he risked drowning; **La sua vita è in p.**, his life is in danger (*o* at risk); **in p. di morte**, in danger of death; **nave in p.**, ship in distress; **fuori p.**, out of danger; **mettere in p. la vita di q.**, to endanger sb.'s life; **senza p.**, safely; without risk *2* (*fam.*: *probabilità*) fear; chance: **Non c'è p. che io vinca!**, there is no fear of my winning!; **Non c'è p. che aiuti!**, no chance of his giving a hand! • **p. pubblico**, public menace □ **a proprio rischio e p.**, at one's own risk □ **una specie in p.**, an endangered species.

pericolosaménte *avv.* dangerously.

pericolosità *f.* dangerousness.

pericolóso *a.* dangerous; not safe; (*malsicuro*) risky: **È p. avvicinarsi alla gabbia**, it is dangerous to go close to the cage; **uomo [lavoro] p.**, dangerous man [job]; (*sport*) **gioco p.**, dangerous play; **guida pericolosa**, reckless (*o* dangerous) driving.

perièlio *m.* (*astron.*) perihelion.

periferia *f.* *1* (*di città*) outskirts (*pl.*); suburbs (*pl.*): **Pioltello è alla p. di Milano**, Pioltello is on the outskirts of Milan; **abitare in p.**, to live in the suburbs; **quartiere di p.**, suburb *2* (*area esterna*) periphery.

perifèrica *f.* (*elab.*) peripheral; add-on.

perifèrico *a.* *1* (*di periferia di città*) suburban; in the suburbs; on the outskirts *2* (*geom., anat. e fig.*) peripheral.

perìfraṣi *f.* periphrasis* (*form.*); circumlocution: **usare una p.**, to use a circumlocution; to say st. in a roundabout way.

perifràstico *a.* *1* (*gramm.*) periphrastic *2* circumlocutory.

perigèo *m.* (*astron.*) perigee.

perimetràle *a.* perimetric; (*esterno*) external: **misura p.**, perimetric measure; **muro p.**, external wall.

perimètrico *a.* (*geom.*) perimetric.

perìmetro *m.* (*geom. ed estens*) perimeter.

perinatàle *a.* (*med.*) perinatal.

perinèo *m.* (*anat.*) perineum*.

periodàre *A* *v. i.* to build* (*o* to construct) sentences *B* *m.* style.

periodicaménte *avv.* periodically; at regular intervals.

periodicità *f.* periodicity • **con p. mensile**, monthly □ **ripetersi con p.**, to occur at regular intervals.

periòdico *A* *a.* periodic(al); recurrent; recurring: **febbre periodica**, periodic (*o* recurrent) fever; (*mat.*) **numero p.**, recurring number *B* *m.* periodical; (*rivista*) magazine.

perìodo *m.* *1* period (*anche scient.*); time: **un p. di sei mesi**, a period of six months; a six-month period; **p. di riposo**, period of rest; **p. di prova**, trial period; **per un lungo p.**, for a long time; **nel p. invernale**, in winter; **In questo p. non lavoro**, I'm not working at the moment; **In quel p. vivevo a Parma**, I lived in Parma at the time; **Sto attraversando un brutto p.**, I'm going through a bad patch; **Va a periodi**, it varies *2* (*gramm.*) period; sentence.

peripezia *f.* vicissitude; (*avventura*) adventure.

pèriplo *m.* periplus*; circumnavigation • **fare il p. di un'isola**, to sail round an island.

perìre *v. i.* *1* (*morire*) to perish; to die *2* (*andare perduto*) to be lost.

periscòpico *a.* periscopic.

periscòpio *m.* periscope.

peristàlsi *f.* (*fisiol.*) peristalsis*.

peristàltico *a.* (*fisiol.*) peristaltic.

peristìlio *m.* (*archit.*) peristyle.

peritàle *a.* (*leg.*) of an expert; expert (*attr.*): **prova p.**, expert evidence.

peritàrsi *v. i. pron.* (*lett.*) to hesitate; to have scruples.

perito *A* *a.* expert; skilled; well-trained *B* *m.* (technical) expert; (*ass.*) assessor, adjuster: **p. calligrafo**, handwriting expert; **p. di sinistri**, claim assessor • **p. agronomo**, land surveyor □ **p. chimico**, qualified chemist □ **p. edile**, master builder □ **p. industriale**, engineer □ **p. navale**, ship (*o* marine) surveyor □ **p. traduttore**, sworn translator.

peritonèo *m.* (*anat.*) periton(a)eum*.

peritonite *f.* (*med.*) peritonitis.

perizia *f.* *1* (*l'essere esperto*) skill; expertise *2* (*stima*) appraisal; assessment; valuation: **p. dei danni**, damage appraisal *3* (*leg.*) expert's report: **p. calligrafica**, expert's report on a sample of handwriting; **p. psichiatrica**, psychiatric examination.

periziàre *v. t.* to assess; to estimate; to value.

periẓòma *m.* loincloth.

pèrla *f.* *1* pearl: **p. artificiale**, imitation pearl; **p. coltivata**, cultured pearl; **p. di fiume**, seed pearl *2* (*farm.*) pearl; capsule *3* (*strafalcione*) howler • **una p. di segretaria**, the ideal secretary □ **grigio p.**, pearl grey; **gettare perle ai porci**, to cast pearls before swine.

perlàceo *a.* pearly; pearl-like.

perlaquàle (*fam.*) *A* *a.* proper; respectable *B* *avv.* well.

perlàto *a.* pearly; pearl-coloured; pearl-like • **orzo p.**, pearl barley.

perlìfero *a.* pearl-yielding • **ostrica perlifera**, pearl oyster.

perlìna *f.* *1* (*perla di fiume*) seed pearl *2* (*di vetro, legno, ecc.*) bead *3* (*falegn.*) matchboard.

perlinàto *m.* (*falegn.*) matchboarding.

perloméno *avv.* at least.

perlopiù *avv.* mostly; in most cases; for the most part; (*di solito*) usually.

perlustràre *v. t.* *1* (*mil.*) to reconnoitre; (*polizia*) to search *2* (*ispezionare*) to search; to explore; to scour.

perlustrazióne *f.* *1* (*mil.*) reconnaissance; (*di polizia*) search: **andare in p.**, to go on a reconnaissance; to reconnoitre; **fare una p.**, to mount a search *2* (*ispezione, ricerca*) search.

permalosità *f.* touchiness; testiness; tetchiness.

permalóso *a.* touchy; testy; tetchy.

permanènte *A* *a.* permanent; standing: **invalidità p.**, permanent disability; **esercito p.**, standing army; **invito p.**, standing invitation *B* *f.* permanent; perm (*fam.*): **farsi la p.**, to have one's hair permed.

permanènza *f.* *1* permanence *2* (*soggiorno*) stay; sojourn.

permanére *v. i.* *1* (*rimanere*) to remain; to stay on *2* (*perdurare*) to remain; to continue; to persist.

permanganàto *m.* (*chim.*) permanganate.

permeàbile *a.* permeable.

permeabilità *f.* permeability.

permeàre *v. t.* (*anche fig.*) to permeate.

permésso (1) *a.* permitted; allowed • (**È**) **p.?** (*posso entrare?*), may I come in? □ **P.!** (*posso passare?*), excuse me!

permésso (2) *m.* *1* permission; leave: **chiedere il p. di fare**

q.c., to ask permission (*o* leave) to do st.; **col vostro p.**, by your leave; **Ho il p. di uscire di sera**, I am allowed out at night *2* (*di soldato, impiegato, ecc.*) leave: **essere in p.**, to be on leave; **un mese di p.**, a month's leave; **un giorno di p.**, a day off *3* (*autorizzazione*) licence; permit: **p. di esportazione**, export licence; **rilasciare un p.**, to grant a permit.

perméttere *v. t.* *1* to allow; to let*; to permit (*form.*); (*autorizzare*) to authorize: **Non mi permise di restare**, he didn't allow me to stay (*o* let me stay); **Non ti permetto di parlare così!**, I forbid you to say such things!; **Crede che tutto gli sia permesso**, he thinks he can do anything he likes; **Mi permette di presentarle mia moglie?**, may I introduce my wife?; **tempo permettendo**, weather permitting; **Permette?**, may I? *2* — **permettersi**, to allow oneself; (*rif. a spese e sim.*) to afford; (*prendersi la libertà*) to take* the liberty (of); (*osare*) to dare: **Non posso permettermi una macchina nuova**, I can't afford a new car; **Come si permette?**, how dare you?

permissibile *a.* permissible; allowable.

permissivismo *m.* permissivism.

permissivo *a.* permissive; lenient; indulgent.

pèrmuta *f.* (*comm.*) exchange; (*baratto*) barter, trade-off.

permutàre *v. t.* *1* (*comm.*) to exchange; (*barattare*) to barter *2* (*mat.*) to permute.

permutazióne *f.* *1* (*scambio*) exchange; barter *2* (*mat.*) permutation.

pernàcchia *f.* raspberry: **fare una p.**, to blow a raspberry.

pernice *f.* (*zool.*) partridge • **p. bianca**, ptarmigan.

perniciόso *a.* pernicious; harmful; ruinous.

pèrno *m.* *1* (*mecc.*) pivot; pin; gudgeon; stud; (*di ruota*) hub, axis: **p. di bloccaggio**, check pin; **p. girevole**, pivot pin *2* (*cardine*) hinge *3* (*fig.*) pivot; hinge; prop • **fare p. su q.c.**, to pivot on st.; (*fig.*) to hinge on st.

pernottaménto *m.* overnight stay.

pernottàre *v. i.* to stay overnight; to spend* the night.

péro *m.* (*bot.*) pear-tree; pear.

però *A* *cong.* but; yet; (*tuttavia*) however; (*nondimeno*) nevertheless *B* *inter.* well!

peróne *m.* (*anat.*) fibula*.

peronòspora *f.* (*bot.*) downy mildew.

peroràre *v. t. e i.* to plead: **p. la propria causa**, to plead one's own cause; (*leg.*) **p. una causa**, to plead a case.

perorazióne *f.* *1* (*anche leg.*) pleading *2* (*parte di orazione*) peroration.

peròssido *m.* (*chim.*) peroxide.

perpendicolàre *a. e f.* perpendicular: **abbassare una p.**, to drop a perpendicular.

perpendicolarità *f.* perpendicularity.

perpendìcolo *m.* plumb line • **a p.**, perpendicularly.

perpetràre *v. t.* to perpetrate; to commit.

perpètua *f.* priest's housekeeper.

perpetuaménte *avv.* perpetually; in perpetuity; for ever.

perpetuàre *A* *v. t.* to perpetuate *B* **perpetuàrsi** *v. i. pron.* to be perpetuated.

perpetuazióne *f.* perpetuation; immortalization.

perpetuità *f.* perpetuity.

perpètuo *a.* *1* (*senza fine*) perpetual; everlasting; never-ending; (*eterno*) eternal *2* (*continuo*) perpetual; incessant; continual; eternal: **moto p.**, perpetual motion *3* (*a vita*) permanent; for life; life (*attr.*): **socio p.**, permanent member; **rendita perpetua**, life annuity; **carcere p.**, life imprisonment • **in p.**, perpetually; for ever.

perplessità *f.* perplexity; (*incertezza*) uncertainty • **avere qualche p.**, to be perplexed; to be uncertain.

perplèsso *a.* perplexed; puzzled; (*incerto*) uncertain, doubtful: **rimanere p.**, to be puzzled; to be at a loss; **lasciare p.**, to puzzle; to perplex.

perquisire *v. t.* to search; (*una persona, anche*) to frisk: **Lo perquisirono in cerca di armi**, he was searched (*o* frisked) for weapons.

perquisizióne *f.* search; (*di persona, anche*) frisk: **p. domiciliare**, house search; **p. personale**, body search; **mandato di p.**, search warrant.

persecutóre *m.* (*f.* **-trice**) persecutor.

persecutòrio *a.* persecutory.

persecuzióne *f.* *1* persecution: (*psic.*) **mania di p.**, persecution complex *2* (*fig.*) torment; pest.

perseguìbile *a.* (*leg.*) prosecutable; indictable • **reato p. per legge**, legal offence.

perseguiménto *m.* pursuit.

perseguire *v. t.* *1* to pursue *2* (*leg.*) to prosecute.

perseguitàre *v. t.* *1* to persecute *2* (*molestare*) to pester, to plague, to dog; (*ossessionare*) to haunt: **p. q. di domande**, to pester sb. with questions; **essere perseguitato dalla sfortuna**, to be dogged by misfortune.

perseguitàto *m.* (*f.* **-a**) victim of persecution.

perseverànte *a.* persevering; persistent.

perseverànza *f.* perseverance; persistence.

perseveràre *v. i.* to persevere; (*persistere*) to persist.

persiàna *f.* jalousie; (*imposta*) shutter: **p. avvolgibile**, roller shutter.

persiàno *A* *a.* Persian *B* *m.* *1* (*f.* **-a**) Persian (*f.* Persian woman*) *2* (*lingua*) Persian *3* (*gatto*) Persian cat *4* (*pelliccia*) Persian lamb.

pèrsico (1) *a.* (*geogr.*) Persian: **il Golfo P.**, the Persian Gulf.

pèrsico (2) *a.* — (*zool.*) **pesce p.**, perch.

persino *V.* **perfino**.

persistènte *a.* persistent; persisting.

persistènza *f.* persistence • (*radar*) **p. dell'immagine**, afterglow.

persìstere *v. i.* to persist.

pèrso *a.* (*smarrito*) lost; (*sprecato*) wasted; (*sfuggito*) missed: **causa persa**, lost cause; **occasione persa**, missed opportunity • **p. per p.**, having nothing further to lose □ **dare q.c. per p.**, to give st. up for lost □ **a tempo p.**, in one's spare time □ **ubriaco p.**, dead drunk.

persóna *f.* *1* person; (*al pl.*) people, persons (*form. o leg.*): **una brava p.**, a nice person; **venti persone**, twenty people; **persone scomparse**, missing persons *2* (*un tale*; *qualcuno*) somebody, someone; (*in frasi interr. o neg.*) anybody, anyone: **C'è una p. di sotto che ti cerca**, there's somebody downstairs looking for you; **Non c'è p. che non gli voglia bene**, there isn't anyone who doesn't like him *3* (*corpo*) body; (*aspetto*) personal appearance; (*figura*) figure: **curare la p.**, to take care over one's personal appearance *4* (*leg.*) person; body: **p. fisica**, natural person; **p. giuridica**, body corporate *5* (*gramm.*) person: **in prima p.**, in the first person • **p. di servizio**, domestic □ (*leg.*) **p. non gradita**, persona non grata (*lat.*) □ **a** (*o* **per**) **p.**, a (*o* per) head; each □ **Non l'ho detto a p. viva**, I didn't tell a soul □ **in** (*o* **di**) **p.**, in person; personally □ **pagare di p.**, to face the consequences □ **È la gentilezza in p.**, he is kindness itself □ **È l'arroganza in p.**, he is arrogance personified □ **in prima p.**, personally □ (*fig.*) **parlare in prima p.**, to speak for oneself □ **per interposta p.**, through a third party.

personàggio *m.* *1* (*persona importante*) figure; personality: **p. politico**, political figure; **un noto p. televisivo**, a well-known TV personality *2* (*di romanzo, ecc.*) character *3* (*fam.: individuo*) character; fellow; guy (*USA*).

personàle *A* *a.* personal: **libertà p.**, personal liberty; **favore p.**, personal favour; (*gramm.*) **pronome p.**, personal pronoun; **strettamente p.**, strictly personal; **biglietto p.**, non-transferable ticket; **mostra p.**, one-man show *B* *m.* *1* staff; personnel: **p. insegnante**, teaching staff; **p. direttivo**, mamagement; executives (*pl.*); **capo del p.**, personnel manager; **ufficio p.**, personnel department; **fare parte del p. di una ditta**, to be on the staff of a firm *2* (*figura*) figure *C* *f.* (*mostra*) one-man exhibition.

personalità *f.* *1* (*psic. ed estens.*) personality *2* (*leg.*) — **p. giuridica**, legal status.

personalizzàre *v. t.* *1* to personalize *2* (*comm.*) to customize.

personalizzazióne *f.* *1* personalization *2* (*comm.*) customization.

personalménte *avv.* *1* (*in persona*) personally; in person; oneself: **Lo farò p.**, I'll do it personally (*o* myself) *2* (*da parte propria*) personally; for one's own part.

personificàre *v. t.* *1* to personify *2* (*incarnare*) to embody; (*simboleggiare*) to symbolize, to represent.

personificàto *a.* personified • **È la bontà personificata**, he is kindness itself.

personificazióne *f.* *1* personification *2* (*incarnazione*) embodiment; (*simbolo*) symbol • **È la p. dell'altruismo**, he is unselfishness personified.

perspicàce *a.* perspicacious; penetrating; keen.

perspicàcia *f.* perspicacity; penetration.

perspicuità *f.* perspicuity; perspicuousness; evidence.

perspicuo *a.* perspicuous; evident.
persuadére ***A*** *v. t.* ***1*** (*a fare q.c.*) to persuade; to talk (sb.) into (doing st.); to prevail (up)on (sb. to do st.) ***2*** (*di q.c.*) to persuade; to convince: **Lo persuasi che aveva torto**, I persuaded him that he was wrong; **p. q. della propria innocenza**, to persuade sb. of one's innocence; **La cosa non mi persuade**, I'm not convinced; **Non è brutto, ma non mi persuade**, it isn't too bad, but I'm not sure I like it ***B*** **persuadérsi** *v. rifl.* ***1*** (*capacitarsi*) to bring* oneself to believe (st.); (*accettare*) to accept, to agree: **Devi persuadertene**, you must accept it; **Alla fine si persuase a scrivergli**, he agreed to write to him in the end ***2*** (*convincersi*) to convince oneself.
persuasióne *f.* persuasion; (*convinzione*) conviction • **fare opera di p.**, to persuade.
persuasivo *a.* persuasive; (*convincente*) convincing.
persuàso *a.* persuaded; (*convinto*) convinced.
persuasóre *m.* persuader: **persuasori occulti**, hidden persuaders.
pertànto *cong.* therefore; thus.
pèrtica *f.* ***1*** pole ***2*** (*attrezzo ginnico*) climbing pole ***3*** (*fam.*: *spilungone*) beanpole; lamppost.
pertinàce *a.* pertinacious; persistent; determined.
pertinàcia *f.* pertinacity; determination.
pertinènte *a.* pertinent; pertaining; relevant: **domanda p.**, pertinent question; **funzioni pertinenti al proprio ufficio**, duties pertaining to one's office; **fatti pertinenti**, relevant facts.
pertinènza *f.* pertinence; relevance • **Questo è [non è] di mia p.**, this fall within [lies outside] my competence.
pertósse *f.* (*med.*) (w)hooping-cough.
pertùgio *m.* hole; opening; gap.
perturbaménto *m.* perturbation; disturbance.
perturbàto *a.* perturbed; disturbed; upset; (*del tempo*) bad.
perturbatóre *m.* (*f.* **-trice**) perturber; disturber.
perturbazióne *f.* ***1*** perturbation; disturbance ***2*** (*meteor.*) disturbance.
peruviàno *a. e m.* (*f.* **-a**) Peruvian (*f.* Peruvian woman*).
pervàdere *v. t.* (*anche fig.*) to pervade; to fill.
pervenire *v. i.* ***1*** (*riuscire ad arrivare*) to reach (st.); to get* to; to attain (st.); to achieve (st.): **p. alla meta**, to attain one's goal ***2*** (*giungere*) to reach (st.); to come* to: **p. alle orecchie di q.**, to reach sb.'s ears • **far p. q.c. a q.**, to send sb. st.
perversióne *f.* (*psic.*) perversion.
perversità *f.* ***1*** depravity; wickedness ***2*** (*azione perversa*) iniquity. ATTENZIONE: **perversità** ≠ perversity.
pervèrso *a.* ***1*** (*malvagio*) depraved; wicked; malignant ***2*** (*negativo*) negative. ATTENZIONE: **perverso** ≠ perverse.
pervertiménto *m.* perversion.
pervertire ***A*** *v. t.* to pervert; to lead* astray; (*corrompere*) to corrupt ***B*** **pervertirsi** *v. i. pron.* to be perverted; to become* depraved.
pervertito ***A*** *a.* perverted ***B*** *m.* (*f.* **-a**) pervert.
pervicàce *a.* headstrong; stubborn; obstinate.
pervicàcia *f.* stubbornness; obstinacy.
pervinca *f.* (*bot.*) periwinkle.
pésa *f.* ***1*** (*pesatura*) weighing ***2*** (*mecc.*) weighing machine: **p. a ponte**, weighbridge ***3*** (*anche* **p. pubblica**) weigh-house.
pesabambini *m.* baby scales (*pl.*).
pesànte *a.* ***1*** heavy: **cappotto [cibo] p.**, heavy coat [food]; **passi pesanti**, heavy steps; **cuore p.**, heavy heart ***2*** (*di aria, tempo*) close; stuffy ***3*** (*di atmosfera*) heavy; oppressive ***4*** (*noioso*) heavy(-going); dull; boring; tiresome: **Come sei p.!**, how tiresome you are! ***5*** (*grave*) serious; grave; strong: **accuse pesanti**, serious charges; **parole pesanti**, strong words ***6*** (*volgare*) coarse; in bad taste ***7*** (*di droga*) hard • **p. come un macigno**, weighing a ton; (*noioso*) very boring □ (*sport*) **gioco p.**, physical game □ (*fin.*) **lira p.**, hard lira □ (*sport*) **terreno p.**, heavy ground; waterlogged pitch.
pesantézza *f.* ***1*** heaviness ***2*** (*dell'aria, del tempo*) stuffiness; closeness ***3*** (*dell'atmosfera*) oppressiveness ***4*** (*gravità*) seriousness; gravity ***5*** (*volgarità*) coarseness; vulgarity • **p. allo stomaco**, bloated feeling □ **p. alla testa**, headache.
pesapersóne *m. invar.* bathroom scales (*pl.*).
pesàre ***A*** *v. t.* (*anche fig.*) to weigh: **p. un bambino**, to weigh a baby; **p. le proprie parole**, to weigh one's words ***B*** *v. i.* ***1*** to weigh; (*essere pesante*) to be heavy: **Quanto pesi?**, what do you weigh?; **Pesa quella valigia?**, is that suitcase very heavy? ***2*** (*gravare, anche fig.*) to weigh heavily; to lie* heavy; (*incombere*) to hang*: **p. sulla coscienza**, to lie heavy on one's conscience; **Sul suo capo pesa una minaccia**, there is a threat hanging over him ***3*** (*impers.*: *essere spiacevole*) to be hard (*impers.*); to find* it hard (*pers.*); to regret: **Gli è pesato di doverlo licenziare**, he found it hard to have to dismiss him; **Non mi pesa alzarmi così presto**, I don't mind getting up so early; **Mi pesa doverti dire queste cose**, I regret having to tell you this • **Il lavoro mi pesa**, my work is getting on top of me □ **Mi ha aiutato, ma me l'ha fatto p.**, he made a big thing of the fact that he was helping me out □ **Non è laureato e i colleghi gliel'hanno sempre fatto p.**, his colleagues have never let him forget that he didn't go to university □ **Vale tant'oro quanto pesa**, he is worth his weight in gold ***C*** **pesàrsi** *v. rifl.* to weigh oneself.
pesatùra *f.* weighing.
pèsca (**1**) *f.* peach.
pésca (**2**) *f.* ***1*** (*il pescare*) fishing: **l'industria della p.**, the fishing industry; fishery; **p. del merluzzo**, cod fishing; **p. a strascico**, trawling; **p. con la lenza**, angling; **p. di altura**, deep-sea fishing; **p. subacquea**, underwater fishing; **andare a p.**, to go fishing; **canna da p.**, fishing rod; **arnesi da p.**, fishing tackle ***2*** (*pesce pescato*) catch; haul: **fare una buona p.**, to have a good catch ***3*** (*specie di lotteria*) lucky dip (*GB*); grab bag (*USA*).
pescàggio *m.* (*naut.*) draught.
pescàia *f.* (fish) weir.
pescàre ***A*** *v. t.* ***1*** to fish (for); (*tuffandosi*) to dive* for; (*prendere*) to catch*: **p. trote**, to fish for trout; **p. perle**, to dive for pearls; **Ho pescato un luccio**, I caught a pike; **andare a p.**, to go fishing; **p. con la lenza**, to fish with a rod and line; to angle; **p. con la rete a strascico**, to trawl; **p. di frodo**, to poach (*on a river*) ***2*** (*trovare*) to find*, to get* hold of; (*un'informazione, ecc.*) to pick up; (*acchiappare*) to catch*: **Se ti pesco!**, if I catch you!; **p. q. con le mani nel sacco**, to catch sb. red-handed ***3*** (*tirare fuori*) to fish out; (*estrarre a caso*) to draw* (out) • **p. nel torbido**, to fish in troubled waters ***B*** *v. i.* (*naut.*) to draw*.
pescàto *m.* catch (of fish); haul.
pescatóre *m.* (*f.* **-trice**) fisherman* (*m.*); fisher; (*con la canna*) angler: **p. di frodo**, poacher; **p. di perle**, pearl-diver; **p. subacqueo**, underwater fisherman; **villaggio di pescatori**, fishing village.
pésce *m.* ***1*** fish*: **p. d'acqua dolce [di mare]**, fresh-water [salt-water] fish; **p. congelato [affumicato, fritto]**, frozen [smoked, fried] fish; **Quanti pesci hai preso?**, how many fish did you catch?; **molti pesci**, a lot of fish; **un fiume ricco di pesci**, a river teeming with fish ***2*** (*zool.*) — **p. angelo**, angelfish; **p. gatto**, bullhead; catfish; **p. martello**, hammer-head (shark); **p. palla**, globefish; **p. persico**, perch; bass; **p. pilota**, pilot fish; **pesci rossi**, goldfish; **p. San Pietro**, John Dory; dory; **p. spada**, sword-fish; **p. volante**, flying fish ***3*** (*al pl.*) — (*astron., astrol.*) **i Pesci**, Pisces: **È dei** (*o* **un**) **Pesci**, he is (a) Pisces • **p. d'aprile**, trick played on April Fools' Day: **fare un p. d'aprile a q.**, to make an April fool of sb. □ **P. d'Aprile!**, April fool! □ (*fig.*) **p. grosso**, big shot; bigwig □ (*fig.*) **pesci piccoli**, small fry □ **gettarsi a p. su q.c.**, to make a dive for st.; to throw oneself on st. □ **non sapere che pesci pigliare**, to be at a loss what to do □ **sano come un p.**, as fit as a fiddle □ **sentirsi come un p. fuori d'acqua**, to feel like a fish out of water □ **trattare q. a pesci in faccia**, to treat sb. like dirt.
pescecàne *m.* ***1*** (*zool.*) shark; dogfish ***2*** (*fig.*) profiteer.
pescheréccio ***A*** *a.* fishing (*attr.*) ***B*** *m.* (*naut.*) fishing boat; smack; (*con rete a strascico*) trawler.
pescherìa *f.* (*negozio*) fishmonger's (shop); fish shop.
peschièra *f.* fishpond; fish tank.
pesciéra *f.* (*pentola*) fish kettle; (*vassoio*) fish tray.
pesciolino *m.* minnow.
pescivèndola *f.* fishwife*.
pescivéndolo *m.* fishmonger.
pèsco *m.* (*bot.*) peach (tree): **fiore di p.**, peach blossom.
pescóso *a.* teeming with fish.
pesista *m. e f.* (*sport*) weight-lifter.
pesìstica *f.* (*sport*) weight-lifting.

péso *m.* ***1*** weight: **p. giusto [scarso, abbondante]**, exact [short, full] weight; (*comm.*) **p. lordo [netto]**, gross [net] weight; **pesi e misure**, weights and measures; (*di persona*) **aumentare [calare] di p.**, to put on [to lose] weight; **Sono tre chili di p.**, it's three kilos in weight; **piegarsi sotto il p. di q.c.**, to give way under the weight of st.; **sollevare un p.**, to lift a weight; **vendere a p.**, to sell by weight ***2*** (*importanza*) weight; importance: **una cosa di nessun p.**, a thing of no importance; **dare p. a q.c.**, to attach importance to st. ***3*** (*onere*) weight; load; burden: **il p. degli anni**, the weight of years; **avere un p. sulla coscienza**, to have a weight on one's conscience; **essere di p. a q.**, to be a burden to sb. ***4*** (*boxe, lotta, ecc.*) weight: **p. piuma**, featherweight; **p. mosca**, flyweight; **p. gallo**, bantamweight; **p. leggero**, lightweight; **p. medio**, middleweight; **p. massimo**, heavyweight ***5*** (*atletica*) shot; weight: **lancio del p.**, shot put; **lanciatore del p.**, shot putter; **sollevamento pesi**, weight-lifting ***6*** (*edil., del filo a piombo*) bob ● (*fis.*) **p. atomico**, atomic weight □ **p. forma**, ideal weight □ (*anche fig.*) **p. morto**, dead weight □ (*fis.*) **p. specifico**, specific gravity □ **aggiungere q.c. per fare il p.**, to throw in something as a makeweight □ **assenza di p.**, weightlessness □ **avere** (*o* **sentirsi**) **un p. sullo stomaco**, to have indigestion □ **passare il p.**, to be overweight □ (*sport*) **recinto del p.**, weighing enclosure □ **rubare sul p.**, to give short weight □ **sollevare q. [q.c.] di p.**, to lift sb. [st.] up bodily □ (*fig.*) **togliere q.c. di p. da**, to lift st. straight from □ **Mi hai tolto un bel p.**, you've taken a load off my mind □ **togliersi un p. dallo stomaco**, to get st. off one's chest □ **usare due pesi e due misure**, to operate double standards □ **vendere q.c. a peso d'oro**, to sell st. at a very high price.

pessimismo *m.* pessimism.

pessimista *m. e f.* pessimist.

pessimistico *a.* pessimistic.

pèssimo *a. superl.* very bad; terrible; awful (*fam.*); foul (*fam.*); rotten (*fam.*); **pessime notizie**, terrible news; **una pessima cuoca**, a rotten cook; **tempo p.**, terrible (*o* awful, rotten) weather; **di p. umore**, in a foul mood.

pésta *f.* track; trail; (*di piede*) footprint, footstep: **essere sulle peste di q.**, to be on the track of sb. ● **essere nelle peste**, to be in trouble □ **lasciare q. nelle peste**, to leave sb. in the lurch.

pestàggio *m.* beating up; (*rissa*) brawl, scuffle.

pestàre *v. t.* ***1*** (*schiacciare*) to crush; (*ridurre in polvere*) to pound ***2*** (*calpestare*) to tread* (up)on: (*anche fig.*) **p. i piedi a q.**, to tread on sb.'s toes ***3*** (*riempire di botte*) to beat* up ● **p. l'acqua nel mortaio**, to flog a dead horse □ **p. i piedi**, to stamp one's feet.

pèste *f.* ***1*** (*med.*) plague; (*stor.*) Black Death: **p. bubbonica**, bubonic plague; (*vet.*) **p. bovina [suina]**, cattle [swine] plague; **morire di p.**, to die of the plague ***2*** (*fig.*) plague; bane, curse ***3*** (*fam., di persona*) pest; menace ● **dire p. e corna di q. [q.c.]**, to tear sb. [st.] to bits.

pestèllo *m.* pestle.

pesticida *m.* pesticide.

pestifero *a.* pestiferous (*anche fig.*); pestilential ● **ragazzino p.**, terror; little blighter.

pestilènza *f.* (*med.*) pestilence; plague.

pestilenziàle *a.* ***1*** pestilential; pestiferous ***2*** (*fetido*) stinking; fetid.

pésto *a.* pounded; crushed; ground ● **avere gli occhi pesti**, to have rings under one's eyes □ **avere le ossa peste**, to ache all over □ **buio p.**, pitch darkness □ **un occhio p.**, a black eye.

pètalo *m.* (*bot.*) petal.

petàrdo *m.* firecracker; banger (*fam.*).

petizióne *f.* (*anche leg.*) petition.

péto *m.* breaking Ⓤ wind; fart (*volg.*): **fare un p.**, to break wind.

petrarchésco *a.* (*letter.*) Petrarch's; Petrarchan: **sonetto p.**, Petrarchan sonnet.

petrarchismo *m.* (*letter.*) Petrarchism.

petrarchista *m. e f.* (*letter.*) Petrarchist.

petrodòllari *m. pl.* (*econ., fin.*) petrodollars.

petrografia *f.* (*geol.*) petrography; petrology.

petrolchìmica *f.* petrochemistry.

petrolchìmico *a.* petrochemical ● (*ind.*) **prodotti petrolchimici**, petrochemicals.

petrolièra *f.* (*naut.*) (oil) tanker.

petrolière *m.* ***1*** oil worker ***2*** (*fam.*: *industriale petrolifero*) oil magnate; oilman*.

petrolièro *a.* oil (*attr.*); petroleum (*attr.*).

petrolifero *a.* oil (*attr.*): **giacimento p.**, oilfield; **industria petrolifera**, oil industry.

petròlio *m.* ***1*** (*ind. min.*) oil; petroleum: **p. grezzo**, crude oil; raw petroleum; **pozzo di p.**, oil well; **trovare il p.**, to strike oil ***2*** (*per illuminazione o combustione*) oil; paraffin (*GB*); kerosene (*USA*): **lume a p.**, oil lamp.

pettegolàre *v. i.* to gossip; to tattle.

pettegolézzo *m.* gossip Ⓤ; tittle-tattle Ⓤ: **È solo un p.**, it's just gossip: **fare pettegolezzi**, to gossip; (*malalingua*) gossipmonger.

pettégolo ***A*** *a.* gossipy ***B*** *m.* (*f.* **-a**) gossip.

pettinàre ***A*** *v. t.* ***1*** (*i capelli*) to comb; (*acconciare*) to dress, to do*: **La madre lo stava pettinando**, his mother was combing his hair; **Come li vuoi pettinati?**, how do you want your hair done? ***2*** (*la lana*) to comb, to card, to tease; (*il lino, la canapa e sim.*) to hackle, to dress ***B*** **pettinàrsi** *v. rifl.* to comb one's hair; (*acconciarsi*) to do* one's hair: **p. con le trecce**, to do one's hair up in plaits; **p. con la riga**, to part one's hair.

pettinàta *f.* combing; comb: **Hai bisogno di una p.**, your hair needs combing (*o* a comb); **darsi una p.**, to comb one's hair.

pettinàto ***A*** *a.* ***1*** (*di capelli*) combed; (*di persona*) with combed hair: **Sono pettinata?**, is my hair OK?; **Sei pettinata proprio bene**, your hair looks very nice ***2*** (*ind. tess.*) combed; carded ***B*** *m.* worsted.

pettinatrìce *f.* ***1*** hairdresser ***2*** (*ind. tess., per lana*) comber, combing machine; (*per lino e canapa*) hackling machine.

pettinatùra *f.* ***1*** (*il pettinare*) combing; (*acconciatura*) hairstyle, hairdo ***2*** (*ind. tess., della lana*) combing, carding, teasing; (*del lino, della canapa*) hackling, dressing.

pèttine *m.* ***1*** (*per capelli*) comb: **p. fitto**, fine-tooth comb; **p. rado**, rake comb; **p. a coda**, tail comb; **darsi un colpo di p.**, to run a comb through one's hair ***2*** (*di telaio*) reed ***3*** (*ind. tess., per lana*) comb; (*per lino e canapa*) hackle ***4*** (*zool.*) scallop.

pettirósso *m.* (*zool.*) robin.

pètto *m.* ***1*** chest; (*seno*) breast: **È debole di p.**, he's got a weak chest; **P. in fuori!**, stick out your chest!; **stringersi q. al p.**, to clasp sb. to one's breast; **avere poco p.**, to have small breasts; to be flat-chested; **circonferenza p.**, chest measurement; (*del seno*) bust; (*fig.*) **battersi il p.**, to beat one's breast; (*mus.*) **voce di p.**, chest voice; **a p. nudo**, bare-chested (*agg.*); **che arriva fino al p.**, breast-high (*agg.*) ***2*** (*cuore*) breast; heart ***3*** (*cucina*) breast: **p. di pollo**, chicken breast ***4*** (*di abito*) breast; (*di camicia*) front: **giacca a un p. [a doppio p.]**, single-breasted [double-breasted] jacket ● **a p. a**, in comparison with □ **malato di p.**, consumptive □ **prendere q. [q.c.] di p.**, to face (*o* to square) up to sb. [st.] □ **tenere q.c. in p.**, to keep st. to oneself.

pettoràle ***A*** *a.* pectoral ***B*** *m.* ***1*** (*di cavallo*) breast collar; breast strap ***2*** (*di armatura*) breastplate ***3*** (*al pl.*) (*anat.*) pectoral muscles; pecs (*fam.*) ***4*** (*sport*) number.

pettorìna *f.* ***1*** bib ***2*** (*di camicia*) dick(e)y.

pettorùto *a.* ***1*** (*di donna*) full-breasted; chesty ***2*** (*tronfio*) puffed up; cocky; strutting ● **incedere p.**, to strut.

petulànte *a.* impertinent; pert; saucy; cheeky (*fam.*).

petulànza *f.* impertinence; pertness; sauciness; cheek (*fam.*).

petùnia *f.* (*bot.*) petunia.

pèzza *f.* ***1*** (*pezzo di stoffa*) piece of cloth; (*pezzuola*) cloth; (*straccio*) rag: **bambola di p.**, rag doll ***2*** (*toppa*) patch: **pezze ai gomiti**, patches on the elbows ***3*** (*rotolo di tessuto*) bolt; roll; piece ***4*** (*chiazza, macchia*) patch; (large) spot ***5*** (*rimedio*) stopgap ● **p. d'appoggio** (*o* **giustificativa**), (*comm.*) voucher; (*fig.*) supporting document □ **da lunga p.**, for a long while □ **metterci una p. sopra**, to paper over the cracks □ **trattare q. come una p. da piedi**, to treat sb. like dirt; to walk all over sb.

pezzàto *a.* dappled; brindled: **mucca pezzata**, dappled (*o* brindled) cow; **cavallo p.**, piebald horse.

pezzatùra (1) *f.* (*macchie di animale*) patches (*pl.*).

pezzatùra (2) *f.* (*comm.*) size.

pezzènte *m. e f.* ***1*** (*mendicante*) beggar; tramp ***2*** (*spilorcio*) mean person; skinflint.

pèzzo *m.* ***1*** piece; bit; (*squadrato*) block; (*parte*) part: **un p. di pane**, a piece (*o* bit) of bread; **un p. di terra**, a piece (*o* patch) of land; **un p. di carne**, a piece of meat; (*taglio*) a cut of meat; **un p. di sapone**, a bar of soap; **un p. di ghiaccio**, a block of ice; **Lo accompagnai per un p. di strada**, I went with him part of the way; **andare in pezzi**, to break into pieces; to shatter; **tagliare a pezzi**, to cut to pieces; **fare a pezzi**, to break (*o* to pull) to pieces; to tear to shreds ***2*** (*esemplare, elemento di un insieme*) piece: **un servizio da caffè di dodici pezzi**, a coffee-service of twelve pieces; **un p. Luigi XV**, a Louis XV piece; **p. unico**, collector's piece ***3*** (*moneta*) coin; piece; bit; (*banconota*) note ***4*** (*mecc.*) piece; part: **p. di ricambio**, spare part; **p. lavorato**, machined part (*o* piece) ***5*** (*mil.*) piece; gun: **p. di artiglieria**, piece of artillery; **caricare i pezzi**, to load the guns; **p. da campagna**, fieldgun; fieldpiece ***6*** (*mus.*) piece ***7*** (*brano di prosa*) piece; passage ***8*** (*giorn.*) piece; story; report; (*p. importante*) feature: **p. di cronaca**, report ***9*** (*scacchi*) piece; chessman* ***10*** (*rif. al tempo*) — **un p.**, quite a bit; quite a long time; quite a while: **Ti ho aspettato per un p.**, I waited for you quite some time; **Non lo vedo da un p.**, it's quite a while since I saw him last • **P. d'asino!**, you fool! □ (*anche fig.*) **p. da museo**, museum piece □ (*pop.*) **p. da novanta**, big mafia boss; (*estens.*) big shot □ **p. di bravura**, bravura piece □ **un p. di donna**, a big, tall woman □ **un p. d'uomo**, a fine figure of a man □ (*fig.*) **p. grosso**, big shot; big noise □ **p. forte**, show piece; pièce de résistance (*franc.*); (*attrazione principale*) highlight □ **a pezzi**, in pieces; (*stanco morto*) tired out, washed out; (*con le ossa rotte*) aching all over □ **a pezzi e bocconi**, piecemeal; in fits and starts □ **Costano seimila lire al p.**, they cost six thousand lire each □ **andare in mille pezzi**, to be smashed to smithereens □ **cadere a pezzi**, to be falling to pieces □ **due pezzi**, (*abito*) two-piece suit; (*costume da bagno*) two-piece bathing-suit, bikini □ **un uomo tutto d'un p.**, a man of sterling character.

pezzòtto *m.* rag rug.

pezzuòla *f.* ***1*** cloth ***2*** (*fazzoletto da testa*) kerchief.

phon *V.* **fon**.

piacènte *a.* attractive; charming.

piacére (**1**) *v. i.* to like, to be fond of (*entrambi con costruz. pers.*); to be pleasing (to sb.): **Mi piace uscire di sera**, I like going out in the evening; **Mi piace molto la musica**, I am very fond of music; **Mi piace che tutto sia a posto**, I like everything to be tidy; **Non mi piace che tu esca con lui**, I don't like your going out with him; **Mi piacerebbe molto andare in Spagna**, I'd love to go to Spain; **Ti è piaciuto il film?**, did you like (*o* enjoy) the film?; **Mi è piaciuto da pazzi**, I loved it; I adored it; **Mi piace da pazzi quell'attore**, I'm crazy about that actor; **Come mi piacerebbe essere con voi!**, how I would like to be with you!; (how) I wish I were with you! • **piaccia o non piaccia**, whether one likes it or not □ **a Dio piacendo**, God willing □ **un modello che piace**, a popular model □ **una ragazza che piace**, an attractive girl □ **Sto in casa perché così mi piace**, I'm staying in because I want to □ **Dovrai fartelo p.**, you're going to have to get used to it.

piacére (**2**) *m.* ***1*** pleasure; (*gioia*) delight: **i piaceri della tavola**, the pleasures of the table; **avere il p. di fare q.c.**, to have the pleasure of doing st.; **provare p. a fare q.c.**, to take pleasure in doing st.; **Mi fa sempre p. vederlo**, I am always delighted to see him; **Che p. rivedervi!**, how lovely to see you again!; **Mi farebbe p. conoscerlo**, I would like to meet him; **se ti fa p.**, if you like; if you wish; **amante dei piaceri**, pleasure-loving; pleasure-seeking; **gita di p.**, pleasure trip ***2*** (*favore*) favour: **fare un p. a q.**, to do sb. a favour; **chiedere un p. a q.**, to ask a favour of sb.; **Puoi farmi il p. di avvertirmi?**, could you please let me know?; will you be so kind as to let me know? (*form.*); **Vuoi farmi il p. di stare zitto?**, will you kindly shut up?; do be quiet, for goodness sake! ***3*** (*nelle presentazioni*) — **P.!**, how do you do?; **P. di conoscerla**, pleased to meet you • **a p.** (*a volontà*), at will; at pleasure; as much [many] as one wants □ **Prendine uno a p.**, take whichever you like □ **Ne ho p.**, I'm glad of that; (*iron.*: *ben gli sta*) it serves him right! □ **Che p.!**, how delightful! □ **Piove che è un p.**, it's pouring; it's coming down in buckets (*fam.*) □ **Questa macchina va che è un p.**, this car goes like a dream □ **Con p.!**, it will be a pleasure; delighted! □ **per p.**, please □ **Parlagli, te lo chiedo per p.**, please speak to him, as a favour to me □ **Ma fammi il p.!**, nonsense!; don't be ridiculous!

piacévole *a.* pleasant; agreeable; pleasing.

piacevolézza *f.* pleasantness; agreeableness.

piacevolménte *avv.* pleasantly; agreeably.

piaciménto *m.* (*gradimento*) liking: **Era di mio p.**, it was to my liking; **Prendine a tuo p.**, take as much as you like.

piàga *f.* ***1*** sore; (*ferita*) wound: **p. da decubito**, bedsore ***2*** (*flagello*) scourge; plague; calamity; evil: **le sette piaghe d'Egitto**, the seven plagues of Egypt; **p. sociale**, social evil ***3*** (*persona molesta*) nuisance; bore; pain in the neck (*fam.*): **Che p. che sei!**, what a bore you are!; how tiresome you are!; **Non fare la p.!**, don't be such a pain in the neck! • **girare il coltello nella p.**, to twist the knife in the wound □ **mettere il dito sulla p.**, to touch on a sore point □ **riaprire vecchie piaghe**, to reopen old wounds.

piagàre *v. t.* to ulcerate; to produce a sore in.

piagàto *a.* covered in sores (*pred.*); ulcerated.

piaggerìa *f.* (*lett.*) flattery [U].

piagnistèo *m.* (*fam.*) whining [U]; moaning [U].

piagnucolàre *v. i.* to whine; to whimper; (*frignare*) to snivel; (*specialm. di bambino*) to grizzle.

piagnucolìo *m.* whining [U]; whimpering [U].

piagnucolóne *m.* (*f.* **-a**) whiner; cry-baby.

piagnucolóso *a.* whining; snivelling; grizzling.

piàlla *f.* plane: **p. per sgrossare**, jack-plane.

piallàre *v. t.* to plane.

piallatrìce *f.* (*mecc.*) planer; planing machine.

piallatùra *f.* planing.

piàna *f.* stretch of level ground; (*pianura*) plain.

pianàle *m.* ***1*** (*di autocarro*) loading platform ***2*** (*ferr.*) flat wagon; flat car (*USA*).

pianeggiànte *a.* level; flat: **terreno p.**, level ground; **regione p.**, flat country.

pianèlla *f.* mule; (*chiusa*) slipper.

pianeròttolo *m.* (*edil.*) landing.

pianéta (**1**) *m.* ***1*** (*astron.*) planet ***2*** (*fig.*) world; scene: **il p. giovani**, the youth scene; **il p. calcio**, the world of football.

pianéta (**2**) *f.* (*eccles.*) chasuble.

pianetìno *m.* (*astron.*) asteroid.

piangènte *a.* crying; weeping; tearful; in tears (*pred.*) • **salice p.**, weeping willow.

piàngere ***A*** *v. i.* ***1*** to cry; to weep*: **p. di dolore** [**di rabbia**], to cry with pain [with rage]; **p. di gioia,**, to weep for joy; **p. a calde lacrime**, to cry one's heart out; **p. a dirotto**, to cry one's eyes out; (*spreg.*) to blubber; **p. amaramente**, to weep bitterly; **far p. q.**, to make sb. cry; **Aveva gli occhi rossi dal p.**, her eyes were red with crying ***2*** (*di occhi*: *lacrimare*) to water: **Mi piangono gli occhi per il fumo**, the smoke is making my eyes water ***3*** (*soffrire, patire*) to suffer; to mourn • **p. sul latte versato**, to cry over spilt milk □ **Mi piange il cuore**, it breaks my heart; my heart bleeds □ **far p. i sassi**, to melt a heart of stone □ **un film** [**una storia**] **che fa p.**, a very moving film [story]; a tearjerker (*fam.*) ***B*** *v. t.* ***1*** to weep*: **p. lacrime di gioia**, to weep tears of joy ***2*** (*lamentare*) to mourn; to mourn for sb. [over st.]; to grieve for; to lament: **p. la morte di q.**, to mourn sb.'s death • **p. lacrime amare**, to shed bitter tears □ **p. miseria**, to plead poverty.

pianificàre *v. t.* to plan.

pianificàto *a.* planned.

pianificatóre ***A*** *m.* (*f.* **-trìce**) planner ***B*** *a.* planning.

pianificazióne *f.* planning: **p. urbana**, town planning; city planning (*USA*).

pianìsta *m. e f.* pianist.

pianìstico *a.* piano (*attr.*); for (the) piano.

piàno (**1**) ***A*** *a.* ***1*** flat; level; even: **superficie piana**, level (*o* even) surface; **strada piana**, level road; (*sport*) **corsa piana**, flat race ***2*** (*liscio*) smooth ***3*** (*chiaro, semplice*) clear; plain ***4*** (*geom.*) plane: **geometria piana**, plane geometry ***5*** (*gramm.*) paroxytone ***B*** *avv.* ***1*** (*sommessamente*) softly; quietly; gently; (*a bassa voce*) in a low voice: **parlare p.**, to speak quietly; **Parla più p.!**, lower your voice!; **Fa' piano!**, don't make a noise; move quietly!; **Chiudi p. la porta**, close the door gently ***2*** (*lentamente*) slowly; slow: **Va' p.!**, go slowly; **Più p.!**, go slower!; slow down! ***3*** (*con cautela*) gently; carefully ***4*** (*mus.*) piano • **pian p.** (*a poco a poco*), little by little □ **pian pianino**, very slowly; very carefully □

(*prov.*) **Chi va p. va sano e va lontano**, slow and steady wins the race.

piàno (2) *m.* ***1*** (*geom.*) plane ***2*** (*superficie piana*) surface; top: **p. di scorrimento**, sliding surface; **p. stradale**, road surface; **p. del tavolo**, table top; **p. di cottura**, cooktop; hob ***3*** (*terreno piano*) level ground; flat land; (*pianura*) plain ***4*** (*di casa*) floor, storey, story (*USA*); (*di autobus*) deck: **p. terreno** (*o* **terra**), ground floor (*GB*); first floor (*USA*); **primo p.**, first floor (*GB*); second floor (*USA*); **p. rialzato**, mezzanine (floor); **un palazzo di sei piani**, a six-storey building; **al p. di sopra**, on the floor above; upstairs; **al p. di sotto**, on the floor below; downstairs; **autobus a due piani**, double-decker (bus) ***5*** (*strato*) layer; stratum* ***6*** (*livello*) level; plane: **essere sullo stesso p.**, to be on the same plane (*o* level) • (*aeron.*) **p. alare**, wing area □ (*aeron.*) **p. di deriva**, fin □ (*naut.*) **p. di galleggiamento**, water plane □ (*cucina*) **p. di lavoro**, worktop □ **mettere due cose sullo stesso p.**, to consider two things equally important □ **primo p.**, (*arte, fotogr.*) foreground; (*cinem., TV*) close-up □ **di primo p.**, leading; prominent □ **in primo p.**, in the foreground □ (*arte, fotogr., cinem.*) **secondo p.**, background □ **di secondo p.**, secondary; minor □ **passare in secondo p.**, to become less important; to fade into the background.

piàno (3) *m.* (*progetto, disegno*) plan; scheme: **fare dei piani**, to make plans; **p. d'azione**, plan of action; **p. di battaglia**, (*mil.*) plan of battle; (*fig.*) plan of action; **p. di lavoro**, work plan; programme; **p. di studi**, plan (*USA* program) of studies; syllabus; **p. regolatore**, urban development plan; **p. quinquennale**, five-year plan.

piàno (4) *V.* **pianoforte**.

pianofòrte *m.* (*mus.*) piano*; pianoforte: **p. verticale**, upright piano; **p. a coda**, grand piano; **p. a mezza coda**, baby grand; **accompagnare al p.**, to accompany on the piano; **sonata per p.**, piano sonata.

pianòla *f.* (*mus.*) pianola; player piano*.

pianòro *m.* (*geogr.*) plateau*; tableland.

pianotèrra *V.* **pianterreno**.

piànta *f.* ***1*** (*bot.*) plant; (*albero*) tree: **p. tropicale**, tropical plant; **p. da frutto**, fruit-bearing tree; **p. acquatica**, water-plant; **p. d'appartamento** [**da vaso**], indoor [potted] plant; **p. grassa**, succulent; **p. rampicante**, creeper; trailer; vine ***2*** (*del piede, della scarpa*) sole ***3*** (*disegno di edificio, città, ecc.*) plan; (*progetto*) layout; (*carta topografica*) map • **di sana p.**, (*completamente*) entirely, completely; (*daccapo*) all over again; **inventare una storia di sana p.**, to make up a story; **rifare q.c. di sana pianta**, to do st. all over again □ (*di impiegato*) **in p. stabile**, on the permanent staff □ **Sta da noi praticamente in p. stabile**, she's moved in with us more or less permanently.

piantàggine *f.* (*bot.*) plantain.

piantagióne *f.* plantation.

piantagràne *m. e f. invar.* (*fam.*) troublemaker; (*pedante*) fault-finder, nitpicker.

piantàna *f.* standard; (*montante*) upright: **lampada a p.**, standard (*o* floor) lamp.

piantàre ***A*** *v. t.* ***1*** (*agric.*) to plant: **p. viti**, to plant vines; **p. a meli**, to plant with apple-trees ***2*** (*conficcare*) to thrust*, to drive*, to ram; (*fissare*) to fix, to set* (up): **p. un chiodo in un muro**, to drive a nail into a wall; **p. un palo**, to knock (*o* to hammer) a post in; **p. una bandiera**, to raise a flag; **p. gli occhi addosso a q.**, to fix one's eyes on sb.; to stare at sb. ***3*** (*fam.*: *abbandonare*) to leave*; to quit; to walk out on; to dump (*fam.*); to ditch (*pop.*): **p. la moglie**, to leave (*o* to walk out on) one's wife; **p. il ragazzo**, to dump one's boyfriend; **p. a mezzo q.c.**, to leave st. half finished; **p. il lavoro**, to quit (*o, fam.*, to chuck in) one's job; **Ho voglia di p. tutto e partire**, I feel like chucking in everything and leaving • **p. q. in asso**, to leave sb. standing; (*lasciare nei pasticci*) to leave sb. in the lurch □ **p. una tenda**, to pitch a tent □ **Piantala!**, stop it!; cut it out! □ **Piantala di frignare!**, stop whining! ***B*** **piantàrsi** *v. rifl. e i. pron.* ***1*** (*fermarsi*) to plant oneself: to place oneself: **Mi si piantò davanti**, he planted himself in front of me ***2*** (*conficcarsi*) to stick*; to become* embedded: **La lama si piantò nel tronco**, the blade stuck in the trunk ***C*** *v. rifl. recipr.* to split* up.

piantàto *a.* ***1*** (*agric.*) planted: **p. a vite**, planted with vines ***2*** **— ben p.**, sturdy; strongly-built ***3*** (*immobile*) rooted (to the spot).

piantatóre *m.* (*f.* **-trice**) planter.

pianterréno *m.* ground floor (*GB*); first floor (*USA*): **abitare a p.**, to live on the ground floor; **stanza a p.**, ground-floor room; downstair(s) room; **scendere a p.**, to go downstairs.

piantìna *f.* ***1*** (*agric.*) seedling ***2*** (*cartina*) map.

piànto *m.* ***1*** (*il piangere*) crying Ⓤ; weeping Ⓤ: **scoppiare in p.**, to start crying; to burst into tears ***2*** (*lacrime*) tears (*pl.*) ***3*** (*dolore*) grief; (*cordoglio*) mourning ***4*** (*fam.*: *disastro*) mess; disaster.

piantonaménto *m.* (*mil.*) guarding.

piantonàre *v. t.* (*mil.*) to guard; to stand* (*o* to mount) guard over.

piantóne *m.* (*mil.*) orderly; (*sentinella*) guard, sentry, sentinel • **stare di p.**, to be on guard.

pianùra *f.* plain; flat country: **p. alluvionale**, floodplain; **città di p.**, city on the plain; **in p.**, on the plain.

piàstra *f.* ***1*** (*di metallo, legno, vetro*) plate; (*di pietra*) slab ***2*** (*mecc., elettr.*) plate ***3*** (*di cucina*) hot plate; (*griglia*) grille: **alla p.**, (*tostato*) toasted; (*grigliato*) grilled ***4*** (*numism.*) piastre.

piastrèlla *f.* tile: **p. per pavimento**, floor tile; **pavimento a piastrelle**, tiled floor.

piastrellàre *v. t.* to tile.

piastrellista *m.* ***1*** (*fabbricante*) tile maker ***2*** (*posatore*) tiler.

piastrìna *f.* ***1*** (*targhetta*) tag: (*mil.*) **p. di riconoscimento**, identification tag; dog tag (*fam. USA*) ***2*** (*med.*) plate; plaque ***3*** (*biol.*) platelet.

piattafórma *f.* (*anche fig.*) platform: **p. di carico**, loading platform; **p. girevole**, revolving platform • (*geol.*) **p. continentale**, continental shelf □ (*miss.*) **p. di lancio**, launch pad □ (*mil.*) **p. di tiro**, firing base □ **p. per ricerche petrolifere**, oilrig; oil platform.

piattèllo *m.* (*sport*) clay pigeon: **tiro al p.**, clay pigeon shooting; trapshooting; skeet shooting.

piattézza *f.* ***1*** flatness ***2*** (*fig.*) dullness; monotony.

piattìna *f.* (*tecn.*) (metal) strap • (*elettr.*) **p. di massa**, ground strap.

piattìno *m.* ***1*** (*di tazza*) saucer ***2*** (*per burro, ecc.*) dish ***3*** (*manicaretto*) delicacy.

piàtto (1) *a.* ***1*** flat ***2*** (*fig.*) flat; dull; uninspired; commonplace: **stile p.**, flat style; **vita piatta**, dull (*o* uneventful) life • (*geom.*) **angolo p.**, straight angle.

piàtto (2) *m.* ***1*** (*per servire*) dish; (*individuale*) plate: **p. da frutta**, dessert plate; **p. da portata**, serving dish; **p. fondo**, soup plate; **p. piano**, shallow plate; **riempirsi il p.**, to heap food on one's plate; **lavare i piatti**, to wash up; to do the dishes; to do the washing-up ***2*** (*vivanda*) dish; (*portata*) course: **p. forte**, main course; **primo p.**, first course; **p. tipico**, local dish ***3*** (*parte piatta*) flat (part): **colpire di p.**, to strike with the flat (of st.) ***4*** (*di bilancia*) scale pan ***5*** (*di giradischi*) turntable ***6*** (*al pl.*) (*mus.*) cymbals ***7*** (*a carte*) kitty: **Il p. piange**, the kitty's short.

piàttola *f.* ***1*** (*zool.*) crab louse* ***2*** (*fig.*: *persona noiosa*) nuisance; pain in the neck (*fam.*).

piàzza *f.* ***1*** square ***2*** (*persone convenute in una p.*) people (*pl.*) (in the square); (*folla*) crowd ***3*** (*comm.*) market • (*mil.*) **p. d'armi**, drill ground; parade ground; (*fig.*) huge (*o* vast) place □ **p. del mercato**, market-place □ (*banca*) **p. di pagamento**, place of payment □ (*di letto, lenzuolo*) **a una piazza** [**a due piazze**], single [double] □ (*scherz.*) **andare in p.**, to get thin on top □ (*banca*) **assegno su p.**, local cheque □ **automobile di p.**, taxi(cab) □ (*comm.*) **fare la p.**, to canvass; to tout □ **fare p. pulita**, to make a clean sweep (of st.); (*di premi, voti, ecc.*) to sweep the board; (*di cibo*) to polish off everything; (*rubare tutto*) to clean out a place □ **manifestazione di p.**, demonstration; mass meeting □ **mettere in p.**, to make public; to spread abroad □ **rovinare la p. a q.**, to put a spoke in sb.'s wheel □ **È il migliore sulla p.**, it's the best available; he is the best in the business □ **scendere in p.**, *V. sotto* **scendere**.

piazzafòrte *f.* (*mil.*) fortified town; (*fortezza*) fortress, stronghold.

piazzale *m.* (large) square.

piazzaménto *m.* (*sport*) placing.

piazzàre ***A*** *v. t.* ***1*** (*mettere*) to place; to put*; to position: **p. una sedia davanti alla TV**, to place a chair in front of the TV; **p. l'antenna**, to position the aerial; **Piazzò la valigia sul tavolo**, he put (*fam.* dumped) the suitcase on the table ***2*** (*comm.*) to place; to market ***3*** (*fam.*: *assestare*) to give*; to land (*fam.*); to fetch (*fam.*) ***B*** **piazzàrsi** *v. rifl.* ***1*** to plant oneself; to stand*; (*sedersi*) to sit* oneself down, to plonk oneself (*fam.*): **Si piazzò sulla porta**, he went and stood in the doorway; **Si piazzò in poltrona**, she plonked himself down in the armchair ***2*** (*sport*) to be placed; to come*: **p. secondo**, to come (in) (*o* to finish) second; **p. bene**, to be well placed; **Il mio cavallo non si è piazzato**, my horse wasn't placed (*USA* didn't place).

piazzàta *f.* scene; row; shindy (*fam.*): **fare una p.**, to make a scene; to kick up a row.

piazzàto *a.* ***1*** placed ***2*** (*ippica*) placed • **ben p.**, well placed; in a good position; (*di calcio*) well-aimed; (*di pugno, ecc.*) well-landed.

piazzìsta *m. e f.* (*comm.*) commercial traveller; sales representative; salesman* (*m.*).

piazzòla, **piazzuòla** *f.* ***1*** (*mil.*) emplacement ***2*** (*di strada*) lay-by (*GB*); turnout, pull-off (*USA*).

picarésco *a.* picaresque.

picca *f.* ***1*** (*arma*) pike ***2*** (*al pl.*) (*a carte*) spades • (*fig.*) **rispondere picche**, to refuse point blank.

piccànte *a.* ***1*** spicy; hot; strong: **senape p.**, hot mustard; **formaggio p.**, strong cheese ***2*** (*spinto*) spicy; risqué: **particolari piccanti**, spicy details; **storiella p.**, risqué story.

piccàrsi *v. i. pron.* ***1*** (*pretendere*) to claim; (*vantarsi*) to pride oneself (on st.) ***2*** (*offendersi*) to be piqued; to be (easily) offended.

piccàto *a.* piqued; in a (fit of) pique.

picchè *m.* (*tessuto*) piqué.

picchettàggio *m.* (*durante uno sciopero*) picketing.

picchettàre *v. t.* ***1*** to stake out (*o* off); to peg out ***2*** (*durante uno sciopero*) to picket.

picchettatóre *m.* (*f.* **-trice**) ***1*** staker ***2*** (*durante uno sciopero*) picket.

picchétto *m.* ***1*** (*paletto*) stake; picket; peg ***2*** (*mil.*) picket: **essere di p.**, to be on picket duty; **mettere di p.**, to post as a picket; to picket; **p. d'onore**, guard of honour; **ufficiale di p.**, orderly officer ***3*** (*di scioperanti*) picket.

picchiàre (1) ***A*** *v. t.* ***1*** (*percuotere*) to beat*; to hit*; (*bastonare*) to cudgel; (*con i pugni*) to thump; (*con la frusta*) to flog: **picchiarsi il petto**, to beat one's breast; **p. q. di santa ragione**, to give sb. a good thrashing; **p. sodo**, to hit hard ***2*** (*battere, urtare*) to strike*, to hit*; (*con forza*) to bang; (*leggermente*) to tap: **p. un gomito contro il tavolo**, to strike (*o* to hit) one's elbow against the table; **p. la testa contro il muro**, to hit (*o* to bang) one's head against the wall; **p. un pugno sul tavolo**, to bang one's fist (*o* to thump) on the table; **Mi picchiò sulla spalla**, he tapped me on the shoulder ***B*** *v. i.* ***1*** (*battere*) to beat*; (*bussare*) to knock; (*battere con forza*) to bang, to thump; (*battere leggermente*) to tap: **La grandine picchiava sul tetto**, the hail beat down on the roof; **p. con le dita sul vetro della finestra**, to tap on the window-pane ***2*** (*insistere*) to insist • (*di motore*) **p. in testa**, to pink (*GB*); to ping (*USA*) ***C*** **picchiàrsi** *v. rifl. recipr.* to fight*; (*venire alle mani*) to come* to blows.

picchiàre (2) *v. i.* (*aeron.*) to nose-dive.

picchiàta *f.* (*aeron.*) nosedive: **bombardare in p.**, to dive-bomb; **gettarsi** (*o* **scendere**) **in p.**, to nose-dive.

picchiatèllo ***A*** *a.* (*scherz.*) nutty; dotty; potty ***B*** *m.* (*f.* **-a**) crank; crackpot.

picchiàto *a.* (*scherz.*) crazy; nutty; screwy.

picchiatóre *m.* ***1*** (*pugile*) slogger; bruiser ***2*** (*intimidatore*) heavy; thug.

picchiettàre ***A*** *v. t.* (*punteggiare*) to spot; to dot; to speckle ***B*** *v. i.* ***1*** to patter; to pat; to tap ***2*** (*mus.*) to play staccato notes.

picchiettàto ***A*** *a.* spotted; dotted; spotty; speckled: **p. di nero**, with black spots; **bianco p. di rosso**, white with red spots; **p. di lentiggini**, freckled ***B*** *m.* (*mus.*) staccato bowing.

picchiettìo *m.* tapping; patting; pattering.

picchio (1) *m.* rap; tap; knock.

picchio (2) *m.* (*zool.*) woodpecker.

picchiòtto *m.* (door)knocker.

piccinerìa *f.* ***1*** narrow-mindedness; meanness; pettiness ***2*** (*azione meschina*) mean (*o* petty) action.

piccìno ***A*** *a.* ***1*** (*molto piccolo*) very small; tiny; (*di età*) very young ***2*** (*gretto*) narrow; mean; petty • **farsi p.**, (*per paura*) to cower; (*per non essere visto*) to make oneself small ***B*** *m.* (*f.* **-a**) child*; little one; (*neonato*) baby; (*bimbo che cammina appena*) toddler.

pìcciolo *m.* (*bot.*) petiole; leaf-stalk; (*di frutto*) stalk.

piccionàia *f.* ***1*** pigeonhouse; dovecot(e) ***2*** (*soffitta*) loft; garret; attic ***3*** (*scherz.*: *loggione*) (the) gods (*pl.*).

piccióne *m.* (*zool.*) pigeon; dove: **p. selvatico**, rock pigeon; **p. viaggiatore**, carrier (*o* homing) pigeon • **prendere due piccioni con una fava**, to kill two birds with one stone □ (*sport*) **tiro al p.**, pigeon-shooting.

picco *m.* ***1*** (*cima aguzza*) peak; summit; pinnacle ***2*** (*punto massimo*) peak ***3*** (*naut.*) peak; gaff • **a p.**, vertically; perpendicularly: **scendere a p.**, to drop vertically (*o* sheer) □ (*naut.*) **colare** (*o* **andare**) **a p.**, to sink; to founder □ **mandare a p.**, (*naut.*) to sink; (*fig.*) to scupper.

piccolézza *f.* ***1*** smallness; littleness; (*di statura*) small stature, shortness ***2*** (*cosa piccola, inezia*) little thing; trifle • **p. d'animo**, narrow-mindedness.

pìccolo ***A*** *a.* ***1*** small; little (*attr.*); (*di statura*) small, short: **naso p.**, small nose; **piccola somma**, small sum of money; **un p. gruppo di persone**, a small (*o* little) group of people; **piccola maggioranza**, small majority; **p. possidente**, small landowner; **le ore piccole**, the small hours ***2*** (*giovane*) little, young; (*più giovane*) younger, (*tra molti*) youngest: **quando ero** (*o* **da**) **p.**, when I was little; as a child ***3*** (*breve*) short: **un p. discorso**, a short speech; **piccoli passi**, short steps ***4*** (*leggero*) light; (*debole*) slight ***5*** (*di poco conto*) petty; slight; small; minor: **p. errore**, small mistake; **p. inconveniente**, slight drawback; **Sono solo piccoli problemi**, they are just minor problems ***6*** (*meschino*) petty, mean; (*ristretto*) narrow • **p.-borghese**, petit bourgeois (*franc.*); petty bourgeois □ **farsi p.**, (*per non essere visto*) to make oneself small; (*per paura*) to cower □ **in p.**, on a smaller scale; in a small way □ **È una Versailles in p.**, it's a smaller version of Versailles □ **nel mio p.**, in my own small way ***B*** *m.* ***1*** (*f.* **-a**) child*; little one ***2*** (*di animale*) baby; young; (*di cane*) pup, puppy; (*di gatto*) kitten; (*di volatile*) chick; (*di bovino, elefante, cetaceo*) calf*; (*di bestia feroce*) cub.

picconàre *v. t.* ***1*** to pickaxe ***2*** (*fig.*) to lash out against; to lambaste; to give (sb.) stick (*fam.*).

picconàta *f.* ***1*** blow with a pickaxe ***2*** (*fig.*) severe censure; (*al pl.*) stick 🇺 (*fam.*).

picconatóre *m.* (*f.* **-trice**) (*fig.*) severe critic; censurer.

piccóne *m.* pickaxe; pick; mattock • (*fig.*) **dare il primo colpo di p. a q.c.**, to start pulling down st.

piccòzza *f.* ice-axe.

picnic (*ingl.*) *m. invar.* picnic: **fare un p.**, to have (*o* to go on) a picnic; to picnic.

pidòcchio *m.* ***1*** (*zool.*) louse*: **p. del capo**, head louse; **p. dei vestiti**, body louse ***2*** (*fig. spreg.*) miser; mean person.

pidocchióso *a.* ***1*** lousy; full of lice ***2*** (*fig. spreg.*) stingy; niggardly; mean.

piè *m.* (*poet.*) foot • **a ogni piè sospinto**, at every turn □ **a piè di pagina**, at the foot of the page; (*in nota*) in a footnote □ **a piè fermo**, resolutely □ **saltare a piè pari**, to jump with both feet together; to take a standing jump; (*fig.*) to skip (st.) □ **salto a piè pari**, standing jump.

piedàrm, **pied'arm** (*mil.*) ***A*** *inter.* order arms! ***B*** *m.* order.

pied-à-terre (*franc.*) *m. invar.* pied-à-terre*.

pied-de-poule (*franc.*) *m. invar.* hound's-tooth check.

piède *m.* ***1*** foot*: **piedi piatti**, flat feet; (*anche fig.*) **cadere in piedi**, to fall on one's feet; **pestare i piedi**, to stamp one's feet; **avere mal di piedi**, to have sore feet; to be footsore; **gettarsi ai piedi di q.**, to throw oneself at sb.'s feet; **il p. di una calza**, the foot of a stocking ***2*** (*base, sostegno*) foot*; base: **ai piedi del monte**, at the foot of the mountain ***3*** (*poesia*) foot* ***4*** (*misura lineare*) foot*: **cinque piedi e dieci pollici**, five feet ten inches; **lungo tre piedi**, three feet (*o* foot) long ***5*** (*condizione, posizione*) footing: **sul p. di guerra**, on a war footing; **su un p. di parità**, on an equal footing • (*med.*) **p. d'atleta**, athlete's foot □ **p. di porco** (*ferro*), crowbar; jemmy (*GB*); jimmy (*USA*) □ (*med.*) **p. equino**, clubfoot □ (*naut.*) **p. marino**, sea legs (*pl.*) □ (*leg.*) **a p. libero**, out on bail □ **a piedi**, on foot □ **andare a piedi**, to walk; to go on foot □ **a piedi asciutti**, dry-shod □ **a piedi nudi**, barefoot □ **alzarsi in piedi**, to stand up □ **andare** (*o* **muoversi**) **con i piedi di piombo**, to proceed with great caution □ **avere un p. nella fossa**, to have one foot in the grave □ (*fig.*) **coi piedi per terra**, with one's feet firmly on the ground; practical □ **rimanere a piedi** (*perdere il treno, l'autobus*), to miss the train [the bus] □ **dalla testa ai piedi**, from head to foot □ **fare q.c. con i piedi**, to do st. badly; to make a mess of st. □ **essere fra i piedi**, to be in the way □ **in piedi**, on one's feet; standing; (*alzato*) up: **In piedi!**, on your feet!; stand up!; **Sono in piedi dalle 5**, I've been up since 5 □ **essere di nuovo in piedi** (*dopo una malattia*), to be back on one's feet □ **posto in piedi**, standing room □ **rimettersi in piedi**, to get back on one's feet □ **stare in piedi**, to stand □ **levarsi** (*o* **togliersi**) **dai piedi**, to get out; to scram (*pop.*) □ **mettere in piedi un'azienda**, to set up a business □ **mettere in piedi uno spettacolo**, to produce a show □ **mettere p. in un luogo**, to set foot in a place □ **mettersi q. sotto i piedi**, to push sb. around; to trample on sb. □ (*anche fig.*) **pestare i piedi a q.**, to tread on sb.'s toes □ **prendere p.**, to catch on; to gain ground □ (*fig.*) **puntare i piedi**, to dig one's heels in □ **ragionare con i piedi**, to reason like an idiot; to talk nonsense □ **su due piedi**, (*subito*) at once, on the spot; (*senza preparazione*) off the cuff □ **tenere il p. in due scarpe**, to run with the hare and hunt with the hounds.

piedìno *m.* ***1*** (*di macchina da cucire*) (presser) foot ***2*** (*elettron.*) pin • (*fam.*) **fare p. a q.**, to play footsie with sb.

piedipiàtti *m.* (*pop.*) flatfoot; flatty; cop.

piedistàllo *m.* (*archit.*) pedestal • **mettere q. su un p.**, to set sb. on a pedestal.

piedritto *m.* (*archit.*) pier.

pièga *f.* ***1*** (*piegatura*) fold; (*il segno*) crease; (*sartoria*) pleat: **p. della pelle**, fold in the skin; **fare una p. a un foglio**, to make a fold in a sheet of paper; **p. dei pantaloni**, crease in a pair of trousers; **gonna a pieghe**, pleated skirt ***2*** (*andamento*) turn: **prendere una buona** [**brutta**] **p.**, to take a turn for the better [the worse] ***3*** (*geol.*) fold ***4*** (*messa in piega*) hair set: **farsi fare la p.**, to have one's hair set: **fare la p. a q.**, to set sb.'s hair ***5*** (*al pl.*) (*parte riposta*) recesses; depths • **non fare una p.**, (*di ragionamento*) to be flawless; (*restare impassibile*) not to turn a hair.

piegacìglia *m. invar.* eyelash curler.

piegamènto *m.* (*flessione*) bending; bend; (*sulle gambe*) knee-bend; (*sulle braccia*) press-up (*GB*), push-up (*USA*).

piegàre ***A*** *v. t.* ***1*** (*ripiegare*) to fold: **p. un lenzuolo**, to fold a sheet; **p. in due** [**quattro**], to fold in half [in four]; **p. un angolo del foglio**, to fold down a corner of the page ***2*** (*chinare*) to bow: **p. il capo**, to bow one's head ***3*** (*flettere, incurvare*) to bend*: **p. una sbarra di ferro**, to bend an iron bar; **p. un ginocchio**, to bend a knee; (*inginocchiarsi*) to go down on one knee ***4*** (*sottomettere*) to subdue; to bend* ***B*** *v. i.* ***1*** (*pendere da una parte*) to tilt; (*naut.*) to heel over, to list ***2*** (*volgere*) to bend*; (*voltare*) to turn ***C*** **piegàrsi** *v. rifl. e i. pron.* ***1*** (*incurvarsi*) to bend*: **p. in avanti**, to bend forward; **p. in due**, to double up; **p. sulle ginocchia**, to go down on one's knees ***2*** (*cedere*) to yield, to give* in; (*sottomettersi*) to submit.

piegatrìce *f.* ***1*** (*legatoria*) folding machine ***2*** (*mecc.*) bender; bending machine.

piegatùra *f.* ***1*** (*il piegare*) folding; bending ***2*** (*piega*) fold; crease.

pieghettàre *v. t.* to pleat.

pieghettatùra *f.* ***1*** pleating ***2*** (*pieghe*) pleats (*pl.*).

pieghévole ***A*** *a.* ***1*** (*che si può piegare*) pliable; pliant; flexible ***2*** (*ripiegabile*) folding; collapsible: **tavolo p.**, folding table; **bicicletta p.**, collapsible bicycle ***B*** *m.* brochure; leaflet.

piègo *V.* **plico.**

pièna *f.* ***1*** flood: **fiume in p.**, river in flood; swollen river ***2*** (*gran folla*) crowd; throng ***3*** (*empito*) intensity.

pienézza *f.* fullness; (*intensità*) intensity; (*massimo grado*) height: **p. di sentimento**, intensity of feeling; **nella p. delle forze**, at the height of one's powers.

pièno ***A*** *a.* ***1*** full: **p. fino all'orlo**, full to the brim; **p. a metà**, half full; **a bocca piena**, with one's mouth full; **luna piena**, full moon ***2*** (*non cavo*) solid: **mattone p.**, solid brick ***3*** (*carnoso*) full; plump; chubby: **gote piene**, chubby cheeks ***4*** (*sazio*) full up (*fam.*); satiated • **p. come un uovo**, chock-full; chock-a-block □ **p. zeppo**, crammed; packed □ **Sono p. di lavoro**, I'm very busy; I have a lot of work to do □ **È p. di sé**, he is full of himself □ **a piena voce**, at the top of one's voice □ **giornata piena**, busy day □ **in p.**, (*completamente*) completely, entirely, fully; (*esattamente*) exactly; (*nel mezzo*) in the middle, squarely: **Hai ragione in p.**, you are completely right; **colpire q.c. in p.**, to hit st. squarely □ **in piena estate**, at the height of summer; in high summer □ **in p. inverno**, in the middle (*o* in the depths) of winter □ **in p. giorno**, in broad daylight □ **in piena notte**, at dead of night □ **in piena stagione**, at the height of the season □ **in p. viso**, full (*o* right) in the face ***B*** *m.* ***1*** (*colmo*) height; (*mezzo*) middle: **nel p. dell'estate**, at the height of summer; **nel p. dell'inverno**, in the middle (*o* in the depths) of winter; **nel p. delle proprie forze**, at the height of one's physical powers ***2*** (*carico completo*) full load; (*di nave*) full cargo ***3*** (*calca*) crowd; throng ***4*** (*autom.*) full tank: **Un p. mi dura una settimana**, a single tank lasts me a week; **fare il p.**, to fill up; **Il p., per favore**, fill it up, please.

pienóne *m.* ***1*** (*folla*) big crowd; throng ***2*** (*a teatro*) full house.

pienòtto *a.* (*paffuto*) plump; chubby.

pietà *f.* ***1*** (*compassione*) pity, compassion; (*misericordia*) mercy: **avere p. di q.**, to have (*o* to take) pity on sb.; to feel pity for sb.; **fare q.c. per p.**, to do st. out of pity; **muovere q. a p.**, to move sb. to pity; **senza p.**, pitiless, ruthless, merciless (*agg.*); pitilessly, ruthlessly, mercilessly (*avv.*); **fare p.**, to arouse pity; **Mi fa p.**, I feel pity for him; I'm sorry for him; (*iron.*) he is pathetic; **in uno stato da far p.**, in a pitiful (*o* sorry) state; **un lavoro che fa p.**, a disgraceful job ***2*** (*religiosità*) piety; devoutness ***3*** (*amore doveroso*) piety; devotion: **p. filiale**, filial piety ***4*** (*arte*) Pietà.

pietànza *f.* ***1*** (*piatto*) dish ***2*** (*portata*) (main) course.

pietiṣmo *m.* ***1*** (*relig.*) Pietism ***2*** (*spreg.*) pietism; sanctimoniousness.

pietìstico *a.* ***1*** pietistic(al) ***2*** (*spreg.*) pietistic(al); sanctimonious.

pietosamènte *avv.* ***1*** (*con pietà*) compassionately; mercifully ***2*** (*in modo da destare pietà*) pitiably; piteously; pitifully.

pietóso *a.* ***1*** (*che sente pietà*) compassionate ***2*** (*che suscita pietà*) pitiful; piteous; pitiable: **una vista pietosa**, a pitiful sight; **pietosi lamenti**, piteous cries; **in condizioni pietose**, in a pitiful condition; (*di cosa*) in a sorry state ***3*** (*spreg.*) pathetic; (*scadente*) disgraceful, awful.

piètra *f.* stone; (*sasso, anche*) rock (*USA*): **duro come la p.**, as hard as stone; **p. dura**, semi-precious stone; **p. preziosa**, precious stone; gem; **p. pomice**, pumice stone; **p. lavorata**, dressed stone; **posare la prima p.**, to lay the foundation stone; **l'Età della P.**, the Stone Age; **scagliare pietre**, to throw stones (*USA* rocks) • **p. calcarea**, limestone □ **la p. dello scandalo**, the cause of scandal; the culprit; (*chi dà cattivo esempio*) a bad example □ **p. di paragone**, touchstone □ **p. filosofale** philosopher's stone □ **p. focaia**, flint □ (*anche fig.*) **p. miliare**, milestone □ (*miner.*) **p. refrattaria**, firestone □ **mettere una p. sul passato**, to let bygones be bygones □ **non lasciare p. su p.**, not to leave a stone standing; to raze st. to the ground.

pietràia *f.* ***1*** (*mucchio di pietre*) heap of stones ***2*** (*luogo sassoso*) stony ground ***3*** (*cava di pietre*) quarry; stone pit.

pietràme *m.* stones (*pl.*).

pietrificàre ***A*** *v. t.* (*anche fig.*) to petrify ***B*** **pietrificàrsi** *v. i. pron.* ***1*** to petrify; to become* petrified ***2*** (*fig.*) to be petrified.

pietrificàto *a.* (*anche fig.*) petrified.

pietrìna *f.* (*per accenditori*) (lighter) flint.

pietrìsco *m.* crushed stone; road metal.

pietróso *a.* ***1*** (*di pietra*) made of stone; stone (*attr.*) ***2*** (*pieno di pietre*) stony; full of stones ***3*** (*simile a pietra*) stony.

piève *f.* ***1*** (*chiesa parrocchiale*) parish church ***2*** (*giurisdizione del pievano*) parish.

piezoelèttrico *a.* (*fis.*) piezoelectric.

piezomètrico *a.* (*fis.*) piezometric.

pifferàio *m.* piper; fife player.

pìffero *m.* (*mus.*) ***1*** (*strumento*) pipe; fife ***2*** (*suonatore*) piper; fife-player.

pigiàma *m.* pyjamas (*pl., GB*); pajamas (*pl., USA*): **un p. rosso**, a pair of red pyjamas; **due pigiami**, two pairs of pyjamas.

pìgia pìgia *locuz. m. invar.* press (of people); crush.

pigiàre *v. t.* to press; (*coi piedi*) to tread*; (*stipare*) to cram, to pack: **p. un bottone**, to press a button; **p. il tabacco in una pipa**, to press down the tobacco in a pipe; **p. l'uva**, to press grapes; to tread grapes; **Pigiò i fogli nel cassetto**, he crammed the papers into the drawer; **p. sull'acceleratore**, to put one's foot down on the accelerator; to step on the gas (*USA*).

pigiàto *a.* (*stipato*) packed; crammed: **pigiati come sardine**, packed like sardines.

pigiatùra *f.* (*dell'uva*) wine-pressing; (*coi piedi*) wine--treading.
pigionànte *m. e f.* tenant; lodger.
pigióne *f.* rent.
pigliamósche *m.* (*zool.*) flycatcher.
pigliàre *V.* **prendere**.
pìglio (1) *m.* — **dare di p. a q.c.**, to get hold of st.; (*fig.*) to start st.
pìglio (2) *m.* (*espressione*) look, air; (*modo di fare*) manner, way; (*tono*) tone.
pigmalióne *m.* Pygmalion.
pigmentazióne *f.* pigmentation.
pigménto *m.* (*biol., chim.*) pigment.
pigmèo *m.* (*anche fig.*) pygmy, pigmy.
pìgna *f.* (*bot.*) cone; (*di pino*) pine come; (*di abete*) fir cone.
pignàtta *f.* (*fam.*) pot.
pignolerìa *f.* **1** (*l'essere pignolo*) pedantry; fussiness **2** (*critica pignola*) cavil; quibble; hair-splitting Ⓤ **3** (*particolare pignolo*) fussy (*o* petty) detail ● **È una p. la tua!**, you're being pedantic.
pignòlo **A** *a.* pedantic; fussy; picky; over-particular **B** *m.* (*f.* **-a**) pedantic person; picky fellow; fusspot (*fam.*).
pignoraménto *m.* (*leg.*) distraint; attachment.
pignoràre *v. t.* (*leg.*) to distrain on; to attach.
pigolàre *v. i.* to peep; to cheep; to chirp.
pigolìo *m.* peeping Ⓤ; cheeping Ⓤ; chirping Ⓤ.
pigrìzia *f.* laziness; indolence; idleness.
pigro **A** *a.* **1** (*indolente*) lazy; indolent; idle **2** (*lento*) lazy; slow; sluggish **B** *m.* (*f.* **-a**) lazy person; idler; sluggard.
pila (1) *f.* **1** pile; stack: **pila di piatti**, pile (*o* stack) of plates **2** (*elettr.*) pile; cell; battery: **p. a secco**, dry battery; **p. atomica**, atomic pile; nuclear reactor; **a pile**, working on batteries; battery-operated **3** (*fam.*: *lampadina tascabile*) torch (*GB*); flashlight (*USA*) **4** (*pilone di ponte*) pier.
pila (2) *f.* **1** (*vasca*) basin **2** (*eccles.*) (holy water) stoup.
pilàf *m.* (*cucina*) pilaf(f); pilau.
pilàstro *m.* **1** (*archit.*) pillar **2** (*fig.*) pillar; prop; mainstay: **p. della famiglia**, mainstay of the family.
pilìfero *a.* piliferous ● **bulbo p.**, hair bulb.
pìllola *f.* (*farm.*) pill, (*p. anticoncezionale*) contraceptive pill, (the) pill (*fam.*): **prendere la p.**, to be on the pill ● (*fig.*) **una p. amara**, a bitter pill □ **indorare la p.**, to sugar the pill.
pilóne *m.* **1** (*archit.*) pillar; post; (*di ponte*) pier; (*di linea elettrica*) tower, pylon **2** (*mazzapicchio*) rammer.
pilòro *m.* (*anat.*) pylorus*.
pilòta **A** *m.* **1** (*naut.*) pilot: **p. di altura**, deep-sea pilot; **p. di porto**, harbour pilot **2** (*aeron.*) pilot: **secondo p.**, co-pilot; second pilot **3** (*autom.*) driver; (*da competizione*) racing driver ● (*naut., aeron.*) **p. automatico**, automatic pilot; autopilot **B** *a. invar.* pilot.
pilotàggio *m.* (*naut.*) piloting; steering; (*aeron.*) pilotage, flying ● (*aeron.*) **scuola di p.**, flying school.
pilotàre *v. t.* **1** (*naut.*) to pilot; to steer; (*aeron.*) to pilot, to fly*; (*autom.*) to drive* **2** (*fig.*) to pilot; to steer; (*influenzare*) to manoeuvre, to manipulate.
piluccàre *v. t.* to pick (at); to nibble (at): **p. uva**, to pick grapes from the bunch; **p. il cibo**, to pick at one's food; **p. tra un pasto e l'altro**, to have nibbles between meals.
piménto *m.* **1** (*bot.*) pimento*; allspice tree **2** (*pepe della Giamaica*) pimento; Jamaica pepper; allspice.
pimpànte *a.* (*fam.*) sprightly; lively; full of beans (*fam.*).
pinacotèca *f.* picture gallery.
pinàstro *m.* (*bot.*) pinaster; cluster pine.
pince (*franc.*) *f. invar.* (*sartoria*) dart; tuck.
pindàrico *a.* (*letter.*) Pindaric ● (*fig.*) **volo p.**, Pindaric flight.
pinéta *f.* pinewood; pine forest.
ping-pòng (*ingl.*) *m.* ping-pong; table-tennis.
pìngue *a.* **1** (*grasso*) fat; corpulent **2** (*fertile*) fat; rich; fertile **3** (*lucroso*) fat; lucrative.
pinguèdine *f.* fatness; corpulence.
pinguìno *m.* (*zool.*) penguin: **p. imperatore** [**reale**], emperor [king] penguin.
pinna *f.* **1** (*di pesce*) fin **2** (*di cetaceo, pinguino*) flipper **3** (*sport*) flipper; fin (*USA*) **4** (*naut.*) fin; foil.
pinnàcolo *m.* pinnacle.
pinnìpede *m.* (*zool.*) pinniped.
pìno *m.* (*bot.*) pine: **p. nano**, scrub pine; **p. marittimo**, maritime (*o* cluster) pine; **p. silvestre**, Scots pine; **legno di p.**, pinewood.
pinòlo *m.* pine nut; pine kernel.
pìnta *f.* (*misura di capacità pari a 0,568 l.*) pint.
pìnza *f.* (*generalm. al pl.*) **1** pliers (*pl.*); pincers (*pl.*); tongs (*pl.*); nippers (*pl.*) **2** (*med.*) forceps (*sing. e pl.*) **3** (*fam.*: *chela*) pincer; nipper.
pinzàre *v. t.* (*fam.*) **1** (*di insetto*) to sting*; (*di granchio*) to nip **2** (*unire con punti metallici*) to staple.
pinzatrice *f.* stapler.
pinzétta *f.* (*generalm. al pl.*) tweezers (*pl.*).
pìo *a.* **1** (*devoto*) pious; devout; deeply religious; (*santo*) holy: **vita pia**, devout life; **un uomo pio**, a deeply religious man; **luoghi pii**, holy places **2** (*caritatevole*) charitable; (*di istituto, ecc.*) charitable, charity (*attr.*): **pia dama**, charitable lady; **opera pia**, charitable institution.
pioggerèlla *f.* drizzle.
piòggia *f.* **1** rain: **sorpreso dalla p.**, caught in the rain; **sotto la p.**, in the rain; **p. fine**, drizzle; **p. a dirotto**, heavy rain; downpour; **p. scrosciante** (*o* **battente**), driving (*o* pelting) rain; **p. ghiacciata**, sleet; **stagione delle piogge**, the rainy season; (*ai tropici*) the wet season **2** (*fig.*) deluge; shower; torrent: **p. di colpi**, deluge of blows; **p. di regali**, shower of presents; **p. di insulti**, torrent of abuse ● **p. acida**, acid rain □ **p. radioattiva**, (radioactive) fall-out □ **a p.**, indiscriminate (*agg.*); indiscriminately (*avv.*) □ **fare la p. e il bel tempo**, to lay down the law □ (*cucina*) **versare a p.**, to add slowly.
piòlo *m.* peg; (*di scala*) rung.
piombàre (1) **A** *v. i.* **1** (*cadere a piombo*) to fall* straight down; (*precipitare*) to plunge: **Gli piombò in testa un vaso**, a vase fell on his head; **p. nella disperazione**, to plunge into despair **2** (*cadere di peso*) to fall* heavily; to plump down: **p. a sedere**, to plump down on a chair **3** (*gettarsi con impeto*) to fall*; to pounce; (*di rapace e fig.*) to swoop down: **p. sulla preda**, to pounce on one's prey; **p. sul nemico**, to swoop down on the enemy **4** (*arrivare*) to turn up; (*entrare*) to storm, to rush: **Ci è piombato in casa martedì**, he turned up on our doorstep on Tuesday; **p. in una stanza**, to storm into a room **B** *v. t.* to plunge.
piombàre (2) *v. t.* **1** (*sigillare con il piombo*) to seal (with lead) **2** (*un dente*) to fill.
piombàto *a.* **1** (*rivestito di piombo*) lead-covered **2** (*sigillato*) sealed with lead; with a lead seal.
piombatùra *f.* **1** (*il sigillare*) sealing (with lead) **2** (*il piombo*) lead; (*sigillo*) leaden seal **3** (*di dente*) filling.
piombìno *m.* **1** (*peso*) leadweight **2** (*di filo a piombo*) plumb-bob; plummet **3** (*di lenza*) sinker **4** (*sigillo*) (lead) seal.
piómbo *m.* **1** lead **2** (*di filo a piombo*) plumb-bob; plummet **3** (*di lenza o scandaglio*) sinker **4** (*sigillo*) (lead) seal **5** (*proiettili*) bullets (*pl.*), lead; (*pallini del fucile*) shot; (*fuoco*) fire: **riempire q. di p.**, to fill sb. full of lead; **il p. nemico**, enemy fire **6** (*tipogr.*) type ● **a p.**, plumb (*agg. e avv.*); straight down: **cadere a p.**, to fall plumb; to fall straight down; **essere a p.**, to be plumb; **non essere a p.**, to be out of plumb; **filo a p.**, plumb line □ **gli anni di p.**, the years of terrorist outrages (*in Germany and Italy*) □ **di p.**, lead (*attr.*); (*color p.*) lead-coloured, leaden: **cielo di p.**, leaden sky □ **benzina senza p.**, unleaded (*o* lead-free) petrol □ **Sembra p.**, it's as heavy as lead □ **soldatino di p.**, tin soldier □ **sonno di p.**, heavy sleep.
pionière *m.* **1** (*f.* **-a**) (*anche fig.*) pioneer **2** (*mil.*) sapper.
pionierìsmo *m.* pioneering.
pionierìstico *a.* pioneer (*attr.*); pioneering.
pio pio *inter. e m.* peep peep; cheep cheep ● **fare p.**, to peep; to cheep.
pioppàia *f.*, **pioppéto** *m.* poplar grove; poplar plantation.
piòppo *m.* (*bot.*) poplar ● **p. tremulo**, aspen.
piorrèa *f.* (*med.*) pyorrh(o)ea.
piovàno *a.* rain (*attr.*): **acqua piovana**, rainwater.
piovàsco *m.* (*meteor.*) shower; (rain) squall.
piòvere *v. i.* **1** (*impers.*) to rain: **Piove**, it's raining; **Piove a dirotto** (*o* **a catinelle**), it's pouring; it's coming down in buckets; it's bucketing (*fam.*); **Sta per p.**, it's going to rain; **Oggi vuol p.**, it looks like rain today **2** (*fig.*) to rain; to pour: **Piovevano coriandoli sulla folla**, confetti rained down on the crowd; **Mi piovvero un sacco di complimenti**, congratulations were showered on me ● (*fig.*) **p. dal cielo**, to fall

from heaven □ **Piove sul bagnato**, it never rains but it pours □ **Mi piove in casa**, the rain is leaking in (through the roof); there is a leak in the roof.

piovigginàre v. i. impers. to drizzle.

piovigginóso a. drizzly; (*piovoso*) rainy.

piovosità f. *1* raininess *2* (*quantità di pioggia*) rainfall.

piovóso a. rainy; wet.

piòvra f. *1* (*zool.*) octopus; giant squid *2* (*sfruttatore*) bloodsucker (*pop.*) *3* (*la Mafia*) (the) Mafia.

pipa f. *1* pipe: **fumare la p.**, to smoke a pipe; **caricare la p.**, to fill one's pipe *2* (*quanto tabacco sta in una pipa*) pipeful; pipe ● **p. di radica**, briar □ **p. di schiuma**, meerschaum.

pipàta f. *1* smoke (of a pipe): **farsi una p.**, to have a smoke *2* (*quanto tabacco sta in una pipa*) pipeful; pipe.

pipetta f. (*chim.*) pipette.

pipì f. (*infant.*) piddle; wee: **fare (la) p.**, to pee; to have a wee; to piddle; **Mi scappa la p.**, I have to go; I have to do a wee ● **fare la p. a letto**, to wet one's bed.

pipistrèllo m. (*zool.*) bat.

pipìta f. (*dell'unghia*) hangnail; ragnail.

pìra f. (*lett.*) pyre; funeral pile.

piramidàle a. *1* (*geom., anat.*) pyramidal *2* (*fig.*) huge; colossal; enormous.

piràmide f. pyramid.

piranha m. invar. (*zool.*) piranha.

piràta *A* m. pirate ● **p. dell'aria**, hijacker; skyjacker □ **p. della strada**, careless driver; (*chi investe e non si ferma*) hit-and-run driver □ **p. informatico**, hacker *B* a. invar. pirate (*attr.*); (*copiato*) pirated: **nave p.**, pirate ship; **copia p.**, pirate copy; **videocassetta p.**, pirated video.

pirateria f. piracy ● **p. aerea**, hijacking; skyjacking.

piratésco a. piratical; pirate-like.

pirenàico a. (*geogr.*) Pyrenean.

pìrico a. — **polvere pirica**, gunpowder.

pirite f. (*miner.*) pyrite(s).

piroétta f. pirouette.

piroettàre v. i. to pirouette.

piròfila f. oven-proof (*o* heat-resistant) dish; Pyrex ® dish.

piròga f. (*naut.*) pirogue; dugout canoe.

pirografia f. pokerwork.

piròmane m. e f. (*psic.*) pyromaniac.

piromania f. (*psic.*) pyromania.

piròscafo m. (*naut.*) steamship (*abbr.* S/S); steamer.

piroscissióne f. (*chim.*) pyrolysis.

piròsi f. (*med.*) pyrosis; heartburn.

pirotecnia, **pirotècnica** f. pyrotechnics (*pl. col verbo al sing.*).

pirotècnico *A* a. *1* pyrotechnic(al): **spettacolo p.**, pyrotechnic display; fireworks (*pl.*) *2* (*fig.*) spectacular; dazzling *B* m. pyrotechnist; fireworks manufacturer; fireworks expert.

pìscia f. (*volg.*) piss; pee.

pisciàre v. i. e t. (*volg.*) to piss; to pee ● **p. addosso**, to wet oneself □ **p. addosso dal ridere**, to wet oneself laughing □ **p. sotto dalla paura**, to wet one's pants.

pisciàta f. (*volg.*) piss; pee: **fare una p.**, to have (*o* to take) a piss (*o* pee).

piscicoltóre m. pisciculturist.

piscicoltùra f. pisciculture; fish culture.

piscina f. swimming pool: **p. coperta** [**scoperta**], indoor [outdoor] swimming pool.

pìscio m. (*volg.*) piss.

pisèllo m. *1* (*bot.*) pea: **piselli freschi** [**secchi**], green [dried] peas; **p. odoroso**, sweet pea; **verde p.**, pea-green *2* (*fam.: pene*) willy.

pisolàre v. i. (*fam.*) to have (*o* to take*) a nap; to doze.

pisolino, **pisolo** m. (*fam.*) nap; cat nap; doze; shut-eye, forty winks (*fam.*): **fare un p.**, to have (*o* to take) a nap; to doze.

pìsside f. *1* (*eccles.*) pyx *2* (*bot.*) pyxidium*; pyxis*.

pista f. *1* (*traccia*) track; (*orme*) footprints; (*di animale*) trail, track, scent: **essere sulla p. di q.**, to be on sb.'s track; **essere sulla p. giusta**, to be on the right track *2* (*percorso*) track; (*corsia, sentiero*) path: **fuori p.**, off the track; **p. ciclabile**, cycle path; cycleway *3* (*sport*) track; (*su neve*) slope, piste, run; (*di stadio*) race track; (*di ghiaccio*) rink: **gare su p.**, track events; **p. automobilistica**, motor-racing track; **p. da fondo**, cross-country trail; **p. di pattinaggio**, skating rink; **giro di p.**, round; lap *4* (*aeron.*) runway; strip: **p. di decollo**, take-off strip; runway; **p. di atterraggio**, landing strip; **p. di rullaggio**, taxiway *5* (*di circo*) ring *6* (*di elaboratore, registratore*) track ● **P.!**, gangway! □ **p. da ballo**, dance floor.

pistàcchio m. pistachio* ● **verde p.**, pistachio.

pistillo m. (*bot.*) pistil.

pistòla f. *1* pistol; gun; handgun: **p. automatica**, automatic pistol; **p. ad acqua**, water pistol; squirt gun; **p. a tamburo**, revolver; **a un tiro di p.**, within pistol shot *2* (*tecn.*) gun: **p. per lavaggio**, washing gun; **p. per verniciatura a spruzzo**, spray gun.

pistolèro m. gunman*.

pistolettàta f. pistol shot.

pistolòtto m. sermon; lecture; (*panegirico*) panegyric.

pistóne m. *1* (*mecc., mus.*) piston *2* (*idraul.*) ram ● **p. per pompa**, plunger.

pitagòrico a. e m. (*filos.*) Pythagorean ● (*mat.*) **tavola pitagorica**, multiplication tables (*pl.*).

pitàle m. (*pop.*) chamber pot.

pitecàntropo m. Pithecanthropus.

pitòcco *A* a. (*spilorcio*) mean; stingy; niggardly *B* m. (f. **-a**) *1* (*accattone*) beggar *2* (*spilorcio*) miser; skinflint.

pitóne m. (*zool.*) python.

pìttima f. (*persona noiosa*) pest; pain in the neck (*fam.*).

pittografia f. pictography; picture-writing.

pittogràfico a. pictographic.

pittogràmma m. pictograph.

pittóre m. (f. **-trice**) painter.

pittorésco a. picturesque; vivid; colourful.

pittòrico a. pictorial.

pittùra f. *1* (*arte del dipingere*) painting: **p. a olio** [**ad acquerello**], oil [watercolour] painting; **p. dal vero**, painting from life *2* (*dipinto*) painting; picture *3* (*fam.: vernice*) paint: **p. fresca**, wet paint.

pitturàre *A* v. t. to paint *B* **pitturàrsi** v. rifl. (*fam.: truccarsi*) to paint one's face; to make* up.

pituitàrio a. (*anat.*) pituitary.

più *A* avv. *1* (*compar. di maggioranza*) more; ...-er (*suff. aggiunto agli avv. e agli agg. monosillabi e ad alcuni bisillabi*): **più velocemente**, more quickly; quicker; faster; **più semplice**, simpler; **più stretto**, narrower; **più intelligente**, cleverer; more intelligent; **Domani verrò più presto**, I'll come earlier tomorrow; **Ha due anni più di me**, he is two years older than I am; **È molto più ricco di quanto tu non pensi**, he is much richer than you think; **più grigio che verde**, more grey than green; **È più fortunato che abile**, he is lucky rather than clever; he is more fortunate than clever; **È più che ricco, è miliardario**, he is more than rich, he is a billionaire; **più che soddisfatto**, more than satisfied; **più che mai**, more than ever; **più di mille sterline**, more than a hundred pounds; **più di una volta**, more than once; **due volte più grande**, twice as big; **sempre più facile**, easier and easier; **sempre più difficile**, more and more difficult *2* (*superl. relat.*) (the) most; (the) ...-est (*suff. aggiunto agli avv. e agli agg. monosillabi e ad alcuni bisillabi*); (*tra due*) (the) more, (the) ...-er (*suff.*): **È la cosa più idiota** [**più folle**] **che io abbia mai sentito**, it's the most idiotic [the craziest] thing I've ever heard; **È il più ricco dei due**, he is the richer of the two; **Rispondimi il più presto possibile**, answer me as soon as possible (*o* as soon as you can) *3* (*rif. a quantità, anche* **di più**) more: **Devi mangiare di più**, you must eat more; **Che puoi fare di più?**, what more can you do?; **Me ne dia due di più**, give me two more (*o* another two) *4* — **non... più**, (*rif. a quantità*) not... any more, no more; (*rif. a tempo*) no longer, not... any longer, not... any more: **Non ne voglio più**, I don't want any more; **Non c'è più pane**, there is no bread left; **Non siamo più bambini**, we are no longer children; we aren't children any more; **Non è più con noi**, he is no longer with us; **Non ti voglio più vedere**, I don't want to see you any more; **Non ha più dipinto un quadro**, he never painted another picture *5* (*correl.*) (the) more..., the more; (the) -er..., the -er: **Più lo ascolto, più mi lascia perplesso**, the more I listen to him, the more he puzzles me; **Più si va avanti, più la strada peggiora**, the further you go, the rougher the road gets *6* (*mat.*) plus: **Uno più uno fa due**, one plus one is two; one and one are two; **Il termometro segna più sette**, the thermometer reads seven degrees centigrade ● **più che al-**

tro, mainly; mostly □ **più o meno**, more or less; about □ **(tutt') al più**, at the most □ **al più presto**, at the earliest; at the soonest □ **chi più chi meno**, some more, some less □ **giorno più giorno meno**, give or take a day □ **mai più**, never again: **Non lo farò mai più**, I shall never do it again □ **né più né meno**, neither more nor less; (*proprio*) exactly, just □ **non più di tanto**, not particularly (*o* overly); (*non eccessivamente*) not overmuch: **Non m'importa più di tanto**, I'm not particularly (*o* overly) interested; **Non mi preoccupai più di tanto**, I didn't worry overmuch □ **per di più**, moreover; furthermore; what's more □ **per lo più**, *V.* **perlopiù** □ **tanto più che**, all the more so because (*o* as) ***B*** *a.* ***1*** (*compar.*) more: **Mettici più sale [più uova]**, add more salt [more eggs]; **Avverti più gente che puoi**, warn as many (people) as you can ***2*** (*superl. relat.*) most: **Ho più denaro [libri] di tutti**, I have the most money [books] ***3*** (*parecchi*) several: **più volte**, several times ***C*** *m.* ***1*** most; (the) greater part: **Il più è fatto**, most of it is done ***2*** (*la cosa più importante*) (the) most important thing: **Il più è cominciare**, the most important thing is to get started ***3*** (*mat.*) plus sign ***4*** (*al pl.*) the majority; most people • **Il più è che...**, and moreover...; and what's more... □ **parlare del più e del meno**, to talk of nothing in particular (*o* about this and that) ***D*** *prep.* (*oltre a*) besides; in addition to; plus.

piuccheperfètto *m.* (*gramm.*) pluperfect; past perfect.

piùma *f.* ***1*** feather: **guanciale di piume**, feather pillow; **leggero come una p.**, as light as a feather ***2*** (*ornamento*) plume.

piumàggio *m.* plumage; feathers (*pl.*).

piumàto *a.* plumed.

piumìno *m.* ***1*** (*piuma fine*) down: **p. d'oca**, eiderdown ***2*** (*per letto*) quilt; eiderdown; duvet ***3*** (*per cipria*) powder puff ***4*** (*per spolverare*) feather duster ***5*** (*giubbotto*) quilted jacket.

piumóne ® *m.* duvet; continental quilt (*GB*).

piumóso *a.* feathery; downy.

piuttòsto ***A*** *avv.* ***1*** (*preferibilmente*) rather; (*invece di*) instead: **Prenderei p. una birra**, I would rather have a beer; I'd have a beer instead; **Ti telefono o p. ti mando un fax**, I'll ring you, or rather (*o* better still), I'll send you a fax; **Torna a casa p.**, you'd better go home; **Vacci tu p.**, you go instead ***2*** (*alquanto*) rather; somewhat; fairly: **A me pare p. carina**, I think she is rather pretty; **p. difficile**, somewhat difficult; **p. bene**, fairly well ***3*** (*più*) more: **p. grigio che nero**, more grey than black ***B*** **piuttòsto che, piuttòsto di** *locuz. cong.* rather... than; sooner... than: **P. che averlo come socio, vendo tutto**, I'd rather sell everything than have him as a partner; **P. morire!**, I'd sooner die!

piva *f.* (*mus.*) bagpipes (*pl.*) • (*fam.*) **avere le pive**, to be in a sulk; to sulk □ **tornarsene con le pive nel sacco**, to return empty-handed.

pivèllo *m.* ***1*** (*novellino*) raw beginner; greenhorn (*fam.*); one still wet behind the ears (*fam.*) ***2*** (*giovincello pretenzioso*) cocky young man*; young pup.

piviàle *m.* (*eccles.*) cope.

pivière *m.* (*zool.*) plover.

pivot (*franc.*) *m. invar.* (*pallacanestro*) pivot.

pizza *f.* ***1*** (*cucina*) pizza: **p. al taglio**, pizza sold by the slice ***2*** (*cinem.*: *pellicola*) reel; (*scatola*) can ***3*** (*cosa o persona noiosa*) bore; drag (*fam.*).

pizzaiòlo *m.* (*f.* **-a**) pizza maker.

pizzerìa *f.* pizzeria; pizza restaurant; pizza house.

pizzicàgnolo *m.* delicatessen merchant.

pizzicàre ***A*** *v. t.* ***1*** (*dare pizzicotti*) to pinch ***2*** (*di insetti*: *pungere*) to sting*; (*mordere*) to bite* ***3*** (*di cibo, bevanda*) to burn* (the tongue) ***4*** (*del freddo e sim.*) to pinch; to nip ***5*** (*fam.*: *sorprendere*) to catch*; (*arrestare*) to seize, to nab (*fam.*) ***6*** (*fam.*: *rubare*) to pinch; to filch ***7*** (*mus.*) to pluck ***B*** *v. i.* ***1*** (*sentire prurito*) to itch, to be (*o* to feel*) itchy; (*causare pizzicore*) to tickle: **Mi sento tutto p.**, I'm itching all over; (*anche fig.*) **sentirsi p. le mani**, to feel one's hands itching ***2*** (*essere piccante*) to be hot.

pizzicàto *a. e m.* (*mus.*) pizzicato*.

pìzzico *m.* ***1*** (*presa*) pinch: **un p. di sale**, a pinch of salt ***2*** (*piccola quantità*) touch; bit; hint: **un p. di ironia**, a touch of irony; **un p. di buon senso**, a bit of common sense ***3*** (*puntura d'insetto*) sting; (*morso*) bite.

pizzicóre *m.* (*prurito*) itch, itching; (*irritazione, formicolio*) tickle, tingling; (*bruciore*) smart: **un p. in gola**, a tickle in one's throat.

pizzicòtto *m.* pinch.

pìzzo *m.* ***1*** (*trina*) lace ⓤ ***2*** (*barba*) pointed (*o goatee*) beard ***3*** (*picco di montagna*) peak ***4*** (*gergale*: *tangente mafiosa*) protection money.

placàre ***A*** *v. t.* to appease; to placate; to pacify; to calm down; to soothe: **p. la fame**, to appease one's hunger; **p. la sete**, to quench one's thirst; **p. un dolore**, to soothe a pain ***B*** **placàrsi** *v. i. pron.* ***1*** (*di persona*) to calm down ***2*** (*di cosa*) to calm down; to subside; to abate.

plàcca *f.* ***1*** (metal) plate; (*con scritta*) plaque ***2*** (*med.*) plaque; patch: **p. batterica**, dental plaque ***3*** (*elettr.*) plate.

placcàre *v. t.* ***1*** to plate: **p. in oro**, to gold-plate ***2*** (*rugby*) to tackle.

placcàto *a.* plated: **p. in oro**, gold-plated.

placcatùra *f.* plating.

placèbo (*lat.*) *m. invar.* (*farm.*) placebo*.

placènta *f.* (*anat.*) placenta*; afterbirth • (*med.*) **p. previa**, placenta pr(a)evia.

placentàto *m.* (*zool.*) placental mammal.

placet (*lat.*) *m. invar.* approval; consent; go-ahead (*fam.*).

placidità *f.* placidity; (*pace*) peacefulness, calm.

plàcido *a.* placid; (*pacifico, calmo*) peaceful, calm.

plafond (*franc.*) *m. invar.* ***1*** (*soffitto*) ceiling ***2*** (*limite massimo*) ceiling, upper limit; (*banca*) credit limit.

plafonièra *f.* ceiling light fixture.

plàga *f.* (*lett.*) region; area.

plagiàre *v. t.* ***1*** (*copiare*) to plagiarize ***2*** (*soggiogare moralmente*) to exert undue influence over.

plagiàrio *m.* (*f.* **-a**) plagiarist.

plagiàto *a.* ***1*** (*copiato*) plagiarized ***2*** (*soggiogato moralmente*) totally dominated (by sb.).

plàgio *m.* ***1*** (*il copiare, cosa copiata*) plagiarism ⓤ ***2*** (*soggiogamento morale*) moral subjugation; undue influence.

plaid (*ingl.*) *m. invar.* rug; blanket: **p. scozzese**, tartan rug.

planàre *v. i.* (*aeron.*) to glide.

planàta *f.* (*aeron.*) glide.

plància *f.* (*naut.*) ***1*** (*ponte di comando*) bridge ***2*** (*passerella*) gangplank; gangway.

plàncton *m.* (*biol.*) plankton.

planetàrio ***A*** *a.* ***1*** (*astron., mecc.*) planetary ***2*** (*mondiale*) world (*attr.*); worldwide: **la popolazione planetaria**, the world population; **fama planetaria**, worldwide fame ***B*** *m.* ***1*** (*astron.*) planetarium* ***2*** (*mecc.*) crown wheel.

planimetrìa *f.* ***1*** (*geom.*) planimetry ***2*** (*archit.*) (location) plan.

planimètrico *a.* (*geom.*) planimetric(al).

planisfèro *m.* (*astron.*) planisphere.

plantàre ***A*** *a.* (*anat.*) plantar ***B*** *m.* arch support.

plantìgrado *a. e m.* (*zool.*) plantigrade.

plaquette (*franc.*) *f. invar.* brochure; booklet.

plàṣma *m.* (*biol., fis., miner.*) plasma.

plaṣmàbile *a.* ***1*** mouldable; plastic ***2*** (*fig.*) malleable; pliable.

plaṣmàre *v. t.* to mould (*anche fig.*); to shape.

plaṣmòdio *m.* (*biol.*) plasmodium.

plàstica *f.* ***1*** (*arte del modellare*) plastic art ***2*** (*materia p.*) plastic ***3*** (*chir.*) plastic surgery ⓤ: **farsi (fare) una p. al naso**, to undergo plastic surgery on one's nose; to have a nose job (*fam.*).

plasticàre *v. t.* to plastic-coat.

plasticità *f.* plasticity.

plàstico ***A*** *a.* plastic: **argilla plastica**, plastic (*o* modelling) clay; **chirurgia plastica**, plastic surgery; **posa plastica**, plastic attitude ***B*** *m.* ***1*** (*archit.*) plastic model ***2*** (*carta geografica*) relief map ***3*** (*esplosivo*) plastic explosive: **bomba al p.**, plastic bomb.

plastificàre *v. t.* ***1*** to plasticize ***2*** (*rivestire di plastica*) to plastic-coat.

plastilìna ® *f.* Plasticine.

plàtano *m.* (*bot.*) plane-tree.

platèa *f.* ***1*** (*teatr.*) stalls (*pl., GB*); orchestra (*USA*): **poltrona di p.**, seat in the stalls; orchestra seat ***2*** (*spettatori*) audience (in the stalls).

plateàle *a.* ***1*** (*evidente*) blatant; glaring ***2*** (*ostentato*) ostentatious ***3*** (*teatrale*) theatrical; melodramatic.

platéssa *f.* (*zool.*) plaice; flounder.

platinàre *v. t.* ***1*** (*ind.*) to platinize; to platinum-plate ***2*** (*capelli*) to dye platinum blonde.
platinàto *a.* ***1*** (*ind.*) platinized; platinum-plated ***2*** (*di capelli*) platinum blonde • **bionda platinata**, platinum blonde.
plàtino *m.* (*chim.*) platinum • **biondo p.**, platinum blonde.
platònico ***A*** *a.* (*filos. e fig.*) Platonic ***B*** *m.* (*f.* **-a**) (*filos.*) Platonist.
platonismo *m.* (*filos.*) Platonism.
plaudènte *a.* (*lett.*) applauding.
plaudìre *V.* **applaudire**.
plausìbile *a.* plausible.
plausibilità *f.* plausibility.
plàuso *m.* (*approvazione*) approbation; (*lode*) praise.
playback (*ingl.*) *m. invar.* ***1*** (*cinem.*) synchronizing; dubbing ***2*** (*TV, rif. a canzoni*) lip synch: **cantare in p.**, to lip-synch.
plebàglia *f.* mob; rabble; riff-raff.
plèbe *f.* ***1*** (*stor.*) plebs* ***2*** (*volgo*) populace; lower classes (*pl.*) ***3*** (*spreg.*) mob; rabble.
plebèo ***A*** *a.* ***1*** plebeian ***2*** (*spreg.*) plebeian; common; vulgar ***B*** *m.* (*f.* **-a**) plebeian.
plebiscitàrio *a.* plebiscitary; (*unanime*) unanimous.
plebiscito *m.* ***1*** (*stor., polit.*) plebiscite ***2*** (*consenso universale*) general consent; unanimous agreement.
pleistocène *m.* (*geol.*) Pleistocene.
plenàrio *a.* plenary.
plenilùnio *m.* full moon.
plenipotenziàrio *a. e m.* plenipotentiary.
pleonàsmo *m.* pleonasm.
pleonàstico *a.* pleonastic.
plèsso *m.* (*anat.*) plexus*.
plètora *f.* (*med. e fig.*) plethora.
pletòrico *a.* (*med. e fig.*) plethoric.
plèttro *m.* (*mus.*) plectrum*.
plèura *f.* (*anat.*) pleura*.
plèurico *a.* (*anat.*) pleural.
pleurite *f.* (*med.*) pleurisy.
pleuritico *a.* (*med.*) pleuritic.
plico *m.* (*busta*) envelope; (*pacchetto*) parcel • **in p. a parte**, under separate cover.
plinto *m.* (*archit.*) plinth.
pliocène *m.* (*geol.*) Pliocene.
plissé (*franc.*) ***A*** *a.* pleated ***B*** *m.* plissé.
plissettàre *v. t.* to pleat.
plissettàto *a.* pleated.
plissettatùra *f.* pleating.
plotóne *m.* ***1*** (*mil.*) platoon: **p. d'esecuzione**, firing party; firing squad ***2*** (*ciclismo*) group.
plùmbeo *a.* ***1*** (*color piombo*) leaden ***2*** (*opprimente*) oppressive; heavy; suffocating.
plurale *a. e m.* (*gramm.*) plural: **al pl.**, in the plural.
pluralis maiestatis (*lat.*) *locuz. m.* (the) royal we.
pluralismo *m.* pluralism.
pluralista *m. e f.* pluralist.
pluralistico *a.* pluralistic.
pluralità *f.* ***1*** (*molteplicità*) plurality, multiplicity; (*varietà*) variety ***2*** (*maggioranza*) plurality; (relative) majority.
pluriaggravàto *a.* (*leg.*) having more than one aggravating circumstance.
pluriatòmico *a.* (*fis.*) polyatomic.
pluricellulàre *a.* (*biol.*) multicellular.
pluridecoràto *a.* much-decorated.
pluridimensionàle *a.* multidimensional.
pluriennàle *a.* of many years; lasting several years: **corso p.**, course lasting several years; **esperienza p.**, long experience; **contratto p.**, long-term contract.
plurigemellàre, plurigèmino *a.* — **parto p.**, multiple births (*pl.*).
plurilìngue *a.* multilingual.
plurilinguismo *m.* multilingualism.
plurimiliardàrio *a.* multimillionaire.
plùrimo *a.* multiple.
plurinominàle *a.* (*polit.*) — **collegio p.**, multi-member constituency □ **sistema p.**, plurinominal system.
pluriomicida *a., m. e f.* multiple homicide.
pluripartìtico *a.* multiparty (*attr.*).
plurisecolàre *a.* centuries-old; age-old.
pluriùso *a. invar.* multipurpose.
plusvalóre *m.* (*econ.*) surplus value.
plutòcrate *m. e f.* plutocrat.
plutocràtico *a.* plutocratic.
plutocrazìa *f.* plutocracy.
plutònio *m.* (*chim.*) plutonium.
pluviàle ***A*** *a.* pluvial; rain (*attr.*): **acqua p.**, rainwater; **foresta p.**, rainforest ***B*** *m.* rainwater pipe; downpipe; downspout (*USA*).
pluviòmetro *m.* (*meteor.*) rain-gauge; pluviometer.
pneumàtico ***A*** *a.* pneumatic; air (*attr.*): **macchina pneumatica**, air pump; **martello p.**, pneumatic hammer; **materassino p.**, air bed; **trapano p.**, pneumatic drill ***B*** *m.* tyre, tire (*USA*): **p. radiale**, radial tyre; **p. rigenerato**, retreaded tyre; retread; **p. da neve**, snow tyre.
pneumocòcco *m.* (*med.*) pneumococcus*.
pneumotoràce *m.* (*med.*) pneumothorax.
po' *V.* **poco**, *B e D*.
poc'ànzi *avv.* a little while ago.
pochézza *f.* ***1*** (*scarsezza*) scarcity, lack, want; (*insufficienza*) insufficiency ***2*** (*meschinità*) smallness; pettiness.
pòco ***A*** *a. indef.* ***1*** little; not much; (*al pl.*) few, not many; (*alcuni*) a few: **C'è poca differenza**, there is little (*o* there isn't much) difference; **C'è troppo poca luce qui**, there isn't enough light here; **Ho pochi amici**, I have few (*o* I haven't many) friends; **un uomo di poche parole**, a man of few words; **fra pochi giorni**, in a few days ***2*** (*in espress. ellittiche*) little; not much: **C'è p. da dire** [**da fare**], there's not much one can say [do]; there is very little to be said [done]; **Ci vuole p. per capirlo**, it doesn't take much to understand, **Basta p. per farlo contento**, it doesn't take much to make him happy ***3*** (*in espress. di tempo*) short, little; (*in espress. ellittiche*) a short time, not long, shortly: **p. (tempo) dopo**, shortly after(wards); a little later; **p. (tempo) fa**, a short time (*o* while) ago; **p. (tempo) prima**, shortly before; a short time before; **Durerà p.**, It won't last long; **È p. che ho smesso di scrivere**, it's not long since I stopped writing; **Manca p. a Pasqua**, it isn't long to Easter; **Mi manca p. per finire**, I have almost finished; **di lì a p.**, shortly after(wards); after a while; **Era arrivato da p.**, he had arrived a short time before; he had only recently arrived; **È uscito da p.**, he left a few minutes ago; he has just left; **Abito qui da poco**, I haven't lived here long; **fra p.**, shortly; soon; **A fra p.**, see you soon • **a dir p.**, to say the least □ **a p. a p.**, little by little □ **C'è p. da qui a Parma**, it's not (very) far from here to Parma □ **cosa da p.**, minor thing; trifle □ **un uomo da p.**, an inept man □ **il che non è p.**, which is quite something; which isn't bad at all □ **Per p. non cadevo**, I nearly fell □ **vendere q.c. per p.**, to sell st. cheap ***B*** *pron. indef.* ***1*** very little; not much; (*un po'*) a little, some; (*al pl.*) very few, not many, (*alcuni, alcune*) a few: **Occorre molto denaro e io ne ho p.**, it takes a lot of money and I have very little; **«Quanto sale ci vuole?» «Per la pasta, p.»**, «how much salt is needed?» «very little, for the pastry»; **Dammene poche**, don't give me many ***2*** (*al pl.*) (*poche persone*) few (people); **Pochi lo sanno**, few (people) know about it; **Solo pochi risposero**, only a few answered; **Eravamo in pochi**, there were few of us; **Erano in pochi alla partita**, there weren't many people at the match ***C*** *m.* ***1*** little: **Fece quel p. che poteva**, he did what little he could; **Il p. che so te l'ho detto**, I've told you the little I know ***2*** — **un p.** (*o* **un po'**), a little; a bit; (*con sost. pl.*) a few: **un po' di sale**, a little (*o* some) salt; **un po' di soldi**, a little money; **un bel po' di soldi**, a fair bit of money; **un po' di gente**, a few people; **un po' di tutto**, a little of everything; **un po' per uno**, a little each; **Dammene un altro po'**, give me a little more ***3*** — **un po' (di tempo)**, a short time; a little; **da un po'**, some time ago; (*rif. al pass.*) some time before; (*tempo continuato*) for some time: **È partito da un po'**, he left some time ago; **Vivo qui da un po'**, I've been living here for some time; **fra un po'**, in a short time; before long; **Restiamo un altro po'**, let's stay a bit longer • **un p. di buono**, a bad lot □ **una p. di buono**, a tart; a slut □ **Che po' po' di faccia tosta!**, what a cheek! ***D*** *avv.* ***1*** (*con agg. e avv. di grado positivo; con part. pres. e part. pass. in funzione di agg.*) not very: **È p. probabile**, it's not very likely; **È p. convinto**, he's not very convinced ***2*** (*con agg. e avv. di grado compar.*) (a) little; not much: **Il tuo giardino è p. più grande del mio**, your garden is not much bigger than mine; **Ha p. più di vent'anni**, he is barely

(*o* a little) over twenty ***3*** **— un p.** (*o* **un po'**), a little; a bit (*fam.*): **sentirsi un po' meglio**, to feel a little (*o* a bit) better; **un po' più in alto**, a little higher; **Fa un po' ridere**, it's rather funny ***4*** (*con un part. pass.*) little; not... very much: **p. conosciuto**, little known; **p. apprezzato**, undervalued ***5*** (*con verbi*) little; not much: **Questo vino mi piace p.**, I don't like this wine very much; **Esco p. di sera**, I don't go out much at night; **Dormo p.**, I don't get much sleep ***6*** (*enfatico o pleonastico*) **— Di' un po'!**, hey!; listen!; **Guarda un po' qui**, have a look at this; **Vediamo un po'**, now let's see; **Ma guarda un po'!**, fancy that!; **Un po' per il caldo, un po' per il silenzio, mi appisolai**, what with the heat and the silence, I dozed off.

podàlico *a.* — (*med.*) **parto p.**, breech delivery.

podére *m.* farm.

poderóso *a.* powerful; strong; mighty.

podestà *f.* (*stor.*) podestà.

pòdio *m.* platform; (*di oratore, direttore d'orchestra, ecc.*) podium*.

podişmo *m.* (*sport*) track events (*pl.*); (*marcia*) walking; (*corsa*) running • **fare del p.**, to be a track athlete □ **gare di p.**, track events.

podista *m. e f.* (*sport*) track athlete; (*marciatore*) walker; (*corridore*) runner.

podìstico *a.* (*sport*) — **gara podistica**, track event □ **corsa podistica**, athletics race.

podòlogo *m.* (*f.* **-a**) podologist.

poèma *m.* (*letter.*) (narrative) poem: **i poemi omerici**, the poems of Homer; **p. cavalleresco** [**eroicomico**], chivalric [mock-heroic] poem; **p. epico**, epic • (*mus.*) **p. sinfonico**, symphonic poem □ **Sei un p.!**, you are really something! □ **Il suo cappello era un p.**, her hat had to be seen to be believed.

poemétto *m.* (long) poem.

poeşìa *f.* ***1*** (*arte e tecnica*) poetry ***2*** (*componimento in versi*) poem: **raccolta di poesie**, collection of poems; **scrivere poesie**, to write poetry ***3*** (*produzione poetica*) poetry; poetic works (*pl.*): **la p. di Dante**, Dante's poetry (*o* poetic works); **la p. inglese**, English poetry ***4*** (*qualità poetica*) poetry; romance.

poèta *m.* (*f.* **-téssa**) poet.

poetàre *v. i.* to write* (*o* to compose) poetry.

poetàstro *m.* (*spreg.*) poetaster; rhymester.

poetéssa *f. V.* **poeta**.

poètica *f.* (*letter.*) poetics (*pl. col verbo al sing.*).

poeticità *f.* poetry; poetic quality.

poètico ***A*** *a.* ***1*** poetic: **l'arte poetica**, the art of poetry; **composizione poetica**, poem; **opere poetiche**, poetic works; **licenza poetica**, poetic licence ***2*** (*fig.*) poetic; romantic; sensitive ***B*** *m.* (the) poetic.

pòggia *f.* (*naut.*) leeward; lee side • **andare a p.**, to bear up.

poggiapièdi *m.* footrest.

poggiàre (1) ***A*** *v. t.* to rest; to lean* ***B*** *v. i.* ***1*** to be founded; to rest ***2*** (*fondarsi*) to be based (*o* founded) ***3*** (*di accento*) to fall*.

poggiàre (2) *v. i.* (*naut.*) to bear* up.

poggiatèsta *m. invar.* (*autom.*) headrest.

pòggio *m.* knoll; hillock; mound.

poggiòlo *m.* balcony.

pòi ***A*** *avv.* ***1*** (*successivamente*) then: **prima uno, poi l'altro**, first one, then the other; **E poi?**, and then?; what then?; **da allora in poi**, from then onwards; ever since (then) ***2*** (*dopo*) after, afterwards; (*più tardi*) later (on): **prima o poi**, sooner or later; **Ve lo dirò poi**, I'll tell you later (*o* afterwards) ***3*** (*in secondo luogo*) and then; secondly ***4*** (*avversativo*) but: **Io ti consiglio così, tu poi farai come credi**, that's my advice, but do what you think fit ***5*** (*finalmente, insomma*) finally; at last: **Ha poi deciso di venire?**, has he finally decided to come? ***6*** (*in frasi enfatiche o rafforzative*) **— Io poi non c'entro**, it's nothing to do with me; **Questo poi è troppo**, this really is too much; **Non era poi così difficile**, it wasn't all that difficult, after all; **Perché poi se l'è presa?**, I wonder why he got so upset; **Non fa altro che bere e poi bere**, he does nothing else but drink and drink ***B*** *m.* (the) future; (the) time to come.

poiàna *f.* (*zool.*) buzzard.

poiché *cong.* as; since: **P. insisti, te lo dirò**, I'll tell you, since you insist.

pois (*franc.*) *m. invar.* (*moda*) polka dot • **stoffa a p.**, polka dot material.

pòker (*ingl.*) *m. invar.* ***1*** (*gioco*) poker ***2*** (*quattro carte uguali*) four of a kind: **fare p.**, to have four of a kind; **p. di donne** [**d'assi**], four queens [aces].

pokerista *m. e f.* poker player.

polàcca *f.* ***1*** (*mus., danza*) polonaise ***2*** (*stivaletto*) laced ankle boot.

polàcco ***A*** *a.* Polish ***B*** *m.* ***1*** (*f.* **-a**) Pole (*f.* Polish woman*) ***2*** (*lingua*) Polish.

polàre *a.* polar • **clima p.**, arctic weather □ **freddo p.**, freezing cold □ **la Stella p.**, the Pole Star; the North Star.

polarità *f.* (*fis. e fig.*) polarity.

polarizzàre ***A*** *v. t.* ***1*** (*fis.*) to polarize ***2*** to draw*; to attract: **p. su di sé l'attenzione**, to attract attention ***B*** **polarizzàrsi** *v. i. pron.* (*fig.*) to focus; to centre.

polarizzatóre (*fis.*) ***A*** *m.* polarizer ***B*** *a.* polarizing.

polarizzazióne *f.* ***1*** (*fis.*) polarization ***2*** (*fig.*) focus(s)ing.

pòlca *f.* (*mus., danza*) polka.

polèmica *f.* ***1*** (*dibattito*) debate; controversy: **aprire una p.**, to start a debate; **suscitare polemiche**, to arouse controversy; **entrare in p. con q.**, to cross swords with sb.; **essere in p. con q.**, to be in dispute with sb. ***2*** (*discussione animata*) argument: **fare polemiche**, to be argumentative.

ATTENZIONE: **polemica** ≠ polemic.

polemicità *f.* polemic character.

polèmico *a.* ***1*** polemical; controversial ***2*** (*pronto a contraddire*) argumentative; contentious.

polemista *m. e f.* polemicist; (*specialm. relig.*) controversialist.

polemizzàre *v. i.* ***1*** to debate; to carry on a controversy ***2*** (*criticare*) to be argumentative; to make an issue (of st.).

polèna *f.* (*naut.*) figurehead.

polentone *m.* (*f.* **-a**) (*persona lenta e pigra*) slowcoach; slowpoke (*USA*).

poliambulatòrio *m.* group practice; health centre.

poliammìde *f.* (*chim.*) polyamide.

poliandrìa *f.* polyandry.

policèntrico *a.* polycentric.

policentrişmo *m.* polycentrism.

policlìnico *m.* general hospital.

policromìa *f.* polychromy.

polìcromo *a.* polychromatic; polychrome.

poliedricità *f.* (*fig.*) ***1*** (*versatilità*) many-sidedness; versatility ***2*** (*varietà*) variety.

polièdrico *a.* ***1*** (*geom.*) polyhedral ***2*** (*versatile*) many--sided; versatile.

polièdro *m.* (*geom.*) polyhedron*.

poliennàle *a.* pluriennial; long-term: (*fin.*) **buoni poliennali**, long-term bonds.

polièstere *m.* (*chim.*) polyester.

polietilène *m.* (*chim.*) polyethylene.

polifonìa *f.* (*mus.*) polyphony.

polifònico *a.* (*mus.*) polyphonic.

polifonista *m. e f.* (*mus.*) polyphonist.

polifunzionàle *a.* multipurpose.

poligamìa *f.* polygamy.

poligamo ***A*** *a.* polygamous ***B*** *m.* polygamist.

poliglòtta ***A*** *m. e f.* polyglot; multilinguist ***B*** *a.* polyglot; multilingual.

poligonàle *a.* (*geom.*) polygonal.

poligono *m.* ***1*** (*geom.*) polygon ***2*** **— p. di tiro**, (*mil.*) firing ground; (*sport*) rifle range ***3*** — (*miss.*) **p. di lancio**, launch site.

poligràfico ***A*** *a.* ***1*** hectographic ***2*** printing: **officina poligrafica**, printing works ***B*** *m.* (*tecnico*) printer; print worker • **P. dello Stato**, State Printing Office.

polìgrafo *m.* ***1*** hectograph ***2*** (*scrittore*) versatile writer.

polimerizzàre *v. t.* (*chim.*) to polymerize.

polimerizzazióne *f.* (*chim.*) polymerization.

polìmero (*chim.*) ***A*** *m.* polymer ***B*** *a.* (*chim.*) polymeric.

polimorfişmo *m.* polymorphism.

polimòrfo *a.* polymorphous; polymorphic.

polineşiàno *a. e m.* (*f.* **-a**) Polynesian (*f.* Polynesian woman*).

polinòmio *m.* (*mat.*) polynomial.

poliomielìte *f.* (*med.*) poliomyelitis; polio.

poliomielìtico ***A*** *a.* poliomyelitic ***B*** *m.* (*f.* **-a**) polio victim.

pòlipo *m.* **1** (*zool.*) polyp; (*polpo*) octopus **2** (*med.*) polyp.
polisemia *f.* (*ling.*) polysemy.
polisènso *m.* (*gioco enigmistico*) punning riddle.
polisìllabo ***A*** *a.* polysyllabic ***B*** *m.* polysyllable.
polisìndeto *m.* (*gramm.*) polysyndeton.
polisportiva *f.* sports club.
polisportivo *a.* sports (*attr.*).
polistirène, **polistiròlo** *m.* (*chim.*) polystyrene: **p. espanso**, polystyrene foam.
politeàma *m.* theatre.
politècnico ***A*** *a.* polytechnic ***B*** *m.* applied-science faculties (*pl.*); school of engineering.
politeismo *m.* polytheism.
politeista *m. e f.* polytheist.
politeistico *a.* polytheistic.
politène *m.* (*chim.*) polythene.
politica *f.* **1** (*arte del governare uno Stato*) politics (*pl. col verbo al sing. o al pl.*); statecraft **2** (*attività, vita politica*) politics (*pl. col verbo al sing. o al pl*); political life; **discutere di p.**, to discuss politics; **darsi alla p.**, to go into politics; **ritirarsi dalla p.**, to retire from political life **3** (*linea di azione di chi governa, linea di condotta*) policy: **la p. estera del Cavour**, Cavour's foreign policy; **p. dei redditi**, income policy; **p. aziendale**, company policy **4** (*diplomazia*) diplomacy; tact; (*astuzia*) shrewdness.
politicànte *m. e f.* (*spreg.*: *politico mediocre*) petty politician; (*chi fa politica per fini interessati*) political wheeler-dealer, politico.
politichése *m.* political jargon.
politicizzàre ***A*** *v. t.* to politicize; (*un fatto, una situazione*) to turn (st.) into a political event ***B*** **politicizzàrsi** *v. i. pron.* to become* politicized; (*di persona, anche*) to become* politically aware.
politicizzato *a.* politicized; (*di persona, anche*) politically aware.
politicizzazióne *f.* politicization.
politico ***A*** *a.* **1** political **2** (*diplomatico*) diplomatic • **elezioni politiche**, general election □ **uomo p.**, politician ***B*** *m.* (*f.* **-a**) **1** politician; statesman* (*f.* stateswoman*); (*spreg.*) politico **2** (*fig.*) shrewd person; politician; diplomat.
politòlogo *m.* (*f.* **-a**) expert in political affairs; political commentator.
polittico *m.* (*arte*) polyptych.
poliuretàno *m.* polyurethane.
polivalènte *a.* **1** (*chim., farm.*) polyvalent **2** (*estens.*) multi-purpose.
polivalènza *f.* **1** (*chim.*) polyvalence **2** (*estens.*) versatility.
polizia *f.* police (*generalm. col verbo al pl.*); police force: **La p. è sulle sue tracce**, the police are after him; **informare la p.**, to report (st.) to the police; **entrare nella p.**, to join the police force; **p. ferroviaria**, railway (*USA* rairoad) police; **p. giudiziaria**, investigative police; **p. stradale**, traffic police; **p. sanitaria**, health inspectorate; **p. tributaria**, inland revenue police; **agente di p.**, policeman; **Stato di p.**, police state.
poliziésco *a.* **1** (*della polizia*) police (*attr.*): **indagine poliziesca**, police investigation **2** (*spreg.*) inquisitorial; bullying **3** (*lett., cinem.*) detective (*attr.*): **racconto p.**, detective story; **genere p.**, detective fiction.
poliziòtto ***A*** *m.* (*f.* **-a**) policeman* (*f.* policewoman*); police officer • **p. in borghese**, plainclothes policeman ***B*** *a.* police (*attr.*): **cane p.**, police dog; **donna p.**, policewoman.
pòlizza *f.* **1** (*comm.*) policy: **p. di assicurazione**, insurance policy; **p. di assicurazione sulla vita [contro incendi]**, life-insurance [fire-insurance] policy; **sottoscrivere una p.**, to take out a policy; **titolare di una p.**, policy holder **2** (*naut.*) bill: **p. di carico**, bill of lading • **p. di pegno**, pawn ticket.
pólla *f.* spring (of water); (*fonte*) fountain.
pollàio *m.* **1** poultry pen; hen house; chicken run **2** (*fam.*: *luogo sporco*) pigsty; (*confusione*) hullaballoo, bedlam Ⓤ.
pollàme *m.* poultry.
pollàstra *f.* **1** pullet **2** (*fam. scherz.*) chick; bird (*GB*).
pollàstro *m.* **1** spring chicken; (*galletto*) cockerel **2** (*spreg.*) dupe; sucker.
polleria *f.* poultry shop; poulterer's (shop).
pòllice *m.* **1** (*anat.*) thumb **2** (*misura lineare*) inch • **p. verso**, thumbs down □ **p. verde**, green fingers (*GB*); green thumb (*USA*) □ **non cedere di un p.**, not to yield an inch.
pollicoltóre *m.* (*f.* **-trice**) poultry farmer; chicken farmer.
pollicoltùra *f.* poultry-farming; chicken-farming.
pòlline *m.* (*bot.*) pollen.
pollivéndolo *m.* (*f.* **-a**) poulterer.
póllo *m.* **1** chicken; (*al pl.*: *pollame*) poultry Ⓤ: **p. d'allevamento**, battery chicken; **p. arrosto**, roast chicken; **allevamento di polli**, (*attività*) chicken-farming; (*luogo*) chicken farm **2** (*spreg.*: *sempliciotto*) booby; (*chi si lascia imbrogliare*) dupe, sucker • **conoscere i propri polli**, to know one's customers; to be nobody's fool □ **far ridere i polli**, to make a cat laugh.
pollóne *m.* (*bot.*) sucker; shoot.
polmonàre *a.* (*anat., med.*) pulmonary; of the lungs.
polmóne *m.* (*anat.*) lung • (*med.*) **p. d'acciaio**, iron lung □ **respirare a pieni polmoni**, to breathe deeply □ **urlare a pieni polmoni**, to shout at the top of one's voice.
polmonite *f.* (*med.*) pneumonia.
pòlo (1) *m.* **1** (*geol., fis., mat.*) pole: **il p. nord [sud]**, the North [South] Pole; **il p. negativo [positivo]**, the negative (positive) pole **2** (*fig.*) pole; centre: **essere ai poli opposti**, to be at opposite poles; to be poles apart; **p. di attrazione**, centre of attraction.
pòlo (2) *m.* (*sport*) polo.
pòlo (3) *f.* (*moda*) polo shirt.
pólpa *f.* **1** (*di frutto*) pulp; flesh **2** (*di carne*) lean meat **3** (*fig.*) substance; pith • **p. di legno**, wood pulp.
polpàccio *m.* (*anat.*) calf*.
polpastrèllo *m.* (*anat.*) (fleshy part of the) fingertip.
polpétta *f.* **1** (*cucina*) croquette, (*di carne, anche*) meatball, rissole; (*di pesce, anche*) fishcake **2** (*boccone avvelenato*) poisoned bait • (*fam.*) **fare polpette di q.**, to make mincemeat of sb.
polpettóne *m.* **1** (*cucina*) meatloaf* **2** (*miscuglio*) hotchpotch; mishmash **3** (*di film, libro, ecc.*) rambling love story; potboiler • **p. lacrimoso**, weepie; tearjerker.
pólpo *m.* (*zool.*) octopus.
polpóso *a.* pulpy; pulpous; fleshy.
polsino *m.* **1** cuff **2** (*bottone*) cuff link.
pólso *m.* **1** (*anat.*) wrist: **orologio da p.**, wristwatch **2** (*med.*) pulse: **avere il p. debole**, to have a weak pulse; **sentire il p. a q.**, to take (*o* to feel) sb.'s pulse; (*fig.*) **tastare il p. a q.**, to sound sb. out **3** (*fermezza*; *energia*) firmness; firm hand; energy: **avere p.**, to show firmness; to be firm; **lavoro di p.**, work that calls for energy; **uomo di p.**, firm man; **con p. fermo**, with a strong hand.
poltìglia *f.* **1** mash; mush; pulp **2** (*fanghiglia*) sludge; slush; slime • **ridurre q. in p.**, to beat sb. to a pulp (*o* to a jelly).
poltrire *v. i.* **1** to lie* (lazily) in bed; to lie in (*GB*) **2** (*oziare*) to idle about; to laze about.
poltróna *f.* **1** armchair; easy chair: **p. a dondolo**, rocking chair; **p. a rotelle**, wheelchair; **p. a sdraio**, lounge chair; deck chair; **p. letto**, sofa bed; (*fig.*) **starsene in p.**, to sit around doing nothing **2** (*teatr.*) seat in the stalls (*GB*); orchestra seat (*USA*) **3** (*incarico*) position; job: **p. di ministro**, ministerial position; **Mira alla p. di direttore generale**, he wants the general directorship.
poltroncina *f.* **1** small armchair **2** (*teatr.*) seat in the back stalls (*GB*); back orchestra seat (*USA*).
poltróne ***A*** *a.* lazy ***B*** *m.* (*f.* **-a**) idler; lazyboots (*fam.*); lazybones (*fam.*).
poltroneria *f.* laziness; indolence.
poltronissima *f.* (*teatr.*) seat in the front stalls (*GB*); front orchestra seat (*USA*).
pólvere *f.* **1** dust: **sollevare la p.**, to raise the dust; **coperto di p.**, covered in dust; **Sui libri c'è un dito di p.**, the books are thick with dust; **nube di p.**, cloud of dust; dust cloud; **raccogliere p.**, to gather dust; **fare p.**, to raise a cloud of dust **2** (*sostanza polverizzata*) powder; dust: **p. da sparo** (*o* **pirica**), gunpowder; **p. di carbone**, coal dust; **p. d'oro**, gold dust; **p. di ferro**, iron filings (*pl.*); **in p.**, in powder form; powdered: **medicina in p.**, medicine in powder form; **caffè in p.**, instant coffee; **latte in p.**, powdered milk; **sapone in p.**, soap powder; (*anche fig.*) **ridurre in p.**, to pulverize; to crush • (*fig.*) **dare fuoco alle polveri**, to spark off a rebellion; to start hostilities □ **far mangiare la p. a q.**, to leave sb. far behind □ **gettare la p. negli occhi a q.**, to throw dust in sb.'s eyes □ **mordere la p.**, to bite the dust.
polverièra *f.* **1** (*mil.*) powder magazine **2** (*fig.*) powder keg;

tinderbox.

polverificio *m.* powder factory.

polverizzàre ***A*** *v. t.* ***1*** to pulverize ***2*** (*nebulizzare*) to atomize ***3*** (*fig.*) to pulverize; to destroy; to shatter: **p. un record**, to shatter a record ***B*** **polverizzàrsi** *v. i. pron.* to pulverize; to be reduced to powder.

polverizzatóre *m.* ***1*** pulverizer; (*nebulizzatore*) atomizer ***2*** (*mecc.*) sprayer; nozzle.

polverizzazióne *f.* (*di solido*) pulverization; (*di liquido*) atomization.

polveróne *m.* ***1*** (thick) cloud of dust ***2*** (*fig.*) commotion; big fuss; hoo-ha: **sollevare un p.**, to cause much commotion; to kick up a fuss (*fam.*).

polveróso *a.* ***1*** dusty ***2*** (*simile a polvere*) powdery.

pomàta *f.* ***1*** (*farm.*) ointment; salve; liniment ***2*** (*per capelli*) pomade; (*per la pelle*) cold cream.

pomellàto *a.* dappled; dapple.

pomèllo *m.* ***1*** (*della gota*) cheekbone ***2*** (*di leva, di maniglia*) knob; ball grip.

pomeridiàno *a.* afternoon (*attr.*); (*indicando le ore*) p.m. (*abbr. di* post meridiem): **passeggiata pomeridiana**, afternoon walk; **alle sei pomeridiane**, at six p.m.

pomerìggio *m.* afternoon: **primo** [**tardo**] **p.**, early [late] afternoon; **di p.**, in the afternoon; **domenica p.**, Sunday afternoon.

pómice *m.* (*miner.*) pumice (stone).

pomiciàre *v. i.* (*pop.*) to neck; to smooch; to snog (*GB*).

pomicióne *m.* (*f.* **-a**) (*pop.*) smoocher; snogger (*GB*).

pómo *m.* ***1*** (*bot.*) apple-tree ***2*** (*frutto*) apple ***3*** (*pomolo*) pommel • (*anat.*) **p. d'Adamo**, Adam's apple □ **p. della discordia**, apple of discord.

pomodòro *m.* tomato*: **salsa di p.**, tomato sauce; **spaghetti al p.**, spaghetti with tomato sauce • **rosso come un p.**, as red as a beetroot.

pómpa (1) *f.* ***1*** (*apparato fastoso*) pomp; magnificence ***2*** (*ostentazione*) (ostentatious) display; parade; show • (**impresa di**) **pompe funebri**, funeral home; funeral parlor (*USA*) □ **impresario di pompe funebri**, undertaker; funeral director, mortician (*USA*) □ (*scherz.*) **in p. magna**, in full regalia; in full splendour □ (*scherz.*) **mettersi in p. magna**, to dress up.

pómpa (2) *f.* (*mecc.*) pump: **p. antincendio**, fire pump; **p. aspirante**, suction pump; **p. premente**, force pump; **p. per bicicletta**, bicycle pump; **p. di benzina**, petrol (*USA* gas) pump.

pompàggio *m.* pumping.

pompàre *v. t.* ***1*** to pump; (*gonfiare*) to pump up ***2*** (*fam.*: *esagerare*) to blow* up, to inflate; (*lodare*) to sing* the praises of; (*pubblicizzare*) to plug, to hype (*fam.*).

pompeiàno *a.* Pompeii (*attr.*); Pompeian.

pompèlmo *m.* grapefruit.

pompétta *f.* pump; (*di contagocce*) dropper • (*autom.*) **p. lavavetro**, windscreen washer.

pompière *m.* fireman*; (*al pl., collett.*) fire brigade (*GB*), fire department (*USA*) (*sing.*): **chiamare i pompieri**, to call the fire brigade • **carro dei pompieri**, fire engine (*GB*); fire truck (*USA*) □ **caserma dei pompieri**, fire station □ **corpo dei pompieri**, fire brigade.

pompòn (*franc.*) *m. invar.* pompon.

pompositā *f.* pompousness; pomposity.

pompóso *a.* ***1*** (*fastoso*) magnificent: grand ***2*** (*spreg.*) pompous; self-important; bombastic.

pònce *m.* punch: **p. al rum**, rum punch.

pòncio *m.* poncho*.

ponderàre ***A*** *v. t.* to ponder (on, over); to consider; (*soppesare*) to weigh ***B*** *v. i.* to reflect.

ponderataménte *avv.* with due consideration; after mature deliberation.

ponderatézza *f.* circumspection.

ponderàto *a.* ***1*** (*di persona*) circumspect; careful; cautious ***2*** (*di decisione, ecc.*) well-pondered; well-considered; thought-out.

ponderazióne *f.* careful consideration; reflection.

ponderóso *a.* ponderous; weighty.

ponènte *m.* ***1*** west ***2*** (*vento*) west wind.

pónte *m.* ***1*** bridge: **p. a schiena d'asino**, humpback bridge; **p. di barche**, pontoon bridge; **p. girevole**, swing bridge; **p. levatoio**, drawbridge; **p. sospeso**, suspension bridge; **gettare un p. su un fiume**, to throw a bridge across a river; to bridge a river ***2*** (*naut.*) deck: **sul p.**, on deck; **p. di coperta**, upper (*o* main) deck; **p. di passeggiata**, promenade deck; **p. di comando**, bridge; **p. di stiva**, lower deck; **p. di volo** (*di portaerei*), flight deck; **p. inferiore**, lower deck ***3*** (*elettr.*) bridge ***4*** (*edil.*) scaffold(ing) ***5*** (*odontoiatria*) bridge ***6*** (*vacanza*) long holiday; (*a cavallo di un fine settimana*) long weekend: **fare il p.**, to take an extra day off (between two holidays) • **p. aereo**, air lift □ **p. radio**, radio link □ **fare ponti d'oro a q.**, to offer advantageous terms to sb. □ **legge p.**, temporary law □ **tagliare i ponti con q.**, to break off with sb. □ **vivere sotto i ponti**, to be a tramp.

pontéfice *m.* ***1*** (*eccles.*) pontiff: **il Sommo P.**, the Sovereign Pontiff; the Pope ***2*** (*stor. romana*) pontifex*.

pontéggio *m.* (*edil.*) scaffolding ◻.

ponticèllo *m.* (*mus.*) ponticello*.

pontière *m.* (*mil.*) pontoneer, pontonier.

pontificàle (*eccles.*) ***A*** *a.* pontifical; papal ***B*** *m.* Pontifical Mass.

pontificàre *v. i.* (*fig.*) to pontificate.

pontificàto *m.* (*eccles.*) pontificate; papacy.

pontificio *a.* (*eccles.*) pontifical; papal.

pontile *m.* (*naut.*) wharf; pier; jetty: **p. di carico**, loading wharf; **p. da sbarco**, landing stage.

pontóne *m.* (*naut.*) pontoon; (*chiatta*) lighter; (*nave in disarmo*) hulk.

ponzàre *v. i.* to rack (*o* to cudgel) one's brains.

pool (*ingl.*) *m. invar.* ***1*** (*econ.*) pool; consortium ***2*** (*équipe*) team ***3*** (*biol.*) — **p. genetico**, gene pool.

pòpe *m.* (*eccles.*) pope.

pòpeline *m.* (*ind. tess.*) poplin.

popolaménto *m.* peopling; population.

popolàno ***A*** *a.* of the (common) people; uneducated ***B*** *m.* (*f.* **-a**) man* (*f.* woman*) of the people.

popolàre (1) *a.* ***1*** (*del popolo*) of the people; people's; popular; working-class (*attr.*): **il favore p.**, the favour of the people; **repubblica p.**, people's republic; **democrazia p.**, popular democracy; **quartiere p.**, working-class area ***2*** (*che proviene dal popolo*) folk (*attr.*): **musica p.**, folk music; **danze popolari**, folk dances ***3*** (*che gode di popolarità*) popular: **p. tra i giovani**, popular with the young • **biblioteca p.**, lending library □ **case popolari**, council houses (*GB*); housing project (*sing., USA.*) □ **giudice p.**, juryman □ **tumulti popolari**, riots.

popolàre (2) ***A*** *v. t.* ***1*** (*rendere abitato*) to populate; to people ***2*** (*abitare*) to populate; to inhabit ***B*** **popolàrsi** *v. i. pron.* (*diventare popolato*) to become* populated.

popolarésco *a.* of the common people; folk (*attr.*).

popolarità *f.* popularity: **godere di grande p. presso q.**, to be very popular with sb.

popolàto *a.* populated.

popolazióne *f.* ***1*** population: **eccesso di p.**, overpopulation ***2*** (*popolo, nazione*) people; nation.

popolino *m.* (the) common people (*pl.*); (the) lower classes (*pl.*); (the) masses (*pl.*).

pòpolo *m.* ***1*** (*abitanti di uno Stato o di una città*) people: **il p. italiano**, the Italian people; **i popoli europei**, the European peoples ***2*** (*ceto dei popolani*) (the) (common) people (*pl.*); (the) working class: **gente del p.**, working-class people; uneducated people ***3*** (*nazione*) people; nation; (*stirpe, razza*) race: **un p. di navigatori**, a seafaring people; **p. guerriero**, warlike nation ***4*** (*gente*) people (*pl.*) • **venire dal p.**, to be of humble origin.

popolóso *a.* populous; densely populated.

póppa (1) *f.* (*naut.*) stern; poop • **a p.**, aft □ **da p. a prora**, from stem to stern; fore and aft □ **di p.**, after; aft: **ponte di p.**, after deck; **vento di p.**, aft (*o* stern) wind □ **navigare col vento in p.**, to sail before the wind.

póppa (2) *f.* (*mammella*) breast; (*di animale*) udder.

poppànte ***A*** *a.* sucking ***B*** *m. e f.* ***1*** suckling ***2*** (*spreg.*) callow youth; sb. still wet behind the ears (*fam.*).

poppàre *v. t. e i.* to suck (milk from the breast).

poppàta *f.* suck; (*di bambino*) feed: **l'ora della p.**, feeding time.

poppatóio *m.* feeding bottle.

poppavìa *f.* — (*naut.*) **a p.** (**di**), abaft.

poppièro *a.* (*naut.*) stern (*attr.*); after (*attr.*).

poppùto *a.* (*scherz.*) big-breasted; chesty (*fam.*).

populìsmo *m.* (*polit.*) populism.
populìsta *a., m. e f.* (*polit.*) populist.
porcàio *m.* ***1*** (*luogo sudicio*) pigsty; pigpen ***2*** *V.* **porcaro**.
porcàro *m.* swineherd.
porcàta *f.* ***1*** (*cosa repellente*) filth U; crap U (*pop.*); (*cibo disgustoso*) revolting muck U; (*oscenità*) obscenity, filth U ***2*** (*azione vile*) dirty (*o* rotten) trick.
porcellàna *f.* ***1*** (*materiale*) porcelain; china ***2*** (*al pl.*) (*oggetti di p.*) china U; chinaware U; **una p. francese**, a piece of French china.
porcellanàto *a.* glazed.
porcellino *m.* ***1*** piglet: **p. di latte**, sucking pig; **p. d'India**, guinea pig ***2*** (*fig. scherz.*) dirty little pig.
porcèllo *m.* ***1*** young pig ***2*** (*fig. spreg.*) pig; hog.
porcherìa *f.* ***1*** (*sudiciume*) filth U; dirt U; muck U (*fam.*) ***2*** (*atto, detto, cosa indecente*) obscenity; filth U; smut U (*fam.*): **dire porcherie**, to talk smut ***3*** (*azione disonesta*) dirty trick; mean trick ***4*** (*cibo schifoso*) nasty food U; yucky thing (*fam.*) ***5*** (*fam.*: *cosa fatta male*) rubbish U; trash U; crap U (*pop.*).
porchétta *f.* (*cucina*) roast sucking pig.
porcìle *m.* (*anche fig.*) pigsty; piggery; pigpen (*USA*).
porcìno ***A*** *a.* piggish; swinish; pig (*attr.*): **occhi porcini**, pig eyes ***B*** *m.* (*bot.*) edible boletus; cep(e).
pòrco ***A*** *m.* ***1*** pig; swine* U: **branco di porci**, herd of swine; **sudicio come un p.**, as dirty as a pig; **guardiano di porci**, swineherd ***2*** (*carne di maiale*) pork ***3*** (*fig.*: *persona sudicia*) pig; (*persona volgare o odiosa*) swine, pig • (*zool.*) **p. selvatico**, wild boar □ **mangiare come un p.**, to make a pig of oneself □ **quel vecchio p.**, that dirty old man ***B*** *a.* (*volg.*) filthy; rotten; damn; bloody (*GB*) • **Porca miseria!**, damn!; hell! □ **P. mondo!**, bloody hell!
porcospìno *m.* (*zool.*) porcupine; hedgehog (*USA*).
pòrfido *m.* (*miner.*) porphyry.
pòrgere *v. t.* (*dare*) to give*: to hand; (*passare*) to pass; (*offrire*) to offer: **Mi porse la lettera**, he handed me the letter; **p. la mano a q.**, to hold out one's hand to sb.; **p. il braccio a q.**, to offer one's arm to sb.; **p. le proprie scuse**, to offer one's apologies; **p. orecchio** (*o* **ascolto**), to pay attention; to listen.
pòrno ***A*** *a. invar.* porn; porno; blue: **film porno**, porn firm; blue movie; skin flick (*pop.*) ***B*** *m.* porn.
pornografìa *f.* pornography.
pornogràfico *a.* pornographic.
pornògrafo *m.* pornographer.
pornoshop *m. invar.* porn shop; sex shop.
pornovìdeo *m. invar.* porn video.
pòro *m.* (*anat., bot.*) pore.
porosità *f.* porosity; porousness.
poróso *a.* porous.
pórpora *f.* ***1*** (*colorante*) purple (dye) ***2*** (*colore*) deep red; crimson: **farsi di p.**, to blush crimson ***3*** (*stoffa, dignità regia o cardinalizia*) purple.
porporàto *m.* (*eccles.*) cardinal.
pórre ***A*** *v. t.* ***1*** (*mettere*) to put*; (*deporre*) to lay* down, to put* down; (*collocare, disporre*) to place, to set*: **p. la firma su un documento**, to put one's signature to a document; **p. una domanda a q.**, to put a question to sb.; **p. termine** (*o* **fine**) **a q.c.**, to put an end to st.; **p. q. al comando di q.c.**, to place sb. in command of st.; **p. le fondamenta**, to lay the foundations ***2*** (*supporre*) to suppose: **Poniamo il caso che...**, let us suppose (that)... ***3*** (*stabilire, imporre*) to set*; to lay* down: **p. un prezzo** [**una scadenza**], to set a price [a deadline]; **p. condizioni**, to lay down conditions • (*Per le locuz. idiom., V. sotto* **mettere** *o sotto i vari sost.*) ***B*** **pórsi** *v. rifl.* ***1*** to put* oneself; to place oneself ***2*** (*accingersi*) to set* to (*o* about). (*Per le locuz. idiom., V. sotto* **mettersi** *o sotto i vari sost.*).
pòrro *m.* ***1*** (*bot.*) leek ***2*** (*med.*) wart.
pòrta *f.* ***1*** door: **p. di casa**, front door; **p. principale** [**di servizio**], front [back] door; **p. a soffietto**, folding door; **p. blindata**, reinforced door; **p. girevole**, revolving door; **p. scorrevole**, sliding door; **accompagnare q. alla p.**, to see sb. to the door; **abitare p. a p.**, to live door to door; **di p. in p.**, from door to door ***2*** (*di città, ecc.*) gate: **Il nemico è alle porte**, the enemy is at the gates; **le porte del Paradiso**, the gates of Heaven ***3*** (*calcio*) goal: **tirare in p.**, to kick at goal; to shoot; **una mischia sotto la p.**, a scramble in the goal area; **essere in p.**, to be a goalkeeper • **a porte chiuse**, behind closed doors; (*leg.*) in camera □ **automobile a quattro porte**, four-door car □ **automobile a tre** [**cinque**] **porte**, hatchback □ **fuori p.**, outside the town □ **mettere q. alla p.**, to show sb. the door; to turn sb. out.
portabagàgli *m.* ***1*** (*facchino*) porter ***2*** (*autom., sul tetto*) roof rack; (*bagagliaio*) boot (*GB*), trunk (*USA*) ***3*** (*di treno, autobus*) luggage rack.
portabandièra *m. e f. invar.* standard-bearer.
portàbile *a.* ***1*** portable ***2*** (*indossabile*) wearable.
portàbiti *m.* clothes stand.
portabórse *m. e f. invar.* (*spreg.*) politician's aide; flunkey; heeler (*USA*).
portabottìglie *m. invar.* bottle rack; (*cestello*) bottle crate.
portacàrte *m.* paper holder.
portacatìno *m. invar.* washstand.
portacénere *m. invar.* ashtray.
portachiàvi *m.* key ring; (*astuccio*) key case.
portacìpria *m. invar.* (*astuccio*) powder compact.
portacontainer ***A*** *a. invar.* container (*attr.*) ***B*** *f. invar.* (*naut.*) container ship.
portadischi *m.* record rack; record stand.
portadocuménti *m.* ***1*** (*cartella*) briefcase ***2*** (*custodia*) card holder.
portaèrei *f.* (*naut.*) aircraft carrier.
portaferìti *m.* (*mil.*) stretcher-bearer.
portafinèstra *f.* French window.
portafióri *m.* flower stand.
portafòglio *m.* ***1*** wallet; billfold (*USA*): **avere il p. gonfio** (*o* **ben fornito**), to have a fat wallet ***2*** (*polit.*) portfolio: **il p. della Difesa**, the Defence portfolio; **ministro senza p.**, minister without portfolio ***3*** (*banca, fin.*) paper securities (*pl.*); bills in hand (*pl.*); portfolio*: **p. titoli**, security department; (*fin.*) investment portfolio.
portafortùna *m. invar.* (*amuleto*) amulet; (*ciondolo*) lucky charm; (*mascotte*) mascot.
portafotografie *m. invar.* photograph holder; (*album*) photo album.
portafrùtta *m. invar.* fruit dish; fruit bowl.
portaghiàccio *m. invar.* (*secchiello*) ice bucket.
portagiòie, portagioièlli *m.* jewel case; jewel box.
portalàmpada *m. invar.* bulb socket.
portàle *m.* (*archit.*) portal.
portalèttere *m. e f. invar.* postman* (*m.*); mailman* (*m.*) (*USA*); postwoman* (*f.*).
portamatìte *m. invar.* pencil case; (*da scrivania*) pencil holder.
portaménto *m.* ***1*** bearing; carriage; (*andatura*) gait ***2*** (*mus.*) portamento*.
portamìna *m. invar.* propelling pencil.
portamìssili *a.* — **aereo p.**, rocket launcher; **nave p.**, missile carrier.
portamonéte *m. invar.* purse; change purse (*USA*).
portànte *a.* ***1*** bearing; carrying ***2*** (*edil.*) load-bearing; supporting: **muro p.**, bearing wall • **ben p.**, well-preserved.
portantìna *f.* ***1*** (*sedia portatile*) sedan chair; (*palanchino*) palanquin, palankeen ***2*** (*lettiga*) litter; stretcher.
portantìno *m.* ***1*** sedan bearer ***2*** (*di ospedale*) stretcher-bearer.
portànza *f.* ***1*** carrying capacity ***2*** (*aeron.*) lift.
portaocchiàli *m.* spectacle case.
portaoggètti *m.* holder; (*vassoio*) tray; (*vano*) compartment; (*astuccio*) case; (*ripiano*) shelf.
portaombrèlli *m.* umbrella stand.
portaórdini *m.* (*mil.*) dispatch rider.
portapàcchi *m.* ***1*** (*fattorino*) delivery man* ***2*** (*di motorino, bicicletta*) carrier ***3*** (*su autobus, ecc.*) parcel grid; (*a rete*) parcel net.
portapénne *m. invar.* penholder; (*astuccio*) pen case.
portapiàtti *m.* plate rack.
portapillole *m. invar.* pillbox.
portapipe *m. invar.* pipe rack.
portaposàte *m. invar.* cutlery tray.
portàre ***A*** *v. t.* ***1*** (*verso il luogo dove è o sarà l'interlocutore*) to bring*; (*andare a prendere*) to fetch: **Mi portò il giornale**, he brought me the paper; **Gli portai il cappotto dall'anticamera**, I fetched him his coat from the hall; **Il vento porterà bel tempo**, the wind will bring us good weather;

p. fortuna, to bring good luck *2* (*lontano da chi parla*; *accompagnare*) to take*: **Porta questi fiori a tua sorella**, take these flowers to your sister; **Non lo voglio, portalo via**, I don't want it, take it away; **p. via q.c. a q.**, to take st. away from sb.; (*rubare*) to steal st. from sb.; **Ti porterò al cinema**, I'll take you to the cinema; **Mi portò a casa in auto**, he drove me home *3* (*reggere, trasportare, portare con fatica*; *portare con sé o d'abitudine*; *avere una portata di*) to carry: **p. uno zaino [un vassoio]**, to carry a rucksack [a tray]; **p. in braccio [sotto braccio]**, to carry in one's arms [under one's arm]; **p. in trionfo**, to carry in triumph; **p. il vino in cantina**, to carry the wine down to the cellar; **Non porto mai l'ombrello**, I never carry an umbrella; **Questo tubo porta l'acqua alla casa**, this pipe carries water to the house; **I dimostranti furono portati via di peso**, the protesters were carried away *4* (*prendere con sé*) to take*; to bring*: **Devi p.** (*o* **portarti**) **l'ombrello**, you must take an umbrella (with you); **Posso p. mia moglie?**, can I bring my wife with me? *5* (*condurre*) to lead*; to drive*; (*indurre*) to lead*: **Questa strada porta alla stazione**, this road leads to the station; **p. alla disperazione**, to drive to despair; **Ciò mi porta a pensare che...**, that makes me think that... *6* (*portare indosso, indossare, ecc.*) to wear*; (*vestire*) to have on, to be dressed in: **D'inverno porto la maglia**, I wear a vest in winter; **Portava un abito di raso**, she was wearing (*o* she had on) a satin dress; **p. i capelli corti**, to wear one's hair short; **p. gli occhiali**, to wear glasses *7* (*provare, nutrire sentimenti*) to bear*; to feel*: **p. rancore verso q.**, to bear sb. a grudge; **p. affetto a q.**, to feel affection for sb. *8* (*causare*) to cause; to bring* about: **p. danni**, to cause damage; **p. un cambiamento in meglio**, to bring about a change for the better *9* (*produrre*) to bear*: **p. frutti**, to bear fruit *10* (*avere, recare*) to bear*; to have: **Ne porto ancora i segni**, I still bear the marks; **p. un nome famoso**, to bear a famous name: **Non porta la mia firma**, it doesn't bear my signature *11* (*addurre*) to bring* forward; to put* forward: **p. delle buone ragioni**, to bring forward good reasons *12* (*mat.*) to carry: **Scrivo uno e porto sei**, (write down) one and carry six *13* (*di arma da fuoco*) to have a range of; (*di automobile*) to hold, to carry; (*di automezzo*) to have a load capacity of; (*di bilancia*) to weigh up to • **p. a compimento**, to carry out □ **p. q.c. a conoscenza di q.**, to bring st. to sb.'s knowledge; to inform sb. of st. □ **p. q.c. alla bocca**, to lift st. to one's lips □ **p. alla luce**, to dig out; (*fig.*) to reveal, to unearth □ **p. avanti una battaglia**, to fight a battle □ **p. avanti un progetto**, to work at a plan □ **p. bene i propri anni**, not to look one's age □ **p. q. dalla propria parte**, to win sb. over □ **portarsi dietro q.c.**, to bring [to take, to carry] st. with one □ **p. in tavola**, to serve □ **p. male i propri anni**, to look older than one is □ **p. q. sulla cattiva strada**, to lead sb. astray □ **Il vento mi portò via il berretto**, the wind blew off my cap □ **Il lavoro portò via due mesi**, the work took two months □ **Che il diavolo ti porti!**, go to the devil! *B* **portàrsi** *v. rifl.* *1* (*andare*) to go*; (*venire*) to come* *2* (*spostarsi*) to move.

portarifiùti *m.* (*per strada*) litter bin; litter basket.

portaritràtti *m.* picture frame; photograph frame.

portariviste *m. invar.* magazine rack.

portaròtolo *m.* *1* (*per carta igienica*) toilet roll holder *2* (*per carta da cucina*) kitchen roll holder.

portasapóne *m. invar.* (*vaschetta*) soap-dish; (*scatoletta*) soap box.

portascì *m.* (*autom.*) ski rack.

portasciugamàno *m.* towel rail; towel rack (*o* horse).

portasigarétte *m. invar.* cigarette case.

portasigari *m.* cigar case; cigar box.

portaspàzzole *m. invar.* brush holder.

portaspazzolino *m.* toothbrush holder.

portaspilli *m.* pincushion.

portassègni *m.* cheque-book case.

portastendàrdo *m.* standard-bearer.

portàta *f.* *1* (*di pranzo*) course: **un pranzo di sette portate**, a seven-course dinner *2* (*di nave*) (carrying) capacity; (*stazza*) tonnage: **p. lorda**, dead weight capacity *3* (*di automezzo, di bilancia*) capacity *4* (*di fiume*) flow *5* (*di arma da fuoco*) range; (*dell'occhio o di strumento ottico*) range, reach: (*di microfono*) beam: **fucile a lunga p.**, long-range rifle; **a p. di fucile**, within rifle range; **fuori p.**, out of range *6* (*importanza, significato*) importance; significance *7* (*capacità*) reach; (*intellettuale, anche*) grasp: **idee alla p. di tutti**, ideas that are within everybody's reach (*o* grasp); **prezzi alla p. di tutti**, prices within everybody's reach; **fuori dalla mia p.**, out of my reach; beyond me • **a p. di mano**, within reach; (*sottomano*) to hand, handy; (*nelle vicinanze*) close by, convenient □ **a. p. d'orecchio**, within earshot □ **a p. di voce**, within call □ **di vasta p.**, far-reaching.

portàtile *a.* portable.

portàto *A a.* *1* (*incline*) inclined; prone *2* (*dotato*) that has a talent (*o* bent) (for st.) *B m.* (*lett.*) outcome; result.

portatóre *m.* (*f.* **-trìce**) *1* (*anche comm.*) bearer: **pagabile al p.**, payable to bearer *2* (*med.*) carrier: **p. sano**, healthy carrier • **p. di handicap**, handicapped person; disabled person.

portatovagliòlo *m.* (*busta*) napkin holder; (*anello*) napkin ring.

portattrézzi *m.* tool box.

portauòva *m. invar.* egg rack.

portauòvo *m. invar.* eggcup.

portavalóri *A m.* bank courier; cash guard *B a.* — **cassetta p.**, safe-deposit box.

portavàsi *m.* (*portafiori*) flower stand.

portavivànde *m. invar.* food container • **carrello p.**, trolley.

portavóce *m. e f. invar.* spokesman* (*m.*); spokeswoman* (*f.*); spokesperson.

portèllo *m.* (*naut., aeron.*) port; hatch.

portellóne *m.* *1* (*naut., aeron.*) hatch *2* (*autom.*) hatchback.

portènto *m.* prodigy; miracle; (*meraviglia*) wonder, marvel: **operare portenti**, to work wonders; **un p. di scienza**, a prodigy of learning.

portentóso *a.* prodigious; wonderful; marvellous.

porticàto *m.* arcade.

porticciòlo *m.* small harbour; (*turistico*) marina.

pòrtico *m.* (*di chiesa, ecc.*) portico*; (*di casa*) porch, veranda; (*lungo una strada*) arcade; (*di fattoria, ecc.*) shed.

portièra (1) *f.* *1* (*autom.*) door *2* (*tenda*) door curtain; portière (*franc.*).

portièra (2) *f.* (*portinaia*) caretaker; concierge (*franc.*); (*moglie del portiere*) caretaker's wife.

portieràto *m.* caretaker's job • **spese di p.**, caretaker's wages.

portière *m.* *1* doorkeeper; doorman*; porter (*GB*); janitor (*USA*); (*di casa privata*) caretaker, concierge (*franc.*), doorman* (*USA*) *2* (*sport*) goalkeeper.

portinàia, portinàio *V.* **portiera (2), portiere**.

portinerìa *f.* caretaker's lodge; porter's lodge.

pòrto (1) *m.* *1* (*naut.*) port; harbour, harbor (*USA*): **entrare in [lasciare il] p.**, to enter [to leave] port; **fare scalo a un p.**, to call at a port; **p. di mare**, seaport; **p. d'imbarco [sbarco]**, port of embarkation [disembarkation]; **p. di carico [scarico]**, port of loading [discharge]; **p. di scalo**, port of call; **p. franco**, free port; **p. militare**, naval port; **capitano di p.**, harbour-master; **diritti di p.**, harbour dues *2* (*fig.*) haven; port: **p. di salvezza**, haven of safety • (*fig.*) **andare in p.**, to be successful □ (*fig.*) **condurre in p.**, to carry out; to conclude successfully □ (*fig.*) **essere in p.**, to have reached one's goal; to be home and dry (*fam.*) □ (*fig.*) **Questo posto è un p. di m.**, this place is like a railway station.

pòrto (2) *m.* *1* (*prezzo del trasporto*) carriage; (*naut.*) freight: **franco di p.**, carriage paid; **p. assegnato**, carriage forward *2* (*licenza*) licence: **p. d'armi**, gun licence; (*leg.*) **p. d'armi abusivo**, unlawful possession of firearms [of a gun].

pòrto (3) *m.* (*vino*) port.

portoghése *A a.* Portuguese *B m.* *1* Portuguese*: **i Portoghesi**, the Portuguese *2* (*lingua*) Portuguese *3* (*fam.*) gatecrasher (*in a stadium, etc.*) *C f.* Portuguese woman*.

portolàno *m.* (*naut.*) portolano*; pilot's book.

portóne *m.* main door; main entrance; front gate.

portoricàno *a. e m.* (*f.* **-a**) Puerto Rican (*f.* Puerto Rican woman).

portuàle *A a.* (*naut.*) port (*attr.*); harbour (*attr.*): **diritti portuali**, harbour dues *B m.* dock worker; docker; longshoreman* (*USA*).

porzióne *f.* *1* (*parte, quota*) portion; share; part *2* (*di cibo*) helping; (*al ristorante*) portion.

pòsa *f.* ***1*** (*il porre*) laying; setting: **la p. della prima pietra**, the laying of the foundation-stone; **p. in opera**, laying; fitting ***2*** (*quiete, riposo*) rest; peace: **non avere p.**, to have no peace; **senza p.**, without rest; incessantly ***3*** (*per un ritratto*) pose; (*seduta*) sitting: **mettersi in p.**, to pose ***4*** (*atteggiamento*) attitude; stance; (*affettato*) pose ***5*** (*fotogr.*) exposure • (*cinem.*) **teatro di p.**, studio.

posacàvi *m.* (*naut.*) cable layer.

posacénere *m. invar.* ashtray.

posamìne *f. e m. invar.* (*naut.*) mine layer.

posapiàno *m. e f. invar.* (*scherz.*) slowcoach.

posàre ***A*** *v. t.* (*deporre*) to put* (down), to lay* (down); (*appoggiare*) to rest, to lay*: **L'avevo posato qui**, I had put it here; **Posa quel coltello!**, put down that knife!; **Mi posò una mano sul braccio**, he laid (*o* put) a hand on my arm; **p. un cavo [una mina]**, to lay a cable [a mine]; **p. le armi**, to lay down (one's) arms; **p. gli occhi su q.**, to lay eyes on sb. ***B*** *v. i.* ***1*** (*poggiare*) to rest, to stand* ***2*** (*fondarsi*) to be based (*o* founded); to rest ***3*** (*per un ritratto*) to sit*; (*per una foto*) to pose ***4*** (*atteggiarsi*) to pose: **p. a filosofo**, to pose as an philosopher ***5*** (*di liquidi*) to stand*; to settle ***C*** **posàrsi** *v. i. pron.* ***1*** (*di uccello*) to alight; (*appollaiarsi*) to perch ***2*** (*di aereo*) to land ***3*** (*depositarsi*) to settle ***4*** (*soffermarsi*) to stay*; to rest.

posàta *f.* ***1*** piece of cutlery; (*cucchiaio*) spoon; (*forchetta*) fork; (*coltello*) knife*; (*al pl., collett.*) cutlery [U], silverware [U] (*USA*): **qualche p.**, a few pieces of cutlery; **servizio di posate**, set of cutlery ***2*** (*coperto*) cover.

posaterìa *f.* cutlery; silverware (*USA*).

posatézza *f.* steadiness; composure; sobriety.

posàto *a.* steady; sober; sensible; (*calmo*) calm.

posatóio *m.* perch; roost.

poscrìtto *m.* postscript.

positiva *f.* (*fotogr.*) positive.

positivaménte *avv.* positively; definitely; (*affermativamente*) in the affirmative.

positivìsmo *m.* (*filos.*) positivism.

positivìsta *m. e f.* (*filos.*) positivist.

positività *f.* positiveness.

positìvo ***A*** *a.* ***1*** (*scient., ling.*) positive ***2*** (*affermativo*) positive; affirmative: **risposta positiva**, affirmative answer; **Il test è risultato p.**, the test was positive ***3*** (*certo, concreto*) real; actual; positive ***4*** (*favorevole, vantaggioso*) favourable; good ***5*** (*fam.*: *pratico*) practical; matter-of-fact ***B*** *m.* ***1*** (*ciò che è certo*) what is certain; facts (*pl.*): **nulla di p.**, nothing certain ***2*** (*gramm.*) positive (degree).

positróne *m.* (*fis.*) positron.

posizionaménto *m.* ***1*** (*tecn.*) positioning ***2*** (*comm.*) placing.

posizionàre *v. t.* ***1*** (*tecn.*: *sistemare*) to position; (*determinare la posizione*) to locate ***2*** (*comm.*) to place.

posizióne *f.* ***1*** position; (*ubicazione*) situation, location: **p. geografica**, geographical position; **p. chiave**, key position ***2*** (*del corpo*) position; attitude; posture: **in una p. comoda**, in a comfortable position; (*mil.*) **p. di attenti**, standing at (*o* to) attention; **assumere una p. scorretta**, to develop a bad posture; **mettersi in p. supina**, to lie down ***3*** (*situazione, condizione*) situation; position; standing; (*lavoro*) position, job: **essere in una p. imbarazzante**, to be in an awkward position; **p. di potere**, position of power; **p. sociale**, social standing ***4*** (*in una classifica*) place: **in buona p.**, well placed; **nelle prime posizioni**, near the top; **in ultima p.**, at the bottom of the list ***5*** (*opinione, atteggiamento*) position; attitude: **assumere una p. ben definita**, to take a clear position • **farsi una p.**, to make one's way in the world; to get ahead □ **guerra di p.**, trench warfare □ **prendere p.** (*in una disputa*), to take sides □ **prendere p. contro q. [q.c.]**, to take a stand against sb. [st.] □ **presa di p.**, stance.

posologìa *f.* (*farm.*) dosage.

pospórre *v. t.* ***1*** (*mettere dopo*) to put* after ***2*** (*rinviare*) to postpone; to put* off.

posposizióne *f.* ***1*** postposition ***2*** (*rinvio*) postponement.

possedére *v. t.* ***1*** to possess; to have; (*essere in possesso di*) to be in possession of; (*essere proprietario*) to own: **p. molte qualità**, to have many qualities; **Possiede due macchine**, he owns (*o* has) two cars; **p. informazioni**, to be in possession of information ***2*** (*conoscere a fondo*) to have a mastery of; to have a good knowledge of • **p. una donna**, to possess a woman □ **lasciarsi p. dall'ira**, to let anger get the better of one.

possediménto *m.* ***1*** (*proprietà*) property [U]; (*proprietà immobiliare*) estate ***2*** (*territorio posseduto*) possession: **possedimenti d'oltremare**, overseas possessions.

possedùto *a.* possessed: **p. dal demonio**, possessed (by the devil).

possènte *a.* (*lett.*) powerful; (*potente, anche*) mighty.

possessióne *f.* possession.

possessìvo *a.* (*anche gramm.*) possessive.

possèsso *m.* ***1*** possession (*anche leg.*); ownership: **essere [entrare] in p. di q.c.**, to be in [to come into] possession of st.; **essere in p. di un diploma**, to hold a diploma; **essere nel pieno p. delle proprie facoltà mentali**, to be in full possession of one's mental faculties; **prendere p. di q.c.**, to take possession of st.; **rientrare in p. di q.c.**, to recover st.; **venire in p. di q.c.**, to come by st.; (*leg.*) **diritti di p.**, rights of ownership (*o* of tenure) ***2*** (*al pl.*) (*possedimenti*) property [U] ***3*** (*padronanza*) mastery.

possessóre *m.* (*f.* **posseditrice**) possessor; (*proprietario*) proprietor, owner; (*detentore*) holder.

possìbile ***A*** *a.* possible: **È p. farle visita?**, is it possible to visit her?; can she be visited?; **Non mi è stato p. scoprirlo**, I wasn't able (*o* it has been impossible for me) to find out; **È p. che lui sia qui**, he may be here; **Non è p. che tu non lo sappia**, you can't possibly not know; **fare ogni sforzo p.**, to make every possible effort; **il meno [il più] p.**, as little [as much] as possible; **il più presto p.**, (*di tempo*) as soon as possible; (*di velocità*) as quickly as possible • **P.?**, really? □ **P. che nessuno se ne sia accorto?**, how can no one have noticed?; surely someone must have noticed! □ **È p. che qui debba sempre fare tutto io?**, must I always do everything around here? □ **Non è p.!**, it can't be!; it isn't possible! ***B*** *m.* (the) possible: **fare (tutto) il p.**, to do one's best (*o* all one can) □ **nei limiti del p.**, as far as possible.

possibilìsmo *m.* possibilism.

possibilìsta *a., m. e f.* possibilist.

possibilità *f.* ***1*** possibility: **dare a q. la p. di fare q.c.**, to give sb. the possibility of doing st.; to enable sb. to do st.; **avere la p. di fare q.c.**, to be in a position to do st. ***2*** (*probabilità*) possibility; likelihood; chance: **Che p. c'è che...?**, what is the likelihood that...?; **C'è ancora la p. che egli venga**, there is still a chance he may come; he may still come ***3*** (*opportunità*) opportunity; chance: **Ti rimane una sola p.**, you have just one chance left ***4*** (*al pl.*) (*mezzi economici*) means: **al di sopra delle proprie p.**, beyond one's means.

possibilménte *avv.* if possible, if one can. ATTENZIONE: **possibilmente** ≠ possibly.

possidènte *m. e f.* property owner; (*p. terriero*) landowner.

pòsta *f.* ***1*** post; mail (*specialm. USA*): **spedire per p.**, to send by post (*o* by mail); to post; to mail: **È arrivato con la p.**, it came in the post (o in the mail); **scorrere la p.**, to go through the post (*o* the mail); **p. in arrivo [in partenza]**, incoming [outgoing] mail; **p. aerea**, air mail; **p. elettronica**, e-mail ***2*** (*ufficio postale*) post office; post; (*al pl.*) postal service, mail service: **andare alla p.**, to go to the post office; **p. centrale**, General Post Office (*abbr.*: GPO) ***3*** (*nei giochi e fig.*) stake(s): **raddoppiare la p.**, to double the stakes; **La p. in gioco è alta**, the stakes are high; **alzare la p.**, to raise the stakes; (*fig., anche*) to raise (*o* to up) the ante ***4*** (*di cacciatore*) stand, (*nascosta*) hide; (*di sentinella*) post ***5*** (*per cavallo*) stall; box • **a bella p.**, on purpose; deliberately □ **a giro di p.**, by return of post □ **direttore delle poste**, postmaster □ **fare la p. a q.**, to lie in wait for sb. □ **fermo p.**, poste restante (*franc.*) (*GB*); general delivery (*USA*) □ (*giorn.*) **piccola p.**, readers' letters.

postacèlere *m.* fast delivery service.

postagìro *m.* postal transfer (*o* giro).

postàle ***A*** *a.* (*della posta*) postal; post (*attr.*); mail (*attr., specialm. USA*); (*delle poste*) post office (*attr.*): **cartolina p.**, postcard; **casella p.**, PO box; **cassetta p.**, letter box; mail box; **furgone p.**, mail van; **impiegato p.**, post office worker (*o* employee); **pacco p.**, parcel; **servizio p.**, postal (*o* mail) service; **spese postali**, postage; **tariffe postali**, postal tariffs; **timbro p.**, postmark; **ufficio p.**, post office ***B*** *m.* (*naut.*) packet boat; (*ferr.*) mail-train.

postazióne *f.* ***1*** (*mil.*) position; (*di artiglieria*) emplacement ***2*** (*TV*) position.
postbèllico *a.* post-war (*attr.*).
postdatàre *v. t.* to postdate.
posteggiàre *v. t.* (*autom.*) to park.
posteggiatóre *m.* car-park attendant.
postéggio *m. V.* **parcheggio** • **p. di taxi**, taxi rank (*GB*); cab stand (*USA*).
postelegrafònico ***A*** *a.* post, telegraph and telephone (*attr.*) ***B*** *m.* post office employee.
pòsteri *m. pl.* posterity Ⓤ; descendants.
posterióre ***A*** *a.* ***1*** back; rear; hind: **la parte p.**, the back; the rear; (*autom.*) **luci posteriori**, back lights; **zampe posteriori**, hind legs ***2*** (*che viene dopo*) later; subsequent; following ***B*** *m.* (*sedere*) buttocks (*pl.*); bottom (*fam.*).
posteriorità *f.* posteriority.
posteriorménte *avv.* ***1*** (*dietro*) behind; at the back ***2*** (*in seguito*) later on; subsequently.
posterità *f.* posterity; descendants (*pl.*); (*specialm. leg.*) issue.
postfazióne *f.* afterword.
postìccio ***A*** *a.* (*artificiale*) artificial; (*falso*) false ***B*** *m.* hairpiece; toupet.
posticipàre *v. t.* to postpone; to put* off; to defer.
posticipàto *a.* deferred.
posticipazióne *f.* postponement; deferment.
postiglióne *m.* postil(l)ion.
postìlla *f.* marginal note; (*chiosa*) gloss.
postillàre *v. t.* to annotate; (*chiosare*) to gloss.
postindustriàle *a.* postindustrial.
postìno *m.* (*f.* **-a**) postman* (*f.* postwoman*) (*GB*); mailman* (*USA*).
postlàurea *a. invar.* postgraduate (*attr.*); graduate (*attr., USA*).
postmodèrno *a.* postmodern.
pósto (**1**) *m.* ***1*** place: **Ogni cosa era al suo p.**, everything was in (its) place; **fuori p.**, out of place (*anche fig.*); in the wrong place; **prendere il p. di**, to take the place of; **sul p. di lavoro**, in the workplace; in one's place of work; **in qualche p.**, somewhere; someplace; **in nessun p.**, nowhere ***2*** (*spazio*) room; space: **Il piano occupa troppo p.**, the piano takes up too much room; **p. in piedi**, standing room; **fare p. a q. [q.c.]**, to make room for sb. [st.]; **Fammi un po' di p.** (*spostati*), move over ***3*** (*sedile*) seat; (*banco di scuola*) desk: **prendere p.**, to take a seat; to sit down; **prenotare un p.**, to book (*o* to reserve) a seat; **p. d'angolo**, corner seat; **p. di guida**, driver's seat; **auto a due posti**, two-seater; (*teatr.*) **i primi posti**, front-row seats ***4*** (*impiego*) job; position; post: **fare domanda per un p.**, to apply for a job; **un p. di segretaria**, a job as a secretary; **p. di insegnante**, teaching job; **occupare un p. importante**, to hold an important position ***5*** (*sito, punto, posizione*) spot; place: **arrivare sul p.**, to reach the spot; to arrive on the scene; **La casa è in un p. soleggiato**, the house is in a sunny spot • (*autom.*) **p. di blocco**, road block □ (*naut.*) **posti di combattimento**, action stations; quarters □ **p. di controllo**, check point □ **p. di confine**, frontier crossing □ (*mil.*) **p. di guardia**, sentry post □ **p. di medicazione**, dressing-station □ (*aeron.*) **p. di pilotaggio**, cockpit □ **p. di polizia**, police station □ **p. di villeggiatura**, holiday resort □ **p. letto**, (*in ospedale*) bed; (*al pl., in albergo, anche*) accommodation Ⓤ: **un albergo con 100 posti letto**, a 100-bed hotel □ **p. macchina**, parking space □ **a p.**, (*in ordine*) in order, all right; (*risolto*) settled, fixed, sorted out; (*per bene*) respectable, reliable: **È tutto a p.**, everything is in order; (*è tutto risolto*) it's all settled, it has all been sorted out; **Sono a p.?**, do I look all right? □ **Fossi al tuo p., non ci andrei**, if I were you, I wouldn't go □ **Venne lei al p. del marito**, she came in place of (*o* instead of) her husband □ **la gente del p.**, the local people; the locals □ **mettere a p. q.c.**, to put st. back in its place; (*riordinare*) to tidy st.; (*sistemare*) to sort st. out; (*aggiustare*) to fix st. □ **Lo metterò a p. io**, I'll put him in his place □ **saper stare al proprio p.**, to know one's place □ **sentirsi a p. con la coscienza**, to have a clear conscience □ **studiare una lingua sul p.**, to study a language where it is spoken □ **tenere la lingua a p.**, to hold one's tongue.
pósto (**2**) *a.* situated; set: **Il paese è p. in riva al mare**, the village is (situated) on the sea • **p. che**, (*ammesso che*) supposing (that); (*dato che*) since, seeing that □ **p. ciò**, that being stated.
postoperatòrio *a.* (*med.*) postoperative.
postrìbolo *m.* (*lett.*) brothel.
postulànte *m. e f.* petitioner; (*eccles.*) postulant.
postulàre *v. t.* ***1*** to petition for ***2*** (*filos., eccles.*) to postulate.
postulàto *m.* (*filos., mat.*) postulate.
pòstumo ***A*** *a.* posthumous ***B*** *m.* (*al pl.*) (*med.*) consequences; aftermath (*sing.*) • **i postumi di una sbornia**, a hangover (*sing.*).
postuniversitàrio *a.* postgraduate (*attr.*); graduate (*attr., USA*).
potàbile *a.* drinkable; safe to drink: **acqua p.**, drinking water; **Non credo che sia p.**, I don't think it's safe to drink.
potàre *v. t.* (*agric.*) to prune; to lop; to trim.
potàssa *f.* (*chim.*) potash.
potàssio *m.* (*chim.*) potassium.
potatùra *f.* (*agric.*) pruning; lopping; trimming.
potentàto *a.* (*lett.*) potentate.
potènte *a.* powerful; high-powered; (*possente*) mighty; (*efficace*) potent • **i potenti**, the powerful.
potènza *f.* ***1*** power; might; (*forza*) strength: **la p. della stampa**, the power of the press; **la p. di una lente**, the power of a lens; **p. finanziaria**, financial power; **p. militare**, military strength ***2*** (*Stato*) power: **le grandi potenze**, the great Powers ***3*** (*persona potente*) powerful person; power-broker ***4*** (*efficacia*) potency: **la p. di un veleno**, the potency of a poison ***5*** (*mat.*) power: **elevare x alla quarta p.**, to raise x to the fourth power (*o* to the power of four) ***6*** (*mecc.*) power; rating; (*in cavalli*) horse-power ***7*** (*fis.*) capacity; power • **all'ennesima p.**, at the nth power □ **in p.**, potential (*agg.*); potentially (*avv.*).
potenziàle *a. e m.* potential; capability.
potenzialità *f.* potentiality; potential; power.
potenziaménto *m.* strengthening; development.
potenziàre *v. t.* to strengthen; to develop.
potére (**1**) *v. i.* ***1*** (*avere la capacità, cioè la forza, la facoltà, la libertà di fare q.c.*) can (*indic. e congiunt. pres.*), could (*indic. e congiunt. pass., condiz.*); to be able: **Posso fare quello che voglio**, I can do what I like; **Non posso piegare il braccio**, I cannot bend my arm; **Non ho ancora potuto informarlo**, I haven't been able to inform him yet; **Quella sera non potei uscire**, that evening I could not (*o* was not able to) go out; **Non può averlo detto**, he can't have said that; **Se potrò, ti verrò a trovare domani**, if I can, I'll come to see you tomorrow; **Potrai incontrarmi domani alle nove?**, will you be able to meet me tomorrow at nine?; **Potrebbe spiegarti tutto se volesse**, he could explain everything to you, if he wanted (to); **Se solo avessi potuto avvertirli!**, if only I had been able to warn them!; **Potessimo almeno esserne sicuri!**, if only we could be certain of that!; **Feci tutto ciò che potevo**, I did all I could; I did my best; **Potevi dirmelo!**, you could have told me!; **Vorrei p. fare qualcosa**, I wish I could do something; **Spero di p. partire domenica**, I hope I shall be able to leave on Sunday; **Mi spiace, ma non ci posso fare niente**, I'm sorry, I can't do anything about it; **Se non hai soldi, non ci posso fare nulla**, I can't help it, if you haven't any money ***2*** (*avere la possibilità, il permesso di fare q.c.*) may (*indic. pres.*), might (*condiz. e, nel discorso indiretto, indic. pass.*; *spesso sostituiti nella lingua corrente, rispettivamente da* can *e* could); to be allowed; to be permitted: **Posso uscire?**, may I go out?; **Possiamo dare un'occhiata?**, may (*o* can) we have a look around?; **Ci dissero che potevamo restare**, they told us we could stay; **Mi hanno detto che non posso andare a trovarlo**, I've been told I cannot visit him; **Non si può entrare prima delle nove**, you are not allowed in (*o* you cannot go in) before nine o'clock ***3*** (*eventualità*) may (*pres.*), might (*pass.*); can (*pres.*), could (*pass.*); to be likely: **Può essere stato lui**, it may have been he (*o* him); **Posso aver torto**, I may be wrong; **Può essere**, (it) may be; **Potrebbe non essere a casa**, he might not be in; **Dove può essere andato a finire?**, where can it have gone?; **Potrebbe benissimo vincere**, he might well win; he could easily win; **Quali potrebbero essere le conseguenze?**, what are the consequences likely to be? ***4*** (*augurio, esortazione*) may (*congiunt. e condiz. pres.*), might (*congiunt. e condiz.*

pass.): **Possano essere felici!**, may they be happy!; **Potrebbe almeno rispondere!**, he might at least reply! ***5*** (*assol.*: *poter fare, valere*) can do, could do; (*avere influenza*) to be influential, to have influence, to have pull (*fam.*); (*avere molti mezzi*) to be well off, to have means: **L'esempio può più delle parole**, example can do more than words; **Può molto presso il ministro**, he has a lot of influence with the minister; **È uno che può**, (*che ha potere*) he's got a lot of pull; (*che ha mezzi*) he's a man of means • **a più non posso**, as much [as fast, as hard, etc.] as possible (*o* as one can): **correre a più non posso**, to run as fast as one can; **mangiare a più non posso**, to eat as much as one can; to stuff oneself with food; **gridare a più non posso**, to shout at the top of one's voice; to scream one's head off □ **Non ne posso più**, (*sono esaurito*) I am exhausted; I'm all in (*fam.*); (*non lo tollero più*) I can't take it any more □ **Non ne posso più di sentirli litigare**, I can't stand their quarrelling any longer □ **Non può che essere un errore**, it must be a mistake □ **Può darsi**, maybe □ **Può darsi che lo sappia**, he may know; maybe he knows □ **Può darsi che arrivi oggi**, he may arrive today □ (*prov.*) **Volere è p.**, where there's a will there's a way.

potére (2) *m.* ***1*** (*possibilità di fare, autorità*) power: **Non ho il p. di fare altrimenti**, I haven't got the power to act otherwise; **pieni poteri**, full powers; **poteri magici**, magic powers; **Non è in mio p. di procedere oltre**, it is not within my power to proceed any further; **fare tutto ciò che è in proprio p.**, to do everything in one's power; **avere q. in proprio p.**, to have sb. in one's power ***2*** (*polit.*) power: **impadronirsi del p.**, to seize power; **essere al p.**, to be in power; **andare al p.**, to come into power; to get in; **p. assoluto**, absolute power ***3*** (*influenza*) influence, leverage, clout (*pop.*); (*forza di persuasione*) sway: **Non ho alcun p. su di lui**, I have no influence over him; **Ha un certo p. sul comitato direttivo**, he has some leverage with the board ***4*** (*capacità*) power: **p. di acquisto**, purchasing power • **conflitto di poteri**, power struggle □ **il quarto p.**, the Fourth Estate; the Press □ **il quinto p.**, radio and television; the media.

potestà *f.* (*potere*) power; (*autorità*) authority: **Non è in mia p.**, it's not within my power; (*leg.*) **patria p.**, parental authority.

pot-pourri (*franc.*) *m. invar.* ***1*** (*letter., mus.*) potpourri; medley ***2*** (*miscuglio*) medley; miscellany; hotchpotch.

pouf (*franc.*) *m.* pouf, pouffe (*GB*); hassock (*USA*).

poveràccia *f.* poor woman*; pour soul.

poveràccio *m.* poor man* (*o* fellow): poor guy (*USA*); poor devil.

poverétto, **poverìno** ***A*** *a.* poor; wretched ***B*** *m.* (*f.* **-a**) poor thing; poor soul.

pòvero ***A*** *a.* ***1*** poor: **famiglie povere**, poor (*o* needy) families; **Povera bestia!**, the poor creature!; **Povero sciocco (che sei)!**, you poor fool!; **Il p. Paolo ha perso il posto**, poor Paolo has lost his job ***2*** — **p. di**, poor in; lacking in; deficient in: **un paese p. di materie prime**, a country poor (*o* lacking) in raw materials; **un alimento p. di grassi**, a food with a low fat content; a low-fat food ***3*** (*fam.*: *defunto*) late; poor: **il mio p. zio**, my late uncle • **p. in canna**, as poor as a church mouse □ **P. me!** (*che guaio!*), dear me!; oh dear! □ **Poveri voi!**, heaven help you! □ (*fam.*) **P. lui, se lo beccano!**, he'll be in for it if they catch him □ **È povera cosa**, it's very little; it isn't much ***B*** *m.* (*f.* **-a**) poor man* (*f.* woman*); pauper; (*mendicante*) beggar; (*al pl., collett.*) (the) poor, (the) needy • **p. di spirito**, simple-minded person; (*relig.*) **Beati i poveri di spirito**, blessed are the poor in spirit.

povertà *f.* ***1*** poverty: **vivere in p.**, to live in poverty; **fare voto di p.**, to take a vow of poverty ***2*** (*fig.*) poverty; (*scarsezza*) scarcity, lack; (*piccolezza*) smallness: **p. di idee**, poverty (*o* lack) of ideas; **p. d'acqua**, scarcity of water.

poveruòmo *m.* poor man*; poor fellow; poor guy (*USA*).

pozióne *f.* (*med.*) potion; draught.

pózza *f.* pool; (*pozzanghera*) puddle.

pozzànghera *f.* puddle.

pozzétto *m.* ***1*** (*edil.*) trap ***2*** (*naut.*) cockpit.

pózzo *m.* ***1*** well: **p. artesiano**, artesian well; **p. petrolifero**, oil well ***2*** (*ind. min.*) shaft; pit ***3*** (*naut.*) — **p. delle catene**, chain locker; **p. dell'elica**, propeller aperture; (*naut.*) **p. delle pompe**, well • (*fam.*) **un p. di soldi**, a mint (*o* pots, *pl.*) of money □ (*fam.*) **un p. di scienza**, a walking encyclopaedia □ **p. nero**, cesspool; sump □ (*fig.*) **p. senza fondo**, bottomless pit □ (*fam.*) **Non sono mica il p. di S. Patrizio**, I'm not made of money, you know.

pozzolàna *f.* (*miner.*) pozz(u)olana.

pragmàtico *a.* pragmatic.

pragmatismo *m.* (*filos.*) pragmatism.

pragmatista *m. e f.* (*filos.*) pragmatist.

pralina *f.* praline.

prammàtica *f.* custom • **essere di p.**, to be customary.

pranoterapèuta *V.* **pranoterapista**.

pranoterapìa *f.* faith-healing (through the laying-on of hands).

pranoterapista *m. e f.* faith healer (with healing hands).

pranzàre *v. i.* to dine; to have dinner; (*a mezzogiorno*) to lunch, to have lunch: **A che ora si pranza?**, what time is dinner [lunch]?; what time are we eating?; **p. a casa** [**fuori casa**], to dine in [out].

prànzo *m.* dinner; (*pasto di mezzogiorno*) lunch, luncheon; (*con molti invitati*) dinner party, banquet; (*pasto*) meal: **È l'ora di p.**, it's dinner-time [lunch-time]; **Il p. è pronto**, dinner [lunch] is ready; **un ottimo p.**, an excellent meal; **p. di gala**, gala dinner; **p. di nozze**, wedding banquet; **Sono a p. fuori con amici**, I'm dining [I'm having lunch] out with friends; **invitare q. a p.**, to ask sb. to dinner; **dopo p.**, after dinner [lunch]; (*nel pomeriggio*) in the afternoon.

pràssi *f.* ***1*** (*filos.*) praxis* ***2*** (*procedura*) (accepted) practice; usual procedure; general rule.

prataiòlo ***A*** *a.* of the fields (*o* meadows); field (*attr.*); meadow (*attr.*) ***B*** *m.* (*bot.*) field mushroom.

prateria *f.* grassland; prairie; meadowland.

pràtica *f.* ***1*** practice: **mettere q.c. in p.**, to put st. into practice; **mettere in p. i consigli di q.**, to take (*o* to act upon) sb.'s advice; **in p.**, in practice ***2*** (*conoscenza pratica*) (practical) knowledge; (*esperienza*) experience; (*tirocinio*) training; (*apprendistato*) apprenticeship: **acquistare p.**, to gain experience; **Ha p. di computer**, he has some experience with computers; **p. dell'insegnamento**, experience in teaching; practical teaching; **fare p. di q.c.**, to train in st.; **fare p. con un avvocato**, to be articled to a lawyer; **fare p. presso q.**, to be trained by sb.; to train with sb.; **aver perso la p. di q.c.**, to be out of practice ***3*** (*consuetudine, usanza*) practice; custom ***4*** (*affare, faccenda*) matter; affair; business: **sbrigare una p.**, to deal with a matter ***5*** (*documento*) paper; (*incartamento*) file; (*caso*) case: **fare le pratiche per il passaporto**, to get the papers for one's passport; **accantonare una p.**, to shelve a case • **pratiche disoneste**, dishonest practices; shenanigans (*fam.*) □ **pratiche illecite**, illegal activity 🇺; (*leg.*) unlawful conduct 🇺.

praticàbile ***A*** *a.* ***1*** (*fattibile*) practicable; feasible ***2*** (*di strada, ecc.*) passable, negotiable ***3*** (*di campo da gioco*) playable ***B*** *m.* (*teatr.*) platform.

praticabilità *f.* ***1*** (*fattibilità*) practicability ***2*** (*di strada*) negotiability; accessibility ***3*** (*di campo da gioco*) (good) condition.

pratichàccia *f.* (*fam.*) practical knowledge; experience.

praticaménte *avv.* ***1*** (*nella pratica*) in practice; (*con la pratica*) by practice, by experience ***2*** (*in sostanza*) practically; virtually.

praticànte ***A*** *a.* (*relig.*) practising; church-going • **non p.**, lapsed ***B*** *m. e f.* (*chi fa pratica di un mestiere*) apprentice; tyro*, tiro*; (*medico*) houseman* (*GB*), intern (*USA*).

praticàre *v. t.* ***1*** to practise: **p. la professione di medico** (*o* **la medicina**), to practise medicine; **p. uno sport**, to go in for (*o* to play) a sport ***2*** (*frequentare*: *un luogo*) to frequent; (*una persona*) to associate with, to mix with ***3*** (*fare*) — **p. un foro** [**un taglio**], to make a hole [a cut]; **p. un'iniezione**, to give an injection; **p. un prezzo**, to quote a price; **p. sconti**, to give discounts.

praticità *f.* practicalness; convenience.

pràtico *a.* ***1*** practical: **metodo p.**, practical method; **difficoltà pratiche**, practical difficulties ***2*** (*comodo, funzionale*) practical; convenient; handy: **abiti pratici**, practical (*o* sensible) clothes; **un p. cavaturaccioli**, a handy corkscrew; **È più p. prendere il treno**, it's more convenient to go by train ***3*** (*esperto*) experienced (in); familiar (with): **È p. in**

queste faccende, he is experienced in (*o* he knows a lot about) these things; **È p. di scaldabagni**, he knows about boilers; **Non sono p. di questa citta**, I'm not familiar with (*o* I don't know my way about) this town; **È p. del mestiere**, he knows his job ***4*** (*empirico*) practical; matter-of-fact; no-nonsense (*fam.*): **senso p.**, practical (*o* common) sense; **un tipo p.**, a practical (*o* matter-of-fact) sort of person • **all'atto p.**, in practice; when it comes to it □ **Vollero vedermi all'atto p.**, they wanted to put me to the test □ **nella vita pratica**, in real life.

praticóne *m.* old hand (at the trade).

pràto *m.* meadow; (*rasato*) lawn: **terreno a p.**, grassland; **p. all'inglese**, lawn; **giocare sul p.**, to play on the grass.

pratolìna *f.* (*bot.*) daisy.

preallàrme *m.* readiness; alert; (*segnale*) warning signal: **in stato di p.**, in a state of readiness; on the alert; **dare il p.**, to put on the alert; to give the warning signal.

preàmbolo *m.* preamble • **dire q.c. senza tanti preamboli**, to come straight to the point; not to beat about the bush.

preanestesia *f.* (*chir.*) basal an(a)esthesia; premedication.

preannunciàre ***A*** *v. t.* ***1*** to announce in advance; (*prevedere*) to forecast*, to foretell* ***2*** (*essere segno di*) to herald; to be a sign of: **segni che preannunciano la siccità**, signs heralding a draught ***B*** **preannunciàrsi** *v. i. pron.* — **Si preannunciano tempi duri**, hard times are looming ahead □ **La giornata si preannuncia calda**, it's going (*o* it promises) to be a hot day □ **Si preannunciava un temporale**, a storm was brewing.

preannùncio *m.* ***1*** announce in advance ***2*** (*segno*) sign; presage.

preavvertire, preavvisàre *v. t.* to forewarn; to inform in advance.

preavvìso *m.* notice (*anche leg.*); warning: **dietro p.**, upon notice; **un mese di p.**, a month's notice.

prebàrba ***A*** *a. invar.* pre-shave (*attr.*) ***B*** *m. invar.* (*lozione*) pre-shave lotion; (*crema*) pre-shave cream.

prebèllico *a.* pre-war (*attr.*).

prebènda *f.* ***1*** (*eccles.*) prebend ***2*** (*lucro*) profit.

precariàto *m.* ***1*** job insecurity ***2*** (*lavoratori precari*) temporary employees (*pl.*); (*insegnanti*) teachers (*pl.*) on a short-term contract.

precarietà *f.* precariousness.

precàrio ***A*** *a.* ***1*** precarious; uncertain: **salute precaria**, precarious health ***2*** (*temporaneo*) temporary; short-term: **impiego p.**, temporary job ***B*** *m.* (*f.* **-a**) temporary employee; (*insegnante*) teacher on a short-term contract.

precauzionàle *a.* precautionary.

precauzióne *f.* ***1*** precaution: **per p.**, as a precaution ***2*** (*cautela*) caution; care.

precedènte ***A*** *a.* ***1*** preceding; previous; prior: **le pagine precedenti**, the preceding pages; **il giorno p.**, the previous day; the day before; **impegno p.**, previous (*o* prior) engagement ***2*** (*anteriore*) former: **in tempi precedenti**, in former times ***B*** *m.* ***1*** (*anche leg.*) precedent: **creare un p.**, to create (*o* to set) a precedent; **senza precedenti**, without precedent; unprecedented (*agg.*) ***2*** (*al pl.*) record (*sing.*); past (*sing.*): **buoni precedenti**, good record; **precedenti familiari**, family history; (*leg.*) **precedenti penali**, criminal record; previous convictions.

precedentemènte *avv.* previously; before; formerly.

precedènza *f.* ***1*** precedence; priority: **avere la p.**, to take precedence (over st.); to have priority (over sb. in st.); **p. assoluta**, top priority ***2*** (*autom.*) right of way: **avere la p.**, to have right of way; **dare la p.**, to give way; **segnale di p.**, give-way sign • **in p.**, previously; formerly.

precèdere ***A*** *v. t.* to precede; (*essere in testa*) to head • **farsi p. da q.**, to send sb. ahead ***B*** *v. i.* to come* first • **far p.**, to put first.

precessióne *f.* (*astron., mecc.*) precession.

precettàre *v. t.* ***1*** (*mil.*) to mobilize; to call up ***2*** (*scioperanti*) to order to resume work.

precettazióne *f.* ***1*** (*mil.*) mobilization; call-up ***2*** (*di scioperanti*) order to resume work.

precettìstica *f.* precepts (*pl*).

precètto *m.* ***1*** (*norma, regola*) precept; rule ***2*** (*eccles.*) duty; obligation: **il p. pasquale**, one's Easter duties; **festa di p.**, holiday of obligation ***3*** (*leg.*) order; injunction.

precettóre *m.* tutor.

precipitàre ***A*** *v. t.* ***1*** to hurl down; to cast* down ***2*** (*affrettare*) to precipitate; to rush; to hasten: **p. le cose**, to precipitate things; **p. una decisione**, to rush a decision ***3*** (*chim.*) to precipitate ***B*** *v. i.* ***1*** (*cadere*) to fall*, to plummet (*anche fig.*); (*schiantarsi*) to crash: **p. nello sconforto**, to fall (*o* to be plunged) into despair; **I prezzi precipitano**, prices are plummeting ***2*** (*di eventi, ecc.*) to come* to a head ***3*** (*chim.*) to precipitate ***C*** **precipitàrsi** *v. rifl. e i. pron.* ***1*** (*gettarsi*) to throw* oneself ***2*** (*accorrere*) to rush: **p. in [fuori da] una stanza**, to rush into [out of] a room; **p. a casa**, to rush home.

precipitàto ***A*** *a.* precipitate; overhasty; rash ***B*** *m.* (*chim.*) precipitate.

precipitazióne *f.* precipitation; rashness.

precipitosamènte *avv.* (*in fretta*) hastily; (*a precipizio*) headlong; (*avventatamente*) rashly: **gettarsi p. in q.c.**, to rush headlong into st.; **tornare p.**, to haste (*o* to rush) back.

precipitóso *a.* ***1*** headlong: **caduta precipitosa**, headlong fall ***2*** (*affrettato*) precipitate; headlong; **ritorno p.**, precipitate return ***3*** (*avventato*) overhasty; rash: **decisione precipitosa**, rash decision.

precipìzio *m.* precipice • **una roccia a p. sul mare**, a cliff that drops sheer to the sea □ **cadere a p.**, to fall headlong □ **correre a p.**, to run (*o* to rush) headlong.

precìpuo *a.* principal; main; chief.

precisamènte *avv.* ***1*** (*accuratamente*) accurately ***2*** (*esattamente, proprio*) precisely; exactly: **Le cose stanno p. così**, that is exactly how things stand.

precisàre *v. t.* to tell* exactly; to be precise about; to specify: **Non saprei p.**, I couldn't tell you exactly; **p. meglio q.c.**, to be more precise about st.; **Ti preciserò la data domani**, I'll be more specific about the date tomorrow; **p. i dettagli**, to give further details.

precisazióne *f.* explanation; clarification • **Vorrei fare una p.**, I'd like to explain st.; there is a point I'd like to clarify.

precisióne *f.* precision; accuracy; exactness: **bilancia di p.**, precision balance • **per la p.**, to be precise □ **sapere q.c. con p.**, to be sure about st.; to know st. for a fact □ **Sappimelo dire con p.**, let me know precisely.

precìso *a.* ***1*** precise; exact; accurate: **ordini precisi**, precise orders; **in quel p. momento**, at that precise (*o* very) moment; **le sue precise parole**, his exact words; **resoconto p.**, accurate account; **orologio p.**, accurate clock; **alle 3 precise**, at 3 o'clock precisely (*o* sharp); at exactly 3 o'clock ***2*** (*ben determinato*) definite: **nulla di p.**, nothing definite ***3*** (*identico*) identical (to); exactly like.

preclùdere *v. t.* to bar; to preclude; **p. a q. la possibilità di fare q.c.**, to bar sb.'s chance of (doing) st.

preclusióne *f.* preclusion.

precòce *a.* precocious; (*anticipato*) early; (*prematuro*) premature, untimely: **un bambino p.**, a precocious child; **inverno p.**, early winter; **vecchiaia p.**, premature old age.

precocità *f.* precocity; precociousness; (*di frutto, stagione*) earliness.

precognizióne *f.* (*lett.*) foreknowledge; precognition.

precolombiàno *a.* pre-Columbian.

preconcètto ***A*** *a.* preconceived ***B*** *m.* preconception; prejudice; bias.

preconizzàre *v. t.* to foretell*; to predict.

precórrere *v. t.* to anticipate: **p. gli eventi**, to anticipate events; (*di idee, scoperte, ecc.*) **p. i tempi**, to be ahead of one's time.

precorritóre ***A*** *m.* (*f.* **-trice**) forerunner; precursor ***B*** *a.* forerunning.

precostituìto *a.* preconstituted.

precòtto *a.* precooked.

precursóre *m.* precursor; forerunner • **segno p.**, harbinger.

prèda *f.* ***1*** prey (*anche fig.*); (*animale braccato*) quarry: **cadere in p. a**, to fall a prey to; **essere in p. a**, to be a prey to; **uccello da p.**, bird of prey ***2*** (*bottino, spoglie*) booty; plunder: **p. di guerra**, war booty; spoils (*pl.*) of war; **diritto di p.**, right of plunder ***3*** (*naut.*) prize • **in p. alle fiamme**, on fire; alight □ **in p. al panico**, panic-stricken □ **in p. al rimorso**, racked with remorse □ **In p. al terrore, afferrò un coltello**, mad with fear, he grabbed a knife.

predàre *v. t.* to prey upon; (*saccheggiare*) to plunder, to pillage.

predatóre ***A*** *m.* (*f.* **-trice**) ***1*** plunderer; pillager ***2*** (*animale*)

predator **B** *a.* predatory.
predecessóre *m.* **1** predecessor **2** (*al pl.*) (*antenati*) forefathers.
predèlla *f.* **1** (*di cattedra, ecc.*) dais; (*di altare*) predella **2** (*arte, di polittico*) predella*.
predellino *m.* footboard; step; (*autom.*) running board.
predestinàre *v. t.* **1** (*relig.*) to predestinate; to predestine **2** to predestine; to preordain.
predestinàto *a.* **1** (*relig.*) predestinated; predestined **2** predestined; preordained; doomed: **p. all'insuccesso**, doomed to failure.
predestinazióne *f.* **1** (*relig.*) predestination **2** (*destino*) fate; destiny; doom.
predeterminàre *v. t.* to predetermine.
predeterminazióne *f.* predetermination.
predétto *a.* above-mentioned; aforesaid.
prèdica *f.* **1** sermon; homily: **fare una p.**, to preach a sermon **2** (*fam.*) lecture; talking-to: **fare la p. a q.**, to give sb. a lecture (*o* a talking-to); to lecture sb.
predicàre **A** *v. t.* **1** to preach: **p. il Vangelo** [**la pace**], to preach the Gospel [peace] **2** (*filos.*) to predicate **B** *v. i.* (*anche fig.*) to preach; to sermonize • **p. al deserto**, to talk to deaf ears □ **p. bene e razzolare male**, not to practise what one preaches.
predicativo *a.* (*gramm.*) predicative; predicate (*attr.*).
predicàto *m.* (*gramm., filos.*) predicate • **essere in p. (di)**, to be in line (*o* on the short list) (for).
predicatóre **A** *m.* (*f.* **-trice**) **1** preacher **2** (*sostenitore*) advocate; upholder **B** *a.* preaching.
predicazióne *f.* preaching.
predicòzzo *m.* (*scherz.*) lecture; talking-to: **fare un p. a q.**, to give sb. a lecture (*o* a talking-to); to lecture sb.
predigerire *v. t.* to predigest.
predilètto **A** *a.* favourite; best-loved; dearest **B** *m.* favourite; (*beniamino*) pet, darling.
predilezióne *f.* predilection; preference; partiality; fondness.
prediligere *v. t.* to have a preference for; to prefer; to like best; (*fra due*) to like better.
predire *v. t.* to predict; to foretell*: **Mi predisse un futuro radioso**, he predicted a rosy future for me; **p. il futuro a q.**, to tell sb.'s future.
predispórre **A** *v. t.* **1** (*anche med.*) to predispose **2** (*preparare in anticipo*) to arrange (beforehand); to prepare; to get* ready **B** **predispórsi** *v. rifl.* to prepare oneself; to get* ready.
predisposizióne *f.* **1** (*il predisporre*) arrangement **2** (*med.*) predisposition: **avere p. a certe malattie**, to have a predisposition to certain diseases **3** (*inclinazione*) inclination, tendency, propensity; (*attitudine*) natural bent: **p. d'animo**, inclination of the mind; **mostrare p. alla musica**, to show a natural bent for music.
predispósto *a.* **1** predisposed **2** (*preparato*) arranged beforehand; prepared in advance.
predizióne *f.* prediction.
predominànte *a.* predominant; prevailing; prevalent.
predominàre *v. i.* **1** to predominate; to rule (supreme) **2** (*prevalere*) to predominate; to prevail.
predominio *m.* predominance; (*supremazia*) supremacy • **avere il p.**, to stand foremost □ **esercitare il p. su**, to dominate (*o* to rule) over.
predóne *m.* robber • **p. del mare**, pirate; freebooter.
preesistènte *a.* pre-existent • **la situazione p. al mio arrivo**, the situation prior to my arrival.
preesistènza *f.* pre-existence.
preesistere *v. i.* to pre-exist.
prefabbricàre *v. t.* **1** (*edil.*) to prefabricate **2** (*fig.*) to fabricate.
prefabbricàto **A** *a.* **1** (*edil.*) prefabricated **2** (*fig.*) fabricated **B** *m.* prefabricated building; prefab (*fam.*).
prefabbricazióne *f.* (*edil.*) prefabrication.
prefàzio *m.* (*eccles.*) Preface.
prefazióne *f.* preface; foreword.
preferènza *f.* preference: **avere p. per**, to have a preference for; to prefer; **dare la p. a**, to give preference to • **a p. di**, rather than □ **di p.**, preferably □ **fare preferenze**, to show favouritism □ (*polit.*) **voto di p.**, preferential vote.
preferenziàle *a.* preferential • (*autom.*) **corsia p.**, reserved lane.
preferibile *a.* preferable; to be preferred.
preferibilménte *avv.* preferably.
preferire *v. t.* to prefer; to like best; (*fra due*) to like better; (*rif. a una scelta concreta*) would rather: **Preferisco il tè**, I prefer tea; I like tea better; **Fa' come preferisci**, do as you prefer; **Che cosa preferisci, tè o caffè?**, what would rather have, tea or coffee?; **Preferisci restare?**, would you rather stay?; **Preferirei non andare**, I'd rather not go.
preferito **A** *a.* favourite; best-loved **B** *m.* (*f.* **-a**) favourite; (*beniamino*) pet, darling.
prefestivo *a.* before a holiday (*pred.*); pre-holiday.
prefettizio *a.* prefectorial; prefect's.
prefètto *m.* prefect.
prefettùra *f.* prefecture.
prefiggere *v. t.* **1** to fix; to establish **2** — **prefiggersi**, to be determined; to intend; to set oneself (st.): **Mi prefissi di finire per le sei**, I was determined to finish by six; **prefiggersi uno scopo**, to set oneself a goal.
prefiguràre *v. t.* to foreshadow; to prefigure.
prefigurazióne *f.* foreshadowing; prefiguration.
prefissàre *v. t.* to fix in advance; to prearrange.
prefissàto *a.* prearranged.
prefisso **A** *a.* fixed; appointed **B** *m.* **1** (*gramm.*) prefix **2** (*telef.*) area code; dialling (*USA* dial) code.
preformazióne *f.* (*anche biol.*) preformation.
pregàre *v. t.* **1** to pray **2** (*chiedere con preghiere*) to ask; (*richiedere*) to request, to desire (*form.*): **Pregalo di entrare**, ask him (to come) in; **Lo pregai di essere meno severo**, I asked him to be less strict; **La pregai di sedersi**, I asked (*o* invited) her to sit down; **Ti prego di ripensarci**, please reconsider; **Entri, la prego**, please come in; do come in; **I clienti sono pregati di non toccare la merce**, customers are requested not to touch the goods • **farsi p.**, to stand on ceremony □ **non farsi p.**, not to wait to be asked twice.
pregévole *a.* **1** (*di valore*) valuable **2** (*notevole*) remarkable; excellent.
preghièra *f.* **1** prayer: **dire le preghiere**, to say one's prayers **2** (*richiesta*) request; (*supplica*) entreaty: **p. di aiuto**, request for help; **su p. di q.**, at sb.'s request; **rimanere sordo alle preghiere di q.**, to be deaf to sb.'s entreaties • **accogliere una p.**, to answer a prayer; to grant a request □ **rivolgere una p. a q.**, to address a prayer to sb.; to make a request to sb.
pregiàrsi *v. rifl.* (*bur.*) to be pleased: **Ci pregiamo d'informarVi che...**, we are pleased to inform you that...
pregiàto *a.* **1** (*prezioso*) valued; precious; rich **2** (*stimato*) • **Pregiatissimo Prof. Paolo Bona**, (*negli indirizzi*) Prof. Paolo Bona; (*a inizio di lettera*) Dear Professor Bona.
prègio *m.* **1** (*stima*) esteem; regard: **tenere q. in gran p.**, to hold sb. in high esteem **2** (*qualità positiva*) (good) quality; merit; excellence **3** (*valore*) value; worth: **di gran p.**, of great value; **di nessun p.**, of no value; worthless.
pregiudicàre *v. t.* (*compromettere*) to prejudice, to be prejudicial to, to compromise; (*mettere in pericolo*) to jeopardize; (*danneggiare*) to impair, to harm, to be detrimental to: **p. la salute**, to impair one's health; **p. gli interessi di q.**, to be prejudicial to sb.'s interests.
pregiudicàto *m.* (*f.* **-a**) (*leg.*) previous offender.
pregiudiziàle **A** *a.* prejudicial; preliminary **B** *f.* (*leg.*) preliminary question.
pregiudiziévole *a.* prejudicial; detrimental; harmful.
pregiudìzio *m.* **1** prejudice; bias: **non avere pregiudizi**, to be free from prejudice; to be unprejudiced; **pregiudizi razziali**, racial prejudice ▣ **2** (*danno*) prejudice; detriment: **con p. di**, to the detriment of.
pregnànte *a.* pregnant; meaningful; pithy.
pregnànza *f.* pregnancy; meaningfulness.
prégno *m.* **1** (*gravido*) pregnant **2** (*saturo*) saturated (with), impregnated (with); (*pieno*) full (of).
prègo *inter.* **1** (*risposta a «grazie»*) don't mention it!; not at all!; you're welcome! (*USA*) **2** (*interr.*) pardon?; sorry? **3** (*in formule di invito*) please: **Da questa parte, p.**, this way, please **4** (*cedendo il passo*) after you!
pregustàre *v. t.* to anticipate; to look forward to: **p. un piacere**, to anticipate a pleasure; **p. la gioia di rivedere q.**, to look forward to seeing sb. again.

preistòria *f.* ***1*** prehistory ***2*** (*fig.*) early history.
preistòrico *a.* (*anche fig.*) prehistoric.
prelàto *m.* (*eccles.*) prelate.
prelatùra *f.* (*eccles.*) prelacy.
prelavàggio *m.* prewash (cycle).
prelazióne *f.* (*leg.*) pre-emption.
prelevaménto *m.* ***1*** (*di denaro*) withdrawal, drawing: **fare un p.**, to withdraw a sum; **p. di cassa**, cash drawing ***2*** (*somma prelevata*) amount drawn; drawings (*pl.*) ***3*** (*ritiro*) collection ***4*** (*med.*) taking.
prelevàre *v. t.* ***1*** (*denaro*) to withdraw*; to draw* ***2*** (*arrestare*) to arrest ***3*** (*fam.*: *passare a prendere*) to pick up; to collect ***4*** (*med.*) to take*: **p. sangue**, to take a blood sample.
prelibatézza *f.* ***1*** deliciousness ***2*** (*cosa prelibata*) delicacy.
prelibàto *a.* delicious; excellent • **boccone p.**, delicacy; titbit, tidbit.
prelièvo *m.* ***1*** V. **prelevamento**, *def. 1 e 2* ***2*** (*med.*) taking; (*campione*) sample: **p. del sangue**, taking of a blood sample ***3*** (*fisc.*) levy.
preliminàre ***A*** *a.* preliminary; preparatory ***B*** *m.* preliminary (*generalm. al pl.*).
preliminarménte *avv.* preliminarily; as a preliminary.
prelùdere *v. i.* (*preannunziare*) to be a sign of; to announce; to herald: **nuvole che preludono a un temporale**, clouds heralding a storm.
prelùdio *m.* ***1*** (*segno precursore*) prelude; sign; harbinger ***2*** (*mus.*) prelude.
pre-maman ® ***A*** *m. invar.* maternity dress ***B*** *a.* maternity (*attr.*): **abiti p.**, maternity wear Ⓤ.
prematrimoniàle *a.* premarital; pre-marriage (*attr.*).
prematuraménte *avv.* prematurely • **morire p.**, to die young; to die before one's time.
prematùro ***A*** *a.* premature; untimely: **parto p.**, premature delivery; **morte prematura**, untimely death; **È p. dire...**, it's too early to say... ***B*** *m.* (*f.* **-a**) premature baby.
premeditàre *v. t.* to premeditate; to plan (in advance).
premeditataménte *avv.* premeditatedly; with premeditation.
premeditàto *a.* premeditated; intentional; (*leg., anche*) with malice aforethought.
premeditazióne *f.* premeditation; (*leg., anche*) malice aforethought • **senza p.**, unpremeditated (*agg.*).
prèmere ***A*** *v. t.* ***1*** (*pigiare*) to press: **p. un bottone [il grilletto]**, to press a button [the trigger] ***2*** (*incalzare*) to press; to bear* down on ***B*** *v. i.* ***1*** to press: **p. sul pedale col piede**, to press one's foot on the pedal ***2*** (*gravare, anche fig.*) to press; to bear* down; to weigh ***3*** (*insistere*) to urge (sb.); to put* pressure (on); to press (sb.): **Preme su di lei perché venda la casa**, he is putting pressure on her to sell the house; **Premono per una risposta**, they are pressing me for an answer ***4*** (*stare a cuore*) to matter; to be anxious (*costruz. pers.*): **Mi preme che tu sia felice**, your happiness is all that matters to me; **Mi preme saperlo**, I'm anxious to find out ***5*** (*urgere*) to be urgent; to be pressing.
preméssa *f.* ***1*** introductory (*o* preliminary) remarks (*pl.*); introduction; preamble: **Vorrei fare una p.**, I'd like to make some preliminary remarks (*o* to say something by way of introduction) ***2*** (*filos.*) premise, premiss ***3*** (*al pl.*) (*leg.*) premises • **Mancano le premesse per l'accordo**, there is no basis for an agreement □ **senza tante premesse**, without wasting words.
premésso *a.* stated beforehand (*o* in advance); (*precedente*) preceding, previous • **ciò p.**, having said that □ **p. che**, since; considering that; (*leg.*) whereas.
preméttere *v. t.* ***1*** to state first; to say straightaway: **Premetto subito che...**, I want to say first of all that...; **Vorrei p. alcune osservazioni**, I'd like to make some preliminary remarks ***2*** (*mettere prima*) to put* before; to prefix: **p. il nome al cognome**, to put one's first name before one's surname.
premiàre *v. t.* ***1*** to give* (*o* to award) a prize to: **Fu premiato con una targa d'argento**, he was awarded a silver shield ***2*** (*ricompensare*) to reward; to repay*.
premiàto ***A*** *a.* prize-winning ***B*** *m.* (*f.* **-a**) prize-winner.
premiazióne *f.* prize-giving.
premier *m. e f. invar.* Prime Minister; Premier.
preminènte *a.* preeminent.
preminènza *f.* preeminence.
prèmio *m.* ***1*** prize; award: **il p. Nobel**, the Nobel prize; **p. di consolazione**, consolation prize; **p. in denaro**, cash prize; **dare un p. a q.**, to give (*o* to award) sb. a prize; **Gli fu assegnato il primo p.**, he was awarded the first prize; **ricevere q.c. in p.**, to be awarded st.; **concorso a premi**, prize contest; **distribuzione dei premi**, prize-giving ***2*** (*ricompensa*) reward: **in p. di q.c.**, as a reward for st. ***3*** (*ass.*) premium ***4*** (*econ.*) bounty; rebate; (*amm.*) bonus: **p. all'esportazione**, export bounty; **p. d'anzianità [di produzione]**, long-service [production] bonus • (*sport*) **p. d'ingaggio**, signing-on fee □ (*sport*) **p. di partita**, match bonus □ (*sport*) **Gran P.**, Grand Prix (*franc.*) □ (*mil.*) **licenza p.**, bonus (*o* special) leave □ **viaggio p.**, free trip.
premolàre *a. e m.* (*anat.*) premolar.
premonitóre *a.* premonitory; forewarning.
premonizióne *f.* premonition; forewarning.
premoriènza *f.* (*leg.*) predecease.
premorire *v. i.* to predecease (sb.).
premunìre ***A*** *v. t.* ***1*** (*proteggere*) to protect ***2*** (*mettere in guardia*) to warn (sb.) against (st.) ***B*** **premunirsi** *v. rifl.* ***1*** to take* precautions (*o* protective measures); (*rafforzarsi*) to fortify (*o* to arm) oneself ***2*** (*provvedersi*) to provide oneself (with).
premùra *f.* ***1*** (*sollecitudine, cura*) care; solicitude ***2*** (*cortesia*) kindness; (*riguardo, attenzione*) attention: **colmare q. di premure**, to shower attentions upon sb. ***3*** (*fretta*) hurry; haste: **avere (molta) p.**, to be in a (great) hurry; **Ho p. di finirlo**, I'm in a hurry to get it done; **di p.**, in haste, in a hurry • **avere p. di sapere q.c.**, to be anxious to know st. □ **darsi p.**, to take pains (to do st.) □ **far p. a q.**, to hurry sb. up; to chiry sb. along □ **Sarà mia p. di...**, I will make it my job to...
premuràrsi *v. i. pron.* to take* pains (to do st.).
premuróso *a.* solicitous; thoughtful; kind.
prenatàle *a.* antenatal (*GB*); prenatal (*USA*).
prèndere ***A*** *v. t.* ***1*** to take*; to get*; (*raccogliere*) to pick up: **p. q.c. fra le mani**, to take st. in one's hands; **p. un foglio dal tavolo**, to pick up a piece of paper from the table; **p. q.c. da un cassetto**, to take (*o* to get) st. out of a drawer; **Va' a p. il dizionario**, go and get the dictionary; **p. il posto di q.**, to take sb.'s place; **p. in braccio un bambino**, to take (*o* to lift) a child in one's arms; **p. per mano**, to take by the hand ***2*** (*afferrare*) to grasp, to seize; to grip; (*acchiappare, catturare, sorprendere*) to catch*: **Lo presi per un braccio**, I seized him by the arm; **p. un ladro**, to catch a thief; **p. i topi**, to catch mice; **Lo presi mentre rubava**, I caught him stealing; **p. q. sul fatto**, to catch sb. red-handed; **Fu preso dal rimorso**, he was seized with remorse; **Fu preso dal panico**, he was gripped by panic; he panicked ***3*** (*mezzi di trasporto*) to take*; to catch*: **p. il treno [l'aereo]**, to take a train [a plane]; to go by train [plane]; **Ho preso il treno delle due**, I took (*o* caught) the 2 o'clock train ***4*** (*scrivere*) to take* (down): **p. il nome di q.**, to take down sb.'s name; **p. nota di q.c.**, to take note of st.; **p. appunti**, to take notes ***5*** (*ricevere*) to take*; to get*; (*malattie*) to catch*: **p. lezioni private**, to take private lessons; **p. uno spavento**, to get a fright; **p. la pioggia**, to get caught in the rain; (*di cosa*) to get soaked in the rain; **p. freddo**, to get (*o* to catch) cold; to catch a chill; **prendersi un raffreddore**, to catch a cold ***6*** (*andare, venire a p.*) to collect; to pick up; to call for; to fetch: **p. un pacco alla posta**, to collect a parcel from the post office; **(andare a) p. i bambini a scuola**, to fetch the children from school; **Passo a prenderti alle tre**, I'll pick you up (*o* call for you) at three ***7*** (*mangiare, bere*) to have; (*medicine*) to take*: **Che cosa prendi?**, what will you have?; (*rif. a medicina*) what are you taking (for it)?; **Prendete qualcosa?**, would you like something to eat or drink? ***8*** (*portare via*) to take* (away); (*rubare*) to steal*: **Mi hanno preso tutto**, they've taken everything away from me ***9*** (*assumere*) to take* on; to assume; to take* over; (*impiegare*) to hire, to take* on: **prendersi la responsabilità di q.c.**, to assume responsibility for st.; **p. un impegno**, to take on a commitment; **p. la gestione di un albergo**, to take over the management of a hotel ***10*** (*occupare*) to take* up: **p. troppo posto**, to take up too much room; **Il lavoro mi prese tutto il lunedì**, the job took up all day Monday ***11*** (*colpire, centrare*) to hit*; to get* ***12*** (*ottenere*) to get*; (*vincere*) to win*; (*guadagnare*) to earn ***13*** (*comprare, acquistare*) to buy*; to get*: **Devo p. del pane**, I must buy (*o* get) some

bread; **Mi prendi il giornale?**, can you get me the paper? ***14*** (*prendere per, scambiare*) to mistake*; to take*: **L'avevo preso per il marito**, I had mistaken him for her husband; **Per chi mi hai preso?**, who do you take me for? ***15*** (*far pagare*) to charge: **Quanto ti ha preso?**, how much did he charge you? ***16*** (*trattare*) to handle; to deal* with • **p. q. a calci**, to kick sb. □ **p. a cuore q.c.**, to take st. to heart □ **p. q. a pugni**, to punch sb. □ **p. dal proprio padre**, to take after one's father □ **p. d'assalto**, to take by storm (*anche fig.*) □ **p. in affitto**, to rent □ **p. in giro q.**, (*stuzzicare*) to pull sb.'s leg; (*imbrogliare*) to fool: **Chi credi di p. in giro?**, who are you trying to fool? □ **p. informazioni**, to make inquiries □ **p. q.c. sul serio**, to take st. seriously □ **p. q. in disparte**, to take sb. aside □ **p. informazioni**, to make inquiries □ **P. o lasciare!**, take it or leave it! □ **p. il via**, to get under way □ **prenderla alla lontana**, to beat about the bush □ **prenderla bene**, to take it well □ **prenderla male**, to take it badly; to be upset □ **prenderle**, (*rif. a bambini*) to get a spanking; to catch it (*fam.*); (*anche sport*) to take a beating □ **prendersela**, to take offence (at st.); to take it amiss □ **Non prendertela!**, don't take it badly!; don't let it get to you! □ **prendersela con q.**, to get angry with sb.; (*incolpare q.*) to pick on sb.; (*sfogarsi su*) to take it out on sb. □ **prendersela a cuore**, to take it to heart □ **prendersela comoda**, to take it easy; to take one's time □ **Che ti prende?**, what's the matter with you? □ **farsi p. dal panico**, to panic □ **lasciarsi p. dall'entusiasmo**, to get carried away with enthusiasm ***B*** *v. i.* ***1*** (*girare, voltare*) to turn: **p. a destra**, to turn (to the) right; **p. per i campi**, to cut across the fields ***2*** (*attecchire*) to take* root ***3*** (*rapprendersi, indurirsi*) to set* • **p. a** (*cominciare*), to take to (st., doing st.); to start (doing st.) ***C*** **prèndersi** *v. rifl. recipr.* — **p. a pugni**, to fight □ **giocare a p.**, to play tag (*o* tig).

prendisóle *m. invar.* sun dress.

prenotàre ***A*** *v. t.* to book; to reserve; to put* one's name down for: **p. una camera in un albergo**, to book a room at (*o* in) a hotel; **p. un posto**, (*a teatro*) to book a seat; (*in treno*) to reserve a seat ***B*** **prenotàrsi** *v. rifl.* to put* one's name down (for).

prenotàto *a.* booked; reserved: **È tutto prenotato**, it's fully booked (*o* booked up).

prenotazióne *f.* booking; reservation • **ufficio prenotazioni**, booking agency; booking office.

prènsile *a.* (*zool.*) prehensile.

preoccupànte *a.* worrying; disquieting.

preoccupàre ***A*** *v. t.* to worry; to trouble ***B*** **preoccupàrsi** *v. i. pron.* ***1*** (*essere in ansia*) to worry, to be worried; (*agitarsi*) to get* worried, to get* anxious: **Non ti p., andrà tutto bene**, don't worry, everything will be fine; **cominciare a p.**, to start getting worried ***2*** (*interessarsi di, provvedere a*) to take* care (to); to take* the trouble (to); (*disturbarsi*) to trouble, to bother: **Non si sono preoccupati di avvertirmi**, they didn't take the trouble to tell me; **Oh, non ti p., grazie!**, oh, don't trouble, thanks! ATTENZIONE: **preoccupare** ≠ to preoccupy.

preoccupàto *a.* worried; anxious; troubled. ATTENZIONE: **preoccupato** ≠ preoccupied.

preoccupazióne *f.* worry; concern; (*al pl., anche*) cares.

preparàre ***A*** *v. t.* to prepare; to make* (*o* to get*) ready; (*addestrare*) to coach, to train: **p. il pranzo**, to prepare dinner [lunch]; to get dinner [lunch] ready; **p. un esame**, to prepare an exam; **p. q.c. per un esame**, to coach sb. for an exam • **p. la tavola**, to lay the table □ (*fig.*) **p. il terreno**, to pave the way □ **p. la valigia**, to pack (one's suitcase) ***B*** **preparàrsi** *v. rifl.* ***1*** to prepare (oneself); to get* ready; to make* preparations: **p. a una sorpresa**, to prepare for a surprise; **p. per uscire**, to get ready to go out; **p. a un viaggio**, to make preparations for a journey; **p. a morire**, to prepare for death ***2*** (*accingersi*) to be about to.

preparativo *m.* preparation: **fare i preparativi per un viaggio**, to make preparations for a journey.

preparàto ***A*** *a.* ***1*** prepared; (*pronto*) ready: **studente p.**, well-prepared student ***2*** (*abile*) well-trained; competent: **insegnante p.**, competent teacher ***3*** (*informato*) aware: **politicamente p.**, politically aware ***B*** *m.* (*chim., farm.*) preparation.

preparatòrio *a.* preparatory; (*preliminare*) preliminary.

preparazióne *f.* ***1*** (*il preparare*) preparation; (*l'essere preparato*) preparedness ***2*** (*addestramento*) training: **p. professionale**, vocational training ***3*** (*nozioni, esperienza*) grounding; background; qualification.

prepensionaménto *m.* early retirement.

preponderànte *a.* preponderant; predominant; prevailing.

preponderànza *f.* preponderance; predominance; prevalence; (*maggioranza*) majority; (*superiorità*) superiority.

prepórre *v. t.* ***1*** (*porre innanzi*) to place (*o* to put*) before; to prefix ***2*** (*anteporre*) to set* above ***3*** (*mettere a capo*) to put* at the head; to put* in charge.

prepositivo *a.* (*gramm.*) prepositional.

preposizióne *f.* (*gramm.*) preposition: **p. articolata**, preposition with article.

prepósto *a.* in charge (of); in control (of).

prepotènte ***A*** *a.* ***1*** overbearing; domineering; tyrannical; high-handed; bossy (*fam.*) ***2*** (*impellente*) pressing; irresistible; urgent ***B*** *m. e f.* domineering person; bully • **fare il p.**, to be a bully; to bully (sb.).

prepotenteménte *avv.* forcefully.

prepotènza *f.* ***1*** domineering attitude; overbearing manner; bullying ***2*** (*azione da prepotente*) bullying Ⓤ; (*sopruso*) imposition • **di p.**, by force.

prepùzio *m.* (*anat.*) prepuce.

preraffaellìsmo *m.* (*arte, letter.*) Pre-Raphaelitism.

preraffaellìta *a., m. e f.* (*arte, letter.*) Pre-Raphaelite.

prerinascimentàle *a.* pre-Renaissance (*attr.*).

preriscaldàre *v. t.* to preheat.

prerogativa *f.* ***1*** prerogative; privilege ***2*** (*dote tipica*) (special) quality; gift ***3*** (*proprietà*) property.

preromàno *a.* pre-Roman.

preromanticìsmo *m.* (*letter.*) pre-Romanticism.

preromàntico *a. e m.* (*f.* **-a**) (*letter.*) pre-Romantic.

présa *f.* ***1*** (*il prendere*) taking; seizing: **p. di possesso**, taking possession; **la p. di possesso di una carica**, the taking up of an office ***2*** (*cattura, conquista*) taking; capture; seizure ***3*** (*stretta*) grasp; grip; purchase; bite (*anche nella lotta*) hold: **abbandonare la p.**, to let go one's hold ***4*** (*d'acqua, d'aria*) intake, inlet; (*di gas*) outlet ***5*** (*elettr.*) socket; power point (*GB*); (electric) outlet (*USA*) ***6*** (*di colla, cemento, ecc.*) set; setting: **a p. rapida**, quick-setting ***7*** (*pizzico*) pinch ***8*** (*a carte*) trick • **p. di coscienza**, realization; new awareness □ **p. di posizione**, stance; attitude □ (*elettr.*) **p. di terra**, earth (*USA* ground) connection □ **p. in giro**, leg-pull; put-on (*USA*); (*caricatura*) send-up; (*farsa*) farce: **Il processo fu una p. in giro**, the trial was a farce □ **avere p. su q.**, to have a hold over sb. □ **essere alle prese con q.c.**, to be grappling with st. □ **fare p.**, to have a grip (on st.); to grip (sb.); (*indurirsi*) to set; (*attaccarsi*) to stick; (*mettere radici*) to take root □ (*TV*) **in p. diretta**, live □ **venire alle prese con q.**, to come to grips with sb.

preșàgio *m.* presage; omen; (*presentimento*) presentiment: **essere di cattivo p.**, to be a bad omen.

preșagìre *v. t.* ***1*** (*prevedere*) to foresee*; (*predire*) to predict, to foretell* ***2*** (*presentire*) to have a presentiment of • **Tutto lascia p. che...**, all the indications are that...

preșàgo *a.* foreboding • **essere p. di q.c.**, to foresee st.; to have a presentiment of st.

presalàrio *m.* (student's) grant.

preșbiopìa *f.* (*med.*) long-sightedness; far-sightedness (*USA*); presbyopia.

prèșbite (*med.*) ***A*** *a.* long-sighted; far-sighted (*USA*); presbyopic ***B*** *m. e f.* long-sighted (*USA* far-sighted) person.

preșbiterianéșimo, preșbiterianìșmo *m.* (*relig.*) Presbyterianism.

preșbiteriàno *a. e m.* (*f.* **-a**) (*relig.*) Presbyterian.

preșbitèrio *m.* (*archit., eccles.*) presbytery.

presbìtero *m.* (*eccles.*) presbyter.

prescélto ***A*** *a.* selected; chosen ***B*** *m.* (*f.* **-a**) chosen person.

presciènza *f.* prescience; foreknowledge.

prescìndere *v. i.* to leave* (*o* to set*) aside; to leave* out of consideration: **prescindendo da ogni aspetto personale**, setting aside all personal aspects • **a p. dall'età e dal sesso**, regardless (*o* irrespective) of age or sex □ **a p. da ciò**, apart from that.

prescolàre, prescolàstico *a.* pre-school (*attr.*): **bambini in età p.**, pre-school children.

prescritto *a.* ***1*** prescribed; (*obbligatorio*) obligatory ***2***

(*leg.*) statute-barred • **È p. l'abito da sera**, evening dress (de rigueur).

prescrivere *v. t.* to prescribe (*anche med., leg.*).

prescrizióne *f.* ***1*** prescription; prescribing ***2*** (*norma*) precept; rule; requirement; (*direttiva*) direction; (*istruzione*) instruction: **attenersi alle prescrizioni**, to follow the instructions ***3*** (*med.*) prescription ***4*** (*leg.*) limitation; debarment: **cadere in p.**, to be barred by the statute of limitations; to be statute-barred.

preselezióne *f.* preselection.

presentàbile *a.* presentable.

presentàre ***A*** *v. t.* ***1*** (*mostrare, anche fig.*) to present, to show*; (*esibire*) to produce: **p. il passaporto**, to show (*o* to present) one's passport; **p. le proprie referenze**, to produce one's references; **p. le armi**, to present arms ***2*** (*prospettare*) to present, to pose; (*offrire*) to offer: **p. molte difficoltà**, to present many difficulties; **p. vantaggi**, to offer advantages; **Il paese presentava un aspetto desolato**, the village looked desolate ***3*** (*inoltrare*) to submit; to send* in: **p. una domanda**, to send in (*o* to submit) an application; **p. un reclamo**, to put in a claim; to make a complaint ***4*** (*porgere*) to present; to offer: **p. i propri complimenti**, to present one's compliments; **p. le scuse**, to offer one's apologies ***5*** (*far conoscere*) to introduce: **Posso presentarti mia moglie?**, may I introduce my wife?; **Ti presento Mario**, this is Mario; meet Mario; **Le presento il prof...**, may I introduce Prof... to you? ***6*** (*radio, TV*) to host; to compere (*GB*) • **p. la propria candidatura a**, to stand for; to run for (*USA*) □ **p. i conti**, to render accounts □ **p. un progetto di legge**, to introduce a bill ***B*** **presentàrsi** *v. rifl. e i. pron.* ***1*** to present oneself; (*mostrarsi*) to show* oneself; (*comparire*) to appear; (*arrivare*) to arrive: **p. in pubblico**, to appear in public; **p. davanti al tribunale**, to appear before the court; **p. in ritardo**, to arrive late ***2*** (*farsi conoscere*) to introduce oneself: **Permette che mi presenti?**, may I introduce myself? ***3*** (*offrirsi*) to offer (oneself); (*capitare*) to occur, to arise*, to crop up: **se si presenterà l'occasione**, if the opportunity arises; **p. alla mente**, to occur to sb.; to come to mind ***4*** (*sembrare*) to appear; to be; to look: **La situazione si presenta molto grave**, the situation appears to be very serious; **p. bene**, to look well; (*fig.*) to promise well • **p. a un esame**, to sit for an exam □ **p. candidato a q.c.**, to stand for st.; to run for st. (*USA*).

presentat'àrm, **presentatàrm** *locuz. m.* (*mil.*) present arms.

presentatóre *m.* (*f.* **-trice**) ***1*** (*di spettacolo*) presenter; master (*f.* mistress) of ceremonies (*abbr.* emcee, MC) (*USA*); (*radio, TV, anche*) host, compere (*GB*); (*di quiz*) quiz master ***2*** (*comm.*) bearer.

presentazióne *f.* ***1*** presentation ***2*** (*di una persona a un'altra*) introduction: **fare le presentazioni**, to do the introductions; **lettera di p.**, letter of introduction ***3*** (*proposta di un nome*) nomination ***4*** (*premessa a un libro*) foreword ***5*** (*comm., di prodotto*) demonstration; (*confezione*) packaging ***6*** (*cerimonia di lancio*) launch party • **p. di una domanda**, submission of an application □ **p. di un reclamo**, lodgement of a complaint □ (*bur.*) **dietro p. di documento**, on production of identification.

presènte (1) ***A*** *a.* ***1*** present: **essere p. a una riunione**, to be present at a meeting; **Ero p. e ho visto tutto**, I was there and I saw everything; **il qui p. Mario**, Mario here; **«P.!»**, «present!»; «here!» ***2*** (*attuale*) present, current; (*questo*) this*: **il p. mese**, the current month; **il p. volume**, this volume ***3*** (*gramm.*) present • **p. a se stesso**, self-possessed □ **avere p. q. [q.c.]**, to remember sb. [st.]; to recall sb. [st.] □ **far p. q.c. a q.**, to point st. out to sb.; to remind sb. of st. □ **tenere p. q.c.**, to bear (*o* to keep) st. in mind ***B*** *m.* ***1*** present: **al p.**, at present ***2*** (*gramm.*) present: **al p.**, in the present; **p. progressivo**, present continuous ***3*** (*al pl.*) those present: **tutti i presenti allo spettacolo**, all those present at the show; all the spectators; **esclusi i presenti**, present company excepted ***C*** *f.* (*comm., bur.*) this letter • **con la p.**, herewith.

presènte (2) *m.* (*lett.*: *dono*) present; gift.

presentiménto *m.* presentiment; foreboding.

presentire *v. t. e i.* to have a presentiment (of st., that); to have a feeling (that).

presènza *f.* ***1*** presence: **in p. di testimoni**, in the presence of witnesses; **Si è riscontrata la p. di bacilli del tifo**, typhoid bacilli have been found; **Si segnala la p. di borseggiatori**, passengers are advised that pickpockets have been reported ***2*** (*il frequentare*) attendance ***3*** (*aspetto*) appearance; look: **di bella p.**, good-looking; **Cercasi segretaria, bella p.**, wanted: secretary, smart appearance ***4*** (*spirito, fantasma*) presence; ghost ***5*** (*al pl.*) (*persone presenti*) attendance (*sing.*): **alto numero di presenze**, high attendance • **p. di spirito**, presence of mind □ **fare atto di p.**, to put in (*o* to make) an appearance.

presenziàre *v. t. e i.* to be present (at); to attend.

presèpe, **presèpio** *m.* crib (*GB*); crèche (*franc.*) (*USA*).

preservàre *v. t.* to preserve; (*proteggere*) to protect, to guard.

preservativo ***A*** *a.* preservative ***B*** *m.* condom. ATTENZIONE: **preservativo** ≠ preservative.

preservazióne *f.* preservation.

prèside *m. e f.* (*di scuola*) headmaster (*f.* headmistress); head, principal (*USA*); (*di facoltà universitaria*) dean.

presidènte *m. e f.* ***1*** (*di consiglio, assemblea*) chairman* (*f.* chairwoman*) ***2*** (*polit.*) president: **il P. della Repubblica**, the President of the Republic; **P. della Camera dei deputati**, Speaker of the Chamber of Deputies; **P. del Consiglio**, Prime Minister; Premier ***3*** (*di associazione, ecc.*) president ***4*** (*di tribunale*) presiding judge.

presidentéssa *f. V.* **presidente**.

presidènza *f.* ***1*** (*di consiglio, assemblea*: *la carica*) chairmanship; (*seggio presidenziale*) chair: **sotto la sua p.**, under his chairmanship; **assumere la p.**, to become president; to assume the chairmanship; (*in un'assemblea*) to take the chair; **essere alla p.**, to be in the chair ***2*** (*polit.*) presidency; (*di presidente del consiglio*) premiership ***3*** (*di scuola*: *la carica*) headmastership (*GB*), principalship (*USA*); (*la sede*) headmaster's office ***4*** (*di facoltà universitaria*: *la carica*) deanship; (*la sede*) deanery.

presidenziàle *a.* presidential • **seggio p.**, chair.

presidiàre *v. t.* ***1*** (*mil.*) to garrison ***2*** (*estens.*) to guard.

presìdio *m.* ***1*** (*mil.*) garrison; (*circoscrizione*) command ***2*** (*difesa*) defence.

presièdere *v. i. e t.* ***1*** (*essere presidente*) to preside (over); to chair; to be in the chair: **p. una seduta**, to chair a meeting; **Chi presiedeva?**, who was in the chair? ***2*** (*dirigere*) to direct, to be at the head (of); (*sovrintendere*) to be in charge (of) ***3*** (*essere preposto*) to govern; to control.

presina *f.* pot holder.

préso *a.* ***1*** (*indaffarato*) busy; taken up ***2*** (*di posto e sim.*) taken.

prèssa *f.* ***1*** (*calca*) crowd (of people); throng ***2*** (*mecc.*) press • **fare p.** (*accalcarsi*), to crowd; to throng.

pressànte *a.* pressing; urgent.

pressappochismo *m.* carelessness; inaccuracy; slapdash way of doing things.

pressappochista *m. e f.* careless (*o* inaccurate) person.

pressappòco *avv. V.* **press'a poco** *sotto* **presso**, *A.*

pressàre *v. t.* ***1*** (*mecc.*) to press ***2*** (*fig.*) to press; to urge.

pressatùra *f.* (*mecc.*) pressing.

prèssi *m. pl.* neighbourhood (*sing.*); (*dintorni*) environs, outskirts: **in quei p.**, in the neighbourhood; **nei p. di Como**, on the outskirts of Como; somewhere near Como.

pressing (*ingl.*) *m. invar.* (*sport*) pressing; pressure: **fare p.**, to pressurize (*o* to pile pressure on) the opposing team.

pressióne *f.* (*anche fig.*) pressure: **p. atmosferica**, atmospheric pressure; (*meteor.*) **alta [bassa] p.**, high [low] pressure; (*fisiol.*) **p. del sangue**, blood pressure; **la p. dell'opinione pubblica**, the pressure of public opinion; **p. fiscale**, tax burden; (*med.*) **avere la p. alta**, to have high blood pressure; **esercitare una p. su q.c.**, to exert pressure on st.; **fare p. su q.**, to put pressure on sb.; to bring pressure to bear on sb.; **caduta di p.**, drop (*o* fall) in pressure; **gruppo di p.**, pressure group; **pentola a p.**, pressure cooker; (*anche fig.*) **sotto p.**, under pressure.

prèsso ***A*** *avv.* nearby; near; close (at hand) • **press'a poco** (**o a un di p.**), approximately; roughly; about ***B*** *prep.* ***1*** (*vicino a*) near; not far from: **p. Mantova**, near Mantua ***2*** (*accanto a, a fianco di*) beside; next to; by ***3*** (*a casa di*) at, with; (*negli indirizzi*) care of (*abbr.* c/o): **Abito p. mio zio**, I live at my uncle's; **Mi fermai p. amici**, I stayed with some friends ***4*** (*alle dipendenze di*) with; for: **la ditta p. cui la-**

voro, the firm I work for ***5*** (*tra*) with; among: **famoso p. i giovani**, popular with the young; **p. il popolo**, among ordinary people • **ambasciatore p. la Santa Sede**, ambassador to the Holy See □ **avere influenza p. q.**, to have influence over sb.; to have pull with sb.

pressoché *avv.* (*lett.*) nearly; almost; all but.

pressurizẓàre *v. t.* to pressurize.

pressurizẓàto *a.* pressurized.

pressurizẓazióne *f.* pressurization.

prestabilìre *v. t.* to fix (in advance); to prearrange.

prestabilito *a.* prearranged • **Nulla c'era di prestabilito**, nothing had been decided yet.

prestampàto *a.* printed.

prestanóme *m. e f. invar.* ***1*** figurehead; dummy; man* of straw ***2*** (*leg.*) nominee.

prestànte *a.* good-looking; handsome.

prestànza *f.* good looks (*pl.*); handsomeness.

prestàre ***A*** *v. t.* to lend*: **p. denaro a interesse**, to lend money on interest • **p. aiuto**, to lend a hand □ **p. attenzione**, to pay attention □ **p. fede a**, to believe □ **p. giuramento**, to take an oath □ **p. orecchio** (*o* **ascolto**), to lend an ear; to listen □ **p. la propria opera**, to give one's services □ **p. i primi soccorsi**, to give first aid ***B*** **prestàrsi** *v. rifl. e i. pron.* ***1*** (*essere disponibile*) to offer (to do st.); (*rendersi utile*) to help ***2*** (*acconsentire*) to agree, to consent; (*approvare*) to countenance ***3*** (*essere idoneo*) to be suitable (for); to lend* oneself; (*offrire il destro*) to lay* oneself open: **La sua risposta si presta a malintesi**, his answer lays itself open to misinterpretation.

prestatóre *m.* (*f.* **-trice**) lender; (*di denaro*) moneylender • **p. d'opera**, hired person; employee □ **p. su pegno**, pawnbroker.

prestazióne *f.* ***1*** (*al pl.*) (*servizi*) services ***2*** (*al pl.*) (*mecc.*) performance (*sing.*) ***3*** (*sport*) performance.

prestidigitatóre *V.* **prestigiatore**.

prestidigitazióne *f.* conjuring; sleight of hand; prestidigitation.

prestigiatóre *m.* (*f.* **-trice**) ***1*** conjurer, conjuror ***2*** (*fig.*) juggler; trickster.

prestìgio *m.* (*autorità*) prestige; ascendancy.

prestigióso *a.* prestigious; distinguished.

prèstito *m.* ***1*** loan: **contrarre [emettere] un p.**, to incur [to issue, to float] a loan; **sottoscrivere un p.**, to subscribe to a loan; **avere q.c. in p.**, to have st. on loan; to be lent st.; **dare in p.**, to lend; **prendere in p.**, to borrow; **p. forzoso**, forced loan; **p. ipotecario**, mortgage loan; **p. su pegno**, loan on pawn; **agenzia di prestiti su pegno**, pawnshop ***2*** (*ling.*) loanword; borrowing.

prèsto *avv.* ***1*** (*in breve tempo*) soon; in a short time; before long: **(Arrivederci) a p.**, see you soon ***2*** (*di buon'ora*) early: **di mattino p.**, early in the morning ***3*** (*in fretta*) quickly: **fare p.**, to be quick; to hurry up; **Hai fatto p.!**, you were quick!; **P.!**, hurry up!; quick! ***4*** (*mus.*) presto • **p. o tardi**, sooner or later □ **al più p.**, as soon as possible; (*non prima*) at the earliest □ **È p. detto [fatto]**, it's easy to say [it's soon done] □ **Fai p. a dire!**, it's easy (*o* it's all very well) for you to talk! □ **Si fa p. a comandare**, it's easy to give orders.

prèṣule *m.* (*eccles.*) bishop; prelate.

preṣùmere *v. t.* (*ritenere*) to presume; to expect; (*credere*) to think*: **Presumo che lo sappia già**, I presume he knows already; **Verrà anche lui, presumo**, he'll come too, I expect; **Presumo di sì**, I presume so; **Presume di sapere tutto**, he thinks he knows everything • **p. troppo di sé**, to be over-confident.

preṣumìbile *a.* presumable; (*probabile*) probable, likely.

preṣuntìvo *a.* presumptive • **bilancio p.**, budget statement □ **spesa presuntiva**, estimated expenditure.

preṣùnto *a.* ***1*** presumed; (*supposto*) supposed, alleged: **morte presunta**, presumed death; **il p. omicida**, the alleged murderer ***2*** (*valutato*) estimated.

preṣuntuóso ***A*** *a.* conceited; self-important; arrogant ***B*** *m.* (*f.* **-a**) conceited person.

preṣunzióne *f.* ***1*** (*boria*) conceit; self-importance; arrogance ***2*** (*congettura*) presumption; conjecture; supposition ***3*** (*leg.*) presumption.

presuppórre *v. t.* ***1*** to presuppose; to suppose; to assume ***2*** (*implicare*) to presuppose; to imply ***3*** (*richiedere*) to require.

presuppoṣizióne *f.* presupposition; assumption.

presuppósto *m.* ***1*** (*assunto*) presupposition; assumption ***2*** (*supposizione*) conjecture.

prêt-à-porter (*franc.*) ***A*** *a. invar.* ready-made; ready-to--wear; off-the-peg ***B*** *m. invar.* ready-made.

prète *m.* (*cattolico*) priest; (*anglicano*) clergyman*, priest; (*protestante*) minister: **farsi p.**, to become a priest; to take holy orders.

pretendènte *m.* ***1*** pretender; claimant ***2*** (*corteggiatore*) suitor.

pretèndere ***A*** *v. t.* ***1*** (*sostenere*) to claim; to pretend: **Pretende di essere infallibile**, he claims to be infallible ***2*** (*volere indebitamente*) to think* one can; to think* oneself capable (of): **Pretende di fare quel che gli piace**, he thinks he can do anything he likes ***3*** (*esigere, aspettarsi*) to expect; to demand; to want; (*chiedere*) to ask: **p. di essere servito per primo**, to expect to be served first; **Pretendevano che tacessi**, they wanted me to keep silent; **p. la massima puntualità**, to expect the utmost punctuality; **Quanto pretende per quell'automobile?**, how much is he asking for that car?; **Che cosa pretendevi?**, what did you expect? ***B*** *v. i.* to pretend (to); to lay* claim (to).

pretenziosità *f.* pretentiousness.

pretenzióso *a.* pretentious; la-di-da (*fam.*).

preterintenzionàle *a.* (*leg.*) unintentional • **omicidio p.**, manslaughter.

pretésa *f.* ***1*** (*presunzione*) pretension; claim; pretence: **Non ho la p. di essere un esperto**, I don't pretend to be an expert; **Ha la p. che io sia sempre a sua disposizione**, he expects me to be at his beck and call ***2*** (*esigenza, richiesta*) claim; demand: **avanzare delle pretese**, to lay claims; (*leg.*) to claim rights (over st.); **pretese ridicole**, absurd demands • **Bella p.!**, that's asking a lot! □ (*nelle offerte d'impiego*) **indicare preṭese**, state salary required □ **senza pretese** (*modesto*), unpretentious (*agg.*); unpretentiously (*avv.*) □ **di poche pretese**, unpretentious; (*non esigente*) undemanding, easy to please.

pretéso *a.* (*supposto*) supposed; alleged.

pretèsto *m.* ***1*** pretext; excuse: **col p. di**, on the pretext of; **prendere a p. q.c.**, to use st. as an excuse ***2*** (*occasione*) occasion; opportunity.

pretestuóso *a.* used as an excuse.

pretóre *m.* ***1*** (*leg.*) lower court judge; magistrate ***2*** (*stor. romana*) praetor.

pretoriàno *m.* ***1*** (*stor.*) praetorian ***2*** (*fig.*) henchman*.

pretòrio *a.* (*stor. romana*) praetorian.

prettaménte *avv.* purely; genuinely; (*tipicamente*) typically.

prètto *a.* pure; genuine.

pretùra *f.* ***1*** (*leg.*) (local) magistrate's court ***2*** (*stor. romana*) praetorship.

prevalènte *a.* prevailing; prevalent; (*predominante*) predominating, predominant, ruling.

prevalenteménte *avv.* mostly; mainly; for the most part.

prevalènza *f.* ***1*** prevalence; (*predominio*) predominance ***2*** (*maggioranza*) majority • **in p.**, mostly; for the most part.

prevalére *v. i.* ***1*** (*essere predominante*) to be prevalent; to predominate; to prevail; to be widespread ***2*** (*essere vittorioso*) to prevail: **Prevarrà la verità**, truth will prevail.

prevaricàre *v. i.* ***1*** to act dishonestly ***2*** (*abusare del potere*) to abuse one's office; to abuse one's power. ATTENZIONE: **prevaricare** ≠ to prevaricate.

prevaricazióne *f.* abuse of office; abuse of power. ATTENZIONE: **prevaricazione** ≠ prevarication.

prevedére *v. t.* ***1*** (*predire*) to foretell*; to predict; (*il tempo atmosferico*) to forecast*; (*aspettarsi*) to foresee*, to expect; to envisage; to anticipate: **p. il futuro**, to foretell the future; **I meteorologi prevedono bel tempo**, meteorologists have forecast fine weather; **Prevedo difficoltà**, I expect difficulties; **Quando prevedi di tornare?**, when are you planning to be back?; **Era da p.!**, it was to be expected! ***2*** (*considerare*) to provide for: **La legge non prevede questo caso**, the law does not provide for this case.

prevedìbile *a.* foreseeable; predictable; to be expected (*pred.*): **Era p.**, it was to be expected.

prevedibilità *f.* predictability.

preveggènte, preveggènza (*lett.*) *V.* **previdente, previdenza**.

prevèndita *f.* advance sale.
prevenìre *v. t.* ***1*** (*arrivare prima*) to arrive before; (*agire prima*) to precede, to forestall; (*anticipare*) to anticipate: **p. un concorrente**, to forestall a competitor; **p. una domanda**, to anticipate a question ***2*** (*preavvertire*) to forewarn; to warn; to inform in advance ***3*** (*prevedere e cercare d'evitare*) to prevent; to avoid; to ward off: **p. una malattia**, to prevent an illness.
preventivaménte *avv.* in advance; beforehand; previously.
preventivàre *v. t.* ***1*** to estimate; to budget for ***2*** (*prevedere*) to foresee*; to predict.
preventivo ***A*** *a.* preventive (*anche med.*); precautionary: **carcere p.**, preventive detention; **misure preventive**, precautionary measures • (*rag.*) **bilancio p.**, budget □ **calcolo p.**, estimate ***B*** *m.* (*rag.*) estimate: **fare un p.**, to make an estimate; **mettere in p.**, to budget for; (*fig.*) to allow for.
prevenùto *a.* prejudiced; bias(s)ed.
prevenzióne *f.* ***1*** (*il prevenire, anche med.*) prevention; (*misura preventiva*) precautionary measure: **p. infortuni**, prevention of accidents ***2*** (*preconcetto*) prejudice; bias: **avere delle prevenzioni contro q.**, to be prejudiced (*o* biased) against sb.
previdènte *a.* provident; far-sighted; (*prudente*) prudent, wise.
previdènza *f.* providence; foresight • **p. sociale**, social security □ **cassa di p.**, insurance fund □ **istituto di p.**, provident institution.
previdenziàle *a.* social security (*attr.*).
prèvio *a.* previous; prior: **senza p. avviso**, without previous notice • **p. accordo**, subject to agreement □ **p. avviso**, upon notice □ **p. pagamento**, upon (*o* against) payment.
previsióne *f.* ***1*** prediction; forecast; expectation: **Le mie previsioni si avverarono**, my predictions came true; **previsioni meteorologiche**, weather forecast; **corrispondere alle proprie previsioni**, to meet one's expectations; **al di là di ogni p.**, beyond expectation; **in p. di**, in expectation of; in anticipation of ***2*** (*rag.*) estimate.
previsto ***A*** *a.* ***1*** foreseen; forecast; expected; (*in base a un orario*) scheduled ***2*** (*rag.*) estimated ***3*** (*contemplato*) provided for ***B*** *m.* what is expected • **oltre il p.**, more than expected □ **più a lungo del p.**, longer than expected.
prevòsto *m.* (*eccles.*) parish priest; parson.
preziosismo *m.* preciosity (*anche letter.*); affectation.
preziosità *f.* ***1*** preciousness; great value ***2*** (*eleganza affettata*) preciosity; affectedness.
prezióso ***A*** *a.* ***1*** precious; valuable; (*di gran pregio*) of great value: **pietre preziose**, precious stones; **quadri preziosi**, paintings of great value ***2*** (*tenuto in gran conto*) precious; most valuable; highly-prized: **ricordo p.**, cherished memory; **consigli preziosi**, valuable advice; **doti preziose**, highly-prized qualities ***3*** (*ricercato*) precious; affected ***B*** *m.* jewel; valuable (*generalm. al pl.*) • **fare il p.**, to play hard to get.
prezzàre *v. t.* (*comm.*) to price-mark.
prezzàrio *m.* price list.
prezzémolo *m.* (*bot.*) parsley • **essere come il p.**, to turn up everywhere.
prèzzo *m.* ***1*** price: **p. d'acquisto**, purchase price; **p. lordo** [**netto**], gross [net] price; **p. stracciato**, rock-bottom price; **p. di listino**, list price; **ultimo p.**, bottom (*o* lowest) price ***2*** (*costo*) cost(s): **il p. della mano d'opera**, labour costs; **a p. di**, at the cost of ***3*** (*tariffa*) fare; rate; fee: **il p. del biglietto del tram**, the tram fare; **p. d'ingresso**, admission fee ***4*** (*valore*) value; worth • **p. del silenzio**, hush-money □ **a basso p.**, cheap (*agg.*); cheaply (*avv.*) □ **a p. di costo**, (at) cost price □ **non avere p.**, to be priceless □ **pagare q.c. a caro p.**, to pay a high price for st.; (*fig.*) to pay dearly for st. □ **praticare buoni prezzi**, to charge fair prices □ **vendere q.c. sotto p.**, to sell st. below cost price.
prezzolàre *v. t.* to hire.
prezzolàto *a.* hired; mercenary: **assassino p.**, hired killer; **stampa prezzolata**, bought press.
prigióne *f.* ***1*** (*carcere*) prison; jail, gaol: **mettere q. in p.**, to send sb. to prison (*o* jail); to imprison sb.; **fare tre anni di p.**, to spend three years in jail; to serve a three years' sentence ***2*** (*prigionia*) imprisonment; detention.
prigionìa *f.* imprisonment; captivity • **cinque anni di p.** (*in guerra*), three years as a prisoner of war □ **campo di p.**, prison camp.
prigionièro ***A*** *a.* imprisoned; captive; (*mil.*) taken prisoner (*pred.*): **animale p.**, captive animal; **essere p. di q.**, to be held captive by sb.; (*fig.*) **essere p. di q.c.**, to be a prisoner to st.; **tenere q. p.**, to keep sb. imprisoned ***B*** *m.* (*f.* **-a**) prisoner; captive: **p. di guerra**, prisoner of war; **fare p. q.**, to take sb. prisoner.
prìma (1) ***A*** *avv.* ***1*** before: **Ne so quanto p.**, I know as much as I did before; **molto p.**, long before; **poco p.**, shortly (*o* a short time) before; **È tutto come p.**, everything is just as before (*o* as it was) ***2*** (*per primo, per prima cosa*) first: **Carlo partì p. e gli altri seguirono**, Carlo left first and the others followed; **p. il dovere**, duty first ***3*** (*in anticipo*) beforehand; in advance ***4*** (*un tempo, una volta*) once; formerly ***5*** (*più presto*) earlier; sooner: **Mi alzerò p.**, I'll get up earlier; **p. o poi**, sooner or later • **quanto p.**, as soon as possible □ **le usanze di p.**, former customs □ (*fig.*) **Non è più quello di p.**, he isn't the man he was □ **Per di qua si fa p.**, it's quicker this way □ **Siamo più amici di p.**, we are closer friends than ever ***B*** **prima di** (*o* **che**) *locuz. cong.* before: **p. di partire** (*o* **che partisse**), before leaving; before he left ***C*** **prima di** *locuz. prep.* before: **p. delle 10**, before 10; **p. di lui**, before him • **p. di tutto**, first of all □ **p. di quanto pensassi**, sooner than I expected.
prìma (2) *f.* ***1*** (*classe scolastica*) first class; first year; first grade (*USA*) ***2*** (*di nave, treno*) first class: **viaggiare in p.**, to travel first class; **carrozza di p.**, first-class carriage ***3*** (*teatr., cinem.*) first night; première ***4*** (*autom.*) first (gear) • **Ci riuscii alla p.**, I succeeded at the first attempt □ **sulle prime** (*o* **a tutta p.**), in the beginning; at first.
primadònna *f.* leading lady; (*opera lirica e fig.*) prima donna.
primariàto *m.* (*med.*) post of head of a hospital department; consultancy (*GB*).
primàrio ***A*** *a.* primary; (*primo*) first; (*principale*) principal, chief, main: **di primaria importanza**, of primary importance ***B*** *m.* (*med.*) head of a hospital department; consultant (*GB*).
primàte *m.* (*eccles.*) primate.
primati *m. pl.* (*zool.*) primates.
primaticcio *a.* (*agric.*) early.
primatista *m. e f.* (*sport*) record holder: **p. mondiale del salto in alto**, world record holder for the high jump.
primàto *m.* ***1*** (*supremazia*) supremacy; pre-eminence; primacy: **detenere il p.**, to hold supremacy; **Il nostro paese ha il p. nell'esportazione di motocicli**, our country is the world's leading exporter of mopeds ***2*** (*sport*) record: **battere un p.**, to break (*o* to beat) a record; **stabilire un p.**, to establish (*o* to set) a record.
primavèra *f.* spring. (*Per gli esempi d'uso, V. sotto* **estate**) • **avere sulle spalle parecchie primavere**, to have seen many winters.
primaverìle *a.* spring (*attr.*); springlike: **aria p.**, spring air; **tepore p.**, springlike warmth.
primeggiàre *v. i.* to excel; to stand* out: **p. nello sport**, to excel at sport.
primigènio *a.* primitive; (*zool.*) primigenial.
primìpara *f.* primipara*.
primitivìsmo *m.* primitivism.
primitìvo ***A*** *a.* ***1*** (*anche fig.*) primitive ***2*** (*originale*) original ***3*** (*di prima*) former; earlier; previous ***B*** *m.* primitive.
primìzia *f.* ***1*** first (*o* early) fruit [vegetable]; (*al pl., anche*) early produce ***2*** (*notizia fresca*) hot news 🅄 ***3*** (*novità*) novelty.
prìmo ***A*** *a. num. ord.* ***1*** first: **arrivare p.**, to come in (*o* to arrive) first; **i primi arrivati**, the first comers; **p. nato**, first--born; **Pietro P.**, Peter the First; **Lo farò per prima cosa domattina**, I'll do it first thing in the morning; **in p. luogo**, in the first place; first of all; **dal p. momento**, from the very first (moment) ***2*** (*precedente; di un tempo*) former: **il mio p. marito**, my former husband ***3*** (*p. di due*) former: **Preferisco la prima proposta alla seconda**, I prefer the former proposal to the latter ***4*** (*antecedente, più lontano nel tempo*) early; first: **la prima infanzia**, early childhood; **nelle prime ore del mattino**, in the early hours of the morning; **i primi Cristiani**, the early Christians; **i miei primi ricordi**, my earliest memories ***5*** (*principale*) first, chief, top, leading, main; (*il migliore*) best: **il p. dovere**, one's first (*o* chief)

duty; **uno dei primi tenori italiani**, one of Italy's top tenors; **la causa prima**, the main cause; **p. attore [attrice]**, leading man [lady]; lead • **P. ministro**, Prime Minister □ **a tutta prima**, at first □ **atto I, scena VII**, act one, scene seven □ **di prim'ordine**, first-class; first-rate □ (*mat.*) **numero p.**, prime number □ **sulle prime**, at first ***B*** *m.* ***1*** (*f.* **-a**) (the) first; (*tra due*) (the) former: **Fu una delle prime a saperlo**, she was one of the first to know; **il p..., il secondo...**, the former..., the latter...; **il p. che capita**, the first person that happens along; **dal p. all'ultimo**, from first to last ***2*** (*f.* **-a**) (*il migliore, il più importante*) best; first; top: **il p. della classe**, top of the class ***3*** (*f.* **-a**) (*il maggiore*) eldest; (*tra due*) elder ***4*** (*primo giorno*) first day; (*nelle date*) first, 1st: **il p. del mese**, the first day of the month; **il p. dell'anno**, New Year's Day; **il p. di maggio**, the first of May ***5*** (*minuto primo*) minute ***6*** (*prima portata*) first course • **ai primi di aprile**, at the beginning of April; in early April □ **ai primi del '700**, in the early 18th century.

primogènito *a. e m.* (*f.* **-a**) first-born; eldest; (*fra due*) elder.

primogenitùra *f.* primogeniture.

primordiàle *a.* ***1*** primordial; prim(a)eval ***2*** (*fig.*: *iniziale*) very early, embryonic; (*primitivo*) primitive, crude.

primòrdio *m.* (*specialm. al pl.*) (very) beginning; dawn; infancy: **i primordi della civiltà**, the dawn of civilization; **la televisione ai suoi primordi**, television in its infancy.

prìmula *f.* (*bot.*) primrose.

principàle ***A*** *a.* chief; main; principal; major: **i principali fiumi italiani**, the chief rivers of Italy; **la strada p.**, the main street; **le opere principali di un poeta**, the major works of a poet; (*gramm.*) **proposizione p.**, main clause ***B*** *m. e f.* (*fam.*: *capo di azienda*) head; (*datore di lavoro*) boss (*fam.*).

principàto *m.* ***1*** (*dignità di principe*) princedom ***2*** (*Stato*) principality.

prìncipe *m.* (*anche fig.*) prince: **il p. Giovanni**, Prince John; **il p. ereditario**, the Crown Prince; **p. consorte**, Prince Consort; **p. reggente**, Prince Regent; **p. di Galles**, Prince of Wales; (*tessuto*) Prince of Wales check; **il P. Azzurro**, Prince Charming; **il p. dei poeti**, the prince of poets; **p. del foro**, famous barrister.

principésco *a.* ***1*** princely ***2*** (*fig.*) princely; magnificent.

principéssa *f.* princess: **la p. Anna**, Princess Anne.

principiànte ***A*** *m. e f.* beginner; (*apprendista*) apprentice ***B*** *a.* inexperienced; new.

principio *m.* ***1*** (*inizio*) beginning; start: **al p. del mese**, at the beginning of the month; **un buon [cattivo] p.**, a good [bad] start; **al** (*o* **da, in, sul**) **p.**, at the beginning; at first; **fin dal p.**, right from the start; from the very beginning; **dal p. alla fine**, from beginning to end ***2*** (*al pl.*) (*rudimenti*) (first) principles; rudiments: **i principi della chimica**, the rudiments of chemistry ***3*** (*massima, verità, norma fondamentale*) principle: (*fis.*) **il p. di Archimede**, Archimedes' principle; **sani principi**, sound principles; **questione di p.**, matter of principle; **in linea di p.**, in principle; **per p.**, on principle; **senza principi**, of no principle; unprincipled ***4*** (*cagione, origine*) (prime) cause; origin ***5*** (*biochim.*) principle • (*filos.*) **p. vitale**, vital force.

prióra *f.* (*eccles.*) prioress.

prioràto *m.* (*eccles.*) priorate; priorship.

prióre *m.* (*eccles.*) prior.

priorità *f.* priority; (*precedenza*) precedence: **il diritto di p.**, the right of priority; **avere la p.**, to take priority.

prioritàrio *a.* priority (*attr.*); overriding.

prisma *m.* (*geom., fis., miner.*) prism.

prismàtico *a.* (*geom., fis., miner.*) prismatic; prismal.

privàre ***A*** *v. t.* to deprive; to take* (st. from sb.); (*di un diritto*) to debar (sb. from st.) ***B*** **privàrsi** *v. rifl.* to deprive oneself; (*negarsi*) to deny oneself (st.); (*rinunciare*) to give* up (st.).

privataménte *avv.* ***1*** (*in privato*) privately; in private ***2*** (*da privato*) as a private person (*o* citizen).

privatézza *f.* privacy.

privatista *m. e f.* private student; (*a un esame*) external candidate.

privativa *f.* (*monopolio*) monopoly • **diritto di p.**, patent-right.

privatizzàre *v. t.* to privatize; to denationalize.

privatizzazióne *f.* privatization; denationalization.

privàto ***A*** *a.* private: **diritto p.**, private law; **la mia vita privata**, my private life; my privacy; **segretario p.**, private (*o* personal) secretary ***B*** *m.* ***1*** private person; private citizen ***2*** (*vita privata*) privacy • **in p.**, in private; privately; in confidence.

privazióne *f.* ***1*** (*il privare*) deprivation; depriving ***2*** (*perdita*) loss ***3*** (*sacrificio*) privation; hardship.

privilegiàre *v. t.* ***1*** (*favorire*) to favour, to favor (*USA*) ***2*** (*preferire*) to prefer.

privilegiàto ***A*** *a.* ***1*** privileged ***2*** (*fin.*) preference; preferred: **azioni privilegiate**, preference shares; preferred stock ***B*** *m.* (*f.* **-a**) privileged person • **i pochi privilegiati**, the privileged few.

privilègio *m.* ***1*** privilege ***2*** (*onore*) honour; privilege ***3*** (*qualità*) merit; distinction.

privo *a.* devoid (of); (*mancante*) lacking (in), wanting (in); (*senza*) without, -less (*suff.*), un- (*pref.*): **p. di senso**, devoid of any sense; meaningless; **p. di originalità**, lacking in originality; unoriginal; **p. di fondamento**, unfounded; groundless; **p. di coraggio**, wanting in courage; **p. di luce**, without light; **p. di sensi**, unconscious • **p. di genitori**, an orphan □ **p. di tutto**, completely destitute □ **p. della vista**, blind □ **p. dell'udito**, deaf.

pro (**1**) *m.* use; good; profit; advantage: **A che pro?**, what's the use?; **Buon pro ti faccia!**, much good may it do you!; **a pro di q.**, to sb.'s advantage • **il pro e il contro**, the pros and cons.

pro (**2**) *prep.* for; in favour of: **ragioni pro e contro uno sciopero**, reasons for and against a strike.

probàbile *a.* probable; (*verosimile*) likely: **È p. che egli venga**, it is likely that he will come; he will probably come; **È p. ch'io vada a Parigi**, I may probably go to Paris; **un p. vincitore**, a likely winner; **molto p.**, very likely; highly probable; **poco p.**, improbable; unlikely.

probabilismo *m.* (*filos., relig.*) probabilism.

probabilista *m. e f.* (*filos., relig.*) probabilist.

probabilità *f.* probability (*anche mat.*); likelihood; chance: **Non ho nessuna p. di vincere**, I have no chance of winning; **Quali p. ci sono?**, what are the probabilities?; **C'è una sola p.**, there's just one chance; **con tutta p.**, in all probability (*o* likelihood); most likely; (*mat.*) **calcolo delle p.**, calculus of probability.

probabilménte *avv.* probably: **molto p.**, most probably; in all probability.

probànte *a.* convincing.

probatòrio *a.* (*leg.*) probative; evidential.

probità *f.* probity; uprightness; integrity.

problèma *m.* (*mat. e fig.*) problem • **creare dei problemi a q.**, to make things difficult for sb. □ **È un p. trovarlo a quest'ora**, it won't be easy to find him at this time of day □ **Non c'è p.**, not to worry!; (it's) no problem □ **Non fartene un p.**, don't worry about it.

problemàtica *f.* problems (*pl.*); issues (*pl.*).

problematicità *f.* problematic nature.

problemàtico *a.* problematic(al); (*difficile*) difficult.

pròbo *a.* (*lett.*) honest; upright.

probòscide *f.* trunk; proboscis*.

proboviro *m.* (*leg.*) arbitrator.

procacciàre *v. t.* to procure; to obtain; to get*: **procacciarsi da vivere**, to make a living; to earn one's living.

procacciatóre *m.* (*f.* **-a**) procurer • **p. d'affari**, business agent; broker.

procàce *a.* provocative; sexually inviting: **curve procaci**, curvaceous figure (*sing.*).

pro capite (*lat.*) *locuz. agg. e avv.* per capita.

procèdere *v. i.* ***1*** to proceed; to go*; to go* ahead; (*continuare*) to go* on, to carry on, to continue: **p. adagio**, to proceed (*o* to move) slowly; **Il lavoro procede**, work is going ahead: **Procediamo con ordine!**, let's proceed in an organized manner; **prima di p. oltre**, before proceeding (*o* going any further); **Procedete così!**, carry on like that! ***2*** (*iniziare*) to proceed; to start: **La polizia procedette a sigillare il locale**, the police proceeded to seal off the area; **p. alla votazione**, to proceed to a vote ***3*** (*comportarsi, agire*) to behave; to act: **modo di p.**, way of behaving (*o* of doing things) ***4*** (*leg.*) to proceed; to start (*o* to take*) proceedings: **p. per vie legali contro q.**, to take legal proceedings against sb.; **non luogo a p.**, nonsuit.

procediménto *m.* ***1*** (*svolgimento, corso*) course ***2*** (*modo di procedere*) method; procedure ***3*** (*tecn.*) process ***4*** (*leg.*) proceedings (*pl.*); process: **iniziare il p. contro q.**, to beging proceedings against sb.; **p. giudiziario**, prosecution.

procedùra *f.* ***1*** (*leg.*) procedure; process ***2*** (*procedimento*) procedure; practice: **secondo la p. comune**, according to common practice ***3*** (*elab.*) routine.

proceduràle *a.* (*leg.*) procedural.

procellària *f.* (*zool.*) (stormy) petrel.

processàre *v. t.* to try; to bring* to trial: **p. q. per omicidio**, to try sb. for murder; **essere processato**, to stand trial; to be brought to trial. ATTENZIONE: **processare** ≠ to process.

processionària *f.* (*zool.*) processionary moth.

processióne *f.* ***1*** procession: **andare in p.**, to go in procession ***2*** (*lunga fila*) long line; column: **una p. di macchine**, a column of cars; **una p. di visite**, a stream of visitors.

procèsso *m.* ***1*** (*leg.*) trial; (*azione legale*) (legal) action, lawsuit, (legal) proceedings (*pl.*): **p. penale** [**civile**], criminal [civil] lawsuit; **intentare un p. a q.**, to bring an action against sb.; **perdere un p.**, to lose an action (*o* a case, a suit); **vincere un p.**, to win a case; **andare sotto p.**, to be brought to trial; to be put on trial; to stand trial; **essere sotto p.**, to be on trial; **mettere sotto p.**, to bring to trial ***2*** (*procedimento, corso*) process; course: **p. di sviluppo**, process of growth; **in p. di costruzione**, in process of construction ***3*** (*tecn., scient.*) process • **fare il p. alle intenzioni**, to construe sb.'s motives; to jump to conclusions about sb.'s motives.

processuàle *a.* (*leg.*) of a trial; trial (*attr.*) • **diritto p.**, law of procedure □ **spese processuali**, legal costs.

procìnto *m.* — **essere** (*o* **trovarsi**) **in p. di**, to be on the point (of doing st); to be about (to do st.).

procióne *m.* (*zool.*) rac(c)oon.

proclàma *m.* proclamation; manifesto*.

proclamàre ***A*** *v. t.* to proclaim; to declare: **p. il nuovo re**, to proclaim the new king; **p. la propria innocenza**, to proclaim one's innocence; **p. uno sciopero**, to call a strike ***B*** **proclamàrsi** *v. rifl.* to proclaim oneself; to declare oneself: **p. innocente**, to declare oneself innocent.

proclamazióne *f.* proclamation; (*dichiarazione*) declaration: **la p. dei diritti dell'uomo**, the declaration of the rights of man; **p. di uno sciopero**, strike call.

proclitico *a.* (*gramm.*) proclitic.

proclive *a.* (*lett.*) prone; inclined.

procònsole *m.* (*stor. romana*) proconsul.

procrastinàre *v. t.* to postpone; to delay; to defer.

procrastinazióne *f.* postponement.

procreàre *v. t.* to procreate; to beget*.

procreatóre *m.* procreator; begetter.

procreazióne *f.* procreation.

procùra *f.* ***1*** (*leg.*) power of attorney; proxy: **p. generale**, general power of attorney; **per p.**, by proxy; **dare la p. a q.**, to appoint sb. as one's proxy; **lettera di p.**, letter (*o* power) of attorney ***2*** (*ufficio, sede del procuratore*) public prosecutor's office.

procuràre *v. t.* ***1*** (*far avere*) to get*; to obtain; to procure (*form.*); (*provvedere*) to provide: **p. q.c. a q.**, to get st. for sb.; to get sb. st.; **procurarsi un impiego**, to get a job; **procurarsi da vivere**, to make (*o* to earn) a living ***2*** (*causare*) to cause: **p. molte noie a q.**, to cause sb. a lot of trouble.

procuratóre *m.* (*f.* **-trice**) ***1*** (*persona munita di procura*) proxy: **agire quale p.**, to stand proxy ***2*** (*leg.*) attorney: **p. legale**, attorney-at-law; solicitor ***3*** (*leg.*) — **P. della Repubblica**, prosecuting magistrate; public prosecutor; **sostituto p.**, deputy prosecutor; investigating magistrate; (*in U.S.A.*) **p. distrettuale**, district attorney; **p. generale**, high-court public prosecutor; (*in U.S.A.*) Attorney General ***4*** (*banca*) bank officer.

pròda *f.* shore; (*di fiume*) bank.

pròde ***A*** *a.* brave; valiant; gallant ***B*** *m.* brave man*.

prodézza *f.* ***1*** (*l'essere prode*) bravery; valour; gallantry ***2*** (*impresa da prode*) act of valour; feat; exploit • (*iron.*) **Belle prodezze!**, fine goings-on indeed!

prodière *m.* (*naut.*) bowman*; bow.

prodigalità *f.* ***1*** prodigality; extravagance ***2*** (*profusione*) lavishness; profuseness ***3*** (*sperpero*) dissipation; squandering.

prodigàre ***A*** *v. t.* to squander; to lavish: **p. lodi**, to lavish praise ***B*** **prodigàrsi** *v. rifl.* to do* one's utmost; to do* everything in one's power • **p. senza riserve**, to spare no pains □ **p. in complimenti**, to be lavish with compliments.

prodìgio *m.* prodigy; wonder; marvel: **fare prodigi**, to work wonders; **i prodigi della scienza**, the marvels of science • **bambino p.**, infant prodigy.

prodigiosità *f.* prodigiousness.

prodigióso *a.* prodigious; wonderful; miraculous; (*straordinario*) incredible, astonishing.

pròdigo ***A*** *a.* ***1*** prodigal; extravagant: **il figliol p.**, the prodigal son ***2*** (*generoso*) lavish; profuse: **p. di consigli**, generous with advice ***B*** *m.* (*f.* **-a**) spendthrift.

proditòrio *a.* treacherous; treasonable.

prodótto ***A*** *m.* ***1*** product; (*specialm. agric.*) produce ⓤ: **prodotti industriali**, industrial products; **prodotti agricoli**, agricultural produce; **prodotti alimentari**, foodstuffs; **prodotti di bellezza**, beauty products; **prodotti lavorati**, manufactured products; **p. derivato**, by-product; **p. finito**, finished product ***2*** (*risultato*) result; product ***3*** (*mat.*) product ***B*** *a.* ***1*** produced; made: **p. in Italia**, made in Italy; **p. in serie**, mass-produced ***2*** (*allegato, addotto*) produced; exhibited.

pròdromo *m.* ***1*** (*segno precursore*) premonitory sign; harbinger ***2*** (*med.*) prodrome; premonitory symptom.

prodùrre ***A*** *v. t.* ***1*** (*far nascere, generare*) to produce; to yield; to bear* ***2*** (*fare, fabbricare*) to produce; to manufacture; to make*; to turn out: **p. in serie**, to mass-produce; **p. a getto continuo**, to churn out; to grind out ***3*** (*cagionare, originare*) to cause; to produce; to give* rise to: **p. danni**, to cause damage; **p. un'impressione negativa**, to produce (*o* to create) a negative impression; **p. calore**, to generate heat ***4*** (*arte, teatr., ecc.*) to produce; (*pubblicare*) to bring* out ***5*** (*esibire, presentare*) to show*; to exhibit; to produce ***6*** (*leg.*) to call; to bring* forward; to produce: **p. testimoni**, to call (*o* to bring forward) witnesses ***B*** **prodursi** *v. rifl. e i. pron.* ***1*** (*esibirsi*) to perform (st.); to give (st.): **p. in un'imitazione di Totò**, to give an imitation of Totò; (*teatr.*) **p. sulla scena**, to appear on the stage ***2*** (*verificarsi*) to happen; to occur.

produttività *f.* productivity; productiveness.

produttivo *a.* ***1*** productive; fruitful; (*fertile*) fertile ***2*** (*econ., comm.: che produce*) productive, profit-yielding; (*della produzione*) production (*attr.*): **azienda produttiva**, profit-yelding company; **p. di interesse**, interest-bearing; **ciclo p.**, production cycle.

produttóre ***A*** *m.* (*f.* **-trice**) ***1*** producer: **p. cinematografico**, film (*USA* movie) producer ***2*** (*fabbricante*) manufacturer; maker ***3*** (*coltivatore*) grower: **p. di vino**, wine grower ***B*** *a.* ***1*** producing: **i paesi produttori di caffè**, coffee-producing countries ***2*** (*che fabbrica*) manufacturing.

produzióne *f.* ***1*** production; (*fabbricazione*) manufacture: **p. nazionale**, home production; **p. artistica**, artistic production; **p. in serie**, mass production; **di p. straniera**, of foreign manufacture; foreign-made; **eccesso di p.**, over-production ***2*** (*quantità prodotta in un dato tempo*) output; production: **la p. annua di una fabbrica**, the annual output (*o* production) of a factory; **la p. letteraria dell'anno**, the literary output of the year ***3*** (*teatr., cinem.*) production: (*cinem.*) **direttore di p.**, production manager ***4*** (*presentazione*) production; exhibition ***5*** (*leg.*) calling; production: **la p. di testimoni**, the calling of witnesses.

proèmio *m.* (*letter.*) proem; (*prefazione*) preface, introduction.

profanàre *v. t.* ***1*** to profane; to desecrate; to violate: **p. una chiesa**, to desecrate a church; **p. una tomba**, to violate a tomb ***2*** (*fig.*) to defile: **p. il ricordo di q.**, to defile sb.'s memory.

profanatóre *m.* (*f.* **-trice**) profaner; desecrator; violator.

profanazióne *f.* profanation; desecration; violation.

profàno ***A*** *a.* ***1*** (*non sacro*) profane; secular: **arte profana**, profane art; **musica profana**, secular music ***2*** (*empio, blasfemo*) profane; blasphemous ***3*** (*inesperto*) ignorant; uninitiated ***B*** *m.* ***1*** (the) profane: **il sacro e il p.**, the sacred and the profane ***2*** (*f.* **-a**) (*persona non competente*) no judge; not an expert: **Sono un p. in fatto di pittura**, I am no judge of painting ***3*** (*f.* **-a**) (*non del mestiere*) layman*; (*al pl., collett., anche*) (the) uninitiated.

proferire *v. t.* (*pronunciare*) to utter; to pronounce: **senza p. parola**, without uttering a word.

professàre ***A*** *v. t.* ***1*** to profess: **p. una religione** [**una dottrina**], to profess a religion [a doctrine] ***2*** (*dichiarare apertamente*) to profess; to declare; to acknowledge: **p. gratitudine**, to profess gratitude ***3*** (*esercitare una professione*) to practise: **p. la medicina** [**l'avvocatura**], to profess medicine [law] ***B*** **professàrsi** *v. rifl.* to profess oneself: **p. amico di q.**, to profess oneself (to be) sb.'s friend.

professionàle *a.* professional; (*che prepara a una professione*) vocational; (*che è conseguenza di una professione*) occupational: **abilità p.**, professional skill; **segreto p.**, professional secrecy; **istruzione p.**, vocational training; **malattia** [**rischio**] **p.**, occupational disease [hazard].

professionalità *f.* professionalism; (*abilità*) skill.

professióne *f.* ***1*** (*dichiarazione*) profession; protestation: **p. di fede**, profession of faith; **professioni d'amicizia**, protestations of friendship ***2*** (*occupazione*) profession: **esercitare una p.**, to practise a profession; **Che p. esercita tuo padre?**, what is your father's profession?: **esercitare la p. del medico**, to be a doctor (by profession); **Fa il pittore di p.**, he is a professional painter; **libera p.**, (independent) profession.

professionişmo *m.* professionalism • (*sport*) **passare al p.**, to turn professional.

professionista *m. e f.* ***1*** (*anche* **libero p.**) (independent) professional man [woman] ***2*** (*sport*) professional; pro (*fam.*) ***3*** (*persona esperta*) professional; pro (*fam.*) • **lavoro da p.**, professional job.

professionìstico *a.* professional.

professoràle *a.* ***1*** professorial ***2*** (*spreg.*) pedantic.

professoràto *m.* (*universitario*) professorship.

professóre *m.* (*f.* **-éssa**) (*di scuola secondaria*) teacher; (*universitario*) professor, (*non titolare di cattedra*) lecturer: **p. di storia**, history teacher; (*universitario*) professor of history, lecturer in history; **È p. di latino al liceo**, he teaches Latin in a liceo; **il professor Merlo**, Mr Merlo; (*universitario*) Professor Merlo • **p. d'orchestra**, orchestra player □ **Non fare il p.!**, don't be so pedantic!

profèta *m.* (*f.* **-éssa**) prophet (*f.* prophetess) • **p. di sventura**, prophet of doom □ **È stato buon** [**cattivo**] **p.**, his prediction was right [wrong].

profètico *a.* prophetic(al).

profetizzàre *v. t. e i.* to prophesy.

profezìa *f.* prophecy • **fare profezie**, to prophesy.

proffèrta *f.* (*lett.*) offer.

proficuo *a.* profitable; useful.

profilàre ***A*** *v. t.* ***1*** (*bordare*) to border; to trim ***2*** (*mecc.*) to profile ***3*** (*delineare*) to sketch; to outline ***B*** **profilàrsi** *v. i. pron.* ***1*** (*stagliarsi*) to be outlined; to be silhouetted ***2*** (*apparire*) to appear ***3*** (*essere prossimo*) to be in sight; (*solo di cosa neg.*) to loom ahead: **Si profilano cambiamenti**, changes are in sight; **Si profila un periodo difficile**, we have a difficult period ahead of us.

profilàssi *f.* (*med.*) prophylaxis*; preventive treatment.

profilàto ***A*** *a.* ***1*** (*bordato*) bordered; trimmed ***2*** (*delineato*) outlined ***B*** *m.* (*metall.*) section; structural shape: **profilati d'acciaio**, structural steel Ⓤ.

profilàttico ***A*** *a.* (*med.*) prophylactic; preventive ***B*** *m.* (*farm.*) condom; prophylactic (*USA*).

profilatùra *f.* ***1*** (*il bordare*) bordering; trimming ***2*** (*bordatura*) border; trimming ***3*** (*mecc.*) profiling.

profilo *m.* ***1*** (*linea di contorno*) outline; contour ***2*** (*del volto*) profile: **di p.**, in profile; **guardarsi di p.**, to look at oneself in profile; **mettersi di p.**, to turn side on ***3*** (*archit.*) profile; section ***4*** (*punto di vista*) point of view: **sotto il p. critico**, from a critical point of view; critcally speaking ***5*** (*letter.*) outline; monograph; (*biografia*) profile.

profittatóre *m.* (*f.* **-trice**) profiteer; (*sfruttatore*) exploiter.

profittévole *a.* profitable.

profitto *m.* ***1*** (*vantaggio, beneficio*) profit; advantage; benefit: **trarre p. da q.c.**, to profit (*o* to benefit) by (*o* from) st.; **a tutto p. di**, to the full advantage of; **studiare q.c. con p.**, to study st. with good results ***2*** (*guadagno*) profit; gain: **ricavare un buon p. da q.c.**, to make a good profit on st.; **vendere con p.**, to sell at a profit • (*fin.*) **p. sul capitale**, return on capital □ (*comm.*) **conto profitti e perdite**, profit and loss account □ **mettere a p. q.c.**, to turn st. to profit; (*farne buon uso*) to make good use of st.

proflùvio *m.* flow; stream; flood.

profondaménte *avv.* ***1*** deeply; deep: **inchinarsi p.**, to bow deeply; **scavare p.**, to dig deep ***2*** (*intensamente*) deeply; profoundly; intensely: **p. commosso**, deeply moved; **p. interessato in q.c.**, deeply interested in st.; **p. grato**, profoundly grateful; **amare q. p.**, to love sb. with all one's heart; **odiare p.**, to hate intensely • **p. addormentato**, sound (*o* fast) asleep □ **dormire p.**, to be sound asleep.

profóndere ***A*** *v. t.* ***1*** to spend* freely; to lavish; (*scialacquare*) to squander ***2*** (*fig.*) to lavish ***B*** **profóndersi** *v. i. pron.* to be profuse (in); to be lavish (with): **p. in lodi**, to be lavish with praise; **p. in scuse** [**in ringraziamenti**], to apologize [to thank sb.] profusely.

profondìmetro *m.* depth gauge.

profondità *f.* ***1*** depth: **avere una p. di tre metri**, to have a depth of three metres; to be three metres deep ***2*** (*fig.*) depth; profundity • (*naut.*) **p. d'immersione**, draught □ **bomba di p.**, depth bomb □ **in p.**, in depth; deeply.

profóndo ***A*** *a.* ***1*** deep: **essere p. oltre 90 metri**, to be over 90 metres deep; **poco p.**, shallow ***2*** (*fig.*) deep: profound: **profonda tristezza**, deep sadness; **silenzio p.**, deep (*o* profound) silence; **sospiro p.**, deep sigh; **sonno p.**, sound sleep; **voce profonda**, deep (*o* low-pitched) voice; **p. pensatore**, profound thinker; **p. conoscitore**, great expert; **il p. Sud**, the deep South ***B*** *m.* (*anche fig.*) depths (*pl.*): **il p. dell'Inferno**, the depths of Hell; **nel p. del cuore**, in the depths of one's heart; deep in one's heart ***C*** *avv.* deep; deeply, profoundly.

pro fórma (*lat.*) ***A*** *locuz. agg. invar.* purely formal; perfunctory; as a matter of form • (*comm.*) **fattura p.**, pro forma invoice ***B*** *locuz. m. invar.* formality.

pròfugo ***A*** *a.* fugitive; (*esule*) exiled ***B*** *m.* (*f.* **-a**) refugee; (*fuggiasco*) fugitive; (*esule*) exile.

profumàre ***A*** *v. t.* to perfume; to scent; to put* scent on ***B*** *v. i.* to smell*; to have a scent; to be fragrant ***C*** **profumàrsi** *v. rifl.* to put* on some perfume; to use scent.

profumataménte *avv.* (*fig.*) ***1*** generously; handsomely ***2*** (*ad alto costo*) — **pagare p.**, to pay a lot of money; to pay through the nose (*fam.*).

profumàto *a.* fragrant: sweet-smelling; scented; perfumed; **un fiore p.**, a fragrant flower; **fazzoletto p.**, perfumed handkerchief; **p. di lavanda**, lavender-scented.

profumerìa *f.* perfumery; (*negozio*) perfumer's (shop).

profumière *m.* (*f.* **-a**) perfumer.

profùmo *m.* ***1*** scent; perfume; sweet smell; fragrance ***2*** (*sostanza odorosa*) perfume; scent • **mandare un buon p.**, to smell good.

profușióne *f.* profusion: **a p.**, in profusion; in abundance; lavishly.

progènie *f. invar.* (*lett.*) progeny; offspring; issue; descendants (*pl.*).

progenitóre *m.* progenitor; forefather; ancestor.

progenitrice *f.* progenitrix*; ancestress.

progettàre *v. t.* ***1*** to plan: **p. una spedizione**, to plan an expedition ***2*** (*tecn.*) to design.

progettazióne *f.* planning; design • **in fase di p.**, at the planning stage.

progettista *m. e f.* planner; designer; (*mecc.*) design engineer.

progettìstica *f.* planning; designing.

progètto *m.* ***1*** plan; scheme: **progetti per l'avvenire**, plans for the future; **fare progetti**, to make plans; **p. assurdo**, harebrained scheme ***2*** (*edil.*) plan; lay-out; (*i disegni*) drawings (*pl.*) • **p. di bilancio**, draft budget □ (*leg.*) **p. di legge**, bill □ **È in p. un nuovo stadio**, a new stadium is being planned.

progettuàle *a.* planning; design (*attr.*): **fase p.**, planning stage.

prògnoși *f.* (*med.*) prognosis* • **in p. riservata**, on the danger list □ **riservarsi la p.**, to put (a patient) on the danger list □ **sciogliere la p.**, to take (a patient) off the danger list.

progràmma *m.* ***1*** programme, program (*USA*); plan; (*piano dettagliato*) schedule, blueprint: **il p. della giornata**, one's programme for the day; **Ha in p. di scrivere un libro**, he is planning to write a book; **Ho un p. molto fitto oggi**, I have a busy schedule today ***2*** (*di studi*) syllabus; schedule (*USA*) ***3*** (*p. politico*) programme, platform; (*manifesto*)

manifesto* *4* (*teatr.*: *p. di sala*) programme; playbill *5* (*radio, TV*) programme *6* (*tecn.*) programme: (*di lavabiancheria*) **p. del risciacquo**, rinse programme *7* (*elab.*) program; (*procedura*) routine • **p. delle corse**, race-card □ (*elab.*): **p. di scrittura**, word processor □ **fuori p.**, unexpected, unscheduled (*agg.*); unscheduled event (*sost.*).

programmàre *v. t.* *1* to programme, to program (*USA*); to plam *2* (*spettacoli*) to put* on; to stage; (*film*) to show *3* (*elab.*) to program.

programmàtico *a.* programmatic.

programmatóre *m.* (*f.* **-trice**) *1* (*econ.*) planner *2* (*elab.*) programmer.

programmazióne *f.* *1* programming; planning *2* (*econ., ind.*) planning; scheduling (*USA*) *3* (*elab.*) programming • (*cinem.*) **essere in p.**, to be showing □ (*cinem.*) **di prossima p.**, coming soon.

progredìre *v. i.* *1* (*procedere*) to progress; to advance; to proceed; to get* on: **Il lavoro progredisce bene**, work is progressing nicely; **p. adagio**, to make slow progress *2* (*fare progressi*) to make* progress; to improve.

progredìto *a.* *1* advanced *2* (*civile*) civilized.

progressióne *f.* (*anche mat., mus.*) progression • **crescere in p. geometrica**, to grow exponentially □ **essere in costante p.**, to be making steady progress.

progressiṣmo *m.* (*polit.*) progressivism; liberalism.

progressista *a., m. e f.* progressive; liberal.

progressivo *a.* progressive • (*gramm.*) **forma progressiva**, continuous form.

progrèsso *m.* progress [U]: **i progressi della scienza**, the progress of science; **fare progressi**, to make progress.

proibire *v. t.* *1* to forbid*; to prohibit; to ban: **Suo padre gli proibì di uscire**, his father forbade him to go out; **La legge lo proibisce**, the law forbids it; it is prohibited by law; **Il dottore mi ha proibito il vino**, the doctor has told me not to drink wine; **p. il fumo nei ristoranti**, to ban smoking in restaurants *2* (*impedire*) to prohibit, to prevent (sb. from doing st.).

proibitìvo *a.* prohibitive.

proibito *a.* forbidden; prohibited; not allowed; banned: **p. dalla legge**, forbidden by law; **È p. fumare**, smoking is not allowed; (*cartello*) no smoking; **È p. l'ingresso**, no admittance • (*boxe*) **colpo p.**, illegal blow □ **sogni proibiti**, impossible dreams.

proibizióne *f.* prohibition; forbiddance; ban.

proibizioniṣmo *m.* *1* prohibitionism *2* (*stor., USA*) (the) Prohibition.

proiettàre *v. t.* *1* (*gettare*) to project; to throw*; to cast*: **p. un'ombra**, to cast a shadow; **p. diapositive**, to project slides; **Fu proiettato in aria**, he was thrown into the air *2* (*geom.*) to project *3* (*cinem.*) to screen; to show*.

proièttile *m.* missile; (*di arma*) projectile, shell; (*pallottola*) bullet, ball: **a prova di p.**, bullet-proof; **p. tracciante**, tracer bullet.

proiettóre *m.* (*cinem., fotogr.*) projector: **p. cinematografico**, film (*USA* motion-picture) projector; **p. per diapositive**, slide projector.

proiezióne *f.* *1* (*anche geom.*) projection: (*geogr.*) **p. di Mercatore**, Mercator's projection; **proiezioni elettorali**, projections of election results; (*archit.*) **p. verticale**, elevation *2* (*cinem.*) projection; showing; show: **sala da p.**, projection room; **la p. di un film**, the showing (*o* screening) of a film; **conferenza con p. di diapositive**, lecture with slides.

prolàsso *m.* (*med.*) prolapsus; prolapse.

pròle *f.* children (*pl.*); offspring; issue (*per lo più leg.*): **morire senza p.**, to die childless (*o* without issue).

proletariàto *m.* proletariat; working class.

proletàrio *a. e m.* (*f.* **-a**) proletarian.

proliferàre *v. i.* to proliferate.

proliferazióne *f.* proliferation.

prolificàre *v. i.* to proliferate.

prolificazióne *f.* prolification.

prolificità *f.* prolificacy; prolificness.

prolìfico *a.* (*anche fig.*) prolific.

prolissità *f.* prolixity; long-windedness; verboseness.

prolisso *a.* prolix; lengthy; long-winded; verbose.

pro loco *locuz. f. invar.* local tourist office.

pròlogo *m.* prologue.

prolùnga *f.* extension.

prolungàbile *a.* prolongable; extensible.

prolungaménto *m.* prolongation; extension: **il p. di una linea retta**, the prolongation of a straight line; **il p. di una linea ferroviaria**, the extension of a railway; **un p. di vacanza**, an extension to one's holidays.

prolungàre *A* *v. t.* *1* to prolong; to extend: **p. un muro**, to extend a wall; **p. una visita**, to prolong (*o* to extend) a visit *2* (*prorogare*) to extend; to delay *B* **prolungàrsi** *v. i. pron.* *1* (*continuare*) to go* on; to continue *2* (*dilungarsi*) to dwell* (on st.) *3* (*estendersi*) to extend; to stretch.

prolungàto *a.* prologued.

proluṣióne *f.* inaugural speech; (*lezione*) inaugural lecture.

promemòria *m.* memorandum*; memo*; note • **fare da p.**, to act as a reminder.

proméssa (1) *f.* *1* promise: **fare una p.**, to make a promise; **mancare a [mantenere] una p.**, to break [to keep] a promise *2* (*persona promettente*) promising person: **una giovane p. del calcio**, a promising football player • **p. da marinaio**, empty promise □ (*leg.*) **p. di vendita**, agreement to sell □ (*prov.*) **Ogni p. è debito**, a promise is a promise; promises are made to be kept.

proméssa (2) *f.* (*lett.*: *fidanzata*) fiancée.

proméssо *A* *a.* promised *B* *m.* (*lett.*: *fidanzato*) fiancé.

promettènte *a.* promising • **poco p.**, unpromising.

prométtere *v. t.* *1* to promise: **Mi prometti di condurmi con te?**, will you promise to take me with you?; **Promisi di arrivare prima delle quattro**, I promised to arrive (*o* that I would be there) before four o'clock; **Non prometto nulla**, I'm not promising anything *2* (*fig.*) to promise; (*minacciare*) to threaten; **p. bene**, to promise (well); to be promising • **p. in moglie**, to promise in marriage □ **p. mari e monti**, to promise the moon.

prominènte *a.* prominent.

prominènza *f.* *1* prominence; eminence *2* (*sporgenza*) prominence.

promiscuità *f.* promiscuity; promiscuousness.

promiscuo *a.* promiscuous; (*misto*) mixed • (*gramm.*) **genere p.**, common gender.

promontòrio *m.* (*geogr.*) promontory; headland.

promòsso *A* *a.* *1* promoted *2* (*a scuola*) successful *B* *m.* (*f.* **-a**) successful student; (*a un esame*) successful candidate • **elenco dei promossi**, pass list.

promotóre *A* *m.* (*f.* **-trice**) promoter; organizer *B* *a.* promoting; organizing.

promozionàle *a.* (*comm.*) promotional: **campagna p.**, promotional campaign.

promozióne *f.* promotion; advancement: **p. per anzianità**, promotion by seniority; **ottenere la p.**, to get one's promotion; (*agli esami*) to pass one's exams; **ottenere la p. a sergente [a dirigente]**, to be promoted (to) sergeant [to manager] • (*comm.*) **p. delle vendite**, sales promotion □ (*sport*) **p. in Serie A**, promotion to the Premier Division.

promulgàre *v. t.* to promulgate.

promulgazióne *f.* promulgation.

promuòvere *v. t.* *1* (*far progredire, favorire*) to promote; to further; to foster: **p. la cultura**, to promote culture; **p. la ricerca**, to promote (*o* to further) research *2* (*far avanzare a un grado superiore*) to promote: **p. q. colonnello**, to promote sb. (to) colonel *3* (*a scuola*) to pass *4* (*provocare*) to cause; to induce: **p. la traspirazione**, to cause perspiration; **p. il vomito**, to induce vomiting • **p. un'azione legale contro q.**, to bring an action against sb.; to sue sb. □ **p. una sottoscrizione**, to open a subscription.

pronipóte *A* *m. e f.* *1* (*di prozio*) grandnephew (*m.*), great--nephew (*m.*); grandniece (*f.*), great-niece (*f.*) *2* (*di bisnonno*) great-grandson (*m.*); great-granddaughter (*f.*); great-grandchild* (*m. e f.*) *B* *m.* (*al pl.*) descendants; offspring [U].

pròno *a.* (*lett.*) *1* (*piegato all'ingiù*) prone; prostrate; lying face down (*o* on one's face) *2* (*fig.*) prone; inclined.

pronóme *m.* (*gramm.*) pronoun.

pronominàle *a.* (*gramm.*) pronominal.

pronosticàre *v. t.* *1* (*predire*) to prognosticate; to predict; to foretell* *2* (*far prevedere*) to presage; to herald.

pronòstico *m.* (*predizione*) prediction, forecast; prognostication; (*segno*) sign, omen: **fare un p.**, to make a prediction; to prognosticate; **godere il favore dei pronostici**, to

be the favourite; to be tipped as the winner.
prontaménte *avv.* ***1*** readily; quickly ***2*** (*senza indugio*) promptly ***3*** (*subito*) at once.
prontézza *f.* readiness; quickness; promptitude: **p. di mente**, readiness of mind; **p. di riflessi**, quickness of reflex; **p. di spirito**, quick-wittedness.
prónto *a.* ***1*** (*preparato, disposto*) ready; prepared: **Il pranzo è p.**, lunch is ready; **Sei p. a partire?**, are you ready to leave?; **p. a tutto**, ready for anything; **tenere p. q.c.**, to keep st. ready; **tenersi p.**, to keep ready ***2*** (*rapido, vivace*) quick; ready; prompt: **risposta pronta**, ready reply; **azione pronta**, prompt action; **p. di mente**, quick-witted; **p. a criticare**, ready to find fault ***3*** (*facile, propenso*) quick: **p. all'ira**, quick to anger; quick-tempered • (*al telefono*) **P.!**, hello! □ (*comm.*) **pronta cassa**, ready cash; cash down □ (*med.*) **p. soccorso**, first aid; (*il reparto*) casualty (*GB*), emergency room (*USA*) □ **Pronti? Via!**, ready, steady, go!
prontuàrio *m.* manual; handbook.
pronùncia *f.* pronunciation; (*accento*) accent • **difetto di p.**, speech defect (*o* impediment) □ **dizionario di p.**, pronouncing dictionary.
pronunciàbile *a.* pronounceable.
pronunciàre ***A*** *v. t.* ***1*** to pronounce: **p. male**, to pronounce incorrectly; to mispronounce ***2*** (*dire, proferire*) to utter; to say*; to speak*; to articulate: **non p. una parola**, not to utter (*o* to speak) a single word; **p. un nome**, to say a name; **p. lentamente**, to articulate slowly ***3*** (*esporre*) to deliver: **p. un discorso**, to deliver a speech ***4*** (*emettere*) to pronounce: **p. una sentenza di morte**, to pronounce a death sentence • **p. i voti** (**religiosi**), to make one's vows ***B*** **pronunciàrsi** *v. i. pron.* (*dichiararsi*) to declare oneself; to speak*; to give* one's opinion: **p. contro** [**in favore di**] **q.c.**, to speak against [in favour of] st.; **Preferisco non pronunciarmi**, I'd rather not comment.
pronunciato *a.* ***1*** (*sporgente*) prominent; protruding ***2*** (*spiccato*) pronounced; marked; decided.
propagànda *f.* publicity; (*anche comm.*) advertising; (*spreg.*) propaganda • **p. chiassosa**, ballyhoo (*fam.*); hype (*fam.*) □ **p. elettorale**, electioneering; canvassing □ **fare p. a**, to publicize; to advertise.
propagandàre *v. t.* to publicize; (*anche comm.*) to advertise; (*spreg.*) to propagandize.
propagandista *m. e f.* ***1*** propagandist ***2*** (*comm.*) sales representative; salesman* (*m.*); saleswoman* (*f.*).
propagandìstico *a.* ***1*** propaganda (*attr.*) ***2*** (*comm.*) advertising (*attr.*).
propagàre ***A*** *v. t.* ***1*** (*biol., fis.*) to propagate ***2*** (*diffondere*) to propagate; to spread* ***B*** **propagàrsi** *v. i. pron.* ***1*** (*biol.*) to propagate ***2*** (*diffondersi*) to spread* ***3*** (*fis.*) to be propagated.
propagatóre *m.* (*f.* **-trice**) propagator.
propagazióne *f.* ***1*** (*biol.*) propagation; propagating ***2*** (*il diffondersi*) propagation; spreading ***3*** (*fis.*) propagation.
propàggine *f.* ***1*** (*agric.*) layer ***2*** (*diramazione*) offshoot.
propalàre *v. t.* to divulge; to spread* (abroad).
propalatóre *m.* (*f.* **-trice**) divulger; spreader.
propalazióne *f.* divulgation; spreading.
propàno *m.* (*chim.*) propane.
propedèutica *f.* propaedeutics (*pl. col verbo al sing.*).
propedèutico *a.* propaedeutic; preliminary: **corso p.**, preliminary (*o* induction) course.
propellènte ***A*** *a.* propellant, propellent; propelling ***B*** *m.* propellant, propellent.
propèndere *v. i.* to be inclined; to incline; to tend: **Propendo a credere che...**, I am inclined to believe that...; **Io propendo per l'opinione opposta**, I incline to take the opposite view; **p. per il no**, to be rather against (st.); **p. per il sì**, to be rather in favour of (st.); **far p.**, to incline.
propensióne *f.* (*tendenza*) propensity; inclination; tendency; (*disposizione*) natural bent: **avere p. per le lingue**, to have a natural bent for languages.
propènso *a.* inclined; (*favorevole*) favourable: **Sono p. a crederlo**, I am inclined to believe it.
propilène *m.* (*chim.*) propylene.
propinàre *v. t.* to give*; to feed*; to serve up: **p. un sonnifero a q.**, to give (*di nascosto* to slip) sb. a sleeping drug; **Ci ha propinato uno strano intruglio**, she fed us a strange concoction; **Non mi puoi p. la solita scusa!**, you can't fob me off with the same excuse!
propiziàre *v. t.*, **propiziàrsi** *v. i. pron.* to propitiate.
propiziatòrio *a.* propitiatory.
propiziazióne *f.* propitiation.
propìzio *a.* ***1*** (*favorevole*) propitious ***2*** (*opportuno, adatto*) propitious; favourable; suitable; right: **il momento più p. per fare q.c.**, the most suitable time for doing st.; **vento p.**, favourable wind; **non p.**, unfavourable; unsuitable.
proponènte ***A*** *a.* proponent; proposing ***B*** *m. e f.* proponent; proposer.
proponìbile *a.* proposable.
proponiménto *m.* intention; resolution • **fare p. di fare q.c.**, to resolve to do (*o* upon doing) st.
propórre *v. t.* ***1*** to propose; (*suggerire*) to suggest; (*porre, sottoporre*) to set*, to put*: **p. q. per una carica**, to propose sb. for a post; **p. un brindisi**, to propose a toast; **Propongo di partire subito**, I suggest leaving (*o* we leave) at once; **p. un argomento**, to suggest a subject; **p. un problema**, to set a problem ***2*** (**proporsi**: *prefiggersi*) to propose; to intend; to set* oneself; (*decidere*) to resolve: **Mi propongo di tornare**, I intend to come back; **p. uno scopo**, to set oneself a goal • **p. a esempio**, to set up (*o* to hold up) as an example □ **p. un disegno di legge**, to introduce a bill □ **p. un prezzo**, (*chiederlo*) to ask a price; (*offrirlo*) to offer a price.
proporzionàle ***A*** *a.* proportional (*anche mat.*); (*proporzionato*) proportionate: **inversamente p. a**, in inverse relation to; inversely proportional to; (*polit.*) **rappresentanza p.**, proportional representation ***B*** *f.* (*polit.*) proportional system.
proporzionalità *f.* proportionality.
proporzionalménte *avv.* proportionally; in proportion.
proporzionàre *v. t.* to proportion; to adjust.
proporzionataménte *avv.* proportionately.
proporzionàto *a.* ***1*** proportioned: (**ben**) **p.**, well-proportioned; **non p. a q.**, out of proportion with ***2*** (*commisurato*) proportionate; proportional.
proporzióne *f.* ***1*** proportion: **in p.**, in proportion; proportionately; **in p. a**, in proportion to; **mancante di p.**, wanting in proportion; disproportionate (*agg.*); **il senso delle proporzioni**, a sense of proportion ***2*** (*mat.*) proportion; (*rapporto*) ratio*: **nella p. di tre a uno**, in a ratio of three to one ***3*** (*al pl.*) (*dimensioni*) proportions (*anche fig.*); dimensions; size (*sing.*).
propòsito *m.* ***1*** (*intento*) purpose; (*intenzione*) intention, plan; (*scopo*) aim, object: **fermezza di p.**, firmness of purpose; **buoni propositi**, good intentions; **Il suo p. era di far saltare il ponte**, his object was to blow up the bridge; **Ci andai col p. di parlargli**, I went there intending to speak to him ***2*** (*argomento*) subject; point: **Vorrei più informazioni in p.**, I'd like more information on that point (*o* about it) • **a p.**, by the way; incidentally □ **a p. di**, speaking of; in connection with; apropos of □ **a questo p.**, in this connection; speaking of which □ **arrivare** (*o* **capitare, venire**) **a p.**, to come at the right moment; to come pat; (*essere utile*) to answer one's purpose □ **un commento molto a p.**, a remark that is very much to the point □ **cambiare p.**, to change one's mind □ **di p.** (*apposta*), on purpose; deliberately □ **fare il p. di fare q.c.**, to decide (*o* to resolve) to do st. □ **Questo non fa al mio p.**, this does not answer my purpose.
proposizióne *f.* ***1*** (*gramm.*) clause: **p. principale** [**subordinata**], main [subordinate] clause ***2*** (*filos., mat.*) proposition.
propósta *f.* proposal; (*di affari*) proposition; (*mozione*) motion; (*suggerimento*) suggestion; (*offerta*) offer: **fare una p. a q.**, to make a proposal (*o* proposition) to sb.; **Ti faccio una p.**, I have a proposition to put to you; I have a suggestion • **p. di legge**, bill □ **p. di matrimonio**, proposal (of marriage) □ **fare una p. di matrimonio a q.**, to propose to sb. □ (*eufem.*) **fare delle proposte a una donna**, to make improper suggestions (*o* to proposition) to a woman.
propriaménte *avv.* ***1*** (*realmente*) really; quite; (*esattamente*) exactly ***2*** (*in senso proprio*) literally ***3*** (*con proprietà*) properly.
proprietà *f.* ***1*** ownership; proprietorship: **p. assoluta**, absolute ownership: **diritto di p.**, right of ownership; title; **essere di p. di q.**, to belong to sb.; to be sb.'s property ***2*** (*ciò che*

si possiede) property; estate; possessions (*pl.*): **p. immobiliare**, real property (*o* estate); **p. terriera**, property; (*tenuta*) estate; **p. fondiaria**, landed property **3** (*caratteristica, anche fis., chim.*) property **4** (*mat.*) property; law **5** (*correttezza*) propriety; correctness • **p. industriale**, patent rights (*pl.*) □ (*leg.*) **p. letteraria**, copyright □ **«P. privata»**, «private property» (*o* «no trespassing») □ **di p. dello Stato**, state-owned □ **trapasso** (*o* **passaggio**) **di p.**, transfer of title.

proprietàrio *m.* (*f.* **-a**) owner; proprietor (*f.* proprietress); (*di pensione e sim.*) landlord (*f.* landlady) • **p. terriero**, landowner.

pròprio ***A*** *a.* **1** (*poss.*) one's (own); of one's own; (*di lui*) his (own); (*di lei*) her (own); (*di animale o cosa*) its (own); (*di loro*) their (own): **fare del p. meglio**, to do one's best; **badare ai fatti propri**, to mind one's own business; **Abita in casa propria**, he lives in his own house; **La moglie ha una rendita propria**, his wife has an income of her own; **per conto p.**, by oneself; on one's own **2** (*rafforzativo dell'agg. poss.*) own: **Lo vidi coi miei propri occhi**, I saw it with my own eyes **3** (*particolare, caratteristico*) characteristic; peculiar; typical: **l'azione propria di certi veleni**, the peculiar effect of certain poisons; **con l'ironia che gli è propria**, with his own typical irony **4** (*letterale*) literal: **il senso p. di una parola**, the literal sense of a word **5** (*appropriato, conveniente*) suitable; apt; proper **6** (*gramm., mat.*) proper • **amor p.**, self-respect; self-esteem □ **fare propria una proposta**, to endorse a suggestion □ **vero e p.**, real; proper; regular ***B*** *pron. poss.* one's own; (*di lui*) his own; (*di lei*) her own; (*di animale o cosa*) its own; (*di loro*) their own ***C*** *m.* one's own; what belongs to one: **spendere del p.**, to spend one's own money • **avere una casa in p.**, to have a house of one's own □ **lavorare in p.**, to work on one's own; to be self-employed □ **rispondere in p.**, to be personally responsible ***D*** *avv.* **1** (*precisamente*) just; (*esattamente*) exactly, right: **p. allora**, just then; **P. così!**, just so; exactly; **È p. lo stesso posto**, it's exactly the same place; **p. davanti al cinema**, right opposite the cinema; **p. all'ultimo momento**, at the very last moment; **È p. lui!**, it's him (all right)!; **L'hai detto p. tu**, you said so yourself **2** (*veramente, davvero*) really; quite: **Sei p. tu?**, is it really you?; **È p. senza scrupoli**, he is quite unscrupulous; **Non so p. cosa dire**, I really don't know what to say **3** (*in frasi neg.*: *affatto*) at all; in the least: **Non mi interessa p.**, I'm not at all interested.

propugnàre *v. t.* to support; to advocate; to champion; to fight* for.

propugnatóre *m.* (*f.* **-trice**) supporter; advocate; champion.

propulsióne *f.* propulsion: **p. a reazione** [**a razzo**], jet [rocket] propulsion.

propulsìvo *a.* propulsive; propelling.

propulsóre *m.* (*mecc.*) propulsor.

pròra *f.* (*naut.*) bow(s); stem; head: **a p.**, at the bow; forward; in the fore; **da poppa a p.**, from stem to stern; fore and aft; **con la p. al vento**, head to the wind; (*nella virata*) in stays; **mettere la p. al vento**, to head into the wind; **p. rompighiaccio**, icebreaker stem; **vento di p.**, head wind.

proravia *f.* (*naut.*) — **a p.**, ahead: forward □ **a p. di**, before.

pròroga *f.* **1** extension; respite; (*dilazione*) delay: **una p. di pagamento**, an extension of payment; **una p. di tre giorni**, three days' respite **2** (*rinvio*) deferment; postponement.

prorogàbile *a.* extendible, extensible; subject to extension; liable to deferment.

prorogabilità *f.* extendibility, extensibility; liability to deferment.

prorogàre *v. t.* **1** to extend; (*dilazionare*) to delay: **p. il termine di consegna**, to extend the term of delivery **2** (*rinviare*) to postpone; to defer: **p. la chiusura di un'esposizione**, to postpone the closing date of (*o* to extend) an exhibition.

prorómpere *v. i.* (*anche fig.*) to burst*; to burst* out (*o* forth); to break* out; (*sgorgare*) to gush: **p. in una risata**, to burst out laughing; **p. in lacrime**, to burst into tears.

pròsa *f.* **1** prose **2** (*opera in p.*) prose work; prose writing; (*brano*) piece of prose **3** (*teatr.*) theatre; drama; plays (*pl.*): **amante della p.**, theatre lover; **attore di p.**, theatre actor; **compagnia di p.**, theatrical company; **stagione di p.**, season of plays; theatrical season.

prosaicità *f.* prosaicness; ordinariness; dullness.

prosàico *a.* **1** prosaic **2** (*fig.*) prosaic; matter-of-fact; (*piatto*) unspired, dull, humdrum; (*poco poetico*) unpoetic.

prosàstico *a.* (*lett.*) prose (*attr.*); prosaic.

prosatóre *m.* (*f.* **-trice**) prose writer.

proscènio *m.* (*teatr.*) proscenium*; (*palcoscenico*) stage: **palchi di p.**, proscenium boxes.

prosciògliere *v. t.* **1** to release; to free **2** (*leg.*) to acquit.

proscioglimento *m.* **1** release **2** (*leg.*) acquittal.

prosciugamento *m.* (*naturale*) drying up; (*artificiale*) draining, drainage; (*bonifica*) reclamation.

prosciugàre ***A*** *v. t.* (*disseccare*) to dry up; (*togliere l'acqua*) to drain; (*bonificare*) to reclaim ***B*** **prosciugàrsi** *v. i. pron.* to dry up.

prosciùtto *m.* (cured) ham: **p. affumicato** [**cotto**], smoked [cooked] ham; **p. crudo**, Parma ham; prosciutto; **panino al p.**, ham roll; **uova al p.**, ham and eggs.

proscrìtto ***A*** *a.* proscribed; banished; exiled ***B*** *m.* (*f.* **-a**) exile.

proscrìvere *v. t.* **1** to proscribe; to banish; to exile **2** (*proibire*) to proscribe; to prohibit; to ban.

proscrizióne *f.* **1** proscription; banishment; exilement: **liste di p.**, proscription lists **2** (*proibizione*) proscription; prohibition; ban.

prosecuzióne *f.* continuation.

proseguiménto *m.* continuation • **Buon p.!**, all the best!; (*a chi viaggia*) enjoy the rest of your trip!; (*a chi resta*) enjoy your stay!

proseguìre ***A*** *v. t.* (*continuare*) to continue, to go* on; (*riprendere*) to resume: **p. gli studi**, to continue one's studies; **p. il lavoro**, to go on with one's work; **p. il viaggio**, to continue one's journey; (*ripartire*) to resume one's journey ***B*** *v. i.* to continue; to go* on: **Proseguii per Roma**, I went on to Rome; **p. a parlare**, to go on speaking; **Proseguiremo nelle ricerche**, we will continue our search • (*su lettera*) **«Far p.»**, «please forward».

proselitismo *m.* proselytism.

prosèlito *m.* proselyte; convert.

prosièguo *m.* (*bur.*) course: **in p. di tempo**, in the course of time.

prosodìa *f.* prosody.

prosòdico *a.* prosodic.

prosopopèa *f.* (*spreg.*) haughtiness; arrogance; stuffiness; airs (*pl.*) • **avere una gran p.**, to give oneself a great many airs.

prosperàre *v. i.* to be prosperous; to prosper; to flourish; to thrive*.

prosperità *f.* prosperity; welfare.

pròspero *a.* **1** (*fiorente*) prosperous; flourishing; thriving **2** (*propizio*) propitious; favourable; (*felice*) happy, lucky.

prosperóso *a.* **1** (*fiorente*) prosperous; flourishing; thriving **2** (*florido di salute*) healthy; blooming **3** (*grassoccio*) large; (*di donna*) buxom.

prospettàre ***A*** *v. t.* **1** (*presentare, esporre*) to point out; to show*: **Gli prospettai tutte le difficoltà**, I pointed out all the difficulties to him **2** (*proporre, formulare*) to propose; to advance; to put* forward: **p. un affare**, to propose a deal; **p. un'ipotesi**, to advance a hypothesis ***B*** *v. i.* (*affacciarsi su un luogo*) to face (st.); to front (onto); to overlook (st.) ***C*** **prospettàrsi** *v. i. pron.* (*presentarsi*) to appear to be; to look: **La faccenda si prospetta complessa**, the thing appears to be complicated; **Mi si prospettava una lunga attesa** [**un trasferimento**], I was in for a long wait [for a move].

prospèttico *a.* perspective (*attr.*).

prospettiva *f.* **1** (*disegno*) perspective: **p. lineare**, linear perspective; **in p.**, in perspective **2** (*veduta, panorama*) view; prospect; vista **3** (*punto di vista*) point of view; perspective: **vedere q.c. sotto una nuova p.**, to see st. from a new perspective; **errore di p.**, error of judgement **4** (*possibilità futura*) prospect (*spesso al pl.*); outlook (*solo sing.*): **Le prospettive non sono brillanti**, the prospects are not bright; **Che prospettive ci sono?**, what's the outlook?; what prospects are there?; **p. di lavoro**, prospect of work; **non avere nessuna p.**, to have nothing in prospect.

prospètto *m.* **1** (*veduta*) prospect; view **2** (*facciata*) front; façade: **veduta di p.**, front view; **guardare q.c. di p.**, to get a front view of st. **3** (*archit.*) elevation **4** (*tabella, specchietto*) list; table; statement: **p. dei verbi**, verb table; **p. delle spese**, statement of expenses; (*comm.*) **p. informativo**,

prospectus.
prospezióne *f.* (*geol.*) prospecting; surveying.
prospiciènte *a.* facing; overlooking: **p. il mare**, facing the sea.
prossimaménte *avv.* soon; before long; presently.
prossimità *f.* proximity; closeness; nearness; (*nel tempo*) closeness, imminence • **in p. di**, near □ **Si era in p. del Natale**, Christmas was drawing near.
pròssimo *A a.* *1* (*molto vicino*) (very) near; close; at hand (*pred.*): **nel p. futuro**, in the near future; **p. alla fine**, near the end; (*fig.*) near one's end; **parente p.**, near (*o* close) relative *2* (*che segue, successivo*) next: **il mese p.**, next month; **nei prossimi giorni**, in the next few days; **il p. treno**, the next train; **La prossima volta che ti vedrò, ti darò i dischi**, I'll give you the records the next time I see you • **essere p. a fare q.c.**, to be about to do st.; to be on the point of doing st. □ **essere p. ai quarant'anni**, to be nearly forty; to be getting on for forty □ (*gramm.*) **passato p.**, present perfect □ (*gramm.*) **trapassato p.**, past perfect *B m.* neighbour; fellow man*: **il rispetto del p.**, respect for one's neighbour; **il nostro p.**, our fellow man; our neighbour; **Ama il p. tuo come te stesso**, love thy neighbour as thyself.
pròstata *f.* (*anat.*) prostate.
prosternàrsi *v. rifl.* *1* to prostrate oneself *2* (*fig.*) to abase oneself; to kowtow (to sb.).
prostituire *A v. t.* (*anche fig.*) to prostitute *B* **prostituirsi** *v. rifl.* (*anche fig.*) to prostitute oneself.
prostitùta *f.* prostitute.
prostitùto *m.* male prostitute.
prostituzióne *f.* (*anche fig.*) prostitution • **darsi alla p.**, to become a prostitute; to prostitute oneself.
prostràre *A v. t.* (*sfinire*) to prostrate; to exhaust *B* **prostràrsi** *v. rifl.* *1* to prostrate oneself *2* (*fig.*) to abase oneself.
prostràto *a.* (*anche fig.*) prostrate.
prostrazióne *f.* (*anche fig.*) prostration.
protagonișmo *m.* desire to be the centre of attention (*o* in the limelight); self-promotion • **È malato di p.**, he is always trying to hog the limelight.
protagonìsta *m. e f.* *1* (*di romanzo, ecc.*) main character; protagonist; hero* (*m.*); heroine (*f.*) *2* (*di vicenda reale*) protagonist: **i protagonisti della rivoluzione**, the protagonists of the revolution; **Fu p. di un fatto curioso**, something funny happened to him *3* (*teatr.*) leading actor (*m.*); leading actress (*f.*); (*cinem.*) star: **parte di p.**, leading role; lead; **miglior attore p.**, best actor; **miglior attore non p.**, best supporting actor.
protèggere *A v. t.* *1* to protect; (*difendere*) to defend, to guard, to shield; (*custodire*) to take* care of, to watch over; (*mettere al riparo*) to shelter: **Dio lo protegga!**, God protect him!; **p. dal pericolo**, to protect from danger; to guard; **Ha mentito per p. il fratello**, he lied to protect his brother *2* (*promuovere*) to promote, to foster, to patronize; (*favorire*) to favour: **p. le arti**, to promote (*o* to patronize) the arts; **La fortuna protegge gli audaci**, fortune favours the brave *B* **protèggersi** *v. rifl.* to protect oneself; (*ripararsi*) to take* shelter.
protèico *a.* (*chim.*) proteinic; proteinous • **sostanze proteiche**, proteins.
proteifórme *a.* proteiform; protean.
proteìna *f.* (*chim.*) protein.
protèndere *A v. t.* to hold* out; to stretch out *B* **protèndersi** *v. rifl.* to stretch out; to lean* forward [out, over]: **I rami si protendono oltre il muro**, the branches stretch (out) beyond the wall; **p. da una finestra**, to lean out of a window; **p. in avanti**, to lean forward.
protèrvia *f.* arrogance; insolence.
protèrvo *a.* arrogant; insolent.
pròteși *f.* (*med.*) prosthesis* • **p. acustica**, hearing aid.
protéso *a.* *1* outstretched; leaning forward [out, over st.] *2* (*fig.*) intent (on).
protèsta *f.* *1* protest: **marcia di p.**, protest march; **per** (*o* **in segno di**) **p.**, in (*o* as a) protest *2* (*attestazione, dichiarazione*) protestation.
protestànte *a., m. e f.* (*relig.*) Protestant.
protestantésimo *m.* (*relig.*) Protestantism.
protestàre *A v. t.* (*anche leg.*) to protest: **p. la propria innocenza**, to protest one's innocence; **p. una cambiale**, to protest a bill *B v. i.* to protest; to make* a protest; (*lagnarsi*) to remonstrate *C* **protestàrsi** *v. rifl.* to declare; to protest (st.): **p. amico di q.**, to declare one is sb.'s friend; **Si protestò innocente**, he protested his innocence (*o* that he was innocent).
protestatàrio *a.* protesting; of protest.
protèsto *m.* (*leg.*) protest: **in p.**, under protest; **mandare una cambiale in p.**, to protest (*o* to dishonour) a bill.
protettìvo *a.* protective.
protètto *A a.* protected; sheltered: shielded; (*econ.*) **industrie protette**, protected industries; **luogo p.**, sheltered place; **specie protette**, protected species • (*ecol.*) **zona protetta**, conservation area *B m.* (*f.* **-a**) protégé (*franc.*) (*f.* protégée); favourite.
protettoràto *m.* (*polit.*) protectorate.
protettóre *A m.* *1* protector; defender *2* (*mecenate*) patron *3* (*sfruttatore di prostituta*) pimp; ponce (*GB*) *B a.* protecting; protective • **santo p.**, patron saint □ **Società protettrice degli animali**, Society for the Prevention of Cruelty to Animals.
protettrice *f.* *1* protectress *2* (*mecenate*) patroness.
protezióne *f.* *1* protection: **p. dell'ambiente**, protection of the environment; **p. del consumatore**, consumer protection; **involucro di p.**, protective wrapper; **misure di p.**, protective measures; precautions *2* (*patrocinio*) patronage: **la p. delle arti**, patronage of the arts • **aria** [**tono**] **di p.**, patronizing air [tone] □ **prendere q. sotto la propria p.**, to take sb. under one's tutelage (*o, fam.*, under one's wing).
protezionișmo *m.* (*econ.*) protectionism.
protezionìsta *a., m. e f.* (*econ.*) protectionist.
protezionìstico *a.* (*econ.*) protectionist (*attr.*).
pròto *m.* (*tipogr.*) foreman*; overseer.
protocollàre (1) *a.* protocol (*attr.*); required by protocol.
protocollàre (2) *v. t.* to record; to register.
protocòllo *m.* *1* (*registro*) register of documents; record; file: **essere a p.**, to be on record; **mettere a p.**, to record; to register; to file *2* (*leg.*) protocol *3* (*cerimoniale*) protocol • **carta** (**formato**) **p.**, foolscap (paper) □ **numero di p.**, reference number.
protóne *m.* (*fis.*) proton.
protoplàșma *m.* (*biol.*) protoplasm.
protòtipo *m.* prototype • **È il p. del borghese**, he is the typical middle-class man.
protozòo *m.* (*zool.*) protozoon*; protozoan.
protràrre *A v. t.* *1* (*prolungare*) to protract; to prolong; to extend *2* (*differire*) to postpone; to defer; to put* off *B* **protrarsi** *v. i. pron.* to be protracted; to go* on; (*durare*) to last.
protrazióne *f.* *1* (*prolungamento*) protraction; prolongation *2* (*differimento*) postponement; deferment.
protuberànza *f.* protuberance; bulge; swelling: **formare una p.**, to form a protuberance; to bulge out; to protrude.
pròva *f.* *1* (*verifica*) trial, test; (*esperimento*) experiment: **p. di velocità**, speed trial; (*mecc.*) **p. di durata**, endurance test; **p. di sicurezza**, reliability test; (*mil.*) **p. di tiro**, range trial; **periodo di p.**, trial period; (*mecc.*) test period; (*aeron.*) **volo di p.**, test flight; **superare** [**non superare**] **una p.**, to pass [to fail] a test *2* (*dimostrazione*) proof: **a p. di quanto detto**, as (a) proof of what I said; **P. ne sia che...**, the proof is that... *3* (*leg. ed estens.*) proof; (*elemento di prova*) evidence ⓤ: **Prima ci vogliono le prove**, we must have some proof first; **Non hanno nessuna p. in mano**, they have no evidence; **una p. fondamentale**, a crucial piece of evidence; (*leg.*) **p. a carico** [**a discarico**], evidence for the prosecution [for the defence]; (*leg.*) **prove indiziarie**, circumstantial evidence *4* (*tentativo*) try; attempt: **alla prima p.**, at the first attempt; **Farò un'altra p.**, I'll have another try *5* (*esame*) test; examination: **p. orale** [**scritta**], oral [written] test; **sostenere una p.**, to sit (*o* to take) an examination *6* (*teatr.*) rehearsal: **p. generale**, dress rehearsal; **fare le prove**, to rehearse *7* (*sport*) trial; (*evento*) event; (*prestazione*) performance: **p. a cronometro**, time trial; **p. di resistenza**, test of stamina *8* (*tipogr.*: *bozza*) proof: **tirare una p.**, to pull a proof *9* (*di abito*) fitting: **fare una p.**, to have a fitting; **mettere in p. un abito**, to have a dress ready for the fitting *10* (*mat.*) proof *11* (*afflizione, disgrazia*) trial • (*stor. e fig.*) **p. del fuoco**, ordeal by fire □ (*fig.*) **p. del nove**, acid test □ **a p. di bomba**, bomb-proof □ **a p. di fuoco**, fireproof □ **a tutta p.**, well-tried; proven; (*fi-*

dato) trusty □ **banco di p.**, testing bench □ **dare buona p.**, to stand the test □ **dare buona p. di sé**, to give a good account of oneself □ **dare p. di coraggio**, to show one's courage; to behave bravely □ **fino a p. contraria**, until proved otherwise □ **in p.**, on trial; (*di persona assunta*) on probation; (*comm.*) on approval □ **assumere q. in p.**, to take sb. on for a trial period □ **mettere alla p.**, to put to the test; to test; to try □ **mettere a dura p.**, to try sorely; to put a strain on: **Ha messo a dura p. la mia pazienza**, it really tried my patience □ **reggere alla p.**, to stand the test □ **Voglio vederlo alla p.**, (*di cosa*) I want to see it tested; (*di persona*) I want to put him to the test.

provàbile *a.* prov(e)able; demonstrable.

provàre ***A*** *v. t.* ***1*** (*sperimentare, mettere alla prova*) to try; to try out; to test: **p. un fucile** [**un'auto**], to try a gun [a car]; **p. un nuovo metodo**, to try a new method; **Provalo prima su un pezzetto di carta**, try it on a piece of paper first ***2*** (*tentare*) to try; to have a try (*o* a go, shot) (*fam.*): **Fammi p.**, let me try; **Prova tu adesso**, now you try (*o* have a go at it); **Provaci!**, just try it!; **Provai a sollevarlo**, I tried to lift it; **Prova ad acchiapparlo**, try and catch it ***3*** (*dimostrare*) to prove; to show*; to demonstrate: **È ancora da p.**, it has yet to be proved; **p. la propria innocenza**, to prove one's innocence: **p. la verità di q.c.**, to demonstrate the truth of st. ***4*** (*sentire*) to feel*; (*sperimentare in sé*) to experience: **p. dolore**, to feel pain; **p. pietà per q.**, to feel pity for sb.; **p. una gran delusione**, to feel deeply disappointed; **p. i piaceri della vita in campagna**, to experience the pleasures of life in the country; **Adesso che l'hai provato sai che vuol dire**, now you've been through it you know what it's like ***5*** (*indumenti, ecc.*) to try on; (*dal sarto*) to have a fitting ***6*** (*affliggere*) to try; (*indebolire*) to weaken: **È stato duramente provato**, he has been sorely tried ***7*** (*teatr.*) to rehearse ***8*** (*collaudare*) to test ***9*** (*gustare*) to taste; to try ***10*** (*saggiare*) to try; to test; to analyse ***B*** **provàrsi** *v. i. pron.* ***1*** (*tentare*) *V.* **provare**, *def.* 2 ***2*** (*cimentarsi*) to put* oneself to the test; to measure oneself (against sb.).

provàto *a.* ***1*** (*fedele*) tried; trustworthy; reliable ***2*** (*colpito*) tried ***3*** (*affaticato*) exhausted, worn-out; (*indebolito*) weakened.

proveniènza *f.* (*origine*) origin; (*luogo*) place of origin, provenance; (*fonte*) source: **di p. ignota**, of unknown provenance; **notizie di incerta p.**, news from an unreliable source • **ufficio di p.**, forwarding office.

provenìre *v. i.* ***1*** (*avere origine*) to originate, to arise*; (*essere causato*) to be caused (by) ***2*** (*venire*) to come*.

provènto *m.* (*comm.*) proceeds (*pl.*); receipts (*pl.*); return.

provenzàle *a. e m.* Provençal.

proverbiàle *a.* proverbial.

provèrbio *m.* proverb; saying; (*adagio*) adage: **come dice il p.**, as the saying goes; **passare in p.**, to become proverbial.

provétta *f.* (*chim.*) test tube: **p. graduata**, graduated tube • **bambino (concepito) in p.**, test-tube baby.

provètto *a.* experienced; skilled; practised.

provincia *f.* ***1*** (*circoscrizione amministrativa*) province; district; (*amministrazione provinciale*) provincial administration ***2*** (*di contro a «capoluogo»*) provinces (*pl.*); country: **abitare in p.**, to live in the provinces (*o* in a small town) ***3*** (*paese, regione*) country; region • **di p.**, provincial.

provinciàle ***A*** *a., m. e f.* provincial ***B*** *f.* (*strada p.*) provincial road.

provincialismo *m.* provincialism.

provino *m.* ***1*** (*cinem.*) screen test; (*teatr.*) audition, tryout (*USA*) ***2*** (*campione*) test-piece; specimen ***3*** (*chim.*: *provetta*) test tube ***4*** (*fotogr.*) contact print.

provocànte *a.* provocative.

provocàre *v. t.* ***1*** to provoke; (*causare*) to cause, to arouse*, to bring* on, to induce; (*istigare*) to incite; (*eccitare*) to excite: **p. il riso**, to provoke laughter; **p. l'ira di q.**, to arouse sb.'s anger; **p. commenti**, to arouse comment; **p. il sudore**, to cause perspiration; **p. il vomito**, to induce vomiting ***2*** (*irritare*) to provoke.

provocatóre ***A*** *m.* (*f.* **-trice**) provoker ***B*** *a.* provoking; provocative • **agente p.**, agent provocateur (*franc.*).

provocatòrio *a.* provocative; provoking.

provocazióne *f.* provocation.

provvedére ***A*** *v. t.* ***1*** to provide (sb. with st., st. for sb.) ***2*** (*disporre*) to arrange; to get* ready; to prepare ***B*** *v. i.* ***1*** to provide (for); to make* provision (for): **p. all'istruzione dei propri figli**, to provide for the education of one's children ***2*** (*prendersi cura di*) to take* care (of sb., st.); (*badare a*) to look after (sb.) ***3*** (*prendere un provvedimento*) to take* a decision; to act; to take* steps: **Si è già provveduto**, steps have already been taken ***4*** (*procurare, disporre*) to see* (to, about); to arrange (for): **Provvederò io**, I'll see to it ***C*** **provvedérsi** *v. rifl.* to provide oneself (with); to get* (st.).

provvediménto *m.* measure; (*misura di previdenza*) precaution: **provvedimenti disciplinari**, disciplinary measures (*o* action); **provvedimenti sanitari**, sanitary precautions; **provvedimenti di sicurezza**, safety precautions.

provveditoràto *m.* (government) office: **p. agli studi**, provincial education office.

provveditóre *m.* (*f.* **-trice**) director (*o* superintendent, head) of a government office: **p. agli studi**, (provincial) director of education.

provvidènza *f.* ***1*** providence: **È un dono della p.**, it's a gift of providence; **Fu una vera p.**, it was really providential; it was a real piece of good luck ***2*** (*bur.*) measure; provision.

provvidenziàle *a.* providential; heaven-sent.

pròvvido *a.* (*lett.*) provident; (*previdente*) foreseeing.

provvigióne *f.* (*comm.*) commission: **una p. del 5%**, a 5% commission; **vendere a p.**, to sell on commission.

provvisoriaménte *avv.* provisionally; temporarily; for the time being.

provvisorietà *f.* provisional character.

provvisòrio *a.* provisional; temporary; interim: **governo p.**, provisional government; **impiego p.**, temporary job; **riparazione provvisoria**, makeshift repair • **in via provvisoria**, provisionally; temporarily.

provvìsta *f.* provision (*generalm. al pl.*); supply; (*scorta*) stock, store: **provviste di alimentari**, food supplies; provisions; **provviste di bordo**, naval stores; **avere una buona p. di q.c.**, to have a good supply of st.; to be well-supplied with st.; **a corto di provviste**, short of supplies; **fare provviste**, to make provisions; to lay in stores; **Devo fare p. di caffè**, I must get in a stock of coffee.

provvìsto *a.* provided; equipped; stocked: **p. di q.c.**, provided with st.; **un freezer ben p.**, a well-stocked feezer.

prozìa *f.* great-aunt.

prozìo *m.* great-uncle.

prùa *V.* **prora**.

prudènte *a.* prudent; careful; (*cauto*) cautious, wary: **decisione p.**, prudent decision; **guidatore p.**, careful driver; **stima p.**, conservative estimate; **troppo p.**, over-cautious.

prudènza *f.* prudence; (*cautela*) caution; (*precauzione*) precaution: **avere** (*o* **usare**) **p.**, to use caution; to be prudent; **guidare con p.**, to drive carefully; **per p.**, as a precaution • (*prov.*) **La p. non è mai troppa**, you can never be too careful.

prudenziàle *a.* prudential; (*di stima, ecc.*) conservative.

prùdere *v. i.* to itch; to be itchy; (*pizzicare*) to tickle: **Mi prude un piede**, my foot is itching; **Mi prude dappertutto**, I am itchy all over • (*fig.*) **Mi prudevano** (*o* **Mi sentivo p.**) **le mani**, I was itching to slap [to punch, etc.] him.

pruderie (*franc.*) *f.* prudery; prudishness; primness.

prùgna *f.* (*bot.*) plum: **prugne secche**, dried plums; prunes • **p. regina Claudia**, greengage.

prùgno *m.* (*bot.*) plum(-tree).

prùgnola *f.* (*bot.*) sloe.

prùgnolo *m.* (*bot.*) sloe; blackthorn.

prùno *m.* ***1*** (*bot.*) blackthorn; sloe ***2*** (*spina di p.*) thorn.

pruriginóso *a.* ***1*** itching; itchy; (*med.*) pruriginous ***2*** (*fig.*) prurient; titillating.

prurìto *m.* itching; itch; (*med.*) pruritus; (*pizzicore*) tickle: **sentire p.**, to itch; to be itchy.

prussiàno *a e m.* (*f.* **-a**) Prussian (*f.* Prussian woman*).

prùssico *a.* (*chim.*) prussic: **acido p.**, prussic acid.

pseudònimo *m.* pseudonym; (*di scrittore*) pen-name; (*di attore*) stage name.

psicanàlisi *e deriv. V.* **psicoanalisi**.

psiche *f.* (*psic.*) psyche.

psichedèlico *a.* psychedelic.

psichiàtra *m. e f.* psychiatrist.

psichiatrìa *f.* psychiatry.

psichiàtrico *a.* psychiatric • **ospedale p.**, psychiatric (*o* mental) hospital.
psìchico *a.* psychic(al); mental: **fenomeno p.**, psychic phenomenon; **disturbo p.**, mental (*o* psychic) disorder; **minorato p.**, mentally handicapped person.
psicoanàlisi *f.* psychoanalysis.
psicoanalista *m. e f.* psychoanalyst.
psicoanalìtico *a.* psychoanalytic(al).
psicoanalizzare *v. t.* to psychoanalyse.
psicobiologìa *f.* psychobiology.
psicofàrmaco *m.* psychotropic drug.
psicofìsico *a.* psychophysical.
psicolàbile ***A*** *a.* psychically unstable ***B*** *m. e f.* psychically unstable person.
psicolinguìstica *f.* psycholinguistics (*pl. col verbo al sing.*).
psicologìa *f.* psychology.
psicològico *a.* psychologic(al).
psicòlogo *m.* (*f.* **-a**) psychologist.
psicomotòrio *a.* psychomotor.
psicopatìa *f.* psychopathy; mental disease (*o* disorder).
psicopàtico ***A*** *a.* psychopathic ***B*** *m.* (*f.* **-a**) psychopath.
psicopatologìa *f.* psychopathology.
psicopedagogìa *f.* educational psychology.
psicopedagògico *a.* of (*o* relating to) educational psychology.
psicopedagogista *m. e f.* educational psychologist.
psicòsi *f.* ***1*** (*psic.*) psychosis* ***2*** (*fig.*) (mass) hysteria; panic.
psicosomàtico *a.* psychosomatic.
psicoterapèuta *m. e f.* psychotherapist.
psicoterapìa *f.* psychotherapy.
psicoteràpico *a.* psychotherapeutic.
psicòtico *a.* psychotic.
psittacòsi *f.* (*med.*) psittacosis.
psorìasi *f.* (*med.*) psoriasis.
puàh *inter.* ugh!; yuk!
pubblicaménte *avv.* publicly; in public.
pubblicàre *v. t.* to publish • **p. un annuncio su un giornale**, to put an ad in a paper □ **p. sulla gazzetta ufficiale**, to gazette.
pubblicazióne *f.* ***1*** publication ***2*** (*libro, rivista, ecc.*) publication ***3*** (*al pl.*) (*di matrimonio*) banns: **fare le pubblicazioni**, to publish the banns • **p. a dispense**, part work (*GB*) □ **p. aziendale**, house organ □ **di recente p.**, just published □ **essere in corso di p.**, to be printing; to be about to be published.
pubblicìsta *m. e f.* (*giorn.*) freelance journalist.
pubblicìstica *f.* ***1*** (*giorn.*) political journalism ***2*** political writings (*pl.*).
pubblicità *f.* ***1*** publicity: **andare in cerca di p.**, to seek publicity; **la p. che ha circondato il suo processo**, the publicity surrounding his trial ***2*** (*propaganda comm.*) advertising; (*campagna pubblicitaria*) publicity campaign; (*annuncio*) advertisement, ad (*fam.*), (*radio, TV*) commercial: **La p. è l'anima del commercio**, advertising is the very soul of trade; **Ho visto la p. del nuovo modello sul giornale**, I saw the ad for the new model in the paper • **agente di p.**, advertising agent; adman (*fam.*) □ **agenzia di p.**, advertising agency □ **dare p. a q.c.**, to publicize st. □ **fare p. a un prodotto**, to advertise a product □ **fare p. a un film**, to publicize a film □ **piccola p.**, small advertisements (*pl.*); small ads (*pl., fam.*).
pubblicitàrio ***A*** *a.* advertising; publicity (*attr.*): **campagna pubblicitaria**, advertising campaign; **annuncio p.**, advertisement; ad (*fam.*); **trovata pubblicitaria**, publicity stunt ***B*** *m.* (*f.* **-a**) advertising agent; adman* (*m., fam.*).
pubblicizzàre *v. t.* to publicize; to advertize.
pùbblico ***A*** *a.* public; (*nazionale*) national; (*statale*) state, government (*attr.*): **giardini pubblici**, public gardens; **servizi pubblici**, public utilities; **debito p.**, National Debt; **scuole pubbliche**, state schools; public schools (*USA*); **rendere p. q.c.**, to make st. public; to broadcast st. ***B*** *m.* public; (*spettatori*) audience, spectators (*pl.*): **il p. dei lettori**, the reading public; **il p. dello stadio**, the spectators in the stadium; **Il p. applaudì**, the audience applauded • **che piace al grande p.**, very popular □ **in p.**, in public; publicly: **dire q.c. in p.**, to say st. in public □ **mettere q.c. in p.**, to make st. public.
pùbe *m.* (*anat.*) ***1*** (*osso*) pubis* ***2*** (*regione*) pubes*.
pùbere, **puberàle** *a.* puberal; pubertal.
pubertà *f.* puberty.
pùbico *a.* (*anat.*) pubic.
pudibóndo *a.* modest; demure; (*in modo affettato*) coy, prim, bashful.
pudicìzia *f.* modesty; demureness.
pudìco *a.* modest; demure.
pudóre *m.* (*verecondia*) modesty; (*decenza*) decency; (*vergogna*) shame; (*ritegno*) reserve: **falso p.**, false modesty; **mancanza di p.**, want of decency; **offesa al p.**, offence against decency; **non avere p.**, to have no shame; **senza p.**, without shame; shameless (*agg.*); shamelessly (*avv.*).
puericultóre *m.* (*f.* **-a**) ***1*** (*medico*) p(a)ediatrician ***2*** (*infermiere*) p(a)ediatric nurse.
puericultùra *f.* puericulture; child care.
puerìle *a.* ***1*** childish; child-like ***2*** (*spreg.*) puerile; childish • **l'età p.**, childhood.
puerilità *f.* ***1*** puerility; childishness ***2*** (*parole puerili*) puerility; childish remark.
puèrpera *f.* woman* in childbirth.
puerperàle *a.* puerperal: **febbre p.**, puerperal fever.
puerpèrio *m.* puerperium*.
pugilàto *m.* boxing • **fare del p.**, to box.
pùgile *m* boxer.
pugilìstico *a.* boxing (*attr.*).
pugnàce *a.* (*lett.*) pugnacious; bellicose; combative.
pugnalàre *v. t.* to stab: (*anche fig.*) **p. q. alle spalle**, to stab sb. in the back.
pugnalàta *f.* ***1*** stab: (*anche fig.*) **p. alle spalle**, stab in the back ***2*** (*fig.*) great blow; severe shock.
pugnàle *m.* dagger • **colpo di p.**, stab □ **uccidere q. a colpi di p.**, to stab sb. to death.
pùgno *m.* ***1*** fist: **stringere i pugni**, to clench one's fists; **a pugni stretti**, with clenched fists; **mostrare i pugni a q.**, to shake one's fist at sb. ***2*** (*colpo*) punch; blow of one's fist: **Gli diedi un p. sul mento**, I gave him a punch (*o* I punched him) on the chin; **Mi mollò un p.**, he punched me; he socked me one (*fam.*); **Con un p. sfondò il vetro**, he put his fist through the window; **tirare pugni**, to punch; to use one's fists ***3*** (*manciata*) fistful; (*anche fig.*) handful • **p. di ferro**, knuckle-duster □ **p. di ferro in guanto di velluto**, an iron hand in a velvet glove □ (*fig.*) **un p. in un occhio**, an eyesore □ **con la spada in p.**, sword in hand □ **di proprio p.**, in one's own hand(writing) □ **fare a pugni**, to fight; (*fig.*: *stonare*) to clash □ **Ho dovuto fare a pugni per entrare**, I had to fight my way in □ **rimanere con un p. di mosche**, to be left empty-handed □ **tenere q. [q.c.] in p.**, to have sb. [st.] in one's power; to have sb. on a string □ **tenere in p. la situazione**, to have control of the situation.
pùla *f.* (*agric.*) chaff.
pùlce *f.* (*zool.*) flea • **una p. nell'orecchio**, a nagging suspicion [doubt]: **mettere una p. in un orecchio a q.**, to arouse sb.'s suspicions; to sow doubts in sb.'s mind □ **fare le pulci a q.**, to pick holes in sb.'s work □ **gioco delle pulci**, tiddl(e)ywinks □ **mercato delle pulci**, flea market.
pulcinèlla *m.* ***1*** (*maschera*) Punchinello ***2*** (*fig. spreg.*) buffoon; fool • (*zool.*) **p. di mare**, puffin □ **segreto di p.**, open secret.
pulcìno *m.* chick • **bagnato come un p.**, drenched (*o* soaked) to the skin; like a drowned rat □ **p. nella stoppa**, babe in arms.
pulcióso *a.* full of fleas; flea-ridden.
pulédra *f.* filly.
pulédro *m.* colt; foal.
pulèggia *f.* (*mecc.*) pulley.
pulire ***A*** *v. t.* to clean; (*strofinando*) to wipe; (*fregando*) to scrub; (*spazzolando*) to brush; (*lavare*) to wash: **p. la casa**, to clean the house; **pulirsi la bocca**, to wipe one's mouth; **pulirsi le unghie**, to clean (*o* to brush) one's nails; **p. il pavimento**, to scrub the floor; **p. un cassetto**, to clean out a drawer; **p. a secco**, to dry-clean ***B*** **pulirsi** *v. rifl.* to clean oneself; (*lavarsi*) to wash.
pulita *f.* cleaning; cleaning up; wipe; wiping; (*lavata*) wash; (*strofinata*) scrubbing; (*spazzolata*) brush: **La stanza ha bisogno di una bella p.**, the room need a good clean (*o* cleaning); **Datti una p.**, go and have a wash; **dare una p.**

alle scarpe, to give one's shoes a clean (*o* a brush).

pulito ***A*** *a.* ***1*** clean; (*lindo*) neat ***2*** (*senza soldi*) cleaned out: **lasciare q. p.**, to clean sb. out ***3*** (*pop.: legale, senz'armi, ecc.*) clean • **p. come uno specchio**, spick-and-span □ **una faccenda poco pulita**, a shady business □ **gioco pulito**, fair play ***B*** *avv.* cleanly; neatly ***C*** *m.* clean part • **vivere nel p.**, to live in a clean place □ **sapere di p.**, to smell clean.

pulitùra *f.* ***1*** cleaning; (*il lavare*) washing: **p. a secco**, dry-cleaning ***2*** (*il lucidare*) polishing; (*mecc.*) buffing.

pulizìa *f.* ***1*** (*il pulire*) cleaning 🅄: **fare le pulizie**, to do the housework (*o* the cleaning); **pulizie di fino**, thorough cleaning; **pulizie di Pasqua**, spring cleaning ***2*** (*l'essere pulito*) cleanliness; cleanness; neatness: **p. personale**, personal cleanliness; **Qui c'è poca p.**, it's not very clean here • **donna delle pulizie**, cleaning woman □ **far p. in un posto**, to clean up a place; (*sgombrandolo*) to clean out a place □ **impresa di pulizie**, cleaners (*pl.*); cleaning contractor □ **uomo delle pulizie**, cleaner.

pullman (*ingl.*) *m. invar.* ***1*** (*corriera*) bus; coach ***2*** (*ferr.*) Pullman (car).

pullulàre *v. i.* ***1*** (*essere gremito*) to swarm (with); to teem (with); to be thick (with) ***2*** (*spuntare*) to spring* up.

pulmino *m.* (*autom.*) minicoach; minibus.

pùlpito *m.* pulpit • (*iron.*) **Da che p.** (**viene la predica**)!, look who's talking! □ (*fig.*) **salire sul p.**, to sermonize; to preach.

pulsànte ***A*** *m.* push button; (*di campanello*) bell push ***B*** *a.* throbbing; pulsating.

pulsàre *v. i.* to throb; to pulsate.

pulsazióne *f.* ***1*** pulsation (*scient.*); beat; beating; throb; throbbing ***2*** (*del cuore*) heartbeat; (*al pl., anche*) pulse (*sing.*): **misurare le pulsazioni**, to measure sb.'s pulse; **avere 80 pulsazioni al minuto**, to have a pulse of 80 beats per minute.

pulsióne *f.* (*psic.*) drive.

pulvìscolo *m* (fine) dust • **p. atmosferico**, dust particles (*pl.*).

pùma *m.* (*zool.*) puma; cougar; mountain lion; panther (*USA*).

pungènte *a* ***1*** prickly; pricking; stinging ***2*** (*fig.*) pungent; biting; sharp: **odore p.**, pungent smell; **commento p.**, pungent (*o* biting, sharp) remark; **vento p.**, biting wind.

pùngere *v. t.* ***1*** to prick; (*di insetto*) to sting*: **Mi sono punta un dito con una rosa**, I've pricked my finger on a rose thorn; **L'ortica punge**, nettles sting; **Una vespa mi ha punto**, I've been stung by a wasp; **Mi sentii pungere**, I felt a prick (*o* a sting) ***2*** (*di stoffa, barba, ecc.*) to prickle; (*di vento, ecc.*) to nip, to bite* ***3*** (*provocare, ferire*) to sting* • **p. q. sul vivo**, to cut sb. to the quick □ **Mi pungeva il desiderio di vederla**, I was itching to see her.

pungiglióne *m.* sting.

pungitòpo *m.* (*bot.*) butcher's broom.

pungolàre *v. t.* ***1*** to goad ***2*** (*fig.*) to prod; to spur; to urge on.

pùngolo *m.* ***1*** goad ***2*** (*fig.*) goad; spur; (*morso*) sting, prick: **il p. del bisogno**, the spur of necessity; **il p. della fame**, the pangs of hunger; **il p. della coscienza**, the prick of conscience.

punìbile *a.* punishable.

punìre *v. t.* ***1*** to punish ***2*** (*fig.*) to penalize.

punitìvo *a.* punitive.

punizióne *f.* ***1*** punishment ***2*** (*calcio*) free kick: **battere una p.**, to take a free kick.

pùnta (1) *f.* ***1*** (*estremità acuminata*) point; (*di amo, freccia, ecc.*) barb: **ferire di p.**, to wound with the point; **a p.**, pointed; **a sei punte**, six-pointed; **munito di punte**, barbed; **fare la p. a una matita**, to sharpen a pencil ***2*** (*parte terminale*) tip; end: **p. del naso** [**della lingua**], tip of the nose [of the tongue]; **p. di un dito**, tip of a finger; fingertip; **camminare sulla p. dei piedi**, to walk on tiptoe; to tiptoe ***3*** (*cima*) top; (*vetta*) peak: **le punte degli alberi**, the tree-tops ***4*** (*quantità minima*) touch, trace; (*pizzico*) pinch: **una p. di invidia**, a touch of envy; **una p. di sale**, a pinch of salt ***5*** (*promontorio*) cape; point ***6*** (*massima intensità, frequenza, ecc.*) peak; height: **p. massima**, zenith; peak; **p. minima**, nadir; low point; (*TV*) **p. di ascolto**, peak in viewing ***7*** (*mecc.*) (*di tornio*) centre; (*per perforazione*) bit; (*da trapano*) drill ***8*** (*calcio*) striker • (*fig.*) **p. avanzata**, spearhead □ (*mecc.*) **p. di diamante**, diamond point □ (*fig.*) **essere la p. di diamante di**, to be at the cutting edge of □ **danzare sulle punte**, to dance on points □ **uomo di p.**, leading man; (*calcio*) attacker □ **cappello a tre punte**, three-cornered hat □ **ore di p.**, (*di traffico*) rush hours; (*TV*) peak viewing time □ **prendere q. di p.**, to clash with sb. □ **prendere q.c. di p.**, to meet st. head-on □ **scarpe a p. quadra**, square-toed shoes □ **Non vedi più in là della p. del tuo naso**, you can't see beyond the end of your nose.

pùnta (2) *f.* (*di cane da caccia*) set • **cane da p.**, pointer.

puntàle *m.* ***1*** metal cap; (*di bastone, ecc.*) ferrule ***2*** (*naut.*) pillar; stanchion.

puntaménto *m.* (*mil.*) laying; sighting; (*di cannone*) training.

puntàre (1) ***A*** *v. t.* ***1*** (*spingere*) to push; (*poggiare*) to put*: **p. i piedi contro q.c.**, to push one's feet against st.; **p. i gomiti sulla tavola**, to put one's elbows on the table ***2*** (*dirigere*) to point; to direct: **p. il dito verso q.c.**, to point at (*o* to) st.; **p. un binocolo**, to point a pair of binoculars; **p. l'attenzione su q.c.**, to direct (*o* to fix) one's attention on st. ***3*** (*prendere la mira*) to point; to aim; to level: **p. il fucile contro q.**, to aim (*o* to level) one's gun at sb. ***4*** (*scommettere*) to bet*; to stake: **p. su un cavallo**, to bet on a horse; **Ho puntato tutto sulla sua riuscita**, I've staked everything on his success • (*fig.*) **p. i piedi**, to dig in one's heels ***B*** *v. i.* ***1*** (*dirigersi*) to head (for) ***2*** (*mirare, anche fig.*) to aim (at) ***3*** (*fare assegnamento*) to count (on).

puntàre (2) *v. t.* (*di cane da caccia*) to point.

puntasécca *f.* (*arte*) drypoint.

puntaspìlli *m.* pincushion.

puntàta (1) *f.* ***1*** (*somma scommessa*) bet; stake: **fare una p.**, to place a bet ***2*** (*breve visita*) flying visit.

puntàta (2) *f.* (*di romanzo, articolo, ecc.*) instalment; (*radio, TV*) episode: **pubblicare q.c. a puntate**, to publish st. in instalments; to serialize st.; **romanzo a puntate**, serial (novel).

puntàto *a.* dotted; (*di lettera*) followed by a fullstop.

punteggiàre *v. t.* ***1*** (*segnare con punti*) to dot; to mark with dots ***2*** (*fig.*) to punctuate.

punteggiàto *a.* ***1*** (*segnato con punti*) dotted ***2*** (*cosparso di puntini*) dotted; spotted: **p. di rosso**, dotted with red; with red dots (*o* spots); **un pendio p. di pecore**, a hillside dotted with sheep ***3*** (*intercalato*) punctuated.

punteggiatùra *f.* ***1*** (*gramm.*) punctuation: **segni di p.**, punctuation marks ***2*** (*disegno*) dotting ***3*** (*macchiettatura*) dotting; dots (*pl.*); spotting; spots (*pl.*).

puntéggio *m.* ***1*** (*sport*) score ***2*** (*in un esame*) points (*pl.*).

puntellàre ***A*** *v. t.* ***1*** to prop up; to shore up: **p. un ramo con uno stecco**, to prop up the branch of a tree with a stick; **p. un muro**, to shore up a wall ***2*** (*fig.*) to back up; to bolster up ***B*** **puntellàrsi** *v. rifl.* to prop oneself up.

puntellatùra *f.* ***1*** (*il puntellare*) propping; shoring ***2*** (*insieme di puntelli*) propping; props (*pl.*) • (*edil.*) **p. di sostegno**, crib.

puntèllo *m.* prop; support: **mettere un p. a un muro**, to set a prop against a wall; to prop a wall.

punterìa *f.* ***1*** (*mecc.*) tappet ***2*** (*mil.*) (gun) laying.

punteruòlo *m.* punch; (*per cuoio o legno*) awl, bradawl; (*per stoffa*) bodkin.

puntifórme *a.* dot-like.

puntiglio *m.*, **puntigliosità** *f.* (*ostinazione*) obstinacy; (*tenacia*) determination.

puntiglióso *a.* (*ostinato*) obstinate; (*tenace*) determinate.

puntìna *f.* ***1*** (*da disegno*) drawing pin (*GB*); thumbtack (*USA*) ***2*** (*punta fonografica*) needle; stylus ***3*** (*chiodino*) tack ***4*** (*mecc.*) point.

puntinìsmo *m.* (*pitt.*) pointillism(e); divisionism.

puntino *m.* dot: **un p. all'orizzonte**, a dot over the horizon; **puntini di sospensione**, dots • **arrivare a p.**, to come at exactly the right moment; to come pat □ **fare le cose a p.**, to do things properly □ **cotto a p.**, done to a turn □ **Tutto procedette a p.**, everything went like clockwork □ **descritto a p.**, described to perfection □ **mettere i puntini sugli i**, to dot one's i's; (*fig.*) to be very clear about it, to spell it out.

pùnto *m.* ***1*** (*scient.*) point: **i punti cardinali**, the cardinal points; **p. di appoggio**, (*edil.*) point of support; (*fis.*) fulcrum; (*fis.*) **p. di fusione** [**di rottura**], melting [breaking] point; (*geom.*) **p. d'intersezione**, point of intersection; **p. d'equilibrio**, (*fis.*) balance point; (*chim.*) end point *2* (*segno grafico*) dot; mark; (*punto fermo*) full stop (*GB*), period (*USA*): **p. e a capo**, full stop and new paragraph; **p. esclamativo** [**interrogativo**], exclamation [question] mark; **p. e virgola**, semi-colon; **due punti**, colon *3* (*macchiolina*) dot; spot; speck: **un p. all'orizzonte**, a dot on the horizon *4* (*posto, luogo*) point; place; spot; (*posizione*) position; (*parte*) part; (*lato*) side: **p. di partenza**, starting point; **un p. incantevole sulla costa**, an enchanting spot on the coast; **p. di ritrovo**, meeting place; **nel p. opposto della città**, on the opposite side of the town *5* (*argomento, questione, dettaglio*) point; detail: **il p. essenziale**, the main point; **p. per p.**, point by point; in detail; **Vieni al p.**, come to the point; **Questo è il p.!**, that's the whole point! *6* (*momento*) point; moment: **in p. di morte**, at the point of death; **arrivare in buon p.**, to arrive at the right moment; **p. culminante**, culminating moment; climax; highlight; **A un certo p. notai che...**, after a while I noticed that *7* (*passo di un libro*) passage; point *8* (*grado*) degree; extent; point: **fino a un certo p.**, to a certain extent; up to a point; **a tal p. che**, to such an extent that; to the point where *9* (*di punteggio*) point; (*al pl.*: *punteggio*) score (*sing.*): **fare molti punti**, to make (*o, fam.*, to knock up) a good score; **Quanti punti hai?**, how many points did you score?; what's your score?; **fare un p.**, to score; (*boxe*) **vincere ai punti**, to win on points; **p. della bandiera**, consolation point; face saver *10* (*cucito, ricamo*) stitch: **dare un p. a q.c.**, to stitch (up) st.; **Non so dare un p.**, I cannot sew a stitch; **p. a giorno**, openstitch; **p. croce**, cross-stitch; **p. erba**, stem stitch; **p. pieno**, satin stitch; **piccolo p.**, tent stitch; petit point (*franc.*) *11* (*maglia, uncinetto*) stitch: **aumentare** [**calare, lasciar cadere**] **un p.**, to increase [to decrease, to drop] a stitch; **mettere su i punti**, to cast on; **p. dritto** (*o* **legaccio**), plain stitch; **p. rovescio**, purl (stitch); **p. a coste**, rib; ribbing; **p. riso**, moss stitch; **p. basso**, double crochet; **p. alto**, treble *12* (*med.*) stitch: **mettere** [**togliere**] **i punti**, to put in [to take out] stitches; **Mi hanno dato sei punti**, I had six stitches *13* (*naut.*: *posizione*) ship's position: **fare il p.**, to determine the ship's position; to take the ship's bearings *14* (*di colore*) shade: **un bel p. di rosso**, a nice shade of red *15* (*fin., Borsa*) point *16* (*tipogr.*) point *17* (*nell'alfabeto Morse*) dot • **p. dell'ordine del giorno**, item on the agenda □ (*fig.*) **p. caldo**, hot spot □ **p. chiave**, key point; key aspect □ **p. debole**, weak point □ **p. d'onore**, point of honour □ (*comm.*) **p. di vendita**, point of sale; outlet □ **p. di vista**, point of view; viewpoint □ **p. dolente**, sore point □ **P. e basta!**, period! □ **p. forte**, strong point; strong suit □ **p. metallico**, staple □ **p. morto**, (*mecc.*) dead point (*o* centre); (*mil.*) dead angle; (*fig.*) deadlock, impasse □ **p. nero**, (*comedone*) blackhead; (*fig.*) black mark, (*elemento negativo*) drawback, flaw □ **P. primo..., p. secondo...**, first (of all)..., secondly... □ **A che p. siamo?**, where (*o* how far) have we got to? □ **Le cose sono a buon p.**, things are going well □ **Siamo a buon p.**, we have made good progress □ **Siamo al p. di partenza**, we are back where we started □ **al p. in cui stanno le cose**, as matters stand □ **Arrivò al p. di offrirmi dei soldi**, he went so far as to offer me some money □ **dare dei punti a q.**, to knock spots off sb.; to run rings around sb. □ **di p. in bianco**, all of a sudden □ **di tutto p.**, fully □ **fare il p. della situazione**, to take stock of the situation □ **alle tre in p.**, at three o'clock sharp □ **messa a p.**, *V. sotto* **messa** (**2**) □ **mettere a p.**, *V. sotto* **mettere**, *A* □ **essere sul p. di fare q.c.**, to be on the point of doing st.; to be about to do st. □ **tornare al p. di partenza**, to go back to where one started; (*fig.*) to go back to the beginning (*o* to square one).

puntuàle *a.* *1* punctual; on time (*pred.*): **Cerca di essere p.**, try and be punctual; **arrivare p.**, to arrive on time *2* (*accurato*) accurate; detailed; (*centrato*) sharp: **analisi p.**, accurate analysis; **commento p.**, sharp remark.

puntualità *f.* *1* punctuality *2* (*esattezza*) exactness; (*precisione*) accuracy, precision.

puntualizzàre *v. t.* to be precise (about st.); to clarify.

puntualizzazióne *f.* clarification; qualification.

puntualménte *avv.* *1* (*con puntualità*) punctually; on time *2* (*regolarmente*) regularly; (*invariabilmente*) invariably.

puntùra *f.* *1* prick; (*di ape, vespa e sim.*) sting; (*di zanzara e sim.*) bite: **p. d'ago**, needle prick *2* (*fam.*: *iniezione*) injection; shot (*fam.*); jab (*fam.*): **fare una p. a q.**, to give sb. a shot; **farsi fare una p.**, to have an injection; (*med.*) **p. lombare**, lumbar puncture *3* (*trafittura*) sharp pain; stab of pain. ATTENZIONE: **puntura** ≠ puncture.

puntùto *a.* pointed; sharp.

punzecchiàre *A* *v. t.* *1* (*pungere*) to prick; to prickle; (*di insetto*) to sting*, to bite* *2* (*fig.*) to tease *B* **punzecchiàrsi** *v. rifl. recipr.* (*fig.*) to tease each other (*o* one another).

punzecchiatùra *f.* *1* sting; (*morso*) bite: **punzecchiature di zanzare**, mosquito bites *2* (*fig.*) teasing ⓤ.

punzonàre *v. t.* to punch; to stamp.

punzonatrice *f.* punching machine; punch press; (*a mano*) punch.

punzonatùra *f.* punching.

punzóne *m.* punch; drift pin.

pùpa (1) *f.* *1* (*fam.*: *bambina*) child; (*neonata*) baby-girl *2* (*pop.*: *ragazza*) doll; bird (*GB*); chick.

pùpa (2) *f.* (*zool.*) pupa*; chrysalis*.

pupàttola *f.* *1* (*bambola*) doll *2* (*fig.*) doll; bimbo.

pupazzétto *m.* *1* (*disegno*) matchstick figure; (*caricatura*) caricature *2* (*fantoccio*) doll; puppet *3* (*di carta*) paper doll.

pupàzzo *m.* *1* doll; (*fantoccio*) puppet; (*di ventriloquo*) dummy *2* (*fig.*) puppet • **p. di neve**, snowman.

pupìlla *f.* *1* (*anat.*) pupil *2* (*occhio*) eye *3* *V.* **pupillo** • **essere la p. degli occhi di q.**, to be the apple of sb.'s eye.

pupìllo *m.* (*f.* **-a**) *1* (*leg.*) ward *2* (*favorito*) favourite; pet.

pùpo *m.* *1* (*fam.*) child*; (*neonato*) baby(-boy) *2* (*burattino*) puppet.

puraménte *avv.* *1* (*con purità*) purely; chastely *2* (*semplicemente*) purely, merely; (*unicamente*) solely; (*del tutto*) totally.

purché *cong.* *1* (*a condizione che*) provided (that); on condition that; as long as *2* (*esclam.*) if only; let's hope (that)...: **P. venga presto!**, if only he would come soon!

purchessìa *a. indef.* any; any... whatever: **Me ne basta uno p.**, any one will do; **in un momento p.**, at any time; **in un luogo p.**, in any place whatever; anywhere.

pùre *A* *avv.* *1* (*anche*) also; too; as well: **C'era p. lei**, she was there too; **L'ha detto p. a me**, he told me too; **P. Mario c'è stato**, Mario has also been there; Mario has been there too; **Noi p. verremo con te**, we'll go with you as well; **«Lo conosco» «P. io»**, «I know him» «so do I» *2* (*permettendo, concedendo*) — **Faccia p.!**, please do; **«Vi dispiace?» «Faccia p.!»**, «do you mind?» «not at all»; **Diglielo p.**, tell him, if you like; **Fa' p. come vuoi**, do as you like; (*più brusco*) suit yourself *B* *cong.* *1* (*anche se*) even if; even though *2* (*tuttavia, eppure*) but; still; yet; however: **Non posso andarvi, p. mi piacerebbe**, I can't go there, yet I'd like to; **Bisogna pur vivere**, you still have to live *C* **pur di** *locuz. cong.* — **Rinuncerei a tutto pur di vederlo felice**, I'd give up everything just to see him happy; **È pronto a tutto pur di fare carriera**, he would do anything to further his career.

purè *m.*, **purèa** *f.* (*cucina*) purée; (*di patate*) mashed potatoes: **fare un purè di q.c.**, to purée st.

purézza *f.* purity; pureness.

pùrga *f.* *1* (*farm.*) laxative; purgative *2* (*polit.*) purge.

purgànte *a.* e *m.* (*farm.*) laxative; purgative.

purgàre *A* *v. t.* *1* (*med.*) to give* a laxative (*o* a purgative) to *2* (*depurare*) to purify; to clarify: **p. il sangue**, to purify (*o* to depurate) the blood *3* (*fig.*) to purify; to purge; to cleanse *4* (*relig.*) to purge; to expiate: **p. il peccato**, to expiate sin *5* (*espurgare*) to expurgate *6* (*polit.*) to purge *B* **purgàrsi** *v. rifl.* *1* (*med.*) to take* a laxative *2* (*purificarsi*) to purge oneself; to purify oneself.

purgatìvo *a.* (*farm.*) laxative; purgative.

purgàto *a.* *1* (*castigato*) purified; pure *2* (*espurgato*) expurgated.

purgatòrio *m.* (*relig.*) Purgatory.

purificàre *A* *v. t.* (*anche relig.*) to purify *B* **purificàrsi** *v. rifl.* to purify oneself; (*diventare puro*) to be purified.

purificatóre *a.* purifying; cleansing.

purificazióne *f.* (*anche relig.*) purification; purifying.

purìsmo *m.* purism.

purìsta *m.* e *f.* purist.

puritanésimo *m.* *1* (*relig.*) Puritanism *2* (*fig.*) puritanism.

puritàno *A* *a.* *1* (*relig.*) Puritan *2* (*fig.*) puritanical; prudish *B* *m.* (*f.* **-a**) *1* (*relig.*) Puritan *2* (*fig.*) puritan; prude.

pùro *A* *a.* *1* pure: **seta pura**, pure silk; **di razza pura**, pure-bred; **acqua pura**, pure (*o* clear) water; **oro p.**, pure gold

2 (*semplice, schietto*) pure; sheer; mere; plain: **Questa è pura invenzione** [**follia**], that's sheer invention [madness]; **per p. caso**, by mere chance; **la pura e semplice verità**, the plain, unvarnished truth; the truth pure and simple; **il p. necessario**, the bare essentials; what is strictly necessary *3* (*casto*) chaste; pure • **p. al cento per cento**, ultrapure □ **alcol p.**, absolute alcohol □ **vino p.**, undiluted wine ***B*** *m.* (*f.* **-a**) pure person.

purosàngue ***A*** *a. invar.* *1* thoroughbred *2* (*fig.*) trueborn ***B*** *m. invar.* thoroughbread; purebred.

purtròppo *avv.* unfortunately • **P. è vero**, it's only too true □ **P. lo so**, I know only too well □ **P. non ne abbiamo**, I'm afraid we don't have any.

purulènto *a.* (*med.*) suppurating; festering.

pus *m.* (*med.*) pus; matter.

puṣillànime ***A*** *a.* pusillanimous; cowardly; faint-hearted ***B*** *m. e f.* coward.

puṣillanimità *f.* pusillanimity; cowardliness.

pùstola *f.* (*med.*) pustule; pimple.

pustolóso *a.* (*med.*) pustulous; pimply.

putativo *a.* putative.

putifèrio *m.* uproar; row: **Scoppiò un p.**, there was a general uproar; all hell broke loose; **Che cos'è tutto questo p.?**, what's all this row about?; **fare un p.**, to kick up a row (*o* racket); to raise hell (*fam.*).

putrèdine *f.* *1* putrescence; putrefaction; rot *2* (*fig.*) (moral) corruption; rottenness.

putrefàre ***A*** *v. i.* to putrefy ***B*** **putrefàrsi** *v. i. pron.* to putrefy; (*marcire*) to rot; (*di cibo*) to go* bad.

putrefàtto *a.* putrefied; (*anche fig.*) rotten.

putrefazióne *f.* putrefaction; decomposition; rot • **andare in p.**, to decompose.

putrèlla *f.* (*edil.*) iron beam; girder.

putrescènte *a.* *1* putrescent; putrefying *2* (*fig.*) rotten.

putrescènza *f.* putrescence.

pùtrido *a.* (*anche fig.*) putrid; rotten.

putridùme *m.* putrescence; (*fig.*) corruption, rottenness.

puttàna *f.* (*volg.*) whore; tart (*fam.*); (*prostituta*) streetwalker (*fam.*), hooker (*pop. USA*) • **andare a puttane**, to go whoring; (*fig.*) to go down the tubes □ **figlio di p.**, son of a bitch; bastard □ **mandare a puttane**, to foul up; to ball(s) up.

pùtto *m.* (*pitt., scult.*) putto*.

pùzza *f.* stench; stink • **avere la p. sotto il naso**, to be snooty (*o* stuck-up).

puzzàre *v. i.* *1* to smell* (bad); to stink*: **Gli puzzano i piedi**, his feet smell; he has smelly feet; **Gli puzza il fiato**, he has bad breath; **p. d'aglio**, to smell of garlic; **p. di muffa**, to smell mouldy; **p. di whisky**, to reek of whisky *2* (*fig.*) to smack; to smell*: **p. d'eresia**, to smack of heresy • **Gli puzzano i denari**, his money is burning a hole in his pocket □ **Ti puzza la salute?**, are you tired of life? □ **La faccenda mi puzza**, it's all very fishy; there is something fishy about it □ **Mi puzza di plagio**, it looks suspiciously like plagiarism.

puzzle (*ingl.*) *m. invar.* *1* (*ad incastro*) jigsaw (puzzle) *2* (*parole crociate*) crossword (puzzle).

pùzzo *m.* *1* (bad) smell; stench; stink: **p. di bruciato**, smell of burning; **p. di uova fradice**, stench of rotten eggs; **p. di sudore**, sweaty smell; **p. da levare il fiato**, overpowering stench *2* (*sentore*) smack; smell; taint • (*fig.*) **Qui c'è p. di bruciato**, something is not quite right here □ **c'è p. di imbroglio**, the whole thing smells fishy.

pùzzola *f.* (*zool.*) polecat.

puzzolènte *a.* foul-smelling; smelly; stinking: **sigaro p.**, foul-smelling cigar; **fiato p.**, bad breath.

q, Q

Q, q *f. o m.* Q, q • (*telef.*) **q come Quarto**, q for Queen.
qua *avv.* here: **qua e là**, here and there; **Eccolo qua**, here he is; **qua dentro** [**fuori**], in [out] here; **qua sopra**, up here • **Qua la mano!**, let's shake hands □ **Qua ti volevo!**, I've got you there! □ **da un po' di tempo in qua**, for some time now □ **da sei mesi in qua**, for the last six months □ **Da' qua!**, give it here!; give it to me! □ **di qua**, here; (*da questo lato*) on this side; (*per di qua*) this way □ **di qua da** (*o* **al di qua di**), (on) this side of □ **più in qua**, closer.
quàcchero *m.* (*f.* **-a**) (*relig.*) Quaker.
quadèrno *m.* exercise book: **q. a righe** [**a quadretti**], ruled [squared] exercise book; **q. ad anelli**, loose-leaf exercise book; ring binder.
quadrangolàre *a.* ***1*** quadrangular ***2*** (*sport*) four-sided; four-way.
quadràngolo (*geom.*) *m.* quadrangle.
quadrànte *m.* ***1*** (*geom., naut., astron.*) quadrant ***2*** (*di orologio*) dial; clock face.
quadràre ***A*** *v. t.* (*geom., mat.*) to square ***B*** *v. i.* ***1*** (*di conti, ecc.*) to balance (out); to add up: **far q. i conti**, to balance the accounts; **Non quadra**, it doesn't add up ***2*** (*adattarsi*) to fit*; to suit ***3*** (*fam.*: *piacere*) to like (*costruz. pers.*); (*convincere*) to convince: **Non mi quadra**, I don't like it; **La cosa mi quadra poco**, I'm not convinced.
quadràto ***A*** *a.* ***1*** square: **metro q.**, square metre; **dalle spalle quadrate**, square-shouldered ***2*** (*robusto*) solid; stocky: **fisico q.**, solid build ***3*** (*assennato*) sensible; reliable; level-headed ***B*** *m.* ***1*** (*geom., mat.*) square: **4 al q.**, 4 squared; **elevare al q.**, to square ***2*** (*mil.*) square: **fare q.**, to form a square; (*fig.*) to close ranks ***3*** (*naut.*: *q. ufficiali*) wardroom ***4*** (*boxe*) ring: **salire sul q.**, to get into the ring.
quadratùra *f.* ***1*** (*mat.*) quadrature; squaring: **la q. del circolo**, the squaring of the circle; (*anche fig.*) **cercare la q. del circolo**, to try to square the circle ***2*** (*astron.*) quadrature ***3*** (*buonsenso*) level-headedness.
quadrèllo *m.* (*mattonella*) square tile.
quadrerìa *f.* picture gallery.
quadrettàre *v. t.* to divide into squares; to square off.
quadrettàto *a.* squared; in squares; (*di stoffa*) checked, check (*attr.*), chequered.
quadrétto *m.* ***1*** (small) square; (*di motivo quadrettato*) check: **a quadretti**, squared; (*di stoffa*) checked, check, (*multicolori*) chequered: **una camicia a quadretti bianchi e rossi**, a red-and-white check shirt ***2*** (*scenetta*) scene.
quadricromìa *f.* (*tipogr.*) four-colour process.
quadridimensionàle *a.* four-dimensional.
quadriennàle ***A*** *a.* ***1*** (*che dura 4 anni*) four-year (*attr.*) ***2*** (*che ricorre ogni 4 anni*) quadriennial; four-yearly ***B*** *f.* four-yearly exhibition.
quadriènnio *m.* four-year period; quadriennium*.
quadrifòglio *m.* ***1*** (*bot.*) four-leaved clover ***2*** (*archit.*) quatrefoil ***3*** (*raccordo stradale*) cloverleaf (junction) • **a q.**, four-leaved; quadrifoliate.
quadrìga *f.* (*stor.*) quadriga*.
quadrigèmino *a.* — **parto q.**, birth of quadruplets.
quadrigètto *m.* (*aeron.*) four-engined jet.
quadrìglia *f.* (*mus., danza*) quadrille.
quadrilàtero ***A*** *a.* (*geom.*) quadrilateral; four-sided ***B*** *m.* quadrilateral.
quadrilìngue *a.* quadrilingual.
quadrimestràle *a.* ***1*** (*che dura 4 mesi*) four-month (*attr.*); four-month long ***2*** (*a intervalli di 4 mesi*) four-monthly.
quadrimèstre *m.* ***1*** four-month period ***2*** (*somma*) four-monthly payment • **a quadrimestri**, every four months; four-mounthly.
quadrimotóre (*aeron.*) ***A*** *m.* four-engined aircraft* ***B*** *a.* four-engined.
quadripartito (**1**) *a.* (*di quattro parti*) quadripartite.
quadripartìto (**2**) (*polit.*) ***A*** *a.* four-party (*attr.*) ***B*** *m.* four-party government.
quadrireattóre *V.* **quadrigetto**.
quadrisillabo ***A*** *a.* quadrisyllabic ***B*** *m.* quadrisyllable.
quadrivio *m.* ***1*** crossroads (*sing.*) ***2*** (*stor. medievale*) quadrivium.
quàdro (**1**) *m.* ***1*** (*dipinto*) picture; painting: **dipingere un q.**, to paint a picture; to do a painting; **q. a olio**, oil painting ***2*** (*riquadro*) square; check: **a quadri**, checked; check (*attr.*); (*multicolori*) chequered ***3*** (*descrizione*) picture; outline; description; (*vista, scena*) sight, scene: **l'attuale q. politico**, the present political picture (*o* scene); **Questo è il q. della situazione**, this is how things stand; **fare un q. della situazione**, to outline the situation ***4*** (*tabella*) table; chart ***5*** (*tecn.*) board; panel: **q. di comando**, control panel; **q. a pulsanti**, push-button panel; (*autom.*) **q. strumenti**, instrument panel ***6*** (*al pl.*) (*mil., polit.,*) cadres; (*comm.*) management (*sing.*), managerial staff (*sing.*): **quadri direttivi**, (*di partito*) executive cadres; (*comm.*) (senior) management; (*comm.*) **quadri intermedi**, middle management ***7*** (*TV, cinem.*) frame ***8*** (*teatr.*) scene ***9*** (*al pl.*) (*alle carte*) diamonds • (*al cinema*) **Q.!**, focus! □ (*med.*) **q. clinico**, case history □ (*cartografia*) **q. di unione**, index map □ **q. riassuntivo**, summary □ (*ginnastica*) **q. svedese**, wall bars (*pl.*).
quàdro (**2**) *a.* square: **parentesi quadra**, square bracket; **metro q.**, square metre; (*naut.*) **vela quadra**, square sail • **testa quadra**, level-headed person; (*spreg.*) blockhead.
quadrùmane (*zool.*) ***A*** *a.* quadrumanous; four-handed ***B*** *m.* quadruman(e).
quadrumviràto, **quadrunviràto** *m.* quadrumvirate.
quadrùpede (*zool.*) ***A*** *a.* quadruped(al); four-footed ***B*** *m.* quadruped.
quadruplicàre ***A*** *v. t.* ***1*** to quadruple ***2*** (*fig.*) to redouble ***B*** **quadruplicàrsi** *v. i. pron.* to quadruple; to increase fourfold.
quadrùplice *a.* quadruple; fourfold.
quàdruplo ***A*** *a.* quadruple; four times as large (*pred.*) ***B*** *m.* quadruple; four times as (+ *agg. o avv.*): **20 è il q. di 5**, 20 is four times 5; **costare il q.**, to cost four times as much; **Loro sono il q. di noi**, they are four times as many as we are; **grande il q.**, three times as big.
quaggiù *avv.* ***1*** down here ***2*** (*estens.*: *a sud*) here in the south; (*in questo mondo*) here below, in this world.
quàglia *f.* (*zool.*) quail.
quagliàre *v. i.* ***1*** to curdle ***2*** (*fig.*) to gel.
quàlche *a. indef.* ***1*** (*alcuni*: *in frasi afferm. o quando si offre o si suggerisce q.c.*) some, a few (+ *pl.*); (*in frasi interr. e dubit.*) any (+ *pl.*): **Ti darò q. libro**, I'll give you some books; **Invitiamo q. amico**, let's invite a few friends; **Vuoi q. biscotto?**, do you want some biscuits?; **Hai q. vecchio straccio?**, have you got any old rags?; **Non so se ha q. amico**, I don't know whether he has any friends; **q. anno fa**, some (*o* a few) years ago; **tra q. giorno**, in a few days' time ***2*** (*uno qualsiasi, un certo*) some; (*in frasi interr. e dubit.*) any: **Trova q. scusa**, find some excuse; **di q. importanza**, of some importance; **da q. tempo**, for some time; **C'è (una) q. ragione per crederlo?**, is there any reason to believe it? • **q. altro**, (*diverso*) some other, any other; (*in più*) some more, any more □ **q. cosa**, *V.* **qualcosa** □ **q. volta**, sometimes; (*alcune volte, anche*) a few times □ **in q. modo**, somehow, some way or other; (*alla bell'e meglio*) somehow; (*senza cura*) any old how □ **in q. posto** (*o* **da q. parte**), somewhere; anywhere: **Dev'essere in q. posto**, it's got to be somewhere; **Li hai visti da q. parte?**, have you seen them anywhere?
qualchedùno *V.* **qualcuno**.

qualcòsa *A pron. indef.* *1* (*in frasi afferm. o quando si offre o si suggerisce q.c.*) something: **Di' q.**, say something; **q. da mangiare**, something to eat; **qualcos'altro**, something else; **q. del genere**, something of the kind; something like that; **q. di nuovo** [**di strano, di meno**], something new [strange, less]; **Ti posso offrire q.?**, will you have something?; **Beviamo q.?**, shall we have a drink?; **Q. mi dice che...**, something tells me that... *2* (*in frasi interr., dubit. e condiz.*) anything: **Ti ha detto q.?**, did he say anything to you?; **Posso fare q. per lei?**, can I do anything for you?; **Se q. non va, chiamami subito**, if anything goes wrong, call me immediately; **Se dovessi scoprire q.**, should you find out anything *B m.* something: **un certo q.**, a certain something; **un q. in più**, an extra something • **q. come 10 milioni**, something like (*o* in the region of) 10 million □ **Parto alle sei e q.**, I'm leaving just (*o* some time) after six □ **Costa diecimila lire e q.**, it costs ten thousand-odd lire □ **È già q.!**, that's something! □ **una storia che è q. di incredibile**, a truly incredible story.

qualcùno *A pron. indef.* *1* (*alcuni*) some (*pl.*); a few (*pl.*); some people (*pl.*); (*con un partitivo*) some (*pl.*), (*in frasi interr., dubit. e condiz.*) any (*pl.*): **Q. dice che Tom ha ragione, ma io no**, some (people) say Tom is right, but I don't; **Ha molti libri, ma solo q. è interessante**, he has many books, but only a few are interesting; **q. di voi**, some of you; **q. dei suoi film**, some of his films; **C'era q. dei suoi amici?**, were any of his friends there?; **Ce n'è q. in più**, there are some extra ones; **q. altro**, some others (*o* other ones); (*q. in più*) some more, any more: **Questo modello non mi piace, me ne fa vedere q. altro?**, I don't like this model, may I see some others?; **Due chiodi non bastano, dammene q. altro**, two nails are not enough, give me some more *2* (*una persona*: *in frasi afferm. o comunque con valore positivo*) somebody, someone; (*in frasi interr., dubit. e condiz.*) anybody, anyone: **Q. ti cerca**, someone (*o* somebody) is looking for you; **Se viene q., di' che non sono in casa**, if anyone (*o* anybody) comes, say I'm not at home; **C'è q. altro che vuole parlare?**, is there anybody else who wants to say something?; **So che q. tra di voi non è d'accordo**, I know there is someone among you who is against it *B m.* somebody.

quàle *A a.* *1* (*interr., fra un numero limitato di cose o persone*) which: **Q. vestito hai scelto?**, which suit have you chosen?; **In quali giorni sei occupato?**, on which days are you busy? *2* (*interr., fra un numero indeterminato di cose o di persone*) what; (*che genere*) what kind of: **Quali sono le sue intenzioni?**, what are his intentions?; **A q. pagina?**, on what page?; **Quali libri leggi?**, what kind of books do you read? *3* (*in frasi escl. ed enfatiche*) what (a): **Q. onore!**, what an honour!; **Q. coraggio!**, what courage!; **Quali meraviglie!**, what marvels! *4* (*indef.*: *qualunque*) whatever: **Quali che siano stati i suoi errori**, whatever his mistakes may have been *5* (*relat., nelle esemplificazioni*) such as: **poeti quali Campana e Montale**, poets such as Campana and Montale; **un successo q. non si era mai visto**, a success such as had never been seen before *6* (*relat., in correl. con «tale», espresso o sottinteso*) (just) what; (just) as: **È tale q. me l'aspettavo**, it's just as (*o* what) I expected; **L'esito fu q. si sperava**, the outcome was just what was hoped for; **la città q. la vediamo ora**, the city as we see it today *7* (*relat., con valore di «come»*) as: **Fu mandato q. paciere**, he was sent as a peacemaker • **la q. cosa**, which □ **per la q. cosa**, for which reason □ **in certo qual modo**, in a way; somehow □ **una certa qual tristezza**, a touch of sadness □ **Ma q. promessa! Io non ne ho mai fatto!**, what promise? I never made any promise! □ **non so q.**, vague; undefinable: **Mi assalì non so q. dubbio**, a vague doubt assailed me *B pron.* *1* (*interr., fra un numero limitato di cose o persone*) which (one): **Q. [quali] di queste cravatte preferisci?**, which of these ties do you prefer?; **Qual è tua sorella?**, which (one) is your sister?; **Qual è il mio?**, which (one) is mine? *2* (*interr., fra un numero indeterminato di cose o persone*) what: **Non so quali siano le sue intenzioni**, I don't know what his intentions are; **Qual è il prezzo?**, what is the price? *3* (*relat., sogg. e compl. ogg.*) *V.* **che**; (*compl. indir. e poss.*) *V.* **cui** • **per la q.**, *V.* **perlaquale**.

qualìfica *f.* *1* (*attributo*) label; name; tag *2* (*titolo*) qualification; (*posizione*) status: **le necessarie qualifiche**, the necessary qualifications; **q. di impiegato**, clerical status; **assunto con la q. di...**, taken on as a... *3* (*giudizio*) mark; grade; rating.

qualificàbile *a.* qualifiable.

qualificànte *a.* *1* (*che dà prestigio*) prestigious; which confers status *2* (*significativo*) significant; key (*attr.*).

qualificàre *A v. t.* *1* (*definire*) to define; to call; to qualify *2* (*preparare professionalmente*) to train *B* **qualificàrsi** *v. rifl. e i. pron.* *1* (*definirsi*) to define oneself as; (*presentarsi*) to introduce oneself *2* (*ottenere una qualifica*) to qualify: **q. idoneo**, to qualify as suitable; (*sport*) **q. per le finali**, to qualify for the finals.

qualificatìvo *a.* qualifying: (*gramm.*) **aggettivo q.**, qualifying adjective; qualifier.

qualificàto *a.* *1* qualified *2* (*esperto*) skilled: **operaio q.**, skilled worker.

qualificazióne *f.* *1* (*l'essere idoneo*) being eligible; eligibility *2* (*addestramento professionale*) training *3* (*sport*: *gara*) qualifying event; qualifier. ATTENZIONE: **qualificazione** ≠ qualification.

qualità *f.* *1* quality; (*natura*) nature; (*proprietà*) property: **la q. della vita**, the quality of life; **la q. del suolo**, the nature of the soil; **di ottima q.**, first-rate; excellent; **di q. inferiore**, inferior *2* (*virtù*) (good) quality; virtue; merit: **un uomo ricco di q.**, a man full of good qualities *3* (*genere, varietà*) kind; sort: **vini di molte q.**, wines of many kinds; many kinds of wine *4* (*grado, ufficio, carica*) capacity: **nella mia q. di medico**, in my capacity as a doctor; **in q. di collega**, as a colleague.

qualitatìvo *a.* qualitative.

qualóra *cong.* in case; if: **q. non si possa**, if it should prove impossible; should it prove impossible; **q. piovesse**, in case (*o* if) it should rain.

qualsìasi, **qualùnque** *A a. indef.* *1* any: **in q. caso**, in any case; **Viaggia con q. tempo**, he travels in any (*o* all sorts of) weather; **a q. costo**, at all costs; whatever the cost; **uno q. di voi**, any one of you; **Dammi un piatto q.**, give my just any plate; **Potrebbe essere stato uno q.**, it could be anyone; **q. altro**, any other *2* (*ordinario, comune*) ordinary; common: **un uomo q.**, an ordinary man *3* (*ogni*) every; each • **da q. parte**, anywhere; (*dappertutto*) everywhere *B a. relat.* whatever; (*rif. a un numero limitato di cose o persone*) whichever: **Q. decisione tu prenda**, whatever decision you take • **q. cosa**, whatever; anything; (*tutto quello che*) everything: **Q. cosa accada, io non mi muovo**, whatever happens, I'm not moving from here; **Q. cosa faccia, la fa bene**, everything he does, he does well □ **da q. parte**, wherever □ **in q. modo**, whichever way.

qualunquìsmo *m.* political cynicism; political indifference.

qualunquìsta *A m. e f.* politically indifferent person; political cynic *B a.* politically indifferent; politically cynical.

quandànche *cong.* even if.

quàndo *A avv.* when: **Q. parti?**, when are you leaving?; **Non so q. mi pagherà**, I don't know when he'll pay me; **Di quando è questa chiesa?**, when was this church built?; **Di q. è questo giornale?**, what's the date of this paper? • **Q. mai...?**, whenever...? □ **A q. il prossimo incontro?**, when is the next meeting going to be? □ **Da q. la conosci?**, how long have you known her? □ **da q. in qua?**, since when? □ **di q. in q.**, from time to time; every now and then □ **fino a q.?**, till when?, how long? □ **per q.?**, when?: **Per q. ne hai bisogno?**, when do you need it? *B cong.* *1* when: **Q. ero a Roma, ero felice**, I was happy when I was in Rome; **Te lo dirò q. ci vediamo**, I'll tell you when we meet *2* (*ogni volta che*) whenever: **Q. la incontro, mi sorride**, whenever I meet her, she smiles at me *3* (*mentre*) while *4* (*con valore condiz. o causale*) if; when: **q. è così**, if that is the case; **Perché protesta lui, q. chi ci ha rimesso sono io?**, why does he complain, when I'm the loser in this? *5* (*con valore avversativo*) when: **Non capisco perché ti alzi così presto, q. potresti startene a letto**, I don't understand why you get up so early when you could stay in bed • **q. anche**, even if; even though □ **q. ecco**, when suddenly □ **Q. si dice nascere disgraziati!**, talk about being born unlucky! □ **Da q. sei arrivato, non fai che lamentarti**, you've been complaining since the moment you arrived □ **Che sia tutto pronto per q. torno**, I want everything ready by the time I come back □ **Sarò in pena fino a q. non mi telefoni**, I'll be worrying until (*o* till) you phone me *C m.* when: **il dove e il q.**, the where and the when; the time and the place.

quàntico *a.* (*fis.*) quantum (*attr.*).
quantificàbile *a.* quantifiable.
quantificàre *v. t.* to quantify.
quantìstico *a.* (*fis.*) quantum (*attr.*).
quantità *f.* ***1*** (*anche mat., filos., fis., prosodia*) quantity ***2*** (*quantitativo*) quantity; amount: **una piccola q. di lavoro**, a small quantity (*o* amount) of work; **in grandi [piccole] q.**, in large [small] quantities (*o* amounts) ***3*** (*grande q.*) (a) lot; lots; (a) great deal: **Ho una q. di cose da dirti**, I have a lot of things to tell you; **C'è una q. di gente che non lo sa**, there are many (*o* a lot of, lots of) people who do not know about it; **soldi in q.**, lots of money.
quantitativo ***A*** *a.* quantitative ***B*** *m.* (*comm.*) quantity; amount; number.
quànto (1) ***A*** *a.* ***1*** (*interr.*) how much (*pl.* how many): **Q. pane c'è?**, how much bread is there?; **Quante case possiede?**, how many houses does he own? ***2*** (*escl.*) what a lot of; how much (*pl.* how many): **Q. denaro spendi in vestiti!**, what a lot of money you spend on clothes!; **Quanti libri hai!**, what a lot of (*o* how many) books you have!; **Q. tempo sprecato**, what a waste of time!; **Quante risate ci siamo fatti!**, how we laughed! ***3*** (*relat.*: *tutto quello che*) as much... as (*pl.* as many... as): **Gli darò q. denaro gli occorre**, I'll give him as much money as he needs ***B*** *pron.* ***1*** (*interr.*) how much (*pl.* how many) ***2*** (*interr., in espressioni ellittiche*) — **Non so q. ci voglia**, I don't know how long it takes; **Q. ti è costato il tappeto?**, how much did the rug cost you?; **Q. c'è da Milano a Parigi?**, how far is it from Milan to Paris?; **Q. hai di febbre?**, how high is your temperature?; **Quanti ne abbiamo oggi?**, what is today's date?; what is the date today?; **Q. ha il bambino?**, how old is the child? ***3*** (*escl.*) how much (*pl.* how many): **Q. ne hai comprato**, what a lot you've bought! ***4*** (*relat.*: *quello che*) what: **Faccio q. posso**, I do what I can ***5*** (*al pl.*) (*relat.*: *quelli che*) those who; whoever: **quanti desiderino andare**, those who wish to go; **È a disposizione di quanti me lo chiederanno**, it is available to whoever asks for it ***6*** (*relat., in correl. con «tanto»*) as: **Non hai tanti libri quanti ne abbiamo noi**, you haven't as many books as we have ***7*** (*compar.*) than: **più di q. pensassi**, more than I thought • **q. di meglio ci sia**, the best there is □ **q. sopra**, the above □ **a q. mi ha detto**, according to him □ **a q. si dice**, apparently □ **a q. mi consta**, to the best of my knowledge □ **a** (*o* **per**) **q. ne so io**, as far as I know □ **per q. mi riguarda**, as far as I am concerned □ **Questo è q.**, and that is that □ **tutti quanti**, everyone □ **tutto q.**, everything ***C*** *avv.* ***1*** (*con agg. e avv.*) how; (*con verbi*) how much, what a lot: **Q. è grande la casa?**, how big is the house?; **Q. è invecchiato!**, how he has aged!; **Q. hai camminato oggi?**, how much (*o* how far) have you walked today?; **Q. mi manchi!**, how much I miss you! ***2*** (*nei compar. di uguaglianza, con agg. e avv.*) as... as; (*con verbi*) as much as: **Ha uno stipendio alto q. il mio**, he has as high a salary as I have; **Non è tanto caldo q. credevo**, it isn't as hot as I thought; **Ne so (tanto) q. prima**, I know as much as I did before • **(in) q. a**, as for; (*circa*) as to: **q. a me**, as for me; **q. al prezzo**, as to the price □ **q. è vero Dio!**, as God is my witness! □ **quanto mai antipatico**, extremely disagreeable □ **q. meno**, at least □ **q. più... tanto meno**, the more... the less; the... -er... the less: **Q. più scuro è un colore, tanto meno mi piace**, the darker a colour is, the less I like it □ **q. più... tanto più**, the more... the more; the... -er... the... -er: **Q. più studi, tanto più impari**, the more you study, the more you learn □ **q. prima**, as soon as possible □ **Q. prima, tanto meglio**, the sooner, the better □ **È q. dire che...**, it is as much as to say that... □ **in q.** (*in qualità di*) as; (*dal momento che*) as, since: **in q. medico**, as a doctor; **in q. già sposato**, since he is already married □ **per q.**, (*con agg. e avv.*) however; (*con verbi*) however much; (*benché*) although: **Per q. ricco tu sia, non potrai comprarlo**, however rich you may be, you won't be able to buy it; **Per q. tu sappia, non saprai mai abbastanza**, however much you (may) know, you'll never know enough; **Per q. spingessi, il baule non si muoveva**, push as I might, the chest wouldn't budge; **Vedrò di aiutarlo, per q. non lo meriti**, I'll try and help him, although he does not deserve it □ **tanto... q.** (*sia... sia...*), both... and: **tanto lui q. sua moglie**, both he and his wife.
quànto (2) *m.* (*fis.*) quantum*.
quantoméno *avv.* at least.
quantùnque *cong.* although; though; (*anche se*) even if: **Q. fosse piuttosto tardi, andai lo stesso**, although it was rather late, I went all the same.
quarànta *a. num. card. e m.* forty: **un periodo di q. giorni**, a forty-day period; **Ho quarant'anni**, I am forty; **essere sui q.**, to be about forty; to be fortyish; **andare per i q.**, to be pushing forty (*fam.*); **aver passato i q.**, to be well over forty • (*tennis*) **q. pari**, deuce □ **gli anni q.**, the forties.
quarantèna *f.* quarantine: **essere in q.**, to be in quarantine; **mettere in q.**, to quarantine.
quarantennàle ***A*** *a.* ***1*** (*che dura 40 anni*) forty-year ***2*** (*che avviene ogni 40 anni*) occurring every fortieth year ***B*** *m.* fortieth anniversary.
quarantènne ***A*** *a.* forty years old (*pred.*); forty-year-old (*attr.*) ***B*** *m. e f.* forty-year-old man* (*m.*); forty-year-old woman* (*f.*); (*sulla quarantina*) man* [woman*] in his [her] forties.
quarantènnio *m.* forty-year period.
quarantèsimo *a. num. ord. e m.* fortieth.
quarantìna *f.* ***1*** about forty: **una q. di persone**, about forty people ***2*** (*rif. a età*) (the age of) forty: **essere sulla q.**, to be about forty; to be fortyish; **aver passato la q.**, to be over forty; to be in one's forties; **vicino alla q.**, approaching forty; pushing forty (*fam.*).
quarantòtto ***A*** *a. num. card. e m.* forty-eight ***B*** *m.* (*fam.*) mess; chaos; shambles: **La stanza era un q.**, the room was a total mess; **È scoppiato un q.**, all hell broke loose; **fare un q.**, to kick up a shindy • **mandare q.c. a carte q.**, to upset st.; to wreck st.
quarésima *f.* (*eccles.*) Lent: **fare la q.**, to keep Lent; **metà q.**, mid Lent • **lungo come la q.**, long and boring.
quaresimàle ***A*** *a.* (*eccles.*) Lenten; of Lent; Lent (*attr.*) ***B*** *m.* Lent sermon.
quàrta *f.* ***1*** (*classe scolastica*) fourth form; fourth year; fourth grade (*USA*) ***2*** (*autom.*) fourth gear: **mettere** (*o* **innestare**) **la q.**, to change (*o* to shift) into fourth gear ***3*** (*naut.*) point (of the compass) ***4*** (*scherma*) carte; quarte ***5*** (*mus.*) fourth • **partire in q.**, (*autom.*) to drive off at top speed; (*correre via*) to dash off, to be off like a shot; (*lanciarsi in q.c.*) to launch oneself (into st.).
quartétto *m.* ***1*** (*mus.*) quartet ***2*** (*fam.*) foursome.
quartière *m.* ***1*** (*di una città*) quarter; district; area; (*vicinato*) neighbourhood: **q. residenziale**, residential district (*o* area); **un vecchio q. di Roma**, an old Roman quarter; **quartieri alti [bassi]**, exclusive [poor] neighbourhoods; **q. di case popolari**, housing estate (*GB*); housing project (*USA*); **consiglio di q.**, district council; **i negozi del q.**, the local shops ***2*** (*mil.*: *alloggiamento*) quarters (*pl.*): **q. generale**, headquarters ***3*** (*mil.*: *clemenza*) quarter: **non dare q.**, to give no quarter; **lotta senza q.**, fight with no quarter given; fight to the death.
quartìna *f.* (*poesia*) quatrain.
quartìno *m.* (*un quarto di litro*) quarter of a litre.
quàrto ***A*** *a. num. ord.* fourth: **Sisto Q.**, Sixtus the Fourth; **arrivare q.**, to arrive fourth ***B*** *m.* ***1*** fourth; (*quarta parte*) quarter: **Te lo vendo per un q. del valore**, I'll sell it to you for a quarter of its value; **il primo q. della luna**, the first quarter of the moon; **un q. di pollo**, a quarter of a chicken; **ridotto di un q.**, reduced by a quarter; **dividere q.c. in quarti**, to divide st. into quarters; to quarter st.; **un miglio e un q.**, a mile and a quarter; (*a carte, a tennis*) **fare il q.**, to make a fourth ***2*** (*nelle indicazioni di ora*) quarter: **tre quarti d'ora**, three quarters of an hour; **due ore e un q.**, two and a quarter hours; **Sono le sei e un q.**, it is a quarter past six; **Sono le dieci e tre quarti**, it is a quarter to eleven ***3*** (*naut.*) watch ***4*** (*tipogr.*) quarto: **edizione in q.**, quarto edition • (*sport*) **quarti di finale**, quarterfinals □ **q. d'ora di celebrità**, moment of glory □ **Non ho mai un q. d'ora di pace**, I never have a moment's peace □ **Ho passato un brutto q. d'ora**, I went through a few unpleasant minutes; it was very unpleasant while it lasted □ **un tre quarti**, a three-quarter coat.
quartùltimo *a. e m.* last but three; fourth last.
quarzìfero *a.* (*miner.*) quartz-bearing.
quarzìte *f.* (*miner.*) quartzite.
quàrzo *m.* (*miner.*) quartz: **q. rosa**, rose quartz • **orologio al q.**, quartz watch.
quàșar *m. o f. invar.* (*astron.*) quasar.

quàṣi ***A*** *avv.* ***1*** almost; nearly; (*con significato neg.*) hardly: **È q. un'ora che aspetto**, I've been waiting for almost (*o* nearly) an hour; **Sono q. uguali**, they are almost identical; **q. tutti**, nearly all; **q. sempre**, almost (*o* nearly) always, **q. mai**, hardly ever; **q. niente**, almost nothing; hardly anything; **Non mi rimane q. niente**, I've hardly anything left; **Non viene q. mai a trovarmi**, he hardly ever comes to see me; **Q. buttavo giù la lampada**, I nearly knocked over lamp; **mille o q.**, one thousand or very nearly (*o* or thereabouts) ***2*** (*forse*) perhaps (*o una costruz. verb. con* might): **Sarebbe q. meglio rimandare a donami**, perhaps we should put it off until tomorrow; **Potremmo q. andare**, we might leave ***3*** (*in alcuni composti*) quasi: **quasi-ufficiale**, quasi-official • **Q. q. ci credevo**, I very nearly fell for it □ **Q. q. lo compro**, I've half a mind (*o* I'm almost tempted) to buy it □ **«È q. a brandelli» «Senza q.»**, «it's almost in shreds» «what do you mean, almost?» ***B*** *cong.* as if.

quassù *avv.* up here • **q. al Nord**, here in the north.

quatèrna *f.* ***1*** set of four (winning) numbers ***2*** (*di persone*) short list of four.

quaternàrio *a. e m.* (*geol.*) Quaternary.

quàtto *a.* — **q. q.**, very quietly (*avv.*); (*furtivamente*) stealthily □ **andarsene q. q.**, to steal away.

quattordicènne ***A*** *a.* fourteen years old (*pred.*); fourteen-year-old (*attr.*) ***B*** *m. e f.* fourteen-year-old (boy, youth, *m.*; girl, *f.*).

quattordicèsima *f.* holiday bonus.

quattordicèṣimo *a. num. ord. e m.* fourteenth.

quattórdici *a. num. card. e m.* fourteen.

quattrino *m.* penny; farthing; (*al pl.*: *denaro*) money (*sing.*): **spendere fino all'ultimo q.**, to spend to the (very) last penny; **Non vale un q.**, it's not worth a brass farthing (*o* a penny); **fare quattrini**, to make money; **avere quattrini a palate**, to be rolling in money; **costare fior di quattrini**, to cost a pretty penny; **non avere il becco di un q.**, to be flat broke.

quàttro *a. num. card. e m.* four • (*canottaggio*) **q. con**, coxed four □ (*canottaggio*) **q. senza**, coxless four □ **a quattr'occhi**, in private; confidentially □ **incontro a quattr'occhi**, private meeting; tête-à-tête (*franc.*) □ **Gliene ho dette q.**, I gave him a piece of my mind □ **farsi in q.**, to do all one can; to bend over backwards (*fam.*) □ **in q. e quattr'otto**, in less than no time; before you could say Jack Robinson (*fam.*).

quattròcchi *m.* (*fam. scherz.*) four-eyes.

quattrocentésco *a.* fifteenth-century (*attr.*); (*arte o letter. ital.*) Quattrocento (*attr.*).

quattrocentèṣimo *a. num. ord. e m.* four hundredth.

quattrocènto *a. num. card. e m.* four hundred • **il Q.**, the fifteenth century; (*arte e letter. ital.*) the Quattrocento □ (*sport*) **i q. piani**, the 400 metres.

quattromila *a. num. card. e m.* four thousand.

quéllo ***A*** *a. dimostr.* ***1*** that (*pl.* those): **quel ragazzo**, that boy; **quella ragazza**, that girl; **quei ragazzi**, those boys; those children; **quelle ragazze**, those girls; **in q. stesso momento**, at that very moment; **quel mio libro**, that book of mine; **q. snob di Mario**, that snob Mario; **quell'egoista di suo marito**, that selfish husband of hers ***2*** (*come art. determ.*) the: **quel poco che ho**, the little I have; **Non è più quella bella ragazza di un tempo**, she isn't the lovely girl she was (years ago) ***3*** (*in espressioni ellittiche*) — **Ho preso uno di quegli spaventi!**, I got such a fright!; I was scared stiff!; **Ha uno di quegli appartamenti!**, she's got a fabulous flat; **Ne ha fatte di quelle!**, he's been up to all sorts of things; **Ne dice di quelle!**, he talks such nonsense!; **Ne ho passate di quelle!**, the things I've been through! • **in quel mentre**, at that same moment □ (*eufem.*) **una di quelle**, a prostitute ***B*** *pron. dimostr.* ***1*** that (one) (*pl.* those (ones)): **Che cos'è q.?**, what's that?; **Chi è q.?**, who is that (man)?; **Prendo q. là**, I'll have that one there; **Non è q. il colore che voglio**, that is not the colour I want; **Quelle non sono le mie scarpe**, those aren't my shoes; **Questo libro è mio**; **il tuo è q.**, this book is mine; that one is yours; **Io quelli non li conosco**, I don't know those people ***2*** (*seguito da un agg., da una specificazione o da una prop. relat.*) the one (*pl.* the ones) (*omesso dopo un gen. sassone*): **Prenderò q. che mi piace di più**, I'll take the one I like best; **Preferisci il clima caldo o quello freddo?**, do you prefer a warm climate or a cold one?; **Metti i calzoni verdi, non quelli marroni**, put one the green trousers, not the brown ones; **Visto che non trovo il mio cappello, prendo quello di papà**, since I can't find my hat, I'll take Dad's ***3*** (*seguito da un pron. relat. o da specificazione, con valore di «la persona»*) the one, the man, the boy, the woman, the girl; (*pl., con valore di «coloro»*) those, (the) people; (*con valore di «chiunque»*) whoever, anyone: **Quella che parla col professore è mia zia**, the woman talking to the teacher is my aunt; **Quelli che fanno cose del genere andrebbero multati**, those (*o* people) who do such things should be fined; **Paola, c'è q. della telefonata**, Paola, the man who phoned earlier is here; **q. del latte**, the milkman; **quelli del piano di sopra**, the people upstairs; **quelli di Roma**, people in Rome; the Romans ***4*** (*lo stesso*) the same; the one: **Paolo non è più q. di prima**, Paolo is not the man he was; **Il paese è sempre q.**, the village is still the same as it used to be ***5*** — **q. che**, (*ciò che*) what; (*tutto q. che*), all (that), everything (that): **Capisco q. che vuoi dire**, I see what you mean; **Ho fatto tutto q. che potevo**, I did all I could ***6*** (*con valore di pron. pers. sogg.*) he (*f.* she; *pl.* they): **Quando q. mi vide, si mise a urlare**, when he saw me, he started to shout; **Ma quelli non volevano ascoltare**, but they wouldn't listen ***7*** — **q.... questo** (*il primo... il secondo*), the former... the latter ***8*** — **questo... quello** (*l'uno... l'altro*), one... one (*o* the other); (*al pl.*) some... some (*o* others): **Questo giocava a carte, q. cantava a squarciagola**, some were playing cards, some were singing at the top of their voices • **È più ricco di quel che pensavo**, he is richer than I thought □ **in quel di** (*nei dintorni di*), in the vicinity of; near □ **per q. che ne so io**, as far as I know.

quercéto *m.* oak wood; oak grove.

quèrcia *f.* (*bot.*) oak • **forte come una q.**, as strong as an ox □ **saldo come una q.**, as solid as a rock.

querèla *f.* (*leg.*) action; lawsuit: **q. per diffamazione**, action for libel, libel suit, **sporgere q. contro q.**, to bring an action against sb.; to sue sb.

querelànte *m. e f.* (*leg.*) plaintiff.

querelàre *v. t.* (*leg.*) to bring* an action against; to sue.

querelàto *m.* (*leg.*) defendant.

querimònia *f.* (*lett.*) querimony; complaint.

quèrulo *a.* querulous.

queṣito *m.* question; query; (*problema*) problem.

quésti *pron.* ***1*** (*lett.*) this man; he ***2*** (*il secondo di due*) the latter.

questionàre *v. i.* ***1*** (*discutere*) to argue; to dispute ***2*** (*litigare*) to quarrel. ATTENZIONE: **questionare** ≠ to question.

questionàrio *m.* questionnaire: **riempire un q.**, to fill up (*o* out) a questionnaire.

questióne *f.* ***1*** (*problema, quesito, controversia*) question, issue, point; (*faccenda*) question, matter: **risolvere una q.**, to settle a question; **Non è q. di soldi**, it's not a question of money; **È q. di pochi minuti**, it's a matter of a few minutes; **una q. di diritto**, a point of law; **una q. di vita o di morte**, a matter of life and death; **la q. trattata**, the point under discussion; **Qui sta la q.**, that is the point; **in q.**, in question; at issue: **la persona in q.**, the person in question; **il punto in q.**, the point at issue ***2*** (*polit.*) problem ***3*** (*litigio, diverbio*) quarrel; dispute • **la q. di fondo**, the heart of the matter □ **q. di lana caprina**, futile debate □ **mettere in q.**, to doubt; to dispute □ **il nodo della q.**, the crux of the matter; the nub of the question.

quésto ***A*** *a. dimostr.* ***1*** this (*pl.* these): **q. ragazzo**, this boy; **questa ragazza**, this girl; **questi ragazzi**, these boys; these children; **queste ragazze**, these girls; **quest'altra ragazza**, this other girl; **questi tuoi libri**, these books of yours; **questi due miei amici**, these two friends of mine; **fino a q. punto**, up to this point ***2*** (*in espressioni di tempo*) this (*pl.* these); the; (*prossimo*) next: **quest'anno**, this year; **questi ultimi decenni**, these last few decades; **in questi ultimi mesi**, in the last few months; **In questi giorni partirò per Firenze**, I'll be leaving for Florence within the next few days; **Quest'inverno non vado a sciare**, I won't go skiing next winter; **quest'oggi**, today; **questa notte**, tonight; **q. pomeriggio**, this afternoon; **q. sera**, this evening; tonight ***3*** (*in espressioni ellittiche*) — **Ci mancherebbe anche questa!**, that's all we need!; **Questa è bella!**, that's a good one!; **Questa me la segno!**, this I must remember!; **Questa poi!**, oh, come on!; I don't believe it! ***B*** *pron. dimostr.* ***1*** this (one) (*pl.* these (ones)): **Questa è l'ultima volta che te lo dico**, this is the last time I'm telling you; **q. qua**, this one here; **Che cos'è**

q.?, what is this? ***2*** (*con valore di pron. pers. sogg.*) he (*f.* she; *pl.* they): **Aiutai il giovane, ma q. non mi ringraziò**, I helped the young man but he didn't thank me ***3*** (*ciò*) this; that: **Perché mi dici q.?**, why are you telling me this?; **Q. è quanto mi ha detto**, that is what he told me; **Tutto q. per nulla**, all that (*o* this) for nothing ***4*** — **quello... q.** (*il primo... il secondo*), the former... the latter ***5*** — **q. ... quello**, (*l'uno... l'altro*) one... one (*o* the other); (*al pl.*) some... some (*o* others) • **q. e altro**, all that and more □ **Q. è quanto**, that's that □ **Q. sì che è un soufflé!**, this is what I call a soufflé! □ **E con q. vi saluto**, well, goodbye □ **E con q.?**, so what? □ **Per q. te l'ho detto**, that's why I told you.

questóre *m.* ***1*** police superintendent ***2*** (*stor. romana*) quaestor.

quèstua *f.* ***1*** begging (of alms): **andare alla q.**, to go begging ***2*** (*in chiesa*) collection.

questuànte ***A*** *a.* begging; mendicant ***B*** *m. e f.* mendicant; beggar.

questuàre ***A*** *v. t.* (*anche fig.*) to beg ***B*** *v. i.* to go* begging.

questùra *f.* police headquarters (*pl.*).

questurìno *m.* (*pop.*) policeman*; cop (*pop.*); copper (*pop.*).

qui *avv.* ***1*** (*di luogo*) here: **Vieni qui!**, come here!; **Eccomi qui**, here I am; **qui dentro** [**fuori**], in [out] here; **qui sotto** [**sopra**], down [up] here; **qui vicino**, near here; close by; **fin qui**, up to here (*o* to this point); **da qui a Roma**, from here to Rome; **Di qui non si passa**, you can't get through here; you can't go this way ***2*** (*di tempo*) now: **da qui innanzi**, from now on; **fin qui**, up to now; so far; **di qui a un anno**, a year from now; in a year's time • **di qui a poco**, in a short while □ **gli abitanti di qui**, the local people; the locals □ **Non sono di qui**, I'm not from here (*o* these parts); I don't live here; I'm a stranger in these parts □ **non spostarsi di qui a lì**, not to budge an inch □ **Qui hai torto**, that is where you are wrong □ **Tutto qui?**, is that all?

quid (*lat.*) *m. invar.* something: **Ha un q. che non mi piace**, there is something about him I don't like.

quiescènte *a.* ***1*** quiescent ***2*** (*geol., bot.*) dormant.

quiescènza *f.* ***1*** quiescence ***2*** (*geol., bot.*) dormancy ***3*** (*leg.*) abeyance ***4*** (*bur.*: *pensione*) retirement: **trattamento di q.**, (retirement) pension.

quietànza *f.* (*comm.*) receipt; quittance: **q. a saldo**, receipt in full • **per q.**, paid; (value) received.

quietanzàre *v. t.* (*comm.*) to receipt.

quietàre ***A*** *v. t.* to calm; to soothe ***B*** **quietàrsi** *v. i. pron.* to quiet down; to calm down.

quiète *f.* ***1*** quiet; quietness; peace; (*calma*) calm; (*tranquillità*) stillness, tranquillity; (*silenzio*) silence: **un periodo di q.**, a period of quiet; **la q. della sera**, the quiet (*o* peace) of the evening; **la q. che precede la tempesta**, the calm before the storm; **la q. della notte**, the stillness (*o* silence) of the night; **turbare la q. pubblica**, to disturb the peace; **Vorrei un po' di q.**, I'd like some peace and quiet ***2*** (*tranquillità d'animo*) peace of mind ***3*** (*fis.*) rest.

quièto *a.* quiet; (*calmo*) calm; (*tranquillo*) peaceful, still; (*silenzioso*) silent: **una strada quieta**, a quiet road; **l'aria quieta**, the calm (*o* still) air; **stare q.**, to be (*o* to keep) quiet; (*non muoversi*) to keep still • **q. q.**, very quietly (*o* softly) □ **il q. vivere**, a quiet life; peace and quiet: **per amore del q. vivere**, for the sake of peace and quiet.

quìndi ***A*** *avv.* (*poi*) afterwards; then ***B*** *cong.* (*perciò*) so; therefore; consequently.

quindicennàle *a.* ***1*** (*che dura 15 anni*) fifteen-year (*attr.*) ***2*** (*che ricorre ogni 15 anni*) recurring every fifteen years.

quindicènne ***A*** *a.* fifteen years old (*pred.*); fifteen-year-old (*attr.*) ***B*** *m. e f.* fifteen-year-old (boy, youth, *m.*; girl, *f.*).

quindicènnio *m.* fifteen-year period.

quindicèṣimo *a. num. ord. e m.* fifteenth.

quìndici *a. num. card. e m.* fifteen • **q. giorni**, a fortnight □ **lunedì a q.**, a fortnight next Monday; Monday fortnight □ **ogni q. giorni**, once a fortnight; fortnightly (*agg. e avv.*).

quindicìna *f.* ***1*** (*complesso di quindici*) (set of) fifteen ***2*** (*circa quindici*) about fifteen ***3*** (*fam.*: *quindici giorni*) fortnight; two weeks: **fra una q. di giorni**, in a fortnight; **la prima q. di giugno**, the first two weeks of June.

quindicinàle ***A*** *a.* fortnightly; bimonthly ***B*** *m.* fortnightly magazine; bimonthly.

quinquagenàrio *a.* (*lett.*) quinquagenarian.

quinquagèṣima *f.* (*eccles.*) Quinquagesima (Sunday).

quinquennàle *a.* five-year; quinquennial: **piano q.**, five-year plan.

quinquènnio *m.* five-year period; half a decade; quinquennium*.

quìnta *f.* ***1*** (*classe scolastica*) fifth form; fifth grade (*USA*) ***2*** (*teatr.*) wing: **dietro le quinte**, in the wings; (*fig.*) behind the scenes ***3*** (*mus.*) fifth ***4*** (*scherma*) quinte.

quintàle *m.* (a) hundred kilograms; quintal.

quintèrno *m.* five sheets of paper.

quintessènza *f.* quintessence.

quintétto *m.* ***1*** (*mus.*) quintet ***2*** (*cinque persone*) fivesome.

quìnto *a. num. ord. e m.* fifth: **Carlo Q.**, Charles the Fifth; **la Quinta Colonna**, the Fifth Column.

quintuplicàre ***A*** *v. t.* to quintuple; to multiply by five ***B*** **quintuplicàrsi** *v. i. pron.* to quintuple; to increase fivefold.

quìntuplo ***A*** *a.* quintuple; fivefold ***B*** *m.* quintuple.

qui pro quo (*lat.*) *locuz. m. invar.* misunderstanding.

quisquìlia *f.* trifle; minutia* (*generalm. al pl.*).

quìvi *avv.* (*lett.*) ***1*** (*lì*) there ***2*** (*allora*) then.

quiz *m. invar.* ***1*** (*gioco*) quiz (game); (*domanda*) question: **programma di q.**, quiz programme ***2*** (*al pl.*) (*esame a q.*) quiz; multiple-choice examination.

quorum (*lat.*) *m. invar.* (*leg.*) quorum: **raggiungere il q.**, to reach a quorum.

quòta *f.* ***1*** (*porzione*) part; share; quota: **pagare la propria q.**, to pay one's share; **q. sociale**, capital share; partnership share; **q. imponibile**, taxable quota ***2*** (*somma dovuta*) dues (*pl.*), fee; (*rata*) instal(l)ment: **q. di abbonamento** [**di iscrizione**], subscription [entrance] fee; **q. mensile**, monthly instalment ***3*** (*geogr., topogr.*) level; altitude; elevation: **a q. 3000 metri**, at an altitude of 3,000 metres; **q. zero**, sea level ***4*** (*aeron.*) height; altitude: **q. di volo**, flying height; **q. di tangenza**, ceiling; **prendere** [**perdere**] **q.**, to gain [to lose] height; **ad alta q.**, at high altitude; **volare ad alta** [**bassa**] **quota**, to fly high [low] ***5*** (*naut.*) depth: **q. periscopica**, periscope depth ***6*** (*ippica*) odds (*pl.*) ***7*** (*totocalcio*) payout • **Siamo a q. sette punti**, we have totalled seven points so far □ (*fig.*) **perdere q.**, to lose popularity □ (*fig.*) **prendere q.**, to begin to catch on.

quotàre ***A*** *v. t.* ***1*** (*fin.*) to quote; to rate; to state ***2*** (*valutare*) to value ***B*** **quotàrsi** *v. rifl.* to put oneself down (for).

quotàto *a.* ***1*** (*fin.*) quoted; rated ***2*** (*valutato*) estimated ***3*** (*apprezzato*) highly rated; highly regarded.

quotazióne *f.* ***1*** (*fin.*) quotation; price: **q. di mercato**, market quotation; (*Borsa*) **q. di apertura**, opening price; **q. ufficiale di Borsa**, Stock Exchange list ***2*** (*valore di mercato*) value ***3*** (*reputazione*) reputation; standing; rating.

quotidianaménte *avv.* daily; every day; (*di giorno in giorno*) day by day.

quotidiàno ***A*** *a.* daily; everyday (*attr.*) ***B*** *m.* daily.

quòto *m.* (*mat.*) quotient.

quozïènte *m.* (*mat.*) quotient; (*tasso*) rate: (*psic.*) **q. d'intelligenza**, intelligence quotient (*abbr.* IQ); **q. di mortalità**, death-rate.

qwerty *a. invar.* — **tastiera q.** qwerty keyboard.

qzerty *a. invar.* — **tastiera q.**, qzerty keyboard.

r, R

R, r *m. o f.* R, r • (*telef.*) **r come Roma**, r for Robert (*USA* for Roger).
rabàrbaro *m.* ***1*** (*bot.*) rhubarb ***2*** (*liquore*) rhubarb liqueur.
rabberciàre *v. t.* ***1*** (*aggiustare*) to patch up ***2*** (*mettere insieme*) to cobble up (*o* together).
rabberciàto *a.* clumsily repaired; patched-up; (*fatto alla bell'e meglio*) cobbled together.
rabberciatùra *f.* patch-up job.
ràbbia *f.* ***1*** anger; rage; fury: **gesto di r.**, angry gesture; **in un impeto di r.**, in a fit of rage ***2*** (*med.*) rabies; hydrophobia • **fare r.**, to infuriate; to madden □ **Che r.!**, how infuriating!; what a shame!; it's too bad!
rabbìnico *a.* rabbinic(al).
rabbìno *m.* rabbi.
rabbióso *a.* ***1*** (*iroso*) angry; furious ***2*** (*collerico*) irascible; cantankerous ***3*** (*idrofobo*) rabid; hydrophobic • **avere una fame rabbiosa**, to be ravenous □ **vento r.**, howling gale.
rabbonìre ***A*** *v. t.* to calm down; to placate; to mollify; to pacify ***B*** **rabbonìrsi** *v. i. pron.* to calm down.
rabbrividìre *v. i.* to shudder; to shiver • **far r.**, to send a shiver down sb.'s spine; to make sb.'s flesh creep.
rabbuffo *m.* reprimand, scolding, telling off (*fam.*) • **fare un r. a q.**, to scold sb.; to tell sb. off (*fam.*).
rabbuiàre *v. i.*, **rabbuiàrsi** *v. i. pron.* ***1*** (*di tempo*: *rannuvolarsi*) to darken, to cloud over; (*farsi notte*) to grow* (*o* to get*) dark (*o* darker) ***2*** (*fig.*) to darken.
rabdomànte *m. e f.* dowser; water-diviner.
rabdomanzìa *f.* dowsing; water-divining.
raccapezzàrsi *v. i. pron.* to find* one's way; (*capire*) to make* (st.) out, to figure (st.): **Non mi ci raccapezzo**, I can't figure it out; I can't make head or tail out of it.
raccapricciànte *a.* horrifying; ghastly; blood-curdling; gruesome; grisly.
raccapricciàre *v. i.* to be horrified; (*rabbrividire*) to shudder.
raccappriccio *m.* horror • **brivido di r.**, shudder □ **urlo di r.**, horrified scream □ **pensare a q.c. con r.**, to shudder at the thought of st.
raccattapàlle *m. e f. invar.* (*sport*) ball-boy (*f.* ball-girl).
raccattàre *v. t.* ***1*** (*raccogliere*) to pick up ***2*** (*mettere insieme*) to gather; to put* together; to pick up; (*con fatica*) to scrape together.
racchétta *f.* (*da tennis*) racket, racquet; (*da ping-pong*) bat; (*da neve*) snowshoe; (*da sci*) ski stick, ski pole.
ràcchia *f.* (*spreg.*) unattractive girl [woman*]; dog (*pop.*).
racchiùdere *v. t.* (*contenere*) to contain; to hold*; (*nascondere*) to hide*.
raccògliere ***A*** *v. t.* ***1*** to pick up; to take* up: **r. un sasso**, to pick up a stone; **r. passeggeri**, to pick up passengers; **r. i feriti**, to pick up the wounded; **r. con un cucchiaio**, to scoop up ***2*** (*cogliere*) to pick; to pluck: **r. fiori**, to pick flowers ***3*** (*agric.*) to pick; to harvest; (*mietere*) to reap: **r. ciliegie [cotone]**, to pick cherries [cotton]; **r. uva**, to harvest grapes; **r. il grano**, to harvest wheat ***4*** (*radunare, mettere insieme*) to gather; to get* together; to assemble; to collect: **r. legna**, to gather wood; **r. informazioni**, to gather information; **r. fondi**, to collect (*o* to raise) funds; **r. alcuni amici**, to get together a few friends; **r. i capelli in una crocchia**, to gather (up) one's hair into a bun; **r. le proprie idee**, to collect one's thoughts; **r. con la scopa**, to sweep up ***5*** (*ricevere*) to receive; to get*; to win*; to gain; to meet* with: **La proposta raccolse pochi voti**, the proposal got few votes; **r. lodi**, to win praise; **r. consensi [successi]**, to meet with approval [with success] ***6*** (*collezionare*) to collect ***7*** (*dare rifugio a*) to shelter; to take* in: **r. profughi**, to shelter (*o* to house) refugees • (*di uccello*) **r. le ali**, to fold one's wings □ **r. un'allusione**, to take a hint □ **r. le proprie forze**, to gather (*o* to muster) one's strength □ **r. un invito**, to accept an invitation □ **r. una provocazione**, to react to a provocation □ **r. una sfida**, to take up a challenge □ **non r. un insulto**, to ignore an insult ***B*** **raccògliersi** *v. rifl. e i. pron.* ***1*** (*del corpo*) to curl up; to crouch ***2*** (*radunarsi*) to gather; to assemble: **r. intorno a q.**, to gather round sb. ***3*** (*concentrarsi*) to collect one's thoughts; to concentrate: **r. in preghiera**, to pray; to collect one's thoughts in prayer.
raccogliménto *m.* concentration; meditation; attention • **un minuto di r.**, a minute's silence.
raccogliticcio *a.* put together at random; haphazard; motley • **truppe raccogliticce**, irregular troops □ **squadra raccogliticcia**, scratch team.
raccoglitóre *m.* (*f.* **-trice**) ***1*** picker; gatherer ***2*** (*collezionista*) collector ***3*** (*cartella*) folder; binder: **r. ad anelli**, ring binder ***4*** (*recipiente*) receptacle.
raccòlta *f.* ***1*** (*il raccogliere*) gathering; collection: **r. dell'immondizia**, rubbish collection; **r. di fondi**, collection (*o* raising) of funds ***2*** (*agric., di cereali*) harvesting; (*di uva*) grape-harvesting; (*di frutta, cotone, olive*) picking; (*epoca del raccolto*) harvest-time ***3*** (*agric.*) *V.* **raccolto**, ***B*** ***4*** (*di oggetti, testi*) collection: **fare (la) r. di q.c.**, to collect st. ***5*** (*adunanza*) gathering; assembly • **r. di leggi**, body of laws; statute book □ **chiamare a r. le proprie energie**, to gather one's energies (*o* strength) □ **chiamare a r. le truppe**, to gather (*o* to assemble) the troops.
raccòlto ***A*** *a.* ***1*** (*còlto*) picked ***2*** (*adunato*) gathered; collected; (*tenuto insieme*) gathered together, gathered up, (*legato*) tied ***3*** (*rannicchiato*) drawn up; curled up: **con le gambe raccolte**, with one's legs drawn up ***4*** (*assorto*) absorbed; engrossed ***5*** (*tranquillo*) quiet; (*intimo*) cosy ***B*** *m.* crop; yield; (*la raccolta*) harvest; (*dell'uva*) vintage: **dare un buon r.**, to yield a good crop; **l'epoca del r.**, harvest-time.
raccomandàbile *a.* ***1*** (*consigliabile*) recommendable; advisable ***2*** (*affidabile*) reliable • **poco r.**, unreliable; suspicious; shady (*fam.*).
raccomandàre ***A*** *v. t.* ***1*** (*consigliare*) to recommend; (*richiedere*) to enjoin; (*esortare*) to exhort, to urge; (*mettere in guardia*) to warn: **r. un albergo [una dieta]**, to recommend a hotel [a diet]; **Ci raccomandò il silenzio**, he warned us to keep silent; he enjoined silence on us; **Gli raccomandai di aspettare**, I advised (*o* urged) him to wait ***2*** (*appoggiare*) to recommend; to put* in a word for: **r. q. per una promozione**, to recommend sb. for promotion; **r. un amico**, to put in a good word for a friend ***3*** (*lettere, pacchi, ecc.*) to send* by recorded delivery (*USA* by certified mail) • **Ti raccomando, i miei gatti**, please look after my cats □ **r. l'anima a Dio**, to commend one's soul to God ***B*** **raccomandàrsi** *v. rifl.* ***1*** (*chiedere, pregare*) to beg: **Si raccomandò che non facessimo tardi**, he begged us not to be late ***2*** (*affidarsi*) to appeal: **r. al buon senso**, to appeal to common sense; **Si è raccomandato a me**, he begged me to help him • **r. da sé**, to need no recommendation □ **Mi raccomando di non farne parola**, please don't tell anyone □ **Guida piano, mi raccomando**, drive carefully, won't you?
raccomandàta *f.* letter sent by recorded delivery (*USA* by certified mail); recorded delivery (*USA* certified mail) letter: **fare una r.**, to send a letter by recorded delivery (*USA* by certified mail); **r. con ricevuta di ritorno**, recorded delivery letter with advice of delivery.
raccomandàto ***A*** *a.* ***1*** (*consigliato*) recommended ***2*** (*con appoggi importanti*) with good connections; well-connected ***3*** (*di lettera, ecc.*) sent by recorded delivery (*USA* by certified mail) ***B*** *m.* (*f.* **-a**) applicant with good connections; well-connected person • **r. di ferro**, person with friends in high

places.

raccomandazióne *f.* ***1*** recommendation; (*presentazione*) introduction; (*appoggio*) connections (*pl.*), friends (*pl.*): **lettera di r.**, letter of introduction; **ottenere un posto grazie a una r.**, to get a job through one's connections ***2*** (*consiglio*) advice Ⓤ; (*avvertimento*) warning.

raccontàre *v. t.* to tell*; (*riferire*) to relate: **r. una storia**, to tell a story; **Raccontami tutto**, tell me all about it; **r. una bugia**, to tell a lie • **l'arte del r.**, the art of storytelling □ **Si racconta che...**, the story goes that... □ **A me la racconti?**, you are telling me! □ **Raccontala a un altro!**, pull the other one! (*fam. GB*); tell that to the marines! (*fam. USA*).

raccontatóre *m.* (*f.* **-trice**) teller; narrator; storyteller.

raccónto *m.* story; tale; (*novella*) short story; (*relazione*) account: **un r. improbabile**, an improbable story; **r. di fate**, fairy tale; **r. per bambini**, children's story; nursery tale; **libro di racconti**, book of short stories; **Mi fece il r. delle sue disgrazie**, he told me all about his woes.

raccorciàre *v. t.*, **raccorciàrsi** *v. i. pron.* to shorten.

raccordàre *v. t.* to join; to connect; to link.

raccòrdo *m.* ***1*** (*mecc.*) fitting; connector; union ***2*** (*di strada*) link road: **r. anulare**, ringroad (*GB*); beltway (*USA*); **r. autostradale**, motorway junction (*GB*); interchange (*USA*) ***3*** (*ferr.*) siding; sidetrack (*USA*) • **di r.**, connecting; linking.

rachìtico ***A*** *a.* ***1*** (*med.*) rachitic; with rickets ***2*** (*stentato*) stunted ***B*** *m.* (*med.*) person with rickets.

rachitismo *m.* (*med.*) rachitis; rickets (*pl. col verbo al sing.*).

racimolàre *v. t.* (*fig.*) to scrape together; to glean: **r. un po' di soldi**, to scrape together some money; **r. notizie**, to glean news.

racket (*ingl.*) *m. invar.* racket: **il r. della droga**, the drug racket; **gestire un r.**, to run a racket.

ràda *f.* (*naut.*) roadstead; roads (*pl.*).

ràdar *m. e a. invar.* radar: **controllo r.**, radar monitoring • (*fam.*) **uomini r.**, air-traffic controllers.

radarista *m.* radar operator.

raddensàre *v. t.*, **raddensàrsi** *v. i. pron.* to thicken.

raddobbàre *v. t.* (*naut.*) to refit; to repair.

raddòbbo *m.* (*naut.*) refit; repair.

raddolciménto *m.* softening; sweetening.

raddolcire ***A*** *v. t.* ***1*** (*dolcificare*) to sweeten ***2*** (*mitigare*) to soften; to soothe; (*alleggerire*) to lighten ***3*** (*suono, colore*) to soften; to tone down ***B*** *v. i. e* **raddolcirsi** *v. i. pron.* ***1*** (*ammorbidirsi*) to soften; to mellow ***2*** (*del tempo*) to grow* (*o* to get*) milder.

raddoppiaménto *m.* ***1*** (re)doubling; duplication ***2*** (*ling.*) reduplication; (*di consonante*) gemination.

raddoppiàre ***A*** *v. t.* ***1*** to double: **r. una scommessa**, to double a bet ***2*** (*fig.*) to redouble: **r. i propri sforzi**, to redouble one's efforts • **r. un'autostrada**, to built a second motorway □ **r. una linea ferroviaria**, to lay a second track □ **Lascia o raddoppia**, double or quits ***B*** *v. i.* ***1*** to double ***2*** (*calcio*) to score a second goal.

raddóppio *m.* ***1*** doubling ***2*** (*calcio*) (scoring of a) second goal • **il r. di un'autostrada**, the widening of a motorway; the building of a second motorway.

raddrizzaménto *m.* ***1*** straightening ***2*** (*elettr.*) rectification.

raddrizzàre ***A*** *v. t.* ***1*** to straighten; to put* straight: **r. un filo di ferro**, to straighten a piece of wire; **r. un quadro**, to straighten a picture; **r. la schiena**, to straighten up ***2*** (*correggere*) to right; (*sistemare*) to straighten out, to put* right: **r. un torto**, to right a wrong; **r. le cose**, to straighten things out ***3*** (*elettr.*) to rectify ***B*** **raddrizzàrsi** *v. rifl. e i. pron.* ***1*** (*di persona*) to straighten up ***2*** (*di oggetto*) to right itself.

raddrizzatóre *m.* (*elettr.*) rectifier.

radènte *a.* grazing; skimming: **tiro r.**, grazing shot; **volo r.**, grazing flight; (*aeron.*) hedgehopping.

ràdere ***A*** *v. t.* ***1*** to shave: **radersi i baffi**, to shave off one's moustache; **radersi i capelli a zero**, to shave one's head ***2*** (*rasentare*) to graze; to skim: **r. il suolo**, to graze the ground; **r. la superficie dell'acqua**, to skim the surface of the water ***3*** (*abbattere*) to raze: **r. al suolo**, to raze (to the ground) ***B*** **ràdersi** *v. rifl.* to shave.

radiàle *a.* radial: **pneumatico r.**, radial (tyre).

radiànte *a.* (*fis.*) radiant: **calore r.**, radiant heat; **pannello r.**, radiant panel.

radiàre *v. t.* (*espellere*) to expel; (*cancellare*) to strike* off: **r. da un partito**, to expel from a party; **r. da una lista**, to strike off a list; **r. dall'albo**, to strike off the register; **r. dall'esercito**, to cashier.

radiatóre *m.* radiator.

radiazióne (**1**) *f.* (*fis.*) radiation.

radiazióne (**2**) *f.* (*espulsione*) expulsion; (*cancellazione*) striking off; (*dall'esercito*) cashiering: **r. dall'albo**, striking off the register.

ràdica *f.* ***1*** (*per pipe*) briarwood; briar-root: **pipa di r.**, briar pipe ***2*** — **r. di noce**, walnut (root).

radicàle ***A*** *a.* ***1*** (*bot.*) radical ***2*** (*fig.*) radical; thorough ***3*** (*polit.*) Radical ***B*** *m.* ***1*** (*mat., chim.*) radical ***2*** (*gramm., anche f.*) radical; root ***C*** *m. e f.* (*polit.*) Radical.

radicalismo *m.* radicalism.

radicalizzàre ***A*** *v. t.* to radicalize ***B*** **radicalizzàrsi** *v. i. pron.* to become* radicalized.

radicalizzazióne *f.* radicalization.

radicalménte *avv.* radically; thoroughly; fundamentally; root and branch.

radicaménto *m.* rooting; taking root.

radicàre *v. i.*, **radicàrsi** *v. i. pron.* (*anche fig.*) to take* root.

radicàto *a.* deep-rooted; deep-seated; engrained • **r. nelle proprie abitudini**, set in one's ways.

radicchio *m.* (*bot.*) chicory; radicchio.

radice *f.* (*bot., mat., fig.*) root: (*bot.*) **r. a fittone**, taproot; **mettere le radici**, to take root; (*mat.*) **r. quadrata [cubica]**, square [cubic] root; **andare alla r. di q.c.**, to get to the root of st.; **colpire alla r.**, to strike at the root • (*mat.*) **segno di r.**, radical sign □ (*anche fig.*) **senza radici**, rootless.

ràdio (**1**) *m.* (*anat.*) radius*.

ràdio (**2**) *m.* (*chim.*) radium.

ràdio (**3**) ***A*** *f.* ***1*** (*radiofonia*) radio: **sentire q.c. alla r.**, to hear st. on the radio; **trasmettere per** (*o* **via**) **r.**, to send by radio; to radio; (*un programma*) to broadcast; **r. diffusione**, broadcast; broadcasting Ⓤ ***2*** (*apparecchio*) radio; wireless: **r. ricevente [trasmittente]**, radio receiver [transmitter]; **accendere [spegnere] la r.**, to switch (*o* to turn) on [off] the radio; **abbassare la r.**, to turn down the radio: **r. a galena**, crystal set ***3*** (*stazione trasmittente*) radio station ***B*** *a. invar.* radio (*attr.*): **contatto [segnale] r.**, radio contact [signal].

radioamatóre *m.* (*f.* **-trice**) amateur radio operator; (radio) ham (*fam.*).

radioascoltatóre *m.* (*f.* **-trice**) (radio) listener.

radioattività *f.* (*chim., fis.*) radioactivity.

radioattivo *a.* (*chim., fis.*) radioactive • **periodo r.**, half-life □ **pioggia radioattiva**, fallout.

radiobùssola *f.* (*aeron., naut.*) radio compass.

radiocomandàre *v. t.* to radio-control.

radiocomandàto *a.* radio-controlled.

radiocomàndo *m.* radio control.

radiocomunicazióne *f.* radio communication.

radiocontaminazióne *f.* radioactive contamination.

radiocrònaca *f.* running (radio) commentary.

radiocronista *m. e f.* radio commentator.

radiodiffusióne *f.* (radio) broadcasting Ⓤ; (radio) broadcast.

radiodràmma *m.* radio play.

radioestesìa *f.* dowsing; divining.

radiofàro *m.* (*aeron., naut.*) (radio) beacon.

radiofonìa *V.* **radiotelefonia**.

radiofònico *a.* radio: **apparecchio r.**, radio set; **trasmissione radiofonica**, (radio) broadcast.

radiofonista *m.* (*mil.*) radio operator.

radiofurgóne *m.* mobile radio unit.

radiogoniòmetro *m.* radiogoniometer; (radio) direction finder.

radiografàre *v. t.* to radiograph; to X-ray.

radiografia *f.* ***1*** radiography; X-ray photography ***2*** (*lastra*) X-ray (photograph): **fare una r.**, to take an X-ray ***3*** (*fig.*) in-depth analysis.

radiogràfico *a.* radiographic; X-ray (*attr.*): **esame r.**, X-ray examination.

radiogrammòfono *m.* radiogramophone; radiogram (*GB*).

radioguidàre *v. t.* to radio-control.

radioisòtopo *m.* (*chim., fis.*) radioisotope.

radiologìa *f.* (*med.*) radiology.

radiològico *a.* (*med.*) radiologic(al); X-ray (*attr.*).

radiòlogo *m.* (*f.* **-a**) (*med.*) radiologist.

radiòmetro *m.* (*fis.*) radiometer.
radiomicròfono *m.* radio microphone.
radiomòbile *f.* radio car.
radioónda *f.* radio wave.
radiopàco *a.* (*fis., med.*) radiopaque.
radiopilòta *m.* (*aeron.*) radio-controlled autopilot.
radioregistratóre *m.* radio tape recorder; radio cassette recorder.
radioricevènte ***A*** *a.* radio-receiving (*attr.*) ***B*** *f.* ***1*** (*apparecchio*) radio receiver ***2*** (*stazione*) radio-receiving station.
radioricevitóre *m.* radio receiver.
radioricezióne *f.* radio reception.
radioripetitóre *m.* radio relay.
radioscopìa *f.* (*med.*) radioscopy.
radioscòpico *a.* (*med.*) radioscopic(al).
radiosità *f.* radiance; brilliance, brilliancy.
radióso *a.* radiant; bright; beaming; brilliant: **viso r.**, radiant face; **sorriso r.**, beaming (*o* bright) smile; **futuro r.**, bright future; **giornata radiosa**, sunny day; (*anche fig.*) glorious day.
radiosónda *f.* (*meteor., astron.*) radiosonde.
radiospìa *f.* bugging device; bug.
radiosvèglia *f.* clock radio; radio alarm.
radiotàxi *m.* radiotaxi.
radiotècnica *f.* radio engineering.
radiotècnico *m.* radio engineer.
radiotelecomandàre *e deriv. V.* **radiocomandare** *e deriv.*
radiotelefonìa *f.* radiotelephony.
radiotelefonista *m. e f.* radiotelephone operator.
radiotelèfono *m.* radiotelephone.
radiotelegrafàre *v. t.* to radiotelegraph.
radiotelegrafìa *f.* radiotelegraphy.
radiotelegrafista *m. e f.* radiotelegraph operator; radiotelegraphist.
radiotelègrafo *m.* radiotelegraph.
radiotelescòpio *m.* (*astron.*) radio telescope.
radiotelevisióne *f.* ***1*** radio and television ***2*** (*ente*) broadcasting company.
radiotelevisivo *a.* radio and television (*attr.*).
radioterapèutico *a.* (*med.*) radiotherapeutic.
radioterapìa *f.* (*med.*) radiotherapy; radiotherapeutics (*pl. col verbo al sing.*).
radioteràpico *a.* (*med.*) radiotherapeutic.
radioterapista *m. e f.* radiotherapist.
radiotrasméttere *v. t.* to radio; (*programmi*) to broadcast* (by radio).
radiotrasmettitóre *m.* radio transmitter; transmitting set.
radiotrasmissióne *f.* ***1*** (*il trasmettere*) transmission by radio; (*di programmi*) (radio) broadcasting ***2*** (*programma*) (radio) broadcast.
radiotrasmittènte ***A*** *a.* (radio-)transmitting (*attr.*); broadcasting (*attr.*) ***B*** *f.* ***1*** (*stazione*) broadcasting station ***2*** (*apparecchio*) transmitting set; radio transmitter.
radioutènte *m. e f.* radio licence-holder.
ràdo *a.* ***1*** (*non fitto*) thin; sparse; (thinly) scattered: **nebbia rada**, thin mist; **capelli radi**, thin hair; **barba rada**, sparse beard; **pettine r.**, wide-toothed comb; **radi casolari**, scattered houses ***2*** (*non frequente*) infrequent; occasional; few: **visite rade**, occasional visits; **rade parole**, few words • **rade volte** (*o* **di r.**), seldom; rarely □ **non di r.**, not infrequently.
ràdon *m.* (*chim.*) radon.
radunàre ***A*** *v. t.* ***1*** (*adunare, riunire*) to gather (together); to assemble; to get* together; (*mil.*) to muster ***2*** (*raccogliere*) to collect; to gather (together); to put* together ***B*** **radunàrsi** *v. i. pron.* to assemble; to gather; to meet*.
radunàta *f.* gathering; meeting.
radùno *m.* gathering; meeting; rally: **r. sportivo**, sports meeting (*specialm. USA* meet); **r. politico**, political rally; **r. di protesta**, protest rally.
radùra *f.* clearing; glade; open space.
ràfano *m.* (*bot.*) radish.
raffazzonàre *v. t.* (*fare male*) to do* (st.) in a slapdash way, to bungle, to botch; (*fare alla meglio*) to throw* together, to cobble together; (*aggiustare*) to patch up.
raffazzonatóre *m.* (*f.* **-trice**) slapdash worker; botcher; bungler.
raffazzonatùra *f.* cobbled job; slapdash piece of work; bungled (*o* botched) job; botch.

rafférma *f.* (*mil.*) re-enlisting.
raffermàre *v. t.*, **raffermàrsi** *v. rifl.* (*mil.*) to re-enlist.
raffèrmo *a.* stale.
ràffia *f.* ***1*** (*bot.*) raffia (palm) ***2*** (*la fibra*) raffia.
ràffica *f.* ***1*** (*di vento*) gust; (*di pioggia*) shower; (*di neve*) flurry ***2*** (*di arma da fuoco*) burst; volley: **r. di mitragliatrice**, burst of machine-gun fire; **r. di pallottole**, volley of bullets ***3*** (*fig.*) hail; volley: **r. d'ingiurie**, torrent of abuse: **r. di domande**, volley (*o* barrage) of questions; **r. di scioperi**, spate of strikes.
raffiguràre *v. t.* ***1*** (*rappresentare*) to represent; to portray; to depict ***2*** (*immaginare, anche* **raffigurarsi**) to imagine ***3*** (*simboleggiare*) to symbolize; to represent.
raffigurazióne *f.* ***1*** representation; portrayal ***2*** (*figura*) picture; portrait; image ***3*** (*simbolo*) symbol.
raffinaménto *m.* (*anche fig.*) refinement.
raffinàre ***A*** *v. t.* (*anche fig.*) to refine ***B*** **raffinàrsi** *v. i. pron.* to become* refined.
raffinataménte *avv.* in a refined way; with refinement.
raffinatézza *f.* ***1*** refinement; elegance: **r. di modi**, refinement of manners; **vestire con r.**, to dress with elegance; **di grande r.**, very refined ***2*** (*ciò che è raffinato*) refinement; (*sottigliezza*) subtlety; (*piacere*) pleasure; (*cibo squisito*) delicacy: **aggiungere qualche r.**, to add a few refinements; **le r. della vita moderna**, the pleasures of modern life.
raffinàto *a.* ***1*** refined: **zucchero [petrolio] r.**, refined sugar [oil] ***2*** (*fine, elegante*) polished; cultivated; fine; refined: **modi raffinati**, polished manners; **gusti raffinati**, cultivated tastes; **crudeltà raffinata**, refined (*o* subtle) cruelty; **lavorazione raffinata**, fine workmanship.
raffinazióne *f.* refining; refinement • **prodotti di r.**, refinery products.
raffinerìa *f.* (*ind.*) refinery.
rafforzaménto *m.* strengthening; reinforcement; fortification.
rafforzàre ***A*** *v. t.* to strengthen; to reinforce; to fortify; to intensify ***B*** **rafforzàrsi** *v. i. pron.* to strengthen; to gain force; to grow* (*o* to get*) stronger.
rafforzativo *a.* ***1*** strengthening; reinforcing ***2*** (*ling.*) intensifying.
raffreddaménto *m.* ***1*** cooling: **r. ad aria**, air-cooling ***2*** (*fig.*) cooling; (*freddezza*) coolness.
raffreddàre ***A*** *v. t.* ***1*** to cool: **r. ad acqua**, to water-cool; **r. ad aria**, to air-cool ***2*** (*fig.*) to cool (down); to dampen; to chill: **r. l'entusiasmo di q.**, to dampen sb.'s enthusiasm; **r. l'ambiente**, to chill the atmosphere ***B*** **raffreddàrsi** *v. i. pron.* ***1*** to cool (down) ***2*** (*fig.*) to cool down ***3*** (*prendere un raffreddore*) to catch* a cold.
raffreddàto *a.* ***1*** cooled; chilled ***2*** — **essere [molto] r.**, to have a [bad] cold.
raffreddóre *m.* cold: **avere il r.**, to have a cold; **prendere** (*o* **buscarsi**) **il r.**, to catch a cold; **brutto r.**, bad (*o* nasty) cold.
raffrenàre *V.* **frenare**, *def. 3.*
raffrontàre *v. t.* to compare; (*collazionare*) to collate.
raffrónto *m.* comparison; (*collazione*) collation.
ràfia *V.* **raffia**.
ràgadi *f. pl.* (*med.*) rhagades.
raganèlla *f.* ***1*** (*zool.*) tree-frog ***2*** (*mus.*) rattle.
ragàzza *f.* ***1*** girl; teenager (*fra i 13 e i 19 anni*): **da r.**, when I was a girl ***2*** (*innamorata*) girlfriend; girl • **r. di vita**, streetwalker □ **r. madre**, single mother □ **r. squillo**, call girl □ **nome da r.**, maiden name.
ragazzàta *f.* childish (*o* boyish) prank; caper; mischief Ⓤ.
ragàzzo *m.* ***1*** boy; kid (*fam.*); teenager (*fra i 13 e i 19 anni d'età*); youngster; lad (*fam.*): **da r.**, when I was a boy; **un r. sui 16 anni**, a boy (*o* youngster) of about 16; **i ragazzi della squadra**, the boys (*o* lads) in the team ***2*** (*al pl., m. e f.*) boys and girls, young people, youth, youngsters, teenagers, kids (*fam.*); (*figli*) children, kids (*fam.*); (*al vocat., fam.*) boys (and girls), (*fam., anche ad adulti*) folks, guys (*USA*): **una folla di ragazzi**, a crowd of young people; **i ragazzi d'oggi**, today's youth; **Forza, ragazzi!**, come on, folks (*o* you guys!) ***3*** (*fidanzato*) boyfriend ***4*** (*garzone*) boy: **r. di bottega**, (*fattorino*) errand-boy; (*apprendista*) apprentice • **r. di strada**, street urchin □ **r. di vita**, lout; yob (*GB*) □ **r. padre**, single father □ **r. prodigio**, child prodigy □ **cose da ragazzi**, childish things □ **giochetto da ragazzi**, child's play □ **trattare q. da r.**, to treat sb. like a child.

raggelàre ***A*** *a. v. t.* to freeze*; to chill ***B*** *v. i.* e **raggelàrsi** *v. i. pron.* to freeze*; to be appalled: **Mi sentii raggelare**, my blood froze (*o* ran cold); I was appalled.
raggiànte *a.* (*anche fig.*) radiant; beaming; glowing; bright: **viso r.**, radiant face; **occhi raggianti di gioia**, radiant eyes; eyes beaming with joy; **r. di felicità**, glowing with happiness.
raggiàre *v. i.* (*anche fig.*) to radiate; to glow: **r. di felicità**, to glow with happiness.
raggiàto *a.* radial; radiate: **simmetria raggiata**, radial symmetry.
raggièra *f.* rays (*pl.*). • **dipartirsi a r. da q.c.**, to radiate from (*o* off) st. □ **disposto a r.**, radial; radiate □ **disposizione a r.**, radial arrangement.
ràggio *m.* ***1*** ray; beam: **i raggi del sole**, the rays of the sun; **r. di sole**, ray of sunlight; sunbeam; **r. di luna**, ray of moonlight; moonbeam; **un r. di luce**, a ray (*o* beam) of light; **r. laser**, laser beam ***2*** (*fig.*) ray; gleam; glimmer: **un r. di speranza**, a gleam (*o* glimmer, ray) of hope ***3*** (*fis.*) ray ***4*** (*geom., mecc.*) radius*: **r. vettore**, radius vector ***5*** (*di ruota*) spoke ***6*** (*al pl.*) (*fam.*: *radiografia*) X-rays: **farsi fare i raggi**, to have an X-ray; **Mi hanno fatto i raggi alla gamba**, my leg was X-rayed ***7*** (*area, campo*) radius*; range: **r. d'azione**, field of action; **in un r. di dieci miglia**, within a radius of ten miles; for ten miles round; **arma a corto [lungo] r.**, short-range [long-range] weapon; **a vasto r.**, large-scale ***8*** (*ala di edificio*) wing ***9*** (*zool.*) spine.
raggiràre *v. t.* (*ingannare*) to trick, to dupe, to take* in; (*truffare*) to cheat, to swindle: **farsi r.**, to be taken in.
raggìro *m.* deception, cheat, scam (*fam.*), dodge (*fam.*).
raggiùngere *v. t.* ***1*** (*riunirsi con q.*) to reach; to catch* up, to catch* up with; to join ***2*** (*arrivare a*) to reach; to get* to; to arrive at: **r. la vetta**, to reach (*o* to get to) the top; **r. gli ottant'anni**, to reach eighty; **r. un accordo**, to come to an agreement ***3*** (*conseguire, ottenere*) to attain; to achieve; to gain: **r. lo scopo**, to attain one's goal; to achieve one's end; **r. la fama**, to achieve fame ***4*** (*colpire*) to hit*: **r. il bersaglio**, to hit the mark.
raggiungìbile *a.* ***1*** (*accessibile*) accessible ***2*** (*conseguibile*) attainable; achievable.
raggiungiménto *m.* attainment; achievement • **r. della maggiore età**, coming of age.
raggomitolàrsi *v. rifl.* to curl up; to huddle up; (*a palla*) to roll up.
raggranellàre *v. t.* to scrape up; to scrape together.
raggrinzìre ***A*** *v. t.* to wrinkle; to crumple; to pucker; (*seccare*) to shrivel ***B*** *v. i. e* **raggrinzìrsi** *v. i. pron.* to become* wrinkled; to wrinkle; to pucker; to shrivel.
raggrumàre *v. t.*, **raggrumàrsi** *v. i. pron.* to clot; (*cagliare*) to curdle.
raggruppaménto *m.* ***1*** (*il raggruppare*) grouping ***2*** (*gruppo*) group; cluster.
raggruppàre ***A*** *v. t.* to group; to gather ***B*** **raggruppàrsi** *v. rifl.* to group; to gather in a group (*o* in groups).
ragguagliàre *v. t.* ***1*** (*paragonare*) to compare ***2*** (*informare*) to inform; to acquaint; to fill in (*fam.*).
ragguàglio *m.* (*informazione*) information Ⓤ; (*particolari*) details (*pl.*); (*resoconto*) report.
ragguardévole *a.* ***1*** (*importante*) notable; remarkable; (*eminente*) eminent ***2*** (*ingente*) considerable; substantial.
ragià *m.* rajah.
ragionaménto *m.* reasoning Ⓤ; line of reasoning; (*argomentazione*) argument: **Cerca di seguire il mio r.**, try and follow my reasoning; **un r. poco convincente**, an unconvincing argument • (*iron.*) **Bel r.!**, that's a fine way to talk!
ragionàre *v. i.* ***1*** to reason; (*riflettere*) to think*: **Con lui non si può r.**, you can't reason with him; **Ragionaci sopra**, think about it; think it over; **far r. q.**, to make sb. see some sense ***2*** (*discutere*) to discuss (st.); to argue; (*parlare*) to talk (st.) over • **r. coi piedi**, to talk nonsense □ **r. tra sé e sé**, to talk to oneself □ **Cerca di r.!**, be reasonable!
ragionàto *a.* ***1*** reasoned; (*razionale*) rational; (*logico*) logical ***2*** (*ragionevole*) reasonable; sensible • **bibliografia ragionata**, annotated bibliography □ **catalogo r.**, catalogue raisonné (*franc.*).
ragionatóre *m.* (*f.* **-trice**) reasoner; thinker.
ragióne *f.* ***1*** (*raziocinio*) reason: **ascoltare la voce della r.**, to listen to reason; **perdere la r.**, to lose one's reason; **raggiungere l'età della r.**, to reach the age of reason (*o* of discretion) ***2*** (*causa, motivo*) reason; ground: **ragioni di famiglia**, family reasons; **la r. per cui**, the reason why; **dare r. dei propri atti**, to give reasons (*o* to account) for one's actions; **Non vedo r. di farlo**, I see no reason to do it; **Ho tutte le ragioni per crederlo**, I have every reason to believe it; **per nessuna r.**, for no reason; on no account; **Non è una buona r.**, that's no reason ***3*** (*giusto motivo, diritto*) right: **la r. e il torto**, right and wrong; **Ha la r. dalla sua**, he is in the right; **far valere le proprie ragioni**, to assert one's rights; to speak up for oneself ***4*** (*argomentazione*) reason; argument; case; consideration; (*giustificazione*) justification: **esporre le proprie ragioni**, to set out one's reasons; **valide ragioni**, valid arguments; a good case ***5*** (*rapporto, misura, proporzione*) ratio; proportion; (*tasso*) rate: **in r. diretta [inversa]**, in direct [inverse] ratio; **in r. del 5%**, at the rate of 5% • **r. d'essere**, raison d'être (*franc.*); justification: **Questa norma non ha più r. d'essere**, this norm is no longer justified □ **r. di più** (*o* **a maggior r.**) **per [perché]**, all the more reason for [why] □ (*polit.*) **r. di Stato**, reason of state □ **r. per cui**, which is why □ (*comm.*) **r. sociale**, business (*o* corporate, firm) name; company title □ **a chi di r.**, to the proper person; to the proper authorities □ **a maggior r.**, all the more so; all the more reason (for) □ **a r. o a torto**, rightly or wrongly □ **a ragion veduta**, after due consideration; deliberately □ **avere r.**, to be right: **Hai perfettamente r.**, you are quite right; **avere r. da vendere** (*o* **avere mille ragioni**), to be absolutely right; **avere r. di q. [q.c.]**, to get the better of sb. [st.] □ **Vuole sempre avere r.**, he always wants to have his own way □ **chiedere r. a q. di q.c.**, to call sb. to account for st. □ **dare r. a q.**, to say [to admit] sb. is right; to agree with sb.; (*di cosa*) to prove (*o* to show) that sb. is right: **Il tempo gli darà r.**, time will prove him right □ **darle di santa r. a q.**, to give sb. a sound beating (*o* thrashing) □ **darsi r. di q.c.**, to understand st.; to explain st.; (*rassegnarsi*) to resign oneself to, to accept □ **di pubblica r.**, public; generally known □ **farsi una r. di q.c.**, to resign oneself to st.; to accept st.; to get over st. □ **rendere di pubblica r.**, to announce publicly; to make public.
ragionerìa *f.* ***1*** accountancy; (*contabilità*) bookkeeping ***2*** (*ufficio*) accounting department ***3*** (*scuola*) commercial school.
ragionévole *a.* ***1*** reasonable; (*sensato*) sensible: **offerta r.**, reasonable offer; **persona r.**, sensible person; **prezzi ragionevoli**, reasonable (*o* fair) prices ***2*** (*razionale*) rational.
ragionevolézza *f.* reasonableness; sensibleness.
ragionière *m.* (*f.* **-a**) accountant; (*contabile*) bookkeeper.
raglàn *a. e f. invar.* (*moda*) raglan: **maniche (alla) r.**, raglan sleeves.
ragliàre ***A*** *v. i.* (*anche fig.*) to bray ***B*** *v. t.* to bray out.
ràglio *m.* braying (*anche fig.*); bray.
ragnatéla *f.* ***1*** (spider's) web; cobweb ***2*** (*trama*) web.
ràgno *m.* (*zool.*) spider • **non cavare un r. da un buco**, to get nowhere; to draw a blank.
ragù *m.* (*cucina*) meat sauce.
ràid (*ingl.*) *m. invar.* ***1*** (*sport*) long-distance car rally ***2*** (*mil.*) raid.
rallegraménto *m.* ***1*** rejoicing ***2*** (*al pl.*) (*congratulazioni*) congratulations: **fare i propri rallegramenti a q. per q.c.**, to congratulate sb. on st.
rallegràre ***A*** *v. t.* to cheer up; (*ravvivare, anche*) to brighten ***B*** **rallegràrsi** *v. i. pron.* ***1*** to cheer up; to rejoice (at, in, over); to be delighted; to be glad ***2*** (*congratularsi*) to congratulate (sb. on st.).
rallentaménto *m.* ***1*** (*di velocità*) slowing down; (*del traffico, anche*) delay, hold-up: **subire un r.**, to slow down ***2*** (*riduzione*) slowdown; slackening: **r. della produzione**, slowdown in production; **r. della crescita**, check on growth.
rallentàre ***A*** *v. t.* ***1*** to slow down (*o* up); to slacken: **r. la velocità**, to slow down; to reduce (*o* to slacken) speed; **r. il passo**, to slacken one's pace; **La pioggia rallentò il traffico**, the rain slowed up the traffic; **r. la crescita**, to check growth ***2*** (*diradare*) to make* (st.) less frequent: **Ha rallentato le sue visite**, his visits have become less frequent ***B*** *v. i.* (*decelerare*) to slow down (*o* up); to reduce speed: **R.!**, slow down!; **r. in curva**, to slow down on a bend ***C*** **rallentàrsi** *v. i. pron.* ***1*** (*diminuire*) to drop; to slacken ***2*** (*diradarsi*) to become* less frequent.
rallentatóre *m.* ***1*** (*mecc.*) decelerator ***2*** (*cinem.*) **— al r.**,

in slow motion; **ripresa al r.**, slow-motion take; **scena al r.**, slow-motion scene • (*fig.*) **fare q.c. col r.**, to be very slow in doing st. □ **procedere al r.**, to proceed slowly; to be crawl along.

ramaiòlo *m.* ladle.

ramanzina *f.* scolding; lecture; talking-to (*fam.*); telling-off (*fam.*); dressing down (*fam.*): **fare una r. a q.**, to give sb. a talking-to (*o* a dressing down); to lecture sb.

ramàrro *m.* (*zool.*) green lizard.

ramàto *a.* ***1*** (*rivestito di rame*) copper-coated ***2*** (*color rame*) copper (*attr.*); (*specialm. di capelli*) auburn.

ramàzza *f.* broom • (*mil.*) **essere di r.**, to be on fatigue duty.

ramazzàre *v. t.* to sweep*.

ràme *m.* ***1*** (*chim., metall.*) copper: **filo di r.**, copper wire; **verde r.**, copper green ***2*** (*incisione*) copperplate ***3*** (*al pl.*) (*recipienti*) copper ◻.

raméngo *m.* (*region.*) — **andare a r.**, to go to the dogs (*o* to pot, down the tubes) □ **Va' a r.!**, get lost!; go to hell!

ramificàre ***A*** *v. i.* to branch out; to put* out branches ***B*** **ramificàrsi** *v. i. pron.* (*fig.*) to branch (out); to ramify; (*dipartirsi*) to branch off.

ramificàto *a.* branched.

ramificazióne *f.* ramification.

ramingo *a.* wandering; roving: **vita raminga**, wandering life; **andare r.**, to wander; to rove.

ramino *m.* (*gioco di carte*) rummy.

rammaricàre ***A*** *v. t.* to make* (sb.) feel (very) sorry ***B*** **rammaricàrsi** *v. i. pron.* to regret (st.); to be sorry (for): **r. di un errore**, to regret a mistake; **Si rammaricò di non averlo visto**, he regretted not having seen it; he was sorry he had not seen it.

rammaricato *a.* very sorry.

rammàrico *m.* regret: **ricordare q.c. con r.**, to look back with regret on st.; **con mio grande r.**, much to my regret.

rammendàre *v. t.* to darn.

rammendatùra *f.* darning.

rammèndo *m.* (*tecnica*) darning; (*punto rammendato*) darn • **ago per r.**, darning needle □ **fare un r. a q.c.**, to darn st. □ **punto r.**, darning stitch.

rammentàre ***A*** *v. t.* ***1*** (*aver presente alla memoria*) to remember; to recollect ***2*** (*richiamare alla memoria*) to remind (sb. of st.) ***3*** (*far menzione*) to mention ***B*** **rammentàrsi** *v. i. pron.* to remember.

rammolliménto *m.* softening.

rammollire ***A*** *v. t.* to soften; (*spreg.*) to make* (st., sb.) go soft: **Il matrimonio l'ha rammollito**, marriage has made him go soft ***B*** *v. i. e* **rammollìrsi** *v. i. pron.* to soften; to become* (*o* to get*) soft; (*anche spreg.*) to go* soft • **Gli si è rammollito il cervello**, he's gone soft in the head.

rammollito ***A*** *a.* ***1*** soft; flabby ***2*** (*fig.*) soft; spineless; wimpish (*fam.*) ***B*** *m.* (*f.* **-a**) wimp (*fam.*); drip (*fam.*).

ràmo *m.* ***1*** branch; (*principale, anche*) bough: **r. secco**, dead branch ***2*** (*di parentela*) branch ***3*** (*diramazione*) branch; (*di lago*) arm ***4*** (*di scienza, arte, ecc.*) branch ***5*** (*di istituzione*) branch; (*del parlamento*) house ***6*** (*attività, settore*) branch; line; field; (*attività comm.*) business: **Qual è il tuo r.?**, what is your line of business [field of research]?; **È un esperto nel suo r.**, he is an expert in his field; **il r. abbigliamento** [**assicurazioni**], the clothing [insurance] business • (*fig.*) **rami secchi**, dead wood (*o USA* deadwood) □ **un r. di pazzia**, a touch of madness □ **avere un r. di pazzia**, to be crazy; to have a screw loose (*fam.*).

ramoscèllo *m.* small branch; twig; (*con foglie*) sprig, spray: (*anche fig.*) **r. d'ulivo**, olive branch.

ràmpa *f.* ***1*** (*di scale*) flight (of stairs) ***2*** (*salita*) ramp ***3*** (*ferr.*) incline • (*autom.*) **r. di accesso**, slip road (*GB*); ramp (*USA*) □ (*miss.*) **r. di lancio**, launching ramp.

rampànte *a.* ***1*** (*arald.*) rampant (*sempre posposto*) ***2*** (*archit.*) — **arco r.**, rampant arch; flying buttress ***3*** (*fam.*) ambitious; go-getting; on the way up.

rampicànte ***A*** *a.* (*bot.*) climbing; creeping ***B*** *m.* climber; creeper.

rampìno *m.* ***1*** (*ferro a uncino*) hook ***2*** (*naut.*) grapnel; grappling iron.

rampollàre *v. i.* ***1*** (*scaturire*) to spring* forth; to gush; (*di sorgente*) to rise* ***2*** (*mettere germogli*) to sprout; to shoot* ***3*** (*fig.*) to originate; to arise*; to spring* up.

rampóllo *m.* ***1*** (*discendente in linea diretta*) scion; offspring ***2*** (*scherz.*) son; (*al pl.*) children, offspring.

rampóne *m.* ***1*** (*fiocina*) harpoon ***2*** (*alpinismo*) crampon.

ramponière *m.* harpooner.

ràna *f.* ***1*** (*zool.*) frog ***2*** (*nuoto a r.*) breaststroke: **nuotare a r.**, to swim the breaststroke • (*zool.*) **r. pescatrice**, angler □ (*zool.*) **r. toro**, bullfrog □ **uomo r.**, frogman.

ràncido ***A*** *a.* rancid • **sapere di r.**, to taste rancid ***B*** *m.* rancid taste • **prendere il r.**, to get rancid.

ràncio *m.* (*mil.*) rations (*pl.*).

rancóre *m.* grudge; ill will; hard feelings (*pl.*): **serbare r. a q.**, to bear sb. a grudge; **vecchi rancori**, old grudges; **Senza r.!**, no hard feelings!

rancoróso *a.* resentful; bitter; spiteful.

rànda *f.* (*naut.*) spanker.

randàgio *a.* wandering; vagabond; (*di animale*) stray.

randellàre *v. t.* to cudgel; to club; to bludgeon.

randellàta *f.* blow with a cudgel (*o* a club, a truncheon).

randèllo *m.* cudgel; club; truncheon; bludgeon.

randomizzàre *v. t.* (*elab., stat.*) to randomize.

ranétta *V.* **renetta**.

ràngo *m.* ***1*** (*ceto, grado*) rank; status; standing: **alto r.**, high rank; **r. sociale**, social class (*o* status, position); **gente d'ogni r.**, people from all walks of life; (*fig.*) **di r.**, first-class; first-rate ***2*** (*mil. e fig.*) rank; line: (*anche fig.*) **serrare i ranghi**, to close ranks; **rientrare nei ranghi**, (*mil.*) to fall in; (*fig.*) to fall back into line; (*lasciare una carica*) to step down; **uscire dai ranghi**, (*mil.*) to fall out; (*fig.*) to break ranks ***3*** (*naut.*) rate.

rannicchiàre ***A*** *a. v. t.* to draw* up: **r. le gambe**, to draw up one's legs ***B*** **rannicchiàrsi** *v. rifl.* to huddle; to cuddle up; (*per paura*) to cower; (*accoccolarsi*) to crouch, to squat: **r. vicini**, to huddle together; **r. in un angolo**, to crouch in a corner; **r. sotto le coperte**, to cuddle up under the blankets • (*fig.*) **r. nel proprio guscio**, to retire into one's shell.

rannicchiàto *a.* huddling; huddled up; crouching; squatting: **r. nel letto**, huddled up in bed.

rannuvolaménto *m.* clouding over; darkening.

rannuvolàre ***A*** *v. t.* ***1*** to cloud ***2*** (*fig.*) to cloud; (*turbare*) to disturb, to trouble ***B*** **rannuvolàrsi** *v. i. pron.* ***1*** to cloud over; to become* overcast ***2*** (*fig.*) to grow* troubled; (*del viso*) to darken.

rannuvolàto *a.* ***1*** clouded; cloudy; overcast ***2*** (*fig.*) dark; (*accigliato*) sullen, frowning.

ranòcchia *f.*, **ranòcchio** *m.* frog.

rantolàre *v. i.* to wheeze; (*di moribondo*) to have the death-rattle (in one's throat).

ràntolo *m.* ***1*** wheeze; (*di moribondo*) death-rattle ***2*** (*med.*) rale.

ranùncolo *m.* (*bot.*) buttercup; ranunculus.

ràpa *f.* (*bot.*) turnip: **cime di r.**, turnip tops • **spirito di r.**, poor humour □ (*fam.*) **testa di r.**, blockhead; numbskull.

rapàce ***A*** *a.* ***1*** (*zool.*) predatory; rapacious; (*di uccelli, anche*) raptorial ***2*** (*avido*) rapacious; avid; greedy ***B*** *m.* (*zool.*) bird of prey; raptor.

rapacità *f.* ***1*** predatoriness; rapacity ***2*** (*avidità*) rapacity; avidity; greed.

rapàre ***A*** *v. t.* to crop (*sb.'s hair*); (*a zero*) to shave (*sb.'s head*) ***B*** **rapàrsi** *v. rifl.* to have one's hair cropped (*o* cut very short); (*a zero*) to shave one's head.

rapàta *f.* cropping.

rapàto *a.* (closely) cropped; (*a zero*) shaved.

ràpida *f.* (*di fiume*) rapid (*generalm. al pl.*).

rapidaménte *avv.* rapidly; swiftly; fast; (very) quickly.

rapidità *f.* quickness; swiftness; speed; rapidity; celerity • **con la r. del fulmine**, as quick as lightning.

ràpido ***A*** *a.* (very) quick; swift; rapid: **r. come il fulmine**, as quick as lightning ***B*** *m.* (*ferr.*) express (train).

rapiménto *m.* ***1*** (*sequestro*) abduction; (*per ottenere un riscatto*) kidnapping: **r. a scopo di estorsione**, kidnapping for ransom ***2*** (*estasi*) ecstasy; ecstatic trance ***3*** (*fig.*) rapture; ecstasy.

rapìna *f.* ***1*** robbery: **r. a mano armata**, armed robbery; hold-up; (*con aggressione*) mugging; **r. in banca**, bank robbery ***2*** (*prezzo esoso*) theft; (daylight) robbery.

rapinàre *v. t.* to rob; (*a mano armata*) to hold* up; (*con aggressione*) to mug.

rapinatóre *m.* (*f.* **-trice**) robber; (*che aggredisce per strada*) mugger.

rapire *v. t.* ***1*** to abduct; (*per ottenere un riscatto*) to kidnap

2 (*portare via*) to carry away; to sweep* away *3* (*estasiare*) to enrapture; to entrance; to ravish. ATTENZIONE: **rapire** ≠ to rape.

rapito *a.* *1* abducted; (*per ottenere un riscatto*) kidnapped *2* (*in estasi*) enraptured; enraptured; entranced; in raptures; spellbound.

rapitóre *m.* (*f.* **-trice**) abductor; (*che chiede un riscatto*) kidnapper.

rappacificàre ***A*** *v. t.* to pacify; (*riconciliare*) to reconcile ***B*** **rappacificàrsi** *v. rifl. recipr.* to become* reconciled; to make* it up (*fam.*).

rappacificazióne *f.* pacification; (*riconciliazione*) reconciliation.

rappezzàre *v. t.* *1* (*riparare*) to patch (up); to mend *2* (*mettere insieme alla meglio*) to cobble together.

rappezzatùra *f.* *1* patching up; mending *2* (*parte rappezzata*) patch; mend *3* (*cosa rappezzata*) patched job; (*malfatta*) botch, bungle.

rappèzzo *m.* *1* patch *2* (*ripiego*) stopgap; patched-up job.

rapportàre *v. t.* *1* (*mettere in relazione*) to relate, to refer; (*confrontare*) to compare *2* (*un disegno*) to protract.

rappòrto *m.* *1* (*relazione*) report; (*dichiarazione*) statement: **stendere un r.**, to write up a report; **secondo un r. ufficiale**, according to an official report (*o* statement) *2* (*correlazione, attinenza*) connection; relation; relationship: **r. di causalità**, relation of cause and effect; **Le due cose non sono in r.**, the two things are not related (*o* connected) *3* (*relazione tra persone o gruppi*) relation; relationship: **rapporti commerciali** [**sociali**], business [social] relations; **rapporti di amicizia**, friendly relations; **rapporti di lavoro**, business relations; (*gerarchici*) employer--employee relations; **il r. fra genitori e figli**, the parent--child relationship; **essere in buoni rapporti con q.**, to be on good terms with sb. *4* (*r. sessuale*) intercourse; sex: **avere rapporti (sessuali) con q.**, to have intercourse (*o* sex) with sb. *5* (*riguardo*) respect; reference; connection: **in r. a.**, with respect (*o* reference) to; in connection with; **sotto tutti i rapporti**, in every respect; from all points of view *6* (*mat., fis., mecc.*) ratio: **in r. 1 a 10**, in the ratio of 1 to 10 *7* (*di bicicletta*) gear • **rapporti diplomatici**, diplomatic relations □ **rapporti epistolari**, correspondence □ **essere in rapporti epistolari con q.**, to correspond with sb. □ **andare a r. da q.**, to report to sb. □ **chiamare q. a r.**, to summon sb. □ **fare r. a q. contro q.**, to report sb. to sb. □ **mettersi in r. con q.**, to get in touch with sb.; to contact sb.

rapprèndere *v. i.*, **rapprèndersi** *v. i. pron.* to coagulate; to clot; to congeal; (*di gelatina*) to set*; (*indurire*) to harden; (*addensarsi*) to thicken; (*cagliare*) to curdle.

rappresàglia *f.* retaliation; (*mil.*) reprisal: **atto di r.**, act of retaliation; **compiere una r.**, to carry out a reprisal; **fare rappresaglie**, to retaliate; **per r.**, by way of retaliation; in (*o* as a) reprisal.

rappreşentàbile *a.* (*teatr.*) performable; playable; that can be staged.

rappreşentànte ***A*** *a.* representative ***B*** *m. e f.* *1* representative; delegate; deputy: **r. al Parlamento**, parliamentary representative; member of parliament (*GB*); delegate (*USA*); **r. sindacale**, shop steward; union representative *2* (*comm.*) agent: **r. esclusivo**, sole agent; **r. di commercio**, travelling salesman; rep (*fam.*) *3* (*esponente*) representative; exponent.

rappreşentànza *f.* *1* (*il rappresentare*) representation: **r. proporzionale**, proportional representation *2* (*comm.*) agency: **r. esclusiva**, sole agency *3* (*insieme di rappresentanti*) representatives (*pl.*); (*delegazione*) delegation, deputation • **appartamento di r.**, state apartment □ **automobile di r.**, official car □ **in r. di**, on behalf of □ **spese di r.**, entertainment expenses.

rappreşentàre *v. t.* *1* (*mostrare, descrivere*) to represent; to portray; to show: **Il quadro rappresenta una scena di caccia**, the picture represents a hunting scene; **Il grafico rappresenta l'andamento delle vendite**, the graph shows the sales trend *2* (*essere il rappresentante di*) to represent, to deputise for; (*agire per conto di*) to act for, to stand* for: (*leg.*) **r. q. in giudizio**, to appear for sb. *3* (*comm.*) to be the (*o* an) agent for: **r. una ditta**, to be an agent (*o* to travel) for a firm *4* (*simboleggiare*) to symbolize; to stand* for; to represent *5* (*essere tipico di*) to be representative of; to typify; to be the essence of; (*incarnare*) to personify *6* (*significare*) to mean*; (*essere, costituire*) to be, to constitute, to represent *7* (*teatr.*) to perform; to stage.

rappreşentativa *f.* *1* (*sport*) representative team *2* (*delegazione*) delegation.

rappreşentativo *a.* *1* representative *2* (*tipico*) typical; representative.

rappreşentazióne *f.* *1* (*raffigurazione*) representation; portrayal; (*descrizione*) description: **r. cartografica**, map representation *2* (*teatr.*: *spettacolo*) performance, show; (*produzione*) production, staging; (*lavoro*) play: **sacra r.**, mystery; miracle play *3* (*filos., leg.*) representation.

rapsodìa *f.* rhapsody.

raptus (*lat.*) *m. invar.* (*psic.*) fit: **r. omicida**, fit of homicidal madness.

raraménte *avv.* seldom; rarely.

rarefàre ***A*** *a. v. t.* to rarefy; to thin out ***B*** **rarefàrsi** *v. i. pron.* *1* to thin out *2* (*diradarsi*) to become* less frequent.

rarefàtto *a.* rarefied.

rarefazióne *f.* rarefaction.

rarità *f.* *1* rarity; rareness *2* (*oggetto raro*) rarity; curiosity *3* (*cosa o evento raro*) rare thing; rare sight; rare occurrence.

ràro *a.* rare; (*insolito*) unusual; (*non comune*) uncommon, exceptional: **rari esemplari**, rare specimens; **donna di rara bellezza**, woman of rare (*o* exceptional) beauty; **oggetto r.**, rarity; **un avvenimento r.**, a rare occurrence; **rare visite**, occasional visits; **rare volte**, seldom; rarely; **È r. che alzi la voce**, he rarely raises his voice • (*fig. fam.*) **bestia rara**, rarity □ **gas rari**, rare (*o* noble) gases □ (*chim.*) **terre rare**, rare earths.

rasàre ***A*** *v. t.* *1* (*radere*) to shave *2* (*pareggiare*) to trim; to clip: **r. una siepe**, to trim (*o* to clip) a hedge; **r. un prato**, to mow a lawn ***B*** **rasàrsi** *v. rifl.* to shave.

rasatèllo *m.* (*ind. tess.*) sateen.

rasàto *a.* *1* (*di guance, ecc.*) (clean-)shaven; (*di testa*) shaven *2* (*pareggiato*) trimmed; clipped; (*di erba*) mown *3* (*di tappeto*) short-pile (*attr.*) *4* (*simile al raso*) satin-like; satin (*attr.*) • **maglia rasata**, stocking stitch; stockinette.

rasatùra *f.* *1* (*il radere*) shaving; shave *2* (*il pareggiare*) trimming; clipping; (*di erba*) mowing.

raschiaménto *m.* (*chir.*) curettage.

raschiàre *v. t.* *1* to scrape; (*cancellare*) to erase, to scratch out *2* (*chir.*) to curette • **r. il fondo del barile**, to scrape the bottom of the barrel □ **raschiarsi la gola**, to clear one's throat; to hawk.

raschiatóio *m.* *1* scraper; (*per metalli*) rabble *2* (*chir.*) curette.

raschiatùra *f.* *1* (*il raschiare*) scraping; (*il cancellare*) erasure, scratching out *2* (*segno*) scrape mark; score.

raschiétto *m.* *1* scraper *2* (*per cancellare*) eraser; erasing knife*.

raşentàre *v. t.* *1* to keep* close to; (*sfiorare*) to graze, to skim; (*costeggiare*) to skirt; (*mancare per poco*) just to miss: **Camminava rasentando il muro**, he walked close to the wall; **r. un paracarro**, to graze a kerbstone; just to miss a kerbstone *2* (*fig.*) to border on; to verge on; to near; to get* close to: **parsimonia che rasenta la tirchieria**, parsimony bordering on stinginess; **Stiamo rasentando i duecento (all'ora)**, we are getting close to two hundred miles (*o* kilometres) an hour; **r. la cinquantina**, to be nearly fifty • **r. il codice penale**, to be just inside the law; to sail close to the wind □ **r. la morte**, to escape death by a hair's breadth.

raşènte *prep.* close to: **r. il** (*o* **al**) **muro**, close to the wall • **passare r. a q.c.**, to graze st. □ **L'autobus mi passò r.**, the bus passed very close to me (*o* barely missed me) □ **volare r. il pelo dell'acqua**, to skim the surface of the water.

ràso ***A*** *a.* *1* (*rasato*) (clean-)shaven; (*di testa*) shaven *2* (*liscio*) smooth *3* (*pieno*) level; full: **un cucchiaio r.**, a level spoonful; **un bicchiere r.**, a glass filled to the brim • **cane a pelo r.**, short-haired dog ***B*** *m.* (*ind. tess.*) satin • (*ricamo*) **punto r.**, satin-stitch ***C*** *prep.* — **r. terra**, close to the ground; level with the ground; skimming the ground: **volare r. terra**, to skim the ground; (*sport*) **tiro r. terra**, level shot.

rasoiàta *f.* razor slash; razor cut.

rasóio *m.* razor: **r. di sicurezza**, safety razor; **r. a mano libera**, cut-throat razor; **filo del r.**, razor's edge • **camminare sul filo del r.**, to walk on a knife's edge □ **tagliente come un r.**, razor-sharp.

ràspa *f.* (*falegn.*) rasp.
raspàre ***A*** *v. t.* ***1*** (*falegn.*) to rasp ***2*** (*grattare con l'unghia*) to scratch; (*di cavallo*) to paw ***3*** (*irritare*) to rasp; to irritate ***B*** *v. i.* ***1*** to rasp; to scratch ***2*** (*razzolare*) to scratch about ***3*** (*scrivere come grattando*) to scrawl ***4*** (*frugare*) to rummage.
rasségna *f.* ***1*** (*mil.*) review; inspection: **passare in r.**, to pass in review; to review ***2*** (*esame, studio*) review; report; survey: **r. teatrale**, theatrical review; **passare in r.**, to review; to examine; to inspect ***3*** (*pubblicazione*) review; journal ***4*** (*mostra*) show; exhibition: **r. cinematografica**, film show; season of films.
rassegnàre ***A*** *v. t.* (*presentare, consegnare*) to resign; to hand in: **r. le proprie dimissioni**, to tender (*o* to hand in) one's resignation; to resign one's post; **r. un incarico**, to resign a post ***B*** **rassegnàrsi** *v. i. pron.* to resign oneself; to reconcile oneself; to accept (st.).
rassegnàto *a.* resigned.
rassegnazióne *f.* resignation • **accettare q.c. con r.**, to be resigned to st.
rasserenaménto *m.* clearing up; brightening.
rasserenàre ***A*** *v. t.* ***1*** to clear (up); to brighten ***2*** (*fig.*) to cheer (up); to brighten ***B*** *v. i. e* **rasserenàrsi** *v. i. pron.* ***1*** to clear up; to brighten up ***2*** (*fig.*) to cheer up; to brighten up.
rasserenàto *a.* ***1*** clear (again): **Il cielo era tutto r.**, the sky was clear again; the clouds had cleared ***2*** (*fig.*) in better spirits; more cheerful.
rassettàre ***A*** *v. t.* (*riordinare*) to tidy up; to put* in order ***B*** **rassettàrsi** *v. rifl.* to tidy up; to make* oneself tidy.
rassicurànte *a.* reassuring • **poco r.**, ominous; grim; (*sinistro*) sinister.
rassicuràre ***A*** *v. t.* to reassure; to set* (sb.'s) mind at ease ***B*** **rassicuràrsi** *v. i. pron.* to be reassured; to take* heart.
rassicuràto *a.* reassured.
rassicurazióne *f.* reassurance; assurance.
rassodaménto *m.* ***1*** (*il rendere sodo*) hardening ***2*** (*fig.*) consolidation; consolidating; strengthening.
rassodànte *a.* ***1*** hardening ***2*** (*cosmesi*) toning.
rassodàre ***A*** *v. t.* ***1*** (*rendere sodo*) to harden; (*parti del corpo*) to tone up ***2*** (*consolidare*) to strengthen ***B*** *v. i. e* **rassodàrsi** *v. i. pron.* ***1*** to harden; (*di parti del corpo*) to firm up; to tone ***2*** (*fig.*) to strengthen.
rassomigliànte *V.* **somigliante**.
rassomigliànza *V.* **somiglianza**.
rassomigliàre *V.* **assomigliare**.
rastrellaménto *m.* ***1*** raking (up, together) ***2*** (*il raggranellare*) raking up ***3*** (*di una zona*) combing, scouring; (*di persone*) rounding up, roundup; (*mil.*) mopping up, mop-up ***4*** (*fin.*) buying up.
rastrellàre *v. t.* ***1*** to rake (up, together) ***2*** (*raggranellare*) to rake up ***3*** (*una zona*) to comb, to scour; (*persone*) to round up; (*mil.*) to mop up ***4*** (*fin.*) to buy* up.
rastrellièra *f.* rack: **r. per fucili**, rifle rack.
rastrèllo *m.* rake: **r. meccanico**, dump rake; **riunire col r.**, to rake up (*o* together).
rastremàre *v. t.*, **rastremàrsi** *v. i. pron.* (*archit., mecc.*) to taper.
rastremàto *a.* (*archit., mecc.*) tapered.
rastremazióne *f.* (*archit., mecc.*) tapering; taper.
ràta *f.* (*comm.*) instalment, installment (*USA*): **a rate mensili**, by (*o* in) monthly instalments; **pagare a rate**, to pay by (*o* in) instalments; **comprare a rate**, to buy on hire-purchase (*USA* on the installment plan). ATTENZIONE: **rata** ≠ rate.
rateàle *a.* ***1*** (*di rata*) instalment, installment (*USA*) (*attr.*): **scadenza r.**, instalment maturity ***2*** (*a rate*) by (*o* in) instalments: **pagamento r.**, payment by (*o* in) instalments; **acquisto r.**, hire-purchase (*GB*); installment plan (*USA*).
ratealménte *avv.* (*comm.*) by (*o* in) instalments.
rateiẓẓàre *v. t.* to divide into instalments • **Il pagamento fu rateizzato in sei anni**, payment was spread over six years.
rateiẓẓazióne *f.* division into instalments.
ràteo *m.* (*rag.*) accrual: **r. attivo**, accrued income; **r. passivo**, accrued liability; **r. di interesse**, accrued interest.
ratìfica *f.* ratification; (*conferma*) confirmation.
ratificàre *v. t.* to ratify; (*confermare*) to confirm.
ratificazióne *V.* **ratifica**.
ràtto (**1**) *m.* (*rapimento*) abduction; (*lett.*) rape: **il r. delle Sabine**, the rape of the Sabine women.
ràtto (**2**) *m.* (*zool.*) rat.
rattoppàre *v. t.* to patch; to patch up (*anche fig.*); (*scarpe*) to mend.
rattòppo *m.* (*toppa*) patch.
rattrappìre ***A*** *v. t.* ***1*** (*contrarre*) to cramp; to twist ***2*** (*intorpidire*) to stiffen; to benumb ***B*** **rattrappirsi** *v. i. pron.* ***1*** (*contrarsi*) to be cramped; to twist ***2*** (*intorpidirsi*) to stiffen; to become* numb.
rattrappìto *a.* ***1*** (*contratto*) cramped; twisted ***2*** (*intorpidito*) numb; stiff.
rattristàre ***A*** *v. t.* to make* sad; to sadden ***B*** **rattristàrsi** *v. i. pron.* to grow* sad; to be sad.
rattristàto *a.* saddened; sad.
raucèdine *f.* hoarseness; huskiness • **avere la r.**, to be hoarse.
ràuco *a.* hoarse; (*di voce, anche*) husky, croaky.
ravanèllo *m.* (*bot.*) radish.
ravizzóne *m.* (*bot.*) rape; cole; colza.
ravvedérsi *v. i. pron.* to reform; to mend one's ways; (*pentirsi*) to repent.
ravvediménto *m.* reformation; (*pentimento*) repentance.
ravviàre ***A*** *v. t.* to tidy: **ravviarsi i capelli**, to tidy (*col pettine* to comb) one's hair ***B*** **ravviàrsi** *v. rifl.* to tidy oneself.
ravviàta *f.* tidying up • **darsi una r.**, to tidy oneself □ **darsi una r. ai capelli**, to tidy (*col pettine* to comb) one's hair.
ravvicinàre ***1*** *V.* **avvicinare** ***2*** *V.* **riavvicinare**.
ravvicinàto *a.* close: **a distanza ravvicinata**, at close range; close up.
ravviṣàbile *a.* recognizable.
ravviṣàre *v. t.* (*riconoscere*) to recognize; (*vedere*) to see*.
ravvivaménto *m.* reanimation; revival; (*rinvigorimento*) renewal of vigour, revitalization.
ravvivàre ***A*** *v. t.* ***1*** (*rianimare*) to revive ***2*** (*far rinascere*) to revive, to bring* back to life, to reawaken, to quicken; (*rinvigorire*) to reanimate, to enliven: **r. l'interesse**, to revive (*o* to reawaken) interest; **r. la fantasia**, to quicken the imagination; **r. il commercio**, to enliven trade; **r. il fuoco**, to poke (*o* to stir) the fire ***3*** (*animare, rallegrare*) to enliven; to animate; to brighten up ***B*** **ravvivàrsi** *v. i. pron.* ***1*** to revive; to be revived ***2*** (*animarsi*) to brighten up; to light up.
ràyon ® *m.* rayon.
raziocinànte *a.* rational; reasoning.
raziocìnio *m.* ***1*** (faculty of) reason ***2*** (*fam.*: *buon senso*) reason; common sense.
razionàle *a.* ***1*** rational ***2*** (*pratico*) sensible; (*funzionale*) functional • (*mat.*) **numeri razionali**, rational numbers.
razionaliṣmo *m.* (*filos.*) rationalism.
razionalista *m. e f.* (*filos.*) rationalist.
razionalìstico *a.* (*filos.*) rationalistic.
razionalità *f.* ***1*** rationality ***2*** (*funzionalità*) functionality.
razionaliẓẓàre *v. t.* to rationalize.
razionaliẓẓazióne *f.* rationalization.
razionaménto *m.* rationing.
razionàre *v. t.* to ration.
razióne *f.* ***1*** ration (*anche mil.*); allowance: **mettere a r.**, to put on rations; **a razioni ridotte**, on short rations ***2*** (*porzione, parte*) portion; share.
ràzza (**1**) *f.* ***1*** (*genere*) race: **la r. umana**, the human race ***2*** (*antropol.*) race ***3*** (*di animali*) breed: **r. bovina**, cattle breed; **di r.** (**pura**), pure-bred; pedigree (*attr.*); **di r. incrociata**, crossbred; **cavallo di r.**, thoroughbred ***4*** (*stirpe*) stock; descent; (*famiglia*) family: **essere di buona r.**, to come of good stock ***5*** (*fam.*: *qualità, sorta*) kind; sort: **gente d'ogni r.**, people of all kinds; **Che r. d'uomo è?**, what sort of a man is he? • **Che r. di stupido!**, what a fool! □ **Che r. di roba è questa?**, what's this rubbish? □ **musicista di r.**, first-rate musician.
ràzza (**2**) *f.* (*zool.*) ray; skate.
razzìa *f.* raid; foray; (*ruberia*) plundering: **fare una r.**, to make a raid; **fare r. di q.c.**, to raid st.; to plunder st.; (*fig. scherz.*) to clear out st.; **r. di bestiame**, cattle raid; cattle rustling (*USA*).
razziàle *a.* racial.
razziàre *v. t.* to raid; to foray; (*saccheggiare*) to plunder, to pillage • **r. bestiame**, to steal (*USA* to rustle) cattle.
razziatóre *m.* (*f.* **-trice**) raider; forayer; plunderer • **r. di bestiame**, cattle thief; cattle rustler (*USA*).
razziṣmo *m.* racism; racialism.

razzista *a., m. e f.* racist; racialist.
razzistico *a.* racist.
razzo *m.* rocket: **r. illuminante**, flare; **r. di segnalazione**, signal rocket; (*miss.*) **r. ausiliario**, booster rocket; (*miss.*) **r. vettore**, carrier rocket • **Scappò come un r.**, he was off like a shot.
razzolare *v. i.* to scratch about • **(predicare bene e) r. male**, not to practice what one preaches.
re (1) *m.* (*anche a scacchi, a carte e fig.*) king: **il re Artù**, King Arthur; **il re del cotone**, the cotton king • (*zool.*) **re di quaglie**, corncrake □ **I Re Magi**, the Three Wise Men.
re (2) *m.* (*mus.*) D; (*nel solfeggio*) re.
reagente ***A*** *a.* reacting ***B*** *m.* (*chim.*) reagent; reactant.
reagire *v. i.* (*anche chim.*) to react • **Cerca di r.!**, don't let it get you down!
reale (1) ***A*** *a.* (*di re e fig.*) royal: **la famiglia r.**, the royal family; **principe r.**, royal prince; prince of the blood; **Sua Altezza R.**, His [Her] Royal Highness; **aquila r.**, royal eagle ***B*** *m.* (*al pl.*) the Royal Couple; the King and Queen.
reale (2) ***A*** *a.* ***1*** (*effettivo, vero*) real; actual; concrete: **fatti reali**, real (*o* actual) facts; **vantaggio r.**, concrete advantage; **in tempo r.**, in real time ***2*** (*leg., mat.*) real ***B*** *m.* reality.
realismo *m.* realism.
realista (1) *m. e f.* (*polit.*) royalist • **essere più r. del re**, to be more Catholic than the Pope.
realista (2) *m. e f.* ***1*** (*filos., letter., pitt.*) realist ***2*** (*persona concreta*) pragmatist.
realistico *a.* realistic.
realizzabile *a.* ***1*** realizable; feasible ***2*** (*comm.*) realizable.
realizzare ***A*** *v. t.* ***1*** (*mettere in atto*) to realize; to carry out; to accomplish; (*desiderio, ecc.*) to realize, to fulfil, to achieve: **r. un progetto**, to carry out a plan; **r. un sogno**, to fulfil (*o* to realize) a dream; **r. un'ambizione**, to achieve an ambition ***2*** (*fare*) to make*: **r. un film [un guadagno]**, to make a film [a profit] ***3*** (*sport: segnare*) to score ***4*** (*comm.: convertire in denaro*) to realize ***5*** (*capire*) to realize ***B*** **realizzarsi** *v. rifl. e i. pron.* ***1*** to fulfil oneself; to find* fulfilment ***2*** (*diventare realtà*) to come* true.
realizzatore *m.* (*f.* **-trice**) ***1*** accomplisher; executor ***2*** (*sport*) scorer.
realizzazione *f.* (*esecuzione*) realization; carrying out; accomplishment; (*il fare*) making; (*di desiderio, ecc.*) fulfilment • (*teatr.*) **r. scenica**, staging.
realizzo *m.* (*comm.*) realization; conversion into cash.
realmente *avv.* really; actually; (*veramente*) truly: **Come stanno r. le cose?**, how are things really?; **cose r. accadute**, things that actually happened.
realtà *f.* ***1*** reality: **la r. oggettiva**, objective reality; **la dura r.**, harsh reality ***2*** (*fatto concreto*) fact; reality; (*i fatti*) facts: **guardare in faccia la r.**, to face facts; **basato sulla r.**, based on fact ***3*** (*situazione*) situation; (*mondo, ambiente*) world: **la r. economica**, the economic situation; **la r. giovanile**, the world of the young • **la r. dei fatti**, actual facts □ **una r. di fatto**, a fact; a reality □ **affrontare la r.**, to face reality □ **diventare r.**, to come true □ **in r.**, in reality; really; actually □ **È sogno o r.?**, am I dreaming or is it really true?
reame *m.* (*lett.*) kingdom; realm.
reato *m.* (*leg.*) offence, offense (*USA*); crime: **commettere un r.**, to commit a crime; **r. civile**, tort; **r. comune**, non-political crime; **r. grave**, serious offence; felony;; **r. contro la proprietà**, crime against property; **r. di diffamazione**, slander; **non costituire r.**, not to amount to crime; (*iron.*) **Non è mica un r.**, it's not a crime.
reattività *f.* (*chim.*) reactivity.
reattivo ***A*** *a.* (*chim.*) reactive ***B*** *m.* ***1*** (*chim.*) reagent ***2*** (*psic.*) test.
reattore *m.* ***1*** (*aeron.*) jet (plane) ***2*** (*fis. nucl.*) reactor: **r. nucleare**, nuclear reactor ***3*** (*elettr.*) choke coil.
reazionario *a. e m.* (*f.* **-a**) reactionary.
reazione *f.* ***1*** reaction; response: **azione e r.**, action and reaction; **provocare una r.**, to cause a reaction; (*di protesta*) to cause an outcry; **non suscitare r.**, to meet with no response; (*med.*) **r. allergica**, allergic reaction ***2*** (*polit.*) reaction; (*i reazionari*) reactionaries (*pl.*) ***3*** (*chim., fis.*) reaction: **r. a catena**, chain reaction • (*aeron.*) **aereo a r.**, jet (plane) □ (*aeron.*) **motore a r.**, jet engine.
rebbio *m.* prong; tine.
reboante *a. V.* **roboante**.
rebus *m.* ***1*** (*gioco*) rebus ***2*** (*fig.*) enigma; puzzle; mystery.
recalcitrare *e deriv. V.* **ricalcitrare** *e deriv.*
recapitare *v. t.* to deliver.
recapito *m.* ***1*** (*indirizzo*) (forwarding) address ***2*** (*consegna*) delivery: **r. a domicilio**, home delivery • **in caso di mancato r.**, if undelivered.
recare ***A*** *v. t.* ***1*** (*portare*) to bring*; to bear*; to take*: **r. doni [notizie]**, to bring (*o* to bear) gifts [news] ***2*** (*avere su di sé*) to bear*; to carry: **r. i segni di q.c.**, to bear the signs (*o* traces) of st.; **r. la firma di q.**, to bear sb.'s signature ***3*** (*arrecare*) to bring*; to cause: **r. gioia [sollievo]**, to bring joy [relief]; **r. molestia [dolore]**, to cause trouble [pain]; **r. disturbo**, to inconvenience (sb.); to give trouble ***B*** **recarsi** *v. i. pron.* to go*.
recedere *v. i.* to withdraw* (from); to back out (of).
recensione *f* review; (*di spettacolo, anche*) notice, write-up (*fam.*) • **fare la r. di q.c.**, to review st.
recensire *v. t.* to review.
recensore *m.* reviewer; critic.
recente *a.* recent • **di r.**, recently; lately.
recentemente *avv.* recently; lately.
recepire *v. t.* to acknowledge.
recessione *f.* ***1*** recession; receding; withdrawal ***2*** (*econ.*) recession; slump.
recessività *f.* (*biol.*) recessiveness.
recessivo *a.* ***1*** (*biol.*) recessive ***2*** (*econ.*) recessionary; down- (*pref.*): **tendenza recessiva**, downtrend.
recesso *m.* ***1*** (*luogo segreto, anche fig.*) recess ***2*** (*il recedere*) recession; receding ***3*** (*leg.*) withdrawal.
recettore *m.* (*scient.*) receptor.
recidere *v. t.* ***1*** to cut* off; to sever: **r. un legame**, to sever a link ***2*** (*chir.*) to excise; to resect.
recidiva *f.* ***1*** (*leg.*) recidivism ***2*** (*med.*) relapse.
recidività *f.* (*leg.*) recidivism.
recidivo ***A*** *a.* ***1*** (*leg.*) habitual; recidivous ***2*** (*med.*) recurring; relapsing ***B*** *m.* ***1*** (*leg.*) recidivist; habitual criminal ***2*** (*med.*) relapser.
recingere *v. t.* to enclose; to surround: **r. di mura**, to surround with walls.
recintare *v. t.* to enclose; (*con steccato, ecc.*) to fence in.
recinto *m.* ***1*** (*spazio cintato*) enclosure; (*per animali*) pen, corral (*USA*); (*per cavalli*) paddock; (*per bambini*) playpen ***2*** (*recinzione*) fence; (*muro*) wall enclosure • (*sport*) **r. del peso**, weighing-in room.
recinzione *f.* ***1*** (*il recingere*) enclosure; fencing in ***2*** (*recinto*) enclosure; fence; fencing.
recipiente *m.* container; receptacle; vessel; (*vasca*) vat: **r. per generi alimentari**, food container • **r. di latta**, tin; can (*USA*) □ (*chim.*) **r. graduato**, graduate □ **r. per rifiuti**, litter bin (*GB*); trash can (*USA*). ATTENZIONE: **recipiente** ≠ recipient.
reciprocamente *avv.* reciprocally; mutually; (*l'un l'altro*) each other, one another.
reciprocità *f.* reciprocity • **r. di accordi**, reciprocal agreements □ **di r.**, mutual.
reciproco ***A*** *a.* ***1*** mutual; reciprocal: **affetto r.**, mutual affection ***2*** (*gramm., mat.*) reciprocal ***B*** *m.* (*mat.*) reciprocal.
recisione *f.* ***1*** (*chir.*) excision ***2*** (*fermezza*) firmness, resoluteness; (*nettezza*) curtness.
reciso *a.* ***1*** (*tagliato*) cut; cut off: **fiori recisi**, cut flowers; **ramo r.**, cut-off branch ***2*** (*fermo*) firm, resolute; (*netto*) curt, flat: **risposta recisa**, curt answer; **un no r.**, a flat (*o* categorical) no.
recita *f.* (*teatr.*) performance; play: **r. di beneficienza**, charity performance; **r. scolastica**, school play; school show.
recitante *a.* — (*mus.*) **v. recitante**, spoken voice.
recitare ***A*** *v. t.* ***1*** (*dire a memoria*) to recite; to say*: **r. una poesia**, to recite a poem; **r. la lezione**, to repeat one's lesson; **r. le preghiere**, to say one's prayers ***2*** (*teatr.*) to act; to play: **r. la propria parte**, to play one's part ***3*** (*di legge, norma*) to state, to say*; (*di titolo, testo*) to read*, to say* • (*fig.*) **r. la commedia**, to play-act; to put on an act ***B*** *v. i.* ***1*** (*teatr.*) to act; to appear: **r. in una commedia**, to act (*o* to appear) in a play ***2*** (*fingere*) to play-act; to put* on an act.
recitativo *m.* (*mus.*) recitative.
recitazione *f.* ***1*** recitation; recital ***2*** (*teatr.*) acting • **scuola di r.**, drama school.

reclamàre **A** v. i. (*protestare*) to protest; to complain; (*presentare un reclamo*) to make* (*o* to lodge) a complaint **B** v. t. (*rivendicare*) to claim, to lay* claim to; (*chiedere*) to ask for, to demand; (*esigere in restituzione*) to claim back: **r. i propri diritti**, to claim one's rights; **r. giustizia**, to demand justice.

réclame (*franc.*) f. invar. **1** (*pubblicità*) advertising; publicity **2** (*avviso pubblicitario*) advertisement; ad (*fam.*); (*radio, TV*) commercial • **fare r. a**, V. **reclamizzare**.

reclamizzàre v. t. to advertise; to plug (*fam.*).

reclàmo m. complaint: **avanzare** (*o* **sporgere**) **un r.**, to make (*o* to lodge) a complaint; **fare r.**, to complain; **ufficio reclami**, complaints department.

reclinàbile a. reclining (*attr.*).

reclinàre v. t. **1** (*piegare*) to bow; to bend* **2** (*inclinare*) to recline **3** (*appoggiare*) to rest; to recline.

reclusióne f. **1** seclusion; confinement **2** (*leg.*) imprisonment; confinement: **tre anni di r.**, three years' imprisonment.

reclùso **A** a. secluded; confined **B** m. (f. **-a**) prisoner; convict; inmate • **vita da r.**, life of a recluse.

rècluta f. (*mil. e fig.*) recruit.

reclutaménto m. **1** (*mil.*) recruitment; enlistment **2** (*estens.*: *ingaggio*) recruitment; hiring.

reclutàre v. t. **1** (*mil.*) to recruit; to enlist **2** (*estens.*: *ingaggiare*) to recruit; to hire.

recòndito a. **1** (*di luogo*) hidden; secluded **2** (*fig.*) hidden; secret; covert; (*intimo*) innermost; (*occulto*) ulterior: **pensieri reconditi**, secret (*o* innermost) thoughts; **fine r.**, ulterior motive.

rècord (*ingl.*) **A** m. invar. record: **battere un r.**, to beat (*o* to break) a record; **stabilire un r.**, to set a record; **un r. di spettatori**, a record number of spectators; a record attendance; **a tempo di r.**, in record time **B** a. invar. record: **cifra r.**, record figure.

recordman m. invar. (*sport*) record holder.

recriminàre v. i. to complain; to regret; to lament: **R. non serve**, there's no point in complaining; **r. sull'accaduto**, to regret what happened; **r. sul passato**, to mourn over the past.

recriminazióne f. complaint.

recrudescènza f. recrudescence; fresh outbreak.

rècto (*lat.*) m. face; (*di foglio*) recto; (*di moneta*) obverse.

recuperàbile a. recoverable; retrievable; (*riutilizzabile*) recyclable; (*di ritardo, ecc.*) that can be made up; (*di persona*: *riscattabile*) reformable.

recuperàre v. t. **1** (*riacquistare*) to recover, to retrieve, to get* back; to regain; (*rifarsi di*) to recoup: **r. le forze**, to recover one's strength; **r. la vista**, to recover (*o* to regain) one's sight; **r. la libertà**, to regain one's freedom; **r. il proprio denaro**, to get one's money back; **r. una perdita** [**le spese**], to recoup a loss [expenses] **2** (*ritrovare*) to recover, to retrieve; (*salvare*) to rescue, (*da naufragio, incendio*) to salvage: **r. la refurtiva**, to recover the loot **3** (*riabilitare*) to rehabilitate; to reform: **r. i tossicodipendenti**, to rehabilitate drug addicts; **r. alla società**, to restore to society; to reintegrate into society **4** (*restaurare*) to restore; (*riciclare*) to recycle; (*ind.*: *rigenerare*) to regenerate; (*mecc.*) to salvage **5** (*riguadagnare, rimontare*) to make* up for (st.); (*rimettersi alla pari*) to catch* up; (*riprendersi*) to make* up ground: **r. un ritardo** [**il tempo perduto**], to make up for a delay [for lost time]; **r. il tempo perduto**, to make up for lost time; **r. uno svantaggio**, to close a gap; to catch up; **La sinistra ha r. nelle elezioni**, the left made up ground in the election • (*sport*) **r. una partita**, to play a postponed match □ (*comm.*) **crediti da r.**, outstanding credits. ATTENZIONE: **recuperare** ≠ to recuperate.

recuperatóre m. **1** (*ind.*) regenerator; recuperator **2** (*naut.*) salvager; wrecker (*USA*).

recùpero m. **1** (*riacquisto*) recovery; retrieval; (*di spese, ecc.*) recoupment **2** (*ritrovamento*) recovery; (*salvataggio*) rescue, (*da naufragio, incendio*) salvage: **r. della refurtiva**, recovery of the loot; **operazioni di r.**, rescue operations; (*naut.*) **diritti di r.**, salvage charges **3** (*di criminali, ecc.*) rehabilitation; socialization **4** (*riutilizzo*) reutilization; (*rivalorizzazione*) reclamation; (*restauro*) restoration; (*riciclaggio*) recycling; (*mecc., ind.*) regeneration: **r. del centro storico**, reclamation of the old city centre; **r. della carta**, paper recycling **5** (*rimonta da uno svantaggio*) making up; recovery; comeback: **r. del ritardo**, making up for the delay; **C'è stato un r. del Genoa nel secondo tempo**, Genoa rallied (*o* made a comeback, fought back) in the second half **6** (*med.*) recovery **7** (*sport*) — **partita di r.**, replay; **disputare il r.**, to replay a match; **minuti di r.**, extra time • **r. di crediti**, debt-collection □ **capacità di r.**, resilience □ **lezioni di r.**, extra lessons □ **materiale di r.**, scraps (*pl.*); (*ind.*) salvage.

recusàre *e deriv.* V. **ricusare** *e deriv.*

redarguìre v. t. to reproach; to reprimand; to scold.

redàtto a. drawn up; written; worded.

redattóre m. (f. **-trice**) **1** (*chi redige*) writer; (*compilatore*) compiler **2** (*giorn.*) member of the editorial staff; subeditor; editor; **È r. del «Gazzettino»**, he is on the editorial staff of the «Gazzettino»; **i redattori**, the editorial staff; **r. letterario** [**sportivo**], literary [sports] editor; **r. capo**, managing editor **3** (*di casa editrice*) editor; copy editor.

redazionàle a. editorial.

redazióne f. **1** (*il redigere*) drawing up; writing; wording **2** (*attività di redattore*) editing; writing **3** (*insieme dei redattori*) editorial staff; (*ufficio*) editorial office **4** (*versione*) version; draft.

redditività f. (*econ.*) profitability.

redditìzio a. profitable; profit-making; remunerative; paying.

rèddito m. income; revenue; (*utile*) return, profit; (*interesse*) interest: **r. da lavoro**, earned income; earnings (*pl.*); **r. da capitale**, return on capital; unearned income; capital gains; **r. imponibile**, taxable (*o* assessable) income; **a basso** [**alto**] **r.**, low-income [high-income] (*attr.*); **vivere di r.**, to live on one's income; **dichiarazione dei redditi**, income-tax return; **imposta sul r.**, income tax; **titoli a r. fisso**, fixed interest bonds.

redènto a. redeemed; (*pentito*) reformed.

redentóre m. redeemer.

redenzióne f. redemption.

redìgere v. t. to draw* up; to make* out; (*scrivere*) to write*; (*compilare*) to compile: **r. un atto** [**un contratto**], to draw up a deed [a contract]; **r. il verbale** (**di una seduta**), to draw up the minutes; **r. un articolo**, to write an article.

redìmere **A** v. t. **1** (*anche fin.*) to redeem **2** (*riformare*) to reform **B redimersi** v. rifl. to redeem oneself; to reform.

redimìbile a. **1** (*anche fin.*) redeemable **2** (*riformabile*) reformable.

redimibilità f. (*anche fin.*) redeemability.

redingote (*franc.*) f. invar. **1** (*giacca da uomo*) frock coat **2** (*abito da donna*) redingote.

rèdini f. pl. (*anche fig.*) reins: **tenere le r.**, to hold the reins; **tirare le r.**, to draw rein; to rein up; (*fig.*) **cedere le r. a q.**, to let sb. take the lead.

redistribuìre V. **ridistribuire**.

redivìvo **A** a. restored to life **B** m. (f. **-a**) person restored to life • (*scherz.*) **Ecco che arriva il r.!**, look who's back in the land of the living!

rèduce **A** a. returning; back (from): **essere r. da un lungo viaggio**, to be back from a long journey; **Sono r. da una brutta avventura**, I've just been through an unpleasant experience **B** m. e f. **1** (*mil.*) ex-serviceman* (*m.*); ex-servicewoman* (*f.*); veteral (*USA*) **2** (*superstite*) survivor.

reduplicàre v. t. (*lett.*) to reduplicate; to redouble.

réfe m. twist; (*filo*) thread.

referendàrio **A** m. referendary **B** a. — **consultazione referendaria**, referendum; **voto r.**, vote in a referendum.

referèndum m. invar. referendum*: **indire un r.**, to hold a referendum; **r. istituzionale**, plebiscite.

referènte **A** a. reporting **B** m. **1** (*ling.*) referent **2** (*punto di riferimento*) point of reference.

referènza f. reference; (*benservito*) testimonial: **lettera di referenze**, letter of reference.

referenziàre v. t. to provide with references (*o* testimonials).

referenziàto a. supplied with references (*o* testimonials) • **essere ben r.**, to have good references □ **Cercasi colf referenziata**, wanted domestic help with first-class references.

refèrto m. report.

refettòrio m. refectory; dining-hall.

refezióne f. meal: **r. scolastica**, school meals (*pl.*).

rèflex (*ingl.*) (*fotogr.*) **A** a. invar. reflex **B** f. invar. reflex camera.

rèfolo m. puff (of wind).

refrattarietà *f.* (*tecn., med. e fig.*) refractoriness.
refrattàrio *a.* ***1*** (*tecn.*) refractory: **mattone r.**, refractory brick; firebrick; **argilla refrattaria**, fireclay ***2*** (*fig.*) impervious; resistant: **r. alla disciplina**, not amenable (*o* resistant) to discipline; **r. alle critiche**, impervious to criticism; **r. al matrimonio**, not cut out for marriage ***3*** (*med.*) refractory.
refrigerànte ***A*** *a.* ***1*** refrigerant; refrigerative ***2*** (*rinfrescante*) refreshing; cooling • **fluido r.**, coolant □ **miscela r.**, freezing mixture ***B*** *m.* refrigerator; freezer.
refrigeràre ***A*** *v. t.* ***1*** to refrigerate; to cool; to chill ***2*** (*dare refrigerio*) to refresh; to cool ***B*** **refrigeràrsi** *v. rifl.* to refresh oneself.
refrigeratóre ***A*** *a.* refrigerating ***B*** *m.* refrigerator; cooler.
refrigerazióne *f.* refrigeration; cooling.
refrigèrio *m.* ***1*** refreshment ***2*** (*sollievo*) relief; (*conforto*) comfort • **provare r.**, to feel refreshed.
refurtìva *f.* stolen goods (*pl.*).
refùso *m.* misprint; typo (*fam.*).
regalàre *v. t.* ***1*** (*donare*) to give* (as a present); to present (sb. with st.): **Me l'hanno regalato quando mi sono sposato**, I was given it as a wedding present; **Tieni, te lo regalo**, take it, it's yours; **Non te lo regalo, te lo presto**, it's not a present, it's a loan ***2*** (*vendere a basso prezzo*) to give* away • **regalarsi una vacanza**, to treat oneself to (*o* to allow oneself) a holiday □ **È regalato**, (*è un regalo*) it's a present; (*costa pochissimo*) it's a snip, it's dirt-cheap (*fam.*).
regàle *a.* ***1*** (*di re*) royal; (*da re*) kingly; (*da regina*) queenly: **dignità r.**, royal dignity; **corona r.**, kingly crown ***2*** (*fig.*) regal; princely; right royal: **portamento r.**, regal bearing; **accoglienza r.**, right royal welcome.
regalìa *f.* gratuity.
regalità *f.* ***1*** (*dignità di re*) regality; royalty; kingship ***2*** (*l'essere regale*) kingliness; queenliness; majesty • **r. di aspetto**, regal appearance.
regàlo *m.* ***1*** present; gift: **r. di Natale** [**di nozze**], Christmas [wedding] present; **r. in denaro**, gift of money; **fare un r. a q.**, to give sb. a present; **dare q.c. a q. in r.**, to give sb. st. as a present; to make a present of st. to sb. ***2*** (*favore*) favour; (*piacere*) pleasure: **Se vieni ad aiutarmi mi fai un grosso r.**, you'll be doing me a great favour if you come and help me • **confezione r.**, gift wrapping.
regàta *f.* (*sport*) sailing race; (*serie di gare*) regatta.
regatànte *m. e f.* (*sport*) competitor in a sailing race.
reggènte ***A*** *a.* ***1*** (*di sovrano*) regent; (*di funzionario*) deputy: **Principe R.**, Prince Regent ***2*** (*gramm.*) governing ***B*** *m. e f.* regent ***C*** *f.* (*gramm.*) main clause.
reggènza *f.* ***1*** (*di sovrano*) regency; (*di funzionario*) deputyship ***2*** (*gramm.*) government; regimen.
règgere ***A*** *v. t.* ***1*** (*sostenere*) to bear*; to support, to carry; to hold*; to hold* up: **r. un peso**, to bear a weight; **Questa trave regge il tetto**, this beam supports the roof; **Le gambe non lo reggono più**, his legs won't carry him any more; **r. uno strascico**, to hold a train; **Due persone reggevano un ferito**, two people were supporting a wounded man; **Reggerà questa scala?**, will this ladder bear my weight? ***2*** (*tenere in mano*) to hold* ***3*** (*governare*) to rule; to govern; (*essere a capo di*) to head; (*dirigere*) to run*: **r. il governo**, to head the government; **r. un'azienda**, to run a business ***4*** (*sopportare*) to stand*; to bear*: **Non lo reggo quell'uomo!**, I can't stand that man! ***5*** (*gramm.*) to govern; to take* • **r. bene il colpo**, to take it on the chin □ **r. il mare**, to be seaworthy □ **r. alla prova**, to stand the test □ **r. il vino**, to hold (*o* to carry) one's wine ***B*** *v. i.* ***1*** (*resistere*) to hold* out (against); to resist (st.); (*tener testa a*) to stand* up (to): **r. a un assalto**, to hold out against an attack; **r. a una tentazione**, to resist a temptation; **r. alla concorrenza**, to stand up to competition; **Ha retto bene**, he stood up well; **I nervi non gli hanno retto**, his nerves couldn't take the strain; **Non mi reggeva il cuore di dirglielo**, I hadn't the heart to tell him ***2*** (*sopportare*) to stand* (st.); to bear* (st.): **r. alla prova**, to stand the test; **r. al caldo**, to stand the heat; **r. al confronto** (**con**), to bear comparison (with); to compare (with); **r. a un colpo**, to withstand a blow ***3*** (*durare*) to last; to hold* (out); (*di cibi*) to keep*: **Partiremo domani, se il tempo regge**, we'll leave tomorrow, if the weather holds; **Quanto reggerà questo governo?**, how long will this government last? ***4*** (*essere plausibile*) to stand* up; to hold* water: **È un'accusa che non regge**, the charge doesn't stand up; **Il tuo argomento non regge**, your argument does not hold water ***5*** (*stare in piedi*) to stand* ***C*** **règgersi** *v. rifl. e i. pron.* ***1*** (*sostenersi*) to stand*; (*appoggiandosi*) to lean* (on): **r. a fatica**, to be hardly able to stand; **r. con le stampelle**, to lean on crutches ***2*** (*aggrapparsi*) to hold* on (to); to cling* (to): **r. a una fune**, to hold on to a rope ***3*** (*resistere*) to keep* going; (*mantenersi*) to keep*; (*durare*) to last: **r. a galla**, to float; to keep afloat ***4*** (*governarsi*) to be governed: **L'Italia si regge a repubblica**, Italy is a republic.
règgia *f.* (royal) palace.
reggicàlze *m. invar.* suspender belt (*GB*); garter belt (*USA*).
reggicóda *m. e f. invar.* (*spreg.*) lackey; henchman*.
reggilibri, reggilibro *m.* book-end.
reggimentàle *a.* (*mil.*) regimental.
reggiménto *m.* ***1*** (*mil.*) regiment: **r. di fanteria**, infantry regiment; **la bandiera del r.**, the regimental colours ***2*** (*fig.*) crowd; horde.
reggipètto, reggiséno *m.* bra; brassiere (*form.*).
reggitèsta *m. invar.* headrest.
reggitóre *m.* (*f.* **-trice**) (*lett.*) ruler.
regìa *f.* ***1*** (*teatr., radio, TV*) production; (*cinem.*) direction: **R. di...**, produced [directed] by...; **curare la r. di q.c.**, to produce [to direct] st. ***2*** (*organizzazione*) organization; direction.
regicìda ***A*** *m. e f.* regicide ***B*** *a.* regicidal.
regicìdio *m.* regicide: **commettere un r.**, to commit regicide.
regime *m.* ***1*** (*forma di governo*) (form of) government; (*governo*) rule, regime; (*dittatura*) regime, dictatorship: **r. repubblicano**, republican government; **r. militare**, military regime (*o* government); **r. dittatoriale**, dictatorship; **un paese a r. parlamentare**, a country with a parliamentary system of government; **il vecchio r.**, the old régime ***2*** (*med.*) regimen; (*dieta*) diet: **essere a r.**, to be on a diet ***3*** (*econ.*) system: **r. di monopolio**, monopoly system; **r. fiscale**, tax regulations (*pl.*) ***4*** (*andamento, ritmo*) schedule: **r. di lavoro**, working schedule; **r. di vita**, lifestyle ***5*** (*tecn.: funzionamento*) running, operating; (*velocità*) speed: **funzionare a pieno r.**, to be running at full capacity; **essere a r.**, to be running regularly; **r. di un motore**, number of revolutions ***6*** (*di fiume*) regimen.
regina ***A*** *f.* (*anche a scacchi, a carte e fig.*) queen: **la r. Anna**, Queen Anne; **la r. madre**, the Queen Mother ***B*** *agg.* queen (*attr.*): **ape r.**, queen bee.
reginétta *f.* — **r. di bellezza**, beauty queen □ **la r. della ballo**, the belle of the ball.
règio *a.* ***1*** royal ***2*** (*chim.*) — **acqua regia**, aqua regia.
regionàle *a.* regional.
regionalìsmo *m.* ***1*** (*polit.*) regionalism ***2*** (*campanilismo*) localism; provincialism ***3*** (*ling.*) localism; local idiom.
regionalìsta *m. e f.* ***1*** (*polit.*) regionalist ***2*** (*campanilista*) localist; provincialist.
regionalìstico *a.* regionalistic; regionalist (*attr.*).
regióne *f.* ***1*** region; district; area: **le regioni artiche**, the Arctic regions; **r. climatica**, climatic region; **r. agricola** [**industriale**], agricultural [industrial] district; **una r. montuosa**, a mountainous area (*o* region) ***2*** (*divisione amministrativa*) region ***3*** (*anat.*) region.
regìsta *m. e f.* ***1*** (*teatr., radio, TV*) producer, director; (*cinem.*) director: **aiuto r.**, assistant director ***2*** (*organizzatore*) organizer; coordinator; (*la mente*) brains: **il r. di un colpo in banca**, the brains behind a bank robbery.
registico *a.* ***1*** (*di regista*) of a director; director's ***2*** (*di regia*) directing.
registràbile *a.* ***1*** recordable; fit to be recorded ***2*** (*mecc.*) adjustable.
registràre *v. t.* ***1*** (*in un registro*) to register; to enter: **r. una nascita** [**un testamento**], to register a birth [a will]; **r. un marchio**, to register a trademark; **r. una fattura**, to enter an invoice ***2*** (*annotare*) to record ***3*** (*rilevare*) to register: **Il termometro registrava 40°**, the thermometer registered 40°; **Si registra un calo della domanda**, there has been a drop in demand ***4*** (*mecc., elettr.*) to adjust; to set*: **r. i freni**, to adjust the brakes; **r. un orologio**, to set a watch ***5*** (*su nastro*) to record; to tape; to video • **r. il bagaglio** (**all'aeroporto**), to check in one's luggage □ (*naut.*) **r. nel giornale di bordo**, to log □ (*comm.*) **r. un'ordinazione**, to book an order.
registràto *a.* ***1*** entered; recorded; on record: **i dati regi-**

strati, the recorded data; **la temperatura più alta mai registrata**, the highest temperature on record ***2*** (*su nastro*) recorded; taped; videoed ***3*** (*mecc.*) adjusted; set.

registratóre ***A*** *m.* recorder: **r. a nastro**, tape recorder; (*aeron.*) **r. di volo**, flight recorder; (*comm.*) **r. di cassa**, cash register; till ***B*** *a.* recording.

registrazióne *f.* ***1*** (*l'annotare*) entering; recording; registering; (*annotazione*) entry, record, registration: (*comm.*) **registrazioni di cassa**, cash records ***2*** (*rilevamento*) recording; registration ***3*** (*mecc., elettr.*) adjustment; reset ***4*** (*su nastro*) (tape-)recording; taping ***5*** (*leg.*) registration • (*naut.*) **r. sul giornale di bordo**, logging; log entry.

regìstro *m.* ***1*** register; book: **i registri di stato civile**, the registers of births, marriages and deaths; **r. di magazzino**, warehouse book; **r. a madre e figlia**, counterfoil book; **r. di classe**, class register ***2*** (*Ufficio del R.*) Registrar's Office; Registry ***3*** (*mus.*) register; (*di organo, anche*) stop ***4*** (*mecc.*) register; regulator; (*di freno*) brake adjuster: **r. dell'orologio**, clock regulator ***5*** (*ling., elab.*) register • (*aeron., naut.*) **r. di bordo**, log book □ **essere a r.**, to be on record □ **mettere a r.**, to enter; to book □ **mutare r.**, to change one's tune; (*ravvedersi*) to mend one's ways.

regnànte ***A*** *a.* ***1*** reigning; ruling ***2*** (*fig.*) dominant; prevailing ***B*** *m. e f.* sovereign; ruler.

regnàre *v. i.* ***1*** to reign (over st.) ***2*** (*dominare, anche fig.*) to reign; to rule; to dominate: **Regnava un silenzio assoluto**, complete silence reigned; **In casa regna il caos**, the house is in total chaos; chaos reigns in the house ***3*** (*predominare*) to prevail ***4*** (*prosperare, allignare*) to flourish; to thrive*.

régno *m.* ***1*** (*paese retto a monarchia*) kingdom; realm: **il R. Unito**, the United Kingdom; **le leggi del r.**, the laws of the realm ***2*** (*esercizio e durata del potere di un sovrano e fig.*) reign: **sotto il r. di**, during the reign of; **il r. del terrore**, the reign of terror ***3*** (*fig.*) kingdom; realm; domain: **il r. animale**, the animal kingdom; **il r. della fantasia**, the realm of fantasy; **il r. della scienza**, the domain of science • **Questa casa è il r. del caos**, this house is in a constant mess □ **Il suo studio è il suo r.**, his study is his inner sanctum □ **Il mondo delle corse è il suo r.**, his element is the world of racing.

règola *f.* ***1*** rule: **attenersi a una r.**, to follow (*o* to stick to) a rule; **trasgredire le regole**, to break the rules; **r. ferrea**, hard and fast rule; **r. fissa**, set rule; **fare uno strappo alla r.**, to bend the rules; **L'eccezione conferma la r.**, the exception proves the rule; **È mia r. controllare tutto di persona**, I make it a rule to check everything personally; **regole di condotta**, code of conduct; **come r. generale**, as a general rule ***2*** (*misura, moderazione*) moderation; restraint: **non avere r. nel bere**, to be immoderate in one's drinking; **non conoscere r.**, to know no restraint ***3*** (*eccles.*) rule • **di r.**, as a rule □ **fatto a r. d'arte**, perfect; (*di oggetto*) well made; (*di lavoro*) professional □ **in piena r.**, full-scale (*agg.*); all-out (*agg.*); outright (*agg.*) □ **in r.**, in order: **mettere in r. i propri affari**, to put one's affairs in order; **tenere tutto in r.**, to keep everything in order □ **fare le cose in r.**, to do everything properly □ **essere in r. con i pagamenti**, to be up-to-date with one's payments □ **mettersi in r. coi pagamenti**, to bring one's payments up to date □ **mettere in r. un dipendente**, to give an employee a regular contract □ **per tua (norma e) r.**, for your information.

regolàbile *a.* (*mecc.*) adjustable.

regolamentàre (**1**) *a.* regulation (*attr.*); regular; prescribed: **velocità r.**, regulation speed; **nella forma r.**, in the prescribed form; **non r.**, against regulations.

regolamentàre (**2**) *v. t.* to regulate; to control.

regolamentazióne *f.* ***1*** regulation ***2*** (*insieme di norme*) regulations (*pl.*); set of rules.

regolaménto *m.* ***1*** (*il regolare*) regulation; control ***2*** (*insieme di regole*) regulations (*pl.*); rules (*pl.*): **il r. di polizia**, police regulations; **r. antincendio**, fire regulations; **r. edilizio**, building code; **infrazione al r.**, an infringement of the rule(s); **applicare [infrangere] il r.**, to apply [to break] the rules; **conformarsi al r.**, to conform to the regulations ***3*** (*pagamento*) settlement; payment: **r. di conti**, settlement of accounts; (*fig.*) settling of scores; (*sparatoria*) shoot--out.

regolàre (**1**) *a.* regular: **lineamenti regolari**, regular features; **esercito r.**, regular army; **verbo r.**, regular verb; **respiro r.**, regular breathing; **a intervalli regolari**, at regular intervals • **r. come un orologio**, as regular as clockwork □ **r. nei pagamenti**, punctual in one's payments □ (*sport*) **carica r.**, fair tackle □ **passo r.**, even pace □ **statura r.**, average (*o* medium) height □ **studi regolari**, normal course of studies □ **Tutto era r.**, everything was in order.

regolàre (**2**) ***A*** *v. t.* ***1*** (*disciplinare*) to regulate; to govern: **r. la circolazione stradale**, to regulate the traffic; **r. la propria condotta**, to regulate one's conduct; **le norme che regolano i rapporti sociali**, the norms that govern social relationships ***2*** (*determinare*) to control; (*adeguare, adattare*) to adjust, to adapt; (*ridurre*) to limit, to check: **r. l'afflusso di benzina**, to control the flow of petrol; **r. il tiro**, to adjust fire; **r. le spese**, to limit expenses ***3*** (*mecc., elettr.*) to regulate; to adjust; to set*; (*mettere a punto*) to tune: **r. la pressione dei pneumatici**, to regulate tyre pressure; **r. un carburatore**, to adjust a carburettor; **r. il volume**, to adjust the volume; **r. la sveglia sulle sei**, to set one's alarm-clock for six; **r. un motore**, to tune an engine ***4*** (*sistemare*) to settle; (*pagare*) to pay*: **r. una questione**, to settle a matter; **r. un conto**, to settle (*o* to pay) an account ***5*** (*pareggiare*) to trim ***B*** **regolàrsi** *v. rifl.* ***1*** (*agire*) to act; (*fare*) to do*; (*comportarsi*) to behave: **r. di conseguenza**, to act accordingly; **Saprò come regolarmi!**, I'll know what to do!; **Come devo regolarmi per il pagamento?**, how shall I pay? ***2*** (*controllarsi*) to control oneself; to be moderate (in doing st.).

regolarità *f.* ***1*** regularity: **garantire la r. delle elezioni**, to ensure that elections take place regularly; **procedere con r.**, to proceed regularly ***2*** (*puntualità*) punctuality • **con la r. di un orologio**, like clockwork □ (*sport*) **gara di r.**, reliability trial.

regolarizzàre *v. t.* ***1*** to regularize ***2*** (*sistemare*) to settle; (*pagare*) to settle, to pay*.

regolarizzazióne *f.* ***1*** regularization ***2*** (*pagamento*) settlement; payment.

regolarménte *avv.* regularly; (*nel debito modo*) duly; (*come al solito*) as usual; (*in modo ordinato*) evenly: **r. eletto**, regularly (*o* duly) elected; **r. autorizzato**, duly authorized; **Tutto funziona r.**, everything is working normally; **Si presentò r. alle nove**, he turned up at nine as usual; **disposti r. su tre file**, evenly arranged in three rows; **Il suo telefono è r. occupato**, his line is regularly engaged; **pagare r.**, to pay punctually.

regolàta *f.* adjustment; correction; (*messa a punto*) tuning, tune-up • **dare una r. all'orologio**, to set the watch □ (*fam.*) **darsi una r.**, to pull one's socks up; to clean up one's act □ **darsi una r. nel fumare**, to cut down on smoking.

regolataménte *avv.* moderately; in moderation.

regolàto *a.* ***1*** regulated ***2*** (*ordinato, regolare*) well-regulated; orderly; balanced ***3*** (*messo a punto*) adjusted; set ***4*** (*moderato*) moderate.

regolatóre ***A*** *m.* ***1*** (*mecc., fis.*) regulator; governor: **r. di pressione**, pressure regulator; **r. di giri**, speed governor ***2*** (*radio, TV*) control: **r. di volume**, volume control ***B*** *a.* regulating • **piano r.**, urban development plan.

regolazióne *f.* ***1*** regulation; control: **r. del traffico**, traffic control ***2*** (*mecc., elettr.*) adjustment; regulation; tuning: **r. della tensione**, voltage regulation; **r. del volume**, volume adjustment; (*autom.*) **r. del motore**, tuning of the engine; **r. di precisione**, fine tuning.

règolo (**1**) *m.* (*riga*) rule; straightedge (*USA*): **r. calcolatore**, slide rule.

règolo (**2**) *m.* (*zool.*) goldcrest.

regredire *v. i.* ***1*** to regress; (*diminuire*) to drop, to fall* ***2*** (*biol.*) to retrogress; to revert ***3*** (*psic.*) to regress.

regressióne *f.* ***1*** regression; regress; (*diminuzione*) drop, fall ***2*** (*biol.*) retrogression ***3*** (*psic.*) regression.

regressivo *a.* regressive; retrogressive.

regrèsso *m.* ***1*** regress; regression; retrogression; (*decadenza*) decadence, decline; (*diminuzione*) drop, falling off: **in r.**, in decline ***2*** (*econ.*) recession ***3*** (*biol.*) throwback.

reiètto ***A*** *a.* rejected; unwanted ***B*** *m.* (*f.* **-a**) outcast: **i reietti della società**, society's outcasts.

reimpiegàre *v. t.* (*fin.*) to reinvest; to plough back.

reimpiègo *m.* (*fin.*) reinvestment; ploughing back.

reincaricàre *v. t.* to reappoint.

reincàrico *m.* reappointment.

reincarnàre ***A*** *v. t.* to reincarnate ***B*** **reincarnàrsi** *v. rifl.* to be reincarnated.

reincarnazióne *f.* reincarnation.
reingàggio *m.* renewal of contract.
reinseriménto *m.* reintegration; (*in una mansione*) reinstatement • **il r. degli ex detenuti nella società**, the rehabilitation (*o* socialization) of offenders.
reinserire ***A*** *v. t.* to reintegrate; (*in una mansione*) to reinstate: **r. q. nella società**, to reintegrate sb. (*o* to integrate sb. back) into society ***B*** **reinserirsi** *v. i. pron.* to become* reinstated; to take* one's place again: **r. nella società**, to take one's place in society again.
reintegràre ***A*** *v. t.* ***1*** to reinstate; (*ripristinare*) to restore, to replenish: **r. q. nel suo ufficio**, to reinstate sb. in his post; **r. q. nei suoi diritti**, to restore sb.'s rights; **r. le proprie forze**, to restore one's strength; **r. le scorte**, to replenish one's stocks ***2*** (*risarcire*) to indemnify; to compensate ***B*** **reintegràrsi** *v. i. pron.* to take* up one's former position; to get* back (to st.).
reintegrazióne *f.* ***1*** reinstatement; (*ripristino*) restoration, replenishment: **r. in una carica**, reinstatement in an office; **r. delle scorte**, replenishment of stocks ***2*** (*risarcimento*) indemnification.
reinvestiménto *m.* (*fin.*) reinvestment; ploughing back.
reinvestire *v. t.* (*fin.*) to reinvest; to plough back.
reiteràre *v. t.* to reiterate; to repeat.
reiterataménte *avv.* repeatedly; over and over again; again and again.
reiterazióne *f.* reiteration; repetition.
relativaménte *avv.* relatively; comparatively • **r. a**, with regard to; as regards.
relativismo *m.* (*filos.*) relativism.
relativista *m. e f.* (*filos.*) relativist.
relativìstico *a.* (*filos.*) relativistic.
relatività *f.* relativity; relativeness: (*fis.*) **la teoria della r.**, the theory of relativity.
relativo *a.* ***1*** (*attinente*) relevant; (*che riguarda*) concerning, regarding, related to; (*che si accompagna*) attendant: **con le relative prove**, with the relevant evidence; **le informazioni relative al caso**, the information concerning (*o* regarding, about) the case; **i problemi relativi alla gestione dell'azienda**, the problems involved in the running of the firm; **un incarico e le relative responsabilità**, an appointment and its attendant responsibilities; **una tovaglia e i relativi tovaglioli**, a tablecloth and matching napkins ***2*** (*rispettivo*) respective: **secondo i loro relativi meriti**, according to their respective merits; **i delegati e le relative mogli**, the delegates and their wives ***3*** (*proporzionale*) proportional ***4*** (*non assoluto*) relative; comparative: **vantaggi relativi**, comparative advantages; **Gode di relativa libertà**, he enjoys relative freedom ***5*** (*mat., fis., gramm.*) relative.
relatóre *m.* (*f.* **-trice**) ***1*** (*di congresso e sim.*) speaker ***2*** (*polit., di disegno di legge*) proposer (of a bill); (*portavoce*) spokesman* (*m.*), spokeswoman* (*f.*) ***3*** (*di tesi universitaria*) supervisor.
relàx (*ingl.*) *m. invar.* relaxation; rest.
relazionàle *a.* relational.
relazionàre *v. t.* (*bur.*) to make* a report to; to acquaint (sb. with st.).
relazióne *f.* ***1*** (*collegamento logico, nesso*) connection; relation; relationship: **I due episodi sono in r.**, there is a connection between the two episodes; **r. di causa ed effetto**, relationship of cause and effect; **mettere in r. due fatti**, to establish a connection between two facts; **in r. a**, in connection with; with regard to ***2*** (*rapporto tra persone*) relationship; relations (*pl.*); connections (*pl.*); terms (*pl.*): **relazioni d'affari**, business relations (o connections); **avere** (*o* **essere in**) **r. d'affari con q.**, to have business relations (*o* dealings) with sb.; **essere in buone relazioni con q.**, to be on good terms with sb.; **relazioni d'amicizia**, friendship; **r. platonica**, platonic relationship; **relazioni di parentela**, family connections; **pubbliche relazioni**, public relations ***3*** (*r. amorosa*) (love) affair; liason ***4*** (*resoconto*) report; account ***5*** (*conoscenza*) acquaintance; connection: **avere molte relazioni**, to be well-connected ***6*** (*contatto*) touch; contact: **mettersi in r. con q.**, to get in touch with sb.; to contact sb. ***7*** (*mat.*) relation.
relè *m.* (*elettr.*) relay.
relegàre *v. t.* to relegate (*anche fig.*); to confine; (*bandire*) to banish.
relegazióne *f.* relegation; confinement; banishment.
religióne *f.* ***1*** religion: **r. di Stato**, established (*o* state) religion ***2*** (*venerazione, culto*) worship; cult: **la r. del denaro**, the worship of money ***3*** (*esattezza scrupolosa*) scrupulous care • **Non c'è più r.!**, I don't know what the world is coming to!
religiósa *f.* nun.
religiosità *f.* ***1*** religiousness; devoutness; piety ***2*** (*scrupolosità*) scrupulousness; conscientiousness • **con r.**, religiously; scrupulously.
religióso ***A*** *a.* ***1*** religious; (*pio*) devout, pious: **pratiche religiose**, religious practices; **ordini religiosi**, religious (*o* monastic) orders; **È molto r.**, he is very devout; **abito r.**, habit; **matrimonio r.**, church wedding ***2*** (*scrupoloso*) scrupulous ***B*** *m.* (*monaco*) monk; (*frate*) friar.
reliquia *f.* (*anche fig.*) relic • **conservare q.c. come una r.**, to treasure st. dearly.
reliquiàrio *m.* reliquary; shrine.
relitto *m.* wreckage [U]; piece of wreckage; (*di nave*) wreck: **i relitti dell'aereo**, the wreckage of the plane • **un r. umano**, a human wreck □ **i relitti della società**, the outcasts of society; the down-and-outs.
remàre *v. i.* to row; (*con la pagaia*) to paddle.
remàta *f.* ***1*** row: **farsi una r.**, to go for a row ***2*** (*vogata*) stroke; pull ***3*** (*colpo di remo*) stroke • **sbagliare la r.**, to catch a crab.
rematóre *m.* (*f.* **-trice**) rower; oarsman* (*m.*); oarswoman* (*f.*) • **i rematori**, the crew.
reminiscènza *f.* ***1*** reminiscence; memory; recollection: **una vaga r.**, a vague recollection; **abbandonarsi alle reminiscenze**, to reminisce ***2*** (*letter., mus.*) reminiscence; echo*.
remissìbile *a.* remissible; pardonable.
remissióne *f.* ***1*** (*perdono*) remission; forgiveness; pardon: **la r. dei peccati**, the remission of sins ***2*** (*condono*) remission: **la r. d'un debito**, the remission of a debt; **r. di pena**, remission ***3*** (*sottomissione*) submission ***4*** (*med.*) remission • **senza r.**, unremittingly; without mercy.
remissività *f.* submissiveness; docility; meekness.
remissìvo *a.* submissive; docile; meek.
rèmo *m.* (*naut.*) oar; (*palella*) scull; (*pagaia*) paddle; (*r. lungo*) sweep • **barca a remi**, rowing boat; row-boat (*USA*) □ **colpo di r.**, stroke □ **nave a remi**, oared ship □ (*fig.*) **tirare i remi in barca**, (*cessare le attività*) to hang up the gloves; (*desistere*) to draw in one's horns.
rèmora (1) *f.* ***1*** (*indugio*) delay ***2*** (*impedimento*) impediment; drawback ***3*** (*esitazione*) qualm.
rèmora (2) *f.* (*zool.*) remora; sharksucker.
remòto *a.* ***1*** (*nello spazio*) distant; remote; far-away; (*isolato*) secluded, lonely ***2*** (*nel tempo*) remote; distant; far-off: **avvenimenti remoti**, remote events ***3*** (*vago*) vague; remote; distant: **una remota somiglianza**, a vague (*o* faint) resemblance: **una remota possibilità**, a remote possibility; an outside chance; **Non ne ho il più r. desiderio**, I haven't the slightest wish ***4*** (*gramm.*) — **passato r.**, historic (*o* simple) past; past historic; past definite; **trapassato r.**, past anterior.
remuneràre *V.* **rimunerare**.
réna *f.* sand.
renàle *a.* renal; of the kidneys: (*med.*) **blocco r.**, renal failure; (*med.*) **calcoli renali**, kidney stones.
renàno *a.* Rhine (*attr.*); Rhenish.
rèndere ***A*** *v. t.* ***1*** (*restituire*) to give* back; to return; to restore: **Devo rendergli un libro**, I have to return a book to him; **r. la vista a q.**, to restore sight to sb.; **r. la libertà a q.**, to set sb. free ***2*** (*contraccambiare*) to return; to repay*: **r. un favore**, to return a favour; **r. il saluto a q.**, to return sb.'s greeting; **r. bene per male**, to render good for evil; **A buon r.!**, my turn next time ***3*** (*dare, fare*) to give*; to pay*; to do*; to render: **r. testimonianza**, to give evidence; to bear witness; **r. omaggio a q.**, to pay homage to sb.; **r. lode a q.**, to praise sb.; **r. grazie a Dio**, to thank God; to render thanks unto God (*form.*); **r. un servizio a q.**, to do sb. a favour; **r. le estreme onoranze a q.**, to pay one's last respects to sb. ***4*** (*produrre, fruttare*) to bring* in; to yield; to return; to bear*; (*assol.*) to pay* off, to be profitable: **un affare che renderà molto**, a deal that will bring in a lot of money; **r. un interesse del 5%**, to yield 5% interest; **un lavoro che non rende**, a job that doesn't pay; **un impiegato che non rende**, an inefficient employee; **La sua insistenza**

ha reso, his stubborness paid off ***5*** (*far diventare*) to make*: **r. q. felice**, to make sb. happy; **r. q. triste**, to sadden sb.; to make sb. sad; **r. dolce**, to sweeten; **r. pubblico**, to make public; to publicize; **r. q. padre**, to make sb. a father; **r. la vita difficile a q.**, to make life difficult for sb. ***6*** (*esprimere, riprodurre*) to express, to convey; (*interpretare*) to render: **r. un sentimento**, to express a feeling; **Questa foto non rende l'atmosfera**, this photo doesn't convey the atmosphere; **r. l'idea**, to make oneself clear; **Rendo l'idea?**, do you see what I mean? ***7*** (*tradurre*) to translate • **r. conto di q.c.**, to account for st. □ **rendersi conto di**, (*capire*) to realize; to be [to become*] conscious of; (*capacitarsi di*) to explain: **Mi resi conto del mio errore**, I realized my mistake; **Non si rendeva conto che stava sbagliando**, he wasn't conscious of the fact he was making a mistake; **Non so rendermi conto di come sia successo**, I can't explain how it happened ***B*** **rèndersi** *v. rifl. e i. pron.* to make* oneself: **r. impopolare**, to make oneself unpopular; **r. utile**, to make oneself useful; **r. ridicolo**, to make a fool of oneself • **Si è reso colpevole di negligenza**, he is guilty of negligence.

rendicónto *m.* ***1*** (*comm.*) statement of accounts; account; report: **fare un r.**, to make a statement of accounts; **r. dei profitti**, revenue account; **r. annuale**, annual report ***2*** (*resoconto*) account; report; (*atti di un'istituzione*) report of proceedings; notes (*pl.*).

rendiménto *m.* ***1*** (*il rendere*) rendering: **r. di grazie**, rendering of thanks; thanksgiving; **r. di conti**, rendering of accounts ***2*** (*produzione*) yield; production; output: **il r. di una miniera**, the output of a mine; **il r. di un'azienda**, the output (*o* yield) of a company; **ad alto r.**, high-yield (*attr.*) ***3*** (*resa finanziaria, frutto*) yield; return ***4*** (*efficienza, resa personale*) efficiency; performance: **il r. di un atleta**, an athlete's performance; **impiegato di buon [di scarso] r.**, efficient [inefficient] employee; **r. scolastico**, progress at school ***5*** (*fis., mecc.*) efficiency; performance: **motore ad alto r.**, high-performance engine.

rèndita *f.* ***1*** (*privata*) (unearned) income; (*pubblica*) revenue; (*da affitti*) rent; (*da capitale*) yield, return: **r. catastale [fondiaria]**, cadastral [land] rent; **vivere di r.**, to live on a private income; to have private means ***2*** (*leg.*) annuity: **r. vitalizia**, life annuity.

rène *m.* (*anat.*) kidney.

renétta *f.* (*mela*) rennet.

réni *f. pl.* (*anat.*) loins; (*schiena*) back (*sing.*): **avere mal di r.**, to have a backache (*o* a sore back) • **fil delle r.**, backbone; spine □ **spezzare le reni a q.**, to crush sb.; to annihilate sb.

renitènte ***A*** *a.* reluctant; unwilling; recalcitrant; (*restìo*) loath (*pred.*) • (*mil.*) **essere r. alla leva**, to fail to report for military service; to dodge the draft (*USA*) ***B*** *m.* (*mil.*) person who fails to report for military service; draft dodger (*USA*).

renitènza *f.* reluctance; unwillingness; recalcitrance • (*mil.*) **r. alla leva**, failure to report for military service; draft dodging (*USA*).

rènna *f.* ***1*** (*zool.*) reindeer* ***2*** (*pelle*) buckskin.

rèo ***A*** *m.* (*f.* **-a**) (*leg.*) offender; culprit; criminal: **È reo di furto**, he is guilty of theft; **reo confesso**, self-confessed criminal ***B*** *a.* (*malvagio*) wicked; evil.

reòstato *m.* (*elettr.*) rheostat.

repàrto *m.* ***1*** (*compartimento, sezione*) department; (*di ospedale*) ward; (*di officina*) shop, bay: **r. collaudi**, testing department; **r. abbigliamento maschile**, men's clothing department; **r. maternità**, maternity ward; (*mecc.*) **r. montaggio**, fitting shop; **capo r.**, *V.* **caporeparto** ***2*** (*mil.*) unit; detachment: **reparti speciali**, special units; task force (*sing.*); **reparti d'assalto**, storm troops.

repellènte ***A*** *a.* repellent; repulsive ***B*** *m.* (*chim.*) repellent, repellant.

repentàglio *m.* risk; danger; hazard; jeopardy • **mettere a r.**, to put at risk; to endanger; to jeopardize; to put on the line (*fam.*).

repentinità *f.* suddenness; unexpectedness.

repentino *a.* sudden; unexpected.

reperibile *a.* available: **Il dottore è r. dalle 8 alle 12**, the doctor is available (*o* can be contacted) between 8 and 12; **r. nei migliori negozi**, available in the best shops • **r. in commercio**, on sale □ **non facilmente r.**, not easily found.

reperibilità *f.* availability • (*di medico*) **essere di r.**, to be on call.

reperiménto *m.* finding; tracing; (*elab.*) retrieval.

reperire *v. t.* to find*; to trace; (*elab.*) to retrieve • **r. fondi**, to raise funds.

repèrto *m.* ***1*** (*anche archeol.*) find ***2*** (*leg.*) exhibit ***3*** (*med.*) (medical) report.

repertòrio *m.* ***1*** index*; catalogue; inventory: **r. bibliografico**, bibliography ***2*** (*teatr.*) repertoire; repertory ***3*** (*cinem., TV*) library stock: **materiale di r.**, library footage ***4*** (*fondo, raccolta*) fund; stock; store; repertoire: **r. di aneddoti**, fund (*o* stock) of anecdotes; **tutto il suo r. di insulti**, his whole repertoire of abuse.

rèplica *f.* ***1*** (*ripetizione*) repetition; repeat ***2*** (*di opera d'arte*) replica ***3*** (*teatr.*) repeat performance: **serie di repliche**, run; **avere dieci repliche**, to run for ten performances; **avere molte repliche**, to have a long run ***4*** (*risposta*) reply; answer ***5*** (*obiezione*) objection; retort: **Non ammetto r.**, I won't allow any objection; **un tono che non ammette repliche**, a tone of voice which brooks no argument ***6*** (*leg.*) replication.

replicànte ***A*** *a.* (*biochim.*) replication (*attr.*) ***B*** *m. e f.* android; (*anche fig.*) clone.

replicàre *v. t.* ***1*** (*fare di nuovo*) to repeat ***2*** (*rispondere*) to reply, to answer; (*ribattere*) to retort, to answer back (*fam.*); (*obiettare*) to object: **E guai a te se replichi!**, and don't you answer back!; **Obbedì senza r.**, he obeyed without comments (*o* without a word) ***3*** (*teatr.*) to repeat; to perform (again): **Il lavoro fu replicato per un mese**, the play had a run of a month; **Domani si replica**, repeat performance tomorrow.

reportage (*franc.*) *m. invar.* report; story; reportage: **r. di guerra**, war report; **r. fotografico**, reportage.

repressióne *f.* ***1*** repression ***2*** (*psic.*) suppression.

repressivo *a.* repressive.

reprèsso ***A*** *a.* ***1*** repressed; (*soffocato*) stifled, choked ***2*** (*psic.*) suppressed ***B*** *m.* (*f.* **-a**) repressed person.

repressóre ***A*** *m.* repressor, represser ***B*** *a.* repressive.

reprimènda *f.* reprimand; rebuke; lecture.

reprimere ***A*** *v. t.* ***1*** (*domare*) to repress; to put* down ***2*** (*raffrenare*) to suppress; to restrain; to check; to hold* back: **r. i propri sentimenti**, to suppress one's feelings; **r. l'ira**, to restrain (*o* to check) one's anger; **r. i singhiozzi**, to choke back one's sobs; **r. uno sbadiglio**, to stifle (*o* to suppress) a yawn; **r. una risata**, to suppress a laugh ***B*** **reprimersi** *v. rifl.* to restrain oneself; (*dominarsi*) to control oneself.

rèprobo *a. e m.* (*f.* **-a**) reprobate.

repùbblica *f.* ***1*** republic ***2*** (*fig.*) republic; commonwealth • (*spreg.*) **r. delle banane**, banana republic.

repubblicàno *a. e m.* (*f.* **-a**) republican.

repulisti *m.* — (*fam. scherz.*) **far r.**, to make a clean sweep (of st.); (*mangiare tutto*) to polish off (st.); (*rubare tutto*) to clean out (a place).

repulsióne *f.* ***1*** (*fis.*) repulsion ***2*** *V.* **ripulsione**.

repulsivo *V.* **ripulsivo**.

reputàre ***A*** *v. t.* to repute (*generalm. al passivo*); to consider; to think*; to deem (*form.*): **Lo reputano un uomo onesto**, he is reputed (*o* considered) (to be) an honest man; **Lo reputavo necessario**, I thought it necessary; **Non lo reputo molto**, I don't think much of him ***B*** **reputàrsi** *v. rifl.* to consider oneself.

reputazióne *f.* reputation; repute; credit; standing: **godere d'una buona r.**, to have (*o* to enjoy) a good reputation; **rovinarsi la r.**, to lose one's reputation.

rèquie *f.* (*riposo*) rest; (*pace*) peace; (*tregua*) respite: **Non ho mai un minuto di r.**, I never have a moment's peace; **non dare r.**, to give no peace; (*di dolore, rumore*) to give no respite; **senza r.**, incessantly; unceasingly.

rèquiem (*lat.*) *m. o f. invar.* (*eccles.*) prayer for the dead • (*eccles., mus.*) **(Messa di) R.**, Requiem (Mass).

requiṣire *v. t.* to requisition; (*anche fig.*) to commandeer.

requiṣito *m.* requirement; requisite; qualification: **soddisfare a tutti i requisiti**, to meet all requirements; **avere i massimi requisiti**, to have the highest qualifications; **r. indispensabile**, prerequisite.

requiṣitòria *f.* ***1*** (*leg.*) public prosecutor's final address; summing-up; summation ***2*** (*severo rimprovero*) lecture; tirade.

requiṣizióne *f.* requisition; (*anche fig.*) commandeering.
résa *f.* **1** (*mil.*) surrender: **le condizioni della r.**, the terms of surrender; **trattare la r.**, to discuss the terms of surrender; **r. senza condizioni**, unconditional surrender; **intimare la r. a q.**, to call on sb. to surrender; **costringere q. alla resa**, to force sb. to yield **2** (*restituzione*) return; (*di denaro*) refund, repayment **3** (*profitto*) yield, return; (*produzione*) output • **r. dei conti**, (*comm.*) rendering of accounts; (*fig.*) day of reckoning; (*momento cruciale*) crunch; (*prova di forza*) showdown.
rescìndere *v. t.* (*leg.*) to rescind; to annul.
rescindìbile *a.* (*leg.*) rescindable; annullable.
rescissióne *f.* (*leg.*) rescission; annulment.
resecàre *v. t.* **1** to cut* off; to sever **2** (*chir.*) to resect.
reṣèda *f.* (*bot.*) reseda; mignonette.
resezióne *f.* (*chir*) resection.
residence (*ingl.*) *m. invar.* block of service flats (*GB*); apartment hotel (*USA*).
residènte *A a.* resident; (*bur.*) domiciled *B m. e f.* resident.
residènza *f.* **1** residence; (*bur.*) domicile, permanent address; (*sede*) seat: **luogo di r.**, place of residence; **cambiamento di r.**, change of address; **avere la r. a Roma**, to be domiciled in Rome; **essere senza r. fissa**, to have no permanent address; **fissare la propria r. in una città**, to take up one's residence in a town **2** (*edificio*) residence; house: **r. di campagna**, country house **3** (*soggiorno*) stay.
residenziàle *a.* residential.
residuàto *A a.* residual; remaining *B m.* (*rimanenza*) surplus.
resìduo *A a.* remaining; residual; left over (*pred.*) *B m.* **1** (*ciò che resta*) remainder; residue; remnant; (*traccia*) trace; (*vestigio*) vestige: **un r. di forze**, the little strength sb. has left; the last scrap of sb.'s strength **2** (*mat.*) remainder **3** (*chim.*) residue **4** (*comm.*: *eccedenza*) surplus; balance • (*mecc.*) **residui di lavorazione**, scraps; tailings □ **residui radioattivi**, radioactive waste Ⓤ.
resiliènte *a.* (*fis.*) resilient.
resiliènza *f.* (*fis.*) resilience, resiliency.
rèṣina *f.* resin.
reṣinàto *a.* **1** treated with resin **2** (*di vino, ecc.*) resinated.
reṣinóso *a.* resinous.
resistènte *a.* **1** resistant; resisting; proof (against); -proof (*suff.*): **r. al calore**, heat-resistant; heatproof; **r. al fuoco**, fireproof; **r. agli urti**, shockproof, **r. alle intemperie**, weatherproof; **r. alla fatica**, capable of physical endurance; tough **2** (*robusto*) strong, tough; (*r. al logorio*) hard-wearing **3** (*di colore*) fast **4** (*bot.*) hardy.
resistènza *f.* **1** resistance; (*capacità di sopportazione*) endurance, stamina: **opporre r.**, to put up (*o* to offer) resistance; **vincere la r. di**, to overcome the resistance of; **r. alla fatica** [**alle infezioni**], resistance to fatigue [to infection]; **r. fisica**, physical stamina; **capacità di r.**, powers of endurance; stamina; staying power; (*sport*) **gara di r.**, endurance test **2** (*fis., mecc.*) resistance; strength **3** (*elettr.*) resistor; resistance(-coil) **4** (*aeron.*) drag **5** (*stor., polit.*) resistance; underground.
resìstere *v. i.* **1** (*anche fig.*) to resist (sb., st.); to withstand* (sb., st.); to hold* out (against): **r. al nemico**, to resist the enemy; **r. alle tentazioni**, to resist temptation; **Fino a quando potremo r.?**, how long will we be able to hold out?; **Resisti, arriviamo!**, hang on, we're coming! **2** (*sopportare*) to endure (st.); to bear* (st.); to stand* (st.): **r. al dolore**, to endure pain; **Non ci resisto a vederlo soffrire così**, I can't bear to see him suffer so much; **Non ci resisto più!**, I can't stand it any longer; I can't take any more of this **3** (*durare*) to last **4** (*essere resistente*) to stand* (st.); to be resistant (to); to be ... -proof: **r. al freddo**, to stand the cold; **r. al fuoco**, to be resistant to fire; to be fireproof; **r. agli acidi**, to be acid-proof; **r. alla prova**, to stand the test.
resistività *f.* (*elettr.*) resistivity.
resistóre *m.* (*elettr.*) resistor.
resocontista *m. e f.* reporter.
resocónto *m.* **1** account; report: **fare un r.**, to give an account; to make a report **2** (*rendiconto*) statement.
respingènte *m.* (*ferr.*) buffer; bumper (*USA*).
respìngere *v. t.* **1** to repel; to drive* back; to push back: **r. un attacco**, to repel an attack; **r. il nemico**, to drive back the enemy; **r. la tentazione**, to resist temptation **2** (*non accettare*) to reject; to turn down; to turn away: **r. una proposta**, to reject (*o* to turn down) a proposal **3** (*rimandare*) to return; to send* back: **r. una lettera**, to return a letter **4** (*bocciare*) to fail: **r. q. a un esame**, to fail sb. in an examination; **Fu respinto in latino**, he failed Latin **5** (*sport*) to clear.
respinta *f.* (*sport*) clearance.
respinto *A a.* **1** (*rifiutato*) rejected **2** (*bocciato*) failed *B m.* (*f.* **-a**) failed candidate.
respiràbile *a.* breathable; respirable.
respiràre *A v. i.* **1** to breathe: **r. a pieni polmoni**, to breathe deeply; **r. col naso**, to breathe through one's nose; **Non respira più**, he has stopped breathing; **Qui dentro non si respira!**, it's so stuffy in here! **2** (*riprendere fiato*) to get* one's breath back; to catch one's breath **3** (*essere sollevato*) to breathe again; to breathe easier (*fam.*) *B v. t.* to breathe.
respiratóre *m.* **1** (*med., tecn.*) respirator **2** (*subacqueo*) snorkel; (*autorespiratore*) aqualung.
respiratòrio *a.* respiratory; breathing.
respirazióne *f.* breathing; respiration: **difficoltà di r.**, difficulty in breathing • **r. artificiale**, artificial respiration □ **r. bocca a bocca**, mouth-to-mouth resuscitation; kiss of life (*fam.*).
respìro *m.* **1** (*respirazione*) breathing; (*r. singolo*) breath; (*sospiro*) sigh: **fare un r. profondo**, to take a deep breath; **trattenere il r.**, to hold one's breath; **r. di sollievo**, sigh of relief; **avere il r. corto**, to be short of breath **2** (*breve pausa, riposo*) rest; respite; (*agio*) leisure: **non avere mai un minuto di r.**, never to have a moment's rest; **Dammi un attimo di r.!**, let me breathe!; let me get my breath back!; **lavorare con un certo r.**, to work at a leisurely pace **3** (*dilazione*) respite; grace; breathing space: **Ci hanno dato tre giorni di r.**, we've been given three days' grace • **da togliere il r.**, breath-taking (*agg.*) □ **di ampio r.**, wide-ranging □ **esalare l'ultimo r.**, to breathe one's last □ **fino all'ultimo r.**, to the last.
responsàbile *A a.* **1** responsible; answerable; accountable; (*per danni*) liable; (*colpevole*) guilty; (*incaricato*) in charge: **r. delle proprie azioni**, responsible (*o* accountable) for one's actions; **r. di fronte a q.**, responsible to sb.; **Me ne faccio r. io**, I'll take full responsibility; I'll answer for it; **penalmente r.**, criminally liable; **Sono r. delle spedizioni**, I'm in charge of deliveries **2** (*affidabile*) responsible; reliable; conscientious • (*giorn.*) **direttore r.**, editor *B m. e f.* **1** person responsible: **il r. dell'incidente**, the person who caused the accident **2** (*chi dirige*) person in charge; head; manager.
responsabilità *f.* responsibility; (*per danni*) liability: **sotto la mia r.**, on my own responsibility; **assumersi piena r. di q.c.**, to take full responsibility for st.; **prendersi la r. di fare q.c.**, to take it upon oneself to do st.; to assume responsibility for doing st.; **Ciascuno deve assumersi le sue r.**, everyone must take responsibility for his own actions; (*leg.*) **r. individuale e solidale**, joint and several liability; (*leg.*) **r. civile** [**penale**], civil [criminal] liability; **posizione** [**incarico**] **di r.**, responsible position [task].
responsabiliẓẓàre *A v. t.* to invest (sb.) with a responsibility; (*rendere responsabile*) to make* (sb.) aware of his responsibilities *B* **responsabilizzarsi** *v. i. pron.* to assume one's responsibilities; to become* aware of one's responsibilities; to become* responsible.
respònso *m.* (*di oracolo*) response; (*giudizio*) opinion; (*decisione*) decision, verdict; (*risposta*) reply, answer: **il r. medico**, the doctor's opinion; **il r. della giuria**, (*leg.*) the jury's verdict; (*in una gara*) the jury's decision; **il r. delle urne**, the electoral results (*pl.*).
responsòrio *m.* (*eccles.*) responsory.
rèssa *f.* crowd; throng • **fare r.**, to crowd; to throng.
restànte *A a.* remaining; left over (*pred.*) *B m.* remainder; rest.
restàre *V.* **rimanere**.
restauràbile *a.* restorable.
restauràre *v. t.* to restore.
restauratóre *m.* (*f.* **-trice**) restorer.
restaurazióne *f.* restoration.
restàuro *m.* restoration; (*riparazione*) repairs (*pl.*): **occuparsi di restauri**, to do restoration work; **chiuso per restauri**, closed for restoration (*o* repairs); **in r.**, under restoration.
restìo *a.* reluctant; unwilling; loath: **r. a partire**, reluctant to

leave; **r. a obbedire**, unwilling to obey.

restituìbile *a.* returnable; (*rimborsabile*) repayable, refundable.

restituìre *v. t.* ***1*** (*rendere*) to return, to give* back, to hand back; (*rispedire*) to send* back; (*rimborsare*) to repay*, to pay* back, to refund; (*ripristinare*) to restore: **r. un libro**, to return a book; **r. la merce**, to return the goods; **r. la vista**, to restore sb.'s sight; **r. le forze a q.**, to restore sb.'s strength ***2*** (*contraccambiare*) to return; to repay* • **r. un'occhiata a q.**, to return sb.'s glance □ **r. uno schiaffo a q.**, to slap sb. back.

restituzióne *f.* return; restitution; (*rimborso*) repayment.

rèsto *m.* ***1*** rest; remainder: **Ti dirò il r. domani**, I'll tell you the rest tomorrow; **il r. del tempo**, the rest of the time; **il r. del viaggio**, the rest (*o* remainder) of the journey ***2*** (*di una somma di denaro*) change: **Tieni il r.**, keep the change; **C'è un r. di 2000 lire**, there is 2,000 lire change; **Non ho da darti il r.**, I have no change ***3*** (*al pl.*) (*residui*) remnants, remains; (*di cibo*) leftovers; (*ruderi*) remains, ruins: **resti mortali**, mortal remains ***4*** (*mat.*) remainder ***5*** (*comm.*: *differenza a saldo*) balance • **del r.**, (*inoltre*) besides; (*a dire il vero*) for that matter; (*d'altronde*) however.

restringere ***A*** *v. t.* ***1*** to narrow; (*contrarre*) to contract; (*un tessuto*) to shrink*: **r. un'apertura**, to narrow an opening; **r. le pupille**, to contract the pupils ***2*** (*ridurre*) to reduce, to cut* down; (*limitare*) to restrict; (*concentrare*) to narrow down: **r. le spese**, to cut down expenses; **r. gli inviti ai parenti stretti**, to restrict invitations to one's close relatives; **r. un'indagine**, to narrow down an investigation ***B*** **restringersi** *v. i. pron.* ***1*** to narrow; to get* narrower; (*contrarsi*) to contract; (*di tessuto*) to shrink* ***2*** (*avvicinarsi per fare spazio*) to move up; to move closer together ***3*** (*ridursi*) to come* down; (*diminuire*) to decrease.

restringiménto *m.* ***1*** narrowing; (*contrazione*) contractlon; (*di tessuto*) shrinkage ***2*** (*strettoia*) bottleneck ***3*** (*med.*) stricture.

restrittivo *a.* restrictive.

restrizióne *f.* restriction: **senza restrizioni**, without restriction; unrestricted (*agg.*).

resurrezióne *e deriv. V.* **risurrezione** *e deriv.*

retàggio *m.* (*lett.*) heritage; legacy.

retàta *f.* ***1*** (*di pesce*) catch; haul ***2*** (*fig.*) round-up; bust (*pop.*).

réte *f.* ***1*** net; (*anche fig.*) netting, network, mesh: **r. da pesca**, fishing net; **r. metallica**, wire net (*o* netting); wire mesh; (*anche fig.*) **gettare le reti**, to cast one's net ***2*** (*insidia, inganno*) trap; snare; net: **cascare nella r.**, to fall into the net (*o* trap); **prendere nella r.**, to trap ***3*** (*reticolato*) grid; (*sistema reticolato, anche*) network, system: **r. di canali**, network of canals; **r. telefonica** [**ferroviaria**], telephone [railway] system (*o* network); **r. televisiva**, television network; **r. idrica**, water system; (*comm.*) **r. di distribuzione**, distribution system; network of distributors ***4*** (*fig.*: *trama*) web: **una r. di relazioni**, a web of relationships ***5*** (*calcio*) net; (*punto segnato*) goal: **andare a r.**, to score a goal; **tirare in r.**, to score; to put the ball in the back of the net (*fam.*); **La partita si chiuse a reti inviolate**, the match ended in a goalless draw ***6*** (*tennis*) net: **mandare la palla in r.**, to net the ball; **scendere a r.**, to come up to the net; **gioco a r.**, net-play ***7*** — (*elab.*) **la R.**, the (World Wide) Web; the web • **r. a strascico**, trawl net; dragnet □ **r. di sicurezza**, safety net □ **r. di spie**, spy network □ **r. di vicoli**, network of alleys □ **r. per i bagagli**, luggage rack □ **r. per i capelli**, hairnet □ **r. per farfalle**, butterfly net □ **r. per la spesa**, string bag □ **calze a r.**, fishnet stockings □ **tendine a r.**, net curtains □ (*anche fig.*) **senza r.**, without a safety net.

reticèlla *f.* ***1*** (*per capelli*) hairnet ***2*** (*borsetta*) reticule; (*per la spesa*) string bag ***3*** (*per bagagli*) luggage rack.

reticènte *a.* reticent.

reticènza *f.* reticence • **senza r.**, without reserve; freely.

reticolàre *a.* reticular.

reticolàto ***A*** *a.* reticulate; reticular; netlike ***B*** *m.* ***1*** network; crisscross (*fam.*); (*cartografia*) grid ***2*** (*rete metallica*) wire netting; mesh fence ***3*** (*mil.*) barbed-wire fence.

retìcolo *m.* ***1*** network; (*cartografia*) grid ***2*** (*fis.*) lattice ***3*** (*zool.*) reticulum* ***4*** (*ottica*) reticle.

rètina (**1**) *f.* (*anat.*) retina*.

retìna (**2**) *f.* (*per capelli*) hairnet.

retinìte *f.* (*med.*) retinitis.

retìno *m.* ***1*** (*per pesca*) landing net ***2*** (*per farfalle*) butterfly net ***3*** (*fotogr., tipogr.*) halftone screen.

rètore *m.* rhetor; (*anche spreg.*) rhetorician.

retòrica *f.* (*anche spreg.*) rhetoric.

retòrico *a.* (*anche spreg.*) rhetorical • **figura retorica**, figure of speech.

retràttile *a.* ***1*** (*zool.*) retractile ***2*** (*tecn.*) retractable.

retribuìre *v. t.* (*pagare*) to pay*.

retribuìto *a.* paid: **scarsamente r.**, underpaid; **non r.**, unpaid; without pay; (*onorario*) honorary.

retributìvo *a.* pay (*attr.*); wage (*attr.*): **livello r.**, wage level.

retribuzióne *f.* (*compenso*) payment; (*salario*) wages (*pl.*); (*stipendio*) salary.

retrìvo ***A*** *a.* reactionary; hidebound; blimpish ***B*** *m.* reactionary; die-hard.

rètro *m.* ***1*** back; (*di edificio, anche*) rear: **sul r.**, (*di edificio*) at the back (*o* rear); in back (*USA*); (*di foglio*) on the back, overleaf; **ingresso sul r.**, back (*o* rear) entrance ***2*** (*di moneta, ecc.*) reverse; back • **vedi r.**, please turn over (*abbr.* PTO).

retroattività *f.* retroactivity; backdating.

retroattìvo *a.* retroactive; retrospective • **rendere r.**, to backdate.

retroazióne *f.* ***1*** retroaction ***2*** (*elettron., elab.*) feedback.

retrobottéga *m. o f. invar.* back (of a shop).

retrocàrica *f.* breech-loading • **fucile a r.**, breech-loader.

retrocèdere ***A*** *v. i.* ***1*** (*arretrare*) to retreat; to step back ***2*** (*fig.*) to withdraw*; to go* back (on st.) ***B*** *v. t.* ***1*** (*mil.*) to degrade; to demote ***2*** (*di qualifica*) to demote ***3*** (*sport*) to relegate.

retrocessióne *f.* ***1*** retrocession ***2*** (*mil.*) degrading; demotion ***3*** (*di qualifica*) demotion ***4*** (*sport*) relegation.

retrocucìna *m. o f.* back kitchen; scullery.

retrodatàre *v. t.* to antedate.

retrodatazióne *f.* antedating.

retroflèsso *a.* retroflex; retroflexed.

retrògrado ***A*** *a.* ***1*** retrograde (*anche astron., biol. psic.*); backward ***2*** (*fig.*) backward-looking; old-fashioned; (*reazionario*) reactionary ***B*** *m.* (*f.* **-a**) (*polit.*) reactionary; stick--in-the-mud (*fam.*).

retrogressióne *f.* retrogression; regression; retrocession.

retroguàrdia *f.* (*mil.*) rearguard • (*fig.*) **formare la r.**, to bring up the rear □ **stare alla r.**, to hang back.

retrogùsto *m.* aftertaste.

retromàrcia *f.* (*movimento*) backing; (*ingranaggio*) reverse (gear): **ingranare** (*o* **mettere**) **la r.**, to engage the reverse; to change into reverse; **fare r.**, (*autom.*) to reverse; to back; (*fig.*) to back down; **entrare in r.**, to back in; **uscire in r.**, to back out.

retroràzzo *m.* (*miss.*) retrorocket.

retroscèna ***A*** *f.* (*teatr.*) back of the stage ***B*** *m. inv.* ***1*** (*teatr.*) backstage activity ***2*** (*attività nascosta*) behind-the-scenes activity, goings-on behind the scenes; (*intrighi*) intrigue, underhand dealings (*pl.*).

retrospettìva *f.* retrospective.

retrospettìvo *a.* retrospective.

retrostànte *a.* lying behind (*pred.*); (*sul retro*) at the back (*pred.*).

retrotèrra *m.* ***1*** (*geogr.*) hinterland ***2*** (*fig.*) background.

retroversióne *f.* ***1*** (*med.*) retroversion ***2*** (*ritraduzione nella lingua originale*) back-version; retranslation.

retrovìa *f.* (*mil., specialm. al pl.*) zone behind the lines (*o* the front): **nelle retrovie**, behind the lines.

retrovisìvo *a.* — (*autom.*) **specchietto r.**, rear-view mirror.

retrovisóre *m.* (*autom.*) rear-view mirror.

rètta (**1**) *f.* (*geom.*) straight line: **rette parallele**, parallel lines.

rètta (**2**) *f.* — **dar r. a**, to pay attention to; to take notice of; to listen to: **Dammi r.**, take my word for it; listen to me.

rètta (**3**) *f.* (*di scuola, collegio, ecc.*) fees (*pl.*); terms (*pl.*).

rettàle *a.* (*anat.*) rectal; of the rectum.

rettangolàre *a.* (*geom.*) rectangular.

rettàngolo (*geom.*) ***A*** *a.* right-angled ***B*** *m.* rectangle.

rettìfica *f.* ***1*** (*correzione*) correction; amendment; (*giorn.*) retraction; (*ritocco*) adjustment ***2*** (*mecc.*) grinding.

rettificàre *v. t.* ***1*** (*correggere*) to rectify; to correct; to amend; (*giorn.*) to retract; (*ritoccare*) to adjust: **r. un er-**

rore, to rectify a mistake; (*mil.*) **r. il tiro**, to adjust the range ***2*** (*chim.*) to rectify: **r. l'alcol**, to rectify alcohol ***3*** (*mat.*) to rectify ***4*** (*mecc.*) to grind*.
rettificàto *a.* ***1*** (*corretto*) rectified; corrected; amended ***2*** (*chim.*) rectified ***3*** (*mecc.*) ground.
rettificazióne *f.* ***1*** *V.* **rettifica** ***2*** (*chim., mat.*) rectification.
rettifilo *m.* straight stretch; straight road.
rèttile *m.* (*zool.*) reptile.
rettilìneo ***A*** *a.* ***1*** rectilinear (*anche geom.*); straight ***2*** (*fig.*) upright; honest ***B*** *m.* straight stretch; straight road: (*sport*) **r. d'arrivo**, home stretch; home straight (*GB*).
rettitùdine *f.* rectitude; integrity; uprightness.
rètto ***A*** *a.* ***1*** (*diritto*) straight; right: **linea retta**, straight line ***2*** (*onesto*) upright; honest ***3*** (*corretto, giusto*) right; correct • (*geom.*) **angolo r.**, right angle ***B*** *m.* ***1*** (*anat.*) rectum* ***2*** (*geom.*) right angle ***3*** (*tipogr.*) recto* ***4*** (*di moneta e sim.*) obverse.
rettoràto *m.* ***1*** (*di università: in Italia*) rectorate, rectorship; (*in G.B.*) chancellorship (*con funzioni rappresentative*), vice-chancellorship (*con funzioni amministrative*); (*in U.S.A.*) presidency ***2*** (*di collegio, ecc.*) wardenship; mastership ***3*** (*eccles.*) rectorate.
rettóre *m.* (*f.* **-trice**) ***1*** (*di università: in Italia*) rector; (*in G.B.*) chancellor (*con funzioni rappresentative*), vice-chancellor (*con funzioni amministrative*); (*in U.S.A.*) president ***2*** (*di collegio, ecc.*) warden; master ***3*** (*eccles.*) rector.
reumàtico *a.* (*med.*) rheumatic.
reumatişmo *m.* (*med.*) rheumatism ⓤ.
reumatologìa *f.* rheumatology.
reumatòlogo *m.* (*f.* **-a**) rheumatologist.
revanscişmo *m.* (*polit.*) revanche; revanchism.
revanscista *m. e f.* (*polit.*) revanchist.
reverendìssimo *a.* right reverend; most reverend.
reverèndo ***A*** *a.* reverend ***B*** *m.* (*fam.*) reverend; father; padre.
reverènte, reverènza *V.* **riverente, riverenza**.
reverenziàle *a.* reverential • **timore r.**, awe.
reversìbile *a.* ***1*** reversible ***2*** (*leg.*) reversionary: **pensione r.**, reversionary annuity.
reversibilità *f.* reversibility • **pensione di r.**, survivorship annuity.
revişionàre *v. t.* ***1*** (*rivedere*) to revise ***2*** (*controllare*) to check; (*rag.*) to audit ***3*** (*mecc.*) to overhaul.
revisionatrìce *f. V.* **revisore**.
revişióne *f.* ***1*** (*correzione*) revision; (*di testo, anche*) editing; (*di bozze*) proofreading ***2*** (*riesame*) review; reconsideration; reassessment: **r. di un trattato**, revision of a treaty; **r. di una posizione**, reassessment of a position; **sottoporre a r.**, to review ***3*** (*controllo*) check up; (*rag.*) audit, auditing ***4*** (*mecc.*) overhaul; overhauling; servicing: **fare la r. dell'automobile**, to have one's car serviced ***5*** (*leg.*) review; rehearing.
revişionişmo *m.* (*polit.*) revisionism.
revişionìsta *a., m. e f.* (*polit.*) revisionist.
revişionìstico *a.* (*polit.*) revisionist (*attr.*).
revişóre *m.* ***1*** (*di testi*) revisor; editor; (*di bozze*) proofreader ***2*** (*r. contabile*) auditor.
reviviscènza *f.* ***1*** reviviscence; revival ***2*** (*biol.*) revivification.
rèvoca *f.* ***1*** revocation; repeal; reversal; (*di un ordine*) countermand: **r. di una disposizione**, repeal (*o* revocation) of a provision; **r. di una nomina**, annulment of an appointment ***2*** (*comm.*) cancellation.
revocàbile *a.* revocable; repealable.
revocàre *v. t.* ***1*** (*annullare*) to revoke; to reverse; to annul: **r. un ordine**, to revoke (*o* to countermand) an order; **r. uno sciopero**, to call off a strike; **r. una nomina**, to annul an appointment ***2*** (*richiamare*) to recall; to call back.
revocativo, **revocatòrio** *a.* revoking; revocatory.
revocazióne *V.* **revoca**.
revòlver (*ingl.*) *m. invar.* revolver; handgun.
revolveràta *f.* revolver shot.
revulsióne *f.* (*med.*) revulsion.
revulsìvo *a. e m.* (*farm.*) revulsive.
rhodesiàno *a. e m.* Rhodesian.
riabbracciàre *v. t.*, **riabbracciàrsi** *v. rifl. recipr.* to embrace again; (*vedere, vedersi di nuovo*) to meet* again (after a long time).
riabilitànte *a.* rehabilitative.
riabilitàre ***A*** *v. t.* ***1*** (*med.*) to rehabilitate ***2*** (*reintegrare in un diritto o in una funzione*) to restore (to a former right, rank, etc.) ***3*** (*rendere nuovamente la buona fama a q.*) to rehabilitate ***B*** **riabilitàrsi** *v. rifl.* to recover one's reputation.
riabilitazióne *f.* rehabilitation (*anche med.*); (*reintegrazione*) reinstatement.
riabituàre ***A*** *v. t.* to reaccustom ***B*** **riabituàrsi** *v. rifl.* to reaccustom oneself; to get* used again.
riaccèndere ***A*** *v. t.* ***1*** (*accendere di nuovo*) to light again ***2*** (*luce elettrica, gas, ecc.*) to put* (*o* to switch, to turn) on again ***3*** (*radio, TV*) to switch on again; to put* on again ***4*** (*motore*) to switch on again; to restart ***5*** (*fig.*) to rekindle; to revive ***B*** **riaccèndersi** *v. i. pron.* ***1*** (*prendere fuoco di nuovo*) to catch* fire again; (*di fuoco*) to flare up again ***2*** (*di luce*) to go* on again; to come* on again ***3*** (*fig.*) to be rekindled; to be revived.
riaccettàre *v. t.* to reaccept; to accept once again.
riaccompagnàre *v. t.* ***1*** (*accompagnare di nuovo*) to reaccompany ***2*** (*ricondurre indietro*) to take* back; (*in auto*) to drive* back; (*a piedi*) to walk back.
riaccostàre ***A*** *v. t.* ***1*** to move close again; to draw* up again ***2*** (*porta, finestra*) to half-close; to leave ajar (*o* half-open) ***B*** **riaccostàrsi** *v. rifl.* to re-approach; to go* near again; to come* up again; (*anche fig.*) to return.
riacquistàre *v. t.* ***1*** (*acquistare di nuovo*) to buy* again; to repurchase ***2*** (*acquistare di nuovo ciò che si era venduto*) to buy* back; to repurchase ***3*** (*recuperare*) to recover; to regain; to get* back: **r. la libertà [l'appetito]**, to recover one's freedom [one's appetite]; **r. le forze**, to get back one's strength; **r. sicurezza**, to regain confidence.
riacquisto *m.* ***1*** (*l'acquistare di nuovo*) repurchase ***2*** (*recupero*) recovery.
riacutizzàre ***A*** *v. t.* (*med.*) to cause a relapse (in st.) ***B*** **riacutizzàrsi** *v. i. pron.* to worsen; to deteriorate again.
riacutizzazióne *f.* ***1*** worsening ***2*** (*med.*) relapse; worsening.
riadattaménto *m.* readaptation; readjustment.
riadattàre ***A*** *v. t.* to readapt; to readjust; (*modificare*) to alter ***B*** **riadattàrsi** *v. rifl.* to readapt oneself; to readjust again.
riaddormentàre ***A*** *v. t.* to put* back to sleep ***B*** **riaddormentàrsi** *v. i. pron.* to go* back to sleep; to fall* asleep again.
riadoperàre *v. t.* to re-use.
riaffacciàre ***A*** *v. t.* (*fig.*) to bring* up again ***B*** **riaffacciàrsi** *v. i. pron.* ***1*** to reappear (at the window); (*al balcone, ecc.*) to come* out again ***2*** (*fig.*) to reoccur; to reappear; to show* up again.
riaffermàre ***A*** *v. t.* to reaffirm; to reassert ***B*** **riaffermàrsi** *v. rifl.* to prove oneself again.
riafferràre *v. t.* to seize again; to recapture.
riaffioràre *v. i.* ***1*** to surface again ***2*** (*fig.*) to re-emerge; to crop up again.
riagganciàre ***A*** *v. t.* ***1*** to hook up again ***2*** (*riappendere*) to hang* up again; (*telef.*) to hang* up ***B*** **riagganciàrsi** *v. i. pron.* ***1*** (*fare riferimento a*) to refer back (to); to go* back (to) ***2*** (*essere collegato con*) to be linked (to); to hark back (to).
riallacciàre ***A*** *v. t.* ***1*** (*legare di nuovo*) to tie up again; to fasten again ***2*** (*unire di nuovo*) to reconnect ***3*** (*riprendere*) to resume; to renew ***B*** **riallacciàrsi** *v. i. pron.* ***1*** (*fare riferimento a*) to refer back (to) ***2*** (*essere collegato con*) to be connected (to).
riallineàre *v. t.*, **riallineàrsi** *v. i. pron.* to realign.
rialzàre ***A*** *v. t.* ***1*** (*rendere più alto*) to raise; to elevate; to add to: **r. un edificio di un piano**, to add an extra stor(e)y to a building ***2*** (*sollevare*) to raise up (again): **r. la testa**, to raise up one's head; to look up ***3*** (*aumentare*) to raise; to increase; to put* up ***B*** *v. i.* to rise* (again); to go* up (*fam.*) ***C*** **rialzàrsi** *v. i. pron.* ***1*** (*risollevarsi*) to get* up (again); to lift oneself up: **aiutare q. a r.**, to help sb. to get up (*o* to get back to his feet) ***2*** (*aumentare*) to rise* again; to go* up again.
rialzàto *a.* raised; elevated • **piano r.**, mezzanine (floor).
riàlzo *m.* ***1*** (*aumento*) rise; increase: **r. improvviso dei prezzi**, sudden rise in prices; **I prezzi sono in r.**, prices are rising (*o* are going up); **azioni in r.**, rising stock ***2*** (*parte rialzata*) height; elevation ***3*** (*spessore*) chock; wedge; (*di scarpa*) lift • (*Borsa*) **mercato in r.**, bullish market □ **tendenza al r.**, upward trend; (*Borsa*) bullish trend.
riamàre *v. t.* to return (sb.'s) love • **Credeva di essere ria-**

mato, he thought his love was returned.
riamméttere *v. t.* to readmit; to admit again.
riammissióne *f.* readmittance; readmission.
riammogliàrsi *v. i. pron.* to remarry; to get* married again.
riandàre *v. i.* to go* back; to return • **r. col pensiero a**, to think back on (*o* to); to look back on; to recall.
rianimàre ***A*** *v. t.* ***1*** to reanimate; to revive; (*ravvivare*) to put* new life in(to) ***2*** (*ridare coraggio*) to reanimate; to rally ***3*** (*med.*) to resuscitate ***B*** **rianimàrsi** *v. i. pron.* ***1*** to revive ***2*** (*rincuorarsi*) to cheer up; to take* heart ***3*** (*ridiventare animato*) to come* to life again; to liven up again.
rianimazióne *f.* ***1*** reanimation; cheering up ***2*** (*med.*) resuscitation: **centro di r.**, intensive care (*o* intensive therapy) unit.
riannodàre ***A*** *v. t.* ***1*** to knot again; to tie again ***2*** (*fig.*) to renew ***B*** **riannodàrsi** *v. i. pron.* (*fig.*) to be renewed.
riapertùra *f.* reopening; (*inizio*) beginning.
riapparìre *v. i.* to reappear; to appear again.
riapparizióne *f.* reappearance; reappearing.
riaprìre *v. t.*, **riaprìrsi** *v. i. pron.* to reopen; to open again; to open up again.
riarmàre *v. t.*, **riarmàrsi** *v. rifl.* to rearm.
riàrmo *m.* rearmament • **corsa al r.**, arms race.
riàrso *a.* parched; dry.
riascoltàre *v. t.* to listen to (sb., st.) again.
riassaporàre *v. t.* (*anche fig.*) to taste again; to savour again.
riassegnàre *v. t.* to reassign; to assign again.
riassestaménto *m.* ***1*** readjustment; rearrangement; (*riorganizzazione*) reorganization ***2*** (*di terreno*) settlement.
riassestàre ***A*** *v. t.* to rearrange; to readjust; (*riordinare*) to put* in order, to tidy up ***B*** **riassestàrsi** *v. i. pron.* to resettle; to settle down again; (*di terreno*) to settle.
riassètto *m.* readjustment; rearrangement; (*riorganizzazione*) reorganization.
riassicuràre *v. t.* (*ass.*) to reinsure; to reassure.
riassicurazióne *f.* (*ass.*) reinsurance; reassurance.
riassorbiménto *m.* ***1*** reabsorption ***2*** (*fig.*) taking in again; (*reimpiego*) taking back, re-employment.
riassorbìre ***A*** *v. t.* ***1*** to reabsorb; to absorb again ***2*** (*riprendere*) to take* in again; (*reimpiegare*) to take* back, to re-employ ***B*** **riassorbìrsi** *v. i. pron.* to be reabsorbed.
riassùmere *v. t.* ***1*** (*una carica, ecc.*) to take* on again; to reassume ***2*** (*un dipendente*) to re-employ; to take* back ***3*** (*compendiare, ricapitolare*) to summarize; to sum up: **per r.**, to sum up; in brief.
riassuntìvo *a.* recapitulatory; summarizing.
riassùnto *m.* summary.
riassunzióne *f.* ***1*** (*di carica, ecc.*) reassumption; taking on again ***2*** (*di dipendente*) re-employment.
riattaccàre ***A*** *v. t.* ***1*** (*ritornare all'attacco, anche fig.*) to attack again; to renew one's assault ***2*** (*unire di nuovo*) to join again; to reattach; (*riappiccicare*) to stick on again, (*con colla*) to glue on again ***3*** (*cucire*) to sew on ***4*** (*telef.*) to hang* up ***5*** (*fam.*: *ricominciare*) to begin* again; to start again ***B*** **riattaccàrsi** *v. rifl. e i. pron.* ***1*** (*riappiccicarsi*) to stick* again ***2*** (*riprendere*) to revert; to go* back.
riattàre *v. t.* to refit.
riattivàre *v. t.* ***1*** to reactivate; (*riaprire*) to reopen ***2*** (*chim., med.*) to reactivate.
riattivazióne *f.* ***1*** reactivation; reopening ***2*** (*chim., med.*) reactivation.
riavére ***A*** *v. t.* ***1*** to have again ***2*** (*riottenere*) to get* back ***3*** (*riacquistare*) to recover; to regain • **far r. q.**, to revive sb. ***B*** **riavérsi** *v. i. pron.* ***1*** (*riprendere i sensi*) to come* to; to come* round; to revive ***2*** (*riprendere vigore*) to recover; to get* over (st.): **r. da una malattia**, to recover from (*o* to get over) an illness.
riavvicinaménto *m.* ***1*** reapproaching; renewed approach ***2*** (*fig.*) reconciliation; rapprochement (*franc.*).
riavvicinàre ***A*** *v. t.* ***1*** to bring* (*o* to move) up (*o* closer, nearer) again ***2*** (*riconciliare*) to reconcile; to bring* together ***B*** **riavvicinàrsi** *v. rifl. e rifl. recipr.* ***1*** to draw* close again; to re-approach ***2*** (*riconciliarsi*) to become* reconciled; to make* it up.
riavvòlgere ***A*** *v. t.* ***1*** (*fasciare*) to wrap up again ***2*** (*su rocchetto e sim.*) to rewind*; (*riarrotolare*) to roll up again ***B*** **riavvòlgersi** *v. rifl. e i. pron.* ***1*** (*ravvilupparsi*) to wrap oneself up again ***2*** (*riarrotolarsi*) to wind* up again; to roll up again.
riavvolgiménto *m.* rewinding.
ribadìre *v. t.* ***1*** (*mecc.*) to rivet (down, in) ***2*** (*riconfermare*) to reassert, to repeat; (*rafforzare*) to stress.
ribalderìa *f.* villainy.
ribàldo *m.* rascal; scoundrel; villain.
ribàlta *f.* ***1*** (*piano mobile*) flap, folding top; (*di tavolo*) drop leaf* ***2*** (*di botola*) trapdoor ***3*** (*teatr.*) front of the stage: **presentarsi alla r.** (*per ricevere applausi*), to take a curtain call; **chiamata alla r.**, curtain call; **essere chiamato alla r.**, to take a curtain calls; **luci della r.**, footlights ***4*** (*posizione di primo piano*) fore, forefront; (*notorietà*) limelight: **alla r.**, in [to] the forefront, in [into] the limelight; **tornare alla r.**, to make* a comeback; (*di questione*) to come up again.
ribaltàbile *a.* ***1*** folding; hinged; tip-up: **piano r.**, folding (*o* hinged) top; (*di tavolo*) having a drop leaf, drop-leaf (*attr.*) ***2*** (*rif. a veicolo*) tipping: **cassone r.**, tipping body; **autocarro (a cassone) r.**, tipper lorry; dump truck (*USA*); dumper.
ribaltaménto *m.* ***1*** overturning; tipping ***2*** (*fig.*) overturn; reversal.
ribaltàre *v. t.*, **ribaltàrsi** *v. i. pron.* (*capovolgere, capovolgersi*) to overturn; to tip over; (*fig.*) to reverse.
ribaltóne *m.* (*fig.*) sudden reversal; complete switch.
ribassàre ***A*** *v. t.* to lower; to reduce; to abate; to cut* ***B*** *v. i.* to lower; to be reduced; to fall*; to go* down.
ribassàto *a.* reduced; cut-down.
ribàsso *m.* reduction; abatement; fall; drop; decline; (*sconto*) discount, markdown: **un r. dei prezzi**, a fall in prices; (*fig.*) **essere in r.**, to be on the decline • (*Borsa*) **mercato al r.**, bearish market □ (*econ.*) **ondata di r.**, slump □ **la tendenza al r.**, downward trend; downtrend.
ribàttere *v. t.* ***1*** (*battere di nuovo*) to beat* again; to strike* again; (*a una porta*) to knock again ***2*** (*mecc.*: *ribadire*) to rivet ***3*** (*confutare*) to refute; to rebut: **r. un'accusa**, to rebut a charge ***4*** (*assol.*: *replicare*) to retort; (*con sfrontatezza*) to answer back (*fam.*) ***5*** (*riscrivere a macchina*) to retype; to type again ***6*** (*sport*) to return; to throw* back; (*respingere*) to clear ***7*** (*cucito*) to fell.
ribattezzàre *v. t.* (*fig.*) to rename; (*soprannominare*) to nickname.
ribattìno *m.* (*mecc.*) rivet.
ribattùta *f.* (*sport*) return; (*respinta*) clearance.
ribellàrsi *v. rifl.* to rebel (against); to revolt (against).
ribèlle ***A*** *a.* ***1*** (*rivoltoso*) rebel (*attr.*); rebellious; mutinous ***2*** (*indocile*) rebellious; defiant; unruly: **carattere r.**, rebellious character; **ragazzo r.**, unruly boy ***3*** (*refrattario*) refractory: **r. a qualsiasi cura**, resistant to treatment ***B*** *m. e f.* rebel.
ribellióne *f.* rebellion: **reprimere una r.**, to put down a rebellion; **in aperta r.**, in open rebellion; **atto di r.**, rebellious act.
rìbes *m.* (*bot.*) redcurrant • **r. nero**, blackcurrant □ **r. spinoso**, gooseberry.
ribollìre ***A*** *v. i.* ***1*** (*bollire con forza*) to boil away; to bubble ***2*** (*fermentare*) to ferment; to work ***3*** (*spumeggiare*) to foam; to churn; (*essere in fermento*) to be seething, to bubble: **La città ribolle di attività**, the town is seething with activity ***4*** (*rif. a emozioni*) to seethe; to boil: **r. di rabbia**, to seethe with anger; **far r. il sangue**, to make one's blood boil ***B*** *v. t.* to boil again.
ribrézzo *m.* disgust; loathing: **fare r. a q.**, to disgust (*o* to revolt) sb.; to fill sb. with disgust; **provare r. di q.c.**, to loathe st.; to be sickened by st.
ributtànte *a.* repulsive; revolting; nauseating.
ributtàre ***A*** *v. t.* ***1*** (*buttare di nuovo*) to throw* again ***2*** (*buttare indietro*) to throw* back ***3*** (*respingere*) to drive* back; to repel ***B*** *v. i.* ***1*** (*ripugnare*) to disgust; to revolt; to sicken ***2*** (*bot.*) to sprout again ***C*** **ributtàrsi** *v. rifl.* to throw* oneself again (*o* back): **Si ributtò sul letto**, he threw himself back on to the bed; **r. giù**, to throw oneself down again; (*scoraggiarsi*) to lose heart again.
ricacciàre ***A*** *v. t.* ***1*** (*cacciare di nuovo*) to chase away again; to drive* away again ***2*** (*respingere*) to drive* back; to drive* out; to repel ***3*** (*reinfilare*) to thrust* back; to shove back (*fam.*): **Si ricacciò in tasca la lettera**, he thrust the letter back into his pocket • **r. le parole in gola a q.**, to make sb. eat his words ***B*** **ricacciàrsi** *v. rifl.* to throw* oneself again; to plunge back (*o* again) • **r. nei guai**, to get into trouble again.
ricadére *v. i.* ***1*** (*cadere di nuovo*) to fall* (down) again; to

fall* back: (*fig.*) to relapse: **r. supino**, to fall back once more; **r. sul letto**, to fall back onto the bed; **r. ammalato**, to fall ill again; **r. nell'oblio**, to fall back into oblivion; **r. nell'errore**, to relapse into error *2* (*di cosa lanciata in aria*) to fall* *3* (*scendere*) to hang*: **I capelli le ricadevano sulle spalle**, her hair hung over her shoulders *4* (*gravare*) to fall*: **La colpa ricadrà su di te**, the blame will fall on you.

ricadùta *f.* *1* (*anche med.*) relapse *2* (*conseguenza*) repercussion; spin-off (*anche al pl.*).

ricalcàbile *a.* traceable.

ricalcàre *v. t.* *1* (*disegno*) to transfer; to trace *2* (*imitare*) to imitate; to follow closely: **r. lo stesso schema**, to follow the same pattern • **r. le orme di q.**, to follow in sb.'s footsteps.

ricalcitrànte *a.* *1* (*di animale*) kicking *2* (*fig.*) recalcitrant; rebellious.

ricalcitràre *v. t.* *1* (*di animale*) to kick *2* (*fig.*) to be recalcitrant; to recalcitrate; to kick (against).

ricàlco *m.* tracing: **carta da r.**, tracing paper.

ricamàre *v. t.* (*anche fig.*) to embroider.

ricamatrìce *f.* embroiderer.

ricambiàre *v. t.* (*contraccambiare*) to return; to reciprocate.

ricàmbio *m.* *1* (*contraccambio*) return; (*scambio*) exchange *2* (*sostituzione*) replacement; change: **r. d'aria**, change of air; **vestiti di r.**, change of clothes; **pezzo di r.**, spare part *3* (*oggetto che sostituisce*) replacement; (*ricarica*) refill; (*mecc.*) spare (part) *4* (*avvicendamento*) turnover *5* (*biol.*) metabolism.

ricàmo *m.* *1* embroidery; needlework [U]: **lavoro di r.**, needlework; **un bel r.**, a fine piece of embroidery; **ago da r.**, embroidery needle *2* (*fig.*) lacework [U]; tracery.

ricapitolàre *v. t.* to recapitulate; to sum up: **Ricapitolando...**, to sum up...

ricapitolazióne *f.* recapitulation; summing up.

ricàrica *f.* *1* (*di arma*) reloading *2* (*elettr.*) recharge *3* (*di orologio*) rewinding.

ricaricàre **A** *v. t.* *1* to reload; to load up again *2* (*riempire di nuovo*) to refill *3* (*elettr.*) to recharge *4* (*un orologio*) to rewind*; to wind* up *5* (*rag.*) to mark up *6* (*ridare vigore*) to reinvigorate; to buck up (*fam.*) **B ricaricàrsi** *v. i. pron.* (*riprendere vigore*) to rally; to buck up (*fam.*).

ricascàre *v. i.* *1* *V.* **ricadere** *2* — (*fam.*) **ricascarci**, (*fare lo stesso errore*) to make the same mistake again; (*farsi ingannare*) to fall for it again.

ricattàre *v. t.* to blackmail.

ricattatóre *m.* (*f.* **-trice**) blackmailer.

ricattatòrio *a.* blackmail (*attr.*); blackmailing.

ricàtto *m.* blackmail [U]: **subire un r.**, to be blackmailed; **vittima di un r.**, victim of blackmail; **tentativo di r.**, attempt to blackmail; **È un vero r.!**, this is pure blackmail!

ricavàre *v. t.* *1* (*ottenere*) to get*; to draw*; to gain; to make*; (*derivare*) to derive: **Ne ho ricavato ben poco**, I got very little out of it; (*rif. a vendita*) I made very little on it; **r. una conclusione**, to draw a conclusion; **r. un film da un libro**, to make a film out of a book; **r. una giacca da un taglio di stoffa**, to make a jacket out of a piece of material; **ricavare beneficio da q.c.**, to get (*o* to derive) some benefit from st. *2* (*estrarre*) to extract; to get*.

ricavàto *m.* *1* proceeds (*pl.*); takings (*pl.*) *2* (*fig.*) result.

ricàvo *m.* proceeds (*pl.*); revenue; return.

ricchézza *f.* *1* wealth [U]; riches (*pl.*): **accumulare ricchezze**, to accumulate wealth; **fonte di r.**, source of wealth *2* (*di arredamento, terreno, colori, ecc.*) richness *3* (*abbondanza*) abundance; wealth: **r. di particolari**, wealth of detail • (*econ., fin.*) **r. mobile**, personal property □ **ricchezze naturali**, natural resources.

rìccio (1) **A** *a.* curly; (*crespo*) frizzy, kinky: **avere i capelli ricci**, to have curly hair; to be curly-haired **B** *m.* *1* (*di capelli*) curl: **farsi i ricci**, to curl one's hair; **I suoi sono ricci naturali**, her hair curls naturally (*o* is naturally curly) *2* (*di violino*) scroll • **r. di burro**, curl of butter.

rìccio (2) *m.* *1* (*zool.*) hedgehog *2* (*zool.*) — **r. di mare**, sea urchin *3* (*bot.*) bur; (*di castagna*) husk • (*fig.*) **chiudersi a r.**, to shut up like a clam; to clam up.

ricciolo *m.* *1* (*di capelli*) curl; lock *2* (*mecc.*) burr.

ricciolùto, ricciùto *a.* curly.

ricco **A** *a.* *1* rich; wealthy; affluent: **essere r. di famiglia**, to come from a rich family; **paesi ricchi**, rich countries; affluent nations; **la ricca borghesia**, the wealthy middle-class; **r. sfondato**, rolling in money; loaded (with money) stinking rich (*fam.*) *2* (*che abbonda di*) rich (in); abounding (in, with); full (of): **un paese r. di minerali**, a country rich in minerals; **un mare r. di pesci**, a sea teeming with fish; **r. d'informazioni** [**di idee**], full of information [of ideas] *3* (*sontuoso, sfarzoso*) sumptuous; rich; (*di valore*) rich, valuable: **r. banchetto**, sumptuous feast; **ricchi addobbi**, rich decorations; **r. dono**, valuable gift *4* (*abbondante*) abundant; rich; generous: **r. raccolto**, abundant crop; **ricca vegetazione**, rich (*o* luxuriant) vegetation; **ricca mancia**, generous tip; (*fam.*) **una ricca dormita**, a good sleep **B** *m.* (*f.* **-a**) rich (*o* wealthy) man* (*f.* woman*) • **i ricchi**, the rich; the wealthy □ **nuovo r.**, nouveau riche (*franc.*).

ricérca *f.* *1* search (*solo sing.*); quest: **la r. della verità**, the search (*o* quest) for truth; **la r. dell'oro**, the quest for gold; **Le ricerche dei superstiti continuano**, the search for survivors continues; **alla r. di**, in search of; **Sono alla r. di un lavoro**, I'm looking for a job *2* (*il perseguire*) pursuit: **la r. della felicità**, the pursuit of happiness; **alla r. di**, in pursuit of *3* (*r. scientifica e sim.*) research [U]; (*a scuola*) project: **fare una r.**, to carry out (some) research; **fare ricerche**, to do research; to research; **Mi occupo di ricerche su...**, I'm researching into...; **r. sul campo**, field research; **r. di mercato**, market research; **una r. interessante**, an interesting piece of research; **lavoro di r.**, research work *4* (*indagine, investigazione*) investigation; inquiry: **fare delle ricerche su q.c.**, to make inquiries about st. *5* (*econ.*: *richiesta*) demand (for) *6* (*elab.*) search.

ricercàre *v. t.* *1* to look for (st., sb.) again: **cercare e r.**, to look (*o* to search) for st. everywhere *2* (*cercare con impegno*) to look for; to search for; to seek*: **r. un omicida**, to look for a murderer; **r. un effetto**, to seek an effect *3* (*investigare*) to investigate; to inquire into *4* (*perseguire*) to pursue; to seek*.

ricercatézza *f.* *1* refinement; elegance *2* (*affettazione*) affectation.

ricercàto *a.* *1* *V.* **richiesto**, *def.* *1* *2* (*raffinato*) refined; studied *3* (*affettato*) affected; precious *4* (*cercato*) wanted: **r. dalla polizia**, wanted by the police.

ricercatóre *m.* (*f.* **-trice**) *1* seeker; searcher *2* (*chi fa ricerca*) researcher; research worker.

ricetrasmittènte **A** *a.* two-way (*attr.*) **B** *m. e f.* two-way radio; transceiver • **r. portatile**, walkie-talkie.

ricètta *f.* *1* (*med.*) prescription: **fare una r.**, to make out a prescription; **dietro presentazione di r. medica**, on prescription *2* (*cucina*) recipe *3* (*rimedio*) remedy; cure *4* (*fig.*) recipe; formula: **la r. della felicità**, the recipe for happiness.

ricettàcolo *m.* receptacle; repository • **essere un r. di polvere**, to gather a lot of dust; to be a dust-trap.

ricettàre *v. t.* (*leg.*) to receive (stolen goods).

ricettàrio *m.* *1* (*med.*) prescription book *2* (*cucina*) recipe book; cookery book; cook book (*USA*).

ricettatóre *m.* (*f.* **-trice**) (*leg.*) receiver of stolen goods; fence (*pop.*).

ricettazióne *f.* (*leg.*) receiving of stolen property.

ricettività *f.* *1* receptivity *2* (*di locale, ecc.*) accommodation capacity: **Il nostro albergo ha una r. di 200 letti**, our hotel can accommodate (*o* has accommodation for) 200; **La sala ha una r. di 500 posti**, the hall can seat 500; **r. alberghiera**, hotel facilities (*pl.*).

ricettìvo *a.* *1* receptive *2* (*tur.*) accommodation (*attr.*): **strutture ricettive**, accommodation facilities.

ricevènte **A** *a.* receiving **B** *m. e f.* receiver.

ricévere *v. t.* *1* to get*; to receive; to be given: **r. un telegramma**, to get (*o* to receive) a telegram; **r. molti regali**, to get (*o* to be given) a lot of presents; **Ho ricevuto la tua lettera**, I got your letter; **r. uno stipèndio**, to get (*form.* to draw) a salary; **La stanza riceve sole al mattino**, the room gets the sun in the morning; **r. un'impressione**, to receive (*o* to get) an impression; **r. una punizione**, to be punished *2* (*accettare*) to accept; to take*: **r. prenotazioni**, to accept booking; **r. ordini**, to take orders *3* (*accogliere*) to receive, to welcome; (*all'arrivo*) to meet*; (*dare ricovero*) to shelter, to take* in; (*assol.*: **r. ospiti**) to entertain *4* (*visitatori, clienti*) to receive; to see* *5* (*ospitare*) to accommodate; (*contenere*) to hold* *6* (*ammettere*) to admit; (*a un'udienza*) to grant an audience to *7* (*radio*) to receive; to pick up; to read*: **r. segnali**, to pick up signals; **Come mi**

ricevi? Passo, how are you reading me? over; **Ricevuto!**, roger!

riceviménto *m.* **1** (*il ricevere*) receiving; receipt; reception: **al r. della merce**, upon receipt of the goods; **orario di r.**, office hours; (*di dottore*) consulting hours **2** (*accoglienza*) welcome; reception **3** (*trattenimento, festa*) reception; party: **dare un r.**, to hold a reception.

ricevitóre ***A*** *m.* **1** (*f.* **-trice**) receiver; (*di somme*) collector: **r. di imposte**, tax collector; **r. di scommesse**, bookmaker; bookie (*fam.*) **2** (*radio, TV, telef.*) receiver: **alzare il r.**, to pick up the receiver; **riattaccare** [**abbassare**] **il r.**, to replace the receiver; to hang up ***B*** *a.* receiving.

ricevitorìa *f.* (receiving) office: **r. di scommesse**, betting office (*o* shop); **r. delle tasse**, tax office.

ricevùta *f.* receipt; (*quietanza*) quittance: **r. a saldo**, receipt in full; **r. di versamento**, receipt for payment; **r. fiscale**, receipt for fiscal (*o* tax) purposes; **accusare r.**, to acknowledge receipt • **raccomandata con r. di ritorno**, *V. sotto* **raccomandata**.

ricezióne *f.* **1** (*radio, TV*) reception **2** (*in albergo, ecc.*) reception: **banco della r.**, reception desk; **addetto alla r.**, receptionist.

richiamàre ***A*** *v. t.* **1** (*chiamare di nuovo*) to call again; to call back: **chiamare e r.**, to call and call; **Richiamami domani**, call me back tomorrow **2** (*far tornare indietro*) to call back; to recall; (*ritirare*) to withdraw*: **Richiamai il cameriere**, I called the waiter back; **r. i cani**, to call off the dogs; **r. un ambasciatore**, to recall an ambassador; **r. q. in carica**, to recall sb. to office; **r. sotto le armi**, to recall for military service; **r. le truppe**, to withdraw troops **3** (*attirare, far accorrere*) to attract; to draw*: **r. l'attenzione**, to attract attention; to catch the eye; **r. l'attenzione di q. su q.c.**, to draw (*o* to call) sb.'s attention to st.; to point st. out to sb.; **r. folla**, to draw a crowd **4** (*far ricordare*) to remind; to call to mind **5** (*rimproverare*) to rebuke; to reprimand **6** (*citare*) to quote • **r. q. al dovere**, to recall sb. to his duty □ **r. all'ordine**, to call to order □ **r. q. alla realtà**, to bring sb. back to reality □ **r. q. in vita**, to restore (*o* to bring back) sb. to life ***B*** **richiamàrsi** *v. i. pron.* (*riferirsi*) to refer: **r. a un articolo**, to refer to an article.

richiamàto *m.* (*mil.*) recalled reservist.

richiàmo *m.* **1** recall: **r. alle armi**, recall to arms; call-up **2** (*parole di r.*) call; (*avvertimento*) warning; (*rimprovero*) reprimand: **r. all'ordine**, call to order; (*sport*) **un r. dell'arbitro**, a warning from the referee **3** (*grido di animale*) call; cry **4** (*attrazione*) attraction, call, appeal, pull (*fam.*); (*fascino*) lure: **il r. del mare**, the call of the sea; **il r. della metropoli**, the lure of the big city; **attore di grande r.**, very popular actor; box-office attraction; crowd-puller (*fam.*) **5** (*riferimento, rimando*) reference; (*menzione*) mention **6** (*tipogr.*) cross-reference mark **7** (*nella caccia*) birdcall; (*uccello*) decoy • (*med.*) (**vaccinazione di**) **r.**, booster.

richiedènte *m. e f.* applicant; petitioner.

richièdere *v. t.* **1** (*chiedere di nuovo*) to ask again for; **chiedere e r.**, to ask and ask; to ask again and again **2** (*chiedere in restituzione*) to ask for (st.) back: **Gli richiesi i soldi**, I asked him for my money back **3** (*chiedere, domandare*) to ask for; (*con insistenza o con decisione*) to demand: **r. la collaborazione di q.**, to ask for sb.'s collaboration; **r. la propria parte di eredità**, to demand one's share of an inheritance **4** (*volere, esigere*) to request; to exact; to demand: **r. la massima ubbidienza**, to demand absolute obedience **5** (*necessitare*) to require; to need; to call for: **un lavoro che richiede concentrazione**, a job that calls for concentration.

richièsta *f.* request; demand; call; (*rivendicazione, pretesa*) claim: **r. di aiuto**, call for help; request for aid; **r. di manodopera**, demand for labour; **r. di aumenti salariali**, wage claim; **r. di informazioni**, inquiry; **r. scritta**, written application; **fare una r.**, to make a request; **soddisfare le richieste di q.**, to satisfy sb.'s demands; **per r. di**, at the request of; **a r.**, by (*o* on) request; on demand; **dietro Vostra r.**, at your request; **fermata a r.**, request stop.

richièsto *a.* **1** in demand; popular; sought-after **2** (*necessario*) necessary; required • **non r.**, unwanted; unrequested.

richiùdere ***A*** *v. t.* **1** (*chiudere di nuovo*) to close again; to shut* again; (*a chiave*) to lock up again **2** (*chiudere*) to close; to shut*; (*a chiave*) to lock up ***B*** **richiùdersi** *v. i. pron.* **1** (*chiudersi di nuovo*) to close again; to shut* again **2** (*chiudersi*) to close; to shut*; (*di ferita*) to close up, to heal.

riciclàbile *a.* recyclable.

riciclàggio *m.* recycling • **r. di denaro sporco**, money laundering.

riciclàre *v. t.* to recycle • **r. denaro sporco**, to launder money.

riciclàto *a.* recycled; (*di denaro sporco*) laundered.

ricino *m.* (*bot.*) castor-oil plant • **olio di r.**, castor oil.

ricognitóre *m.* **1** (*f.* **-trice**) reconnoiterer; scout **2** (*aeron.*) reconnaissance aircraft; spotter plane.

ricognizióne *f.* **1** (*mil.*) reconnaissance; reconnoitring: **fare una r.**, to reconnoitre; (*fig.*) to explore; to have a look around; **aereo da r.**, *V.* **ricognitore** **2** (*leg.*) acknowledgment.

ricollegàre ***A*** *v. t.* **1** to reconnect **2** (*mettere in relazione*) to connect; to associate; to link ***B*** **ricollegàrsi** *v. rifl., i. pron. e rifl. recipr.* **1** (*riferirsi*) to refer **2** (*radio, TV*) to link up again; to go* back **3** (*essere collegato*) to be connected (*o* linked); to be related.

ricollocàre *v. t.* to replace; to put* back; to return.

ricolmàre *v. t.* **1** to fill again; to refill **2** (*colmare fino all'orlo*) to fill to the brim; to fill up **3** (*fig.*) to fill; to overwhelm.

ricólmo *a.* full to the brim (*pred.*); brimful (*pred.*); (*carico*) laden (*pred.*); (*fig.*) overflowing.

ricominciàre *v. t. e i.* to begin* again; to start again; (*riprendere*) to resume, to take* up again, to go* back to: **r. a parlare**, to begin (*o* to start) talking again; **r. una partita**, to resume a game; **Ho ricominciato a dipingere**, I've gone back to painting; I've taken up painting again; **Ricomincia il freddo**, the cold weather is back again • **r. daccapo**, to begin all over again; to go back to the beginning (*o* to square one) □ **Ecco che ricominci!**, there you go again! □ (*iron.*) **Si ricomincia!**, there we go again!

ricomparìre *v. i.* to reappear; to appear again; to turn up again; to show up again.

ricompàrsa *f.* reappearance.

ricompènsa *f.* recompense; reward: **lavorare senza r.**, to work without recompense; **in r. di**, in recompense for; as a reward for; **Ecco che cosa ho avuto per tutta r.**, that's all I got for my pains.

ricompensàre *v. t.* to recompense; to reward; (*ripagare*) to repay*; (*remunerare*) to remunerate.

ricompórre ***A*** *v. t.* **1** to recompose; to rearrange **2** (*un testo, una musica*) to rewrite* **3** (*rimettere insieme*) to put* together again; to reassemble **4** (*ricostruire*) to reconstruct **5** (*tipogr.*) to reset* • **r. il viso**, to recompose one's features ***B*** **ricompórsi** *v. i. pron.* to recover one's composure; to recollect oneself.

ricomposizióne *f.* **1** (*il rimettere insieme*) reassemblage **2** (*tipogr.*) resetting.

ricompràre *v. t.* **1** (*una cosa in precedenza venduta*) to buy* back; to repurchase **2** (*comprare per sostituire*) to buy*.

riconciliàbile *a.* reconcilable.

riconciliàre ***A*** *v. t.* **1** to reconcile **2** (*far riacquistare*) to win* back: **Quel gesto gli riconciliò il favore del pubblico**, the gesture won him back his popularity; he regained his popularity with that gesture ***B*** **riconciliàrsi** *v. rifl.* to be reconciled; to make* it up (*fam.*).

riconciliatóre *m.* (*f.* **-trice**) reconciler; peacemaker.

riconciliazióne *f.* reconciliation; reconcilement • **fare opera di r.**, to act as a peacemaker.

riconducìbile *a.* referable (to); ascribable (to); that can be traced back (to).

ricondùrre *v. t.* **1** (*condurre di nuovo*) to bring* again; to take* again; to lead* again: **Riconducilo qui**, bring him here again **2** (*riportare indietro*) to bring* back; to take* back; to lead* back: **r. q. a casa**, to take sb. back home; **r. q. alla ragione**, to make sb. see reason **3** (*far risalire*) to trace back.

riconférma *f.* **1** confirmation: **a r. d.**, in confirmation of; as evidence of **2** (*di nomina*) reappointment.

riconfermàre *v. t.* **1** to confirm (again) **2** (*ribadire*) to reaffirm; to reassert **3** (*confermare in carica*) to reappoint.

riconfortàre ***A*** *v. t.* to comfort; to cheer up ***B*** **riconfortàrsi** *v. i. pron.* to be comforted; to cheer up.

ricongiùngere ***A*** *v. t.* to rejoin; to reunite ***B*** **ricongiùngersi** *v. rifl.* to rejoin; to reunite; to be reunited: **r. alla famiglia**, to be reunited with one's family.

ricongiungiménto *m.*, **ricongiunzióne** *f.* rejoining;

reunion; reuniting.

riconnèttere ***A*** *v. i.* to reconnect ***B*** **riconnèttersi** *v. i. pron.* ***1*** (*fare riferimento*) to refer back ***2*** (*essere collegato*) to be connected; to be related.

riconoscènte *a.* thankful; grateful; (*obbligato*) obliged: **Vi sono assai r.**, I am very grateful (*o* much obliged) to you.

riconoscènza *f.* gratitude; thankfulness: **debito di r.**, debt of gratitude; **sorriso di r.**, grateful smile.

riconóscere ***A*** *v. t.* ***1*** to recognize: **Mi riconobbe subito**, he recognized me at once; **r. q. alla voce**, to recognize sb. by his voice; **Non lo riconosco più**, he is a changed man; he is not the man he used to be ***2*** (*distinguere, capire*) to recognize; to know*; to tell* the difference (between): **r. un buon vino**, to recognize (*o* to know) a good wine; **r. i pregi di q.c.**, to recognize the merits of st.; **r. un Gauguin vero da uno falso**, to tell the difference between a real Gauguin and a fake ***3*** (*identificare*) to identify: **r. un cadavere**, to identify a body; **farsi r.**, to identify oneself; to make oneself known ***4*** (*accettare*) to recognize; (*dichiarare apertamente*) to acknowledge, to recognize: **r. uno Stato**, to recognize a state; **r. un figlio**, to recognize (*o* to acknowledge) a child; **Riconosco questa lettera come mia**, I acknowledge this letter as mine; **Riconobbi la giustezza delle sue parole**, I acknowledged the truth of what he said ***5*** (*ammettere*) to recognize; to admit; to own (to); to concede: **r. i propri torti**, to admit one's faults; **Riconosco di aver avuto torto**, I admit I was wrong; **Riconobbe di aver agito con leggerezza**, he admitted he had (*o* he owned to having) been careless ***B*** **riconóscersi** *v. rifl.* ***1*** (*dichiararsi*) to admit one is; to admit being: **r. in torto**, to admit one is wrong; **r. un debito con**, to admit being indebted to; **r. colpevole**, to admit one's guilt; (*leg.*) to plead guilty; **r. vinto**, to admit (*o* to acknowledge) defeat ***2*** (*sentire affinità per*) to identify (with); (*essere d'accordo con*) to agree (with).

riconoscìbile *a.* recognizable: **appena r.**, hardly recognizable.

riconosciménto *m.* ***1*** recognition ***2*** (*identificazione*) identification: **r. di un cadavere**, identification of a body; **segno di r.**, identification mark ***3*** (*accettazione ufficiale*) recognition; acknowledgment: **il r. di uno Stato**, the recognition of a state; **il r. di un figlio**, the acknowledgment of a child ***4*** (*ammissione*) acknowledgment; admission; avowal: **r. di colpevolezza**, admission of guilt; (*leg.*) guilty plea ***5*** (*apprezzamento*) recognition; appreciation; (*lode*) praise.

riconosciùto *a.* recognized: **legalmente r.**, legally recognized; **un'autorità riconosciuta in campo scientifico**, a recognized (*o* acknowledged) authority on scientific matters.

riconquìsta *f.* ***1*** reconquest; recapture ***2*** (*riottenimento*) regaining.

riconquistàre *v. t.* ***1*** to reconquer; to conquer back ***2*** (*riottenere*) to regain; to win* back.

riconségna *f.* ***1*** redelivery ***2*** (*restituzione*) return; handing back; restitution.

riconsegnàre *v. t.* ***1*** to redeliver ***2*** (*restituire*) to return; to give* back.

riconsideràre *v. t.* ***1*** to consider again ***2*** (*riesaminare*) to reconsider; (*riflettere su*) to reflect upon, to think* over.

riconversióne *f.* (*econ.*) reconversion.

riconvertìre ***A*** *v. t.* ***1*** (*ritrasformare*) to reconvert; to change back ***2*** (*econ.*) to reconvert; to change over ***B*** **riconvertìrsi** *v. rifl. e i. pron.* ***1*** (*ritornare*) to be reconverted; to go* back ***2*** (*essere ritrasformato*) to be reconverted; to be changed back.

riconvocàre *v. t.* to reconvene; to summon again.

riconvocazióne *f.* reconvocation.

ricopèrto *a.* ***1*** covered; (*con uno strato sottile*) coated: **r. di neve**, covered with snow; snow-covered (*attr.*); **r. di zucchero**, coated with sugar ***2*** (*metall.*) coated; (*placcato*) plated: **r. d'oro**, gold-plated • **dente r.**, capped tooth.

ricopertùra *f.* ***1*** covering; cover; (*strato sottile*) coating ***2*** (*metall.*) coating; (*placcatura*) plating.

ricopiàre *v. t.* to copy; (*in bella copia*) to make* a fair copy of, to write* out, (*a macchina*) to type out.

ricopiatùra *f.* copying; (*a macchina*) retyping.

ricoprìre ***A*** *v. t.* ***1*** (*coprire di nuovo*) to cover again; to re-cover ***2*** (*coprire*) to cover up ***3*** (*rivestire*) to cover; (*con uno strato sottile*) to coat: **r. un divano**, to cover a sofa; **r. una torta di glassa**, to coat a cake with icing; to ice a cake ***4*** (*metall.*) to coat; (*placcare*) to plate: **r. di stagno**, to coat with tin; **r. d'oro**, to plate with gold ***5*** (*nascondere, anche fig.*) to cover; to conceal; to hide* ***6*** (*colmare*) to load; to overwhelm: **r. q. di onori**, to shower sb. with honours; **r. q. di gentilezze**, to overwhelm sb. with kindness ***7*** (*una carica, un ufficio*) to fill; to occupy ***B*** **ricoprìrsi** *v. rifl. e i. pron.* ***1*** (*coprirsi, anche fig.*) to cover oneself ***2*** (*venire coperto*) to become* covered.

ricordàre ***A*** *v. t.* ***1*** (*avere presente nella memoria*) to remember; (*richiamare alla memoria*) to recollect, to recall: **Non ricordo il suo nome**, I can't remember (*o* I forget) his name; **Non ricordo di aver spedito la lettera**, I don't remember (*o* recall) having sent the letter; **Non ricordo di averne parlato**, I don't remember mentioning it; **per quanto ricordo**, as far as I remember (*o* recall); **se ben ricordo**, if I remember rightly; **se non ricordo male**, if my memory serves me well ***2*** (*richiamare alla memoria altrui*) to remind: **Gli ricordai la sua promessa**, I reminded him of his promise; **Le ricordo che...**, may I remind you that...?; **Ricordami di comprare il pane**, remind me to buy some bread; **Ricordami a tua madre**, remember me to your mother ***3*** (*far venire in mente*) to remind; to call to (sb.'s) mind; to bring* back: **Mi ricorda suo padre**, he reminds me of his father; **Quel nome mi ricordava cose tristi**, that name brought back sad memories; **Con quel cappello mi ricordi la Garbo**, you look like Garbo with that hat ***4*** (*menzionare*) to mention: **Il suo nome viene ricordato spesso**, his name is often mentioned ***5*** (*commemorare*) to commemorate ***B*** **ricordàrsi** *v. i. pron.* to remember (sb., st.): **Ti ricordi di me?**, do you remember me?; **r. d'aver fatto q.c.**, to remember having done st.; (*iron.*) **Me ne ricorderò per un pezzo!**, I won't forget (that) in a hurry!

ricordìno *m.* ***1*** souvenir; little memento* ***2*** (*immaginetta sacra*) holy picture.

ricòrdo ***A*** *m.* ***1*** memory; recollection: **ricordi d'infanzia**, childhood memories; **vivere di ricordi**, to live on one's memories; **Ho un r. preciso di quel fatto**, I have a clear recollection of the episode; **Al solo r. mi vengono i brividi**, I shudder at the mere recollection of it ***2*** (*al pl.*) (*memorie*) reminiscences; (*letter.*) memoirs; **scambiarsi ricordi di gioventù**, to exchange reminiscences of one's youth; **libro di ricordi**, book of memoirs ***3*** (*oggetto che ricorda un luogo, un fatto*) souvenir; (*un defunto*) memento*; (*una persona assente*) keepsake: **Lo prendo in r. di questa giornata**, I'll take it as a souvenir of (*o* to remind me of) this day; **lasciare q.c. per r.**, to leave st. as a memento [keepsake]; **r. di famiglia**, heirloom ***4*** (*testimonianza*) record • **monumento a r. dei caduti in guerra**, war memorial ***B*** *a. invar.* souvenir: **foto r.**, souvenir photo; **oggetto r.**, souvenir.

ricorrènte ***A*** *a.* recurrent; recurring ***B*** *m. e f.* (*leg.*) petitioner; plaintiff; claimant.

ricorrènza *f.* ***1*** recurrence ***2*** (*anniversario*) anniversary; (*festività*) feast; (*occasione*) occasion • **nella r. del Natale**, at Christmas □ **Oggi è una r. importante per me**, today is a special day for me.

ricórrere *v. i.* ***1*** (*rivolgersi*) to apply; to turn: **r. alle autorità**, to apply to the proper authorities; **r. a q. per aiuto**, to turn to sb. for help; **r. a un avvocato**, to seek the help of a lawyer; to seek legal help; **r. alla giustizia**, to go to Court ***2*** (*servirsi*) to resort; to have recourse: **r. alla forza**, to resort to force; **r. a un espediente**, to have recourse to an expedient; **r. alle vie legali**, to have recourse to the law; to take legal proceedings; **r. al dizionario**, to consult a dictionary ***3*** (*leg.*) to appeal: **r. contro una sentenza**, to appeal against a sentence; **r. in Cassazione**, to appeal to the Supreme Court; **r. in appello**, to appeal ***4*** (*ripetersi*) to recur; to occur ***5*** (*di data, anniversario*) to be; to fall*: **Oggi ricorre il mio compleanno**, today is my birthday; **Santo Stefano ricorre il 26 dicembre**, St Stephen's Day falls on the 26th of December.

ricorsività *f.* (*mat., ling.*) recursiveness.

ricórso *m.* ***1*** recourse; resort: **fare r. a q.c.**, to have recourse (*o* to resort) to st.; **fare r. a q.**, to turn (*o* to have recourse) to sb. ***2*** (*leg.*) petition; (*appello*) appeal; (*reclamo*) claim: **presentare un r. a q.**, to lodge (*o* to file) a petition with sb.; **fare r. in Cassazione**, to appeal to the Supreme Court; **fare r. contro una sentenza**, to appeal against a sentence; **Il suo r. fu respinto [accolto]**, his appeal was turned down [upheld] **3** (*il ripetersi periodico*) recurrence.

ricostituènte *a. e m.* (*farm.*) tonic.

ricostituìre **A** *v. t.* to reconstitute; to re-establish; to establish again; to set* up again; (*formare di nuovo*) to re-form, to form again **B ricostituirsi** *v. i. pron.* to be reconstituted; (*riformarsi*) to re-form.

ricostituzióne *f.* reconstitution; re-establishment.

ricostruìre *v. t.* to rebuild*; (*anche fig.*) to reconstruct; (*una scena, un delitto*) to re-enact: **r. i fatti**, to reconstruct the facts; **r. un testo**, to reconstruct (*o* to restore) a text.

ricostruttóre *m.* rebuilder; reconstructor.

ricostruzióne *f.* rebuilding; (*anche fig.*) reconstruction; (*di una scena, un delitto*) re-enactment.

ricòtta *f.* ricotta; cottage cheese • **avere le mani di r.**, to be butter-fingered.

ricoveràre **A** *v. t.* **1** (*dare rifugio*) to shelter; to give* shelter to **2** — **r. in ospedale**, to admit to hospital; to hospitalize; **r. in un ospizio [in manicomio]**, to send to a home [to a mental hospital] **B ricoveràrsi** *v. i. pron.* **1** (*rifugiarsi*) to take* shelter **2** (*in ospedale, ecc.*) to go* (into hospital, etc.). ATTENZIONE: **ricoverare** ≠ to recover.

ricoveràto *m.* (*f.* **-a**) **1** (*in un ospizio*) inmate **2** (*in un ospedale*) in-patient; patient.

ricóvero *m.* **1** (*rifugio*) shelter: **dare r. a q.**, to give shelter to sb.; to shelter sb. **2** (*in istituzione*) admission: **r. in ospedale**, admission to hospital; hospitalization **3** (*periodo di r.*) stay (in hospital, etc.) **4** (*casa di r.*: *per anziani*) old people's home; (*per poveri*) hostel, poor house (*stor.*).

ricreàre **A** *v. t.* **1** (*creare di nuovo*) to re-create **2** (*ristorare*) to restore, to refresh **3** (*divertire*) to entertain **B ricreàrsi** *v. rifl.* **1** (*rilassarsi*) to relax **2** (*divertirsi*) to entertain oneself.

ricreativo *a.* recreative; recreational; (*divertente*) entertaining: **attività ricreative**, recreational activities; **centro r.**, social club.

ricreazióne *f.* **1** (*il ricreare*) re-creation **2** (*svago*) recreation; pastime **3** (*a scuola*) recreation time; playtime; recess (*USA*).

ricrédersi *v. i. pron.* to change one's mind.

ricréscere *v. i.* to grow* again; to regrow*: **farsi r. la barba**, to grow a beard again.

ricréscita *f.* regrowth; fresh growth; (*di capelli*) growth.

ricucìre *v. t.* **1** to sew* up again; to restitch **2** (*chir.*) to stitch; to sew* up **3** (*fig.*) to re-establish: **r. i rapporti**, to re-establish relationships.

ricucitùra *f.* **1** sewing up again; restitching **2** (*punto ricucito*) new seam; stitches (*pl.*) **3** (*fig.*) re-establishment.

ricuperàre *e deriv. V.* **recuperare** *e deriv.*

ricùrvo *a.* (*piegato*) bent; (*arcuato*) curved; hooked; (*ritorto*) crooked.

ricùṣa *f.* refusal; rejection.

ricuṣàre *v. t.* **1** to refuse; to reject: **r. di fare q.c.**, to refuse to do st.; **r. un'offerta**, to reject an offer **2** (*leg.*) to challenge; to object to.

ricuṣazióne *f.* (*leg.*) challenge; objection.

ridacchiàre *v. i.* to chuckle; to chortle; (*con malignità*) to snigger.

ridancìano *a.* jolly; merry; full of fun (*pred.*).

ridàre *v. t.* **1** (*dare di nuovo*) to give* again **2** (*restituire*) to give* back; to return; to restore: **r. fiducia**, to restore confidence.

ridarèlla *f.* (*fam.*) (the) giggles (*pl.*).

rìdda *f.* (*fig.*) whirl; tumult; turmoil.

ridefinire *v. t.* to redefine.

ridènte *a.* **1** (*che ride*) laughing; (*che sorride*) smiling **2** (*allegro*) cheerful; bright **3** (*ameno*) pleasant; charming.

rìdere (1) **A** *v. i.* **1** to laugh (at); (*in modo nervoso o sciocco*) to giggle: **far r. q.**, to make sb. laugh; **scoppiare a r.**, to burst out laughing; **r. di una storiella**, to laugh at a joke; **r. di (*o* dietro a) q.**, to laugh at sb. (*o* behind sb.'s back); **Risi fino alle lacrime**, I laughed till I cried; **r. di gusto**, to laugh heartily; **Non c'è niente da r.**, there's nothing to laugh about; it's no laughing matter **2** (*splendere*) to be bright; (*scintillare*) to sparkle • **r. a crepapelle**, to split one's sides with laughter; to fall about laughing □ **r. a denti stretti** (*o* **forzatamente**), to give a forced laugh □ **r. come un matto**, to laugh one's head off □ **r. sgangheratamente**, to roar with laughter □ **r. sommessamente** (*o* **tra sé**), to chuckle □ **r. sotto i baffi**, to laugh up one's sleeve □ **aver voglia di r.**, to be in a laughing mood □ **La paga è da r.**, the pay is ludicrous (*o* is a joke) □ **cosa da r.** (*inezia*), trifle □ **dire q.c. per r.**, to say st. for fun (*o* as a joke) □ **far r. i polli**, to make a cat laugh; to be pathetic □ **Bada che io non rido!**, I'm not joking! □ **farsi r. dietro**, to make a fool of oneself; to become a laughing-stock □ **Ma non farmi r.!**, don't be ridiculous!; don't make me laugh! □ **Ridendo e scherzando, abbiamo fatto le due**, the next thing we knew it was two o'clock; would you believe it? it's already two! □ (*prov.*) **Ride bene chi ride ultimo**, he who laughs last laughs longest (*o* best) **B rìdersi** *v. i. pron.* **1** (*burlarsi*) to laugh (at); to make* fun (of) **2** (*anche* **ridersela**: *infischiarsene*) not to care (about); not to give* a fig (for).

rìdere (2) *m.* laughter; laughing • **buttarla sul r.**, to turn it into a joke □ **Che r.!**, how we laughed!; what a laugh! □ (*iron.*) **Sai che r.!**, very funny! □ **morire dal r.**, to be in stitches (*o* in hysterics) □ **far morire dal r.**, to be terribly funny; to send into hysterics □ **Non ne potevamo più dal r.**, our sides were aching with laughter; we were in stitches □ **prendere q.c. sul r.**, to see the funny side of st.; (*dare poca importanza*) to laugh st. off.

ridestàre **A** *v. t.* **1** (*destare di nuovo*) to wake* up again **2** (*destare*) to wake* up **3** (*fig.*) to reawaken; to rouse again **B ridestàrsi** *v. i. pron.* **1** to wake* up again **2** (*destarsi*) to wake* up **3** (*fig.*) to reawaken; to revive; to be roused again.

ridicolàggine *f.* **1** ridiculousness; absurdity **2** (*cosa ridicola*) absurdity; nonsense [U]; ludicrous thing.

ridicolizzàre *v. t.* to ridicule; to laugh at.

ridicolo **A** *a.* ridiculous; ludicrous; (*assurdo*) absurd, silly; (*esiguo, meschino*) ridiculously low, paltry: **pretese ridicole**, absurd claims; **prezzo r.**, (*molto alto*) ridiculous price; (*molto basso*) ridiculously low price; **rendersi r.**, to make a fool of oneself **B** *m.* **1** ridicule: **essere oggetto di r.**, to be the object of ridicule; to be a laughing-stock; **cadere nel r.**, to become ridiculous; **mettere in r.**, to hold up to ridicule; to ridicule **2** (*ridicolaggine*) ridiculousness; (the) ridiculous; absurdity: **Il r. è che...**, the ridiculous thing is that...; **il r. di una situazione**, the absurdity of a situation; **il senso del r.**, a sense of the ridiculous.

ridimensionaménto *m.* **1** (*riorganizzazione*) reorganization **2** (*riduzione*) retrenchment; scaling down; cutback **3** (*di un fatto, una persona*) reassessment; reappraisal; putting (st.) back into perspective.

ridimensionàre **A** *v. t.* **1** (*riorganizzare*) to reorganize **2** (*ridurre*) to retrench; to scale down; to cut* back **3** (*un fatto, una persona*) to reassess; to reappraise; to put* (st.) back into perspective **B ridimensionàrsi** *v. i. pron.* **1** (*ridursi*) to be reduced; to be scaled down **2** (*di fatto*) to appear less serious.

ridire *v. t.* **1** (*dire di nuovo*) to say* again; to tell* again; to retell*: **Non occorre che tu me lo ridica**, you don't have to go over it (*o* to tell me again); **Te l'ho detto e ridetto cento volte**, I've told you over and over again **2** (*riferire*) to repeat; to tell*: **È andato a ridirlo a tutti**, he (went and) told everyone **3** (*criticare*) to find* fault (with); (*obiettare*) to object (to): **Spero che non troverai nulla da r.**, I hope you won't object; **Hai qualcosa da r.?**, any comments?; any objections?

ridiscéndere *v. t. e i.* to come* [to go] down again; to redescend.

ridispórre *v. t.* to rearrange.

ridistribuìre *v. t.* to redistribute; to reallocate; to redeploy; (*riassegnare*) to reassign.

ridistribuzióne *f.* redistribution; reallocation; redeployment; reassignment.

ridomandàre *v. t.* (*domandare di nuovo*) to ask again; (*domandare con insistenza*) to keep* on asking; to ask over and over again.

ridonàre *v. t.* (*restituire*) to give* back; to restore.

ridondànte *a.* **1** (*troppo ricco*) abounding (in); replete (with) **2** (*ampolloso*) verbose; bombastic.

ridondànza *f.* **1** superabundance; excess **2** (*tecn.*) redundancy.

ridòsso *m.* — **a r. di**, (*dietro*) behind; at the back; (*vicino*) close to; (*naut.*) in the lee of, sheltered by: **Il monte è a r. della città**, the mountain rises up behind the town; **Siamo a r. delle vacanze**, the holidays are close at hand; (*naut.*) **a r. di un'isola**, in the lee of an island.

ridótta *f.* (*mil.*) redoubt.
ridótto ***A*** *a.* reduced; small: **formato r.**, small size; **orario r.**, part-time working; (*in una fabbrica*) short time; **prezzo r.**, cut price; **tariffa ridotta** (*su trasporti*), cheap fare; **edizione ridotta**, abridged edition • **r. male** (*o* **mal r.**), in a bad state (*o* way) □ **r. per il teatro**, adapted for the stage □ **Guarda come sei r.!**, look at the state you're in! ***B*** *m.* (*teatr.*) foyer; lobby (*USA*).
riducìbile *a.* reducible.
ridùrre ***A*** *v. t.* ***1*** (*diminuire*) to reduce; to cut* down: **r. la velocità**, to reduce speed; **r. le spese**, to cut down (on) expenses; **r. il personale**, to cut back on staff; **r. di un centimetro**, to shorten by a centimetre ***2*** (*mutare, trasformare*) to reduce (to); to turn (into): **r. in cenere**, to reduce to ashes; **r. in briciole**, to crumble; (*fig.*) to shatter; **r. in pezzi**, to break into pieces; to smash; **Ha ridotto la casa a un letamaio**, he's turned the house into a pigsty; **La macchina è ridotta a un rottame**, the car is a wreck (*o* write-off); **Guarda come hai ridotto la giacca!**, look at the state of your jacket! ***3*** (*spingere, portare*) to reduce; to drive*: **r. q. al silenzio**, to reduce sb. to silence; **r. q. alla disperazione**, to drive sb. to despair; **essere ridotto a fare q.c.**, to be reduced to doing st.; **r. q. in fin di vita**, nearly to kill sb. ***4*** (*adattare*) to adapt; (*abbreviare*) to abridge: **r. un romanzo per lo schermo**, to adapt a novel for the screen ***5*** (*mus.*) to arrange ***6*** (*chir.*) to set* ***B*** **ridursi** *v. rifl. e i. pron.* ***1*** (*essere ridotto*) to be reduced; to come* (down): **r. a mendicare**, to be reduced to begging; **r. pelle e ossa**, to be reduced to skin and bone; **r. a nulla**, to come to nothing ***2*** (*limitarsi*) to come* down; to boil down: **Tutto si riduce a pochi milioni**, the whole thing comes down to a few million ***3*** (*diminuire*) to be reduced; to dwindle; to shrink* • **r. all'ultimo momento**, to leave things to the last moment.
riduttìvo *a.* reductive; narrow.
riduttóre ***A*** *m.* ***1*** (*f.* **-trice**) adapter; arranger ***2*** (*mecc., elettr.*) reducer: **r. di velocità**, speed reducer; **r. di corrente**, current reducer; transformer; **r. di tensione**, potential divider ***3*** (*elettr., di spina*) adapter ***4*** (*fotogr.*) adapter ***B*** *a.* (*anche mecc.*) reducing.
riduzióne *f.* ***1*** reduction; cut; cutback: **r. dei prezzi**, reduction in prices; **r. dei salari**, cut in wages; wage-cut; **r. delle spese**, cutback in expenditure; **r. di pena**, reduction of a sentence ***2*** (*sconto*) discount ***3*** (*mat.*) reduction ***4*** (*adattamento*) adaptation; (*accorciamento*) abridg(e)ment: **r. cinematografica**, screen adaptation ***5*** (*mus.*) arrangement ***6*** (*chim., mecc.*) reduction.
riècco *avv.* here again; there again: **Rieccolo!**, here he is again!; there he goes again!; **Rieccoti il libro**, here is your book back; **R. la pioggia!**, it's raining again; the rain's on again.
riecheggiàre *v. i. e t.* ***1*** to (re-)echo; to resound ***2*** (*fig.*) to echo; to be reminiscent of.
riedificàre *v. t.* to rebuild*; to reconstruct.
riedificazióne *f.* rebuilding; reconstruction.
rièdito *a.* republished; reissued.
riedizióne *f.* ***1*** (*di libro*) new edition; reissue ***2*** (*cinem.*) remake ***3*** (*teatr.*) revival ***4*** (*fig.*) revival; return.
rieducàre *v. t.* to re-educate; (*un arto, ecc.*) to rehabilitate.
rieducazióne *f.* re-education; (*di un arto, ecc.*) rehabilitation.
rielaboràre *v. t.* to revise; to rework.
rielaborazióne *f.* revision; reworking.
rielèggere *v. t.* to re-elect.
rieleggìbile *a.* re-eligible.
rieleggibilità *f.* re-eligibility.
rielezióne *f.* re-election.
riemèrgere *v. i.* to re-emerge; to resurface.
riemersióne *f.* re-emergence; resurfacing.
riempìre ***A*** *v. t.* ***1*** (*anche fig.*) to fill (up); (*imbottire*) to stuff: **r. un bicchiere**, to fill a glass; **Riempilo tutto**, fill it up; **Il fumo riempì la stanza**, the smoke filled the room; **r. q. di gioia**, to fill sb. with joy; **r. un cuscino**, to stuff a cushion; **Si riempì le tasche di caramelle**, he stuffed his pockets with sweets; **r. il cervello a q. di idee assurde**, to fill sb.'s head with absurd ideas ***2*** (*compilare*) to fill in (*o* out): **r. un modulo**, to fill in (*o* out) a form; **r. un assegno**, to make out a cheque • **r. q. di botte**, to beat sb. up □ **r. q. di regali**, to shower presents on sb. □ **r. q. di piombo**, to pump sb. full of lead □ **r. uno stadio di tifosi**, to pack a stadium with supporters □ (*eufem.*) **riempirsi le tasche**, to line one's pockets ***B*** **riempìrsi** *v. i. pron.* ***1*** to fill (with); to be filled (with): **La sala si riempì di gente**, the room filled with people; **r. di polvere**, to be covered in dust ***2*** (*fam.*: *rimpinzarsi*) to stuff oneself (with).
riempitìvo ***A*** *a.* filling ***B*** *m.* filler.
rientrànte *a.* (*concavo*) concave; (*incavato*) hollow, sunken.
rientrànza *f.* recess; niche; (*di costa*) indentation.
rientràre *v. i.* ***1*** (*entrare di nuovo*) to re-enter (st.); (*tornare*) to go* back, to come* back: **Uscì dalla stanza, ma rientrò quasi subito**, he left the room, but came back (*o* re-entered) almost immediately; **Sono rientrato ieri**, I came (*o* got) back yesterday; **r. in casa**, to go back in; **A che ora rientri?**, what time will you be back? ***2*** (*essere compreso, far parte*) to form (*o* to be) part (of); to be included (in): **non r. nei propri obblighi**, not to form part of one's duties; **Questo non rientra nel mio programma**, this isn't included in (*o* isn't part of) my plans; **r. in una categoria**, to fall (*o* to come) within a category ***3*** (*presentare una rientranza*) to curve inwards; to be indented; to form a niche ***4*** (*essere sospeso*) to be called off; (*essere ritirato*) to be withdrawn: **Lo sciopero è rientrato**, the strike has been called off • **r. alla base**, (*mil.*) to return to base; (*fig.*) to go back □ (*naut.*) **r. in porto**, to put back into port □ **r. in sé**, to be oneself (*o* one's normal self) again □ **r. in possesso di q.c.**, to regain possession of st. □ **r. in servizio**, to resume one's duties □ **r. nelle spese**, to recover one's expenses □ (*tipogr.*) **far r.**, to indent.
riéntro *m.* ***1*** re-entry (*anche miss.*); (*ritorno*) return: **al mio r.**, on my return; when I came back; **il grande r.** (*dalle vacanze*), the return home after the summer holidays ***2*** (*tipogr.*) indent ***3*** *V.* **rientranza.**
riepilogàre *v. t.* to recapitulate; to sum up.
riepìlogo *m.* recapitulation; summing up.
riequilibràre ***A*** *v. t.* ***1*** (*anche econ.*) to redress ***2*** (*mecc.*) to re-balance ***B*** **riequilibràrsi** *v. i. pron.* to reach an equilibrium; to find a balance; (*ritornare alla normalità*) to return to normality.
rieṣàme *m.* re-examination; reassessment; review.
rieṣaminàre *v. t.* to re-examine; to reassess; to review.
rièssere *v. i.* — **Ci risiamo!**, here we go again!
rieṣumàre *v. t.* ***1*** to exhume; to disinter ***2*** (*fig.*) to revive; to dig* up: **r. una moda**, to revive a fashion; **r. una vecchia storia**, to dig up an old story.
rieṣumazióne *f.* ***1*** exhumation; disinterment ***2*** (*fig.*) revival; digging up.
rievocàre *v. t.* ***1*** (*ricordare*) to recall ***2*** (*far ricordare*) to call up; to remind (sb. of st.) ***3*** (*commemorare*) to commemorate.
rievocazióne *f.* ***1*** recalling ***2*** (*commemorazione*) commemoration.
rifaciménto *m.* ***1*** remaking ***2*** (*letter.*) rewriting; (*adattamento*) adaptation ***3*** (*cinem.*) remake.
rifàre ***A*** *v. t.* ***1*** to do* again; to do* over (*USA*); to make* again; to remake*: **È da r.**, it needs to be done (over) again; **r. q.c. tutto da capo**, to do st. all over again; **r. una domanda**, to ask again; **r. un esame**, to take an exam again; **r. le camere**, to do the bedrooms; **r. un letto**, to make a bed ***2*** (*imitare*) to imitate; (*scimmiottare*) to ape; (*contraffare*) to forge ***3*** (*restaurare*) to restore, to do* up (*fam.*); (*ricostruire*) to rebuild*; (*riparare*) to repair ***4*** (*ripercorrere*) to go* back: **r. la strada**, to go back; to retrace one's steps; **r. le scale**, to go back upstairs [downstairs] ***5*** (*cambiare, sostituire*) to change; to renew: **rifarsi la macchina**, to change one's car; to get a new car ***6*** (*indennizzare*) to refund; to reimburse • (*fam.*) **rifarsi il naso**, to have a nose job □ **rifarsi il trucco**, to touch up one's make-up □ **rifarsi una vita**, to make a new life for oneself; to start a new life ***B*** **rifàrsi** *v. i. pron.* ***1*** (*risarcirsi*) to make* up; to recover: **r. del tempo perduto**, to make up for lost time; **r. di una perdita**, to make up a loss; **r. delle spese**, to recoup expenses ***2*** (*prendersi la rivincita*) to get* even (with sb.); to get* one's own back (on sb.) ***3*** (*risalire nel tempo*) to go* back (to) ***4*** (*attingere*) to draw* (on): **r. alla propria esperienza**, to draw on one's experience ***5*** (*seguire, imitare*) to follow.
rifàtto *a.* remade; redone • **Il letto è r.**, the bed has been made.

riferìbile *a.* **1** (*ripetibile*) fit to be repeated **2** (*relativo a*) referable (to); concerning (st.).

riferiménto *m.* reference: **fare un r. a**, to make reference (*o* to refer) to; to mention; (*comm.*) **con r. a**, with reference to; **punto di r.**, (*topogr.*) landmark; (*fig.*) point of reference.

riferìre **A** *v. t.* **1** to report; to tell*: **Riferì l'accaduto ai superiori**, he reported what happened to his superiors; **Chi te l'ha riferito?**, who told you?; **Ti riferirò**, I'll let you know **2** (*ascrivere*) to ascribe; to attribute **B** **riferìrsi** *v. i. pron.* **1** (*fare riferimento*) to refer; to make* reference: **Non mi riferivo a voi**, I wasn't referring to you **2** (*riguardare*) to refer; to apply: **Queste cifre si riferiscono al primo mese**, these figures refer to the first month; **La norma si riferisce solo ai minori**, the regulation only applies to minors.

rìffa (1) *f.* — **di r. o di raffa**, by hook or by crook; one way or another.

rìffa (2) *f.* (*lotteria*) raffle.

rifilàre *v. t.* **1** (*tagliare a filo*) to trim **2** (*fam.*: *assestare*) to give*; to deal*; to deliver **3** (*fam.*: *affibbiare*) to foist; to palm off; to pass off; to wish (sb., st.) on (sb.): **r. a q. un lavoro noioso**, to foist a boring job on sb.; **r. denaro falso a q.**, to pass off counterfeit money on sb.; **Ha cercato di rifilarmi frutta guasta**, he tried to palm off some bad fruit onto me; **r. un quadro falso a q.**, to palm off a fake painting on sb.; **Mi hanno rifilato la zia Tina per un mese**, I've had Aunt Tina wished on me for a month.

rifinìre *v. t.* to finish off; to put* the finishing touches to.

rifinìto *a.* well-finished.

rifinitùra *f.* **1** (*ultima mano*) finish; finishing touches (*pl.*) **2** (*guarnizione*) trimming; fitting: **rifiniture interne**, interior fittings.

rifiorìre *v. i.* **1** to blossom again; to bloom again **2** (*riprendere vigore*) to flourish again; to bloom **3** (*di macchie*: *riaffiorare*) to reappear; to come* out again.

rifischiàre *v. t. e i.* (*fam.*: *riferire*) to repeat; to tell*; to blab (*fam.*); (*fare la spia*) to rat (on sb.) (*fam.*).

rifiutàre **A** *v. t.* **1** (*non accettare*) to refuse; (*declinare*) to decline; (*respingere*) to reject, to turn down: **r. un dono**, to refuse a gift; **r. i consigli di q.**, to reject sb.'s advice; (*ippica*) **r. un'ostacolo**, to refuse a jump **2** (*non voler concedere*) to refuse; to deny: **r. il consenso**, to refuse one's consent; **r. un favore a q.**, to deny sb. a favour **3** (*rinnegare*) to disown; to deny **B** **rifiutàrsi** *v. i. pron.* to refuse; to decline: **r. di fare q.c.**, to refuse to do st.

rifiùto *m.* **1** refusal; rejection; (*il non concedere*) denial, refusal: **il r. di un invito**, the refusal of an invitation; **il r. di un prestito**, the denial of a loan; **netto r.**, flat refusal; **opporre un r.**, to refuse **2** (*scarto*) waste [U]; refuse [U]; (*al pl.*: *immondizie*) rubbish [U], garbage [U] (*USA*), litter [U]: **rifiuti industriali**, industrial waste; **bidone dei rifiuti**, litter bin; **raccolta dei rifiuti**, rubbish (*USA* garbage) collection • **i rifiuti della società**, the dregs of society.

riflessióne *f.* **1** reflection; meditation; consideration; deliberation: **dopo matura r.**, after due consideration; **dopo lunga r.**, after much deliberation **2** (*osservazione*) reflection; thought; observation; comment; (*scritta*) note: **riflessioni di viaggio**, travel notes **3** (*fis.*) reflection.

riflessìvo *a.* **1** thoughtful; reflective **2** (*gramm.*) reflexive.

riflèsso (1) *m.* **1** reflection; (*riverbero*) glare; (*luccichio*) glint: **mandare riflessi**, to send back reflections; to reflect back **2** (*fig.*) effect; repercussion; consequence **3** (*fisiol.*) reflex: (*anche fig.*) **r. condizionato**, conditioned reflex; **avere i riflessi pronti**, to have quick reflexes **4** (*al pl.*) (*dei capelli*) lights; (*artificiali*) highlights • **di r.**, as a consequence □ **per r.**, indirectly.

riflesso (2) *a.* **1** (*anche fig.*) reflected: **luce riflessa**, reflected light; **immagine riflessa**, reflection **2** (*fisiol.*) reflex.

riflettènte *a.* (*anche fis.*) reflecting; reflective.

riflèttere **A** *v. t.* **1** to reflect **2** (*fig.*) to reflect; to mirror **B** *v. i.* to think*; to reflect (upon); to think* (st.) over: **r. prima di agire**, to think before acting; **Devo rifletterci su**, I must think it over (*o* reflect upon it); **senza r.**, without thinking; unthinkingly; **Riflettendoci su, preferisco di no**, on reflection, I'd rather not; **dopo aver molto riflettuto**, after careful consideration **C** **riflèttersi** *v. i. pron.* **1** (*essere riflesso*) to be reflected; (*fig., anche*) to be mirrored **2** (*ripercuotersi*) to have repercussions.

riflettóre *m.* **1** (*proiettore elettrico*) searchlight; floodlight; spotlight: **puntare i riflettori su q.c.**, to spotlight st.; **illuminato dai riflettori**, floodlit; spotlit; (*fig.*) **sotto i riflettori**, in the spotlight **2** (*fis., radar*) reflector.

rifluìre *v. i.* **1** (*scorrere indietro*) to flow back; (*della marea*) to ebb **2** (*scorrere di nuovo*) to flow again; (*affluire di nuovo*) to pour again (into).

riflùsso *m.* **1** reflux; refluence; flowing back; (*della marea*) ebb: **flusso e r.**, flux and reflux; **il flusso e il r. della marea**, the ebb and flow of the tide; **La marea era al r.**, the tide was on the ebb **2** (*fig.*) reaction; return: **r. culturale**, cultural reaction; **un r. a posizioni conservatrici**, a return to conservative positions.

rifocillàre **A** *v. t.* to refresh; to set* up again • **r. lo stomaco**, *V.* **riforcillarsi** **B** **rifocillàrsi** *v. rifl.* to take* refreshment; to have something to eat and drink.

rifóndere *v. t.* **1** (*fondere di nuovo*) to remelt; to melt again **2** (*metall.*) to recast* **3** (*rimborsare*) to refund; to reimburse; to pay* back: **r. le spese**, to refund expenses; **r. i danni**, to pay for damage caused; to pay damages (*o* compensation).

rifórma *f.* **1** reform; reformation: **r. sociale**, social reform; **r. dei costumi**, moral reform; **r. totale**, sweeping reform; **realizzare una r.**, to carry out a reform **2** — (*stor.*) **la R.**, Reformation **3** (*mil.*) declaration of unfitness for military service; rejection (on medical grounds).

riformàbile *a.* **1** reformable; susceptible of reformation **2** (*mil.*) apt to be declared unfit for military service.

riformàre **A** *v. t.* **1** (*formare di nuovo*) to re-form; to reshape; to form (*o* to shape) again **2** (*migliorare, correggere*) to reform **3** (*mil.*) to declare unfit for military service; to reject (as unfit) **B** **riformàrsi** *v. i. pron.* to form again; to re-form.

riformàto **A** *a.* **1** (*emendato*) reformed **2** (*eccles.*) reformed **B** *m.* **1** (*mil.*) person declared unfit for military service **2** (*eccles.*) member of a reformed church.

riformatóre **A** *m.* (*f.* **-trice**) reformer **B** *a.* reforming.

riformatòrio *m.* reform school; reformatory (*USA*); approved school (*GB*); community home (*GB*).

riformazióne *f.* re-formation.

riformìsmo *m.* (*polit.*) reformism.

riformìsta *m. e f.* (*polit.*) reformist.

riforniménto *m.* **1** (*il rifornire, il rifornirsi*) supplying; providing; restocking; (*di carburante*) refuelling: (*autom.*) **posto** (*o* **stazione**) **di r.**, filling station; petrol (*USA* gas) station; **fare r. di q.c.**, to stock up on st.; to lay in st.; **fare r. di benzina**, to fill up with petrol; **fare r. di carburante**, to refuel **2** (*specialm. al pl.*) (*provvista*) supply; provision; stock: **rifornimenti di viveri**, food supplies.

rifornìre **A** *v. t.* to supply; to provide; to stock; (*di carburante*) to refuel: **r. le truppe di viveri**, to supply the troops with victuals; **r. la dispensa**, to stock the larder **B** **rifornìrsi** *v. rifl.* to stock up (on, with): to supply oneself (with) • (*naut.*) **r. di viveri** (*o* **di munizioni**), to take in stores.

rifrangènte *a.* (*fis.*) refractive; refracting.

rifrangènza *f.* (*fis.*) refractivity.

rifràngere (*fis.*) **A** *v. t.* to refract **B** **rifràngersi** *v. i. pron.* to be refracted.

rifrazióne *f.* (*fis., astron.*) refraction.

rifrìtto *a.* (*fig.*) rehashed; stale: **idee rifritte**, rehashed ideas; **argomento fritto e r.**, stale topic.

rifrittùra *f.* (*spreg.*) rehash.

rifuggìre *v. i.* (*aborrire*) to shrink*; to recoil; to shun (st.): **r. dal fare nuove conoscenze**, to shrink from meeting people (*o* making new acquaintances); **r. dalla vendetta**, to recoil from vengeance; **r. dai pettegolezzi**, to shun gossip.

rifugiàrsi *v. i. pron.* to take* refuge; (*ripararsi*) to shelter, to take* shelter; (*nascondersi*) to hide*; (*fuggire*) to flee, to escape; (*cercare conforto*) to seek* refuge.

rifugiàto *m.* (*f.* **-a**) refugee.

rifùgio *m.* **1** (*riparo*) shelter, cover; (*nascondiglio*) hideout; (*asilo*) refuge [U], asylum [U]: **r. dalla pioggia**, shelter from the rain; **r. antiaereo**, air-raid shelter; **cercare r.**, to seek shelter (*o* refuge); **dare r.**, to shelter; to take in; to offer asylum; **trovare r.**, to take shelter; to shelter; to find asylum **2** (*in montagna*) refuge; hut **3** (*conforto*) refuge; comfort; solace **4** (*ospizio*) hostel; home.

rifùlgere *v. i.* (*lett., anche fig.*) to shine* brightly; to radiate.

rifùso *a.* **1** (*metall.*) remelted **2** (*rimborsato*) reimbursed; refunded.
riga *f.* **1** (*anche di scrittura*) line: **tirare una r.**, to draw a line; **r. di stampa**, line of print; **scrivere due righe a q.**, to drop sb. a line; **leggere fra le righe**, to read between the lines; **foglio a righe**, ruled sheet of paper **2** (*striscia*) stripe: **a righe**, striped; **a righe bianche e rosse**, red-and-white striped; with red and white stripes **3** (*fila*) row; (*mil., anche*) rank: **mettersi in r.**, to form a row; to line up; (*mil.*) to fall in; (*mil.*) **rompere le righe**, to break ranks; (*mil.*) **Rompete le righe!**, dismiss! **4** (*segno, graffio*) line; scratch **5** (*righello*) rule; ruler **6** (*scriminatura*) parting: **pettinarsi con la r.**, to part one's hair; **farsi la r. a destra**, to part one's hair on the right **7** (*mus.*) stave; staff* **8** (*lavoro a maglia*) row: **fare una r. a diritto** [**rovescio**], to knit [to purl] a row • (*fig.*) **mettersi in r.**, to tow the line □ **mettersi in r. coi tempi**, to keep abreast of the times □ (*fig.*) **rimettere in r. q.**, to make sb. toe the line □ (*fig.*) **sopra le righe**, exaggerated; emphatic.
rigàglie *f. pl.* (*cucina*) giblets.
rigàgnolo *m.* **1** rivulet **2** (*di strada*) gutter.
rigàre *v. t.* **1** (*tracciare righe*) to rule **2** (*scalfire*) to scratch; (*incidere*) to score • **r. diritto**, to behave properly; to toe the line □ **Le lacrime le rigavano il volto**, tears streamed down her face.
rigatìno *m.* (*ind. tess.*) striped cotton material.
rigàto *a.* **1** (*di foglio*) ruled **2** (*a strisce*) striped **3** (*scalfito*) scratched; (*inciso*) scored; (*di canna di arma da fuoco*) rifled • **viso r. di lacrime**, tear-stained face.
rigattière *m.* junk dealer: **bottega di r.**, junk shop.
rigatùra *f.* **1** (*di foglio*) ruling; lines (*pl.*) **2** (*striscie*) stripes (*pl.*) **3** (*di canna di arma da fuoco*) rifling.
rigeneràre **A** *v. t.* **1** (*anche fig.*) to regenerate **2** (*ind.*) to reclaim; to recondition; (*pneumatici*) to retread **B** **rigeneràrsi** *v. i. pron.* to be regenerated (*anche fig.*); to grow* again.
rigeneratóre **A** *m.* **1** regenerator **2** (*ind.*) heat-exchanger **B** *a.* regenerative.
rigenerazióne *f.* **1** (*anche fig.*) regeneration **2** (*ind.*) reclaiming; reconditioning; (*di pneumatici*) retreading.
rigettàre **A** *v. t.* **1** (*gettare di nuovo*) to throw* again **2** (*gettare indietro*) to throw* back **3** (*respingere*) to drive* back; to repel **4** (*non accogliere*) to reject; to turn down: **r. una proposta**, to reject (*o* to turn down) a proposal **5** (*vomitare*) to vomit; to be sick (*GB*); to throw* up (*fam.*): **r. il pranzo**, to throw up one's lunch; **Mi viene da r.**, I'm feeling sick **B** **rigettàrsi** *v. rifl.* to throw* (*o* to fling*) oneself again.
rigètto *m.* (*anche biol., chir.*) rejection: **crisi di r.**, rejection crisis.
righèllo *m.* rule; ruler; straightedge (*USA*) • **r. graduato**, scale.
rigidézza *V.* **rigidità**, *def. 1, 2, 3.*
rigidità *f.* **1** rigidness; rigidity; stiffness **2** (*rigore*) rigour; severity; strictness **3** (*di clima*) harshness; rigours (*pl.*) **4** (*med.*) rigidity; stiffness: **r. muscolare**, stiffness of the mucles; **rigidità cadaverica**, rigor mortis (*lat.*).
rìgido *a.* **1** rigid; stiff **2** (*severo*) rigid; rigorous; strict; stern: **disciplina rigida**, rigorous (*o* strict) discipline; **insegnante r.**, strict teacher **3** (*di clima, ecc.*) rigorous; harsh.
rigiràre **A** *v. t. e i.* **1** (*girare di nuovo*) to turn again; (*girare più volte*) to turn over; (*avvolgere*) to twist (round): **r. q.c. tra le mani**, to turn st. over in one's hands **2** (*una persona*) (*raggirare*) to lead* (sb.) by the nose • **r. il discorso**, to change the subject □ **r. una frase**, to rephrase a sentence □ **rigirarsi q. come si vuole**, to twist sb. round one's little finger □ **comunque rigiri la cosa**, however you look at it **B** **rigiràrsi** *v. rifl.* to turn round; to turn over: **r. nel letto**, to turn over in bed; (*più volte*) to toss and turn • **non sapere dove r.**, not to know which way to turn.
rigo *m.* **1** line; (*tratto di penna*) stroke: **scrivere un r.**, to drop a line **2** (*mus.*) staff*; stave.
rigóglio *m.* **1** (*di vegetazione*) luxuriance; lushness; lush growth **2** (*fig.*) bloom; luxuriance: **in pieno r.**, in full bloom.
rigogliosità *f.* luxuriance; exuberance.
rigoglióso *a.* **1** (*di vegetazione*) luxuriant; lush **2** (*fig.*) blooming; luxuriant; exuberant.
rigògolo *m.* (*zool.*) (golden) oriole.
rigonfiaménto *m.* swelling; bulge.
rigonfiàre **A** *v. t.* to blow* up (again); (*uno pneumatico, ecc.*) to pump up (again) **B** **rigonfiàrsi** *v. i. pron.* to swell* (again); to swell* up.
rigónfio **A** *a.* swollen; puffed out; puffy; bulging **B** *m.* swelling; bulge.
rigóre *m.* **1** (*freddo intenso*) rigour, rigor (*USA*) (*per lo più al pl.*); harshness: **il r. invernale**, the rigours of winter **2** (*severità*) rigour; strictness; harshness: **applicare una legge in tutto il suo r.**, to apply the full rigour of a law **3** (*rigorosità*) rigour; exactitude; precision **4** (*sport*) penalty: **concedere un r.**, to give (*o* to award) a penalty; **battere un r.**, to take a penalty; **area di r.**, penalty area; **calcio di r.**, penalty (kick); (*calcio*) **andare ai rigori**, to have a penalty shoot-out • **r. morale**, uprightness □ **a r.**, strictly speaking □ **a r. di legge**, according to the law □ **a r. di termini**, strictly speaking □ (*mil.*) **arresti di r.**, close arrest (*sing.*) □ (*mil.*) **cella di r.**, solitary confinement cell □ **di r.**, de rigueur (*franc.*); required.
rigorismo *m.* rigorism; extreme strictness.
rigorosaménte *avv.* rigorously; strictly; **r. parlando**, strictly speaking; **r. vietato**, strictly forbidden.
rigorosità *f.* **1** (*severità*) rigorousness; rigour; strictness **2** (*precisione*) rigorousness; rigour; thoroughness.
rigoróso *a.* **1** (*rigido*) rigorous; strict: **insegnante r.**, strict teacher; **ordine r.**, strict order; **nel più r. silenzio**, in absolute silence **2** (*preciso*) rigorous; strict; exact; thorough.
rigovernàre *v. t.* **1** (*i piatti*) to wash up **2** (*un cavallo*) to groom.
rigovernatùra *f.* **1** washing up **2** (*acqua sporca*) dishwater.
riguadagnàre *v. t.* **1** (*guadagnare di nuovo*) to earn again **2** (*recuperare*) to regain; to win* back: **r. la stima di q.**, to regain sb.'s good opinion; **r. terreno**, to regain ground; **r. velocità**, to regain (*o* to pick up) speed; **r. il tempo perduto**, to make up for lost time **3** (*raggiungere di nuovo*) to regain; to get* back to.
riguardàre **A** *v. t.* **1** (*guardare di nuovo*) to look at (sb., st.) again; to have another look at **2** (*esaminare*) to examine; (*controllare*) to check, to go* over **3** (*concernere*) to concern; to regard: **Questo non mi riguarda**, this does not concern me; it is no concern of mine; **È un problema che riguarda le autorità locali**, it's a matter for the local authorities; **per quel che mi riguarda**, as far as I'm concerned; **per quanto riguarda**, as for; as to; as regards; regarding **4** (*custodire con cura*) to look after; to take* care of **B** **riguardàrsi** *v. rifl.* to take* care of oneself; to look after oneself; (*proteggersi*) to protect oneself (from st.).
riguardàta *f.* quick look; glance.
riguàrdo *m.* **1** (*attenzione, cura*) care ⓤ: **maneggiare q.c. con r.**, to handle st. with care; **avere r. di q.** [**q.c.**], to take care of sb. [st.]; **avere r. nel fare q.c.**, to do st. with care; **Abbi un po' di r.!**, do be careful!; **con tutti i riguardi**, with the greatest care; **senza riguardi**, careless, rough (*agg.*); carelessly, roughly (*avv.*) **2** (*rispetto, deferenza*) respect; regard; consideration: **non avere r. per q.c.**, to have no consideration for st.; **per r. a q.**, out of respect for sb.; **per r. alla sua età**, out of consideration for his age; **mancare di r. verso q.**, to be disrespectful to sb.; **mancanza di r.**, disrespect; **essere pieno di riguardi verso q.**, to shower attentions on sb. **3** (*relazione, attinenza*) respect; connection; regard: **r. a**, with regard to; as to; **a questo r.**, in this connection; with regard to that; **informazioni al r.**, information on the matter; **sotto ogni r.**, in every respect • **di r.**, important □ **nei riguardi di q.**, toward(s) sb. □ **parlare senza r.** (*apertamente*), to speak freely (*o* openly) □ **senza tanti riguardi**, bluntly; curtly.
riguardóso *a.* respectful; considerate.
rigurgitàre **A** *v. i.* **1** to regurgitate; to gush back **2** (*traboccare*) to overflow **3** (*essere pieno*) to swarm (with); to teem (with); (*essere affollato*) to be packed (with), to be crammed (with) **B** *v. t.* to regurgitate; to bring* up.
rigùrgito *m.* **1** regurgitation (*anche med.*); gushing back **2** (*il traboccare*) overflow **3** (*ritorno*) resurgence **4** (*accesso*) fit; outburst: **in un r. di rabbia**, in a fit of rage.
rilanciàre **A** *v. t.* **1** (*lanciare di nuovo*) to throw* again **2** (*lanciare indietro*) to throw* back **3** (*a un'asta, al gioco*) to raise: **r. l'offerta**, to raise the bid; to make a higher bid; **Rilancio di 10.000**, I'll raise you 10,000 lire **4** (*fig.*) to relaunch; to revive; to bring* in again: **r. un progetto**, to relaunch a plan; **r. una moda**, to revive a fashion; **r. una proposta**, to reintroduce a proposal **B** **rilanciàrsi** *v. rifl.* to

throw* oneself again.

rilàncio *m.* ***1*** throwing again; throwing back ***2*** (*in un'asta, al gioco*) raising: **il r. di un'offerta**, the raising of a bid; a higher bid; **fare un r.**, to raise the bid; to make a higher bid ***3*** (*fig.*) relaunching: revival: **r. economico**, economic revival; **un r. del tailleur**, a revival of the two-piece suit; **r. pubblicitario**, new advertising campaign.

rilasciàre ***A*** *v. t.* ***1*** (*lasciare di nuovo*) to leave* again ***2*** (*liberare*) to release; to set* free; to let* go ***3*** (*allentare*) to relax ***4*** (*dare*) to give*; to issue; to grant; to allow: **r. un'intervista**, to give an interview; **r. una dichiarazione**, to issue a statement; **r. un passaporto**, to issue a passport; **r. un permesso**, to grant a permit; **r. una ricevuta**, to give (*o* to make out) a receipt ***B*** **rilasciàrsi** *v. i. pron.* to become* loose; to slacken; to relax.

rilàscio *m.* ***1*** (*il lasciare libero*) release: (*leg.*) **r. su cauzione**, release on bail ***2*** (*consegna, emissione*) grant; issue: **r. di un brevetto**, granting of a patent; **r. di un passaporto**, issue of a passport.

rilassaménto *m.* (*anche med.*) relaxation.

rilassànte *a.* relaxing.

rilassàre ***A*** *v. t.* to relax: **r. i nervi**, to relax ***B*** **rilassàrsi** *v. rifl. e i. pron.* to relax; (*fig., anche*) to slacken, to become* slack.

rilassatézza *f.* ***1*** relaxation ***2*** (*fig.*) laxity.

rilassàto *a.* ***1*** relaxed ***2*** (*fig.*) lax; loose: **costumi rilassati**, lax morals.

rilegàre *v. t.* ***1*** (*legare di nuovo*) to tie (up) again; to bind* again ***2*** (*un libro*) to bind*.

rilegato *a.* (*di libro*) bound: **r. in pelle**, bound in leather; leather-bound.

rilegatóre *m.* (*f.* **-trice**) bookbinder.

rilegatùra *f.* (book)binding: **r. in pelle**, leather-binding.

rilèggere *v. t.* to read* again; to reread*; (*rivedere*) to go* over again.

rilènto *avv.* — **a r.**, slowly.

rilettùra *f.* rereading; second reading.

rilevaménto *m.* ***1*** (*topogr.*) survey ***2*** (*tecn., di dati*) reading; recording: **r. della pressione**, pressure reading ***3*** (*stat.*) survey ***4*** (*naut.*) bearing ***5*** (*econ., fin.*: *assunzione di gestione*) takeover; (*acquisto*) buy-out ***6*** (*sporgenza*) prominence ***7*** (*mil.*) relief; relieving.

rilevànte *a.* ***1*** considerable; remarkable; substantial ***2*** (*importante*) important; significant.

rilevànza *f.* ***1*** (*grandezza*) size ***2*** (*importanza*) importance; significance: **di scarsa r.**, unimportant; of little significance.

rilevàre *v. t.* ***1*** (*levare di nuovo*) to take* away (*o* off, out) again ***2*** (*notare*) to notice; to detect ***3*** (*far notare*) to point out ***4*** (*prendere*) to take*: **r. un'impronta digitale**, to take a fingerprint ***5*** (*dare il cambio*) to relieve: **r. una sentinella**, to relieve a sentry ***6*** (*andare a prendere*) to call for; to pick up ***7*** (*econ., fin.*) to take* over; to buy* out: **r. una ditta**, to take over a firm; **r. un pacchetto azionario**, to buy out a shareholder ***8*** (*topogr.*) to survey; to plot ***9*** (*naut.*) to take* the bearing of.

rilevàto *a.* ***1*** (*in rilievo*) in relief; raised ***2*** (*sporgente*) projecting; protruding.

rilevatóre *m.* ***1*** (*f.* **-trice**) surveyor; data collector ***2*** (*strumento*) detector.

rilevazióne *f.* survey; (*osservazione*) observation, finding; (*registrazione*) recording.

rilièvo *m.* ***1*** (*anche in arte*) relief: **profilo in r.**, profile in relief; **ricamo in r.**, relief (*o* raised) embroidery; **dare r. a una figura**, to bring a figure into relief ***2*** (*sporgenza*) bulge; (*altura*) elevation, rise, height; (*catena montuosa*) range ***3*** (*importanza*) importance; prominence; account: **una faccenda di grande r.**, a matter of great importance; **avere scarso r.**, to be of little importance; **posizione di r.**, position of prominence; prominent position; **una personalità di r.**, a prominent (*o* leading) personality ***4*** (*osservazione*) remark, comment; (*critica*) criticism ***5*** (*topogr.*) survey ***6*** (*econ., fin.*) taking over • **dare r. a**, to lay stress (*o* emphasis) on; to give prominence to □ **mettere in r.**, to point out; to stress.

rilucènte *a.* resplendent; shining; bright.

rilùcere *v. i.* to be resplendent; to shine*; to be bright.

riluttànte *a.* reluctant; unwilling; disinclined; (*dato di malavoglia*) reluctant, grudging.

riluttànza *f.* reluctance; unwillingness; disinclination.

riluttàre *v. i.* to be reluctant.

rìma *f.* ***1*** rhyme: **mettere in r.**, to put into rhyme; **fare r. con**, to rhyme with ***2*** (*al pl.*) (*versi*) rhymes; verse Ⓤ • **r. baciata**, rhyming couplet □ **rispondere a q. per le rime**, to give sb. a sharp retort □ **terza r.**, terza rima.

rimandàre *v. t.* ***1*** (*mandare di nuovo*) to send* again ***2*** (*mandare indietro*) to send* back: **L'hanno rimandato al suo paese**, he was sent back to his own country; **r. a casa**, to send home ***3*** (*restituire*) to return; to send* back ***4*** (*rilanciare*) to throw* back; to toss back ***5*** (*differire*) to put* off; to postpone; (*procrastinare*) to delay: **r. una riunione**, to put off a meeting; **r. la partenza**, to put off (*o* to delay) one's departure; **Rimandiamo tutto a domani**, let's put everything off until tomorrow ***6*** (*fare riferimento*) to refer; to send* ***7*** (*a scuola*) to make* (sb.) resit an examination: **L' hanno rimandato in latino**, he has to resit in Latin.

rimandàto ***A*** *a.* (*di alunno*) required to resit an examination ***B*** *m.* (*f.* **-a**) student required to resit an examination.

rimàndo *m.* ***1*** (*il posporre*) postponement; putting off; delay ***2*** (*di palla*) return ***3*** (*nota di r.*) reference; cross-reference: **segno di r.**, reference mark ***4*** (*mecc.*) intermediate control • **di r.**, in return.

rimaneggiaménto *m.* ***1*** (*rielaborazione*) reworking; adaptation; alteration; (*riscrittura*) reworking ***2*** (*riorganizzazione*) reorganization; reshuffling.

rimaneggiàre *v. t.* ***1*** (*rielaborare*) to rework; to adapt; (*riscrivere*) to rewrite* ***2*** (*riorganizzare*) to reorganize; to reshuffle.

rimanènte ***A*** *a.* remaining; (*avanzato*) left over: **la parte r.**, the remaining part; **il denaro r.**, the money left over ***B*** *m.* remainder; rest; (*saldo*) balance; (*residuo*) residue • **i rimanenti**, the remainder; the rest; the others.

rimanènza *f.* remainder; remnant; surplus • (*rag.*) **r. di cassa**, cash balance.

rimanére *v. i.* ***1*** (*trattenersi, fermarsi*) to stay; to remain: **r. a casa**, to stay at home; **r. a letto**, to stay in bed; **Io andai, e lui rimase**, I left, and he stayed behind; **Rimani lì (dove sei)!**, stay where you are!; stay put!; **r. alzato tutta la notte**, to stay up all night; **r. in città**, to remain in town; **r. a cena**, to stay for dinner; **Dov'eravamo rimasti?**, were were we?; where had we got to? ***2*** (*essere*) to be; (*continuare a essere*) to remain; (*mantenersi*) to keep*; (*diventare, essere lasciato*) to become*, to be left: **r. stupito [deluso, soddisfatto]**, to be surprised [disappointed, satisfied]; **r. ucciso**, to be killed; **r. seduto**, to remain seated; **r. fedele**, to remain faithful; **r. zitto**, to keep (*o* to remain) silent; **r. a galla**, to keep afloat; **r. attaccato**, to stick; **r. in contatto con q.**, to keep in touch with sb.; **r. calmo**, to keep calm; **r. sveglio**, to stay awake; **r. amici**, to remain friends; **r. scapolo**, to remain a bachelor; **r. senza parole**, to be left speechless; **r. cieco**, to become* blind; **r. zoppo**, to be crippled; **r. vedovo [orfano]**, to be left a widower [an orphan] ***3*** (*essere sorpreso, anche* **rimanerci**) to be astonished: **A sentirgli dire quelle cose, (ci) rimasi**, I was astonished to hear him say such things ***4*** (*avanzare*) to be left; to be left over; to have (st.) left (*costruz. pers.*); (*esserci ancora, sopravvivere*) to remain: **Ecco quel che rimane**, that's all that remains (*o* that is left); **Rimane ben poco da dire**, very little remains to be said; **Rimane molto da fare**, there is still a lot to do; much remains to be done; **Mi rimangono soltanto mille lire**, I've only a thousand lire left; **Rimane solo un'ora**, there is only one hour left (*o* to go); **Siete rimasti solo voi**, you are the only ones left; **Non mi rimane (altro) che pagare**, there is nothing left for me to do but pay; **Mi rimane un dubbio**, I still have one doubt; **Non ti rimane (altra) scelta**, you have no choice; **Non ci rimane che sperare**, we can only hope ***5*** (*mettersi d'accordo*) to agree; to settle ***6*** (*durare, resistere*) to remain; to stay; to last: **Rimase in carica sei anni**, he remained in office for six years ***7*** (*essere situato*) to be: **Dove rimane il museo?**, where exactly is the museum? ***8*** (*restare in proprietà*) to go*: **La casa rimarrà alla figlia**, the house will go to their daughter • **Rimane a vedere se...**, it remains to be seen if... □ **Rimanga comodo!**, please, don't get up! □ **Rimanga fra noi!**, this is just between you and me □ (*telef.*) **r. in linea**, to hang on; to hold on □ **r. incinta**, to get pregnant □ **r. indietro**, to hang behind; to lag behind; to fall behind: **r. indietro nel lavoro**, to fall behind in one's work □ **r. senza q.c.**, to run out of st. □ **r. sullo stomaco**, to give indigestion; (*fig.*) to stick in sb.'s throat □ **rimanerci**, (*essere catturato*) to be caught; (*essere ucciso*) to get killed, to cop it (*pop.*) □ **rimanerci male**, (*essere deluso*) to be disappointed, to feel let down; (*essere ferito*) to be hurt, to be upset, to take (st.) to heart □ **rimanerci sul colpo**, to be struck dead □ **fermo rimanendo che...**, it being understood that... □ **Otto meno quattro**: **rimane quattro**, four from eight leaves four.

rimangiàre *v. t.* **1** (*mangiare di nuovo*) to eat* again **2** (*ritrattare*) to take* back; to go* back on: **rimangiarsi una promessa**, to go back on a promise.

rimarcàre *v. t.* to remark; to observe.

rimarchévole *a.* remarkable; notable.

rimàre *v. t. e i.* to rhyme.

rimarginàre **A** *v. t.* to heal **B** *v. i. e* **rimarginàrsi** *v. i. pron.* to heal; to heal up.

rimàrio *m.* rhyming dictionary.

rimasticàre *v. t.* **1** (*rimuginare*) to chew (st.) over; to ruminate over (*o* on); to brood on **2** (*ripetere*) to repeat; to rehash.

rimasùglio *m.* residue; remnant; (*al pl., anche*) odds and ends; oddments; (*di cibo*) leftovers.

rimàto *a.* rhymed.

rimatóre *m.* (*f.* **-trice**) rhymer; versifier.

rimbalzàre *v. i.* **1** to bounce; to rebound; (*di proiettile*) to ricochet; (*di suono*) to reverberate, to echo **2** (*fig.*) to spread*: **r. di bocca in bocca**, to spread quickly • **far r.**, to bounce.

rimbalzèllo *m.* (*gioco*) ducks and drakes.

rimbàlzo *m.* rebound; bounce; (*di proiettile*) ricochet: **di r.**, on the rebound; (*fig.*) indirectly.

rimbambiménto *m.* **1** (*di anziano*) dotage; senility **2** (*estens.*) daze; stupor.

rimbambìre **A** *v. t.* **1** to addle (sb.'s brain) **2** (*intontire*) to daze; to drive* (sb.) crazy **B** *v. i.* **1** (*di anziano*) to become* senile; to go* gaga (*fam.*) **2** (*rincretinire*) to go* crazy; to take* leave of one's senses.

rimbecillìto *a.* stupid; soft in the head.

rimboccàre *v. t.* **1** to roll up; to turn up: (*anche fig.*) **rimboccarsi le maniche**, to roll up one's sleeves; **rimboccarsi i pantaloni**, to turn up one's trousers **2** (*coperte, ecc.*) to tuck in: **r. le coperte a q.**, to tuck sb. up in bed.

rimbombànte *a.* **1** booming; rumbling; thundering **2** (*fig.*) bombastic; high-flown.

rimbombàre *v. i.* to boom; to rumble; to thunder; to roar; (*risuonare*) to resound, to echo.

rimbómbo *m.* boom; rumble; roar.

rimborsàbile *a.* refundable; repayable.

rimborsàre *v. t.* to reimburse; to refund; to pay* back.

rimbórso *m.* reimbursement; refund; repayment.

rimboscàre *v. t.* to reafforest.

rimboschiménto *m.* reafforestation.

rimboschìre **A** *v. t.* to reafforest **B** *v. i.* to become* wooded again.

rimbrottàre *v. t.* to scold.

rimbròtto *m.* scolding.

rimediàbile *a.* remediable; reparable • **È cosa r.**, there is a remedy □ **La cosa non è più r.**, it's past all remedy.

rimediàre **A** *v. i.* to remedy (st.); to put* (st.) right; to make* up (for): **r. a un torto**, to put right a wrong; **r. al tempo perduto**, to make up for lost time; **Rimedierò io**, I'll put it right; I'll see to it; **E ora come si rimedia?**, what can we do about it? **B** *v. t.* (*racimolare*) to scrape together; (*scroccare*) to cadge; (*procurarsi*) (to manage) to get*: **r. qualche soldo**, to scrape together some money; **r. un pranzo da q.**, to cadge a meal from sb.; **Ho rimediato solo seccature**, all I got for my pains was trouble.

rimediàto *a.* scraped together; (*alla buona*) make-do, rough and ready.

rimèdio *m.* remedy; (*cura*) cure; (*via d'uscita*) way out: **r. per tutti i mali**, cure-all; **La faccenda è senza r.**, the matter is past (*o* beyond) remedy; **porre r. a q.**, to find a remedy for st.; to put st. right.

rimembrànza *f.* (*lett.*) remembrance; memory • **parco delle rimembranze**, memorial park.

rimescolaménto *m.* **1** (*il mescolare*) mixing; (*il rimestare*) stirring; (*di carte*) shuffling, reshuffle **2** *V.* **rimescolio**.

rimescolàre *v. t.* **1** (*mescolare di nuovo*) to mix again **2** (*mescolare bene*) to mix up; to stir **3** (*carte*) to shuffle; to reshuffle **4** (*rovistare*) to rummage about • **sentirsi r. il sangue**, to feel one's blood boil.

rimescolàta *f.* stir; (*di carte*) shuffle.

rimescolio *m.* **1** (*trambusto*) bustle **2** (*turbamento*) shock; thrill.

riméssa *f.* **1** (*il rimettere*) replacing; replacement **2** (*comm.*: *invio di denaro*) remittance; (*invio di merci*) consignment, shipment **3** (*per automobili*) garage; (*per tram, ecc.*) depot; (*per aerei*) hangar **4** (*calcio*) — **r. laterale**, throw-in: **r. dal fondo**, goal kick **5** (*tennis*) return • (*teatr.*) **r. in scena**, restaging □ (*fig.*) **giocare di r.**, to play a defensive game.

rimessàggio *m.* (*di automobili*) garaging; (*di barche*) laying-up.

riméssο *a.* **1** (*condonato*) remitted; forgiven **2** (*ristabilito*) recovered; well again (*pred.*); (*nel morale*) in better spirits (*pred.*).

rimestàre *v. t.* **1** to stir **2** (*fig.*) to rake up.

riméttere **A** *v. t.* **1** (*ricollocare*) to put* again; (*al proprio posto*) to put* back, to replace: **rimettersi il cappotto**, to put on one's coat again; **r. un vestito nell'armadio**, to put a suit back into the wardrobe; **Rimettilo dov'era**, put it back where it was **2** (*inviare*) to remit; (*consegnare*) to hand, to deliver; (*presentare*) to submit: **r. denaro a q.**, to remit money to sb. **3** — **rimetterci**, to lose*: **Ci rimisi dieci milioni**, I lost ten million lire; **rimetterci la salute**, to ruin one's health; **Ci rimise la vita**, he lost his life; he got killed; **Non voglio rimetterci**, I don't want to lose (out) on it; **Tanto, che cosa ci rimetto?**, after all, what have I got to lose?; **Ci rimetto sempre io**, I'm always the one who loses out; **rimetterci di tasca propria**, to suffer in one's pocket **4** (*perdonare*) to remit; to forgive*: **r. i peccati**, to remit sins; **r. un'offesa**, to forgive an offence **5** (*affidare*) to refer; to submit; to leave*: **r. una questione a un arbitro**, to refer a matter to an arbitrator; **r. una decisione a q.**, to leave a decision to sb. **6** (*vomitare*) to vomit; to be sick (*GB*); to bring* up: **Mi viene da r.**, I feel sick • **r. a nuovo**, to do up; to renovate □ (*calcio*) **r. in gioco la palla**, (*con le mani*) to throw in; (*dal fondocampo*) to take a goal kick □ **r. in ordine**, to tidy (up) □ **r. in piedi q.** [**q.c.**], to put sb. [st.] on his [its] feet again □ **r. piede**, to set foot again **B** **riméttersi** *v. rifl.* **1** (*ricominciare*) to start again; to go* back (to doing st.): **Si rimise a dormire**, he went back to sleep; **r. in cammino**, to set out (*o* off) again **2** (*ristabilirsi*) to recover: **r. in salute** [**in forze**], to recover one's health [one's strength]; **r. da uno spavento**, to recover from a fright **3** (*affidarsi*) to submit (to); to rely (on): **Mi rimetto al tuo giudizio**, I submit to your judgment; **Mi rimetto alla tua prudenza**, I rely on your caution; **r. alla clemenza della corte**, to throw oneself on the mercy of the court **4** (*del tempo*: *rasserenarsi*) to clear up • **r. insieme** (*di una coppia*), to get back together again □ **r. in sesto**, to recover; (*di ditta, ecc.*) to get on one's feet again.

rimiràre **A** *v. t.* to gaze at; to contemplate **B** *v. i.* (*riprendere la mira*) to aim again (at) **C** **rimiràrsi** *v. rifl.* to look at oneself.

rimmel ® *m.* mascara.

rimodellàre *v. t.* to remodel; to reshape.

rimodernaménto *m.* modernization; updating; (*rinnovamento*) renovation.

rimodernàre *v. t.* to modernize; to update; (*un appartamento*) to renovate; (*un vestito, ecc.*) to remodel.

rimónta *f.* (*sport*) recovery; comeback.

rimontàre **A** *v. t.* **1** (*risalire*) to go* up again: **r. le scale**, to go upstairs again; **r. la classifica**, to move up the results list; **r. la corrente**, to go upstream **2** (*mecc.*) to reassemble: **r. un fucile**, to reassemble a gun **B** *v. i.* **1** (*risalire*) to remount; to get* on again: **r. a cavallo**, to remount one's horse; to get back in the saddle; **r. in auto**, to get back into the car **2** (*nel tempo*) to date back; to go* back **3** (*sport*) to recover; to catch* up.

rimorchiàre *v. t.* **1** to tow: **farsi r.**, to be towed **2** (*portarsi dietro*) to have in tow; to drag along **3** (*fam.*: *fare un approccio*) to pick up.

rimorchiatóre *m.* (*naut.*) tow(-boat); tug: **r. d'alto mare**, ocean-going tug.

rimòrchio *m.* **1** (*il rimorchiare*) tow; towing; towage: **prendere a r.**, to take in tow; **andare** (*o* **essere**) **a r.**, to be towed; to be on tow; (*fig.*) to be in tow; **cavo di r.**, towline; towrope; **gancio di r.**, towing bracket **2** (*cosa rimorchiata*) tow; (*autom.*) trailer: **camion con r.**, lorry (*USA* truck) with trailer.

rimòrdere *v. t.* ***1*** (*mordere di nuovo*) to bite* again ***2*** (*fig.*) to prick: **Mi rimordeva la coscienza**, my conscience was pricking (*o* bothering) me; I was conscience-stricken.

rimòrso *m.* remorse ⓤ; (*lieve*) compunction ⓤ: **provare** (*o* **avere**) **r.**, to feel remorse; to be conscience-stricken; **Non ha rimorsi**, he feels no remorse.

rimostrànza *f.* remonstrance; protest: **fare le proprie rimostranze a q.**, to remonstrate with sb.

rimostràre ***A*** *v. t.* to show* again ***B*** *v. i.* (*protestare*) to remonstrate.

rimovìbile *a.* removable; (*licenziabile*) dismissable.

rimozióne *f.* ***1*** removal; removing; clearing; clearance: **la r. di un ostacolo**, the removal of an obstacle; **r. dei rifiuti**, waste removal; **la r. dei detriti**, the clearance of rubble; (*autom.*) **zona di r. forzata**, towaway zone ***2*** (*destituzione*) removal; dismissal ***3*** (*psic.*) repression.

rimpaginàre *v. t.* to repage; to repaginate.

rimpaginatùra *f.* repaging; repagination.

rimpagliàre *v. t.* ***1*** (*una sedia*) to re-bottom with straw ***2*** (*reimbottire*) to re-stuff with straw.

rimpagliatóre *m.* chair-seat repairer.

rimpàllo *m.* ***1*** (*calcio e sim.*) rebound ***2*** (*biliardo*) cannon.

rimpastàre *v. t.* ***1*** to knead again ***2*** (*riorganizzare, anche polit.*) to reshuffle.

rimpàsto *m.* ***1*** kneading again ***2*** (*riorganizzazione, anche polit.*) reshuffling; reshuffle ***3*** (*rimaneggiamento*) recast; rehash.

rimpatriàre ***A*** *v. i.* to go* home; to return to one's own country ***B*** *v. t.* to repatriate.

rimpatriàta *f.* (*fam.*) get-together.

rimpàtrio *m.* repatriation.

rimpètto *V.* **dirimpetto**.

rimpiàngere *v. t.* ***1*** (*ripensare con dispiacere*) to regret: **Rimpiango di non aver accettato quel posto**, I regret not having accepted that job; **r. un'occasione perduta**, to regret a lost opportunity ***2*** (*rammentare con nostalgia*) to look back with nostalgia (on); (*piangere*) to mourn (for); (*sentire la mancanza di*) to miss: **r. il passato**, to look back with nostalgia on the past; **r. la felicità perduta**, to mourn for one's lost happiness; **Rimpiango la mia vecchia casa**, I miss my old house; **Mi rimpiangerai!**, you'll miss me!

rimpiànto ***A*** *a.* regretted; (*di defunto*) late lamented ***B*** *m.* regret; (*nostalgia*) nostalgia: **Ho il r. di non averlo mai conosciuto di persona**, I regret never having met him.

rimpiattàrsi *v. rifl.* to hide*.

rimpiattìno *m.* hide-and-seek: **giocare a r.**, to play hide-and-seek.

rimpiazzàre *v. t.* ***1*** to replace; to substitute ***2*** (*fare le veci*) to take* (sb.'s) place; to fill in for ● **farsi r.**, to get a substitute.

rimpiàzzo *m.* ***1*** (*sostituzione*) replacement; substitution ***2*** (*persona o cosa*) replacement; (*vice*) substitute, deputy.

rimpicciolimento *m.* reduction; reducing; (*restringimento*) shrinkage.

rimpicciolìre ***A*** *v. t.* to make* smaller; to reduce; (*restringere*) to shrink*; (*far apparire più piccolo*) to dwarf ***B*** *v.i. e* **rimpicciolìrsi** *v. i. pron.* to get* smaller; (*restringersi*) to shrink*.

rimpinguàre *v. t.* (*riempire*) to fill; to enrich: **r. le casse dello Stato**, to fill the coffers of the state.

rimpinzàre ***A*** *v. t.* to fill; to stuff; to gorge ***B*** **rimpinzàrsi** *v. rifl.* to stuff oneself (with); to gorge oneself (with).

rimpolpàre ***A*** *v. t.* ***1*** to fatten up ***2*** (*fig.*) to flesh out; to fill out ***B*** **rimpolpàrsi** *v. i. pron.* ***1*** (*ingrassare*) to put* on weight; to fill out ***2*** (*arricchire*) to feather one's nest.

rimproveràre ***A*** *v. t.* ***1*** (*redarguire*) to reproach; (*ufficialmente*) to reprimand, to rebuke, to tell* off (*fam.*); (*sgridare*) to scold: **Fu rimproverato perché era in ritardo**, he was reprimanded for being late ***2*** (*rinfacciare*) to blame (sb. for st.): **Gli si rimprovera un'eccessiva cautela**, they blame him for being overcautious; **Mi rimprovero un solo errore**, I blame myself for just one thing ***B*** **rimproveràrsi** *v. rifl.* to reproach oneself (with, for); to blame oneself (for); (*rammaricarsi*) to regret (st., doing st.): **Non ho nulla di cui rimproverarmi**, I have nothing to reproach myself with.

rimpròvero *m.* reproach; (*ufficiale*) reprimand, rebuke; telling-off (*fam.*); (*sgridata*) scolding: **sguardo di r.**, look of reproach; **muto r.**, silent reproach; **ricevere un severo r.**, to be severely reprimanded; **muovere un r. a q.**, to reproach sb.

rimuginàre *v. t. e i.* (*meditare*) to ponder (over), to mull (over); (*continuare a pensare*) to turn (st.) over and over in one's mind, to brood (on *o* over).

rimuneràre *v. t.* to remunerate; to recompense; to reward.

rimunerativo *a.* remunerative; profitable; paying.

rimunerazióne *f.* remuneration; recompense.

rimuòvere *v. t.* ***1*** (*muovere di nuovo*) to move again ***2*** (*togliere*) to remove, to dislodge; (*sgombrare*) to clear away: **r. le macerie**, to clear away the rubble; **r. ogni dubbio**, to remove all doubts ***3*** (*licenziare*) to remove; to dismiss; to discharge ***4*** (*psic.*) to repress.

rinascènte *a.* renascent; reviving.

rinàscere *v. i.* ***1*** (*nascere di nuovo*) to be born again ***2*** (*germogliare, crescere di nuovo*) to spring* up again; to grow* again ***3*** (*rivivere, risorgere*) to revive: **Ci rinacquero le speranze**, our hopes revived; **sentirsi r.**, to feel revived; to feel another man [woman].

rinascimentàle *a.* of the Renaissance; Renaissance (*attr.*).

rinasciménto *m.* (*stor.*) Renaissance.

rinàscita *f.* ***1*** rebirth ***2*** (*fig.*) revival; renewal; (*ripresa*) recovery: **r. delle arti**, revival of the arts; **r. dell'economia**, economic recovery; **una r. dell'interesse per q.c.**, a renewed interest in st.

rincagnàto *a.* — **naso r.**, pug nose.

rincalzàre *v. t.* ***1*** (*agric.*) to earth up ***2*** (*lenzuola, ecc.*) to tuck in (*o* up): **r. le coperte a q.**, to tuck sb. up in bed ***3*** (*fermare con rinforzi*) to prop (up); (*mettere una zeppa*) to wedge.

rincàlzo *m.* ***1*** (*agric.*) earthing up ***2*** (*rinforzo, aiuto*) reinforcement; support: **di r.**, in support ***3*** (*supporto*) prop; (*zeppa*) wedge ***4*** (*sport*) reserve ● (*mil.*) **truppe di r.**, reserves.

rincamminàrsi *v. i. pron.* to set* out again; to resume one's journey.

rincantucciàrsi *v. rifl.* to huddle (in a corner).

rincantucciàto *a.* huddled.

rincaràre ***A*** *v. t.* to raise the price of; to put* up: **r. gli affitti**, to put up rents ● **r. la dose**, to add to st. ***B*** *v. i.* to become* more expensive; to rise* (in price); to go* up.

rincàro *m.* rise in prices; price rise.

rincasàre *v. i.* to get* home; to go* home; to come* home.

rinchiùdere ***A*** *v. t.* to shut* up; (*a chiave*) to lock up (*o* in); (*segregare*) to confine: **r. q. in una stanza**, to lock sb. up in a room; **r. q. in manicomio**, to shut sb. up in a mental home; to lock sb. up (*fam.*); **r. in gabbia**, to cage ***B*** **rinchiùdersi** *v. rifl.* to shut* oneself up; to lock oneself in; (*ritirarsi*) to withdraw*: **r. in convento**, to withdraw into a convent; **r. in se stesso**, to retire (*o* to withdraw) into oneself.

rinchiùso ***A*** *a.* shut up (*o* in); locked up (*o* in) ***B*** *m.* enclosure; pen ● **odore di r.**, musty smell □ **una stanza che sa di r.**, a stuffy room.

rincitrullìre *e deriv. V.* **rincretinire** *e deriv.*

rincivilìre *e deriv. V.* **incivilire** *e deriv.*

rincoglionìre, **rincoglionìrsi** (*volg.*) *V.* **rincretinire, rincretinirsi**.

rincórrere ***A*** *v. t.* to run* after; to chase; (*anche fig.*) to pursue ***B*** **rincórrersi** *v. rifl. recipr.* to run* after each other (*o* one another); to chase each other (*o* one another) ● **fare** (*o* **giocare**) **a r.**, to play tig (*o* tag).

rincórsa *f.* run; run-up: **prendere la r.**, to take a run-up; **saltare senza r.**, to take a standing jump.

rincréscere *v. i.* ***1*** to be sorry, to regret (*costruz. pers.*): **Mi rincresce di non poter venire**, I am sorry I cannot come; I regret being unable to come (*o* that I cannot come) (*form.*) ***2*** (*dare fastidio*) to mind (*costruz. pers.*); **Ti rincresce darmi una mano**, would you mind giving me a hand?; **se non ti rincresce**, if you don't mind.

rincresciménto *m.* regret: **esprimere il proprio r.**, to express one's regret; **con mio grande r.**, much to my regret.

rincretinìre ***A*** *v. t.* to stultify; to addle (sb.'s) brain; (*di rumore, ecc.*) to drive* (sb.) crazy; (*di caldo, ecc.*) to knock out ***B*** *v. i. e* **rincretinìrsi** *v. i. pron.* to grow* stupid; to grow* soft in the head (*fam.*); to go* crazy; (*di anziano*) to grow* gaga (*fam.*).

rincretinìto *a.* stultified; stupid; soft in the head (*fam.*); (*di anziano*) gaga (*fam.*).
rincrudiménto *m.* aggravation; worsening.
rincrudìre ***A*** *v. t.* to aggravate; to make* worse; to worsen ***B*** *v. i. e* **rincrudìrsi** *v. i. pron.* to get* worse; to worsen.
rinculàre *v. i.* ***1*** to recoil ***2*** (*di arma da fuoco*) to recoil; to kick.
rincùlo *m.* (*di arma da fuoco*) recoil; kick.
rincuoràre ***A*** *v. t.* to encourage; (*confortare*) to comfort, to cheer up ***B*** **rincuoràrsi** *v. i. pron.* to take* heart; to feel* encouraged.
rinegoziàre *v. t.* to renegotiate.
rinfacciàre *v. t.* ***1*** to throw* (st.) in (sb.'s) face; to bring* up; to remind ***2*** (*rimproverare*) to reproach (sb. with st.); to accuse (sb. of st.).
rinfocolàre ***A*** *v. t.* (*fig.*) to rekindle; to stir up ***B*** **rinfocolàrsi** *v. i. pron.* to be rekindled; to be stirred up; to flare up.
rinfoderàre *v. t.* to sheathe.
rinforzàre ***A*** *v. t.* ***1*** (*ridare forza*) to strengthen; to make* stronger ***2*** (*rendere più forte, irrobustire*) to reinforce; to strengthen: **r. un esercito**, to reinforce an army; **r. una convinzione**, to strengthen a conviction ***3*** (*edil.*) to back; to support; to stiffen; (*puntellare*) to prop up, to underpin ***B*** *v. i.* to become* (*o* to get*) stronger; (*di vento*) to blow* up, to freshen ***C*** **rinforzàrsi** *v. i. pron.* to be strengthened; to become* stronger.
rinforzàto *a.* reinforced; strengthened.
rinfòrzo *m.* ***1*** (*il rinforzare*) reinforcement; strengthening ***2*** (*cosa che rinforza*) reinforcement; stiffener; backing; (*sostegno*) support, buttress, prop ***3*** (*mil.*) reinforcement.
rinfrancàre ***A*** *v. t.* to reassure; to encourage; to cheer up ***B*** **rinfrancàrsi** *v. i. pron.* to be reassured; to feel* more confident; to take* heart again.
rinfrancàto *a.* reassured; more confident.
rinfrescànte ***A*** *a.* refreshing; cooling ***B*** *m.* (*farm.*) mild laxative.
rinfrescàre ***A*** *v. t.* ***1*** to refresh; to freshen; to cool ***2*** (*ritoccare, restaurare*) to freshen up; to renovate; (*ridipingere*) to paint, to do up (*fam.*) • **r. l'aria in una stanza**, to change the air in a room □ **r. la memoria a q.**, to refresh sb.'s memory ***B*** *v. i.* (*del tempo*) to cool; to get* cool(er); (*del vento*) to freshen ***C*** **rinfrescàrsi** *v. i. pron.* ***1*** (*ristorarsi*) to refresh oneself; to take* refreshment ***2*** (*lavarsi*) to freshen (oneself) up.
rinfrescàta *f.* ***1*** (*del tempo*) cooling (of the weather); cooler weather; (*del vento*) freshening: **È venuta una bella r.**, the weather has got much cooler ***2*** (*lavata*) freshening-up: **darsi una r.**, to freshen (oneself) up ***3*** *V.* **ripassata**, *def. 1* • **dare una una r. a q.**, to refresh sb.'s memory □ **dare una r. a un appartamento**, to paint (*o* to do up) a flat.
rinfrésco *m.* ***1*** refreshments (*pl.*) ***2*** (*ricevimento*) (cocktail) party; reception.
rinfùsa *f.* — **alla r.**, haphazardly; higgledy-piggledy; anyhow; (*comm.*) in job lots; (*naut.*) in bulk.
ring (*ingl.*) *m. invar.* (*pugilato*) ring: **salire sul r.**, to go into the ring; **campione del r.**, boxing champion.
ringagliardìre ***A*** *v. t.* to reinvigorate; to brace ***B*** *v. i. e* **ringagliardìrsi** *v. i. pron.* to become* more vigorous; to become* stronger.
ringalluzzìre ***A*** *v. t.* to embolden: to make* cocky (*fam.*) ***B*** *v. i. e* **ringalluzzìrsi** *v. i. pron.* to grow* bolder; to get* cocky (*fam.*).
ringalluzzìto *a.* made bold (*pred.*); cocky (*fam.*).
ringhiàre *v. i.* (*anche fig.*) to snarl; to growl.
ringhièra *f.* (*di balcone*) railing(s); (*di scala*) banisters (*pl.*).
ringhio *m.* (*anche fig.*) snarl; growl.
ringhióso *a.* (*anche fig.*) snarling; growling.
ringiovaniménto *m.* rejuvenation.
ringiovanìre ***A*** *v. t.* ***1*** to make* young again; to rejuvenate ***2*** (*far sembrare più giovane*) to make* (sb.) look younger ***B*** *v. i.* ***1*** to grow* young again; (*biol.*) to rejuvenate ***2*** (*sembrare più giovane*) to look younger ***3*** (*sentirsi più giovane*) to feel* younger.
ringiovanìto *a.* younger.
ringoiàre *v. t.* (*fig.*) to swallow; to take* back.
ringraziaménto *m.* ***1*** thanks (*pl.*); thank-you: **lettera di r.**, letter of thanks; thank-you letter; **fare i propri r. a q.**, to express one's thanks to sb.; to thank sb. ***2*** (*relig.*) thanksgiving.
ringraziàre *v. t.* to thank: **r. q. di q.c.**, to thank sb. for st.; **r. a voce**, to thank personally; **r. per iscritto**, to send a letter of thanks; **Sia ringraziato il cielo!**, thank heaven!
ringuainàre *v. t.* to sheathe.
rinìte *f.* (*med.*) rhinitis.
rinnegàre *v. t.* to deny; to repudiate; to disown: **r. i propri princìpi**, to deny (*o* to repudiate) one's principles; **r. il proprio figlio**, to disown one's son.
rinnegàto *a. e m.* (*f.* **-a**) renegade.
rinnovàbile *a.* renewable.
rinnovaménto *m.* renewal; renovation.
rinnovàre ***A*** *v. t.* ***1*** (*ripetere*) to renew; to repeat; to... again: **r. i propri sforzi**, to renew one's efforts; **r. una richiesta**, to repeat a request; **r. i ringraziamenti**, to thank again; **r. le scuse**, to apologize again ***2*** (*rimettere a nuovo*) to renovate, to redecorate; (*rimodernare*) to update: **r. la casa**, to redecorate (*fam.* to do up) the house ***3*** (*sostituire*) to renew; to replace; to change: **r. il guardaroba**, to renew one's wardrobe; **r. il personale**, to renew (*o* to replace) the staff; **r. l'aria in una stanza**, to change the air in a room ***4*** (*documenti, ecc.*) to renew: **r. un contratto**, to renew a contract; **r. un passaporto** [**un abbonamento**], to renew a passport [a subscription] ***B*** **rinnovàrsi** *v. rifl.* ***1*** (*rimodernarsi*) to be modernized; to update ***2*** (*ripetersi*) to happen again; to be repeated.
rinnovatóre ***A*** *m.* (*f.* **-trice**) renewer ***B*** *a.* renewing; renovating.
rinnovazióne *f.* renewal, renovation.
rinnòvo *m.* ***1*** (*di documento*) renewal ***2*** (*ripetizione*) renewal; repeat ***3*** (*sostituzione*) replacement; renewal; change: **r. del macchinario**, replacement of machinery; **r. del guadaroba**, renewal of one's wardrobe.
rinocerónte *m.* (*zool.*) rhinoceros; rhino (*fam.*).
rinomànza *f.* renown; fame • **avere r.**, to be renowned.
rinomàto *a.* renowned; famous; well-known.
rinoplàstica *f.* (*med.*) rhinoplasty.
rinsaldaménto *m.* strengthening; consolidation.
rinsaldàre ***A*** *v. t.* to strengthen; to consolidate ***B*** **rinsaldàrsi** *v. i. pron.* to be strengthened.
rinsanguàre ***A*** *v. t.* ***1*** (*rinvigorire*) to give* new strength to; to reinvigorate; to boost ***2*** (*ricolmare*) to fill; to replenish ***B*** **rinsanguàrsi** *v. i. pron.* ***1*** (*riprendere vigore*) to be revived; to recover ***2*** (*rimettersi economicamente*) to get* a boost; to get* back on one's feet.
rinsavìre *v. i.* ***1*** to recover one's sanity ***2*** (*fig.*) to return to reason; to come* to one's senses.
rinsecchìre *v. i.*, **rinsecchìrsi** *v. i. pron.* ***1*** to dry up; (*inaridire*) to wither ***2*** (*di persona*) to become* emaciated; to grow* very thin.
rinselvatichìre *v. i.* to grow* (*o* to go*) wild again.
rinserràre ***A*** *v. t.* to shut* in (*o* up); (*a chiave*) to lock in (*o* up) ***B*** **rinserràrsi** *v. rifl.* to shut* oneself in; (*a chiave*) to lock oneself in (*o* up).
rintanàrsi *v. rifl.* ***1*** to go* back into one's hole; (*della volpe*) to run* (*o* to go*) to earth ***2*** (*fig.*) to shut* oneself up; to hole up (*fam.*); (*nascondersi*) to hide* (oneself).
rintavolàre *v. t.* to restart; to reopen: **r. le trattative**, to reopen negotiations.
rinterràre *v. t.*, **rinterràrsi** *v. rifl.* to fill up with earth; to silt up.
rintoccàre *v. i.* (*di campana*) to toll; (*di orologio*) to strike*.
rintócco *m.* (*di campana*) toll; (*di orologio*) stroke • **r. funebre**, knell □ **dare due rintocchi**, to toll twice; to strike two.
rintontìre *V.* **intontire**.
rintracciàbile *a.* traceable.
rintracciàre *v. t.* to trace; to find*; to track down: **r. la selvaggina**, to trace game; **r. l'origine di q.c.**, to trace the origin of st.; **Stiamo cercando di rintracciarlo**, we are trying to trace him; **La polizia lo rintracciò da un amico**, the police tracked him down at a friend's place; **r. una citazione**, to find (*o* to identify) a quotation.
rintronàre ***A*** *v. t.* ***1*** (*assordare*) to deafen ***2*** (*stordire*) to daze; to make dizzy; to stun ***B*** *v. i.* to boom; to roar; to thunder.
rintronàto *a.* dazed; dizzy; stunned; groggy.
rintuzzàre *v. t.* ***1*** (*reprimere*) to check; to curb ***2*** (*respingere*) to check; to drive* back: **r. un assalto**, to drive back an attack ***3*** (*ribattere*) to counter; to retort: **r. un'accusa**, to counter an accusation.

rinùncia *f.* **1** renunciation; giving up; (*leg.*) renunciation, waiver **2** (*sacrificio*) sacrifice.
rinunciàre *v. i.* **1** to renounce (st.); to give* up (st.); (*lasciar cadere*) to drop (st.), to abandon (st.): **r. a fumare**, to give up smoking; **r. a ogni speranza**, to give up (*o* to abandon) all hope; **r. al mondo**, to renounce the world; **Ho rinunciato a partecipare alla gara**, I gave up the idea of entering the competition; **r. alla carriera**, to give up a career; **r. a un progetto**, to drop a plan; **Ci rinuncio!**, I give up! **2** (*leg.*) to renounce (st.); to resign (st.); to waive (st.): **r. a un diritto**, to resign a right; **r. a una rivendicazione**, to waive a claim; **r. al trono [a un'eredità]**, to renounce the throne [an inheritance].
rinunciatàrio **A** *a.* yielding; defeatist **B** *m.* (*f.* **-a**) defeatist; quitter (*fam.*).
rinvasàre *v. t.* to repot.
rinveniménto (**1**) *m.* **1** (*ritrovamento*) recovery **2** (*scoperta*) discovery; finding; find: **r. archeologico**, archeological find.
rinveniménto (**2**) *m.* (*il recuperare i sensi*) return to consciousness; coming round.
rinvenìre (**1**) *v. t.* **1** (*ritrovare*) to find*; to recover **2** (*scoprire*) to find*; to discover.
rinvenìre (**2**) *v. i.* **1** (*recuperare i sensi*) to regain consciousness; to come* round: **fare r. q.**, to bring sb. round **2** (*riprendere freschezza*) to revive; (*riprendere morbidezza*) to soften.
rinverdìre **A** *v. t.* **1** to make* green again **2** (*fig.*) to revive; to rekindle **B** *v. i.* **1** to grow* green again **2** (*fig.*) to revive; to rekindle.
rinvestimento *m.* (*fin.*) reinvestment.
rinvestìre *v. t.* (*fin.*) to reinvest; to plough back.
rinviàre *v. t.* **1** (*mandare indietro*) to send* back; to return: **r. q. a casa**, to send sb. back home; (*sport*) **r. la palla**, to return the ball **2** (*differire*) to put* off; to postpone; to defer; to delay; (*aggiornare*) to adjourn: **r. al giorno dopo**, to put off until the next day; **r. ad altra data**, to put off to a later date; **r. un pagamento**, to defer (*o* to delay) a payment **3** (*di testo*) to refer • (*leg.*) **r. a giudizio**, to commit for trial.
rinvigoriménto *m.* reinvigoration; strengthening.
rinvigorìre **A** *v. t.* to reinvigorate; to strengthen; to brace; (*anche fig.*) to revive **B** *v. i.* e **rinvigorìrsi** *v. i. pron.* to gain (new) vigour; to regain strength; (*anche fig.*) to revive.
rinvìo *m.* **1** (*il rimandare indietro*) sending back; return **2** (*differimento*) putting off; postponement; deferment; delay; (*aggiornamento*) adjournment **3** (*in un testo*) (cross-)reference **4** (*sport*) return • (*leg.*) **r. a giudizio**, committal for trial.
rìo *m.* **1** (*poet.*) rivulet; stream; brook **2** (*a Venezia*) canal.
rioccupàre *v. t.* to reoccupy; to occupy again.
rionàle *a.* district (*attr.*); local: **mercato r.**, local market.
rióne *m.* district; quarter; neighbourhood.
riordinaménto *m.* rearrangement; (*riorganizzazione*) reorganization.
riordinàre **A** *v. t.* **1** (*rimettere in ordine*) to put* (*o* to set*) in order (again); to tidy up; (*ridisporre*) to rearrange **2** (*riorganizzare*) to reorganize **3** (*ordinare di nuovo*) to reorder **B** **riordinàrsi** *v. rifl.* to tidy oneself up.
riordinazióne *f.* (*comm.*) reorder.
riórdino (*bur.*) *V.* **riordinamento**.
riorganiẓẓàre **A** *v. t.* to reorganize **B** **riorganiẓẓàrsi** *v. rifl.* to get* oneself reorganized.
riorganiẓẓazióne *f.* reorganization.
riottóso *a.* (*indocile*) refractory; unruly.
rìpa *f.* (*lett.*) steep bank.
ripagàre *v. t.* **1** (*pagare di nuovo*) to pay* again **2** (*ricompensare*) to repay*; to pay* back: **r. q. con la stessa moneta**, to pay sb. back in his own coin **3** (*risarcire*) to pay* for; to refund; to replace.
riparàbile *a.* repairable • **non r.**, that cannot be repaired; beyond repair.
riparàre (**1**) **A** *v. t.* **1** (*difendere*) to protect; (*dare riparo*) to shelter; (*fare da scudo*) to shield; (*schermare*) to screen: **r. dal freddo**, to protect from (*o* against) the cold; **r. dalla neve**, to shelter from the snow **2** (*accomodare*) to repair; to mend; to fix; (*edil.*) to restore; (*aeron., naut.*) to refit **3** (*porre rimedio*) to redress, to right; (*fare ammenda, risarcire*) to redress, to make* amends for, to make* up for: **r. un torto**, to redress a wrong; **r. un danno**, to make up for damage caused; **r. un'offesa**, to make amends for an insult **4** (*a scuola*) to resit* (an examination) **B** *v. i.* **1** (*mettere riparo*) to remedy (st.); to redress (st.); to make* up for; to make* (st.) good: **r. a una perdita**, to make up (for) a loss **2** (*a scuola*) to resit* an examination **C** **riparàrsi** *v. rifl.* **1** (*mettersi al riparo*) to shelter; to take* cover **2** (*difendersi*) to protect oneself.
riparàre (**2**) *v. i.* (*fuggire*) to escape; to flee*; to take* refuge: **r. all'estero**, to escape abroad.
riparàto *a.* sheltered.
riparatóre **A** *m.* (*f.* **-trice**) repairer; (*restauratore*) restorer **B** *a.* reparatory; reparative.
riparazióne *f.* **1** (*anche mecc.*) repairing; repair; fixing; (*aeron., naut.*) refit: **fare delle riparazioni**, to do repairs; **officina per riparazioni**, repair shop **2** (*ammenda, risarcimento*) reparation; amends (*pl.*): **chiedere una r.**, to demand reparation (*o* satisfaction); **in r. di un torto**, in reparation of (*o* as amends for) a wrong done to sb. • **esame di r.**, resit exam □ **strada in r.** (*cartello*), road up.
riparlàre **A** *v. i.* **1** to speak* again **2** (*tornare a discutere*) to discuss again; to talk again: **Riparliamone domani**, let's talk about it tomorrow; **Ne riparlerò tra un momento**, I'll come back to that in a moment; **Non voglio sentirne più r.**, I don't want to hear any more of this; (*come minaccia*) **Ne riparleremo!**, you haven't heard the last of it! **B** **riparlàrsi** *v. rifl. recipr.* (*dopo una lite*) to be back on speaking terms.
ripàro *m.* **1** (*difesa, protezione*) shelter; cover; protection; refuge: **essere al r.**, to be sheltered; to be under cover; **mettersi al r.**, to take cover; **tenere q.c. al r. dal sole**, to keep st. out of the sun; **trovare r.**, to find shelter **2** (*struttura che ripara*) shelter; defence; shield; screen **3** (*rimedio*) remedy; cure: **trovare [mettere] r. a q.c.**, to find [to provide] a remedy for st. **4** (*mecc.*) guard; shield • **al r. dai curiosi**, safe (*o* away) from prying eyes □ **correre ai ripari**, to find a remedy; to take measures; to take remedial action □ **farsi r.**, to protect (*o* to shield) oneself.
ripartìre (**1**) *v. i.* **1** to go* away again; to leave* again; (*di veicolo*) to leave*, to drive* off, to pull away **2** (*mecc.*: *mettersi in moto*) to start: **far r.**, to restart.
ripartìre (**2**) *v. t.* (*suddividere*) to divide (into parts); (*distribuire*) to distribute, to share out, to apportion, to allocate; (*terreno*) to parcel out: **r. gli utili**, to distribute profits; **r. i costi**, to allocate costs; **r. una vincita tra sei giocatori**, to split a win among six players.
ripartizióne *f.* **1** (*il ripartire*) division; apportionment; portioning out; sharing out; distribution; allotment: **la r. di una somma**, the division of a sum of money; **la r. della ricchezza**, the distribution of wealth; **r. dei costi**, allocation of costs **2** (*ciascuna delle parti*) division; share; portion; allotment **3** (*reparto*) division; department.
ripassàre **A** *v. t.* **1** (*attraversare di nuovo*) to cross again; to recross: **r. il fiume**, to cross the river again **2** (*far passare di nuovo*) to pass again; to run* again: **ripassarsi una mano fra capelli**, to run one's hand again through one's hair **3** (*rivedere*) to go* through (again); to go* (o to run*) over (again); to revise; (*controllare*) to check: **r. una lezione**, to go over a lesson again; **r. per un esame**, to revise for an exam; (*teatr.*) **r. la parte**, to go over one's lines; **r. i conti**, to go over the accounts **4** (*passare sopra di nuovo*) to go* over: **r. i contorni di un disegno**, to go over a drawing **5** (*ritoccare*) to touch up; to retouch: **r. un quadro**, to retouch a painting **6** (*mecc.*: *revisonare*) to overhaul **7** (*stirare*) to iron, to press; (*spolverare*) to dust; (*lucidare*) to polish **8** (*porgere di nuovo*) to pass again; to hand again; (*restituire*) to give* back, to hand back **B** *v. i.* **1** to pass again (through a place) **2** (*tornare*) to come* [to go*] back; to call back; to call (on sb.) again.
ripassàta *f.* **1** (*scorsa*) another look; glance through; (*rilettura, ripetizione*) run through; (*di materia di studio*) brush-up: **dare una r. a q.c.**, to have another look at st.; to run through st. again; to brush up (on) st. **2** (*pulita*) clean; cleaning; (*spolverata*) dusting, wipe over; (*lucidata*) polish; (*stirata*) ironing, press: **dare una r. a q.c.**, to give st. a clean [a dusting, a press, etc.] **3** (*mecc.*: *revisione*) overhaul; overhauling: **dare una r. a un motore**, to give an engine an overhaul **4** (*mano di vernice*) fresh (*o* new) coat of paint **5** (*sgridata*) scolding, telling-off (*fam.*), lecture (*fam.*); (*bòtte*) (good) hiding.

ripàsso *m.* (*revisione*) revision: **fare il r. di q.c.**, to revise st.
ripensaménto *m.* ***1*** (*riflessione*) rethink; (*pensiero successivo*) afterthought ***2*** (*mutamento d'idea*) change of mind; second thoughts (*pl.*): **All'ultimo ebbe un r.**, at the last moment he had second thoughts about it (*o* he changed his mind).
ripensàre *v. i.* ***1*** (*tornare a pensare*) to think* (again); to rethink*; (*riflettere*) to think* over, to reflect, to consider: **Ora che ci ripenso**, now that I think of it: **Non farmici r.!**, don't remind me!; don't let me even think about it!; **Ripensaci!**, think it over! ***2*** (*cambiare idea*) to change one's mind; to have second thoughts; (*decidere di no*) to think* better of it: **Ci ho ripensato, rimango qui**, I've changed my mind. I'm going to stay here ***3*** (*riandare con la mente*) to think* back (on); to recall (st.) • **ripensandoci meglio**, on reflection; on second thoughts □ **Pensa e ripensa, alla fine...**, I racked my brains and in the end...
ripercórrere *v. t.* ***1*** (*percorrere di nuovo*) to go* [to walk, to drive*, etc.] along (st.) again; (*tornando indietro*) to go* [to walk, to drive*, etc.] back over (*o* along): **r. lo stesso itinerario**, to take the same route; to go the same way; **Ripercorremmo tutta la strada fino al cinema**, we went all the way back to the cinema ***2*** (*passare in rassegna*) to go* over (st.) again; (*col pensiero*) to think* back to.
ripercuòtersi *v. i. pron.* ***1*** to be reflected; to reverberate ***2*** (*fig.*) to influence (st.); to affect (st.); to have repercussions (on): **r. in modo negativo su**, to have a bad effect on; to affect (st.) negatively.
ripercussióne *f.* (*effetto*) repercussion; consequence.
ripescàre *v. t.* ***1*** (*pescare di nuovo*) to fish again ***2*** (*recuperare dall'acqua*) to fish out (*o* up); to pull out (of the water) ***3*** (*trovare*) to retrieve; to unearth; to dig* out ***4*** (*riproporre*) to revive; to bring* back: **r. un vecchio progetto**, to revive an old plan.
ripetènte ***A*** *a.* repeating a year ***B*** *m. e f.* pupil repeating a year.
ripètere ***A*** *v. t.* ***1*** (*rifare*) to repeat; **r. un errore**, to repeat a mistake; **r. un anno a scuola**, to repeat a year at school ***2*** (*ridire*) to repeat; to say* again; to tell* again: **r. una parola** [**un ordine**], to repeat a word [an order]; **Le spiace r.?**, would you mind repeating that (*o* saying that again)? • **L'ho ripetuto cento volte**, I've said it again and again; I've repeated it a hundred times □ **Te l'ho detto e ripetuto**, I've told you again and again □ **Non se lo fece r. due volte**, he didn't need to be told twice ***B*** **ripètersi** *v. rifl. e i. pron.* ***1*** (*di persona*) to repeat oneself ***2*** (*ripresentarsi*) to be repeated; to recur; to occur again: **Il rumore non si ripeté**, the noise was not repeated; **Il fenomeno si ripeté diverse volte**, the phenomenon recurred several times • **Che la cosa non si ripeta più!**, don't let it happen again! □ **La storia si ripete**, history repeats itself.
ripetitività *f.* repetitiveness.
ripetitivo *a.* repetitive.
ripetitóre ***A*** *m.* ***1*** (*tecn.*) repeater ***2*** (*radio, TV*) relay ***3*** (*f.* **-trice**) coach ***B*** *a.* ***1*** repeating ***2*** (*radio, TV*) relay (*attr.*).
ripetizióne *f.* ***1*** repetition; (*il ripetersi, anche*) reoccurrence ***2*** (*ripasso*) revision ***3*** (*lezione privata*) private lesson: **andare a r. da q.**, to take private lessons from sb.; **dare ripetizioni a q.**, to give private lessons to sb.; to coach sb. • **fucile a r.**, repeating rifle.
ripetutaménte *avv.* repeatedly; over and over (again); again and again.
ripetùto *a.* repeated; (*frequente*) frequent, several.
ripianàre *v. t.* (*econ.*) to balance; to make* good; to pay* off: **r. il bilancio**, to balance the budget; **r. una perdita**, to make good a loss; **r. un debito**, to pay off a debt.
ripiàno *m.* ***1*** (*scaffale*) shelf ***2*** (*terreno pianeggiante*) terrace: **a ripiani**, terraced ***3*** (*geol.*) bench.
ripìcca *f.* spite; petty vengeance: **fare q.c. per r.** to do st. out of spite.
rìpido *a.* steep.
ripiegaménto *m.* ***1*** (*mil.*) retreat; withdrawal ***2*** (*fig.*) falling back.
ripiegàre ***A*** *v. t.* ***1*** (*piegare di nuovo*) to fold again; to refold; **piegare e r.**, to fold and refold ***2*** (*piegare più volte*) to fold (up): **r. le lenzuola**, to fold the sheets ***3*** (*piegare su se stesso*) to fold; to fold back; to draw* up: **r. le ali**, to fold one's wings; **r. le gambe**, to draw up (*o* to curl up) one's legs; **r. l'angolo di una pagina**, to fold back the corner of a page ***B*** *v. i.* ***1*** (*mil.*) to retreat; to withdraw* ***2*** (*trovare un ripiego*) to fall* back (on); to make* do (with) ***C*** **ripiegàrsi** *v. i. pron.* (*piegarsi*) to bend* down • **r. in se stesso**, to withdraw into oneself.
ripiegatùra *f.* folding; (*piega*) fold.
ripiègo *m.* expedient; makeshift: **soluzione di r.**, makeshift solution; stopgap; **per r.**, as a makeshift • **vivere di ripieghi**, to live by one's wits.
ripièno ***A*** *a.* ***1*** (*pieno*) full ***2*** (*cucina*) stuffed; (*di torte, paste*) filled: **tacchino r.**, stuffed turkey; **cipolle ripiene**, stuffed onions; **pasta ripiena di crema**, pastry filled with cream (*o* with a cream filling); **cioccolatino r.**, chocolate with a soft centre; chocolate cream ***B*** *m.* (*cucina*) stuffing; (*di torte, paste*) filling.
ripigliàre (*fam.*) V. **riprendere**.
ripiombàre ***A*** *v. t.* to plunge back ***B*** *v. i.* (*ricadere*) to fall* down again; (*fig.*) to plunge back.
ripopolaménto *m.* repopulation; (*di animali, anche*) restocking.
ripopolàre ***A*** *v. t.* to repopulate; (*con animali, anche*) to restock ***B*** **ripopolàrsi** *v. i. pron.* ***1*** to be repopulated ***2*** (*fig.*) to fill with people again.
ripórre *v. t.* ***1*** (*rimettere a posto*) to replace; to put* back ***2*** (*mettere via*) to put* away; (*nascondere*) to hide* ***3*** (*collocare*) to put*; to place; to set*: **r. la propria fiducia in q.**, to put one's trust in sb.; **r. ogni speranza in q.**, to place one's hopes in sb.
riportàre ***A*** *v. t.* ***1*** (*verso il luogo dove è o sarà l'interlocutore*) to bring* again, (*indietro*) to bring* back; (*lontano dall'interlocutore*) to take* again, (*indietro*) to take* back, to carry back: **Riportami l'ombrello**, bring me back my umbrella; **Riportò la valigia in camera**, he carried the suitcase back to his room; **Ti riporto a casa**, I'll take you home ***2*** (*riferire*) to report; to relate; (*citare*) to quote: **r. la verità**, to report the truth; **La notizia fu riportata da tutti i giornali**, all the papers reported (*o* carried) the news ***3*** (*ricevere, ottenere*) to receive; to get*; (*conquistare*) to carry off; (*subire*) to suffer, to meet* with: **r. una buona impressione**, to receive a good impression; **r. un premio**, to get a prize; **r. la vittoria**, to carry off the victory; **r. danni**, to suffer damage; **r. ferite**, to receive injuries; to be injured (*o* wounded); **r. una sconfitta**, to suffer a defeat; to be defeated ***4*** (*mat.*) to carry; (*rag.*) to carry over (*o* forward): **Scrivo sei e riporto due**, I write down six and carry two; **r. una somma alla pagina seguente**, to carry a total forward to the next page ***5*** (*un disegno*) to transfer ***6*** (*la selvaggina*) to retrieve ***B*** **riportàrsi** *v. i. pron.* ***1*** (*tornare, anche fig.*) to go* back ***2*** (*riferirsi*) to refer.
ripòrto *m.* ***1*** (*mat.*) amount to be carried ***2*** (*rag.*) amount carried forward; carry-over ***3*** (*Borsa*) contango* ***4*** (*cucito, ricamo*) appliqué ***5*** (*di capelli*) strand (of hair) combed to cover a bald patch • **cane da r.**, retriever □ (*edil.*) **materiale di r.**, filling material.
riposànte *a.* restful; (*distensivo*) relaxing; (*tranquillo*) peaceful.
riposàre (1) ***A*** *v. t.* (*posare di nuovo*) to place back; to replace; to put* back; to lay* down again ***B*** **riposàrsi** *v. rifl.* to settle again; to land again; (*di uccello*) to alight (*o* to land) again.
riposàre (2) ***A*** *v. t.* to rest ***B*** *v. i.* ***1*** to rest; (*dormire*) to sleep* ***2*** (*essere sepolto*) to lie*; to be buried: **Qui riposa XY**, here lies XY ***3*** (*poggiare, reggersi*) to rest (on); to be built (on) ***4*** (*di terreno*) to lie* fallow ***5*** (*di liquido*) settle ***6*** (*di impasto*) to stand* ***C*** **riposàrsi** *v. i. pron.* to rest; to have (*o* to take*) a rest; (*sdraiarsi*) to lie* down: **Ho bisogno di riposarmi**, I need a rest; **Mi riposerò per un'ora**, I'll have an hour's rest.
riposàto *a.* ***1*** (*ristorato, non stanco*) rested; refreshed; fresh ***2*** (*tranquillo*) restful; peaceful.
riposìno *m.* (*fam.*) short rest; lie-down; nap; forty winks (*fam.*): **fare un r.**, to take a nap; to have a lie-down.
ripòso *m.* ***1*** rest; (*pausa*) break: **prendersi un po' di r.**, to take a little rest; **cinque minuti di r.**, five minutes' break; **in r.**, at rest ***2*** (*tranquillità, pace*) peace; quiet ***3*** (*mil.*) standing at ease: **R.!**, at ease! • **r. settimanale**, weekly day off □ **a r.** (*in pensione*), retired □ **andare a r.**, to retire □ **Buon r.!**, sleep well! □ **di tutto r.**, relaxing; (*di incarico*) easy, soft □ **giorno di r.** (*dal lavoro*), day off □ (*della terra*) **stare in r.**, to lie fallow.

ripostiglio *m.* (*stanzino*) walk-in cupboard (*GB*); closet (*USA*).

ripósto *a.* ***1*** (*segreto*) secret; recondite; hidden: **i più riposti pensieri**, one's most secret thoughts ***2*** (*appartato*) secluded; out-of-the-way.

riprèndere ***A*** *v. t.* ***1*** (*prendere di nuovo*) to take* again; to resume; (*riottenere*) to regain; (*riacchiappare*) to catch* again; (*riconquistare*) to retake*, to recapture: **r. il proprio posto**, to resume (*o* to go back to) one's place; (*a sedere*) to take one's seat again; to sit down again; **r. le armi**, to take up arms again; **r. il primo posto**, to regain top position; **r. il raffreddore**, to catch another cold; **Fu ripreso dallo sconforto**, he fell back into despair; **Mi era scappato, ma l'ho ripreso**, he had run away, but I caught him again ***2*** (*riavere, riottenere*) to take* back; to get* back; (*recuperare*) to recover: **Mi riprendo il libro**, I'm taking my book back; **r. forza**, to recover one's strength; **r. i sensi**, to regain consciousness ***3*** (*ricominciare*) to resume; to go* back to: **r. il lavoro**, to resume one's work; **r. l'insegnamento**, to go back to teaching ***4*** (*continuare a dire*) to go* on; to continue; to resume; (*soggiungere*) to add: **«E così» riprese**, «well then» he went on; **r. un racconto**, to pick up (*o* to take up) a story ***5*** (*assumere di nuovo*) to take* on again; to take* back ***6*** (*trarre, derivare*) to take*; to draw*: **Tasso riprende questa similitudine da Dante**, Tasso draws this simile from Dante ***7*** (*ripetere*) to take* up again ***8*** (*rimproverare*) to reprimand; (*biasimare*) to find* fault with (sb.) ***9*** (*sartoria*) to take* in ***10*** (*cinem.*) to take*; to shoot*; to film: **r. una scena**, to take (*o* to shoot) a scene ***11*** (*teatr.*) to revive • **r. il cammino**, to set out again □ **r. moglie** (*o* **marito**), to marry again □ (*lavoro a maglia*) **r. un punto**, to pick up a stitch □ **r. quota**, (*aeron.*) to regain height; (*fig.*) to regain popularity □ **r. sonno**, to go back to sleep □ **r. velocità**, to pick up speed ***B*** *v. i.* (*ricominciare*) to resume; to begin* again; to start again: **I programmi riprenderanno alle sei**, programmes will resume at six; **r. a leggere**, to begin reading again ***C*** **riprèndersi** *v. i. pron.* ***1*** (*da una malattia*) to recover; (*da una disgrazia*) to get over (st.) ***2*** (*riprendere il controllo di sé*) to compose oneself; to collect oneself ***3*** (*finanziariamente, anche di azienda*) to get back on one's feet; (*di economia, ecc.*) to recover, to pick up ***4*** (*di pianta*) to revive ***5*** (*correggersi*) to correct (*o* to check) oneself.

riprésa *f.* ***1*** resumption; renewal: **r. del lavoro [delle trattative]**, resumption of work [of talks]; **r. delle ostilità**, renewal of hostilities ***2*** (*da malattia, emozione*) recovery: **capacità di r.**, powers of recovery ***3*** (*econ.*) recovery; revival ***4*** (*riconquista*) recapture ***5*** (*teatr.*) revival ***6*** (*autom.*) acceleration; pick-up ***7*** (*cinem., fotogr.*) shot; take; shooting [U]: **r. col rallentatore**, slow-motion shot; **riprese in esterni**, shooting on location ***8*** (*boxe, lotta*) round; (*scherma*) bout; (*calcio, rugby, ecc.*) second half ***9*** (*mus.*) repeat ***10*** (*sartoria*) tuck; dart • **a più riprese**, (*in più fasi*) in successive stages; (*più volte*) on several occasions, repeatedly □ **essere in r.**, to be on the increase; to be on the upswing □ (*cinem.*) **macchina da r.**, film (*USA* movie) camera □ (*fotogr.*) **velocità di r.**, film speed.

ripreṣentàre ***A*** *v. t.* ***1*** (*offrire, proporre di nuovo*) to present again; to offer again; to put* forward again ***2*** (*mostrare di nuovo*) to show* again; (*esporre di nuovo*) to re-exhibit ***B*** **ripreṣentàrsi** *v. rifl.* to present oneself again; (*ritornare*) to go* [to come*] back • **r. a un esame**, to resit an examination □ **Si ripresentò alle elezioni**, he stood at the next election; he stood again (as a candidate) □ **quando si ripresenterà l'occasione**, when the opportunity arises again.

ripristinàre *v. t.* to restore; (*rimettere in vigore*) to bring* back, to reintroduce; (*un'usanza, ecc.*) to revive.

riprìstino *m.* restoration; (*di norma, ecc.*) reintroduction; (*di usanza, ecc.*) revival.

riproducìbile *a.* reproducible.

riproducibilità *f.* reproducibility.

riprodùrre *v. t.*, **riprodursi** *v. rifl.* to reproduce.

riproduttìvo *a.* reproductive.

riproduttóre ***A*** *m.* (*tecn.*) reproducer ***B*** *a.* reproducing; (*biol.*) reproductive.

riproduzióne *f.* reproduction.

ripromèttersi *v. i. pron.* ***1*** (*proporsi*) to propose; to intend ***2*** (*aspettarsi*) to expect.

ripropórre ***A*** *v. t.* to re-propose; to reintroduce; to revive ***B*** **riproporsi** *v. i. pron.* to come* up again.

ripròva *f.* ***1*** (*nuova prova*) (new) proof; new evidence [U]; (*conferma*) confirmation: **a r. di**, as proof of; in confirmation of ***2*** (*mat.*) proof.

riprovàre (**1**) *v. t. e i.* ***1*** (*ritentare*) to try again ***2*** (*sentire di nuovo*) to feel* again; to re-experience ***3*** (*vestito*) to try on again; (*dal sarto*) to have another fitting.

riprovàre (**2**) *v. t.* (*disapprovare*) to disapprove; to censure; to blame.

riprovazióne *f.* (*disapprovazione*) disapproval; censure.

riprovévole *a.* reprehensible; blameworthy.

ripubblicàre *v. t.* to republish; to reissue.

ripudiàre *v. t.* to repudiate; to renounce; to disown.

ripùdio *m.* repudiation; renunciation; (*rifiuto*) rejection.

ripugnànte *a.* repugnant; repulsive; revolting.

ripugnànza *f.* ***1*** repugnance; revulsion; abhorrence ***2*** (*riluttanza*) reluctance.

ripugnàre *v. i.* ***1*** (*disgustare*) to fill (sb.) with repugnance; to revolt (sb.) ***2*** (*essere contrario*) to be repugnant to; to go* against.

ripulìre ***A*** *v. t.* ***1*** (*pulire di nuovo*) to clean again ***2*** (*pulire bene*) to clean up; (*riordinare*) to tidy up: **r. la casa [un quartiere]**, to clean up the house [a district] ***3*** (*rifinire*) to polish up ***4*** (*togliere tutto*) to clean up (*o* out); (*mangiare tutto*) to eat* up; (*portare via tutto*) to clean out: **r. la dispensa**, to clean out the larder; **Mi hanno ripulito al poker**, I've been cleaned out at poker ***B*** **ripulirsi** *v. rifl.* to clean oneself up.

ripulìta *f.* clean; (*anche fig.*) clean up: **dare una r. a q.c.**, to give st. a clean; **darsi una r.**, to have a clean-up; to go and get clean.

ripulitùra *f.* ***1*** *V.* **ripulita** ***2*** (*rifinitura*) finishing; finishing touches (*pl.*).

ripùlsa *f.* refusal; rejection.

ripulsióne *f.* repulsion; repugnance.

ripulsìvo *a.* repulsive.

riquàdro *m.* ***1*** square; panel ***2*** (*cornice*) frame ***3*** (*tipogr.*) box; inset ***4*** (*archit.*) panel.

riqualificàre *v. t.*, **riqualificàrsi** *v. rifl.* to retrain.

riqualificazióne *f.* retraining.

risàcca *f.* backwash; surf.

risàia *f.* rice-field; paddy-field.

risalìre ***A*** *v. t.* ***1*** (*salire*) to go* up; to climb up: **r. un colle**, to go (*o* to climb) up a hill ***2*** (*percorrere navigando*) to sail up: **r. un fiume [una costa]**, to sail up a river [a coast]; **r. la corrente**, to go upstream ***3*** (*salire di nuovo*) to go* up again ***B*** *v. i.* ***1*** to go* [to come*] up again; to climb up again; to mount (st.) again; to re-ascend: **r. in camera**, to go up to one's room again; **r. a cavallo**, to mount one's horse again; to climb back into the saddle; **r. in macchina**, to get (*o* to climb) back into the car; **r. sul trono**, re-ascend the throne ***2*** (*fig.*) to go* up again; to rise* again ***3*** (*nel tempo*) to go* back (to); to date back (to); to date (from): **r. alle origini di q.c.**, to go back to the origins of st.; to trace st. back to its origins; **La chiesa risale al 1200**, the church dates back to the 13th century; **La sua scomparsa risale a tre giorni fa**, he disappeared three days ago.

risalìta *f.* ***1*** climb (back); (*alla superficie*) resurfacing ***2*** (*aumento*) new rise • (*sci*) **impianti di r.**, ski lifts.

risaltàre ***A*** *v. t. e i.* (*saltare di nuovo*) to jump again ***B*** *v. i.* ***1*** (*fare spicco*) to stand* out; to show up: **r. sullo sfondo**, to stand out against the background; **un colore che risalta più di qualsiasi altro**, a colour that shows up more than any other; **far r.**, to show up; (*sottolineare*) to show off, to set* off ***2*** (*archit.*: *sporgere*) to project; to jut out.

risàlto *m.* ***1*** prominence; relief; (*enfasi*) emphasis, stress: **dar r. a q.c.**, to give prominence to st.; (*sottolineare*) to lay emphasis (*o* stress) on st.; **mettere in r.**, to bring out; to throw into relief; to set off; (*sottolineare*) to stress ***2*** (*archit.*) projection; relief.

risanàbile *a.* ***1*** curable; healable ***2*** (*di terreno*) reclaimable.

risanaménto *m.* ***1*** (*il guarire*) recovering; healing ***2*** (*di terreno*) reclamation ***3*** (*edilizio*) redevelopment ***4*** (*econ.*) recovery; (*di azienda*) reorganization, restructuring; (*dei conti*), balancing ***5*** (*dei costumi, ecc.*) renewal of moral values.

risanàre *v. t.* ***1*** (*guarire*) to restore to health; to cure; to heal ***2*** (*bonificare*) to reclaim ***3*** (*un quartiere, ecc.*) to redevelop ***4*** (*econ.*: *un bilancio*) to balance; (*un'azienda*) to reor-

ganize, to put on it's feet again **5** (*i costumi, ecc.*) to reform.
risapére *v. t.* to get* to know; to hear*: **Tutto il paese lo riseppe il giorno dopo**, the whole town knew about it the next day; **Lo si è venuto a r.**, it got about; it became public knowledge.
risapùto *a.* well-known • **È r. che...**, it's common knowledge that...
risarcìbile *a.* refundable; indemnifiable.
risarciménto *m.* (*indennizzo*) compensation Ⓤ, damages (*pl.*); (*rimborso*) refund: **r. dei danni**, compensation for damage; damages (*pl.*); **r. delle spese**, refund of expenses; **chiedere un r.**, to claim compensation; (*per danni*) to claim for damages.
risarcìre *v. t.* to compensate; to indemnify; to make* up; (*rimborsare*) to refund: **r. q. di una perdita**, to compensate sb. for a loss; **r. q. di un danno**, to pay sb. for damage done; to make up for damage done.
risàta *f.* laugh; (*al pl., anche*) laughter Ⓤ: **Mi rispose con una r.**, he answered me with a laugh; **fare una bella r.**, to have a good laugh; **scoppiare in una r.**, to burst out laughing; **una grossa r.**, a big laugh; **risate e applausi**, laughter and cheering; **farsi matte risate**, to laugh one's head off; **tanto per farsi due risate**, just for a laugh; **Che risate!**, what a laugh!; how we laughed!; (*iron.*) **Sai che risate!**, some fun!
risatina *f.* chuckle; (*nervosa o sciocca*) giggle; (*ironica*) snigger.
riscaldaménto *m.* **1** heating: **r. autonomo**, independent central heating; **r. centrale**, central heating **2** (*sport*) warming-up; warm-up: **esercizi di r.**, warm-up exercises; **fare r.**, to warm up.
riscaldàre **A** *v. t.* **1** to warm; to heat: **r. una stanza**, to heat a room; **riscaldarsi i muscoli**, to warm up **2** (*scaldare di nuovo*) to heat up; to reheat **3** (*eccitare*) to stir up; (*rianimare*) to warm up **B** *v. i.* (*surriscaldare*) to overheat **C** **riscaldàrsi** *v. rifl.* **1** to warm oneself; to get* warm; to warm up: **Non riesco a riscaldarmi**, I can't get warm; **fare flessioni per r.**, to do press-ups to warm up **2** (*diventare caldo*) to warm up; to heat up; to get* warm **3** (*diventare animato*) to become* heated (*o* animated) **4** (*infervorarsi*) to get* worked up; to get excited; (*arrabbiarsi*) to get* worked up, to raise one's voice.
riscaldàta *f.* warming up • **dare una r. a q.c.**, to warm up st.
riscaldàto *a.* **1** heated; warm **2** (*di cibo*) heated up **3** (*eccitato*) heated; excited **4** (*arrabbiato*) worked up.
riscattàbile *a.* (*anche fin., leg.*) redeemable.
riscattàre **A** *v. t.* **1** to ransom: **r. un prigioniero**, to ransom a prisoner **2** (*redimere*) to redeem; (*liberare*) to free **3** (*fin., leg.*) to redeem; (*ass.*) to surrender: **r. un pegno**, to redeem a pledge **B** **riscattàrsi** *v. rifl.* **1** (*redimersi*) to redeem oneself **2** (*migliorare nettamente*) to revive; to pick up; to rally: **r. nel finale**, to revive towards the end; **Il Genoa si è riscattato nel secondo tempo**, Genoa rallied in the second half.
riscàtto *m.* **1** (*il riscattare*) ransoming; (*prezzo del r.*) ransom: **chiedere un r.**, to ask for a ransom; **rapire q.c. per chiedere un r.**, to kidnap sb. and hold him to ransom; **trattare il r. dei prigionieri**, to negotiate the release of the prisoners; **denaro del r.**, ransom money **2** (*fig.*) redemption **3** (*fin., leg.*) redemption; (*ass.*) surrender.
rischiaràre **A** *v. t.* **1** to light* up; to illuminate **2** (*rendere più chiaro*) to lighten: **r. un colore**, to lighten a colour **3** (*rendere più vivace*) to brighten **4** (*fig.*) to light up; (*chiarire*) to clear: **r. la mente**, to clear the mind **B** *v. i.* e **rischiaràrsi** *v. i. pron.* **1** (*del cielo*) to clear up; to brighten **2** (*fig.*) to lighten; to brighten.
rischiàre **A** *v. t.* (*mettere a repentaglio*) to risk; (*assol.*) to take* (*o* to run*) a risk, to take* a chance (*o* chances): **r. la vita**, to risk one's life; **r. il fallimento**, to risk bankruptcy; **r. il posto**, to risk losing one's job; to put one's job on the line (*fam.*); **Rischia una condanna a sei anni**, he is facing a six-year sentence; **Hai rischiato grosso**, you ran a big risk; you took a chance; **Non voglio r.**, I don't want to take chances **B** *v. i.* **1** (*correre il pericolo di*) to run* the risk (of); to risk (doing st.): **Ho rischiato di perdere tutto**, I risked losing everything; **r. di morire**, to risk death **2** (*impers.*) to look like; to threaten: **Rischia di piovere**, it looks like rain.
rìschio *m.* risk; chance; (*pericolo*) hazard: **correre un r.**, to run (*o* to take) a risk; to take a chance: **C'è il r. di fallire**, there is a risk of failing; **col r. di perdere tutto**, at the risk of losing everything; **Ama il r.**, he likes to take risks; **r. del compratore**, buyer's risk; **un r. per la salute**, a health hazard; **r. professionale**, occupational hazard • **a proprio r. e pericolo**, at one's own risk □ **ad alto r.**, high-risk (*attr.*) □ **senza correre rischi**, safely (*avv.*) □ **mettere a r.**, to risk; to venture; (*mettere in pericolo*) to jeopardize, to endanger.
rischióso *a.* risky; (*pericoloso*) dangerous, hazardous.
risciacquàre *v. t.* to rinse (out).
risciacquatùra *f.* **1** rinse; rinsing **2** (*acqua*) rinse-water; (*dei piatti*) dishwater **3** (*spreg., di bevanda*) slops.
risciàcquo *m.* **1** rinse; rinsing; (*di lavatrice*) rinse cycle **2** (*med.*) mouth-wash; mouth-rinse.
risciò *m.* ricksha(w).
riscontràre *v. t.* **1** (*confrontare*) to compare; (*collazionare*) to collate **2** (*verificare*) to check; to crosscheck; to verify **3** (*rilevare*) to find*; to notice.
riscóntro *m.* **1** (*confronto*) comparison; (*collazione*) collation: **mettere a r.**, to compare; to collate **2** (*verifica*) check; checking; crosscheck **3** (*constatazione, scoperta*) discovery: **r. di un ammanco di cassa**, discovery of a cash deficit **4** (*specialm. leg.: riprova, conferma*) corroboration; substantiation; collateral evidence Ⓤ: **trovare r. in**, to be confirmed by; to tally with **5** (*equivalente, parallelo*) match; parallel: **avere r. in**, to be paralleled (*o* matched) by; **senza r.**, unparalleled; unmatched **6** (*comm.: risposta*) reply; acknowledgment: **in r. a**, in reply to; **inviare un cenno di r.**, to acknowledge receipt **7** (*corrente d'aria*) draught.
riscopèrta *f.* rediscovery.
riscoprìre *v. t.* to rediscover.
riscòssa *f.* **1** (*insurrezione*) insurrection; revolt **2** (*riconquista*) recovery • **andare alla r.**, to counterattack.
riscossióne *f.* collection.
riscuòtere **A** *v. t.* **1** to collect; to draw*; to receive; (*incassare*) to cash: **r. le imposte [l'affitto]**, to collect taxes [the rent]; **r. uno stipendio**, to draw a salary; **r. un assegno**, to cash a cheque **2** (*ottenere*) to win*; to gain: **r. lodi**, to win praise; **r. la fiducia di q.**, to enjoy sb.'s confidence; **r. simpatia**, to be popular; **r. un buon successo**, to meet with success **3** (*scuotere*) to shake*; (*fig., anche*) to rouse: **r. q. dal torpore**, to rouse sb. from (*o* to shake sb. out of) his torpor **B** **riscuòtersi** *v. rifl.* **1** (*trasalire*) to start; to be startled **2** (*riprendersi*) to rouse oneself; to pull oneself together.
risentiménto *m.* resentment; bitterness; (*rancore*) grudge, hard feelings (*pl.*): **provare r. contro q.**, to feel resentment towards sb.; to bear sb. a grudge; **covare un r.**, to harbour a grudge; to nurse a grievance.
risentìre **A** *v. t.* **1** (*udire di nuovo*) to hear* again **2** (*provare di nuovo*) to feel* again **3** (*provare*) to feel*; (*subire*) to suffer: **r. giovamento da una cura**, to feel the benefit of a treatment; **r. la mancanza di affetti**, to suffer from a lack of affection **B** *v. i.* to show (*di persona*: to feel*) the effects (of), (*soffrire*) to be affected (by), to suffer (from) **C** **risentirsi** *v. i. pron.* (*offendersi*) to resent (st.); to take* offence (at); to take* (st.) amiss • **A risentirci!**, goodbye for now! **D** **risentirsi** *v. rifl. recipr.* (*al telefono*) to call each other; to speak* on the phone.
risentito *a.* (*offeso*) resentful; angry.
risèrbo *m.* reserve; (*ritegno*) self-restraint; (*discrezione*) discretion, silence: **agire con r.**, to act with discretion; **mantenere uno stretto r.**, to maintain strict silence.
risèrva *f.* **1** (*scorta*) reserve (*anche fig.*); supply; stock: **r. aurea**, gold reserve; **riserve di grano**, wheat supplies; **riserve idriche**, water supplies; **r. di energia**, reserves of strength; **una buona r. di storielle**, a good stock of jokes; **fare r. di q.c.**, to lay in a supply of st.; to store st.; **di r.**, (*messo da parte*) in reserve; (*di rimpiazzo*) reserve (*attr.*), spare (*attr.*), backup (*attr.*): **tenere q.c. di r.**, to keep st. in reserve; (*fin., rag.*) **fondo di r.**, reserve fund; **ombrello di r.**, spare umbrella; (*elab.*) **copia di r.**, backup copy **2** (*restrizione*) reservation; (*condizione*) condition, proviso*: **r. mentale**, mental reservation; **Ho alcune riserve su di lui**, I have some reservations about him; **accettare con r.**, to accept conditionally; **sciogliere la r.**, to withdraw one's reservation; **senza riserve**, without reservation; unqualified (*agg.*); unconditional (*agg.*) **3** (*autom.*) reserve fuel: **Quanto ha di r. la tua macchina?**, how much fuel does your reserve tank hold?; **essere in r.**, to be low on petrol;

spia della r., fuel warning light *4* (*mil.*) reserve: **truppe di r.**, reserves; **ufficiale di r.**, officer on the reserve list *5* (*sport*) reserve *6* (*territorio riservato*) preserve; reserve: **r. di caccia [di pesca]**, game [fishing] preserve; **r. naturale**, nature reserve *7* (*etnol.*) reservation *8* (*enologia*) reserve; bin.

riservàre *v. t.* *1* (*tenere in serbo*) to reserve; to keep*; to set* aside *2* (*prenotare*) to book; to reserve *3* (*dimostrare*) to give*; to show*: **r. particolari attenzioni a q.**, to give (*o* to show) sb. special attention • **riservarsi il diritto di fare q.c.**, to reserve the right to do st. □ **Mi riservo di tornare in seguito su questo punto**, I will come back to this point later one □ **Ci riserviamo di inviarvi...**, we shall send you....

riservatézza *f.* *1* reserve; (*discrezione*) discretion *2* (*segretezza*) confidential (*o* private) nature; secrecy.

riservàto *a.* *1* (*pieno di riserbo*) reserved; (*discreto*) discreet *2* (*prenotato*) reserved: **posto r.**, reserved seat *3* (*segreto*) confidential; private; secret.

riservìsta *m.* (*mil.*) reservist.

risguàrdo *m.* (*tipogr.*) flyleaf*.

risìbile *a.* laughable; ludicrous.

risicàto *a.* very narrow; scanty; meagre: **vittoria risicata**, narrow victory; **maggioranza risicata**, scanty majority.

risicoltùra *f.* (*agric.*) rice-growing.

risièdere *v. i.* *1* to reside; to live *2* (*fig.*) to lie*; to reside.

rìsma *f.* *1* (*di carta*) ream *2* (*spreg.*) kind; sort: **gente d'ogni r.**, all kinds of people; **Sono tutti della stessa r.**, they are all the same; they're all tarred with the same brush.

rìso (1) *m.* (*pl.* **risa** *f.*) laughter ▣; (*risata*) laugh: **muovere il r.**, to provoke laughter; **uno scoppio di risa**, a burst of laughter; **Non potei frenare il r.**, I couldn't help laughing; **risa sfrenate**, roars of laughter; **oggetto di r.**, laughing-stock.

rìso (2) *m.* (*bot.*) rice: **r. integrale**, brown rice; **r. soffiato**, rice crispies.

risolìno *m.* little laugh; chuckle; (*compiaciuto*) smirk; (*di scherno*) snigger.

risollevàre *A* *v. t.* *1* (*sollevare di nuovo*) to raise again; to lift up again *2* (*migliorare*) to improve: **r. le sorti di una ditta**, to improve a firm's fortunes *3* (*confortare*) to comfort; to relieve; to cheer up: **r. il morale a q.**, to cheer sb. up *4* (*riproporre*) to raise again; to bring* up again: **r. una questione**, to raise a question again *B* **risollevàrsi** *v. rifl.* *1* to lift oneself up again; to get* up again *2* (*riprendersi*) to recover; to pick up *3* (*confortarsi*) to cheer up.

risòlto *a.* solved.

risolutézza *f.* resolution; determination.

risolutivo *a.* resolutive; resolutory.

risolùto *a.* resolute; resolved; determined; firm: **Ero r. a parlare**, I was determined (*o* resolved) to speak.

risoluzióne *f.* *1* (*decisione*) resolution; decision: **prendere una r.**, to take a decision; to make up one's mind; **prendere la r. di fare q.c.**, to resolve (*o* to decide) to do st. *2* (*soluzione*) resolution; (*mat.*) solution *3* (*leg.*) cancellation; annulment.

risòlvere *A* *v. t.* *1* to solve (*anche mat.*); to work out; to resolve: **r. un problema**, to solve a problem; **r. un caso**, to solve a case; **r. un indovinello**, to solve (*o* to work out) a riddle; **r. un dubbio [una difficoltà]**, to resolve a doubt [a difficulty] *2* (*deliberare, decidere*) to resolve; to decide: **Ha risolto di accettare**, he has resolved (*o* decided) to accept *3* (*comporre, definire*) to settle: **r. una questione**, to settle a question *4* (*leg.*) to rescind; to annul: **r. un contratto**, to rescind a contract *5* (*chim.*) to resolve; to break* down *B* **risòlversi** *v. i. pron.* *1* (*decidersi*) to resolve; to decide; to make* up one's mind *2* (*andare a finire*) to turn out; to end; to work out: **r. in nulla**, to come to (*o* to end in) nothing; **r. per il meglio**, to work out for the best *3* (*trasformarsi*) to change (into); to turn (into) *4* (*di malattia*) to clear up.

risolvìbile *a.* solvable; resolvable.

risonànte *a.* resonant (*anche fis.*); resounding.

risonànza *f.* *1* resonance (*anche fis.*); sonority *2* (*fig.*) echo; interest: **avere vasta r.**, to become known far and wide; (*suscitare interesse*) to arouse great considerable interest.

risonàre *V.* **risuonare.**

risórgere *v. i.* *1* (*sorgere di nuovo*) to rise* (again); to come* up (again) *2* (*tornare in vita*) to rise* from the dead; to rise* again *3* (*rifiorire*) to flourish again; to revive *4* (*essere ricostruito*) to rise* again • **far r.**, to resurrect; to revive.

risorgimentàle *a.* (*stor.*) of the Risorgimento; Risorgimento (*attr.*).

risorgiménto *m.* *1* (*rinascita*) revival *2* — (*stor.*) **il R.**, the Risorgimento.

risórsa *f.* resource: **risorse finanziarie**, financial resources; **risorse di energia**, energy resources; **pieno di risorse**, resourceful; **come ultima r.**, as a last resort.

risòrto *a.* *1* risen; resurrected *2* (*fig.*) revived.

risòtto *m.* (*cucina*) risotto.

risparmiàre *A* *v. t.* *1* to save; to save up; (*fare economie*) to economize, to make* economies: **r. denaro**, to save money; **r. per la vecchiaia**, to save up for one's old age; **r. sui vestiti**, to save (*o* to economize) on clothes; **Dobbiamo r.**, we must make savings (*o* economies); **r. il fiato**, to save one's breath; **r. le proprie forze**, to save one's strength *2* (*evitare*) to spare; to save: **risparmiarsi di fare q.c.**, to save oneself the trouble of doing st.; **non r. spese**, not to spare expense *3* (*non affaticare*) to spare: **r. gli occhi**, to spare one's eyes *4* (*salvare*) to spare: **r. la vita a q.**, to spare sb.'s life; **Le sue critiche non risparmiano nessuno**, his criticism spares no one • **che fa r.**, money-saving □ **che fa r. tempo**, time-saving □ **tanto di risparmiato**, so much the better *B* **risparmiàrsi** *v. rifl.* to spare oneself.

risparmiatóre *m.* (*f.* **-trice**) saver; (*persona economa*) thrifty person.

rispàrmio *m.* *1* (*il risparmiare*) saving; (*economia*) thrift, economy: **incoraggiare il r.**, to encourage people to save; **Questo sistema è un gran r. di tempo**, this method saves a lot of time *2* (*denaro risparmiato*) savings (*pl.*) • **r. energetico**, energy conservation □ **cassa di r.**, savings bank □ **fare r. di q.c.**, to save st. □ **per r. di tempo**, in order to save time □ **senza r.**, lavishly; sparing no pains □ **senza r. di forze**, sparing no effort.

rispecchiàre *A* *v. t.* (*riflettere, anche fig.*) to mirror; to reflect *B* **rispecchiàrsi** *v. i. pron.* to be mirrored; to be reflected.

rispedìre *v. t.* *1* (*spedire di nuovo*) to send* again *2* (*inoltrare*) to forward *3* (*spedire indietro*) to send* back; to return.

rispettàbile *a.* *1* (*degno di rispetto*) respectable *2* (*considerevole*) respectable; considerable; sizeable.

rispettabilità *f.* respectability.

rispettàre *v. t.* *1* to respect *2* (*osservare*) to observe; to obey; (*mantenere*) to keep*: **r. le leggi**, to obey the laws; **r. le regole**, to observe the rules; **r. una promessa**, to keep a promise • **far r. la legge**, to enforce the law □ **farsi r.**, to make oneself respected; to command respect □ **che si rispetti**, self-respecting (*attr.*).

rispettivaménte *avv.* respectively.

rispettivo *a.* respective: **secondo i rispettivi meriti**, according to their respective merits; **gli alunni con i rispettivi genitori**, the pupils and their (respective) parents.

rispètto *m.* *1* respect: **incutere r.**, to command respect; **mancare di r. a q.**, to be disrespectful to sb.; **portare r. a q.**, to respect sb. *2* (*punto di vista*) respect: **sotto molti rispetti**, in many respects; **sotto ogni r.**, in every respect; **sotto questo r.**, from this point of view *3* (*osservanza*) observance: **r. della legge**, observance of the law *4* (*al pl.*) regards • **r. a**, (*in relazione a*) as regards, as to; (*in confronto a*) compared to, in comparison with □ **r. di sé**, self-respect □ **con r. parlando**, if you don't mind my saying so □ **di tutto r.**, considerable.

rispettóso *a.* respectful • **r. della legge**, observant of the law □ **essere r. verso q.**, to show respect for sb.

risplendènte *a.* shining; bright; resplendent; (*luccicante*) glittering.

risplèndere *v. i.* to shine* (*anche fig.*); to be bright; to be resplendent; (*luccicare*) to glitter.

rispolveràre *v. t.* *1* to dust again *2* (*fig.*) to brush up.

rispondènza *f.* correspondence.

rispóndere *A* *v. i.* *1* to answer (st., sb.); to reply (to): **r. a una domanda [a un invito]**, to answer a question [an invitation]; **r. al telefono**, to answer the telephone; **r. a voce**, to give a verbal answer; **r. per iscritto**, to answer in writing; **r. al saluto di q.**, to return sb.'s greeting; **r. male**, to answer rudely; to answer back (*fam.*); **r. a tono**, (*a proposito*) to answer to the point; (*per le rime*) to retort, to give a sharp retort; **r. al nome di**, to answer to the name of **2** (*farsi garante*) to answer (for); to vouch (for); (*essere responsabile*) to be responsible (for): **r. personalmente di q.c.**, to answer for st. personally; **Risponderò io della sua onestà**, I'll vouch for his honesty **3** (*corrispondere*) to answer (st.); to meet*: **r. allo scopo**, to answer the purpose **4** (*obbedire, reagire*) to respond (to); to answer (st.): **r. allo sterzo**, to respond to the steering wheel; **r. al timone**, to answer the helm; **r. alle cure**, to respond to treatment **5** (*a carte*) to reply: **r. con un re**, to reply with a king; **r. a colore**, to follow suit **6** (*radio*) to come* in **B** *v. t.* to answer: **r. poche parole**, to answer in a few words; **Che cosa devo rispondergli?**, what shall I say to him? • **r. picche**, to give (sb.) a flat denial.

rispoṣàre **A** *v. t.* to remarry; to marry again **B** **rispoṣàrsi** *v. i. pron.* to remarry; to get* married again.

rispósta *f.* **1** answer; reply; (*secca*) retort: **in r. a**, in reply to; **un biglietto di r.**, a note in reply; **r. per le rime**, sharp retort; **r. arguta**, witty retort; **lasciare q.c. senza r.**, to leave st. unanswered; **domanda senza r.**, unanswerable question; **lettera di r.**, answering letter; letter of reply; **Per tutta r., sorrise**, he said nothing, just smiled **2** (*reazione*) reaction; (*anche med.*) response: **r. immunitaria**, immune response **3** (*elettr., elab.*) response **4** (*scherma*) riposte **5** (*a carte*) return.

rispuntàre *v. i.* **1** (*di astro*) to reappear; (*risorgere*) to come* up again **2** (*ricrescere*) to come* up (*o* out) again; to sprout **3** (*ricomparire*) to turn (*o* to show) up again; to reappear.

rissa *f.* brawl; fight; punch-up (*fam.*).

rissosità *f.* quarrelsomeness; rowdiness.

rissóso *a.* quarrelsome; brawling; rowdy.

ristabiliménto *m.* **1** re-establishment; restoration; reintroduction: **r. dell'ordine**, restoration of order **2** (*guarigione*) recovery.

ristabilìre **A** *v. t.* **1** to restore; to bring* back: **r. l'ordine**, to restore order; **r. una vecchia consuetudine**, to bring back an old custom **2** (*guarire*) to restore to health; to cure **B** **ristabilìrsi** *v. i. pron.* **1** (*guarire*) to recover; to get* well again: **r. da una malattia**, to recover after an illness **2** (*stabilirsi di nuovo*) to settle again **3** (*del tempo*) to turn fine; to clear up.

ristabilito *a.* recovered (*pred.*).

ristagnàre **A** *v. i.* **1** to stagnate; to be stagnant; (*cessare di scorrere*) to become* stagnant **2** (*fig.*) to be stagnant (*o* slack); to be at a standstill **B** *v. t.* to staunch.

ristàgno *m.* **1** stagnation; (*di sangue*) stasis **2** (*fig.*) stagnation; standstill; slackness: **C'è un r. negli affari**, business is at a standstill; trade is slack.

ristàmpa *f.* **1** reprint; reprinting **2** (*opera ristampata*) reprint • **Il libro è in r.**, the book is being reprinted.

ristampàre *v. t.* to reprint.

ristorànte *m.* restaurant.

ristoràre **A** *v. t.* **1** (*riposare*) to refresh; to restore **2** (*rifocillare*) to refresh; to set* up again **B** **ristoràrsi** *v. rifl.* **1** (*riposarsi*) to rest; to have a rest **2** (*rifocillarsi*) to take* refreshment; to have something to eat and drink.

ristoratóre **A** *m.* (*f.* **-trice**) restaurateur (*franc.*); restaurant owner **B** *a.* refreshing.

ristorazióne *f.* **1** refreshment **2** (*su scala industriale*) catering.

ristòro *m.* **1** (*sollievo*) relief; (*conforto*) comfort, solace **2** (*rifocillamento*) refreshment: **posto di r.**, refreshment bar; buffet; **servizio di r.**, buffet service.

ristrettézza *f.* **1** (*angustia, anche fig.*) narrowness: **r. di mente**, narrow-mindedness **2** (*scarsità*) lack; scarcity: **r. di mezzi**, lack of means **3** (*al pl.*) (*angustie economiche*) straitened circumstances; financial straits: **vivere nelle ristrettezze**, to live in straitened circumstances; **trovarsi in ristrettezze**, to be in financial straits.

ristrétto *a.* **1** (*angusto, anche fig.*) narrow: **di idee ristrette**, narrow-minded; **mentalità ristretta**, parochial outlook **2** (*limitato*) narrow; limited; restricted: **un r. numero di amici**, a narrow circle of friends; **campo di azione r.**, restricted (*o* limited) field of action **3** (*condensato*) condensed; concentrated: **brodo r.**, clear soup; consommé (*franc.*); **caffè r.**, strong coffee.

ristrutturàre *v. t.* **1** (*riorganizzare*) to restructure; to reorganize; (*econ., anche*) to shake* up **2** (*un edificio*) to restore; (*un appartamento*) to renovate, to do* up.

ristrutturazióne *f.* **1** (*riorganizzazione*) restructuring; reorganization; (*econ., anche*) shake-up **2** (*di edificio*) restoration; (*di appartamento*) renovation.

risucchiàre *v. t.* **1** (*di corrente, ecc.*) to suck under **2** (*attirare*) to suck in **3** (*assorbire*) to swallow up.

risùcchio *m.* **1** (*vortice*) eddy; whirlpool **2** (*forza di attrazione*) suck.

risultànte **A** *a.* resultant; resulting **B** *m. o f.* (*fis., mat.*) resultant **C** *f.* (*risultato*) results (*pl.*); outcome.

risultànza *f.* result; outcome.

risultàre *v. i.* **1** (*originare*) to result; to originate **2** (*rivelarsi*) to turn out; to prove (to be); to be shown; (*essere trovato*) to result, to come* out; (*apparire*) to appear; (*derivare come conclusione*) to follow, to ensue: **r. falso**, to turn out to be false; **Le mie paure risultarono infondate**, my fears proved unfounded; **Ai test il prodotto è risultato innocuo**, laboratory tests have shown the product to be safe; **Al club risultano 300 iscritti**, the club has a membership of 300; **Qui risultano mancare dei soldi**, some money appears to be missing here; **Non risultano indizi a suo carico**, there appears to be no evidence against him; **Risultò che lui non c'entrava**, it turned out he had nothing to do with it; **È risultato vincitore**, he was the winner; he won; **Ne risulta che...**, it follows that...; **Risulta chiaro che...**, it is obvious that... **3** (*essere noto*) to understand*, to hear*, to know* (*tutti con costruz. pers.*): **Mi risulta che sia stato licenziato**, I understand (*o* have heard) he has been sacked; **A lui risulta che abbiano litigato**, he says they have quarrelled; **Ti risulta che abbia pagato?**, do you know whether he has paid?; **Ti risulta?**, do you know anything about it?; **Mi risulta nuovo**, it's news to me; **Non mi risulta**, not as far as I know.

risultàto *m.* result (*anche mat.*); outcome; issue: **i risultati degli esami**, the examination results; **il r. di un'intervento**, the outcome of an operation; **risultati elettorali**, election results.

risuolàre *v. t.* to sole; to resole.

risuolatura *f.* soling.

risuonàre **A** *v. t.* (*suonare di nuovo*) to play again; (*campane, ecc.*) to ring* again **B** *v. i.* **1** (*riecheggiare*) to resound; to ring*; to echo: **r. di applausi**, to resound with applause; **La stanza risuonava di risa**, the room echoed with laughter; **Risuonò uno sparo**, a shot rang out; **Le sue parole mi risuonano ancora all'orecchio**, his words are still ringing in my ears **2** (*fis.*) to resonate.

risurrezióne *f.* **1** resurrection; rising **2** (*fig.*) resurrection; revival.

risuscitàre **A** *v. t.* **1** (*richiamare in vita*) to raise from the dead; to bring* back to life: **r. i morti**, to raise the dead **2** (*riportare in uso*) to resurrect; to revive **3** (*ridestare*) to reawaken; to rekindle **B** *v. i.* **1** to rise* again; to come* back to life **2** (*fam.*: *riaversi*) to revive.

riṣvegliàre **A** *v. t.* **1** to wake* (up); to awake*; to rouse (*specialm. al passivo*) **2** (*fig.*: *destare*) to awaken, to arouse; (*riaccendere*) to rekindle, to revive, to stir up: **r. l'interesse di q. per q.c.**, to arouse sb.'s interest in st.; **r. un ricordo**, to stir up (*o* to bring back) a memory; **r. l'appetito**, to whet the appetite **B** **riṣvegliàrsi** *v. i. pron.* **1** to wake* up; to awaken* **2** (*fig.*) to be aroused; to be rekindled; to revive.

riṣvéglio *m.* **1** awakening; waking up: **brusco r.**, sudden awakening; (*fig.*) rude awakening; **aspettare il r. di q.**, to wait until sb. wakes up; **al mio r.**, when I woke up; on waking up **2** (*fig.*) reawakening; revival.

riṣvòlto *m.* **1** (*di giacca*) lapel; (*di manica*) cuff; (*al pl., di uniforme*) facings; (*di tasca*) flap; (*di pantaloni*) turn-up (*GB*), cuff (*USA*); (*paramontura*) facing **2** (*di libro*) jacket-flap; (*il testo*) blurb **3** (*aspetto*) implication, aspect; (*conseguenza*) repercussion.

ritagliàre *v. t.* (*tagliare tutt'intorno*) to cut* out • **ritagliarsi uno spazio**, to carve out a niche for oneself.

ritàglio *m.* **1** (*di giornale*) press cutting; press clipping **2** (*di stoffa*) remnant; scrap **3** (*pezzetto*) scrap; bit • **ritagli di tempo**, odd moments; (*tempo libero*) spare time.

ritardàre **A** *v. t.* **1** (*rallentare*) to slow down, to retard (*tecn.*); (*trattenere*) to hold* up: **La pioggia ritarderà i lavori**, the rain will slow down work; **r. lo sviluppo**, to retard development; **Siamo stati ritardati dalla neve**, the snow held us up *2* (*rimandare*) to delay; to put* off: **r. i pagamenti**, to delay payments *B* *v. i.* *1* (*essere in ritardo*) to be late: **r. ad arrivare**, to be late in coming *2* (*di orologio*) to be slow; to lose*.

ritardatàrio *m.* (*f.* **-a**) *1* latecomer *2* (*nel pagare, ecc.*) defaulter • **È sempre il solito r.!**, he is late, as usual!

ritardàto *A* *a.* *1* delayed: **ordigno a scoppio r.**, delayed-action bomb; **dispositivo ad azione ritardata**, time-lag device *2* (*psic.*) retarded *B* *m.* (*f.* **-a**) (*psic.*) retarded person.

ritàrdo *m.* *1* delay: **r. nei pagamenti**, delay in payment; **un r. di un mese**, a month's delay; **Chiedo scusa del r.**, I'm sorry I'm late; I apologize for the delay (*form.*); **Il treno ha un r. di un'ora**, the train is an hour late; **subire un r.**, to be delayed; **arrivare in r.** (**di due ore**), to arrive (two hours) late; **essere in r.**, to be late; (*essere indietro*) to be behind (schedule); (*con pagamenti*) to be behindhand; (*di orologio*) to slow *2* (*psic.*) mental retardation *3* (*fis.*) lag.

ritégno *m.* *1* (*riserbo*) reserve *2* (*freno*) restraint; moderation • **avere r. a fare q.c.**, to hesitate (*o* to be reluctant) to do st.; to shrink from doing st.

ritempràre *A* *v. t.* (*rinvigorire*) to restore; to strengthen; to fortify: **r. le forze**, to restore one's strength *B* **ritempràrsi** *v. i. pron.* to recover one's strength; to gain new strength; to fortify.

ritenère *A* *v. t.* *1* (*credere, giudicare*) to think*; to reckon; to believe; to consider; to regard: **Non lo ritengo necessario**, I don't think it necessary; **Non lo ritengo capace di mentire**, I don't think him capable of lying; **Lo ritengo mio dovere**, I regard it as my duty; **Si ritiene che il presidente abbia deciso di...**, the president is believed to have decided to...; **È ritenuto il miglior chirurgo plastico**, he is considered the best plastic surgeon; **Ti riterrò responsabile**, I will hold you responsible *2* (*med.*) to retain *B* **ritenérsi** *v. rifl.* (*considerarsi*) to regard oneself; to consider oneself: **r. un grande atleta**, to regard oneself (as) a great athlete; **Si ritiene infallibile**, he thinks he is infallible.

ritentàre *v. t.* to try again; to retry; to make* another attempt; to have another go (*fam.*).

ritenùta *f.* *1* (*fisc.*) deduction: **r. sullo stipendio**, deduction from salary; **r. alla fonte**, taxation at source; **r. d'acconto**, tax deduction *2* (*tecn.*) retention.

ritenùto *a.* reserved; (*cauto*) cautious, circumspect.

ritenzióne *f.* *1* retention; retaining *2* (*fisc.*) withholding; (*la somma*) deduction, stoppage *3* (*med.*) retention.

ritiràre *A* *v. t.* *1* (*lanciare di nuovo*) to throw* again *2* (*tirare indietro*) to withdraw*; to pull back; to take back: **r. la mano**, to withdraw (*o* to pull back) one's hand; **r. il bucato**, to take in the washing *3* (*revocare, richiamare*) to withdraw*; to take* back; to revoke: **r. la candidatura**, to withdraw one's candidature; to stand down; **r. un'offerta**, to withdraw (*o* to take back) an offer; **r. dalla circolazione**, to withdraw from circulation; to recall; to call in; **r. le proprie truppe**, to withdraw one's troops; **r. la patente a q.**, to revoke (*o* to take away) sb.'s driving licence; **r. un ordine**, to revoke an order; **Ritira quello che hai detto!**, take back what you said! *4* (*riscuotere*) to draw*; to withdraw*: **r. lo stipendio**, to draw one's salary; **r. denaro dalla banca**, to withdraw money from the bank; **r. un assegno**, to cash a cheque *5* (*prendere, raccogliere*) to collect; to pick up: **r. un pacco** [**i biglietti**], to collect a parcel [the tickets]; **r. una gonna dalla tintoria**, to pick up a skirt at the dry-cleaner's *6* (*sparare di nuovo*) to shoot* again *B* **ritiràrsi** *v. rifl. e i. pron.* *1* (*indietreggiare*) to withdraw*; to retreat; to fall* back *2* (*lasciare, appartarsi*) to retire; to withdraw*: **r. da una gara**, to withdraw from a competition; **r. da un corso**, to drop out of a course; **r. dalla politica** [**dagli affari**], to retire from politics [from business]; **r. a vita privata**, to retire (to private life); **r. in biblioteca**, to withdraw to the library; **r. in se stesso**, to retire into oneself *3* (*di acqua*) to subside, to fall; (*del mare*) to recede; (*di marea*) to go* out *4* (*leg., della Corte*) to adjourn *5* (*di tessuto*) to shrink*.

ritiràta *f.* *1* retreat; withdrawal: **suonare la r.**, to sound the retreat; **r. strategica**, strategic withdrawal (*o* retreat); **battere in r.**, to beat a retreat *2* (*rientro in caserma*) tattoo*: **suonare la r.**, to beat (*o* to sound) the tattoo *3* (*latrina*) lavatory.

ritiràto *a.* retired; secluded: **fare vita ritirata**, to lead a very quiet life; to live in seclusion.

ritìro *m.* *1* (*il ritirare*) withdrawal: **r. dalla circolazione**, withdrawal from circulation; recall *2* (*riscossione*) drawing, withdrawal; (*raccolta*) collection: **r. dei rifiuti**, rubbish (*USA* garbage) collection *3* (*revoca*) revocation: **r. della patente**, revocation of sb.'s driving licence *4* (*il ritirarsi*) retirement; (*l'essere ritirato*) retreat, seclusion: **r. dalla politica**, retirement from politics; **r. spirituale**, spiritual retreat; **vivere in r.**, to live in seclusion *5* (*sport*) training camp *6* (*luogo appartato*) retreat; secluded spot; (*eremo*) hermitage *7* (*restringimento*) shrinkage.

ritmàre *v. t.* to mark the rhythm of • **r. il tempo**, to beat time.

ritmàto *a.* measured; cadenced.

rìtmico *a.* rhythmic(al).

rìtmo *m.* *1* rhythm; (*mus., anche*) beat, time: **r. di valzer**, waltz rhythm; **r. binario** [**ternario**], double [triple] time; **il r. delle stagioni**, the rhythm of the seasons; **al r. della musica**, in time with the music *2* (*frequenza, velocità*) pace; rate: **r. di produzione**, production rate; **r. cardiaco**, heart rate; **r. di lavoro frenetico**, frenzied work pace; **Scrivo al r. di tre pagine al giorno**, I'm writing at the rate of three pages a day • **a pieno r.**, at full speed (*o* capacity) □ **a r. sostenuto**, at a fast pace □ **reggere il r.**, to stand the pace □ **trovare il giusto r.**, to settle into one's rhythm; to find one's rhythm.

rìto *m.* *1* (*rituale*) rite; ritual *2* (*cerimonia religiosa*) rite; ceremony: **riti funebri**, burial rites *3* (*fig.*) ritual; rite; (*usanza*) custom, practice, usage: **il r. della sigaretta dopo il caffè**, the ritual of a cigarette after one's coffee; **il r. dei regali di Natale**, the custom of exchanging gifts at Christmas; **È di r...**, it is customary (*o* the custom)...; **le congratulazioni di r.**, the customary congratulations *4* (*leg.*) procedure: **r. abbreviato**, summary procedure.

ritoccàre *v. t.* *1* to touch up; to retouch; (*modificare*) to make* changes to, to alter: **r. una fotografia**, to touch up a photograph; **r. qua e là un articolo**, to make a few changes to an article; **r. un vestito**, to alter a dress *2* (*prezzi, tariffe*) to revise; to adjust.

ritoccatóre *m.* (*f.* **-trice**) (*arte, fotogr.*) retoucher.

ritócco *m.* *1* touch-up; retouching; (*modifica*) alteration, change: **apportare ritocchi a q.c.**, to touch up st.; to make a few alterations to st.; **gli ultimi ritocchi**, the finishing touches *2* (*di prezzi, tariffe*) revision; readjustment.

ritòrcere *A* *v. t.* *1* (*torcere di nuovo*) to twist again *2* (*fig.*) to throw* back: **r. un'accusa**, to throw back an accusation *3* (*ind. tess.*) to twist *B* **ritòrcersi** *v. i. pron.* to rebound (on); to backfire (on): **La sua menzogna gli si è ritorta contro**, his lie rebounded on him; **Il suo piano gli si ritorse contro**, his plan backfired (on him); he was hoist with his own petard.

ritornàre *A* *v. i.* *1* to return; to go* back; to come* back; to get* back: **Me ne ritornai a casa**, I went back home; **r. a piedi**, to return on foot; to walk back; **r. in automobile**, to return by car; to drive back; **A che ora ritorni stasera?**, what time are you coming home tonight?; **Ritorno tra un momento**, I'll be back in a moment; **Lo incontrai ritornando in ufficio**, I met him on my way back to the office; **r. alle origini di q.c.**, to go back (*o* to return) to the origins of st.; **r. alle vecchie abitudini**, to go back (*o* to revert) to one's old habits; **Gli è ritornata la memoria**, his memory has come back; he has got his memory back; **Gli è ritornata la febbre**, he's running a temperature again; **È ritornato l'inverno**, winter is here again; **È ritornato il freddo**, the cold weather has set in again *2* (*ricorrere*) to recur: **un problema che ritorna spesso**, a problem that recurs frequently *3* (*ridiventare*) to become* again; to be... again: **r. libero**, to be free again; **r. calmo**, to calm down; **r. sano**, to be cured; to recover • **r. di moda**, to come back into fashion □ **r. in mente**, to come back to mind: **Mi è ritornato in mente**, it's come back to me; now I remember □ **r. in possesso di q.c.**, to regain possession of st.; to get st. back □ **r. in sé**, (*rinvenire*) to come round; (*rinsavire*) to come to one's senses □ **r. sopra una decisione**, to go back on a decision □ **r. su un argomento**, to take up a subject again □ **r. sui propri passi**, to retrace one's steps *B* *v. t.* (*restituire*) to return; to give* back.

ritornèllo *m.* (*anche fig.*) refrain • **il solito r.**, the same old story.

ritórno *m.* return; (*r. periodico*) recurrence; (*a uno stato precedente*) reversion: **r. a casa**, return home; homecoming; **il r. di un'epidemia**, the recurrence of an epidemic; **il r. allo stato ferino**, the reversion to the feral state; **la via del r.**, the way back; **viaggio di r.**, return journey; **al mio r.**, on my return; when I got back; **aspettare il r. di q.**, to wait for sb. to come back • (*elab.*) **r. a capo automatico**, word wrapping □ **r. di fiamma**, (*mecc.*) backfire; (*fig.*) resurgence, revival □ **essere di r.**, to be back □ **Già di r.?**, back already? □ **fare r.**, to come back □ (*comm.*) **merci di r.**, returned goods; returns □ (*sport*) **partita di r.**, return match □ (*aeron. e fig.*) **punto di non r.**, point of no return.

ritorsióne *f.* ***1*** (*rappresaglia*) reprisal; retaliation ***2*** (*di un'accusa, ecc.*) retort.

ritòrto ***A*** *a.* twisted ***B*** *m.* twisted yarn; twine.

ritradùrre *v. t.* ***1*** (*tradurre di nuovo*) to retranslate ***2*** (*nella lingua di origine*) to translate back.

ritràrre ***A*** *v. t.* ***1*** (*tirare indietro*) to withdraw*, to draw* back; (*tirare in dentro*) to draw* in: **r. la mano**, to withdraw (*o* to draw back, to pull back) one's hand ***2*** (*distogliere*) to turn away; to avert: **r. lo sguardo**, to turn one's eyes away; to look away; to avert one's eyes ***3*** (*riprodurre, rappresentare*) to portray; to depict: **farsi r.**, to have one's portrait painted ***4*** (*descrivere*) to describe; to depict; to paint ***B*** **ritrarsi** *v. rifl. e i. pron.* ***1*** (*ritirarsi*) to withdraw*; to draw* back; (*in dentro*) to draw* in ***2*** (*farsi il ritratto*) to portray oneself.

ritrasméttere *v. t.* ***1*** (*radio, TV*) to rebroadcast*; (*TV, anche*) to show again ***2*** (*tel.*) to retransmit; to relay.

ritrattàre *v. t.* (*ritirare, rinnegare*) to retract; to withdraw*; to take* back; (*pubblicamente*) to recant.

ritrattazióne *f.* retraction; withdrawal; recantation.

ritrattista *m. e f.* portrait painter; portraitist.

ritrattìstica *f.* portrait painting.

ritràtto ***A*** *a.* ***1*** (*tratto indietro*) drawn back; withdrawn; (*di artigli*) drawn in ***2*** (*rappresentato*) portrayed; pictured; depicted ***B*** *m.* ***1*** portrait: **farsi fare il r.**, to have one's portrait painted ***2*** (*fig.*) image; picture: **È il r. di suo padre**, he is the living (*fam.* spitting) image of his father; **È il r. della salute**, he is the picture of health.

ritrito *a.* (*fig.*) trite; stale; hackneyed.

ritrosia *f.* ***1*** (*timidezza*) bashfulness; shyness ***2*** (*riluttanza*) reluctance.

ritróso *a.* ***1*** (*schivo*) bashful; shy ***2*** (*restio*) reluctant; unwilling • **a r.**, backwards; back: **andare a r.**, to go backwards; **a r. nel tempo**, back in time; **rifare il cammino a r.**, to retrace one's steps.

ritrovaménto *m.* ***1*** finding; (*ricupero*) recovery ***2*** (*scoperta*) finding; find; discovery.

ritrovàre ***A*** *v. t.* ***1*** to find* again: **r. la strada**, to find one's way again ***2*** (*cose o persone smarrite*) to find*: **r. l'ombrello**, to find one's umbrella ***3*** (*recuperare, riottenere*) to recover; to regain; to get* back: **r. l'autocontrollo**, to recover one's self-control; **r. le forze**, to regain one's strength ***4*** (*scoprire*) to find*: **r. la soluzione di un problema**, to find the solution to a problem; **Mi ritrovai in banca una bella somma**, I found I had a tidy sum on my bank account ***5*** (*incontrare di nuovo*) to meet* (again) ***6*** (*fam.*: *avere*) to have got: **Con tutto il lavoro che mi ritrovo...**, with all the work I've got... ***B*** **ritrovàrsi** *v. rifl.* ***1*** to find* oneself: **Ci ritrovammo senza benzina**, we found ourselves without petrol; **Mi ritrovai davanti all'albergo**, I found myself outside the hotel ***2*** (*raccapezzarsi*) to make* sense (of); (*orizzontarsi*) to find* one's way about: **Non mi ci ritrovo con queste cifre**, I can't make sense of these figures ***3*** (*sentirsi a proprio agio*) to be (*o* to feel*) at ease ***C*** *v. rifl. recipr.* (*incontrarsi*) to meet*; (*trovarsi di nuovo insieme*) to meet* (up) again.

ritrovàto *m.* (*scoperta*) discovery; (*invenzione*) invention.

ritròvo *m.* ***1*** (*il ritrovarsi*) meeting; gathering; reunion: **luogo di r.**, meeting place; **darsi r.**, to meet; to gather ***2*** (*locale, punto di incontro*) resort; haunt; hangout (*fam.*); (*circolo*) club: **ritrovi eleganti**, elegant resorts; **un r. di giornalisti**, a haunt of journalists.

rìtto ***A*** *a.* standing; upright; erect; straight: **r. come un fuso**, as straight as a pole; **stare r.**, to stand (erect); **a coda ritta**, with one's tail erect (*o* up); **Avevo i capelli ritti dal terrore**, my hair stood on end (with terror) ***B*** *m.* (*diritto*) right side.

rituàle ***A*** *a.* ***1*** ritual ***2*** (*abituale*) customary; usual ***B*** *m.* ***1*** (*eccles.*) ritual ***2*** (*cerimoniale*) ceremonial.

riunificàre *v. t.* to reunify.

riunióne *f.* ***1*** (*raduno*) reunion; gathering; get-together (*fam.*): **r. di famiglia**, family reunion (*o* gathering); **r. di ex allievi**, school reunion ***2*** (*incontro*) meeting; conference: **r. politica** [**di lavoro**], political [business] meeting; **tenere una r.**, to hold a meeting; **Il direttore è in r.**, the manager is in conference.

riunìre ***A*** *v. t.* ***1*** (*mettere insieme*) to put* together; (*raccogliere, adunare*) to gather together (*o* up), to collect: **r. i frammenti di un vaso**, to put together the fragments of a vase; **r. i propri libri**, to gather up one's books; **r. alcuni amici**, to gather a few friends together ***2*** (*convocare*) to convene; to call ***3*** (*unire di nuovo*) to reunite ***4*** (*riconciliare*) to bring* together again, to reconcile ***B*** **riunirsi** *v. i. pron.* ***1*** (*unirsi di nuovo a*) to join again; to rejoin ***2*** (*associarsi*) to unite; (*adunarsi*) to meet*; to gather; to get* together ***C*** **riunirsi** *v. rifl. recipr.* to be reunited.

riunìto *a.* ***1*** (*di nuovo insieme*) reunited ***2*** (*associato*) united; associated ***3*** (*radunato*) gathered.

riuscìre *v. i.* ***1*** to succeed (in); to manage; (*avere modo di*) to get* (to); (*essere capace*) can (*difett.*), to be able: **Alla fine riuscimmo a risolvere il problema**, we finally succeeded in solving the problem; **Riuscii a liberarmi dalla corda**, I managed to free myself from the rope; **Sei riuscito a parlare al direttore?**, did you get to speak to the director?; **Riesci a capirlo?**, can you understand it?; **Non ci riesco!**, I can't (do it)!; **Non riuscirò a finire in tempo**, I won't be able to finish in time; **Non riesco a capire che cosa ci trovi**, I fail to see what you see in it ***2*** (*avere successo*) to succeed: **r. nella vita** [**negli affari**], to succeed in life [in business] ***3*** (*avere esito*) to come* out; to turn out; (*avere esito positivo*) to be successful, to come* off: **L'esperimento è riuscito**, the experiment was successful (*o* was a success); **La torta non mi è riuscita**, the cake didn't turn out well; **r. solo a metà**, to be only partially successful; **Il primo tentativo non riuscì**, the first attempt didn't come off (*o* failed); **Riesci bene in fotografia**, you come out well in photos ***4*** (*avere attitudine*) to be good (at): **r. nel disegno**, to be good at drawing; to be a good draughtsman; **r. negli studi**, to do well in one's studies ***5*** (*apparire, risultare*) to be; (*mostrarsi*) to prove (to be): **r. dannoso**, to be harmful; **Riesce antipatico a tutti**, he is disliked by everyone; **Mi riesce difficile continuare**, I find it difficult to go on ***6*** (*uscire di nuovo*) to go* out again.

riuscìta *f.* (*esito*) result, outcome; (*successo*) success: **qualunque sia la r.**, whatever the result may be; **La festa ha avuto una splendida r.**, the party was a splendid success; **cattiva r.**, failure; lack of success; **Questo cappotto ha fatto una buona** [**cattiva**] **r.**, I've had a lot of [I have not had much] wear out of this coat.

riuscìto *a.* successful; good.

riutilizzàbile *a.* reusable.

riutilizzàre *v. t.* to reuse; to use again.

rìva *f.* (*di fiume*) bank; (*di mare, lago*) shore: **sulla r. del mare**, on the seashore; **in r. al fiume**, on the bank of the river; by the riverside; **a r.**, on shore; ashore; **venire a r.**, to come ashore; **città in r. al mare**, seaside (*o* coastal) town.

rivaccinàre *v. t.* to revaccinate; to vaccinate again.

rivaccinazióne *f.* revaccination.

rivàle ***A*** *a.* rival; competing: **società r.**, rival company; **una squadra r.**, a rival team; **la squadra r.**, the other team ***B*** *m. e f.* rival: **non avere rivali**, to be without rivals; to be unrivalled.

rivaleggiàre *v. i.* to compete; to vie.

rivalérsi *v. rifl.* (*rifarsi*) to make* up for st. (at sb.'s expense).

rivalità *f.* rivalry.

rivàlsa *f.* ***1*** (*rivincita*) revenge; satisfaction ***2*** (*risarcimento*) compensation.

rivalutàre *v. t.* ***1*** to revalue ***2*** (*riscoprire il valore di*) to rediscover; to reassess.

rivalutazióne *f.* ***1*** revaluation ***2*** (*riscoperta*) rediscovery; reassessment.

rivangàre *v. t.* (*fig.*) to rake up; to dig* up • **Non rivanghiamo il passato!**, let's not dig (*o* dredge) up the past!; let bygones be bygones.

rivedére ***A*** *v. t.* ***1*** (*vedere di nuovo*) to see* again; (*incontrare di nuovo*) to meet* again ***2*** (*tornare in un luogo*) to go* back to; to come* back to ***3*** (*correggere*) to revise, to go* over; (*verificare*) to check: **r. una traduzione**, to revise a translation; **r. le bozze**, to proofread; **r. i conti**, to check the accounts; (*rag.*) to audit the accounts ***4*** (*riconsiderare, modificare*) to revise; to change: **r. i prezzi**, to revise prices; **r. la propria opinione su q.c.**, to change one's opinion of (*o* on) st. ***5*** (*ripassare*) to go* over, to revise; (*rileggere*) to go* through (st.) again: **r. una lezione**, to go over a lesson ***6*** (*mecc.*) to overhaul • **Non si fece più r.**, he never came back □ (*scherz.*) **Chi non muore si rivede!**, long time no see! □ **Guarda chi si rivede!**, look who's here! ***B*** **rivedérsi** *v. rifl. recipr.* to see* each other (*o* one another) again; (*incontrarsi di nuovo*) to meet* again.

rivedìbile *a.* ***1*** revisable ***2*** (*mil.*) temporarily unfit.

rivedùto *a.* revised; corrected; checked: **nuova edizione riveduta**, new revised edition.

rivelàre ***A*** *v. t.* ***1*** (*palesare*) to reveal; to disclose; (*dire*) to tell*: **r. un segreto**, to reveal a secret; **Ora ti rivelerò un segreto**, I'm going to let you into a secret ***2*** (*manifestare*) to reveal; to show*: **r. la propria debolezza**, to show one's weakness ***B*** **rivelàrsi** *v. rifl.* to show* oneself; to prove (oneself); to turn out to be: **r. un vero amico**, to prove a true friend; **La villa si rivelò essere un vecchio rustico**, the villa turned out to be an old cottage.

rivelàto *a.* revealed (*anche relig.*); disclosed.

rivelatóre ***A*** *m.* ***1*** (*f.* **-trice**) revealer; discloser ***2*** (*tecn.*) detector ***3*** (*chim., fotogr.*) developer ***B*** *a.* revealing; telltale: **parole rivelatrici**, revealing words; **segni rivelatori**, telltale signs.

rivelazióne *f.* ***1*** revelation (*anche teol.*); disclosure ***2*** (*scoperta*) revelation.

rivéndere *v. t.* ***1*** (*vendere di nuovo*) to resell*; to sell* ***2*** (*vendere all'ex proprietario*) to sell* back.

rivendicàre *v. t.* ***1*** to claim; (*chiedere*) to demand: **r. un diritto [un'eredità]**, to claim a right [an inheritance]; **r. aumenti salariali**, to demand higher wages ***2*** (*attribuirsi un'azione*) to claim responsibility for: **un r. attentato**, to claim responsibility for a terrorist attack.

rivendicatìvo *a.* of (*o* concerning) union demands.

rivendicazióne *f.* ***1*** (*il rivendicare*) claiming: **la r. di un diritto**, the claiming of a right ***2*** claim; demand: **rivendicazioni salariali**, wage claims; **rivendicazioni sindacali**, union demands.

rivéndita *f.* (*comm.*) ***1*** (*il rivendere*) resale; reselling ***2*** (*negozio*) (retail) shop: **r. di giornali**, newsagent; **r. di tabacchi**, tobacconist's.

rivenditóre *m.* (*f.* **-trice**) (*chi rivende al minuto*) retailer, dealer; (*negoziante*) shopkeeper, tradesman* (*m.*): **r. autorizzato**, authorised dealer.

riverberàre ***A*** *v. t.* (*di suono*) to reverberate; (*di luce, calore*) to reflect ***B*** **riverberàrsi** *v. i. pron.* (*anche fig.*) to reverberate; to be reflected.

rivèrbero *m.* (*di suono*) reverberation; (*di luce, calore*) reflection; (*bagliore*) glare • **di r.**, indirectly.

riverènte *a.* reverent; respectful.

riverènza *f.* ***1*** reverence ***2*** (*inchino*) bow; (*di donna*) curts(e)y: **fare una r.**, to bow; to make a curtsey, to curtsy.

riverìre *v. t.* ***1*** to revere ***2*** (*ossequiare*) to pay* one's respects to; to greet respectfully • **La riverisco**, my respects.

riverito *a.* revered.

riverniciàre *v. t.* to repaint; (*a spruzzo*) to respray; (*a smalto*) to revarnish.

riversàre ***A*** *v. t.* ***1*** (*versare di nuovo*) to pour again; to pour out again ***2*** (*versare*) to pour ***3*** (*fig.*) to pour; to throw*; to heap: **r. le proprie energie in q.c.**, to pour one's energies into st.; **r. la colpa su q.**, to throw the blame on sb.; **r. insulti su q.c.**, to heap abuse on sb.; **r. il proprio affetto su q.**, to lavish affection on sb.; **r. la propria ira su q.**, to vent one's anger on sb. ***4*** (*elab.*) to copy ***B*** **riversàrsi** *v. i. pron.* ***1*** (*traboccare*) to spill; to flood ***2*** (*sfociare*) to flow ***3*** (*affluire*) to pour ***4*** (*ricadere*) to fall*.

rivèrso *a.* on one's back (*pred.*); supine.

rivestiménto *m.* (*esterno*) covering; (*strato coprente*) coating; (*interno*) lining • (*edil.*) **r. a pannelli**, panel(l)ing □ (*edil.*) **r. in legno**, wood panel(l)ing; wainscot(t)ing; wainscot □ (*autom.*) **r. interno**, upholstery.

rivestìre ***A*** *v. t.* ***1*** (*vestire di nuovo*) to dress again ***2*** (*provvedere di abiti*) to clothe; to fit out ***3*** (*indossare*) to wear*; to put* on ***4*** (*ricoprire*) to cover; (*con uno strato di q.c.*) to coat; (*foderare internamente*) to line ***5*** (*detenere*) to hold*: **r. una carica**, to hold a position; **r. il grado di generale**, to hold the rank of general; to be a general ***6*** (*avere*) to have: **r. grande importanza**, to have (*o* to be of) great importance ***B*** **rivestìrsi** *v. rifl. e i. pron.* ***1*** (*vestirsi di nuovo*) to get* dressed again; to put* on one's clothes again ***2*** (*provvedersi di abiti nuovi*) to get* new clothes ***3*** (*ricoprirsi*) to become covered (with).

rivestìto *a.* ***1*** (*vestito*) dressed (in); clothed (in) ***2*** (*provvisto di abiti nuovi*) fitted out with new clothes ***3*** (*ricoperto*) covered; (*di legno*) panel(l)ed; (*foderato internamente*) lined.

rivièra *f.* coast; riviera: **la r. ligure**, the Italian Riviera.

rivieràsco *a.* coast (*attr.*); coastal.

rivìncere *v. t.* ***1*** (*vincere di nuovo*) to win* again ***2*** (*riottenere vincendo*) to win* back.

rivìncita *f.* ***1*** (*seconda partita*) return match; (al gioco) return game: **chiedere [dare] la r.**, to ask for [to agree to] a return match ***2*** (*fig.*) revenge: **prendersi la r.**, to take one's revenge; to get* one's own back; to get even (with sb.).

rivìsta *f.* ***1*** (*mil.*) review; (*parata*) parade; (*ispezione*) inspection: **passare in r.**, to pass in review; (*anche fig.*) to review ***2*** (*periodico*) magazine; (*letteraria*) journal, review; (*scient.*) journal ***3*** (*teatr.*) variety show; vaudeville (*USA*).

rivitalizzàre ***A*** *v. t.* to revitalize ***B*** **rivitalizzàrsi** *v. i. pron.* to be revitalized.

rivìvere ***A*** *v. i.* ***1*** (*vivere di nuovo*) to live again; to come back to life ***2*** (*riprendere vigore*) to revive; (*tornare in auge*) to be revived: **Mi sento r.**, I feel revived ***3*** (*continuare, perpetuarsi*) to live on • **far r.**, to bring back to life; to revive ***B*** *v. t.* to live over again; (*fig.*) to relive.

rivo *m.* stream.

rivolére *v. t.* ***1*** (*volere di nuovo*) to want again ***2*** (*volere in restituzione*) to want back.

rivòlgere ***A*** *v. t.* ***1*** to turn: **r. l'attenzione [i propri sforzi] a q.c.**, to turn one's attention [one's efforts] to st. ***2*** (*indirizzare*) to address: **r. una preghiera a q.**, to address a prayer to sb.; **r. la parola a q.**, to address sb.; to speak to sb.; **r. un'accusa a**, to level a charge against; **r. una critica a**, to criticize; **r. una domanda a q.**, to ask sb. a question; **r. il saluto a q.**, to greet sb.; to say hello to sb. ***B*** **rivòlgersi** *v. rifl.* ***1*** (*voltarsi indietro*) to turn round ***2*** (*volgersi verso*) to turn; (*apostrofare*) to address (sb.); (*chiedere*) to ask (sb.), to apply; (*ricorrere*) to turn, to apply, to go*: **r. a Dio**, to turn to God; **r. a q. per un prestito**, to turn to sb. for a loan; **Se hai bisogno, rivolgiti pure a me**, if you need something, ask me (*o* come and see me); **r. in segreteria**, to apply to the secretary; **r. alla polizia**, to go to the police ***3*** (*darsi, applicarsi*) to turn; to devote oneself • **Non si rivolgono più la parola**, they are no longer on speaking terms.

rivolgiménto *m.* ***1*** (*sconvolgimento*) upheaval; disorder; trouble ***2*** (*cambiamento*) revolution; change.

rìvolo *m.* rivulet; (*anche non d'acqua*) trickle.

rivòlta *f.* revolt; rebellion; (*ammutinamento*) mutiny.

rivoltànte *a.* revolting; sickening; disgusting.

rivoltàre ***A*** *v. t.* ***1*** to turn again; to turn over again: **Voltò e rivoltò le pagine**, he turned the pages back and forth ***2*** (*rovesciare*) to turn (over); (*con l'interno verso l'esterno*) to turn inside out; (*capovolgere*) to turn upside down; (*raddrizzare*) to turn right side up ***3*** (*sartoria*: *un vestito*) to turn ***4*** (*disgustare*) to revolt; to disgust: **r. lo stomaco**, to upset the stomach ***B*** **rivoltàrsi** *v. rifl. e i. pron.* ***1*** (*nel letto*) to turn over; (*più volte*) to toss about, to toss and turn ***2*** (*voltarsi indietro*) to turn round ***3*** (*ribellarsi*) to revolt; to rebel; to turn (against, on sb.) • **r. nella tomba**, to turn (over) in one's grave □ **Mi si rivolta lo stomaco al pensiero**, my stomach turns at the thought.

rivoltàto *a.* turned out; (turned) inside out: **un guanto r.**, a glove turned inside out.

rivoltèlla *f.* revolver; gun; handgun.

rivoltellàta *f.* revolver shot.

rivòlto *a.* ***1*** turned; facing: **una finestra rivolta a sud**, a window facing south ***2*** (*intento*) intent (on); bent (on).

rivoltolàre ***A*** *v. t.* to roll; to turn over ***B*** **rivoltolàrsi** *v. rifl.* to roll about; to wallow: **r. nel fango**, to wallow in mud; **r. nel letto**, to toss and turn in bed.

rivoltóso ***A*** *a.* rebellious; rebel (*attr.*); mutinous ***B*** *m.* (*f.* **-a**)

rebel; mutineer.
rivoluzionàre *v. t.* ***1*** (*anche fig.*) to revolutionize ***2*** (*mettere sottosopra*) to turn upside down; to disrupt.
rivoluzionàrio *a. e m.* (*f.* **-a**) revolutionary.
rivoluzióne *f.* ***1*** (*anche astron.*) revolution ***2*** (*fam.*: *scompiglio*) mess; shambles: **Che r.!**, what a mess!
rizòma *m.* (*bot.*) rhizome; rootstock.
rizzàre ***A*** *v. t.* ***1*** (*sollevare*) to set* up; to raise; to lift: **r. una tenda**, to set up (*o* to pitch) a tent; **r. il capo**, to raise (*o* to lift) one's head; **r. le orecchie**, to cock one's ears; (*anche fig.*) to prick up one's ears ***2*** (*innalzare*) to erect; to raise; (*costruire*) to build* • **cose da far r. i capelli**, hair-raising things; things that would make your hair stand on end ***B*** **rizzàrsi** *v. rifl. e i. pron.* ***1*** (*alzarsi in piedi*) to stand* up, to rise* (to one's feet); (*levarsi a sedere*) to sit* up ***2*** (*dei capelli*) to stand* on end; (*di pelo*) to bristle.
roàno *a e m.* roan.
ròba *f.* ***1*** (*cosa*) thing; (*cose*) stuff Ⓤ; things (*pl.*); (*attrezzatura*) gear Ⓤ; (*effetti personali*) things (*pl.*), gear Ⓤ: **È tua tutta questa r.?**, is all this stuff yours?; are all these things yours?; **Che r. è?**, what is it? ***2*** (*indumenti*) things (*pl.*); clothes (*pl.*) ***3*** (*beni*) possessions (*pl.*); goods (*pl.*) ***4*** (*merce*) goods (*pl.*): **vendere r. usata**, to sell second-hand goods; **roba rubata**, stolen goods ***5*** (*affare, faccenda*) business; matter; affair ***6*** (*opera, lavoro*) work Ⓤ ***7*** (*gergo*: *droga*) stuff; dope • **r. da buttare**, junk; trash □ **r. da lavare**, washing □ **r. da leggere**, books and magazines; something to read □ **r. da mangiare**, things to eat; food; something to eat □ **r. da matti**, sheer lunacy; nonsense □ **r. da nulla** (*facile*), child's play; a doddle (*fam.*) □ **R. grossa!**, hot stuff! □ (*iron.*) **Bella r.!**, (*che cosa da poco*) big deal!, congratulations!; (*che cosa vergognosa*) oh, very nice, I must say!; a fine state of affairs!
robaccia *f.* rubbish; trash; junk.
róbbia *f.* (*bot.*) madder.
robinia *f.* (*bot.*) false acacia; locust-tree.
robivècchi *m.* junk dealer; second-hand dealer.
roboànte *a.* ***1*** (*lett.*) sonorous; resounding ***2*** (*spreg.*) high-sounding; bombastic.
robót *m. invar.* (*anche fig.*) robot.
robòtica *f.* robotics (*pl. col verbo al sing.*).
robotizzàre ***A*** *v. t.* to robotize ***B*** **robotizzàrsi** *v. i. pron.* to become* robotized.
robustézza *f.* ***1*** robustness; sturdiness; strength ***2*** (*corpulenza*) stoutness.
robùsto *a.* ***1*** robust; well-built; sturdy; strong: **un uomo alto e r.**, a tall, well-built man; **braccia robuste**, strong arms; **costituzione robusta**, robust constitution ***2*** (*corpulento*) stout.
rocambolésco *a.* daring; incredible; adventurous.
rócca (1) *f.* (*fortezza*) fortress; stronghold; citadel.
rócca (2) *f.* (*conocchia*) distaff.
roccafòrte *f.* (*anche fig.*) stronghold.
rocchétto *m.* ***1*** reel; spool; (*bobina*) bobbin: **r. di filo**, reel of thread ***2*** (*elettr.*) coil.
ròccia *f.* ***1*** rock; (*masso*) rock, boulder; (*picco*) crag, (*specialm. sul mare*) cliff ***2*** (*geol.*) rock ***3*** (*alpinismo*) rock-climbing ***4*** (*fig.*) rock; (*persona moralmente forte*) tower of strength.
rocciatóre *m.* (*f.* **-trice**) (*sport*) rock-climber.
roccióso *a.* rocky.
ròccolo *m.* nets to trap birds (*pl.*).
rockettàro *m.* (*f.* **-a**) (*mus.*) rocker.
ròco *V.* **rauco**.
rococò *a. e m.* (*archit.*) rococo.
rodàggio *m.* ***1*** (*autom., mecc.*) running-in: **L'auto è in r.**, the car is being run-in; **fare il r. di un'auto**, to run in a car ***2*** (*fig.*) settling-in period; breaking-in period • **in fase di r.**, in the trial stage.
rodàre *v. t.* ***1*** to run* in ***2*** (*fig.*) to break* in.
ròdeo (*spagn.*) *m. invar.* rodeo*.
ródere ***A*** *v. t.* ***1*** to gnaw: **r. un osso**, to gnaw (at) a bone ***2*** (*corrodere*) to corrode; to eat* into ***3*** (*tormentare*) to gnaw at; to torture • **rodersi il fegato**, to torture oneself; (*dall'invidia, ecc.*) to eat one's heart out ***B*** **ródersi** *v. i. pron.* (*consumarsi*) to be consumed; (*preoccuparsi*) to worry, to be worried: **r. d'invidia**, to be consumed with envy; **r. di rabbia**, to fume with rage.
rodiménto *m.* ***1*** gnawing ***2*** (*cruccio*) worry; anxiety.
roditóre *a. e m.* (*zool.*) rodent.
rododèndro *m.* (*bot.*) rhododendron.
rodomontàta *f.* rodomontade; braggadocio Ⓤ.
rodomónte *m.* braggart; braggadocio*.
rogatòria *f.* (*leg.*) rogatory letter.
rogatòrio *a.* (*leg.*) rogatory.
rògito *m.* (*leg.*) (notarial) deed • **fare un r.**, to exchange contracts.
rógna *f.* ***1*** (*scabbia*) scabies; (*di pecore, cani, ecc.*) scab, mange ***2*** (*fam.*: *fastidio*) trouble Ⓤ, bother Ⓤ, hassle (*fam.*); (*cosa difficile*) tricky thing, bitch (*volg.*): **cercarsi rogne**, to be asking for trouble; **Non voglio darti delle rogne**, I don't want to give you any hassle.
rognóne *m.* kidney.
rognóso *a.* ***1*** scabby; mangy ***2*** (*fastidioso*) troublesome; bothersome; irritating; (*difficile*) tricky, knotty.
rògo *m.* ***1*** (*per funerale*) pyre; (*per supplizio*) stake ***2*** (*estens.*: *incendio*) fire; blaze.
rollàre *v. i.* (*aeron., naut.*) to roll.
rollio *m.* (*aeron., naut.*) rolling; roll.
Ròma *f.* — **prendere R. per toma**, to get st. all wrong; to get hold of the wrong end of the stick.
romanésco ***A*** *a.* Roman ***B*** *m.* Roman dialect.
romànico *a e m.* (*archit.*) Romanesque.
romanità *f.* ***1*** Roman spirit ***2*** (*mondo romano*) Roman world.
romàno ***A*** *a.* Roman ***B*** *m.* (*f.* **-a**) Roman (*f.* Roman woman*) • **fare alla romana**, to go Dutch.
romanticherìa *f.* sentimentality; mawkishness; romantic nonsense.
romanticismo *m.* ***1*** (*arte, letter.*) Romanticism ***2*** (*sentimentalismo*) romanticism; sentimentality • **fare del r. su q.c.**, to be sentimental about st.
romàntico ***A*** *a.* ***1*** (*arte, letter.*) Romantic ***2*** (*sentimentale*) romantic; sentimental ***3*** (*di luogo e sim.*) romantic ***B*** *m.* (*f.* **-a**) ***1*** (*arte, letter.*) Romantic; Romanticist ***2*** (*persona sentimentale*) romantic; sentimentalist.
romànza *f.* (*mus.*) romance; (*d'opera*) aria.
romanzàre *v. t.* ***1*** to romanticize; to romance ***2*** (*letter.*) to fictionalize.
romanzàto *a.* ***1*** romanticized ***2*** (*letter.*) fictionalized.
romanzésco *a.* ***1*** (*di romanzo*) novel (*attr.*); fiction (*attr.*); fictional: **letteratura romanzesca**, fiction; **personaggio r.**, fictional character ***2*** (*avventuroso*) romantic; adventurous; (*fantastico*) fantastic, fabulous: **storia romanzesca**, romantic story; **vita romanzesca**, adventurous life; **impresa romanzesca**, incredible feat.
romanzière *m.* (*f.* **-a**) novelist.
romànzo (1) *a.* Romance (*attr.*); Romanic: **lingua romanza**, Romance language.
romànzo (2) *m.* ***1*** novel; (*genere narrativo*) fiction: **r. giallo**, detective novel; crime story; thriller; **r. fiume**, saga; **r. nero**, Gothic novel; **r. rosa**, romantic novel; romance; **r. d'appendice**, serialized novel; **il r. italiano del dopoguerra**, Italian post-war fiction; **personaggio da r.**, character straight out of a novel ***2*** (*letter. medievale*) romance: **r. cavalleresco**, courtly romance ***3*** (*storia incredibile*) saga; story. ATTENZIONE: **romanzo** ≠ romance.
rombànte *a.* rumbling; roaring; thundering.
rombàre *v. i.* to rumble; to roar; to thunder.
rómbo (1) *m.* (*rumore*) rumble; roar; thunder.
rómbo (2) *m.* (*geom.*) rhomb; rhombus*; (*losanga*) lozenge, diamond.
rómbo (3) *m.* (*zool.*) turbot.
romboèdro *m.* (*geom.*) rhombohedron*.
romboidàle *a.* (*geom.*) rhomboid(al).
romèno *V.* **rumeno**.
romitàggio *V.* **eremitaggio**.
rómpere ***A*** *v. t.* ***1*** to break*; (*con rumore secco*) to snap; (*lacerare*) to tear*: **rompersi un polso**, to break a wrist; **r. un ramoscello**, to snap a twig; **r. la terra**, to break up the soil; **r. i pantaloni**, to tear one's trousers ***2*** (*interrompere, porre fine a*) to break* (off): **r. un fidanzamento**, to break (off) an engagement; **r. il silenzio**, to break the silence; **r. i rapporti con q.**, to break off (*o* to sever) all relations with sb.; **r. le trattative**, to break off negotiations; **r. un trattato**, to break a treaty ***3*** (*pop.*: *seccare*) to pester; (*assol.*) to be a pain in the neck, to get* in sb.'s hair: **Non rompere!**, don't be a pain in the neck!; **Mi hai rotto!**, I've had you up to

here!; **Mi rompe doverci andare**, it's a real pain having to go • (*pop.*) **r. la faccia** (*o* **il muso**) **a q.**, to smash (*o* to bash) sb.'s face in □ (*mil.*) **r. il passo**, to break step □ **rompersi la testa su q.c.**, to rack one's brains over st. ***B*** *v. i.* ***1*** (*straripare*) to break* one's banks ***2*** (*troncare i rapporti*) to sever relations; (*di coppia*) to break* up, to split up ***3*** (*mettere fine*) to break* (with): **r. col passato**, to break with the past ***4*** (*prorompere*) to burst*: **r. in pianto**, to burst into tears ***C*** **rómpersi** *v. i. pron.* ***1*** to break* ***2*** (*di vena, vescica*) to rupture; to burst* ***3*** (*pop.*) to be fed up (with); to be sick and tired (of).

rompicàpo *m. invar.* ***1*** brain teaser ***2*** (*fastidio*) worry; trouble.

rompicòllo *m. invar.* daredevil; madcap; scapegrace • **a r.**, at breakneck speed; headlong.

rompighiàccio *m. invar.* (*anche naut.*) icebreaker.

rompipàlle *m. e f. invar.* (*pop.*) pain in the arse (*USA* ass).

rompiscàtole *m. e f. invar.* (*fam.*) pain in the neck.

rónc ola *f.* (*agric.*) billhook.

rónda *f.* rounds (*pl.*); (*pattuglia*) patrol: **essere di r.**, to be on patrol duty; (*di polizia*) to be on one's beat; **fare la r.**, to do the rounds; (*di polizia*) to patrol (st.).

rondèlla *f.* (*mecc.*) washer.

róndine *f.* (*zool.*) swallow • **a coda di r.**, swallow-tailed □ **giacca a coda di r.**, tail coat; tails (*pl.*).

rondò *m.* ***1*** (*mus.*) rondo* ***2*** (*letter.*) rondeau* ***3*** (*autom.*) roundabout (*GB*); traffic circle (*USA*).

rondóne *m.* (*zool.*) swift.

ronfàre *v. i.* ***1*** to snore (loudly) ***2*** (*fare le fusa*) to purr.

ronẓàre *v. i.* to hum; to buzz; to drone; (*di ali e sim.*) to whirr: **Mi ronzano le orecchie**, my ears are singing; **Mi ronzavano in testa le sue parole**, his words kept going round and round (*o* kept ringing) in my head • **r. intorno a q.c.**, to hang round sb. □ **Un'idea mi ronza in testa**, an idea keeps running through my mind.

ronẓìno *m.* jade; nag.

ronẓìo *m.* humming; buzzing; drone; (*di ali e sim.*) whirr: **r. alle orecchie**, buzzing in one's ears.

ròṣa ***A*** *a. invar.* ***1*** pink; (*rosato*) rose, rose-coloured: **quarzo r.**, rose quartz; **vedere tutto r.**, to see things through rose--coloured glasses ***2*** (*fig.*) romantic: **romanzo r.**, romantic novel; romance; **cronaca r.**, gossip column ***B*** *m.* pink; rose: **r. antico**, old rose ***C*** *f.* ***1*** (*bot.*) rose: **r. canina**, dogrose; wild rose; **r. muschiata**, musk rose; **r. rampicante**, rambler; rambling rose; climbing rose; **r. tea**, tea rose ***2*** (*lista di persone*) list: **r. di candidati**, short-list; **entrare nella r.**, to be short-listed • (*naut.*) **r. dei venti**, compass card; compass rose □ **fresco come una r.**, as fresh as a daisy □ **Non è stato tutto rose e fiori**, it hasn't been all plain sailing □ (*prov.*) **Non c'è r. senza spine**, there is no rose without a thorn □ (*prov.*) **Se son rose fioriranno**, the proof of the pudding is in the eating.

roṣàio *m.* ***1*** (*bot.*) rosebush ***2*** *V.* **roseto**.

roṣàrio *m.* ***1*** (*eccles.*) rosary; beads (*pl.*): **recitare il r.**, to say one's rosary; to tell one's beads ***2*** (*fig.*) series; train; string.

roṣàto *a.* ***1*** rosy; rose-coloured; pink ***2*** (*con essenza di rose*) rose (*attr.*).

ròṣbif *m. invar.* (*cucina*) roast beef.

rosé (*franc.*) *a. e m. invar.* rosé.

ròṣeo *a.* rosy (*anche fig.*); rose-coloured: **avvenire r.**, rosy future; **vedere tutto r.**, to see things through rose-coloured glasses.

roṣéto *m.* rose bed; rose garden.

roṣétta *f.* ***1*** (*diamante*) rose (diamond) ***2*** (*coccarda*) rosette ***3*** (*mecc.*) washer.

rosicànte *a. e m.* (*zool.*) rodent.

rosicàre *v. t.* to gnaw; to nibble • (*prov.*) **Chi non risica non rosica**, nothing venture(d) nothing gain(ed).

rosicchiàre *v. t.* to gnaw; to nibble: **r. un osso**, to gnaw (at) a bone; **r. un biscotto**, to nibble (at) a biscuit; **rosicchiarsi le unghie**, to bite one's nails.

roṣmarìno *m.* (*bot.*) rosemary.

ròṣo *a.* gnawed; eaten; corroded; worn away: **r. dai tarli**, worm-eaten; **r. dalla ruggine**, rust-eaten.

roṣolàre *v. t.*, **roṣolàrsi** *v. i. pron.* (*cucina*) to brown • **rosolarsi accanto al fuoco**, to toast oneself in front of the fire □ **r. al sole**, to bask in the sun.

rosolatùra *f.* (*cucina*) browning.

roṣolìa *f.* (*med.*) German measles (*pl.*); rubella.

roṣòlio *m.* rosolio.

roṣóne *m.* (*archit.*) ***1*** (*finestra*) rose window ***2*** (*motivo ornamentale*) rosette.

ròspo *m.* ***1*** (*zool.*) toad ***2*** (*persona scontrosa*) unsociable person; bear ***3*** (*persona sgradevole*) ugly person • **ingoiare un r.**, to swallow a bitter pill □ **sputare il r.**, to spit it out; to get st. off one's chest.

rossàstro *a.* reddish.

rosseggiànte *a.* ruddy; reddening; glowing; bright red.

rosseggiàre *v. i.* to be reddish; to glow red.

rossétto *m.* (*per labbra*) lipstick; (*per le guance*) rouge: **darsi il r.**, to put on lipstick [rouge]; **usare il r.**, to wear lipstick [rouge].

rossìccio *a.* reddish; rusty; ginger.

rósso ***A*** *a.* red: **diventare r.**, (*per emozione, rabbia*) to go red in the face, to flush; (*per imbarazzo*) to turn red, to blush • **r. come un gambero** (*o* **un peperone**), as red as a beetroot (*o* as a lobster) □ **pesce r.**, goldfish □ **vedere r.**, to see red ***B*** *m.* ***1*** red: **r. ciliegia**, cherry red; cerise; **r. corallo**, coral red ***2*** (*f.* **-a**) red-haired person; redhead ***3*** (*f.* **-a**) (*polit.*) left winger; Red ***4*** (*tuorlo*) (egg) yolk ***5*** (*vino*) red wine ***6*** (*di semaforo*) red light: **attraversare col r.**, to cross when the lights are red; **passare col r.**, to drive through (*fam.* to jump) a red light ***7*** (*comm.*) red: **essere in r.**, to be in the red; **conto in r.**, overdrawn account • (*prov.*) **R. di sera, bel tempo si spera**, red sky at night, shepherd's delight.

rossóre *m.* ***1*** (*med.*) redness ***2*** (*in viso*) blush: **tingersi di r.**, to blush; **Il rossore gli salì al viso**, he blushed • **senza r.**, shameless (*agg.*); shamelessly (*avv.*).

rosticcerìa *f.* rôtisserie (*franc.*); delicatessen; deli (*fam.*).

rosticcière *m.* (*f.* **-a**) owner of a delicatessen.

rostràto *a.* ***1*** (*zool.*) rostrate; rostrated; beaked ***2*** (*archit.*) rostral.

ròstro *m.* ***1*** (*zool.*) rostrum*; (*becco*) beak ***2*** (*di ponte*) cutwater ***3*** (*al pl.*) (*archeol.*) rostrum* (*sing.*).

rotàbile *a.* carriage (*attr.*): **strada r.**, carriage road • (*ferr.*) **materiale r.**, rolling stock.

rotaciṣmo *m.* (*ling.*) rhotacism.

rotàia *f.* ***1*** (*ferr., mecc.*) rail: **r. a cremagliera**, rack-rail; **r. centrale** (*o* **terza r.**), contact (*o* third) rail; **traffico su r.**, railway traffic; **trasporto su r.**, rail transport ***2*** (*solco di ruota*) rut; wheeltrack.

rotànte *a.* rotating; rotary; revolving.

rotàre *V.* **ruotare**.

rotativa *f.* (*tipogr.*) rotary press.

rotatòria *f.* (*autom.*) roundabout (*GB*); traffic circle (*USA*).

rotatòrio *a.* rotatory; rotary.

rotazióne *f.* ***1*** rotation ***2*** (*avvicendamento*) rotation; (*amm.*: *del personale*) turnover: **r. delle mansioni**, job rotation.

roteàre *v. t. e i.* to whirl; (*gli occhi*) to roll.

rotèlla *f.* ***1*** small wheel; (*orientabile*) castor; (*cilindrica*) roller: **pattini a rotelle**, roller skates; **sedia a rotelle**, wheelchair ***2*** (*anat.*) rotula*; patella*; knee-cap • **avere una r. fuori posto**, to have a screw loose.

rotocàlco *m.* ***1*** (*tipogr.*) rotogravure ***2*** (*periodico*) illustrated magazine.

rotolàre ***A*** *v. t.* to roll: (**far**) **r. un sasso**, to roll a stone ***B*** *v. i.* to roll; (*ruzzolare*) to tumble ***C*** **rotolàrsi** *v. rifl.* to roll: **r. per terra**, to roll on the ground.

ròtolo *m.* roll; (*gomitolo*) ball; (*di corda*) coil: **r. di stoffa**, roll of cloth; **r. di spago**, ball of string; **r. di banconote**, wad of banknotes; **r. di garza**, roll of bandage • **andare a rotoli**, (*fallire*) to fall through; (*andare a male*) to go downhill, to go to the dogs □ **mandare a rotoli**, to ruin; to wreck.

rotolóne *V.* **ruzzolone**.

rotónda *f.* ***1*** (*edificio*) rotunda ***2*** (*terrazza*) round terrace.

rotondeggiànte *a.* roundish.

rotondétto *a.* roundish; plumpish; chubby.

rotondità *f.* ***1*** (*anche fig.*) roundness ***2*** (*al pl.*) (*curve*) curves.

rotóndo *a.* ***1*** round; (*arrotondato*) rounded ***2*** (*grassoccio*) plump; chubby; rotund (*scherz.*) ***3*** (*di stile*) well-turned; sonorous.

rotóre *m.* (*elettr., aeron.*) rotor.

rótta (1) *f.* (*mil.*) rout; disorderly retreat: **mettere in r.**, to put to rout • **a r. di collo**, at breakneck speed □ **correre a r. di collo**, to run at breakneck speed; to career; to tear (up,

down, etc.) □ **essere in r. con q.**, to be on bad terms with sb.
rótta (2) *f.* (*naut., aeron.: direzione*) course; (*itinerario*) route: **la r. di una nave**, a ship's course; (*anche fig.*) **r. di collisione**, collision course; **rotte commerciali**, trade routes; **cambiare r.**, to change (*o* to alter) (one's) course; (*fig.*) to change tack; **deviare dalla r.**, to fall off course; **invertire la r.**, to alter course; to turn about; **tenere la r.**, to stay on course • **fuori r.**, off course □ **fare r. su**, to steer for; to head for □ **in r. per**, bound for; heading for □ (*naut., aeron.*) **ufficiale di r.**, navigating officer.
rottàme *m.* ***1*** piece of wreckage; (*al pl., collett.*) wreckage 🄤; (*veicolo distrutto*) wreck: **i rottami dell'aereo**, the wreckage of the plane; **La macchina è un ammasso di rottami**, the car is a complete wreck ***2*** (*al pl.*) (*materiale inservibile*) scrap 🄤: **rottami di ferro**, scrap iron ***3*** (*fig.*) wreck.
rótto ***A*** *a.* ***1*** (*spezzato, anche fig.*) broken: **gamba rotta**, broken (*o* fractured) leg; **con voce rotta**, in a broken voice ***2*** (*strappato*) torn; split: **calze rotte**, torn stockings; **scarpe rotte**, shoes with holes in them ***3*** (*indolenzito*) aching: **sentirsi tutto r.**, to be aching all over ***4*** (*dedito*) given; addicted: **r. a ogni vizio**, given (*o* addicted) to every vice ***5*** (*abituato*) inured: **r. alla fatica**, inured to hard work • ***B*** *m.* (*al pl.*) (*spiccioli*) small change • **L'ho pagato centomila e rotti**, I paid a hundred thousand lire odd for it □ **duecento e rotti chilometri**, two hundred odd kilometres □ **per il r. della cuffia**, *V. sotto* **cuffia**.
rottùra *f.* ***1*** breaking; breakage; (*punto rotto*) break: **la r. di un vetro**, the breaking of a pane of glass; **punto di r.**, breaking point; **r. di un tubo**, bursting of a pipe ***2*** (*fig.*) break; breaking off; breakdown; breach: **una r. col passato**, a break with the past; **la r. di un fidanzamento**, the breaking off of an engagement; **r. dei negoziati**, breakdown of talks; **r. di contratto** [**di promessa**], breach of contract [of promise] ***3*** (*med.: frattura*) fracture ***4*** (*pop.: seccatura*) drag; hassle; pain; pain in the neck: **Che r. di scatole!**, what a drag!
ròtula *f.* (*anat.*) rotula*; patella*; (*com.*) knee-cap.
roulette (*franc.*) *f. invar.* roulette.
roulotte (*franc.*) *f. invar.* (*autom.*) caravan (*GB*); trailer (*USA*).
routine (*franc.*) *f. invar.* ***1*** routine: **r. quotidiana**, daily routine; **lavoro di r.**, routine work; **essere prigioniero della solita r.**, to be in a rut; to be stuck in a groove ***2*** (*elab.*) routine.
rovènte *a.* ***1*** red-hot; burning; scorching: **ferro r.**, red-hot iron; **sole r.**, scorching sun ***2*** (*fig.*) fiery.
róvere ***A*** *m. o f.* (*bot.*) oak ***B*** *m.* (*legname*) oak: **di r.**, oak (*attr.*); oaken.
rovèscia *f.* — **alla r.**, *V.* **a rovescio**, *sotto* **rovescio**, *A*.
rovesciaménto *m.* ***1*** upsetting; overturning; reversal ***2*** (*di una barca*) capsizing ***3*** (*di un governo, ecc.*) overthrowing; toppling.
rovesciàre ***A*** *v. t.* ***1*** (*capovolgere*) to turn upside down; to upend; (*anche fig.*) to reverse; (*rivoltare*) to turn over: **r. un bicchiere**, to turn a glass upside down; **r. una barca**, to upset (*o* to capsize) a boat; **r. la situazione**, to reverse the situation; **r. una carta**, to turn over a card ***2*** (*far cadere*) to upset*; to knock over; to overturn; (*intenzionalmente*) to throw* down ***3*** (*rivoltare*) to turn inside out; (*piegare all'indietro*) to turn back: **r. un paio di guanti**, to turn a pair of gloves inside out; **r. le tasche**, to turn out one's pockets; **r. un polsino**, to turn back a cuff ***4*** (*versare intenzionalmente*) to pour; (*materiale solido*) to tip, to dump; (*accidentalmente*) to spill* ***5*** (*abbattere*) to overthrow*: **r. un regime** [**un governo**], to overthrow a regime [a government] ***6*** (*arrovesciare*) to throw* back: **r. il capo all'indietro**, to throw* back one's head ***7*** (*gettare*) to pour; to shower; to throw*: **r. insulti su q.**, to pour abuse on sb.; **r. la colpa su q.**, to lay (*o* to throw) the blame on sb. ***B*** **rovesciàrsi** *v. i. pron.* ***1*** (*capovolgersi*) to overturn; (*di barca*) to capsize ***2*** (*gettarsi*) to throw* oneself; (*cadere*) to fall* down, to crash ***3*** (*riversarsi*) to pour; (*ricadere*) to fall* ***4*** (*invertirsi, mutare radicalmente*) to be reversed; to change.
rovesciàta *f.* (*calcio*) overhead kick.
rovesciàto *a.* ***1*** (*capovolto*) overturned; upside down (*pred.*); reversed; upended; (*di barca*) capsized ***2*** (*rivoltato con l'interno all'esterno*) inside out (*pred.*); (*piegato indietro*) turned back ***3*** (*arrovesciato*) thrown back ***4*** (*abbattuto*) overthrown ***5*** (*versato*) spilt ***6*** (*mutato radicalmente*) reversed ***7*** (*sport*) overhead (*attr.*).
rovèscio ***A*** *a.* ***1*** (*supino*) supine; on one's back (*pred.*) ***2*** (*lavoro a maglia*) purl • **a r.**, (*capovolto*) upside down, wrong side up; (*con l'interno all'esterno*) inside out; (*col davanti dietro*) back to front; (*in senso contrario*) backwards; (*in modo errato, male*) the wrong way, wrong, wrongly: **capire q.c. a r.**, to get st. wrong; **Tutto mi va a r.**, everything is going wrong ***B*** *m.* ***1*** reverse; back: (*anche fig.*) **il r. della medaglia**, the reverse of the medal ***2*** (*di pioggia, ecc.*) downpour; (*fig.*) shower: **r. di insulti**, torrent of abuse ***3*** (*tennis*) backhand (stroke) ***4*** (*manrovescio*) backhander ***5*** (*fig.*) set-back; reverse: **r. finanziario**, financial set-back; **rovesci di fortuna**, reverses of fortune ***6*** (*lavoro a maglia*) purl stitch.
rovéto *m.* thorn bush; bramble bush.
rovìna *f.* ***1*** (*crollo, caduta*) collapse; fall ***2*** (*al pl.*) (*ruderi, macerie*) ruins ***3*** (*distruzione, sfacelo*) ruin; destruction; downfall: **essere la r. della propria famiglia**, to be the ruin of one's family • **andare in r.**, (*finanziariamente*) to be ruined; (*di edificio, anche* **cadere in r.**), to fall into disrepair, to be dilapidated □ **casa in r.**, house in ruins; dilapidated house □ **mandare in r.**, to ruin (sb., at.); to wreck (st.).
rovinàre ***A*** *v. t.* to ruin; to wreck; (*guastare*) to spoil*, to damage: **rovinarsi la salute**, to ruin one's health; **r. una carriera**, to wreck a career; **rovinarsi l'appetito**, to spoil one's appetite ***B*** *v. i.* to collapse; to crash: **r. a terra**, to crash to the ground ***C*** **rovinàrsi** *v. rifl. e i. pron.* ***1*** to ruin oneself ***2*** (*essere rovinato*) to be ruined; (*sciuparsi*) to get* spoilt (*o* damaged).
rovinàto *a.* (*anche fig.*) ruined; (*sciupato*) damaged, spoilt.
rovinóso *a.* ***1*** (*che porta alla rovina*) ruinous; disastrous ***2*** (*che devasta*) devastating; destructive • **caduta rovinosa**, headlong fall; crash.
rovistàre *v. t.* to search; (*frugare*) to rummage (in), to ransack: **r. dappertutto**, to search everywhere; **r. un cassetto**, to rummage in a drawer.
róvo *m.* (*bot.*) bramble.
rozzézza *f.* roughness; coarseness; crudeness; uncouthness: **r. di modi**, coarse (*o* uncouth) manners.
rózzo *a.* ***1*** (*non rifinito*) rough; coarse; (*rudimentale*) crude, rough ***2*** (*zotico*) rough; uncouth; coarse ***3*** (*inesperto*) inexperienced; raw; (*primitivo*) primitive.
rùba *f.* — **andare a r.**, to sell like hot cakes (*fam.*); to be snapped up (*fam.*).
rubacchiàre *v. t.* to pilfer.
rubacuòri ***A*** *a.* bewitching; ravishing ***B*** *m.* (*scherz.*) lady-killer ***C*** *f.* (*scherz.*) charmer; heart-breaker.
rubamàzzo *m.* (*gioco di carte*) snap.
rubàre *v. t.* ***1*** (*anche fig.*) to steal*; to pinch (*fam.*); to nick (*fam.*): **Le hanno rubato la borsetta**, her handbag was stolen; she had her handbag stolen; **r. un'idea**, to steal an idea; **Chi mi ha rubato il posto?**, who pinched my seat? ***2*** (*svaligiare*) to rob; (*con scasso*) to burgle, to burglarize (*USA*): **Hanno rubato dal gioielliere**, the jeweller's has been robbed; **Mi hanno rubato in casa**, my house was burgled • **r. a man salva**, to plunder □ **r. la parola a q.**, to take the words out of sb.'s mouth □ **r. sul peso**, to give short weight □ **r. sul resto**, to short change (sb.) □ **r. lo stipendio**, to shirk work □ **Posso rubarti un minuto?**, can I have a moment of your time?; can you spare me a minute?
rubàto *a.* stolen • (*mus.*) **tempo r.**, (tempo) rubato.
ruberìa *f.* theft; stealing 🄤; robbery.
rubicóndo *a.* ruddy; rubicund.
rubinetterìa *f.* taps and fittings (*pl.*).
rubinétto *m.* tap; faucet (*USA*); cock: **aprire** [**chiudere**] **il r.**, to turn on [to turn off] the tap; **lasciare il rubinetto aperto**, to leave the tap running; **r. del gas**, gas cock.
rubìno *m.* ruby.
rubìzzo *a.* hale and hearty; sprightly.
rùblo *m.* rouble.
rubrìca *f.* ***1*** (*quaderno*) index book; (*per indirizzi*) address book; (*per numeri telefonici*) telephone book ***2*** (*giorn.*) column: **tenere una r.**, to write a column ***3*** (*titolo in rosso*) rubric; heading (in red ink).
rubricàre *v. t.* (*registrare*) to enter; to file.
rùca, **ruchétta**, **rùcola** *f.* (*bot.*) (garden) rocket.
rùde *a.* (*rozzo*) rough, coarse; (*non sofisticato*) plain, rugged; (*duro*) harsh: **maniere rudi**, rough manners; **fran-**

co e r., plain and direct; **disciplina rude**, harsh discipline. ATTENZIONE: **rude ≠ rude.**
rùdere *m.* **1** (*specialm. al pl.*) ruin, ruins (*pl.*); remains (*pl.*) **2** (*di persona*) wreck.
rudézza *f.* (*rozzezza*) roughness, coarseness; (*schietta semplicità*) roughness, ruggedness, plainness: (*durezza*) harshness. ATTENZIONE: **rudezza ≠ rudeness.**
rudimentàle *a.* **1** (*elementare*) rudimentary **2** (*primitivo*) rudimentary; crude; (*appena sbozzato*) rough **3** (*biol.*) rudimentary.
rudiménto *m.* (*specialm. al pl.*) rudiment.
ruffiana *f.* **1** procuress; bawd; (*mezzana*) go-between **2** (*adulatrice*) *V.* **ruffiano**, *def. 2.*
ruffianerìa *f.* **1** bawdiness **2** (*adulazione*) toadying; fawning.
ruffianésco *a.* **1** pandering **2** (*adulatore*) toadyish; bootlicking.
ruffiàno *m.* **1** procurer; pander; pimp; (*mezzano*) go-between **2** (*adulatore*) toady; bootlicker. ATTENZIONE: **ruffiano ≠ ruffian.**
rùga *f.* wrinkle; line.
rugbìsta *m.* (*sport*) rugby player.
ruggènte *a.* roaring ● **gli anni ruggenti**, the roaring twenties.
rùggine *f.* **1** rust: **fare** (*o* **prendere**) **la r.**, to get rusty; **roso dalla r.**, rusting away; rusted away; **di color r.**, rust-brown; rusty **2** (*astio, rancore*) bad blood; ill feeling; grudge: **Tra loro c'è della r.**, there is bad blood between them; **avere della r. con q.**, to bear sb. a grudge **3** (*agric.*) rust: **r. del grano**, wheat rust; blight.
rugginóso *a.* **1** rusty **2** (*di color ruggine*) rust-coloured; rust-brown; rusty.
ruggìre *v. i. e t.* (*anche fig.*) to roar.
ruggìto *m.* (*anche fig.*) roar.
rugiàda *f.* dew: **gocce di r.**, dewdrops.
rugiadóso *a.* dewy.
rugosità *f.* **1** wrinkledness **2** (*scabrosità*) roughness; coarseness.
rugóso *a.* **1** wrinkled; lined **2** (*scabro*) rough; coarse.
rullàggio *m.* (*aeron.*) taxiing ● **pista di r.**, taxiway.
rullàre *v. i.* **1** (*di tamburo*) to roll **2** (*aeron.*) to taxi.
rullìno *m.* (*fotogr.*) roll of film.
rullìo *m.* **1** (*di tamburo*) roll; rolling **2** (*aeron.*) taxiing.
rùllo *m.* **1** (*di tamburo*) roll **2** (*tecn.*) roller; roll: **r. compressore**, steamroller; **r. inchiostratore**, ink roller; **trasportatore a rulli**, roller conveyor **3** (*fotogr.*) roll: **r. di pellicola**, roll of film **4** (*cinem.*) reel **5** (*di macchina da scrivere*) platen.
rum *m.* rum.
rùmba *f.* (*danza*) rumba.
rumèno *a. e m.* (*f.* **-a**) Roumanian; Romanian (*f.* Roumanian, Romanian woman*).
ruminànte *a. e m.* (*zool.*) ruminant.
ruminàre *v. t. e i.* **1** to ruminate; to chew the cud **2** (*fig.*) to ruminate; to mull over.
ruminazióne *f.* rumination; chewing the cud.
rumóre *m.* **1** noise; (*suono*) sound; (*strepito*) din, racket: **i rumori della strada**, the noise of traffic; **il r. della pioggia**, the sound of rain; **r. metallico**, clang; **r. secco**, sharp noise; crack; **r. di piatti**, clatter of dishes; **r. di applausi**, clapping; **fare r.**, to make a noise **2** (*elettron.*) noise: **r. di fondo**, background noise; **r. bianco**, white noise ● **campagna contro i rumori**, antinoise campaign □ (*fig.*) **fare molto r.**, to cause a stir; to create a sensation □ **mettere a r.**, to alarm; to create commotion □ **molto r. per nulla**, a lot of fuss about nothing. ATTENZIONE: **rumore ≠ rumour.**
rumoreggiàre *v. i.* **1** to rumble; to roar **2** (*di folla*) to clamour; (*di pubblico*) to heckle.
rumorìo *m.* low rumble.
rumorìsta *m. e f.* (*cinem., TV*) sound-effects man* (f. woman*).
rumorosità *f.* noisiness.
rumoróso *a.* noisy; full of noise.
rùna *f.* (*ling.*) rune.
rùnico *a.* (*ling.*) runic.

ruolino *m.* roster: **r. di marcia**, (*mil.*) marching orders (*pl.*); (*fig.*) timetable, schedule; **r. dei turni**, roster.
ruòlo *m.* **1** (*bur.*) list; roll: **r. di anzianità**, seniority list; **iscritto nei ruoli**, registered in the roll **2** (*teatr.*) rôle, role; part: **r. principale**, leading rôle; lead; **recitare nel r. di Amleto**, to play Hamlet **3** (*funzione*) role: **svolgere** (*o* **giocare, avere**) **un r.**, to play a role ● **docente di r.**, (*scuola*) regular teacher; (*università*) tenured lecturer □ **essere di r.**, to be on the permanent (*o* regular) staff; (*università*) to be tenured □ (*leg.*) **mettere a r. una causa**, to enter a case (for trial) □ **passare di r.**, to be made permanent; (*università*) to be given tenure □ **personale di r.**, permanent staff.
ruòta *f.* **1** wheel: (*mecc.*) **r. d'ingranaggio**, gear-wheel; **r. dentata**, cogwheel; (*naut.*) **r. del timone**, (steering) wheel **2** (*urna per lotteria*) lottery drum: **È uscito il due sulla r. di Bari**, number two was drawn at Bari **3** (*ginnastica*) cartwheel: **fare la r.**, to turn a cartwheel **4** (*stor.*: *supplizio*) wheel ● **la r. della fortuna**, the wheel of Fortune □ **r. di mulino**, millwheel □ **r. di scorta**, spare wheel □ (*autom.*) **ruote motrici**, driving wheels □ (*autom.*) **avere quattro ruote motrici**, to have four-wheel drive □ **r. panoramica**, Ferris wheel □ **andare a r. libera**, to coast; to freewheel □ (*fig.*) **a r. libera**, freely; non-stop: **parlare a r. libera**, to talk freely; to speak volubly □ **fare la r.**, (*di uccello*) to display; (*fig.*) to strut like a peacock □ **giro di r.**, turn of the wheel □ **gonna a r.**, flared skirt □ **mantello a r.**, circular cape □ **seguire q. a r.**, to follow hot on the heels of sb. □ (*fam.*) **essere l'ultima r. del carro**, to count for nothing □ (*fig.*) **ungere le ruote**, to grease palms □ **veicolo su ruote**, wheeled vehicle.
ruotàre **A** *v. t.* to rotate: (*gli occhi*) to roll; (*i pollici*) to twiddle, to twirl **B** *v. i.* **1** to rotate; to revolve **2** (*volare in circolo*) to circle; to wheel ● **far r.**, to rotate; to revolve.
rùpe *f.* cliff; rock; crag.
rupèstre *a.* **1** rocky; craggy **2** (*fatto su rupe*) rupestrian; rock: **iscrizione r.**, rupestrian inscription; **pittura r.**, rock painting.
rupìa *f.* **1** (*in India, Pakistan, Nepal, Sri Lanka, Maldive; Seychelles*) rupee **2** (*in Indonesia*) rupiah.
ruràle *a.* rural; country (*attr.*).
ruscèllo *m.* brook; (*anche fig.*) stream, rivulet.
rùspa *f.* (*mecc.*) scraper.
ruspànte *a.* **1** (*di pollo*) farmyard (*attr.*); free-range (*attr.*, *GB*) **2** (*fig.*) genuine; real.
ruspàre *v. i.* to scratch about.
russàre *v. i.* to snore.
rùsso *a. e m.* (*f.* **-a**) Russian (*f.* Russian woman*).
rusticàno *a.* rustic; country (*attr.*).
rustichézza, rusticità *f.* rusticity; rustic manners (*pl.*).
rùstico **A** *a.* **1** (*di campagna*) rural; country (*attr.*): **scene rustiche**, rural scenes; **gente rustica**, country people (*o* folk); **la vita rustica**, country life **2** (*di stile campagnolo*) rustic; country-style (*attr.*): **arredamento r.**, rustic furniture; **pranzo r.**, simple, country meal **3** (*non socievole*) surly; unsociable **4** (*rozzo*) rough; uncouth; hick (*USA*) **5** (*archit.*) rustic **B** *m.* (*edificio*) (farmworker's) cottage; (*per attrezzi*) outhouse.
rùta *f.* (*bot.*) rue.
rutilànte *a.* (*lett.*) glowing; shining.
ruttàre *v. i.* to belch; to burp (*fam.*).
ruttino *m.* (*di lattante*) burp.
rùtto *m.* belch; burp (*fam.*).
ruttóre *m.* (*elettr.*) contact-breaker; trembler.
ruvidézza, ruvidità *f.* **1** roughness; coarseness **2** roughness; brusqueness.
rùvido *a.* **1** (*non liscio*) rough; coarse **2** (*fig.*) rough; brusque.
ruzzàre *v. i.* to romp.
ruzzolàre *v. i.* (*cadere*) to tumble: **r. dalle scale**, to tumble down the stairs.
ruzzolóne *m.* tumble: **fare un r.**, to have a tumble; to fall head over heels; (*anche fig.*) to come a cropper (*fam.*).
ruzzolóni *avv.* tumbling down: **cadere r.**, to tumble down; **fare le scale (a) r.**, to tumble down the stairs.

s, S

S, s *f. o m.* S, s • (*telef.*) **s come Salerno**, s for Sugar □ **a (forma di)** S, S-shaped □ **curva a S**, S-bend; S-curve.
sàbato *m.* Saturday; (*ebraico*) Sabbath. (*Per gli esempi d'uso, V. sotto* **martedì**) • **S. grasso**, Saturday before Lent □ (*eccles.*) **S. Santo**, Holy Saturday □ (*prov.*) **Dio non paga il s.**, the mills of God grind slowly.
sàbba *m.* Witches' Sabbath.
sabbàtico *a.* sabbatical: **congedo s.**, sabbatical (leave).
sàbbia *f.* *1* sand *2* (*med.*) urinary sand • **sabbie aurifere**, placer □ **sabbie mobili**, quicksand □ **color s.**, sandy □ (*fig.*) **costruire sulla s.**, to build on sand □ (*fig.*) **scrivere sulla s.**, to write on (*o* in) water.
sabbiàre *v. t.* (*tecn.*) to sandblast.
sabbiatrìce *f.* (*tecn.*) sandblasting machine; sander.
sabbiatùra *f.* *1* (*med.*) sand-bath *2* (*tecn.*) sandblasting.
sabbióso *a.* sandy.
sabotàggio *m.* sabotage.
sabotàre *v. t.* to sabotage.
sabotatóre *m.* (*f.* **-trice**) saboteur.
sàcca *f.* *1* bag; (*zaino*) knapsack, pack; (*da spalla*) haversack: **s. da viaggio**, travelling bag; **s. militare**, kit bag *2* (*insenatura*) cove; inlet *3* (*mil. e fig.*) pocket *4* (*biol.*) sac • (*aeron.*) **s. d'aria**, air-pocket.
saccarìfero *a.* sacchariferous; sugar (*attr.*).
saccarìna *f.* (*chim.*) saccharine.
saccaròsio *m.* (*chim.*) saccharose.
saccènte *A* *a.* pedantic; (*presuntuoso*) self-important, bumptious *B* *m. e f.* pedant; know-all (*fam.*); wiseacre: **fare il s.**, to parade one's knowledge; to be a know-all.
saccenterìa *f.* pedantry; (*presunzione*) self-importance, bumptiousness.
saccheggiàre *v. t.* *1* (*mettere a sacco*) to sack; to pillage; to plunder *2* (*rapinare*) to loot; (*scherz.*) to raid: **s. un negozio**, to loot a shop; **s. la dispensa**, to raid the larder *3* (*plagiare*) to plagiarize.
saccheggiatóre *m.* (*f.* **-trice**) *1* pillager; plunderer *2* (*rapinatore*) looter *3* (*chi plagia*) plagiarizer.
sacchéggio *m.* *1* sack; pillage; plunder *2* (*rapina*) looting *3* (*plagio*) plagiarism.
sacchétto *m.* bag; pouch: **s. di carta [di plastica]**, paper [plastic] bag; **s. di pelle**, leather pouch.
sàcco *m.* *1* sack; bag: **s. di farina [di calce]**, sack of flour [of lime] *2* (*contenuto di un s.*) sack(ful); bag(ful) *3* (*fam.: grande quantità*) lot; lots (*pl.*); heaps (*pl.*); loads (*pl.*); bags (*pl.*); pile: **un s. di gente**, lots of people; **un s. di soldi**, heaps (*o* bags, loads) of money; **un s. di lavoro**, piles of work; **un s. di bugie**, a pack of lies; **un s. di botte**, a regular thrashing; **un s. di tempo**, ages; **Gli voglio un s. di bene**, I'm very fond of him; I love him *4* (*tela ruvida*) sackcloth; sacking *5* (*biol.*) sac *6* (*saccheggio*) sack; pillage • **s. a pelo**, sleeping bag □ **s. da montagna**, rucksack; knapsack □ **s. da viaggio**, travelling bag □ (*fig.*) **s. di patate**, lump □ **s. postale**, mailbag □ (*fam.*) **un s.** (*molto*), a lot: **Mi è piaciuto un s.**, I liked it a lot; I loved it □ **un s. e una sporta**, lots; loads □ **darne un s. e una sporta a q.**, to give sb. a good thrashing; to beat the living daylights out of sb. (*pop.*) □ **dirne un s. e una sporta a q.**, to call sb. every name under the sun; to give sb. the rough edge of one's tongue □ **abito a s.**, sack dress □ **colazione al s.**, picnic lunch; packed lunch □ **fare il s. (al letto) a q.**, to make sb. an apple-pie bed □ **mettere q. nel s.**, (*superarlo*) to beat sb.; (*imbrogliarlo*) to outsmart sb., to trick sb. □ **tenere il s. a q.**, to aid and abet sb. □ (*fig.*) **vestito di s.**, wearing sackcloth and ashes □ (*fig.*) **vuotare il s.**, to spill the beans (*fam.*); (*confessare*) to come clean.
saccòccia *f.* (*region.*) pocket.
sacerdotàle *a.* priestly; sacerdotal: **ordine s.**, priestly order; **ufficio s.**, priestly office; priesthood.
sacerdòte *m.* *1* priest *2* (*fig.*) devotee.
sacerdotéssa *f.* priestess; woman* priest.
sacerdòzio *m.* priesthood; ministry.
sacràle (1) *a.* sacred.
sacràle (2) *a.* (*anat.*) sacral.
sacramentàle *a.* *1* sacramental *2* (*fig.*) ritual; traditional.
sacramentàre *v. i.* (*fam.*) to swear*.
sacraménto *m.* (*relig.*) sacrament: **il Santissimo S.**, the Blessed (*o* the Holy) Sacrament • **fare q.c. con tutti i sacramenti**, to do st. as it should be done.
sacràrio *m.* *1* (*archeol.*) sacrarium*; shrine *2* (*santuario*) shrine; memorial (building, chapel, etc.).
sacrestìa *e deriv. V.* **sagrestia** *e deriv.*
sacrificàre *A* *v. t.* *1* to sacrifice *2* (*rinunciare*) to sacrifice; to give* up *3* (*non valorizzare*) to waste *B* **sacrificàrsi** *v. rifl.* *1* to sacrifice oneself *2* (*dare la vita*) to give* up (*o* to lay* down) one's life.
sacrifìcio *m.* sacrifice (*anche fig.*); (*offerta*) offering: **offrire q.c. in s.**, to offer st. as a sacrifice; **fare un s.**, to make a sacrifice; **s. di sé**, self-sacrifice.
sacrilègio *m.* (*anche fig.*) sacrilege.
sacrìlego *a.* sacrilegious.
sacrista *V.* **sagrestano.**
sàcro (1) *A* *a.* sacred; holy: **musica [storia] sacra**, sacred music [history]; **ordini sacri**, holy orders; **la Sacra Famiglia**, the Holy Family; **s. alla memoria di**, sacred to the memory of; **Ogni promessa è sacra**, a promise is sacred; (*scherz.*) **Il fine settimana è s. per me**, weekends are sacrosant for me *B* *m.* (the) sacred.
sàcro (2) *m.* (*anat.*) sacrum*.
sacrosànto *a.* *1* sacred; sacrosanct: **diritto s.**, sacred right *2* (*indiscutibile*) indisputable: **parole sacrosante**, indisputable words *3* (*meritato*) well-deserved.
sàdico *A* *a.* sadistic *B* *m.* (*f.* **-a**) sadist.
sadìsmo *m.* sadism.
sadomasochìsmo *m.* sadomasochism.
sadomasochìsta *m. e f.* sadomasochist.
saétta *f.* *1* (*freccia*) arrow; dart (*lett.*) *2* (*fulmine*) thunderbolt; (*lampo*) flash of lightning • **correre come una s.**, to run like lightning.
saettàre *v. t.* *1* (*lett.*) to shoot* arrows (at) *2* (*fig.*) to dart; to shoot*: **Mi saettò un'occhiataccia**, he shot an angry look at me.
safàri *m.* safari.
sàffico *a.* *1* (*poesia*) Sapphic *2* (*lesbico*) lesbian.
sàga *f.* (*letter. e fig.*) saga.
sagàce *a.* sagacious; shrewd; astute.
sagàcia *f.* sagacity; shrewdness; astuteness.
saggézza *f.* wisdom.
saggiaménte *avv.* wisely; (*con buon senso*) sensibly, judiciously.
saggiàre *v. t.* *1* (*metall.*) to assay *2* (*sondare, mettere alla prova*) to test; to try out: **s. l'opinione pubblica**, to test public opinion; **s. le proprie forze**, to try out one's strength; (*anche fig.*) **s. il terreno**, to test the ground.
saggiatóre *m.* *1* assayer *2* (*bilancia*) assay balance.
saggìna *f.* (*bot.*) sorghum; Indian millet.
sàggio (1) *A* *a.* wise; sage; (*di buon senso*) sensible: **consigli saggi**, sound advice ⓤ; **decisione saggia**, wise decision *B* *m.* (*f.* **-a**) *1* wise person; sage (*m.*) *2* (*esperto*) expert.
sàggio (2) *m.* *1* (*analisi, prova*) assay; test; trial *2* (*campione, esemplare*) specimen; sample: **s. di scrittura**, specimen of handwriting; **copia di s.**, specimen copy *3* (*dimostrazione*) proof; evidence ⓤ: **dare s. della propria bravura**, to give proof of one's skill *4* (*esame*) test, paper; (*esibizione*) display, recital: **s. di latino**, Latin test (*o* paper); **s.**

ginnico, gym display; **s. di danza**, dance recital; **s. musicale**, school concert ***5*** (*letter.*) essay; study ***6*** (*fin.*: *tasso*) rate: **s. di sconto**, discount rate.
saggìsta *m. e f.* (*letter.*) essayist.
saggìstica *f.* ***1*** essay writing ***2*** (*genere letter.*) literary essays (*pl.*); non-fiction.
sagittàrio *m.* — (*astron., astrol.*) **il S.**, Sagittarius: **Sono del** (*o* **un**) **S.**, I'm (a) Sagittarius.
sàgola *f.* (*naut.*) line; halyard.
sàgoma *f.* ***1*** outline; silhouette; shape ***2*** (*mecc.*) template ***3*** (*falegn.*) pattern ***4*** (*tiro a segno*) target; silhouette ***5*** (*fam.*) funny one; character.
sagomàre *v. t.* to shape; to mould.
sàgra *f.* festival; fair; feast: **s. dell'uva**, grape-harvest festival; **s. del paese**, village fair.
sagràto *m.* church square; parvis.
sagrestàno *m.* sacristan; sexton.
sagrestìa *f.* sacristy; vestry.
sahariàna *f.* (*moda*) safari jacket; bush jacket.
sahariàno *a.* Saharan; Sahara (*attr.*).
sàia *f.* (*ind. tess.*) twill.
sàio *m.* habit; frock • **vestire il s.**, to become a monk; to take the cowl.
sàla *f.* ***1*** hall; room: **s. da ballo**, dance hall; ballroom; **s. cinematografica**, cinema; movie theater (*USA*); **s. da biliardo**, billiard room; poolroom (*USA*); **s. da gioco**, card room; **s. da pranzo**, dining room; **s. d'aspetto**, waiting room; **s. di lettura**, reading room; **s. per concerti**, concert-hall; **s. riunioni**, conference room (*o* hall) ***2*** (*pubblico*) house; (*presenti*) people in the room • **s. d'aste**, auction room □ (*Borsa*) **s. delle contrattazioni**, floor; ring; pit (*USA*) □ **s. di consultazione** (*di biblioteca*), reference room □ **s. corse**, betting shop □ **s. giochi**, amusement arcade □ (*chir.*) **s. operatoria**, operating room; operating theatre □ **s. partenze**, departure lounge □ **s. parto**, delivery room □ **s. professori**, staff room □ **s. stampa**, press room.
salàce *a.* ***1*** salacious; racy; risqué ***2*** (*mordace*) pungent; spicy.
salacità *f.* ***1*** salaciousness; raciness ***2*** (*mordacità*) pungency; spiciness.
salamàndra *f.* (*zool. e fig.*) salamander.
salàme *m.* ***1*** salami Ⓤ ***2*** (*fig.*) silly fool; prat.
salamelècco *m.* salaam; low bow • **fare salamelecchi**, to bow and scrape □ **senza tanti salamelecchi**, without ceremony.
salamòia *f.* brine; pickle • **mettere in s.**, to pickle □ **olive in s.**, pickled olives.
salàre *v. t.* ***1*** to add salt (to); to put* salt (in); to season with salt ***2*** (*per conservare*) to salt (down) • **s. la scuola**, to play truant; to play hooky (*USA*).
salariàle *a.* wage (*attr.*); pay (*attr.*): **contrattazioni salariali**, wage talks; pay negotiations; **controversia s.**, wage dispute; **minimo s.**, minimum wage.
salariàto ***A*** *a.* wage-earning ***B*** *m.* (*f.* **-a**) wage-earner; wageworker (*USA*).
salàrio *m.* wage (*generalm. al pl.*); pay: **s. netto**, take-home pay; **s. arretrato**, back pay; arrears of wages; **s. base**, basic wages; **s. minimo**, minimum (*o* living) wage. ATTENZIONE: salario ≠ salary.
salassàre *v. t.* ***1*** (*med.*) to bleed* ***2*** (*fig.*) to fleece (*fam.*); to soak (*fam.*); (*del fisco*) to bleed* (*fam.*).
salàsso *m.* ***1*** (*med.*) bleeding; blood-letting: **fare un s. a q.**, to bleed sb. ***2*** (*fig.*) drain on sb.'s money; (*conto di ristorante e sim.*) rip-off (*fam.*).
salatìno *m.* salt biscuit; cocktail snack.
salàto ***A*** *a.* ***1*** salty; salted; (*contrario di dolce*) savoury; (*salino*) salt (*attr.*): **Il brodo è s.**, the broth is too salty (*o* has too much salt in it); **burro s.**, salted butter; **biscotto s.**, savoury biscuit; **acqua salata**, salt water ***2*** (*sotto sale*) salt (*attr.*); salted: **merluzzo s.**, salt cod ***3*** (*costoso*) very expensive; pricey (*fam.*); (*di conto*) steep, stiff: **costare s.**, to be expensive; to cost a pretty penny (*fam.*); **un dentista s.**, a dentist who charges a lot ***4*** (*mordace*) pungent; sharp • **pagare q.c. s.**, to pay through the nose for st. (*fam.*); (*fig.*) to pay dearly for st. ***B*** *m.* (*sapore s.*) salty taste.
salatùra *f.* salting.
saldàre ***A*** *v. t.* ***1*** (*congiungere*) to join; to weld (together); (*collegare*) to connect, to link ***2*** (*metall.*) to solder; to weld ***3*** (*comm.*) to settle; to balance; to pay* off: **s. un conto**, to settle an account; **s. un debito**, to pay off a debt ***4*** (*med.*: *un osso*) to join • (*fig.*) **s. i conti con q.**, to settle accounts with sb.; to even the score with sb. ***B*** **saldàrsi** *v. i. pron.* (*di osso*) to knit; to set*.
saldatóre *m.* ***1*** welder ***2*** (*utensile*) soldering iron.
saldatrìce *f.* ***1*** welder ***2*** (*macchina*) welder; welding machine.
saldatùra *f.* ***1*** soldering; welding: **s. a dolce**, soft soldering; **s. a fuoco**, forge welding ***2*** (*punto di s.*) weld ***3*** (*fig.*) welding together; linking ***4*** (*med.*) knitting; setting.
saldézza *f.* firmness; steadiness; (*tenacia*) steadfastness.
sàldo (**1**) *a.* firm; steady; solid; (*forte*) strong; (*tenace*) steadfast: **muscoli saldi**, firm muscles; **nervi saldi**, steady nerves; **base salda**, solid (*o* steady) foundation; **fede salda**, strong faith; **saldi principi**, firm principles; **voce salda**, firm (*o* steady) voice.
sàldo (**2**) *m.* (*comm.*) ***1*** settlement; balance: **versare il s.**, to pay the balance; **pagare a s.**, to pay in full; **a s. totale di un conto**, in full balance ***2*** (*liquidazione*) sale: **saldi estivi**, summer sales; **prezzo di s.**, sale price.
sàle *m.* ***1*** salt: **s. grosso** [**fino**], kitchen [table] salt; **s. da tavola**, table salt; **s. inglese**, Epsom salts (*pl.*); **sali** (**aromatici**), smelling salts; **sali da bagno**, bath salts ***2*** (*arguzia*) wit • (**color**) **s. e pepe**, pepper-and-salt □ (*fam.*) **s. in zucca**, common sense; savvy, gumption (*fam.*) □ **dieta senza s.**, salt-free diet □ **restare di s.**, to be dumbfounded; to be struck dumb □ (*fig.*) **sapere di s.**, to taste bitter □ **sotto s.**, salted.
salgèmma *m.* rock salt • **miniera di s.**, salt mine.
sàlice *m.* (*bot.*) willow: **s. piangente**, weeping willow.
salicilàto *m.* (*chim.*) salicylate.
salicìlico *a.* (*chim.*) salicylic: **acido s.**, salicylic acid.
saliènte ***A*** *a.* salient; prominent; (*principale*) main ***B*** *m.* (*mil.*) salient.
salièra *f.* saltcellar.
salìna *f.* ***1*** (*deposito naturale*) saltpan ***2*** (*ind.*) saltworks ***3*** (*miniera di salgemma*) salt mine.
salinità *f.* salinity.
salìno ***A*** *a.* salty; (*chim.*) saline: **soluzione salina**, saline solution ***B*** *m. V.* **salsedine**.
salìre ***A*** *v. i.* ***1*** to climb; to go* up; to come* up; to mount: **s. su un albero**, to climb a tree; **s. su un colle**, to climb (*o* to go up) a hill; **s. su una sedia**, to climb (*o* to get) on to a chair; **Sali a prendere un caffè!**, come up for a cup of coffee!; **Salgo un attimo da Marta**, I'll just pop up to Marta's; **La strada saliva ripidamente**, the road climbed steeply ***2*** (*su un mezzo di trasporto*) to get* on; to get* in (*o* into); to board: **s. su un tram** [**un aereo, una bici**], to get on a tram [a plane, a bike]; **s. in macchina**, to get into a car; **s. a bordo**, to board (st.); to go on board; **far s. q. in macchina**, to let sb. into a car; to take sb. aboard ***3*** (*levarsi, alzarsi*) to rise*; to climb; (*crescere*) to rise*, to go* up: **Il barometro è salito**, the barometer has risen; **L'aereo saliva velocemente**, the plane was climbing fast; **I prezzi salgono**, prices are rising; **Sale la nebbia**, the fog is coming down; **far s. i prezzi**, to send up prices ***4*** (*ammontare*) to amount (to) • **s. a cavallo**, to mount a horse □ **s. a piedi**, to walk up □ (*di prezzi*) **s. alle stelle**, to rocket □ (*di vino*) **s. alla testa**, to go to one's head □ **s. al trono**, to ascend the throne □ **s. con l'ascensore**, to take the lift □ **s. di corsa**, to run (*o* to race) up ***B*** *v. t.* to climb; to go* up; to mount; to ascend: **s. le scale**, to go upstairs; **s. un colle**, to climb up a hill.
saliscéndi *m.* ***1*** (*chiusura*) latch ***2*** (*fig.*) ups and downs (*pl.*): **La strada è un continuo s.**, the road is all ups and downs.
salita *f.* ***1*** (*pendio*) (upward) slope; hill; rise: **a metà s.**, halfway up (the slope, the hill); **strada in s.**, uphill road; hill ***2*** (*il salire*) (uphill) climb; (*ascesa*) ascent: **La s. è dura**, it's a hard climb ***3*** (*pendenza*) gradient; upgrade (*USA*) ***4*** (*aumento*) rise; increase: **I prezzi sono in s.**, prices are rising; (*Borsa*) **mercato in s.**, bullish market.
salìva *f.* saliva; spittle.
salivàre (**1**) *a.* (*anat.*) salivary.
salivàre (**2**) *v. i.* to salivate.
salivazióne *f.* salivation.
sàlma *f.* corpse; (dead) body.
salmàstro ***A*** *a.* brackish ***B*** *m.* brackish taste.
salmerìa *f.* (*mil.*) baggage-train.

salmì *m.* (*cucina*) salmi • **lepre in s.**, jugged hare.
salmista *m.* psalmist.
sàlmo *m.* psalm.
salmodìa *f.* psalmody; (*anche fig.*) chant.
salmodiàre *v. i.* ***1*** to psalmodize; to sing* psalms ***2*** (*recitare salmodiando*) to chant; to intone.
salmòdico *a.* psalmodic.
salmóne *m.* ***1*** (*zool.*) salmon* ***2*** (*colore*) salmon (pink).
salmonèlla *f.* (*biol.*) salmonella.
salmonellòsi *f.* (*med.*) salmonellosis.
salnìtro *m.* (*chim.*) saltpetre, saltpeter (*USA*).
salomònico *a.* ***1*** Solomonic; Solomon's ***2*** (*imparziale*) impartial; worthy of Solomon (*pred.*).
salóne *m.* ***1*** (large) hall; reception hall; (*per cerimonie*) stateroom ***2*** (*negozio di barbiere*) barber's (shop) ***3*** (*esposizione*) show; (*il locale*) showroom: **s. dell'automobile**, motor show • **s. di bellezza**, beauty parlour (*o* salon).
salopette (*franc.*) *f. invar.* dungarees (*pl., GB*); overalls (*pl., USA*).
salottièro *a.* (*spreg.*) drawing-room (*attr.*); frivolous; fashionable • **tipo s.**, socialite.
salòtto *m.* ***1*** drawing room; sitting room; (*soggiorno*) living room ***2*** (*s. letterario o mondano*) salon • **conversazione da s.**, drawing-room conversation; small-talk □ **fare s.**, to chat; to gossip.
salpàre (*naut.*) ***A*** *v. i.* to sail; to set* sail; to weigh anchor: **Salpiamo domani**, we sail tomorrow; **La nave è pronta a s.**, the ship is ready to sail (*o* to weigh anchor) ***B*** *v. t.* to draw* up. **s. le reti**, to draw up the nets; **s. l'ancora**, to weigh anchor.
salpinge *f.* (*anat.*) salpinx*; Fallopian tube.
sàlsa (1) *f.* sauce: **s. di pomodoro**, tomato sauce; **s. all'agro**, vinaigrette; **s. verde**, green sauce; parsley sauce • **in tutte le salse**, in every possible way.
sàlsa (2) *f.* (*geol.*) salse; mud volcano.
salsapariglia *f.* (*bot.*) sarsaparilla; smilax.
salsèdine *f.* ***1*** saltiness; salinity ***2*** (*incrostazione*) salt (deposit) • **l'odore di s.**, the smell of the sea.
salsìccia *f.* (pork) sausage.
salsicciòtto *m.* ***1*** large sausage ***2*** (*rotolo di grasso*) roll of fat • **dita come salsicciotti**, chubby fingers.
salsièra *f.* sauce boat; gravy boat.
sàlso ***A*** *a.* salt (*attr.*); salty; briny; (*salmastro*) brackish ***B*** *m.* ***1*** (*salsedine*) saltiness ***2*** (*sapore di sale*) salty taste.
saltabeccàre *v. i.* to hop; to skip.
saltàre ***A*** *v. i.* ***1*** to jump; (*balzare*) to leap*, to spring*; (*su un piede solo*) to hop; (*muoversi a balzi*) to bound; (*rimbalzare*) to bounce; (*con volteggio*) to vault: **s. dalla gioia**, to jump for joy; **s. giù dal letto**, to jump (*o* to leap) out of bed; **s. in piedi**, to jump (*o* to spring, to leap) to one's feet; **s. nell'acqua**, to jump into the water; **s. su un tavolo**, to jump on to a table; **s. addosso a q.**, to leap on sb.; to jump (*o* to rush) at sb. ***2*** (*esplodere*) to explode; to blow* up ***3*** (*di valvola*) to blow* (out); (*di luce*) to fuse: **È saltata la luce**, the lights have fused ***4*** (*staccarsi, venir via*) to come* off; (*rompersi*) to break*, to snap: **Mi è saltato (via) il bottone del colletto**, my collar button has come off ***5*** (*di molla*) to break* ***6*** (*fallire*) to fail; to be cancelled: **Il negoziato è saltato**, talks have failed; **Mi è saltato l'appuntamento dal dentista**, I had to cancel my dental appointment ***7*** (*essere licenziato*) to be fired; to be sacked • **s. al collo di q.**, to throw one's arms round sb.'s neck; to hug sb. tight □ **s. alla corda**, to skip (*GB*); to jump rope (*USA*) □ **s. agli occhi** (*essere lampante*), to be self-evident; to be staring sb. in the face; to hit sb. (between the eyes) □ **s. agli occhi di q.** (*aggredirlo*), to jump at sb.; (*fig.*) to jump down sb.'s throat (*fam.*) □ (*sport*) **s. con l'asta**, to pole-vault □ **s. fuori** (*comparire*), to turn up □ **Da dove salti fuori?**, where have you sprung from? □ **s. fuori con un'idea**, to come up with an idea □ (*sport*) **s. in alto** [**in lungo**], to do the high [long] jump □ **s. in aria**, to blow up □ **s. in mente a q.**, to cross sb.'s mind □ **Che ti salta in mente?**, what's got into you?; what's the idea? □ **Saltò su a dire che...**, he came out with (the idea, the story that, etc.) □ **far s.** (**in aria**), to blow up □ **far s. un bambino sulle ginocchia**, to dandle a child on one's knee □ **far s. fuori q.c.**, to find st.; to produce st. □ **far s. una serratura**, to break a lock □ **far s. un tappo**, to pop a cork □ **farsi s. le cervella**, to blow out one's brains ***B*** *v. t.* ***1*** (*scavalcare*) to jump (over); to leap (over); (*con volteggio*) to vault (over): **s. uno steccato**, to jump (over) a fence; to vault (over) a fence ***2*** (*tralasciare*) to skip: **s. una parola**, to skip a word; **s. una lezione** [**un pasto**], to skip a class [a meal]; **Mi hanno saltato**, I've been passed over ***3*** (*cucina*) to sauté • **s. la coda**, to jump the queue (*GB*); to cut in line (*USA*).
saltarèllo *m.* (*danza*) saltarello*.
saltàto *a.* (*cucina*) sauté; sautéed.
saltatóre ***A*** *m.* (*f.* **-trice**) (*sport*) jumper ***B*** *a.* jumping; leaping.
saltellànte *a.* hopping; skipping.
saltellàre *v. i.* to skip; to trip; (*su un piede solo o di uccello*) to hop.
saltèllo *m.* hop; skip • **a saltelli**, hopping.
saltèrio *m.* ***1*** (*mus.*) psaltery ***2*** (*eccles.*) psalter; psalm book.
saltimbànco *m.* (*f.* **-a**) acrobat; tumbler.
sàlto *m.* ***1*** jump; leap; spring; (*balzo*) bound; (*volteggio*) vault; (*rimbalzo*) bounce: **fare un s.**, to jump; to take (*o* to make) a jump; **far fare un s. (di paura)**, to make sb. jump; to give sb. a start ***2*** (*sport*) jump; (*volteggio*) vault: **s. in alto** [**in lungo**], high [long] jump; **s. dal trampolino**, ski jump; **s. con l'asta**, pole vault; **s. con rincorsa**, running jump; **s. triplo**, triple jump; hop, step and jump ***3*** (*breve distanza*) short distance: **È a un s. da qui**, it's only a short distance from here ***4*** (*dislivello*) drop; fall ***5*** (*omissione, lacuna*) gap: **C'è un s. di tre righe**, there is a three-line gap; three lines have been missed out (*o* omitted) ***6*** (*cambiamento*) change; (*promozione*) step up the ladder; (*aumento*) jump, step up; (*caduta*) drop, fall • **s. a piè pari**, standing jump □ (*autom.*) **s. di corsia**, going through the crash barrier □ **s. di qualità**, definite (*o* significant) improvement □ **s. mortale**, somersault: **fare un s. mortale**, to turn a somersault □ **s. nel buio**, leap in the dark □ **s. di vento**, shift in the wind □ (*cucina*) **al s.**, sauté, sautéed (*attr.*) □ **a salti**, leaping; (*fig.*) in fits and starts, in snatches □ **fare due** (*o* **quattro**) **salti** (*ballare*), to have a bit of dance □ **fare un s. a**, to pop over to □ **fare un salto da**, to pop round (*o* over) to; (*far visita, anche*) to drop in on: **Fate un s. da noi stasera**, pop round (*o* drop by) tonight; **fare un s. dal droghiere**, to pop round (*o* over) to the grocer's □ **Ho dovuto fare i salti mortali per finire in tempo**, I nearly killed myself to finish in time □ (*fig.*) **in un s.**, in a second; in a flash.
saltuariaménte *avv.* occasionally; irregularly; on and off; (*senza metodo*) desultorily.
saltuàrio *a.* occasional; casual; irregular; (*senza metodo*) desultory: **visite saltuarie**, occasional (*o* irregular) visits; **lavori saltuari**, casual (*o* odd) jobs.
salùbre *a.* healthy.
salubrità *f.* healthiness.
salumàrio *m.* (*f.* **-a**) delicatessen merchant.
salùme *m.* (*specialm. al pl.*) salami and cold pork meats.
salumeria *f.* delicatessen (shop).
salumière *m.* (*f.* **-a**) delicatessen merchant.
salumificio *m.* sausage and salami factory.
salutàre (1) ***A*** *v. t.* ***1*** to greet; to say* hello (*o* hallo) (to); to say* good morning [good evening, etc.] (to); (*accomiatandosi*) to say* goodbye (to): **s. gli ospiti**, to greet the guests; **Non mi salutò nemmeno**, he didn't even say hello; **È tardi, vi devo s.**, it's late, I must go (*o* take my leave); **s. con un sorriso**, to greet with a smile; **Se ne andò senza s.**, he left without saying goodbye ***2*** (*portare i saluti di q. a q.*) to give* sb.'s regards (*fam.* one's love) to ***3*** (*accogliere*) to greet; to welcome; to hail: **Fu salutato da un applauso**, he was greeted with applause; **Il suo libro fu salutato come un capolavoro**, her book was hailed as a masterpiece ***4*** (*mil.*) to salute • **s. q. con un cenno del capo**, to give sb. a nod; to nod to sb. □ **s. q. con la mano**, to wave to sb.; (*nell'accomiatarsi*) to wave sb. goodbye □ **s. con una salva di cannoni**, to fire a salute □ **andare** (*o* **passare**) **a s. q.c.**, to call (in) on sb. □ (*nelle lettere*) **Distintamente Vi salutiamo**, yours sincerely (*o* faithfully) ***B*** **salutàrsi** *v. rifl. recipr.* to greet each other (*o* one another); to say* hello [good morning, good evening, etc.] to each other (*o* to one another) • **s. con una stretta di mano**, to shake hands □ **non s. più**, to be no longer on speaking terms.
salutàre (2) *a.* ***1*** (*sano*) healthy ***2*** (*giovevole*) salutary; wholesome; beneficial; (*che è di ammonimento*)

chastening.

salùte *f.* **1** (*del corpo*) health: **s. fisica [mentale]**, physical [mental] health; **s. cagionevole**, delicate health; **s. di ferro**, iron constitution; **godere di ottima s.**, to enjoy excellent health; **in cattive condizioni di s.**, in poor health **2** (*relig.*: *salvezza*) salvation **3** (*sicurezza*) safety • **S.!**, (*in un brindisi*) your health!, cheers!; (*a chi starnuta*) bless you!; (*escl. di sorpresa*) gosh! □ **la s. pubblica**, public welfare □ **condizioni di salute**, health □ **È tutta s.**, it does one good; it's good for your health □ **Il moto è s.**, exercise is good for you □ **per motivi di s.**, for health reasons; on medical grounds □ **essere il ritratto della s.**, to look the picture of health □ **Come stai di s.?**, how are you feeling? □ (*fam.*) **Gli puzza la s.**, he's looking for trouble □ **rimettersi in s.**, to recover (one's health).

salutìsta *m. e f.* hygienist; health fiend (*scherz.*).

salutìstico *a.* health (*attr.*); health-conscious.

salùto *m.* **1** greeting: **s. amichevole**, friendly greeting; **Ci scambiammo un s.**, we said hello; **rispondere al s. di q.**, to return sb.'s greeting **2** (*al pl.*) (*nelle formule di cortesia*) regards; love Ⓤ (*fam.*): **Tanti saluti!**, best regards!; all the best!; **Faccia** (*o* **Porga**) **i miei s. a sua moglie**, give my regards to your wife; **Saluti dalla zia Anna**, love from Aunty Anna **3** (*mil., naut.*) salute: **fare il s.**, to stand at the salute • **s. della mano** (*o* **gesto di s.**), wave (of the hand) □ **s. del capo** (*o* **cenno di s.**), nod □ **togliere il s. a q.**, to cut sb. □ (*nelle lettere*) **Cordiali saluti**, kind regards; yours truly (*form.*) □ (*comm.*) **Distinti saluti**, Yours faithfully (*o* sincerely).

sàlva *f.* (*anche fig.*) volley; salvo; **sparare a s.**, to fire blanks; (*per saluto*) to fire a salvo (*o* salvoes); **s. di applausi**, salvo of cheers • **una s. di ventun colpi di cannone**, a twenty-one gun salute □ **cartuccia a s.**, blank cartridge □ **colpo a s.**, blank (shot).

salvàbile *a.* saveable • **salvare il s.**, to save whatever can be saved; to salvage what one can.

salvacondótto *m.* safe-conduct; pass.

salvadanàio *m.* moneybox; (*a forma di porcellino*) piggy bank.

salvagènte *m. invar.* **1** life belt; (*giubbotto*) life jacket, life vest (*USA*) **2** (*stradale*) traffic island.

salvagócce *m. invar.* drip-catcher.

salvaguardàre *v. t.* to safeguard; to protect; to defend.

salvaguàrdia *f.* safeguard; protection; defence • **a s. della libertà**, to protect freedom.

salvapùnte *m. invar.* (*di matita*) pencil cap; (*di scarpa*) toecap.

salvàre **A** *v. t.* **1** to save; (*trarre in salvo*) to rescue: **s. la vita a q.**, to save sb.'s life; **s. q. da un incendio**, to rescue sb. from a fire **2** (*proteggere*) to protect; to safeguard **3** (*sport, elab.*) to save • **s. dall'oblio**, to rescue from oblivion □ (*econ.*) **s. un'azienda in difficoltà**, to bail out a company □ **s. la faccia**, to save face □ **s. la situazione**, to save the situation □ **andare a s. q.**, to go to sb.'s rescue **B** **salvàrsi** *v. rifl. e i. pron.* **1** to save oneself; (*scampare*) to escape, to survive; (*rifugiarsi*) to seek* refuge, to take* refuge: **s. da un massacro**, to escape a massacre; **Si sono salvati solo in tre**, only three people have survived **2** (*proteggersi*) to protect oneself; (*essere al riparo da*) to be safe from **3** (*teol.*) to be saved • **s. per miracolo**, to have a narrow escape; to have a close shave (*fam.*) □ **Si salvi chi può!**, every man for himself!

salvatàggio *m.* **1** rescue **2** (*econ.*) rescue; bailing-out **3** (*sport, elab.*) save • **giubbotto di s.**, life jacket; life vest (*USA*) □ **scialuppa di s.**, lifeboat.

salvatóre *m.* (*f.* **-trice**) rescuer; saviour, savior (*USA*) • **il S.**, the Saviour.

salvavita **A** *m. invar.* (*elettr.*) cut-out box **B** *a. invar.* life-saving.

sàlve (**1**) *inter.* hello!; hi! (*fam. USA*).

sàlve (**2**) *V.* **salva**.

salvézza *f.* salvation (*anche teol.*); (*scampo*) escape, safety: **La lettura fu la sua s.**, books were his salvation; **via di s.**, means of escape; way out; **cercare s. nella fuga**, to seek safety in flight.

sàlvia *f.* (*bot.*) sage.

salviétta *f.* **1** (*tovagliolo*) napkin; serviette **2** (*region.*: *asciugamano*) towel • **s. rinfrescante**, refreshing tissue.

sàlvo **A** *a.* safe; unhurt; (*salvato, anche teol.*) saved; (*al sicuro*) secure: **sano e s.**, safe and sound; **s. dai pericoli**, safe (*o* secure) from danger • **Ebbe salva la vita**, his life was spared **B** *m.* — **essere in s.**, to be safe; **mettere in s.**, (*salvare*) to rescue, to save; (*nascondere*) to put st. in a safe place; **mettersi in s.**, (*rifugiarsi*) to take shelter, to find refuge; (*salvarsi*) to save oneself, to escape **C** *prep.* except; save; but; barring: **tutti i giorni s. il martedì**, every day except Tuesday; **tutti s. due**, all but two; **s. imprevisti**, circumstances permitting (*form.*); barring accidents; all being well; **s. errori ed omissioni**, errors and omissions excepted • **s. il caso che**, unless □ **s. contrordini**, unless countermanded (*form.*); unless you hear to the contrary **D** **sàlvo che** *locuz. cong.* except that; save that; (*a meno che*) unless: **Verrò, s. che piova**, I'll come, unless it rains.

samaritàno *a. e m.* Samaritan (*f.* Samaritan woman*).

sàmba *f.* (*mus., danza*) samba.

sambùco *m.* (*bot.*) elder.

samovàr *m. invar.* samovar.

sampiètro *m.* (*zool.*) dory; John Dory.

samuràì *m. invar.* samurai*.

san *V.* **santo**, *A, def. 2.*

sanàbile *a.* **1** (*guaribile*) curable; healable **2** (*fig.*) that can be healed; (*leg.*) remediable, retrievable **3** (*econ.*) — **azienda s.**, company that can be put back on its feet.

sanàre **A** *v. t.* **1** to cure; (*piaga, ferita*) to heal **2** (*fig.*) to heal; to mend; (*correggere*) to amend, to rectify **3** (*econ.*) — **s. un'azienda**, to put a company back on its feet; **s. un bilancio**, to balance a budget; **s. un passivo**, to make up a deficit **4** (*bonificare*) to reclaim **B** **sanàrsi** *v. i. pron.* to heal (up).

sanatòria *f.* (*leg.*) act of indemnity; amnesty: **s. fiscale**, tax amnesty.

sanatoriàle *a.* (*med.*) sanatorium (*attr.*).

sanatòrio *m.* (*med.*) sanatorium*.

sanbernàrdo *m.* (*cane*) Saint Bernard.

sancìre *v. t.* to sanction; (*ratificare*) to ratify; (*decretare*) to decree.

sancta sanctorum *locuz. m. invar.* **1** (*Bibbia*) Holy of Holies **2** (*tabernacolo*) tabernacle **3** (*scherz.*) holy of holies; inner sanctum; (*stanza privata*) sanctum (sanctorum).

sàndalo (**1**) *m.* (*bot.*) sandalwood.

sàndalo (**2**) *m.* (*calzatura*) sandal.

sandolìno *m.* (*naut.*) sculler; canoe.

sandwich (*ingl.*) *m. invar.* sandwich: **s. al prosciutto**, ham sandwich • **uomo s.**, sandwich man.

sanforizzàre *v. t.* (*ind. tess.*) to sanforize.

sangàllo *m.* (*ind. tess.*) broderie anglaise (*franc.*).

sàngue *m.* blood: **perdere s.**, to bleed; to lose blood; **animale a s. caldo [freddo]**, warm-blooded [cold-blooded] animal; **Mi sentii agghiacciare il s.**, my blood ran cold; **essere di s. nobile**, to have noble blood; to be of noble extraction; **legami di s.**, blood ties • **s. blu**, blue blood □ **s. dal naso**, nose-bleed: **Gli esce s. dal naso**, his nose is bleeding □ (*fig.*) **s. freddo**, sang-froid (*franc.*); composure; self-control □ **S. freddo, adesso!**, keep cool, now! □ **a s. freddo**, in cold blood □ **mantenere il proprio s. freddo**, to keep a cool head; to keep cool □ **vittoria ottenuta a prezzo di s.**, bloody victory □ (*cucina*) **al s.**, underdone; rare □ **assetato di s.**, bloodthirsty □ **all'ultimo s.**, to the death □ **farsi cattivo s.** (*o* **guastarsi il s.**) **per q.c.**, to worry about st. □ **C'è cattivo s. tra loro**, there is bad blood between them □ **Tra noi non corre buon s.**, there's no love lost between us □ **di s. misto**, of mixed blood; half-blood □ **macchiato di s.**, blood-stained □ **non avere s. nelle vene**, to be a wimp □ **Mi sentii ribollire il s.**, my blood was up □ **rosso (come il) s.**, blood-red □ **spargimento di s.**, bloodshed □ (*fig.*) **succhiare il s. a q.**, to bleed sb. white □ **Ho dovuto sudar s. per convincerlo**, it took a lot of doing to persuade him □ **la voce del s.**, the call of blood □ **voler cavare s. da una rapa**, to try to get blood from a stone □ (*prov.*) **Buon s. non mente**, blood will tell □ (*prov.*) **Il s. non è acqua**, blood is thicker than water.

sanguigna *f.* (*pitt.*) sanguine.

sanguìgno *a.* **1** blood (*attr.*); sanguineous: **gruppo s.**, blood group **2** (*fig.*: *focoso*) hot-tempered; (*vigoroso*) full-blooded **3** (*color sangue*) blood-red; blood (*attr.*).

sanguinàccio *m.* (*cucina*) black pudding; blood-sausage.

sanguinànte *a.* bleeding.

sanguinàre *v. i.* to bleed*.

sanguinàrio *A* *a.* sanguinary; bloody; (*crudele*) bloodthirsty *B* *m.* (*f.* **-a**) bloodthirsty person.
sanguinolènto *a.* dripping blood; bleeding; (*di carne poco cotta*) very rare; (*raccapricciante*) gory.
sanguinóso *a.* *1* (*insanguinato*) bloody; blood-stained *2* (*cruento*) bloody; sanguinary *3* (*fig.*) mortal; deadly: **insulto s.**, mortal insult.
sanguisùga *f.* *1* (*zool.*) leech *2* (*persona avida*) bloodsucker; leech *3* (*persona insistente*) pest; nuisance.
sanità *f.* *1* soundness (*anche fig.*); sanity; (*salute*) health: **s. di corpo e di mente**, soundness of mind and body; **s. di principi**, soundness of principles; **s. mentale**, soundness of mind; sanity; **s. pubblica**, public health *2* (*salubrità*) salubrity; wholesomeness • **Ministero della S.**, Ministry of Health □ **Organizzazione mondiale della S.**, World Health Organization □ **ufficio di s.**, health department.
sanitàrio *A* *a.* sanitary; medical; health (*attr.*): **articoli sanitari**, medical products; **misure sanitarie**, sanitary precautions; **certificato s.**, health certificate; **operatore s.**, health worker; (*al pl., collett.*) non-medical staff; **riforma sanitaria**, health-care reform *B* *m.* *1* doctor; (*al pl., collett*) medical staff *2* (*al pl.*) sanitary fixtures.
sàno *a.* *1* (*in buona salute*) healthy; (*senza difetti*) sound: **colorito s.**, healthy complexion; **denti sani**, sound teeth; **s. di mente**, sane; of sound mind; **s. e salvo**, safe and sound; **s. come un pesce**, as sound as a bell; as fit as a fiddle *2* (*salubre*) healthy; wholesome; salubrious: **cibo s.**, wholesome food; **aria sana**, salubrious air *3* (*fig.*) healthy; sound: **economia sana**, healthy economy; **sani principi**, sound principles *4* (*intero*) entire, whole; (*intatto*) sound, intact.
sànsa *f.* olive residues (*pl.*); marc: **olio di s.**, marc oil.
sànscrito *a. e m.* Sanskrit.
sansevièria *f.* (*bot.*) sansevieria.
santabàrbara *f.* (*naut.*) powder magazine.
santaménte *avv.* piously • **vivere s.**, to live a saintly life.
santarellìna *f.* innocent-looking girl; goody-goody (*fam.*) • **avere un'aria di s.**, to look as if butter wouldn't melt in one's mouth.
santificàre *v. t.* *1* (*rendere santo*) to sanctify; to make* holy; to hallow *2* (*canonizzare*) to canonize *3* (*onorare*) to celebrate; (*osservare*) to observe, to keep*: **s. le feste**, to keep holy days.
santificazióne *f.* *1* sanctification *2* (*canonizzazione*) canonization *3* (*osservanza*) observance; keeping.
santìno *m.* (*immagine sacra*) holy picture.
santìssimo (*relig.*) *A* *a.* (most) holy; most sacred *B* *m.* — **il S.**, the Blessed Sacrament.
santità *f.* holiness; sanctity; sacredness: **s. di vita**, holiness of life; saintliness; **Sua S.**, His Holiness.
sànto *A* *a.* *1* holy; (*da santo*) saintly; (*sacro*) sacred: **il S. Padre**, the Holy Father; **anno s.**, holy year; **acqua santa**, holy water; **guerra s.**, holy war; **vita santa**, saintly (*o* holy) life *2* (*seguito da nome proprio*) Saint (*abbr.* St, St.; *pl.*, Sts, SS.) *3* (*buono*) truly good; (*paziente*) long-suffering • **Sant'Iddio!**, good Lord! □ **Parole sante!**, how right you are! □ **tutti i santi giorni**, every single day □ **tutto il s. giorno**, all day long, from morning till night *B* *m.* (*f.* **-a**) (*anche fig.*) saint: **s. patrono**, patron saint; **Quell'uomo è un s.**, that man is a saint • **avere la pazienza di un s.**, to have the patience of a saint (*o* of Job) □ **avere santi in paradiso**, to have friends in high places □ **far scappare la pazienza anche a un s.**, to try the patience of a saint □ (*fam.*) **Non c'è s. (che tenga)**, there's no help for it □ **non sapere a che s. votarsi**, not to know which way to turn; to be at one's wits' end □ **proclamare s. q.**, to canonize sb. □ **(Tutti) i Santi** (*Ognissanti*), All Saints' Day □ **Qualche s. ci aiuterà!**, let's hope for the best!
santòcchio *m.* (*f.* **-a**) holier-than-thou person.
santóne *m.* holy man; hermit; guru.
santoréggia *f.* (*bot.*) summer savory.
santuàrio *m.* (*anche fig.*) sanctuary; shrine.
sanzionàre *v. t.* (*sancire*) to sanction; (*ratificare*) to ratify.
sanzióne *f.* *1* sanction; ratification *2* (*penalità*) sanction; penalty: **sanzioni economiche**, economic sanctions; **sanzioni penali**, penalties.
sapére (1) *A* *v. t.* *1* to know; (*essere consapevole di*) to realize, to be aware of: **s. il tedesco**, to know German; **Lo sai che ti stiamo aspettando?**, do you realize we are waiting for you?; **So di avere torto**, I know I'm wrong; **Sai benissimo che...**, you know perfectly well that...; **Lo so**, I know; **Sai com'è**, you know how it is; **Lo sapevo!**, I knew it!; **Che ne so io?**, how should I know?; **Non saprei**, I don't know; I can't say; I wouldn't know; **Non ne so niente**, I know nothing about it; **Ad averlo saputo!**, if only I had known about it! *2* (*essere capace, essere in grado*) can*, to be able (to); (*sapere come si fa*) to know* how (to): **Sai guidare?**, can you drive?; **Saprò dirtelo domani**, I'll be able to tell you tomorrow; **Sai come (si fa a) metterlo in moto?**, do you know how to start it?; **Sa essere gentile quando vuole**, he can be nice when he chooses; **Non so dirti molto**, I can't tell you much; **Non ho saputo rispondere**, I wasn't able to answer; **Non saprei fare senza**, I couldn't do without it *3* (*apprendere*) to get* to know; to learn*; to hear*; to find* out; (*essere a conoscenza di*) to know (of): **Come hai fatto a saperlo?**, how did you get to know about it?; how did you find out?; **s. q.c. da q.**, to learn st. from sb.; **Ho saputo che...**, I have heard (*o* I have been told) that...; **Non ho più saputo niente di loro**, I haven't heard any more about them; **So di una trattoria qui vicino**, I know of a little restaurant near here • **s. q.c. a memoria**, to know st. by heart □ **s. fare il proprio mestiere**, to be good at one's job □ **s. fare di tutto**, to be good at everything □ **s. il fatto proprio**, to know one's job; to know what's what □ **saperci fare**, *V. sotto* **fare** □ **saperla lunga**, to know what's what; to know a thing or two □ **con l'aria di chi la sa lunga**, knowingly □ **saperne una più del diavolo**, to be as shrewd as the devil □ **saperne quanto prima**, to be none the wiser □ **Di lui non si seppe più nulla**, he was never heard of again □ **Sappimi dire**, let me know; keep me informed □ **Buono a sapersi!**, that's worth knowing! □ **che io sappia**, as far as I know □ **Chi sa...**, *V.* **chissà** □ **e che so io**, and what not □ **far s.**, to let know; (*per iscritto*) to send word, to drop a line □ **Ne so quanto te**, your guess is as good as mine □ **Ha conosciuto non so che attore**, she met some actor or other □ **non s. quel che si dice**, to talk nonsense; to talk through one's hat (*fam.*) □ **non volerne s. di q. [q.c.]**, not to want to have anything to do with sb. [st.] □ **Non si sa mai**, you never know; you never can tell □ **Non so che farci!**, I can't help it! □ **Non so che farei per lui**, I'd do anything for him □ **Si può s. che vuoi?**, would you mind telling me [us] what you want?; come on, what do you want? □ **Le lingue, si sa, sono importanti**, languages of course are important □ **un non so che**, *V.* **non so che**, *locuz. m.* □ **venire a s.**, to find out: **Non voglio che si venga a s.**, I don't want anyone to find out about it; I don't want it to get about *B* *v. i.* *1* (*avere odore*) to smell* (of); (*avere sapore*) to taste, to savour; (*fig.*) to smack: **s. d'amaro**, to taste bitter; **s. di sapone**, to taste of soap; to have a soapy taste; **L'affare sa di imbroglio**, the deal smacks of jiggery-pokery; the deal doesn't smell right *2* (*avere sentore, pensare, credere*) to think*; to guess: **Mi sa che non ci è andato**, I don't think he went; **Mi sa che hai ragione**, I think (*o* guess) you're right • **non s. di nulla**, to be tasteless (*o* very insipid) □ **un uomo che non sa di nulla**, a very insipid man.
sapére (2) *m.* knowledge; (*dottrina*) learning: **un ramo del s.**, a branch of knowledge; **amante del s.**, fond of learning.
sapidità *f.* tastiness; savouriness.
sàpido *a.* *1* tasty; savoury *2* (*fig.*) witty; pungent.
sapiènte *A* *a.* *1* (*saggio*) wise; sage *2* (*dotto*) learned; erudite *3* (*abile*) able; expert; masterly *B* *m.* *1* (*uomo saggio*) wise man*; sage *2* (*uomo dotto*) learned man*, man* of learning; (*studioso*) scholar, savant (*generalm. iron.*).
sapientóne *m.* (*f.* **-a**) (*iron.*) know-all; know-it-all.
sapiènza *f.* *1* (*saggezza*) wisdom *2* (*sapere*) knowledge; (*dottrina*) learning *3* (*abilità*) skill; ability; mastery.
saponària *f.* (*bot.*) soapwort.
saponàta *f.* (*schiuma*) lather; (*per bucato*) soapsuds (*pl.*).
sapóne *m.* soap: **s. da bucato [da toletta]**, washing [toilet] soap; **s. per barba**, shaving soap; **s. in polvere**, soap powder; **bolla di s.**, soap bubble; **pezzo di s.**, bar of soap • (*fig.*) **dare del s. a q.**, to soft-soap sb.
saponétta *f.* cake of soap: **s. alla mandorla**, cake of almond soap.
saponificàre *v. t.* to saponify.
saponificazióne *f.* saponification.
saponificio *m.* soap factory.
saponóso *a.* soapy.

sapóre *m.* ***1*** taste; (*aroma*) flavour, flavor (*USA*): **s. di cipolla**, taste of onion: (*anche fig.*) **lasciare un cattivo s. in bocca**, to leave a bad taste in the mouth ***2*** (*fig.*) spice; zest: **dare s. alla vita**, to give some spice to life • (*cucina*) **i sapori**, herbs □ **al s. di mango**, mango-flavoured □ **Che s. ha?**, what does it taste of? □ **Ha un buon s.**, it tastes good □ **una storia di s. dickensiano**, a story with a Dickensian flavour □ **una vicenda di s. romantico**, a romantic story □ **senza s.**, tasteless.

saporitaménte *avv.* with gusto; with relish • **dormire s.**, to sleep soundly; to sleep like a log (*fam.*).

saporìto *a.* ***1*** tasty; savoury ***2*** (*fig.*) spicy; piquant • **sonno s.**, sound sleep.

saputèllo *m.* (*f.* **-a**) little know-all; clever-clogs; smarty--pants • **fare il s.**, to show off □ **Non fare tanto il s.!**, don't be such a Mr Know-all.

sapùto ***A*** *a.* ***1*** (*che si sa*) well-known; known: **s. e risaputo**. well-known; (*trito*) hackneyed, stale ***2*** (*che presume di sapere*) pedantic ***B*** *m.* (*f.* **-a**) know-all • **fare il s.**, to show off one's knowledge □ **Non fare il s.**, don't be pedantic; don't be such a smart alec.

sarabànda *f.* ***1*** (*mus.*) saraband ***2*** (*clamore*) uproar; hullaballoo*; (*confusione*) bedlam; (*turbine*) whirl, turmoil.

saràcco *m.* rip-saw.

saracèno *a. e m.* (*f.* **-a**) Saracen (*f.* Saracen woman*).

saracinésca *f.* ***1*** rolling shutter ***2*** (*chiusa*) sluice-gate ***3*** (*di castello*) portcullis.

sàrago *m.* (*zool.*) white bream.

sarcaṣmo *m.* sarcasm Ⓤ: **s. feroce**, scathing sarcasm; **fare del s.**, to make sarcastic remarks; to be sarcastic.

sarcàstico *a.* sarcastic.

sarchiàre *v. t.* to hoe; to weed.

sarchiatrice *f.* (*mecc.*) weeder; hoeing machine.

sarchiatùra *f.* hoeing; weeding.

sarcòfago *m.* sarcophagus*.

sarcòma *f.* (*med.*) sarcoma*.

sàrda, **sardìna** *f.* (*zool.*) pilchard; sardine • **pigiati come sardine**, packed like sardines.

sàrdo *a. e m.* (*f.* **-a**) Sardinian (*f.* Sardinian woman*).

sardònico *a.* sardonic.

sargàsso *m.* (*bot.*) sargasso* • **Mar dei Sargassi**, Sargasso Sea.

sàri *m.* sari; saree.

sarménto *m.* (*bot.*) runner; (*di vite*) vine shoot, vine branch.

sàrta *f.* dressmaker.

sàrtia *f.* (*naut.*) shroud.

sartiàme *m.* (*naut.*) shrouds (*pl.*); rigging.

sàrto *m.* tailor; (*da donna*) dressmaker; (*di lusso*) couturier (*franc.*).

sartorìa *f.* ***1*** (*da uomo*) tailor's shop; (*da donna*) dressmaker's shop; (*di alta moda*) fashion house; (*cinem.*) dressmaking department ***2*** (*arte del sarto*) tailoring; dressmaking • **alta s.**, (haute) couture (*franc.*) □ **capolavoro di s.**, sartorial masterpiece □ **vestito di s.**, tailor-made suit; tailor-made dress.

sassafràsso *m.* (*bot.*) sassafras.

sassaiòla *f.* ***1*** hail of stones ***2*** (*battaglia coi sassi*) stone--fight.

sassàta *f.* blow with (*o* from) a stone • **tirare una s. a q.**, to throw a stone at sb. □ **uccidere q. a sassate**, to stone sb. to death.

sassèllo *m.* (*zool.*) redwing.

sassìfraga *f.* (*bot.*) saxifrage.

sàsso *m.* stone; rock; (*ciottolo*) pebble: **tirare un s. a q.**, to throw a stone (*o* a rock) at sb.; **spiaggia di sassi**, pebble (*o* pebbly) beach; **cuore di s.**, heart of stone • **a un tiro di s.**, a stone's throw away □ **restare di s.**, to be dumbfounded; to be speechless □ **tirare il s. e nascondere la mano**, to launch an attack on sb. anonymously □ **tirare sassi in piccionaia**, to foul one's nest.

sassofonìsta *m. e f.* (*mus.*) saxophonist.

sassòfono *m.* (*mus.*) saxophone; sax.

sassofràsso *V.* **sassafrasso**.

sàssone *a. e m.* Saxon.

sassóso *a.* stony; full of stones; (*ciottoloso*) pebbly.

Sàtana *n.* Satan; the Devil • **Vade retro, S.!**, get behind me, Satan!

satànico *a.* Satanic; (*diabolico*) diabolic(al), devilish, fiendish.

satèllite ***A*** *m.* ***1*** (*astron., miss.*) satellite ***2*** (*polit.*) satellite (state) • **via s.**, by satellite □ (*radio, TV*) **collegamento via s.**, satellite link-up ***B*** *a.* satellite (*attr.*): **città s.**, satellite town.

satin *m.* (*ind. tess.*) satin.

satinàre *v. t.* to glaze; to satin.

satinàto *a.* glazed; satined; satin (*attr.*).

sàtira *f.* satire; lampoon • **fare della s.**, to be satirical; to be a satirical writer □ **mettere in s.**, to satirize; to lampoon.

satireggiàre *v. t.* to satirize; to lampoon.

satìrico ***A*** *a.* satiric(al): **poeta s.**, satiric poet; **commento s.**, satirical remark ***B*** *m.* satirist.

sàtiro *m.* (*mitol. e fig.*) satyr.

satollàre ***A*** *v. t.* to satiate; to fill up ***B*** **satollàrsi** *v. rifl.* to eat* one's fill.

satóllo *a.* replete; full up (*fam.*).

sàtrapo *m.* ***1*** (*stor.*) satrap ***2*** (*fig.*) petty despot.

saturàre ***A*** *v. t.* ***1*** to saturate ***2*** (*riempire al massimo*) to fill; to cram; (*econ.*) to glut ***B*** **saturàrsi** *v. i. pron.* to become* saturated (with).

saturazióne *f.* saturation; (*econ.*) glut: (*anche fig.*) **arrivare al punto di s.**, to reach saturation point; **s. del mercato**, glut in the market.

saturniṣmo *m.* (*med.*) lead poisoning.

sàturo *a.* ***1*** (*chim., fis.*) saturated ***2*** (*pieno*) full (of); (*zeppo*) crammed (with); (*stipato*) stowed (with); (*econ.*) overstocked; (*di atmosfera*) charged (with): **s. d'odio**, full of hatred; **s. di elettrcità**, charged with electricity.

saudìta ***A*** *a.* Saudi ***B*** *m. e f.* Saudi Arabian.

sàuna *f.* sauna.

sàuro *a. e m.* sorrel.

savàna *f.* (*geogr.*) savanna(h).

sàvio ***A*** *a.* (*assennato*) sensible; judicious; (*saggio*) wise, sage ***B*** *m.* (*uomo sapiente*) wise man*; sage.

savoiàrdo ***A*** *a.* of Savoy; Savoyard ***B*** *m.* ***1*** (*abitante della Savoia*) Savoyard ***2*** (*biscotto*) sponge biscuit; finger biscuit.

sax *m. invar.* (*mus.*) sax.

saziàre ***A*** *v. t.* ***1*** to satiate; to satisfy; (*rendere sazio*) to fill up: **s. l'appetito**, to satisfy sb.'s appetite; **Le patate saziano presto**, potatoes soon fill you up ***2*** (*fino alla nausea*) to cloy; to jade ***B*** **saziàrsi** *v. rifl.* ***1*** to eat* (*o* to have) one's fill; (*essere sazio*) to be satiated; to be full (*fam.*) ***2*** (*stancarsi*) to get* tired: **Non me ne sazierei mai**, I'd never get tired of it; I could go on for ever.

sazietà *f.* satiety (*anche fig.*); repletion: **fino alla s.**, to satiety • **a s.**, as much as one wants (*o* likes) □ **averne a s.**, to have quite enough; to have more than enough □ **mangiare** [**bere**] **a s.**, to eat [to drink] one's fill □ **È un film che ho visto a s.**, I've seen that film more times than I care to remember.

sàzio *a.* ***1*** (*di cibo*) replete; full (up) (*fam.*); (*soddisfatto*) satisfied: **sentirsi s.**, to be full; to have had enough; **Non è mai s.**, he is never satisfied ***2*** (*saturo*) satiated (with); (*stanco*) tired, weary (of); (*stufo*) fed up (with) (*fam.*).

ṣbaciucchiàre ***A*** *v. t.* to smother with kisses ***B*** **ṣbaciucchiàrsi** *v. rifl. recipr.* to smother each other with kisses; (*di innamorati*) to neck, to smooch (*fam.*).

ṣbadatàggine *f.* ***1*** carelessness; inadvertence; thoughtlessness; (*negligenza*) negligence; (*distrazione*) absent--mindedness; (*goffaggine*) clumsiness ***2*** (*azione sbadata*) inadvertence; slip; oversight; blunder: **commettere una s.**, to do st. inadvertently; to blunder.

ṣbadàto ***A*** *a.* careless; inadvertent; thoughtless; (*negligente*) negligent; (*distratto*) absent-minded; (*goffo*) clumsy ***B*** *m.* (*f.* **-a**) careless person; clumsy person; scatterbrain (*fam.*).

ṣbadigliàre *v. i.* to yawn: **s. per la noia**, to yawn with boredom.

ṣbadìglio *m.* yawn: **fare uno s.**, to give a yawn; to yawn.

ṣbafàre *v. t.* (*fam.*) ***1*** (*mangiare con avidità, anche* **sbafarsi**) to gobble up; to polish off; to scoff ***2*** (*scroccare*) to sponge; to scrounge; to cadge.

ṣbafàta *f.* (*fam.*) great feed; binge; (*a ufo*) free meal.

ṣbafatóre *m.* (*f.* **-trice**) (*fam.*) ***1*** (*mangione*) glutton ***2*** (*scroccone*) sponger; scrounger; cadger.

ṣbàffo *m.* smudge; smear.

ṣbàfo *m.* (*fam.*) sponging; scrounging; cadging • **a s.**, by sponging; by scrounging; (*senza pagare*) without paying □ **vivere a s.**, to scrounge a living.

ṣbagliàre ***A*** *v. t.* to mistake*; to get* (st.) wrong: **s. l'indirizzo**, to mistake the address; **s. giorno**, to get the day wrong; **s. il numero di telefono**, to dial the wrong number; **s. i calcoli**, to miscalculate; to be out in one's calculations; **s. strada**, to take (*o* to go) the wrong way; **s. treno**, to take the wrong train; **s. persona**, to mistake sb. for sb. else; **Ho sbagliato tutto**, I've got it all wrong; (*nel fare q.c.*) I've made a mess, I bungled everything • **Hai sbagliato i tuoi calcoli se credi che io ci stia**, if you thing I'm in on it, you've got it all wrong □ **s. il colpo**, to miss the target □ **s. mestiere**, to choose the wrong career (*o* job) □ **s. momento**, to choose the wrong time ***B*** *v. i. e* **ṣbagliàrsi** *v. i. pron.* to make* a mistake; to be mistaken; to be wrong; to go* wrong: **Scusi, ho sbagliato**, I'm sorry, I've made a mistake (*al telef.* I got the wrong number); **s. spesso**, to make a lot of mistakes; **se non sbaglio**, if I am not mistaken; **Sbagli a criticarlo**, you are wrong to criticize him; **Mi sono sbagliato su di te**, I was wrong about you; **Non capisco dove ho sbagliato**, I can't understand where I went wrong; **Non puoi s.**, you can't go wrong; **Sbaglio, o siete la signora Rossi?**, you are Mrs Rossi, aren't you? • **s. a capire**, to misunderstand st. □ **s. a dare il resto**, to give the wrong change □ **Se credi che paghi io, ti sbagli di grosso**, if you think I'm going to pay, you have another think coming (*fam.*) □ **sbagliarsi sul conto di q.**, to musjudge sb. □ **Sbagliando si impara**, you learn from your mistakes.

ṣbagliàto *a.* mistaken; wrong; incorrect: **opinione sbagliata**, mistaken opinion; **impressione sbagliata**, wrong impression; **pronuncia sbagliata**, wrong pronunciation; **affermazione sbagliata**, incorrect statement.

ṣbàglio *m.* mistake; error; (*svista*) oversight; (*fallo, colpa*) fault: **s. d'ortografia**, spelling mistake; **fare uno s.**, to make a mistake; **Lo s. è stato mio**, it was my fault; **per s.**, by mistake; through an oversight • **uno s. di persona**, a case of mistaken identity.

ṣbalestraménto *m.* ***1*** (*spostamento*) sudden misplacement ***2*** (*disorientamento*) bewilderment; confusion.

ṣbalestràre *v. t.* ***1*** to throw*; to fling* ***2*** (*trasferire*) to send* off ***3*** (*disorientare*) to bewilder; to confuse; (*turbare*) to unsettle, to upset.

ṣbalestràto ***A*** *a.* ***1*** (*disorientato*) bewildered; confused ***2*** (*a disagio*) uneasy ***B*** *m.* (*f.* **-a**) mixed-up person.

ṣballàre ***A*** *v. t.* to unpack • (*pop.*) **sballarle grosse**, to talk big; to talk through one's hat ***B*** *v. i.* ***1*** (*nel gioco*) to go* out ***2*** (*fam.*: *sbagliare*) to be out: **Abbiamo sballato di 20 milioni**, we are out by 20 million • (*gergo della droga*) **far s.**, to give a buzz (*o* a high) to; to freak out.

ṣballàto ***A*** *a.* ***1*** unpacked ***2*** (*fam.*: *assurdo*) wild, absurd, preposterous: (*inventato*) bogus, fanciful; (*matto*) crazy, crackbrained ***3*** (*gergo della droga*) on a high; freaked out ***B*** *m.* (*f.* **-a**) (*fam.*) crackpot; nutcase.

ṣbàllo *m.* ***1*** (*gergo della droga*) high; freak-out ***2*** (*estens., pop.*) gas • (*pop.*) **da s.**, mind-blowing; to die for.

ṣballottaménto *m.* jolting; jostling; tossing about; buffeting.

ṣballottàre *v. t.* to jolt about; to jostle; (*di vento, mare*) to toss about, to buffet: **sballottato dalla folla**, jostled by the crowd; **sballottato dalla tempesta**, buffeted by the storm • **essere sballottato da un posto all'altro**, to be shunted from one place to another.

ṣbalordiménto *m.* amazement; astonishment.

ṣbalordìre ***A*** *v. t.* to astonish; to astound; to dumbfound ***B*** *v. i.* to be astonished; to be astounded.

ṣbalorditìvo *a.* astonishing; astounding; breath-taking; staggering.

ṣbalordìto *a.* astonished; astounded; dumbfounded; stunned: **rimanere s.**, to be astonished (*o* astounded); **lasciare s.**, to astonish; to astound; to stun.

ṣbalzàre (1) *v. t.* (*scagliare*) to throw*; to fling*; to toss.

ṣbalzàre (2) *v. t.* (*un metallo*) to emboss.

ṣbàlzo (1) *m.* ***1*** (*scossone*) jolt; jerk; start ***2*** (*cambiamento*) (sudden) change; jump; (*aumento*) sharp rise; (*caduta*) sharp drop: **sbalzi d'umore**, sudden changes of mood; moodiness • **a sbalzi**, (*con scossoni*) jerkily; (*in modo irregolare*) by fits and starts; (*saltuariamente*) irregularly, on and off: **procedere a sbalzi**, to progress in fits and starts; (*di veicolo*) to bump along.

ṣbàlzo (2) *m.* (*anche* **lavoro a s.**) embossing; repoussé work: **lavorare a s.**, to emboss.

ṣbancaménto *m.* excavation; earth moving.

ṣbancàre (1) ***A*** *v. t.* ***1*** (*nel gioco d'azzardo*) to break* the bank ***2*** (*rovinare*) to bankrupt; to ruin; to leave (sb.) broke (*fam.*) ***B*** **ṣbancàrsi** *v. i. pron.* to ruin oneself; to go* broke (*fam.*).

ṣbancàre (2) *v. t.* (*terreno*) to excavate; to move earth from.

ṣbandaménto (1) *m.* ***1*** (*dispersione*) disbandment; dispersion ***2*** (*disgregazione*) breaking-up ***3*** (*confusione*) confusion; disorientation.

ṣbandaménto (2) *m.* ***1*** (*naut.*) listing; heeling ***2*** (*aeron.*) banking; bank ***3*** (*autom.*) skidding ***4*** (*fig.*) veering; straying: **Ha avuto un periodo di s.**, he went off the rails for a while.

ṣbandàre *v. i.* ***1*** (*naut.*) to list; to heel ***2*** (*aeron.*) to bank ***3*** (*autom.*) to skid; to sideslip ***4*** (*fig.*) to veer; to lean*.

ṣbandàrsi *v. i. pron.* ***1*** to disband; to disperse; (*restare isolato*) to straggle ***2*** (*disgregarsi*) to break* up; to fall* apart.

ṣbandàta *f.* ***1*** (*naut.*) list; lurch ***2*** (*autom.*) skid; sideslip; **prendere una s.**, to go into a skid ***3*** (*fam.*) crush: **prendersi una s. per q.**, to get a crush on sb.

ṣbandàto ***A*** *a.* ***1*** (*disperso*) disbanded; dispersed; stray ***2*** (*fig.*) bewildered; confused; mixed-up; (*sregolato*) wild, wayward, disorderly ***B*** *m.* (*f.* **-a**) ***1*** straggler ***2*** (*fig.*) drifter; misfit; dropout.

ṣbandieraménto *m.* ***1*** waving of flags; flag-waving ***2*** (*ostentazione*) parade; showing-off; flaunting ***3*** (*grandi proclami*) trumpeting about; touting

ṣbandieràre *v. t.* ***1*** to wave (flags) ***2*** (*ostentare*) to parade; to flaunt; to show off ***3*** (*annunciare*) to proclaim; to trumpet about; to tout.

ṣbandieràta *f.* flag display; flag-waving.

ṣbandieratóre *m.* (*f.* **-trice**) flag-waver.

ṣbàndo *m.* chaos; mayhem • **Ormai siamo allo s.**, the situation is total mayhem □ **lasciare allo s.**, to let sb. [st.] run wild.

ṣbaraccàre (*fam.*) ***A*** *v. t.* (*eliminare*) to get* rid of; (*svuotare*) to clear out • **Sbaracca la tua roba**, take your things away ***B*** *v. i.* to pack up and leave*; to clear out.

ṣbaragliàre *v. t.* ***1*** (*mil.*) to rout; to put* to rout ***2*** (*fig.*) to rout; to thrash (*fam.*); to trounce (*fam.*).

ṣbaraglìno *m.* (*gioco*) backgammon.

ṣbaràglio *m.* (*mil.*) rout; defeat • **buttarsi allo s.**, to risk everything; to chance it, to jump in at the deep end (*fam.*) □ **mandare allo s.**, (*mil.*) to send to certain defeat; (*fig.*) to throw in at the deep end (*fam.*).

ṣbarazzàre ***A*** *v. t.* to clear; to rid*: **s. una stanza**, to clear out a room; **Sbarazza il tavolo dai libri**, clear away the books from the table; **s. q. di un seccatore**, to rid sb. of a bore ***B*** **ṣbarazzàrsi** *v. rifl.* ***1*** to rid oneself (of); to get* rid (of); to shake* off (sb., st.); to get* (sb., st.) off one's hands [back, mind] (*fam.*); (*togliersi di dosso*) to throw* off (st.): **s. di un seccatore [un armadio]**, to get rid of a bore [a wardrobe]; **s. di un dubbio**, to shake off a doubt; **s. dello zaino**, to throw off one's rucksack ***2*** (*eufem.*: *uccidere*) to dispose (of); to put* out of the way.

ṣbarazzìna *f.* impish girl; scamp; tomboy.

ṣbarazzìno ***A*** *a.* (*disinvolto*) casual, carefree; (*allegro*) jaunty; (*malizioso*) impish, perky; (*giovanile*) youthful, boyish, girlish ***B*** *m.* scamp; little rascal (*o* monkey).

ṣbarbàre *v. t.*, **ṣbarbàrsi** *v. rifl.* to shave.

ṣbarbatèllo *m.* stripling; pup; (*inesperto*) sb. still wet behind the ears, rookie (*fam.*); (*inesperto e presuntuoso*) whipper--snapper (*fam.*).

ṣbarbàto *a.* (*rasato*) (clean-)shaven.

ṣbarcàre ***A*** *v. t.* ***1*** to land (*anche mil.*); to disembark; (*fam., da un autobus, ecc.*) to put* down; to drop (off); (*scaricare materiale*) to unload, to discharge: **s. passeggeri**, to disembark passengers; **s. truppe**, to land troops; **s. un carico**, to unload a cargo ***2*** (*rif. a un periodo di tempo*) to get* through ***B*** *v. i.* ***1*** to disembark; to land (*anche mil.*); (*temporaneamente*) to go* ashore: **s. a Napoli**, to land at Naples ***2*** (*fam.*: *arrivare*) to land ***3*** (*naut., di marinaio*) to be discharged.

ṣbàrco *m.* landing (*anche mil.*); disembarkation; (*di merci*) unloading, discharge • **luogo di s.**, landing place □ (*mil.*) **mezzo da s.**, landing craft □ **ponte di s.**, gangway □ (*mil.*) **truppe da s.**, landing force.

ṣbàrra *f.* ***1*** (*asta, spranga*) bar ***2*** (*di passaggio a livello e *sim.*) barrier **3** (*ginnastica*) (horizontal) bar: **esercizio alla s.**, bar excercise **4** (*leg.*) bar: **presentarsi alla s.**, to appear before the court (*o* at the bar) **5** (*tipogr.*) oblique stroke; slash • (*anche fig.*) **dietro le sbarre**, behind bars.

ṣbarraménto *m.* **1** (*lo sbarrare*) blocking; barring **2** (*barriera*) barrier; block; blockage; (*di fiume, ecc.*) barrage, weir; (*diga*) dam **3** (*mil.*) barrage; defence; (*di porto*) boom: **s. di filo spinato**, barbed wire defence; **s. antiaereo**, antiaircraft barrage; **fuoco di s.**, barrage (fire).

ṣbarràre *v. t.* **1** (*sprangare*) to bar: **s. una porta**, to bar a door **2** (*impedire*) to bar; (*ostruire*) to block, to obstruct: **s. il passo**, to bar the way; to block the way; **s. le uscite**, to block the exits; **s. una strada**, to block a road **3** (*arginare*) to dam **4** (*segnare con sbarre*) to cross; to cross out; (*mettere un segno di scelta o di spunta*) to tick: **s. un assegno**, to cross a cheque; **s. la casella relativa**, to tick the appropriate box **5** (*spalancare*) to open wide: **s. gli occhi**, to open one's eyes wide.

ṣbarràto *a.* **1** (*sprangato, munito di sbarre*) barred **2** (*ostruito*) blocked; obstructed; (*impedito*) barred: **strada sbarrata**, blocked road **3** (*arginato*) dammed **4** (*segnato con sbarre*) crossed; (*con un segno di scelta o di spunta*) ticked: **assegno s.**, crossed cheque **5** (*spalancato*) wide open: **con gli occhi sbarrati**, with eyes wide open; wide--eyed; round-eyed.

ṣbatacchiàre ***A*** *v. t.* **1** (*chiudere con violenza*) to bang; to slam: **s. una porta**, to slam a door **2** (*gettare, picchiare*) to bang; to slap down: **s. un libro sul tavolo**, to slap a book down on the table; **Non lo s., è delicato!**, don't bang it about, it's delicate! **3** (*sbattere ripetutamente*) to bang; (*scrollare*) to rattle; (*ali, vele, ecc.*) to flap ***B*** *v. i.* (*di porta, finestra*) to keep* banging; to rattle; (*di ali, vele, ecc.*) to flap.

ṣbàttere ***A*** *v. t.* **1** (*urtare*) to knock; to bang: **s. il gomito contro il tavolo**, to knock one's elbow against the table **2** (*gettare*) to throw*; to fling*; to slam; to dash; to hurl; to knock: **Sbattei la borsa sul tavolo**, I threw (*o* flung) the bag on the table; **Il vento lo sbattè contro un palo**, the wind hurled (*o* knocked) him against a pole; **La nave fu sbattuta contro gli scogli**, the ship was dashed against the rocks; **s. giù il telefono**, to slam down the phone; **s. giù una porta** to knock down a door; **s. giù dal letto**, to throw out of bed; **s. via**, to throw out; to chuck out (*fam.*); (*sprecare*) to throw away, to waste; **s. fuori**, to throw out; to chuck out (*fam.*); **s. fuori di casa**, to throw out **3** (*chiudere con forza*) to bang; to slam: **s. la porta in faccia a q.**, to slam the door in sb.'s face **4** (*mandare di autorità*) to post, to send* (*to an unpopular destination*) **5** (*scuotere*) to shake*; (*ali, vele, ecc.*) to flap: **s. un cuscino**, to shake a cushion; **s. le ali**, to flap one's wings **6** (*cucina*) to beat*; (*montare*) to whip: **s. un uovo**, to beat (*o* to whisk) an egg **7** (*fam.*: *rendere smorto*) to make* (sb.) look pale **8** (*fam.*: *stancare*) to shake* up **9** (*volg.*) to bang; to bonk • (*fam.*) **s. q. dentro**, to lock sb. up; to clap sb. in jail □ **s. gli occhi**, to blink □ **s. i piedi**, to stamp one's feet □ (*giorn.*) **s. q.c. in prima pagina**, to splash st. across the front page □ **È come s. la testa contro un muro**, it's like banging your head against a brick wall □ **non sapere dove s. la testa**, not to know which way to turn ***B*** *v. i.* **1** (*urtare*) to knock, to bump (into *o* against); to bang (against); to crash (into): **s. contro un tavolo**, to bump into a table; **andare a s. contro**, to collide with; to crash into **2** (*di porte, finestre*) to bang; to slam; (*scrollarsi*) to rattle **3** (*di ali, vele, ecc.*) to flap • **far s.**, (*porte, finestre*) to bang; (*vele, tende, ecc.*) to flap ***C*** **ṣbàttersi** *v. i. pron.* **1** (*gettarsi*) to throw* oneself; to fling* oneself **2** (*agitarsi*) to toss about; (*dibattersi*) to struggle **3** (*fam.*: *darsi da fare*) to spare no effort; to run* around **4** — (*volg.*) **sbattersene**, not to give a damn (*o* a toss) (about); **Chi se ne sbatte?**, who cares?

ṣbattitóre *m.* (*elettrodomestico*) beater; mixer.

ṣbattiuòva *m. invar.* (egg) whisk.

ṣbattùta *f.* **1** shake; shaking **2** (*a un uovo*) whisk.

ṣbattùto *a.* **1** (*sballottato*) tossed **2** (*di uovo*) beaten **3** (*stanco*) tired; drawn.

ṣbavàre ***A*** *v. i.* **1** to dribble; to drool; to slobber; to slaver **2** (*fig.*) to slobber; to drool **3** (*di colore*) to run*, to smudge; (*di stampa, di rossetto*) to smear ***B*** *v. t.* **1** to dribble (over); to slobber over **2** (*macchiare*) to smear; to smudge **3** (*metall.*) to burr ***C*** **ṣbavàrsi** *v. rifl. e i. pron.* **1** to slobber (*o* to dribble) all over oneself **2** (*di disegno, ecc.*) to get* smudged.

ṣbavàto *a.* **1** (*macchiato*) smeared; smudged **2** (*confuso*) smudgy; blurred.

ṣbavatùra *f.* **1** (*bava*) slobber; dribble **2** (*di lumaca*) slime **3** (*di colore, ecc.*) smudge; smear **4** (*metall.*) burr **5** (*imperfezione*) flaw; blemish.

ṣbeccàre *v. t.*, **ṣbeccàrsi** *v. i. pron.* to chip.

ṣbeffeggiàre *v. t.* to mock; to jeer at.

ṣbellicàrsi *v. i. pron.* — **s. dalle risa**, to split one's sides (laughing); to be in stitches (*fam.*).

ṣbendàre *v. t.* to unbandage; to remove the bandage (*o* bandages) from.

ṣbèrla *f.* slap (in the face); box on the ear: **dare una s. a q.**, to slap sb. in the face; to box sb.'s ear.

ṣberlèffo *m.* (*smorfia*) grimace; (*gesto di scherno*) sneer.

ṣbevazzàre *v. i.* to booze.

ṣbiadìre *v. i. e t.*, **ṣbiadìrsi** *v. i. pron.* (*anche fig.*) to fade.

ṣbiadìto *a.* **1** faded **2** (*fig.*) colourless; dull; flat.

ṣbiancànte ***A*** *a.* bleaching ***B*** *m.* bleacher; whitener; (*ind.*) bleach.

ṣbiancàre ***A*** *v. t.* to whiten; (*ind. tess.*) to bleach ***B*** *v. i. e* **ṣbiancàrsi** *v. i. pron.* **1** to whiten; to turn white **2** (*impallidire*) to go* (*o* to turn) pale; to blanch.

ṣbièco *a.* (*obliquo*) at an angle (*pred.*); aslant (*pred.*); oblique; slanting; slantwise; sloping; (*storto*) askew (*pred.*), awry (*pred.*), crooked, squint • **di s.**, slantwise; sideways; at an angle; on the slant; (*rif. a stoffa*) on the bias; (*di traverso*) askew, awry, askance: **scrivere q.c. di s.**, to write st. slantwise; **tagliare una stoffa di s.**, to cut a piece of material on the bias; **guardare q. di s.**, to give sb. a sidelong glance; (*con disapprovazione, ecc.*) to look askance at sb.

ṣbigottiménto *m.* (*costernazione*) dismay, consternation; (*sconcerto*) bewilderment; (*stupore*) amazement, awe.

ṣbigottìre ***A*** *v. t.* (*costernare*) to dismay, to appal; (*sconcertare*) to bewilder; (*lasciare attonito*) to amaze, to fill with awe ***B*** *v. i. e* **ṣbigottìrsi** *v. i. pron.* to be stunned; to stand* aghast.

ṣbigottìto *a.* (*sgomento*) dismayed, appalled, aghast (*pred.*); (*attonito*) bewildered, stunned, shocked; (*stupefatto*) amazed, awed.

ṣbilanciàre ***A*** *v. t.* **1** to unbalance; to overbalance; to throw* off balance **2** (*dissestare*) to disrupt; to upset* ***B*** *v. i.* **1** to overbalance **2** (*pendere da un lato*) to list; to be top-heavy ***C*** **ṣbilanciàrsi** *v. i. pron.* **1** (*perdere l'equilibrio*) to lose* one's balance **2** (*compromettersi, impegnarsi*) to commit oneself; (*andare troppo in là*) to say [to promise, etc.,] too much: **Preferisco non sbilanciarmi**, I'd rather not commit myself; **non s. troppo**, to weigh one's words.

ṣbilanciàto *a.* out of balance; unbalanced; top-heavy.

ṣbilènco *a.* lop-sided; crooked; rickety: **spalle sbilenche**, crooked shoulders; **tavolo s.**, rickety table.

ṣbirciàre *v. t.* **1** (*guardare furtivamente*) to peep (at, into, etc.); (*guardare di sfuggita*) to glance (at) **2** (*scrutare*) to peer (at, into, etc.).

ṣbirciàta *f.* peep; glance.

ṣbìrro *m.* (*spreg.*) **1** (*poliziotto*) cop **2** (*guardia del corpo*) bully; thug.

ṣbizzarrìrsi *v. i. pron.* to do* as one pleases; to please oneself; to run* riot.

ṣbloccàre ***A*** *v. t.* **1** (*mecc.*) to unlock; to release: **s. lo sterzo**, to unlock the steering wheel; **s. il freno**, to release the brake **2** to unblock; (*aprire*) to open up; (*liberare*) to free: **s. una strada**, to open up (*o* to unblock) a road; **s. le ruote**, to free the wheels **3** (*econ.*) to decontrol; to defreeze: **s. gli affitti**, to decontrol rents; **s. i salari**, to unfreeze wages **4** (*psic.*) to remove a block • **s. una situazione**, to resolve a stalemate □ **s. le trattative**, to unlock the talks ***B*** **ṣbloccàrsi** *v. i. pron.* **1** to become* unlocked; (*di situazione*) to clear up; (*riprendere*) to start up again, to resume **2** (*psic.*) to let* oneself go; to open up.

ṣblòcco *m.* **1** (*mecc.*) unlocking; releasing **2** opening up; clearing up **3** (*econ.*) decontrol; unfreezing: **s. dei salari**, unfreezing of wages.

ṣbòbba *f.* (*fam.*) slop Ⓤ; swill Ⓤ; dishwater Ⓤ.

ṣbobinàre *v. t.* to transcribe (*a tape*).

ṣboccàre *v. i.* **1** (*di corso d'acqua*) to flow (into); to run* (into) **2** (*di strada*) to lead* (to, into); to end up (in); (*di valle*) to open (onto) **3** (*arrivare*) to come (to); to emerge (onto) **4** (*irrompere*) to pour (into); to rush (into) **5** (*con-*

cludersi) to end (in); to lead* (to).
ṣboccàto *a.* coarse; (*di persona*) foul-mouthed.
ṣbocciàre *v. i.* **1** to open; to bloom; (*di albero*) to blossom **2** (*nascere*) to begin*; to blossom.
ṣbócco *m.* **1** (*di fiume*) mouth **2** (*varco*) opening; (*via d'uscita*) outlet, way out; (*accesso*) access: **La situazione è senza s.**, there is no way out of this situation; **un paese senza s. sul mare**, a country with no access to the sea **3** (*prospettiva*) opportunity; prospect: **sbocchi per laureati**, opportunities for graduates; **un lavoro senza sbocchi**, a job with no prospects **4** (*comm.*) outlet; market: **s. di mercato**, market outlet; **cercare nuovi sbocchi**, to open new markets • **strada senza s.**, dead-end.
ṣbocconcellàre *v. t.* **1** to nibble (st., at st.) **2** (*spezzettare*) to split* up into small pieces **3** (*sbeccare*) to chip.
ṣbòffo *m.* puff • **maniche a s.**, puffed sleeves; balloon sleeves.
ṣbollentàre *v. t.* (*cucina*) to blanch.
ṣbollìre *v. i.* **1** to go* off the boil **2** (*fig.*) to cool down; to simmer down.
ṣbolognàre *v. t.* (*fam.*) **1** (*liberarsi di*) to get* rid of; to unload **2** (*rifilare*) to palm (st.) off (on sb.); to wish (st., sb.) on (sb.).
ṣbòrnia *f.* (*fam.*) drunkenness; drunk (*pop.*); binge (*pop.*) • **avere la s.**, to be drunk □ **prendersi una s. solenne**, to get blind (*o* roaring) drunk; to get plastered (*pop.*); to get stoned (*pop.*) □ **smaltire la s.**, to sober up.
ṣborniàrsi *v. i. pron.* (*fam.*) to get* drunk.
ṣborsàre *v. t.* to pay* out; to come* up with, to fork out (*fam.*).
ṣbottàre *v. i.* (*fam.*) to burst* out; to speak* up: **s. a ridere**, to burst out laughing: **Alla fine sbottai**, I couldn't keep quiet any longer.
ṣbottàta *f.*, **ṣbòtto** *m.* outburst.
ṣbottonàre **A** *v. t.* to unbutton: **sbottonarsi il cappotto**, to unbutton one's coat **B** **ṣbottonàrsi** *v. rifl.* (*fig. fam.*) to open up • **non s.**, to be secretive; to be tight-lipped.
ṣbozzàre *v. t.* **1** (*sgrossare*) to rough-hew*; to roughcast **2** (*un disegno e fig.*) to sketch out; to outline.
ṣbracàre **A** *v. t.* to take* (sb.'s) trousers off **B** *v. i.* (*fam.*) to go* to pieces **C** **ṣbracàrsi** *v. rifl.* **1** to take* off one's trousers **2** (*lasciarsi andare*) to behave without restraint **3** (*in poltrona, ecc.*) to sprawl.
ṣbracàto *a.* **1** trouserless **2** (*trasandato*) slovenly; (*in disordine*) dishevelled **3** (*sguaiato*) without restraint (*pred.*); vulgar; coarse.
ṣbracciàrsi *v. i. pron.* **1** (*scoprirsi le braccia*) to bare one's arms; to wear* sleeveless clothes **2** (*gesticolare*) to wave one's arms about.
ṣbracciàto *a.* (*di persona*) bare-armed; (*di abito*) sleeveless.
ṣbraitàre *v. i.* to shout; to yell; to bawl.
ṣbranàre **A** *v. t.* (*anche fig.*) to tear* to pieces **B** **ṣbranàrsi** *v. rifl. recipr.* (*fig.*) to tear* each other (*o* one another) to pieces.
ṣbrattàre *v. t.* (*region.*) to clean up; to clear out; to tidy up.
ṣbrégo *m.* (*region.*) tear; rent; slash.
ṣbriciolaménto *m.* crumbling.
ṣbriciolàre **A** *v. t.* **1** to crumble; (*fare briciole*) to make* crumbs; (*sporcare di briciole*) to drop crumbs on **2** (*distruggere*) to shatter; (*di esplosione*) to blow to smithereens **B** **ṣbriciolàrsi** *v. i. pron.* to crumble.
ṣbrigàre **A** *v. t.* (*fare, completare*) to do*, to get* through; (*occuparsi di*) to see* to, to deal* with, to handle; (*sistemare*) to sort out, to fix, to settle: **Ho un paio di cose da s.**, I've got a couple of things to do (*o* to see to); **s. una faccenda**, to deal with a matter; **s. una pratica**, to deal with a case; **s. un bel po' di lavoro**, to get through a good deal of work; **Ha sbrigato tutto lui**, he has sorted out everything • **s. la corrispondenza**, to clear the mail □ **s. le facende domestiche**, to do the housework □ **Sbrigatela tu, io devo scappare!**, you see to it, I've got to fly! □ **Che se la sbrighi da solo**, let him sort it out by himself □ **imparare a sbrigarsela da soli**, to learn to fend for oneself **B** **ṣbrigàrsi** *v. i. pron.* (*affrettarsi*) to hurry up: **Sbrigati!**, hurry up!; get on with it!; get a move on! (*fam.*); look sharp! (*fam.*); **Sbrighiamoci!**, let's get moving!
ṣbrigativo *a.* (*rapido*) quick, speedy, summary; (*spiccio, efficiente*) brisk, no-nonsense; (*asciutto*) brusque, curt; (*affrettato*) hasty, hurried, cursory: **modi sbrigativi**, brisk ways; brusque ways; **giudizio s.**, summary opinion, hasty judgment.
ṣbrigliàre **A** *v. t.* (*fig.*) to give* the rein to; to allow free play to **B** **ṣbrigliàrsi** *v. i. pron.* (*fig.*) to let* oneself go; to run* free.
ṣbrigliatézza *f.* unrestraint; unruliness.
ṣbrigliàto *a.* (*fig.*) unbridled; unrestrained.
ṣbrinaménto *m.* defrosting.
ṣbrinàre *v. t.* to defrost.
ṣbrinatóre *m.* defroster; (*autom., anche*) windscreen heater.
ṣbrindellàto *a.* torn to shreds; in tatters; tattered.
ṣbrodolàre **A** *v. t.* to stain (with a liquid); to spill (st.) on **B** **sbrodolarsi** *v. rifl.* to spill (st.) all over oneself.
ṣbrodolàta *f.* long-winded speech [story, piece, etc.].
ṣbrodolàto *a.* **1** stained; dirty **2** (*tirato in lungo*) long-drawn-out; long-winded.
ṣbrodolóne *m.* (*f.* **-a**) messy eater.
ṣbrogliàre **A** *v. t.* **1** (*sciogliere*) to disentangle; to extricate; to undo*: **s. una matassa**, to disentangle a skein (of wool, etc.); **s. un nodo**, to undo a knot **2** (*sgombrare*) to clear **3** (*risolvere*) to solve; to clear up • **sbrogliarsela da sé**, to manage by oneself; to manage all alone □ **non riuscire a sbrogliarsela**, not to be able to get out of a difficulty **B** **ṣbrogliàrsi** *v. rifl.* (*liberarsi*) to extricate oneself, to free oneself.
ṣbrónza, **ṣbronzàrsi** *V.* **sbornia, sborniarsi**.
ṣbrónzo *a.* (*fam.*) drunk; high (*fam.*); plastered (*pop.*).
ṣbruffàre *v. t.* to splutter.
ṣbrùffo *m.* splutter; spatter.
ṣbruffonàta *f.* bragging Ⓤ; bluster Ⓤ; big words (*pl.*).
ṣbruffóne *m.* (*f.* **-a**) braggart; boaster; blowhard (*fam.*) **fare lo s.**, to brag; to bluster.
ṣbucàre *v. i.* **1** (*uscire all'aperto*) to come* (*o* to get*) out (of); to emerge (from); (*all'improvviso*) to pop out (of); (*far capolino*) to peep out (of) **2** (*arrivare*) to come* out; to end up **3** (*comparire*) to emerge (from); to pop out (of); to spring* (from); (*in velocità*) to shoot* out (from).
ṣbucciapatàte *m. invar.* potato peeler.
ṣbucciàre *v. t.* **1** to take* off the skin of; to peel; (*piselli e sim.*) to shell, to shuck (*USA*): **s. un'arancia**, to peel an orange **2** (*escoriare*) to graze; to bark: **sbucciarsi un gomito**, to graze one's elbow.
ṣbucciatùra *f.* **1** (*lo sbucciare*) peeling; (*lo sgusciare*) shelling, shucking **2** (*escoriazione*) graze; bark.
ṣbudellàre *v. t.* **1** to disembowel; (*pesci*) to gut; (*polli e sim.*) to draw* **2** (*ferire al ventre*) to run* (sb.) through; to gore.
ṣbuffànte *a.* **1** (*ansimante*) puffing **2** (*di locomotiva*) chuffing; puffing **3** (*di vestito*) puffed.
ṣbuffàre *v. i.* **1** to puff; to let* off steam **2** (*ansimare*) to puff; to pant; (*soffiare*) to blow* hard **3** (*per irritazione*) to snort; (*per impazienza*) to fume; (*brontolare*) to grumble • **s. come una locomotiva**, to puff like an engine; to puff and pant.
ṣbùffo *m.* **1** puff: **uscire a sbuffi**, to come puffing out; **sbuffi di fumo**, puffs of smoke **2** (*di irritazione*) snort **3** (*moda*) *V.* **sboffo**.
ṣbugiardàre *v. t.* to give* the lie to.
ṣbullonàre *v. t.* to unbolt.
ṣburocratiẓẓàre *v. t.* to free from excessive bureaucracy; to cut* out (*o* down on) red tape (in st.).
scàbbia *f.* (*med.*) scabies; (*vet.*) mange.
scabbióso *a.* (*med.*) scabby.
scàbro *a.* rough; rugged; harsh.
scabrosità *f.* **1** roughness; coarseness; ruggedness **2** (*difficoltà*) thorniness; trickiness **3** (*delicatezza di argomento*) delicacy, awkwardness; (*carattere spinto*) indelicacy, offensive (*o* risqué) nature.
scabróso *a.* **1** (*difficile*) thorny; tricky **2** (*delicato a trattarsi*) delicate, awkward, embarrassing; (*spinto*) indelicate, risqué.
scacchièra *f.* (*per scacchi*) chessboard; (*per dama*) draughtboard (*GB*), checkerboard (*USA*) • **controlli a. s.**, spot checks □ **sciopero a s.**, staggered strike.
scacchière *m.* (*mil.*) sector; zone.
scacchista *m. e f.* chess-player.
scacchìstico *a.* chess (*attr.*).
scacciacàni *m. o f.* pistol which fires blanks.
scacciamósche *m. invar.* fly-whisk; fly-flap.

scacciapensièri *m.* **1** (*mus.*) jew's harp **2** (*passatempo*) pastime.

scacciàre *v. t.* to drive* away (*o* off, out); (*liberarsi di*) to get* rid of; (*bandire*) to banish; (*espellere*) to expel; (*dissipare*) to dispel: **s. i nemici dal paese**, to drive the enemy out of the country; **s. i pensieri tristi**, to drive away (*o* to banish) sad thoughts; **s. ogni dubbio**, to get rid of (*o* to dispel) all doubts; **s. q. di casa**, to turn sb. out.

scaccìno *m.* sacristan; sexton.

scàcco *m.* **1** (*riquadro*) chequer, checker (*USA*); (*piccolo*) check; (*di scacchiera*) square **2** (*al pl.*) (*gioco*) chess (*sing.*): **pezzi degli scacchi**, chessmen; **giocare a scacchi**, to play chess; **partita a scacchi**, game of chess; **s. matto**, checkmate; (*anche fig.*) **dare s. matto a q.**, to checkmate sb. **3** (*sconfitta*) setback; check • **disegno a scacchi**, chequered (*USA* checkered) pattern; (*su stoffa*) check □ **camicia a scacchi**, check (*o* checked) shirt □ **tenere in s.**, to keep (*o* to hold) in check.

scadènte *a.* poor; second-rate; inferior; low; shoddy: **qualità s.**, poor quality; **merce s.**, low-quality goods; **recitazione s.**, poor acting; **lavoro s.**, shoddy (piece of) work; **voto s.**, low mark; **È s. in francese**, he is poor in French.

scadènza *f.* **1** (*lo scadere*) expiration; expiry: **s. di un contratto**, expiration of a contract; **data di s.**, date of expiry **2** (*di obbligazioni e sim.*) maturity: **s. a vista**, maturity at sight; **alla s.**, at (*o* on) maturity **3** (*ultima data utile*) deadline; due date; expiry date; (*di cibi*) use-by date, best-before date **4** (*impegno, data importante*) deadline; date; (*decisione*) decision; (*compito*) task • **a breve s.**, in the near future; within a short time □ **cambiale a lunga [a breve] s.**, long-dated [short-dated] bill □ **programma a lunga [a breve] s.**, long-term [short-term] programme □ **una tratta con s. al 2 aprile**, a draft falling due on April the 2nd.

scadenzàrio *m.* (*comm.*) due register; bill-book.

scadére *v. i.* **1** (*giungere a scadenza*) to expire; to run* out; (*finire*) to be up: **Il mio passaporto scade tra un mese**, my passport is due to expire in a month; **Il tempo è scaduto**, time is up; **lasciar s. un contratto**, to allow a contract to lapse **2** (*di obbligazioni e sim.*) to fall* due; to mature **3** (*peggiorare*) to worsen; to deteriorate; to fall* off: **s. di qualità**, to fall off in quality; **s. di valore**, to decrease in value **4** (*naut.*) to sag to leeward • **s. nell'opinione pubblica**, to lose credit; to go down in the public's estimation □ **Quando scade questo latte?**, when is the use-by (*o* best before) date for this milk? □ **Mi è scaduto molto**, he has really disappointed me; he has gone down in my estimation.

scadiménto *m.* decline; decadence.

scadùto *a.* **1** (*non più valido*) expired; (*di contratto, ecc.*) lapsed: **Ho il passaporto s.**, my passport has expired **2** (*in arretrato*) due; overdue; (*banca, fin.,*) mature: **cambiale scaduta**, overdue bill **3** (*di cibo, medicina*) past its use-by (*o* best before) date **4** (*decaduto*) in decline; on the wane.

scafàndro *m.* (*naut.*) diving suit.

scaffalàre *v. t.* (*munire di scaffali*) to provide (*o* to fit) with shelves.

scaffalatùra *f.* (*serie di scaffali*) shelves (*pl.*); shelving Ⓤ.

scaffàle *m.* shelf*; (*per libri*) bookshelf • **s. a rastrelliera**, rack.

scàfo *m.* (*naut., aeron.*) hull.

scagionàre ***A*** *v. t.* to free from blame; to clear; to exonerate; to exculpate; (*leg.*) to acquit ***B*** **scagionàrsi** *v. rifl.* to exculpate oneself.

scàglia *f.* **1** (*zool.*) scale **2** (*di sapone, vernice*) flake; (*di legno*) chip; (*di formaggio*) sliver • **sapone in scaglie**, soap flakes (*pl.*).

scagliàre ***A*** *v. t.* (*lanciare*) to throw*; to fling*; to hurl: **s. un sasso contro q.**, to fling a stone at sb.; **s. una bomba**, to throw a bomb; **s. insulti**, to hurl abuse ***B*** **scagliàrsi** *v. rifl.* **1** to throw* (*o* to fling*, to hurl) oneself (at, against, upon) **2** (*fig.*) to attack (sb., st.); to rail (at).

scaglionaménto *m.* **1** spacing out; staggering; spreading **2** (*mil.*) arrangement in echelons.

scaglionàre *v. t.* **1** to space out; to stagger; to spread*: **s. i pagamenti su un periodo di un anno**, to stagger (*o* to spread) payments over a year; **s. le ferie**, to stagger holidays **2** (*mil.*) to echelon.

scaglióne *m.* **1** (*gruppo*) group; batch **2** (*econ.*: *fascia*) bracket; class **3** (*mil.*) echelon **4** (*geol.*) terrace; shelf.

scaglióso *a.* scaly; flaky.

scagnòzzo *m.* (*spreg.*) henchman*; flunkey; (*gorilla*) heavy, thug.

scàla *f.* **1** (*fissa*) stairs (*pl.*), staircase, stairway; (*portatile*) ladder: **rampa di scale**, flight of stairs; **s. a chiocciola**, spiral staircase; winding stairs; **s. mobile**, escalator; moving staircase; **s. allungabile**, extension ladder; **s. a pioli**, ladder; **s. di corda**, rope ladder; **s. a libretto**, stepladder; **salire** (*o* **fare**) **le scale**, to go [to come] up the stairs; to go [to come] upstairs; **salire su una s.**, to climb a ladder; **ruzzolare per le scale**, to tumble down the stairs; **la signora della s. accanto**, the lady (who lives) on the next staircase **2** (*tecn., mat., geogr.*) scale: **s. termometrica**, temperature scale; **s. logaritmica**, logarithmic scale; **una carta geografica in s. di 1 a 50.000**, a map to a scale of 1 to 50,000; **disegno [modello] in s.**, scale drawing [model]; **in s. naturale**, full-scale; **in s. 1-1 [1-2, 1-4]**, full-scale [half-scale, quarter-scale]; **disegnare q.c. in s.**, to draw st. to scale **3** (*mus.*) scale: **s. maggiore [minore]**, major [minor] scale; **s. di do**, scale of C; **fare le scale al pianoforte**, to practise scales on the piano **4** (*s. graduata*) scale **5** (*nei giochi di carte*) straight: (*poker*) **s. reale**, straight flush; **s. reale all'asso**, royal flush • **s. antincendio** (*o* **di sicurezza**), fire escape □ **s. da pompieri**, fireman's ladder □ (*comm.*) **s. dei prezzi**, range of prices □ **s. di servizio**, backstairs □ (*econ.*) **s. mobile**, wage indexation scale; sliding scale □ **s. sociale**, social ladder □ **su s. ridotta**, on a small scale □ **su s. nazionale**, on a national scale; nationwide (*agg.*) □ **su vasta s.**, on a large scale; to a vast extent.

scalandròne *m.* (*naut., aeron.*) gangway ladder.

scalàre (**1**) ***A*** *a.* **1** graduated; graded; scaled: **interesse s.**, scaled interest **2** (*mat.*) scalar ***B*** *m.* (*banca*) interest table.

scalàre (**2**) *v. t.* **1** to climb; to scale: **s. un monte [un muro]**, to climb a mountain [a wall] **2** (*disporre in ordine decrescente*) to grade down **3** (*i capelli*) to layer **4** (*detrarre*) to deduct **5** (*Borsa*) to raid **6** (*lavoro a maglia*) to decrease • (*autom.*) **s. le marce**, to change down; to shift down (*USA*).

scalàta *f.* **1** climb; ascent: **una s. difficile**, a difficult climb: **la s. dell'Everest**, the ascent of Everest; **fare scalate**, to go (rock) climbing **2** (*Borsa*) raid; takeover bid: **dare la s. a una società**, to make a takeover bid for a company • **dare la s. alle mura**, to scale the walls □ **dare la s. al potere**, to climb to power.

scalatóre *m.* (*f.* **-trice**) climber; (*rocciatore*) rock climber.

scalcagnàto *a.* (*di scarpa*) down-at-heel, worn-out; (*di persona*) down-at-heel, shabby, seedy.

scalciàre *v. i.* to kick.

scalcinàto *a.* (*di persona*) down-at-heel, shabby, seedy; (*di cosa*) shabby.

scaldabàgno *m.* water heater; boiler.

scaldalètto *m.* bedwarmer; warming pan.

scaldamùscoli *m.* legwarmer.

scaldapànche *m. e f. invar.* lazybones (*fam.*).

scaldapiàtti *m.* plate warmer; plate heater.

scaldàre ***A*** *v. t.* **1** to heat; to warm; to warm up; (*cibo già cotto*) to heat up, to warm over (*USA*): **s. una stanza**, to heat a room; **s. dell'acqua**, to warm up (*o* to heat) some water; **scaldarsi le mani**, to warm one's hands: **Il sole ci scaldò**, the sun warmed us up; **una stufa che scalda bene**, a stove that gives out plenty of heat; **una vista che scalda il cuore**, a sight to warm your heart; **s. l'ambiente**, to warm things up; **s. il motore**, to warm up the engine **2** (*eccitare*) to stir up; to work up; to rouse: **s. la folla**, to stir up the crowd; **s. gli animi**, to get people worked up • (*sport*) **s. i muscoli**, to warm up □ **s. le panche**, to be a lazybones (*fam.*) □ **s. la testa a q.**, to put ideas into sb.'s head □ **scaldarsi la testa**, to get worked up ***B*** **scaldàrsi** *v. rifl. e i. pron.* **1** to warm oneself; to get* warm: **s. al sole**, to warm oneself (*o* to bask) in the sun **2** (*entusiasmarsi*) to be enthusiastic (*fam.* to enthuse) (about); (*infervorarsi, eccitarsi*) to get* heated, to get* worked up; (*indignarsi*) to get* angry (*o* mad), to get* hot under the collar; (*agitarsi*) to get* restive **3** (*sport*) to have a warm-up. ATTENZIONE: **scaldare** ≠ to scald.

scaldàta *f.* warming up • **dare una s. a q.c.**, to warm up st. □ **darsi una s.**, to warm oneself.

scaldavivànde *m. invar.* chafing dish; hotplate.

scaldìno *m.* (*per le mani*) hand warmer; (*per letto*) bedwarmer, warming pan.

scalèa *f.* flight of steps.
scalèno *a.* (*geom.*) scalene • (*anat.*) **muscolo s.**, scalenus.
scalétta *f.* ***1*** (*elenco*) agenda, schedule (*USA*); (*di punti*) list of points ***2*** (*cinem., TV*) treatment.
scalfìre *v. t.* ***1*** to graze; to scratch ***2*** (*fig.*) to touch; to affect; (*una reputazione*) to tarnish.
scalfittùra *f.* graze; scratch.
scàlfo *m.* (*sartoria*) armhole.
scalinàta *f.* (*esterna*) stairs (*pl.*), steps (*pl.*), flight of steps; (*interna*) staircase.
scalìno *m.* ***1*** step (*anche fig.*); stair; (*di scala a pioli*) rung: **una rampa di venti scalini**, a flight of twenty steps; **il primo [l'ultimo] s.**, the bottom [the top] stair; **Attento, c'è uno s.!**, mind the step! ***2*** (*alpinismo*) step; foothold.
scalmàna *f.* ***1*** (*vampata di calore*) hot flush; hot flash (*USA*) ***2*** (*infatuazione*) crush; the hots (*pl.*) (*pop.*).
scalmanàrsi *v. i. pron.* ***1*** (*affaticarsi e sudare*) to work up a sweat ***2*** (*agitarsi*) to get* worked up; to work oneself up; (*affannarsi*) to make* a great fuss.
scalmanàto ***A*** *a.* ***1*** (*sudato*) in a sweat; (*trafelato*) out of breath ***2*** (*agitato*) heated; worked up; in a fuss ***3*** (*turbolento*) rowdy ***B*** *m.* (*f.* **-a**) hothead; rowdy.
scàlmo *m.* (*naut.*) rowlock (*GB*); oarlock (*USA*).
scàlo *m.* ***1*** (*naut.*) call; port of call; (*aeron.*) stopover: **porto di s.**, port of call; **volo senza s.**, non-stop flight; **fare s. a**, (*naut.*) to call at; (*aeron.*) to stop over at, to land at ***2*** (*naut., in un cantiere*) slipway: **s. di alaggio**, slipway; **s. di costruzione**, building slip; stocks (*pl.*) ***3*** (*ferr.*) railway yard; depot: **s. merci**, goods yard; depot.
scalógna *f.* (*fam.*) bad luck; jinx: **avere s.**, to be unlucky, to be jinxed (*fam.*); **portare s.**, to bring bad luck; to be unlucky; to be a jinx; to be a hoodoo (*fam. USA*).
scalognàto *a.* (*fam.*) unlucky; jinxed (*fam.*).
scalógno *m.* (*bot.*) shallot; scallion.
scalóne *m.* grand staircase; main stair(s).
scaloppina *f.* (*cucina*) escalope; (*taglio di carne*) cutlet.
scalpellàre *v. t.* to chisel; to chip.
scalpellìno *m.* stonecutter; stonemason.
scalpèllo *m.* ***1*** chisel; (*chir.*) scalpel ***2*** (*scultore*) sculptor • **s. da intagliatore**, scooper □ **s. da sbozzo**, boaster □ **s. tondo**, gouge.
scalpicciàre *v. i.* to shuffle one's feet.
scalpiccìo *m.* shuffle; shuffling.
scalpitàre *v. i.* ***1*** (*di cavallo*) to paw (the ground) ***2*** (*fig.*) to chafe (*o* to champ) at the bit; to be raring to go (*fam.*).
scalpitìo *m.* pawing; stamping; trampling.
scàlpo *m.* scalp.
scalpóre *m.* (*risonanza*) sensation, stir; (*scandalo*) fuss, noise, kerfuffle (*fam.*): **destare** (*o* **fare**) **s.**, to cause a sensation; to make (*o* to create) a stir.
scaltrézza *f.* shrewdness; knowingness; (*astuzia*) astuteness; cunning; craftiness.
scaltrìre ***A*** *v. t.* to sharpen (sb.'s) wits; to wake* (sb.) up ***B*** **scaltrìrsi** *v. i. pron.* to get* wiser; to learn* a thing or two; to wise up (*fam.*); (*diventare esperto*) to become* experienced.
scaltrìto *a.* (*sagace*) shrewd, adroit, quick-witted, knowing; (*esperto*) skilled, skilful.
scàltro *a.* (*accorto*) shrewd, sharp, knowing; (*astuto*) astute, cunning; (*furbo*) artful, sly, crafty.
scalzacàne *m. e f.* (*spreg.*) incompetent; bungler.
scalzàre *v. t.* ***1*** (*una pianta*) to bare the roots of; (*un muro e sim.*) to undermine ***2*** (*fig.*) to oust.
scàlzo *a.* barefoot; barefooted: **andare s.**, to go barefoot.
scambiàre ***A*** *v. t.* ***1*** to exchange; to swap (*fam.*); to swop (*fam.*): **s. un CD con un video**, to exchange a CD for a video; **s. prigionieri**, to exchange prisoners; **s. posto con q.**, to exchange (*o* to swap) seats with sb.; **s. due parole**, to exchange a few words ***2*** (*confondere*) to mistake*; (*prendere una cosa per un'altra*) to take* (st.) by mistake, to take* (st.) instead of: **Lo scambiai per suo fratello**, I mistook him for his brother; **Per chi mi hai scambiato?**, who do you take me for?; **s. il sale per lo zucchero**, to take salt instead of sugar; **s. un libro per un altro**, to take the wrong book; **Mi hanno scambiato il cappotto**, someone took my coat by mistake ***B*** **scambiàrsi** *v. rifl. recipr.* ***1*** to exchange; to swap (*fam.*); to swop (*fam.*): **s. sguardi**, to exchange glances (with sb.) ***2*** (*darsi il cambio*) to change (*o* to swap) places • **s. un bacio**, to kiss □ **s. un saluto**, to say hello (to each other).
scambiévole *a.* mutual; reciprocal.
scàmbio *m.* ***1*** exchange; swap (*fam.*); swop (*fam.*): **fare uno s.**, to make an exchange; **s. di opinioni**, exchange of views; **C'è stato uno s. di ombrelli**, the two umbrellas got mixed up ***2*** (*econ., comm.*) exchange; trading; (*permuta*) trade-off; (*baratto*) barter: **s. di merci**, exchange of goods; **scambi commerciali**, trade Ⓤ; trading Ⓤ; dealings; **libero s.**, free trade; **economia di s.**, exchange economy ***3*** (*Borsa*) exchange; dealings (*pl.*) ***4*** (*ferr.*) points (*pl.*); switch (*USA*) • **s. delle consegne**, mutual handover □ **s. di persona**, case of mistaken identity.
scambista *m.* ***1*** (*Borsa*) stockbroker ***2*** (*ferr.*) pointsman*; switchman* (*USA*).
scamiciàto ***A*** *a.* in one's shirt-sleeves; (*trasandato*) dishevelled, in disarray ***B*** *m.* pinafore dress.
scamosciàto *a.* suede: **guanti scamosciati**, suede gloves; **pelle scamosciata**, chamois leather; shammy; suede.
scampagnàta *f.* trip to the country; outing.
scampanàto *a.* (*moda*) flared; (*di pantaloni, anche*) bell--bottom (*attr.*).
scampanellàre *v. i.* to ring* loudly.
scampanellàta *f.* loud ringing.
scampanìo *m.* pealing of bells.
scampàre ***A*** *v. i.* (*uscire illeso*) to escape; to survive; to come* out alive: **s. alla morte**, to escape death; **s. a un incendio**, to survive a fire ***B*** *v. t.* ***1*** to escape; (*evitare*) to avoid: **s. un pericolo**, to escape danger ***2*** (*salvare*) to save • **scamparla**, to survive □ **scamparla bella**, to have a narrow escape □ **Dio ne scampi!**, God forbid!
scampàto ***A*** *a.* ***1*** (*salvato*) surviving ***2*** (*evitato*) escaped; avoided • **pericolo s.**, danger which has been avoided; lucky escape □ **i passeggeri scampati all'incidente**, the survivors of the accident ***B*** *m.* (*f.* **-a**) survivor.
scàmpo (**1**) *m.* (*fuga*) escape; (*salvezza*) safety; (*via di s.*) way out: **cercare s. nella fuga**, to seek safety in flight; **Non hanno (via di) s.!**, there is no way out for them!; **senza s.**, with no way out; (*fig.*) hopeless (*agg.*) • **Non c'è s.!**, there's no help for it; there's nothing we can do.
scàmpo (**2**) *m.* (*zool.*) Norway lobster; prawn.
scàmpolo *m.* ***1*** remnant; oddment ***2*** (*fig.*) scrap; little bit.
scanalàre *v. t.* to groove; (*archit.*) to flute.
scanalàto *a.* grooved; (*archit.*) fluted.
scanalatùra *f.* groove; (*archit.*) flute, fluting Ⓤ.
scandagliàre *v. t.* ***1*** (*naut.*) to sound; to take* soundings ***2*** (*fig.*) to probe; to sound out.
scandàglio *m.* (*naut.*) ***1*** (*strumento*) (sounding) lead; sounding line: **gettare lo s.**, to cast the lead line ***2*** (*lo scandagliare*) sounding: **fare scandagli**, to take soundings • **s. a ultrasuoni**, echo sounder □ **s. di profondità**, bathometer.
scandalismo *m.* scandalmongery; sensationalism.
scandalìstico *a.* scandalmongering; sensational: **giornalismo s.**, sensational journalism; **stampa scandalistica**, gutter press.
scandalizzàre ***A*** *v. t.* to scandalize; to shock; (*indignare*) to outrage ***B*** **scandalizzàrsi** *v. i. pron.* to be scandalized; to be shocked.
scàndalo *m.* scandal; (*cosa che indigna, anche*) disgrace: **rischiare uno s.**, to risk public scandal; **È uno s. come è tenuto questo posto**, it's a scandal (*o* disgrace) the way they keep this place; **Quel libro è un vero s.**, that book is absolutely scandalous; **fare uno s.**, to create a scandal; **con grande s. di tutti**, much to everybody's horror • **dare s.**, to give scandal; to set a bad example □ **essere di s.**, to cause scandal □ **un film che ha fatto s.**, a highly controversial film □ **gridare allo s.**, to be outraged; to cry shame.
scandalóso *a.* ***1*** scandalous; shocking; (*che indigna*) outrageous, disgraceful ***2*** (*scherz.: enorme*) outrageous; monstruous.
scandinàvo *a. e m.* (*f.* **-a**) Scandinavian (*f.* Scandinavian woman*).
scandìre *v. t.* ***1*** (*versi*) to scan ***2*** (*parole, sillabe*) to articulate; to pronounce clearly; to stress; (*pronunciare ritmicamente*) to chant ***3*** (*fig.: segnare a intervalli*) to mark; to punctuate: **un anno scandito da eventi importanti**, a year marked by a series of important events • (*mus.*) **s. il tempo**, to beat time.
scannàre ***A*** *v. t.* (*uccidere brutalmente*) to slaughter; to butcher ***B*** **scannàrsi** *v. rifl. recipr.* (*accapigliarsi*) to be at

each other's (*o* one another's) throats; to lay* into each other (*o* one another).

scannatóio *m.* slaughterhouse.

scànno *m.* bench; seat; (*di coro*) stall.

scansafatiche *m. e f. invar.* shirker; slacker; skiver (*fam. GB*); goldbrick (*fam. USA*); (*pelandrone*) loafer, layabout.

scansàre ***A*** *v. t.* ***1*** (*spostare*) to move aside; to push aside ***2*** (*evitare*) to avoid, to shun; (*schivare*) to dodge, to ward off; (*sottrarsi a*) to shirk: **s. il pericolo**, to avoid danger; **s. un colpo**, to ward off a blow; (*chinandosi*) to duck a blow; **Tutti lo scansano**, everybody shuns him; **s. una responsabilità**, to shirk a responsibility ***B*** **scansàrsi** *v. rifl.* to stand* aside (*o* off); to get* out of the way; (*chinandosi*) to duck.

scansìa *f.* (*scaffale*) shelf*; (*mobile*) set of shelves; (*per libri*) bookcase.

scansióne *f.* ***1*** (*di versi*) scansion; scanning ***2*** (*di parole, sillabe*) articulation ***3*** (*frequenza*) frequency; (*intervallo*) interval ***4*** (*elettr.*) scanning.

scànso *m.* — **a s. di equivoci**, to avoid (all) misunderstandings.

scantinàto *m.* cellar; (*seminterrato*) basement.

scantonàre *v. i.* ***1*** to turn the corner; to disappear round the corner ***2*** (*fam.*: *svignarsela*) to slip away; to slink* away; to make* oneself scarce (*fam.*) ***3*** (*fam.*: *cambiare argomento*) to change the subject.

scanzonàto *a.* breezy; devil-may-care; free and easy.

scapaccióne *m.* smack; box on the ears • **dare uno s. a q.**, to slap (*o* to smack) sb. □ **prendere q. a scapaccioni**, to box sb.'s ears.

scapestràto ***A*** *a.* wild; wayward ***B*** *m.* (*f.* **-a**) (*scavezzacollo*) scapegrace, madcap; (*dissoluto*) profligate.

scapicollàrsi *v. i. pron.* to run* like mad; (*affrettarsi*) to rush, to break* one's neck (*fam.*).

scapigliàto *a.* ***1*** ruffled; dishovolled ***2*** (*fig.*) disorderly; loose-living; bohemian.

scapitàre *v. i.* to lose*; to lose* out: **Il film ci scapita nel doppiaggio**, the film loses something in the dubbed version; **Perché devo scapitarci io?**, why should I lose out?; why do I have to be the loser?

scàpito *m.* (*perdita*) loss; (*danno*) damage, detriment, prejudice: **a s. della salute**, to the detriment of one's health; **a s. della chiarezza**, at the expense of clarity; **andare a s. di**, to be detrimental to.

scàpola *f.* (*anat.*) shoulder-blade; scapula*.

scapolàre (1) *a.* (*anat.*) scapular.

scapolàre (2) *m.* (*eccles.*) scapular.

scapolàre (3) *v. t.* (*fam.*) to escape • **scapolarla**, to have a close shave; (*cavarsela a buon mercato*) to get off lightly, to get away with it.

scàpolo *m.* bachelor; single (*o* unmarried) man*: **s. impenitente**, confirmed bachelor; **essere s.**, to be single.

scappaménto *m.* ***1*** (*di orologio*) escapement ***2*** (*di motore*) exhaust: **tubo [valvola] di s.**, exhaust pipe [valve].

scappàre *v. i.* ***1*** (*fuggire*) to run* away; to get* away; to escape; to flee*: **s. di casa**, to run away from home; **s. di prigione**, to escape from prison; **s. all'estero**, to flee abroad; **Sono riuscito a s. in tempo**, I managed to get away in time; **Vieni qui, non s.!**, come here, don't run away!; **Scappa!**, run! ***2*** (*andarsene*) to be off; to dash off; to get away; to hurry away: **Sono le 11, devo s.!**, it's 11, I must be off (*o* dash off); **Non vedevo l'ora di s.**, I was dying to get away • **s. di mano**, to slip from one's fingers □ **s. di mente**, to slip one's mind □ **Mi scappò detto** (*o* **Mi lasciai s.**) **che era tornato**, I let slip that he was back □ **Mi scappò da ridere**, I couldn't help laughing □ **Mi scappa la pipì**, I have to go; (*infant.*) I have to do a wee □ **Mi scappò la pazienza**, I lost my patience □ **Non le scappa nulla**, nothing escapes her; she never misses a thing □ **a scappa e fuggi**, hurriedly; in a rush □ **C'è scappato il morto**, somebody got killed □ **lasciarsi s. un lavoro**, to let a job slip between one's fingers; to lose out on a job □ **lasciarsi s. un'occasione**, to miss (*o* to let slip) an opportunity □ **Non si scappa**: **il più bravo è lui!**, there's no getting away from it, he's the best!

scappàta *f.* ***1*** (*breve visita*) flying visit; quick call: **fare una s. da q.**, to drop (*o* to pop) in (to see sb.); to pay a flying visit to sb.; **fare una s. a casa [in centro]**, to pop home [into town] ***2*** (*leggerezza, mancanza*) escapade; caper.

scappatèlla *f.* ***1*** (*amorosa*) casual affair; peccadillo*; fling (*fam.*) ***2*** (*monelleria*) escapade; prank; caper.

scappatóia *f.* way out; loophole; (*pretesto*) excuse.

scappellàrsi *v. rifl.* to take* off (*o* to raise) one's hat (to sb.).

scappellòtto *m.* box on the ear; cuff on the head • **prendere q. a scappellotti**, to box sb.'s ears.

scarabèo *m.* ***1*** (*zool.*) beetle ***2*** (*archeol.*) scarab • (*zool.*) **s. stercorario**, dung beetle.

scarabocchiàre *v. t.* to scribble; to scrawl; (*fare disegnini*) to doodle.

scarabòcchio *m.* ***1*** scribble; scrawl; (*disegnino*) doodle ***2*** (*disegno brutto*) daub ***3*** (*spreg., di persona*) shrimp; runt.

scaracchiàre *v. i.* (*pop.*) to hawk and spit*.

scarafàggio *m.* (*zool.*) cockroach; roach (*fam. USA*).

scaramàntico *a.* warding off ill-luck; propitiatory.

scaramanzìa *f.* — **gesto di s.**, gesture to ward off ill-luck □ **per s.**, for luck □ **Meglio non parlarne per s.**, better not even mention it, just in case.

scaramùccia *f.* skirmish.

scaraventàre ***A*** *v. t.* to fling*; to hurl ***B*** **scaraventàrsi** *v. rifl.* to fling* oneself; to hurl oneself.

scarceràre *v. t.* to release from prison; to set* (sb.) free.

scarcerazióne *f.* release (from prison).

scardinàre *v. t.* ***1*** to unhinge ***2*** (*fig.*) to disrupt; to undermine; to break* up.

scàrica *f.* ***1*** (*di arma da fuoco*) round; burst; (*di più armi*) volley ***2*** (*elettr.*) discharge; (*tra elettrodi*) jump spark ***3*** (*radio*) atmospheric disturbance; (*al pl.*) atmospherics ***4*** (*fig.*) shower; hail: **s. di pugni**, shower of blows.

scaricabarìli *m.* — (*fam.*) **fare a s.**, (*rif. a colpa*) to put the blame on somebody else; (*rif. a responsabilità*) to shuffle off responsibility onto sb. else, to pass the buck (*fam.*).

scaricaménto *m.* unloading.

scaricàre ***A*** *v. t.* ***1*** (*svuotare*) to unload: **s. una nave [un camion]**, to unload a ship [a lorry] ***2*** (*un carico*) to unload, to take* out (*o* off), (*ribaltando un pianale*) to tip; (*rifiuti*) to tip, to dump; (*persone*) to set* down, to let* off: **s. carbone**, to unload coal; **s. i bagagli dall'auto**, to take the luggage out of the car; to unload the car; **s. ghiaia da un camion**, to tip gravel out of a lorry; **s. spazzatura**, to dump rubbish ***3*** (*un'arma*) to unload; (*sparare*) to empty, to discharge ***4*** (*elettr.*) to discharge; to run* down: **s. una batteria**, to run down a battery ***5*** (*svuotare*) to empty: **s. una caldaia**, to empty a boiler ***6*** (*versare, emettere*) to discharge; to let* out ***7*** (*sfogare*) to relieve; to vent: **s. la tensione**, to relieve the tension; to unwind (*fam.*); **s. la propria rabbia su q.**, to vent one's anger on sb. ***8*** (*fam.*: *sbarazzarsi di*) to get* rid of; (*lasciare*) to dump, to ditch: **s. la ragazza**, to ditch one's girlfriend ***9*** (*amm., comm.*) to write* down; to cancel; (*dedurre*) to deduct ***10*** (*elab.*: *programmi*) to download • **scaricarsi la coscienza**, to relieve one's conscience □ **s. bombe**, to drop bombs □ **s. la colpa addosso a q.**, to put the blame on sb. □ **s. improperi su q.**, to heap abuse on sb. □ **s. in mare**, to jettison □ **s. una responsabilità su q.**, to offload a responsibility onto sb. ***B*** **scaricàrsi** *v. rifl. e i. pron.* ***1*** (*anche fig.*) to unburden oneself; to relieve oneself; to free oneself: **s. di un segreto**, to relieve oneself of a secret: **s. di una responsabilità**, to free oneself of a responsibility ***2*** (*sfogarsi*) to give* vent to one's feelings; to let* off steam (*fam.*); (*rilassarsi*) to unwind* ***3*** (*fisiol.*) to relieve oneself ***4*** (*di orologio, batteria, ecc.*) to run* down ***5*** (*di gas*) to escape; (*di acque*) to discharge, to flow ***6*** (*di fulmine*) to strike* (st.); (*di temporale*) to hit* (st.).

scaricatóre *m.* ***1*** (*di porto*) docker; stevedore; longshoreman* (*USA*) ***2*** (*elettr.*) discharger; arrester.

scàrico ***A*** *a.* ***1*** (*non carico*) unloaded; (*vuoto*) empty ***2*** (*di arma da fuoco*) unloaded ***3*** (*di orologio*) run-down ***4*** (*elettr.*) uncharged; (*di batteria*) flat, dead ***B*** *m.* ***1*** (*lo scaricare*) unloading; discharge; (*da un camion*) tipping; (*di rifiuti*) tipping, dumping: **porto di s.**, port of discharge ***2*** (*elettr.*) discharge ***3*** (*mecc.*) exhaust: **valvola di s.**, exhaust valve ***4*** (*di liquido*) draining; (*canale di scolo*) drainage, drain; (*fognatura*) sewer: **acque di s.**, drain water; **tubo di s.**, drainpipe; waste pipe ***5*** (*di gas*) emission; exhaust; (*via di s.*) exhaust, blow-hole: **tubo di s.**, exhaust (pipe); **valvola di s.**, escape valve; **vapore di s.**, exhaust ***6*** (*di rifiuti*) tipping; dumping; (*luogo*) tip, dump ***7*** (*amm., comm.*) cancellation; (*deduzione*) discharge: **bolletta di s.**, discharge receipt ***8*** (*discarico*) defence: **a mio s.**, in my (own) defence; in self-defence • **a s. di coscienza**, to clear one's conscience.

scarlattìna *f.* (*med.*) scarlet fever.
scarlàtto *a. e m.* scarlet.
scarmigliàre *v. t.* to tousle (*o* to ruffle) (*sb.'s hair*); to dishevel.
scarmigliàto *a.* ruffled; tousled; dishevelled.
scarnificàre *v. t.* to strip the flesh off (st., sb.).
scàrno *a.* ***1*** lean; bony; gaunt ***2*** (*spoglio*) bare; (*scarso*) scanty, meagre, poor.
scarógna, scarognàto *V.* **scalogna, scalognato**.
scaròla *f.* (*bot.*) endive.
scàrpa *f.* ***1*** shoe; (*s. alta, stivaletto*) boot: **scarpe a punta**, pointed shoes; **scarpe allacciate** (*o* **chiuse**), lace-up shoes; **scarpe basse**, flat shoes; flatties (*fam.*); **scarpe col tacco alto** [**basso, a spillo**], high-heeled [low-heeled, stiletto-heeled] shoes; **scarpe scollate**, court shoes (*GB*); pumps (*USA*); **scarpe da ginnastica**, training shoes (*GB*); trainers (*GB*); plimsolls (*GB*); sneakers (*USA*); **scarpe di camoscio**, suede shoes; **scarpe di corda**, rope-soled shoes, espadrilles; **numero di s.**, shoe size; **Che numero di s. porti?**, what size of shoe do you take?; **senza scarpe**, shoeless, barefoot; **girare per casa senza scarpe**, to go about the house barefoot (*o* with no shoes on) ***2*** (*fam.*: *persona incapace*) washout; dead loss ***3*** (*edil.*) scarp • (*fig.*) **fare le scarpe a q.**, to oust sb. (fron his post); to stab sb. in the back □ **non essere degno di lustrare le scarpe a q.**, not to be fit to tie sb.'s shoe-laces.
scarpàta *f.* scarp; escarpment.
scarpétta *f.* (light) shoe; (*da bambino*) child's shoe; (*da neonato*) bootee: **scarpette da ballo**, dancing shoes; pumps • **fare la s.**, to clean one's plate with a piece of bread.
scarpièra *f.* shoe cupboard; (*aperta*) shoe rack.
scarpinàre *v. i.* (*fam.*) to tramp; to traipse; to footslog (*GB*).
scarpinàta *f.* (*fam.*) long walk; tramp; trek.
scarponcìno *n.* desert boot; light boot.
scarpóne *m.* (heavy) boot: **scarponi da montagna** [**da sci**], climbing [ski] boots; **scarponi militari**, army boots.
scarrocciàre *v. i.* (*naut.*) to make* leeway.
scarròccio *m.* (*naut.*) drift; leeway.
scarrozzàre ***A*** *v. t.* to drive* (sb.) around; to take* (sb.) for a drive ***B*** *v. i.* to drive* around.
scarrozzàta *f.* drive.
scarrucolàre ***A*** *v. i.* ***1*** (*scorrere*) to run* on a pulley ***2*** (*uscire dalla carrucola*) to slip off a pulley ***B*** *v. t.* to slip (*a rope, etc.*) off a pulley.
scarsaménte *avv.* little; not much; insufficiently; poorly: **s. noto**, little-known; **s. letto**, not much read; **s. illuminato**, poorly lit; **s. popolato**, underpopulated. ATTENZIONE: **scarsamente** ≠ scarcely.
scarseggiàre *v. i.* ***1*** (*essere poco*) to be scarce; to be in short supply; (*diminuire*) to become* scarce, to be running out: **Scarseggia lo zucchero**, sugar is scarce; **Scarseggiavano i viveri**, supplies were running out ***2*** (*essere a corto*) to be short (of); (*rif. a cose astratte*) to lack (st.): **s. di caffè**, to be short of coffee; **s. di buon senso**, to lack common sense.
scarsézza, scarsità *f.* scarcity; shortage; (*mancanza*) lack, want.
scàrso *a.* scarce; scant; scanty; little; (*debole*) faint, weak, poor; (*manchevole*) short, low; (*povero*) poor, lean: **La benzina è scarsa in città**, petrol is scarce in town; **annata scarsa**, lean year; **mezzi scarsi**, scant means; **pubblico s.**, small audience; **luce scarsa**, faint (*o* poor) light; **pasto s.**, poor meal; **s. interesse**, little (*o* scant) interest; lack of interest; **s. in latino**, weak in Latin; **un chilo s.**, barely one kilo; **tre metri scarsi**, barely three metres; a bare three metres.
scartabellàre *v. t.* to flip the pages (of); to look through (st.).
scartafàccio *m.* ***1*** notebook; jotter ***2*** (*spreg.*) tattered book ***3*** (*comm.*) waste book.
scartaménto *m.* (*ferr.*) gauge: **s. normale** [**ridotto**], standard [narrow] gauge • (*fig.*) **a s. ridotto**, limited; curtailed.
scartàre (**1**) *v. t.* (*svolgere*) to unwrap.
scartàre (**2**) *v. t.* ***1*** (*eliminare*) to discard; to reject; (*buttare via*) to throw away: **s. la merce avariata**, to discard damaged goods; **s. una proposta**, to reject a proposal; **s. una possibilità**, to rule out a possibility ***2*** (*giochi di carte*) to discard ***3*** (*mil.*) to declare unfit (for military service).
scartàre (**3**) ***A*** *v. i.* ***1*** (*deviare bruscamente*) to swerve ***2*** (*di cavallo*) to shy ***B*** *v. t.* (*sport*) to sidestep; to dodge.
scartavetràre *v. t.* to sandpaper; to sand.
scartìna *f.* ***1*** (*a carte*) low card ***2*** (*fig. fam.*) small fry; nebbish (*USA*).
scàrto (**1**) *m.* ***1*** (*lo scartare*) discarding ***2*** (*cosa scartata*) discard; reject; (*al pl., collett.*) waste Ⓤ, (*mecc.*) scrap Ⓤ, rejects: **mettere fra gli scarti**, to put on the scrap heap; **scarti di magazzino**, rejects; **merce di s.**, inferior goods ***3*** (*a carte*) discard: **sbagliare lo s.**, to discard the wrong card • **scarti della società**, social misfits.
scàrto (**2**) *m.* ***1*** (*di veicolo*) swerve; (*di cavallo*) shy ***2*** (*differenza*) difference; margin; gap: **pochi centimetri di s.**, a few centimetres' margin: **uno s. di due punti**, a difference of two points; **vincere con uno s. di pochi punti**, to win by a few points ***3*** (*stat.*) deviation; error.
scartocciàre *v. t.* to unwrap.
scartòffie *f. pl.* (*spreg.*) (heap of) papers; (*pratiche di lavoro*) paperwork Ⓤ; (*documenti*) papers.
scassàre (*fam.*) ***A*** *v. t.* (*rompere*) to wreck; to bust ***B*** **scassàrsi** *v. i. pron.* (*rompersi*) to break*; to go* phut (*fam.*).
scassàto *a.* (*fam.*: *rotto*) wrecked, bust; (*malandato*) clapped out, beat-up (*USA*).
scassinaménto *m.* forcing; breaking open.
scassinàre *v. t.* to force; to break* open: **s. una serratura**, to force a lock; **s. una porta**, to force a door; **s. una cassaforte**, to break open a safe.
scassinatóre *m.* (*f.* **-trice**) (*di abitazione*) burglar, housebreaker; (*di negozio*) shopbreaker; (*di banca*) bank robber; (*di cassaforte*) safe-breaker.
scàsso *m.* housebreaking: (*leg.*) **furto con s.**, breaking and entering; housebreaking; burglary.
scatenaménto *m.* outbreak; unleashing.
scatenàre ***A*** *v. t.* ***1*** (*aizzare*) to incite; to stir up ***2*** (*provocare*) to rouse; to provoke; (*dare inizio a*) to trigger, to spark off: **s. risate**, to provoke laughter; **s. una rivolta** [**una guerra**], to spark off a rebellion [a war]; **s. un putiferio**, to create an uproar ***B*** **scatenàrsi** *v. i. pron.* ***1*** (*scoppiare, prorompere*) to break* out; to burst* out: **Si scatenò una rivolta**, a rebellion broke out ***2*** (*attaccare, aggredire*) to go* (for): **Si scatenarono tutti contro di me**, they all went for me ***3*** (*infuriare*) to storm; to rage ***4*** (*sfrenarsi*) to run* wild.
scatenàto *a.* (*fig.*) unbridled; unrestrained; raging; furious; wild • (*fam.*) **diavolo s.**, holy terror □ **pazzo s.**, raving mad.
scàtola *f.* ***1*** box; (*grossa, di cartone*) carton; (*di latta*) tin, can (*USA*); (*astuccio*) case ***2*** (*mecc.*) box; housing; casing: (*autom.*) **s. del cambio**, gearbox casing • (*anat.*) **s. cranica**, brainpan; skull □ **scatole cinesi**, Chinese boxes; nested boxes □ **s. degli attrezzi**, toolkit □ **s. di colori**, paintbox □ (*aeron.*) **s. nera**, black box □ **a lettere di s.**, in block capitals □ **a s. chiusa**, sight unseen: **comprare a s. chiusa**, to buy sight unseen; to buy a pig in a poke (*fam.*) □ (*pop.*) **averne le scatole piene**, to be fed up to one's back teeth □ (*pop.*) **far girare le scatole a q.**, to get sb.'s goat; to get on sb.'s nerves (*o* wick) □ (*di cibi*) **in s.**, tinned (*agg.*); canned (*agg., USA*) □ (*pop.*) **rompere le scatole a q.**, to be a pain in the neck □ (*pop.*) **togliersi dalla scatole**, to clear off; to piss off (*volg.*); (*lasciare in pace*) to get off sb.'s back, to get out of sb.'s hair.
scatolàme *m.* ***1*** boxes (*pl.*); (*lattine*) tins (*pl.*), cans (*pl., USA*) ***2*** (*cibo in scatola*) tinned food; canned food (*USA*).
scatolifìcio *m.* box factory.
scatologìa *f.* scatology.
scatològico *a.* scatological.
scattànte *a.* ***1*** (*veloce*) quick; snappy ***2*** (*agile*) nimble; spry; trim: **vecchietto s.**, spry old man; **figura s.**, trim figure; **motore s.**, trim engine; **con passo s.**, with a spring in one's step ***3*** (*sveglio*) wide-awake; quick off the mark (*pred.*).
scattàre ***A*** *v. i.* ***1*** (*di congegno, molla, ecc.*) to go* off; (*di serratura*) to click, to snap ***2*** (*muoversi rapidamente*) to spring*; (*sbrigarsi*) to jump to it: **s. in piedi**, to spring to one's feet; **s. sull'attenti**, to spring to attention; **s. a sedere**, to sit bolt upright ***3*** (*sport*) to sprint; to spurt ***4*** (*rispondere seccamente*) to snap; (*arrabbiarsi*) to fly* off the handle (*fam.*) ***5*** (*aumentare*) to go* up; to jump ***6*** (*avere inizio*) to start; to kick off (*fam.*); (*entrare in vigore*) to become* effective; (*entrare in azione*) to be triggered • (*di arma*) **s. a vuoto**, to misfire □ **s. come una molla**, to spring up □ **s.**

di grado, to go up a level □ **far s.** (*dare inizio a*), to set off □ **far s. il grilletto**, to pull the trigger □ **far s. un interruttore**, to trip a switch □ **far s. una molla**, to release a spring ***B*** *v. t.* (*fotogr.*) to take*; to snap.

scattìsta *m. e f.* (*sport*) sprinter.

scàtto *m.* ***1*** (*mecc.*: *lo scattare*) release; click; (*dispositivo*) release, trigger; (*molla*) spring: **s. automatico**, (*mecc.*) automatic release; (*fotogr.*) self-timer; **serratura a s.**, spring lock ***2*** (*movimento brusco*) dart; (*sobbalzo*) start, jump; (*balzo*) jump ***3*** (*sport*) sprint; spurt; burst of speed ***4*** (*scoppio emotivo*) outburst; fit; (*impulso*) impulse: **s. d'ira**, outburst (*o* fit) of anger; **s. di generosità**, generous impulse ***5*** (*aumento automatico*) (automatic) increment; rise: **s. di anzianità**, increase (of salary) according to age; **s. di carriera**, promotion ***6*** (*telef.*) unit ***7*** (*di contatore*) tick • **a scatti**, haltingly; jerkily; by fits and starts: **muoversi a scatti**, to move jerkily; **progredire a scatti**, to progress by fits and starts □ **matita a s.**, propelling pen □ **di s.**, suddenly □ **alzarsi di s.**, to spring up □ **aprirsi** [**chiudersi**] **di s.**, to snap open [shut].

scaturìre *v. i.* ***1*** to spring*; to pour; to gush out ***2*** (*derivare*) to result, to flow, to spring*; (*emergere*) to emerge, to come* out.

scavalcàre *v. t.* ***1*** (*disarcionare*) to unhorse; to unsaddle ***2*** (*passare sopra*) to step over; (*arrampicandosi*) to climb over; (*saltando*) to jump over ***3*** (*mettere da parte*) to pass over; (*soppiantare*) to supplant, to oust; (*non rispettare la gerarchia*) to go* over (sb.'s) head ***4*** (*superare*) to get* ahead (of); to overtake*.

scavàre *v. t.* ***1*** to dig*; to bore; (*incavare*) to hollow out: **s. una buca nel terreno**, to dig a hole in the ground; **s. una galleria**, to bore a tunnel; **s. un pozzo**, to sink a well; **s. un tronco**, to hollow out a trunk ***2*** (*portare alla luce*) to excavate, to dig* up; (*in miniera*) to mine ***3*** (*indagare*) to dig*; to delve: **s. nel passato di q.**, to dig into sb.'s past ***4*** (*sartoria*: *allargare*) to widen • **scavarsi la fossa con le proprie mani**, to dig one's own grave.

scavàto *a.* (*incavato*) hollow; sunken.

scavatóre *m.* (*f.* **-trice**) digger.

scavatrìce *f.* (*mecc.*) excavator; digger.

scavezzacòllo *m.* reckless fellow; daredevil; hothead.

scavìno *m.* corer.

scàvo *m.* ***1*** (*lo scavare*) excavation; digging; digging out; (*ind. min.*) mining ***2*** (*archeol.*) excavation ***3*** (*di vestito*: *scollo*) neck-hole; (*di manica*) armhole • **lavori di s.**, digging Ⓤ □ **materiale di s.**, diggings (*pl.*).

scazzàto *a.* (*volg.*) ***1*** (*arrabbiato*) pissed off ***2*** (*annoiato*) cheesed off; browned off.

scàzzo *m.* (*volg.*) ***1*** (*lite*) row; fight ***2*** (*seccatura*) drag.

scazzottàre (*pop.*) ***A*** *v. t.* to punch; to beat* up ***B*** **scazzottàrsi** *v. rifl. recipr.* to have a punch-up.

scazzottàta *f.* (*pop.*) punch-up; dust-up.

scégliere *v. t.* ***1*** to choose*; to pick; (*selezionare*) to pick out, to select: **s. i propri amici**, to choose one's friends; **s. con cura le parole**, to choose one's words carefully; **s. la frutta migliore**, to select the best fruit ***2*** (*preferire*) to choose*; to decide; to prefer; **s. di restare**, to choose to stay • **C'è poco da s.**, there is little to choose from □ **Non c'è che da s.**, you can take your choice □ **Scegli pure!**, take your choice (*o* pick)!

sceìcco *m.* sheik(h).

scelleratàggine, **scelleratézza** *f.* ***1*** (*malvagità*) wickedness; (*mostruosità*) enormity, atrocity ***2*** (*azione da scellerato*) crime; atrocity; enormity.

scelleràto ***A*** *a.* villainous; wicked; iniquitous; atrocious ***B*** *m.* (*f.* **-a**) villain; wicked person.

scellìno *m.* ***1*** (*inglese, non più in uso*) shilling ***2*** (*austriaco*) schilling.

scélta *f.* ***1*** choice; (*opzione*) option, alternative: **fare una s.**, to make a choice; (*sport*) **s. del campo**, choice of ends; **non avere possibilità di s.**, to have no choice ***2*** (*selezione*) selection; (*gamma*) choice, range: **s. di poesie**, selection of poems • **frutta o dolce a s.**, choice of fruit or dessert □ **In omaggio un CD a s.!**, free! a CD of your choice □ **di prima s.**, choice; first-quality; prime □ **A te la s.**, the choice is yours □ **La s. cadde su di me**, I was chosen.

scélto *a.* ***1*** chosen; selected: **poesie scelte**, selected poems ***2*** (*di prima qualità*) choice, first-rate; (*raffinato*) refined, select; (*ben addestrato*) crack: **frutta scelta**, choice fruit; **una compagnia scelta**, a select company; **truppe scelte**, crack troops; **tiratore s.**, crack shot; marksman.

scemàre ***A*** *v. t.* (*ridurre*) to reduce ***B*** *v. i.* (*diminuire*) to diminish; to lessen; to abate; (*indebolirsi*) to weaken; (*accorciarsi*) to shorten, to draw* in; (*declinare*) to decline, to wane; (*scendere*) to drop.

scemàta *f. V.* **scemenza**, *def.* 2.

scemènza *f.* ***1*** stupidity; foolishness; idiocy ***2*** (*azione*) silly thing; something stupid; (*parole*) nonsense Ⓤ, rubbish Ⓤ, drivel Ⓤ (*fam.*): **Hai fatto una bella s.!**, that was a silly thing to do!; **Ho fatto una s.**, I did something stupid; **Ho letto il suo libro**: **una s.**, I've read his book, it's rubbish; **dire scemenze**, to talk rubbish.

scémo ***A*** *a.* stupid; foolish; daft; dumb ***B*** *m.* (*f.* **-a**) stupid; idiot; fool; twit: **fare lo s.**, to be a fool; (*fare il buffone*) to play the fool, to fool around; **fare lo s. con q.**, to fool around with sb.; **Bravo s.!**, more fool you!

scempiàggine *f. V.* **scemenza**.

scémpio (**1**) *a.* (*semplice*) single: (*bot.*) **fiore s.**, single flower.

scémpio (**2**) *m.* (*distruzione*) havoc, destruction; (*massacro*) slaughter; (*rovina*) ruin; (*deturpazione*) defacement: **fare s. di**, to play havoc with; (*massacrare*) to massacre: (*rovinare*) to ruin; (*deturpare*) to deface.

scèna *f.* ***1*** (*teatr.*) scene; (*scenario*) set: **s. d'amore**, love scene; (*cinem.*) **s. di massa**, crowd scene; **La s. è a Londra**, the scene is set in London; **atto primo, s. seconda**, act one, scene two; **cambiamento di s.**, change of scene; **s. spoglia**, bare set; (*cinem.*) **girare una s.**, to shoot a scene ***2*** (*palcoscenico*) stage: **al centro della s.**, in the middle of the stage; **s. vuota**, empty stage; **essere in s.**, to be on stage ***3*** (*al pl.*) (*il teatro*) theatre, theater (*USA*); stage: **abbandonare le scene**, to leave the stage ***4*** (*ambiente, mondo*) scene; world; **la s. politica**, the political scene ***5*** (*luogo di un evento*) scene: **la s. dell'incidente**, the scene of the accident ***6*** (*fatto, episodio*) scene ***7*** (*spettacolo*) scene; sight; view: **una s. di rovine**, a scene of destruction ***8*** (*scenata*) scene; row; (*reazione esagerata*) fuss, carry-on; (*posa*) act, pretence: **fare una s.**, to make a scene; **Quante scene!**, all that fuss! • **s. madre**, (*teatr.*) crucial scene; (*scenata*) (violent) scene; song and dance □ (*teatr.*) **scena muta**, dumb show □ **fare scena muta**, not to answer a single question; to be tongue-tied □ **scene e costumi di...**, sets and costumes by... □ (*teatr.*) **andare in s.**, to be staged; to be performed □ **a s. aperta**, in the middle of a scene; with the curtain up □ **calcare le scene**, to be an actor (*o* an actress) □ **colpo di s.**, coup de théâtre (*franc.*); (*fig.*) unforeseen turn of events □ **dietro le scene**, behind the scenes (*anche fig.*); backstage □ **entrare in s.**, (*teatr.*) to enter; (*fig.*) to come in □ **fare s.**, to make an impression; to look impressive □ **messa in s.**, mise-en-scène (*franc.*); staging; (*fig. fam.*) put-up affair □ **mettere in s.**, to stage; to put on □ (*fig.*) **rientrare in s.**, to make a comeback □ **uscire di s.**, (*di attore*) to go off, to exit; (*fig.*) to leave the scene, to bow out.

scenàrio *m.* ***1*** (*teatr.*) scenery; set ***2*** (*ambiente, sfondo*) background; backdrop ***3*** (*situazione prevedibile*) scenario*.

scenàta *f.* scene; row: **fare una s.**, to make a scene; to kick up a row.

scéndere ***A*** *v. i.* ***1*** (*andare giù*) to go* down; (*venire giù*) to come* down; to get* down; to descend: **salire e s.**, to go up and down; **s. in cantina**, to go down into the cellar; **s. da un albero**, to get down from (*o* to climb down) a tree; **s. di corsa**, to run down ***2*** (*da un veicolo*) to get* off; to alight: **s. dal treno** [**dalla bicicletta**], to get off the train [one's bicycle]; **s. da un'auto**, to get out of a car ***3*** (*fermarsi, prendere alloggio*) to put* up; to stop: **s. a un albergo**, to put up at a hotel ***4*** (*di terreno*) to slope down, to descend, to fall*; (*di fiume*) to run* down: **La strada scendeva ripidamente**, the road descended steeply; **s. dolcemente**, to slope gently; **s. a picco**, to fall sheer ***5*** (*abbassarsi, diminuire*) to come* down; to fall*; to drop: **I prezzi non accennano a s.**, prices show no sign of falling; **La febbre è scesa**, his [her, ecc.] temperature has come down ***6*** (*cadere*) to fall*, to come* down; (*ricadere*) to fall* (over); (*pendere*) to hang*: **Scende la neve**, the snow is falling; **Scese la notte**, night fell; **Il velo le scendeva fino alla vita**, the veil came down to her waist; **I capelli le scendevano sulle spalle**, her hair fell over her shoulders ***7*** (*di astri*) to go* down; to sink* • **s. a compromessi**, to stoop to compromise □ **s. a patti**, to come to terms □ (*naut.*) **s. a terra**, to go ashore □ **s. dal letto**, to get out of bed □ (*fig.*) **s. in basso**, to degrade oneself □ **s. in campo**, (*sport*) to take the field; (*fig.*) to enter the lists □ **s. in piazza**, to come out into the streets; (*dimostrare*) to demonstrate; (*scioperare*) to go on strike, to come out (*GB*) □ **s. in sciopero**, *V. sotto* **sciopero** □ **s. nei particolari**, to go into detail □ **far s. q.**, (*mandarlo giù*) to send sb. down; (*chiamarlo giù*) to call sb. down; (*da un veicolo*) to let sb. off □ **far s. l'acqua per il bagno**, to run a bath ***B*** *v. t.* to go* down; to come* down; to descend: **s. una collina**, to go down a hill; **s. le scale di corsa**, to run down the stairs; to run downstairs.

scendilètto *m. invar.* bedside rug.

sceneggiàre *v. t.* ***1*** (*teatr.*, *TV*) to adapt for the stage [for television]; to dramatize ***2*** (*cinem.*) to script.

sceneggiàto ***A*** *a.* dramatized; adapted ***B*** *m.* (*TV*) TV adaptation (of a novel); serialized version (of a novel); serial.

sceneggiatóre *m.* (*f.* **-trice**) scriptwriter; (*cinem.*) screenwriter.

sceneggiatùra *f.* ***1*** (*teatr.*) adaptation for the stage ***2*** (*cinem.*, *TV*, *radio*) script.

scenétta *f.* ***1*** (*numero comico*) sketch; skit ***2*** (*episodio buffo*) funny incident.

scènico *a.* (*teatr.*) scenic; stage (*attr.*): **effetti scenici**, stage effects; **allestimento s.**, staging.

scenografìa *f.* ***1*** (*arte e tecnica*) stage design ***2*** (*elementi scenici*: *teatr.*) scenery; (*cinem.*) sets (*pl.*).

scenogràfico *a.* ***1*** (*teatr.*) stage, set (*attr.*) ***2*** (*fig.*) spectacular; (*spreg.*) showy, stagy.

scenògrafo *m.* (*f.* **-a**) ***1*** (*teatr.*) stage (*o* set) designer ***2*** (*cinem.*) art director; set designer.

scentràto *a.* (*pop.*) nutty; barmy; whacky (*USA*).

sceriffo *m.* sheriff.

scervellàrsi *v. i. pron.* to rack (*o* to cudgel) one's brains; to puzzle over (st.).

scervellàto ***A*** *a.* brainless; crackbrained; harebrained ***B*** *m.* (*f.* **-a**) crackbrain; madcap.

scésa *V.* **discesa**.

scetticìṣmo *m.* scepticism.

scèttico ***A*** *a.* sceptical ***B*** *m.* (*f.* **-a**) sceptic.

scèttro *m.* ***1*** sceptre ***2*** (*primato*) crown; (*sport*) title.

sceveràre *v. t.* (*lett.*) to separate; (*distinguere*) to distinguish.

scévro *a.* devoid (of); free (from).

schèda *f.* ***1*** card; (*di schedario*) file card: **s. perforata**, punched card; **s. telefonica**, telephone card ***2*** (*anche* **s. elettorale**) ballot paper, voting paper; (*estens.*: *voto*) ballot, vote: **s. bianca**, blank (*o* void) ballot paper; **s. nulla**, spoiled ballot (*o* vote); **spoglio delle schede**, vote count ***3*** (*dossier*) file ***4*** (*relazione*) report ***5*** (*giorn.*) inset; sidebar (*USA*) ● (*elab.*) **s. di espansione**, expansion card □ (*nella scuola*) **s. di valutazione**, report (card) □ **s. personale**, personal file □ **s. segnaletica**, police record □ (*tecn.*) **s. tecnica**, specification (*pl.*).

schedàre *v. t.* to file; to register; to record; (*libri*) to card-index; (*persone*) to keep* a file on: **s. un documento**, to file a document; **s. dati**, to record data.

schedàrio *m.* ***1*** card file; card index; (*catalogo*) catalogue ***2*** (*mobile*) filing cabinet; (*scatola*) card holder ● **s. della polizia**, police records (*pl.*); police files (*pl.*).

schedàto ***A*** *a.* filed; indexed; catalogued; on file (*pred.*); (*su una lista nera*) on the blacklist (*pred.*); (*dalla polizia, ecc.*) on police files, on file ***B*** *m.* (*f.* **-a**) person with a police record.

schedatóre *m.* (*f.* **-trice**) card-compiler; filing clerk.

schedatùra *f.* filing; card-indexing; cataloguing ● **fare la s.**, to card-index; to catalogue.

schedina *f.* (*del totocalcio e sim.*) coupon: **fare la s.**, to fill in a coupon; (*giocare al totocalcio*) to do (*o* to bet on) the pools.

schéggia *f.* ***1*** splinter; sliver; chip ***2*** (*cosa o persona veloce*) shot; bullet.

scheggiàre *v. t.*, **scheggiàrsi** *v. i. pron.* to splinter; to chip.

schelètrico *a.* ***1*** (*anat.*) skeletal; skeleton (*attr.*) ***2*** (*scarno*) skeletal; gaunt; scrawny ***3*** (*ridotto al minimo*) skeletal; skeleton (*attr.*); (*essenziale, spoglio*) bare.

scheletrire ***A*** *v. t.* to reduce to a skeleton ***B*** **scheletrirsi** *v. i. pron.* to be reduced to a skeleton.

scheletrito *a.* ***1*** (*magrissimo*) skeletal; haggard; gaunt ***2*** (*secco, nudo*) bare.

schèletro *m.* ***1*** (*anat.*) skeleton ***2*** (*intelaiatura, ossatura*) skeleton; framework ***3*** (*persona magrissima*) skeleton ***4*** (*schema*) plan; scheme; outline ● **s. nell'armadio**, skeleton in the cupboard (*USA* in the closet) □ **magro come uno s.**, just skin and bones.

schèma *m.* ***1*** outline; (*tracciato*) layout, plan; (*abbozzo*) draft; (*progetto*) plan; (*disposizione*) arrangement, scheme: **lo s. di un libro**, the outline of a book; **s. di bonifica**, reclamation plan; **s. metrico**, metrical scheme ***2*** (*tecn.*, *elettr.*) diagram ***3*** (*modello astratto o normativo*) pattern; mould; norm: **schemi di comportamento**, behavioural patterns; **scemi mentali**, thought-patterns; **non seguire gli schemi convenzionali**, not to fit into the conventional mould; **uscire dagli schemi**, to depart from the norms ● **s. di legge**, bill.

schematicità *f.* schematism.

schemàtico *a.* schematic ● **in modo s.**, schematically; in outline.

schematiṣmo *m.* schematism.

schematizzàre *v. t.* to schematize.

schérma *f.* fencing: **maestro di s.**, fencing master; **tirare di s.**, to fence.

schermàggio *m.* (*fis.*, *radio*) screening; shielding.

schermàglia *f.* skirmish, brush (*anche fig.*); (*botta e risposta*) exchange of words; (*al pl.*) cut and thrust.

schermàre *v. t.* (*anche fis.*, *radio*) to screen; to shield.

schermatùra *f.* ***1*** (*lo schermare*) screening; shielding ***2*** (*schermo*) screen, shield.

schermìre ***A*** *v. t.* to protect; to shield ***B*** **schermirsi** *v. rifl.* ***1*** (*difendersi*) to defend oneself; to protect oneself ***2*** (*sottrarsi*) to evade (st.); to shy away (from): **s. dalle domande**, to evade questions; **All'inizio si schermì, ma poi accettò**, he tried to get out of doing it, but then relented.

schermìstico *a.* (*sport*) fencing (*attr.*).

schermitóre *m.* (*f.* **-trice**) fencer.

schérmo *m.* ***1*** (*protezione*) screen; shield; defence; protection: **farsi s. di q.**, to shield oneself (*o* to hide) behind sb.; **farsi s. agli occhi**, to shield one's eyes ***2*** (*cinem.*, *TV*) screen: **s. panoramico**, wide screen ***3*** (*fotogr.*) filter ***4*** (*elettr.*) shield; screen ***5*** (*mecc.*) baffle ● **apparire sugli schermi**, to be screened □ **divo dello s.**, film (*o* movie) star □ **il grande s.**, the cinema □ **il piccolo s.**, the small screen; television □ **prossimamente sui nostri schermi**, soon (to be shown) in cinemas everywhere.

schermografìa *f.* (*med.*) X-ray ● **essere sottoposto a s.**, to be X-rayed.

schermogràfico *a.* (*med.*) X-ray (*attr.*).

schernìre *v. t.* to mock; to scoff; to sneer at; to jeer at.

schernitóre ***A*** *m.* (*f.* **-trice**) mocker; scoffer; sneerer; jeerer ***B*** *a.* mocking; scoffing; sneering; jeering.

schérno *m.* mockery Ⓤ; derision Ⓤ; sneering Ⓤ ● **aria di s.**, sneer; scornful air □ **essere oggetto di s.**, to be a laughing-stock □ **farsi s. di**, *V.* **schernire** □ **parole di s.**, scornful words; gibes.

scherzàre *v. i.* ***1*** to joke; to be funny: **s. su tutto**, to joke about everything; to turn everything into a joke; **Gli piace s.**, he likes joking (*o* being funny); **Andiamo, scherzavo!**, come on, I was only joking!; **Vuoi s.?**, are you joking?; are you kidding (*USA*) ***2*** (*prendere alla leggera*) to trifle; to make* light (of); (*divertirsi*) to play: **s. con l'amore**, to trifle with love; **s. coi sentimenti di q.**, to play with sb.'s feelings; **s. con una malattia**, not to take an illness seriously; **s. con la morte**, to dice with death ***3*** (*giocare*) to play ● **s. col fuoco**, to play with fire □ **C'è poco da s.**, it's no joke (*o* no laughing matter) □ **Con te non si può mai s.**, you can't take a joke □ **Con lui non si scherza!**, he's not one to be trifled with.

schérzo *m.* ***1*** joke; (*tiro*) practical joke, trick; (*burla, beffa*) hoax: **s. innocente**, harmless joke; **s. di cattivo genere**, joke in bad taste; unpleasant practical joke; **La notizia della bomba era uno s.**, the news of the bomb was a hoax; **fare uno s. a q.**, (*giocare un tiro*) to play a trick on sb.; (*prendere in giro*) to pull sb.'s leg (*fam.*); **Non è uno s.!**, it's no joke! ***2*** (*cosa facile*) child's play; joke; cinch (*fam.*); doddle (*fam.*); breeze (*fam.*) ***3*** (*mus.*) scherzo* ● **scherzi a parte**, joking apart □ (*pop.*) **s. da prete**, stupid practical joke; nasty trick □ **s. della luce**, trick of the light □ **s. di natura**, freak (of nature) □ **Il caldo può giocare brutti scherzi**, the heat can play funny tricks on you (*o* can do funny things to you) □ **Il motore non mi ha mai fatto scherzi**, the engine has never let me down □ **Niente scherzi!**, no joking!; no funny business! □ **per s.**, as a joke; for fun; playfully □ **Dicevo solo per s.**, I was only joking (*o* being funny) □ **senza scherzi** (*sul serio*), joking aside; really; seriously □ **Ti assicuro, senza scherzi**, really, I'm not joking; honestly, no joke (*fam.*) □ **spingere uno s. troppo in là**, to carry a joke too far □ **stare allo s.**, to take a joke □ **volgere q.c. in s.**, to laugh st. off.

scherzosaménte *avv.* ***1*** (*per scherzo*) jokingly; as a joke; in jest ***2*** (*in modo scherzoso*) laughingly; playfully; humorously.

scherzóso *a.* playful; light-hearted; (*faceto*) jocular, humorous: **parole scherzose**, playful words; **tono s.**, light-hearted tone; **risposta scherzosa**, jocular reply.

schettinàre *v. i.* to roller-skate.

schèttino *m.* roller-skate.

schiacciaménto *m.* crushing; squeezing; (*appiattimento*) flattening; (*spiaccicamento*) squashing.

schiaccianóci *m.* nutcracker; nutcrackers (*pl.*).

schiacciànte *a.* crushing; overwhelming; (*travolgente*) sweeping; (*inoppugnabile*) incontestable, unquestionable: **vittoria s.**, overwhelming (*o* sweeping) victory; **prove schiaccianti**, incontrovertible evidence; (*di colpevolezza*) damning evidence.

schiacciapatàte *m. invar.* potato masher; ricer (*USA*).

schiacciàre ***A*** *v. t.* ***1*** (*pestare*) to crush, to squash; (*premere*) to press, to push; (*calpestare*) to tread* on, to stamp on; (*spiaccicare*) to squash; (*ridurre a poltiglia*) to mash; (*appiattire*) to flatten; (*rompere, premendo fortemente*) to crack: **s. un cappello**, to squash a hat; **s. un pulsante**, to press a button; **schiacciarsi un dito nella porta**, to catch a finger in a door; **s. patate**, to mash potatoes; **s. una noce**, to crack a nut; **s. un piede a q.**, to tread on sb.'s foot; **Il cane fu schiacciato da un camion**, the dog was run over by a lorry ***2*** (*sopraffare*) to crush; to overwhelm ***3*** (*sport*) to smash ● **s. un sonnellino**, to take (*o* to have) a nap ***B*** **schiacciàrsi** *v. i. pron.* (*ammaccarsi*) to crush, to get* crushed; (*spiaccicarsi*) to squash, to get* squashed.

schiacciasassi *m.* road roller; steamroller.

schiacciàta *f.* ***1*** (*lo schiacciare*) squeeze; squeezing ***2*** (*sport*) smash; (*pallacanestro*) dunk (shot) ***3*** (*focaccia*) flat bread; flat savoury cake.

schiacciàto *a.* crushed; squashed; (*appiattito*) flattened; (*piatto*) flat: **naso s.**, flat nose ● **morire s.**, to be crushed to death.

schiacciatùra *f.* ***1*** crushing ***2*** (*parte schiacciata*) crushed part; (*ammaccatura*) dent.

schiaffàre (*fam.*) ***A*** *v. t.* to fling*; to slam; to chuck; to slap: **s. q. in prigione**, to fling (*o* to clap) sb. in jail; **s. i libri in un angolo**, to chuck the books in a corner; **Schiaffò i giornali sul tavolo**, he slammed down the papers on the table; **Schiaffaci su un po' di vernice**, slap some paint on it ***B*** **schiaffàrsi** *v. i. pron.* to fling* oneself; to throw* oneself: **s. in poltrona**, to fling oneself into an armchair.

schiaffeggiàre *v. t.* to slap; to smack.

schiàffo *m.* ***1*** slap; smack ***2*** (*smacco, anche* **s. morale**) humiliation; slap in the face ● **faccia da schiaffi**, brazen face □ **prendere q. a schiaffi**, to slap sb.'s face.

schiamazzàre *v. i.* ***1*** (*di oche e sim.*) to cackle, to gaggle, to squawk; (*di scimmie, uccelli*) to chatter ***2*** (*di persone*) to make* a din (*o* a racket).

schiamazzatóre *m.* (*f.* **-trice**) rowdy.

schiamàzzo *m.* ***1*** (*di oche e sim.*) cackle, cackling; (*di scimmie, uccelli*) chattering ***2*** (*di persona*) noise; din; racket ● **schiamazzi notturni**, night-time disturbances; (*leg.*) breach of the peace.

schiantàre ***A*** *v. t.* to break* (*anche fig.*); to crack; (*staccare*) to break* off; (*spaccare*) to split*, to burst*: **s. il cuore a q.**, to break sb.'s heart; **s. un ramo**, to break off a branch; **s. una porta**, to break down a door ***B*** **schiantàrsi** *v. i. pron.* ***1*** (*spezzarsi*) to break* (*anche fig.*); (*spaccarsi*) to split* ***2*** (*abbattersi*) to crash: **s. contro un muro**, to crash into a wall; **s. al suolo**, to crash to the ground.

schiànto *m.* ***1*** crack; crash: **lo s. del tuono**, the crack of thunder; **cadere con uno s.**, to fall with a crash ***2*** (*gran dolore*) great blow: **uno s. al cuore**, a blow to the heart ***3*** (*fam., di cosa o persona*) knockout; smasher: **uno s. di ragazza**, a smashing girl; a knockout; **Sei uno s.!**, you look gorgeous! ● **di s.**, all of a sudden.

schiàppa *f.* duffer; bungler; washout; (*in uno sport*) rabbit (*fam.*).

schiariménto *m.* (*spiegazione*) explanation; elucidation; (*informazione*) information Ⓤ: **ampi schiarimenti**, full explanation.

schiarìre ***A*** *v. t.* ***1*** (*rischiarare*) to brighten; (*un colore*) to lighten; (*sbiadire*) to fade, to bleach ***2*** (*i capelli, tingendoli*) to dye a lighter shade ***3*** (*rendere più limpido*) to clear: **schiarirsi la voce**, to clear one's throat ● **s. un dubbio**, to remove a doubt □ **schiarirsi le idee**, to clear one's head ***B*** *v. i. e* **schiarirsi** *v. i. pron.* ***1*** (*diventare più chiaro*) to grow* lighter; (*sbiadire*) to fade ***2*** (*rischiararsi*) to clear up; (*illuminarsi*) to brighten up, to light* up: **Il cielo si schiariva**, the sky was clearing up; **Si schiarì in viso**, her face brightened up.

schiarìta *f.* ***1*** (*del tempo*) clearing up; brightening up: **segni di s.**, signs of clearing up; **Ci fu una breve s.**, the sky cleared for a while ***2*** (*miglioramento*) improvement; turn for the better; (*in una discussione*) opening.

schiàtta *f.* (*lignaggio*) lineage; descent; (*ceppo*) stock.

schiattàre *v. i.* ***1*** (*scoppiare*) to burst* (with); to be dying (of): **s. d'invidia**, to be dying of envy; to be eating one's heart out; **s. di rabbia**, to be livid ***2*** (*morire*) to die; to drop dead.

schiavịsmo *m.* slave system; slavery.

schiavista ***A*** *a.* slave (*attr.*) ***B*** *m. e f.* ***1*** advocate of slavery ***2*** (*mercante di schiavi*) slave trader; slaver ***3*** (*fig.*) slave driver.

schiavistico *a.* ***1*** slavery (*attr.*); slave (*attr.*): **economia schiavistica**, slave economy ***2*** (*fig.*) tyrannical.

schiavitù *f.* ***1*** slavery: **nato in s.**, born into slavery; born a slave; **ridurre in s.**, to reduce to slavery; (*soggiogare*) to subjugate ***2*** (*fig.*) bondage; thrall; (*dipendenza*) addiction: **la s. della droga**, drug addiction.

schiavịzzàre *v. t.* to treat like a slave.

schiàvo ***A*** *a.* enslaved; slave (*attr.*); (*soggiogato*) subject: **manodopera schiava**, slave labour; **Non voglio essere s. di nessuno**, I don't want to be subject to anybody; **rendere s. q.**, to make a slave of sb.; to enslave; **vendere q. come s.**, to sell sb. into slavery ● **essere s. dell'alcol [del dovere]**, to be a slave to alcohol [to duty] □ **essere s. della droga**, to be a drug-addict □ **s. dei pregiudizi**, prejudice-ridden ***B*** *m.* (*f.* **-a**) slave: **commercio degli schiavi**, slave trade; **mercante di schiavi**, slave-trader ● **lavorare come uno s.**, to work like a slave; to slave.

schièna *f.* back: **un dolore alla s.**, a pain in the (*o* one's) back; **voltare la s. a q.**, (*movimento*) to turn one's back on sb.; (*posizione*) to have one's back turned on sb.; **mal di s.**, backache ● **a s. d'asino**, (*di strada*) cambered; (*di ponte*) humpbacked □ **di s.**, from the back; from behind □ (*fig.*) **rompersi la s.**, to break one's back.

schienàle *m.* back.

schienàta *f.* blow on the back ● **dare una s. a q.c.**, to hit one's back hard against st.

schièra *f.* ***1*** (*mil.*) rank: **le schiere nemiche**, the enemy's ranks ***2*** (*gruppo*) group, party, band; (*folla*) crowd, multitude, swarm; (*fila*) row, rank; (*disposizione ordinata*) arrangement, array: **s. di turisti**, party of tourists; **s. di giornalisti**, crowd of reporters; **s. di sedie**, row of chairs; **disposto a s.**, (arranged) in a row ● **villette a s.**, terraced houses (*GB*); row houses (*USA*).

schieraménto *m.* ***1*** (*mil.*: *lo schierare*) marshalling, drawing up; (*truppe schierate*) formation, lines (*pl.*) ***2*** (*fig.*) front; alignment ***3*** (*sport*) formation; line-up.

schieràre ***A*** *v. t.* ***1*** (*mil.*) to marshal; to draw* up ***2*** (*disporre*) to line up; to range ***3*** (*sport*) to line up ***B*** **schieràrsi** *v. rifl.* ***1*** (*mil.*) to draw* up ***2*** (*disporsi in file, anche fig.*) to line up ***3*** (*parteggiare*) to take* sides; to side: **s. a favore di q.**, to side with sb.; **s. contro q.**, to take sides against sb.

schiettézza *f.* (*sincerità*) sincerity, candour; (*franchezza*) frankness, straightforwardness, openness; (*semplicità*) simplicity.

schiètto *a.* (*puro*) pure, genuine; (*genuino*) genuine, true; (*sincero*) true, sincere; (*franco*) frank, candid, straightforward, open; (*senza peli sulla lingua*) plain-spoken, blunt: **acqua schietta**, pure water; **vino s.**, genuine wine; **risposta schietta**, straightforward (*o* straight, direct) answer; **Sarò s. con te**, I'll be quite frank with you.

schifàre ***A*** *v. t.* ***1*** (*avere a schifo*) to loathe; (*disprezzare*) to look down on, to snub ***2*** (*disgustare*) to disgust; to make* sick: **La politica mi ha schifato**, politics make me sick; I've come to loath politics ***B*** **schifàrsi** *v. rifl.* to loathe (st.); to be disgusted (by).
schifàto *a.* disgusted.
schifézza *f.* ***1*** (*l'essere schifoso*) filthiness; foulness; loathsomeness ***2*** (*cosa schifosa*) disgusting (*o* revolting, foul) thing, filth Ⓤ; (*cosa che non vale*) lousy thing, rubbish Ⓤ: **Questo caffè è una s.**, this coffee is disgusting; **una s. di film**, a lousy film.
schifiltóso *a.* fussy; fastidious; finicky; squeamish.
schifo *m.* repugnance; disgust; (*nausea*) nausea ● **cibo che fa s.**, nauseating food □ **mani che fanno s.**, filthy hands □ **La trippa mi fa s.**, I loathe tripe; tripe turns my stomach □ **«È una buona idea» «Per me fa s.»** «it's a good idea» «I think it stinks» (*fam.*) □ (*iron.*) **Se non ti fa s.**, if it's not too much to ask □ **Che s.!**, how disgusting!; it makes you sick! □ **La partita è stata uno s.**, it was a lousy match.
schifóso ***A*** *a.* ***1*** (*disgustoso*) disgusting; sickening; nauseating; (*sporco*) filthy ***2*** (*pessimo*) dreadful; awful: lousy (*fam.*); gross (*fam. USA*) ***3*** (*fam.*: *esagerato*) outrageous; shameless: **fortuna schifosa**, outrageous good luck ***B*** *m.* (*f.* **-a**) ***1*** disgusting person ***2*** (*persona odiosa*) bastard (*m.*); bitch (*f.*).
schioccàre *v. t. e i.* (*una frusta*) to crack; (*le dita*) to snap, to click; (*le labbra*) to smack; (*la lingua*) to click ● **s. un bacio a q.**, to give sb. a smacking kiss.
schiòcco *m.* (*di frusta*) crack; (*di dita, di ramo spezzato*) snap; (*di labbra*) smack; (*di lingua, di dita*) click.
schiodàre ***A*** *v. t.* to take* the nails out (of); (*mecc.*) to unrivet ***B*** **schiodàrsi** *v. rifl.* (*fam.*) to get* up; to stir; to get* off one's butt (*fam.*).
schiodatùra *f.* (*mecc.*) unriveting.
schioppettàta *f.* shot: **tirare una s. a q.**, to shoot at sb.
schiòppo *m.* gun; (*da caccia*) shotgun ● **È a un tiro di s.**, it's a stone's throw from here.
schisto *e deriv. V.* **scisto** *e deriv.*
schiùdere ***A*** *v. t.* to open (*anche fig.*); to half-open; (*le labbra*) to part ***B*** **schiùdersi** *v. i. pron.* ***1*** to open; to half-open; (*di labbra*) to part; (*di uovo*) to hatch ***2*** (*prospettarsi*) to open up.
schiùma *f.* foam; froth; (*di sapone*) lather; (*di liquido in ebollizione*) scum: **s. della birra**, beer froth; **levare la s. da un liquido**, to skim off the froth [the scum] from a liquid; (*di sapone*) **far s.**, to give a good lather; to lather ● (*miner.*) **s. di mare**, sepiolite; meerschaum □ **avere la s. alla bocca**, to foam (*o* to froth) at the mouth □ **bagno di s.**, bubble bath □ **detersivo a s. frenata**, low-suds washing powder.
schiumàre ***A*** *v. t.* to skim ***B*** *v. i.* to foam; to froth; (*di cavallo*) to lather: **s. di rabbia**, to foam at the mouth.
schiumaròla *f.* skimmer.
schiumògeno ***A*** *a.* foaming ***B*** *m.* ***1*** foaming agent ***2*** (*estintore*) foam extinguisher.
schiumóso *a.* foamy; frothy; (*del sapone*) lathery.
schiùso *a.* open; (*di labbra*) parted.
schivàre *v. t.* (*evitare*) to avoid; to sidestep; (*rifuggire*) to shun; (*scansare*) to dodge: **s. un pedone**, to avoid a pedestrian; **Tutti lo schivano**, everybody shuns (*o* avoids) him; **s. una difficoltà**, to sidestep a difficulty; **s. un colpo**, to dodge a blow; (*chinandosi*) to duck.
schìvo *a.* ***1*** averse (to); shy (of): **s. di lodi**, averse to praise ***2*** (*ritroso*) self-effacing; bashful; shy.
schizofrenìa *f.* (*psic.*) schizophrenia.
schizofrènico *a. e m.* (*f.* **-a**) (*psic.*) schizophrenic.
schizòide *a., m. e f.* (*psic.*) schizoid.
schizzàre ***A*** *v. i.* ***1*** to squirt; to spurt; (*zampillare*) to gush, to jet; (*di olio bollente*) to spit*; (*cadere su*) to spatter ***2*** (*saltare via o fuori*) to shoot*; to spring*; to jump: **s. via**, to shoot off (*o* away); **s. dal letto**, to leap out of bed; **s. fuori**, to shoot out; to dart out ***B*** *v. t.* ***1*** to squirt; to spurt; (*spruzzare, sporcare*) to splash, to spatter, to splatter; (*lanciare fuori*) to shoot* out: **s. acqua dalla bocca**, to spurt water from one's mouth; **s. acqua dappertutto**, to splash water everywhere; **s. inchiostro su q.c.** (*o* **s. q.c. d'inchiostro**), to splatter ink on st.; **s. di fango**, to spatter with mud; **s. veleno**, to spit out poison ***2*** (*assol.*: *fare schizzi*) to splash about ***3*** (*disegnare*) to sketch ● **s. bile**, to be livid □ **con gli occhi che gli schizzavano dalla orbite**, with his eyes popping out of his head ***C*** **schizzàrsi** *v. rifl. e i. pron.* ***1*** to splash oneself; to splash (st.) on oneself ***2*** (*venire macchiato*) to get* splashed.
schizzàto *a.* (*pop.*) jittery; wired (*USA*).
schizzétto *m.* ***1*** (*med.*) syringe for irrigations; spray ***2*** (*giocattolo*) water pistol; squirt gun (*USA*).
schizzinóso *a.* fussy; finicky; fastidious; squeamish.
schìzzo *m.* ***1*** squirt; spurt; (*zampillo*) gush, jet; (*macchia*) spatter, splash ***2*** (*disegno*) sketch ***3*** (*schema*) draft, outline.
sci *m.* ***1*** (*attrezzo*) ski* ***2*** (*sport*) skiing: **sci alpinismo**, ski mountaineering; **sci d'acqua**, water-skiing; **sci di fondo**, cross-country skiing; **scarponi da sci**, ski boots.
scìa *f.* ***1*** (*naut.*) wake ***2*** (*traccia*) trail ● **seguire la s. di q.**, to tread in sb.'s footsteps □ **sulla s. degli ultimi avvenimenti**, in the wake of the latest events.
scià *m.* shah.
sciabécco *m.* (*naut.*) xebec.
sciàbica *f.* (*rete da pesca*) trawl net.
sciàbola *f.* sabre, saber (*USA*).
sciabolàre *v. t.* ***1*** to slash (with a sabre, *USA* sabre) ***2*** (*fig.*) to saw*: **s. l'aria con le braccia**, to saw the air.
sciabolàta *f.* sabre cut; (*anche fig.*) slash: **tirare una s.**, to slash with a sabre.
sciabordàre ***A*** *v. t.* to slosh about ***B*** *v. i.* to wash; to lap.
sciabordìo *m.* washing; lapping.
sciacallàggio *m.* ***1*** (*furto*) looting ***2*** (*sfruttamento di una disgrazia altrui*) exploitation (of other people's misfortunes).
sciacàllo *m.* ***1*** (*zool.*) jackal ***2*** (*saccheggiatore*) looter ***3*** (*sfruttatore di una disgrazia altrui*) exploiterer (of other people's misfortunes); vulture.
sciacquabudèlla *m. invar.* (*spreg.*) wish-wash.
sciacquadita *m. invar.* finger bowl.
sciacquàre *v. t.* to rinse.
sciacquàta *f.* rinse; rinsing; (*lavata veloce*) quick wash.
sciacquatùra *f.* ***1*** rinsing ***2*** (*acqua usata per sciacquare*) rinse-water; rinsings (*pl.*); (*di piatti*) dishwater.
sciacquìo *m. V.* **sciabordio.**
sciàcquo *m.* ***1*** (*med.*) (mouth-)rinsing; gargle; (*il liquido*) mouthwash, gargle ***2*** (*di lavabiancheria*) rinse.
sciacquóne *m.* (toilet) flush ● **tirare lo s.**, to flush the toilet.
sciagùra *f.* ***1*** (*evento disastroso*) disaster, calamity; (*incidente*) accident, disaster, (*scontro, incidente aereo*) crash ***2*** (*disgrazia, rovina*) calamity, ruin; (*maledizione*) curse; (*sfortuna*) misfortune.
sciaguratamènte *avv.* unfortunately; unluckily.
sciaguràto ***A*** *a.* ***1*** (*disgraziato*) wretched; unlucky; unfortunate ***2*** (*disastroso, funesto*) disastrous; calamitous; woeful ***3*** (*malvagio*) wicked; (*criminale*) iniquitous ***B*** *m.* (*f.* **-a**) ***1*** (*persona sventurata*) wretch ***2*** (*persona malvagia*) criminal; scoundrel.
scialacquàre *v. t.* to squander; (*al gioco*) to gamble away; (*sprecare*) to waste: **s. un patrimonio**, to squander (*o* to run through) a fortune; **s. risorse**, to waste resources.
scialacquatóre *m.* (*f.* **-trice**) squanderer; spendthrift.
scialàre *v. i.* ***1*** (*spendere soldi*) to squander money; to throw* (*o* to splash) money about: **s. in abiti e pellicce**, to squander money on clothes and furs; **Da noi non si sciala**, we haven't got money to burn (*o* to throw about) ***2*** (*godersela*) to have the time of one's life.
sciàlbo *a.* ***1*** (*pallido*) pale, wan; (*sbiadito*) faded; (*debole*) weak, dim ***2*** (*fig.*) colourless; dull; flat.
sciàlle *m.* shawl; wrap.
sciàlo *m.* ***1*** (*spreco*) waste; wastage; squandering ***2*** (*prodigalità*) lavishness; (*sfoggio*) display, parade ● **far s. di q.c.**, (*sprecare*) to waste st.; (*abbondare*) to be lavish with st.
scialùppa *f.* (*naut.*) ship's boat; (*di salvataggio*) lifeboat.
sciamannàto *a.* unkempt; slovenly.
sciamàno *m.* shaman.
sciamàre *v. i.* (*anche fig.*) to swarm.
sciàme *m.* ***1*** (*anche fig.*) swarm: **a sciami**, in swarms ***2*** (*fis., astron.*) shower.
sciàmpo *m.* shampoo ● **fare uno s. a q.**, to shampoo sb.'s hair.
sciancàto ***A*** *a.* crippled; (*zoppo*) lame ***B*** *m.* (*f.* **-a**) cripple.
sciancràto *a.* (*di abito*) fitting at the waist.
sciangài *m.* (*gioco*) spillikins; jackstraws.
sciaràda *f.* charade.

sciàre *v. i.* to ski.
sciàrpa *f.* **1** (*da collo*) scarf* **2** (*di funzionario*) sash.
sciàta *f.* run on the skis; skiing Ⓤ.
sciàtica *f.* (*med.*) sciatica.
sciàtico *a.* (*anat.*) sciatic: **nervo s.**, sciatic nerve.
sciatóre *m.* (*f.* **-trìce**) skier.
sciatterìa *f.* (*trasandatezza*) slovenliness; (*negligenza*) carelessness, sloppiness.
sciàtto *a.* (*trasandato*) slovenly; (*negligente*) careless, sloppy; (*malfatto*) slipshod.
sciattóna *f.* slattern; slut.
sciattóne *m.* sloven; slob.
scibile *m.* knowledge.
sciccherìa *f.* (*fam.*) **1** (*l'essere chic*) chic; smartness; snazziness **2** (*cosa chic*) very chic thing; snazzy thing.
sciccóso *a.* (*fam.*) chic; smart; snazzy.
scientemènte *avv.* consciously.
scientìfica *f.* criminal laboratory department; forensic department.
scientificaménte *avv.* scientifically.
scientificità *f.* scientific nature.
scientìfico *a.* scientific.
scièṇza *f.* **1** science: **studiare scienze**, to study science; **uomo di s.**, man of science; scientist **2** (*sapere, dottrina*) knowledge; learning ● **s. delle costruzioni**, construction theory □ **s. delle finanze**, public finance □ **scienze economiche**, economics (*pl. col verbo al sing.*) □ **scienze naturali**, natural science □ **scienze occulte**, occult sciences □ **scienze politiche**, political science (*sing.*).
scienziàto *m.* (*f.* **-a**) scientist.
sciìta *m. e f.* (*relig.*) Shiite; Shia.
scilinguàgnolo *m.* loquacity; talkativeness; glibness ● **avere lo s. sciolto**, to have a glib tongue; to have the gift of the gab (*fam.*).
scimitàrra *f.* scimitar.
scimmia *f.* (*zool.*) monkey; (*antropomorfa*) ape.
scimmiésco *a.* monkey (*attr.*); monkey-like; monkeyish; ape-like; apeish: **muso s.**, monkey-face.
scimmiottàre *v. t.* to ape; to mimic.
scimmiottatùra *f.* aping Ⓤ; mimicry Ⓤ.
scimmiòtto *m.* (*zool.*) young monkey.
scimpanzé *m.* (*zool.*) chimpanzee.
scimunito ***A*** *a.* foolish; stupid ***B*** *m.* (*f.* **-a**) fool; idiot.
scìndere ***A*** *v. t.* **1** (*spezzare*) to split*; to cleave*; to break* up **2** (*separare*) to separate; to divide **3** (*chim.*) to resolve **4** (*fis. nucl.*) to split: **s. l'atomo**, to split the atom ***B*** **scìndersi** *v. i. pron.* to split*; to break* up.
scintigrafia *f.* (*med.*) scintigraphy.
scintilla *f.* (*anche fig.*) spark: **s. di accensione**, ignition spark; **mandare scintille**, to send off sparks; to sparkle; **una s. di interesse**, a spark of interest ● (*fig.*) **fare scintille**, to be a great success; to shine.
scintillànte *a.* sparkling; (*lampeggiante*) flashing; (*luccicante*) glittering, twinkling.
scintillàre *v. i.* **1** (*emettere scintille*) to spark; to give* off sparks **2** (*brillare*) to sparkle; (*lampeggiare*) to flash; (*luccicare*) to glitter, to twinkle.
scintillazióne *f.* (*astron., fis.*) scintillation.
scintillìo *m.* sparkle; glitter.
scintoìṣmo *m.* (*relig.*) Shinto; Shintoism.
scintoìsta (*relig.*) ***A*** *a.* Shintoist; Shinto ***B*** *m. e f.* Shintoist.
scintoìstico *a.* (*relig.*) Shintoist; Shinto.
sciò *inter.* shoo!
scioccaménte *avv.* foolishly; like a fool.
scioccànte *a.* shocking; upsetting.
scioccàre *v. t.* to shock; to upset*.
sciocchézza *f.* **1** (*l'essere sciocco*) silliness; foolishness; stupidity **2** (*azione, parole da sciocco*) foolish (*o* silly, stupid) thing; nonsense Ⓤ: **Non dire sciocchezze!**, don't talk nonsense!; don't be silly!; **Hai fatto una s.**, you did a foolish thing; it was stupid of you to do that; **Quello che ha scritto era solo una s.**, what he wrote was just (a piece of) nonsense **3** (*cosa da nulla*) trifle; (*cosa facile*) child's play, doddle (*fam. GB*), cinch (*fam.*) **4** (*prezzo basso*) next to nothing: **L'ho pagato una s.**, I got it for next to nothing (*o* for a song).
sciòcco ***A*** *a.* silly; foolish ***B*** *m.* (*f.* **-a**) fool; simpleton.
sciògliere ***A*** *v. t.* **1** (*slegare*) to untie, to unfasten, to undo*; (*allentare*) to loosen; (*sbrogliare*) to disentangle: **s. un nodo**, to undo a knot; **s. una cintura**, to unfasten a belt; **s. la cravatta**, to loosen one's tie; **s. i capelli**, to let down one's hair **2** (*liberare*) to free; (*da catene*) to unchain; (*da guinzaglio*) to let* off the leash, to unleash; (*da un obbligo, ecc.*) to release **3** (*risolvere*) to resolve: **s. una difficoltà** [**un dubbio**], to resolve a difficulty [a doubt] **4** (*porre fine a*) to annul; to dissolve; to break* up; (*un'organizzazione*) to disband: **s. un contratto**, to annul a contract; **s. un matrimonio**, to dissolve a marriage; **s. il Parlamento**, to dissolve Parliament; **s. una società**, to break up a partnership; to wind up a company; **s. un club**, to disband a club; **s. una riunione**, to break up (*o* to close) a meeting; **s. una manifestazione**, to break up a demonstration **5** (*adempiere*) to fulfil: **s. una promessa** [**un voto**], to fulfil a promise [a vow] **6** (*fare una soluzione*) to dissolve: **s. lo zucchero nell'acqua**, to dissolve sugar in water **7** (*liquefare*) to melt; to thaw **8** (*rendere agile*) to loosen up: **s. le gambe**, to loosen up one's legs ● **s. la lingua**, to loosen sb.'s tongue □ (*naut.*) **s. gli ormeggi**, to cast moorings □ **s. la riserva**, to agree (to do st.) □ (*naut.*) **s. le vele**, to unfurl the sails ***B*** **sciògliersi** *v. rifl. e i. pron.* **1** (*liberarsi*) to free oneself; (*slegarsi*) to break* loose **2** (*di nodo, ecc.*) to come* loose; to come* undone **3** (*terminare*) to break* up; (*di vicenda*) to come* to an end; (*di accordo, contratto, ecc.*) to be dissolved; (*di riunione, ecc.*) to break* up; (*di società*) to be wound up; (*di organizzazione*) to disband; (*disperdersi*) to scatter **4** (*liquefarsi*) to dissolve; to melt; (*di ghiaccio, neve*) to thaw **5** (*rilassarsi*) to relax; (*parlare*) to open up ● **s. in lacrime**, to burst into tears.
scioglilìngua *m. invar.* tongue-twister.
scioglimènto *m.* **1** dissolution; (*di società*) winding up; (*di riunione*) breaking up; (*di organizzazione*) disbandment: **lo s. del Parlamento** [**di un matrimonio**], the dissolution of Parliament [of a marriage] **2** (*adempimento*) fulfilment **3** (*soluzione*) solution **4** (*il liquefarsi*) melting **5** (*letter.*: *di un intreccio*) dénouement (*franc.*); unravelling.
sciolìna *f.* ski wax.
sciolinàre *v. t.* to wax; to apply ski wax to.
sciolinatùra *f.* (ski-)waxing.
sciòlta *f.* (*fam.*) diarrhoea; (the) runs (*pl., fam.*); (the) trots (*pl., fam.*).
scioltézza *f.* **1** (*agilità*) nimbleness; suppleness **2** (*disinvoltura*) ease; smoothness; (*nel parlare*) fluency: **disegnare con s.**, to draw with ease.
sciòlto *a.* **1** (*slegato*) loose; untied: **capelli sciolti**, loose hair; **lasciare un cane s.**, to leave a dog untied; **fogli sciolti**, loose sheets **2** (*agile*) nimble; supple: **dita sciolte**, nimble fingers **3** (*disinvolto*) easy; smooth; (*di linguaggio*) fluent: **modi sciolti**, easy manner; **stile s.**, smooth style **4** (*libero*) free **5** (*fuso*) melted **6** (*sfuso*) loose; by the litre [the kilo, etc.]: **comprare caramelle sciolte**, to buy sweets loose ● **linee sciolte**, flowing lines □ **lingua sciolta**, ready tongue □ (*letter.*) **versi sciolti**, blank verse Ⓤ.
scioperànte *m. e f.* striker.
scioperàre *v. i.* to strike*; to go* on strike; to come* out (*GB*).
scioperàto ***A*** *a.* idle; (*poltrone*) lazy ***B*** *m.* (*f.* **-a**) idler; good-for-nothing.
sciòpero *m.* strike; walk-out (*fam.*): **s. dei mezzi pubblici** [**delle ferrovie**], transport [rail] strike; **s. dei portuali**, dockers' strike; **essere in s.**, to be on strike; **scendere in s.**, to go on strike; to strike; to come out (*GB*); **Lo s. è rientrato**, the strike has been called off; **proclamare uno s.**, to call a strike ● **s. a oltranza**, all-out strike □ **s. a scacchiera**, staggered strike □ **s. a singhiozzo**, on-off strike □ **s. bianco**, work-to-rule; go-slow □ **s. della fame**, hunger strike □ **s. di solidarietà**, sympathy (*o* sympathetic) strike □ **s. selvaggio**, unofficial (*o* wildcat) strike.
sciorinàre *v. t.* **1** (*esporre*) to display; to spread* out **2** (*riversare*) to pour out: **s. citazioni**, to pour out quotations; **s. nomi**, to rattle off names **3** (*ostentare*) to show off: **s. la propria cultura**, to show off one's knowledge.
sciovìa *f.* (*sport*) ski lift.
sciovinìṣmo *m.* chauvinism; jingoism.
sciovinista *m. e f.* chauvinist; jingoist.
sciovinìstico *a.* chauvinistic; jingoist(ic).
scipitézza *f.* **1** tastelessness; insipidness **2** (*insulsaggine*) vapidity; dullness; silliness.
scipìto *a.* **1** (*insipido*) tasteless; insipid **2** (*insulso*) vapid,

dull; (*sciocco*) foolish, silly, inane.
scippàre *v. t.* (*fam.*) ***1*** to snatch (*sb.'s bag*) ***2*** (*fig.*) to rob.
scippatóre *m.* (*f.* **-trice**) (*fam.*) bag-snatcher.
scippo *m.* (*fam.*) bag-snatching.
sciròcco *m.* ***1*** (*vento*) sirocco* ***2*** (*punto cardinale*) southeast.
sciroppàre *v. t.* to syrup • (*fam.*) **sciropparsi q.** [**q.c.**], to (have to) put up with sb. [st.].
sciroppàto *a.* in syrup.
sciròppo *m.* syrup • **s. per la tosse**, cough syrup (*o* mixture).
sciroppóso *a.* (*anche fig.*) syrupy.
scișma *m.* schism.
scișmàtico ***A*** *a.* schismatic(al) ***B*** *m.* schismatic.
scissióne *f.* ***1*** split; (*divisione*) division ***2*** (*fis., biol.*) fission.
scissionista *m. e f.* (*polit.*) secessionist.
scisso *a.* split; divided.
scissùra *f.* ***1*** (*anat.*) scissure ***2*** (*dissidio*) split; rift.
scisto *m.* (*geol.*) schist; shale.
scistosità *f.* (*geol.*) schistosity.
scistóso *a.* (*geol.*) schistose.
sciupàre ***A*** *v. t.* ***1*** (*rovinare*) to spoil; to ruin: **s. il divertimento**, to spoil the fun; **s. un paio di scarpe**, to ruin a pair of shoes ***2*** (*sprecare*) to waste; to squander: **s. il fiato**, to waste one's breath: **s. un'occasione**, to waste an opportunity ***B*** **sciupàrsi** *v. i. pron.* ***1*** (*rovinarsi*) to get* spoiled; to get* ruined; (*sgualcirsi*) to crease, to get* creased ***2*** (*deperire*) to wear* out • (*iron.*) **Non ti sei certo sciupato!**, you certainly haven't overworked yourself!
sciupàto *a.* ***1*** (*rovinato*) spoiled; ruined; (*sgualcito*) creased; (*consunto*) worn ***2*** (*sprecato*) wasted: **occasione sciupata**, wasted opportunity; **È tempo s.**, it's a waste of time ***3*** (*affaticato*) run-down.
sciupìo *m.* waste; wastage.
sciupóne *m.* (*f.* **-a**) waster; (*scialacquatore*) squanderer, spendthrift.
scivolàre *v. i.* ***1*** to slide*; (*con armonia, dolcemente*) to glide; (*sulla corrente*) to drift; (*sdrucciolare*) to slip; (*muoversi in modo agile, furtivo*) to slide*, to slip: (*sfuggere alla presa*) to slip: **s. sul ghiaccio**, to slide (*o* to slip) on the ice; **s. di mano**, to slip from one's hands; **Gli scivolò un piede e cadde**, he slipped and fell; **s. in una stanza**, to slip into a room ***2*** (*aeron.*) to slip; to slide*: **s. d'ala**, to side-slip; **s. di coda**, to tail-slide • **s. nell'oblio**, to slide into oblivion □ **s. nel ridicolo**, to become ridiculous □ **s. nel sonno**, to drift off to sleep □ **s. verso la guerra**, to drift towards war □ **Il discorso scivolò sull'ultimo film**, the conversation turned to the latest film □ **far s. q.c. nella mano di q.**, to slip st. into sb.'s hand.
scivolàta *f.* ***1*** slide, sliding; (*involontaria*) slip, slipping: **fare una s.**, to slide; to slip ***2*** (*aeron.*) slip; slide: **s. d'ala**, sideslip; **s. di coda**, tail-slide.
scìvolo *m.* ***1*** (*per bambini*) slide ***2*** (*aeron., naut.*) slipway ***3*** (*ind.*) chute.
scivolóne *m.* ***1*** slide; (*caduta*) bad (*o* nasty) fall: **fare uno s.**, to have a bad fall; to slip badly ***2*** (*errore*) bad slip; blunder ***3*** (*sconfitta*) licking; trouncing.
scivolóso *a.* slippery.
sclèra *f.* (*anat.*) sclera.
scleròși *f.* (*med.*) sclerosis*: **sclerosi multipla** (*o* **a placche**), multiple sclerosis.
scleròtica *f.* (*anat.*) sclera.
scleròtico *a.* (*med.*) sclerotic.
sclerotizzare *v. t.*, **sclerotizzàrsi** *v. i. pron.* (*med.*) to sclerose.
scòcca *f.* (*autom.*) body.
scoccàre ***A*** *v. t.* ***1*** to shoot*: **s. una freccia**, to shoot an arrow ***2*** (*le ore*) to strike*: **s. le sette**, to strike seven • **s. un bacio**, to plant a kiss (on sb.'s cheek) □ **s. un'occhiata**, to shoot a glance ***B*** *v. i.* ***1*** (*di congegno a molla*: *scattare*) to be released; to spring* up ***2*** (*balenare*) to flash; to go* off ***3*** (*delle ore*) to strike*: **Sono appena scoccate le due**, it has just struck two; **La sua ora è scoccata**, his hour has come.
scocciànte *a.* (*fam.*) irritating; tiresome; provoking • **faccenda s.**, nuisance; bother □ **Non vorrei essere s., ma...**, I hope I'm not being a bother, but... □ **La cosa s. è che...**, what irritates me (*fam.* what gets on my nerves, what bugs me) is...
scocciàre ***A*** *v. t.* (*fam.*: *irritare*) to irritate, to annoy, to bug (*fam.*); (*dare fastidio*) to bother, to pester; (*annoiare*) to bore ***B*** **scocciàrsi** *v. i. pron.* (*fam.*: *irritarsi*) to be put out; (*stufarsi*) to get* fed up; (*annoiarsi*) to get* bored.
scocciàto *a.* (*fam.*: *irritato*) irritated, put out, miffed (*fam.*); (*stufo*) bored, fed up, cheesed off (*fam.*).
scocciatóre *m.* (*f.* **-trice**) (*fam.*) bore; nuisance; pest; pain in the neck (*fam.*).
scocciatùra *f.* (*fam.*) bore; bother; nuisance; pain (*fam.*); drag (*fam.*).
scodèlla *f.* ***1*** soup plate; (*ciotola*) bowl ***2*** (*contenuto*) bowl(ful).
scodellàre *v. t.* ***1*** to ladle out; to dish up; to serve up ***2*** (*fig.*) to pour out • (*fam.*) **s. un altro figlio**, to have another baby; to produce another child.
scodinzolàre *v. i.* ***1*** to wag one's tail ***2*** (*dimenarsi camminando*) to sway one's hips • **s. intorno a q.**, to suck up to sb.; to make up to sb.
scodinzolìo *m.* wagging (of the tail).
scoglièra *f.* cliff; rocks (*pl.*); (*a fior d'acqua*) reef.
scòglio *m.* ***1*** rock ***2*** (*fig.*) stumbling-block; obstacle • **banco di scogli**, reef.
scoiàttolo *m.* (*zool.*) squirrel.
scolabottìglie *m. invar.* bottle-rack.
scolapàsta *m. invar.* colander.
scolapiàtti *m.* dish drainer; (*a rastrelliera*) draining rack.
scolaposàte *m. invar.* cutlery drainer.
scolàra *V.* **scolaro**.
scolàre (**1**) ***A*** *v. i.* to drip; to drain ***B*** *v. t.* ***1*** to drain dry; (*con un colino*) to strain ***2*** (*bere fino in fondo*) to drain: **scolarsi una bottiglia di vino**, to drain a bottle of wine.
scolàre (**2**) *a.* school (*attr.*): **età s.**, school age.
scolarésca *f.* pupils (*pl.*); students (*pl.*); (*di una classe*) class.
scolarità *f.* school attendance.
scolarizzàre *v. t.* to educate.
scolarizzazióne *f.* schooling; education.
scolàro *m.* (*f.* **-a**) schoolboy (*f.* schoolgirl); (*alunno*) pupil; (*discepolo*) disciple. ATTENZIONE: **scolaro** ≠ scholar.
scolàstica *f.* (*filos.*) scholasticism.
scolàstico ***A*** *a.* ***1*** (*della scuola*) educational; school (*attr.*): **anno s.**, school year; **riforma scolastica**, school (*o* educational) reform; **consiglio s.**, school board; **aula scolastica**, classroom ***2*** (*spreg.*) formal; bookish ***3*** (*filos.*) scholastic ***B*** *m.* (*filos.*) scholastic; Schoolman*.
scolatóio *m.* draining board; drainer.
scolìòși *f.* (*med.*) scoliosis*.
scollacciàto *a.* ***1*** (*di abito*) very low-cut; décolleté (*franc.*) ***2*** (*di persona*) wearing a low-necked dress ***3*** (*fig.*) bawdy; risqué.
scollàre (**1**) *v. t.* (*un abito*) to cut* out the neck in • **s. a punta**, to cut a V-neck in.
scollàre (**2**) ***A*** *v. t.* ***1*** (*staccare*) to unglue; to unstick* ***2*** (*fam.*: *allontanare*) to drag away ***B*** **scollàrsi** *v. i. pron.* ***1*** to come* unstuck; to come* off ***2*** (*fam.*: *allontanarsi*) to drag oneself away.
scollàto (**1**) *a.* ***1*** (*di abito*) low-necked; low-cut; décolleté (*franc.*) ***2*** (*di persona*) wearing a low-necked dress • **s. a punta**, V-necked □ **s. sulla schiena**, cut low at the back □ **scarpa scollata**, court shoe (*GB*); pump (*USA*).
scollàto (**2**) *a.* (*staccato*) unglued; unstuck.
scollatùra (**1**) *f.* (*di abito*) neckline; neck: **s. profonda**, plunging neckline; **s. a punta**, V-neck; **s. tonda**, round neck.
scollatùra (**2**) *f.* (*lo staccarsi*) unglueing; unsticking.
scòllo *V.* **scollatura** (**1**).
scólo *m.* ***1*** draining; drainage ***2*** (*liquido*) waste water ***3*** (*med., pop.*) clap.
scolopèndra *f.* (*zool.*) scolopendra.
scoloràre, **scoloràrsi** *V.* **scolorire**, **scolorirsi**.
scoloriménto *m.* discolouring; fading.
scolorìna *f.* ink remover.
scolorìre ***A*** *v. t.* to discolour; to fade ***B*** *v. i. e* **scolorìrsi** *v. i. pron.* to discolour; to lose* colour; (*sbiadire, anche fig.*) to fade; (*impallidire*) to grow* pale.
scolorìto *a.* ***1*** discoloured; (*sbiadito*) faded; (*smorto*) pale, wan ***2*** (*debole, vago*) faded; dim; faint.
scolpìre *v. t.* ***1*** (*modellare*) to sculpture; to sculpt; (*intagliare*) to carve; (*incidere*) to engrave, to carve: **s. una statua**, to sculpt a statue; **s. una testa in legno**, to carve a head out of wood; **s. il proprio nome su un tronco**, to carve

one's name on a tree trunk *2* (*imprimere*) to engrave; to impress.

scolpito *a.* *1* sculpted; (*intagliato*) carved; (*inciso*) graven, engraved, carved *2* (*impresso*) engraved; impressed; stamped; fixed.

scombinàre *v. t.* *1* (*mettere in disordine*) to mix up; to upset*; to mess up *2* (*mandare a monte*) to upset*; to rattle; to disrupt.

scombinàto *A* *a.* messy; muddled up; confused *B* *m.* (*f.* **-a**) muddle-head.

scómbro *m.* (*zool.*) mackerel.

scombussolaménto *m.* *1* (*lo scombussolare*) upsetting; disrupting; muddling *2* (*effetto dello scombussolare*) upsetting effect; disruption: **lo s. del viaggio**, the upsetting effect of the journey; **s. di piani**, disruption of plans.

scombussolàre *v. t.* to upset*; to disrupt.

scomméssa *f.* *1* bet; wager: **fare una s.**, to make (*o* to have) a bet; to bet; **il mondo delle scommesse**, the world of betting; **fare q.c. per s.**, to do st. for a bet *2* (*posta*) bet; stake.

scommèttere *v. t.* to bet*; to stake (st.); (*assol.*) to make* a bet; to lay* one's bet (on): **Scommisi con lui diecimila lire che ci sarei riuscito**, I bet him ten thousand lire I would make it; **Scommetto quello che vuoi che non lo sai**, I bet you anything you don't know; **s. alle corse** (*di cavalli*), to bet on horses; **Ho scommesso sul baio**, I've backed the bay; **Scommettiamo!**, let's bet on it!; **Puoi scommetterci!**, you bet! (*fam.*).

scommettitóre *m.* (*f.* **-trice**) better, bettor; (*sui cavalli*) punter.

scomodàre *A* *v. t.* to disturb; to trouble; to bother • **Non occorre s. Freud per spiegare quel sogno**, you don't need Freud to explain the dream *B* **scomodàrsi** *v. rifl.* to trouble (oneself); to bother: **Grazie, ma non dovevi scomodarti**, thanks, but you shouldn't have troubled yourself; **Non si è scomodato a venire**, he didn't bother to come; **Non voglio che tu ti scomodi per me**, I don't want to give you any trouble; **Non si scomodi, ci passo**, don't get up, I can get past (*o* through).

scomodità *f.* uncomfortableness; discomfort; (*situazione scomoda*) inconvenience, nuisance, bother: **la s. di una sedia**, the uncomfortableness of a chair; **la s. di dover stare in piedi**, the discomfort of having to stand; **la s. di non avere una macchina**, the inconvenience (*o* nuisance) of not having a car; **Abitare in centro ha le sue s.**, living in the town centre can be inconvenient.

scòmodo *a.* *1* uncomfortable; (*disagevole*) inconvenient, awkward: **sedia [posizione] scomoda**, uncomfortable chair [position]; **Sto s.**, I feel uncomfortable; I'm not sitting comfortably; **a un'ora scomoda**, at an inconvenient time; **Ti è s. passarmi a prendere?**, is it inconvenient for you to pick me up?; **s. da trasportare**, awkward to carry *2* (*che crea problemi*) difficult; awkward; troublesome: **persona scomoda**, difficult (*o* awkward) person; **vicini scomodi**, troublesome neighbours.

scompaginàre *A* *v. t.*, to upset*; to disrupt; to break* up *B* **scompaginàrsi** *v. i. pron.* (*disgregarsi*) to break* up; to fall* apart.

scompaginàto *a.* *1* (*di libro*) with loose pages *2* (*disgregato*) disordered; in disarray.

scompagnàto *a.* unmatched; (*spaiato*) odd.

scomparire *v. i.* *1* to disappear; to vanish *2* (*non risaltare*) not to show* up; to be lost; (*di persona*) to look insignificant *3* (*fare cattiva figura*) to be shown up *4* (*morire*) to die; to pass away.

scompàrsa *f.* *1* disappearance *2* (*fine*) passing; (*estinzione*) extinction *3* (*morte*) death; demise (*form.*) • **letto a s.**, foldaway bed.

scompàrso *A* *a.* vanished; (*introvabile*) missing; (*estinto*) extinct *B* *m.* (*f.* **-a**) *1* missing person *2* (*defunto*) dead person; departed (*form.*).

scompartiménto *m.* (*ferr.*) compartment.

scompàrto *m.* compartment; section.

scompensàre *v. t.* *1* to unbalance *2* (*med.*) to cause decompensation in.

scompènso *m.* *1* lack of balance *2* (*med.*) decompensation.

scompigliàre *A* *v. t.* (*mettere in disordine*) to throw* into confusion, to mess up (*fam.*); (*sconvolgere*) to upset*; (*confondere*) to confuse; (*scarmigliare*) to ruffle, to muss (*USA*) *B* **scompigliàrsi** *v. i. pron.* to become* confused; (*di capelli*) to get* ruffled; to get* mussed (*USA*).

scompìglio *m.* (*disordine*) confusion, mess; (*trambusto*) commotion, stir, bustle; (*caos*) bedlam: **gettare nello s.**, to throw into confusion; **creare s.**, to create confusion.

scompisciàrsi *v. i. pron.* (*fam.*) — **s. dalle risa**, to split one's sides with laughter; to be in stitches.

scomponìbile *a.* *1* decomposable *2* (*smontabile*) that can be dismantled; (*modulare*) modular.

scompórre *A* *v. t.* *1* (*dividere*) to divide, to separate, to break* up; (*smontare*) to take* apart (*o* to pieces), to dismantle: **s. una parola in sillabe**, to divide a word into syllables; (*fis.*) **s. la luce**, to separate light; **s. una libreria**, to dismantle a set of shelves *2* (*scompigliare*) to throw* into disorder; to disarrange; to ruffle: **s. i capelli**, to ruffle (sb.'s) hair *3* (*turbare*) to upset*, to ruffle; (*alterare*) to distort: **Nulla lo s.**, nothing ruffles him; **s. i lineamenti**, to distort (sb.'s) features *4* (*chim.*) to decompose *5* (*mat., in fattori*) to factorize *B* **scompórsi** *v. i. pron.* *1* (*scindersi*) to break* up *2* (*agitarsi*) to lose* one's composure; to get* upset; to get* ruffled: **senza s.**, without losing one's composure; without turning a hair (*fam.*); unperturbed (*pred.*); **È uno che non si scompone mai**, he never gets ruffled; he's quite unflappable (*fam.*) *3* (*chim.*) to decompose.

scomposizióne *f.* *1* breaking up; (*divisione*) division, splitting up *2* (*chim.*) resolution *3* (*mat., in fattori*) factorization.

scompostézza *f.* *1* lack of composure *2* (*indecorosità*) unbecomingness; unseemliness.

scompósto *a.* *1* (*indecoroso*) unbecoming; unseemly: **sedere s.**, to sit in an unbecoming position; to slouch; **gesti scomposti**, wild gestures *2* (*disordinato*) untidy; (*scarmigliato*) dishevelled *3* (*sconnesso*) disconnected; incoherent.

scomùnica *f.* *1* (*eccles.*) excommunication *2* (*condanna*) anathema; (*sconfessione*) repudiation.

scomunicàre *v. t.* *1* (*eccles.*) to excommunicate *2* (*condannare*) to anathematize; (*sconfessare*) to repudiate.

scomunicàto *m.* (*eccles.*) excommunicate.

sconcertànte *a.* disconcerting; puzzling; baffling; bewildering.

sconcertàre *v. t.* *1* (*lasciare perplesso*) to disconcert; to puzzle; to baffle; to take* aback *2* (*turbare*) to upset*; to bewilder.

sconcertàto *a.* disconcerted; puzzled; bewildered.

sconcèrto *m.* disconcertment; bewilderment.

sconcézza *f.* *1* indecency; obscenity *2* (*cosa sconcia*) indecency; obscenity; filth Ⓤ; smut Ⓤ • **dire sconcezze**, to use foul (*o* smutty) language.

sconciàre *v. t.* to spoil; to ruin; to deface.

scóncio *A* *a.* indecent; obscene *B* *m.* (*cosa vergognosa*) disgrace; (*cosa fatta male*) botch-up.

sconclusionàto *A* *a.* *1* (*che conclude poco*) ineffectual *2* (*sconnesso*) incoherent; (*divagante*) rambling *B* *m.* (*f.* **-a**) ineffectual person.

scondito *a.* plain; unseasoned; (*di insalata*) undressed.

sconfessàre *v. t.* *1* (*ritrattare*) to repudiate, to recant; (*rinnegare*) to renege on *2* (*smentire*) to repudiate; to disavow.

sconfessióne *f.* *1* (*ritrattazione*) repudiation; recantation *2* (*smentita*) disavowal; disclaimer.

sconficcàre *v. t.* to extract; to pull out.

sconfìggere *v. t.* *1* to defeat *2* (*eliminare*) to conquer; to vanquish; to eliminate: **s. il cancro [l'inflazione]**, to conquer cancer [inflation]; **s. la disoccupazione**, to eliminate unemployment.

sconfinaménto *n.* *1* (*oltre frontiera*) crossing the border; border violation; (*in territorio altrui*) trespassing *2* (*fig.*) exceeding the limits; encroachment; (*il divagare*) straying.

sconfinàre *v. i.* *1* (*oltre frontiera*) to cross the border; (*in territorio altrui*) to trespass (on) *2* (*fig.*) to exceed the limits (of); to encroach (on); (*divagare*) to stray (from).

sconfinàto *a.* boundless; unlimited; unbounded: **l'oceano s.**, the boundless ocean; **ambizione s.**, unlimited ambition; **gioia sconfinata**, unbounded joy.

sconfitta *f.* *1* defeat *2* (*eliminazione*) elimination: **la s. del vaiolo**, the elimination of smallpox.

sconfitto *A* *a.* defeated; vanquished • **dichiararsi s.**, to acknowledge one's defeat; to admit defeat *B* *m.* defeated person; (*perdente*) loser.

sconfortànte *a.* discouraging; disheartening.
sconfortàre ***A*** *v. t.* to discourage; to dishearten ***B*** **sconfortàrsi** *v. i. pron.* to get* discouraged; to get* disheartened; to lose* heart.
sconfortàto *a.* discouraged; disheartened; dejected.
sconfòrto *m.* discouragement; dejection.
scongelaménto *m.* ***1*** thawing (out); defrosting ***2*** (*fig.*) unfreezing.
scongelàre *v. t.* ***1*** to thaw (out); to defrost ***2*** (*fig.*) to unfreeze*.
scongiuràre *v. t.* ***1*** (*supplicare*) to implore; to entreat; to beseech* ***2*** (*evitare*) to avoid; to avert: **s. un incidente**, to avoid an accident; **s. il pericolo di q.c.**, to avert the risk of st.
scongiùro *m.* ***1*** (*esorcismo*) exorcism ***2*** (*formula*) spell • **fare gli scongiuri**, to touch wood □ **Facciamo gli scongiuri!**, touch wood!; perish the thought!
sconnessióne *f.* disconnectedness; (*fig.*) disjointedness, incoherence.
sconnèsso *a.* disconnected; (*fig.*) disjointed, incoherent.
sconnèttere *v. t.* to disconnect; to disjoint.
sconosciùto ***A*** *a.* (*non noto*) unknown, unfamiliar; (*non identificato*) unidentified; (*senza nome*) nameless; (*oscuro*) obscure: **regione sconosciuta**, unknown region; **facce sconosciute**, unfamiliar faces; **virus s.**, unidentified virus ***B*** *m.* (*f.* **-a**) ***1*** stranger; unknown: **illustre s.**, complete unknown ***2*** (*leg.*) person unknown.
sconquassàre *v. t.* ***1*** (*sfasciare*) to shake* to pieces, to battor; (*rovinare*) to destroy, to wreck ***2*** (*scombussolare*) to upset*; to shake* up.
sconquassàto *a.* ***1*** battered; (*rovinato*) ruined, wrecked ***2*** (*scombussolato*) upset, shaken.
sconquàsso *m.* ***1*** (*rovina*) destruction ***2*** (*caos*) havoc; disruption; shambles.
sconsacràre *v. t.* to deconsecrate.
sconsacrazióne *f.* deconsecration.
sconsideratézza *f.* (*imprudenza*) imprudence; (*sbadataggine*) thoughtlessness; (*avventatezza*) rashness.
sconsideràto *a.* (*incauto*) ill-judged, ill-advised; injudicious; (*sbadato*) thoughtless; (*avventato*) rash, incautious.
sconsigliàbile *a.* unadvisable.
sconsigliàre *v. t.* to advise (sb.) against (st.); not to recommend; to try to dissuade (from): **Mi sconsigliò di vendere**, he advised me against selling; **Ti sconsiglio quel colore**, I wouldn't recommend that colour for you.
sconsolàto *a.* disconsolate; dejected; (*desolato*) desolate; (*triste*) sad.
scontàbile *a.* (*comm.*) discountable.
scontàre *v. t.* ***1*** (*comm.*) to discount ***2*** (*dedurre*) to deduct ***3*** (*praticare un ribasso*) to reduce; to knock off ***4*** (*espiare*) to do* penance for; to pay* for; (*in carcere*) to serve: **s. un peccato**, to do penance for a sin; **s. una condanna**, to serve a sentence; **La sconterai!**, you'll pay for this!
scontàto *a.* ***1*** (*comm.*) discounted ***2*** (*ribassato*) reduced; discounted: **prezzi scontati**, reduced prices; **articolo s.**, discounted article ***3*** (*espiato*) paid for; atoned for; (*di pena detentiva*) served ***4*** (*previsto*) expected; foregone: **risultato s.**, foregone conclusion ***5*** (*prevedibile, banale*) stock: **frasi scontate**, stock phrases • **dare per s.**, to take for granted.
scontentàre *v. t.* to displease; to dissatisfy; (*deludere*) to disappoint.
scontentézza *f.* discontent; dissatisfaction.
scontènto ***A*** *a.* discontented; dissatisfied; displeased; (*deluso*) disappointed ***B*** *m.* ***1*** discontented person; malcontent ***2*** (*scontentezza*) discontent; dissatisfaction.
scontìsta *m. e f.* (*comm.*) discount broker; discounter.
scónto *m.* (*comm.*) ***1*** (*banca*) discount ***2*** (*detrazione*) discount, deduction; (*abbuono*) allowance; (*riduzione, ribasso*) abatement, rebate: **uno s. del 10%**, a 10% discount; **fare uno s.**, to give a discount ***3*** (*pagamento*) payment.
scontràre ***A*** *v. t.* (*urtare*) to knock; to knock against; to bump into ***B*** **scontràrsi** *v. i. pron.* ***1*** (*venire a battaglia*) to clash (with); to encounter (sb.) ***2*** (*urtare con violenza*) to collide (with), to crash (into).
scontrìno *m.* ticket; check (*USA*); slip: **s. di cassa**, cash slip.
scóntro *m.* ***1*** (*combattimento*) encounter; clash; fight: **s. a fuoco** gunfight; shooting; shoot-out ***2*** (*collisione*) collision; crash: **s. ferroviario**, railway crash; **s. frontale**, head-on collision ***3*** (*contrasto d'opinioni*) clash; (*s. verbale*) dispute, altercation.
scontrosità *f.* (*poca socievolezza*) sullenness, moroseness; (*brutto carattere*) surliness; (*permalosità*) touchiness, testiness.
scontróso *a.* (*poco socievole*) sullen, morose, unsociable; (*bisbetico*) surly; (*permaloso*) touchy, testy.
sconveniènte *a.* (*disdicevole*) improper; unbecoming; unseemly; indecorous.
sconveniènza *f.* ***1*** (*disdicevolezza*) unbecomingness; unseemliness; indecorousness ***2*** (*atto sconveniente*) breach of manners; discourtesy.
sconvolgènte *a.* upsetting; disturbing; shocking; devastating.
sconvòlgere *v. t.* ***1*** to upset*; to throw* into confusion; to disrupt: **s. i piani di q.**, to upset sb.'s plans; **s. l'ordine delle cose**, to disrupt the order of things ***2*** (*devastare*) to ravage; to devastate: **La guerra sconvolse il paese**, the country was ravaged by war ***3*** (*turbare*) to upset* badly; to shake*; to shatter; (*squilibrare*) to derange: **La notizia lo sconvolse**, the news upset him badly; **La sua morte mi ha sconvolto**, I was shattered by his death; **s. la mente a q.**, to derange sb.'s mind.
sconvolgiménto *m.* ***1*** upsetting Ⓤ; disruption; upheaval; subversion: **la s. di tutti i miei piani**, the upsetting of all my plans; **s. del traffico**, disruption of traffic; **s. politico**, political upheaval ***2*** (*devastazione*) ravaging Ⓤ; ravages (*pl.*); devastation ***3*** (*turbamento*) shock; distraction • **s. tellurico**, earthquake.
sconvòlto *a.* ***1*** upset; disrupted; subverted ***2*** (*devastato*) ravaged; devastated ***3*** (*turbato*) badly upset; shocked; distracted; shattered; beside oneself (*pred.*); (*squilibrato*) deranged: **Aveva la faccia sconvolta**, he looked badly upset (*o* shattered); **s. dal dolore [dalla paura, dall'ira]**, beside oneself with grief [fear, rage]; **mente sconvolta**, disturbed (*o* deranged) mind.
scoordinàto *a.* uncoordinated; disjointed.
scoordinazióne *f.* lack of coordination.
scooter (*ingl.*) *m. invar.* (motor) scooter.
scópa *f.* broom: **manico di s.**, broomstick.
scopàre *v. t.* ***1*** to sweep* (with a broom) ***2*** (*volg.*) to bang; to bonk; to screw.
scopàta *f.* ***1*** sweep ***2*** (*volg.*) bang; bonk.
scoperchiàre ***A*** *v. t.* to take* the lid off; to uncover; (*un edificio*) to remove the roof of, (*del vento*) to blow* the roof off ***B*** **scoperchiàrsi** *v. i. pron.* to be uncovered; (*di edificio*) to lose* the roof.
scopèrta *f.* ***1*** discovery; (*individuazione*) detection: **fare una s.**, to make a discovery; **la s. del colpevole**, the detection of the culprit ***2*** (*cosa o persona scoperta*) find • **andare alla s. di q.c.**, to go in search of st.; to set out to find st. □ (*iron.*) **Bella s.!**, aren't you clever!; so what's (*o* what else is) new!
scopèrto ***A*** *a.* (*non coperto*) uncovered; open; bare; (*non riparato*) unsheltered, exposed; (*senza tetto*) without a roof, roofless: **auto scoperta**, open car; **fogna scoperta**, open drain; **capo s.**, bare head; **posizione scoperta**, exposed position • **assegno s.**, uncovered cheque □ (*comm.*) **conto s.**, overdrawn account □ **posto** (*di lavoro*) **s.**, vacancy □ **Si vide s.**, he realized he had been found out ***B*** *m.* ***1*** — **dormire allo s.**, to sleep in the open air; **uscire allo s.**, to come out into the open; **agire allo s.**, to act openly ***2*** (*banca, anche* **s. di conto**) overdraft • (*banca*) **trarre allo s.**, to overdraw one's account □ (*Borsa*) **vendita allo s.**, short sale.
scopiazzàre *v. t.* to copy; to plagiarize; to crib (*fam.*); (*imitare*) to copycat (*fam.*).
scopiazzatùra *f.* plagiarizing Ⓤ; piece of plagiarism: **È una s.**, it's a piece of plagiarism; it's been plagiarized.
scòpo *m.* (*fine*) aim; end; (*obiettivo*) object, purpose; (*motivo*) reason, point: **prefiggersi uno s.**, to set oneself a goal; **raggiungere il proprio s.**, to achieve one's ends; to reach one's aim; **non raggiungere il proprio s.**, to fail in one's purpose; **a tale s.**, for this purpose; **A che s. farlo?**, what's the point of doing it?; **Non vedo lo s. di andarci**, I don't see the point of going • **a s. di lucro**, for the sake of money; with a view to profit; **a s. pubblicitario**, for publicity □ **allo s. di**, in order to □ **andare diritto allo s.**, to get straight to the point □ **senza s.**, aimless (*agg.*); aimlessly (*avv.*) □ **ser-**

vire allo s., to answer the purpose. ATTENZIONE: **scopo ≠** scope.

scoppiàre *v. i.* **1** to burst* (*anche fig.*); (*aprirsi*) to break* open; (*esplodere*) to explode, to blow* up: **Il palloncino gli scoppiò in faccia**, the balloon burst in his face; **Scoppiò una mina**, a mine exploded (*o* blew up); (*di persona*) **sentirsi s.**, to be ready to burst; **s. in lacrime** (*o* **a piangere**), to burst into tears; **s. in una risata**, to burst out laughing **2** (*manifestarsi improvvisamente*) to break* out; to break*: **Scoppiò un incendio** [**la guerra**], a fire [war] broke out; **Scoppiò un temporale** [**uno scandalo**], a storm [a scandal] broke; **Scoppiò un parapiglia**, there was a sudden commotion; **Sta per s. un temporale**, there is a storm brewing **3** (*sport*) to collapse • **s. dal caldo**, to be boiling □ **s. di salute**, to be bursting with health □ **Il gelo fece s. i tubi**, the frost burst the pipes □ **far s. una bomba**, to explode a bomb □ **far s. una lite**, to spark off a quarrel □ **far s. un pneumatico**, to blow out a tyre □ **far s. uno scandalo**, to cause a scandal.

scoppiettànte *a.* (*di fuoco*) crackling; (*di motore*) sputtering; (*di risata*) rippling.

scoppiettàre *v. i.* (*di fuoco*) to crackle; (*di motore*) to sputter; (*di risata*) to ripple.

scoppiettìo *m.* crackling; sputtering; ripple.

scòppio *m.* **1** (*esplosione*) burst; explosion; blast; (*rumore*) blast, bang, crash; (*fig.*) burst, outburst: **lo s. di una bomba**, a bomb explosion; **Lo s. fu udito in tutta la città**, the blast was heard throughout the town; **s. di tuono**, crash of thunder; thunderclap; **s. di risa**, burst of laughter; **s. d'ira**, outburst of anger **2** (*di guerra, epidemia, ecc.*) outbreak; (*di incendio*) breaking-out • **s. di pianto**, flood of tears □ **bomba a s. ritardato**, delayed-action bomb □ **reagire a s. ritardato**, to have a delayed reaction.

scoprìre ***A*** *v. t.* **1** (*liberare da ciò che copre*) to uncover; to lay* bare; to bare; to unveil: **s. una pentola**, to uncover a pot; to take the lid off a pot; **scoprirsi il capo** [**le braccia**], to bare one's head [one's arms]; **s. il viso**, to uncover (*o* to reveal) one's face; **s. una statua**, to unveil a statue **2** (*rivelare*) to reveal; to disclose; to bare: **s. i propri piani**, to reveal one's plans; **s. il proprio animo a q.**, to bare one's soul to sb. **3** (*trovare ciò che era occulto, ignoto*) to discover; to find*; (*venire a conoscere dopo una ricerca*) to find* out; (*individuare*) to detect; (*rintracciare*) to trace: **s. nuove terre** [**una nuova cura**], to discover new lands [a new cure]; **s. un buon ristorante**, to find a good restaurant; **s. la verità**, to find out the truth **4** (*avvistare*) to sight; (*sorprendere*) to catch* **5** (*lasciare indifeso*) to expose • (*anche fig.*) **s. le proprie carte**, to lay one's cards on the table □ (*iron.*) **Hai scoperto l'America!**, aren't you clever!; so what's (*o* what else is) new? ***B*** **scoprirsi** *v. rifl.* **1** (*gettare via le coperte*) to throw* off the bedclothes; (*togliersi il cappello*) to take* off one's hat **2** (*dimostrarsi*) to prove (to be); to reveal oneself **3** (*esporsi*) to expose oneself **4** (*boxe*) to drop one's guard.

scopritóre *m.* (*f.* **-trice**) discoverer • **s. di talenti**, talent-scout.

scoraggiaménto *m.* discouragement; despondency.

scoraggiànte *a.* discouraging; disheartening; depressing.

scoraggiàre ***A*** *v. t.* to discourage; to dishearten; to depress ***B*** **scoraggiàrsi** *v. i. pron.* to lose* heart; to get* discouraged.

scoraggiàto *a.* discouraged; disheartened; depressed.

scoraménto *m.* (*lett.*) disheartenment; discouragement.

scorbùtico *a.* **1** (*med.*) scorbutic **2** (*fig.*) crabbed; crusty; cantankerous.

scorbùto *m.* (*med.*) scurvy.

scorciàre *v. t.* **1** to shorten **2** (*pitt.*) to foreshorten.

scorciatóia *f.* (*anche fig.*) shortcut.

scórcio *m.* **1** (*pitt.*) foreshortening; foreshortened view **2** (*vista parziale*) view: **Vedevo uno s. di mare**, I had a view of the sea **3** (*di tempo*) short period; (*fine*) close, end: **in questo s. di tempo**, in this short lapse of time; **sullo s. del secolo**, towards the end of the century.

scordàre (1) *v. t.*, **scordàrsi** *v. i. pron.* to forget*: **scordarsi di q.c.** [**di fare q.c.**], to forget st. [to do st.]; **Me ne scordai completamente**, I forgot all about it.

scordàre (2) (*mus.*) ***A*** *v. t.* to put* out of tune ***B*** **scordàrsi** *v. i. pron.* to get* out of tune.

scordàto *a.* (*mus.*) out of tune; untuned.

scoréggia *f.* (*volg.*) fart.

scoreggiàre *v. i.* (*volg.*) to fart.

scòrfano *m.* **1** (*zool.*) scorpion fish **2** (*pop.*) person as ugly as sin; dog (*pop. USA*).

scòrgere *v. t.* (*vedere*) to see*; (*avvistare*) to catch* sight of; (*distinguere*) to make* out; (*rendersi conto*) to realize, to be aware of: **s. q.c. in lontananza**, to make st. out in the distance; **Lo scorsi tra la folla**, I caught sight of him in the crowd; **senza farsi s.**, without being seen; unnoticed.

scòria *f.* **1** (*metall.*) slag Ⓤ; dross Ⓤ **2** (*al pl.*) (*geol.*) scoriae • **scorie radioattive**, radioactive waste Ⓤ.

scornàto *a.* (*umiliato*) humiliated; put to shame (*pred.*); crestfallen; (*deriso*) ridiculed.

scòrno *m.* shame; disgrace; ridicule.

scorpacciàta *f.* blow-out (*fam.*); eating binge (*fam.*) • **fare una s. di q.c.**, to stuff oneself with st. □ **farsi una s. di western**, to have a westerns binge; to overdose on westerns.

scorpióne *m.* **1** (*zool.*) scorpion **2** — (*astron., astrol.*) **lo S.**, Scorpio: **È dello** (*o* **uno**) **S.**, he is (a) Scorpio.

scorporàre *v. t.* (*smembrare*) to break* up; (*trasferire altrove*) to hive off; (*suddividere*) to parcel out; (*separare*) to separate.

scòrporo *m.* break-up; hiving off; parcelling out; separation.

scorrazzàre ***A*** *v. i.* **1** to run* about; (*in macchina*) to drive* around **2** (*spreg.*) to rove (*a place*) ***B*** *v. t.* (*viaggiare*) to travel all over.

scórrere ***A*** *v. i.* **1** (*fluire, anche fig.*) to run*; to flow **2** (*del tempo*) to pass; to roll by **3** (*scivolare*) to glide; to slide* **4** (*di penna, ecc.,*) to write* smoothly ***B*** *v. t.* **1** (*fare scorrerie in*) to raid; to scour **2** (*leggere in fretta*) to run* one's eyes over; to look through; to skim (through) • **far s.**, to run; (*infilare*) to slip, to slide: **far s. l'acqua**, to run the water; **Fece s. il dito lungo l'elenco**, he ran his finger down the list □ **uno stile che scorre**, a fluent (*o* fluid, smooth) style.

scorrerìa *f.* raid; foray.

scorrettézza *f.* **1** incorrectness **2** (*errore*) error **3** (*disonestà*) dishonesty; (*s. professionale*) unprofessional conduct; (*slealtà*) unfairness **4** (*atto scorretto*) impropriety; breach of manners **5** (*sport*) foul play Ⓤ; (*fallo*) foul.

scorrètto *a.* **1** incorrect; wrong; (*grammaticamente errato*) ungrammatical, bad, poor; (*pieno di errori*) full of mistakes, inaccurate: **risposta s.**, wrong answer; **compito s.**, exercise full of mistakes; **pronuncia scorretta**, wrong pronunciation **Parla un francese s.**, his French is poor; he speaks very bad French **2** (*maleducato*) uncivil; impolite; (*privo di decoro*) indecorous, improper **3** (*sleale*) unfair; dishonest **4** (*sport*) dirty; foul.

scorrévole *a.* **1** (*anche fig.*) flowing; smooth; smooth-flowing; fluent: **stile s.**, flowing style; **traffico s.**, smooth-flowing traffic **2** (*mecc.*) sliding: **porta s.**, sliding door.

scorrevolézza *f.* fluidity; fluency; smoothness; smooth flow.

scorribànda *f.* **1** raid; incursion **2** (*fig.*) excursion.

scorriménto *m.* **1** (*lo scorrere*) flow; flowing **2** (*lo scivolare*) sliding; gliding **3** (*mecc.*) slide, sliding; (*slittamento*) slip, slipping, slippage **4** (*elettr., geol.*) slip • **strada a s. veloce**, clearway (*GB*); freeway, throughway (*USA*).

scórsa *f.* glance; quick look: **dare una s. al giornale**, to glance (*o* to skim) through the paper; **Da' una s. a questo articolo**, have a quick look at this article.

scórso *a.* last; past: **l'anno s.**, last year; **lunedì s.**, last Monday; on Monday last; **nei mesi scorsi**, in the last few months.

scorsóio *a.* running: **nodo s.**, running knot; slipknot; noose.

scòrta *f.* **1** escort: **fare da s. a q.**, to escort sb. **2** (*mil.*) escort; (*in motocicletta*) outrider; (*guardia*) guard: **quattro uomini di s.**, an escort of four men; **s. armata**, armed escort; **s. d'onore**, guard of honour; **fare la s. a**, to act as an escort to; to escort; **sotto la s. di due agenti**, escorted by two policemen; **sotto buona s.**, well-guarded **3** (*provvista*) supply; provision(s); store; stock: **una buona s. di viveri**, a good store of food; **fare s. di q.c.**, to stock up on st. • **di s.** (*di ricambio*), spare (*agg.*).

scortàre *v. t.* to escort.

scortése *a.* rude; impolite; uncivil.

scortesìa *f.* **1** rudeness; impoliteness **2** (*atto scortese*) impolite act • **fare una s. a q.**, to behave rudely to sb.

scorticaménto *m.* **1** skinning; flaying **2** (*abrasione*) grazing.

scorticàre *v. t.* **1** to skin; to flay **2** (*produrre un'abrasione*

in) to graze; to scrape; to bark (*fam.*): **scorticarsi un ginocchio**, to graze one's knee.
scorticatùra *f.* (*abrasione*) abrasion; scratch.
scòrza *f.* **1** (*corteccia*) bark **2** (*buccia*) rind; peel; skin: **s. di limone**, lemon peel **3** (*fig.*) surface; exterior • (*fig.*) **essere di s. dura**, to be tough.
scorzonéra *f.* (*bot.*) scorzonera; black salsify.
scoscendiménto *m.* **1** (*luogo scosceso*) steep slope; steep fall **2** (*frana*) landslide.
scoscéso *a.* steep; precipitous.
scòssa *f.* **1** shake; jar; (*sobbalzo*) jerk, jolt; (*soprassalto*) start: **a scosse**, in fits and starts; in jerks **2** (*di terremoto*) tremor; shock **3** (*elettr.*) shock: **ricevere** (*o* **prendere**) **la s.**, to get a shock **4** (*fig.*) shock; blow.
scòsso *a.* **1** (*logorato*) shattered: **nervi scossi**, shattered nerves **2** (*turbato*) upset; shaken.
scossóne *m.* shake-up; jolt; jerk • **procedere a scossoni**, to jolt along.
scostaménto *m.* **1** shifting; removal **2** (*stat.*) deviation.
scostànte *a.* standoffish; forbidding; aloof.
scostàre **A** *v. t.* to move away (*o* aside); to push away (*o* aside); to pull back: **s. una sedia dal muro**, to move a chair away from the wall; **s. una tenda**, to pull back a curtain **B** **scostàrsi** *v. rifl. e i. pron.* **1** to move aside; to stand* aside; to draw* away; to move away: **Scostati!**, move (*o* stand) aside!; **s. dalla finestra**, to move away from the window **2** (*deviare*) to stray: **s. da un argomento**, to stray (*o* to wander) from a subject.
scostumatézza *f.* **1** immorality; licentiousness **2** (*region.*: *villania*) rudeness.
scostumàto *a.* **1** immoral; licentious **2** (*region.*: *villano*) rude.
scotch (*ingl.*) *m. invar.* **1** (*whisky*) Scotch whisky; Scotch (*fam.*) **2** (*marchio*: *nastro adesivo*) Sellotape ® (*GB*); Scotch tape ® (*USA*).
scotennàre *v. t.* to flay; to skin; (*togliere il cuoio capelluto a*) to scalp.
scòtta *f.* (*naut.*) sheet.
scottadito *vc.* — (*cucina*) **a s.**, served hot from the grill.
scottànte *a.* **1** burning; (*di liquido*) scalding **2** (*urgente*) burning; (*controverso*) hot.
scottàre **A** *v. t.* **1** (*ustionare*) to burn*; (*con liquido*) to scald; (*superficialmente*) to scorch **2** (*cuocere brevemente*) to flash-fry; (*sbollentare*) to scald **3** (*fig.*) to sting*; to nettle; to hurt* • **Sono già stato scottato una volta**, I've already got my fingers burnt once; I got stung once **B** *v. i.* **1** to be hot; to be burning **2** (*essere delicato o di provenienza illecita*) to be hot: **denaro che scotta**, hot money • **Gli scotta la terra sotto i piedi**, he's itching to be off; he's got itchy feet □ **un problema che scotta**, a burning issue **C** **scottàrsi** *v. rifl. e i. pron.* **1** to burn* oneself; (*con liquido*) to scald oneself **2** (*fig.*) to get* one's fingers burnt.
scottàto *a.* burnt; (*con liquido*) scalded • **s. dal sole**, sunburnt □ **Ci sono rimasto s.**, I got my fingers burnt; I got stung.
scottatùra *f.* **1** (*ustione*) burn; (*da liquido*) scald **2** (*cucina*) flash-frying; (*sbollentatura*) scalding **3** (*fig.*) unpleasant experience; (*delusione*) disappointment, turn-off (*fam.*).
scòtto (**1**) *a.* (*troppo cotto*) overcooked; overdone.
scòtto (**2**) *m.* — **pagare lo s.**, to pay the penalty; to pay for it.
scout (*ingl.*) *m. invar.* scout.
scoutismo *m.* scouting.
scoutìstico *a.* scout (*attr.*); scouting (*attr.*).
scovàre *v. t.* **1** (*selvaggina*) to drive* out (*of a den*); to draw* out; to rouse **2** (*fig.*) to find*; to find* out; to dig* up; to unearth; (*rintracciare*) to track down.
scovolìno *m.* **1** (*per pipe*) pipe cleaner **2** (*per bottiglie*) bottlebrush.
scóvolo *m.* swab.
scozzése **A** *a.* Scottish; (*per le persone e la lingua, anche*) Scots; (*prodotto in Scozia*) Scotch • **tessuto s.**, tartan; plaid **B** *m. e f.* Scotsman*, Scot (*m.*); Scotswoman* (*f.*) **C** *m.* (*dialetto inglese parlato in Scozia*) Scots; (*gaelico*) Scottish Gaelic.
scrànna *f.*, **scrànno** *m.* high-backed chair; (*di giudice*) bench.
screanzàto **A** *a.* ill-mannered; ill-bred; rude **B** *m.* (*f.* **-a**) ill-mannered (*o* ill-bred, rude) person.
screditàre **A** *v. t.* to discredit; to throw* discredit on; to bring* into disrepute; (*leg.*: *un teste*) to undermine the credibility of **B** **screditàrsi** *v. i. pron.* to bring* discredit upon oneself; to lose* credibility.
screditàto *a.* discredited; in disrepute.
scrédito *m.* discredit; disrepute.
scremàre *v. t.* **1** to skim **2** (*selezionare*) to select.
scremàto *a.* skimmed: **latte s.**, skimmed milk; skim-milk.
scrematùra *f.* **1** skimming **2** (*fig.*) selection.
screpolàre **A** *v. t.* (*pelle*) to chap; (*intonaco, ecc.*) to crack **B** *v. i. e* **screpolàrsi** *v. i. pron.* (*di pelle*) to get* chapped; (*di intonaco, ecc.*) to crack; (*di ceramica*) to craze.
screpolàto *a.* (*di pelle*) chapped; (*di intonaco, ecc.*) cracked.
screpolatùra *f.* (*di pelle*) chapping Ⓤ; (*di intonaco, ecc.*) crack; (*di ceramica*) crazing Ⓤ.
screziàre *v. t.* to variegate; to streak; to speckle; to fleck.
screziàto *a.* variegated; streaked; speckled; flecked.
scrèzio *m.* dissension; disagreement; variance; friction.
scriba *m.* scribe.
scribacchiàre *v. i.* to scribble.
scribacchìno *m.* scribbler; (*scrittore mediocre*) hack; (*impiegato*) pen-pusher.
scricchiolaménto *m.* creaking; squeaking.
scricchiolàre *v. i.* to creak (*anche fig.*); to squeak; (*di neve, ghiaia*) to crunch.
scricchiolio *m.* creaking; squeaking.
scricciolo *m.* **1** (*zool.*) wren **2** (*fig.*) mite; shrimp.
scrigno *m.* casket; box.
scriminatùra *f.* parting (*of the hair*) • **portare la s. a destra**, to part one's hair on the right.
scriteriàto **A** *a.* brainless; irresponsible **B** *m.* (*f.* **-a**) irresponsible person; scatterbrain (*fam.*).
scritta *f.* writing Ⓤ; piece of writing; (*indicazione*) notice, sign; (*iscrizione*) inscription; (*sul muro*) graffiti Ⓤ.
scritto **A** *a.* written; in writing (*pred.*): **ordine s.**, written order; order in writing; **legge scritta** [**non scritta**], written [unwritten] law; **Non abbiamo niente di s.**, we have nothing in writing; **s. a macchina**, typewritten; typed; **s. a mano**, handwritten • **Era s. che scegliessero lui**, he was bound (*o* destined) to be chosen **B** *m.* **1** (*cosa scritta*) piece of writing; (*documento*) paper; (*lettera*) letter **2** (*esame*) written examination **3** (*al pl.*) writings; works: **scritti critici**, works of criticism; **scritti scelti**, selected writings.
scrittóio *m.* writing desk.
scrittóre *m.* (*f.* **-trice**) writer; author.
scrittùra *f.* **1** (*lo scrivere*) writing **2** (*alfabeto, caratteri*) writing; script; (*calligrafia*) handwriting, hand: **l'invenzione della s.**, the invention of writing; **s. gotica**, Gothic script; **s. leggibile**, legible handwriting; **in bella s.**, in a fair hand; **s. a mano**, longhand **3** (*leg.*) legal paper; (*atto notarile*) deed; (*contratto*) contract **4** (*teatr., cinem.*) contract; engagement • (*rag.*) **s. contabile** account books □ **la** (**Sacra**) **S.**, the Scriptures (*pl.*); Holy Writ.
scritturàle (**1**) **A** *a.* (*rag.*) bookkeeping (*attr.*); account (*attr.*) **B** *m.* (*scrivano*) clerk; (*copista*) copyist, scribe.
scritturàle (**2**) *a.* (*della Bibbia*) Scriptural.
scritturàre *v. t.* **1** (*teatr., cinem.*) to engage; to sign on **2** (*rag.*) to enter.
scrivania *f.* writing desk.
scrivàno *m.* clerk; (*copista*) copyist, scribe.
scrivènte **A** *a.* writing **B** *m. e f.* writer.
scrìvere **A** *v. t.* **1** to write*; (*annotare*) to write* down; (*compilare*) to write* out: **s. a mano**, to write by hand; **s. a matita** [**a penna**], to write in pencil [in ink]; **s. a q.**, to write to sb.; **s. una lettera a q.**, to write sb. a letter; **Scrivitelo o lo dimenticherai**, write it down, otherwise you'll forget it; **s. un assegno**, to write out a cheque **2** (*le lettere d'una parola*) to spell*; to write*: **Come si scrive il tuo nome?**, how do you spell your name?; **È scritto male**, it's spelt incorrectly **3** (*rag.*: *registrare*) to enter • **s. a macchina**, to type □ **s. due righe a q.**, to drop sb. a line □ **occorrente per s.**, writing materials □ **Sul cartello c'era scritto**: **«Stop»**, the notice said: «Stop» **B** **scrìversi** *v. rifl. recipr.* to write* to each other.
scroccàre *v. t.* to sponge, to scrounge (st. off sb.); to cadge (st. from sb.): **s. un pranzo**, to sponge (*o* to scrounge) a meal; **s. una sigaretta**, to scrounge (*o* to cadge) a cigarette.
scrocchiàre *v. i.* to crack; to crunch.

scròcco *m.* sponging; scrounging; freeloading • **mangiare a s.**, to scrounge food □ **vivere a s.**, to scrounge a living; to cadge; to freeload.

scroccóne *m.* (*f.* **-a**) sponger; sponge; scrounger; freeloader.

scròfa *f.* sow.

scròfola *f.* (*med.*) scrofula.

scrollàre ***A*** *v. t.* to shake*: **s. la testa**, to shake one's head; **s. le spalle**, to shrug one's shoulders; **scrollarsi di dosso**, to shake off ***B*** **scrollàrsi** *v. rifl.* ***1*** to shake* oneself ***2*** (*fig.*) to stir (oneself); to rouse oneself.

scrollàta *f.* shake; shaking; (*di spalle*) shrug.

scroscìante *a.* (*di pioggia*) pelting; (*di risa*) roaring; (*di applausi*) thunderous.

scrosciàre *v. i.* (*di pioggia*) to pelt; (*di risa*) to roar; (*di applausi*) to thunder • **Scrosciarono gli applausi**, there was thunderous applause.

scròscio *m.* ***1*** (*di pioggia*: *lo scrosciare*) pelting; (*rovescio*) shower, downpour ***2*** (*di risa*) roar ***3*** (*di applausi*) thunder.

scrostàre ***A*** *v. t.* ***1*** to take* the crust off ***2*** (*rif. a intonaco, vernice, ecc.*) to scrape; to strip; to peel: **s. una parete**, to scrape (*o* to strip) down a wall; **s. l'intonaco**, to scrape off the plaster ***B*** **scrostàrsi** *v. i. pron.* to flake off; to peel (off).

scrostatùra *f.* ***1*** scraping; stripping; peeling ***2*** (*area scrostata*) peeling patch.

scròto *m.* (*anat.*) scrotum*.

scrùpolo *m.* ***1*** scruple; (*esitazione*) qualm, compunction Ⓤ: **s. di coscienza**, scruple of conscience; **un uomo senza scrupoli**, a man of no scruples; a man who sticks at nothing; an unprincipled man; **avere** (*o* **farsi**) **s. a fare q.c.**, to have scruples (*o* qualms) about doing st. ***2*** (*cura, diligenza*) great care; meticulousness • **esatto sino allo s.**, scrupulously precise.

scrupolosità *f.* scrupulousness; (*meticolosità*) meticulousness.

scrupolóso *a.* scrupulous; (*meticoloso*) meticulous.

scrutàre *v. t.* to scan; to search; to peer at: **s. l'orizzonte**, to scan the horizon; **s. in faccia q.**, to peered at sb.; to search sb.'s face.

scrutatóre ***A*** *m.* (*f.* **-trice**) (*nelle votazioni*) scrutineer; counter of votes ***B*** *a.* searching; inquisitive.

scrutinàre *v. t.* ***1*** (*nelle elezioni*) to count (*votes*) ***2*** (*nella scuola*) to assign (the term's) marks to.

scrutìnio *m.* ***1*** (*votazione*) poll; ballot; voting; (*spoglio dei voti*) vote count: **s. segreto** [**uninominale**], secret [uninominal] ballot; **operazioni di s.**, vote count ***2*** (*nella scuola*) assignation of (the term's) marks.

scucìre ***A*** *v. t.* ***1*** to unstitch; to unpick ***2*** (*pop.*) to come* up with; (*pagare*) to fork out, to cough up ***B*** **scucìrsi** *v. i. pron.* to come* unstitched.

scucìto *a.* ***1*** unstitched; ripped (at the seams) ***2*** (*fig.*) disconnected; incoherent; rambling.

scucitùra *f.* ***1*** (*lo scucire*) unstitching; unpicking ***2*** (*parte scucita*) split seam.

scuderìa *f.* ***1*** stable; (*di allevamento*) stud (farm) ***2*** (*sport*) racing team; (*autom.*) racing stable ***3*** (*fig.*) stable.

scudétto *m.* ***1*** (*distintivo*) shield; badge ***2*** (*sport*) (championship) shield; (*campionato*) championship.

scudièro *m.* ***1*** (*stor.*) squire ***2*** (*titolo*) equerry.

scudisciàre *v. t.* to lash; to whip.

scudisciàta *f.* lash; (*al pl., anche*) lashing Ⓤ, whipping Ⓤ.

scudìscio *m.* lash; (*frustino*) riding whip.

scùdo (1) *m.* ***1*** (*arma*) shield; (*rotondo*) buckler ***2*** (*stemma gentilizio*) escutcheon; shield ***3*** (*difesa*) shield; defence ***4*** (*zool.*) shield; shell • **fare s. a q.**, to shield sb. □ **farsi s. di q.** [**q.c.**], to shield oneself behind sb. [st.] □ **levata di scudi**, general outcry.

scùdo (2) *m.* (*moneta ital.*) scudo*; (*franc.*) écu; (*spagn., portoghese*) escudo.

scùffia *f.* ***1*** (*fam.*) infatuation; crush: **prendersi una s. per q.**, to have a crush on sb. ***2*** — (*naut.*) **fare s.**, to capsize.

scugnìzzo *m.* street urchin.

sculacciàre *v. t.* to spank.

sculacciàta *f.*, **sculacciòne** *m.* spank; spanking Ⓤ • **dare una s. a q.**, to spank sb.; to smack sb.'s bottom.

sculettàre *v. i.* to sway (*o* to wiggle) one's hips.

scultóre *m.* (*f.* **-trice**) sculptor; (*intagliatore*) carver.

scultòreo, scultòrio *a.* ***1*** sculptural; sculpturesque ***2*** (*fig.*) incisive; clear-cut.

scultùra *f.* (*arte e opera scolpita*) sculpture; (*intaglio*) carving.

scuòcere *v. i.*, **scuòcersi** *v. i. pron.* to cook too long; to overcook • **lasciare s.**, to overcook.

scuoiàre *v. t.* to skin; to flay.

scuòla *f.* school; (*lezioni*) classes (*pl.*); (*insegnamento*) teaching: **andare** [**essere**] **a s.**, to go to [to be at] school; **Oggi non c'è s.**, there are no classes today; **dedicarsi alla la s.**, to devote one's life to teaching; **la chiusura delle scuole**, the end of the school year; **s. elementare**, junior (*o* primary) school (*GB*); elementary school (*USA*); **s. materna**, kindergarten; nursery-school; **s. media** (**inferiore**), secondary school (*GB*); junior high school (*USA*); **s.** (**media**) **superiore**, secondary school (*GB*); high school (*USA*); **s. privata**, private (*o* privately-run) school; (*in G.B., anche*) public school; **s. professionale**, vocational school; **s. pubblica**, state school (*GB*); public school (*USA*); **s. serale**, evening classes; **s. alberghiera**, hotel-management school; **s. di ballo**, dancing school; **s. guida**, driving school; **la s. platonica**, the Platonic school; **una Madonna di s. senese**, a Madonna of the Sienese school • **la s. della dura esperienza**, the school of hard knocks □ **s. dell'obbligo**, compulsory education □ **compagno di s.**, schoolfellow; schoolmate □ **fare s.**, (*insegnare*) to teach; (*fig.*) to have followers; (*creare una moda*) to set a fashion □ **formarsi alla s. di q.**, to study with sb.; (*fig.*) to learn from sb., to follow sb.

scuolaguida *f.* driving school.

scuòtere ***A*** *v. t.* to shake*; to stir; (*dimenare*) to wag, to waggle; (*destare, rianimare*) to rouse, to stir, wake* up: **s. la testa** [**un flacone**], to shake one's head [a bottle]; **s. le spalle**, to shrug one's shoulders; **Il vento scuoteva i rami**, the wind stirred the branches; (*anche fig.*) **scuotersi di dosso q.c.**, to shake off st.; **s. q.** (*perché si svegli*), to rouse sb.; to shake sb. awake; **s. q. dall'indolenza**, to rouse sb. from indolence; **Fu molto scosso dalla notizia**, he was badly shaken by the news ***B*** **scuòtersi** *v. i. pron.* to shake*; (*sobbalzare*) to start; (*destarsi, rianimarsi*) to rouse oneself; (*darsi da fare*) to stir oneself.

scùre *f.* ax(e); (*accetta*) hatchet: **s. da guerra**, battle ax • **cadere sotto la s.**, to fall under the axe □ **dare un colpo di s. a q.c.**, to axe st.

scurìre ***A*** *v. t.* to darken (*anche fig.*); (*abbronzare*) to brown • **scurirsi i capelli**, to dye one's hair a darker shade ***B*** *v. i. e* **scurìrsi** *v. i. pron.* to darken; to grow* (*o* to become*, to get*) dark.

scùro ***A*** *a.* ***1*** dark; (*di colore, anche*) deep; (*di carnagione, anche*) swarthy: **occhi scuri**, dark eyes; **rosso s.**, dark (*o* deep) red ***2*** (*cupo, tetro*) dark; sombre; gloomy; (*torvo*) grim: **faccia scura**, gloomy face; grim face; **Si fece s. in viso**, his face darkened ***B*** *m.* ***1*** (*oscurità*) dark; (*colori scuri*) dark colours (*pl.*): **vestire di s.**, to wear dark colours ***2*** (*imposta*) window shutter.

scurrìle *a.* scurrilous; coarse; foul-mouthed.

scurrilità *f.* scurrility.

scùṣa *f.* ***1*** apology: **Gli feci le mie scuse**, I apologized to him; **Fagli le mie scuse**, please give him my apologies; **Mi devi** [**Esigo**] **delle scuse**, you owe me [I demand] an apology; **Devi chiedergli s.**, you must apologize to him; **Ho già chiesto scusa!**, I've already said I'm sorry!; **Chiedo s. del ritardo**, I'm sorry I'm late; I apologize for the delay; **Chiedo s., che ha detto?**, (I beg your) pardon?; **due righe di s.**, a note of apology ***2*** (*motivo a giustificazione di q.c.*) excuse; (*pretesto*) excuse, pretext: **cercare una s.**, to try to find an excuse; **tirare in ballo scuse**, to make excuses; **Non ci sono scuse per quel che ha fatto**, there is no excuse for what he did; **con la s. di**, on the pretext of; **Era tutta una s.**, it was all a pretext; **addurre q.c. come s.**, to plead st.; **Bella s.!**, that's no excuse!

scuṣàbile *a.* ***1*** excusable; pardonable ***2*** (*giustificabile*) justifiable.

scuṣànte *f.* excuse; justification: **non avere scusanti**, to have no excuse.

scuṣàre ***A*** *v. t.* ***1*** to excuse; (*perdonare*) to pardon, to forgive*: **Scusami il ritardo**, excuse me (*o* forgive me) for being late (*o* if I am late); **Scusa l'ora!**, I apologize for the time!; **Scusami**, excuse me; (*per una mancanza già avvenuta*) (I'm) sorry!; **Scusi, che ora è?**, excuse me, what time is it?; **Scusi, come ha detto?**, (I beg your) pardon?; **Vo-**

gliate scusarlo, please excuse him; **Scusami con tua moglie**, please give your wife my apologies ***2*** (*giustificare*) to excuse; to justify ***B*** **scuṣàrsi** *v. rifl.* ***1*** (*formulare una scusa*) to apologize; to be sorry; to make* one's excuses: **Mi sono scusato con lui**, I apologized to him; **Si scusò e uscì**, he apologized and left; **Mio marito si scusa, ma non può venire**, my husband is sorry he won't be able to come ***2*** (*giustificarsi*) to justify oneself; (*trovare scuse*) to find* excuses.

scusàto *a.* forgiven; excused; (*giustificato*) justified.

ṣdebitàrsi *v. rifl.* ***1*** to pay* off one's debts ***2*** (*disobbligarsi*) to repay* a kindness; to return a favour: **s. con q.**, to return the favour.

ṣdegnàre ***A*** *v. t.* to disdain; to scorn; to look down (upon) ***B*** **ṣdegnàrsi** *v. i. pron.* (*adirarsi*) to be indignant; to be outraged.

ṣdegnàto *a.* indignant; outraged.

ṣdégno *m.* ***1*** (*disprezzo*) disdain ***2*** (*indignazione*) indignation.

ṣdegnosità *f.* (*disprezzo*) disdainfulness; (*alterigia*) haughtiness, snootiness (*fam.*).

ṣdegnóso *a.* (*sprezzante*) disdainful, scornful; (*altero*) proud; (*altezzoso*) haughty, snooty (*fam.*).

ṣdentàto *a.* toothless.

ṣdilinquiménto *m.* mawkishness.

ṣdilinquìrsi *v. i. pron.* to be get* mawkish (over st.).

ṣdoganaménto *m.* (*comm.*) clearance (through customs).

ṣdoganàre *v. t.* (*comm.*) to clear (through customs).

ṣdolcinatézza *f.* sugariness; (*svenevolezza*) mawkishness, sloppiness (*fam.*).

ṣdolcinàto *a.* (*zuccheroso*) sugary; (*lezioso*) full of affectation, namby-pamby; (*svenevole*) mawkish, sloppy (*fam.*), mushy (*fam.*).

ṣdolcinatùra *f.* (*spesso al pl.*) mawkishness; mush (*fam.*).

ṣdoppiaménto *m.* splitting; halving • (*psic.*) **s. della personalità**, split personality.

sdoppiàre (1) *v. t.* (*rendere semplice*) to make* single.

ṣdoppiàre (2) *v. t.*, **ṣdoppiàrsi** *v. i. pron.* ***1*** (*dividere, dividersi in due*) to divide (into two parts); to split*: **s. le classi**, to split classes ***2*** (*rendere, diventare doppio*) to double: **s. un'immagine**, to double an image.

ṣdraiàre ***A*** *v. t.* to lay* down ***B*** **ṣdraiàrsi** *v. rifl.* to lie* down; to stretch out.

ṣdraiàto *a.* lying • **stare s.**, to lie.

ṣdràio *f. invar.* deckchair; chaise-longue (*franc.*).

ṣdrammatizzàre *v. t.* to play down; to defuse: **s. una crisi**, to play down a crisis; **s. la situazione**, to defuse the situation; **Vediamo di s.**, let's not be dramatic about it.

ṣdrucciolàre *v. i.* to slip.

ṣdrucciolévole *a.* slippery.

ṣdrùcciolo *a.* (*fon.*) proparoxytone.

ṣdrucciolóne *m.* slip; slide • **fare uno s.**, to slip.

ṣdrucciolóso *a.* slippery.

ṣdrucìto *a.* (*strappato*) torn; rent; (*sbrindellato*) tattered.

se (1) ***A*** *cong.* ***1*** (*condizionale, concessivo*) if; (*a meno che*) unless: **Se verrà, glielo dirò**, if he comes, I will tell him; **Se me l'avessero detto, avrei accettato**, if they had told me, I would have accepted; **Se fossi in te, non lo farei**, I wouldn't do it, if I were you; **Se la pensi così, sbagli**, if that's what you think, you are wrong; **Se non ci sono imprevisti, arrivo martedì**, I'll be there on Tuesday, unless something unforeseen happens; **Se anche aveva torto, non dovevi rispondergli**, even if he was wrong, you shouldn't have answered back ***2*** (*causale*) if; since; when: **Se l'ha detto lui, sarà vero**, it must be true, if (*o* since) he said so himself; **Perché cambiare la macchina, se va bene?**, why change the car, when it's going all right? ***3*** (*dubit.*) whether; if: **Non so se andare o restare**, I don't know whether to go or stay; **Non so se verranno**, I don't know whether they will come (or not); **Chissà se è già arrivato a Londra**, I wonder whether he's already got to London ***4*** (*escl. e desiderativo*) if (only): **Se solo l'avessi saputo!**, if only I had known!; **Oh, se potessi andare!**, oh, if only I could go!; **Come se non lo sapessi!**, as if I didn't know!; **Ma se ci sono già stato!**, I've already been, I tell you!; **Pensa se ci sono rimasta male!**, as you can imagine, I was devastated • **Se Dio vuole**, thank God □ **se è così**, in that case □ **se mai**, (*nel caso che*) if, in case; (*ammesso che*) if ever; (*se occorre*) if necessary; (*anzi*) if anything; (*al massimo*) at most □ **se no**, if not; or else; (*altrimenti*) otherwise □ **duecento, se non di più**, two hundred if not more □ **Non c'era nessuno se non un paio di impiegati**, there was no one but a couple of clerks □ **Che potevo fare se non accettare le sue condizioni?**, what could I do but accept his terms? □ **se non altro**, at least □ **se non che**, but □ **come se**, as if; as though □ **nemmeno se**, not even if □ **E se provassimo?**, suppose we try! □ **E se venissi anch'io?**, what if I came too? ***B*** *m.* if: **con tutti i suoi se e ma**, with all his ifs and buts; **C'è un solo se**, there's just one thing....

se (2) *pron. pers. atono* (*invece di «si», davanti a «lo», «la», «li», «le», «ne»*) — **Se n'è andato**, he has left; **Se ne parla ancora**, they are still talking about it; **Se la prese con me**, he got angry with me.

se (3) *pron. rifl.* (*nelle locuz. pron.* **se stesso, se stessa**, *ecc.*) *V.* **sé**.

sé *pron. rifl. di 3ª pers. m. e f. sing. e pl.* (*a volte rafforzato con* **stesso** *o* **medesimo**) oneself; himself; herself; itself; themselves; one; him; her; it; them: **essere fuori di sé**, to be beside oneself; **Gli [Le] piace parlare di sé**, he [she] likes to talk about himself [herself]; **Presero con sé le loro cose**, they took their things away with them; **Gigi non porta mai soldi con sé**, Gigi never carries money on him; **Portò con sé la moglie**, he brought his wife along (with him); **È una che non vuole far parlare di sé**, she doesn't want to have people talk about her; **Il tornado lasciò dietro di sé lutti e distruzioni**, the tornado left behind death and destruction • **un caso a sé (stante)**, a separate case; a special case □ **Lo fece da sé**, he did it (by) himself □ **Si chiude da sé**, it shuts by itself; (*cartello*) self-closing door □ **dentro di sé**, within oneself; deep down □ **La cosa di per sé ha poca importanza**, the thing (in) itself is not very important □ **di sé** (*auto-*), self-: **amore di sé**, self-love; **padronanza di sé**, self-control; **sicuro di sé**, self-confident; self-assured □ **un uomo che si è fatto da sé**, a self-made man □ **fra sé**, to oneself □ **essere fuori di sé**, to be beside oneself; (*impazzito*) to be out of one's mind □ **essere in sé**, to be oneself; to be in one's right senses □ **in sé (e per sé)**, in itself □ **non essere in sé**, to be out of one's mind □ **tornare in sé**, (*rinvenire*) to come round; (*rinsavire*) to come to one's senses □ **Va da sé (che...)**, it goes without saying (that...).

sebàceo *a.* (*anat.*) sebaceous.

sebbène *cong.* although; (even) though: **S. fosse freddo, era in maniche di camicia**, although it was cold, he was in his shirt sleeves.

sèbo *m.* (*fisiol.*) sebum.

seborrèa *f.* (*med.*) seborrh(o)ea.

secànte *a. e f.* (*geom.*) secant.

sécca *f.* ***1*** (*naut.*) shoal; shallows (*pl.*); sandbank: **andare in s.**, to run aground ***2*** — **torrente in s.**, dry river.

seccaménte *avv.* (*bruscamente*) brusquely, sharply, curtly; (*recisamente*) flatly, point-blank.

seccànte *a.* (*noioso*) boring, tedious, tiresome; (*irritante*) annoying, irksome, vexing; (*scomodo*) inconvenient.

seccàre ***A*** *v. t.* ***1*** to dry (up) (*anche fig.*); to parch; (*far appassire*) to wither up: **s. i fichi**, to dry figs; **s. un pozzo**, to dry up a well ***2*** (*annoiare*) to bore; (*importunare*) to bother, to trouble; (*irritare*) to irritate, to annoy, to vex, to put* out • **Ti secca se ti lascio solo?**, do you mind if I leave you alone? ***B*** *v. i.* to dry (up); (*appassire*) to wither ***C*** **seccàrsi** *v. i. pron.* ***1*** to dry up; (*appassire*) to wither ***2*** (*annoiarsi*) to get* bored; (*stufarsi*) to grow* tired, to get* fed up (*fam.*); (*irritarsi*) to get* annoyed.

seccàto *a.* ***1*** dried (up); parched; (*appassito*) withered ***2*** (*annoiato*) bored; (*irritato*) irritated, annoyed, vexed, put out; (*stufo*) tired, fed up (*fam.*).

seccatóre *m.* (*f.* **-trìce**) bore; tiresome person; nuisance.

seccatùra *f.* bother; nuisance; trouble Ⓤ; inconvenience; hassle (*fam.*): **Mi spiace darti questa s.**, I'm sorry to trouble you with this; **Non voglio seccature!**, I don't want any trouble (*fam.* any hassle)!; **Che s.!**, what a nuisance!

secchézza *f.* ***1*** (*aridità, anche fig.*) dryness ***2*** (*magrezza*) thinness; leanness.

sécchia *f.* ***1*** bucket; pail ***2*** *V.* **secchione.**

secchiàta *f.* ***1*** bucketful ***2*** (*fam.*: *sgobbata*) (stint of) cramming; (stint of) swotting (*GB*).

secchièllo *m.* ***1*** (small) bucket: **s. per il ghiaccio**, ice-bucket ***2*** (*borsa*) bucket bag.

sécchio *m.* ***1*** pail; bucket ***2*** (*contenuto*) bucketful • **s. del**

carbone, coal scuttle □ **s. della spazzatura**, dustbin (*GB*); garbage can (*USA*).

secchióne *m.* (*fam.*: *sgobbone*) swot (*GB*); grind, weenie (*USA*).

sécco ***A*** *a.* ***1*** dry; (*arido*) arid; (*disseccato, prosciugato*) dried (up), parched; (*appassito*) withered: **foglie secche**, withered (*o* dead) leaves; **pane s.**, dry (*o* stale) bread; **pozzo s.**, dry (*o* dried-up) well; **gola secca**, dry (*o* parched) throat; **fichi secchi**, dried figs; **vino s.**, dry wine ***2*** (*magro*) thin; lean; gaunt; skinny ***3*** (*brusco*) sharp, curt, blunt; (*reciso*) flat, point-blank: **secca smentita**, curt denial; **un no s.**, a flat no; **s. rifiuto**, point-blank refusal; **colpo s.**, sharp blow; **con un colpo s.**, with a single blow ● (*pop.*) **fare s. q.**, to kill sb. on the spot; to kill sb. stone dead □ **perdita secca**, clean loss □ (*fam.*) **restarci s.**, to die; to drop dead; to buy it (*pop.*); (*fig.*) nearly to drop dead □ **A momenti ci restavo s.**, I nearly died ***B*** *m.* dryness; (*siccità*) drought ● (*edil.*) **a s.**, without mortar; (*di muro*) dry-stone (*attr.*) □ **essere a s. di q.c.**, to have run out of st. □ (*naut.*) **andare in s.**, to run aground □ (*naut.*) **nave in s.**, ship aground □ **lavare a s.**, to dry-clean □ **lavatura a s.**, dry-cleaning □ **rimanere a s. di q.c.**, to run out of st. □ (*naut.*) **tirare una barca in s.**, to beach a boat.

secentésco *a.* (*arte, letter.*) seventeenth-century (*attr.*).

secentista *m.* (*arte, letter.*) seventeenth-century writer [artist, etc.].

secèrnere *v. t.* to secrete.

secessióne *f.* secession.

secessionismo *m.* secessionism.

secessionista *m., f. e a.* secessionist.

séco *pron. pers. m. e f. 3ª pers. compl. indir.* (*lett.*) (*con sé*) (along) with one; (*con lui, lei*) (along) with him [her]; (*con loro*) (along) with them.

secolàre *a.* ***1*** (*che si verifica ogni secolo*) secular ***2*** (*che ha uno o più secoli*) secular; age-old: **quercia s.**, secular oak; **odio s.**, age-old hatred ***3*** (*laico*) lay, secular; (*mondano*) worldly, temporal ● (*eccles.*) **il clero s.**, the secular clergy.

secolarizzàre *v. t.* to secularize; to laicize.

secolarizzazióne *f.* secularization; laicization.

sècolo *m.* ***1*** century ***2*** (*era, epoca*) era; epoch; age: **il s. dei Lumi**, the Age of Enlightenment; **i secoli bui**, the dark ages; **s. d'oro**, golden age; **le meraviglie del nostro s.**, the wonders of our time ***3*** (*periodo lunghissimo*) ages (*pl.*); years (*pl.*): **Non ti vedo da un s.**, I haven't seen you for ages; it's ages since I saw you last; **Ci conosciamo da secoli**, we've known each other for years (*o* ages); **È durato un s.**, it went on for ages; **Non metterci un s.!**, don't take forever!; don't take all day! ***4*** (*il mondo*) (the) world ● **Fra Luca, al s. Gino Bianchi**, Brother Luca, in the world Gino Bianchi □ **Totò, al s. Antonio de Curtis**, Totò, whose real name was Antonio de Curtis □ **fino alla fine dei secoli**, to the end of time □ **nei secoli**, through the ages □ **nei secoli a venire**, in times to come □ **per tutti i secoli dei secoli**, for ever and ever; world without end.

secónda *f.* ***1*** (*a scuola*) second year (*o* form, *GB*; grade, *USA*) ***2*** (*autom.*) second gear ***3*** (*ferr.*) second class: **viaggiare in s.**, to travel second class ***4*** (*naut.*) cabin-class ***5*** (*mat.*) second power ***6*** (*mus.*) second ***7*** (*scherma*) seconde ● **a s. di**, according to; depending on □ **a s. che**, according to (*o* depending on) whether □ **comandante in s.**, second-in-command.

secondàre *V.* **assecondare**.

secondariaménte *avv.* ***1*** (*in grado minore*) secondarily ***2*** (*in secondo luogo*) secondly ***3*** (*in un secondo tempo*) later.

secondàrio *a.* (*di secondo grado*) secondary; (*subordinato*) subordinate; (*collaterale*) side (*attr.*); (*minore*) minor: **istruzione secondaria**, secondary education; **ruolo s.**, subordinate role; minor role; **questione secondaria**, side issue; (*gramm.*) **proposizione secondaria**, subordinate clause; **di secondaria importanza**, of minor importance; **attività secondaria**, sideline; second job ● (*ferr.*) **linea secondaria**, branch line □ **strada secondaria**, secondary road; by-road.

secondino *m.* prison guard; jailer; warder (*GB*).

secóndo (1) ***A*** *a. num. ord.* second: **Giacomo II**, James the Second; **il s. atto**, the second act; **un s. Raffaello**, a second Raphael; **il s. fiume d'Italia**, the second-longest river in Italy; **la seconda citta del paese**, the second largest city in the country; **entrare per s.**, to go in second (*o* next); **la seconda metà del secolo**, the second (*o* latter) half of the century; **non essere s. a nessuno**, to be second to none ● **s. nome**, middle name □ **di s. piano**, minor; lesser □ **in s. luogo**, in the second place; secondly □ **in un s. tempo**, subsequently; later; at a later date ***B*** *m.* ***1*** (*f.* **-a**) second; (*tra due*) latter: **il primo..., il s...**, the former..., the latter... ***2*** (*minuto s., anche fig.*) second: **fra mezzo s.**, in half a second ***3*** (*in un duello, nella boxe*) second ***4*** (*naut.*) second mate; (*naut. mil.*) second-in-command, executive officer ***5*** (*s. piatto*) main course ***C*** *avv. V.* **secondariamente**.

secóndo (2) *prep.* ***1*** (*stando a*) according to; in the opinion of: **s. la Bibbia**, according to the Bible; **S. lui, è troppo tardi**, according to him it's too late; **S. me bisognerebbe...**, in my opinion we should...; **S. me non lo sa**, I don't think he knows ***2*** (*conformemente a*) in accordance with, in compliance with; (*in base a*) depending on, according to: **s. l'uso**, in accordance with custom; **s. i piani**, according to plan; **s. le circostanze**, depending on the circumstances ● **s. che**, according to whether: **s. che gli piaccia o no**, according to whether he likes it or not □ **s. la moda francese**, after the French fashion □ **s. il mio orologio**, by my watch □ **s. quanto concordato**, as previously agreed (upon) □ **s. quando annunciato al telegiornale**, as was reported in the news □ **fare le cose s. le regole**, to follow the rules; to go by the book □ **«Glielo dirai?» «S.!»**, «are you going to tell him?» «that depends!» □ **il Vangelo s. Matteo**, the Gospel according to Matthew.

secondogènito ***A*** *a.* second-born ***B*** *m.* (*f.* **-a**) second born; second child*.

secrétaire (*franc.*) *m.* secretaire; secretary; bureau* (*GB*).

secrezióne *f.* secretion.

sèdano *m.* (*bot.*) celery ● **s. rapa**, celeriac.

sedàre *v. t.* ***1*** (*placare*) to calm; to soothe; to assuage ***2*** (*reprimere*) to put* down; to repress.

sedativo *a. e m.* (*farm.*) sedative.

sède *f.* ***1*** seat; (*ufficio*) office, premises (*pl.*); (*agenzia*) branch; (*luogo in cui si svolge q.c.*) centre, venue; (*dimora stabile*) residence: **la s. del governo**, the seat of Government; **il cuore come s. delle passioni**, the heart as the seat of passion; **s. centrale**, head office; **s. distaccata**, branch office; **cambiare s.**, to move premises; **s. d'esami**, examination centre; **la s. del congresso**, the venue of the conference ***2*** (*eccles.*) see: **la Santa S.**, the Holy See; **s. vescovile**, bishop's see ***3*** (*mecc., di valvola*) seat, seating; (*di cuscinetto*) housing ● (*comm.*) **s. legale**, registered office □ **città s. di università**, university town □ **fuori s.**, temporarily absent; out; away □ **in s. di**, during: **in s. d'esami**, during the examinations □ **in separata s.**, in a special session; (*in privato*) in private □ **Questa non è la s. adatta per parlarne**, this is not the right place [time, etc.] to discuss it □ **trasferito ad altra s.**, transferred to another town.

sedentàrio ***A*** *a.* sedentary ***B*** *m.* (*f.* **-a**) person of sedentary habits.

sedére (1) ***A*** *v. i.* (*essere seduto*) to sit*, to be seated; (*mettersi a sedere*) to sit* down, to take* a seat: **Sedeva alla scrivania**, he sat (*o* was sitting) at his desk; **Sedete, prego!**, please sit down!; **s. in parlamento**, to sit in Parliament; **s. nel consiglio direttivo**, to sit on the board of directors ● **s. al volante**, to be at the wheel □ (*fig.*) **s. in cattedra**, to pontificate □ **s. scompostamente**, to be sprawled; to loll □ **alzarsi da s.**, to stand up □ **Lo feci s. accanto al fuoco**, I seated him by the fire □ **Fa' s. la signora**, give your seat to the lady! □ **levarsi a s.**, to sit up □ **mettersi a s.**, to sit down; to take a seat □ **posto a s.**, seat ***B*** **sedérsi** *v. i. pron.* to sit* down; to take* a seat: **s. a tavola**, to sit down at (the) table; **Sediamoci!**, let's sit down!

sedére (2) *m.* ***1*** bottom; backside (*fam.*); buttocks (*pl.*) (*fam.*); bum (*pop.*) ***2*** (*di indumento*) seat.

sèdia *f.* chair: **s. a braccioli**, armchair; **s. a dondolo**, rocking chair; **s. a rotelle**, wheelchair; **s. a sdraio**, deckchair; chaise-longue (*franc.*); **s. elettrica**, electric chair.

sedicènne ***A*** *a.* sixteen-year-old (*attr.*); sixteen years old (*pred.*) ***B*** *m. e f.* sixteen-year-old (boy, *m.*; girl, *f.*).

sedicènte *a.* would-be; self-styled.

sedicèsimo ***A*** *a. num. ord. e m.* sixteenth ***B*** *m.* (*tipogr.*) sixteenmo*; 16mo: **in s.**, in 16mo.

sédici *a. num. card. e m.* sixteen.

sedile *m.* seat; (*sedia*) chair; (*panca*) bench.
sedimentàre *v. i.* to settle (*to the bottom*).
sedimentàrio *a.* (*geol.*) sedimentary.
sedimentazióne *f.* (*chim., geol.*) sedimentation.
sediménto *m.* (*chim., geol.*) sediment; deposit.
sedizióne *f.* sedition; rebellion; mutiny.
sedizióso ***A*** *a.* seditious; subversive ***B*** *m.* rioter; rebel.
seducènte *a.* ***1*** seductive ***2*** (*allettante*) alluring, tempting; (*affascinante*) fascinating, captivating: **offerta s.**, tempting offer.
sedùrre *v. t.* ***1*** to seduce ***2*** (*allettare*) to allure, to tempt; (*affascinare*) to fascinate, to captivate.
sedùta *f.* ***1*** sitting; session; (*riunione, assemblea*) meeting: **una s. della Camera**, a sitting of the Chamber of Deputies; **s. di tribunale**, court session; **aprire [chiudere, sospendere] una s.**, to open [to close, to adjourn] a meeting; **essere in s.**, to be in session; **s. plenaria**, plenary session; **s. di registrazione**, recording session; **s. dal dentista**, session at the dentist's ***2*** (*pitt., scult.*) sitting • **s. spiritica**, séance □ **s. stante**, immediately; at once; on the spot: **una decisione presa s. stante**, a decision taken on the spot; a snap decision.
sedùto *a.* sitting; seated: **l'uomo s. alla mia destra**, the man sitting (*o* seated) on my right; **Resti s.!**, please be seated; **Rimasi seduto**, I kept my seat; **S.!**, sit down!; **Non sta mai s.**, he's always on the go.
seduttóre ***A*** *a.* seductive; tempting ***B*** *m.* seducer.
seduttrice *f.* seducer; charmer; enchantress.
seduzióne *f.* ***1*** seduction ***2*** (*fascino*) seductiveness, fascination; (*allettamento*) allurement, enticement, temptation.
séga *f.* saw: **s. a mano**, handsaw; **s. a nastro**, band saw; **s. circolare**, circular (*o* disk) saw; **s. meccanica**, sawing machine • **a (denti di) s.**, saw-toothed; serrated.
segala, ségale *f.* (*bot.*) rye.
segalìgno *a.* (*magro*) lean; wiry.
segàre *v. t.* ***1*** to saw* ***2*** (*tagliare*) to cut* into: **La corda mi segava i polsi**, the rope cut into my wrists.
segatóre *m.* sawyer.
segatrice *f.* (*mecc.*) sawing machine.
segatùra *f.* ***1*** (*il segare*) sawing ***2*** (*s. di legno*) sawdust.
sèggio *m.* seat; chair; (*stallo*) stall: **un s. in Parlamento**, a seat in parliament; **s. presidenziale**, president's chair • **s. elettorale**, polling station.
sèggiola *V.* **sedia**.
seggiolìno *m.* seat; (*per bambini*) baby's chair.
seggiolóne *m.* big chair; (*per bambini*) high chair.
seggiovìa *f.* chair lift.
segherìa *f.* sawmill.
seghettàre *v. t.* to serrate.
seghettàto *a.* serrated.
seghétto *m.* (*per metalli*) hacksaw.
segmentàre *v. t.* ***1*** to divide into segments; to segment ***2*** (*frazionare*) to subdivide; to split*.
segmentazióne *f.* (*geom., biol.*) segmentation.
segménto *m.* ***1*** (*geom., biol.*) segment ***2*** (*parte*) section; piece ***3*** (*di motori*) piston ring.
segnalàre ***A*** *v. t.* ***1*** (*fare segnalazioni*) to signal; to make* a signal (*o* signals); (*con bandierine*) to flag ***2*** (*indicare*) to signal; to mark; (*anche autom.*) to indicate: **s. un incrocio**, to indicate a crossroads; **s. con una freccia**, to mark with an arrow ***3*** (*rendere noto*) to report; (*mostrare*) to point out; (*menzionare*) to mention; (*raccomandare*) to recommend: **s. un guasto**, to report a breakdown; **s. una difficoltà**, to point out a difficulty; **Fu segnalato per la promozione**, he was recommended for promotion ***B*** **segnalàrsi** *v. rifl.* to distinguish oneself.
segnalàto *a.* ***1*** (*indicato*) indicated; marked ***2*** (*notevole*) outstanding; remarkable; (*famoso*) celebrated.
segnalatóre ***A*** *a.* signalling ***B*** *m.* (*f.* **-trice**) ***1*** (*persona*) signaller; (*ferr., naut., mil.*) signalman* ***2*** (*mecc.*) indicator.
segnalazióne *f.* ***1*** signalling; (*segnale*) signal: **fare segnalazioni**, to make signals; to signal ***2*** (*informazione*) report, notice; (*avviso*) warning; (*menzione*) recommendation.
segnàle *m.* signal: **s. di partenza**, starting signal; **s. di allarme**, warning signal; alarm; **s. luminoso**, signal light; light beacon; **s. acustico**, acoustic signal; beep; tone • (*telef.*) **s. di linea libera**, dialling tone; ringing tone; (*telef.*) **s. di occupato**, engaged (*USA* busy) tone □ **s. orario**, time signal; (*alla radio*) (the) pips (*pl.*) □ **s. stradale**, road sign.
segnalètica *f.* sign system; signs (*pl.*): **s. stradale**, road signs; **s. verticale**, road (*o* traffic) signs; **s. orizzontale**, road markings.
segnalètico *a.* identifying; identification (*attr.*): **dati segnaletici**, identification marks.
segnalìbro *m.* bookmark; bookmarker.
segnalìnee *m. invar.* (*sport*) linesman*.
segnapósto *m.* place card.
segnaprèzzo *m. invar.* price tag.
segnapùnti *m.* ***1*** scorekeeper ***2*** (*tabellone*) scoreboard; (*cartoncino*) scorecard.
segnàre ***A*** *v. t.* ***1*** (*mettere un segno*) to mark; (*spuntare*) to tick, to check (*USA*); (*tracciare*) to draw*: **s. un accento**, to mark an accent; **s. la linea di confine**, to draw the boundary line ***2*** (*prendere nota di*) to write* down; to enter: **s. un appunto**, to write down a note ***3*** (*indicare*) to mark; to indicate; (*di strumento*) to show*: **s. l'inizio [la fine] di q.c.**, to mark the beginning [the end] of st.; **Il sentiero era ben segnato**, the path was well signposted; **Il termometro segna 6°**, the thermometer shows 6°; **L'orologio segna le due**, the clock says two; **s. l'ora giusta**, to show the right time ***4*** (*scalfire*) to mark; to scratch ***5*** (*sport*) to score: **s. un gol**, to score a goal; (*calcio*) **s. di testa**, to score with a header; to head the ball in • **s. le ore**, to tell the time □ (*anche fig.*) **s. il passo**, to mark time □ **s. q. a dito**, to point the finger of scorn at sb. □ **s. i punti**, to keep the score □ (*mus.*) **s. il tempo**, to beat time □ (*comm.*) **s. una somma a credito [a debito] di q.**, to credit [to debit] sb. with an amount ***B*** **segnàrsi** *v. rifl.* to cross oneself; to make* the sign of the cross.
segnataménte *avv.* (*lett.*) chiefly; mainly; especially.
segnàto *a.* ***1*** marked; (*di volto*) lined, worn ***2*** (*deciso*) fixed; settled; (*condannato*) doomed: **Il suo destino è s.**, his fate has been settled (*o* sealed) • **s. da cicatrici**, scarred □ **s. dalle intemperie**, weather-beaten.
segnatùra *f.* ***1*** (*di libro*) pressmark; call number ***2*** (*tipogr.*) signature ***3*** (*sport*) score.
ségno *m.* ***1*** sign; mark; (*impronta*) print; (*traccia*) trace, track; (*graffio*) scratch: (*mat.*) **il s. meno [più]**, the minus [plus] sign; **s. di interpunzione**, punctuation mark; **il s. della croce**, the sign of the cross; **segni di frenata**, tyre marks; **segni di passi**, footprints; **dare segni di stanchezza**, to show signs of tiredness ***2*** (*cenno*) sign; signal; (*gesto*) gesture; **un s. della mano**, a sign (*o* wave) of the hand ***3*** (*indizio*) sign, indication, evidence Ⓤ; (*prova*) proof, token; (*sintomo*) symptom; (*simbolo*) symbol; (*presagio*) omen: **È s. che sta per piovere**, it is a sign it's going to rain; **La porta presentava segni di scasso**, the door showed evidence of having been forced; **Le diede un anello come s. del suo amore**, he gave her a ring as a token of his love; **cattivo s.**, bad sign; bad omen • **segni particolari**, distinguishing marks □ (*astron.*) **i segni dello zodiaco**, the signs of the Zodiac □ **andare a s.** (*o* **colpire nel s.**), to hit home □ **comunicare a segni**, to use sign language □ **Mi fece segno di avvicinarmi**, he beckoned me to come closer □ **essere fatto s. di**, to become the target of □ **fare s. a un taxi**, to hail a taxi □ **fare s. di no**, to shake one's head □ **fare s. di sì**, to nod assent □ **farsi il s. della croce**, to cross oneself □ **linguaggio dei segni**, sign language □ **mettere a s. q.c.**, to score st. □ **passare il s.**, to overstep the mark; to go too far □ **perdere il s. (in un libro)**, to lose one's place (in a book).
ségo *m.* tallow.
segregàre ***A*** *v. t.* (*isolare*) to isolate; (*un prigioniero e sim.*) to place in confinement; (*separare*) to segregate ***B*** **segregàrsi** *v. rifl.* to seclude oneself; to withdraw* (from).
segregàto *a.* (*isolato*) isolated; confined; (*appartato*) secluded, sequestered; (*solitario*) solitary; (*separato*) segregated.
segregazióne *f.* ***1*** (*isolamento*) isolation; seclusion; (*leg.*) confinement: **s. cellulare**, solitary confinement ***2*** — **s. razziale**, racial segregation.
segregazionìsmo *m.* segregation.
segréta *f.* dungeon.
segretaménte *avv.* secretly; in secret; in private; (*confidenzialmente*) in confidence; (*furtivamente*) stealthily, on the sly.
segretària *f.* (woman*) secretary: **s. d'azienda**, secretary; **s. di direzione**, executive secretary.

segretariàle *a.* secretarial.
segretariàto *m.* secretariat.
segretàrio *m.* secretary: **s. di ambasciata**, embassy secretary; **S. di Stato**, Secretary of State;; **s. generale**, secretary-general; **s. particolare**, private secretary; **s. comunale**, town clerk; **Primo S.**, Chief Secretary.
segreteria *f.* ***1*** (*ufficio*) secretary's office; secretariat ***2*** (*gli addetti*) secretarial staff; secretaries (*pl.*) • **S. di Stato**, Secretariat of State □ **s. telefonica**, (*servizio*) answering service; (*apparecchio*) answering machine.
segretézza *f.* secrecy; privacy: **in gran s.**, in all (*o* total) secrecy.
segréto ***A*** *a.* secret; (*riservato*) confidential, classified: **società segreta**, secret society; **agente s.**, secret agent; **documenti segreti**, classified papers ***B*** *m.* ***1*** secret: **il s. del successo**, the secret of success; **lasciarsi sfuggire un s.**, to let out a secret; to let the cat out of the bag (*fam.*); **essere [mettere q.] a parte di un s.**, to be [to let sb.] in on a secret ***2*** (*segretezza*) secrecy: **s. professionale**, professional secrecy; **s. istruttorio**, judicial secrecy; **s. epistolare**, confidentiality (of correspondence) ***3*** (*intimità*) secrecy; depths (*pl.*); (*luogo nascosto*) depth, thick: **nel s. del proprio cuore**, in the depths of one's heart; **nel s. della foresta**, in the thick of the forest • **segreti del mestiere**, tricks of the trade □ **s. di Stato**, official secret □ **s. di Pulcinella**, open secret □ (*eccles.*) **sotto il s. della confessione**, under the seal of confession.
seguàce *m. e f.* follower; adherent; supporter.
seguènte ***A*** *a.* following; next: **il giorno s.**, the following (*o* the next) day; the day after; **la pagina s.**, the next page; **nell'ordine s.**, in the following order; **nel modo s.**, as follows ***B*** *m. e f.* next one; next person: **Avanti il s.!**, next, please!
segùgio *m.* ***1*** (*zool.*) bloodhound ***2*** (*investigatore*) detective; sleuth.
seguire ***A*** *v. t.* ***1*** to follow; to come* after; to go* after; to pursue: **s. una pista [il consiglio di q., una regola]**, to follow a trail [sb.'s advice, a rule]; **Lo seguiva con gli occhi**, his eyes followed him ***2*** (*frequentare*) to attend ***3*** (*istruire privatamente*) to coach ***4*** (*sovrintendere*) to oversee*; to supervise: **s. i lavori**, to supervise the works • **s. la via giusta**, to take the right path ***B*** *v. i.* ***1*** to follow; (*accadere*) to happen next; (*come conseguenza*) to ensue: **Seguì un lungo silenzio**, a long silence followed (*o* ensued); **Parlò come segue**, he spoke as follows; **Ne segue che...**, it follows that...; **Segue lettera**, letter following ***2*** (*continuare*) to continue: **Segue a p. 34**, continued on p. 34; **Segue a tergo**, please turn over • **con quel che segue**, and all the rest.
seguitàre *v. t. e i.* to continue; to carry on; to go* on (with): **s. il proprio lavoro,** to carry on one's work; to go on with one's work; **s. a parlare**, to go on speaking.
seguito *m.* ***1*** (*scorta*) retinue; suite: **l'Imperatore e il suo s.**, the Emperor and his retinue; **essere al s. dell'ambasciatore**, to be among the ambassador's suite ***2*** (*aderenza, consenso*) following: **aver molto s.**, to have a large following ***3*** (*seguaci, imitatori*) followers (*pl.*) ***4*** (*serie, sequela*) series; sequence; train; suite: **un s. di incidenti**, a series of accidents; **un s. di idee**, a train of ideas ***5*** (*continuazione*) continuation; rest; follow-up: **Raccontami il s.**, tell me the rest; **La cosa ebbe un s.**, there's a sequel to the story • **il s. al prossimo numero**, to be continued □ **dare s. a q.c.**, to carry out st.; to execute st. □ **di s.**, uninterruptedly; on end; (*uno dietro l'altro*) in a row, in succession: **per quattro ore di s.**, for four hours in succession □ **e così di s.**, and so on; and so forth □ **Facciamo s. alla nostra del 15 marzo**, following our letter of March 15th □ **in s.**, afterwards; later on □ **in s. a**, in consequence of; (*a causa di*) owing to.
sèi *a. num. card. e m.* six.
seicentésco *V.* **secentesco**.
seicènto *a. num. card. e m.* six hundred • **il S.**, the seventeenth century; (*arte e letter. ital.*) the Seicento.
sélce *f.* (*miner.*) flint; flintstone.
selciàre *v. t.* to pave; to flag.
selciàto ***A*** *a.* paved; flagged ***B*** *m.* pavement.
selènio *m.* (*chim.*) selenium.
selenite *f.* (*miner.*) selenite.
selettivaménte *avv.* selectively.
selettività *f.* selectivity.
selettìvo *a.* selective.
selettóre *m.* selector.
selezionàre *v. t.* to select; to pick out; (*fare una cernita*) to sort out; (*vagliare*) to screen; (*zootecnia*) to breed*.
selezionàto *a.* selected; picked; (*di prima scelta*) select, choice, hand-picked.
selezionatóre ***A*** *m.* (*f.* **-trìce**) selector ***B*** *a.* selecting.
selezionatrìce *f.* (*mecc.*) sorter; sorting machine.
selezióne *f.* selection • (*telef.*) **s. automatica**, automatic dialling.
sèlla *f.* ***1*** saddle: **montare in s.**, to get into the saddle; to mount; **mettere [levare] la s. a un cavallo**, to saddle [to unsaddle] a horse ***2*** (*geogr.*) col; saddle; saddleback ***3*** (*cucina*) saddle • (*fig.*) **rimettersi in s.**, to get into the saddle (*o* into the driving-seat) again □ **saper stare in s.**, to be able to ride □ **sbalzare di s.**, to unhorse.
sellàio *m.* saddler.
sellàre *v. t.* to saddle.
selleria *f.* ***1*** saddlery; saddler's shop ***2*** (*autom.*) upholstering.
sellìno *m.* saddle • **s. posteriore** (*di motocicletta*), pillion.
sèltz *m.* soda (water).
sélva *f.* ***1*** (*foresta*) forest; (*bosco*) wood ***2*** (*fig.*) mass; multitude; host: **una s. di capelli**, a mass of hair.
selvaggìna *f.* game.
selvàggio ***A*** *a.* ***1*** wild; savage; (*non civilizzato*) uncivilized, primitive: **animali selvaggi**, wild animals; **tribù selvagge**, savage tribes; **regione selvaggia**, wild region; wilderness; **urla selvagge**, wild screams; **azioni selvagge**, savage actions ***2*** (*incontrollato*) wild; uncontrolled; indiscriminate: **edilizia selvaggia**, uncontrolled urban development • **sciopero s.**, unofficial (*o* wildcat) strike ***B*** *m.* savage; barbarian.
selvàtico ***A*** *a.* ***1*** wild; (*non domestico*) undomesticated: **pero s.**, wild pear-tree ***2*** (*rozzo*) rough, uncouth; (*non socievole*) unsociable ***B*** *m.* (*odore*) gam(e)y smell; (*sapore*) gam(e)y taste: **puzzare [sapere] di s.**, to smell [to taste] gam(e)y.
selvóso *a.* woody; wooded.
semàforo *m.* ***1*** (*per il traffico*) (traffic) lights (*pl.*); (*la singola luce*) light: **due semafori**, two sets of traffic lights; **Al s. gira a destra**, turn right at the traffic lights; **s. giallo**, amber light; **bruciare i semafori**, to shoot all the lights ***2*** (*ferr.*) semaphore ***3*** (*naut.*) signal station.
semàntica *f.* semantics (*pl. col verbo al sing.*).
semàntico *a.* semantic.
sembiànte *m.* (*lett.*) ***1*** (*volto*) countenance; features (*pl.*) ***2*** (*apparenza*) semblance; appearance • **far s. di**, to pretend to.
sembiànza *f.* ***1*** (*aspetto*) aspect, appearance; (*guisa*) guise; (*somiglianza*) likeness; (*parvenza*) semblance ***2*** (*al pl.*) (*fattezze*) looks; (*lineamenti*) features.
sembràre *v. i.* ***1*** to seem (*costruz. pers. o impers.*); (*dare la sensazione di*) to feel* (*costruz. pers. o impers.*); (*alla vista*) to look (+ *agg.*), to look like (+ *sost.*); (*all'udito*) to sound (+ *agg.*), to sound like (+ *sost.*); (*al gusto*) to taste like; (*al tatto*) to feel* like: **Sembra che sia un uomo onesto**, he seems to be an honest man; **La casa sembrava vuota dopo la sua partenza**, the house felt empty after he left; **Sembri triste**, you look sad; **Sembra un vecchio**, he looks like an old man; **Sembra che voglia piovere**, it looks like rain; **Sembra di essere in estate**, it feels like summer; **Mi sembra un sogno**, it seems (*o* looks, sounds, feels) like a dream; **Gli sembrò una buona idea**, it looked like a good idea to him; **Ci sembra assai strano**, it sounds very strange to us; **Sembra miele**, it tastes like honey; **Sembra di velluto**, it feels like velvet; **Come ti sembra questo caffè?**, how do you find (*o* like) this coffee? ***2*** (*nelle costruz. impers.*) to seem, to appear (*entrambi anche con costruz. pers.*); to think*, to feel*, to find* (*costruz. pers.*): **Mi sembra che tu abbia torto**, I think you are wrong; it seems to me that you are wrong; **Mi sembra strano che non abbia telefonato**, it seems odd that he hasn't (*o* shouldn't have) phoned; **Mi è sembrato che fosse mio dovere**, I felt it was my duty; **Sembra che stia molto meglio**, he appears to be much better; **Sembra proprio che vogliano chiudere la fabbrica**, it appears they want to shut down the factory; **«Vuole restare?» «Così sembra»**, «does he want to stay?» «so it seems (o appears)»; **Non mi sembra**, I don't think so; **Sembra di no**, it appears not; it doesn't seem so; **È un po' tardi, non ti sembra?**, it's rather late, don't you think? ***3*** (*piacere, volere*) to like; to please; to wish (*tutti con costruz. pers.*): **Fa'**

come ti sembra, do as you like • **a quanto sembra**, by the look of it; apparently.
séme *m.* *1* seed* (*anche fig.*); (*di arancia, pera, ecc.*) pip: **olio di semi**, seed oil; **senza semi**, seedless; **il s. dell'odio**, the seeds (*pl.*) of hatred *2* (*sperma*) sperm: **banca del s.**, sperm bank *3* (*carte da gioco*) suit.
seménte *f.* seed.
semenzàio *m.* seedbed; nursery.
semestràle *a.* *1* (*che dura un semestre*) six-month (*attr.*) *2* (*ripetuto ogni sei mesi*) six-monthly; half-yearly: **rivista s.**, six-monthly (magazine); **dividendi semestrali**, half-yearly dividends.
semestralménte *avv.* every six months; half-yearly.
semèstre *m.* *1* semester; six-month period; half-year *2* (*pagamento, rata*) six-month payment [instalment]: **pagare un s. di affitto**, to pay six months' rent.
semiapèrto *a.* half-open; (*di porta, anche*) ajar (*pred.*).
semiàsse *m.* *1* (*geom.*) semiaxis* *2* (*autom.*) axle shaft.
semiautomàtico *a.* semiautomatic.
semibrève *f.* (*mus.*) semibreve; whole note (*USA*).
semibùio *a.* half-lit; dimly lit.
semicérchio *m.* semicircle; half-circle.
semichiùso *a.* half-closed; half-shut.
semicingolàto (*autom.*) *A* *a.* half-track(ed) *B* *m.* half-track.
semicircolàre *a.* semicircular.
semiconduttóre *m.* (*fis.*) semiconductor.
semicròma *f.* (*mus.*) semiquaver (*GB*); sixteenth note (*USA*).
semicùpio *m.* hip bath; Sitz bath (*USA*)
semidìo *m.* demigod.
semidistrùtto *a.* half-destroyed.
semifinàle *f.* (*sport*) semifinal.
semifinalista *m. e f.* (*sport*) semifinalist.
semilavoràto (*ind.*) *A* *a.* semifinished; semimanufactured *B* *m.* semimanufacture.
semilibertà *f.* (*leg.*) day release.
semimìnima *f.* (*mus.*) crotchet (*GB*); quarter note (*USA*).
sémina, seminagióne *f.* sowing • **s. a spaglio**, broadcasting.
seminàle *a.* seminal.
seminàre *v. t.* *1* to sow*; to seed: **s. un campo a grano**, to sow a field with wheat *2* (*fig.*) to sow*; (*spargere*) to scatter; to spread*: **s. odio**, to sow the seeds of hatred; **s. indizi**, to scatter clues *3* (*fam.*: *lasciare indietro*) to leave* standing; to shake* off; to give* the slip to: **s. l'avversario**, to leave one's opponent standing; **s. i propri inseguitori**, to shake off one's pursuers; to give one's pursuers the slip.
seminàrio *m.* *1* (*eccles.*) seminary *2* (*università*) seminar *3* (*gruppo di lavoro*) workshop.
seminarista *m.* (*eccles.*) seminarist.
seminàto *A* *a.* *1* sown; seeded *2* (*sparso*) scattered; strewn *B* *m.* sown ground • **uscire dal s.**, to wander off the subject.
seminatóre *m.* (*f.* **-trice**) sower • **s. di scandali**, scandalmonger □ **s. di zizzania**, sower of discord; mischief-maker.
seminatrice *f.* (*mecc.*) sowing machine; seeder.
seminfermità *f.* (*med.*) partial infirmity • (*leg.*) **s. mentale**, partial insanity.
seminférmo *a. e m.* (*f.* **-a**) semi-invalid • **s. di mente**, partially insane.
seminterràto *m.* (*edil.*) basement.
seminùdo *a.* half-naked.
semiologìa *f.* (*ling.*) semiology; semiotics (*pl. col verbo al sing.*).
semiòlogo *m.* (*f.* **-a**) semiologist.
semioscurità *f.* semidarkness; twilight.
semiòtica *f.* semiotics (*pl. col verbo al sing.*).
semiprezióso *a.* semiprecious.
semirètta *f.* (*geom.*) half-line.
semirìgido *a.* semirigid.
semisconosciùto *a.* virtually unknown.
semisécco *a.* (*enologia*) demi-sec.
semiselvàggio *a.* half-savage; half-wild; (*rozzo*) uncivilized.
semisèrio *a.* half-serious; (*teatr.*) seriocomic.
semisfèra *f.* (*geom.*) hemisphere; half-sphere.
semisfèrico *a.* (*geom.*) hemispheric(al).
semispènto *a.* (*di fuoco*) almost out; (*fioco*) faint, weak; (*di sguardo, ecc.*) lifeless.
semìta *A* *m. e f.* Semite *B* *a.* Semitic.
semìtico *a.* Semitic.
semitòno *m.* (*mus.*) semitone (*GB*); half step (*USA*).
semitrasparènte *a.* semitransparent.
semiufficiàle *a.* quasi-official.
semivestìto *a.* half-dressed.
semivocàle *f.* (*fon.*) semivowel.
semivuòto *a.* half-empty.
semmài *V.* **se mai**, *sotto* **se** (**1**).
sémola *f.* (*crusca*) bran.
semolàto *a.* refined: **zucchero s.**, refined (*o* caster) sugar.
semolino *m.* semolina.
semovènte *a.* self-propelled; self-moving; (*automatico*) automatic.
sempitèrno *a.* (*lett.*) sempiternal; eternal; everlasting.
sémplice *a.* *1* (*costituito da un solo elemento*) simple; single: **filo s.**, single thread; **tulipano s.**, single tulip *2* (*non mescolato o combinato con altro*) simple; unmixed: **corpo s.**, simple body *3* (*non complicato*) simple, plain; (*facile*) easy; (*schietto*) direct, open; (*naturale*) natural, artless, unsophisticated; (*alla buona*) unpretentious, plain, homely; (*ingenuo*) ingenuous, candid, simple-minded: **compito s.**, simple (*o* easy) task; **le regole più semplici**, the simplest (*o* most basic) rules; **stile s.**, simple (*o* unadorned) style; **pasto s.**, plain (*o* homely) meal; **vestito s.**, simple dress *4* (*null'altro che*) simple; mere; pure; plain; (*soltanto*) very; only, just (*avv.*): **una s. supposizione**, a mere conjecture; **un s. sì o no**, a plain yes or no; **Il s. fatto della sua presenza mi irrita**, his very presence irritates me; **È un s. ipotesi**, it's just a theory *5* (*chim., mat.*) simple • (*naut. mil.*) **marinaio s.**, ordinary seaman; rating (*GB*) □ (*mil.*) **soldato s.**, private.
sempliceménte *avv.* *1* (*in modo semplice*) simply; in a simple manner; plain; plainly *2* (*solamente*) simply; only; merely; just *3* (*con ingenuità*) simply; artlessly; candidly.
sempliciòne *m.* (*f.* **-a**) simpleton; ninny; dupe.
semplicistico *a.* simplistic; superficial; facile.
semplicità *f.* *1* simplicity; plainness *2* (*naturalezza*) artlessness; (*schiettezza*) straightforwardness, candour *3* (*ingenuità*) simplicity; naivety; credulity.
semplificàre *A* *v. t.* *1* to simplify; to make* simpler; (*agevolare*) to make* easier, to facilitate; (*sveltire*) to streamline *2* (*mat.*) to simplify; to reduce *B* **semplificàrsi** *v. i. pron.* to become* (*o* to get*) simpler.
semplificazióne *f.* *1* simplification *2* (*mat.*) simplification; reduction.
sèmpre *avv.* *1* always: **Mi è s. piaciuto**, I've always liked it; **Non andrà s. così!**, it will not always be like this!; **Mangia s.**, he is always eating; **non s.**, not always; **un negozio s. aperto**, a shop open 24 hours a day *2* (*tutto il tempo, dall'inizio alla fine*) all the time: **Piovve s.**, it rained all the time; **Devi averlo s. saputo**, you must have known all the time *3* (*ancora*) still: **C'è s. tempo**, there is still plenty of time; **Abiti s. a Roma?**, are you still living in Rome? *4* (*comunque, tuttavia, anche* **pur s.**) always; still: **Posso s. tentare**, I can always try; still, I can try; **Resta (pur) s. il fatto che...**, the fact still remains that... *5* (*in composizione con un agg.*) ever-: **numero s. crescente**, ever-increasing number; **rischio s. presente**, ever-present risk *6* (*davanti a un compar., con valore intensivo*) — **s. meno**, less and less; **s. peggio**, worse and worse; **s. più facile**, easier and easier; **s. più interessante**, more and more interesting; **s. maggiore**, ever-increasing; **s. (di) più**, more and more • **s. che**, provided (that); as long as; if □ **s. dritto**, straight on □ (*nelle lettere*) **S. tuo**, yours ever □ **Lo conosco da s.**, I've known him all my life □ **la sua ironia di s.**, his usual irony □ **È rimasto quello di s.**, he is the same as ever; he hasn't changed at all □ **ora e s.**, now and for ever □ **per s.**, for ever; (*definitivamente*) for good: **tuo per s.**, yours ever; **Se n'è andato per s.**, he has left for good □ **una volta per s.**, once (and) for all.
sempreverde *a., m. e f.* (*bot.*) evergreen.
sènape *f.* (*bot., cucina*) mustard.
senapièra *f.* mustard pot.
senapismo *m.* (*med.*) mustard plaster (*o* poultice).
senàto *m.* *1* senate *2* (*sede del s.*) senate house.
senatóre *m.* (*f.* **-trice**) senator; member of the Senate.
senatoriàle, senatòrio *a.* senatorial.
senegalése *a., m. e f.* Senegalese* (*a. e m.*); Senegalese

woman* (*f.*): **i senegalesi**, the Senegalese.

senescènza *f.* senescence.

senése *a., m. e f.* Sien(n)ese (*a. e m.*); Sien(n)ese woman* (*f.*): **i senesi**, the Sien(n)ese.

senile *a.* old; old-age (*attr.*); (*med.*) geriatric, senile: **età s.**, old age; **disturbo s.**, geriatric complaint; (*med.*) **demenza s.**, senile dementia.

senilità *f.* (*vecchiaia*) old age; (*med.*) senility.

sénno *m.* (common) sense; judg(e)ment; (practical) wisdom • **il s. di poi**, hindsight □ **fuori di s.**, out of one's mind; off one's head (*fam.*) □ **perdere il s.** (*o* **uscire di s.**), to take leave of one's senses; to go out of one's mind □ (*prov.*) **Del s. di poi son piene le fosse**, it's easy to be wise after the event.

sennò *avv.* (*fam.*) otherwise.

sennonché *cong.* but; except that.

séno (1) *m.* ***1*** (*mammella*) breast; (*petto*) breast, bosom: **allattare al s.**, to breast-feed; **stringere q. al s.**, to press (*o* to hug) sb. to one's breast ***2*** (*grembo*) womb; (*cuore*) heart ***3*** (*anat.*) sinus*; cavity • **in s. alla famiglia**, in the bosom of one's family □ **in s. al partito**, within the party.

séno (2) *m.* (*mat.*) sine.

senonché *V.* **sennonché**.

sensàle *m.* (*comm.*) broker; middleman*.

sensataménte *avv.* sensibly; judiciously • **parlare s.**, to talk sense.

sensatézza *f.* sensibleness; good sense; judiciousness.

sensàto *a.* sensible; reasonable; common-sense; judicious.

sensazionàle *a.* sensational; exciting • (*giorn.*) **titolo s.**, sensationalist (*o* splash) headline; screamer.

sensazionalismo *m.* sensationalism.

sensazionalìstico *a.* sensationalist.

sensazióne *f.* ***1*** sensation; feeling: **s. tattile**, tactile sensation; **una s. di dolore**, a feeling of pain; **Ho una s. di freddo**, I feel a chill in my back ***2*** (*intuizione, impressione, sospetto*) feeling; sensation; sense: **una s. di un pericolo**, a sense of danger; **Ho la s. che...**, I have a (*o* the) feeling that... ***3*** (*impressione viva*) sensation: **fare s.**, to cause (*o* to create) a sensation • **a s.**, sensational.

senserìa *f.* (*comm.*) brokerage.

sensìbile ***A*** *a.* ***1*** (*percepibile dai sensi*) sensible; perceptible ***2*** (*che ha sensibilità*) sensitive: **bambino s.**, sensitive child; **essere s. alla bellezza**, to be sensitive to beauty ***3*** (*che dimostra comprensione*) appreciative; sympathetic; (*consapevole*) aware ***4*** (*mecc., radio, fotogr., ecc.*) sensitive ***5*** (*rilevante*) sensible; perceptible; appreciable; considerable: **differenza s.**, sensible (*o* appreciable) difference; **perdita s.**, considerable loss ***B*** *f.* (*mus.*) leading note.

sensibilità *f.* ***1*** (*fisiol.*) sensitivity; feeling ***2*** (*rif. alle emozioni, ai sentimenti*) sensitivity; sensitiveness; feeling; sense; (*delicatezza*) sensibility, delicacy: **s. estetica**, aesthetic sense; **s. morbosa**, morbid sensitivity; **s. d'animo**, delicacy of feeling ***3*** (*comprensione*) appreciation; sympathy; (*consapevolezza*) awareness ***4*** (*mecc., radio, fotogr., ecc.*) sensitivity; sensibility.

sensibilizzàre ***A*** *v. t.* ***1*** (*fotogr.*) to sensitize ***2*** (*rendere consapevole*) to awaken (to st.); to make* aware (of st.) ***B*** **sensibilizzàrsi** *v. i. pron.* to become* aware (of).

sensibilizzazióne *f.* ***1*** (*fotogr.*) sensitization ***2*** (*presa di coscienza*) awakening; awareness.

sensitivo ***A*** *a.* ***1*** sensory; sensitive ***2*** (*facile a commuoversi*) sensitive; impressionable ***B*** *m.* (*f.* **-a**) ***1*** sensitive person ***2*** (*medium*) medium.

sènso *m.* ***1*** sense; sensibility; faculty of sensation: **gli organi del s.**, the sense organs; **sesto s.**, sixth sense ***2*** (*sensazione*) sense; sensation; feeling: **s. di vergogna**, sense of shame; **s. di paura**, sensation of fear; **s. di disagio**, feeling of discomfort; **avere il s. del dovere**, to have a sense of duty; **avere il s. del bello**, to have a feeling for beauty; **s. dell'umorismo**, sense of humour ***3*** (*significato*) sense; meaning: **nel s. migliore della parola**, in the best sense of the word; **afferrare il s. di q.c.**, to grasp the meaning of st.; **Non ha s.**, it doesn't make sense; **Che s. c'è a fare una cosa del genere?**, what's the sense of doing that?; **in un certo s.**, in a sense; **cose senza s.**, nonsense; **privo di s.**, meaningless ***4*** (*direzione*) direction; way: **in s. opposto**, in the opposite direction; **s. di marcia**, direction; **s. unico**, one way; **strada a s. unico**, one-way street; **s. vietato**, no thoroughfare; no entry ***5*** (*modo*) way; manner • **s. comune**, common sense □ **s. di colpa**, guilty feeling; (*psic.*) guilt: **provare un s. di colpa**, to feel guilty; **farsi venire i sensi di colpa**, to blame oneself □ **s. di nausea**, queasiness □ **Non ha il s. della misura**, he doesn't know when to stop □ **perdere il s. della realtà**, to lose one's grip on reality □ **a s.**, in one's own words; loosely □ **ai sensi di**, according to; in conformity with □ **buon s.**, common sense □ **doppio s.**, double entendre (*franc.*); pun □ **Gli scarafaggi mi fanno s.**, cockroaches give me the creeps □ **La vista del sangue mi fa s.**, the sight of blood makes me sick □ **in s. affermativo**, in the affirmative □ **in s. orario** [**antiorario**], in a clockwise [anti-clockwise] direction; clockwise [anti-clockwise] □ **nel s. della lunghezza**, lengthwise; in length □ **perdere i sensi**, to lose consciousness; to faint □ **riacquistare i sensi**, to recover (*o* to regain) consciousness; to come round (*fam.*) □ **Gli ho scritto in questo s.**, I wrote to him in those terms.

sensóre *m.* (*tecn.*) sensor; detector.

sensoriàle *a.* sensorial; sensory.

sensuàle *a.* sensual; sensuous; sexy.

sensualità *f.* sensuality; sensuousness.

sentènza *f.* ***1*** (*leg.*) decision; judg(e)ment; ruling; (*verdetto di condanna*) sentence: **pronunziare una s.**, to pass judgement; **appellarsi contro una s.**, to appeal against a decision; **s. di morte**, death sentence; **s. di assoluzione**, acquittal; **s. di condanna**, conviction; verdict of guilty ***2*** (*aforisma*) aphorism; maxim; (*detto*) saying • **sputare sentenze**, to pontificate; to moralize.

sentenziàre *v. i.* ***1*** (*leg.*) to pass judgement; to judge ***2*** (*fig.*) to be sententious; to moralize.

sentenzióso *a.* sententious.

sentièro *m.* path (*anche fig.*); lane • (*scherz.*) **sul s. di guerra**, on the warpath.

sentimentàle ***A*** *a.* sentimental ***B*** *m. e f.* sentimental person; romantic. • **fare il s.**, to be sentimental.

sentimentalismo *m.* sentimentalism.

sentimentalità *f.* sentimentality; mawkishness.

sentiménto *m.* feeling; sentiment; emotion: **fare appello al s.**, to appeal to feelings; **ferire i sentimenti di q.**, to hurt sb.'s feelings; **lasciarsi guidare dai sentimenti**, to be led by one's emotions (*o* feelings); **parole piene di s.**, words full of feeling; deeply-felt words; **il s. dell'amicizia**, a sense of friendship; **il s. della pietà**, the sentiment of pity; **non avere un briciolo di s.**, not to have a grain of feeling.

sentìna *f.* ***1*** (*naut.*) bilge ***2*** (*fig.*) den; hotbed.

sentinèlla *f.* sentry; guard: **dare il cambio alla s.**, to relieve the sentry; **essere di s.**, to be on sentry-duty; to be on sentry-go; **montare di s.**, to mount guard; **Resto io di s. ai bagagli**, I'll keep an eye on the luggage.

sentìre (1) ***A*** *v. t.* ***1*** to feel*: **s. fame** [**sete**], to feel (*o* to be) hungry [thirsty]; **s. freddo** [**caldo**], to feel (*o* to be) cold [warm]; **s. una gran stanchezza**, to feel (*o* to be) very tired; **Sentii q. scuotermi**, I felt sb. shaking me ***2*** (*rif. al tatto*) to feel*: **Senti com'è liscio!**, feel how smooth it is! ***3*** (*rif. al gusto*) to taste: **s. (il sapore di) q.c.**, to taste st. ***4*** (*rif. all'olfatto*) to smell*: **s. bruciare q.c.**, to smell st. burning; **s. l'odore di q.c.**, to smell st. ***5*** (*udire*) to hear*; (*ascoltare*) to listen to: **s. un rumore**, to hear a noise; **Gliel'ho sentito dire io**, I heard him say so; **s. q. gridare**, to hear sb. shouting; **Fu sentita piangere**, she was heard to cry; **s. Messa**, to hear Mass; **Stammi a s.**, listen to me!; **Senti che cosa vuole**, see what he wants ***6*** (*venire a sapere*) to hear*: **Ho sentito (dire) che vai in Grecia**, I hear you're going to Greece; **Non si fa più s.**, I haven't heard from him for a long time ***7*** (*consultare*) to see*; to talk to; (*chiedere*) to ask: **Dovresti s. un dottore**, you should see a doctor; **Sentirò il mio avvocato**, I'll talk to my lawyer; I'll hear what my lawyer has to say ***8*** (*essere certo*) to feel*, to sense, to know*; (*capire*) to understand*, to realize: **Sentì di dover intervenire**, he felt he had to intervene; **Sentii che mi taceva qualcosa**, I sensed he was holding out on me ***9*** (*provare emozioni, sentimenti*) to feel*; to be (+ *agg. o p.p.*); to experience: **s. ammirazione** [**invidia**], to feel admiration [envy]; **s. orrore** [**riconoscenza**], to be horrified [grateful] ***10*** (*risentire di*) to feel*; to suffer from: **s. le conseguenze di**, to feel the consequences of; **s. il caldo**, to feel the heat; to suffer from the heat • **s. parlare di q.** [**q.c.**], to hear of (*o* about) sb. [st.] □ **a quel che sento**, from what I hear □

a s. lui, according to him; from what he says □ **Non farti s. a dire cose simili**, don't let people hear you say such things □ **Dovresti farti s. in consiglio**, you should speak up at the board meeting □ **Il freddo comincia a farsi s.**, the cold is setting in □ **Mi sentirà!**, things will not stop here! □ **Non sento più i piedi**, my feet have gone numb □ **Senti, senti!**, well, I never! ***B*** *v. i.* ***1*** (*avere sensazioni*) to feel* ***2*** (*avere sapore*) to taste: **s. d'acido**, to taste sour ***3*** (*avere odore*) to smell*: **s. di muffa**, to smell musty ***4*** (*udire*) to hear*: **Non (ci) sente, è sordo**, he cannot hear, he is deaf; **non sentirci da un orecchio**, to be deaf in one ear • (*fig.*) **Da quell'orecchio non ci sente**, he doesn't want to know about that ***C*** **sentirsi** *v. i. pron.* ***1*** to feel*; to be: **s. bene**, to feel (*o* to be) well; **Mi sento male**, I don't feel well; **Si è sentito male**, (*ha vomitato*) he was sick; (*è svenuto*) he collapsed, he fainted; **s. stanco**, to feel tired; **Come ti senti oggi?**, how are you feeling today?; **s. svenire**, to feel faint; **s. a disagio**, to be ill at ease; **s. incompreso**, to feel misunderstood; **s. obbligato a q.**, to feel* obliged to sb. ***2*** (*essere in grado, anche* **sentirsela**) to feel* up to; (*avere voglia*) to feel* like: **Non me la sento ancora di uscire**, I don't feel up to going out yet; **Non mi sento di mangiare adesso**, I don't feel like eating just now • **s. in colpa**, to feel guilty □ **s. in dovere di fare q.c.**, to feel one has a duty to do st. □ **Me la sentivo!**, I knew it!; I felt it coming! □ **Non se l'è sentita** (*per paura*), he got cold feet (*fam.*).

sentire (**2**) *m.* (*lett.*) feelings (*pl.*).

sentitaménte *avv.* sincerely; (*con tutto il cuore*) with all one's heart.

sentito *a.* ***1*** sincere; heartfelt ***2*** (*udito*) heard • **per s. dire**, by hearsay.

sentóre *m.* sign; trace; inkling • **aver s. di q.c.**, to get wind of st.

sènza *prep. e cong.* without; -less (*suff. agg.*); -free (*suff. agg.*): **s. soldi**, without money; penniless; **s. dire nulla**, without saying a word; **s. di me**, without me; **s. amici**, friendless; **s. casa**, homeless; **s. fine**, endless; **s. grassi**, fatless; fat-free; **s. paragone**, without equal; matchless; incomparable; **fare s. q.c.**, to do without st.; **rimanere s. q.c.**, to be left without st.; **s. che glielo dicessi**, without my telling him; **non s. un po' di paura**, not without some fear; somewhat apprehensively; with a certain amount of apprehension.

senzapàtria *m. e f. invar.* stateless person.

senzatétto *m. e f. invar.* homeless person.

sèpalo *m.* (*bot.*) sepal.

separàbile *a.* separable.

separàre ***A*** *v. t.* ***1*** to separate; (*dividere*) to divide, to part; (*segregare*) to segregate ***2*** (*distinguere*) to distinguish; to dissociate ***B*** **separàrsi** *v. rifl. e rifl. recipr.* to separate; to part: **s. da q.**, to part from (*o* with) sb.; **s. da amici**, to part friends; **Mario e Lucia si sono separati**, Mario and Lucia have separated.

separataménte *avv.* ***1*** separately ***2*** (*uno alla volta*) one at a time; one by one.

separatismo *m.* separatism.

separatista *a., m. e f.* separatist.

separàto *a.* ***1*** (*diviso*) separate; separated; (*segregato*) segregated: **vivere separati**, to live separate; **camere separate**, separate rooms; **Sono s. da mio marito**, I have (*o* am) separated from my husband; **Maschi e femmine sono separati**, men and women are segregated ***2*** (*distinto*) separate; distinct.

separatóre ***A*** *m.* (*tecn.*) separator ***B*** *a.* separating.

separazióne *f.* separation; (*il separarsi*) parting; (*divisione*) division; (*segregazione*) segregation: (*leg.*) **s. consensuale**, separation by mutual consent; (*leg.*) **s. legale**, judicial separation; **s. dei poteri**, separation of power.

séparé (*franc.*) *m. invar.* alcove; (*saletta privata*) private room.

sepolcràle *a.* (*anche fig.*) sepulchral.

sepólcro *m.* sepulchre; (*tomba*) tomb, grave: **il Santo S.**, the Holy Sepulchre; (*fig.*) **s. imbiancato**, whited sepulchre.

sepólto *a.* (*anche fig.*) buried: **morto e s.**, dead and buried; **ricordi sepolti nel cuore**, memories buried in the heart; **s. nei libri**, buried in one's books • **i sepolti**, the dead.

sepoltùra *f.* ***1*** (*il seppellire*) burial: **s. in mare**, burial at sea ***2*** (*luogo di s.*) burial place; (*tomba*) tomb • **dare s. ai morti**, to bury the dead.

seppelliménto *m.* burial; interment.

seppellire ***A*** *v. t.* (*anche fig.*) to bury: **s. i morti**, to bury the dead; **s. un osso** [**un tesoro**], to bury a bone [a treasure]; **s. il ricordo di q.c.**, to bury the memory of st. ***B*** **seppellirsi** *v. rifl.* to bury oneself; (*rinchiudersi*) to shut* oneself up.

séppia *f.* (*zool.*) cuttlefish • **nero di s.**, sepia □ **osso di s.**, cuttlebone; cuttlefish bone.

seppùre *cong.* even if; even though.

sequèla *f.* series*; sequence; chain.

sequènza *f.* ***1*** (*serie*) sequence; series*; succession; run: **disporre in s.**, to arrange in sequence ***2*** (*cinem.*) sequence ***3*** (*giochi di carte*) sequence; run.

sequenziàle *a.* sequential.

sequestràbile *a.* (*leg.*) seizable.

sequestràre *v. t.* ***1*** (*leg.*) to attach; to sequestrate; to seize; to distrain upon: **s. i beni di q.**, to sequestrate sb.'s property; to distrain upon sb.'s belongings ***2*** (*togliere q.c. a q.*) to take* away; to confiscate ***3*** (*rapire*) to kidnap ***4*** (*rinchiudere*) to confine.

sequestràto ***A*** *a.* ***1*** (*leg.*) sequestered; seized; distrained ***2*** (*rapito*) kidnapped ***B*** *m. e f.* ***1*** (*leg.*) distrainee ***2*** (*rapito*) kidnapped person.

sequestratóre *m.* (*f.* **-trice**) ***1*** (*leg.*) sequestrator; distrainer ***2*** (*rapitore*) kidnapper.

sequèstro *m.* (*leg.*) ***1*** attachment; sequestration; seizure; distraint: **s. dei beni**, distraint of possessions; seizure of property; **s. di droga**, seizure of drugs; **mettere sotto s.**, to place under distraint; to distrain upon, **sotto s.**, under sequestration; attached ***2*** (*anche* **s. di persona**) unlawful restraint; illegal confinement; (*per estorsione*) kidnapping.

sequòia *f.* (*bot.*) sequoia; redwood.

séra *f.* evening; (*tarda*) night: **ieri s.**, yesterday evening; last night; **domani s.**, tomorrow evening (*o* night); **questa s.**, this evening; tonight; **Buona s.!**, good evening!; **dalla mattina alla s.**, from morning till night; **di s.**, in the evening • **Si fa s.**, it's growing dark □ **sul far della s.**, at nightfall □ **abito da s.**, evening dress □ **giornale della s.**, evening paper □ **Cambiò idea dalla s. alla mattina**, he changed his mind overnight.

seràfico *a.* seraphic.

serafino *m.* (*teol.*) seraph*.

seràle *a.* of the evening; evening (*attr.*); night (*attr.*).

seràta *f.* ***1*** evening; night: **passare la s. con q.**, to spend the evening with sb.; **in s.**, in the evening ***2*** (*ricevimento*) (evening) party ***3*** (*teatr.*) performance; night; evening: **s. d'addio**, farewell performance; **s. di beneficenza**, charity performance; **s. di gala**, gala night (*o* performance).

serbàre ***A*** *v. t.* ***1*** (*mettere da parte*) to lay* aside; to put* away; to put* by; (*risparmiare*) to save: **s. le proprie forze**, to save one's strength ***2*** (*mantenere, conservare*) to keep: **s. fede**, to keep faith; **s. un segreto**, to keep a secret • **s. un dolce ricordo di q.**, to remember sb. dearly □ **s. odio**, to hate □ **s. rancore a q.**, to bear sb. a grudge ***B*** **serbàrsi** *v. rifl.* to keep*; to be: **s. fedele a q.**, to be faithful to sb.

serbatóio *m.* ***1*** tank; reservoir: **s. d'acqua**, water tank; water reservoir; (*a torre*) water tower; **s. della benzina**, petrol tank ***2*** (*di penna stilografica*) reservoir.

sèrbo (**1**) *m.* — **avere in s.**, to have in store □ **mettere in s.**, to lay (*o* to put) aside □ **tenere in s.**, to keep.

sèrbo (**2**) *a. e m.* (*f.* **-a**) Serb; Serbian (*f.* Serbian woman*).

serbocroàto ***A*** *a.* Serbo-Croatian ***B*** *m.* Serbo-Croat.

serenàta *f.* serenade • **fare una s. a q.**, to serenade sb.

serenità *f.* ***1*** (*del cielo*) clearness ***2*** (*quiete*) serenity; peace; tranquillity: **s. d'animo**, peace of mind; contentedness; equanimity ***3*** (*imparzialità*) fairness; impartiality: **giudicare con s.**, to judge fairly; to be impartial.

seréno ***A*** *a.* ***1*** serene; (*chiaro*) clear; (*limpido*) limpid; (*senza nuvole*) cloudless: **cielo s.**, clear (*o* cloudless) sky ***2*** (*tranquillo*) serene; peaceful; calm; unperturbed; placid: **un carattere calmo e s.**, a calm (*o* placid) nature; **sentirsi s.**, to feel at peace ***3*** (*imparziale, obiettivo*) impartial; unbiassed: **giudizio s.**, unbiassed opinion ***B*** *m.* clear sky • **È tornato il s.**, it's cleared up.

sergènte *m.* ***1*** (*mil.*) sergeant: **s. maggiore**, (*in G.B.*) staff sergeant; (*negli U.S.A.*) sergeant major ***2*** (*fig.*) sergeant major; drillmaster.

seriaménte *avv.* seriously: **Parlo s.**, I'm serious; **s. ammalato**, seriously (*o* critically) ill.

sèrico *a.* silk (*attr.*); silken; (*simile a seta*) silky.

sericoltóre *m.* (*f.* **-trice**) sericulturist.
sericoltùra *f.* sericulture.
sèrie *f.* ***1*** series*; sequence; succession; line; row; run; chain; (*assortimento, collezione*) set: **una s. di vittorie**, a series (*o* run) of victories; **una lunga s. di re**, a long line of kings; **una s. di case**, row of houses; **una s. di chiavi**, set of keys; **una s. di fatti**, a chain of events ***2*** (*comm., di prodotti*) line ***3*** (*sport*) division; league: (*calcio*) **s. A [B]**, First [Second] Division; (*in G.B.*) Premier [First] Division ***4*** (*fis., chim., mat.*) series* • **s. televisiva**, TV series; serial □ (*comm., ind.*) **modello di s.**, current (*o* production) model □ **modello fuori s.**, special model □ **numero di s.**, serial number □ **prodotto in s.**, mass-produced (*agg.*) □ **produzione in s.**, mass production.
serietà *f.* ***1*** seriousness; earnestness; (*affidabilità*) reliability; (*competenza*) competence ***2*** (*gravità*) seriousness; gravity.
serigrafia *f.* ***1*** (*tecnica*) silkscreen printing ***2*** (*esemplare*) serigraph.
sèrio ***A*** *a.* ***1*** serious; earnest; (*posato, assennato*) sober, steady; (*affidabile*) reliable; (*competente*) competent ***2*** (*grave*) serious; grave ***B*** *m.* (*serietà*) seriousness • **sul s.**, seriously; in earnest; (*davvero*) really, indeed: **Dico sul s.**, I'm being serious; **Faccio sul s.**, I mean it; **prendere q.c. sul s.**, to take st. seriously.
serióso *a.* earnest; grave; staid; po-faced (*fam. GB*).
sermóne *m.* sermon; (*fig., anche*) lecture: **fare un s.**, to preach a sermon; (*fig.*) to give (sb.) a lecture.
sèrpe *f.* ***1*** (*zool.*) serpent; snake ***2*** (*fig.*) snake in the grass • **scaldare una s. in seno**, to nurse a viper in one's bosom.
serpeggiaménto *m.* winding; twisting; (*di fiume*) meandering.
serpeggiànte *a.* winding; twisting; (*di fiume*) meandering.
serpeggiàre *v. i.* ***1*** to wind*; to twist; (*di fiume*) to meander ***2*** (*diffondersi*) to spread*.
serpènte *m.* ***1*** (*zool.*) snake: **s. a sonagli**, rattlesnake; **pelle di s.**, snakeskin ***2*** (*fig.*) snake in the grass • **È come un s. che si morde la coda**, it's a vicious circle.
serpentìna *f.* ***1*** winding line ***2*** (*tecn.*) coil • **a s.**, serpentine; winding.
serpentìno ***A*** *a.* of a serpent; of a snake; (*simile a serpente*) serpent-like, snake-like ***B*** *m.* ***1*** (*miner.*) serpentine ***2*** (*mecc.*) coil.
sèrra *f.* greenhouse; hothouse; (*abitabile*) conservatory; (*vivaio*) nursery: **fiore di s.**, hothouse flower; **effetto s.**, greenhouse effect.
serrafilo *m.* (*elettr.*) terminal.
serràglio (1) *m.* (*di animali esotici*) menagerie.
serràglio (2) *m.* (*residenza del sultano*) seraglio*.
serraménti *m. pl.* (*edil.*) door and window frames; (*estens.*) doors and windows.
serrànda *f.* (*saracinesca*) rolling shutter.
serràre ***A*** *v. t.* (*chiudere*) to shut*; to close; (*a chiave*) to lock; (*sbarrando*) to bolt; (*stringendo*) to close; to clench; to tighten: **s. gli occhi**, to close one's eyes; **s. i pugni [i denti]**, to clench one's fists [teeth]; **s. un dado**, to tighten a bolt; **s. le labbra**, to compress one's lips • **s. le file**, to close ranks □ **s. il ritmo**, to quicken the pace □ (*naut.*) **s. le vele**, to furl the sails ***B*** **serràrsi** *v. rifl. e i. pron.* ***1*** (*rinchiudersi*) to lock oneself up ***2*** (*addossarsi*) to crowd; to press: **s. intorno a q.**, to crowd around sb. ***3*** (*chiudersi*) to shut*; to lock ***4*** (*stringersi*) to tighten; to clench: **La sua mano si serrò sul coltello**, his hand tightened round the knife.
serràta *f.* lockout.
serràto *a.* ***1*** (*chiuso*) closed; shut; shut-up; (*stretto*) clenched: **negozio s.**, shut-up shop; **occhi serrati**, tightly-shut eyes; **pugni serrati**, clenched fists ***2*** (*fitto*) close ***3*** (*incalzante*) close: **ragionamento [interrogatorio] s.**, close reasoning [questioning] ***4*** (*rapido*) fast: **a ritmo s.**, at a fast pace; quickly. ATTENZIONE: **serrato ≠ serrated.**
serratùra *f.* lock: **s. a doppia mandata**, double lock; **s. a combinazione**, combination lock; **s. a scatto**, spring lock; **s. di sicurezza**, safety lock; **forzare** (*o* **far saltare**) **una s.**, to force a lock; **buco della s.**, keyhole.
sèrto *m.* (*lett.*) wreath; garland.
sèrva *f.* ***1*** servant; servant girl; (*cameriera*) maid ***2*** (*persona pettegola*) gossip • **s. padrona**, bossy maid □ **da s.**, low; vulgar.
servàggio *m.* (*lett.*) servitude; bondage.
sèrvalo *m.* (*zool.*) serval.
servìgio *m.* service.
servìle *a.* ***1*** servile; slavish; (*umile*) menial: **condizione s.**, slave conditions; slavery; **lavori servili**, menial tasks ***2*** (*ossequioso*) servile, subservient; (*adulatore*) fawning; (*abietto*) base, vile ***3*** (*gramm.*) auxiliary; modal.
servilìsmo *m.* servility; subservience; (*adulazione*) fawning; sycophancy.
servìre ***A*** *v. t.* ***1*** to serve; (*essere a servizio*) to be in (sb.'s) service, to work for: **s. Dio**, to serve God; **s. due padroni**, to serve two masters ***2*** (*di persona di servizio*) to wait (up)on: **Fui servito da due domestici**, I was waited on by two servants; **farsi s.**, to be waited upon ***3*** (*nei negozi*) to serve; to attend to: **s. al banco**, to serve behind the counter; **s. un cliente**, to serve (*o* to attend to) a customer; **La stanno servendo?**, are you being served?; **Posso servirla?**, can I help you? ***4*** (*a tavola*) to serve (st.); to help (sb.) to (st.): **Il pranzo è servito**, dinner is served; **Gli servii della carne**, I helped him to some meat; **s. da bere a q.**, to pour sb. a drink ***5*** (*fornire un servizio a*) to serve; to cater for ***6*** (*aiutare*) to serve; to help; to do* st. for: **In che posso servirla?**, what can I do for you? ***7*** (*sport*) to serve ***8*** (*a carte*) to deal* (out) • **s. q. in ginocchio**, to wait on sb. hand and foot □ **s. Messa**, to serve (at) Mass □ **Ora ti servo io!**, I'm going to fix you! □ **Per servirla!**, at your service! □ (*sport*) **A chi tocca s.?**, whose serve (*o* service) is it? ***B*** *v. i.* ***1*** (*in un negozio*) to serve; (*a tavola*) to wait, to serve ***2*** (*mil.*) to serve ***3*** (*fare funzioni di*) to serve (as, for); to act (as); to do* duty (for): **s. da guida a q.**, to act as sb.'s guide; **Questa stanza serve da ripostiglio**, this room serves as a lumber-room; **Una cassetta serviva da sedile**, a crate did duty for a seat ***4*** (*essere usato*) to be (for), to be used (for); (*essere utile*) to be useful (*o* of use), to come* in handy, to serve: **A che serve questo?**, what is this for?; **Gli occhi servono a guardare**, the eyes are there for looking; **Non mi serve**, it's of no use to me; I don't have a use for it; **Tienilo, può sempre s.**, keep it, it may come in handy; **s. a uno scopo**, to serve (*o* to answer) a purpose; **Non serve ripeterglielo**, it is no use (*o* no good) telling him again; **Tanto a che serve?**, what's the use (*o* the good, the point) of it, anyway?; **Serve solo a farlo arrabbiare**, it only makes him angry ***5*** (*occorrere*) to need: **Ti serve nulla?**, is there anything you need? ***6*** (*sport*) to serve ***7*** (*a carte*) to deal* • **Che questo ti serva da esempio**, let this be an example to you ***C*** **servìrsi** *v. i. pron.* ***1*** to use (st.): **s. di un dizionario**, to use a dictionary; **Si sono serviti di te**, they used you ***2*** (*essere cliente*) to buy* (st.); to get* (st.); to be a regular customer (of); (*di banca*) to bank (with): **Mi servo da quel libraio**, I buy (*o* I get) my books at that bookseller's ***3*** (*a tavola*) to help oneself (to): **Serviti, per favore**, please help yourself.
servìto *a.* ***1*** served (*pred.*) ***2*** (*poker*) pat: **essere s.**, to stand pat.
servitoràme *m.* (*spreg.*) servants (*pl.*).
servitóre *m.* servant (*anche fig.*); manservant*; domestic.
servitù *f.* ***1*** (*stato, condizione*) servitude; (*schiavitù*) slavery, slavedom; (*cattività*) captivity, bondage ***2*** (*personale di servizio*) servants (*pl.*); domestic staff ***3*** (*fig.: legame*) tie; chains (*pl.*).
serviziévole *a.* helpful.
servìzio *m.* ***1*** (*attività come domestico*) service: **andare a s.**, to go into service; **assumere al proprio s.**, to take into one's service ***2*** (*attività, lavoro*) service; duty; work; job: **ore di s.**, working hours; **essere [non essere] di s.**, to be on [off] duty; **prendere s.**, to start work; to come on duty; **s. notturno**, night duty; **piccoli servizi**, odd jobs ***3*** (*al ristorante, ecc.*) service; (*come voce del conto*) service charge ***4*** (*mil.*) service; duty: **s. militare** (*o* **di leva**), national (*o* military) service; **prestare s. in marina**, to serve in the navy; **s. di guardia**, guard duty; **ufficiale di s.**, duty officer ***5*** (*complesso di mezzi di pubblica utilità*) service; utility; (*al pl.: attrezzature*) facilities: **pubblici servizi**, public services (*o* utilities); **s. di autobus**, bus service; **s. telefonico**, telephone service; **servizi sportivi**, sports facilities ***6*** (*al pl.*) (*il terziario*) services; service industry (*sing.*) ***7*** (*eccles.*) service: **s. funebre**, burial service ***8*** (*atto utile e gradito*) service; (*favore*) favour: **rendere un s. a q.**, to do sb. a service (*o* a favour); **cattivo s.**, disservice; bad turn ***9*** (*serie di oggetti*) service; set: **s. da tè**, tea service (*o*

set); **s. di posate**, set of cutlery *10* (*giorn.*) report; feature; story; (*radio, TV*) report, coverage *11* (*al pl.*) (*faccende domestiche*) housework [U]; chores (*fam.*) *12* (*al pl.*) (*bagno*) bathroom; (*cucina e bagno*) bathroom and kitchen: **doppi servizi**, two bathrooms *13* (*sport*) serve; service: (*tennis*) **strappare il s.**, to break serve ● **s. a domicilio**, home delivery □ **s. all'americana**, place mats (*pl.*) □ **s. assistenza**, (*tecn.*) servicing; (*autom.*) breakdown service □ **s. civile**, community servive (*in lieu of one's military service*) □ **s. d'ordine**, stewards; security officials □ **servizi logistici**, supplies and communications □ **s. segreto**, secret service; (*mil.*) intelligence service □ **avere venti anni di s.**, (*di domestico, soldato, ecc.*) to have served twenty years; (*di impiegato, operaio, ecc.*) to have been twenty years (with), to have worked twenty years (for) □ **donna a mezzo s.**, part-time help □ (*di mezzo di trasporto*) **fare s.**, to run □ **fuori s.**, (*fuori uso*) out of order; (*di persona*) off duty □ **in s. attivo**, (*mil.*) in the active list; (*bur.*) employed □ **locale di s.**, utility room □ **mettersi al s. di q.** (*a sua disposizione*), to place oneself at sb.'s disposal □ **porta** [**scala**] **di s.**, back door [stairs] □ (*autom.*) **stazione di s.**, service (*o* filling) station.

sèrvo *m.* servant ● **s. della gleba**, serf □ **s. muto**, dumb waiter.

servocomàndo *m.* (*mecc.*) servo control.

servofréno *m.* (*autom.*) servo brake.

servosistèma *m.* (*tecn.*) servo system.

servostèrzo *m.* (*autom.*) power(-assisted) steering.

sèsamo *m.* (*bot.*) sesame: **olio di s.**, sesame oil ● **Apriti s.!**, open sesame!

sessagenàrio *a. e m.* (*lett.*) sexagenarian.

sessànta *a. num. card. e m.* sixty. (*Per gli esempi d'uso, V. sotto* **quaranta**).

sessantènne *A a.* sixty-year-old (*attr.*); sixty years old (*pred.*) *B m. e f.* sixty-year-old (man*, *m.*, woman*, *f.*); (*sulla sessantina*) man* [woman*] in his [her] sixties.

sessantènnio *m.* period of sixty years.

sessantèsimo *a. num. ord. e m.* sixtieth.

sessantìna *f. 1* about sixty *2* (*rif. a età*) (the age of) sixty. (*Per gli esempi d'uso, V. sotto* **quarantina**).

sèssile *a.* (*biol.*) sessile.

sessióne *f.* session: **s. straordinaria**, special session.

sessìsmo *m.* sexism.

sessìsta *m. e f.* sexist.

sèsso *m.* sex; gender: **l'altro s.**, the opposite sex; **di s. maschile** [**femminile**], male [female] (*agg.*); **uguaglianza tra i sessi**, gender equality; **l'altro s.**, the opposite sex; **scene di s.**, explicit sex ● **il s. debole**, the weaker sex □ **il s. forte**, the sterner sex □ **il bel** (*o* **gentil**) **s.**, the fair sex □ **persone di ambo i sessi**, both men and women.

sessuàle *a.* sexual; sex (*attr.*); gender (*attr.*): **organi sessuali**, sexual organs; **discriminazione s.**, sex (*o* gender) discrimination; **educazione s.**, sex education; **identità s.**, gender identity; **rapporti sessuali**, sexual intercourse [U]; sex [U].

sessualità *f.* sexuality.

sessuàto *a.* (*biol.*) sexual; sexed.

sessuofobìa *f.* sex phobia.

sessuòfobo *m.* (*f.* **-a**) sex phobic.

sessuologìa *f.* sexology.

sessuòlogo *m.* (*f.* **-a**) sexologist.

sèsta *f. 1* (*eccles.*) sext *2* (*mus.*) sixth.

sestànte *m.* (*naut.*) sextant.

sestèrzio *m.* (*moneta romana*) sesterce.

sestétto *m.* (*anche mus.*) sextet.

sèsto (**1**) *a. num. ord. e m.* sixth.

sèsto (**2**) *m. 1* — **rimettere q.c. in s.**, to put (*o* to set) st. in order; to put st. straight; (*una ditta, ecc.*) to put back on its feet; **rimettersi in s.**, (*guarire*) to get well, to recover; (*riaggiustarsi*) to tidy oneself up *2* (*archit.*) — **arco a s. acuto** [**a tutto s.**], pointed [round] arch.

séta *f.* silk: **s. pura**, real (*o* pure) silk; **s. artificiale**, artificial silk; **s. grezza**, raw silk; **di s.**, made of silk; silk (*attr.*); (*simile a s.*) silky.

setacciàre *v. t. 1* to sieve; to sift *2* (*fig.*) to sift (through); to go* through (st.) with a fine-tooth comb; (*perquisire*) to comb, to search.

setàccio *m.* sieve; sifter ● **passare al s.**, *V.* **setacciare**, *def. 2.*

séte *f.* (*anche fig.*) thirst: **morire di s.**, to die of thirst; (*fig.*) to be dying of thirst; **s. di ricchezza**, thirst for wealth; **avere s.**, to be thirsty; (*fig.*) **avere s. di q.c.**, to thirst for (*o* after) st.; **far venire s.**, to make thirsty.

seterìa *f. 1 V.* **setificio** *2* (*al pl.*) silk goods; silks.

setificàto *a.* silky; with a silky finish.

setifìcio *m.* silk mill; silk factory.

sétola *f.* bristle.

setolóso *a.* bristly.

sètta *f. 1* (*relig.*) sect; cult *2* (*fazione*) faction; party.

settànta *a. num. card. e m.* seventy. (*Per gli esempi d'uso, V. sotto* **quaranta**).

settantènne *A a.* seventy-year-old (*attr.*); seventy years old (*pred.*) *B m. e f.* seventy year-old (man* *m.*, woman* *f.*); (*sulla settantina*) man* [woman*] in his [her] seventies.

settantènnio *m.* period of seventy years.

settantèsimo *a. num. ord. e m.* seventieth.

settantìna *f. 1* about seventy *2* (*rif. a età*) (the age of) seventy. (*Per gli esempi d'uso, V. sotto* **quarantina**).

settàrio *a. e m.* (*f.* **-a**) sectarian.

settarìsmo *m.* sectarianism.

sètte *a. num. card. e m.* seven ● **farsi un s. nei pantaloni**, to tear one's trousers.

settebèllo *m.* (*carta da gioco*) seven of diamonds.

settecentésco *a.* eighteenth-century (*attr.*).

settecènto *a. num. card. e m.* seven hundred ● **il S.**, the eighteenth century.

settèmbre *m.* September. (*Per gli esempi d'uso, V. sotto* **aprile**).

settembrìno *a.* of (*o* in) September; September (*attr.*).

settennàle *a. 1* (*che dure sette anni*) seven-year (*attr.*) *2* (*che ricorre ogni sette anni*) septennial.

settennàto *m.* seven-year period; septennate.

settènne *a.* seven-year-old (*attr.*); seven years old (*pred.*).

settentrionàle *A a.* northern; north (*attr.*) *B m. e f.* northerner.

settentrióne *m.* north.

sètter (*ingl.*) *m. invar.* (*zool.*) setter.

setticemìa *f.* (*med.*) septic(a)emia.

sèttico *a.* (*med.*) septic.

sèttima *f.* (*mus.*) seventh.

settimàna *f. 1* week: **la s. prossima** [**scorsa**], next [last] week; **fra una s.**, in a week('s time); **due settimane**, two weeks; a fortnight (*sing.*); **in s.**, before the end of this week; within this week; **pagare a s.**, to pay by the week *2* (*paga settimanale*) week's pay; week's wages (*pl.*) ● **s. bianca**, winter holiday week □ **s. corta**, five-day week □ (*eccles.*) **S. Santa**, Holy Week □ **fine s.**, weekend.

settimanàle *A a.* weekly; week (*attr.*) *B m.* weekly.

settimanalménte *avv.* weekly; every week; (*a settimana*) by the week.

settimìno *m. 1* (*f.* **-a**) seven-month baby; baby born two months' premature *2* (*mus.*) septet(te).

sèttimo *a. num. ord. e m.* seventh ● **essere al s. cielo**, to be in the seventh heaven; to be on cloud nine (*fam.*).

sètto *m.* (*anat.*) septum*.

settóre (**1**) *m. 1* (*geom., elab.*) sector *2* (*parte, porzione*) sector: **s. rappresentativo**, (representative) cross-section *3* (*mil.*) sector; area *4* (*area, campo*) sector; area; field: **s. pubblico** [**privato**], public [private] sector; **s. vendite**, sales area; **il s. della ricerca**, the field of research *5* (*posti di un'aula*) seats (*pl.*).

settóre (**2**) *m.* (*med.*) prosector ● **perito s.**, forensic surgeon.

settoriàle *a.* sectional.

settuagenàrio *a. e m.* septuagenarian.

severità *f. 1* (*rigore*) strictness; sternness; severity *2* (*serietà, austerità*) severity, austerity, sternness; (*gravità*) seriousness, gravity.

sevèro *a. 1* (*rigoroso*) strict; stern; severe *2* (*serio, austero*) severe, austere, stern; (*grave*) serious, grave.

sevìzia *f.* (*specialm. al pl.*) torture ● **sottoporre q. a sevizie**, to torture sb.

seviziàre *v. t.* to torture.

seviziatóre *m.* (*f.* **-trice**) torturer.

sezionàre *v. t.* to dissect.

sezióne *f. 1* (*mat., archit.*) section: **s. aurea**, golden section *2* (*parte*) section: **le sezioni di un libro**, the sections of a book *3* (*reparto*) division; department; branch: (*leg.*) **s. civile** [**penale**], civil [criminal] division; **s. elettorale**, electoral division; **s. di partito**, local branch of a party ***4*** (*a scuola*) stream ***5*** (*med.*) dissection.

sfaccendàre *v. i.* (*fam.*) to be busy; to bustle about: **s. per casa**, to be busy about the house; to do the housework.

sfaccendàto ***A*** *a.* idle ***B*** *m.* (*f.* **-a**) idler; loafer; layabout.

sfaccettàre *v. t.* to facet.

sfaccettàto *a.* ***1*** faceted ***2*** (*fig.*) many-sided.

sfaccettatùra *f.* ***1*** faceting ***2*** (*faccette*) facets (*pl.*) ***3*** (*fig.*) aspect; facet.

sfacchinàre *v. i.* (*fam.*) to slave away; to slog; to drudge.

sfacchinàta *f.* (*fam.*) hard work Ⓤ; slog (*fam.*); sweat (*fam.*); grind (*fam.*).

sfacciatàggine *f.* impudence; gall; cheek (*fam.*); nerve (*fam.*): **avere la s. di fare q.c.**, to have the impudence to do st.; **Ci vuole una bella s.!**, that's takes some cheek!; I call that pretty cool!

sfacciataménte *avv.* impudently; brazenly; cheekily.

sfacciàto ***A*** *a.* ***1*** impudent; cheeky (*fam.*); fresh (*fam.*); (*spudorato*) shameless: **menzogna sfacciata**, impudent lie; **risposta sfacciata**, impudent (*o* cheeky) answer; **adulazione sfacciata**, shameless flattery; **fortuna sfacciata**, shameless good luck ***2*** (*vistoso*) loud; gaudy: **rosso s.**, loud red; **tinte sfacciate**, gaudy colours ***B*** *m.* (*f.* **-a**) impertinent person; cheeky person (*fam.*): **fare lo s.**, to be cheeky.

sfacèlo *m.* ruin; decay; rot; break-up; collapse: **s. morale**, moral decay; **lo s. di un impero**, the collapse of an empire; **lo s. di una famiglia**, the break-up of a family; **un edificio in s.**, a crumbling (*o* tumbledown) building; **andare in s.**, to fall apart; to go to pieces.

sfaldaménto *m.* ***1*** flaking; scaling ***2*** (*fig.*) crumbling; breakdown.

sfaldàre ***A*** *v. t.* to flake; to scale ***B*** **sfaldàrsi** *v. i. pron.* ***1*** to flake (off), to scale ***2*** (*fig.*) to crumble; to break* up ***3*** (*miner.*) to cleave.

sfaldatùra *f.* ***1*** flaking; scaling ***2*** (*miner.*) cleavage.

sfalsàre *v. t.* (*mecc., edil.*) to stagger; to offset*.

sfamàre ***A*** *v. t.* to appease (sb.'s) hunger; (*dare da mangiare*) to feed* ***B*** **sfamàrsi** *v. rifl.* to appease one's hunger; (*mangiare*) to eat*: **avere di che s.**, to have enough to eat.

sfarfallaménto *m.* ***1*** (*autom.*) wobble ***2*** (*cinem., TV*) flicker.

sfarfallàre *v. i.* ***1*** (*svolazzare, anche fig.*) to flutter about; to flit about ***2*** (*autom.*) to wobble ***3*** (*cinem., TV*) to flicker.

sfarfallìo *m.* ***1*** (*lo svolazzare*) fluttering; flitting ***2*** (*tremolio*) flutter; flicker ***3*** (*cinem., TV*) flickering.

sfarfallóne *m.* (*fam.*) howler.

sfàrzo *m.* pomp; splendour; magnificence; (*ostentazione*) ostentation, display.

sfarzosità *f.* ***1*** (*sontuosità*) sumptuousness; splendour ***2*** (*vistosità*) gaudiness; showiness.

sfarzóso *a.* ***1*** (*sontuoso*) sumptuous; grand; magnificent ***2*** (*vistoso*) ostentatious; gaudy; showy.

sfașaménto *m.* ***1*** (*elettr.*) phase displacement; phase difference ***2*** (*fig.*) confusion; bewilderment.

sfașàre *v. t.* ***1*** (*elettr.*) to displace the phase of; to put* out of phase ***2*** (*fig.*) to bewilder; to confuse; to faze (*specialm. USA*).

sfașàto *a.* ***1*** (*elettr.*) out of phase ***2*** (*fig.*) bewildered; confused; fazed (*specialm. USA*).

sfasciacarròzze *m. invar.* (*autom.*) car wrecker; car breaker.

sfasciàre (1) *v. t.* (*disfare la fasciatura*) to unbandage.

sfasciàre (2) ***A*** *v. t.* ***1*** (*fracassare*) to shatter; to smash; to wreck ***2*** (*smantellare*) to dismantle; (*autom.*) to wreck ***B*** **sfasciàrsi** *v. i. pron.* to get* smashed; to be smashed up; to be wrecked; (*andare a urtare*) to crash; (*crollare*) to collapse; (*disintegrarsi*) to crumble, to fall* apart, to break* up.

sfasciàto (1) *a.* (*senza bende*) unbandaged.

sfasciàto (2) *a.* ***1*** (*a pezzi*) smashed; wrecked; in pieces ***2*** (*del corpo*) shapeless; flabby.

sfàscio *m.* (*crollo, rovina*) collapse; ruin; breakdown; rot; (*caos*) chaos, shambles: **essere allo s.**, to be about to collapse; to be in total chaos; **lo s. del servizio postale**, the chaos (*o* shambles) in the postal service.

sfatàre *v. t.* to explode; to discredit; to destroy; to debunk (*fam.*): **s. una leggenda**, to destroy a myth; **s. un'illusione**, to destroy an illusion.

sfaticàto ***A*** *a.* idle; lazy ***B*** *m.* (*f.* **-a**) idler; layabout; (*scansafatiche*) shirker.

sfàtto *a.* ***1*** (*disfatto*) undone; unmade: **letto s.**, unmade bed ***2*** (*liquefatto*) melted ***3*** (*troppo cotto*) overcooked; (*fradicio*) soggy, mushy ***4*** (*troppo maturo*) overripe ***5*** (*floscio*) flabby: **corpo s.**, flabby body.

sfavillànte *a.* sparkling; glittering; flashing; (*raggiante*) radiant.

sfavillàre *v. i.* to sparkle; to glitter; (*essere raggiante*) to be radiant, to glow.

sfavillìo *m.* sparkling; glittering.

sfavóre *m.* ***1*** (*disapprovazione*) disfavour; disapproval ***2*** (*svantaggio*) detriment; disadvantage: **andare a s. di q.**, to be to sb.'s detriment; to go against sb. • **vento a s.**, contrary wind □ **votare a s.**, to vote against.

sfavorévole *a.* unfavourable; adverse; hostile; contrary: **circostanza s.**, unfavourable circumstance; **momento s.**, unfavourable moment; bad time; **condizioni sfavorevoli**, adverse conditions; **giuria s.**, hostile jury; **vento s.**, contrary wind • **La sua reazione fu s.**, he reacted unfavourably □ **dare voto s. a**, to vote against □ **ricevere un'impressione s. di q.**, to be unfavourably impressed by sb.

sfavorìre *v. t.* to work against; to be against; (*ostacolare*) to hamper.

sfebbràre *v. i.* — **Il bambino è sfebbrato**, the child's temperature has come down; the child is no longer feverish.

sfegatàrsi *v. i. pron.* (*fam.*) to strain oneself; to wear* oneself out.

sfegatàto *a.* (*fam.*) enthusiastic; rabid; fanatical: **tifoso s.**, enthusiastic supporter; **giocatore s.**, inveterate gambler.

sfenòide *a. e m.* (*anat.*) sphenoid.

sfèra *f.* ***1*** sphere ***2*** (*ambiente*) sphere, circle, set; (*ambito*) sphere, field: **le sfere accademiche**, academic spheres; **la s. delle mie conoscenze**, my circle of acquaintances; **s. d'azione** [**d'influenza**], sphere of action [of influence] • **s. di cristallo** (*di indovino*), crystal ball □ **le alte sfere**, high places □ (*mecc.*) **cuscinetto a sfera**, ball bearing □ **penna a s.**, ballpoint pen.

sfericità *f.* roundness.

sfèrico *a.* spherical; round; globe-shaped.

sferragliàre *v. i.* to rattle; to clatter; to clank.

sferràre *v. t.* to launch; to deal*; to land: **s. un assalto**, to launch an attack; **s. un colpo**, to deal a blow; **s. un pugno**, to land a punch; **s. un calcio a q.**, to kick sb.

sferruzzàre *v. i.* to knit* away.

sfèrza *f.* whip; lash, scourge (*anche fig.*).

sferzànte *a.* ***1*** lashing; whipping ***2*** (*mordente*) scathing; cutting; blistering.

sferzàre *v. t.* ***1*** to whip; to lash: **la pioggia sferzava i vetri**, the rain lashed against the window-panes ***2*** (*criticare*) to lash out at; to slate; to lambast.

sferzàta *f.* ***1*** lash (of the whip); slash ***2*** (*critica pungente*) sharp criticism Ⓤ; lambasting Ⓤ; slating Ⓤ.

sfiancàre ***A*** *v. t.* (*spossare*) to exhaust; to wear* out; to do in (*fam.*); to poop (*fam. USA*) ***B*** **sfiancàrsi** *v. i. pron.* to exhaust oneself; to wear* oneself out.

sfiancàto *a.* worn out; done in (*fam.*); fagged out (*fam.*); pooped (*fam. USA*).

sfiataménto *m.* leakage; escape.

sfiatàrsi *v. i. pron.* to talk oneself hoarse; to shout oneself hoarse.

sfiatàto *a.* out of breath; breathless.

sfiatatóio *m.* ***1*** vent; airhole; breather ***2*** (*zool.*) blowhole.

sfibbiàre *v. t.* to unbuckle; to unfasten; to unclasp.

sfibrànte *a.* enervating; exhausting; gruelling; nerve--racking.

sfibràre ***A*** *v. t.* to enervate; to drain; to wear* out; to exhaust ***B*** **sfibràrsi** *v. i. pron.* to exhaust oneself; to wear* oneself out.

sfibràto *a.* enervated; drained; exhausted; worn out.

sfida *f.* challenge; (*disobbedienza*) defiance: **accettare la s.**, to accept the challenge; **lanciare una s. a q.**, to challenge sb.; **accettare** (*o* **raccogliere**) **la s.**, to take up the challenge; to pick up the gauntlet; **in aperta s. alle convenzioni**, in open defiance of convention; **s. a duello**, challenge to a duel • **s. da ragazzi**, dare □ **con aria** [**tono**] **di s.**, defiantly □ **parole di s.**, challenging (*o* defiant) words.

sfidànte *m. e f.* challenger.

sfidàre ***A*** *v. t.* to challenge; to dare; to defy; (*affrontare*) to defy, to brave: **s. q. a duello**, to challenge sb. to a duel; to call sb. out; **s. q. a una gara**, to challerge sb. to a contest; **Mi sfidò a seguirlo**, he dared me to follow him; **Ti sfido a ripeterlo!**, I dare you to repeat it!; **Sfido chiunque a fare**

meglio, I defy anyone to do better; **s. la legge**, to defy the law; **s. l'ira di q.**, to defy sb.'s anger; **s. il pericolo**, to brave danger; **s. la sorte**, to tempt fate • **Sfido!**, no wonder!; I should think so, too!; of course! ***B*** **sfidàrsi** *v. rifl. recipr.* to challenge each other.

sfidùcia *f.* ***1*** mistrust; distrust; want (*o* lack) of confidence ***2*** (*polit.*) vote of no confidence.

sfiduciàto *a.* discouraged; disheartened.

sfiga *f.* (*volg.*) jinx; rotten luck.

sfigàto (*volg.*) ***A*** *a.* unlucky; jinxed; hopeless ***B*** *m.* (*f.* **-a**) unlucky person; loser; poor bastard (*m.*).

sfiguràre ***A*** *v. t.* to disfigure; to deface; (*stravolgere*) to distort ***B*** *v. i.* (*fare cattiva impressione*) to make* a bad impression; to show up badly; to cut* a poor (*o* sorry) figure; (*apparire meno bello*) to disappear.

sfiguràto *a.* disfigured; defaced; (*stravolto*) distorted.

sfilacciàre *v. t.*, **sfilacciàrsi** *v. i. pron.* to fray.

sfilacciàto *a.* frayed.

sfilàre (**1**) ***A*** *v. t.* ***1*** (*una cosa infilata*) to unthread; (*perle e sim.*) to unstring*; (*una corda*) to slip off ***2*** (*togliere di dosso*) to slip off ***3*** (*smagliare*) to ladder (*GB*); to get* a run in (*USA*) ***4*** (*un tessuto*) to draw* out a thread (*o* threads) from ***B*** **sfilàrsi** *v. i. pron.* ***1*** (*di cosa infilata*) to become* unthreaded; (*di perle*) to become* unstrung; (*di corda*) to slip off ***2*** (*di calza*) to ladder (*GB*); to run* (*USA*).

sfilàre (**2**) *v. i.* ***1*** (*passare in fila*) to march; to parade; to file: **s. in parata**, to march on parade ***2*** (*di modelli di moda*) to be shown; (*di indossatrice*) to model.

sfilàta *f.* ***1*** passing (in procession); parade; (*di persone a cavallo, veicoli, ecc.*) cavalcade; (*di auto*) motorcade; (*mil.*) march-past: **s. di moda**, fashion parade (*o* show) ***2*** (*lunga fila*) long line; (*sfilza*) string, series*: **una s. d'alberi**, a long line of trees; **una s. di citazioni**, a string of quotations.

sfilatino *m.* (French) loaf*.

sfilza *f.* string; series*.

sfinge *f.* ***1*** (*mitol., archeol.*) Sphinx ***2*** (*fig.*) sphinx*; enigma: **da** (*o* **di**) **s.**, sphinx-like ***3*** (*zool.*) hawk moth; sphinx moth (*USA*).

sfiniménto *m.* exhaustion; weariness; lassitude.

sfinire ***A*** *v. t.* to wear* out; to exhaust ***B*** **sfinirsi** *v. i. pron.* to exhaust oneself; to wear* oneself out.

sfinito *a.* exhausted; worn out.

sfintère *m.* (*anat.*) sphincter.

sfioràre *v. t.* ***1*** to brush against; to skim; to graze ***2*** (*fig.*) to skim over; to touch on ***3*** (*raggiungere quasi*) to come* close to; almost to touch; to be on the verge of; (*essere vicino a*) to be close to, to verge on, to border on: **s. la vittoria,** to come close to winning; **s. il ridicolo**, to border on the ridiculous; **s. i cinquanta**, to be close to fifty; to be pushing fifty (*fam.*) • **Mi sfiorò un dubbio**, a doubt crossed my mind □ **Non la sfiorò il sospetto che potessero licenziarla**, the thought never crossed her mind that she could be sacked.

sfiorire *v. i.* (*anche fig.*) to fade; to wither.

sfiorito *a.* (*anche fig.*) faded; withered.

sfioritùra *f.* (*anche fig.*) fading; withering.

sfitto *a.* vacant.

sfizio *m.* (*region.*) whim; fancy.

sfizióso *a.* (*region.*) amusing; fun (*attr.*); (*di cibo*) yummy (*fam.*).

sfocàto *a.* ***1*** (*fotogr.*) out of focus (*pred.*); blurred ***2*** (*fig.*) blurred; hazy; vague.

sfociàre *v. i.* ***1*** (*di fiume*) to flow (into); to empty out (into) ***2*** (*fig.*) to result (in); to lead* (to).

sfoderàbile *a.* with a removable cover.

sfoderàre (**1**) *v. t.* ***1*** (*sguainare*) to unsheathe; to draw* ***2*** (*tirare fuori*) to produce; to come* out with; to reveal ***3*** (*esibire*) to display; to parade; to show* off.

sfoderàre (**2**) *v. t.* (*rif. a fodera interna*) to take* the lining out of; (*rif. a copertura*) to take the cover off.

sfoderàto *a.* ***1*** (*senza fodera interna*) unlined ***2*** (*senza fodera esterna*) with the cover off.

sfogàre ***A*** *v. t.* to give* vent to; to vent; to pour out: **s. il proprio entusiasmo**, to give vent to one's enthusiasm; **Sfogò la sua rabbia su di me**, he vented his anger on me ***B*** *v. i.* ***1*** (*fuoriuscire*) to escape; to find* a vent (through) (*riversarsi*) to flow (into) ***2*** (*prorompere*) to find* relief; to be relieved; to overflow ***C*** **sfogàrsi** *v. i. pron.* ***1*** to relieve (*o* to give* vent to) one's feelings; to let* off steam (*fam.*); (*confidarsi*) to unburden oneself; (*levarsi la voglia di dire*) to get* st. off one's chest (*fam.*); (*prendersela con*) to take* it out (on sb.) ***2*** (*di bambino*) to run* wild; to let* off steam ***3*** (*fare q.c. il più possibile*) to do* (st.) as much as one wants; (*mangiare, bere*) to eat* [to drink*] one's fill: **Qui il cane potrà s. a correre**, here the dog will be able to run about as much as it wants ***4*** (*di malattia*) to run* its course ***5*** (*di temporale*) to die out.

sfoggiàre ***A*** *v. i.* to show* off ***B*** *v. t.* to show* off; to display; (*spreg.*) to parade, to flaunt.

sfòggio *m.* display; show; showing off; parade: **s. di belle maniere**, display of good manners; **fare s. di**, *V.* **sfoggiare**, *B.*

sfòglia *f.* (*cucina*) sheet of pastry: **tirare la s.**, to roll out the pastry; **pasta s.**, puff pastry; flaky pastry.

sfogliàre (**1**) ***A*** *v. t.* (*levare le foglie*) to strip the leaves off; (*un fiore*) to pluck the petals off ***B*** **sfogliàrsi** *v. i. pron.* (*perdere le foglie*) to shed* leaves; (*i petali*) to drop petals.

sfogliàre (**2**) *v. t.* (*un libro, ecc.*) to turn over the pages of; to leaf through; (*scorrere in fretta*) to flick (*o* to skim) through.

sfogliàta *f.* (*cucina*) puff-pastry cake; puff.

sfógo *m.* ***1*** (*apertura*) vent; outlet: **s. d'aria**, air vent; **uno s. per il fumo**, an outlet for the smoke ***2*** (*fig.*) vent; free play; (*sollievo*) relief: **dare s. alla propria ira**, to give vent to one's anger; **dare libero s. a q.c.**, to give free play to st. ***3*** (*manifestazione di sentimenti*) outburst ***4*** (*med., fam.*) rash.

sfolgorànte *a.* blazing; shining; sparkling; dazzling: **sole s.**, blazing sun; **s. di gioia**, radiant with joy; **bellezza s.**, dazzling beauty.

sfolgoràre *v. i.* to blaze; to glare; to shine*; to sparkle.

sfolgorio *m.* blaze; brilliance • **La città era uno s. di luci**, the town was ablaze with lights.

sfollagènte *m.* truncheon (*GB*); nightstick, blackjack (*USA*).

sfollaménto *m.* ***1*** (*dispersione*) dispersion; clearing ***2*** (*evacuazione*) evacuation.

sfollàre ***A*** *v. i.* ***1*** (*disperdersi*) to disperse; to empty (st.) ***2*** (*per motivi di sicurezza*) to evacuate; to be evacuated; to move ***B*** *v. t.* (*sgomberare*) to clear; to empty ***C*** **sfollàrsi** *v. i. pron.* to clear; to empty.

sfollàto *m.* (*f.* **-a**) evacuee.

sfoltiménto *m.* ***1*** thinning; thinning out ***2*** (*riduzione*) reduction; (*tagli*) cuts (*pl.*).

sfoltìre ***A*** *v. t.* ***1*** to thin out ***2*** (*ridurre*) to reduce; (*tagliare*) to cut* ***B*** **sfoltirsi** *v. i. pron.* ***1*** to thin out; (*di capelli*) to thin ***2*** (*ridursi*) to be reduced.

sfoltìta *f.* thinning • **farsi dare una s. ai capelli**, to have one's hair thinned out.

sfondaménto *m.* ***1*** breaking down; staving in; smashing in ***2*** (*mil.*) breakthrough.

sfondàre ***A*** *v. t.* ***1*** (*rompere il fondo di*) to knock the bottom out of; (*far crollare*) to make* (st.) cave in ***2*** (*abbattere, spezzare*) to break* down; to knock down; to stave* in; to crash into; to break* through: **s. una porta**, to break down a door; **s. una parete**, to knock down a wall; **s. una vetrina**, to crash into a shop-window; **s. le linee nemiche** [**i cordoni della polizia**], to break* through the enemy lines [the police cordons] • **s. il budget**, to overshoot the budget □ **s. le scarpe**, to wear holes in one's shoes ***B*** *v. i.* (*affermarsi*) to make* a name for oneself; to make* it; to hit* the big time (*fam.*) ***C*** **sfondàrsi** *v. i. pron.* ***1*** (*perdere il fondo*) to burst* at the bottom ***2*** (*di scarpe*) to wear* out.

sfondàto *a.* ***1*** (*di sedia, ecc.*) without a bottom; with a broken seat ***2*** (*di scarpe*) worn-out ***3*** (*sfasciato*) staved in; smashed in • **È ricco s.**, he is rolling in money.

sfóndo *m.* ***1*** background: **gli alberi sullo s.**, the trees in the background; **La torre si stagliava sullo s. del cielo**, the tower was silhouetted against the sky ***2*** (*fig.*) background; (*ambientazione*) backdrop, setting: **Il film ha come s. gli anni di piombo**, the backdrop of the film is the years of terrorism • **romanzo a s. sociale**, social novel □ **delitto a s. politico**, politically-motivated crime.

sfondóne *m.* (*fam.*) gross mistake; howler.

sforacchiàre *v. t.* to riddle with holes.

sforbiciàre *v. t.* to cut* up; to snip; to trim.

sforbiciàta *f.* ***1*** cut; snip; trimming ***2*** (*atletica*) scissors;

(*calcio, nuoto*) scissors kick.
sformàre ***A*** *v. t.* ***1*** (*alterare nella forma*) to pull out of shape ***2*** (*togliere dalla forma*) to take* out of a mould; to turn out ***B*** **sformàrsi** *v. i. pron.* to lose* one's shape; to get* out of shape.
sformàto ***A*** *a.* shapeless; out of shape (*pred.*) ***B*** *m.* (*cucina*) flan.
sfornàre *v. t.* ***1*** to take* out of the oven ***2*** (*fig.*) to bring* out; to turn out; (*in quantità*) to churn out, to grind* out.
sfornìto *a.* ***1*** (*mancante*) lacking (in); without (*prep.*) ***2*** (*di negozio*) poorly stocked.
sfortùna *f.* bad (*o* ill) luck Ⓤ; (*disgrazia*) misfortune: **Fu una vera s.**, it was really unfortunate; **portare s.**, to bring bad luck; **avere s.**, to be unlucky; to be out of luck; **perseguitato dalla s.**, dogged by misfortune; **S. volle che...**, unfortunately...; as ill luck would have it...
sfortunàto *a.* unlucky; out of luck (*pred.*); unfortunate: **giorno s.**, unlucky day; **È stato s. con quel lavoro**, he's been unlucky with that job; **Oggi sono s.**, I'm out of luck today.
sforzàre ***A*** *v. t.* ***1*** (*affaticare*) to strain; to overwork: **s. la vista**, to strain one's eyes; **s. un motore**, to overwork an engine; to push an engine to its limits ***2*** (*costringere*) to force ***B*** **sforzàrsi** *v. i. pron.* ***1*** (*affaticarsi*) to strain oneself ***2*** (*costringersi*) to force oneself: **s. a mangiare**, to force oneself to eat ***3*** (*fare di tutto*) to try hard; to make* an effort: **s. di non ridere**, to try hard not to laugh; **s. in ogni modo**, to make every effort.
sfòrzo *m.* ***1*** effort; strain; exertion: **fare uno s.**, to make an effort; **senza s.**, without effort; easily; **s. di volontà**, effort of will; **evitare gli sforzi**, to avoid exertion; **Non fare sforzi!** don't strain yourself; **dopo molti sforzi**, after much effort ***2*** (*mecc.*) stress; strain • (*iron.*) **Bello s.!**, not much merit in that! □ (*iron.*) **Sai che s.!**, you [he, etc.] didn't strain yourself [himself, etc.]!
sfóttere *v. t.* (*pop.*) to needle; to take* the mickey out of (*GB*); to razz (*USA*).
sfottò *m.* (*pop.*) needling Ⓤ; mickey-taking Ⓤ (*GB*); wind-up (*GB*); razzing Ⓤ (*USA*).
sfracellàre *v. t.*, **sfracellàrsi** *v. i. pron.* to smash; to shatter; to crash.
sfrangiàre ***A*** *v. t.* to fray (into a fringe) ***B*** **sfrangiàrsi** *v. i. pron.* to fray.
sfrangiàto *a.* ***1*** (*con frangia*) fringed ***2*** (*sfilacciato*) frayed.
sfrattàre *v. t.* to evict; (*dare lo sfratto*) to give* (sb.) notice to quit.
sfrattàto *m.* (*leg.*) evicted tenant.
sfràtto *m.* (*leg.*) eviction: **ordine di s.**, eviction order; **dare lo s. a q.**, to give sb. notice to quit.
sfrecciàre *v. i.* to dart; to shoot* past; to whizz; to zoom.
sfregaménto *m.* rubbing; chafing; friction.
sfregàre *v. t.* ***1*** (*strofinare*) to rub; (*per pulire*) to scrub, to scour: **sfregarsi gli occhi**, to rub one's eyes; **s. il lavandino**, to scrub the sink; **s. un fiammifero**, to strike a match ***2*** (*far strisciare*) to scrape ***3*** (*graffiare*) to scratch, to scrape; (*irritare*) to chafe.
sfregiàre ***A*** *v. t.* ***1*** (*con arma tagliente*) to slash; to gash ***2*** (*deturpare*) to deface; to disfigure ***B*** **sfregiàrsi** *v. i.* to be disfigured.
sfregiàto *a.* disfigured; scarred; defaced.
sfrégio *m.* ***1*** (*taglio*) slash; gash; cut ***2*** (*cicatrice*) scar ***3*** (*deturpazione*) disfigurement; defacement ***4*** (*fig.*) affront.
sfrenàre ***A*** *v. t.* to let* loose; to give* free rein to; to let* (st.) run wild (*o* run riot): **s. la fantasia**, to let one's imagination run riot ***B*** **sfrenàrsi** *v. i. pron.* to break* loose; to run* wild.
sfrenatézza *f.* ***1*** wildness; unrestraint; disorderliness ***2*** (*di costumi*) licentiousness; dissoluteness ***3*** (*comportamento sfrenato*) wild behaviour; excess.
sfrenàto *a.* ***1*** (*senza freni*) unbridled, unrestrained, unchecked; (*scatenato*) wild, unruly; (*esagerato*) immoderate, extravagant: **ambizione sfrenata**, unbridled ambition; **pianto s.**, uncontrolled weeping; **passione sfrenata**, wild passion; **lusso s.**, extravagant luxury ***2*** (*licenzioso*) licentious; dissolute.
sfrigolàre *v. i.* to sizzle; (*per contatto con acqua*) to hiss.
sfrigolìo *m.* sizzling; hissing.
sfrondàre *v. t.* ***1*** (*un ramo*) to strip of leaves; (*un albero*) to thin out the branches of ***2*** (*fig.*) to prune; to cut* down.
sfrontatézza *f.* impudence; effrontery; shamelessness: brazenness; gall (*fam.*); cheek (*fam.*); nerve (*fam.*).
sfrontàto ***A*** *a.* impudent; shameless; brazen-faced; cheeky (*fam.*); nervy (*fam. USA*) ***B*** *m.* impudent person; cheeky person (*fam.*); brazenface.
sfruttàbile *a.* exploitable; (*ind. min.*) workable.
sfruttaménto *m.* exploitation (*anche spreg.*); utilization.
sfruttàre *v. t.* ***1*** (*fare uso di*) to exploit; to make* good use of; to use; to utilize: **s. le risorse di un paese**, to exploit a country's resources; **s. razionalmente lo spazio**, to make optimum use of space; **s. le proprie doti**, to use one's talents; **s. una miniera**, to work a mine ***2*** (*spreg.*) to exploit; to overwork; (*vivere alle spalle di*) to live off ***3*** (*approfittare di*) to take* advantage of; to profit by: **s. un'occasione**, to take advantage of (*o* to seize) an opportunity.
sfruttatóre *m.* ***1*** (*f.* **-trice**) exploiter; profiteer ***2*** (*di prostituta*) pimp.
sfuggènte *a.* ***1*** (*di mento, fronte*) receding ***2*** (*evasivo*) evasive; shifty.
sfuggìre ***A*** *v. t.* (*scansare*) to avoid; to shun; to elude; to eschew: **s. i pericoli**, to avoid dangers; **Tutti lo sfuggono**, everybody shuns (*o* avoids) him ***B*** *v. i.* ***1*** (*evitare, sottrarsi*) to avoid (st.); to evade (st.); to escape (st.): **s. alla cattura**, to avoid capture; **s. alla giustizia**, to evade justice; **s. alla morte**, to escape death ***2*** (*cadere, scappare*) to slip; to escape: **s. di mano**, to slip out of one's hand(s); **Mi sfugge il nome**, the name escapes me; **lasciarsi s. una parolaccia**, to let slip a rude word; **lasciarsi s. un'occasione**, to let an opportunity slip through one's fingers; **lasciarsi s. un segreto**, to let out a secret; **Nulla gli sfugge**, nothing escapes him; **Ti è sfuggito un particolare**, you missed a detail.
sfuggìta *f.* — **di s.**, (*in fretta*) in a hurry; hurriedly; (*brevemente*) briefly: **L'ho visto di s.**, I saw him briefly; (*l'ho intravisto*) I caught a glimpse of him.
sfumàre ***A*** *v. i.* ***1*** to vanish; to fade away; to disappear; (*andare in fumo*) to come* to nothing, to fall* through ***2*** (*di colore*) to shade off (*o* away); to fade ***B*** *v. t.* ***1*** (*disegno*) to shade off ***2*** (*attenuare*) to soften; to tone down; to fade ***3*** (*capelli*) to taper.
sfumàto *a.* ***1*** (*dileguato*) vanished; faded; (*andato in fumo*) come to nothing, fallen through (*pred.*); (*perduto*) lost: **speranze sfumate**, vanished hopes; **un accordo s.**, a deal that has fallen through; **occasione sfumata**, lost opportunity ***2*** (*di colore*) shaded; (*morbido*) soft, mellow ***3*** (*di luce*) soft; mellow; faint ***4*** (*attenuato*) toned-down; vague ***5*** (*di capelli*) tapered.
sfumatùra *f.* ***1*** (*gradazione*) gradation; shade; tone; nuance ***2*** (*fig.*) nuance; shade; (*accenno*) hint, suggestion ***3*** (*di capelli*) tapering.
sfurìata *f.* ***1*** (*sfogo d'ira*) outburst (of anger): **fare sfuriate**, to flare up; to fly off the handle (*fam.*) ***2*** (*rimprovero*) telling-off; talking-to (*fam.*): **fare una s. a q.**, to give sb. a good talking-to; to give sb. the sharp edge of one's tongue (*fam.*).
sfùṣo *a.* (*venduto sciolto*) loose; sold by measure (*pred.*).
ṣgabèllo *m.* stool; (*poggiapiedi*) footstool.
ṣgabuẓẓino *m.* (*ripostiglio*) walk-in cupboard; boxroom (*GB*); closet (*USA*); (*stanzino*) cubby-hole.
ṣgambàto *a.* high-cut.
ṣgambettàre ***A*** *v. i.* ***1*** (*dimenare le gambe*) to kick one's legs ***2*** (*di bambino piccolo: camminare*) to toddle ***B*** *v. t.* to trip up.
ṣgambétto *m.* trip • **fare lo s. a q.**, to trip sb. up; (*fig.*) to oust sb.
ṣganasciàrsi *v. i. pron.* — **s. dalle risa**, to laugh one's head off; to roar with laughter.
ṣganciàre ***A*** *v. t.* ***1*** to unhook; to release; (*ferr.*) to uncouple ***2*** (*aeron. mil.: bombe*) to drop ***3*** (*fam.: sborsare*) to fork out ***B*** **ṣganciàrsi** *v. i. pron.* ***1*** to unhook; (*ferr.*) to come* uncoupled ***2*** (*staccarsi*) to break* (*o* to get*) away (from); to cut* loose ***3*** (*sport*) to break* loose (*o* free).
ṣgàncio *m.* (*aeron. mil.*) release; dropping.
ṣgangheràto *a.* ***1*** (*traballante*) rickety; (*malconcio*) ramshackle, clapped-out (*fam. GB*), ratty (*fam. USA*) ***2*** (*caotico*) ramshackle; (*sconnesso*) disjointed, incoherent ***3*** (*sguaiato*) wild, rowdy; (*rumoroso*) loud, roaring: **risa sgangherate**, raucous laughter; guffawing (*sing.*).
ṣgarbataménte *avv.* impolitely; rudely.
ṣgarbatézza *f.* incivility; discourtesy; rudeness.

ṣgarbàto *a.* impolite; rude; uncivil.
ṣgarberìa *f.*, **ṣgàrbo** *m.* incivility; unkindness; slight: **fare uno s. a q.**, to be rude to sb.
ṣgarbugliàre *v. t.* to disentangle; to unravel.
ṣgargiànte *a.* (*vivace*) bright; (*vistoso*) gaudy, garish, loud.
ṣgarràre *v. i.* ***1*** (*sbagliare*) to be wrong; to be mistaken ***2*** (*venir meno a un dovere*) to go* wrong; to slip up • **Questo orologio non sgarra un minuto**, this watch keeps perfect time □ **Il mio orologio sgarra di tre minuti al giorno**, (*va avanti*) my watch gains three minutes a day; (*resta indietro*) my watch loses three minutes a day □ **Eccolo! non sgarra un minuto**, here he is, always dead on time.
ṣgàrro *m.* ***1*** (*errore*) failure; slip; lapse ***2*** (*gergo crim.*) slight; snub.
ṣgattaiolàre *v. i.* to sneak* (in, out, etc.); to slink* (out, away).
ṣgelàre *v. t. e i.*, **ṣgelàrsi** *v. i. pron.* to thaw.
ṣgèlo *m.* thaw.
ṣghémbo ***A*** *a.* (*obliquo*) slanting; slantwise; oblique; (*storto*) crooked, lopsided, awry (*pred.*) • **camminare s.**, to walk crookedly □ **a.** (*o* **di**) **s.**, crookedly; awry ***B*** *avv.* slantingly; obliquely; crookedly.
ṣghèrro *m.* ***1*** (*bravaccio*) thug; bully ***2*** (*spreg.*: *poliziotto*) cop; pig.
ṣghignazzàre *v. i.* to laugh scornfully; to guffaw.
ṣghignazzàta *f.* scornful laugh; guffaw; horse-laugh • **fare una s.**, to guffaw.
sghimbèscio *V.* **sghembo**
ṣgobbàre *v. i.* (*fam.*) to work hard; to slog; to drudge; to grind* (*USA*); (*per un esame*) to cram, to swot (*GB*).
ṣgobbàta *f.* (*fam.*) hard work ⓤ; slog; sweat; (*per un esame*) (stint of) cramming, (stint of) swotting (*GB*).
ṣgobbóne *m.* (*f.* **-a**) (*fam.*) drudge; (*a scuola*) swot (*GB*), grind, weenie (*USA*).
ṣgocciolàre *v. t. e i.* to drip.
ṣgocciolìo *m.* dripping; drip, drip, drip.
ṣgócciolo *m.* — **agli sgoccioli**, running out; getting low; almost over: **Le nostre scorte sono agli sgoccioli**, our supplies are running out; **Il caffè è agli sgoccioli**, there is hardly any coffee left; **Siamo agli sgoccioli**, we are almost at the end.
ṣgolàrsi *v. i. pron.* to talk (*o* to shout) oneself hoarse • **s. inutilmente**, to waste one's breath.
ṣgomberàre *V.* **sgombrare**.
ṣgómbero *m.* ***1*** (*lo sgombrare*) clearing out; emptying; clearance; (*evacuazione*) evacuation: **lo s. di una cantina**, the clearing out of a cellar; **s. delle macerie**, clearance of debris ***2*** (*trasloco*) move; removal • **fare lo s.**, to move out.
ṣgombràre ***A*** *v. t.* ***1*** to clear; to clear out; to free; (*svuotare*) to empty out; (*evacuare*) to evacuate: **s. la tavola**, to clear the table; **s. un armadio**, to clear out (*o* to empty) a wardrobe; **s. la mente dai pregiudizi**, to free one's mind from prejudice; (*in tribunale*) **far s. l'aula**, to clear the court ***2*** (*un alloggio*) to vacate; to move out of ***B*** *v. i.* ***1*** (*andarsene*) to clear out ***2*** (*cambiare casa*) to move (house); to move out.
ṣgómbro (**1**) *a.* clear (of); free (from); (*vuoto*) empty • **lasciare s. un appartamento**, to vacate a flat.
ṣgómbro (**2**) *m.* (*zool.*) mackerel.
ṣgomentàre ***A*** *v. t.* to dismay; to daunt; to fill with fear ***B*** **ṣgomentàrsi** *v. i. pron.* to be dismayed (*o* daunted); to get* frightened.
ṣgoménto ***A*** *a.* dismayed; daunted; consternated ***B*** *m.* dismay; consternation; shock.
ṣgominàre *v. t.* to rout; (*sconfiggere*) to defeat, to overthrow*.
ṣgomitàre *v. i.* to use one's elbows; to elbow one's way; to jostle (for st.): **Sgomitò per arrivare in prima fila**, he elbowed his way to the front row.
ṣgomitolàre *v. t.*, **ṣgomitolàrsi** *v. i. pron.* to unwind*.
ṣgommàre *v. i.* (*fam.*) to make* the tyres squeal; to burn rubber (*pop.*): **Partì sgommando**, he drove off with a squeal of tyres; he burnt rubber.
ṣgommàta *f.* squealing of tyres.
ṣgonfiàre ***A*** *v. t.* ***1*** to deflate ***2*** (*fig.*) to bring* down; to prick the bubble of; (*attenuare*) to play down ***B*** *v. i. e* **ṣgonfiàrsi** *v. i. pron.* ***1*** to become* deflated; to go* flat ***2*** (*perdere il gonfiore*) to go* down ***3*** (*perdere entusiasmo*) to be deflated; (*perdere baldanza*) to come* down a peg or two.
ṣgonfiàto, **ṣgónfio** *a.* deflated; flat; (*forato*) punctured, pricked: (*anche fig.*) **pallone s.**, pricked balloon • (*med.*) **Il piede è s.** the swelling in the foot has gone down.
ṣgórbia *f.* gouge.
ṣgorbiàre *v. t.* to scrawl; to scribble, to scrabble.
ṣgòrbio *m.* ***1*** (*scarabocchio*) scrawl; scribble ***2*** (*macchia di inchiostro*) blot ***3*** (*disegno malfatto*) daub ***4*** (*persona brutta*) runt; freak.
ṣgorgàre ***A*** *v. i.* to gush out; to pour; (*scorrere*) to flow ***B*** *v. t.* (*sturare*) to clear; to unblock.
ṣgozzàre *v. t.* to cut* the throat of; (*massacrare*) to butcher.
ṣgradévole *a.* disagreeable; unpleasant; distasteful; nasty.
ṣgradevolézza *f.* unpleasantness; distastefulness.
ṣgradìto *a.* unwelcome; unpleasant: **ospite s.**, unwelcome guest; **sorpresa sgradita**, unpleasant surprise; **riuscire s.**, to be unwelcome.
ṣgraffignàre *v. t.* (*fam.*) to pinch; to swipe; to nick.
ṣgràffio *m.* scratch.
ṣgrammaticàto *a.* ungrammatical; grammatically wrong; full of grammatical mistakes.
ṣgrammaticatùra *f.* grammatical mistake.
ṣgranàre *v. t.* (*legumi*) to shell; to shuck (*USA*); (*granoturco*) to husk • **s. gli occhi**, to open one's eyes wide □ **s. il rosario**, to say (*o* to recite) the rosary; to tell one's beads.
ṣgranàto *a.* ***1*** (*di legumi*) shelled; shucked (*USA*); (*di granoturco*) husked ***2*** (*di occhi*) wide open.
ṣgranchìre *v. t.*, **ṣgranchìrsi** *v. i. pron.* to stretch: **sgranchirsi le gambe**, to stretch one's legs.
ṣgranocchiàre *v. t.* to crunch; to munch.
ṣgrassàre *v. t.* ***1*** to remove grease from; (*un liquido*) to skim the fat off ***2*** (*ind. tess.*) to scour.
ṣgravàre ***A*** *v. t.* to relieve; to ease; to unload; to unburden: **s. q. da una responsabilità**, to relieve sb. of a responsibility; **s. q. da un pensiero**, to take a load off sb.'s mind; **sgravarsi la coscienza**, to ease one's conscience ***B*** **ṣgravàrsi** *v. i. pron.* (*partorire*) to be delivered of a child; to give* birth; (*di animali*) to have young.
ṣgràvio *m.* ***1*** easing; alleviation; relief ***2*** (*fisc.*) relief; allowance; abatement.
ṣgraziàto *a.* clumsy; awkward; ungainly; gawky.
ṣgretolaménto *m.* crumbling; falling to pieces; mouldering.
ṣgretolàre *v. t.*, **ṣgretolàrsi** *v. i. pron.* to crumble.
ṣgretolàto *a.* crumbling; crumbled.
ṣgridàre *v. t.* to scold; to take* to task; to tell* off.
ṣgridàta *f.* scolding; telling-off (*fam.*); talking-to (*fam.*); dressing-down (*fam.*): **fare una (bella) s. a q.**, to give sb. a (good) dressing-down.
ṣgroppàre *v. i.* (*di cavallo*) to buck.
ṣgroppàta *f.* bucking.
ṣgrossàre *v. t.* ***1*** to trim down; (*sbozzare*) to rough out, to rough-hew* ***2*** (*fig.*) to lick into shape; to polish.
ṣguaiatàggine *f.* coarseness; vulgarity.
ṣguaiàto *a.* coarse; vulgar.
ṣguainàre *v. t.* to unsheathe; to draw*.
ṣgualcìre *v. t.*, **ṣgualcìrsi** *v. i. pron.* to crumple; to crush; to crease.
ṣgualcìto *a.* creased; crushed; crumpled.
ṣgualcitùra *f.* crease.
ṣgualdrìna *f.* slut; tart; whore.
ṣguàncio *m.* (*archit.*) splay.
ṣguàrdo *m.* ***1*** look; glance; (*fisso*) stare: **s. perplesso**, puzzled look; **s. vitreo**, glassy stare; **dare uno s. a q.c.**, to have a look at st.; **lanciare uno s. a q.**, to cast a glance at sb.; to glance at sb. ***2*** (*occhi*) eye(s): **sollevare lo s.**, to raise one's eyes; to look up; **fin dove arriva lo s.**, as far as the eye can see; **attirare gli sguardi di tutti**, to attract all eyes • **s. d'insieme**, overall view □ **al primo s.**, at first glance □ **cercare q. con lo s.**, to look round for sb. □ **distogliere lo s. da q. [q.c.]**, to look away from sb. [st.].
ṣguarnìre *v. t.* ***1*** to strip of trimming ***2*** (*mil.*) to dismantle.
ṣguàttera *f.* scullery maid; kitchen maid.
ṣguàttero *m.* scullery boy.
ṣguazzàre *v. i.* ***1*** to splash about; to paddle ***2*** (*avvoltolarsi*) to wallow; to roll: **s. nel fango**, to wallow in the mud; **s. nella ricchezza**, to be rolling in money ***3*** (*di liquido in un recipiente*) to slosh about • **In queste scarpe ci sguazzo**, these shoes are too big for me □ **Lui ci sguazza nei pettegolezzi**, he revels in gossip.
ṣguinzagliàre *v. t.* to unleash; to slip (from the leash); to

let* loose: **s. i cani contro q.**, to unleash the dogs on sb.
sgusciàre (1) *v. i.* **1** (*sfuggire*) to slip; (*contorcendosi*) to wriggle: **s. di mano**, to slip out of one's hands **2** (*allontanarsi*) to slip (in, out, etc.); to slink* (out, away): **s. dal proprio nascondiglio**, to slink out of one's hiding-place.
sgusciàre (2) *v. t.* (*levare dal guscio*) to shell; to shuck (*USA*): **s. uova**, to shell eggs; **s. piselli** [**noci**], to shell (*o* to shuck) peas [nuts].
shaker (*ingl.*) *m. invar.* (cocktail) shaker.
shakeràre *v. t.* to mix in a shaker; to shake.
shakespeariàno *a.* (*letter.*) Shakespearean, Shakespearian.
shampoo *m. invar.* shampoo: **farsi uno s.**, to shampoo one's hair.
shock (*ingl.*) *m. invar.* (*anche med.*) shock: **sotto s.**, suffering from shock; **in stato di s.**, in a state of shock • (*med.*) **s. anafilattico**, anaphylactic reaction.
si (1) ***A*** *pron. rifl. di 3ª pers.* **1** (*con i v. rifl.*) oneself; himself; herself; itself; themselves (*spesso tuttavia omessi*): **spiegarsi**, to explain oneself; **Si guardò allo specchio**, he looked at himself in the mirror; **Si sono divertiti**, they enjoyed themselves; **lavarsi**, to wash; **Si preparò a uscire**, he got ready to go out **2** (*quando funge da compl. di termine, corrisponde all'agg. poss. ingl.*): **Si lavò le mani**, he [she] washed his [her] hands; **Si tolse il cappello**, he [she] took off his [her] hat **3** (*nei v. i. pron. non ha corrispondente: l'ingl. usa un v.i. o una costruz. passiva*) — **pentirsi**, to repent; **stancarsi**, to get tired; **Si è annoiata**, she got bored; **La porta si chiuse**, the door closed; **Se ne dimenticò**, he forgot about it **4** (*come dativo etico non ha corrispondente*) — **Si è comprato un'auto nuova**, he has bought a new car; **Si è mangiato tutto il gelato**, he has scoffed all the icecream ***B*** *pron. recipr.* each other (*fra due*); one another (*fra più di due*) (*tuttavia è talvolta omesso*): **Non si piacciono**, they don't like each other; **Si vogliono tutti bene**, they are all fond of one another; **Si scrivono**, they write to each other; **Si baciarono**, they kissed; **Si incontrarono a Roma**, they met in Rome ***C*** *pron. indef.* **1** one; we; you; they; people; everybody: **Si vede che sei felice**, one can see you are happy; **In Italia si beve molto caffè**, in Italy we (*o* they, people) drink a lot of coffee; coffee is drunk a lot in Italy; **Si parte!**, we're off!; **Come si apre questa scatola?**, how do you open this box?; **Si dice che voglia vendere tutto**, they say he wants to sell everything; **Lo si sa che...**, everybody knows that...; **Mi si dice che...**, I am told that...; **Non si sa mai**, you never know; **Non si può mai dire**, you never can tell; **Si sa!**, of course! **2** (*con valore passivo*) — **Si sentì uno schianto**, a crash was heard; **Qui si parla inglese**, English is spoken here.
si (2) *m.* (*mus.*) B; (*nel solfeggio*) te.
sì ***A*** *avv.* yes; (*nelle votazioni*) aye; (*nel rito del matrimonio*) I do: **«È vero?» «Sì»**, «is it true?» «yes(, it is)»; **«Studi l'inglese?» «Sì»**, «are you studying English?» «yes(, I am)»; **«Andranno a Roma?» «Sì»**, «will they go to Rome?» «yes(, they will)» • **È venuto, sì o no?**, did he come or didn't he? □ **Vuoi venire, sì o no?**, well, are you coming or not? □ **«Ho cambiato la macchina» «Ah sì?»**, «I've changed my car» «have you? (o really?)» □ **dire di sì**, to say yes □ **rispondere di sì**, to answer yes □ **Credo** [**Spero**] **di sì**, I think [I hope] so □ **E sì che...**, and yet...; (*e pensare che*) and to think that... □ **un giorno sì e l'altro no**, every other day □ **Ma sì che lo vidi**, but I did see him □ **pare di sì**, it seems so; so it appears □ **più sì che no**, fairly probable □ **Tu sì che mi capisci**, you really understand me ***B*** *m.* **1** yes **2** (*voto favorevole*) aye: **Ha vinto il sì**, the ayes carried the day • **decidere per il sì**, to decide in favour of st.; to agree (to st.) □ **essere tra il sì e il no**, to hesitate; to be undecided □ (*degli sposi*) **pronunciare il sì**, to say «I do».
siamése *a., m. e f.* Siamese (*a. e m.*); Siamese woman* (*f.*): **i siamesi**, the Siamese; **fratelli siamesi**, Siamese twins; **gatto s.**, Siamese cat.
sia... sia *cong.* **1** (*tanto... quanto*) both... and: **Vengono sia Gino sia suo fratello**, both Gino and his brother are coming **2** (*o... o*) whether... or; either... or: **sia che voglia, sia che non voglia**, whether he likes it or not.
sibarìta *m. e f.* sybarite.
sibarìtico *a.* sybaritic.
siberiàno ***A*** *a.* **1** Siberian **2** (*fig.*) freezing ***B*** *m.* Siberian.
sibilànte ***A*** *a.* hissing; sibilant; whizzing ***B*** *m.* (*fon.*) sibilant.
sibilàre *v. i.* to hiss; to whiz(z); (*del vento*) to whistle.
sibìlla *f.* (*mitol.*) sibyl.
sibillìno *a.* **1** sibylline **2** (*fig.*) enigmatic; cryptic; mysterious.
sìbilo *m.* hiss; whiz(z); (*del vento*) whistle.
sicàrio *m.* hired killer; hitman*; assassin.
sicché *cong.* **1** (*perciò*) so; therefore **2** (*ebbene*) well.
siccità *f.* drought.
siccóme *cong.* as; since.
siciliàno *a. e m.* (*f.* **-a**) Sicilian (*f.* Sicilian woman*).
sicofànte *m.* informer; tale-bearer.
sicomòro *m.* (*bot.*) sycamore.
sicumèra *f.* presumption; arrogance.
sicùra *f.* (*mecc.*) safety catch.
sicuraménte *avv.* surely; certainly; of course.
sicurézza *f.* **1** safety; security: **s. stradale**, road safety; **s. sul lavoro**, safety at the workplace; **un senso di s.**, a sense of security; **s. del posto di lavoro**, security of employment **2** (*certezza*) certainty: **Non lo so con s.**, I can't say with certainty; I don't know for certain; **avere la s. di q.c.**, to be sure of st. **3** (*fiducia*) confidence; trust; assurance: **ispirare s.**, to inspire confidence; **mancanza di s.**, lack of confidence; **s. di sé**, self-confidence; self-assurance • **carcere di massima s.**, top security prison □ **cassetta di s.**, strongbox □ **cintura di s.**, safety belt □ **chiusura di s.**, safety lock □ **il Consiglio di S. dell'ONU**, the UN Security Council □ (*autom.*) **distanza di s.**, safety distance □ **per maggior s.**, for greater safety; to be on the safe side (*fam.*) □ **misure di s.**, security measures; safety precautions (*o* measures) □ **norme di s.**, safety regulations □ **la Pubblica S.**, the police (force) □ **servizi di s.**, security forces □ **uscita di s.**, emergency door (*o* exit) □ **valvola di s.**, safety valve.
sicùro ***A*** *a.* **1** safe; secure: **luogo s.**, safe place; **investimento s.**, safe investment **2** (*certo, garantito*) sure; certain; secure; assured: **andare incontro a morte sicura**, to face certain death; **lavoro s.**, secure job; **rendita sicura**, assured income; **s. di sé**, sure of oneself; self-confident; **Ne sei s.?**, are you sure? **3** (*attendibile*) safe; reliable: **fonte sicura**, reliable source **4** (*fidato*) safe; trustworthy; reliable: **guida sicura**, reliable guide **5** (*saldo*) steady: **mano sicura**, steady hand **6** (*esperto*) skilled; skilful; expert; (*fiducioso di sé*) confident: **È s. nella guida**, he is an expert driver; **Non mi sento molto s. per l'esame**, I don't feel very confident about the exam • **È s. del fatto suo**, he is very self--assured; he seems to know what he is doing □ **dare q.c. per s.**, to be sure about st.; to guarantee st. □ **poco s.**, (*pericoloso*) unsafe; (*incerto*) uncertain; (*debole*) shaky, weak; (*infido*) unreliable ***B*** *m.* safety; (*luogo s.*) safe place: **al s.**, safe; in safety; **mettere al s.**, to put in a safe place • **andare sul s.**, to play it safe; to be on the safe side □ **di s.**, certainly; undoubtedly; for sure (*fam.*) ***C*** *avv.* surely; certainly; sure (*fam.*); (*naturalmente*) naturally, of course; (*proprio così*) quite so.
sideràle, sidèreo *a.* sidereal.
siderurgìa *f.* iron metallurgy; (*industria*) steel (and iron) industry.
siderùrgico ***A*** *a.* steel (and iron) (*attr.*): **stabilimento s.**, steelworks ***B*** *m.* ironworker; steelworker.
sìdro *m.* cider.
sièpe *f.* **1** hedge **2** (*ippica*) hurdle.
sièro *m.* **1** (*del latte*) whey **2** (*biol., med.*) serum* • **s. della verità**, truth drug.
sieronegativo *a.* (*med.*) seronegative; (*rif. all'AIDS*) HIV negative.
sieropositivo *a.* (*med.*) seropositive; (*rif. all'AIDS*) HIV positive.
sieróso *a.* serous.
sièsta *f.* siesta; afternoon rest (*o* nap): **fare la s.**, to have a nap.
siffàtto *a.* such.
sifìlide *f.* (*med.*) syphilis.
sifilìtico *a. e m.* (*med.*) syphilitic.
sifóne *m.* siphon: **s. da seltz**, soda-siphon.
sigarétta *f.* cigarette.
sìgaro *m.* cigar.
sigillàre *v. t.* (*anche fig.*) to seal.
sigillatùra *f.* sealing.
sigìllo *m.* seal; signet: **mettere** (*o* **apporre**) **un s. a**, to put

(*o* to set, to affix) a seal to; to seal; **sotto s.**, under seal; **anello con s.**, signet ring.

sìgla *f.* initials (*pl.*); (*monogramma*) monogram; (*acronimo*) acronym; (*abbreviazione*) abbreviation; (*marchio*) mark • (*radio, TV*) **s. musicale**, signature tune.

siglàre *v. t.* *1* to initial *2* (*firmare, stipulare*) to sign.

significànte *a.* significant; significative; meaningful.

significàre *v. t.* *1* (*voler dire*) to mean*: **Che cosa significa questa parola?**, what does this word mean?; what is the meaning of this word?; **Ciò significa un ritardo nelle consegne**, that means a delay in deliveries *2* (*valere*) to mean*; to matter: **La tua amicizia significa molto per me**, your friendship means a great deal to me *3* (*simboleggiare*) to be a symbol of; to represent.

significatìvo *a.* *1* significant; meaningful; (*espressivo*) expressive *2* (*importante*) significant; important.

significàto *m.* *1* meaning; (*senso*) sense: **privo di s.**, meaningless *2* (*importanza*) importance; significance.

signóra *f.* *1* lady; woman*: **una vecchia s. molto simpatica**, a very nice old lady; **Signore e signori!**, ladies and gentlemen!; **Chi è quella bella s.?**, who is that beautiful woman? *2* (*davanti al nome e cognome o al cognome, anche al vocat.*) Mrs; (*al vocat. senza nome proprio*) madam; (*davanti a un titolo professionale non ha corrispondente*): **la s. Brown**, Mrs Brown; **Buon giorno, s.**, good morning, madam; **la s. maestra**, the teacher; Mrs...; **S. maestra, posso...?**, miss, can I...? *3* (*moglie*) wife* *4* (*gentildonna*) lady; (*donna ricca*) rich woman*: **È una vera s.**, she is a real lady *5* (*padrona di casa*) lady of the house; mistress; (*usato da un domestico*) Madam (*senza art.*) *6* (*padrona*) lady; mistress *7* (*donna sposata*) married woman* *8* (*relig.*) Lady: **Nostra S.**, Our Lady *9* (*enfat., di cose*: *eccellente*) excellent; first-class; classy (*fam.*) • **il signor Walter Bianchi e s.**, Mr and Mrs (Walter) Bianchi □ **vivere da gran s.**, to lead the life of a grand lady □ (*nelle lettere*) **Gentile s.**, Dear Madam.

signóre *m.* *1* gentleman*; man*: **Chi è quel s.?**, who is that gentleman?; **un vero s.**, a real gentleman; **Signore e signori!**, ladies and gentlemen! *2* (*davanti al nome e cognome o al cognome, anche al vocat.*) Mr; (*al vocat. senza nome proprio*) sir; (*davanti al titolo di alcune cariche*) Mr; (*davanti a un titolo professionale non ha corrispondente*): **il s. Jones**, Mr Jones; **Buon giorno, s.**, good morning, sir; **il s. dottore**, Mr X, the doctor; **Signor Presidente!**, Mr President!; **Scusi, s. avvocato**, excuse me, sir (*o* Mr X); **i signori Smith** (*coppia di coniugi*), Mr and Mrs Smith; **i signori Smith, Brown e Jones**, Messrs Smith, Brown and Jones *3* (*gentiluomo*) gentleman*; (*uomo ricco*) rich man* *4* (*padrone*) master *5* (*relig.*) Lord; (*Dio*) God: **il giorno del S.**, the Lord's Day; **Il S. ti benedica!**, God bless you! *6* (*stor.*: *principe*) lord; ruler; prince *7* (*enfat., di cose*: *eccellente*) excellent; first-class; classy (*fam.*): **un signor caffè**, an excellent cup of coffee; **un signor appartamento**, a superb flat • **darsi le arie di gran s.**, to act the lord; to lord it □ **fare il (gran) s.**, to live like a lord □ (*nelle lettere*) **Egregio S.**, Dear Sir □ **Egregi signori**, Dear Sirs.

signoreggiàre *v. t. e i.* to rule (over); to dominate.

signorìa *f.* *1* (*dominio, potere*) domination; dominion; rule *2* (*stor.*) seigniory; signoria* (*ital.*) *3* (*titolo*) Lordship (*m.*); Ladyship (*f.*).

signorile *a.* *1* (*degno di un signore*) gentlemanly, gentlemanlike; (*di una signora*) ladylike *2* (*distinto*) distinguished; (*elegante*) elegant; (*di lusso*) luxury.

signorilità *f.* distinction; refinement.

signorilménte *avv.* (*da signore*) in a gentlemanly way; (*da signora*) in a ladylike way.

signorìna *f.* *1* (*ragazza*) young lady *2* (*donna nubile*) unmarried (*o* single) woman*: **È signora o s.?**, is she married or single?; **nome da s.**, maiden name *3* (*davanti al nome o al cognome, anche al vocat.*) Miss; (*al vocat. senza nome proprio*) madam: **la s. Maria**, Miss Mary *4* (*giovane padrona*) young mistress *5* (*iron.*) her ladyship.

signorìno *m.* *1* (*figlio del padrone*) master: **il s. Charles**, Master Charles *2* (*iron.*) his lordship.

signornò *inter.* no, sir.

signoróne *m.* wealthy man*.

signoròtto *m.* lordling; squire.

signorsì *inter.* yes, sir; (*naut.*) aye aye, sir.

silènte *a.* (*lett.*) silent; still; voiceless.

silenziatóre *m.* *1* (*autom.*) silencer; muffler *2* (*di arma da fuoco*) silencer.

silènzio *m.* *1* silence: **ascoltare in s.**, to listen in silence; **fare** (*o* **restare in**) **s.**, to be silent; to keep quiet; **rompere il s.**, to break the silence; **S.!**, silence!; be quiet!; hush! *2* (*calma, quiete*) silence; stillness: **nel s. della notte**, in the silence (*o* still) of the night *3* (*mil.*) lights-out; last post (*GB*); taps (*USA*) • **s. di tomba**, dead silence □ **s. radio**, radio silence □ **s. stampa**, news blackout □ **passare q.c. sotto s.**, to pass over st. in silence.

silenziosaménte *avv.* silently; in silence; quietly.

silenzióso *a.* silent; still; quiet; noiseless: **casa silenziosa**, silent house; **motore s.**, noiseless engine.

sìlfide *f.* (*mitol. e fig.*) sylph.

silhouette (*franc.*) *f. invar.* *1* (*arte*) silhouette *2* (*sagoma*) silhouette; outline *3* (*linea snella*) figure.

silicàto *m.* (*miner., chim.*) silicate.

sìlice *f.* (*miner.*) silica.

silìcio *m.* (*chim.*) silicon.

silicóne *m.* (*chim.*) silicone.

silicòṣi *m.* (*med.*) silicosis.

sìllaba *f.* syllable: **dividere in sillabe**, to divide into syllables • **non mutare una s. di q.c.**, not to change a word of st. □ **non proferire una s.**, not to say a word □ **parola di una sola s.**, monosyllabic word; monosyllable □ **parola di tre sillabe**, three-syllable word.

sillabàre *v. t.* *1* to pronounce each syllable of *2* (*compitare*) to spell.

sillabàrio *m.* spelling book; primer.

sillàbico *a.* syllabic.

sìlloge *f.* (*lett.*) sylloge; collection; compilation.

sillogiṣmo *m.* (*filos.*) syllogism.

sillogìstico *a.* (*filos.*) syllogistic(al).

silo *m.* silo*; storage bin: **s. orizzontale [verticale]**, bunker [tower] silo; **immagazzinare in s.**, to ensile; to store in silos (*o* in a silo).

silografia *e deriv. V.* **xilografia** *e deriv.*

siluraménto *m.* *1* (*mil.*) torpedoing *2* (*destituzione*) ousting; (*licenziamento*) sacking, firing *3* (*di un piano*) torpedoing; scuppering.

silurànte *f.* (*mil.*) torpedo boat.

siluràre *v. t.* *1* (*mil.*) to torpedo *2* (*destituire*) to oust, to dismiss; (*licenziare*) to sack, to fire *3* (*un piano e sim.*) to torpedo; to scupper.

silùro *m.* (*mil.*) torpedo* • **un s. contro il governo**, an attempt to scupper the government.

silvèstre *a.* sylvan; woodland (*attr.*); (*selvatico*) wild.

Silvèstro *m.* — **la notte di San S.**, New Year's Eve.

silvicoltùra *f.* sylviculture; forestry.

simbiòṣi *f.* (*biol.*) symbiosis*.

simboleggiàre *v. t.* to symbolize; to be a symbol of.

simbòlico *a.* *1* symbolic(al) *2* (*nominale*) nominal; token (*attr.*).

simboliṣmo *m.* (*letter., arte*) symbolism.

simbolista *m. e f.* (*letter., arte*) symbolist.

simbolo *m.* symbol; (*segno grafico*) sign: **simboli numerici**, numerical symbols; **il s. del dollaro**, the dollar sign.

simbologìa *f.* symbology.

similàre *a.* similar; like; (*omogeneo*) homogeneous.

similarità *f.* similarity; (*omogeneità*) homogeneity.

sìmile ***A*** *a.* *1* similar; like; -like (*suff.*); alike (*pred.*): **simili nella forma**, similar in shape; **in modo s.**, in a similar way; **essere s. a q.c.**, to be like st.; (*nell'aspetto*) to look like st.; (*nel suono*) to sound like st.; (*nel gusto*) to taste like st.; **I due fratelli sono molto simili (fra loro)**, the two brothers look very much alike; **s. a seta**, silklike; silky; **s. a crema**, cream-like; creamy *2* (*tale, di tal fatta*) such: **un uomo s.**, such a man; **uomini simili**, such men; **Non avevo mai visto una cosa s.**, I had never seen anything like it (*o* such a thing); **Non farò una cosa s.**, I will do no such thing (*o* nothing of the kind); **nulla [qualcosa] di s.**, nothing [something] like that; nothing of the kind ***B*** *m.* (*il prossimo*) fellow man*; fellow creature • **e simili**, and such; and the like □ **lui e i suoi simili**, he and the likes of him □ (*prov.*) **Ogni s. ama il suo s.**, birds of a feather flock together.

similitùdine *f.* *1* (*retor.*) simile *2* (*somiglianza*) similarity; likeness.

similménte *avv.* similarly; likewise; in like manner.

similòro *m.* pinchbeck; tombac, tombak.

similpèlle *f.* (*ind.*) imitation leather; leatherette.
simmetrìa *f.* symmetry.
simmètrico *a.* symmetric(al).
simonìa *f.* simony.
simonìaco ***A*** *a.* simoniacal ***B*** *m.* (*f.* **-a**) simoniac.
simpatìa *f.* ***1*** (*attrazione*) liking; fancy; attraction; (*predilezione*) preference, partiality; (*favore*) favour, goodwill: **avere s. per q.** [**q.c.**], to have a liking for sb. [st.]; to like sb. [st.]; **prendere in s. q.**, to take a liking to sb.; to take to sb.; **C'è s. tra di noi**, we like each other (*o* one another); **conquistarsi la s. generale**, to make oneself popular with everybody; **guardare a q.c. con s.**, to look upon st. with favour; **Ha le sue simpatie**, he has his preferences ***2*** (*l'essere simpatico*) likableness; charm ***3*** (*cosa o persona che piace*) favourite ***4*** (*partecipazione ai sentimenti altrui*) sympathy • **entrare nelle simpatie di q.**, to become sb.'s favourite □ **ispirare s.**, to be likeable □ **le proprie simpatie e antipatie**, one's likes and dislikes. ATTENZIONE: **simpatia** ≠ sympathy.
simpàtico (1) *a.* nice; likeable; (*gradevole*) pleasant, enjoyable, congenial; (*divertente*) fun (*fam.*): **ragazzo s.**, nice (*o* likeable) boy; **modi simpatici**, pleasant manners; **una serata simpatica**, a very pleasant (*o* enjoyable) evening; **idea simpatica**, pleasant idea; **una situazione poco simpatica**, a rather unpleasant situation • **inchiostro s.**, invisible ink □ **Mi è molto s.**, I like him very much □ **È riuscito s. a tutti**, everybody liked (*o* took to) him □ **trovare q. s.**, to like sb.; to take a liking to sb. ATTENZIONE: **simpatico** ≠ sympathetic.
simpàtico (2) (*anat.*) ***A*** *a.* sympathetic ***B*** *m.* sympathetic nervous system.
simpatizzànte *m. e f.* sympathizer; supporter.
simpatizzàre *v. i.* ***1*** (*entrare in simpatia*) to take* a liking (to); to take* to (sb., each other, one another); to hit* it off (*fam.*): **Simpatizzarono subito**, they took an instant liking to one another; they hit it off immediately (*fam.*) ***2*** (*avere affinità di opinioni, idee*) to favour: **Simpatizza per la sinistra**, he rather favours the left; his sympathies are with the Left. ATTENZIONE: **simpatizzare** ≠ to sympathize.
simpòsio *m.* ***1*** symposium*; drinking party ***2*** (*convegno*) symposium*.
simulàcro *m.* ***1*** simulacrum* ***2*** (*parvenza*) shadow.
simulàre *v. t.* ***1*** (*fingere*) to simulate; to pretend; to feign; to fake: **s. indifferenza**, to feign indifference; **s. una malattia**, to feign illness; to pretend to be ill; **s. una rapina**, to fake a robbery ***2*** (*tecn.*) to simulate.
simulàto *a.* ***1*** simulated; pretended; feigned; sham; fake (*attr.*): **interesse s.**, feigned interest; **malattia simulata**, fake illness ***2*** (*tecn.*) simulated: **volo s.**, simulated flight ***3*** (*leg.*) simulated; fictitious; sham: **contratto s.**, sham contract.
simulatóre *m.* (*f.* **-trice**) ***1*** (*impostore*) simulator; pretender; impostor ***2*** (*tecn.*) simulator: (*aeron.*) **s. di volo**, flight simulator.
simulazióne *f.* simulation; simulating; pretence: (*leg.*) **s. di reato**, simulation of offence; (*leg.*) **s. di contratto**, sham transaction.
simultaneità *f.* simultaneity; simultaneousness.
simultàneo *a.* simultaneous: **traduzione simultanea**, simultaneous translation.
sinagòga *f.* synagogue.
sinàpsi *f.* (*anat., biol.*) synapsis.
sinceràrsi *v. i. pron.* to make* sure.
sincerità *f.* sincerity; (*franchezza*) frankness, candour, honesty, openness • **con tutta s.**, (speaking) in all sincerity.
sincèro *a.* sincere; heartfelt; (*veritiero*) true, honest; (*fedele*) faithful; (*franco*) candid, frank, direct; (*genuino*) real, genuine: **un amico s.**, a sincere (*o* faithful, real) friend; **parole sincere**, heartfelt words; **dolore s.**, sincere (*o* genuine) grief; **Sii s., non ti piace**, be honest, you don't like it; **Non sei stato s. con me**, you didn't tell me the truth; **per essere s.**, to be quite honest • **vino s.**, unadulterated wine.
sinché *V.* **finché**.
sincopàto *a.* (*ling., mus.*) syncopated.
sìncope *f.* ***1*** (*ling., mus.*) syncopation ***2*** (*med.*) syncope.
sincretìsmo *m.* syncretism.
sincronìa *f.* synchrony.
sincrònico *a.* ***1*** synchronous ***2*** (*ling.*) synchronic(al).
sincronizzàre *v. t.*, **sincronizzàrsi** *v. i. pron.* to synchronize.
sincronizzàto *a.* synchronized: **nuoto s.**, synchronized swimming; (*autom.*) **cambio s.**, synchromesh.
sincronizzatóre *m.* synchronizer.
sincronizzazióne *f.* synchronization.
sìncrono *a.* synchronous.
sincrotróne *m.* (*fis. nucl.*) synchrotron.
sindacàbile *a.* ***1*** liable to audit (*o* inspection) ***2*** (*criticabile*) censurable; questionable.
sindacàle *a.* trade-union (*attr.*); union (*attr.*), labour (*attr.*); labor (union) (*USA*) (*attr.*): **accordo s.**, trade-union agreement; **vertenza s.**, union (*o* trade, labour) dispute; **agitazioni sindacali**, labour unrest; **movimento s.**, trade--union movement; trade unionism.
sindacalìsmo *m.* trade unionism; labor movement (*USA*).
sindacalìsta *m.* trade-unionist; union representative.
sindacalizzàre ***A*** *v. t.* to unionize ***B*** **sindacalizzàrsi** *v. i. pron.* to become* organized into a trade union.
sindacàre *v. t.* ***1*** (*controllare*) to inspect; to control; (*i conti*) to audit ***2*** (*criticare*) to censure; to criticize.
sindacàto *m.* ***1*** (trade) union; labor union (*USA*): **s. di categoria**, craft union; **iscriversi a un s.**, to join a union ***2*** (*econ., fin.*) syndicate; trust; pool.
sìndaco *m.* ***1*** mayor ***2*** (*fin.*) auditor: **collegio dei sindaci**, board of auditors.
sìndone *f.* — (*relig.*) **la Sacra S.**, the Holy Shroud.
sìndrome *f.* (*med. e fig.*) syndrome.
sinecùra *f.* sinecure.
sinèddoche *f.* (*retor.*) synecdoche.
sine die (*lat.*) *locuz. avv.* indefinitely.
sinèdrio *m.* ***1*** (*stor. ebraica*) Sanhedrin ***2*** (*consesso*) assembly.
sinergìa *f.* synergy.
sinèrgico *a.* synergetic; synergic.
sinfonìa *f.* ***1*** (*mus.*) symphony; (*di opera*) overture ***2*** (*fig.*) symphony • **È la solita s.**, it's the same old story.
sinfònico *a.* (*mus.*) symphonic; symphony (*attr.*); orchestral: **musica sinfonica**, orchestral (*o* symphonic) music; **concerto s.**, orchestral concert; **orchestra sinfonica**, symphony orchestra.
singalése *a., m. e f.* Sin(g)halese* (*pl. invar.*).
singhiozzàre *v. i.* ***1*** (*avere il singhiozzo*) to hiccup, to hiccough ***2*** (*piangere*) to sob.
singhiózzo *m.* ***1*** hiccup, hiccough: **avere il s.**, to have the hiccups ***2*** (*di pianto*) sob: **scoppiare in singhiozzi**, to burst out sobbing • **a s.** (*o* **a singhiozzi**), fitfully; in fits and starts □ **sciopero a s.**, on-off strike.
singolàre ***A*** *a.* ***1*** (*gramm.*) singular ***2*** (*unico, notevole*) singular; exceptional ***3*** (*insolito*) singular; unusual; uncommon; (*strano*) strange, peculiar; (*eccentrico*) odd, bizarre ***B*** *m.* ***1*** (*gramm.*) singular ***2*** (*tennis*) singles (*pl.*): **s. maschile** [**femminile**], men's [women's] singles.
singolarità *f.* ***1*** (*unicità*) singleness; oneness ***2*** (*particolarità*) peculiarity; (*originalità*) originality; (*stranezza*) singularity, strangeness, oddity.
singolarménte *avv.* ***1*** (*a uno a uno*) one by one; singly; individually; separately ***2*** (*particolarmente*) singularly ***3*** (*stranamente*) strangely; oddly; curiously.
sìngolo ***A*** *a.* ***1*** (*separato*) single; individual; separate: **letto s.**, single bed; **camera singola**, single (room); **caso s.**, individual case; **le singole prove**, the separate proofs ***2*** (*unico*) single; sole: **copia singola**, single copy ***B*** *m.* ***1*** (*individuo*) individual ***2*** (*tennis*) singles (*pl.*) ***3*** (*telef.*) individual line.
singùlto *m.* (*lett.*) ***1*** hiccup, hiccough ***2*** (*di pianto*) sob.
siniscàlco *m.* (*stor.*) seneschal; steward.
sinìstra *f.* ***1*** (*mano s.*) left (hand) ***2*** (*lato sinistro*) left (side); left-hand side; (*naut.*) port (side): **Sedeva alla mia s.**, he was sitting on my left; **il negozio a s. del cinema**, the shop to the left of the cinema; **guardare** [**tenersi**] **a s.**, to look [to keep] to the left; **svoltare a s.**, to turn (to the) left; **svolta a s.**, left turn ***3*** (*polit.*) left (wing); Left: **partito di s.**, left-wing party; **uomo di s.**, leftist; left-winger.
sinistraménte *avv.* in a sinister way; (*minacciosamente*) threateningly.
sinistràto ***A*** *a.* injured; damaged: **zona sinistrata**, disaster area ***B*** *m.* (*f.* **-a**) victim (of a disaster).
sinìstro ***A*** *a.* ***1*** left; left-hand: **lato s.**, left(-hand) side; **mano sinistra**, left hand; **guanto s.**, left-hand glove ***2*** (*minaccio-*

so) sinister, grim, threatening; (*di cattivo augurio*) ominous, inauspicious ***B*** *m.* ***1*** (*incidente*) accident; (*scontro*) crash; (*danno*) damage ***2*** (*pugno*) left-hander; (*boxe*) (straight) left ***3*** (*calcio*) shot with the left (foot).

sinistròide *a.* (*polit.*) leftish; left-of-centre; lefty (*fam.*).

sinistròrso *a.* ***1*** (*mecc.*) left-hand(ed), counter-clockwise; (*biol.*) sinistrorse ***2*** *V.* **sinistroide**.

sino *V.* **fino**.

sinodàle *a.* (*eccles.*) synodal.

sinodo *m.* (*eccles.*) synod.

sinòlogo *m.* (*f.* **-a**) Sinologist; Sinologue.

sinonimìa *f.* ***1*** synonymity ***2*** (*sinonimo*) synonym.

sinonìmico *a.* synonymic.

sinònimo ***A*** *a.* synonymous ***B*** *m.* synonym.

sinòpia *f.* (*pitt.*) sinopia; sinopite.

sinóra *V.* **finora**.

sinòssi *f.* (*letter.*) synopsis*.

sinòttico *a.* (*letter.*) synoptic(al).

sinòvia *f.* (*anat.*) synovia.

sinoviàle *a.* (*anat.*) synovial.

sinovìte *f.* (*med.*) synovitis.

sintàssi *f.* syntax.

sintàttico *a.* syntactic(al).

sintesi *f.* ***1*** synthesis* ***2*** (*riepilogo*) summary, resumé; (*succo*) essentials (*pl.*), gist • (*TV*) **la s. di una partita**, the highlights of a match □ **capacità di s.**, ability to synthetize □ **prodotti di s.**, synthetic products □ **in s.**, in short, in a nutshell.

sintètico *a.* ***1*** synthetic ***2*** (*conciso*) concise; succinct; terse.

sintetizzàre *v. t.* ***1*** to synthesize ***2*** (*compendiare*) to condense; to epitomize; (*riassumere*) to summarize.

sintetizzatóre *m.* synthesizer.

sintomàtico *a.* ***1*** (*med.*) symptomatic ***2*** (*fig.*) symptomatic; indicative.

sintomatologìa *f.* (*med.*) symptomatology.

sìntomo *m.* ***1*** (*med.*) symptom ***2*** (*fig.*) symptom; sign; indication.

sintonìa *f.* ***1*** (*radio*) tuning; syntony: **in [fuori di] s.**, in [out of] tune ***2*** (*fig.*) agreement: **essere in s. con q.c.**, to be attuned to st.; to be in step with st.; **essere in s. con q.**, to agree with sb.; to be on the same wave-length as sb.

sintonizzàre (*radio*) ***A*** *v. t.* to tune (st. to st.) ***B*** **sintonizzàrsi** *v. i. pron.* to tune in (on st.).

sintonizzatóre *m.* (*radio*) tuner.

sintonizzazióne *f.* (*radio*) tuning.

sinuosità *f.* sinuosity; (*di strada*) winding course; (*di fiume*) meandering.

sinuóso *a.* sinuous; (*tortuoso*) winding, (*di fiume*) meandering.

sinusìte *f.* (*med.*) sinusitis.

sinusoidàle *a.* (*mat.*) sinusoidal.

sinusòide *f.* (*mat.*) sinusoid.

sionìsmo *m.* (*polit.*) Zionism.

sionìsta *m. e f.* (*polit.*) Zionist.

sionìstico *a.* (*polit.*) Zionistic; Zionist (*attr.*).

sipariétto *m.* (*teatr.*) ***1*** (*sipario*) drop-curtain ***2*** (*breve numero*) entr'acte (*franc.*).

sipàrio *m.* (*teatr.*) curtain: **Si alza [Cala] il s.**, the curtain rises [drops]; **Giù il s.!**, curtain! • (*fig.*) **calare il s. su q.c.**, to ring down the curtain on st.

sìre *m.* ***1*** (*lett.*) lord ***2*** (*al vocat.*) sire.

sirèna (1) *f.* ***1*** (*mitol.*) mermaid; siren ***2*** (*fig.*) siren ***3*** (*zool.*) siren.

sirèna (2) *f.* (*per segnali acustici*) siren.

siriàno *a. e m.* (*f.* **-a**) Syrian (*f.* Syrian woman*).

sirìnga *f.* ***1*** (*med.*) syringe ***2*** (*mecc.*) syringe; gun ***3*** (*cucina*) icing syringe ***4*** (*mus.*) syrinx*; panpipes (*pl.*).

sìsma *m.* seism; earthquake.

sìsmico *a.* seismic(al); earthquake (*attr.*): **onda s.**, seismic wave; **zona sismica**, earthquake (*o* seismic) zone.

sismografìa *f.* seismography.

sismògrafo *m.* seismograph.

sismologìa *f.* seismology.

sismològico *a.* seismologic(al).

sismòlogo *m.* (*f.* **-a**) seismologist.

sissignóra *inter.* yes, madam.

sissignóre *inter.* yes, sir.

sistèma *m.* ***1*** system: **s. solare**, solar system; **s. nervoso**, nervous system; **s. metrico decimale**, metric system; **s. di canali**, system (*o* network) of canals ***2*** (*metodo*) system; method; way; (*modo di agire*) ways (*pl.*); (*abitudine*) custom, habit: **Occorre un certo s.**, you need to be systematic; **s. infallibile**, infallible (*o* fool-proof) method; **lavorare con [senza] s.**, to work with [without] method; **Troveremo il s.**, we'll find a way; **s. di vita**, way of life; **Vedi di cambiare s.!**, you'd better mend your ways!; **Non è mio s. fare cose del genere**, it's not my custom to do such things ***3*** (*polit.*) (the) system ***4*** (*nei giochi basati su pronostici*) system; (*al totocalcio*) permutation • **s. d'allarme**, alarm □ (*ind.*) **s. d'impianto**, installation □ (*tecn.*) **s. d'ingranaggi**, gearing □ **ridurre a s.**, to systematize □ **Che sistemi!**, what a way to behave [to do things]!

sistemàre ***A*** *v. t.* ***1*** (*mettere in ordine*) to put* in order; to tidy up: **s. la casa**, to put the house in order; to tidy up the house; **sistemarsi i capelli**, to tidy up one's hair ***2*** (*definire, regolare*) to settle; to fix; to sort out: **s. i propri interessi**, to settle one's affairs; **Ho sistemato tutto col direttore**, I've fixed everything up (*o* sorted everything out) with the manager; **avere una questione da s. con q.**, to have an account to settle with sb.; to have a bone to pick with sb. (*fam.*) ***3*** (*disporre*) to arrange, to lay* out; (*collocare*) to put*, to place, to find* a place for, to set*: **s. fiori in un vaso**, to arrange flowers in a vase; **Non so dove s. il carrello**, I don't know where to put the trolley; **s. una trappola**, to set a trap ***4*** (*riparare*) to fix; (*regolare*) to adjust ***5*** (*trovare lavoro a q.*) to find* (sb.) a job; to fix (sb.) up with a job ***6*** (*far sposare*) to marry off ***7*** (*alloggiare*) to house, to lodge; (*ospitare*) to put* up, to fix up (*fam.*): **I profughi furono sistemati in una scuola**, the refugees were lodged in a school; **s. q. per la notte**, to put (*o* to fix) sb. up for the night ***8*** (*fam.: dare una lezione a*) to fix; to sort out: **Ti sistemo io!**, I'll fix you! ***B*** **sistemàrsi** *v. rifl. e i. pron.* ***1*** (*stabilirsi*) to settle ***2*** (*accomodarsi*) to settle (oneself) down; (*ambientarsi*) to settle in ***3*** (*trovare un'occupazione*) to find* a job ***4*** (*sposarsi*) to get* married ***5*** (*andare a posto, aggiustarsi*) to right itself; to sort itself out.

sistemàta *f.* — **dare una s. a q.c.**, to tidy st. up.

sistematicità *f.* ***1*** systematic nature ***2*** systematic manner • **con s.**, systematically; methodically.

sistemàtico *a.* systematic; (*metodico*) methodical.

sistemazióne *f.* ***1*** (*ordinamento*) arrangement ***2*** (*definizione, regolamento*) settlement ***3*** (*disposizione*) arrangement; (*collocamento*) placing, installation ***4*** (*di macchinari, impianti*) layout; (*messa a punto*) setting ***5*** (*posto, impiego*) job ***6*** (*alloggio*) accommodation; place to live.

sistèmico *a.* systemic.

sistemista *m. e f.* ***1*** (*giocatore*) systems player ***2*** (*elab.*) systems analyst; systems engineer.

sìstole *f.* (*fisiol.*) systole.

sitibóndo *a.* (*fig. lett.*) thirsting (for, after).

sìto ***A*** *a.* (*bur.*) situated; located ***B*** *m.* ***1*** (*luogo*) place; site ***2*** (*archeol., elab.*) site.

situàre ***A*** *v. t.* to place; to locate ***B*** **situàrsi** *v. rifl. e i. pron.* ***1*** to place oneself ***2*** (*trovarsi*) to be placed.

situazióne *f.* situation; position: **l'attuale s. politica**, the current political situation; **s. di fatto**, existing situation; state of affairs; **Mi trovo in una s. difficile**, I am in an awkward situation (*o* position); **in una triste s.**, in a sad (*o* sorry) state; **Questa è la s. al momento**, this is the situation; that is how things stand at present.

skài ® *m.* imitation leather.

sketch (*ingl.*) *m. invar.* sketch; variety act (*o* number).

ski-lift (*ingl.*) *m. invar.* ski lift.

slabbràre ***A*** *v. t.* ***1*** (*un vaso e sim.*) to chip ***2*** (*un indumento*) to stretch the edges of; to make* shapeless ***B*** **slabbràrsi** *v. i. pron.* ***1*** (*di vaso e sim.*) to get* chipped ***2*** (*di ferita*) to open ***3*** (*di indumento*) to go* loose at the edges; to become* shapeless.

slabbràto *a.* ***1*** (*di vaso*) chipped ***2*** (*di ferita*) open; gaping ***3*** (*di indumento*) loose at the edges; shapeless.

slacciàre ***A*** *v. t.* to undo*; to unfasten; (*slegare*) to untie; (*sbottonare*) to unbutton ***B*** **slacciàrsi** *v. i. pron.* to come* undone; to come* untied; to come* unbuttoned.

slàlom *m.* (*sci*) slalom: **s. gigante[speciale]**, giant [special] slalom • **fare lo s. tra il traffico**, to weave in and out of the traffic.

ṣlalomista *m. e f.* (*sci*) slalom racer.

ṣlanciàre ***A*** *v. t.* ***1*** (*lanciare*) to throw*; to fling* ***2*** (*la figura*) to make* (sb.) look slimmer ***B*** **ṣlanciàrsi** *v. rifl. e i. pron.* ***1*** (*gettarsi*) to throw* oneself; to fling* oneself; to rush: **s. tra le braccia di q.**, to throw oneself into sb.'s arms; **s. contro q.**, to rush at sb. ***2*** (*protendersi verso l'alto*) to reach up; to soar.

ṣlanciàto *a.* slender; slim.

ṣlàncio *m.* ***1*** rush; dash; (*balzo*) leap: **Con uno s. fu alla porta**, he rushed to the door ***2*** (*impulso*) impulse, rush, surge; (*foga*) dash, impetus, élan: **agire di s.**, to act on impulse; **in uno s. d'entusiasmo**, in a rush (*o* fit) of enthusiasm; **s. d'affetto**, surge of affection • **gettarsi di s. in un'impresa**, to throw oneself whole-heartedly into a venture □ **pieno di slanci**, impulsively generous □ **prendere lo s.**, to spring forward □ **suonare q.c. con s.**, to play st. with élan (*o* panache).

ṣlargàre ***A*** *v. t.* to widen; to make* wider ***B*** **ṣlargàrsi** *v. i. pron.* to widen; to open out; (*di indumento*) to stretch.

ṣlàrgo *m.* widening (*of a road*): **Più avanti c'è uno s.**, the road widens further on.

ṣlavàto *a.* (*sbiadito*) washed out, faded; (*pallido*) pale, wan; (*insipido*) colourless, insipid, dull.

ṣlavina *f.* landslide; (*di neve*) snowslide.

ṣlavistica *f.* Slavic studies (*pl.*).

ṣlàvo ***A*** *a.* Slav; Slavic; (*ling., anche*) Slavonic ***B*** *m.* ***1*** (*f.* **-a**) Slav (*f.* Slav woman*) ***2*** (*ling.*) Slavonic.

ṣleàle *a.* disloyal; unfaithful; false; (*disonesto*) unfair: **amico s.**, disloyal (*o* false) friend; **concorrenza s.**, unfair competition; **mezzi sleali**, unfair means; (*sport*) **gioco s.**, foul play.

ṣlealtà *f.* disloyalty; unfaithfulness; falseness; (*disonestà, scorrettezza*) unfairness.

ṣlegàre ***A*** *v. t.* to untie; to unfasten; to unbind*; to undo*; (*liberare*) to release, to let* loose: **s. un pacco**, to untie a parcel; **s. un nodo**, to undo a knot; **s. un cane**, to let a dog loose ***B*** **ṣlegàrsi** *v. i. pron.* to come* untied; to come* undone; (*liberarsi*) to get* loose.

ṣlegàto *a.* ***1*** untied; unbound; undone; loose ***2*** (*fig.*) loose; disconnected.

ṣlip *m. invar.* ***1*** (*mutande da uomo*) briefs (*pl.*); (*da donna*) briefs (*pl.*), panties (*pl.*) ***2*** (*costume da bagno da uomo*) bathing trunks (*pl.*); (*parte del bikini*) bikini bottom.

ṣlitta *f.* ***1*** sledge; sleigh; sled (*USA*): **cane da s.**, sledge dog ***2*** (*mecc.*) slide; (*di pressa*) ram; (*di tornio*) saddle.

ṣlittaménto *m.* ***1*** (*di veicoli*) skid, skidding; (*di aereo*) side-slip ***2*** (*mecc.*) slipping; slippage ***3*** (*spostamento*) shift, slide, drift; (*caduta*) fall; (*rinvio*) postponement.

ṣlittàre *v. i.* ***1*** (*scivolare*) to skid; to slide; (*anche mecc.*) to slip ***2*** (*sbandare*) to skid; (*d'aereo*) to side-slip ***3*** (*spostarsi*) to shift; to drift; (*cadere*) to slide ***4*** (*essere rinviato*) to be postponed; to be put off.

ṣlittino *m.* sledge; sled (*USA*).

ṣlògan *m. invar.* slogan; catchphrase.

ṣlogàre ***A*** *v. t.* to dislocate; to twist; to sprain ***B*** **ṣlogàrsi** *v. i. pron.* to get* dislocated.

ṣlogàto *a.* dislocated; twisted; sprained.

ṣlogatùra *f.* dislocation; sprain.

ṣloggiàre ***A*** *v. t.* to turn out; to drive* out; to dislodge ***B*** *v. i.* to clear out; (*lasciare un appartamento*) to move out • (*fam.*) **Sloggia, ho da fare!**, buzz off, I'm busy □ (*fam.*) **Sloggia da quel divano**, get off that sofa.

ṣlovàcco *a. e m.* (*f.* **-a**) Slovak (*f.* Slovak woman*).

ṣlovèno *a. e m.* (*f.* **-a**) Slovenian (*f.* Slovenian woman*).

ṣmaccàto *a.* (*esagerato*) excessive; extravagant; fulsome (*sfacciato*) undisguised, shameless.

ṣmacchiàre *v. t.* to remove stains from; to clean.

ṣmacchiatóre *m.* (*prodotto*) stain remover.

ṣmacchiatùra *f.* stain-removal; cleaning: **s. a secco**, dry-cleaning.

ṣmàcco *m.* humiliation; blow; slap in the face (*fam.*): **subire uno s.**, to suffer a blow.

ṣmagliànte *a.* glowing; dazzling; brilliant.

ṣmagliàre ***A*** *v. t.* to ladder (*GB*); to get* a run in (*USA*) ***B*** **ṣmagliàrsi** *v. i. pron.* ***1*** (*di calze*) to ladder (*GB*); to run* (*USA*): **Queste calze si smagliano facilmente**, these tights ladder easily; **Mi si è smagliata una calza**, I laddered my tights (*GB*); I've got a run in my pantyhose (*USA*) ***2*** (*della cute*) to develop stretch marks.

ṣmagliàto *a.* ***1*** (*di calze*) laddered (*GB*); with a run in it (*USA*) ***2*** (*di cute*) having stretch marks.

ṣmagliatùra *f.* ***1*** (*di calza*) ladder (*GB*); run (*USA*) ***2*** (*della cute*) stretch mark ***3*** (*fig.*) discontinuity; gap; (*difetto*) flaw.

ṣmagnetizzàre *v. t.* to demagnetize.

ṣmagnetizzazióne *f.* demagnetization; demagnetizing.

ṣmagrìre ***A*** *v. t.* to make* (sb.) lose weight; (*far sembrare più magro*) to make* (sb.) look thinner ***B*** *v. i. e* **ṣmagrìrsi** *v. i. pron.* to lose* weight; to grow* thin.

ṣmaliziàre ***A*** *v. t.* to teach* (sb.) a thing or two (*fam.*) ***B*** **ṣmaliziàrsi** *v. i. pron.* to learn* a thing or two (*fam.*); (*in un lavoro*) to get* the hang of it.

ṣmaliziàto *a.* knowing; worldly-wise; that has been around (*fam.*); that knows a thing or two (*fam.*).

ṣmaltàre *v. t.* to enamel; (*ceramica*) to glaze.

ṣmaltàto *a.* enamelled; (*di ceramica*) glazed.

ṣmaltatóre *m.* enameller; enamelist.

ṣmaltatùra *f.* enamelling; (*di ceramica*) glazing.

ṣmaltiménto *m.* ***1*** (*il digerire*) digestion; digesting ***2*** (*comm.*) selling off; disposal ***3*** (*eliminazione*) disposal; (*di liquidi*) draining, discharge: **s. dei rifiuti**, waste disposal; **s. delle acque luride**, draining of sewage ***4*** (*disbrigo*) getting through; clearing: **s. dell'arretrato**, getting through a backlog.

ṣmaltìre *v. t.* ***1*** (*digerire*) to digest ***2*** (*comm.*: *esaurire*) to sell* off ***3*** (*eliminare*) to dispose of; (*liquidi*) to drain, to discharge ***4*** (*sbrigare*) to get* through; to clear: **s. pratiche arretrate**, to get through a backlog of paperwork • **s. q.c. col sonno** [**con l'esercizio**], to sleep [to work] st. off □ **s. la rabbia**, to work off one's anger □ **s. l'ubriachezza**, to sober up; (*con una dormita*) to sleep it off □ **s. il traffico**, to get the traffic moving.

ṣmalto *m.* ***1*** enamel: **decorare a s.**, to enamel; **verniciatura a s.**, enamel painting ***2*** (*di ceramica*) glaze ***3*** (*per unghie*) nail varnish: **darsi lo s. alle unghie**, to varnish (*o* to put nail varnish on) one's nails ***4*** (*oggetto smaltato*) enamel ***5*** (*brillantezza*) shine; lustre; (*incisività*) edge.

ṣmammàre *v. i.* (*pop.*) to beat* it; to scram: to buzz off.

ṣmanceria *f.* affectation; mawkishness [U] • **fare smancerie**, to be affected (*o* mawkish).

ṣmanceróso *a.* affected; mawkish.

ṣmània *f.* ***1*** (*irrequietezza*) agitation; fidgets (*pl.*); jitters (*pl.*); (*frenesia*) frenzy: **avere la s.**, to have the fidgets; to have ants in one's pants (*fam.*); **dare in smanie**, to get worked up; to be in a state of agitation ***2*** (*impazienza*) impatience, itch; (*voglia ardente*) craving (for), mania: **s. del gioco**, gambling mania; **s. di successo**, craving for success.

ṣmaniàre *v. i.* ***1*** (*essere irrequieto*) to fidget; to have the fidgets (*fam.*); (*a letto*) to toss and turn ***2*** (*desiderare ardentemente*) to yearn, to crave (for st., to do st.); to hanker (after st.): **Smania dalla voglia di partire**, he yearns (*o* can't wait) to leave.

ṣmanióso *a.* (*bramoso*) eager; longing; yearning; dying (*fam.*): **s. d'imparare q.c.**, eager to learn st.; **essere s. di rivedere gli amici**, to be longing to see one's friends again; **s. di sciare**, dying to go skiing.

ṣmantellaménto *m.* ***1*** (*abbattimento, anche fig.*) dismantling; demolition; dismantlement ***2*** (*confutazione*) demolition.

ṣmantellàre *v. t.* ***1*** (*abbattere*) to dismantle; to demolish ***2*** (*confutare*) to demolish.

ṣmarcàre ***A*** *v. t.* (*sport*) to free ***B*** **ṣmarcàrsi** *v. i. pron.* to shake* off (one's marker); to break* loose (*o* free).

ṣmargiassàta *f.* brag; bragging [U]; swagger [U].

ṣmargiàsso *m.* braggart; boaster; big-mouth (*fam.*).

ṣmarriménto *m.* ***1*** (*perdita*) loss; (*di lettera*) miscarriage ***2*** (*turbamento*) bewilderment; confusion: **avere un attimo di s.**, to be momentarily confused; to be at a loss for a moment.

ṣmarrìre ***A*** *v. t.* to lose*; (*una cosa, temporaneamente*) to mislay* ***B*** **ṣmarrìrsi** *v. i. pron.* ***1*** to lose* one's way; to get* lost ***2*** (*confondersi*) to be lost; to be confused; to be bewildered • **s. d'animo**, to lose heart.

ṣmarrito *a.* ***1*** (*perduto*) lost; (*temporaneamente*) mislaid: **cane s.**, lost dog; **persone smarrite**, missing persons; **andare s.**, to get lost ***2*** (*confuso*) lost; confused; bewildered.

ṣmascheraménto *m.* ***1*** unmasking ***2*** (*fig.*) unmasking;

exposure.

ṣmascheràre ***A*** *v. t.* ***1*** to unmask ***2*** (*fig.*) to unmask; to expose ***B*** **ṣmascheràrsi** *v. rifl.* (*fig.*) to tear* off one's mask; (*tradirsi*) to give* oneself away.

ṣmaterializẓàre ***A*** *v. t.* to dematerialize ***B*** **ṣmaterializẓàrsi** *v. i. pron.* ***1*** to dematerialize ***2*** (*scomparire*) to vanish.

ṣmembraménto *m.* (*fig.*) dismemberment; dispersion.

ṣmembràre *v. t.* ***1*** to dismember ***2*** (*fig.*) to dismember; to disperse.

ṣmemoratàggine *f.* forgetfulness; (*distrazione*) absent-mindedness.

ṣmemoràto *a.* forgetful; (*distratto*) absent-minded.

ṣmentìre ***A*** *v. t.* to belie; to give* the lie to; (*negare*) to deny, to disclaim; (*sconfessare*) to disavow • **non s. la propria fama**, to live up to one's reputation ***B*** **ṣmentìrsi** *v. rifl.* to contradict oneself • **Non si smentisce mai**, he never changes; he is always the same.

ṣmentìta *f.* denial; disclaimer; refutation; (*sconfessione*) disavowal: **s. ufficiale**, formal denial • **Non temo smentite**, I'm not afraid of being contradicted □ **dare la s. a q.**, to prove sb. wrong; to give sb. the lie.

ṣmeraldìno *a.* emerald-green.

ṣmeràldo *m.* emerald • **verde s.**, emerald green.

ṣmerciàbile *a.* (*comm.*) sal(e)able; marketable.

ṣmerciàre *v. t.* (*comm.*) to sell*; to sell* off; to market.

ṣmèrcio *m.* (*comm.*) sale; marketing • **avere poco s.**, not to sell easily □ **C'è un forte s. di questo articolo**, this article sells fast; there's a tremendous turnover on this line.

ṣmerdàre (*volg.*) ***A*** *v. t.* ***1*** to smear with shit; (*estens.*) to foul, to dirty ***2*** (*fig.*) to show up ***B*** **ṣmerdàrsi** *v. rifl.* to smear oneself with shit; (*estens.*) to dirty oneself.

ṣmèrgo *m.* (*zool.*) merganser • **s. maggiore**, goosander.

ṣmerigliàre *v. t.* to polish with emery; (*mecc.*) to grind*.

ṣmerigliàto *a.* ***1*** emery (*attr.*): **carta smerigliata**, emery-paper ***2*** (*mecc.*) ground: **vetro s.**, ground glass; (*decorato*) frosted glass.

ṣmerigliatùra *f.* ***1*** emery-polishing ***2*** (*mecc.*) grinding ***3*** (*falegn.*) sandpapering; sanding.

ṣmerìglio (1) *m.* (*miner.*) emery.

ṣmerìglio (2) *m.* (*zool.*) ***1*** (*falco*) merlin ***2*** (*squalo*) porbeagle.

ṣmerlàre *v. t.* to scallop.

ṣmèrlo *m.* scallop (border) • **punto (a) s.**, buttonhole stitch.

ṣmésso *a.* cast-off: **abiti smessi**, cast-off clothes; cast-offs; (*da fratelli maggiori*) hand-me-down clothes.

ṣméttere *v. t. e i.* to stop; to cease (st.); to quit*; (*abbandonare*) to give* up; (*interrompere*), to stop, to break* off, to leave* off: **s. di lavorare**, to stop working; (*alla fine della giornata*) to stop work, to knock off (*fam.*); (*lasciare un lavoro*) to leave a job; **s. di studiare**, to give up one's studies; **s. di fumare**, to give up smoking; to cut out smoking (*fam.*); **s. le pubblicazioni**, to cease publication; **Riprendiamo da dove avevamo smesso**, let's take up from where we left off; **Smettetela!**, stop it!; **Smettila di piangere!**, stop crying!; **Non la smetteva più!**, he went on and on!

ṣmidollàto ***A*** *a.* spineless; wimpish (*fam.*); wet (*fam. GB*) ***B*** *m.* spineless person; wimp (*fam.*).

ṣmilitarizẓàre *v. t.* to demilitarize.

ṣmilitarizẓazióne *f.* demilitarization.

ṣmìlzo *a.* ***1*** slim; thin; lean ***2*** (*fig.*) thin; meagre.

ṣminaménto *m.* mine clearing; (*naut.*) minesweeping.

ṣminàre *v. t.* to clear (st.) of mines.

ṣminuìre ***A*** *v. t.* ***1*** to diminish; to lessen ***2*** (*fig.*) to belittle; to disparage ***B*** **ṣminuìrsi** *v. rifl.* to belittle oneself.

ṣminuzzàre ***A*** *v. t.* to break* into bits; to cut* up; (*sbriciolare*) to crumble ***B*** **ṣminuzzàrsi** *v. i. pron.* to break* up; to crumble.

ṣmistaménto *m.* ***1*** (*ferr.*) shunting; switching (*USA*): **stazione di s.**, shunting station; switchyard (*USA*) ***2*** (*di posta, merci*) sorting, clearing; (*di telefonate*) switching ***3*** (*mil.*) posting.

ṣmistàre *v. t.* ***1*** (*ferr.*) to shunt; to switch (*USA*) ***2*** (*posta, merci*) to sort; to clear ***3*** (*telef.*) — **s. le telefonate**, to man the switchboard ***4*** (*mil.*) to post ***5*** (*sport*) to pass.

ṣmiṣuràto *a.* (*immenso*) immense; (*enorme*) enormous; (*sconfinato*) boundless; (*esagerato*) exorbitant.

ṣmitizẓàre *v. t.* to debunk; to deglamourize; (*ridimensionare*) to demythologize, to remove the aura of myth surrounding (sb., st.).

ṣmitizẓazióne *f.* debunking; deglamourizing; (*ridimensionamento*) demythologization, realistic reappraisal.

ṣmobilitàre *v. t.* (*mil.*) to demobilize; to demob (*fam.*).

ṣmobilitazióne *f.* (*mil.*) demobilization; demob (*fam.*).

ṣmoccolàre ***A*** *v. t.* to snuff ***B*** *v. i.* (*pop.*: *bestemmiare*) to swear*.

ṣmoccolatóio *m.* snuffers (*pl.*).

ṣmodàto *a.* immoderate; inordinate; excessive; unrestrained.

ṣmoderàto *a.* excessive; inordinate; intemperant; overindulgent • **essere s. nel mangiare**, to eat inordinately.

ṣmòking *m. invar.* dinner-jacket (*GB*); tuxedo* (*USA*).

ṣmontàbile *a.* (*mecc.*) that can be dismantled (*o* taken apart); knockdown.

ṣmontàggio *m.* (*mecc.*) disassembly; taking apart; (*generale*) stripping.

ṣmontàre ***A*** *v. i.* ***1*** (*scendere*) to get* off (*o* down); to dismount; (*da un'automobile*) to get* out (of): **s. da cavallo**, to get down (*o* to dismount) from a horse; **s. dalla bicicletta**, to get off one's bicycle; **s. dal treno**, to get off the train ***2*** (*finire il turno*) to go* off duty; (*cessare il lavoro*) to stop work, to knock off (*fam.*) ***3*** (*cucina, di soufflé e sim.*) to sink*; to go* flat; (*di panna*) to go* runny ***B*** *v. t.* ***1*** (*scomporre in pezzi*) to dismantle; to take* to pieces; to take* apart: **s. un armadio**, to dismantle a wardrobe; **s. una radio**, to take a radio to bits; **s. un motore**, to strip an engine; **s. un giocattolo**, to take a toy apart ***2*** (*rimuovere*) to take* down; to take* off; remove; **s. una porta**, to take a door off its hinges; **s. una ruota**, to remove a tyre ***3*** (*togliere entusiasmo*) to dampen; (*scoraggiare*) to dishearten: **Niente lo smonta**, nothing dampens his spirits ***4*** (*confutare*) to demolish: **s. un'accusa**, to demolish a charge ***C*** **ṣmontàrsi** *v. i. pron.* (*perdere l'entusiasmo*) to cool down (*o* off); (*scoraggiarsi*) to lose* heart: **Si è subito smontato**, his enthusiasm cooled at once.

ṣmòrfia *f.* ***1*** grimace; face: **s. delusa**, wry face; **fare una s.**, to make (*o* to pull) a face; to grimace; **fare una s. di dolore**, to grimace with pain; **fare le smorfie a q.**, to make faces at sb. ***2*** (*espressione affettata*) simper: (*moina*) blandishment; (*broncio*) pout: **fare smorfie**, to simper; to pout.

ṣmorfióso ***A*** *a.* (*lezioso*) simpering; (*pieno d'arie*) affected, snooty, stuck-up (*fam.*) ***B*** *m.* (*f.* **-a**) snooty (*o* stuck-up) person • **fare la smorfiosa con q.**, to flirt with sb.

ṣmòrto *a.* ***1*** pale; wan ***2*** (*di colore*) faded; washed-out; dull ***3*** (*fig.*) colourless; lacklustre; dull; lifeless.

ṣmorzàre ***A*** *v. t.* ***1*** (*diminuire l'intensità di*) to damp down; to dampen; (*suono*) to lower, to deaden, to muffle; (*luce*) to dim, to soften; (*colore*) to tone down; (*placare*) to ease, to allay; (*attutire*) to soften, to cushion, to break*: **s. l'entusiasmo**, to dampen (sb.'s) enthusiasm; **s. il suono dei passi**, to deaden the sound of footsteps; **s. una caduta**, to cushion (*o* to break) a fall; **s. il dolore**, to ease pain ***2*** (*spegnere*) to extinguish; to put* out ***3*** (*sport*: *una palla*) to kill ***B*** **ṣmorzàrsi** *v. i. pron.* ***1*** (*di suono, luce*) to grow* faint(er), to die down; (*di colore*) to fade; (*svanire*) to fade, to die away (*o* down); (*quietarsi*) to be assuaged, to be appeased ***2*** (*spegnersi*) to go* out.

ṣmorzàto *a.* damped; (*di suoni*) muffled, deadened; (*di luce*) dim; (*di colori*) muted • (*tennis, ecc.*) **palla smorzata**, drop shot.

ṣmòsso *a.* shifted; displaced • **terreno s.**, loose soil; (*arato*) turned soil.

ṣmottaménto *m.* landslip; landslide.

ṣmottàre *v. i.* to slip down; to slide* down.

ṣmozzicàre *v. t.* to crumble; (*sbocconcellare*) to chew, to munch • **s. le parole**, to mumble.

ṣmozzicàto *a.* ***1*** crumbly; (*sbocconcellato*) chewed, munched ***2*** (*fig.*) bitty; (*di parole*) mumbled.

ṣmùnto *a.* (*emaciato*) haggard, gaunt, emaciated; (*pallido*) pale.

ṣmuòvere ***A*** *v. t.* ***1*** (*spostare*) to shift; to move; to budge ***2*** (*il terreno*) to turn (over) ***3*** (*dissuadere*) to dissuade; to move: **s. q. da un proposito**, to dissuade sb. from doing st.; **Le mie suppliche non riuscirono a smuoverlo**, my entreaties could not move him ***4*** (*scuotere*) to stir (up); to arouse: **s. l'opinione pubblica**, to stir up public opinion • **s. le acque**, to stir things up ***B*** **ṣmuòversi** *v. i. pron.* ***1*** (*spo-

starsi) to move; to shift; to budge **2** (*cambiare idea*) to change one's mind; to be moved.

ṣmussàre A *v. t.* **1** (*uno spigolo*) to smooth; to round off; (*mecc., edil.*) to bevel, to chamfer **2** (*una lama, ecc.*) to blunt **3** (*fig.*) to smooth down (*o* out); to soften **B ṣmussàrsi** *v. i. pron.* (*di lama*) to become* blunt.

ṣmussàto *a.* **1** (*mecc.*) bevelled; chamfered **2** (*di lama*) blunt **3** (*fig.*) smoothed; softened.

ṣnaturàre *v. t.* to pervert (the nature of); to violate; (*travisare*) to distort, to misrepresent.

ṣnaturàto *a.* **1** perverted; violated; (*travisato*) distorted, misrepresented **2** (*crudele*) unnatural; inhuman; degenerate: **padre s.**, unnatural father.

ṣnazionalizzàre *v. t.* to denationalize.

ṣnebbiàre *v. t.* (*anche fig.*) to clear.

ṣnebbiàto *a.* (*fig.*) clear; unclouded.

ṣnellézza *f.* **1** slenderness; slimness **2** (*fig.*) agility; briskness.

ṣnelliménto *m.* **1** slimming **2** (*semplificazione*) simplification, streamlining; (*accelerazione*) speeding up, expediting: **s. della burocrazia**, streamlining of bureaucracy; **s. del traffico**, speeding up of traffic.

ṣnellìre A *v. t.* **1** to slim; (*far apparire più snello*) to make* slimmer **2** (*rendere più rapido*) to speed* up: **s. il traffico**, to speed up the traffic **3** (*semplificare*) to simplify; to streamline **B ṣnellirsi** *v. i. pron.* **1** (*dimagrire*) to slim; to grow* slim **2** (*accelerare*) to speed* up; to flow more smoothly **3** (*semplificarsi*) to simplify; to be streamlined.

ṣnèllo *a.* **1** slender; slim **2** (*agile*) agile; (*scorrevole*) smooth; (*spedito*) brisk; (*agevole*) efficient, streamlined.

ṣnervànte *a.* (*debiliante*) enervating; (*affaticante*) exhausting, stressful, gruelling; (*esasperante*) trying, nerve-racking.

ṣnervàre A *v. t.* (*debilitare*) to enervate; (*affaticare*) to exhaust, to stress; (*logorare*) to wear* out **B ṣnervàrsi** *v. i. pron.* to get* exhausted.

ṣnervàto *a.* (*fiacco*) enervated, spiritless, weak; (*logorato*) exhausted, worn out.

ṣnidàre *v. t.* **1** (*selvaggina*) to flush (out); to rouse **2** (*persone*) to drive* out; to drag out; to flush out; (*col fumo*) to smoke out.

ṣniffàre *v. t. e i.* (*gergo della droga*) to sniff; to snort; to blow*.

ṣniffàta *f.* (*gergo della droga*) snort.

ṣnòb A *m. e f. invar.* snob **B** *a. invar.* snobbish; snooty.

ṣnobbàre *v. t.* **1** (*disdegnare*) to look down on, to be snooty about; (*non curarsi di*) to snub; (*un invito, ecc.*) to spurn, to turn down **2** (*non salutare*) to cold-shoulder; to cut*.

ṣnobìṣmo *m.* snobbery; snobbishness.

ṣnobìstico *a.* snobbish.

ṣnocciolàre *v. t.* **1** to stone; to pit (*USA*) **2** (*dire tutto d'un fiato*) to rattle off; (*spiattellare*) to blab out, to blurt out.

ṣnocciolàto *a.* stoned; pitted.

ṣnodàbile *a.* jointed; articulated.

ṣnodàre A *v. t.* **1** to unknot; to untie; to undo* **2** (*sciogliere*) to loosen; (*rendere articolato*) to make* jointed **B ṣnodàrsi** *v. i. pron.* **1** to come* loose (*o* untied) **2** (*serpeggiare*) to wind*; (*sfilare*) to file, to unwind*; (*di serpe*) to uncoil.

ṣnodàto *a.* **1** (*slegato*) loose **2** (*articolato*) jointed; articulated **3** (*flessibile*) supple; (*di membra*) double-jointed.

ṣnòdo *m.* **1** (*mecc.*) articulation; articulated joint **2** (*svincolo*) junction.

ṣnudàre *v. t.* to unsheathe; to draw*.

soàve *a.* sweet; soft; gentle; mild; (*iron.*) suave.

soavità *f.* sweetness; softness; gentleness; mildness.

sobbalzàre *v. i.* **1** (*fare sbalzi*) to jolt; to bump **2** (*trasalire*) to start: **far s. q.**, to give sb. a start.

sobbàlzo *m.* **1** (*scossone*) jolt; bump **2** (*sussulto*) start • **avere un s.**, to start □ **procedere a sobbalzi**, to jolt along; to bump along.

sobbarcàre A *v. t.* to burden; to load down **B sobbarcàrsi** *v. rifl.* to take* (st.) upon oneself; to undertake*.

sobbollìre *v. i.* to simmer.

sobbórgo *m.* suburb; (*al pl.: dintorni*) outskirts: **nei sobborghi di Firenze**, on the outskirts of Florence.

sobillàre *v. t.* to incite; to stir up.

sobillatóre *m.* (*f.* **-trice**) agitator; inciter; (*agitapopolo*) rabble-rouser.

sobrietà *f.* (*semplicità*) sobriety; (*moderazione*) moderation, restraint.

sòbrio *a.* **1** (*semplice*) sober; (*moderato*) moderate, restrained **2** (*non ubriaco*) sober.

socchiùdere *v. t.* **1** (*non chiudere del tutto*) to half-close; (*lasciare socchiuso, di porta o finestra*) to leave* ajar **2** (*aprire un po'*) to half-open; to open a little.

socchiùso *a.* (*semichiuso*) half-shut; (*semiaperto*) half-open; (*di porta, finestra, anche*) ajar (*pred.*).

soccombènte (*leg.*) **A** *a.* losing **B** *m.* losing party.

soccómbere *v. i.* **1** (*dover cedere*) to succumb; to yield; to surrender; (*essere sopraffatto*) to be overcome **2** (*morire*) to succumb; to die • (*leg.*) **s. in giudizio**, to lose one's case.

soccórrere *v. t.* to help; to aid; to bring* help to; (*salvare*) to rescue.

soccorritóre A *a.* helping; (*di soccorso*) rescue (*attr.*) **B** *m.* (*f.* **-trice**) helper; (*salvatore*) rescuer: **squadre di soccorritori**, rescue teams.

soccórso *m.* **1** help; assistance; aid; relief; (*salvataggio*) rescue: **chiedere s.**, to ask for help; **chiamata di s.**, call for help; **organizzare i soccorsi**, to organize the rescue; **venire in s.**, to come to the aid (*o* to the rescue); **mandare soccorsi**, to send aid (*o* relief); **organizzazione di s.**, aid (*o* relief) agency; **squadra di s.**, rescue team **2** (*med.*) aid: **pronto s.**, first aid; (*di ospedale*) casualty (ward) (*GB*), emergency room (*USA*); **prestare i primi soccorsi**, to give first aid **3** (*mil.*) succour; reinforcements (*pl.*) • **s. stradale**, breakdown service (*GB*) □ **fondo di s.**, relief fund □ (*leg.*) **omissione di s.**, failure to give assistance □ **società di mutuo s.**, (mutual) aid society; friendly society.

socialdemocràtico (*polit.*) **A** *a.* Social Democratic **B** *m.* (*f.* **-a**) Social Democrat.

socialdemocrazìa *f.* (*polit.*) Social Democracy.

sociàle A *a.* **1** social: **ordine s.**, social order; **previdenza s.**, social security; **Stato s.**, welfare state; **assistente s.**, social (*o* welfare) worker **2** (*comm., fin.*) company's (*attr.*); company (*attr.*); corporate: **capitale s.**, company's capital; registered capital; **ragione s.**, company title (*o* style); corporate name; **sede s.**, head office; **statuto s.**, articles of association **3** (*di associazione*) social; club (*attr.*): **cena s.**, society (*o* club) dinner; **attività sociali**, club activities **B** *m.* **1** (*problemi sociali*) society; social issues (*pl.*) **2** (*attività sociali*) social (*o* welfare) work.

socialìṣmo *m.* (*polit.*) Socialism.

socialìsta *a., m. e f.* (*polit.*) Socialist.

socialità *f.* sociality; social relations (*pl.*); sociability.

socializzàre *v. t.* to socialize.

socializzazióne *f.* socialization.

società *f.* **1** society: **la s. umana**, human society; **l'alta s.**, high society **2** (*associazione*) society, association; (*circolo*) circle, club: **s. calcistica**, football club (*o* association); **s. segreta**, secret society; **s. letteraria**, literary circle **3** (*dir.*) company; (*di persone*) partnership: **s. anonima** (*o* **per azioni**), joint-stock company; corporation (*USA*); **s. a responsabilità limitata**, limited (liability) company; **s. di controllo**, holding company; **s. in nome collettivo**, general partnership • **s. dei consumi**, consumer society □ **Società protettrice degli animali**, Society for the Prevention of Cruelty to Animals □ **abito da s.**, evening dress □ **comprare q.c. in s. con q.**, to go shares with sb. in buying st. □ **giochi di s.**, parlour games □ **mettersi in s. con q.**, to go into partnership (*o* into business) with sb; (*per un acquisto*) to go shares with sb. □ **vita di s.**, social living.

societàrio *a.* company's (*attr.*); company (*attr.*); corporate (*USA*); (*di società di persone*) of a partnership: **capitale s.**, company's (*o* corporate) capital; **diritto s.**, company (*o* corporate) law.

sociévole *a.* sociable; friendly; gregarious: **un tipo s.**, a sociable type; a good mixer.

socievolézza *f.* sociability; friendliness; gregariousness.

sòcio *m.* (*f.* **-a**) **1** member: **farsi s. di un circolo**, to become a member of a club; to join a club; **s. ordinario [onorario, vitalizio]**, ordinary [honorary, life] member; **s. fondatore**, founding member; charter member **2** (*comm., fin.*) partner; associate: **prendere q. come s.**, to take sb. into partnership; **s. effettivo [accomandante]**, active [silent *o* sleeping] partner; **assemblea dei s.**, company meeting **3** (*di accademia o società scientifica*) fellow.

socioculturàle *a.* sociocultural.
socioeconòmico *a.* socioeconomic.
sociolinguìstica *f.* sociolinguistics (*pl. col verbo al sing.*).
sociologìa *f.* sociology.
sociològico *a.* sociological.
sociòlogo *m.* (*f.* **-a**) sociologist.
sociopolìtico *a.* sociopolitical.
sociosanitàrio *a.* national health (*attr.*).
socràtico *a. e m.* (*filos.*) Socratic.
sòda *f.* **1** (*chim.*) sodium carbonate; soda: **s. caustica**, caustic soda; **s. per lavare**, washing soda **2** (*acqua di s.*) soda (water).
sodalìzio *m.* **1** (*società*) association **2** (*legame di amicizia*) fellowship.
soddisfacènte *a.* satisfactory; satisfying.
soddisfaciménto *m.* **1** satisfaction **2** (*adempimento*) fulfilment; discharge.
soddisfàre *v. t. e i.* **1** (*appagare*) to satisfy; to fulfil: **s. un desiderio**, to satisfy a wish; **s. la propria curiosità**, to satisfy one's curiosity; **s. un'ambizione**, to fulfil an ambition; **s. un cliente**, to satisfy a customer; **Il mio lavoro non mi soddisfa**, I get no satisfaction from my job **2** (*adempiere*) to satisfy; to fulfil; to meet*; (*pagare*) to pay* off: **s. i propri impegni**, to honour (*o* to meet) one's commitments; **s. una richiesta**, to meet a request; **s. a un requisito**, to meet a requirement; **s. (a) un dovere**, to fulfil a duty **3** (*filos., mat.*) to satisfy.
soddisfàtto *a.* **1** satisfied; pleased; happy; (*compiaciuto*) self-satisfied: **Non sono s. dei risultati**, I am not satisfied (*o* happy) with the results; **avere un'aria soddisfatta**, to look pleased; **s. di sé**, pleased with oneself; self-satisfied; **tutto s.**, very pleased; (*iron.*) **Sarai s.!**, I hope you're satisfied! **2** (*adempiuto*) satisfied; fulfilled; honoured **3** (*pagato*) paid-off; paid-up.
soddisfazióne *f.* **1** satisfaction; (*piacere*) pleasure; (*autocompiacimento*) self-satisfaction: **Non voglio dargli questa s.**, I don't want to give him the satisfaction; **un lavoro che dà soddisfazioni**, a fulfilling job; **con mia grande s.**, to my great (*o* much to my) satisfaction; **togliersi la s. di fare q.c.**, to do st. and get it out of one's system; **Che s. ci provi a stuzzicarlo?**, what's the fun of teasing him? **2** (*riparazione*) satisfaction: **chiedere [ottenere] s. di q.c.**, to demand [to obtain] satisfaction for st.
sodézza *f.* firmness; compactness; hardness.
sòdio *m.* (*chim.*) sodium.
sòdo **A** *a.* **1** (*duro*) firm; compact; hard: **carne soda**, firm flesh; **muscoli sodi**, solid muscles; **terreno s.**, hard (*o* compact) soil; **uovo s.**, hard-boiled egg **2** (*saldo, solido*) firm; solid; sound **B** *m.* **1** firm (*o* hard) ground **2** (*fig.*) hard facts (*pl.*); point: **guardare al s.**, to focus on the facts; **venire al s.**, to come to the point; to come down to brass tacks (*fam.*) **C** *avv.* hard: **lavorare [studiare] s.**, to work [to study] hard; **picchiare s.**, to hit hard; **dormire s.**, to sleep soundly; to sleep like a log (*fam.*).
sodomìa *f.* sodomy.
sodomìta *m.* sodomite.
sodomizzàre *v. t.* to sodomize.
sofà *m.* sofa; couch.
sofferènte **A** *a.* **1** suffering; (*malato*) ill, unwell: **È s. di cuore**, he suffers from heart trouble; **È ancora s.**, he is still unwell **2** (*dolente*) pained; in pain: **espressione s.**, pained expression **B** *m. e f.* sufferer.
sofferènza *f.* suffering; pain: **mitigare le sofferenze di q.**, to alleviate (*o* to relieve) sb.'s sufferings; **atroci sofferenze**, terrible pain; **È una s. vederlo così**, it's painful to see him like this • (*comm.*) **in s.**, unpaid; outstanding; overdue.
soffermàre **A** *v. t.* to stop (briefly): **s. lo sguardo su q.c.**, to stop briefly to look at st. **B** **soffermàrsi** *v. i. pron.* **1** to stop briefly (*o* for a while); to pause **2** (*fig.*) to linger (over); to dwell* (upon): **s. su una parola**, to linger over a word; **s. su un argomento**, to dwell upon a subject.
soffèrto *a.* (*difficile*) difficult; (*doloroso*) painful; (*faticoso*) hard-fought: **decisione sofferta**, difficult decision; **vittoria sofferta**, hard-fought victory.
soffiàre **A** *v. i.* **1** to blow*: **s. sul caffè**, to blow on one's coffee; **s. su una candela** (*e spegnerla*), to blow out a candle; **Soffiava un vento freddo**, a cold wind was blowing **2** (*ansare*) to pant; to puff; to wheeze **3** (*del gatto*) to spit* **4** (*della balena*) to blow* • (*fig.*) **s. sul collo di q.**, to breathe down sb.'s neck □ (*fig.*) **s. sul fuoco**, to fan the flames; to stir up trouble **B** *v. t.* **1** to blow*: **s. via la polvere da un libro**, to blow the dust off a book; **s. il vetro**, to blow glass; **soffiarsi il naso**, to blow one's nose **2** (*a dama*) to huff **3** (*pop.: spifferare*) to blab, to tell*; (*assol.: fare la spia*) to squeal, to rat, to grass (on sb.) **4** (*fam: rubare*) to steal*; to pinch (*fam.*); to swipe (*fam.*); to nick (*fam.*): **s. il posto a q.**, to steal sb.'s job; **s. la ragazza a q.**, to steal sb.'s girlfriend from sb.; **Chi mi ha soffiato la penna?**, who swiped (*o* nicked) my pen? • **s. q.c. nell'orecchio a q.**, to whisper st. in sb.'s ear.
soffiàta *f.* **1** blow; blast; puff **2** (*fam.: informazione riservata, spiata*) tip-off: **fare una s. alla polizia**, to tip off the police; to grass (on sb.) to the police.
soffiàto *a.* blown; puffed: **vetro s.**, blown glass; **riso s.**, rice crispies (*pl.*).
soffiatóre *m.* (*di vetro*) glassblower.
sòffice *a.* soft • **dormire sul s.**, to sleep on a soft mattress.
soffiétto *m.* **1** (*mantice a mano*) (pair of) bellows **2** (*di carrozza*) hood **3** (*fotogr.*) bellows (*pl.*) **4** (*giorn.*) puff; plug • **porta a s.**, folding door □ **valigia a s.**, expanding suitcase □ **piegare a s.**, to concertina; to fold like a concertina.
sóffio *m.* **1** blow; puff; (*alito*) breath: **un s. d'aria**, a puff of air; **spegnere una candela con un s.**, to blow out a candle **2** (*del gatto*) spit; spitting **3** (*med.*) murmur **4** (*radio*) hiss • **a un s. dalla vittoria**, within an ace of victory □ **in un s.**, (*in un attimo*) in an instant, in a flash; (*sussurrando*) in a whisper □ **cavarsela per un s.**, to survive (*o* to make it) by the skin of one's teeth; to have a narrow escape □ **vincere per un s.**, to win by a hair's breadth.
soffióne *m.* **1** (*geol.*) fumarole; smoke-hole **2** (*bot.*) dandelion.
soffìtta *f.* attic; loft; (*abbaino*) garret.
soffittàre *v. t.* (*edil.*) to ceil; to provide with a ceiling.
soffìtto *m.* ceiling.
soffocaménto *m.* suffocation (*anche med.*); choking; stifling: **morire per s.**, to die of suffocation; to be choked to death.
soffocànte *a.* choking; suffocating; stifling: **polvere s.**, choking dust; **caldo s.**, stifling heat; (*anche fig.*) **atmosfera s.**, stifling atmosphere; **amore s.**, oppressive love.
soffocàre **A** *v. t.* **1** to stifle; to suffocate; to choke; (*uccidere per soffocamento*) to smother (*anche fig.*); (*strangolare*) to strangle, to throttle: **s. il respiro**, to stifle the breath; **Il fumo mi soffocava**, the smoke choked me; **La soffocò con un cuscino**, he smothered her with a pillow; **s. q. di baci**, to smother sb. with kisses **2** (*spegnere*) to smother: **s. le fiamme**, to smother the flames **3** (*reprimere*) to choke back (*o* down); to stifle; to smother; to repress; to put* down; (*far tacere*) to silence: **s. il proprio sdegno**, to choke down one's indignation; **s. uno sbadiglio**, to stifle a yawn; **s. una rivolta**, to suppress (*o* to put down) a rebellion; **s. la voce della coscienza**, to silence one's conscience **4** (*mettere a tacere*) to hush up; to cover up: **s. uno scandalo**, to hush up a scandal **B** *v. i.* to choke; to suffocate; to be stifled: **Mi sento s.**, I feel stifled; I'm suffocating; I can't breathe; **Qui si soffoca**, it is stifling in here.
soffocàto *a.* **1** choked; stifled; suffocated: **voce soffocata**, choked voice; **morire s.**, to be choked to death **2** (*represso*) choked-down; chocked-back; stifled: **gemito s.**, stifled moan; **pianto s.**, choked-back tears; **risata soffocata**, suppressed laughter.
soffocazióne *f.* *V.* **soffocamento**.
soffregàre *v. t.* to rub (gently).
soffrìggere *v. t. e i.* to fry lightly; to sauté; to brown.
soffrìre **A** *v. t.* **1** (*patire*) to suffer; to go* through: **s. la fame**, to suffer hunger; **s. il caldo**, to suffer from the heat; to feel the heat; **s. il mal di mare**, to suffer from sea-sickness; to be seasick; **È sempre ottimista nonostante ciò che ha sofferto**, she is still an optimist despite what she went through **2** (*subire*) to suffer; to undergo*: **s. una perdita [un torto]**, to suffer a loss [a wrong] **3** (*tollerare*) to bear*; to stand*; to tolerate: **Non posso s. di vederlo così triste**, I cannot bear to see him so sad; **Non lo posso s.**, I cannot stand him **B** *v. i.* **1** (*patire, sentire dolore*) to suffer; to be in pain: **s. di emicranie**, to suffer from headaches; **Soffre molto**, he is in great pain; **morire senza s.**, to die without suffering;

Soffrì molto per la morte del padre, his father's death was a great blow to him *2* (*patire danno*) to suffer: **Ne soffrirà la tua reputazione**, your reputation will suffer; this won't do your reputation any good.
soffritto *m.* (*cucina*) sautéd mixture of finely chopped onions, bacon, vegetables, etc.
soffùso *a.* (*lett.*) suffused (with).
sofìsma *m.* *1* (*filos.*) sophism *2* (*cavillo*) quibble; cavil.
sofìsta *m. e f.* sophist.
sofisticàre *A* *v. i.* to quibble; to cavil; to split* hairs *B* *v. t.* to adulterate.
sofisticàto *a.* *1* adulterated *2* (*ricercato, elaborato*) sophisticated.
sofisticazióne *f.* adulteration.
sofisticherìa *f.* *1* sophistry *2* (*cavillo*) quibble; cavil.
sofìstico *A* *a.* *1* sophistic(al) *2* (*ipercritico*) captious; hairsplitting *B* *m.* (*f.* **-a**) quibbler; caviller.
softwàre (*ingl.*) *m. invar.* software: **s. di base**, system software.
soggettìsta *m. e f.* (*cinem., TV*) scriptwriter.
soggettivìsmo *m.* *1* (*filos.*) subjectivism *2* (*estens.*) subjectivity.
soggettività *f.* subjectivity; subjectiveness.
soggettìvo *a.* subjective.
soggètto (1) *a.* *1* (*sottoposto*) subject *2* (*che dipende da*) subject (to); dependent (on) *3* (*esposto, incline*) subject (to); liable (to); prone (to): **andare s. ad infreddature**, to be subject to colds; **s. a imposta**, liable to tax.
soggètto (2) *m.* *1* (*argomento*) subject; (subject-)matter: **catalogo per s.**, subject catalogue *2* (*gramm., filos. med.*) subject *3* (*spreg.*) individual; lot (*fam.*); customer (*pop.*): **s. pericoloso**, dangerous individual; **cattivo s.**, bad lot; nasty customer *4* (*mus.*) subject *5* (*cinem.*) story; treatment • (*teatr.*) **recitare a s.**, to improvise.
soggezióne *f.* *1* subjection; (*sottomissione*) submission *2* (*rispetto timoroso*) awe; (*imbarazzo*) uneasiness: **avere s. di q.**, to stand in awe of sb.; to feel uneasy in the presence of sb.; **incutere s.**, to inspire awe; to make (sb.) feel uneasy; **non avere s. di nessuno**, to be afraid of no one.
sogghignàre *v. i.* to sneer.
sogghìgno *m.* sneer.
soggiacére *v. i.* *1* (*essere soggetto*) to be subject (to) *2* (*essere sottoposto*) to be subjected (to) *3* (*soccombere*) to yield.
soggiogàre *v. t.* *1* (*sottomettere*) to subjugate; to conquer; to subdue *2* (*reprimere*) to subdue, to conquer; (*dominare*) to dominate.
soggiornàre *v. i.* to stay (for a time); to spend* (some time).
soggiórno *m.* *1* stay: **un s. di un mese a Londra**, a month's stay in London *2* (*stanza*) living room; lounge • (*leg.*) **s. obbligato**, obligatory residence □ **centro di s.**, resort □ **permesso di s.**, residence permit □ **tassa di s.**, visitors' tax.
soggiùngere *v. t. e i.* to add.
soggólo *m.* *1* (*di abito monacale*) wimple *2* (*di berretto, ecc.*) chin strap.
sòglia *f.* (*anche fig.*) threshold: **varcare la s.**, to cross the threshold (*anche fig.*); to step in; **sulla s. di casa**, on the threshold; on sb.'s doorstep; **s. della vita**, threshold of life; **s. del dolore**, pain threshold; **Siamo alle soglie di una gande scoperta**, we are on the verge of a great discovery; **L'inverno è alle soglie**, winter is at the door (*o* just round the corner).
sòglio *m.* throne; seat.
sògliola *f.* (*zool.*) sole • **s. limanda**, lemon sole.
sognànte *a.* dreamy; lost in reverie (*pred.*).
sognàre *A* *v. t.* *1* to dream* (of, about); **Ho sognato di essere su un'isola deserta**, I dreamt I was on a desert island; **Che cosa hai sognato?**, what did you dream about?; **Ho sognato mia madre**, I dreamt about my mother; **Devo averlo sognato**, I must have dreamt it *2* (*desiderare ardentemente*) to dream* of; to have dreams of; to long: **Sogna di diventare ballerina**, she dreams of becoming a dancer; **Sognavo di vivere in campagna**, I had dreams of living in the country *3* (*immaginare*) to dream*; to imagine; to fancy; to suppose: **Non me lo sogno neppure di andarci**, I wouldn't dream (*o* I have no intention) of going there; **Non mi sarei mai sognata una fine simile**, I would never have imagined it would end this way • **s. a occhi aperti**, to daydream □ **Mi sembra di s.!**, it's like a dream □ **Puoi sognartelo!**, you can forget about it! □ **Tu sogni se credi che accetterà**, you are kidding yourself if you think he'll accept *B* *v. i. e* **sognàrsi** *v. i. pron.* to dream* (of).
sognatóre *A* *a.* dreamy *B* *m.* (*f.* **-trice**) *1* dreamer *2* (*chi fantastica*) daydreamer; (*chi è poco pratico*) dreamer; (*visionario*) visionary.
sógno *m.* (*anche fig.*) dream: **fare un s.**, to have a dream; (*fig.*) **È stato un s.!**, it was all like a dream! • **s. a occhi aperti**, daydream; reverie □ **Sogni d'oro!**, sweet dreams! □ **una casa di** (*o* **che è un**) **s.**, a dream of a house; a dream house □ **spiagge di s.**, fabulous beaches □ **paese dei sogni**, dreamland □ **Neanche per s.!**, certainly not!; not a chance (*fam.*) □ **vivere nel mondo dei sogni**, to live in a dream world.
sòia *f.* (*bot.*) soya bean; soybean: **germogli di s.**, soybean shoots; **salsa di s.**, soy sauce.
sòl *m.* (*mus.*) G; (*nel solfeggio*) soh, sol.
solàio *m.* *1* (*soffitta*) attic; loft *2* (*edil.*) floor.
solaménte *V.* **solo**, *C.*
solàre (1) *a.* *1* solar; sun (*attr.*): **sistema s.**, solar system; **anno s.**, solar year; **luce s.**, sunlight *2* (*radioso*) sunny; radiant *3* (*anat.*) solar: **plesso s.**, solar plexus.
solàre (2) *V.* **suolare.**
solarium *m. invar.* solarium*.
solatìo *a.* sunny • **a s.**, facing south; on the south side.
solatùra *V.* **suolatura.**
solcàre *v. t.* to plough, to plow (*USA*); to furrow: **s. le onde**, to plough the waves; **guance solcate da rughe**, cheeks furrowed with wrinkles; **Le lacrime gli solcavano le guance**, tears were running down his face; **Un lampo solcò il cielo**, lightning streaked across the sky.
sólco *m.* *1* (*agric.*) furrow; drill *2* (*segno, traccia*) rut; track; furrow: **solchi di ruote** [**di sci**], wheel [ski] tracks; **solchi sulla fronte**, furrows on (sb.'s) forehead *3* (*scia*) wake *4* (*di disco*) groove *5* (*frattura*) split; rift.
solcòmetro *m.* (*naut.*) log.
soldatàglia *f.* soldiery; (*mercenari*) mercenary troops (*pl.*).
soldatésca *f.* soldiery; troops (*pl.*).
soldatésco *a.* soldierly; soldierlike; military.
soldatéssa *f.* *1* woman* soldier; servicewoman* *2* (*fig. scherz.*) battle-axe; sergeant major.
soldatìno *m.* *1* young soldier; recruit *2* (*giocattolo*) toy soldier: **s. di piombo**, tin soldier.
soldàto *m.* soldier: **s. di artiglieria**, artilleryman; **s. di cavalleria**, cavalryman; trooper; **s. di fanteria**, infantryman; **s. del genio**, engineer; **s. semplice**, private (soldier); **fare il s.**, to be in the army; (*fare il servizio militare*) to be doing national service; **andare** (**a fare il**) **s.**, to join the army; to enlist.
sòldo *m.* *1* (*moneta*) coin; penny*; cent (*USA*): **un s. di rame**, a copper coin; **non spendere un s.**, not to spend a (single) penny; **Non vale un s.**, it isn't worth a brass farthing *2* (*al pl.*) (*denaro*) money (*sing.*): **fare soldi**, to make money; **Non ho soldi**, I have no money; **pieno di soldi**, rolling in money (*fam.*) *3* (*mil.*) pay: **essere al s. di q.**, to be in the pay of sb. • **soldi a palate**, bags of money □ **soldi per le piccole spese**, pocket money □ **soldi facili**, easy money □ **alto come un s. di cacio**, knee-high to a grasshopper □ **da pochi** (*o* **da quattro**) **soldi**, cheap (*agg.*) □ **Non ha un s.**, he is penniless; he hasn't got a penny (*o* a cent) □ **L'ho comprato per due soldi**, I bought it for next to nothing (*o* for a song) □ **costare un sacco di soldi**, to cost a fortune □ **fare un sacco di soldi**, to make money hand over fist □ **Mi pagano due soldi**, they pay me peanuts.
sóle *m.* *1* sun *2* (*luce, calore del s.*) sun; sunlight; sunshine: **sedere al s.**, to sit in the sun; **in pieno s.**, in bright sunshine; **qualche ora di s.**, a few hours of sunshine; **Oggi c'è s.**, it's sunny today • **s. di mezzanotte**, midnight sun □ (*fig.*) **avere q.c. al s.**, to own a bit of land □ **chiaro come il s.** (*o* **come la luce del s.**), as clear as day □ (*med.*) **colpo di s.**, sunstroke □ **fare la cura del s.**, to sunbathe □ **contro s.**, with the sun in one's eyes; against the sun light □ **cotto al s.**, sunbaked □ **giornata senza s.**, overcast (*o* dull) day □ **illuminato dal s.**, sunlit □ **prendere il s.**, to lie in the sun; to sunbathe □ **stanza piena di s.**, sunny room □ **vedere il s. a scacchi**, to be behind bars.

solecìṣmo *m.* solecism.
soleggiàto *a.* exposed to the sun; sunny.
solènne *a.* ***1*** solemn ***2*** (*serio, grave*) solemn, grave, dignified; (*maestoso*) imposing, grand, awesome ***3*** (*assoluto*) thorough, downright, out-and-out; (*tremendo*) terrific: **un s. briccone**, a thorough scoundrel; **un s. bugiardo**, a downright liar; **una litigata s.**, a blazing row; **prendersi una s. sbronza**, to get thoroughly (*o* blind) drunk.
solenneménte *avv.* solemnly; with solemnity; with full ceremony.
solennità *f.* ***1*** solemnity ***2*** (*gravità*) gravity, seriousness; (*maestosità*) majesty, grandiosity, impressiveness, awesomeness ***3*** (*ricorrenza, festa*) feast; holiday; solemn occasion: **s. civili**, national holidays; **la s. del Natale**, Christmas ***4*** (*cerimonia*) solemnity; ceremony.
solenniẓẓàre *v. t.* to celebrate.
solenòide *m.* (*elettr.*) solenoid.
solére *v. t. e i.* to be in the habit of; usually to...; (*al pass.*) used to, would: **Suole cenare da solo**, he is in the habit of dining alone; he usually dines alone; **Solevo andare a letto tardi**, I used to go to bed late; **Soleva parlare per ore di seguito**, he would talk for hours on end • **come suole accadere**, as usually happens □ **come si suol dire**, as they say; as the saying goes.
solèrte *a.* industrious; diligent; zealous.
solèrzia *f.* industriousness; diligence; zeal.
solétta *f.* ***1*** (*di calza*) (stocking) sole; foot* ***2*** (*di scarpa*) insole ***3*** (*edil.*) slab.
solétto *a.* — **solo s.**, all alone.
sòlfa *f.* ***1*** (*mus.*) sol-fa ***2*** old story: **la solita s.**, the same old story; **Basta con questa s.!**, stop going on about it!; give over!
solfàra *f.* sulphur deposit.
solfatàra *f.* (*geol.*) solfatara.
solfàto *m.* (*chim.*) sulphate.
solfeggiàre *v. t.* (*mus.*) to sol-fa.
solféggio *m.* (*mus.*) solfeggio*.
solfìdrico *a.* (*chim.*) sulphydric; sulphuretted.
solfìto *m.* (*chim.*) sulphite.
solforàto *a.* (*chim.*) sulphur (*attr.*); sulphured.
solfòrico *a.* (*chim.*) sulphuric.
solforóso *a.* (*chim.*) sulphurous.
solfùro *m.* (*chim.*) sulphide.
solidàle *a.* ***1*** on (sb.'s) side; (solidly) behind (sb.) ***2*** (*leg.*) jointly liable; joint and several: **responsabilità congiunta e s.**, joint and several liability.
solidarietà *f.* ***1*** solidarity; sympathy: **manifestazione di s.**, show of solidarity; **scioperare per s. con**, to come out in sympathy with ***2*** (*leg.*) solidarity; joint liability.
solidariẓẓàre *v. i.* to solidarize.
solidificàre *v. t.*, **solidificàrsi** *v. i. pron.* to solidify.
solidificazióne *f.* solidification.
solidità *f.* ***1*** solidity ***2*** (*fig.*) solidity; stability; firmness; (*validità*) soundness, validity; (*affidabilità*) soundness ***3*** (*di colore*) fastness.
sòlido ***A*** *a.* ***1*** (*anche geom.*) solid ***2*** (*saldo*) solid, firm, staunch, sound; (*forte*) strong; (*valido*) sound, valid; (*affidabile*) sound, reliable: **edificio s.**, solidly constructed building; **fondamenta solide**, firm foundations; (*fig.*) solid basis (*sing.*); **solida amicizia**, staunch friendship; **reputazione solida**, sound reputation; **ditta solida**, reliable firm ***3*** (*di colori*) fast ***B*** *m.* ***1*** (*corpo allo stato solido*) solid ***2*** (*geom.*) solid ***3*** — (*leg.*) **in s.**, joint (*agg.*); jointly (*avv.*).
solilòquio *m.* soliloquy; monologue.
solingo *a.* (*lett.*) solitary; lonesome; lonely.
solipsiṣmo *m.* (*filos.*) solipsism.
solista (*mus.*) ***A*** *m. e f.* soloist ***B*** *a.* solo: **violino** [**voce**] **s.**, solo violin [voice].
solitaménte *avv.* usually; generally; as a rule.
solitàrio ***A*** *a.* ***1*** (*solo, isolato*) lonely; solitary; (*appartato*) secluded: **sentiero s.**, lonely lane; **fare vita solitaria**, to lead a solitary life ***2*** (*che ama stare solo*) solitary; lone: **tipo s.**, solitary character; loner; **lupo s.**, lone wolf ***3*** (*fatto da solo*) solo: **volo s.**, solo flight ***B*** *m.* ***1*** (*brillante*) solitaire; (*anello*) solitaire (ring) ***2*** (*a carte*) patience; solitaire (*USA*) • **in s.**, solo (*avv. e agg.*).
sòlito ***A*** *a.* ***1*** usual; customary; same old (*fam.*): **all'ora solita**, at the usual time; **il s. problema**, the usual (*o* same old) problem; **Sei il s. pessimista**, you are the same old pessimist ***2*** (*abituato*) — **Sono s. alzarmi presto**, I usually get up early; I get up early as a rule: **Era s. riposare dopo pranzo**, he used to have a nap after lunch; he would have a nap after lunch • **Sei sempre il s.!**, you haven't changed a bit! □ **Siamo alle solite**, it's the same old story!; here we go again! ***B*** *m.* (the) usual: **Il s., per favore!**, the usual, please! • **come al s.**, as usual □ **di s.**, usually; generally; as a rule: **come di s. accade**, as usually happens □ **più tardi del s.**, later than usual □ **secondo il suo s.**, as is his habit; as usual.
solitùdine *f.* ***1*** loneliness; solitude: **soffrire di s.**, to suffer from loneliness; to feel lonely; **preferire la s.**, to prefer solitude (*o* one's own company); **in s.**, in solitude ***2*** (*luogo solitario*) solitude; lonely place.
sollazzàre ***A*** *v. t.* to amuse; to keep* amused ***B*** **sollazzàrsi** *v. i. pron.* to amuse oneself; to enjoy oneself.
sollàzzo *m.* amusement; entertainment.
sollecitàre *v. t.* ***1*** (*chiedere con insistenza*) to press for; to solicit; (*comm.*) to request, to demand: **s. una risposta** [**riforme**], to press for an answer [for reforms]; **s. un pagamento**, to request immediate payment; **Sollecitalo perché finisca il lavoro**, insist that he finish the job quickly; impress on him the need to finish the job quickly ***2*** (*incitare*) to urge; (*stimolare*) to stir: **s. q. ad agire**, to urge sb. to action; **s. la fantasia**, to stir the imagination ***3*** (*mecc.*) to stress.
sollecitazióne *f.* ***1*** (*preghiera*) plea; (*richiesta, anche comm.*) request: **cedere alla sollecitazioni di q.**, to yield to sb.'s pleas; **s. di pagamento**, request for payment ***2*** (*stimolo*) spur; stimulus ***3*** (*mecc.*) stress ***4*** (*edil.*) strain.
sollécito (**1**) *a.* ***1*** (*pronto*) prompt; ready: **risposta sollecita**, prompt answer; **pagamento s.**, ready payment ***2*** (*premuroso*) attentive; helpful; solicitous.
sollécito (**2**) *m.* (*comm.*) reminder; request: **s. di pagamento**, reminder for payment; **lettera di s.**, reminder.
sollecitùdine *f.* ***1*** (*prontezza*) promptness; readiness ***2*** (*premura*) care; concern; solicitude; attention • (*comm.*) **con cortese s.**, at your earliest convenience.
solleóne *m.* ***1*** dog-days (*pl.*) ***2*** (*calura estiva*) summer heat.
solleticànte *a.* (*fig.*) attractive; inviting; tempting.
solleticàre *v. t.* ***1*** to tickle ***2*** (*fig.*) to tempt; to whet: **s. l'appetito**, to tempt (*o* to whet) the appetite; **L'offerta mi solletica**, I'm tempted by the offer; **s. la curiosità di q.**, to arouse sb.'s curiosity.
sollético *m.* tickle; tickling: **fare il s. a q.**, to tickle sb.; **soffrire il s.**, to be ticklish • **Le sue minacce mi fanno il s.**, his threats leave me cold □ **non fare neanche il s.**, not to affect (sb.) in the least.
sollevaménto *m.* ***1*** (*il sollevare*) raising; lifting; (*l'issare*) hoisting, heaving ***2*** (*sport*) — **s. pesi**, weight lifting ***3*** (*geol.*) uplift; (*corrugamento*) folding.
sollevàre ***A*** *v. t.* ***1*** (*alzare*) to raise; to lift; (*drizzare*) to rear; (*issare*) to hoist, to heave*; (*con un cricco*) to jack up: **s. la testa**, to lift (*o* to raise) one's head; **s. un peso**, to lift a weight; **s. gli occhi**, to raise one's eyes; to look up; **s. un nugolo di polvere**, to raise a cloud of dust; **La gru sollevò la macchina**, the crane hoisted the car into the air ***2*** (*dare sollievo*) to relieve, to comfort; (*rianimare*) to revive: **s. il morale a q.**, to raise sb.'s spirits ***3*** (*far insorgere*) to raise; to incite to mutiny (*o* to revolt) ***4*** (*manifestare*) to raise; to bring* up: **s. un'obiezione**, to raise an objection ***5*** (*liberare, esonerare*) to relieve; to release: **s. q. da una responsabilità**, to relieve sb. of a responsibility; **s. q. da un incarico**, to relieve sb. of his post; to dismiss sb. ***B*** **sollevàrsi** *v. i. pron.* ***1*** (*levarsi*) to rise*; (*rizzarsi*) to rise, to get* up; (*in volo*) to take* off, to lift off: **Si sollevò il vento**, the wind rose; **Si sollevò dal divano**, he got up (*o* he rose) from the sofa ***2*** (*insorgere*) to rise* ***3*** (*riprendersi*) to recover; to get over (st.).
sollevàto *a.* relieved; cheered up; (*rif. alla salute*) better: **Oggi mi sento più s.**, I'm feeling better today.
sollevatóre *m.* ***1*** (*mecc.*) lift(er); hoist ***2*** (*sport*) — **s. di pesi**, weight lifter ***3*** (*agitatore*) agitator.
sollevazióne *f.* rising; insurrection; revolt.
sollièvo *m.* relief; (*conforto*) comfort: **sospiro di s.**, sigh of relief; **dare s.**, to give relief; to relieve; (*di medicina*) to bring relief; **Mi sei stato di grande s.**, you've been a great comfort

to me.

sollùchero *m.* rapture; ecstasy (of delight): **andare in s.**, to go into raptures; **mandare in s.**, to send into raptures.

sólo ***A*** *a.* ***1*** (*senza compagnia*) alone (*pred.*), by oneself, on one's own; (*solitario*) lonely: **vivere s.**, to live alone (*o* by oneself); **Fui lasciato s.**, I was left alone; **s. al mondo**, alone in the world; **Finalmente soli!**, on our own (*o* alone) at last!; **sentirsi s.**, to feel lonely ***2*** (*unico*) only; (only *o* just) one; single; (*esclusivo*) sole: **il s. amico che ho**, the only friend I have; **Hanno un s. figlio**, they have only (*o* just) one child; **una sola volta**, only (*o* just) once; **non un s. uomo**, not a single man; **Sentii un s. sparo**, I head just one (*o* a single) shot; **un s. Dio**, one God; **il s. proprietario**, the sole owner; **Il suo corpo era una sola piaga**, his body was one large wound ***3*** (*soltanto*) alone (*pred.*); only (*avv.*): **Lui s. può dirlo**, only he can tell; **non vivere di s. pane**, not to live on bread alone; **per soli uomini**, for men only ***4*** (*semplice*) just; alone; mere: **Il s. pensiero mi rattrista**, the mere (*o* just the) thought of it makes me sad ***5*** (*mus.*) solo • **s. come un cane**, all (*o* utterly) alone □ **da s.** (*senza aiuto*), by oneself; single-handed: **L'ho fatto da s.**, I did it by myself; **L'ho costruito da s.**, I built it single-handed □ (*di macchina*) **funzionare da s.**, to work unattended □ **Si è fatto da s.**, he is a self-made man □ **parlare da s.**, to talk to oneself □ **da s. a s.**, in private; tête-à-tête (*franc.*) ***B*** *m.* ***1*** (*f.* **-a**) (*l'unico*) (the) only one; (the) only man* (*f.* woman*); alone (*pred.*): **Sei il s. a saperlo**, you are the only one who knows; only you know about it ***2*** (*al pl.*) (*mus.*) soloists • (*mus.*) **a s.**, solo ***C*** *avv.* only; just: **Ce ne sono s. due**, there are only (*o* just) two; **s. per farti piacere**, just to please you; **S. tu puoi farlo**, only you (*o* you alone) can do it; **L'ho s. visto**, I only (*o* just) saw him; **Posso s. dire che...**, I can only say that...; **Ho s. bisogno di tempo**, I just need time; all I need is time; **S. a pensarci mi viene rabbia**, it makes me mad just to think of it; **Se s. cessasse di piovere!**, if only it would stop raining! ***D*** **sólo che** *locuz. cong.* ***1*** (*però*) but; only ***2*** (*se solo*) if only.

solstìzio *m.* (*astron.*) solstice.

soltànto *V.* **solo**, ***C***.

solùbile *a.* ***1*** soluble: **s. in acqua**, soluble in water; water-soluble ***2*** (*risolvibile*) solvable; soluble.

solubilità *f.* ***1*** solubility ***2*** (*risolvibilità*) solvability.

soluzióne *f.* ***1*** (*anche chim.*) solution ***2*** (*risoluzione*) solution ***3*** (*chiarimento, risposta*) solution; answer: **la s. di un mistero**, the solution to a mystery; **L'unica s. è vendere**, the only solution (*o* answer) is to sell; **s. provvisoria**, temporary solution; stopgap; **di facile s.**, easy to solve ***4*** (*accordo*) settlement; agreement ***5*** (*pagamento*) payment; settlement: **pagare in un'unica s.**, to make a single payment • **s. di continuità**, break; interruption.

solvènte ***A*** *a.* ***1*** (*chim.*) solvent ***2*** (*comm.*) solvent; paying ***B*** *m.* ***1*** (*chim.*) solvent; (*diluente*) thinner ***2*** (*comm.*) paying person • **s. per unghie**, nail-polish remover.

solvènza, **solvibilità** *f.* (*comm.*) solvency.

sòma *f.* load; burden; pack: **bestia da s.**, beast of burden; pack-animal.

sòmalo *a. e m.* (*f.* **-a**) Somali (*f.* Somali woman*).

somàro *m.* ***1*** ass; donkey ***2*** (*fig.*) dunce; blockhead.

somàtico *a.* somatic.

somatizzare *v. t.*, **somatizzàrsi** *v. i. pron.* (*psic.*) to somatize.

sombrèro (*spagn.*) *m. invar.* sombrero*.

somigliànte *a.* like (st., sb.); alike (*pred.*): **essere s. a**, to be like; to resemble; **Sono molto somiglianti**, they are very much alike; **ritratto s.**, good likeness.

somiglianza *f.* resemblance; similarity; likeness.

somigliàre ***A*** *v. i.* to be like; to resemble (*form.*); (*nell'aspetto*) to look like; (*nel suono*) to sound like: **Somigli molto a tua madre**, you look very much like your mother; you are the image of your mother; **un gioco che somiglia al tennis**, a game that is like (*o* similar to) tennis ***B*** **somigliàrsi** *v. rifl. recipr.* to be alike; to look like each other (*o* one another); to resemble each other (*o* one another) (*form.*) • **s. come due gocce d'acqua**, to be as like as two peas (in a pod).

sómma *f.* ***1*** (*risultato dell'addizione*) sum; total ***2*** (*addizione*) addition; sum: **fare una s.**, to do an addition; **fare la s. di due numeri**, to add up two figures ***3*** (*quantità di denaro*) sum (of money); amount; (*cifra*) figure: **una bella s.**, a tidy sum ***4*** (*complesso, insieme*) sum; whole amount; sum total ***5*** (*sostanza*) gist; (*conclusione*) conclusion • **in s.**, to sum up; in short □ **tirare le somme**, to sum up □ **tirate le somme**, all in all; all things considered.

sommaménte *avv.* extremely: highly; to a high degree.

sommàre ***A*** *v. t.* ***1*** (*addizionare*) to add; (*fare la somma di*) to add up: **s. 3 a 9**, to add 3 to 9; **s. tre cifre**, to add up three figures ***2*** (*aggiungere*) to add; to add up • **tutto sommato**, all in all; all things considered ***B*** *v. i.* (*ammontare*) to amount (to); to come* (to) ***C*** **sommàrsi** *v. i. pron.* ***1*** (*aggiungersi*) to add (to) ***2*** (*aumentare*) to build* up.

sommariaménte *avv.* summarily; (*in breve*) briefly; (*affrettatamente*) cursorily, perfunctorily.

sommàrio (1) *a.* ***1*** (*per sommi capi*) brief ***2*** (*leg.*) summary ***3*** (*affrettato*) cursory, sketchy; (*superficiale*) perfunctory.

sommàrio (2) *m.* ***1*** (*compedio*) compendium*; outline ***2*** (*indice*) (table of) contents ***3*** (*giorn.*) subheading • (*radio, TV*) **s. delle notizie**, news headlines.

sommelier (*franc.*) *m. invar.* wine waiter.

sommèrgere *v. t.* ***1*** to submerge; (*inondare*) to flood ***2*** to engulf; (*fig.: colmare*) to overwhelm; (*inondare*) to flood; to submerge, to swamp: **s. di premure**, to overwhelm with attentions; **s. di richieste**, to flood with requests; **Sono sommerso dal lavoro**, I'm up to my neck in work.

sommergìbile ***A*** *a.* submergible; submersible ***B*** *m.* (*naut.*) submarine; sub (*fam.*).

sommergibilista *m.* (*naut.*) submariner.

sommèrso *a.* ***1*** submerged, flooded, under water; (*affondato*) sunken: **rocce sommerse**, submerged rocks; **tesoro s.**, sunken treasure ***2*** (*econ.*) hidden; black: **economia sommersa**, hidden (*o* black) economy.

sommessaménte *avv.* (*a bassa voce*) in a low voice; quietly.

somméssο *a.* low; quiet; soft.

somministràre *v. t.* to administer; (*dare*) to give*: **s. i sacramenti**, to administer the sacraments; **s. una medicina**, to give a medicine; **Da s. a stomaco vuoto**, to be taken on an empty stomach.

somministrazióne *f.* administration.

sommità *f.* top; summit; peak.

sómmo ***A*** *a.* (the) highest; (*supremo*) supreme; (*massimo*) (the) greatest, paramount; (*sublime*) sublime; (*divino*) divine: **il s. bene**, the supreme good; **il s. Pontefice**, the Supreme Pontiff; **s. sacerdote**, high priest; **s. artista**, great artist; **di somma importanza**, of the greatest (*o* of paramount) importance; **con s. riguardo**, with (very) great consideration; **in s. grado**, in the highest degree ***B*** *m.* ***1*** top; summit ***2*** (*fig.*) height; peak: **il s. della perfezione**, the height of perfection; **il s. del successo**, the peak of success.

sommòssa *f.* rising; revolt; insurrection.

sommozzatóre *m.* ***1*** (*f.* **-trice**) (*con autorespiratore*) scuba diver; (*senza autorespiratore*) skin-diver ***2*** (*uomo rana*) frogman*.

sommuòvere *v. t.* to incite; to stir up.

sonaglièra *f.* collar with bells; harness bells (*pl.*).

sonàglio *m.* ***1*** (harness) bell ***2*** (*per bambini*) (baby's) rattle.

sonànte *a.* sounding; sonorous • **denaro s.**, ready money; cash: **pagare in denaro s.**, to pay cash down (*o* ready money).

sònar *m. invar.* (*naut.*) sonar.

sonàre *V.* **suonare**.

sonàta *f.* (*mus.*) sonata.

sonatina *f.* (*mus.*) sonatina.

sonàto, **sonatóre** *V.* **suonato, suonatore**.

sónda *f.* ***1*** (*med.*) sound; probe ***2*** (*ind. min.*) drill ***3*** (*mecc.*) feeler ***4*** (*naut.*) sounding line ***5*** (*miss.*) probe • (*meteor.*) **pallone s.**, sounding balloon.

sondàggio *m.* ***1*** (*naut.*) sounding ***2*** (*ind. min.*) drilling ***3*** (*med.*) probing ***4*** (*indagine*) survey; poll; inquiry: **s. di mercato**, market survey; **s. d'opinione**, (opinion) poll; **fare un s.**, to carry out a survey; **Farò qualche s. tra i colleghi**, I'll make some inquiries among (*o* I'll sound out) my colleagues.

sondàre *v. t.* ***1*** (*naut.*) to sound ***2*** (*ind. min.*) to drill ***3*** (*med.*) to probe; to search ***4*** (*fig.*) to sound out: **s. l'opinione pubblica**, to sound out public opinion; **s. il terreno**, to see how the land lies; to test the water; to put out some feelers (*fam.*).

sonerìa *V.* **suoneria.**

sonétto *m.* sonnet.

sònico *a.* sonic; sound (*attr.*): **barriera sonica**, sound barrier.

sonnacchióso *a.* ***1*** drowsy; sleepy ***2*** (*torpido*) torpid; dull.

sonnambulìsmo *m.* somnambulism; sleep-walking.

sonnàmbulo *m.* somnambulist; sleep-walker.

sonnecchiàre *v. i.* ***1*** to doze; to nod ***2*** (*fig.*) to take* it easy.

sonnellino *m.* nap; doze; snooze; lie-down: **fare un s.**, to have (*o* to take) a nap; to have forty winks (*fam.*); to doze.

sonnìfero ***A*** *a.* soporific; sleep-inducing ***B*** *m.* (*farm.*) sleeping pill (*o* tablet).

sónno *m.* sleep: **s. agitato**, broken (*o* fitful, troubled) sleep; **fare un lungo s.**, to have a good, long sleep; **parlare nel s.**, to talk in one's sleep; **prendere s.**, to get* (*o* to go) to sleep • **il s. eterno**, the eternal rest □ **avere s.**, to be (*o* to feel) sleepy □ **avere il s. leggero**, to be a light sleeper □ **avere il sonno pesante**, to be a heavy sleeper □ **cadere dal s.**, to be asleep on one's feet □ **colpo di s.**, fit of drowsiness □ **cura del s.**, sleep-cure □ **dormire sonni tranquilli**, to sleep easy □ **far venire** (*o* **mettere**) **s.**, to make (sb.) sleepy (*o* drowsy); to send (sb.) to sleep □ **immerso nel s.**, sleeping; asleep (*pred.*) □ **lottare col s.**, to fight sleep □ (*med.*) **malattia del s.**, sleeping sickness □ **nel primo s.**, in one's first sleep.

sonnolènto *a.* ***1*** (*pieno di sonno*) sleepy; drowsy; half-asleep ***2*** (*che concilia il sonno*) drowsy; soporific ***3*** (*fig.*) sleepy; drowsy; (*pigro*) lazy.

sonnolènza *f.* sleepiness; drowsiness • **Fu preso da s.**, he suddenly felt sleepy □ **medicina che mette s.**, medicine that causes (*o* induces) drowsiness.

sonoraménte *avv.* (*fig.*) soundly; roundly: **Fu sconfitto s.**, he was soundly beaten; he took a beating.

sonorità *f.* ***1*** sonority; sonorousness ***2*** (*fis.*) resonance.

sonòro ***A*** *a.* ***1*** sonorous; resonant; resounding; loud ***2*** (*altisonante*) high-sounding ***3*** (*clamoroso*) resounding: **s. sconfitta**, resounding defeat; beating; trouncing ***4*** (*fis., cinem.*) sound (*attr.*): **onde sonore**, sound waves; **colonna sonora**, soundtrack ***5*** (*fon.*) voiced ***B*** *m.* (*cinem.*) ***1*** (*audio*) sound ***2*** (*colonna sonora*) soundtrack ***3*** (*cinema sonoro*) sound films (*o* movies) (*pl.*); talkies (*pl.*) (*fam.*).

sontuosità *f.* sumptuousness; magnificence; luxuriousness.

sontuóso *a.* sumptuous; magnificent; luxurious.

sopìre *v. t.* to soothe; to sedate; to placate; to assuage.

sopóre *m.* ***1*** drowsiness ***2*** (*med.*) sopor.

soporìfero *a.* (*anche fig.*) soporific.

soppàlco *m.* (*edil.*) ***1*** (*soffittatura*) false ceiling ***2*** (*locale*) mezzanine floor ***3*** (*ripostiglio*) storage space above a false ceiling.

sopperìre *v. i.* ***1*** (*provvedere*) to provide (for); to meet* (st.) ***2*** (*supplire*) to make* up (for).

soppesàre *v. t.* ***1*** to weigh in one's hands ***2*** (*fig.*) to weigh up.

soppiantàre *v. t.* to supersede; to supplant; to displace; to oust.

soppiàtto *a.* — **di s.**, stealthily; furtively; covertly; **andarsene di s.**, to steal away; **guardare q. di s.**, to look covertly at sb.; to sneak a look at sb.

sopportàbile *a.* endurable; bearable.

sopportàre *v. t.* ***1*** (*di cosa*: *reggere*) to bear*; to carry; (*resistere*) to withstand*, to tolerate: **s. il peso di q.c.**, to bear (*o* to carry) the weight of st.; **s. sbalzi di temperatura**, to tolerate changes in temperature ***2*** (*di persona*: *patire*) to suffer; (*resistere*) to endure; (*accettare*) to put* up with; (*tollerare*) to bear*, to stand*, to tolerate: **s. umiliazioni**, to suffer humiliations; **s. il dolore**, to bear pain; **s. disagi**, to put up with discomfort; **s. il caldo**, to stand the heat; **Non sopporta la suocera**, he cannot stand his mother-in-law; **Non ti sopporto quando parli così**, I can't stand it when you talk like that. ATTENZIONE: **sopportare** ≠ to support.

sopportazióne *f.* ***1*** (*resistenza*) endurance; (*tolleranza*) forbearance, tolerance; (*pazienza*) patience ***2*** (*condiscendenza*) condescension.

soppressióne *f.* ***1*** suppression; cancellation; abolition; (*cancellazione*) deletion ***2*** (*leg.*: *occultamento*) concealment: **s. di atti d'ufficio**, concealment of documents ***3*** (*uccisione*) killing; elimination.

sopprèsso *a.* cancelled; abolished; deleted.

sopprìmere *v. t.* ***1*** to suppress; to cancel; (*abolire*) to abolish; (*cancellare*) to delete: **s. un giornale**, to suppress a newspaper; **s. un servizio**, to cancel a service; **s. una legge**, to abolish a law; **s. una parola**, to delete a word ***2*** (*reprimere*) to suppress; to put* down ***3*** (*uccidere*) to kill; to dispatch; to eliminate; (*un animale*) to put* down.

sópra ***A*** *prep.* ***1*** (*con contatto, anche fig.*) on; upon: **il libro s. il tavolo**, the book on the table; **gettarsi s. q.**, to throw oneself on sb.; **uno s. l'altro**, one on top of the other; **Dormici s.!**, sleep on it ***2*** (*senza contatto, o contatto con l'idea di protezione, rivestimento e sim.*; *movimento al di sopra, anche fig.*) over: **Una spada pende s. il suo capo**, a sword is hanging over his head; **la tovaglia stesa s. il tavolo**, the cloth spread over the table; **Portava il camice s. il vestito**, she wore a white coat over her dress; **volare s. la Sicilia**, to fly over Sicily ***3*** (*al di s.*; *più in alto*) above; (*a nord*) north: **s. il livello del mare**, above sea-level; **la stanza s. la mia**, the room above mine; **Chi hai s. di te in ufficio?**, who is above you at work?; **Milano è s. Pavia**, Milan is north of Pavia ***4*** (*rif. a dominio, governo, ecc.*) over: **regnare s. molti popoli**, to reign over many peoples ***5*** (*rif. a età, prezzi, ecc.*; *oltre*) over: **i bambini s. i dieci anni**, children over ten; **È s. il metro e ottanta**, he is over six foot tall ***6*** (*più*) above; more: **s. ogni altra cosa**, above all things; more than anything else ***7*** (*intorno a*) on, upon; about ***8*** (*dopo*) after: **una disgrazia s. l'altra**, one misfortune after another ***B*** *avv.* ***1*** above; up; (*in cima*) on top: **Guardai s. e sotto**, I looked above and underneath; **È là s.**, it's up there; **come è detto s.**, as described above; **s. indicato**, above-mentioned; **Metti s. le cose più fragili**, put the more delicate things on top; **un gelato con s. una ciliegina**, an icecream with a cherry on top; **un fazzoletto con s. delle iniziali**, a handkerchief with initials on it ***2*** (*a un piano superiore*) upstairs: **Dev'essere (di) s.**, it must be upstairs; **Il rumore viene da s.**, the noise is coming from upstairs • **al di s. di ogni sospetto**, above suspicion □ **al di s. dei propri mezzi**, beyond one's means □ **al di s. dei vent'anni**, over twenty (years of age) ***C*** *a. invar.* (*più in alto*) above; (*in cima*) top; (*tra due*) upper; (*al piano superiore*) upstairs: **l'appartamento (di) s.** (*a questo*), the flat above (*o* upstairs); **il cassetto (di) s.**, the upper drawer; the top drawer ***D*** *m.* top; upper part; top side.

sopràbito *m.* overcoat.

sopraccennàto *a.* above-mentioned.

sopracciglio *m.* eyebrow.

sopracciliàre *a.* superciliary.

sopraccitàto *a.* quoted above (*pred.*); above-mentioned.

sopraccopèrta *f.* ***1*** coverlet; bedspread ***2*** (*di libro*) dust jacket; cover.

sopraddétto *a.* above-said; above-mentioned.

sopraelevare *v. t.* ***1*** (*edil.*) to add storeys to; to raise ***2*** (*una curva*) to bank.

sopraelevata *f.* ***1*** (*ferrovia*) elevated railway; elevated (railroad) (*USA*) ***2*** (*strada*) flyover (*GB*); overpass (*USA*).

sopraelevato *a.* ***1*** (*edil.*) raised ***2*** (*di strada, ferrovia*) elevated; (*di curva*) banked.

sopraelevazióne *f.* ***1*** (*edil.*: *piano*) added storey ***2*** (*ferr.*) superelevation.

sopraffàre *v. t.* ***1*** to overwhelm; to overcome*; to overpower ***2*** (*rif. a voci, ecc.*) to drown (out); to cover.

sopraffazióne *f.* ***1*** (*il sopraffare*) overwhelming; overcoming ***2*** (*sopruso*) abuse (of power); imposition; injustice.

sopraffino *a.* ***1*** superfine; extra fine; (*eccellente*) excellent, first-rate, first-class ***2*** (*fig.*) consummate; supreme; extreme: **arte sopraffina**, consummate artistry; **crudeltà sopraffina**, extreme cruelty.

sopraggitto *m.* (*cucito*) overcasting; (*punto*) overcasting stitch.

sopraggiùngere *v. i.* ***1*** (*arrivare all'improvviso*) to arrive; to turn up; to supervene (*form.*) ***2*** (*accadere all'improvviso*) to arise*; to occur; to turn up; to supervene (*form.*).

sopralluògo *m.* inspection; (*leg.*) on-the-spot investigation.

sopràlzo *m.* (*edil.*) added storey.

soprammercàto *m.* — **per s.**, in addition; into the bargain.

soprammòbile *m.* knick-knack; ornament.

soprannaturàle *a. e m.* supernatural.

soprannóme *m.* name; (*nomignolo*) nickname.
soprannominàre *v. t.* to call; (*dare un nomignolo*) to nickname.
soprannominàto *a.* (*con soprannome*) called, known as; (*con un nomignolo*) nicknamed.
soprannumeràrio *a.* supernumerary; extra.
soprannùmero ***A*** *m.* excess; surplus: **in s.**, in excess; redundant (*agg.*) ***B*** *a. invar.* extra.
sopràno (*mus.*) ***A*** *m.* (*registro*) treble; soprano ***B*** *m. o f.* (*cantante*) soprano*: **s. leggero** [**drammatico**], coloratura [dramatic] soprano ***C*** *a.* treble; soprano.
soprappensièro *avv.* ***1*** lost in thought ***2*** (*distrattamente*) absent-mindedly; unthinkingly.
soprappiù *m.* surplus; extra; addition: **in** (*o* **per**) **s.**, in addition; as an extra; (*inoltre*) moreover.
soprascàrpa *f.* overshoe; golosh, galosh.
soprassàlto *m.* start; jump: **dare** (*o* **avere**) **un s.**, to give a start; to start; to jump; **di s.**, with a start; (*ad un tratto*) all of a sudden.
soprassaturazióne *f.* (*chim.*) supersaturation.
soprassàturo *a.* (*chim.*) supersaturated.
soprassedére *v. i.* to postpone; to delay; to put* off.
soprattàssa *f.* ***1*** (*fin.*) surtax; additional tax ***2*** (*per lettere*) surcharge.
soprattùtto *avv.* (*più di tutto*) above all; most of all; (*specialmente*) especially, particularly; (*principalmente*) chiefly, primarily.
sopravvalutàre *v. t.* to overestimate; to overrate.
sopravvalutazióne *f.* overrating; overestimation.
sopravveniènza *f.* unexpected (*o* sudden) occurrence.
sopravvenìre *v. i.* ***1*** (*sopraggiungere*) to arrive; to appear; to turn up; (*cominciare*) to set* in ***2*** (*accadere*) to happen; to turn up.
sopravvènto ***A*** *avv.* to windward: **navigare s. a**, to sail to windward of ***B*** *a.* windward; weather (*attr.*): **lato s.**, windward (*o* weather) side ***C*** *m.* ***1*** (*naut.*) windward (side) ***2*** — **prendere il s.**, to prevail; **prendere il s. su q.**, to get the upper hand over sb.; to get the better of sb.
sopravvèste *f.* overall; (*stor.*) surcoat.
sopravvissùto ***A*** *a.* surviving ***B*** *m.* (*f.* **-a**) survivor.
sopravvivènza *f.* survival.
sopravvìvere *v. i.* ***1*** to survive; (*fig.*) to live on: **s. nella memoria**, to live on in one's memory ***2*** (*vivere più a lungo*) to outlive (sb., st.) ***3*** (*scampare*) to survive (st.): **s. a un naufragio**, to survive a shipwreck; **s. a due guerre**, to survive (*o* to live through) two wars.
soprelevàre *e deriv. V.* **sopraelevare** *e deriv.*
soprintendènte *m. e f.* superintendent; supervisor.
soprintendènza *f.* ***1*** superintendence; supervision ***2*** (*ufficio*) office: **S. alle Belle Arti**, Monuments and Fine Arts Office.
soprintèndere *v. i.* to superintend (st.); to supervise (st.).
soprùso *m.* abuse of power; imposition.
soqquàdro *m.* — **mettere a s. q.c.**, to turn st. upside-down; **La stanza era a s.**, the room was in total chaos (*o* in a shambles).
sorbettièra *f.* ice-cream maker.
sorbétto *m.* sorbet; sherbet (*USA*).
sorbìre *v. t.* ***1*** to sip; to drink* ***2*** — **sorbirsi q.** [**q.c.**], to put* up with sb. [st.]; to endure sb. [st.]; (*discorso, conferenza, ecc.*) to sit* through st.
sòrbo *m.* (*bot.*) sorbus; service tree • **s. selvatico**, rowan; mountain ash.
sórcio *m.* (*zool.*) mouse* • **far vedere i sorci verdi a q.**, (*dare del filo da torcere*) to give sb. a hard time; (*spaventare*) to frighten the wits out of sb.
sordidézza *f.* ***1*** sordidness; filthiness; sleaze ***2*** (*grettezza*) meanness; miserliness.
sòrdido *a.* ***1*** sordid; filthy ***2*** (*gretto*) mean; miserly.
sordìna *f.* (*mus.*) mute; (*di pianoforte*) soft pedal • **in s.**, softly; (*fig.*) quietly; (*nascostamente*) on the quiet.
**sorditÃ ** *f.* deafness.
sórdo ***A*** *a.* ***1*** (*anche fig.*) deaf: **s. da un orecchio**, deaf in one ear; **s. come una campana**, as deaf as a post; **s. spaccato**, stone-deaf; **s. alla ragione**, deaf to reason ***2*** (*di suono*) dull; hollow; (*attutito*) muffled, muted: **rumore s.**, dull noise; **voce sorda**, hollow voice ***3*** (*di dolore*) dull ***4*** (*nascosto, segreto*) covert; secret: **odio s.**, covert hatred ***5*** (*fon.*) unvoiced • **fare una guerra sorda a q.**, to oppose sb. secretly ***B*** *m.* (*f.* **-a**) deaf person • **fare il s.**, to turn a deaf ear (to st.) □ **parlare ai sordi**, to talk to the wall □ (*prov.*) **Non c'è peggior s. di chi non vuol sentire**, there's none so deaf as those that will not hear.
sordomùto *a. e m.* (*f.* **-a**) deaf-mute.
sorèlla *f.* ***1*** sister: **s. di latte**, foster sister; **arti sorelle**, sister arts ***2*** (*suora*) sister.
sorellàstra *f.* (*figlia di un genitore*) half-sister; (*figlia di patrigno o matrigna*) stepsister.
sorgènte ***A*** *a.* rising ***B*** *f.* ***1*** spring; well; (*di fiume*) source: **sorgenti termali**, hot springs; (*terme*) spa; **acqua di s.**, spring water ***2*** (*fis.*) source ***3*** (*fig.*) source; origin.
sórgere ***A*** *v. i.* ***1*** (*di astro*) to rise* ***2*** (*levarsi*) to rise*; (*ergersi*) to rise*, to stand*; (*apparire alla vista*) to rise*: **s. in armi**, to rise in arms; **Qui sorgeva una torre**, a tower rose (*o* stood) here ***3*** (*scaturire, di sorgente*) to spring*; (*di fiume*) to rise* ***4*** (*nascere*) to arise*; to emerge; to spring* up: **Sorse una discussione**, a debate arose; **Mi sorse un dubbio**, a doubt arose in my mind; I was struck by a doubt; **Sorsero nuovi villaggi**, new villages sprang up • **far s.**, to give* rise to; to arouse; to cause ***B*** *m.* (*di astro*) rising: **il s. del sole**, the rising of the sun; sunrise; sunup (*USA*).
sorgìvo *a.* spring (*attr.*).
sórgo *m.* (*bot.*) sorghum; durra; Indian millet.
sorìano *m.* tabby (cat).
sormontàre *v. t.* ***1*** to surmount; to overcome ***2*** (*di acque*) to overflow.
sornióne ***A*** *a.* sly; crafty; deep ***B*** *m.* (*f.* **-a**) sly one; deep one; sly dog (*m., fam.*).
sororàle *a.* (*lett.*) sisterly.
sorpassàre *v. t.* ***1*** to pass; to go* [to run*, etc.] past; (*autom.*) to overtake*, to pass; (*salire più in alto*) to rise* above, to top ***2*** (*superare*) to surpass; (*dimostrarsi superiore*) to excel, to outdo*; (*eccedere*) to overstep, to exceed: **s. il maestro**, to excel one's teacher; **s. il limite di velocita**, to exceed the speed limit; **s. ogni limite**, to surpass all limits.
sorpassàto ***A*** *a.* (*non più attuale*) old-fashioned; outmoded; outdated; out (*pred.*) ***B*** *m.* (*f.* **-a**) person who is behind the times; old fogey (*fam.*); fossil (*fam.*).
sorpàsso *m.* (*autom.*) overtaking: **effettuare un s.**, to overtake; **divieto di s.**, no overtaking; **corsia di s.**, fast (*o* overtaking) lane.
sorprendènte *a.* surprising; astonishing; amazing.
sorprèndere ***A*** *v. t.* ***1*** (*cogliere di sorpresa*) to catch*: **s. q. in flagrante**, to catch sb. in the act (*o* red-handed); **s. q. mentre sta rubando**, to catch sb. stealing; **essere sorpreso da un temporale**, to be caught in a storm ***2*** (*meravigliare*) to surprise: **Tu mi sorprendi**, you surprise me; **Mi sorprende che tu non lo sappia**, I'm surprised that you don't know ***B*** **sorprèndersi** *v. i. pron.* to be surprised: **Mi sorprendo di te**, I am surprised at you; **Si sorprese a vederla lì**, he was surprised to see her there; **Non mi sorprendo più di niente**, nothing surprises me any more.
sorprésa *f.* surprise: **una s. gradita**, a pleasant surprise; **fare una s. a q.**, to surprise sb.; to have a surprise for sb.; **con mia grande s.**, much to my surprise; **cogliere q. di s.**, to take sb. by surprise.
sorpréso *a.* surprised: **restare s.**, to be surprised; **uno sguardo s.**, a look of surprise; **Mi guardò s.**, he looked at me in surprise.
sorrèggere *v. t.* ***1*** to support; to hold* up ***2*** (*fig.*) to sustain; (*incoraggiare*) to encourage; (*aiutare*) to assist, to help.
sorridènte *a.* ***1*** smiling; (*allegro*) cheerful ***2*** (*di luogo*) pleasant.
sorrìdere *v. i.* ***1*** to smile (*anche fig.*); (*fare un largo sorriso*) to grin: **s. a q.**, to smile at sb.; **Gli sorrideva la vita**, life smiled on him; **s. di piacere**, to smile (*o* to grin) with pleasure; **s. a fior di labbra**, to smile faintly ***2*** (*attrarre*) to appeal; to like (*costruz. pers.*): **L'idea mi sorride**, the idea appeals to me; I like the idea.
sorrìso *m.* smile; (*largo*) grin: **s. a fior di labbra**, faint smile; **s. di superiorità**, superior smile; smirk; **fare un s.**, to smile; **avere sempre il s. sulle labbra**, to be always smiling.
sorsàta *f.* draught; gulp: **bere a lunghe sorsate**, to take long draughts; **bere q.c. in una s.**, to drink st. in one gulp.

sorseggiàre *v. t.* to sip.
sórso *m.* draught; mouthful; gulp; (*piccolo*) sip: **un s. di birra**, a draught of beer; **Dammi un s. d'acqua!**, give me some water!; **Solo un s.!**, just a drop!; **bere a piccoli sorsi**, to take small sips (of); to sip.
sòrta *f.* kind; sort: **di ogni s.**, of every kind; of all sorts; **ogni s. di libri**, all kinds (*o* sorts) of books; **gente di ogni s.**, people of all kinds; all kinds of people; **una s. di frittella**, a sort of fritter ● **senza spesa di s.**, without any expense whatever; with no expense at all.
sòrte *f.* ***1*** (*destino*) fate, destiny, lot; (*fortuna*) fortune, luck: **meritare una s. migliore**, to deserve a better fate; **le sorti di un paese**, the destiny (*o* the future) of a country; **tentare la s.**, to try one's luck; **accettare la propria s.**, to accept one's lot ***2*** (*caso*) chance: **affidarsi alla s.**, to trust to chance; **far decidere q.c. alla s.**, to leave st. to chance ● **fare buon viso a cattiva s.**, to make the best of a bad bargain (*fam.*) □ **nella buona e cattiva s.**, for better or for worse; through thick and thin □ **per buona s.**, luckily □ **per mala s.**, unluckily □ **tirare** (*o* **estrarre**) **a s. per q.c.**, to draw lots for st. □ **toccare in s. a q.**, to fall to sb. (*o* to sb.'s lot).
sorteggiàre *v. t.* to chose* by lots; to draw*; to draw* lots for: **s. un nome**, to draw a name; **s. un premio**, to draw lots for a prize.
sorteggiàto ***A*** *a.* drawn (*pred.*); chosen by lots (*pred.*) ***B*** *m.* (*f.* **-a**) winner; person drawn.
sortéggio *m.* drawing of lots; draw: **Fu fatto il s.**, the draw was made; lots were drawn.
sortilègio *m.* sorcery Ⓤ; witchcraft Ⓤ; (*incantesimo*) (magic) spell: **gettare un s.**, to cast a spell; **essere vittima di un s.**, to be a victim of sorcery; to be under a spell.
sortire *v. t.* (*lett.*: *ottenere*) to have; to get*: **s. l'effetto voluto**, to have the desired effect; to be successful.
sortita *f.* ***1*** (*mil.*) sortie; sally ***2*** (*battuta*) quip; witty remark.
sorvegliànte *m. e f.* overseer; (*guardiano*) guard, watchman* (*m.*), caretaker.
sorveglianza *f.* ***1*** surveillance; watch: **sotto s.**, under surveillance; (*sotto custodia*) under guard; **stretta s.**, close watch ***2*** (*soprintendenza*) superintendence; supervision; overseeing.
sorvegliàre *v. t. e i.* ***1*** (*vigilare*) to guard; to watch ***2*** (*controllare*) to monitor; to follow ***3*** (*soprintendere*) to superintend; to supervise; to oversee* ***4*** (*tenere d'occhio*) to keep* an eye on, to watch; (*badare a*) to look after.
sorvegliàto *m.* (*f.* **-a**) person under surveillance: **s. speciale**, person under police surveillance.
sorvolàre *v. t. e i.* ***1*** (*aeron.*) to fly* over; to overfly* ***2*** (*fig.*) to pass over; to gloss over; (*omettere*) to leave* out, to omit ● **Meglio s.!**, the less said(, the better).
sorvólo *m.* (*aeron.*) flying over.
sòsia *m.* (sb.'s) double; ringer (*pop. USA*).
sospèndere *v. t.* ***1*** (*appendere*) to hang* up; to suspend: **s. un lampadario al soffitto**, to hang a chandelier from the ceiling ***2*** (*interrompere*) to suspend, to interrupt, to stop, to cease, to cut* off; (*annullare*) to call off, to cancel; (*rinviare*) to put* off, to adjourn: **s. le ostilità**, to suspend hostilities; **s. il lavoro**, to stop work; **s. i pagamenti**, to stop payment; **s. le trattative**, to interrupt negotiations; **s. la fornitura del gas**, to cut off the gas; **s. i voli**, to cancel all flights; **s. una seduta**, to adjourn a sitting ***3*** (*come misura disciplinare*) to suspend ● (*eccles.*) **s. a divinis**, to defrock.
sospensióne *f.* ***1*** suspension: **lampada a s.**, suspension lamp ***2*** (*interruzione*) suspension, interruption, halt, stoppage, cessation; (*rinvio*) adjournment, postponement: **s. delle ostilità**, suspension of hostilities; **s. del lavoro**, work stoppage; cessation of work; **s. della fornitura di gas**, interruption of the gas supply; **s. di una riunione**, adjournement of a meeting; **s. della paga**, stoppage of pay; **s. dei pagamenti**, suspension of payment ***3*** (*misura disciplinare*) suspension ***4*** (*chim.*) suspension ***5*** (*mecc.*) suspension: (*autom.*) **s. anteriore**, front-wheel suspension; **s. cardanica**, gimbals (*pl.*) ● **s. della patente**, confiscation of sb.'s driving licence □ **puntini di s.**, dots.
sospensòrio ***A*** *a.* (*anat.*) suspensory ***B*** *m.* suspensory bandage; (*sport*) jockstrap.
sospéso *a.* ***1*** (*appeso*) suspended; hanging: **una lampada sospesa al soffitto**, a lamp suspended (*o* hanging) from the ceiling ***2*** (*interrotto*) suspended, interrupted; (*rinviato*) adjourned, postponed ***3*** (*come misura disciplinare*) suspended ***4*** (*incerto*) doubtful; hesitating; (*trepidante*) in suspense, on edge ● **col fiato s.**, with bated breath; on edge □ **conti in s.**, outstanding (*o* unpaid) bills; (*fig.*) a score to settle □ **lasciare in s. q.c.**, to leave st. undecided □ **ponte s.**, suspension bridge □ **questione in s.**, undecided matter; matter pending □ **stare con l'animo s.**, to be anxious; to be on tenterhooks □ **tenere q. in s.**, to keep sb. in suspense □ **tenere q.c. in s.**, to hold over st.
sospettàbile *a.* open to suspicion; suspect; questionable.
sospettàre ***A*** *v. t.* ***1*** to suspect ***2*** (*immaginare*) to think*; to imagine; to suspect: **Lo sospettavo**, I thought as much ***B*** *v. i.* ***1*** (*avere sospetti*) to suspect (sb., st.); to have one's suspicions; to be suspicious: **La polizia sospettò subito di lui**, the police suspected him immediately; **non s. di niente**, not to suspect anything; not to have the least suspicion; **cominciare a s.**, to get suspicious ***2*** (*diffidare*) to mistrust; to distrust: **s. di tutti**, not to trust anyone.
sospètto (1) ***A*** *a.* ***1*** (*di cui si sospetta*) suspicious; suspect; suspected; (*dubbio*) doubtful, suspect: **tipo s.**, suspicious character; **Tutta la faccenda mi pare sospetta**, the whole thing looks very suspicious to me; **merce sospetta**, suspect goods; **di provenienza sospetta**, of doubtful origin ***2*** (*presunto*) suspected: **s. frattura**, suspected fracture ***B*** *m.* (*f.* **-a**) suspect.
sospètto (2) *m.* suspicion; (*dubbio*) doubt, misgiving; (*sensazione, sentore*) feeling: **avere** (*o* **nutrire**) **un s.**, to have a suspicion; **al di sopra di ogni s.**, above suspicion; **Ho il s. che...**, I have a suspicion [a feeling] that...; I suspect that...; **mettere in s. q.**, to make sb. suspicious.
sospettóso *a.* mistrustful; distrustful.
sospìngere *v. t.* ***1*** to drive*; to push; to carry: **essere sospinto dal vento**, to be driven (*o* carried) by the wind; **s. una carrozzina**, to push a pram ***2*** (*incitare*) to drive*; to urge.
sospiràre ***A*** *v. i.* (*anche fig.*) to sigh: **s. di sollievo**, to sigh with relief ***B*** *v. t.* to long for; to yearn for: **s. la pace** [**una vacanza**], to long for peace [for a holiday] ● **far s. q.**, to make sb. suffer □ **far s. q.c. a q.**, to keep sb. waiting a long time for st. □ **farsi s.**, to keep sb. waiting for a long time.
sospirato *a.* longed-for; eagerly awaited.
sospìro *m.* sigh: **mandare** (*o* **tirare**) **un s.**, to heave (*o* to give) a sigh.
sossópra *V.* **sottosopra**.
sòsta *f.* ***1*** (*fermata*) halt, stop; (*breve soggiorno*) stay: **ordinare una s.**, to call a halt; **durante la mia s. a Roma**, during my stay in Rome; **fare s.**, to stop; to halt; (*in un viaggio aereo*) to stop over; **Il treno fa una s. di 10 minuti**, the train stops for 10 minutes ***2*** (*pausa*) pause, rest; (*intervallo*) break; (*tregua*) respite: **Facciamo un'ora di s.**, let's have an hour's break; **non dare s.**, to give no rest (*o* peace); **senza s.**, without a break; incessantly; non-stop ***3*** (*di veicolo*) parking: **divieto di s.** (*cartello*), no parking; **lasciare l'auto in s. vietata**, to leave the car in a no-parking area; **veicolo in s.**, parked vehicle.
sostantivàto *a.* — (*gramm.*) **aggettivo s.**, adnoun.
sostantivo (*gramm.*) ***A*** *a.* substantive ***B*** *m.* noun.
sostànza *f.* ***1*** substance (*anche filos.*); matter; stuff: **s. liquida** [**solida**], liquid [solid] substance; **s. medicinale** [**tossica**], medicinal [toxic] substance; **sostanze chimiche**, chemicals; **sostanze alimentari**, foodstuffs ***2*** (*parte essenziale*) essence; (*succo*) gist: **la s. di un discorso**, the gist of a speech ***3*** (*al pl.*) (*patrimonio*) property Ⓤ; wealth Ⓤ; riches ● **cibo che dà s.**, nourishing (*o* substantial) food □ **di poca s.**, light-weight; thin □ **in s.**, essentially, ultimately; (*in breve*) in short; (*in conclusione*) in conclusion.
sostanziàle *a.* substantial; essential; fundamental.
sostanzióso *a.* ***1*** (*nutriente*) nourishing; substantial; filling ***2*** (*abbondante*) substantial; rich.
sostàre *v. i.* ***1*** (*fermarsi*) to stop ***2*** (*fare una pausa*) to pause.
sostégno *m.* ***1*** support; prop: **i sostegni del tetto**, the roof's rupports ***2*** (*fig.*) support; backing: **s. morale**, moral support; **s. finanziario**, financial backing; **il s. della famiglia**, the chief support of one's family; the breadwinner; **a s. di**, in support of ● **insegnante di s.**, assistant teacher (for handicapped children) □ (*edil.*) **muro di s.**, retaining wall.
sostenére ***A*** *v. t.* ***1*** (*reggere*) to support; to prop; to carry

the weight of; to hold* up: **s. il tetto**, to prop up (*o* to hold up) the roof; **Questo scaffale dovrà s. dei libri**, this shelf is going to carry (the weight of) books; **È sostenuto da un filo**, it is held up by a thread; **Barcollò e io lo sostenni**, he staggered and I held him up ***2*** (*subire, sopportare*) to sustain; to bear*; to stand*; (*resistere, far fronte a*) to withstand*, to resist, to meet*: **s. una perdita**, to sustain (*o* to suffer) a loss; **s. la vista di q.c.**, to bear the sight of st.; **s. un attacco**, to resist an attack; **s. le spese**, to meet the expenses ***3*** (*appoggiare*) to support, to back, to uphold*, to stand* up for, to stand* by; (*aiutare*) to help, to assist; (*difendere*) to defend, to keep* up: **s. un partito**, to support a political party; **s. una causa**, to stand up for (*o* to uphold) a cause; **s. un punto di vista**, to uphold a point of view; **s. finanziariamente**, to back; to give financial support to ***4*** (*affermare*) to maintain, to assert; (*asserire*) to claim; (*argomentare*) to argue for, to advocate: **s. la propria innocenza**, to assert one's innocence; **Sostiene di averlo restituito**, he claims (*o* he says) he gave it back; **s. l'urgenza delle riforme**, to argue for the need for urgent reforms ***5*** (*mantenere*) to support; to provide for; to keep* ***6*** (*dare forza*) to sustain; to give* strength • (*leg.*) **s. l'accusa**, to act as prosecuting counsel □ **s. una conversazione**, to carry on a conversation □ **s. un esame**, to take an exam □ (*teatr.*) **s. una parte**, to play a part □ **s. lo sguardo di q.**, to stare sb. out ***B*** **sostenérsi** *v. rifl. e i. pron.* ***1*** (*reggersi in piedi*) to support oneself; to stand*; (*appoggiandosi a q.c.*) to lean* (on, against) ***2*** (*mantenersi in forze*) to sustain oneself.

sostenibile *a.* ***1*** (*di opinione, ecc.*) tenable; defensible ***2*** (*sopportabile*) bearable; endurable.

sostenitóre ***A*** *m.* (*f.* **-trice**) supporter; backer; upholder; advocate; champion ***B*** *a.* supporting; contributing.

sostentaménto *m.* ***1*** (*mantenimento*) sustenance; support; maintenance; keep ***2*** (*nutrimento*) (means of) sustenance; nourishment.

sostentàre ***A*** *v. t.* to support; to maintain; to provide for; to keep* ***B*** **sostentàrsi** *v. rifl.* to live (on); to feed* (on).

sostenutézza *f.* (*freddezza*) stiffness; standoffishness.

sostenùto ***A*** *a.* ***1*** (*freddo*) distant; stiff; standoffish ***2*** (*solenne*) elevated; lofty ***3*** (*robusto*) firm; stiff ***4*** (*di velocità*) fast: **ritmo s.**, fast pace; **velocità sostenuta**, high speed ***5*** (*comm.*) continuing high (*pred.*); stable; steady: **prezzi sostenuti**, prices continuing high; **mercato s.**, steady market ***B*** *m. e f.* — **fare il s.**, to be standoffish; to get* on one's high horse (*fam.*).

sostituibile *a.* replaceable; (*interscambiabile*) interchangeable.

sostituìre ***A*** *v. t.* ***1*** (*mettere al posto di*) to replace: **L'hanno sostituito con uno più giovane**, they replaced him with a younger man ***2*** (*prendere il posto di*) to replace; to substitute; to take* the place of; (*fare le veci di*) to deputize for, to stand* in for; (*dare il cambio a*) to relay, to spell (*USA*) ***3*** (*mecc.*) to replace; to change ***B*** **sostituìrsi** *v. rifl. e rifl. recipr.* ***1*** (*rimpiazzare*) to take the place (of); to substitute (for) ***2*** (*alternarsi*) to take* turns; to alternate; to spell each other (*USA*).

sostitutivo *a.* substitutive; substitute (*attr.*).

sostitùto *m.* (*vice*) substitute, deputy; (*rimpiazzo*) replacement, stand-in, fill-in (*fam.*).

sostituzióne *f.* replacement; substitution • **agire in s. di q.**, to take sb.'s place □ **in s. di**, as a substitute for; in place of.

sostràto *m.* (*anche fig.*) substratum*.

sottacéto ***A*** *avv.* — **conservare s.**, to pickle ***B*** *a.* pickled ***C*** *m.* (*al pl.*) pickles.

sottaciùto *a.* (deliberately) omitted; unmentioned; unstated.

sottàcqua *avv.* under water.

sottàna *f.* ***1*** (*gonna*) skirt ***2*** (*eccles.*) cassock; soutane • **correre dietro alle sottane**, to chase women; to be a skirt-chaser (*fam.*).

sottécchi *avv.* — **guardare q. di s.**, to look at sb. furtively; to cast a furtive (*o* covert, sidelong) glance at sb.

sotterfùgio *m.* subterfuge; trick; dodge: **ricorrere a un s.**, to resort to subterfuge • **di s.**, stealthily; on the sly.

sotterrànea *f.* (*ferr.*) underground (railway); subway (*USA*).

sotterràneo ***A*** *a.* underground; subterranean: **fiume s.**, subterranean river; **ferrovia sotterranea**, underground (railway); subway (*USA*) ***B*** *m.* cellar; (*di castello e sim.*) vault, (*prigione*) dungeon.

sotterràre *v. t.* to inter; to lay* underground; (*seppellire*) to bury: **s. una tubatura**, to lay a pipe underground; **s. i morti**, to bury the dead.

sottigliézza *f.* ***1*** thinness; fineness ***2*** (*magrezza*) thinness ***3*** (*finezza*) fineness, subtlety; (*acutezza*) acuteness, keenness; (*astuzia*) subtlety, shrewdness ***4*** (*minuzia*) nicety; (*cavillo*) cavil, quibble.

sottile ***A*** *a. a.* ***1*** (*che ha poco spessore*) thin; fine; (*stretto*) narrow; (*acuminato*) sharp: **filo s.**, thin thread; **capelli sottili**, fine hair; **bordo s.**, narrow border ***2*** (*esile*) thin; slim; slender ***3*** (*leggero*) fine, light; (*delicato*) subtle; (*lieve*) slight, tenuous, thin: **polvere s.**, fine dust; **s. vantaggio**, slight advantage; **aria s.**, thin air ***4*** (*fine, acuto*) fine, subtle; (*astuto*) subtle, shrewd: **distinzione s.**, subtle (*o* fine) distinction; **s. ironia**, subtle irony ***B*** *avv.* ***1*** — (*di penna, ecc.*) **scrivere s.**, to have a fine tip; to be fine-tipped ***2*** — **parlare s.**, to speak subtly ***C*** *m.* — **guardare troppo per il s.**, to be too particular (*o* too fussy); to split hairs.

sottilétta *f.* slice of processed cheese.

sottilizzàre *v. i.* to split* hairs; to cavil.

sottinsù *avv.* — **di s.**, from below • **Mi guardò di s.**, he squinted up at me.

sottintèndere *v. t.* ***1*** (*lasciare non detto*) to leave* out (*o* unsaid); (*intendere*) to imply, to mean*: **s. un verbo**, to leave out a verb; **Che cosa sottintendeva con quel commento?**, what was he implying by that remark?; **Si sottintende che...**, it is understood that... ***2*** (*implicare*) to involve.

sottintéso ***A*** *a.* understood (*anche gramm.*); implied; implicit: **Il soggetto è sottinteso**, the subject is understood; **È sottinteso che...**, it is understood that...; **consenso s.**, implicit consent • **È s.!**, of course!; that's understood! ***B*** *m.* implicit meaning; underlying assumption; (*allusione*) allusion, hint • **parlare per sottintesi**, to speak allusively; to hint □ **parlare senza sottintesi**, to speak openly.

sótto ***A*** *prep.* ***1*** under (*anche fig.*); (*al di sotto*) underneath, beneath; (*posto più in basso*) below: **s. il letto**, under the bed; **s. i miei occhi**, under my (very) eyes; **s. a** (*o* **di**) **me**, under me; **s. il balcone**, under (*o* underneath) the balcony; **Spinse la lettera s. la porta**, he pushed the letter under the door; **S. il quadro c'era uno specchio**, beneath the picture there was a mirror; **S. di noi si apriva una valle**, a valley opened beneath us; **l'appartamento s. il nostro**, the flat below ours; **s. la media**, below average; **s. zero**, below zero; **s. il dominio francese**, under French rule; **s. la protezione di q.**, under the protection of sb.; **s. falso nome**, under an assumed name ***2*** (*rif. a quantità, prezzi, ecc.*: *meno di*) under; less than: **i bambini s. i sei anni**, children under six years of age; **s. il quintale**, under 100 kilos; **Costa s. le 100.000 lire**, it costs less than 100,000 lire ***3*** (*in locuzioni di tempo*: *in prossimità di*) near; (*durante*) at, during: **s. gli esami**, near examination-time; **Siamo s. esami**, we are having exams; **s. Natale**, near Christmas; at Christmastime • **sott'olio**, in oil □ **s. questo aspetto**, from this point of view □ **s. pena di morte**, under pain of death □ **s. la pioggia**, in the rain □ **s. processo**, on trial □ **s. sale**, under salt □ **Mi aspettava s. casa**, he was waiting for me outside in the street □ **il macellaio s. casa**, the corner butcher □ **finire s. un autobus**, to be run over by a bus □ **Napoli è s. Roma**, Naples is south of Rome ***B*** *avv.* ***1*** (*in posizione sottostante*) under; below; beneath; underneath; (*in fondo*) at the bottom: **qui s.**, under here; **S. c'era una lettera**, there was a letter underneath; **una foto con s. una firma**, a photo with a signature underneath; **dal di s.**, from underneath ***2*** (*a un livello inferiore*) down; (*a un piano inferiore*) downstairs: **Ehi, voi lì s.!**, hey, you down there; **andare s.**, to go down; **più s.**, lower down; **Aspettami (di) s.**, wait for me downstairs; **È di s.**, it's downstairs; **le stanze di s.**, the downstair(s) rooms ***3*** (*di seguito*) below; further on: **vedi s.**, see below; **com'è spiegato s.**, as is explained further on ***4*** (*rif. a punteggio*) down; (*in perdita*) short, in the red: **Siamo s. di 20 milioni**, we are 20 million short (*o* in the red) • **S.!** (*all'attacco*), go for them!; lay into them! □ **S., al lavoro!**, come on, let's get down to it! □ **S. a chi tocca!**, who's first?; who's next? □ **s. s.**, (*nel fondo*) deep down; (*di nascosto*) in secret, on the quiet □ (*fam.*) **darci s.**, to keep at it □ **farsi s.**, (*avvicinarsi*) to draw near (*o* nearer); (*spin-*

gersi innanzi) to push oneself forward □ **mettere q. s.**, (*investirlo*) to run sb. over; (*fam.: farlo lavorare*) to set sb. to it □ (*fam.*) **mettersi s.**, to get down to st. □ **Qui c'è s. qualcosa**, there is something behind it; there is something fishy about this ***C*** *a. invar.* (*anche* **di s.**) lower: **il cassetto s.**, (*subito s.*) the drawer underneath; (*più basso, di due*) the lower drawer, (*di più*) the bottom drawe ***D*** *m.* (*anche* **di s.**) bottom; underside.

sottoalimentazióne *f.* undernourishment.

sottoascèlla *f.* dress shield.

sottobànco *avv.* under the counter; underhand.

sottobicchière *m.* coaster; mat; (*piattino*) saucer.

sottobórdo *avv.* (*naut.*) alongside.

sottobòsco *m.* ***1*** underwood; brushwood; undergrowth ***2*** (*fig. spreg.*) shadow world; low life.

sottobottiglia *m.* coaster; (bottle-)mat.

sottobràccio *avv.* arm-in-arm.

sottòcchio *avv.* under (*o* before) one's eyes; in front of one: **C'è l'ho qui s.**, I've got it here in front of me; **Mi è capitato s. il suo articolo**, I came across his article; **tenere q.c. s.**, to keep an eye on st.

sottoccupàto *a.* underemployed.

sottoccupazióne *f.* underemployment.

sottochiàve *avv.* under lock and key; locked away; locked up: **mettere q.c. s.**, to lock st. up.

sottocipria *m. o f. invar.* foundation cream.

sottocommissióne *f.* subcommittee; subcommission.

sottocopèrta *avv.* (*naut.*) below (deck): **andare s.**, to go below.

sottocòppa *m. invar.* (*centrino*) coaster; (*piattino*) saucer.

sottocòsto ***A*** *avv.* below cost; at a loss ***B*** *a. invar.* below cost; selling below cost (*pred.*).

sottocuòco *m.* undercook; assistant cook.

sottocutàneo *a.* subcutaneous.

sottodominànte *f.* (*mus.*) subdominant.

sottoelencàto *a.* listed below (*pred.*).

sottoespórre *v. t.* (*fotogr.*) to underexpose.

sottoesposizióne *f.* (*fotogr.*) underexposure.

sottofamìglia *f.* (*biol.*) subfamily.

sottofàscia *avv.* in a brown paper wrapper (*o* cover); under a wrapper.

sottofóndo *m.* ***1*** (*edil.*) foundation ***2*** (*cinem., TV, radio*) background: **s. musicale** (*o* **musica di s.**), background music ***3*** (*elemento di fondo*) undercurrent; undertone.

sottogàmba *avv.* — **prendere s.**, to make light of; to attach no importance to; to underestimate.

sottogóla *m. invar.* ***1*** (*di copricapo*) chin-strap ***2*** (*di finimenti*) throat-lash.

sottogónna *f.* petticoat; underskirt; slip.

sottogovèrno *m.* (*polit.*) party patronage.

sottogrùppo *m.* (*chim., mat.*) subgroup.

sottoinsième *m.* (*mat., elab.*) subset.

sottolineàre *v. t.* ***1*** to underline; to underscore ***2*** (*fig.*) to underline; to stress; to emphasize; (*accentuare*) to accentuate.

sottolineatùra *f.* ***1*** underlining Ⓤ; underline ***2*** (*fig.*) stressing Ⓤ; emphasizing Ⓤ; stress; emphasis.

sottolinguàle *a.* (*anat.*) sublingual.

sott'òlio, **sottolio** *avv. e a. invar.* (*cucina*) in oil.

sottomàno *avv.* ***1*** (*di nascosto*) underhand (*agg.*); (*segretamente*) secretly ***2*** (*a portata di mano*) (close) at hand; within reach; handy (*agg.*): **avere q.c. s.**, to have st. close at hand (*o* handy); **Mi venne s. il suo biglietto**, I came across his note.

sottomarìno ***A*** *a.* submarine; underwater; undersea: **cavo s.**, submarine cable; **fauna sottomarina**, underwater fauna ***B*** *m.* (*naut.*) submarine.

sottomésso *a.* ***1*** (*assoggettato*) subject ***2*** (*ubbidiente*) submissive; obedient.

sottométtere ***A*** *v.t.* ***1*** (*assoggettare*) to subjugate; to subject ***2*** (*rendere ubbidiente*) to reduce to obedience ***3*** (*sottoporre*) to submit ***B*** **sottométtersi** *v. i. pron.* to submit.

sottomissióne *f.* ***1*** subjugation; subjection ***2*** (*l'essere sottomesso*) submission; (*docilità*) submissiveness.

sottomùltiplo *a. e m.* (*mat.*) submultiple.

sottopagàto *a.* underpaid.

sottopància *m. invar.* (saddle) girth; cinch (*USA*).

sottopassàggio, **sottopàsso** *m.* (*per veicoli*) underpass; (*per pedoni*) underpass; subway (*GB*).

sottopórre ***A*** *v. t.* ***1*** to subject; to expose: **s. q. a una cura**, to subject sb. to a treatment; **s. q. a una disciplina di ferro**, to subject sb. to strict discipline; **s. a un rischio**, to expose to danger: **s. a interrogatorio**, to interrogate; **s. a un esame**, to examine ***2*** (*presentare*) to submit: **s. un progetto al giudizio di q.**, to submit a plan to sb.; **s. un problema a q.**, to present sb. with a problem; **s. una domanda**, to pose a question ***3*** (*soggiogare*) to subdue; to subjugate ***B*** **sottopórsi** *v. i. pron.* ***1*** to subject oneself ***2*** (*subire*) to undergo* (st.); to go* through (st.): **s. a un intervento chirurgico**, to undergo surgery ***3*** (*sobbarcarsi*) to undertake* (st.) ***4*** (*sottomettersi*) to submit.

sottopósto *m.* subordinate; inferior.

sottoprèzzo *avv.* at a reduced price; at a discount; below cost.

sottoprodótto *m.* (*ind.*) by-product.

sottoproduzióne *f.* underproduction.

sottoproletariàto *m.* lumpenproletariat; underclass.

sottórdine *m.* (*zool., bot.*) suborder • **in s.**, in a subordinate position; subordinate (*agg.*) □ **passare in s.**, to become less urgent; to be put on one side.

sottoscàla *m. invar.* space under the stairs; (*ripostiglio*) cupboard (*USA* closet) under the stairs.

sottoscritto ***A*** *a.* undersigned ***B*** *m.* (*f.* **-a**) ***1*** undersigned: **noi sottoscritti**, we the undersigned ***2*** (*scherz.: io*) yours truly.

sottoscrittóre *m.* (*f.* **-trice**) ***1*** (*firmatario*) signer; undersigner ***2*** (*contributore*) subscriber ***3*** (*fin., di titoli*) underwriter.

sottoscrìvere ***A*** *v. t.* ***1*** (*firmare*) to sign; to undersign; to endorse; to subscribe one's name to: **s. una petizione**, to sign a petition ***2*** (*versare denaro*) to subscribe; to contribute ***3*** (*un abbonamento*) to take* out ***4*** (*approvare*) to subscribe to; to agree to ***5*** (*fin.*) to underwrite*; to subscribe for ***B*** *v. i.* (*dare la propria adesione*) to subscribe.

sottoscrizióne *f.* ***1*** (*il sottoscrivere*) signing; (*firma*) signature ***2*** (*raccolta di denaro*) collection; fund raising Ⓤ ***3*** (*fin.*) underwriting Ⓤ; subscription.

sottosegretariàto *m.* undersecretaryship.

sottosegretàrio *m.* (*f.* **-a**) undersecretary.

sottosezióne *f.* subsection.

sottosistèma *m.* subsystem.

sottosópra *avv.* ***1*** (*capovolto*) upside down; wrong side (*o* end) up; topsy-turvy ***2*** (*in disordine*) upside down; topsy-turvy; in a mess; at sixes and sevens: **mettere tutto s.**, to throw everything upside down ***3*** (*agitato*) in confusion; upset; in a flutter.

sottospècie *f. invar.* (*zool., bot.*) subspecies*.

sottostànte *a.* underlying; below (*pred.*); (*inferiore*) lower.

sottostàre *v. i.* ***1*** (*essere sottoposto*) to be subject (to); (*nel lavoro e sim.*) to be subordinate (to), to be under (sb.): **s. alla legge**, to be subject to the law ***2*** (*piegarsi*) to submit; to yield.

sottostazióne *f.* substation.

sottostruttùra *f.* substructure; understructure.

sottosuòlo *m.* ***1*** subsoil; underground ***2*** (*edil.*) basement • **ricchezze del s.**, mineral wealth.

sottosviluppàto *a.* (*econ.*) underdeveloped.

sottosvilùppo *m.* (*econ.*) underdevelopment.

sottotenènte *m.* (*mil.*) second lieutenant; (*aeron.*) pilot officer (*GB*), second lieutenant (*USA*) • (*naut.*) **s. di vascello**, sub-lieutenant (*GB*); lieutenant junior grade (*USA*).

sottotèrra *avv.* underground • **essere s.**, to be dead and buried □ **Avrei voluto nascondermi s.**, I wished the ground would open and swallow me up.

sottotétto *m.* (*edil.*) garret.

sottotitolàre *v. t.* (*cinem.*) to subtitle.

sottotitolàto *a.* (*cinem.*) with subtitles.

sottotìtolo *m.* ***1*** (*di libro*) subtitle; (*giorn.*) subhead ***2*** (*al pl.*) (*cinem.*) subtitles.

sottotràccia *a. e avv.* ***1*** (*edil.*) into chase; chased (*agg.*) ***2*** (*fig.*) underneath (*avv.*).

sottovalutàre ***A*** *v. t.* to undervalue; to underestimate; to underrate ***B*** **sottovalutàrsi** *v. rifl.* to undervalue oneself.

sottovàso *m.* tray for flower-pots.

sottovènto ***A*** *a. invar.* leeward; downwind ***B*** *m. invar.* lee side; leeward ***C*** *avv.* on the lee; downwind: **essere a s. di**

q.c., to be in the lee of st.
sottovèste *f.* slip; petticoat.
sottovóce *avv.* **1** in a low voice; softly; in a whisper **2** (*mus.*) sotto voce.
sottovuòto **A** *avv.* in a vacuum • **confezionare s.**, to vacuum-pack **B** *a. invar.* (*ind.*) vacuum-packed.
sottràrre **A** *v. t.* **1** (*allontanare, portare via*) to remove; to take* away **2** (*rubare*) to steal*; to purloin; (*appropriarsi indebitamente di*) to embezzle **3** (*mat.*) to subtract; (*detrarre*) to deduct **4** (*salvare*) to rescue; to deliver: **s. q. a un pericolo**, to rescue sb. from a danger; **s. q. alla morte**, to save sb. from certain death **B** **sottrarsi** *v. rifl.* to escape; to avoid; (*un dovere, ecc.*) to shirk, to evade: **s. alla cattura**, to avoid capture; **s. al servizio militare**, to evade military service; **s. al fisco**, to evade taxation.
sottrazióne *f.* **1** (*asportazione*) removal; taking away **2** (*furto*) theft; (*appropriazione indebita*) embezzlement **3** (*mat.*) subtraction; (*deduzione*) deduction.
sottufficiàle *m.* (*mil.*) non-commissioned officer (*abbr.* NCO); (*naut.*) petty officer.
soubrette (*franc.*) *f. invar.* (*teatr.*) soubrette.
soufflé (*franc.*) *m. invar.* (*cucina*) soufflé.
souvenir (*franc.*) *m. invar.* souvenir.
sovènte *avv.* often; frequently.
soverchiànte *a.* overwhelming; overpowering.
soverchiàre *v. t.* **1** (*superare*) to surpass; to excel **2** (*sopraffare*) to overwhelm; to overpower; (*di suoni*) to rise* above, to drown, to cover.
sovèrchio (*lett.*) **A** *a.* excessive; too much; too great: **s. zelo**, excessive zeal; **soverchi scrupoli**, too many scruples **B** *m.* excess.
soviètico **A** *a.* Soviet **B** *m.* (*f.* **-a**) Soviet citizen.
sovrabbondànte *a.* **1** superabundant; excess (*attr.*); surplus (*attr.*) **2** (*turgido*) turgid; flamboyant; bombastic.
sovrabbondànza *f.* **1** (*quantità eccessiva*) excess; surplus; glut: **s. di zucchero sul mercato**, a glut of sugar on the market; **s. di manodopera**, surplus labour **2** (*grande abbondanza*) superabundance; surfeit; profusion.
sovrabbondàre *v. i.* **1** (*essere in eccesso*) to be superabundant; to be in excess **2** (*avere in eccesso*) to overflow (with); to be loaded (with); (*dare in eccesso*) to lavish (st.).
sovraccaricàre *v. t.* to overload (*anche elettr., telef.*); to overburden.
sovraccàrico **A** *a.* **1** overloaded (*anche elettr., telef.*); overburdened: **s. di lavoro**, overloaded with work; overworked **2** (*strapieno*) packed; crammed **3** (*eccessivo*) excessive; exaggerated **B** *m.* overload (*anche elettr., telef.*); excess weight.
sovraespórre *v. t.* (*fotogr.*) to overexpose.
sovraesposizióne *f.* (*fotogr.*) overexposure.
sovraffaticàre **A** *v. t.* to tire out; to overstrain **B** **sovraffaticàrsi** *v. i. pron.* to tire oneself out; to overstrain oneself.
sovraffollaménto *m.* overcrowding.
sovraffollàto *a.* overcrowded; jam-packed (*fam.*).
sovraintèndere *V.* **soprintendere**.
sovralimentàto *a.* **1** overfed **2** (*mecc.*) supercharged.
sovralimentatóre *m.* (*mecc.*) supercharger.
sovranità *f.* (*anche fig.*) sovereignty.
sovrannaturàle *a. e m.* supernatural.
sovràno **A** *a.* **1** sovereign: **stato s.**, sovereign state **2** (*sommo*) supreme; sovereign; (*di prima importanza*) paramount: **autorità sovrana**, supreme authoroty; **s. disinteresse**, supreme lack of interest; **La pace regna sovrana**, peace reigns **B** *m.* (*f.* **-a**) sovereign.
sovrappéso *m.* excess weight.
sovrappiù *V.* **soprappiù**.
sovrappopolàre *v. t.* to overpopulate.
sovrappopolàto *a.* overpopulated.
sovrappopolazióne *f.* overpopulation.
sovrappórre **A** *v. t.* **1** to superimpose; to place on (*o* over, on top of): **s. due immagini**, to superimpose one image on another; **s. due fogli**, to lay two pieces of paper one on the other **2** (*anteporre*) to set* above; (*imporre*) to impose **B** **sovrappórsi** *v. i. pron.* **1** to be superimposed; (*coprire parzialmente*) to overlap **2** (*accavallarsi*) to overlap; (*aggiungersi*) to come* on top; to be added **3** (*imporsi, sostituirsi*) to place oneself above; to usurp.
sovrapposizióne *f.* **1** superimposition; (*parziale*) overlapping, overlap **2** (*fig.*) overlapping; overlap **3** (*mat., geom., fis.*) superposition.
sovrappósto *a.* **1** placed on top; superimposed; (*parzialmente*) overlapping **2** (*mat., geom., fis.*) superposed.
sovrapprèzzo *m.* surcharge; overprice.
sovrapproduzióne *f.* (*econ.*) overproduction.
sovrastàmpa *f.* overprint.
sovrastampàre *v. t.* to overprint.
sovrastànte *a.* (*che si innalza*) rising above; (*che sta sopra*) overlooking, overhanging.
sovrastàre *v. t. e i.* **1** (*dominare dall'alto*) to rise* above; to dominate **2** (*essere superiore*) to surpass (st., sb.) **3** (*essere imminente*) to hang* over: to threaten (sb., st.).
sovrastruttùra *f.* superstructure.
sovrattàssa *V.* **soprattassa**.
sovreccitàbile *a.* overexcitable; highly-strung.
sovreccitàre **A** *v. t.* to overexcite **B** **sovreccitàrsi** *v. i. pron.* to become* (*o* to get*) overexcited.
sovreccitàto *a.* overexcited; fevered.
sovreccitazióne *f.* overexcitement.
sovrespórre *e deriv. V.* **sovraesporre** *e deriv.*
sovrimpòsta *f.* (*fin.*) additional tax; extra tax; surtax.
sovrimpressióne *f.* (*fotogr.*) superimposition; (*per errore*) double exposure • (*TV*) **scritta in s.**, caption; (*scorrevole*) running caption.
sovrintèndere *e deriv. V.* **soprintendere** *e deriv.*
sovrumàno *a.* (*anche fig.*) superhuman.
sovvenìre (*lett.*) **A** *v. i.* (*tornare alla mente*) to occur **B** **sovvenìrsi** *v. i. pron.* (*ricordarsi*) to remember.
sovvenzionaménto *m.* **1** subsidizing **2** *V.* **sovvenzione**.
sovvenzionàre *v. t.* to subsidize; to finance; to back financially.
sovvenzióne *f.* subsidy; subvention; financial backing; grant; aid ◻.
sovversióne *f.* subversion.
sovversìvo *a. e m.* (*f.* **-a**) subversive.
sovvertiménto *m.* subversion; overthrow.
sovvertìre *v. t.* to subvert; (*rovesciare*) to overthrow*.
sovvertitóre *m.* (*f.* **-trìce**) subverter.
sózzo *a.* (*anche fig.*) filthy; dirty; foul.
sozzùme *m.* filth.
sozzùra *f.* **1** (*l'essere sozzo*) filthiness; dirtiness; foulness **2** (*cosa sozza*) filth; filthy (*o* dirty, foul) thing.
spaccalégna *m. invar.* woodcutter; lumberjack (*USA*).
spaccamontàgne *m. invar.*, **spaccamónti** *m.* braggart; brag; boaster.
spaccapiètre *m. invar.* stonebreaker.
spaccàre **A** *v. t.* to break*; to crack; (*con ascia, ecc.*) to chop; (*dividere di netto*) to split*: **s. le pietre**, to break stones; **s. una noce**, to crack a nut; **s. la legna**, to chop wood; **Il gelo ha spaccato i tubi**, the cold burst the pipes; **s. un partito**, to split a party • **s. il minuto**, (*di orologio*) to keep perfect time; (*di persona*) (always) to be dead on time □ **C'è un sole che spacca le pietre**, the sun is blazing down; the sun is splitting the pavements □ (*pop.*) **Ti spacco il muso!**, I'll bash your face in! □ (*fam.*) **O la va o la spacca!**, here goes!; it's all or nothing! **B** **spaccàrsi** *v. i. pron.* to break*; to crack; to split*; (*scoppiare*) to burst.
spaccàta *f.* **1** (*ginnastica, danza*) splits (*pl.*) **2** (*gergale: furto*) smash-and-grab raid.
spaccàto **A** *a.* **1** (*rotto*) broken, cracked; (*con fessura*) split, cleft; (*fatto a pezzi*) chopped: **trave spaccata**, split beam; **legna spaccata**, chopped wood **2** (*vero e proprio*) thorough; out-and-out; through and through (*pred.*) • **sordo s.**, stone-deaf □ **Quel bambino è suo fratello s.**, that child is the spitting image of his brother **B** *m.* **1** (*archit.*) vertical section; cutaway view **2** (*fig.*) cross-section.
spaccatùra *f.* **1** (*fenditura*) split; cleft; fissure; crack **2** (*fig.*) cleavage; rift; split.
spacchettàre *v. t.* to unpack; to unwrap.
spacciàre **A** *v. t.* **1** (*smerciare*) to sell* off **2** (*vendere clandestinamente*) to traffic in; to peddle: **s. droga**, to peddle drugs; to push drugs (*fam.*) **3** (*far passare per*) to pass off (as): **Me la voleva s. per sua sorella**, he tried to pass her off to me as his sister **4** (*mettere in circolazione*) to circulate; to utter: **s. moneta falsa**, to utter counterfeit money **5** (*divulgare*) to spread*: **s. una notizia**, to spread a piece of news **6** (*uccidere*) to finish off **B** **spacciàrsi** *v. rifl.* to give*

oneself out (to be *o* as); to pass oneself off (as).
spacciàto *a.* as good as dead; done for: **Sono s.!**, I'm done for!; I'm a goner! (*fam.*); **dare q. per s.**, to give sb. up (as dead); to write sb. off (*fam.*).
spacciatóre *m.* (*f.* **-trice**) trafficker; peddler: **s. di droga**, drug peddler; (drug) pusher; **s. di moneta falsa**, utterer of counterfeit money.
spàccio *m.* ***1*** (*vendita*) sale; (*illegale*) trafficking, peddling: **s. clandestino**, illegal trading; **s. di droga**, drug trafficking; drug peddling (*fam.* pushing) ***2*** (*luogo di vendita*) shop; store (*USA*): **s. di tabacchi**, tobacconist's (shop); **s. aziendale**, factory shop; company store (*USA*) ***3*** (*mil.*) canteen.
spàcco *m.* ***1*** (*fenditura*) fissure, cleft, split; (*incrinatura*) crack ***2*** (*moda*) slash; slit; (*di giacca, ecc.*) vent ***3*** (*strappo*) tear; rent.
spacconàta *f.* (*fam.*) brag; boast; boasting Ⓤ; big words (*pl.*).
spaccóne *m.* (*fam.*) braggart; brag; boaster; blowhard (*fam. USA*).
spàda *f.* ***1*** sword; (*da scherma*) épée (*franc.*): **colpo di s.**, sword-thrust; **tirare di s.**, to fence ***2*** (*spadaccino*) swordsman*; blade ● **s. di Damocle**, sword of Damocles □ **difendere q. a s. tratta**, to defend sb. to the hilt □ (*anche fig.*) **incrociare la s. con q.**, to cross swords with sb. □ **passare a fil di s.**, to put to the sword.
spadaccìno *m.* swordsman*.
spadino *m.* dress-sword; smallsword.
spadista *m. e f.* (*scherma*) épéeist; fencer.
spadóne *m.* broadsword.
spadroneggiàre *v. i.* to lord it; to throw* one's weight about.
spaeṣaménto *m.* disorientation; lost feeling.
spaeṣàto *a.* out of one's element; lost.
spaghettàta *f.* (*fam.*) spaghetti meal.
spaghétti *m. pl.* (*cucina*) spaghetti Ⓤ.
spàglio *m.* — (*agric.*) **seminare a s.**, to sow broadcast; **semina a s.**, broadcasting.
spagnòla *f.* (*med.*) Spanish influenza; Spanish flu.
spagnolésco *a.* (*spreg.*) haughty; arrogant.
spagnolétta *f.* ***1*** (*di filo*) spool; reel ***2*** (*per finestra*) espagnolette.
spagnòlo ***A*** *a.* Spanish ***B*** *m.* ***1*** (*f.* **-a**) Spaniard (*f.* Spanish woman*) ***2*** (*lingua*) Spanish.
spàgo (**1**) *m.* string; twine ● **dare s. a q.**, to let sb. talk; to humour sb.
spàgo (**2**) *m.* (*fam.*: *paura*) scare; fright: **Mi sono preso un bello s.**, I got the fright of my life; **avere s.**, to be scared.
spaiàto *a.* odd; unmatched.
spalancàre ***A*** *v. t.* to open wide; to throw* open; to fling* open: **s. gli occhi**, to open one's eyes wide; to goggle; **s. la bocca**, to open one's mouth wide; to gape; **s. una porta con un calcio**, to kick a door wide open; **s. le ali**, to spread one's wings ***B*** **spalancàrsi** *v. i. pron.* to open wide; to be throw (*o* flung) open; to burst open; (*di fosso e sim.*) to yawn, to gape.
spalancàto *a.* wide-open; gaping; open; (*disteso*) spread out: **La finestra era spalancata**, the window was wide open; **occhi spalancati**, wide-open eyes; **guardare q.c. con occhi spalancati**, to stare at st. wide-eyed; **bocca spalancata**, gaping mouth; **a bocca s.**, open-mouthed; gaping.
spalàre *v. t.* to shovel.
spalatóre *m.* (*f.* **-trice**) shoveller.
spalatrice *f.* (*agric.*) grain aereator.
spàlla *f.* ***1*** shoulder; (*al pl.*: *schiena*) back (*sing.*): **avere le spalle larghe** (*o* **buone spalle**), to have broad shoulders; to be broad-shouldered; **stringersi nelle** (*o* **scrollare le**) **spalle**, to shrug (one's shoulders); **una s. per piangere**, a shoulder to cry on; **Questa giacca è stretta di s.**, this jacked is narrow across the shoulders; **dare le spalle a q.**, to have one's back turned on sb.; **pugnalata alle spalle**, stab in the back ***2*** (*cucina*) shoulder ***3*** (*edil.*) abutment ***4*** (*teatr.*) stooge; straight man: **fare da s. a q.**, to stooge for sb. ● (*mil.*) **Spall'arm!**, shoulder arms! □ **alle spalle**, behind: **attaccare alle spalle**, to attack from behind; **Ce l'hai alle s.**, it's right behind you; **avere alle spalle una lunga esperienza**, to have years of experience behind one □ **avere le spalle al muro**, to have one's back to the wall □ **avere le s. coperte**, to be well covered □ **Ha la famiglia sulle spalle**, to have one's family to support □ **coprire le spalle a q.**, to cover for sb. □ (*fig.*) **gettarsi q.c. dietro le spalle**, to put st. behind one; to take no further notice of st. □ **guardarsi alle spalle**, to look over one's shoulder □ **guardarsi le spalle**, to watch out □ **prendere in s. un bambino**, to put a child on one's shoulder □ **prendersi una responsabilità sulle spalle**, to take a responsibility on oneself □ **mettersi il fucile** [**lo zaino**] **in s.**, to shoulder one's gun [one's pack] □ **ridere alle spalle di q.**, to laugh at sb. behind his back □ **trasportare a s.**, to carry on one's back □ **vivere alle spalle di q.**, to live off sb. □ **volgere le spalle** (*fuggire*), to flee □ (*fig.*) **voltare le spalle a q.**, to turn one's back on sb.; (*non salutare*) to cold-shoulder sb.
spallàta *f.* ***1*** (*urtone*) push (*o* shove) with the shoulder: **Lo scostò con una s.**, he shouldered him out of the way; **farsi largo a spallate**, to shoulder one's way; **Abbattè la porta con una s.**, he knocked down the door with his shoulder ***2*** (*alzata di spalle*) shrug (of the shoulders).
spalleggiaménto *m.* backing; support.
spalleggiàre ***A*** *v. t.* to back; to support ***B*** **spalleggiàrsi** *v. rifl. recipr.* to back (*o* to support) each other (*o* one another).
spallétta *f.* ***1*** (*parapetto*) parapet ***2*** (*edil.*) embrasure ***3*** (*argine*) embankment.
spallièra *f.* ***1*** (*di sedia, ecc.*) back ***2*** (*di letto*: *testata*) head; (*fondo*) foot ***3*** (*di piante*) espalier ***4*** (*attrezzo ginnico*) wall bars (*pl., GB*); stall bar (*USA*).
spallìna *f.* ***1*** (*mil.*) epaulet(te) ***2*** (*di indumento*) shoulder strap: **senza spalline**, strapless ***3*** (*imbottitura*) shoulder pad.
spallùccia *f.* — **fare spallucce**, to shrug one's shoulders.
spalmàre ***A*** *v. t.* to smear; to spread*; (*soffregando*) to rub: **s. di olio**, to oil; **s. burro su una fetta di pane**, to spread butter on (*o* to butter) a slice of bread; **spalmarsi le mani di crema**, to apply cream to (*o* to rub cream into) one's hands ***B*** **spalmàrsi** *v. rifl.* to smear (*o* to rub) (st.) all over oneself.
spàlto *m.* ***1*** (*mil.*) glacis; (*merlato*) battlement ***2*** (*al pl.*) (*di stadio*) terraces.
spampanàrsi *v. i. pron.* (*di fiore*) to open out; to be overblown.
spampanàto *a.* (*di fiore*) overblown.
spanàre *v. t.*, **spanàrsi** *v. i. pron.* (*mecc.*) to strip.
spanciàre ***A*** *v. i.* ***1*** (*di tuffatore*) to belly flop ***2*** (*aeron.*) to do* a belly-landing; to pancake ***B*** **spanciàrsi** *v. i. pron.* — **s. dal ridere** (*o* **dalle risa**), to split one's sides (with laughter).
spanciàta *f.* ***1*** (*colpo*) belly-flop ***2*** (*scorpacciata*) big feed; blow-out (*fam. GB*) ***3*** (*aeron.*) belly-landing.
spàndere ***A*** *v. t.* ***1*** (*distendere*) to spread* (out); to lay* out ***2*** (*versare*) to shed*; to pour out; (*rovesciare*) to spill*; (*sgocciolare*) to leak: **s. lacrime**, to shed tears ***3*** (*diffondere*) to give* out (*o* off): **s. una debole luce**, to give out a faint light; **s. calore**, to give off heat ***4*** (*sparpargliare*) to scatter; to strew* ***5*** (*divulgare*) to spread*; to circulate ***6*** (*spalmare*) to spread* ***B*** **spàndersi** *v. i. pron.* to spread*.
spandiconcìme *m. invar.* (*agric.*) manure spreader; muck-spreader.
spànna *f.* ***1*** handsbreadth ***2*** (*misura*) (about) nine inches; (about) twenty centimetres ● (*scherz., di bambino*) **alto una s.**, kneehigh to a grasshopper □ **andare a spanne**, to calculate approximately; to give a rough guess □ **lavoro fatto a spanne**, rough job.
spannocchiàre *v. t.* to husk (*o* to shuck) (*corn*).
spaparacchiàrsi *v. i. pron.* to sprawl.
spappolàre ***A*** *v. t.* to reduce to a pulp (*o* mush); (*schiacciando*) to crush to a pulp ***B*** **spappolàrsi** *v. i. pron.* to be reduced to a pulp; to get mushy.
spappolato *a.* reduced to a pulp; mushy: **piede s.**, foot reduced to a pulp; **patate spappolate**, mushy potatoes.
sparachiòdi *m.* riveting gun.
sparàre ***A*** *v. i.* ***1*** to shoot*; (*fare fuoco*) to fire: **s. a una lepre**, to shoot at a hare; **Gli sparò alla gamba**, he shot him in the leg; **s. addosso a q.**, to shoot at sb.; **Sparai due volte**, I fired twice ***2*** (*di colore*) to be dazzling ● **s. a salva**, to fire a blank; to fire salvoes □ **s. a zero**, to shoot point-blank; (*fig.*) to lash out (against) ***B*** *v. t.* (*anche fig.*) to fire; to shoot*: **s. un colpo**, to fire a shot; **s. una palla in porta**, to shoot a goal; **s. una domanda**, to fire a question ● **s. calci**, to kick (sb.) □ **s. fandonie**, to talk big; to shoot a line

□ **s. una notizia in prima pagina**, to splash a story all over the front page □ (*fig.*) **s. l'ultima cartuccia**, to play one's last card □ **spararle grosse**, to talk big □ **spararsi un colpo in testa**, to put a bullet through one's head □ (*pop.*) **spararsi una coca**, to have a Coke.
sparàta *f.* ***1*** discharge; volley ***2*** (*spacconata*) brag; boast ***3*** (*attacco verbale*) attack; verbal onslaught.
sparàto (**1**) *m.* (*di camicia*) shirt-front; (*falso*) dicky.
sparàto (**2**) *a.* (*fam.*: *veloce*) fast; like a shot; flat out: **partire s.**, to be off like a shot; **andare s.**, to go flat out; to belt along (*GB*); to barrel along (*USA*).
sparatòria *f.* shooting; gunfight; (*con la polizia o fra malviventi*) shoot-out.
sparecchiàre *v. t.* to clear (the table).
sparéggio *m.* ***1*** (*rag.*) deficit ***2*** (*sport*) play-off: **incontro di s.**, play-off; deciding game; decider.
spàrgere ***A*** *v. t.* ***1*** (*disseminare, cospargere*) to scatter; to strew*; to spread*; (*a pioggia*) to sprinkle: **s. il letame**, to spread manure; **s. fiori**, to scatter (*o* to strew) flowers; **s. sale sul cibo**, to sprinkle salt on one's food ***2*** (*versare*) to shed*: **s. sangue** [**lacrime**], to shed blood [tears] ***3*** (*diffondere, divulgare*) to spread*: **s. false notizie**, to spread false rumours ***4*** (*emanare*) to shed*; to give out (*o* off): **s. un debole chiarore**, to shed a dim light; **s. calore**, to give off heat ***B*** **spàrgersi** *v. i. pron.* ***1*** (*disperdersi*) to spread*; to scatter; to disperse ***2*** (*diffondersi*) to spread*.
spargiménto *m.* ***1*** scattering; strewing ***2*** (*il versare*) shedding: **s. di sangue**, shedding of blood; bloodshed; **vittoria senza s. di sangue**, bloodless victory.
spargipépe *m. invar.* pepper pot; (*a macinino*) pepper mill.
spargisàle *m. invar.* saltcellar (*GB*); salt shaker (*USA*).
sparìre *v. i.* to disappear; to vanish: **il sole sparì dietro una nuvola**, the sun disappeared behind a cloud; **Mi sono sparite le chiavi**, ny keys have vanished; **Il mal di testa è sparito**, my headache has gone; **s. senza lasciare traccia**, to vanish without trace; **Dov'eri sparito?**, where had you gone off to? • **Sparisci!**, get lost!; clear out! □ **far s. q.c.**, (*nasconderla*) to hide st.; (*rubarla*) to steal st.; (*fam.*: *mangiarla*) to polish off, to put away □ **far s. q.** (*ucciderlo*), to dispose of sb.
sparizióne *f.* disappearance.
sparlàre *v. i.* to talk behind (sb.'s) back; to backbite (sb.); to run* down (sb., st.) (*fam.*).
spàro *m.* ***1*** (*lo sparare*) firing; shooting ***2*** (*colpo*) shot; (*rumore*) report, crack: **s. di fucile**, rifle shot; gunshot; **sentire uno s.**, to hear a shot (*o* the crack of a gun).
sparpagliàre ***A*** *v. t.* to scatter; to throw* about; to litter ***B*** **sparpagliàrsi** *v. i. pron.* to scatter; to disperse.
sparsaménte *avv.* sparsely; here and there.
spàrso *a.* ***1*** (*sparpagliato*) scattered: **scritti sparsi**, scattered writings; **piogge sparse**, scattered showers; **cartacce sparse per terra**, litter scattered all over the place ***2*** (*cosparso*) scattered; strewn ***3*** (*sciolto*) loose: **con i capelli sparsi**, with one's hair loose ***4*** (*versato*) shed • **in ordine s.**, by twos and threes; (*mil.*) in open order. ATTENZIONE: **sparso** ≠ sparse.
spartàno *a. e m.* (*f.* **-a**) Spartan (*f.* Spartan woman*): **educazione spartana**, Spartan upbringing.
spartiàcque *m. invar.* (*geogr. e fig.*) watershed; divide.
spartinéve *m. invar.* snowplough, snowplow (*USA*).
spartìre *v. t.* ***1*** to divide; (*distribuire*) to share out; (*territorio, profitti, ecc.*) to carve up ***2*** (*separare*) to separate; to divide; to part • **non aver nulla da s. con q.**, to have nothing to do with sb.
spartìto *m.* (*mus.*) score.
spartitràffico *m. invar.* central reservation (*GB*); median strip (*USA*) • **isola s.**, traffic island.
spartizióne *f.* division; sharing out; (*di territorio, profitti, ecc.*) carve-up.
sparùto *a.* ***1*** lean; gaunt; haggard ***2*** (*fig.*) scanty; meagre.
sparvièro *m.* ***1*** (*zool.*) sparrowhawk ***2*** (*edil.*) mortarboard; hod.
spaṣimànte *m. e f.* (*scherz.*) admirer; suitor (*m.*).
spaṣimàre *v. i.* ***1*** to be racked (with); to be in terrible pain: **s. per il dolore**, to be racked with pain ***2*** (*fig.*) to long; to yearn • **s. per q.**, to be head over ears in love with sb. (*fam.*).
spàṣimo *m.* (*anche fig.*) pang; pain: **gli spasimi della fame**, the pangs of hunger; **morire tra gli spasimi**, to die in terrible pain.
spàṣmo *m.* (*med.*) spasm.
spaṣmòdico *a.* ***1*** (*med.*) spasmodic ***2*** (*tormentoso*) agonizing; (*affannoso*) frantic.
spassàrsi *v. rifl.* to enjoy oneself; to have a good time: **spassarsela**, to have fun 🅄; to have a great time; **spassarsela un mondo**, to have the time of one's life; to have a ball (*fam.*).
spassionàto *a.* dispassionate; impartial; unbias(s)ed.
spàsso *m.* ***1*** (*divertimento*) fun 🅄; amusement; (*passatempo*) pastime: **Che s.!**, what fun! ***2*** (*cosa o persona spassosa*) laugh; scream (*fam.*); riot (*fam.*); hoot (*fam. GB*); gas (*fam. USA*) ***3*** (*passeggio*) — **andare a s.**, to go for a walk • **essere** (*o* **trovarsi**) **a s.** (*senza lavoro*), to be out of work □ **mandare q. a s.**, to send sb. about his business; (*licenziare*) to sack sb.
spassóso *a.* funny; fun (*pred.*; *USA, anche attr.*); hilarious.
spàstico *a. e m.* (*f.* **-a**) (*med.*) spastic.
spàto *m.* (*miner.*) spar.
spàtola *f.* spatula; (*cucina, pitt.*) palette knife*.
spauràcchio *m.* scarecrow; bugbear; bogey(man*).
spaurìre ***A*** *v. t.* to frighten; to scare ***B*** **spaurìrsi** *v. i. pron.* to take* fright; to be scared.
spaurìto *a.* frightened; scared.
spavalderìa *f.* ***1*** boldness; defiance; arrogance ***2*** (*vanteria*) brag; boast.
spavàldo *a.* bold; defiant; cocksure; cocky.
spaventapàsseri *m.* (*anche fig.*) scarecrow.
spaventàre ***A*** *v. t.* to frighten; to give* (sb.) a fright; to scare; to spook (*fam. USA*) ***B*** **spaventàrsi** *v. i. pron.* to be (*o* to get*) frightened; to be (*o* to get*) scared; to take* fright (at).
spaventàto *a.* frightened; scared.
spaventévole *V.* **spaventoso**.
spavénto *m.* ***1*** fear; fright; scare: **Fu preso dallo s.**, he was seized with fear; he was frightened; **rimettersi dallo s.**, to get over the fright; **fare s. a q.**, (*spaventare*) to give sb. a fright; to frighten sb.; (*essere spaventoso*) to be (*o* to look) frightful; **incutere s.**, to inspire fear ***2*** (*vista spaventosa*) fright; sight • **Che s.!**, how frightful!; how scary!; (*che orrore*) how dreadful! □ **conciato da far s.**, in a frightful mess □ **pallido da far s.**, frightfully pale □ **far morire di s. q.**, to scare sb. out of his wits; to scare the living daylights out of sb. (*fam.*).
spaventóso *a.* ***1*** frightful; frightening; dreadful; terrible; (*orribile*) horrible, awful, ghastly ***2*** (*fam.*: *straordinario*) terrific; tremendous; (*che lascia allibiti*) appalling.
spaziàle *a.* spatial; (*rif. allo spazio cosmico*) space (*attr.*): **capsula s.**, space capsule.
spaziàre ***A*** *v. i.* ***1*** to move freely; to run* free; to range ***2*** (*fig.*) to sweep*; to range ***B*** *v. t.* (*anche tipogr.*) to space.
spaziatóre *a.* spacing; space (*attr.*): **barra spaziatrice**, space bar.
spaziatùra *f.* (*anche tipogr.*) spacing; space.
spazientìre ***A*** *v. t.* to try (sb.'s) patience ***B*** **spazientìrsi** *v. i. pron.* to lose* patience.
spazientìto *a.* irritated; exasperated; out of patience.
spàzio *m.* ***1*** space; (*posto*) room; (*distanza*) distance; (*zona, area*) area: **s. cosmico**, cosmic space; **mancanza di s.**, lack of space; **C'è s. per tutti**, there's plenty of room for everyone; **lo s. percorso**, the distance covered; **s. verde**, green area (*o* space) ***2*** (*periodo di tempo*) period; space: **nello s. di sei mesi**, in the space of six months; within six months ***3*** (*opportunità*) scope ***4*** (*tipogr., mus.*) space • **s. per le gambe**, leg room □ **s. di frenata**, braking distance □ **s. di manovra**, room to manoeuvre; (*fig.*) leeway □ **s. pubblicitario**, advertising space □ **s. vitale**, living space □ **dare s. a q.c.**, to make room for st. □ **fare s. a q.c.**, to make room for st. □ **ritagliarsi uno s.**, to make a niche for oneself.
spaziosità *f.* spaciousness; roominess; vastness.
spazióso *a.* spacious; large; roomy; (*ampio*) wide, broad.
spazio-temporàle *a.* (*fis.*) space-time (*attr.*).
spazzacamìno *m.* chimneysweep(er).
spazzamìne *m. invar.* (*naut.*) minesweeper.
spazzanéve *m. invar.* snowplough, snowplow (*USA*) • **sciare a s.**, to snowplough.
spazzàre *v. t.* ***1*** to sweep*: **s. una stanza**, to sweep out a room; **Le onde spazzavano il ponte**, the waves swept the

deck; **Il vento spazzò via le nuvole**, the wind swept away the clouds **2** (*cancellare, eliminare*) to wipe out; to sweep* away • **s. via tutto**, to make a clean sweep of everything; (*al gioco*) to sweep the board.

spazzàta *f.* sweep; sweep-out.

spazzatùra A *f.* rubbish (*GB*); garbage, trash (*USA*): **bidone della s.**, rubbish bin, dustbin (*GB*); garbage can (*USA*); **camion della s.**, rubbish cart, dustcart (*GB*); garbage truck (*USA*) • **trattare q. come s.**, to treat sb. like dirt **B** *a. invar.* trashy; junk (*attr.*): **romanzo s.**, trashy novel; **cibo s.**, junk food.

spazzìno *m.* street sweeper; street cleaner; (*netturbino*) dustman*, rubbish collector (*GB*), garbage collector (*USA*).

spàzzola *f.* brush: **s. per abiti**, clothes brush; **s. da capelli**, hairbrush • (*autom.*) **s. del tergicristallo**, windscreen wiper blade □ **capelli a s.**, crew cut: **portare i capelli a s.**, to wear a crew cut.

spazzolàre *v. t.* to brush.

spazzolàta *f.* brush; brush-up • **Verrà via con una s.**, it'll brush off.

spazzolino *m.* (small) brush: **s. da denti**, toothbrush.

spazzolóne *m.* long-handled scrubbing brush.

speaker (*ingl.*) *m. invar.* **1** (*radio, TV*) announcer; newsreader **2** (*sport*) commentator **3** (*polit.*) speaker.

specchiàrsi *v. rifl. e i. pron.* **1** to look at oneself in a mirror; to look at one's reflection **2** (*riflettersi*) to be reflected; to be mirrored.

specchiàto *a.* flawless; exemplary.

specchièra *f.* **1** (large) mirror **2** (*toletta*) dressing table.

specchiétto *m.* **1** (hand-)mirror: (*autom.*) **s. retrovisore**, driving mirror; rear-view mirror; (*autom.*) **s. laterale**, wing mirror **2** (*prospetto*) table • **s. per le allodole**, decoy; window dressing Ⓤ.

spècchio *m.* **1** mirror (*anche fig.*); looking-glass: **guardarsi allo s.**, to look at oneself in the mirror **2** (*prospetto*) prospectus, schedule, table; (*orario*) timetable **3** (*esempio*) model; example; paragon: **s. di onestà**, model of honesty; **s. di virtù**, paragon of virtue • **s. d'acqua**, stretch of water □ (*calcio*) **s. della porta**, goal mouth □ (*autom.*) **s. retrovisore**, *V.* **specchietto** □ (*TV, cinem.*) **s. segreto**, candid camera □ **liscio come uno s.**, as smooth as glass □ **pulito come uno s.**, spick-and-span.

speciàle *a.* **1** special; (*particolare*) particular: **Che cos'ha di tanto s.?**, what's so special about it?; **in modo s.**, especially; particularly **2** (*di prima qualità*) choice (*attr.*); first-quality (*attr.*) **3** (*curioso*) peculiar; curious; different.

specialista A *m. e f.* **1** (*esperto*) expert; specialist; consultant **2** (*medico*) specialist; consultant (*GB*) **3** (*tecnico*) engineer; technician **B** *a.* — **medico s.**, specialist.

specialistico *a.* specialized; specialist (*attr.*): **conoscenze specialistiche**, specialized knowledge; **visita specialistica**, specialist examination.

specialità *f.* **1** speciality; specialty (*USA*) **2** (*campo speciale*) special field **3** (*sport*) event • **s. farmaceutiche**, proprietary medicines.

specializzàre *v. t.*, **specializzàrsi** *v. rifl.* to specialize.

specializzàto *a.* specialized; qualified; skilled: **settore s.**, specialized field; **operaio s. [non s.]**, skilled [unskilled] worker; **un medico s. in cardiologia**, (a doctor who is) a specialist in cardiology.

specializzazióne *f.* specialization • (*all'università*) **scuola di s.**, postgraduate (*USA* graduate) school.

specialménte *avv.* especially; particularly.

spècie (**1**) *f. invar.* **1** kind; sort: **gente di ogni s.**, people of every kind (*o* from all walks of life); **una s. di mago**, a sort of magician **2** (*scient.*) species* • **fare s. a q.**, to surprise sb.; to strike sb. as odd □ **in s.**, especially; in particular □ **nella s.**, in this [that] particular case.

spècie (**2**) *avv.* especially; particularly.

specifica *f.* (*comm.*) detailed list; specification.

specificaménte *avv.* specifically; particularly.

specificàre *v. t.* to specify; to state; to mention explicitly.

specificataménte *avv.* specifically; in detail.

specificàto *a.* specified; detailed.

specificazióne *f.* specification; (*lista*) detailed (*o* itemized) list • (*gramm.*) **complemento di s.**, genitive case.

specificità *f.* specificity.

specìfico A *a.* specific **B** *m.* **1** (*farm.*) specific (remedy) **2** specific nature; peculiarity • **nello s.**, in the specific instance.

specillo *m.* (*med.*) probe.

specimen (*lat.*) *m. invar.* **1** (*saggio, campione*) specimen; sample **2** (*editoria*) specimen (page) **3** (*banca*) signature specimen.

speciosità *f.* speciosity; speciousness.

speciόso *a.* specious.

spècola *f.* observatory.

speculàre (**1**) *v. i.* **1** to speculate (on); to inquire (into) **2** (*fin.*) to speculate: **s. in Borsa**, to speculate on the Stock Exchange **3** (*sfruttare*) to exploit; to take* advantage (of); to capitalize (on) • (*Borsa*) **s. al rialzo**, to bull; to operate for a rise □ (*Borsa*) **s. al ribasso**, to bear; to speculate for a fall.

speculàre (**2**) *a.* specular; mirror (*attr.*).

speculativo *a.* speculative.

speculatóre *m.* (*f.* **-trice**) **1** (*Borsa, fin.*) speculator: **s. edilizio**, property speculator **2** (*profittatore*) profiteer.

speculazióne *f.* **1** speculation; meditation **2** (*Borsa, fin.*) speculation **3** (*polit.*) opportunism.

spedire *v. t.* **1** to send*; (*per posta*) to send* (by post), to post, to mail (*USA*); (*via mare*) to ship; (*inoltrare*) to forward: **s. q.c. a mezzo corriere**, to send st. through a forwarding agent; **s. per ferrovia**, to send by rail; **s. per posta aerea**, to send by air mail; to air-mail **2** (*una persona*) to send*; (*mandare via*) to send* off, to pack off: **Lo spedii a comprarmi del vino**, I sent him out to buy some wine; **s. a letto**, to send off to bed.

speditézza *f.* expedition; promptness; speed; quickness.

spedìto A *a.* **1** (*sollecito, pronto*) prompt; ready; (*veloce*) fast, quick **2** (*sciolto*) fluent **B** *avv.* **1** promptly; quickly **2** (*in modo sciolto*) fluently.

spedizióne *f.* **1** (*comm.*) consignment; forwarding; (*via mare*) shipment; (*di lettere, pacchi*) posting, mailing: **spese di s.**, forwarding (*o* shipping) charges; **s. per ferrovia**, forwarding by rail; **bollettino di s.**, consignment note **2** (*scient., mil.*) expedition • **agenzia di s.**, forwarding (*o* shipping) agency □ (*mil.*) **corpo di s.**, expeditionary force.

spedizionière *m.* **1** (*comm.*) forwarding agent **2** (*naut., anche* **s. marittimo**) shipper; shipping agent.

spègnere A *v. t.* **1** (*fuoco*) to extinguish, to put* out, (*soffiando*) to blow* out: **s. le fiamme**, to extinguish the flames; **s. un incendio**, to put out a fire; **s. una sigaretta**, to put out a cigarette; (*premendola*) to stub out a cigarette **2** (*gas*) to turn off; (*luce, TV, motore, ecc.*) to switch off **3** (*fig.*) to stifle; to extinguish; to kill • **s. la calce viva**, to slake lime □ **s. un'ipoteca**, to discharge a mortgage □ **s. la sete**, to quench one's thirst **B spègnersi** *v. i. pron.* **1** (*di luce, fuoco*) to go* out; to die out; (*di macchina*) to cut* out; (*di motore*) to stall: **Le luci si spensero**, the lights went out; **Mi si è spenta la pipa**, my pipe has gone out; **Il boiler si spegne da solo**, the boiler cuts out automatically **2** (*fig.*) to die down (*o* away); to fade away **3** (*morire*) to pass away; to die.

spegnitóio *m.* extinguisher; snuffer.

spelacchiàrsi *v. i. pron.* to lose* (patches of) hair [fur]; to become* worn.

spelacchiàto *a.* **1** (*di pelliccia*) worn; with bare parches **2** (*di animale*) mangy.

spelàre A *v. t.* to remove the hair [the fur] from **B** *v. i. e* **spelàrsi** *v. i. pron.* to lose* one's hair [one's fur].

spelàto *a.* **1** hairless; furless **2** (*di pelliccia*) worn.

speleologìa *f.* spel(a)eology; (*sport*) caving, potholing, spelunking (*USA*).

speleòlogo *m.* (*f.* **-a**) spel(a)eologist; (*dilettante*) potholer, spelunker (*USA*).

spellàre A *v. t.* **1** (*scuoiare*) to skin; to flay **2** (*fam.: scorticare*) to bark; to scrape; to graze: **spellarsi una mano**, to scrape a hand; **Il sole mi ha spellato il naso**, the sun has made my nose peel **3** (*fig.*) to fleece; to rip off **B spellàrsi** *v. i. pron.* to peel.

spellatùra *f.* **1** skinning; flaying **2** (*escoriazione*) scrape; graze.

spelónca *f.* **1** cavern; cave **2** (*fig.*) den; hovel.

spendaccione *m.* (*f.* **-a**) spendthrift; big spender.

spèndere *v. t.* (*anche fig.*) to spend*: **s. in vestiti**, to spend on clothes; **s. tempo e fatica**, to spend time and energy; **saper s.**, to know how to spend one's money • **s. a piene**

mani, to be free with one's money □ **s. e spandere**, to throw one's money about; to splash out; to splurge □ **s. una parola per q.**, to put in a good word for sb. □ **Quanto ti hanno fatto s.?**, how much did they charge you? □ (*prov.*) **Chi più spende meno spende**, cheapest is dearest.
spenderéccio *a.* spendthrift (*attr.*); extravagant; prodigal.
spèngere *V.* **spegnere**.
spennacchiàto *a.* plucked; featherless.
spennàre ***A*** *v. t.* ***1*** to pluck; to pull out the feathers of ***2*** (*fig.*) to fleece; to rip off ***B*** **spennàrsi** *v. i. pron.* to moult; to lose* one's feathers.
spennellàre *v. t. e i.* (*anche med.*) to paint.
spennellatùra *f.* (*anche med.*) painting.
spensierataménte *avv.* cheerfully; light-heartedly; (*senza darsi pensiero*) breezily, in a happy-go-lucky fashion, carelessly.
spensieratézza *f.* ***1*** (*allegria*) cheerfulness; light-heartedness; blitheness ***2*** (*assenza di preoccupazioni*) breeziness; carefree attitude; (*sventatezza*) carelessness.
spensieràto *a.* ***1*** (*allegro*) cheerful; light-hearted ***2*** (*senza pensieri*) breezy; carefree; happy-go-lucky; (*sventato*) careless.
spènto *a.* ***1*** (*di fuoco*) extinguished; out (*pred.*); (*di sigaretta*) burnt-out ***2*** (*di luce*) out (*pred.*); (*di apparecchio*) off (*pred.*); (*di motore*) switched off ***3*** (*estinto*) extinct: **vulcano s.**, extinct volcano ***4*** (*scialbo, smorto*) dull; dead: **colori spenti**, dull colours.
spenzolàre ***A*** *v. t. e i.* to dangle; to hang* out; to hang* down ***B*** **spenzolàrsi** *v. rifl.* to lean* out; to hang* out.
speràbile *a.* to be hoped (for).
sperànza *f.* ***1*** hope; (*aspettazione*) expectation: **abbandonare ogni s.**, to give up (*o* to abandon) all hope; **deludere le speranze di q.**, to disappoint sb.'s expectations; **oltre ogni s.**, beyond (*o* past) all hope; **al di là delle mie speranze**, beyond my expectations; **Non c'è più s. per lui**, he is beyond hope ***2*** (*persona*) promising musician [actor, player, etc.]; rising star; young hopeful • **di belle speranze**, promising □ **mezza s.**, faint hope □ (*nelle lettere*) **nella s. di rivedervi presto**, hoping to see you soon □ **nutrire la s. di**, to have set (*o* pinned) one's hopes on □ **senza s.**, hopeless (*agg.*); hopelessly (*avv.*).
speranzóso *a.* hopeful; expectant.
speràre ***A*** *v. t.* ***1*** to hope (to do st., for st.): **Spero di riuscire**, I hope to succeed; **Spero di no**, I hope not; **Spero di sì**, I hope so; **Non è la risposta che speravo**, it's not the answer I had hoped for ***2*** (*aspettarsi*) to expect: **Che altro possiamo s. ora?**, what else can we expect now? ***B*** *v. i.* to hope: **s. nel futuro**, to hope in the future; **Spera nel tuo aiuto**, he hopes you will help him; **Speriamo bene!**, let's hope for the best!; **Spero b.!** (*o* **Voglio s.!**), I should hope so!
speràto *a.* hoped-for; wished-for; (*atteso*) expected.
spèrdersi *v. i. pron.* to lose* oneself; to get* lost; to lose* one's way.
sperdùto *a.* ***1*** (*perduto*) lost ***2*** (*smarrito*) lost; (*a disagio*) ill at ease ***3*** (*isolato*) out-of-the-way: remote; isolated.
sperequazióne *f.* (*econ.*) disproportion; inequality.
spergiuràre *v. i.* to perjure oneself.
spergiùro *m.* ***1*** (*f.* **-a**) perjurer ***2*** (*giuramento falso*) perjury.
spericolàto ***A*** *a.* (*audace*) daring; (*incosciente*) reckless, madcap, foolhardy ***B*** *m.* daredevil; reckless person.
sperimentàle *a.* experimental.
sperimentàre *v. t.* ***1*** to experiment with; (*sottoporre a prova*) to test, to try out ***2*** (*fare esperienza di*) to experience.
sperimentàto *a.* ***1*** (*esperto*) experienced; expert; skilled ***2*** (*provato*) proven, well-tried; (*noto*) known; (*collaudato*) tested.
sperimentatóre *m.* (*f.* **-trìce**) experimenter; tester.
sperimentazióne *f.* experimentation; testing.
spèrma *m.* (*biol.*) semen*; sperm.
spermatozòo *m.* (*biol.*) spermatozoon*.
spermicìda ***A*** *a.* spermicidal ***B*** *m.* spermicide.
speronaménto *m.* (*naut.*) ramming.
speronàre *v. t.* (*naut.*) to ram.
speróne *m.* ***1*** spur ***2*** (*naut.*) ram ***3*** (*sporgenza*) spur.
sperperàre *v. t.* to squander; to dissipate; to run* through; to fritter away; to waste.
spèrpero *m.* waste; frittering away; squandering; dissipation: **s. di tempo** [**di energie**], waste of time [of energy].
spèrso *a.* (*anche fig.*) lost.
spersonalizzàre ***A*** *v. t.* to depersonalize; to make* impersonal ***B*** **spersonalizzàrsi** *v. i. pron.* to lose* one's personality; to become* impersonal.
spersonalizzazióne *f.* depersonalization.
sperticàrsi *v. i. pron.* to lavish (st.); to be profuse (in).
sperticàto *a.* excessive; exaggerated.
spésa *f.* ***1*** expense; expenditure; spending Ⓤ; (*costo*) cost, charge: **ridurre le spese**, to cut down one's expenses; to cut down on spending; **s. sociale** [**pubblica**], welfare [public] spending; **spese generali**, general expenditure (*sing.*); overheads; **spese di viaggio**, travelling expenses; **spese legali**, legal costs; **spese bancarie**, handling charges; **spese postali**, postal charges; postage; **spese straordinarie**, extra expenses ***2*** (*compere*) shopping Ⓤ; (*acquisto*) purchase, buy (*fam.*): **fare la s.**, to do the shopping; **fare spese in città**, to go shopping in town; **spese di Natale**, Christmas shopping; **Questo frullino è stato un'ottima s.**, this blender was an excellent buy • **spese a carico del destinatario**, charges forward □ **s. incluse** [**escluse**], inclusive [exclusive] of costs □ **spese vive**, actual expenses; out-of-pocket expenses □ **a spese altrui**, at other people's expense □ **a spese pubbliche**, at public expense □ **a proprie spese**, at one's own expense; (*fig.*) to one's cost, the hard way □ **fare le spese di q.c.**, to pay for st. □ **nota spese**, bill of costs □ **essere sulle spese**, to be paying for oneself; not to be on expenses.
spesàre *v. t.* to pay* (sb.'s) expenses.
spesàto *a.* with all expenses paid.
spésso ***A*** *a.* ***1*** (*denso, fitto*) thick; dense ***2*** (*che ha uno spessore*) thick: **stoffa spessa**, thick material ***3*** — **spesse volte**, often; frequently ***B*** *avv.* often; frequently: **Lo incontro s.**, I often meet him; **s. e volentieri**, very often; **fin troppo s.**, all too often.
spessóre *m.* ***1*** thickness: **avere uno s. di tre metri**, to be three metres thick ***2*** (*mecc.*) thickness; (*autom., di freni*) lining ***3*** (*profondità*) depth; (*peso*) weight; (*importanza*) prominence.
spettàbile *a.* — **S. Ditta X e Y**, Messrs. X & Y □ (*in apertura di lettera*) **S. Ditta**, Dear Sirs (*GB*); Gentlemen (*USA*).
spettacolàre *a.* spectacular.
spettacolarizzàre *v. t.* to turn into a show.
spettàcolo *m.* ***1*** spectacle; sight; view; (*scena*) scene ***2*** (*teatr.*) performance; show; (*cinem.*) showing: **s. di varietà**, variety show; **spettacoli teatrali**, plays; shows; **ultimo s.**, late showing • **arti dello s.**, performing arts □ **Lo s. deve continuare**, the show must go on □ **dare s.**, to attract attention; (*rendersi ridicolo*) to make an exhibition of oneself □ **industria dello s.**, show business; showbiz (*fam.*).
spettacolóso *a.* spectacular.
spettànte *a.* due; owing.
spettànza *f.* ***1*** (*pertinenza*) concern; competence: **Non è di mia s.**, it is no concern of mine ***2*** (*ciò che compete*) what is owing (*o* due); dues (*pl.*).
spettàre *v. i.* ***1*** to be (sb.'s) concern (*o* business); to be up to: **Spetta a te decidere**, it's up to you to decide; **Oggi spetta a me pagare**, today it is my turn to pay ***2*** (*appartenere di diritto*) to be due.
spettatóre *m.* (*f.* **-trìce**) ***1*** (*astante*) onlooker; bystander; (*testimone*) witness: **essere s. di q.c.**, to witness st. ***2*** (*teatr., cinem.*) member of the audience; (*TV*) viewer; (*sport*) spectator; (*al pl.*: *pubblico*) audience (*sing.*): **C'erano molti spettatori**, there was a large audience; **Due spettatori si alzarono e uscirono**, two people in the audience stood up and left.
spettegolàre *v. i.* to gossip.
spettinàre ***A*** *v. t.* to ruffle (sb.'s) hair; to mess up (sb.'s) hair ***B*** **spettinàrsi** *v. rifl. e i. pron.* to ruffle one's hair; to get* one's hair in a mess.
spettinàto *a.* ***1*** (*di capelli*) untidy; ruffled ***2*** (*coi capelli in disordine*) with untidy (*o* ruffled) hair.
spettràle *a.* ghostlike; ghostly; spectral.
spèttro *m.* ***1*** ghost; spectre ***2*** (*fis.*) spectrum* ***3*** (*raggio di azione*) spectrum; range: **ad ampio s.**, wide-spectrum; wide-ranging • **È ridotto che pare uno s.**, he is worn to a shadow.
spettrografìa *f.* (*fis.*) spectrography.

spettrometrìa *f.* (*fis.*) spectrometry.
spettroscopìa *f.* (*fis.*) spectroscopy.
spettroscòpio *m.* (*fis.*) spectroscope.
speziàle *m.* (*arc.*) apothecary; druggist.
speziàto *a.* spiced; spicy.
spèzie *f. pl.* spices.
spezzàre ***A*** *v. t.* ***1*** to break* (*anche fig.*); (*di schianto*) to snap; (*frantumare*) to shatter; (*staccare*) to break* off, to snap off; (*spaccare*) to split*: **s. q.c. in due**, to break st. in two; **s. un ramo**, to break off a branch; **spezzarsi un braccio**, to break an arm; **s. il cuore a q.**, to break sb.'s heart ***2*** (*interrompere*) to break*; to interrupt; (*suddividere*) to break* up ***B*** **spezzàrsi** *v. i. pron.* to break*; to snap • (*prov.*) **Mi spezzo ma non mi piego**, I break but I do not bend.
spezzatìno *m.* (*cucina*) stew • **carne per s.**, stewing steak.
spezzàto ***A*** *a.* broken; shattered; split ***B*** *m.* (*completo maschile*) unmatched jacket and trousers.
spezzettàre *v. t.* to divide into small pieces; (*tagliando*) to cut* up, to chop up; (*frammentare*) to divide up, to break up.
spezzóne *m.* ***1*** (*mil.*) incendiary bomb ***2*** (*pezzo, segmento*) block; segment ***3*** (*cinem.*) clip.
spìa *f.* ***1*** (*agente segreto*) spy ***2*** (*delatore*) spy; informer; squealer (*fam.*); (*di bambino*) telltale, sneak: **s. della polizia**, police informer; nark (*pop.*); **fare la s.**, to inform; to tell on sb. (*fam.*); to rat on sb. (*pop.*); (*di bambino*) to sneak on sb., to tell tales ***3*** (*indizio*) sign; indication; evidence 🅄 ***4*** (*spioncino*) spyhole; peephole ***5*** (*tecn.*) indicator; (*a lancetta*) gauge; (*luminosa*) warning light; (*di gas*) pilot (light).
spiaccicàre ***A*** *v. t.* to squash; to crush ***B*** **spiaccicàrsi** *v. i. pron.* to squash; to get* squashed.
spiacènte *a.* sorry.
spiacére *v. i.* ***1*** (*addolorare*) to be sad; to be sorry (*costruz. pers.*): **Spiace saperlo solo**, it's sad to know he is alone; **Mi spiace che tu non stia bene**, I'm sorry you are not well ***2*** (*disturbare*) to mind (*costruz. pers.*): **Se non ti spiace, verrei un'altra volta**, if you don't mind, I'd rather come some other time ***3*** (*riuscire sgradito*) to be displeasing (*o* unpleasant).
spiacévole *a.* unpleasant; disagreeable; (*increscioso*) unfortunate.
spiàggia *f.* beach; (*riva*) shore: **andare in s.**, to go down to the beach • **articoli da s.**, beachwear 🅄 □ **ultima s.**, last chance; last resort □ **vita di s.**, sunbathing and swimming.
spianàre *v. t.* ***1*** to level: to flatten out; to straighten out; (*rendere liscio*) to smooth: **s. il terreno**, to level the ground ***2*** (*fig.*) to smooth; to iron out; **s. la strada a q.**, to smooth the way for sb.; **s. ogni difficoltà**, to iron out all the difficulties ***3*** (*radere al suolo*) to raze to the ground ***4*** (*arma da fuoco*) to level: **s. il fucile contro q.**, to level one's gun at sb. • (*cucina*) **s. la pasta**, to roll out the dough.
spianàta *f.* level ground: (*panoramica*) esplanade.
spianatóia *f.* pastry board.
spiàno *m.* — **a tutto s.**, (*senza interruzione*) without a break; uninterruptedly; non-stop □ **spendere a tutto s.**, to spend money like water □ **chiacchierare a tutto s.**, to talk nineteen to the dozen.
spiantàto ***A*** *a.* ruined; penniless; broke (*pred., fam.*) ***B*** *m.* penniless person; pauper.
spiàre *v. t.* ***1*** to spy on (*o* upon); to pry into ***2*** (*aspettare con ansia*) to watch for ***3*** (*cercare di capire*) to try to read • **s. dietro la porta**, to eavesdrop □ **s. dal buco della chiave**, to peep through the keyhole.
spiàta *f.* tip-off • **fare una s. a q.**, to tip off sb.
spiattellàre *v. t.* (*fam.*) ***1*** (*rivelare*) to blab; to blurt out; (*dire chiaramente*) to tell* openly (*o* in plain words) ***2*** — **s. q.c. davanti a q.**, to thrust st. under sb.'s nose.
spiazzàre *v. t.* (*sport e fig.*) to wrong-foot; (*fig.*) to throw* (sb.) a curve (*fam. USA*).
spiàzzo *m.* open space; (*radura*) clearing.
spiccàre ***A*** *v. t.* ***1*** to pick; to pluck; (*staccare*) to cut* off: **s. un frutto [un fiore]**, to pick (*o* to pluck) a fruit (a flower) ***2*** (*pronunciare distintamente*) to pronounce distinctly; to articulate ***3*** (*leg.*) to issue: **s. un mandato di cattura**, to issue a warrant of arrest ***4*** (*comm.*) to draw*: **s. una cambiale**, to draw a bill • **s. il bollore**, to begin to boil □ **s. un salto**, to jump; to leap □ **s. il volo**, to fly off; (*fig.*) to take flight ***B*** *v. i.* to stand* out; to be conspicuous.
spiccataménte *avv.* distinctly; clearly; markedly.
spiccàto *a.* (*netto*) distinct; clear; marked.
spìcchio *m.* ***1*** (*di agrume*) segment; (*di frutto*) quarter, slice; (*di aglio*) clove (of garlic): **fare a spicchi**, to divide into segments; to slice; **a spicchi**, in slices; sliced ***2*** (*di oggetti vari*) segment; wedge • **s. di luna**, crescent.
spicciàrsi *v. i. pron.* to hurry up; to be quick: **Spicciati!**, hurry up!; get a move on!
spicciatìvo *a.* brisk; businesslike; no-nonsense; (*brusco*) curt, brusque.
spiccicàre ***A*** *v. t.* to detach; to peel* off • **non s. parola**, not to utter one word □ **Non spiccica una parola di francese**, he can't speak a word of French ***B*** **spiccicàrsi** *v. i. pron.* to come* off; to peel off.
spiccicàto *a.* (*region.*) identical (to); the spitting image (of): **È suo padre s.**, he is the spitting image of his father.
spìccio *a.* (*veloce*) quick, prompt; (*sbrigativo*) brisk, no-nonsense: **decisione spiccia**, quick decision; **modi spicci**, brisk manners; **un tipo dai modi spicci**, a no-nonsense type • **andare per le spicce**, to waste no time; to make short work of st.
spicciolàto *a.* — **alla spicciolata**, a few at a time; by twos and threes.
spìcciolo ***A*** *a.* in coins; in small change: **mille lire spicciole**, a thousand lire in small change; the change for one thousand lire; **soldi spiccioli**, small change ***B*** *m.* (*al pl.*) (small) change 🅄: **Non ho spiccioli**, I've got no change.
spìcco *m.* relief; prominence: **dare s.**, to give prominence • **fare s.**, to catch the eye; to stand out □ **figura di s.**, prominent (*o* leading) personality.
spider (*ingl.*) *m. o f. invar.* (*autom.*) two-seater sports car.
spidocchiàre ***A*** *v. t.* to delouse ***B*** **spidocchiàrsi** *v. rifl.* to delouse oneself.
spiedìno *m.* ***1*** (*strumento*) skewer ***2*** (*piatto*) kebab.
spièdo *m.* spit: **allo s.**, on the spit.
spiegàbile *a.* explainable; explicable.
spiegaménto *m.* deployment.
spiegàre ***A*** *v. t.* ***1*** (*elucidare*) to explain; (*esporre*) to expound; (*interpretare*) to interpret; (*dare ragione di*) to account for: **s. il significato di q.c.**, to explain the meaning of st.; **s. una teoria**, to expound a theory; **Non so spiegarmi il suo ritardo**, I can't understand why he is late ***2*** (*stendere*) to spread* out; to lay* out; to unfold; to unfurl: **s. un giornale**, to spread out a paper; **s. le ali**, to unfold (*o* to spread) one's wings; **s. le vele**, to unfurl the sails ***3*** (*mil.*) to deploy ***B*** **spiegàrsi** *v. rifl., i. pron. e rifl. recipr.* ***1*** to explain oneself; to make* oneself clear (*o* understood) ***2*** (*chiarirsi*) to become* clear; to be clear; to make* sense ***3*** (*stendersi*) to unfold, to spread* out; (*aprirsi*) to open out ***4*** (*venire a una spiegazione*) to have a frank talk; to clear things up • **Mi spiego?**, do you see what I mean? □ **Mi sono spiegato?**, have I made myself clear? □ **Non so se mi spiego**, if you see what I mean.
spiegàto *a.* open; spread out; unfolded • **a bandiere spiegate**, with flags flying □ **a sirene spiegate**, with sirens wailing □ **a vele spiegate**, with unfurled sails □ **cantare a voce spiegata**, to sing lustily.
spiegazióne *f.* explanation; (*interpretazione*) interpretation • **avere una s. con q.**, to have it out with sb. □ **domandare spiegazioni a q.**, to call sb. to account.
spiegazzàre ***A*** *v. t.* to crease; to crumple; to rumple ***B*** **spiegazzàrsi** *v. i. pron.* to crumple; to crease, to get* crumpled; to get* creased.
spietàto *a.* pitiless; merciless; ruthless; relentless • **fare una corte spietata a una ragazza**, to court a girl relentlessly.
spifferàre *v. t.* (*fam.*) to blab; to tell*; to blurt out • **s. tutto**, to spill the beans (*fam.*).
spìffero *m.* draught.
spìga *f.* (*bot.*) spike; ear: **s. di grano**, ear of wheat.
spigàto *a.* (*di tessuto*) herring-bone (*attr.*).
spigatùra *f.* (*di tessuto*) herring-bone pattern.
spighétta *f.* (*sartoria*) braid.
spigliatézza *f.* ease; naturalness; self-possession.
spigliàto *a.* easy; relaxed; self-possessed.
spignattàre *v. i.* to busy oneself with pots and pans.
spignoràre *v. t.* (*leg.*) to redeem.
spìgo *m.* (*bot.*) lavender; spike lavender.

spìgola *f.* (*zool.*) bass.
spigolàre *v. t.* (*anche fig.*) to glean.
spigolatóre *m.* (*f.* **-trice**) (*anche fig.*) gleaner.
spigolatùra *f.* ***1*** (*lo spigolare, anche fig.*) gleaning ***2*** (*al pl.*) gleanings; snippets.
spìgolo *m.* edge; corner: **s. vivo**, sharp edge • **smussare gli spigoli del carattere di q.**, to knock the corners off sb.
spigolóso *a.* ***1*** angular ***2*** (*scontroso*) intractable; tetchy; prickly.
spìlla *f.* ***1*** (*gioiello*) brooch ***2*** (*spillo*) pin: **s. da balia**, safety pin; **s. da cravatta**, tiepin.
spillàre (1) *v. t.* ***1*** (*una botte*) to tap; to broach ***2*** (*attingere*) to draw* (st. out of); to tap ***3*** (*fig.*) to extract; to tap: **s. denaro a q.**, to extract money from sb.; to tap sb. for money (*fam.*).
spillàre (2) *v. t.* (*con punti metallici*) to staple.
spìllo *m.* ***1*** pin: **aghi e spilli**, pins and needles; **s. di sicurezza** (*o* **da balia**), safety pin; **appuntare q.c. con uno s.**, to fasten st. with a pin; to pin st. (down, up); (*anche fig.*) **puntura di s.**, pinprick ***2*** (*per forare le botti*) broach ***3*** (*foro fatto con lo s.*) tap-hole.
spillóne *m.* (*per cappello*) hatpin; (*per sciarpa*) scarf pin.
spilluzzicàre *v. t.* to peck at; to nibble (at): **s. tra un pasto e l'altro**, to nibble (*o* to have snacks) between meals.
spilorcerìa *f.* stinginess; niggardliness.
spilòrcio ***A*** *a.* stingy; niggardly; close-fisted ***B*** *m.* (*f.* **-a**) niggard; skinflint; cheapskate (*fam.*).
spilungóne *m.* (*f.* **-a**) tall, lanky person; beanpole (*fam.*); spindleshanks (*fam.*).
spìna *f.* ***1*** thorn ***2*** (*cruccio, anche* **s. nel fianco**) thorn in the side (*o* in the flesh); (*tormento, anche* **s. nel cuore**) worry, torment ***3*** (*elettr.*) plug: **inserire la s.**, to put in the plug; to plug in (st.); **staccare la s.**, to pull out the plug; **s. bipolare [tripolare]**, two-pin [three-pin] plug ***4*** (*telef.*) jack ***5*** (*lisca*) (fish)bone ***6*** (*aculeo*) spine; quill ***7*** (*di botte: cannella*) spigot; (*foro*) bunghole • (*anat.*) **s. dorsale**, backbone; spine: (*fig.*) **senza s. dorsale**, spineless □ (*med.*) **s. bifida**, spina bifida □ **a s. di pesce**, herring-bone (*attr.*) □ **birra alla s.**, draught beer □ **stare sulle spine**, to be on tenterhooks.
spinàcio *m.* (*bot.*) spinach 🅄.
spinàle *a.* (*anat.*) spinal: **midollo s.**, spinal marrow.
spinàre *v. t.* to bone: **s. una sogliola**, to bone a sole.
spinarèllo *m.* (*zool.*) stickleback.
spinaròlo *m.* (*zool.*) spiny dogfish; spurdog.
spinàto *a.* ***1*** — **filo s.**, barbed wire ***2*** (*di tessuto*) herring-bone (*attr.*) ***3*** (*di pesce*) boneless.
spinèllo *m.* (*pop.*) joint: **farsi uno s.**, to smoke a joint.
spinétta *f.* (*mus.*) spinet.
spìngere ***A*** *v. t.* ***1*** to push; to drive*; (*con violenza*) to shove; (*infilare*) to poke; (*far rotolare*) to roll, to wheel: **s. una porta**, to push a door; **Fui spinto da parte**, I was pushed to one side; **Entrò spingendo un carrello**, he wheeled in a trolley; **La corrente lo spinse al largo**, the current carried him out to sea; **s. un bastone in un foro**, to poke a stick into a hole ***2*** (*indurre*) to drive*; (*stimolare*) to urge, to incite, to spur; (*istigare*) to egg on, to incite: **s. q. al suicidio**, to drive sb. to suicide; **Il bisogno mi spinge a chiederti aiuto**, I am driven by necessity to ask you for help; **s. all'azione**, to spur to action; **I suoi lo spinsero a fare medicina**, his parents urged him to study medicine ***3*** (*promuovere, pubblicizzare*) to plug • **s. a fondo l'attacco**, to press home one's attack □ **s. lontano lo sguardo**, to gaze into the distance □ **s. un motore al massimo**, to push an engine to its limits; to force an engine □ **s. uno scherzo oltre i limiti**, to take a joke too far ***B*** *v. i.* (*fare pressione*) to press ***C*** **spìngersi** *v. i. pron.* ***1*** (*avanzare*) to push (on, ahead, forward): **s. avanti**, to push forward; **s. tra la folla**, to push (one's way) through the crowd ***2*** (*arrivare*) to go*; to get*: **Ci siamo spinti fino alle Ande**, we went as far as the Andes; (*anche fig.*) **s. troppo lontano**, to go too far; **s. al punto di**, to go so far as to.
spìno *m.* ***1*** (*bot.*) thornbush; bramble ***2*** (*spina*) thorn.
spinóne *m.* (*zool.*) griffon.
spinosità *f.* ***1*** thorniness; prickliness; spinosity ***2*** (*fig.*) thorniness; ticklishness.
spinóso *a.* ***1*** thorny; prickly; spiny ***2*** (*fig.*) thorny; ticklish; tricky.
spinòtto *m.* ***1*** (*mecc.*) gudgeon pin; wrist pin (*USA*) ***2*** (*elettr.*) plug.
spìnta *f.* ***1*** push; (*forte*) shove, thrust: **aprire una porta con una s.**, to push a door open; **farsi largo a spinte**, to push one's way forward ***2*** (*fis., mecc.*) thrust: **s. verso l'alto**, upthrust ***3*** (*stimolo*) spur; stimulus*; (*impulso*) impulse, boost; (*energia*) drive ***4*** (*aiuto*) push; helping hand; (*buona parola*) good word • (*aeron.*) **s. aerostatica**, aerostatic thrust □ **s. di galleggiamento**, buoyancy □ (*archit.*) **s. orizzontale** (*di arco*), drift □ (*econ.*) **spinte inflazionistiche**, inflationary tendencies □ (*aeron., miss.*) **s. propulsiva**, boost.
spintarèlla *f.* ***1*** (*sport*) push ***2*** (*appoggio*) helping hand; leg-up (*fam.*); (*buona parola*) good word.
spinterògeno *m.* (*autom.*) distributor.
spìnto *a.* ***1*** (*indotto*) pushed, driven, urged; (*disposto*) inclined; ready; willing ***2*** (*audace*) daring, risky; (*scabroso*) risqué, near the bone.
spintonàre *v. t.* (*fam.*) to shove; to jostle.
spintóne *m.* shove; jostle • **farsi largo a spintoni**, to push one's way forward.
spionàggio *m.* espionage; spying: **s. industriale**, industrial espionage • **rete di s.**, spy network □ **romanzo di s.**, spy novel.
spioncino *m.* peephole; spyhole.
spióne *m.* (*f.* **-a**) spy; informer; (*a scuola*) sneak.
spionìstico *a.* spy (*attr.*); spying; espionage (*attr.*): **rete spionistica**, spy netword; **attività spionistica**, spying.
spiovènte ***A*** *a.* (*ricadente*) drooping; (*inclinato*) sloping: **baffi spioventi**, drooping moustache; **tetto s.**, sloping roof; **spalle spioventi**, sloping (*o* drooping) shoulders ***B*** *m.* ***1*** (*di tetto*) slope ***2*** (*geogr.: versante*) versant; slope ***3*** (*calcio*) high ball (*o* shot) • (*archit.*) **a. s.**, weathered.
spiòvere *v. i.* ***1*** (*cessare di piovere*) to stop raining ***2*** (*scorrere in giù*) to flow down ***3*** (*ricadere*) to fall*; to flow: **I capelli le spiovevano sulle spalle**, her hair fell (*o* flowed) over her shoulder.
spìra *f.* ***1*** coil; spiral; (*voluta, anche*) curl, eddy: **le spire del serpente**, a snake's coils; **spire di fumo**, spirals (*o* curls) of smoke ***2*** (*elettr., mecc.*) turn; coil ***3*** (*archit.*) scroll • **avvolgere a spire**, to coil up □ **avvolgersi a spire**, to coil (oneself).
spiràglio *m.* ***1*** (*fessura*) crack; chink; narrow opening; (*apertura*) break ***2*** (*barlume*) glimmer; gleam: **s. di luce**, glimmer of light; **s. di speranza**, glimmer of hope • **Si è aperto uno s. nelle trattative**, there are signs that the stalemate in the talks may be broken.
spiràle *f.* ***1*** (*geom.*) spiral ***2*** (*formazione a s.*) spiral; coil; curl; convolution ***3*** (*di orologio*) hairspring ***4*** (*fig.*) spiral; escalation: **s. inflazionistica**, inflationary spiral; **s. di violenza**, escalation in violence ***5*** (*med., anche* **s. intrauterina**) coil; IUD (*iniz. di* intrauterine device) • **molla a s.**, spring □ **salire a s.**, to spiral up □ **scala a s.**, spiral (*o* winding) staircase.
spiràre (1) ***A*** *v. i.* ***1*** (*soffiare*) to blow* ***2*** (*emanare*) to emanate; to come* • **Spira aria di burrasca**, there is a storm in the air □ **Non spira buon vento**, there's trouble brewing ***B*** *v. t.* ***1*** (*emanare*) to exhale; to send* off ***2*** (*fig.*) to radiate; to express.
spiràre (2) *v. i.* ***1***(*morire*) to die; to pass away; to breathe one's last ***2*** (*finire, scadere*) to expire; to fall* due.
spiritàto ***A*** *a.* wild; haunted: **occhi spiritati**, wild eyes ***B*** *m.* (*f.* **-a**) one possessed: **urlare come uno s.**, to shout like one possessed.
spiritèllo *m.* sprite; elf; (*dispettoso*) pixy; (*maligno*) goblin.
spirìtico *a.* spiritualistic; spiritualist (*attr.*): **seduta spiritica**, (spiritualist) séance.
spiritismo *m.* spiritualism.
spiritista *m. e f.* spiritualist.
spìrito (1) *m.* ***1*** spirit; ghost; (*anima*) soul: **puro s.**, pure spirit; **lo S. Santo**, the Holy Spirit (*o* Ghost); **s. vitale**, vital spirit; **gli spiriti beati**, the souls of the blessed ***2*** (*fantasma*) spirit; ghost: **credere negli spiriti**, to believe in ghosts; **evocare uno s.**, to raise a ghost ***3*** (*mente*) spirit; mind: **i valori dello s.**, spiritual values; **essere con q. in s.**, to be with sb. in spirit; **lo s. e la materia**, mind and matter ***4*** (*natura, carattere*) nature, character; (*disposizione d'animo, attitudine*) spirit: **s. ribelle**, rebellious nature; **s. di sacrificio**, spirit of self-sacrifice; **s. di contraddizione**, spirit of contradiction;

contrariness; **s. di squadra**, team spirit; **s. di iniziativa**, initiative; drive; **s. di corpo**, esprit de corps (*franc.*); team spirit ***5*** (*significato essenziale*) spirit: **s. della legge**, spirit of the law ***6*** (*arguzia*) wit; (*umorismo*) humour, sense of humour: **s. di rapa**, stale humour ***7*** (*vivacità*) spirit; life • **battuta** (*o* **motto**) **di s.**, witticism; witty remark; wisecrack (*fam.*) □ **bello s.**, witty man; wit □ **bollenti spiriti**, fiery temper (*sing.*) □ **casa frequentata dagli spiriti**, haunted house □ **fare dello s.**, to be witty; to crack jokes; (*spreg.*) to try to be funny □ **presenza di s.**, presence of mind □ **uomo di s.**, witty man; (*che ha senso dell'umorismo*) man with a sense of humour; (*che sta allo scherzo*) good sport.

spìrito (2) *m.* (*alcol*) spirit; alcohol: **s. denaturato**, methylated spirit; **lampada a s.**, spirit lamp; **ciliegie sotto s.**, cherries in alcohol.

spiritosàggine *f.* ***1*** facetiousness ***2*** (*battuta*) facetious remark; wisecrack.

spiritóso *a.* ***1*** humorous; funny; (*arguto*) witty; (*generalm. spreg.*) facetious, clever: **Non sei affatto s.!**, you're not funny at all ***2*** (*che contiene alcol*) alcoholic; spirituous • **Non fare lo s.!**, don't try to be funny!; don't be facetious!

spiritual (*ingl.*) *m. invar.* (negro) spiritual.

spirituàle *a.* spiritual.

spiritualismo *m.* (*filos.*) spiritualism.

spiritualista *m. e f.* (*filos.*) spiritualist.

spiritualità *f.* spirituality.

spiritualizzàre ***A*** *v. t.* to spiritualize ***B*** **spiritualizzàrsi** *v. i. pron.* to be spiritualized.

spiumàre *v. t.* to pluck.

spìzzico *m.* — **a s.** (*o* **a spizzichi**), in dribs and drabs; bit by bit; little by little.

splendènte *a.* bright; shining; gleaming.

splèndere *v. i.* (*anche fig.*) to shine*.

splèndido *a.* ***1*** (*bellissimo*) splendid, wonderful, glorious, gorgeous; (*ottimo*) excellent ***2*** (*lussuoso*) splendid; magnificent; grand.

splendóre *m.* ***1*** (*luminosità*) splendour; brightness; brilliance ***2*** (*bellezza*) splendour, radiance, glory; (*magnificenza*) splendour, magnificence ***3*** (*fis.*) brightness • **Che s. di ragazza!**, what a beautiful girl □ **Oggi sei uno s.!**, you are looking splendid today!

spòcchia *f.* (*fam.*) conceit; bumptiousness; haughtiness.

spocchióso *a.* (*fam.*) conceited; bumptious; haughty.

spodestàre *v. t.* ***1*** (*privare del potere*) to deprive of power; (*privare del trono*) to depose, to dethrone; (*destituire*) to oust ***2*** (*privare della proprietà*) to dispossess.

spoetizzàre *v. t.* to disenchant; to disillusion.

spòglia *f.* ***1*** (*di rettile, ecc.*) slough ***2*** (*al pl.*) (*preda di guerra*) spoils (of war); booty (*sing.*) ***3*** (*cadavere*) corpse; remains (*pl.*): **spoglie mortali**, mortal remains • **sotto mentite spoglie**, in disguise.

spogliàre ***A*** *v. t.* ***1*** to strip: **s. un albero delle foglie**, to strip a tree of its leaves ***2*** (*svestire*) to undress; to strip ***3*** (*privare*) to strip; to deprive; to divest: **s. q. di ogni autorità**, to strip (*o* to deprive) sb. of all authority ***4*** (*depredare*) to strip; (*saccheggiare*) to plunder, to pillage, to despoil: **I ladri gli hanno spogliato l'appartamento**, the burglars stripped his flat; **s. una città**, to plunder (*o* to pillage) a town; **s. un museo**, to despoil a museum ***5*** (*fare lo spoglio di*) to go* through: **s. la corrispondenza**, to go through the mail ***B*** **spogliàrsi** *v. rifl. e i. pron.* ***1*** (*svestirsi*) to undress; to strip ***2*** (*di alberi, ecc.*) to shed* (st.); to lose* (st.) ***3*** (*privarsi*) to deprive oneself (of); to strip oneself (of); to divest oneself (of); to give* up (st.): **s. di ogni avere**, to strip oneself of all one's possessions; **s. di un diritto**, to give up a right ***4*** (*liberarsi*) to rid* oneself (of); to put* aside (st.) ***5*** (*di rettile*) to slough one's skin; to cast one's slough.

spogliarellista *f.* stripteaser; stripper.

spogliarèllo *m.* striptease: **fare lo s.**, to do a striptease.

spogliatóio *m.* changing room; locker room; (*guardaroba*) cloakroom.

spòglio (1) *a.* ***1*** (*spogliato, privo*) devoid (of); stripped (of); (*immune*) free (from) ***2*** (*nudo*) bare.

spòglio (2) *m.* (*esame*) scrutiny; examination; (*conteggio*) counting: **s. dei voti**, counting of votes; (vote) count; **fare lo s. di q.c.**, to go through st.

spòla *f.* (*ind. tess.*: *bobina*) spool; (*navetta*) shuttle • **fare la s.**, to go to and fro; (*di mezzi di trasporto*) to shuttle, to ply; (*di viaggiatori*) to commute.

spolétta *f.* ***1*** (*di ordigno esplosivo*) fuse ***2*** (*di macchina per cucire*) bobbin.

spoliazióne *f.* ***1*** dispossession ***2*** (*saccheggio*) despoliation; plundering.

spoliticizzàre ***A*** *v. t.* to depoliticize ***B*** **spoliticizzàrsi** *v. i. pron.* to become* depoliticized.

spoliticizzazióne *f.* depoliticization.

spolmonàrsi *v. i. pron.* to talk (*o* to shout) oneself hoarse.

spolpàre *v. t.* ***1*** to strip the flesh off; to pick: **s. un osso**, to pick a bone ***2*** (*fig.*) to fleece (*fam.*); to clean out (*fam.*); (*del fisco*) to bleed* white (*fam.*).

spolveràre *v. t.* ***1*** to dust ***2*** (*mangiare tutto*) to eat* up; to polish off ***3*** (*depredare*) to clean out; to strip (*a place*) clean ***4*** (*cospargere*) to dredge; to sprinkle; to dust: **s. di zucchero**, to sprinkle with sugar ***5*** (*un disegno*) to pounce.

spolveràta *f.* ***1*** dusting: **dare una s. a q.c.**, to dust st. ***2*** (*spruzzata*) sprinkling; dusting.

spolverino (1) *m.* (*per zucchero, ecc.*) dredger.

spolverino (2) *m.* ***1*** (*per automobilista*) dust coat (*GB*), duster (*USA*) ***2*** (*soprabito femm.*) duster coat.

spolverizzàre *v. t.* ***1*** (*cospargere*) to dredge; to sprinkle; to dust ***2*** (*un disegno*) to pounce.

spólvero *m.* (*disegno*) pouncing.

spompàre *v. t.* (*fam.*) to do* in; to knacker (*GB*); to poop (*USA*).

spompato *a.* (*fam.*) done in; fagged out, knackered (*GB*); pooped (*USA*).

spónda *f.* ***1*** (*riva*) bank; side; shore: **s. di un fiume**, bank of a river; riverside; **s. di un lago**, shore of a lake; lakeshore; **s. del mare**, seashore ***2*** (*orlo*) edge ***3*** (*parapetto*) parapet ***4*** (*di tavolo da biliardo*) cushion ***5*** (*di carro*) board: **s. laterale**, sideboard; **s. posteriore**, tailboard; tailgate (*USA*).

sponsàli *m. pl.* (*lett.*) nuptials; wedding (*sing.*).

sponsorizzàre *v. t.* to sponsor; (*appoggiare*) to back.

sponsorizzatóre ***A*** *a.* sponsoring ***B*** *m.* (*f.* **-trice**) sponsor.

sponsorizzazióne *f.* sponsorship; (*appoggio*) backing.

spontaneaménte *avv.* spontaneously; of one's own accord • **crescere s.**, to grow naturally (*o* wild).

spontaneità *f.* spontaneity; spontaneousness.

spontàneo *a.* ***1*** spontaneous; voluntary: **offerta spontanea**, spontaneous offer; **confessione spontanea**, voluntary confession ***2*** (*naturale, privo di artificio*) natural; direct; unaffected: **Mi venne s. di dire...**, it came naturally to me to say... ***3*** (*istintivo*) spontaneous; instinctive: **movimento s.**, spontaneous movement; **reazione spontanea**, instinctive reaction • **di propria spontanea volontà**, of one's own free will □ **combustione spontanea**, spontaneous combustion □ **vegetazione spontanea**, spontaneous vegetation.

spopolaménto *m.* depopulation.

spopolàre ***A*** *v. t.* to depopulate; (*svuotare*) to empty ***B*** *v. i.* to draw* crowds; to have (*o* to be) a big success ***C*** **spopolàrsi** *v. i. pron.* to depopulate; (*svuotarsi*) to empty.

spopolàto *a.* depopulated; (*vuoto*) empty, deserted.

spòra *f.* (*bot., zool.*) spore.

sporadicità *f.* infrequency.

sporàdico *a.* sporadic(al); occasional.

sporcacciòna *f.* dirty woman*; slattern; slut.

sporcacciòne ***A*** *a.* dirty; filthy ***B*** *m.* dirty man*; slob; (*uomo immorale*) lecher: **vecchio s.**, dirty old man.

sporcàre ***A*** *v. t.* (*anche fig.*) to dirty; to soil; to foul; (*macchiare*) to stain: **s. di fango**, to dirty with mud; **s. di sangue [di sugo]**, to stain with blood [with sauce]; (*anche fig.*) **sporcarsi le mani**, to get one's hands dirty • **s. una camicia di unto**, to get grease stains on a shirt □ **Il gatto ha sporcato per terra**, the cat has made a mess on the floor □ **portare il cane a s.**, to take the dog out ***B*** **sporcàrsi** *v. rifl. e i. pron.* ***1*** to dirty oneself; to get* dirty ***2*** (*fig.*) to get one's hands dirty; (*abbassarsi*) to degrade oneself.

sporchèvole *a.* (*region.*) that gets dirty easily; delicate.

sporcizia *f.* ***1*** dirtiness; filthiness; foulness ***2*** (*cosa sporca*) dirt [U]; filth [U]; grime [U].

spòrco ***A*** *a.* ***1*** dirty; filthy; soiled; foul; (*macchiato*) stained: **avere il viso s.**, to have a dirty face; **s. di fango**, muddy; **s. di unto**, greasy; **s. di inchiostro**, ink-stained; **s. di sangue**, blood-stained ***2*** (*fig.*) dirty; foul; (*osceno*) dirty, coarse, smutty: **lavoro s.**, dirty job; **storiella sporca**, dirty (*o* coarse) joke • **lingua sporca**, coated (*o* furred) tongue □ **bianco s.**, off-white □ **L'hai fatta sporca!**, that was a dirty trick to play! ***B*** *m.* dirt; filth.

sporgènte *a.* projecting; jutting; protruding: **tetto s.**, projecting roof; **denti sporgenti**, protruding (*o* buck) teeth; **mento s.**, prominent chin; **zigomi sporgenti**, prominent cheekbones; **occhi sporgenti**, bulging eyes.

sporgènza *f.* ***1*** projection; jut; protuberance; bulge ***2*** (*archit.*) overhang.

spòrgere ***A*** *v. t.* to stick* out; to hold* out; to thrust* out; to stretch out: **s. la testa dal finestrini**, to stick one's head out of the window; **s. una mano**, to stretch out a hand; **Sporse un braccio per fermarmi**, he put out his arm to stop me • (*leg.*) **s. denuncia contro q.**, to lodge a complaint against sb. □ (*leg.*) **s. querela contro q.**, to sue sb. ***B*** *v. i.* to project; to jut out; to protrude; (*sovrastare*) to overhang* ***C*** **spòrgersi** *v. rifl.* to lean* out: **s. dalla finestra**, to lean out of the window; **s. dal balcone**, to lean over the balcony.

spòrt *m. invar.* sport: **fare dello s.**, to go in for sport; to be a keen sportsman [*f.* sportswoman]; **Fai qualche s.?**, do you play (*o* do) any sport? • **fare q.c. per s.**, to do st. for fun.

spòrta *f.* ***1*** shopping bag; (*di vimini*) shopping basket ***2*** (*quantità*) bagful; basketful • **un sacco e una s.**, *V. sotto* **sacco**.

sportellìsta *m. e f.* counter clerk; (*di banca*) teller.

sportèllo *m.* ***1*** door ***2*** (*di portone*) wicket ***3*** (*di ufficio*) counter; desk; window: **s. bancario**, bank counter; **s. di cassa**, cash desk; **s. di biglietteria**, ticket window; (*banca*) **s. automatico**, cash dispenser (*GB*); automated teller machine (*abbr.* ATM) (*USA*); **addetto allo s.**, counter clerk ***4*** (*agenzia*) branch.

sportivaménte *avv.* sportingly.

sportìvo ***A*** *a.* sports (*attr.*); sporting: **abiti sportivi**, sports clothes; **pagina sportiva**, sports page; **evento s.**, sporting event; **auto sportiva**, sports car; **fare vita sportiva**, to play a lot of sport ***B*** *m.* (*f.* **-a**) ***1*** sportsman* (*f.* sportswoman*) ***2*** (*tifoso*) sports fan.

spọ̀sa *f.* bride; (*moglie*) wife*: **s. di guerra**, war bride; **futura s.**, bride-to-be; **promessa s.**, future wife; fiancée • **abito da s.**, wedding-dress □ **andare s.**, to get married □ **dare in s.**, to give in marriage; to marry □ **prendere in s.**, to marry; to take to wife.

spọsalìzio *m.* wedding.

spọsàre ***A*** *v. t.* ***1*** (*prendere in matrimonio*) to marry; to get* married to ***2*** (*celebrare un matrimonio*) to marry ***3*** (*dare in matrimonio*) to marry (off); to give* in marriage ***4*** (*unire*) to combine; to wed ***5*** (*aderire a*) to embrace: **s. una causa**, to embrace a cause ***B*** **spọsàrsi** *v. i. pron. e rifl. recipr.* ***1*** to marry; to get* married ***2*** (*accompagnarsi*) to go* well (with); to go* well together.

spọsàto *a.* married.

spọ̀so *m.* ***1*** bridegroom; (*marito*) husband: **promesso s.**, future husband; fiancé ***2*** (*al pl.*) bride and bridegroom • **gli sposi novelli**, the newlywed couple (*sing.*); the newlyweds □ **i due promessi sposi**, the engaged couple □ **coppia di sposi**, married couple □ **Oggi sposi**, just married.

spossànte *a.* exhausting; fatiguing; prostrating.

spossàre ***A*** *v. t.* to tire out; to wear* out; to exhaust; to prostrate ***B*** **spossàrsi** *v. i. pron.* to get* tired; to wear* oneself out; to exhaust oneself; to get* exhausted.

spossatézza *f.* tiredness; exhaustion; weariness; fatigue.

spossàto *a.* tired out; worn out; exhausted; fatigued; prostrate.

spossessàre *v. t.* to dispossess; to divest; to deprive.

spostaménto *m.* ***1*** shift; shifting; (*trasferimento*) movement, displacement, move: **s. dell'opinione pubblica**, shift in public opinion; **s. di truppe**, movement of troops; **s. di sede**, transferral of an office; **È costretto a continui spostamenti**, he has to travel a lot ***2*** (*cambiamento*) change ***3*** (*fis., chim., naut.*) displacement • **s. d'aria**, pressure wave; (*per esplosione*) blast.

spostàre ***A*** *v. t.* ***1*** to move; to shift: **s. i mobili**, to move (*o* to shift) the furniture; **s. il peso da un piede all'altro**, to shift one's weight from one foot to the other ***2*** (*trasferire*) to move; to transfer ***3*** (*di date, ore: cambiare*) to change; (*differire*) to put* off, to postpone ***4*** (*naut.*) to displace ***B*** **spostàrsi** *v. rifl. e i. pron.* to move; to shift; to change one's place; (*viaggiare*) to travel: **Spostati e fammi sedere**, move over and let me sit down; **Spostati e fammi passare**, get out of the way and let me through; **L'elettorato si è spostato verso destra**, the electorate shifted to the right; **s. per lavoro**, to travel on business; **s. in automobile**, to use the car; to get about by car.

spostàto ***A*** *a.* (*disadattato*) ill-adjusted ***B*** *m.* (*f.* **-a**) misfit.

spot (*ingl.*) *m. invar.* ***1*** (*elettr., teatr.*) spotlight; spot ***2*** (*radio, TV*) commercial.

sprànga *f.* bar.

sprangàre *v. t.* ***1*** (*chiudere*) to bar ***2*** (*picchiare*) to beat* with an iron bar.

sprày (*ingl.*) ***A*** *m. invar.* ***1*** (*nebulizzatore*) atomizer; spray ***2*** (*prodotto*) spray ***B*** *a. invar.* spray (*attr.*): **lacca s.**, spray lacquer.

spràzzo *m.* (*lampo*) flash, shaft; (*barlume*) gleam, glimmer, sparkle; (*scoppio*) burst, flash: **s. di sole**, shaft of sunlight; **s. di speranza**, gleam of hope; **s. di allegria**, burst of gaiety; **s. di umorismo**, flash of wit; **s. d'ingegno**, brainwave (*fam.*); **a sprazzi**, in flashes; (*a intermittenza*) on and off, fitful (*agg.*).

sprecàre ***A*** *v. t.* to waste; to squander; to throw* away: **s. denaro**, to waste (*o* to throw away) one's money; **s. il tempo**, to waste (*o* to fritter away) one's time; **s. il fiato**, to waste one's breath; **s. una buona occasione**, to miss a good opportunity; to let a good opportunity slip ***B*** **sprecàrsi** *v. i. pron.* (*iron.*) to overstrain oneself; to put* oneself out: **Mi raccomando, non sprecarti ad aiutarmi!**, please don't put yourself out for my sake!; **Diecimila lire? Non si è sprecato!**, ten thousand lire? that must have set him back a bit!

sprecàto *a.* wasted; (*perduto*) lost, missed: **È denaro s.**, it's a waste of money; it's money down the drain; **occasione sprecata**, lost opportunity; **fiato s.**, waste of breath; **Sei sprecato in questo ufficio**, you are wasted in this office; **È s. per lui**, it's wasted on him.

sprèco *m.* waste: **un s. di tempo**, a waste of time; **ridurre gli sprechi**, to reduce waste • **fare s. di q.c.**, to waste st.

sprecóne *m.* (*f.* **-a**) waster.

spregévole *a.* despicable; contemptible; mean; vile; base.

spregiatìvo *a.* ***1*** disparaging; derogatory ***2*** (*gramm.*) pejorative.

sprègio *m.* ***1*** (*disprezzo*) contempt; scorn: **in s. a ogni regola**, in defiance of all the rules; **fare q.c. per s.**, to do st. out of contempt ***2*** (*atto offensivo*) affront; insult.

spregiudicatézza *f.* ***1*** freedom from prejudice; open-mindedness ***2*** (*mancanza di scrupoli*) unscrupulousness.

spregiudicàto *a.* ***1*** (*senza pregiudizi*) unprejudiced; open-minded ***2*** (*senza scrupoli*) unscrupulous; unprincipled.

sprèmere *v. t.* ***1*** to squeeze; to press: **s. un'arancia**, to squeeze an orange; **s. olive**, to press olives ***2*** (*fig.*) to squeeze*; to milk: **s. denaro a q.**, to squeeze money out of sb.; **Il fisco ci ha spremuto**, the taxman bled us dry • **spremersi le meningi**, to rack one's brains □ **s. q. come un limone**, to squeeze sb. dry; (*sfruttare*) to work sb. into the ground.

spremiagrùmi *m.* citrus fruit squeezer.

spremifrùtta *m. invar.* fruit squeezer; juice extractor.

spremilimóni *m.* lemon squeezer.

spremitùra *f.* ***1*** squeezing; (*delle olive*) pressing ***2*** (*succo*) juice.

spremùta *f.* ***1*** squeezing ***2*** (*succo*) juice; (*con acqua*) squash • **dare una s. a q.c.**, to squeeze st.

spretàrsi *v. rifl.* to leave* the priesthood.

spretàto ***A*** *a.* defrocked; unfrocked ***B*** *m.* defrocked unfrocked (*o* priest).

sprezzànte *a.* disdainful; scornful; contemptuous; (*altezzoso*) haughty • **mostrarsi s.**, to show disdain; to turn up one's nose (at) (*fam.*).

sprezzatùra *f.* nonchalance; studied carelessness.

sprèzzo *m.* disdain; scorn; contempt • **s. del pericolo**, indifference to danger □ **con s. del pericolo**, heedless of danger.

sprigionaménto *m.* emission; release: **s. di calore**, emission of heat; **s. di gas**, release of gas.

sprigionàre ***A*** *v. t.* to emit; to give* off; to exhale; to release: **s. calore [luce]**, to give off heat [light]; **s. gas**, to release gas; **s. scintille**, to emit sparks ***B*** **sprigionàrsi** *v. i. pron.* to be released; to exhale; to issue; (*con forza*) to burst* out, to erupt; (*di liquido*) to gush out.

sprimacciàre *v. t.* to shake* up; to fluff up.

sprint (*ingl.*) *m. invar.* **1** sprint; spurt: **s. finale**, final sprint; **fare uno s.**, to break into a sprint; to put on a spurt **2** (*autom.*) acceleration; pick-up.

sprizzàre *v. t. e i.* **1** to spurt; to squirt: **s. sangue**, to spurt blood **2** (*fig.*) to be bubbling over (with); to be bursting (with): **s. felicità**, to be bubbling over with joy; **s. salute da tutti i pori**, to be bursting with health.

sprìzzo *m.* **1** (*zampillo*) spurt; squirt; spray: **s. di sangue**, spurt of blood **2** (*sprazzo*) flash; spark.

sprofondaménto *m.* sinking; sinkage; (*crollo*) collapse; (*cedimento*) subsidence, caving in.

sprofondàre **A** *v. i.* (*affondare*) to sink*; (*crollare*) to collapse; (*cedere*) to give* way, to subside, to cave in; (*precipitare*) to fall* down • **s. nella disperazione**, to be overcome by despair □ **Avrei voluto s.!**, I wished the ground would open and swallow me up! **B** *v. t.* to plunge; to throw*; to precipitate **C** **sprofondàrsi** *v. i. pron.* **1** to sink*: **s. in una poltrona**, to sink (*o* to drop down) into an armchair **2** (*immergersi*) to immerse oneself; to become* absorbed (*o* engrossed): **s. in un libro**, to become absorbed in a book • **s. in inchini**, to bow and scrape.

sprofondàto *a.* **1** (*affondato*) sunk (*anche fig.*); sunken; (*crollato*) collapsed; (*che ha ceduto*) subsided, caved in: **s. in una poltrona**, sunk in an armchair **2** (*fig.*: *immerso*) lost; absorbed; immersed; engrossed: **s. nella meditazione**, lost in meditation; **s. in un libro**, absorbed (*o* buried) in a book.

sproloquiàre *v. i.* to ramble; to hold* forth; (*farneticare*) to rant.

sprolòquio *m.* long rigmarole; rambling speech; empty words (*pl.*); (*farneticazione*) ranting Ⓤ.

spronàre *v. t.* **1** to spur **2** (*fig.*) to spur on; to urge; to goad; to prod: **s. q. a fare q.c.**, to goad sb. into doing st.; **s. uno studente pigro**, to prod a lazy student.

spronàta *f.* **1** touch of the spur; spurring **2** (*fig.*) spur; prod: **avere bisogno di una s.**, to need a good prod.

spróne *m.* **1** spur: **dar di s. a un cavallo**, to set spurs to (*o* to spur on) a horse **2** (*fig.*) spur; prod **3** (*sartoria*) yoke • **a spron battuto**, at top (*o* full) speed; (*fig.*) promptly, in no time.

sproporzionàto *a.* out of proportion (to); disproportionate (to); (*eccessivo*) excessive, disproportionate.

sproporzióne *f.* disproportion.

spropositàto *a.* (*fam.*: *enorme*) enormous; huge; out of all proportion.

spropòsito *m.* **1** (*errore*) gross (*o* bad) mistake; howler (*fam.*): **dire uno s.**, to say something silly; **dire spropositi**, to talk through one's hat; to talk rubbish **2** (*fam.*: *quantità straordinaria*) huge quantity; awful lot; heaps (*pl.*); (*di denaro*) mint of money, fortune **3** (*azione avventata*) something desperate • **arrivare a s.**, to arrive at the wrong moment □ **intervenire a s.**, to intervene out of turn; to barge in □ **parlare a s.**, to speak out of turn □ **rispondere a s.**, to answer irrelevantly.

sprovvedùto **A** *a.* **1** unprovided; unprepared **2** (*inesperto*) inexperienced **3** (*semplice, ingenuo*) simple; naive; ingenuous **B** *m.* (*f.* **-a**) **1** (*incompetente*) incompetent **2** (*ingenuo*) simple soul; naive person.

sprovvìsto *a.* unprovided (with); lacking (in); without (*prep.*); destitute (of): **essere s. di q.c.**, to lack st.; to be without st.; (*aver finito q.c.*) to have run out of st. • **prendere q. alla sprovvista**, to catch sb. unawares; to catch sb. off his guard (*fam.* on the hop).

spruzzàre **A** *v. t.* to spray; (*sgocciolare*) to sprinkle; (*schizzare*) to spurt; (*inzaccherare*) to spatter, to splatter, to splash: **s. profumo**, to spray perfume **B** **spruzzàrsi** *v. i. pron.* to spray oneself.

spruzzàta *f.* **1** spraying; sprinkle **2** (*breve pioggia*) light shower; spatter of rain; (*breve nevicata*) snow flurry, sprinkling of snow.

spruzzatóre *m.* sprayer; atomizer; (*di acqua*) sprinkler; (*di vernice*) spray gun.

sprùzzo *m.* spray; sprinkle, sprinkling; (*getto*) jet, spurt; (*schizzo*) splash: **s. d'acqua**, spray of water; **s. di sangue**, spurt of blood; **s. di fango**, splash of mud; **verniciatura a s.**, spray painting.

spudoratézza *f.* impudence; shamelessness; effrontery: cheek (*fam.*); gall (*fam.*); (*di menzogna, ecc.*) blatancy.

spudoràto **A** *a.* impudent; shameless; brazen-faced; bald-faced; (*di menzogna, anche*) blatant **B** *m.* (*f.* **-a**) impudent; brazenface.

spùgna *f.* **1** (*zool. e oggetto*) sponge: **pescatore di spugne**, sponge diver; **lavarsi con una s.**, to sponge oneself down **2** (*tessuto*) terry towelling **3** (*gran bevitore*) boozer; soak (*pop. GB*) • **bere come una s.**, to drink like a fish □ (*fig.*) **dare un colpo di s. a q.c.**, to wipe the slate clean □ (*boxe e fig.*) **gettare la s.**, to throw in the sponge (*o* the towel) □ **passare la s. su q.c.**, to forget all about st.; to let bygones be bygones; to wipe the slate clean.

spugnatùra *f.* (*med.*) sponge-bath.

spugnosità *f.* sponginess.

spugnóso *a.* spongy; sponge-like.

spulàre *v. t.* (*agric.*) to winnow; to fan.

spulciàre **A** *v. t.* **1** to rid* of fleas; to pick fleas from **2** (*fig.*) to go* through (*o* over); to scrutinize **B** **spulciàrsi** *v. rifl.* to search for fleas.

spùma *f.* **1** foam; (*di birra*) froth; (*di marosi*) spume, surf **2** (*bevanda*) fizzy soft drink **3** (*cucina*) mousse • (*miner.*) **s. di mare**, meerschaum; sepiolite.

spumànte **A** *a.* sparkling **B** *m.* sparkling wine.

spumeggiànte *a.* **1** foamy; frothy; (*di vino*) sparkling **2** (*fig.*) bubbling; sparkling; effervescent.

spumeggiàre *v. i.* to foam; to froth; (*di vino*) to sparkle.

spumóso *a.* **1** foamy; frothy **2** (*leggero*) light; frothy.

spùnta *f.* (*bur.*: *verifica*) ticking off; check (off) (*USA*); (*segno*) tick, check.

spuntàre (1) **A** *v. t.* **1** (*rompere la punta*) to blunt; to break* the point of: **s. un ago**, to blunt a needle **2** (*tagliare la punta*) to cut* the tip off; to trim: **s. un sigaro**, to cut the tip off a cigar; **s. i baffi**, to trim a moustache **3** (*levare spilli o aghi a*) to unpin **4** (*superare*) to overcome* • **spuntarla**, to make it; to win through; to get* one's way **B** *v. i.* **1** (*di astro*) to rise*; (*del giorno*) to break*; (*di piante, fiori*) to sprout; (*di capelli*) to begin* to grow; (*di denti*) to be cut; (*di lacrime*) to well up: **Al piccolo stanno spuntando i denti**, the baby is cutting his teeth **2** (*apparire*) to appear; to emerge; (*sbucare*) to come* (from); (*sporgere*) to stick* out; (*far capolino*) to peep out **C** **spuntàrsi** *v. i. pron.* **1** (*perdere la punta*) to go* blunt; to become* blunted; (*di matita, ecc.*) to go* blunt, to lose* its point **2** (*staccarsi*) to become* unpinned (*o* unfastened) **D** *m.* (*del giorno*) break; breaking: **allo s. del giorno**, at break of day; at daybreak; **allo s. dell'alba**, at break of dawn; at dawn • **lo s. del sole**, sunrise; sunup (*USA*).

spuntàre (2) *v. t.* (*controllare, facendo un segno*) to tick off; to check (*USA*).

spuntàto *a.* (*senza punta*) blunt; pointless.

spuntìno *m.* snack; bite: **fare uno s.**, to have a snack (*o* a bite to eat).

spùnto *m.* **1** (*teatr., mus.*) cue **2** (*punto di partenza*) starting point; (*suggerimento*) idea, cue, hint: **offrire lo s. per**, to give the idea for; to be the starting point for; **prendere lo s. da q.c.**, to take one's cue from st.; to get one's ideas from; **Il romanzo prende s. da un fatto vero**, the novel is inspired by a real event.

spuntóne *m.* **1** spike **2** (*alpinismo*) sharp projection (of rock).

spupazzàre *v. t.* (*fam. iron.*) to act as nursemaid to.

spurgàre *v. t.* **1** (*pulire*) to clean; to drain; to flush **2** (*espellere*) to discharge: **s. catarro**, to discharge phlegm; to expectorate.

spùrgo *m.* **1** (*il pulire*) cleaning; draining; flushing **2** (*materia spurgata*) discharge; (*catarro*) expectoration.

spùrio *a.* spurious.

sputacchiàre *v. i.* to spit*; (*nel parlare*) to sputter.

sputacchièra *f.* spittoon; cuspidor (*USA*).

sputàre *v. t. e i.* to spit*; (*nel parlare*) to sputter: (*anche fig.*) **Sputa fuori!**, spit it out!; **s. addosso a q.**, to spit on sb.; **s. in faccia a q.**, to spit in sb.'s face • **s. nel piatto in cui si mangia**, to bite the hand that feeds one □ (*fig.*) **s. sangue**, to sweat blood □ **s. sentenze**, to pontificate; to moralize.

sputasentènze *m. e f. invar.* know-all; wiseacre.

sputàto *a.* (*fam.*: *identico*) the spitting image (of); the dead spit (of): **È suo padre s.**, he is the spitting image of his father.

spùto *m.* spit Ⓤ; spittle Ⓤ; gob of spit; (*med.*) sputum* •

(*fam.*) **a uno s. da**, within spitting distance of.
sputtanàre (*volg.*) ***A*** *v. t.* to expose; to disgrace ***B*** **sputtanàrsi** *v. i. pron.* to disgrace oneself; to lose* face.
squadernàre *v. t.* to spread* open; to open out.
squàdra (1) *f.* (*da disegno*) square; (*a triangolo*) setsquare, triangle (*USA*): **s. a T**, T(-)square • (*disegno*) **a s.**, at right angles □ **fuori s.**, out of square; (*fig.*) out of sorts.
squàdra (2) *f.* ***1*** (*sport*) team ***2*** (*mil.*) squad; party: **s. di corvée**, fatigue party ***3*** (*polizia*) squad: **s. del buon costume**, vice squad; **s. mobile**, flying squad ***4*** (*gruppo di lavoro*) team; (*di operai*) gang ***5*** (*fam.*: *gruppo*) set; bunch; crew ***6*** (*naut.*) squadron.
squadràre *v. t.* ***1*** to square (*anche fig.*); to square up ***2*** (*osservare attentamente*) to look (sb.) up and down; to study: **s. q. dalla testa ai piedi**, to look sb. up and down; to give sb. the once-over (*fam.*).
squadràto *a.* square; (*di pietra, legno*) squared.
squadrìglia *f.* (*naut., aeron.*) squadron.
squadrìsmo *m.* (*stor.*) Fascist action squads (*pl.*).
squadrìsta *m. e f.* (*stor.*) member of a Fascist action squad.
squadróne *m.* (*mil.*) squadron.
squagliàre ***A*** *v. t.* to melt • **squagliarsela**, *V.* **squagliarsi** ***B*** **squagliàrsi** *v. i. pron.* ***1*** to melt ***2*** (*fam.*) to slink* away; to sneak away (*o* off); (*scappare*) to decamp, to make* off, to clear off, to scram.
squalìfica *f.* disqualification • (*sport*) **s. del campo**, home ban.
squalificàre ***A*** *a. v. t.* to disqualify ***B*** **squalificàrsi** *v. i. pron.* to discredit oneself.
squalificàto *a.* ***1*** (*sport*) disqualified ***2*** (*screditato*) discredited.
squàllido *a.* ***1*** (*desolato*) bleak; dreary; dismal ***2*** (*misero*) drab; miserable; dingy; (*miserabile*) squalid ***3*** (*sordido*) squalid; sordid; seamy.
squallóre *m.* ***1*** (*desolazione*) bleakness; dreariness ***2*** (*condizione misera*) shabbiness; drabness; (*miseria*) squalor ***3*** (*sordidezza*) squalor; sordidness; seaminess.
squàlo *m.* (*zool.*) shark.
squàma *f.* scale.
squamàre ***A*** *v. t.* to scale ***B*** **squamàrsi** *v. i. pron.* to scale (off).
squamóso *a.* scaly; scaled.
squarciagóla *vc.* — **a s.**, at the top of one's voice.
squarciàre ***A*** *v. t.* to tear*; to rend*; to rip; (*tagliare*) to slash: **Un grido squarciò il silenzio**, a cry rent the silence ***B*** **squarciàrsi** *v. i. pron.* to be torn (*o* rent); to rip.
squàrcio *m.* ***1*** (*strappo*) tear, rent; (*taglio*) gash, slash; (*apertura*) hole ***2*** (*brano*) passage.
squartàre *v. t.* ***1*** to quarter; to cut* up ***2*** (*massacrare*) to butcher.
squassàre *v. t.* to shake* violently.
squattrinàto ***A*** *a.* penniless; hard up (*fam.*); broke (*fam.*) ***B*** *m.* (*f.* **-a**) penniless person.
squilibràre *v. t.* to unbalance; to put* out of balance.
squilibràto ***A*** *a.* ***1*** unbalanced; off balance ***2*** (*pazzo*) (mentally) deranged; insane; mad ***B*** *m.* (*f.* **-a**) madman* (*f.* madwoman*); lunatic.
squilìbrio *m.* ***1*** imbalance ***2*** (*pazzia*) (mental) derangement; insanity; madness.
squillànte *a.* ringing; (*acuto*) shrill; (*di colore*) bright.
squillàre *v. i.* to ring*; (*di tromba*) to blare.
squìllo ***A*** *m.* ring; ringing ⓤ; peal; (*di tromba*) blast, blare: **uno s. di campanello**, the ring of a bell; a bell ring; **s. di tromba**, trumpet blast; (*mil.*) bugle call; **squilli di campane**, peals of bells; **Il telefono fece due squilli**, the telephone rang twice ***B*** *a.* — **casa s.**, brothel; call house (*o* joint) (*USA*); (**ragazza**) **s.**, call girl.
squinternàre *v. t.* ***1*** (*un libro*) to take* apart ***2*** (*scombussolare*) to upset*.
squinternàto ***A*** *a.* ***1*** (*di libro*) taken apart; falling to pieces ***2*** (*strambo*) crazy; funny in the head (*fam.*); nutty (*fam.*); screwy (*fam.*) ***B*** *m.* (*f.* **-a**) oddball (*fam.*); crackpot (*fam.*).
squisitaménte *avv.* (*sommamente*) extremely, absolutely; (*tipicamente*) essentially, typically.
squiṣitézza *f.* ***1*** exquisiteness; daintiness; (*di sapore*) deliciousness ***2*** (*cosa squisita*) delicacy; dainty.
squiṣito *a.* exquisite; (*delicato*) delicate; (*scelto*) choice; (*di sapore*) delicious.
squittìo *m.* squeak; squeal.
squittìre *v. i.* to squeak; to squeal.
ṣradicaménto *m.* (*anche fig.*) uprooting; eradication; extirpation.
ṣradicàre ***A*** *v. t.* (*anche fig.*) to uproot; to eradicate; to extirpate ***B*** **ṣradicàrsi** *v. rifl.* (*fig.*) to uproot oneself.
ṣradicàto ***A*** *a.* (*anche fig.*) uprooted; rootless; eradicated ***B*** *m.* (*f.* **-a**) déraciné (*franc.*); rootless person.
ṣragionàre *v. i.* to talk nonsense; (*vaneggiare*) to rave, to be incoherent.
ṣregolatézza *f.* ***1*** lack of moderation; intemperance ***2*** (*l'essere scapestrato*) wildness; disorderliness.
ṣregolàto *a.* ***1*** (*senza regola*) immoderate; intemperate: **essere s. nel bere**, to be an immoderate drinker; to drink too much ***2*** (*disordinato*) irregular; haphazard ***3*** (*scapestrato*) wild; disorderly.
ṣrotolàre *v. t.*, **ṣrotolàrsi** *v. i. pron.* to unroll.
stàbbio *m.* ***1*** (*per animali*) fold ***2*** (*letame*) manure; dung.
stàbile ***A*** *a.* ***1*** (*saldo*) stable; steady; firm: **scala s.**, steady ladder; **governo s.**, stable government ***2*** (*permanente*) permanent; lasting; settled: **domicilio s.**, permanent address; **impiego s.**, permanent job; **tempo s.**, settled weather ***3*** (*costante*) stable; steady; constant • **beni stabili**, real estate □ **colori stabili**, fast colours □ (*teatr.*) **compagnia s.**, repertory company □ (*teatr.*) **teatro s.**, repertory theatre ***B*** *m.* ***1*** (*edificio*) building ***2*** (*teatro s.*) repertory theatre.
stabiliménto *m.* ***1*** factory; plant; works (*sing.*): **s. chimico**, chemical plant; **s. siderurgico**, iron and steel works ***2*** (*insieme di edifici*) — **s. balneare**, bathing establishment; **s. carcerario**, prison; **s. penale**, penal colony; **s. termale**, spa.
stabilìre ***A*** *v. t.* ***1*** (*istituire*) to establish; (*fissare*) to set*, to fix; (*sistemare*) to settle; (*definire*) to define; (*concordare*) to agree upon: **s. delle norme**, to establish rules, **s. il prezzo di q.c.**, to fix the price of st.; **s. una data**, to fix (*o* to set) a date ***2*** (*accertare*) to establish; to ascertain ***3*** (*decidere*) to decide (up)on; to resolve; to arrange: **s. il da farsi**, to decide (on) what to do ***4*** (*deliberare*) to decree: **La legge stabilisce che...**, the law decrees that... • **s. un contatto con q.**, to contact sb. □ **s. un primato**, to set up a record ***B*** **stabilirsi** *v. rifl.* to establish oneself; to settle; to set* up house.
stabilità *f.* ***1*** stability ***2*** (*permanenza*) permanence.
stabilito *a.* established; (*fissato*) fixed, appointed; (*convenuto*) settled, agreed • **Resta s. che...**, it is (*o* we are) agreed that...
stabiliẓẓàre ***A*** *v. t.* to stabilize; (*econ., anche*) to peg: **s. i prezzi**, to stabilize prices; **s. il mercato**, to peg the market ***B*** **stabiliẓẓàrsi** *v. i. pron.* to stabilize; to become* stable (*o* steady); to level off; to settle.
stabiliẓẓatóre *m.* (*tecn.*) stabilizer.
stabiliẓẓazióne *f.* stabilization; (*econ., anche*) pegging.
stabilménte *avv.* ***1*** steadily; firmly ***2*** (*permanentemente*) permanently.
stacanovìṣmo *m.* ***1*** (*stor.*) Stakhanovism ***2*** (*iron.*) overzealousness.
stacanovìsta *m. e f.* ***1*** (*stor.*) Stakhanovite ***2*** (*iron.*) workaholic; eager beaver.
staccàbile *a.* detachable.
staccàre ***A*** *v. t.* ***1*** to take* off; to detach; to remove; (*tagliare*) to cut* off; (*spezzare*) to break* off; (*strappare*) to tear* off (*o* out), to pull off (*o* out); (*con un morso*) to bite* off; (*tirare giù*) to take* down; (*cogliere*) to pick; (*scollare*) to unstick*, to peel off: **s. un quadro dalla parete**, to take a picture off the wall; to take down a picture (from the wall); **s. la tappezzeria**, to tear off the wallpaper; **s. una pagina da un blocco**, to tear a page out of a notebook; **s. un'etichetta**, to remove (*o* to peel off) a label; **s. una pesca dall'albero**, to pick a peach from the tree ***2*** (*sciogliere, slegare*) to unfasten; to untie; (*allentare*) to loosen; (*sganciare*) to unhook: **s. un rimorchio**, to unhook a trailer; **s. un cavallo**, to unharness a horse; **s. i buoi**, to unyoke the oxen; **s. un vagone**, to uncouple a carriage ***3*** (*scostare*) to move away: **s. una sedia dal muro**, to move a chair away from the wall ***4*** (*separare*) to separate ***5*** (*distanziare*) to leave* behind; to outdistance ***6*** (*scollegare*) to disconnect; to unplug; to cut* off: **s. il telefono**, to disconnect (*o* to unplug)

the phone; **s. la corrente**, to cut off the power • **s. un assegno**, to draw a cheque □ (*mus.*) **s. le note**, to play staccato □ **non s. gli occhi da q. [q.c.]**, not to take one's eyes off sb. [st.] □ **s. le parole**, to pronounce each word clearly ***B*** *v. i.* ***1*** (*risaltare*) to stand* out ***2*** (*venir via*) to come* off ***3*** (*fam.*: *cessare il lavoro*) to knock off (work); to stop work ***C*** **staccàrsi** *v. i. pron.* ***1*** to come* off (*o* out, away); (*spezzarsi*) to break* off, to become* detached; (*scollarsi*) to peel off; (*di presa elettrica*) to come* unplugged: **Si è staccato un bottone dalla camicia**, a button has come off the shirt; **Si staccò il chiodo e il quadro cadde**, the nail came out and the picture fell; **Mi si è staccato il ferro**, the iron has come unplugged ***2*** (*sciogliersi, slegarsi*) to break* loose; to break* away; (*sganciarsi*) to get* (*o* to come*) unhooked ***3*** (*scostarsi*) to move away; to pull away; (*sollevarsi*) to lift: **La nave si staccò dal molo**, the ship pulled away from the pier; **s. da terra**, to lift; (*di aereo*) to become airborne, to take off ***4*** (*separarsi*) to leave* (sb.); to part; to tear* oneself away ***5*** (*abbandonare*) to leave (st.); to detach oneself (from); to give* up (st.) ***6*** (*specialm. sport*: *distaccare*) to pull ahead (of); to break* away (from); to outdistance (sb., st.): **s. dal gruppo**, to pull ahead of (*o* to break away from) the group ***7*** (*essere differente*) to differ; to be different.

staccàto ***A*** *a.* ***1*** loose; unstuck; off (*pred.*); (*scollegato*) disconnected, unplugged; (*mecc.*) disengaged ***2*** (*isolato*) detached ***3*** (*mus.*) staccato ***B*** *m.* (*mus.*) staccato*.

staccionàta *f.* ***1*** stockade; fence ***2*** (*equitazione*) hurdle.

stàcco *m.* ***1*** (*intervallo*) break; interval; gap; (*spazio*) space: (*TV*) **s. pubblicitario**, commercial break ***2*** (*divario*) difference; (*contrasto*) contrast ***3*** (*sport*: *salto*) take-off ***4*** (*cinem.*) cut • **fare s.**, to stand out; to be conspicuous.

stadèra *f.* steelyard • **s. a ponte**, weighbridge.

stàdio *m.* ***1*** (*sport*) stadium*; ground ***2*** (*periodo, fase*) stage; period; phase ***3*** (*di missile*) stage.

staff (*ingl.*) *m. invar.* ***1*** staff; personnel ***2*** (*équipe*) team.

stàffa *f.* ***1*** (*equitazione*) stirrup ***2*** (*mecc.*) stirrup; bracket ***3*** (*naut.*) clamp ***4*** (*anat.*) stirrup bone; stapes • **perdere le staffe**, to lose one's temper; to fly off the handle (*fam.*) □ **tenere il piede in due staffe**, to run with the hare and hunt with the hounds.

staffétta *f.* ***1*** dispatch rider; courier; (*battistrada*) outrider ***2*** (*sport, anche* **corsa a s.**) relay (race).

staffettista *m. e f.* (*sport*) relay racer.

staffilàre *v. t.* to whip; to lash; to flog.

staffilàta *f.* lash (of the whip).

staffile *m.* ***1*** (*di staffa*) stirrup leather (*o* strap) ***2*** (*sferza*) whip; lash.

stafilocòcco *m.* (*biol.*) staphylococcus*.

stage (*franc.*) *m. invar.* unpaid work experience.

stagionàle ***A*** *a.* seasonal ***B*** *m. e f.* seasonal worker.

stagionàre *v. t. e i.* to season; (*all'aria aperta*) to weather; (*far maturare*) to ripen, to mature; (*vini o liquori*) to age.

stagionàto *a.* ***1*** seasoned; weathered; ripe: **legno ben stagionato**, well-seasoned wood; **vino s.**, mature (*o* aged) wine ***2*** (*scherz.*: *attempato*) getting on in years; rather long in the tooth (*fam.*).

stagionatùra *f.* seasoning; weathering; ripening; ageing.

stagióne *f.* ***1*** season; (*periodo, anche*) time: **la s. delle piogge**, the rainy season; (*ai tropici*) the wet season; **la s. invernale**, wintertime; **la s. estiva**, summertime; **s. turistica**, tourist season; **fuori s.**, out of season ***2*** (*condizioni atmosferiche*) weather: **la bella [brutta] s.**, fine [bad] weather ***3*** (*teatr.*) season: **la s. lirica**, the opera season • **alta s.**, high season □ **bassa s.**, low (*o* off) season □ **frutta di s.**, fruit in season □ **mezza s.**, spring and autumn □ **saldi di fine s.**, end-of-season sale.

stagliàrsi *v. i. pron.* to be silhouetted; to stand* out.

stagnànte *a.* ***1*** stagnant; stagnating; (*di acqua, anche*) brackish ***2*** (*fig.*) stagnating; slack; dull.

stagnàre (**1**) ***A*** *v. i.* ***1*** (*ristagnare*) to stagnate; (*di fumo e sim.*) to hang* ***2*** (*fig.*) to stagnate; to be slack ***B*** *v. t.* to stanch; to staunch.

stagnàre (**2**) *v. t.* ***1*** (*metall.*) to tin; to tin-plate; (*saldare*) to solder ***2*** (*chiudere ermeticamente*) to make* watertight.

stagnatùra *f.* tinning; tin-plating; (*saldatura*) soldering.

stagnaziòne *f.* stagnation.

stagnìno *m.* ***1*** (*calderaio*) tinker ***2*** (*lattoniere*) tinsmith.

stàgno (**1**) *m.* (*bacino di acqua stagnante*) pond; pool.

stàgno (**2**) *m.* (*chim.*) tin.

stàgno (**3**) *a.* (*a tenuta d'acqua*) watertight; (*a tenuta d'aria*) airtight, hermetic: **chiusura stagna**, airtight closure (*o* seal).

stagnòla *f.* tinfoil; silver paper.

stàio *m.* bushel.

stalagmite *f.* stalagmite.

stalattite *f.* stalactite.

stalinìsmo *m.* (*polit.*) Stalinism.

stalinìsta *a., m. e f.* (*polit.*) Stalinist.

stàlla *f.* (*per bovini*) cattleshed, cowshed, byre; (*per cavalli*) stable; (*per pecore*) sheepfold • **sembrare una s.**, to be like a pig-sty □ (*prov.*) **chiudere la s. quando i buoi sono scappati**, to lock the stable door when the horse has bolted.

stallàggio *m.* stabling.

stallàtico *m.* ***1*** (*concime*) (stable) manure ***2*** *V.* **stallaggio**.

stallière *m.* stableman*; stableboy; groom.

stàllo *m.* ***1*** (*seggio*) stall; seat ***2*** (*aeron.*) stall: **andare in s.**, to stall ***3*** (*scacchi*) stalemate ***4*** (*fig.*) stalemate; deadlock: **essere in una situazione di s.**, to be in stalemate.

stallóne *m.* ***1*** stallion; stud horse ***2*** (*scherz., di uomo*) stud.

stamane, **stamàni**, **stamattina** *avv.* this morning.

stambécco *m.* (*zool.*) ibex; steenbok.

stambèrga *f.* hovel; shanty.

stàme *m.* ***1*** (fine-carded) wool; (*filo*) thread ***2*** (*bot.*) stamen*.

stamìgna, **stamina** *f.* (*ind. tess.*) estamin; bunting.

stàmpa *f.* ***1*** (*lettere o figura stampata*) print ***2*** (*arte, atto dello stampare*) printing ***3*** (*giornali, giornalisti*) press; newspapers (*pl.*): **s. estera**, foreign press; **Ne ha parlato tutta la s.**, the newspapers were full of it ***4*** (*riproduzione*) print ***5*** (*al pl.*) (*nelle spedizioni postali*) printed matter 🅄 • **andare in s.**, to go to press □ **avere buona s.**, to have a good press □ **conferenza s.**, press conference □ **dare alle stampe**, to send to the press; to publish □ **errore di s.**, misprint □ **essere in corso di s.**, to be in the press; to be printing □ **ufficio s.**, press office.

stampàggio *m.* ***1*** (*mecc.*) pressing; (*con maglio*) drop-forging; (*della plastica*) moulding ***2*** (*coniatura*) coinage; striking.

stampànte *f.* (*elab.*) printer: **s. a getto d'inchiostro**, ink-jet printer; **s. ad aghi**, dot-matrix printer; **s. laser**, laser printer.

stampàre ***A*** *v. t.* ***1*** (*imprimere, anche fig.*) to imprint; to impress: **s. orme nella neve**, to leave footprints in the snow; **Gli stampò un bacio sulla guancia**, she planted a kiss on his cheek ***2*** (*tipogr., fotogr.*) to print ***3*** (*pubblicare*) to publish ***4*** (*coniare*) to coin; to strike* ***5*** (*mecc.*) to press; to forge; (*plastica*) to mould ***B*** **stampàrsi** *v. i. pron.* (*fig.*) to print itself; to become* impressed.

stampatèllo *m.* block letters (*pl.*); block capitals (*pl.*).

stampàto ***A*** *a.* ***1*** (*a stampa*) printed ***2*** (*pubblicato*) published ***3*** (*fig.*) impressed; imprinted ***4*** (*mecc.*) pressed; (*di plastica*) moulded ***5*** (*coniato*) coined; struck ***6*** (*elettr.*) printed ***B*** *m.* ***1*** printed copy ***2*** (*modulo*) (printed) form; (*opuscolo*) booklet; (*volantino*) leaflet ***3*** (*al pl.*) (*nelle spedizioni postali*) printed matter 🅄 ***4*** (*elab.*) printout; hard copy.

stampatóre *m.* (*f.* **-trice**) printer.

stampatrice *f.* (*macchina*) printing machine; printing press.

stampèlla *f.* ***1*** crutch: **camminare con le stampelle**, to walk on crutches ***2*** (*per abiti*) hanger.

stamperìa *f.* printworks (*pl. col verbo al sing. o al pl.*); printing house; printshop.

stampigliàre *v. t.* to stamp; to rubber-stamp.

stampigliatùra *f.* stamping; rubber-stamping.

stampìno *m.* ***1*** (*disegno*) stencil ***2*** (*punteruolo*) punch ***3*** (*cucina*) mould; (*per biscotti*) pastry cutter • **Sembrano fatti con lo s.**, they are identical; (*di persone*) they are alike as peas in a pod.

stàmpo *m.* ***1*** mould; (*matrice*) die, matrix* ***2*** (*fig.*) mould; (*genere*) kind, sort • **di antico s.**, of the old school □ **delitto di s. mafioso**, mafia-style murder.

stanàre *v. t.* ***1*** to drive* out; to rouse; to flush out ***2*** (*fig.*) to dig* out.

stànca *f.* ***1*** (*di marea*) slack water; (*di fiume*) maximum level (of flood) ***2*** (*fig.*) stagnation; slack period.

stancaménte *avv.* tiredly; (*pigramente*) lazily.

stancàre ***A*** *v. t.* ***1*** to tire (out); to weary; (*affaticare*) to strain: **La passeggiata mi aveva stancato**, the walk had tired me out; **stancarsi gli occhi**, to strain one's eyes ***2*** (*annoiare*) to bore; to be tiresome; to pall: **Rischi di s. con le tue barzellette**, you can be tiresome with your jokes; **un colore che può s.**, a colour you can grow tired of; **un piacere che non stanca mai**, a pleasure that never palls ***B*** **stancàrsi** *v. i. pron.* ***1*** (*affaticarsi*) to get* tired; to tire; to exert oneself; (*essere stanco*) to tire, to be tired: **s. facilmente**, to tire easily; **Cerca di non stancarti troppo**, try not to exert yourself too much; **Non si stanca mai di parlare dei figli**, he never tires of talking about his children ***2*** (*annoiarsi*) to get* (*o* to grow*) tired (of); to get* fed up (with): **Mi stancai di aspettarlo**, I got tired of waiting for him; **Mi sono stancata di questi mobili**, I've grown tired (*o* I'm tired) of this furniture.

stanchézza *f.* tiredness; weariness; fatigue: **s. mentale**, mental fatigue; **sentirsi addosso una grande s.**, to feel very tired; to feel drained; **sfinito dalla s.**, tired out; exhausted; **Che s.!**, I'm exhausted!

stànco *a.* ***1*** (*spossato*) tired: **s. morto**, dead tired; exhausted; dead beat (*fam.*) ***2*** (*stufo*) tired (of); fed up (with) • **s. di vivere** (*o* **della vita**), tired of life □ (*econ.*) **mercato s.**, slack market □ **piedi stanchi**, aching feet.

stand (*ingl.*) *m. invar.* ***1*** (*di esposizione*) stand ***2*** (*tribuna*) stand; grandstand.

standardizzàre *v. t.* to standardize; (*produrre in serie*) to mass-produce.

standardizzàto *a.* standardized; mass-produced.

standardizzazióne *f.* standardization; mass-production.

standista *m. e f.* ***1*** (*titolare*) standholder ***2*** (*addetto*) stand assistant.

stànga *f.* ***1*** (*barra*) bar ***2*** (*di carro*) shaft ***3*** (*di aratro*) beam ***4*** (*fam.*: *spilungone*) beanpole.

stangàre *v. t.* (*fam.*) ***1*** (*far pagare troppo*) to sting*; (*del fisco*) to squeeze, to bleed* ***2*** (*bocciare*) to fail; to flunk (*fam.*): **s. un alunno**, to fail a student; **Mi hanno stangato in fisica**, I failed (*o* flunked) physics.

stangàta *f.* ***1*** (*fam.*) blow; shock: **Il conto fu una s.**, the bill came as a real shock; **s. fiscale**, tax squeeze ***2*** (*fam.*: *bocciatura*) fail: **prendere una s. agli esami**, to fail (*o* to flunk) the exams ***3*** (*calcio*) shot.

stanghétta *f.* ***1*** (*mecc.*) bolt ***2*** (*di occhiali*) side, arm (*GB*); temple (*USA*) ***3*** (*mus.*) bar line.

stanòtte *avv.* ***1*** tonight ***2*** (*la notte scorsa*) last night.

stànte ***A*** *a.* — **a sé s.**, apart; separate: **questione a sé s.**, separate issue ***B*** *prep.* owing to; because of; on account of ***C*** *cong.* — **s. che**, as; since.

stantìo *a.* (*anche fig.*) stale • **odore di s.**, musty smell □ **sapere di s.**, to taste stale.

stantùffo *m.* (*mecc.*) piston; (*di pompa, pressa idraulica, siringa*) plunger: **corsa dello s.**, piston stroke.

stànza *f.* ***1*** room: **appartamento di quattro stanze**, four-roomed flat; flat with four rooms; **s. da bagno**, bathroom; **s. da letto**, bedroom; **s. degli armadi**, spare room; lumber room (*GB*); **s. di soggiorno**, living (*o* sitting) room ***2*** (*luogo di dimora*) (place of) residence: **prendere s. in un luogo**, to take up one's residence in a place ***3*** (*poesia*) stanza • **s. dei bottoni**, control room; nerve centre □ (*banca*) **s. di compensazione**, clearing house □ (*mil.*) **essere di s.**, to be stationed.

stanziàle *a.* ***1*** (*zool.*) non-migratory; sedentary ***2*** (*mil.*) standing; permanent.

stanziaménto *m.* ***1*** appropriation; allocation; (*la somma, anche*) earmarked sum: **Il governo ha approvato uno s. di 30 miliardi per il progetto**, the government has allocated 30 billion lire to the programme ***2*** (*insediamento*) settlement.

stanziàre ***A*** *v. t.* to appropriate; to allocate; to earmark ***B*** **stanziàrsi** *v. i. pron.* to settle.

stanzìno *m.* cubby-hole; (*ripostiglio*) boxroom (*GB*), closet (*USA*).

stappàre *v. t.* ***1*** to uncork; (*rif. a tappo metallico*) to uncap ***2*** (*orecchio*) to clear of wax.

stàre *v. i.* ***1*** (*restare*) to stay; to remain; (*mantenersi*) to keep*: **s. a letto**, to stay (*o* to remain) in bed; **Sta' dove sei!**, stay where you are!; **s. in casa**, to stay indoors; **s. alzato**, to stay up; **s. seduto**, to remain seated; **s. fermo**, to keep still; **Sta' tranquillo**, keep calm; (*non preoccuparti*) don't worry!; **Stammi vicino**, stay (*o* keep) close to me; **Stette un po' a pensare**, he thought for a moment; **Stette fuori due ore**, he was gone for two hours ***2*** (*abitare*) to live; (*fermarsi*) to stay: **s. da solo**, to live on one's own; **Dove stai di casa?**, where do you live?; **Sono stato in albergo**, I stayed at a hotel ***3*** (*essere*) to be; (*essere in piedi*) to stand*: **s. comodo**, to be comfortable; **s. diritto**, to stand up straight; **s. in piedi**, to stand; **s. in disparte**, to stand aside ***4*** (*andare*) to be; to go*: **Sono stato in banca**, I've been to the bank; **In aprile sono stato in Grecia**, I went to Greece in April ***5*** (*di salute*) to be; (*sentirsi*) to feel*: **Come stai?**, how are you?; **s. bene**, to be well; **s. meglio**, to feel better; **s. poco bene**, not to feel well; **s. male**, to be ill; (*avere nausea*) to feel sick ***6*** (*di aspetto*) to look; (*armonizzare*) to go* (with), to suit (st., sb.): **Come sto?**, how do I look?; **Stai benissimo!**, you look splendid!; **Il verde sta bene col blu**, green goes well with dark blue; **Il rosso non mi sta bene**, red doesn't suit me ***7*** (*rif. a misura*) to fit; to be: **Ti sta a pennello**, it fits you to a T; **s. stretto**, to be tight ***8*** (*dipendere*) to depend (on): **Tutto sta se avremo tempo,**, it all depends on whether we have the time ***9*** (*spettare, toccare*) to be up (to); to be for; (*essere il turno di*) to be (sb.'s) turn: **Sta a lui decidere**, it's up to him to decide; **Non sta a me giudicare**, it is not for me to judge ***10*** (*parteggiare, aderire*) to side (with); to be (for) ***11*** (*attenersi*) to observe: **s. alle regole**, to observe (*o* to stick to) the rules ***12*** (*consistere*) to consist (in); to lie* (in) ***13*** (*mat.*: *nelle divisioni*) to go*, to divide; (*nelle proporzioni*) to be: **Il 3 sta nel 15 cinque volte**, 3 goes into (*o* divides into) 15 five times; **2 sta a 10 come 3 sta a 15**, 2 is to 10 as 3 is to 15 ***14*** (*a carte*) to stick*: **Sto!**, I'm sticking!; stick! ***15*** (+ *gerundio*) to be (+ *gerundio*): **Sto mangiando**, I'm eating; **Sta facendosi buio**, it's getting dark ***16*** (**s. per** + *inf.*) to be about to; to be on the point of; to be ready to: **Sto per uscire**, I'm about to go out; I'm going out; **Stava per piangere**, she was ready to cry; she was on the verge of tears ***17*** (**s. a** + *inf.*) — **Stammi a sentire!**, listen to me!; **Stiamo a vedere come si comporta**, let's wait and see how he behaves; **Non s. a dirmi che non puoi!**, don't tell me you can't!; **Perché stai a discutere con lui?**, why are you wasting your time arguing with him? ***18*** (*anche* **starci**: *trovare posto*) to fit; to go* in: **Ci starà questo in valigia?**, will this fit into the suitcase?; **Non mi ci sta in borsa**, I can't fit it into my handbag; **Non ci si sta in tre sul divano**, this sofa doesn't sit three people; **quanto ce ne può s. in un sacco**, as much as a bag can hold; **Cerca di farcelo s.**, try and fit it in; **Vieni, ci stai anche tu**, come on, there's room for you too ***19*** (**starci**: *partecipare*) to be in (on); (*accettare*) to agree: **Gli facciamo un regalo, ci stai anche tu?**, we're getting him a present. shall (*o* can) we count you in?; **A queste condizioni non ci sto**, on these conditions, I can't agree (*fam.* it's not on) • (*fig.*) **s. addosso a q.**, to keep on at sb.; to stand over sb. □ **S. ai fatti**, to stick to the facts □ **s. ai patti**, to keep a bargain □ **s. bene** (**finanziariamente**), to be well off □ **s. bene con q.**, to get on (*o* along) well with sb. □ **Sta bene!**, (*va bene, d'accordo*), all right; OK (*fam.*) □ **s. con q.** (*avere una relazione*), to be going out with sb.; to be seeing sb. □ **s. dietro a q.**, (*seguire*) to follow sb.; (*corteggiare*) to hang around sb. □ **s. senza q.c.**, to do without st. □ **Sta sulle sue**, he is a bit standoffish □ **starsene**, *V. def. 1 e 3* □ **Ben ti sta!**, (it) serves you right! □ **Mi sta antipatico**, I don't like him □ **Come stai a soldi?**, how are you off for money? □ **È una che ci sta**, she sleeps around; she's easy □ **Il fatto sta che...**, the fact is that... □ **Lasciami s.!**, leave me alone! □ **Lascia s.!**, (*non toccare*) leave that alone!; (*non farlo*) leave it! □ **Lasciamo s.!**, the least said (the better) □ **non s. in sé dalla gioia**, to be beside oneself with joy □ **Non sta bene grattarsi la testa**, it's bad manners to scratch your head □ **La cosa non mi sta bene**, I don't like it; I don't agree with it □ **Non sa s. a tavola**, he has no table manners □ **saper s. al proprio posto**, to know one's place □ **Stando a quel che si dice...**, it would seem (*o* it appears) that... □ **Sta a vedere che non c'è!**, I bet you he isn't in □ **Stando così le cose**, that being so; that being the case.

stàrna *f.* (*zool.*) (grey) partridge.

starnazzàre *v. i.* ***1*** to flutter ***2*** (*fig. scherz.*) to cackle; to squawk.

starnutìre *v. i.* to sneeze.
starnùto *m.* sneeze • **fare uno s.**, to sneeze.
staséra *avv.* this evening; tonight.
stàsi *f.* standstill; stagnation; lull.
statàle ***A*** *a.* state (*attr.*); government (*attr.*); state-owned; public: **scuola s.**, state school; **impiegato s.**, state employee; civil servant; **autorità s.**, public authority; **a partecipazione s.**, state-controlled ***B*** *m. e f.* state employee; civil servant ***C*** *f.* (*strada s.*) main road; highway (*USA*).
statalismo *m.* (*polit.*) statism.
statalista *m. e f.* (*polit.*) statist.
statalizzàre *v. t.* (*polit., econ.*) to nationalize.
statalizzazióne *f.* (*polit., econ.*) nationalization.
stàtica *f.* (*fis.*) statics (*pl. col verbo al sing.*).
staticità *f.* ***1*** static nature ***2*** (*immobilità*) immobility.
stàtico *a.* (*anche fig.*) static.
statìno *m.* (*bur.*) record; statement.
station-wagon (*ingl.*) *f. invar.* estate car (*GB*); station wagon (*USA*).
statìsta *m. e f.* statesman* (*m.*); stateswoman* (*f.*).
statìstica *f.* ***1*** (*scienza*) statistics (*pl. col verbo. al sing.*) ***2*** (*raccolta di dati*) statistics (*pl.*); statistical data (*pl.*) • **esperto di s.**, statistician.
statìstico ***A*** *a.* statistical: **dati statistici**, statistical data; **dato s.**, statistic ***B*** *m.* statistician.
stàto *m.* ***1*** (*condizione, situazione*) state; condition: **lo s. delle cose**, the state of things; (*fis.*) **s. solido** [**liquido**], solid [liquid] state; **s. di emergenza**, state of emergency; **s. di guerra**, state of war; **in s. di shock**, in a state of shock; **in buono** [**cattivo**] **s.**, in good [bad] condition (*o* shape, repair); **In che s. sei!**, look at the state you're in! ***2*** (*condizione sociale*) (social) condition; (*posizione elevata*) position, standing, status; (*ceto*) class, rank ***3*** (*leg., bur.*) status: **s. giuridico**, juridical status; **s. civile**, marital status ***4*** (*polit.*) state; (*paese*) country: **gli Stati Uniti d'America**, the United States of America; **capo di S.**, head of state; **religione di S.**, state religion; **S. cuscinetto**, buffer state; **S. assistenziale**, welfare state; **S. sociale**, welfare state ***5*** (*mil.*) — **S. Maggiore**, General Staff; **capo di S. Maggiore**, Chief of Staff; **ufficiale di S. Maggiore**, Staff officer • **s. d'allarme**, red alert □ **s. d'animo**, frame of mind; mood □ (*bur.*) **s. di famiglia**, certificate of family status □ **s. interessante**, pregnancy: **donna in s. interessante**, pregnant woman; expectant mother □ (*stor.*) **Stati Generali**, the States General □ (*fig.*) **s. maggiore**, leaders □ **allo s. brado**, in the natural (*o* wild) state; (*anche fig.*) running wild □ (*leg.*) **in s. di arresto**, under arrest □ **colpo di S.**, coup (d'état) (*franc.*) □ (*stor.*) **Terzo S.**, Third Estate □ **ufficiale di s. civile**, Registrar □ **ufficio di S. civile**, registry (*o* register) office □ **uomo di s.**, statesman.
stàtua *f.* statue.
statuària *f.* (*arte*) statuary.
statuàrio *a.* ***1*** statuary ***2*** (*fig.*) statuesque.
statuétta *f.* statuette.
statunitènse ***A*** *a.* United States (*attr.*) ***B*** *m. e f.* United States citizen.
statùra *f.* height; (*anche fig.*) stature: **s. media**, average height; **s. morale**, moral stature; **di s. alta** [**bassa**], tall [short].
status (*lat.*) *m. invar.* status.
statutàrio *a.* statutory; statute (*attr.*).
statùto *m.* (*leg.*) ***1*** statute; charter; (*costituzione*) constitution: **s. regionale**, regional statute; **lo s. dell'ONU**, the UN charter; **s. dei lavoratori**, workers' statute of rights ***2*** (*di società*) charter; (*di società di persone*) articles (*pl.*) of partnership; (*di società di capitali*) articles (*pl.*) of association.
stavòlta *avv.* (*fam.*) this time.
stazionaménto *m.* standing; (*parcheggio*) parking.
stazionàre *v. i.* to stand*; (*parcheggiare*) to park.
stazionàrio *a.* stable; static.
stazióne *f.* ***1*** station: **s. ferroviaria**, railway station; **s. di autobus**, bus station; (*autom.*) **s. di rifornimento**, filling station; petrol (*USA* gas) station; (*radio*) **s. emittente**, broadcasting station; (*radio*) **s. ripetitrice**, relay station; **s. meteorologica**, weather station; **s. di polizia**, police station; **s. spaziale**, space station ***2*** (*luogo di villeggiatura*) resort: **s. balneare**, seaside resort; **s. climatica**, health resort ***3*** (*posizione*) position: **s. eretta**, upright position • **s. da monta**, breeding farm; (*per equini*) stud farm.
stàzza *f.* ***1*** (*naut.*) tonnage: **s. di regata**, rating ***2*** (*fig.*) (heavy) build: **Ha una bella s.**, he's heavily built.
stazzàre *v. t.* (*naut.*) ***1*** (*di nave*) to have a tonnage of: **Quanto stazza?**, what is her tonnage? ***2*** (*misurare la stazza di*) to measure the tonnage of.
stàzzo *m.* pen; fold.
stazzonàre *v. t.* to rumple; to crumple; to crease.
steàrico *a.* (*chim.*) stearic • **candela stearica**, tallow candle.
stearìna *f.* (*chim.*) stearin(e).
steatìte *f.* (*miner.*) steatite; soapstone.
stécca *f.* ***1*** (*asta, assicella*) stick; (*piatta*) slat; (*di ombrello*) rib; (*di ventaglio*) stick; (*di busto, anche* **s. di balena**) whalebone; (*di colletto*) (collar) stiffener ***2*** (*med.*) splint ***3*** (*da biliardo*) (billiard) cue ***4*** (*mus.*) false note: **prendere una s.**, to sing [to play, to hit] a false note ***5*** (*di sigarette*) carton.
steccàre ***A*** *v. t.* ***1*** (*chiudere con uno steccato*) to fence; to fence in ***2*** (*med.*) to splint ***B*** *v. i.* ***1*** (*mus.*) to sing* [to play, to hit*] a false note ***2*** (*biliardo*) to miscue.
steccàto *m.* ***1*** fence; paling; (*stecconata*) stockade ***2*** (*equitazione*) rails (*pl.*).
stecchétto *m.* — **stare a s.**, to be careful with what one eats; (*rif. al denaro*) to be short of money □ **mettere q. a s.**, to put sb. on a strict diet □ **tenere q. a s.**, to keep sb. on short rations; (*rif. al denaro*) to keep sb. short of money.
stecchìno *m.* (*stuzzicadenti*) toothpick.
stecchìre *v. t.* to kill on the spot; to bump off (*fam.*); to cool (*pop.*).
stecchìto *a.* ***1*** (*sottile*) (very) thin; scrawny: **gambe stecchite**, scrawny legs ***2*** (*di pianta*) dried up ***3*** (*fam.*: *morto*) stone-dead; (*ucciso*) killed on the spot: **cadere morto s.**, to drop dead; **morto s.**, as dead as a door-nail (*fam.*).
stécco *m.* stick; (*ramoscello*) (dry) twig • (*fig.*) **È uno s.**, he's just skin and bone □ **magro come uno s.**, as thin as a rake.
stèle *f.* stele; (*archeol., anche*) stela*.
stélla *f.* ***1*** star: **s. polare**, North (*o* Pole) star; **s. cadente**, falling (*o* shooting) star; **cielo senza stelle**, starless sky ***2*** (*destino, fortuna*) star; fate; destiny: **nato sotto una buona** [**una cattiva**] **s.**, born under a lucky [an unlucky] star ***3*** (*diva o divo*) star: **s. del cinema**, film (*o* movie) star ***4*** (*di cavallo*) blaze; star ***5*** (*tipogr.*: *asterisco*) asterisk; star ***6*** (*fam.*: *appellativo affettuoso*) darling; treasure • (*bot.*) **s. alpina**, edelweiss (*ted.*) □ **s. cometa**, comet □ (*zool.*) **s. di mare**, starfish □ (*bot.*) **s. di Natale**, poinsettia □ **s. filante** (*di Carnevale*), streamer □ **andare** (*o* **salire**) **alle stelle**, to go sky-high; to rocket □ **dormire sotto le stelle**, to sleep out in the open □ **portare q. alle stelle**, to praise sb. to the skies □ (*fig.*) **vedere le stelle**, to see stars.
stellàre *a.* ***1*** (*astron.*) stellar; star (*attr.*): **splendore s.**, stellar light; starlight; **ammasso s.**, star cluster ***2*** (*a forma di stella*) stellar; star-shaped • (*mecc.*) **motore s.**, radial engine.
stellàto ***A*** *a.* ***1*** (*di cielo*) starlit; starry ***2*** (*di oggetto*) star-spangled ***B*** *m.* starlit (*o* starry) sky.
stellétta *f.* ***1*** (*mil.*) star; pip (*GB*) ***2*** (*tipogr.*) asterisk.
stellìna *f.* (*cinem.*) starlet.
stelloncìno *m.* (*giorn.*) paragraph; short item (of news).
stèlo *m.* ***1*** (*bot.*) stem; stalk; (*di erba*) blade ***2*** (*sostegno*) stand; (*di calice*) stem • **lampada a s.**, standard (*o* floor) lamp.
stèmma *m.* coat of arms; armorial bearings (*pl.*).
stemperàre ***A*** *v. t.* ***1*** (*diluire*) to dilute; to dissolve ***2*** (*mescolare*) to mix ***3*** (*fig.*) to dilute; to water down ***B*** **stemperàrsi** *v. i. pron.* ***1*** to be diluted; to dissolve ***2*** (*fig.*) to dissolve.
stempiàrsi *v. i. pron.* to go* bald (at the temples).
stempiàto *a.* bald at the temples; with a receding hairline.
stendàrdo *m.* ***1*** (*mil.*) standard; ensign; banner ***2*** (*gonfalone*) banner ***3*** (*bot.*) vexillum*; banner; standard.
stèndere ***A*** *v. t.* ***1*** (*allungare*) to stretch: **s. le gambe**, to stretch (out) one's legs ***2*** (*spiegare*) to spread* (out); to lay* (out): **s. le reti**, to spread (*o* to lay, to set) the nets; **s. il bucato sull'erba**, to spread the washing out on the grass; **s. la tovaglia**, to lay the tablecloth ***3*** (*sciorinare*) to hang*

out: **s. il bucato**, to hang out the washing ***4*** (*mettere per iscritto*) to draw* up; to write*; (*in abbozzo*) to draft: **s. un contratto**, to draw up a contract ***5*** (*spalmare*) to spread* ***6*** (*pop.*: *abbattere*) to knock down; to floor; to flatten; (*uccidere*) to knock dead • (*fig.*) **s. la mano**, to hold out one's hand □ **s. la pasta**, to roll out the dough □ **fare s. q.**, to make sb. lie down ***B*** **stèndersi** *v. rifl. e i. pron.* ***1*** (*allungarsi*) to stretch out; (*sdraiarsi*) to lie* down ***2*** (*estendersi*) to stretch; to spread* out; to extend.

stendibiancherìa *m. invar.* clotheshorse; (*esterno*) washing line, clothes line.

stenditóio *m.* ***1*** (*locale*) drying room ***2*** (*attrezzo*) clotheshorse.

stenodattilografìa *f.* shorthand typing.

stenodattilògrafo *m.* (*f.* **-a**) shorthand typist; stenographer (*USA*).

stenografàre *v. t.* to write* (*o* to take* down) in shorthand; to stenograph (*USA*).

stenografato *a.* (written) in shorthand; stenographed (*USA*).

stenografìa *f.* shorthand; stenography (*USA*).

stenogràfico *a.* shorthand (*attr.*); stenographic(al) (*USA*).

stenògrafo *m.* (*f.* **-a**) shorthand writer; stenographer (*USA*).

stenòṣi *f.* (*med.*) stenosis*.

stentàre *v. i.* (*durare fatica*) to find* it hard (to); to be hardly able (to); to have difficulty (in): **Stento a crederlo**, I find it hard to believe it; **Stentavo a capirlo**, I had difficulty in understanding him; I could hardly understand him.

stentataménte *avv.* ***1*** with difficulty ***2*** (*in povertà*) in poverty.

stentàto *a.* ***1*** (*forzato*) forced, strained; (*faticoso*) laboured: **sorriso s.**, strained smile; **stile s.**, laboured style; **Parla un italiano s.**, he speaks broken Italian ***2*** (*pieno di stenti*) hard: **vita stentata**, hard life ***3*** (*cresciuto a stento*) scrubby; stunted.

stènto *m.* ***1*** difficulty; (*sforzo*) effort; pains (*pl.*) ***2*** (*al pl.*) hardships; privation (*sing.*), poverty (*sing.*): **vita piena di stenti**, hard life; life full of hardship; **vivere negli stenti**, to live in poverty • **a s.**, with difficulty; barely: **Avanzammo a s.**, we proceeded with difficulty; **Lo leggevo a s.**, I was barely able read it.

stentòreo *a.* stentorian.

stéppa *f.* (*geogr.*) steppe.

steppóso *a.* steppe-like.

stèrco *m.* dung; excrement; droppings (*pl.*).

stèreo ***A*** *a. invar.* stereo ***B*** *m. invar.* stereo (set).

stereofonìa *f.* (*fis., radio*) stereophony.

stereofònico *a.* (*fis., radio*) stereophonic.

stereotipàre *v. t.* (*tipogr.*) to stereotype.

stereotipàto *a.* ***1*** (*tipogr.*) stereotyped ***2*** (*fig.*) stereotyped; clichéd.

stereotipìa *f.* (*tipogr.*) ***1*** (*procedimento*) stereotypy; stereotype ***2*** (*lastra*) stereotype (plate).

stereòtipo ***A*** *a.* (*tipogr.*) stereotyped ***B*** *m.* ***1*** stereotype ***2*** (*cliché*) cliché.

stèrile *a.* ***1*** (*infecondo*) sterile ***2*** (*agric.*) barren; sterile ***3*** (*fig.*) barren; sterile; (*vano*) vain, futile ***4*** (*med.*: *sterilizzato*) sterile; sterilized.

sterilìre *v. t.* to render barren.

sterilità *f.* ***1*** sterility ***2*** (*agric. e fig.*) barrenness; unproductiveness.

sterilizzàre *v. t.* ***1*** to sterilize ***2*** (*un animale*) to neuter; to doctor.

sterilizzazióne *f.* sterilization.

sterlìna *f.* pound; (*lira s.*) sterling Ⓤ: **Mi è costato 100 sterline**, it cost me one hundred pounds; **biglietto da dieci sterline**, ten-pound note; **Il valore della s. è sceso**, the value of sterling has gone down; **area della s.**, sterling area.

sterminàre *v. t.* to exterminate; to kill off.

sterminatézza *f.* boundlessness; endlessness.

sterminàto *a.* boundless; unbounded; endless; immense.

sterminatóre ***A*** *m.* (*f.* **-trice**) exterminator ***B*** *a.* exterminating.

stermìnio *m.* ***1*** extermination; (*strage*) slaughter, massacre ***2*** (*fig. fam.*) huge quantity; enormous lot • **campo di s.**, death camp □ **guerra di s.**, total war.

stèrna *f.* (*zool.*) tern.

stèrno *m.* (*anat.*) sternum*; (*com.*) breastbone.

sternutìre, **sternùto** *V.* **starnutire, starnuto**.

sterpàglia *f.* brushwood; scrub.

stèrpo *m.* (dry) twig; stick.

sterràre *v. t.* to dig* out (earth); to excavate (earth).

sterràto ***A*** *a.* ***1*** dug up; excavated ***2*** — **strada sterrata**, unmetalled (*o* dirt) road ***B*** *m.* dirt patch.

sterratóre *m.* digger; navvy.

stèrro *m.* ***1*** digging out; excavation: **lavori di s.**, diggings; excavations ***2*** (*terra scavata*) dug earth; loose earth; dirt.

sterzàre *v. t. e i.* ***1*** (*autom.*) to steer; to turn the wheel; to swerve ***2*** (*fig.*) to swerve; to veer; to shift.

sterzàta *f.* ***1*** (*autom.*) steering; (*effetto*) swerve: **fare una s. inprovvisa**, to swerve suddenly; **leggera s.**, slight turn of the wheel ***2*** (*fig.*) swerve; sudden shift.

stèrzo *m.* ***1*** (*autom.*) steering gear; (*volante*) (steering) wheel ***2*** (*di bicicletta*: *manubrio*) handlebar.

stéso *a.* ***1*** spread out; (*allungato*) stretched out; (*sdraiato*) lying ***2*** (*appeso*) hanging.

stésso ***A*** *a. dimostrativo* ***1*** (*uguale, identico*) same: **È la stessa situazione di prima**, it's the same situation as before; **Abita nello s. palazzo**, he lives in the same building; **della stessa età**, of the same age ***2*** (*rafforzativo dei pron. rifl.*) -self* (*suff.*): **me s.**, myself; **te s.**, yourself; **se s.**, (*di persona*) himself, (*di cosa*) itself, (*indef.*) oneself; **se stessa**, herself; **noi stessi**, ourselves; **voi stessi**, yourselves; **se stessi** [**se stesse**], themselves; **fedele a se s.**, true to oneself ***3*** (*enfat.*) -self* (*suff.*): **io s.**, I myself; **tu s.**, you yourself; **egli** (*o* **lui**) **s.**, he himself; **ella** (*o* **lei**) **stessa**, she herself; **noi stessi**, we ourselves; **voi stessi**, you yourselves; **essi** (*o* **loro**) **stessi**, they themselves; **esse** (*o* **loro**) **stesse**, they themselves; **Lo farò io s.**, I'll do it myself; **Io s. lo vidi partire**, I myself saw him leave; **Non solo lo stile, ma la trama stessa è banale**, not only the style, but the plot itself is trite ***4*** (*con valore di «proprio», «esattamente»*) very; (*con agg. poss.*) own: **oggi s.**, this very day; **in quel momento s.**, at that very moment; **La nostra stessa vita è in pericolo**, our very life is in danger; **con i miei stessi occhi**, with my own eyes; **per ciò s.**, for this very reason ***B*** *pron. dimostr.* ***1*** (*la stessa persona*) (the) same: **Sei sempre lo s.!**, you're always the same!; **È lo s. che ha telefonato prima**, it's the same man that phoned earlier ***2*** (*la stessa cosa*) (the) same: **Per me, è lo s.**, it's (all) the same to me ***C*** **lo stésso** *locuz. avv.* ***1*** (*comunque*) all (*o* just) the same; anyway: **Ci andrò lo s.**, I'll go all the same; I'm going just the same ***2*** (*in modo o quantità uguale*) the same: **Costa più o meno lo s.**, it costs much the same.

stesùra *f.* ***1*** drawing up; writing out ***2*** (*abbozzo*) draft; (*versione*) version.

stetoscòpio *m.* (*med.*) stethoscope.

stìa *f.* hen-coop; hutch.

stìgma *m.* ***1*** (*marchio*) stigma; mark; brand ***2*** (*bot., zool.*) stigma*.

stìgmate *f. pl.* (*med., relig.*) stigmata.

stigmatizzàre *v. t.* to stigmatize.

stilàre *v. t.* to draw* up; to draft.

stìle *m.* style: **nello stile di Raffaello**, in the style of Raphael; **di s. gotico**, in the Gothic style; **avere s.**, to have style; **fare q.c. in grande s.**, to do st. with style; **Non è nel mio s.**, it is not my style; (*nuoto*) **s. libero**, freestyle; crawl.

stilettàta *f.* ***1*** stab ***2*** (*fig.*) shooting pain; stab.

stilétto *m.* stiletto*; dagger.

stilìsta *m. e f.* ***1*** (*letter., arte*) stylist ***2*** (*moda, ecc.*) designer.

stilìstica *f.* stylistics (*pl. col verbo al sing.*).

stilìstico *a.* stylistic.

stilizzàre *v. t.* to stylize.

stilizzàto *a.* stylized.

stìlla *f.* (*lett.*) drop; droplet.

stillàre *v. t. e i.* to drip; (*tradusare*) to ooze, to exude • (*fam.*) **stillarsi il cervello**, to rack one's brains.

stillicìdio *m.* ***1*** dripping; drip, drip, drip ***2*** (*fig.*) steady trickle; endless stream.

stìlo *m.* ***1*** (*stor.*) stylus*; style ***2*** (*di stadera*) beam; (*di bilancia*) needle; (*di giradischi*) stylus ***3*** (*zool., bot.*) style.

stilogràfica *f.* fountain pen.

stilogràfico *a.* stylographic • **penna stilografica**, fountain pen.

stìma *f.* ***1*** (*valutazione*) estimate; valuation; appraisal; rating: **fare la s. di q.c.**, to make an estimate of st.; to

estimate (*o* to appraise) st.; **s. catastale**, cadastral estimate (*o* survey) ***2*** (*buona opinione*) esteem; regard; high opinion: **avere molta s. di q.**, to think highly of sb.; to have a high opinion of sb.; **godere di s. generale**, to be held in high esteem; **manifestazione di s.**, expression of regard; appreciation.
stimàbile *a.* ***1*** (*valutabile*) assessable ***2*** (*rispettabile*) respectable; worthy; estimable.
stimàre ***A*** *v. t.* ***1*** (*valutare*) to estimate; to value; to appraise: **s. il valore di q.c.**, to estimate the value of st.; **s. una proprietà**, to value a property; **s. un gioiello**, to value a jewel ***2*** (*apprezzare*) to value; to think* highly of; to esteem: **s. molto q.**, to think very highly of sb.; to hold sb. in high esteem; **È poco stimato**, he isn't very highly thought of ***3*** (*giudicare, ritenere*) to consider; to think* • **s. q.c. al di sopra [al di sotto] del suo valore**, to overestimate [to underestimate] the value of st. □ **s. q.c. a occhio e croce**, to make a rough estimate of st. ***B*** **stimàrsi** *v. rifl.* to consider oneself; to think* oneself: **s. fortunato**, to consider (*o* to think) oneself lucky.
stimàto *a.* ***1*** estimated; valued ***2*** (*apprezzato*) highly considered; highly-regarded; well-thought-of; esteemed.
stimatóre *m.* (*f.* **-trice**) (*comm.*) appraiser; estimator; valuer.
stimolànte ***A*** *a.* stimulating; challenging ***B*** *m.* (*farm.*) stimulant.
stimolàre *v. t.* ***1*** (*incitare, spronare*) to stimulate; to incite; to spur; (*pungolare*) to goad, to prod ***2*** (*eccitare*) to rouse, to stir up; (*acuire*) to whet: **s. la curiosità di q.**, to rouse sb.'s curiosity; **s. l'appetito**, to whet sb.'s appetite ***3*** (*fisiol.*) to stimulate.
stimolatóre ***A*** *m.* (*f.* **-trice**) stimulator; inciter • (*med.*) **s. cardiaco**, pacemaker ***B*** *a.* stimulating.
stimolazióne *f.* stimulation (*anche fisiol.*); incitement.
stìmolo *m.* ***1*** (*incitamento*) stimulus*; incitement; incentive; spur ***2*** (*assillo*) pang; prick: **lo s. della fame**, the pangs of hunger ***3*** (*fisiol.*) stimulus*.
stìnco *m.* (*anat.*) shin-bone • **non essere uno s. di santo**, to be far from being a saint; to be no angel.
stìngere ***A*** *v. t.* to fade ***B*** *v. i.* to fade; (*in acqua*) to run* ***C*** **stingersi** *v. i. pron.* to fade; to discolour.
stìnto *a.* faded.
stipàre ***A*** *v. t.* to crowd; to cram; to pack; (*cose, anche*) to stuff ***B*** **stipàrsi** *v. i. pron.* to crowd; to throng; to be pressed together.
stipàto *a.* crowded; crammed; packed; jam-packed (*fam.*).
stipendiàre *v. t.* ***1*** to pay* a salary to ***2*** (*assumere*) to employ; to take* on.
stipendiàto ***A*** *a.* salaried; (*al servizio di*) paid (by), on (sb.'s) payroll ***B*** *m.* (*f.* **-a**) salaried person; employee.
stipèndio *m.* salary; pay: **s. fisso**, regular salary; **s. lordo [netto]**, gross [net] salary; **s. ridotto**, half-pay; **aumento di s.**, pay rise; pay raise (*USA*); salary increase.
stìpite *m.* (*archit.*) jamb.
stìpo *m.* cabinet.
stìpsi *f.* (*med.*) constipation.
stipulàre *v. t.* (*redigere*) to draw* up: **s. un contratto**, to draw up a contract; **s. un accordo**, to enter into an agreement. ATTENZIONE: **stipulare** ≠ to stipulate.
stipulazióne *f.* drawing up (*of a contract*).
stiracalzóni *m.* trouser press.
stiracchiàre ***A*** *v. t.* ***1*** to stretch: **s. le gambe**, to stretch one's legs ***2*** (*forzare*) to strain; to stretch: **s. il significato di una parola**, to strain the meaning of a word; **s. una legge**, to stretch a law ***B*** *v. t. e i.* (*mercanteggiare*) to haggle (over) ***C*** **stiracchiàrsi** *v. rifl.* to stretch.
stiracchiàto *a.* forced; strained; (*lambiccato*) far-fetched.
stiraménto *m.* ***1*** stretching ***2*** (*med.*) straining; pulling; sprain: **s. muscolare**, muscle sprain (*o* strain).
stiràre ***A*** *v. t.* ***1*** to stretch: **s. le gambe**, to stretch one's legs ***2*** (*col ferro da stiro*) to iron; to press: **s. a vapore**, to steam-iron; **Oggi devo s.**, I have to do the ironing today; **cose da s.**, ironing; **stoffa che non si stira**, non-iron material ***3*** (*lisciare*) to smooth ***4*** (*i capelli*) to straighten ***5*** (*med.*) to strain; to pull ***B*** **stiràrsi** *v. rifl.* to stretch.
stiràta *f.* quick press.
stiratrìce *f.* ironer.
stiratùra *f.* ***1*** ironing; pressing ***2*** (*dei capelli*) straightening.
stirerìa *f.* (*stanza*) ironing room; (*negozio*) laundry.
stìro *m.* ironing • **asse da s.**, ironing board □ **ferro da s.**, iron; flatiron.
stìrpe *f.* (*lignaggio*) line, lineage; (*nascita*) birth; (*famiglia, anche fig.*) stock, family; (*discendenza*) progeny: **Fu l'ultimo della sua s.**, he was the last of his line; **di nobile s.**, of noble birth.
stitichézza *f.* constipation.
stìtico *a.* ***1*** suffering from constipation; constipated ***2*** (*misero*) scanty; poor; niggardly.
stìva *f.* (*naut.*) hold.
stivàggio *m.* (*naut.*) stowage.
stivàle *m.* boot: **stivali al ginocchio**, knee-high boots; **stivali di gomma**, gumboots; wellington boots; wellingtons • **lustrare gli s. a q.**, to lick sb.'s boots □ **Quell'avvocato dei miei stivali!**, that third-rate lawyer!
stivalétto *m.* ankle boot; boot.
stivalóne *m.* high boot; (*per pescatore*) hip-boot, wader.
stivàre *v. t.* (*naut.*) to stow.
stivatóre *m.* (*naut.*) stevedore; longshoreman* (*USA*).
stìzza *f.* irritation; vexation; anger; huff.
stizzìre ***A*** *v. t.* to irritate; to vex; to make* (sb.) cross; to peeve (*fam.*); to rile (*fam.*) ***B*** **stizzìrsi** *v. i. pron.* to get* cross; to get* into a huff.
stizzìto *a.* irritated; vexed; cross; in a huff (*pred.*).
stizzóso *a.* ***1*** easily offended; testy; tetchy ***2*** (*indispettito*) irritated; cross; testy; peevish ***3*** (*insistente*) persistent: **tosse stizzosa**, persistent cough.
stoccafìsso *m.* stockfish; dried cod • **rigido come uno s.**, as stiff as a poker.
stoccàggio *m.* storage; warehousing; stockpiling.
stoccàta *f.* ***1*** (rapier) thrust; stab; (*scherma*) straight thrust, hit ***2*** (*calcio*) shot at goal ***3*** (*battuta pungente*) gibe; dig.
stòcco *m.* rapier.
stockìsta *m. e f.* (*comm.*) wholesaler; stockist (*GB*).
stòffa *f.* ***1*** cloth; material; fabric ***2*** (*fig. fam.*) stuff; makings (*pl.*); what it takes; (*talento*) talent: **Non ho la s. dell'eroe**, I'm not the stuff heroes are made of; **Ha la s. del politico**, he has the makings of a politician; **Ha la s. per riuscire**, he has what it takes to succeed.
stoicìsmo *m.* ***1*** (*filos.*) Stoicism ***2*** (*fig.*) stoicism.
stòico *a. e m.* ***1*** (*filos.*) Stoic ***2*** (*fig.*) stoic.
stòla *f.* stole.
stolidità *f.* dullness; obtuseness; slow wit.
stòlido *a.* dull; obtuse; slow-witted. ATTENZIONE: **stolido** ≠ stolid.
stoltézza *f.* ***1*** foolishness; stupidity ***2*** (*azione stolta*) foolish (*o* stupid) action; (*parole stolte*) foolish words (*pl.*), nonsense ⊍.
stólto ***A*** *a.* foolish; stupid ***B*** *m.* (*f.* **-a**) fool.
stomacàre ***A*** *v. t.* (*anche fig.*) to turn (sb.'s) stomach; to sicken ***B*** **stomacàrsi** *v. i. pron.* to be nauseated.
stomachévole *a.* (*anche fig.*) nauseating; sickening; revolting.
stòmaco *m.* ***1*** (*anat.*) stomach: **s. di ferro**, cast-iron stomach; **mal di s.**, stomach-ache; **a s. pieno [vuoto]**, on a full [an empty] stomach ***2*** (*fig. fam.*) strong stomach; nerve; guts (*pl.*) • **dare di s.**, to be sick; to throw up □ **essere delicato di s.**, to have a weak digestion □ **L'ho sullo s.**, I can't stand him □ **rimanere sullo s.**, (*di cibo*) to give indigestion; (*fig.*) to stick in one's throat.
stomatìte *f.* (*med.*) stomatitis.
stomatologìa *f.* (*med.*) stomatology.
stonàre ***A*** *v. i.* ***1*** (*mus.*) to sing* [to play, to be] out of tune; to sing* [to play] a false note; (*uscire di tono*) to go* out of tune ***2*** (*fig.*) to clash; (*non essere in sintonia*) to be out of keeping, to strike* a false note ***B*** *v. t.* — **Hai stonato il si**, your B was off pitch.
stonàto *a.* ***1*** (*di strumento, voce*) out of tune, off pitch; (*di nota*) wrong, off pitch; (*di suono*) jarring ***2*** (*di persona*) that cannot hit the notes; unmusical ***3*** (*fig.*) out of keeping; out of place; jarring: **nota stonata**, false note.
stonatùra *f.* ***1*** (*mus.*) false note: **fare una s.**, to sing [to play] a false note ***2*** (*fig.*) jarring note; false note.
stop (*ingl.*) *m. invar.* ***1*** (*telegr.*) stop ***2*** (*segnale stradale*) stop sign: **rispettare lo s.**, to stop at the stop sign ***3*** (*sport*) stop • **S., basta!**, stop it, that's enough!
stóppa *f.* tow; (*da calafato*) oakum • **capelli di s.**, stringy

hair □ **color s.**, tow-coloured; flaxen □ **gambe di s.**, wobbly legs □ **uomo di s.**, spineless man; wimp.

stoppàccio *m.* wad; wadding.

stóppia *f.* (*agric.*) stubble.

stoppìno *m.* ***1*** (*di candela*) wick ***2*** (*miccia*) slow match.

stoppóso *a.* ***1*** towy ***2*** (*tiglioso*) tough; stringy: **carne stopposa**, tough meat ***3*** (*di capelli*) stringy.

stòrcere *v. t.* ***1*** to twist; to wrench: **s. un braccio a q.**, to twist sb.'s arm; **s. la bocca**, to twist one's mouth; **s. gli occhi**, to roll one's eyes ***2*** (*piegare*) to bend*; (*deformare*) to warp ***3*** (*alterare*) to twist; to distort ***4*** (*slogarsi*) to sprain; to twist.

stordiménto *m.* ***1*** dizziness; daze ***2*** (*sbalordimento*) stupefaction.

stordìre ***A*** *v. t.* (*intontire*) to daze; to stun; to stupefy; (*frastornare*) to bewilder, to muddle; (*assordare*) to deafen ***B*** **stordìrsi** *v. rifl.* to stupefy oneself; to dull one's senses • **s. con l'alcol**, to drink oneself into a stupor.

storditàggine *f.* ***1*** carelessness ***2*** (*atto da stordito*) foolish (*o* silly) action; foolish mistake; (*parole sciocche*) foolish remark.

stordito ***A*** *a.* ***1*** (*intontito*) dazed; stunned; stupefied; (*frastornato*) bewildered, giddy; (*assordato*) deafened ***2*** (*sbadato, sventato*) careless; silly; scatterbrained ***B*** *m.* (*f.* **-a**) silly person; scatterbrain.

stòria *f.* ***1*** history: **la s. greca**, Greek history; **la s. sacra**, sacred history; **s. dell'arte**, history of art; **passare alla s.**, to go down in history; **fare s.**, to make history ***2*** (*racconto*) story; tale: **la s. della mia vita**, the story of my life; **È una lunga s.**, it's a long story; **È sempre la stessa s.**, it's always the same (old) story; **s. di fate**, fairy tale (*o* story) ***3*** (*bugia*) lie; story; fib (*fam.*) ***4*** (*vicenda, faccenda*) story; affair, thing ***5*** (*obiezione*) objection, fuss; (*pretesto*) excuse, pretext: **fare delle storie**, to raise objections; **Questa è una delle sue storie per non partire**, this is just one of his excuses for not leaving; **senza tante storie**, without any fuss; without objecting • **Storie!**, nonsense! □ **avere una s. con q.**, to have an affair with sb. □ **Che storie sono queste?**, what's going on here?; what's this nonsense?

storicaménte *avv.* historically; (*veramente*) really, actually: **s. fondato**, based on history; **personaggio s. esistito**, person who really existed; historical character.

storicìsmo *m.* (*filos.*) historicism.

storicista *m. e f.* (*filos.*) historicist.

storicìstico *a.* (*filos.*) historicist (*attr.*).

storicità *f.* historicity.

storicizzàre *v. t.* to view in a historical perspective.

stòrico ***A*** *a.* ***1*** historical; historic: **fatto s.**, historical fact; **romanzo s.**, historical novel; **luogo** [**edificio**] **s.**, historic place [building] ***2*** (*degno di essere ricordato*) historic; memorable; epoch-making: **giornata storica**, historic day; **decisione storica**, epoch-making decision ***B*** *m.* (*f.* **-a**) historian.

storièlla *f.* ***1*** (*barzelletta*) funny story; joke ***2*** (*bugia*) lie; fib.

storiografia *f.* historiography.

storiogràfico *a.* historiographic(al).

storiògrafo *m.* (*f.* **-a**) historiographer; historian.

storióne *m.* (*zool.*) sturgeon.

stormìre *v. i.* to rustle.

stórmo *m.* ***1*** flight; flock: **s. di rondini**, flight of swallows; **s. di anatre**, flock of geese ***2*** (*frotta*) flock; swarm ***3*** (*aeron.*) formation • **suonare a s.**, to ring the tocsin.

stornàre *v. t.* ***1*** to turn aside; to ward off; to avert; (*distogliere*) to divert: **s. un colpo**, to ward off a blow; **s. un pericolo**, to avert danger; **s. l'attenzione di q.**, to divert sb.'s attention ***2*** (*rag.*) to transfer; to divert; (*illegalmente*) to siphon off; (*una scrittura*) to reverse ***3*** (*comm.*: *annullare*) to cancel.

stórno (**1**) *a.* (*di cavallo*) dapple-grey.

stórno (**2**) *m.* (*zool.*) starling.

stórno (**3**) *m.* ***1*** (*rag.*) transfer; (*di scrittura*) reversal ***2*** (*comm.*: *annullamento*) cancellation.

storpiàre *v. t.* ***1*** to cripple; to maim ***2*** (*pronunciare male*) to mispronounce; (*scrivere con errori*) to misspell*.

storpiàto *a.* ***1*** crippled; maimed ***2*** (*pronunciato male*) mispronounced; (*scritto con errori*) misspelt.

storpiatùra *f.* ***1*** crippling; maiming ***2*** (*il pronunciare male*) mispronunciation; (*lo scrivere con errori*) misspelling.

stòrpio ***A*** *a.* crippled; maimed; (*zoppo*) lame ***B*** *m.* (*f.* **-a**) cripple.

stòrta (**1**) *f.* (*med.*) twist; wrench; sprain.

stòrta (**2**) *f.* (*chim.*) retort.

stòrto *a.* ***1*** crooked; twisted; (*sbilenco*) crooked, lopsided, askew (*pred.*), awry (*pred.*): **linea storta**, crooked line; **gambe storte**, crooked (*o* bandy) legs; **bocca storta**, twisted mouth; **Quel quadro è s.**, that picture is hung crooked (*o* askew); **Hai la cravatta storta**, your tie's not straight; **avere gli occhi storti**, to have cross eyes (*o* a squint); to be cross-eyed ***2*** (*fig.*) wrong; bad: **idee storte**, wrong ideas; **Tutto è andato s.**, everything has gone wrong • **guardare s. q.**, to look askance at sb.; to give sb. a nasty look.

stortùra *f.* (*idea errata*) wrong idea; error; twisted logic [U].

stovìglie *f. pl.* crockery [U]; tableware [U]; (*piatti*) dishes: **lavare le s.**, to do the dishes (*o* the washing-up).

stràbico ***A*** *a.* squint-eyed: **essere s.**, to be squint-eyed; to have a squint ***B*** *m.* (*f.* **-a**) squint-eyed person.

strabiliànte *a.* amazing; astounding; astonishing.

strabiliàre ***A*** *v. t.* to amaze; to astound; to astonish ***B*** *v. i.* to be amazed (*o* astonished).

strabiliàto *a.* amazed; astounded; astonished.

strabìsmo *m.* (*med.*) squint; (*scient.*) strabismus.

strabocchévole *a.* exorbitant; huge; enormous.

strabuzzàre *v. t.* — **s. gli occhi**, to roll one's eyes; (*per la sorpresa*) to goggle.

stracàrico *a.* overloaded; overburdened; weighed down; (*di treno, ecc.*) packed.

stracciàre ***A*** *v. t.* ***1*** to tear*; to tear* up; to rip up: **s. una lettera**, to tear up a letter; **s. un foglio del calendario**, to tear a page from the calendar ***2*** (*fam.*: *stravincere*) to lick; to thrash; to cream (*USA*) • (*fig.*) **stracciarsi le vesti**, to cry shame; to fling up one's hands in horror ***B*** **stracciàrsi** *v. i. pron.* to tear*; to rip.

stracciàto *a.* ***1*** (*strappato*) torn, ripped up; (*a brandelli*) ragged ***2*** (*di persona*) ragged; in rags ***3*** (*di prezzo*) bargain (*attr.*); giveaway (*attr.*): **a prezzi stracciati**, at giveaway prices.

stràccio (**1**) *a.* torn • **carta straccia**, waste paper.

stràccio (**2**) *m.* ***1*** (*cencio*) rag ***2*** (*per pulire*) cloth: **s. per la polvere**, duster (*GB*); dust cloth (*USA*) ***3*** (*al pl.*) (*spreg.*) shabby clothes, (*cose personali*) junk [U], rubbish [U]: **Prendi i tuoi stracci e vattene!**, take your junk and clear out! • **Non ho uno s. da mettermi**, I haven't got a thing to wear □ **Non abbiamo uno s. di prova**, we haven't got a shred of evidence □ **ridotto uno s.**, worn out □ **sentirsi uno s.**, to feel like a wet rag (*o* like death warmed up); to be on one's knees.

straccióne *m.* (*f.* **-a**) ragged person; (*bambino*) ragamuffin; (*barbone*) tramp.

straccivéndolo *m.* ragman*; rag-and-bone man*.

stràcco *a.* (*fam.*) dog-tired; fagged out (*GB*); whacked.

stracòtto ***A*** *a.* ***1*** (*cotto troppo*) overcooked; overdone ***2*** (*scherz.*: *innamorato*) head over heels in love (with) ***B*** *m.* (*cucina*) pot roast.

stràda *f.* ***1*** road; (*con edifici*) street: **s. di campagna** [**di montagna**], country [mountain] road; **s. del centro**, street in the centre; downtown street (*USA*); **s. piena di traffico**, busy street; **s. principale**, main road; (*di città*) main street; **s. secondaria**, secondary road; byway; **s. a senso unico**, one-way street; **attraversare la s.**, to cross the street (*o* the road); **dall'altra parte della s.**, on the other side of (*o* across) the road (*o* the street); **all'angolo della s.**, at the street corner; **in mezzo alla s.**, in the middle of the road; **incontrare q. per s.**, to meet sb. in the street ***2*** (*cammino, via, anche fig.*) way; path: **C'è molta s. per arrivare al lago**, it's a long way to the lake; **domandare la s.**, to ask the way; **smarrire la s.**, to lose one's way; **fare la s. insieme**, to go together; **per tutta la s.**, all the way; **a metà s.**, half-way; **andare per la propria s.**, to go one's own way; **allungare la s.**, to go the long way • **s. a doppia carreggiata**, dual carriageway (*GB*); divided highway (*USA*) □ **s. a due corsie**, two-lane road □ **s. carrozzabile**, carriageway □ **s. di circonvallazione**, ring road □ **s. ferrata**, railway □ **s. facendo**, on the (*o* on one's) way □ **s. senza uscita**, cul-de-sac; blind alley □ **È a un'ora di s. a piedi** [**in auto**] **da qui**, it's an hour's walk [drive] from here □ **andare fuori s.**, to go off the road □ **una laurea che apre molte strade**, a degree that opens many doors □ **donna di s.**, streetwalker; prostitute □ (*fig.*) **essere fuori s.**, to be on the wrong track □ **essere sulla s. giusta**, to be on the right track □ **essere su una cattiva s.**, to be going to the bad (*o* to the dogs) □ **Il ragazzo farà molta s.**, the boy will go far □ **fare s. a q.**, to show sb. the way □ **farsi s.**, (*aprirsi un passaggio*) to make (*o* to push) one's way; (*apparire*) to become manifest; (*nella mente*) to dawn □ **mettere q. in mezzo alla s.**, to turn sb. out of doors; (*sfrattarlo*) to put sb. on the street □ **mettersi per s.**, to set off; to be on one's way □ (*autom.*) **prova su s.**, road test □ **ragazzo di s.**, street urchin □ **tagliare la s. a q.**, to cut across sb.'s path; (*autom.*) to cut in on sb.; (*fig.*) to get in sb.'s way □ (*autom.*) **tenere la s.**, to hold the road □ **l'uomo della s.**, the man in the street □ **Mi vedo chiusa ogni s.**, I see every door closed to me.

stradàle ***A*** *a.* road (*attr.*): **lavori stradali**, road works; **cartello s.**, road sign; **carta s.**, road map; (*di città*) street map; **polizia s.**, highway police ***B*** *f.* highway police.

stradàrio *m.* street guide.

stradìno *m.* roadman*.

stradivàrio *m.* (*mus.*) Stradivarius.

stradóne *m.* wide road; main road.

strafalcióne *m.* gross mistake; howler (*fam.*).

strafàre *v. i.* to overdo* it (*o* things).

strafóro *m.* — **di s.**, (*di nascosto*) secretly; (*illegalmente*) on the sly.

strafottènte *a.* (*fam.*) impudent; insolent; cheeky; arrogant.

strafottènza *f.* (*fam.*) impudence; insolence; cheek; arrogance.

stràge *f.* slaughter; massacre; carnage: **fare s. di**, to slaughter; to massacre; (*decimare*) to decimate; (*distruggere*) to lay waste; to devastate • **s. di Stato**, state-organized killings (*pl.*) □ **fare s. di cuori**, to break many hearts □ **Agli esami è stata una s.**, the exams were a disaster.

stragiudiziàle *a.* (*leg.*) extrajudicial; out-of-court.

stràglio *m.* (*naut.*) stay.

stralciàre *v. t.* ***1*** (*estrarre*) to remove; to take* out; to abstract: **s. una partita da un conto**, to remove an item from an account; **s. un brano da un testo**, to take (*o* to abstract) a passage from a text ***2*** (*liquidare*) to wind* up: to liquidate.

stràlcio ***A*** *m.* ***1*** removal; taking out ***2*** (*brano stralciato*) extract; excerpt ***3*** (*liquidazione*) winding up; liquidation ***B*** *a.* — **legge s.**, transitional law.

stràle *m.* (*lett.*) arrow; dart; (*fig.*) barb.

stràllo *m.* (*naut.*) stay.

stralunàre *v. t.* — **s. gli occhi**, to roll one's eyes; (*per la sorpresa*) to goggle.

stralunàto *a.* ***1*** (*di occhi*) goggling; staring: **Mi guardò con occhi stralunati**, he goggled at me ***2*** (*stravolto*) distracted; dazed.

stramaledétto *a.* (*pop.*) cursed; blasted; damned.

stramaledire *v. t.* (*pop.*) to curse; to damn.

stramazzàre *v. i.* to fall* heavily; to collapse; to slump.

stramberìa *f.* ***1*** oddity; eccentricity; queerness; weirdness ***2*** (*parola o idea stramba*) quirk; fantasy; vagary: **le stramberie della moda**, the vagaries of fashion ***3*** (*comportamento strambo*) quirk; oddity; eccentricity.

stràmbo *a.* odd; peculiar; quirky; weird; funny; queer: **tipo s.**, funny character; oddball (*fam.*); **idee strambe**, funny ideas; weird notions.

stràme *m.* ***1*** (*foraggio*) fodder; hay ***2*** (*lettiera*) litter; straw.

strampalàto *a.* crazy; weird; absurd; cockeyed (*fam.*).

stranézza *f.* ***1*** strangeness; oddity; queerness ***2*** (*atto o discorso strano*) oddity; eccentricity.

strangolaménto *m.* strangulation; strangling.

strangolàre *v. t.* ***1*** to strangle; to throttle; (*strozzare*) to choke ***2*** (*fig.*) to strangle; to stifle.

strangolatóre *m.* (*f.* **-trìce**) strangler.

straniaménto *m.* estrangement; alienation.

straniàre ***A*** *v. t.* to estrange; to alienate ***B*** **straniàrsi** *v. rifl.* to become* estranged; to drift apart.

stranièro ***A*** *a.* foreign; alien ***B*** *m.* (*f.* **-a**) ***1*** foreigner; (*bur.*) alien; (*sconosciuto*) stranger ***2*** (*popolo nemico*) enemy; (*invasore*) invader.

stranìto *a.* (*intontito*) dazed, stupid; (*smarrito*) bewildered.

stràno *a.* strange; odd; curious; singular; queer; weird; funny: **sentirsi s.**, to feel funny (*o* out of sorts); **s. a dirsi**, strange to say; oddly enough; **S. che lui non te l'abbia detto**, funny (*o* odd, strange) he didn't tell you.

straordinarietà *f.* extraordinariness; exceptional nature; uncommonness.

straordinàrio ***A*** *a.* ***1*** extraordinary; uncommon; unusual; exceptional; singular; outstanding; (*eccellente*) excellent, first-rate: **una donna di bellezza straordinaria**, a woman of outstanding (*o* singular) beauty; **successo s.**, outstanding success; **È un cuoco s.**, he is a first-rate cook; **s. interesse**, unique interest ***2*** (*speciale*) extraordinary; special: **misure straordinarie**, extraordinary measures; (*giorn.*) **edizione straordinaria**, special edition • **lavoro s.**, overtime ***B*** *m.* overtime: **fare lo s.**, to be on overtime; **fare gli straordinari**, to work overtime; **pagare lo s.**, to pay overtime.

straorzàre *v. i.* (*naut.*) to yaw.

straorzàta *f.* (*naut.*) yaw.

strapagàre *v. t.* to overpay*.

straparlàre *v. i.* to talk nonsense; (*farneticare*) to rave.

strapazzàre ***A*** *v. t.* ***1*** (*maltrattare*) to ill-treat; to knock about; (*oggetti*) to take* no care of, to handle roughly ***2*** (*rimproverare*) to scold, to berate; (*criticare*) to slate ***B*** **strapazzàrsi** *v. rifl.* to overexert oneself; to tire oneself out.

strapazzàta *f.* ***1*** (*sgridata*) scolding; tongue-lashing ***2*** (*fatica eccessiva*) exertion; strain.

strapazzàto *a.* ***1*** (*malconcio*) battered ***2*** (*affaticato*) tired out (*pred.*); exhausted • **uova strapazzate**, scrambled eggs.

strapàzzo *m.* overwork Ⓤ; exertion; strain Ⓤ: **evitare gli strapazzi**, to avoid exertion; **gli strapazzi del viaggio**, the strain of the journey; **fare strapazzi**, to overexert oneself • **da s.**, third-rate; worthless; petty □ **avvocato da s.**, third-rate lawyer; shyster □ **medico da s.**, quack □ **scrittore da s.**, scribbler; hack.

strapièno *a.* crammed; jam-packed; overflowing (with).

strapiombàre *v. i.* ***1*** (*sporgere*) to overhang*; to jut out ***2*** (*scendere a perpendicolo*) to fall* sheer.

strapiómbo *m.* (*roccia a picco*) (sheer) cliff; (*precipizio*) precipice • **a s.**, sheer: **cadere a s.**, to fall sheer.

strapotére *m.* excessive power.

strappacuòre *a. invar.* heartbreaking; heartrending.

strappalàcrime *a. invar.* very sad; weepy (*fam.*) • **romanzo** [**film, storia**] **s.**, tear-jerker (*fam.*).

strappàre ***A*** *v. t.* ***1*** (*lacerare*) to tear*; to rip ***2*** (*tirare via*) to pull out; to pull away; (*con forza*) to tear* off, to wrench, to rip out; (*di colpo*) to snatch: **s. un dente**, to pull out a tooth; **s. le erbacce**, to pull up weeds; **s. una pagina da un libro**, to tear a page out of a book; **Me lo strappò di mano**, he tore it away (*o* he snatched it) from me; **strapparsi i capelli**, to tear out one's hair; **s. q. alla morte**, to snatch sb. from the jaws of death; **s. le penne a un uccello**, to pluck a bird ***3*** (*estorcere*) to wrench; to wring*; to get* out: **s. un segreto** [**le lacrime**] **a q.**, to wring a secret [tears] from sb.; **s. la verità a q.**, to get the truth out of sb.; **s. una promessa**, to extract a promise; **s. applausi**, to draw applause ***B*** **strappàrsi** *v. rifl. e i. pron.* ***1*** to tear* oneself away ***2*** (*lacerarsi*) to tear*; to get* torn • **Se lo strappavano di mano**, they were fighting over it.

strappàta *f.* pull; tug; wrench; yank (*fam.*).

stràppo *m.* ***1*** tear; rent: **farsi uno s. nel vestito**, to tear one's dress ***2*** (*strappata*) pull; tug; snatch; (*strattone*) jerk, wrench, yank (*fam.*) ***3*** (*separazione*) wrench; (*rottura*) rift, split ***4*** (*infrazione*) breach; infraction ***5*** (*med.*) sprain ***6*** (*fam.*: *passaggio in macchina*) lift • **a strappi**, in fits and starts; jerkily □ **fare uno s. alla regola**, to bend a rule; to stretch a point.

strapuntìno *m.* folding seat.

strarícco *a.* immensely rich; rolling in money (*pred., fam.*).

straripaménto *m.* overflowing; flooding.

straripàre *v. i.* to overflow*; to flood.

strascicàre ***A*** *v. t.* to drag; to trail; (*i piedi*) to shuffle; (*le parole*) to drawl: **s. le gambe**, to drag one's feet; to shuffle along; **parlava strascicando le parole**, he spoke with a drawl ***B*** *v. i.* to trail.

strascicàto *a.* trailing; (*di passo*) shuffling; (*di parole*) drawled: **pronuncia strascicata**, drawl.

strascichìo *m.* dragging; shuffling; shuffle.

stràscico *m.* ***1*** (*di abito*) train ***2*** (*conseguenza, postumo*)

after-effects (*pl.*); sequel; aftermath: **gli strascichi di una malattia**, the after-effects of an illness; **La cosa ebbe uno s. spiacevole**, the episode had an unpleasant sequel ***3*** (*naut.*) trawl: **rete a s.**, trawl-net; **pesca a s.**, trawling ***4*** (*di lumaca*) trail.
strascinàre *V.* **trascinare.**
strass *m. invar.* rhinestone.
stratagèmma *m.* stratagem; scheme; device; trick.
stratèga *m.* strategist.
strategìa *f.* (*mil. e fig.*) strategy.
stratègico *a.* (*mil. e fig.*) strategic(al).
stratègo *m.* strategist.
stratificàre *v. t.*, **stratificàrsi** *v. i. pron.* to stratify.
stratificàto *a.* stratified.
stratificazióne *f.* stratification.
stratifórme *a.* (*scient.*) stratiform.
stratigrafìa *f.* ***1*** (*geol.*) stratigraphy ***2*** (*med.*) tomography.
stràto *m.* ***1*** layer; bed; (*rivestimento*) sheet, coat, coating: **s. di polvere**, layer of dust; **s. di vernice**, coat of paint; **s. sottile**, thin layer; film; **s. di foglie**, bed of leaves; **a strati**, in layers; layered (*agg.*); **torta a strati**, layer cake ***2*** (*meteor.*) stratus*; layer ***3*** (*geol.*) stratum*; bed: **s. di argilla**, stratum of clay; **s. carbonifero**, coal bed ***4*** (*ceto, classe*) stratum*; class.
stratosfèra *f.* (*meteor.*) stratosphere.
stratosfèrico *a.* (*meteor.*) stratospheric(al).
strattonàre *v. t.* to tug; to jerk; to yank (*fam.*).
strattóne *m.* tug; jerk; yank (*fam.*).
stravaccàrsi *v. i. pron.* (*fam.*) to sprawl.
stravaccàto *a.* sprawling; sprawled out.
stravagànte ***A*** *a.* eccentric; bizarre; odd; peculiar; weird ***B*** *m. e f.* eccentric character; oddball, weirdo (*fam.*).
stravagànza *f.* ***1*** eccentricity; whimsicality; oddness; oddity; weirdness ***2*** (*comportamento*) odd behaviour; eccentric ways (*pl.*).
stravècchio *a.* ***1*** very old; ancient ***2*** (*stagionato*) matured; aged.
stravedére *v. i.* — **s. per q.**, to dote on sb.; to be crazy about sb. (*fam.*).
stravìncere ***A*** *v. t.* to triumph over; to crush; to beat* hollow (*fam.*) ***B*** *v. i.* to win* hands down (*o* all along the line).
straviziàre *v. i.* to be intemperate; to overindulge (in st.); to eat* and drink* too much.
stravìzio *m.* intemperance; excess; debauchery; (*di cibo*) overeating; (*di alcol*) overdrinking.
stravòlgere *v. t.* ***1*** (*torcere*) to twist; to distort; (*gli occhi*) to roll ***2*** (*travisare*) to twist; to distort: **s. la verità**, to distort the truth ***3*** (*sconvolgere*) to upset* (sb.) badly.
stravolgiménto *m.* ***1*** twisting; (*di occhi*) rolling ***2*** (*travisamento*) twisting; distortion.
stravòlto *a.* ***1*** (*distorto*) twisted; contorted; convulsed; (*di occhi*) rolling, wild ***2*** (*travisato*) twisted; distorted ***3*** (*sconvolto*) badly upset; distraught; incoherent; (*esausto*) exhausted; (*squilibrato*) deranged.
straziànte *a.* ***1*** (*nel corpo*) agonizing; excruciating; racking ***2*** (*nello spirito*) heart-rending; harrowing.
straziàre *v. t.* ***1*** (*dilaniare, anche fig.*) to tear* to pieces; to mangle; to lacerate: **Fu straziato da una bomba**, he was blown to bits by a bomb; **La macchina gli straziò il braccio**, the machine mangled his arm; **s. una lingua**, to mangle a language ***2*** (*torturare*) to torture; to harrow; to rack; to torment: **s. il cuore a q.**, to break sb.'s heart; to be heart-rending **s. gli orecchi**, to grate (*o* to jar) upon one's ears.
straziàto *a.* ***1*** (*dilaniato, anche fig.*) torn; mangled; lacerated ***2*** (*torturato*) tortured; harrowed; racked; tormented.
stràzio *m.* ***1*** torment; agony; torture ***2*** (*fam., di cosa*) boring thing, drag; (*di persona*) insufferable person, pain in the neck: **Che s.!**, how boring!; what a drag!
strèga *f.* ***1*** witch; sorceress ***2*** (*donna vecchia e brutta*) hag, old crone; (*donna bisbetica*) shrew; (*donna odiosa*) bitch • (*anche fig.*) **caccia alle streghe**, witch-hunt.
stregàre *v. t.* (*anche fig.*) to bewitch.
stregàto *a.* bewitched.
stregóne *m.* wizard; sorcerer; (*etnol.*) witch doctor.
stregonerìa *f.* ***1*** witchcraft; wizardry; sorcery ***2*** (*incantesimo*) spell: **fare una s.**, to cast a spell.
strègua *f.* — **Fu trattato alla s. di un criminale**, he was treated like a criminal □ **trattare tutti alla stessa s.**, to treat everybody alike □ **giudicare tutti alla stessa s.**, to judge everybody with the same yardstick.
stremàre *v. t.* to exhaust; to tire out.
stremàto *a.* exhausted; tired out; spent.
strèmo *m.* extreme limit; very end • **essere allo s. delle forze**, to have no strength left □ **essere ridotto allo s.**, to have reached rock-bottom.
strènna *f.* gift; present • **libro s.**, book published to coincide with Christmas sales.
strènuo *a.* ***1*** (*coraggioso*) brave; bold; valiant ***2*** (*accanito*) strenuous; stubborn; dogged ***3*** (*infaticabile*) tireless; untiring.
strepitàre *v. i.* to make* a din; (*vociferare*) to clamour, to vociferate; (*protestare*) to be in an uproar; (*urlare*) to shout, to yell.
strèpito *m.* din; (great) noise; roar; (*di cose sbatacchiate*) clatter, rattle; (*clamore*) clamour, uproar.
strepitóso *a.* ***1*** uproarious; roaring; clamorous: **risa strepitose**, uproarious laughter; **applausi strepitosi**, thunderous applause ***2*** (*fig.*) resounding; sensational; (*meraviglioso*) smashing, stunning: **vittoria strepitosa**, resounding victory; **una ragazza strepitosa**, a stunning girl.
streptocòcco *m.* streptococcus*.
streptomicìna *f.* (*farm.*) streptomycin.
stress (*ingl.*) *m. invar.* stress; pressure.
stressànte *a.* stressful.
stressàre ***A*** *v. t.* to put* under stress; to be stressful ***B*** **stressàrsi** *v. i. pron.* to feel* the pressure.
stressàto *a.* under stress (*pred.*).
strétta *f.* hold; grasp; grip; clutch; squeeze; (*abbraccio*) embrace, hug: **allentare la s.**, to release one's hold; **s. di mano**, handshake; **dare una s. di mano a q.**, to shake hands with sb. • (*econ.*) **s. creditizia**, credit squeeze □ **s. di spalle**, shrug (of one's shoulders) □ **s. finale**, final rush; climax □ **essere alle strette**, to be in a tight corner; to have one's back to the wall □ **mettere q. alle strette**, to put sb. on the spot; to put sb. with his back to the wall □ **Provai una s. al cuore alla vista di...**, the sight of... broke my heart; it was heartbreaking to see...
strettaménte *avv.* ***1*** tight(ly); fast ***2*** (*rigorosamente*) strictly.
strettézza *f.* ***1*** narrowness; tightness ***2*** (*al pl.*) straitened circumstances; financial difficulties.
strétto (1) ***A*** *a.* ***1*** narrow: **strada stretta**, narrow road (*o* street); **spalle strette**, narrow shoulders ***2*** (*di abiti*) tight; (*aderente*) tight-fitting: **scarpe strette**, tight shoes; **Ti va un po' s.**, it's a bit tight on you; **s. di spalle**, tight at the shoulders ***3*** (*serrato*) tight; fast; (*di denti, pugni*) clenched: **nodo s.**, tight knot; **labbra strette**, tight lips; **tenere s. q.c.**, to hold st. tight; **coi pugni stretti**, with clenched fists; **a denti stretti**, with clenched teeth; **La tenni stretta fra le braccia**, I held her tight ***4*** (*esiguo*) narrow; close: **stretta maggioranza**, narrow majority; **margine s.**, narrow margin ***5*** (*rigoroso*) strict; close: **stretta disciplina**, strict discipline; **nel senso s. della parola**, in the strict sense of the word; **vegetariano s.**, strict vegetarian; vegan; **stretta sorveglianza**, close surveillance ***6*** (*intimo*) close: **amici [parenti] stretti**, close friends [relatives] ***7*** (*preciso*) exact; precise ***8*** (*addossato*) close; (*pigiato*) packed: **camminare s. al muro**, to walk close to the wall; **stretti assieme**, close (*o* huddled) together; **stretti come sardine**, packed like sardines • **s. contatto**, close contact □ **lo s. necessario**, the bare minimum □ **stretti legami**, close links □ **allo s.**, cramped for space; in cramped conditions □ **Quel lavoro gli va s.**, he finds the job very limiting (*o* restricting) □ **avere il cuore s.**, to have a heavy heart □ **avere lo stomaco s.**, to feel a tightness in one's stomach □ **curva stretta**, sharp (*o* tight) bend □ **lutto s.**, deep mourning □ **vocale stretta**, close vowel ***B*** *avv.* tight(ly); fast.
strétto (2) *m.* (*geogr.*) straits (*pl.*); narrows (*pl.*): **lo S. di Gibilterra**, the Straits of Gibraltar.
strettóia *f.* ***1*** narrow passage; bottleneck ***2*** (*difficoltà*) difficulty; tight spot (*fam.*).
striàto *a.* streaked; veined; (*zool.*) barred, striped.
striatùra *f.* ***1*** (*insieme di strisce*) streaking; striping; streaks (*pl.*) ***2*** (*striscia*) streak; vein.
stricnìna *f.* (*chim.*) strychnine.
stridènte *a.* ***1*** (*acuto*) strident; shrill; screechy; rasping ***2***

(*contrastante*) clashing; jarring: **nota s.**, jarring note.
strìdere *v. i.* **1** to screech; (*cigolare*) to squeak, to creak; (*di animale*) to squeak, to screech, to shriek **2** (*contrastare*) to clash; to jar: **colori che stridono**, clashing colours.
stridìo *m.* screeching; screech; squeaking; creaking; shrieking.
strìdo *m.* (*pl.* **strida** *f.*) shriek; screech; squeak; squeal.
stridóre *m.* screeching; screech; (*cigolio*) creaking; (*di animali*) shrieking; (*di denti*) gnashing.
strìdulo *a.* shrill; strident; grating: **voce stridula**, shrill (*o* grating) voice.
strìglia *f.* currycomb.
strigliàre **A** *v. t.* **1** to curry; to groom **2** (*rimproverare*) to reprimand; to give* a dressing-down; to haul over the coals (*fam.*) **B** **strigliàrsi** *v. rifl.* (*scherz.*) to spruce oneself up.
strigliàta *f.* **1** currying **2** (*rimprovero*) reprimand; dressing-down.
strillàre **A** *v. i.* to scream; to shriek; to cry **B** *v. t.* (*dire gridando*) to shout; to yell.
strillo *m.* scream; shriek; (shrill, piercing) cry: **fare uno s.**, to scream; to shriek.
strillóne *m.* newsvendor; news-boy.
striminzìto *a.* **1** (*misero*) scanty; skimpy; meagre **2** (*molto magro*) thin; skinny; (*stentato*) stunted.
strimpellàre *v. t.* (*piano*) to pound on; (*chitarra*) to strum on; (*violino e sim.*) to scrape • **s. un motivetto al pianoforte**, to pick out a tune on the piano.
strinàre *v. t.* **1** (*cucina*) to singe **2** (*stirando*) to scorch.
strinàto *a.* singed; scorched.
strìnga *f.* **1** (*per scarpa*) shoelace; lace **2** (*elab.*) string.
stringàre *v. t.* (*condensare*) to condense.
stringatézza *f.* conciseness; concision; terseness.
stringàto *a.* **1** laced up; lace-up: **scarpe stringate**, lace-up shoes **2** (*conciso*) concise; succinct; terse.
stringènte *a.* **1** (*urgente*) urgent; pressing **2** (*convincente*) convincing; cogent; forcible.
strìngere **A** *v. t.* **1** (*serrare, impugnare*) to hold* tight(ly); to clasp; to grasp; to grip; to clench; (*abbracciare*) to hug: **s. una fune**, to grasp a rope; (*reggerla*) to hold a rope; **Mi strinse il braccio**, he clasped (*o* gripped, squeezed) my arm; **s. i denti**, to clench one's teeth; **s. q. a sé**, to clasp sb. in one's arms; to hug sb.; **s. q.c. fra le braccia** (*o* **al petto**), to hug st.; **s. la mano a q.**, to shake sb.'s hand **2** (*serrare*) to tighten; to clench; (*chiudere*) to close, to shut*: **s. una vite**, to tighten a screw; **s. le labbra**, to tighten one's lips; **s. il pugno**, to clench (*o* to double) one's fist; **s. gli occhi**, to close one's eyes; (*socchiuderli*) to screw up one's eyes **3** (*concludere, stipulare*) to make*; to form; to enter into: **s. un'alleanza**, to make an alliance; **s. un accordo**, to enter into an agreement **4** (*restringere*) to tighten; (*di vestito*) to take* in: **s. un nodo** [**la cintura**], to tighten a knot [one's belt]; **s. i cordoni della borsa**, to tighten the purse-strings; **s. una gonna**, to take in a skirt **5** (*circondare*) to close in on; to hem in **6** (*essere stretto*) to be tight: **La giacca mi stringe sui fianchi**, the jacket is too tight around the hips; **Queste scarpe mi stringono in punta**, these shoes pinch my toes **7** (*riassumere*) to cut* (st.) short; (*concludere*) to make* it brief, to come* to the point: **s. un discorso**, to summarize a speech; **Su, stringi!**, do get to the point! **8** (*accelerare*) to quicken; to step up: **s. il passo**, to quicken one's pace; **s. i tempi**, to step up the pace; to speed things up • **s. amicizia con q.**, to make friends with sb. □ **s. d'assedio una città**, to lay siege to a town □ (*autom.*) **s. q. in curva**, to cut in front of sb. □ (*naut.*) **s. il vento**, to haul up; to sail close to the wind □ **stringi stringi**, when all is said and done **B** *v. i.* (*incalzare, premere*) to press: **Il tempo stringe**, time presses **C** **strìngersi** *v. i. pron.* **1** (*accostarsi*) to draw* close (to); to press close (to) **2** (*circondare*) to gather around; to surround; to press round **3** (*avvolgersi*) to wrap (st.) around one **4** (*per fare posto*) to move over; to squeeze up **5** (*restringersi*) to shrink **6** (*serrarsi*) to tighten: **La sua mano si strinse sul mio braccio**, his hand tightened around my arm • **s. nelle spalle**, to shrug one's shoulders □ **A quelle parole mi si strinse il cuore**, (*per la pena*) those words wrung my heart; (*per lo scoramento*) his [her] words made my heart sink.
stringinàso *m. invar.* (*sport*) nose-clip • **occhiali a s.**, pince-nez (*franc.*).
strippàre *v. i.* (*pop.*) to gorge oneself.
strippàta *f.* (*pop.*) blow-out.
strìscia *f.* **1** strip; slip: **s. di carta**, strip (*o* slip) of paper; **s. di terra**, strip of land; **tagliare a strisce**, to cut into strips **2** (*riga*) stripe; band; streak; (*bordo*) border; (*traccia*) trail: **stoffa a strisce bianche e nere**, black-and-white striped material; **s. di luce**, streak (*o* beam) of light; **s. di sangue**, trail of blood **3** (*fumetto*) comic strip • **strisce pedonali**, zebra crossing (*sing.*).
strisciànte *a.* **1** crawling; creeping **2** (*servile*) fawning; servile; unctuous **3** (*bot., zool.*) creeping; repent • (*econ.*) **inflazione s.**, creeping inflation.
strisciàre **A** *v. i.* **1** to crawl; to creep*; (*di serpente*) to slither: **s. per terra**, to crawl on the ground; **s. rasente il muro**, to creep close by the wall **2** (*essere servile*) to grovel **B** *v. t.* **1** (*sfiorare*) to graze; (*graffiare*) to scratch **2** (*strascicare*) to drag; to scrape; to shuffle: **s. i piedi**, to shuffle (*o* to drag) one's feet **C** **strisciàrsi** *v. rifl.* **1** (*sfregarsi*) to rub oneself **2** (*adulare*) to fawn (on); to toady (to).
strisciàta *f.* **1** grazing; scraping **2** (*graffio*) scratch, graze; (*segno*) mark, score **3** (*tipogr.*) galley proof.
strìscio *m.* **1** (*graffio*) graze; (*segno*) mark, score **2** (*med.*) smear; (*estens.*: pap-test) smear test, Pap smear (*USA*) • **colpire q.c. di s.**, to graze st.; (*e deviare*) to glance off st. □ **colpo di s.**, glancing blow □ **ferita di s.**, superficial wound; scratch.
striscióne *m.* banner: **s. pubblicitario**, advertising banner.
stritolàre *v. t.* **1** to grind*; to crush; to crunch: **s. q.c.** (**fra i denti**), to crunch st. **2** (*fig.*) to crush.
strìzza *f.* (*fam.*) scare; funk: **prendersi una s.**, to get scared; **avere s.**, to be scared.
strizzacervèlli *m. e f.* (*fam.*) headshrinker; shrink.
strizzàre *v. t.* to squeeze; (*torcere*) to wring*: **s. il braccio a q.**, to squeeze sb.'s arm; **s. un lenzuolo**, to wring a sheet • **s. gli occhi**, to screw up one's eyes; to peer □ **s. l'occhio**, to wink.
strizzàta *f.* squeeze; (*torsione*) wring • **s. d'occhio**, wink.
stròfa, **stròfe** *f.* verse; stanza.
strofinàccio *m.* cloth; wiper (*USA*); (*per piatti*) dish cloth; (*per asciugare*) tea towel (*GB*), dishtowel (*USA*); (*per pavimenti*) floor cloth; (*per spolverare*) duster.
strofinaménto *m.* rubbing; scrubbing; scouring.
strofinàre **A** *v. t.* to rub; (*con pulire*) to scrub, to scour; (*per lucidare*) to polish; (*per asciugare*) to wipe: **strofinarsi gli occhi** [**le mani**], to rub one's eyes [one's hands]; **s. un pavimento**, to scrub a floor; **s. q.c. con un panno**, to polish st.; to wipe st.; **s. un fiammifero**, to strike a match **B** **strofinàrsi** *v. rifl.* to rub oneself.
stròlaga *f.* (*zool.*) diver; loon (*USA*) • **s. maggiore**, great northern diver; (common) loon (*USA*).
strombatùra *f.* (*archit.*) splay; embrasure.
strombazzàre **A** *v. t.* **1** (*riferire*) to trumpet; to shout from the rooftops **2** (*vantare*) to puff; to hype (*fam.*) • **s. le proprie virtù**, to blow one's own trumpet **B** *v. i.* (*autom.*) to toot; to honk.
strombazzàta *f.* **1** (*di clacson*) tooting Ⓤ; honking Ⓤ **2** (*fig.*) puff; hype (*fam.*); ballyhoo.
strombettàre *v. i.* **1** to blow* a trumpet; to trumpet **2** (*autom.*) to hoot; to honk.
strombettàta *f.* **1** trumpet blasts (*pl.*); blare of trumpets **2** (*autom.*) toot; honk.
stroncàre *v. t.* **1** to break* off; to cut* off **2** (*uccidere*) to cut* down, to strike* down; (*distruggere*) to cut* short: **Fu stroncato nel fiore degli anni**, he was struck down in his prime; **La carestia ha stroncato molte vite**, the famine cut short many lives; **s. una carriera**, to cut short a career **3** (*reprimere*) to crush; to put* down **4** (*spossare*) to wear* out; to exhaust **5** (*criticare*) to slate; to pan.
stroncatùra *f.* (*fig.*) crushing criticism Ⓤ; slating Ⓤ; hatchet job; panning Ⓤ.
stronzàggine *f.* (*volg.*) bitchiness; shittiness (*volg.*).
stronzàta *f.* (*volg.*) **1** (*azione odiosa*) dirty trick; shitty thing **2** (*scemenza*) bullshit Ⓤ; crap Ⓤ: **dire stronzate**, to talk crap; to be full of shit.
strònzio *m.* (*chim.*) strontium.
strónzo *m.* (*volg.*) **1** turd **2** (*persona odiosa*) bastard (*m.*); bitch (*f.*); shit.
stropicciàre *v. t.* **1** to rub; (*i piedi*) to scuffle, to shuffle **2**

(*fam.*: *sgualcire*) to crumple.

stròzza *f.* (*fam.*) throat; gullet; windpipe: **rimanere nella s.**, to stick in (sb.'s) throat.

strozzàre ***A*** *v. t.* ***1*** to throttle; to strangle; (*soffocare*) to choke: **La cravatta mi strozza**, my tie is choking me ***2*** (*occludere*) to block; to throttle; to choke ***3*** (*fig.*) to squeeze ***B*** **strozzàrsi** *v. i. pron.* ***1*** to strangle oneself; (*morire soffocato*) to choke to death ***2*** (*restringersi*) to narrow; to become* narrower.

strozzàto *a.* ***1*** (*soffocato*) strangled; choked ***2*** (*stretto*) narrow-necked: **vaso s.**, narrow-necked vase ***3*** (*ostruito*) blocked • (*med.*) **ernia strozzata**, strangulated hernia.

strozzatùra *f.* ***1*** (*restringimento*) narrowing; narrow passage; (*di recipiente*) narrow neck; (*di strada*) bottleneck ***2*** (*med.*) strangulation.

strozzinàggio *m.* usury.

strozzìno *m.* (*f.* **-a**) ***1*** (*usuraio*) usurer; loan shark (*fam.*) ***2*** (*estens.*) money-grubber; bloodsucker.

struccàre ***A*** *v. t.* to remove the make-up of ***B*** **struccàrsi** *v. rifl.* to take* off one's make-up.

struggènte *a.* (*pieno di desiderio*) longing, yearning, aching; (*triste*) poignant, distressing: **nostalgia s.**, aching nostalgia; **ricordo s.**, poignant memory; **s. tenerezza**, immense tenderness.

strùggere ***A*** *v. t.* ***1*** to melt; to liquefy ***2*** (*fig.*) to consume; (*tormentare*) to torment ***B*** **strùggersi** *v. i. pron.* ***1*** to melt; to liquefy ***2*** (*di dolore*) to waste away, to pine away (with); (*di invidia, ecc.*) to be consumed (by), to be eaten up (by); (*di desiderio*) to pine, to yearn: **s. dalla voglia di fare q.c.**, to be yearning to do st.

struggiménto *m.* (*fig.*) ***1*** pain; anguish; torment ***2*** (*desiderio intenso*) longing; yearning • **s. di cuore**, heartache.

strumentàle *a.* ***1*** instrumental ***2*** (*aeron.*) instrument (*attr.*): **volo s.**, instrument flight • (*econ.*) **beni strumentali**, instrumental (*o* producer) goods.

strumentalizzàre *v. t.* to exploit; to use.

strumentalizzazióne *f.* exploitation.

strumentatóre *m.* (*mus.*) orchestrator.

strumentazióne *f.* ***1*** (*mus.*) orchestration; instrumentation ***2*** (*tecn.*) instruments (*pl.*); instrumentation.

strumentìsta *m. e f.* ***1*** (*mus.*) instrumentalist ***2*** (*tecn.*) instrument designer.

struménto *m.* ***1*** instrument; (*attrezzo*) tool, implement: **strumenti ottici**, optical instruments; **strumenti agricoli**, farm tools; **s. di precisione**, precision instrument (*o* tool); (*aeron.*) **strumenti di bordo**, flight instruments ***2*** (*mus.*) instrument: **strumenti a fiato**, wind instruments; **s. a corde**, string instruments; strings ***3*** (*fig.*) instrument; tool: **s. di pace**, instrument of peace; **È uno s. nelle loro mani**, he is a tool in their hands ***4*** (*leg.*) instrument; deed.

strusciàre ***A*** *v. t.* (*strofinare*) to rub; (*sfregare*) to scrape • **s. i piedi**, to shuffle one's feet ***B*** **strusciàrsi** *v. rifl.* ***1*** to rub oneself ***2*** (*adulare*) to fawn (on); to toady (to).

strusciàta *f.* ***1*** rubbing; scraping ***2*** (*graffio*) scrape; (*segno*) mark.

strùtto *m.* lard.

struttùra *f.* ***1*** structure; framework: (*fis.*) **s. atomica**, atomic structure; **la s. del corpo umano**, the structure of the human body; **s. sociale**, social structure (*o* framework); **s. narrativa**, narrative structure; **s. mentale**, mental make-up ***2*** (*costruzione*) construction ***3*** (*impianto, complesso*) facility; structure: **strutture sanitarie** [**sportive**], health [sports] facilities ***4*** (*corporatura*) built; frame.

strutturàle *a.* structural.

strutturalìsmo *m.* structuralism.

strutturalìsta *m. e f.* structuralist.

strutturalìstico *a.* structuralist(ic).

strutturàre ***A*** *v. t.* to structure ***B*** **strutturàrsi** *v. i.* to be structured.

strutturazióne *f.* structuring; structure.

strùzzo *m.* (*zool.*) ostrich • **avere uno stomaco di s.**, to have the digestion of an ostrich □ **fare come lo s.**, to bury one's head in the sand.

stuccàre (1) *v. t.* ***1*** (*decorare*) to stucco ***2*** (*riempire di stucco*) to putty; (*con gesso*) to plaster.

stuccàre (2) ***A*** *v. t.* ***1*** (*nauseare*) to nauseate; to make* (sb.) sick ***2*** (*annoiare*) to bore ***B*** **stuccàrsi** *v. i. pron.* to have had enough (of); to get* sick (of).

stuccatóre *m.* (*f.* **-trìce**) ***1*** stucco decorator ***2*** plasterer.

stuccatùra *f.* ***1*** puttying; (*con gesso*) plastering ***2*** (*decorazione a stucco*) stucco(-work).

stucchévole *a.* ***1*** sickening; cloying ***2*** (*sdolcinato*) cloying; mawkish ***3*** (*noioso*) boring; tiresome; tedious.

stùcco *m.* (*ornamentale*) stucco; (*gesso*) plaster; (*riempitivo*) putty: **lavoro a s.**, stucco-work; **s. da vetrai**, glazing putty; **decorare a s.**, to stucco • **rimanere di s.**, to be left speechless; to be dumbfounded.

studènte *m.* (*f.* **-éssa**) student; (*di scuola*) schoolboy (*f.* schoolgirl); (*alunno*) pupil: **s. universitario**, university student; undergraduate; **s. di biologia**, biology student; **s. di medicina**, medical student.

studentésco *a.* student (*attr.*); students' (*attr.*).

studiacchiàre *v. t. e i.* to study without enthusiasm.

studiàre ***A*** *v. t.* ***1*** to study; (*di studenti universitari, anche*) to read*: **s. inglese**, to study English; **s. diritto**, to read law; **s. il pianoforte**, to study the piano; **s. molto**, to study hard; **Ha studiato con Menuhin**, he studied with (*o* under) Menuhin ***2*** (*esaminare*) to examine; to study: **s. un manoscritto**, to examine a manuscript ***3*** (*progettare*) to plan; to work out: **s. un piano di fuga**, to work out a plan of escape ***4*** (*meditare*) to ponder; (*soppesare*) to weigh: **s. le proprie parole**, to weigh one's words • **s. una lezione**, to learn (*o* to do) a lesson □ **Non ha voglia di s.**, he is not fond of studying □ **Devo s. per domani**, I must do some work for tomorrow □ **studiarle tutte**, to try everything ***B*** **studiàrsi** *v. rifl. e i. pron.* ***1*** to study oneself ***2*** (*ingegnarsi*) to try; to endeavour.

studiataménte *avv.* ***1*** (*di proposito*) deliberately; on purpose ***2*** (*in modo ricercato*) with affectation.

studiàto *a.* ***1*** studied; calculated; deliberate ***2*** (*affettato*) studied; self-conscious; affected.

stùdio *m.* ***1*** study; studying: **lo s. del greco**, the study of Greek; **studi scientifici**, scientific studies; **finire gli studi**, to finish one's studies; **studi superiori**, advanced studies; **studi universitari**, university education; **amante dello s.**, fond of studying; **Ha fatto i suoi studi a Milano**, he was educated (*o* he studied) in Milan ***2*** (*ricerca*) research; (*analisi*) analysis, survey; (*esame*) examination, study ***3*** (*saggio, composizione*) study: **uno s. sul Leopardi**, a study of Leopardi; **gli studi di Chopin**, Chopin's studies; **s. di nudo**, study from the nude ***4*** (*progetto*) plan ***5*** (*stanza da studio*) study; (*ufficio di professionista*) office; (*di pittore, fotografo, ecc.*) studio*: **s. legale**, law firm; legal practice; **s. notarile**, notary's chambers (*pl.*); **s. medico**, consulting room; surgery; **s. pubblicitario**, advertising agency ***6*** (*cinem., TV*) studio* ***7*** (*lett.*: *cura*) care; pains (*pl.*) • (*di progetto, legge, ecc.*) **essere allo s.**, to be under consideration □ **programma di studi**, curriculum; syllabus.

studióso ***A*** *a.* studious; diligent; hardworking ***B*** *m.* (*f.* **-a**) (*chi studia q.c.*) student; scholar; (*esperto*) expert; (*scienziato*) scientist: **s. di storia antica**, student of ancient history; **s. dei classici**, classical scholar; **secondo gli studiosi**, according to the experts.

stùfa *f.* stove; (*solo per riscaldamento*) heater, radiator: **s. a carbone**, coal stove; **s. economica**, kitchen range; cooker; **s. elettrica**, electric heater.

stufàre ***A*** *v. t.* ***1*** (*cucina*) to stew ***2*** (*fam.*: *seccare*) to bore; to tire ***B*** **stufàrsi** *v. i. pron.* (*fam.*) to get bored (*o* tired) (of); to get* fed up (with).

stufàto (*cucina*) ***A*** *a.* stewed ***B*** *m.* stew; (*al forno*) casserole.

stùfo *a.* (*fam.*) tired (with); fed up (with): **Sono s. di mangiare carne**, I'm tired of meat; **Non sei ancora s. di quel disco?**, haven't you had enough of that record?; **s. marcio**, sick and tired.

stuòia *f.* mat.

stuoìno *m.* doormat.

stuòlo *m.* crowd; flock; swarm.

stupefacènte ***A*** *a.* ***1*** amazing; astonishing ***2*** (*farm.*) narcotic ***B*** *m.* (*farm.*) narcotic.

stupefàtto *a.* amazed; astonished.

stupefazióne *f.* ***1*** amazement; astonishment; wonder ***2*** (*med.*) stupor; stupefaction.

stupèndo *a.* wonderful; marvellous; stupendous; glorious; terrific (*fam.*).

stupidàggine *f.* ***1*** stupidity; foolishness ***2*** (*azione stupida*) stupid (*o* silly, foolish) thing; (*errore stupido*) stupid mistake; (*frase stupida*) (piece of) nonsense; rubbish Ⓤ; rot Ⓤ (*fam.*); **Hai fatto una bella s.**, that was a really stupid thing to do; **È stata una s. dargli la macchina**, it was foolish to let him have the car; **Non fare stupidaggini, mi raccomando!**, don't do anything silly!; **Non dire stupidaggini!**, don't talk nonsense!; don't be silly! ***3*** (*oggetto da poco*) trifle; little nothing ***4*** (*inconveniente da nulla*) nothing to worry about.

stupidaménte *avv.* stupidly; foolishy; like a fool.

stupidàta *V.* **stupidaggine**, *def. 2, 3 e 4.*

stupidità *f.* stupidity; foolishness.

stùpido ***A*** *a.* stupid; dumb; thick; (*sciocco*) silly, foolish, daft ***B*** *m.* (*f.* **-a**) idiot; fool; thickhead; dimwit (*fam.*) • **Non fare lo s.!**, don't be stupid!

stupìre ***A*** *v. t.* to surprise; to amaze; to astonish; to astound ***B*** *v. i. e* **stupìrsi** *v. i. pron.* to be surprised; to be amazed (*o* astonished, astounded): **Mi stupisco di te!**, I'm surprised at you!; **Non mi stupisco più di nulla**, nothing surprises me any longer.

stupìto *a.* surprised; amazed; astonished: **Aveva l'aria stupita**, he looked surprised; **Mi guardò s.**, he looked at me in surprise.

stupóre *m.* ***1*** amazement; astonishment; wonder ***2*** (*med.*) stupor; stupefaction.

stupràre *v. t.* to rape.

stupratóre *m.* rapist.

stùpro *m.* rape.

stùra *f.* — **dare la s. a un barile**, to unbung a cask □ **dare la s. a una bottiglia**, to uncork a bottle □ **dare la s. ai ricordi**, to open the floodgates of one's memories □ **dare la stura alle critiche**, to give vent to criticism.

sturabottìglie *m. invar.* bottle opener; (*cavatappi*) corkscrew.

sturalavandini *m.* plunger.

sturàre *v. t.* ***1*** to uncork; to open; (*barile, botte*) to unbung ***2*** (*disotturare*) to clear; to unclog.

stuzzicadènti *m.* toothpick.

stuzzicànte *a.* (*invogliante*) tempting, intriguing, piquant; (*appetitoso*) appetizing, mouth-watering.

stuzzicàre *v. t.* ***1*** (*punzecchiare*) to prod, to poke; (*toccare*) to finger, to touch; (*strofinare*) to rub: **stuzzicarsi gli occhi**, to rub one's eyes; **stuzzicarsi i denti**, to pick one's teeth ***2*** (*provocare, molestare*) to tease; to needle ***3*** (*eccitare, stimolare*) to excite; to whet; to stir: **s. l'appetito**, to whet one's appetite; **s. la curiosità di q.**, to arouse sb.'s curiosity ***4*** (*attizzare*) to poke; to stir.

stuzzichìno *m.* appetizer; nibbler; (*spuntino*) snack.

su ***A*** *prep.* ***1*** (*sovrapposizione con contatto*) on, upon; (*in cima a*) on top of; (*con movimento*) on to, up: **i libri sul tavolo**, the books on the table; **sedere sull'erba**, to sit on the grass; **salire di corsa sul treno**, to scramble on to the train; **salire su un albero**, to climb up a tree; **uno sull'altro**, one on top of the other ***2*** (*sovrapposizione senza contatto, o contatto con idea di rivestimento, protezione, difesa, dominio*) over: **volare sull'Australia**, to fly over Australia; **portare i capelli sulle spalle**, to wear one's hair over one's shoulders; **tirarsi il cappello sugli occhi**, to pull one's hat over one's eyes; **avere un grande vantaggio su q.**, to have a great advantage over sb.; **regnare su un paese**, to rule over a country; **vittoria sul nemico**, victory over the enemy ***3*** (*al di sopra di, più in alto di*) above: **a duemila metri sul mare**, two thousand metres above sea-level ***4*** (*lungo*) on; (*affacciato su*) on to: **Parigi è sulla Senna**, Paris is on the Seine; **La finestra dà sul cortile**, the window looks on to the courtyard ***5*** (*verso, intorno a*) about; towards: **sul fare dell'alba**, about dawn; **Era sulla sessantina**, he was about sixty; **sul finire del secolo**, towards the end of the century ***6*** (*direzione: verso*) towards, to; (*contro*) on, at: **marciare sulla capitale**, to march on the capital; **puntare il fucile su q.**, to aim one's gun at sb.; **Tutti gli occhi erano su di me**, all eyes were on me ***7*** (*argomento: intorno a*) on; about: **un libro sulla vecchiaia**, a book on old age; **Su che cosa parlerai?**, what will you talk about? ***8*** (*per indicare successione*) after; on; upon: **commettere errori su errori**, to make mistake after mistake ***9*** (*per indicare una proporzione*) out of: **sette su dieci**, seven out of ten; **due giorni su tre**, two days out of three • **su campione**, by sample □ **su consiglio di**, on the advice of □ **su domanda**, on demand □ **su due piedi** (*subito*), there and then □ **essere sul punto di fare q.c.**, to be about to do st.; to be on the point of doing st. ***B*** *avv.* (*posizione*) on; over; (*in alto*) up; (*ai piani superiori*) upstairs: **Mettilo qui su**, put it up here; **una torta con su due candeline**, a cake with two candles on it; **mettere su la minestra**, put on the soup; **andare su**, to go up (*o* upstairs); **guardare su**, to look up; **più su**, further (*o* farther) up • **su e giù**, up and down (*V. anche* **su e giù**, *locuz. m.*) □ **su per giù**, more or less; about; roughly; approximately □ **andare in su**, to go upwards □ **dalla cintola in su**, from the waist upwards □ **a faccia in su**, face upwards; looking up □ **prezzi da una sterlina in su**, prices from a pound upwards □ **tutti i giovani da ventun anni in su**, all young men of twenty-one and over □ **Dalle sette in su, mi troverai in casa**, from seven o'clock onwards you'll find me at home □ **Lo ha messo su contro di me**, he has turned him against me □ **Pensaci su!**, think it over! □ **Non sono cose da riderci su**, it's no laughing matter; it's no joke □ **Su con la vita!**, cheer up; buck up! □ **Su, andiamo!**, come on, let's go!

suaccennàto *V.* **sopraccennato**.

suadènte *a.* soft; (*allettante*) inviting, tempting.

sub *m. e f. invar.* (*in apnea*) skin-diver; (*con autorespiratore*) scuba diver.

subàcqueo ***A*** *a.* underwater; submarine; subaqueous: **pesca subacquea**, underwater fishing ***B*** *m. V.* **sub**.

subaffittàre *v. t.* to sublet*; to sublease.

subaffìtto *m.* subtenancy; sublease.

subaffittuàrio *m.* (*f.* **-a**) subtenant; (*leg.*) sublessee.

subalpìno *a.* (*geogr.*) subalpine.

subaltèrno ***A*** *a.* subordinate: **ruolo s.**, subordinate role; (*mil.*) **ufficiale s.**, subaltern ***B*** *m.* (*f.* **-a**) ***1*** subordinate ***2*** (*mil.*) subaltern.

subappaltàre *v. t.* to subcontract.

subappaltatóre ***A*** *a.* subcontracting ***B*** *m.* subcontractor.

subappàlto *m.* subcontract.

subappenìnico *a.* (*geogr.*) subapennine (*attr.*).

subatòmico *a.* (*fis.*) subatomic.

sùbbia *f.* chisel.

sùbbio *m.* (*ind. tess.*) beam.

subbùglio *m.* (*agitazione*) commotion, turmoil; (*scompiglio*) mess; (*confusione*) confusion, fuss, ado: **Ci fu un gran s. per il suo arrivo**, there was a great fuss about his arrival; **Siamo in pieno s. per il trasloco**, we are in a total mess because of the move; **mettere in s. la casa**, to turn the house upside-down; **stomaco in s.**, upset stomach.

subcònscio *V.* **subcosciente**.

subcontinènte *m.* (*geogr.*) subcontinent.

subcosciènte *a. e m.* (*psic.*) subconscious.

sùbdolo *a.* (*insidioso*) insidious, sly, subtle; (*losco, ambiguo*) devious, equivocal, shifty, sneaky.

subentrànte ***A*** *a.* incoming; taking over (*pred.*) ***B*** *m. e f.* successor; replacement.

subentràre *v. i.* to take* the place of (sb.); to take* over (from); to succeed; to step in.

subequatoriale *a.* (*geogr.*) subequatorial.

subìre *v. t.* ***1*** (*essere sottoposto a*) to undergo*; to go* through (*oppure una costruz. passiva*): **s. un'operazione**, to undergo an operation; to be operated on; **s. modifiche**, to undergo alterations; **s. un ritardo**, to be delayed; **Il programma subirà qualche variazione**, there will be some changes in the programme ***2*** (*patire*) to suffer; to sustain; to meet* with (*oppure una costruz. passiva*): **s. un torto**, to suffer a wrong; to be wronged; **s. una perdita**, to experience a loss; (*finanziaria*) to sustain a loss; **s. le conseguenze di q.c.**, to suffer the consequences of st.; to pay for st.; **s. uno scacco**, to meet with a setback; **s. una condanna**, to be sentenced ***3*** (*sopportare*) to bear*; to endure; to put* up with.

subissàre *v. t.* to overwhelm; to swamp: **s. q. di lodi**, to overwhelm sb. with praise; **Fummo subissati di richieste**, we were swamped with requests; **s. di fischi**, to boo.

subìsso *m.* (*fam*) shower; flood; heaps (*pl.*): **s. di telefonate**, flood of phonecalls; **s. di regali**, shower (*o* heaps) of presents; **s. di applausi**, storm of applause.

subitaneaménte *avv.* suddenly; all of a sudden; unexpectedly.

subitaneità *f.* suddenness; unexpectedness.
subitàneo *a.* sudden; unexpected.
sùbito (1) *a.* **1** (*lett.*) sudden; unexpected **2** (*pronto*) prompt; ready.
sùbito (2) *avv.* **1** (*senza indugio*) at once; immediately; straightaway: **Partiamo s.**, let's leave at once; **Torno s.**, I'll be right back; **«Mi dai una mano?» «S.»**, «can you give me a hand?» «coming» **2** (*in breve*) in a moment; in no time; soon: **Sono s. pronta**, I'll be ready in no time; **Si stanca s.**, he soon gets tired **3** (*appena*) immediately; just; right: **s. dopo**, immediately after (*prep.*); soon afterwards (*avv.*); **s. dopo le dieci**, just (*o* soon) after ten; **s. prima**, just before; **s. fuori città**, just out of town; **s. dietro di me**, right after me; just behind me.
sublimàre **A** *v. t.* **1** (*fig.*) to exalt **2** (*psic.*) to sublimate **B** *v. i.* (*chim.*) to sublime **C** **sublimàrsi** *v. i. pron.* (*fig.*) to be sublimed.
sublimàto *m.* (*chim.*) sublimate.
sublimazióne *f.* **1** (*fig.*) exaltation **2** (*psic., chim.*) sublimation.
sublìme **A** *a.* sublime; (*eccellente*) excellent **B** *m.* sublime.
subliminàle *a.* (*psic.*) subliminal.
sublimità *f.* sublimity; (*eccellenza*) excellence.
sublocazióne *f.* sublease • **dare in s.**, to sublet.
sublunàre *a.* sublunary; sublunar.
subnormàle **A** *a.* subnormal **B** *m. e f.* subnormal person.
suboceànico *a.* suboceanic.
subodoràre *v. t.* to suspect.
subordinàre *v. t.* to subordinate.
subordinàta *f.* (*gramm.*) subordinate (*o* dependent) clause.
subordinàto **A** *a.* **1** (*anche gramm.*) subordinate; dependent **2** (*condizionato*) subject (to) **B** *m.* (*f.* **-a**) subordinate.
subordinazióne *f.* subordination.
subornàre *v. t.* to suborn.
subornatóre *m.* (*f.* **-trice**) suborner.
subornazióne *f.* subornation.
subpolàre *a.* (*geogr.*) subpolar.
substràto *m.* (*anche fig.*) substratum*.
subtotàle *m.* subtotal.
subtropicàle *a.* (*geogr.*) subtropical.
subumàno *a.* subhuman.
suburbàno *a.* suburban.
succedàneo **A** *a.* substitute (*attr.*); (*spreg.*) ersatz **B** *m.* substitute.
succèdere **A** *v. i.* **1** (*subentrare*) to succeed (sb., to st.) **2** (*accadere*) to happen: **È successa una cosa terribile**, something terrible happened; **Qualsiasi cosa succeda, non muoverti**, don't move, whatever happens; **Cose che succedono!** (*o* **Succede!**), these things (will) happen!; **Che sta succedendo qui?**, what's going on here?; **Che cosa ti succede?**, what's the matter with you? **3** (*seguire*) to follow **B** **succèdersi** *v. i. pron.* to follow each other (*o* one another) **C** **succèdersi** *m.* succession; series.
successióne *f.* **1** succession: **s. al trono**, succession to the throne **2** (*seguito, serie*) succession; series*; sequence; course: **disporre in s.**, to order in a sequence **3** (*leg.*) succession; inheritance: **imposta di s.**, inheritance tax; death duties (*pl.*) **4** (*mat.*) sequence; progression.
successivaménte *avv.* subsequently; afterwards; later.
successìvo *a.* **1** (*seguente*) following; subsequent; next **2** (*in successione*) successive; consecutive.
succèsso *m.* **1** (*buon esito*) success: **avere s.**, to be successful; to succeed; to meet with success; (*essere popolare*) to be popular; **canzone di s.**, popular song; **scrittore di s.**, successful (*o* popular, best-selling) author **2** (*vittoria*) victory: **s. elettorale**, electoral victory **3** (*esito*) outcome; result **4** (*opera di s.*) success; (*canzone, film, ecc.*) hit • **con s.**, successfully (*avv.*); successful (*agg.*) □ **partecipare a una gara con s.**, to win a competition.
successóre *m.* successor.
succhiàre *v. t.* **1** to suck: **succhiarsi il pollice**, to suck one's thumb; **s. la pipa**, to suck on one's pipe **2** (*assorbire*) to absorb; to suck up • (*fig.*) **s. il sangue a q.**, to bleed sb. white.
succhièllo *m.* gimlet; auger; wimble.
succhiòtto *m.* (baby's) dummy (*GB*); pacifier (*USA*).
succinto *a.* **1** (*di veste*) scanty; short **2** (*conciso*) succinct; concise; brief.
succitàto *a.* above-mentioned; above-stated.
sùcco *m.* **1** (*anche fisiol.*) juice **2** (*fig.*) gist; pith; essence: **il s. di un discorso**, the gist of a speech.
succosità *f.* juiciness; succulence.
succóso *a.* **1** juicy; succulent **2** (*fig.*) pithy.
sùccube *m. e f.*, **sùccubo** *m.* **1** succubus* **2** (*estens.*) person dominated (by sb.); slave.
succulènto *a.* **1** (*succoso*) succulent; juicy **2** (*gustoso*) tasty; succulent.
succursàle *f.* branch; branch office.
sud **A** *m.* south: **nel** (*o* **al**) **sud**, in the south; **a sud di**, (to the) south of; **andare a sud**, to go south; **Il vento soffia da sud**, the wind is blowing from the south; **da nord a sud**, from north to south; **verso sud**, towards the south; southward(s) (*avv.*); southward (*agg.*); **vento da sud**, southerly wind; **vento del sud**, south wind; **paesi del sud**, southern countries **B** *a. invar.* south; southern; southerly: **il polo sud**, the South Pole; **zona sud**, southern zone; **in direzione sud**, in a southerly direction.
sudafricàno *a. e m.* (*f.* **-a**) South African (*f.* South African woman*).
sudamericàno *a. e m.* (*f.* **-a**) South American (*f.* South American woman*).
sudanése *a., m. e f.* Sudanese* (*a. e m.*); Sudanese woman (*f.*).
sudàre **A** *v. i.* **1** to sweat; to perspire (*scient. o eufem.*): **s. per il caldo**, to sweat with the heat; **Mi sudavano le mani**, my hands were sweating (*o* sweaty) **2** (*fig.*) to work very hard, to sweat (*fam.*); to have a hard job (doing st.): **s. sui libri**, to study hard; to sweat over one's books; **Ho sudato per convincerlo**, I had a hard job convincing him **B** *v. t.* **1** to sweat **2** (*fig.*) to work hard for; to earn (st.) the hard way: **s. una promozione**, to work hard to get one's promotion • **s. freddo**, to be in a cold sweat □ **s. sangue**, to sweat blood □ **s. sette camicie**, to work very hard; to sweat blood; to have a hard job (doing st.).
sudàrio *m.* (*lenzuolo funebre*) shroud.
sudàta *f.* **1** sweat **2** (*fig.*) hard work ◻; sweat (*fam.*); grind (*fam.*).
sudatìccio *a.* sweaty; clammy.
sudàto *a.* **1** sweaty; perspiring heavily; sweating; in a sweat (*pred.*); moist with sweat (*pred.*): **facce sudate**, sweaty faces; **È tutto s.**, he's sweating (*o* in a sweat); he's drenched in perspiration **2** (*fig.*) hard-earned; hard-won: **denaro s.**, hard-earned money; **vittoria sudata**, hard-won victory.
suddétto *a.* above-mentioned; above-said; aforesaid.
suddiàcono *m.* (*eccles.*) subdeacon.
sudditànza *f.* subjection.
sùddito *a. e m.* (*f.* **-a**) subject.
suddivìdere *v. t.* **1** to subdivide; to split* up **2** (*spartire*) to share out; to split*.
suddivisióne *f.* **1** subdivision; splitting up **2** (*spartizione*) sharing out; splitting.
sudèst *m.* southeast.
sudicerìa *f.* **1** dirtiness; filthiness **2** (*cosa sudicia*) dirty thing; filthy thing; filth ◻ **3** (*oscenità*) obscenity; filth ◻; smut ◻.
sùdicio **A** *a.* (*anche fig.*) dirty; filthy **B** *m.* dirt; filth.
sudicióne *m.* (*f.* **-a**) dirty (*o* filthy) person; pig.
sudiciùme *m.* (*anche fig.*) dirt; filth.
sudista *a., m. e f.* (*stor., USA*) Confederate.
sudorazióne *f.* (*fisiol.*) perspiration; sweating.
sudóre *m.* sweat; perspiration: **gocce di s.**, beads of sweat (*o* of perspiration); **in un bagno di s.**, in a sweat; dripping with sweat; **s. freddo**, cold sweat; **Mi vennero i sudori freddi**, I broke out in a cold sweat; **col s. della fronte**, by the sweat of one's brow.
sudorìfero, sudorìfico **A** *a.* sudoriferous; sudorific **B** *m.* (*farm.*) sudorific.
sudòvest *m.* **1** southwest **2** (*cappello*) sou'wester.
su e giù *locuz. m. invar.* **1** up-and-down motion **2** (*andirivieni*) coming and going **3** (*fluttuazione*) fluctuations (*pl.*).
suespósto *a.* above-mentioned; above-stated.
sufficiènte **A** *a.* **1** sufficient; enough: **una quantità s.**, a sufficient quantity; **una quantità s. di provviste**, enough

supplies; **Non avevo il denaro s.**, I didn't have enough money; **tempo s. per fare q.c.**, enough time (*o* time enough) to do st.; **più che s.**, more than enough *2* (*borioso*) self-important; haughty *3* (*mediocre*) fair-to-middling ***B*** *m.* *1* enough: **avere il s. per vivere**, to have enough to live on *2* (*voto scolastico*) pass (mark).
sufficientemènte *avv.* sufficiently; enough.
sufficiènza *f.* *1* sufficiency *2* (*voto scolastico*) pass (mark) *3* (*boria*) self-importance; haughtiness • **a s.**, sufficiently; enough: **cibo a s.**, enough food; **mangiare a s.**, to have enough to eat.
suffìsso *m.* (*gramm.*) suffix.
suffragàre *v. t.* (*lett.*: *sostenere*) to support; to back; (*comprovare*) to bear* out.
suffragétta *f.* suffragette.
suffràgio *m.* *1* (*diritto di voto*) suffrage; franchise; **s. universale**, universal suffrage *2* (*lett.*: *appoggio*) support, backing; (*approvazione*) approval *3* (*relig.*) intercession; suffrages (*pl.*): **messa di s. per q.**, mass for the repose of sb.'s soul.
suffumìgio *m.* *1* (*di ambiente*) fumigation *2* (*inalazione*) inhalation.
suggellàre *v. t.* (*anche fig.*) to seal.
suggèllo *m.* (*anche fig.*) seal.
suggeriménto *m.* suggestion; hint; (*consiglio*) advice ▣; tip; (*proposta*) proposal: **dare un buon s. a q.**, to give sb. a good piece of advice; **dietro s. di q.**, on sb.'s advice; as suggested by sb.
suggerìre *v. t.* *1* to suggest; to hint; (*proporre*) to propose; (*consigliare*) to advise, to recommend; (*dire*) to tell*: **s. un nome**, to suggest a name; **s. la prudenza**, to recommend caution; to advise (sb.) to be cautious, **Cosa mi suggerisci di fare?**, what do you suggest I (should) do?; what do you advise me to do? *2* (*far venire in mente*) to suggest; to bring* to mind *3* (*a teatro, a scuola*) to prompt.
suggeritóre *m.* (*f.* **-trice**) (*teatr.*) prompter; prompt • **buca del s.**, prompt box.
suggestionàbile *a.* easily influenced; impressionable.
suggestionàre ***A*** *v. i.* *1* to influence *2* (*impressionare*) to make* an impression on; to carry away; to fascinate ***B*** **suggestionàrsi** *v. i. pron.* *1* to be influenced *2* (*convincersi*) to convince oneself.
suggestióne *f.* *1* suggestion; instigation *2* (*psic.*) suggestion *3* (*fascino*) evocative power; fascination; beauty.
suggestività *f.* charm; fascination; atmosphere.
suggestìvo *a.* *1* (*attraente*) attractive, fascinating, tempting; (*evocativo*) evocative *2* (*che ha fascino*) charming; full of character; full of atmosphere. ATTENZIONE: suggestivo ≠ suggestive.
sugherificio *m.* cork factory.
sùghero *m.* *1* (*corteccia*) cork: (*bot.*) **quercia da s.**, cork oak; **tappo di s.**, cork *2* (*galleggiante*) float; (*di lenza*) bob.
sùgna *f.* lard; pork fat.
sùgo *m.* *1* (*succo*) juice: **s. di limone**, lemon juice; **s. della carne**, meat juices (*pl.*) *2* (*salsa*) sauce: **s. di pomodoro**, tomato sauce *3* (*fig.*) gist; essence: **il s. d'un discorso**, the gist of a speech • **Non c'è s.**, (*è inutile*) there isn't any point; (*non diverte*) there is no fun in it □ (*fig.*) **senza s.**, empty; pointless.
sugosità *f.* juiciness.
sugóso *a.* *1* juicy *2* (*fig.*) pithy.
suicìda ***A*** *a.* suicidal ***B*** *m.* e *f.* suicide • **morire s.**, to commit suicide; to kill oneself □ **È un comportamento da s.**, it's suicidal; it's suicide.
suicidàrsi *v. rifl.* to commit suicide; to kill oneself.
suicìdio *m.* (*anche fig.*) suicide.
suindicàto *V.* **sopraindicato**.
suìno (*zool.*) ***A*** *a.* pig (*attr.*), swine (*attr.*) • **carne suina**, pork ***B*** *m.* pig; swine*.
suite (*franc.*) *f. invar.* suite.
sùla *f.* (*zool.*) gannet.
sulfamìdico *m.* (*farm.*) sulphonamide; sulpha drug.
sulfùreo *a.* sulphureous; sulphur (*attr.*).
sultàna *f.* sultana.
sultanàto *m.* sultanate.
sultanina *a.* — **(uva) s.**, sultana.
sultàno *m.* sultan.
summenzionàto, **sunnominàto** *a.* above-mentioned; above-named.
summit (*ingl.*) *m. invar.* summit.
sùnto *m.* summary; precis; résumé (*franc.*): **fare il s. di q.c.**, to write a summary (*o* to make a precis) of st.; to summarize st.
sùo ***A*** *a. poss. di 3ª pers. sing.* *1* (*di lui*) his; (*di lei*) her; (*di cosa o animale*) its; (*suo proprio*) his [her, its] own: **suo padre**, (*di lui*) his father; (*di lei*) her father; **suo marito**, her husband; **sua moglie**, his wife; **le sue cose**, (*di lui*) his things; (*di lei*) her things; **i suoi amici**, his [her] friends; **la scatola con il suo coperchio**, the box with its lid; **un suo amico**, a friend of his [hers]; **alcuni suoi libri**, some of his [her] books; some books of his [hers]; **fatto con le sue mani**, done with his [her] own hands; **Non ha una casa sua**, he [she] hasn't got a house of his [her] own; **Il luogo ha un suo fascino**, the place has a charm of its own *2* (*pred. nominale*: *di lui*) his; (*di lei*) hers: **Quell'automobile non è sua**, that car isn't his [hers] *3* (*forma di cortesia*) your; (*pred. nominale*) yours *4* (*con valore indef.*) one's; (*suo proprio*) one's own • **Sua Maestà**, His [Her] Majesty □ **Sua Santità**, His Holiness □ (*nella chiusa delle lettere*) **Suo John Smith**, yours sincerely, John Smith ***B*** *pron. poss.* *1* (*di lui*) his; (*di lei*) hers; (*di cosa o animale*) its own (*raro*); (*di cortesia*) yours *2* (*denaro, averi, ecc.*) his [her] own money [income, etc.]: **Spende del suo**, he [she] is spending his [her] own money; **Vive del suo**, he lives on his income; **Ci ha rimesso del suo**, he lost his own money *3* (*il dovuto*) his [her] due: **A ciascuno il suo**, give every man his due *4* (*l'opera propria*) his [her] own work *5* (*in diverse forme ellittiche*) — **Ne ha fatta una delle sue**, he [she] has been up to one of his [her] usual tricks; **Io sto dalla sua**, I'm on his [her] side; **Ha voluto dire la sua**, he [she] wanted to have his [her] say; **Alla sua, signor Corti!**, your health, Mr Corti!; **Sta molto sulle sue**, (*è riservato*) he keeps (himself) to himself; (*è borioso*) he is very standoffish *6* (*al pl.*) — **i suoi**, (*genitori*) his [her] parents (*o* people); (*parenti, familiari*) his [her] family (*o* relatives); (*sostenitori, seguaci*) his [her] supporters (*o* followers).
suòcera *f.* *1* mother-in-law *2* (*fig.*) nagging woman; scold: **fare la s.**, to nag (at) sb.
suòcero *m.* father-in-law • **i suoceri**, one's parents-in-law; one's in-laws.
suòla *f.* sole: **rifare le suole**, to put new soles (on a pair of shoes); to sole • **scarpe con s. di gomma**, rubber-soled shoes.
suolàre *v. t.* to sole.
suolatùra *f.* soling.
suòlo *m.* ground; soil: **cadere al s.**, to fall to the ground; **s. fertile**, fertile soil; **s. pubblico**, public property; **il s. nativo**, one's native soil (*o* land).
suonàre ***A*** *v. t.* *1* to sound; (*campane, campanello*) to ring*; (*strumento mus.*) to play, (*a fiato, anche*) to blow*; (*disco*) to play: **Entrò senza s.**, he went in without ringing the bell; **s. l'allarme**, to sound the alarm; **s. il piano**, to play the piano; **s. una tromba**, to blow (*o* to sound) a trumpet; **s. il flauto**, to play the flute; (*autom.*) **s. il clacson**, to sound (*o* to toot) the horn *2* (*eseguire suonando*) to play; to perform: **s. q.c. al piano**, to play st. on the piano; **s. un valzer**, to play a waltz *3* (*di orologio*) to strike* *4* (*mil.*) to sound: **s. la ritirata**, to sound the retreat; **s. la sveglia**, to sound (the) reveille • **suonarle a q.**, (*picchiare*) to give sb. a sound thrashing; to beat sb. black and blue; (*sconfiggere*) to thrash sb., to beat the stuffing out of sb. □ **s. (il campanello) per chiamare q.**, to ring for sb. ***B*** *v. i.* *1* (*emettere suono*) to sound; (*di campana, campanello, telefono*) to ring*; (*di allarme, sveglia*: *mettersi a s.*) to go* off; (*di strumento mus., disco, radio*) to play *2* (*essere suonatore*) to play: **s. in un'orchestra**, to play in an orchestra *3* (*delle ore*) to strike*: **Erano appena suonate le due**, it had just struck two; it was two o'clock *4* (*risuonare*) to ring*; to echo *5* (*di parole, frasi, ecc.*) to sound; to ring*: **Questa frase suona male**, this sentence does not sound right; **Mi suona nuovo**, it sounds new to me • **s. a distesa**, to ring full peal; to peal out □ **s. a festa**, to chime □ **s. a morto**, to toll; to knell.
suonàto *a.* *1* (*compiuto, scoccato*) past: **Sono le sei suonate**, it's past six; **avere quaranta anni suonati**, to be past forty *2* (*matto*) off one's head; daft; potty (*fam.*) *3* (*inton-*

tito) groggy; dopey **4** (*di pugile*) punch-drunk; groggy.

suonatóre *m.* (*f.* **-trice**) player; musician: **s. di corno**, horn player; **s. ambulante**, street musician; **s. di jazz**, jazzman; **s. di cornamusa**, piper • (*fam.*) **Buona notte (ai) suonatori!**, that's that!

suonerìa *f.* **1** (*di orologio*) striking mechanism **2** (*congegno di segnalazione*) bell; (*allarme*) alarm: **s. elettrica**, electric bell; **s. della sveglia**, alarm.

suòno *m.* **1** sound: **barriera del s.**, sound barrier; **tecnico del s.**, sound engineer **2** (*rumore, tono, ecc.*) sound; tone; ringing; ring: **s. metallico**, metallic sound; **il s. di molte voci [del violino]**, the sound of many voices [of a violin]; **il s. delle campane**, the ringing of the bells; **il s. di un campanello**, the ring of a bell; **senza s.**, soundless **3** (*musica*) sound; playing; music: **suoni e canti**, music and songs **4** (*fon.*) sound: **s. aperto [chiuso]**, open [closed] sound • **Te lo farò capire a suon di sberle**, I'll beat it into you □ **zittire q. a suon di fischi**, to hiss sb. into silence.

suòra *f.* nun; sister: **Suor Maria**, Sister Mary; **farsi s.**, to become a nun.

sùper **A** *a. invar.* **1** (*fam.*) super; fantastic; fab **2** (*di benzina*) high-octane, four-star (*GB*); premium (*USA*) **B** *f. invar.* (*benzina*) high-octane (*o* four-star) petrol (*GB*); premium gasoline (*USA*).

superàbile *a.* surmountable.

superaffollàto *a.* overcrowded; jam-packed (*fam.*).

superalcòlico **A** *a.* high-proof; strong **B** *m.* strong (*o* hard) liquor; (*al pl.*) high-proof spirits.

superalimentazióne *f.* supernutrition.

superallenaménto *m.* (*sport*) overtraining.

superaménto *m.* **1** overcoming; surmounting; (*di esame*) getting through **2** (*autom.*) overtaking.

superàre *v. t.* **1** (*sorpassare*) to exceed; to be over (st.); (*una persona*) to surpass, to excel; (*vincere*) to beat*: **s. le aspettative**, to exceed all expectations; **s. il limite di velocità**, to exceed the speed limit; **s. q. in velocità**, to be (*o* to go) faster than sb.; **s. il milione [i 10 chili]**, to be over a million [10 kilos]; **L'allievo superò il maestro**, the pupil surpassed his teacher; **Nessuno lo supera sugli sci**, no one can beat him in skiing (*o* on skis); **s. in altezza [lunghezza, peso, ecc.]**, to be taller [longer, heavier, etc.] than; to exceed in height [length, weight, etc.]; **s. q. in coraggio**, to be braver than sb.; to surpass sb. in courage; **s. q. in astuzia**, to be more cunning than sb.; to outsmart sb. **2** (*oltrepassare*) to get* over, to climb over; (*attraversare*) to cross; (*passare davanti*) to pass, to overtake*, to outstrip: **s. un fiume [il confine]**, to cross a river [the border]; **Con uno sprint superò gli altri corridori**, with a final sprint he outstripped (*o* outpaced) the other runners; (*autom.*) **s. q. in curva**, to overtake (*o* to pass) sb. on a bend **3** (*vincere, sormontare*) to overcome*; to surmount; to get* over; to get* through: **s. un ostacolo**, to overcome (*o* to surmount) an obstacle; (*sport*) to clear an obstacle; **s. una malattia**, to get over an illness; **s. un esame**, to pass (*o* to get through) an exam • **s. ogni immaginazione**, to be beyond one's wildest imaginings □ **s. ogni limite**, to pass the limit (*o* all limits) □ **s. se stesso**, to surpass oneself.

superàto *a.* old-fashioned; outmoded; outdated.

superàttico *m.* penthouse.

supèrbia *f.* pride; haughtiness; arrogance • **mettere su s.**, to put on airs.

supèrbo *a.* **1** proud; haughty; arrogant: **andare s. di q.**, to be proud of sb. **2** (*magnifico*) superb, magnificent; (*splendido*) splendid **3** (*altissimo, eccelso*) lofty.

superbóllo *m.* (*amm.*) additional road tax.

superburòcrate *m.* top civil servant; mandarin (*GB*).

supercàrcere *m.* maximum security prison.

supercolòsso *m.* (*cinem.*) mommoth production; super spectacular.

superdònna *f.* (*iron.*) Lady Muck • **darsi arie da s.**, to give oneself airs.

superdotàto *a.* **1** highly gifted **2** (*eufem. scherz.*) well--endowed.

superficiàle *a.* (*anche fig.*) superficial; surface (*attr.*): **ferita s.**, superficial wound; **conoscenza s.**, superficial knowledge; **strato s.**, surface layer; **occhiata s.**, cursory glance.

superficialità *f.* (*anche fig.*) superficiality.

superfìcie *f.* **1** surface: **in s.**, on the surface; **s. di lavoro**, work (*o* working) surface **2** (*fig.*) surface; exterior: **non andare oltre la s. delle cose**, to have a superficial approach to things; **cortesia che non va oltre la s.**, surface politeness **3** (*geom.*) surface; (surface) area: **la s. di un appartamento**, the area of a flat; (*aeron.*) **s. alare**, wing area • **misure di s.**, square measures □ **trasporti di s.**, above-ground transport.

superfluità *f.* superfluity; superfluousness.

supèrfluo **A** *a.* superfluous; unnecessary; needless: **parole superflue**, superfluous words; **spese superflue**, superfluous (*o* unnecessary) expenses **B** *m.* superfluous things (*pl.*); surplus.

super-io *m.* (*psic.*) superego.

superióra *f.* (*eccles.*) Mother Superior.

superióre **A** *a.* **1** superior: **un essere s.**, a superior being; **s. a q. per intelligenza**, more intelligent than sb.; superior to sb. in intelligence; (*eccles.*) **Padre s.**, Father Superior **2** (*più elevato*) higher: **velocità [grado] s.**, higher speed [degree] **3** (*sovrastante*) upper: **labbro s.**, upper lip; **classi superiori**, upper classes; **piano s.**, (*di casa a due piani*) upper floor; (*di casa a più piani*) floor above **4** (*al di sopra*) above (*prep.*); beyond (*prep.*): **s. alla media**, above average; **un compito s. alle pròprie forze**, a task beyond (*o* above) one's strength; **ordini superiori**, orders from above; **È s. alle critiche**, he rises above criticism; he is indifferent to criticism **5** (*di grado superiore*) higher; senior: **classi superiori di una scuola**, the senior classes of a school; **ufficiale s.**, senior officer **6** (*più avanzato*) advanced: **studi superiori**, advanced studies **7** (*geol.*) upper **B** *m.* **1** superior; **ubbidire ai propri superiori**, to obey one's superiors **2** (*eccles.*) Father Superior.

superiorità *f.* superiority • **s. di forze**, superior strength □ **s. numerica**, superior numbers (*pl.*) □ **arie di s.**, airs of superiority □ **in condizioni di s.**, at an advantage.

superlatìvo **A** *a.* superlative (*anche gramm.*); excellent **B** *m.* (*gramm.*) superlative: **s. relativo [assoluto]**, relative [absolute] superlative.

superlavóro *m.* overwork.

supermercàto *m.* supermarket.

supernutrizióne *f.* supernutrition.

superòtto *a. e m. invar.* (*cinem.*) super-eight.

superpetrolièra *f.* (*naut.*) supertanker.

superpotènza *f.* superpower.

supersònico *a.* (*aeron.*) supersonic.

supèrstite **A** *a.* surviving **B** *m. e f.* survivor.

superstizióne *f.* superstition.

superstizióso *a.* superstitious.

superstràda *f.* motorway (*GB*); freeway, expressway (*USA*).

supertàssa *f.* surtax; additional tax.

supertèste, **supertestimòne** *m. e f.* key witness.

superuòmo *m.* **1** superman* **2** (*iron.*) great man* • **darsi arie da s.**, to give oneself airs; to throw one's weight about.

supervisióne *f.* supervision.

supervisóre *m.* (*f.* **-a**) supervisor; overseer.

supìno *a.* supine (*anche fig.*); lying on one's back, face upwards: **posizione supina**, supine position; **Dormo s.**, I sleep lying on my back; **accettazione supina**, supine acceptance.

suppellèttile *m.* (*specialm. al pl.*) furnishings (*pl.*); furniture ⓤ: **suppellettili di casa**, house furniture; household goods.

suppergiù *avv.* about; nearly; approximately; roughly.

supplementàre *a.* additional; extra; supplementary: **costi supplementari**, additional (*o* extra) costs; (*sport*) **tempi supplementari**, extra time ⓤ (*GB*); overtime ⓤ (*USA*); **treno s.**, relief train; (*geom.*) **angoli supplementari**, supplementary angles.

suppleménto *m.* **1** supplement; addition: **s. di spesa**, additional expense **2** (*sovrapprezzo*) supplement; extra charge: **s. per camera singola**, single room supplement; **un s. di 5000 lire**, an extra charge of 5,000 lire; (*ferr.*) **s. di tariffa**, extra fare **3** (*giorn.*) supplement.

supplènte **A** *a.* temporary; substitute **B** *m. e f.* **1** (*impiegato*) substitute; sub (*fam.*) **2** (*insegnante*) supply teacher; temporary teacher.

supplènza *f.* temporary post; (*di insegnante*) temporary teaching job.

suppletivo *a.* supplementary • (*polit.*) **elezioni suppletive**, by-elections.
supplì *m.* (*cucina*) rice croquette.
sùpplica *f.* plea; supplication; entreaty; (*petizione*) petition.
supplicàre *v. t.* to implore; to beseech*; to beg; to plead with; to entreat.
supplichévole *a.* imploring; beseeching; appealing; pleading.
supplire ***A*** *v. i.* (*compensare*) to make* up (for); to compensate (for) ***B*** *v. t.* to stand* in for; to take* the place of; to substitute for; (*di cosa*) to do* duty for.
suppliziàre *v. i.* to torture; to torment.
supplìzio *m.* ***1*** (*tortura*) torture; torment ***2*** (*esecuzione capitale*) death; execution.
supponènte *a.* arrogant; uppity (*fam.*); stuck-up (*fam.*).
supponènza *f.* arrogance; stuck-up manners (*pl., fam.*).
supponìbile *a.* imaginable; presumable.
suppórre *v. t.* to suppose; to think*; to guess (*USA*); (*immaginare*) to imagine; (*presumere*) to expect, to presume; (*ritenere*) to assume: **Suppongo di sì** [**di no**], I suppose so [not]; I guess so [not] (*USA*); **Ci sarai anche tu, suppongo**, I expect you'll be there too; you'll be there too, I presume; **Supponi di trovarti in un'isola deserta**, imagine yourself (to be) on a desert island.
suppòrto *m.* ***1*** (*mecc.*) support; rest; stand; bearing ***2*** (*aiuto*) support; backing; help ***3*** (*elab.*) medium.
supposizióne *f.* (*ipotesi*) supposition, assumption; (*congettura*) conjecture, surmise.
suppósta *f.* (*farm.*) suppository.
suppósto *a.* supposed; (*presunto*) alleged; (*ipotizzato*) assumed • **s. che**, supposing.
suppuràre *v. i.* to suppurate; to fester.
suppurazióne *f.* suppuration.
supremazìa *f.* supremacy.
suprèmo *a.* ***1*** supreme: **Ente S.**, Supreme Being; (*leg.*) **Corte Suprema**, the Supreme Court; **autorità suprema**, supreme (*o* highest) authority; **con uno sforzo s.**, with a supreme effort ***2*** (*massimo, sommo*) greatest; highest; utmost; (*straordinario*) extraordinary: **in grado s.**, in the highest degree; **con mia suprema gioia**, to my utmost joy; **s. disinteresse**, total lack of interest; **suprema bellezza**, extraordinary beauty ***3*** (*ultimo, estremo*) last: **il s. addio**, the last farewell • **il Capo S. dello Stato**, the Head of State □ (*mil.*) **Comandante s.**, Commander-in-Chief.
sùra *f.* (*relig. islamica*) sura.
surclassàre *v. t.* to outclass (*anche sport*); to run* rings round.
surf (*ingl.*) *m. invar.* ***1*** (*ballo*) surf ***2*** (*tavola*) surfboard ***3*** (*sport*) surfing.
surfìsta *m. e f.* (*sport*) surfer.
surgelàre *v. t.* to deep-freeze*.
surgelàto ***A*** *a.* deep-frozen ***B*** *m.* (*al pl.*) deep-frozen food.
surplus *m. invar.* (*econ.*) surplus.
surreàle *a.* surreal; surrealistic.
surrealismo *m.* (*letter., arte*) surrealism.
surrealista *a., m. e f.* (*letter., arte*) surrealist.
surrealistico *a.* (*letter., arte*) surrealistic.
surrenàle *a.* (*anat.*) suprarenal.
surrettìzio *a.* surreptitious.
surriferìto *a.* above-mentioned; aforesaid.
surriscaldaménto *m.* ***1*** overheating ***2*** (*fis.*) superheating.
surriscaldàre ***A*** *v. t.* ***1*** to overheat ***2*** (*fis.*) to superheat ***B*** **surriscaldàrsi** *v. i. pron.* (*anche fig.*) to get* overheated; to overheat.
surriscaldàto *a.* ***1*** (*anche fig.*) overheated ***2*** (*fis.*) superheated.
surrogàre *v. t.* ***1*** (*sostituire*) to replace; to substitute ***2*** (*subentrare ad altri*) to substitute for; to take* the place of.
surrogàto *m.* substitute: **s. del burro**, substitute for butter; **s. del caffè**, ersatz coffee.
suscettìbile *a.* ***1*** susceptible: **s. di miglioramento**, susceptible of improvement ***2*** (*facile a offendersi*) susceptible; touchy (*fam.*).
suscettibilità *f.* susceptibility; touchiness (*fam.*) • **ferire la s. di q.**, to hurt sb.'s feelings.
suscitàre *v. t.* to arouse; to excite; to provoke; to give* rise to; to stir up: **s. invidia**, to excite envy; **s. il riso**, to provoke laughter; to raise a laugh; **s. interesse**, to arouse interest; **s. una polemica**, to give rise to a controversy; **s. scandalo**, to provoke (*o* to cause) a scandal; **s. una rivolta**, to stir up a revolt.
susìna *f.* (*bot.*) plum.
susìno *m.* (*bot.*) plum tree.
susseguènte *a.* subsequent; following.
susseguìrsi ***A*** *v. i. pron.* to follow one another ***B*** *m.* succession; series*.
sussidiàre *v. t.* to subsidize.
sussidiàrio ***A*** *a.* subsidiary; auxiliary; (*supplementare*) additional ***B*** *m.* primary textbook; primer.
sussìdio *m.* ***1*** (*aiuto*) aid; help: **sussidi didattici**, educational aids; **col s. del dizionario**, with the help of a dictionary ***2*** (*sovvenzione*) subsidy; grant; benefit: **s. di disoccupazione**, unemployment benefit; dole (*fam.*): **ricevere il s. di disoccupazione**, to get unemployment benefit; to be on the dole (*fam.*); **s. malattia**, sickness benefit; sick pay; **s. familiare**, family allowance ***3*** (*sostegno*) support.
sussiègo *m.* self-importance; airs (*pl.*); superciliousness; condescension.
sussiegóso *a.* self-important; supercilious; condescending.
sussistènza *f.* ***1*** subsistence: **mezzi di s.**, means of subsistence; **economia di s.**, subsistence economy ***2*** (*mil.*: *provvigioni*) supplies (*pl.*); provisions (*pl.*); (*ufficio*) Catering Corps.
sussìstere *v. i.* ***1*** (*esistere*) to exist; to be: **Non sussistono dubbi**, there is no longer any doubt; (*leg.*) **Il fatto non sussiste**, no offence was committed ***2*** (*avere fondamento*) to be valid; to hold* good.
sussultàre *v. i.* ***1*** (*trasalire*) to start; to jump: **s. di spavento**, to start with fear; **far s.**, to make (sb.) start; to startle ***2*** (*sobbalzare*) to shake*: **s. dalle risa**, to shake with laughter; **Il pavimento cominciò a s.**, the floor began to shake under our feet.
sussùlto *m.* ***1*** (*trasalimento*) start; jump ***2*** (*scossa*) shake; (*del suolo, anche*) shock, tremor • **Ebbe un s. di gioia**, his heart leapt with joy.
sussultòrio *a.* (*di terremoto*) sussultatory.
sussurràre ***A*** *v. t.* ***1*** to whisper; to murmur ***2*** (*dire in segreto*) to whisper ***B*** *v. i.* ***1*** (*bisbigliare*) to whisper; to murmur; (*di foglie*) to rustle ***2*** (*sparlare*) to murmur.
sussurrìo *m.* whispering; murmuring; (*di foglie*) rustling.
sussùrro *m.* whisper; murmur; (*di foglie*) rustle.
sutùra *f.* (*anat., med.*) suture.
suturàre *v. t.* (*med.*) to suture.
suvvìa *inter.* come on!
suzióne *f.* suction.
ṣvaccàto *a.* (*pop.*: *sciatto*) sloppy.
ṣvagàre ***A*** *v. t.* ***1*** (*distrarre*) to distract; to take* (sb.'s) mind (off) ***2*** (*divertire*) to keep* (sb.) amused; to entertain ***B*** **ṣvagàrsi** *v. rifl.* ***1*** (*distrarsi*) to take* one's mind off (st.) ***2*** (*divertirsi*) to enjoy oneself; to have fun; to relax.
ṣvagatézza *f.* absent-mindedness; dreaminess.
ṣvagàto *a.* distracted; absent-minded; dreamy.
ṣvàgo *m.* recreation; distraction; relaxation; (*divertimento*) amusement, entertainment • **prendersi un po' di s.**, to relax.
ṣvaligiàre *v. t.* (*un negozio, una banca, ecc.*) to rob; (*una casa*) to burgle.
ṣvaligiatóre *m.* (*f.* **-trice**) robber; burglar.
ṣvalutàre ***A*** *v. t.* ***1*** (*econ.*) to devalue; to depreciate ***2*** (*sminuire*) to belittle; to depreciate; to cry down ***B*** **ṣvalutàrsi** *v. i. pron.* (*econ.*) to depreciate.
ṣvalutazióne *f.* (*econ.*) devaluation; depreciation.
ṣvampìto (*fam.*) ***A*** *a.* flighty; scatterbrained; dizzy ***B*** *m.* (*f.* **-a**) scatterbrain.
ṣvanìre *v. i.* ***1*** (*perdere aroma*) to lose* (its) aroma; (*perdere profumo*) to lose* its scent; (*di profumo*) to wear* off ***2*** (*sparire*) to vanish; to disappear; (*gradatamente*) to fade (*o* to die) away: **s. nel nulla**, to vanish into thin air ***3*** (*venir meno*) to vanish; to come* to nothing.
ṣvanìto *a.* ***1*** (*scomparso*) vanished ***2*** (*venuto meno, sfumato*) vanished; faded: **speranze svanite**, vanished hopes; **ricordo s.**, faded memory ***3*** (*smemorato*) forgetful; addle-brained; (*specialm. di anziano*) gaga ***4*** (*sventato*) flighty; light-headed.
ṣvantaggiàto *a.* (*in posizione di svantaggio*) at a disadvantage (*pred.*); (*in condizioni di inferiorità*) disad-

vantaged, underprivileged.

ṣvantàggio *m.* disadvantage; drawback; handicap • **andare a s. di q.c.**, to be detrimental to st. □ **in condizioni di s.**, at a disadvantage □ (*sport*) **avere sei punti di s.**, to be six points behind.

ṣvantaggióso *a.* disadvantageous; unfavourable.

ṣvaporàre *v. i.* **1** (*evaporare*) to evaporate **2** (*fig.*) to cool down (*o* off); to die down.

ṣvaporàto *a.* **1** evaporated **2** *V.* **svanito**, *def. 3.*

ṣvariàto *a.* **1** (*vario*) varied; (*diverso*) various, different: **svariati interessi**, varied interests; **svariate forme**, various shapes **2** (*al pl.*) (*molti e diversi*) several; a number of: **Svariate persone si congratularono con lui**, several people complimented him.

ṣvarióne *m.* bad mistake; howler (*fam.*).

ṣvaṣàto *a.* (*moda*) flared.

ṣvaṣatùra *f.* (*moda*) flaring; flare.

ṣvàsso *m.* (*zool.*) grebe.

ṣvàstica *f.* swastika.

ṣvecchiaménto *m.* modernization; renewal; rejuvenation; updating.

ṣvecchiàre *v. t.* to modernize; to renew; to rejuvenate; (*aggiornare*) to update, to bring* up to date.

ṣvedése **A** *a.* Swedish **B** *m. e f.* Swede (*m.*); Swedish woman* (*f.*) **C** *m.* **1** (*lingua*) Swedish **2** (*fiammifero*) safety match.

ṣvéglia *f.* **1** (*ora*) waking up time; time to get up **2** (*segnale*) (wake-up) call: **s. telefonica**, telephone wake-up service **3** (*orologio*) alarm clock; (*suoneria*) alarm; **mettere la s. alle sei**, to set the alarm (clock) for six; **spegnere la s.**, to switch off the alarm **4** (*mil.*) reveille.

ṣvegliàre **A** *v. t.* **1** to wake* (up); to awake*; to rouse (*specialm. al passivo*): **Svegliami presto domattina**, wake me early tomorrow morning; **Non si riesce a svegliarlo**, he can't be roused; it's impossible to wake him up **2** (*animare, scuotere*) to wake* up, to liven up; (*scaltrire*) to wake* up **3** (*ridestare*) to awaken; to arouse: **s. l'interesse di q.**, to awaken sb.'s interest; **s. la curiosità di q.**, to arouse sb.'s curiosity **B** **ṣvegliàrsi** *v. i. pron.* **1** to wake* (up); to awake*: **Mi svegliai di soprassalto**, I awoke (*o* I woke up) with a start; **Svegliati!**, wake up! **2** (*rinascere*) to reawaken; to rekindle **3** (*scaltrirsi*) to wake* up.

ṣvegliarìno *m.* (*fam.*: *promemoria*) reminder; (*rimprovero*) ticking-off.

ṣvéglio *a.* **1** (*desto*) awake (*pred.*): **completamente s.**, wide-awake; **Appena s. accese la luce**, as soon as he woke up (*o* he was awake) he put on the light **2** (*fig.*) bright; quick(-witted); alert; sharp.

ṣvelàre **A** *v. t.* to disclose; to reveal; to uncover: **s. un segreto**, to reveal a secret **B** **ṣvelàrsi** *v. rifl.* to reveal oneself; to show oneself.

ṣvèllere *v. t.* (*anche fig.*) to uproot; to eradicate; to extirpate.

ṣveltézza *f.* **1** (*rapidità*) quickness; swiftness; speediness; speed **2** (*prontezza*) quickness; readiness; promptness • **con grande s.**, very quickly.

ṣveltiménto *m.* **1** speeding up **2** (*semplificazione*) simplification; streamlining.

ṣveltìre **A** *v. t.* **1** to quicken; (*accelerare*) to speed up: **s. il passo**, to quicken one's pace; to hurry up; **s. il traffico**, to speed up traffic **2** (*rendere disinvolto, svegliare*) to wake* up **3** (*abbreviare*) to shorten; (*semplificare*) to simplify, to streamline **4** (*rendere più snello*) to slim; to make* (sb.) look slimmer **B** **ṣveltìrsi** *v. i. pron.* **1** to speed* up; to become* quicker **2** (*diventare più spigliato*) to wake* up; to look sharp.

ṣvèlto *a.* **1** (*rapido, pronto*) quick; swift; speedy; (*efficiente*) brisk; (*agile*) nimble **2** (*intelligente*) quick-witted; sharp-witted; smart; alert **3** (*slanciato*) slender; svelte • **essere s. di lingua**, to have a quick tongue; to have the gift of the gab □ **s. di mano**, (*che ruba*) light-fingered; (*manesco*) free with one's fists □ **alla svelta**, quickly.

ṣvenàre **A** *v. t.* **1** to open (*o* to cut*) (sb.'s) veins **2** (*fig.*) to bleed* dry **B** **ṣvenàrsi** *v. rifl.* **1** to open (*o* to cut*) one's veins **2** (*fig.*) to spend* one's last penny.

ṣvéndere *v. t.* to sell* off.

ṣvéndita *f.* selling-off; sale: **s. di fine stagione**, end-of--season sale; **prezzo di s.**, sale (*o* sell-off) price.

ṣvenévole *a.* mawkish; oversentimental; soppy (*fam.*).

ṣvenevolézza *f.* mawkishness; sentimentality; soppiness (*fam.*).

ṣveniménto *m.* faint; fainting fit: **Fu colto da s.**, he fainted; he had a fainting fit.

ṣvenìre *v. i.* to faint • **sentirsi s.**, to feel faint.

ṣventagliàre **A** *v. t.* **1** (*agitare*) to wave; to shake*; to flourish: **s. un giornale**, to wave a newspaper; **Mi sventagliò davanti il contratto**, he waved the contract under my nose **2** (*fare vento*) to fan **B** **ṣventagliàrsi** *v. rifl.* to fan oneself.

ṣventagliàta *f.* **1** fanning **2** (*scarica di arma*) spray of bullets; burst of fire: **s. di mitra**, burst of sub-machine gun fire.

ṣventàre *v. t.* **1** (*far fallire*) to foil; to thwart; to frustrate: **s. una rapina**, to foil a robbery; **s. i piani di q.**, to thwart sb.'s plans **2** (*allontanare*) to ward off: **s. un pericolo**, to ward off a danger.

ṣventatézza *f.* **1** (*sconsideratezza*) heedlessness; thoughtlessness; (*sbadataggine*) carelessness **2** (*atto sventato*) thoughtless action.

ṣventàto **A** *a.* (*sconsiderato*) heedless; thoughtless; (*sbadato*) careless, scatterbrained **B** *m.* (*f.* **-a**) thoughtless person; scatterbrain.

ṣvèntola *f.* **1** (*fam.*: *sberla*) slap; clout (*fam.*) **2** (*pugilato*) swing • **orecchie a s.**, sticking-out ears.

ṣventolàre **A** *v. t. e i.* (*agitare*) to wave; to shake*; to flourish: **s. il fazzoletto**, to wave one's handkerchief; **s. una lettera**, to flourish a letter **B** **ṣventolàrsi** *v. rifl.* to fan oneself.

ṣventolìo *m.* flapping; waving.

ṣventraménto *m.* **1** disembowelment; gutting **2** (*demolizione*) demolition; knocking down; tearing down.

ṣventràre *v. t.* **1** to disembowel; (*un pollo*) to draw*; (*un pesce*) to gut **2** (*demolire*) to demolish; to knock down; to tear* down; (*svuotare*) to gut.

ṣventùra *f.* **1** misfortune; bad (*o* ill) luck ▣ **2** (*avvenimento doloroso*) misfortune; mishap; (*calamità*) disaster • **compagno di s.**, fellow-sufferer □ **per colmo di s.**, to crown it all □ **per mia s.**, unfortunately.

ṣventuràto *a.* unlucky; luckless; unfortunate; ill-fated.

ṣvenùto *a.* unconscious; senseless: **cadere s.**, to fall unconscious; to faint.

ṣverginàre *v. t.* to deflower.

ṣvergognàre *v. t.* to put* to shame; (*smascherare*) to expose.

ṣvergognàto **A** *a.* shameless; impudent; brazen-faced **B** *m.* (*f.* **-a**) shameless person.

ṣvergolàre **A** *v. t.* **1** (*mecc.*) to twist **2** (*aeron.*) to warp **B** **ṣvergolàrsi** *v. i. pron.* **1** to become twisted **2** (*aeron.*) to warp.

ṣvernàre *v. i.* to winter; (*di animali*) to hibernate.

ṣverniciàre *v. t.* to remove the paint from; to strip (st.) of paint.

ṣverniciatóre *m.* paint remover; stripper.

ṣvestìre *v. t.*, **ṣvestìrsi** *v. rifl.* to undress; to strip.

ṣvestìto *a.* undressed; without one's clothes on.

ṣvettàre **A** *v. t.* (*agric.*) to poll; to lop **B** *v. i.* (*ergersi*) to rise*; to soar.

ṣvezzaménto *m.* weaning.

ṣvezzàre **A** *v. t.* (*anche fig.*) to wean **B** **ṣvezzàrsi** *v. i. pron.* to break* (*a habit*).

ṣviaménto *m.* **1** diversion; sidetracking; (*di colpo*) warding off: **s. delle indagini**, sidetracking of the investigation; **s. dell'attenzione**, diversion of attention **2** (*traviamento*) going astray; straying; lapse **3** (*ferr.*) derailment.

ṣviàre **A** *v. t.* **1** to divert; to avert; to ward off: **s. l'attenzione di q.**, to divert sb.'s attention; **s. un colpo**, to ward off a blow; **s. il discorso**, to change the subject **2** (*traviare*) to lead* astray; to sidetrack **3** (*distogliere*) to distract **B** **ṣviàrsi** *v. i. pron.* to go* astray; to stray.

ṣvicolàre *v. i.* **1** (*svignarsela*) to slip away; to sneak* off **2** (*fig.*) to be evasive; to equivocate.

ṣvignàrsela *v. i. pron.* to slink* away (*o* off); to slip away; to sneak* off.

ṣvigorìre **A** *v. t.* to enfeeble; to weaken; to debilitate **B** **ṣvigorìrsi** *v. i. pron.* to lose* one's vigour; to grow* weak.

ṣviliménto *m.* **1** (*anche econ.*) debasement **2** (*svalutazione*) depreciation.

ṣvilìre *v. t.* **1** (*anche econ.*) to debase **2** (*svalutare*) to depreciate.

ṣvillaneggiàre *v. t.* to insult; to abuse.
ṣviluppàre ***A*** *v. t.* ***1*** (*far crescere*) to develop; to expand: **s. le risorse naturali di un paese**, to develop the natural resources of a country ***2*** (*potenziare*) to strengthen; to develop: **s. il corpo**, to strengthen the body ***3*** (*elaborare*) to develop; to work out: **s. un'idea**, to develop an idea; **s. un piano d'attacco**, to work out a plan of attack ***4*** (*produrre*) to generate; to give* off: **s. calore**, to generate heat ***5*** (*fotogr., mat.*) to develop ***B*** **ṣvilupparsi** *v. i. pron.* ***1*** (*maturare*) to develop; (*crescere*) to grow* ***2*** (*rinvigorirsi*) to develop; to strengthen ***3*** (*espandersi*) to expand; to develop ***4*** (*scoppiare*) to break* out: **Si sviluppò un incendio**, a fire broke out.
ṣviluppàto *a.* ***1*** developed; fully grown: **paesi sviluppati**, developed countries; **s. fisicamente**, physically developed; **poco s.**, underdeveloped ***2*** (*irrobustito*) strong; robust.
ṣvilùppo *m.* ***1*** development; growth; (*rafforzamento*) strengthening: **s. fisico** [**morale**], physical [moral] development; **età dello s.**, age of development; puberty ***2*** (*espansione*) expansion; development; growth: **lo s. di una città**, the expansion of a city; **lo s. di un'azienda**, the growth of a business; **arrestare lo s. di q.c.**, to check the development of st. ***3*** (*elaborazione*) working out; development ***4*** (*estensione*) length; extent: **lo s. della rete autostradale**, the total length of the motorway network ***5*** (*emissione*) generation: **lo s. di gas**, the generation of gas ***6*** (*fotogr., mat.*) development • **s. edilizio**, housing boom □ **paese in via di s.**, developing country.
ṣvinàre *v. t.* (*agric.*) to draw* wine (from a vat).
ṣvinatùra *f.* (*agric.*) drawing of wine (from a vat).
ṣvincolàre ***A*** *v. t.* ***1*** to release; to free; to disengage ***2*** (*leg.*) to release; to redeem: **s. una proprietà**, to redeem an estate ***3*** (*comm.*) to clear: **s. merci**, to clear goods ***B*** **ṣvincolàrsi** *v. rifl.* to release oneself; to free oneself.
ṣvìncolo *m.* ***1*** release; freeing ***2*** (*leg.*) release; redemption ***3*** (*comm.*) clearance ***4*** (*autostradale*) junction; interchange.
ṣviolinàre *v. t.* (*fam.*) to sweet-talk; to soft-soap.
ṣviolinàta *f.* (*fam.*) soft soap Ⓤ; sweet talk Ⓤ.
ṣviṣaménto *m.* distorsion; misrepresentation.
ṣviṣàre *v. t.* to distort; to misrepresent; to misinterpret; to twist: **s. la verità**, to distort the truth.
ṣvisceràre *v. t.* ***1*** (*sventrare*) to disembowel; (*un pollo*) to draw*; (*un pesce*) to gut ***2*** (*fig.*) to examine thoroughly (*o* in depth); to dissect.
ṣvisceràto *a.* ***1*** (*appassionato*) passionate; ardent: **amore s.**, passionate love ***2*** (*esagerato*) exaggerate; excessive • **lodi sviscerate**, excessive praise.
ṣvìsta *f.* oversight; slip; mistake: **per una s.**, through an oversight; by mistake; inadvertently.
ṣvitàre *v. t.*, **ṣvitàrsi** *v. i. pron.* (*mecc.*) to unscrew.
ṣvitàto ***A*** *a.* ***1*** (*mecc.*) unscrewed ***2*** (*fam.*) daft; screwy; whacky ***B*** *m.* (*f.* **-a**) (*fam.*) crackpot; screwball (*USA*).
ṣvìzzera *f.* (*cucina*) hamburger.
ṣvìzzero *a. e m.* (*f.* **-a**) Swiss (*f.* Swiss woman*) • **le guardie svizzere**, the Swiss Guard.
ṣvogliatézza *f.* laziness; indolence; (*fiacchezza*) listlessness.
ṣvogliàto ***A*** *a.* lazy; indolent; (*fiacco*) listless, lackadaisical ***B*** *m.* (*f.* **-a**) indolent person; lazybones (*fam.*).
ṣvolazzante *a.* ***1*** fluttering; flitting; flying about ***2*** (*di bandiera e sim.*) flapping; fluttering ***3*** (*con svolazzo*) ornate; with a flourish.
ṣvolazzàre *v. i.* ***1*** to flutter; to flit; to fly* about ***2*** (*di bandiera e sim.*) to flap; to flutter.
ṣvolàzzo *m.* (*anche fig.*) flourish.
ṣvòlgere ***A*** *v. t.* ***1*** to unwind*; (*srotolare*) to unroll; (*un pacco, ecc.*) to unwrap: **s. un gomitolo di lana**, to unwind a ball of wool; **s. una pellicola**, to unroll a film; **s. un pacco**, to unwrap a parcel ***2*** (*sviluppare*) to develop; (*trattare*) to treat; (*scrivere*) to write*: **s. un argomento**, to treat a subject; **s. un tema**, to write an essay ***3*** (*attuare*) to carry out; (*risolvere*) to work out; (*fare*) to do*; (*compiere*) to conduct: **s. un programma**, to carry out a programme; **s. un problema**, to work out a problem; **s. un lavoro**, to do a job; **s. un'inchiesta**, to conduct an inquiry ***B*** **ṣvòlgersi** *v. i. pron.* ***1*** to unwind*; (*srotolarsi*) to unroll ***2*** (*svilupparsi*) to develop ***3*** (*accadere*) to happen, to occur; (*avere luogo*) to take* place, to go* off; (*di gara e sim.*) to be played: **Raccontami come si sono svolti i fatti**, tell me how things went (*o* what happened); **La cerimonia si svolse senza intoppi**, the ceremony went off smoothly ***4*** (*essere ambientato*) to be set.
ṣvolgiménto *m.* ***1*** unwinding; unrolling ***2*** (*trattazione*) treatment ***3*** (*sviluppo*) development; (*andamento*) course; (*esecuzione*) carrying out, execution: **lo s. di un piano**, the development of a plan; **lo s. degli eventi**, the course (*o* order) of events; **in corso di s.**, in progress; **La manifestazione ha avuto uno s. regolare**, the demonstration went off without incident.
ṣvòlta *f.* ***1*** (*curva*) bend; turn; turning; curve: **La strada fa una s. a destra**, the road turns right; (*autom.*) **divieto di s. a destra** [**a sinistra**] (*cartello*), no right [left] turn ***2*** (*fig.*) turning point ***3*** (*polit.*) shift.
ṣvoltàre *v. i.* to turn: **s. a sinistra** [**a destra**], to turn (to the) left [right]; **s. all'angolo**, to turn the corner.
ṣvòlto *a.* (*sviluppato*) developed; (*eseguito*) carried out; (*trattato*) dealt with.
ṣvuotaménto *m.* emptying (out); depletion.
ṣvuotàre *v. t.* (*anche fig.*) to empty (out); to drain: **s. le tasche**, to empty out one's pockets; **s. un serbatoio**, to drain a tank; **s. una cassaforte**, to empty (*o* to clear out) a safe; **s. q.c. di significato**, to empty st. of meaning.
ṣvuotato *a.* (*anche fig.*) emptied; empty; drained.

t, T

T, t *f. o m.* T, t • (*telef.*) **t come Torino**, t for Tommy (*USA* for Tare) □ **a forma di T**, T-shaped □ **squadra a T**, T(-)square.
tabaccàio *m.* (*f.* **-a**) tobacconist.
tabaccherìa *f.* tobacconist's (shop).
tabacchicoltóre *m.* (*f.* **-trìce**) tobacco-grower.
tabacchicoltùra *f.* tobacco-growing.
tabacchièra *f.* snuffbox.
tabàcco *m.* ***1*** (*bot.*) tobacco(-plant) ***2*** tobacco: **t. da fiuto**, snuff; **presa di t.**, pinch of snuff; **color t.**, tobacco brown.
tabagismo *m.* (*med.*) nicotinism.
tabàrro *m.* heavy cloak.
tàbe *f.* (*med.*) tabes.
tabèlla *f.* table; schedule; (*lista*) list • **t. di marcia**, (*sport*) schedule; (*fig.*) timetable, work schedule.
tabellina *f.* (*tavola pitagorica*) multiplication table: **la t. del quattro**, the four-times table.
tabellóne *m.* ***1*** notice board; (*per affissioni*) hoarding (*GB*), billboard (*USA*); (*per punteggio*) scoreboard ***2*** (*pallacanestro*) backboard.
tabernàcolo *m.* (*eccles.*) tabernacle.
tabù *a. e m.* (*anche fig.*) taboo*.
tabula rasa (*lat.*) *locuz. f.* tabula rasa; blank sheet • **fare t. r. di q.c.**, to make a clean sweep of st.
tabulàre (1) *a.* tabular.
tabulàre (2) *v. t.* to tabulate.
tabulàto *m.* (*elab.*) printout.
tabulatóre *m.* (*elab.*) tabulator; tab.
tabulazióne *f.* (*elab.*) tabulation; tabulating.
tac *inter.* click!; clack!
tàcca *f.* ***1*** notch; nick; (*ammaccatura*) dent ***2*** (*difetto*) fault; blemish • **di mezza t.**, insignificant: **uomo di mezza t.**, mediocrity; pipsqueak; **ladro di mezza t.**, small-time thief.
taccagnerìa *f.* stinginess; niggardliness; cheeseparing.
taccàgno ***A*** *a.* stingy; niggardly; cheeseparing ***B*** *m.* (*f.* **-a**) niggard; skinflint; cheapskate.
taccheggiàre *v. t. e i.* to shoplift.
taccheggiatóre *m.* (*f.* **-trìce**) shoplifter.
tacchéggio *m.* shoplifting.
tacchettìo *m.* tapping (*o* clicking) of heels.
tacchétto *m.* ***1*** (*di scarpa femm.*) (high) heel ***2*** (*di scarpa di calciatore*) stud.
tacchina *f.* (*zool.*) turkey hen.
tacchìno *m.* (*zool.*) turkey; (*maschio*) turkey cock.
tàccia *f.* (bad) reputation.
tacciàre *v. t.* to accuse; to call: **t. q. di tradimento**, to accuse sb. of treason; **t. q. di bugiardo**, to call sb. a liar.
tàcco *m.* ***1*** heel: **tacchi a spillo**, stiletto heels (*GB*); spike heels (*USA*); **scarpe con i tacchi alti** [**bassi**], high-heeled [low-heeled] shoes; **rifare i tacchi a**, to re-heel ***2*** (*cuneo*) wedge; chock • **alzare i tacchi**, to take to one's heels; to show a clean pair of heels □ (*calcio*) **colpo di t.**, heel □ **girare sui tacchi**, to turn on one's heels □ **sbattere i tacchi**, to click one's heels.
tàccola *f.* (*zool.*) jackdaw.
taccuìno *m.* notebook; pocket-book.
tacére ***A*** *v. i.* ***1*** to be silent; (*rimanere in silenzio*) to keep* silent (*o* quiet), to hold* one's tongue; (*smettere di parlare*) to fall* silent, to shut* up: **t. di q.c.**, to keep quiet about st.; **Ti conviene t.**, you'd better hold your tongue; **Taci!**, hush!; be quiet!; hold your tongue!; shut up! (*fam.*) ***2*** (*non fare rumore*) to be silent; to be still; (*di rumore, suono*) to stop, to cease: **La città taceva**, the city was silent; **Tace ogni rumore**, all is silent; **Tutto taceva**, everything was still ***3*** (*di strumento musicale*: *non suonare*) to be silent; (*smettere di suonare*) to stop playing • **far t.**, to silence; (*zittire*) to hush: **far t. un bambino che piange**, to hush a crying child □ **Fa' t. i bambini!**, do keep the children quiet! □ **Fate tacere quella radio!**, turn off that radio! □ **mettere a t. uno scandalo**, to hush up a scandal □ **mettere a t. una voce**, to spike a rumour □ **per t. di**, not to mention □ **saper t.**, to know when to keep silent; (*saper tenere un segreto*) to be able to keep a secret □ (*prov.*) **Chi tace acconsente**, silence gives consent ***B*** *v. t.* (*non dire*) to keep* quiet about; to say* nothing about; not to reveal; to hold* back; (*tralasciare*) to omit, to leave* out; (*non menzionare*) not to mention: **la persona di cui tacerò il nome**, the person who shall be nameless; **Tacque un particolare importante**, he didn't mention (*o* he omitted) an important detail; **Mi sta tacendo qualcosa**, he is keeping something back from me; **t. la verità**, to hold back the truth.
tachicardìa *f.* (*med.*) tachycardia.
tachicàrdico *a.* (*med.*) tachycardiac.
tachìmetro *m.* speedometer; speed indicator; tachometer.
tacitàre *v. t.* ***1*** (*zittire*) to silence; (*uno scandalo, ecc.*) to hush up ***2*** (*un creditore*) to keep* quiet.
tàcito *a.* ***1*** (*silenzioso*) silent; quiet: **tacita preghiera**, silent prayer ***2*** (*sottinteso*) tacit; unspoken; implicit: **t. accordo**, tacit agreement.
taciturnità *f.* taciturnity; uncommunicativeness.
tacitùrno *a.* taciturn; uncommunicative; silent.
tafàno *m.* (*zool.*) horsefly; gadfly.
tafferùglio *m.* brawl; scuffle.
taffetà, taffettà *m.* (*ind. tess.*) taffeta.
tàglia *f.* ***1*** (*prezzo del riscatto*) ransom ***2*** (*premio di cattura*) price: **mettere una t. su q.**, to put a price on sb.'s head; **cacciatore di taglie**, bounty hunter ***3*** (*corporatura*) build, frame; (*misura di abiti*) size: **di t. robusta**, well-built (*agg.*); **di t. media**, of medium build; (*di animale*) medium-sized; **t. unica**, one size only; **t. forte**, large size.
tagliabòschi *m.* woodcutter; lumberjack (*USA*).
tagliacàrte *m. invar.* paper knife*; letter opener.
tagliaèrba *m. invar.* lawnmower.
tagliafuòco ***A*** *m. invar.* ***1*** (*edil.*) fire barrier ***2*** (*agric.*) firebreak ***B*** *a. invar.* fire-breaking: **sipario t.**, safety curtain.
taglialégna *m. invar.* woodcutter; lumberjack (*USA*).
tagliamàre *m. invar.* (*naut.*) cutwater.
tagliàndo *m.* (*cedola*) coupon; (*scontrino*) slip, check • (*autom.*) **fare il t.**, to have one's car serviced.
tagliapàsta *m. invar.* (*cucina*) pastry cutter; pastry wheel.
tagliapiètre *m. invar.* stonecutter; stonemason.
tagliàre ***A*** *v. t.* ***1*** to cut*; (*con forza*) to slash; (*recidere*) to sever; (*affettare*) to slice; (*trinciare*) to carve; (*falciare*) to mow, to scythe; (*abbattere*) to cut* down: **t. q.c. a pezzi**, to cut st. to pieces (*o* to bits); to cut st. up; (*con violenza*) to hack st. to pieces; **t. le gomme di un'auto**, to slash a car's tyres; **t. un albero**, to cut down a tree; **t. legna**, to cut (*o* to chop) wood; **t. un pollo**, to carve a chicken; (*sartoria*) **t. un vestito**, to cut out a dress; **t. a dadini**, to dice; to cube; **farsi t. i capelli**, to have one's hair cut; **tagliarsi le vene**, to cut (*o* to slash) one's wrists; **tagliarsi le unghie**, to clip (*o* to cut, to pare) one's nails; **t. la testa a q.**, to cut sb.'s head off ***2*** (*tagliar via, interrompere*) to cut* off: **t. la ritirata al nemico**, to cut off the enemy's retreat; **t. i viveri**, to cut off supplies; (*fig.*) to cut off sb.'s allowance; **t. il gas a q.**, to cut off sb.'s gas supply ***3*** (*eliminare, cancellare*) to cut* out; (*accorciare*) to cut* down: **t. una scena da un film**, to cut out a scene from a film; **t. un articolo**, to cut down an article ***4*** (*attraversare*) to cut* through; (*intersecare*) to cross, to cut* across, to intersect ***5*** (*med.*: *amputare*) to cut* off, to amputate; (*incidere*) to lance, to cut* into ***6*** (*enologia*) to blend: **t. un vino**, to blend two wines ***7*** (*sport*) to cut*; to slice ***8*** (*droga*) to cut* ***9*** (*a carte*: *il mazzo*) to cut*; (*con un atout*) to trump • (*Per espressioni*

come **t. la corda, t. il traguardo**, *ecc., V. sotto* **corda, traguardo**, *ecc.*) □ **t. i capelli a zero a q.**, to crop sb.'s hair □ **t. la coda a un animale**, to dock an animal's tail; to dock an animal □ **t. corto**, to get to the point □ **t. di netto con q.**, to break off with sb.; to sever all relations with sb. □ **t. fuori q.** (*escluderlo*), to leave out sb. □ **t. fuori una città** (*non attraversarla*), to by-pass a city □ **t. su misura**, to cut to measure; to tailor □ **una nebbia da t. col coltello**, a fog you could cut with a knife □ **un vento che taglia la faccia**, a biting wind ***B*** *v. i.* ***1*** to cut*; (*essere affilato*) to be sharp ***2*** (*prendere una scorciatoia*) to cut* across: **t. per i campi**, to cut across the fields ***C*** **tagliàrsi** *v. rifl. e i. pron.* ***1*** to cut* oneself ***2*** (*rompersi*) to split*.

tagliàto *a.* ***1*** cut: **edizione tagliata**, cut edition; **film t.**, film with cuts ***2*** (*portato, predisposto*) cut out (for); with a talent (for): **Non ci sono t.**, I'm not cut out for it; **t. per gli affari**, with a talent for business ***3*** (*adatto*) tailor-made; made to measure: **un lavoro t. per te**, a job tailor-made for you; **un marito t. apposta per lei**, the ideal husband for her ***4*** (*di vino*) blended ***5*** (*sport, di tiro*) sliced ***6*** (*di droga*) cut • **t. a zero**, close-cropped □ **t. all'antica**, old-fashioned man □ (*fig.*) **t. con l'accetta**, rough-hewn □ **t. fuori**, (*escluso*) cut out, left out; (*isolato*) cut off; (*fuori posto*) out of place.

tagliatrìce *f.* (*mecc.*) cutter; cutting machine.

tagliaùnghie *m. invar.* nail clippers (*pl.*).

tagliauòva *m. invar.* egg slicer.

taglieggiaménto *m.* extortion.

taglieggiàre *v. t.* (*estorcere denaro*) to extort money from.

tagliènte ***A*** *a.* ***1*** sharp; sharp-edged; razor-sharp ***2*** (*fig.*) sharp; cutting; biting: **lingua t.**, sharp tongue; **voce t.**, sharp voice; **vento t.**, biting wind ***B*** *m.* (cutting) edge.

taglière *m.* trencher; chopping board; (*per pane*) bread-board.

taglierìna *f.* ***1*** (*mecc.*) cutter ***2*** (*per carta*) cutter; (*a ghigliottina*) guillotine ***3*** (*fotogr.*) trimmer.

tagliétto *m.* ***1*** (*piccola ferita*) small cut; nick ***2*** (*della lettera t*) stroke: **mettere il t. alle t**, to cross one's t's.

tàglio *m.* ***1*** (*il tagliare*) cutting, chopping; (*di erba*) mowing ***2*** (*incisione, ferita*) cut; slash; slit; incision: **t. netto**, clean cut; slash; **un t. in una stoffa**, a slit in a fabric; **praticare un t.**, to make an incision; to cut; **Mi sono fatto un t. al dito**, I have cut my finger ***3*** (*med.*: *incisione*) incision, section; (*amputazione*) amputation: **t. cesareo**, Caesarian section ***4*** (*di capelli*) haircut; (*foggia*) hairstyle ***5*** (*riduzione, eliminazione*) cut; cutback: **tagli alle spese**, cuts (*o* cutbacks) in expenditure; **tagli nel programma**, cuts to the programme ***6*** (*macelleria*) cut (of meat) ***7*** (*pezzo di stoffa*) length: **t. d'abito**, dress-length; suit-length ***8*** (*parte tagliente*) edge; cutting edge: **t. affilato**, sharp edge ***9*** (*margine, lato*) edge: **t. dorato**, gilt edge ***10*** (*foggia*) cut; style: **di t. classico**, with a classical cut; **di t. sportivo**, casual (*agg.*) ***11*** (*tono*) tone; (*angolatura*) slant ***12*** (*di banconota*) denomination: **grosso [piccolo] t.**, high [low] denomination ***13*** (*enologia*) blending ***14*** (*oreficeria*) cut • **arma da t.**, cutting weapon □ **essere a doppio t.**, (*anche fig.*) to be double-edged; (*fig., di misura, azione, ecc.*) to cut both ways □ **colpire di t.**, to slash □ **colpo di t.**, (*con la mano*) chop; (*con arma*) slash; (*a una palla*) cut, slice □ (*fam.*) **Dacci un t.!**, cut it out! □ (*fig.*) **dare un t. a q.c.**, to put an end to st.; to break off st. □ **dare un t. al passato**, to make a break with the past □ **mettere di t.**, (*un libro*) to place upright; (*un mattone, ecc.*) to place edge-on (*o* edgeways, edgewise) □ **pietra da t.**, freestone; ashlar □ **pizza al t.**, pizza (sold) by the slice □ **scuola di t.**, dressmaking school; tailoring school.

tagliòla *f.* trap; snare.

taglióne *m.* — **legge del t.**, lex talionis (*lat.*); an eye for an eye and a tooth for a tooth.

tagliuzzàre *v. t.* to cut* up; (*a dadini*) to chop (finely).

tahitiàno *a. e m.* (*f.* **-a**) Tahitian (*f.* Tahitian woman*).

tailandése *V.* **thailandese**.

tailleur (*franc.*) *m. invar.* skirt and jacket; suit.

talàltro *pron. indef.* — **taluno... t.**, some... some (*o* others) □ **talvolta... talaltra**, sometimes... sometimes (*o* other times).

tàlamo *m.* ***1*** (*bot., anat.*) thalamus* ***2*** (*lett.*) (nuptial) bed.

talàre *a.* — **abito** (*o* **veste**) **t.**, cassock; soutane.

talassemìa *f.* (*med.*) thalass(a)emia.

talassèmico *a.* (*med.*) thalass(a)emic.

talassoterapìa *f. m.* thalassotherapy.

talché *cong.* (*lett.*) so that.

tàlco *m.* ***1*** (*miner.*) talc ***2*** (*cosmesi*) talcum powder; talc (*fam.*).

tàle ***A*** *a. dimostr.* ***1*** such (a): **un t. effetto**, such an effect; **tali cose**, such things; **Il rumore era t. da impedirci di sentire**, such was the noise that we couldn't hear anything; the noise was such as to make it impossible to hear; **Il paesaggio era t. quale l'avevo immaginato**, the view was just as I had imagined; **Mi presi un t. spavento!**, I got such a fright! ***2*** (*questo*) this; (*quello*) that: **in tal caso**, in that case; **dopo t. data**, after that date; **Tali furono le sue parole**, those were her exact words; that's what she said ***B*** *a. indef.* ***1*** (*preceduto dall'art. determ.*) such and such: **il t. giorno, alla t. ora**, on such and such a day, at such and such a time ***2*** (*preceduto da agg. dimostr., è idiom.*) — **quella t. signora**, that lady; **quel tal Paolo**, that man, Paolo ***3*** (*un certo*) certain; one: **un t. signor Rossi**, a certain Mr Rossi; one Mr Rossi • **t. e quale**, exactly the same; just like: **Ne voglio uno t. e quale**, I want one exactly like it; **Lo rivoglio t. e q.**, I want it back in the same condition; **È t. e quale il mio**, it's just like mine; **È t. e quale sua madre**, (*nel carattere*) she is exactly like her mother; (*nel fisico*) she is the spitting image of her mother □ **tali e tanti**, so many □ **T. il padre, t. il figlio**, like father, like son □ **come t.** (*o* **in quanto t.**), as such ***C*** *pron. dimostr. m. e f.* man* (*m.*); woman* (*f.*): **quel t. del negozio**, that man in the shop ***D*** *pron. indef. m. e f.* someone; man* (*m.*); woman* (*f.*): **C'è un t. che ti cerca**, there's someone (*o* a man) looking for you; **un t. che conosco**, someone I know; **È venuta una t.**, a woman came • **il [la] tal dei tali**, so-and-so; you-know-who □ **il t. e il talaltro**, this man and that.

talèa *f.* (*bot.*) cutting.

talènto (**1**) *m.* ***1*** (*grande ingegno*) talent ***2*** (*disposizione*) talent; gift; (*abilità*) flair: **avere t. musicale**, to have a talent (*o* a gift) for music; **avere t.**, to be talented • **di t.**, talented; gifted □ **scopritore di talenti**, talent scout.

talènto (**2**) *m.* (*numism.*) talent.

talismàno *m.* talisman; amulet; charm.

tàllero *m.* (*numism.*) thaler.

tallonaménto *m.* ***1*** (*inseguimento*) close pursuit; (*pedinamento*) shadowing, tailing ***2*** (*sport*) heeling; tailing.

tallonàre *v. t.* ***1*** (*seguire da vicino*) to be hot on sb.'s heels; (*pedinare*) to shadow, to tail ***2*** (*sport*) to heel; to tail.

talloncìno *m.* ***1*** (*cedola*) coupon; stub; (*sulle scatole di medicinali*) price ticket ***2*** (*contrassegno*) ticket; slip ***3*** (*inserzione pubblicitaria*) classified ad.

tallóne *m.* (*anat. e di calza*) heel • **t. d'Achille**, Achilles' heel. ATTENZIONE: **tallone** ≠ talon.

talménte *avv.* (*con agg. o avv.*) so; (*con verbo*) so much; (*in modo tale*) in such a way: **È t. piccolo che non riesco a vederlo**, it's so small that I can't see it; **Il libro mi piacque t. che lo rilessi tre volte**, I enjoyed the book so much I read it three times; **Sono t. simpatici!**, they are such nice people!

talóra *avv.* sometimes; at times.

tàlpa *f.* ***1*** (*zool. e fig.*) mole ***2*** (*scavatrice*) tunnelling machine; excavator • **cieco come una t.**, as blind as a bat.

talùno ***A*** *a. indef.* (*al pl.*) some; certain ***B*** *pron. indef.* somebody; someone; (*al pl.*) some, some people; (*seguito da partitivo*) some • **t..., talaltro...**, some..., others...

talvòlta *avv.* sometimes; at times; occasionally.

tamarìndo *m.* (*bot.*) tamarind.

tamarìsco *m. V.* **tamerice**.

tambureggiaménto *m.* ***1*** drumming ***2*** (*di armi da fuoco*) drumfire.

tambureggiàre *v. i.* ***1*** to drum ***2*** (*di armi da fuoco*) to drum; to pound.

tamburellàre *v. i.* (*anche fig.*) to drum: **t. con le dita sul tavolo**, to drum one's fingers on the table.

tamburèllo *m.* ***1*** (*mus.*) tambourine ***2*** (*sport*) tamburello* ***3*** (*per ricamo*) tambour; tabo(u)ret.

tamburìno *m.* ***1*** drummer ***2*** (*giorn.*) entertainments guide.

tambùro *m.* ***1*** (*mus.*) drum: **suonare un t.**, to beat a drum; (*mus.*) **suonare il t.**, to play the drum; **suono di t.**, drumbeat; **t. maggiore**, drum major ***2*** (*mecc.*) drum; (*di rivoltella*) cylinder: **freno a t.**, drum brake; **pistola a t.**, revolver ***3*** (*archit.*) drum; tambour • **a t. battente**, immediately; on the double □ **pagare a t. battente**, to pay on the nail.

tamerìce *f.* (*bot.*) tamarisk.

tampinàre *v. t.* (*region.*, *fam.*) **1** (*seguire*) to follow **2** (*infastidire*) to pester.

tamponaménto *m.* **1** plugging; stopping **2** (*med.*) tamponage **3** (*autom.*) bumper-to-bumper crash; collision; bump: **t. a catena**, pile-up (*fam.*) **4** (*elab.*) buffering.

tamponàre *v. t.* **1** to plug; to stop: **t. una falla**, to stop a leak; (*fig.*) to fill a gap **2** (*med.*) to tampon; to pack: **t. un'emorragia**, to tampon a hemorrage; **t. una ferita**, to pack a wound **3** (*autom.*) to bump (*o* to run*, to crash) into; to collide with.

tampóne **A** *m.* **1** plug; stopper; wad **2** (*med.*) tampon; plug **3** (*assorbente interno*) tampon **4** (*cuscinetto*) pad; (*per timbri*) ink-pad; (*di carta assorbente*) blotting pad; blotter **5** (*ferr.*, *chim.*, *elettr.*, *elab.*) buffer **B** *a. invar.* stopgap: **misure t.**, stopgap measures.

tam-tam *m.* **1** tom-tom **2** (*fig.*) jungle telegraph; grapevine gossip: **Stando al t. aziendale, avrà la dirigenza**, office gossip has it that he is going to be made manager.

tàna *f.* **1** lair; den; (*di coniglio*) burrow; (*di topo*) hole; (*di volpe*) earth **2** (*nascondiglio*) den; hideout **3** (*stamberga*) dog-hole; hovel.

tànca *f.* **1** (*naut.*) tank **2** (*tanica*) can; jerry-can.

tàndem *m. invar.* **1** tandem **2** (*paio*) duo; twosome; team (of two): **I due soci formano un t. eccezionale**, the two partners make a great team • **lavorare in t.**, to work in tandem.

tànfo *m.* **1** (*puzzo*) stench; stink **2** (*odore di chiuso*) musty smell.

tangènte **A** *a.* tangent **B** *f.* **1** (*geom.*) tangent **2** (*in traffici illeciti*) bribe; kickback (*fam.*); rake-off (*fam.*); payola Ⓤ (*pop. USA*): **prendere tangenti**, to take kickbacks; to be on the take (*pop.*) • **partire per la t.**, to go off at a tangent.

tangentocrazìa *f.* (*polit.*) corrupt administration.

tangènza *f.* **1** (*geom.*) tangency **2** (*aeron.*) ceiling.

tangenziàle **A** *a.* (*geom. e fig.*) tangential **B** *f.* (*strada*) by--pass; ring road; orbital road.

tànghero *m.* oaf; boor; lout.

tangìbile *a.* (*anche fig.*) tangible.

tàngo *m.* (*mus.*) tango*: **ballare il t.**, to dance the tango; to tango.

tànica *f.* can; jerry-can.

tannìno *m.* (*chim.*) tannin.

tantìno **A** *pron. indef.* bit; little (*o* tiny) bit; tad (*fam.*); (*rif. a liquido*) drop, dash **B** **un tantìno** *locuz. avv.* **1** a little (bit); a thought; a fraction; a tad (*fam.*) **2** (*rif. a tempo*) a bit; a moment.

tànto **A** *a.* **1** (*così grande*) so much, such a lot of; so great; (*al pl.*: *così numerosi*) so many, such a lot of; (*tale*) such (a); (*abbastanza*) enough: **Ci vuole tanta pazienza!**, it takes so much (*o* such a lot of) patience!; **Gliel'ho detto tante volte!**, I told him so many times!; **Da t. tempo aspettavo questo momento**, I had been waiting for this moment for so long; **A che serve t. spazio?**, what's the use of so much space?; **Perché hai tanta fretta?**, why are you in such a hurry?; **Tanta fu la sua rabbia, che...**, his fury was so great (*o* such) that...; **C'è tanto cibo da sfamare un esercito**, there is enough food to feed an army **2** (*molto*) a lot of; a great deal of; (*specialm. in frasi neg.*) much (*pl.* many): **Ho tante cose da dirti**, I have a lot of things to tell you; **C'è t. lavoro**, there is a lot of work; **Non ho t. denaro con me**, I haven't got much money on me; **Dieci giorni sono tanti**, ten days are a lot (*V. anche gli esempi sotto* **molto**, *A*) **3** (*ellittico*: *abbastanza denaro, spazio, ecc.*) — **Non ha t. da vivere**, he hasn't got long to live: **Non metterci t.**, don't take too long; **Ho t. in mano da mandarlo in galera**, I have enough (evidence) to send him to jail; **Ne ho viste tante in vita mia!**, I've seen so many things in my life!; **Gliene ho date tante che se ne ricorderà**, I gave him such a thrashing he won't forget it in a hurry **4** (*nei compar. di uguaglianza, in correl. con «quanto»*) as much (*pl.* so many); (*in frasi neg., anche*) so much (*pl.* so many): **Ho t. diritto quanto te**, I have as much right as you (have); **Qui ci puoi mettere tanti libri quanti lì**, you can put as many books here as (you can) there; **Non ho tanti soldi quanti lui**, I haven't got as (*o* so) much money as he has **5** (*altrettanto*) so much (*pl.* as many): **Erano immobili come tante statue**, they were as still as so many statues; **Tante teste, tanti pareri**, so many heads, so many points of view; **Tanti soldi guadagna, tanti ne spende**, he spends as much as he earns **6** (*con valore moltiplicativo*) as much (*pl.* as many): **I maschi erano sei volte tanti**, the men were six times as many • **ogni tante ore [pagine]**, every so many hours [pages] □ **Quante più lezioni salterai, tanta più fatica farai a recuperare**, the more lessons you miss, the harder it'll be to catch up □ **Tanti meno sbagli, tanti più punti**, the fewer the mistakes, the higher the score **B** *avv.* **1** (*con agg. e avv.*: *così, talmente*) so: **È t. gentile!**, he is so kind!; **Parlava t. piano che stentavo a capire**, he spoke so quietly I could hardly understand him; **Non può essere t. stupido da non capire**, he can't be so stupid as not to understand; **È t. matto da provarcisi**, he is mad enough to try it **2** (*con verbi*) so much; (*così intensamente*) so hard; (*così a lungo*) so long: **L'amava t.!**, he loved her so much!; **L'ho cercato t.!**, I looked so hard for it!; **È t. che aspetto!**, I have been waiting so long (*o* such a long time)! **3** (*molto*: *con agg. e avv.*) very; (*con verbi*) very much, a lot; (*molto tempo*) (for) long, a long time: **Non è t. lontano**, it isn't very far; **Non è poi t. caro**, it isn't so very (*o* all that) expensive; **Mi piace t.**, I like it very much; **Non starò via t.**, I won't be away long; **Vorrei t. che fosse finita**, how I wish it were all over; **Scusi t.!**, I'm terribly sorry!; I do beg your pardon! (*V. anche gli esempi sotto* **molto**, *C*) **4** (*nei compar. di uguaglianza, in correl. con «quanto»*: *con agg. e avv.*) as; (*in frasi neg., anche*) so: **È t. bravo quanto suo fratello**, he is as clever as his brother; **È t. largo quanto lungo**, it is as wide as it is long; **non t. presto quanto avrei voluto**, not as (*o* so) early as I would have wished; **Era lungo t. (così)** (*facendo il gesto*), it was so long (*o* this long) **5** (*nei compar. di uguaglianza, in correl. con «quanto»*: *con verbi*) as much [long, hard, etc.]; (*in frasi neg., anche*) so much [long, hard, etc.]: **È durato t. quanto prevedevo**, it lasted as long as I expected; **Tu non studi t. quanto dovresti**, you don't study as (*o* so) hard as you should **6** (*in correl. con «quanto» o «che», con sost. e pron.*) both (...and): **Conosco t. lui quanto suo padre**, I know both him and his father; **t. da noi quanto all'estero**, both here and abroad **7** (*con valore moltiplicativo*) as much: **due [tre] volte t.**, twice [three times] as much; **lungo [grosso] sei volte t.**, six times as long [as big] **8** (*soltanto*) just: **t. per cambiare**, just for a change; **Lo dissi t. per dire**, I said it for the sake of saying something • **t. è vero che...**, so much so that... □ **t. meglio**, so much the better □ **t. meno**, least of all: **Nessuno gli ha creduto, e t. meno io**, no one believed him, least of all I (*fam.* me) □ **t. peggio**, so much the worse □ **t. per cominciare**, for a start; for one thing □ **t. più che...**, all the more so because (*o* as)... □ **T. vale [valeva] che...**, *V. sotto* **valere** □ **né t. né poco**, not a bit; not at all □ **per una volta t.**, for once; just once in a while □ **non t..., quanto...**, not so much..., as: **Piangeva non t. di dolore, quanto di rabbia**, she was crying not so much out of pain, as out of frustration □ **quanto più... t. meno [t. più]**, the more... the less [the more]: **Quanto più insisti, t. meno mi convinci**, the more you insist, the less you convince me; **Quanti più errori faceva, t. più si arrabbiava**, the more mistakes he made, the angrier he got; **I jeans sono t. più ricercati, quanto più sono sbiaditi**, jeans are all the more sought after the more faded they are □ **una volta t.**, once in a while **C** *pron. indef.* **1** (*quantità indeterminata*) so much (*pl.* so many); such a lot; that much: **Bisogna calcolare t. per la benzina, t. per l'autostrada, ecc.**, we must allow so much for petrol, so much for the motorway, etc.; **T. di guadagnato**, so much the better; **Io non faccio come tanti**, I don't do as so many do **2** (*quantità indicata con un gesto*) so much; this much; as much as this: **Sono più alta di lei di t. così**, I'm taller than she is by this much; **Devi stringere la gonna ancora di t.**, you must take in the skirt by this much more **3** *V.* **molto**, *B* **4** (*abbastanza*) enough: **Dammene t. da riempire questa scatola**, give me enough to fill this box **5** (*in correl. con «quanto»*) as much (*pl.* as many); (*in frasi neg., anche*) so much (*pl.* so many): **Ne ho t. quanto mi basta**, I have as much as I need; **Non ce n'erano tanti quanti speravamo**, there weren't as many as we hoped • **tant'è**, however □ **Gliel'ho detto mille volte, ma tant'è**, I told him a thousand times, but it makes no difference □ **a dir t.**, at the most □ **Era vestito da diavolo, con t. di coda e forcone**, he was dressed up as a devil, complete with tail and pitchfork □ **un omone con t. di baffi**, a big man with a fine moustache □ **nel 1700 e tanti**, in 1700 and something □ **Se fa t. di parlare...**, if he so much as says something... □ **di**

t. in t., every now and then; occasionally □ **non più di t.**, *V. sotto* **più**, *A* □ **Se t. mi dà t.**, if that is the result; if I have to go by that ***D*** *cong.* ***1*** (*comunque*) however; nevertheless; yet; but ***2*** (*con valore conclusivo*) — **Ma sì, che venga, t. c'è posto**, all right, let him come; there's plenty of room after all; **Strappa pure la foto, t. io ho il negativo**, tear up the photo if you want; I still have the negative; **T. è lo stesso**, it makes no difference; (*non c'è nulla da fare*) it can't be helped ***E*** *m.* — **un t.**, so much: **un t. al chilo**, so much per kilo; **un t. per cento**, so much per cent; a percentage; **Mi dà un t. al mese**, he gives me a fixed sum every month; **solo quel t. che basta per vivere**, just enough to live on.

taoìsmo *m.* (*relig.*) Taoism.

taoista *a., m. e f.* (*relig.*) Taoist.

tapino ***A*** *a.* wretched ***B*** *m.* (*f.* **-a**) wretch.

tapiòca *f.* ***1*** (*bot.*) cassava ***2*** (*cucina*) tapioca.

tapiro *m.* (*zool.*) tapir.

tàppa *f.* ***1*** (*luogo di sosta*) stopping place; (*sosta*) halt, stop: **fare t.**, to make a stop; to halt ***2*** (*parte di un percorso*) stage: **a piccole tappe**, by (*o* in) easy stages ***3*** (*sport*) leg; lap; stage: **la t. finale del giro**, the last stage (*o* leg) of the tour; **vincere la prima t.**, to win the first lap (*o* leg); **le tappe del giro d'Italia**, the stages of the Tour of Italy; **t. a cronometro**, timed lap; **corsa a tappe**, race in stages (*o* in laps) ***4*** (*fig.*) stage; phase ● **bruciare le tappe**, to forge ahead □ **bruciare le tappe nella carriera**, to shoot to the top.

tappabùchi ***A*** *m. e f.* stopgap; (*di persona*) fill-in: **fare da t.**, to act as a stopgap ***B*** *a.* stopgap: **soluzione t.**, stopgap (solution); temporary fix.

tappàre ***A*** *v. t.* to stop; to plug; (*con un tappo*) to cork, to bung; (*sigillare*) to seal up: **t. un foro**, to stop (*o* to plug) a hole; **t. una bottiglia**, to cork a bottle; **t. una botte**, to bung a cask; **t. tutte le finestre**, to seal up all windows ● **t. la bocca a q.**, to stop sb.'s mouth; (*fig., anche*) to shut sb. up, to silence sb. □ **tapparsi la bocca**, to cover one's mouth; (*fig.*) to shut up □ (*anche fig.*) **tapparsi il naso**, to hold one's nose □ (*anche fig.*) **tapparsi gli occhi**, to close one's eyes □ **tapparsi gli orecchi**, to put one's hands over one's ears; (*fig.*) to refuse to listen ***B*** **tappàrsi** *v. i. pron.* to shut* oneself up: **t. in casa**, to shut oneself up (in one's house).

tapparèlla *f.* rolling shutter.

tappetìno *m.* rug; (*da bagno*) mat.

tappéto *m.* ***1*** carpet; rug: **t. persiano**, Persian carpet (*o* rug); **t. alto**, thick (*o* long-pile) carpet; **t. rasato**, short-pile carpet; **t. di fiori**, carpet of flowers ***2*** (*sport*) mat; (*boxe*) canvas: **andare al t.**, to go down; **mettere** (*o* **mandare**) **al t.**, to have (sb.) on the canvas; (*fig.*) to floor, to knock down ● **t. erboso**, lawn □ **t. verde** (*da gioco*), green baize; (*estens.*: *tavolo da gioco*) gambling table □ **bombardamento a t.**, carpet (*o* saturation) bombing □ **fare ricerche a t.**, to make a thorough search □ (*fig.*) **mettere q.c. sul t.**, to bring up st.

tappezzàre *v. t.* ***1*** (*pareti, con carta*) to paper; (*con stoffa*) to hang* (with tapestry) ***2*** (*mobili*) to upholster; to cover ***3*** (*ricoprire*) to cover.

tappezzerìa *f.* ***1*** (*di carta*) wallpaper; (*di stoffa*) tapestry ***2*** (*rivestimento*) upholstery ***3*** (*arte del tappezziere*) upholstering ● **fare t.**, to be a wallflower.

tappezzière *m.* (*f.* **-a**) ***1*** (*di pareti*) paperhanger; decorator (*GB*) ***2*** (*di mobili*) upholsterer.

tàppo *m.* ***1*** (*di botte, barile*) bung; (*di bottiglia*: *di sughero*) cork, (*di vetro, ecc.*) stopper; (*di vasetto, tubetto, ecc.*) top; (*metallico*) cap; (*di lavandino, ecc.*) plug: **t. a corona**, crown cap; **t. a vite**, screw cap (*o* top); **mettere** [**togliere**] **il t. a una bottiglia**, to cork [to uncork] a bottle; **sapere di t.**, to be corked ***2*** (*oggetto o materiale ostruente*) plug: **t. di cerume**, plug of wax: **t. per le orecchie**, ear plugs ***3*** (*fam. fig.*) shorty; squirt.

tàra (1) *f.* (*comm.*) tare ● (*fig.*) **far la t. a q.c.**, to take st. with a grain of salt.

tàra (2) *f.* ***1*** (*med.*) hereditary defect ***2*** (*difetto*) taint; flaw; blemish.

taràntola *f.* (*zool.*) tarantula; wolf-spider.

taràre *v. t.* ***1*** (*comm.*) to tare ***2*** (*mecc.*) to adjust; to set*.

taràto (1) *a.* ***1*** (*comm.*) tared ***2*** (*mecc.*) set ***3*** (*calibrato*) calibrated.

taràto (2) *a.* ***1*** (*med.*) with a hereditary defect ***2*** (*fig.*) tainted; corrupt.

taratùra *f.* ***1*** (*comm.*) taring ***2*** (*mecc.*) adjustment; setting ***3*** (*tecn.*) calibration.

tarchiàto *a.* square-built; thickset; sturdy.

tardàre ***A*** *v. i.* to be late: **t. a un appuntamento**, to be late for a date; **t. due giorni**, to be two days late; **t. a fare q.c.**, to be late in (*o* to delay) doing st.; **t. a capire**, to be slow in understanding ***B*** *v. t.* to delay.

tàrdi *avv.* late: **Si fa t.**, it's getting late; **fare t.**, (*tardare*) to be late; (*andare a letto tardi*) to stay up late; **più t.**, later; later on; **al più t.**, at the latest; **A più t.!**, see you later!; **sul t. del pomeriggio**, late in the afternoon ● (*prov.*) **Chi t. arriva male alloggia**, first come, first served □ (*prov.*) **Meglio t. che mai**, better late than never.

tardìvo *a.* ***1*** (*di fenomeno stagionale*) late: **inverno t.**, late winter; **pesche tardive**, late peaches ***2*** (*che avviene in ritardo*) belated; overdue; tardy: **rimedio t.**, belated remedy; **pentimento t.**, belated remorse.

tàrdo *a.* ***1*** (*lento*) slow ***2*** (*di tempo*) late: **a ora tarda**, at a late hour; **a tarda notte**, late at night; **il t. Romanticismo**, late Romanticism ***3*** (*che giunge tardi*) tardy ***4*** (*di età*) advanced; old: **in t. età**, at an advanced (*o* old) age ***5*** (*ottuso*) slow; dense; backward: **t. di mente**, slow-witted.

tardóna *f.* (*scherz.*) mutton dressed as a lamb (*fam.*).

tàrga *f.* ***1*** plaque; (*per il nome*) nameplate; (*premio*) shield ***2*** (*autom.*) numberplate (*GB*); license plate (*USA*): **numero di t.**, registration (*o* licence) number (*GB*); number.

targàre *v. t.* (*autom.*) to give* a numberplate (*USA* license plate) to.

targàto *a.* ***1*** (*autom.*) provided with a numberplate (*USA* license plate): **un veicolo t. N906 SDW**, a vehicle with the numberplate N906 SDW ***2*** (*fig.*) labelled.

targhétta *f.* (*sulla porta*) nameplate; (*piastrina*) tag.

tarìffa *f.* tariff; rate; (*prezzo di trasporto*) fare: **t. doganale**, customs tariff; **tariffe postali** [**telefoniche**], postal [telephone] rates; **tariffe ferroviarie**, rail fares; **tariffe professionali**, professional fees; **t. ridotta**, reduced (*o* cut) rate; (*su trasporti*) cheap fare; (*ferr.*) **biglietto a t. intera** [**a mezza t.**], full-fare [half-fare] ticket.

tariffàrio ***A*** *a.* tariff (*attr.*); rate (*attr.*); price (*attr.*) ***B*** *m.* tariff; price list.

tarlàre *v. i.*, **tarlàrsi** *v. i. pron.* to get* worm-eaten.

tarlàto *a.* worm-eaten.

tarlatùra *f.* worm-hole.

tàrlo *m.* ***1*** (*zool.*) woodworm; worm: **roso dai tarli**, worm-eaten ***2*** (*fig.*) worm; pangs (*pl.*); gnawings (*pl.*): **il t. del dubbio**, the worm of doubt; **il t. della gelosia**, the pangs of jealousy.

tàrma *f.* (*zool.*) moth.

tarmàre *v. i.*, **tarmàrsi** *v. i. pron.* to get* moth-eaten.

tarmàto *a.* moth-eaten.

tarmicìda *m.* moth-killer.

taròcco *m.* tarot.

tarpàre *v. t.* (*anche fig.*) to clip: **t. le ali a q.**, to clip sb.'s wings.

tarsìa *f.* (*arte*) intarsia; marquetry Ⓤ.

tàrso *m.* (*anat.*) tarsus*.

tartagliàre ***A*** *v. i.* to stutter; to stammer ***B*** *v. t.* to stutter out; to stammer out; (*borbottare*) to mutter.

tartàna *f.* (*naut.*) tartan.

tartàrico *a.* (*chim.*) tartaric.

tàrtaro (1) *a. e m.* (*f.* **-a**) Tartar (*f.* Tartar woman*) ● (*cucina*) **bistecca alla tartara**, steak tartare □ (*cucina*) **salsa tartara**, tartar sauce; tartare.

tàrtaro (2) *m.* ***1*** (*chim.*) tartar ***2*** (*med.*) tartar; scale ***3*** (*di vino*) argol.

tartarùga *f.* ***1*** (*zool., di terra*) tortoise; (*di mare*) turtle; (*d'acqua dolce*) terrapin ***2*** (*fig.*) snail; slowcoach ● **brodo di t.**, turtle soup □ **pettine di t.**, tortoiseshell comb.

tartassàre *v. t.* — **La polizia lo tartassò di domande**, the police gave him the third degree; **t. q. a un esame**, to grill sb. in an exam; **essere tartassato dal fisco**, to be bled dry by the taxman.

tartìna *f.* (*cucina*) canapé.

tartufàto *a.* (*cucina*) truffled.

tartùfo *m.* (*bot.*) truffle.

tàsca *f.* ***1*** pocket; (*di valigia, borsa, ecc.*) compartment, pocket: **t. interna** [**esterna**], inside [outside] pocket; **t. ad aletta**, flap pocket; **t. applicata**, patch pocket; **t. posteriore**

(*dei calzoni*), hip pocket; **mettere q.c. in t.**, to put st. into one's pocket; to pocket st.; **frugarsi in t.**, to search one's pockets; **vuotare le tasche**, to empty (*o* to turn out) one's pockets; **coltello da t.**, pocket knife; **troppo caro per le mie tasche**, to expensive for my pocket ***2*** (*anat.*) pouch ***3*** (*cucina*) pastry bag • **averne le tasche piene (di)**, to be fed up (with) □ **Abbiamo la vittoria in t.**, it's in the bag □ **conoscere q. come le proprie tasche**, to know sb. like the back of one's hand □ **A me non ne viene nulla in t.**, I don't get anything out of it. □ **pagare di t. propria**, to pay out of one's own pocket □ (*fig.*) **vuotare le tasche a q.**, to clean sb. out.

tascàbile ***A*** *a.* pocket (*attr.*): **dizionario t.**, pocket dictionary; **formato t.**, pocket-size (*agg.*) ***B*** *m.* paperback.

tascapàne *m. invar.* haversack.

taschino *m.* (small) pocket; (*della giacca*) breast-pocket • **orologio da t.**, pocket watch.

tàssa *f.* tax; (*di iscrizione, registrazione*) fee; (*econ., comm.*) duty: **imporre una t.**, to levy a tax; **t. di circolazione**, road tax; **tasse scolastiche**, school fees; **t. di frequenza**, tuition fee; **t. di successione**, death duties (*pl.*), death tax (*USA*); **t. sui cani**, dog licence.

tassàbile *a.* taxable; assessable.

tassàmetro *m.* taximeter; meter (*fam.*).

tassàre ***A*** *v. t.* to tax; (*comm.*) to levy a duty on ***B*** **tassàrsi** *v. rifl.* to contribute (st.).

tassativaménte *avv.* absolutely; strictly: **t. vietato**, strictly forbidden.

tassativo *a.* strict; absolute; peremptory: **ordini tassativi**, strict orders; **un no t.**, a definite no; **termine t. di consegna**, final deadline.

tassaziòne *f.* taxation • **soggetto a t.**, taxable.

tassèllo *m.* ***1*** (*per riparazione*) dowel; plug; wedge ***2*** (*per decorazione*) tessera* ***3*** (*prelievo per assaggio*) (sample) plug ***4*** (*sartoria*) gusset ***5*** (*edil.*) nog • **t. a espansione**, screw anchor.

tassì *m.* taxi; cab (*USA*).

tassidermìa *f.* taxidermy.

tassidermìsta *m. e f.* taxidermist.

tassista *m. e f.* taxi driver; cab driver (*USA*).

tàsso (1) *m.* (*zool.*) badger.

tàsso (2) *m.* (*bot.*) yew.

tàsso (3) *m.* ***1*** (*stat., econ.*) rate: **t. di criminalità**, crime rate; **t. d'interesse**, interest rate; rate of interest; **t. di sconto**, discount rate ***2*** (*med.*) rate; level: **t. di emoglobina**, h(a)emoglobin level.

tassonomìa *f.* taxonomy.

tastàre *v. t.* ***1*** (*palpare*) to feel*: (*anche fig.*) **t. il polso a q.**, to feel sb.'s pulse; **Tastai il muro in cerca dell'interruttore**, I felt about for the light switch ***2*** (*sondare*) to sound out • **t. il terreno**, *V. sotto* **terreno**. ATTENZIONE: **tastare** ≠ to taste.

tastièra *f.* keyboard; (*di violino e sim.*) fingerboard • **telefono a t.**, push-button telephone.

tastierista *m. e f.* keyboard operator.

tàsto *m.* ***1*** (*di macchina per scrivere, ecc.*) key: **battere sui tasti**, to tap (*o* to hit) the keys; **t. delle maiuscole**, shift key; **t. di ritorno**, return key; **t. spaziatore**, spacebar; **t. tabulatore**, tab key ***2*** (*di pianoforte e sim.*) key; (*di violino e sim.*) fret ***3*** (*pulsante*) button ***4*** (*del telegrafo*) tapper ***5*** (*tatto*) touch ***6*** (*argomento*) subject; note: **t. delicato**, delicate subject; tender spot; **È meglio non toccare quel t.**, better keep off that subject; **toccare il t. giusto**, to strike the right note; **battere sullo stesso t.**, to keep on about st. ATTENZIONE: **tasto** ≠ taste.

tastóni *avv.* — **avanzare (a) t.**, to grope one's way along; **cercare q.c. a t.**, to grope about for st.

tàta *f.* (*infant.*) nanny.

tàttica *f.* ***1*** (*scienza mil.*) tactics (*pl. col verbo al sing.*) ***2*** (*linea d'azione*) tactics (*pl.*); tactic: **t. della sorpresa**, surprise tactics; **t. di gioco**, game tactics; **La tua t. è tutta sbagliata**, your tactics are all wrong; **È una t. che non funziona con lui**, that tactic doesn't work with him.

tàttico ***A*** *a.* (*mil. e fig.*) tactical ***B*** *m.* (*f.* **-a**) tactician.

tàttile *a.* tactile.

tàtto *m.* ***1*** touch: **senso del t.**, sense of touch; **morbido al t.**, soft to the touch; **riconoscere q.c. al t.**, to recognize st. by touch (*o* by the feel of it) ***2*** (*diplomazia*) tact: **avere t.**, to be tactful; **persona di t.**, tactful person; **privo di t.**, tactless; **mancare di t.**, to be tactless.

tatuàggio *m.* tattoo*; (*la pratica*) tattooing.

tatuàre ***A*** *v. t.* to tattoo ***B*** **tatuàrsi** *v. rifl.* to have oneself tattooed.

tatuàto *a.* tattooed.

taumaturgìa *f.* thaumaturgy.

taumatùrgico *a.* thaumaturgic(al).

taumatùrgo *m.* (*f.* **-a**) miracle-worker; thaumaturge.

taurino *a.* bull (*attr.*); taurine; bull-like: **collo t.**, bull neck; **forza taurina**, bull-like strength.

tautologìa *f.* tautology.

tautològico *a.* tautological.

tavèrna *f.* ***1*** (*osteria*) tavern; inn ***2*** (*in una villa*) basement games room.

tavernière *m.* (*f.* **-a**) tavern-keeper; innkeeper; landlord (*f.* landlady).

tàvola *f.* ***1*** (*per i pasti*) table: **apparecchiare [sparecchiare] la t.**, to lay (*o* to set) [to clear] the table; **portare in t.**, to serve; **sedersi a t.**, to sit down to lunch [dinner, etc.]; to sit down to eat (*o* to a meal); **alzarsi da t.**, to get up from (*o* to leave) the table; **servire a t.**, to wait (at table); **essere a t.**, to be having a meal [lunch, dinner, etc.]; to be at table; **in t.**, on the table; **Il pranzo è in t.**, dinner is served; **A t.!**, lunch [dinner] is ready!; **biancheria da t.**, table linen ***2*** (*banco da lavoro*) bench ***3*** (*piano di legno*) (wooden) board; (*asse*) plank: **t. del pavimento**, floorboard; **pavimento di tavole**, wooden floor; **le tavole del palcoscenico**, the boards of the stage ***4*** (*tabella, prospetto*) table: (*mat.*) **t. pitagorica**, multiplication tables (*pl.*); (*chim.*) **t. periodica degli elementi**, periodic table ***5*** (*illustrazione*) plate: **t. a colori**, coloured plate; **t. fuori testo**, plate ***6*** (*quadro*) painting • **t. a vela**, (*lo sport*) windsurfing; (*la tavola*) sailboard □ **t. calda**, (*i piatti*) hot dishes (*pl.*); hot food; (*il locale*) lunch bar, snack bar, luncheonette □ **t. fredda**, (*i piatti*) cold dishes (*pl.*), buffet; (*il banco*) cold counter □ **t. reale** (*gioco*), backgammon □ **t. rotonda**, (*convegno*) round-table conference; (*dibattito*) forum, panel □ **amare la buona t.**, to be a gourmet; to love good food (*o* good cuisine) □ **i piaceri della t.**, the pleasures of the table □ **tenere t. imbandita**, to keep open house.

tavolàccio *m.* plank-bed.

tavolàta *f.* table: **una t. di venti persone**, a table of twenty people.

tavolàto *m.* ***1*** (*parete*) boarding 🅄, wooden partition; (*pavimento*) planking 🅄, wooden floor ***2*** (*geogr.*) tableland; plateau* (*franc.*).

tavolétta *f.* ***1*** (*piccola tavola*) tablet ***2*** — **t. di cioccolata**, bar of chocolate ***3*** (*farm.*) tablet • (*fam.*) **andare a t.**, to drive flat out; to step on the gas (*USA*).

tavolière *m.* ***1*** board; (*scacchiera*) chessboard ***2*** (*geogr.*) tableland; plateau* (*franc.*).

tavolino *m.* (small) table; (*scrittoio*) writing table, desk: **t. di caffè**, café table; **t. da gioco**, card table; **t. da notte**, bedside table; **tavolini a incastro**, nest of tables • (*fig.*) **a t.** (*in teoria*), in theory; theoretical (*agg.*) □ **lavoro da t.**, deskwork □ **stratega da t.**, armchair (*USA* closet) strategist □ (*sport*) **vittoria a t.**, victory awarded by arbitration.

tàvolo *m.* table: **t. da disegno**, drawing board; **t. da gioco**, gambling table; (*piccolo, per le carte*) card table; **t. da lavoro**, worktable; **t. operatorio**, operating table; **t. dei negoziati**, negotiating table; **mettere sul t. una questione**, to table a question.

tavolòzza *f.* (*arte ed estens.*) palette.

tàxi *m. invar.* taxi; cab (*USA*).

tàzza *f.* ***1*** cup; (*ciotola*) bowl: **t. da tè**, teacup; **t. di tè**, cup of tea; **t. di brodo**, bowl of consommé ***2*** (*vaso del w.c.*) pan; bowl.

tazzina *f.* coffee-cup.

te *pron. pers. m. e f. 2ª pers. sing.* ***1*** (*compl.*) you; (*te stesso*) yourself: **Parlo con te**, I am talking to you; **Te lo dicevo**, I told you so; **Devi farlo da te**, you must do it by yourself; **Se fossi in te**, if I were you; **Tocca a te**, (*è il tuo turno*) it's your turn; (*spetta a te*) it's up to you ***2*** (*sogg.*) you: **io e te**, you and I; **È ricco come te**, he is as rich as you; **Ne so quanto te**, I know as much as you do; **Beato te!**, lucky you!

tè *m.* tea: **tè forte [leggero]**, strong [weak] tea; **tè al limone**, tea with lemon; lemon tea; **dare un tè**, to invite people to tea; **l'ora del tè**, tea-time; **pianta del tè**, tea-plant; **sala da tè**, tearoom.

tèa *a.* — **rosa tea**, tea-rose.
teatràle *a.* *1* theatrical; theatre (*attr.*); dramatic: **compagnia t.**, theatrical (*o* theatre) company; **critico t.**, drama critic; **lavoro t.**, play; **produzione t.**, dramatic production *2* (*fig.*) theatrical; histrionic.
teatralità *f.* theatricality.
teatrànte *m. e f.* actor (*m.*); actress (*f.*); Thespian; (*spreg.*) second-rate actor, ham.
teatrino *m.* *1* (*giocattolo*) toy theatre *2* (*di burattini*) puppet theatre.
teàtro *m.* *1* (*edificio*) theatre, theater (*USA*); (*sala*) (theatre-)house; (*palcoscenico*) stage: **t. all'aperto**, open--air theatre; **t. esaurito**, full house; **t. dell'opera**, opera house; **Ho visto Olivier a t.**, I saw Olivier on stage *2* (*il pubblico*) audience; house; theatre: **Il t. era in delirio**, the audience went wild *3* (*genere di spettacolo, attività teatrale*) theatre; stage: **Preferisco il t. al cinema**, I prefer the theatre to the cinema; **andare a t.**, to go to the theatre; **scrivere per il t.**, to write for the theatre (*o* the stage); **gente di t.**, theatre people (*pl.*); **fare del t.**, to act; **darsi al t.**, to go on the stage; **ritirarsi dal t.**, to retire from the stage; **t. stabile**, repertory theatre *4* (*genere letter.*) theatre; drama; plays (*pl.*): **il t. di Shakespeare**, Shakespeare's theatre (*o* plays); **t. comico**, comedy; **t. tragico**, tragedy; **t. lirico**, opera *5* (*luogo d'azione, scena*) scene; theatre: **il t. del delitto**, the scene of the crime; **t. di guerra**, theatre of war • (*med.*) **t. anatomico**, anatomical theatre □ (*cinem.*) **t. di posa**, studio.
teca *f.* (*per reliquie*) reliquary.
tècnica *f.* *1* technique: **la t. di un pittore**, a painter's technique; **t. del disegno**, drawing technique *2* (*tecnologia*) technology • **t. aziendale**, business management □ **t. bancaria**, banking □ **t. teatrale**, stagecraft.
tecnicismo *m.* *1* technicality *2* (*ling.*) technical term.
tècnico *A* *a.* technical *B* *m.* (*f.* **-a**) *1* technician; engineer; (*riparatore*) repairman*: **t. di laboratorio**, laboratory technician; (*cinem.*) **t. del suono**, sound engineer *2* (*esperto*) expert; (*specialista*) specialist.
tecnìgrafo *m.* drafting machine.
tecnòcrate *m. e f.* technocrat.
tecnocrazìa *f.* technocracy.
tecnologìa *f.* technology.
tecnològico *a.* technological.
tedésco *a. e m.* (*f.* **-a**) German (*f.* German woman*).
tediàre *A* *v. t.* to bore; (*infastidire*) to annoy *B* **tediàrsi** *v. i. pron.* to get* bored.
tèdio *m.* boredom; tedium.
tedióso *a.* tedious; boring; (*fastidioso*) bothersome, irksome.
tegàme *m.* *1* pan; saucepan; skillet (*USA*) *2* (*contenuto*) panful • **uova al t.**, fried eggs.
tèglia *f.* baking tin; pie dish.
tègola *f.* *1* tile: **rivestire di tegole**, to tile; **tetto di tegole**, tile(d) roof *2* (*fig.*) blow; shock.
teièra *f.* teapot.
teìsmo *m.* (*filos.*) theism.
teìsta *m. e f.* (*filos.*) theist.
tèk *m.* (*bot. e legno*) teak.
tèla *f.* *1* cloth: **t. grezza**, rough cloth; canvas; **t. cerata**, oilcloth; waxcloth; **t. da asciugamani**, towelling; **t. da sacco**, sackcloth; sacking; **t. di lino**, linen; **t. da materassi**, ticking; **t. da sacco**, jute; **t. khaki**, khaki; **t. olona**, duck; canvas; **libro rilegato in t.**, cloth-bound book; **scarpe di t.**, canvas shoes *2* (*per dipingere*) canvas; (*dipinto*) painting *3* (*sipario*) curtain: **Si alza [Cala] la t.**, the curtain rises [drops] • (*fig.*) **t. di Penelope**, never-ending job □ (*zool.*) **t. di ragno**, spider's web; cobweb.
telàio *m.* *1* (*per tessere*) loom: **t. a mano**, handloom; **t. meccanico**, power loom *2* (*struttura, armatura*) frame: **t. di finestra**, window-frame; casement; **t. da ricamo**, embroidery frame *3* (*autom.*) chassis* *4* (*di bicicletta*) frame *5* (*tipogr.*) chase *6* (*fotogr.*) frame; mount.
telàto *a.* linen (*attr.*).
teleabbonàto *m.* (*f.* **-a**) television licence-holder.
telecàmera *f.* television camera.
telecomandàre *v. t.* to operate by remote control.
telecomandàto *a.* remote-controlled.
telecomàndo *m.* remote control.
telecomunicazióne *f.* telecommunication.
telecrònaca *f.* *1* (*programma*) television report: **t. diretta [differita]**, live [pre-recorded] television report *2* (*commento*) running commentary: **fare la t. di una partita**, to give a running commentary of a match.
telecronista *m. e f.* (television) commentator.
telediffóndere *v. t.* to telecast*; to televise.
telediffusióne *f.* television broadcasting; telecasting.
teledipendènte *A* *a.* addicted to TV (*pred.*) *B* *m. e f.* TV addict; telly addict (*fam.*).
teledràmma *m.* television play; teleplay.
telefèrica *f.* *1* (*impianto*) telpherage *2* (*cabina*) telpher.
telefèrico *a.* telpher (*attr.*).
telefilm *m.* TV film; TV movie (*USA*); (*episodio di serial*) episode.
telefonàre *A* *v. t.* to telephone; to phone; to call; to ring* up (*fam.*); to give* (sb.) a ring (*fam.*): **Non mi telefoni mai**, you never phone me; **Ti telefono quando so qualcosa**, I'll call you when I know something *B* *v. i.* to telephone; to phone; (*essere al telefono*) to be on the phone: **t. a New York**, to telephone New York; **Ha telefonato che verrà**, he phoned to say he will come; **Sto telefonando**, I'm on the phone; **t. a carico del destinatario**, to phone reverse--charge (*GB*); to call collect (*USA*); **t. in teleselezione**, to dial direct *C* **telefonàrsi** *v. rifl. recipr.* to speak* on the phone; to phone each other (*o* one another).
telefonàta *f.* (telephone) call; phonecall; ring (*fam.*): **fare una t.**, to make a phonecall; **Gli farò una t.**, I'll give him a ring; **t. a carico del destinatario**, reverse charge phonecall (*GB*); collect call (*USA*); **t. in teleselezione**, call dialled direct (*GB*); direct-dialing call (*USA*); **t. urbana**, local call.
telefonia *f.* telephony.
telefonicaménte *avv.* by telephone; by phone; on (*o* over) the phone.
telefònico *a.* telephone (*attr.*); phone (*attr.*): **cabina telefonica**, telephone kiosk (*o* box, *USA* booth); call-box (*GB*); **chiamata telefonica**, telephone call; phonecall; **servizio t.**, telephone service.
telefonino *m.* (*fam.*) cellular telephone; mobile phone; cellphone (*fam.*).
telefonista *m. e f.* (telephone) operator; (*negli uffici*) switchboard operator, telephonist.
telèfono *m.* telephone; phone: **Ti vogliono al t.**, you are wanted on the phone; **chiamare q. al t.**, to phone sb.; to ring sb. up (*fam.*); **Sono al t.**, I'm on the phone; **Il t. dà libero**, the telephone is ringing; **Il t. dà occupato**, the line is engaged (*USA* busy); **per t.**, on (*o* over) the phone • **t. a gettoni [a moneta]**, token-operated [coin-operated] telephone □ **«T. amico»**, Helpline □ **t. a scheda**, cardphone □ **t. a tastiera**, push-button telephone □ **t. cellulare**, cellular (*o* mobile) telephone; cellphone (*fam.*) □ **t. interno**, interphone; intercom □ (*fam.*) **colpo di t.**, call; ring (*fam.*); buzz (*fam.*) □ **numero di t.**, telephone number; phonenumber.
telefotografìa *f.* *1* telephotography *2* (*l'immagine*) telephotograph; telephoto*.
telegènico *a.* telegenic.
telegiornàle *m.* (television) news ▣; newscast.
telegrafàre *v. t. e i.* to telegraph; to wire (*USA*); (*per cavo sottomarino*) to cable.
telegrafia *f.* telegraphy.
telegraficaménte *avv.* *1* by telegram; telegraphically; by cable *2* (*fig.*) briefly; concisely.
telegràfico *a.* *1* telegraphic; telegraph (*attr.*); wire (*attr.*, *USA*): **messaggio t.**, telegraphic message; **modulo t.**, telegraph form *2* (*fig.*) brief; concise.
telegrafista *m. e f.* *1* telegraph operator; telegraphist *2* (*mil.*) signaller.
telègrafo *m.* *1* telegraph *2* (*ufficio*) telegraph office.
telegràmma *m.* telegram; wire (*USA*): (*per cavo sottomarino*) cable; **mandare un t.**, to send a telegram; to wire (*USA*); to cable.
teleguidàre *v. t.* to operate by radio control; to radio-control.
teleguidàto *a.* radio-controlled (*agg.*).
telemàtica *f.* data transmission; telematics (*pl. col verbo al sing.*).
telemàtico *a.* computer (*attr.*); computerized: **èra telematica**, computer age; **Borsa telematica**, computerized Stock Exchange.
telemetria *f.* telemetry; range-finding.
telèmetro *m.* telemeter; range finder.

telenovèla *f.* (South American) soap opera; soap (*fam.*).
teleobiettivo *m.* (*fotogr.*) telephoto lens.
teleologìa *f.* (*filos.*) teleology.
teleològico *a.* (*filos.*) teleologic(al).
telepatia *f.* telepathy.
telepàtico *a.* telepathic.
telequìz *m. invar.* TV quiz show.
teleria *f.* linen goods (*pl.*); drapery • **negozio di t.**, draper's (shop).
telericevènte ***A*** *a.* television receiving (*attr.*) ***B*** *f.* television receiving station.
teleromànzo *m.* novel serialized on TV.
teleschérmo *m.* ***1*** television screen ***2*** (*estens.*) television.
telescòpico *a.* telescopic.
telescòpio *m.* telescope.
telescrivènte *f.* teleprinter; teletypewriter; telex.
teleselezióne *f.* (*telef.*) direct dialling: **telefonata in t.**, direct-dialling call; **chiamare in t.**, to dial direct.
telespettatóre *m.* (*f.* **-trice**) (television) viewer.
teletraṣméttere *v. t.* ***1*** to transmit over a long distance ***2*** (*TV*) to televise; to broadcast* on television.
teletraṣmettitóre *m.* television transmitter; telecaster.
teletraṣmissióne *f.* ***1*** long-distance transmission ***2*** (*TV*) telecast; television broadcast; (*programma*) TV programme.
teletraṣmittènte ***A*** *a.* television broadcasting (*attr.*) ***B*** *f.* television broadcasting station.
teleutènte *m. e f.* television licence-holder; (*telespettatore*) (television) viewer.
televiṣióne *f.* ***1*** television; TV: **guardare la t.**, to watch television; **t. a colori**, colour television; **t. pubblica** [**privata**], public [commercial] television; **t. via cavo**, cable television; **alla t.**, on television; on TV; **Che cosa danno alla t. stasera?**, what's on TV tonight? ***2*** (*televisore*) television set; TV set.
televiṣivo *a.* television (*attr.*).
televiṣóre *m.* television set; TV set.
tèlex *m.* telex.
tellìna *f.* (*zool.*) clam.
tellùrico *a.* (*chim., geol.*) telluric.
télo *m.* ***1*** length of material: **t. di lino**, length of linen ***2*** (*sartoria*) piece: **gonna a quattro teli**, four-piece skirt • **t. da bagno**, bath towel □ **t. da spiaggia**, beach towel □ **t. impermeabile**, tarpaulin □ **t. mimetico**, camouflage sheet.
telóne *m.* ***1*** (piece of) canvas; (*impermeabile*) tarpaulin ***2*** (*teatr.*) curtain.
tèma (1) *f.* (*lett.*: *timore*) fear: **per t. di**, for fear that; lest.
tèma (2) *m.* ***1*** (*argomento*) subject; topic; theme: **t. di attualità**, topical subject; **fuori t.**, off the subject; **andare fuori t.**, to wander off the subject; to digress ***2*** (*scolastico*) essay; composition: **svolgere un t.**, to write an essay ***3*** (*mus.*) theme ***4*** (*ling.*) stem.
temàtica *f.* (main) themes (*pl.*).
temàtico *a.* thematic (*anche mus., ling.*); theme (*attr.*).
temerarietà *f.* (*audacia*) bravado; (*avventatezza*) rashness, recklessness, foolhardiness.
temeràrio ***A*** *a.* (*audace*) daring, dare-devil; (*avventato*) rash, reckless, foolhardy ***B*** *m.* (*f.* **-a**) dare-devil; rash person.
temére ***A*** *v. t.* to fear; to be afraid of: **t. la morte**, to fear death; **Non ti temo**, I'm not afraid of you; **t. il peggio**, to fear the worst; **Temèvo di disturbarti**, I was afraid I might disturb you; **Temo che ci resterà male**, I fear he will be upset; **Non c'è nulla da t.**, there is nothing to be afraid of; **Temo di sì**, I am afraid so; **Temo di no**, I am afraid not • **Teme il calore** (*scritto su bottiglie, ecc.*), keep in a cool place □ **Teme la luce** (*scritto su bottiglie, ecc.*), keep in a dark place; do not expose to light □ **Teme l'umidità** (*scritto su casse, ecc.*), keep dry □ **piante che temono il freddo**, plants that do not like the cold ***B*** *v. i.* to fear; to be afraid; (*preoccuparsi*) to worry: **t. per la propria vita**, to fear for one's life; **Non t.**, don't be afraid; never fear; (*non preoccuparti*) don't worry.
temerità *f.* temerity.
temibile *a.* ***1*** (*che incute timore*) formidable; fearsome; to be feared ***2*** (*terribile, pericoloso*) fearful; dangerous.
tempàccio *m.* nasty weather.
tèmpera *f.* (*pitt.*) tempera; (*dipinto*) tempera painting: **colori a t.**, tempera colours; **dipingere a t.**, to paint with tempera.
temperamatite *m. invar.* pencil-sharpener.
temperaménto *m.* ***1*** temperament; disposition; nature; character: **t. artistico**, artistic temperament; **t. allegro**, cheerful nature; **Siamo due temperamenti diversi**, we have different characters ***2*** (*mus.*) temperament.
temperànte *a.* temperate; moderate.
temperànza *f.* temperance; moderation.
temperàre ***A*** *v. t.* ***1*** (*mitigare*) to temper; to mitigate; to soften ***2*** (*fare la punta*) to sharpen: **t. una matita**, to sharpen a pencil ***B*** **temperàrsi** *v. rifl.* to be moderate; to be temperate.
temperàto *a.* ***1*** (*mite*) temperate; mild: **clima t.**, temperate (*o* mild) climate; (*geogr.*) **zona temperata**, temperate zone ***2*** (*moderato*) moderate; sober ***3*** (*appuntito*) sharpened ***4*** (*mus.*) tempered.
temperatùra *f.* temperature: **misurare la t. a q.**, to take sb.'s temperature; **abbassamento** [**rialzo**] **di t.**, fall [rise] in temperature; **sbalzo di t.**, sudden change in temperature; **a t. ambiente**, at room temperature; (*chim., fis.*) **t. assoluta**, absolute temperature; (*fis.*) **t. di ebollizione**, boiling temperature.
tempèrie *f. invar.* (*anche fig.*) climate.
temperino *m.* ***1*** penknife*; pocket-knife* ***2*** *V.* **temperamatite**.
tempèsta *f.* ***1*** storm: **t. di grandine**, hailstorm; **t. di neve**, snowstorm; blizzard; **t. di sabbia**, sandstorm; **t. di vento**, windstorm; **mare in t.**, stormy sea ***2*** (*tumulto, sconvolgimento*) storm; turmoil: **L'annuncio scatenò una t.**, the announcement caused a storm of protest; **t. finanziaria**, financial turmoil ***3*** (*grande quantità*) storm: **una t. di fischi**, a storm of hissing and booing • **una t. in un bicchier d'acqua**, a storm in a teacup □ **Oggi tira aria di t.!**, watch out for squalls!
tempestàre ***A*** *v. i.* ***1*** (*impers.*) to be stormy ***2*** (*dare in escandescenze*) to rage; to go* [to be] on the rampage ***B*** *v. t.* ***1*** (*colpire*) to batter; to pound; to bombard: **t. di pugni una porta**, to batter a door; **t. di colpi l'avversario**, to shower (*o* to rain down) blows on one's opponent; to pound one's opponent; **t. q. di domande**, to bombard sb. with questions ***2*** (*ornare*) to stud (with); to encrust (with).
tempestivaménte *avv.* at the right time; promptly; in good time.
tempestività *f.* timeliness; opportuneness.
tempestivo *a.* timely; opportune; (*al momento migliore*) well-timed; (*sollecito*) prompt.
tempestóso *a.* ***1*** stormy ***2*** (*fig.*) stormy; tempestuous.
tèmpia *f.* (*anat.*) temple.
tempificàre *v. t.* to time; to schedule.
tèmpio *m.* (*anche fig.*) temple.
tempiṣmo *m.* ***1*** (sense of) timing: **Che t.!**, how timely! ***2*** (*senso del ritmo*) sense of rhythm.
tempista *m. e f.* ***1*** (*chi sa agire al momentò giusto*) person with a good sense of timing ***2*** (*chi ha il senso del ritmo*) person who has a sense of rhythm; (*mus.*) good timekeeper ***3*** (*cronotecnico*) time recorder; timer.
templàre *m.* (*stor.*) Templar.
tèmpo *m.* ***1*** time: **molto** [**poco**] **t.**, a long [short] time; **nello stesso t.**, at the same time; **poco t. dopo**, shortly after; a little later; **un t.**, once; long ago; (**qualche**) **t. fa**, some time ago; **Il t. stringe**, time is running out; **Il t. è scaduto**, time is up; **Il t. non passa mai**, time is dragging; **ammazzare il t.**, to kill time; **arrivare in t.**, to arrive in time; **guadagnare t.**, to gain time; **Ho appena il t. di un caffè**, I have just time for a cup of coffee; **trovare il t. di fare q.c.**, to find time to do st.; **Hai un minuto di t.?**, have you got a moment to spare?; **Ho un anno di t.**, a have a year; **C'è t.!**, there is plenty of time!; **Abbiamo tutto il t.**, we have all the time in the world; **Quanto t. ci vuole per andarci?**, how long does it take to get there?; **Ci vuole t.**, it takes time; **È sposato da t.**, he has been married for some time; **È da qualche t. che non lo vedo**, I haven't seen him for some time; **Da quanto t. sei qui?**, how long have you been here?; **da un sacco di t.**, for ages ***2*** (*epoca, età*) time (*spesso al pl.*), days (*pl.*); age; period: **tempi antichi**, ancient times; **nei tempi andati**, in the old days; **al t. di Dante**, in Dante's times; **È come ai vecchi tempi**, it's like in the old days; **ai miei tempi**, in my time (*o* day); **Bei tempi!**, those were the days!; **a quel t.**, at that (*o* the) time; **di questi tempi**, these

days; **tempi difficili**, difficult times; **t. di guerra**, wartime; time of war *3* (*stagione, periodo*) season; time: **il t. della mietitura**, the harvest season; **t. d'estate**, summertime; **t. d'inverno**, wintertime; **t. di primavera**, springtime *4* (*atmosferico*) weather: **t. bello [piovoso, sereno]**, good [rainy, clear] weather; **Com'è il t.?**, what's the weather like?; **Esci con questo t.?**, are you going out in this weather?; **previsioni del t.**, weather forecast (*sing.*); **sentire il t.**, to feel the weather *5* (*mus.*: *ritmo*) time; tempo*; (*battuta*) beat; (*movimento*) movement: **t. di valzer**, waltz time; **a t. di minuetto**, in minuet time; **t. binario [ternario]**, duple [triple] time; **fuori t.**, out of time; **andare a t.** (*o* **tenere il t.**), to keep time; **battere il t.**, to beat time; **battere in quattro tempi**, to beat four to the bar; **entrare a t.**, to come in on the beat; **stringere [allargare] il t.**, to quicken [to slacken] the beat (*o* tempo) *6* (*sport*) time: **t. di gioco**, playing time; **primo [secondo] t.**, first [second] half; **fine del primo t.**, half-time; (*calcio*) **tempi supplementari**: extra time Ⓤ (*GB*); overtime Ⓤ (*USA*); **fuori t. massimo**, after the time-limit; **t. scaduto**, full time; **realizzare un buon t.**, to record (*o* to achieve) a good time; **tenere un buon t.**, to make good time *7* (*fase*) stage; phase: **fare q.c. in più tempi**, to do st. in stages *8* (*parte*) part: **il secondo t. del film**, the second part of the film *9* (*gramm.*) tense • **t. libero**, free (*o* spare) time; leisure □ **tempi morti**, downtime □ **tempi tecnici**, time requirement □ **a mezzo t.**, part-time (*agg. e avv.*) □ **a suo t.**, in due time □ **a t.**, time (*attr.*): **bomba a t.**, time bomb; **contratto a t.**, time contract □ **a t. debito**, in due time; at the proper time □ **a t. indefinito**, indefinitely □ **a t. perso**, in one's spare time; as a pastime □ **a t. pieno**, full-time (*agg. e avv.*) □ **a un t.**, at the same time □ **al t. dei tempi**, long ago □ **affrettare i tempi**, to speed things up □ **Al t.!**, hold it! □ **aver fatto il proprio t.**, to have had one's day; to be out of date □ **aver visto tempi migliori**, to have seen better days □ **col t.**, with time; in time; as time goes by □ **corsa contro il t.**, race against time □ **da t. immemorabile**, from time immemorial □ **il più grande spettacolo di tutti i tempi**, the greatest show of all time □ **Da' t. al t.!**, give it time! □ **È t. di finirla**, it's time to put an end to it □ **È t. che tu cambi**, it's high time you changed □ **È t. perso**, it's all a waste of time □ **Feci in t. a vederlo**, I was in time to see him; I made it in time to see him □ **fare il bello e il cattivo t.**, to lay down the law; to lord it over everyone □ **in ordine di t.**, in chronological order □ **in questi ultimi tempi**, lately □ **in tempi brevi**, quickly; as soon as possible □ **in t. reale**, in real time □ **in t. utile**, in time; within the time limit □ **in un primo t.**, at first; initially □ **in un secondo t.**, later on □ **che lascia il t. che trova**, ineffectual; feeble □ **nel più breve t. possibile**, as quickly as possible □ **Non c'è t. da perdere**, there is no time to lose (*o* to be lost) □ **ogni cosa a suo t.**, all in good time □ **per t.**, early □ **perdere t.**, to waste time: **Non farmi perdere t.**, don't waste my time □ **prendere t.**, (*temporeggiare*) to play for time, to stall; (*richiedere t.*) to take time □ **prima del t.**, before time □ **senza porre t. in mezzo**, without delay □ **senza t.**, timeless.

temporàle (1) *a.* (*anat.*) temporal.

temporàle (2) **A** *a.* *1* (*eccles.*) temporal: **potere t.**, temporal power *2* (*gramm.*) of time; time (*attr.*): **avverbio t.**, adverb of time **B** *f.* (*gramm.*) time clause.

temporàle (3) *m.* rainstorm; thunderstorm; storm: **t. estivo**, summer storm; **cielo da t.**, stormy sky.

temporalésco *a.* stormy; storm (*attr.*): **nubi temporalesche**, storm clouds.

temporaneità *f.* temporariness; transitoriness.

temporàneo *a.* temporary; transitory.

temporeggiaménto *m.* playing for time; temporization.

temporeggiàre *v. i.* to play for time; to temporize; to delay.

temporeggiatóre *m.* (*f.* **-trice**) temporizer.

temporizzatóre *m.* (*elettr.*) timer; time-switch.

tèmpra *f.* *1* (*metall.*: *operazione*) tempering; hardening; (*proprietà*) temper: **di buona t.**, of good temper; well-tempered *2* (*carattere*) temper, fibre, mettle; (*costituzione*) constitution, build: **t. morale**, moral fibre; **mostrare di che t. si è fatti**, to show one's mettle; **t. robusta**, strong constitution.

tempràre **A** *v. t.* *1* (*metall.*) to temper; to harden *2* (*fig.*) to strengthen; to toughen; to harden **B tempràrsi** *v. rifl. e i. pron.* to strengthen; to toughen (up); to harden.

tempràto *a.* *1* (*metall.*) tempered; hardened *2* (*fig.*) tempered (by); inured (to): **t. a tutte le fatiche**, inured to hardships.

tenàce *a.* *1* (*robusto*) tough, hard, strong; (*fortemente adesivo*) adhesive, tenacious *2* (*saldo, costante*) firm; tenacious; steadfast; persistent; strenuous; persevering.

tenàcia *f.* tenacity; firmness; steadfastness; persistence; perseverance.

tenacità *f.* toughness.

tenàglia *f.* *1* (*specialm. al pl.*) tongs (*pl.*); (*per piegare*) pliers (*pl.*) *2* (*al pl.*) (*chele*) pincers • **manovra a t.**, pincer movement.

tènda *f.* *1* (*ricovero*) tent; (*a padiglione*) marquee: (*mil.*) **t. da campo**, field tent; **t. canadese**, ridge tent; **t. del circo**, circus tent; big top; **levare le tende**, to strike tents; (*fig. fam.*) to decamp, to clear out; **piantare una t.**, to pitch a tent; **piantare le tende**, to make camp; (*fig.*) to settle down, to set up home; **dormire in t.**, to sleep in a tent *2* (*di finestra, ecc.*) curtain; (*da sollevare*) blind: **aprire** (*o* **tirare**) **una t.**, to draw a curtain; **abbassare una t.**, to pull down a blind; **tende pesanti**, curtains (*GB*); drapes (*USA*); **t. avvolgibile**, roller blind; **t. alla veneziana**, Venetian blind *3* (*esterna, da sole*) awning; sunshade: **t. di negozio**, (shop) awning • **t. ad ossigeno**, oxygen tent.

tendàggio *m.* curtains (*pl., GB*); drapes (*pl., USA*).

tendènza *f.* *1* (*attitudine*) bent; inclination: **t. allo studio**, inclination for study *2* (*propensione, inclinazione*) tendency; inclination; leaning: **t. al mal di testa**, (a) tendency to headaches; **Ha la tendenza a minimizzare**, he tends to make light of things *3* (*orientamento*) trend; (*politico*) leaning, sympathy, colour: **tendenze critiche**, critical trends; **t. di mercato**, market trends (*pl.*); (*econ.*) **t. al rialzo [al ribasso]**, uptrend [downtrend]; (*Borsa*) bullish [bearish] tendency; **di tendenze centriste**, with centrist leanings; **di diverse tendenze**, of different (political) colours (*o* parties).

tendenziàle *a.* tendential; potential.

tendenzialménte *avv.* basically; by and large: **t. stabile**, basically stable; **t. sincero**, basically sincere.

tendenziosità *f.* tendentiousness.

tendenzióso *a.* tendentious • **domanda tendenziosa**, leading question.

tèndere **A** *v. t.* *1* (*allungare*) to stretch (out); to hold* out; (*dare*) to hand: **t. un braccio**, to stretch out an arm; **t. la mano**, to hold out one's hand; (*aiutare*) to offer a helping hand; **Gli tesi la lettera**, I handed him the letter *2* (*mettere in tensione*) to stretch; to tighten; to pull* tight; to make* taut; to strain: **t. una corda**, to pull a rope tight; to tighten a rope; **t. una corda fra due alberi**, to stretch a rope between two trees; **t. una fune al massimo**, to strain a rope to breaking point; **t. un elastico**, to stretch a rubber band; **t. una molla**, to stretch a spring; **t. ogni nervo**, to strain every nerve *3* (*predisporre*) to lay*; to set*; to prepare: (*anche fig.*) **t. una trappola**, to lay (*o* to set) a trap; **t. un'imboscata**, to lay an ambush; **t. le reti** (*per pescare*), to lay the nets *4* (*distendere*) to lay*; to spread*: **t. un telo sopra q.c.**, to spread a cloth over st.; **t. le ali**, to spread one's wings • **t. un arco**, to bend a bow □ **t. l'orecchio**, to strain (*o* to prick up) one's ears □ **t. lo sguardo**, to screw up one's eyes **B** *v. i.* *1* (*essere incline*) to tend; to be inclined; to lean*; (*accennare*) to tend: **t. ad esagerare**, to tend to exaggerate; **t. a ingrassare**, to tend (*o* to have a tendency) to put on weight; **I prezzi tendono a salire**, prices are tending upwards; **t. al misticismo**, to lean towards mysticism; (*polit.*) **t. a destra**, to lean to the right; **Il tempo tende al bello**, the weather is improving; **Le cose tendono a peggiorare**, things are getting worse *2* (*aspirare, mirare*) to aim; to aspire; to be intended: **t. alla perfezione**, to aim at perfection; **t. a una meta**, to have an aim; **La sua mossa tendeva a sbloccare la situazione**, his move was intended to overcome the deadlock *3* (*avvicinarsi*) to verge: **un verde che tende all'azzurro**, a green verging on blue; a blueish green; **Questo vino tende al dolce**, this wine is on the sweet side **C tèdersi** *v. i. pron.* to stretch; to tauten; to become* taut.

tendìna *f.* curtain; net curtain; (*da alzare*) blind, shade (*USA*): **t. avvolgibile**, roller blind.

tèndine *m.* (*anat.*) tendon; sinew: **t. d'Achille**, Achilles tendon; **t. del ginocchio**, hamstring.

tendinite *f.* (*med.*) tendinitis; tendonitis.

tendiscàrpe *m. invar.* shoe-tree.
tendóne *m.* ***1*** big tent; marquee; (*di circo*) tent, big top (*fam.*) ***2*** (*di negozio*) awning; (*da sole*) awning, sunblind; (*all'ingresso di un albergo, ecc.*) canopy, marquee (*USA*).
tendòpoli *f.* tent city; (*per rifugiati*) refugee camp.
tènebre *f. pl.* darkness Ⓤ; dark Ⓤ: **t. fitte**, impenetrable darkness; deep shadows; **il cadere delle t.**, nightfall; dark; **col favore delle t.**, under cover of darkness; **le t. dell'ignoranza**, the darkness (*o* night) of ignorance.
tenebróso *a.* ***1*** dark; murky ***2*** (*cupo*) dark, gloomy, sombre; (*misterioso*) dark, mysterious; (*sinistro*) sinister.
tenènte *m.* (*mil.*) lieutenant: **t. colonnello**, lieutenant colonel; (*naut.*) **t. di vascello**, lieutenant. ATTENZIONE: **tenente** ≠ tenant.
tenènza *f.* lieutenancy.
teneraménte *avv.* tenderly; (*con affetto*) fondly.
tenére ***A*** *v. t.* ***1*** (*stringere, reggere, sostenere*) to hold*: **t. il cappello in mano**, to hold one's hat in one's hand; **t. q. per mano**, to hold sb. by the hand; **t. un bambino in braccio**, to hold a baby in one's arms; **La corda non ti terrà**, the rope won't hold you; **t. stretto** (*o* **forte**) **q.c.**, to hold st. tight(ly); **Tienimi la scala**, hold the ladder for me; **Tenetelo!**, hold him!; hang on to him! ***2*** (*mantenere*) to keep*; to hold*; (*conservare*) to hold* on to: **t. la finestra aperta**, to keep the window open; **t. accesa la luce**, to keep the light on; **t. premuto un pulsante**, to keep one's finger on a button; **le travi che tengono su il tetto**, the beams holding up the roof; **t. su la giacca**, to keep one's jacket on; **t. su la testa**, to keep one's head up; **Tenne la lettera per anni**, he held on to the letter for years; **t. q. su di morale**, to keep up sb.'s spirits; **t. q.c. per ricordo**, to keep st. as a souvenir; **t. q.c. pronto**, to keep st. ready; **t. q. prigioniero**, to hold sb. prisoner; **t. q.c. per dopo**, to keep (*o* to save) st. for later ***3*** (*dare, offrire, organizzare*) to hold*; to give*: **t. una seduta**, to hold a meeting; **t. una lezione**, to give a lecture; **t. un corso**, to run (*o* to give) a course; **t. un discorso**, to give (*o* to make) a speech ***4*** (*trattenere, reprimere*) to hold*; to hold* back; to restrain; to stop: **t. il fiato**, to hold one's breath; **Chi lo tiene più, adesso?**, who can stop him now?; **Non so chi mi tiene dal dargli un pugno**, I don't know what's keeping me from punching him ***5*** (*comm.*) to keep*; to stock ***6*** (*all'imper.*: *prendere*) to take*: **Tieni questo cioccolatino**, take this chocolate here; have a chocolate; **Ecco, tieni!**, here, take it! ***7*** (*badare a*) to look after; to mind: **t. i bambini**, to look after the children ***8*** (*occupare una posizione*) to hold*; (*gestire*) to run*: **t. una carica**, to hold an office; **t. un negozio**, to run a shop ***9*** (*avere tenuta*) to hold*: **t. l'acqua**, to hold water; (*essere impermeabile*) to be waterproof; **non t.**, to leak ***10*** (*contenere*) to hold*; to contain: **La brocca tiene un litro**, the jug holds a litre; **Lo stadio tiene 50.000 spettatori**, the stadium holds 50,000 spectators ***11*** (*occupare spazio*) to take* up; to occupy: **Il camion teneva tutta la corsia**, the lorry took up the whole lane ***12*** (*seguire, adottare*) to follow: **t. un metodo**, to follow a method ***13*** (*considerare, ritenere*) to hold*; to regard: **t. caro q.c.**, to hold st. dear; **t. q.c. per buono**, to regard st. as true ***14*** (*mus.*) to hold*; to sustain: **t. una nota**, to hold a note • **tenere a bada**, to hold off; to keep at bay □ **t. a distanza**, to hold off □ **t. a posto la lingua**, to watch one's tongue □ **t. a posto le mani**, to keep one's hands to oneself □ (*aeron.*) **t. a terra**, to ground □ **t. buono un creditore**, to stall a creditor □ **tenersi buono q.**, to keep in with sb. □ **t. conto di q.c.**, (*considerare*) to consider st., to keep st. in mind; (*calcolare*) to calculate st., to allow for st.: **Tieni conto che è sposata**, remember she is a married woman; **Tieni conto che saremo in sei**, allow for there being six of us; **Non ha tenuto conto dei miei consigli**, he ignored my advice □ **t. da conto**, to take care of; to look after □ **t. d'occhio**, to keep an eye on □ (*autom.*) **t. la destra**, to keep to the right □ **t. una vita esemplare**, to lead an exemplary life □ (*naut.*) **t. il mare**, to be seaworthy □ **t. q.c. per sé**, to keep st. for oneself: (*essere reticente*) to hold back on st. □ **t. presente q.c.**, to keep (*o* to bear) st. in mind □ (*autom.*) **t. la strada**, to hold the road ***B*** *v. i.* ***1*** (*essere tenace*) to hold*: **colla che tiene**, glue that holds; **colori che tengono**, fast colours ***2*** (*avere tenuta*) not to leak: **Il rubinetto** [**Il secchio**] **non tiene**, the tap [the bucket] is leaking ***3*** (*resistere, reggere*) to hold* (out, up); to last: **Terrà il tempo?**, will this weather hold?; **Non so quanto terrà la mia pazienza**, I don't know how long my patience will last; **Il loro matrimonio sembra t.**, their marriage seems to be lasting; **Il mercato tiene**, the market is holding up well; **Il partito ha tenuto bene alle ultime elezioni**, the party held up well in the recent election; **t. duro**, to hold out; not to give in; to stick it out (*fam.*) ***4*** (*essere credibile*) to stand* up; to hold* water ***5*** (*parteggiare*) to support; to be (on sb.'s side); (*fare il tifo*) to root (for): **Io tengo dalla tua**, I'm on your side; **Per chi tieni?**, whose side are you on?; who do you support?; **t. al Verona**, to be a Verona supporter; **Per che squadra tieni?**, what's your favourite team? ***6*** (*spesso* **tenerci**: *dare importanza*) to value (st.), to care (about), to be keen (on); (*essere fiero*) to be proud (of); (*ambire*) to be set (on): **Ci tengo al tuo parere**, I value (*o* I care about) your opinion; **Ci tiene alla disciplina**, he is very keen on discipline; **tenerci alla salute**, to take one's health seriously; **t. alla casa**, to be house-proud; **Ci tiene a essere presente**, he's keen to be present; **Non ci tengo**, I don't care about it; I'm not particularly keen (about it); **se ci tieni**, if you like • **t. a destra**, to keep to the right □ **t. dietro a q.** [**q.c.**], to follow sb. [st.] □ **t. dietro alle novità**, to keep up with what's new □ **t. duro**, to hold on □ **Non c'è scusa che tenga**, there is no excuse for it ***C*** **tenérsi** *v. rifl.* ***1*** (*aggrapparsi*) to hold* (oneself); to hold* on (to st.): **t. stretto a una corda**, to hold on tightly to a rope; **Tienti a me**, hold on to me ***2*** (*mantenersi*) to keep*: **t. lontano**, to keep away; **t. vicino**, to keep close; **t. in disparte**, to hold oneself aloof; **t. indietro**, to stand back; **t. caldo**, to keep warm; **t. in equilibrio**, to balance; **t. in piedi**, to stand (up); **t. pronto**, to be ready; **Si è tenuto sulle sue**, (*ha detto poco*) he was noncommittal, he gave very little away; (*era distaccato*) he was very reserved (*o* stiff, distant) ***3*** (*considerarsi*) to consider oneself; to hold* oneself: **t. responsabile di q.c.**, to hold oneself responsible of st. ***4*** (*trattenersi*) to keep*; to refrain; (*solo in frase neg.*) to help (+ *gerundio*) **Non potei tenermi dal ridere**, I couldn't help laughing ***5*** (*attenersi*) to keep*; to stick*; (*seguire*) to follow (st.); (*ricordare*) to remember (st.): **t. ai fatti**, to keep (*o* to stick) to the facts; **t. alle regole**, to follow the rules; **Tienti a quanto ti ho detto**, remember what I've told you ***D*** **tenérsi** *v. rifl. recipr.* to hold* each other: **t. stretti**, to hold each other tight; **t. per mano**, to hold hands.
tenerézza *f.* ***1*** tenderness; (*morbidezza*) softness ***2*** (*affetto*) tenderness; fondness; affection ***3*** (*indulgenza*) lenience; softness ***4*** (*al pl.*) (*parole affettuose*) endearments; sweet nothings: **scambiarsi tenerezze**, to whisper sweet nothings to each other; to bill and coo (*fam.*) • **fare t.**, to be sweet; (*commuovere*) to be moving □ **Che t.!**, how sweet!; how touching!
tènero ***A*** *a.* (*anche fig.*) tender; soft; (*affettuoso*) fond, loving: **carne tenera**, tender meat; **legno t.**, soft wood; **cuore t.**, tender (*o* soft) heart; **un padre t.**, a loving father; **parole tenere**, fond words; **colori teneri**, soft colours; **tenera età**, tender age; **fin dalla più tenera età**, from one's earliest childhood; **Non essere troppo t. con lui**, don't be too soft on him; **I critici non sono stati teneri**, the critics have not been kind ***B*** *m.* ***1*** (*parte tenera*) tender part ***2*** (*affetto*) — **C'è del t. fra loro**, they are sweet on each other; (*iron.*) they are more than just good friends; **avere del t. per q.**, to be keen on sb.
tènia *f.* (*zool.*) tapeworm; taenia*.
tènnis (*ingl.*) *m.* ***1*** tennis: **fare del t.**, to play tennis; **campo da t.**, tennis court; **scarpe da t.**, trainers; plimsolls; tennis shoes (*USA*); **t. su prato**, (lawn) tennis; **t. da tavolo**, table-tennis; ping-pong ***2*** (*impianto*) tennis club.
tennìsta *m. e f.* tennis player.
tennìstico *a.* tennis (*attr.*).
tenóre ***A*** *m.* ***1*** (*modo*) way, tenor; (*standard*) standard: **cambiar t.**, to change one's ways; **t. di vita**, standard of living; **avere un t. di vita superiore ai propri mezzi**, to live beyond one's means ***2*** (*senso*) tenor: **il t. della lettera**, the tenor of the letter ***3*** (*percentuale di contenuto*) content; level: **ad alto t. proteico**, with a high protein content ***4*** (*mus.*) tenor: **cantare da t.**, to sing tenor ***B*** *a.* (*mus.*) tenor (*attr.*): **sax t.**, tenor sax.
tenorile *a.* (*mus.*) tenor (*attr.*).
tensioattìvo ***A*** *a.* surface-active ***B*** *m.* surface-active agent.
tensióne *f.* ***1*** tension; tenseness; (*il tendere*) stretching ***2*** (*fig.*) tension; tenseness; strain; stress: **t. muscolare**,

muscular tension; **t. nervosa**, nervous tension; tenseness; **t. mentale**, mental strain; **tensioni in famiglia**, family tensions; **t. drammatica**, drama; **vivere in t.**, to live in a state of tension (*o* under a lot of strain); **essere in t.**, to be tense; to be under strain; **vita di t.**, stressful life ***3*** (*elettr.*) tension; voltage: **alta [bassa] t.**, high [low] tension; **linea dell'alta t.**, high-tension line; **filo sotto t.**, live wire; **caduta di t.**, voltage drop ***4*** (*med.*: *pressione*) pressure.

tentàbile ***A*** *a.* attemptable ***B*** *m.* — **tentare il t.**, to try everything possible.

tentacolàre *a.* ***1*** tentacular ***2*** (*fig.*) sprawling; pervasive: **città t.**, sprawling city; **organizzazione t.**, ubiquitous organization.

tentàcolo *m.* (*zool. e fig.*) tentacle.

tentàre *v. t. e i.* ***1*** to try; to attempt: **Ho t. di parlargli**, I tried to talk to him; **t. la fuga**, to try to escape; to attempt an escape; **t. una scalata**, to attempt a climb; **Tentiamo!**, let's try!; let's have a try!; **t. ogni mezzo**, to try everything possible; to try one's hardest; **T. non nuoce**, (there is) no harm in trying ***2*** (*mettere alla prova*) to try, to test; (*sperimentare*) to try out: **t. la fortuna**, to try one's luck; **t. una nuova cura**, to try out a new therapy ***3*** (*indurre in tentazione*) to tempt ***4*** (*allettare*) to tempt: **L'idea mi tenta**, the idea is tempting; I'm rather tempted by the idea; **Sono tentato di non invitarli**, I'm tempted (*o* I have half a mind) not to invite him; **Forza, lasciati t.!**, come on, be a devil! (*fam.*).

tentativo *m.* attempt; try; (*per conquistare q.c.*) bid: **t. di fuga**, escape attempt; **t. di resistenza**, attempt at resistance; **t. destinato a fallire**, doomed attempt; **un t. di ottenere il controllo della società**, a bid to gain control of the company; **fare un t.**, to make an attempt; to have a try (*o* a go) (*fam.*); **andare per t.**, to proceed by trial and error.

tentàto *a.* attempted: **t. suicidio**, attempted suicide; **tentato omicidio**, attempted murder.

tentatóre ***A*** *m.* tempter ***B*** *a.* tempting.

tentatrìce *f.* temptress.

tentazióne *f.* temptation: **cedere [resistere] a una t.**, to give in to [to resist] a temptation; **indurre in t.**, to lead into temptation; **avere la t. di fare q.c.**, to be tempted to do st.

tentennaménto *m.* ***1*** (*traballio*) tottering; shaking ***2*** (*esitazione*) hesitation; wavering ◻; dithering ◻; shilly-shallying ◻ (*fam.*).

tentennànte *a.* ***1*** (*traballante*) tottering; wobbly; shaky; unsteady ***2*** (*esitante*) hesitant; wavering; dithering.

tentennàre ***A*** *v. t.* to shake*: **t. il capo**, to shake one's head ***B*** *v. i.* ***1*** (*traballare*) to totter; to wobble; to shake* ***2*** (*esitare*) to hesitate; to waver; to dither; to shilly-shally (*fam.*); to keep humming and hawing (*fam.*).

tentóni (a) *avv.* — **andare a t.**, to grope (*o* to feel) one's way; **scendere a t.**, to grope one's way down; **Cercai a t. la maniglia**, I felt about (*o* I groped) for the handle.

tènue *a.* ***1*** (*sottile, esile*) slender; thin ***2*** (*rado*) thin; tenuous ***3*** (*debole, vago*) weak; faint; vague; tenuous; slender; slim: **t. indizio**, vague clue; **t. possibilità**, vague possibility; slight chance; **t. speranza**, slender (*o* slim, tenuous) hope; **t. barlume**, faint glimmer ***4*** (*poco consistente*) slight; insubstantial ***5*** (*di colore*) delicate; soft; pale ***6*** (*anat.*) — **intestino t.**, small intestine.

tenuità *f.* ***1*** slenderness; tenuity; tenuousness; weakness; slightness; insubstantiality ***2*** (*di colore*) softness.

tenùta *f.* ***1*** (*proprietà terriera*) estate; land; holding; (*agricola*) farm ***2*** (*capacità*) capacity: **un serbatoio della t. di dodici litri**, a tank holding (*o* with a capacity of) twelve litres ***3*** (*tecn.*: *capacità di trattenere*) tightness; seal: **t. stagna**, (water)tightness; **t. ermetica**, hermetic seal ***4*** (*abbigliamento*) clothes (*pl.*); costume; outfit; gear (*fam.*): **t. sportiva**, sports clothes; (*non formale*) casual clothes: **t. di fatica**, working clothes; **t. da mare**, beach outfit ***5*** (*mil.*) uniform; dress; kit: **t. di servizio**, fatigue-dress; fatigues (*pl.*); **t. di guerra**, battle kit; **alta t.**, full dress • **la t. della lira**, the strength of the lira □ (*autom.*) **t. di strada**, road-holding; grip □ **a t. d'acqua**, watertight (*agg.*) □ **a t. d'aria**, airtight (*agg.*) □ **in gran t.**, all dressed up; in full rig (*fam.*) □ **Che ci fai in questa t.?**, what are you dressed like that for?

tenutària *f.* (*di bordello*) brothel-keeper; madam.

tenutàrio *m.* ***1*** (*proprietario*) owner ***2*** (*gestore*) keeper; manager.

tenùto *a.* ***1*** (*obbligato*) obliged; bound: **Lei non è t. a rispondere**, you are not bound to answer; you don't have to answer; **Non sono t. ad andare**, I don't have to go; **La società non è tenuta al risarcimento**, the company is not liable for damages; **Gli ammessi al cantiere sono tenuti a indossare il casco**, people admitted to the building-side are required to wear safety helmets ***2*** (*di terreno*) kept (for); planted (with): **t. a pascolo**, kept for grazing; **t. a grano**, planted with wheat ***3*** (*mantenuto, curato*) kept: **ben t.**, well-kept; neat ***4*** (*mus.*) sustained.

tenzóne *f.* ***1*** combat; contest: **singolar t.**, single combat ***2*** (*letter.*) tenson; poetic contest.

teocràtico *a.* (*polit.*) theocratic(al).

teocrazìa *f.* (*polit.*) theocracy.

teodolite *m.* (*topogr.*) theodolite.

teogonìa *f.* theogony.

teologàle *a.* theological.

teologìa *f.* theology.

teològico *a.* theological.

teòlogo *m.* (*f.* **-a**) theologian.

teorèma *m.* (*mat.*) theorem.

teorètica *f.* theoretical philosophy; theoretics (*pl. col verbo al sing.*).

teorètico *a.* theoretic(al).

teorìa *f.* ***1*** theory: **in t.**, in theory; theoretically ***2*** (*lett.*: *corteo*) procession; (*fila*) string, long line.

teòrico ***A*** *a.* theoretic(al) • **esame t.**, examination on theory ***B*** *m.* (*f.* **-a**) theoretician; theorist.

teorizzàre *v. t.* ***1*** (*speculare*) to theorize ***2*** (*formulare una teoria*) to build* up a theory about.

teorizzazióne *f.* theorization.

teosofìa *f.* theosophy.

teosòfico *a.* theosophic(al).

teòsofo *m.* (*f.* **-a**) theosophist.

tèpalo *m.* (*bot.*) tepal.

tepóre *m.* warmth.

téppa *f.* rabble; thugs (*pl.*); hooligans (*pl.*).

teppìsmo *m.* hooliganism; thuggery.

teppìsta *m.* hooligan; hoodlum; thug; yob (*GB*).

terapèuta *m. e f.* therapeutist; therapist.

terapèutica *f.* (*med.*) therapeutics (*pl. col verbo al sing.*).

terapèutico *a.* (*med.*) therapeutic(al).

terapìa *f.* ***1*** (*med.*) therapy: **t. di gruppo**, group therapy; **t. d'urto**, aggressive therapy; **sottoporsi a t.**, to undergo therapy ***2*** (*psic.*) counselling (therapy): **t. di coppia**, marriage counselling.

terebìnto *m.* (*bot.*) terebinth.

tèrgere *v. t.* (*lett.*) ***1*** to wipe away ***2*** (*pulire*) to clean.

tergicristàllo *m.* (*autom.*) windscreen (*USA* windshield) wiper.

tergiversàre *v. i.* to prevaricate; to evade the issue; to beat* about the bush (*fam.*).

tergiversazióne *f.* prevarication; evading the issue; beating about the bush (*fam.*).

tèrgo *m.* back • **a t.** (*di un foglio*), on the back; overleaf □ **Vedi a t.**, please turn over (*abbr.* PTO); see overleaf.

termàle *a.* thermal • **sorgenti termali**, hot springs □ **stazione t.**, spa; watering place.

tèrme *f. pl.* ***1*** thermal baths; spa (*sing.*) ***2*** (*archeol.*) thermae; baths.

tèrmico *a.* (*fis.*) thermal; heat (*attr.*): **energia termica**, thermal energy; **tuta termica**, thermal suit; **capacità t.**, heat capacity.

terminal *m. invar.* ***1*** (*aeron.*) (air) terminal ***2*** (*capolinea*) terminus.

terminàle ***A*** *a.* ***1*** final; end (*attr.*); (*tecn.*) terminal: **sezione t.**, final section; **stazione t.**, terminus ***2*** (*med.*) terminal; (*di malato*) terminally ill ***B*** *m.* (*elab.*) terminal.

terminalìsta *m. e f.* (*elab.*) computer operator.

terminàre ***A*** *v. t.* to end; to finish: **t. la discussione**, to end the discussion; **t. un lavoro**, to finish a job; **t. di fare q.c.**, to finish doing st. ***B*** *v. i.* to end; to finish; to be over: **t. in modo triste**, to have a sad ending; **La riunione è terminata**, the meeting is over.

terminazióne *f.* ***1*** end; ending ***2*** (*ling.*) ending.

tèrmine *m.* ***1*** (*fine*) end; close: **al t. dell'incontro**, at the end of the meeting; **aver t.**, to end; to finish; to be over; **mettere** (*o* **porre**) **t. a q.c.**, to put an end to st.; **portare a t. q.c.**, to carry out st.; to complete st.; to bring st. to an end;

condurre a t. un affare, to conclude (*o* to pull off) a deal; to strike a bargain; **volgere al t.**, to draw to an end (*o* to a close) ***2*** (*limite di tempo*) (time) limit, term, date; (*periodo*) time, period: **porre un t. a q.c.**, to set a limit to st.; **fissare un t.**, to fix a term (*o* a date); **t. ultimo** (*o* **massimo, di scadenza**), expiry date; deadline; **t. di consegna**, delivery date; **nel t. prescritto**, within the prescribed time; **Il t. è scaduto**, the time has expired ***3*** (*limite*) limit, bound; (*confine*) boundary: **i termini di un mandato**, the limits of a mandate; **entro i termini della cortesia**, within the bounds of politeness ***4*** (*condizione*) term; condition:: **i termini di un contratto**, the terms (*o* conditions) of a contract ***5*** (*parola*) term; word: **in altri termini**, in other words; **in termini astratti**, in abstract terms; **moderare i termini**, to moderate (*o* to mind) one's language ***6*** (*al pl.*) (*punto di vista, angolatura*) terms: **in termini di profitto**, in terms of profit ***7*** (*mat., logica*) term ***8*** (*fine, scopo*) aim; goal • **t. di confronto**, term of comparison □ **a breve t.**, short-term (*agg.*) □ **a lungo t.**, long-term (*agg.*) □ **a rigor di termini**, strictly speaking □ **a termini di legge**, according to the law; legally □ (*gramm.*) **complemento di t.**, indirect object □ **contratto a t.**, time contract □ **essere in buoni termini con q.**, to be on good terms with sb. □ **mezzi termini**, vague words; equivocations □ **senza mezzi termini**, in no uncertain terms; plainly; without mincing (one's) words; straight from the shoulder □ **Le cose stanno in questi termini**, this is how things are; the situation is as follows □ (*fig.*) **ridurre q.c. ai minimi termini**, to reduce st. to next to nothing.

terminologìa *f.* terminology.

termitàio *m.* termites' nest; termitarium*.

tèrmite *f.* (*zool.*) termite; white ant.

termochìmica *f.* thermochemistry.

termocopèrta ® *f.* electric blanket.

termocòppia *f.* (*fis.*) thermocouple.

termodinàmica *f.* (*fis.*) thermodynamics (*pl. col verbo al sing.*).

termodinàmico *a.* (*fis.*) thermodynamic(al).

termoelettricità *f.* (*fis.*) thermoelectricity.

termoelèttrico *a.* (*fis.*) thermoelectric(al).

termòforo *m.* warming pad; heating pad.

termògeno *a.* thermogenic.

termògrafo *m.* thermograph.

termoiṣolànte (*fis.*) ***A*** *a.* heat-insulating ***B*** *m.* heat insulator.

termologìa *f.* (*fis.*) thermology.

termometrìa *f.* (*fis.*) thermometry.

termomètrico *a.* thermometric(al).

termòmetro *m.* ***1*** thermometer: **Il t. segna 5°**, the thermometer reads 5°; **Il t. sale [scende]**, the temperature is rising [falling] ***2*** (*fig.*) indicator.

termonucleàre *a.* (*fis.*) thermonuclear.

termopila *f.* (*fis.*) thermopile.

termoplàstico *a.* thermoplastic.

termoreattóre *m.* thermal reactor.

termoregolatóre ***A*** *m.* thermostat; thermoregulator ***B*** *a.* (*tecn.*) heat-regulating; (*fisiol.*) thermoregulatory.

termoregolazióne *f.* (*tecn.*) heat regulation; (*fisiol.*) thermoregulation.

tèrmos *V.* **thermos.**

termoscòpio *m.* (*fis.*) thermoscope.

termosfèra *f.* thermosphere.

termosifóne *m.* radiator • **riscaldamento a t.**, central heating.

termostàtico *a.* (*fis.*) thermostatic.

termòstato *m.* thermostat.

termotècnica *f.* thermotechnics (*pl. col verbo al sing.*).

termoterapìa *f.* (*med.*) thermotherapy.

tèrna *f.* ***1*** (*gruppo di tre*) set of three; trio* ***2*** (*lista di tre nomi*) short list; list of three: **entrare nella t.**, to be short-listed.

ternàrio *a.* ***1*** (*anche chim.*) ternary ***2*** (*mus.*) ternary; triple: **ritmo t.**, triple time.

tèrno *m.* (*tombola, lotto*) winning three numbers (*pl.*) • (*fig.*) **un t. al lotto**, a real stroke of luck □ (*fig.*) **vincere un t. al lotto**, to hit the jackpot.

tèrra *f.* ***1*** (*il pianeta*) earth; (*il mondo*) world, earth: **la rotazione della t.**, the rotation of the earth; **la vita sulla t.**, life on earth; **su questa t.**, in this world, on earth ***2*** (*opposto di acqua, mare*) land: **avvistare t.**, to sight land; (*mil.*) **forze di t.**, land forces; **per t. e per mare**, by land and sea ***3*** (*t. coltivabile*) land; earth: **lavorare la t.**, to till the earth; **t. coltivata**, land under crop; (*fig.*) **ritornare alla t.**, to go back to the land; **prodotti della t.**, agricultural produce ***4*** (*proprietà terriera*) land; estate: **un pezzo di t.**, a piece of land; (*fabbricabile*) a plot of land; **proprietario di terre**, landowner; **sulle mie terre**, on my estate ***5*** (*terriccio*) earth; soil; dirt: **una manciata di t.**, a handful of earth; **t. smossa**, loose earth; **t. buona**, good soil; **t. battuta**, packed earth; dirt; **pavimento di t. battuta**, earthen floor; **strada di t. battuta**, dirt road; **giocare con la t.**, to play in the dirt; **sporco di t.**, muddy; covered in mud; (*di scarpe*) caked in mud ***6*** (*suolo, terreno*) ground; earth; (*pavimento*) floor: **dormire per t.**, to sleep on the ground (*in casa* on the floor); **cadere per t.**, to fall (to the ground); **alzarsi da t.**, to get up (from the ground, from the floor); (*in volo*) to take off; **sotto t.**, underground; below ground ***7*** (*paese, regione*) land, region, territory; (*nazione, patria*) country, homeland: **terre sconosciute**, unknown lands (*o* regions); **in t. straniera**, on foreign soil; in a foreign country; **la T. Santa**, the Holy Land ***8*** (*elettr.*) earth (*GB*); ground (*USA*): **mettere a t.**, to earth; to ground; **messa a t.**, earthing; grounding • (*mil.*) **t. di nessuno**, no man's land □ (*pitt.*) **t. di Siena**, sienna □ (*geogr.*) **le terre emerse**, the land masses of the globe □ (*naut.*) **T. in vista!**, land ho! □ **t. t.**, close to the ground; at ground level; (*fig.*) mediocre, prosaic □ (*naut.*) **a t.**, ashore □ **gomma a t.**, flat tyre (*USA* tire) □ **essere a t.**, (*giù di morale*) to be in low spirits; (*fisicamente*) to be run-down; (*finanziariamente*) to badly off, to have hit rock-bottom □ (*fig.*) **buttare a t.**, to depress; to get down □ (*mil.*) **fare t. bruciata**, to operate a scorched earth policy □ **lasciare a t.**, (*naut.*) to leave ashore; (*aeron.*: *non far volare*) to ground □ **mettere a t.**, (*finanziariamente*) to leave broke; (*fisicamente*) to weaken □ **piano t.**, ground floor (*GB*); first floor (*USA*) □ **raso t.**, close to the ground; at ground level □ **restare a t.**, to be left behind; (*perdere un mezzo*) to miss (a bus, a plane, etc.); (*naut.*) to be left ashore □ **scendere a t.**, (*naut.*) to go ashore, to disembark; (*aeron.*) to disembark □ **sentirsi mancare la t. sotto i piedi**, to feel lost □ **sotto t.** (*morto*), dead and buried □ (*naut.*) **toccare t.**, to land □ (*fig.*) **tornare sulla t.**, to come down to earth.

tèrra-ària *locuz. a.* (*mil.*) ground-to-air.

terracòtta *f.* ***1*** baked clay; earthenware; terracotta: **vaso di t.**, earthenware pot; terracotta vase; **vasellame di t.**, earthenware ***2*** (*oggetto di t.*) terracotta.

terràcqueo *V.* **terraqueo.**

terrafèrma *f.* (*opposto di mare*) (dry) land, terra firma; (*continente*) mainland.

terràglia *f.* earthenware Ⓤ; pottery Ⓤ.

terranòva *m. invar.* (*cane*) Newfoundland (dog).

terrapièno *m.* ***1*** bank; embankment ***2*** (*mil.*) rampart; earthwork.

terràqueo *a.* terraqueous • **il globo t.**, the globe.

tèrra-tèrra *locuz. a.* (*mil.*) ground-to-ground.

terràzza *f.* ***1*** (*edil.*: *a piano terra o sul tetto*) terrace; (*balcone*) balcony ***2*** (*di terreno*) terrace: **a terrazze**, terraced (*agg.*).

terrazzaménto *m.* terracing Ⓤ.

terrazzàre *v. t.* to terrace.

terràzzo *m.* ***1*** (*edil.*) balcony ***2*** (*agric., geol.*) terrace.

terremotàto ***A*** *a.* ***1*** devastated by an earthquake ***2*** — **famiglie terremotate**, families made homeless by an earthquake; **popolazioni terremotate**, earthquake victims ***B*** *m.* earthquake victim.

terremòto *m.* ***1*** earthquake; (*non grave*) earth tremor: **scosse di t.**, earthquake shocks; tremors ***2*** (*sconvolgimento*) disruption; havoc; uproar ***3*** (*di bambino*) handful.

terréno (1) *a.* ***1*** ground (*attr.*): **piano t.**, ground floor (*GB*); first floor (*USA*) ***2*** (*mondano*) earthly; worldly.

terréno (2) *m.* ***1*** (*estensione di terra*) ground; land; country; terrain: **t. roccioso**, rocky ground; **t. boscoso**, woodland; **t. accidentato**, rough ground (*o* terrain); (*mil. e fig.*) **guadagnare [perdere] t.**, to gain [to lose] ground; **perlustrare il t.**, to reconnoitre the land ***2*** (*suolo*) soil; ground: **t. fertile**, fertile soil; **t. sabbioso**, sandy soil; **dissodare il t.**, to break up the ground ***3*** (*terra sfruttata*) land; (*appezzamento*) piece (*o* plot) of land, site, lot (*USA*); (*campo*) field: **t. agricolo**, agricultural land; farmland; **ven-**

dere un t., to sell a piece of land; **Questo è tutto t. fabbricabile**, this is all building land; **un t. fabbricabile**, a building site; **proprietario di terreni**, landowner *4* (*ambito, campo d'azione*) ground; field: **Mi muovo su un t. poco noto**, I'm treading on unfamiliar ground *5* (*sport*) ground: **il t. avversario**, the opponent's ground; **t. di gioco**, field; pitch *6* (*campo di battaglia*) battlefield • **t. d'intesa**, common ground □ (*fig.*) **t. fertile**, fertile ground; breeding ground □ **t. minato**, (*anche fig.*) minefield; (*fig.*) dangerous ground □ (*fig.*) **t. di coltura**, seed-bed; breeding ground □ (*fig.*) **preparare il t.**, to prepare the ground; to pave the way □ **riguadagnare t.**, to catch up; to make up lost ground □ **studiare il t.**, to study the ground □ **tastare il t.**, to test the ground; to feel one's way; (*presso q.*) to sound sb. out □ **trovare il t. adatto**, to find fertile ground.

tèrreo *a.* ashen; wan.

terrèstre *A a. 1* (*della terra*) terrestrial; earth's (*attr.*); earth (*attr.*): **magnetismo t.**, terrestrial magnetism; **la crosta t.**, the earth's crust *2* (*che vive sulla terra*) terrestrial *3* (*di terra*) land (*attr.*): **forze terrestri**, land forces • **paradiso t.**, earthly Paradise *B m. e f.* earthman* (*m.*); earthwoman* (*f.*); terrestrial.

terrìbile *a. 1* (*pauroso*) terrible; terrifying *2* (*orribile*) horrible; dreadful; awful *3* (*con valore rafforzativo*) terrible; awful: **Ho una fretta t.**, I'm in a terrible hurry; **Faceva un freddo t.**, it was awfully cold; **Ho una fame t.**, I'm starving.

terrìccio *m.* soil; dirt; (*coltivabile*) soil, topsoil; (*per coltivazione in vaso*) loam.

terrìcolo *a.* (*zool., bot.*) terrestrial.

terrier *m. invar.* (*cane*) terrier.

terrièro *a.* landed; land (*attr.*): **proprietà terriera**, landed property; **proprietario t.**, landowner.

terrificànte *a.* terrifying; appalling; dreadful.

terrìna *f.* bowl; basin.

territoriàle *a.* territorial.

territorialità *f.* territoriality.

territòrio *m.* territory.

terróre *m. 1* terror; dread: **incutere t. in q.**, to strike terror into sb.; **avere t. di q.c.**, to have a terror of st.; to be terrified by (*o* of) st.; **in preda al t.**, terror-stricken; **Vive nel t. di essere scoperto**, he lives in dread of being found out *2* (*persona o cosa che terrorizza*) terror: **È il t. del quartiere**, he is the terror of the neighbourhood.

terrorìṣmo *m.* terrorism.

terrorìsta *m., f. e a.* terrorist.

terrorìstico *a.* terrorist (*attr.*).

terroriẓẓàre *v. t.* to terrorize; to terrify.

terróso *a. 1* earthy *2* (*sporco di terra*) caked in mud; earth-encrusted; (*fangoso*) muddy.

tèrso *a. 1* clear; limpid *2* (*conciso*) crisp; concise; terse.

tèrza *f. 1* (*autom.*) third gear *2* (*a scuola*) third year (*o* form); third grade (*USA*) *3* (*mus.*) third *4* (*ferr.*) third class *5* (*scherma*) tierce.

terzàna *f.* (*med.*) tertian (fever).

terzétto *m. 1* (*mus.*) trio* *2* (*gruppo di tre*) trio*: threesome.

terziàrio *A a.* tertiary *B m. 1* (*econ.*) service (*o* tertiary) industry (*o* sector): **t. avanzato**, high-tech service industry *2* (*eccles.*) tertiary.

terzìna *f. 1* (*poesia*) tercet *2* (*mus.*) triplet.

terzìno *m.* (*calcio*) (full) back.

tèrzo *A a. num. ord.* third • **la terza età**, old age; (*le persone*) elderly people, (*bur.*) senior citizens □ **in terzo luogo**, in the third place; thirdly □ **t. incomodo**, unwanted third party □ **fare da t. incomodo**, to play gooseberry *B m. 1* (*terza parte*) third: **pieno per due terzi**, two-thirds full *2* (*terza persona*) third person; (*al pl., leg., comm.*) third party: **il t. di sei fratelli**, the third brother of six; **il parere di un t.**, the opinion of a third person; **vendere a terzi**, to sell to a third party; **assicurazione contro terzi**, third-party insurance *C avv.* thirdly.

terzogènito *a. e m.* third-born.

terzùltimo *a. e m.* last but two; third last; antepenultimate.

tésa *f.* (*di cappello*) brim; (*di berretto*) visor, peak.

tesàre *v. t. 1* to stretch *2* (*naut.*) to haul taut.

teṣauriẓẓàre *v. t. e i.* to hoard; to treasure up.

tèschio *m.* skull; (*come simbolo*) death's head.

tèṣi *f. 1* thesis*; theory: **la t. di fondo**, the main thesis; **La sua t. è che si tratti di suicidio**, his theory is that it is a suicide *2* (*dissertazione*) thesis*: **t. di laurea**, degree (*o* graduation) thesis; **discutere la t.**, to discuss one's thesis.

teṣìna *f.* (*università*) paper.

téso *a. 1* (*esteso, proteso*) stretched; outstretched: **a braccia tese**, with outstretched arms *2* (*in tensione*) taut, tight, stretched; (*contratto*) tense: **fune tesa**, taut (*o* tight) rope; **muscoli tesi**, tense (*o* taut) muscles; **viso t.**, drawn face *3* (*fig.*) tense; strained; on edge (*pred.*); nervous: **atmosfera tesa**, tense (*o* strained) atmosphere; **rapporti tesi**, strained relations; **nervi tesi**, nerves on edge; strained nerves; **avere i nervi tesi**, to be on edge; to be very tense *4* (*mirante*) bent (on); aimed (at): **t. al successo**, bent on success; **misure tese a ridurre l'inflazione**, measures aimed at curbing inflation.

teṣorerìa *f.* treasury.

teṣorière *m.* (*f.* **-a**) treasurer.

teṣòro *m. 1* treasure: **tesori d'arte**, art treasures; **caccia al t.**, treasure hunt *2* (*patrimonio*) fortune *3* (*tesoreria*) treasury: **buoni del T.**, Treasury bonds; **Ministero del T.**, *V. sotto* **ministero** *4* (*di persona*) treasure; gem; (*al vocat.*) darling, dear, love, honey (*USA*): **una moglie che è un t.**, a treasure of a wife; **un t. di figlio**, a wonderful son; **Sei stata un t.!**, you've been a real treasure (*o* a dear)!; **Che t. di bambina!**, what a dear little girl!; **T. mio!**, my darling • **far t. di q.c.**, to treasure st.; to bear st. in mind □ **valere un t.**, to be worth one's weight in gold.

tèssera *f. 1* card; ticket; pass: **t. di socio** (*o* **d'iscrizione**), membership card; **t. di riconoscimento**, identity card; **t. ferroviaria**, railway season ticket; railway pass *2* (*di mosaico*) tessera* *3* (*del domino*) domino*.

tesseraménto *m. 1* (*iscrizione*) enrolment; registration: **campagna di t.**, (party) membership campaign *2* (*razionamento*) rationing.

tesseràre *A v. t. 1* to give* a membership card to; to enrol *2* (*razionare*) to ration *B* **tesseràrsi** *v. i. pron.* to get* a membership card; to join (a party, etc.).

tesseràto *A a. 1* (*abbonato*) holding a season ticket; (*iscritto*) holding a membership card; (*polit.*) card-carrying *2* (*razionato*) rationed *B m.* (*f.* **-a**) member; (*abbonato*) holder of a season ticket.

tèssere *v. t.* to weave* • **t. congiure**, to plot □ **t. le lodi di q.**, to sing sb.'s praises □ **t. le proprie lodi**, to blow one's own trumpet.

tesserìno *m. V.* **tessera**, *def. 1.*

tèssile *A a.* textile *B m. 1* textile worker *2* (*al pl.*) (*prodotti tessili*) textiles.

tessitóre *m.* (*f.* **-trice**) weaver.

tessitùra *f. 1* weaving; (*trama*) weave *2* (*stabilimento*) weaving factory (*o* mill) *3* (*struttura*) structure *4* (*mus.*) tessitura*.

tessùto *m. 1* fabric; material; cloth; (*al pl.*) fabrics, textiles: **t. di lana**, woollen fabric; **t. a maglia**, knitted fabric; **t. misto**, union; **t. spigato**, cross twill; **t. non t.**, nonwoven fabric: **due metri di t.**, two metres of material; **fabbrica di tessuti**, textile factory; **negozio di tessuti**, draper's (shop) *2* (*biol.*) tissue *3* (*fig.*) tissue; web; fabric: **un t. di menzogne**, a tissue of lies; **il t. sociale** [**urbano**], the fabric of society [of a city].

test (*ingl.*) *m. invar.* test: **t. attitudinale**, aptitude (*o* ability) test; **t. caratteriologico**, personality test.

tèsta *f. 1* head: **colpire q. alla t.**, to hit sb. on the head; **levarsi q.c. dalla t.**, to get st. out of one's head; **tenere il cappello in t.**, to keep one's hat on; **Non mi entra in t.**, I can't get it into my head; **t. di vitello**, calf's head; **a due teste**, two-headed *2* (*parte avanzata*) head, front; (*guida*) head, lead: **alla t. di un corteo**, at the head of (*o* leading) a procession; **essere alla t. di un partito**, to lead (*o* to be the leader of) a party; **alla t. di una ditta**, at the head of a firm; **in t. al treno**, at the front of the train; **in t. a tutti**, ahead of everybody; **in t. alla classifica**, at the top of the result list; **in t. alla pagina**, at the top of the page; **mettersi alla t.** (**di**), to take the lead (in); **passare in t.**, to take the lead; (*di classifica*) to move to the top • **t. a t.**, head-to-head; (*in una gara*) neck and neck, nip and tuck (*USA*): **È stato un t. a t. fino alla fine**, it was neck and neck right to the end □ **t. calda**, hothead □ (*autom.*) **t. coda**, *V.* **testa-coda**, *locuz. m.* □ **t. d'aglio**, head of garlic □ (*mecc.*) **t. di biella**, big end (of the connecting rod) □ (*volg.*) **t. di cazzo**, dickhead; jerk (*USA*) □ (*mecc.*) **t. del cilindro**, cylinder head □ (*mil.*) **teste di cuoio**, anti-guerrilla troops;

commando □ **t. di legno**, blockhead; thickhead □ **t. di martello**, hammer-head □ (*mil.*) **t. di ponte**, bridgehead □ (*tennis*) **t. di serie**, seed; seeded player □ **t. di turco**, (*zimbello*) butt, target; (*capro espiatorio*) scapegoat, whipping boy □ **t. matta**, madcap; screwball □ **t. di moro** (*colore*), dark brown □ **t. di morto**, death's head □ **t. o croce**, heads or tails: **fare a t. o croce**, to toss a coin; **Giochiamocela a t. o croce**, let's toss a coin; I'll toss (*o* flip) you for it; **vincere a t. o croce**, to win the toss □ **t. vuota**, empty-headed person □ **a t.** (*ciascuno*), each; per head: **un tanto a t.**, so much per head □ **a t. alta**, with one's head held high; proudly: **andare a testa alta**, to hold one's head high; to walk tall □ **a t. bassa**, (*abbattuto*) crestfallen, hanging one's head; (*a precipizio*) headlong: **buttarsi in q.c. a t. bassa**, to throw oneself into st.; to jump into st. at the deep end □ **a t. in giù**, (*capovolto*) head down, upside down; (*a capofitto*) head-first □ **a t. scoperta**, bareheaded □ **agire di t. propria**, to act without consulting anyone; to act off one's own bat (*fam.*) □ **andare** (*o* **dare**) **alla t.** (*di vino, successo*), to go to sb.'s head; to be heady □ **avere la t. dura**, to be stubbord □ **avere la t. pesante**, to have a thick head; to fee woozy □ (*ferr.*) **carrozza di t.**, first carriage □ (*fig.*) **fin sopra la t.**, up to one's ear (*o* eyes): **Ho debiti fin sopra la t.**, I'm up to my ears in debt □ **avere q.c. in t.**, to have st. on one's mind □ **avere la t. altrove**, to be thinking of something else; to be miles away □ **avere la t. sulle spalle**, to be sensible (*o* level-headed); to have one's head screwed on □ **Che t.!**, (*intelligente*) what a brain!; (*testardo*) he [she] is really stubborn! □ (*sport*) **colpire la palla di t.**, to head the ball □ **colpo di t.**, rash act; impulse □ **con la t. nel sacco**, without reflecting; like a fool □ **dalla t. ai piedi**, from head to foot (*o* to toe) □ **Dove hai la t.?**, what were you thinking of? □ **fare di t. propria**, to go one's own way □ **far girare la t. a q.**, to make sb.'s head spin; (*far perdere la t.*) to make sb. lose his [her] head □ **fare una t. così** (*o* **come un pallone**) **a q.**, to talk sb.'s head off; to bend sb.'s ear (*fam.*) □ **fasciarsi la t. prima d'essersela rotta**, to cross one's bridges before one comes to them □ **essere fuori** (*o* **via**) **di t.** (*o, fam.*, **non esserci con la t.**), to be off one's head □ **Ero via con la t.**, I wasn't thinking □ **mal di t.**, headache □ **mettere la t. a partito**, (*emendarsi*) to turn over a new leaf; (*sistemarsi*) to settle down □ **mettere q.c. in t. a q.**, to convince sb. of st. □ **mettersi in t. q.c.**, to get st. into one's head □ **mettersi in t. di fare q.c.**, to take it into one's head to do st. □ **montare la t. a q.**, to put ideas into sb.'s head □ **montarsi la t.**, to get ideas into one's head; to get above oneself □ **non avere la t. a posto**, not to be right in the head □ **Non mi è mai passato per la t.**, it never crossed my mind □ **perdere la t.**, to lose one's head □ **perdere la t. per q.**, to fall head over heels in love with sb. □ (*fig.*) **piegare la t.**, to submit; to yield □ (*fig.*) **rompersi la t.**, to rack one's brains □ **Che ti è saltato in t.?**, what was the big idea?; what possessed you? □ **tagliare la t. al toro**, to settle the question once for all □ **tener t. a q.**, to stand up to sb.; to be a match for sb. □ (*sport*) **tiro di t.**, header □ **Mi è uscito di t.**, it slipped my mind.

testa-códa *locuz. m. invar.* — (*autom.*) **fare un t.**, to spin through 180°; to spin round; to end up facing the other way.

testamentàrio *a.* (*leg.*) testamentary.

testaménto *m.* ***1*** (*leg.*) will: **fare t.**, to make one's will; **per t.**, by will; **escludere q. dal t.**, to cut sb. out of one's will; **lasciare q.c. a q. per t.**, to bequeath st. to sb.; to leave sb. st. in one's will; **ricevere per t.**, to inherit; **t. spirituale**, spiritual testament ***2*** — (*relig.*) **l'Antico** [**il Nuovo**] **T.**, the Old [the New] Testament.

testardàggine *f.* stubbornness; obstinacy; pig-headedness.

testàrdo *a.* stubborn; obstinate; pig-headed.

testàre *v. t.* to test.

testàta *f.* ***1*** (*estremità*) head: **t. di letto**, headboard; **t. di un ponte**, bridgehead ***2*** (*giorn.*) masthead, flag; (*nome*) (newspaper) name; (*giornale*) newspaper ***3*** (*mil., di missile*) warhead ***4*** (*colpo*) knock (with the head); (*volontario*) butt: **dare una t. contro il tavolo**, to knock one's head against the table; **dare una t. a q.**, to (head-)butt sb.; (*fig.*) **dare testate nel muro**, to bang one's head against a wall.

testàtico *m.* (*leg.*) poll tax.

testatóre *m.* (*leg.*) testator.

testatrìce *f.* (*leg.*) testatrix*.

tèste *V.* **testimone**.

testé *avv.* (*lett.*) just now.

testicolo *m.* (*anat.*) testicle.

testièra *f.* ***1*** (*di letto*) headboard ***2*** (*di poltrona*) headrest.

testimòne ***A*** *m. e f.* ***1*** witness: (*leg.*) **t. a carico** [**a discarico**], witness for the prosecution [for the defence]; **t. oculare**, eyewitness; **testimoni di Geova**, Jehovah's Witnesses; **fare da t. a q.c.**, to witness st.; **essere t. di q.c.**, to witness st.; to be witness to st.; **Mi sei t. che...**, you can bear witness that...; **Aspettai che non vi fossero testimoni per dargli la busta**, I waited until there was no one around to give him the envelope ***2*** (*di matrimonio*) witness; (*dello sposo*) best man*: **fare da t. a q.**, to be a witness at sb.'s wedding; to be sb.'s best man ***B*** *m.* (*sport*) baton.

testimoniàle *a.* (*leg.*) of a witness: **prova t.**, parol evidence; **esame t.**, examination of witnesses.

testimoniànza *f.* ***1*** (*leg.*) evidence [U]; testimony: **t. giurata**, sworn evidence; **falsa t.**, perjury; false testimony; **ascoltare la t. di q.**, to hear sb. as witness; **rendere la propria t.**, to give (one's) evidence ***2*** (*estens.*) evidence [U]; testimony; (*prova*) proof; (*segno*) token: **secondo la t. dei contemporanei**, according to contemporary evidence: **essere t. di q.c.**, to bear witness to st.

testimoniàre ***A*** *v. t.* ***1*** (*leg.*) to testify; to witness to: **t. il falso**, to commit perjury ***2*** (*comprovare*) to be evidence of; to bear* witness to ***B*** *v. i.* ***1*** (*leg.*: *deporre*) to give* (one's) evidence; to testify: **t. a favore di** [**contro**] **q.**, to give evidence for [against] sb. ***2*** (*attestare*) to attest (to); to bear* witness (to).

testimònio *m. V.* **testimone**.

testina *f.* ***1*** (*cucina*) calf's head ***2*** (*tecn.*) head.

testista *m. e f.* (*psic.*) tester.

tèsto *m.* ***1*** (*parole*) text; (*dicitura esatta*) wording; (*di canzone*) lyrics (*pl.*): **t. integrale**, full (*o* unabridged) text; **t. a fronte**, parallel text; **il t. di una legge**, the wording of a law ***2*** (*libro*) text; book; (*opera*) work: **testi classici** [**sacri**], classical [sacred] texts; **t. scolastico**, schoolbook; **libro di t.**, textbook • **fare t.**, to be authoritative; to carry weight □ **tavola fuori t.**, plate.

testóne *m.* (*f.* **-a**) ***1*** (*zuccone*) blockhead; chump ***2*** (*testardo*) pig-headed person.

testosteróne *m.* (*biol.*) testosterone.

testuàle *a.* ***1*** textual: **critica t.**, textual criticism ***2*** (*alla lettera*) verbatim; word for word; (*preciso*) exact, precise: **citazione t.**, word-for-word quotation; **resoconto t.**, verbatim account; **le sue testuali parole**, his precise (*o* very) words.

testualménte *avv.* (*alla lettera*) verbatim, word for word; (*esattamente*) exactly, precisely.

testùggine *f.* ***1*** (*zool.*) tortoise; (*di mare*) turtle ***2*** (*mil., stor.*) testudo*.

tetànico *a.* (*med.*) tetanic; tetanus (*attr.*).

tètano *m.* (*med.*) tetanus; lockjaw (*fam.*).

tête-à-tête (*franc.*) *a. e m. invar.* tête-à-tête.

tetraèdro *m.* (*geom.*) tetrahedron*.

tetràggine *f.* ***1*** (*aspetto tetro*) gloominess; dismalness; dreariness ***2*** (*umore tetro*) gloom; dark mood; moroseness.

tetragonàle *a.* (*geom.*) tetragonal.

tetràgono ***A*** *a.* ***1*** (*geom.*) tetragonal ***2*** (*fig.*) steadfast; foursquare ***B*** *m.* (*geom.*) tetragon.

tetralogìa *f.* tetralogy.

tetràmetro *m.* (*poesia*) tetrameter.

tetraóne *m.* (*zool.*) grouse.

tetraplegìa *f.* (*med.*) quadriplegia.

tetraplègico *a. e m.* (*f.* **-a**) quadriplegic.

tètro *a.* ***1*** gloomy; dismal; grim-looking; (*scuro*) dark ***2*** (*fig.*) gloomy; grim; dismal • **umore t.**, gloom; dark mood.

tètta *f.* (*fam.*) tit; boob.

tettarèlla *f.* ***1*** (*di poppatoio*) teat; nipple (*USA*) ***2*** (*ciuccio*) dummy (*GB*); pacifier (*USA*).

tétto *m.* ***1*** (*di edificio*) roof: **t. di tegole** [**di paglia**], tiled [thatched] roof; **t. a punta**, steep roof; **t. a terrazza**, flat roof; **a t.**, under the eaves ***2*** (*di veicolo*) roof; top: **t. apribile**, sunroof; sliding roof; **t. rigido**, hard top ***3*** (*casa*) roof; home: **Non ha un t.**, he hasn't got a roof over his head; **i senza t.**, the homeless; (*leg.*) **abbandono del t. coniugale**, desertion ***4*** (*econ.*) ceiling; upper limit.

tettóia *f.* canopy; roofing; (*contro un muro*) lean-to roof: **t. della stazione**, station canopy.

tettònica *f.* (*geol.*) tectonics (*pl. col verbo al sing.*).
tettònico *a.* (*geol.*) tectonic.
tettùccio (*autom.*) *V.* **tetto**, *def.* 2.
teutònico *a.* Teutonic.
thailandése *a., m. e f.* Thai (*a. e m.*); Thai woman* (*f.*).
the *V.* **tè**.
thèrmos *m.* thermos bottle; thermos flask.
ti *pron. pers. m. e f. 2ª pers. sing.* ***1*** (*compl. ogg.*) you; (*compl. indir.*) (to) you: **Non ti ho visto**, I didn't see you; **Ti ho preso il giornale**, I got you the paper; **Ti ho pensato**, I thought of you ***2*** (*coi verbi rifl.*) yourself (*o idiom.*): **Spiegati meglio**, explain yourself better; **Lavati le mani!**, wash your hands! ***3*** (*coi verbi i. pron.*) — **Ti ricordi?**, do you remember?; **Ti sei offeso?**, were you upset? ***4*** (*con valore rafforzativo*) — **Ti sei mangiato tutto!**, you've eaten (*o* scoffed) the lot!; **Che ti credevi?**, what did you expect?
tiàra *f.* tiara.
tibetàno *a. e m.* (*f.* **-a**) Tibetan (*f.* Tibetan woman*).
tìbia *f.* (*anat.*) tibia*; shinbone.
tic ***A*** *m.* ***1*** (*med.*) tic ***2*** (*mania*) mania ***B*** *inter. e m.* click.
ticchettàre *v. i.* (*di orologio*) to tick(-tock); (*di tacchi*) to click, to tap; (*di pioggia*) to tap, to patter; (*di macchina per scrivere*) to clack, to tap.
ticchettìo *m.* ticking; clicking; tapping; patting; clacking.
tìcchio *m.* ***1*** (*med.*) tic ***2*** (*ghiribizzo*) whim; fancy; notion: **Gli è saltato il t. di studiare il cinese**, he's taken a notion to study Chinese.
ticket (*ingl.*) *m. invar.* ***1*** (*med.*) prescription charge ***2*** (*buono pasto*) luncheon voucher.
tictac, tictoc ***A*** *inter.* tick-tock ***B*** *m.* tick-tock; (*del cuore*) ticking • **fare t.**, to tick; to tick-tock; (*del cuore*) to beat, to thump.
tièpido *a.* tepid; lukewarm; (*fig., anche*) half-hearted, unenthusiastic.
tifàre *v. i.* (*fam.*) to support (st.); to be a fan (of); to root (for) (*fam.*): **t. per una squadra**, to support (*o* to be a fan of) a team; **Tiferemo per te**, we'll be rooting for you.
tìfo *m.* ***1*** (*med.*) typhus ***2*** (*fig.*) support; enthusiasm; cheering; rooting (*fam.*): **Il t. era alle stelle**, supporters were cheering madly; **fare il t.**, *V.* **tifare**.
tifòide, tifoidèo *a.* (*med.*) typhoid.
tifóne *m.* typhoon.
tifoserìa *f.* (*fam.*) supporters (*pl.*); fans (*pl.*).
tifóso *m.* (*f.* **-a**) (*fam.*) supporter; fan.
tight (*ingl.*) *m. invar.* morning dress: **giacca del t.**, morning coat; tailcoat.
tìglio *m.* (*bot.*) lime; lime-tree • **infuso di t.**, lime tea.
tiglióso *a.* ***1*** fibrous ***2*** (*di carne*) stringy; tough.
tìgna *f.* (*med.*) tinea; ringworm.
tignòla *f.* (*zool.*) moth.
tigràto *a.* striped • **gatto t.**, tabby (cat).
tigre *f.* (*zool. e fig.*) tiger; (*femmina*) tigress • **t. di carta**, paper tiger □ **cavalcare la t.**, to ride the tiger.
tigròtto *m.* tiger cub.
tilde *m. o f.* (*segno ortografico*) tilde.
tilt (*ingl.*) *m.* (*fam.*) — **andare in t.** (*o* **fare t.**), to go haywire; to seize up: **Il computer è andato in t.**, the computer's gone haywire; **Il traffico era in t.**, the traffic had seized up; **Alla fine della giornata sono in t.**, at the end of the day my brain seizes up; **Gigi è completamente in t.**, Gigi has freaked out completely.
timbàllo *m.* (*cucina*) timbale; flan.
timbràre *v. t.* to stamp; to rubber-stamp; (*a secco*) to emboss; (*una lettera*) to postmark • **t. il cartellino**, *V. sotto* **cartellino**.
timbratùra *f.* stamping; (*di lettera*) postmarking.
timbro *m.* ***1*** (*oggetto*) stamp: **t. di gomma**, rubber stamp; **t. per la data**, date stamp; **t. a secco**, embossing stamp ***2*** (*bollo*) stamp; (*postale*) postmark: **mettere il t.**, to stamp; to postmark ***3*** (*mus.*) timbre; tone-colour ***4*** (*tono, accento*) tone; ring.
timidézza *f.* shyness; timidity.
tìmido ***A*** *a.* shy; timid ***B*** *m.* (*f.* **-a**) shy person.
timo (1) *m.* (*bot.*) thyme.
timo (2) *m.* (*anat.*) thymus*.
timóne *m.* ***1*** (*naut.*) rudder; helm: **essere al t.**, to be at the helm; **barra del t.**, tiller; **ruota del t.**, (steering) wheel; helm ***2*** (*aeron.*) rudder: **t. di direzione**, (vertical) rudder; **t. di profondità**, elevator ***3*** (*fig.*) helm ***4*** (*di carro*) shaft ***5*** (*di aratro*) beam.
timonière *m.* (*naut.*) helmsman*; (*di scialuppa e nel canottaggio*) coxwain.
timoràto *a.* scrupulous; respectful • **t. di Dio**, God-fearing.
timóre *m.* (*paura*) fear; (*apprensione*) worry; (*t. reverenziale*) awe: **t. panico**, panic (fear); **avere t. di q.** [**q.c.**], to fear (*o* to be afraid of) sb. [st.]; **nutrire timori per il futuro**, to fear for the future; to be worried about the future; **Non abbiate t.**, don't be afraid; **per t. che**, for fear (that); lest.
timoróso *a.* fearful; timorous; timid: **t. di sbagliare**, fearful (*o* afraid) of making a mistake.
timpanista *m. e f.* (*mus.*) tympanist; kettledrummer.
tìmpano *m.* ***1*** (*anat.*) tympanum*; (*com.*) eardrum ***2*** (*mus.*) kettledrum; (*al pl., anche*) timpani ***3*** (*archit.*) tympanum*; gable • **che spacca i timpani**, ear-splitting; ear-shattering □ **rompere i timpani a q.**, to burst sb.'s eardrums; (*fig.*) to deafen sb.
tinca *f.* (*zool.*) tench.
tinèllo *m.* (small) dining room; breakfast room.
tingere ***A*** *v. t.* ***1*** (*con tintura*) to dye; (*dipingere*) to paint: **t. q.c. di rosso**, to dye st. red; **tingersi i capelli**, to dye one's hair; **tingersi le labbra** [**le unghie**], to paint one's lips [one's nails] ***2*** (*macchiare*) to stain; (*insudiciare*) to dirty ***3*** (*colorare lievemente*) to tinge; to tint ***B*** **tingersi** *v. i. pron.* ***1*** (*rif. ai capelli*) to dye one's hair ***2*** (*colorarsi*) to become* tinged; to turn: **Il cielo si tinse di ocra**, the sky became tinged with ochre (*o* turned ochre); **L'acqua si tinse di sangue**, the water became red with blood; **t. di rossore**, to blush.
tino *m.* ***1*** vat; tun; (*tinozza*) tub: **t. di fermentazione**, fermenting vat; (*per birra*) tun ***2*** (*metall.*) shaft.
tinòzza *f.* tub; (*per bucato*) washtub; (*per il bagno*) bathtub.
tinta *f.* ***1*** (*materia colorante*) dye ***2*** (*per capelli*) dye; (*leggera*) tint: **farsi fare la t.**, to have one's hair dyed (*o* tinted) ***3*** (*colore*) colour, color (*USA*); hue; (*delicata*) tint, tinge; (*sfumatura*) shade: **t. morbida**, soft colour; **t. unita**, plain colour; one colour; **in t. unita**, plain(-coloured); self-coloured; **perdere la t.**, to lose colour; to fade • **a fosche tinte**, in dark colours □ **a forti tinte**, sensational; lurid □ **caricare le tinte**, to exaggerate □ (*moda*) **in t.**, matching: **accessori in t.**, matching accessories; **guanti in t. con le scarpe**, gloves that match the shoes □ **smorzare le tinte di q.c.**, to play (*o* to tone) st. down.
tintarèlla *f.* suntan; tan: **prendere la t.**, to get a tan.
tinteggiàre *v. t.* to paint • **t. a calce**, to whitewash □ **t. a tempera**, to colourwash; to distemper.
tinteggiatùra *f.* — **t. a calce**, whitewashing; **t. a tempera**, colourwashing; distempering.
tintinnàre *v. i.* (*di campanelli*) to tinkle; (*di monete, chiavi*) to jingle; (*di bicchieri*) to clink; (*di piatti*) to clatter • **far t.**, to tinkle; to jingle; to clink.
tintinnìo *m.* tinkling; jingling; clincking.
tinto *a.* ***1*** dyed; coloured; (*lievemente*) tinged ***2*** (*macchiato*) stained ***3*** (*truccato*) painted.
tintóre *m.* (*f.* **-a**) ***1*** dyer ***2*** (*gestore di lavanderia*) (dry-)cleaner.
tintorìa *f.* ***1*** dyeworks ***2*** (*negozio*) dry-cleaner's (shop).
tintùra *f.* ***1*** dyeing; painting ***2*** (*materia colorante*) dye: **t. per i capelli**, hair dye ***3*** (*chim.*) tincture: **t. di iodio**, (tincture of) iodine.
tipa *f.* (*fam.*) woman*; girl; character: **Che t.!**, what a character!
tipàccio *m.* nasty character; bad lot; (*tipo losco*) mean-looking type, ugly customer (*pop.*).
tipicità *f.* typicalness; typicality.
tìpico *a.* typical; classic; (*caratteristico*) characteristic; (*t. di un luogo*) local: **un t. paesino inglese**, a typical English village; **i tipici sintomi dell'influenza**, the classic symptoms of flu; **prodotti tipici**, local products; **È t. di lui dimenticarsene**, it's typical of him (*o* it's just like him) to forget; **T.!**, typical!
tipizzàre *v. t.* ***1*** to typify ***2*** (*standardizzare*) to standardize.
tipo ***A*** *m.* ***1*** type: **il t. longilineo**, the tall, slender type; **un t. alla Bogart**, a Bogart type; **La sua ragazza è un t. sportivo**, his girlfriend is the outdoor type ***2*** (*genere, varietà*) type; kind; sort: **un t. di riscaldamento**, a type of heating; **un t. di formaggio**, a kind of cheese; **Che t. di uomo è?**, what kind (*o* sort) of a man is he?; **Non sei il mio t.**, you are not my type; **un'auto di t. sportivo**, a sports car; **mi-**

sure di t. economico, economic measures; **un dolce t. crostata**, a sort of tart; **un cappello t. sombrero**, a sombrero-type of hat; **È sul t. del mio**, it's rather like mine; **Hai qualcosa t. un'aspirina?**, have you got something like an aspirin (*o* an aspirin or something)? ***3*** (*fam.*: *persona*) type; person; (*uomo*) man*, fellow, guy (*USA*), character, chap (*GB*); (*donna*) woman*, girl: **un t. bonario**, an easy-going sort of person; **Chi è quel t.?**, who's that man (*o* fellow, guy); **Sei un bel t.!**. you are a one!; you are really something!; **Non è bella ma è un t.**, she's not beautiful, but she's got something ***4*** (*al pl.*) (*tipogr.*) type (*sing.*) ***B*** *a. invar.* standard; average; typical: **formato t.**, standard size; **la famiglia t.**, the average family; **l'italiano t.**, the typical Italian.

tipografia *f.* ***1*** (*procedimento*) typography ***2*** (*stamperia*) printing works; printing office; printery (*USA*).

tipogràfico *a.* typographic(al); printing (*attr.*): **carattere t.**, type; **inchiostro t.**, printing ink; **norme tipografiche**, house style (*sing.*).

tipògrafo *m.* (*f.* **-a**) printer; typographer.

tipologìa *f.* typology.

tip tap *m.* (*ballo*) tap dance; tap dancing: **ballare il t.**, to tap dance.

TIR, Tir *m. invar.* articulated lorry (*GB*); trailer truck, rig (*USA*).

tiràggio *m.* draught, draft (*USA*).

tiralàtte *m. invar.* breast-pump.

tiralìnee *m. invar.* drawing-pen; ruling-pen.

tiramòlla *V.* **tiremmolla.**

tiranneggiàre ***A*** *v. t.* ***1*** to tyrannize over ***2*** (*estens.*) to tyrannize; to bully ***B*** *v. i.* to be tyrannical.

tirannìa *f.* (*anche fig.*) tyranny.

tirannicìda ***A*** *m. e f.* tyrannicide ***B*** *a.* tyrannicidal.

tirannicìdio *m.* tyrannicide.

tirànnico *a.* tyrannical.

tirànnide *f.* tyranny.

tirànno ***A*** *m.* (*f.* **-a**) (*anche fig.*) tyrant ***B*** *a.* tyrannical.

tirànte *m.* ***1*** (*mecc.*) tie rod; stay bar ***2*** (*edil.*) tie beam ***3*** (*di stivale*) bootstrap.

tirapièdi *m. e f.* (*spreg.*) underling; dogsbody; (*seguace servile*) hanger-on, yes man*, henchman*.

tirapùgni *m.* knuckle-duster.

tiràre ***A*** *v. t.* ***1*** to pull; to draw*; (*dare a strattoni*) to tug, to yank; (*trascinare*) to drag; (*a rimorchio*) to tow: **t. una corda**, to pull a rope; **t. un carro**, to pull a cart; **Tirò la sedia vicino al tavolo**, he drew the chair up to the table; **La carrozza era tirata da sei cavalli**, the coach was drawn by six horses; **t. il freno a mano**, to pull the handbrake; **t. le tende**, to draw the curtains; **t. una riga**, to draw a line; **t. q. per i capelli**, to pull sb. by the hair; **t. fuori il fazzoletto**, to pull out one's handkerchief; **t. in dentro lo stomaco**, to draw in one's stomach; **t. q. da parte** (*o* **in disparte**), to take sb. aside ***2*** (*lanciare, scagliare*) to throw*; (*un proiettile*) to shoot*; (*sparare*) to fire: **t. la palla a q.**, to throw the ball to sb.; **t. sassi a un cane**, to throw stones at a dog; **t. una freccia**, to shoot an arrow; **t. un colpo**, to fire a shot ***3*** (*tendere*) to stretch: **t. un elastico**, to stretch an elastic band ***4*** (*stampare*) to print; (*bozze*) to pull • **t. a lucido**, to polish □ (*naut.*) **t. a secco**, to haul ashore □ **tirarsi addosso un armadio**, to pull a wardrobe down on top of oneself □ **tirarsi addosso le critiche di tutti**, to attract widespread criticism □ **t. avanti la baracca**, to make both ends meet □ **t. calci**, to kick □ **t. il collo a un pollo**, to wring a chicken's neck □ **t. q. dalla propria parte**, to bring sb. round; to win sb. over (to one's side) □ **t. dentro** (*coinvolgere*), to rope in □ **Si tira dietro tutti gli altri**, they all follow him □ **t. un filo** (*delle calze, di un golf*), to pull a thread □ **t. fuori** (*estrarre*), to pull out; to take out; to produce □ **t. q. fuori dai guai**, to get sb. out of trouble □ **t. fuori le mani di tasca**, to take one's hands out of one's pockets □ **t. fuori scuse**, to make excuses □ **t. fuori i soldi**, to come up with the money; (*sborsare*) to pay up, to cough up (*fam.*) □ **t. fuori la verità**, to come out with the truth □ **t. giù**, (*prendere*) to take down; (*abbassare*) to lower, to let down; (*demolire*) to pull down □ **t. q. giù dal letto**, to drag sb. out of bed □ **t. in ballo q.c.**, to drag st. in □ **t. in lungo q.c.**, to draw st. out; (*ritardare*) to delay st. □ **t. pugni a q.**, to punch sb. □ **t. le reti**, to draw in (*o* to haul in) the nets □ **t. su**, (*raccogliere da terra*) to pick up; (*allevare*) to bring up; (*estrarre*) to draw; (*erigere*) to put up; (*rallegrare*) to cheer up; (*rianimare*) to make (sb.) feel better □ **t. su la testa**, to raise one's head □ **tirarsi su i capelli**, to put up one's hair □ **tirarsi su le maniche**, to roll up one's sleeves □ **t. via un lavoro**, (*farlo in fretta*) to do one's work in a hurry; (*abborracciarlo*) to do st. any old how, to cut corners □ **Una parola tira l'altra**, one thing leads to another ***B*** *v. i.* ***1*** (*avere tiraggio*) to pull; to draw*: **Il camino non tira**, the chimney doesn't draw well ***2*** (*soffiare*) to blow*: **Tira vento**, there is a wind blowing ***3*** (*di abiti*) to be tight: **t. sui fianchi** [**in vita**], to be tight round the hips [at the waist] ***4*** (*sparare*) to shoot*; to fire: **t. al bersaglio**, to fire at the target; **t. a una lepre**, to shoot at a hare ***5*** (*econ.*: *essere fiorente*) to do* well, to be thriving; (*vendere*) to sell*: **Il mercato dell'usato tira**, the second-hand market is doing well; **un prodotto che non tira**, a product that doesn't sell ***6*** (*autom.*) to respond: **Il motore tira bene**, the engine responds well; **La mia auto non tira in salita**, my car is sluggish uphill ***7*** (*di strada*) to be steep ***8*** (*mirare*) to be after; to have an eye on: **Lei tira ai suoi quattrini**, she is after his money ***9*** (*cercare di*) to try; (*avere tendenza a*) to have a tendency (to): **t. a imbrogliare**, to try to cheat ***10*** (*di colore*: *tendere*) to verge (on) • **t. a indovinare**, to venture (*o* to hazard) a guess; to guess □ **t. a sorte**, to draw lots □ **t. avanti**, (*continuare*) to go on, to carry on; (*nonostante le avversità*) to struggle on; (*alla meglio*) to plod on, to scrape along; (*durare*) to last, to keep going □ **«Come va?» «Si tira avanti»**, «how are you getting on?» «could be worse» □ **t. di boxe**, to box □ **t. di scherma**, to fence □ **t. dritto**, to keep going; to go past (st., sb.) □ **t. dritto per la propria strada**, to go one's way □ **t. su col naso**, to sniff □ **t. sul prezzo**, to haggle about the price □ **t. tardi** (*o* **t. mattina**), to stay up late □ (*fam.*) **t. via** (*lavorare male*), to do things any old how; to cut corners □ **Mi tira la pelle**, my skin feels tight ***C*** **tiràrsi** *v. rifl.* to draw*: **t. da parte** (*o* **in disparte**), to draw aside (*o* to one side); (*anche fig.*) **t. indietro**, to draw back; to stand back; (*rinunciare*) to back out (of st.); **t. su**, (*raddrizzarsi*) to draw oneself up, (*da seduto*) to sit up straight; (*rialzarsi*) to get on one's feet again; (*di morale*) to cheer up; (*riprendersi*) to recover, to pick up.

tiràta *f.* ***1*** pull; tug; (*strappo*) wrench, yank: **dare una t. a una fune**, to give a rope a pull; to tug at a rope; **dare una t. d'orecchi a q.**, to pull sb.'s ears; (*fig.*) to pull sb. up, to tell sb. off ***2*** (*discorso polemico*) tirade; harangue ***3*** (*attività ininterrotta*) go, stretch; (*di lavoro, viaggio*) haul, stint: **fare q.c. in una sola t.**, to do st. in one go; **una t. di sei ore**, a six-hour stint ***4*** (*boccata di fumo*) puff; pull; drag (*fam.*): **dare una t. di pipa**, to pull at one's pipe.

tiratàrdi *m. e f.* (*fam.*) ***1*** (*chi va a letto tardi*) night owl ***2*** (*persona lenta*) slowcoach; dawdler.

tiràto *a.* ***1*** (*in tensione*) drawn tight; taut ***2*** (*sforzato*) forced; strained: **sorriso t.**, forced smile ***3*** (*stanco*) drawn; haggard; pinched ***4*** (*di stretta misura*) narrow; neck-and-neck (*fam.*): **vittoria tirata**, narrow (*o* neck-and-neck) victory ***5*** (*forzato, lambiccato*) far-fetched ***6*** (*avaro*) tight-fisted; stingy; close • **t. a lucido**, (*pulito*) shining, spick and span; (*elegante*) smart, dressed up to the nines (*fam.*) □ **t. per le lunghe**, drawn out; spun out □ **t. via**, shoddy; slovenly.

tiratóre *m.* (*f.* **-trice**) shot: **ottimo t.**, crack shot; **t. scelto**, marksman; (*mil.*) sharpshooter • **t. d'arco**, archer □ **t. di scherma**, fencer □ **franco t.**, (*mil.*) sniper; (*polit.*) member of parliament who votes secretly against his own party.

tiratùra *f.* (*di libro*) run, edition; (*di giornale*) circulation: **t. limitata**, limited edition.

tirchierìa *f.* tight-fistedness; stinginess.

tìrchio ***A*** *a.* tight-fisted; stingy; mean ***B*** *m.* (*f.* **-a**) miser; skinflint.

tiremmòlla *m. invar.* ***1*** (*indecisione*) wavering; dithering; shilly-shallying (*fam.*) ***2*** (*persona indecisa*) ditherer.

tirétto *m.* drawer.

tiritèra *f.* ***1*** (*filastrocca*) nursery rhyme ***2*** (*spreg.*) long-winded yarn; patter • **la solita t.**, the same old story.

tiro *m.* ***1*** (*trazione*) draught: **cavallo da t.**, draught horse ***2*** (*gruppo di animali che tirano*) team: **un t. di buoi**, a team of oxen; **un t. a quattro**, a coach and four; a four-in-hand ***3*** (*lancio*) throw; (*calcio*) shot: **un t. di dadi**, a throw of dice; (*calcio*) **t. a rete**, shot at goal; (*calcio*) **t. di testa**, header ***4*** (*di arma*: *colpo*) shot; (*lo sparare*) shooting; (*mil.*: *fuoco*) fire: **a un tiro di pistola**, within pistol shot; **t.**

al piattello, clay-pidgeon shooting; **t. a segno**, target-shooting; (*il luogo*) shooting range; (*al luna park*) shooting gallery; **t. con l'arco**, archery; **gara di t.**, shooting contest; **aprire il t.**, to open fire; **correggere il t.**, to adjust the aim ***5*** (*portata, di arma*) range; (*di mano*) reach; (*distanza*) distance: **a t.**, within range; within reach; **venire a t.**, to come within range; **Se mi viene a t...**, if I get my hands on him...; **fuori t.**, out of range; out of reach ***6*** (*scherzo*) trick; turn: **giocare un brutto t.** (*o* **un tiro birbone**) **a q.**, to play a dirty (*o* a nasty) trick on sb. ***7*** (*fam.*: *boccata di sigaretta*) pull; drag: **Mi fai fare un t.?**, can I have a drag? • **t. alla fune**, tug-of-war □ **a un t. di schioppo** (*o* **di sasso**), within a stone's throw □ **a t. di voce**, within calling distance □ (*anche fig.*) **essere sotto t.**, to be under fire □ (*fam.*) **in t.** (*elegante*), snazzy; classy □ **tenere q. sotto t.** (*di un'arma*), to have sb. covered.

tirocinànte ***A*** *a.* training ***B*** *m. e f.* apprentice; trainee.

tirocìnio *m.* apprenticeship; training; practice: **fare t.**, to do one's training; to serve one's apprenticeship; **t. didattico**, teaching practice; **t. legale**, legal training; **fare t. legale**, to be articled to a lawyer.

tiròide *f.* (*anat.*) thyroid.

tiroidèo *a.* (*anat.*) thyroid (*attr.*).

tirolése *a., m. e f.* Tyrolese.

tirrènico *a.* (*geogr.*) Tyrrhenian.

tirrèno *a.* Tyrrhene; Tyrrhenian • (*geogr.*) **il (Mar) T.**, the Tyrrhenian Sea.

tisàna *f.* infusion; herb tea; tisane.

tiṣi *f.* (*med.*) tuberculosis (*abbr.* TB); consumption; phthisis.

tìṣico ***A*** *a.* ***1*** (*med.*) consumptive; phthisical ***2*** (*fig.*) stunted ***B*** *m.* (*med.*) consumptive; TB sufferer.

titànico *a.* titanic; gigantic; colossal.

titànio *m.* (*chim.*) titanium.

titaniṣmo *m.* Titanism.

titàno *m.* ***1*** (*mitol.*) Titan ***2*** (*fig.*) titan; giant; colossus.

titillàre *v. t.* to titillate; to tickle.

titolàre (1) ***A*** *a.* ***1*** (*a pieno titolo*) official; appointed ***2*** (*che ha il solo titolo*) titular: **vescovo t.**, titular bishop ***B*** *m. e f.* ***1*** (*detentore*) holder; (*di impiego, posto*) occupant, incumbent: **t. di un brevetto**, patentee; **t. di cattedra**, (*all'università*) holder of a chair, full professor; (*nella scuola*) regular teacher ***2*** (*proprietario*) owner; proprietor (*m.*); proprietress (*f.*) ***3*** (*eccles.*) titular.

titolàre (2) *v. t.* ***1*** (*chim.*) to titrate ***2*** (*giorn.*) to headline; (*avere un titolo*) to carry a headline ***3*** (*cinem.*) to title.

titolarità *f.* (*leg.*) title; legal ownership.

titolàto ***A*** *a.* ***1*** (*nobile*) titled ***2*** (*chim.*) titrated ***B*** *m.* (*f.* **-a**) titled person; nobleman* (*m.*); noblewoman* (*f.*).

titolatùra *f.* ***1*** titling ***2*** (*insieme di titoli*) titles (*pl.*); (*giorn.*) headlines (*pl.*).

titolìsta *m. e f.* ***1*** (*giorn.*) headline writer ***2*** (*tipogr.*) headline setter.

tìtolo *m.* ***1*** (*di libro, film, ecc.*) title; (*giorn., TV*) headline: **portare un t.**, to bear a title; **senza t.**, untitled; **t. a tutta pagina**, banner headline; **t. a tre colonne**, headline on three columns; **a titoli cubitali**, in banner headlines; (*tipogr.*) **t. corrente**, running title (*o* headline) ***2*** (*al pl.*) (*cinem., TV*) credits: **titoli di testa [di coda]**, opening [closing] credits ***3*** (*intestazione, rubrica*) head; heading ***4*** (*nobiliare, onorifico, accademico*) title: **t. nobiliare**, aristocratic title; **t. di cavaliere** (*cavalierato*), knighthood; **Gli fu conferito il t. di cavaliere**, he was knighted; a knighthood was conferred on him ***5*** (*appellativo; epiteto, anche offensivo*) name ***6*** (*qualifica*) qualification: **titoli di studio**, educational qualifications; **t. accademico**, academic qualification; **concorso per titoli**, competition based on qualifications ***7*** (*sport*) title: **t. di campione del mondo**, world championship title; **detentore di t.**, title holder ***8*** (*ragione, motivo*) reason; motive ***9*** (*diritto*) title; right; claim: **non avere nessun t. per q.c.**, to have no right (*o* claim) to st.; **t. di proprietà**, title; **A che t. lo vuoi sapere?**, by what right do you want to know?; **a pieno t.**, with full rights; legitimately ***10*** (*fin.*: *azione*) share, security; (*al pl., anche*) stock Ⓤ; (*obbligazione*) debenture, bond: **titoli azionari**, shares; stock; **titoli di Stato**, state bonds; government securities; **titoli nominativi**, registered stock; **titoli al portatore**, stock to bearer; bearer bonds; **titoli di credito**, certificates of credit ***11*** (*di lega metall.*) content, percentage; (*dell'oro, ecc.*) fineness ***12*** (*ind. tess.*) count ***13*** (*chim.*) titre; strength: (*autom.*) **t. della miscela**, mixture strength ***14*** (*eccles.*) title • **a t. di**, as; by way of: **a t. d'amicizia**, as a friend; **a t. di esempio**, by way of an example; **a t. di favore**, as a favour; **a t. di curiosità**, out of curiosity; **a t. puramente indicativo**, purely as an indication; **a t. gratuito**, free of charge; **a t. privato**, privately.

titolóne *m.* (*giorn.*) streamer; banner headline.

titubànte *a.* hesitant; hesitating; doubtful; wavering.

titubànza *f.* hesitation; indecision; wavering.

titubàre *v. i.* to hesitate; to waver; to be in two minds.

tizianésco *a.* ***1*** (*arte*) Titian's; Titianesque ***2*** (*di capelli*) titian; auburn.

tìzio *m.* man*; someone; guy (*USA*); bloke (*fam., GB*): **C'è un t. che ti vuole**, there is someone here to see you; **Conosci quel t. laggiù?**, do you know that bloke (*USA* guy) over there? • **T., Caio e Sempronio**, Tom, Dick and Harry.

tìzzo, tizzóne *m.* ember: **t. ardente**, glowing ember; (*di carbone*) live coal; **t. spento**, cinder.

to' *inter.* ***1*** (*prendi!*) here!; take it!: **To' i soldi**, here's the money; **Lo vuoi? To'!**, do you want it? here you are! ***2*** (*di stupore*) hey!; look!; well: **To', chi si vede!**, hey! look who's here!; **To', non ci avevo pensato**, well! I hadn't thought of that.

toast (*ingl.*) *m. invar.* toasted sandwich.

tobòga *m.* ***1*** (*sport*) toboggan ***2*** (*scivolo*) chute; slide.

toc *inter.* — **«Toc toc» «Chi è?»**, «knock-knock» «who's there?».

toccàbile *a.* touchable • (*fig.*) **t. con mano**, tangible; palpable.

toccànte *a.* (*commovente*) touching; moving; affecting.

toccàre ***A*** *v. t.* ***1*** to touch: **Non t. i miei libri!**, don't touch my books!; (*in acqua*) **Qui non si tocca**, you can't touch bottom here; **Sono anni che non tocco il violino**, I haven't touched the violin for years; **non t. cibo**, not to touch food; **Si sbriciola solo a toccarlo**, it crumbles at the touch; **Lo toccai col gomito [sulla spalla] per avvertirlo**, I nudged him [I tapped him on the shoulder] to warn him ***2*** (*tastare, maneggiare*) to feel*; to handle: **Non t. la merce**, please don't handle the goods ***3*** (*raggiungere*) to reach; to touch: **t. la meta**, to reach one's goal; **t. livelli record**, to hit record levels; **t. i 200 km all'ora**, to touch 200 km an hour; (*fig.*) **t. il fondo**, to touch the bottom; to reach rock-bottom; **t. il minimo**, to reach rock-bottom; (*Borsa*) to drop to a low; **t. il vertice**, to reach a peak; **t. la sessantina**, to be nearly sixty; to be pushing sixty (*fam.*) ***4*** (*passare da un luogo*) to pass through; (*visitare*) to visit; (*naut.*: *fare scalo*) to call at ***5*** (*commuovere*) to touch; to move; to affect: **Le sue parole mi hanno toccato profondamente**, his words moved (*o* affected) me deeply ***6*** (*accennare, sfiorare*) to touch on; to mention: **t. parecchi argomenti**, to touch on various subjects; **t. q.c. di sfuggita**, to mention st. in passing ***7*** (*interessare*) to affect, to touch; (*riguardare*) to concern: **La cosa non mi tocca personalmente**, it doesn't affect me personally; **Mi tocca da vicino**, it concerns me closely ***8*** (*offendere, ferire*) to touch; to hurt; to harm: **Le sue critiche non mi toccano**, his criticism doesn't trouble me; **t. q. nell'orgoglio**, to hurt sb.'s pride • **t. il cielo con un dito**, to be in one's seventh heaven; to be beside oneself with joy □ **t. q.c. con mano**, to see st. with one's own eyes (*o* for oneself); to have proof of st.; **far t. q.c. con mano**, to give sb. sure proof of st. □ **t. il cuore a q.**, to move sb. □ **t. ferro**, to touch wood □ (*calcio*) **t. la palla con le mani**, to handle the ball □ **t. q. nell'interesse**, to hit sb.'s pocket □ **t. un tasto falso**, to strike a false note □ **t. terra**, (*naut.*) to land; (*aeron.*) to land, to touch down ***B*** *v. i.* ***1*** (*essere il turno*) to be (sb.'s) turn: **Tocca a te**, (*in un gioco*) it's your turn to play; (*a dama, a scacchi*) it's your move; (*in una coda*) you are next; **A chi tocca muovere?**, whose move is it?; **A chi toccano i piatti?**, whose turn is it to do the dishes? ***2*** (*spettare*) to fall*; to be (sb.'s) duty (*o* job); to be up to: **Toccò a me dargli la notizia**, it fell to me to break the news to him; **Non tocca a me dirglielo**, it's not my job to tell him; **Tocca a te decidere**, it's up to you to decide ***3*** (*toccare in sorte*) to be (sb.'s) lot; (*accadere, capitare*) to happen ***4*** (*dovere*) to have (to) (*costruz. pers.*): **Mi toccò tornare indietro**, I had to go back; **Tocca sempre a me pagare**, I'm the one who always has to fork out money; **Cosa mi tocca sentire!**, I can't believe my ears! ***5*** (*andare, essere assegnato*) to go*, to get* (*costruz. pers.*); (*aver diritto a*) to have a right (to) (*costruz. pers.*); (*essere dovuto*) to be (sb.'s) due: **L'eredità toccò tutta al nipote**, the inheritance went entirely to his nephew; his nephew got the whole inheritance; **Voglio solo quel che mi tocca**, I only want my due (*o* what is mine by rights) ***6*** (*ottenere*) to get*; to obtain • **A chi tocca, tocca**, that's fate; it's the luck of the draw □ **Sotto a chi t.!**, who's next? ***C*** **toccàrsi** *v. rifl. recipr.* to touch (each other, one another); to meet*: **Gli estremi si toccano**, extremes meet.

toccasàna *m. invar.* cure-all; panacea.

toccàta *f.* ***1*** touch; feel ***2*** (*mus.*) toccata.

toccàto *a.* ***1*** *V.* **tocco** ***2*** (*scherma e fig.*) touché (*franc.*) ***3*** (*di frutto*) bruised.

tócco (1) *a.* (*mattoide*) touched; funny (in the head); weird; cracked (*pop.*); screwy (*pop.*); loopy (*pop.*).

tócco (2) *m.* ***1*** touch: **Basta un t. per romperlo**, a touch is enough to break it; **il t. finale**, the finishing touch; **il t. del maestro**, the touch of the master; **t. personale**, personal touch ***2*** (*colpo battuto*) knock; rap ***3*** (*accenno, un poco*) touch, dab; (*sfumatura*) shade, hint: **un t. di rossetto**, a dab of lipstick; **un t. di colore [di allegria]**, a touch of colour [of gaiety]; **C'era un t. di delusione nella sua voce**, there was a hint of disappointment in his voice ***4*** (*di pennello, ecc.*) stroke ***5*** (*rintocco*) strike; (*funebre*) knell, toll ***6*** (*l'una*) one o'clock (p.m.).

tócco (3) *m.* (*pezzo*) piece; chunk; hunk • (*fam.*) **un bel t. di ragazza**, a gorgeous girl.

tócco (4) *m.* (*copricapo: rotondo e senza tesa*) cap, toque; (*con tesa quadrata*) square cap, mortarboard; (*da signora*) toque: **in t. e toga**, in cap and gown.

toelètta *V.* **toilette**.

tòga *f.* ***1*** (*stor. romana*) toga ***2*** (*di magistrato, professore, ecc.*) gown; robe: **in tocco e t.**, in cap and gown.

togàto *a.* ***1*** (*stor. romana*) togaed ***2*** (*di magistrato, professore, ecc.*) gowned; robed ***3*** (*fig.: solenne*) stately; dignified; solemn.

tògliere ***A*** *v. t.* (*rimuovere*) to take* (away, off, down, out), to remove; (*indumenti*) to take* off; (*estrarre*) to get* out; (*eliminare, tagliare*) to strike* off, to cut*: **Togli di lì quella roba**, take that stuff away from there; **t. le bende**, to remove bandages; **t. una macchia**, to remove a stain; **t. quattro da sei**, to take four from six; **L'hanno tolto da quella scuola**, they took him away from that school; **Gli hanno tolto tutto**, they've taken everything from him; **Mi hanno tolto le tonsille**, I had my tonsils removed (*o* out); **Togliti il cappotto**, take off your coat; **togliersi i guanti**, to take (*o* pull) off one's gloves; **Aprì il cassetto e ne tolse una scatola**, he opened the drawer and took (*o* got) out a box; **t. q. dai guai**, to get sb. out of trouble; **t. le mani di tasca**, to take one's hands out of one's pockets; **t. un libro da uno scaffale**, to take (*o* to get) a book off a shelf: **t. un nome da un elenco**, to strike a name from a list; **t. una frase da un articolo**, to cut a sentence out of an article • (*mil.*) **t. l'assedio**, to raise the siege □ **togliersi un capriccio**, to satisfy (*o* to indulge) a whim □ (*elettr.*) **t. il contatto**, to break contact □ (*elettr.*) **t. la corrente**, to cut off the electricity □ **t. una curiosità a q.**, to satisfy sb.'s curiosity □ **togliersi q.c. dalla testa**, to get st. out of one's head; □ **t. di mezzo q. [q.c.]**, to get rid of sb. [st.] □ **t. un divieto**, to lift a ban □ **t. un dubbio a q.**, to clear up a doubt for sb. □ **Toglimi un dubbio: è sposato o no?**, tell me something, is he married or not? □ **t. la fame a q.**, to appease sb.'s hunger □ **togliersi il gusto di fare q.c.**, to give oneself the satisfaction of doing st. □ **t. a q. un gran peso**, to relieve sb. of a burden □ **togliersi il pensiero**, to get st. off one's mind □ **t. il saluto a q.**, to cut sb. □ **t. una seduta**, to adjourn a meeting □ **t. il sonno**, to keep (sb.) awake □ **togliersi la vita**, to take one's (own) life □ **Ciò non toglie che hai fatto male a dirglielo**, the fact remains you were wrong to tell her; it doesn't mean you weren't wrong to tell her ***B*** **tògliersi** *v. rifl.* to get* away [off, out]: **Toglietevi di lì**, get away from (*o* out of) there; **t. dai piedi** (*o* **di mezzo**), to get out of the way; (*andarsene*) to clear off (*o* out).

toh *V.* **to'**.

toilette (*franc.*) *f. invar.* ***1*** (*mobile*) toilet table; dressing table ***2*** (*gabinetto*) toilet; restroom (*USA*) ***3*** (*abito elegante*) dress; outfit; costume: **mettersi in gran t.**, to dress up ***4*** (*cura della persona*) toilet: **fare t.**, to be at one's toilet; **passare ore a far t.**, to spend hours over one's toilet.

tòlda *f.* (*naut.*) deck.

tolemàico *a.* Ptolemaic.

tolétta *V.* **toilette**.

tolleràbile *a.* tolerable; endurable; bearable.

tollerànte *a.* ***1*** tolerant; broadminded ***2*** (*indulgente*) indulgent; easy-going.

tolleranza *f.* ***1*** (*sopportazione*) tolerance; endurance: **t. ai farmaci**, tolerance to drugs; **avere poca t. per il freddo**, to have a limited tolerance to cold; **avere spirito di t.**, to be tolerant ***2*** (*rispetto, accettazione*) tolerance; broadmindedness ***3*** (*indulgenza*) indulgence ***4*** (*comm.*) allowance ***5*** (*tecn.*) tolerance • **margine di t.**, margin; leeway.

tolleràre *v. t.* ***1*** (*resistere a, sopportare*) to tolerate; to bear*; to endure; to stand*; to put* up with: **t. il caldo**, to tolerate heat; **t. il dolore**, to bear pain; **t. una medicina**, to tolerate a medicine; **Non tollero i latticini**, I'm allergic to dairy produce (*o* milk products); **Ci sono alcuni colleghi che non tollero**, there are some colleagues I cannot stand; **Dovrò tollerarli**, I'll have to put up with them ***2*** (*permettere*) to tolerate; to allow: **non t. gli sprechi**, not to tolerate waste; **Non possiamo t. che le cose rimangano così**, we can't allow things to remain as they are now; **t. cinque minuti di ritardo**, to allow a five minutes' delay.

tòlto *a.* (*eccettuato*) except for; with the exception of; bar.

tomàia *f.* upper; vamp.

tómba *f.* tomb; (*fossa*) grave: **dalla culla alla t.**, from the cradle to the grave; **t. di famiglia**, family vault; family plot • **avere un piede nella t.**, to have one foot in the grave □ **portare q. alla t.**, to be the death of sb.; to kill sb. □ **rivoltarsi nella t.**, to turn in one's grave □ **Sarò una t.**, my lips are sealed □ **silenzio di t.**, deathly silence.

tombàle *a.* tomb (*attr.*); grave (*attr.*): **pietra t.**, tombstone; gravestone.

tombino *m.* ***1*** (*coperchio*) manhole cover ***2*** (*pozzetto*) manhole.

tómbola (1) *f.* (*gioco*) bingo • **fare t.**, to win.

tómbola (2) ***A*** *f.* (*fam.: caduta*) fall; tumble: **fare una t.**, to have a tumble ***B*** *inter.* oops!; oops-a-daisy!

tombolàre *v. i.* (*fam.*) to tumble.

tombolàta *f.* game of bingo.

tómbolo *m.* (*per merletti*) lace pillow: **lavorare al t.**, to make lace on a lace pillow; **merletto al t.**, pillow lace; bobbin lace.

Tommaso *m.* — **essere come San T.**, to be a Doubting Thomas.

tòmo (1) *m.* tome; volume.

tòmo (2) *m.* (*fam.*) (funny) character; queer customer.

tomografia *f.* (*med.*) tomography: **t. assiale computerizzata** (*abbr.* **TAC**), computerized (*o* computed) axial tomography (*abbr.* CAT).

tònaca *f.* (*di frate*) frock, habit; (*di prete*) cassock, soutane • **gettare la t.**, to leave (*o* to give up) the priesthood.

tonàle *a.* ***1*** (*mus.*) tonal; tone (*attr.*) ***2*** (*ling., pitt.*) tone (*attr.*): **lingua t.**, tone language.

tonalità *f.* ***1*** (*mus.*) tonality; key: **t. di re maggiore**, key of D major ***2*** (*pitt.*) tonality ***3*** (*sfumatura di colore*) tone; shade.

tonànte *a.* thundering; booming.

tondeggiànte *a.* rounded; roundish.

tondèllo *m.* (*dischetto*) round; disc.

tondino *m.* ***1*** (*edil.*) reinforcing iron rod ***2*** (*archit.*) astragal ***3*** (*sottobicchiere*) coaster.

tóndo ***A*** *a.* ***1*** (*rotondo*) round; (*grassoccio*) plump, chubby ***2*** (*preciso*) exact; full: **un mese t.**, a full month; **Fanno diecimila tonde**, that makes ten thousand exactly • **cifra tonda**, round figure; **il totale in cifra tonda**, the total in round figures; the round figure; **fare cifra tonda**, to round up [down] a figure; to make it a round figure ***B*** *m.* ***1*** (*cerchio*) circle; ring: **in t.**, in a circle; in a ring; **disporsi in t.**, to form a circle [a ring]; **ballare in t.**, to dance in a circle; **girare in t.**, to go round and round; to go round in circles ***2*** (*disco*) round; disc ***3*** (*piatto*) (round) plate ***4*** (*sottocoppa*) coaster ***5*** (*tipogr.*) Roman (type) ***6*** (*pitt., scult.*) tondo* • **a tutto t.**, in full relief; in the round □ **scultura a tutto t.**, full-relief sculpture.

tónfete *inter.* plop!; splash!

tónfo *m.* ***1*** thud; (*in acqua*) splash, (*lieve*) plop ***2*** (*caduta*) fall; tumble; (*fig.*) crash.

tònica *f.* (*mus.*) tonic; keynote.

tònico ***A*** *a.* (*ling., mus., med.*) tonic ***B*** *m.* ***1*** (*farm.*: *bevanda*) tonic ***2*** (*cosmesi*) toner.
tonificànte *a.* tonic; invigorating; (*specialm. di aria*) bracing.
tonificàre *v. t.* to tone up; to invigorate; to brace.
tonnàra *f.* tunny-fishing nets (*pl.*).
tonnàto *a.* (*cucina*) with tunny sauce.
tonnellàggio *m.* (*naut.*) tonnage.
tonnellàta *f.* ***1*** (*metrica*) tonne; metric ton ***2*** (*naut.*) ton: **t. di stazza** (*o* **di registro**), register ton.
tónno *m.* ***1*** (*zool.*) tunny*; tuna* ***2*** (*carne*) tuna (fish).
tòno *m.* ***1*** tone: **mutare il t. della voce**, to change the tone of one's voice; **in t. aspro**, in a harsh tone ***2*** (*mus.*) tone; (*intonazione*) tune; (*altezza*) pitch; (*chiave*) key: **intervallo di tre toni**, three-tone interval; **essere in t.** [**fuori t.**], to be in tune [out of tune]; **calare di t.**, to fall in pitch: **dare il t.**, to give the note; **t. di Do**, key of C ***3*** (*di colore*) tone; hue; shade ***4*** (*med.*) tone; tonus: **t. muscolare**, muscle tone ***5*** (*carattere, tenore*) tone; style: **alzare il t. di un quartiere**, to raise the tone of a neighbourhood; **t. di vita**, lifestyle; **un completo di t. elegante**, an elegant outfit • (*fig.*) **calare di t.**, to go flat; to slacken □ **cambiare t.**, to use a different tone; (*cambiare musica*) to change one's tune □ **dare il t.**, to set the tone □ **darsi t.**, to give oneself airs □ **giù di t.**, not at one's best; off; out of sorts □ **in t. con**, in keeping with □ **rispondere a t.**, (*a proposito*) to answer to the point; (*per le rime*) to answer back □ **sotto t.**, (*giù di forma*) below par, off; (*dimesso*) quiet, subdued □ **su di t.**, (*in forma*) very fit, in high spirits; (*raffinato*) stylish, classy (*fam.*) □ **Non devi prenderla su questo t.**, you mustn't take it like that □ **Se la metti su questo t...**, if that's your attitude...
tonsilla *f.* (*anat.*) tonsil.
tonsillìte *f.* (*med.*) tonsillitis.
tonsùra *f.* (*eccles.*) tonsure.
tónto ***A*** *a.* dumb; slow; dense ***B*** *m.* (*f.* **-a**) simpleton; lump; blockhead • **fare il finto t.**, to pretend not to understand; to play dumb.
topàia *f.* ***1*** rats' nest ***2*** (*fig.*) hovel.
topàzio *m.* (*miner.*) topaz.
tòpica *f.* (*fam.*) gaffe; blunder; faux pas (*franc.*): **fare una t.**, to make a gaffe; to blunder; to put one's foot in it (*fam.*).
ATTENZIONE: **topica** ≠ topic.
topicìda *m.* rat poison.
tòpico *a.* topical.
topinambùr *m.* (*bot.*) Jerusalem artichoke.
tòpo *m.* (*zool.*) mouse*; (*ratto*) rat • (*zool.*) **t. campagnolo**, field mouse; (bank) vole □ (*zool.*) **t. d'acqua**, water rat □ **t. d'albergo**, hotel thief □ **t. d'auto**, car burglar □ **t. di biblioteca**, bookworm □ (*zool.*) **t. muschiato**, muskrat; musquash □ **color t.**, mousey, mousy □ **fare la fine del t.**, to be caught like a rat in a trap □ **grigio t.**, mouse-grey.
topografìa *f.* topography.
topogràfico *a.* topographic(al) • **carta topografica**, map.
topògrafo *m.* topographer.
topologìa *f.* topology.
topològico *a.* topologic(al).
topònimo *m.* place-name; toponym.
toponomàstica *f.* toponymy.
toponomàstico *a.* toponymic(al).
toporàgno *m.* (*zool.*) shrew.
tòppa *f.* ***1*** (*anche fig.*) patch: **mettere una t. a q.c.**, to sew a patch on to st.; (*fig.*) to patch st. up ***2*** (*buco della serratura*) keyhole; (*serratura*) lock.
toppàre *v. t.* (*pop.*) to blunder; to botch up.
toràce *m.* (*anat.*) thorax*; (*com.*) chest.
toràcico *a.* (*anat.*) thoracic; chest (*attr.*) • **cavità toracica**, thorax.
tórba *f.* peat.
torbidézza *f.* (*anche fig.*) turbidity; turbidness; cloudiness.
tórbido ***A*** *a.* ***1*** turbid; cloudy; muddy ***2*** (*fosco*) turbid, dark, grim; (*inquieto*) troubled ***B*** *m.* ***1*** something fishy: **C'è del t. qui**, there's something fishy about this; **pescare nel t.**, to fish in troubled waters ***2*** (*al pl.*) (*tumulti*) disturbances; trouble 🄤.
torbièra *f.* peat-bog.
torbóso *a.* peaty; peat (*attr.*).
tòrcere ***A*** *v. t.* ***1*** to twist; to wring*: **t. un filo di ferro**, to twist a wire; **t. un braccio a q.**, to twist sb.'s arm; **t. il bucato**, to wring out the washing; **t. il collo a una gallina**, to wring a hen's neck; **torcersi le mani**, to wring one's hands ***2*** (*incurvare*) to bend*: **t. una sbarra**, to bend a bar • **t. la bocca**, to make a wry mouth; to grimace □ **t. il naso**, to turn up one's nose □ **non t. un capello a q.**, not to touch a hair of sb.'s head ***B*** **tòrcersi** *v. rifl. e i. pron.* to twist; to writhe • **t. dalle risa**, to split one's sides laughing.
torchiàre *v. t.* ***1*** to press ***2*** (*interrogare*) to grill; to give* (sb.) the third degree.
torchiatùra *f.* pressing.
tòrchio *m.* press: **t. per uva**, winepress • (*fig.*) **essere sotto il t.**, (*essere interrogato*) to be grilled □ **mettere q. sotto il t.**, (*interrogare*) to grill sb., to give sb. the third degree; (*far faticare*) to put sb. through the mill.
tòrcia *f.* torch; flambeau (*franc.*): **t. elettrica**, electric torch (*GB*); flashlight (*USA*).
torcicòllo *m.* ***1*** (*med.*) stiff neck; wryneck: **avere il t.**, to have a stiff neck ***2*** (*zool.*) wryneck.
torciglióne *V.* **tortiglione**.
tórdo *m.* (*zool.*) (song) thrush.
torèllo *m.* ***1*** young bull; bullock ***2*** (*fig.*) strong young man*.
torèro *m.* bull-fighter.
tòrio *m.* (*chim.*) thorium.
tórma *f.* ***1*** (*di animali*) herd ***2*** (*di persone*) crowd; swarm.
tormalìna *f.* (*miner.*) tourmaline • **t. nera**, schorl.
torménta *f.* snowstorm; blizzard.
tormentàre ***A*** *v. t.* to torment; to torture; to rack; (*molestare*) to pester, to plague: (*angustiare*) to worry; (*stuzzicare*) to torment, to tease ***B*** **tormentàrsi** *v. rifl.* to worry; to torment oneself.
tormentàto *a.* ***1*** tormented; tortured ***2*** (*inquieto*) restless ***3*** (*accidentato*) rough; uneven ***4*** (*discusso*) vexed; much discussed.
tormentatóre *m.* (*f.* **-trice**) tormentor: torturer.
torménto *m.* (*dolore, tortura*) torment, torture, agony; (*fastidio*) torment, plague, pest: **morire fra i tormenti**, to die in torment; **i tormenti della fame**, the pangs of hunger; **Abbiamo avuto il t. delle mosche**, we were plagued by flies; **Quel bambino è un t.**, that child is a pest; **Il pranzo fu un vero t.**, the dinner was an ordeal.
tormentóso *a.* tormenting; excruciating; worrying; troublesome: **mal di testa t.**, splitting (*o* excruciating) headache; **dubbio t.**, nagging doubt; **attesa tormentosa**, agonizing wait.
tornacónto *m.* advantage; profit; (*interesse*) interest: **Non c'è t.**, there is no profit in it; it doesn't pay; **pensare al proprio t.**, to think of one's own interest.
tornado *m. invar.* tornado*.
tornànte *m.* hairpin bend.
tornàre *v. i.* ***1*** *V.* **ritornare** ***2*** (*essere, risultare*) to be: **t. comodo**, to be convenient; **t. utile**, to come in handy; **t. a credito di q.**, to do sb. credit; to speak well for sb.; **Tornerà a tuo vantaggio**, it'll be all to your advantage; **Mi torna nuovo**, that's news to me ***3*** (*essere esatto, quadrare*) to be right (*o* correct), to add up, to balance; (*essere giusto*) to make* sense, to sound right; (*andare a posto*) to work out: **Il totale torna**, the total is right; **I conti non tornano**, the accounts do not balance; **C'è qualcosa che non torna qui**, there's something wrong here; something doesn't add up; **Tutto torna**, it all adds up; **Ti torna?**, does it make sense to you?; does it sound right to you? ***4*** (*ricominciare, riprendere*) to go* back (to); to... again: **t. a scrivere**, to go back to writing; **t. a sorridere**, to smile again; **t. a dire**, to repeat; **t. a fare lo stesso errore**, to repeat the same mistake.
tornasóle *m.* (*chim.*) litmus: **cartina di t.**, litmus paper; **prova con la cartina di t.**, litmus test.
tornàta *f.* ***1*** (*seduta*) sitting ***2*** (*giro*) round: **t. di consultazioni**, round of talks; **t. elettorale**, ballot; round of voting.
torneàre *v. i.* (*stor.*) to tourney; to joust.
tornèo *m.* ***1*** (*stor.*) tournament; tourney; joust ***2*** (*sport, giochi*) tournament.
tórnio *m.* lathe; (*da vasaio*) potter's wheel: **lavorare q.c. al t.**, to turn st.; to lathe st.; **fatto al t.**, turned (on a lathe); (*di vaso, ecc.*) made on a wheel.
tornìre *v. t.* ***1*** (*mecc.*) to turn (on a lathe); to lathe ***2*** (*fig.*) to polish; to turn.
tornìto *a.* ***1*** (*mecc.*) turned (on a lathe) ***2*** (*tondeggiante*) shapely; well-shaped: **braccia tornite**, shapely arms ***3*** (*di verso, frase*) well-turned; polished.
tornitóre *m.* (*f.* **-trice**) turner; (*in legno*) wood-turner.

tornitùra *f.* turning.
tórno ***A*** *m.* — **in quel t. di tempo**, at about that time □ **levarsi q. di t.**, to get rid of sb. □ **Levati di t.!**, go away!; clear off! (*pop.*); get lost! (*pop.*) □ **togliersi q. di t.**, to get rid of sb. ***B*** **tórno tórno** *locuz. avv.* all around.
tòro (1) *m.* ***1*** (*zool.*) bull ***2*** — (*astron., astrol.*) **il T.**, Taurus: **È del** (*o* **un**) **T.**, he is (a) Taurus • **prendere il t. per le corna**, to take the bull by the horns □ **tagliare la testa al t.**, to settle the matter once and for all □ **argomento che taglia la testa al t.**, clinching argument; clincher (*fam.*).
tòro (2) *m.* ***1*** (*geom.*) torus* ***2*** (*archit.*) torus*; tore.
torpèdine (1) *f.* (*zool.*) electric ray; torpedo*.
torpèdine (2) *f.* (*naut. mil.*) torpedo*.
torpedinièra *f.* (*naut.*) torpedo-boat.
torpedóne *m.* motorcoach.
tòrpido *a.* ***1*** torpid; numb ***2*** (*fig.*) torpid; sluggish.
torpóre *m.* ***1*** torpor; stupor; numbness ***2*** (*fig.*) torpor; sluggishness.
tórre *f.* ***1*** tower: **t. campanaria**, bell tower; **t. di guardia**, watch-tower; **t. pendente**, leaning tower; (*naut.*) **t. di comando**, conning tower; (*aeron.*) **t. di controllo**, control tower; **t. d'avorio**, ivory tower; **la T. di Babele**, the tower of Babel ***2*** (*gioco degli scacchi*) castle; rook.
torrefàre *v. t.* to roast.
torrefazióne *f.* ***1*** roasting; torrefaction ***2*** (*negozio*) coffee-shop.
torreggiàre *v. i.* to tower.
torrènte *m.* (*anche fig.*) torrent; stream: **t. di lava**, torrent of lava; **un t. di parole**, a torrent of words; **un t. di lacrime**, a flood (*o* floods) of tears; **a torrenti**, in torrents.
torrentìzio *a.* torrential; torrent-like.
torrenzìale *a.* torrential: **pioggia t.**, torrential rain; pouring rain.
torrétta *f.* (*archit., mil., naut., aeron.*) turret; (*di sommergibile*) tower.
tòrrido *a.* torrid.
torrióne *m.* tower; keep (*stor.*).
torsióne *f.* ***1*** torsion; twisting; twist; (*rotazione*) rotation ***2*** (*mecc.*) torsion; torque ***3*** (*ginnastica*) twist.
tórso *m.* trunk; (*anche di statua*) torso* • **a t. nudo**, bare-chested □ **mettersi a t. nudo**, to strip to the waist.
tórsolo *m.* core: **t. di mela**, apple core.
tòrta *f.* cake; pie; (*crostata*) tart: **t. gelata**, ice-cream cake; **t. di mele**, apple pie; apple tart; **t. di spinaci**, spinach tart; **t. margherita**, sponge cake • (*fig.*) **È finita a torte in faccia**, it degenerated into a slanging match □ (*fig.*) **una fetta della t.**, a slice of the cake □ (*fig.*) **spartirsi la t.**, to cut (up) the cake.
tortèllo *m.* (*frittella*) fritter.
tortièra *f.* cake tin; baking tin; pie dish.
tortiglióne *m.* spiral; twist • **a t.**, spiral; twisted □ **baffi a t.**, curled moustache.
tòrtile *a.* (*archit.*) twisted.
tortìno *m.* (*cucina*) pie.
tòrto (1) *a.* twisted; crooked; (*incurvato*) bent.
tòrto (2) *m.* ***1*** (*ingiustizia*) wrong; (*colpa*) fault: **fare un t. a q.**, to do sb. a wrong; **subire un t.**, to be wronged; **Il t. è tuo che hai detto...**, the fault is yours for saying... ***2*** (*l'essere errato*) wrong • **a t.**, wrongly; (*ingiustamente*) wrongfully, unjustly □ **Ti lamenti a t.** (*o* **Hai t. a lamentarti**), you are wrong to complain □ **a t. o a ragione**, rightly or wrongly □ **Anch'io ho i miei torti**, I am to blame too □ **avere t.**, (*sbagliare*) to be wrong; (*aver agito male*) to be in the wrong □ **avere t. marcio**, to be absolutely wrong □ **Non hai tutti i torti**, you have a point; there's something in what you say □ **dare t. a q.**, to say that sb. is wrong; (*biasimare*) to blame sb.; (*confutare*) to prove (*o* to show) that sb. is wrong: **Non posso darti t.**, I can't blame you □ **essere** [**mettersi**] **dalla parte del t.**, to be [to put oneself] in the wrong □ **fare t. a q.**, to wrong sb. □ **Ciò fa t. alla tua intelligenza**, this doesn't do justice to your intelligence.
tórtora *f.* (*zool.*) turtle dove • **grigio t.**, dove grey.
tortuosità *f.* tortuosity; circuitousness; convolutedness.
tortuóso *a.* ***1*** winding; tortuous; meandering ***2*** (*involuto*) tortuous; circuitous; convoluted ***3*** (*subdolo*) devious; crooked.
tortùra *f.* ***1*** torture: **subire la t.**, to undergo torture; **morire sutto la t.**, to die under torture ***2*** (*tormento*) torture; torment; agony: **la t. della sete**, the torments of thirst; **Queste scarpe sono una t.**, these shoes are murder to wear; these shoes are killing me.
torturàre ***A*** *v. t.* ***1*** to torture ***2*** (*tormentare*) to torture; to torment; to rack: **t. il cervello**, to rack (*o* to cudgel) one's brains ***B*** **torturàrsi** *v. rifl.* (*fig.*) to torture oneself.
tórvo *a.* grim.
tósa *f.* shearing.
tosaèrba *m. o f. invar.* lawnmower.
tosàre *v. t.* ***1*** to shear*; to clip: **t. il gregge**, to shear the flock; **t. un cane** [**una siepe**], to clip a dog [a hedge] ***2*** (*scherz.*: *rapare*) to crop (sb.'s hair).
tosasièpi *m. o f.* (pruning) shears (*pl.*).
tosatóre *m.* shearer; clipper.
tosatrìce *f.* (*macchina*: *per pecore*) sheepshearing machine; (*per cani*) clippers (*pl.*); (*tosaerba*) lawnmower.
tosatùra *f.* shearing; clipping: **la t. delle pecore**, sheepshearing.
toscàno ***A*** *a.* Tuscan ***B*** *m.* (*f.* **-a**) Tuscan (*f.* Tuscan woman*).
tósse *f.* cough: **avere la t.**, to have a cough; **t. asinina** (*o* **canina**), whooping cough; **t. secca**, dry (*o* hacking) cough; **accesso di t.**, coughing fit; **colpo di t.**, cough.
tossicchiàre *v. i.* to cough slightly; to give a little cough; to clear one's throat.
tossicità *f.* toxicity.
tòssico ***A*** *a.* toxic; poisonous ***B*** *m.* ***1*** poison ***2*** (*f.* **-a**) (*pop.*) drug addict; junkie (*pop.*).
tossicodipendènte ***A*** *m. e f.* drug addict ***B*** *a.* drug-addicted.
tossicodipendènza *f.* drug addiction.
tossicologìa *f.* toxicology.
tossicològico *a.* toxicologic(al).
tossicòlogo *m.* (*f.* **-a**) toxicologist.
tossicòmane *m. e f.* drug addict.
tossicomanìa *f. m.* (*med.*) drug addiction.
tossicòsi *f.* (*med.*) toxicosis*.
tossìna *f.* (*biol.*) toxin.
tossìre *v. i.* to cough.
tostapàne *m. invar.* toaster.
tostàre *v. t.* to toast; (*abbrustolire, torrefare*) to roast.
tòsto (1) *avv.* (*lett.*: *subito*) at once; (*presto*) soon, quickly.
tòsto (2) *a.* ***1*** (*region.*: *duro*) hard ***2*** (*pop.*: *grintoso*) tough; hard-bitten ***3*** (*pop.*: *fantastico*) fabulous; great • **faccia tosta**, cheek; impudence.
tòt ***A*** *a. indef. invar.* ***1*** (*al pl.*) (*tanti, tante*) so many: **tot lire**, so many lire ***2*** (*tale*) such and such: **il giorno tot**, on such and such a day ***B*** *pron. indef.* so much.
totàle ***A*** *a.* total; complete; **l'importo t.**, the total amount; **guerra t.**, total war; **t. mancanza di interesse**, total (*o* complete) lack of interest; **un t. fallimento**, a complete fiasco ***B*** *m.* total: **t. complessivo**, grand total; **t. parziale**, subtotal; **fare il t.**, to add up the total; to total; **Quanto fa in t.?**, what's the total?; what does it come to?; **Eravamo venti in t.**, there were twenty of us in all (*o* altogether).
totalità *f.* totality; entirety: **preso nella sua t.**, in its totality; taken as a whole; **la t. dei presenti**, all those present; **la t. del personale**, the whole staff.
totalitàrio *a.* (*polit.*) totalitarian.
totalitarìsmo *m.* (*polit.*) totalitarianism.
totalizzànte *a.* (*coinvolgente*) all-absorbing; highly-demanding.
totalizzàre *v. t.* ***1*** to reach a total; to total up ***2*** (*sport*) to score: **t. dieci vittorie**, to score ten victories; **t. un buon punteggio**, to make a good score.
totalizzatóre *m.* (*ippica*) totalizator; tote (*fam.*).
tòtano *m.* (*zool.*) squid.
tòtem *m. invar.* totem.
totocàlcio *m.* football pools (*pl.*): **giocare al t.**, to do the pools; **vincere al t.**, to win the pools.
toupet (*franc.*) *m. invar.* toupee; hairpiece.
tour de force (*franc.*) *locuz. m.* ***1*** (*sport*) tour de force ***2*** (*impresa faticosa*) ordeal; feat.
tournée (*franc.*) *f. invar.* (*teatr.*) tour: **andare in t.**, to tour; **essere in t.**, to be on tour; to be on the road.
tovàglia *f.* ***1*** tablecloth: **mettere la t.**, to lay the tablecloth ***2*** (*d'altare*) altar-cloth.
tovagliòlo *m.* (table) napkin; serviette (*GB*).
toxoplasmòsi *f.* (*med.*) toxoplasmosis.
tòzzo (1) *a.* stocky; squat; stumpy.

tòzzo (**2**) *m.* piece: **un t. di pane**, a piece (*o* crust) of bread • **L'ha venduto per un t. di pane**, he sold it for next to nothing □ **L'ho avuto per un t. di pane**, I bought it for a song.

tra *prep.* ***1*** (*luogo, relazione*) (*specialm. tra due*) between; (*tra più di due*) among: **una strada tra due siepi**, a road between two hedges; **La proprietà è divisa tra noi due** [**tra noi tre**], the property is divided between (the two of) us [among the three of us]; **C'è poco da scegliere tra l'uno e l'altro**, there is little to choose between them; **un gusto tra il dolce e il salato**, a flavour halfway between sweet and salty; **Si assomigliano tra loro**, they look like each another; **Sono in lite tra loro**, they are on bad terms with each other ***2*** (*in mezzo a*) among, in, amid, amidst; (*attraverso*) through: **una serata tra amici**, an evening among friends; **perso tra la folla**, lost in the crowd; **tra le braccia**, in one's arms; **Scomparve tra le onde**, he vanished amid the waves; **Frugò tra le carte**, he rummaged through the papers; **La luce filtrava tra le tende**, light was filtering through the curtains ***3*** (*tempo, distanza*) in; within: **tra due giorni**, in two days' time; within two days; **tra sei anni**, in six years; six years hence; **tra poco**, in a little while; **tra due kilometri**, two kilometres from here ***4*** (*partitivo*) of; among: **il migliore tra tutti**, the best of all; **un esempio tra tanti**, one example among many; **Tra tutti quanti non ce n'è uno che mi piaccia**, there isn't one I like among the lot of them ***5*** (*per indicare una fascia di valori, di tempo ecc.*) — **Può costare tra i venti e i trenta milioni**, it can cost anything between twenty and thirty million lire; **Sarà qui tra oggi e domani**, it should arrive today or tomorrow; **i ragazzi tra i 10 e i 15 anni**, boys aged 10 to 15 • **tra l'altro**, among other things; (*inoltre*) besides □ **Tra andare e tornare ci vorranno due ore**, it takes two hours there and back □ **tra una cosa e l'altra**, what with one thing and another (*o* the other) □ **tra poco**, in a little while □ **tra il riso e il pianto**, half laughing and half crying □ **detto tra noi**, between ourselves; between you and me (and the lamp-post) □ **parlare tra sé**, to talk to oneself □ **essere sempre tra i piedi**, always to be in the way.

traballànte *a.* ***1*** (*vacillante*) tottering; staggering; shaky; unsteady ***2*** (*di veicolo*) jolting; shaking ***3*** (*di oggetto: malfermo*) wobbly; (*di mobile*) rickety.

traballàre *v. i.* ***1*** (*vacillare*) to totter (*anche fig.*); to stagger ***2*** (*di veicolo*) to jolt; to shake* ***3*** (*di oggetto: essere malfermo*) to wobble; to be wobbly; (*di mobile*) to be rickety, to be falling to bits.

trabeazióne *f.* (*archit.*) trabeation.

trabiccolo *m.* (*fam.*) ***1*** (*di mobile*) rickety piece of furniture ***2*** (*di veicolo*) old crock; crate; banger ***3*** (*aggeggio*) contraption; arrangement.

traboccànte *a.* overflowing; brimming (over): **t. di gioia**, overflowing with joy; **t. di entusiasmo**, brimming with enthusiasm.

traboccàre *v. i.* ***1*** to overflow*; to run* over; to brim over; (*di liquido che bolle*) to boil over: **lasciar t. l'acqua del bagno**, to let the water in the bath run over ***2*** (*di bilancia*) to tip.

trabocchétto ***A*** *m.* (*nel pavimento*) trapdoor; (*scavato nel suolo e fig.*) trap, pitfall: **tendere un t.**, to lay a trap ***B*** *a. invar.* trick (*attr.*): **domanda t.**, trick question.

tracagnòtto *a.* squat; stocky.

tracannàre *v. t.* to gulp down; to knock back.

tràccia *f.* ***1*** (*segno*) trace, sign; (*striscia*) trail; (*vestigio*) vestige: **scomparire senza lasciare t.**, to disappear without a trace; **Non c'è t. di scasso**, there is no sign of a break-in; **t. di sangue**, trail of blood ***2*** (*impronta, orma*) track; (*di piedi, anche*) footstep, footprint; (*nella caccia, anche*) scent, spoor: **le tracce del veicolo**, the tracks of the vehicle; **tracce di passi sulla sabbia**, footprints on the sand; **perdere** [**ritrovare**] **la t.**, to lose the scent [to pick up the scent again]; **t. fresca**, fresh scent ***3*** (*linee principali*) outline; general plan ***4*** (*di magnetofono*) track ***5*** (*edil.*) chase: **sotto t.**, into chase; chased (*agg.*) ***6*** (*chim.*) trace • **perdere le tracce di q.**, to lose sb.'s trail; (*fig.*) to lose all trace (*o* track) of sb. □ **far perdere le proprie tracce**, (*a un inseguitore*) to shake off (sb.), to give (sb.) the slip; (*scomparire*) to disappear □ **essere sulla buona t.**, to be on the right track □ **essere sulle tracce di q.**, to be on sb.'s trail.

tracciànte *a.* tracing • **proiettile t.**, tracer bullet.

tracciàre *v. t.* to trace (out) (*anche fig.*); to mark out; to lay* out; to draw* (*anche fig.*); (*su una carta*) to map out, to plot; (*abbozzare*) to sketch, (*a grandi linee*) to outline: **t. la pianta di una casa**, to trace out the plan of a house; **t. una linea**, to draw a line; **t. uno schema**, to draw up a scheme; **t. un itinerario**, to map out a route; **t. le fondamenta**, to mark out the foundations; **t. un quadro della situazione**, to outline the situation; **t. un piano di azione**, to draw up a plan of action; **t. un grafico**, to plot a graph; **t. un arco**, to describe an arc; (*naut.*) **t. la rotta di una nave**, to plot a ship's course.

tracciàto *m.* ***1*** (*abbozzo*) plan; sketch; outline ***2*** (*percorso*) course; route: **il t. di un fiume**, the course of a river; (*sport*) **t. di gara**, marked course ***3*** (*diagramma*) graph ***4*** (*naut.*) plot.

trachèa *f.* (*anat.*) trachea*; (*com.*) windpipe.

tracheàle *a.* (*anat.*) tracheal.

tracheìte *f.* (*med.*) tracheitis.

tracheotomìa *f.* (*med.*) tracheotomy.

tracòlla *f.* ***1*** shoulder belt; (*di borsa*) shoulder strap: **a t.**, (slung) over one's shoulder ***2*** (*borsetta*) shoulder bag.

tracòllo *m.* collapse; breakdown; (*econ.*) crash: **il t. dei miei piani**, the collapse of my plans; **La sua salute subì un t.**, he suffered a breakdown in his health; **t. finanziario**, financial downfall; crash; **t. in Borsa**, crash on the Stock Exchange • **dare il t. alla bilancia**, to tip the scales.

tracòma *m.* (*med.*) trachoma.

tracotànte *a.* arrogant; overbearing; haughty.

tracotànza *f.* arrogance; haughtiness.

tradiménto *m.* ***1*** betrayal; (*leg., polit.*) treason: **alto t.**, high treason ***2*** (*inganno*) betrayal; (*slealtà*) treachery ***3*** (*infedeltà*) infidelity • **a t.**, by treachery; treacherously; (*improvvisamente*) unexpectedly, by surprise □ **attacco a t.**, treacherous attack □ **domanda a t.**, unexpected question □ **cogliere q. a t.**, to catch sb. unawares; (*fig.*) to take sb. by surprise.

tradìre ***A*** *v. t.* ***1*** to betray; (*denunciare alla polizia*) to inform against: **t. la patria**, to betray one's country; to turn traitor; **t. la fiducia di q.**, to betray sb.'s trust; **È stato tradito dal complice**, his accomplice informed against him (*fam.* grassed on him) ***2*** (*essere infedele*) to be unfaithful to; to cheat on ***3*** (*ingannare*) to deceive: **se la memoria non mi tradisce**, if my memory doesn't deceive me ***4*** (*venire meno a*) to fail: **Le forze lo tradivano**, his strength was failing him ***5*** (*non rendere giustizia a*) to misrepresent; to misinterpret: **t. il pensiero di q.**, to misrepresent sb.'s ideas; **t. un autore**, to misinterpret an author; **t. la verità**, to distort the truth ***6*** (*rivelare*) to betray; to give* away: **t. un segreto**, to betray a secret; **Fu tradito dalla sua pronuncia**, his accent gave him away ***B*** **tradìrsi** *v. rifl.* to give* oneself away.

traditóre ***A*** *m.* (*f.* **-trice**) ***1*** traitor (*f.* traitress); betrayer: **t. della patria**, traitor to one's country ***2*** (*ingannatore*) deceiver ***B*** *a.* ***1*** treacherous; deceptive: **ghiaccio t.**, treacherous ice; **vino t.**, seemingly innocuous wine ***2*** (*infedele*) unfaithful.

tradizionàle *a.* ***1*** traditional ***2*** (*convenzionale*) conventional.

tradizionalismo *m.* traditionalism.

tradizionalista *m. e f.* traditionalist.

tradizionalistico *a.* traditionalistic.

tradizióne *f.* tradition: **per t.**, by tradition; traditionally; **È t. da noi...**, it is a tradition with us...

tradótta *f.* (*mil.*) troop train.

traducìbile *a.* ***1*** translatable ***2*** (*fig.*) expressible.

tradùrre *v. t.* ***1*** to translate: **t. alla lettera** [**a senso, a prima vista**], to translate literally [freely, at sight]; **t. dal latino in italiano**, to translate from Latin into Italian ***2*** (*fig.*) to put*: **t. in pratica**, to put into practice; **t. in parole** [**in cifre**], to put into words [into figures] ***3*** (*leg.: condurre*) to take*: **t. in carcere**, to take to prison.

traduttóre *m.* ***1*** (*f.* **-trice**) translator; (*interprete*) interpreter ***2*** (*testo*) crib; pony (*USA*).

traduzióne *f.* ***1*** translation: **fare una t. in francese**, to do a translation into French; **t. approssimativa**, loose (*o* rough) translation; **t. fedele**, close (*o* faithful) translation; **t. a prima vista**, sight translation; (*elab.*) **t. automatica**, computer-aided translation ***2*** (*leg.: trasferimento*) transfer.

traènte *a.* ***1*** pulling; hauling: **cavo t.**, hauling cable; pull-rope ***2*** (*fig.*) *V.* **trainante**.

trafelàto *a.* breathless; out of breath (*pred.*); panting.

trafficànte *m. e f.* dealer; (*in attività illecite*) trafficker; (*faccendiere*) wheeler-dealer (*fam.*).

trafficàre ***A*** *v. i.* ***1*** to deal* (in); (*illecitamente*) to traffic (in) ***2*** (*affaccendarsi*) to bustle about; to busy oneself ***B*** *v. i.* to traffic in.

trafficàto *a.* busy; traffic-congested.

tràffico *m.* ***1*** traffic U: **un gran t.**, a lot of traffic; **t. stradale [aereo, marittimo]**, road [air, sea] traffic; **bloccare il t.**, to hold up the traffic; **chiudere una strada al t.**, to close a road to traffic; **strada di grande t.**, busy road ***2*** (*comm.*) trade U; (*illecito*) traffic U: **t. di sigarette**, traffic in contraband cigarettes; **t. di droga**, drug traffic; drugs trafficking ***3*** (*fam.*) activity; bustling about; (*daffare, confusione*) fuss, to-do.

trafficóne *m.* (*f.* **-a**) (*spreg.*) intriguer; schemer; (*faccendiere*) whealer-dealer, spiv (*fam GB*).

trafìggere *v. t.* ***1*** to transfix; to pierce through; to run* through ***2*** (*fig.*) to pierce.

trafìla *f.* ***1*** (*procedura*) procedure: **t. burocratica**, bureaucratic procedures (*pl.*); red tape U (*fam.*); **seguire la normale t.**, (*burocratica*) to go through the usual channels; (*in una carriera*) to follow the usual pattern of promotion; **conoscere la t.**, to know what has to be done ***2*** (*metall.*) drawplate.

trafilàre *v. t.* (*metall.*) to (wire)draw*.

trafilati *m. pl.* (*metall.*) wirework (*sing.*).

trafilàto *a.* (*metall.*) drawn.

trafilatrìce *f.* (*mecc.*) draw-bench; (wire)drawing machine.

trafilatùra *f.* (*metall.*) (wire)drawing.

trafilerìa *f.* (*ind.*) (wire)drawing mill.

trafilétto *m.* (*giorn.*) paragraph.

traforàre *v. t.* ***1*** to pierce; to perforate; (*trivellare*) to bore, to drill; (*aprire una galleria*) to tunnel through ***2*** (*su legno, ecc.*) to do* fretwork on.

traforàto *a.* ***1*** (*lavorato a traforo*) fretworked ***2*** (*ricamo*) cut work (*attr.*).

trafóro *m.* ***1*** perforation; (*trivellatura*) boring; (*di galleria*) tunnelling ***2*** (*galleria*) tunnel ***3*** (*su legno*) fretwork U; (*gioco*) fretwork kit ***4*** (*su stoffa*) openwork U: **ricamo a t.**, cut work embroidery.

trafugàre *v. t.* to steal*; to purloin.

tragèdia *f.* ***1*** (*lett.*) tragedy ***2*** (*fatto drammatico*) tragedy, tragic event; (*sciagura*) disaster; (*incidente*) accident ***3*** (*fam.*: *dramma*) fuss; (*scenata*) scene: **fare una t. di q.c.**, to make a fuss about st; **Quante tragedie!**, what a lot of fuss!

tragediògrafo *m.* (*f.* **-a**) tragedian; dramatist.

traghettàre *v. t.* to ferry.

traghettatóre *m.* ferryman*.

traghétto *m.* ***1*** (*luogo*) ferry ***2*** (*nave*) ferry(-boat) ***3*** (*tragitto*) ferrying; crossing.

tragicaménte *avv.* tragically.

tragicità *f.* tragic nature.

tràgico ***A*** *a.* tragic ***B*** *m.* ***1*** (*autore*) tragedian; dramatist ***2*** (*attore*) tragic actor; tragedian ***3*** (*tragicità, fatto t.*) tragedy: **Il t. fu che...**, the tragedy of it was that... • (*fam.*) **fare il t.**, to dramatize things; to get worked up (about st.) □ **metterla sul t.**, to treat st. as a disaster; to make an almighty fuss about st.

tragicòmico *a.* tragicomic.

tragicommèdia *f.* tragicomedy.

tragìtto *m.* ***1*** (*percorso*) way: **lungo il t.**, on the way; **Feci parte del t. in auto**, I drove part of the way ***2*** (*viaggio*) journey, trip; (*in auto*) drive; (*per mare*) passage, crossing.

traguàrdo *m.* ***1*** (*sport*) finishing line; winning post: **tagliare il t.**, to cross the finishing line; (*nella corsa*) to breast the tape; **arrivare primo al t.**, to come in first ***2*** (*meta, obiettivo*) goal; target ***3*** (*di arma*) sight.

traiettòria *f.* trajectory; path; track.

trainànte *a.* (*fig.*) driving; leading: (*econ.*) **settore t.**, driving sector; engine; **paese t.**, leading country.

trainàre *v. t.* to draw*; to pull; (*rimorchiare*) to tow: **farsi t.**, to have oneself pulled along; (*autom.*) to have one's car towed, to be taken on tow.

tràino *m.* ***1*** (*il trainare*) drawing; pulling; (*il rimorchiare*) towing, tow: **al t.**, on tow; **fune da t.**, towline; **gancio da t.**, tow hook ***2*** (*carico*) load.

trait d'union (*franc.*) *locuz. m. invar.* ***1*** (*trattino*) hyphen ***2*** (*fig.*) link; (*intermediario*) intermediary: **fare da t.**, to be a link; to act as an intermediary.

tralasciàre *v. t.* ***1*** (*interrompere*) to stop; to interrupt ***2*** (*omettere*) to leave* out; to omit; (*non fare*) to fail (to do), to neglect: **t. una frase**, to leave out a sentence; **t. un particolare**, to leave out (*o* to omit) a detail; **t. di dire q.c.**, to fail to mention st.

tràlcio *m.* shoot; spray.

tralìccio *m.* ***1*** (*struttura*) trellis; lattice(-work); frame ***2*** (*elettr.*) pylon.

tralìce *vc.* — **in t.**, slantingly; slantwise: **guardare q. in t.**, to look sideways at sb.; (*con sospetto*) to look askance at sb.; **occhiata in t.**, sideways glance; look out of the corner of one's eye.

tralignaménto *m.* degeneration; deviation.

tralignàre *v. i.* to degenerate; to deviate.

tralùcere *v. i.* ***1*** to be transparent ***2*** (*brillare*) to shine*.

tram *m.* tram, tramcar (*GB*); streetcar, trolley (*USA*) • (*fig.*) **perdere il t.**, to miss the boat.

tràma *f.* ***1*** (*di tessuto*) weave; (*ind. tess.*) woof, weft ***2*** (*macchinazione*) plot, scheme; (*cospirazione*) conspiracy: **ordire una t.**, to hatch a plot ***3*** (*intreccio*) plot: **t. secondaria**, subplot; counterplot.

tramandàre *v. t.* to hand down; to hand on: **t. ai posteri**, to hand down to posterity.

tramàre *v. t.* to plot; to scheme; to intrigue; (*cospirare*) to conspire.

trambùsto *m.* confusion; bustle; hubbub; (*tumulto*) stir, turmoil.

tramestìo *m.* bustle; moving about.

tramezzìno *m.* sandwich.

tramèzzo *m.* partition; (*muro*) partition wall.

tràmite ***A*** *m.* ***1*** (*mezzo*) way; means: **per il t. di**, by means of; through ***2*** (*intermediario*) intermediary; go-between: **fare da t.**, to act as an intermediary ***B*** (*pred.*) through; by: **pagare t. banca**, to pay through a bank; **t. posta**, by post.

tramòggia *f.* hopper.

tramontàna *f.* ***1*** north wind ***2*** (*settentrione*) north • **perdere la t.**, to lose one's bearings.

tramontàre ***A*** *v. i.* ***1*** to set*; to go* down ***2*** (*fig.*) to fade; to wane ***B*** *m. V.* **tramonto**.

tramónto *m.* ***1*** setting; (*del sole*) sunset, sundown: **al t.**, at sunset; at dusk; **dall'alba al t.**, from dawn to dusk ***2*** (*fig.*) decline; fading; wane: **essere al t.**, to be on the wane.

tramortìre *v. t.* to stun.

tramortìto *a.* ***1*** stunned ***2*** (*svenuto*) senseless; unconscious.

trampolière *m.* (*zool.*) wader.

trampolìno *m.* ***1*** (*sport*: *per tuffi*) springboard, diving board; (*sci*) ski-jump; (*atletica*) trampoline ***2*** (*fig.*) springboard; launching pad.

tràmpolo *m.* stilt.

tramutàre ***A*** *v. t.* to transform; to change; to turn: **t. l'elettricità in calore**, to transform electricity into heat ***B*** **tramutàrsi** *v. rifl. e i. pron.* ***1*** to change; to turn ***2*** (*essere tramutato*) to be transformed (into); (*diventare*) to change, to turn.

trance (*ingl.*) *f. invar.* ***1*** trance: **essere in t.**, to be in a trance; **cadere in t.**, to fall into a trance ***2*** (*fig.*) ecstasy.

trància *f.* (*mecc.*) shearing machine; shears (*pl.*).

tranciàre *v. t.* ***1*** (*mecc.*) to shear* ***2*** (*tagliare di netto*) to cut* off: to sever.

tràncio *m.* slice: **pizza al t.**, pizza (sold) by the slice.

tranèllo *m.* ***1*** (*trappola*) trap; snare: **preparare un t.**, to lay (*o* to set) a trap ***2*** (*difficoltà nascosta*) trap, pitfall; (*imbroglio*) trick, catch: **domanda a t.**, tricky question.

trangugiàre *v. t.* ***1*** to swallow; to gulp down; (*mangiare in fretta*) to bolt down, to gobble ***2*** (*fig.*) to swallow.

trànne *prep.* except; save; but; apart from: **tutti t. lui**, all except him; **Non so niente, t. che...**, I know nothing, except that...; **T. che per qualche minuzia, il lavoro è ben fatto**, the job is well done, apart from a few minor imperfections.

tranquillaménte *avv.* ***1*** (*con tranquillità*) quietly, peacefully, tranquilly; (*con calma*) calmly; (*senza fretta*) leisurely: **dormire t.**, to sleep peacefully; **passeggiare t.**, to take a leisurely walk; **Fa' pure t.**, take your time ***2*** (*senza esitazione*) without hesitation; without qualms: **Gli dissi t. quello che pensavo**, I told him what I thought, without any qualms ***3*** (*senza rischi*) safely; without running any risk ***4*** (*facilmente, comodamente*) easily ***5*** (*con disinvoltura*) happily; airily: **Parlano t. di spendere altri sei miliardi**, they talk

airily of spending another six billion lire.
tranquillànte ***A*** *a.* tranquillizing ***B*** *m.* (*farm.*) tranquillizer.
tranquillità *f.* ***1*** calm; quiet; peace; (*immobilità, silenzio*) stillness, calmness: **riportare la t. nel paese**, to restore calm to the country; **Riparliamone con t. domani**, let's discuss it (more) calmly tomorrow ***2*** (*in senso morale*) tranquillity; peace: **t. di spirito**, peace of mind.
tranquillizzàre ***A*** *v. t.* ***1*** to calm; to tranquillize ***2*** (*rassicurare*) to reassure; to set (sb.'s) mind at rest ***B*** **tranquillizzàrsi** *v. i. pron.* ***1*** to calm oneself; to calm down ***2*** (*rassicurarsi*) to be reassured.
tranquìllo *a.* ***1*** (*pacato*) calm; peaceful; quiet; tranquil: **mare t.**, calm sea; **sonno t.**, peaceful sleep; **vita t.**, peaceful life; **coscienza tranquilla**, easy conscience; **Sta' un po' t.!**, do be quiet! ***2*** (*non preoccupato*) calm; unworried: **Stia t., ci penso io**, don't worry, I'll see to it; **Sono t. sul futuro**, I am confident about the future.
transalpìno *a.* transalpine.
transatlàntico ***A*** *a.* transatlantic ***B*** *m.* (*naut.*) (transatlantic) liner.
transazióne *f.* ***1*** agreement; compromise: **venire a una t.**, to come to (*o* to reach) an agreement ***2*** (*leg.*) settlement; composition: **t. extragiudiziale**, out-of-court settlement; **t. amichevole**, friendly settlement ***3*** (*comm.*: *operazione*) transaction; dealing; deal ***4*** (*Borsa*) transaction.
transcodificàre *v. t.* to transcode.
transcontinentàle *a.* transcontinental.
transènna *f.* (*barriera*) barrier; (*per folla*) crush barrier.
transennàre *v. t.* to put barriers around; to cordon off.
transessuàle *a., m. e f.* transsexual.
transessualità *f.* transsexualism.
transètto *m.* (*archit.*) transept.
trànsfert *m. invar.* (*psic.*) transference.
trànsfuga *m. e f.* (*lett.*) ***1*** deserter ***2*** (*fig.*) turncoat.
transiberiàna *f.* Trans-Siberian Railway.
transiberiàno *a.* trans-Siberian.
transìgere ***A*** *v. i.* ***1*** (*leg., com.*) to settle; to compound ***2*** (*cedere*) to compromise; to give* in: **È una cosa su cui non transigo**, I'm not willing to compromise over this; **non t. in fatto di puntualità**, to be a stickler for punctuality ***B*** *v. t.* (*leg.*) to compound; to settle.
transìstor, **transistóre** *m.* (*elettron.*) transistor.
transitàbile *a.* passable; practicable; negotiable: **strada t. con catene**, road passable only with snow chains; road impassable except with snow chains.
transitabilità *f.* practicability; negotiability: **stato di t. di una strada**, condition of a road; **bollettino di t. delle strade**, road condition bulletin; road report.
transitàre *v. i.* to pass; (*di autobus, ecc.*) to run*.
transitìvo *a.* (*gramm.*) transitive.
trànsito *m.* ***1*** transit; (*passaggio*) way: **in t.**, in transit; **diritto di t.**, right of way; **impedire il t.**, to block the way ***2*** (*astron.*) transit • (*autom.*) **divieto di t.**, no thoroughfare □ (*cartello*) **t. interrotto**, road closed to traffic.
transitorietà *f.* ***1*** transitoriness; transience ***2*** (*provvisorietà*) temporariness.
transitòrio *a.* ***1*** transitory; transient ***2*** (*provvisorio*) temporary; provisional.
transizióne *f.* transition.
transoceànico *a.* transoceanic.
trantràn *m. invar.* (*fam.*) daily routine; daily grind • **restare preso nel solito t.**, to get into a groove (*o* a rut).
tranvài *m.* tram, tramcar (*GB*); streetcar, trolley (*USA*).
tranvìa *f.* tramway (*GB*); streetcar line (*USA*).
tranviàrio *a.* tram (*attr., GB*); streetcar (*attr., USA*).
tranvière *m.* tram driver (*GB*); streetcar operator (*USA*).
trapanàre *v. t.* ***1*** (*mecc.*) to drill; to bore ***2*** (*chir.*) to trepan; (*odontoiatria*) to drill.
trapanatrìce *f.* (*mecc.*) drilling machine; boring machine.
trapanazióne *f.* ***1*** (*mecc.*) drilling; boring ***2*** (*chir.*) trepanation; (*odontoiatria*) drilling.
tràpano *m.* ***1*** (*mecc.*) drill ***2*** (*chir.*) trepan; (*odontoiatria*) drill: **t. indolore**, high-speed drill.
trapassàre ***A*** *v. t.* to pierce; to run* through ***B*** *v. i.* (*morire*) to die; to pass away.
trapassàto *m.* ***1*** (*gramm.*) — **t. prossimo**, pluperfect; **t. remoto**, past anterior ***2*** (*al pl.*) (the) dead; (the) deceased.
trapàsso *m.* ***1*** transition; passing; passage ***2*** (*morte*) death ***3*** (*leg.*) transfer; (*di immobile*) conveyance: **t. di proprietà**, transfer of title.
trapelàre *v. i.* ***1*** (*di luce*) to filter ***2*** (*fig.*) to leak out; to transpire; to filter through • **lasciar t. q.c.**, to let out st.; to reveal st.
trapèzio *m.* ***1*** (*geom.*) trapezium* (*GB*); trapezoid (*USA*) ***2*** (*attrezzo ginnico*) trapeze ***3*** (*anat.*) trapezius.
trapezista *m. e f.* trapezist; trapeze artist.
trapiantàre ***A*** *v. t.* ***1*** (*anche fig.*) to transplant ***2*** (*chir.*) to transplant; (*tessuto*) to graft ***B*** **trapiantàrsi** *v. i. pron.* (*emigrare*) to move, to migrate; (*stabilirsi*) to settle.
trapiànto *m.* ***1*** transplanting; transplantation ***2*** (*chir.*) transplant; (*di tessuto*) graft: **t. di rene**, kidney transplant; **t. osseo** [**della cornea**], bone [corneal] graft.
trappista ***A*** *a.* Trappist ***B*** *m.* ***1*** Trappist ***2*** (*fig.*) hermit.
tràppola *f.* ***1*** trap; snare: **t. per topi**, mousetrap; **tendere una t.**, to lay (*o* to set) a trap; **cadere in una t.**, to fall into a trap; **prendere in t.**, to trap; **essere in t.**, to be trapped ***2*** (*fig.*) trap; snare; (*insidia*) pitfall: **t. mortale**, death trap ***3*** (*fam.*: *arnese malfunzionante*) contraption; (*veicolo*) old crock.
trapùnta *f.* quilt.
trapuntàre *v. t.* to quilt.
trapùnto *a.* ***1*** quilted ***2*** (*ricamato*) embroidered ***3*** (*cosparso*) dotted; studded: **t. di stelle**, star-studded.
tràrre ***A*** *v. t.* ***1*** (*tirare*) to pull; to draw*: **t. q. a riva**, to pull sb. ashore; **t. la spada dal fodero**, to draw one's sword from its sheath; **t. q. in disparte**, to draw sb. aside ***2*** (*condurre*) to lead*; (*portare*) to bring*: **t. in rovina**, to lead to ruin ***3*** (*ricavare*) to derive; to take*; to draw*: **t. piacere da q.c.**, to take pleasure in st.; **t. beneficio**, to derive benefit; **t. profitto da q.c.**, to profit by st.; to capitalize on st.; **t. una conclusione**, to draw a conclusion; **t. un esempio da q.c.**, to draw an example from st.; **t. un film da un romanzo**, to make a film (out) of a novel ***4*** (*comm.*) to draw*: **t. a vista**, to draw at sight • **t. in inganno**, to deceive □ **t. in arresto**, to arrest □ **t. in salvo**, to rescue □ **t. origine da q.** [**q.c.**], to originate from (*o* with) sb. [from (*o* in) st.] □ **t. un sospiro**, to heave a sigh ***B*** **trarsi** *v. rifl.* ***1*** to draw*: **t. indietro**, to draw back; **t. in disparte**, to stand aside ***2*** (*levarsi fuori*) to get* out (of): **t. da un impiccio**, to get out of a fix.
trasaliménto *m.* start; jump.
trasalire *v. i.* to start; to jump; (*per dolore*) to wince.
trasandatézza *f.* untidiness; shabbiness; sloppiness.
trasandàto *a.* ***1*** untidy; shabby ***2*** (*fatto con negligenza*) careless; sloppy; slapdash.
trasbordàre ***A*** *v. t.* to transfer; (*naut., di merci, anche*) to tran(s)ship ***B*** *v. i.* to change (to another train, plane, etc.); (*naut.*) to tran(s)ship.
trasbórdo *m.* transfer; (*naut.*) tran(s)shipment.
trascendentàle *a.* ***1*** (*filos.*) transcendental ***2*** (*fam.*) special; exceptional.
trascendentalismo *m.* (*filos.*) transcendentalism.
trascendènte *a.* ***1*** (*filos.*) transcendent ***2*** (*mat.*) transcendental.
trascendènza *f.* (*filos.*) transcendence; transcendency.
trascéndere ***A*** *v. t.* to transcend; to surpass ***B*** *v. i.* to lose* one's self-control; to get* carried away.
trascinànte *a.* (*entusiasmante*) enthralling; infectious; sweeping; overwhelming; rousing.
trascinàre ***A*** *v. t.* ***1*** to drag (*anche fig.*): **t. una gamba**, to drag a leg; **t. q. in tribunale**, to drag sb. through the courts ***2*** (*trasportare*) to carry: **La folla lo trascinò lontano**, the crowd carried him away ***3*** (*entusiasmare*) to carry away; to rouse: **lasciarsi t. dall'entusiasmo**, to get carried away by enthusiasm; **una musica che trascina**, an enthralling piece of music; **un oratore che t.**, a rousing speaker ***B*** **trascinàrsi** *v. rifl. e i. pron.* ***1*** to drag oneself ***2*** (*andare per le lunghe*) to drag (on).
trascinatóre *m.* (*f.* **-trice**) (*chi incita*) driving force, prime mover; (*chi entusiasma*) motivator.
trascoloràre *v. i.*, **trascoloràrsi** *v. i. pron.* to change colour; (*impallidire*) to grow* pale.
trascórrere ***A*** *v. t.* to spend*; to pass: **t. le vacanze all'estero**, to spend one's holidays abroad ***B*** *v. i.* to pass; to go* by; to elapse: **È trascorso un anno**, a year has passed (*o* gone by).
trascórso ***A*** *a.* past: **gli anni trascorsi**, the past years ***B*** *m.* (*generalm. al pl.*) past record (*sing.*); (*errori*) past errors; (*scappatelle*) escapades: **L'hanno rieletto, nonostante i**

suoi **trascorsi**, he's been re-elected, despite his past record; **avere trascorsi penali**, to have a criminal record; **trascorsi di gioventù**, youthful escapades.

trascrìvere *v. t.* **1** (*copiare*) to copy, to transcribe; (*mettere per iscritto*) to write* out: **t. in bella q.c.**, to make a fair copy of st. **2** (*registrare*) to register; to record **3** (*mus.*) to transcribe.

trascrizióne *f.* **1** copying; transcription; (*copia trascritta*) copy, transcript: **errore di t.**, mistake in copying **2** (*registrazione*) registration; recording **3** (*mus.*) transcription.

trascuràbile *a.* negligible; marginal; trifling.

trascuràre **A** *v. t.* **1** (*non curarsi di*) to neglect **2** (*non tener conto di*) to disregard; to ignore **3** (*omettere*) to omit; to leave* out; (*dimenticare*) to forget* **B** **trascuràrsi** *v. rifl.* to neglect oneself; to let* oneself go.

trascuratàggine, **trascuratézza** *f.* **1** (*negligenza*) carelessness; negligence **2** (*sciatteria*) untidiness; shabbiness; sloppiness.

trascuràto *a.* **1** (*negligente*) careless; negligent **2** (*sciatto*) untidy; shabby; careless: **t. nel vestire**, shabbily dressed; careless in one's clothes **3** (*non curato*) neglected; (*non amato*) uncared for.

trasecolàre *v. i.* to be amazed; to be astonished • **far t.**, to amaze; to astonish.

trasecolàto *a.* amazed; astonished.

trasferìbile **A** *a.* **1** transferable **2** (*di assegno*) negotiable: **non t.**, non-negotiable **B** *m.* transfer; decal.

trasferiménto *m.* **1** transfer **2** (*trasloco*) move; removal **3** (*leg.*: *cessione*) transfer; conveyance.

trasferìre **A** *v. t.* **1** to transfer; to move; to remove **2** (*leg.*) to transfer; to convey **B** **trasferìrsi** *v. i. pron.* to move.

trasfèrta *f.* **1** transfer; business trip: **essere in t.**, to be away on business **2** (*spese di t.*) travelling expenses (*pl.*); (*indennità*) travelling allowance **3** (*sport*) — **giocare in t.**, to play away; **partita in t.**, away match; **vittoria in t.**, away win.

trasfiguràre **A** *v. t.* to transfigure; (*cambiare radicalmente*) to transform **B** **trasfiguràrsi** *v. i. pron.* to become* transfigured; to be transformed.

trasfigurazióne *f.* transfiguration.

trasfóndere *v. t.* **1** to transfuse **2** (*fig.*) to infuse; to instil(l).

trasformàbile *a.* (*anche autom.*) convertible.

trasformàre **A** *v. t.* to transform; to change; to convert; to turn: **t. l'acqua in vapore**, to transform water into steam; **t. un solaio in appartamento**, to turn the attic into a flat; **t. titoli in liquido**, to convert bonds into cash • (*calcio*) **t. un rigore**, to score from a penalty **B** **trasformàrsi** *v. i. pron.* to be transformed; to change; to turn • **Sul lavoro si trasforma**, at work he is a different person.

trasformatóre *m.* (*elettr.*) transformer.

trasformazióne *f.* transformation; change; conversion; (*lavorazione*) processing.

trasformìṣmo *m.* (*polit.*) «trasformismo»; policy of retaining power by offering places in the government to potential opponents; (*estens.*) opportunism, timeserving.

trasformista *m. e f.* **1** (*polit.*) practitioner of «trasformismo» (*q.V.*); (*estens.*) opportunist, timeserver **2** (*teatr.*) quick-change artist.

trasfuṣionàle *a.* (*med.*) transfusion (*attr.*).

trasfuṣióne *f.* (*med.*) transfusion: **t. di sangue**, blood-transfusion: **fare una t. a q.**, to give sb. a blood transfusion.

traṣgredìre *v. t. e i.* to transgress; (*una legge, ecc.*) to infringe, to break*, to violate; (*disobbedire*) to disobey: **t. (a) una legge**, to break (*o* to infringe) a law; **t. (a) una regola**, to break (*o* to contravene, to transgress) a rule; **t. (a) un ordine**, to disobey an order.

traṣgressióne *f.* transgression; (*di legge, ecc.*) infringement, breaking, violation.

trasgressivo *a.* transgressive; outrageous.

traṣgressóre *m.* transgressor; (*di legge*) offender, law-breaker.

traslàre *v. t.* to transfer; to move.

traṣlàto **A** *a.* figurative; metaphorical **B** *m.* figure of speech; metaphor.

traṣlazióne *f.* **1** transfer **2** (*scient.*) translation.

traṣlitteràre *v. t.* to transliterate.

traslitterazióne *f.* transliteration.

traṣlocàre *v. t. e i.* to move.

traṣlòco *m.* removal; move: **fare t.**, to move (house); **spese di t.**, removal expenses; **impresa di traslochi**, removal company; removers.

traṣlùcido *a.* translucent; translucid.

traṣméttere **A** *v. t.* **1** (*trasferire*) to transfer, to pass on; (*tramandare*) to hand down, to hand on; (*per contagio*) to transmit **2** (*comunicare*) to pass on; to convey; (*spedire*) to send*: **Gli ho trasmesso il tuo messaggio**, I passed your message on to him; **t. un'impressione**, to convey an impression; **t. un telegramma**, to send a telegram **3** (*radio*) to transmit; (*programmi, anche TV*) to broadcast*: **t. in diretta**, to broadcast live; **t. a puntate**, to serialize; **Il programma è stato trasmesso ieri**, the programme was broadcast (*o, TV*, was shown) yesterday; **Stanno trasmettendo un film**, there is a film on **4** (*fis.*) to transmit; to convey **5** (*leg., comm.*) to convey; to transfer **B** **traṣméttersi** *v. i. pron.* to be transmitted; to be passed on; (*tramandarsi*) to be handed on (*o* down).

traṣmettitóre *m.* transmitter.

traṣmigràre *v. i.* **1** to migrate; (*delle anime*) to transmigrate **2** (*passare*) to pass on.

traṣmigrazióne *f.* migration; (*delle anime*) transmigration.

traṣmissìbile *a.* **1** (*anche med.*) transmissible **2** (*leg.*) transferable; conveyable.

traṣmissióne *f.* **1** transmission; transference: **la t. di un ordine**, the transmission of an order; **la t. di una malattia**, the transmission of a disease; **t. del pensiero**, thought transference **2** (*radio, TV*: *il trasmettere*) broadcasting; (*programma*) broadcast, programme; (*spettacolo*) show: **t. in diretta**, live broadcast; **essere in t.**, to be on air **3** (*fis.*) transmission **4** (*mecc.*) transmission; drive: **t. a catena [a cinghia]**, chain [belt] drive; (*autom.*) **t. anteriore [posteriore]**, front-wheel [back-wheel] drive **5** (*leg.*) transfer; conveyance **6** (*al pl.*) (*mil.*) signals.

traṣmittènte (*radio, TV*) **A** *a.* transmitting **B** *f.* **1** (*stazione*) transmitting (*o* broadcasting) station **2** (*apparecchio*) transmitter.

trasmutàre **A** *v. t.* to transmute **B** **trasmutàrsi** *v. i. pron.* to be transmuted; to transform.

traṣmutazióne *f.* transmutation; transformation.

trasognàto *a.* dreamy; day-dreaming; lost in thought (*pred.*).

trasparènte **A** *a.* **1** (*anche fig.*) transparent; clear **2** (*di tessuto*) transparent; see-through; (*di calze*) sheer **3** (*sottilissimo*) wafer-thin **B** *m.* **1** (*teatr.*) scrim **2** (*pellicola*) transparency.

trasparènza *f.* **1** transparency; (*di tessuto*) see-through effect: **guardare q.c. in t.**, to look at st. against the light **2** (*sincerità*) sincerity; openness.

trasparìre *v. i.* **1** to shine* (through); (*essere visibile*) to be visible, to show itself: (*fig.*) **lasciar t.**, to reveal, to betray **2** (*essere trasparente*) to be transparent.

traspiràre *v. i.* to transpire; (*sudare*) to perspire.

traspirazióne *f.* transpiration; (*cutanea*) perspiration.

traspórre *v. t.* (*anche mus.*) to transpose.

trasportàbile *a.* transportable; conveyable: **Il paziente non è t.**, the patient cannot be moved.

trasportàre *v. t.* **1** (*portare*) to transport; to carry; to take*: **t. un baule**, to carry a trunk; **t. q.c. per ferrovia**, to transport st. by rail; **t. q. all'ospedale**, to take sb. to hospital **2** (*trasferire*) to move; to transfer **3** (*spingere, sospingere*) to drive*; to carry **4** (*fig.*) to carry away; to transport: **Fu trasportato dall'entusiasmo**, he was carried away by enthusiasm; **lasciarsi t. dall'ira**, to be carried away by anger; to fly into a rage **5** (*mus.*) to transpose*.

trasportatóre **A** *m.* **1** carrier; transport worker: **t. su strada**, haulier; hauler (*USA*); teamster (*USA*); **sciopero dei trasportatori**, transport workers' strike **2** (*mecc.*) conveyor; carrier: **t. a nastro [a rulli]**, belt [roller] conveyor **B** *a.* transporting; transport (*attr.*).

traspòrto *m.* **1** transport; conveyance; carriage; (*solo di merce*) haulage, freight: **t. su strada**, road haulage; **t. a carico del destinatario**, carriage forward; **impresa di trasporti**, haulage contractors (*pl.*); **spese di t.**, transport charges; carriage; (*specialm. per mare*) freight charges; **mezzi di t.**, means of transport; **aereo da t.**, freighter; **nave da t.**, freighter; cargo boat **2** (*al pl.*) (*sistema di servizi*) transport U; transportation U: **trasporti urbani [pubblici]**, local [public] transport **3** (*fig.*) transport; rapture.

traspoṣizióne *f.* (*anche mus.*) transposition.

trassàto *a. e m.* (*econ.*) drawee.
trastullàre ***A*** *v. t.* to amuse ***B*** **trastullàrsi** *v. rifl.* ***1*** to amuse oneself; (*giocare*) to play ***2*** (*perdere tempo*) to waste time; to trifle.
trastùllo *m.* ***1*** (*divertimento*) amusement ***2*** (*giocattolo*) toy, plaything; (*passatempo*) pastime, hobby.
trasudàre ***A*** *v. i.* to transude; to ooze ***B*** *v. t.* to ooze.
trașversàle ***A*** *a.* ***1*** transversal; transverse; cross: **linea t.**, transversal line; **sezione t.**, cross-section; **in senso t.**, crosswise; transversally ***2*** (*indiretto*) indirect • (*polit.*) **alleanza t.**, cross-party alliance ***B*** *f.* ***1*** (*geom.*) transversal ***2*** (*strada*) side street: **una t. di via Dante**, a street off via Dante; **la seconda t. a destra**, the second street on the right.
trașvolàre ***A*** *v. t.* to fly* across ***B*** *v. i.* (*fig.*) to pass over.
trașvolàta *f.* (long-distance) flight: **t. dell'Atlantico**, flight across the Atlantic; Atlantic flight.
trașvolatóre *m.* (*f.* **-trice**) (long-distance) flyer.
tràtta *f.* ***1*** (*traffico*) trade; traffic: **t. dei negri**, slave trade; **t. delle bianche**, white-slave traffic ***2*** (*comm.*) draft; bill (of exchange): **t. a vista**, sight draft; **spiccare** (*o* **emettere**) **una t.**, to issue a draft; to draw a bill; **spiccare t. su q.**, to draw on sb.
trattàbile *a.* ***1*** tractable; amenable ***2*** (*tecn.*) treatable ***3*** (*comm.*) negotiable; (*nelle inserzioni*) o.n.o. (*abbr. di* or nearest offer): **prezzo t.**, negotiable price; **100 sterline trattabili**, £100 o.n.o.
trattaménto *m.* ***1*** treatment. **t. di riguardo**, preferential treatment; **ricevere un buon t.**, to be treated well ***2*** (*tecn.*) treatment; (*lavorazione*) processing 🄱: **t. termico**, heat treatment; **t. dei rifiuti**, waste processing ***3*** (*servizio*) service ***4*** (*paga*) pay: **t. economico**, pay; **t. di fine rapporto**, severance pay; **t. pensionistico**, pension ***5*** (*med., cosmesi*) treatment ***6*** (*elab.*) processing.
trattàre ***A*** *v. t.* ***1*** to treat; to handle; to deal* with: **t. q. da amico**, to treat sb. as a friend; **t. q. con bontà**, to be kind to sb.; **t. male q.**, to treat sb. badly; to ill-treat sb.; **saper t. la gente**, to be good at dealing with people; **So io come trattarlo!**, I know how to handle him!; **t. q. con i guanti**, to handle sb. with kid gloves ***2*** (*maneggiare*) to treat; to handle; (*usare*) to use ***3*** (*svolgere, discutere*) to deal* with; to treat ***4*** (*contrattare, negoziare*) to negotiate: **t. un affare**, to negotiate a deal; **t. la pace**, to negotiate peace; **t. la resa**, to discuss the terms of surrender ***5*** (*commerciare*) to deal* in, to handle; (*fare affari*) to trade: **t. in legname**, to deal in timber; **t. un articolo**, to handle an article; **t. coi paesi orientali**, to trade with Asian countries ***6*** (*tecn.*) to treat; to cure; to process: **t. con tannino**, to treat with tannin; **t. il cuoio**, to cure leather; **t. col vapore**, to steam ***7*** (*occuparsi di*) to look after: **t. gli interessi di q.**, to look after sb.'s interests ***B*** *v. i.* ***1*** (*avere a che fare*) to deal*; to have dealings: **t. direttamente con q.**, to deal directly with sb. ***2*** (*discutere*) to discuss; (*fare trattative*) to negotiate; (*accordarsi*) to come* to an agreement: **Non sono disposti a t.**, they are not prepared to negotiate; **Sul prezzo si può t.**, we can come to an agreement about the price ***3*** (*avere come argomento*) to deal* (with); to be (about) ***4*** (*con uso impers.*) to be a question (of); to be a matter (of); to have to do (with); to be: **Si tratta di vita o di morte**, it is a matter of life and death; **Si tratta di decidere che cosa vogliamo**, it's a question of deciding what we want; **Di che film si tratta?**, what film is it?; **Si tratta di mia moglie**, (*riguarda lei*) it concerns (*o* it's about) my wife; (*è lei*) it's my wife; **Si tratta della nostra vita**, our life is at stake ***C*** **trattàrsi** *v. rifl.* — **t. bene**, to look after oneself (well); **t. da signore**, to live like a lord.
trattatìva *f.* negotiation; talks (*pl.*): **t. sindacale**, labour negotiation; bargaining; **trattative di pace**, peace talks; **iniziare le trattative con q.**, to enter into negotiations with sb.; **essere in t. con q.**, to be negotiating with sb.; **tavolo delle t.**, negotiating table.
trattàto *m.* ***1*** (*opera*) treatise ***2*** (*accordo*) treaty: **t. di pace**, peace treaty.
trattazióne *f.* ***1*** treatment ***2*** (*di affari*) dealing; handling.
tratteggiàre *v. t.* ***1*** to outline; to sketch ***2*** (*ombreggiare*) to hatch ***3*** (*fig.*) to outline; to describe.
tratteggiàto *a.* ***1*** (*abbozzato*) sketched; outlined ***2*** (*ombreggiato*) hatched ***3*** (*fig.*) drawn; described: **un personaggio ben t.**, a well-drawn character • **linea tratteggiata**, broken (*o* discontinuous) line.
trattéggio *m.* (*ombreggiatura*) hatching.
trattenére ***A*** *v. t.* ***1*** (*frenare, anche fig.*) to hold* (back); to keep* (back); to restrain; to check; (*fermare*) to stop: **Lo trattenne la paura**, fear held him back; **t. la folla**, to hold back the crowd; **t. il respiro**, to hold one's breath; **t. le lacrime**, to hold back one's tears; **t. un sorriso**, to suppress a smile; **t. uno sbadiglio**, to stifle a yawn; **Chi ti trattiene?**, who's stopping you? ***2*** (*far restare*) to keep*; to detain: **t. q. a pranzo**, to ask sb. to stay for dinner; **Sono stato trattenuto in ufficio**, I was detained (*o* kept) in the office ***3*** (*tenere per sé*) to keep* ***4*** (*effettuare una trattenuta*) to withhold*; to retain; (*detrarre*) to deduct: **t. il 2% sulla paga**, to retain 2% out of sb.'s pay; (*fisc.*) **t. alla fonte**, to deduct at source ***B*** **trattenérsi** *v. rifl.* ***1*** (*frenarsi*) to restrain oneself; to check oneself; to keep oneself: **Volevo rispondere, ma mi trattenni**, I wanted to answer, but I restrained myself; **Non potei t. dal commentare**, I couldn't keep myself from commenting on it; **Non potei trattenermi dal ridere**, I couldn't help laughing ***2*** (*restare*) to stay; (*fermarsi*) to stop.
tratteniménto *m.* (*ricevimento*) reception; party.
trattenùta *f.* (*fisc.*) deduction.
trattìno *m.* dash; (*di unione*) hyphen: **unire con un t.**, to hyphenate.
tràtto *m.* ***1*** (*linea*) line; (*segno*) stroke: **t. di penna**, stroke of the pen; **t. di pennello**, brushstroke ***2*** (*di spazio*) stretch; tract, expanse, (*tappa*) stage, leg. **un t. di strada non illuminato**, an unlit stretch of road; **fare un t. di strada a piedi**, to walk part of the way; **un t. di fiume**, a stretch of a river; **un t. di cielo**, an expanse of sky; **l'ultimo t. del viaggio**, the last leg of the journey ***3*** (*di tempo*) period (of time); while: **un breve t. di tempo**, a short while ***4*** (*segmento, pezzo*) piece; section; length ***5*** (*al pl.*) (*lineamenti*) features; traits ***6*** (*caratteristica*) trait; features ***7*** (*modo di comportarsi*) manners (*pl.*); ways (*pl.*) • **a un t.** (*o* **d'un t.**), suddenly; all at once □ **a tratti**, at times; now and then; from time to time.
trattóre (1) *m.* (*mecc.*) tractor.
trattóre (2) *m.* (*f.* **-trice**) innkeeper; landlord (*f.* landlady).
trattorìa *f.* trattoria; small restaurant.
trattùro *m.* sheep-track.
tràuma *m.* (*med.*) trauma*; (*psic.*) trauma*, shock • (*med.*) **t. cranico**, concussion.
traumàtico *a.* (*med.*) traumatic.
traumatizzàre *v. t.* ***1*** (*med., psic.*) to traumatize ***2*** (*fig.*) to traumatize; to shock.
traumatologìa *f.* (*med.*) traumatology; accident surgery.
traumatològico ***A*** *a.* traumatologic; accident (*attr.*) ***B*** *m.* traumatology (*o* casualty) ward; traumatology department.
traumatòlogo *m.* (*f.* **-a**) traumatologist.
travagliàre *v. t.* to trouble; to torment.
travagliàto *a.* ***1*** troubled; tormented; (*infelice*) unhappy ***2*** (*difficile*) hard.
travàglio *m.* ***1*** (*affanno*) trouble; suffering ***2*** (*fatica*) toil; labour ***3*** (*del parto*) labour: **entrare in t.**, to go into (*o* to start) labour.
travalicàre *v. t.* (*lett.*) to pass over; to cross • **t. i limiti**, to pass the limit.
travașàre *v. t.* to pour; (*vino*) to decant.
travàșo *m.* ***1*** pouring off; (*di vino*) decanting ***2*** (*med.*) effusion.
travatùra *f.* (*edil.*) beams (*pl.*); (*di tetto o ponte*) truss.
tràve *f.* beam: **t. del tetto**, roof beam; rafter; **t. maestra**, girder.
travéggole *f. pl.* — (*fam.*) **avere le t.**, to see things.
travèrsa *f.* ***1*** (*edil.*) transverse beam; crosspiece ***2*** (*assicella*) slat ***3*** (*strada*) side street ***4*** (*di letto*) drawsheet ***5*** (*calcio*) (cross)bar.
traversàre *v. t.* ***1*** *V.* **attraversare** ***2*** (*alpinismo*) to traverse.
traversàta *f.* crossing; (*a nuoto*) swim (across st.); (*viaggio per mare*) passage; (*alpinismo*) traverse.
traversìa *f.* misfortune; accident; (*al pl., anche*) vicissitudes.
traversìna *f.* (*ferr.*) sleeper (*GB*); tie (*USA*).
travèrso ***A*** *a.* transverse; cross • **via traversa**, side street; byroad ***B*** *m.* ***1*** (*larghezza*) width ***2*** (*naut.*) beam: **al** (*o* **sul**) **t.**, on the beam; abeam • **di t.**, obliquely; across; sideways; askew; at an angle: **Giaceva di t. sul letto**, he was lying across the bed; **camminare di t.**, to walk sideways; **portare**

il berretto di t., to wear one's cap at an angle □ **andare di t.**, (*di cibo*) to go down the wrong way; (*andare storto*) to go amiss □ **guardare q. di t.**, to look askance at sb.; (*con malevolenza*) to give sb. a nasty look.

traversóne *m.* (*calcio, ecc.*) cross.

travertino *m.* (*miner.*) travertin(e).

travestiménto *m.* ***1*** disguise; (*in maschera*) fancy dress ***2*** (*parodia*) parody; travesty.

travestìre ***A*** *v. t.* to disguise (*anche fig.*); (*in maschera*) to dress up ***B*** **travestìrsi** *v. rifl.* to disguise oneself; (*mascherarsi*) to dress up • **t. da uomo** [**da donna**], to cross-dress.

travestitìșmo *m.* transvestism; cross-dressing.

travestìto ***A*** *a.* disguised; in disguise; (*mascherato*) dressed up • **un lupo t. da agnello**, a wolf in sheep's clothing ***B*** *m.* transvestite.

travèt *m.* petty clerk; pen-pusher (*fam.*).

traviaménto *m.* ***1*** (*l'essere traviato*) straying; going astray ***2*** (*il traviare*) leading astray; corruption.

traviàre ***A*** *v. t.* to lead* astray; to corrupt ***B*** **traviàrsi** *v. i. pron.* to go* astray.

traviàto *a.* led astray (*pred.*); debauched; corrupted.

travicèllo *m.* joist; rafter • **Re T.**, King Log.

travișaménto *m.* distortion; misrepresentation; twisting Ⓤ; misinterpretation.

travișàre *v. t.* to distort; to misrepresent; to misinterpret; to twist: **t. la verità**, to distort the truth; **t. le parole di q.**, to distort (*o* to twist) sb.'s words; **t. i fatti**, to misrepresent the facts.

travolgènte *a.* overwhelming; overpowering: **passione t.**, overwhelming passion; **bellezza t.**, breathtaking beauty; **successo t.**, roaring success; **vittoria t.**, sweeping victory.

travòlgere *v. t.* ***1*** (*trascinare via*) to sweep* away, to carry away; (*abbattere*) to overthrow* ***2*** (*sopraffare*) to overwhelm; to overcome*; to overpower ***3*** (*investire*) to run* over.

trazióne *f.* ***1*** (*mecc.*) traction ***2*** (*autom.*) drive: **t. anteriore**, front-wheel drive; **t. sulle quattro ruote**, four-wheel drive ***3*** (*med.*) traction.

tre *a. num. card. e m.* three: **a tre a tre**, three by three; in threes; **Siamo in tre**, there are three of us; **Sono le tre**, it is three o'clock • (*mat.*) **la regola del tre**, the rule of three □ **E tre!**, that's the third time! □ (*fig.*) **fare tre**, to finish: **Hai fatto due, fa' anche tre**, you might as well finish.

treàlberi *m.* (*naut.*) three-masted ship; three-master.

trébbia *f.* ***1*** *V.* **trebbiatura** ***2*** *V.* **trebbiatrice**.

trebbiàre *v. t.* to thresh.

trebbiatóre *m.* thresher.

trebbiatrìce *f.* (*macchina*) threshing machine.

trebbiatùra *f.* threshing.

tréccia *f.* ***1*** (*anche di capelli*) plait; braid: **portare le trecce**, to wear one's hair in plaits; **farsi le trecce**, to plait one's hair ***2*** (*lavoro a maglia*) cable • **t. d'agli**, string of garlic □ **t. di pane**, braided loaf; twist.

trecentésco *a.* fourteenth-century (*attr.*); (*arte e letter. ital.*) Trecento (*attr.*).

trecentèșimo *a. num. ord. e m.* three hundredth.

trecènto *a. num. card. e m.* three hundred • **il T.**, the fourteenth century; (*arte e letter. ital.*) the Trecento.

tredicènne ***A*** *a.* thirteen years old (*pred.*); thirteen-year-old (*attr.*) ***B*** *m. e f.* thirteen-year-old (boy, *m.*; girl, *f.*).

tredicèșima *f.* year-end bonus.

tredicèșimo *a. num. ord. e m.* thirteenth.

trédici *a. num. card. e m.* thirteen • **fare t.**, to win in the (Italian) football pools.

tréfolo *m.* strand.

tregènda *f.* ***1*** Witches' Sabbath ***2*** (*fig.*) pandemonium; chaos • **notte da t.**, stormy night.

trégua *f.* ***1*** truce ***2*** (*fig.*) rest; respite; pause: **dare t.**, to give respite; to let up; **non dare t.**, to give no respite; **senza t.**, without a pause; relentless; non-stop: **Piove senza t. da sei giorni**, it's been raining non-stop for six days.

tremànte *a.* trembling; shaking; shaky; quivering; (*di freddo o febbre*) shivering.

tremàre *v. t.* to tremble; to shake*; to quiver; (*di freddo o febbre*) to shiver; (*di paura o orrore*) to shudder: **t. per tutto il corpo**, to shake all over; **t. come una foglia**, to tremble (*o* to shake) like a leaf; **t. di rabbia**, to shake with anger; **Tremai al solo pensiero**, I trembled (*o* shuddered) at the very thought; **La casa tremò**, the house shook; **far t. i vetri**, to rattle the windowpanes.

tremarèlla *f.* (*fam.*) (the) shivers (*pl.*); (the) heebie--jeebies (*pl., fam.*); (*paura del pubblico*) stage fright: **avere la t.**, to have the shivers; to shake in one's shoes; **Mi viene la t.**, I get the shivers; **far venire la t. a q.**, to give sb. the shivers.

tremebóndo *a.* (*lett.*) trembling; (*pauroso*) fearful.

tremèndo *a.* terrible; dreadful; awful: **Fu un momento t.**, it was a terrible (*o* an awful) moment; **un t. mal di testa**, a dreadful headache; **un t. seccatore**, a terrible (*o* awful) bore; **bambino t.**, little terror.

trementìna *f.* (*chim.*) turpentine.

tremìla *a. num. card. e m.* three thousand.

trèmito *m.* tremble; shake; quiver; (*di freddo o febbre*) shiver; (*di orrore*) shudder: **essere scosso da un t.**, to shiver; to shudder; **Mi prese il t.**, I began to shake.

tremolànte *a.* trembling; quivering; tremulous; (*di luce*) flickering; (*di stella*) twinkling.

tremolàre *v. i.* to tremble; to quiver; (*di luce*) to flicker; (*di stella*) to twinkle.

tremolìo *m.* trembling; quivering; (*di luce*) flickering; (*di stelle*) twinkling.

tremóre *m.* ***1*** trembling; (*anche med.*) tremor ***2*** (*trepidazione*) trepidation.

trèmulo *a.* tremulous; trembling; (*di luce*) flickering; (*di stella*) twinkling.

trench (*ingl.*) *m. invar.* trench coat.

trenìno *m.* (*giocattolo*) toy train; (*modellino*) model train.

trèno *m.* ***1*** (*ferr.*) train: **il t. delle tre** [**delle due e mezza**], the three o'clock [the two-thirty] train; **prendere** [**perdere**] **il t.**, to catch [to miss] the train; **salire in t.**, to get on the train; **scendere dal t.**, to get out of (*o* off) the train; **andare in t.**, to go by train; **viaggio in t.**, train journey; **t. locale**, local (*o* slow) train; **t. merci**, goods train; **t. rapido**, express train; **t. straordinario**, special train; **t. viaggiatori**, passenger train; **movimento dei treni**, railway traffic ***2*** (*tenore di vita*) tenor (of life); standard of living ***3*** (*di animale*) quarters (*pl.*): **t. anteriore**, forequarters; **t. posteriore**, hind quarters ***4*** (*di veicolo*) carriage ***5*** (*serie*) train; set: (*fis.*) **t. di onde**, wave train; (*autom.*) **t. di gomme**, set of tyres.

trénta *a. num. card. e m.* thirty. (*Per gli esempi d'uso, V. sotto* **quaranta**) • **Hai fatto t., puoi fare trentuno**, you've come this far, you might as well finish.

trentaduèșimo ***A*** *a. num. ord. e m.* thirty-second ***B*** *m.* (*tipogr.*) thirty-twomo; 32mo.

trentènne ***A*** *a.* thirty years old (*pred.*); thirty-year-old (*attr.*) ***B*** *m. e f.* thirty-year-old man* (*m.*); thirty-year-old woman* (*f.*); (*sulla trentina*) man* [woman*] in his [her] thirties, thirtysomething (*fam.*).

trentènnio *m.* (period of) thirty years.

trentèșimo *a. num. ord. e m.* thirtieth.

trentìna *f.* ***1*** about thirty ***2*** (*rif. all'età*) (the age of) thinrty. (*Per gli esempi d'uso, V. sotto* **quarantina**).

trepidànte *a.* anxious.

trepidàre *v. i.* to be anxious (about st.).

trepidazióne *f.* anxiety; trepidation.

treppiède, **treppièdi** *m.* tripod.

trequàrti *m.* (*giacca*) three-quarter-length coat.

treruòte *m. invar.* (*autom.*) three-wheeler.

trésca *f.* ***1*** plot; intrigue ***2*** (*intrigo amoroso*) affair: **Aveva una t. con la cognata**, he was having an affair (*o* he was carrying on) with his sister-in-law.

trescàre *v. i.* ***1*** to plot; to intrigue ***2*** (*avere una tresca*) to have an affair; to carry on.

tréspolo *m.* trestle; (*per uccelli*) perch.

trìade *f.* triad.

triàdico *a.* triadic.

triangolàre (1) ***A*** *a.* ***1*** triangular ***2*** (*che interessa tre parti*) triangular; trilateral ***B*** *m.* (*sport*) triangular competition.

triangolàre (2) *v. t.* (*geodesia*) to triangulate.

triangolazióne *f.* ***1*** (*geodesia*) triangulation ***2*** (*econ.*) triangular trade.

triàngolo *m.* ***1*** (*geom.*) triangle: **t. equilatore** [**isoscele, scaleno**], equilateral [isosceles, scalene] triangle; **t. rettangolo**, right-angle triangle ***2*** (*oggetto o struttura triangolare*) triangle; triangular piece: **un t. di stoffa**, a triangular piece of material • **il t. industriale**, the industrialized area formed by the provinces of Milan, Turin and Genoa □ **l'eterno t.**, the eternal triangle.

triàssico (*geol.*) ***A*** *a.* Triassic ***B*** *m.* Trias; Triassic.
tribàle *a.* tribal.
tribalìṣmo *m.* tribalism.
tribolàre *v. i.* ***1*** (*soffrire*) to suffer ***2*** (*faticare*) to have trouble (doing st.) • **far t. q.**, (*far soffrire*) to torment (*o* to afflict) sb.; (*dare preoccupazioni*) to be a sore trial to sb.; (*far faticare*) to give trouble to sb.
tribolàto *a.* tormented; troubled • **vita tribolata**, hard life.
tribolazióne *f.* ***1*** (*patimento*) tribulation; suffering ***2*** (*preoccupazione*) worry; trouble.
tribórdo *m. V.* **dritta**, *def. 1.*
tribù *f.* (*anche fig.*) tribe • **membro di t.**, tribesman (*m.*); tribeswoman (*f.*).
tribùna *f.* ***1*** (*per oratori*) tribune; rostrum* ***2*** (*spazio riservato*) gallery: **t. della stampa**, press gallery; (*sport*) press-box ***3*** (*sport*) stand: **t. centrale**, grandstand; **t. d'onore**, VIP stand ***4*** (*dibattito*) forum; debate: **t. aperta**, open forum; **t. elettorale**, TV electoral debate ***5*** (*archit.*) apse.
tribunàle *m.* court (of law); law court; tribunal (*anche fig.*): **comparire in t.**, to come before a court; **t. civile** [**penale**], civil [criminal] court; **t. del lavoro**, industrial tribunal; labor court (*USA*); **t. militare**, court-martial • **aula del t.**, courtroom □ **palazzo del t.**, courthouse; law courts (*pl.*) □ **presidente del t.**, presiding judge.
tribùno *m.* ***1*** (*stor.*) tribune ***2*** (*fig.*) people's champion; (*spreg.*) demagogue, rabble-rouser.
tributàre *v. t.* to render; to give*; to pay*: **t. onori**, to render honour: **t. grazie**, to give thanks: **t. omaggio**, to pay homage.
tributàrio *a.* ***1*** (*anche geogr.*) tributary ***2*** (*fisc.*) fiscal; taxation, tax (*attr.*): **diritto t.**, taxation law; **ordinamento t.**, tax system; **anagrafe tributaria**, tax register; **polizia tributaria**, inland revenue police.
tribùto *m.* ***1*** (*stor. e fig.*) tribute ***2*** (*fisc.*) tax; levy; duty: **imporre un t. a**, to levy a tax on • **t. di sangue**, deaths (*pl.*); bloodshed [U] □ **un pesante t. di vite umane**, a heavy toll in human lives.
trichèco *m.* (*zool.*) walrus*.
tricìclo *m.* tricycle.
tricìpite ***A*** *a.* (*lett.*) three-headed ***B*** *m.* (*anat.*) triceps.
triclìnio *m.* (*archeol.*) triclinium*.
tricologìa *f.* (*med.*) trichology.
tricòlogo *m.* (*f.* **-a**) trichologist; hair specialist.
tricolóre ***A*** *a.* three-coloured; tricolour: **bandiera t.**, tricolour flag ***B*** *m.* tricolour: **il T.**, the Italian flag (*o* tricolour).
tricòrno *m.* cocked hat; three-cornered hat.
tricromìa *f.* (*fotogr.*) ***1*** (*procedimento*) three-colour process ***2*** (*riproduzione*) three-colour printing.
tric trac *m.* ***1*** (*rumore*) click ***2*** (*gioco*) backgammon.
tridènte *m.* ***1*** trident ***2*** (*agric.*) hayfork.
tridimensionàle *a.* three-dimensional; tridimensional.
trìduo *m.* (*eccles.*) triduum.
trièdro *m.* (*geom.*) trihedron*.
trielina *f.* (*chim.*) trichloroethylene.
triennàle ***A*** *a.* ***1*** (*che dura tre anni*) three-year (*attr.*) ***2*** (*che ricorre ogni tre anni*) three-yearly (*attr.*); triennial ***B*** *f.* triennial exhibition.
triènnio *m.* three-year period; triennium.
trifàṣe, **trifàsico** *a.* (*elettr.*) three-phase (*attr.*).
trifòglio *m.* (*bot.*) clover • **t. d'Irlanda**, shamrock.
trifolàto *a.* (*cucina*) ***1*** sliced and cooked in oil, with garlic and parsley ***2*** (*condito con tartufo*) truffled.
trìfora *f.* (*archit.*) window with three lights.
trigèmino ***A*** *a.* ***1*** (*anat.*) trigeminal ***2*** — **parto t.**, birth of triplets; triplet birth ***B*** *m.* (*anat.*) trigeminus*; trigeminal nerve.
trigèṣimo *m.* (*eccles.*) thirtieth day (after sb.'s death); (*funzione*) month's mind.
trìglia *f.* (*zool.*) mullet • **fare l'occhio di t. a q.**, to make sheep's eyes at sb.; to give sb. the glad eye.
triglicèride *m.* (*biochim.*) triglyceride.
trigonometrìa *f.* trigonometry.
trigonomètrico *a.* trigonometric(al).
trilateràle *a.* trilateral.
trilingue *a.* trilingual.
trilióne *m.* (*mille miliardi, 10^{12}*) trillion.
trillàre *v. i.* to trill; (*di campanello*) to ring*.
trillo *m.* trill; (*di uccello, anche*) warbling [U]; (*di campanello*) ring.
trilogìa *f.* (*letter.*) trilogy.
trimestràle *a.* ***1*** (*che dura tre mesi*) three-month (*attr.*) ***2*** (*con scadenza ogni tre mesi*) quarterly; three-monthly; (*di trimestre*) term (*attr.*): **rivista t.**, quarterly (review); **rata t.**, three-monthly instalment.
trimestralménte *avv.* quarterly; every three months.
trimèstre *m.* ***1*** quarter; (*scolastico*) term ***2*** (*rata trimestrale*) three-monthly instalment; (*di affitto*) quarter's rent.
trimotóre (*aeron.*) ***A*** *a.* three-engined ***B*** *m.* three-engined aircraft.
trìna *f.* lace [U].
trincàre *v. t.* (*fam.*) to knock back; to swill.
trincèa *f.* ***1*** (*mil.*) trench: **guerra di t.**, trench warfare; **combattere in t.**, to fight in the trenches ***2*** (*ferr.*) cutting.
trinceraménto *m.* (*mil.*) entrenchment.
trinceràre ***A*** *v. t.* (*mil.*) to entrench ***B*** **trinceràrsi** *v. rifl.* ***1*** (*mil.*) to entrench oneself; to dig* oneself in ***2*** (*fig.*) to withdraw*; to take* refuge: **t. dietro al segreto professionale**, to take refuge behind professional secrecy; **t. nel silenzio**, to take refuge in silence.
trincétto *m.* shoemaker's knife*.
trinchétto *m.* (*naut.*) foremast • **pennone di t.**, foreyard □ **vela di t.**, foresail.
trinciànte *m.* carver; carving knife*.
trinciapólli, **trinciapóllo** *m. invar.* poultry shears (*pl.*).
trinciàre *v. t.* to cut* up; (*carne*) to carve • (*fig.*) **t. giudizi**, to make rash judgements.
trinciàto ***A*** *a.* cut up; (*di carne*) carved ***B*** *m.* (*tabacco*) shag.
trinciatrìce *f.* (*mecc.*) shredder.
trinciatùra *f.* ***1*** cutting up; (*di carne*) carving ***2*** (*minuzzoli*) cuttings (*pl.*); shreds (*pl.*).
trinità *f.* trinity.
trinitàrio *a. e m.* (*teol.*) Trinitarian.
trino *a.* trine • (*teol.*) **uno e t.**, triune.
trinòmio *m.* (*mat. e fig.*) trinomial.
trio *m.* (*mus. e fig.*) trio*.
trìodo *m.* (*fis.*) triode.
trionfàle *a.* triumphal; triumphant: **arco t.**, triumphal arch; **entrata t.**, triumphal entry: **ritorno t.**, triumphant return; **successo t.**, triumph.
trionfalìṣmo *m.* triumphalism.
trionfalìstico *a.* triumphalist.
trionfànte *a.* triumphant; exultant: **Era t.**, he was exultant; **Entrò tutto t.**, he came in triumphantly.
trionfàre *v. i.* ***1*** (*vincere*) to triumph; to prevail: **t. sul nemico**, to triumph over one's enemy; **La giustizia trionfò**, justice prevailed ***2*** (*esultare*) to be exultant; to exult ***3*** (*avere un grande successo*) to be a great success; to be a hit.
trionfatóre ***A*** *m.* (*f.* **-trice**) victor ***B*** *a.* triumphant; victorious.
trionfo *m.* triumph; (*successo*) big success: **accogliere in t.**, to welcome in triumph; **portare in t.**, to bear shoulder-high; **con aria di t.**, triumphantly; **Il concerto fu un t.**, the concert was a triumph; (*archit.*) **arco di t.**, triumphal arch.
triòssido *m.* (*chim.*) trioxide.
tripanosòma *m.* (*zool.*) trypanosome.
tripartire *v. t.* to divide into three (parts).
tripartìtico *a.* (*polit.*) three-party (*attr.*).
tripartìto (**1**) *a.* (*di tre parti*) tripartite.
tripartìto (**2**) (*polit.*) ***A*** *a.* three-party (*attr.*) ***B*** *m.* three-party government.
tripartizióne *f.* tripartition.
triplàno *m.* (*aeron.*) triplane.
triplétta *f.* ***1*** (*fucile*) three-barrelled shot-gun ***2*** (*giochi, sport*) triple win; triple hit; (*calcio*) hat-trick.
triplicàre *v. t.*, **triplicàrsi** *v. i. pron.* to triple; to treble; to triplicate.
triplicàto *a.* tripled; trebled.
triplicazióne *f.* triplication.
tríplice *a.* triple; triplicate; threefold: (*stor.*) **la T. Alleanza**, the Triple Alliance; **t. scopo**, triple (*o* threefold) goal; **in t. copia**, in triplicate.
trìplo ***A*** *a.* triple; treble: **paga tripla**, triple pay; (*sport*) **salto t.**, triple jump ***B*** *m.* triple; three times as (*+ agg. o avv.*): **il t. di tre**, three times three; **Lavoro il t. di te**, I work three times as hard as you do; **mangiare il t. di q.**, to eat three times as much as sb.; **Loro sono il t. di noi**, they are three times as many as we are; **grande il t.**, three times as big;

aumentare del t., to treble; to triple.
trìpode *m.* tripod.
tripolàre *a.* ***1*** (*elettr.*) three-pole; three pin: **spina t.**, three--pin plug ***2*** (*polit.*) three-sided; tripartite.
trìppa *f.* ***1*** (*cucina*) tripe ***2*** (*scherz.*) fat; (*pancia*) paunch, fat belly.
tripudiàre *v. i.* to exult; to rejoice.
tripùdio *m.* jubilation; exultation; rejoicing: **folla in t.**, jubilant crowd.
trirégno *m.* (*eccles.*) triple crown; papal tiara.
trirème *f.* (*stor.*) trireme.
tris *m.* (*poker, ecc.*) three of a kind: **fare t.**, to have three of a kind; **t. d'assi**, three aces.
trisàvola *f.* great-great-grandmother.
trisàvolo *m.* great-great-grandfather.
trisìllabo ***A*** *a.* trisyllabic ***B*** *m.* trisyllable.
trìste *a.* ***1*** sad; unhappy ***2*** (*cupo, deprimente*) gloomy; dismal; bleak; cheerless.
tristézza *f.* ***1*** sadness; unhappiness ***2*** (*cupezza*) gloom; gloominess; bleakness; cheerlessness ***3*** (*afflizione*) sorrow; misery; trouble.
trìsto *a.* ***1*** (*cattivo*) bad; (*malvagio*) wicked ***2*** (*meschino*) mean; poor.
tritacàrne *m. invar.* mincer; meat grinder.
tritaghiàccio *m. invar.* ice-crusher.
tritàre *v. t.* to mince; (*verdura*) to chop up; (*triturare*) to grind*, to crush.
tritarifiùti *m.* waste disposal; garbage disposal (*USA*).
tritatùtto *m. invar.* mincer; food grinder.
trito *a.* ***1*** (*tritato*) minced; chopped; (*sbriciolato*) ground: **carne trita**, minced meat; mince (*GB*); hamburger meat (*USA*) ***2*** (*banale, risaputo*) trite; commonplace; stale • **t. e ritrito**, hackneyed; hoary; old hat (*pred.*).
trìtolo *m.* (*chim.*) trinitrotoluene (*abbr.* TNT).
tritóne *m.* ***1*** (*mitol.*) Triton ***2*** (*zool.*) newt.
trìttico *m.* ***1*** (*arte*) triptych ***2*** (*autom.*) customs pass; tryptique (*franc.*).
trituràre *v. t.* to triturate; to grind*; to pound.
triumviràto *m.* (*stor.*) triumvirate.
triùmviro *m.* (*stor.*) triumvir*.
trivalènte *a.* (*chim.*) trivalent; tervalent.
trivèlla *f.* ***1*** drill; borer ***2*** (*falegn.*) gimlet; auger.
trivellàre *v. t.* to drill.
trivellazióne *f.* drilling • **torre di t.**, derrick.
trivèllo *m.* (*falegn.*) gimlet; auger.
triviàle *a.* coarse; vulgar. ATTENZIONE: **triviale ≠ trivial**.
trivialità *f.* ***1*** coarseness; vulgarity ***2*** (*detto triviale*) vulgarity; coarse remark: **dire t.**, to use coarse language. ATTENZIONE: **trivialità ≠ triviality**.
trìvio *m.* crossroads • **da t.**, coarse; vulgar.
trofèo *m.* trophy.
troglodita *m. e f.* troglodyte (*anche fig.*); cave-dweller.
trogloditico *a.* (*anche fig.*) troglodytic(al).
trògolo *m.* trough.
tròia *f.* ***1*** (*scrofa*) sow ***2*** (*volg.*) whore; slut.
troiàno *a. e m.* (*f.* **-a**) Trojan (*f.* Trojan woman*).
tròica *f.* (*anche fig.*) troika.
trómba *f.* ***1*** (*mus.*) trumpet; (*mil.*) bugle: **dare fiato alle trombe**, to sound the trumpets ***2*** (*suonatore di t.*) trumpet player; trumpeter ***3*** (*delle scale, dell'ascensore*) well ***4*** (*anat.*) tube: **t. d'Eustachio**, Eustachian tube • **t. d'aria**, whirlwind □ **la t. del Giudizio**, the last trump □ **t. marina**, waterspout □ (*fam.*) **partire in t.**, to be off like a shot; to rush into st.
trombàre *v. t.* (*fam.*: *bocciare*) to fail; to flunk (*USA*).
trombétta *f.* trumpet.
trombettière *m.* (*mil.*) bugler.
trombettista *m. e f.* (*mus.*) trumpet player.
trombóne *m.* ***1*** (*mus.*) trombone: **suonatore di t.**, trombonist ***2*** (*arma*) blunderbuss ***3*** (*bot.*) daffodil ***4*** (*fam., di persona*) windbag; stuffed shirt.
trombonista *m.* (*mus.*) trombonist.
trombòsi *f.* (*med.*) thrombosis*.
troncaménto *m.* ***1*** cutting off; breaking off ***2*** (*ling.*) apocope.
troncàre *v. t.* ***1*** to cut* off; (*spezzare*) to break* off ***2*** (*fig.*) to sever; to break* off; to cut* short: **t. un fidanzamento**, to break off an engagement; **t. ogni rapporto con q.**, to sever all connections with sb.; **t. una discussione**, to cut short a discussion; **t. la carriera di q.**, to cut short sb.'s career; **t. le gambe a q.** (*affaticare*), to do sb. in ***3*** (*ling.*) to apocopate.
tronchése *m. o f.* nippers (*pl.*).
tronchesina *f.*, **tronchesino** *m.* nippers (*pl.*); (*per unghie*) nail clippers (*pl.*).
trónco (1) *a.* ***1*** (*geom.*) truncated ***2*** (*mozzato*) cut off ***3*** (*fig.*) broken; incomplete; unfinished: **frase tronca**, unfinished sentence ***4*** (*ling.*) apocopated; (*rif. all'accento*) with the accent on the last syllable • **in t.**, (*senza preavviso*) without notice, on the spot; (*improvvisamente*) suddenly.
trónco (2) *m.* ***1*** (*d'albero*) trunk; (*d'albero abbattuto*) log: **t. cavo**, hollowed-out log; **capanna di tronchi**, log hut ***2*** (*anat.*) trunk; torso* ***3*** (*segmento, tratto*) section; stretch; (*diramazione*) branch: **t. ferroviario**, railway section ***4*** (*geom.*) truncated figure; frustum*: **t. di piramide**, truncated pyramid ***5*** (*archit.*) shaft.
troncóne *m.* stump.
troneggiàre *v. i.* (*dominare*) to dominate; (*sovrastare*) to tower.
trónfio *a.* ***1*** puffed up; self-important; conceited ***2*** (*di stile*) pompous; bombastic • **camminare tutto t.**, to strut.
tròno *m.* throne.
tropicàle *a.* (*geogr.*) tropical.
tròpico *m.* (*astron., geogr.*) tropic: **ai tropici**, in the tropics.
tropìsmo *m.* (*biol.*) tropism.
tròpo *m.* (*retor.*) trope.
troposfèra *f.* (*meteor.*) troposphere.
tròppo ***A*** *avv.* ***1*** (*con agg. e avv.*) too: **t. caldo**, too hot; **t. presto**, too early; **fin t. vero**, only too true; **Lo conosco anche t. bene**, I know him only (*o* all) too well; **davvero t. lungo**, far (*o* much) too long ***2*** (*nel senso di «molto»*) too; so; **Non mi sento t. bene**, I don't feel too well; **Non ne sarei t. sicuro**, I wouldn't be so sure ***3*** (*con verbi*) too much; (*di tempo*) too long: **mangiare t.**, to eat too much; to overeat; **Ho aspettato t.**, I've waited too long; **Lavori t.**, you work too hard; you are overworking yourself • **Era t. signora per commentare**, she was too much of a lady to comment ***B*** *a. indef.* too much (*pl.* too many): **t. potere**, too much power; **troppe persone**, too many people ***C*** *pron. indef.* too much (*pl.* too many): **Questo è t.**, that's too much; **Chiedi t.**, you want too much; **Hai detto anche t.**, you've already said too much; **C'è t. da aspettare**, it's too long to wait; **Lo sanno in troppi**, too many people know about it • **un bicchere di t.**, one (glass) too many □ **qualche parola di t.**, a few words too many □ **essere di t.**, (*di cosa*) to be superfluous, not to be needed; (*di persona*) to be in the way, not to be wanted ***D*** *n.* — (*prov.*) **Il t. stroppia**, enough is enough.
troppopièno *m. invar.* (*tecn.*) overflow.
tròta *f.* (*zool.*) trout: **t. salmonata**, salmon trout.
trottàre *v. i.* ***1*** to trot: **far t. un cavallo**, to trot a horse ***2*** (*fam.*) to walk briskly, to run* (around); (*affrettarsi*) to hurry, to put* one's skates on (*fam.*); (*correre qua e là*) to be on the trot.
trottàta *f.* ***1*** trot: **fare una t.**, to go for a trot ***2*** (*fam.*) rush; run.
trottatóio *m.* trotting track.
trottatóre *m.* trotter.
trotterellàre *v. i.* ***1*** to trot ***2*** (*fam.*) to trot along; (*di bambino*) to toddle.
tròtto *m.* ***1*** trot: **andare al t.**, to trot; **mettere un cavallo al t.**, to trot a horse; **rompere il t.**, to break into a canter; **t. serrato**, steady trot; **al piccolo t.**, at a jog trot; **corse al t.**, trotting-races ***2*** (*fam.*) trot; brisk pace: **camminare di buon t.**, to walk at a brisk pace.
tròttola *f.* (spinning) top: **far girare una t.**, to spin a top • **girare come una t.**, to be on the trot; to rush about.
troupe (*franc.*) *f. invar.* ***1*** (*teatr.*) company; troupe; players (*pl.*) ***2*** (*cinem.*: *gli attori*) cast; (*i tecnici*) crew.
trousse (*franc.*) *f. invar.* ***1*** (*astuccio*) case; kit ***2*** (*borsetta*) evening bag.
trovadòrico *a.* troubadour (*attr.*).
trovàre ***A*** *v. t.* ***1*** to find*: **t. un borsellino**, to find a purse; **t. lavoro**, to find a job; **t. pace**, to find peace; **t. moglie**, to find a wife; **Finalmente ti trovo**, at last I've found you; **t. da dormire**, to find somewhere to sleep; **Trova difficile fare amicizia**, he finds it difficult to make friends; **Non ci trovo nulla di strano**, I can't see anything odd in it ***2*** (*scoprire*) to find*; to discover: **t. il colpevole**, to find the culprit;

t. la soluzione, to find the solution; **Il dottore mi ha trovato un soffio al cuore**, the doctor has found I have a heart murmur ***3*** (*escogitare*) to find*; to come* up with: **t. una scusa**, to find an excuse ***4*** (*incontrare*) to meet* with; (*imbattersi in*) to come* across (*o* upon), to run* into: **t. ostacoli**, to meet with obstacles ***5*** (*cogliere, sorprendere*) to catch*: **L'hanno trovato che rubava**, they caught him stealing; **Mi trovi impreparato sull'argomento**, you've caught me unprepared on this subject ***6*** (*pensare*) to think*; (*reputare*) to find*, to consider: **Trovo che abbia ragione**, I think he is right; **Lo trovo giusto**, I think it's right; **Ti trovo un po' pallido**, you look a bit pale; **Come lo trovi?**, (*che ne pensi?*) what do you think (of it)?; (*ti piace?*) how do you like it?; **È strano, non trovi?**, it's odd, don't you think? • **t. da ridire su q.c.**, to find fault with (*o* to fault) st. □ **t. la morte**, to be killed □ **t. modo di fare q.c.**, to manage to do st.; to find a way to do st. □ **andare a t. q.**, to visit sb.; to go and see sb.; to look sb. up ***B*** **trovàrsi** *v. i. pron.* ***1*** (*essere*) to be; (*essere situato*) to be situated, to lie*: **t. in pericolo**, to be in danger; **Si trova in vendita nei supermarket**, it's on sale in supermarkets; **Pavia si trova a sud di Milano**, Pavia is to the south of Milan ***2*** (*essere per caso*) to happen to; (*ritrovarsi*) to find* oneself: **Mi trovavo a passare di là**, I happened to be going that way; **Mi trovai di fronte alla chiesa**, I found myself opposite the church ***3*** (*sentirsi*) to feel*; to be: **t. a proprio agio**, to be at (one's) ease • **t. bene** [**male**] **con q.**, to get on well [not to get on] with sb. □ **Come ti trovi a Roma?**, how do you like it in Rome? ***C*** *v. rifl. recipr.* (*incontrarsi*) to meet*; (*riunirsi*) to get* together.

trovaròbe *m. e f. invar.* (*teatr.*) property man*; propman* (*m.*); property mistress (*f.*).

trovàta *f.* (*idea*) idea; notion; (*idea felice*) good (*o* bright) idea; (*espediente*) trick, gimmick: **pieno di trovate**, full of ideas; **t. pubblicitaria**, publicity gimmick.

trovatèllo *m.* (*f.* **-a**) foundling.

trovàto *a.* — **ben t.**, (*escogitato*) well thought out, well-devised, clever; (*ben detto*) well said; **Ben t.!** (*saluto*), well met!; good to see you!

trovatóre *m.* (*stor., letter.*) troubadour.

trovièro *m.* (*stor., letter.*) trouvère; trouveur.

truccàre ***A*** *v. t.* ***1*** to make* up ***2*** (*mascherare*) to dress up; (*travestire*) to disguise ***3*** (*manipolare*) to fix; to rig: **t. le carte**, to fix (*o* to mark) the cards; **t. i dadi**, to load the dice; **t. le elezioni**, to rig an election; (*sport*) **t. un incontro**, to fix a match; **t. un motore**, to soup up an engine ***B*** **truccàrsi** *v. rifl.* ***1*** to put* on make-up; to wear* make up; (*specialm. di attore*) to make* up: **t. prima di uscire**, to put on some make-up before going out; **Mi trucco poco**, I don't wear a lot of make-up ***2*** (*mascherarsi*) to dress up; (*travestirsi*) to disguise oneself.

truccatóre *m.* (*f.* **-trice**) make-up artist.

truccatùra *f.* ***1*** make-up ***2*** (*travestimento*) disguise.

trùcco *m.* ***1*** (*artificio illusorio*) trick ***2*** (*stratagemma*) trick; gimmick; dodge: **i trucchi del mestiere**, the tricks of the trade ***3*** (*raggiro*) trick; trickery; (*inghippo*) catch ***4*** (*truccatura*) make-up: **usare molto t.**, to use a lot of make-up; **farsi il t.**, to put on make-up; to make oneself up; **t. teatrale**, stage make-up.

trùce *a.* ***1*** (*torvo*) fierce, grim; (*minaccioso*) threatening ***2*** (*crudele*) cruel; savage.

trucidàre *v. t.* to slaughter; to slay*; (*assassinare*) to murder.

truciolàto *m.* chipboard.

trùciolo *m.* chip; shaving: **trucioli per imballaggio**, wood shavings.

truculènto *a.* ***1*** truculent; ferocious ***2*** (*terrificante*) gruesome; blood-curdling; macabre.

trùffa *f.* fraud (*anche leg.*); sharp practice Ⓤ; swindle; con (*fam.*): **t. all'americana**, confidence game; con game (*fam.*); **sottrarre soldi a q. con una t.**, to con sb. out of his money.

truffaldìno *a.* fraudulent; cheating.

truffàre *v. t.* to cheat; to swindle; to defraud (*anche leg.*); to con (*fam.*): **L'hanno truffato di parecchi milioni**, he's been cheated out of several million lire.

truffatóre *m.* (*f.* **-trice**) cheat; swindler; con man (*m.*) (*fam.*); (*imbroglione*) cheat, fraud, crook.

truìsmo *m.* truism; platitude.

trùppa *f.* ***1*** (*mil.*) troops (*pl.*); force: **truppe d'assalto**, storm troops; **truppe da sbarco**, landing troops; **t. di rinforzo**, reinforcements (*pl.*) ***2*** (*soldati*) men (*pl.*); privates (*pl.*); ranks (*pl.*) ***3*** (*fig.*) troop; band; gang • **in t.**, (*in gruppo*) in a group; (*tutti insieme*) in a body.

trust (*ingl.*) *m. invar.* trust • **t. di cervelli**, brains (*USA* brain) trust.

tse-tse *a. invar.* — (*zool.*) **mosca t.**, tsetse fly.

tu ***A*** *pron. pers. m. e f. 2ª pers. sing.* you; (*poet. o relig.*) thou: **Sei stato tu a dirlo**, it was you who said so; **Sei tu?**, is that you?; **Entra prima tu**, you go in first; **Non sei** (*o* **non sembri**) **più tu**, you are not the man [woman] you once were; **L'hai visto tu stesso**, you saw it yourself • **a tu per tu** (**con q.**), (*di fronte*) face to face; (*in privato*) in private ***B*** *n.* «tu»; familiar form of address: **dare del tu a q.**, to address sb. as «tu»; to be on familiar (*o* on first-name) terms with sb.

tùba *f.* ***1*** (*mus.*) tuba ***2*** (*cappello*) top hat ***3*** (*anat.*) tube.

tubàre *v. i.* ***1*** to coo ***2*** (*fig.*) to coo; to bill and coo.

tubatùra, tubazióne *f.* piping Ⓤ; pipes (*pl.*); pipeline: **t. del gas**, gas pipes.

tubercolàre *a.* (*med.*) tubercular.

tubercolòṣi *f.* (*med.*) tuberculosis: **t. polmonare**, pulmonary tuberculosis; consumption.

tubercolóso, tubercolòtico (*med.*) ***A*** *a.* tuberculous; tubercular; consumptive ***B*** *m.* (*f.* **-a**) consumptive.

tùbero *m.* (*bot.*) tuber.

tuberósa *f.* (*bot.*) tuberose.

tubétto *m.* tube: **t. di dentifricio**, tube of toothpaste.

tubìno *m.* (*abito femm.*) sheath dress.

tùbo *m.* ***1*** tube; pipe; (*di camino*) flue: **t. di gomma**, hose; hosepipe; **t. dell'àcqua**, water-pipe; (*autom.*) **t. di scappamento**, exhaust-pipe; (*med.*) **t. di drenaggio**, drain tube ***2*** (*anat.*) duct; canal ***3*** (*fam.*) nothing; not a thing: **Non sa un t.**, he doesn't know a thing; **Non me ne importa un t.**, I don't care one bit; I don't give a damn.

tubolàre ***A*** *a.* tubular ***B*** *m.* tubular tyre.

tucàno *m.* (*zool.*) toucan.

tuffàre ***A*** *v. t.* to plunge; (*brevemente*) to dip ***B*** **tuffàrsi** *v. rifl.* ***1*** to dive; to plunge; (*fig., anche*) to immerse oneself: **t. nel lavoro**, to throw oneself into one's work; **t. nello studio**, to immerse oneself in one's studies; **t. nella mischia**, to enter the fray; **t. nelle lotte politiche**, to join the political fray ***2*** (*del sole*) to sink*; to dip ***3*** (*aeron.*) to nose-dive.

tuffatóre *m.* (*f.* **-trice**) diver.

tùffo *m.* ***1*** dive; plunge; (*breve bagno*) dip: **fare un t.**, to take a dive; to dive; **t. ad angelo**, swallow dive; **t. di testa**, header ***2*** (*sport*) dive; (*al pl.: specialità*) diving: **campione di tuffi**, diving champion ***3*** (*aeron.*) nose-dive • **Con un t. gli fu addosso**, he dived on him □ **Ebbi un t. al cuore**, my heart skipped a beat □ **fare un t. nel passato**, to go back in time.

tùfo *m.* (*miner.*) tufa: **t. vulcanico**, volcanic tufa; tuff.

tùga *f.* (*naut.*) wheelhouse; deckhouse.

tugùrio *m.* hovel.

tùia *f.* (*bot.*) thuja.

tulipàno *m.* (*bot.*) tulip.

tùlle *m.* (*ind. tess.*) tulle.

tumefàre ***A*** *v. i.* to tumefy; to cause to swell ***B*** **tumefàrsi** *v. i. pron.* to tumefy; to swell* up.

tumefàtto *a.* swollen; tumefied.

tumefazióne *f.* tumefaction; swelling.

tumoràle *a.* (*med.*) tumoral.

tumóre *m.* (*med.*) tumour: **t. benigno** [**maligno**], benign [malignant] tumour.

tumulàre *v. t.* to bury; to inter; to entomb.

tumulazióne *f.* burial; interment.

tùmulo *m.* ***1*** (*archeol.*) tumulus*; barrow ***2*** (*cumulo di terra*) mound ***3*** (*lett.: tomba*) tomb; grave.

tumùlto *m.* ***1*** tumult; (*baraonda*) turmoil; (*protesta*) uproar, furore: **Avevo il cuore in t.**, my heart was in a turmoil; **La folla era in t.**, the crowd was in an uproar ***2*** (*sommossa*) riot; disorder.

tumultuànte ***A*** *a.* rioting; disorderly ***B*** *m. e f.* rioter.

tumultuàre *v. i.* ***1*** to riot ***2*** (*di acque, ecc.*) to race; to rush.

tumultuóso *a.* tumultuous; riotous; turbulent: **acque tumultuose**, turbulent waters.

tùndra *f.* tundra.

tungstèno *m.* (*chim.*) tungsten; wolfram.

tùnica *f.* ***1*** tunic ***2*** (*anat., bot.*) tunic; tunica.

tuniṣino *a. e m.* (*f.* **-a**) Tunisian (*f.* Tunisian woman*).

tùnnel *m.* tunnel • **entrare nel t. della droga**, to get hooked on drugs □ **uscire dal t. di una malattia**, to come through an illness □ **la luce in fondo al t.**, the light at the end of the tunnel.

tùo ***A*** *a. poss.* ***1*** your; (*tuo proprio*) your own; (*poet. o relig.*) thy: **il tuo libro**, your book; **la tua casa**, your house; **i tuoi amici**, your friends; **le tue sorelle**, your sisters; **un tuo amico**, a friend of yours; one of your friends; **Bada ai fatti tuoi!**, mind your own business!; **Hai una casa tua?**, have you got a house of your own? ***2*** (*pred. nominale*) yours: **Questo libro è tuo**, this book is yours ***3*** (*in espress. ellittiche*) — **l'ultima tua**, your last letter; **Sono dalla tua**, I'm on your side; **Devi sempre dire la tua**, you must always have your say; **Alla tua!**, your health!; here's to you!; **Tienti sulle tue**, be noncommittal ***4*** (*in fine di lettera*) yours: (**Cordiali saluti dal**) **tuo Carlo**, yours (affectionately), Carlo ***B*** *pron. poss.* yours; (*poet. o relig.*) thine: **i miei amici e i tuoi**, my friends and yours; **niente di tuo**, nothing of your own ***C*** *m.* ***1*** (*ciò che possiedi*) what you own, your things, (*i tuoi soldi*) your money ***2*** (*al pl.*) (*genitori*) your parents; (*familiari*) your family, your relatives, your people; (*seguaci*) your friends, your followers, your supporters: **Saluti ai tuoi**, regards to your family.

tuonàre *v. i.* ***1*** (*impers.*) to thunder: **Tuonò tutta la notte**, it thundered all night ***2*** (*rimbombare*) to boom; to thunder ***3*** (*gridare*) to thunder: **t. contro q.**, to fulminate against sb.

tuòno *m.* ***1*** thunder: **uno scoppio di t.**, a crash of thunder; **lampi e tuoni**, thunder and lightning ***2*** (*fig.*) rumble; boom.

tuòrlo *m.* yolk.

turàcciolo *m.* stopper; (*di sughero*) cork; (*di botte*) bung: **mettere il t. a una bottiglia**, to cork a bottle.

turàre ***A*** *v. t.* to plug; to stop (up); (*con sughero*) to cork: **t. una falla**, to stop up a leak; **turarsi gli orecchi** [**la bocca**], to stop one's ears [one's mouth]; **turarsi il naso**, to hold one's nose ***B*** **turàrsi** *v. i. pron.* to get* obstructed (*o* stopped up): **Mi si sono turate le orecchie**, my ears are blocked.

tùrba (1) *f.* crowd; multitude; (*spreg.*) rabble, mob.

tùrba (2) *f.* (*psic.*) disorder; disturbance: **t. psichica**, mental disorder; **affetto da t. psichica**, mentally disturbed.

turbaménto *m.* ***1*** (*il turbare*) disturbance; perturbation; disruption ***2*** (*emozione*) emotion; (*agitazione*) agitation • (*leg.*) **t. della quiete pubblica**, breach of the peace.

turbànte *m.* turban.

turbàre ***A*** *v. t.* to disturb; to upset*; to trouble: **t. la quiete pubblica**, to disturb the peace; **t. il sonno**, to disturb sb.'s sleep; **t. il silenzio**, to disturb the silence; **La notiza lo turbò**, the news upset him ***B*** **turbàrsi** *v. i. pron.* to get* upset.

turbàto *a.* disturbed; upset; troubled.

turbìna *f.* (*mecc.*) turbine.

turbinàre *v. i.* (*anche fig.*) to whirl • **far t.**, to whirl.

tùrbine *m.* ***1*** whirl; storm; (*di vento*) whirlwind: **t. di neve**, snowstorm; **t. di sabbia**, sandstorm ***2*** (*fig.*) whirl; vortex; storm; flurry; bustle: **un t. di idee**, a fever of ideas; **un t. di attività**, a flurry (*o* a whirl) of activity.

turbinìo *m.* ***1*** whirling ***2*** (*fig.*) whirl; flurry; bustle.

turbinóso *a.* whirling; (*tempestoso*) stormy.

tùrbo ***A*** *a. invar.* turbocharged ***B*** *m. invar.* ***1*** (*motore*) turbocharged engine ***2*** (*veicolo*) turbocharged vehicle ***C*** *f. invar.* turbocharged car.

turboèlica (*aeron.*) ***A*** *f.* turbopropeller engine; turboprop engine ***B*** *m. invar.* (*aereo*) turboprop.

turbogètto *m.* (*aeron.*) turbojet.

turbolènto *a.* ***1*** (*agitato*) turbulent; tumultuous; stormy ***2*** (*sfrenato*) unruly; wild; disorderly; (*litigioso*) rowdy.

turbolènza *f.* ***1*** turbulence (*anche fis.*); disturbance ***2*** (*sfrenatezza*) unruliness; wildness; disorderliness.

turbonàve *f.* (*naut.*) turbine steamship.

turboreattóre *m.* (*aeron.*) turbojet.

tùrca *f.* ***1*** (*divano*) ottoman; divan ***2*** (*gabinetto*) squat toilet.

turchése *f.* (*miner.*) turquoise.

turchìno *a. e m.* deep blue.

tùrco ***A*** *a.* Turkish ***B*** *m.* ***1*** (*f.* **-a**) Turk (*f.* Turkish woman*) ***2*** (*la lingua*) Turkish • **bestemmiare come un t.**, to swear like a trooper □ **fumare come un t.**, to smoke like a chimney □ (*fig.*) **parlare t.**, to speak in double Dutch.

turgidézza, **turgidità** *f.* (*anche fig.*) turgidity.

tùrgido *a.* (*anche fig.*) turgid.

turgóre *m.* turgidity; (*bot.*) turgor.

turìbolo *m.* (*eccles.*) thurible.

turìsmo *m.* tourism Ⓤ; tourist trade Ⓤ: **vivere di t.**, to live off tourism (*o* the tourist trade); **t. di massa**, mass tourism; **viaggiare per t.**, to tour; to go touring; **Sono qui per t.**, I'm a tourist here; I'm here on holiday • **Ente per il T.**, Tourist Board; Tourist Information Office □ (*autom.*) **vettura da t.**, touring car.

turìsta *m. e f.* tourist; (*gitante*) sightseer, tripper.

turìstico *a.* tourist (*attr.*); tour (*attr.*); holiday (*attr.*): **classe turistica**, tourist class; **operatore t.**, tour operator; **visita turistica**, sightseeing tour; **villaggio t.**, holiday village.

turlupinàre *v. t.* to cheat; to swindle; to take* in (*fam.*); to diddle (*fam.*).

turlupinatùra *f.* ***1*** cheating; swindling ***2*** (*imbroglio*) swindle; take-in (*fam.*).

turnazióne *f.* (*ind.*) shift work; shifts (*pl.*).

turnìsta *m. e f.* shift worker.

tùrno *m.* ***1*** turn: **Chi è di t.!**, whose turn is it?; **a t.**, in turn; in turns; **fare q.c. a t.**, to take it in turns to do st.; to do st. in turns; **Facciamo a t.**, let's take turns; **Laviamo i piatti a t.**, we take turns washing up ***2*** (*di lavoro*) shift: **t. di notte**, night shift ***3*** (*di guardia*) duty; (*mil.*) guard; (*naut.*) watch: **il medico di t.**, the doctor on duty ***4*** (*di elezioni*) round; ballot: **sistema elettorale a due turni**, two-round electoral system; **secondo t.** (**di ballottaggio**) second ballot.

tùrpe *a.* base; vile; infamous.

turpilòquio *m.* scurrilous (*o* coarse) language.

turpitùdine *f.* turpitude; baseness; foulness.

turrìto *a.* towered; many-towered; (*archit.*) turreted.

tùta *f.* ***1*** (*da lavoro*) overalls (*pl.*); overall (*USA*); boiler suit (*GB*); (*con pettorina*) dungarees (*pl.*), overalls (*pl., USA*) ***2*** (*per attività varie*) suit (*spesso in composizione*): **t. da ginnastica**, tracksuit; sweatsuit (*USA*); warm-up suit; **t. da sci**, skisuit; **t. spaziale**, spacesuit; **t. subacquea**, wet suit; (*mil.*) **t. mimetica**, camouflaged combat clothing ***3*** (*moda*) jumpsuit.

tutèla *f.* ***1*** (*leg.*) guardianship; tutelage: **sotto t.**, under guardianship; **esercitare la t. su q.**, to have the guardianship of sb. ***2*** (*protezione*) protection; (*difesa*) defence: **sotto la t. della legge**, under the protection of the law; **a t. del mio onore**, in defence of my honour: **t. dell'ambiente**, protection of the environment; **t. dell'ordine pubblico**, maintenance of law and order; **misure di t.**, protective measures; **prendere q. sotto la propria t.**, to take sb. under one's wing.

tutelàre (1) ***A*** *v. t.* to protect; to defend; to safeguard ***B*** **tutelàrsi** *v. rifl.* to protect oneself; to take* precautions.

tutelàre (2) *a.* ***1*** guardian (*attr.*): **angelo t.**, guardian angel ***2*** (*leg.*) tutelary: **giudice t.**, tutelary judge.

tutìna *f.* (*per bambino*) romper suit; rompers (*pl.*).

tutóre *m.* (*f.* **-trìce**) ***1*** (*leg.*) guardian; warden ***2*** (*protettore*) protector; defender; guardian ***3*** (*agric.*) stake; prop ***4*** (*med.*) brace • **t. dell'ordine**, policeman.

tutòrio *a.* (*leg.*) tutelary.

tuttavìa *cong.* but; yet; still; nevertheless.

tùtto ***A*** *a.* ***1*** all; (*intero*) whole: **t. il giorno**, all (the) day; the whole day; **per t. il giorno**, all day long; **tutta l'Italia**, all Italy; the whole of Italy; **in** (*o* **per**) **tutta Italia**, all over Italy; throughout Italy; **t. il libro**, the whole book; **con t. il cuore**, with all one's heart ***2*** (*assoluto, completo*) all; total: **in tutta serietà**, in all seriousness; **con t. il rispetto**, with all due respect; **con tutta franchezza**, quite frankly ***3*** (*seguito da «quello che», «ciò che»*) all; everything: **T. ciò che conta è che...**, all that matters is that...; **t. quello che c'era**, everything that was there ***4*** (*al pl.*) all; (*ogni*) every; (*ciascuno*) each; (*qualsiasi*) any: **Tutti gli uomini sono uguali**, all men are equal; **Sono tutte bugie**, it's all lies; **tutti i presenti**, everybody present; **Viene tutti i giorni**, he comes every day; **tutte le volte che parlo**, every time (*o* whenever) I say something; **a tutti i costi**, at all costs; at any cost; **a tutte le ore**, at all hours; at any hour ***5*** (*al pl.*) (*con un pron. pers.*) all: **noi tutti** [**tutte**], all of us; we all (*sogg.*), us all (*compl.*); **tutti loro**, all of them; they all (*sogg.*), them all (*compl.*) ***6*** (*con valore avv.*) all; (*completamente*) quite, completely: **t. pulito**, all clean; **t. il contrario**, quite the opposite; **t. pieno**, completely full; full up; **t. contento**, very happy; **t. sudato**, all in a sweat • **tutt'al più**, at the most; at worst □ **Tutt'altro!**, quite the opposite!; (*niente affatto*) not at all! □ **tutt'altro che**, anything but; far from □ **tutt'a un tratto**, all at once □ **Tutti e tre lo sanno**, all three of them know □ **tutti e sei i fratelli**, all six brothers □ **tutti e due**, both □ **tutt'intero**, whole □ **tutt'intorno**, all around □ **tutt'occhi**, all eyes □ **tutt'orecchi**, all ears □ **tutti quanti i suoi libri**, all his books □ **a tutt'oggi**, up to now; up to the present □ **lungo tutta la strada**, all along the road □ **È tutt'uno, per me**, it's all the same to me □ **È tutt'uno con il padrone**, he's hand in glove with the boss □ **Sono tutte chiacchiere**, it's nothing but gossip □ **È tutta brio**, she is full of life ***B*** *pron.* ***1*** all; (*ogni cosa*) everything; (*qualsiasi cosa*) anything: **Ecco t.**, that's all; **È t. a posto**, all is well; **T. dipende da ciò**, everything depends on that; **T. cambia**, everything changes; **T., piuttosto che cedere**, anything rather than give in; **Ho fatto di t., ma senza riuscirci**, I did all I could, but with no luck; **Prima di diventare attore ha fatto di t.**, he did all sorts of job before becoming an actor ***2*** (*al pl.*) all; (*ognuno*) everybody, everyone; (*ciascuno*) each (one): **Lo sanno tutti**, everybody knows; **Li guardai tutti uno per uno**, I looked at each (one) in turn; **Nei paesi tutti si conoscono**, in a small village everybody knows everybody else; **Zitti tutti!**, quiet, everyone! ***3*** (*al pl.*) (*noi tutti*) all of us, we all (*sogg.*), us all (*compl.*); (*voi tutti*) all of you, you all; (*tutti loro*) all of them, they all (*sogg.*), them all (*compl.*): **Ce ne andammo tutti**, we all left; **Prendili tutti**, take all of them (*o* them all) ***4*** (*la cosa più importante*) everything; the most important thing: **La bellezza non è t.**, beauty isn't everything ● **T. fa**, every little helps □ **t. quanto**, everything; all of it; the lot (*fam.*) □ **t. sommato**, all things considered □ **con t. che** (*sebbene*), although; though □ **del t.**, quite; entirely; completely: **Non è del t. cattivo**, he isn't entirely bad □ **in t.**, in all; altogether □ **in t. e per t.**, entirely; in every way; complete (*agg.*); through and through: **fidato in t. e per t.**, entirely trustworthy; **un galantuomo in t. e per t.**, an honest man through and through □ **prima di t.**, first of all; (*in primo luogo*) in the first place ***C*** *m.* whole; (*ogni cosa*) everything: **Il t. è più della somma delle parti**, the whole is more than the sum of its parts; **formare un t.**, to constitute a whole ● **giocare il t. per il t.**, to risk everything; to go for broke (*fam.*).

tuttofàre ***A*** *a. invar.* general: **domestica t.**, general maid; maid of all work; **uomo t.**, odd-jobman*; handyman* ***B*** *m. e f. invar.* factotum; dogsbody (*fam.*).

tuttòlogo *m.* (*f.* **-a**) (*fam.*) ***1*** all-round expert; polymath ***2*** (*iron.*) know-all.

tuttóra *avv.* still.

tutù *m. invar.* tutu.

tze-tze *V.* **tse-tse**.

tzigàno *a. e m.* (*f.* **-a**) Tzigane; gypsy.

u, U

U, u *f. o m.* U, u • (*telef.*) **u come Udine**, u for Uncle □ **curva a U**, hairpin bend □ **inversione a U**, U-turn.
ubbidiènte *a.* obedient.
ubbidiènza *f.* obedience.
ubbidire *v. i. e t.* ***1*** to obey: **u. a q.** [**q.c.**], to obey sb. [st.]; **farsi u.**, to command (*o* to exact) obedience ***2*** (*tecn.*) to respond; to answer; to obey: **u. allo sterzo**, to respond to the steering wheel; **u. al timone**, to answer the helm; **L'auto non ubbidiva più**, the car was out of control.
ubertóso *a.* (*lett.*) fertile; fruitful.
ubicàto *a.* placed; situated; located.
ubicazióne *f.* site; location.
ubiquità *f.* ubiquity; ubiquitousness.
ubriacàre ***A*** *v. t.* to make* drunk; (*anche fig.*) to intoxicate ***B*** **ubriacàrsi** *v. i. pron.* to get* drunk; (*anche fig.*) to become intoxicated (*o* inebriated).
ubriacatùra *f.* intoxication (*anche fig.*); getting drunk; being drunk • **prendersi un'u.**, to get drunk.
ubriachézza *f.* drunkenness; intoxication • **arrestare q. per u. molesta**, to arrest sb. for being drunk and disorderly □ **in stato di u.**, in a drunken state; (*leg.*) drunk and incapable □ **smaltire l'u.**, to sober up.
ubriàco ***A*** *a.* ***1*** drunk (*generalm. pred.*); drunken (*attr.*); intoxicated: **Sei u.**, you are drunk; **tornare a casa u.**, to come home drunk; **due marinai ubriachi**, two drunken (*o* drunk) sailors; **u. di birra**, drunk on beer; **u. fradicio**, dead (*o* blind) drunk; soaked (*fam.*); plastered (*pop.*) ***2*** (*fig.*) drunk; intoxicated: **u. di lodi**, intoxicated with praise; **u. di stanchezza**, dead tired; ready to drop; **u. di sonno**, half asleep ***B*** *m.* (*f.* **-a**) drunken man* (*f.* woman*); drunk.
ubriacóne *m.* (*f.* **-a**) drunkard; drunk; soak; sot (*fam.*); lush (*pop. USA*).
uccellagióne *f.* bird-catching.
uccellàre *v. i.* to catch* birds; to go* bird-catching.
uccellatóre *m.* bird-catcher.
uccellièra *f.* aviary.
uccellino *m.* little bird; birdie (*fam.*); (*nel nido*) nestling; (*che ha appena messo le penne*) fledg(e)ling • **mangiare come un u.**, to eat like a bird.
uccèllo *m.* ***1*** bird; fowl*: **nido di u.**, bird's nest; **u. di passo**, bird of passage; **uccelli acquatici**, waterfowl; **u. palustre**, wader; **u. rapace**, bird of prey; raptor ***2*** (*volg.*: *pene*) prick; dick; willy • **u. del malaugurio**, bird of ill omen □ (*zool.*) **u. del paradiso**, bird of paradise □ (*zool.*) **u. delle tempeste**, storm (*o* stormy) petrel □ **uccel di bosco**, escapee; runaway: **essere u. di bosco**, to be on the run □ **a volo d'u.**, (*dall'alto*) bird's-eye (*attr.*); (*rapidamente*) cursorily (*avv.*), cursory (*agg.*).
uccidere ***A*** *v. t.* ***1*** to kill; (*con arma da fuoco, anche*) to shoot*; (*assassinare*) to murder: **u. a forza di botte** [**con una pugnalata**], to beat [to stab] to death; **farsi u.**, to get oneself killed ***2*** (*prostrare*) to kill: **Questo caldo mi uccide**, this heat is killing me ***3*** (*distruggere*) to kill; to destroy; to shatter; to ruin: **u. una speranza**, to shatter a hope; **u. ogni libertà**, to destroy all freedom ***B*** **uccidersi** *v. rifl. e i. pron.* ***1*** (*suicidarsi*) to kill oneself; (*con arma da fuoco*) to shoot* oneself ***2*** (*perdere la vita*) to get* killed; to kill* oneself ***C*** **uccidersi** *v. rifl. recipr.* to kill* each other (*o* one another).
uccisióne *f.* killing; (*con arma da fuoco, anche*) shooting; (*omicidio*) murder.
ucciso ***A*** *a.* killed; (*con arma da fuoco, anche*) shot; (*assassinato*) murdered: **restare u.**, to get killed ***B*** *m.* (*f.* **-a**) dead man* (*f.* woman*); victim • **gli uccisi** (*in battaglia*), the dead; the slain.
uccisóre *m.* killer; (*assassino*) murderer.
ucraino *a. e m.* (*f.* **-a**) Ukrainian (*f.* Ukrainian woman*).
udènte ***A*** *a.* hearing • **non u.**, deaf ***B*** *m. e f.* hearing person • **un non u.**, a deaf person □ **i non udenti**, the deaf.
udìbile *a.* audible; that can be heard: **appena u.**, barely audible.
udibilità *f.* audibility: **soglia di u.**, audibility threshold.
udiènza *f.* ***1*** audience: **u. papale**, audience with the Pope; **concedere un'u. a q.**, to grant sb. an audience; **dare u. a q.**, to give sb. a hearing ***2*** (*leg.*) hearing; sitting; session: **u. a porte chiuse**, (*civile*) hearing in chambers; (*penale*) trial «in camera»; **u. a porte aperte**, hearing in open court; **L'u. è fissata per domani**, the case will be heard (*o* comes up) tomorrow; **in pubblica u.**, in open court.
udire *v. t.* to hear*: **Si udì un grido**, a cry was heard; **Ho udito (dire) che...**, I've heard that...; **u. Messa**, to hear Mass; (*leg.*) **u. i testimoni**, to hear the witnesses. (*V. anche gli esempi d'uso* **sentire**).
uditivo *a.* auditory.
udito *m.* hearing: **il senso dell'u.**, the sense of hearing; **Ha l'u. fine**, his hearing is acute; he has sharp ears.
uditóre *m.* (*f.* **-trice**) ***1*** hearer; (*ascoltatore*) listener ***2*** (*a scuola*) student sitting in on a lesson; auditor (*USA*) ***3*** (*leg.*) auditor.
uditòrio *m.* audience; listeners (*pl.*); (*seguito*) following: **parlare a un vasto u.**, to address a large audience.
uff, uffa *inter.* phew!; ooh!: **Uff, che caldo**, phew, it's hot!; **U., sei seccante!**, what a nuisance you are!
ufficiàle ***A*** *a.* official; (*formale*) formal: **dichiarazione u.**, official statement; **visita u.**, official (*o* formal) visit; **non u.**, unofficial; informal; **in forma u.**, officially; **in veste u.**, in an (*o* one's) official capacity ***B*** *m.* ***1*** (*mil.*) officer: **u. dell'esercito** [**di marina, di aviazione**], army [naval, air force] officer; **u. medico**, medical officer; **u. di stato maggiore**, staff officer; **u. di rotta**, navigation officer; **u. subalterno** [**superiore**], junior [senior] officer; **alto u.**, high-ranking officer; **primo u.**, (*naut. mil.*) executive officer; (*nella marina mercantile*) first mate ***2*** (*funzionario*) official; officer: **pubblico u.**, public official; **u. sanitario**, health officer • **u. di stato civile**, registrar (of births, marriages and deaths) □ (*leg.*) **u. giudiziario**, bailiff; process-server.
ufficialità *f.* official character (*o* nature).
ufficializzàre *v. t.* (*bur.*) to officialize; to make* official.
ufficiàre *e deriv. V.* **officiare** *e deriv.*
ufficio *m.* ***1*** office; bureau; (*agenzia*) agency, branch; (*reparto*) department; (*i locali*) office, (office) premises (*pl.*): **Arrivò in u. alle nove**, he got to the office at nine; **essere in u.**, to be at the office; to be in one's office; **traslocare in nuovi uffici**, to move to new premises; **u. centrale**, central office; headquarters (*pl.*); **u. informazioni**, inquiry office; information bureau; **u. postale**, post office; (*comm.*) **u. vendite**, sales department; **lavoro d'u.**, office (*o* clerical) work; **orario d'u.**, office hours; business hours ***2*** (*carica*) office; position: **coprire un u.**, to hold an office; **u. di tesoriere**, office of treasurer; treasureship ***3*** (*dovere*) duty; (*funzione*) function; (*compito*) task, job: **u. di insegnante**, a teacher's duty ***4*** (*al pl.*) (*servigi*) offices ***5*** (*eccles.*) office; service: **u. divino**, divine office; **u. funebre**, funeral service; office of the dead • **d'u.**, official (*agg.*); officially (*avv.*): **doveri d'u.**, official duties; **provvedere d'u.**, to act officially □ (*leg.*) **difensore d'u.**, counsel for the defence appointed by the court; public defender (*USA*).
ufficiosaménte *avv.* unofficially; off the record.
ufficiosità *f.* unofficial character.
ufficióso *a.* unofficial; off the record (*attr.* off-the-record); officious: **fonte ufficiosa**, unofficial source; **in via ufficiosa**, unofficially; off the record. ATTENZIONE: **ufficioso** ≠ officious.
uffizio *V.* **ufficio**, *def. 5.*

ùfo (*1*) *vc.* — **a ufo**, without paying; for nothing • **mangiare a u.**, to scrounge a meal □ **vivere a ufo**, to live off others.
ùfo (*2*) *m. invar.* UFO*.
ufologìa *f.* ufology.
ufòlogo *m.* (*f.* **-a**) ufologist.
ugèllo *m.* (*mecc.*) nozzle; (*di altoforno*) tuyere.
ùggia *f.* *1* (*noia*) boredom; tedium: **Mi è venuto in u.**, I've grown tired of it *2* (*antipatia*) dislike: **avere in u.**, to dislike; **prendere in u. q.**, to take a dislike to sb.
uggiolàre *v. i.* to whine; to whimper.
uggiolìo *m.* whining; whimpering.
uggióso *a.* *1* (*noioso*) boring; tedious; dull *2* (*irritante*) irritating *3* (*del tempo*) gloomy; dull.
ùgola *f.* (*anat.*) uvula* (*estens.*: *voce*) voice; (*gola*) throat: **u. d'oro**, wonderful voice • (*scherz.*) **rinfrescarsi l'u.**, to wet one's whistle.
ugonòtto *m.* (*f.* **-a**) Huguenot.
uguagliànza *f.* *1* (*parità*) equality: **u. dei diritti**, equality of rights; equal rights (*pl.*) *2* (*identità*) identity, sameness; (*uniformità*) uniformity, sameness *3* equality; (*equazione*) equation: **segno d'u.**, equal sign • (*gramm.*) **comparativo d'u.**, comparative of equality □ **su una base di u. con q.**, on an equal footing with sb.
uguagliàre ***A*** *v. t.* *1* (*rendere uguale*) to equalize; to make* equal; to level *2* (*pareggiare*) to even out; (*livellare*) to level (out *o* off) *3* (*essere uguale a*) to equal; to be equal to; (*raggiungere*) to equal: **u. q. in forza**, to equal sb. in strength; **u. il maestro**, to equal one's teacher; **u. un primato**, to equal a record; **Nessuno lo uguaglia in egoismo**, he has no equal for selfishness *4* (*paragonare*) to compare; to equal ***B*** **uguagliàrsi** *v. rifl.* to consider oneself equal (to); (*paragonarsi*) to compare oneself (to *o* with) ***C*** *v. rifl. recipr.* to be equal; to be even; to level out.
uguàle ***A*** *a.* *1* (*pari*) equal; (*simile*) like, alike (*pred.*); (*identico*) the same, identical: **A lavoro u., u. paga**, equal pay for equal work; **due parti uguali**, two equal parts; **Voglio un bottone u. a questo**, I want a button (just) like this one; **Il mio problema è u. al tuo**, my problem is the same as yours; **uguali per gusti**, with the same tastes; **Siamo uguali di statura**, we are the same height; **uguali tra loro**, like each other; **quasi uguali**, almost the same; very similar; very close; **di u. grandezza**, the same size; **Non ce n'è un altro u. a lui**, he has no equal; **Per me è u.** (*non fa differenza*), it is all the same to me *2* (*uniforme*) even; regular; unvaried; equable; (*immutato*) unchanged, the same: **passo u.**, regular pace; **paesaggio sempre u.**, unvaried landscape; **clima sempre u.**, equable climate *3* (*mat.*) equal: **due più sei è u. a otto**, two and six equals (*o* is, makes) eight; **sia x u. a y**, let x be equal to y; **x è u. a zero**, x equals zero • (*comm.*) **u. al campione**, up to sample □ **u. a se stesso**, consistent ***B*** *m.* *1* equal; match: **non avere u.** (*o* **uguali**), to have no equal; to be unmatched *2* (*mat.*) equal sign ***C*** *avv.* the same: **Costano u.**, they cost the same; **alti u.**, the same height.
ugualménte *avv.* *1* (*allo stesso modo*) equally *2* (*malgrado tutto*) all the same; nevertheless.
uh *inter.* (*di disgusto*) ugh!; (*di dolore*) ouch!; (*di sorpresa*) oh!
uhm *inter.* (*di incertezza*) hum!; hmmm...; (*di scetticismo*) humph!
uistitì *m.* (*zool.*) marmoset.
ukulèle *f. o m. invar.* (*mus.*) ukulele, ukelele.
ùlcera *f.* (*med.*) ulcer: **avere l'u.**, to have a stomach ulcer.
ulceràre *v. t.*, **ulceràrsi** *v. i. pron.* (*med.*) to ulcerate.
ulcerazióne *f.* (*med.*) ulceration.
ulceróso *a.* (*med.*) ulcerous.
ulìvo *e deriv. V.* **olivo** *e deriv.*
ùlna *f.* (*anat.*) ulna*.
ulterióre *a.* further; (*nuovo*) fresh, extra: **ulteriori istruzioni**, further instructions; **ulteriori prove**, further (*o* fresh) evidence. ATTENZIONE: **ulteriore** ≠ ulterior.
ulteriorménte *avv.* further (on); still further.
ùltima *f.* (*fam.*: *notizia, novità*) (the) latest; (*barzelletta*) (the) latest joke: **L'hai sentita l'u. di Gianni** [**su Gianni**], did you hear Gianni's latest [the latest on Gianni]?
ultimaménte *avv.* lately; of late; recently: **U. non sta bene**, he hasn't been feeling well lately; **L'ho visto u.**, I saw him recently. ATTENZIONE: **ultimamente** ≠ ultimately.
ultimàre *v. t.* to complete; to finish; to bring* to an end.
ultimàtum *m. invar.* ultimatum*.
ultimazióne *f.* completion.
ultimissima *f.* *1* (*ultima edizione di giornale*) (the) latest edition *2* (*al pl.*) (*ultime notizie*) latest news; stop-press news.
ùltimo ***A*** *a.* *1* (*finale*) last; final; (*conclusivo*) finishing: **l'u. giorno del mese**, the last day of the month; **l'ultimo romanzo di Verga**, Verga's last novel; **u. avviso**, final warning; (*leg.*) **le ultime volontà**, (sb.'s) last will and testament; **un u. avvertimento**, one last (*o* final) warning; **arrivare per u.**, to arrive last; **dare gli ultimi tocchi a q.c.**, to give (*o* put) the final (*o* finishing) touches to st. *2* (*il più recente*) latest, last; (*il più nuovo*) newest; (*il più moderno*) most up-to-date; (*il più giovane*) youngest; (*appena trascorso*) last, past: **l'ultima moda**, the latest fashion; **l'u. film di Moretti**, Moretti's latest film; **le ultime notizie**, the latest news; **nella mia ultima lettera**, in my last letter; **l'u. volta che ci siamo visti**, the last time we met; **in questi ultimi anni**, in the last few (*o* in recent) years; **il mio u. figlio**, my youngest child; **nell'ultima guerra**, in the last war *3* (*il più lontano*) last; farthest: **le ultime case del paese**, the last houses in the village; **l'u. orizzonte**, the farthest horizon *4* (*il più in fondo*) back (*attr.*); (*il più in basso*) bottom (*attr.*); (*il più in alto*) top (*attr.*): **le ultime file**, the back rows; **l'u. piano**, the top floor *5* (*fondamentale*) ultimate: **l'ultima perfezione**, the ultimate perfection *6* (*il meno indicato*) last; (*il meno importante*) least: **Era l'ultima cosa da dirgli**, it was the last thing to say to him; **È l'u. dei miei problemi**, it's the least of my problems • **u. desiderio**, (sb.'s) dying wish □ **u. nato**, youngest born □ **u. prezzo**, bottom price □ (*comm.*) **u. scorso**, last: **la Vostra del 9 u. scorso**, you letter of the 9th last □ **l'u. venuto**, the last to arrive; (*fig.*) a mere nobody □ **gli ultimi venuti**, the newcomers; the new arrivals; (*in ritardo*) the late-comers □ **dell'ultima ora**, latest □ **in u. luogo**, finally □ **negli ultimi tempi**, lately ***B*** *m.* (*f.* **-a**) *1* (*nel tempo*) last; (*per merito, importanza*) least: **Fu l'u. a uscire**, he was the last to leave: **È l'u. dei pittori**, he is the least of painters; **È l'u. della classe**, he is at the bottom of the class *2* (*ultimo giorno*) last day: **l'u. del mese**, the last day of the month; **l'u. dell'anno**, New Year's Eve • **all'u.**, in the end; at the last moment □ **da u.**, finally; eventually □ **fino all'u.**, to the last; till the end □ **tutti fino all'u.**, down to the last one; every last one of them □ **in u.**, in the end; eventually □ **lasciare q.c. per u.**, to leave st. till last □ **quest'u.** (*di due*), the latter.
ultimogènito ***A*** *a.* last-born (*attr.*); youngest ***B*** *m.* (*f.* **-a**) last-born (child*); youngest.
ultra, **ultrà** ***A*** *a.* extreme ***B*** *m. e f.* *1* (*polit.*) extremist: **u. di destra** [**sinistra**], right-wing [left-wing] extremists *2* (*sport*) rowdy fan; hooligan.
ultracentenàrio ***A*** *a.* over a hundred years old; ultracentenarian ***B*** *m.* (*f.* **-a**) ultracentenarian.
ultramodèrno *a.* ultramodern.
ultrapotènte *a.* *1* highly powerful *2* (*radio, mecc.*) high-power.
ultraràpido *a.* very fast; (*anche fotogr.*) high-speed.
ultrarósso *a.* (*fis.*) ultrared; infrared.
ultrasensìbile *a.* ultrasensitive.
ultrasònico *a.* (*fis.*) ultrasonic; supersonic.
ultrasuòno *m.* (*fis.*) ultrasound: **a ultrasuoni**, ultrasonic; ultrasound (*attr.*).
ultraterréno *a.* ultramundane; beyond this world (*pred.*): **mondo u.**, afterworld; **vita ultraterrena**, afterlife.
ultraviolétto *a.* (*fis.*) ultraviolet.
ultravìrus *m. invar.* (*biol.*) ultravirus.
ululàre *v. i.* *1* (*di animale, vento*) to howl *2* (*di sirena e sim.*) to wail.
ululàto, **ùlulo** *m.* *1* (*di animale, vento*) howl; howling Ⓤ *2* (*di sirena e sim.*) wail; wailing Ⓤ.
umanaménte *avv.* *1* humanly: **u. possibile**, humanly possible *2* (*con umanità*) humanely.
umanèṣimo *m.* (*stor., letter.*) humanism.
umanìsta *m. e f.* (*stor., letter.*) humanist.
umanìstico *a.* (*stor., letter.*) humanistic.
umanità *f.* *1* (*natura umana*) humanity; human nature *2* (*bontà*) humanity; (*qualità umane*) humaneness: **trattare con u.**, to treat humanely; **di grande u.**, deeply humane *3*

(*genere umano*) humanity; mankind.
umanitàrio *a. e m.* humanitarian.
umanitarismo *m.* humanitarianism.
umanizzàre ***A*** *v. t.* to humanize ***B*** **umanizzàrsi** *v. i. pron.* to become* humanized.
umàno ***A*** *a.* ***1*** human: **corpo u.**, human body: **sbagliare è u.**, to err is human; **È u. che voglia stare coi figli**, it's only natural she should want to be with her children ***2*** (*pieno di umanità*) human, humane; (*buono*) kind, considerate; (*comprensivo*) understanding, sympathetic ***B*** *m.* ***1*** human: **l'u. e il divino**, the human and the divine ***2*** (*al pl.*) (*esseri umano*) human beings; humans.
umanòide *a. e m.* humanoid.
umbràtile *a.* (*lett.*) ***1*** shady ***2*** (*fig.*) withdrawn; reserved.
ùmbro *a. e m.* (*f.* **-a**) Umbrian (*f.* Umbrian woman*).
umettàre *v. t.* to moisten.
umidìccio *a.* dampish; moist; clammy.
umidificàre *v. t.* to humidify.
umidificatóre *m.* humidifier.
umidità *f.* humidity (*anche scient.*); damp; moisture: **l'u. di una casa**, the dampness of a house; **C'è molta u. stasera**, it's very damp tonight; **macchie di u.**, damp stains; **piante che vogliono l'u.**, plants that need moisture; **Teme l'u.**, keep away from moisture.
ùmido ***A*** *a.* ***1*** humid; damp; moist: **aria umida**, humid air; **casa umida**, damp house; **panno u.**, damp cloth; **occhi umidi di pianto**, eyes moist with tears; **mani umide di sudore**, hands moist (*o* clammy) with sweat ***2*** (*del clima*) humid; (*piovoso*) wet, rainy ***B*** *m.* ***1*** (*umidità*) damp; dampness ***2*** (*cucina*) stew: **in u.**, stewed; **cuocere in u.**, to stew.
ùmile *a.* ***1*** humble ***2*** (*povero, modesto*) humble; modest: **umili natali**, humble birth; **casa u.**, modest house ***3*** (*inferiore*) lowly; menial: **lavoro u.**, menial task.
umiliànte *a.* humiliating; degrading.
umiliàre ***A*** *v. t.* to humiliate; to humble: **Mi umilia dover chiedere aiuto**, I feel humiliated to have to ask for help; **u. i nemici**, to humble one's enemies ***B*** **umiliàrsi** *v. rifl.* to humble oneself; (*abbassarsi*) to lower (*o* to demean) oneself; (*essere servile*) to grovel, to crawl.
umiliazióne *f.* humiliation.
umiltà *f.* ***1*** humility ***2*** (*sottomissione*) submission; meekness ***3*** (*di condizione sociale*) humbleness; lowliness.
umoràle *a.* ***1*** humoral ***2*** (*mutevole*) changeable; erratic.
umóre *m.* ***1*** humour, humor (*USA*); (*liquido*) liquid, fluid; (*linfa*) sap: **u. acqueo**, aqueous humour ***2*** (*stato d'animo*) mood; temper; humour: **essere di buon [cattivo] u.**, to be in a good [bad] mood; **di ottimo u.**, in excellent mood; in high spirits; **umor nero**, black mood; **di u. instabile**, moody; **mettere di buon u.**, to put in a good mood; **tornare di buon u.**, to recover one's good humour; **Non sono dell'u. giusto**, I'm not in the right mood; **assecondare l'u. di q.**, to humour sb.; to indulge sb.
umorismo *m.* humour, humor (*USA*); sense of humour: **l'u. di una situazione**, the humour of a situation; **u. macabro**, gallows humour; **avere il senso dell'u.**, to have a sense of humour; (*essere arguto*) to be witty; **fare dell'u.**, to be funny (*o* facetious); to make jokes about st.; **prendere q.c. con u.**, to see the humorous side of st.
umorista *m. e f.* ***1*** person with a sense of humour; witty person ***2*** (*scrittore*) humorist ***3*** (*vignettista*) cartoonist.
umoristico *a.* humorous; funny; (*arguto*) witty; (*comico*) comic; (*satirico*) satirical: **battuta umoristica**, funny joke; witty remark; **giornale u.**, satirical newspaper; **situazione umoristica**, comic situation; **lato u.**, funny side; **spirito u.**, sense of humour.
un *V.* **uno** (**1**), *A*; **uno** (**2**).
una ***A*** *f.* one o'clock: **È l'una**, it's one o'clock ***B*** *V.* **uno** (**1**), *A*; **uno** (**2**), *def. 1 e 3*; **uno** (**3**).
unànime *a.* unanimous.
unanimità *f.* unanimity: **raggiungere l'u.**, to reach a unanimous consent; **all'u.**, unanimously; with one accord.
una tantum (*lat.*) ***A*** *locuz. f.* (*pagamento*) single payment; (*gratifica*) bonus; (*imposta*) one-off tax ***B*** *locuz. a.* single; one-off.
uncinàre *v. t.* to hook.
uncinàto *a.* hooked • **croce uncinata**, swastika.
uncinétto *m.* ***1*** (*strumento*) crochet hook ***2*** (*lavoro*) crocheting; crochet: **lavorare all'u.**, to crochet; **un lavoro all'u.**, a piece of crochet; **fatto all'u.**, crocheted.
uncìno *m.* (*anche boxe*) hook • **a u.**, hooked.
under (*ingl.*) *locuz. a., m. o f.* (*sport*) — **giocatore u. 21**, under-21 player; **la u. 21 italiana**, the Italian under-21 team; **gli u. 21**, the under-21 players.
undicènne ***A*** *a.* eleven years old (*pred.*); eleven-year-old (*attr.*) ***B*** *m. e f.* eleven-year-old (child*; boy, *m.*; girl, *f.*).
undicèsimo *a. num. ord. e m.* eleventh.
ùndici *a. num. card. e m.* eleven • (*calcio*) **l'u. juventino**, the Juventus team (*o* eleven).
ùngere ***A*** *v. t.* ***1*** to grease; to oil: **u. una ruota**, to grease a wheel; **u. i cardini**, to oil the hinges; (*cucina*) **u. di burro**, to butter ***2*** (*sporcare di unto*) to stain with grease; to leave* grease marks on; to get* grease on; (*assol.*) to be greasy: **u. un libro**, to leave grease marks on a book; **Ti sei unto la cravatta**, you've got grease on your tie; **Attento, unge**, be careful, it's greasy ***3*** (*eccles.*) to anoint ***4*** (*adulare*) to flatter; to butter up (*fam.*) ***5*** (*corrompere*) to bribe; to grease (sb.'s) palm; to square (*fam.*) ***B*** **ùngersi** *v. rifl.* ***1*** to grease oneself; (*spalmarsi di crema, ecc.*) to rub on (sb.) ***2*** (*sporcarsi*) to get* grease on oneself.
ungherése *a., m. e f.* Hungarian (*a. e m.*); Hungarian woman* (*f.*).
ùnghia *f.* ***1*** (*anat.*) nail: **u. della mano**, fingernail; **u. del piede**, toenail; **mangiarsi le unghie**, to bite one's nails; **tagliarsi le unghie**, to cut (*o* to pare) one's nails ***2*** (*artiglio*) claw; (*di rapace*) talon: (*anche fig.*) **tirar fuori le unghie**, to put out one's claws ***3*** (*zoccolo*) hoof* ***4*** (*al pl.*) (*grinfie*) claws; clutches ***5*** (*quantità minima*) tiny bit; (*distanza minima*) fraction, hair's breadth • **con le unghie e coi denti**, tooth and nail □ **pagare sull'u.**, to pay cash on the nail □ (*fig.*) **tagliare le unghie a q.**, to draw sb.'s teeth; to clip sb.'s wings.
unghiàta *f.* scratch; (*ferita*) claw-mark: **dare un'u. a q.**, to scratch sb.
unguènto *m.* ointment; unguent.
unicaménte *avv.* only; solely; exclusively.
unicameràle *a.* (*polit.*) unicameral.
unicellulàre *a.* (*biol.*) unicellular.
unicità *f.* oneness; singleness; (*l'essere senza uguali*) uniqueness.
ùnico ***A*** *a.* ***1*** (*solo*) only; one: **È figlio u.** [**figlia unica**], he [she] is an only child; **il mio u. desiderio**, my one (and only) wish; **l'unica cosa che non volevo**, the one thing I didn't want; **prezzo u.**, one price ***2*** (*esclusivo*) sole; one-off: **l'u. erede**, the sole heir; **esemplare u.**, unique specimen; only copy ***3*** (*senza pari*) unique; unrivalled: **occasione unica**, unique opportunity ***4*** (*singolo*) single: (*giorn.*) **numero u.**, single issue; **corsia unica**, single lane • **L'unica è aspettare**, the only thing to do is (to) wait □ (*teatr.*) **atto u.**, one--act play □ **fronte u.**, united front □ **più u. che raro**, rare to the point of being unique; (*al pl.*) few and far between □ **strada a senso u.**, one-way street □ **tariffa unica**, flat rate ***B*** *m.* (*f.* **-a**) only one; only person.
unicòrno *m.* (*mitol.*) unicorn.
unidimensionàle *a.* one-dimensional.
unidirezionàle *a.* unidirectional; one-way.
unifamiliàre *a.* one-family (*attr.*).
unificàbile *a.* unifiable.
unificàre ***A*** *v. t.* ***1*** to unify ***2*** (*riunire, combinare*) to unite; to combine ***3*** (*standardizzare*) to standardize; (*tecn.*) to integrate ***B*** **unificàrsi** *v. rifl. recipr.* to join; (*fondersi*) to merge.
unificàto *a.* ***1*** unified ***2*** (*standardizzato*) standardized; (*tecn.*) integrated.
unificatóre ***A*** *m.* (*f.* **-trice**) unifier ***B*** *a.* unifying.
unificazióne *f.* ***1*** unification ***2*** (*fusione*) merger; merging ***3*** (*standardizzazione*) standardization; (*tecn.*) integration.
uniformàre ***A*** *v. t.* ***1*** (*spianare*) to level; to smooth out ***2*** (*standardizzare*) to standardize; (*tecn.*) to integrate ***3*** (*adattare*) to adapt; to conform ***B*** **uniformàrsi** *v. rifl.* to conform (to); to comply (with); to abide (by).
uniformazióne *f.* ***1*** (*standardizzazione*) standardization; (*tecn.*) integration ***2*** (*il conformarsi*) conforming; adapting.
unifórme (**1**) *a.* ***1*** uniform; even; (*di superficie, ecc.*) smooth, level ***2*** (*invariato*; *monotono*) unvarying; monotonous.

unifórme (2) *f.* uniform; dress: **alta u.**, full-dress uniform; **u. di fatica**, fatigue dress; fatigues (*pl.*); **u. da campo**, battle dress; **poliziotto in u.**, uniformed policeman.
uniformità *f.* *1* uniformity; (*regolarità*) evenness, smoothness; (*monotonia*) sameness, monotony *2* (*unanimità*) unanimity.
unigènito *a.* (*teol.*) only-begotten.
unilateràle *a.* unilateral; one-sided.
unilateralità *f.* unilaterality; one-sidedness.
uninominàle *a.* single-member (*attr.*); uninominal: **collegio u.**, single-member constituency; **sistema u. a un turno**, first-past-the-post voting system; **sistema u. a due turni**, single-member system with two ballots.
unióne *f.* *1* union; (*combinazione*) combination *2* (*legame*) bond; tie; (*di convivenza*) union, match *3* (*accordo, armonia*) harmony; concord *4* (*associazione*) association; union; coalition *5* (*di società*) merger *6* (*tecn.*) joining • (*pred.*) **L'u. fa la forza**, unity is strength; united we stand, divided we fall.
unionișmo *m.* (*polit., relig.*) unionism.
unionìsta *m. e f.* (*polit., relig.*) unionist.
unìparo *a.* (*biol.*) uniparous.
unipolàre *a.* (*elettr.*) unipolar.
unìre *A v. t.* *1* to unite; to join; to combine: **u. in matrimonio**, to join in matrimony; to marry; **u. le forze**, to join forces; **u. gli sforzi**, to combine efforts *2* (*collegare*) to connect; to link, to join up *3* (*legare, vincolare*) to bind* *4* (*combinare*) to combine; (*aggiungere*) to add: **u. il merito alla modestia**, to add merit to modesty *5* (*accludere*) to enclose *B* **unìrsi** *v. i. pron.* *1* to join: **u. a una comitiva**, to join a party; **u. alla conversazione**, to join in the conversation *2* (*accompagnarsi*) to be matched (by) *C* **unìrsi** *v. rifl. recipr.* to unite; to join; to get* together; (*econ.*) to merge: **u. in matrimonio**, to get married; to unite in marriage (*form.*); **u. in società**, to form a partnership.
unisessuàle *a.* (*biol.*) unisexual.
ùnisex *a. invar.* (*moda*) unisex.
unìsono *A a.* *1* (*mus.*) unisonous *2* (*fig.*) concordant; unanimous *B m.* (*mus. e fig.*) unison: **agire all'u.**, to act in unison.
unità *f.* *1* unity: **l'u. artistica di un'opera**, the artistic unity of a work; **u. politica**, political unity *2* (*misura, valore*) unit: **u. di lunghezza** [**di peso**], unit of length [of weight]; **u. monetaria**, monetary unit *3* (*mat.*) unit; unity: **aumentare di un'u.**, to raise by one unit; **ridurre all'u.**, to reduce to unity *4* (*mil.*) unit; force *5* (*naut.*) unit; ship; vessel *6* (*aeron.*) aircraft*; aeroplane *7* (*elab.*) unit; drive: **u. centrale**, central processing unit (*abbr.* CPU); **u. video**, monitor; **u. disco**, disk drive • (*med.*) **u. coronarica**, coronary unit □ (*med.*) **u. sanitaria locale**, local health authority.
unitaménte *A avv.* unitedly; together *B* **unitaménte a** *locuz. prep.* together with; along with.
unitàrio *a.* *1* unitary; unit (*attr.*); (*congiunto*) joint, common: **sistema u.**, unitary system; **prezzo u.**, unit price; **programma u.**, common programme *2* (*che ha unità*) unified; coherent; organic.
unìto *a.* *1* united; joint; combined: **i nostri sforzi uniti**, our united (*o* joint, combined) efforts *2* (*vicino, tenuto insieme*) together (*avv.*): **a piedi uniti**, with feet close together; **Dobbiamo restare uniti**, we must stick together *3* (*solidale*) united; close: **famiglia unita**, united (*o* close) family *4* (*ininterrotto*) continuous; unbroken *5* (*aggiunto*) added *6* (*accluso*) enclosed.
universàle *A a.* universal; (*del mondo*) world (*attr.*); (*in tutto il mondo*) worldwide: **legge u.**, universal law; **storia u.**, world history; **pace u.**, worldwide peace • □ **chiave u.**, skeleton key; master key □ (*med.*) **donatore u.**, universal donor □ **erede u.**, sole heir □ (*tecn.*) **giunto u.**, universal joint □ (*polit.*) **suffragio u.**, universal suffrage *B m.* (*filos.*) universal.
universalișmo *m.* universalism.
universalità *f.* *1* universality *2* (*totalità*) totality; sum total.
universalizzàre *A v. t.* *1* to make* universal; to universalize *2* (*diffondere*) to generalize; to diffuse *B* **universalizzàrsi** *v. i. pron.* to become* universal; to become* generalized.
universìade *f.* (*sport*) world university games (*pl.*).
università *f.* university: **andare all'u.**, to go to university; **Ha fatto l'u.**, he went to university; he has a university education.
universitàrio *A a.* university (*attr.*); academic: **studente u.**, university student; undergraduate; **docente u.**, university teacher; academic; **ricercatore u.**, university (*o* academic) researcher *B m.* (*f.* **-a**) *1* (*studente*) university student; undergraduate *2* (*docente*) academic.
univèrso *m.* universe; (*fig., anche*) world: (*astron.*) **u. in espansione**, expanding universe; **un u. di sogni**, a world of dreams.
univocità *f.* univocity.
unìvoco *a.* univocal.
Unno *m.* (*stor.*) Hun.
ùno (1) *A a. num. card.* (*f.* **ùna**) *1* one: **un terzo**, one third; **una persona su mille**, one person in a thousand; **dieci contro uno**, ten against one; **uno alla volta**, one at a time; **a uno a uno**, one at a time; one by one *2* (*unico, stesso*) one; the same: **a una voce**, with one voice; **a un tempo**, at the same time; together; **a un modo**, (in) the same way *3* (*unito*) united • **uno di troppo**, one too many □ (*nelle corse*) **Uno, due, trę..., via!**, ready, steady..., go! □ **uno su tre**, one in three □ **È tutt'uno**, it's all the same; it makes no difference *B m.* *1* one: **tre uno**, three ones; **l'uno per cento**, one per cent *2* (*il numero uno*) number one: **estrarre l'uno**, to draw number one *3* (*voto scolastico*) one out of ten *4* (*f.* **-a**) (*una persona*) one.
ùno (2) *art. indeterm.* *1* a, an: **un giornale**, a newspaper; **un anno**, a year, **una donna**, a woman, **uno zio**, an uncle, **un'attrice**, an actress; **un erede**, an heir; **un europeo**, a European; **Un lunedì mattina...**, one Monday morning...; **Un giorno un mercante...**, one day a merchant... *2* (*circa*) about; around: **un cento persone**, about a hundred people; **un tre kili**, about three kilos; **un quattro o cinque**, four or five *3* (*nelle esclamazioni*) — **Fa un caldo!**, it's so hot!; **C'era una vista!**, the view was fantastic; **Ho una fame!**, I'm starving.
ùno (3) *pron. indef.* (*f.* **ùna**) *1* one: **uno di noi**, one of us; **uno di questi giorni**, one of these days; **uno come quello**, one like that; **uno più grande**, a bigger one; **uno qualsiasi**, any one; **uno qualunque dei due**, either; **nemmeno uno di loro**, none (*o* not one) of them; **È uno che non mi piace**, I don't like him; **uno di città**, a city-dweller; a townie (*fam.*) *2* (*qualcuno*) somebody, someone; (*un tale*) a man* (*f.* a woman*, a girl); a guy (*USA*): **dir male di uno**, to speak ill of somebody; **una che non ti conosceva**, a woman who didn't know you *3* (*ciascuno*) each: **mille lire per uno**, a thousand lire each; **un po' per uno**, a little each; (*a turno*) in turn *4* (*impers.*) one; you: **quando uno è morto**, when one is dead; when you are dead *5* — **una** (*f.*) (*qualcosa*) something; (*una cosa*) a thing: **Vuoi saperne una?**, shall I tell you something; **Non gliene va bene una**, nothing seems to go right for him; **per dirne una**, to mention just one thing; **Ne ha fatta una delle sue**, he's done it again *6* (*in correl. con «l'altro»*) — **l'uno..., l'altro...**, the one..., the other; (*fra due, anche*) the former...; the latter; **l'uno e l'altro**, both; **l'un l'altro**, each other; (*rif. a più di due*) one another; **né l'uno né l'altro**, neither; **sia l'uno sia l'altro**, both • (*eufem.*) **una di quelle**, a prostitute □ **uno vale l'altro**, there is little (*o* nothing) to choose between them; it's six of one and half a dozen of the other.
ùnto (1) *A a.* *1* greasy; oily; (*sporco*) dirty: **mani unte**, greasy hands; **straccio u.**, oily rag; **u. e bisunto**, covered in grease; filthy *2* (*eccles.*) anointed *B m.* (*eccles.*) anointed.
ùnto (2) *m.* grease; oil; (*condimento*) fat: **macchia d'u.**, grease spot.
untùme *m.* grease; greasy stuff.
untuosità *f.* *1* greasiness; oiliness *2* (*fig.*) unctuousness.
untuóso *a.* *1* greasy; oily *2* (*fig.*) unctuous.
unzióne *f.* (*anche fig.*) unction: (*eccles.*) **Estrema U.**, Extreme Unction; Last Rites (*pl.*); sacrament to the sick.
uòmo *m.* (*pl.* **uòmini**) *1* man*: **l'u. preistorico**, prehistoric man; **l'u. qualunque**, the man in the street; **un u. d'affari**, a businessman; **l'u. del gas**, the gasman; **u. fatto**, grown man*; **Comportati da u.!**, be a man!; **una voce d'u.**, a man's voice; **abiti da u.**, men's clothes; **per soli uomini**, for men only *2* (*fam.: marito*) husband; (*compagno*) partner; (*amico*) boyfriend; (*amante*) man*, lover • **u. delle pulizie**, cleaner □ **u. di chiesa**, (*ecclesiastico*) churchman;

(*chi va in chiesa*) church-goer □ **u. di fatica**, man employed to do heavy work; labourer □ **u. di fiducia**, right-hand man □ **u. di lettere**, man of letters; scholar □ **u. di mare**, sailor; seaman □ **u. di mondo**, (*navigato*) man of the world; (*di società*) man about town □ **u. di paglia**, man of straw; (*comm.*) figurehead, dummy □ **u. di scienza**, scientist □ **u. di spettacolo**, artist; performer; man in showbusiness □ **u. di Stato**, statesman □ **u. nero** (*spauracchio*), bogey □ **u. politico**, politician □ **u. radar**, air traffic controller □ **u. rana**, frogman □ **come un sol u.**, as one; all together □ **da u. a u.**, man to man; man-to-man (*attr.*) □ (*prov.*) **U. avvisato mezzo salvato**, forewarned is forearmed.

uòpo *m.* (*lett.*) need: **all'u.**, in case of need; if necessary; **esser d'u.**, to be necessary.

uòsa *f.* gaiter.

uòvo *m.* (*pl.* **uòva** *f.*) egg: **fare un u.**, to lay an egg; **bere un u.**, to suck an egg; **u. di gallina**, hen's egg; **u. di giornata** (*o* **fresco**), new-laid egg; **u. affogato** (*o* **in camicia**), poached egg; **u. all'occhio di bue**, egg fried on one side; egg sunny side up (*USA*); **u. all'ostrica**, prairie oyster; **u. al prosciutto**, egg and ham; **u. al tegamino**, fried egg; **u. alla coque** [**sode**], soft-boiled [hard-boiled] egg; **uova strapazzate**, scrambled eggs • **l'u. di Colombo**, the obvious solution: **È l'u. di Colombo!**, it's so obvious! □ (*zool.*) **uova di molluschi**, spat □ **u. di Pasqua**, Easter egg □ (*zool.*) **uova di rana**, frogspawn □ **camminare sulle uova**, to tread warily □ **rompere le uova nel paniere a q.**, to upset sb.'s plans; to upset sb.'s apple-cart; (*fam.*); to queer sb.'s pitch (*fam.*) □ (*di pulcino*) **uscire dall'u.**, to hatch □ (*prov.*) **Meglio un u. oggi che una gallina domani**, a bird in hand is worth two in the bush.

ùpupa *f.* (*zool.*) hoopoe.

uragàno *m.* **1** hurricane **2** (*fig.*) storm.

urànio *m.* (*chim.*) uranium.

urbanésimo *m.* urbanization.

urbanìsta *m. e f.* town planner; city planner (*USA*).

urbanìstica *f.* town planning; city planning (*USA*).

urbanìstico *a.* town planning (*attr.*); city planning (*attr., USA*); urban.

urbanità *f.* politeness; courtesy; urbanity.

urbanizzàre ***A*** *v. t.* to urbanize ***B*** **urbanizzàrsi** *v. i. pron.* to become* urbanized.

urbanizzazióne *f.* urbanization.

urbàno *a.* **1** urban; city (*attr.*); town (*attr.*): **aree urbane**, urban areas; **centro u.**, town (*o* city) centre; **polizia urbana**, city (*o* local) police **2** (*fig.*) polite; courteous; urbane.

uretère *m.* (*anat.*) ureter; urinary tract.

urètra *f.* (*anat.*) urethra*.

urgènte *a.* urgent; pressing.

urgenteménte *avv.* urgently; with urgency.

urgènza *f.* **1** urgency; (*premura, fretta*) haste, hurry, rush; (*bisogno urgente*) urgent (*o* pressing) need: **Non c'è u.**, there is no urgency; there is no hurry; **C'è u. di riforme**, there is an urgent need of reforms; **Ho u. di contante**, I am in urgent need of (*o* I badly need) cash; **Ho u. di partire**, I must leave as soon as possible **2** (*emergenza*) emergency: **chiamata d'u.**, emergency call; **ricoverare d'u. q.**, to admit sb. as an emergency patient; to rush sb. to hospital; **operare d'u.**, to operate immediately (*o* as a matter of urgency).

ùrgere *v. i.* to be urgent; to be pressing; to be urgently required: **Urge una risposta**, an answer is urgent; **Urgono aiuti**, help is urgently required; **Urge farlo subito**, it must be done immediately (*o* as a matter of urgency); **Mi urgono soldi**, I need some money badly.

uricemìa *f.* (*med.*) hyperuric(a)emia.

ùrico *a.* (*chim.*) uric.

urina *f.* urine.

urinàre *V.* **orinare**.

urinàrio *a.* urinary.

urlàre *v. i. e t.* to shout; to yell; (*in modo stridulo*) to scream, to shriek; (*ululare*) to howl: **Mi urlò qualcosa**, he shouted something to me; **Che cos'ha da u. il bambino?**, why is the baby screaming?; **u. di dolore**, to scream (*o* to howl) with pain; **Non u. con me!**, don't shout at me!; don't raise your voice to me!; **«Piantatela!» urlò**, «stop it!» he yelled.

urlàta *f.* (*rimprovero*) tongue-lashing; dressing-down.

urlatóre *m.* (*f.* **-trice**) (*cantante degli anni '60*) pop-singer.

ùrlo *m.* (*pl.* **ùrli** *m., per le grida di animali e quelle umane intese singolarmente*; **ùrla** *f., per le grida umane in senso collett.*) shout; cry; yell; (*stridulo*) scream, shriek; (*ululato*) howl; (*di sirena*) wail: **un u. di dolore**, a scream of pain; **l'u. del vento**, the howl of the wind; **urla di scherno**, howls of derision; **le urla dei tifosi**, the shouts (*o* the shouting) of the fans; **mandare un u.**, to give (*o* to let out) a scream.

ùrna *f.* **1** urn **2** (*urna elettorale*) ballot box • **andare alle urne**, to go to the polls □ **il risultato delle urne**, the election returns; the electoral result □ **Le urne si apriranno alle sette**, polling will begin at seven □ **Dall'u. uscì il mio nome**, my name was drawn.

urogàllo *m.* (*zool.*) capercaillie; woodgrouse (*USA*).

urogenitàle *a.* (*anat.*) urogenital.

urologìa *f.* (*med.*) urology.

urològico *a.* (*med.*) urologic(al).

uròlogo *m.* (*f.* **-a**) (*med.*) urologist.

urrà *inter.* hurrah!; hurray!

urtànte *a.* irritating; annoying.

urtàre ***A*** *v. t. e i.* **1** (*colpire, scontrare*) to knock against; to bang against; to hit*; to bump into: **u. il capo contro q.c.**, to knock (*o* to bang) one's head against st.; **Urtai col gomito il vaso**, I knocked the vase with my elbow; **L'auto urtò un paracarro**, the car hit a kerbstone; **u. i passanti**, to bump into passers-by **2** (*irritare*) to irritate; to annoy; (*offendere*) to offend, to hurt*: **u. la suscettibilità di q.**, to hurt sb.'s feelings; **u. i nervi a q.**, to get on sb.'s nerves ***B*** *v. i.* **1** (*andare addosso*) to hit*; to collide (with); to crash (into); to run* (into): **La nave urtò contro uno scoglio**, the ship hit a rock; **Urtai contro una vecchietta**, I bumped into (*o* collided with) an old lady **2** (*incappare*) to come* up (against); to strike* (st.) ***C*** **urtàrsi** *v. i. pron.* (*irritarsi*) to get* irritated; (*offendersi*) to take* offence ***D*** *v. rifl. recipr.* **1** (*scontrarsi*) to collide; to bump into each other (*o* one another) **2** (*spingersi*) to push; to shove; to jostle **3** (*venire a contrasto*) to quarrel; to fall* out (*fam.*).

ùrto *m.* **1** (*cozzo*) knock; bang; bump; (*collisione*) collision, crash; (*impatto*) impact **2** (*spinta*) push; shove **3** (*mil.: attacco*) attack; (*scontro*) clash: **sostenere l'u. dell'attacco**, to bear the brunt of the attack **4** (*fis., mecc.*) impact; shock: **onda d'u.**, shock wave **5** (*contrasto*) clash; conflict; collision: **u. d'idee**, clash of ideas; **u. d'interessi**, conflict of interests • **u. di vomito**, retch □ **essere in u. con q.**, to be at odds (*o* at loggerheads) with sb.; (*avere rapporti tesi*) to be on bad terms with sb. □ **mettersi in u. con q.**, to fall out with sb.

uruguaiàno *a. e m.* (*f.* **-a**) Uruguayan (*f.* Uruguayan woman*).

usàbile *a.* usable.

ùsa e gètta *locuz. a.* disposable.

usànza *f.* **1** (*consuetudine*) custom; tradition: **secondo l'u.**, according to custom; **usanze popolari**, folk traditions **2** (*abitudine*) habit: **avere l'u. di fare q.c.**, to be in the habit of doing st. **3** (*moda*) fashion; vogue.

usàre ***A*** *v. t.* **1** to use; to make* use of; (*impiegare*) to employ; (*maneggiare*) to handle: **Usa la testa**, use your head; **u. meglio il proprio denaro**, to make better use of one's money **2** (*essere solito*) to be in the habit of; to be used to; (*al pass.*) used to: **come usa dire mio padre**, as my father is in the habit of saying; **Un tempo usavano invitare molto**, they used to entertain a lot in the old days **3** (*agire con*) to use; to be (+ *agg.*): **u. delicatezza**, to use care; to be careful; **u. pietà**, to be merciful; **u. la violenza**, to use violence **4** (*consumare*) to use up; (*logorare*) to wear* out • **u. violenza a q.**, to do violence to sb.; (*violentare*) to rape sb. □ **u. cortesie** (*o* **premure**), to be kind (to sb.) □ **Mi usi la cortesia di ascoltare**, please be so kind as to listen to me ***B*** *v. i.* **1** (*servirsi*) to make* use (of); to avail oneself (of) **2** (*essere di moda*) to be fashionable (*o* in fashion); to be in (*fam.*): **Quest'inverno usa il rosso**, red is in fashion this winter; **I tacchi alti non usano più**, high heels are no longer fashionable (*o* are out of fashion) **3** (*impers.: essere d'uso*) to be the custom; to be customary: **Da queste parti (si) usa così**, that is the custom round here.

usàto ***A*** *a.* **1** (*non più nuovo*) used; second-hand; (*logoro*) worn-out **2** (*in uso*) used; in use (*pred.*) **3** (*abituale*) usual; customary **4** (*abituato*) accustomed (to); used (to) ***B*** *m.* **1** (the) ordinary: **fuori dell'u.**, out of the ordinary **2** (*roba* *usata*) second-hand things (*pl.*); second-hand goods (*pl.*): **il mercato dell'u.**, the second-hand market.

uscènte *a.* ***1*** (*che sta per finire*) expiring ***2*** (*che lascia una carica*) outgoing.

uscière *m.* ***1*** (*di tribunale*) usher ***2*** (*ufficiale giudiziario*) bailiff; process-server.

ùscio *m.* door • **abitare u. a u. con q.**, to live next door to sb. □ **infilare l'u.**, to slip in [out].

uscìre *v. i.* ***1*** (*andare fuori*) to go* out; (*venire fuori*) to come* out; to get* out; to leave*: **u. a passeggio**, to go out for a walk; **Il dottore è già uscito**, the doctor has already left; **Usciamo spesso di sera**, we go out a lot in the evenings; **Uscite di là!**, come out of there!; **Esci con noi?**, are you coming out with us?; **u. da una stanza**, to leave a room; (*autom.*) **u. di strada**, to leave (*o* to go off) the road; **u. di prigione**, to come out of prison; **u. dall'ospedale**, to leave hospital; **Il ladro è uscito dalla finestra**, the burglar got out through the window; **Come si esce di qui?**, how do you get out of here?; which is the way out?; **fare u. q.**, (*lasciarlo u.*) to let sb. out; (*mandarlo fuori*) to send sb. out; (*accompagnarlo fuori*) to show sb. out; **u. in auto**, to go out in the car; **u. di corsa**, to run out; **u. di soppiatto**, to steal out; **u. precipitosamente**, to rush out ***2*** (*di liquido, gas*: *fuoriuscire*) to come* out; (*per perdita*) to leak: **Dal camino usciva del fumo**, smoke was coming out of the chimney; **Gli usciva sangue dal naso**, blood was running from his nose; **u. a fiotti**, to gush out; **u. a getti**, to spurt out ***3*** (*sporgere*) to come* out; to stick* out; to protrude ***4*** (*provenire*) to come*: **Di lì esce un gran puzzo**, there is an awful smell coming from there; **un «sì» che gli usciva dal cuore**, a «yes» which came from his (*o* the) heart ***5*** (*essere pubblicato*) to come* out; to be issued: **Il libro uscirà il mese prossimo**, the book is due (to come) out next month ***6*** (*essere prodotto*) to be turned out; to be produced: **Dalla fabbrica escono mille pezzi al giorno**, the factory turns out one thousand pieces a day ***7*** (*di strada*) to lead* (to, out): **Via Roma esce in piazza Bo**, Via Roma leads to Piazza Bo; **Le strade che escono da Roma**, the roads leading out of Rome ***8*** (*cavarsela, anche* **uscirne**) to come* out (*o* off); to get* out; to get* off: **uscirne vivo**, to come out alive; **u. dai guai**, to get out of trouble; **uscirne a buon mercato**, to get off lightly ***9*** (*gramm.*: *terminare*) to end: **verbi che escono in -are**, verbs ending in -are ***10*** (*essere estratto*) to be drawn ***11*** (*a carte*) to lead*: **u. a cuori**, to lead hearts ***12*** (*elab.*) to quit • **u. allo scoperto**, to come out into the open □ **u. con q.** (*avere un flirt*), to be going out with sb.; to date sb. (*USA*) □ **u. di cervello**, to go out of one's mind □ **u. di mente a q.**, to slip sb.'s mind □ **u. di minorità**, to come of age □ **u. in una risata**, to burst out laughing □ **u. in mare**, to put out to sea □ **uscirsene con q.c.** (*o* **a dire q.c.**), to come out with st. □ **Che non t'esca una parola di bocca!**, don't say so much as a word!; not a word, mind you! □ **Con un metro ti ci esce una gonna**, you can get a skirt out of one metre; one metre will do for a skirt □ **Mi esce dagli occhi**, I'm thoroughly fed up with it □ **Mi uscì detto che...**, I let slip that... □ (*teatr.*) **Esce Amleto**, exit Hamlet.

uscita *f.* ***1*** (*l'uscire*) getting out; going out; coming out; (*il lasciare*) leaving; exit: **all'u. dalla scuola**, on coming out of school; **All'uscita dall'ufficio lo trovai che mi aspettava**, on leaving (*o* when I left) the office I found him waiting for me; **A che ora è l'u.?**, what time do we [you, etc.] get out?; **la sua u. dalla scena politica**, his exit from the political scene; **Vediamoci all'uscita dal film**, let's meet at the end of the film (*o* outside the cinema); **Lo riprenderò all'u.**, I'll collect it on my way out; **vietata l'u.**, no exit ***2*** (*passaggio per cui s'esce*) exit; way out (*anche fig.*); (*negli aeroporti*) gate: **edificio con diverse uscite**, building with several exits; **u. di sicurezza**, emergency exit; (*di edificio, anche*) fire escape ***3*** (*sbocco, scarico*) outlet; vent; opening ***4*** (*liberazione*) release: **u. di prigione**, release from prison ***5*** (*spesa*) expenditure; expense; outlay: **entrate e uscite**, income and expenditure ***6*** (*pubblicazione*) publication; (*distribuzione*) release: **l'u. di un film**, the release of a film ***7*** (*frase detta*) remark, words (*pl.*); (*battuta di spirito*) joke, quip, crack (*fam.*): **un'u. infelice**, an unfortunate remark; **Ha certe uscite strambe**, he can come out with some really odd things; **Mi fa sbellicare con le sue uscite**, he has me in stitches with the things he says ***8*** (*gramm.*) ending ***9*** (*a carte*) lead • **buon'u.**, *V.* **buonuscita** □ **giorno di libera u.**, day off □ (*mil.*) **in libera u.**, off duty; on a pass □ **posta in u.**, outgoing mail □ **strada senza u.**, dead end; blind alley □ **via di u.**, way out.

uṣignòlo *m.* (*zool.*) nightingale.

ùṣo (1) *m.* ***1*** use: **Serve a molti usi**, it has several uses; **Non ne cònosco l'uso**, I don't know what it is for; **uso errato**, wrong use; misuse; **in uso**, in use; **prodotto pronto all'uso**, ready-to-use product; **avere l'uso di q.c.**, to have the use of st.; **per uso personale**, for one's own personal use; **fare uso di q.c.**, to make use of st.; **a uso di**, for the use of ***2*** (*rif. alla lingua*) usage; (*modo di impiego, significato*) use: **l'uso comune** [**letterario**], common [literary] usage; **di uso corrente**, commonly used (*agg.*); everyday (*attr.*); **di uso scritto**, used in writing ***3*** (*usanza*) custom; usage; (*abitudine*) habit; (*moda*) fashion: **usi e costumi**, usages and customs; customs and traditions; **così vuole l'uso**, that is the custom; **secondo gli usi locali**, according to (the) local custom; **tornare in uso**, to come back into use (*o* into fashion); **È d'uso...**, it is customary (*o* a tradition) to...; **Non è mio uso...**, it is not my habit to... ***4*** (*pratica*) practice ***5*** (*logoramento*) wear: **logorarsi con l'uso**, to wear out ***6*** (*leg.*: *consuetudine*) custom • **d'uso** (*abituale*), usual; customary; habitual □ **frasi d'uso**, conventional expressions □ **fuori uso**, (*non più usabile*) unserviceable; (*antiquato*) no longer used, old-fashioned; (*guasto*) out of order; (*di parola*) obsolete □ **mettere q.c. fuori uso**, to put st. out of action □ (*farm.*) **per uso esterno**, for external use only □ **perdere l'uso della ragione**, to lose one's reason.

ùṣo (2) *a.* (*lett.*) used (to st., to doing st.); accustomed (to st., to doing st.); wont (to do st.): **uso alla fatica**, used to hard work; **come era uso fare**, as he was wont to do.

ùssaro *m.* (*mil.*) hussar.

ùsta *f.* scent.

ustionàre ***A*** *v. t.* to burn*; (*con liquido*) to scald ***B*** **ustionàrsi** *v. rifl.* to burn* oneself; (*con liquido*) to scald oneself.

ustióne *f.* burn; (*da liquido*) scald: **u. di terzo grado**, third--degree burn; **È morto per le ustioni riportate**, he died as the result of his burns.

uṣuàle *a.* (*solito*) usual, habitual; (*comune*) common, ordinary.

uṣucapióne *f.* (*leg.*) usucaption, usucapion.

uṣufruìre *v. i.* ***1*** (*leg.*) to enjoy in usufruct ***2*** (*valersi di*) to take* advantage (of); to avail oneself (of); to make use (of); to benefit (from); to enjoy (st.): **u. di un vantaggio**, to make use of (*o* to enjoy) an advantage; **u. di uno sconto**, to benefit from a discount.

uṣufrùtto *m.* (*leg.*) usufruct: **avere in u.**, to hold in usufruct.

uṣufruttuàrio *a. e m.* (*f.* **-a**) (*leg.*) usufructuary; beneficial owner.

uṣùra (1) *f.* usury: **prestare a u.**, to lend on usury • (*fig.*) **a u.**, a hundredfold; with interest.

uṣùra (2) *f.* (*logorio*) wear (and tear): **l'u. dei pneumatici**, tyre wear; **segni di u.**, signs of wear; **l'u. del tempo**, the wear and tear of time.

uṣuràio *m.* (*f.* **-a**) ***1*** usurer; (loan) shark (*fam.*) ***2*** (*estens.*: *avaro*) miser.

uṣurpàre *v. t.* to usurp; (*un diritto*) to encroach upon.

uṣurpatóre *m.* (*f.* **-trice**) usurper; (*di un diritto*) encroacher.

uṣurpazióne *f.* usurpation; (*di un diritto*) encroachment.

utensile ***A*** *m.* tool; utensil; implement: **u. da cucina**, kitchen utensil; **utensili da falegname**, carpenter's tools ***B*** *a.* — **macchina u.**, machine tool.

utensilerìa *f.* ***1*** (set of) tools ***2*** (*reparto di officina*) tool-room ***3*** (*negozio*) hardware shop.

utènte *m. e f.* user; consumer; (*abbonato*) subscriber; (*radio, TV*) licence-holder: **u. della strada**, road user; **u. del gas**, gas consumer; **u. del telefono**, telephone subscriber.

utènza *f.* ***1*** use; consumption: **l'u. del gas**, gas consumption ***2*** (*gli utenti*) users (*pl.*); consumers (*pl.*); (*del telefono*) subscribers (*pl.*); (*radio, TV*) licence-holders (*pl.*).

uterìno *a.* ***1*** uterine ***2*** (*fig. spreg.*) emotional; irrational.

ùtero *m.* (*anat.*) uterus*; womb.

ùtile ***A*** *a.* ***1*** (*che serve*) useful, handy, practical; (*che aiuta*) helpful, of help (*pred.*): **regalo u.**, useful (*o* practical) present; **conoscenze utili**, useful knowledge; (*persone*) useful contacts; **u. alla salute**, good for one's health; **con-**

siglio u., useful (*o* helpful) advice; **rendersi u.**, to make oneself useful; **tornare u.**, to come in handy; **Se posso essere u.**, if I can be of any help ***2*** (*consigliabile*) advisable ***3*** (*utilizzabile*) usable; available: **spazio u.**, available space • **tempo u.**, term □ **in tempo u.**, in time; before the deadline ***B*** *m.* ***1*** (*tornaconto*) advantage; interest ***2*** (*econ., fin., rag.*) profit; gain: **u. netto**, net profit; **partecipare agli utili**, to share (the) profits; **un u. del 5%**, a 5% profit; **avere un u.**, to make a profit; **utili di capitale**, capital gains • **unire l'u. al dilettevole**, to combine duty with pleasure.

utilità *f.* ***1*** utility; usefulness; use: **senza u. pratica**, without any practical use ***2*** (*vantaggio*) advantage; help; benefit ***3*** (*econ.*) utility.

utilitària *f.* (*autom.*) small (*o* economy) car; runabout.

utilitàrio *a. e m.* utilitarian.

utilitarìsmo *m.* (*filos.*) utilitarianism.

utilitarìsta *a., m. e f.* (*anche filos.*) utilitarian.

utilitarìstico *a.* (*anche filos.*) utilitarian.

utilizzàbile *a.* usable; useful; utilizable.

utilizzàre *v. t.* to use; to utilize; to make* use of: **u. il tempo**, to utilize time.

utilizzazióne *f.*, **utilizzo** *m.* use; utilization.

utopìa *f.* utopia.

utòpico *a.* utopian.

utopìsta *m. e f.* utopian.

utopìstico *a.* utopian.

ùva *f.* grapes (*pl.*); (*nei composti*) grape: **grappolo d'u.**, bunch of grapes; **uva bianca** [**nera**], white [black] grapes • **u. passa**, raisins (*pl.*); currants (*pl.*) □ (*bot.*) **u. spina**, gooseberry □ **u. sultanina**, sultana.

uvétta *f.* raisins (*pl.*); currants (*pl.*).

uxoricìda ***A*** *m.* uxoricide ***B*** *a.* uxoricidal.

uxoricìdio *m.* uxoricide.

v, V

V, v *m. o f.* V, v • (*telef.*) **v come Venezia**, v for Victor □ **a v**, V-shaped; V-: **collo a V**, V-neck.
va' *inter.* (*fam.*) look!; see!
vacànte *a.* vacant • **posto [carica] v.**, vacancy.
vacànza *f.* **1** holiday; vacation (*USA*): **vacanze di Natale**, Christmas holidays; **vacanze scolastiche**, school holidays; **un mese di v.**, a month's holiday; **Domani è v.**, tomorrow is a holiday; **andare [essere] in v.**, to go [to be] on holiday; **passare le vacanze in**, to spend one's holidays at (*o* in); to vacation at (*o* in) (*USA*); **prendersi un giorno di v.**, to take a day off; **Oggi faccio v.**, I'm taking the day off today **2** (*posto vacante*) vacancy.
vacanzière *m.* (*f.* **-a**) (*fam.*) holiday-maker; vacationer (*USA*).
vacanzièro *a.* festive; holiday (*attr.*).
vacca *f.* **1** cow: **v. da latte**, milch cow; **latte di v.**, cow's milk **2** (*spreg.*) whore; slut • (*pop.*) **mandare in v.**, to balls up (*volg.*) □ **tempo di vacche grasse**, period of prosperity □ **tempo di vacche magre**, lean period.
vaccàio, vaccàro *m.* cowherd; cowman*; cowboy.
vaccàta *f.* (*pop.*) **1** (*cosa malfatta*) botch-up; cock-up **2** (*sciocchezza*) crap 🄄.
vacchétta *f.* cowhide.
vaccinàre *v. t.* **1** (*med.*) to vaccinate **2** (*fig.*) to harden; to inure.
vaccinazióne *f.* (*med.*) vaccination: **fare la v. antitetanica**, to be vaccinated against tetanus.
vaccìno **A** *a.* (*di vacca*) vaccine; (*bovino*) bovine **B** *m.* vaccine.
vacillànte *a.* **1** tottering; staggering; unsteady: **con passo v.**, with unsteady steps **2** (*di luce*) flickering **3** (*fig.*) tottering; shaky; (*incerto*) vacillating, wavering: **regime v.**, tottering regime; **fede v.**, wavering faith.
vacillàre *v. i.* **1** to totter; to stagger; to be shaky: **entrare vacillando**, to stagger in **2** (*di luce*) to flicker **3** (*fig.*) to totter; to be shaky; (*essere incerto*) to vacillate, to waver; (*venir meno*) to be failing: **Il governo vacilla**, the government is shaky (*o* is tottering).
vacuità *f.* emptiness; vacuity; inanity.
vàcuo **A** *a.* empty; vacant; blank; vacuous; inane: **discorsi vacui**, empty words; **sguardo v.**, vacant (*o* blank) stare **B** *m.* vacuum*.
vademècum *m.* vade-mecum; handbook.
va e vièni *locuz. m.* coming and going; to-and-fro; toing and froing.
vaffancùlo *inter.* (*volg.*) piss off!; sod off!; fuck off!
vagabondàggio *m.* **1** (*condizione*) vagabondage; (*come fenomeno sociale*) vagrancy: **darsi al v.**, to become a vagabond (*o* a vagrant) **2** (*il vagabondare*) wandering (*generalm. al pl.*).
vagabondàre *v. i.* to wander about; to roam about • **v. col pensiero**, to let one's thoughts wander.
vagabóndo **A** *m.* (*f.* **-a**) **1** (*girovago*) wanderer; drifter **2** (*persona senza fissa dimora*) vagrant; vagabond; tramp; hobo (*m.*) (*USA*) **3** (*fannullone*) loafer; layabout **B** *a.* vagabond; wandering.
vagànte *a.* wandering; rambling; roving • **pallottola v.**, stray bullet.
vagàre *v. i.* to wander; to ramble; to roam: **v. per i boschi**, to wander through the woods; **v. senza meta**, to wander aimlessly; to ramble; **v. con la mente**, to let one's mind wander.
vagheggiàre *v. t.* **1** (*contemplare*) to contemplate lovingly; to gaze at (sb., st.) fondly **2** (*desiderare intensamente*) to long (*o* to yearn) for; (*sognare*) to dream of.
vagheggìno *m.* gallant; ladies' man*; beau (*franc.*).
vaghézza *f.* **1** (*indeterminatezza*) vagueness; haziness **2** (*lett.*: *bellezza*) beauty; charm.
vagìna *f.* (*anat.*) vagina*.
vaginàle *a.* (*anat.*) vaginal.
vagire *v. i.* to cry; to wail.
vagìto *m.* **1** cry; wail **2** (*al pl.*) (*inizio*) first stirrings; dawning (*sing.*).
vàglia (1) *f.* — **di v.**, important; great.
vàglia (2) *m. invar.* (*titolo di credito*) money order: **v. postale**, postal order.
vagliàre *v. t.* **1** to sift; to sieve; (*grano, ecc.*) to winnow; (*ind., edil.*) to riddle **2** (*fig.*) to examine; to go* through; to sift; to screen: **v. le domande**, to examine the applications; **v. le prove**, to sift the evidence; **v. i candidati**, to screen the candidates; **v. i pro e i contro**, to weigh the pros and cons.
vàglio *m.* **1** sieve; screen; riddle **2** (*fig.*) close examination; scrutiny; screening: **il v. dei critici**, the scrutiny of critics; **La proposta è al v. della commissione**, the proposal is being examined by the committee; **passare al v. q.c.**, to sift through st.; to go through st.
vàgo **A** *a.* **1** (*incerto*) vague; faint; indefinite; (*nebuloso*) hazy: **un v. sospetto**, a vague (*fam.* a sneaking) suspicion; **vaga somiglianza**, faint resemblance; **una vaga conoscenza dei fatti**, a hazy knowledge of the facts **2** (*lett.*: *grazioso*) fair; lovely **B** *m.* **1** (*incertezza*) vagueness: **tenersi nel v.**, to be vague (*o* non-committal) **2** (*anat.*) vagus*; vagal nerve.
vagoncìno *m.* **1** (*di funivia*) cable-car **2** (*ind. min.*) car; tram.
vagóne *m.* **1** (*ferr.*: *merci*) (goods) van, wagon (*GB*), freight car (*USA*); (*passeggeri*) carriage, coach, car (*USA*): **v. letto**, sleeping car; sleeper; **v. ristorante**, dining car; diner **2** (*grande quantità*) load; raft (*USA*) **3** (*fam.*: *persona grassa*) mound of flesh; tub of lard.
vaiòlo *m.* **1** (*med.*) smallpox **2** (*vet.*) pox: **v. bovino**, cowpox; **v. suino**, swine pox.
vaiolóso (*med.*) *a.* variolous; smallpox (*attr.*).
valànga *f.* **1** avalanche **2** (*fig.*) avalanche; shower; flood.
valchìria *f.* (*mitol.*) Valkyrie.
valdése *a., m. e f.* (*relig.*) Waldensian • **i Valdesi**, the Waldenses.
valènte *a.* (*abile*) skilful; able (*di talento*) talented; gifted.
valènza *f.* (*chim.*) valence, valency.
valére **A** *v. i. e t.* **1** (*avere valore o merito*) to be worth: **Non vale nulla**, it isn't worth anything; **v. un tesoro** (*o* **un Perù**), to be worth a fortune; **Vale tant'oro quanto pesa**, he is worth his weight in gold **2** (*avere peso*) to count; to carry weight **3** (*avere abilità*) to be good (at): **un attore che vale**, a good actor; **Come pittore non vale niente**, he is hopeless as a painter **4** (*essere valido, riconosciuto*) to be valid; (*contare*) to count; (*essere in vigore*) to be in force: **Vale ancora questo biglietto**, is this ticket still valid?; **anni che valgono per la pensione**, years that count towards one's pension; **Non vale!**, it isn't fair **5** (*avere efficacia*; *servire*) to be of use; (*solo al neg.*) to be of avail; (*riuscire*) to succeed: **Le mie proteste non valsero nulla**, my protests were of no avail; **Le mie parole valsero a rasserenarlo**, my words succeeded in cheering him up; **Che ti è valso l'aver taciuto?**, what good did it do to you to keep silent? **6** (*equivalere*) to be worth; to be equal to **7** (*significare*) to mean* **8** (*procurare*) to earn; to win*: **Il contratto gli valse la promozione**, the contract earned him his promotion • **vale a dire**, (*cioè*) that is to say; (*è come dire*) that is as much as to say; (*specificamente*) namely □ **v. la pena**, *V. sotto* **pena** □ **far v. i propri diritti**, to assert one's rights □ **far v. le proprie ragioni**, to make oneself heard; to assert oneself □ **farsi v.**, to assert oneself □ **Tanto vale che ti dica la**

verità, I may as well tell you the truth □ **Tanto valeva restarcene a casa**, we might as well have stayed at home □ **Uno vale l'altro**, the one is as good [as bad] as the other; there is little to choose between them; they are much of a muchness (*fam.*) ***B*** **valérsi** *v. i. pron.* to make* use (of); to avail oneself (of).
valeriàna *f.* (*bot. e farm.*) valerian.
valévole *a.* valid.
vàlgo *a.* (*med.*) valgus.
valicàbile *a.* passable; that can be crossed.
valicàre *v. t.* to cross.
vàlico *m.* ***1*** (*il valicare*) crossing ***2*** (mountain) pass • **v. di frontiera**, mountain border post.
validità *f.* ***1*** validity ***2*** (*fondatezza*) soundness, validity ***3*** (*efficacia*) effectiveness ***4*** (*fin., ass.*) currency.
vàlido *a.* ***1*** (*valevole*) valid; effective: **matrimonio v.**, valid marriage; **Il biglietto è v. per due**, the ticket is for (*o* admits) two; **Questa regola non è valida per tutti**, this rule does not apply to everybody; **orario v.**, valid timetable; (*leg.*) **non v.**, invalid; void ***2*** (*che ha fondamento*) sound; valid; well-grounded: **obiezioni valide**, valid objections; **una ragione valida**, a good reason ***3*** (*efficace*) efficacious; effective ***4*** (*robusto*) strong; able-bodied: **tutti gli uomini validi**, all able-bodied men ***5*** (*di pregio, di valore*) good; fine; valuable: **un'opera molto valida**, a very fine work ***6*** (*fin., ass.*) current • **essere di v. aiuto**, to prove a great help.
valigerìa *f.* ***1*** (*negozio*) leather goods shop ***2*** (*fabbrica*) leather goods factory ***3*** (*assortimento di valigie*) leather goods (*pl.*); leatherware.
valìgia *f.* suitcase; case (*fam.*) • **v. diplomatica**, dispatch case □ **disfare le valigie**, to unpack □ **fare le valigie**, to pack; (*fig.*) to pack one's things.
vallàta *f.* valley.
vàlle *f.* valley • **a v.**, below; (*rif. a fiume*) downstream; (*fig.*: *collegato a*) related (to), (*in seguito*) afterwards □ **scendere a v.**, to go downhill.
vallétta *f.* (*TV*) assistant.
vallétto *m.* ***1*** valet; footman*; (*paggio*) page ***2*** (*TV*) assistant.
valligiàno ***A*** *m.* inhabitant of the valley(s); valley-dweller ***B*** *a.* of the valley(s); valley (*attr.*).
vallìvo *a.* valley (*attr.*).
vàllo *m.* (*mil.*) rampart; wall: **v. atlantico**, Atlantic wall; **il v. di Adriano**, Hadrian's wall.
vallóne (**1**) *m.* (*geogr.*) deep valley; (*gola*) gorge.
vallóne (**2**) *a., m. e f.* Walloon.
valóre *m.* ***1*** value: **avere** [**non avere**] **v.**, to be of value [of no value]; **aumentare** [**diminuire**] **di v.**, to rise [to fall] in value; **dare v. a q.c.**, to set a high value on st.; **uno scienziato di v.**, a first-class scientist; **un pianista di v.**, an outstanding pianist; **di nessun v.**, worthless; valueless; **di poco v.**, worth little; **un quadro di gran v.**, a very valuable painting; **Che v. ha questo anello?**, what is this ring worth?; **v. di mercato**, market value; **v. nominale** [**reale**], face [true] value; **v. legale**, legal value; **valori sociali**, social values; **scala di valori**, scale of values; **oggetti di v.**, valuables; **merce per un v. di 50 milioni**, 50 million lire's worth of goods ***2*** (*al pl.*) (*oggetti preziosi*) valuables; (*fin., Borsa*) securities, stocks and shares ***3*** (*scient.*) value; (*nelle misurazioni*) reading ***4*** (*mus.*) value ***5*** (*significato*) value; meaning ***6*** (*coraggio*) bravery; courage; valour: **atti di v.**, acts of bravery; **combattere con v.**, to fight bravely (*o* gallantly); **medaglia al v. militare**, medal for military valour; **medaglia al v. civile**, medal for bravery in peacetime • **valori bollati**, revenue stamps □ (*gramm.*) **un aggettivo con v. di avverbio**, an adjective used as an adverb □ **la Borsa Valori**, the Stock Exchange; (*le quotazioni*) Stock Exchange quotations □ (*econ.*) **v. aggiunto**, added value.
valorizzàre ***A*** *v. t.* ***1*** (*utilizzare al meglio*) to exploit; to make* the most of ***2*** (*mettere in risalto*) to enhance; to set* off ***3*** (*accrescere il valore di*) to increase the value of; to appreciate ***4*** (*migliorare, sviluppare*) to develop ***5*** (*una persona*) to give* an opportunity to ***B*** **valorizzàrsi** *v. rifl. e i. pron.* ***1*** to make* the most of oneself ***2*** (*crescere di valore*) to increase in value; to appreciate ***3*** (*crescere di importanza*) to increase in importance.
valorizzazióne *f.* ***1*** (*sfruttamento*) exploitation ***2*** (*aumento di valore*) increase in value ***3*** (*miglioramento*) improvement; development.
valoróso *a.* brave; valiant; gallant; courageous.
valùta *f.* ***1*** currency; money 🅄: **v. estera**, foreign currency; **v. pregiata**, hard currency; **v. cartacea**, paper currency (*o* money); **v.** (**a corso**) **legale**, legal tender; **pagare in v.**, to pay cash; **corso delle valute**, exchange rates ***2*** (*banca*: *rif. alla data di accredito o addebito*) — **v. 1° gennaio**, interest to run (*o* running) from January 1st; **perdita di v.**, loss of interest.
valutàre *v. t.* ***1*** (*attribuire un valore a*) to value; to estimate; to appraise; to assess: **v. un appartamento 300 milioni**, to value a flat at 300 million lire; **v. i danni**, to assess damages ***2*** (*calcolare*) to calculate, to reckon, to estimate; (*misurare*) to gauge; (*conteggiare*) to take* into account: **Quanto tempo valuti ci vorrà?**, how long do you calculate (*o* reckon) it will take?; **v. una distanza**, to gauge a distance ***3*** (*stimare, apprezzare*) to value: **Tu lo valuti troppo**, you value him too highly; **v. troppo**, to overvalue; to overestimate; to overrate; **v. troppo poco**, to undervalue; to underestimate; to underrate ***4*** (*soppesare*) to weigh; to consider: **v. le prove**, to weigh the evidence; **v. un'offerta**, to consider an offer.
valutàrio *a.* (*fin.*) monetary; currency (*attr.*); money (*attr.*): **norme valutarie**, currency regulations; **accordo valutario**, monetary agreement.
valutazióne *f.* ***1*** (e)valuation; assessment; estimate; appraisal: **v. di un quadro**, valuation of a painting; **v. approssimativa**, rough estimate; **v. dei danni**, assessment of damage ***2*** (*calcolo*) calculation; reckoning ***3*** (*giudizio*) judgment; weighing ***4*** (*classificazione*) rating; assessment.
vàlva *f.* (*bot., zool.*) valve.
vàlvola *f.* ***1*** (*mecc.*) valve: **v. a farfalla**, butterfly (*o* throttle) valve: (*anche fig.*) **v. di sicurezza** (*o* **di sfogo**), safety valve ***2*** (*radio, TV*) valve; tube (*USA*) ***3*** (*elettr.*) fuse: **È saltata una v.**, a fuse has blown ***4*** (*anat.*) valve • (*fig.*) **v. di sfogo**, outlet; safety valve.
vàlzer *m.* waltz • **ballare il v.**, to waltz; **fare un giro di v.**, to do a waltz; (*fig.*) to flirt.
vamp (*ingl.*) *f.* vamp; femme fatale (*franc.*).
vàmpa *f.* ***1*** (*intenso calore*) fierce heat; (*folata calda*) hot blast ***2*** (*fiammata*) flame; blaze ***3*** (*al viso*) flush; (*di vergogna*) blush; (*in menopausa*) hot flush (*GB*), hot flash (*USA*).
vampàta *f.* ***1*** (*di calore*) burst of heat; blast: **v. di aria calda**, blast of hot hair ***2*** (*di fiamma*) blaze; flame ***3*** (*al viso*) sudden flush; (*di vergogna*) blush ***4*** (*fig.*) outburst; burst: **v. di violenza**, outburst of violence; **v. d'ira**, burst of rage.
vampìro *m.* ***1*** vampire ***2*** (*zool.*) vampire (bat) ***3*** (*strozzino*) bloodsucker; shark.
vanàdio *m.* (*chim.*) vanadium.
vanaglòria *f.* vainglory; boastfulness.
vanaglorióso *a.* vainglorious; boastful.
vanaménte *avv.* vainly; (*invano*) in vain, to no avail.
vandàlico *a.* ***1*** (*stor.*) Vandal; Vandalic ***2*** (*fig.*) vandalistic.
vandalìsmo *m.* vandalism; wanton destruction.
vàndalo *m.* ***1*** (*stor.*) Vandal ***2*** (*fig.*) vandal.
vaneggiaménto *m.* raving.
vaneggiàre *v. i.* to rave.
vanèsio ***A*** *a.* vain; conceited; foppish ***B*** *m.* (*f.* **-a**) vain person; fop (*m.*).
vanéssa *f.* (*zool.*) vanessa.
vànga *f.* spade.
vangàre *v. t.* to dig*; to spade.
vangàta *f.* (*quantità raccolta*) spadeful.
vangèlo *m.* ***1*** Gospel: **il v. secondo S. Marco**, the Gospel according to St Mark ***2*** (*fig.*) gospel: **prendere q.c. per v.**, to take st. as gospel; **È v. per lui**, it's gospel for him.
vanificàre *v. t.* to frustrate; to thwart.
vanificazióne *f.* frustration.
vanìglia *f.* (*pianta ed essenza*) vanilla.
vanigliàto *a.* vanilla (*attr.*).
vanilòquio *m.* ***1*** (*delirio*) raving ***2*** (*fig.*) idle talk 🅄; nonsense 🅄; twaddle 🅄 (*fam.*).
vanità *f.* ***1*** vanity; conceit ***2*** (*inutilità*) vainness; uselessness ***3*** (*caducità, cosa vana*) vanity.
vanitóso ***A*** *a.* vain; conceited ***B*** *m.* (*f.* **-a**) vain person.
vàno ***A*** *a.* ***1*** (*inutile*) vain; useless: **v. tentativo**, vain attempt; **vane ricerche**, vain search ***2*** (*inconsistente, futile*) vain; empty; idle: **vane speranze**, vain hopes; **discorsi vani**,

empty (*o* idle) talk *3* (*vanitoso*) vain; conceited *B* *m.* *1* (*spazio vuoto*) space; (*apertura*) opening *2* (*stanza*) room: **appartamento di quattro vani**, four-roomed flat • **v. dell'ascensore**, lift shaft □ **v. portabagagli**, boot (*GB*); trunk (*USA*) □ (*autom.*) **v. portaoggetti**, glove compartment.

vantàggio *m.* *1* (*profitto*) advantage; (*giovamento*) benefit: **con reciproco v.**, with advantage to both parties; **andare a v. di q.**, to be to sb.'s advantage; **trarre v. da q.c.**, to profit by st.; to capitalize on st.; to turn st. to advantage; **a mio v.**, to my advantage *2* (*sport*) lead; (*alla partenza*) (head) start; (*tennis*) advantage: **avere tre metri di v. su q.**, to have a three metres' lead over sb.; **Gli diedi un'ora di v.**, I gave him an hour's start; **essere in v. di sei punti**, to lead by six points; **portarsi in v.**, to take the lead • **margine di v.**, advantage; lead; edge □ **posizione di v.**, advantageous position; vantage point.

vantaggióso *a.* advantageous; profitable; (*favorevole*) favourable: **condizioni vantaggiose**, advantageous conditions; (*comm.*) favourable terms; **Sarà v. per tutti**, it will be to everybody's advantage.

vantàre *A* *v. t.* *1* (*lodare*) to extol, to praise; (*millantare*) to boast of (*o* about): **v. i propri successi**, to boast of one's successes *2* (*avere vanto di*) to boast: **La città vanta uno dei teatri più famosi**, the town boasts one of the most famous theatres • **v. un diritto su q.c.**, to have a claim to st. *B* **vantàrsi** *v. rifl. e i. pron.* *1* (*gloriarsi*) to be proud (of) *2* (*millantarsi*) to boast; to brag.

vanteria *f.* boasting ⓤ; bragging ⓤ; boast.

vànto *m.* *1* boast: **menare v. di q.c.**, to boast of (*o* about) st. *2* (*motivo di orgoglio*) pride; credit; merit: **È il v. della famiglia**, he is the pride of his family; **Ha il v. di essere stato il primo**, he can claim the credit for being the first; **essere motivo di v. per q.**, to be a source of pride for sb.

vànvera *f.* — **a v.**, haphazardly; without reflecting: **fare le cose a v.**, to do things haphazardly; **parlare a v.**, to talk through one's hat (*fam.*).

vapóre *m.* *1* vapour, vapor (*USA*); fume; (*acqueo*) steam: **vapori di scarico**, exhaust fumes; **ferro a v.**, steam iron; **cuocere a v.**, to steam *2* (*naut.*) steamship; steamer • (*anche fig.*) **a tutto v.**, at full speed; full steam ahead □ (*mecc.*) **cavallo v.**, horse-power.

vaporétto *m.* (*naut.*) *1* steamboat; steamer *2* (*mezzo pubblico di trasporto locale*) water-bus; vaporetto*.

vaporièra *f.* steam locomotive; steam-engine.

vaporiẓẓàre *A* *v. t. e i.* (*anche fis.*) to vaporize; (*trattare con vapore*) to steam *B* **vaporiẓẓàrsi** *v. i. pron.* to evaporate.

vaporiẓẓatóre *m.* (*evaporatore*) evaporator; (*nebulizzatore*) vaporizer.

vaporiẓẓazióne *f.* evaporation; vaporization.

vaporosità *f.* *1* flimsiness; gauziness; (*di capelli*) lightness, softness *2* (*vaghezza*) haziness; vagueness.

vaporóso *a.* *1* flimsy; gauzy; (*di capelli*) light, soft *2* (*vago*) hazy; vague.

varàre *v. t.* *1* (*naut.*) to launch *2* (*fig.*) to launch; (*approvare*) to pass: **v. una legge**, to pass a law.

varcàre *v. t.* *1* (*attraversare, oltrepassare*) to cross; to pass: **v. il confine [la soglia]**, to cross the border [the threshold] *2* (*superare*) to pass; to overstep: **v. ogni limite**, to go too far; to go over the top • **Ha varcato la cinquantina**, he is in his fifties.

vàrco *m.* passage; way; opening: **un v. tra due rupi**, a passage (*o* gap) between two rocks; **un v. nella vegetazione**, a way through the vegetation; **aprirsi un v. tra la folla**, to force a passage (*o* to push one's way) through the crowd • **aspettare q. al v.**, to lie in wait for sb.; (*fig.*) to bide one's time.

varechìna *f.* bleach.

variàbile *A* *a.* variable; (*mutevole*) changeable; (*instabile*) unsteady, fluctuating: **prezzi variabili**, fluctuating prices; **umore v.**, changeable mood; **tempo v.**, changeable (*o* unsettled) weather; **venti variabili**, variable (*o* shifting) winds *B* (*mat., stat.*) variable.

variabilità *f.* variability, variableness; changeableness; (*instabilità*) unsettledness, instability.

variaménte *avv.* variously; in various ways; (*in modi diversi*) in different ways.

variànte *f.* *1* (*modifica*) change; alteration *2* (*versione*) version; variant; (*modello*) model *3* (*ling.*) variant.

variàre *A* *v. t.* to vary; to change; (*modificare*) to alter: **v. una dieta**, to vary a diet; **v. l'orario**, to alter the time-table *B* *v. i.* to vary; to change.

variàto *a.* varied.

variatóre *m.* *1* (*mecc.*) variator *2* (*elettr.*) changer; converter.

variazióne *f.* variation (*anche mus.*); change; (*fluttuazione*) fluctuation: **v. di itinerario**, change of route; **variazioni del tempo**, changes in the weather; **I prezzi possono subire variazioni**, prices may vary.

varìce *f.* (*med.*) varicose vein; varix*.

varicèlla *f.* (*med.*) chickenpox; varicella.

varicóso *a.* (*med.*) varicose.

variegàto *a.* *1* variegated; (*venato*) veined (with); (*screziato*) streaked (with) *2* (*fig.*) varied; diversified.

varietà (1) *f.* *1* (*il variare*) variedness: **la v. del paesaggio**, the variedness of the landscape *2* (*gamma*) variety; range; assortment *3* (*tipo, genere*) variety; type; kind: **una v. di quarzo**, a type of quartz.

varietà (2) *m.* (*teatr.*) variety; vaudeville (*USA*): **lavorare nel v.**, to work in variety; **teatro di v.**, variety theatre; music-hall (*GB*); vaudeville (theater) (*USA*); **numero di v.**, variety number; act.

vàrio *A* *a.* *1* (*variato*) varied; (*mutevole*) changeable: **un paesaggio v.**, varied landscape; **umore v.**, changeable mood *2* (*con sost. pl.*: *svariati, diversi*) various; different; sundry: **per varie ragioni**, for various reasons; **abiti in varie taglie**, clothes in different sizes; **articoli vari**, sundry articles; sundries *3* (*con sost. pl.*: *parecchi*) various; several: **varie volte**, several times *B* *pron. indef.* (*al pl.*) various (*o* several) people • **varie ed eventuali**, any other business (*abbr.* AOB).

variopìnto *a.* many-coloured; multicoloured; (*fig.*) coloured.

vàro (1) *m.* *1* (*naut.*) launch; launching *2* (*fig.*) launching; (*di legge*) passing.

vàro (2) *a.* (*med.*) varus.

vaṣàio *m.* (*f.* **-a**) potter.

vàsca *f.* *1* basin; tank: **v. di fontana**, fountain basin; **v. per i pesci**, fish-pond *2* (*da bagno*) bath; bathtub (*USA*) *3* (*piscina*) (swimming-)pool; (*come percorso*) length: **fare due vasche**, to swim two lengths *4* (*tecn.*) tank; vat: (*ind. tess.*) **v. per il candeggio**, bleaching vat; **v. navale**, test tank.

vascèllo *m.* (*naut.*) vessel; ship: **v. da guerra**, warship; **v. mercantile**, trading vessel; merchantman*.

vaschétta *f.* *1* (small) basin *2* (*per gelato*) tub.

vascolàre *a.* *1* (*anat., bot.*) vascular *2* (*arte*) vase (*attr.*): **pittura v.**, vase painting.

vaṣectomìa *f.* (*med.*) vasectomy.

vaṣelìna *f.* vaseline.

vaṣellàme *m.* (*di porcellana*) china; (*di maiolica*) majolica; (*di terracotta*) crockery, earthenware • **v. di argento [d'oro]**, silverware [gold ware] □ **v. di vetro** (*o* **di cristallo**), glassware.

vàṣo *m.* *1* pot; (*per conserve*) jar; (*ornamentale*) vase: **un v. di basilico**, a pot of basil; **vasi etruschi**, Etruscan vases; **v. da fiori**, (*per pianta*) flowerpot; (*per fiori recisi*), vase, bowl; **un v. di fiori**, a vase of flowers *2* (*tecn.*) vessel; bowl; tank: **v. di espansione**, expansion tank; (*fis.*) **vasi comunicanti**, communicating vessels *3* (*anat., bot.*) vessel • **v. da notte**, chamber-pot □ **v. di Pandora**, Pandora's box □ **un v. di coccio tra vasi di ferro**, a defenceless (*o* vulnerable) person □ **portare vasi a Samo**, to carry coals to Newcastle.

vaṣocostrittóre (*farm.*) *A* *a.* vasoconstrictive; vasoconstricting *B* *m.* vasoconstrictor.

vaṣodilatatóre (*farm.*) *A* *a.* vasodilating *B* *m.* vasodilator.

vasomotòrio *a.* (*anat.*) vasomotor.

vassallàggio *m.* *1* (*stor.*) vassalage *2* (*fig.*) subjection; servitude.

vassàllo *a. e m.* (*stor. e fig.*) vassal.

vassóio *m.* tray.

vastità *f.* vastness; (*estensione*) expanse, extent.

vàsto *a.* vast; wide; large; (*esteso*) extended, extensive: **una vasta distesa di deserto**, a vast expanse of desert; **v. assortimento**, wide assortment; **su vasta scala**, on a large scale; **vaste conoscenze**, extensive (*o* vast) knowledge.

vàte *m.* (*lett.*) *1* (*profeta*) prophet *2* (*poeta*) poet; bard.

vaticàno *a.* Vatican.

vaticinàre *v. t.* to vaticinate; to prophesy; to predict.

vaticìnio *m.* vaticination; prophecy; prediction.

vattelappésca *inter.* (*fam.*) who knows?; your guess is as good as mine.
ve (**1**) *pron. pers. m. e f. 2ª pers. pl.* (to) you: **Ve lo dissi**, I told you; **Ora ve lo mostro**, I will show it to you.
ve (**2**) *V.* **ce**, *B.*
ve' *inter.* see!; look! • **Ve' che strano!**, that's strange (*o* odd)! □ **Bada, ve'!**, watch out!; careful!; (*ammonizione*) watch it!
vècchia *V.* **vecchio**, *B.*
vecchiàia *f.* ***1*** old age: **v. inoltrata**, advanced old age; **v. precoce**, early ageing; **pensione di v.**, old-age pension ***2*** (*i vecchi*) (the) aged.
vecchiézza *f.* old age; great age.
vècchio ***A*** *a.* ***1*** old; (*anziano*) elderly, aged: **i vecchi tempi**, the old days; **vecchi amici**, old friends; **una storia vecchia**, an old story; past history; water under the bridge; **il mio v. maestro**, my old (*o* former) teacher; **È più v. di me di dieci anni**, he is ten years older than I am (*fam.* than me); **È molto più v. di me**, he is much older than me; he is my senior by several years ***2*** (*stantio*) stale: **pane v.**, stale bread; **notizie vecchie**, stale news ***3*** (*stagionato*) old; aged; seasoned: **vino v.**, mature wine; **legno v.**, seasoned wood ***4*** (*precedente*) old; former • **v. come il cucco**, as old as the hills; ancient; (*spreg.*) decrepit □ **essere v. del mestiere**, to have been a long time in the trade; to be an old hand (at the job) □ **Plinio il V.**, Pliny the Elder ***B*** *m.* ***1*** (*f.* **-a**) old man* [woman*]: **i vecchi**, old people; the old; the aged ***2*** (*anziano*) elder ***3*** (*ciò che è v.*) (the) old; what is old • **i nostri vecchi**, (*genitori*) our parents; (*nonni, antenati*) our grandfathers □ **Salve, v. mio**, hello, old man! □ **grande v.**, elder statesman; (*spreg.*) mastermind (*behind illegal or terrorist activity*).
vecchiòtto *a.* oldish; rather old; (*antiquato*) dated, superseded.
vecchiùme *m.* (*spreg.*) old stuff; junk; (*idee antiquate*) old--fashioned ideas (*pl.*).
véccia *f.* (*bot.*) vetch; tare.
véce *f.* place; stead; lieu (*franc.*): **in mia v.**, in my place; instead of me; **fare le veci di q.**, to act as sb.'s deputy; to deputize for sb.; to stand in for sb. • **firma del padre o di chi ne fa le veci**, signature of parent or guardian (*meno form.* or someone else in authority).
vedènte ***A*** *a.* seeing; (*dotato di vista*) sighted • **non v.**, sightless; blind ***B*** *m. e f.* sighted person • **un non v.**, a blind person □ **i non vedenti**, the blind.
vedére ***A*** *v. t. e i.* ***1*** (*anche fig.*) to see*: **v. q.c. coi propri occhi**, to see st. with one's own eyes; **Non si vedeva anima viva**, there wasn't a living soul about; **Vieni a v.**, come and see; **Fammi v.**, let me see; show me; **Gli feci v. la pistola**, I showed him the gun; **Lo vedrebbe un cieco**, a blind man could see that; **Di qui si vede il mare**, from here one can see the sea; **L'ho visto passare**, I saw him go by; **Fu visto entrare in banca**, he was seen going into the bank; **Questo poi è da v.**, that remains to be seen; **Non ho ancora visto un soldo**, I haven't seen a penny so far ***2*** (*assol., anche* **vederci**: *poter v.*) to see*: **I ciechi non vedono**, the blind cannot see; **Ci vedi di qui?**, can you see from here?; **vederci bene** [**male**], to have good [poor] sight; **non vederci più**, to have gone blind ***3*** (*guardare*) to look at; (*uno spettacolo, un film*) to see*; (*la televisione*) to watch: **Adesso vedi quest'altro libro**, now look at this other book; **Sono stato a v. la «Carmen»**, I've been to see «Carmen»; **Ti ho visto in TV**, I saw you on TV; **v. la partita alla tivù**, to watch the match on TV; **un film da v.**, a film worth seeing ***4*** (*esaminare*) to look at; to have a look at; to look through; to examine: **Vediamo un po' questi conti**, let's have a look at these accounts; **Dovresti farti v. quel piede** (*da un dottore*), you should have that foot of yours examined (*o* looked at) ***5*** (*incontrare*) to see*; to meet*: **Non vede mai nessuno**, he never sees anyone; **L'ho visto in città**, I saw (*o* met) him in town ***6*** (*visitare*) to see*; to visit: **Verrò presto a vederti**, I'll come and see you soon; **Non ho mai visto la Sicilia**, I've never visited (*o* been to) Sicily ***7*** (*consultare*) to see*; to consult: **Prima voglio v. il mio avvocato**, I want to see my lawyer first ***8*** (*procurare*) to see*; to try: **Vedi che tutto sia pronto**, see that everything is ready; **Vedi di non usare troppo il braccio**, try not to use that arm too much ***9*** (*capire*) to see*; to realize: **Non vedo come sia possibile**, I don't see how it's possible; **Non vedi che scherza?**, can't you see he's joking? • **vederci chiaro**, to get to the bottom of st. □ **vederci doppio**, to see double □ **v. q.c. di buon** [**di mal**] **occhio**, to approve [to disapprove] of st. □ **Me la sono vista brutta**, I thought I was done for; I had a narrow escape □ **Questo non ha niente a che v. con il nostro problema**, this has nothing to do with our problem □ **Chi si vede!**, look who's here! □ **Si è preso il denaro e chi s'è visto s'è visto**, he took the money and disappeared □ **cose mai viste**, things unheard of; unbelievable things; things you wouldn't credit □ **dare a v.** (*mostrare*), to show □ **farsi v.**, (*mostrarsi*) to show oneself (*o* one's face); to show up; (*farsi visitare*) to be examined: **Non si è fatto vedere oggi**, he didn't show up today; **Non ha il coraggio di farsi v. in giro**, he doesn't dare show his face in public; **Fatti v. quando torni** (*vieni a trovarci*), look us up when you get back □ **La vedremo!**, we'll see about that! □ **La vedo brutta**, I don't like the look of this; the outlook is grim; I fear the worst □ **Ti vedo bene** [**stanco**], you look well [tired] □ **Non lo posso v.** (*non lo sopporto*), I can't stand him □ **Non vedo l'ora di finire**, I can't wait to finish □ **Non l'ho mai visto né conosciuto**, (I've) never heard of him; I don't know him from Adam (*fam.*) □ **non vederci più** (**dalla rabbia**), (*essere furioso*) to be furious; (*infuriarsi*) to see red □ **non vederci più dalla fame**, to be starving □ **non vederci più dalla sete**, to be dying for something to drink □ **Si vede che mi ero ingannato**, I must have been mistaken □ **Si vede che non gli interessa**, (*è chiaro*) he obviously isn't interested; (*è probabile*) he is probably not interested □ **Si vede ancora il segno?**, does the mark still show? □ **stare a v.**, (*osservare*) to watch; (*vedere*) to see; (*attendere*) to wait and see □ **Sta' a v. che sono usciti**, I bet you they've gone out □ **Vedi sopra** [**sotto**] **a p. 18**, see above [below], p. 18 □ **Vedi tu** (*decidi tu*), it's up to you □ **Veditela con loro**, sort it out with them □ **Vedetevela voi**, see about it yourselves □ (*poker*) **Vedo!**, I'll see you □ **Viste le circostanze...**, in view of the situation... □ **visto che**, since; considering that ***B*** **vedérsi** *v. rifl.* ***1*** (*anche fig.*) to see* oneself: **v. allo specchio**, to see oneself in the mirror; **Non mi ci vedo a fare quel lavoro**, I can't see myself in that job ***2*** (*trovarsi*) to find* oneself; to think* (one is): **v. costretto a fare q.c.**, to find oneself obliged to do st.; **Si vide perduto**, he thought he was lost (*o* all was lost) ***C*** **vedérsi** *v. rifl. recipr.* to see* each other; (*incontrarsi*) to meet*: **Non ci vediamo molto spesso**, we don't meet very often • **Ci vediamo!** (*saluto*), see you! ***D*** *m.* (*opinione*) opinion: **a mio v.**, in my opinion.
vedétta *f.* ***1*** (*posto d'osservazione*) look-out: **stare di v.**, to be on the look-out ***2*** (*sentinella*) look-out ***3*** (*naut.*) patrol boat; vedette.
vedette (*franc.*) *f. invar.* star: **v. del cinema**, film (*USA* movie) star.
védova *f.* widow: **v. di guerra**, war widow; **v. bianca**, grass widow • (*zool.*) **v. nera**, black widow.
vedovànza *f.* widowhood.
vedovìle *a.* widowed; (*di vedovo*) widower's; (*di vedova*) widow's: **stato v.**, widowed state; widowhood; **abito v.**, widow's weeds.
védovo ***A*** *a.* widowed: **madre vedova**, widowed mother; **Mio fratello è v.**, my brother is a widower; **rimanere v.**, to be left a widower (*f.* a widow) ***B*** *m.* widower.
vedrétta *f.* (*geol.*) hanging glacier.
vedùta *f.* ***1*** (*panorama*) view; vista ***2*** (*arte, fotogr.*) view ***3*** (*al pl.*) (*opinioni*) views; opinions • **di larghe** (*o* **ampie**) **vedute**, broad-minded (*agg.*) □ **di vedute ristrette**, narrow--minded (*agg.*).
veemènte *a.* vehement; impetuous; (*violento*) violent.
veemènza *f.* vehemence; impetus; (*violenza*) violence.
vegetàle *a. e m.* vegetable.
vegetàre *v. i.* (*anche fig.*) to vegetate.
vegetariàno *a. e m.* (*f.* **-a**) vegetarian.
vegetativo *a.* vegetative.
vegetazióne *f.* vegetation • **limite della v.**, tree (*o* timber) line.
vègeto *a.* ***1*** thriving ***2*** (*di persona*) strong; vigorous • **vivo e v.**, alive and well; alive and kicking.
vegetominerale *a.* vegeto-mineral.
veggènte *m. e f.* ***1*** seer; prophet (*m.*); prophetess (*f.*) ***2*** (*chiaroveggente*) clairvoyant.
véglia *f.* ***1*** (*l'essere svegli*) wakefulness; being awake: **stato**

di **v.**, state of wakefulness; **ore di v.**, waking hours; **tra la v. e il sonno**, between waking and sleeping; half asleep ***2*** (*il vegliare*) vigil: **fare la v. a un malato**, to keep (a) vigil by a sick person's bedside; **v. funebre**, wake; **v. per la pace**, vigil for peace ***3*** (*trattenimento*) (evening) party.
vegliàrda *f.* (venerable) old woman*.
vegliàrdo *m.* (venerable) old man*; ancient.
vegliàre ***A*** *v. i.* ***1*** (*stare sveglio*) to stay* awake; to stay* up; to sit* up: **v. al letto di un malato**, to sit up by a sick person's bedside ***2*** (*prendersi cura di*) to watch over ***B*** *v. t.* to keep* (a) vigil by (st.): **v. un malato**, to keep (a) vigil by a sick person's bedside; to sit up with a sick person; **v. un morto**, to keep vigil beside sb. who has died.
veglióne *m.* ball; dance; (*in maschera*) masked ball: **v. di fine d'anno**, New Year's Eve dance; Hogmanay dance (*in Scozia*).
veicolàre (1) *v. t.* ***1*** (*med.*) to transmit; to carry ***2*** (*fig.*) to spread*: **v. idee**, to spread ideas.
veicolàre (2) *a.* vehicular; of vehicles.
veìcolo *m.* ***1*** vehicle: **v. spaziale**, spacecraft ***2*** (*chim., med.*) carrier ***3*** (*fig.*) vehicle; carrier; medium*.
véla *f.* ***1*** (*naut.*) sail: **issare le vele**, to hoist the sails; **far v.**, to set sail; **v. latina** [**quadra, aurica**], lateen [square, fore-and-aft] sail; **v. di fortuna**, storm-sail; **v. di maestra**, mainsail; **nave a v.**, sailing ship ***2*** (*lo sport*) sailing; yachting ***3*** (*archit.*) web: **volta a v.**, ribbed vault • **andare a gonfie vele**, to go very well; to make good progress; (*di affari e sim.*) to be booming.
velaccìno *m.* (*naut.*) fore-topgallant (sail).
velàccio *m.* (*naut.*) topgallant (sail).
velàme *m.* (*lett., per lo più fig.*) veil.
velàre (1) ***A*** *v. t.* ***1*** to veil ***2*** (*offuscare*) to veil; to dim; (*suono*) to muffle: **Le nuvole velavano il sole**, clouds veiled the sun; **Le lacrime le velavano gli occhi**, her eyes were misty with tears; tears dimmed (*o* veiled) her eyes ***B*** **velàrsi** *v. rifl. e i. pron.* ***1*** to veil oneself ***2*** (*coprirsi*) to cloud over; to mist over; to grow* dim; (*di voce*) to grow* husky: **Il cielo si velò di nubi**, the sky clouded over; **I suoi occhi si velarono di lacrime**, his eyes misted over.
velàre (2) *a.* (*fon.*) velar.
velataménte *avv.* in a veiled manner: **accennare a q.c. v.**, to make a veiled hint at st.
velàto *a.* ***1*** veiled ***2*** (*mascherato*) veiled; disguised: **velata ipocrisia**, veiled hypocrisy; **appena v.**, thinly disguised ***3*** (*offuscato*) dim; misty; (*di suono*) muffled: **luce velata**, dim light; **occhi velati**, misty eyes; **voce velata**, husky voice • **calze velate**, sheer tights (*USA* pantyhose).
velatùra *f.* ***1*** (*strato leggero*) veil ***2*** (*naut.*) sails (*pl.*).
veleggiàre *v. i.* ***1*** (*naut.*) to sail ***2*** (*aeron.*) to soar; to glide.
veléno *m.* ***1*** poison: (*di animali*) venom: **v. per topi**, rat poison ***2*** (*fig.*) poison; (*astio, rancore*) venom, resentment, rancour, spite: **L'alcol per me è v.**, I daren't touch (*o* look at) alcohol; **il v. della gelosia**, the poison of jealousy; **masticare v.**, to nurse one's resentment; **sputare v.**, to be venomous; to be spiteful.
velenosità *f.* ***1*** (*anche fig.*) poisonousness; venomousness ***2*** (*perfidia*) spitefulness; malice.
velenóso *a.* ***1*** poisonous; venomous: **fungo v.**, poisonous mushroom; **serpente v.**, poisonous (*o* venomous) snake ***2*** (*perfido*) venomous; spiteful; malignant ***3*** (*mordace*) biting.
velétta *f.* (*di cappello femm.*) hat-veil.
vèlico *a.* sail (*attr.*); sailing (*attr.*): **superficie velica**, sail surface; **gare veliche**, regatta (*sing.*); yacht races; sailing competitions; **navigazione velica**, sailing; yachting.
velièro *m.* sailing ship.
velina *f.* ***1*** (*carta*) tissue paper ***2*** (*copia*) carbon copy; flimsy ***3*** (*giorn.*) press release; handout (*fam.*).
velismo *m.* (*sport*) sailing.
velista *m. e f.* sailing enthusiast; yachtsman* (*m.*); yachtswoman* (*f.*).
velivolo *m.* aircraft*; aeroplane; airplane (*USA*).
velleità *f.* foolish ambition; pretension; fancy; dream; wishful thinking Ⓤ: **avere v. letterarie**, to have literary pretensions; to fancy oneself as an author.
velleitàrio ***A*** *a.* overambitious; unrealistic; fanciful ***B*** *m.* (*f.* **-a**) wishful thinker; visionary.
vellicàre *v. t.* to tickle; to titillate.
vèllo *m.* fleece.
vellutàto *a.* velvety; velvet (*attr.*); velvet-like: **voce vellutata**, velvety voice; **pelle vellutata**, skin like velvet.
vellutìno *m.* ***1*** fine velvet ***2*** (*nastro*) velvet ribbon.
vellùto *m.* velvet: **v. a coste**, corduroy; (*a coste sottili*) needlecord; **v. di cotone**, velveteen • **passi di v.**, catlike steps □ **pelle di v.**, skin like velvet □ **È stato come andare sul v.**, it was all plain sailing.
vélo *m.* ***1*** (*anche fig.*) veil: **v. da sposa**, bridal veil; **sotto il v. della metafora**, under the veil of metaphor ***2*** (*tessuto*) gauze; voile ***3*** (*strato sottile*) film; thin layer; coating: **un v. di lacrime**, a film of tears; **un v. di zucchero**, a dusting of sugar ***4*** (*anat., bot.*) veil; velum* • **un v. di tristezza**, a touch of sadness □ (*anat.*) **v. palatino**, soft palate; velum □ **Gli cadde il v. dagli occhi**, the scales fell from his eyes □ **Gli faceva v. l'invidia**, envy clouded his judgement □ (*eccles.*) **prendere il v.**, to take the veil □ **stendere un v. (pietoso) su q.c.**, to draw a veil over st.
velóce *a.* fast; quick; swift: **guida v.**, fast driving; **gesto v.**, quick (*o* swift) movement; **Il tempo scorre v.**, time passes quickly (*o* flies).
veloceménte *avv.* quickly; swiftly; fast.
velocìpede *m.* ***1*** penny-farthing (*GB*); ordinary (*USA*) ***2*** (*scherz.*) bicycle.
velocista *m. e f.* (*sport*) sprinter.
velocità *f.* speed; velocity; (*rapidità*) rapidity, swiftness: **la v. della luce**, the speed (*o* velocity) of light; **a una v. di 200 km all'ora**, at a speed of 200 km per hour; **Che v. tenevi**, what speed were you doing?; how fast were you going?; **aumentare** [**rallentare**] **la v.**, to increase [to reduce] speed; **v. massima**, top speed; **v. di marcia**, running speed; **a tutta v.**, at full (*o* top) speed; **a v. folle**, at breakneck speed; **eccesso di v.**, speeding.
velocizzàre ***A*** *v. t.* to speed* up; to accelerate ***B*** **velocizzàrsi** *v. i. pron.* to quicken; to speed* up.
velòdromo *m.* (*sport*) velodrome; cycling track.
véna *f.* ***1*** (*anat.*) vein: **vene varicose**, varicose veins; **tagliarsi le vene (dei polsi)**, to cut (*o* to slash) one's wrists ***2*** (*venatura*) vein; streak; (*del legno*) grain ***3*** (*filone minerario*) vein; lode; (*di carbone*) seam ***4*** (*di acqua*) spring (of water) ***5*** (*traccia*) vein; streak: **una v. di ironia**, a thread of irony; **una v. di umorismo**, a streak of humour ***6*** (*estro*) vein; inspiration: **v. poetica**, poetic vein; **avere la v. poetica**, to have a gift for poetry ***7*** (*disposizione*) disposition, inclination; (*umore*) mood: **in v. di generosità** [**di scherzi**], in a generous [a joking] mood; **Oggi non sono in v.**, I'm not in the mood today.
venàle *a.* ***1*** (*di vendita*) selling; sale (*attr.*): **valore v.**, selling (*o* market) value ***2*** (*fig.*) venal; mercenary.
venalità *f.* venality; mercenariness.
venàre ***A*** *v. t.* ***1*** to vein ***2*** (*fig.*) to tinge; to run* through ***B*** **venàrsi** *v. i. pron.* ***1*** to become* veined ***2*** (*fig.*) to take* on a hint (of); to be tinged (with).
venàto *a.* ***1*** veined; streaked; (*di legno*) grained ***2*** (*fig.*) tinged.
venatòrio *a.* hunting (*attr.*): **la stagione venatoria**, the hunting season; **arte venatoria**, (art of) hunting.
venatùra *f.* ***1*** (*rete di vene*) veining; (*bot., zool.*) venation ***2*** (*striatura*) vein; streak; (*di legno*) grain ***3*** (*fig.*) trace; hint: **una v. di ironia**, a hint of irony.
vendémmia *f.* ***1*** (*raccolta dell'uva*) grape harvest; grape-picking ***2*** (*l'uva raccolta*) (grape) harvest, vintage; (*il vino ottenuto*) vintage ***3*** (*l'epoca*) (grape-)harvest (time).
vendemmiàre ***A*** *v. i.* to harvest (*o* to gather) grapes ***B*** *v. t.* to harvest.
vendemmiatóre *m.* (*f.* **-trice**) vintager; grape-picker.
véndere ***A*** *v. t.* ***1*** (*anche fig.*) to sell*: **v. a contanti**, to sell for cash; **v. a credito**, to sell on credit; **v. q.c al metro** [**a peso**], to sell st. by the metre [by weight]; **v. all'ingrosso**, to sell wholesale; **v. al minuto** (*o* **al dettaglio**), to sell retail; **v. a rate**, to sell on hire-purchase (*USA* on the installment plan); **articoli che si vendono bene**, articles that sell well; **Si vende a 4000 lire il kilo**, it costs 4,000 lire a kilo; **v. cara la propria vita**, to sell one's life dearly; **v. l'anima al diavolo**, to sell one's soul to the devil ***2*** (*tradire*) to betray; to sell* out: **v. la patria**, to betray one's country; **v. i propri complici**, to sell out one's accomplices • **v. fumo**, to be full of hot air; to bluff □ **Vendesi**, for sale □ **Ha salute da v.**, he is as strong as a horse □ **Hai ragione da v.**, you are absolutely right (*fam.* dead right) □ **saper v. la propria merce**, to be good at selling oneself; to know how to sell oneself □

Te la vendo come l'ho comprata, I'm only repeating what I was told ***B*** **vèndersi** *v. rifl.* to sell* oneself; to prostitute oneself: **saper v.**, to know how to sell oneself; to be good at selling oneself.

vendétta *f.* revenge; vengeance: **fare v. di q.c.**, to take revenge (*o* to revenge oneself) for something; **volere v.**, to want vengeance; **gridare v.**, to cry out for vengeance; (*essere scandaloso*) to be outrageous, to be a disgrace. ATTENZIONE: **vendetta** ≠ vendetta.

vendìbile *a.* salable, saleable; marketable.

vendicàre ***A*** *v. t.* to avenge ***B*** **vendicàrsi** *v. rifl.* to take* revenge; to revenge oneself; to avenge oneself: **v. su q. per q.c.**, to take revenge on sb. for st.; **v. di un'ingiuria**, to avenge an insult.

vendicativo *a.* vindictive.

vendicatóre ***A*** *m.* (*f.* **-trice**) avenger ***B*** *a.* avenging.

vendifùmo *m. e f. invar.* ***1*** (*fanfarone*) person full of hot air ***2*** (*imbroglione*) humbug; swindler.

véndita *f.* sale; (*il vendere*) selling: **vendite all'estero**, foreign sales; **v. per contanti**, cash sale; **in v.**, (*nei negozi*) on sale; (*privatamente*) for sale: **Il quadro non è in v.**, the painting is not for sale; **mettere in v. q.c.**, to put st. up for sale; (*comm.*) to put st. on the market; **v. all'asta**, auction (sale); **v. all'ingrosso**, wholesale; **v. al minuto**, retail (sale); **v. per corrispondenza**, mail-order selling; **v. rateale**, hire-purchase (*GB*); installment plan (*USA*); **casa in v.**, house for sale; **reparto vendite**, sales department; **prezzo di v.**, selling price; **avere un grosso successo di vendite**, to sell extremely well; to be a best-seller.

venditóre *m.* (*f.* **-trice**) seller; (*leg.*) vendor; (*negoziante*) shopkeeper; (*commesso*) shop assistant; (*rappresentante*) salesman* (*f.* saleswoman*): **v. a domicilio**, door-to-door salesman; **v. al dettaglio**, retailed; **v. all'ingrosso**, wholesaler; **v. ambulante**, street vendor; pedlar • **v. di fumo**, *V.* **vendifumo**.

vendùto ***A*** *a.* ***1*** sold ***2*** (*corrotto*) corrupt; bought; bent (*fam.*) ***B*** *m.* ***1*** (*comm.*) goods sold (*pl.*) ***2*** (*persona corrotta*) corrupt individual.

venefìcio *m.* poisoning.

venèfico *a.* (*anche fig.*) poisonous.

veneràbile *a.* ***1*** venerable ***2*** (*titolo*) worshipful: (*massoneria*) **V. Maestro**, Worshipful Master.

veneràndo *a.* venerable.

veneràre *v. t.* (*anche relig.*) to venerate; to worship.

venerazióne *f.* (*anche relig.*) veneration; worship.

venerdì *m.* Friday. (*Per gli esempi d'uso, V. sotto* **martedì**) • (*eccles.*) **il V. Santo**, Good Friday □ (*scherz.*) **Gli manca un v.**, he's got a screw loose (*fam.*).

vènere *f.* (*donna molto bella*) Venus; beauty.

venèreo *a.* (*anche med.*) venereal.

vèneto *a. e m.* (*f.* **-a**) Venetian (*f.* Venetian woman*).

veneziàna *f.* ***1*** Venetian woman* ***2*** (*tenda*) Venetian blind.

veneziàno *a. e m.* Venetian.

venezuelàno *a. e m.* (*f.* **-a**) Venezuelan (*f.* Venezuelan woman*).

vènia *f.* (*lett.*) pardon: **chiedere v.**, to beg sb.'s pardon.

veniàle *a.* venial.

venire ***A*** *v. i.* ***1*** to come*: **Chi viene con me?**, who's coming with me?; **Vengo!**, I'm coming!; **Verrò a trovarti**, I'll come and see you; **v. a piedi [in auto]**, to come on foot [by car]; **andare e v.**, to come and go; **Venite di qua**, come this way; **Sono venuto a prendere il pacco**, I've come for the parcel; **Viene da Roma**, (*è di Roma*) he comes from Rome; (*arriva da Roma*) he is coming from Rome; **v. da una buona famiglia**, to come from a good family; **Da dove ti vengono queste informazioni?**, where did you get this information?; **Dopo marzo viene aprile**, April comes after March; **È venuto l'inverno**, winter has arrived; **Venne la notte**, night fell; **Sento che mi viene il raffreddore**, I feel a cold coming on; **Mi vennero le lacrime agli occhi**, tears came to my eyes; **Gli è venuta la febbre**, he's got a temperature; **verrà la sua ora**, his time will come; **Mi venne un'idea**, an idea came to me; I had an idea; **Mi viene un dubbio: e se non fosse d'accordo?**, come to think of it, what if he doesn't agree? ***2*** (*riuscire*) to come* off; to come* out; to turn out; (*progredire*) to come* on: **L'esperimento non è venuto**, the experiment didn't come off (*o* work); **Tu vieni sempre bene** (*in fotografia*), you always come out (*o* look) well; **La torta non è venuta bene**, the cake hasn't come out well; **Direi che sta venendo bene**, I think it's coming on nicely ***3*** (*ammontare a*) to come* to; to come* out at: **Il totale viene 6500**, the total comes out at 6500 ***4*** (*costare*) to cost*: **Quanto viene?**, how much does it cost?; how much is it? ***5*** (*essere estratto*) to come* out ***6*** (*fam.*: *raggiungere l'orgasmo*) to come* ***7*** (*fam.*: *spettare*) to be owed; to be coming: **Mi vengono ancora mille lire**, I'm still due 1000 lire ***8*** (*ausiliare nella voce passiva*) to be: **Venne creduto morto**, he was thought dead ***9*** (*impers.*: *avere voglia di*) to feel* like (+ *ger.*; *costruz. pers.*): **Mi venne da ridere**, I felt like laughing; **Mi sta venendo sonno**, I feel sleepy; **Mi fa v. da piangere**, it makes me want to cry • **v. a capo di q.c.**, to get to the end of st.; (*risolvere*) to solve st., to get to the bottom of st. □ **v. a conoscenza di q.c.**, to learn of st. □ **v. addosso a**, (*avanzare*) to rush towards; (*aggredire*) to go for, to rush at; (*travolgere*) to fall on top of; (*investire*) to run over □ **v. a sapere**, to find out; to hear □ **v. avanti**, (*avanzare*) to come forward; (*entrare*) to come in □ **v. buono**, to come in handy (*o* useful) □ **v. di moda**, to become fashionable; to come into fashion □ **v. fuori** (*essere rivelato*), to come out □ **v. giù**, to come down; (*per le scale*) to come downstairs □ **v. incontro a q.**, to (come to) meet sb.; (*fig.*) to meet sb. halfway □ **v. in mente**, *V. sotto* **mente** □ **v. meno**, (*svenire*) to faint □ **v. meno a q.**, to fail sb. □ **v. meno a una promessa**, to breack a promise □ **v. meno al proprio dovere**, to fail in (*o* to neglect) one's duty □ **v. su**, to come up; (*per le scale*) to come upstairs; (*crescere*), to come on; to grow up □ **v. via**, (*allontanarsi*) to come away; (*staccarsi*) to come off (*o* out, unstuck) □ **il mese che viene**, the coming month □ **negli anni che verranno**, in years to come □ **di là da v.**, □ in the distant future; a long way off □ **far v. q.**, to send for sb.; to call sb. □ **Si fa v. i sigari da Cuba**, he has his cigars sent from Cuba □ **fare q.c. come viene**, to do st. anyhow □ **un va e vieni (di gente)**, people coming and going □ **Mi è venuto a dire che...**, he came and told me that... □ **Veniamo ai fatti**, let's get down to (the) facts □ **Mi venne fatto di nominarlo**, I happened to mention his name ***B*** **venìrsene** *v. i. pron.* to come*: **Se ne veniva pian piano**, he was just walking along; **Se ne venne fuori con una storia incredibile**, he came out with an incredible story ***C*** *m.* coming: **un andare e v. affannato**, a lot of coming and going.

venóso *a.* venous.

ventàglio *m.* ***1*** fan ***2*** (*gamma*) range • **a v.**, fan-shaped (*agg.*); fanwise (*avv.*) □ (*mil.*) **disporsi a v.**, to fan out.

ventàta *f.* ***1*** gust (*o* blast) of wind ***2*** (*fig.*) wave; surge: **una v. di patriottismo**, a wave of patriotism.

ventennàle ***A*** *a.* ***1*** (*che dura 20 anni*) twenty-year (*attr.*) ***2*** (*che ricorre ogni 20 anni*) recurring every twenty years ***B*** *m.* twentieth anniversary.

ventènne ***A*** *a.* twenty years old (*pred.*); twenty-year-old (*attr.*) ***B*** *m. e f.* twenty-year-old (youth; boy, *m.*; girl, *f.*); (*sulla ventina*) young man* [woman*] in his [her] twenties.

ventènnio *m.* (period of) twenty years.

ventèsimo *a. num. ord. e m.* twentieth.

vénti *a. num. card. e m.* twenty. (*Per gli esempi d'uso, V. sotto* **quaranta**) • **Sono le v.**, it is eight p.m.

ventilàre *v. t.* ***1*** (*anche fig.*) to ventilate; to air ***2*** (*agric.*) to winnow.

ventilàto *a.* airy; (*ventoso*) windy.

ventilatóre *m.* ***1*** fan ***2*** (*edil.*) ventilator.

ventilazióne *f.* ***1*** ventilation ***2*** (*agric.*) winnowing.

ventìna *f.* ***1*** about twenty ***2*** (*rif. a età*) (the age of) twenty. (*Per gli esempi d'uso, V. sotto* **quarantina**).

ventiquàttro *a. num. card. e m.* twenty-four: **ventiquattr'ore su ventiquattro**, twenty-four hours a day; around the clock; **alle v.**, at midnight; at twelve p.m.

ventiquattr'óre *f. invar.* ***1*** (*valigetta*) overnight bag; (*borsa per documenti*) briefcase, attaché case ***2*** (*sport*) twenty-four-hour race.

ventisètte ***A*** *a. num. card. e m.* twenty-seven ***B*** *m.* (*fam.*) payday.

ventitré *a. num. card. e m.* twenty-three • **alle v.**, at eleven p.m. □ **portare il cappello sulle v.**, to wear one's hat at a jaunty (*o* rakish) angle.

vènto *m.* wind; breeze: **un v. che taglia la faccia**, a biting wind; **Il v. è calato**, the wind has dropped (*o* fallen, died down); **Soffia il v.**, the wind is blowing; **C'è v.**, there is a wind blowing; **Oggi tira v.**, it's windy today; **v. debole**, light breeze; **v. forte**, strong wind; (*naut.*) strong breeze; **stormire al v.**, to rustle in the wind • (*naut.*) **v. di burrasca**, gale □ **v. di mare** [**di terra**], onshore [offshore] wind □ (*naut., aeron.*) **v. di prua**, headwind □ **v. di tramontana**, north wind □ **alito** (*o* **filo**) **di v.**, breath of wind □ **avere il v. in poppa**, (*naut.*) to sail before the wind; (*fig.*) to be doing fine, to be successful □ **battuto dal v.**, windswept □ **colpo di v.**, gust of wind □ **fare** [**farsi**] **v.** (*col ventaglio*), to fan [to fan oneself] □ **gettare al v.**, to throw to the winds □ **gridare ai quattro venti**, to shout from the rooftops; to trumpet abroad □ **parlare al v.**, to talk to a brick wall □ **portato dal v.**, carried by the wind; windborne □ **Qual buon v. ti porta?**, what brings you here? □ **spargere q.c. ai quattro venti**, to spread st. to the four winds (*o* far and wide) □ **vedere da che parte tira il v.**, to see which way the wind is blowing.

vèntola *f.* **1** (*per fuoco*) fire-fan **2** (*mecc.*) fan **3** (*portalampade a muro*) sconce.

ventósa *f.* **1** (*zool.*) sucker **2** (*mecc.*) sucker; suction cap (*USA* cup).

ventosità *f.* windiness.

ventóso *a.* windy; breezy.

ventràle *a.* (*anat.*) ventral.

vèntre *m.* **1** (*anat.*) abdomen*; (*com.*) stomach, belly (*fam.*): **basso ventre**, lower belly; **mal di v.**, stomach-ache; **mettersi v. a terra**, to lie on one's stomach **2** (*grembo materno*) womb **3** (*fig.*: *cavità*) belly, (*di onda*) trough; (*viscere*) bowels (*pl.*); (*parte rigonfia*) bulge: **il v. di una nave**, the belly of a ship; **il v. della terra**, the bowels of the earth • (*fig.*) **v. a terra**, at breakneck speed, flat out; hell for leather; (*di cavallo*) at full gallop □ (*fig.*) **v. molle**, soft underbelly □ **colpo al basso v.**, blow below the belt □ **danza del v.**, belly dance.

ventrésca *f.* (*cucina*) tuna steak in oil.

ventricolàre *a.* (*anat.*) ventricular.

ventrìcolo *m.* (*anat.*) ventricle.

ventrièra *f.* body-belt; girdle.

ventrìglio *m.* gizzard.

ventrìloquo **A** *a.* ventriloquial **B** *m.* ventriloquist.

ventunèsimo *a. num. ord. e m.* twenty-first.

ventùno *a. num. card. e m.* twenty-one □ **Sono le v.**, it's nine p.m.

ventùra *f.* fortune; luck; chance: **andare alla v.**, to trust to luck; to take one's chances; **per buona v.**, luckily • (*stor.*) **compagnia di v.**, free company □ **soldato di v.**, soldier of fortune; mercenary.

ventùro *a.* coming; next: **l'anno v.**, next (*o* the coming) year; **la lezione ventura**, the next lesson.

venùta *f.* coming; arrival: **la v. del Messia**, the coming of the Messiah; **aspettare la v. di q.**, to wait for sb.'s arrival.

venùto *m.* (*f.* **-a**) comer: **nuovo v.**, newcomer; **primo v.**, (*chi arriva per primo*) first comer; (*persona qualsiasi*) the first person who happens to pass by; **Non è il p. venuto**, he isn't just anybody.

véra *f.* **1** (*di pozzo*) (well) curb **2** (*anello*) wedding ring.

veràce *a.* **1** (*lett.*: *vero*) true **2** (*veritiero*) truthful; veracious **3** (*region.*: *genuino*) genuine.

veracità *f.* veracity; truthfulness.

veraménte *avv.* **1** (*davvero*) really; truly; indeed: **È v. bello**, it's really beautiful; **un uomo v. dotto**, a very learned man indeed **2** (*a dire il vero*) as a matter of fact; to tell the truth; actually: **A me v. non sembra**, as a matter of fact I don't think so; **V. non ce n'era bisogno**, it wasn't actually necessary; there was no need, really.

verànda *f.* veranda(h); porch (*USA*); (*chiusa e con piante*) conservatory.

verbàle **A** *a.* **1** verbal; oral: **promessa v.**, verbal promise; **contratto v.**, oral contract **2** (*gramm.*) verbal **B** *m.* (*di riunione*) minutes (*pl.*); (*leg.*) record; proceedings (*pl.*); (*di polizia*) text, transcript; (*di dichiarazione*) statement: **redigere il v.**, to take minutes; to record; **v. di una causa**, court record; **mettere a v.**, to enter in the minutes; (*leg.*) to put on record.

verbaliẓẓàre **A** *v. t.* to enter in the minutes; to minute (*GB*); (*leg.*) to record; to put* on record **B** *v. i.* to take* minutes.

verbalménte *avv.* verbally; orally; in words.

verbèna *f.* (*bot.*) verbena.

vèrbo *m.* **1** (*gramm.*) verb **2** (*lett.*: *parola*) word: **non dire v.**, not to say a word; **il v. divino**, the word of God.

verbosità *f.* verbosity; wordiness.

verbóso *a.* verbose; wordy.

verdàstro *a.* greenish.

verdaẓẓùrro *a. e m.* blue-green; bluish green.

vérde **A** *a.* green: **v. chiaro** [**scuro**], light [dark] green; **v. bandiera**, bright green; **v. bottiglia**, bottle-green; **v. oliva**, olive-green; **v. mare**, sea-green; **verde di bile**, livid (with rage); **v. di invidia**, green with envy; **pesche verdi**, green (*o* unripe) peaches • **anni verdi**, green years; youth □ **v. età**, early youth **B** *m.* **1** green **2** (*di semaforo*) green light: **passare col v.**, to pass with the green light **3** (*vegetazione*) vegetation; greenery **4** (*zona non costruita*) parkland; open spaces (*pl.*); (*in città*) parks and gardens (*pl.*): **tutela del v.**, protection of open spaces • **essere al v.**, to be penniless; to be hard up; to be broke (*pop.*).

verdeggiànte *a.* verdant.

verdeggiàre *v. i.* **1** (*diventare verde*) to turn green **2** (*essere verde*) to be green; to be verdant.

verderàme *m.* **1** (*chim.*) verdigris **2** (*agric.*) Bordeaux mixture.

verdétto *m.* **1** (*leg. e fig.*) verdict: **v. di assoluzione** [**di condanna**], verdict of not guilty [of guilty]; **emettere il v.**, to return (*o* to bring in) one's verdict **2** (*sport*) decision: **v. ai punti**, decision on points.

verdìccio, verdino *a.* greenish; pale green.

verdógnolo *a.* greenish.

verdolino *a.* pale green.

verdóne **A** *a.* deep green **B** *m.* (*zool.*) greenfinch.

verdùra *f.* greens (*pl.*); vegetables (*pl.*).

verecóndia *f.* (*lett.*) modesty; bashfulness.

vérga *f.* **1** (*bacchetta*) rod **2** (*di metallo*) bar **3** (*segno di autorità*) staff; (*scettro*) sceptre.

vergàre *v. t.* **1** (*rigare*) to draw* (*o* to rule) lines on; to stripe **2** (*scrivere*) to write*.

vergàto *a.* striped; ruled • **carta vergata**, laid paper.

vergatùra *f.* (*righe*) laid lines (*pl.*).

verginàle *a.* virginal; maidenly.

vérgine **A** *a.* **1** virgin: **foresta v.**, virgin forest; **olio v. d'oliva**, virgin olive oil **2** (*tecn.*) blank: **cassetta v.**, blank cassette; (*cinem.*) **pellicola v.**, film stock **B** *m. e f.* virgin • (*astron., astrol.*) **la V.**, Virgo: **Sono della V.**, I'm (a) Virgo.

verginità *f.* virginity • **rifarsi una v.**, to start again with a clean slate.

vergógna *f.* **1** shame: **arrossire di v.**, to blush with shame; **V.!**, shame on you!; for shame!; **avere v.**, to be ashamed; **sentire v.**, to feel ashamed; **non conoscere v.**, to have no shame; to be shameless; **senẓa v.**, shameless **2** (*onta, disonore*) disgrace; discredit: **È la v. della sua famiglia**, he is a disgrace to his family; **cose che fanno v. a tutta la città**, things which bring discredit on the whole town **3** (*imbarazzo, soggezione*) embarrassment, confusion; (*timidezza*) shyness, bashfulness: **avere v. di parlare**, to be too shy to speak; **Che v.!**, how embarrassing!

vergognàrsi *v. i. pron.* **1** to be ashamed; to feel* ashamed: **Mi vergogno di averlo detto**, I'm ashamed of having said that; **Si vergogna di ammetterlo**, he is ashamed to admit it; **Vergognati!**, you ought to be ashamed of yourself!; shame on you! **2** (*per l'imbarazzo*) to be embarrassed; (*per timidezza*) to be shy: **v. di apparire in pubblico**, to be embarrassed about appearing in public; **v. del dottore**, to be embarrassed in front of one's doctor.

vergognóso *a.* **1** shameful; disgraceful; (*spudorato*) outrageous: **comportamento v.**, disgraceful behaviour; **fortuna vergognosa**, outrageous good luck **2** (*che prova vergogna*) ashamed (*pred.*); shamefaced: **Aveva l'aria vergognosa**, he looked ashamed; he wore a shamefaced expression **3** (*timido*) shy; bashful.

veridicità *f.* truthfulness; veracity.

verìdico *a.* truthful; veracious.

verìfica *f.* verification; test; (*controllo*) checking, check; (*ispezione*) inspection; (*esame*) examination: **v. fiscale**, tax inspection; **v. dei documenti**, examination (*o* checking) of the papers; **fare la v. di una somma**, to check a sum • (*rag.*) **v. contabile**, audit □ **v. di cassa**, cash inspection □ **v. dei voti**, scrutiny.

verificàbile *a.* verifiable.

verificabilità *f.* verifiability • (*filos.*) **principio di v.**, verification principle.

verificàre **A** *v. t.* to verify; to test; (*controllare*) to check;

(*ispezionare*) to inspect; (*esaminare*) to examine: **v. un'affermazione**, to verify a statement; **v. una teoria**, to test a theory; **v. se tutto è pronto**, to check that everything is ready • (*rag.*) **v. i conti**, to audit (the accounts) ***B*** **verificàrsi** *v. i. pron.* ***1*** (*avverarsi*) to come* true; to prove correct ***2*** (*accadere*) to happen; to occur; to take* place.
verificatóre *m.* (*f.* **-trice**) verifier; (*collaudatore*) tester; (*controllore*) checker; (*ispettore*) inspector; (*esaminatore*) examiner • (*rag.*) **v. dei conti**, auditor.
verificazióne *V.* **verifica.**
verismo *m.* ***1*** (*stor. letter.*) verism ***2*** (*realismo*) realism.
verità *f.* truth: **dire la v.**, to tell the truth; **Di' la v., non ti piace**, be honest, you don't like it; **Quello che ho detto è la pura v.**, what I said is the honest truth; **la v. pura e semplice**, the plain truth; **È la v. sacrosanta**, it's the gospel truth; **v. scientifiche**, scientific truths; **v. eterne**, eternal verities (*o* truths); **v. di fede**, revealed truth • **a dire la v.**, to tell the truth □ **in v.** (*o* **per la v.**), truly; really □ **macchina della v.**, lie detector; polygraph □ **mezza v.**, half-truth □ (*chim.*) **siero della v.**, truth serum (*o* drug).
veritièro *a.* truthful; (*vero*) true.
vèrme *m.* worm (*anche fig.*); maggot: **v. di terra**, earthworm; **v. del formaggio**, cheese maggot; **v. solitario**, taenia; tapeworm; **avere i vermi**, to have worms; **fare i vermi**, to become maggoty; **sentirsi un v.**, to feel like a complete heel.
vermifórme *a.* vermiform; wormlike.
vermìfugo (*farm.*) ***A*** *a.* vermifugal ***B*** *m.* vermifuge.
vermìglio *a. e m.* vermilion.
vèrmut *m.* vermouth: **v. secco**, dry vermouth.
vernàcolo *a. e m.* vernacular: **in v.**, in the vernacular.
vernìce *f.* ***1*** paint; (*trasparente*) varnish: **una mano di v.**, a coat of paint; **v. a fuoco**, stove enamel; **v. a smalto**, enamel paint; **v. fosforescente**, luminous paint; **v. lucida**, gloss paint; **v. opaca**, matt paint; **v. fresca**, wet paint ***2*** (*apparenza*) veneer; gloss ***3*** (*pellame*) patent leather ***4*** *V.* **vernissage.**
verniciàre *v. t.* to paint; (*con vernice trasparente*) to varnish: **v. a smalto**, to enamel; **v. a spruzzo**, to spray.
verniciàta *f.* (quick) coat of paint.
verniciatóre *m.* ***1*** (*f.* **-trice**) painter; varnisher ***2*** (*dispositivo*) varnishing machine: **v. a spruzzo**, spray gun.
verniciatùra *f.* ***1*** painting; (*con vernice trasparente*) varnishing: **v. a mano**, painting with a brush; **v. a rullo**, painting with a roller; **v. a smalto**, enamelling; **v. a spruzzo**, spray painting; **lavoro di v.**, painting (*o* varnishing) job ***2*** (*strato di vernice*) coat of paint; coat of varnish ***3*** (*fig.*) gloss; veneer.
vernissage (*franc.*) *m. invar.* preview; vernissage.
véro ***A*** *a.* ***1*** (*verace, veridico*) true; (*reale, autentico*) real, genuine, true: **una storia vera**, a true story; **È v. che torna?**, is it true he is coming back?; **È v. o no che lo conosci?**, is it or isn't it true that you know him?; **È v.?**, is that true?; is that so?; **Non è v.?**, isn't that so?; isn't that the case?; **dare q.c. per v.**, to report st. as true; **la ragione vera**, the real reason; **il suo v. nome**, his real name; **vera seta**, real silk; **un v. artista**, a real artist; **un v. affare**, a real (*o* genuine) bargain; **Sembra v.!**, it looks real!; (*di ritratto, ecc.*) it's so lifelike! ***2*** (*anche* **v. e proprio**: *perfetto, completo*) downright; regular; real; complete: **un v. furfante**, a regular scoundrel; **un v. idiota**, a complete (*o* proper) fool; **una vera e propria follia**, sheer madness; **un v. peccato**, a real (*o* crying) shame • **com'è vero che io sono qui**, as true as I'm standing here □ **com'è v. Dio**, as God is my witness; I swear □ **È v.!** (*proprio così*), exactly!; quite so!; (*ma certo!*) of course! □ **Tu lo sai, non è v.?**, you know, don't you? □ **Tu non c'eri, v.?**, you weren't there, were you? □ **Piove, v.?**, it's raining, isn't it? □ **Fosse v.!**, if only it were true!; (*scettico*) I wish it were so! □ **Non mi par v.**, I can hardly believe it □ **Non mi parrebbe v.**, it would be too good to be true □ **tant'è v. che**, so much so that; in fact ***B*** *m.* ***1*** truth: **C'è del v. in quello che dice**, there is some truth in what he says; **a dire il v.**, to tell the truth; as a matter of fact ***2*** (*arte*) life: **disegnare dal v.**, to draw from life; **grande al v.**, life-size.
verosimigliànza *f.* verisimilitude; likelihood.
verosìmile ***A*** *a.* likely; probable: **È v. che non lo sapesse**, very likely he didn't know; he probably didn't know; **poco v.**, (highly) unlikely; improbable ***B*** *m.* — **avere del v.**, to ring true.
verosimilménte *avv.* probably; most likely.
verricèllo *m.* windlass; winch.
vèrro *m.* (*zool.*) boar.
verrùca *f.* (*med.*) wart; verruca*.
versàccio *m.* ***1*** (*di scherno*) rude noise; catcall; (*pernacchia*) raspberry ***2*** (*smorfia*) grimace; face.
versaménto *m.* ***1*** (*il versare*) pouring; (*il rovesciare*) spilling; (*lo spargere*) shedding: **v. di sangue**, shedding (*o* spilling) of blood ***2*** (*comm.*) deposit; paying in; (*pagamento*) payment: **fare un v.**, to make a deposit; to pay in money.
versànte *m.* (*geogr.*) side; slope • (*fig.*) **sul v. di**, as regards.
versàre (1) ***A*** *v. t.* ***1*** (*anche fig.*) to pour (out): **v. da bere a q.**, to pour sb. a drink ***2*** (*rovesciare*) to spill*: **versarsi addosso del vino**, to spill wine over oneself ***3*** (*spargere*) to shed*: **v. sangue**, to shed (*o* to spill) blood; **v. lacrime**, to shed tears; **La ferita versava sangue**, blood was pouring from the wound; the wound was bleeding profusely; **v. il sangue di q.**, to spill sb.'s blood ***4*** (*vuotare, riversare*) to empty ***5*** (*comm.*) to deposit; to pay in; (*pagare*) to pay*: **v. un assegno in banca**, to pay in a cheque; **v. una caparra**, to pay (*o* to put down) a deposit; (*leg.*) **v. cauzione**, to give security ***B*** **versàrsi** *v. i. pron.* ***1*** (*rovesciarsi*) to spill* ***2*** (*sfociare*) to flow: **Il Po si versa nell'Adriatico**, the Po flows into the Adriatic.
versàre (2) *v. i.* (*trovarsi*) to be; to live: **v. in pericolo di vita**, to be in danger of losing one's life; **v. in difficoltà finanziarie**, to be in financial straits.
versàtile *a.* versatile.
versatilità *f.* versatility.
versàto *a.* ***1*** poured (*pred.*); (*rovesciato*) spilt; (*sparso*) shed (*pred.*) ***2*** (*esperto*) well-versed; (*abile*) skilled.
verseggiàre *v. t. e i.* to versify; to write verse.
verseggiatóre *m.* (*f.* **-trice**) versifier; (*spreg.*) rhymester, verse-monger.
versétto *m.* ***1*** (*della Bibbia, del Corano, ecc.*) verse ***2*** (*di canto liturgico*) versicle.
versificàre *v. t. e i.* to versify.
versificazióne *f.* versification.
versióne *f.* ***1*** (*redazione, trasposizione*) version: **la v. più antica di un mito**, the oldest version of a myth; **la v. cinematografica di un romanzo**, the film version of a novel; **v. originale**, original (version) ***2*** (*interpretazione*) version; account: **Ci sono due versioni dell'accaduto**, there are two versions of what happened; **la sua versione dei fatti**, his account of the facts ***3*** (*modello*) model; version: **Questa automobile esiste in due versioni**, this car is available in two versions ***4*** (*traduzione*) translation; version.
vèrso (1) *m.* ***1*** (*riga di poesia*) line (of verse): **un v. di dieci sillabe**, a ten-syllable line; **Citò un v. di Dante**, he quoted a line from Dante; **strofa di otto versi**, eight-line verse ***2*** (*al pl.*) (*poesia, di contro a prosa*) verse Ⓤ; poetry Ⓤ; (*composizioni poetiche*) verses, poems: **scrivere versi**, to write poetry (*o* verse); **scrivere in versi**, to write in verse; **traduzione in versi**, verse translation; **versi sciolti**, blank verse ***3*** (*suono, anche di cosa*) sound, noise; (*grido inarticolato*) cry: **Il rubinetto fa uno strano v.**, the tap is making a funny noise; **Smettila di fare versi!**, stop crying!; **versi di disapprovazione tra il pubblico**, catcalls (*o* boos) from the audience ***4*** (*di animale*) cry; (*di uccello*: *richiamo*) call, (*canto*) song: **il v. di un animale ferito**, the cry of a wounded animal; **fare il v. del gatto**, to mew like a cat ***5*** (*smorfia*) face; grimace: **fare un v.**, to make (*o* to pull) a face ***6*** (*direzione*) way, direction; (*lato, anche fig.*) side: **considerare q.c. da tutti i versi**, to look at st. from all angles (*o* from all sides) ***7*** (*di legno*) grain; (*di stoffa*) nap; (*di pelo e sim.*) lie ***8*** (*maniera, mezzo*) way; means: **Non c'è v. di convincerlo**, there's no way of convincing him; **Non c'è v.!**, it's all useless!; **tentare ogni v.**, to try every possible way • **lasciar andare le cose per il loro v.**, to let things take their course □ **per un v. o per un altro**, (*in qualche modo*) one way or another; (*per un qualche motivo*) for one reason or another □ **prendere q. per il suo v.** [**per il v. sbagliato**], to rub sb. up the right way [the wrong way] □ **prendere le cose per il loro v.**, to take things as they come □ **rifare il v. a q.**, to mimic sb.; to take sb. off (*fam.*).
vèrso (2) *m.* (*retro, rovescio*) back; reverse; (*di moneta, pagina, anche*) verso*.

vèrso (3) *prep.* **1** (*direzione, anche fig.*) toward(s); to; in the direction of: -ward(s) (*suff.*); (*nei pressi di*) near: **Veniva v. di noi**, he was coming towards us; **guardare v. q.**, to look in sb.'s direction; **Si diresse v. il fiume**, he headed for the river; **voltarsi v. destra**, to turn (to the) right; **andare v. casa**, to go homewards; **ripiegato v. l'interno**, folded inwards; **La finestra guarda verso nord [la strada]**, the window faces north [the street]; **Abita v. lo stadio**, he lives near the stadium **2** (*tempo*) toward(s); (*circa*) about, around: **v. sera**, towards evening; **v. le dieci**, at about ten o'clock **3** (*nei confronti di*) to; towards; with; (*contro*) against; **È sempre gentile v. di me**, he is always kind to me.
vèrtebra *f.* (*anat.*) vertebra*.
vertebràle *a.* (*anat.*) vertebral.
vertebràto *a. e m.* (*zool.*) vertebrate.
vertènza *f.* controversy; dispute: **v. giudiziaria**, judicial controversy; (*causa*) lawsuit; **v. sindacale**, labour dispute.
vèrtere *v. i.* to be about; to regard; to concern: **Su che verte la discussione?**, what is the debate about?; **L'indagine verte su sospetti falsi in bilancio**, the inquiry concerns suspected falsification of accounts.
verticàle ***A*** *a.* vertical; (*nelle parole crociate*) down: **in posizione v.**, in a vertical position; upright; vertically ***B*** *f.* **1** vertical **2** (*ginnastica*) handstand **3** (*nelle parole crociate*) down clue • **essere sulla v. di q.c.**, to be located directly above st.
vèrtice *m.* **1** top; (*anche fig.*) summit, peak: **v. di una carriera**, peak of a career **2** (*geom.*) vertex* **3** (*anche al pl.*) (*capi*) leaders (*pl.*); (*direzione*) top management; (*autorità*) highest authorities (*pl.*); (*mil.*) high command **4** (*incontro*) summit (meeting).
verticismo *m.* oligarchic structure.
vertigine *f.* dizziness; giddiness; (*med.*) vertigo*: **attacco di vertigini**, fit of giddiness; dizzy spell; **avere le vertigini**, to feel dizzy (*o* giddy); **dare le vertigini**, to give (sb.) vertigo; to make (sb.) dizzy; (*anche fig.*) to make (sb.'s) head spin; **un senso di v.**, a dizzy feeling; **soffrire di v.**, to suffer from vertigo; to have no head for heights.
vertiginóso *a.* dizzy; giddy; vertiginous • **cifre vertiginose**, astronomical figures □ **scollatura vertiginosa**, plunging neckline.
verve (*franc.*) *f.* verve.
vérza *f.* (*bot.*) savoy (cabbage).
véscia *f.* (*bot.*) puffball.
vescica *f.* **1** (*anat.*) bladder; vesica* **2** (*med.*) blister.
vescicànte *a. e m.* (*farm.*) vesicant.
vescicola *f.* (*anat.*) vesicle.
vescicolàre *a.* (*anat.*) vesicular.
vescovàdo, vescovàto *m.* **1** (*dignità di vescovo*) bishopric; episcopate **2** (*durata della carica*) episcopate **3** (*residenza*) bishop's palace **4** (*diocesi*) bishopric; see.
vescovile *a.* episcopal; bishop's (*attr.*).
véscovo *m.* bishop.
vèspa *f.* (*zool.*) wasp • **avere un vitino di v.**, to be wasp-waisted.
vespàio *m.* **1** wasps' nest; vespiary **2** (*fig.*) hornet's nest: **suscitare un v.**, to stir up a hornet's nest.
vespasiàno *m.* (public) urinal.
vespertino *a.* (*lett.*) evening (*attr.*).
vèspro *m.* **1** (*eccles.*) Vespers (*pl.*); evensong **2** (*lett.*: *sera*) evening.
vessàre *v. t.* to oppress.
vessatòrio *a.* oppressive.
vessazióne *f.* oppression.
vessillifero *m.* **1** (*stor. romana*) vexillary; standard-bearer **2** (*fig.*) standard-bearer; (*antesignano*) precursor, fore-runner.
vessillo *m.* **1** standard; banner; (*bandiera*) flag **2** (*fig.*) banner; flag **3** (*bot., zool.*) vexillum*.
vestàglia *f.* dressing gown (*GB*); bathrobe (*USA*).
vestagliétta *f.* house-coat.
vestàle *f.* **1** (*stor. romana*) vestal (virgin) **2** (*fig.*) vestal.
vèste *f.* **1** (*abito, vestito*) dress; garment; (*lunga*) gown; (*da cerimonia*) robes (*pl.*); (*al pl.*: *indumenti*) clothes: **v. da camera**, dressing gown; **v. cardinalizia**, cardinal's robes; **v. talare**, cassock **2** (*aspetto*) appearance; guise; (*travestimento*) disguise: **sotto una falsa v.**, under a false guise; under false pretences **3** (*qualità*) capacity: **Sono qui in v. di arbitro**, I am here to act as (*o* in the role of) arbitrator; **in v. ufficiale**, in an official capacity; **in v. di amico**, as a friend • (*tipogr.*) **v. tipografica**, lay-out; format □ **stracciarsi le vesti**, to be indignant; to cry shame.
ATTENZIONE: **veste** ≠ vest.
vestiàrio *m.* **1** clothing Ⓤ; (*abiti*) clothes (*pl.*); (*guardaroba*) wardrobe: **capo di v.**, article of clothing; garment **2** (*teatr.*) costumes (*pl.*).
vestibilità *f.* wearability.
vestibolo *m.* **1** hall; lobby **2** (*anat.*) vestibule **3** (*teatr.*) foyer; lobby (*USA*) **4** (*archeol.*) vestibule.
vestigio *m.* (*pl.* **vestigi** *m., o* **vestigia** *f.*) (*traccia*) trace; vestige; remains (*pl.*): **vestigia di un'antica gloria**, vestiges of ancient glory; **le vestigia della Roma imperiale**, the remains of Imperial Rome.
vestina *f.* baby's garment.
vestire ***A*** *v. t.* **1** to dress: **La madre la veste spesso di rosa**, her mother often dresses her up in pink; **Vesti i bambini**, get the children dressed **2** (*fornire di vesti*) to clothe: **v. gli ignudi**, to clothe the naked **3** (*fare vestiti a*) to make* clothes for: **Mia nonna vestiva tutta la famiglia**, my grandmother used to make clothes for the whole family **4** (*avere indosso*) to wear*; (*mettere indosso*) to put* on: **Veste sempre capi firmati**, she always wears designer clothes; **Vestì il camice**, she put on her white coat **5** (*di abito*: *stare bene indosso*) to fit; to hang* well on: **Questo cappotto ti veste perfettamente**, this coat fits you perfectly; **una giacca che veste bene**, a coat that hangs well **6** (*fig.*: *ricoprire*) to cover; to clothe • **v. la divisa** (*arruolarsi*), to join the army; to join up ***B*** *v. i.* to be dressed; to dress; to wear*: **v. bene**, to dress well; **v. di nero**, to wear black; to dress in black; **Mi piace il suo modo di v.**, I like the way she dresses; **saper v.**, to dress with taste ***C*** **vestirsi** *v. rifl.* **1** to dress; to get* dressed: **Hai finito di vestirti?**, have you finished dressing?; **Mi vesto subito**, I'll get dressed at once **2** (*mettersi q.c.*) to put* on (st.); (*essere vestito*) to be dressed, to dress; (*indossare*) to wear* (st.): **Si vestì con gonna e camicetta**, she put on a skirt and a blouse; **v. sempre bene**, to be always well dressed; **v. di seta**, to dress in silk; to wear silk; **Dobbiamo vestirci bene stasera?**, do we have to get dressed up tonight?; **v. per cena**, to dress for dinner; **v. in maschera**, to wear fancy dress; to put on a fancy-dress costume; **v. a festa**, to put on one's best clothes (*o* one's Sunday best) **3** (*provvedersi dei vestiti*) to buy one's clothes; (*farsi fare i vestiti*) to have one's clothes made (by sb.) **4** (*mascherarsi*) to dress (oneself) up; to disguise oneself: **v. da pirata**, to dress up as a pirate **5** (*fig.*: *ricoprirsi*) to be covered (with) ***D*** *m.* (*vestiario*) clothes (*pl.*).
vestito (1) *a.* **1** dressed (in); clothed (in) (*anche fig.*); clad (in) (*lett.*): **v. bene**, well dressed; **v. di lana**, dressed in wool; **v. a festa**, in one's Sunday best; **v. da casa**, wearing (*o* in) casual clothes; **essere v. pesante**, to be warmly dressed; **un muro v. d'edera**, an ivy-clad wall **2** (*mascherato*) dressed up: **v. da Pierrot**, dressed up as Pierrot.
vestito (2) *m.* (*da uomo*) suit; (*da donna*) dress, frock; (*al pl.*: *indumenti*) clothes: **v. da sera**, evening dress; **v. da cerimonia**, formal dress; **vestiti da lavoro**, working clothes; **v. a giacca**, coat and skirt; **il v. della domenica**, one's Sunday best.
vestizióne *f.* **1** dressing **2** (*eccles.*) taking the habit; (*di monaca*) taking the veil.
veteràno *a. e m.* (*f.* **-a**) (*anche fig.*) veteran.
veterinària *f.* veterinary science.
veterinàrio ***A*** *a.* veterinary ***B*** *m.* (*f.* **-a**) veterinary (surgeon) (*GB*) (*abbr. fam.* vet); veterinarian (*USA*).
vèto *m.* veto*: **diritto di v.**, right of veto; **mettere (*o* opporre) il v. a q.c.**, to put a veto on st.; to veto st.
vetràio *m.* **1** (*fabbricante*) glass-maker; (*operaio*) glass-worker **2** (*installatore di vetri*) glazier.
vetràrio *a.* glass (*attr.*): **industria vetraria**, glass industry.
vetràta *f.* **1** (*finestra*) large window; (*a colori, in una chiesa*) stained-glass window **2** (*porta a vetri*) glass door **3** (*parete a vetri*) glass wall (*o* partition).
vetràto *a.* glazed • **carta vetrata**, sandpaper; glass paper.
vetrerìa *f.* **1** (*ind.*) glassworks (*pl. col verbo al sing.*) **2** (*oggetti di vetro*) glassware Ⓤ.
vetrificàre *v. t. e i.*, **vetrificàrsi** *v. i. pron.* to vitrify.
vetrificazióne *f.* (*ind.*) vitrification; vitrifaction.
vetrina *f.* **1** (*di negozio*) (shop-)window: **È in v. dal gioielliere**, it's in the jeweller's window; **allestire una v.**, to dress

a window *2* (*bacheca*) showcase *3* (*cristalliera*) glass cupboard *4* (*fig.*) showcase • **andare in giro a guardare le vetrine**, to go window-shopping □ **mettersi in v.**, to show off.

vetrinìsta *m. e f.* window-dresser.

vetrinìstica *f.* window-dressing.

vetrìno *m.* (*per microscopio*) slide.

vetriòlo *m.* vitriol • (*fig.*) **al v.**, vitriolic.

vétro *m.* glass U; (*di finestra*) (window-)pane: **un rumore di vetri rotti**, a noise of broken glass; **tagliarsi con un v.**, to cut oneself on a piece of glass; **pulire i vetri**, to clean the windows; **mettere i vetri a una finestra**, to glaze a window; **v. infrangibile**, shatterproof glass; **v. blindato**, armoured glass; **v. colorato**, stained glass; **v. di sicurezza**, safety glass; **v. smerigliato**, frosted glass; **fibra di v.**, fibreglass; **lastra di v.**, sheet (*o* pane) of glass • **bicchiere di v.**, glass □ **doppi vetri** (*di finestra*), double glazing U □ **oggetti di v.**, glassware U.

vetrocemènto *m.* (*edil.*) fibreglass-reinforced concrete.

vetrorèsina *f.* fibreglass.

vetróso *a.* vitreous; glassy.

vétta *f.* (*anche fig.*) top; peak; summit: **in v.**, at the top; on top; **in v. alla classifica**, at the top of the results list; **le vette della fama**, the height of fame.

vettóre *A m.* *1* (*mat., fis.*) vector *2* (*trasportatore*) carrier *3* (*biol.*) vector; carrier *B a.* *1* (*mat., fis.*) vector (*attr.*): **raggio v.**, radius vector *2* (*miss.*) carrier (*attr.*): **razzo v.**, carrier rocket.

vettoriàle *a.* (*mat., fis.*) vector (*attr.*); vectorial.

vettovàglia *f.* (*specialm. al pl.*) victuals (*pl.*); provisions (*pl.*); food supplies (*pl.*).

vettovagliaménto *m.* victualling; provisioning.

vettùra *f.* *1* (*carrozza*) coach *2* (*ferr.*) (railway) carriage, coach (*GB*); car (*USA*): **v. di testa**, first carriage *3* (*automobile*) (motor) car: **v. da corsa**, racing car; **v. d'epoca**, vintage car • **v. di piazza**, taxi; cab □ (*ferr.*) **In v.!**, all aboard!

vetturìno *m.* coachman*; cabman*.

vetùsto *a.* (*lett.*) ancient; very old.

vezzeggiàre *v. t.* to fondle; to pet.

vezzeggiatìvo *A a.* (*gramm.*) of endearment (*pred.*) *B m.* *1* (*gramm.*) term of endearment *2* (*nomignolo*) pet name.

vézzo *m.* *1* habit; trick; (*cattiva abitudine*) bad habit: **Ha il v. di grattarsi il naso**, he has a habit of scratching his nose; **Lo fa per v.**, it's a habit (*o* trick) of his *2* (*al pl.*) (*leziosità*) affectation U, affected ways; (*smancerie*) mincing ways *3* (*al pl.*) (*fascino, grazie*) charm (*sing.*) *4* (*collana*) necklace: **v. di perle**, string of pearls.

vezzosità *f.* *1* charm; cuteness (*fam.*) *2* (*leziosità*) affectation.

vezzóso *a.* *1* charming; cute (*fam.*): **una ragazza vezzosa**, a charming girl; **un v. cappellino**, a cute little hat *2* (*lezioso*) affected; simpering; mincing.

vi *A pron. pers. m. e f. 2ª pers. pl.* *1* (*compl. ogg.*) you; (*compl. indir.*) (to) you: **Non vi ho visto**, I didn't see you; **Vorrei parlarvi**, I'd like to talk to you; **Vi cercano**, they are looking for you; **Guardatevi intorno!**, look around; **Eccovi!**, here you are! *2* (*coi verbi rifl.*) yourselves (*o idiom.*): **Non stancatevi troppo**, don't tire yourselves out too much *3* (*coi verbi i. pron.*) — **Non vi sentite bene?**, don't you feel well?; **Vi pentirete di tutto ciò**, you'll regret it *4* (*coi verbi rifl. recipr.*) each other (*fra due*); one another (*generalm. fra più di due*): **Vi conoscete?**, do you know each other? *5* (*con valore rafforzativo*) — **Vi prenderete un raffreddore**, you'll catch a cold; **Chi vi credete di essere?**, who do you think you are? *B pron. dimostr. V.* **ci** *C avv.* (*lì*) there; (*qui*) here: **v'è**, there is; **vi sono**, there are; **Non vi trovai nessuno**, I didn't find anybody there.

vìa (1) *A f.* *1* (*strada*) road; street: **via maestra**, main road; **via principale** (*di città*), main street; **Abito in una via tranquilla**, I live in a quiet street; **una via romana**, (*in Roma*) a street in Rome; (*stor.*) a Roman road; **la Via Appia**, the Appian Way *2* (*percorso, tragitto*) way; route: **sulla via di casa**, on the (*o* one's) way home; **seguire la via più breve**, to take the shortest way (*o* route); **la via della droga**, the drug route; **via d'accesso**, approach (road); **vie di comunicazione**, communication routes; **via di fuga**, escape route; **aprire una nuova via**, (*alpinismo*) to open a new route; (*fig.*) to blaze a trail *3* (*cammino, percorso*) path; road; track: **la via della gloria**, the path of glory; **la via della perdizione**, the road to ruin; **la retta via** (*della virtù*), the straight and narrow (path); **sulla via giusta**, on the right track *4* (*modo, mezzo*) way: **È la via migliore**, it's the best way; **tentare tutte le vie**, to try everything possible; to explore every avenue *5* (*anat.*) duct; tract: **vie biliari**, bile ducts; **vie respiratorie**, respiratory tract • **la Via Crucis**, the Way of the Cross □ **una via crucis**, calvary; purgatory □ **via d'acqua**, waterway □ **via di mezzo**, middle course; (*compromesso*) compromise □ **via di scampo**, way out □ **via libera**, (*segnale*) all-clear signal, go-ahead; (*autorizzazione*) go-ahead, green light; (*sfogo*) free rein, vent: **dare via libera a un progetto**, to give a plan the go-ahead □ **via mare**, by sea □ **via radio**, by radio □ **via satellite**, by satellite □ (*anche fig.*) **via senza uscita**, dead end; blind alley □ **adire le vie legali**, to take legal steps; to have recourse to legal action □ **a mezza via**, half-way □ **in via amichevole**, as a friend; (*leg.*) out of court □ **in via confidenziale**, in confidence □ **in via di costruzione**, under construction □ **in via di estinzione**, endangered (*agg.*) □ **in via di guarigione**, on the way to recovery; recovering □ **in via provvisoria**, provisionally; temporarily □ **in via ufficiosa**, unofficially; off the record □ **passare a vie di fatto**, to resort to violence; to come to blows □ **per via aerea**, by air; (*della posta*) by air mail □ **per via di** (*per causa di*) because of; owing to □ **per via diplomatica**, through diplomatic channels □ (*med.*) **per via orale**, orally □ **per vie traverse**, through side streets; (*fig.*: *indirettamente*) indirectly, in a roundabout way; (*in modo poco onesto*) in an underhand way, by devious means *B prep.* (*passando per*) via: **andare da Milano a Budapest via Vienna**, to go from Milan to Budapest via Vienna.

vìa (2) *A avv.* away; off: **correre via**, to run away (*o* off); **buttare via**, to throw away; **mandare via q.**, to send sb. away; **Porta via queste cose!**, take these things away; **Devo andare via**, I must be off; **andare via da un luogo**, to leave a place; **Starò via due giorni**, I'll be away for two days; **venire via**, to come away; (*di macchia*) to come out; (*staccarsi*) to come off • **via via che arrivano**, as they arrive □ **Il flusso va via via aumentando**, the flow is gradually increasing □ **e così via** (*o* **e via dicendo**), and so on *B inter.* *1* (*per scacciare*) go away!; be off!; (*con animali*) shoo!: **Via di lì**, get away from there! *2* (*per far partire*) go!: **Uno, due, tre, via!**, ready, steady, go!; **Pronti? Via!**, (are you) ready? go! *3* (*per sollecitare, incitare, incoraggiare*) come on!: **Via, smettila!**, come on, stop it!; **Via, sbrigati!**, come on, hurry up!; **Ma sì, via, facciamolo!**, all right, let's do it!; **Eh, via! Sono cose da dirsi?**, oh, come now! you shouldn't say such things! *C m.* *1* (*sport*: *segnale di partenza*) starting-signal; signal to start: **dare il via a una gara**, to start a race; (*anche fig.*) **pronto al via**, ready to start; under starter's orders; (*anche fig.*) **prendere il via**, to start; to be off *2* (*fig.*) word; OK; (*autorizzazione*) go-ahead, green light: **Devi solo dare il via**, you only have to say the word (*o* to give the OK); **dare il via a un progetto**, to give a plan the go-ahead; **dare il via a una discussione**, (*iniziarla*) to open a debate; (*suscitarla*) to touch (*o* to trigger) off a discussion.

viabilità *f.* *1* (*percorribilità*) road conditions (*pl.*): **buona v.**, good road conditions; **La v. è stata interrotta**, the road has been closed to traffic *2* (*rete stradale*) road system (*o* network); roads (*pl.*) *3* (*norme sul traffico*) traffic regulations (*pl.*).

viadótto *m.* viaduct.

viaggiànte *a.* travelling • (*ferr.*) **personale v.**, train crew.

viaggiàre *A v. i.* *1* to travel; to journey: **v. in treno** [**in auto, in aereo**], to travel by train [by car, by plane]; **v. in prima classe**, to travel first class; **v. per divertimento** [**per lavoro**], to travel for pleasure [on business]; **v. avanti e indietro**, to commute; **È uno che ha viaggiato molto**, he has travelled a lot; he is a well-travelled man; he has been around *2* (*di treno, tram, ecc.*) to run*; to go*: **v. su rotaie**, to run on rails; **v. a 100 km all'ora**, to go at 100 km an hour; **Il treno viaggia con 40 minuti di ritardo**, the train is (*o* is running) 40 minutes late *3* (*di merce*) to be carried *4* (*della luce, ecc.*) to travel • **v. con la fantasia**, to let one's imagination wander *B v. t.* to travel over (*o* round); (*per turismo*) to tour: **v. il mondo**, to travel round the world; **v. tutta l'Italia**, to travel (*o* to tour) (all over) Italy.

viaggiatóre *A m.* (*f.* **-trice**) *1* traveller *2* (*esploratore*)

explorer; (*per mare*) voyager ***3*** (*passeggero*) passenger: **v. di prima classe**, first-class passenger ***B*** *a.* travelling: **commesso v.**, travelling salesman; commercial traveller • **piccione v.**, carrier (*o* homing) pigeon.
viàggio *m.* ***1*** journey; (*breve o di piacere*) trip; (*turistico*) tour; (*per mare*) voyage; (*volo*) flight; (*al pl.*: *i viaggi fatti*) travels: **fare un v.**, to go on (*o* to make) a journey; **Buon v.!**, have a good journey (*o* a good trip)!; bon voyage! (*franc.*); **un v. di poche ore**, a few hours' journey; **un viaggetto nel fine settimana**, a week-end trip; **nel corso dei miei viaggi**, during my travels; **v. di affari**, business trip; **v. organizzato**, package tour; **v. in automobile**, car journey; drive; **v. aereo**, journey by plane; flight; **v. per mare**, journey by sea; voyage; **durante il v.**, during the journey [trip, voyage, flight]; **mettersi in v.**, to set out on a journey; (*partire*) to set out, to start off; **essere in v.**, to be travelling; to be on a journey ***2*** (*tragitto*) trip: **Ho dovuto fare due viaggi per trasportare tutto**, I had to make two trips to carry everything ***3*** (*gergo della droga*) trip • **v. di andata**, outward journey □ (*ferr.*) **v. di andata e ritorno**, return journey □ **v. di nozze**, honeymoon (trip): **essere in v. di nozze**, to be on one's honeymoon; to be honeymooning □ (*naut.*) **v. di prova**, trial (trip) □ **v. di ritorno**, return journey; journey home □ (*naut.*) **v. inaugurale**, maiden voyage □ **v. nel tempo**, journey through time □ **abito da v.**, travelling clothes □ **agenzia di viaggi**, travel agency □ **borsa da v.**, travelling bag □ **compagno di v.**, travelling companion; (*persona incontrata in v.*) fellow-traveller □ (*fig.*) **fare un v. a vuoto**, to go on a fool's errand □ **libro di viaggi**, travel book □ **spese di v.**, travelling expenses.
viàle *m.* (*di città*) avenue, boulevard, parkway (*USA*); (*di accesso*) drive (*GB*), driveway (*USA*); (*di giardino*) path, walk • **v. del tramonto**, decline: **sul v. del tramonto**, on the decline; on one's way out.
viandànte *m. e f.* wayfarer.
viàrio *a.* road (*attr.*); street (*attr.*): **rete viaria**, road [street] network.
viàtico *m.* ***1*** (*eccles.*) viaticum ***2*** (*fig.*) word of advice (to sb. leaving).
viavài *m.* comings and goings (*pl.*); bustle: **un gran v. di gente**, lots of people coming and going; **il v. dei treni**, the arrivals and departures of trains; rail traffic.
vibrafonìsta *m. e f.* (*mus.*) vibraphonist.
vibràfono *m.* (*mus.*) vibraphone.
vibrànte *a.* ***1*** vibrating ***2*** (*sonoro, energico*) vibrant ***3*** (*fremente*) vibrating; throbbing.
vibràre ***A*** *v. t.* ***1*** (*agitare*) to brandish; to wield ***2*** (*assestare con forza*) to strike*; to deliver: **v. un colpo**, to strike (*o* to deliver) a blow; **v. una pugnalata**, to stab (sb.) ***3*** (*scagliare*) to hurl ***B*** *v. i.* ***1*** to vibrate: **far v. una corda**, to make a string vibrate ***2*** (*di voce, suono*) to vibrate; to quiver; (*risuonare*) to ring*.
vibràto ***A*** *a.* strong; vigorous; vehement: **vibrata protesta**, vigorous protest ***B*** *m.* (*mus.*) vibrato*.
vibratóre *m.* vibrator.
vibratòrio *a.* vibratory.
vibrazióne *f.* ***1*** vibration ***2*** (*fremito, tremolio*) quiver.
vibrióne *m.* (*biol.*) vibrio*.
vibromassaggiatóre *m.* vibrator.
vibromassaggio *m.* vibromassage.
vibùrno *m.* (*bot.*) viburnum.
vicariàto *m.* (*eccles.*) vicariate.
vicàrio ***A*** *m.* ***1*** substitute; deputy ***2*** (*eccles.*) vicar: **v. apostolico**, vicar apostolic ***B*** *a.* vicarious (*anche med.*); deputy.
vìce *m. e f. invar.* deputy; vice; substitute; sub (*fam.*); (*assistente*) assistant.
viceammiràglio *m.* vice-admiral.
vicecommissàrio *m.* deputy inspector.
vicecònsole *m.* vice-consul.
vicedirettóre *m.* (*f.* **-trice**) assistant (*o* deputy) director; (*di azienda*) assistant (*o* deputy) manager; (*di scuola*) assistant headmaster (*f.* headmistress); (*di giornale*) assistant editor.
vicegovernatóre *m.* vice-governor.
vicènda *f.* ***1*** (*evento*) event; occurrence; vicissitude; (*avventura*) adventure: **vicende storiche**, historical events; **una v. curiosa**, a curious occurrence; **vicende personali**, one's private life; **le vicende della sua vita**, the vicissitudes of his life ***2*** (*successione*) succession: **una v. di vittorie e sconfitte**, a succession of victories and defeats • **a v.**, (*a turno*) in turn; (*l'un l'altro*) each other, one another.
vicendévole *a.* reciprocal; mutual.
vicendevolménte *avv.* reciprocally; mutually; each other; one another.
viceprefètto *m.* subprefect.
viceprèside *m. e f.* assistant principal; assistant headmaster (*m.*); assistant headmistress (*f.*).
vicepresidènte *m. e f.* vice-president; (*di consiglio, assemblea*) vice-chairman* (*m.*); vice-chairwoman* (*f.*).
vicepresidènza *f.* vice-presidentship; (*di consiglio, assemblea*) vice-chairmanship.
viceré *m.* viceroy.
vicesegretàrio *m.* assistant secretary; undersecretary.
vicesìndaco *m.* deputy mayor.
vicevèrsa ***A*** *avv.* vice versa; the other way around • **viaggio da Napoli a Roma e v.**, journey from Naples to Rome and back ***B*** *cong.* but: **Aveva promesso di scrivere, v. non l'ha fatto**, he had promised to write, but he never did.
vichìngo *a. e m.* (*f.* **-a**) (*stor.*) Viking (*f.* Viking woman*).
vicinànza *f.* ***1*** closeness; nearness; proximity: **La v. della scuola è una comodità**, the closeness of the school is an advantage; **la v. degli esami**, the closeness of the exams; **in stretta v.**, in close proximity ***2*** (*al pl.*) vicinity (*sing.*); neighbourhood (*sing.*); surroundings; environs (*franc.*): **nelle vicinanze del museo**, in the vicinity of the museum; **in queste vicinanze**, in this neighbourhood; around here; **Sta nelle vicinanze di Milano**, he lives just outside Milan.
vicinàto *m.* ***1*** neighbourhood, neighborhood (*USA*): **la gente del v.**, the people in the neighbourhood ***2*** (*vicini*) neighbours (*pl.*): **essere in buoni rapporti con il v.**, to be on good terms with one's neighbours; **far parlare tutto il v.**, to set the neighbours talking.
vicìno ***A*** *a.* ***1*** (*nello spazio*) nearby; near at hand (*pred.*); (*confinante*) neighbouring (*attr.*); (*accanto, attiguo*) next: **nella piazza vicina**, in the nearby square; **il paese v.**, the neighbouring village; **l'albergo più v.**, the nearest hotel; **la stanza vicina**, the next room; **Abita nella casa vicina**, he lives next door; **Statemi vicini**, keep close to me ***2*** (*nel tempo*) near; close: **La fine è vicina**, the end is near; **il v. Natale**, the approaching Christmas; **Gli esami sono ormai vicini**, the exams are very close; **È v. alla fine**, (*di persona*) his end is near; (*di cosa*) it's nearly finished; **Siamo vicini alle elezioni**, we are getting close to the elections; **v. ai cinquant'anni**, nearing fifty; getting on for fifty (*fam.*) ***3*** (*di parente, amico*) near; close: **un parente v.**, a near relation; a close relative; **Mi è stato molto v. in quei giorni**, he was very close to me (*o* he was very supportive) during that period ***4*** (*affine*) close; near: **un colore più v. al rosso che all'arancione**, a colour closer to red than to orange ***B*** *m.* (*f.* **-a**) neighbour, neighbor (*USA*); (*della porta accanto*) next-door neighbour; **I vicini sono molto silenziosi**, our next-door neighbours (*o* the people next door) are very quiet; **il mio v. di tavola**, the person sitting next to me at table; **il mio v. di destra**, the person on my right ***C*** *avv.* near; nearby; near at hand; close at hand; close by: **La casa è qui v.**, the house is near here; **Viveva lì v.**, he lived nearby; **Vieni più v.!**, come nearer (*o* closer); **Tengo sempre v. il dizionario**, I always have a dictionary to hand ***D*** **vicino a** *locuz. prep.* near; close to; (*accanto*) next to; (*presso a*) by: **v. a Milano**, near Milan; **v. alla perfezione**, near perfection; **Siedi v. a me**, sit next to me; **Stammi v.**, keep close to me; **un posto v. al fiume**, a spot by the river; **Mi passò v.**, he passed by me • **v. v.**, very (*o* quite) near □ **da v.**, close to; close up; at close quarters: **quando lo vidi da v.**, when I saw it close to; **Ci vedo bene da v.**, I can see well from close up; **esaminare q.c. più da v.**, to have a closer look at st.; **sparare da v.**, to fire at close range □ **Ci sei andato v.** (*hai quasi indovinato*), you were close.
vicissitùdine *f.* (*specialm. al pl.*) vicissitudes; ups and downs.
vìcolo *m.* alley; lane: (*anche fig.*) **v. cieco**, blind alley; dead end.
videàta *f.* (*elab.*) screen.
vìdeo ***A*** *m.* (*TV*) screen; (*elab.*) monitor ***B*** *a.* video (*attr.*).
videoamatóre *m.* (*f.* **-trice**) video camera enthusiast.
videocàmera *f.* video camera.
videocassétta *f.* video cassette.
videocitòfono *m.* video entryphone ®.

videodipendènte ***A*** *a.* addicted to TV ***B*** *m. e f.* TV addict; telly addict (*fam.*).
videogiòco *m.* video game.
videonàstro *m.* video tape.
videoregistràre *v. t.* to videotape.
videoregistratóre *m.* video recorder.
videoregistrazióne *f.* videotaping; (*programma registrato*) video recording.
videoscrittùra *f.* (*elab.*) word processing: **sistema di v.**, word processor.
videotèca *f.* video library.
videotelèfono *m.* video-telephone; videophone.
videoterminàle *m.* video terminal.
vidimàre *v. t.* ***1*** to authenticate; to certify ***2*** (*vistare*) to visa.
vidimazióne *f.* ***1*** authentication; certification ***2*** (*visto*) visa.
viennése *a., m. e f.* Viennese (*a. e m.*); Viennese woman* (*f.*): **i viennesi**, the Viennese.
vietàre *v. t.* to forbid*; to prohibit; to ban; (*impedire*) to prevent, to stop: **Il dottore mi ha vietato di fumare**, the doctor has forbidden me to smoke; **v. ai dipendenti l'uso dell'ascensore**, to prohibit employees from using the lift; **v. la vendita di q.c.**, to ban the sale of st.; **Chi te lo vieta?**, who is stopping (*o* preventing) you?; **v. un film ai minori di 18 anni**, to give a film an X-rating.
vietàto *a.* forbidden • **V. fumare**, no smoking □ **V. l'ingresso**, no admittance; keep out □ **V. ai minori di 14 anni**, children under 14 not admitted □ **V. introdurre cani**, no dogs allowed □ **film v. ai minori di 18 anni**, X-rated film; film with an 18 certificate □ **senso v.**, no entry □ **sosta vietata**, no parking.
vietnamìta *a., m. e f.* Vietnamese* (*a. e m.*); Vietnamese woman* (*f.*): **i vietnamiti**, the Vietnamese.
vièto *a.* stale; trite; outworn: **parole viete**, trite words.
vigènte *a.* in force (*pred.*); effective; current: **leggi vigenti**, laws in force; **uso v.**, current use.
vìgere *v. i.* to be in force; to be in use • **Vigeva allora l'usanza di...**, it was then the custom to...
vigilànte ***A*** *a.* vigilant; watchful ***B*** *m.* security guard.
vigilànza *f.* ***1*** (*l'essere vigile*) vigilance; watchfulness ***2*** (*sorveglianza*) surveillance; supervision; guard; watch: **eludere la v. di q.**, to escape sb.'s surveillance; **tenere q. sotto stretta v.**, to keep sb. under close watch; **v. speciale**, police surveillance • **v. notturna**, night-watchman service □ **v. sui prezzi**, price control □ **commissione di v.**, committee of inspection □ **servizio di v.**, watch; security service.
vigilàre ***A*** *v. t.* to watch over; to supervise; (*tenere d'occhio*) to guard, to keep* an eye on ***B*** *v. i.* to keep* watch; to be on the alert.
vigilàto ***A*** *a.* watched; (*leg.*) under surveillance (*pred.*) • (*leg.*) **libertà vigilata**, probation ***B*** *m.* (*f.* **-a**) (*leg.*) person on probation • (*leg.*) **v. speciale**, person under police surveillance.
vigilatrìce *f.* — **v. d'infanzia**, nursery nurse; nursery assistant □ **v. scolastica**, school nurse; school matron.
vìgile ***A*** *a.* vigilant; watchful; alert ***B*** *m.* — **v. urbano**, (local) policeman* (*f.* policewoman*); (*addetto al traffico*) traffic warden; traffic policeman* (*f.* traffic policewoman*) □ **v. del fuoco**, fireman*.
vigilia *f.* ***1*** eve: **la v. di Natale**, Christmas Eve; **alla v. di grandi eventi**, on the eve of great events ***2*** (*eccles.*: *digiuno*) fast: **osservare la v.**, to observe a fast; **fare v.**, to fast; **giorno di v.**, fast day; day of fast and abstinence ***3*** (*veglia notturna*) watch.
vigliaccaménte *avv.* like a coward; in a cowardly way.
vigliaccàta *V.* **vigliaccheria**, *def. 2.*
vigliaccherìa *f.* ***1*** cowardice; cowardliness ***2*** (*azione da vigliacco*) cowardly (*o, USA*, mean) action.
vigliàcco ***A*** *a.* cowardly ***B*** *m.* (*f.* **-a**) coward.
vigna *f.* vineyard.
vignaiòlo *m.* vine-dresser.
vignéto *m.* vineyard.
vignétta *f.* ***1*** (*illustrazione*) vignette; illustration ***2*** (*v. umoristica*) cartoon.
vignettìsta *m. e f.* (*disegnatore umoristico*) cartoonist.
vigógna *f.* (*animale e tessuto*) vicuña; vicuna.
vigóre *m.* ***1*** vigour, vigor (*USA*); energy; strength ***2*** (*validità*) force; effectiveness: **legge in v.**, law in force; **prezzi in v.**, current prices; **entrare in v.**, to come into force; to become effective.
vigorosità *f.* vigorousness; vigour, vigor (*USA*); strength.
vigoróso *a.* vigorous; (*forte*) strong, powerful.
vile ***A*** *a.* ***1*** (*codardo*) cowardly ***2*** (*meschino*) base; mean; contemptible: **sentimenti vili**, base sentiments; **v. menzogna**, contemptible lie • (*iron.*) **il v. denaro**, filthy lucre □ **metalli vili**, base metals ***B*** *m. e f.* coward • **azione da v.**, cowardly action. ATTENZIONE: **vile** ≠ vile.
vilipèndere *v. t.* to revile; to vilify; to defame.
vilipèndio *m.* ***1*** contempt; scorn; vilification ***2*** (*leg.*) public defamation; contempt.
villa *f.* large house; (*in campagna*) house (*o* place) in the country, country house; (*residenziale*) residence, mansion; (*specialm. nei paesi mediterranei*) villa: **Ha una v. al mare**, he has a house on the coast; **le ville medicee**, the Medici villas; **Si è fatto la v.**, he has built himself a house in the country; (*fig.*) he has made a fortune.
villàggio *m.* village; (*piccolo*) hamlet: **v. turistico**, holiday village; **v. olimpico**, Olympic village • **lo scemo del v.**, the village idiot.
villàna *f.* ***1*** (*lett.*: *contadina*) peasant (woman*) ***2*** (*donna maleducata*) rude woman*; ill-bred woman*: **È una bella v.!**, how rude of her!
villanàta *f.* rude thing; incivility; (*parola*) rude word: **È stata una v.**, it was a rude thing to do; **Sono stanco delle sue villanate**, I'm tired of his rudeness; **dire villanate a q.**, to say rude things to sb; to be rude to sb.
villanìa *f.* ***1*** rudeness; incivility; boorishness ***2*** *V.* **villanata**. ATTENZIONE: **villania** ≠ villany.
villàno ***A*** *a.* rude; uncivil; (*zotico*) boorish ***B*** *m.* ***1*** (*lett.*: *contadino*) peasant; (*stor.*) villein ***2*** (*uomo maleducato*) rude man*; (*uomo zotico*) boor, lout: **comportarsi da v.**, to behave like a boor • (*spreg.*) **v. rifatto**, nouveau riche (*franc.*); upstart. ATTENZIONE: **villano** ≠ villain.
villanzóna *V.* **villana**, *def. 2.*
villanzóne *V.* **villano**, *B, def. 2.*
villeggiànte *m. e f.* holiday-maker; vacationer (*USA*).
villeggiàre *v. i.* to spend* one's (summer) holidays; to vacation (*USA*).
villeggiatùra *f.* holiday; vacation (*USA*): **La v. gli ha fatto bene**, his holiday has done him good; **andare in v.**, to go on holiday; **luogo di v.**, holiday resort; **luogo di v. invernale** [**estiva**], winter [summer] resort.
villétta *f.* (*in città*) detached house; (*in campagna*) cottage; (*da affittare, specialm. in Italia o in Francia*) small villa • **villette a schiera**, terraced houses (*GB*); row houses (*USA*).
villico *m.* (*f.* **-a**) peasant; countryman* (*f.* countrywoman*).
villino *m.* *V.* **villetta**.
villo *m.* (*anat., bot.*) villus*.
villosità *f.* ***1*** hairiness; hirsuteness ***2*** (*anat., bot.*) villosity.
villóso *a.* ***1*** hairy; hirsute ***2*** (*anat., bot.*) villous.
viltà *f.* ***1*** (*vigliaccheria*) cowardice; (*azione da vile*) cowardly action ***2*** (*meschinità*) baseness; (*azione meschina*) base thing.
vilùppo *m.* (*anche fig.*) tangle.
vìmine *m.* wicker; osier: **lavoro in vimini**, wickerwork; basketwork; **cesto di vimini**, wicker basket; **sedia di vimini**, basket chair.
vinàccia *f.* marc.
vinacciòlo *m.* grape-stone.
vinàio *m.* wine-seller; vintner.
vincènte ***A*** *a.* ***1*** winning ***2*** (*che ha successo*) successful: **strategia v.**, successful strategy; **dimostrarsi v.**, to prove successful (*o* a winner); (*di decisione, ecc.*) to pay off • **dare v. un cavallo**, to tip a horse to win ***B*** *m. e f.* winner.
vìncere ***A*** *v. t.* ***1*** to win*: **v. una corsa** [**la guerra, una causa, le elezioni**], to win a race [the war, a case, the election]; **v. la partita**, (*anche fig.*) to win the game; (*fig.*) to be the winner, to come out on top; **v. un premio**, to win (*o* to carry off) a prize ***2*** (*battere*) to beat*; (*sconfiggere*) to defeat: **v. il nemico**, to beat the enemy; **Li vinsi tutti a carte**, I beat them all at cards ***3*** (*sopraffare, superare*) to overcome*; (*dominare*) to master: **v. una difficoltà**, to overcome a difficulty; **v. la paura**, to overcome one's fear; **v. le passioni**, to master one's passions; **v. il ritegno di q.**, to break through sb.'s reserve; **Il sonno lo vinse**, sleep overcame him ***4*** (*sorpassare*) to surpass; to outdo*: **v. q. in generosità**, to outdo sb. in generosity • (*fam.*) **vincerla** (**con q.**), to get the upper hand; to get the better (of sb.) □ **lasciarsi**

v. dalla tentazione, to yield to temptation ***B*** *v. i.* to win*; to carry the day: **v. per due a zero**, to win two nil; **Hanno vinto i democratici**, the democrats won (*o* carried the day) • **v. ai punti**, to win on points □ **v. a mani basse**, to win hands down □ **v. di stretta misura**, to win by a narrow margin (*o* by a short head) ***C*** **vìncersi** *v. rifl.* to master oneself; to control oneself.

vìncita *f.* ***1*** (*vittoria*) win: **v. al lotto**, win in the lottery ***2*** (*ciò che si vince*) winnings (*pl.*).

vincitóre ***A*** *m.* (*f.* **-trice**) winner; (*di premio*) prize-winner; (*in guerra*) victor, conqueror: **v. assoluto**, overall winner; **probabile v.**, probable winner; front runner; **i vinti e i vincitori**, the victors and the vanquished ***B*** *a.* winning; victorious; conquering: **squadra vincitrice**, winning team; **esercito v.**, conquering army; **ritornare v.**, to return victorious (*o* triumphant); **uscire v. da q.c.**, to come through st. successfully.

vincolànte *a.* binding; mandatory.

vincolàre *v. t.* ***1*** (*anche leg.*) to bind*; (*essere di impaccio*) to tie down, to restrict ***2*** (*fin.*) to tie up; to lock up ***3*** (*mecc.*) to constrain.

vincolàto *a.* ***1*** (*anche leg.*) bound: **v. al segreto**, bound to secrecy ***2*** (*fin.*) tied-up; locked-up: **deposito v.**, time deposit.

vìncolo *m.* bond; (*legame*) tie: **v. matrimoniale**, bond of matrimony; marriage tie; **v. di amicizia**, bond of friendship; **vincoli di sangue**, blood ties; **il v. della legge**, the binding force of the law • (*leg.*) **v. contrattuale**, binding obligation □ **v. ipotecario**, mortgage □ **vincoli urbanistici**, planning restrictions □ (*leg.*) **libero da ogni v.**, free from encumbrances □ **essere sotto il v. di un giuramento**, to be bound under oath.

vinèllo *m.* light wine; (*spreg.*) thin wine.

vinìcolo *a.* wine (*attr.*).

vinificazióne *f.* wine-making; vinification.

vinìle *m.* (*chim.*) vinyl.

vinìlico *a.* (*chim.*) vinyl (*attr.*).

vìno *m.* wine: **v. bianco [rosso, rosato]**, white [red, rosé] wine; **v. dolce [secco]**, sweet [dry] wine; **v. brûlé**, mulled wine; **v. da pasto**, table wine; **v. d'annata**, vintage wine; **v. frizzante** (*o* **spumante**) sparkling wine.

vinóso *a.* vinous; wine (*attr.*).

vìnto ***A*** *a.* ***1*** won (*pred.*): **il denaro v.**, the money won; the winnings (*pl.*); **una battaglia vinta**, a victorious battle ***2*** (*sconfitto*) beaten; defeated ***3*** (*sopraffatto*) overcome: **v. dal sonno**, overcome by sleep • **averla vinta**, to have (*o* to get) one's way □ **darla vinta a q.**, to let sb. have his own way □ **darle tutte vinte a q.**, to indulge sb.'s every whim □ (*anche fig.*) **darsi per v.**, to give in (*o* up); to quit ***B*** *m.* (*in una gara o contesa*) loser; (*in guerra*) person on the losing side • **i vinti**, the vanquished; the defeated.

viòla (1) ***A*** *f.* (*bot.*) violet • **v. del pensiero**, pansy ***B*** *a. e m.* (*colore*) purple; violet.

viòla (2) *f.* (*mus.*) viola; (*stor.*) viol: **v. da gamba**, viola da gamba; bass viol; **v. d'amore**, viola d'amore.

violacciòcca *f.* (*bot.*) stock • **v. gialla**, wallflower.

violàceo *a.* purple; mauve • **v. da freddo**, blue (*o* livid) with (the) cold.

violàre *v. t.* ***1*** (*trasgredire*) to break*; to violate: **v. un patto**, to break a pact; to violate an agreement; **v. la legge**, to break the law ***2*** (*profanare*) to profane; to desecrate ***3*** (*invadare*) to violate: (*penetrare*) to break* into: **v. l'intimità di q.**, to violate sb.'s privacy; **v. il domicilio di q.**, to break into sb.'s house ***4*** (*ledere*) to trespass upon; to encroach on ***5*** (*violentare*) to rape; to ravish.

violazióne *f.* ***1*** (*trasgressione*) violation; transgression; infringement; breach: **v. della legge**, breach (*o* infringement) of the law; **v. di contratto**, breach of contract ***2*** (*profanazione*) profanation; desecration ***3*** (*invasione, penetrazione*) violation; breaking: **v. dei confini**, boundary violation; (*leg.*) **v. di domicilio**, unlawful entering; (*con la forza*) housebreaking; **v. dei sigilli**, breaking of seals ***4*** (*lesione*) violation; encroachment: **v. dei diritti di q.**, encroachment on sb.'s rights.

violentàre *v. t.* ***1*** to rape ***2*** (*fig.*) to do* violence to.

violentatóre *m.* rapist.

violènto ***A*** *a.* violent: **carattere v.**, violent temper; **v. temporale**, violent storm; **luce violenta**, harsh light; **febbre v.**, very high (*o* raging) temperature ***B*** *m.* (*f.* **-a**) violent person.

violènza *f.* violence: **ricorrere alla v.**, to resort to violence; **fare v. a q.**, to do violence to sb.; **costringere q. con la v.**, to force sb. • (*leg.*) **v. carnale**, rape; sexual assault □ **v. negli stadi**, terrace violence □ **dolce v.**, gentle force.

violétta *f.* (*bot.*) sweet violet • **v. africana**, African violet.

violétto *a. e m.* violet.

violinìsta *m. e f.* violinist; fiddler (*fam.*).

violìno *m.* ***1*** violin; fiddle (*fam.*) ***2*** (*suonatore*) violinist; (*in un'orchestra*) violin: **primo v.**, first violin; leader (*GB*); concertmaster (*USA*) • (*mus.*) **chiave di v.**, G (*o* treble) clef.

violìsta *m. e f.* viola player.

violoncellìsta *m. e f.* cellist; violoncellist.

violoncèllo *m.* cello*; violoncello*.

viòttolo *m.* path; lane.

vip *m. e f. invar.* VIP.

vìpera *f.* (*zool. e fig.*) viper.

viperìno *a.* viperine; (*fig.*) viperish.

viràggio *m.* ***1*** (*fotogr.*) toning ***2*** (*chim.*) colour change.

viràgo *f.* (*lett.*) virago*.

viràle *a.* (*med.*) viral.

viràre *v. i.* ***1*** (*naut.*) to change tack; to tack: **v. di bordo**, to come (*o* to go) about; to veer; **v. in poppa**, to wear ***2*** (*aeron., nuoto*) to turn ***3*** (*fotogr.*) to tone ***4*** (*chim.*) to change colour.

viràta *f.* ***1*** (*naut.*) tacking; wearing ***2*** (*aeron., nuoto*) turn ***3*** (*fig.*) turnabout; sudden change of tack.

virginàle (1) *a.* virginal, maidenly.

virginàle (2) *m.* (*mus., stor.*) virginal.

virgìneo *a.* virginal.

virgìnia *m.* (*tabacco*) Virginia tobacco; (*sigaro*) Virginia cigar.

vìrgola *f.* ***1*** comma ***2*** (*mat.*) (decimal) point: **due v. quattro**, two point four; **zero v. sei**, point six • **guardare a tutte le virgole**, to be a nitpicker □ **non cambiare una v.**, not to change a word.

virgolettàre *v. t.* to put* in inverted commas (*o* in quotation marks, in quotes).

virgolettàto *a.* in quotation marks; in quotes; (*citato alla lettera*) quoted verbatim (*pred.*).

virgolétte *f. pl.* inverted commas; quotation marks; quotes (*fam.*): **aperte [chiuse] le v.**, open [close] inverted commas; quote [unquote]; **tra v.**, in inverted commas; in quotes.

virgùlto *m.* ***1*** (*germoglio*) shoot; (*arboscello*) sapling ***2*** (*fig.*) offspring; scion.

virìle *a.* man's; male (*attr.*); (*anche fig.*) manly, virile: **forza v.**, manly strength; **età v.**, manhood; **membro v.**, male member; **voce v.**, man's voice; (*maschia*) manly voice; **donna (di aspetto) v.**, mannish (*o* masculine) woman.

virilità *f.* ***1*** (*mascolinità*) virility; manliness; manhood ***2*** (*età virile*) manhood.

virologìa *f.* (*biol.*) virology.

viròlogo *m.* (*f.* **-a**) virologist.

virtù *f.* ***1*** virtue: **la v. del perdono**, the virtue of forgiveness; (*teol.*) **le v. cardinali**, the cardinal virtues; **un modello di v.**, a paragon of virtue ***2*** (*potere*) power; (*facoltà*) faculty, virtue: **per v. magica**, by the power of magic; **virtù curative**, healing properties ***3*** (*al pl.*) (*buone qualità*) good qualities; virtues • **fare di necessità v.**, to make a virtue of necessity □ **in v. di**, in (*o* by) virtue of: **in v. delle proprie conoscenze**, by virtue of one's knowledge; **in v. di una legge**, in virtue of a law; **in v. di questo accordo**, under this agreement.

virtuàle *a.* virtual: **immagine v.**, virtual image; **realtà v.**, virtual reality.

virtuosìsmo *m.* virtuosity.

virtuosìstico *a.* virtuoso (*attr.*).

virtuóso ***A*** *a.* virtuous ***B*** *m.* (*f.* **-a**) ***1*** virtuous person ***2*** (*arte, mus.*) virtuoso*: **un v. del violino**, a violin virtuoso.

virulènto *a.* (*anche fig.*) virulent.

virulènza *f.* (*anche fig.*) virulence.

vìrus *m.* (*biol.*) virus.

visagìsmo *m.* cosmetology.

visagìsta *m. e f.* cosmetologist; beautician.

vis-à-vis (*franc.*) *locuz. avv.* face to face.

visceràle *a.* ***1*** (*anat.*) visceral ***2*** (*fig.*) visceral; deep-rooted; gut (*attr.*).

vìscere *m.* (*pl.* **vìsceri** *m., delle def. 1 e 2*; **viscere** *f., nelle*

def. 3 e 4) ***1*** (*anat.*) viscus* ***2*** (*al pl.*) (*intestini*) bowels; (*di animali*) entrails ***3*** (*al pl.*) (*grembo materno*) womb (*sing.*) ***4*** (*al pl.*) (*fig.*) bowels: **le v. della terra**, the bowels of the earth.
vìschio *m.* ***1*** (*bot.*) mistletoe ***2*** (*pania*) birdlime.
vischiosità *f.* stickiness.
vischióso *a.* ***1*** sticky; gluey ***2*** (*chim.*) viscous.
vìscido *a.* ***1*** viscid; slimy; (*scivoloso*) slippery ***2*** (*fig.*) slimy; slippery; oily.
visciola *f.* sour cherry.
viscónte *m.* viscount.
viscontéssa *f.* viscountess.
viscósa *f.* (*chim.*) viscose.
viscosità *f.* ***1*** (*chim.*) viscosity ***2*** stickiness.
viscóso *a.* ***1*** (*chim.*) viscous ***2*** sticky; gluey.
visìbile *a.* ***1*** visible: **v. a occhio nudo**, visible to the naked eye ***2*** (*evidente*) clear; evident; apparent ***3*** (*aperto al pubblico*) on view ***4*** (*di persona*) available.
visibìlio *m.* ***1*** host; multitude ***2*** — **andare [mandare] in v.**, to go [to throw] into ecstasies (*o* into raptures) (over st.).
visibilità *f.* visibility: **una v. di 50 metri**, 50 metres' visibility.
visibilménte *avv.* visibly; (*chiaramente*) clearly, manifestly.
visièra *f.* ***1*** (*di elmo, casco*) visor, vizor ***2*** (*di berretto*) peak.
visigòto (*stor.*) ***A*** *a.* Visigothic ***B*** *m.* Visigoth.
visionàre *v. t.* ***1*** (*un film*) to preview ***2*** (*esaminare*) to view; to examine; to inspect.
visionàrio ***A*** *a.* visionary; (*di cosa, anche*) unrealistic, impractical ***B*** *m.* (*f.* **-a**) visionary; day-dreamer.
visióne *f.* ***1*** (*il vedere*) vision; view ***2*** (*scena, vista*) sight; scene ***3*** (*idea, concetto*) picture; outlook; view: **farsi una v. chiara di q.c.**, to get a clear picture (*o* idea) of st.; **una v. pessimistica delle cose**, a pessimistic outlook on things ***4*** (*apparizione*) vision; (*allucinazione*) hallucination: **una v. in sogno**, a vision in a dream; **soffrire di visioni**, to suffer from hallucinations; to see things (*fam.*) ***5*** (*proiezione*) screening; showing; release: **prima v.**, first screening; first release (*o* run); **cinema di prima v.**, first-release cinema • (*comm.*) **mandare q.c. in v.**, to send st. on approval □ **prendere v. di q.c.**, to look st. over.
visìr *m.* vizier: **Gran V.**, Grand Vizier.
vìsita *f.* ***1*** (*a persone*) visit, (*breve*) call; (*a luoghi*) visit, tour: **la v. di un vecchio amico**, a visit from an old friend; **la v. a un museo**, a visit to (*o* tour of) a museum; **fare una v. a q.**, to pay a visit to sb.; to call on sb.; **v. di convenienza**, duty call; **Sono qui in v.**, I am here on a visit; I'm visiting here; **essere in v. da q.**, to be visiting sb.; (*di capo di Stato*) **in v. ufficiale**, on an official (*o* state) visit ***2*** (*di medico, a domicilio*) (home) visit; call; (*al pl.*: *giro di visite*) rounds: **Il dottore ha molte visite oggi**, the doctor has a lot of calls to make today; **essere in giro per visite**, to be doing one's rounds ***3*** (*esame medico*) (medical) examination; (*generale*) check-up, medical (*fam.*) ***4*** (*eccles.*) visitation ***5*** (*ispezione*) inspection; check: **v. doganale**, customs inspection; **v. fiscale**, medical check (on employees on sick leave) ***6*** (*visitatore*) visitor; caller: **Abbiamo visite!**, we have a visitor (*o* visitors)! • (*mil.*) **v. di leva**, medical examination for call-up; medical (*fam.*) □ (*gergo mil.*) **marcare v.**, to report sick □ **ore di v.**, visiting hours.
visitàre *v. t.* ***1*** (*persone*) to visit; to call on; to pay* (sb.) a visit: **v. gli infermi**, to visit the sick ***2*** (*luoghi*) to visit; to tour; **v. una città**, to visit a town; **Ho visitato tutto il centro**, I've been all round the town centre; **La guida ci fece v. tutto il castello**, the guide showed us round the whole castle ***3*** (*med.*) to examine: **farsi v. da un dottore**, to have a medical examination; to see a doctor (*fam.*) ***4*** (*ispezionare*) to inspect; to check.
visitatóre *m.* (*f.* **-trice**) visitor; caller.
visìvo *a.* visual • **campo v.**, field of vision.
vìso *m.* face: **guardare q. in v.**, to look sb. in the face; **Si illuminò in v.**, her face (*o* she) lit up; **Glielo spiattellai sul v.**, I said it straight to his face • **v. pallido** (*uomo bianco*), paleface □ **a v. a v.**, face to face □ **a v. aperto**, openly; frankly □ **fare buon v. a cattivo gioco**, to make the best of a bad job; to grin and bear it □ **fare buon v. a q.**, to welcome sb.
visóne *m.* ***1*** (*animale e pelliccia*) mink ***2*** (*cappotto*) mink (coat).
visóre *m.* ***1*** (*per diapositive*) viewer ***2*** (*di telecamera*) view-finder ***3*** (*microlettore*) (microfilm) reader.
vìspo *a.* lively; sprightly; chirpy; bright: **bambino v.**, lively child; **vecchietto v.**, sprightly old man; **occhi vispi**, bright eyes.
vissùto ***A*** *a.* experienced: **un uomo v.**, an experienced man; a man of the world • (*di cosa*) **avere l'aria vissuta**, to have a well-worn look □ **vita vissuta**, real life ***B*** *m.* (one's) experiences (*pl.*).
vìsta *f.* ***1*** (*facoltà visiva*) sight; eyesight: **avere la v. buona [debole]**, to have good [poor] eyesight; **perdere [riacquistare] la v.**, to lose [to regain] one's sight; **perdita della v.**, loss of one's sight; **privo della v.**, sightless; blind ***2*** (*occhi*) eyes (*pl.*): **Ho la v. stanca**, my eyes are tired; **Mi si annebbiò la v.**, my eyes dimmed (*o* misted over); everything swam before my eyes (*o* in front of me) ***3*** (*atto del vedere*) sight: **Sviene alla v. del sangue**, he faints at the sight of blood; **La sua vista mi irrita**, the sight of her irritates me; **sfuggire alla v. di q.**, to escape sb.'s sight ***4*** (*veduta, panorama*) view; (*cosa vista, scena*) sight: **la vista dalla torre**, the view from the tower; **v. d'insieme**, overall view; **Quella v. lo turbò**, the sight disturbed him • **a prima v.**, at first sight; at sight: **innamorarsi a prima v.**, to fall in love at first sight; **tradurre a prima v.**, to translate at sight; **suonare [cantare] a (prima) v.**, to sight-read □ **a v.**, at sight; on sight: (*comm.*) **pagabile a v.**, payable at sight; **sparare a v.**, to shoot on sight; (*comm.*) **tratta a v.**, sight draft □ **a v. d'occhio** (*rapidamente*), before one's (very) eyes; visibly □ (*anche fig.*) **avere la v. corta [lunga]**, to be short-sighted [long-sighted] □ **avere in v. q.c.**, to have st. in view (*o* coming up) □ **conoscere q. di v.**, to know sb. by sight □ **fare bella v. di sé**, to be displayed; to be shown to advantage □ **Feci v. di non vederli**, I pretended not to see them □ **guardare q. a v.**, to watch sb. closely; to keep sb. under close surveillance □ **Non c'era nessuno in v.**, there wasn't anyone in sight □ **bene in v.**, in full sight (*o* view); in evidence □ **Siamo in v. di Genova**, we are within sight of Genoa □ **La promozione è ormai in v.**, promotion is within sight now □ **Sono in v. grossi cambiamenti**, big changes are imminent □ **È una persona molto in v.**, he is a well-known person; he is very much in the public eye □ **Mettiamo tutto in ordine in v. del suo arrivo**, we are tidying up the place for when he comes (*o* for his arrival) □ **mettersi in v.**, to call attention to oneself; to show off □ **offendere la v.**, to offend sb.'s sight □ **perdere di v. q.**, to lose sight of sb.; (*fig.*) to lose touch with sb. □ **presentarsi alla v. di q.**, to come into sight (*o* view); (*al cospetto di q.*) to come before sb. □ (*naut.*) **Terra in v.!**, land ho!
vistàre *v. t.* to endorse; (*un passaporto*) to visa.
visto ***A*** *a.* seen • **v. e rivisto**, seen again and again; seen a hundred times □ **v. si stampi**, ready for press □ **ben v.**, well-liked; popular □ **mai v.**, (*nuovo*) unheard of, unprecedented; (*straordinario*) extraordinary □ **mal v.**, unpopular □ **non v.**, unseen; unnoticed ***B*** **visto che** *locuz. cong.* since; seeing that ***C*** *m.* (*convalida*) endorsement; (*su passaporto*) visa; (*firma di approvazione*) approval, OK (*fam.*): **v. di ingresso [di uscita]**, entry [exit] visa; **v. di controllo** (*spunta*), tick; check; **chiedere [concedere] un v.**, to apply for [to grant] a visa; **mettere il v. su un passaporto**, to visa a passport.
vistosaménte *avv.* ***1*** showily; gaudily; loudly ***2*** (*accentuatamente*) very noticeably; markedly.
vistosità *f.* ***1*** (*appariscenza*) showiness; gaudiness; loudness; garishness ***2*** (*cospicuità*) impressiveness.
vistóso *a.* ***1*** (*appariscente*) showy; flashy; gaudy; loud; garish: **colori vistosi**, gaudy (*o* garish) colours; **cravatta vistosa**, loud tie ***2*** (*cospicuo*) large; considerable; impressive.
visuàle ***A*** *a.* visual ***B*** *f.* view: **una magnifica v.**, a magnificent view; **Mi togli la v.**, you are blocking my view.
visualizzàre *v. t.* ***1*** to represent; to show; (*immaginare*) to visualize ***2*** (*elab.*) to display ***3*** (*med.*) to visualize.
visualizzatóre *m.* (*elab.*) display.
visualizzazióne *f.* ***1*** visualization; representation ***2*** (*elab.*) display ***3*** (*med.*) visualization.
vìta (1) *f.* ***1*** life*: **la v. eterna**, eternal life; **la v. futura**, future life; **Non c'è v. sulla Marte**, there is no life on Mars; **non dare segno di v.**, to show no sign of life; **salvare la v. a q.**, to save sb.'s life; **perdere la v.**, to lose one's life; **Ne va della sua v.**, his life is at stake; **v. natural durante**, for the whole of one's life; **tra la v. e la morte**, between life and

death; **togliersi la v.**, to take one's life; **v. di città [di campagna]**, town [country] life; **la v. dell'insegnante**, a teacher's life; **fare (una) v. semplice**, to lead a simple life; **avere un doppia v.**, to lead a double life; **Come va la v.?**, how's life? ***2*** (*durata di una vita*) lifetime: **il lavoro di una v.**, the work of a lifetine; **una volta nella v.**, once in a lifetime; **v. media**, average lifetime (*o* life span, life expectancy) ***3*** (*il necessario per vivere*) living; livelihood: **guadagnarsi la v. insegnando**, to earn (*o* to make) one's living by teaching; **costo della v.**, cost of living; **La v. è cara**, the cost of living is high ***4*** (*animazione*) life, animation; (*vivacità*) life, liveliness; (*vitalità*) vitality: **strade piene di v.**, streets full of life; **Mettici più v.**, put more life in it ***5*** (*biografia*) life*; life-story: **Le «Vite» di Plutarco**, Plutarch's «Lives»; **Mi ha raccontato la sua v.**, he told me his life-story ***6*** (*ciò che dà vita*) lifeblood: **Il credito è la v. del commercio**, credit is the lifeblood of commerce • **una v. da cani**, a dog's life □ **v. mondana**, social life: **fare v. mondana**, to lead an active social life □ **V. mia!**, darling! □ **v. vissuta**, real life □ **a v.**, for life; life (*attr.*): **presidente a v.**, president for life; **membro a v.**, life member; **carcere a v.**, life imprisonment; **condanna a v.**, life sentence □ (*relig.*) **l'altra v.**, the afterlife □ **aver v.**, (*esistere*) to exist; (*durare*) to last □ **avere v. breve**, to be short-lived □ **cambiare v.**, to change one's lifestyle; (*ravvedersi*) to mend one's ways, to turn over a new leaf □ **conoscere v., morte e miracoli di q.**, to know all that there is to know about sb. □ **Ci conosciamo da una v.**, we've known each other for years (*o* for ages) □ (*fig.*) **dare v. a q.c.**, to start st.; to set up st.; to found st. □ **dare v. a una festa**, to liven up a party □ **darsi alla bella v.**, to live it up □ **che dura tutta la v.**, lifelong (*agg.*) □ **essere in fin di v.**, to be dying □ (*eufem.*) **fare la v.**, to work the streets; to be on the game (*pop. GB*) □ **Fa la v. del gran signore**, he lives like a lord □ **in v.**, alive: **mantenere q. in v.**, to keep sb. alive; **rimanere in v.**, to stay alive; to survive □ **in v. mia**, in my whole life; in all my life □ **passare a miglior v.**, to pass away □ **Ti amerò per tutta la v.**, I'll love you as long as I live □ **Non ci sono state perdite di vite umane**, no lives were lost □ **privo di v.**, lifeless □ **rendere la v. difficile a q.**, to make life difficult for sb. □ **rifarsi una v.**, to make a new life for oneself □ (*prov.*) **Finché c'è v. c'è speranza**, where there's life there's hope.

vita (2) *f.* (*parte del corpo*) waist; (*circonferenza*) waistline: **avere la v. snella**, to have a slim waist; to be slim-waisted; **v. abbondante**, generous waistline; **Quanto hai di v.?**, what is your waist measurement?; **afferrare q. per la v.**, to seize sb. by the waist; **legarsi in v. q.c.**, to tie st. round one's waist; **stretto di v.**, tight at the waist • **v. di vespa**, wasp waist □ **giro** (*o* **punto**) **di v.**, waistline.

vitàle *a.* ***1*** vital; life (*attr.*): **organo v.**, vital organ; **ciclo v.**, life cycle; **forza v.**, life force ***2*** (*fig.*) vital; crucial: **di v. importanza**, of vital importance; crucial ***3*** (*biol., med.*) viable: **vivo e v.**, viable.

vitalismo *m.* (*biol.*) vitalism.

vitalità *f.* ***1*** (*anche fig.*) vitality ***2*** (*med.*) viability.

vitalizio ***A*** *a.* life (*attr.*) ***B*** *m.* life annuity.

vitamina *f.* vitamin: **v. C**, vitamin C.

vitaminico *a.* vitamin (*attr.*): **contenuto v.**, vitamin content.

vitaminizzàto *a.* enriched with vitamins.

vite (1) *f.* (*bot.*) vine • **v. del Canada**, Virginia creeper; woodbine (*USA*).

vite (2) *f.* ***1*** (*mecc.*) screw: **v. maschio [femmina]**, male [female] screw; **allentare [stringere] una v.**, to loosen [to tighten] a screw ***2*** (*aeron.*) spin: **cadere a v.**, to go into a spin • **coperchio a v.**, screw cap □ **giro di v.**, turn of the screw; (*fig.*) clampdown, tightening □ (*fig.*) **dare un giro di v. a q.c.**, to clamp down on st.

vitèllo *m.* ***1*** calf*: **v. di latte**, sucking calf ***2*** (*cucina*) veal: **arrosto di v.**, roast veal ***3*** (*cuoio*) calfskin • (*Bibbia e fig.*) **il v. d'oro**, the golden calf □ (*zool.*) **v. marino**, sea-calf □ **uccidere il v. grasso**, to kill the fatted calf.

vitellóne *m.* ***1*** (*zool.*) fatted calf* ***2*** (*cucina*) tender beef ***3*** (*di uomo*) layabout; loafer.

viticcio *m.* (*bot.*) tendril.

viticolo *a.* wine-growing; viticultural.

viticoltóre *m.* (*f.* **-trice**) wine-grower.

viticoltùra *f.* wine-growing; viticulture.

vitigno *m.* (species of) vine.

vitiligine *f.* (*med.*) vitiligo.

vitivinicolo *a.* wine-growing and producing.

vitreo *a.* vitreous; glassy: **occhi vitrei**, glassy eyes • (*anat.*) **corpo v.**, vitreous body (*o* humour).

vittima *f.* (*anche fig.*) victim; (*di incidente, sciagura, anche*) casualty: **le vittime della strada**, road casualties; **L'uragano ha fatto molte vittime**, the hurricane caused many casualties; **cader v. di q.**, to fall victim of sb.; **v. delle circostanze**, victim of circumstance • (*iron.*) **v. del dovere**, martyr to duty □ **fare la v.**, to play the victim (*o* the martyr); to pile on the agony (*fam.*) □ **il numero delle vittime**, the number of people who died; (*rif. a incidente, calamità*) the death toll □ **sentirsi v.**, to feel sorry for oneself.

vittimismo *m.* self-pity.

vittimista *m. e f.* self-pitying person.

vittimistico *a.* self-pitying.

vitto *m.* ***1*** (*cibo*) food; diet: **v. sano**, healthy diet; **v. abbondante**, plenty of food; plentiful fare ***2*** (*pasti*) meals (*pl.*); board: **v. e alloggio**, board and lodging.

vittòria *f.* ***1*** victory: **v. risicata**, narrow victory; **v. schiacciante**, overwhelming (*o* crushing) victory; (*in elezioni, anche*) landslide victory; **riportare una v. sul nemico**, to win a victory over the enemy ***2*** (*trionfo, successo*) triumph; success; achievement: **una v. della scienza**, a scientific breakthrough (*o* achievement) ***3*** (*sport*) win: (*boxe*) **v. ai punti**, win on points; (*calcio*) **v. in casa [fuori casa]**, home [away] win • **v. di Pirro**, Pyrrhic victory □ **avere la v. in pugno**, to have victory within one's grasp □ **cantare v.**, to exult; to crow (over st.) □ **Non cantare v. prima del tempo**, don't count your chickens before they are hatched □ **palma della v.**, victor's crown.

vittoriàno *a.* Victorian.

vittorióso *a.* ***1*** victorious ***2*** (*trionfante*) triumphant; (*riuscito*) successful: **esercito v.**, victorious army; **tono v.**, triumphant tone; **operazione vittoriosa**, successful operation.

vituperàre *v. t.* to vituperate; to revile; to abuse.

vituperévole *a.* shameful; despicable.

vitupèrio *m.* ***1*** vituperation; abuse Ⓤ; (*ingiuria*) insult ***2*** (*causa di disonore*) disgrace; shame.

viùzza *f.* narrow street; lane; alley.

viva *inter.* hurrah!; hurray! • **V. i vincitori!**, three cheers for the winners! □ **V. il re!**, long live the King! □ **V. l'Inter!**, up Inter!

vivacchiàre *v. i.* (*vivere stentatamente*) to scrape a living; (*tirare avanti*) to get* along, to manage.

vivàce *a.* ***1*** (*pieno di vita*) lively; vivacious; high-spirited ***2*** (*pronto, sveglio*) bright; keen; alert ***3*** (*animato*) lively; animated ***4*** (*vivido*) bright; vivid ***5*** (*mus.*) vivace.

vivaceménte *avv.* in a lively way; animatedly; brightly.

vivacità *f.* ***1*** liveliness; vivacity ***2*** (*vividezza*) brightness; vividness.

vivacizzàre *v. t.* to liven up; to brighten (up).

vivàgno *m.* selvage, selvedge.

vivàio *m.* ***1*** (*di pesci*) fish farm; hatchery: **v. di trote**, trout farm ***2*** (*di piante*) nursery ***3*** (*fig.*) breeding-ground; nursery.

vivaista *m. e f.* ***1*** (*piscicoltura*) fish breeder (*o* farmer) ***2*** (*agric.*) nurseryman* (*m.*).

vivaménte *avv.* (*con calore*) warmly, heartily; (*profondamente*) deeply, profoundly; (*con interesse*) keenly; (*con forza*) strongly: **ringraziare v.**, to thank warmly; **v. commosso**, deeply moved; **v. interessato**, keenly interested; **Mi consigliò v. di accettare**, he strongly recommended me to accept.

vivànda *f.* ***1*** (*cibo*) food Ⓤ ***2*** (*pietanza*) dish.

vivandièra *f.* (*mil.*) female sutler; vivandière (*franc.*).

vivandière *m.* (*mil.*) sutler.

vivènte ***A*** *a.* living; alive (*pred.*): **il più grande attore v.**, the greatest living actor ***B*** *m.* living being • **i viventi**, the living.

vivere ***A*** *v. i.* ***1*** (*essere vivo, esistere*) to live; (*essere in vita*) to be alive: **I pesci vivono nell'acqua**, fish live in water; **Visse nel Medioevo**, he lived in the Middle Ages; **Vive ancora**, he is still alive (*o* living); **I dottori dicono che vivrà**, the doctors say he will live; **v. fino a cent'anni [fino a tarda età]**, to live to be a hundred [to a great age]; **continuare a v.**, to live on; **cessare di v.**, to die; **stanco di v.**, tired of life (*o* of living) ***2*** (*trascorrere la vita, abitare*) to live: **v. felice**, to live happily; **v. libero**, to live in freedom; to be free;

v. come un eremita, to live the life of a hermit; **v. da gran signore**, to live like a lord; **v. da solo**, to live alone; **v. in campagna**, to live in the country ***3*** (*nutrirsi, anche fig.*; *mantenersi*) to live (on); to live (by); to feed* (on): **v. di latte e di uova**, to live on milk and eggs; **v. del proprio lavoro**, to live by one's work; **v. di rendita**, to live on one's private income; to have private means; **guadagnarsi da v.**, to earn a (*o* one's) living; **avere di che v.**, to have enough to live on; **v. di ricordi**, to live on memories; **v. di ambizione**, to feed on ambition; **Vive solo di sport**, he lives and breathes sport ***4*** (*durare*) to live on; to last; to survive: **v. nella memoria di q.**, to live on in sb.'s memory; **tradizioni che vivono ancora**, traditions that still survive • **v. alla giornata**, to drift along; (*per povertà*) to live from hand to mouth □ **v. alle spalle di q.**, to live off sb.; to sponge on sb. (*fam.*) □ **v. di espedienti**, to live by one's wits □ (*tipogr.*) **Vive**, stet □ **insegnare a q. a v.**, to teach sb. to behave □ **Lasciami v.!**, give me some respite!; let me breathe!; give me a break! (*fam.*) □ **Col figlio via non vive più**, she does nothing but worry now her son's away □ **saper v.**, to know how to live; (*conoscere il galateo*) to know how to behave □ **il saper v.**, etiquette □ **stare sul chi vive**, to be on the alert □ (*prov.*) **Chi vivrà vedrà**, time will tell □ (*prov.*) **Vivendo s'impara**, live and learn!; you learn by experience □ (*prov.*) **Vivi e lascia v.**, live and let live ***B*** *v. t.* (*trascorrere*) to live, to lead*, to spend*; (*attraversare*) to go* through, to experience: **v. la propria vita**, to live one's own life; **v. una vita serena**, to lead a peaceful life; **v. anni lieti**, to spend happy years; **v. attimi [ore, ecc.] di angoscia**, to go through a terrible time ***C*** *m.* ***1*** life: **il quieto v.**, a quiet life; peace and quiet; **Questo sì che è v.!**, this is the life! ***2*** (*modo di v.*) way of life; way of living ***3*** (*costo della vita*) cost of living.

viveri *m. pl.* food (*sing.*); provisions; supplies; victuals: **razionamento dei v.**, food rationing; **restare senza v.**, to run short of provisions; **tagliare i v. a q.**, (*mil.*) to cut off sb.'s supplies; (*fig.*) to cut off sb.'s allowance; **rifornire di v. un esercito**, to victual an army.

viveur (*franc.*) *m. invar.* bon viveur; man-about-town; pleasure-seeker.

vivézza *f.* vividness; liveliness; (*di colori*) brightness.

vivìbile *a.* pleasant to live in: **Le grandi città non sono più vivibili**, life in a big city has become impossible.

vivibilità *f.* liv(e)ableness.

vivido *a.* vivid; lively; (*di colori*) bright.

vivificàre *v. t.* to vivify; to enliven; to quicken.

vivificatóre *a.* vivifying; enlivening.

vivìparo *a.* (*zool.*) viviparous.

vivisezionàre *v. t.* ***1*** to vivisect ***2*** (*fig.*) to examine minutely; to dissect.

vivisezióne *f.* ***1*** vivisection ***2*** (*fig.*) minute examination; dissection.

vìvo ***A*** *a.* ***1*** (*vivente*) living; live (*attr.*); alive (*pred.*): **albero v.**, living tree; **Non c'era anima viva**, there wasn't a living soul about; **pesci vivi**, live fish; **prendere un topo v.**, to catch a mouse alive; **nato v.**, born alive; **o v. o morto**, dead or alive; **l'anno venturo, se sarò v.**, next year, if I am still alive (*o* still here); **esser sepolto v.**, to be buried alive; **finché sarò v.**, as long as I live ***2*** (*vivace*) lively; (*acuto*) keen, quick, sharp: **sguardo v.**, lively expression; **viva discussione**, lively debate; **intelligenza viva**, keen intelligence ***3*** (*vivido*) vivid; (*di colore, luce, anche*) bright: **una descrizione viva**, a vivid description; **v. ricordo**, vivid memory; **rosso v.**, bright red ***4*** (*intenso*) intense, great, keen, sharp; (*forte*) strong; (*profondo*) deep; (*sentito*) deeply-felt, heartfelt; (*urgente*) urgent: **v. amore**, deep love; **v. bisogno**, great (*o* urgent) need; **v. dolore**, (*fisico*) sharp pain; (*morale*) deep sorrow; **v. interesse**, keen interest; **viva impressione**, strong (*o* deep) impression; **viva commozione**, intense emotion; **v. desiderio**, strong desire: **v. dolore**, deep sorrow; **vivi ringraziamenti**, heartfelt thanks ***5*** (*acuminato, tagliente*) sharp: **spigolo v.**, sharp edge; **taglio v.**, sharp cut • **v. e vegeto**, alive and well; alive and kicking □ **calore v.**, burning heat □ **carne viva**, (living) flesh; quick □ **farsi v.**, (*farsi vedere*) to turn up; (*venire a trovare q.*) to go and see (sb.), to look (sb.) up; (*dare notizie di sé*) to give news of oneself, to be in touch, (*scrivendo*) to drop a line □ **lingua viva**, living language; spoken language □ **tener viva la conversazione**, to keep the conversation going □ **l'uso v. di una lingua**, the living use of a language ***B*** *m.* ***1*** (*persona vivente*) living person: **i vivi e i morti**, the living and the dead ***2*** (*punto sensibile*) quick; (*fig., anche*) raw, sore point: **ferire q. sul v.**, to cut sb. to the quick; **toccare q. sul v.**, to touch a raw nerve with sb. ***3*** (*nocciolo*) heart; root: **il v. di una questione**, the heart (*o* root) of a matter • **al v.**, (*arte*) to the life; (*fig.*) realistically □ **dal v.**, (*arte*) from life, life (*attr.*); (*radio, TV, ecc.*) live (*attr.*): **ritratto dal v.**, life portrait; **trasmissione dal v.**, live broadcast.

viziàre *v. t.* ***1*** (*un bambino, ecc.*) to spoil* ***2*** (*invalidare, anche leg.*) to vitiate ***3*** (*guastare*) to ruin; to spoil* ***4*** (*inquinare*) to pollute.

viziàto *a.* ***1*** spoilt: **un ragazzo v.**, a spoilt boy ***2*** (*invalidato, anche leg.*) vitiated ***3*** (*inquinato*) polluted; stale: **aria viziata**, stale air.

vìzio *m.* ***1*** (*difetto morale*) vice: **il v. della gola**, the vice of gluttony; **Il mio unico v. è il fumo**, my only vice is smoking ***2*** (*cattiva abitudine*) bad habit: **Ha il v. di far sempre tardi**, he has a bad habit of always arriving late; **togliersi un v.**, to break a habit ***3*** (*difetto, irregolarità, anche leg.*) defect; flaw: **v. di pronuncia**, speech defect; **v. d'origine**, congenital defect; (*leg.*) **v. di procedura**, procedural flaw; (*leg.*) **v. di consenso**, invalid consent • (*teol.*) **i sette vizi capitali**, the seven deadly sins.

viziosità *f.* (*depravazione*) depravation; debauchery.

vizióso ***A*** *a.* ***1*** (*depravato*) dissolute; depraved; debauched ***2*** (*difettoso*) defective; faulty • **circolo v.**, vicious circle ***B*** *m.* (*f.* **-a**) depraved person; debauchee. ATTENZIONE: **vizioso** ≠ vicious.

vìzzo *a.* withered; wrinkled: **fiori vizzi**, withered flowers; **mela vizza**, wrinkled apple; **guance vizze**, withered (*o* wrinkled) cheeks.

vocabolàrio *m.* ***1*** (*patrimonio lessicale*) vocabulary: **v. essenziale [povero]**, basic [limited] vocabulary ***2*** (*dizionario*) dictionary • **«scusa» è una parola che non esiste nel suo v.**, he doesn't even know the meaning of the word «sorry».

vocàbolo *m.* word; term.

vocàle (1) *a.* vocal.

vocàle (2) *f.* (*fon.*) vowel.

vocàlico *a.* (*fon.*) vocalic; vowel (*attr.*).

vocalìsmo *m.* (*fon.*) vocalism; vowel system.

vocalizzàre ***A*** *v. i.* (*mus.*) to vocalize ***B*** *v. t. e* **vocalizzàrsi** *v. i. pron.* (*ling.*) to vocalize.

vocalizzazióne *f.* (*ling., mus.*) vocalization.

vocalizzo *m.* (*mus.*) vocalise.

vocatìvo *a. e m.* (*gramm.*) vocative: **al v.**, in the vocative.

vocazióne *f.* ***1*** vocation; calling: **avere v. per q.c.**, to have a vocation for st.; **fare q.c. per v.**, to do st. as a vocation; **v. sacerdotale**, vocation to the priesthood ***2*** (*dote innata*) bent; gift: **avere v. per la musica**, to have a gift for music.

vóce *f.* ***1*** (*anche fig.*) voice: **v. di petto [di testa]**, chest [head] voice; **v. di donna**, woman's voice; **alzare [abbassare] la v.**, to raise [to lower] one's voice; (*di cantante*) **avere poca v.**, not to have a strong voice; **perdere la v.**, to lose one's voice; **non avere v.**, to have lost one's voice; **parlare ad alta v.**, to speak loudly (*o* in a loud voice); **pensare ad alta v.**, to think aloud; **a bassa (*o* mezza) v.**, in a low voice; quietly; **con quanta v. aveva in corpo**, with all his breath; at the top of his voice ***2*** (*di animali*) call, cry; (*canto*) song ***3*** (*suono*) sound ***4*** (*diceria*) rumour, rumor (*USA*); story; gossip 🅤: **spargere una v.**, to spread a rumour; **Corrono strane voci**, there are strange rumours going about; **Si è sparsa la v. che...**, there is a rumour going about that...; **Corre v. che...**, it is rumoured that...; **voci di corridoio**, backstairs gossip; **voci che corrono**, mere rumours ***5*** (*opinione*) opinion: **la v. pubblica**, public opinion ***6*** (*mus.*) voice; (*sonorità*) tone: **v. bianca**, treble (voice); **coro di voci bianche**, boys' choir; **v. di basso**, bass (voice); **madrigale a quattro voci**, four-part madrigal ***7*** (*vocabolo*) word; term ***8*** (*di dizionario*) entry; (*intestatura*) heading; (*di elenco, documento*) item: **alla v. «erba»**, under «grass»; **È nelle Pagine Gialle alla v. «fornitori»**, it's in the Yellow Pages under «suppliers»; **le voci di una lista**, the items on a list ***9*** (*gramm.: forma del verbo*) voice; (*parte del verbo*) part • **V.!**, louder!; speak up! □ **la v. della coscienza**, one's conscience □ (*cinem.*) **v. fuori campo**, off-screen voice; (*che commenta*) voice-over □ **a una v.**, with one voice; unanimously □ **a portata di v.**, within hearing □ **a v.**, verbally; (*di persona*) in person □ **a viva v.**, personally;

face to face □ **L'ho sentito io dalla sua viva v.**, I heard it myself from his own lips □ **avere v. in capitolo**, to have a say in the matter (*o* in st.) □ **dare una v. a q.**, to give sb. a call; to call sb. □ **dar v. a q.c.**, to give voice to st.; (*esprimere*) to express st. □ **darsi la v.**, to pass the word round □ **dare sulla v. a q.**, (*contraddire*) to contradict sb.; (*zittire*) to shut sb. up □ **essere giù di v.**, to be hoarse; (*di cantante*) not to be in good voice □ (*di cantante*) **essere in v.**, to be in good voice □ **fare la v. grossa**, to raise one's voice □ (*di ragazzo*) **Sta mutando la v.**, his voice is breaking □ **sotto v.**, *V.* **sottovoce**.

vociàre ***A*** *v. i.* ***1*** (*gridare*) to shout; to bawl ***2*** (*chiacchierare*) to gossip ***B*** *m.* ***1*** (*grida*) shouting; bawling ***2*** (*chiacchiere*) gossip.

vociferànte *a.* vociferous; clamorous.

vociferàre ***A*** *v. i.* to vociferate; to bawl; to clamour ***B*** *v. t.* to rumour: **Si vocifera che...**, it is rumoured that...

vociferazióne *f.* vociferation; shouting Ⓤ.

vocìo *m.* shouting; clamour.

vòdka *f.* vodka.

vóga (**1**) *f.* (*moda*) fashion; vogue; (*popolarità*) popularity: **essere in v.**, to be in fashion (*o* in vogue); to be in; **tornare in v.**, to come back (into fashion); **in gran v.**, very popular; all the rage.

vóga (**2**) *f.* ***1*** (*spinta data col remo*) stroke ***2*** (*il vogare*) rowing.

vogare *v. i.* to row; (*con pagaia*) to scull.

vogàta *f.* ***1*** row; (*modo di vogare*) rowing ***2*** (*spinta data col remo*) stroke; pull.

vogatóre *m.* ***1*** (*f.* **-trice**) rower; oarsman* (*m.*) ***2*** (*attrezzo*) rowing machine ***3*** (*canottiera*) singlet (*GB*); undershirt (*USA*).

vòglia *f.* ***1*** (*desiderio*) wish, desire; (*capriccio*) fancy, whim; (*impulso*) urge: **piegarsi alle voglie di q.**, to bow to sb.'s wishes; **togliersi una v.**, to indulge a whim; **una gran v. di tornare a casa**, a longing for home (*o* to go back home); **Resistetti alla v. di mollargli un pugno**, I resisted the urge to punch him; **Non ho nessuna v. di vederlo**, I have no wish to see him; **Ho voglia di camminare**, I feel like walking; **Ho v. di un caffè**, I feel like a cup of coffee; **Non ho v. di scherzare**, I'm not in the mood for joking; **Mi vien v.** (*o* **Mi fa venir v.**) **di piantare tutto**, I feel like chucking everything in; **Me ne è passata la v.**, I don't feel like it any more; **Ho proprio v. di rivederla**, I'm really looking forward to seeing her again ***2*** (*volontà*) will; willingness: **non avere più v. di vivere**, to have lost the will to live; **aver v. di lavorare**, to want to work ***3*** (*desiderio sessuale*) desire; lust ***4*** (*di donna incinta*) craving: **v. di insalata**, craving for salads ***5*** (*fam.*: *macchia della pelle*) birthmark: **v. di fragole**, strawberry birthmark • **avere una v. matta di q.c.** [**di fare q.c.**], to be dying for st. [to do st.] □ **contro v.**, against one's will □ **di buona v.**, willingly; with pleasure; (*con entusiasmo*) with a will □ **di mala v.**, unwillingly; reluctantly □ **levarsi la v.** (*la soddisfazione*) **di fare q.c.**, to give oneself the satisfaction of doing st. □ **Ho una mezza v. di...**, I have half a mind to... □ **morire dalla v. di sapere q.c.**, to be dying (*o* itching) to know st. □ **Muoio dalla v. di bere un tè**, I'm dying for a cup of tea.

voglióso *a.* eager; (*bramoso*) longing, yearning; (*cupido*) greedy.

vói ***A*** *pron. pers. m. e f. 2ª pers. pl.* ***1*** (*sogg. e compl.*) you: **Fatelo voi**, you do it; **Eravate voi?**, was it you?; **Beati voi!**, lucky you!; **se io fossi (in) voi**, if I were you; **Tocca a voi decidere**, it's up to you to decide ***2*** (*formula di cortesia*) you • **voi due**, the two of you; (*entrambi*) both of you, you both □ **voi stessi** (*o* **proprio voi**), you yourselves □ **voi tre**, the three of you; you three □ **voi tutti**, all of you; you all □ **da voi**, (*a casa vostra*) at [to] your place (*o* house); (*nel vostro paese*) in your country, where you come from; (*nella vostra regione*) in your part of the country □ **da voi** (*da soli*), by yourselves □ **A voi!**, (*tocca a voi*) it's your turn!; (*alla vostra salute*) here's to you! ***B*** *m.* «voi»; formal form of address: **dare del voi a q.**, to address sb. as «voi».

voiàltri *pron. pers. m. 2ª pers. pl.* you; you people; you folks (*fam. USA*); (*i rimanenti*) the rest of you.

voilà (*franc.*) *inter.* here you are!; here it is!

voile (*franc.*) *m. invar.* (*ind. tess.*) voile.

volàno *m.* ***1*** (*sport*: *palla*) shuttlecock; (*il gioco*) badminton ***2*** (*mecc.*) flywheel ***3*** (*fig.*) engine; driving force.

volant (*franc.*) *m. invar.* flounce.

volànte (**1**) ***A*** *a.* ***1*** flying: **pesce v.**, flying fish; **disco v.**, flying saucer ***2*** (*libero, mobile*) free; loose; movable: **foglio v.**, loose sheet ***3*** (*di persona*) freelance: **indossatrice v.**, freelance model ***B*** *f.* (*polizia*) flying squad.

volànte (**2**) *m.* (*autom.*) steering wheel; wheel: **essere al v.**, to be at the wheel; **mettersi al v.**, to take the wheel; **un'auto col v. a destra**, a car with right-hand drive.

volantinàggio *m.* distribution of leaflets; leafleting.

volantino *m.* (*manifestino*) leaflet; handbill.

volàre *v. i.* ***1*** (*anche fig.*) to fly*; (*sotto la spinta del vento*) to blow*, to be blown: **Ho volato su Milano**, I've flown over Milan; **Volavano le frecce**, arrows were flying; **v. via**, to fly away; **La polvere volava**, dust was blowing about; **Mi volò via il foulard**, my scarf was blown away; **La sua mente volò a quegli anni**, his mind went back to those years ***2*** (*del tempo*) to fly* (by, past): **Il tempo vola**, times flies; **Volano gli anni**, the years fly by; **Quest'anno è volato**, this year has just flown by ***3*** (*correre*) to rush; to speed*: **Volai alla stazione**, I rushed to the station; **L'automobile volava attraverso la pianura**, the car was speeding across the plain ***4*** (*cadere*) to fall*; to plummet: **Volò giù del terzo piano**, he fell from the third floor • **far v.**, to fly; (*del vento*) to blow away (*o* off); (*scagliare*) to fling, to throw: **far v. un aquilone**, to fly a kite; **Il vento gli fece v. via il cappello**, the wind blew his hat off □ **Volarono parole grosse tra loro**, they hurled insult at each other.

volàta *f.* ***1*** (*volo*) flight ***2*** (*corsa*) rush ***3*** (*sport*) (final) sprint: **vincere di v.**, to sprint home to win ***4*** (*caduta*) fall • **di v.**, quickly; in a rush; in a flash □ **andare di v.**, to rush; to hurry □ **partire di v.**, to rush off □ **tirare la v.**, (*sport*) to set the pace; (*fig.*) to smooth the way (for sb.).

volàtile ***A*** *a.* (*chim.*) volatile ***B*** *m.* bird.

volatilità *f.* (*chim.*) volatility.

volatilizzàre ***A*** *v. t. e i.* (*chim.*) to volatilize ***B*** **volatilizzàrsi** (**2**) *v. i. pron.* ***1*** (*chim.*) to volatilize ***2*** (*dileguarsi*) to disappear; to vanish (into thin air).

volatilizzazióne *f.* (*chim.*) volatilization.

vol-au-vent (*franc.*) *m. invar.* (*cucina*) vol-au-vent.

volée (*franc.*) *f. invar.* (*tennis*) volée; volley.

volènte *a.* willing • **v. o nolente**, whether one likes it or not; like it or not; willy-nilly.

volenteróso *a.* willing; eager.

volentièri *avv.* willingly; gladly; with pleasure: **Lavora v.**, he's a willing worker; he enjoys his work; **Lo vedrò v.**, I'll see him with pleasure; I'll be glad to see him; **«Un whisky?» «V.»**, «whisky?» «I'd love one».

volére ***A*** *v. t.* ***1*** to want: **Voglio i miei soldi**, I want my money; **Voglio sapere**, I want to know; **Voglio parlarti**, I want to talk to you; **Voglio che lui resti**, I want him to stay; **Vuole che sia tutto finito per domani**, he wants everything to be finished by tomorrow; **Ti vogliono al telefono**, you are wanted on the phone; **Mi vollero con loro**, they wanted me to go with them; **Mi vogliono morto**, they want (to see) me dead; **Si vuole far frate**, he wants to become a monk ***2*** (*gradire*) to like; to wish; would like (*difett.*): **Come volete voi**, as you like (*o* wish); **quando vuoi**, whenever you like; **Vorrei un consiglio** [**del pane**], I'd like some advice [some bread] ***3*** (*desiderare*) to wish, would like (+ *inf. o prop. oggettiva*); (*qualcosa di irrealizzabile*) to wish (+ *congiunt.*); to wish for, to desire: **Vorrei conoscerlo**, I would like to meet him; **Avrei voluto vedere quel film**, I would have liked to see that film; **Vorrei poter partire con voi**, I wish I could leave with you; **Vorrei averlo aiutato**, I wish I had helped him; **Ha tutto quello che si può v.**, he has everything one could wish for ***4*** (*preferire*) to prefer, would rather (*condiz. pres.*); (*scegliere, decidere*) to choose*: **Vorrei che tu non ci andassi da sola**, I'd rather you didn't go there alone; **Vorrei piuttosto andare a Parigi**, I'd rather go to Paris instead; **Vollero restare a casa**, they chose to stay at home; **Fa' un po' come vuoi!**, do as you choose; suit yourself! ***5*** (*volontà intensa*) will (*pres. indic.*), would (*pass. indic. e congiunt., condiz.*); will [would] have (+ *sost. o prop. oggettiva*): **Voglio essere ubbidito**, I will be obeyed; **Vuole fare a modo suo**, he will have his own way; **Non voglio farlo!**, I will not (*o* won't) do it!; **Non vollero aiutarci**, they would not (*o* wouldn't) help us; **Non voglio scuse**, I will have no excuses; **Non voglio che usi quel tono con te**, I won't have him use that tone with you; (*fam.*) **Il dolore**

non vuole passare, the pain won't go away *6* (*nelle richieste*) will; (*nelle offerte*) will have, would like; **Volete entrare?**, will you come in?; **Vuoi una tazza di tè?**, will you have a cup of tea?; **Vuoi un po' di gelato?**, would you like some icecream?; **Non vuoi restare a cena?**, won't you stay for dinner? *7* (*nelle offerte di fare q.c.*) — **Vuoi che spenga la luce?**, shall I (*o* would you like me to) switch off the light?; **Volete che vi aiuti?**, shall I help you?; **Andiamocene, vuoi?**, let's go away, shall we? *8* (*esigere, richiedere*) to require; to need; to call for; to take*: **piante che vogliono la luce**, plants which require light; **Questo verbo vuole il congiuntivo**, this verb requires (*o* takes) the subjunctive *9* (*esigere un prezzo*) to want, to charge; (*chiederlo*) to ask: **Quanto vuoi per la macchina?**, how much are you asking (*o* do you want) for your car? *10* (*intendere, avere intenzione di*) to intend; to mean*; to be going (to): **E adesso che vosa vuoi fare?**, what do you intend to do now?; **Non vorrai lasciarlo fare, vero?**, you don't mean to let him do as he pleases, do you?; **Volevo partire oggi, ma sono stato trattenuto**, I was going to leave today, but I was kept back; **Vuoi smetterla o no?**, are you going to stop it or not? *11* (*pretendere, aspettarsi*) to expect: **Tu vuoi troppo da lei**, you're expecting too much from her; **Voglio che tu sia puntuale**, I expect you to be punctual; **Che cosa volevi che facessi? Non c'era altra via**, what did you expect me to do? there was no other way; **Che vuoi che ti dica?**, what can I say?; **Che vuoi, sono giovani**, what do you expect, they are young! *12* (*permettere*) to let*; to allow; to agree: **Verrò, se mia madre vuole**, I'll come, if my mother lets me (*o* agrees) *13* (*ritenere, credere, dire*) to say*; to have it: **Si vuole sia stato avvelenato**, he is said to have been poisoned; **Vuole la leggenda che...**, the legend has it that... *14* (*stabilire, disporre*) will: **L'ha voluto il destino**, fate willed it • **v. bene a q.**, to be fond of sb.; to love sb. □ **v. dire** (*significare*), to mean*: **Che vuol dire questa parola?**, what does this word mean?; **Questo vuol dire che non ti fidi di me**, this means you don't trust me; **Be', vuol dire che tornerò dopo**, all right, I'll come back later then □ **v. male a q.**, to wish sb. ill; to hate sb. □ **v. o volare**, like it or not □ **volerci** (*occorrere; essere necessario, opportuno, richiesto*), to take*; to be needed; to be required: **Quanto ci vuole per andare da Pisa a Roma?**, how long does it take to go from Pisa to Rome?; **Mi ci volle un'ora buona per tornare**, it took me a full hour to go back; **Ci vuole tempo per queste cose**, these things take time; **Quanta stoffa ci vuole per un vestito?**, how much material is required (*o* do you need) for a dress?; **Qui ti ci vorrebbe un tavolo**, what you need here is a table; **Ce n'è voluto per convincerlo**, it took some doing to convince him; **Ci vuol altro!**, it takes more than that!; **Proprio quello che ci vuole!**, just what is needed!; just the job! (*fam.*) □ **volerne a q.**, to hold it against sb.: **Non volermene**, don't hold it against me; don't be angry with me □ **Dio non voglia!**, God forbid! □ **Dio voglia che torni sano e salvo!**, may God bring him back safe and sound! □ **Dio volesse che fosse ancora vivo!**, if only he were still alive!; would to God he were still alive! □ **L'hai** (*o* **Te lo sei**) **voluto!**, you asked for it! □ **Non mi volevo persuadere**, I couldn't persuade myself □ **Qui ti voglio!** (*ecco il problema*), that's the problem □ **Se Dio vuole, è finita!**, it's all over now, thank God! □ **Sembra che voglia piovere**, it looks like rain □ **senza v.** (*o* **non volendo**), without meaning to; unintentionally; unwittingly; involuntarily □ **Volevo ben dire!**, I thought as much! □ **Vorrei sbagliarmi, ma...**, I may be wrong, but... □ **vuoi... vuoi**, (*sia... sia*) both... and; (*o... o*) either or ***B*** *m.* *1* (*volontà*) will: **contro il v. di q.**, against sb.'s will *2* (*al pl.*) (*desideri*) wishes.

volgàre ***A*** *a.* *1* vulgar; common; (*triviale*) coarse, rude: **gusti v.**, vulgar tastes; **parole volgari**, rude words *2* (*comune*) common; ordinary: **un v. ladro**, a common thief *3* (*popolare*) popular: **credenza v.**, popular belief *4* (*ling.*) vernacular; vulgar: **latino v.**, vulgar Latin ***B*** *m.* vernacular; vulgar tongue • **cadere nel v.**, to become vulgar (*o* coarse).

volgarità *f.* *1* vulgarity; (*trivialità*) coarseness, rudeness *2* (*parola o frase volgare*) something rude; (*al pl.*) coarse language: **dire una v.**, to say something vulgar.

volgarizzàre *v. t.* *1* (*tradurre in volgare*) to translate into the vernacular *2* (*divulgare*) to popularize.

volgarizzatóre *m.* (*f.* **-trice**) popularizer.

volgarizzazióne *f.* (*divulgazione*) popularization.

volgarménte *avv.* *1* (*in modo volgare*) coarsely *2* (*comunemente*) commonly.

vòlgere ***A*** *v. t.* *1* (*anche fig.*) to turn: **v. gli occhi verso q.**, to turn one's eyes towards sb.; **v. il pensiero a q.c.**, to turn one's thoughts to st.; **v. i passi verso casa**, to turn (*o* to direct) one's steps homewards *2* (*tradurre*) to translate; to turn ***B*** *v. i.* *1* (*piegare*) to veer; to go* off: **La strada volge a sinistra**, the road veers (*o* goes off) to the left *2* (*tendere*) to verge; to border; (*mutare*) to change: **un rosso che volge al viola**, a red verging on purple; **Il tempo volge al bello**, the weather is changing for the better • **v. al meglio** [**al peggio**], to take a turn for the better [the worse] □ **v. al termine**, to draw to a close; to come to an end □ **Il sole volgeva al tramonto**, the sun was setting ***C*** **vòlgersi** *v. rifl. e i. pron.* *1* (*girarsi*) to turn; to turn round: **Si volse verso di me**, he turned towards me; **Si volse adagio**, he turned round slowly; **da qualunque lato mi volga**, whichever way I turn *2* (*mutarsi*) to turn (to); to change (into) ***D*** *m.* passing; course: **col v. degli anni**, with the passing of years; **nel v. di due mesi**, in the course (*o* space) of two months.

vólgo *m.* *1* (*lett.*) common people (*pl.*); populace *2* (*fig. spreg.*) common herd; hoi polloi.

volièra *f.* aviary.

volitivo *a.* *1* (*della volontà*) volitive; volitional: **atto v.**, volitive act; **forza volitiva**, willpower *2* (*di persona*) strong-willed.

vólo *m.* *1* (*anche fig.*) flight: **il v. dell'aquila**, the flight of the eagle; **un v. della fantasia**, a flight of fancy; **in v.**, in flight; **alzarsi in v.** (*di uccello*), to take flight *2* (*aeron.*) flight; (*il volare*) flying: **volo di collaudo**, test flight; **il v. delle sei e trenta**, the six-thirty flight; **v. a vista** [**strumentale**], contact [instrument] flying; **v. a vela**, gliding; **v. senza scalo**, non-stop flight; **alzarsi in v.**, to take off; **essere in v.**, to be flying; **incidente di v.**, flying accident; air crash; **scuola di v.**, flying school *3* (*caduta*) fall: **fare un v.**, to fall; to go flying • **v. poetico**, poetical flight of fancy □ **a v. d'uccello**, (*in linea retta*) as the crow flies; (*dall'alto*) bird's-eye (*attr.*): **panorama a v. d'uccello**, bird's-eye view □ **al v.** (*subito*), at once; straightaway; in a flash □ **capire q.c. al v.**, to grasp st. at once; to catch on to st. at once; (*un'allusione*) to take the hint □ **cogliere un'occasione al v.**, to leap at (*o* to grasp) an opportunity □ **cogliere al v. un commento**, to overhear a remark □ **colpire un uccello in v.**, to shoot a bird on the wing □ **prendere al v. q.c.** (*che sta cadendo*), to grab st.; to catch st. □ **prendere al v. un treno**, to catch a train in the nick of time □ **prendere il v.**, to take flight; (*scappare*) to flee; (*di cosa*) to disappear.

volontà *f.* will: **Sia fatta la v. di Dio**, God's will be done; **v. di ferro**, iron will; **contro la propria v.**, against one's will; **di mia spontanea v.**, of my own free will; of my own volition (*form.*); **forza di v.**, willpower; **essere privo di v.**, to have no willpower • **a v.**, at will; as much as one likes □ **cause indipendenti dalla propria v.**, reasons beyond one's control □ (*leg.*) **ultime volontà**, last will and testament □ **uomini di buona v.**, men of good will.

volontariaménte *avv.* voluntarily; of one's own free will.

volontariàto *m.* *1* (*mil.*) voluntary service *2* (*a scopo professionale*) unpaid apprenticeship *3* (*attività sociale gratuita*) voluntary work *4* (*i volontari*) voluntary workers (*pl.*); (*i servizi volontari*) voluntary services (*pl.*).

volontarietà *f.* voluntariness.

volontàrio ***A*** *a.* *1* voluntary *2* (*leg.*) wilful ***B*** *m.* (*f.* **-a**) *1* (*anche mil.*) volunteer: **offrirsi v.**, to volunteer *2* (*rif. ad attività sociali*) voluntary worker • **v. del sangue**, blood-donor.

volonteróso *a.* willing; eager.

volontièri *V.* **volentieri**.

volpacchiòtto *m.* (*zool.*) fox cub.

vólpe *f.* *1* (*zool.*) fox; (*la femmina*) vixen: **caccia alla v.**, fox-hunting; **pelliccia di v.**, fox fur *2* (*fig.*) sly fox: **vecchia v.**, sly old fox.

volpino ***A*** *a.* *1* of a fox; fox (*attr.*); (*simile a volpe*) foxlike *2* (*astuto*) foxy; cunning ***B*** *m.* Pomeranian dog.

volpóne *m.* (*fig.*) old fox; sly fox.

vòlt *m. invar.* (*elettr.*) volt.

vòlta (**1**) *f.* *1* time: **una v.**, once; **due volte**, twice; **tre** [**quattro, ecc.**] **volte**, three [four, etc.] times; **una v. o due**, once or twice; **due o tre volte**, two or three times; **una v. per ciascuno**, once each; **L'ho visto una v. sola**, I only saw him once; **due volte più grosso**, twice as big; **tre alla v.**, three at a time; **a volte**, at times; **ancora una v.**, once more (*o* again); **certe volte**, at times; **molte volte**, many times, often; **poche volte**, seldom; **rare volte**, rarely; **tutte le volte** (*o* **ogni v.**) **che**, every time; whenever; **nove volte su dieci**, nine times out of ten; **Che sia la prima e l'ultima v.!**, let this be the first and last time!; **Non è la prima v. che lo vedo**, it's not the first time I've seen him; **La prossima v. pago io**, next time I'll pay; **una cosa per v.**, one thing at a time; **per l'ennesima v.**, for the umpteenth time ***2*** (*turno*) turn: **a mia v.**, in my turn; **Quando venne la v. di Mario**, when Mario's turn came ***3*** (*tipogr.*) reverse; verso* • **la v. buona**, the right moment □ **Questa è la v. buona!**, this is it! □ **una v. o l'altra**, some time or other; one of these days; (*prima o poi*) sooner or later □ **una v.** (**ogni**) **tanto**, once in a while; every now and then □ **una v. per tutte**, once and for all □ **v. per v.**, each time □ **una v. tanto** (*per questa volta*), for once; for a change □ **alla v. di**, towards; in the direction of; for: **partire alla v. di Roma**, to set out for Rome □ **un'altra v.**, another time; some other time; (*di nuovo*) again, a second time □ **Sta' zitto una buona v.!**, be quiet for once! □ **C'era una v. un re**, once upon a time there was a king □ **Gli ha dato di v. il cervello**, he's gone off his head □ **di v. in v.**, each time □ **Ora è la v. che mi arrabbio!**, this time I'm really going to get angry! □ **fare troppe cose in una v.**, to do too many things at the same time (*o* at once) □ **parlare tutti in una v.**, to speak all at the same time □ **Mai una v. che si ricordi della mia festa!**, never once does he remember my birthday! □ **un po' alla v.**, a little at a time; (*a poco a poco*) little by little □ **più volte**, repeatedly; at various times □ **tutto in una v.**, all at once □ (*mat.*) **Tre volte tre fa nove**, three times three is (*o* are) nine.

vòlta (2) *f.* vault: **v. a botte**, barrel vault; **v. a crociera**, cross vault; **v. a cupola**, dome vault; **v. a vela**, ribbed vault • **la v. celeste**, the vault of heaven; the sky □ (*anche fig.*) **chiave di v.**, keystone □ **soffitto a v.**, vaulted ceiling.

voltafàccia *m. invar.* about-turn; about-face; volte-face (*franc.*).

voltagabbàna *m. e f. invar.* time-server; weathercock; (*traditore*) turncoat.

voltàggio *m.* (*elettr.*) voltage.

voltàico *a.* (*elettr.*) voltaic: **pila voltaica**, voltaic pile; **arco v.**, electric arc.

voltàmetro *m.* (*elettr.*) voltameter.

voltàre ***A*** *v. t.* ***1*** to turn: **v. il capo**, to turn one's head; **Voltò gli occhi su di me**, he turned his gaze on me; **v. le spalle a q.**, to turn one's back on sb. (*anche fig.*); (*dare le spalle*) to have one's back turned to sb.; **v. l'angolo**, to turn the corner ***2*** (*rivoltare*) to turn over: **v. una braciola**, to turn over a chop; **v. pagina**, to turn over the page; (*fig.*) to turn over a new leaf; **v. e rivoltare q.c.**, to turn st. over and over ***3*** (*rigirare*) to turn round: **v. la barca**, to turn the boat round ***4*** (*distogliere*) to turn away: **v. il viso**, to turn away one's face ***5*** (*lett.*: *tradurre*) to translate; to turn • **v. q.c. in scherzo**, to make a joke of st. ***B*** *v. i.* to turn: **La strada volta a sinistra**, the road turns to the left ***C*** **voltàrsi** *v. rifl.* ***1*** to turn; to turn round: **v. verso q.**, to turn to sb.; **Lo chiamai ma lui non si voltò**, I called him but he didn't turn round; **Voltati!**, turn round!; **v. di scatto**, to spin round; to swing round; **Voltati di qua**, turn this way; **non sapere da che parte v.**, not to know which way to turn ***2*** (*rivoltarsi*) to turn over: **v. nel letto**, to turn over in bed; **v. e rivoltarsi** (*nel letto*), to toss and turn ***3*** (*del vento*) to shift.

voltastòmaco *m. invar.* (*fam., anche fig.*) nausea: **avere il v.**, to feel sick; **dare il v. a q.**, to make sb. sick; to turn sb.'s stomach.

volteggiàre *v. i.* ***1*** (*di uccello*) to circle; to wheel; (*di aereo*) to circle; (*di cosa portata dal vento*) to swirl ***2*** (*fare giravolte*) to whirl; to twirl ***3*** (*equitazione, ginnastica*) to vault.

voltéggio *m.* (*equitazione, ginnastica*) vaulting; vault.

voltìmetro, **vòltmetro** *m.* (*elettr.*) voltmeter.

vòlto (1) *a.* ***1*** turned: **v. in su**, turned up; **una finestra volta a est**, a window which looks east ***2*** (*diretto*) directed (to); (*mirante*) aiming (at): **misure volte a ridurre le spese**, measures aiming at reducing expenses.

vólto (2) *m.* ***1*** face: **acceso in v.**, red in the face; **un v. nuovo**, a new face; **cambiare in v.**, to look different; **mostrare il proprio vero v.**, to show one's true colours ***2*** (*aspetto*) facet; aspect.

voltùra *f.* ***1*** (*rif. a servizi pubblici*) transfer: **v. del telefono**, transfer of one's telephone number to a new address ***2*** (*leg.*) registration (of a transfer deed).

volùbile *a.* fickle; inconstant; changeable. ATTENZIONE: **volubile** ≠ voluble.

volubilità *f.* fickleness; inconstancy; changeableness.

volùme *m.* ***1*** volume: **il v. di un corpo**, the volume of a body; **alzare** [**abbassare**] **il v.**, to turn up [to turn down] the volume; **a tutto v.**, at full volume; at full blast (*fam.*); **un gran v. d'acqua**, a great volume of water; **un gran v. di voce**, a powerful voice; (*mil.*) **v. di fuoco**, volume of fire; **v. delle vendite**, volume of sales ***2*** (*libro*) volume.

volumetrìa *f.* ***1*** (*archit.*) distribution of volumes ***2*** (*chim.*) volumetric analysis.

volumètrico *a.* volumetric.

voluminosità *f.* bulkiness.

voluminóso *a.* voluminous; bulky.

volùta *f.* ***1*** (*spira*) spiral; whorl; curl ***2*** (*archit.*) scroll; volute ***3*** (*zool.*) volute.

volutaménte *avv.* deliberately; intentionally; on purpose.

volùto *a.* ***1*** (*desiderato*) desired; wished for: **l'effetto v.**, the desired effect ***2*** (*intenzionato*) intentional; deliberate ***3*** (*commissionato*) commissioned ***4*** (*artificioso*) contrived; studied; self-conscious; affected.

voluttà *f.* ***1*** (*piacere sensuale*) voluptuousness; sensual pleasure ***2*** (*intenso godimento*) pleasure; delight.

voluttuàrio *a.* (*non necessario*) unnecessary; non-essential; luxury (*attr.*): **spese voluttuarie**, unnecessary expenses; **beni voluttuari**, luxury goods.

voluttuóso *a.* voluptuous; sensual.

vòmere *m.* (*agric.*) ploughshare.

vomitàre *v. t. e i.* ***1*** to vomit; to be sick (*GB*); to throw* up (*fam.*); to bring* up (st.) (*fam.*); to puke (*pop.*): **v. sangue**, to vomit blood; **aver voglia di v.**, to feel like throwing up; **Mi viene da v.**, I think I'm going to be sick; (*anche fig.*) **far** (**venire da**) **v. a q.**, to make sb. sick; to turn sb.'s stomach ***2*** (*fig.*) to pour out: **v. ingiurie**, to pour out insults.

vomitèvole *a.* nauseating; sickening.

vòmito *m.* ***1*** (*il vomitare*) vomiting: **provocare v.**, to cause vomiting ***2*** (*materia vomitata*) vomit • **avere il v.**, to vomit; to be sick (*GB*); to throw up (*fam.*) □ (*anche fig.*) **far venire** (*o* **dare**) **il v. a q.**, to make sb. sick; to turn sb.'s stomach.

vóngola *f.* (*zool.*) clam.

voràce *a.* voracious (*anche fig.*); ravenous; (*ingordo*) greedy: **fame v.**, ravenous hunger; **lettore v.**, voracious reader; **Non essere v.!**, don't be greedy!

voracità *f.* voracity; voraciousness; ravenousness; (*ingordigia*) greed.

voràgine *f.* abyss; gulf; chasm; pit.

vorticàre *v. i.* to whirl; to swirl.

vòrtice *m.* ***1*** (*d'acqua*) whirlpool, eddy; (*d'aria*) whirlwind, vortex*; (*turbinio*) whirl ***2*** (*fig.*) whirl; vortex*; frenzy ***3*** (*fis.*) vortex*.

vorticosaménte *avv.* in a whirl; in whirls; dizzily.

vorticóso *a.* ***1*** whirling ***2*** (*incalzante*) dizzy; hectic; frenetic.

vossignorìa *m. e f.* Your Lordship (*m.*); Your Ladyship (*f.*).

vòstro ***A*** *a. poss.* ***1*** your; (*v. proprio*) your own: **v. zio**, your uncle; **ai vostri tempi**, in your days; **un v. amico**, a friend of yours; one of your friends; **Che ne è di quel v. cane?**, what happened to that dog of yours? ***2*** (*come pred. nominale*) yours: **Questi libri sono vostri**, these books are yours ***3*** (*nelle forme ellittiche*) — **Ho ricevuto la vostra del 21 settembre**, I have received your letter of the 21st September; **Alla vostra!**, your health!; **Sono dalla vostra**, I'm on your side; **Anche voi avete avuto le vostre**, you've had your shares of worries too ***4*** (*in fine di lettera*) yours: **saluti dal v. Carlo**, yours, Carlo ***B*** *pron. poss.* yours: **Il nostro caso è diverso dal v.**, our case is different from yours; **q.c.** [**niente**] **di v.**, something [nothing] of your own ***C*** *m.* ***1*** (*denaro, averi, ecc.*) what is yours; your money; your property ***2*** (*al pl.*) your people; (*parenti*) your relatives; (*seguaci*) your followers; (*sostenitori*) your supporters.

votànte ***A*** *a.* voting; (*che ha diritto al voto*) eligible to vote ***B*** *m. e f.* voter: **un'alta percentuale di votanti**, a high turnout of voters; a heavy poll.

votàre ***A*** *v. i.* to vote; to have a vote; to take* a vote (*o* a ballot): **andare a v.**, to go to vote; to go to the polls; **Votiamo!**, let's take a vote!; **v. a scrutinio segreto**, to vote by (*o* to have a) (secret) ballot; **v. per alzata di mano**, to vote by (*o* to have) a show of hands; **v. per appello nominale**, to vote by roll call; **v. per la continuazione dello sciopero**, to vote to continue the strike ***B*** *v. t.* ***1*** to vote: **votare repubblicano**, to vote republican; **Ti ho votato**, I voted for you; I gave you my vote; **v. una proposta**, to vote in favour of a proposal; **v. la fiducia** [**la sfiducia**], to pass a vote of confidence [of no confidence]; **v. scheda bianca**, to cast a blank vote ***2*** (*approvare*) to pass; to vote through: **v. un disegno di legge**, to pass a bill; **Fu votato che...**, we [they, etc.] voted to... ***3*** (*consacrare*) to consecrate; (*dedicare*) to devote ***C*** **votàrsi** *v. rifl.* to devote oneself.

votàto *a.* ***1*** (*dedicato*) consecrated; devoted ***2*** (*destinato*) destined; bound: **v. al fallimento**, bound to fail; doomed (*attr.*).

votazióne *f.* ***1*** voting; vote; polling; poll: **v. per acclamazione**, voting by acclamation; **v. a scrutinio segreto**, balloting; (secret) ballot; **v. nulla**, void ballot; **modalità della v.**, voting procedure; **passare alla v.**, to proceed to a vote (*o* a ballot) ***2*** (*risultato della v.*) vote: **v. unanime**, unanimous vote ***3*** (*v. scolastica*) marks (*pl., GB*); grades (*pl., USA*).

votivo *a.* votive.

vóto *m.* ***1*** (*promessa*) vow: **fare (un) v.**, to make a vow; (*eccles.*) **fare v. di povertà**, to take a vow of poverty; (*eccles.*) **pronunciare** (*o* **prendere**) **i voti**, to take vows; **mancare al v.**, to break one's vow ***2*** (*offerta*) votive offering ***3*** (*lett.*: *desiderio*) desire; (*augurio*) wish: **formulare voti**, to express one's good wishes ***4*** (*elettorale*) vote; (*segreto*) (secret) ballot: **diritto di v.**, right to vote; vote; **v. palese**, open vote; **v. di fiducia** [**di sfiducia**], vote of confidence [of no confidence]; **v. di scambio**, vote in exchange for favours; vote-buying; **dare il v.**, to cast one's vote; **fare lo scrutinio dei voti**, to count the votes; **mettere ai voti**, to put to the vote; to take a vote (*o* a ballot) on; **a unanimità di voti**, by a unanimous vote; unanimously; **sconfiggere ai voti**, to vote down ***5*** (*valutazione di merito*) mark (*GB*); grade (*USA*): **a pieni voti**, with full marks.

voyeur (*franc.*) *m. invar.* voyeur; Peeping Tom (*fam.*).

voyeurismo *m.* voyeurism.

vulcànico *a.* ***1*** volcanic ***2*** (*dinamico*) dynamic, ebullient; (*creativo*) inventive, creative, brilliant.

vulcanismo *m.* (*geol.*) volcanism.

vulcanizzàre *v. t.* (*ind.*) to vulcanize.

vulcàno *m.* volcano*: **v. attivo** [**spento, inattivo**], active [extinct, dormant] volcano • **avere la testa come un v.**, to be seething with ideas □ **essere seduti su un v.**, to be sitting on the edge of a volcano □ **essere un v.**, to be bursting with energy.

vulcanologìa *f.* volcanology.

vulcanòlogo *m.* (*f.* **-a**) volcanologist.

Vulgàta *f.* (*relig.*) Vulgate.

vulneràbile *a.* vulnerable.

vulnerabilità *f.* vulnerability.

vùlva *f.* (*anat.*) vulva*.

vulvàre *a.* (*anat.*) vulvar; vulval.

vuotàre ***A*** *v. t.* to empty; (*sgombrare*) to clear out; (*prosciugare*) to drain: **v. il bicchiere**, to empty one's glass; **v. i cassetti**, to empty (out) the drawers; **v. la cantina**, to clear out the cellar; **v. una cisterna**, to drain a tank ***B*** **vuotàrsi** *v. i. pron.* to empty; to be emptied.

vuòto ***A*** *a.* ***1*** empty: **una borsa vuota**, an empty bag; **una bottiglia vuota**, an empty bottle; **tasche vuote**, empty pockets; **posto v.**, (*a sedere*) empty seat; (*di lavoro*) vacant position; **appartamento v.**, (*senza mobili*) unfurnished flat; (*non affittato*) vacant flat; **parole vuote**, empty words; **vuote promesse**, empty promises; **giornate vuote**, empty days ***2*** (*privo, sprovvisto*) devoid: **v. di senso**, devoid of sense; meaningless • **un'esistenza vuota**, an aimless existence □ **sentirsi v.**, to feel empty □ **Ho la testa vuota**, my mind is a complete blank ***B*** *m.* ***1*** (*spazio libero*) void; air; space: **penzolare nel v.**, to dangle in the air; **fissare il v.**, to stare into space; **lanciarsi nel v.**, to jump off (a roof, a balcony, etc.); to jump out of (a window, etc.) ***2*** (*spazio vuoto*) (empty) space; (*cavità*) hollow, cavity; (*intervallo, lacuna*) gap; (*spazio in bianco*) blank: **Lascia dei vuoti tra i libri**, leave some spaces between the books; **un v. di dieci anni**, a ten-year gap; **vuoti in platea**, empty seats in the stalls ***3*** (*recipiente vuoto*) empty: **restituire i vuoti**, to return the empties; **v. a perdere** [**a rendere**], non-returnable [returnable] container ***4*** (*senso di vuoto*) feeling of emptiness; void: **La sua morte ha lasciato un gran v. in famiglia**, his death left a void in the family; **Ha lasciato un gran v. fra di noi**, we miss him very much ***5*** (*vacuità*) emptiness; vacuity ***6*** (*fis.*) vacuum*: **La natura aborrisce il v.**, Nature abhors a vacuum • (*aeron.*) **v. d'aria**, air pocket □ (*rag.*) **v. di cassa**, cash deficit □ **v. di memoria**, memory lapse; blank (*fam.*) □ **v. di potere**, power vacuum □ **a v.**, in vain; uselessly; to no purpose; fruitless (*agg.*); useless (*agg.*): **parlare a v.**, to speak in vain; **tentativo a v.**, fruitless attempt □ **andare a v.**, to fail; to come to nothing; **mandare a v. q.c.**, to thwart st. □ **fare il v. intorno a sé**, (*isolarsi*) to isolate oneself; (*rendersi impopolare*) to make oneself very unpopular □ (*mecc. e fig.*) **girare a v.**, to idle □ **un senso di v. allo stomaco**, a hollow feeling in one's stomach □ (*di prodotto conservato*) **sotto v.**, vacuum-packed.

w, W

W, w *f. o m.* W, w • (*telef.*) **w come Washington**, w for William.
wàfer (*ingl.*) *m. invar.* wafer.
wagneriàno *a. e m.* Wagnerian.
wagon-lit (*franc.*) *locuz. m. invar.* (*ferr.*) sleeping car; sleeper.
wàlzer *V.* **valzer.**
water (*ingl.*) *m. invar.* ***1*** *V.* **water-closet** ***2*** (*tazza*) toilet bowl.
water-closet (*ingl.*) *locuz. m. invar.* toilet; lavatory.
watt *m. invar.* (*elettr.*) watt.
wàttmetro, wattòmetro *m.* (*elettr.*) wattmeter.
wattóra *f. invar.* (*elettr.*) watt-hour.
wèlter (*ingl.*) *m. invar.* (*boxe*) welterweight.
wèstern (*ingl.*) *a. e m. invar.* (*cinem.*) western • **w. all'italiana**, spaghetti western.
whisky (*ingl.*) *m. invar.* whisky (*scozzese*); whiskey (*irlandese o americano*).
windsurf (*ingl.*) *m.* ***1*** (*sport*) windsurfing: **fare del w.**, to windsurf ***2*** (*tavola*) windsurf board.
windsurfista *m. e f.* windsurfer.
wolfràmio *m.* (*chim.*) wolfram; tungsten.
würstel (*ted.*) *m. invar.* frankfurter; Vienna sausage.

x, X

X, x *f. o m.* ***1*** X, x ***2*** (*mat.*) x • (*telef.*) **x come xeres**, x for X-ray □ **a X**, X-shaped □ (*scherz.*) **gambe a X**, bow legs □ **giorno X**, D-day □ **ora X**, H-hour □ **quantità x**, X amount □ (*fis.*) **raggi X.**, X-rays.
xenofobìa *f.* xenophobia.
xenòfobo ***A*** *a.* xenophobic ***B*** *m.* (*f.* **-a**) xenophobe.
xerocopiatrìce *f.* xerographic copier; Xerox machine ®.
xerografìa *f.* xerography.
xerogràfico *a.* xerographic.
xilofonista *m. e f.* (*mus.*) xylophonist.
xilòfono *m.* (*mus.*) xylophone.
xilografìa *f.* ***1*** xylography; wood-engraving ***2*** (*stampa*) xylograph; woodcut.
xilògrafo *m.* (*f.* **-a**) xylographer; wood-engraver.

y, Y

Y, y *f. o m.* ***1*** Y, y ***2*** (*mat.*) y • (*telef.*) **y come York**, y for yellow (*USA* for Yankee) □ **a y**, Y-shaped.
yacht (*ingl.*) *m. invar.* yacht.
yàk (*ingl.*) *m. invar.* (*zool.*) yak.
yankee (*ingl.*) *a., m. e f. invar.* Yankee.
yemenìta *a., m. e f.* Yemeni (*f.* Yemeni woman*).
yen (*giapponese*) *m. invar.* yen.
yèti *m.* yeti.
yiddish *a. e m. invar.* Yiddish.
yòga *a e m. invar.* yoga.
yògurt *m. invar.* yoghurt; yogurt.
yogurtièra *f.* yoghurt maker.
yo-yo *m. invar.* yo-yo.
yùcca *f.* (*bot.*) yucca.
yuppie (*ingl.*) *a., m. e f. invar.* yuppie.
yuppismo *m.* yuppie culture; yuppiedom.

z, Z

Z, z *f. o m.* Z, z • (*telef.*) **z come Zara**, z for Zebra □ **dall'a alla z.**, from A to Z.

ẓabaióne *m.* zabaglione; egg flip; eggnog.

zac, zàcchete *inter.* zing!; (*colpo di forbici*) snip!

zaffàta *f.* ***1*** (*tanfo*) strong whiff: **una z. d'aglio**, a strong whiff of garlic ***2*** (*di liquido*) spurt, splash; (*di gas*) cloud.

ẓafferàno *m.* (*bot. e droga*) saffron • **giallo z.**, saffron yellow.

ẓaffiro *m.* sapphire.

ẓàffo *m.* ***1*** (*di botte*) bung ***2*** (*med.*) plug; tampon.

ẓagàglia *f.* (*stor.*) assagai, assegai.

ẓàgara *f.* orange-blossom.

ẓàino *m.* rucksack; knapsack; backpack (*USA*); (*di scuola*) school-bag: **mettersi lo z. in spalla**, to shoulder one's rucksack; **preparare lo z.**, to pack one's rucksack.

zàmpa *f.* ***1*** (*arto di animale*) leg; (*parte terminale dell'arto*: *di cane, felino*) paw; (*zoccolo*) hoof*; (*di uccello*) claw; (*di insetto*) foot*: **z. anteriore**, foreleg; **z. posteriore**, hind leg; **animali a quattro zampe**, four-legged animals ***2*** (*cucina*) leg; (*di maiale*) trotter ***3*** (*fam.*: *mano*) hand, paw (*fam.*); (*piede*) foot*, hoof* (*fam.*); (*gamba*) leg: **Giù le zampe!**, hands off!; **Qua la z.!**, let's shake on it! • (*fig.*) **zampe di gallina**, (*rughe intorno agli occhi*) crow's feet; (*scritto indecifrabile*) scrawl (*sing.*) □ **camminare a quattro zampe**, to go on all fours; to crawl.

zampàta *f.* ***1*** blow with a paw ***2*** (*impronta*) paw-mark; claw-mark; hoof-mark; (*generico*) track ***3*** (*fig.*) hand; stamp: **la z. del vero artista**, the hand of a true artist.

zampettàre *v. i.* ***1*** (*di animale*) to trot; to scurry; to scamper ***2*** (*di bambino*) to toddle.

zampétto *m.* (*cucina*: *di maiale*) trotter; (*di agnello*) leg.

zampillànte *a.* gushing; spurting.

zampillàre *v. i.* to gush; to spurt.

zampillìo *m.* gushing; spurting.

zampìllo *m.* jet; spurt; gush.

zampìno *m.* (*fig.*) paw; hand; finger: **mettere lo z. in una faccenda**, to have a hand in a matter; to have a finger in the pie (*fam.*); **lo z. del diavolo**, the devil's hand.

zampiróne *m.* ***1*** (mosquito) fumigator ***2*** (*scherz.*: *sigaretta*) cheap cigarette; gasper (*fam.*); coffin nail (*fam.*).

zampógna *f.* bagpipe(s).

zampognàro *m.* piper.

zampóne *m.* (*cucina*) stuffed pig's trotter.

zànca *f.* (*tecn.*) clamp; bracket.

zàngola *f.* churn.

zànna *f.* ***1*** (*di elefante, cinghiale, tricheco*) tusk ***2*** (*di carnivoro*) fang • (*fig.*) **mostrare le zanne**, to show one's teeth.

zannàta *f.* ***1*** thrust (with a tusk) ***2*** (*morso*) bite.

ẓanzàra *f.* (*zool.*) mosquito*; gnat (*USA*).

ẓanzarièra *f.* ***1*** mosquito net ***2*** (*per finestre*) fly screen.

ẓanzaróne *m.* (*zool.*) crane fly; daddy-longlegs (*GB*).

zàppa *f.* hoe • **darsi la z. sui piedi**, to defeat one's own ends; to shoot oneself in the foot.

zappàre *v. t.* to hoe • (*fig.*) **z. la terra**, to work the land.

zappàta *f.* hoeing; digging.

zappatóre *m.* ***1*** hoer ***2*** (*contadino*) peasant; farm-labourer ***3*** (*mil.*) sapper.

zappatrìce *f.* (*mecc.*) mechanical hoe; hoeing machine.

zappétta *f.* weeding hoe.

zappettàre *v. t.* to hoe.

zar *m. invar.* tsar; czar.

zarìna *f.* tsarina; czarina.

zarismo *m.* tsarism; czarism.

zàttera *f.* raft.

zatteróne *m.* ***1*** (*edil.*) slab ***2*** (*calzatura femm.*) platform sandal.

ẓavòrra *f.* ***1*** (*naut.*) ballast: **caricare [scaricare] z.**, to take in [to jettison] ballast ***2*** (*roba inutile*) junk; rubbish ***3*** (*riempitivo*) makeweight; padding ***4*** (*spreg., di persona*) dead weight.

ẓavorràre *v. t.* (*naut.*) to ballast.

zàzzera *f.* (*capelli lunghi*) long hair, mane (of hair); (*capelli incolti*) mop (*o* thatch) of hair.

zazzerùto *a.* long-haired; (*spreg. o scherz.*) mop-headed.

ẓèbra *f.* ***1*** (*zool.*) zebra ***2*** (*al pl.*) (*passaggio pedonale*) zebra crossing (*sing.*).

ẓebràto *a.* striped • **passaggio z.**, zebra crossing.

ẓebratùra *f.* stripes (*pl.*).

ẓebù *f.* (*zool.*) zebu.

zécca (**1**) *f.* mint • **nuovo di z.**, brand-new.

zécca (**2**) *f.* (*zool.*) tick.

zecchìno *m.* (*stor.*) sequin • **oro z.**, pure gold.

ẓèfiro *m.* ***1*** (*vento di ponente*) zephyr ***2*** (*brezza*) breeze.

ẓelànte *a.* zealous; eager.

ẓelanterìa *f.* eccessive zeal.

ẓèlo *m.* zeal; eagerness; fervour: **z. religioso**, religious fervour; **eccesso di z.**, excess of zeal.

zen *a. e m.* (*filos.*) Zen.

zènit *m.* (*astron. e fig.*) zenith.

zenitàle *a.* (*astron.*) zenithal; zenith (*attr.*).

zénẓero *m.* (*bot.*) ginger.

zéppa *f.* ***1*** wedge; chock ***2*** (*rimedio*) patch ***3*** (*riempitivo*) pad; padding ***4*** (*giorn.*) (space) filler • **scarpe con la z.**, platform shoes.

zéppo *a.* full (of); crammed (with); stuffed (with): **un cassetto z. di cianfrusaglie**, a drawer stuffed with odds and ends; **Il cinema era z.**, the cinema was packed; **z. di errori**, full of mistakes; **z. di gente**, crammed with people; **pieno z.**, packed full (*o* solid); chock-a-block.

ẓerbìno *m.* (*stuoia*) doormat.

ẓerbinòtto *m.* dandy; fop.

ẓèro ***A*** *m.* ***1*** (*mat.*) zero* (*il simbolo, anche*) nought, cipher: **z. virgola z. due**, point nought (*USA* zero) two ***2*** (*fis.*) zero: **dieci gradi sotto [sopra] z.**, ten degrees below [above] zero; **z. assoluto**, absolute zero ***3*** (*telef.*) o, zero (*GB*); zero (*USA*): **Il mio interno è 230**, my extension is two three o ***4*** (*nei punteggi*) nil; (*tennis*) love: **vincere (per) tre a z.**, to win three nil; **z. a z.**, nil-nil; (*calcio*) **chiudersi con uno z. a z.**, to end in a goalless draw; (*tennis*) **z. quindici**, love-fifteen ***5*** (*nullità*) nonentity; zero; cipher ***6*** (*niente*) nothing; not a thing; zero; nil; zip (*pop. USA*); zilch (*pop. USA*): **Il contratto non vale uno z.**, the contract isn't worth the paper it's written on; **Come attore non vale una z.**, he is a hopeless actor; **ridurre a z. le spese**, to cut expenses to nil; **Quanto a informazioni, z.!**, as for information, not a thing! • **raparsi a z.**, to shave one's head; (*fig.*) to have one's hair cropped □ **sparare a z.**, (*mil.*) to fire at zero elevation; (*fig.*) to launch an attack (on sb., st.), to lash out (at sb., st.) ***B*** *a. invar.* zero: **z. gradi**, zero degrees; **crescita z.**, zero growth; **l'ora z.**, zero hour; **z. punti**, nil.

ẓèta *f. o m.* zed (*GB*); zee (*USA*).

zìa *f.* aunt: **la zia Pina**, Aunt Pina.

ẓibaldóne *m.* ***1*** (*mescolanza*) miscellany ***2*** (*libro di appunti*) commonplace book; notebook ***3*** (*spreg.*) jumble; hotchpotch.

ẓibellìno *m.* (*animale e pelliccia*) sable.

zibétto *m.* ***1*** (*zool.*) civet (cat) ***2*** (*profumo*) civet.

ẓigàno *a. e m.* Tzigane; gypsy.

ẓìgomo *m.* (*anat.*) cheekbone.

ẓigrinàto *a.* ***1*** (*di pelle*) grained ***2*** (*di moneta*) milled ***3*** (*mecc.*) knurled.

zigrinatùra *f.* ***1*** (*di pelli*) graining ***2*** (*di moneta*) milling ***3*** (*mecc.*) knurling.

ẓigrìno *m.* ***1*** (*pelle*) shagreen ***2*** (*mecc.*) knurling tool.

ẓigẓàg *m. invar.* zigzag: **linea a z.**, zigzag line; **andare a z.**, to zigzag.

ẓigẓagàre *v. i.* to zigzag.

zimbèllo *m.* laughing-stock; figure of fun.

zincàre *v. t.* (*metall.*) to galvanize.

zincàto *a.* (*metall.*) galvanized.

zìnco *m.* (*chim.*) zinc.

zincografìa *f.* (*tipogr.*) zincography.

zingarésco *a.* gypsy (*attr.*).

zìngaro *m.* (*f.* **-a**) gypsy; Romany.

ẓìnnia *f.* (*bot.*) zinnia.

zinzìno *m.* (*fam.*) tiny bit; scrap; tad; (*pizzico*) pinch; (*di liquido*) spot, drop.

zìo *m.* uncle: **lo zio Gino**, Uncle Gino; **gli zii** (*lo zio e la zia*), uncle and aunt; **lo zio d'America**, a rich uncle.

ẓip *m. invar.* (*chiusura lampo*) zip (fastener); zipper.

zìpolo *m.* spigot; bung.

ẓircóne *m.* (*miner.*) zircon.

zitèlla *f.* spinster; (*spreg.*) old maid.

zitellàggio *f.* spinsterhood.

zittìre ***A*** *v. i.* ***1*** (*tacere*) to fall* silent; to shut* up (*fam.*) ***2*** (*per disapprovazione*) to hiss; to boo ***B*** *v. t.* ***1*** (*far tacere*) to silence; to hush: **La mia risposta lo zittì**, my answer silenced him; **z. un bambino**, to hush a child ***2*** (*per disapprovazione*) to hiss; to boo; to shout down; to barrack.

zìtto *a.* silent; quiet: **rimanere z.**, to be silent; **stare z.**, to keep silent; to be quiet; **Mi guardò z. e severo**, he looked at me sternly, without speaking; **Sta' z.!**, be quiet!; shut up! (*fam.*); **far stare z. q.**, to silence sb.; to hush sb. (up); **Z., dorme!**, ssh, he's asleep!; **Zitti tutti!**, quiet, everybody!; **z. z.**, quietly.

ẓiẓẓània *f.* ***1*** (*bot.*) darnel ***2*** (*fig.*) discord: **seminare z.**, to make mischief.

zòccolo *m.* ***1*** clog ***2*** (*di equino, ecc.*) hoof* ***3*** (*archit.*) base; (*di colonna*) plinth ***4*** (*di parete*) wainscot; (*battiscopa*) skirting board (*GB*), baseboard (*USA*) ***5*** — (*geol.*) **z. continentale**, continental shelf.

ẓodiacàle *a.* (*astron.*) of the zodiac; zodiacal: **segno z.**, sign of the zodiac.

ẓodìaco *m.* (*astron.*) zodiac.

zolfanèllo *m.* sulphur match; vesta.

zolfàra, zolfatàra *f.* sulphur mine.

zólfo *m.* (*chim.*) sulphur.

ẓòlla *f.* ***1*** clod; (*erbosa*) sod, turf ***2*** (*geol.*) plate.

ẓollétta *f.* lump; cube: **z. di zucchero**, lump of sugar; **zucchero in zollette**, cube sugar.

ẓòna *f.* ***1*** (*geogr.*) zone: **z. torrida [glaciale]**, torrid [glacial] zone ***2*** (*regione*) region; (*area, territorio*) zone, area, precinct; (*fascia*) belt; (*quartiere*) district, part of town: **z. montuosa**, mountainous region; **z. pedonale**; pedestrian precinct; **z. di confine**, frontier zone; (*anche fig.*) borderline; **z. verde**, public parks and gardens; **z. residenziale**, residential area; **z. di negozi**, shopping area (*o* precinct); **z. industriale**, industrial area; (*in periferia*) industrial estate (*o* park) ***3*** (*spazio delimitato*) patch; space: **z. d'ombra**, patch of shade; shady corner; (*in una stanza*) dark corner; **z. libera**, empty space ***4*** (*mil.*) zone; area: **z. di guerra**, war zone; **z. neutra**, neutral zone; **z. proibita**, no-go area ***5*** (*meteor.*) zone; belt: **z. di alta pressione**, high pressure zone; **z. dei cicloni**, storm belt; **z. di depressione**, trough ***6*** (*sport*) zone ***7*** (*elab.*) zone; area • **z. calda**, hot spot □ (*radio*) **z. d'ascolto**, service area □ (*autom.*) **z. disco**, parking-disc area □ **z. pranzo**, dinette □ (*comm.*) **direttore di z.**, area manager □ **in z. Cesarini**, (*calcio*) in the last minutes of the match; (*fig.*) at the eleventh hour, in the nick of time.

ẓonàle *a.* zonal; zone (*attr.*); regional; area (*attr.*); district (*attr.*).

ẓónẓo *vc.* — **andare a z.**, to wander about; to saunter; to stroll; (*per divertirsi*) to gallivant; (*bighellonare*) to loaf about.

ẓòo *m. invar.* (*fam.*) zoo*.

ẓoòfilo ***A*** *m.* zoophile; zoophilist ***B*** *a.* zoophilous.

ẓoologìa *f.* zoology.

ẓoològico *a.* zoological: **giardino z.**, zoological gardens (*pl.*); zoo.

ẓoòlogo *m.* (*f.* **-a**) zoologist.

zoom (*ingl.*) *m. invar.* (*fotogr., cinem., TV*) zoom lens.

zoomòrfo *a.* zoomorphic.

zoosafàri *m.* safari park.

ẓootecnìa *f.* zootechnics (*pl. col verbo al sing.*).

ẓootècnico ***A*** *a.* zootechnical ***B*** *m.* (*f.* **-a**) zootechnician.

zoppicànte *a.* ***1*** limping; hobbling: **andatura z.**, limping gait; limp; hobble ***2*** (*di sedia, ecc.*) wobbly; rickety ***3*** (*incerto*) lame; (*debole*) weak: **risposta z.**, lame answer; **È z. in fisica**, he is weak in physics • **versi zoppicanti**, halting verses.

zoppicàre *v. i.* ***1*** to limp; to walk with (*o* to have) a limp; to hobble: **z. dalla gamba destra**, to be lame in one's right leg; to favour one's right leg ***2*** (*di sedia, ecc.*) to be wobbly; to be rickety ***3*** (*essere debole*) to be weak; to be unsound: **z. in latino**, to be weak in Latin; **La sua tesi zoppica**, his theory is unsound.

zòppo ***A*** *a.* ***1*** lame; (*zoppicante*) limping: **gamba zoppa**, lame leg; **z. dalla gamba destra**, lame in one's right leg; **È leggermente z.**, he has a slight limp; **camminare z.**, to walk with a limp; **restare z.**, to be lamed ***2*** (*di sedia, ecc.*) wobbly; rickety ***3*** (*difettoso*) unsound; faulty ***B*** *m.* (*f.* **-a**) lame person; cripple • (*prov.*) **Chi va con lo z. impara a zoppicare**, if you lie down with dogs, you will get up with fleas.

ẓòtico ***A*** *a.* rough; boorish; uncouth; (*villano*) rude ***B*** *m.* (*f.* **-a**) boorish person; boor (*m.*); lout (*m.*).

ẓuàvo *m.* (*mil.*) zouave • **pantaloni alla zuava**, plus-fours; knickerbockers.

zùcca *f.* ***1*** (*bot.*) pumpkin; gourd: **semi di z.**, pumpkin seeds; **fiori di z.**, courgette flowers ***2*** (*fam.*: *testa*) head; nut (*fam.*): **z. pelata**, bald pate; **Non ha proprio niente in z.**, he's dead from the neck up; **z. vuota**, blockhead.

zuccàta *f.* (*involontaria*) knock (*o* bang) with the head; (*volontaria*) butt: **dare** (*o* **prendere**) **una z. in q.c.**, to knock one's head against st.; **prendere q.c. a zuccate**, to butt st.

zuccheràre *v. t.* to sugar; to sweeten.

zuccheràto *a.* ***1*** sugared; sweetened; (*dolce*) sugary, sweet ***2*** (*fig.*) sugary; honeyed.

zuccherièra *f.* sugar bowl; sugar basin.

zuccherièro *a.* sugar (*attr.*): **industria zuccheriera**, sugar industry.

zuccherifìcio *m.* sugar mill; sugar refinery.

zuccherìno ***A*** *a.* sugary; sweet ***B*** *m.* ***1*** (*zolletta di zucchero*) lump of sugar ***2*** (*favore per ingraziarsi q.*) sweetener; (*contentino*) sop.

zùcchero *m.* ***1*** sugar: **z. a velo**, icing sugar (*GB*); confectioner's sugar (*USA*); **z. candito**, candy; rock candy (*USA*); **z. di barbabietola**, beet sugar; **z. di canna**, cane sugar; demerara; **z. d'orzo**, barley sugar; **z. filato**, candy floss (*GB*); cotton candy (*USA*); **z. in polvere**, castor (*o* caster) sugar; **z. in zollette**, cube sugar; **z. raffinato**, refined sugar ***2*** (*di persona*) sweetie; darling; (*persona arrendevole*) lamb • **essere tutto z. e miele**, to be all sweetness and light □ **un sorriso tutto z.**, a saccharine smile □ **Questa pera è uno z.!**, this pear is delicious!

zuccheróso *a.* ***1*** sugary; sweet ***2*** (*fig.*) sugary; honeyed; (*spreg.*) sickly sweet, saccharine, mawkish.

zucchétto *m.* (*copricapo*) skull-cap; (*eccles.*) zucchetto.

zucchìna *f.*, **zucchìno** *m.* vegetable marrow; courgette (*GB*); zucchini* (*USA*).

zuccóne ***A*** *m.* (*pop.*) ***1*** (*persona ottusa*) blockhead; thick-head; dunce; chump ***2*** (*persona caparbia*) pig-headed person ***B*** *a.* ***1*** (*ottuso*) dense; thick ***2*** (*caparbio*) pig-headed.

zùffa *f.* fight; brawl; scuffle; punch-up (*fam.*).

zufolàre *v. i. e t.* ***1*** (*mus.*) to pipe ***2*** (*fischiare*) to whistle.

zùfolo *m.* (*mus.*) flageolet; pipe.

ẓùlu, ẓulù (**1**) *a., m. e f.* Zulu (*a. e m.*); Zulu woman* (*f.*).

ẓulù (**2**) *m. e f.* (*spreg.*) boorish person; boor (*m.*); lout (*m.*).

ẓumàre *v. i. e t.* (*cinem., TV*) to zoom: **z. su q.c.**, to zoom in on st.

ẓumàta *f.* (*cinem., TV*) zoom: **fare una z.**, to zoom.

zùppa *f.* ***1*** (*cucina*) (thick) soup: **z. di verdura**, vegetable soup; **z. di pesce**, fish soup ***2*** (*miscuglio confuso*) mess;

hotchpotch ***3*** (*cosa noiosa*) bore; drag (*fam.*) • (*cucina*) **z. inglese**, trifle □ **fare la z. nel latte**, to dip bread (*o* biscuits) in milk □ **Se non è z. è pan bagnato**, it's six of one and half a dozen of the other; it's much of a muchness.

zuppétta *f.* — **fare la z. nel latte** [**nel vino**], to dip (*o* to dunk) bread (*o* biscuits) in milk; to dip bread in wine.

zuppièra *f.* soup tureen.

zùppo *a.* wet through; soaked; drenched.

ẓuẓẓurellóne, **ẓuẓẓurullóne** *m.* (*fam.*) happy-go-lucky man*.

ALFABETI CONVENZIONALI - CONVENTIONAL *ALPHABETS*

ITALIANO *ITALIAN*			INGLESE *ENGLISH*				INTERNAZIONALE *INTERNATIONAL*
					GB	USA	
A	come	Ancona	**A**	for	Andrew	Able	Alpha
B	"	Bologna	**B**	"	Benjamin	Baker	Bravo
C	"	Como	**C**	"	Charlie	Charlie	Charlie
D	"	Domodossola	**D**	"	David	Dog	Delta
E	"	Empoli	**E**	"	Edward	Easy	Echo
F	"	Firenze	**F**	"	Fred	Fox	Foxtrot
G	"	Genova	**G**	"	George	George	Golf
H	"	Hotel	**H**	"	Harry	How	Hotel
I	"	Imola	**I**	"	Isaac	Item	India
J	"	Jolly	**J**	"	Jack	Juliett	Juliett
K	"	Kursaal	**K**	"	King	King	Kilo
L	"	Livorno	**L**	"	Lucy	Love	Lima
M	"	Milano	**M**	"	Mary	Mike	Mike
N	"	Napoli	**N**	"	Nellie	Nan	November
O	"	Otranto	**O**	"	Oliver	Oboe	Oscar
P	"	Palermo	**P**	"	Peter	Peter	Papa
Q	"	Quarto	**Q**	"	Queen	Queen	Quebec
R	"	Roma	**R**	"	Robert	Roger	Romeo
S	"	Sondrio	**S**	"	Sugar	Sugar	Sierra
T	"	Torino	**T**	"	Tommy	Tare	Tango
U	"	Udine	**U**	"	Uncle	Uncle	Uniform
V	"	Venezia	**V**	"	Victor	Victor	Victor
W	"	Washington	**W**	"	William	William	Whiskey
X	"	Xeres	**X**	"	X-ray	X-ray	Xray
Y	"	York	**Y**	"	Yellow	Yankee	Yankee
Z	"	Zara	**Z**	"	Zebra	Zebra	Zulu

I GIORNI DELLA SETTIMANA - *THE DAYS OF THE WEEK*

lunedì	Monday
martedì	Tuesday
mercoledì	Wednesday
giovedì	Thursday
venerdì	Friday
sabato	Saturday
domenica	Sunday

giorno feriale	weekday
giorno lavorativo	working day
giorno festivo	holiday
oggi	today
domani	tomorrow
dopodomani	the day after tomorrow
ieri	yesterday
l'altro ieri	the day before yesterday
fine settimana	weekend
due settimane	two weeks; a fortnight (*GB*)

Che giorno della settimana è oggi?
What day of the week is it today?

Oggi è venerdì
Today is Friday

Ci vediamo martedì, allora
See you on Tuesday, then

La riunione si terrà lunedì prossimo
The meeting will be held next Monday

L'ho rivisto sabato scorso
I saw him again last Saturday

il giornale di martedì
Tuesday's newspaper

Quest'anno il mio compleanno è un lunedì
My birthday is on a Monday this year

Il lunedì e il giovedì vado in palestra
I go to the gym on Mondays and Thursdays

Preferisco non usare la macchina di domenica
I'd rather not drive on a Sunday

E' arrivato ieri sera
He arrived last night

La relazione sarà pronta domani mattina
The report will be ready tomorrow morning

Voglio che questo lavoro sia finito per domani
I want this job finished by tomorrow

Il museo è aperto dalle 10 alle 18 dei giorni feriali
The museum is open 10 a.m. to 6 p.m. on weekdays

dal lunedì al venerdì
from Monday till Friday; Monday through Friday (*USA*)

Non lo vedo da venerdì
I haven't seen him since Friday

La faccenda dura ormai da una settimana
It has been going on for a week now

per dieci giorni
(for) ten days

oggi (a) otto
a week today

martedì (a) otto
a week on Tuesday; Tuesday week

di qui a domenica
by Sunday

tra una settimana
in a week

una settimana fa
a week ago

in questa settimana
this week

di qui a due settimane
two weeks from now; in two weeks' time

nel fine settimana
at the weekend

GIORNI SPECIALI E FESTE - SPECIAL DAYS AND HOLIDAYS

Capodanno New Year's Day
Epifania Epiphany
San Valentino St Valentine's Day
Martedì Grasso Shrove (*o* Pancake) Tuesday (*in G.B.*); Mardi Gras (*in U.S.A.*)
Giovedì Grasso last Thursday before Lent
Giovedì Santo Holy Thursday
Venerdì Santo Good Friday
Sabato Santo Holy Saturday
Pasqua Easter Day (*cristiana*); Passover (*ebraica*)

Lunedì dell'Angelo Easter Monday
Pentecoste Pentecost; Whit Sunday
Assunzione (*o* Ferragosto) Assumption
Ognissanti All Saints' Day
Giorno dei morti All Souls' Day
vigilia di Natale Christmas Eve
Natale Christmas
Santo Stefano Boxing Day (*in G.B.*)
San Silvestro (*o* ultimo dell'anno) New Year's Eve

Festa del Papà (*19 marzo*) Father's Day (*3ª dom. di giugno*)
Festa della Mamma (*2ª dom. di maggio*) Mother's Day o Mothering Sunday (*in G.B., 4ª dom. di Quaresima*); Mother's Day (*in U.S.A., 2ª dom. di maggio*)

Twelfth Night **notte della vigilia dell'Epifania**
Halloween (*in U.S.A.*) **vigilia di Ognissanti** (*in cui i bambini si mascherano da fantasmi o da streghe*)
Guy Fawkes' Night o Bonfire Night (*in G.B.*) **notte del 5 novembre** (*in cui si accendono falò, si sparano mortaretti e si brucia un pupazzo in ricordo della "Congiura delle polveri", lo sventato attentato al Parlamento ad opera di Guy Fawkes nel 1605*)
Thanksgiving Day (*in U.S.A.*) **"Festa del Ringraziamento"** (*4° giovedì di novembre*)

I MESI DELL'ANNO - *THE MONTHS OF THE YEAR*

gennaio January
febbraio February
marzo March
aprile April
maggio May
giugno June

luglio July
agosto August
settembre September
ottobre October
novembre November
dicembre December

in marzo
in March
in questo mese
this month
all'inizio [alla fine] del mese
at the beginning [at the end] of the month
verso la fine di agosto; a fine agosto
towards the end of August; in late August

verso l'inizio di aprile; ai primi di aprile
towards the beginning of April; in early April
Il corso finirà a metà maggio
The course will end in mid May
di qui a tre mesi
three months from now; in three month's time

LE STAGIONI DELL'ANNO - *THE SEASONS OF THE YEAR*

primavera spring
estate summer
autunno autumn; fall (*USA*)
inverno winter

l'inverno scorso
last winter

il prossimo autunno
next autumn; next fall (*USA*)

in estate
in (the) summer

prima dell'inverno
before winter

al'inizio [alla fine] della primavera
in early [in late] spring

LA DATA - *THE DATE*

Che giorno è oggi?
What's the date today?

Oggi è il 9 maggio
Today is the 9th of May
Today is May 9th (*si legge:* May the ninth)
Today is May 9 (*USA, si legge:* May ninth)

E' nato il 3 luglio 1975
He was born on the 3rd of July, 1975
(*o* on July 3rd, 1975; on July 3, 1975)

Natale è il 25 dicembre
Christmas is on December 25th

Verrò il 10
I'll come on the tenth

Quanti ne abbiamo oggi?
What's the date today?

Ne abbiamo 6
It's the sixth

ANNI E SECOLI - *YEARS AND CENTURIES*

nel 1988
in 1988 (*si legge:* in nineteen eighty-eight)

il decennio dal 1960 al 1970
the 1960s

gli anni Trenta
the Thirties; the thirties

intorno al 1855
in the mid 1850s

il dodicesimo secolo
the twelfth century; the 12th century

l'Ottocento
the 19th century

il Trecento
the 14th century; the Trecento (*nell'arte e nella letteratura italiane*)

l'Inghilterra del Quattrocento
15th-century England

la pittura italiana del Trecento
14th-century Italian painting; Italian painting in the Trecento

nei primi anni del Novecento
in the early 20th century

avanti Cristo
BC (*iniz. di* before Christ)

dopo Cristo
AD (*iniz. di* Anno Domini)

nel terzo secolo a. C.
in the third century BC

COME SI DICE L'ORA - *TELLING THE TIME*

le cinque
five (o'clock)

l'una
one (o'clock)

le tre e un quarto
a quarter past three; a quarter after three (*USA*)

le due e venti
twenty past two; twenty after two (*USA*)

le due e ventisei
twenty-six minutes past two

le sei e mezzo; le sei e trenta
half past six; half six; six thirty (*form.*)

l'una e tre quarti; l'una e quarantacinque
a quarter to two; one forty-five (*form.*)

le otto meno un quarto; un quarto alle otto
a quarter to eight; a quarter of eight (*USA*)

le quattro meno dieci; dieci alle quattro
ten to four; ten of four (*USA*)

le due meno diciassette
seventeen minutes to two

le tredici
one p.m.

le sedici e trenta
four-thirty p.m.; 4.30 p.m.

mezzogiorno
midday; twelve a.m.

mezzanotte
midnight; twelve p.m.

mezzanotte e mezzo
half past midnight

Che ora è?; Che ore sono?
What's the time?; What time is it?

Hai l'ora giusta?
Have you got the right time?

Che ora fai?
What time do you make it?

Sono le dieci
It's ten (o'clock)

E' l'una
It's one o'clock

Sono le cinque e mezzo
It's half past five

Manca un quarto alle sei
It's a quarter to six; It's a quarter of six (*USA*)

A che ora?
(At) what time?

A che ora sei tornato?
What time did you come back?

alle sei
at six (o'clock)

alle cinque e dieci
at ten past five

alle nove in punto
at nine sharp; on the dot of nine

alle nove esatte
at exactly nine o'clock

alle sette di mattina
at seven in the morning; at seven a.m. (*form.*)

alle quattro del pomeriggio
at four in the afternoon; at four p.m. (*form.*)

alle otto di sera
at eight at night; at eight p.m. (*form.*)

alle due di notte
at two in the morning; at two a.m. (*form.*)

alle ore otto
at 8 a.m.

alle diciannove e venti
at 7.20 p.m.

intorno alle sette
(at) about seven; around seven

dalle ore 10 alle 18
from 10 a.m. till 6 p.m.

COME PARLARE DELL'ETÀ - *TALKING ABOUT AGE*

Quanti anni hai?
How old are you?

Quanto ha il bambino?
How old is the baby?

Che età ha il tuo gatto?
How old is your cat?

Ho trentadue anni
I'm thirty-two (years old)

Mia figlia ha tre mesi
My daughter is three months old

Ha più di ottant'anni
He is over eighty

i bambini con meno di dieci anni
children under ten

La casa aveva più di cent'anni
The house was over one hundred years old

Mi sono sposata a vent'anni
I got married at twenty

un uomo di sessant'anni
a man of sixty; a man aged sixty; a sixty-year-old man

Hanno un figlio di dieci anni
They have a ten-year-old son (*o* a son aged ten)

Insegno ai bambini di sei anni
I teach six-year-old children (*o* six-year-olds)

una donna tra i trenta e i quaranta
a woman in her thirties

E' sui trent'anni (*o* sulla trentina)
She is about thirty; she is thirty-ish; she is in her early thirties

Aveva superato da poco la quarantina
He was a little over forty (years old)

E' vicino ai settanta
He is in his late sixties

Va per i cinquanta
He is getting on for fifty; he's pushing fifty (*fam.*)

Compirò ventisei anni il 9 maggio
I'll be twenty-six on the 9th of May

Ha appena compiuto undici anni
She's just turned eleven

un [una] diciottenne
an eighteen-year-old boy [girl]; an eighteen-year-old

i trentenni
people in their thirties

gli ultracinquantenni
the over-fifties

alla mia età
at my age

i ragazzi della tua età
young people your age

quando avevo la tua età
when I was your age

Avrà più o meno la mia età
He must be about my age

Ho qualche anno più di lui
I'm a few years older than he is (*fam.* him)

Ha sei anni meno [più] di me
He is six years younger [older] than I am (*fam.* me)

FALSI AMICI - *FALSE FRIENDS*

abusive	offensivo, ingiurioso	**abusivo**	illegal, unlicenced
to accommodate	alloggiare, ospitare; soddisfare, venire incontro a	**accomodare**	(*riparare*) to repair, to mend, to fix; (*disporre*) to arrange; (*riordinare*) to tidy
addict *n.*, **addicted** *a.*	(persona) dedita a un vizio, -dipendente, -mane; patito, appassionato	**addetto**	person in charge
addictive	che dà assuefazione, che crea dipendenza	**additivo**	additive
addiction	assuefazione, dipendenza	**addizione**	addition, sum
affluence	abbondanza, opulenza	**affluenza**	flow, inflow
agenda	ordine del giorno	**agenda**	diary, engagement book
to annoy	seccare, infastidire, irritare	**annoiare**	to bore
to anticipate	prevedere, aspettarsi; pregustare; prevenire, battere sul tempo	**anticipare**	(*spostare in avanti*) to bring forward; (*denaro*) to advance; (*annunciare in anticipo*) to announce in advance; (*essere in anticipo*) to be early, to come early
argument	ragionamento, argomentazione, ragione; discussione, lite	**argomento**	topic, subject
to arrange	sistemare, disporre; stabilire, combinare; (*mus.*) arrangiare	**arrangiare**	(*aggiustare*) to fix, to sort out; (*imbastire*) to put together; (*mus.*) to arrange
to assume	presumere, supporre; assumere, prendere	**assumere**	to put on, to take on, to assume; (*impiegare*) to take on
attitude	posizione, modo di pensare; atteggiamento, posa	**attitudine**	aptitude, bent
actual	reale, effettivo	**attuale**	present; (*di attualità*) topical
actuality	realtà	**attualità**	(*fatti*) current events, news; (*interesse*) topicality, interest
actually	in realtà, in effetti; addirittura	**attualmente**	at present, nowadays
advertisement	inserzione, annuncio pubblicitario	**avvertimento**	warning
barracks	caserma	**baracca**	(*capanno*) shed, hut; (*tugurio*) shanty
barrister	avvocato patrocinante (*GB*)	**barista**	barman, bar tender
battery	batteria (*elettr., mil., di luci, di allevamento, ecc.*)	**batteria** (*mus.*)	drums (*pl.*)
bigot	intollerante, fanatico	**bigotto (-a)**	ostentatiously pious person
bigotry	intolleranza, fanatismo	**bigotteria**	ostentatious piety
brave	coraggioso	**bravo**	(*abile*) clever, good; (*buono*) good
camera	macchina fotografica, telecamera, cinepresa	**camera**	room, bedroom
canteen	mensa; (*mil.*) borraccia	**cantina**	cellar
cave	caverna, grotta	**cava**	quarry
clamorous	rumoreggiante, vociante; (*di protesta*) fatto a gran voce	**clamoroso**	outstanding, tremendous

cold	freddo	**caldo**	hot, warm
commodity	derrata, merce	**comodità**	convenience; (*agio*) comfort
commotion	trambusto, agitazione, scompiglio	**commozione**	emotion
comprehensive	globale, comprensivo, completo, esauriente	**comprensivo**	understanding, sympathetic; (*globale*) comprehensive
concurrence	coincidenza, simultaneità; accordo, consenso	**concorrenza**	competition
concussion	trauma cranico, commozione cerebrale	**concussione**	graft
confetti	coriandoli	**confetti**	sugared almonds
to confront	affrontare, far fronte a	**confrontare**	to compare
to congeal	rapprendersi, coagularsi	**congelare, congelarsi**	to freeze
to conjure	evocare (*uno spirito*); far apparire per magia	**congiurare**	to conspire, to plot
consistent	costante; coerente; conforme (a), compatibile (con)	**consistente**	(*fermo, solido*) firm; (*considerevole*) sizeable, substantial
convenient	comodo, vicino, a portata di mano	**conveniente**	cheap, good value
decade	decennio	**decade**	(period of) ten days
to decant	travasare	**decantare**	(*esaltare*) to extol; (*lasciar depositare, depositarsi*) to (leave to) settle
to defect	defezionare	**difettare**	(*mancare*) to lack, to be lacking in; (*essere difettoso*) to be defective
to delude	ingannare, illudere	**deludere**	to disappoint, to let down
delusion	illusione, convinzione errata; mania	**delusione**	disappointment
to demand	chiedere, esigere	**domandare**	to ask, to ask for
dependant	persona a carico	**dipendente**	employee
diffidence	sfiducia in se stesso, timidezza	**diffidenza**	distrust, suspicion
diffident	insicuro, timido	**diffidente**	distrustful, suspicious
disgrace	disonore, onta, vergogna	**disgrazia**	(*sciagura*) misfortune, terrible thing; (*incidente*) accident; (*sventura*) misfortune, trouble
disgraced	disonorato	**disgraziato**	unlucky, wretched
displeasure	scontento, malcontento	**dispiacere**	sadness, (*rammarico*) regret; (*guaio*) trouble
to dispose of	eliminare, smaltire, disfarsi di; sbrigare, sistemare	**disporre**	(*porre*) to place; (*sistemare*) to arrange; (*ordinare*) to make arrangements (for), to decide; (*avere*) to have, to have at one's disposal
disposition	carattere, indole; predisposizione, inclinazione	**disposizione**	(*sistemazione*) arrangement; (*ordine*) direction, order, provision; (*stato d'animo*) mood; (*disponibilità*) disposal; (*attitudine*) bent
to divert	deviare; stornare	**divertire**	to amuse, to entertain
editor	curatore (*di testo*); direttore (*di giornale, ecc.*); redattore, editor	**editore**	publisher

to educate	istruire; coltivare, educare	**educare**	(*allevare*) to bring up; (*coltivare*) to educate; (*abituare*) to train
educated	colto; raffinato	**educato**	polite, well-bred, well-brought-up
education	istruzione, studi, formazione; insegnamento, didattica; educazione, affinamento	**educazione**	upbringing; (*buone maniere*) (good) manners, politeness; (*affinamento*) education
egregious	enorme, madornale	**egregio**	excellent, outstanding; (*nelle lettere*) Dear...
eligible	che ha i requisiti, idoneo	**eleggibile**	that can be elected, eligible for election
to equivocate	esprimersi in modo ambiguo	**equivocare**	to misunderstand
equivocation	parole ambigue	**equivoco** (*sost.*)	misunderstanding
eventual	conclusivo, finale, futuro	**eventuale**	possible
eventually	alla fine, infine	**eventualmente**	if possible, if necessary, perhaps
to exhilarate	rendere euforico; tonificare	**esilarare**	to make (sb.) laugh
exhilarating	esaltante, inebriante	**esilarante**	very funny, hilarious
to exonerate	assolvere, discolpare	**esonerare**	to exempt
fabric	stoffa, tessuto	**fabbrica**	factory
facile	superficiale, semplicistico	**facile**	easy; (*incline a*) ready to
factory	fabbrica	**fattoria**	farm
faggot	fascina	**fagotto**	bundle
fastidious	esigente, pignolo; schifiltoso	**fastidioso**	irritating, tiresome
fatigue	stanchezza; (*mecc.*) fatica; (*mil.*) corvè; (*pl.*) uniforme di fatica	**fatica**	(*sforzo*) hard work, effort, difficulty; (*stanchezza*) tiredness, exhaustion; (*opera*) work
festive	festoso, gioioso	**festivo**	holiday (*attr.*)
finally	alla fine, infine	**finalmente**	at (long) last
firm	ditta, azienda; studio (*legale, ecc.*)	**firma**	signature
fool	sciocco, stupido, imbecille	**folle** (*sost.*)	madman (*m.*), madwoman (*f.*), lunatic
formidable	arduo; che incute soggezione	**formidabile**	impressive, extraordinary, tremendous, terrible
furore, furor (*USA*)	scalpore; entusiasmo	**furore**	fury, rage; violence, frenzy
genial	cordiale, socievole	**geniale**	brilliant, ingenious, inspired
gentle	delicato, leggero, mite; garbato, dolce	**gentile**	kind, nice, considerate; polite, courteous; (*nelle lettere*) Dear...
graduate	laureato	**graduato**	non-commissioned officer
gregarious (*agg.*)	socievole; (*bot., zool.*) gregario	**gregario** (*sost.*)	subordinate, henchman; (*ciclismo*) support rider
gross	(*comm.*) lordo; grave; volgare	**grosso**	big, large; (*spesso*) thick
to guard	fare la guardia a, custodire, sorvegliare	**guardare**	to look (at), to watch; to examine; (*essere di fronte*) to face
guardian	custode, tutore	**guardiano**	caretaker, keeper, watchman; (*di animali*) herdsman, cowman, shepherd
idiosyncrasy	peculiarità, mania	**idiosincrasia**	dislike, aversion

immaterial	di nessuna importanza, indifferente; spirituale, immateriale	**immateriale**	immaterial, incorporeal, abstract
to impersonate	imitare, fare l'imitazione di	**impersonare**	to personify; (*di attore*) to play
to impress	colpire (favorevolmente); far capire	**impressionare**	to strike, to upset, to shock; (*fotogr.*) to expose
impressed	favorevolmente colpito	**impressionato**	shocked, horrified
impressive	che fa colpo, notevole	**impressionante**	shocking
to incense	far infuriare, indignare	**incensare**	to flatter
incident	fatto, episodio, incidente	**incidente**	(*sciagura*) accident; (*fatto*) event, incident
incoherent	sconnesso, confuso; farneticante, che sragiona	**incoerente**	(*contradditorio*) inconsistent; (*confuso*) confused, disorganized
inconsistency	incongruenza, contraddizione	**inconsistenza**	insubstanciality; groundlessness
inconsistent	incompatibile, in contraddizione (con); incoerente; incostante	**inconsistente**	insubstantial, flimsy; (*infondato*) unfounded
inconvenient (*agg.*)	scomodo	**inconveniente** (*sost.*)	drawback, nuisance
to incriminate	(*di circostanza, ecc.*) accusare, implicare	**incriminare**	(*leg.*) to charge
incumbent	che spetta, che tocca; in carica	**incombente**	impending
indelicate	sconveniente, osé	**indelicato**	indiscreet, tactless
indication	indice, segno, segnale	**indicazione**	sign; information, reference
in fact	anzi, di fatto	**infatti**	indeed, sure enough; (*escl.*) exactly, quite
influx	afflusso, affluenza	**influsso**	influence
ingenuity	ingegnosità, abilità	**ingenuità**	naivety; (*osservazione*) naive remark
to injure	ferire	**ingiuriare**	to insult
injury	ferita; danno	**ingiuria**	insult
insidious	subdolo, strisciante	**insidioso**	treacherous, tricky
to insinuate	insinuare, far capire	**insinuare**	(*introdurre*) to introduce, to insert; (*far capire*) to insinuate, to hint at
instruction	addestramento; (*al pl.*) istruzioni, ordini	**istruzione**	education; (*al pl.*) instructions, directions
integral	che è parte integrante; (*mat.*) integrale	**integrale**	complete, whole; (*di farina*) wholemeal; (*mat.*) integral
to intimate	lasciar capire, suggerire	**intimare**	to order
intimation	accenno, indizio	**intimazione**	injunction, order
to intone	salmodiare	**intonare**	to begin to sing; (*uno strumento*) to tune; (*armonizzare*) to match
to intoxicate	ubriacare	**intossicare**	to poison
intoxication	ubriachezza, ebbrezza	**intossicazione**	poisoning
to introduce	presentare; far conoscere (q.c.) a, iniziare; mettere in uso, introdurre	**introdurre**	(*inserire*) to put in, to insert; (*far entrare*) to lead in; (*mettere in uso*) to introduce; (*avviare*) to begin, to initiate
invalid	malato, infermo	**invalido (-a)** (*sost.*)	disabled person
invidious	antipatico, poco piacevole, ingiusto	**invidioso**	envious

irrilevance	non pertinenza	**irrilevanza**	insignificance
irrelevant	non pertinente	**irrilevante**	insignificant, unimportant
joke	scherzo; barzelletta; battuta	**gioco**	(*il giocare*) play, playing; (*gioco con regole*) game; (*d'azzardo*) gambling
jolly (*agg.*)	allegro, gioviale	**jolly**	joker
lecture	conferenza; lezione (*universitaria*)	**lettura**	reading
libel	diffamazione a mezzo stampa, radio, ecc.	**libello**	satyrical pamphlet
library	biblioteca; raccolta	**libreria**	(*negozio*) bookshop, bookstore (*USA*); (*mobile*) bookcase
local	persona del posto; bar sotto casa, pub all'angolo	**locale**	(*stanza*) room; (*locale pubblico*) place, restaurant, bar, night club
lunatic	folle, pazzo	**lunatico**	moody
lurid	sgargiante; sensazionale, impressionante; sinistro, spettrale	**lurido**	filthy
luxurious	lussuoso, sontuoso	**lussurioso**	lecherous, lascivious
luxury	lusso	**lussuria**	lechery, lasciviousness
magazine	rivista; caricatore; deposito d'armi	**magazzino**	(*locale*) storehouse, warehouse; (*merci*) stock, inventory (*USA*)
malice	cattiveria, malevolenza, malignità	**malizia**	mischievousness, naughtiness; (*espediente*) trick
malicious	cattivo, malevolo, maligno	**malizioso**	mischievous; naughty
mansion	casa signorile, palazzo	**mansione**	duty, task; office, function
marmalade	marmellata di agrumi	**marmellata**	jam
maroon	bordeaux, bordò	**marrone**	brown
miser (*sost.*)	avaro	**misero** (*agg.*)	(*povero*) poor, miserable; (*infelice*) unhappy, unfortunate, wretched
misery	infelicità, sofferenza	**miseria**	extreme poverty, squalor
moquette	moquette (*tessuto*)	**moquette**	(*tappeto*) (fitted *o* wall-to-wall) carpet; (*tessuto*) moquette
morbid	morboso	**morbido**	soft
morose	imbronciato, scontroso	**moroso**	in arrears
mundane	pratico, concreto; ordinario, banale	**mondano**	wordly; (*di società*) social, society (*attr.*)
novel	romanzo	**novella**	tale, short story
obituary	articolo commemorativo (*di una persona*)	**obitorio**	morgue
to occurr	accadere, verificarsi; venire in mente	**occorrere**	to be needed, to be necessary; (*dovere*) to have to
officious	invadente, inframmettente	**ufficioso**	unofficial
outrage	azione che indigna, scandalo, atrocità, crimine; sdegno, indignazione	**oltraggio**	insult
outrageous	scandaloso, indegno; stravagante, eccentrico	**oltraggioso**	insulting, offensive

palette	tavolozza	**paletta**	(*per dolci*) cake slice; (*per giocare*) spade; (*per focolare*) shovel; (*ferr., ecc.*) signal stick; (*mecc.*) blade
paragon	modello (*di perfezione, ecc.*)	**paragone**	comparison
parent	genitore	**parente**	relative, relation
patent	brevetto	**patente**	licence, permit
pavement	marciapiede	**pavimento**	floor
pentagram	stella a cinque punte, pentacolo	**pentagramma**	stave
perverse	da bastian contrario, irragionevole, cocciuto	**perverso**	wicked
perversity	spirito di contraddizione; cocciutaggine	**perversità**	wickedness, depravity
phrase	espressione, locuzione	**frase** (*gramm.*)	sentence, clause
polemic	tirata, invettiva	**polemica**	(*controversia*) debate, controversy; (*discussione*) argument
possibly	può darsi; per quanto possibile	**possibilmente**	if possible
preoccupied	assorto, tutto preso (*da q.c.*)	**preoccupato**	worried, anxious
to preoccupy	occupare tutta l'attenzione di	**preoccupare**	to worry, to trouble
preservative	conservante	**preservativo**	condom
to prevaricate	tergiversare	**prevaricare**	to abuse one's power
prevarication	tergiversazione	**prevaricazione**	abuse of power
to process	sottoporre a processo, lavorare, trattare; (*fotogr.*) sviluppare; (*elab.*) elaborare; sbrigare, esaminare	**processare**	to bring to trial, to try
puncture	foratura (*di pneumatico, pallone, ecc.*)	**puntura**	(*di animale*) sting; (*d'ago*) prick; (*iniezione*) shot, jab
qualification	titolo, qualifica; precisazione; riserva	**qualificazione**	being eligible; (*addestramento*) training; (*sport*) qualifying event
to question	interrogare; mettere in dubbio	**questionare**	to argue, to quarrel
to rape	stuprare	**rapire**	to abduct, to kidnap; (*fig.*) to enrapture
rate	velocità, ritmo; tasso; tariffa; livello, classe; (*pl.*) imposte locali	**rata**	instal(l)ment
recipient	destinatario	**recipiente**	container
to recover	(*v. i.*) riprendersi; (*v. tr.*) recuperare, riacquistare	**ricoverare**	to admit to hospital, to hospitalize; (*dare ricovero*) to shelter
to recuperate	(*v. i.*) rimettersi in salute, riprendersi; (*v. tr.*) recuperare	**recuperare**	(*riottenere*) to recover, to get back, to recoup; (*salvare*) to save, to salvage; (*riabilitare*) to rehabilitate; (*rimontare*) to make up for
to regard	considerare; fissare, studiare	**riguardare**	to look again (at); (*controllare*) to check; (*concernere*) to concern, to be about
to retain	conservare; trattenere	**ritenere**	to think, to consider
romance	fascino romantico; storia d'amore; romanzo (cavalleresco, fantastico, rosa)	**romanzo**	novel
rude	villano, maleducato, offensivo	**rude**	rough

ruffian	furfante	**ruffiano**	pimp; (*adulatore*) toady
rumour	voce, diceria	**rumore**	noise; sound
salary	stipendio	**salario**	wages (*pl.*), pay
sane	sano di mente; ragionevole, sensato	**sano**	healthy, sound, wholesome
to scald	ustionare (*con liquidi*); sbollentare	**scaldare**	to heat, to warm
scarcely	appena, a malapena; quasi; certo non	**scarsamente**	not very, not much; (*insufficientemente*) poorly, badly
scholar	studioso (-a); borsista	**scolaro (-a)**	schoolboy (*m.*), schoolgirl (*f.*); (*discepolo*) disciple
scope	ambito, campo d'azione; capacità, possibilità	**scopo**	purpose, object, aim
sensible	di buon senso, sensato; pratico; rilevante, sensibile	**sensibile**	sensitive, delicate; responsive, sympathetic; (*rilevante*) sensible, perceptible, appreciable
serrated	seghettato, dentellato	**serrato**	(*chiuso*) shut, shut-up; (*stretto*) clenched; (*veloce*) fast; (*fitto*) close; (*incalzante*) close
spade	vanga; (*al pl.*) picche (*seme*)	**spada**	sword
sparse	rado	**sparso**	scattered
to stipulate	porre come condizione	**stipulare**	to draw up
stolid	flemmatico, imperturbabile	**stolido**	dull, obtuse
suave	mellifluo, insinuante	**soave**	sweet, soft, gentle
to subscribe	essere abbonato, abbonarsi; aderire, approvare, sottoscrivere; sostenere finanziariamente; (*fin.*) sottoscrivere	**sottoscrivere**	to sign, to endorse; (*aderire, approvare*) to subscribe; (*fin.*) to subscribe
subscription	abbonamento; (*fin.*) sottoscrizione	**sottoscrizione**	(*firma*) signing, signature; (*raccolta di fondi*) collection, fund raising; (*fin.*) subscription
suggestive	allusivo, carico di sottintesi; che ricorda (q.c.)	**suggestivo**	evocative, charming; (*attraente*) attractive, fascinating
to support	sostenere, sorreggere, appoggiare; mantenere; confermare, suffragare	**sopportare**	to tolerate, to bear, to stand
sympathetic	comprensivo, partecipe, solidale	**simpatico**	nice, agreeable, pleasant
to sympathize	essere partecipe, essere solidale, condividere i sentimenti (di q.)	**simpatizzare**	(*provare simpatia*) to take a liking (to), to take (to); (*vedere di buon occhio*) to favour, not to be averse
sympathy	comprensione, partecipazione, compassione; solidarietà	**simpatia**	liking , attraction; (*l'essere simpatico*) likableness, charm
talon	artiglio (*di rapace*)	**tallone**	heel
to taste	sentire (*un sapore*); assaggiare	**tastare**	to feel
taste	sapore; gusto, predilezione	**tasto**	key, (*pulsante*) button; (*tatto*) touch; (*argomento*) subject
tenant	inquilino, affittuario	**tenente**	lieutenant
topic	argomento	**topica**	gaffe, faux pas
trivial	insignificante, da poco; banale	**triviale**	coarse, vulgar
triviality	insignificanza, banalità	**trivialità**	coarseness, vulgarity
ulterior	segreto, nascosto	**ulteriore**	further
ultimately	in ultima analisi, in definitiva, fondamentalmente	**ultimamente**	lately, recently

unedited	non modificato, non espurgato	**inedito**	unpublished; (*nuovo*) new
vendetta	faida	**vendetta**	revenge, vengeance
vest	(*GB*) maglietta, canottiera; (*USA*) gilè	**veste**	dress, (*al pl.*) clothes; (*qualità*) capacity; (*guisa*) appearance, guise
vicious	cattivo, crudele, malvagio	**vizioso**	bad, dissolute
vile	detestabile, abominevole, abietto	**vile**	(*codardo*) cowardly; (*spregevole*) base
villain	cattivo (*di un fim, ecc.*)	**villano** (*sost.*)	rude person, boor; (*contadino*) peasant
vine	vite	**vino**	wine
voluble	ciarliero, loquace	**volubile**	fickle, inconstant, changeable

PAESI E POPOLI - *COUNTRIES AND PEOPLES*

		AGGETTIVO e LINGUA	SOSTANTIVO*
Afghanistan Afghanistan	**afghano**	Afghan, Afghani	Afghan, Afghani
Albania Albania	**albanese**	Albanian	Albanian
Algeria Algeria	**algerino**	Algerian	Algerian
America America	**americano**	American	American
Angola Angola	**angolano**	Angolan	Angolan
Arabia Saudita Saudi Arabia	**saudita, saudiano**	Saudi Arabian	Saudi Arabian
Argentina Argentine	**argentino**	Argentinian	Argentinian
Australia Australia	**australiano**	Australian	Australian
Austria Austria	**austriaco**	Austrian	Austrian
Bangladesh Bangladesh	–	Bangladeshi	Bangladeshi
Belgio Belgium	**belga**	Belgian	Belgian
Bermuda Bermuda	–	Bermudan	Bermudan
Bielorussia Belorussia, Belarus	**bielorusso**	Belorussian	Belorussian
Birmania Burma	**birmano**	Burmese	Burmese (*pl. invar.*)
Bolivia Bolivia	**boliviano**	Bolivian	Bolivian
Bosnia Bosnia	**bosniaco**	Bosnian	Bosnian
Brasile Brazil	**brasiliano**	Brazilian	Brazilian
Bulgaria Bulgaria	**bulgaro**	Bulgarian	Bulgarian
Burundi Burundi	–	Burundian	Burundian
Cambogia Cambodia	**cambogiano**	Cambodian	Cambodian
Camerun Cameroon	**camerunese**	Cameroonian	Cameroonian
Canada Canada	**canadese**	Canadian	Canadian
Catalogna Catalonia	**catalano**	Catalan	Catalan
Ceca, Repubblica Czech Republic	**ceco**	Czech	Czech
Ciad Chad	**ciadiano**	Chadian	Chadian
Cile Chile	**cileno**	Chilean	Chilean
Cina China	**cinese**	Chinese	Chinese (*pl. invar.*)
Cipro Cyprus	**cipriota**	Cypriot	Cypriot
Città del Vaticano Vatican City	**vaticano** (*agg.*)	Vatican	Vatican
Colombia Colombia	**colombiano**	Colombian	Colombian
Congo Congo	**congolese**	Congolese	Congolese (*pl. invar.*)
Corea Korea	**coreano**	Korean	Korean
Corsica Corsica	**còrso**	Corsican	Corsican
Costa Rica Costa Rica	**costaricano**	Costarican	Costarican
Croazia Croatia	**croato**	Croatian	Croat, Croatian
Cuba Cuba	**cubano**	Cuban	Cuban
Danimarca Denmark	**danese**	Danish	Dane
Dominicana, Repubblica Dominican Republic	**dominicano**	Dominican	Dominican
Ecuador Ecuador	**ecuadoregno**	Ecuadorian	Ecuadorian
Egitto Egypt	**egiziano**	Egyptian	Egyptian
El Salvador El Salvador	**salvadoregno**	Salvadorian	Salvadorian
Eritrea Erithrea	**eritreo**	Erithrean	Erithrean
Estonia Estonia	**estone**	Estonian	Estonian
Etiopia Ethiopia	**etiope**	Ethiopian	Ethiopian
Figi Fiji	**figiano**	Fiji, Fijian	Fiji, Fijian

		AGGETTIVO e LINGUA	SOSTANTIVO*
Filippine Philippines	**filippino**	Filipino	Filipino
Finlandia Finland	**finlandese**	Finnish	Finn
Francia France	**francese**	French	Frenchman (*m.*; *pl.* -men), Frenchwoman (*f.*; *pl.* -men); *il popolo:* the French
Gabon Gabon	**gabonese**	Gabonese	Gabonese (*pl. invar.*)
Galles Wales	**gallese**	Welsh	Welshman (*m.*; *pl.* -men); Welshwoman (*f.*; *pl.* -men); *il popolo:* the Welsh
Germania Germany	**tedesco**	German	German
Ghana Ghana	**ghaneano**	Ghanaean	Ghanaean
Giamaica Jamaica	**giamaicano**	Jamaican	Jamaican
Giappone Japan	**giapponese**	Japanese	Japanese (*pl. invar.*)
Giordania Jordan	**giordano**	Jordanian	Jordanian
Gran Bretagna Great Britain	**britannico**	British	Briton; *il popolo:* the British
Grecia Greece	**greco**	Greek	Greek
Groenlandia Greenland	**groenlandese**	Greenlandic	Greenlander
Guatemala Guatemala	**guatemalteco**	Guatemalan	Guatemalan
Guinea Guinea	**guineano**	Guinean	Guinean
Guyana Guyana	–	Guyanese	Guyanese (*pl. invar.*)
Haiti Haiti	**haitiano**	Haitian	Haitian
Honduras Honduras	**honduregno**	Honduran	Honduran
India India	**indiano**	Indian	Indian
Indonesia Indonesia	**indonesiano**	Indonesian	Indonesian
Inghilterra England	**inglese**	English	Englishman (*m.*; *pl.* -men), Englishwoman (*f.*; *pl.* -men); *il popolo:* the English
Iran Iran	**iraniano**	Iranian	Iranian
Iraq Iraq	**iracheno**	Iraqui	Iraqui
Irlanda Ireland	**irlandese**	Irish	Irishman (*m.*; *pl.* -men), Irishwoman (*f.*; *pl.* -men); *il popolo:* the Irish
Islanda Iceland	**islandese**	Icelandic	Icelander
Israele Israel	**israeliano**	Israeli	Israeli
Italia Italy	**italiano**	Italian	Italian
Jugoslavia Yugoslavia	**jugoslavo**	Yugoslav, Yugoslavian	–
Kuwait Kuwait	**kuwaitiano**	Kuwaiti	Kuwaiti
Laos Laos	**laotiano**	Laotian	Laotian
Lettonia Latvia	**lettone**	Latvian	Latvian
Libano Lebanon	**libanese**	Lebanese	Lebanese (*pl. invar.*)
Liberia Liberia	**liberiano**	Liberian	Liberian
Libia Lybia	**libico**	Lybian	Lybian
Liechtenstein Liechtenstein	–	–	Liechtensteiner
Lituania Lithuania	**lituano**	Lithuanian	Lithuanian
Lussemburgo Luxemb(o)urg	**lussemburghese**	Luxemb(o)urgian	Luxemb(o)urger
Macedonia Macedonia	**macedone**	Macedonian	Macedonian
Madagascar Madagascar	**malgascio**	Madagascan (*la lingua:* Malagasy)	Madagascan
Malawi Malawi	–	Malawian	Malawian
Malaysia Malaysia	**malaysiano, malese**	Malaysian (*la lingua:* Malay)	Malaysian
Maldive Maldives	–	Maldivian	Maldivian
Mali Mali	**maliano**	Malian	Malian
Malta Malta	**maltese**	Maltese	Maltese (*pl. invar.*)
Marocco Morocco	**marocchino**	Moroccan	Moroccan

		AGGETTIVO e LINGUA	SOSTANTIVO*
Mauritania Mauritania	**mauritano**	Mauritanian	Mauritanian
Maurizio Mauritius	**mauriziano**	Mauritian	Mauritian
Messico Mexico	**messicano**	Mexican	Mexican
Monaco Monaco	**monegasco**	Monegasque	Monegasque
Mongolia Mongolia	**mongolo**	Mongolian	Mongolian, Mongol
Mozambico Mozambique	**mozambicano**	Mozambiquean	Mozambiquean
Namibia Namibia	**namibiano**	Namibian	Namibian
Nepal Nepal	**nepalese**	Nepalese, Nepali (*la lingua:* Nepali)	Nepali; *il popolo:* the Nepalese
Nicaragua Nicaragua	**nicaraguense, nicaraguegno**	Nicaraguan	Nicaraguan
Niger Niger	**nigerino**	Nigerien	Nigerien
Nigeria Nigeria	**nigeriano**	Nigerian	Nigerian
Norvegia Norway	**norvegese**	Norwegian	Norwegian
Nuova Zelanda New Zealand	**neozelandese**	New Zealand	New Zealander
Olanda Holland	**olandese**	Dutch	Dutchman (*m.*; *pl.* -men), Dutchwoman (*f.*; *pl.* -men); *il popolo:* the Dutch
Oman Oman	**omanita**	Omani	Omani
Paesi Bassi Netherlands	–	Netherlandic	Netherlander
Pakistan Pakistan	**pakistano**	Pakistani	Pakistani
Palestina Palestine	**palestinese**	Palestinian	Palestinian
Panama Panama	**panamense**	Panamanian	Panamanian
Papua Nuova Guinea Papua New Guinea	**papua, papuano, papuaso**	Papuan	Papuan
Paraguay Paraguay	**paraguaiano, paraguayano**	Paraguayan	Paraguayan
Perù Peru	**peruviano**	Peruvian	Peruvian
Polonia Poland	**polacco**	Polish	Pole
Portogallo Portugal	**portoghese**	Portuguese	Portuguese
Portorico Puerto Rico	**portoricano**	Puerto Rican	Puerto Rican
Romania Romania, Roumania	**rumeno**	Romanian, Roumanian	Romanian, Roumanian
Ruanda Rwanda	**ruandese**	Rwandan	Rwandan
Russia Russia	**russo**	Russian	Russian
San Marino San Marino	**sanmarinese**	San Marinese	San Marinese
Scozia Scotland	–	Scottish; Scotch *(solo per il whisky e altri prodotti)*	Scotsman (*m.*; *pl.* -men); Scotswoman (*f.*; *pl.* -men); Scot (*m.* e *f.*); *il popolo:* the Scots
Senegal Senegal	**senegalese**	Senegalese	Senegalese (*pl. invar.*)
Serbia Serbia	**serbo**	Serbian	Serb, Serbian
Singapore Singapore	**singaporiano**	Singaporean	Singaporean
Siria Syria	**siriano**	Syrian	Syrian
Slovacchia Slovakia	**slovacco**	Slovak	Slovak
Slovenia Slovenia	**sloveno**	Slovenian	Slovenian
Somalia Somalia	**somalo**	Somali	Somali
Spagna Spain	**spagnolo**	Spanish	Spaniard; *il popolo:* the Spanish
Sri Lanka Sri Lanka	**singalese**	Sri Lankan	Sri Lankan
Stati Uniti United States	**statunitense** V. **americano**		
Sud Africa South Africa	**sudafricano**	South African	South African
Sudan Sudan	**sudanese**	Sudanese	Sudanese (*pl. invar.*)
Svezia Sweden	**svedese**	Swedish	Swede
Svizzera Switzerland	**svizzero**	Swiss	Swiss (*pl. invar.*)
Tahiti Tahiti	**tahitiano**	Tahitian	Tahitian

		AGGETTIVO e LINGUA	SOSTANTIVO*
Taiwan Taiwan	–	Taiwanese	Taiwanese (*pl. invar.*)
Tanzania Tanzania	**tanzaniano**	Tanzanian	Tanzanian
Thailandia Thailand	**thailandese**	Thai	Thai
Tunisia Tunisia	**tunisino**	Tunisian	Tunisian
Turchia Turkey	**turco**	Turkish	Turk
Ucraina Ukraine	**ucraino**	Ukrainian	Ukrainian
Ungheria Hungary	**ungherese**	Hungarian	Hungarian
Uruguay Uruguay	**uruguaiano, uruguayano**	Uruguayan	Uruguayan
Venezuela Venezuela	**venezuelano**	Venezuelan	Venezuelan
Vietnam Vietnam	**vietnamita**	Vietnamese	Vietnamese (*pl. invar.*)
Yemen Yemen	**yemenita**	Yemeni	Yemeni
Zaire Zaire	**zairiano, zairese**	Zairean	Zairean
Zambia Zambia	**zambiano**	Zambian	Zambian

* Il sostantivo, dove non esiste una forma specifica per il femminile, al singolare è generalmente usato solo per un uomo. Parlando di una donna si preferisce usare l'aggettivo woman o girl, per es.: **Ha sposato una polacca**, He married a Polish girl

NOMI DI PERSONA - *FIRST NAMES*

N.B. Non viene indicato il traducente quando ha la stessa grafia del lemma
The English equivalent is not given when the spelling is identical to the Italian

Abèle *m.* Abel
Abràmo *m.* Abraham
Achìlle *m.* Achilles
Àda *f.*
Adalbèrto *m.* Adalbert
Adàmo *m.* Adam
Adelàide *f.*
Adèle *f.* Adela
Adòlfo *m.* Adolph
Adóne *m.* Adonis
Adriàno *m.* Adrian; (*stor.*) Hadrian
Agamènnone *m.* Agamemnon
Àgata *f.* Agatha
Agènore *m.* Agenor
Agnése *f.* Agnes
Agostìno *m.* Augustin(e), Austin
Agrìppa *m.*
Agrippìna *f.*
Aiàce *m.* Ajax
Aladìno *m.* Aladdin
Alarìco *m.* Alaric
Albàno *m.* Alban
Alberìco *m.* Aubrey
Albertìna *f.* Albertine
Albèrto *m.* Albert
Alcèo *m.* Alcaeus
Alcibìade *m.* Alcibiades
Alcìde *m.* Alcides
Àldo *m.* Aldous
Alessàndra *f.* Alexandra
Alessàndro *m.* Alexander
Alèssio *m.* Alexis; (*stor.*) Alexius
Alfònso *m.* Alfonso, Alphonso
Alfrédo *m.* Alfred
Alìce *f.*
Amàlia *f.* Amelia
Ambrògio *m.* Ambrose
Amedèo *m.* Amedeus
Amerìgo *m.* Emery
Amlèto *m.* Hamlet
Àmos *m.*
Anchìṣe *m.* Anchises
Andrèa *m.* Andrew
Andròmaca *f.* Andromache
Àngela *f.*
Àngelo *m.*
Ànna *f.* Anna, Anne, Ann
Annabèlla *f.* Annabel(le)
Annètta *f.* Annette, Annie
Annìbale *m.* Hannibal
Ansèlmo *m.* Anselm
Antònia *f.*
Antoniètta *f.* Antoinette
Antònio *m.* Anthony, Antony; (*stor.*) Antonius
Arabèlla *f.*
Archimède *m.* Archimedes
Arcibàldo *m.* Archibald
Ariànna *f.* Ariadne
Arièle *m.* Ariel
Arìstide *m.* Aristides
Aristòtele *m.* Aristotle
Armàndo *m.* Herman
Arnòldo *m.* Arnold
Aròldo *m.* Harold
Arònne *m.* Aaron
Artèmide *f.* Artemis
Artùro *m.* Arthur
Assalònne *m.* Absalom
Augùsta *f.*
Augùsto *m.* Augustus
Auròra *f.*
Bàcco *m.* Bacchus
Baldassàrre *m.* Balthazar
Baldovìno *m.* Baldwin
Bàrbara *f.*
Bàrnaba *m.* Barnabas, Barnaby
Bartolomèo *m.* Bartholomew
Baṣìlio *m.* Basil
Beatrìce *f.* Beatrix, Beatrice
Benedétto *m.* Benedict
Beniamìno *m.* Benjamin
Berenìce *f.*
Bernàrdo *m.* Bernard, Barnard
Bèrta *f.* Bertha
Bertràndo *m.* Bertram
Biàgio *m.* Blaise
Biànca *f.* Blanche
Bonifàcio *m.* Boniface
Brìgida *f.* Bridget
Brùno *m.*
Brùto *m.* Brutus
Caìno *m.* Cain
Cam *m.* Ham
Camìlla *f.*
Càndida *f.*
Càrlo *m.* Charles
Carlòtta *f.* Charlotte
Carolìna *f.* Caroline
Caterìna *f.* Catherine, Catharine, Katherine, Katharine
Cecìlia *f.* Cecily, Cecile
Celestìna *f.* Celestine
Celestìno *m.* Celestine
Céṣare *m.* Caesar
Chiàra *f.* Clare, Clara
Cìnzia *f.* Cynthia
Cirìllo *m.* Cyril
Clàra *f.* Clare, Clara
Clàudio *m.* Claude; (*stor.*) Claudius
Clemènte *m.* Clement
Clementìna *f.* Clementine, Clementina
Colombìna *f.* Columbine
Còra *f.*
Corìnna *f.*
Cornèlia *f.*
Cornèlio *m.* Cornelius
Corràdo *m.* Conrad
Costànza *f.* Constance
Costantìno *m.* Costantine
Crispìno *m.* Crispin
Cristìna *f.* Christine, Christina
Cristòforo *m.* Christopher
Dàfne *f.* Daphne
Dagobèrto *m.* Dagobert
Dàlila *f.* Delilah
Dàmocle *m.* Damocles
Danièle *m.* Daniel
Dànte *m.*
Dàvide *m.* David
Dèbora *f.* Deborah
Dèlia *f.*
Demètrio *m.* Demetrius
Desdèmona *f.*
Diàna *f.*
Didóne *f.* Dido
Diocleziàno *m.* Diocletian
Diògene *m.* Diogenes
Dionìgi *m.* Dionysius, Den(n)is
Domènico *m.* Dominic
Dorotèa *f.* Dorothy
Èbe *f.* Hebe
Ècuba *f.* Hecuba
Edgàrdo *m.* Edgar
Èdipo *m.* Oedipus
Editta *f.* Edith
Edmóndo *m.* Edmond, Edmund
Edoàrdo *m.* Edward
Egìdio *m.* Giles
Èlena *f.* Helen, Helena
Eleonòra *f.* Eleanor, Flinor, Loonora
Elèttra *f.* Electra
Elìa *m.* Elias; (*Bibbia*) Elijah
Elìṣa *f.* Eliza
Eliṣabètta *f.* Elizabeth, Elisabeth
Eliṣèo *m.* Elisha
Èlsa *f.*
Elvìra *f.*
Emanuèle *m.* Emmanuel
Emìlia *f.* Emily
Emìlio *m.* Emil
Èmma *f.*
Enèa *m.* Aeneas
Ènnio *m.* Ennius
Enrica, Enrichétta *f.* Henrietta
Enrìco *m.* Henry
Eràṣmo *m.* Erasmus
Erbèrto *m.* Herbert
Èrcole *m.* Hercules
Ermànno *m.* Herman
Ermète *m.* Hermes
Ernèsto *m.* Ernest
Eròde *m.* Herod
Èros *m.*
Eṣaù *m.* Esau
Èschilo *m.* Aeschylus
Esculàpio *m.* Aesculapius
Eṣòpo *m.* Aesop
Èster *f.* Esther
Èttore *m.* Hector
Euclìde *m.* Euclid
Eufèmia *f.* Euphemia
Eugènia *f.*
Eugènio *m.* Eugene
Eurìdice *f.* Eurydice
Eurìpide *m.* Euripides
Euṣèbio *m.* Eusebius
Eustàchio *m.* Eustace
Èva *f.* Eve, Eva
Evangelìna *f.* Evangeline
Evelìna *f.* Eveline, Evelyn
Fabiàno *m.* Fabian
Fàbio *m.* Fabius
Fàusto *m.* Faustus, Faust
Fébe *f.* Phoebe
Féde *f.* Faith
Federica *f.* Frederica
Federico *m.* Frederic(k)
Fèdra *f.* Phaedra
Felìce *m.* Felix
Ferdinàndo *m.* Ferdinand

Fetónte *m.* Phaethon
Filippo *m.* Philip
Fiorènza *f.* Florence
Flàvia *f.*
Flòra *f.*
Francésca *f.* Frances
Francésco *m.* Francis
Frànco *m.* Frank
Fùlvia *f.*
Gabrièle *m.* Gabriel
Gabrièlla *f.* Gabriella, Gabrielle
Galatèa *f.*
Ganimède *m.* Ganymede
Gàspare *m.* Jasper
Gastóne *m.* Gaston
Gelsomìna *f.* Jasmine
Geltrùde *f.*
Genovèffa *f.* Genevieve
Geraldìna *f.* Geraldine
Geràldo *m.* Gerald
Geràrdo *m.* Gerard
Geremìa *m.* Jeremy, (*Bibbia*) Jeremiah
Geròlamo, Gerònimo *m.* Jerome
Gervàsio *m.* Gervase, Jarvis, Jervis
Gesù *m.* Jesus
Ghita *f.* Maggie
Giacòbbe *m.* Jacob
Giacomìna *f.* Jacqueline
Giàcomo *m.* James
Giànna *f.* Janet
Giànni *m.* Jack
Giaṣóne *m.* Jason
Gilbèrto *m.* Gilbert
Ginévra *f.* Guinevere
Giòbbe *m.* Job
Giòna *m.* Jonah
Giònata *m.* Jonathan
Giorgìna *f.* Georgina
Giórgio *m.* George
Gioṣué *m.* Joshua
Giovànna *f.* Joan, Jane, Jean
Giovànni *m.* John
Giòve *m.* Jupiter, Jove
Giròlamo *m.* Jerome
Giùda *m.* Judas
Giuditta *f.* Judith
Giùlia *f.* Julia, Julie
Giuliàna *f.* Juliana
Giuliàno *m.* Julian
Giuliétta *f.* Juliet
Giùlio *m.* Julius
Giunóne *f.* Juno
Giuṣèppe *m.* Joseph
Giuṣeppìna *f.* Josephine
Giustìna *f.* Justine
Giustiniàno *m.* Justinian
Giustìno *m.* Justin
Glòria *f.*
Goffrédo *m.* Goeffrey, Godfrey, Jeffrey
Golìa *m.* Goliath
Gràzia *f.* Grace
Gregòrio *m.* Gregory
Grèta *f.*
Griṣèlda *f.*
Gualtièro *m.* Walter
Guendalìna *f.* Gwendolen, Gwendoline
Guglielmìna *f.* Wilhelmina
Guglièlmo *m.* William
Guìdo *m.* Guy
Gustàvo *m.* Gustavus
Iàcopo *m.* James
Iàgo *m.*
Ìcaro *m.* Icarus
Ìda *f.*
Ifigenìa *f.* Iphigenia
Ignàzio *m.* Ignatius
Ilària *f.* Hilaria, Hilary
Ilàrio *m.* Hilary
Ippòcrate *m.* Hippocrates
Ippòlita *f.* Hippolyta
Ìride *f.* Iris
Irène *f.*
Ìris *f.*
Iṣabèlla *f.* Isabel, Isabella
Iṣàcco *m.* Isaac
Iṣaìa *m.* Isaiah
Isidòro *m.* Isidor(e)
Isòtta, Isòlda *f.* Iseult, Isolde, Yseult
Laèrte *m.* Laertes
Lambèrto *m.* Lambert
Lancillòtto *m.* Lancelot
Laocoònte *m.* Laocoon
Làura *f.*
Lavìnia *f.*
Làẓẓaro *m.* Lazarus
Leàndro *m.* Leander
Lèda *f.*
Leonàrdo *m.* Leonard
Leóne *m.* Leo
Leonèllo *m.* Lionel
Leònida *m.* Leonidas
Leopòldo *m.* Leopold
Letìzia *f.* Letitia
Lìdia *f.* Lydia
Liliàna *f.* Lilian, Lillian
Lionèllo *m.* Lionel
Liṣàndro *m.* Lysander
Lìvia *f.*
Lodovìco *m.* Ludovic, Ludwig
Lorènzo *m.* Laurence, Lawrence
Lotàrio *m.* Luther
Lùca *m.* Luke
Lucìa *f.* Lucy, Lucia
Luciàna *f.*
Luciàno *m.* Lucian
Lùcio *m.* Lucius
Lucrèzia *f.* Lucrece, Lucretia
Lucrèzio *m.* Lucretius
Luìgi *m.* Lewis, Louis
Luìsa *f.* Louise, Louisa
Maddalèna *f.* Magdalen
Manfrèdi *m.* Manfred
Manuèle *m.* Manuel
Maométto *m.* Mohammed
Marcantònio *m.* Mark Antony
Marcèllo *m.* Marcellus
Màrco *m.* Mark, Marcus
Margherìta *f.* Margaret
Marìa *f.* Mary
Mariànna *f.* Marian, Marianne, Marion
Marìna *f.*
Màrio *m.* Marius
Màrta *f.* Martha
Màrte *m.* Mars
Martìno *m.* Martin
Massimiliàno *m.* Maximilian
Màssimo *m.* Maximus
Matìlde *f.* Mathilda, Matilda
Mattèo *m.* Matthew
Mattìa *m.* Matthias
Maurìzio *m.* Maurice
Medèa *f.*
Mefistòfele *m.* Mephistopheles
Melchiòrre *m.* Melchior
Mercùrio *m.* Mercury
Mercùzio *m.* Mercutio
Michèle *m.* Michael
Minèrva *f.*
Mìriam *f.*
Mìrra *f.* Myrrha
Mònica *f.*
Morfèo *m.* Morpheus
Moṣè *m.* Moses
Napoleóne *m.* Napoleon
Narciṣo *m.* Narcissus
Natàle *m.* Noel
Natalìa *f.* Natalie, Natalia
Nataniele *m.* Nathaniel
Nauṣìcaa *f.*
Neróne *m.* Nero
Nèstore *m.* Nestor
Nettùno *m.* Neptune
Niccolò, Nicòla *m.* Nicholas
Noè *m.* Noah
Noèmi *f.* Naomi
Nòra *f.* Nora(h)
Nòrma *f.*
Ofèlia *f.* Ophelia
Òlga *f.*
Olìmpia *f.* Olympia
Olìvia *f.* Olive, Olivia
Olivièro *m.* Oliver
Omèro *m.* Homer
Onòria *f.* Honora, Honoria
Onòrio *m.* Honorius
Oràzio *m.* Horace
Orèste *m.* Orestes
Orfèo *m.* Orpheus
Oriàna *f.*
Orlàndo *m.* Roland, Orlando
Órsola *f.* Ursula
Ortènsia *f.* Hortense, Hortensia
Òscar *m.*
Osvàldo *m.* Oswald
Otèllo *m.* Othello
Ottàvia *f.* Octavia
Ottaviàno *m.* Octavian
Ottàvio *m.* Octavius
Ottóne *m.* Otto
Ovìdio *m.* Ovid
Pamèla *f.*
Pancràzio *m.* Pancras
Pandòra *f.*
Pàola *f.* Paula
Paolìna *f.* Pauline
Pàolo *m.* Paul
Pàride *m.* Paris
Patrìzia *f.* Patricia
Patrìzio *m.* Patrick
Penèlope *f.*
Pèricle *m.* Pericles
Pèrla *f.* Pearl
Pèrseo *m.* Perseus
Piètro *m.* Peter
Pigmalióne *m.* *Pygmalion*
Pìlade *m.* Pylades
Pìo *m.* Pius
Pìrro *m.* Pyrrhus
Platóne *m.* Plato
Plìnio *m.* Pliny
Pompèo *m.* Pompey
Pòrzia *f.* Portia
Prìamo *m.* Priam
Priscilla *f.*
Pròspero *m.*
Pùblio *m.* Publius
Quintino *m.* Quintin, Quentin
Quìnzio *m.* Quintius
Rachèle *f.* Rachel

Raffaèle, Raffaèllo *m.* Raphael
Raimóndo *m.* Raymond
Randòlfo *m.* Randolph
Rebècca *f.* Rebecca
Regìna *f.*
Reginàldo *m.* Reginald, Ronald
Rèmo *m.* Remus
Renàta *f.* Renata, Renée
Rènzo *m.* Larry, Laurie
Riccàrdo *m.* Richard
Rinàldo *m.* Reginald, Ronald
Rìta *f.* Rita, Peggy, Maggie, Margot
Robèrto *m.* Robert
Rodòlfo *m.* Rudolph, Ralph
Rodrìgo *m.* Roderick, Roderic
Rolàndo *m.* Roland, Orlando
Romèo *m.*
Ròmolo *m.* Romulus
Ròṣa *f.* Rose, Rosa
Roṣalìa *f.* Rosalie, Rosalia
Roṣalìnda *f.* Rosalind
Roṣmùnda *f.* Rosamond
Rossàna *f.* Roxana
Ruggèro *m.* Roger
Sabìna *f.*
Sabrìna *f.*
Salomè *f.* Salome
Salomóne *m.* Solomon
Samuèle *m.* Samuel
Sansóne *m.* Samson, Sampson
Santìppe *f.* Xanthippe, Xantippe
Sàra *f.* Sarah
Satùrno *m.* Saturn
Sàul *m.*
Savèrio *m.*
Sebastiàno *m.* Sebastian
Sèm *m.* Shem
Senofónte *m.* Xenophon
Sèrgio *m.* Sergius
Sibìlla *f.* Sibyl, Sybil
Sigfrìdo *m.* Siegfried
Sigiṣmóndo *m.* Sigismund, Siegmund
Silvàno *m.* Silvanus, Sylvanus
Silvèstro *m.* Sylvester, Silvester
Sìlvia *f.* Sylvia, Silvia
Sìlvio *m.* Sylvius
Simeóne *m.* Simeon
Simóne *m.* Simon
Sìsto *m.* Sixtus
Sòcrate *m.* Socrates
Sofìa *f.* Sophia
Sòfocle *m.* Sophocles
Solóne *m.* Solon
Spàrtaco *m.* Spartacus
Stanislào *m.* Stanislaus
Stefània *f.* Stephanie
Stéfano *m.* Stephen
Stélla *f.* Stella, Estella, Estelle
Suṣànna *f.* Susan, Susanna(h)
Taddèo *m.* Thaddeus
Talìa *f.* Thalia
Tancrèdi *m.* Tancred
Tàntalo *m* Tantalus
Tarquìnio *m.* Tarquin, Tarquinius
Tebàldo *m.* Theobald
Tècla *f.* Thecla
Teodòra *f.* Theodora
Teodorìco *m.* Theodoric
Teodòro *m.* Theodore
Theodòṣia *f.* Theodosia
Teodòṣio *m.* Theodosius
Teòfilo *m.* Theophilus
Terènzio *m.* Terence
Terèsa *f.* Theresa
Teṣèo *m.* Theseus
Tibèrio *m.* Tiberius
Timòteo *m.* Timothy
Tìto *m.* Titus
Tiziàno *m.* Titian
Tobìa *m.* Tobias, Tobiah
Tolomèo *m.* Ptolemy
Tommàṣo *m.* Thomas
Traiàno *m.* Trajan
Tristàno *m.* Tristram, Tristan, Tristam
Tròilo *m.* Troilus
Tùllio *m.* Tully, Tullius
Ubèrto *m.* Hubert
Ùgo *m.* Hugh
Ulìsse *m.* Ulysses
Umbèrto *m.* Humbert
Urània *f.*
Urbàno *m.* Urban
Urìa *m.* Uriah
Valentìno *m.* Valentine
Valèria *f.*
Valèrio *m.* Valerius
Vènere *f.* Venus
Vèra *f.*
Verònica *f.*
Vespasiàno *m.* Vespasian
Vìlma *f.* Wilma
Vincènzo *m.* Vincent
Viòla *f.*
Violétta *f.* Violet
Virgìlio *m.* Vergil, Virgil
Virgìnia *f.*
Vittòria *f.* Victoria
Vittòrio *m.* Victor
Viviàna *f.* Vivian, Vivien
Vulcàno *m.* Vulcan
Wàlter *m.*
Wànda *f.*
Wìlma *f.*
Zaccarìa *m.* Zachariah, Zacharias, Zachary
Zòe *f.*

TOPONIMI - *PLACE NAMES*

N.B. Non viene indicato il traducente quando ha la stessa grafia del lemma

The English equivalent is not given when the spelling is identical to the Italian

Abissìnia *f.* Abyssinia
Adriàtico (il Mare) *m.* (the) Adriatic Sea
Àfrica *f.*
Alàska *f.*
Albanìa *f.*
Alessàndria (d'Egitto) *f.* Alexandria
Algèri *f.* Algiers
Algerìa *f.*
Àlpi (le) *f. pl.* (the) Alps
Alsàzia *f.* Alsace
Amàzzoni, (il) Rio delle *m.* (the) Amazon
Ambùrgo *f.* Hamburg
Amèrica *f.*
Anatòlia *f.*
Andalusìa *f.*
Ànde (le) *f. pl.* (the) Andes
Andòrra *f.*
Ànkara *f.*
Antàrtide *f.* Antarctica
Antìlle (le) *f. pl.* (the) Antillos
Anvèrsa *f.* Antwerp
Appennìni (gli) *m. pl.* (the) Apennines
Aràbia *f.*
Aragóna *f.* Aragon
Argentìna *f.*
Àrgo *f.* Argos
Arịzòna *f.*
Armènia *f.*
Àrtide *f.* Artic
Àṣia *f.*
Àssia *f.* Hesse
Assìria *f.* Assyria
Astùrie (le) *f. pl.* (the) Asturias
Atène *f.* Athens
Atlànte *m.* Atlas
Atlàntico (l'Oceano) *m.* (the) Atlantic Ocean
Àttica *f.*
Austràlia *f.*
Àustria *f.*
Avàna *f.* Havana
Avignóne *f.* Avignon
Azzòrre (le) *f. pl.* (the) Azores
Babilònia *f.* Babylon
Baghdād *f.* Baghdad, Bagdad
Bahàma (le) *f. pl.* (the) Bahamas, (the) Bahama Islands
Balcàni (i) *m. pl.* (the) Balkans
Baleàri (le) *f. pl.* (the) Balearic Islands
Bàltico (il Mar) *m.* (the) Baltic Sea
Baltimòra *f.* Baltimore
Barcellóna *f.* Barcelona
Baṣilèa *f.* Basel
Bavièra *f.* Bavaria
Bèlgio *m.* Belgium
Belgràdo *f.* Belgrade
Bengàla *m.* Bengal
Beòzia *f.* Boeotia
Berlìno *f.* Berlin
Bermùde (le) *f. pl.* (the) Bermudas
Bèrna *f.* Bern
Betlèmme *f.* Bethlehem
Biànco, Monte *m.* Mont Blanc
Birmània *f.* Burma
Biṣànzio *f.* Byzanthium
Biscàglia *f.* Biscay
Boèmia *f.* Bohemia
Bogotà *f.* Bogota
Bolìvia *f.*
Bombày *f.*
Borgógna *f.* Burgundy
Bòrneo *m.*
Bòsforo (il) *m.* (the) Bosporus, (the) Bosphorus
Bòṣnia *f.*
Braṣìle *m.* Brazil
Bratiṣlàva *f.*
Bretàgna *f.* Britanny
Britànnia *f.* Britain
Bruxèlles *f.* Brussels
Bùcarest *f.* Bucharest
Bulgarìa *f.*
Càdice *f.* Cadiz
Calcùtta *f.*
Cambògia *f.* Cambodia
Càmbrici, (i) Monti *m. pl.* (the) Cambrian Mountains
Càmerun *m.* Cameroon
Cànada *m.*
Canàrie (le) *f. pl.* (the) Canary Islands, (the) Canaries
Càpo di Buòna Sperànza (il) *m.* (the) Cape of Good Hope
Caràibi, Mar dei; Carìbico, (il) Mar *m.* (the) Caribbean Sea
Càrniche, (le) Alpi *f. pl.* (the) Carnic Alps
Caroline, (le) Ìṣole *f. pl.* (the) Caroline Islands
Carpàzi (i) *m. pl.* (the) Carpathian Mountains, (the) Carpathians
Cartàgine *f.* Carthage
Càspio (il Mar) *m.* (the) Caspian Sea
Castìglia *f.* Castile
Catalógna *f.* Catalonia
Càucaṣo *m.* Caucasus
Cecoslovàcchia *f.* Czechoslovakia
Cervìno (Monte) *m.* (the) Matterhorn
Ceylòn *f.*
Cile *m.* Chile
Cìna *f.* China
Cìpro *f.* Cyprus
Città del Càpo *f.* Cape Town
Colómbia *f.*
Colònia *f.* Cologne
Colùmbia *f.*
Còngo *m.*
Copenàghen *f.* Copenhagen
Coràlli, (il) Mar dei *m.* (the) Coral Sea
Còrdova *f.*
Corèa *f.* Korea
Corìnto *f.* Corinth
Cornovàglia *f.* Cornwall
Còrsica *f.*
Còsta Azzùrra (la) *f.* (the) Côte d'Azur
Còsta d'Avòrio (la) *f.* (the) Ivory Coast
Còsta d'Òro (la) *f.* (the) Gold Coast
Costantinòpoli *f.* Constantinople
Còsta Rica *f.*
Còzie, (le) Alpi *f. pl.* (the) Cottian Alps
Cracòvia *f.* Cracow
Crèta *f.* Crete
Crimèa (la) *f.* (the) Crimea
Croàzia *f.* Croatia
Cùba *f.*
Dàcca *f.*
Dàcia *f.*
Dalmàzia *f.* Dalmatia
Damàsco *f.* Damascus
Danimàrca *f.* Denmark
Danùbio (il) *m.* (the) Danube
Dànzica *f.* Danzig
Dardanèlli (i) *m pl.* (the) Dardanelles
Dèlhi *f.*
Dèlo *f.* Delos
Digióne *f.* Dijon
Dolomìti (le) *f. pl.* (the) Dolomites
Dublìno *f.* Dublin
Èbridi (le) *f. pl.* (the) Hebrides
Edimbùrgo *f.* Edinburgh
Èfeṣo *f.* Ephesus
Egèo (il Mar) *m.* (the) Aegean Sea
Egìtto *m.* Egypt
Èlba (1) *f.* (*isola*) Elba
Èlba (l') (2) *m.* (*fiume*) (the) Elbe
Elicóna *m.* Helicon
Epìro *m.* Epirus
Eritrèa *f.*
Estònia *f.*
Etiòpia *f.* Ethiopia
Ètna *m.*
Eufràte (l') *m.* (the) Euphrates
Euràṣia *f.*
Euròpa *f.* Europe
Èverest *m.*
Fiàndre *f. pl.* Flanders
Fìgi, (le) Ìṣole *f. pl* (the) Fiji (Islands)
Filadèlfia *f.* Philadelphia
Filìppi *f.* Philippi
Filippìne (le) *f. pl.* (the) Philippines
Finlàndia *f.* Finland
Firènze *f.* Florence
Flòrida *f.*
Formósa *f.*
Frància *f.* France
Francofòrte *f.* Frankfort
Galilèa *f.* Galilee
Gàlles *m.* Wales
Gand *f.* Ghent
Gànge (il) *m.* (the) Ganges
Gènova *f.* Genoa
Geòrgia *f.*
Germània *f.* Germany
Geusalèmme *f.* Jerusalem
Giacàrta *f.* Djakarta
Giàllo, (il) Mar *m.* (the) Yellow Sea
Giamàica *f.* Jamaica
Giappóne *m.* Japan
Giàva *f.* Java
Gibiltèrra *f.* Gibraltar
Ginévra *f.* Geneva
Giordània *f.* Jordan
Giordàno (il) *m.* (the) Jordan
Giudèa *f.* Jud(a)ea
Giùlie, (le) Alpi *f. pl.* (the) Julian Alps
Giùra *m.* Jura
Gràie, (le) Alpi *f. pl.* (the) Graian Alps

Grampiàni (**i**) *m. pl.* (the) Grampians
Gràn Bretàgna *f.* Great Britain
Grècia *f.* Greece
Groenlàndia *f.* Greenland
Guascógna *f.* Gascony
Guatemàla *m.*
Guiàna *f.*
Guinèa *f.*
Hannòver *f.* Hanover
Hawài (**le**) *f. pl.* (the) Hawaii, (the) Hawaiian Islands
Ìndia *f.*
Ìndo (**l'**) *m.* (the) Indus
Indocìna *f.* Indo-China
Indonèsia *f.*
Indostàn *m.* Hindustan
Inghiltèrra *f.* England
Iònie, (le) Ìsole *f. pl.* (the) Ionian Islands
Iònio (**il Mar**) *m.* (the) Ionian Sea
Iràn *m.*
Iràq *m.*
Irlànda *f.* Ireland
Islànda *f.* Iceland
Israèle *m.* Israel
Istànbul *f.*
Ìtaca *f.* Ithaca
Itàlia *f.* Italy
Jugoslàvia *f.* Yugoslavia
Katànga *m.*
Kènya *m.*
Kilimangiàro *m.* Kilimanjaro
L'Àia *f.* (the) Hague
Làos *m.*
Lappònia *f.* Lapland
Lèida *f.* Leyden, Leiden
Leningràdo *f.* Leningrad
Lèsbo *f.* Lesbos
Lettònia *f.* Latvia
Lìbano *m.* Lebanon
Libèria *f.*
Lìbia *f.* Libya
Liègo *f.* Liege
Ligùria *f.*
Lìma *f.*
Lióne *f.* Lyons
Lìpsia *f.* Leipzig
Lisbóna *f.* Lisbon
Lituània *f.* Lithuania
Livórno *f.* Leghorn
Lombardia *f.* Lombardy
Lóndra *f.* London
Lorèna *f.* Lorraine
Losànna *f.* Lausanne
Louisiàna *f.*
Lubècca *f.* Lübeck
Lucèrna *f.* Lucerne
Lugàno *f.*
Lusàka *f.*
Lussembùrgo *m.* Luxembourg
Macào *f.*
Macedònia *f.*
Madagascàr *m.*
Madèra *f.* Madeira
Madrìd *f.*
Magellàno, (lo) Strétto di *m.* (the) Strait(s) of Magellan
Magónza *f.* Mainz
Maiòrca *f.* Majorca
Malàcca *f.*
Màlaga *f.*
Malèsia *f.* Malaya
Màlta *f.*
Manciùria *f.* Manchuria
Mànica (**la**) *f.* (the) English Channel
Manìla *f.*
Màntova *f.* Mantua
Maratóna *f.* Marathon
Marchési, (le) Ìsole *f. pl.* (the) Marquesas Islands
Mariànne, (le) Ìsole *f. pl.* (the) Mariana Islands
Marìttime, (le) Alpi *f. pl.* (the) Maritime Alps
Maròcco *m.* Morocco
Marsìglia *f.* Marseilles
Martinìca *f.* Martinique
Maurìzio, Maurìtius (**Ìsola**) *f.* Mauritius
Mècca (**la**) *f.*
Mediterràneo (**il Mar**) *m.* (the) Mediterranean Sea
Melanèsia *f.*
Mèno (**il**) *m.* (the) Main
Mesopotàmia *f.*
Mèssico *m.* Mexico
Milàno *f.* Milan
Minòrca *f.*
Mississìppi *m.* (*Stato*) Mississippi, (*fiume*) (the) Mississippi
Missoùri *m.* (*Stato*) Missouri, (*fiume*) (the) Missouri
Moldàvia *f.*
Molùcche (**le**) *f. pl.* (the) Moluccas
Mombàsa *f.*
Mònaco (**1**) *m.* (*Principato*) Monaco
Mònaco (**2**) *f.* (*di Baviera*) Munich
Mongòlia *f.*
Montenégro *m.*
Moràvia *f.*
Mòrto, (il) Mar *m.* (the) Dead Sea
Mòsa (**la**) *f.* (the) Meuse
Mósca *f.* Moscow
Mosèlla *f.* (the) Moselle
Mozambìco *m.* Mozambique
Nairòbi *f.*
Nanchìno *f.* Nanking
Nàpoli *f.* Naples
Navàrra *f.* Navarre
Nàzareth *f.*
Nepàl *m.*
Néro, (il) Mar *m.* (the) Black Sea
New York *f.*
Niagàra (**il**) *m.* (the) Niagara • **Cascate del N.**, Niagara Falls
Niàssa *m.* ***1*** (*lago*) Nyas(s)a ***2*** (*Stato*) Nyasaland
Nicaràgua *m.*
Nicosìa *f.*
Nigèria *f.*
Nìlo (**il**) *m.* (the) Nile
Nìzza *f.* Nice
Nòrd, (il) Mare del *m.* (the) North Sea
Norimbèrga *f.* Nuremberg
Normandìa *f.* Normandy
Norvègia *f.* Norway
Nuòva Caledònia *f.* New Caledonia
Nuòva Guinèa *f.* New Guinea
Nuòva Inghiltèrra *f.* New England
Nuòvo Mèssico *m.* New Mexico
Nuòva Scòzia *f.* Nova Scotia
Nuòva Zelànda *f.* New Zealand
Oceània *f.*
Olànda *f.* Holland, (the) Netherlands
Olìmpia *f.* Olympia
Olìmpo *f.* Olympus
Òrcadi (**le**) *f. pl.* (the) Orkney Islands, (the) Orkneys
Òslo *f.*
Ostènda *f.* Ostend
Pacifico (**l'Oceano**) *m.* (the) Pacific Ocean
Pàdova *f.* Padua
Paési Bàssi (**i**) *m. pl.* (the) Low Countries
Pàkistan *m.*
Palestìna *f.* Palestine
Pànama *f.*
Paraguày *m.*
Parìgi *f.* Paris
Parnàso *m.* Parnassus
Patagònia *f.*
Patràsso *f.* Patras
Pechino *f.* Peking
Pèrsia *f.*
Perù *m.* Peru
Piccardìa *f.* Picardy
Piemónte *m.* Piedmont
Pirenèi (**il**) *m. pl.* (the) Pyrenees
Polinèsia *f.* Polynesia
Polònia *f.* Poland
Pompèi *f.* Pompeii
Portogàllo *m.* Portugal
Portorìco *m.* Puerto Rico
Pràga *f.* Prague
Provènza *f.* Provence
Prùssia *f.*
Renània *f.* Rhineland
Rèno (**il**) *m.* (the) Rhine
Rètiche, (le) Alpi *f. pl.* (the) Rhaetian Alps
Rhodèsia *f.*
Rocciόse, (le) Montagne *f. pl.* (the) Rocky Mountains, (the) Rockies
Ròdano (**il**) *m.* (the) Rhone
Ròdi *f.* Rhodes
Róma *f.* Rome
Rósso, (il) Mar *m.* (the) Red Sea
Romania *f.* R(o)umania
Rùssia *f.*
Sahàra *m.*
Salisbùrgo *f.* Salzburg
Salomóne, (le) Ìsole *f. pl.* (the) Solomon Islands
Salonicco *f.* Salonica, Salonika
Sàmo *f.* Samos
Samòa, (le) Ìsole *f. pl.* (the) Samoa (Islands)
Samotràcia *f.* Samothrace
Sant'Èlena *f.* St Helena
Santiàgo *f.* Santiago
Saragòzza *f.* Saragossa
Sardégna *f.* Sardinia
Sassònia *f.* Saxony
Savòia *f.* Savoy
Scandinàvia *f.*
Schèlda (**la**) *f.* (the) Scheldt
Scòzia *f.* Scotland
Sempióne *m.* (the) Simplon (Pass)
Sènegal *m.*
Sènna (**la**) *f.* (the) Seine
Sèrbia *f.*
Sibèria *f.*
Sicìlia *f.* Sicily
Sidóne *f.* Sidon
Sièna *f.* Sien(n)a
Sinai *m.*
Singapóre *f.*
Siracùsa *f.* Syracuse

Sìria *f.* Syria
Sìrte *f.* Syrtis
Sivìglia *f.* Seville
Ṣlavònia *f.*
Ṣlèṣia *f.* Silesia
Ṣlovàcchia *f.* Slovakia
Ṣlovènia *f.*
Smìrne *f.* Smyrna
Sòfia *f.*
Somàlia *f.*
Spàgna *f.*
Spòradi (**le**) *f. pl.* (the) Sporades
Stalingràdo *f.* Stalingrad
Stìria *f.* Styria
Stoccólma *f.* Stockholm
Straṣbùrgo *f.* Strasbourg
Sudàn *m.*
Sùez *f.* Suez • **Canale di S.**, Suez Canal
Ṣvèzia *f.* Sweden
Ṣvìzzera *f.* Switwerland
Tàbor, Monte *m.* Mount Tabor
Tàgo (**il**) *m.* (the) Tagus
Tamìgi (**il**) *m.* (the) Thames
Tanganica *m.* Tanganyika
Tàngeri *f.* Tangier
Tanẓània *f.*
Taṣmània *f.*
Tèbe *f.* Thebes
Termòpili *f. pl.* Thermopylae
Terranòva *f.* Newfoundland
Tessàglia *f.* Thessaly
Tévere (**il**) *m.* (the) Tiber
Thailàndia *f.* Thailand
Tìbet *m.*
Tìgri (**il**) *m.* (the) Tigris
Tiròlo *m.* Tyrol, Tirol
Tirrèno, (**il Mar**) *m.* (the) Tyrrhenian Sea
Tògo *m.*
Tòkyo *f.*
Tolèdo *f.*
Tolóne *f.* Toulon
Tolóṣa *f.* Toulouse
Tonchìno *m.* Tonkin, Tongking
Torìno *f.* Turin
Toscàna *f.* Tuscany
Tràcia *f.* Thrace
Trènto *f.* Trent
Trièste *f.*
Trìpoli *f.*
Tròia *f.* Troy
Tùle *f.* Thule
Tùniṣi *f.* Tunis
Tuniṣia *f.*
Turchìa *f.* Turkey
Turìngia *f.* Thuringia
Ucràina *f.* Ukraine
Ugànda *f.*
Ùmbria *f.*
Ungherìa *f.* Hungary
Uràli, (**i**) **Monti** *m. pl.* (the) Ural Mountains
Uruguày *m.*
Valàcchia *f.* Wal(l)achia
Valènza *f.* Valencia
Vallétta (**La**) *f.* Valletta
Varsàvia *f.* Warsaw
Venèzia *f.* Venice
Venezuèla *m.*
Vestfàlia *f.* Westphalia
Veṣùvio *m.* Vesuvius
Viènna *f.*
Vietnàm *m.*
Virgìnia *f.*
Vìstola (**la**) *f.* (the) Vistula
Vòlta (**il**) *m.* (the) Volta
Vòsgi (**i**) *m. pl.* (the) Vosges
Yèmen *m.*
Ẓagàbria *f.* Zagreb
Ẓàmbia *f.*
Ẓelànda *f.* Zeeland
Ẓurìgo *f.* Zürich

SIGLE ITALIANE - *ITALIAN ACRONYMS*

A *1 ampere*, (*elettr.*) ampere *2 Asso* (*nelle carte da gioco*), Ace.
A *1 atto*, (*teatr.*) act *2 Altezza*, Highness *3 Autore*, author.
a *ara*, are.
ab. *abitanti*, population.
abb. *1 abbonamento*, subscription *2 abbonato*, subscriber.
abbr. *1 abbreviato*, abbreviated *2 abbreviazione*, abbreviation.
ABI *1 Associazione Bancaria Italiana*, Italian Bankers' Association *2 Aziende Bioagricole Italiane*, Italian Farms of Biological Agriculture.
AC *1 Azione Cattolica*, Organization for Catholic Action *2 Assegno Circolare*, banker's draft (*G.B.*); cashier's check (*U.S.A.*).
Ac *attinio*, (*chim.*) actinium (Ac).
a.C. *avanti Cristo*, before Christ (B.C.).
Acc. *Accademia*, academy.
ACI *1 Automobile Club d'Italia*, Italian Automobile Association *2 Aviazione Civile Italiana*, Italian Aviation *3 Azione Cattolica Italiana*, Italian Catholic Action Movement *4 Aero Club d'Italia*, Italian Aero Club.
ACLI *Associazione Cattolica dei Lavoratori Italiani*, Italian Workers' Catholic Association.
ACNUR *Alto Commissariato delle Nazioni Unite per i Rifugiati*, United Nations High Commission for Refugees (UNHCR).
AD *1* (*lat. Anno Domini*) *nell'anno del Signore*, in the year of the Lord *2 Alleanza Democratica*, (*polit.*) Democratic Alliance.
ADS *Accertamenti Diffusione Stampa*, Control of Newspaper and Magazine Circulation.
AF *alta frequenza*, (*fis.*) high frequency (HF).
AFM *Azienda Farmaceutica Municipalizzata*, Municipal Chemist.
AFV *Azienda Faunistica Venatoria*, Huntig and Breeding Farm.
Ag *argento*, (*chim.*) silver (Ag).
AG *Alberghi per la Gioventù*, Youth Hostels.
AGCI *Associazione Generale delle Cooperative Italiane*, Italian Association of Co-operative Societies.
AGIP *Azienda Generale Italiana Petroli*, National Hydrocarbons Authority.
AGIS *Associazione Generale Italiana dello Spettacolo*, Italian Association for Theatrical and Cinematographic Activities.
ag. *agosto*, August (Aug.).
agr., agric. *agricolo*, agricultural.
AI *Aeronautica Italiana*, Italian Air Force.
AIC *1 Associazione Italiana Calciatori*, Italian Football Association *2 Associazione Italiana Cineoperatori*, Association of Italian Cameramen.
AIDO *Associazione Italiana Donatori di Organi*, Italian Organ Donors Association.
AIE *Associazione Italiana degli Editori*, Italian Publishers' Association.
AIEA *Agenzia Internazionale per l'Energia Atomica*, International Atomic Energy Agency (IAEA).
AIRC *Associazione Italiana per la Ricerca sul Cancro*, Italian Association for Cancer Research.
Al *alluminio*, (*chim.*) aluminium (Al).
all. *allegato*, enclosure (encl.).
alt. *1 altezza*, height (h.) *2 altitudine*, altitude (alt.).
Am, americio, (*chim.*) americium (Am).
AM *Aeronautica Militare*, (*mil.*) Air Force (A.F.).
amer. *americano*, American (Am.).
AMIU *Azienda Municipalizzata Igiene Urbana*, Municipal Company for Urban Hygiene.
AN *Alleanza Nazionale*, (*polit.*) National Alliance.
ANA *Associazione Nazionale Alpini*, (*mil.*) National Association of former Members of Alpine Regiments.
ANAS *Azienda Nazionale Autonoma delle Strade*, State Highways Authority.
ANCR *Associazione Nazionale Combattenti e Reduci*, (*mil.*) National Veterans' Association.
ang. *angolo*, corner; (*mat.*) angle.
ANFIA *Associazione Nazionale fra Industrie Automobilistiche*, National Association of Motor Industries.
ANIA *Associazione Nazionale Imprese Assicuratrici*, National Association of Insurance Companies.
ANICA *Associazione Nazionale Industrie Cinematografiche e Affini*, National Association of Cinematographic and Related Industries.
ANL *Accademia Nazionale dei Lincei*, Lincei National Academy.
ANLAIDS *Associazione Nazionale per la Lotta contro l'AIDS*, National Association for the Fight against AIDS.
ANMIG *Associazione Nazionale Mutilati e Invalidi di Guerra*, (*mil.*) National Association of Disabled Servicemen.
ANMIL *Associazione Nazionale Mutilati e Invalidi del Lavoro*, National Association of Disabled Workers.
ANPAC *Associazione Nazionale Piloti Aviazione Civile*, National Pilots' Association.
ANPI *Associazione Nazionale Partigiani d'Italia*, National Association of Italian Partisans.
ANSA *Agenzia Nazionale Stampa Associata*, Italian Associated Press Agency.
API *Associazione Piccole e Medie Industrie*, Association of Small and Medium Companies.
app. *appendice*, appendix (app.).
apr. *aprile*, April (Ap., Apr.).
APT *Azienda di Promozione Turistica*, Tourism Promotion Agency.
Ar *argon*, (*chim.*) argon (Ar).
A.R. *1 Altezza Reale*, Royal Highness *2 andata e ritorno*, (*trasp.*) return ticket, (*G.B.*); round-trip ticket, (*U.S.A.*) *3 Avviso di Ricevimento o Riscossione*, (*posta*) return receipt.
ARA *Auto Respiratore ad Aria*, Self-Contained Underwater Breathing Apparatus (SCUBA).
Arc. *Arcivescovo*, (*relig.*) Archbishop (Archbp.).
arch. *1 archivio*, archives, (*pl.*); records office *2 architetto*, architect (arch) *3 architettura*, architecture (arch).
ARCI *Associazione Ricreativa Culturale Italiana*, Italian Recreational and Cultural Association.
ARI *Associazione Radioamatori Italiani*, Italian Association of Radio-Amateurs.
arr. *arrivo*, (*ferr.*) arrival (arr.).
art. *articolo 1* (*leg.*) paragraph (par.), section (sec.) *2* (*comm.*) item.
AS *Allievo Sottufficiale*, (*mil.*) Trainee Non-Commissioned Officer.
As *arsenico*, (*chim.*) arsenic (As).
A.S.C.I. *Associazione Scoutistica Cattolica Italiana*, Association of Italian Catholic Boy Scouts.
ASCOM *Associazione Commercianti*, Traders Association.
Ass. *1 Associazione*, Association (Assoc.) *2 Assicurazione*, Insurance (Insur.).
astr., astron. *astronomico*, astronomical.
At *astato*, (*chim.*) astatine (At).
A.T. *1 Antico Testamento*, Old Testament (O.T.) *2 Alta Tensione*, (*fis.*) High Voltage (H.V.).
ATI *1 Azienda Tabacchi Italiani*, Italian State Tobacco Board *2 Aero Trasporti Italiani*, Italian Air Freight Line.
atm. *atmosferico*, atmospheric (atm.).
atom. *atomico*, (*fis.*) atomic (at.).

Au *oro*, (*chim.*) gold (Au).
AUC *Allievo Ufficiale di Complemento*, Trainee Reserve Officer.
aus. *ausiliare*, auxiliary (aux.).
AUSL *Azienda Unità Sanitaria Locale*, Local Health Union Enterprise.
AVIS *Associazione Volontari Italiani del Sangue*, Association of Voluntary Italian Blood Donors.
avv. *avverbio*, (*gramm.*) adverb (adv.).
Avv. *Avvocato*, lawyer, barrister (barr.).
az. *azione*, (*comm.*) share.

B *boro*, (*chim.*) boron (B).
B. *Beato*, (*relig.*) Blessed (Bl).
Ba *bario*, (*chim.*) barium (Ba).
B.A. *Belle Arti*, Fine Arts.
BAV *Biblioteca Apostolica Vaticana*, Vatican Apostolic Library.
BCI *Banca Commerciale Italiana* (*COMIT*), Italian Commercial Bank.
Be *berillio*, (*chim.*) beryllium (Be).
BF *bassa frequenza*, (*fis.*) Low Frequency (LF).
B.I. *Banca d'Italia*, Bank of Italy.
Bi *bismuto*, (*chim.*) bismuth (Bi).
bibl. *1 bibliografico*, bibliographic(al) *2 biblico*, Biblical (Bib).
biol. *biologico*, biological (biol.).
Bk *berkelio*, (*chim.*) berkelium (Bk).
BNCF *Biblioteca Nazionale Centrale Firenze*, National Central Library Florence.
BNL *Banca Nazionale del Lavoro*, National Work Bank.
BOT, bot *Buono Ordinario del Tesoro*, (*fin.*) Ordinary Treasury Bond.
bot. *botanico*, botanic(al) (bot.).
Br *bromo*, (*chim.*) bromine (Br).
BR *1 Banco di Roma*, Bank of Rome *2 Brigate Rosse*, (*polit.*, *stor.*) Red Brigades.
brev. *brevetto*, patente (pat.).
bross. *brossura*, paperback binding.
B.T. *Bassa Tensione*, (*fis.*) Low Voltage (L.V.).
BVM *Beata Vergine Maria*, Blessed Virgin Mary (B.V.M.).

C *carbonio*, (*chim.*) carbon (C).
C. *1 codice*, (*leg.*) code *2 congregazione*, (*relig.*) congregation.
c *1 corso*, avenue *2 canto*, (*poesia*) canto *3 cento*, hundred (h., hund.) *4 corrente*, current *5 cubico*, cubic (cu.).
°C *grado Celsius* (*fis.*) degree Celsius.
Ca *calcio*, (*chim.*) calcium (Ca).
c.a. *1 corrente alternatȧ*, (*elettr.*) alternating current (a.c., AC) *2 corrente anno*, of this year.
ca *circa*, about (abt.), ca.
CAB *Codice di Avviamento Bancario*, Bank Code.
cad. *cadauno*, each (ea.).
CAF *Commissione d'Appello Federale*, (*sport*) Federal Committee of Appeal.
CAI *Club Alpino Italiano*, Italian Alpine Club.
cal *piccola caloria*, small calorie (cal.).
Cal *grande caloria*, large calorie (Cal.).
CAP *1 Codice di Avviamento Postale*, Postal Code, Postcode (*G.B.*); Zip Code, (*U.S.A.*) *2 Consorzio Agrario Provinciale*, Provincial Agricultural Consortium.
Cap. *1 Capitano*, (*mil.*) Captain, (Capt.) *2 capitolo*, chapter (chap.).
cap.le *caporale*, (*mil.*) corporal (corp.).
CAR *Centro Addestramento Reclute*, (*mil.*) Recruit Training Centre.
Card. *Cardinale*, (*relig.*) Cardinal (Card.).
cat. *catalogo*, catalogue (cat.).
Cav. *Cavaliere*, (*titolo*).
CC *1 Carabinieri*, Carabinieri *2 Corpo Consolare*, Consular Corps.
C.C. *1 Codice Civile*, Civil Code *2 Corte di Cassazione*, Court of Cassation *3 Corte Costituzionale*, Constitutional Court *4 Corte dei Conti*, Supreme State Accounting Court *5 Comitato o Commissione Centrale*, Central Commission, Central Committee.
C/c, c/c *conto corrente*, (*banca*) current account (*G.B.*), check account (*U.S.A.*) (C/A).
c.c. *1 corrente continua*, (*elettr.*) direct current (d.c., DC) *2 corto circuito*, (*elettr.*) short circuit.
c.c.b. *conto corrente bancario*, current account (*G.B.*), check account (*U.S.A.*).
C.C.C. *Centro Cinematografico Cattolico*, Catholic Film Centre.
CCD *Centro Cristiano Democratico*, (*polit.*) Christian Democrats of the Centre.
CCI *Camera di Commercio Internazionale*, International Chamber of Commerce.
CCNL *Contratto Collettivo Nazionale di Lavoro*, National Collective Agreement.
c.c.p. *conto corrente postale*, current postal account.
CCT *Certificato di Credito del Tesoro*, (*fin.*) Treasury Certificate of Credit.
Cd *cadmio*, (*chim.*) cadmium (Cd).
CD *Corpo Diplomatico*, Corps Diplomatique (*franc.*); Diplomatic Corps (CD).
C. d'A. *1 Corpo d'Armata*, (*mil.*) Army Corps (A.C.) *2 Corte d'Appello*, (*leg.*) Court of Appeal (C.A.) *3 Corte d'Assise*, (*leg.*) Court of Assizes *4 Consiglio d'Amministrazione*, Board of Directors *5 Consiglio d'Azienda*, Workers Council.
c.d.d. *come dovevasi dimostrare*, which was to be demonstrated (q.e.d., Q.E.D.).
C.d.G. *Compagnia di Gesù*, (*relig.*) Society of Jesus (S.J.).
C.d.L. *Camera del Lavoro*, Trade Union Headquarters.
CDP *Cassa Depositi e Prestiti*, Public Development Fund.
C.d.R. *Cassa di Risparmio*, Savings Bank.
C.d.S. *1 Circolo della Stampa*, Press Club *2 Codice della Strada*, Highway Traffic Code *3 Consiglio di Sicurezza*, (*polit.*) Security Council *4 Consiglio di Stato*, Council of State.
CDU *Cristiano Democratici Uniti*, (*polit.*) United Christian Democrats.
Ce *cerio*, (*chim.*) cerium (Ce).
C.E. *1 Comitato Esecutivo*, Executive Committee (Ex. Com.) *2 Consiglio Europeo*, (*polit.*) Council of Europe.
CECA *Comunità Europea del Carbone e dell'Acciaio*, (*stor.*) European Coal and Steel Community (ECSC).
CED *1 Comunità Europea di Difesa*, European Defence Community (E.D.C.) *2 Centro Elaborazione Dati*, Data Processing Center (DPC).
CEE *Comunità Economica Europea*, European Economic Community (EEC).
CEEA *Comunità Europea dell'Energia Atomica* (*EURATOM*), European Atomic Energy Community (EURATOM).
CEI *Conferenza Episcopale Italiana*, Italian Episcopal Conference.
CENSIS *Centro Studi Investimenti Sociali*, Centre for Social Investment Studies.
CEPES *Comitato Europeo per il Processo Economico e Sociale*, European Committee for Economic and Social Development.
CERN *Comitato Europeo per le Ricerche Nucleari*, European Council for Nuclear Research (CERN).
CESPE *Centro Studi di Politica Economica*, Centre for Economic Politics Studies.
CF *Codice Fiscale*, Fiscal Code.
Cf *californio*, (*chim.*) californium (Cf).
CFL *Contratto di Formazione e Lavoro*, Work Training Contract.
cfr. *confronta*, compare (cf.).
CFS *Corpo Forestale dello Stato*, National Forest Corps.
cg *centigrammo*, centigramme (cg).
CGIL *Confederazione Generale Italiana del Lavoro*, Federation of Italian Trade Unions.

CGS *centimetro-grammo secondo,* (*fis.*) centimetre-gram-second (C.G.S.).
chim. *chimico,* chemical, (*agg.*) (chem.).
chir. *chirurgico,* surgical (surg.).
CI *Credito Italiano* (*CREDIT*), Italian Credit Bank.
C.ia *Compagnia,* (*comm.*) Company (Co.).
CIDA *Confederazione Italiana Dirigenti d'Azienda,* Italian Confederation of Business Managers.
CIF *Centro Italiano Femminile,* Italian Women Centre.
CIGA *Compagnia Italiana dei Grandi Alberghi,* Italian Great Hotels Company.
CIM *Centro Italiano della Moda,* Italian Centre of Fashion.
CIP *Comitato Interministeriale per i Prezzi,* Interdepartmental Price Committee.
CIPE *Comitato Interministeriale per la Programmazione Economica,* Interdepartmental Committee for Economic Planning.
CISAL *Confederazione Italiana Sindacati Autonomi dei Lavoratori,* Italian Federation of Autonomous Trade Unions.
CISL *Confederazione Italiana Sindacato Lavoratori,* Federation of Italian Trade Unions.
CISNAL *Confederazione Italiana Sindacati Nazionali Lavoratori,* (*stor.*) Italian Association of National Trade Unions.
CIT *Compagnia Italiana di Turismo,* Italian Travel Agency.
cit. *citato,* cited (cit.).
cl *centilitro,* centilitre (cl).
Cl *cloro,* (*chim.*) chlorine (Cl).
CLN *Comitato di Liberazione Nazionale,* National Committee for the Liberation of Italy (*during World War II*).
cm *centimetro,* centimetre (cm); **cm^2** *centimetro quadrato,* square centimetre; **cm^3** *centimetro cubo,* cubic centimetre.
Cm *curio,* (*chim.*) curium (Cm).
CM *Circolare Ministeriale,* Ministry Circular Letter.
CNA *Confederazione Nazionale dell'Artigianato,* National Federation of Craftsmen.
CNEL *Consiglio Nazionale dell'Economia e del Lavoro,* National Council for Economy and Labour.
CNEN *Comitato Nazionale per l'Energia Nucleare,* National Council for Nuclear Energy.
CNR *Consiglio Nazionale delle Ricerche,* National Council for Scientific Research.
Co *cobalto,* (*chim.*) cobalt (Co).
COBAS *Comitato di Base,* Rank and File Committee.
cod. *1 codice,* (*leg., elab.*) code *2 codice,* (*manoscritto antico*) codex (cod.).
Col. *Colonnello,* (*mil.*) Colonel (Col.).
COLDIRETTI *Confederazione nazionale coltivatori diretti,* National Federation of Italian Farmers.
COLF *Collaboratrice Familiare,* domestic help.
Comm. *commendatore,* (*titolo*).
CONFAGRICOLTURA *Confederazione generale dell'agricoltura italiana,* General Federation of Italian Land-owners.
CONFINDUSTRIA *Confederazione generale dell'industria italiana,* Italian Manufacturers' Association.
C.O.N.I. *Comitato Olimpico Nazionale Italiano,* Italian National Olympic Committee.
cons. *1 consigliere,* councillor, (*comm.*) director *2 Consiglio,* Council.
CONSOB *Commissione Nazionale per le Società e la Borsa,* National Commission for Companies and Stock Exchange.
coop. *cooperativa,* co-operative society (co-op.).
COPACO *Commissione Parlamentare di Controllo,* Parliamentary Control Committee.
corr. *1 corrispondente,* correspondent, corresponding *2 corrente,* current.
cos *coseno,* (*mat.*) cosine (cos).
cosec *cosecante,* (*mat.*) cosecant (cosec).
costr. *costruzione,* construction.
cot *cotangente,* (*mat.*) cotangent (cot).
C.P. *1 Casella Postale,* Post-Office Box; P.O. Box *2 Codice Penale,* (*leg.*) Penal Code *3 Consiglio Provinciale,* District Council *4 Capitaneria di Porto,* Harbour Office.
c.p. *cartolina postale,* postcard (p.c.).
C.P.C. *Codice di Procedura Civile,* Code of Civil (Law) Procedure.
C.P.P. *Codice di Procedura Penale,* Code of Criminal (Law) Procedure.
Cr *cromo,* (*chim.*) chromium (Cr).
CRAL *Circolo Ricreativo Assistenziale Lavoratori,* Recreational and Welfare Centre for Workers.
CRI *Croce Rossa Italiana,* Italian Red Cross.
Criminalpol *Polizia Criminale,* Italian Police concerned with the Enforcement of Criminal Law.
Cs *cesio,* (*chim.*) cesium (Cs).
CS *1 Comando Supremo,* (*mil.*) Supreme Headquarters *2 Consiglio di Sicurezza,* Security Council *3 Corte Suprema,* Supreme Court (SC).
c.s. *come sopra,* as above.
CSC *Centro Sperimentale di Cinematografia,* Experimental Centre for Italian Cinema.
CSCE *Conferenza sulla Sicurezza e la Cooperazione in Europa,* Conference on Security and Co-operation in Europe (*oggi* OSCE).
CSI *1 Centro Sportivo Italiano,* Italian Sport Centre *2 Comunità di Stati Indipendenti,* Commonwealth of Independent States (CIS).
CSM *Consiglio Superiore della Magistratura,* Supreme Council of Magistrature.
CSN *Consiglio Sanitario Nazionale,* National Health Council.
C.so *Corso,* Road (Rd); Avenue (Ave).
CSS *Consiglio Superiore Sanità,* Supreme Health Council.
c.ssa *contessa,* countess.
CSSN *Contributo Servizio Sanitario Nazionale,* National Health Service Contribution.
CT *Commissario Tecnico,* (*sport*) manager of a national team.
c.te *conte,* count; earl, (*G.B.*).
c.to *conto,* (*rag.*) account (a/c, ac.).
Cu *rame,* (*chim.*) copper (Cu).
CUN *Consiglio Universitario Nazionale,* National University Council.
CV *cavallo vapore,* (*fis.*) horse-power (H.P.).
c.v.d. *come volevasi dimostrare* (*V. anche* **c.d.d.**), which was to be demonstrated (q.e.d.; QED).

D *1 domenica,* Sunday (Sun.) *2 treno Diretto,* (*ferr.*) through train.
dam *decametro,* decametre.
DAMS *Discipline delle Arti, della Musica e dello Spettacolo,* Degree Course in Fine Arts, Music and the Performing Arts.
DC *Democrazia Cristiana,* (*stor.*) Christian Democrat Party.
d.C. *dopo Cristo,* in the year of the Lord, Anno Domini (A.D.).
d.c. *da capo,* (*mus.*) repeat from the beginning.
Decr. *Decreto,* decree, ordinance.
DG *1 Direttore Generale,* General Manager *2 Direzione Generale,* Main (Administrative) Offices(s).
dg *decigrammo,* decigramme.
DIA *Direzione Investigativa Antimafia,* Investigation Department against the Mafia.
dial. *dialettale,* dialectal.
dic. *dicembre,* December (Dec.).
DIGOS *Divisione Investigazioni Generali e Operazioni Speciali* (*Polizia*), General Investigation and Special Operation Department.
dim. *diminuendo,* (*mus.*) diminuendo.
Dir. *1 Direttore,* director, manager *2 Direzione,* administrative office.
Dir. Gen. *1 Direttore Generale,* General Director, General Manager *2 Direzione Generale,* Main Office.
div. *1 divisione,* department (dep.) *2 dividendi,* (*fin.*) dividends *3 divisione,* (*mil.*) division.
dl *decilitro,* decilitre.
D.L. *Decreto Legge,* Decree Law.
dm *decimetro,* decimetre.

dom. *domenica*, Sunday (Sun., Sund.).
DNA *Direzione Nazionale Antimafia*, (*polizia*) National Division against the Mafia.
Dott. *1 Dottore* (*medico*), doctor (Dr.) *2 Dottore* (*laureato non medico*), graduate.
doz. *dozzina*, dozen (doz.).
D.P. *1 Decreto Penale*, Penal Writ *2 Decreto Presidenziale*, Presidential Decree *3 Democrazia Proletaria*, (*polit.*) (party for) Proletarian Democracy.
DPEF *Documento di Programmazione Economica e Finanziaria*, Financial and Economic Programme Document.
Dr. *V. Dott.*
Dr.ssa *Dottoressa* (*medico*), lady doctor.
Dy *disprosio*, (*chim.*) dysprosium (Dy).

E *1 Est*, East (E) *2 treno Espresso*, (*ferr.*) Express train.
E.A. *Ente Autonomo*, Independent Body.
ECA *Ente Comunale di Assistenza*, (*stor.*) Municipal Relief Board.
Ecc. *Eccellenza*, (*in genere*) Excellency; (*per un vescovo*) Lordship.
ecc. *eccetera*, et cetera (etc.), and so on.
ed. *edizione*, edition, publication.
EE *Escursionisti Esteri*, (*targa autom.*) Foreign Excursionists.
EED *Elaborazione Elettronica di Dati*, (*elab.*) Electronic Data Processing (EDP).
eff. *1 effetto*, (*econ.*) bill, promissory note *2 effettivo*, effective.
Egr. Sig. *Egregio Signor*, (*negli indirizzi*) Mr.
E.I. *1 Enciclopedia Italiana*, Italian Encyclopaedia *2 Esercito Italiano*, Italian Army.
elettr. *elettricità*, electricity.
elettron. *elettronica*, electronics.
Em. *Eminenza*, (*relig.*) Eminence.
Em.mo *Eminentissimo*, (*titolo*) Most Eminent.
ENAL *Ente Nazionale Assistenza Lavoratori*, National Agency for Assistance to Workers.
ENAPI *Ente Nazionale dell'Artigianato e delle Piccole Industrie*, Artisan and Small Industries Authority.
ENEL *Ente Nazionale per l'Energia Elettrica*, National Electricity Board.
ENI *Ente Nazionale Idrocarburi*, National Hydrocarbon Corporation.
ENIC *Ente Nazionale Industrie Cinematografiche*, National Association of Film Producers.
ENIT *Ente Nazionale Italiano per il Turismo*, Italian State Tourist Office.
ENPA *Ente Nazionale per la Protezione degli Animali*, National Society for the Prevention of Cruelty to Animals.
ENPAS *Ente Nazionale di Previdenza e Assistenza per i Dipendenti Statali*, National Board of Social Insurance and Welfare for Civil Servants.
ENPI *Ente Nazionale Prevenzione Infortuni*, National Institution for the Prevention of Accidents.
EPT *Ente Provinciale per il Turismo*, Provincial Tourist Department.
Er *erbio*, (*chim.*) erbium (Er).
Es *einsteinio*, (*chim.*) einsteinium (Es).
es. *esempio*, example (ex.).
ETI *Ente Teatrale Italiano*, Board for the Promotion of Theatrical Performances.
ETR *Elettrotreno*, (*ferr.*) Electric Train.
Eu *europio*, (*chim.*) europium (Eu).
eur. *europeo*, European.
EUR *Esposizione Universale di Roma*, Roman Universal Exhibition, (*now a residential suburb of Rome*).
EURATOM *V.* **CEEA**.
EV *1 Eccellenza Vostra*, Your Excellency *2 Era Volgare*, in the year of the Lord, Anno Domini (A.D.).

F *1 fluoro*, (*chim.*) fluorine (F) *2 forza*, (*fis.*) force *3 Femmina*, Female (F.).
°F *grado Fahrenheit*, (*fis.*) degree Fahrenheit (°F).
f. *forte*, (*mus.*) forte, loud.
FAL *1 Foglio Annunzi Legali*, (*leg.*) Law Announcement Bulletin *2 Fucile Automatico Leggero*, Light Automatic Rifle.
fam. *1 famiglia*, family *2 familiare*, (*ling.*) colloquial.
farm. *1 farmacia*, pharmacy (pharm.) *2 farmaceutico*, pharmaceutical.
fatt. *fattura*, (*comm.*) invoice (inv.).
f.co *franco*, (*comm.*) free.
Fe *ferro*, (*chim.*) iron (Fe).
feb. *febbraio*, February (Feb.).
FEDERCONSORZI *Federazione Italiana dei Consorzi Agrari*, Italian Association of Agricultural Unions.
FEDERTERRA *Federazione dei Lavoratori della Terra*, Farm Workers' Trade Union.
fem *forza elettromotrice*, (*elettr.*) electromotive force (emf).
ferr. *ferrovia*, railway (rwy, ry).
ff *1 fortissimo*, (*mus.*) fortissimo, very loud *2 facente funzione*, acting.
FF.AA. *Forze Armate*, (*mil.*) Armed Forces.
FGI *Federazione Ginnastica Italiana*, Italian Gymnastics Association.
FI *Forza Italia*, (*polit.*) Come on Italy.
FIA *Federazione Internazionale Automobilistica*, International Automobile Association.
FIC *Federazione Italiana Canottaggio*, Italian Boating Association.
FIDAL *Federazione Italiana di Atletica Leggera*, Italian Track and Field Association.
FIdC *Federazione Italiana della Caccia*, Italian Shooting and Hunting Association.
FIEG *Federazione Italiana Editori di Giornali*, Italian Federation of Newspaper Publishers.
FIFA *Federazione Internazionale delle Associazioni del Calcio*, International Football Association.
fig. *1 figura*, figure *2 figurato*, figurative.
FIG *Federazione Italiana Golf*, Italian Golf Association.
FIGC *Federazione Italiana Gioco Calcio*, Italian Football Association.
FIHP *Federazione Italiana Hockey e Pattinaggio*, Italian Hockey and Skating Association.
fil. *filiale*, branch office.
filos. *1 filosofia*, philosophy (philos.) *2 filosofo*, philosopher (philos.).
FILS *Federazione Italiana Lavoratori dello Spettacolo*, Italian Association of Workers in Theatre, Cinema, Radio and TV.
FIM *1 Federazione Italiana Metalmeccanici*, Italian Federation of Mechanical and Metallurgical Workers *2 Federazione Italiana Motonautica*, Italian Motorboating Association.
FIN *Federazione Italiana Nuoto*, Italian Swimming Association.
FINMARE *Società Finanziaria Marittima*, Maritime Transport Financial Corporation.
FINMECCANICA *Società Finanziaria Meccanica*, Mechanical Financial Corporation.
FINSIDER *Società Finanziaria Siderurgica*, Iron and Steel Financial Corporation.
FIOM *Federazione Impiegati e Operai Metallurgici*, Association of Workers in Metallurgical Industries.
FIP *Federazione Italiana Pallacanestro*, Italian Basketball Association.
FIPAV *Federazione Italiana Pallavolo*, Italian Volleyball Association.
FIR *Forza d'Intervento Rapido*, (*mil.*) Task Force.
FIS *Federazione Italiana Scherma*, Italian Fencing Association.
fis. *1 fisica*, physics (phys.) *2 fisico*, physicist.
FISI *Federazione Italiana Sport Invernali*, Italian Winter Sports Association.
FIT *Federazione Italiana Tennis*, Italian Tennis Association.
F.lli *Fratelli*, (*comm.*) Brothers (Bros.).
FLN *Fronte di Liberazione Nazionale*, National Liberation

Front.
Fm *fermio*, (*chim.*) fermium (Fm).
F.M. *forza motrice*, (*fis.*) motive power.
FMI *Fondo Monetario Internazionale*, International Monetary Fund (I.M.F.).
FNSI *Federazione Nazionale della Stampa Italiana*, Italian Press Association.
foto. *fotografia*, photography (phot.).
FPI *Federazione Pugilistica Italiana*, Italian Boxing Association.
Fr *francio*, (*chim.*) francium (Fr).
Fr. *Franco*, Franc.
FS *Ferrovie dello Stato, Società di Trasporti e Servizi per Azioni*, (Italian) State Railways, Transport and Services Joint-Stock Company.
FSM *Federazione Sindacale Mondiale*, World Federation of Trade Unions.
f.to *firmato*, signed.
FUCI *Federazione Universitaria Cattolica Italiana*, Association of Italian Catholic University Students.

g *grammo*, gramme (g).
g. *giorno*, day (d.).
Ga *gallio*, (*chim.*) gallium (Ga).
GAP *Gruppo d'Azione Partigiana*, Partisan Action Group (*during World War II*).
GC *1 Gesù Cristo*, Jesus Christ (J.C.) ***2*** *Gran Croce*, (*decorazione*) Grand Cross.
Gd *gadolinio*, (*chim.*) gadolinium (Gd).
G.d.F. *Guardia di Finanza*, Revenue Guard Corps.
Ge *germanio*, (*chim.*) germanium (Ge).
GEI *Giovani Esploratori Italiani*, Italian Boy Scouts.
Gen. *Generale*, (*mil.*) General (Gen.).
genn. *gennaio*, January (Jan.).
geogr. *geografico*, geographic(al).
geol. *geologico*, geologic(al).
geom. ***1*** *geometra*, land surveyor ***2*** *geometrico*, geometric(al).
GESCAL *Gestione Case per Lavoratori*, Institute for Administration of Workers' Houses.
GI *Giudice Istruttore*, (*leg.*) Investigating Magistrate.
GICO *Gruppo Investigativo Criminalità Organizzata*, Organized Crime Investigation Department.
giorn. ***1*** *giornale*, newspaper ***2*** *giornalista*, journalist ***3*** *giornaliero*, daily.
giov. *giovedì*, Thursday (Thur(s).).
GIP *Giudice per le Indagini Preliminari*, Preliminary Investigation Magistrate.
giu. *giugno*, June (Jun.).
GM ***1*** *Genio Militare*, Corps of Engineers ***2*** *Guardia Medica*, First Aid Station.
G.N. *Genio Navale*, Navy Engineers.
GPA *Giunta Provinciale Amministrativa*, District Council.
GR *Giornale Radio*, Radio News.
Gr. Uff. *Grande Ufficiale*, (*titolo*).
GU *Gazzetta Ufficiale*, Official Gazette.

H *idrogeno*, (*chim.*) hydrogen (H).
h ***1*** *altezza*, height (h.) ***2*** *ora*, hour (h).
ha *ettaro*, hectare (ha).
He *elio*, (*chim.*) helium (He).
Hf *afnio*, (*chim.*) hafnium (Hf).
Hg *mercurio*, (*chim.*) mercury (Hg).
hg *ettogrammo*, hectogramme (hg).
hl *ettolitro*, hectolitre (hl).
Ho *olmio*, (*chim.*) holmium (Ho).
hp *cavallo vapore*, (*fis.*) Horse Power (HP).
Hz *hertz*, (*fis.*) hertz (Hz).

I ***1*** *iodio*, (*chim.*) iodine (I) ***2*** *Italia*, Italy.
IA *Intelligenza artificiale*, Artificial Intelligence (AI).
IACP *Istituto Autonomo Case Popolari*, Autonomous Institute for Working Class Houses.
IAT (*ufficio di*) *Informazione e Accoglienza Turistica*, Tourist Information and Reception Centre.
ibid. (*lat.*: *ibidem*) *nello stesso luogo*, in the same place (ib., ibid.).
ICE *Istituto Nazionale per il Commercio Estero*, Institute for the Promotion of Foreign Trade.
ICEPS *Istituto per la Cooperazione Economica con i Paesi in via di Sviluppo*, Institute for the Promotion of Economic Cooperation with Developing Countries.
ICI *Imposta Comunale sugli Immobili*, Local Property Tax.
ICIAP *Imposta Comunale per l'esercizio di Imprese, Arti e Professioni*, Local Tax on Businesses and Professional Activities.
ICS *Istituto Centrale di Statistica*, Central Statistics Institute.
id. (*lat.*: *idem*) *lo stesso*, the same (id.).
IGM *Istituto Geografico Militare*, Military Survey Office.
Ill.mo *illustrissimo*, (*titolo*) Most Illustrious.
ILOR *Imposta Locale sui Redditi*, Local Tax on Income.
IMI *Istituto Mobiliare Italiano*, Italian Institute for Financing Personal and Real Property.
impr. *impresa*, building contractors.
In *indio*, (*chim.*) indium (In).
INA *Istituto Nazionale delle Assicurazioni*, National Insurance Company.
INADEL *Istituto Nazionale per l'Assistenza ai Dipendenti degli Enti locali*, National Board for the Welfare of Employees of Local Authorities.
INAIL *Istituto Nazionale per l'Assicurazione contro gli Infortuni sul Lavoro*, National Board for the Insurance against Industrial Accidents.
INAM *Istituto Nazionale per l'Assicurazione contro le Malattie*, National Health Insurance Board.
INE *Istituto Nazionale Esportazioni*, National Institute for the Promotion of Export Trade.
I.N.F.N. *Istituto Nazionale di Fisica Nucleare*, National Institute of Nuclear Physics.
in-fol. *in folio*, folio (fo., fol.).
Ing. *Ingegnere*, engineer.
ingl. *inglese*, English (Eng.).
INPS *Istituto Nazionale di Previdenza Sociale*, National Institute of Social Insurance.
INT *Istituto Nazionale Trasporti*, National Transport Institute.
INTERFLORA *Associazione Internazionale di Trasmissioni Floreali*, Florists' Telegraph Delivery Association.
INTERPOL *Polizia Internazionale*, International Police.
Ir *iridio*, (*chim.*) iridum (Ir).
IR *treno Interregionale*, (*ferr.*) Interregional train.
IRCE *Istituto per le Relazioni Culturali con l'Estero*, Institute for Cultural Relations with Foreign Countries.
IRI *Istituto per la Ricostruzione Industriale*, Institute for Industrial Reconstruction.
IRPEF *Imposta sul Reddito delle Persone Fisiche*, Personal Income Tax.
IRPEG *Imposta sul Reddito delle Persone Giuridiche*, Corporation Tax.
ISEF *Istituto Superiore di Educazione Fisica*, Higher School of Physical Education.
ispett. ***1*** *ispettore*, inspector (insp.) ***2*** *ispettorato*, inspectorate.
ISPI *Istituto per gli Studi di Politica Internazionale*, Institute for Studies in International Politics.
ist. *istituto*, institute (Inst.).
ISTAT *Istituto Centrale di Statistica*, Central Statistics Institute.
it. *italiano*, Italian (It.).
IVA *Imposta sul Valore Aggiunto*, Value Added Tax (VAT).

J *joule*, (*fis.*) joule (J).
jr *junior*, junior (jr, Jr, Jnr).

K *potassio*, (*chim.*) potassium (K).
kc *kilociclo*, (*fis.*) kilocycle (kc).
kg *kilogrammo*, kilogramme (kg).

kgm *kilogrammetro*, kilogram-metre (kgm).
km *kilometro*, kilometre (km); **km^2** *kilometro quadrato*, square kilometre; **km^3** *kilometro cubo*, cubic kilometre.
km/h *kilometri all'ora*, kilometres per hour (km/h).
km/sec *kilometri al secondo*, kilometres per second (km/s).
ko, KO *fuori combattimento*, (*sport*) knock out (ko, KO).
Kr *cripto*, (*chim.*) krypton (Kr).
kV *kilovolt*, (*fis.*) kilovolt (kV).
kW *kilowatt*, (*fis.*) (kW).
kWh *kilowattora*, (*fis.*) kilowatthour (kWh).

l *litro*, litre (l).
La *lantanio*, (*chim.*) lanthanum (La).
lab. *laboratorio*, laboratory (lab.).
lat. *latino*, Latin (Lat.).
lat *latitudine*, (*geogr.*) latitude (lat).
l.c. (*lat.*: *loco citato*) *luogo citato*, in the place cited (loc. cit.).
Li *litio*, (*chim.*) lithium (Li).
LIT *Lira italiana*, Italian lira.
LL.PP. *Lavori Pubblici*, Public Works.
l.m. *livello del mare*, sea level (s.l.).
ln *logaritmo naturale*, (*mat.*) natural logarithm.
LNI *Lega Navale Italiana*, Italian Naval Association.
loc. cit. (*lat.*: *loco citato*) *luogo citato*, in the place cited (loc. cit.).
log. *logaritmo*, (*mat.*) logarithm (log).
long *longitudine*, (*geogr.*) longitude (long).
Lr *laurenzio*, (*chim.*) lawrencium (Lr).
Lu *lutezio*, (*chim.*) lutetium (Lu).
lu., lug. *luglio*, July (Jul.).
lun. *lunedì*, Monday (Mon.).

m *metro*, metre (m); **m^2** *metro quadrato*, square metre; **m^3** *metro cubo*, cubic metre.
M. *Monte*, Mount (Mt.).
M *morte, abbasso*, Down with.
M *1 Maschio*, Male *2 treno Metropolitano*, (*ferr.*) Metropolitan train.
m. *1 mese*, month (m.) *2 morto*, dead (d.).
MA *modulazione di ampiezza*, (*fis.*) amplitude modulation (AM).
mA *milliampere*, (*elettr.*) milliampere (mA).
mag. *maggio*, May.
Magg. *Maggiore*, (*mil.*) Major (Maj).
mar. *1 marzo*, March (Mar.) *2 Marina*, marine.
March. *Marchese*, Marquis (Marq.).
mart. *martedì*, Tuesday (Tues.).
MAS *motoscafo antisommergibili*, (*naut., stor.*) motor torpedo-boat (MTB).
mat. *matematico*, mathematical, (*agg.*) (math.).
max *massimo*, maximum (max.).
mb *millibar*, (*meteor.*) millibar (mb).
MCD *massimo comun divisore*, (*mat.*) highest common factor (HCF).
mcm *minimo comune multiplo*, (*mat.*) least (*o* lowest) common multiple (l.c.m.).
Md *mendelevio*, (*chim.*) mendelevium (Md).
M.E. *1 Medio Evo*, Middle Ages *2 Membro Effettivo*, active member *3 Movimento Europeo*, European Movement.
MEC *Mercato Europeo Comune*, European Common Market (ECM).
mecc. *meccanico*, mechanical (*agg.*) (mech.).
med. *1 medicina*, medicine *2 medico*, medical (*agg.*).
mens. *mensile*, monthly.
merc. *mercoledì*, Wednesday (Wed.).
MF *1 media frequenza*, (*fis.*) medium frequency (MF) *2 modulazione di frequenza*, frequency modulation (FM).
MFE *Movimento Federalista Europeo*, European Federalist Movement.
Mg *magnesio*, (*chim.*) magnesium (Mg).
mg *milligrammo*, milligramme (mg).
mil. *militare*, military (mil.).
Min. *1 Ministro*, minister (Min.) *2 Ministero*, ministry (Min.).
min *1 minimo*, minimum (min) *2 minuto*, minute (min).
miner. *1 minerale*, mineral *2 minerario*, mining (min.).
mitt. *mittente*, sender, from.
ml *millilitro*, millilitre (ml).
M.M. *Marina Militare*, Italian Navy.
mm *millimetro*, millimetre (mm).
M/N *Motonave*, (*naut.*) Motor Ship (M/S).
Mn *manganese*, (*chim.*) manganese (Mn).
Mo *molibdeno*, (*chim.*) molybdenum (Mo).
MO *Medio Oriente*, Middle East.
Mons. *monsignore*, (*relig.*) Monsignore (Mgr.).
M.R. *1 Magnifico Rettore*, (*nelle Università*) Chancellor *2 Molto Reverendo*, (*relig.*) Very Reverend (v. Rev.).
ms., MS. *manoscritto*, manuscript (ms., MS.).
MS *1 Movimento Studentesco*, student movement *2 Monopoli di Stato*, State Monopolies.
MSI *Movimento Sociale Italiano*, (*polit., stor.*) Italian Social Movement.
MURST *Ministero dell'Università e della Ricerca Scientifica e Tecnologica*, Ministry of University and Scientific and Tecnological Research.
mus. *musicale*, musical (mus.).

n. *1 nato*, born *2 nome*, name *3 numero*, number (No.).
N *1 azoto*, (*chim.*) nitrogen (N) *2 Nord*, North (N).
Na *sodio*, (*chim.*) sodium (Na).
NAS *Nucleo Antisofisticazioni Sanità*, Office for the Prevention of tho Adulteration of Beverages and Foodstuffs.
naut. *nautico*, nautical (naut.).
nav. *navale*, naval (nav.).
naz. *nazionale*, national (nat.).
NB *nota bene*, note well (N.B.).
Nb *niobio*, (*chim.*) niobium (Nb).
Nd *neodimio*, (*chim.*) neodymium (Nd).
ND *Nobil Donna* (*titolo*).
N.d.A. *Nota dell'Autore*, Author's Note.
N.d.E. *Nota dell'Editore*, Publisher's Note.
N.d.R. *Nota della Redazione*, Editor's Note.
N.d.T. *Nota del Traduttore*, Translator's Note.
NE *Nord-Est*, North-East (NE).
Ne *neon*, (*chim.*) neon (Ne).
neol. *neologismo*, neologism.
NH (*lat.*: *Nobilis Homo*) *Nobil Uomo* (*titolo*).
Ni *nichel*, (*chim.*) nickel (Ni).
NN *1* (*lat.*: *nescio nomen*) *di padre ignoto*, father's name unknown *2* (*lat.*: *nihil novi*) *niente di nuovo*, nothing new, no news.
No *nobelio*, (*chim.*) nobelium (No).
NO *Nord-Ovest*, North-West (NW).
nov. *novembre*, November (Nov.).
Np *nettunio*, (*chim.*) neptunium (Np).
ns. *nostro*, (*comm.*) our, ours.
NSGC *Nostro Signore Gesù Cristo*, Our Lord Jesus Christ.
N.T. *Nuovo Testamento*, New Testament (N.T.).
NU *1 Nazioni Unite*, United Nations (U.N.) *2 Nettezza Urbana*, Municipal Sanitation Department.

O *1 ossigeno*, (*chim.*) oxygen (O) *2 Ovest*, West (W).
OCSE *Organizzazione per la Cooperazione e lo Sviluppo Economico*, Organization for Economic Co-operation and Development (OECD).
O.d.G. *ordine del giorno*, agenda.
ogg. *oggetto*, object (obj.).
OLP *Organizzazione per la Liberazione della Palestina*, Palestine Liberation Organization (PLO).
OMR *Ordine al Merito della Repubblica*, (*ordine cavalleresco*) Order to the Merit of the Republic.
OMS *Organizzazione Mondiale della Sanità*, World Health Organization (WHO).
On. *onorevole*, Member of Parliament (M.P.).
ONC *Opera Nazionale Combattenti*, Ex-Soldiers' National Association.
ONMI *Opera Nazionale Maternità e Infanzia*, National

Institute for Mother and Child Welfare.

ONPI *Opera Nazionale per i Pensionati d'Italia*, National Organization for Italian Pensioners.

ONU *Organizzazione delle Nazioni Unite*, United Nations Organization (UNO).

OO.PP. *Opere Pubbliche*, Public Works.

op. cit. (*lat.*: *opere citato*) *nell'opera citata*, in the work cited (op. cit.).

Os *osmio*, (*chim.*) osmium (Os).

OSCE *Organizzazione per la Sicurezza e la Cooperazione in Europa*, Organization for Security and Co-operation in Europe.

OCSE *Organizzazione per la Cooperazione e lo Sviluppo Economico*, Organization for Economic Co-operation and Development (OECD).

ott. *ottobre*, October (Oct.).

P *1 fosforo*, (*chim.*) phosphorus (P) *2 Posteggio*, (*autom.*) Parking (P) *3 Pendolino*, (*ferr.*) Pendulum Train.

P. *Padre*, (*relig.*) Father (Fr.).

Pa *protoattinio*, (*chim.*) protoactinium (Pa).

PA *1 Patto Atlantico*, North Atlantic Treaty *2 Posta Aerea*, Air Mail *3 Pubblica Accusa*, (*leg.*) Public Prosecutor *4 Pubblica Amministrazione*, Public Administration.

pA *peso atomico*, atomic weight (at. wt.).

p.a. *per auguri*, (*nei biglietti da visita*) with best wishes.

pag. *pagina*, page (p.).

PAN *Pattuglia Acrobatica Nazionale*, (*aeron.*) Italian Acrobatic Team.

par. *paragrafo*, paragraph (par.).

p/ass. *porto assegnato*, (*comm.*) carriage forward.

pass. *1 passato*, past (p.) *2* (*lat.*: *passim*) *in diversi luoghi*, passim *3 passaporto*, passport.

patol. *patologico*, pathologic(al) (path., pathol.).

Pb *piombo*, (*chim.*) lead (Pb).

PC *1 Parte Civile*, (*leg.*) plaintiff *2 Partito Comunista*, (*stor.*) Communist Party.

p.c. (*nei biglietti da visita*) *1 per congedo*, for leavetaking visit *2 per congratulazioni*, offering congratulation *3 per condoglianze*, offering sympathy.

p.c.c. *per copia conforme*, true copy (*o* copies).

PCI *Partito Comunista Italiano*, (*polit.*, *stor.*) Italian Communist Party.

Pd *palladio*, (*chim.*) palladium (Pd).

P.d.A. *Partito d'Azione*, (*stor.*) Action Party.

PDS *Partito Democratico della Sinistra*, (*polit.*) Left Wing Democratic Party.

PdUP *Partito di Unità Proletaria*, (*stor.*) Party for the Union of Proletarians.

p.e. *per esempio*, for example (e.g.).

PE *Parlamento Europeo*, European Parliament.

PEN *Piano Energetico Nazionale*, National Energy Program.

per. *1 perito*, expert *2 periodo*, period.

pers. *1 persona*, person *2 personale*, personal.

p.f. *per favore*, please.

PG *Procuratore Generale*, (*leg.*) Attorney-General.

PGR *per grazia ricevuta*, (*relig.*) thanks for grace received.

P.I. *1 Pubblica Istruzione*, Public Education *2 Pubblico Impiego*, Civil Service.

pl. *plurale*, (*gramm.*) plural (pl.).

PLI *Partito Liberale Italiano*, (*polit.*, *stor.*) Italian Liberal Party.

Pm *prometeo*, (*chim.*) promethium (Pm).

PM *1 Polizia Militare*, Military Police (M.P.) *2 Pubblico Ministero*, (*leg.*) Public Prosecutor; Prosecuting Attorney (Pros. Atty.) (*U.S.A.*).

PNF *Partito Nazionale Fascista*, (*polit.*, *stor.*) National Fascist Party.

PNM *Partito Nazionale Monarchico*, (*polit.*, *stor.*) National Monarchist Party.

Po *polonio*, (*chim.*) polonium (Po).

P.O. *Posta Ordinaria*, Regular Mail.

POA *Pontificia Opera di Assistenza*, Papal Welfare Organization.

poet. *poetico*, poetic(al) (poet.).

POLFER *Polizia Ferroviaria*, Railway Police.

polit. *politico*, political (pol., polit.).

POLSTRADA *Polizia Stradale*, Highway Police.

pont. *pontificio*, papal.

pop. *popolare*, popular (pop.).

P.P. *1 posa piano*, (*sui pacchi*) handle with care *2 porto pagato*, (*comm.*) carriage paid.

p.p. *1 pacco postale*, parcel post (p.p., P.P.) *2 per procura*, by proxy (per pro(c).).

PPI *Partito Popolare Italiano*, (*polit.*) Italian Popular Party.

PP.TT. *Poste e Telecomunicazioni*, Post, Telephone and Telegraph Services.

Pr *praseodimio*, (*chim.*) praseodymium (Pr).

p.r. *per ringraziamento*, with thanks.

PR *1 Partito Radicale*, (*polit.*) Radical Party *2 Piano Regolatore*, town-planning regulations.

PRA *Pubblico Registro Automobilistico*, Public Register of Motor Vehicles.

PRC *Partito della Rifondazione Comunista*, (*polit.*) Comunist Rifoundation Party.

prefaz. *prefazione*, preface, foreword.

Pres. (*polit.*) *1 Presidente*, President (Pres.) *2 Presidenza*, Presidency (Pres.).

PRI *Partito Repubblicano Italiano*, (*polit.*) Italian Republican Party.

Proc. Gen. *Procuratore Generale*, (*leg.*) Attorney General (Att.-Gen.).

Prof. *professore*, Professor (Prof.).

Prof.ssa *professoressa*, lady-teacher, lady-professor.

Prov. *Provincia*, Province (Prov.); District (Dist.).

PS *1* (*lat.*: *post scriptum*) *poscritto*, postscript (P.S.) *2 Pubblica Sicurezza*, Police.

PSDI *Partito Socialista Democratico Italiano*, (*polit.*, *stor.*) Italian Socialist Democratic Party.

PSI *Partito Socialista Italiano*, (*polit.*, *stor.*) Italian Socialist Party.

psic. *1 psicologia*, psychology (psych., psychol.) *2 psicologico*, psychologic(al) *3 psicologo*, psychologist.

PSIUP *Partito Socialista Italiano di Unità Proletaria*, (*polit.*, *stor.*) Italian Socialist Party for Proletarian Unity.

PSU *Partito Socialista Unificato*, (*polit.*, *stor.*) United Socialist Party.

Pt *platino*, (*chim.*) platinum (Pt).

PTP *Posto Telefonico Pubblico*, local telephone office.

PTPR *Piano Territoriale Paesistico Regionale*, Regional Territorial and Landscape Planning.

PTT *Poste, Telegrafi e Telefoni*, Post, Telegraph, and Telephone Services.

Pu *plutonio*, (*chim.*) plutonium (Pu).

PV *Piccola Velocità*, (*ferr.*) ordinary goods service.

p.v. *prossimo venturo*, next month (prox.).

P.za *Piazza*, Square (Sq.).

q *quintale*, quintal (q.).

q. *1 quadrato*, square (sq.) *2 quota*, quota *3 qualcuno*, somedoby.

q.c. *qualche cosa*, *qualcosa*, something.

q.e.d. (*lat.*: *quod erat demonstrandum*) *come dovevasi dimostrare*, which was to be demonstrated (q.e.d., Q.E.D.).

QG *Quartier Generale*, (*mil.*) Headquarters (HQ).

QI *Quoziente d'Intelligenza*, (*psic.*) Intelligence Quotient (IQ).

quot. *quotazione*, (*comm.*) quotation (quot.).

R. *1 ricevuta*, (*comm.*) receipt *2 raccomandata*, registered letter *3 Reverendo*, (*relig.*) Reverend (Rev.).

r. *recto*, recto.

r *raggio*, (*geom.*) radius (R).

R *treno Regionale*, Regional train.

Ra *radio*, (*chim.*) radium (Ra).

RA *1 Ritenuta d'Acconto*, (*fin.*) Withholding Tax *2 Regia*

Accademia, Royal Academy (RA).
racc. *raccomandata*, recorded delivery letter (*G.B.*); certified mail letter (*U.S.A.*).
Rag. *ragioniere*, accountant.
RAI-TV *Radio Televisione Italiana*, Italian Broadcasting Corporation.
RAU *Repubblica Araba Unita*, (*stor.*) United Arab Republic (UAR).
Rb *rubidio*, (*chim.*) rubidium (Rb).
Rc *radice cubica*, (*mat.*) cubic root.
RCA *Responsabilità Civile Autoveicoli*, Third-Party Automobile Insurance.
RD *Regio Decreto*, Royal Decree.
RDT *Repubblica Democratica Tedesca*, (*stor.*) German Democratic Republic.
Re *renio*, (*chim.*) rhenium (Re).
rec. *reciproco*, reciprocal.
ref. *1 referenza*, reference (ref.) *2 referto*, report (rept.).
Reg. *Regione*, Region (Reg.).
reg. *regolare*, regular (reg.).
regg. *1 reggente*, regent *2 reggimento*, (*mil.*) regiment (reg., Rgt.).
relig. *1 religione*, religion (rel.) *2 religioso*, religious.
rep. *reparto*, department (dep., dept.).
Rep. *Repubblica*, Republic (Rep., Repub.).
Rev. *Reverendo*, (*relig.*) Reverend (Rev.).
Rev.mo *Reverendissimo*, (*relig.*) Right Reverend (Rt. Rev.).
RFT *Repubblica Federale Tedesca*, German Federal Republic.
Rh *1 rodio*, (*chim.*) rhodium (Rh) *2 fattore Rh*, (*biol., fisiol.*) Rh factor (Rh).
R.I. *Repubblica Italiana*, Italian Republic.
ric. *ricevuta*, (*comm.*) receipt (rec.).
rif. *riferimento*, reference (ref.).
rist. *ristampa*, (*editoria*) reprint (repr.).
Rn *radon*, (*chim.*) radon (Rn).
Rq *radice quadrata*, (*mat.*) square root.
RSM *Repubblica di San Marino*, Republic of San Marino.
RT *radiotelegrafia*, wireless telegraphy (WT).
Ru *rutenio*, (*chim.*) ruthenium (Ru).

S *1 zolfo*, (*chim.*) sulphur (S) *2 Sud*, South (S).
S. *San, Santo*, Saint (St).
s *secondo*, (*sost.*) second (s., sec.).
SA *1* (*comm.*) *Società Anonima*, Joint-Stock Company *2 Sua Altezza*, His (*o* Her) Highness (H.H.).
sab. *sabato*, Saturday (Sat.).
S.Acc. *Società in Accomandita*, (*comm.*) Limited Partnership (Ltd.).
S.Acc.p.A. *Società in Accomandita per Azioni*, (*comm.*) Partnership Limited by Shares.
SAI *Società Assicuratrice Italiana*, Italian Insurance Company.
SAP *Sindacato Autonomo di Polizia*, Independent Police Union.
SAR *Sua Altezza Reale*, His (*o* Her) Royal Highness (H.R.H.).
Sb *antimonio*, (*chim.*) antimony (Sb).
s.b.f. *salvo buon fine*, (*comm.*) under usual reserve.
S.C. *1 Sede Centrale*, Head Office (H.O.) *2 Suprema Corte*, (*leg.*) Supreme Court (S.C.).
Sc *scandio*, (*chim.*) scandium (Sc).
scient. *scientifico*, scientific (sci.).
SCV *Stato della Città del Vaticano*, Vatican City.
s.d. *senza data*, no date (n. d.).
s.d.l. *senza data o luogo*, no place or date (n. p. or d.).
SDN *Società delle Nazioni*, (*stor.*) League of Nations (L/N).
SE *1 Sua Eccellenza*, His Excellency (H.E.); (*di un vescovo*) His Lordship *2 Sud-Est*, South-East (SE).
Se *selenio*, (*chim.*) selenium (Se).
sec *secante*, (*mat.*) secant (sec).
sec. *secolo*, century (cent.).
seg. *seguente*, following (fol(l).).
segr. *segretario*, secretary (sec.).
Segr.to. *Segretariato*, Secretariat.
sen *seno*, (*mat.*) sine (sin).
Sen. *Senatore*, Senator (Sen.).
S.E.&O. *salvo errori e omissioni*, (*comm.*) errors and omissions excepted (E&O.E.).
serg. *sergente*, (*mil.*) sergeant (sergt.).
sett. *settembre*, September (Sept.).
s.g. *secondo grandezza*, according to size.
SGC *Strada di Grande Comunicazione*, Major Communication Road.
SI *1 Socialisti Italiani*, (*polit.*) Italian Socialists *2 Sistema Internazionale* (*di unità di misura*), International System (of unit) (SI).
Si *silicio*, (*chim.*) silicon (Si).
SIAE *Società Italiana Autori ed Editori*, Italian Authors' and Publishers' Association.
SIF *Società Internazionale di Finanziamento*, International Financing Company.
Sig. *Signor*, Mister (Mr).
Sig.a *Signora*, Mistress (Mrs).
Sigg. *Signori*, Messieurs (Messrs).
Sig.na *signorina*, Miss.
sim. *simile*, similar (sim.).
sing. *singolare*, (*gramm.*) singular (sing.).
SIP *Società Italiana per l'Esercizio Telefonico* (oggi Telecom), Italian State Telephone Company.
SISDE *Servizio per le Informazioni e la Sicurezza Democratica*, Democratic Security Intelligence Service.
SISMI *Servizio per le Informazioni e la Sicurezza Militare*, Military Security Intelligence Service.
s.l. (*lat.*: *sine loco*) *senza luogo*, (*bibliografia*) without place (of publication) (s.l.).
s.l.m. *sul livello del mare*, above sea level (a.s.l.).
SM *1 Stato Maggiore*, (*mil.*) General Staff (G.S.) *2 Sua Maestà*, His (*o* Her) Majesty (H.M.).
Sm *samario*, (*chim.*) samarium (Sm).
SME *Sistema Monetario Europeo*, European Monetary System (EMS).
SMG *Stato Maggiore Generale*, (*mil.*) General Staff (GS).
SMOM *Sovrano Militare Ordine di Malta*, Sovereign Military Order of Malta.
Sn *stagno*, (*chim.*) tin (Sn).
Snc *Società in nome collettivo*, (*comm.*) General Partnership.
SO *Sud-Ovest*, South-West (SW).
Soc. *Società*, (*comm.*) Partnership, Company (Co.).
S.P. *1 Santo Padre*, (*relig.*) His Holiness (H.H.) *2 Strada Provinciale*, provincial road.
S.p.A. *Società per Azioni*, (*comm.*) Joint-Stock Company.
SPE *Servizio Permanente Effettivo*, (*mil.*) Regular Army.
spec. *specialmente*, especially (esp.).
SPM *Sue Proprie Mani*, (*negli indirizzi*) Private.
spreg. *spregiativo*, derogatory, disparaging.
S.Q. *Secondo Quantità*, (*sul menu*) (price) according to the quantity consumed.
Sr *stronzio*, (*chim.*) strontium (Sr).
S.R. *Sacra Rota*, (*relig.*) (the) Sacred Rota.
S.R.C. *Santa Romana Chiesa*, Holy Roman Church.
S.r.l. *Società a responsabilità limitata*, (*comm.*) Limited Partnership (Ltd.).
SS. (*relig.*) *1 Santi*, Saints (SS.) *2 Santissimo*, Most Holy.
S.S. *1 Santa Sede*, Holy See *2 Sua Santità*, His Holiness (H.H.) *3 Strada Statale*, Main Road.
s/s *piroscafo*, steamship (S/S).
SSN *Servizio Sanitario Nazionale*, National Health Service (NHS).
stat. *1 statistica*, statistics *2 statistico*, statistical *3 statale*, State, (*attr.*).
S. Ten. *Sottotenente*, (*mil.*) Sub-Lieutenant.
str. *strada*, street (St.); road (Rd).
succ. *1 successori*, successors *2 succursale*, branch.

sup. *superiore*, superior (sup.).
superf. *superficie*, area, surface.
SV *Signoria Vostra*, Your Lordship.
s.v. *sotto voce*, (*mus.*) sotto voce.

T *tutti*, (*mus.*) all.
t *1 tonnellata*, ton (t) *2 tempo*, (*fis.*) time.
t. *1 tara*, (*comm.*) tare (t.) *2 tomo*, tome (t.).
Ta *tantalio*, (*chim.*) tantalum (Ta).
tab. *tabella*, table.
TAC *Tomografia Assiale Computerizzata*, (*med.*) Computerized (*o* computered) Axial Tomography (CAT).
tan *tangente*, (*mat.*) tangent (tan).
TAR *Tribunale Amministrativo Regionale*, Regional Administrative Court of Law.
TAV *Treno ad Alta Velocità*, High-Speed Train (HST).
tav. *tavola*, table.
Tb *terbio*, (*chim.*) terbium (Tb).
tbc, TBC *tubercolosi*, (*med.*) tuberculosis (TB).
Tc *tecnezio*, (*chim.*) technetium (Tc).
TCI *Touring Club Italiano*, Italian Touring Club.
Te *tellurio*, (*chim.*) tellurium (Te).
TE *trazione elettrica*, (*ferr.*) electric traction.
teatr. *teatrale*, theatrical.
ted. *tedesco*, German.
tel. telefono, telephone (tel.).
telegr. *1 telegrafo*, telegraph *2 telegrafia*, telegraphy *3 telegramma*, telegram (tel.).
Ten. *Tenente*, (*mil.*) Lieutenant (Lieut.).
Ten. Col. *Tenente Colonnello*, (*mil.*) Lieutenant Colonel.
Ten. Vasc. *Tenente di Vascello*, (*mil.*) Lieutenant (In the Navy).
teol. *teologico*, theological (theol.).
terr. *1 territorio*, territory *2 territoriale*, territorial.
tess. *1 tessili*, textiles *2 tessuti*, fabrics *3 tessera*, membership card.
TG *Tele Giornale*, Television News.
tg *tangente*, (*mat.*) tangent (tan).
Th *torio*, (*chim.*) thorium (Th).
Ti *titanio*, (*chim.*) titanium (Ti).
TIM *Telecom Italia Mobile*, Italian Telecom for Mobile Phones.
tip. *1 tipografia*, printing house *2 tipografo*, printer.
Tl *tallio*, (*chim.*) thallium (Tl).
Tm *tulio*, (*chim.*) thulium (Tm).
tom. *tomo*, tome.
top. *1 topografia*, topography *2 topografo*, topographer.
tosc. *toscano*, Tuscan.
TOTIP *Totalizzatore Ippico*, Horse-race Pools.
TOTOCALCIO *Totalizzatore Calcistico*, Football Polls.
tr. *tratta*, (*comm.*) draft (dft.).
trad. *1 traduttore*, translator (tr.) *2 traduzione*, translation (tr.).
trim. *1 trimestre*, term *2 trimestrale*, quarterly.
T.S. *Tribunale Supremo*, (*leg.*) Supreme Court (S.C.).
TU *Testo Unico*, (*leg.*) Unified Code.
TUS *Tasso Ufficiale di Sconto*, Official Discount Rate.
TV *Televisione*, Television (TV).

U *uranio*, (*chim.*) uranium (U).
UC *1 Ufficiale di Complemento*, Reserve Officer *2 Ufficio di Collocamento*, Labour Exchange.
UCMEA *Ufficio Centrale di Meteorologia e di Ecologia Agraria*, National Board of Meteorology and Agrarian Ecology.
UCT *Ufficio Controllo Territorio*, Territorial Control Office.
U.D.I. *Unione Donne Italiane*, Association of Italian Women.
UE *Unione Europea*, European Union (EU).
uff. *1 ufficiale*, official (*agg.*) *2 ufficiale*, (*mil.*) officer *3 ufficio*, office, bureau.
UGL *Unione Generale del Lavoro*, General Union of Labour.
UIC *1 Unione Italiana Ciechi*, Italian Union of the Blind *2 Ufficio Italiano Cambi*, Italian Exchange Bureau.
UIL *Unione Italiana del Lavoro*, Italian Federation of Trade Unions.
UNUCI *Unione Nazionale Ufficiali in Congedo d'Italia*, National Association of Italian Reserve Officers.
UPT *Ufficio Provinciale del Tesoro*, District Treasury Office.
URSS *Unione delle Repubbliche Socialiste Sovietiche*, (*stor.*) Union of Soviet Socialist Republics (USSR).
US *1 Ufficio Stampa*, Press Agency *2 Uscita di Sicurezza*, Emergency Exit.
u.s. *ultimo scorso*, last month (ult.).
USL *Unità Sanitaria Locale*, Local Health Autority.
UTI *Unità di Terapia Intensiva*, (*med.*) Intensive Therapy Unit (ITU).

V *1 vanadio*, (*chim.*) vanadium (V) *2 volt*, (*fis.*) volt (V).
V. *Via*, Street (St.)
v. *1 vedi*, which see (q. v.) *2 verso*, (*poesia*) verse, line *3 verso*, (retro di un foglio) verso.
val. *valuta*, (*comm.*) currency (cur., cy.).
var. *1 variabile*, variable *2 variante*, variant (var.).
Vat. *Vaticano*, Vatican (Vat.).
V.C. *1 Vice Console*, Vice-Consul (V.C.) *2 Valor Civile*, Civic Valour.
ven. *venerdì*, Friday (Fri.).
ver. *versamento*, (*comm.*) payment (payt.).
Vesc. *Vescovo*, (*relig.*) Bishop (Bp.).
vet. *1 veterinaria*, veterinary science *2 veterinario*, veterinary.
VF, V.d.F. *Vigili del Fuoco*, Fire Brigade (FB).
VG *Vostra Grazia*, Your Grace.
vic. *vicolo*, alley.
v.le *viale*, avenue (av.); boulevard (blvd.).
VM *1 Valor Militare*, Military Valour *2 Vostra Maestà*, Your Majesty.
VO. *velocità ordinaria*, average speed.
vol. *volume*, volume (vol.).
v.r. *vedi retro*, please turn over (p.to, P.T.O.).
vs., Vs. *vostro*, (*comm.*) your (yr.); yours (yrs.).
VS *Vostra Santità*, Your Holiness.
v.s. *vedi sopra*, see above (v.s.).
V.U. *Vigile Urbano*, Traffic Warden.

W *1 Watt*, (*elettr.*) Watt (W) *2 wolframio*, (*chim.*) wolfram (W) *3 Evviva!*, Long live!.
Wh *wattora*, (*fis.*) watt-hour (wh, Wh).

X. *Cristo*, Christ (X, X.).
Xe *xeno*, (*chim.*) xenon (Xe).

Y *ittrio*, (*chim.*) yttrium (Y).
Yb *itterbio*, (*chim.*) ytterbium (Yb).
YCI *Yacht Club d'Italia*, (*sport*) Italian Yacht Club.

Z *impendenza*, (*fis.*) impedance.
Z. di G. *Zona di Guerra*, (*mil.*) War Zone.
Zn *zinco*, (*chim.*) zinc (Zn).
Zr *zirconio*, (*chim.*) zirconium (Zr).
ZTL *Zona Traffico Limitato*, Limited Traffic Area.

PRINCIPALI VERBI IRREGOLARI ITALIANI
MAIN IRREGULAR VERBS IN ITALIAN

(Il numero esponente indica la coniugazione cui appartiene il verbo. Per es. **andare**[1], prima coniugazione sul modello di *amare*; **accendere**[2], come *temere*; **apparire**[3], terza coniugazione, come *servire*).

accendere[2], *Pass. rem.*: accesi – *Part. pass.*: acceso.

accludere[2], *Pass. rem.*: acclusi – *Part. pass.*: accluso.

accorgersi[2], *Pass. rem.*: mi accorsi – *Part. pass.*: accortosi.

addurre[2], (*da* addùcere, *tema* adduc-) – *Indic. pres.*: adduco, adduci, *ecc.* – *Pass. rem.*: addussi, adducesti, addusse, adducemmo, adduceste, addussero. – *Fut.*: addurrò, *ecc.* – *Condiz. pres.*: addurrei, *ecc.* – *Part. pass.*: addotto.

affiggere[2], *Pass. rem.*: afflissi – *Part. pass.*: affisso.

affliggere[2], *Pass. rem.*: afflissi – *Part. pass.*: afflitto.

alludere[2], *Pass. rem.*: allusi – *Part. pass.*: alluso.

andare[1], *Indic. pres.*: vado (*o* vo), vai, va, andiamo, andate, vanno. – *Fut. semplice*: andrò, andrai, andremo, andrete, andranno. – *Cong. pres.*: vada, vada, vada, andiamo, andiate, vadano. – *Condiz. pres.*: andrei, andresti, andrebbe, andremmo, andreste, andrebbero. – *Imper. pres.*: va (*o* va'), vada, andiamo, andate, vadano. Gli altri tempi si formano regolarmente dal tema *and-* (*L'ausiliare è* essere).

annettere[2], *Pass. rem.*: annettei (*o* annessi) – *Part. pass.*: annesso.

apparire[3], *Indic. pres.*: appaio (*o* apparisco), appari (*o* apparisci), appare (*o* apparisce), appariamo, apparite, appaiono (*o* appariscono). – *Pass. rem.*: apparvi (*o* apparsi), appariste, apparve (*o* apparse), apparimmo, appariste, apparirono, apparvero (*o* apparsero). – *Cong. pres.*: appaia (*o* apparisca) *per le tre persone singolari*, appariamo, appariate, appaiano (*o* appariscano). – *Imper. pres.*: appari (*o* apparisci), apparite. – *Part. pres.*: apparente – *Part. pass.*: apparso (*L'ausiliare è* essere).

appendere[2], *Pass. rem.*: appesi – *Part. pass.*: appeso.

aprire[3], *Pass. rem.*: aprii (*o* apersi), apristi, aprì (*o* aperse), aprimmo, apriste, aprirono (*o* apersero). – *Part. pass.*: aperto.

ardere[2], *Pass. rem.*: arsi – *Part. pass.*: arso.

aspergere[2], *Pass. rem.*: aspersi – *Part. pass.*: asperso.

assidersi[2], *Pass. rem.*: mi assisi – *Part. pass.*: assiso.

assistere[2], *Pass. rem.*: assistei (*o* assistetti) – *Part. pass.*: assistito.

assolvere[2], *Pass. rem.*: assolsi (*o* assolvei) – *Part. pass.*: assolto.

assumere[2], *Pass. rem.*: assunsi – *Part. pass.*: assunto.

attingere[2], *Pass. rem.*: attinsi – *Part. pass.*: attinto.

bere[2], (*da* bevere, *radice* bev-). – *Indic. pres.*: bevo, bevi, *ecc.* – *Imperf.*: bevevo, *ecc.* – *Pass. rem.*: bevvi, bevesti, bevve, bevemmo, beveste, bevvero. – *Fut.*: berrò, *ecc.* – *Cong. pres.*: beva, *ecc.* – *Condiz. pres.*: berrei, *ecc.* – *Part. pass.*: bevuto.

cadere[2], *Pass. rem.*: caddi. – *Fut.*: cadrò, *ecc.* – *Condiz. pres.*: cadrei, *ecc.* – *Part. pass.*: caduto.

chiedere[2], *Pass. rem.*: chiesi – *Part. pass.*: chiesto.

chiudere[2], *Pass. rem.*: chiusi – *Part. pass.*: chiuso.

cingere[2], *Pass. rem.*: cinsi – *Part. pass.*: cinto.

cogliere[2], *Indic. pres.*: colgo, cogli, coglie, cogliamo, cogliete, colgono. – *Pass. rem.*: colsi – *Part. pass.*: colto.

coincidere[2], *Pass. rem.*: coincisi – *Part. pass.*: coinciso.

comprimere[2], *Pass. rem.*: compressi – *Part. pass.*: compresso.

concedere[2], *Pass. rem.*: concessi (*o* concedei) – *Part. pass.*: concesso (*o* conceduto).

condurre[2], (*da* condùcere, *tema* conduc-). – *Indic. pres.*: conduco, conduci, *ecc.* – *Pass. rem.*: condussi, conducesti, condusse, conducemmo, conduceste, condussero. – *Fut.*: condurrò, *ecc.* – *Condiz. pres.*: condurrei, *ecc.* – *Part. pass.*: condotto.

conoscere[2], *Pass. rem.*: conobbi – *Part. pass.*: conosciuto.

conquidere[2], *Pass. rem.*: conquisi – *Part. pass.*: conquiso.

contundere[2], *Pass. rem.*: contusi – *Part. pass.*: contuso.

convergere[2], *Pass. rem.*: conversi – *Part. pass.*: converso.

correre[2], *Pass. rem.*: corsi – *Part. pass.*: corso.

costruire[3], *Pass. rem.*: costruii (*o* costrussi), costruisti, costruì (*o* costrusse), costruimmo, costruiste, costruirono (*o* costrussero). – *Part. pass.*: costruito (*o* costrutto).

crescere[2], *Pass. rem.*: crebbi – *Part. pass.*: cresciuto.

cuocere[2], *Indic. pres.*: cuocio, cuoci, cuoce, cociamo, cocete, cuociono. – *Pass. rem.*: cossi, cocesti, cosse, cocemmo, coceste, cossero. – *Cong. pres.*: cuocia, cuocia, cuocia, cociamo, cociate, cuociano. – *Imper. pres.*: cuoci, cocete.

dare[1], *Indic. pres.*: do, dai, dà, diamo, date, dànno. – *Pass. rem.*: diedi (*o* detti), desti, diede (*o* diè *o* dette), demmo, deste, diedero (*o* dettero). – *Fut. semplice*: darò, darai, darà, *ecc.* – *Cong. pres.*: dia, dia, dia, diamo, diate, diano. – *Cong. imperf.*: dessi, dessi, desse, dessimo, deste, dessero. – *Condiz. pres.*: darei, daresti, darebbe, daremmo, dareste, darebbero. – *Imper. pres.*: da' (*o* dai), dia, diamo, date, diano. – *Part. pass.*: dato (*L'ausiliare è* avere).

decidere[2], *Pass. rem.*: decisi – *Part. pass.*: deciso.

devolvere[2], *Pass. rem.*: devolvei – *Part. pass.*: devoluto.

difendere[2], *Pass. rem.*: difesi – *Part. pass.*: difeso.

dipendere[2], *Pass. rem.*: dipesi – *Part. pass.*: dipeso.

dipingere[2], *Pass. rem.*: dipinsi – *Part. pass.*: dipinto.

dire[3], (*da* dicere, *radice* dic-) – *Indic. pres.*: dico, dici, dice, diciamo, dite, dicono. – *Imperf.*: dicevo, *ecc.* – *Pass. rem.*: dissi, dicesti, disse, dicemmo, diceste, dissero. – *Fut.*: dirò, *ecc.* – *Cong. pres.*. dica, dica, dica, diciamo, diciate, dicano. – *Condiz. pres.*: direi, diresti, direbbe, diremmo, direste, direbbero. – *Imper. pres.*: di', dite – *Part. pass.*: detto. (*Allo stesso modo si coniugano i composti* **ridire, disdire, contraddire, benedire**, *ecc.*, *ma alla seconda persona sing. dell'imper. pres. hanno la desinenza in* -dici, disdici, maledici, benedici, *ecc.*, eccetto **ridire** *che fa* ridì o ridi').

dirigere[2], *Pass. rem.*: diressi – *Part. pass.*: diretto.

discutere[2], *Pass. rem.*: discussi – *Part. pass.*: discusso.

disperdere[2], *Pass. rem.*: dispersi – *Part. pass.*: disperso.

dissuadere[2], *Pass. rem.*: dissuasi – *Part. pass.*: dissuaso.

distinguere[2], *Pass. rem.*: distinsi – *Part. pass.*: distinto.

divellere[2], *Pass. rem.*: divelsi – *Part. pass.*: divelto.

dividere[2], *Pass. rem.*: divisi – *Part. pass.*: diviso.

dolere o **dolersi**[2], *Indic. pres.*: mi dolgo, ti duoli, si duole, ci doliamo (*o* ci dogliamo), vi dolete, si dolgono. – *Pass. rem.*: mi dolsi, ti dolesti, si dolse, ci dolemmo, vi doleste, si dolsero. – *Fut.*: mi dorrò, *ecc.* – *Cong. pres.*: mi dolga, ti dolga, si dolga, ci doliamo (*o* dogliamo), vi doliate (*o* dogliate), si dolgano. – *Condiz. pres.*: mi dorrei, *ecc.* – *Imper. pres.*: duoliti, doletevi. – *Part. pass.*: dolutosi.

dovere[2], (*da* debère) – *Indic. pres.*: devo (*o* debbo), devi, deve, dobbiamo, dovete, devono (o debbono). – *Fut.*: dovrò, *ecc.* – *Condiz. pres.*: dovrei, *ecc.* – *Cong. pres.*: debba, debba, debba, dobbiamo, dobbiate, debbano.

eccellere[2], *Pass. rem.*: ecclesi – *Part. pass.*: eccelso.

elidere[2], *Pass. rem.*: elisi – *Part. pass.*: eliso.

emergere[2], *Pass. rem.*: emersi – *Part. pass.*: emerso.

ergere[2], *Pass. rem.*: ersi – *Part. pass.*: erto.

esigere[2], *Pass. rem.*: esigei (*o* esigetti) – *Part. pass.*: esatto.

esistere[2], *Pass. rem.*: esistei (*o* esistetti) – *Part. pass.*: esistito.

espellere[2], *Pass. rem.*: espulsi – *Part. pass.*: espulso.

esplodere[2], *Pass. rem.*: esplosi – *Part. pass.*: esploso.

evadere[2], *Pass. rem.*: evasi – *Part. pass.*: evaso.

evolvere[2], *Pass. rem.*: evolsi – *Part. pass.*: evoluto.

fare[2], (*da* fàcere, *radice* fac-) – *Indic. pres.*: faccio (*o* fo), fai, fa, facciamo, fate, fanno. – *Cong. pres.*: faccia, *ecc.* – *Pass. rem.*: feci, facesti, fece, facemmo, faceste, fecero. – *Fut.*: farò, *ecc.* – *Condiz. pres.*: farei, *ecc.* – *Imper. pres.*: fa (*o* fa'), fate – *Part. pass.*: fatto. *Nei composti di* **fare** *la prima e la terza persona singolare dell'indic. pres. sono accentate*: assuefò, rarefò, *ecc.*, assuefà, rarefà, *ecc.*; *ma per la prima persona sing. è anche usata la forma in* -faccio: assu*efaccio*, rare*faccio*, contraf*faccio*, *ecc.* **Disfare** *fa anche* disfo, disfa *e* **soddisfare** *può seguire la coniugazione regolare nell'indic. pres.*: soddisfo, soddisfi, *ecc.*) *e fut.* (soddisferò, *ecc.*) *e nel cong. pres.* (soddisfi, *ecc.*).

figgere[2], *Pass. rem.*: fissi – *Part. pass.*: fitto (*o* fisso).

fingere[2], *Pass. rem.*: finsi – *Part. pass.*: finto.

flettere[2], *Pass. rem.*: flettei (*o* flessi) – *Part. pass.*: flesso.

fondere[2], *Pass. rem.*: fusi – *Part. pass.*: fuso.

frangere[2], *Pass. rem.*: fransi – *Part. pass.*: franto.

friggere[2], *Pass. rem.*: frissi – *Part. pass.*: fritto.

fungere[2], *Pass. rem.*: funsi – *Part. pass.*: funto.

giacere[2], *Indic. pres.*: giaccio, giaci, giace, giaciamo, giacete, giacciono. – *Pass. rem.*: giacqui. – *Cong. pres.*: giaccia, giaccia, giaccia, giacciamo (*o* giaciamo), giacciate (*o* giaciate), giacciano.

giungere[2], *Pass. rem.*: giunsi – *Part. pass.*: giunto.

godere[2], *Fut. semplice*: godrò, godrai, *ecc.* – *Condiz. pres.*: godrei, godresti, *ecc.*

incidere[2], *Pass. rem.*: incisi – *Part. pass.*: inciso.

incutere[2], *Pass. rem.*: incussi *e* incutei – *Part. pass.*: incusso.

indulgere[2], *Pass. rem.*: indulsi – *Part. pass.*: indulto.

infliggere[2], *Pass. rem.*: inflissi – *Part. pass.*: inflitto.

intridere[2], *Pass. rem.*: intrisi – *Part. pass.*: intriso.

intrudere[2], *Pass. rem.*: intrusi – *Part. pass.*: intruso.

invadere[2], *Pass. rem.*: invasi – *Part. pass.*: invaso.

ledere[2], *Pass. rem.*: lesi – *Part. pass.*: leso.

leggere[2], *Pass. rem.*: lessi – *Part. pass.*: letto.

mettere[2], *Pass. rem.*: misi – *Part. pass.*: messo.

mordere[2], *Pass. rem.*: morsi – *Part. pass.*: morso.

morire[2], *Indic. pres.*: muoio, muori, muore, moriamo, morite, muoiono. – *Fut.*: morirò, (*o* morrò), morirai (*o* morrai), *ecc.* – *Cong. pres.*: muoia, muoia, muoia, moriamo, moriate, muoiano. – *Condiz. pres.*: morirei (*o* morrei), moriresti (*o* morresti), *ecc.* – *Part. pass.*: morto.

mungere[2], *Pass. rem.*: munsi – *Part. pass.*: munto.

muovere[2], *Indic. pres.*: muovo, muovi, muove, moviamo (*o* muoviamo), movete (*o* muovete), muovono. – *Pass. rem.*: mossi. – *Cong. pres.*: muova, muova, muova, moviamo (*o* muoviamo), moviate (*o* muoviate), muovano. – *Imper. pres.*: muovi, muova, moviamo (*o* muoviamo), movete (*o* muovete), muovano. – *Part. pass.*: mosso.

nascere[2], *Pass. rem.*: nacqui – *Part. pass.*: nato.

nascondere[2], *Pass. rem.*: nascosi – *Part. pass.*: nascosto.

nuocere[2], *Indic. pres.*: noccio (*o* nuoccio *e* nuoccio), nuoci, nuoce, nociamo, nocete, nocciono (*o* nuociono *e* nuocciono). – *Pass. rem.*: nocqui, nocesti, nocque, nocemmo, noceste, nocquero. – *Cong. pres.*: noccia (*o* nuocia *e* nuoccia), *per le tre persone singolari*, nociamo, nociate, nocciano (*o* nuociano *e* nuocciano). – *Imper. pres.*: nuoci, nocete. – *Part. pass.*: nociuto.

offendere[2], *Pass. rem.*: offesi – *Part. pass.*: offeso.

offrire[3], *Pass. rem.*: offrii (*o* offersi) – *Part. pass.*: offerto.

parere[2], *Indic. pres.*: paio, pari, pare, paiamo (*o* pariamo), parete, paiono. – *Pass. rem.*: parvi, paresti, parve, paremmo, parete, parvero. – *Fut.*: parrò, *ecc.* – *Condiz. pres.*: parrei, *ecc.* – *Cong. pres.*: paia, paia, paia, paiamo (*e* pariamo), paiate, paiano. – *Part. pass.*: parso.

percuotere[2], *Pass. rem.*: percossi – *Part. pass.*: percosso.

perdere[2], *Pass. rem.*: persi (*o* perdei, perdetti) – *Part. pass.*: perso, perduto.

persuadere[2], *Pass. rem.*: persuasi – *Part. pass.*: persuaso.

piacere[2], *Indic. pres.*: piaccio, piaci, piace, piacciamo, piacete, piacciono. – *Pass. rem.*: piacqui. – *Cong. pres.*: piaccia, piaccia, piaccia, piacciamo (*o* piaciamo), piacciate, piacciano.

piangere[2], *Pass. rem.*: piansi – *Part. pass.*: pianto.

piovere[2], *Pass. rem.*: piovve – *Part. pass.*: piovuto.

porgere[2], *Pass. rem.*: porsi – *Part. pass.*: porto.

porre[2], (*da* ponere, *radice* pon-) – *Indic. pres.*: pongo, poni, pone, poniamo, ponete, pongono. – *Cong. pres.*: ponga, ponga, ponga, poniamo, poniate, pongano. – *Pass. rem.*: posi, ponesti, pose, ponemmo, poneste, posero. – *Fut.*: porrò, *ecc.* – *Condiz. pres.*: porrei, *ecc.* – *Imper. pres.*: poni, ponete. – *Part. pass.*: posto.

potere[2], *Indic. pres.*: posso, puoi, può, possiamo, potete, possono. – *Fut.*: potrò, *ecc.* – *Condiz. pres.*: potrei, potresti, *ecc.* – *Cong. pres.*: possa, *ecc.* – *Imper. pres.*: (manca).

prediligere[2], *Pass. rem.*: predilessi – *Part. pass.*: prediletto.

prefiggere[2], *Pass. rem.*: prefissi – *Part. pass.*: prefisso.

prendere[2], *Pass. rem.*: presi – *Part. pass.*: preso.

presumere[2], *Pass. rem.*: presunsi – *Part. pass.*: presunto.

proteggere[2], *Pass. rem.*: protessi – *Part. pass.*: protetto.

pungere[2], *Pass. rem.*: punsi – *Part. pass.*: punto.

radere[2], *Pass. rem.*: rasi – *Part. pass.*: raso.

redigere[2], *Pass. rem.*: redassi – *Part. pass.*: redatto.

redimere[2], *Pass. rem.*: redensi – *Part. pass.*: redento.

reggere[2], *Pass. rem.*: ressi – *Part. pass.*: retto.

rendere[2], *Pass. rem.*: resi (*o* rendei) – *Part. pass.*: reso.

ridere[2], *Pass. rem.*: risi – *Part. pass.*: riso.

rifulgere[2], *Pass. rem.*: rifulsi – *Part. pass.*: rifulso.

rimanere[2], *Indic. pres.*: rimango, rimani, rimane, rimaniamo, rimanete, rimangono. – *Pass. rem.*: rimasi. – *Fut.*: rimarrò, *ecc.* – *Condiz. pres.*: rimarrei, *ecc.* – *Cong. pres.*: rimanga, rimanga, rimanga, rimaniamo, rimaniate, rimangano. – *Part. pass.*: rimasto.

rispondere[3], *Pass. rem.*: *risposi* – *Part. pass.*: risposto.

rodere[2], *Pass. rem.*: rosi – *Part. pass.*: roso.

rompere[2], *Pass. rem.*: ruppi – *Part. pass.*: rotto.

salire[2], *Indic. pres.*: salgo, sali, sale, saliamo, salite, salgono. – *Cong. pres.*: salga, salga, salga, saliamo, saliate, salgano. – *Imper. pres.*: sali, salite. – (*L'ausiliare è* essere, *però se il verbo è usato transitivamente si coniuga nei tempi composti con l'ausiliare* avere).

sapere[2], *Indic. pres.*: so, sai, sa, sappiamo, sapete, sanno. – *Pass. rem.*: seppi, sapesti, seppe, sapemmo, sapeste, seppero. – *Fut.*: saprò, *ecc.* – *Condiz. pres.*: saprei, *ecc.* – *Cong. pres.*: sappia, *ecc.* – *Imper. pres.*: sappi, sappiate.

scegliere[2], *Indic. pres.*: scelgo, scegli, sceglie, scegliamo, scegliete, scelgono. – *Pass. rem.*: scelsi, scegliesti, scelse, scegliemmo, sceglieste, scelsero. – *Cong. pres.*: scelga, scelga, scelga, scegliamo, scegliate, scelgano. – *Imper. pres.*: scegli, scegliete.

scendere[2], *Pass. rem.*: scesi – *Part. pass.*: sceso.

scindere[2], *Pass. rem.*: scissi – *Part. pass.*: scisso.

sciogliere[2], *Indic. pres.*: sciolgo, sciogli, scioglie, sciogliamo, sciogliete, sciolgono. – *Pass. rem.*: sciolsi, sciogliesti, sciolse, sciogliemmo, scioglieste, sciolsero. – *Cong. pres.*: sciolga, sciolga, sciolga, sciogliamo, sciogliate, sciolgano. – *Imper. pres.*: sciogli, sciogliete. – *Part. pass.*: sciolto.

scorgere[2], *Pass. rem.*: scorsi – *Part. pass.*: scorto.

scrivere[2], *Pass. rem.*: scrissi – *Part. pass.*: scritto.

scuotere[2], *Pass. rem.*: scossi – *Part. pass.*: scosso.

sedere[2], *Indic. pres.*: sièdo (*o* seggo), sièdi, siède, sediamo, sedete, sièdono (*o* seggono). – *Cong. pres.*: sieda, sieda, sieda (*o* segga, segga, segga), sediamo, sediate, sièdano (*o* seggano). – *Imper. pres.*: siedi, sedete. – *Come* **sedere** *si coniuga il composto* **possedére**. *Altri due composti,* **presièdere** e **risièdere**, *hanno coniugazione regolare e mantengono il dittongo* ie *anche quando non ha l'accento tonico*: presiediamo, presiedete, presiedevo, *ecc.*; risiediamo, risiedevo, risiedendo, *ecc.*

seppellire[3], *Pass. rem.*: seppellito *e* sepolto.

soffrire[3], *Pass. rem.*: soffersi e soffrii – *Part. pass.*: sofferto.

sorgere[2], *Pass. rem.*: sorsi – *Part. pass.*: sorto.

spargere[2], *Pass. rem.*: sparsi – *Part. pass.*: sparso.

spegnere[2], *Pass. rem.*: spensi – *Part. pass.*: spento.

spendere[2], *Pass. rem.*: spesi – *Part. pass.*: speso.

spingere[2], *Pass. rem.*: spinsi – *Part. pass.*: spinto.

sporgere[2], *Pass. rem.*: sporsi – *Part. pass.*: sporto.

stare[2], *Indic. pres.*: sto, stai, sta, stiamo, state, stanno. – *Pass. rem.*: stretti, stesti, stette, stemmo, steste, stettero. – *Fut. semplice*: starò, starai, starà, staremo, starete, staranno. – *Cong. imperf.*: stessi, stessi, stesse, stessimo, steste, stessero. – *Condiz. pres.*: starei, staresti, starebbe, staremmo, stareste, starebbero. – *Imper.*: sta (*o* sta'), stia, stiamo, state, stiano. – (*L'ausiliare è* essere). – *I composti di* **stare** *hanno l'accento sulla prima e sulla terza persona sing. dell'indic. pres.* (ristò, soprastò, sottostò; ristà, soprastà, sottostà) e seguono la coniugazione di **stare**, eccetto **contrastare, restare, sovrastare**, ecc. che seguono la coniugazione regolare.

stringere[2], *Pass. rem.*: strinsi – *Part. pass.*: stretto.

struggere[2], *Pass. rem.*: strussi – *Part. pass.*: strutto.

svellere[2], *Pass. rem.*: svelsi – *Part. pass.*: svelto.

tacere[2], *Indic. pres.*: taccio, taci, tace, taciamo, tacete, tacciono. – *Pass. rem.*: tacqui. – *Cong. pres.*: taccia, taccia, taccia, tacciamo, tacciate, tacciano.

tendere[2], *Pass. rem.*: tesi – *Part. pass.*: teso.

tenere[2], *Indic. pres.*: tengo, tieni, tiene, teniamo, tenete, tengono. – *Pass. rem.*: tenni, tenesti, tenne, tenemmo, teneste, tennero. – *Fut.*: terrò, *ecc.* – *Condiz. pres.*: terrei, *ecc.* – *Cong. pres.*: tenga, tenga, tenga, teniamo, teniate, tengano. – *Imper.*: tieni, tenete.

tergere[2], *Pass. rem.*: tersi – *Part. pass.*: terso.

tingere[2], *Pass. rem.*: tinsi – *Part. pass.*: tinto.

togliere[2], *Indic. pres.*: tolgo, togli, toglie, togliamo, togliete, tolgono. – *Pass. rem.*: tolsi – *Part. pass.*: tolto.

torcere[2], *Pass. rem.*: torsi – *Part. pass.*: torto.

trarre[2], (*da* trahere) *Indic. pres.*: traggo, trai, trae, traiamo, traete, traggono. – *Cong. pres.*: tragga, tragga, tragga, traiamo, traiate, traggano. – *Pass. rem.*: trassi, traesti, trasse, traemmo, traeste, trassero. – *Fut.*: trarrò, *ecc.* – *Condiz. pres.*: trarrei, *ecc.* – *Imper. pres.*: trai, traete. – *Part. pass.*: tratto. – *Tutti gli altri tempi si formano regolarmente dal tema* tra-: traevo, traessi, traendo, *ecc.*

uccidere[2], *Pass. rem.*: uccisi – *Part. pass.*: ucciso.

udire[3], *Indic. pres.*: odo, odi, ode, udiamo, udite, odono. – *Fut.*: udirò (*o* udrò), udirai (*o* udrai), *ecc.* – *Cong. pres.*: oda, oda, oda, udiamo, udiate, odano. – *Condiz. pres.*: udirei (*o* udrei), udiresti (*o* udresti), *ecc.* – *Imper. pres.*: odi, udite.

ungere[2], *Pass. rem.*: unsi. – *Part. pass.*: unto.

uscire[3], *Indic. pres.*: esco, esci, esce, usciamo, uscite, escono. – *Imper. pres.*: esci, uscite.

valere[2], *Indic. pres.*: valgo, vali, vale, valiamo, valete, valgono. – *Pass. rem.*: valsi, valesti, valse, valemmo, valeste, valsero. – *Fut.*: varrò, *ecc.* – *Condiz. pres.*: varrei, *ecc.* – *Part. pass.*: valso.

vedere[2], *Indic. pres.*: vedo (*o* veggo), vedi, vede, vediamo, vedete, vedono (*o* veggono). – *Pass. rem.*: vidi, vedesti, vide, vedemmo, vedeste, videro. – *Fut.*: vedrò, *ecc.* – *Condiz. pres.*: vedrei, *ecc.* – *Cong. pres.*: veda (*o* vegga), *per le tre persone singolari*, vediamo, vediate, vedano (*o* veggano). – *Part. pres.*: veggente. – *Part. pass.*: veduto *o* visto.

venire[3], *Indic. pres.*: vengo, vieni, viene, veniamo, venite, vengono. – *Pass. rem.*: venni, venisti, venne, venimmo, veniste, vennero. – *Fut.*: verrò, *ecc.* – *Cong. pres.*: venga, venga, venga, veniamo, veniate, vengano. – *Condiz. pres.*: verrei, *ecc.* – *Imper. pres.*: vieni, venite. – *Part. pres.*: veniente. – *Part. pass.*: venuto.

vincere[2], *Pass. rem.*: vinsi – *Part. pass.*: vinto.

vivere[2], *Pass. rem.*: vissi, vivesti, visse, vivemmo, viveste, vissero. – *Fut.*: vivrò, *ecc.* – *Condiz. pres.*: vivrei, *ecc.* – *Part. pass.*: vissuto. – (*L'ausiliare è* essere, *però se il verbo è usato con significato transitivo, l'ausiliare è* avere).

volere[2], *Indic. pres.*: voglio, vuoi, vuole, vogliamo, volete, vogliono. – *Pass. rem.*: volli, volesti, volle, volemmo, voleste, vollero. – *Fut.*: vorrò, *ecc.* – *Condiz. pres.*: vorrei. – *Cong. pres.*: voglia, voglia, voglia, vogliamo, vogliate, vogliano. – *Imper. pres.*: vogli, vogliate.

volgere[2], *Pass. rem.*: volsi – *Part. pass.*: volto.

Military ranks - Gradi militari

Questa tavola riporta una corrispondenza lessicale tra i gradi militari italiani, inglesi e statunitensi: non implica, quindi, un'esatta equivalenza tra funzioni o responsabilità. Nelle traduzioni specialistiche è consigliabile mantenere la denominazione della lingua d'appartenenza.

ITALIA	UNITED KINGDOM	UNITED STATES
Esercito	**Army**	**U.S. Army**
Maresciallo d'Italia	Field-marshal	General of the army
Generale d'armata	General	General
Generale di corpo d'armata	Lieutenant-general	Lieutenant-general
Generale di divisione	Major-general	Major-general
Generale di brigata	Brigadier	Brigadier-general
Colonnello	Colonel	Colonel
Tenente colonnello	Lieutenant-colonel	Lieutenant-colonel
Maggiore	Major	Major
Capitano	Captain	Captain
Tenente	Lieutenant	First Lieutenant
Sottotenente	Second Lieutenant	Second Lieutenant
Maresciallo	Warrant Officer	Warrant Officer
Sergente maggiore	Staff Sergeant	Sergeant Major
Sergente	Sergeant	Sergeant
Caporale maggiore	Corporal	Corporal
Caporale	Lance-corporal	Private 1st class
Soldato	Private	Basic Private

Marina	Royal Navy	U.S. Navy
Grande ammiraglio	Admiral of the fleet	Fleet Admiral
Ammiraglio d'armata	Admiral	Admiral
Ammiraglio di squadra	Vice Admiral	Vice Admiral
Ammiraglio di divisione	Rear Admiral	Rear Admiral
Contrammiraglio	Commodore	Commodore
Capitano di vascello	Captain	Captain
Capitano di fregata	Commander	Commander
Capitano di corvetta	Lieutenant Commander	Lieutenant Commander
Tenente di vascello	Lieutenant	Lieutenant
Sottotenente di vascello	Sub-Lieutenant	Lieutenant junior grade
Guardiamarina	Acting Sub-Lieutenant	Ensign
Capo	Fleet Chief Petty Officer	Warrant Officer
Secondo capo	Chief Petty Officer	Chief Petty Officer
Sergente	Petty Officer	Petty Officer 1st class
		Petty Officer 2nd class
Sottocapo	Leading Seaman	Petty Officer 3rd class
Comune di 1ª classe	Able Seaman	Seaman
Comune di 2ª classe	Ordinary Seaman	Seaman Apprentice
Comune di 3ª classe	Junior Seaman	Seaman Recruit

Aviazione	Royal Air Force	U.S. Air Force
Maresciallo dell'aria	Marshal of the Royal Air Force	General of the Air Force
Generale d'armata aerea	Air Chief Marshal	General
Generale di squadra aerea	Air Marshal	Lieutenant General
Generale di divisione aerea	Air Vice Marshal	Major General
Generale di brigata aerea	Air Commodore	Brigadier General
Colonnello	Group Captain	Colonel
Tenente colonnello	Wing Commander	Lieutenant Colonel
Maggiore	Squadron Leader	Major
Capitano	Flight Lieutenant	Captain
Tenente	Flying Officer	First Lieutenant
Sottotenente	Pilot Officer	Second Lieutenant
Maresciallo	Warrant Officer	Warrant Officer
Sergente maggiore	Flight sergeant	Master Sergeant
Sergente	Sergeant	Staff Sergeant
Primo aviere	Corporal	Sergeant
Aviere scelto		Airman 1st Class
Aviere	Aircraftman	Basic Airman